Fitting
Engels · Schmidt · Trebinger · Linsenmaier · Schelz

Betriebsverfassungsgesetz

Betriebsverfassungsgesetz

Handkommentar

begründet von

Prof. Karl Fitting
Ministerialdirektor a. D.

fortgeführt

in der 4. bis 17. Auflage von **Prof. Dr. jur. Fritz Auffarth,** Vizepräsident des Bundesarbeitsgerichts a. D., in der 10. bis 21. Auflage von **Heinrich Kaiser,** Ministerialdirigent im Bundesministerium für Arbeit und Sozialordnung a. D. und in der 15. bis 21. Auflage von **Dr. jur. Friedrich Heither,** Vorsitzender Richter am Bundesarbeitsgericht a. D.

neubearbeitete Auflage von

Dr. jur. Gerd Engels
Ministerialdirigent
im Bundesministerium
für Arbeit und Soziales a. D.

Ingrid Schmidt
Präsidentin
des Bundesarbeitsgerichts

Yvonne Trebinger
Ministerialrätin
im Bundesministerium
für Arbeit und Soziales

Wolfgang Linsenmaier
Vorsitzender Richter
am Bundesarbeitsgericht a. D.
Honorarprofessor Hochschule Merseburg

Hanna Schelz
Ministerialrätin
im Bundesministerium
für Arbeit und Soziales

30. Auflage, 2020

Verlag Franz Vahlen München 2020

Zitiervorschlag (alternativ):
Fitting BetrVG § 21 Rn. 1

www.vahlen.de

ISBN 978 3 8006 6000 1

Satz, Druck und Bindung: Druckerei C. H. Beck Nördlingen
(Adresse wie Verlag)
Umschlaggestaltung: Martina Busch, Grafikdesign, Homburg Saar

CO2 neutral
vahlen.de/nachhaltig

Gedruckt auf säurefreiem, alterungsbeständigem Papier
(hergestellt aus chlorfrei, gebleichtem Zellstoff)

Vorwort zur 30. Auflage

Die Neuauflage berücksichtigt die in den letzten zwei Jahren erfolgten Gesetzesänderungen mit betriebsverfassungsrechtlichem Bezug sowie das bis Ende 2019 veröffentlichte Schrifttum. Zudem werden über 250 neue Entscheidungen des BAG, des BVerfG, des EuGH und des EGMR sowie wichtige Grundsatzentscheidungen der Instanzgerichte ausgewertet.

Art. 4e des Qualifizierungschancengesetz vom 18.12.2018 ergänzt § 117 Abs. 1 BetrVG. Die Ergänzung stellt klar, dass auch für die im Flugverkehr beschäftigten Arbeitnehmer das BetrVG Anwendung findet, wenn für sie keine Vertretung durch Tarifvertrag errichtet ist. Das Recht der Tarifvertragsparteien, für diese Arbeitnehmer eine Vertretung durch Tarifvertrag zu schaffen, bleibt hiervon unberührt. Die Änderung des § 117 ist zum Anlass genommen worden, die Kommentierung der Vorschrift grundlegend zu überarbeiten.

Das G zur Weiterentwicklung des Teilzeitrechts vom 11.12.2018 stellt sicher, dass Arbeitskräfte, die freiwillig in Teilzeit gehen, aber nicht unfreiwillig in Teilzeit verbleiben möchten, einen Anspruch auf zeitlich begrenzte Teilzeitarbeit haben; sie können also nach der Teilzeitphase wieder zur ursprünglichen Arbeitszeit zurückkehren. Mit der Einführung der Brückenteilzeit wird einem wichtigen arbeits-, gleichstellungs- und familienpolitischen Anliegen entsprochen. Voraussetzungen, Umfang und Geltendmachung des Rechtsanspruchs auf Brückenteilzeit werden erörtert und Einflussmöglichkeiten der Betriebsräte dargestellt.

Das G zum Schutz von Geschäftsgeheimnissen vom 18.4.2019 setzt EU-Recht über den Schutz vertraulichen Know-hows und vertraulicher Geschäftsinformationen (Geschäftsgeheimnissen) vor rechtswidrigem Erwerb sowie rechtswidriger Nutzung und Offenlegung um. Es bestimmt ausdrücklich, dass die Rechte der Arbeitnehmervertretungen unberührt bleiben. Die Vorschriften mit betriebsverfassungsrechtlichem Bezug werden an den betreffenden Stellen kommentiert.

Das 2. Datenschutz-Anpassungs- und UmsetzungsG EU vom 20.11.2019 erfordert neue bereichsspezifische Datenschutzregelungen des Bundes. Bedeutsam sind vor allem Vorgaben für die Bestellung des betrieblichen Datenschutzbeauftragten sowie zur Datenverarbeitung für Zwecke des Beschäftigtenschutzes. Diese Vorgaben werden bei den einschlägigen Vorschriften des BetrVG erörtert.

Das BVerfG hat mit Entscheidung vom 10.10.2017 neben Frauen und Männern ein drittes Geschlecht anerkannt. Ob es als Minderheitengeschlecht im Sinne der Betriebsverfassung anzuerkennen ist und ihm damit ein besonderer Schutz zukommt, wird unter Beachtung der verfassungsrechtlichen und betriebsverfassungsrechtlichen Gesichtspunkte ausführlich diskutiert und sachgerechte Lösungen vorgeschlagen.

Aufgrund neuerer Entscheidungen des BAG zum Mitbestimmungsrecht beim Arbeitsschutz ist eine grundlegende Überarbeitung dieses Themenbereichs erforderlich geworden. Das betrifft insbesondere das Verhältnis wichtiger Vorschriften des ArbSchG zueinander, vor allem das der Gefährdungsbeurteilung des § 5 ArbSchG zu den Grundpflichten nach § 3 ArbSchutzG sowie den allgemeinen Grundsätzen des § 4 ArbSchG. Diese Fragestellung ist vor allem für die Einigungsstellen von Bedeutung, da bei deren Spruch die Einhaltung der Grenzen des Mitbestimmungsrechts durch die Arbeitsgerichte strikt kontrolliert wird.

Außerdem geht der Kommentar auf die jüngste Rechtsprechung zu neuen Aspekten bei der Überwachung des Diskriminierungsverbots und des Persönlichkeitsschutzes der Arbeitnehmer durch den Betriebsrat, auf Fragen der Errichtung eines Konzernbetriebsrats in Konzernen mit Sitz im Ausland, auf die Klärung innerbetrieblicher Konfliktlösungsverfahren bei einem Auskunftsverlangen des Wirtschaftsausschusses, auf die Verrechenbarkeit eines Nachteilsausgleichs mit Sozialplanansprüchen sowie auf die Frage der Betriebsvereinbarungsoffenheit arbeitsvertraglicher Vereinbarungen ein.

Als neue Mitarbeiterin ist Hanna Schelz, Ministerialrätin im Bundesministerium für Arbeit und Soziales, in die Autorengemeinschaft eingetreten.

Die Verfasser hoffen, dass auch die 30. Auflage des Kommentars den Benutzern, insbesondere den Betriebsräten, Gewerkschaften, Arbeitgebern und ihren Verbänden sowie Rechtsanwälten und Wissenschaftlern behilflich ist, auftretende Fragen und Probleme einer sachgerechten und praxisnahen Lösung zuzuführen. Für Kritik und Anregungen sind die Verfasser wie bisher stets dankbar.

Bonn/Erfurt, im Januar 2020 *Die Verfasser*

Inhaltsverzeichnis

Anhang

Inhaltsverzeichnis

Seite

Anhang

Erste Verordnung zur Durchführung des Betriebsverfassungsgesetzes (Wahlordnung)

Stichwortverzeichnis

Abkürzungsverzeichnis

aA	anderer Ansicht
AA	Agentur für Arbeit
aaO	am angegebenen Ort
ABl.	Amtsblatt
abl.	ablehnend
ABS	Gesellschaft zur Arbeitsförderung, Beschäftigung u. Strukturentwicklung (neue Bundesländer)
Abs.	Absatz
Abschn.	Abschnitt
AbtVerslg.	Abteilungsversammlung
abw.	abweichend
AcP	Archiv für die civilistische Praxis
aE	am Ende
AEntG	Arbeitnehmer-Entsendegesetz
AEUV	Vertrag über die Arbeitsweise der Europäischen Union
aF	alte Fassung
AfP	Archiv für Presserecht (Zeitschrift)
AFRG	Arbeitsförderungs-Reformgesetz
AG	Aktiengesellschaft; auch Die Aktiengesellschaft (Zeitschrift)
AGB	Allgemeine Geschäftsbedingungen
AGG	Allgemeines Gleichbehandlungsgesetz
AiB	Arbeitsrecht im Betrieb (Zeitschrift)
AIF	Alternative Investmentfonds
AIFM	Verwalter alternativer Investmentfonds
AIFM-UmsG	AIFM-Umsetzungsgesetz
AktG	Aktiengesetz
Alt.	Alternative
AltTZG	Altersteilzeitgesetz
aM	anderer Meinung
AMBV	Arbeitsmittelbenutzungsverordnung
AmtsG	Amtsgericht
ANBA	Amtliche Nachrichten der Bundesanstalt für Arbeit
Änderungsgesetz 1988	Gesetz zur Bildung von Jugend- und Auszubildendenvertretungen in den Betrieben vom 13.7.1988 (BGBl. I S. 1034)
Änderungsgesetz 1989	Gesetz zur Änderung des Betriebsverfassungsgesetzes, über Sprecherausschüsse für leitende Angestellte und zur Sicherung der Montan-Mitbestimmung vom 20.12.1988 (BGBl. I S. 2312)
Ang.	Angestellter
Anh.	Anhang
Anm.	Anmerkung
AnVNG	Gesetz zur Neuregelung des Rechts der Rentenversicherung der Angestellten (Angestelltenversicherungs-Neuregelungsgesetz)
AOG	Gesetz zur Ordnung der nationalen Arbeit
AP	Arbeitsrechtliche Praxis
AR	Aufsichtsrat
ArbG	Arbeitsgericht

Abkürzungsverzeichnis

ArbGeb.	Arbeitgeber
ArbGG	Arbeitsgerichtsgesetz
ArbGruppe	Arbeitsgruppe
AR-Blattei	Arbeitsrechtsblattei
ArbN	Arbeitnehmer
ArbNErfG	Gesetz über Arbeitnehmererfindungen
ArbPlSchG	Arbeitsplatzschutzgesetz
ArbR	Arbeitsrecht Aktuell (Zeitschrift)
ArbRB	Der Arbeits-Rechts-Berater
ArbRBeschFG	Arbeitsrechtliches Beschäftigungsförderungsgesetz
ArbRJahrbuch	Das Arbeitsrecht der Gegenwart (Zeitschrift, Band)
ArbSch.	Fachbeilage „Arbeitsschutz" des BArbBl.
ArbSchG	Arbeitsschutzgesetz
ArbSozR	Arbeits- und Sozialrecht, Mitteilungsblatt des Arbeitsministeriums Baden-Württemberg
ArbuR	Arbeit und Recht (Zeitschrift)
ArbVerh.	Arbeitsverhältnis
ArbVG	österreichisches Arbeitsverfassungsgesetz
AR-Blattei	Arbeitsrechtsblattei
ArbZ	Arbeitszeit
ArbZG	Arbeitszeitgesetz
ARGE	Arbeitsgemeinschaft des Baugewerbes
ARSt.	Arbeitsrecht in Stichworten
Art.	Artikel
ASiG	Gesetz über Betriebsärzte, Sicherheitsingenieure und andere Fachkräfte für Arbeitssicherheit
ASR	Arbeitsstättenrichtlinien
a. t.	außertariflich
ATG	Altersteilzeitgesetz
AtomG	Atomgesetz
AuA	Arbeit u. Arbeitsrecht (Zeitschrift)
AÜG	Gesetz zur Regelung der gewerbsmäßigen Arbeitnehmerüberlassung
Aufl.	Auflage
AVE	Allgemeinverbindlicherklärung
AVV	Allgemeine Verwaltungsvorschriften
AZO	Arbeitszeitordnung
BA	Bundesagentur für Arbeit
BaFin	Bundesanstalt für Finanzdienstleistungsaufsicht
BAFlSBAÜbnG	Gesetz zur Übernahme der Beamten und Arbeitnehmer der Bundesanstalt für Flugsicherung
BArbBl.	Bundesarbeitsblatt (Zeitschrift)
BAG	Bundesarbeitsgericht
BAGE	Amtliche Sammlung des BAG
BAnz.	Bundesanzeiger
BAuA	Bundesanstalt für Arbeitsschutz und Arbeitsmedizin
BaustellV	Baustellenverordnung
BB	Betriebs-Berater (Zeitschrift)
BBG	Bundesbeamtengesetz
BBiG	Berufsbildungsgesetz
Bd.	Band
BDA	Bundesvereinigung der Deutschen Arbeitgeberverbände
Bde.	Bände
BDE	Betriebsdatenerfassung

BDSG	Bundesdatenschutzgesetz
beE	betriebsorganisatorisch eigenständige Einheit
Beil.	Beilage
Bem.	Bemerkung
BErzGG	Bundeserziehungsgeldgesetz
BEEG	Bundeselterngeld- und Elternzeitgesetz
bes.	besonders, besondere
BeschFG	Beschäftigungsförderungsgesetz
BeschlVerf.	Beschlussverfahren
bes. PersVertr.	besondere Personalvertretung
betr.	betreffend
BetrAusschuss	Betriebsausschuss
BetrAVG	Gesetz zur Verbesserung der betrieblichen Altersversorgung
BetrR	Der Betriebsrat, Mitteilung für die Betriebsräte der IG Bergbau-Chemie-Energie
BetrSichV	Betriebssicherheitsverordnung
BetrVerf.	Betriebsverfassung
BetrVerf-ReformG	Gesetz zur Reform des Betriebsverfassungsgesetzes
BetrVerslg.	Betriebsversammlung
BetrVertr.	Betriebsvertretung
BetrVG 52	Betriebsverfassungsgesetz 1952
BetrVG	Betriebsverfassungsgesetz 1972
BetrVR	Betriebsverfassungsrecht
BEV	Bundeseisenbahnvermögen
bez.	bezüglich
BfAIPG	Gesetz über das Personal der Bundesagentur für Außenwirtschaft (BfAI-Personalgesetz-BfAIPG)
BFH	Bundesfinanzhof
BG	Berufsgenossenschaft, Die Berufsgenossenschaft (Zeitschrift)
BGB	Bürgerliches Gesetzbuch
BGBl. I, II	Bundesgesetzblatt, Teil I, Teil II
BGH	Bundesgerichtshof
BGHZ	Entscheidungen des Bundesgerichtshofs in Zivilsachen
BGleiG	Bundesgleichstellungsgesetz vom 30.11.2001 (BGBl. I S. 3234)
BildscharbV	Bildschirmarbeitsverordnung
BImSchG	Bundesimmissionsschutzgesetz
BiostoffV	Biostoffverordnung
BlStR	Blätter für Steuer-, Sozial- und Arbeitsrecht (Zeitschrift)
BMAS	Bundesministerium für Arbeit und Soziales
BMBW	Bundesministerium für Bildung und Wissenschaft
BMF	Bundesministerium der Finanzen
BPersVG	Personalvertretungsgesetz des Bundes
BPG	Bergmannsprämiengesetz
BR	Betriebsrat
BRAO	Bundesrechtsanwaltsordnung
BRD	Bundesrepublik Deutschland
BR-Drs.	Drucksache des Deutschen Bundesrates
BRG	Betriebsrätegesetz vom 4.2.1920
BRVerslg	Betriebsräteversammlung
BSchG	Gesetz zum Schutz der Beschäftigten vor sexueller Belästigung am Arbeitsplatz (Beschäftigtenschutzgesetz)
BSG	Bundessozialgericht
BT	Deutscher Bundestag
BT-Drs.	Drucksache des Deutschen Bundestages

Abkürzungsverzeichnis

Buchst.	Buchstabe
BUrlG	Bundesurlaubsgesetz
BuW	Betrieb und Wirtschaft (Zeitschrift)
BV	Betriebsvereinbarung
BVerfG	Bundesverfassungsgericht
BVerfGE	Amtliche Sammlung des BVerfG (Band, Seite)
BVerwG	Bundesverwaltungsgericht
BVerwGE	Amtliche Sammlung des BVerwG (Band, Seite)
BVG	Besonderes Verhandlungsgremium
BWG	Bundeswahlgesetz
BwKoopG	Gesetz zur Regelung von Rechtsfragen hinsichtlich der Rechtsstellung von Angehörigen der Bundeswehr bei Kooperationen zwischen der Bundeswehr und Wirtschaftsunternehmen sowie zur Änderung besoldungs- und wehrsoldrechtlicher Vorschriften (Kooperationsgesetz der Bundeswehr)
BWpVerwPG	Gesetz über das Personal der Bundeswertpapierverwaltung (Bundeswertpapierverwaltungspersonalgesetz)
BZRG	Bundeszentralregistergesetz
bzw.	beziehungsweise
CDA	Christlich-Demokratische Arbeitnehmerschaft
CGB	Christlicher Gewerkschaftsbund
CR	Computer und Recht (Zeitschrift)
DAG	Deutsche Angestellten-Gewerkschaft
DB	Der Betrieb (Zeitschrift)
DBAGZustVO	Verordnung über die Zuständigkeit der Deutsche Bahn Aktiengesellschaft über Entscheidungen in Angelegenheiten der zugewiesenen Beamten des Bundeseisenbahnvermögens
DBGrG	Gesetz über die Gründung einer Deutsche Bahn Aktiengesellschaft
DGB	Deutscher Gewerkschaftsbund
dh	das heißt
dies.	dieselben
DIN	Deutsche Industrie-Norm, Deutsches Institut für Normung
DJT	Deutscher Juristentag
DLA	Der leitende Angestellte (Zeitschrift)
DöD	Der öffentliche Dienst (Zeitschrift)
DRiG	Deutsches Richtergesetz
DrittelbG	Drittelbeteiligungsgesetz
DRK	Deutsches Rotes Kreuz
DSLBUmG	Gesetz zur Umwandlung der Deutschen Siedlungs- und Rentenbank
DSWR	Datenverarbeitung in Steuer, Wirtschaft u. Recht (Zeitschrift)
DuD	Datenschutz u. Datensicherung (Zeitschrift)
DV	Datenverarbeitung
DVBl	Deutsches Verwaltungsblatt (Zeitschrift)
DVO	Durchführungsverordnung
DVR	Datenverarbeitung im Recht (Zeitschrift)
DZWiR	Deutsche Zeitschrift für Wirtschafts- und Insolvenzrecht
E	Entscheidungen, Entwurf
EBR	Europäischer Betriebsrat

EBRG	Europäische Betriebsräte-Gesetz
EDV	Elektronische Datenverarbeitung
EFZG	Entgeltfortzahlungsgesetz
EG	Europäische Gemeinschaft; Einführungsgesetz
EGBGB	Einführungsgesetz zum Bürgerlichen Gesetzbuch
EGMR	Europäischer Gerichtshof für Menschenrechte
EhfG	Entwicklungshelfer-Gesetz
EigÜbG	Eignungsübungsgesetz
einstw. Vfg.	einstweilige Verfügung
EKD	Evangelische Kirche Deutschlands
ELV	Verordnung über die Laufbahnen der Beamten beim Bundeseisenbahnvermögen (Eisenbahnlaufbahnverordnung)
ENeuOG	Gesetz zur Neuordnung des Eisenbahnwesens (Eisenbahnneuordnungsgesetz)
EntTG	Entgelttransparenzgesetz
entspr.	entsprechend
EnWG	Energiewirtschaftsgesetz
ERP	Enterprise Resource Planning
Ers.	Ersatz
E-Stelle	Einigungsstelle
ES	Entscheidungssammlung
EStG	Einkommensteuergesetz
EU	Europäische Union
EuGH	Europäischer Gerichtshof
EuroAS	Europäisches Arbeits- und Sozialrecht (Zeitschrift)
EuZW	Europäische Zeitschrift für Wirtschaftsrecht
EV	Eingliederungsvertrag
EWG	Europäische Wirtschaftsgemeinschaft
EzA	Entscheidungssammlung zum Arbeitsrecht
f., ff.	folgende
FA	Fachanwalt Arbeitsrecht (Zeitschrift)
FdA-Anordnung	Anordnung des Verwaltungsrats der BA zur Förderung der Arbeitsaufnahme
FD-ArbR	Fachdienst Arbeitsrecht (beck-online)
FFG	Gesetz zur Förderung von Frauen und der Vereinbarkeit von Familie u. Beruf in der Bundesverwaltung und den Gerichten des Bundes (Frauenfördergesetz)
FGG	Gesetz über Angelegenheiten der freiwilligen Gerichtsbarkeit
Fn.	Fußnote
FPfZG	Familienpflegezeitgesetz
FS	Festschrift
FuU-Anordnung	Anordnung des Verwaltungsrats der BAA über die individuelle Förderung der beruflichen Fortbildung u. Umschulung
G	Gesetz
GA	Geschäftsanweisung
GAB	Gewerbeaufsichtsbeamter
GBl.	Gesetzblatt (Länder u. ehemalige DDR)
GbR	Gesellschaft des bürgerlichen Rechts
GefStoffV	Verordnung zum Schutz vor gefährlichen Stoffen
GenDG	Gesetz über genetische Untersuchungen bei Menschen (Gendiagnostikgesetz – GenDG)

Abkürzungsverzeichnis

GenG	Gesetz über die Erwerbs- und Wirtschaftsgenossenschaften
Gentechnik-SichVO	Gentechnik-Sicherheits-Verordnung
Ges.	Gesellschaft; Gesamt
GesBetrAusschuss	Gesamtbetriebausschuss
GesBR	Gesamtbetriebsrat
GesBV	Gesamtbetriebsvereinbarung
GeschGehG	Gesetz zum Schutz von Geschäftsgeheimnissen v. 18.4.2019 (BGBl. I S. 466)
GesJAV	Gesamtjugend- und Auszubildendenvertretung
GesO	Gesamtvollstreckungsordnung (neue Länder)
GesPersR	Gesamtpersonalrat
GesSchwbVertr	Gesamtschwerbehindertenvertretung
GewO	Gewerbeordnung
ggf.	gegebenenfalls
GG	Grundgesetz
GleiBG	Gesetz zur Durchsetzung der Gleichberechtigung von Frauen u. Männern (Zweites Gleichberechtigungsgesetz v. 24.9.1994)
GmbH	Gesellschaft mit beschränkter Haftung
GmbHG	Gesetz über die Gesellschaften mit beschränkter Haftung
GmbHR	GmbH-Rundschau (Zeitschrift)
GMH	Gewerkschaftliche Monatshefte
GS	Großer Senat, Gemeinsamer Senat
GO	Geschäftsordnung
GRC	Charta der Grundrechte der Europäischen Union
GSG	Gesetz über technische Arbeitsmittel – Gerätesicherheitsgesetz
GVBl.	Gesetz- und Verordnungsblatt
HAG	Heimarbeitsgesetz
HandwO	Gesetz zur Ordnung des Handwerks
Hauptverslg.	Hauptversammlung
HdA	Humanisierung der Arbeit
HGB	Handelsgesetzbuch
hM	herrschende Meinung
IAO	Internationale Arbeitsorganisation
idF	in der Fassung
idR	in der Regel
IG	Industriegewerkschaft
insbes.	insbesondere
InsO	Insolvenzordnung
iSd	im Sinne des/der
ISDN	Integrated Services Digital Network
iSv	im Sinne von
iÜ	im Übrigen
iVm	in Verbindung mit
JArbSchG	Jugendarbeitsschutzgesetz
JAVG	Gesetz zur Bildung von Jugend- und Auszubildendenvertretungen in den Betrieben vom 13.7.1988 (BGBl. I S. 1034)
JbArbR	Jahrbuch des Arbeitsrechts
JFDG	Jugendfreiwilligendienstgesetz
jM	juris – Die Monatszeitschrift
Jug.	Jugendliche
JAV	Jugend- und Auszubildendenvertretung (-vertreter)

JuS	Juristische Schulung, Zeitschrift für Studium und Ausbildung
JVEG	Gesetz über die Vergütung von Sachverständigen, Dolmetscherinnen, Dolmetschern, Übersetzerinnen und Übersetzer sowie die Entschädigung von ehrenamtlichen Richterinnen, ehrenamtlichen Richtern, Zeuginnen, Zeugen und Dritten – Justizvergütungs- und -entschädigungsgesetz
JW	Juristische Wochenschrift
JZ	Juristenzeitung
KAB	Katholische Arbeiterbewegung
Kap.	Kapitel
KAPOVAZ	Kapazitätsorientierte variable Arbeitszeit
KBR	Konzernbetriebsrat
KBV	Konzernbetriebsvereinbarung
KG aA	Kommanditgesellschaft auf Aktien
KJAV	Konzern-Jugend- und Auszubildendenvertretung
KonTraG	Gesetz zur Kontrolle und Transparenz im Unternehmensbereich vom 27.4.1998 (BGBl. I S. 786)
Korrekturgesetz	Gesetz zu Korrekturen in der Sozialversicherung und zur Sicherung der Arbeitnehmerrechte vom 19.12.1998 (BGBl. I S. 3843)
krit.	kritisch
KredReorgG	Gesetz zur Reorganisation von Kreditinstituten
KSchG	Kündigungsschutzgesetz
KTS	Konkurs-, Treuhand und Schiedsgerichtswesen (Zeitschrift)
Kug	Kurzarbeitergeld
KVP	Kontinuierlicher Verbesserungsprozess (Kaizen)
KWG	Kreditwesengesetz
LärmVibrations-ArbSchV	Lärm-Vibrations-Arbeitschutz-Verordnung
LAG	Landesarbeitsgericht
LasthandhabV	Lastenhandhabungsverordnung
LPartG	Lebenspartnerschaftsgesetz
Ls.	Leitsatz
LuftVG	Luftverkehrsgesetz
MAK	Maximale Arbeitsplatzkonzentration
MB	Mitbestimmung; auch Die Mitbestimmung, Zeitschrift der Hans-Böckler-Gesellschaft (ab 1982)
MBR	Mitbestimmungsrecht(e)
MDR	Monatsschrift für Deutsches Recht (Zeitschrift)
MfS	Ministerium für Staatssicherheit der DDR
MgVG	Gesetz über die Mitbestimmung der Arbeitnehmer bei einer grenzüberschreitenden Verschmelzung
MHRG	Gesetz zur Regelung der Miethöhe, Zweites Wohnraumkündigungsschutzgesetz
MindArbBedG	Gesetz über die Festsetzung von Mindestarbeitsbedingungen
Mitbest.	Die Mitbestimmung (Zeitschrift)
MitbestBeiG	Mitbestimmungs-Beibehaltungsgesetz vom 23.8.1994 (BGBl. I S. 2228)
MitbestG	Gesetz über die Mitbestimmung der Arbeitnehmer (Mitbestimmungsgesetz)
MitbestErgG	Gesetz zur Ergänzung des Gesetzes über die Mitbestimmung der Arbeitnehmer in den Aufsichtsräten und Vorstän-

	den der Unternehmen des Bergbaus und der Eisen und Stahl erzeugenden Industrie
MitbGespr.	Das Mitbestimmungsgespräch, Zeitschrift der Hans-Böckler-Gesellschaft (bis 1981)
Mitgl.	Mitglied
Mitt.	Mitteilung
MLA	Methodenlehre des Arbeitsstudiums
MLPS	Methodenlehre der Planung und Steuerung
MMVO	Marktmissbrauchsverordnung
Montan-MitbestG	Gesetz über die Mitbestimmung der Arbeitnehmer in den Aufsichtsräten und Vorständen der Unternehmen des Bergbaus und der Eisen und Stahl erzeugenden Industrie
MS	Mitgliedstaat
MTV	Manteltarifvertrag
MuSchG	Gesetz zum Schutz der erwerbstätigen Mutter
MuSchArbV	Mutterschutzverordnung
MVG	Mitarbeiter-Vertretungsgesetz
mwN	mit weiteren Nachweisen
NachwG	Nachweisgesetz
nF	neue Fassung
NJOZ	Neue Juristische Online Zeitschrift
NJW	Neue Juristische Wochenschrift (Zeitschrift)
nr.	nicht rechtskräftig
Nr.	Nummer
nv	nicht veröffentlicht
NZA	Neue Zeitschrift für Arbeits- und Sozialrecht
NZA-RR	NZA-Rechtsprechungs-Report
Öko-Audit-VO	Verordnung (EWG) Nr. 1836/93 des Rates vom 29.6.1993 über die freiwillige Beteiligung gewerblicher Unternehmen an einem Gemeinschaftssystem für das Umweltmanagement und die Umweltbetriebsprüfung
OLG	Oberlandesgericht
OVG	Oberverwaltungsgericht
OWiG	Gesetz über Ordnungswidrigkeiten
PC	Personal Computer
PersR	Personalrat, Der Personalrat (Zeitschrift)
PersVertr.	Personalvertretung, Die Personalvertretung (Zeitschrift)
PersVG	Personalvertretungsgesetz
PflegeZG	Pflegezeitgesetz
PIS	Personalinformationssystem
PMS	Projektmanagementsysteme
PostPersRG	Gesetz zum Personalrecht der Beschäftigten der früheren Deutschen Bundespost (Postpersonalrechtsgesetz)
PPS	Produktionsplanungs- u. Steuerungssysteme
PR	Personalrat, Der Personalrat (Zeitschrift)
PrAllgBergG	Preußisches Allgemeines Berggesetz
PSA	Personal-Service-Agentur
PSA-BV	Verordnung über Sicherheit und Gesundheitsschutz bei der Benutzung persönlicher Schutzausrüstungen bei der Arbeit (PSA-Benutzungsverordnung)
PTNeuOG	Gesetz zur Neuordnung des Postwesens und der Telekommunikation (Postneuordnungsgesetz)
PVKNeuG	Gesetz zur Neuordnung der Postbeamtenversorgungskasse

QS-Systeme .... Qualitätssicherungssysteme

RabelsZ .... (Rabels)Zeitschrift für Ausländisches und Internationales Privatrecht
RABl. .... Reichsarbeitsblatt
RAG .... Entscheidungen des Reichsarbeitsgerichts und Reichsarbeitsgericht
RdA .... Recht der Arbeit (Zeitschrift)
RDG .... Rechtsdienstleistungsgesetz (Gesetz über außergerichtliche Rechtsdienstleistungen)
RDV .... Recht der Datenverarbeitung (Zeitschrift)
RE .... Regierungsentwurf
REFA .... Verband für Arbeitsstudien u. Betriebsorganisation eV
RestrukturierungsG .... Gesetz zur Restrukturierung und geordneten Abwicklung von Kreditinstituten, zur Errichtung eines Restrukturierungsfonds für Kreditinstitute und zur Verlängerung der Verjährungsfrist der aktienrechtlichen Organhaftung
RG .... Reichsgericht
RGBl. I .... Reichsgesetzblatt Teil I
RGSt .... Entscheidungen des Reichsgerichts in Strafsachen
RGZ .... Entscheidungen des Reichsgerichts in Zivilsachen
RL .... Richtlinie
Rn. .... Randnummer(n)
Rspr. .... Rechtsprechung
RVA .... Reichsversicherungsamt
RVG .... Rechtsanwaltsvergütungsgesetz
RVO .... Reichsversicherungsordnung
RVOrgG .... Gesetz zur Organisationsreform in der gesetzlichen Rentenversicherung

S. .... Satz oder Seite
sa .... siehe auch
SAE .... Sammlung arbeitsrechtlicher Entscheidungen (Zeitschrift)
SCE .... Europäische Genossenschaft (Societas Comunis Europaea)
SCEAG .... SCE-Ausführungsgesetz
SCEBG .... Gesetz über die Beteiligung der Arbeitnehmer und Arbeitnehmerinnen in einer Europäischen Genossenschaft (SCE-Beteiligungsgesetz – SCEBG)
SCE-BR .... SCE-Betriebsrat
SchiedsstellenG .... Gesetz über die Errichtung u. das Verfahren der Schiedsstellen für Arbeitsrecht (neue Länder)
Schwbeh. .... Schwerbehinderter
SchwbVertr. .... Schwerbehindertenvertretung, -vertreter
SchwbWO .... Wahlordnung Schwerbehindertenvertretungen
SchwbWV .... WerkstättenVO SchwbG, 3. DVO
SE .... Europäische Gesellschaft (Societas Europaea)
SEAG .... SE-Ausführungsgesetz
SEBG .... Gesetz über die Beteiligung der Arbeitnehmer in einer Europäischen Gesellschaft (SE-Beteiligungsgesetz – SEBG)
SE-BR .... SE-Betriebsrat
SEEG .... Gesetz zur Einführung der Europäischen Gesellschaft
SGB .... Sozialgesetzbuch, Drittes Buch (III), Viertes Buch (IV), Neuntes Buch (IX)
sog .... so genannt
SozRecht .... Sozialrecht

SozSi	Die Soziale Sicherheit (Zeitschrift)
SprAuG	Sprecherausschussgesetz
SpTrUG	Gesetz über die Spaltung der von der Treuhandanstalt verwalteten Unternehmen (neue Bundesländer)
st.	ständig
Stellvertr.	Stellvertreter
sten. Ber. BT	stenografische Berichte über die Sitzungen des Deutschen Bundestages
StGB	Strafgesetzbuch
StVollzG	Strafvollzugsgesetz
StrlSchV	StrahlenschutzVO
StVZO	Straßenverkehrszulassungsordnung
TAB	Technischer Aufsichtsbeamter
Tar.-Nr.	Tarifregister des Bundesministeriums für Arbeit und Sozialordnung, Registernummer
TDS V	Telekommunikationsdienstunternehmen-Datenschutzverordnung
THA	Treuhandanstalt
TO	Tarifordnung; Tagesordnung
TQM	Total-Quality-Management
TReg	technische Regeln
TRK-Werte	technische Richtkonzentrationen für krebserzeugende Arbeitsstoffe
TU	technische Universität
TV	Tarifvertrag
TVAL	Tarifvertrag für die bei Dienststellen, Unternehmen und sonstigen Einrichtungen der alliierten Behörden und der alliierten Streitkräfte im Gebiet der Bundesrepublik Deutschland beschäftigten Arbeitnehmer
TVG	Tarifvertragsgesetz
TzBfG	Teilzeit- und Befristungsgesetz
u.	und
ua	unter anderem
überwM	überwiegende Meinung
U-Kasse	Unterstützungskasse
UmwBerG	Gesetz zur Bereinigung des Umwandlungsrechts (Umwandlungsbereinigungsgesetz)
UmwG	Umwandlungsgesetz
usw	und so weiter
UVNG	Unfallversicherungsneuregelungsgesetz
UVV	Unfallverhütungsvorschrift
uU	unter Umständen
UWG	Gesetz gegen den unlauteren Wettbewerb
V	Verordnung
VAG	Gesetz über die Beaufsichtigung der Versicherungsunternehmen
Verf.	Verfahren
VermBG	Fünftes Gesetz zur Förderung der Vermögensbildung der Arbeitnehmer
VermG	Gesetz zur Regelung offener Vermögensfragen (neue Bundesländer)
Verslg.	Versammlung

Vertr.	Vertreter, Vertretung
VDE	Verband Deutscher Elektrotechniker
VDI	Verein Deutscher Ingenieure
Vfg.	Verfügung
VG	Verwaltungsgericht
VGB 1	Unfallverhütungsvorschriften „Allgemeine Vorschriften“
VGH	Verwaltungsgerichtshof
vgl.	vergleiche
vH	vom Hundert
VO	Verordnung
Vorb.	Vorbemerkung
Vors.	Vorsitzender
Vorst.	Vorstand
VRG	Vorruhestandsgesetz
VVaG	Versicherungsverein auf Gegenseitigkeit
VwGO	Verwaltungsgerichtsordnung
VwVfG	Verwaltungsverfahrensgesetz
WA	Wahlausschreiben
WahlVerslg.	Wahlversammlung
Wahlvorst.	Wahlvorstand
WiAusschuss	Wirtschaftsausschuss
WMVO	Werkstätten-Mitwirkungsverordnung
WO	Wahlordnung zum Betriebsverfassungsgesetz
WOP	Verordnung zur Durchführung der Betriebsratswahlen bei den Postunternehmen (WahlOPost)
WOPersVG	Wahlordnung zum BPersVG
WOS	Zweite Verordnung zur Durchführung des Betriebsverfassungsgesetzes (Wahlordnung Seeschifffahrt)
WpHG	Wertpapierhandelsgesetz
WRV	Weimarer Reichsverfassung
WSI-Mitt.	WSI-Mitteilungen (Zeitschrift des Wirtschafts- u. Sozialwissenschaftlichen Instituts des DGB)
zB	zum Beispiel
Zbl. Arbeitsmed.	Zentralblatt für Arbeitsmedizin (Zeitschrift)
ZBR	Zeitschrift für Beamtenrecht
ZBVR	Zeitschrift für Betriebsverfassungsrecht – online
ZDG	Zivildienstgesetz
ZDVG	Gesetz über den Vertrauensmann der Zivildienstleistenden
ZfA	Zeitschrift für Arbeitsrecht
ZfS	Zeitschrift für Sozialreform
ZGR	Zeitschrift für Unternehmens- und Gesellschaftsrecht
ZH 1	Verzeichnis von Sicherheitsregeln ua, Schriften für Arbeitssicherheit u. Arbeitsmedizin, Hauptverband der gewerblichen Berufsgenossenschaften
ZHR	Zeitschrift für das gesamte Handelsrecht und Wirtschaftsrecht
Ziff.	Ziffer
ZInsO	Zeitschrift für das gesamte Insolvenzrecht
ZIP	Zeitschrift für Gesellschaftsrecht u. Insolvenzpraxis
ZIS	Zeitschrift für Internationale Strafrechtsdogmatik
zL	zentrale Leitung
ZPO	Zivilprozessordnung
ZRP	Zeitschrift für Rechtspolitik

ZSEG	Gesetz über die Entschädigung von Zeugen und Sachverständigen
zT	zum Teil
ZTR	Zeitschrift für Tarifrecht
zust.	zustimmend
zVv.	zur Veröffentlichung vorgesehen
zzt.	zurzeit

Literaturverzeichnis

ABK EurArbR	Europäisches Arbeitsrecht im Betrieb, 1996
AKRR	Annuß/Kühn/Rudolph/Rupp, Europäisches Betriebsräte-Gesetz EBRG, SEBG, MgVG, SCEBG, 2014
Altvater	Altvater/Baden/Baunack/Berg/Dierßen/Herget/Kröll/Lenders/Noll, Bundespersonalvertretungsgesetz mit Wahlordnungen und ergänzenden Vorschriften, Kommentar, 10. Aufl., 2019
Amthauer AGG-Auswirkungen	Zu den Auswirkungen des AGG auf die Betriebsverfassung, 2009
ALH	Annuß/Lembke/Hangarter Arbeitsrechtliche Umstrukturierung in der Insolvenz, 3. Aufl., 2016
Angerer/Geibel/Süßmann	Wertpapiererwerbs- und Übernahmegesetz (WpÜG), 3. Aufl., 2017
Anzinger/Koberski	Kommentar zum Arbeitszeitgesetz, 4. Aufl., 2014
APS	Ascheid/Preis/Schmidt (Hrsg.) Kommentar zum Kündigungsrecht, 5. Aufl., 2017
Arnold/Gräfl	Kommentar zum TzBfG, 4. Aufl., 2016
Arnold/Günther	Arbeitsrecht 4.0 – Praxishandbuch zum Arbeits-, IP- und Datenschutzrecht in einer digitalisierten Arbeitswelt, 2018
Au Übergangsmandat	Das Übergangsmandat der Arbeitnehmervertretungen, Diss. 2014
Bachner EurBR	Die Rechtsstellung des Europäischen Betriebsrats nach französischem und deutschem Arbeitsrecht im Spannungsverhältnis zwischen europäischer und nationaler Arbeitsrechtstradition, 1998
Bachner/Heilmann Betriebsvereinbarung	Die Betriebsvereinbarung, 2010
BKMT ArbR Unternehmensumwandlung	Arbeitsrecht bei Unternehmensumwandlung und Betriebsübergang, 4. Aufl., 2012
Backmeister/Trittin/Mayer	Kommentar zum Kündigungsschutzgesetz mit Nebengesetzen, 4. Aufl., 2009
Bade Freier MA	Freier Mitarbeiter oder Arbeitnehmer, 1999
Baeck/Deutsch	Arbeitszeitgesetz, 3. Aufl., 2014
Balze/Rebel/Schuck	Outsourcing und arbeitsrechtliche Restrukturierung von Unternehmen, Arbeitsrecht, 3. Aufl., 2007
Bartenbach/Volz	Arbeitnehmererfindungen, 6. Aufl., 2014
BKA Aufhebungsverträge	Bauer/Krieger/Arnold, Arbeitsrechtliche Aufhebungsverträge, 9. Aufl., 2014
Bauer SprAuG	Sprecherausschußgesetz, 2. Aufl., 1990
Bauer/Krieger/Günther	Allgemeines Gleichbehandlungsgesetz und Entgelttransparenzgesetz, Kommentar, 5. Aufl., 2018
Baumbach/Hueck	GmbHG Kommentar zum GmbH-Gesetz, 21. Aufl., 2017
BCF	Bader/Creutzfeld/Friedrich, ArbGG, 5. Aufl., 2008

BeckFormB ArbR	Beck'sches Formularbuch Arbeitsrecht, 2. Aufl., 2009
BeckFormB M&A	Seibt (Hrsg.), Beck'sches Formularbuch Mergers & Acquisitions, 3. Aufl., 2018
Belling BR-Haftung ...	Die Haftung des Betriebsrats u. seiner Mitglieder für Pflichtverletzungen, 1990
Benecke/Hergenröder	Berufsbildungsgesetz, Kommentar, 2009
Benner Crowdwork	Crowdwork – zurück in die Zukunft? Frankfurt 2015
Benrath TV-Öffnungsklauseln	Tarifvertragliche Öffnungsklauseln zur Einführung variabler Entgeltbestandteile durch Betriebsvereinbarung, Diss. 2006/2007
Bergwitz Rechtsstellung BR	Die Rechtsstellung des Betriebsrats, Diss. 2003
Berkowsky Beteiligung BR	Die Beteiligung des Betriebsrats bei Kündigungen, 1996
Berkowsky Betriebsbed. Kündigung	Die betriebsbedingte Kündigung, 6. Aufl., 2008
Berkowsky Personenbed. Kündigung	Die personen- und verhaltensbedingte Kündigung, 4. Aufl., 2005
Bernsau/Dreher/Hauck	Betriebsübergang, Kommentar zu § 613a BGB unter Einschluss von betriebsverfassungsrechtlichen und insolvenzrechtlichen Vorschriften, 3. Aufl., 2010
BDG Betriebsübergang	Beseler/Düwell/Göttling, Arbeitsrechtliche Probleme bei Betriebsübergang, Betriebsänderung und Unternehmensumwandlung, 4. Aufl., 2011
Besgen/Prinz Arbeiten 4.0	Arbeiten 4.0 – Arbeitsrecht und Datenschutz in der digitalisierten Arbeitswelt, 4. Aufl., 2018
Biebl Restmandat BR	Das Restmandat des Betriebsrats, 1991
BKS	Berg/Kocher/Schumann (Hrsg.), Tarifvertragsgesetz und Arbeitskampf, 6. Aufl., 2018
BLAH	Baumbach/Lauterbach/Albers/Hartmann, Kommentar zur Zivilprozeßordnung, 77. Aufl., 2019
BGJ Euro-Betriebsräte	Blank/Geissler/Jäger, Euro-Betriebsräte, 1996
BHKC	Blanke/Hayen/Kunz/Carlson, Europäische Betriebsräte-Gesetz, 3. Aufl., 2019
Blanke/Sterzel PrivatisierungsR	Privatisierungsrecht für Beamte, 1999
Blanke/Trümner Privatisierungs-HdB ...	Handbuch Privatisierung, 1998
Boecken Unternehmensumwandlungen	Unternehmensumwandlungen und Arbeitsrecht, 1996
Boemke/Kursawe	Gesetz über Arbeitnehmererfindungen, München 2015
Bonanni Betrieb	Der gemeinsame Betrieb mehrerer Unternehmen, Diss. 2003
Brand	Brand (Hrsg.), SGB III, Kommentar, 8. Aufl., 2018
Braun	Kommentar zur Insolvenzordnung, 7. Aufl., 2017
Braun/Wisskirchen	Konzernarbeitsrecht, 2015
Brecht-Heitzmann	Überbetriebliche versus innerbetriebliche Kollektivvereinbarungen, 2012
Bredemeier/Neffke	TVöD/TV-L, Kommentar, 4 Aufl., 2013
Breisig Gruppenarbeit	Gruppenarbeit und ihre Regelung durch Betriebsvereinbarung, 1997

Brox/Rüthers ArbeitskampfR	Arbeitskampfrecht, 2. Aufl., 1982
Burger Nichtigkeit	Die Nichtigkeit von Betriebsratswahlen, 2008
Burkert Neues MitbestR	Das neue Mitbestimmungsrecht des Betriebsrats, 2005
Busch	Allgemeines Gleichbehandlungsgesetz, 2007
Buschmann/Dieball/Stevens-Bartol	Das Recht der Teilzeitarbeit, 2. Aufl., 2001
Byers	Mitarbeiterkontrollen, 2016
Christiansen Betriebszugehörigkeit	Betriebszugehörigkeit – Die Zuordnung von Arbeitnehmern aus betriebsverfassungsrechtlicher Sicht, 1998
Cox/Offermann Wirtschaftsausschuss	Wirtschaftsausschuss, 2004
CFHR	Cramer/Fuchs/Hirsch/Ritz, SGB IX – Kommentar zum Recht der schwerbehinderten Menschen sowie AGG und BGG, 6. Aufl., 2011
Däubler Gewerkschaftsrechte	Gewerkschaftsrechte im Betrieb, 12. Aufl., 2017
Däubler Belegschaften	Gläserne Belegschaften 8. Aufl., 2019
Däubler Internet	Internet und Arbeitsrecht, 5. Aufl., 2015
Däubler Schulungs-HdB	Handbuch Schulung und Fortbildung von betrieblichen Interessenvertretern, 5. Aufl., 2004
Däubler ArbR I/II	Das Arbeitsrecht, 2 Bde., 16. (2006) bzw. 11. (1998) Aufl.
Däubler/Bertzbach	Allgemeines Gleichbehandlungsgesetz, 4. Aufl., 2018
Däubler/Bonin/Deinert	AGB-Kontrolle im Arbeitsrecht, 3. Aufl., 2010
Darányi	Die Bordbetriebsverfassung nach § 117 Abs. 2 S. 1 BetrVG unter Berücksichtigung europa-und verfassungsrechtlicher Vorgaben, Diss. 2013
DDZ	Däubler/Deinert/Zwanziger, Kündigungsschutzrecht, 10. Aufl., 2017
DKKW	Däubler/Kittner/Klebe/Wedde (Hrsg.) Kommentar zum BetrVG, 16. Aufl., 2018
Dietz/Richardi	Betriebsverfassungsgesetz, 6. Aufl., 2 Bde., 1981/1982
Düwell/Beyer	Das neue Recht für behinderte Beschäftigte, 2017
Düwell/Lipke	Kommentar zum ArbGG, 4. Aufl., 2016
Eder Regelungsabrede	Regelungsabrede als Alternative zur Betriebsvereinbarung bei der Gestaltung materieller Arbeitsbedingungen, Diss. 2004
Ehrich/Fröhlich Einigungsstelle	Die Einigungsstelle, 2. Aufl., 2010
Eicher/Luik	SGB II, Kommentar, 4. Aufl., 2017
EKM Private Equity	Eilers/Koffka/Mackensen, Private Equity, 2. Aufl., 2012
ErfK	Müller-Glöge/Preis/Schmidt (Hrsg.), Erfurter Kommentar zum Arbeitsrecht, 20. Aufl., 2020
Esser Die Begünstigung von BRMitgliedern	Die Begünstigung von Mitgliedern des Betriebsrats, Diss. 2013

Esser/Wolmerath Mobbing .... Mobbing – der Ratgeber für Betroffene und ihre Interessenvertretung, 5. Aufl., 2003

Etzel BetrVR .... Betriebsverfassungsrecht, 8. Aufl., 2002

EUArbR .... Franzen/Gallner/Oetker (Hrsg.), Kommentar zum europäischen Arbeitsrecht, 3. Aufl., 2020

Feichtinger/Danko Anhörung .... Die Anhörung des Betriebsrats bei Kündigung, 2. Aufl., 2009

Fenski .... Außerbetriebliche Arbeitsverhältnisse, 2. Aufl., 2000

Fischer Betriebsvereinbarungen Die tarifwidrigen Betriebsvereinbarungen, 1998

Fischer/Reihsner Personalpolitik .... Betriebliche Personalpolitik, 2004

FK-InsO .... Wimmer (Hrsg.), Frankfurter Kommentar zur Insolvenzordnung, 8. Aufl., 2015

FKK DrittelbG .... Freis/Kleinefeld/Kleinsorge, Drittelbeteiligungsgesetz, 2004

FKP AR-Wahl-HdB .. Fuchs/Köstler/Pütz, Handbuch zur Aufsichtsratswahl, 6. Aufl., 2016

Flohr Franchise-Vertrag Franchise-Vertrag, 1998

Friedemann Einigungsstelle .... Das Verfahren der Einigungsstelle für Interessenausgleich und Sozialplan, 1997

Froschauer ArbR .... Arbeitsrecht und Umweltschutz, 1994

Gagel .... SGB III – Arbeitsförderung, Kommentar, Loseblatt

Gamillscheg KollArbR Kollektives Arbeitsrecht Band II, 2008

Gaul/Ludwig/Forst .... Europäisches Mitbestimmungsrecht, 2015

GHR Wirtschaftsausschuss ... Grauvogel/Hase/Röhricht, Wirtschaftsausschuss und Betriebsrat, 2. Aufl., 2006

Gilberg Berufsbildung Die Mitwirkung des Betriebsrats bei der Berufsbildung, 1999

Gistel Betriebsverfassungsstruktur ...... Gewillkürte Betriebsverfassungsstruktur und Umstrukturierung, Diss. 2005

Gittermann Arbeitnehmerstatus ..... Arbeitnehmerstatus und Betriebsverfassung in Franchise-Systemen, 1995

GK-ArbGG .... Ahrendt/Bader/Dörner/Horcher/Krumbiegel/Mikosch/Schleusener/Schütz/Vossen/Woitaschek (Hrsg.), Gemeinschaftskommentar zum Arbeitsgerichtsgesetz, Loseblatt

GK-BetrVG .... Gemeinschaftskommentar zum Betriebsverfassungsgesetz von Wiese/Kreutz/Oetker/Raab/Weber/Franzen/Gutzeit/Jacobs, 11. Aufl., 2018

GK-MitbestG .... Gemeinschaftskommentar zum Mitbestimmungsgesetz von Fabricus/Matthes/Naendrup/Rumpff/Schneider/Westerath, Loseblatt

GMP .... Germelmann/Matthes/Prütting, Arbeitsgerichtsgesetz, Kommentar, 9. Aufl., 2017

Gola .... DS-GVO, 2. Aufl., 2018

Gola/Schomerus .... Bundesdatenschutzgesetz, 12. Aufl., 2015

Goldschmidt Sprecherausschuss .... Der Sprecherausschuss, 2. Aufl., 2007

Greßlin BR-Mitglieder Teilzeitbeschäftigte Betriebsratsmitglieder, 2004

Grundmann Mitbestimmung .... Mitbestimmung bei variabler Vergütung und Zielvereinbarung, Diss. 2014

GTAW .... Gross/Thon/Ahmad/Woitaschek, Kommentar zum BetrVG, 2. Aufl., 2008

Habersack/Henssler .... Kommentar zum Mitbestimmungsrecht, 4. Aufl., 2018

HaKo-BetrVG .... Düwell (Hrsg.) Handkommentar Betriebsverfassungsgesetz, 5. Aufl., 2018

HaKo-KSchR .... Fiebig/Gallner/Mestwerdt/Nägele, Kündigungsschutzrecht, Kommentar, 4. Aufl., 2012

Hammer Berufsbildung Berufsbildung u. Betriebsverfassung, 1990

Hammer Schutzpflicht .... Die betriebsverfassungsrechtliche Schutzpflicht für die Selbstbestimmungsfreiheit des Arbeitnehmers, Diss. 1997

Hanau Minderheitenrechte .... Die juristische Problematik des Entwurfs eines Gesetzes zur Verstärkung der Minderheitenrechte (Rechtsgutachten), 1986

Hanau/Matiaske .... Entgrenzung von Arbeitsverhältnissen, 2019

Happe Rechtsstellung von BR Die persönliche Rechtsstellung von Betriebsräten, Diss. 2016

Hase Einigungsstellen-HdB Handbuch der Einigungsstelle, 1990

Hauschka/Moosmayer/Lösler .... Corporate Compliance, 3. Aufl., 2016

Heilmann Neues InsR Neues Insolvenzrecht und Arbeitnehmerinteressen, 1998

Heiden Zielvereinbarungen .... Entgeltrelevante Zielvereinbarungen aus arbeitsrechtlicher Sicht, Studien zum deutschen und europäischen Arbeitsrecht, 2007

Heither Sozialplan ...... Sozialplan und Sozialrecht – Der Einfluss von Fördermöglichkeiten auf die Gestaltung von Interessenausgleich und Sozialplan, Diss. 2001

Hennige Verfahrensrecht .... Das Verfahrensrecht der Einigungsstelle, 1996

HMB TV .... Henssler/Moll/Bepler, Der Tarifvertrag, 2013

Hess InsArbR .... Insolvenzarbeitsrecht, 2. Aufl., 2000

HHB .... Hauck/Helml/Biebl, Arbeitsgerichtsgesetz, Kommentar, 4. Aufl., 2011

Hinrichs Massenentlassungen .... Kündigungsschutz und Arbeitnehmerbeteiligung bei Massenentlassungen, Diss. 2001

Hinrichs Anhörung BR Die Anhörung des Betriebsrats bei Kündigungen, 1997

Hitzfeld Geheimnisschutz .... Geheimnisschutz im Betriebsverfassungsrecht, 1990

HK-AGG .... Däubler/Bertzbach, Allgemeines Gleichbehandlungsgesetz, Handkommentar, 4. Aufl., 2018

HK-ArbGG .... Natter/Gross, ArbGG Arbeitsgerichtsgesetz, Kommentar, 2. Aufl., 2013

HK-ArbNErfR .... Schwab, Arbeitnehmererfindungsrecht, Handkommentar, 3. Aufl., 2014

HK-BBiG .... Wohlgemuth (Hrsg.) Berufsbildungsgesetz, Kommentar, 3. Aufl., 2006

HK-InsO	Kayser/Thole (Hrsg.), Kommentar zur Insolvenzordnung, 9. Aufl., 2018
Höfer	Gesetz zur Verbesserung der betrieblichen Altersversorgung, Kommentar, Loseblatt
Hohmeister/Goretzki Freie Mitarbeit	Verträge über freie Mitarbeit, 1999
Hromadka Betriebsverfassung	Die Betriebsverfassung, 2. Aufl., 1994
Hromadka/Sieg	SprAuG, 4. Aufl., 2017
HSW EAS-HdB	Hanau/Steinmeyer/Wank, Handbuch des europäischen Arbeits- und Sozialrechts, 2002
Hueck/Nipperdey ArbR I + II/1 + 2	Lehrbuch des Arbeitsrechts, 1. Bd., 7. Aufl., 1963, 2. Bd., 7. Aufl., 1967 u. 1970
Hüffer/Koch	Aktiengesetz, 13. Aufl., 2018
Hümmerich Aufhebungsvertrag	Aufhebungsvertrag und Abwicklungsvertrag, 2. Aufl., 2003
Hund Mitbestimmung	§ 87 Abs. 1 Nr. 13 BetrVG im System der Mitbestimmung in den sozialen Angelegenheiten, Diss. 2012
Hunold Lean Production	Lean Production, 1993
HVH Arbeitszeitkonten	Hanau/Veit/Hoff, Recht und Praxis der Arbeitszeitkonten, 2. Aufl., München 2015
HWGNRH	Hess/Worzalla/Glock/Nicolai/Rose/Huke, Kommentar zum Betriebsverfassungsgesetz, 10. Aufl., 2018
HWK	Henssler/Willemsen/Kalb (Hrsg.) Arbeitsrecht, Kommentar, 8. Aufl., 2018
Jacobi ArbR	Grundlehren des Arbeitsrechts, 1927
Jacobs Wahlvorstände ..	Die Wahlvorstände für die Wahlen des Betriebsrats, des Sprecherausschusses und des Aufsichtsrats, 1995
JKOS TVR	Jacobs/Krause/Oetker/Schubert, Tarifvertragsrecht, 2. Aufl., 2013
JRH BetrVR-HdB	Jaeger/Röder/Heckelmann, Praxishandbuch Betriebsverfassungsrecht, 2003
Joost Betrieb	Betrieb und Unternehmen als Grundbegriffe im Arbeitsrecht, 1988
Jung BR-Übergangsmandat	Das Übergangsmandat des Betriebsrats, 1999
KAEW	Koberski/Asshoff/Eustrup/Winkler, Arbeitnehmer-Entsendegesetz, 3. Aufl., 2011
Kaiser Sprecherausschüsse	Sprecherausschüsse für leitende Angestellte, 1995
Kallmeyer	Umwandlungsgesetz, 6. Aufl., 2017
Kamp Telearbeit	Betriebs- und Dienstvereinbarungen Telearbeit – Analyse und Handlungsempfehlungen, 2000
Kempen/Zachert	Tarifvertragsgesetz, 5. Aufl., 2014
KFK MitbestG	Kleinsorge/Freis/Kleinefeld, Neuregelungen im Mitbestimmungsgesetz mit Wahlordnung, 2002
Kiel/Koch Kündigung	Die betriebsbedingte Kündigung, 2000
Klocke.........................	Das BetrVG und der Arbeitskampf im Betrieb, HSI-Schriftenreihe Bd. 29, 2019
KMS AR-Praxis	Köstler/Müller/Sick, Aufsichtsratspraxis, 10. Aufl., 2013

Körner .... Die Auswirkungen der Datenschutz-Grundverordnung in der betrieblichen Praxis, HSI-Schriftenreihe, Band 28, 2019

Kollmer/Wiebauer/Schucht .... Arbeitsstättenverordnung, 4. Aufl., 2019

Kollmer/Klindt .... Arbeitsschutzgesetz, 3. Aufl., 2016

Kossens/Kerschbaumer Teilzeit .... Arbeitnehmer in Teilzeit, 2001

Kothe Neues UmweltauditR .... Das neue Umweltauditrecht, 1997

KPB .... Kübler/Prütting/Bork, InsO – Kommentar zur Insolvenzordnung, Loseblatt

KR .... Gemeinschaftskommentar zum Kündigungsschutzgesetz und sonstigen kündigungsschutzrechtlichen Vorschriften von Bader/Fischermeier/Gallner/Klose/Kreft/Kreutzberg/Kowalczyk/Krumbiegel/Link/Lipke/Rachor/Rinck/Spelge/Spilger/Treber/Vogt/Weigand, 12. Aufl., 2019

Kramer IT-Arbeitsrecht IT-Arbeitsrecht, 2. Aufl., 2019

Kretz AEntG .... Arbeitnehmer-Entsendegesetz, 1996

Kreutz Betriebsautonomie ...... Grenzen der Betriebsautonomie, München, 1979

KRHS .... Klebe/Ratayczak/Heilmann/Spoo, Basiskommentar zum BetrVG, 20. Aufl., 2018

Krimphove .... Europäisches Arbeitsrecht, 2. Aufl., 2001

Kühne/Meyer Einigungsstelle .... Einigungsstelle – Einberufung, Durchführung, Kosten, 2015

Küttner Personalbuch Personalbuch 2019, 26. Aufl., 2019

KZDH ArbR .... Kittner/Zwanziger/Deinert/Heuschmid (Hrsg.), Arbeitsrecht, Handbuch für die Praxis, 10. Aufl., 2019

Langer Ausschlußfristen .... Gesetzliche und vereinbarte Ausschlußfristen im Arbeitsrecht, 1993

Laux/Schlachter .... Teilzeit- und Befristungsgesetz, 2. Aufl., 2011

Leese Leit. Angestellte Die Abgrenzung der leitenden Angestellten, 1999

Leinemann/Taubert .... Berufsbildungsgesetz, 2. Aufl., 2008

Leiss/Wurl Betriebsarbeit .... Rationelle Betriebsarbeit, 3. Aufl., 1990

Lelley Internet .... Internet am Arbeitsplatz, 2006

Lerche EBR .... Der Europäische Betriebsrat und der deutsche Wirtschaftsausschuß, 1997

LHT .... Lutter/Hommelhoff/Teichmann, SE-Kommentar, 2. Aufl., 2015

Linde Aufgaben BR ... Übertragung von Aufgaben des Betriebsrats auf Arbeitsgruppen gemäß § 28 BetrVG, 2006

Lipp Honorierung ...... Honorierung und Tätigkeitsschutz von Betriebsratsmitgliedern, 2008

Löwisch .... Kommentar zum Sprecherausschußgesetz, 2. Aufl., 1994

Löwisch/Kaiser .... Betriebsverfassungsgesetz, 6. Aufl., 2010

Löwisch/Kaiser .... Betriebsverfassungsgesetz Band 1, 7. Aufl., 2017

Löwisch/Rieble .... TVG, 4. Aufl., 2017

Lunk Betriebsversammlung .. Die Betriebsversammlung – das Mitgliederorgan des Belegschaftsverbandes, 1991

LPK-SGB IX .... Dau/Düwell/Joussen (Hrsg.). Kommentar zum SGB IX, 5. Aufl., 2019

MAH ArbR	Moll (Hrsg.), Münchener Anwalts Handbuch Arbeitsrecht, 4. Aufl., 2017
Maschmann/Fritz	Matrixorganisationen, 2019
Mattheis Mitbestimmung BR ...	Die Mitbestimmung des Betriebsrats bei Versetzungen unter besonderer Berücksichtigung der Versetzung von einem Betrieb in einen anderen Betrieb desselben Unternehmens, Diss. 1990
Mauroschat Aktienoptionsprogramme	Aktienoptionsprogramme, Arbeitsrechtliche Strukturen und Fragestellungen, 2005
Maywald Arbeitnehmereinsatz ...	Der Einsatz von Arbeitnehmern in Matrixstrukturen multinationaler Konzerne, 2010
Mengel Compliance ...	Compliance und Arbeitsrecht, 2009
MHdB ArbR	Kiel/Lunk/Oetker (Hrsg.), Münchener Handbuch zum Arbeitsrecht, Kommentar zum Individualarbeitsrecht und zum Kollektiven Arbeitsrecht, 4 Bände, 4. Aufl., 2018, 2019
MHH AGG	Meinel/Heyn/Herms, AGG, Allgemeines Gleichbehandlungsgesetz, Kommentar, 2. Aufl., 2010
MHH TzBfG	Meinel/Heyn/Herms, TzBfG, Teilzeit- und Befristungsgesetz, Kommentar, 5. Aufl., 2016
Müller EBRG	Europäische Betriebsräte-Gesetz, 1997
Müller-Francken Betriebsvereinbarungen	Befugnis zu Eingriffen in die Rechtsstellung des Einzelnen durch Betriebsvereinbarung, 1997
Neumann/Biebl	Arbeitszeitgesetz, Kommentar, 16. Aufl., 2012
Neumann/Fenski/Kühn	Bundesurlaubsgesetz, Kommentar, 11. Aufl., 2016
NFK SE	Nagel/Freis/Kleinsorge, Beteiligung der Arbeitnehmer im Unternehmen auf der Grundlage des europäischen Rechts, 2. Aufl., 2009
Nikisch ArbR I–III	Lehrbuch des Arbeitsrechts, 3. Aufl., 1. Bd., 1961, 3. Bd., 2. Aufl., 1966
Nill Selbstbestimmung	Selbstbestimmung in der Arbeitsgruppe?, 2005
NK-SE	Manz/Mayer/Schröder, Europäische Aktiengesellschaft SE, 3. Aufl., 2019
NK-SGB III	Mutschler/Schmidt-de Caluwe/Coseriu (Hrsg.), SGB III, Kommentar 6. Aufl., 2017
NK-TVG	Däubler (Hrsg.), Kommentar zum Tarifvertragsgesetz, 4. Aufl., 2016
Nollert-Borasio/Perreng	Allgemeines Gleichbehandlungsgesetz, 4. Aufl., 2015
NPWJ	Neumann/Pahlen/Winkler/Jabben, SBG IX, 13. Aufl., 2018
Obermüller/Hess InsO	Insolvenzordnung, 4. Aufl., 2003
Oberthür/Seitz Betriebsvereinbarungen	Oberthür/Seitz (Hrsg.), Betriebsvereinbarungen, 2. Aufl., 2016
Otten	Heimarbeitsrecht, 2008
Paal/Pauly	Datenschutz-Grundverordnung Bundesdatenschutzgesetz, 2. Aufl., 2018
Palandt	Bürgerliches Gesetzbuch, Kommentar, 79. Aufl., 2020

Pauli Mitbestimmung .	Mitbestimmung in Arbeitsförderungsgesellschaften, 1999
Peters	Das Weisungsrecht des Arbeitgebers, 2019
Pfarr/Bertelsmann Diskriminierung	Diskriminierung im Erwerbsleben, 1989
Pfarr/Drüke Telearbeit	Rechtsprobleme der Telearbeit, 1989
Pfarr/Kocher Kollektivverfahren	Kollektivverfahren im Arbeitsrecht, 1999
Pieper	Arbeitsschutzrecht, 6. Aufl., 2017
Plander Flucht	Flucht aus dem Normalarbeitsverhältnis: An den Betriebs- und Personalräten vorbei?, 1990
PSW Flexibilität	Pelzner/Scheddler/Widlak, Flexibilität im Arbeitsverhältnis, 2001
Rademacher EBR	Der Europäische Betriebsrat – Die Richtlinie 94/45/EG des Rates vom 22.9.1994 und ihre Umsetzung in nationales Recht, 1996
Radtke Ext. Sachverstand	Externer Sachverstand im Betriebsverfassungsrecht, Diss. 2014
Rasche Arbeitnehmer-weiterbildung	Arbeitnehmerweiterbildung, Diss. 2013
RDW	Richardi/Dörner/Weber, Personalvertretungsrecht, 5. Aufl., 2020
Rebel Nachteilsausgleich	Grundprobleme des Nachteilsausgleichs gemäß § 113 Abs. 3 BetrVG, 2007
Reichold Betriebsverfassung	Betriebsverfassung als Sozialprivatrecht, 1995
Richardi-BetrVG	Richardi (Hrsg.), Betriebsverfassungsgesetz mit Wahlordnung. Kommentar, 16. Aufl., 2018
Richardi Gutachten	Gutachten zum 61. Deutschen Juristentag 1996
Richardi KirchenArbR	Arbeitsrecht in der Kirche, 6. Aufl., 2012
Richardi Kollektivgewalt	Kollektivgewalt und Individualwille bei der Gestaltung des Arbeitsverhältnisses, 1968
Richardi Neue Betriebsverfassung	Die neue Betriebsverfassung – ein Grundriss, 2. Aufl., 2003
Rieble Ermessenskontrolle	Die Kontrolle des Ermessens der betriebsverfassungsrechtlichen Einigungsstelle, 1990
Riechert/Nimmerjahn	Mindestlohngesetz, 2015, 2. Aufl., 2017
Rittweger Mini-Job	Leitfaden Mini-Job, Ich-AG und Wir-AG, 2. Aufl., 2005
Röder/Baeck Interessenausgleich	Interessenausgleich und Sozialplan, 5. Aufl., 2016
Rolf Betriebsstruktur ..	Unternehmensübergreifende Betriebsstruktur nach § 3 BetrVG, Diss. 2003
Rolfs	Teilzeit- und Befristungsgesetz, Kommentar, 2002
Rolfs/Witschen/Veith/Hoff	Recht und Praxis der Arbeitszeitkonten, 3. Aufl., 2017
Rotermund Interessen-wahrnehmung	Die Interessenwahrnehmung durch Jugendliche und Auszubildende in der Betriebsverfassung, Diss. 2004
RSV AGG	Rühl/Schmid/Viethen, Allgemeines Gleichbehandlungsgesetz, 2007

Rumpff/Boewer
Mitbestimmung .... Mitbestimmung in wirtschaftlichen Angelegenheiten, 3. Aufl., 1990

Rust/Falke .... Allgemeines Gleichbehandlungsgesetz, 2007

Säcker
Gruppenautonomie .... Gruppenautonomie und Übermachtkontrolle im Arbeitsrecht, Berlin, 1972

Sandmann/Marschall .. Arbeitnehmerüberlassungsgesetz, Kommentar, Loseblattausgabe

Schack Einigungsstellenvorsitzender ...... Die zivilrechtliche Stellung des Einigungsstellenvorsitzenden und die Problematik seiner Unparteilichkeit iSd § 76 Abs. 2 S. 1 BetrVG, 2002

Schaub ArbR-Formb... Schrader/Straube/Vogelsang, Arbeitsrechtliches Formular- und Verfahrensbuch, 13. Aufl., 2019

Schaub ArbR-HdB .... Ahrendt/Koch/Linck/Treber/Vogelsang, Arbeitsrechts-Handbuch, 18. Aufl., 2019

Schleusener/Suckow/Plum .... Allgemeines Gleichbehandlungsgesetz, Kommentar, 5. Aufl., 2019

Schmid/Roßmann
Arbeitsverhältnis .... Das Arbeitsverhältnis der Besatzungsmitglieder vom Luftfahrtunternehmen, 1997

Schmidt
Günstigkeitsprinzip ..... Das Günstigkeitsprinzip im Tarifvertrags- und Betriebsverfassungsrecht, 1994

Schmidt
Mitbestimmung .... Mitbestimmung und die Regulierung des Umweltschutzes auf betrieblicher und überbetrieblicher Ebene, aus: Mitbestimmung und neue Unternehmenskulturen, 1997

Schmiege Organisationsstrukturen .... Betriebsverfassungsrechtliche Organisationsstrukturen durch Tarifvertrag, Diss. 2005

Scholz Pressefreiheit ... Pressefreiheit und Arbeitsverfassung, 1978

Schüren/Hamann .... Arbeitnehmerüberlassungsgesetz, Kommentar, 5. Aufl., 2018

Schwab/Weth .... Arbeitsgerichtsgesetz, Kommentar, 5. Aufl., 2017

Schwering .... Das Allgemeine Gleichbehandlungsgesetz als Aufgabe und Instrument des Betriebsrats, Diss. 2010

Schwipper .... Öffentliche Meinungsäußerungen des Betriebsrats und seiner Mitglieder – Zulässigkeit und Grenzen, Diss. 2012

Selzner
Mitbestimmung .... Betriebsverfassungsrechtliche Mitbestimmung in Franchise-Systemen, 1994

Semler/Stengel .... Umwandlungsgesetz, 4. Aufl., 2017

SHP Einigungsstelle ... Spengler/Hahn/Pfeiffer, Betriebliche Einigungsstelle, 2. Aufl., 2019

Sieg/Maschmann
Unternehmensumstrukturierung .... Unternehmensumstrukturierung aus arbeitsrechtlicher Sicht, 2. Aufl., 2010

Sievers .... Kommentar zum Teilzeit- und Befristungsgesetz, 6. Aufl., 2018

Simitis .... Simitis/Dammann/Dix/Ehmann, Bundesdatenschutzgesetz, Kommentar, 8. Aufl., 2014

Simitis/Hornung/Spieker .... Simitis/Hornung/Spieker (Hrsg.), Datenschutzrecht, DSGVO mit BDSG, 2019

SKTW .... Schmidt/Koberski/Tiemann/Wascher, Heimarbeitsgesetz, Kommentar, 4. Aufl., 1998

Spinner Betriebsverfassung .... Die vereinbarte Betriebsverfassung, Diss. 2000

SPV Kündigung .... Stahlhacke/Preis/Vossen, Kündigung und Kündigungsschutz im Arbeitsverhältnis, 11. Aufl., 2015

SRS Gesundheitsmanagement .... v. Stein/Rothe/Schlegel, Gesundheitsmanagement und Krankheit im Arbeitsverhältnis, 2015

Straube/Rasche .... Arbeitsrechtliche Korruptionsbekämpfung, 2017

Stubbe Assessment Center .... Assessment Center, Schriften zum Sozial- und Arbeitsrecht, Bd. 252, Berlin 2002

Sturm Freigestellte BR-Mitgl. Die Vergütung freigestellter und dauerhaft von der Arbeit befreiter Betriebsratsmitglieder unter besonderer Berücksichtigung der Gestaltungsmöglichkeiten, Diss. 2015

SWS .... Stege/Weinspach/Schiefer, Betriebsverfassungsgesetz, Kommentar, 9. Aufl., 2002

Teusch Betriebsverfassung .... Die Organisation der Betriebsverfassung durch Tarifvertrag, Diss. 2006

Thüsing AÜG .... Arbeitnehmerüberlassungsgesetz, Kommentar, 4. Aufl., 2018

Thüsing Diskriminierungsschutz .... Arbeitsrechtlicher Diskriminierungsschutz, 2. Aufl., 2013

Thüsing/Denzer BR-Vergütung .... Rechtssichere Betriebsratsvergütung, 2019

Thüsing/Wurth .... Social Media im Betrieb, 2015

Töfflinger Überwachung .... Rechtliche Kriterien für Inhalt und Umfang der Mitbestimmung des Betriebsrats bei technisierter Überwachung (§ 87 Abs. 1 Nr. 6 BetrVG), 1991

Tüttenberg Arbeitsgruppe .... Die Arbeitsgruppe nach § 28a BetrVG, Universitätsschriften, Baden-Baden 2006

Ulber .... zu Dohna-Jäger/Ulber/Ulber, Arbeitnehmerüberlassungsgesetz, 5. Aufl., 2017

Ulber/Ulber .... Arbeitnehmerüberlassungsgesetz, Basiskommentar, 2. Aufl., 2014

Utermark Betriebsverfassung .... Die Organisation der Betriebsverfassung als Verhandlungsgegenstand, Diss. 2004

Veit Zuständigkeit BR Die funktionelle Zuständigkeit des Betriebsrats, 1998

v. Hoyningen-Huene BetrVR .... Betriebsverfassungsrecht, 6. Aufl., 2007

v. Hoyningen-Huene/Boemke Versetzung .... Die Versetzung, 1991

v. Hoyningen-Huene/Püttner Test .... Der psychologische Test im Betrieb, 1997

vHHL .... v. Hoyningen-Huene/Linck, Kündigungsschutzgesetz, Kommentar, 15. Aufl., 2013
Vogt KonzernArbR .... Arbeitsrecht im Konzern, 2014

Wallner Änderungskündigung Die Änderungskündigung, 2005
Waltermann Arbeitsrecht .... Arbeitsrecht, 19. Aufl., 2018
Waltermann Betriebsvereinbarung .. Rechtssetzung durch Betriebsvereinbarung zwischen Privatautonomie und Tarifautonomie, 1996
Wanhöfer Gemeinschaftsbetrieb .. Gemeinschaftsbetrieb und Unternehmensmitbestimmung, 1994
Wank Arbeitnehmer ... Arbeitnehmer und Selbständige, 1988
Wank Lean Management .... Lean Management und Business Reengineering aus arbeitsrechtlicher Sicht, 1995
Weber Arbeitsverhältnis .... Das aufgespaltene Arbeitsverhältnis, 1992
Weber/Ehrich Einigungsstelle .... Einigungsstelle, 2. Aufl., 2010
Wedde Telearbeit .... Telearbeit, 1994
Wenning-Morgenthaler Einigungsstelle .... Die Einigungsstelle, 7. Aufl., 2017
WHWS Arbeitnehmerdatenschutz .... Weth/Herberger/Wächter/Sorge Daten- und Persönlichkeitsschutz im Arbeitsverhältnis, 2. Aufl., 2019
WHSS Umstrukturierung ...... Willemsen/Hohenstatt/Schweibert/Seibt, Umstrukturierung und Übertragung von Unternehmen, 5. Aufl., 2016
Widmann/Mayer .... Umwandlungsrecht, Loseblatt
Wiedemann .... Wiedemann (Hrsg.) Tarifvertragsgesetz, Kommentar, 8. Aufl., 2019
Windbichler KonzernArbR .... Arbeitsrecht im Konzern, 1989
Windeln BetrVG-Reform .... Die Reform des Betriebsverfassungsgesetzes im organisatorischen Bereich, 2003
Wißmann Tarifvertragl. Gestaltung .... Tarifvertragliche Gestaltung der betriebsverfassungsrechtlichen Organisation, Diss. 1999
WKS .... Wißmann/Kleinsorge/Schubert, Mitbestimmungsrecht, 5. Aufl., 2017
Wolmerath Mobbing .. Mobbing im Betrieb, Rechtsansprüche und deren Durchsetzbarkeit, 2001
WPK .... Wlotzke/Preis/Kreft, Kommentar zum Betriebsverfassungsgesetz, 4. Aufl., 2009

Zumbeck Arbeitsgruppenvereinbarungen .... Arbeitsgruppenvereinbarungen nach dem neuen § 28a Betriebsverfassungsgesetz, 2004
Zwanziger .... Das Arbeitsrecht der Insolvenzordnung, Kommentar, 5. Aufl., 2015

Text des Betriebsverfassungsgesetzes

Betriebsverfassungsgesetz

In der Fassung der Bekanntmachung vom 25. September 2001

(BGBl. I S. 2518)

FNA 801-7

geänd. durch Art. 8 Job-AQTIV-G v. 10.12.2001 (BGBl. I S. 3443), Art. 173 Achte ZuständigkeitsanpassungsVO v. 25.11.2003 (BGBl. I S. 2304), Art. 81 Drittes G für moderne Dienstleistungen am Arbeitsmarkt v. 23.12.2003 (BGBl. I S. 2848), Art. 5 Nr. 2 Zweites G zur Vereinfachung der Wahl der Arbeitnehmervertreter in den Aufsichtsrat v. 18.5.2004 (BGBl. I S. 974), Art. 3 Abs. 3 G zur Umsetzung europäischer Richtlinien zur Verwirklichung des Grundsatzes der Gleichbehandlung v. 14.8.2006 (BGBl. I S. 1897), Art. 221 Neunte ZuständigkeitsanpassungsVO v. 31.10.2006 (BGBl. I S. 2407), Art. 4 RisikobegrenzungsG v. 12.8.2008 (BGBl. I S. 1666), Art. 9 G zur Errichtung eines Bundesaufsichtsamtes für Flugsicherung und zur Änd. und Anpassung weiterer Vorschriften v. 29.7.2009 (BGBl. I S. 2424), Art. 3 Abs. 4 G zur Umsetzung des Seearbeitsübereinkommens 2006 der Internationalen Arbeitsorganisation v. 20.4.2013 (BGBl. I S. 868), Art. 18 Abs. 1, Art. 19 Abs. 5 BundesteilhabeG v. 23.12.2016 (BGBl. I S. 3234), Art. 3 G zur Änd. des ArbeitnehmerüberlassungsG und anderer Gesetze v. 21.2.2017 (BGBl. I S. 258), Art. 6 EM-LeistungsverbesserungsG v. 17.7.2017 (BGBl. I S. 2509); Art. 4e QualifizierungschancenG v. 18.12.2018 (BGBl. I S. 2651)

Inhaltsübersicht

Erster Teil. Allgemeine Vorschriften

§ 1 Errichtung von Betriebsräten

(1) [1]In Betrieben mit in der Regel mindestens fünf ständigen wahlberechtigten Arbeitnehmern, von denen drei wählbar sind, werden Betriebsräte gewählt. [2]Dies gilt auch für gemeinsame Betriebe mehrerer Unternehmen.

(2) Ein gemeinsamer Betrieb mehrerer Unternehmen wird vermutet, wenn

1. zur Verfolgung arbeitstechnischer Zwecke die Betriebsmittel sowie die Arbeitnehmer von den Unternehmen gemeinsam eingesetzt werden oder
2. die Spaltung eines Unternehmens zur Folge hat, dass von einem Betrieb ein oder mehrere Betriebsteile einem an der Spaltung beteiligten anderen Unternehmen zugeordnet werden, ohne dass sich dabei die Organisation des betroffenen Betriebs wesentlich ändert.

§ 2 Stellung der Gewerkschaften und Vereinigungen der Arbeitgeber

(1) Arbeitgeber und Betriebsrat arbeiten unter Beachtung der geltenden Tarifverträge vertrauensvoll und im Zusammenwirken mit den im Betrieb vertretenen Gewerkschaften und Arbeitgebervereinigungen zum Wohl der Arbeitnehmer und des Betriebs zusammen.

(2) Zur Wahrnehmung der in diesem Gesetz genannten Aufgaben und Befugnisse der im Betrieb vertretenen Gewerkschaften ist deren Beauftragten nach Unterrichtung des Arbeitgebers oder seines Vertreters Zugang zum Betrieb zu gewähren, soweit dem nicht unumgängliche Notwendigkeiten des Betriebsablaufs, zwingende Sicherheitsvorschriften oder der Schutz von Betriebsgeheimnissen entgegenstehen.

(3) Die Aufgaben der Gewerkschaften und der Vereinigungen der Arbeitgeber, insbesondere die Wahrnehmung der Interessen ihrer Mitglieder, werden durch dieses Gesetz nicht berührt.

§ 3 Abweichende Regelungen

(1) Durch Tarifvertrag können bestimmt werden:

1. für Unternehmen mit mehreren Betrieben
   a) die Bildung eines unternehmenseinheitlichen Betriebsrats oder
   b) die Zusammenfassung von Betrieben,
   wenn dies die Bildung von Betriebsräten erleichtert oder einer sachgerechten Wahrnehmung der Interessen der Arbeitnehmer dient;
2. für Unternehmen und Konzerne, soweit sie nach produkt- oder projektbezogenen Geschäftsbereichen (Sparten) organisiert sind und die Leitung der Sparte auch Entscheidungen in beteiligungspflichtigen Angelegenheiten trifft, die Bildung von Betriebsräten in den Sparten (Spartenbetriebsräte), wenn dies der sachgerechten Wahrnehmung der Aufgaben des Betriebsrats dient;
3. andere Arbeitnehmervertretungsstrukturen, soweit dies insbesondere aufgrund der Betriebs-, Unternehmens- oder Konzernorganisation oder aufgrund anderer Formen der Zusammenarbeit von Unternehmen einer wirksamen und zweckmäßigen Interessenvertretung der Arbeitnehmer dient;
4. zusätzliche betriebsverfassungsrechtliche Gremien (Arbeitsgemeinschaften), die der unternehmensübergreifenden Zusammenarbeit von Arbeitnehmervertretungen dienen;
5. zusätzliche betriebsverfassungsrechtliche Vertretungen der Arbeitnehmer, die die Zusammenarbeit zwischen Betriebsrat und Arbeitnehmern erleichtern.

(2) Besteht in den Fällen des Absatzes 1 Nr. 1, 2, 4 oder 5 keine tarifliche Regelung und gilt auch kein anderer Tarifvertrag, kann die Regelung durch Betriebsvereinbarung getroffen werden.

(3) [1] Besteht im Fall des Absatzes 1 Nr. 1 Buchstabe a keine tarifliche Regelung und besteht in dem Unternehmen kein Betriebsrat, können die Arbeitnehmer mit Stimmenmehrheit die Wahl eines unternehmenseinheitlichen Betriebsrats beschließen. [2] Die Abstimmung kann von mindestens drei wahlberechtigten Arbeitnehmern des Unternehmens oder einer im Unternehmen vertretenen Gewerkschaft veranlasst werden.

(4) [1] Sofern der Tarifvertrag oder die Betriebsvereinbarung nichts anderes bestimmt, sind Regelungen nach Absatz 1 Nr. 1 bis 3 erstmals bei der nächsten regelmäßigen Betriebsratswahl anzuwenden, es sei denn, es besteht kein Betriebsrat oder es ist aus anderen Gründen eine Neuwahl des Betriebsrats erforderlich. [2] Sieht der Tarifvertrag oder die Betriebsvereinbarung einen anderen Wahlzeitpunkt vor, endet die Amtszeit bestehender Betriebsräte, die durch die Regelungen nach Absatz 1 Nr. 1 bis 3 entfallen, mit Bekanntgabe des Wahlergebnisses.

(5) [1] Die aufgrund eines Tarifvertrages oder einer Betriebsvereinbarung nach Absatz 1 Nr. 1 bis 3 gebildeten betriebsverfassungsrechtlichen Organisationseinheiten gelten als Betriebe im Sinne dieses Gesetzes. [2] Auf die in ihnen gebildeten Arbeitnehmervertretungen finden die Vorschriften über die Rechte und Pflichten des Betriebsrats und die Rechtsstellung seiner Mitglieder Anwendung.

§ 4 Betriebsteile, Kleinstbetriebe

(1) [1] Betriebsteile gelten als selbständige Betriebe, wenn sie die Voraussetzungen des § 1 Abs. 1 Satz 1 erfüllen und
1. räumlich weit vom Hauptbetrieb entfernt oder
2. durch Aufgabenbereich und Organisation eigenständig sind.

[2] Die Arbeitnehmer eines Betriebsteils, in dem kein eigener Betriebsrat besteht, können mit Stimmenmehrheit formlos beschließen, an der Wahl des Betriebsrats im Hauptbetrieb teilzunehmen; § 3 Abs. 3 Satz 2 gilt entsprechend. [3] Die Abstimmung kann auch vom Betriebsrat des Hauptbetriebs veranlasst werden. [4] Der Beschluss ist dem Betriebsrat des Hauptbetriebs spätestens zehn Wochen vor Ablauf seiner Amtszeit mitzuteilen. [5] Für den Widerruf des Beschlusses gelten die Sätze 2 bis 4 entsprechend.

(2) Betriebe, die die Voraussetzungen des § 1 Abs. 1 Satz 1 nicht erfüllen, sind dem Hauptbetrieb zuzuordnen.

§ 5 Arbeitnehmer

(1) [1] Arbeitnehmer (Arbeitnehmerinnen und Arbeitnehmer) im Sinne dieses Gesetzes sind Arbeiter und Angestellte einschließlich der zu ihrer Berufsausbildung Beschäftigten, unabhängig davon, ob sie im Betrieb, im Außendienst oder mit Telearbeit beschäftigt werden. [2] Als Arbeitnehmer gelten auch die in Heimarbeit Beschäftigten, die in der Hauptsache für den Betrieb arbeiten. [3] Als Arbeitnehmer gelten ferner Beamte (Beamtinnen und Beamte), Soldaten (Soldatinnen und Soldaten) sowie Arbeitnehmer des öffentlichen Dienstes einschließlich der zu ihrer Berufsausbildung Beschäftigten, die in Betrieben privatrechtlich organisierter Unternehmen tätig sind.

(2) Als Arbeitnehmer im Sinne dieses Gesetzes gelten nicht
1. in Betrieben einer juristischen Person die Mitglieder des Organs, das zur gesetzlichen Vertretung der juristischen Person berufen ist;
2. die Gesellschafter einer offenen Handelsgesellschaft oder die Mitglieder einer anderen Personengesamtheit, soweit sie durch Gesetz, Satzung oder Gesellschaftsvertrag zur Vertretung der Personengesamtheit oder zur Geschäftsführung berufen sind, in deren Betrieben;

3. Personen, deren Beschäftigung nicht in erster Linie ihrem Erwerb dient, sondern vorwiegend durch Beweggründe karitativer oder religiöser Art bestimmt ist;
4. Personen, deren Beschäftigung nicht in erster Linie ihrem Erwerb dient und die vorwiegend zu ihrer Heilung, Wiedereingewöhnung, sittlichen Besserung oder Erziehung beschäftigt werden;
5. der Ehegatte, der Lebenspartner, Verwandte und Verschwägerte ersten Grades, die in häuslicher Gemeinschaft mit dem Arbeitgeber leben.

(3) [1] Dieses Gesetz findet, soweit in ihm nicht ausdrücklich etwas anderes bestimmt ist, keine Anwendung auf leitende Angestellte. [2] Leitender Angestellter ist, wer nach Arbeitsvertrag und Stellung im Unternehmen oder im Betrieb

1. zur selbständigen Einstellung und Entlassung von im Betrieb oder in der Betriebsabteilung beschäftigten Arbeitnehmern berechtigt ist oder
2. Generalvollmacht oder Prokura hat und die Prokura auch im Verhältnis zum Arbeitgeber nicht unbedeutend ist oder
3. regelmäßig sonstige Aufgaben wahrnimmt, die für den Bestand und die Entwicklung des Unternehmens oder eines Betriebs von Bedeutung sind und deren Erfüllung besondere Erfahrungen und Kenntnisse voraussetzt, wenn er dabei entweder die Entscheidungen im Wesentlichen frei von Weisungen trifft oder sie maßgeblich beeinflusst; dies kann auch bei Vorgaben insbesondere auf Grund von Rechtsvorschriften, Plänen oder Richtlinien sowie bei Zusammenarbeit mit anderen leitenden Angestellten gegeben sein.

[3] Für die in Absatz 1 Satz 3 genannten Beamten und Soldaten gelten die Sätze 1 und 2 entsprechend.

(4) Leitender Angestellter nach Absatz 3 Nr. 3 ist im Zweifel, wer

1. aus Anlass der letzten Wahl des Betriebsrats, des Sprecherausschusses oder von Aufsichtsratsmitgliedern der Arbeitnehmer oder durch rechtskräftige gerichtliche Entscheidung den leitenden Angestellten zugeordnet worden ist oder
2. einer Leitungsebene angehört, auf der in dem Unternehmen überwiegend leitende Angestellte vertreten sind, oder
3. ein regelmäßiges Jahresarbeitsentgelt erhält, das für leitende Angestellte in dem Unternehmen üblich ist, oder
4. falls auch bei der Anwendung der Nummer 3 noch Zweifel bleiben, ein regelmäßiges Jahresarbeitsentgelt erhält, das das Dreifache der Bezugsgröße nach § 18 des Vierten Buches Sozialgesetzbuch überschreitet.

§ 6. (weggefallen)

Zweiter Teil. Betriebsrat, Betriebsversammlung, Gesamt- und Konzernbetriebsrat

Erster Abschnitt. Zusammensetzung und Wahl des Betriebsrats

§ 7 Wahlberechtigung

[1] Wahlberechtigt sind alle Arbeitnehmer des Betriebs, die das 18. Lebensjahr vollendet haben. [2] Werden Arbeitnehmer eines anderen Arbeitgebers zur Arbeitsleistung überlassen, so sind diese wahlberechtigt, wenn sie länger als drei Monate im Betrieb eingesetzt werden.

§ 8 Wählbarkeit

(1) [1] Wählbar sind alle Wahlberechtigten, die sechs Monate dem Betrieb angehören oder als in Heimarbeit Beschäftigte in der Hauptsache für den Betrieb gearbeitet ha-

ben. [2] Auf diese sechsmonatige Betriebszugehörigkeit werden Zeiten angerechnet, in denen der Arbeitnehmer unmittelbar vorher einem anderen Betrieb desselben Unternehmens oder Konzerns (§ 18 Abs. 1 des Aktiengesetzes) angehört hat. [3] Nicht wählbar ist, wer infolge strafgerichtlicher Verurteilung die Fähigkeit, Rechte aus öffentlichen Wahlen zu erlangen, nicht besitzt.

(2) Besteht der Betrieb weniger als sechs Monate, so sind abweichend von der Vorschrift in Absatz 1 über die sechsmonatige Betriebszugehörigkeit diejenigen Arbeitnehmer wählbar, die bei der Einleitung der Betriebsratswahl im Betrieb beschäftigt sind und die übrigen Voraussetzungen für die Wählbarkeit erfüllen.

§ 9[1] Zahl der Betriebsratsmitglieder

[1] Der Betriebsrat besteht in Betrieben mit in der Regel

5	bis	20	wahlberechtigten Arbeitnehmern aus einer Person,		
21	bis	50	wahlberechtigten Arbeitnehmern aus 3 Mitgliedern,		
51	wahlberechtigten Arbeitnehmern				
	bis	100	Arbeitnehmern	aus	5 Mitgliedern,
101	bis	200	Arbeitnehmern	aus	7 Mitgliedern,
201	bis	400	Arbeitnehmern	aus	9 Mitgliedern,
401	bis	700	Arbeitnehmern	aus	11 Mitgliedern,
701	bis	1000	Arbeitnehmern	aus	13 Mitgliedern,
1001	bis	1500	Arbeitnehmern	aus	15 Mitgliedern,
1501	bis	2000	Arbeitnehmern	aus	17 Mitgliedern,
2001	bis	2500	Arbeitnehmern	aus	19 Mitgliedern,
2501	bis	3000	Arbeitnehmern	aus	21 Mitgliedern,
3001	bis	3500	Arbeitnehmern	aus	23 Mitgliedern,
3501	bis	4000	Arbeitnehmern	aus	25 Mitgliedern,
4001	bis	4500	Arbeitnehmern	aus	27 Mitgliedern,
4501	bis	5000	Arbeitnehmern	aus	29 Mitgliedern,
5001	bis	6000	Arbeitnehmern	aus	31 Mitgliedern,
6001	bis	7000	Arbeitnehmern	aus	33 Mitgliedern,
7001	bis	9000	Arbeitnehmern	aus	35 Mitgliedern.

[2] In Betrieben mit mehr als 9000 Arbeitnehmern erhöht sich die Zahl der Mitglieder des Betriebsrats für je angefangene weitere 3000 Arbeitnehmer um 2 Mitglieder.

§ 10. (weggefallen)

§ 11 Ermäßigte Zahl der Betriebsratsmitglieder

Hat ein Betrieb nicht die ausreichende Zahl von wählbaren Arbeitnehmern, so ist die Zahl der Betriebsratsmitglieder der nächstniedrigeren Betriebsgröße zugrunde zu legen.

§ 12. (weggefallen)

§ 13 Zeitpunkt der Betriebsratswahlen

(1) [1] Die regelmäßigen Betriebsratswahlen finden alle vier Jahre in der Zeit vom 1. März bis 31. Mai statt. [2] Sie sind zeitgleich mit den regelmäßigen Wahlen nach § 5 Abs. 1 des Sprecherausschussgesetzes einzuleiten.

---

[1] **Amtl. Anm.:** Gemäß Artikel 14 Satz 2 des Gesetzes zur Reform des Betriebsverfassungsgesetzes (BetrVerf-Reformgesetz) vom 23. Juli 2001 (BGBl. I S. 1852) gilt § 9 (Artikel 1 Nr. 8 des BetrVerf-Reformgesetzes) für im Zeitpunkt des Inkrafttretens bestehende Betriebsräte erst bei deren Neuwahl.

(2) Außerhalb dieser Zeit ist der Betriebsrat zu wählen, wenn
1. mit Ablauf von 24 Monaten, vom Tage der Wahl an gerechnet, die Zahl der regelmäßig beschäftigten Arbeitnehmer um die Hälfte, mindestens aber um fünfzig, gestiegen oder gesunken ist,
2. die Gesamtzahl der Betriebsratsmitglieder nach Eintreten sämtlicher Ersatzmitglieder unter die vorgeschriebene Zahl der Betriebsratsmitglieder gesunken ist,
3. der Betriebsrat mit der Mehrheit seiner Mitglieder seinen Rücktritt beschlossen hat,
4. die Betriebsratswahl mit Erfolg angefochten worden ist,
5. der Betriebsrat durch eine gerichtliche Entscheidung aufgelöst ist oder
6. im Betrieb ein Betriebsrat nicht besteht.

(3) [1]Hat außerhalb des für die regelmäßigen Betriebsratswahlen festgelegten Zeitraums eine Betriebsratswahl stattgefunden, so ist der Betriebsrat in dem auf die Wahl folgenden nächsten Zeitraum der regelmäßigen Betriebsratswahlen neu zu wählen. [2]Hat die Amtszeit des Betriebsrats zu Beginn des für die regelmäßigen Betriebsratswahlen festgelegten Zeitraums noch nicht ein Jahr betragen, so ist der Betriebsrat in dem übernächsten Zeitraum der regelmäßigen Betriebsratswahlen neu zu wählen.

§ 14 Wahlvorschriften

(1) Der Betriebsrat wird in geheimer und unmittelbarer Wahl gewählt.

(2) [1]Die Wahl erfolgt nach den Grundsätzen der Verhältniswahl. [2]Sie erfolgt nach den Grundsätzen der Mehrheitswahl, wenn nur ein Wahlvorschlag eingereicht wird oder wenn der Betriebsrat im vereinfachten Wahlverfahren nach § 14a zu wählen ist.

(3) Zur Wahl des Betriebsrats können die wahlberechtigten Arbeitnehmer und die im Betrieb vertretenen Gewerkschaften Wahlvorschläge machen.

(4) [1]Jeder Wahlvorschlag der Arbeitnehmer muss von mindestens einem Zwanzigstel der wahlberechtigten Arbeitnehmer, mindestens jedoch von drei Wahlberechtigten unterzeichnet sein; in Betrieben mit in der Regel bis zu zwanzig wahlberechtigten Arbeitnehmern genügt die Unterzeichnung durch zwei Wahlberechtigte. [2]In jedem Fall genügt die Unterzeichnung durch fünfzig wahlberechtigte Arbeitnehmer.

(5) Jeder Wahlvorschlag einer Gewerkschaft muss von zwei Beauftragten unterzeichnet sein.

§ 14a Vereinfachtes Wahlverfahren für Kleinbetriebe

(1) [1]In Betrieben mit in der Regel fünf bis fünfzig wahlberechtigten Arbeitnehmern wird der Betriebsrat in einem zweistufigen Verfahren gewählt. [2]Auf einer ersten Wahlversammlung wird der Wahlvorstand nach § 17a Nr. 3 gewählt. [3]Auf einer zweiten Wahlversammlung wird der Betriebsrat in geheimer und unmittelbarer Wahl gewählt. [4]Diese Wahlversammlung findet eine Woche nach der Wahlversammlung zur Wahl des Wahlvorstands statt.

(2) Wahlvorschläge können bis zum Ende der Wahlversammlung zur Wahl des Wahlvorstands nach § 17a Nr. 3 gemacht werden; für Wahlvorschläge der Arbeitnehmer gilt § 14 Abs. 4 mit der Maßgabe, dass für Wahlvorschläge, die erst auf dieser Wahlversammlung gemacht werden, keine Schriftform erforderlich ist.

(3) [1]Ist der Wahlvorstand in Betrieben mit in der Regel fünf bis fünfzig wahlberechtigten Arbeitnehmern nach § 17a Nr. 1 in Verbindung mit § 16 vom Betriebsrat, Gesamtbetriebsrat oder Konzernbetriebsrat oder nach § 17a Nr. 4 vom Arbeitsgericht bestellt, wird der Betriebsrat abweichend von Absatz 1 Satz 1 und 2 auf nur einer Wahlversammlung in geheimer und unmittelbarer Wahl gewählt. [2]Wahlvorschläge können bis eine Woche vor der Wahlversammlung zur Wahl des Betriebsrats gemacht werden; § 14 Abs. 4 gilt unverändert.

(4) Wahlberechtigten Arbeitnehmern, die an der Wahlversammlung zur Wahl des Betriebsrats nicht teilnehmen können, ist Gelegenheit zur schriftlichen Stimmabgabe zu geben.

(5) In Betrieben mit in der Regel 51 bis 100 wahlberechtigten Arbeitnehmern können der Wahlvorstand und der Arbeitgeber die Anwendung des vereinfachten Wahlverfahrens vereinbaren.

§ 15[2)] Zusammensetzung nach Beschäftigungsarten und Geschlechter

(1) Der Betriebsrat soll sich möglichst aus Arbeitnehmern der einzelnen Organisationsbereiche und der verschiedenen Beschäftigungsarten der im Betrieb tätigen Arbeitnehmer zusammensetzen.

(2) Das Geschlecht, das in der Belegschaft in der Minderheit ist, muss mindestens entsprechend seinem zahlenmäßigen Verhältnis im Betriebsrat vertreten sein, wenn dieser aus mindestens drei Mitgliedern besteht.

§ 16 Bestellung des Wahlvorstands

(1) [1]Spätestens zehn Wochen vor Ablauf seiner Amtszeit bestellt der Betriebsrat einen aus drei Wahlberechtigten bestehenden Wahlvorstand und einen von ihnen als Vorsitzenden. [2]Der Betriebsrat kann die Zahl der Wahlvorstandsmitglieder erhöhen, wenn dies zur ordnungsgemäßen Durchführung der Wahl erforderlich ist. [3]Der Wahlvorstand muss in jedem Fall aus einer ungeraden Zahl von Mitgliedern bestehen. [4]Für jedes Mitglied des Wahlvorstands kann für den Fall seiner Verhinderung ein Ersatzmitglied bestellt werden. [5]In Betrieben mit weiblichen und männlichen Arbeitnehmern sollen dem Wahlvorstand Frauen und Männer angehören. [6]Jede im Betrieb vertretene Gewerkschaft kann zusätzlich einen dem Betrieb angehörenden Beauftragten als nicht stimmberechtigtes Mitglied in den Wahlvorstand entsenden, sofern ihr nicht ein stimmberechtigtes Wahlvorstandsmitglied angehört.

(2) [1]Besteht acht Wochen vor Ablauf der Amtszeit des Betriebsrats kein Wahlvorstand, so bestellt ihn das Arbeitsgericht auf Antrag von mindestens drei Wahlberechtigten oder einer im Betrieb vertretenen Gewerkschaft; Absatz 1 gilt entsprechend. [2]In dem Antrag können Vorschläge für die Zusammensetzung des Wahlvorstands gemacht werden. [3]Das Arbeitsgericht kann für Betriebe mit in der Regel mehr als zwanzig wahlberechtigten Arbeitnehmern auch Mitglieder einer im Betrieb vertretenen Gewerkschaft, die nicht Arbeitnehmer des Betriebs sind, zu Mitgliedern des Wahlvorstands bestellen, wenn dies zur ordnungsgemäßen Durchführung der Wahl erforderlich ist.

(3) [1]Besteht acht Wochen vor Ablauf der Amtszeit des Betriebsrats kein Wahlvorstand, kann auch der Gesamtbetriebsrat oder, falls ein solcher nicht besteht, der Konzernbetriebsrat den Wahlvorstand bestellen. [2]Absatz 1 gilt entsprechend.

§ 17 Bestellung des Wahlvorstands in Betrieben ohne Betriebsrat

(1) [1]Besteht in einem Betrieb, der die Voraussetzungen des § 1 Abs. 1 Satz 1 erfüllt, kein Betriebsrat, so bestellt der Gesamtbetriebsrat oder, falls ein solcher nicht besteht, der Konzernbetriebsrat einen Wahlvorstand. [2]§ 16 Abs. 1 gilt entsprechend.

(2) [1]Besteht weder ein Gesamtbetriebsrat noch ein Konzernbetriebsrat, so wird in einer Betriebsversammlung von der Mehrheit der anwesenden Arbeitnehmer ein Wahlvorstand gewählt; § 16 Abs. 1 gilt entsprechend. [2]Gleiches gilt, wenn der Ge-

---

2) **Amtl. Anm.**: Gemäß Artikel 14 Satz 2 des Gesetzes zur Reform des Betriebsverfassungsgesetzes (BetrVerf-Reformgesetz) vom 23. Juli 2001 (BGBl. I S. 1852) gilt § 15 (Artikel 1 Nr. 13 des BetrVerf-Reformgesetzes) für im Zeitpunkt des Inkrafttretens bestehende Betriebsräte erst bei deren Neuwahl.

samtbetriebsrat oder Konzernbetriebsrat die Bestellung des Wahlvorstands nach Absatz 1 unterlässt.

(3) Zu dieser Betriebsversammlung können drei wahlberechtigte Arbeitnehmer des Betriebs oder eine im Betrieb vertretene Gewerkschaft einladen und Vorschläge für die Zusammensetzung des Wahlvorstands machen.

(4) [1] Findet trotz Einladung keine Betriebsversammlung statt oder wählt die Betriebsversammlung keinen Wahlvorstand, so bestellt ihn das Arbeitsgericht auf Antrag von mindestens drei wahlberechtigten Arbeitnehmern oder einer im Betrieb vertretenen Gewerkschaft. [2] § 16 Abs. 2 gilt entsprechend.

§ 17a Bestellung des Wahlvorstands im vereinfachten Wahlverfahren

Im Fall des § 14a finden die §§ 16 und 17 mit folgender Maßgabe Anwendung:

1. Die Frist des § 16 Abs. 1 Satz 1 wird auf vier Wochen und die des § 16 Abs. 2 Satz 1, Abs. 3 Satz 1 auf drei Wochen verkürzt.
2. § 16 Abs. 1 Satz 2 und 3 findet keine Anwendung.
3. In den Fällen des § 17 Abs. 2 wird der Wahlvorstand in einer Wahlversammlung von der Mehrheit der anwesenden Arbeitnehmer gewählt. Für die Einladung zu der Wahlversammlung gilt § 17 Abs. 3 entsprechend.
4. § 17 Abs. 4 gilt entsprechend, wenn trotz Einladung keine Wahlversammlung stattfindet oder auf der Wahlversammlung kein Wahlvorstand gewählt wird.

§ 18 Vorbereitung und Durchführung der Wahl

(1) [1] Der Wahlvorstand hat die Wahl unverzüglich einzuleiten, sie durchzuführen und das Wahlergebnis festzustellen. [2] Kommt der Wahlvorstand dieser Verpflichtung nicht nach, so ersetzt ihn das Arbeitsgericht auf Antrag des Betriebsrats, von mindestens drei wahlberechtigten Arbeitnehmern oder einer im Betrieb vertretenen Gewerkschaft. [3] § 16 Abs. 2 gilt entsprechend.

(2) Ist zweifelhaft, ob eine betriebsratsfähige Organisationseinheit vorliegt, so können der Arbeitgeber, jeder beteiligte Betriebsrat, jeder beteiligte Wahlvorstand oder eine im Betrieb vertretene Gewerkschaft eine Entscheidung des Arbeitsgerichts beantragen.

(3) [1] Unverzüglich nach Abschluss der Wahl nimmt der Wahlvorstand öffentlich die Auszählung der Stimmen vor, stellt deren Ergebnis in einer Niederschrift fest und gibt es den Arbeitnehmern des Betriebs bekannt. [2] Dem Arbeitgeber und den im Betrieb vertretenen Gewerkschaften ist eine Abschrift der Wahlniederschrift zu übersenden.

§ 18a Zuordnung der leitenden Angestellten bei Wahlen

(1) [1] Sind die Wahlen nach § 13 Abs. 1 und nach § 5 Abs. 1 des Sprecherausschussgesetzes zeitgleich einzuleiten, so haben sich die Wahlvorstände unverzüglich nach Aufstellung der Wählerlisten, spätestens jedoch zwei Wochen vor Einleitung der Wahlen, gegenseitig darüber zu unterrichten, welche Angestellten sie den leitenden Angestellten zugeordnet haben; dies gilt auch, wenn die Wahlen ohne Bestehen einer gesetzlichen Verpflichtung zeitgleich eingeleitet werden. [2] Soweit zwischen den Wahlvorständen kein Einvernehmen über die Zuordnung besteht, haben sie in gemeinsamer Sitzung eine Einigung zu versuchen. [3] Soweit eine Einigung zustande kommt, sind die Angestellten entsprechend ihrer Zuordnung in die jeweilige Wählerliste einzutragen.

(2) [1] Soweit eine Einigung nicht zustande kommt, hat ein Vermittler spätestens eine Woche vor Einleitung der Wahlen erneut eine Verständigung der Wahlvorstände über die Zuordnung zu versuchen. [2] Der Arbeitgeber hat den Vermittler auf dessen Verlan-

gen zu unterstützen, insbesondere die erforderlichen Auskünfte zu erteilen und die erforderlichen Unterlagen zur Verfügung zu stellen. [3]Bleibt der Verständigungsversuch erfolglos, so entscheidet der Vermittler nach Beratung mit dem Arbeitgeber. [4]Absatz 1 Satz 3 gilt entsprechend.

(3) [1]Auf die Person des Vermittlers müssen sich die Wahlvorstände einigen. [2]Zum Vermittler kann nur ein Beschäftigter des Betriebs oder eines anderen Betriebs des Unternehmens oder Konzerns oder der Arbeitgeber bestellt werden. [3]Kommt eine Einigung nicht zustande, so schlagen die Wahlvorstände je eine Person als Vermittler vor; durch Los wird entschieden, wer als Vermittler tätig wird.

(4) [1]Wird mit der Wahl nach § 13 Abs. 1 oder 2 nicht zeitgleich eine Wahl nach dem Sprecherausschussgesetz eingeleitet, so hat der Wahlvorstand den Sprecherausschuss entsprechend Absatz 1 Satz 1 erster Halbsatz zu unterrichten. [2]Soweit kein Einvernehmen über die Zuordnung besteht, hat der Sprecherausschuss Mitglieder zu benennen, die anstelle des Wahlvorstands an dem Zuordnungsverfahren teilnehmen. [3]Wird mit der Wahl nach § 5 Abs. 1 oder 2 des Sprecherausschussgesetzes nicht zeitgleich eine Wahl nach diesem Gesetz eingeleitet, so gelten die Sätze 1 und 2 für den Betriebsrat entsprechend.

(5) [1]Durch die Zuordnung wird der Rechtsweg nicht ausgeschlossen. [2]Die Anfechtung der Betriebsratswahl oder der Wahl nach dem Sprecherausschussgesetz ist ausgeschlossen, soweit sie darauf gestützt wird, die Zuordnung sei fehlerhaft erfolgt. [3]Satz 2 gilt nicht, soweit die Zuordnung offensichtlich fehlerhaft ist.

§ 19 Wahlanfechtung

(1) Die Wahl kann beim Arbeitsgericht angefochten werden, wenn gegen wesentliche Vorschriften über das Wahlrecht, die Wählbarkeit oder das Wahlverfahren verstoßen worden ist und eine Berichtigung nicht erfolgt ist, es sei denn, dass durch den Verstoß das Wahlergebnis nicht geändert oder beeinflusst werden konnte.

(2) [1]Zur Anfechtung berechtigt sind mindestens drei Wahlberechtigte, eine im Betrieb vertretene Gewerkschaft oder der Arbeitgeber. [2]Die Wahlanfechtung ist nur binnen einer Frist von zwei Wochen, vom Tage der Bekanntgabe des Wahlergebnisses an gerechnet, zulässig.

§ 20 Wahlschutz und Wahlkosten

(1) [1]Niemand darf die Wahl des Betriebsrats behindern. [2]Insbesondere darf kein Arbeitnehmer in der Ausübung des aktiven und passiven Wahlrechts beschränkt werden.

(2) Niemand darf die Wahl des Betriebsrats durch Zufügung oder Androhung von Nachteilen oder durch Gewährung oder Versprechen von Vorteilen beeinflussen.

(3) [1]Die Kosten der Wahl trägt der Arbeitgeber. [2]Versäumnis von Arbeitszeit, die zur Ausübung des Wahlrechts, zur Betätigung im Wahlvorstand oder zur Tätigkeit als Vermittler (§ 18a) erforderlich ist, berechtigt den Arbeitgeber nicht zur Minderung des Arbeitsentgelts.

Zweiter Abschnitt. Amtszeit des Betriebsrats

§ 21 Amtszeit

[1]Die regelmäßige Amtszeit des Betriebsrats beträgt vier Jahre. [2]Die Amtszeit beginnt mit der Bekanntgabe des Wahlergebnisses oder, wenn zu diesem Zeitpunkt noch ein Betriebsrat besteht, mit Ablauf von dessen Amtszeit. [3]Die Amtszeit endet spätestens am 31. Mai des Jahres, in dem nach § 13 Abs. 1 die regelmäßigen Betriebs-

ratswahlen stattfinden. [4]In dem Fall des § 13 Abs. 3 Satz 2 endet die Amtszeit spätestens am 31. Mai des Jahres, in dem der Betriebsrat neu zu wählen ist. [5]In den Fällen des § 13 Abs. 2 Nr. 1 und 2 endet die Amtszeit mit der Bekanntgabe des Wahlergebnisses des neu gewählten Betriebsrats.

§ 21a[3)] Übergangsmandat

(1) [1]Wird ein Betrieb gespalten, so bleibt dessen Betriebsrat im Amt und führt die Geschäfte für die ihm bislang zugeordneten Betriebsteile weiter, soweit sie die Voraussetzungen des § 1 Abs. 1 Satz 1 erfüllen und nicht in einen Betrieb eingegliedert werden, in dem ein Betriebsrat besteht (Übergangsmandat). [2]Der Betriebsrat hat insbesondere unverzüglich Wahlvorstände zu bestellen. [3]Das Übergangsmandat endet, sobald in den Betriebsteilen ein neuer Betriebsrat gewählt und das Wahlergebnis bekanntgegeben ist, spätestens jedoch sechs Monate nach Wirksamwerden der Spaltung. [4]Durch Tarifvertrag oder Betriebsvereinbarung kann das Übergangsmandat um weitere sechs Monate verlängert werden.

(2) [1]Werden Betriebe oder Betriebsteile zu einem Betrieb zusammengefasst, so nimmt der Betriebsrat des nach der Zahl der wahlberechtigten Arbeitnehmer größten Betriebs oder Betriebsteils das Übergangsmandat wahr. [2]Absatz 1 gilt entsprechend.

(3) Die Absätze 1 und 2 gelten auch, wenn die Spaltung oder Zusammenlegung von Betrieben und Betriebsteilen im Zusammenhang mit einer Betriebsveräußerung oder einer Umwandlung nach dem Umwandlungsgesetz erfolgt.

§ 21b Restmandat

Geht ein Betrieb durch Stilllegung, Spaltung oder Zusammenlegung unter, so bleibt dessen Betriebsrat so lange im Amt, wie dies zur Wahrnehmung der damit im Zusammenhang stehenden Mitwirkungs- und Mitbestimmungsrechte erforderlich ist.

§ 22 Weiterführung der Geschäfte des Betriebsrats

In den Fällen des § 13 Abs. 2 Nr. 1 bis 3 führt der Betriebsrat die Geschäfte weiter, bis der neue Betriebsrat gewählt und das Wahlergebnis bekanntgegeben ist.

§ 23 Verletzung gesetzlicher Pflichten

(1) [1]Mindestens ein Viertel der wahlberechtigten Arbeitnehmer, der Arbeitgeber oder eine im Betrieb vertretene Gewerkschaft können beim Arbeitsgericht den Ausschluss eines Mitglieds aus dem Betriebsrat oder die Auflösung des Betriebsrats wegen grober Verletzung seiner gesetzlichen Pflichten beantragen. [2]Der Ausschluss eines Mitglieds kann auch vom Betriebsrat beantragt werden.

(2) [1]Wird der Betriebsrat aufgelöst, so setzt das Arbeitsgericht unverzüglich einen Wahlvorstand für die Neuwahl ein. [2]§ 16 Abs. 2 gilt entsprechend.

(3) [1]Der Betriebsrat oder eine im Betrieb vertretene Gewerkschaft können bei groben Verstößen des Arbeitgebers gegen seine Verpflichtungen aus diesem Gesetz beim Arbeitsgericht beantragen, dem Arbeitgeber aufzugeben, eine Handlung zu unterlassen, die Vornahme einer Handlung zu dulden oder eine Handlung vorzunehmen. [2]Handelt der Arbeitgeber der ihm durch rechtskräftige gerichtliche Entscheidung auferlegten Verpflichtung zuwider, eine Handlung zu unterlassen oder die Vornahme einer Handlung zu dulden, so ist er auf Antrag vom Arbeitsgericht wegen

---

[3)] **Amtl. Anm.:** Diese Vorschrift dient der Umsetzung des Artikels 6 der Richtlinie 2001/23/EG des Rates vom 12. März 2001 zur Angleichung der Rechtsvorschriften der Mitgliedstaaten über die Wahrung von Ansprüchen der Arbeitnehmer beim Übergang von Unternehmen, Betrieben oder Betriebsteilen (ABl. EG Nr. L 82 S. 16).

einer jeden Zuwiderhandlung nach vorheriger Androhung zu einem Ordnungsgeld zu verurteilen. [3]Führt der Arbeitgeber die ihm durch eine rechtskräftige gerichtliche Entscheidung auferlegte Handlung nicht durch, so ist auf Antrag vom Arbeitsgericht zu erkennen, dass er zur Vornahme der Handlung durch Zwangsgeld anzuhalten sei. [4]Antragsberechtigt sind der Betriebsrat oder eine im Betrieb vertretene Gewerkschaft. [5]Das Höchstmaß des Ordnungsgeldes und Zwangsgeldes beträgt 10 000 Euro.

§ 24 Erlöschen der Mitgliedschaft

Die Mitgliedschaft im Betriebsrat erlischt durch
1. Ablauf der Amtszeit,
2. Niederlegung des Betriebsratsamtes,
3. Beendigung des Arbeitsverhältnisses,
4. Verlust der Wählbarkeit,
5. Ausschluss aus dem Betriebsrat oder Auflösung des Betriebsrats auf Grund einer gerichtlichen Entscheidung,
6. gerichtliche Entscheidung über die Feststellung der Nichtwählbarkeit nach Ablauf der in § 19 Abs. 2 bezeichneten Frist, es sei denn, der Mangel liegt nicht mehr vor.

§ 25 Ersatzmitglieder

(1) [1]Scheidet ein Mitglied des Betriebsrats aus, so rückt ein Ersatzmitglied nach. [2]Dies gilt entsprechend für die Stellvertretung eines zeitweilig verhinderten Mitglieds des Betriebsrats.

(2) [1]Die Ersatzmitglieder werden unter Berücksichtigung des § 15 Abs. 2 der Reihe nach aus den nichtgewählten Arbeitnehmern derjenigen Vorschlagslisten entnommen, denen die zu ersetzenden Mitglieder angehören. [2]Ist eine Vorschlagsliste erschöpft, so ist das Ersatzmitglied derjenigen Vorschlagsliste zu entnehmen, auf die nach den Grundsätzen der Verhältniswahl der nächste Sitz entfallen würde. [3]Ist das ausgeschiedene oder verhinderte Mitglied nach den Grundsätzen der Mehrheitswahl gewählt, so bestimmt sich die Reihenfolge der Ersatzmitglieder unter Berücksichtigung des § 15 Abs. 2 nach der Höhe der erreichten Stimmenzahlen.

Dritter Abschnitt. Geschäftsführung des Betriebsrats

§ 26 Vorsitzender

(1) Der Betriebsrat wählt aus seiner Mitte den Vorsitzenden und dessen Stellvertreter.

(2) [1]Der Vorsitzende des Betriebsrats oder im Fall seiner Verhinderung sein Stellvertreter vertritt den Betriebsrat im Rahmen der von ihm gefassten Beschlüsse. [2]Zur Entgegennahme von Erklärungen, die dem Betriebsrat gegenüber abzugeben sind, ist der Vorsitzende des Betriebsrats oder im Fall seiner Verhinderung sein Stellvertreter berechtigt.

§ 27 Betriebsausschuss

(1) [1]Hat ein Betriebsrat neun oder mehr Mitglieder, so bildet er einen Betriebsausschuss. [2]Der Betriebsausschuss besteht aus dem Vorsitzenden des Betriebsrats, dessen Stellvertreter und bei Betriebsräten mit
9 bis 15 Mitgliedern aus 3 weiteren Ausschussmitgliedern,
17 bis 23 Mitgliedern aus 5 weiteren Ausschussmitgliedern,
25 bis 35 Mitgliedern aus 7 weiteren Ausschussmitgliedern,
37 oder mehr Mitgliedern aus 9 weiteren Ausschussmitgliedern.

[3]Die weiteren Ausschussmitglieder werden vom Betriebsrat aus seiner Mitte in geheimer Wahl und nach den Grundsätzen der Verhältniswahl gewählt. [4]Wird nur ein Wahlvorschlag gemacht, so erfolgt die Wahl nach den Grundsätzen der Mehrheitswahl. [5]Sind die weiteren Ausschussmitglieder nach den Grundsätzen der Verhältniswahl gewählt, so erfolgt die Abberufung durch Beschluss des Betriebsrats, der in geheimer Abstimmung gefasst wird und einer Mehrheit von drei Vierteln der Stimmen der Mitglieder des Betriebsrats bedarf.

(2) [1]Der Betriebsausschuss führt die laufenden Geschäfte des Betriebsrats. [2]Der Betriebsrat kann dem Betriebsausschuss mit der Mehrheit der Stimmen seiner Mitglieder Aufgaben zur selbständigen Erledigung übertragen; dies gilt nicht für den Abschluss von Betriebsvereinbarungen. [3]Die Übertragung bedarf der Schriftform. [4]Die Sätze 2 und 3 gelten entsprechend für den Widerruf der Übertragung von Aufgaben.

(3) Betriebsräte mit weniger als neun Mitgliedern können die laufenden Geschäfte auf den Vorsitzenden des Betriebsrats oder andere Betriebsratsmitglieder übertragen.

§ 28 Übertragung von Aufgaben auf Ausschüsse

(1) [1]Der Betriebsrat kann in Betrieben mit mehr als 100 Arbeitnehmern Ausschüsse bilden und ihnen bestimmte Aufgaben übertragen. [2]Für die Wahl und Abberufung der Ausschussmitglieder gilt § 27 Abs. 1 Satz 3 bis 5 entsprechend. [3]Ist ein Betriebsausschuss gebildet, kann der Betriebsrat den Ausschüssen Aufgaben zur selbständigen Erledigung übertragen; § 27 Abs. 2 Satz 2 bis 4 gilt entsprechend.

(2) Absatz 1 gilt entsprechend für die Übertragung von Aufgaben zur selbständigen Entscheidung auf Mitglieder des Betriebsrats in Ausschüssen, deren Mitglieder vom Betriebsrat und vom Arbeitgeber benannt werden.

§ 28a Übertragung von Aufgaben auf Arbeitsgruppen

(1) [1]In Betrieben mit mehr als 100 Arbeitnehmern kann der Betriebsrat mit der Mehrheit der Stimmen seiner Mitglieder bestimmte Aufgaben auf Arbeitsgruppen übertragen; dies erfolgt nach Maßgabe einer mit dem Arbeitgeber abzuschließenden Rahmenvereinbarung. [2]Die Aufgaben müssen im Zusammenhang mit den von der Arbeitsgruppe zu erledigenden Tätigkeiten stehen. [3]Die Übertragung bedarf der Schriftform. [4]Für den Widerruf der Übertragung gelten Satz 1 erster Halbsatz und Satz 3 entsprechend.

(2) [1]Die Arbeitsgruppe kann im Rahmen der ihr übertragenen Aufgaben mit dem Arbeitgeber Vereinbarungen schließen; eine Vereinbarung bedarf der Mehrheit der Stimmen der Gruppenmitglieder. [2]§ 77 gilt entsprechend. [3]Können sich Arbeitgeber und Arbeitsgruppe in einer Angelegenheit nicht einigen, nimmt der Betriebsrat das Beteiligungsrecht wahr.

§ 29 Einberufung der Sitzungen

(1) [1]Vor Ablauf einer Woche nach dem Wahltag hat der Wahlvorstand die Mitglieder des Betriebsrats zu der nach § 26 Abs. 1 vorgeschriebenen Wahl einzuberufen. [2]Der Vorsitzende des Wahlvorstands leitet die Sitzung, bis der Betriebsrat aus seiner Mitte einen Wahlleiter bestellt hat.

(2) [1]Die weiteren Sitzungen beruft der Vorsitzende des Betriebsrats ein. [2]Er setzt die Tagesordnung fest und leitet die Verhandlung. [3]Der Vorsitzende hat die Mitglieder des Betriebsrats zu den Sitzungen rechtzeitig unter Mitteilung der Tagesordnung zu laden. [4]Dies gilt auch für die Schwerbehindertenvertretung sowie für die Jugend- und Auszubildendenvertreter, soweit sie ein Recht auf Teilnahme an der Betriebsratssitzung haben. [5]Kann ein Mitglied des Betriebsrats oder der Jugend- und Auszubildendenvertretung an der Sitzung nicht teilnehmen, so soll es dies unter Angabe der

Gründe unverzüglich dem Vorsitzenden mitteilen. [6]Der Vorsitzende hat für ein verhindertes Betriebsratsmitglied oder für einen verhinderten Jugend- und Auszubildendenvertreter das Ersatzmitglied zu laden.

(3) Der Vorsitzende hat eine Sitzung einzuberufen und den Gegenstand, dessen Beratung beantragt ist, auf die Tagesordnung zu setzen, wenn dies ein Viertel der Mitglieder des Betriebsrats oder der Arbeitgeber beantragt.

(4) [1]Der Arbeitgeber nimmt an den Sitzungen, die auf sein Verlangen anberaumt sind, und an den Sitzungen, zu denen er ausdrücklich eingeladen ist, teil. [2]Er kann einen Vertreter der Vereinigung der Arbeitgeber, der er angehört, hinzuziehen.

§ 30 Betriebsratssitzungen

[1]Die Sitzungen des Betriebsrats finden in der Regel während der Arbeitszeit statt. [2]Der Betriebsrat hat bei der Ansetzung von Betriebsratssitzungen auf die betrieblichen Notwendigkeiten Rücksicht zu nehmen. [3]Der Arbeitgeber ist vom Zeitpunkt der Sitzung vorher zu verständigen. [4]Die Sitzungen des Betriebsrats sind nicht öffentlich.

§ 31 Teilnahme der Gewerkschaften

Auf Antrag von einem Viertel der Mitglieder des Betriebsrats kann ein Beauftragter einer im Betriebsrat vertretenen Gewerkschaft an den Sitzungen beratend teilnehmen; in diesem Fall sind der Zeitpunkt der Sitzung und die Tagesordnung der Gewerkschaft rechtzeitig mitzuteilen.

§ 32 Teilnahme der Schwerbehindertenvertretung

Die Schwerbehindertenvertretung (§ 177 des Neunten Buches Sozialgesetzbuch) kann an allen Sitzungen des Betriebsrats beratend teilnehmen.

§ 33 Beschlüsse des Betriebsrats

(1) [1]Die Beschlüsse des Betriebsrats werden, soweit in diesem Gesetz nichts anderes bestimmt ist, mit der Mehrheit der Stimmen der anwesenden Mitglieder gefasst. [2]Bei Stimmengleichheit ist ein Antrag abgelehnt.

(2) Der Betriebsrat ist nur beschlussfähig, wenn mindestens die Hälfte der Betriebsratsmitglieder an der Beschlussfassung teilnimmt; Stellvertretung durch Ersatzmitglieder ist zulässig.

(3) Nimmt die Jugend- und Auszubildendenvertretung an der Beschlussfassung teil, so werden die Stimmen der Jugend- und Auszubildendenvertreter bei der Feststellung der Stimmenmehrheit mitgezählt.

§ 34 Sitzungsniederschrift

(1) [1]Über jede Verhandlung des Betriebsrats ist eine Niederschrift aufzunehmen, die mindestens den Wortlaut der Beschlüsse und die Stimmenmehrheit, mit der sie gefasst sind, enthält. [2]Die Niederschrift ist von dem Vorsitzenden und einem weiteren Mitglied zu unterzeichnen. [3]Der Niederschrift ist eine Anwesenheitsliste beizufügen, in die sich jeder Teilnehmer eigenhändig einzutragen hat.

(2) [1]Hat der Arbeitgeber oder ein Beauftragter einer Gewerkschaft an der Sitzung teilgenommen, so ist ihm der entsprechende Teil der Niederschrift abschriftlich auszuhändigen. [2]Einwendungen gegen die Niederschrift sind unverzüglich schriftlich zu erheben; sie sind der Niederschrift beizufügen.

(3) Die Mitglieder des Betriebsrats haben das Recht, die Unterlagen des Betriebsrats und seiner Ausschüsse jederzeit einzusehen.

§ 35 Aussetzung von Beschlüssen

(1) Erachtet die Mehrheit der Jugend- und Auszubildendenvertretung oder die Schwerbehindertenvertretung einen Beschluss des Betriebsrats als eine erhebliche Beeinträchtigung wichtiger Interessen der durch sie vertretenen Arbeitnehmer, so ist auf ihren Antrag der Beschluss auf die Dauer von einer Woche vom Zeitpunkt der Beschlussfassung an auszusetzen, damit in dieser Frist eine Verständigung, gegebenenfalls mit Hilfe der im Betrieb vertretenen Gewerkschaften, versucht werden kann.

(2) [1] Nach Ablauf der Frist ist über die Angelegenheit neu zu beschließen. [2] Wird der erste Beschluss bestätigt, so kann der Antrag auf Aussetzung nicht wiederholt werden; dies gilt auch, wenn der erste Beschluss nur unerheblich geändert wird.

§ 36 Geschäftsordnung

Sonstige Bestimmungen über die Geschäftsführung sollen in einer schriftlichen Geschäftsordnung getroffen werden, die der Betriebsrat mit der Mehrheit der Stimmen seiner Mitglieder beschließt.

§ 37 Ehrenamtliche Tätigkeit, Arbeitsversäumnis

(1) Die Mitglieder des Betriebsrats führen ihr Amt unentgeltlich als Ehrenamt.

(2) Mitglieder des Betriebsrats sind von ihrer beruflichen Tätigkeit ohne Minderung des Arbeitsentgelts zu befreien, wenn und soweit es nach Umfang und Art des Betriebs zur ordnungsgemäßen Durchführung ihrer Aufgaben erforderlich ist.

(3) [1] Zum Ausgleich für Betriebsratstätigkeit, die aus betriebsbedingten Gründen außerhalb der Arbeitszeit durchzuführen ist, hat das Betriebsratsmitglied Anspruch auf entsprechende Arbeitsbefreiung unter Fortzahlung des Arbeitsentgelts. [2] Betriebsbedingte Gründe liegen auch vor, wenn die Betriebsratstätigkeit wegen der unterschiedlichen Arbeitszeiten der Betriebsratsmitglieder nicht innerhalb der persönlichen Arbeitszeit erfolgen kann. [3] Die Arbeitsbefreiung ist vor Ablauf eines Monats zu gewähren; ist dies aus betriebsbedingten Gründen nicht möglich, so ist die aufgewendete Zeit wie Mehrarbeit zu vergüten.

(4) [1] Das Arbeitsentgelt von Mitgliedern des Betriebsrats darf einschließlich eines Zeitraums von einem Jahr nach Beendigung der Amtszeit nicht geringer bemessen werden als das Arbeitsentgelt vergleichbarer Arbeitnehmer mit betriebsüblicher beruflicher Entwicklung. [2] Dies gilt auch für allgemeine Zuwendungen des Arbeitgebers.

(5) Soweit nicht zwingende betriebliche Notwendigkeiten entgegenstehen, dürfen Mitglieder des Betriebsrats einschließlich eines Zeitraums von einem Jahr nach Beendigung der Amtszeit nur mit Tätigkeiten beschäftigt werden, die den Tätigkeiten der in Absatz 4 genannten Arbeitnehmer gleichwertig sind.

(6) [1] Die Absätze 2 und 3 gelten entsprechend für die Teilnahme an Schulungs- und Bildungsveranstaltungen, soweit diese Kenntnisse vermitteln, die für die Arbeit des Betriebsrats erforderlich sind. [2] Betriebsbedingte Gründe im Sinne des Absatzes 3 liegen auch vor, wenn wegen Besonderheiten der betrieblichen Arbeitszeitgestaltung die Schulung des Betriebsratsmitglieds außerhalb seiner Arbeitszeit erfolgt; in diesem Fall ist der Umfang des Ausgleichsanspruchs unter Einbeziehung der Arbeitsbefreiung nach Absatz 2 pro Schulungstag begrenzt auf die Arbeitszeit eines vollzeitbeschäftigten Arbeitnehmers. [3] Der Betriebsrat hat bei der Festlegung der zeitlichen Lage der Teilnahme an Schulungs- und Bildungsveranstaltungen die betrieblichen Notwendigkeiten zu berücksichtigen. [4] Er hat dem Arbeitgeber die Teilnahme und die zeitliche Lage der Schulungs- und Bildungsveranstaltungen rechtzeitig bekannt zu geben. [5] Hält der Arbeitgeber die betrieblichen Notwendigkeiten für nicht ausreichend berücksichtigt, so kann er die Einigungsstelle anrufen. [6] Der Spruch der Einigungsstelle ersetzt die Einigung zwischen Arbeitgeber und Betriebsrat.

(7) [1]Unbeschadet der Vorschrift des Absatzes 6 hat jedes Mitglied des Betriebsrats während seiner regelmäßigen Amtszeit Anspruch auf bezahlte Freistellung für insgesamt drei Wochen zur Teilnahme an Schulungs- und Bildungsveranstaltungen, die von der zuständigen obersten Arbeitsbehörde des Landes nach Beratung mit den Spitzenorganisationen der Gewerkschaften und der Arbeitgeberverbände als geeignet anerkannt sind. [2]Der Anspruch nach Satz 1 erhöht sich für Arbeitnehmer, die erstmals das Amt eines Betriebsratsmitglieds übernehmen und auch nicht zuvor Jugend- und Auszubildendenvertreter waren, auf vier Wochen. [3]Absatz 6 Satz 2 bis 6 findet Anwendung.

§ 38 Freistellungen

(1) [1]Von ihrer beruflichen Tätigkeit sind mindestens freizustellen in Betrieben mit in der Regel

200	bis	500	Arbeitnehmern	ein Betriebsratsmitglied,
501	bis	900	Arbeitnehmern	2 Betriebsratsmitglieder,
901	bis	1 500	Arbeitnehmern	3 Betriebsratsmitglieder,
1501	bis	2 000	Arbeitnehmern	4 Betriebsratsmitglieder,
2001	bis	3 000	Arbeitnehmern	5 Betriebsratsmitglieder,
3001	bis	4 000	Arbeitnehmern	6 Betriebsratsmitglieder,
4001	bis	5 000	Arbeitnehmern	7 Betriebsratsmitglieder,
5001	bis	6 000	Arbeitnehmern	8 Betriebsratsmitglieder,
6001	bis	7 000	Arbeitnehmern	9 Betriebsratsmitglieder,
7001	bis	8 000	Arbeitnehmern	10 Betriebsratsmitglieder,
8001	bis	9 000	Arbeitnehmern	11 Betriebsratsmitglieder,
9001	bis	10 000	Arbeitnehmern	12 Betriebsratsmitglieder.

[2]In Betrieben mit über 10 000 Arbeitnehmern ist für je angefangene weitere 2000 Arbeitnehmer ein weiteres Betriebsratsmitglied freizustellen. [3]Freistellungen können auch in Form von Teilfreistellungen erfolgen. [4]Diese dürfen zusammengenommen nicht den Umfang der Freistellungen nach den Sätzen 1 und 2 überschreiten. [5]Durch Tarifvertrag oder Betriebsvereinbarung können anderweitige Regelungen über die Freistellung vereinbart werden.

(2) [1]Die freizustellenden Betriebsratsmitglieder werden nach Beratung mit dem Arbeitgeber vom Betriebsrat aus seiner Mitte in geheimer Wahl und nach den Grundsätzen der Verhältniswahl gewählt. [2]Wird nur ein Wahlvorschlag gemacht, so erfolgt die Wahl nach den Grundsätzen der Mehrheitswahl; ist nur ein Betriebsratsmitglied freizustellen, so wird dieses mit einfacher Stimmenmehrheit gewählt. [3]Der Betriebsrat hat die Namen der Freizustellenden dem Arbeitgeber bekannt zu geben. [4]Hält der Arbeitgeber eine Freistellung für sachlich nicht vertretbar, so kann er innerhalb einer Frist von zwei Wochen nach der Bekanntgabe die Einigungsstelle anrufen. [5]Der Spruch der Einigungsstelle ersetzt die Einigung zwischen Arbeitgeber und Betriebsrat. [6]Bestätigt die Einigungsstelle die Bedenken des Arbeitgebers, so hat sie bei der Bestimmung eines anderen freizustellenden Betriebsratsmitglieds auch den Minderheitenschutz im Sinne des Satzes 1 zu beachten. [7]Ruft der Arbeitgeber die Einigungsstelle nicht an, so gilt sein Einverständnis mit den Freistellungen nach Ablauf der zweiwöchigen Frist als erteilt. [8]Für die Abberufung gilt § 27 Abs. 1 Satz 5 entsprechend.

(3) Der Zeitraum für die Weiterzahlung des nach § 37 Abs. 4 zu bemessenden Arbeitsentgelts und für die Beschäftigung nach § 37 Abs. 5 erhöht sich für Mitglieder des Betriebsrats, die drei volle aufeinanderfolgende Amtszeiten freigestellt waren, auf zwei Jahre nach Ablauf der Amtszeit.

(4) [1]Freigestellte Betriebsratsmitglieder dürfen von inner- und außerbetrieblichen Maßnahmen der Berufsbildung nicht ausgeschlossen werden. [2]Innerhalb eines Jahres nach Beendigung der Freistellung eines Betriebsratsmitglieds ist diesem im Rahmen

der Möglichkeiten des Betriebs Gelegenheit zu geben, eine wegen der Freistellung unterbliebene betriebsübliche berufliche Entwicklung nachzuholen. [3]Für Mitglieder des Betriebsrats, die drei volle aufeinanderfolgende Amtszeiten freigestellt waren, erhöht sich der Zeitraum nach Satz 2 auf zwei Jahre.

§ 39 Sprechstunden

(1) [1]Der Betriebsrat kann während der Arbeitszeit Sprechstunden einrichten. [2]Zeit und Ort sind mit dem Arbeitgeber zu vereinbaren. [3]Kommt eine Einigung nicht zustande, so entscheidet die Einigungsstelle. [4]Der Spruch der Einigungsstelle ersetzt die Einigung zwischen Arbeitgeber und Betriebsrat.

(2) Führt die Jugend- und Auszubildendenvertretung keine eigenen Sprechstunden durch, so kann an den Sprechstunden des Betriebsrats ein Mitglied der Jugend- und Auszubildendenvertretung zur Beratung der in § 60 Abs. 1 genannten Arbeitnehmer teilnehmen.

(3) Versäumnis von Arbeitszeit, die zum Besuch der Sprechstunden oder durch sonstige Inanspruchnahme des Betriebsrats erforderlich ist, berechtigt den Arbeitgeber nicht zur Minderung des Arbeitsentgelts des Arbeitnehmers.

§ 40 Kosten und Sachaufwand des Betriebsrats

(1) Die durch die Tätigkeit des Betriebsrats entstehenden Kosten trägt der Arbeitgeber.

(2) Für die Sitzungen, die Sprechstunden und die laufende Geschäftsführung hat der Arbeitgeber in erforderlichem Umfang Räume, sachliche Mittel, Informations- und Kommunikationstechnik sowie Büropersonal zur Verfügung zu stellen.

§ 41 Umlageverbot

Die Erhebung und Leistung von Beiträgen der Arbeitnehmer für Zwecke des Betriebsrats ist unzulässig.

Vierter Abschnitt. Betriebsversammlung

§ 42 Zusammensetzung, Teilversammlung, Abteilungsversammlung

(1) [1]Die Betriebsversammlung besteht aus den Arbeitnehmern des Betriebs; sie wird von dem Vorsitzenden des Betriebsrats geleitet. [2]Sie ist nicht öffentlich. [3]Kann wegen der Eigenart des Betriebs eine Versammlung aller Arbeitnehmer zum gleichen Zeitpunkt nicht stattfinden, so sind Teilversammlungen durchzuführen.

(2) [1]Arbeitnehmer organisatorisch oder räumlich abgegrenzter Betriebsteile sind vom Betriebsrat zu Abteilungsversammlungen zusammenzufassen, wenn dies für die Erörterung der besonderen Belange der Arbeitnehmer erforderlich ist. [2]Die Abteilungsversammlung wird von einem Mitglied des Betriebsrats geleitet, das möglichst einem beteiligten Betriebsteil als Arbeitnehmer angehört. [3]Absatz 1 Satz 2 und 3 gilt entsprechend.

§ 43 Regelmäßige Betriebs- und Abteilungsversammlungen

(1) [1]Der Betriebsrat hat einmal in jedem Kalendervierteljahr eine Betriebsversammlung einzuberufen und in ihr einen Tätigkeitsbericht zu erstatten. [2]Liegen die Voraussetzungen des § 42 Abs. 2 Satz 1 vor, so hat der Betriebsrat in jedem Kalenderjahr zwei der in Satz 1 genannten Betriebsversammlungen als Abteilungsversammlungen durchzuführen. [3]Die Abteilungsversammlungen sollen möglichst gleichzeitig

stattfinden. [4]Der Betriebsrat kann in jedem Kalenderhalbjahr eine weitere Betriebsversammlung oder, wenn die Voraussetzungen des § 42 Abs. 2 Satz 1 vorliegen, einmal weitere Abteilungsversammlungen durchführen, wenn dies aus besonderen Gründen zweckmäßig erscheint.

(2) [1]Der Arbeitgeber ist zu den Betriebs- und Abteilungsversammlungen unter Mitteilung der Tagesordnung einzuladen. [2]Er ist berechtigt, in den Versammlungen zu sprechen. [3]Der Arbeitgeber oder sein Vertreter hat mindestens einmal in jedem Kalenderjahr in einer Betriebsversammlung über das Personal- und Sozialwesen einschließlich des Stands der Gleichstellung von Frauen und Männern im Betrieb sowie der Integration der im Betrieb beschäftigten ausländischen Arbeitnehmer, über die wirtschaftliche Lage und Entwicklung des Betriebs sowie über den betrieblichen Umweltschutz zu berichten, soweit dadurch nicht Betriebs- oder Geschäftsgeheimnisse gefährdet werden.

(3) [1]Der Betriebsrat ist berechtigt und auf Wunsch des Arbeitgebers oder von mindestens einem Viertel der wahlberechtigten Arbeitnehmer verpflichtet, eine Betriebsversammlung einzuberufen und den beantragten Beratungsgegenstand auf die Tagesordnung zu setzen. [2]Vom Zeitpunkt der Versammlungen, die auf Wunsch des Arbeitgebers stattfinden, ist dieser rechtzeitig zu verständigen.

(4) Auf Antrag einer im Betrieb vertretenen Gewerkschaft muss der Betriebsrat vor Ablauf von zwei Wochen nach Eingang des Antrags eine Betriebsversammlung nach Absatz 1 Satz 1 einberufen, wenn im vorhergegangenen Kalenderhalbjahr keine Betriebsversammlung und keine Abteilungsversammlungen durchgeführt worden sind.

§ 44 Zeitpunkt und Verdienstausfall

(1) [1]Die in den §§ 14a, 17 und 43 Abs. 1 bezeichneten und die auf Wunsch des Arbeitgebers einberufenen Versammlungen finden während der Arbeitszeit statt, soweit nicht die Eigenart des Betriebs eine andere Regelung zwingend erfordert. [2]Die Zeit der Teilnahme an diesen Versammlungen einschließlich der zusätzlichen Wegezeiten ist den Arbeitnehmern wie Arbeitszeit zu vergüten. [3]Dies gilt auch dann, wenn die Versammlungen wegen der Eigenart des Betriebs außerhalb der Arbeitszeit stattfinden; Fahrkosten, die den Arbeitnehmern durch die Teilnahme an diesen Versammlungen entstehen, sind vom Arbeitgeber zu erstatten.

(2) [1]Sonstige Betriebs- oder Abteilungsversammlungen finden außerhalb der Arbeitszeit statt. [2]Hiervon kann im Einvernehmen mit dem Arbeitgeber abgewichen werden; im Einvernehmen mit dem Arbeitgeber während der Arbeitszeit durchgeführte Versammlungen berechtigen den Arbeitgeber nicht, das Arbeitsentgelt der Arbeitnehmer zu mindern.

§ 45 Themen der Betriebs- und Abteilungsversammlungen

[1]Die Betriebs- und Abteilungsversammlungen können Angelegenheiten einschließlich solcher tarifpolitischer, sozialpolitischer, umweltpolitischer und wirtschaftlicher Art sowie Fragen der Förderung der Gleichstellung von Frauen und Männern und der Vereinbarkeit von Familie und Erwerbstätigkeit sowie der Integration der im Betrieb beschäftigten ausländischen Arbeitnehmer behandeln, die den Betrieb oder seine Arbeitnehmer unmittelbar betreffen; die Grundsätze des § 74 Abs. 2 finden Anwendung. [2]Die Betriebs- und Abteilungsversammlungen können dem Betriebsrat Anträge unterbreiten und zu seinen Beschlüssen Stellung nehmen.

§ 46 Beauftragte der Verbände

(1) [1]An den Betriebs- oder Abteilungsversammlungen können Beauftragte der im Betrieb vertretenen Gewerkschaften beratend teilnehmen. [2]Nimmt der Arbeitgeber

an Betriebs- oder Abteilungsversammlungen teil, so kann er einen Beauftragten der Vereinigung der Arbeitgeber, der er angehört, hinzuziehen.

(2) Der Zeitpunkt und die Tagesordnung der Betriebs- oder Abteilungsversammlungen sind den im Betriebsrat vertretenen Gewerkschaften rechtzeitig schriftlich mitzuteilen.

Fünfter Abschnitt. Gesamtbetriebsrat

§ 47[4)] Voraussetzungen der Errichtung, Mitgliederzahl, Stimmengewicht

(1) Bestehen in einem Unternehmen mehrere Betriebsräte, so ist ein Gesamtbetriebsrat zu errichten.

(2) [1]In den Gesamtbetriebsrat entsendet jeder Betriebsrat mit bis zu drei Mitgliedern eines seiner Mitglieder; jeder Betriebsrat mit mehr als drei Mitgliedern entsendet zwei seiner Mitglieder. [2]Die Geschlechter sollen angemessen berücksichtigt werden.

(3) Der Betriebsrat hat für jedes Mitglied des Gesamtbetriebsrats mindestens ein Ersatzmitglied zu bestellen und die Reihenfolge des Nachrückens festzulegen.

(4) Durch Tarifvertrag oder Betriebsvereinbarung kann die Mitgliederzahl des Gesamtbetriebsrats abweichend von Absatz 2 Satz 1 geregelt werden.

(5) Gehören nach Absatz 2 Satz 1 dem Gesamtbetriebsrat mehr als vierzig Mitglieder an und besteht keine tarifliche Regelung nach Absatz 4, so ist zwischen Gesamtbetriebsrat und Arbeitgeber eine Betriebsvereinbarung über die Mitgliederzahl des Gesamtbetriebsrats abzuschließen, in der bestimmt wird, dass Betriebsräte mehrerer Betriebe eines Unternehmens, die regional oder durch gleichartige Interessen miteinander verbunden sind, gemeinsam Mitglieder in den Gesamtbetriebsrat entsenden.

(6) [1]Kommt im Fall des Absatzes 5 eine Einigung nicht zustande, so entscheidet eine für das Gesamtunternehmen zu bildende Einigungsstelle. [2]Der Spruch der Einigungsstelle ersetzt die Einigung zwischen Arbeitgeber und Gesamtbetriebsrat.

(7) [1]Jedes Mitglied des Gesamtbetriebsrats hat so viele Stimmen, wie in dem Betrieb, in dem es gewählt wurde, wahlberechtigte Arbeitnehmer in der Wählerliste eingetragen sind. [2]Entsendet der Betriebsrat mehrere Mitglieder, so stehen ihnen die Stimmen nach Satz 1 anteilig zu.

(8) Ist ein Mitglied des Gesamtbetriebsrats für mehrere Betriebe entsandt worden, so hat es so viele Stimmen, wie in den Betrieben, für die es entsandt ist, wahlberechtigte Arbeitnehmer in den Wählerlisten eingetragen sind; sind mehrere Mitglieder entsandt worden, gilt Absatz 7 Satz 2 entsprechend.

(9) Für Mitglieder des Gesamtbetriebsrats, die aus einem gemeinsamen Betrieb mehrerer Unternehmen entsandt worden sind, können durch Tarifvertrag oder Betriebsvereinbarung von den Absätzen 7 und 8 abweichende Regelungen getroffen werden.

§ 48 Ausschluss von Gesamtbetriebsratsmitgliedern

Mindestens ein Viertel der wahlberechtigten Arbeitnehmer des Unternehmens, der Arbeitgeber, der Gesamtbetriebsrat oder eine im Unternehmen vertretene Gewerkschaft können beim Arbeitsgericht den Ausschluss eines Mitglieds aus dem Gesamtbetriebsrat wegen grober Verletzung seiner gesetzlichen Pflichten beantragen.

[4)] **Amtl. Anm.:** Gemäß Artikel 14 Satz 2 des Gesetzes zur Reform des Betriebsverfassungsgesetzes (BetrVerf-Reformgesetz) vom 23. Juli 2001 (BGBl. I S. 1852) gilt § 47 Abs. 2 (Artikel 1 Nr. 35 Buchstabe a des BetrVerf-Reformgesetzes) für im Zeitpunkt des Inkrafttretens bestehende Betriebsräte erst bei deren Neuwahl.

§ 49 Erlöschen der Mitgliedschaft

Die Mitgliedschaft im Gesamtbetriebsrat endet mit dem Erlöschen der Mitgliedschaft im Betriebsrat, durch Amtsniederlegung, durch Ausschluss aus dem Gesamtbetriebsrat aufgrund einer gerichtlichen Entscheidung oder Abberufung durch den Betriebsrat.

§ 50 Zuständigkeit

(1) [1]Der Gesamtbetriebsrat ist zuständig für die Behandlung von Angelegenheiten, die das Gesamtunternehmen oder mehrere Betriebe betreffen und nicht durch die einzelnen Betriebsräte innerhalb ihrer Betriebe geregelt werden können; seine Zuständigkeit erstreckt sich insoweit auch auf Betriebe ohne Betriebsrat. [2]Er ist den einzelnen Betriebsräten nicht übergeordnet.

(2) [1]Der Betriebsrat kann mit der Mehrheit der Stimmen seiner Mitglieder den Gesamtbetriebsrat beauftragen, eine Angelegenheit für ihn zu behandeln. [2]Der Betriebsrat kann sich dabei die Entscheidungsbefugnis vorbehalten. [3]§ 27 Abs. 2 Satz 3 und 4 gilt entsprechend.

§ 51 Geschäftsführung

(1) [1]Für den Gesamtbetriebsrat gelten § 25 Abs. 1, die §§ 26, 27 Abs. 2 und 3, § 28 Abs. 1 Satz 1 und 3, Abs. 2, die §§ 30, 31, 34, 35, 36, 37 Abs. 1 bis 3 sowie die §§ 40 und 41 entsprechend. [2]§ 27 Abs. 1 gilt entsprechend mit der Maßgabe, dass der Gesamtbetriebsausschuss aus dem Vorsitzenden des Gesamtbetriebsrats, dessen Stellvertreter und bei Gesamtbetriebsräten mit

9 bis 16 Mitgliedern aus 3 weiteren Ausschussmitgliedern,
17 bis 24 Mitgliedern aus 5 weiteren Ausschussmitgliedern,
25 bis 36 Mitgliedern aus 7 weiteren Ausschussmitgliedern,
mehr als 36 Mitgliedern aus 9 weiteren Ausschussmitgliedern

besteht.

(2) [1]Ist ein Gesamtbetriebsrat zu errichten, so hat der Betriebsrat der Hauptverwaltung des Unternehmens oder, soweit ein solcher Betriebsrat nicht besteht, der Betriebsrat des nach der Zahl der wahlberechtigten Arbeitnehmer größten Betriebs zu der Wahl des Vorsitzenden und des stellvertretenden Vorsitzenden des Gesamtbetriebsrats einzuladen. [2]Der Vorsitzende des einladenden Betriebsrats hat die Sitzung zu leiten, bis der Gesamtbetriebsrat aus seiner Mitte einen Wahlleiter bestellt hat. [3]§ 29 Abs. 2 bis 4 gilt entsprechend.

(3) [1]Die Beschlüsse des Gesamtbetriebsrats werden, soweit nichts anderes bestimmt ist, mit Mehrheit der Stimmen der anwesenden Mitglieder gefasst. [2]Bei Stimmengleichheit ist ein Antrag abgelehnt. [3]Der Gesamtbetriebsrat ist nur beschlussfähig, wenn mindestens die Hälfte seiner Mitglieder an der Beschlussfassung teilnimmt und die Teilnehmenden mindestens die Hälfte aller Stimmen vertreten; Stellvertretung durch Ersatzmitglieder ist zulässig. § 33 Abs. 3 gilt entsprechend.

(4) Auf die Beschlussfassung des Gesamtbetriebsausschusses und weiterer Ausschüsse des Gesamtbetriebsrats ist § 33 Abs. 1 und 2 anzuwenden.

(5) Die Vorschriften über die Rechte und Pflichten des Betriebsrats gelten entsprechend für den Gesamtbetriebsrat, soweit dieses Gesetz keine besonderen Vorschriften enthält.

§ 52 Teilnahme der Gesamtschwerbehindertenvertretung

Die Gesamtschwerbehindertenvertretung (§ 180 Absatz 1 des Neunten Buches Sozialgesetzbuch) kann an allen Sitzungen des Gesamtbetriebsrats beratend teilnehmen.

§ 53 Betriebsräteversammlung

(1) [1]Mindestens einmal in jedem Kalenderjahr hat der Gesamtbetriebsrat die Vorsitzenden und die stellvertretenden Vorsitzenden der Betriebsräte sowie die weiteren Mitglieder der Betriebsausschüsse zu einer Versammlung einzuberufen. [2]Zu dieser Versammlung kann der Betriebsrat abweichend von Satz 1 aus seiner Mitte andere Mitglieder entsenden, soweit dadurch die Gesamtzahl der sich für ihn nach Satz 1 ergebenden Teilnehmer nicht überschritten wird.

(2) In der Betriebsräteversammlung hat
1. der Gesamtbetriebsrat einen Tätigkeitsbericht,
2. der Unternehmer einen Bericht über das Personal- und Sozialwesen einschließlich des Stands der Gleichstellung von Frauen und Männern im Unternehmen, der Integration der im Unternehmen beschäftigten ausländischen Arbeitnehmer, über die wirtschaftliche Lage und Entwicklung des Unternehmens sowie über Fragen des Umweltschutzes im Unternehmen, soweit dadurch nicht Betriebs- und Geschäftsgeheimnisse gefährdet werden,

zu erstatten.

(3) [1]Der Gesamtbetriebsrat kann die Betriebsräteversammlung in Form von Teilversammlungen durchführen. [2]Im Übrigen gelten § 42 Abs. 1 Satz 1 zweiter Halbsatz und Satz 2, § 43 Abs. 2 Satz 1 und 2 sowie die §§ 45 und 46 entsprechend.

Sechster Abschnitt. Konzernbetriebsrat

§ 54 Errichtung des Konzernbetriebsrats

(1) [1]Für einen Konzern (§ 18 Abs. 1 des Aktiengesetzes) kann durch Beschlüsse der einzelnen Gesamtbetriebsräte ein Konzernbetriebsrat errichtet werden. [2]Die Errichtung erfordert die Zustimmung der Gesamtbetriebsräte der Konzernunternehmen, in denen insgesamt mehr als 50 vom Hundert der Arbeitnehmer der Konzernunternehmen beschäftigt sind.

(2) Besteht in einem Konzernunternehmen nur ein Betriebsrat, so nimmt dieser die Aufgaben eines Gesamtbetriebsrats nach den Vorschriften dieses Abschnitts wahr.

§ 55 Zusammensetzung des Konzernbetriebsrats, Stimmengewicht

(1) [1]In den Konzernbetriebsrat entsendet jeder Gesamtbetriebsrat zwei seiner Mitglieder. [2]Die Geschlechter sollen angemessen berücksichtigt werden.

(2) Der Gesamtbetriebsrat hat für jedes Mitglied des Konzernbetriebsrats mindestens ein Ersatzmitglied zu bestellen und die Reihenfolge des Nachrückens festzulegen.

(3) Jedem Mitglied des Konzernbetriebsrats stehen die Stimmen der Mitglieder des entsendenden Gesamtbetriebsrats je zur Hälfte zu.

(4) [1]Durch Tarifvertrag oder Betriebsvereinbarung kann die Mitgliederzahl des Konzernbetriebsrats abweichend von Absatz 1 Satz 1 geregelt werden. [2]§ 47 Abs. 5 bis 9 gilt entsprechend.

§ 56 Ausschluss von Konzernbetriebsratsmitgliedern

Mindestens ein Viertel der wahlberechtigten Arbeitnehmer der Konzernunternehmen, der Arbeitgeber, der Konzernbetriebsrat oder eine im Konzern vertretene Gewerkschaft können beim Arbeitsgericht den Ausschluss eines Mitglieds aus dem Konzernbetriebsrat wegen grober Verletzung seiner gesetzlichen Pflichten beantragen.

§ 57 Erlöschen der Mitgliedschaft

Die Mitgliedschaft im Konzernbetriebsrat endet mit dem Erlöschen der Mitgliedschaft im Gesamtbetriebsrat, durch Amtsniederlegung, durch Ausschluss aus dem Konzernbetriebsrat auf Grund einer gerichtlichen Entscheidung oder Abberufung durch den Gesamtbetriebsrat.

§ 58 Zuständigkeit

(1) [1]Der Konzernbetriebsrat ist zuständig für die Behandlung von Angelegenheiten, die den Konzern oder mehrere Konzernunternehmen betreffen und nicht durch die einzelnen Gesamtbetriebsräte innerhalb ihrer Unternehmen geregelt werden können; seine Zuständigkeit erstreckt sich insoweit auch auf Unternehmen, die einen Gesamtbetriebsrat nicht gebildet haben, sowie auf Betriebe der Konzernunternehmen ohne Betriebsrat. [2]Er ist den einzelnen Gesamtbetriebsräten nicht übergeordnet.

(2) [1]Der Gesamtbetriebsrat kann mit der Mehrheit der Stimmen seiner Mitglieder den Konzernbetriebsrat beauftragen, eine Angelegenheit für ihn zu behandeln. [2]Der Gesamtbetriebsrat kann sich dabei die Entscheidungsbefugnis vorbehalten. [3]§ 27 Abs. 2 Satz 3 und 4 gilt entsprechend.

§ 59 Geschäftsführung

(1) Für den Konzernbetriebsrat gelten § 25 Abs. 1, die §§ 26, 27 Abs. 2 und 3, § 28 Abs. 1 Satz 1 und 3, Abs. 2, die §§ 30, 31, 34, 35, 36, 37 Abs. 1 bis 3 sowie die §§ 40, 41 und 51 Abs. 1 Satz 2 und Abs. 3 bis 5 entsprechend.

(2) [1]Ist ein Konzernbetriebsrat zu errichten, so hat der Gesamtbetriebsrat des herrschenden Unternehmens oder, soweit ein solcher Gesamtbetriebsrat nicht besteht, der Gesamtbetriebsrat des nach der Zahl der wahlberechtigten Arbeitnehmer größten Konzernunternehmens zu der Wahl des Vorsitzenden und des stellvertretenden Vorsitzenden des Konzernbetriebsrats einzuladen. [2]Der Vorsitzende des einladenden Gesamtbetriebsrats hat die Sitzung zu leiten, bis der Konzernbetriebsrat aus seiner Mitte einen Wahlleiter bestellt hat. [3]§ 29 Abs. 2 bis 4 gilt entsprechend.

§ 59a Teilnahme der Konzernschwerbehindertenvertretung

Die Konzernschwerbehindertenvertretung (§ 180 Absatz 2 des Neunten Buches Sozialgesetzbuch) kann an allen Sitzungen des Konzernbetriebsrats beratend teilnehmen.

Dritter Teil. Jugend- und Auszubildendenvertretung

Erster Abschnitt. Betriebliche Jugend- und Auszubildendenvertretung

§ 60 Errichtung und Aufgabe

(1) In Betrieben mit in der Regel mindestens fünf Arbeitnehmern, die das 18. Lebensjahr noch nicht vollendet haben (jugendliche Arbeitnehmer) oder die zu ihrer Berufsausbildung beschäftigt sind und das 25. Lebensjahr noch nicht vollendet haben, werden Jugend- und Auszubildendenvertretungen gewählt.

(2) Die Jugend- und Auszubildendenvertretung nimmt nach Maßgabe der folgenden Vorschriften die besonderen Belange der in Absatz 1 genannten Arbeitnehmer wahr.

§ 61 Wahlberechtigung und Wählbarkeit

(1) Wahlberechtigt sind alle in § 60 Abs. 1 genannten Arbeitnehmer des Betriebs.

(2) [1]Wählbar sind alle Arbeitnehmer des Betriebs, die das 25. Lebensjahr noch nicht vollendet haben; § 8 Abs. 1 Satz 3 findet Anwendung. [2]Mitglieder des Betriebsrats können nicht zu Jugend- und Auszubildendenvertretern gewählt werden.

§ 62 Zahl der Jugend- und Auszubildendenvertreter, Zusammensetzung der Jugend- und Auszubildendenvertretung

(1) Die Jugend- und Auszubildendenvertretung besteht in Betrieben mit in der Regel

5	bis	20	der in § 60 Abs. 1 genannten Arbeitnehmer	aus einer Person,
21	bis	50	der in § 60 Abs. 1 genannten Arbeitnehmer	aus 3 Mitgliedern,
51	bis	150	der in § 60 Abs. 1 genannten Arbeitnehmer	aus 5 Mitgliedern,
151	bis	300	der in § 60 Abs. 1 genannten Arbeitnehmer	aus 7 Mitgliedern,
301	bis	500	der in § 60 Abs. 1 genannten Arbeitnehmer	aus 9 Mitgliedern,
501	bis	700	der in § 60 Abs. 1 genannten Arbeitnehmer	aus 11 Mitgliedern,
701	bis	1000	der in § 60 Abs. 1 genannten Arbeitnehmer	aus 13 Mitgliedern,
mehr	als	1000	der in § 60 Abs. 1 genannten Arbeitnehmer	aus 15 Mitgliedern.

(2) Die Jugend- und Auszubildendenvertretung soll sich möglichst aus Vertretern der verschiedenen Beschäftigungsarten und Ausbildungsberufe der im Betrieb tätigen in § 60 Abs. 1 genannten Arbeitnehmer zusammensetzen.

(3) Das Geschlecht, das unter den in § 60 Abs. 1 genannten Arbeitnehmern in der Minderheit ist, muss mindestens entsprechend seinem zahlenmäßigen Verhältnis in der Jugend- und Auszubildendenvertretung vertreten sein, wenn diese aus mindestens drei Mitgliedern besteht.

§ 63 Wahlvorschriften

(1) Die Jugend- und Auszubildendenvertretung wird in geheimer und unmittelbarer Wahl gewählt.

(2) [1]Spätestens acht Wochen vor Ablauf der Amtszeit der Jugend- und Auszubildendenvertretung bestellt der Betriebsrat den Wahlvorstand und seinen Vorsitzenden. [2]Für die Wahl der Jugend- und Auszubildendenvertreter gelten § 14 Abs. 2 bis 5, § 16 Abs. 1 Satz 4 bis 6, § 18 Abs. 1 Satz 1 und Abs. 3 sowie die §§ 19 und 20 entsprechend.

(3) Bestellt der Betriebsrat den Wahlvorstand nicht oder nicht spätestens sechs Wochen vor Ablauf der Amtszeit der Jugend- und Auszubildendenvertretung oder kommt der Wahlvorstand seiner Verpflichtung nach § 18 Abs. 1 Satz 1 nicht nach, so gelten § 16 Abs. 2 Satz 1 und 2, Abs. 3 Satz 1 und § 18 Abs. 1 Satz 2 entsprechend; der Antrag beim Arbeitsgericht kann auch von jugendlichen Arbeitnehmern gestellt werden.

(4) [1]In Betrieben mit in der Regel fünf bis fünfzig der in § 60 Abs. 1 genannten Arbeitnehmer gilt auch § 14a entsprechend. [2]Die Frist zur Bestellung des Wahlvorstands wird im Fall des Absatzes 2 Satz 1 auf vier Wochen und im Fall des Absatzes 3 Satz 1 auf drei Wochen verkürzt.

(5) In Betrieben mit in der Regel 51 bis 100 der in § 60 Abs. 1 genannten Arbeitnehmer gilt § 14a Abs. 5 entsprechend.

§ 64 Zeitpunkt der Wahlen und Amtszeit

(1) [1]Die regelmäßigen Wahlen der Jugend- und Auszubildendenvertretung finden alle zwei Jahre in der Zeit vom 1. Oktober bis 30. November statt. [2]Für die Wahl der

Jugend- und Auszubildendenvertretung außerhalb dieser Zeit gilt § 13 Abs. 2 Nr. 2 bis 6 und Abs. 3 entsprechend.

(2) [1]Die regelmäßige Amtszeit der Jugend- und Auszubildendenvertretung beträgt zwei Jahre. [2]Die Amtszeit beginnt mit der Bekanntgabe des Wahlergebnisses oder, wenn zu diesem Zeitpunkt noch eine Jugend- und Auszubildendenvertretung besteht, mit Ablauf von deren Amtszeit. [3]Die Amtszeit endet spätestens am 30. November des Jahres, in dem nach Absatz 1 Satz 1 die regelmäßigen Wahlen stattfinden. [4]In dem Fall des § 13 Abs. 3 Satz 2 endet die Amtszeit spätestens am 30. November des Jahres, in dem die Jugend- und Auszubildendenvertretung neu zu wählen ist. [5]In dem Fall des § 13 Abs. 2 Nr. 2 endet die Amtszeit mit der Bekanntgabe des Wahlergebnisses der neu gewählten Jugend- und Auszubildendenvertretung.

(3) Ein Mitglied der Jugend- und Auszubildendenvertretung, das im Laufe der Amtszeit das 25. Lebensjahr vollendet, bleibt bis zum Ende der Amtszeit Mitglied der Jugend- und Auszubildendenvertretung.

§ 65 Geschäftsführung

(1) Für die Jugend- und Auszubildendenvertretung gelten § 23 Abs. 1, die §§ 24, 25, 26, 28 Abs. 1 Satz 1 und 2, die §§ 30, 31, 33 Abs. 1 und 2 sowie die §§ 34, 36, 37, 40 und 41 entsprechend.

(2) [1]Die Jugend- und Auszubildendenvertretung kann nach Verständigung des Betriebsrats Sitzungen abhalten; § 29 gilt entsprechend. [2]An diesen Sitzungen kann der Betriebsratsvorsitzende oder ein beauftragtes Betriebsratsmitglied teilnehmen.

§ 66 Aussetzung von Beschlüssen des Betriebsrats

(1) Erachtet die Mehrheit der Jugend- und Auszubildendenvertreter einen Beschluss des Betriebsrats als eine erhebliche Beeinträchtigung wichtiger Interessen der in § 60 Abs. 1 genannten Arbeitnehmer, so ist auf ihren Antrag der Beschluss auf die Dauer von einer Woche auszusetzen, damit in dieser Frist eine Verständigung, gegebenenfalls mit Hilfe der im Betrieb vertretenen Gewerkschaften, versucht werden kann.

(2) Wird der erste Beschluss bestätigt, so kann der Antrag auf Aussetzung nicht wiederholt werden; dies gilt auch, wenn der erste Beschluss nur unerheblich geändert wird.

§ 67 Teilnahme an Betriebsratssitzungen

(1) [1]Die Jugend- und Auszubildendenvertretung kann zu allen Betriebsratssitzungen einen Vertreter entsenden. [2]Werden Angelegenheiten behandelt, die besonders die in § 60 Abs. 1 genannten Arbeitnehmer betreffen, so hat zu diesen Tagesordnungspunkten die gesamte Jugend- und Auszubildendenvertretung ein Teilnahmerecht.

(2) Die Jugend- und Auszubildendenvertreter haben Stimmrecht, soweit die zu fassenden Beschlüsse des Betriebsrats überwiegend die in § 60 Abs. 1 genannten Arbeitnehmer betreffen.

(3) [1]Die Jugend- und Auszubildendenvertretung kann beim Betriebsrat beantragen, Angelegenheiten, die besonders die in § 60 Abs. 1 genannten Arbeitnehmer betreffen und über die sie beraten hat, auf die nächste Tagesordnung zu setzen. [2]Der Betriebsrat soll Angelegenheiten, die besonders die in § 60 Abs. 1 genannten Arbeitnehmer betreffen, der Jugend- und Auszubildendenvertretung zur Beratung zuleiten.

§ 68 Teilnahme an gemeinsamen Besprechungen

Der Betriebsrat hat die Jugend- und Auszubildendenvertretung zu Besprechungen zwischen Arbeitgeber und Betriebsrat beizuziehen, wenn Angelegenheiten behandelt werden, die besonders die in § 60 Abs. 1 genannten Arbeitnehmer betreffen.

§ 69 Sprechstunden

[1]In Betrieben, die in der Regel mehr als fünfzig der in § 60 Abs. 1 genannten Arbeitnehmer beschäftigen, kann die Jugend- und Auszubildendenvertretung Sprechstunden während der Arbeitszeit einrichten. [2]Zeit und Ort sind durch Betriebsrat und Arbeitgeber zu vereinbaren. [3]§ 39 Abs. 1 Satz 3 und 4 und Abs. 3 gilt entsprechend. [4]An den Sprechstunden der Jugend- und Auszubildendenvertretung kann der Betriebsratsvorsitzende oder ein beauftragtes Betriebsratsmitglied beratend teilnehmen.

§ 70 Allgemeine Aufgaben

(1) Die Jugend- und Auszubildendenvertretung hat folgende allgemeine Aufgaben:
1. Maßnahmen, die den in § 60 Abs. 1 genannten Arbeitnehmern dienen, insbesondere in Fragen der Berufsbildung und der Übernahme der zu ihrer Berufsausbildung Beschäftigten in ein Arbeitsverhältnis, beim Betriebsrat zu beantragen;
1a. Maßnahmen zur Durchsetzung der tatsächlichen Gleichstellung der in § 60 Abs. 1 genannten Arbeitnehmer entsprechend § 80 Abs. 1 Nr. 2a und 2b beim Betriebsrat zu beantragen;
2. darüber zu wachen, dass die zugunsten der in § 60 Abs. 1 genannten Arbeitnehmer geltenden Gesetze, Verordnungen, Unfallverhütungsvorschriften, Tarifverträge und Betriebsvereinbarungen durchgeführt werden;
3. Anregungen von in § 60 Abs. 1 genannten Arbeitnehmern, insbesondere in Fragen der Berufsbildung, entgegenzunehmen und, falls sie berechtigt erscheinen, beim Betriebsrat auf eine Erledigung hinzuwirken. Die Jugend- und Auszubildendenvertretung hat die betroffenen in § 60 Abs. 1 genannten Arbeitnehmer über den Stand und das Ergebnis der Verhandlungen zu informieren;
4. die Integration ausländischer, in § 60 Abs. 1 genannter Arbeitnehmer im Betrieb zu fördern und entsprechende Maßnahmen beim Betriebsrat zu beantragen.

(2) [1]Zur Durchführung ihrer Aufgaben ist die Jugend- und Auszubildendenvertretung durch den Betriebsrat rechtzeitig und umfassend zu unterrichten. [2]Die Jugend- und Auszubildendenvertretung kann verlangen, dass ihr der Betriebsrat die zur Durchführung ihrer Aufgaben erforderlichen Unterlagen zur Verfügung stellt.

§ 71 Jugend- und Auszubildendenversammlung

[1]Die Jugend- und Auszubildendenvertretung kann vor oder nach jeder Betriebsversammlung im Einvernehmen mit dem Betriebsrat eine betriebliche Jugend- und Auszubildendenversammlung einberufen. [2]Im Einvernehmen mit Betriebsrat und Arbeitgeber kann die betriebliche Jugend- und Auszubildendenversammlung auch zu einem anderen Zeitpunkt einberufen werden. [3]§ 43 Abs. 2 Satz 1 und 2, die §§ 44 bis 46 und § 65 Abs. 2 Satz 2 gelten entsprechend.

Zweiter Abschnitt. Gesamt-Jugend- und Auszubildendenvertretung

§ 72 Voraussetzungen der Errichtung, Mitgliederzahl, Stimmengewicht

(1) Bestehen in einem Unternehmen mehrere Jugend- und Auszubildendenvertretungen, so ist eine Gesamt-Jugend- und Auszubildendenvertretung zu errichten.

(2) In die Gesamt-Jugend- und Auszubildendenvertretung entsendet jede Jugend- und Auszubildendenvertretung ein Mitglied.

(3) Die Jugend- und Auszubildendenvertretung hat für das Mitglied der Gesamt-Jugend- und Auszubildendenvertretung mindestens ein Ersatzmitglied zu bestellen und die Reihenfolge des Nachrückens festzulegen.

(4) Durch Tarifvertrag oder Betriebsvereinbarung kann die Mitgliederzahl der Gesamt-Jugend- und Auszubildendenvertretung abweichend von Absatz 2 geregelt werden.

(5) Gehören nach Absatz 2 der Gesamt-Jugend- und Auszubildendenvertretung mehr als zwanzig Mitglieder an und besteht keine tarifliche Regelung nach Absatz 4, so ist zwischen Gesamtbetriebsrat und Arbeitgeber eine Betriebsvereinbarung über die Mitgliederzahl der Gesamt-Jugend- und Auszubildendenvertretung abzuschließen, in der bestimmt wird, dass Jugend- und Auszubildendenvertretungen mehrerer Betriebe eines Unternehmens, die regional oder durch gleichartige Interessen miteinander verbunden sind, gemeinsam Mitglieder in die Gesamt-Jugend- und Auszubildendenvertretung entsenden.

(6) [1]Kommt im Fall des Absatzes 5 eine Einigung nicht zustande, so entscheidet eine für das Gesamtunternehmen zu bildende Einigungsstelle. [2]Der Spruch der Einigungsstelle ersetzt die Einigung zwischen Arbeitgeber und Gesamtbetriebsrat.

(7) [1]Jedes Mitglied der Gesamt-Jugend- und Auszubildendenvertretung hat so viele Stimmen, wie in dem Betrieb, in dem es gewählt wurde, in § 60 Abs. 1 genannte Arbeitnehmer in der Wählerliste eingetragen sind. [2]Ist ein Mitglied der Gesamt-Jugend- und Auszubildendenvertretung für mehrere Betriebe entsandt worden, so hat es so viele Stimmen, wie in den Betrieben, für die es entsandt ist, in § 60 Abs. 1 genannte Arbeitnehmer in den Wählerlisten eingetragen sind. [3]Sind mehrere Mitglieder der Jugend- und Auszubildendenvertretung entsandt worden, so stehen diesen die Stimmen nach Satz 1 anteilig zu.

(8) Für Mitglieder der Gesamt-Jugend- und Auszubildendenvertretung, die aus einem gemeinsamen Betrieb mehrerer Unternehmen entsandt worden sind, können durch Tarifvertrag oder Betriebsvereinbarung von Absatz 7 abweichende Regelungen getroffen werden.

§ 73 Geschäftsführung und Geltung sonstiger Vorschriften

(1) [1]Die Gesamt-Jugend- und Auszubildendenvertretung kann nach Verständigung des Gesamtbetriebsrats Sitzungen abhalten. [2]An den Sitzungen kann der Vorsitzende des Gesamtbetriebsrats oder ein beauftragtes Mitglied des Gesamtbetriebsrats teilnehmen.

(2) Für die Gesamt-Jugend- und Auszubildendenvertretung gelten § 25 Abs. 1, die §§ 26, 28 Abs. 1 Satz 1, die §§ 30, 31, 34, 36, 37 Abs. 1 bis 3, die §§ 40, 41, 48, 49, 50, 51 Abs. 2 bis 5 sowie die §§ 66 bis 68 entsprechend.

Dritter Abschnitt. Konzern-Jugend- und Auszubildendenvertretung

§ 73a Voraussetzung der Errichtung, Mitgliederzahl, Stimmengewicht

(1) [1]Bestehen in einem Konzern (§ 18 Abs. 1 des Aktiengesetzes) mehrere Gesamt-Jugend- und Auszubildendenvertretungen, kann durch Beschlüsse der einzelnen Gesamt-Jugend- und Auszubildendenvertretungen eine Konzern-Jugend- und Auszubildendenvertretung errichtet werden. [2]Die Errichtung erfordert die Zustimmung der Gesamt-Jugend- und Auszubildendenvertretungen der Konzernunternehmen, in denen insgesamt mindestens 75 vom Hundert der in § 60 Abs. 1 genannten Arbeitnehmer beschäftigt sind. [3]Besteht in einem Konzernunternehmen nur eine Jugend- und Auszubildendenvertretung, so nimmt diese die Aufgaben einer Gesamt-Jugend- und Auszubildendenvertretung nach den Vorschriften dieses Abschnitts wahr.

(2) [1]In die Konzern-Jugend- und Auszubildendenvertretung entsendet jede Gesamt-Jugend- und Auszubildendenvertretung eines ihrer Mitglieder. [2]Sie hat für jedes

Mitglied mindestens ein Ersatzmitglied zu bestellen und die Reihenfolge des Nachrückens festzulegen.

(3) Jedes Mitglied der Konzern-Jugend- und Auszubildendenvertretung hat so viele Stimmen, wie die Mitglieder der entsendenden Gesamt-Jugend- und Auszubildendenvertretung insgesamt Stimmen haben.

(4) § 72 Abs. 4 bis 8 gilt entsprechend.

§ 73b Geschäftsführung und Geltung sonstiger Vorschriften

(1) [1] Die Konzern-Jugend- und Auszubildendenvertretung kann nach Verständigung des Konzernbetriebsrats Sitzungen abhalten. [2] An den Sitzungen kann der Vorsitzende oder ein beauftragtes Mitglied des Konzernbetriebsrats teilnehmen.

(2) Für die Konzern-Jugend- und Auszubildendenvertretung gelten § 25 Abs. 1, die §§ 26, 28 Abs. 1 Satz 1, die §§ 30, 31, 34, 36, 37 Abs. 1 bis 3, die §§ 40, 41, 51 Abs. 3 bis 5, die §§ 56, 57, 58, 59 Abs. 2 und die §§ 66 bis 68 entsprechend.

Vierter Teil. Mitwirkung und Mitbestimmung der Arbeitnehmer

Erster Abschnitt. Allgemeines

§ 74 Grundsätze für die Zusammenarbeit

(1) [1] Arbeitgeber und Betriebsrat sollen mindestens einmal im Monat zu einer Besprechung zusammentreten. [2] Sie haben über strittige Fragen mit dem ernsten Willen zur Einigung zu verhandeln und Vorschläge für die Beilegung von Meinungsverschiedenheiten zu machen.

(2) [1] Maßnahmen des Arbeitskampfes zwischen Arbeitgeber und Betriebsrat sind unzulässig; Arbeitskämpfe tariffähiger Parteien werden hierdurch nicht berührt. [2] Arbeitgeber und Betriebsrat haben Betätigungen zu unterlassen, durch die der Arbeitsablauf oder der Frieden des Betriebs beeinträchtigt werden. [3] Sie haben jede parteipolitische Betätigung im Betrieb zu unterlassen; die Behandlung von Angelegenheiten tarifpolitischer, sozialpolitischer, umweltpolitischer und wirtschaftlicher Art, die den Betrieb oder seine Arbeitnehmer unmittelbar betreffen, wird hierdurch nicht berührt.

(3) Arbeitnehmer, die im Rahmen dieses Gesetzes Aufgaben übernehmen, werden hierdurch in der Betätigung für ihre Gewerkschaft auch im Betrieb nicht beschränkt.

§ 75 Grundsätze für die Behandlung der Betriebsangehörigen

(1) Arbeitgeber und Betriebsrat haben darüber zu wachen, dass alle im Betrieb tätigen Personen nach den Grundsätzen von Recht und Billigkeit behandelt werden, insbesondere, dass jede Benachteiligung von Personen aus Gründen ihrer Rasse oder wegen ihrer ethnischen Herkunft, ihrer Abstammung oder sonstigen Herkunft, ihrer Nationalität, ihrer Religion oder Weltanschauung, ihrer Behinderung, ihres Alters, ihrer politischen oder gewerkschaftlichen Betätigung oder Einstellung oder wegen ihres Geschlechts oder ihrer sexuellen Identität unterbleibt.

(2) [1] Arbeitgeber und Betriebsrat haben die freie Entfaltung der Persönlichkeit der im Betrieb beschäftigten Arbeitnehmer zu schützen und zu fördern. [2] Sie haben die Selbständigkeit und Eigeninitiative der Arbeitnehmer und Arbeitsgruppen zu fördern.

§ 76 Einigungsstelle

(1) [1]Zur Beilegung von Meinungsverschiedenheiten zwischen Arbeitgeber und Betriebsrat, Gesamtbetriebsrat oder Konzernbetriebsrat ist bei Bedarf eine Einigungsstelle zu bilden. [2]Durch Betriebsvereinbarung kann eine ständige Einigungsstelle errichtet werden.

(2) [1]Die Einigungsstelle besteht aus einer gleichen Anzahl von Beisitzern, die vom Arbeitgeber und Betriebsrat bestellt werden, und einem unparteiischen Vorsitzenden, auf dessen Person sich beide Seiten einigen müssen. [2]Kommt eine Einigung über die Person des Vorsitzenden nicht zustande, so bestellt ihn das Arbeitsgericht. [3]Dieses entscheidet auch, wenn kein Einverständnis über die Zahl der Beisitzer erzielt wird.

(3) [1]Die Einigungsstelle hat unverzüglich tätig zu werden. [2]Sie fasst ihre Beschlüsse nach mündlicher Beratung mit Stimmenmehrheit. [3]Bei der Beschlussfassung hat sich der Vorsitzende zunächst der Stimme zu enthalten; kommt eine Stimmenmehrheit nicht zustande, so nimmt der Vorsitzende nach weiterer Beratung an der erneuten Beschlussfassung teil. [4]Die Beschlüsse der Einigungsstelle sind schriftlich niederzulegen, vom Vorsitzenden zu unterschreiben und Arbeitgeber und Betriebsrat zuzuleiten.

(4) Durch Betriebsvereinbarung können weitere Einzelheiten des Verfahrens vor der Einigungsstelle geregelt werden.

(5) [1]In den Fällen, in denen der Spruch der Einigungsstelle die Einigung zwischen Arbeitgeber und Betriebsrat ersetzt, wird die Einigungsstelle auf Antrag einer Seite tätig. [2]Benennt eine Seite keine Mitglieder oder bleiben die von einer Seite genannten Mitglieder trotz rechtzeitiger Einladung der Sitzung fern, so entscheiden der Vorsitzende und die erschienenen Mitglieder nach Maßgabe des Absatzes 3 allein. [3]Die Einigungsstelle fasst ihre Beschlüsse unter angemessener Berücksichtigung der Belange des Betriebs und der betroffenen Arbeitnehmer nach billigem Ermessen. [4]Die Überschreitung der Grenzen des Ermessens kann durch den Arbeitgeber oder den Betriebsrat nur binnen einer Frist von zwei Wochen, vom Tage der Zuleitung des Beschlusses an gerechnet, beim Arbeitsgericht geltend gemacht werden.

(6) [1]Im Übrigen wird die Einigungsstelle nur tätig, wenn beide Seiten es beantragen oder mit ihrem Tätigwerden einverstanden sind. [2]In diesen Fällen ersetzt ihr Spruch die Einigung zwischen Arbeitgeber und Betriebsrat nur, wenn beide Seiten sich dem Spruch im Voraus unterworfen oder ihn nachträglich angenommen haben.

(7) Soweit nach anderen Vorschriften der Rechtsweg gegeben ist, wird er durch den Spruch der Einigungsstelle nicht ausgeschlossen.

(8) Durch Tarifvertrag kann bestimmt werden, dass an die Stelle der in Absatz 1 bezeichneten Einigungsstelle eine tarifliche Schlichtungsstelle tritt.

§ 76a Kosten der Einigungsstelle

(1) Die Kosten der Einigungsstelle trägt der Arbeitgeber.

(2) [1]Die Beisitzer der Einigungsstelle, die dem Betrieb angehören, erhalten für ihre Tätigkeit keine Vergütung; § 37 Abs. 2 und 3 gilt entsprechend. [2]Ist die Einigungsstelle zur Beilegung von Meinungsverschiedenheiten zwischen Arbeitgeber und Gesamtbetriebsrat oder Konzernbetriebsrat zu bilden, so gilt Satz 1 für die einem Betrieb des Unternehmens oder eines Konzernunternehmens angehörenden Beisitzer entsprechend.

(3) [1]Der Vorsitzende und die Beisitzer der Einigungsstelle, die nicht zu den in Absatz 2 genannten Personen zählen, haben gegenüber dem Arbeitgeber Anspruch auf Vergütung ihrer Tätigkeit. [2]Die Höhe der Vergütung richtet sich nach den Grundsätzen des Absatzes 4 Satz 3 bis 5.

(4) [1]Das Bundesministerium für Arbeit und Soziales kann durch Rechtsverordnung die Vergütung nach Absatz 3 regeln. [2]In der Vergütungsordnung sind Höchstsätze

festzusetzen. [3]Dabei sind insbesondere der erforderliche Zeitaufwand, die Schwierigkeit der Streitigkeit sowie ein Verdienstausfall zu berücksichtigen. [4]Die Vergütung der Beisitzer ist niedriger zu bemessen als die des Vorsitzenden. [5]Bei der Festsetzung der Höchstsätze ist den berechtigten Interessen der Mitglieder der Einigungsstelle und des Arbeitgebers Rechnung zu tragen.

(5) Von Absatz 3 und einer Vergütungsordnung nach Absatz 4 kann durch Tarifvertrag oder in einer Betriebsvereinbarung, wenn ein Tarifvertrag dies zulässt oder eine tarifliche Regelung nicht besteht, abgewichen werden.

§ 77 Durchführung gemeinsamer Beschlüsse, Betriebsvereinbarungen

(1) [1]Vereinbarungen zwischen Betriebsrat und Arbeitgeber, auch soweit sie auf einem Spruch der Einigungsstelle beruhen, führt der Arbeitgeber durch, es sei denn, dass im Einzelfall etwas anderes vereinbart ist. [2]Der Betriebsrat darf nicht durch einseitige Handlungen in die Leitung des Betriebs eingreifen.

(2) [1]Betriebsvereinbarungen sind von Betriebsrat und Arbeitgeber gemeinsam zu beschließen und schriftlich niederzulegen. [2]Sie sind von beiden Seiten zu unterzeichnen; dies gilt nicht, soweit Betriebsvereinbarungen auf einem Spruch der Einigungsstelle beruhen. [3]Der Arbeitgeber hat die Betriebsvereinbarungen an geeigneter Stelle im Betrieb auszulegen.

(3) [1]Arbeitsentgelte und sonstige Arbeitsbedingungen, die durch Tarifvertrag geregelt sind oder üblicherweise geregelt werden, können nicht Gegenstand einer Betriebsvereinbarung sein. [2]Dies gilt nicht, wenn ein Tarifvertrag den Abschluss ergänzender Betriebsvereinbarungen ausdrücklich zulässt.

(4) [1]Betriebsvereinbarungen gelten unmittelbar und zwingend. [2]Werden Arbeitnehmern durch die Betriebsvereinbarung Rechte eingeräumt, so ist ein Verzicht auf sie nur mit Zustimmung des Betriebsrats zulässig. [3]Die Verwirkung dieser Rechte ist ausgeschlossen. [4]Ausschlussfristen für ihre Geltendmachung sind nur insoweit zulässig, als sie in einem Tarifvertrag oder einer Betriebsvereinbarung vereinbart werden; dasselbe gilt für die Abkürzung der Verjährungsfristen.

(5) Betriebsvereinbarungen können, soweit nichts anderes vereinbart ist, mit einer Frist von drei Monaten gekündigt werden.

(6) Nach Ablauf einer Betriebsvereinbarung gelten ihre Regelungen in Angelegenheiten, in denen ein Spruch der Einigungsstelle die Einigung zwischen Arbeitgeber und Betriebsrat ersetzen kann, weiter, bis sie durch eine andere Abmachung ersetzt werden.

§ 78 Schutzbestimmungen

[1]Die Mitglieder des Betriebsrats, des Gesamtbetriebsrats, des Konzernbetriebsrats, der Jugend- und Auszubildendenvertretung, der Gesamt-Jugend- und Auszubildendenvertretung, der Konzern-Jugend- und Auszubildendenvertretung, des Wirtschaftsausschusses, der Bordvertretung, des Seebetriebsrats, der in § 3 Abs. 1 genannten Vertretungen der Arbeitnehmer, der Einigungsstelle, einer tariflichen Schlichtungsstelle (§ 76 Abs. 8) und einer betrieblichen Beschwerdestelle (§ 86) sowie Auskunftspersonen (§ 80 Absatz 2 Satz 4) dürfen in der Ausübung ihrer Tätigkeit nicht gestört oder behindert werden. [2]Sie dürfen wegen ihrer Tätigkeit nicht benachteiligt oder begünstigt werden; dies gilt auch für ihre berufliche Entwicklung.

§ 78a Schutz Auszubildender in besonderen Fällen

(1) Beabsichtigt der Arbeitgeber, einen Auszubildenden, der Mitglied der Jugend- und Auszubildendenvertretung, des Betriebsrats, der Bordvertretung oder des Seebe-

triebsrats ist, nach Beendigung des Berufsausbildungsverhältnisses nicht in ein Arbeitsverhältnis auf unbestimmte Zeit zu übernehmen, so hat er dies drei Monate vor Beendigung des Berufsausbildungsverhältnisses dem Auszubildenden schriftlich mitzuteilen.

(2) [1]Verlangt ein in Absatz 1 genannter Auszubildender innerhalb der letzten drei Monate vor Beendigung des Berufsausbildungsverhältnisses schriftlich vom Arbeitgeber die Weiterbeschäftigung, so gilt zwischen Auszubildendem und Arbeitgeber im Anschluss an das Berufsausbildungsverhältnis ein Arbeitsverhältnis auf unbestimmte Zeit als begründet. [2]Auf dieses Arbeitsverhältnis ist insbesondere § 37 Abs. 4 und 5 entsprechend anzuwenden.

(3) Die Absätze 1 und 2 gelten auch, wenn das Berufsausbildungsverhältnis vor Ablauf eines Jahres nach Beendigung der Amtszeit der Jugend- und Auszubildendenvertretung, des Betriebsrats, der Bordvertretung oder des Seebetriebsrats endet.

(4) [1]Der Arbeitgeber kann spätestens bis zum Ablauf von zwei Wochen nach Beendigung des Berufsausbildungsverhältnisses beim Arbeitsgericht beantragen,

1. festzustellen, dass ein Arbeitsverhältnis nach Absatz 2 oder 3 nicht begründet wird, oder
2. das bereits nach Absatz 2 oder 3 begründete Arbeitsverhältnis aufzulösen,

wenn Tatsachen vorliegen, aufgrund derer dem Arbeitgeber unter Berücksichtigung aller Umstände die Weiterbeschäftigung nicht zugemutet werden kann. [2]In dem Verfahren vor dem Arbeitsgericht sind der Betriebsrat, die Bordvertretung, der Seebetriebsrat, bei Mitgliedern der Jugend- und Auszubildendenvertretung auch diese Beteiligte.

(5) Die Absätze 2 bis 4 finden unabhängig davon Anwendung, ob der Arbeitgeber seiner Mitteilungspflicht nach Absatz 1 nachgekommen ist.

§ 79 Geheimhaltungspflicht

(1) [1]Die Mitglieder und Ersatzmitglieder des Betriebsrats sind verpflichtet, Betriebs- oder Geschäftsgeheimnisse, die ihnen wegen ihrer Zugehörigkeit zum Betriebsrat bekannt geworden und vom Arbeitgeber ausdrücklich als geheimhaltungsbedürftig bezeichnet worden sind, nicht zu offenbaren und nicht zu verwerten. [2]Dies gilt auch nach dem Ausscheiden aus dem Betriebsrat. [3]Die Verpflichtung gilt nicht gegenüber Mitgliedern des Betriebsrats. [4]Sie gilt ferner nicht gegenüber dem Gesamtbetriebsrat, dem Konzernbetriebsrat, der Bordvertretung, dem Seebetriebsrat und den Arbeitnehmervertretern im Aufsichtsrat sowie im Verfahren vor der Einigungsstelle, der tariflichen Schlichtungsstelle (§ 76 Abs. 8) oder einer betrieblichen Beschwerdestelle (§ 86).

(2) Absatz 1gilt sinngemäß für die Mitglieder und Ersatzmitglieder des Gesamtbetriebsrats, des Konzernbetriebsrats, der Jugend- und Auszubildendenvertretung, der Gesamt-Jugend- und Auszubildendenvertretung, der Konzern-Jugend- und Auszubildendenvertretung, des Wirtschaftsausschusses, der Bordvertretung, des Seebetriebsrats, der gemäß § 3 Abs. 1 gebildeten Vertretungen der Arbeitnehmer, der Einigungsstelle, der tariflichen Schlichtungsstelle (§ 76 Abs. 8) und einer betrieblichen Beschwerdestelle (§ 86) sowie für die Vertreter von Gewerkschaften oder von Arbeitgebervereinigungen.

§ 80 Allgemeine Aufgaben

(1) Der Betriebsrat hat folgende allgemeine Aufgaben:

1. darüber zu wachen, dass die zugunsten der Arbeitnehmer geltenden Gesetze, Verordnungen, Unfallverhütungsvorschriften, Tarifverträge und Betriebsvereinbarungen durchgeführt werden;

2. Maßnahmen, die dem Betrieb und der Belegschaft dienen, beim Arbeitgeber zu beantragen;

2a. die Durchsetzung der tatsächlichen Gleichstellung von Frauen und Männern, insbesondere bei der Einstellung, Beschäftigung, Aus-, Fort- und Weiterbildung und dem beruflichen Aufstieg, zu fördern;

2b. die Vereinbarkeit von Familie und Erwerbstätigkeit zu fördern;

3. Anregungen von Arbeitnehmern und der Jugend- und Auszubildendenvertretung entgegenzunehmen und, falls sie berechtigt erscheinen, durch Verhandlungen mit dem Arbeitgeber auf eine Erledigung hinzuwirken; er hat die betreffenden Arbeitnehmer über den Stand und das Ergebnis der Verhandlungen zu unterrichten;

4. die Eingliederung schwerbehinderter Menschen einschließlich der Förderung des Abschlusses von Inklusionsvereinbarungen nach § 166 des Neunten Buches Sozialgesetzbuch und sonstiger besonders schutzbedürftiger Personen zu fördern;

5. die Wahl einer Jugend- und Auszubildendenvertretung vorzubereiten und durchzuführen und mit dieser zur Förderung der Belange der in § 60 Abs. 1 genannten Arbeitnehmer eng zusammenzuarbeiten; er kann von der Jugend- und Auszubildendenvertretung Vorschläge und Stellungnahmen anfordern;

6. die Beschäftigung älterer Arbeitnehmer im Betrieb zu fördern;

7. die Integration ausländischer Arbeitnehmer im Betrieb und das Verständnis zwischen ihnen und den deutschen Arbeitnehmern zu fördern sowie Maßnahmen zur Bekämpfung von Rassismus und Fremdenfeindlichkeit im Betrieb zu beantragen;

8. die Beschäftigung im Betrieb zu fördern und zu sichern;

9. Maßnahmen des Arbeitsschutzes und des betrieblichen Umweltschutzes zu fördern.

(2) [1]Zur Durchführung seiner Aufgaben nach diesem Gesetz ist der Betriebsrat rechtzeitig und umfassend vom Arbeitgeber zu unterrichten; die Unterrichtung erstreckt sich auch auf die Beschäftigung von Personen, die nicht in einem Arbeitsverhältnis zum Arbeitgeber stehen, und umfasst insbesondere den zeitlichen Umfang des Einsatzes, den Einsatzort und die Arbeitsaufgaben dieser Personen. [2]Dem Betriebsrat sind auf Verlangen jederzeit die zur Durchführung seiner Aufgaben erforderlichen Unterlagen zur Verfügung zu stellen; in diesem Rahmen ist der Betriebsausschuss oder ein nach § 28 gebildeter Ausschuss berechtigt, in die Listen über die Bruttolöhne und -gehälter Einblick zu nehmen. [3]Zu den erforderlichen Unterlagen gehören auch die Verträge, die der Beschäftigung der in Satz 1 genannten Personen zugrunde liegen. [4]Soweit es zur ordnungsgemäßen Erfüllung der Aufgaben des Betriebsrats erforderlich ist, hat der Arbeitgeber ihm sachkundige Arbeitnehmer als Auskunftspersonen zur Verfügung zu stellen; er hat hierbei die Vorschläge des Betriebsrats zu berücksichtigen, soweit betriebliche Notwendigkeiten nicht entgegenstehen.

(3) Der Betriebsrat kann bei der Durchführung seiner Aufgaben nach näherer Vereinbarung mit dem Arbeitgeber Sachverständige hinzuziehen, soweit dies zur ordnungsgemäßen Erfüllung seiner Aufgaben erforderlich ist.

(4) Für die Geheimhaltungspflicht der Auskunftspersonen und der Sachverständigen gilt § 79 entsprechend.

Zweiter Abschnitt. Mitwirkungs- und Beschwerderecht des Arbeitnehmers

§ 81 Unterrichtungs- und Erörterungspflicht des Arbeitgebers

(1) [1]Der Arbeitgeber hat den Arbeitnehmer über dessen Aufgabe und Verantwortung sowie über die Art seiner Tätigkeit und ihre Einordnung in den Arbeitsablauf des Betriebs zu unterrichten. [2]Er hat den Arbeitnehmer vor Beginn der Beschäftigung über die Unfall- und Gesundheitsgefahren, denen dieser bei der Beschäftigung ausgesetzt ist, sowie über die Maßnahmen und Einrichtungen zur Abwendung dieser

Gefahren und die nach § 10 Abs. 2 des Arbeitsschutzgesetzes getroffenen Maßnahmen zu belehren.

(2) [1]Über Veränderungen in seinem Arbeitsbereich ist der Arbeitnehmer rechtzeitig zu unterrichten. [2]Absatz 1 gilt entsprechend.

(3) In Betrieben, in denen kein Betriebsrat besteht, hat der Arbeitgeber die Arbeitnehmer zu allen Maßnahmen zu hören, die Auswirkungen auf Sicherheit und Gesundheit der Arbeitnehmer haben können.

(4) [1]Der Arbeitgeber hat den Arbeitnehmer über die aufgrund einer Planung von technischen Anlagen, von Arbeitsverfahren und Arbeitsabläufen oder der Arbeitsplätze vorgesehenen Maßnahmen und ihre Auswirkungen auf seinen Arbeitsplatz, die Arbeitsumgebung sowie auf Inhalt und Art seiner Tätigkeit zu unterrichten. [2]Sobald feststeht, dass sich die Tätigkeit des Arbeitnehmers ändern wird und seine beruflichen Kenntnisse und Fähigkeiten zur Erfüllung seiner Aufgaben nicht ausreichen, hat der Arbeitgeber mit dem Arbeitnehmer zu erörtern, wie dessen berufliche Kenntnisse und Fähigkeiten im Rahmen der betrieblichen Möglichkeiten den künftigen Anforderungen angepasst werden können. [3]Der Arbeitnehmer kann bei der Erörterung ein Mitglied des Betriebsrats hinzuziehen.

§ 82 Anhörungs- und Erörterungsrecht des Arbeitnehmers

(1) [1]Der Arbeitnehmer hat das Recht, in betrieblichen Angelegenheiten, die seine Person betreffen, von den nach Maßgabe des organisatorischen Aufbaus des Betriebs hierfür zuständigen Personen gehört zu werden. [2]Er ist berechtigt, zu Maßnahmen des Arbeitgebers, die ihn betreffen, Stellung zu nehmen sowie Vorschläge für die Gestaltung des Arbeitsplatzes und des Arbeitsablaufs zu machen.

(2) [1]Der Arbeitnehmer kann verlangen, dass ihm die Berechnung und Zusammensetzung seines Arbeitsentgelts erläutert und dass mit ihm die Beurteilung seiner Leistungen sowie die Möglichkeiten seiner beruflichen Entwicklung im Betrieb erörtert werden. [2]Er kann ein Mitglied des Betriebsrats hinzuziehen. [3]Das Mitglied des Betriebsrats hat über den Inhalt dieser Verhandlungen Stillschweigen zu bewahren, soweit es vom Arbeitnehmer im Einzelfall nicht von dieser Verpflichtung entbunden wird.

§ 83 Einsicht in die Personalakten

(1) [1]Der Arbeitnehmer hat das Recht, in die über ihn geführten Personalakten Einsicht zu nehmen. [2]Er kann hierzu ein Mitglied des Betriebsrats hinzuziehen. [3]Das Mitglied des Betriebsrats hat über den Inhalt der Personalakte Stillschweigen zu bewahren, soweit es vom Arbeitnehmer im Einzelfall nicht von dieser Verpflichtung entbunden wird.

(2) Erklärungen des Arbeitnehmers zum Inhalt der Personalakte sind dieser auf sein Verlangen beizufügen.

§ 84 Beschwerderecht

(1) [1]Jeder Arbeitnehmer hat das Recht, sich bei den zuständigen Stellen des Betriebs zu beschweren, wenn er sich vom Arbeitgeber oder von Arbeitnehmern des Betriebs benachteiligt oder ungerecht behandelt oder in sonstiger Weise beeinträchtigt fühlt. [2]Er kann ein Mitglied des Betriebsrats zur Unterstützung oder Vermittlung hinzuziehen.

(2) Der Arbeitgeber hat den Arbeitnehmer über die Behandlung der Beschwerde zu bescheiden und, soweit er die Beschwerde für berechtigt erachtet, ihr abzuhelfen.

(3) Wegen der Erhebung einer Beschwerde dürfen dem Arbeitnehmer keine Nachteile entstehen.

§ 85 Behandlung von Beschwerden durch den Betriebsrat

(1) Der Betriebsrat hat Beschwerden von Arbeitnehmern entgegenzunehmen und, falls er sie für berechtigt erachtet, beim Arbeitgeber auf Abhilfe hinzuwirken.

(2) [1]Bestehen zwischen Betriebsrat und Arbeitgeber Meinungsverschiedenheiten über die Berechtigung der Beschwerde, so kann der Betriebsrat die Einigungsstelle anrufen. [2]Der Spruch der Einigungsstelle ersetzt die Einigung zwischen Arbeitgeber und Betriebsrat. [3]Dies gilt nicht, soweit Gegenstand der Beschwerde ein Rechtsanspruch ist.

(3) [1]Der Arbeitgeber hat den Betriebsrat über die Behandlung der Beschwerde zu unterrichten. [2]§ 84 Abs. 2 bleibt unberührt.

§ 86 Ergänzende Vereinbarungen

[1]Durch Tarifvertrag oder Betriebsvereinbarung können die Einzelheiten des Beschwerdeverfahrens geregelt werden. [2]Hierbei kann bestimmt werden, dass in den Fällen des § 85 Abs. 2 an die Stelle der Einigungsstelle eine betriebliche Beschwerdestelle tritt.

§ 86a Vorschlagsrecht der Arbeitnehmer

[1]Jeder Arbeitnehmer hat das Recht, dem Betriebsrat Themen zur Beratung vorzuschlagen. [2]Wird ein Vorschlag von mindestens 5 vom Hundert der Arbeitnehmer des Betriebs unterstützt, hat der Betriebsrat diesen innerhalb von zwei Monaten auf die Tagesordnung einer Betriebsratssitzung zu setzen.

Dritter Abschnitt. Soziale Angelegenheiten

§ 87 Mitbestimmungsrechte

(1) Der Betriebsrat hat, soweit eine gesetzliche oder tarifliche Regelung nicht besteht, in folgenden Angelegenheiten mitzubestimmen:

1. Fragen der Ordnung des Betriebs und des Verhaltens der Arbeitnehmer im Betrieb;
2. Beginn und Ende der täglichen Arbeitszeit einschließlich der Pausen sowie Verteilung der Arbeitszeit auf die einzelnen Wochentage;
3. vorübergehende Verkürzung oder Verlängerung der betriebsüblichen Arbeitszeit;
4. Zeit, Ort und Art der Auszahlung der Arbeitsentgelte;
5. Aufstellung allgemeiner Urlaubsgrundsätze und des Urlaubsplans sowie die Festsetzung der zeitlichen Lage des Urlaubs für einzelne Arbeitnehmer, wenn zwischen dem Arbeitgeber und den beteiligten Arbeitnehmern kein Einverständnis erzielt wird;
6. Einführung und Anwendung von technischen Einrichtungen, die dazu bestimmt sind, das Verhalten oder die Leistung der Arbeitnehmer zu überwachen;
7. Regelungen über die Verhütung von Arbeitsunfällen und Berufskrankheiten sowie über den Gesundheitsschutz im Rahmen der gesetzlichen Vorschriften oder der Unfallverhütungsvorschriften;
8. Form, Ausgestaltung und Verwaltung von Sozialeinrichtungen, deren Wirkungsbereich auf den Betrieb, das Unternehmen oder den Konzern beschränkt ist;
9. Zuweisung und Kündigung von Wohnräumen, die den Arbeitnehmern mit Rücksicht auf das Bestehen eines Arbeitsverhältnisses vermietet werden, sowie die allgemeine Festlegung der Nutzungsbedingungen;
10. Fragen der betrieblichen Lohngestaltung, insbesondere die Aufstellung von Entlohnungsgrundsätzen und die Einführung und Anwendung von neuen Entlohnungsmethoden sowie deren Änderung;

11. Festsetzung der Akkord- und Prämiensätze und vergleichbarer leistungsbezogener Entgelte, einschließlich der Geldfaktoren;
12. Grundsätze über das betriebliche Vorschlagswesen;
13. Grundsätze über die Durchführung von Gruppenarbeit; Gruppenarbeit im Sinne dieser Vorschrift liegt vor, wenn im Rahmen des betrieblichen Arbeitsablaufs eine Gruppe von Arbeitnehmern eine ihr übertragene Gesamtaufgabe im Wesentlichen eigenverantwortlich erledigt.

(2) [1]Kommt eine Einigung über eine Angelegenheit nach Absatz 1 nicht zustande, so entscheidet die Einigungsstelle. [2]Der Spruch der Einigungsstelle ersetzt die Einigung zwischen Arbeitgeber und Betriebsrat.

§ 88 Freiwillige Betriebsvereinbarungen

Durch Betriebsvereinbarung können insbesondere geregelt werden

1. zusätzliche Maßnahmen zur Verhütung von Arbeitsunfällen und Gesundheitsschädigungen;

1a. Maßnahmen des betrieblichen Umweltschutzes;

2. die Errichtung von Sozialeinrichtungen, deren Wirkungsbereich auf den Betrieb, das Unternehmen oder den Konzern beschränkt ist;
3. Maßnahmen zur Förderung der Vermögensbildung;
4. Maßnahmen zur Integration ausländischer Arbeitnehmer sowie zur Bekämpfung von Rassismus und Fremdenfeindlichkeit im Betrieb;
5. Maßnahmen zur Eingliederung schwerbehinderter Menschen.

§ 89 Arbeits- und betrieblicher Umweltschutz

(1) [1]Der Betriebsrat hat sich dafür einzusetzen, dass die Vorschriften über den Arbeitsschutz und die Unfallverhütung im Betrieb sowie über den betrieblichen Umweltschutz durchgeführt werden. [2]Er hat bei der Bekämpfung von Unfall- und Gesundheitsgefahren die für den Arbeitsschutz zuständigen Behörden, die Träger der gesetzlichen Unfallversicherung und die sonstigen in Betracht kommenden Stellen durch Anregung, Beratung und Auskunft zu unterstützen.

(2) [1]Der Arbeitgeber und die in Absatz 1 Satz 2 genannten Stellen sind verpflichtet, den Betriebsrat oder die von ihm bestimmten Mitglieder des Betriebsrats bei allen im Zusammenhang mit dem Arbeitsschutz oder der Unfallverhütung stehenden Besichtigungen und Fragen und bei Unfalluntersuchungen hinzuzuziehen. [2]Der Arbeitgeber hat den Betriebsrat auch bei allen im Zusammenhang mit dem betrieblichen Umweltschutz stehenden Besichtigungen und Fragen hinzuzuziehen und ihm unverzüglich die den Arbeitsschutz, die Unfallverhütung und den betrieblichen Umweltschutz betreffenden Auflagen und Anordnungen der zuständigen Stellen mitzuteilen.

(3) Als betrieblicher Umweltschutz im Sinne dieses Gesetzes sind alle personellen und organisatorischen Maßnahmen sowie alle die betrieblichen Bauten, Räume, technische Anlagen, Arbeitsverfahren, Arbeitsabläufe und Arbeitsplätze betreffenden Maßnahmen zu verstehen, die dem Umweltschutz dienen.

(4) An Besprechungen des Arbeitgebers mit den Sicherheitsbeauftragten im Rahmen des § 22 Abs. 2 des Siebten Buches Sozialgesetzbuch nehmen vom Betriebsrat beauftragte Betriebsratsmitglieder teil.

(5) Der Betriebsrat erhält vom Arbeitgeber die Niederschriften über Untersuchungen, Besichtigungen und Besprechungen, zu denen er nach den Absätzen 2 und 4 hinzuzuziehen ist.

(6) Der Arbeitgeber hat dem Betriebsrat eine Durchschrift der nach § 193 Abs. 5 des Siebten Buches Sozialgesetzbuch vom Betriebsrat zu unterschreibenden Unfallanzeige auszuhändigen.

Vierter Abschnitt. Gestaltung von Arbeitsplatz, Arbeitsablauf und Arbeitsumgebung

§ 90 Unterrichtungs- und Beratungsrechte

(1) Der Arbeitgeber hat den Betriebsrat über die Planung

1. von Neu-, Um- und Erweiterungsbauten von Fabrikations-, Verwaltungs- und sonstigen betrieblichen Räumen,
2. von technischen Anlagen,
3. von Arbeitsverfahren und Arbeitsabläufen oder
4. der Arbeitsplätze

rechtzeitig unter Vorlage der erforderlichen Unterlagen zu unterrichten.

(2) [1] Der Arbeitgeber hat mit dem Betriebsrat die vorgesehenen Maßnahmen und ihre Auswirkungen auf die Arbeitnehmer, insbesondere auf die Art ihrer Arbeit sowie die sich daraus ergebenden Anforderungen an die Arbeitnehmer so rechtzeitig zu beraten, dass Vorschläge und Bedenken des Betriebsrats bei der Planung berücksichtigt werden können. [2] Arbeitgeber und Betriebsrat sollen dabei auch die gesicherten arbeitswissenschaftlichen Erkenntnisse über die menschengerechte Gestaltung der Arbeit berücksichtigen.

§ 91 Mitbestimmungsrecht

[1] Werden die Arbeitnehmer durch Änderungen der Arbeitsplätze, des Arbeitsablaufs oder der Arbeitsumgebung, die den gesicherten arbeitswissenschaftlichen Erkenntnissen über die menschengerechte Gestaltung der Arbeit offensichtlich widersprechen, in besonderer Weise belastet, so kann der Betriebsrat angemessene Maßnahmen zur Abwendung, Milderung oder zum Ausgleich der Belastung verlangen. [2] Kommt eine Einigung nicht zustande, so entscheidet die Einigungsstelle. [3] Der Spruch der Einigungsstelle ersetzt die Einigung zwischen Arbeitgeber und Betriebsrat.

Fünfter Abschnitt. Personelle Angelegenheiten

Erster Unterabschnitt. Allgemeine personelle Angelegenheiten

§ 92 Personalplanung

(1) [1] Der Arbeitgeber hat den Betriebsrat über die Personalplanung, insbesondere über den gegenwärtigen und künftigen Personalbedarf sowie über die sich daraus ergebenden personellen Maßnahmen einschließlich der geplanten Beschäftigung von Personen, die nicht in einem Arbeitsverhältnis zum Arbeitgeber stehen, und Maßnahmen der Berufsbildung an Hand von Unterlagen rechtzeitig und umfassend zu unterrichten. [2] Er hat mit dem Betriebsrat über Art und Umfang der erforderlichen Maßnahmen und über die Vermeidung von Härten zu beraten.

(2) Der Betriebsrat kann dem Arbeitgeber Vorschläge für die Einführung einer Personalplanung und ihre Durchführung machen.

(3) [1] Die Absätze 1 und 2 gelten entsprechend für Maßnahmen im Sinne des § 80 Abs. 1 Nr. 2a und 2b, insbesondere für die Aufstellung und Durchführung von Maßnahmen zur Förderung der Gleichstellung von Frauen und Männern. [2] Gleiches gilt für die Eingliederung schwerbehinderter Menschen nach § 80 Absatz 1 Nummer 4.

§ 92a Beschäftigungssicherung

(1) [1]Der Betriebsrat kann dem Arbeitgeber Vorschläge zur Sicherung und Förderung der Beschäftigung machen. [2]Diese können insbesondere eine flexible Gestaltung der Arbeitszeit, die Förderung von Teilzeitarbeit und Altersteilzeit, neue Formen der Arbeitsorganisation, Änderungen der Arbeitsverfahren und Arbeitsabläufe, die Qualifizierung der Arbeitnehmer, Alternativen zur Ausgliederung von Arbeit oder ihrer Vergabe an andere Unternehmen sowie zum Produktions- und Investitionsprogramm zum Gegenstand haben.

(2) [1]Der Arbeitgeber hat die Vorschläge mit dem Betriebsrat zu beraten. [2]Hält der Arbeitgeber die Vorschläge des Betriebsrats für ungeeignet, hat er dies zu begründen; in Betrieben mit mehr als 100 Arbeitnehmern erfolgt die Begründung schriftlich. [3]Zu den Beratungen kann der Arbeitgeber oder der Betriebsrat einen Vertreter der Bundesagentur für Arbeit hinzuziehen.

§ 93 Ausschreibung von Arbeitsplätzen

Der Betriebsrat kann verlangen, dass Arbeitsplätze, die besetzt werden sollen, allgemein oder für bestimmte Arten von Tätigkeiten vor ihrer Besetzung innerhalb des Betriebs ausgeschrieben werden.

§ 94 Personalfragebogen, Beurteilungsgrundsätze

(1) [1]Personalfragebogen bedürfen der Zustimmung des Betriebsrats. [2]Kommt eine Einigung über ihren Inhalt nicht zustande, so entscheidet die Einigungsstelle. [3]Der Spruch der Einigungsstelle ersetzt die Einigung zwischen Arbeitgeber und Betriebsrat.

(2) Absatz 1 gilt entsprechend für persönliche Angaben in schriftlichen Arbeitsverträgen, die allgemein für den Betrieb verwendet werden sollen, sowie für die Aufstellung allgemeiner Beurteilungsgrundsätze.

§ 95 Auswahlrichtlinien

(1) [1]Richtlinien über die personelle Auswahl bei Einstellungen, Versetzungen, Umgruppierungen und Kündigungen bedürfen der Zustimmung des Betriebsrats. [2]Kommt eine Einigung über die Richtlinien oder ihren Inhalt nicht zustande, so entscheidet auf Antrag des Arbeitgebers die Einigungsstelle. [3]Der Spruch der Einigungsstelle ersetzt die Einigung zwischen Arbeitgeber und Betriebsrat.

(2) [1]In Betrieben mit mehr als 500 Arbeitnehmern kann der Betriebsrat die Aufstellung von Richtlinien über die bei Maßnahmen des Absatzes 1 Satz 1 zu beachtenden fachlichen und persönlichen Voraussetzungen und sozialen Gesichtspunkte verlangen. [2]Kommt eine Einigung über die Richtlinien oder ihren Inhalt nicht zustande, so entscheidet die Einigungsstelle. [3]Der Spruch der Einigungsstelle ersetzt die Einigung zwischen Arbeitgeber und Betriebsrat.

(3) [1]Versetzung im Sinne dieses Gesetzes ist die Zuweisung eines anderen Arbeitsbereichs, die voraussichtlich die Dauer von einem Monat überschreitet, oder die mit einer erheblichen Änderung der Umstände verbunden ist, unter denen die Arbeit zu leisten ist. [2]Werden Arbeitnehmer nach der Eigenart ihres Arbeitsverhältnisses üblicherweise nicht ständig an einem bestimmten Arbeitsplatz beschäftigt, so gilt die Bestimmung des jeweiligen Arbeitsplatzes nicht als Versetzung.

Zweiter Unterabschnitt. Berufsbildung

§ 96 Förderung der Berufsbildung

(1) [1] Arbeitgeber und Betriebsrat haben im Rahmen der betrieblichen Personalplanung und in Zusammenarbeit mit den für die Berufsbildung und den für die Förderung der Berufsbildung zuständigen Stellen die Berufsbildung der Arbeitnehmer zu fördern. [2] Der Arbeitgeber hat auf Verlangen des Betriebsrats den Berufsbildungsbedarf zu ermitteln und mit ihm Fragen der Berufsbildung der Arbeitnehmer des Betriebs zu beraten. [3] Hierzu kann der Betriebsrat Vorschläge machen.

(2) [1] Arbeitgeber und Betriebsrat haben darauf zu achten, dass unter Berücksichtigung der betrieblichen Notwendigkeiten den Arbeitnehmern die Teilnahme an betrieblichen oder außerbetrieblichen Maßnahmen der Berufsbildung ermöglicht wird. [2] Sie haben dabei auch die Belange älterer Arbeitnehmer, Teilzeitbeschäftigter und von Arbeitnehmern mit Familienpflichten zu berücksichtigen.

§ 97 Einrichtungen und Maßnahmen der Berufsbildung

(1) Der Arbeitgeber hat mit dem Betriebsrat über die Errichtung und Ausstattung betrieblicher Einrichtungen zur Berufsbildung, die Einführung betrieblicher Berufsbildungsmaßnahmen und die Teilnahme an außerbetrieblichen Berufsbildungsmaßnahmen zu beraten.

(2) [1] Hat der Arbeitgeber Maßnahmen geplant oder durchgeführt, die dazu führen, dass sich die Tätigkeit der betroffenen Arbeitnehmer ändert und ihre beruflichen Kenntnisse und Fähigkeiten zur Erfüllung ihrer Aufgaben nicht mehr ausreichen, so hat der Betriebsrat bei der Einführung von Maßnahmen der betrieblichen Berufsbildung mitzubestimmen. [2] Kommt eine Einigung nicht zustande, so entscheidet die Einigungsstelle. [3] Der Spruch der Einigungsstelle ersetzt die Einigung zwischen Arbeitgeber und Betriebsrat.

§ 98 Durchführung betrieblicher Bildungsmaßnahmen

(1) Der Betriebsrat hat bei der Durchführung von Maßnahmen der betrieblichen Berufsbildung mitzubestimmen.

(2) Der Betriebsrat kann der Bestellung einer mit der Durchführung der betrieblichen Berufsbildung beauftragten Person widersprechen oder ihre Abberufung verlangen, wenn diese die persönliche oder fachliche, insbesondere die berufs- und arbeitspädagogische Eignung im Sinne des Berufsbildungsgesetzes nicht besitzt oder ihre Aufgaben vernachlässigt.

(3) Führt der Arbeitgeber betriebliche Maßnahmen der Berufsbildung durch oder stellt er für außerbetriebliche Maßnahmen der Berufsbildung Arbeitnehmer frei oder trägt er die durch die Teilnahme von Arbeitnehmern an solchen Maßnahmen entstehenden Kosten ganz oder teilweise, so kann der Betriebsrat Vorschläge für die Teilnahme von Arbeitnehmern oder Gruppen von Arbeitnehmern des Betriebs an diesen Maßnahmen der beruflichen Bildung machen.

(4) [1] Kommt im Fall des Absatzes 1 oder über die nach Absatz 3 vom Betriebsrat vorgeschlagenen Teilnehmer eine Einigung nicht zustande, so entscheidet die Einigungsstelle. [2] Der Spruch der Einigungsstelle ersetzt die Einigung zwischen Arbeitgeber und Betriebsrat.

(5) [1] Kommt im Fall des Absatzes 2 eine Einigung nicht zustande, so kann der Betriebsrat beim Arbeitsgericht beantragen, dem Arbeitgeber aufzugeben, die Bestellung zu unterlassen oder die Abberufung durchzuführen. [2] Führt der Arbeitgeber die Bestellung einer rechtskräftigen gerichtlichen Entscheidung zuwider durch, so ist er auf

Antrag des Betriebsrats vom Arbeitsgericht wegen der Bestellung nach vorheriger Androhung zu einem Ordnungsgeld zu verurteilen; das Höchstmaß des Ordnungsgeldes beträgt 10 000 Euro. [3]Führt der Arbeitgeber die Abberufung einer rechtskräftigen gerichtlichen Entscheidung zuwider nicht durch, so ist auf Antrag des Betriebsrats vom Arbeitsgericht zu erkennen, dass der Arbeitgeber zur Abberufung durch Zwangsgeld anzuhalten sei; das Höchstmaß des Zwangsgeldes beträgt für jeden Tag der Zuwiderhandlung 250 Euro. [4]Die Vorschriften des Berufsbildungsgesetzes über die Ordnung der Berufsbildung bleiben unberührt.

(6) Die Absätze 1 bis 5 gelten entsprechend, wenn der Arbeitgeber sonstige Bildungsmaßnahmen im Betrieb durchführt.

Dritter Unterabschnitt. Personelle Einzelmaßnahmen

§ 99 Mitbestimmung bei personellen Einzelmaßnahmen

(1) [1]In Unternehmen mit in der Regel mehr als zwanzig wahlberechtigten Arbeitnehmern hat der Arbeitgeber den Betriebsrat vor jeder Einstellung, Eingruppierung, Umgruppierung und Versetzung zu unterrichten, ihm die erforderlichen Bewerbungsunterlagen vorzulegen und Auskunft über die Person der Beteiligten zu geben; er hat dem Betriebsrat unter Vorlage der erforderlichen Unterlagen Auskunft über die Auswirkungen der geplanten Maßnahme zu geben und die Zustimmung des Betriebsrats zu der geplanten Maßnahme einzuholen. [2]Bei Einstellungen und Versetzungen hat der Arbeitgeber insbesondere den in Aussicht genommenen Arbeitsplatz und die vorgesehene Eingruppierung mitzuteilen. [3]Die Mitglieder des Betriebsrats sind verpflichtet, über die ihnen im Rahmen der personellen Maßnahmen nach den Sätzen 1 und 2 bekannt gewordenen persönlichen Verhältnisse und Angelegenheiten der Arbeitnehmer, die ihrer Bedeutung oder ihrem Inhalt nach einer vertraulichen Behandlung bedürfen, Stillschweigen zu bewahren; § 79 Abs. 1 Satz 2 bis 4 gilt entsprechend.

(2) Der Betriebsrat kann die Zustimmung verweigern, wenn

1. die personelle Maßnahme gegen ein Gesetz, eine Verordnung, eine Unfallverhütungsvorschrift oder gegen eine Bestimmung in einem Tarifvertrag oder in einer Betriebsvereinbarung oder gegen eine gerichtliche Entscheidung oder eine behördliche Anordnung verstoßen würde,
2. die personelle Maßnahme gegen eine Richtlinie nach § 95 verstoßen würde,
3. die durch Tatsachen begründete Besorgnis besteht, dass infolge der personellen Maßnahme im Betrieb beschäftigte Arbeitnehmer gekündigt werden oder sonstige Nachteile erleiden, ohne dass dies aus betrieblichen oder persönlichen Gründen gerechtfertigt ist; als Nachteil gilt bei unbefristeter Einstellung auch die Nichtberücksichtigung eines gleich geeigneten befristet Beschäftigten,
4. der betroffene Arbeitnehmer durch die personelle Maßnahme benachteiligt wird, ohne dass dies aus betrieblichen oder in der Person des Arbeitnehmers liegenden Gründen gerechtfertigt ist,
5. eine nach § 93 erforderliche Ausschreibung im Betrieb unterblieben ist oder
6. die durch Tatsachen begründete Besorgnis besteht, dass der für die personelle Maßnahme in Aussicht genommene Bewerber oder Arbeitnehmer den Betriebsfrieden durch gesetzwidriges Verhalten oder durch grobe Verletzung der in § 75 Abs. 1 enthaltenen Grundsätze, insbesondere durch rassistische oder fremdenfeindliche Betätigung, stören werde.

(3) [1]Verweigert der Betriebsrat seine Zustimmung, so hat er dies unter Angabe von Gründen innerhalb einer Woche nach Unterrichtung durch den Arbeitgeber diesem schriftlich mitzuteilen. [2]Teilt der Betriebsrat dem Arbeitgeber die Verweigerung seiner Zustimmung nicht innerhalb der Frist schriftlich mit, so gilt die Zustimmung als erteilt.

(4) Verweigert der Betriebsrat seine Zustimmung, so kann der Arbeitgeber beim Arbeitsgericht beantragen, die Zustimmung zu ersetzen.

§ 100 Vorläufige personelle Maßnahmen

(1) [1]Der Arbeitgeber kann, wenn dies aus sachlichen Gründen dringend erforderlich ist, die personelle Maßnahme im Sinne des § 99 Abs. 1 Satz 1 vorläufig durchführen, bevor der Betriebsrat sich geäußert oder wenn er die Zustimmung verweigert hat. [2]Der Arbeitgeber hat den Arbeitnehmer über die Sach- und Rechtslage aufzuklären.

(2) [1]Der Arbeitgeber hat den Betriebsrat unverzüglich von der vorläufigen personellen Maßnahme zu unterrichten. [2]Bestreitet der Betriebsrat, dass die Maßnahme aus sachlichen Gründen dringend erforderlich ist, so hat er dies dem Arbeitgeber unverzüglich mitzuteilen. [3]In diesem Fall darf der Arbeitgeber die vorläufige personelle Maßnahme nur aufrechterhalten, wenn er innerhalb von drei Tagen beim Arbeitsgericht die Ersetzung der Zustimmung des Betriebsrats und die Feststellung beantragt, dass die Maßnahme aus sachlichen Gründen dringend erforderlich war.

(3) [1]Lehnt das Gericht durch rechtskräftige Entscheidung die Ersetzung der Zustimmung des Betriebsrats ab oder stellt es rechtskräftig fest, dass offensichtlich die Maßnahme aus sachlichen Gründen nicht dringend erforderlich war, so endet die vorläufige personelle Maßnahme mit Ablauf von zwei Wochen nach Rechtskraft der Entscheidung. [2]Von diesem Zeitpunkt an darf die personelle Maßnahme nicht aufrechterhalten werden.

§ 101 Zwangsgeld

[1]Führt der Arbeitgeber eine personelle Maßnahme im Sinne des § 99 Abs. 1 Satz 1 ohne Zustimmung des Betriebsrats durch oder hält er eine vorläufige personelle Maßnahme entgegen § 100 Abs. 2 Satz 3 oder Abs. 3 aufrecht, so kann der Betriebsrat beim Arbeitsgericht beantragen, dem Arbeitgeber aufzugeben, die personelle Maßnahme aufzuheben. [2]Hebt der Arbeitgeber entgegen einer rechtskräftigen gerichtlichen Entscheidung die personelle Maßnahme nicht auf, so ist auf Antrag des Betriebsrats vom Arbeitsgericht zu erkennen, dass der Arbeitgeber zur Aufhebung der Maßnahme durch Zwangsgeld anzuhalten sei. [3]Das Höchstmaß des Zwangsgeldes beträgt für jeden Tag der Zuwiderhandlung 250 Euro.

§ 102 Mitbestimmung bei Kündigungen

(1) [1]Der Betriebsrat ist vor jeder Kündigung zu hören. [2]Der Arbeitgeber hat ihm die Gründe für die Kündigung mitzuteilen. [3]Eine ohne Anhörung des Betriebsrats ausgesprochene Kündigung ist unwirksam.

(2) [1]Hat der Betriebsrat gegen eine ordentliche Kündigung Bedenken, so hat er diese unter Angabe der Gründe dem Arbeitgeber spätestens innerhalb einer Woche schriftlich mitzuteilen. [2]Äußert er sich innerhalb dieser Frist nicht, gilt seine Zustimmung zur Kündigung als erteilt. [3]Hat der Betriebsrat gegen eine außerordentliche Kündigung Bedenken, so hat er diese unter Angabe der Gründe dem Arbeitgeber unverzüglich, spätestens jedoch innerhalb von drei Tagen, schriftlich mitzuteilen. [4]Der Betriebsrat soll, soweit dies erforderlich erscheint, vor seiner Stellungnahme den betroffenen Arbeitnehmer hören. [5]§ 99 Abs. 1 Satz 3 gilt entsprechend.

(3) Der Betriebsrat kann innerhalb der Frist des Absatzes 2 Satz 1 der ordentlichen Kündigung widersprechen, wenn

1. der Arbeitgeber bei der Auswahl des zu kündigenden Arbeitnehmers soziale Gesichtspunkte nicht oder nicht ausreichend berücksichtigt hat,
2. die Kündigung gegen eine Richtlinie nach § 95 verstößt,

3. der zu kündigende Arbeitnehmer an einem anderen Arbeitsplatz im selben Betrieb oder in einem anderen Betrieb des Unternehmens weiterbeschäftigt werden kann,
4. die Weiterbeschäftigung des Arbeitnehmers nach zumutbaren Umschulungs- oder Fortbildungsmaßnahmen möglich ist oder
5. eine Weiterbeschäftigung des Arbeitnehmers unter geänderten Vertragsbedingungen möglich ist und der Arbeitnehmer sein Einverständnis hiermit erklärt hat.

(4) Kündigt der Arbeitgeber, obwohl der Betriebsrat nach Absatz 3 der Kündigung widersprochen hat, so hat er dem Arbeitnehmer mit der Kündigung eine Abschrift der Stellungnahme des Betriebsrats zuzuleiten.

(5) [1] Hat der Betriebsrat einer ordentlichen Kündigung frist- und ordnungsgemäß widersprochen und hat der Arbeitnehmer nach dem Kündigungsschutzgesetz Klage auf Feststellung erhoben, dass das Arbeitsverhältnis durch die Kündigung nicht aufgelöst ist, so muss der Arbeitgeber auf Verlangen des Arbeitnehmers diesen nach Ablauf der Kündigungsfrist bis zum rechtskräftigen Abschluss des Rechtsstreits bei unveränderten Arbeitsbedingungen weiterbeschäftigen. [2] Auf Antrag des Arbeitgebers kann das Gericht ihn durch einstweilige Verfügung von der Verpflichtung zur Weiterbeschäftigung nach Satz 1 entbinden, wenn
1. die Klage des Arbeitnehmers keine hinreichende Aussicht auf Erfolg bietet oder mutwillig erscheint oder
2. die Weiterbeschäftigung des Arbeitnehmers zu einer unzumutbaren wirtschaftlichen Belastung des Arbeitgebers führen würde oder
3. der Widerspruch des Betriebsrats offensichtlich unbegründet war.

(6) Arbeitgeber und Betriebsrat können vereinbaren, dass Kündigungen der Zustimmung des Betriebsrats bedürfen und dass bei Meinungsverschiedenheiten über die Berechtigung der Nichterteilung der Zustimmung die Einigungsstelle entscheidet.

(7) Die Vorschriften über die Beteiligung des Betriebsrats nach dem Kündigungsschutzgesetz bleiben unberührt.

§ 103 Außerordentliche Kündigung und Versetzung in besonderen Fällen

(1) Die außerordentliche Kündigung von Mitgliedern des Betriebsrats, der Jugend- und Auszubildendenvertretung, der Bordvertretung und des Seebetriebsrats, des Wahlvorstands sowie von Wahlbewerbern bedarf der Zustimmung des Betriebsrats.

(2) [1] Verweigert der Betriebsrat seine Zustimmung, so kann das Arbeitsgericht sie auf Antrag des Arbeitgebers ersetzen, wenn die außerordentliche Kündigung unter Berücksichtigung aller Umstände gerechtfertigt ist. [2] In dem Verfahren vor dem Arbeitsgericht ist der betroffene Arbeitnehmer Beteiligter.

(3) [1] Die Versetzung der in Absatz 1 genannten Personen, die zu einem Verlust des Amtes oder der Wählbarkeit führen würde, bedarf der Zustimmung des Betriebsrats; dies gilt nicht, wenn der betroffene Arbeitnehmer mit der Versetzung einverstanden ist. [2] Absatz 2 gilt entsprechend mit der Maßgabe, dass das Arbeitsgericht die Zustimmung zu der Versetzung ersetzen kann, wenn diese auch unter Berücksichtigung der betriebsverfassungsrechtlichen Stellung des betroffenen Arbeitnehmers aus dringenden betrieblichen Gründen notwendig ist.

§ 104 Entfernung betriebsstörender Arbeitnehmer

[1] Hat ein Arbeitnehmer durch gesetzwidriges Verhalten oder durch grobe Verletzung der in § 75 Abs. 1 enthaltenen Grundsätze, insbesondere durch rassistische oder fremdenfeindliche Betätigungen, den Betriebsfrieden wiederholt ernstlich gestört, so kann der Betriebsrat vom Arbeitgeber die Entlassung oder Versetzung verlangen. [2] Gibt das Arbeitsgericht einem Antrag des Betriebsrats statt, dem Arbeitgeber aufzugeben, die Entlassung oder Versetzung durchzuführen, und führt der Arbeitgeber die

Entlassung oder Versetzung einer rechtskräftigen gerichtlichen Entscheidung zuwider nicht durch, so ist auf Antrag des Betriebsrats vom Arbeitsgericht zu erkennen, dass er zur Vornahme der Entlassung oder Versetzung durch Zwangsgeld anzuhalten sei. [3]Das Höchstmaß des Zwangsgeldes beträgt für jeden Tag der Zuwiderhandlung 250 Euro.

§ 105 Leitende Angestellte

Eine beabsichtigte Einstellung oder personelle Veränderung eines in § 5 Abs. 3 genannten leitenden Angestellten ist dem Betriebsrat rechtzeitig mitzuteilen.

Sechster Abschnitt. Wirtschaftliche Angelegenheiten

Erster Unterabschnitt. Unterrichtung in wirtschaftlichen Angelegenheiten

§ 106 Wirtschaftsausschuss

(1) [1]In allen Unternehmen mit in der Regel mehr als einhundert ständig beschäftigten Arbeitnehmern ist ein Wirtschaftsausschuss zu bilden. [2]Der Wirtschaftsausschuss hat die Aufgabe, wirtschaftliche Angelegenheiten mit dem Unternehmer zu beraten und den Betriebsrat zu unterrichten.

(2) [1]Der Unternehmer hat den Wirtschaftsausschuss rechtzeitig und umfassend über die wirtschaftlichen Angelegenheiten des Unternehmens unter Vorlage der erforderlichen Unterlagen zu unterrichten, soweit dadurch nicht die Betriebs- und Geschäftsgeheimnisse des Unternehmens gefährdet werden, sowie die sich daraus ergebenden Auswirkungen auf die Personalplanung darzustellen. [2]Zu den erforderlichen Unterlagen gehört in den Fällen des Absatzes 3 Nr. 9a insbesondere die Angabe über den potentiellen Erwerber und dessen Absichten im Hinblick auf die künftige Geschäftstätigkeit des Unternehmens sowie die sich daraus ergebenden Auswirkungen auf die Arbeitnehmer; Gleiches gilt, wenn im Vorfeld der Übernahme des Unternehmens ein Bieterverfahren durchgeführt wird.

(3) Zu den wirtschaftlichen Angelegenheiten im Sinne dieser Vorschrift gehören insbesondere

1. die wirtschaftliche und finanzielle Lage des Unternehmens;
2. die Produktions- und Absatzlage;
3. das Produktions- und Investitionsprogramm;
4. Rationalisierungsvorhaben;
5. Fabrikations- und Arbeitsmethoden, insbesondere die Einführung neuer Arbeitsmethoden;

5a. Fragen des betrieblichen Umweltschutzes;

6. die Einschränkung oder Stilllegung von Betrieben oder von Betriebsteilen;
7. die Verlegung von Betrieben oder Betriebsteilen;
8. der Zusammenschluss oder die Spaltung von Unternehmen oder Betrieben;
9. die Änderung der Betriebsorganisation oder des Betriebszwecks;

9a. die Übernahme des Unternehmens, wenn hiermit der Erwerb der Kontrolle verbunden ist, sowie

10. sonstige Vorgänge und Vorhaben, welche die Interessen der Arbeitnehmer des Unternehmens wesentlich berühren können.

§ 107 Bestellung und Zusammensetzung des Wirtschaftsausschusses

(1) [1]Der Wirtschaftsausschuss besteht aus mindestens drei und höchstens sieben Mitgliedern, die dem Unternehmen angehören müssen, darunter mindestens einem Betriebsratsmitglied. [2]Zu Mitgliedern des Wirtschaftsausschusses können auch die

in § 5 Abs. 3 genannten Angestellten bestimmt werden. [3]Die Mitglieder sollen die zur Erfüllung ihrer Aufgaben erforderliche fachliche und persönliche Eignung besitzen.

(2) [1]Die Mitglieder des Wirtschaftsausschusses werden vom Betriebsrat für die Dauer seiner Amtszeit bestimmt. [2]Besteht ein Gesamtbetriebsrat, so bestimmt dieser die Mitglieder des Wirtschaftsausschusses; die Amtszeit der Mitglieder endet in diesem Fall in dem Zeitpunkt, in dem die Amtszeit der Mehrheit der Mitglieder des Gesamtbetriebsrats, die an der Bestimmung mitzuwirken berechtigt waren, abgelaufen ist. [3]Die Mitglieder des Wirtschaftsausschusses können jederzeit abberufen werden; auf die Abberufung sind die Sätze 1 und 2 entsprechend anzuwenden.

(3) [1]Der Betriebsrat kann mit der Mehrheit der Stimmen seiner Mitglieder beschließen, die Aufgaben des Wirtschaftsausschusses einem Ausschuss des Betriebsrats zu übertragen. [2]Die Zahl der Mitglieder des Ausschusses darf die Zahl der Mitglieder des Betriebsausschusses nicht überschreiten. [3]Der Betriebsrat kann jedoch weitere Arbeitnehmer einschließlich der in § 5 Abs. 3 genannten leitenden Angestellten bis zur selben Zahl, wie der Ausschuss Mitglieder hat, in den Ausschuss berufen; für die Beschlussfassung gilt Satz 1. [4]Für die Verschwiegenheitspflicht der in Satz 3 bezeichneten weiteren Arbeitnehmer gilt § 79 entsprechend. [5]Für die Abänderung und den Widerruf der Beschlüsse nach den Sätzen 1 bis 3 sind die gleichen Stimmenmehrheiten erforderlich wie für die Beschlüsse nach den Sätzen 1 bis 3. [6]Ist in einem Unternehmen ein Gesamtbetriebsrat errichtet, so beschließt dieser über die anderweitige Wahrnehmung der Aufgaben des Wirtschaftsausschusses; die Sätze 1 bis 5 gelten entsprechend.

§ 108 Sitzungen

(1) Der Wirtschaftsausschuss soll monatlich einmal zusammentreten.

(2) [1]An den Sitzungen des Wirtschaftsausschusses hat der Unternehmer oder sein Vertreter teilzunehmen. [2]Er kann sachkundige Arbeitnehmer des Unternehmens einschließlich der in § 5 Abs. 3 genannten Angestellten hinzuziehen. [3]Für die Hinzuziehung und die Verschwiegenheitspflicht von Sachverständigen gilt § 80 Abs. 3 und 4 entsprechend.

(3) Die Mitglieder des Wirtschaftsausschusses sind berechtigt, in die nach § 106 Abs. 2 vorzulegenden Unterlagen Einsicht zu nehmen.

(4) Der Wirtschaftsausschuss hat über jede Sitzung dem Betriebsrat unverzüglich und vollständig zu berichten.

(5) Der Jahresabschluss ist dem Wirtschaftsausschuss unter Beteiligung des Betriebsrats zu erläutern.

(6) Hat der Betriebsrat oder der Gesamtbetriebsrat eine anderweitige Wahrnehmung der Aufgaben des Wirtschaftsausschusses beschlossen, so gelten die Absätze 1 bis 5 entsprechend.

§ 109 Beilegung von Meinungsverschiedenheiten

[1]Wird eine Auskunft über wirtschaftliche Angelegenheiten des Unternehmens im Sinne des § 106 entgegen dem Verlangen des Wirtschaftsausschusses nicht, nicht rechtzeitig oder nur ungenügend erteilt und kommt hierüber zwischen Unternehmer und Betriebsrat eine Einigung nicht zustande, so entscheidet die Einigungsstelle. [2]Der Spruch der Einigungsstelle ersetzt die Einigung zwischen Arbeitgeber und Betriebsrat. [3]Die Einigungsstelle kann, wenn dies für ihre Entscheidung erforderlich ist, Sachverständige anhören; § 80 Abs. 4 gilt entsprechend. [4]Hat der Betriebsrat oder der Gesamtbetriebsrat eine anderweitige Wahrnehmung der Aufgaben des Wirtschaftsausschusses beschlossen, so gilt Satz 1 entsprechend.

§ 109a Unternehmensübernahme

In Unternehmen, in denen kein Wirtschaftsausschuss besteht, ist im Fall des § 106 Abs. 3 Nr. 9a der Betriebsrat entsprechend § 106 Abs. 1 und 2 zu beteiligen; § 109 gilt entsprechend.

§ 110 Unterrichtung der Arbeitnehmer

(1) In Unternehmen mit in der Regel mehr als 1 000 ständig beschäftigten Arbeitnehmern hat der Unternehmer mindestens einmal in jedem Kalendervierteljahr nach vorheriger Abstimmung mit dem Wirtschaftsausschuss oder den in § 107 Abs. 3 genannten Stellen und dem Betriebsrat die Arbeitnehmer schriftlich über die wirtschaftliche Lage und Entwicklung des Unternehmens zu unterrichten.

(2) [1]In Unternehmen, die die Voraussetzungen des Absatzes 1 nicht erfüllen, aber in der Regel mehr als zwanzig wahlberechtigte ständige Arbeitnehmer beschäftigen, gilt Absatz 1 mit der Maßgabe, dass die Unterrichtung der Arbeitnehmer mündlich erfolgen kann. [2]Ist in diesen Unternehmen ein Wirtschaftsausschuss nicht zu errichten, so erfolgt die Unterrichtung nach vorheriger Abstimmung mit dem Betriebsrat.

Zweiter Unterabschnitt. Betriebsänderungen

§ 111 Betriebsänderungen

[1]In Unternehmen mit in der Regel mehr als zwanzig wahlberechtigten Arbeitnehmern hat der Unternehmer den Betriebsrat über geplante Betriebsänderungen, die wesentliche Nachteile für die Belegschaft oder erhebliche Teile der Belegschaft zur Folge haben können, rechtzeitig und umfassend zu unterrichten und die geplanten Betriebsänderungen mit dem Betriebsrat zu beraten. [2]Der Betriebsrat kann in Unternehmen mit mehr als 300 Arbeitnehmern zu seiner Unterstützung einen Berater hinzuziehen; § 80 Abs. 4 gilt entsprechend; im Übrigen bleibt § 80 Abs. 3 unberührt. [3]Als Betriebsänderungen im Sinne des Satzes 1 gelten

1. Einschränkung und Stilllegung des ganzen Betriebs oder von wesentlichen Betriebsteilen,
2. Verlegung des ganzen Betriebs oder von wesentlichen Betriebsteilen,
3. Zusammenschluss mit anderen Betrieben oder die Spaltung von Betrieben,
4. grundlegende Änderungen der Betriebsorganisation, des Betriebszwecks oder der Betriebsanlagen,
5. Einführung grundlegend neuer Arbeitsmethoden und Fertigungsverfahren.

§ 112 Interessenausgleich über die Betriebsänderung, Sozialplan

(1) [1]Kommt zwischen Unternehmer und Betriebsrat ein Interessenausgleich über die geplante Betriebsänderung zustande, so ist dieser schriftlich niederzulegen und vom Unternehmer und Betriebsrat zu unterschreiben. [2]Das Gleiche gilt für eine Einigung über den Ausgleich oder die Milderung der wirtschaftlichen Nachteile, die den Arbeitnehmern infolge der geplanten Betriebsänderung entstehen (Sozialplan). [3]Der Sozialplan hat die Wirkung einer Betriebsvereinbarung. [4]§ 77 Abs. 3 ist auf den Sozialplan nicht anzuwenden.

(2) [1]Kommt ein Interessenausgleich über die geplante Betriebsänderung oder eine Einigung über den Sozialplan nicht zustande, so können der Unternehmer oder der Betriebsrat den Vorstand der Bundesagentur für Arbeit um Vermittlung ersuchen, der Vorstand kann die Aufgabe auf andere Bedienstete der Bundesagentur für Arbeit übertragen. [2]Erfolgt kein Vermittlungsersuchen oder bleibt der Vermittlungsversuch ergebnislos, so können der Unternehmer oder der Betriebsrat die Einigungsstelle anrufen. [3]Auf Ersuchen des Vorsitzenden der Einigungsstelle nimmt ein Mitglied des

Vorstands der Bundesagentur für Arbeit oder ein vom Vorstand der Bundesagentur für Arbeit benannter Bediensteter der Bundesagentur für Arbeit an der Verhandlung teil.

(3) [1]Unternehmer und Betriebsrat sollen der Einigungsstelle Vorschläge zur Beilegung der Meinungsverschiedenheiten über den Interessenausgleich und den Sozialplan machen. [2]Die Einigungsstelle hat eine Einigung der Parteien zu versuchen. [3]Kommt eine Einigung zustande, so ist sie schriftlich niederzulegen und von den Parteien und vom Vorsitzenden zu unterschreiben.

(4) [1]Kommt eine Einigung über den Sozialplan nicht zustande, so entscheidet die Einigungsstelle über die Aufstellung eines Sozialplans. [2]Der Spruch der Einigungsstelle ersetzt die Einigung zwischen Arbeitgeber und Betriebsrat.

(5) [1]Die Einigungsstelle hat bei ihrer Entscheidung nach Absatz 4 sowohl die sozialen Belange der betroffenen Arbeitnehmer zu berücksichtigen als auch auf die wirtschaftliche Vertretbarkeit ihrer Entscheidung für das Unternehmen zu achten. [2]Dabei hat die Einigungsstelle sich im Rahmen billigen Ermessens insbesondere von folgenden Grundsätzen leiten zu lassen:

1. Sie soll beim Ausgleich oder bei der Milderung wirtschaftlicher Nachteile, insbesondere durch Einkommensminderung, Wegfall von Sonderleistungen oder Verlust von Anwartschaften auf betriebliche Altersversorgung, Umzugskosten oder erhöhte Fahrtkosten, Leistungen vorsehen, die in der Regel den Gegebenheiten des Einzelfalles Rechnung tragen.
2. Sie hat die Aussichten der betroffenen Arbeitnehmer auf dem Arbeitsmarkt zu berücksichtigen. Sie soll Arbeitnehmer von Leistungen ausschließen, die in einem zumutbaren Arbeitsverhältnis im selben Betrieb oder in einem anderen Betrieb des Unternehmens oder eines zum Konzern gehörenden Unternehmens weiterbeschäftigt werden können und die Weiterbeschäftigung ablehnen; die mögliche Weiterbeschäftigung an einem anderen Ort begründet für sich allein nicht die Unzumutbarkeit.

2a. Sie soll insbesondere die im Dritten Buch des Sozialgesetzbuches vorgesehenen Förderungsmöglichkeiten zur Vermeidung von Arbeitslosigkeit berücksichtigen.

3. Sie hat bei der Bemessung des Gesamtbetrages der Sozialplanleistungen darauf zu achten, dass der Fortbestand des Unternehmens oder die nach Durchführung der Betriebsänderung verbleibenden Arbeitsplätze nicht gefährdet werden.

§ 112a Erzwingbarer Sozialplan bei Personalabbau, Neugründungen

(1) [1]Besteht eine geplante Betriebsänderung im Sinne des § 111 Satz 3 Nr. 1 allein in der Entlassung von Arbeitnehmern, so findet § 112 Abs. 4 und 5 nur Anwendung, wenn

1. in Betrieben mit in der Regel weniger als 60 Arbeitnehmern 20 vom Hundert der regelmäßig beschäftigten Arbeitnehmer, aber mindestens 6 Arbeitnehmer,
2. in Betrieben mit in der Regel mindestens 60 und weniger als 250 Arbeitnehmern 20 vom Hundert der regelmäßig beschäftigten Arbeitnehmer oder mindestens 37 Arbeitnehmer,
3. in Betrieben mit in der Regel mindestens 250 und weniger als 500 Arbeitnehmern 15 vom Hundert der regelmäßig beschäftigten Arbeitnehmer oder mindestens 60 Arbeitnehmer,
4. in Betrieben mit in der Regel mindestens 500 Arbeitnehmern 10 vom Hundert der regelmäßig beschäftigten Arbeitnehmer, aber mindestens 60 Arbeitnehmer

aus betriebsbedingten Gründen entlassen werden sollen. [2]Als Entlassung gilt auch das vom Arbeitgeber aus Gründen der Betriebsänderung veranlasste Ausscheiden von Arbeitnehmern aufgrund von Aufhebungsverträgen.

(2) [1]§ 112 Abs. 4 und 5 findet keine Anwendung auf Betriebe eines Unternehmens in den ersten vier Jahren nach seiner Gründung. [2]Dies gilt nicht für Neugründungen

im Zusammenhang mit der rechtlichen Umstrukturierung von Unternehmen und Konzernen. [3]Maßgebend für den Zeitpunkt der Gründung ist die Aufnahme einer Erwerbstätigkeit, die nach § 138 der Abgabenordnung dem Finanzamt mitzuteilen ist.

§ 113 Nachteilsausgleich

(1) Weicht der Unternehmer von einem Interessenausgleich über die geplante Betriebsänderung ohne zwingenden Grund ab, so können Arbeitnehmer, die infolge dieser Abweichung entlassen werden, beim Arbeitsgericht Klage erheben mit dem Antrag, den Arbeitgeber zur Zahlung von Abfindungen zu verurteilen; § 10 des Kündigungsschutzgesetzes gilt entsprechend.

(2) Erleiden Arbeitnehmer infolge einer Abweichung nach Absatz 1 andere wirtschaftliche Nachteile, so hat der Unternehmer diese Nachteile bis zu einem Zeitraum von zwölf Monaten auszugleichen.

(3) Die Absätze 1 und 2 gelten entsprechend, wenn der Unternehmer eine geplante Betriebsänderung nach § 111 durchführt, ohne über sie einen Interessenausgleich mit dem Betriebsrat versucht zu haben, und infolge der Maßnahme Arbeitnehmer entlassen werden oder andere wirtschaftliche Nachteile erleiden.

Fünfter Teil. Besondere Vorschriften für einzelne Betriebsarten

Erster Abschnitt. Seeschifffahrt

§ 114 Grundsätze

(1) Auf Seeschifffahrtsunternehmen und ihre Betriebe ist dieses Gesetz anzuwenden, soweit sich aus den Vorschriften dieses Abschnitts nichts anderes ergibt.

(2) [1]Seeschifffahrtsunternehmen im Sinne dieses Gesetzes ist ein Unternehmen, das Handelsschifffahrt betreibt und seinen Sitz im Geltungsbereich dieses Gesetzes hat. [2]Ein Seeschifffahrtsunternehmen im Sinne dieses Abschnitts betreibt auch, wer als Korrespondenzreeder, Vertragsreeder, Ausrüster oder aufgrund eines ähnlichen Rechtsverhältnisses Schiffe zum Erwerb durch die Seeschifffahrt verwendet, wenn er Arbeitgeber des Kapitäns und der Besatzungsmitglieder ist oder überwiegend die Befugnisse des Arbeitgebers ausübt.

(3) Als Seebetrieb im Sinne dieses Gesetzes gilt die Gesamtheit der Schiffe eines Seeschifffahrtsunternehmens einschließlich der in Absatz 2 Satz 2 genannten Schiffe.

(4) [1]Schiffe im Sinne dieses Gesetzes sind Kauffahrteischiffe, die nach dem Flaggenrechtsgesetz die Bundesflagge führen. [2]Schiffe, die in der Regel binnen 24 Stunden nach dem Auslaufen an den Sitz eines Landbetriebs zurückkehren, gelten als Teil dieses Landbetriebs des Seeschifffahrtsunternehmens.

(5) Jugend- und Auszubildendenvertretungen werden nur für die Landbetriebe von Seeschifffahrtsunternehmen gebildet.

(6) [1]Besatzungsmitglieder im Sinne dieses Gesetzes sind die in einem Heuer- oder Berufsausbildungsverhältnis zu einem Seeschifffahrtsunternehmen stehenden im Seebetrieb beschäftigten Personen mit Ausnahme des Kapitäns. [2]Leitende Angestellte im Sinne des § 5 Abs. 3 dieses Gesetzes sind nur die Kapitäne.

§ 115 Bordvertretung

(1) [1]Auf Schiffen, die mit in der Regel mindestens fünf wahlberechtigten Besatzungsmitgliedern besetzt sind, von denen drei wählbar sind, wird eine Bordvertretung

gewählt. [2]Auf die Bordvertretung finden, soweit sich aus diesem Gesetz oder aus anderen gesetzlichen Vorschriften nicht etwas anderes ergibt, die Vorschriften über die Rechte und Pflichten des Betriebsrats und die Rechtsstellung seiner Mitglieder Anwendung.

(2) Die Vorschriften über die Wahl und Zusammensetzung des Betriebsrats finden mit folgender Maßgabe Anwendung:
1. Wahlberechtigt sind alle Besatzungsmitglieder des Schiffes.
2. Wählbar sind die Besatzungsmitglieder des Schiffes, die am Wahltag das 18. Lebensjahr vollendet haben und ein Jahr Besatzungsmitglied eines Schiffes waren, das nach dem Flaggenrechtsgesetz die Bundesflagge führt. § 8 Abs. 1 Satz 3 bleibt unberührt.
3. Die Bordvertretung besteht auf Schiffen mit in der Regel
   5 bis 20 wahlberechtigten Besatzungsmitgliedern aus einer Person,
   21 bis 75 wahlberechtigten Besatzungsmitgliedern aus drei Mitgliedern,
   über 75 wahlberechtigten Besatzungsmitgliedern aus fünf Mitgliedern.
4. (weggefallen)
5. § 13 Abs. 1 und 3 findet keine Anwendung. Die Bordvertretung ist vor Ablauf ihrer Amtszeit unter den in § 13 Abs. 2 Nr. 2 bis 5 genannten Voraussetzungen neu zu wählen.
6. Die wahlberechtigten Besatzungsmitglieder können mit der Mehrheit aller Stimmen beschließen, die Wahl der Bordvertretung binnen 24 Stunden durchzuführen.
7. Die in § 16 Abs. 1 Satz 1 genannte Frist wird auf zwei Wochen, die in § 16 Abs. 2 Satz 1 genannte Frist wird auf eine Woche verkürzt.
8. Bestellt die im Amt befindliche Bordvertretung nicht rechtzeitig einen Wahlvorstand oder besteht keine Bordvertretung, wird der Wahlvorstand in einer Bordversammlung von der Mehrheit der anwesenden Besatzungsmitglieder gewählt; § 17 Abs. 3 gilt entsprechend. Kann aus Gründen der Aufrechterhaltung des ordnungsgemäßen Schiffsbetriebs eine Bordversammlung nicht stattfinden, so kann der Kapitän auf Antrag von drei Wahlberechtigten den Wahlvorstand bestellen. Bestellt der Kapitän den Wahlvorstand nicht, so ist der Seebetriebsrat berechtigt, den Wahlvorstand zu bestellen. Die Vorschriften über die Bestellung des Wahlvorstands durch das Arbeitsgericht bleiben unberührt.
9. Die Frist für die Wahlanfechtung beginnt für Besatzungsmitglieder an Bord, wenn das Schiff nach Bekanntgabe des Wahlergebnisses erstmalig einen Hafen im Geltungsbereich dieses Gesetzes oder einen Hafen, in dem ein Seemannsamt seinen Sitz hat, anläuft. Die Wahlanfechtung kann auch zu Protokoll des Seemannsamtes erklärt werden. Wird die Wahl zur Bordvertretung angefochten, zieht das Seemannsamt die an Bord befindlichen Wahlunterlagen ein. Die Anfechtungserklärung und die eingezogenen Wahlunterlagen sind vom Seemannsamt unverzüglich an das für die Anfechtung zuständige Arbeitsgericht weiterzuleiten.

(3) Auf die Amtszeit der Bordvertretung finden die §§ 21, 22 bis 25 mit der Maßgabe Anwendung, dass
1. die Amtszeit ein Jahr beträgt,
2. die Mitgliedschaft in der Bordvertretung auch endet, wenn das Besatzungsmitglied den Dienst an Bord beendet, es sei denn, dass es den Dienst an Bord vor Ablauf der Amtszeit nach Nummer 1 wieder antritt.

(4) [1]Für die Geschäftsführung der Bordvertretung gelten die §§ 26 bis 36, § 37 Abs. 1 bis 3 sowie die §§ 39 bis 41 entsprechend. [2]§ 40 Abs. 2 ist mit der Maßgabe anzuwenden, dass die Bordvertretung in dem für ihre Tätigkeit erforderlichen Umfang auch die für die Verbindung des Schiffes zur Reederei eingerichteten Mittel zur beschleunigten Übermittlung von Nachrichten in Anspruch nehmen kann.

(5) [1]Die §§ 42 bis 46 über die Betriebsversammlung finden für die Versammlung der Besatzungsmitglieder eines Schiffes (Bordversammlung) entsprechende Anwendung. [2]Auf Verlangen der Bordvertretung hat der Kapitän der Bordversammlung

einen Bericht über die Schiffsreise und die damit zusammenhängenden Angelegenheiten zu erstatten. [3]Er hat Fragen, die den Schiffsbetrieb, die Schiffsreise und die Schiffssicherheit betreffen, zu beantworten.

(6) Die §§ 47 bis 59 über den Gesamtbetriebsrat und den Konzernbetriebsrat finden für die Bordvertretung keine Anwendung.

(7) Die §§ 74 bis 105 über die Mitwirkung und Mitbestimmung der Arbeitnehmer finden auf die Bordvertretung mit folgender Maßgabe Anwendung:

1. Die Bordvertretung ist zuständig für die Behandlung derjenigen nach diesem Gesetz der Mitwirkung und Mitbestimmung des Betriebsrats unterliegenden Angelegenheiten, die den Bordbetrieb oder die Besatzungsmitglieder des Schiffes betreffen und deren Regelung dem Kapitän aufgrund gesetzlicher Vorschriften oder der ihm von der Reederei übertragenen Befugnisse obliegt.
2. Kommt es zwischen Kapitän und Bordvertretung in einer der Mitwirkung oder Mitbestimmung der Bordvertretung unterliegenden Angelegenheit nicht zu einer Einigung, so kann die Angelegenheit von der Bordvertretung an den Seebetriebsrat abgegeben werden. Der Seebetriebsrat hat die Bordvertretung über die weitere Behandlung der Angelegenheit zu unterrichten. Bordvertretung und Kapitän dürfen die Einigungsstelle oder das Arbeitsgericht nur anrufen, wenn ein Seebetriebsrat nicht gewählt ist.
3. Bordvertretung und Kapitän können im Rahmen ihrer Zuständigkeiten Bordvereinbarungen abschließen. Die Vorschriften über Betriebsvereinbarungen gelten für Bordvereinbarungen entsprechend. Bordvereinbarungen sind unzulässig, soweit eine Angelegenheit durch eine Betriebsvereinbarung zwischen Seebetriebsrat und Arbeitgeber geregelt ist.
4. In Angelegenheiten, die der Mitbestimmung der Bordvertretung unterliegen, kann der Kapitän, auch wenn eine Einigung mit der Bordvertretung noch nicht erzielt ist, vorläufige Regelungen treffen, wenn dies zur Aufrechterhaltung des ordnungsgemäßen Schiffsbetriebs dringend erforderlich ist. Den von der Anordnung betroffenen Besatzungsmitgliedern ist die Vorläufigkeit der Regelung bekannt zu geben. Soweit die vorläufige Regelung der endgültigen Regelung nicht entspricht, hat das Schifffahrtsunternehmen Nachteile auszugleichen, die den Besatzungsmitgliedern durch die vorläufige Regelung entstanden sind.
5. Die Bordvertretung hat das Recht auf regelmäßige und umfassende Unterrichtung über den Schiffsbetrieb. Die erforderlichen Unterlagen sind der Bordvertretung vorzulegen. Zum Schiffsbetrieb gehören insbesondere die Schiffssicherheit, die Reiserouten, die voraussichtlichen Ankunfts- und Abfahrtszeiten sowie die zu befördernde Ladung.
6. Auf Verlangen der Bordvertretung hat der Kapitän ihr Einsicht in die an Bord befindlichen Schiffstagebücher zu gewähren. In den Fällen, in denen der Kapitän eine Eintragung über Angelegenheiten macht, die der Mitwirkung oder Mitbestimmung der Bordvertretung unterliegen, kann diese eine Abschrift der Eintragung verlangen und Erklärungen zum Schiffstagebuch abgeben. In den Fällen, in denen über eine der Mitwirkung oder Mitbestimmung der Bordvertretung unterliegenden Angelegenheit eine Einigung zwischen Kapitän und Bordvertretung nicht erzielt wird, kann die Bordvertretung dies zum Schiffstagebuch erklären und eine Abschrift dieser Eintragung verlangen.
7. Die Zuständigkeit der Bordvertretung im Rahmen des Arbeitsschutzes bezieht sich auch auf die Schiffssicherheit und die Zusammenarbeit mit den insoweit zuständigen Behörden und sonstigen in Betracht kommenden Stellen.

§ 116 Seebetriebsrat

(1) [1]In Seebetrieben werden Seebetriebsräte gewählt. [2]Auf die Seebetriebsräte finden, soweit sich aus diesem Gesetz oder aus anderen gesetzlichen Vorschriften nicht

etwas anderes ergibt, die Vorschriften über die Rechte und Pflichten des Betriebsrats und die Rechtsstellung seiner Mitglieder Anwendung.

(2) Die Vorschriften über die Wahl, Zusammensetzung und Amtszeit des Betriebsrats finden mit folgender Maßgabe Anwendung:

1. Wahlberechtigt zum Seebetriebsrat sind alle zum Seeschifffahrtsunternehmen gehörenden Besatzungsmitglieder.
2. Für die Wählbarkeit zum Seebetriebsrat gilt § 8 mit der Maßgabe, dass
   a) in Seeschifffahrtsunternehmen, zu denen mehr als acht Schiffe gehören oder in denen in der Regel mehr als 250 Besatzungsmitglieder beschäftigt sind, nur nach § 115 Abs. 2 Nr. 2 wählbare Besatzungsmitglieder wählbar sind;
   b) in den Fällen, in denen die Voraussetzungen des Buchstabens a nicht vorliegen, nur Arbeitnehmer wählbar sind, die nach § 8 die Wählbarkeit im Landbetrieb des Seeschifffahrtsunternehmens besitzen, es sei denn, dass der Arbeitgeber mit der Wahl von Besatzungsmitgliedern einverstanden ist.
3. Der Seebetriebsrat besteht in Seebetrieben mit in der Regel
   5 bis 400 wahlberechtigten Besatzungsmitgliedern aus einer Person,
   401 bis 800 wahlberechtigten Besatzungsmitgliedern aus drei Mitgliedern,
   über 800 wahlberechtigten Besatzungsmitgliedern aus fünf Mitgliedern.
4. Ein Wahlvorschlag ist gültig, wenn er im Fall des § 14 Abs. 4 Satz 1 erster Halbsatz und Satz 2 mindestens von drei wahlberechtigten Besatzungsmitgliedern unterschrieben ist.
5. § 14a findet keine Anwendung.
6. Die in § 16 Abs. 1 Satz 1 genannte Frist wird auf drei Monate, die in § 16 Abs. 2 Satz 1 genannte Frist auf zwei Monate verlängert.
7. Zu Mitgliedern des Wahlvorstands können auch im Landbetrieb des Seeschifffahrtsunternehmens beschäftigte Arbeitnehmer bestellt werden. § 17 Abs. 2 bis 4 findet keine Anwendung. Besteht kein Seebetriebsrat, so bestellt der Gesamtbetriebsrat oder, falls ein solcher nicht besteht, der Konzernbetriebsrat den Wahlvorstand. Besteht weder ein Gesamtbetriebsrat noch ein Konzernbetriebsrat, wird der Wahlvorstand gemeinsam vom Arbeitgeber und den im Seebetrieb vertretenen Gewerkschaften bestellt; Gleiches gilt, wenn der Gesamtbetriebsrat oder der Konzernbetriebsrat die Bestellung des Wahlvorstands nach Satz 3 unterlässt. Einigen sich Arbeitgeber und Gewerkschaften nicht, so bestellt ihn das Arbeitsgericht auf Antrag des Arbeitgebers, einer im Seebetrieb vertretenen Gewerkschaft oder von mindestens drei wahlberechtigten Besatzungsmitgliedern. § 16 Abs. 2 Satz 2 und 3 gilt entsprechend.
8. Die Frist für die Wahlanfechtung nach § 19 Abs. 2 beginnt für Besatzungsmitglieder an Bord, wenn das Schiff nach Bekanntgabe des Wahlergebnisses erstmalig einen Hafen im Geltungsbereich dieses Gesetzes oder einen Hafen, in dem ein Seemannsamt seinen Sitz hat, anläuft. Nach Ablauf von drei Monaten seit Bekanntgabe des Wahlergebnisses ist eine Wahlanfechtung unzulässig. Die Wahlanfechtung kann auch zu Protokoll des Seemannsamtes erklärt werden. Die Anfechtungserklärung ist vom Seemannsamt unverzüglich an das für die Anfechtung zuständige Arbeitsgericht weiterzuleiten.
9. Die Mitgliedschaft im Seebetriebsrat endet, wenn der Seebetriebsrat aus Besatzungsmitgliedern besteht, auch, wenn das Mitglied des Seebetriebsrats nicht mehr Besatzungsmitglied ist. Die Eigenschaft als Besatzungsmitglied wird durch die Tätigkeit im Seebetriebsrat oder durch eine Beschäftigung gemäß Absatz 3 Nr. 2 nicht berührt.

(3) Die §§ 26 bis 41 über die Geschäftsführung des Betriebsrats finden auf den Seebetriebsrat mit folgender Maßgabe Anwendung:

1. In Angelegenheiten, in denen der Seebetriebsrat nach diesem Gesetz innerhalb einer bestimmten Frist Stellung zu nehmen hat, kann er, abweichend von § 33 Abs. 2, ohne Rücksicht auf die Zahl der zur Sitzung erschienenen Mitglieder einen Beschluss fassen, wenn die Mitglieder ordnungsgemäß geladen worden sind.

2. Soweit die Mitglieder des Seebetriebsrats nicht freizustellen sind, sind sie so zu beschäftigen, dass sie durch ihre Tätigkeit nicht gehindert sind, die Aufgaben des Seebetriebsrats wahrzunehmen. Der Arbeitsplatz soll den Fähigkeiten und Kenntnissen des Mitglieds des Seebetriebsrats und seiner bisherigen beruflichen Stellung entsprechen. Der Arbeitsplatz ist im Einvernehmen mit dem Seebetriebsrat zu bestimmen. Kommt eine Einigung über die Bestimmung des Arbeitsplatzes nicht zustande, so entscheidet die Einigungsstelle. Der Spruch der Einigungsstelle ersetzt die Einigung zwischen Arbeitgeber und Seebetriebsrat.
3. Den Mitgliedern des Seebetriebsrats, die Besatzungsmitglieder sind, ist die Heuer auch dann fortzuzahlen, wenn sie im Landbetrieb beschäftigt werden. Sachbezüge sind angemessen abzugelten. Ist der neue Arbeitsplatz höherwertig, so ist das diesem Arbeitsplatz entsprechende Arbeitsentgelt zu zahlen.
4. Unter Berücksichtigung der örtlichen Verhältnisse ist über die Unterkunft der in den Seebetriebsrat gewählten Besatzungsmitglieder eine Regelung zwischen dem Seebetriebsrat und dem Arbeitgeber zu treffen, wenn der Arbeitsplatz sich nicht am Wohnort befindet. Kommt eine Einigung nicht zustande, so entscheidet die Einigungsstelle. Der Spruch der Einigungsstelle ersetzt die Einigung zwischen Arbeitgeber und Seebetriebsrat.
5. Der Seebetriebsrat hat das Recht, jedes zum Seebetrieb gehörende Schiff zu betreten, dort im Rahmen seiner Aufgaben tätig zu werden sowie an den Sitzungen der Bordvertretung teilzunehmen. § 115 Abs. 7 Nr. 5 Satz 1 gilt entsprechend.
6. Liegt ein Schiff in einem Hafen innerhalb des Geltungsbereichs dieses Gesetzes, so kann der Seebetriebsrat nach Unterrichtung des Kapitäns Sprechstunden an Bord abhalten und Bordversammlungen der Besatzungsmitglieder durchführen.
7. Läuft ein Schiff innerhalb eines Kalenderjahres keinen Hafen im Geltungsbereich dieses Gesetzes an, so gelten die Nummern 5 und 6 für europäische Häfen. Die Schleusen des Nordostseekanals gelten nicht als Häfen.
8. Im Einvernehmen mit dem Arbeitgeber können Sprechstunden und Bordversammlungen, abweichend von den Nummern 6 und 7, auch in anderen Liegehäfen des Schiffes durchgeführt werden, wenn ein dringendes Bedürfnis hierfür besteht. Kommt eine Einigung nicht zustande, so entscheidet die Einigungsstelle. Der Spruch der Einigungsstelle ersetzt die Einigung zwischen Arbeitgeber und Seebetriebsrat.

(4) Die §§ 42 bis 46 über die Betriebsversammlung finden auf den Seebetrieb keine Anwendung.

(5) Für den Seebetrieb nimmt der Seebetriebsrat die in den §§ 47 bis 59 dem Betriebsrat übertragenen Aufgaben, Befugnisse und Pflichten wahr.

(6) Die §§ 74 bis 113 über die Mitwirkung und Mitbestimmung der Arbeitnehmer finden auf den Seebetriebsrat mit folgender Maßgabe Anwendung:

1. Der Seebetriebsrat ist zuständig für die Behandlung derjenigen nach diesem Gesetz der Mitwirkung oder Mitbestimmung des Betriebsrats unterliegenden Angelegenheiten,
   a) die alle oder mehrere Schiffe des Seebetriebs oder die Besatzungsmitglieder aller oder mehrerer Schiffe des Seebetriebs betreffen,
   b) die nach § 115 Abs. 7 Nr. 2 von der Bordvertretung abgegeben worden sind oder
   c) für die nicht die Zuständigkeit der Bordvertretung nach § 115 Abs. 7 Nr. 1 gegeben ist.
2. Der Seebetriebsrat ist regelmäßig und umfassend über den Schiffsbetrieb des Seeschifffahrtsunternehmens zu unterrichten. Die erforderlichen Unterlagen sind ihm vorzulegen.

Zweiter Abschnitt. Luftfahrt

§ 117 Geltung für die Luftfahrt

(1) [1] Auf Landbetriebe von Luftfahrtunternehmen ist dieses Gesetz anzuwenden. [2] Auf im Flugbetrieb beschäftigte Arbeitnehmer von Luftfahrtunternehmen ist dieses Gesetz anzuwenden, wenn keine Vertretung durch Tarifvertrag nach Absatz 2 Satz 1 errichtet ist.

(2) [1] Für im Flugbetrieb beschäftigte Arbeitnehmer von Luftfahrtunternehmen kann durch Tarifvertrag eine Vertretung errichtet werden. [2] Über die Zusammenarbeit dieser Vertretung mit den nach diesem Gesetz zu errichtenden Vertretungen der Arbeitnehmer der Landbetriebe des Luftfahrtunternehmens kann der Tarifvertrag von diesem Gesetz abweichende Regelungen vorsehen. [3] Auf einen Tarifvertrag nach den Sätzen 1 und 2 ist § 4 Absatz 5 des Tarifvertragsgesetzes anzuwenden.

Dritter Abschnitt. Tendenzbetriebe und Religionsgemeinschaften

§ 118 Geltung für Tendenzbetriebe und Religionsgemeinschaften

(1) [1] Auf Unternehmen und Betriebe, die unmittelbar und überwiegend

1. politischen, koalitionspolitischen, konfessionellen, karitativen, erzieherischen, wissenschaftlichen oder künstlerischen Bestimmungen oder
2. Zwecken der Berichterstattung oder Meinungsäußerung, auf die Artikel 5 Abs. 1 Satz 2 des Grundgesetzes Anwendung findet,

dienen, finden die Vorschriften dieses Gesetzes keine Anwendung, soweit die Eigenart des Unternehmens oder des Betriebs dem entgegensteht. [2] Die §§ 106 bis 110 sind nicht, die §§ 111 bis 113 nur insoweit anzuwenden, als sie den Ausgleich oder die Milderung wirtschaftlicher Nachteile für die Arbeitnehmer infolge von Betriebsänderungen regeln.

(2) Dieses Gesetz findet keine Anwendung auf Religionsgemeinschaften und ihre karitativen und erzieherischen Einrichtungen unbeschadet deren Rechtsform.

Sechster Teil. Straf- und Bußgeldvorschriften

§ 119 Straftaten gegen Betriebsverfassungsorgane und ihre Mitglieder

(1) Mit Freiheitsstrafe bis zu einem Jahr oder mit Geldstrafe wird bestraft, wer

1. eine Wahl des Betriebsrats, der Jugend- und Auszubildendenvertretung, der Bordvertretung, des Seebetriebsrats oder der in § 3 Abs. 1 Nr. 1 bis 3 oder 5 bezeichneten Vertretungen der Arbeitnehmer behindert oder durch Zufügung oder Androhung von Nachteilen oder durch Gewährung oder Versprechen von Vorteilen beeinflußt,
2. die Tätigkeit des Betriebsrats, des Gesamtbetriebsrats, des Konzernbetriebsrats, der Jugend- und Auszubildendenvertretung, der Gesamt-Jugend- und Auszubildendenvertretung, der Konzern-Jugend- und Auszubildendenvertretung, der Bordvertretung, des Seebetriebsrats, der in § 3 Abs. 1 bezeichneten Vertretungen der Arbeitnehmer, der Einigungsstelle, der in § 76 Abs. 8 bezeichneten tariflichen Schlichtungsstelle, der in § 86 bezeichneten betrieblichen Beschwerdestelle oder des Wirtschaftsausschusses behindert oder stört, oder
3. ein Mitglied oder ein Ersatzmitglied des Betriebsrats, des Gesamtbetriebsrats, des Konzernbetriebsrats, der Jugend- und Auszubildendenvertretung, der Gesamt-Jugend- und Auszubildendenvertretung, der Konzern-Jugend- und Auszubilden-

denvertretung, der Bordvertretung, des Seebetriebsrats, der in § 3 Abs. 1 bezeichneten Vertretungen der Arbeitnehmer, der Einigungsstelle, der in § 76 Abs. 8 bezeichneten Schlichtungsstelle, der in § 86 bezeichneten betrieblichen Beschwerdestelle oder des Wirtschaftsausschusses um seiner Tätigkeit willen oder eine Auskunftsperson nach § 80 Absatz 2 Satz 4 um ihrer Tätigkeit willen benachteiligt oder begünstigt.

(2) Die Tat wird nur auf Antrag des Betriebsrats, des Gesamtbetriebsrats, des Konzernbetriebsrats, der Bordvertretung, des Seebetriebsrats, einer der in § 3 Abs. 1 bezeichneten Vertretungen der Arbeitnehmer, des Wahlvorstands, des Unternehmers oder einer im Betrieb vertretenen Gewerkschaft verfolgt.

§ 120 Verletzung von Geheimnissen

(1) Wer unbefugt ein fremdes Betriebs- oder Geschäftsgeheimnis offenbart, das ihm in seiner Eigenschaft als

1. Mitglied oder Ersatzmitglied des Betriebsrats oder einer der in § 79 Abs. 2 bezeichneten Stellen,
2. Vertreter einer Gewerkschaft oder Arbeitgebervereinigung,
3. Sachverständiger, der vom Betriebsrat nach § 80 Abs. 3 hinzugezogen oder von der Einigungsstelle nach § 109 Satz 3 angehört worden ist,

3a. Berater, der vom Betriebsrat nach § 111 Satz 2 hinzugezogen worden ist,

3b. Auskunftsperson, die dem Betriebsrat nach § 80 Absatz 2 Satz 4 zur Verfügung gestellt worden ist, oder

4. Arbeitnehmer, der vom Betriebsrat nach § 107 Abs. 3 Satz 3 oder vom Wirtschaftsausschuss nach § 108 Abs. 2 Satz 2 hinzugezogen worden ist,

bekannt geworden und das vom Arbeitgeber ausdrücklich als geheimhaltungsbedürftig bezeichnet worden ist, wird mit Freiheitsstrafe bis zu einem Jahr oder mit Geldstrafe bestraft.

(2) Ebenso wird bestraft, wer unbefugt ein fremdes Geheimnis eines Arbeitnehmers, namentlich ein zu dessen persönlichen Lebensbereich gehörendes Geheimnis, offenbart, das ihm in seiner Eigenschaft als Mitglied oder Ersatzmitglied des Betriebsrats oder einer der in § 79 Abs. 2 bezeichneten Stellen bekanntgeworden ist und über das nach den Vorschriften dieses Gesetzes Stillschweigen zu bewahren ist.

(3) [1] Handelt der Täter gegen Entgelt oder in der Absicht, sich oder einen anderen zu bereichern oder einen anderen zu schädigen, so ist die Strafe Freiheitsstrafe bis zu zwei Jahren oder Geldstrafe. [2] Ebenso wird bestraft, wer unbefugt ein fremdes Geheimnis, namentlich ein Betriebs- oder Geschäftsgeheimnis, zu dessen Geheimhaltung er nach den Absätzen 1 oder 2 verpflichtet ist, verwertet.

(4) Die Absätze 1 bis 3 sind auch anzuwenden, wenn der Täter das fremde Geheimnis nach dem Tode des Betroffenen unbefugt offenbart oder verwertet.

(5) [1] Die Tat wird nur auf Antrag des Verletzten verfolgt. [2] Stirbt der Verletzte, so geht das Antragsrecht nach § 77 Abs. 2 des Strafgesetzbuches auf die Angehörigen über, wenn das Geheimnis zum persönlichen Lebensbereich des Verletzten gehört; in anderen Fällen geht es auf die Erben über. [3] Offenbart der Täter das Geheimnis nach dem Tode des Betroffenen, so gilt Satz 2 sinngemäß.

§ 121 Bußgeldvorschriften

(1) Ordnungswidrig handelt, wer eine der in § 90 Abs. 1, 2 Satz 1, § 92 Abs. 1 Satz 1 auch in Verbindung mit Abs. 3, § 99 Abs. 1, § 106 Abs. 2, § 108 Abs. 5, § 110 oder § 111 bezeichneten Aufklärungs- oder Auskunftspflichten nicht, wahrheitswidrig, unvollständig oder verspätet erfüllt.

(2) Die Ordnungswidrigkeit kann mit einer Geldbuße bis zu 10 000 Euro geahndet werden.

Siebenter Teil. Änderung von Gesetzen

§ 122 (Änderung des Bürgerlichen Gesetzbuchs) (gegenstandslos)

§ 123 (Änderung des Kündigungsschutzgesetzes) (gegenstandslos)

§ 124 (Änderung des Arbeitsgerichtsgesetzes) (gegenstandslos)

Achter Teil. Übergangs- und Schlussvorschriften

§ 125 Erstmalige Wahlen nach diesem Gesetz

(1) Die erstmaligen Betriebsratswahlen nach § 13 Abs. 1 finden im Jahre 1972 statt.

(2) [1]Die erstmaligen Wahlen der Jugend- und Auszubildendenvertretung nach § 64 Abs. 1 Satz 1 finden im Jahre 1988 statt. [2]Die Amtszeit der Jugendvertretung endet mit der Bekanntgabe des Wahlergebnisses der neu gewählten Jugend- und Auszubildendenvertretung, spätestens am 30. November 1988.

(3) Auf Wahlen des Betriebsrats, der Bordvertretung, des Seebetriebsrats und der Jugend- und Auszubildendenvertretung, die nach dem 28. Juli 2001 eingeleitet werden, finden die Erste Verordnung zur Durchführung des Betriebsverfassungsgesetzes vom 16. Januar 1972 (BGBl. I S. 49), zuletzt geändert durch Verordnung vom 16. Januar 1995 (BGBl. I S. 43), die Zweite Verordnung zur Durchführung des Betriebsverfassungsgesetzes vom 24. Oktober 1972 (BGBl. I S. 2029), zuletzt geändert durch die Verordnung vom 28. September 1989 (BGBl. I S. 1795) und die Verordnung zur Durchführung der Betriebsratswahlen bei den Postunternehmen vom 26. Juni 1995 (BGBl. I S. 871) bis zu deren Änderung entsprechende Anwendung.

(4) Ergänzend findet für das vereinfachte Wahlverfahren nach § 14a die Erste Verordnung zur Durchführung des Betriebsverfassungsgesetzes bis zu deren Änderung mit folgenden Maßgaben entsprechende Anwendung:

1. Die Frist für die Einladung zur Wahlversammlung zur Wahl des Wahlvorstands nach § 14a Abs. 1 des Gesetzes beträgt mindestens sieben Tage. Die Einladung muss Ort, Tag und Zeit der Wahlversammlung sowie den Hinweis enthalten, dass bis zum Ende dieser Wahlversammlung Wahlvorschläge zur Wahl des Betriebsrats gemacht werden können (§ 14a Abs. 2 des Gesetzes).
2. § 3 findet wie folgt Anwendung:
   a) Im Fall des § 14a Abs. 1 des Gesetzes erlässt der Wahlvorstand auf der Wahlversammlung das Wahlausschreiben. Die Einspruchsfrist nach § 3 Abs. 2 Nr. 3 verkürzt sich auf drei Tage. Die Angabe nach § 3 Abs. 2 Nr. 4 muss die Zahl der Mindestsitze des Geschlechts in der Minderheit (§ 15 Abs. 2 des Gesetzes) enthalten. Die Wahlvorschläge sind abweichend von § 3 Abs. 2 Nr. 7 bis zum Abschluss der Wahlversammlung zur Wahl des Wahlvorstands bei diesem einzureichen. Ergänzend zu § 3 Abs. 2 Nr. 10 gibt der Wahlvorstand den Ort, Tag und Zeit der nachträglichen Stimmabgabe an (§ 14a Abs. 4 des Gesetzes).
   b) Im Fall des § 14a Abs. 3 des Gesetzes erlässt der Wahlvorstand unverzüglich das Wahlausschreiben mit den unter Buchstabe a genannten Maßgaben zu § 3 Abs. 2 Nr. 3, 4 und 10. Abweichend von § 3 Abs. 2 Nr. 7 sind die Wahlvorschläge spätestens eine Woche vor der Wahlversammlung zur Wahl des Betriebsrats (§ 14a Abs. 3 Satz 2 des Gesetzes) beim Wahlvorstand einzureichen.
3. Die Einspruchsfrist des § 4 Abs. 1 verkürzt sich auf drei Tage.
4. Die §§ 6 bis 8 und § 10 Abs. 2 finden entsprechende Anwendung mit der Maßgabe, dass die Wahl aufgrund von Wahlvorschlägen erfolgt. Im Fall des § 14a Abs. 1

des Gesetzes sind die Wahlvorschläge bis zum Abschluss der Wahlversammlung zur Wahl des Wahlvorstands bei diesem einzureichen; im Fall des § 14a Abs. 3 des Gesetzes sind die Wahlvorschläge spätestens eine Woche vor der Wahlversammlung zur Wahl des Betriebsrats (§ 14a Abs. 3 Satz 2 des Gesetzes) beim Wahlvorstand einzureichen.
5. § 9 findet keine Anwendung.
6. Auf das Wahlverfahren finden die §§ 21 ff. entsprechende Anwendung. Auf den Stimmzetteln sind die Bewerber in alphabetischer Reihenfolge unter Angabe von Familienname, Vorname und Art der Beschäftigung im Betrieb aufzuführen.
7. § 25 Abs. 5 bis 8 findet keine Anwendung.
8. § 26 Abs. 1 findet mit der Maßgabe Anwendung, dass der Wahlberechtigte sein Verlangen auf schriftliche Stimmabgabe spätestens drei Tage vor dem Tag der Wahlversammlung zur Wahl des Betriebsrats dem Wahlvorstand mitgeteilt haben muss.
9. § 31 findet entsprechende Anwendung mit der Maßgabe, dass die Wahl der Jugend- und Auszubildendenvertretung aufgrund von Wahlvorschlägen erfolgt.

§ 126 Ermächtigung zum Erlass von Wahlordnungen

Das Bundesministerium für Arbeit und Soziales wird ermächtigt, mit Zustimmung des Bundesrates Rechtsverordnungen zu erlassen zur Regelung der in den §§ 7 bis 20, 60 bis 63, 115 und 116 bezeichneten Wahlen über
1. die Vorbereitung der Wahl, insbesondere die Aufstellung der Wählerlisten und die Errechnung der Vertreterzahl;
2. die Frist für die Einsichtnahme in die Wählerlisten und die Erhebung von Einsprüchen gegen sie;
3. die Vorschlagslisten und die Frist für ihre Einreichung;
4. das Wahlausschreiben und die Fristen für seine Bekanntmachung;
5. die Stimmabgabe;
5a. die Verteilung der Sitze im Betriebsrat, in der Bordvertretung, im Seebetriebsrat sowie in der Jugend- und Auszubildendenvertretung auf die Geschlechter, auch soweit die Sitze nicht gemäß § 15 Abs. 2 und § 62 Abs. 3 besetzt werden können;
6. die Feststellung des Wahlergebnisses und die Fristen für seine Bekanntmachung;
7. die Aufbewahrung der Wahlakten.

§ 127 Verweisungen

Soweit in anderen Vorschriften auf Vorschriften verwiesen wird oder Bezeichnungen verwendet werden, die durch dieses Gesetz aufgehoben oder geändert werden, treten an ihre Stelle die entsprechenden Vorschriften oder Bezeichnungen dieses Gesetzes.

§ 128 Bestehende abweichende Tarifverträge

Die im Zeitpunkt des Inkrafttretens dieses Gesetzes nach § 20 Abs. 3 des Betriebsverfassungsgesetzes vom 11. Oktober 1952 geltenden Tarifverträge über die Errichtung einer anderen Vertretung der Arbeitnehmer für Betriebe, in denen wegen ihrer Eigenart der Errichtung von Betriebsräten besondere Schwierigkeiten entgegenstehen, werden durch dieses Gesetz nicht berührt.

§ 129 *(aufgehoben)*

§ 130 Öffentlicher Dienst

Dieses Gesetz findet keine Anwendung auf Verwaltungen und Betriebe des Bundes, der Länder, der Gemeinden und sonstiger Körperschaften, Anstalten und Stiftungen des öffentlichen Rechts.

§ 131 Berlin-Klausel (gegenstandslos)

§ 132 (Inkrafttreten)

Einleitung

Durch das **BRG v. 4.2.1920** (RGBl. S. 147) wurde **erstmals** die **reichseinheitliche gesetzliche Grundlage für die Betriebsverfassung** gesetzt. Dieses G regelte die Bildung von einheitlichen Vertretungen aller ArbN (BR) in den Betrieben und Verwaltungen des öffentlichen und privaten Rechts, mit Ausnahme der Fahrzeuge der See- und Binnenschifffahrt. Im Hinblick auf die unterschiedlichen Interessen der Arb. und Ang. wurden Gruppenräte (Arb- und AngRäte) errichtet. Für Unternehmen, die aus mehreren Betrieben bestanden, konnten GesBR gebildet werden. Die Aufgaben der Betriebsvertretungen gliederten sich in die Interessenvertretung der ArbN auf sozialem und personellem Gebiet einerseits, in die Unterstützung der Betriebsleitung bei der Erfüllung der wirtschaftlichen Zwecke des Betriebs andererseits. Das MBR, dh die Bindung des ArbGeb. in seinen Entschließungen an die Zustimmung der Betriebsvertretungen, war nur in verhältnismäßig geringem Umfang festgelegt; so auf sozialem Gebiet beim Erlass der Arbeitsordnungen, auf personellem Gebiet durch die Vorschriften über den Einspruch gegen die Kündigungen, während die Vorschriften über das MBR des BR bei Einstellungen nie praktische Bedeutung gewonnen haben. Dagegen haben die BR durch Abschluss von BV, durch Anregungen gegenüber dem ArbGeb., durch Vertretung der Interessen und Beschwerden der ArbN auf sozialem Gebiet mit Unterstützung der Gewerkschaften weitgehend zu Verbesserungen der Arbeitsbedingungen und der menschlichen Beziehungen in den Betrieben beigetragen. Auf wirtschaftlichem Gebiet war der BR auf die Beratung des ArbGeb. beschränkt, und in größeren Betrieben hatte er Anspruch auf Vorlage und Erläuterung des Jahresbeschlusses (vgl. G über die Betriebsbilanz- und die Betriebsgewinn- und -verlustrechnung v. 5.2.1921, RGBl. I S. 159). In die bestehenden AR der juristischen Personen des Handelsrechts entsandten die BR ein oder zwei Mitgl. nach Maßgabe des G über die Entsendung von BRMitgl. in den AR v. 15.2.1922 (RGBl. I S. 209). 1

Nach der nationalsozialistischen Machtübernahme wurde das BRG durch § 65 Nr. 1 des **G zur Ordnung der nationalen Arbeit (AOG)** v. 20.1.1934 (RGBl. I S. 45) aufgehoben. Dieses G legte die Betriebsverfassung entspr. dem nationalsozialistischen Gedankengut auf der Grundlage des Führerprinzips fest. Der Betriebsführer leitete die Geschicke des Betriebes, ihm stand beratend ein Vertrauensrat zur Seite, dem er als Vors. angehörte, der jedoch nicht berechtigt war, Vereinbarungen mit dem Betriebsführer zu schließen. Vielmehr wurden die betrieblichen Normen durch BO gesetzt. Der mit dem AOG unternommene Versuch, das Schwergewicht der sozialen Ordnung auf die einzelnen Betriebe zu verlegen, ist jedoch gescheitert, da auch im Dritten Reich die Regelung der Arbeitsbedingungen im Wesentlichen auf überbetrieblicher Grundlage (Tarifordnungen) erfolgen musste. Das AOG galt nur für die Betriebe der Privatwirtschaft, eine Sonderregelung der Betriebsverfassung für den öffentlichen Dienst enthielt das G zur Ordnung der Arbeit in öffentlichen Verwaltungen und Betrieben v. 23.3.1934 (RGBl. I S. 220). 2

Nach dem Neuanfang im Jahre 1945 wurden das AOG durch das Kontrollratsgesetz Nr. 40, das G zur Ordnung der Arbeit in öffentlichen Verwaltungen und Betrieben durch das Kontrollratsgesetz Nr. 56 aufgehoben. Der Kontrollrat erließ seinerseits das **Kontrollratsgesetz Nr. 22 (Betriebsrätegesetz)** v. 10.4.1946 (ABl. KR 6, 133). Dieses G enthielt nur die wichtigsten Vorschriften über die Bildung von BR nach demokratischen Grundsätzen und umschrieb die Aufgaben und Befugnisse, den Schutz der BR sowie die Verpflichtung dieser Organe, ihre Aufgaben in Zusammenarbeit mit den anerkannten Gewerkschaften durchzuführen. Die nähere Ausgestaltung sowohl des Wahlverfahrens als auch der Funktionen der BR sollte der Regelung 3 durch die unmittelbar Beteiligten im Betrieb überlassen bleiben. Diese Art der Betriebsverfassungsgesetzgebung, die sehr stark auf die Initiative der Beteiligten im Betrieb abstellte, entsprach nicht der deutschen Mentalität und Tradition. Es wurden daher in den Ländern Rheinland-Pfalz, Hessen, Württemberg-Baden, Baden, Bremen, Schleswig-Holstein, Bayern und Württemberg-Hohenzollern Gesetze erlassen, welche die Betriebsverfassung ganz oder teilweise regelten. Je nach der politischen Konstellation in den gesetzgebenden Körperschaften der einzelnen Länder wurden verschiedenartige Lösungen der einzelnen Fragenkomplexe gefunden. Zum Teil regelten diese Gesetze die Bildung der Organe der Betriebsverfassung und den gesamten Bereich ihrer Befugnisse, zT behandelten sie nur die Aufgaben (so Württemberg-Baden), zT enthielten sie keine Vorschriften über das wirtschaftliche MBR (so Rheinland-Pfalz, Bremen, Schleswig-Holstein).

4 Der Wirtschaftsrat des Vereinigten Wirtschaftsgebietes hat auf dem Gebiete der Betriebsverfassung nur zwei Teilregelungen getroffen. Durch § 1 Abs. 1 des TVG v. 9.4.1949 (WiGBl. S. 55) wurde die Befugnis der Sozialpartner festgelegt, im TV auch betriebsverfassungsrechtliche Fragen zu regeln. Von dieser Befugnis ist allerdings nur in beschränktem Umfang Gebrauch gemacht worden. Ferner erließ der Wirtschaftsrat das G über die Wählbarkeit zum BR v. 9.8.1949 (WiGBl. S. 247).

5 **Nach Errichtung der Bundesrepublik** wurde zunächst der Versuch unternommen, übereinstimmende Auffassungen der Sozialpartner zu einem BetrVG zu erzielen, der aber scheiterte. Daraufhin reichte die **CDU-Fraktion des Bundestages den Entwurf eines Gesetzes über die Mitbestimmung der Arbeitnehmer im Betrieb** (BT-Drs. Nr. 970) ein. Andererseits bereitete der Bundesminister für Arbeit einen Referentenentwurf eines BetrVG vor, der jedoch vor seiner Vorlage im Kabinett nochmals mit den Sozialpartnern beraten werden sollte. Die Beratungen führten nicht zu einer Einigung in den Grundsatzfragen und mussten daher abgebrochen werden.

6 Am 25.7.1950 brachte die **Fraktion der SPD den Entwurf eines Gesetzes zur Neuordnung der Wirtschaft** (BT-Drs. Nr. 1229) ein, der im Wesentlichen die Vorschläge des Deutschen Gewerkschaftsbundes über eine paritätische Besetzung der AR, über die Bildung von WiAusschüssen und über die Regelung des überbetrieblichen MBR enthielt. Am 31.10.1950 (BT-Drs. Nr. 1546) folgte die **Gesetzesvorlage der Bundesregierung mit dem Entwurf eines Gesetzes über die Neuordnung der Beziehungen von ArbN und ArbGeb. in den Betrieben (Betriebsverfassungsgesetz).** Der Entwurf wurde federführend durch den Ausschuss für Arbeit des Bundestages unter Beteiligung des Ausschusses für Wirtschaftspolitik beraten. Beide Ausschüsse bildeten einen gemeinsamen Arbeitskreis, der am 14.11.1950 mit der Diskussion des schwierigen Gesetzes begann und im November 1951 einen vorläufigen Entwurf vorlegte. Dieser war bis zum Juli 1952 Gegenstand eingehender Beratungen der zuständigen Ausschüsse des Bundestages. Deren Entwurf (BT-Drs. Nr. 35 85) wurde mit geringfügigen Änderungen vom Bundestag am 17.7.1952 in zweiter Lesung, am 19.7.1952 in dritter Lesung verabschiedet. Der Bundesrat hat dem G am 30.7.1952 zugestimmt. Die Verkündung des G verzögerte sich, weil zuvor das Kontrollratsgesetz Nr. 22 durch Anordnung der Alliierten Hohen Kommission aufgehoben werden musste. Das geschah durch das G Nr. 30 v. 30.9.1952 mit Wirkung für den sachlichen Geltungsbereich des BetrVG. Daraufhin wurde das BetrVG am 14.10.1952 verkündet (BGBl. I S. 681) und trat gem. § 92 am 14.11.1952 in Kraft. Eine Verlängerung der Amtsdauer der BR auf drei Jahre brachte das G v. 15.12.1964 (BGBl. I S. 1065). Es änderte die §§ 21 und 22. Am 18.3.1953 (BGBl. I S. 58) wurde die erste Rechtsverordnung (WO) zur Durchführung der BetrVG erlassen, die durch die Verordnung v. 7.2.1962 (BGBl. I S. 64) auf Grund der inzwischen gemachten praktischen Erfahrungen in einzelnen Punkten, insbes. durch Erweiterung der Möglichkeiten zur schriftlichen Stimmabgabe (Briefwahl), geändert wurde.

Entstehung des Betriebsverfassungsgesetzes

Das BetrVG aus dem Jahre 1952 ist über zwei Jahrzehnte fast unverändert geblieben. Während dieser Zeit hat es sich zwar zunächst im Großen und Ganzen bewährt, entsprach aber zuletzt nicht mehr den veränderten wirtschaftlichen und sozialen Verhältnissen. Deshalb haben noch **in der 5. Legislaturperiode des Deutschen Bundestages die CDU, die SPD und die FDP Gesetzentwürfe für ein neues BetrVG** vorgelegt. Ebenso haben auch zahlreiche Verbände, ua der Deutsche Gewerkschaftsbund, Vorschläge für eine Änderung des BetrVG unterbreitet. 7

In der Regierungserklärung v. 28.10.1969 sagte die Bundesregierung eine Reform des BetrVG zu und legte am 29.1.1971 dem Bundestag den **Regierungsentwurf eines neuen BetrVG** vor (BT-Drs. VI/1786). Auch **die CDU/CSU** hat dem Parlament am 8.2.1971 einen **eigenen Gesetzesentwurf** zugeleitet (BT-Drs. VI/1806). Die beiden Entwürfe sind insbes. im Ausschuss für Arbeit und Sozialordnung eingehend in 23 Sitzungen beraten worden. Am 24. und 25.2.1971 (Protokolle des Ausschusses für Arbeit Nr. 45 u. 46) und am 13. und 14.5.1971 (Protokolle Nr. 57 und 58) fanden öffentliche Informationssitzungen (Hearings) statt, in denen zahlreiche Sachverständige gehört wurden. Das Ergebnis der Beratungen des Ausschusses für Arbeit und Sozialordnung ist nach Beteiligung des Rechtsausschusses und des Wirtschaftsausschusses in dem Schriftlichen Bericht BT-Drs. VI/2729, zu Drs. VI/2729 enthalten. Die Ausschussfassung des neuen Gesetzes unterscheidet sich in zahlreichen Punkten von dem Regierungsentwurf, von denen aber verhältnismäßig wenige eine wesentliche Änderung enthalten. Das G wurde idF der Ausschussvorlage vom Bundestag in seiner 150. Sitzung am 10.11.1971 in zweiter und dritter Lesung verabschiedet (Sitzungsprotokoll S. 8586–8619, 8633–8642 und 8645–8675). Der Bundesrat hat in seiner 374. Sitzung am 3.12.1971 (Sitzungsprotokoll S. 341 ff.) wegen zahlreicher Änderungswünsche den Vermittlungsausschuss angerufen. Dieser lehnte jedoch eine Änderung des Bundestagsbeschlusses ab. Daraufhin hat der Bundesrat in seiner 375. Sitzung am 17.12.1971 (Sitzungsprotokoll S. 369 ff.) dem G zugestimmt. Das G ist am 18.1.1972 (BGBl. I S. 13) verkündet worden und einen Tag nach seiner Verkündung in Kraft getreten. Die Erste DVO v. 15.1.1972, die die näheren Einzelheiten der Wahl der Betriebsräte und der Jugendvertretungen regelt, ist am 19.1.1972 im Bundesgesetzblatt (BGBl. I S. 49) verkündet worden und am 20.1.1972 in Kraft getreten. Die Zweite DVO (Wahlordnung für die Seeschifffahrt) v. 24.10.1972 (BGBl. I S. 2029) ist am 28.10.1972 verkündet worden und einen Tag später in Kraft getreten. 8

Das **BetrVG 1972** befasst sich **nur mit der Betriebsverfassung, nicht** mit der eigentlichen **Unternehmensverfassung** und damit auch nicht mit der Beteiligung der ArbN in AR und in der Geschäftsführung juristischer Personen. Die **§§ 76 ff. BetrVG 1952** (vgl. Anh. 2) und die **Montanmitbestimmungsgesetze** gelten weiter. Am 1.7.1976 ist das **G über die Mitbestimmung der Arbeitnehmer (MitbestG)** v. 4.5.1976 (BGBl. I S. 1153) in Kraft getreten. Nach diesem G besteht – abgesehen von den den Montanmitbestimmungsgesetzen unterfallenden Unternehmen sowie den Versicherungsvereinen auf Gegenseitigkeit – in allen Kapitalgesellschaften mit in der Regel mehr als 2000 ArbN der AR je zur Hälfte aus Vertretern der Anteilseigner und der ArbN. Außerdem ist in diesen Unternehmen ein Arbeitsdirektor zu bestellen. Die Vorschriften der §§ 76 ff. BetrVG 1952 über die Vertretung der ArbN im AR beschränken sich – abgesehen von den Versicherungsvereinen auf Gegenseitigkeit – nunmehr auf Kapitalgesellschaften mit in der Regel weniger als 2001 ArbN. Die drei Wahlordnungen zur Durchführung des MitbestG v. 23.6.1977 (BGBl. I S. 861 ff.) sind am 26.6.1977 in Kraft getreten. 9

Das **BetrVG 1972** brachte unter Berücksichtigung der modernen Entwicklung auf technischen und wirtschaftlichen Gebieten sowie Erkenntnissen der Arbeitswissenschaft und des Personalwesens **wesentliche Verbesserungen** für die Arbeitneh- 10 mer gegenüber dem BetrVG 1952. Es handelt sich nicht nur um eine Novellierung des BetrVG 1952, sondern um eine **neue Kodifikation.**

11 Auch das BetrVG 1972 beruht auf den Grundsätzen der vertrauensvollen Zusammenarbeit zwischen Arbeitgeber und Betriebsrat und dem Gebot der betrieblichen Friedenspflicht, insbes. auch dem Verbot der parteipolitischen Betätigung von Arbeitgeber und Betriebsrat. Die Mitbestimmungsrechte des Betriebsrats wurden gegenüber dem bisherigen Recht, insbes. im sozialen und personellen Bereich, erheblich ausgebaut. Außerdem wurde eine Reihe von Individualrechten des einzelnen Arbeitnehmers in das G aufgenommen. Die Regelungen über den Schutz der Mitglieder des Betriebsrats und der weiteren betriebsverfassungsrechtlichen Funktionsträger sowie über die Erleichterung ihrer Tätigkeit wurden erheblich verstärkt. Die Stellung der Gewerkschaften innerhalb der Betriebsverfassung wurde unter gleichzeitiger Sicherung ihrer Koalitionsbetätigung eingehender als bisher geregelt. Ebenso wie nach dem bisherigen Recht blieb die Stellung der leitenden Angestellten innerhalb der Betriebsverfassung zunächst ungeregelt.

12 Für den Bereich des öffentlichen Dienstes ist eine dem Betriebsverfassungsgesetz weitgehend nachgebildete Regelung durch das **Bundespersonalvertretungsgesetz** v. 15.3.1974 (BGBl. I S. 693), zuletzt geändert durch G v. 29.5.1990 (BGBl. I S. 1975) getroffen worden. Dieses G enthält allerdings gegenüber dem Betriebsverfassungsgesetz gewisse Abweichungen, die durch die Besonderheit des öffentlichen Dienstes bedingt sind. In den Erläuterungen ist auf vergleichbare Vorschriften des BPersVG 74 hingewiesen.

Weiterentwicklung des Betriebsverfassungsrechts

13 Das Betriebsverfassungsrecht ist nach 1972 sowohl durch unmittelbare Änderungen des G selbst als auch durch den Erlass neuer bzw. die Änderung anderer arbeitsrechtlicher Gesetze mit mittelbarer Auswirkung auf das Betriebsverfassungsgesetz weiterentwickelt worden. In chronologischer Reihenfolge sind hier zu nennen:

14 Nach dem **Arbeitnehmerüberlassungsgesetz** v. 7.8.1972 (BGBl. I S. 1393) idF der Bekanntmachung v. 3.2.1995 (BGBl. I S. 158) sind Leiharbeitnehmer betriebsverfassungsrechtlich grds. dem Betrieb des Verleihers zugeordnet. Allerdings haben auch die Betriebsräte des Entleiherbetriebes gewisse Aufgaben und Beteiligungsrechte hinsichtlich dieses Personenkreises, so zB nach § 99 bei der Beschäftigung von Leiharbeitnehmern im Entleiherbetrieb.

15 Das **G über Betriebsärzte, Sicherheitsingenieure und andere Fachkräfte für Arbeitssicherheit (Arbeitssicherheitsgesetz – ASiG –)** v. 12.12.1973 (BGBl. I S. 1885), geändert durch das Jugendarbeitsschutzgesetz v. 12.4.1976 (BGBl. I S. 965), weist dem Betriebsrat wichtige Aufgaben bei der Bestellung und Abberufung dieser Personen sowie bei der Festlegung ihrer Aufgaben zu; ferner werden diese Personen und die Betriebsräte zur engen Zusammenarbeit verpflichtet.

16 Im Jahre 1974 wurde das BetrVG 1972 durch einen § 78a ergänzt, der den Schutz der im Ausbildungsverhältnis beschäftigten Mitglieder und ehemaligen Mitglieder von Betriebsverfassungsorganen (insbes. von Jugendvertretern) zum Gegenstand hat (**Gesetz zum Schutze in Ausbildung befindlicher Mitglieder von Betriebsverfassungsorganen** v. 18.1.1974 – BGBl. I S. 85 –).

17 Einige Vorschriften des G (§§ 8, 23, 101, 104, 119, 120) sind durch das **Einführungsgesetz zum Strafgesetzbuch** v. 2.3.1974 (BGBl. I S. 469) geändert worden.

18 Nach dem durch das **G zur Änderung des Heimarbeitsgesetzes und anderer arbeitsrechtlicher Vorschriften (Heimarbeitsänderungsgesetz)** v. 29.10.1974 (BGBl. I S. 2879) in das Heimarbeitsgesetz neu eingefügten § 29a wird den in Heimarbeit Beschäftigten, die eine betriebsverfassungsrechtliche Funktion innehaben, ein dem § 15 des Kündigungsschutzgesetzes entsprechender Kündigungsschutz zuerkannt.

Zum **G über die Mitbestimmung der Arbeitnehmer (MitbestG)** v. 4.5.1976 (BGBl. I S. 1153) vgl. S. 57 unten. Durch die drei **Wahlordnungen zur Durchführung des Mitbestimmungsgesetzes** v. 23.6.1977 (BGBl. I S. 861 ff.) werden den Betriebsräten, Gesamtbetriebsräten und Konzernbetriebsräten bestimmte Aufgaben und Funktionen bei der Wahl der Aufsichtsratsmitglieder der Arbeitnehmer und ihrer Abberufung zugewiesen. 19

Das **Bundesdatenschutzgesetz (BDSG)** v. 27.1.1977 (BGBl. I S. 201) macht nicht zuletzt deshalb, weil die Betriebsvereinbarung als eine „andere Rechtsvorschrift" iSv § 1 Abs. 4 BDSG anzusehen ist, durch die die Verarbeitung personenbezogener Daten der Arbeitnehmer geregelt werden kann, die Bedeutung derjenigen Beteiligungsrechte des BR deutlich, die in besonderem Maße dem Schutz der persönlichen Integrität und des allgemeinen Persönlichkeitsrechts des Arbeitnehmers dienen (vgl. insbes. §§ 75, 87 Abs. 1 Nr. 6, 94 und 95 BetrVG). Das **G zur Fortentwicklung der Datenverarbeitung und des Datenschutzes** v. 20.12.1990 (BGBl. I S. 2954) hat das Bundesdatenschutzgesetz novelliert. Es verstärkt den Persönlichkeitsschutz ua dadurch, dass es auch die Erhebung und Nutzung von personenbezogenen Daten der Arbeitnehmer regelt. 20

Das **G zur Beschleunigung und Bereinigung des arbeitsgerichtlichen Verfahrens** v. 21.5.1979 (BGBl. I S. 545) enthält ua eine Reihe von Regelungen, durch die das für betriebsverfassungsrechtliche Streitigkeiten maßgebende arbeitsgerichtliche Beschlussverfahren effektiver gestaltet wird. 21

Das **G über die Gleichbehandlung von Männern und Frauen am Arbeitsplatz und über die Erhaltung von Ansprüchen bei Betriebsübergang** (Arbeitsrechtliches EG-Anpassungsgesetz) v. 13.8.1980 (BGBl. I S. 1308) – vgl. hierzu Anh. 9 – konkretisiert und verstärkt die bereits in § 75 BetrVG enthaltene Verpflichtung zur Gleichbehandlung der Geschlechter im Betrieb und sichert auch bei Übergang von Betriebsteilen den Fortbestand von Ansprüchen aus Betriebsvereinbarungen grds. für die Dauer eines Jahres. 22

Das **G über den Sozialplan im Konkurs- und Vergleichsverfahren** v. 20.2.1985 (BGBl. I S. 369), zuletzt geändert durch G v. 20.12.1991 (BGBl. I S. 2289), hat die Frage des Ranges von Sozialplanforderungen im Konkurs gesetzlich geregelt (Text und Kommentierung im Anh. 3a; wegen Gesamtvollstreckungsordnung im Gebiet der ehemaligen DDR vgl. Anh. 3b). 23

Art. 2 des **Beschäftigungsförderungsgesetzes** v. 26.4.1985 (BGBl. I S. 710), geändert durch G v. 22.12.1989 (BGBl. I S. 2406), hat § 112 dahin geändert, dass der Einigungsstelle gewisse Grundsätze für die Aufstellung eines Sozialplans vorgegeben und durch einen § 112a die Erzwingbarkeit eines Sozialplans für die dort genannten Fälle ausgeschlossen wird. 24

Das **G zur Sicherung der Eingliederung Schwerbehinderter in Arbeit, Beruf und Gesellschaft (Schwerbehindertengesetz – SchwbG –)** idF v. 26.8.1986 (BGBl. I S. 1422), zuletzt geändert durch G v. 21.6.1991 (BGBl. I S. 1360), regelt ua die Institution, die Rechtsstellung und die Aufgaben der Schwerbehindertenvertretung sowie deren Verhältnis zu den Betriebsverfassungsorganen. 25

Um ein „Aussterben" der Jugendvertretung zu verhindern, hat sie der Gesetzgeber mit dem **G zur Bildung von Jugend- und Auszubildendenvertretungen in den Betrieben** v. 13.7.1988 (BGBl. I S. 1034) unter Einbeziehung auch volljähriger Auszubildenden unter 25 Jahren zu einer Jugend- und Auszubildendenvertretung ausgebaut (Änderungsgesetz 1988), nachdem er mit dem **G zur Verlängerung der Amtszeit der Jugendvertretungen in den Betrieben** v. 18.12.1987 (BGBl. I S. 2792) die zeitlichen Voraussetzungen für diesen Ausbau und einen nahtlosen Übergang zu einem später im Jahr liegenden Wahlzeitraum (Herbst statt Frühjahr) geschaffen hatte. Die entsprechende Anpassung der Ersten DVO (Wahlordnung) erfolgte mit der VO v. 20.7.1988 (BGBl. I S. 1072). 26

Mit **dem G zur Änderung des Betriebsverfassungsgesetzes, über Sprecherausschüsse der leitenden Angestellten und zur Sicherung der Montan-** 27

Mitbestimmung v. 20.12.1988 (BGBl. I S. 2312), das am 1.1.1989 in Kraft getreten ist (Änderungsgesetz 1989), ist die Betriebsverfassung in mehreren Punkten geändert worden. Die wichtigsten sind: Präzisierung des Begriffs des leitenden Angestellten, Einführung eines besonderen Verfahrens über die Zuordnung der leitenden Angestellten vor den Wahlen, Ausbau des Minderheitenschutzes bei den Wahlen und der Organisation des Betriebsrats zugunsten kleinerer Gewerkschaften und Gruppierungen, Verlängerung der Amtszeit des Betriebsrats auf vier Jahre, Konkretisierung der Unterrichtungs- und Beratungsrechte des Betriebsrats und Anerkennung eines Informations- und Erörterungsrechts des einzelnen Arbeitnehmers bei neuen Techniken, sowie nähere Regelung der Einigungsstellenkosten. Das Betriebsverfassungsgesetz in der nunmehr geltenden Fassung ist am 3.1.1989 (BGBl. I S. 1) mit geringfügiger Berichtigung am 26.4.1989 (BGBl. I S. 902) neu bekannt gemacht worden. Die infolge des erweiterten Minderheitenschutzes notwendigen Änderungen der Ersten DVO und der Zweiten DVO (Wahlordnung Seeschifffahrt) erfolgten durch je eine VO v. 28.9.1989 (BGBl. I S. 1793, 1795), die am 6.10.1989 in Kraft getreten sind. Außerdem sind mit dem Sprecherausschussgesetz (SprAuG) erstmals Sprecherausschüsse der leitenden Angestellten gesetzlich geregelt worden. Die dazu ergangene Erste DVO (Wahlordnung) zum SprAuG v. 28.9.1989 (BGBl. I S. 1798) ist am 6.10.1989 in Kraft getreten.

28 Aufgrund des **Vertrages** v. 18.5.1990 zwischen der Bundesrepublik Deutschland und der Deutschen Demokratischen Republik über die **Schaffung einer Währungs-, Wirtschafts- und Sozialunion** (BGBl. II S. 537) hatte die DDR das Betriebsverfassungsgesetz sowie die dazu gehörigen Wahlordnungen mit einigen Übergangsregelungen, insbes. zu den dort erstmals durchzuführenden Wahlen und zu der Unterscheidung zwischen Arbeitern und Angestellten, für ihr Gebiet mWv 1.7.1990 in Kraft gesetzt (Gesetz v. 21.6.1990 GBl. I S. 357 [362]; sa VO v. 11.7.1990 GBl. I S. 715). Gemäß dem Vertrag v. 31.8.1990 zwischen der Bundesrepublik Deutschland und der Deutschen Demokratischen Republik über die Herstellung der Einheit Deutschlands – **Einigungsvertrag** – (vgl. Anl. I Kap. VIII Sachgebiet A Abschn. III Nr. 12, 13) iVm Art. 1 des G v. 23.9.1990 (BGBl. II S. 885, 1022) gelten das Betriebsverfassungsgesetz nebst Wahlordnungen mit den genannten kurzfristigen Übergangsregelungen sowie das SprAuG ab 3.10.1990 im Gebiet der ehemaligen DDR als Bundesrecht.

29 Damit ist zwar die Rechtseinheit formal hergestellt worden, jedoch ergeben sich bei der Anwendung des Betriebsverfassungsrechts in den neuen Bundesländern vor allem wegen der dort notwendigen Umstrukturierung der Unternehmen und Betriebe besondere Probleme. Deshalb hat der Gesetzgeber im **G über die Spaltung der von der Treuhandanstalt verwalteten Unternehmen** v. 5.4.1991 (SpTrUG, BGBl. I S. 854) und in **Art. 1** des **G zur Beseitigung von Hemmnissen bei der Privatisierung von Unternehmen und zur Förderung von Investitionen** v. 22.3.1991 (BGBl. I S. 766), der das G zur Regelung offener Vermögensfragen v. 23.9.1990 (BGBl. II S. 885, 1159) geändert hat (Neufassung des Vermögensgesetzes v. 18.4.1991, VermG: BGBl. 1991 I S. 957), auch besondere Beteiligungs- u. Informationsrechte sowie ein Übergangsmandat der Betriebsräte bei Gesellschaftsspaltungen bzw. -entflechtungen vorgesehen.

30 Das **G über den Vertrauensmann der Zivildienstleistenden** v. 16.1.1991 (BGBl. I S. 53), das ua § 37 Abs. 5 des Zivildienstgesetzes idF v. 31.7.1986 (BGBl. I S. 1206) abgelöst hat, räumt dem Vertrauensmann der Zivildienstleistenden bei der Behandlung von auch die Zivildienstleistenden betreffenden Angelegenheiten ein beratendes Teilnahmerecht an den Sitzungen des Betriebsrats ein.

31 Das **Zweite Gleichberechtigungsgesetz** v. 24.6.1994 (BGBl. I S. 1406 [1410]) zielt mit seinen in Art. 5 enthaltenen Änderungen der §§ 16, 45, 63, 80, 92, 93 und 96 BetrVG darauf ab, die Chancen der Frauen zur gleichberechtigten Teilnahme am betrieblichen Leben zu verbessern und hebt im neuen § 80 Abs. 1 Nr. 2a BetrVG ausdrücklich als Aufgabe des Betriebsrats hervor, die Durchsetzung der tatsächlichen

Gleichberechtigung von Frauen und Männern, insbes. bei der Einstellung, Beschäftigung, Aus-, Fort- und Weiterbildung und dem beruflichen Aufstieg zu fördern. In diesem Zusammenhang steht auch die Dritte Verordnung zur Änderung der Ersten Verordnung zur Durchführung des BetrVG v. 16.1.1995 (BGBl. I S. 43).

Betriebsverfassungsrechtliches Neuland ist mit der **Privatisierung** von **Bahn** und **Post** durch das G zur Neuordnung des Eisenbahnwesens (**Eisenbahnneuordnungsgesetz** – ENeuOG) v. 27.12.1993 (BGBl. I S. 2378) und das G zur Neuordnung des Postwesens und der Telekommunikation (**Postneuordnungsgesetz** – PTNeuOG) v. 14.9.1994 (BGBl. I S. 2325) betreten worden. 32

Für die **privatisierte Bahn** enthält das in Art. 2 ENeuOG eingestellte G über die Gründung einer Deutsche Bahn Aktiengesellschaft (DBAG) die betriebsverfassungsrechtlich einschlägigen Vorschriften. Sie sehen ein Übergangsmandat der Personalräte bis zur Wahl von Betriebsräten in der DBAG, ein Übergangsmandat der Betriebsräte bei späteren Ausgliederungen aus der DBAG sowie die Einordnung der bei der DBAG tätigen Beamten als **ArbN** iSd BetrVG vor; diese Beamten verfügen allerdings neben den Betriebsräten bei der DBAG über besondere Personalvertretungen beim Besonderen Eisenbahnvermögen (BEV, s. §§ 3, 20 ENeuOG, § 17 DBGrG), die ausschließlich für statusrechtliche Angelegenheiten der Beamten zuständig sind. 33

Die bei den **privatisierten Postunternehmen** zu beachtenden betriebsverfassungsrechtlichen Sondervorschriften enthält das G zum Personalrecht der Beschäftigten der früheren Deutschen Post (Art. 4 PTNeuOG). Hiernach verfügen die Personalräte ebenfalls über ein Übergangsmandat bis zur Wahl von Betriebsräten. Die bei den Postunternehmen beschäftigten Beamten gelten als ArbN und sind grds. entspr. ihrer jeweiligen Beschäftigung den Arb. oder Ang. zuzuordnen. Anders als bei der Bahn werden die Beamten bei der Betriebsratswahl als eigene – neben Arb. und Ang. – dritte Wählergruppe anerkannt. Die dadurch erforderlichen wahlrechtlichen Sonderbestimmungen regelt die Verordnung zur Durchführung der Betriebsratswahlen bei den Postunternehmen v. 26.6.1995 (BGBl. I S. 871 – Text s. Anh. 1a). 34

Das **G zur Bereinigung des Umwandlungsrechts** v. 28.10.1994 (BGBl. I S. 3210) sieht insbes. bei Spaltung von Unternehmen in Art. 1 **(Umwandlungsgesetz)** und Art. 13 (Änderung der §§ 106, 111 BetrVG) eine Reihe von betriebsverfassungsrechtlichen Ausgleichs- und Folgeregelungen vor. Den Betriebsräten werden besondere Informationsrechte sowie ein Übergangsmandat eingeräumt, es wird eine gesetzliche Vermutung für die Annahme eines gemeinsamen Betriebs mehrerer Unternehmen eingeführt, eine gesamtschuldnerische Haftung von Anlagegesellschaft und Betriebsgesellschaft für Sozialplanforderungen begründet sowie Tarifverträge und Betriebsvereinbarungen über die Fortgeltung von Rechten des Betriebsrats bei Betriebsspaltungen zugelassen. 35

Das **G zur Umsetzung der EG-Rahmenrichtlinie Arbeitsschutz und weiterer Arbeitsschutz-Richtlinien** v. 7.8.1996 (BGBl. I S. 1246) hat in seinem Art. 3 § 81 BetrVG geändert und ua bestimmt, dass in Betrieben ohne Betriebsrat der ArbGeb. die ArbN zu allen Maßnahmen zu hören hat, die Auswirkungen auf ihre Sicherheit und Gesundheit haben können. Sehr viel weitreichender für die Betriebsverfassung sind die mitbestimmungsrechtlichen Auswirkungen, die sich aus der Neuordnung des Arbeitsschutzes und der Einbeziehung von Aspekten der menschengerechten Gestaltung in den gesetzlichen Arbeitsschutz durch das neue **Arbeitsschutzgesetz** (Art. 1 des og Gesetzes) und die auf seiner Grundlage erlassenen Verordnungen – ua die Bildschirmarbeitsverordnung v. 4.12.1996 (BGBl. I S. 1841 [1843]) – ergeben. Hier eröffnet sich ein weiter Anwendungsbereich für die Mitbestimmung des Betriebsrats auf der Grundlage des § 87 Abs. 1 Nr. 7 BetrVG; auch die Rechte des einzelnen ArbN nach § 81 BetrVG erfahren durch entsprechende arbeitsschutzrechtliche Ergänzungen eine deutliche Aufwertung. 36

Die in Art. 17 des **G zur Einordnung des Rechts der gesetzlichen Unfallversicherung in das Sozialgesetzbuch** v. 7.8.1996 (BGBl. I S. 1254) enthaltenen Änderungen des § 89 BetrVG sind rein technischer Natur. Die durch Art. 5 des **Arbeits-** 37

rechtlichen Gesetzes zur Förderung von Wachstum und Beschäftigung (Arbeitsrechtliches Beschäftigungsförderungsgesetz) v. 25.9.1996 (BGBl. I S. 1476) erfolgte Ergänzung des § 113 Abs. 3 BetrVG, nach der ein Unternehmer einen Interessenausgleich dann versucht hatte, wenn er den Betriebsrat nach § 111 S. 1 BetrVG beteiligt hatte und nicht innerhalb von zwei Monaten, bzw. bei Einschaltung der Einigungsstelle innerhalb von höchstens drei Monaten nach der Beratung ein Interessenausgleich nach § 112 Abs. 2 u. 3 BetrVG zustande gekommen war, ist durch Art. 9 des **G zu Korrekturen in der Sozialversicherung und zur Sicherung der Arbeitnehmerrechte** v. 19.12.1998 (BGBl. I S. 3843) wieder aufgehoben worden.

38 Das **G zur Reform der Arbeitsförderung (Arbeitsförderungs-Reformgesetz – AFRG)** v. 24.3.1997 (BGBl. I S. 594), das ua das Arbeitsförderungsrecht als **Drittes Buch** in das **Sozialgesetzbuch** eingestellt hat, beinhaltet Vorschriften, die in einem engen Bezug zur Betriebsverfassung stehen. Unmittelbare Bedeutung für Interessenausgleich und Sozialplan haben §§ 175 ff. SGB III über Strukturkurzarbeitergeld sowie §§ 254 ff. SGB III über Zuschüsse der Arbeitsverwaltung zu Sozialplanmaßnahmen, die beschäftigungssichernd oder -fördernd sind. Zahlreiche betriebsverfassungsrechtliche Aspekte werden im jeweiligen Zusammenhang erläutert.

39 Die **Insolvenzordnung** v. 5.10.1994 (BGBl. I S. 2866 – InsO) ist am 1.1.1999 in vollem Umfang in Kraft getreten. Eines ihrer Hauptziele ist, in geeigneten Fällen statt einer Liquidation des notleidenden Unternehmens seine (Teil-)Sanierung zu erreichen und damit auch Arbeitsplätze zu sichern. Die arbeits- und betriebsverfassungsrechtlich relevanten Regelungen betreffen zum einen den Sozialplan in der Insolvenz. Sie lehnen sich hinsichtlich des Umfangs des Sozialplans an die Regelungen des G über den Sozialplan im Konkurs- und Vergleichsverfahren (SozplKonkG) an, gehen jedoch auch neue Wege; sie räumen zB ein beiderseitiges Widerrufsrecht bez. solcher Sozialpläne ein, die unmittelbar vor Eröffnung des Insolvenzverfahrens aufgestellt worden sind. Mit Inkrafttreten der InsO sind das SozplKonkG sowie die für das Beitrittsgebiet geltende Gesamtvollstreckungsordnung aufgehoben worden.

40 Weitere wesentliche Regelungen der InsO betreffen die Kündigung eines Arbeitsverhältnisses (§ 113), die Kündigung von Betriebsvereinbarungen (§ 120), das Verfahren zur Herbeiführung eines Interessenausgleichs (§§ 121 f.), einen besonderen Interessenausgleich (§ 125) sowie erleichterte Kündigungsmöglichkeiten nach erfolglosen Verhandlungen über einen Interessenausgleich (§§ 126–128). Diese Vorschriften sind durch das schon erwähnte Arbeitsrechtliche Beschäftigungsförderungsgesetz v. 25.9.1996 bereits am 1.10.1996 in Kraft getreten.

41 Durch das **G über Europäische Betriebsräte (Europäische Betriebsräte-Gesetz – EBRG)** v. 28.10.1996 (BGBl. I S. 1548, 2022) ist die RL 94/45 EG über die Einsetzung eines Europäischen Betriebsrats oder die Schaffung eines Verfahrens zur Unterrichtung und Anhörung der Arbeitnehmer in gemeinschaftsweit operierenden Unternehmen und Unternehmensgruppen (ABl. 1994 L 254, 64) in nationales Recht umgesetzt worden. Dieses G schafft die Voraussetzungen dafür, dass in ca. 300 großen Unternehmen und Konzernen mit Sitz in Deutschland eine Unterrichtung und Anhörung der Arbeitnehmer über die nationalen Grenzen hinweg gewährleistet wird. Zudem ergänzt es das von seinem räumlichen Geltungsbereich her auf Deutschland begrenzte BetrVG insoweit, als deutsche Betriebsratsmitglieder in den EBR von gemeinschaftsweit tätigen Unternehmen oder Konzernen mit Sitz in einem anderen EU-Mitgliedstaat entsandt werden können und dort Informationen erhalten, die der Betriebsrat in Deutschland bei der Ausübung seiner Beteiligungsrechte nach dem BetrVG nutzbar machen kann (Näheres s. Anh. 4a mit Übersicht). Zwischenzeitlich ist der Geltungsbereich der EBR-Richtlinie auf das bisher nicht erfasste Vereinigte Königreich erstreckt worden (RL 97/74/EG v. 12.12.1997, ABl. 1998 L 10, 22). Die hierdurch erforderlichen Ergänzungen des EBRG sind durch das **EBR-Anpassungsgesetz** v. 22.12.1999 (BGBl. I S. 2809) erfolgt.

42 Durch das **G zur Änderung des BGB und des ArbGG** v. 29.6.1999 (BGBl. I S. 1694) ist ua § 98 ArbGG dahingehend geändert worden, dass die gerichtlichen

Entscheidungen im Zusammenhang mit der Bildung der Einigungsstelle im Interesse einer erhöhten Transparenz und damit größeren Akzeptanz von der zuständigen Kammer des ArbGG in voller Besetzung und nicht nur von ihrem Vorsitzenden getroffen werden.

Das **G zur Förderung der Selbständigkeit** v. 20.12.1999 (BGBl. 2000 I S. 2) hat den Beschäftigtenbegriff in § 7 SGB IV präzisiert und eine neue, an drei von fünf Abgrenzungskriterien anknüpfende Vermutungsregelung geschaffen. Diese für das Sozialversicherungsrecht geltende Regelung dürfte bei schwieriger Feststellung des Arbeitnehmerstatus auch im Arbeits-/Betriebsverfassungsrecht bemüht werden. **43**

Durch Art. 2a des am 1.1.2001 in Kraft getretenen **Gesetzes über Teilzeitarbeit und befristete Arbeitsverträge** und zur Änderung und Aufhebung arbeitsrechtlicher Bestimmungen v. 21.12.2000 (BGBl. I S. 1966) sind in § 93 BetrVG die S. 2 u. 3 über die Ausschreibung von Teilzeitarbeitsplätzen gestrichen worden. Die weiteren betriebsverfassungsrechtlichen Aspekte werden im jeweiligen Sachzusammenhang erläutert. **44**

Das am 1.1.2002 in Kraft getretene **G zur Einführung des Euro** im Sozial- und Arbeitsrecht sowie zur Änderung anderer Vorschriften v. 21.12.2000 (BGBl. I S. 1983) stellt mit Art. 28 die im Betriebsverfassungsgesetz enthaltenen DM-Beträge auf Euro um. **45**

Mit Art. 3 § 40 des **G zur Beendigung der Diskriminierung gleichgeschlechtlicher Gemeinschaften: Lebenspartnerschaften** v. 16.2.2001 (BGBl. I S. 266) ist in § 5 Abs. 2 Nr. 5 neben dem Ehegatten nun auch der Lebenspartner erwähnt. **46**

Das am 23.5.2001 in Kraft getretene **G zur Änderung des Bundesdatenschutzgesetzes** v. 18.5.2001 (BGBl. I S. 904) ist vor allem in zwei Punkten betriebsverfassungsrechtlich bedeutsam: Die Betriebsvereinbarung ist weiterhin als eine „andere Rechtsvorschrift" iSv § 1 Abs. 3 BDSG anzusehen, die die Nutzung und Verarbeitung personenbezogener Daten der Arbeitnehmer regeln kann; damit wird das Gewicht der besonderen Beteiligungsrechte des BR zum Schutz der persönlichen Integrität und des allgemeinen Persönlichkeitsrechts des Arbeitnehmers nach §§ 75, 87 Abs. 1 Nr. 6, 94 und 95 BetrVG deutlich. Aufgrund des Festhaltens am betrieblichen Datenschutzbeauftragten gibt es neben dem Betriebsrat einen weiteren Wächter über Arbeitnehmerdaten. **47**

Das Schwerbehindertengesetz, das viele rechtliche Verbindungen zur Betriebsverfassung hat, ist mit dem am 1.7.2001 in Kraft getretenen G v. 19.6.2001 (BGBl. I S. 1046) in das **Sozialgesetzbuch – Neuntes Buch – (SGB IX)** Rehabilitation und Teilhabe behinderter Menschen als Teil 2 eingestellt worden. Mit Art. 39 dieses Gesetzes ist die Bezugnahme in §§ 32 u. 52 BetrVG vom Schwerbehindertengesetz auf das SGB IX umgestellt worden. **48**

Das BetrVG aus dem Jahre 1972 ist fast drei Jahrzehnte lang im Wesentlichen unverändert geblieben. Dadurch ist ein erheblicher Anpassungsbedarf entstanden. Dieser hat sich aus tiefgreifenden Änderungen der Arbeits- und Wirtschaftswelt vor allem in Form von neuartigen Unternehmens- und Betriebsstrukturen und besonderen Formen der Beschäftigung ergeben, die ihrerseits mit dazu beigetragen haben, dass die Zahl der Betriebsräte stark zurückgegangen ist. Aus diesen Gründen haben SPD und BÜNDNIS 90/DIE GRÜNEN in der **Koalitionsvereinbarung** v. 20.10.1998 beschlossen, dass die Mitbestimmung am Arbeitsplatz und in den Betrieben im Interesse der Beteiligung und Motivation der Beschäftigten gestärkt und an die Veränderungen in der Arbeitswelt angepasst wird. Dazu sollte das BetrVG grundlegend novelliert werden. **49**

Am 14.2.2001 beschloss das **Kabinett** den Entwurf eines Gesetzes zur Reform des Betriebsverfassungsgesetzes (BetrVerf-ReformG), der am 16.2.2001 als Gesetzentwurf der Bundesregierung dem **Bundesrat** zugeleitet wurde (BR-Drs. 140/01). Der Bundesrat hat in seiner 761. Sitzung v. 30.3.2001 keine Stellungnahme abgegeben (s. BR-Plenarprotokoll v. 30.3.2001 S. 135). Der Gesetzentwurf ist am 2.4.2001 in **50** den **Bundestag** eingebracht worden (BT-Drs. 14/5741). Dieser hat in seiner 164. Sitzung am 5.4.2001 (BT-Plenarprotokoll 14/164 S. 15935 ff.) in erster Lesung auch die Anträge von CDU/CSU: Soziale Partnerschaft stärken – Betriebsverfassungsgesetz zukunftsfähig modernisieren (BT-Drs. 14/5753) und von der FDP: Reform der Mitbestimmung zur Stärkung des Mittelstandes (BT-Drs. 14/5764) beraten und den Ausschüssen überwiesen. Der Entwurf ist insbes. im **Ausschuss für Arbeit und Sozialordnung** beraten worden. Am 14.5.2001 (BT-Protokoll des Ausschusses für Arbeit Nr. 14/91) fand eine öffentliche Anhörung von Sachverständigen statt. Das Ergebnis der Beratungen des Ausschusses für Arbeit und Sozialordnung ist nach Beteiligung des Innenausschusses, des Rechtsausschusses, des Ausschusses für Wirtschaft und Technologie und des Ausschusses für Familie, Senioren, Frauen und Jugend im Schriftlichen Bericht v. 20.6.2001 (BT-Drs. 14/6352) enthalten. Die Ausschussfassung des neuen Gesetzes unterscheidet sich in nur wenigen Punkten vom Regierungsentwurf. Das G wurde idF der Ausschussvorlage vom Bundestag in seiner 177. Sitzung am 22.6.2001 in zweiter und dritter Lesung verabschiedet (BT-Plenarprotokoll 14/177 S. 17394).

51 Der Bundesrat hat in seiner 766. Sitzung am 13.7.2001 das Reformgesetz passieren lassen, ohne den Vermittlungsausschuss anzurufen (BR-Plenarprotokoll 766 S. 325). Das G **zur Reform des Betriebsverfassungsgesetzes** ist am 27.7.2001 (BGBl. I S. 1852) verkündet worden und einen Tag nach seiner Verkündung, am **28.7.2001, in Kraft getreten.** Die Bekanntmachung der Neufassung des BetrVG v. 25.9.2001 ist veröffentlicht in BGBl. I S. 2518 ff. Die neu gefasste Erste DVO v. 11.12.2001, die die näheren Einzelheiten der Wahl der Betriebsräte und der Jugend- und Auszubildendenvertretungen regelt, ist am 14.12.2001 im Bundesgesetzblatt (BGBl. I S. 3494) verkündet worden und am 15.12.2001 in Kraft getreten.

52 Das Reformgesetz sieht folgende wesentliche Neuerungen vor:

– Schaffung einer verlässlichen Organisationsgrundlage für den Betriebsrat durch eine Kombination aus gesetzlicher und vertraglicher Lösung, die die Bildung von Betriebsräten auch betriebs- und unternehmensübergreifend in Form von Filial- und Spartenbetriebsräten oder auch einen gemeinsamen Betriebsrat mehrerer Unternehmen zulässt
– Erleichterte Bildung von Betriebsräten durch Vereinfachung des Wahlrechts, insbes. in kleineren Betrieben, und Aufhebung der Gruppen
– Verstärkte Einbeziehung besonderer Arbeits- und Beschäftigungsformen wie zB Leiharbeit in die Betriebsverfassung
– Verbesserte Arbeitsbedingungen des Betriebsrats wie erleichterte Freistellungen, Nutzung moderner Techniken, Hinzuziehung von Auskunftspersonen und Delegation von Beteiligungsrechte an Arbeitsgruppen
– Stärkung der Beteiligungsrechte, insbes. bei Qualifikation und Beschäftigungssicherung
– Aufgaben des Betriebsrats beim betrieblichen Umweltschutz
– Stärkere Einbeziehung des einzelnen Arbeitnehmers in die Arbeit des Betriebsrats
– Mehr Möglichkeiten des Betriebsrats zur Förderung der Chancengleichheit von Frauen und Männern
– Erhöhte Repräsentanz von Frauen im Betriebsrat durch eine nach oben offene Geschlechterquote
– Stärkung der Jugend- und Auszubildendenvertretung
– Maßnahmen zur Bekämpfung von Rassismus und Fremdenfeindlichkeit.

53 Art. 8 u. 9 des G zur Reform der arbeitsmarktpolitischen Instrumente **(Job-AQTIV-Gesetz)** v. 10.12.2001 (BGBl. I S. 3443) enthalten Regelungen zur Beschleunigung des Einigungsstellenverfahrens. Zum einen verpflichtet § 76 Abs. 3 die Einigungsstelle nunmehr ausdrücklich zur unverzüglichen Aufnahme ihrer Tätigkeit. Zum anderen wird das arbeitsgerichtliche Verfahren zur Besetzung der Einigungsstelle dahingehend gestrafft, dass diese Entscheidungen wieder vom Kammervorsitzenden allein zu treffen, zwingende kurze Einlassungs- und Ladungsfristen zu beachten sind und die gerichtliche Entscheidung den Beteiligten spätestens innerhalb von vier Wochen nach Antragseingang zuzustellen ist.

Das **Erste Gesetz für moderne Dienstleistungen am Arbeitsmarkt** v. 23.12.2002 (BGBl. I S. 4607 [4617]) hat in seinem Art. 6 (Änderungen des AÜG) die Rahmenbedingungen der Arbeitnehmerüberlassung grundlegend neu gestaltet. Die bisherigen zum Schutz der Arbeitnehmer vorgesehenen Einschränkungen der gewerblichen Leiharbeit wie besonderes Befristungsverbot, Wiedereinstellungsverbot, Synchronisationsverbot sowie Beschränkung der Überlassungsdauer sind aufgehoben worden. Als Ausgleich hierfür wird der Grundsatz eingeführt, dass LeihArbN für die Zeit der Überlassung die für vergleichbare Arbeitnehmer im Entleiher-Betrieb geltenden wesentlichen Arbeitsbedingungen einschließl. des Arbeitsentgelts (Equal Pay) zu gewähren sind. Gleichzeitig wird eine neue Form der Arbeitnehmerüberlassung zur Vermittlung von Arbeitslosen in Arbeit über Personal-Service-Agenturen (PSA) in Art. 1 (SGB III) eingeführt. Diese Änderungen werfen eine Reihe betriebsverfassungsrechtlicher Fragen auf, die im jeweiligen Sachzusammenhang beantwortet werden. **54**

Die bisherige Vermutungsregelung für das Vorliegen einer Beschäftigung (→ Rn. 43) ist infolge der Neufassung des § 7 Abs. 4 SGB IV durch Art. 2 des **Zweiten Gesetzes für moderne Dienstleistungen am Arbeitsmarkt** v. 23.12.2002 (BGBl. I S. 4621 [4623]) gegenstandslos geworden. **55**

Infolge der Zusammenlegung des Bundesministeriums für Arbeit und Sozialordnung und des Bundesministeriums für Wirtschaft ist in Art. 173 der **Achten Zuständigkeitsanpassungsverordnung** v. 25.11.2003 (BGBl. I S. 2304 [2324]) das Betriebsverfassungsgesetz geändert und die Zuständigkeit des neuen Bundesministeriums für Wirtschaft und Arbeit für das Betriebsverfassungsrecht begründet worden. **56**

Mit Art. 81 des **Dritten Gesetzes für moderne Dienstleistungen am Arbeitsmarkt** v. 23.12.2003 (BGBl. I S. 2848 [2907]) sind die Bezugnahmen im Betriebsverfassungsgesetz auf die Stellen der Arbeitsverwaltung entspr. deren Neuorganisation (Bundesagentur für Arbeit, Agenturen für Arbeit) angepasst worden. Ein Regelungsschwerpunkt des G ist die Stärkung des aktivierenden Ansatzes der Arbeitsförderung, der vor allem in den Instrumenten Strukturkurzarbeitergeld und Zuschüsse zu Sozialplanmaßnahmen verankert ist. Diese beiden Instrumente zur Abfederung von Personalabbauprozessen bei betrieblichen Restrukturierungen werden unter Betonung des Transfercharakters fortentwickelt und gesetzessystematisch zu Transferleistungen zusammengefasst. Sie sind von erheblichem betriebsverfassungsrechtlichem Belang und werden im jeweiligen Zusammenhang dargestellt. **57**

Das am 1.1.2004 in Kraft getretene **G zu Reformen am Arbeitsmarkt** v. 24.12.2003 (BGBl. I S. 3002) hat ua das Kündigungsschutzgesetz, das Teilzeit- und Befristungsgesetz und das Arbeitszeitgesetz geändert. Einen betriebsverfassungsrechtlichen Bezug haben insbes. die Änderungen des KSchG. Es gilt ab 1.1.2004 in Betrieben mit zehn oder weniger Arbeitnehmer nicht für neu eingestellte Arbeitnehmer. Die Sozialauswahl wird auf die Dauer der Betriebszugehörigkeit, das Lebensalter, die Unterhaltspflichten und die Schwerbehinderung des Arbeitnehmers beschränkt. Von der Sozialauswahl können diejenigen Arbeitnehmer ausgenommen werden, deren Weiterbeschäftigung wegen ihrer Kenntnisse, Fähigkeiten und Leistungen oder zur Erhaltung einer ausgewogenen Personalstruktur im berechtigten betrieblichen Interesse liegt. Die gerichtliche Überprüfung der Sozialauswahl wird auf grobe Fehlerhaftigkeit beschränkt, wenn Arbeitgeber und Betriebsrat in einer Betriebsvereinbarung nach § 95 BetrVG die Wertigkeit der genannten Sozialdaten zu einander festgelegt oder bei einer Betriebsänderung die zu kündigenden Arbeitnehmer in einem Interessenausgleich namentlich benannt haben. Es wird eine generelle dreiwöchige Klagefrist für die gerichtliche Geltendmachung der Unwirksamkeit einer Kündigung, unabhängig vom Kündigungsgrund, eingeführt; diese Klagefrist ist nunmehr auch bei Geltendmachung einer nicht ordnungsgemäßen Anhörung des Betriebsrats vor erfolgter Kündigung oder der Unwirksamkeit einer außerordentlichen Kündigung eines betriebsverfassungsrechtlichen Funktionsträgers zu beachten. **58**

59 Mit dem Zweiten Gesetz zur Vereinfachung der Wahl der Arbeitnehmervertreter in den Aufsichtsrat v. 18.5.2004 (BGBl. I S. 974) wird in dessen Art. 1 das Betriebsverfassungsgesetz 1952 vom **Drittelbeteiligungsgesetz** abgelöst und folglich § 129 BetrVG, der auf das Betriebsverfassungsgesetz 1952 verweist, aufgehoben. Dem entspr. ist auch § 43 Abs. 2 der Ersten Verordnung zur Durchführung des Betriebsverfassungsgesetzes in der Verordnung zum Zweiten Gesetz zur Vereinfachung der Wahl der Arbeitnehmervertreter in den Aufsichtsrat v. 23.6.2004 (BGBl. I S. 1393) aufgehoben worden.

60 Das **Kooperationsgesetz der Bundeswehr** (BwKoopG) v. 30.7.2004 (BGBl. I S. 2027) sieht vor, dass Arbeitnehmer, Beamte und in Einzelfällen auch Soldaten der Bundeswehr unter Beibehaltung ihres Arbeits- und Dienstverhältnisses zum Bund in privaten Wirtschaftsunternehmen eingesetzt werden können. Aufgrund ihrer Eingliederung in die Kooperationsbetriebe gelten sie dort als Arbeitnehmer. Hieraus ergeben sich eine Vielzahl betriebsverfassungsrechtlicher Fragen, die vom doppelten Wahlrecht dieses Personenkreises sowohl zum Personalrat ihrer Dienststelle als auch zum Betriebsrat des jeweiligen Kooperationsbetriebs über die Beteiligungsrechte des Betriebsrats bei diese Personen betreffenden Maßnahmen bis hin zu einer erforderlichen Verzahnung der beiden Vertretungsgremien reicht.

61 Die neue **Arbeitsstättenverordnung** v. 12.8.2004 (BGBl. I S. 2179) normiert bewusst keine detaillierten Verhaltensvorgaben mehr, sondern nur noch allgemein gehaltene Anforderungen, die den Betrieben Spielräume für betriebsnahe Arbeitsschutzmaßnahmen bieten sollen. Damit eröffnet sie ein weites Anwendungsfeld insbes. für die Mitbestimmung des Betriebsrats und in betriebsratslosen Betrieben für eine direkte Mitwirkung der Arbeitnehmer. Auf beide Aspekte wird im jeweiligen Zusammenhang eingegangen.

62 Das **Erste Gesetz zur Änderung des Postpersonalrechtsgesetzes** v. 9.11.2004 (BGBl. I S. 2774) ermöglicht es erstmals den Post-AGn, Beamte auch außerhalb der Muttergesellschaften unter Beibehaltung des Beamtenverhältnisses in Tochter-, Enkel- und Beteiligungsgesellschaften zu beschäftigen. Dazu sind erhebliche Änderungen und Ergänzungen der betriebsverfassungsrechtlich relevanten Vorschriften des Postpersonalrechtsgesetzes erforderlich gewesen. Die kollektive Interessenvertretung der einer Tochter-, Enkel- oder Beteiligungsgesellschaft zugewiesenen Beamten erfolgt nun auf zwei Ebenen: Für die beamtenspezifischen Angelegenheiten ist der jeweilige Betriebsrat der insoweit entscheidungsbefugten Post-AG, im Übrigen der Betriebsrat des Betriebs der jeweiligen Tochter-, Enkel- oder Beteiligungsgesellschaft zuständig, in dem dem Beamten eine Tätigkeit zugewiesenen worden ist. Diese Konstruktion verlangt Antworten des Kommentars auf Fragen, die sich insbes. bei der Anwendung des Wahlrechts einschließlich der Wahlordnung Post sowie der Beteiligungsrechte der jeweiligen Betriebsräte vor allem bei der Entscheidung der jeweiligen Post-AG über die Zuweisung eines Beamten an eine der og Gesellschaften stellen.

63 Das G zur Organisationsreform in der gesetzlichen Rentenversicherung v. 9.12.2004 (BGBl. I S. 3242) enthält in Art. 83 das **G zu Übergangsregelungen zur Organisationsreform in der gesetzlichen Rentenversicherung** (BGBl. I S. 3292). Dessen § 4 Abs. 4–6 sieht Übergangsmandate der von der Organisationsreform betroffenen Personal- und Betriebsräte vor, die im jeweiligen Zusammenhang erörtert werden.

64 Das in Art. 2 des G zu Einführung der Europäischen Gesellschaft v. 22.12.2004 (BGBl. I S. 3675) enthaltene **G über die Beteiligung der Arbeitnehmer in einer Europäischen Gesellschaft** (BGBl. I S. 3686) regelt nicht nur die Mitbestimmung im Aufsichts- und Verwaltungsorgan dieser Gesellschaftsform, sondern sieht auch einen speziellen SE-Betriebsrat vor mit der Folge, dass das Europäische Betriebsräte-Gesetz insoweit keine Anwendung findet. Dieser Grundsatz und die Ausnahmen hiervon werden dargestellt.

65 Am 1.1.2005 sind die durch das **Vierte Gesetz für moderne Dienstleistungen am Arbeitsmarkt** v. 24.12.2003 (BGBl. I S. 2954) in das **SGB II** eingestellten Vor-

schriften der **§§ 14 ff.** über Leistungen zur Eingliederung in Arbeit in Kraft getreten (Art. 61). Erörterungsbedürftig ist die betriebsverfassungsrechtliche Einordnung der erwerbsfähigen Hilfebedürftigen. Besonderes Interesse verdienen die **Ein-Euro-Jobber,** die zwar keine Arbeitnehmer sind, bei deren Einsatz dem Betriebsrat des Beschäftigungsbetriebs jedoch eine erhebliche Prüfkompetenz zusteht.

Ein Schwerpunkt der am 1.1.2005 in Kraft getretenen novellierten **Gefahrstoff-** **66**
verordnung v. 23.12.2004 (BGBl. I S. 3758) ist die Verbesserung der Instrumente zur betrieblichen Ermittlung und Beurteilung von Gefährdungen. Hierbei sieht sie vor allem in ihrem dritten und vierten Abschnitt erhebliche Handlungsspielräume für den Arbeitgeber vor, die unter Beteiligung des Betriebsrats bzw. der Arbeitnehmer konkretisiert werden müssen.

Das mit dem Berufsbildungsreformgesetz v. 23.3.2005 (BGBl. I S. 931) vollständig **67**
novellierte **Berufsbildungsgesetz** enthält zahlreiche Schnittstellen mit dem Betriebsverfassungsrecht, die im jeweiligen Sachzusammenhang aufgezeigt und erörtert werden. Dazu zählen auch mit Stufenausbildung, gestreckter Abschlussprüfung und Ausbildungsverbund verknüpfte betriebsverfassungsrechtliche Fragen.

Das als Art. 1 des Zweiten Gesetzes zur Neuregelung des Energiewirtschaftsrechts **68**
v. 7.7.2005 (BGBl. I S. 1970) beschlossene G über die Elektrizitäts- und Gasversorgung **(Energiewirtschaftsgesetz – EnWG)** hat jedenfalls mittelbar betriebsverfassungsrechtliche Auswirkungen. Indem es die Entflechtung vom Netzgeschäft einerseits sowie der Erzeugung und dem Vertrieb andererseits vorsieht, wird in aller Regel eine organisatorische Trennung auf betrieblicher Ebene unvermeidlich sein. Damit stellen sich Fragen nach der Zuordnung der Arbeitnehmer zu den neu entstehenden Betrieben und Betriebsteilen, ob trotz der vorgeschriebenen organisatorischen Trennung noch ein gemeinsamer Betrieb iSv § 1 BetrVG möglich ist und ob die durch das EnWG veranlasste Spaltung der Belegschaft betriebsverfassungsrechtlich mittels eines TV nach § 3 Abs. 3 Nr. 3 überwunden werden kann.

Das G zur Modernisierung des Schuldenwesens des Bundes v. 12.7.2006 (BGBl. I **69**
S. 1466) enthält in seinem Art. 2 das **G über das Personal der Bundeswertpapierverwaltung.** Dieses G hat betriebsverfassungsrechtliche Relevanz. Es regelt die Interessenvertretung der Beamten und ArbN der Bundeswertpapierverwaltung, die am 1.8.2006 Beschäftigte des Bundesamtes für zentrale Dienste und offene Vermögensfragen geworden sind, und denen im Rahmen der Umstrukturierung der Bundesschuldenverwaltung auf Dauer Tätigkeiten bei dem privatrechtlich organisierten Unternehmen Bundesrepublik Deutschland – Finanzagentur GmbH zugewiesen sind. Dort gelten sie für die Anwendung des BetrVG als Arbeitnehmer und sind als solche aktiv und passiv wahlberechtigt zum Betriebsrat. Ihre Dienst- und Arbeitsverhältnisse zum Bund bleiben davon unberührt mit der Folge, dass sie auch aktiv und passiv wahlberechtigt zum Personalrat des Bundesamtes sind (§§ 1–6 BWpVerwPG).

Das als Art. 1 des G zur Umsetzung europäischer Richtlinien zur Verwirklichung **70**
des Grundsatzes der Gleichbehandlung v. 14.8.2006 (BGBl. I S. 1897) beschlossene **Allgemeine Gleichbehandlungsgesetz** (AGG) hat weitreichende Konsequenzen für das Betriebsverfassungsrecht. Unmittelbare Auswirkungen auf das BetrVG ergeben sich aus der Neufassung des Katalogs der Diskriminierungsgründe in § 75, die an die Terminologie des § 1 AGG angepasst worden sind, und aus der Vorgabe des Gesetzgebers, dass sich der Begriff der Benachteiligung und die Zulässigkeit einer unterschiedlichen Behandlung auch im Rahmen des BetrVG nach dem AGG richten (BT-Drs. 16/1780, 56). Dementsprechend werden im Zusammenhang mit der Kommentierung des § 75 die für seine Anwendung maßgeblichen Vorschriften des AGG eingehend erläutert und die Voraussetzungen für die Ausübung des den Betriebspartnern obliegenden Schutzes der ArbN vor Diskriminierungen dargelegt. Die Grundsätze des § 75 strahlen auf zahlreiche Normenkomplexen des BetrVG aus. Überall dort, wo der Betriebsrat in Ausübung seiner Beteiligungsrechte kontrollierend oder gestaltend auf das betriebliche Geschehen Einfluss nehmen kann, hat er auch selbst darauf zu achten, dass Diskriminierungen unterbleiben oder behoben werden. So ist er insbes.

gefordert bei personellen Einzelmaßnahmen nach § 99 sowie in sozialen und wirtschaftlichen Angelegenheiten; hier liegt der Schwerpunkt betrieblicher Vertragspolitik und der Betriebsrat wird dafür zu sorgen haben, dass so bedeutende Kollektivvereinbarungen wie solche zur betrieblichen Altersversorgung oder über Sozialplanleistungen frei von Diskriminierungen sind, um Bestand zu haben. Besonderes Augenmerk verdienen altersbezogene Regelungen. Die mit dem AGG verbundenen Verschärfung, dass nunmehr jede Benachteiligung wegen des Alters – nicht nur die wegen Überschreitung bestimmter Altersstufen – zu unterbleiben hat, erfordert ein umsichtiges Tätigwerden der Betriebspartner in einem rechtlich diffizilen Bereich. Der Kommentar geht im jeweiligen Sachzusammenhang vertieft auf alle einschlägigen, das BetrVG betreffende materiell- und verfahrensrechtliche Fragen des AGG ein.

71 Das in Art. 2 des G zur Einführung der Europäischen Genossenschaft und zur Änderung des Genossenschaftsrechts v. 14.8.2006 (BGBl. I S. 1911) enthaltene G **über die Beteiligung der Arbeitnehmer in einer Europäischen Genossenschaft** sieht ebenso wie das G über die Beteiligung der Arbeitnehmer in der SE (→ Rn. 64) auf Betriebsebene einen speziellen SCE-Betriebsrat vor. Der Grundsatz, dass das Europäische Betriebsräte-Gesetz verdrängt wird, und die Ausnahmen davon werden erläutert.

72 Am 5.12.2006 ist das **G zum Elterngeld und zur Elternzeit** (BGBl. I S. 2748) beschlossen worden. Auf seine für die Betriebsratsarbeit einschlägigen Regelungen geht der Kommentar im jeweiligen Sachzusammenhang ein.

73 Das **G über die Mitbestimmung der Arbeitnehmer bei einer grenzüberschreitenden Verschmelzung (MgVG)** v. 21.12.2006 (BGBl. I S. 3332) ist am 29.12.2006 in Kraft getreten und setzt Art. 16 der RL 2005/56/EG v. 26.10.2005 über die Verschmelzungen von Kapitalgesellschaften aus verschiedenen Mitgliedstaaten um. Auch wenn das G in erster Linie die Unternehmensmitbestimmung betrifft, und es die betrieblichen Arbeitnehmervertretungsstrukturen unberührt lassen will, können sich Verschmelzungen, wie zu zeigen sein wird, gleichwohl auf der Betriebsebene auswirken.

74 Mit dem **Zweiten Gesetz zur Änderung des Umwandlungsgesetzes** v. 19.4.2007 (BGBl. I S. 542) werden die gesellschaftsrechtlichen Vorschriften der in → Rn. 73 genannten RL 2005/56/EG v. 26.10.2005 umgesetzt. Wie schon bei innerstaatlicher Verschmelzung geschehen, räumt das G dem Betriebsrat entsprechende Informationsrechte auch bei grenzüberschreitender Verschmelzung ein.

75 Art. 1 des G zur Verbesserung der Beschäftigungschancen älterer Menschen v. 19.4.2007 (BGBl. I S. 538) enthält die **Änderung des Teilzeit- und Befristungsgesetzes.** Die Neuregelung der sachgrundlosen Befristung ist zum Anlass genommen worden, die Grundzüge des Befristungsrechts wegen seiner betriebsverfassungsrechtlichen Relevanz zu aktualisieren und zu vertiefen.

76 Das **Risikobegrenzungsgesetz** v. 12.8.2008 (BGBl. I S. 1666), das die Transparenz bei Unternehmenskäufen durch Finanzinvestoren erhöhen und unerwünschten Entwicklungen in Bereichen, in denen Finanzinvestoren tätig sind, entgegenwirken soll, hat zur Verwirklichung dieses Ziels die Beteiligungsrechte des Wirtschaftsausschusses und des Betriebsrats bei Übernahme eines Unternehmens konkretisiert und erheblich ausgedehnt. Der Katalog der wirtschaftlichen Angelegenheiten in **§ 106 Abs. 3** wird um eine neue **Nr. 9a** erweitert; sie stellt klar, dass der Unternehmer den Wirtschaftsausschuss rechtzeitig und umfassend über eine geplante Unternehmensübernahme informieren muss, wenn damit der Erwerb der Kontrolle über das Unternehmen verbunden ist. Es geht also um eine Unternehmensübernahme im Wege des Erwerbs von Geschäftsanteilen oder Aktien an der Zielgesellschaft; es erfolgt dabei lediglich ein Wechsel der Anteilseigner (Gesellschafter), während die Zielgesellschaft selbst durch diese Transaktion unberührt bleibt. Gleichwohl ist der Wirtschaftsausschuss in die Transaktion einzubeziehen, unabhängig davon, ob die Interessen der Arbeitnehmer wesentlich berührt werden können. Bedeutsam ist auch, dass der **neue S. 2 in § 106 Abs. 2** erstmalig im BetrVG dem Unternehmer die Vorlage eines bestimmten Mindestkatalogs von Unterlagen auferlegt. Das hat zur Folge, dass dann, wenn Unterlagen mit den verlangten Angaben nicht existieren, diese zu erstellen sind.

Schließlich sieht der **neue § 109a** vor, dass in Unternehmen, in denen kein Wirtschaftsausschuss besteht, der Unternehmer den Betriebsrat entspr. § 106 Abs. 1 u. 2 bei einer Unternehmensübernahme zu beteiligen hat. Mit einer umfangreichen Erörterung dieser bedeutsamen Neuregelungen und einer ausführlichen Darstellung der bei Unternehmenskäufen zu beobachtenden Praxis sowie der für eine wirksame Ausübung der neuartigen Beteiligungsrechte erforderlichen gesellschaftsrechtlichen Kenntnisse geben die Autoren Wirtschaftsausschuss und Betriebsräten das nötige Rüstzeug an die Hand, um auf bevorstehende Unternehmensübernahmen erfolgreich Einfluss nehmen zu können. **76a**

Nach dem **G** über das **Personal der Bundesagentur für Außenwirtschaft** **77** v. 8.12.2008 (BGBl. I S. 2370) sind die Beamten und Arbeitnehmer der Bundesagentur für Außenwirtschaft ab dem 1.1.2009 Beschäftigte des Bundesamtes für Wirtschaft und Ausfuhrkontrolle (BAFA) geworden. Gleichzeitig sind sie der privatrechtlich organisierten **Germany Trade and Invest – Gesellschaft für Außenwirtschaft und Standortmarketing mbH** zugewiesen worden (§§ 1, 2 BfAIPG). Die zugewiesenen Beamten und Arbeitnehmer werden als Arbeitnehmer der GmbH angesehen und in die dortige Betriebsverfassung einbezogen. Ihre dienst- und arbeitsrechtlichen Verhältnisse zum Bund, dem BAFA, bleiben davon unberührt mit der Folge, dass der Bund weiterhin Dienstherr bzw. partiell Arbeitgeber der zugewiesenen Beschäftigten bleibt, während die Aufgabenerledigung in der Gesellschaft für Außenwirtschaft und Standortmarketing mbH nach Weisungen des dortigen Arbeitgebers erfolgt. Die damit verbundenen Schwierigkeiten der Interessenvertretung des zugewiesenen Personals werden dargelegt.

Der betriebsverfassungsrechtliche Begriff des Arbeitnehmers in § 5 Abs. 1 BetrVG **78** ist durch Art. 9 des **G zur Errichtung eines Bundesaufsichtsamtes für Flugsicherung** und zur Änderung und Anpassung weiterer Vorschriften v. 29.7.2009 (BGBl. I S. 2424 [2429]) ergänzt worden. Der neu angefügten S. 3 in § 5 Abs. 1 BetrVG stellt klar, dass Beamte (Beamtinnen und Beamte), Soldaten (Soldatinnen und Soldaten) sowie Arbeitnehmer des öffentlichen Dienstes einschließlich der zu ihrer Berufsausbildung Beschäftigten, die in Betrieben privatrechtlich organisierter Unternehmen tätig sind, als Arbeitnehmer im Sinn des BetrVG gelten. Damit finden die Vorschriften des BetrVG auf diese drei Personengruppen grds. Anwendung. Dies wird in Zusammenhang mit den einschlägigen Bestimmungen erläutert und auf die Besonderheiten hingewiesen, die sich daraus ergeben können, wenn diese Personen weiterhin in einer dienstrechtlichen oder arbeitsvertraglichen Beziehung zu ihrem Dienstherrn oder öffentlichen Arbeitgeber stehen. Des Weiteren führt das G durch Art. 8 im neu geschaffene § 4 des **G** zur **Übernahme der Beamten** und Arbeitnehmer der **Bundesanstalt für Flugsicherung** für die dauerhaft bei der DFS Deutsche Flugsicherung GmbH eingesetzten Beamten und Arbeitnehmer spezielle betriebsverfassungsrechtliche Regelungen ein, auf die ebenfalls eingegangen wird.

Mit der **RL 2009/38/EG** des Europäischen Parlaments und des Rates v. 6.5.2009 **79** **über die Einsetzung eines Europäischen Betriebsrats** oder die Schaffung eines Verfahrens zur Unterrichtung und Anhörung der Arbeitnehmer in gemeinschaftsweit operierenden Unternehmen und Unternehmensgruppen (ABl. 2009 L 122, 28) ist die RL 94/45/EG des Rates (→ Rn. 41) aufgehoben worden. Der neue Richtlinientext stellt eine Ergänzung und Neufassung der alten Richtlinie dar. Er enthält eine Reihe erheblicher Verbesserungen, die im Anh. 2 vorgestellt werden. Die RL 2009/38/EG muss noch durch entspr. Änderungen des EBRG bis zum 5.6.2011 in nationales Recht umgesetzt werden (→ Rn. 84).

Das **G zur Änderung datenschutzrechtlicher Vorschriften** v. 14.8.2009 **80** (BGBl. I S. 2814) hat einen **neuen § 32 BDSG** eingefügt, der die Datenerhebung, -verarbeitung und -nutzung für Zwecke des Beschäftigungsverhältnisses regelt. Auf die Einhaltung dieser datenschutzrechtlichen Regelungen bei Entscheidungen über die

Begründung oder Beendigung eines Arbeitsverhältnisses oder bei dessen Durchführung hat der Betriebsrat im Rahmen seiner Überwachungsfunktion und im Rahmen der Ausübung seiner Beteiligungsrechte zu achten. Der Kommentar verdeutlicht, wo und wie dieses Zusammenspiel von betrieblichem Datenschutz und Betriebsratstätigkeit zu erfolgen hat.

81 Das **G für bessere Beschäftigungschancen am Arbeitsmarkt (Beschäftigungschancengesetz)** v. 24.10.2010 hat mWv 1.1.2011 neue gesetzliche Vorgaben für die Förderung von Transfermaßnahmen und für die Inanspruchnahme von Transferkurzarbeitergeld festgelegt. Diese bei Personalanpassungen interessanten Finanzierungsinstrumente sind wesentlich geändert worden. Die entsprechenden Regelungen in den §§ 216a, 216b SGB III stehen rechtlich in einem engen Zusammenhang mit den Regelungen über Betriebsänderungen, Interessenausgleich und Sozialplan in den §§ 111 ff. Betriebsverfassungsgesetz. Die neuen Förderbestimmungen werden erläutert und ihre Auswirkung auf das Zusammenspiel von Arbeitsagentur und Betriebsparteien im Rahmen der Transferleistungen dargestellt.

82 Das **G zur Restrukturierung und geordneten Abwicklung von Kreditinstituten,** zur Errichtung eines Restrukturierungsfonds für Kreditinstitute und zur Verlängerung der Verjährungsfrist der aktienrechtlichen Organhaftung **(Restrukturierungsgesetz)** v. 9.12.2010 (BGBl. I S. 1900) bildet den vorläufigen Schlusspunkt der sog Finanzmarktkrisengesetzgebung. Es enthält in Art. 1 das G zur Reorganisation von Kreditinstituten (**Kreditinstitute-Reorganisationsgesetz** – KredReorgG) und in Art. 2 **Änderung** des **Kreditwesengesetzes.** Diese beiden Gesetze eröffnen weitreichende Möglichkeiten, im Wege von kollektiven Verhandlungslösungen wirtschaftliche Schwierigkeiten in systemrelevanten Kreditinstituten zu überwinden. Zu diesem Zweck wird eine Vielzahl besonderer Verfahren wie Sanierungs-, Reorganisations- oder Restrukturierungsverfahren angeboten. Je nach Ausgestaltung weisen sie eine Reihe unterschiedlicher betriebsverfassungsrechtlicher Aspekte auf. Es wird dargelegt, wie die für eine erfolgreiche Krisenprävention oder Krisenbewältigung im Bankensektor erforderliche Einbeziehung vor allem des Wirtschaftsausschusses zu verwirklichen ist.

83 Mit dem **Ersten Gesetz zur Änderung des AÜG – Verhinderung von Rechtsmissbrauch der Arbeitnehmerüberlassung** v. 28.4.2011 (BGBl. I S. 642) ist das AÜG in wesentlichen Punkten geändert worden. Das ÄnderungsG setzt die RL 2008/104/EG des Europäischen Parlaments und des Rates v. 19.11.2008 über Leiharbeit (ABl. 2008 L 327, 9) um und enthält weitere Verbesserungen. Betriebsverfassungsrechtlich relevant sind die (Neu-)Regelungen des AÜG über seinen erweiterten Anwendungs- und Schutzbereich sowie die verbesserten Rechte der Leiharbeitnehmer. Hier sind vor allem die Kontroll- und Mitbestimmungsrechte des Betriebsrats von Bedeutung.

84 Mit dem **Zweiten Gesetz zur Änderung des Europäische Betriebsräte-Gesetzes (2. EBRG-ÄndG)** v. 14.6.2011 (BGBl. I S. 1050) ist die **RL 2009/38/EG** des Europäischen Parlaments und des Rates v. 6.5.2009 über die Einsetzung eines Europäischen Betriebsrats oder die Schaffung eines Verfahrens zur Unterrichtung und Anhörung der Arbeitnehmer in gemeinschaftsweit operierenden Unternehmen und Unternehmensgruppen (ABl. 2009 L 122, 28) umgesetzt worden; sie hat die RL 94/45 EG des Rates (→ Rn. 41) neu gefasst und eine Reihe erheblicher Verbesserungen gebracht. Dementsprechend sieht das 2. EBRG-ÄndG ua eine umfassendere Definition der Begriffe Unterrichtung und Anhörung, eine gerechtere Repräsentanz der Arbeitnehmer aus größeren gemeinschaftsweit tätigen Unternehmen und Unternehmensgruppen im besonderen Verhandlungsgremium und im Europäischen Betriebsrat, die Anerkennung der Gewerkschaften als Sachverständige in diesen Gremien, Regelungen über erforderliche Schulungen der Mitglieder dieser Gremien sowie Bestimmungen über Neuverhandlungen bestehender Vereinbarungen bei wesentlichen Strukturänderungen der Unternehmen oder Unternehmensgruppen vor. Aufgrund dieser Änderungen ist die Darstellung des Rechts der Europäischen Betriebsräte neu gestaltet worden.

Die bedeutendste Neuerung im **Dritten Gesetz zur Änderung des Umwandlungsgesetzes** v. 11.7.2011 (BGBl. I S. 1338) ist der sog umwandlungsrechtliche Squeeze-out, eine Kombination aus dem Ausschluss der Minderheitsaktionäre einer Aktiengesellschaft und einer anschließenden konzerninternen Verschmelzung der Aktiengesellschaft auf den Großaktionär. Da in diesem Fall weder bei der übernehmenden Muttergesellschaft noch bei der übertragenden Tochtergesellschaft eine Versammlung der Anteilseigner erforderlich ist, stellt der neu gefasste § 62 Abs. 4 S. 4 UmwG sicher, dass die Pflicht zur Zuleitung des Verschmelzungsvertrags gem. § 5 Abs. 3 UmwG an den zuständigen Betriebsrat auch im Rahmen einer Konzernverschmelzung fristgerecht erfüllt wird. 85

Art. 1 des **G zur Neuordnung der Postbeamtenversorgungskasse** – PVK-NeuG v. 21.11.2012 (BGBl. I S. 2299) berücksichtigt durch entspr. Änderungen der §§ 4 Abs. 4 und 33 Abs. 1 und 2 PostPersRG, dass Postnachfolgeunternehmen in einen größeren Konzern mit übergreifendem Konzernbetriebsrat eingegliedert werden können. Es wird klargestellt, dass diesem Konzernbetriebsrat kein Beamtenvertreter angehören muss, da die beamtenrechtlichen Entscheidungen weiterhin ausschließlich auf der Ebene der Postnachfolgeunternehmen getroffen werden (s. Begründung BT-Drs. 17/10307 zu Art. 1 Nr. 11, S. 11). 86

Art. 3 Abs. 4 des **G zur Umsetzung des Seearbeitsübereinkommens 2006 der IAO** v. 20.4.2013 (BGBl. I S. 868 [914]) hat den Begriff „Besatzungsmitglieder" in **§ 114 Abs. 6 BetrVG** neugefasst. Die Neufassung ist erforderlich geworden, weil das neue Seearbeitsgesetz einen sehr weitgefassten Begriff der Besatzungsmitglieder eingeführt hat, der für die Betriebsverfassung nicht mehr passt. Deshalb ist der Begriff betriebsverfassungskonform neu definiert worden. Inhaltlich hat sich nichts geändert. 87

Das **G zur Umsetzung der RL 2011/61/EU über die Verwalter alternativer Investmentfonds** (AIFM-Umsetzungsgesetz – **AIFM-UmsG**) v. 4.7.2013 (BGBl. I S. 1981) schafft ein neues Kapitalanlagegesetzbuch, das ein in sich geschlossenes Regelwerk im Investmentbereich bildet, also sowohl für sämtliche Fonds als auch für ihre Manager. Von betriebsverfassungsrechtlichem Belang sind §§ 287 ff. AIFM-UmsG. Sie enthalten bes. Vorschriften für AIF, die die Kontrolle über nicht börsennotierte Unternehmen und Emittenten erlangen. Die AIF-Kapitalverwaltungsgesellschaften werden verpflichtet, den Zielunternehmen ua den Kontrollerwerb sowie die voraussichtlichen Auswirkungen auf die dortige Beschäftigung und wesentliche Änderungen der Arbeitsbedingungen mitzuteilen. Gleichzeitig haben sie sich dafür einzusetzen, dass der Vorstand des Zielunternehmens die ArbN-Vertr. ordnungsgemäß informiert. Die Beteiligungsrechte nach dem BetrVG bleiben unberührt. 88

Das **G zur Abschirmung von Risiken und zur Planung der Sanierung und Abwicklung von Kreditinstituten und Finanzgruppen** v. 7.8.2013 (BGBl. I S. 3090) ergänzt die im Restrukturierungsgesetz v. 9.12.2010 (→ Rn. 82) für den Krisenfall vorgesehenen Maßnahmen. Es erlegt systemrelevanten Kreditinstituten und der Bundesanstalt für Finanzdienstleistungen durch entsprechende Änderungen im Kreditwesengesetz auf, bereits vor einem möglichen Krisenfall Maßnahmen zu planen, die in einem solchen Fall zur Sanierung des Instituts oder – bei Fehlschlagen der Sanierung – zu dessen geordneter Abwicklung ergriffen werden müssen. Zu diesem Zweck haben systemrelevante Institute Sanierungspläne aufzustellen, in denen sie ua Handlungsoptionen zur Wiederherstellung ihrer finanziellen Stabilität aufzeigen und Indikatoren festlegen, die eine rechtzeitige und erfolgreiche Durchführung der Handlungsoptionen ermöglichen. Da derartige Handlungsoptionen mit tiefgreifenden Änderungen zulasten der ArbN und ihrer Vertretung verbunden sein können, sind Einflussmöglichkeiten nach dem BetrVG auch in diesem frühen Planungsstadium von Maßnahmen zur Bewältigung möglicher Krisen darzulegen. 89

Den Schwerpunkt des **G zur Stärkung der Tarifautonomie** v. 11.8.2014 (BGBl. I S. 1348) bildet aus betriebsverfassungsrechtlicher Sicht das **G zur Regelung eines allgemeinen Mindestlohns (MiLoG).** Es soll die ArbN vor unangemessenen Niedrigstlöhnen schützen. Der Mindestlohn wird als Bruttostundenlohn (8,50 EUR 90 ab 1.1.2015) eingeführt. Da in den Betrieben sehr unterschiedliche Entlohnungssysteme existieren können, haben die Betriebsräte im Rahmen ihrer Überwachungsfunktion und Mitgestaltung dieser Systeme sicherzustellen, dass es hier nicht zu Manipulationen beim Mindestlohn kommt.

91 Das **G zur Sanierung und Abwicklung von Instituten und Finanzgruppen** (Sanierungs- und Abwicklungsgesetz – **SAG**) v. 10.12.2014 (BGBl. I S. 2091) schafft ein systematisches Regelwerk zur Sanierungs- und Abwicklungsplanung systemrelevanter Finanzinstitute. Zur Beherrschung eines möglichen Krisenfalls und zur Wiederherstellung der Überlebensfähigkeit der Kreditinstitute stellt ihnen das G eine Reihe spezieller Sanierungs- und Abwicklungsinstrumente zur Verfügung. Diese reichen von Umstrukturierungen im Unternehmen oder Konzern, Änderungen der Betriebsorganisation, Einstellen oder Umgestaltung von Geschäftsfeldern bis hin zur Veräußerung von Unternehmen oder Unternehmensteilen. Alle diese Maßnahmen sind mit weitreichenden Auswirkungen für die Arbeitnehmer und ihre Vertretung verbunden. Das SAG weist ausdrücklich darauf hin, dass die Beteiligungsrechte nach dem BetrVG unberührt bleiben. Diese werden im Zusammenhang mit den jeweiligen Instrumenten der Sanierungs- und Abwicklungsplanung erörtert.

92 Das **G zur Einführung des Elterngeld Plus** mit Partnerschaftsbonus und einer flexibleren Elternzeit im Bundeselterngeld- und Elternzeitgesetz v. 18.12.2014 (BGBl. I S. 2325) und das **G** zur **besseren Vereinbarkeit** von **Familie, Pflege** und **Beruf** v. 23.12.2014 (BGBl. I S. 2462) stehen in Zusammenhang mit der Aufgabe des Betriebsrats, die Vereinbarkeit von Familie und Erwerbstätigkeit zu fördern. Auf die für die Betriebsratsarbeit relevanten Regelungen dieser Gesetze wird im jeweiligen Sachzusammenhang eingegangen.

93 Das **G zur Tarifeinheit** (Tarifeinheitsgesetz) v. 3.7.2015 (BGBl. I S. 1130) regelt die Tarifeinheit nach dem betriebsbezogenen Mehrheitsprinzip. Es nimmt dabei direkten Bezug auf Vorschriften des BetrVG und wirkt sich darüber hinaus auf weitere betriebsverfassungsrechtliche Regelungsbereiche aus. Die hieraus folgenden Fragestellungen werden erörtert und Lösungen aufgezeigt.

94 Das **G zur Stärkung der Teilhabe und Selbstbestimmung von Menschen mit Behinderungen (BundesteilhabeG)** vom 29.12.2016 (BGBl. I S. 3234) stellt in Art. 18 klar, dass der Betriebsrat im Rahmen seiner allgemeinen Aufgaben den Abschluss von Inklusionsvereinbarungen zu fördern hat, Maßnahmen zur Eingliederung schwerbehinderter Menschen Gegenstand von freiwilligen Betriebsvereinbarungen und der Personalplanung sein können.

95 Mit dem **G zur Änderung des Arbeitnehmerüberlassungsgesetzes** und anderer Gesetze vom 21.2.2017 (BGBl. I S. 258) ist das AÜG in wesentlichen Punkten geändert worden. Betriebsverfassungsrechtlich relevant sind insb. die neue Definition der ArbNÜberlassung, die Neuregelung der zulässigen Überlassungshöchstdauer, die Präzisierung und Abweichungsmöglichkeiten von den Grundsätzen des Equal Treatment und Equal Pay. Die vorgesehenen zivilrechtlichen Sanktionsmöglichkeiten bei illegaler ArbNÜberlassung bewirken eine erweiterte Mitbestimmung des Betriebsrats beim Einsatz von Leiharbeitnehmern. Außerdem werden die Berücksichtigung der Leiharbeitnehmer bei Schwellenwerten des BetrVG und EBRG im Entleiherbetrieb gesetzlich anerkannt und die Informationsrechte des Betriebsrats beim Fremdpersonaleinsatz durch entsprechende Änderungen des BetrVG verbessert.

96 Das **G zur Förderung der Transparenz von Entgeltstrukturen (EntgelttransparenzG)** vom 30.6.2017 (BGBl. I S. 2152) hat zum Ziel, das Gebot des gleichen Entgelts für Frauen und Männer bei gleicher oder gleichwertiger Arbeit durchzusetzen. Es führt einen individuellen Auskunftsanspruchs für Beschäftigte in Betrieben mit mehr als 200 Beschäftigten ein und sieht gleichzeitig eine Stärkung des Betriebsrats bei der Wahrnehmung des Auskunftsanspruch vor.

97 Das **G zur Anpassung des Datenschutzrechts** an die EU-VO 2016/679 und zur Umsetzung der EU-RL 2016/680 (Datenschutz-Anpassungs- und -Umsetzungsgesetz EU – DSAnpUG-EU) vom 30.6.2017 (BGBl. I S. 2097) tritt am 25.5.2018 in

Kraft. Es regelt den Datenschutz in Deutschland neu und enthält in seinem § 26 BDSG spezielle Vorschriften zum Beschäftigtendatenschutz, die in Zusammenhang mit Art. 88 Datenschutz-Grundverordnung stehen. Hieraus ergeben sich Rechte und Pflichten, die Arbeitgeber und Betriebsräte beim Datenschutz am Arbeitsplatz zu beachten haben.

Durch das **G zur Reform der Pflegeberufe** (Pflegeberufereformgesetz – **98**
PflBRefG) vom 17.7.2017 (BGBl. I S. 2581) wird im neugefassten Pflegeberufsgesetz klargestellt, dass die Auszubildenden, die eine praktische und schulische Ausbildung zur Pflegefachfrau oder zum Pflegefachmann durchlaufen, für die gesamte Dauer der Ausbildung Arbeitnehmer iSd BetrVG sind. Durch ihre Zuordnung zu dem Träger der praktischen Ausbildung können die Auszubildenden dort ihre betriebsverfassungsrechtlichen Befugnisse ausüben.

Mit Art. 2 Nr. 2 der RL (EU) 2015/1794 des Europäischen Parlaments und des **99**
Rates v. 6.10.2015 (ABl. 2015 L 263, S. 1) ist die RL 2009/38/EG geändert worden. Die Änderung schafft bes. Regelungen für **Seeleute,** die Besatzungsmitglieder von Seeschiffen und Mitglieder des besonderen Verhandlungsgremiums oder des Europäischen Betriebsrats sind. Die entspr. **Umsetzungsvorschrift** des **Art. 5 des EM-Leistungsgesetzes** vom 17.7.2017 (BGBl. I 2017 S. 2508) ergänzt das EBRG um einen neuen § 41a. Die Regelung soll die Teilnahme von Seeleuten an Sitzungen der Gremien des EBRG, notfalls mittels neuer Informations- und Kommunikationstechnik erleichtern.

Mit dem **G** zur **Neuregelung des bundesstaatlichen Finanzausgleichssys-** **100**
tems ab dem Jahr 2020 und zur Änderung haushaltsrechtlicher Vorschriften vom 14.8.2017 (BGBl. I S. 3122) sind mit den Art. 13 bis 22 die Voraussetzungen und Rahmenbedingungen für den Übergang der Verwaltung der Bundesautobahnen auf den Bund einschließlich der Errichtung einer Infrastrukturgesellschaft für Autobahnen und anderer Bundesfernstraßen als Gesellschaft privaten Rechts (Art. 13 – Infrastrukturgesellschafterrichtungsgesetz – InfrGG) geschaffen worden. Für die künftig bei der Infrastrukturgesellschaft tätigen Beamten und Arbeitnehmer sind bis zur Wahl von Betriebsräten die Beteiligungsrechte durch ein **Übergangmandat** der jeweiligen Personalräte gesichert (s. § 8 des Fernstraßen-Überleitungsgesetz – FernstrÜG [Artikel 15]).

Mit dem **G** zur **Weiterentwicklung des Teilzeitrechts** vom 11.12.2018 **101**
(BGBl. I S. 2384) wird einem arbeits-, gleichstellungs- und familienpolitischen Anliegen entsprochen, dass Arbeitskräfte freiwillig in Teilzeit gehen können, aber nicht unfreiwillig in Teilzeit verbleiben müssen. Deshalb führt das G einen Anspruch auf zeitlich begrenzte Teilzeitarbeit in das TzBfG ein. Mit dieser **Brückenteilzeit** wird für Arbeitskräfte, die zeitlich begrenzt ihre Arbeitszeit verringern möchten, sichergestellt, dass sie nach der Teilzeitphase wieder zur ursprünglichen Arbeitszeit zurückkehren können. Voraussetzungen, Umfang und Geltendmachung des Rechtsanspruchs auf Brückteilzeit sowie Einflussmöglichkeiten der Betriebsräte werden erörtert.

Art. 4e des **G** zur **Stärkung der Chancen für Qualifizierung** und für mehr **102**
Schutz in der Arbeitslosenversicherung **(Qualifizierungschancengesetz)** vom 18.12.2018 (BGBl. I S. 2651, 2656) ergänzt **§ 117 Abs. 1 BetrVG** um einen weiteren Satz und stellt klar, dass auch für die im Flugverkehr beschäftigten Arbeitnehmer das BetrVG Anwendung findet, wenn für sie keine Vertretung durch Tarifvertrag errichtet ist. Das Recht der Tarifvertragsparteien, für diese Arbeitnehmer eine Vertretung durch Tarifvertrag zu schaffen, bleibt hiervon unberührt.

Das **G** zum **Schutz** von **Geschäftsgeheimnissen** vom 18.4.2019 (BGBl. I **103**
S. 466) setzt die RL (EU) 2016/93 des Europäischen Parlaments und des Rates vom 8.6.2016 (ABl. L 157 v. 15.6.2016 S. 1) über den Schutz vertraulichen Know-hows und vertraulicher Geschäftsinformationen (Geschäftsgeheimnissen) vor rechtswidrigem Erwerb sowie rechtswidriger Nutzung und Offenlegung um. Es bestimmt ausdrücklich, dass die Rechte der Arbeitnehmervertretungen unberührt bleiben. Die

Vorschriften mit betriebsverfassungsrechtlichem Bezug werden an den betreffenden Stellen kommentiert.

104 Das **Zweite Datenschutz-Anpassungs** und **UmsetzungsG EU** (2. DSAnpUG-EU) vom 20.11.2019 (BGBl. I S. 1626) erfordert neue bereichsspezifische Datenschutzregelungen des Bundes. Bedeutsam sind vor allem Vorgaben für die Bestellung des betrieblichen Datenschutzbeauftragten sowie zur Datenverarbeitung für Zwecke des Beschäftigtenschutzes. Sie werden bei den einschlägigen Vorschriften der BetrVG erörtert.

Erläuterungen des Betriebsverfassungsgesetzes

Erster Teil. Allgemeine Vorschriften

§ 1 Errichtung von Betriebsräten

(1) [1] **In Betrieben mit in der Regel mindestens fünf ständigen wahlberechtigten Arbeitnehmern, von denen drei wählbar sind, werden Betriebsräte gewählt.** [2] **Dies gilt auch für gemeinsame Betriebe mehrerer Unternehmen.**

(2) **Ein gemeinsamer Betrieb mehrerer Unternehmen wird vermutet, wenn**

1. **zur Verfolgung arbeitstechnischer Zwecke die Betriebsmittel sowie die Arbeitnehmer von den Unternehmen gemeinsam eingesetzt werden oder**
2. **die Spaltung eines Unternehmens zur Folge hat, dass von einem Betrieb ein oder mehrere Betriebsteile einem an der Spaltung beteiligten anderen Unternehmen zugeordnet werden, ohne dass sich dabei die Organisation des betroffenen Betriebs wesentlich ändert.**

Inhaltsübersicht

I. Vorbemerkung

1 Das BetrVG regelt die Beteiligung der ArbN in Betrieb und Unternehmen. Es ist vor allem **Arbeitnehmerschutzrecht.** Die ArbN bedürfen dieses Schutzes, da sie vom ArbGeb. persönlich und wirtschaftlich abhängig sind. Zumindest typischerweise kann der BR die Interessen der ArbN besser wahrnehmen als der einzelne, dem ArbGeb. allein gegenüber stehende ArbN. Die Grundsituation im Betrieb ist geprägt von der Alleinentscheidungsbefugnis des ArbGeb. Dieser verfügt kraft Eigentums oder Besitzes über die Produktionsmittel. Zum anderen kann er auf Grund der mit den ArbN geschlossenen Arbeitsverträgen über deren Arbeitskraft disponieren. Damit ist der ArbGeb. in der Lage, „seinen" Betrieb alleine zu organisieren, über die Arbeitsbedingungen zu bestimmen und soziale Macht auszuüben.

2 Diese Ausgangssituation wird **durch das BetrVG** wesentlich verändert. Durch dieses wird die **Alleinentscheidungsbefugnis des ArbGeb. begrenzt** (vgl. BAG 22.8.2017 – 1 ABR 5/16, BeckRS 2017, 136845 Rn. 23). Es werden Mitbestimmungs- und Mitwirkungsrechte der ArbN bei den Entscheidungen des ArbGeb. begründet. Die Beteiligungsrechte werden wahrgenommen durch von den ArbN gewählte und damit demokratisch legitimierte InteressenVertr., darunter insbes. den BR. Zur effektiven Wahrnehmung der Beteiligungsrechte werden zugleich (Sekundär-)Rechte der InteressenVertr. insbes. auf Freistellung, Schulung, Kostenerstattung und Sachmittel begründet.

3 Die Mitbestimmung der ArbN wird maßgeblich verwirklicht über ihre Rechte nach dem BetrVG. Sie findet aber auch statt über die Mitbestimmungsgesetze (vgl. etwa MHdB ArbR/*Boemke* § 283 Rn. 7 ff.). Dabei ist die Beteiligung strukturell unterschiedlich organisiert. Im Betriebsverfassungsrecht wird die Mitbestimmung im Wege eines **dualistischen Modells** durch eigene von den ArbN gewählte Organe wahrgenommen. Im Bereich der Unternehmensverfassung erfolgt die Mitbestimmung im Wege eines **Integrationsmodells** durch die Einbeziehung von ArbN in die Aufsichtsorgane der Unternehmen (vgl. GK-BetrVG/*Wiese* Einl. Rn. 45). Die beiden Arten der Mitbestimmung stehen rechtlich selbständig nebeneinander. Es gibt aber, insbes. bei der Mitbestimmung in wirtschaftlichen Angelegenheiten, Überschneidungen (MHdB ArbR/*Boemke* § 283 Rn. 9).

Anders als die in Art. 9 Abs. 3 S. 1 GG garantierte Koalitionsfreiheit ist ein Recht der ArbN auf Mitbestimmung in Betrieb und Unternehmen verfassungsrechtlich nicht ausdrücklich gewährleistet. Allerdings erstreckt sich nach Art. 74 Nr. 12 GG die konkurrierende Gesetzgebung des Bundes ausdrücklich auch auf die „Betriebsverfassung". Außerdem folgt aus dem **Sozialstaatsprinzip** (Art. 20 Abs. 1, Art. 28 Abs. 1 GG) einerseits sowie der **Schutzpflicht des Staates für die Grundrechte der ArbN** – insbes. aus Art. 1 Abs. 1, Art. 2 Abs. 1, Art. 12 Abs. 1 GG – andererseits (vgl. ErfK/*Schmidt* GG Einl. Rn. 38 ff.) nicht nur die Legitimation, sondern auch die Verpflichtung, überhaupt eine Beteiligung der ArbN gesetzlich sicherzustellen (GK-BetrVG/*Wiese* Einl. Rn. 50). Zugleich dient das BetrVG auch dem **Demokratiegedanken** und dem gesellschaftlichen Grundprinzip, nach dem Herrschafts- und Leitungsbefugnisse nicht ausschließlich von einer Führungsperson oder einem Führungsorgan ausgeübt werden, sondern unter Mitwirkung der Betroffenen erfolgen sollen (BAG 10.12.2002 – 1 ABR 7/02, NZA 2004, 223; MHdB ArbR/*Boemke* § 283 Rn. 2). Wie die Mitbestimmung zu verwirklichen ist, ist dabei dem Gesetzgeber nicht vorgeschrieben (BVerfG 1.3.1979 – 1 BvR 522/77 ua, NJW 1979, 593; Richardi BetrVG/*Richardi* Einl. Rn. 47). Er hat hierbei vielmehr einen weiten Gestaltungsspielraum (GK-BetrVG/*Wiese* Einl. Rn. 51). 4

Das BetrVG schränkt durch die für die InteressenVertr. der ArbN begründeten Beteiligungsrechte und die dem ArbGeb. unmittelbar und mittelbar auferlegten finanziellen Verpflichtungen dessen unternehmerische Freiheit und seine Grundrechte aus Art. 12 Abs. 1, Art. 14 Abs. 1 GG ein. Diese Einschränkungen sind **verfassungsgemäß.** Sie sind legitimiert durch das Sozialstaatsprinzip (Art. 20 Abs. 1, Art. 28 Abs. 1 GG), die Sozialbindung des Eigentums (Art. 14 Abs. 2 GG) und die Schutzpflicht des Staates für die Grundrechte der ArbN (GK-BetrVG/*Wiese* Einl. Rn. 59). Soweit MBR in die unternehmerische Entscheidungsfreiheit eingreifen, ist ohnehin nicht das durch Art. 14 Abs. 1 GG gewährleistete Eigentumsrecht, sondern nur die durch Art. 12 Abs. 1 GG garantierte Berufsfreiheit tangiert. Es handelt sich um eine Berufsausübungsregelung. Art. 12 Abs. 1 GG gebietet nicht, diese so zu gestalten, dass die unternehmerische Entscheidungsfreiheit unberührt bleibt (BVerfG 18.12.1985 – 1 BvR 143/83, AP BetrVG 1972 § 87 Arbeitszeit Nr. 15). MBR stehen nicht etwa unter dem allgemeinen Vorbehalt, dass durch sie nicht in die unternehmerische Entscheidungsfreiheit eingegriffen wird. Daher sind zB die dem BR durch § 87 Abs. 1 Nr. 2 u. 3 bei der Arbeitszeit oder durch § 87 Abs. 1 Nr. 10 bei Fragen der betrieblichen Lohngestaltung eingeräumten MBR verfassungsrechtlich nicht zu beanstanden (BAG 31.8.1982 – 1 ABR 27/80, NJW 1983, 953; 4.3.1986 – 1 ABR 15/84, NZA 1986, 432; 16.12.1986 – 1 ABR 26/85, NZA 1987, 568). 5

Das BetrVG dient dem Schutz und der Teilhabe der ArbN. Die verfassungsrechtlich gewährleisteten **Rechtspositionen der einzelnen ArbN** finden dabei ihren Ausdruck insbes. auch in § 75 BetrVG (GK-BetrVG/*Wiese* Einl. Rn. 64). Die im kollektiven Interesse der ArbN begründeten MBR des BR können bisweilen aber auch Einschränkungen der Rechte und Freiheiten der einzelnen ArbN mit sich bringen (vgl. GK-BetrVG/*Wiese* Einl. Rn. 66). So kann unter bestimmten Umständen der BR die Einstellung oder Versetzung eines ArbN gegen den Willen der Arbeitsvertragsparteien und trotz deren Vertragsfreiheit verhindern. Auch BV über mitbestimmungspflichtige Angelegenheiten können mit Einschränkungen der Individualrechte der einzelnen ArbN verbunden sein. Dies kann zB bei den MBR nach § 87 Abs. 1 Nr. 1 u. 6 der Fall sein. Die Betriebsparteien haben aufgrund der ihnen durch das BetrVG verliehenen Betriebsautonomie grds. auch die Kompetenz, im Rahmen freiwilliger BV Regelungen über formelle und materielle Arbeitsbedingungen zu treffen, welche die ArbN belasten (→ § 88 Rn. 2). Sie sind hierbei aber nach § 75 Abs. 1, Abs. 2 S. 1 iVm Art. 2 Abs. 1 GG zur Wahrung der Handlungsfreiheit und der Persönlichkeitsrechte der ArbN verpflichtet und müssen den Grundsatz der Verhältnismäßigkeit beachten (BAG 12.12.2006 – 1 AZR 96/06, NZA 2007, 453; vgl. zur Videoüberwachung am Arbeitsplatz BAG 29.6.2004 – 1 ABR 21/03, NZA 2004, 1278). In den §§ 81–86 begründet 6 das BetrVG außerdem betriebsverfassungsrechtliche Rechte einzelner ArbN (vgl. dazu etwa BAG 16.11.2004 – 1 ABR 53/03, NZA 2005, 416).

7 Die durch Art. 9 Abs. 3 GG gewährleistete **Koalitionsfreiheit** und die **Tarifautonomie** sind auch für das Betriebsverfassungsrecht von vielfältiger Bedeutung (vgl. GK-BetrVG/*Wiese* Einl. Rn. 67 ff.). Sie finden ihren Niederschlag ua in dem durch §§ 77 Abs. 3 S. 1, 87 Abs. 1 S. 1 normierten Vorrang des TV. Auch haben die Betriebsparteien nach § 2 Abs. 1 die TV zu beachten und der BR nach § 80 Abs. 1 Nr. 1 über ihre Durchführung zu wachen. Zur Abwehr von Eingriffen in die Koalitionsfreiheit durch tarifwidrige Regelungen steht den betroffenen Gewerkschaften ein Unterlassungsanspruch entspr. § 1004 BGB zu (→ § 2 Rn. 92; BAG 20.4.1999 – 1 ABR 72/98, NZA 1999, 887; *Dieterich* FS *Wißmann,* 2005, 114 ff.). Die Gewerkschaften haben nicht nur nach § 2 Abs. 2 zur Wahrnehmung der im BetrVG genannten Aufgaben und Befugnisse, sondern auch zur koalitionsspezifischen Betätigung ein Zutrittsrecht zu den Betrieben (BAG 28.2.2006 – 1 AZR 460/04, NZA 2006, 798). Durch TV können ferner unter bestimmten Voraussetzungen gem. § 3 Abs. 1 vom G abweichende Betriebsratsstrukturen geschaffen und gesetzliche MBR des BR erweitert werden (→ Rn. 245 ff.).

8 Das durch das BetrVG vorgeschriebene Zusammenwirken zwischen ArbGeb. und BR dient gemeinsamen Zielen, nämlich dem Wohl des Betriebs und der Belegschaft (§ 2 Abs. 1). Die Beteiligung der ArbN hat für den ArbGeb. Nachteile. Er kann nicht mehr allein entscheiden. Die Mitbestimmung verlangt auch einen höheren Personalbedarf. Ferner kann es zu zeitlichen Verzögerungen in der Entscheidungsfindung und deshalb zu geringerer wirtschaftlicher Effektivität kommen. Dem stehen erhebliche Vorteile gegenüber: Die Argumente der Betroffenen werden in die Entscheidung einbezogen, und es bestehen Begründungszwänge. Maßnahmen und Entscheidungen des ArbGeb. gewinnen dadurch an **Plausibilität, Transparenz und Akzeptanz** (vgl. MHdB ArbR/*Boemke* § 283 Rn. 4). Außerdem wird durch die Beteiligung der ArbNVertr. der soziale Frieden gestärkt.

9 Das BetrVG besteht **systematisch** im Wesentlichen aus **zwei Teilen.** Im ersten Teil (§§ 1–73) sind die Bildung und die Geschäftsführung des BR und der übrigen Organe der BetrVerf. geregelt. Im zweiten großen Teil (§§ 74–113) geht es um die Rechte und Pflichten der InteressenVertr. der ArbN, insbes. um deren Mitwirkung und Mitbestimmung an den Entscheidungen des ArbGeb. Eine Sonderstellung haben die §§ 81–86; sie normieren Individualrechte der einzelnen ArbN. Die §§ 114–118 enthalten besondere Vorschriften für die Seeschifffahrt, die Luftfahrt, Tendenzbetriebe und Religionsgemeinschaften. In diesen Betrieben sind andere Vertretungen vorgesehen oder es ist das BetrVG nicht oder nur eingeschränkt anwendbar (→ Rn. 43 ff.). Zu den Organen der BetrVerf. gehören auch die nach dem Sprecherausschussgesetz (SprAuG) v. 20.12.1988 (BGBl. I S. 2316) gewählten **Sprecherausschüsse der leitenden Ang.** (zum Inhalt des SprAuG und zum Verhältnis zwischen BR und Sprecherausschuss → § 2 Rn. 3; → § 5 Rn. 441 ff.).

10 Das BetrVG 1972 steht im **Kontext europäischer und internationaler Regelungen** über die Unterrichtung, Anhörung und Beteiligung der ArbN (vgl. GK-BetrVG/*Wiese* Einl. Rn. 35). Zu nennen sind insbes.

- das **Übereinkommen Nr. 135 der Internationalen Arbeitsorganisation v. 23.6.1971** über Schutz und Erleichterungen für ArbNVertr. im Betrieb, ratifiziert durch G v. 23.6.1973 (BGBl. II S. 953 ff.),
- die **RL 98/59/EG** v. 20.7.1998 zur Angleichung der Rechtsvorschriften der Mitgliedstaaten über **Massenentlassungen** (ABl. 1998 L 225, 16),
- die **RL 2001/34/EG** v. 12.3.2001 zur Angleichung der Rechtsvorschriften der Mitgliedstaaten über die Wahrung von Ansprüchen beim **Übergang von Unternehmen, Betrieben oder Unternehmens- und Betriebsteilen** (ABl. 20014 L 82, 16),
- die **RL 2001/86/EG** v. 8.10.2001 zur Ergänzung des Statuts der **Europäischen Gesellschaft (SE)** hinsichtlich der Beteiligung der ArbN, umgesetzt durch das G

über die Beteiligung der ArbN in einer Europäischen Gesellschaft **(SEBG)** v. 22.12.2004 (BGBl. I S. 3675 [3686]; → Rn. 182a),
- die **RL 2002/14/EG** v. 11.3.2002 zur Festlegung eines **allgemeinen Rahmens für die Unterrichtung und Anhörung der ArbN in der EG** (vgl. dazu *Bonin* ArbuR 2004, 321; *Kohte* FS 50 Jahre BAG, 2004, 1219; *Reichold* NZA 2003, 289),
- die **RL 2003/72/EG** v. 22.7.2003 zur Ergänzung des Statuts der **Europäischen Genossenschaft** hinsichtlich der Beteiligung der ArbN, umgesetzt durch das G über die Beteiligung der ArbN und ArbNinnen in einer Europäischen Genossenschaft **(SCEBG)** v. 14.8.2006 (BGBl. I S. 1917; → Rn. 182a),
- die **RL 2005/56/EG** v. 26.10.2005 über die **Verschmelzung von Kapitalgesellschaften** aus verschiedenen Mitgliedstaaten, umgesetzt durch das **G über die Mitbestimmung der ArbN bei einer grenzüberschreitenden Verschmelzung (MgVG)** v. 21.12.2006 (BGBl. I S. 3332; → Rn. 182b),
- die **RL 2009/38/EG** v. 6.5.2009 über die **Einsetzung eines Europäischen Betriebsrats** oder die Schaffung eines Verfahrens zur Unterrichtung und Anhörung der ArbN in gemeinschaftsweit operierenden Unternehmen und Unternehmensgruppen, umgesetzt durch das 2. EBRG-ÄndG v. 14.6.2011 (s. Anh. 2).

Entspr. Vorschriften: §§ 1, 12 Abs. 1 BPersVG. 11

II. Geltungsbereich des Gesetzes

1. Räumlicher Geltungsbereich

a) Grundsatz

Das G gilt nur innerhalb der Grenzen der Bundesrepublik Deutschland. Anknüpfungspunkt ist nicht das Unternehmen, sondern der Betrieb. Liegt dieser im Inland, ist das BetrVG anzuwenden (**„Territorialitätsprinzip“**, BAG 22.3.2000 – 7 ABR 34/98, NZA 2000, 1119; 24.5.2018 – 2 AZR 54/18, NZA 2018, 1396 Rn. 13; *Herfs-Röttgen* NZA 2018, 150; abl. gegenüber dem Territorialitätsprinzip DKKW/*Trümner* Rn. 27 ff.; vgl. auch MHdB ArbR/*Boemke* § 284 Rn. 25: „lex rei sitae“). Auf das Vertragsstatut der ArbN kommt es nicht an (BAG 24.5.2018 – 2 AZR 54/18, NZA 2018, 1396 Rn. 13) 12

Auf die Staatsangehörigkeit des ArbGeb. kommt es nicht an. Das BetrVG gilt deshalb auch für **inländische Betriebe ausländischer Unternehmen** (GK-BetrVG/*Franzen* Rn. 5). Solange ein Mindestmaß an Organisation in Deutschland gegeben ist, steht der Annahme eines Betriebs und der Anwendung des BetrVG nicht entgegen, wenn ein ausländisches Unternehmen die in Deutschland tätigen ArbN vom Ausland aus steuert (vgl. *Kort* NZA 2013, 1318 [1321]; vgl. zu § 23 KSchG HessLAG 13.4.2011 – 8 Sa 922/10, BeckRS 2011, 75839; BAG 17.1.2008 – 2 AZR 902/06, NZA 2008, 872 Rn. 28). Auch durch Matrixstrukturen kann sich ein ausländisches Unternehmen der Anwendung des BetrVG nicht entziehen (*Kort* NZA 2013, 1318 [1321]; ArbG Frankfurt 21.7.2009 – 12 BV 184/09, BeckRS 2013, 72862). Falls in einem solchen Fall die Voraussetzungen des § 1 nicht erfüllt sind, kommt die unmittelbare oder entspr. Anwendung von § 4 Abs. 1 S. 1 in Betracht. 13

Der **unionsrechtliche Begriff des „Betriebs“** ist autonom und einheitlich auszulegen (vgl. EuGH 13.5.2015 – C-182/13, NZA 2015, 731 Rn. 26 – Valerie Lyttle ua/Bluebird UK Bideo 2 Limited; 13.5.2015 – C-391/13, NZA 2015, 669 Rn. 42 – Andres Rabal Canas/Nexea). Es muss sich um eine „unterscheidbare Einheit von einer gewissen Dauerhaftigkeit und Stabilität“ handeln „die zur Erledigung einer oder mehrerer bestimmter Aufgaben bestimmt ist und über eine Gesamtheit von ArbN sowie über technische Mittel und eine organisatorische Struktur zur Erfüllung dieser Aufgaben verfügt“ (EuGH 13.5.2015 – C-182/13, NZA 2015, 731 Rn. 30 – Valerie Lyttle ua/Bluebird UK Bideo 2 Limited; 13.5.2015 – C-391/13, NZA 2015, 669 14

Rn. 45 – Andres Rabal Canas/Nexea). Allerdings ist es den Mitgliedstaaten unbenommen, den Begriff „Betrieb"– wie etwa in § 111 Abs. 1 S. 1 – durch den Begriff „Unternehmen" zu ersetzen, sofern dadurch der unionsrechtlich gebotene Arbeitnehmerschutz nicht verringert wird (EuGH 13.5.2015 – C-391/13, NZA 2015, 669 Rn. 52f. – Andres Rabal Canas/Nexea).

15 Auch auf die **Staatsangehörigkeit der ArbN** kommt es nicht an. Es ist unerheblich, ob die ausländischen ArbN mit dem ArbGeb. die Anwendung ausländischen Rechts für ihr ArbVerh. vereinbart haben (BAG 9.11.1977 – 5 AZR 132/76, NJW 1978, 1124; GK-BetrVG/*Franzen* Rn. 5).

16 Nicht anzuwenden ist das BetrVG auf die **im Ausland gelegenen Betriebe deutscher Unternehmen** (BAG 10.9.1985 – 1 ABR 28/83, AP BetrVG 1972 § 117 Nr. 3). Auch hier ist unerheblich, ob auf die Einzelarbeitsverträge der in diesen Betrieben beschäftigten ArbN deutsches oder ausländisches Recht anzuwenden ist (BAG 25.4.1978 – 6 ABR 2/77, AP Internat. Privatrecht, Arbeitsrecht Nr. 16; Richardi BetrVG/*Richardi* Einl. Rn. 68; GK-BetrVG/*Franzen* Rn. 9; DKKW/*Trümner* Rn. 25; HWGNRH/*Rose* Einl. Rn. 57). Für die in ausländischen Betrieben beschäftigten ArbN bestehen keine MBR der BR inländischer Betriebe.

17 Das gilt auch für selbständige **im Ausland gelegenen Betriebsteile** inländischer Betriebe (GK-BetrVG/*Franzen* Rn. 11; MHdB ArbR/*Boemke* § 284 Rn. 29; Richardi BetrVG/*Richardi* Einl. Rn. 69). Auch auf unselbständige im Ausland gelegene Betriebsteile ist das BetrVG nicht anwendbar (BAG 25.4.1978 – 6 ABR 2/77, AP Internat. Privatrecht, Arbeitsrecht Nr. 16; Richardi BetrVG/*Richardi* Einl. Rn. 69; **aA** GK-BetrVG/*Franzen* Rn. 11).

18 Auch auf **im Ausland gelegene Kleinstbetriebe iSv § 4 Abs. 2** findet das BetrVG keine Anwendung (BAG 25.4.1978 – 6 ABR 2/77, AP Internat. Privatrecht, Arbeitsrecht Nr. 16). Der Sinn und Zweck des § 4 Abs. 2, die ArbN in Kleinstbetrieben eines Unternehmens nicht von einer kollektiven InteressenVertr. auszuschließen, gilt nicht grenzübergreifend. Anders als in den Fällen der „Ausstrahlung" (→ Rn. 23ff.) geht es nicht um den persönlichen Anwendungsbereich, sondern um den räumlichen Geltungsbereich des Gesetzes. Dieser hängt nicht von der Größe der betrieblichen Einheit ab.

19 In ausländischen Betrieben inländischer Unternehmen können keine BR gewählt werden. Es bestehen **keine MBR nach dem BetrVG.** Soweit das BetrVG MBR auf der Unternehmensebene vorsieht – wirtschaftliche Angelegenheiten und WiAusschuss – stehen diese MBR nur den BR der im Inland gelegenen Betriebe zu. Ist ein WiAusschuss zu errichten, werden dessen Mitgl. nur vom BR des im Inland gelegenen Betriebs, bzw. von dem für die inländischen Betriebe gebildeten GesBR entsandt. An dessen Errichtung nehmen die im Ausland gelegenen Betriebe nicht teil (→ § 47 Rn. 22). Die Unterrichtung der ArbN gem. § 110 bezieht sich nur auf die in inländischen Betrieben eines Unternehmens beschäftigten ArbN. Die Vorschriften über Interessenausgleich und Sozialplan bei Betriebsänderungen (§§ 111–113) gelten nur für inländische Betriebe.

20 Hat das Unternehmen seinen Sitz im Ausland, so ist für die **inländischen Betriebe** ein **GesBR** und **WiAusschuss** zu bilden (→ § 47 Rn. 23; → § 106 Rn. 20; BAG 31.10.1975 – 1 ABR 4/74, AP BetrVG 1972 § 106 Nr. 2; Richardi BetrVG/*Richardi* Einl. Rn. 70f.; HWGNRH/*Rose* Einl. Rn. 56). Die Unterrichtungspflicht nach § 110 beschränkt sich auf die ArbN der inländischen Betriebe, ebenso die Anwendung der Vorschriften über Interessenausgleich und Sozialplan bei Betriebsänderungen.

21 Ein **KBR** kann auch für einen Konzern gebildet werden, der im Ausland seinen Sitz, aber im Inland mindestens zwei abhängige Unternehmen hat (vgl. ausf. **→ § 54 Rn. 34 bis 34i;** DKKW/*Trittin* § 54 Rn. 48ff.; MHdB ArbR/*Boemke* § 284 Rn. 28; **aA aber** für Fälle, in denen es an einer inländischen Leitung fehlt, **BAG** 14.2.2007 – 7 ABR 26/06, NZA 2007, 999; 23.5.2018 – 7 ABR 60/16, NZA 2018, 1562).

Das Territorialitätsprinzip ist **zwingend.** Der räumliche Geltungsbereich des BetrVG kann weder durch TV noch durch BV verändert werden. 22

b) Im Ausland tätige Arbeitnehmer inländischer Betriebe

Inländische Betriebe können im Ausland tätig werden. So können ArbN zu ausländischen Betrieben entsandt werden oder im Ausland, zB auf Montage, beschäftigt werden. Die Anwendung des BetrVG ist insoweit keine Frage des räumlichen Geltungsbereichs, sondern des **persönlichen Anwendungsbereichs** des G. (BAG 22.3.2000 – 7 ABR 34/98, NZA 2000, 1119; 24.5.2018 – 2 AZR 54/18, NZA 2018, 1396 Rn. 13; *Herfs-Röttgen* NZA 2018, 150; MHdB ArbR/*Boemke* § 284 Rn. 30; ErfK/*Koch* Rn. 4; *B. Gaul* BB 1990, 697; im Ergebnis auch Richardi BetrVG/*Richardi* Einl. Rn. 73 ff.). Es geht um die **„Ausstrahlungen“** eines inländischen Betriebs über die Grenzen der Bundesrepublik hinaus (BAG 10.9.1985 – 1 ABR 28/83, AP BetrVG 1972 § 117 Nr. 3; 24.5.2018 – 2 AZR 54/18, NZA 2018, 1396 Rn. 13). 23

ArbN gehören dann zu einem inländischen Betrieb, wenn sie – wie zB Montagearbeiter, Vertreter, Lkw-Fahrer, fliegendes Personal in Luftfahrtunternehmen - vorübergehend im Ausland **außerhalb einer betrieblichen Organisation beschäftigt** werden (vgl. BAG 25.4.1978 – 6 ABR 2/77, AP Internat. Privatrecht, Arbeitsrecht Nr. 16; 27.5.1982 – 6 ABR 28/80, NJW 1983, 413; 7.12.1989 – 2 AZR 228/89, NZA 1990, 658 ErfK/*Koch* Rn. 4; Richardi BetrVG/*Richardi* Einl. Rn. 75; GK-BetrVG/*Franzen* Rn. 16; MHdB ArbR/*Boemke* § 284 Rn. 32). 24

Auch ArbN, die **im Ausland in eine betriebliche Organisation eingegliedert** sind, können noch ArbN eines inländischen Betriebs sein (BAG 25.4.1978 – 6 ABR 2/77, AP Internat. Privatrecht, Arbeitsrecht Nr. 16; 27.5.1982 – 6 ABR 28/80, NJW 1983, 413; Richardi BetrVG/*Richardi* Einl. Rn. 77; ErfK/*Koch* Rn. 4). Voraussetzung ist allerdings, dass der Einsatz im Ausland zeitlich beschränkt ist. Das ist der Fall bei einer von vornherein vereinbarten Befristung des Auslandseinsatzes, aber auch dann, wenn sich der ArbGeb. das **Recht des jederzeitigen Rückrufs** vorbehalten hat, zB bei einer Vertr., einer Einarbeitung oder zur Erledigung eines zeitlich befristeten Auftrags (ErfK/*Koch* Rn. 4; GK-BetrVG/*Franzen* Rn. 16; **aA** HWGNRH/*Rose* Einl. Rn. 71). Das BetrVG bleibt auch dann anwendbar, wenn die gesamte Belegschaft, wie zB bei einem Orchester oder Wanderzirkus, vorübergehend im Ausland tätig ist (Richardi BetrVG/*Richardi* Einl. Rn. 74). 25

Problematisch ist die Zugehörigkeit zu einem inländischen Betrieb, wenn der ArbN **nur für eine Tätigkeit im Ausland eingestellt** wird. In diesem Fall ist auf die Weisungsgebundenheit der ArbN abzustellen, die eine enge Bindung an den inländischen Betrieb erzeugt (vgl. zB Reiseführer eines inländischen Reiseunternehmens, BAG 7.12.1989 – 2 AZR 228/89, NZA 1990, 658). Entscheidend ist, ob der ArbN auch im Ausland im Rahmen der Zwecksetzung des inländischen Betriebs tätig wird und den von dort ausgehenden Weisungen unterliegt (vgl. BAG 24.5.2018 – 2 AZR 54/18, NZA 2018, 1396 Rn. 13; vgl. auch LAG Nds 9.11.2017 – 5 Sa 1006/16, BeckRS 2017, 140664; vgl. aber auch BAG 21.10.1980 – 6 AZR 640/79, NJW 1981, 1175; Richardi BetrVG/*Richardi* Einl. Rn. 79; GK-BetrVG/*Franzen* Rn. 17; ErfK/*Koch* Rn. 4). Nach § 14 Abs. 1 AÜG bleiben ArbN auch dann dem inländischen Betrieb zugeordnet, wenn dessen Inhaber sie an den Inhaber eines im Ausland liegenden Betriebs verleiht (BAG 22.3.2000 – 7 ABR 34/98, NZA 2000, 1119; 24.5.2018 – 2 AZR 54/18, NZA 2018, 1396 Rn. 16). 26

Wird allerdings ein ArbN dauerhaft ohne Rückrufsvorbehalt und ohne fortdauernde Bindung an den inländischen Betrieb in einen Betrieb im Ausland versetzt, unterfällt er persönlich nicht mehr dem Anwendungsbereich des BetrVG. **Unionsrecht,** insbesondere die Freizügigkeit der ArbN, steht dem nicht entgegen. Diese verschafft dem ArbN nicht das Recht, sich im Aufnahmemitgliedstaat auf die Arbeitsbedingungen zu berufen, die ihm im Herkunftsstaat nach dessen nationalen Rechtsvorschriften zustanden (vgl. zur Unionsrechtskonformität der deutschen Mit- 27 bestimmungsregelungen über das Wahlrecht zum AR EuGH 18.7.2017 – C-566/15, NZA 2017, 1000 [Erzberger/TUI]).

28 Die im Ausland tätigen Mitarbeiter inländischer Betriebe, auf die das BetrVG anzuwenden ist, sind betriebsverfassungsrechtlich **den im Inland tätigen ArbN gleichgestellt.** Ihnen steht nach Maßgabe der §§ 7, 8 das aktive und passive Wahlrecht zu (BAG 27.5.1982 – 6 ABR 28/80, NJW 1983, 413; 22.3.2000 – 7 ABR 34/98, NZA 2000, 1119; *Herfs-Röttgen* NZA 2018, 150; Richardi BetrVG/*Richardi* Einl. Rn. 80; ErfK/*Koch* Rn. 4; → § 7 Rn. 16); sie können an BetrVerslg. teilnehmen (→ § 42 Rn. 14).

29 Dem BR eines inländischen Betriebs stehen für diese ArbN die **MBR in personellen Angelegenheiten** und in den **sozialen Angelegenheiten** zu. Das gilt etwa für Kündigungen (BAG 7.12.1989 – 2 AZR 228/89, NZA 1990, 658; 24.5.2018 – 2 AZR 54/18, NZA 2018, 1396 Rn. 16; *Herfs-Röttgen* NZA 2018, 150) und für Versetzungen iSv § 95 Abs. 3 (BAG 18.2.1986 – 1 ABR 27/84, NZA 1986, 616; *Herfs-Röttgen* NZA 2018, 150). Die ArbN werden von BV und Sozialplänen erfasst (*Herfs-Röttgen* NZA 2018, 150 [152]).

30 Die im Ausland tätigen Mitarbeiter, auf die das BetrVG anwendbar ist, zählen bei der Berechnung der betriebsverfassungsrechtlichen **Schwellenwerte** mit. Bei der Ermittlung der Schwellenwerte des § 23 Abs. 1 KSchG zählen sie allerdings nicht mit, wenn ihr ArbVerh nicht deutschem, sondern ausländischem Recht unterfällt (BAG 17.1.2008 – 2 AZR 902/06, NZA 2008, 872). Dies gilt selbst dann, wenn die ausländische Betriebsstätte mit der inländischen einen Gemeinschaftsbetrieb bildet (BAG 26.3.2009 – 2 AZR 883/07, NJOZ 2009, 3111).

c) Betriebsratstätigkeit im Ausland

31 Da der BR auch für die im Ausland tätigen ArbN des Betriebs zuständig ist, kann er grds. auch im Ausland tätig werden. So kann ein BRMitgl. die im Ausland tätigen ArbN an ihrem Arbeitsplatz aufsuchen, wenn dies sachlich erforderlich ist (vgl. *B. Gaul* BB 1990, 697). Wenn die ArbN im Ausland in einem Betrieb eines anderen ArbGeb. eingesetzt werden, dürfte der BR allerdings kein Zutrittsrecht zu diesem Betrieb haben (vgl. zum Fehlen eines Zutrittsrechts des BR eines Verleiherbetriebs zum Entleiherbetrieb BAG 15.10.2014 – 7 ABR 74/12, NZA 2015, 560). **BR-Sitzungen** im Ausland werden regelmäßig nicht erforderlich sein. **TeilBetrVerslg.** im Ausland kommen dann in Betracht, wenn wegen der Eigenart des Betriebs eine VollVerslg. aller ArbN des Betriebs nicht durchgeführt werden kann (→ § 42 Rn. 55; vgl. auch *Herfs-Röttgen* NZA 2018, 150 [153]). Es ist zweckmäßig, den im Ausland tätigen ArbN ein Forum der Aussprache zu eröffnen (DKKW/*Trümner* Rn. 26; GK-BetrVG/*Franzen* Rn. 12; LAG Hamm 12.3.1980 – 15 Sa 6/80, DB 1980, 1125; **aA aber** BAG 27.5.1982 – 6 ABR 28/80, NJW 1983, 413; → § 42 Rn. 55). Andernfalls käme nur eine evtl. kostspielige Teilnahme an BetrVerslg des inländischen Betriebs in Betracht. Der BR wird allerdings die Gründe für eine TeilBetrVerslg im Ausland sorgfältig zu prüfen haben (*Lunk* Betriebsversammlung S. 212). Jedenfalls darf er am ausländischen Arbeitsort **Sprechstunden** einrichten (DKKW/*Trümner* Rn. 26).

2. Persönlicher Geltungsbereich

32 Das BetrVG gilt für alle **ArbN** iSd § 5. Die frühere Unterscheidung zwischen Arbeitern und Angestellten ist entfallen (zum ArbNBegriff → § 5 Rn. 15 ff.). Die früher vertretene sog **„Zwei-Komponenten-Lehre“,** nach der der betriebsverfassungsrechtliche Arbeitnehmerbegriff einerseits ein ArbVerh. zum Betriebsinhaber, andererseits die tatsächliche Eingliederung des ArbN in dessen Betriebsorganisation voraussetzte, hat das BAG für die mittlerweile häufigen Fälle des drittbezogenen Personaleinsatzes und die damit verbundene Aufspaltung der Arbeitgeberstellung zu

Recht aufgegeben (BAG 5.12.2012 – 7 ABR 48/11, NZA 2013, 793; 13.3.2013 – 7 ABR 69/11, NZA 2013, 789; 18.1.2017 – 7 ABR 60/15, NZA 2017, 865). Ihre uneingeschränkte Anwendung führt in diesen Fällen nicht zu sachgerechten Ergebnissen. Sie hätte vielmehr zur Folge, dass der ArbN einerseits dem Betrieb seines „Vertragsarbeitgebers" mangels Eingliederung nicht zugeordnet werden könnte, während es andererseits zum „Betriebsarbeitgeber" am arbeitsvertraglichen Band fehlt. In Fällen von Arbeitnehmerüberlassung und Personalgestellung sind vielmehr differenzierende Lösungen geboten, die zum einen die ausdrücklichen normierten spezialgesetzlichen Konzepte sowie zum andern die Funktion des Arbeitnehmerbegriffs im jeweiligen betriebsverfassungsrechtlichen Zusammenhang angemessen berücksichtigen (BAG 5.12.2012 – 7 ABR 48/11, NZA 2013, 793; 13.3.2013 – 7 ABR 69/11, NZA 2013, 789; 18.3.2015 – 7 ABR 42/12, NZA 2015, 1144; *Linsenmaier/Kiel* RdA 2014, 135).

Zu den ArbN gehören nach § 5 Abs. 1 S. 1 auch die ArbN im **Außendienst** und die ArbN, die mit **Telearbeit** beschäftigt werden (→ § 5 Rn. 186ff., 193ff.). Gleiches gilt nach § 5 Abs. 1 S. 2 für die in **Heimarbeit** Beschäftigten, die in der Hauptsache für den Betrieb arbeiten. 33

Einige Bestimmungen des BetrVG gelten nach § 14 Abs. 2 u. 3 AÜG auch für **LeihArbN,** die im Betrieb des Entleihers tätig werden. Nach § 7 sind LeihArbN wahlberechtigt, wenn sie länger als drei Monate im Betrieb eingesetzt werden (→ § 7 Rn. 37). Nach dem zum 1.4.2017 in Kraft getretenen **§ 14 Abs. 2 S. 4 AÜG** sind LeihArbN, soweit Bestimmungen des BetrVG – ausgenommen § 112a – eine bestimmte Anzahl oder einen bestimmten Anteil von ArbN voraussetzen, auch im Entleiherbetrieb zu berücksichtigen (vgl. dazu, auch mit einer Auflistung der erfassten Bestimmungen, *Löwisch/Wegmann* BB 2017, 373; vgl. auch *Talkenberg* NZA 2017, 473, 477). Mit dieser Neuregelung hat der Gesetzgeber die neuere Rspr. des BAG aufgegriffen, mit der dieses für die Fälle des drittbezogenen Personaleinsatzes die frühere „Zwei-Komponenten-Lehre" aufgegeben hat (vgl. zu § 9 BAG 13.3.2013 – 7 ABR 69/11, NZA 2013, 789; zu § 38 BAG 18.1.2017 – 7 ABR 60/15, NZA 2017, 865; vgl. auch *Linsenmaier/Kiel* RdA 2014, 135). Die Neuregelung dient ausweislich der Gesetzesbegründung (BT-Drucks. 18/9232 S. 29) lediglich der „Klarstellung" (vgl. BAG 2.8.2017 – 7 ABR 51/15 Rn. 23). Die Prüfung, ob die LeihArbN im konkreten Einzelfall zu den „in der Regel" beschäftigten ArbN gehören, erübrigt sich durch die Neuregelung nicht (vgl. BAG 2.8.2017 – 7 ABR 51/15 Rn. 34). 34

Sog **Ein-Euro-Jobber** sind keine ArbN iSd BetrVG (→ § 5 Rn. 154; *Engels* NZA 2007, 8). Für Streitigkeiten zwischen ihnen und privaten Leistungserbringern sind die SozG zuständig (BAG 8.11.2006 – 5 AZB 36/06, NJW 2007, 1227). Bei der Beschäftigung von Ein-Euro-Jobbern hat der BR allerdings ein MBR nach § 99 Abs. 1 S. 1 (BAG 2.10.2007 – 1 ABR 60/06, NZA 2008, 244). Gleiches kann unter bestimmten Voraussetzungen für ArbN von Fremdfirmen gelten (→ § 99 Rn. 58). 35

Nach § 5 Abs. 1 S. 3 gelten als ArbN iSd des BetrVG auch **Beamte** und **Soldaten** sowie **ArbN eines öffentlichen Dienstherrn,** die in Betrieben privatrechtlich organisierter Unternehmen tätig sind (BAG 15.12.2011 – 7 ABR 65/10, NZA 2012, 519). 36

3. Gegenständlicher Geltungsbereich

Das BetrVG gilt für alle **Betriebe der Privatwirtschaft.** Ein Betrieb gehört zur Privatwirtschaft, wenn sein Inhaber dem Privatrecht zuzuordnen ist. Ist der Inhaber eine juristische Person des öffentlichen Rechts, finden die PersVG des Bundes und der Länder Anwendung (vgl. § 130). Für einige Betriebe der Privatwirtschaft gelten besondere Bestimmungen, zB Luftfahrt und Seeschifffahrt. Zur Anwendbarkeit des BetrVG auf Betriebe der Bahn und Post → Rn. 47ff.; 55ff. 37

Nach der durch Art. 9 des Gesetzes zur Errichtung eines Bundesaufsichtsamtes für Flugsicherung und zur Änderung und Anpassung weiterer Vorschriften v. 29.7.2009 38

(BGBl. I S. 2424) in das BetrVG eingefügten Regelung des **§ 5 Abs. 1 S. 3** gelten als ArbN iSd BetrVG auch **Beamte und Soldaten sowie ArbN eines öffentlichen Dienstherrn,** die in Betrieben privatrechtlich organisierter Unternehmen tätig sind (→ § 5 Rn. 318ff., BAG 15.12.2011 – 7 ABR 65/10, NZA 2012, 519). Die generalisierende Regelung geht auf einen Wunsch des Bundesrats v. 26.4.2006 zurück (vgl. BT-Drs. 16/1336, 22; 16/11608, 43). Rechtstechnisch handelt es sich um eine unwiderlegbare Fiktion (ErfK/*Koch* § 5 Rn. 3a). Nach den allgemeinen für Normenkonkurrenzen geltenden Grundsätzen dürften die Regelungen im DBGrG (→ Rn. 48), im PostPersRG (→ Rn. 57ff.), im BwKoopG (→ Rn. 70), im BWpVerwPG (→ Rn. 75), im BAFlSBAÜbnG (→ Rn. 78) und im BfAIPG (→ Rn. 79) als speziellere Regelungen der generellen – wenngleich späteren – Regelung in § 5 Abs. 1 S. 3 grds. vorgehen (vgl. zum BwKoopG BAG 4.5.2011 – 7 ABR 3/10, NZA 2011, 1373; ferner ErfK/*Koch* § 5 Rn. 3a; *Heise/Fedder* NZA 2009, 1069; vgl. aber auch *Thüsing* BB 2009, 2036).

39 Jedenfalls aufgrund der Neu-Regelung sind nun die in privaten Betrieben beschäftigten Beamten, Soldaten und ArbN des öffentlichen Dienstes bei den organisatorischen **Schwellenwerten** des BetrVG, insbes. etwa in §§ 9, 38 Abs. 1 zu berücksichtigen (BAG 15.12.2011 – 7 ABR 65/10, NZA 2012, 519; ErfK/*Koch* § 5 Rn. 3a; *Linsenmaier/Kiel* RdA 2014, 135 [143f.]; GK-BetrVG/Raab § 5 Rn. 6; HWGNRH/*Rose* § 5 Rn. 92; Richardi BetrVG/*Richardi* § 5 Rn. 113; *Thüsing* BB 2009, 2036; DKKW/*Trümner* § 5 Rn. 108; **aA** *Löwisch* BB 2009, 2316; *Rieble* NZA 2012, 485 hält die gesetzliche Regelung für verfassungs-, da gleichheitswidrig und wirft dem Siebten Senat des BAG zu Unrecht – BAG 15.12.2011 – 7 ABR 65/10, NZA 2012, 519 Rn. 30 – vor, dieser lasse eine Auseinandersetzung mit Art. 3 Abs. 1 GG vermissen). Gleiches gilt wohl auch für die Schwellenwerte in §§ 95 Abs. 2 S. 1, 99 Abs. 1 S. 1, 106 Abs. 1 S. 1, 112 Abs. 1 S. 1 u. 2. Zur Berücksichtigung von LeihArbN vgl. § 14 Abs. 2 S. 4 AÜG und Rn. 32–36.

40 Die in Privatbetrieben tätigen Beschäftigten des öffentlichen Dienstes sind, sofern sie die allgemeinen Voraussetzungen erfüllen, in den Privatbetrieben **zum BR wählbar** (BAG 15.8.2012 – 7 ABR 24/11, AP BetrVG 1972 § 5 Nr. 78; 15.8.2012 – 7 ABR 34/11, NZA 2013, 107).

41 Die Beschäftigung von Beamten und ArbN des öffentlichen Dienstes in Betrieben privatrechtlich organisierter Unternehmen kann insbes. auf einer **Zuweisung nach § 123a Abs. 2 BRRG** beruhen. Die Bestimmung eröffnet dem Dienstherrn die Möglichkeit, einen Beamten unter bestimmten Voraussetzungen eine Tätigkeit in einer privatisierten Einrichtung zuzuweisen. Die Zuweisung kann allerdings grds. nur im Einvernehmen mit der aufnehmenden Einrichtung vorgenommen werden. Bei dem Einsatz handelt es sich für die privatisierte Einrichtung um eine Einstellung iSv § 99 Abs. 1 S. 1 (BAG 23.6.2009 – 1 ABR 30/08, NZA 2009, 1162).

a) Öffentlicher Dienst

42 Nicht dem BetrVG, sondern den **PersVG des Bundes bzw. der Länder** unterliegen gem. § 130 die Verwaltungen und Betriebe der öffentlichen Hand (→ § 130 Rn. 2–6). Zur Privatisierung der Deutschen Bundesbahn, der Deutschen Reichsbahn und der Post sowie einiger Stellen des Bundes → Rn. 47ff., 54ff., 70–86. Zur Einbeziehung von in privaten Betrieben eingesetzten Beamten, Soldaten und ArbN des öffentlichen Dienstes in die Betriebsverfassung durch § 5 Abs. 1 S. 3 vgl. → Rn. 37ff. Das BPersVG enthält über die genannten Bereiche hinaus auch in den §§ 85–92 Sonderregelungen für bundesunmittelbare Körperschaften und Anstalten des öffentl. Rechts sowie den Bundesgrenzschutz, den Bundesnachrichtendienst und das Bundesamt für Verfassungsschutz. Wegen der Beteiligung der Soldaten vgl. SoldatenbeteiligungsG. Wegen des Vertrauensmanns der Zivildienstleistenden vgl. § 37 Abs. 1–3 des Zivildienstgesetzes und das ZivildienstvertrauensmannG (ZDVG). Für die Richtervertretungen gelten das Deutsche Richtergesetz (DRiG) und die RiG der Bundesländer.

b) Religionsgemeinschaften

43 Für **Religionsgesellschaften,** die Körperschaften des öffentlichen Rechts sind, gilt das BetrVG schon nach § 130 nicht. Das gilt auch für wirtschaftliche Einrichtungen der Körperschaften des öffentlichen Rechts, zB Klosterbrauerei eines Ordens (BAG 30.7.1987 – 6 ABR 78/85, NZA 1988, 402). Auch auf privatrechtlich organisierte Religionsgemeinschaften und deren karitative und erzieherische Einrichtungen findet das BetrVG nach § 118 Abs. 2 keine Anwendung.

c) Fremde Streitkräfte

44 Auf die ArbN bei den **alliierten Streitkräften der NATO-Staaten** findet grds. das BPersVG Anwendung (→ § 130 Rn. 8). Die darin vorgesehenen MBR gelten nur nach Maßgabe des **Abs. 6a des Unterzeichnungsprotokolls (UP) zu Art. 56 Abs. 9 Zusatzabkommen Natotruppenstatut (ZA-NTS).** Bei Streitigkeiten zwischen der Betriebsvertr. und den Dienststellen der alliierten Streitkräfte ist die Bundesrepublik Deutschland im Namen der Dienststelle im Wege der gewillkürten Prozessstandschaft am Verf. beteiligt (BAG 7.11.2000 – 1 ABR 55/99, NZA 2001, 1211; 11.9.2013 – 7 ABR 18/11, NZA 2014, 323). Zur Mitbestimmung BAG 11.12.2007 – 1 ABR 67/06, NZA-RR 2008, 333.

d) Luftfahrt

45 Für Landbetriebe von **Luftfahrtunternehmen** gilt gem. § 117 Abs. 1 das G ohne Einschränkung. Dagegen sieht § 117 Abs. 2 für die im **Flugbetrieb** beschäftigten ArbN der Luftfahrtunternehmen die Errichtung einer besonderen Vertretung durch **TV** vor (→ **§ 117**).

e) Seeschifffahrt

46 §§ 114–116 enthalten Sonderregelungen für die Betriebsvertr. in Seeschifffahrtsunternehmen **(Bordvertr., SeeBR).** Die Beteiligungsrechte der §§ 74–113 gelten grds. auch hier und werden teils von den Bordvertr., teils vom SeeBR wahrgenommen. Es gibt eine besondere WO (Wahlordnung Seeschifffahrt – WOS –).

f) Bundesbahn

47 Das BetrVG gilt nach der Umwandlung der Deutschen Bundesbahn und der Deutschen Reichsbahn in eine AG auch für die **Mitarbeiter der Deutsche Bahn Aktiengesellschaft** (vgl. dazu *Engels/Mauß-Trebinger* RdA 1997, 217; C. *Meyer* RdA 2001, 157).

48 Die Umwandlung vollzog sich in mehreren Stufen. Die früheren Sondervermögen der Deutschen Bundesbahn (DB) und der Deutschen Reichsbahn (DR) wurden durch das G zur Neuordnung des Eisenbahnwesens (ENeuOG, BGBl. 1993 I S. 2378 ff.) zu einem nicht rechtsfähigen Sondervermögen des Bundes, dem Bundeseisenbahnvermögen (BEV), zusammengefasst. Anschließend wurde der unternehmerische Bereich aus dem BEV ausgegliedert und in eine AG, die Deutsche Bahn Aktiengesellschaft **(DBAG) umgewandelt** (Gesetz über die Gründung einer Deutsche Bahn Aktiengesellschaft – **DBGrG** v. 21.12.1993, BGBl. I S. 2386). Die hoheitlichen Aufgaben wurden einem Eisenbahnbundesamt übertragen. Die Strukturreform trat am 1.1.1994 in Kraft.

49 Das bei DB und DR beschäftigte **Personal** wurde **auf die DBAG übergeleitet.** Das gilt uneingeschränkt für die ArbN (Arb., Ang. und Auszubildende) der früheren DB und DR (§ 14 DBGrG). Die bei diesen Dienststellen oder Teilen von Dienststellen bestehenden Arbeits- und Ausbildungsverhältnisse gingen auf die DBAG als neuen ArbGeb. über. Dazu wurde eine Liste der Dienststellen oder Teile einer Dienststelle erstellt, die als Betriebe oder Betriebsteile iSd § 613a BGB auf die DBAG

übergehen. Diese trat in die Arbeits- und Ausbildungsverhältnisse ein, die den aufgeführten Einrichtungen zuzuordnen waren (vgl. *Engels/Müller/Mauß* DB 1994, 475).

50 Besonderheiten ergeben sich für die früher bei der Deutschen Bundesbahn und dem Nachfolgevermögen BEV beschäftigten **Beamten.** Die DBAG kann als juristische Person des Privatrechts keine Beamten beschäftigen. Die Beamten können auf ihren Status verzichten und ArbN der DBAG werden. Falls das nicht geschieht, werden sie kraft Gesetzes unter Beibehaltung ihres Beamtenstatus der DBAG zugewiesen. Die DBAG erhält bestimmte Befugnisse eines Dienstherrn (vgl. *Engels/Müller/Mauß* DB 1994, 473).

51 Durch besondere Bestimmungen wurde sichergestellt, dass **TV und Dienstvereinbarungen** bis zum Abschluss neuer Kollektivvereinbarungen auch weiterhin ihre normative Wirkung behielten.

52 Auch auf die der DBAG **zugewiesenen Beamten** findet das **BetrVG** Anwendung. Sie gelten nach § 19 DBGrG als ArbN der DBAG. Sie haben das aktive und passive Wahlrecht und zählen als ArbN bei den Schwellenwerten des BetrVG (§§ 9, 38, 99, 100, 111) mit.

53 Die zugewiesenen Beamten werden in allen sozialen Angelegenheiten von ihrem BR vertreten. Nur für einige wenige personelle Einzelmaßnahmen muss zur **Sicherung des Beamtenstatus** aus verfassungsrechtlichen Gründen das BEV als Dienstherr zuständig bleiben. Bei dieser Dienststelle wird eine besondere Vertr. der Beamten eingerichtet (vgl. Einzelheiten bei *Engels/Mauß-Trebinger* RdA 1997, 217; *C. Meyer* RdA 2001, 157).

g) Bundespost

54 Das BetrVG gilt – mit Sonderregelungen – auch für die Betriebe und Mitarbeiter der früheren Deutschen Bundespost. Das Postwesen und die Telekommunikation wurden durch das **Postneuordnungsgesetz – PTNeuOG** v. 14.9.1994 (BGBl. I S. 2325) neu geordnet. Zuvor war die Deutsche Bundespost ein Sondervermögen des Bundes. Dieses Sondervermögen bestand aus Teilsondervermögen der Unternehmensbereiche der Deutschen Bundespost, nämlich der „Deutschen Bundespost POSTDIENST“, der „Deutsche Bundespost POSTBANK“ und der „Deutsche Bundespost TELEKOM“. Diese Unternehmen der Deutschen Bundespost wurden in **Aktiengesellschaften** umgewandelt.

55 Die AG sind Rechtsnachfolger des Sondervermögens Deutsche Bundespost (§§ 1, 2 des Gesetzes zur Umwandlung der Unternehmen der Deutschen Bundespost in die Rechtsform der AG = Postumwandlungsgesetz – PostumwG, Art. 3 des PTNeuOG). Sie erhielten bei ihrer Gründung die Namen **„Deutsche Post AG“, „Deutsche Postbank AG“** und **„Deutsche Telekom AG“.** Die AG sind juristische Personen des Privatrechts. Auf sie und ihre Mitarbeiter ist das BetrVG anzuwenden. Vgl. zu Fragen der Betriebsverfassung in den privatisierten Unternehmen der Post *Engels/Mauß-Trebinger* RdA 1997, 217 und *Engels* AuR 2009, 65 [74 ff.].

56 Die Aufgaben, die sich für die Bundesrepublik Deutschland als Anteilseignerin an den AG ergeben, werden durch die neu geschaffene **„Bundesanstalt für Post und Telekommunikation Deutsche Bundespost“** wahrgenommen. Diese Anstalt ist rechtsfähige Anstalt des öffentlichen Rechts (§ 1 des Gesetzes über die Errichtung einer Bundesanstalt für Post und Telekommunikation Deutsche Bundespost – Bundesanstalt Post-Gesetz = BAPostG, Art. 1 des PTNeuOG). Die §§ 11 ff. BAPostG (aF), welche die Aufgabenwahrnehmung der BA Post für die drei AG vorsahen, wurden durch Art. 1 Nr. 12 des Gesetzes zur Reorganisation der Bundesanstalt für Post und Telekommunikation Deutsche Bundespost und zur Änderung anderer Gesetze v. 14.9.2005 (BGBl. I S. 2746) aufgehoben.

57 Die Umwandlung des Sondervermögens in AG und die Schaffung der BA machten umfangreiche Regelungen zum Dienst- und Arbeitsrecht der bei der früheren Deutschen Bundespost tätigen Mitarbeiter erforderlich. Diese Regelungen enthält das

G zum Personalrecht der Beschäftigten der früheren Deutschen Bundespost (Postpersonalrechtsgesetz – **PostPersRG** = Art. 4 des PTNeuOG). Durch das Erste G zur Änderung des PostPersRG v. 9.11.2004 (BGBl. I S. 2774) hat das PostPersRG einige nicht unwesentliche Änderungen erfahren (vgl. dazu die Ausführungshinweise des Bundesministeriums der Finanzen v. 12.11.2004, wiedergegeben in ZBVR 2004, 258 ff. und *Stiller* ZBVR 2004, 236 ff.; weitere – im Wesentlichen redaktionelle – Änderungen brachte Art. 2 des Gesetzes zur Reorganisation der BA Post, → Rn. 56).

Beamte der Deutschen Bundespost werden bei der AG beschäftigt, die den bisherigen Unternehmensbereich übernommen hat, in dem die Beamten tätig waren (§ 2 PostPersRG). Die Beamten behalten gem. § 2 PostPersRG den Status von Bundesbeamten. Auf sie finden die für Bundesbeamte allgemein geltenden Vorschriften Anwendung. Die AG nimmt ihnen gegenüber die dem Bund als Dienstherrn obliegenden Rechte und Pflichten wahr (BAG 10.12.2002 – 1 ABR 27/01, AP BetrVG 1972 § 95 Nr. 42). 58

Nach § 4 Abs. 3 PostPersRG können sich die Beamten zur Wahrnehmung einer arbeitsvertraglichen Tätigkeit bei diesen Unternehmen zeitweilig von ihren Dienstpflichten beurlauben lassen. Da die Zeiten dieser sog In-Sich-Beurlaubungen ruhegehaltsfähig und die als ArbN beschäftigten Beamten von der Beamten-, Kranken- und Arbeitslosenversicherung befreit sind, erzielen sie ein höheres Nettoentgelt als vergleichbare ArbN und nicht beurlaubte Beamte. Die **In-Sich-Beurlaubung nach § 4 Abs. 3 PostPersRG** ist weder nach § 87 Abs. 1 Nr. 5 noch nach § 87 Abs. 1 Nr. 10 mitbestimmungspflichtig. Die Aufstellung von Kriterien für die Auswahl der zu beurlaubenden Beamten ist aber nach § 95 Abs. 1 mitbestimmungspflichtig. Es handelt sich dabei um Richtlinien über die personelle Auswahl bei Umgruppierungen (BAG 10.12.2002 – 1 ABR 27/01, AP BetrVG 1972 § 95 Nr. 42). 59

Durch **§ 4 Abs. 4 S. 2 PostPersRG** wurde die Möglichkeit eröffnet, einem Beamten auch ohne seine Zustimmung dauerhaft eine seinem Amt entsprechende Tätigkeit bei einem Tochter- oder Enkelunternehmen der Postnachfolgeunternehmen zuzuweisen, wenn die AG hieran ein dringendes betriebliches Interesse hat und die Zuweisung nach allgemeinen beamtenrechtlichen Grundsätzen zumutbar ist. Etwas umstritten ist, ob diese Regelung mit Art. 143b Abs. 3 GG vereinbar ist (vgl. *Stiller* ZBVR 2004, 236). 60

Die **Arbeitsverhältnisse** der bei der Deutschen Bundespost beschäftigten ArbN gingen auf die drei AG über. Diese traten nach § 21 PostPersRG in die Rechte und Pflichten der mit den Unternehmen der Deutschen Bundespost geschlossenen ArbVerh. ein. Die in den früheren Unternehmen der Deutschen Bundespost im Zeitpunkt der Eintragung der AG in das Handelsregister geltenden TV gelten nach § 21 Abs. 2 PostPersRG bis zum Abschluss neuer TV weiter. Die Kündigung eines ArbVerh. wegen des Übergangs des Betriebs oder eines Betriebsteils ist nach § 22 PostPersRG unzulässig. 61

In den neuen AG findet gem. § 24 Abs. 1 PostPersRG das **BetrVG Anwendung,** soweit im PostPersRG nichts anderes bestimmt ist (BAG 10.12.2002 – 1 ABR 27/01, AP BetrVG 1972 § 95 Nr. 42; 15.8.2012 – 7 ABR 6/11, NZA-RR 2013, 161; *Engels/Mauß-Trebinger* RdA 1997, 217). 62

Die bei den AG beschäftigten **Beamten gelten** gem. § 24 Abs. 2 PostPersRG für die Anwendung des BetrVG **als ArbN.** Nach § 24 Abs. 3 S. 1 PostPersRG gilt dies auch für die Beamten, denen nach § 4 Abs. 4 S. 1–3 PostPersRG eine Tätigkeit bei einem Tochter- oder Enkelunternehmen zugewiesen wird. Damit wird sichergestellt, dass die zugewiesenen Beamten in diesem Unternehmen grds. dieselbe kollektivrechtliche Stellung erhalten wie dessen übrige ArbN (*Stiller* ZBVR 2004, 236 [237]). Eine Zuordnung zu den Gruppen der Arbeiter und der Angestellten findet nicht mehr statt. Nur Beamte in der Funktion von leitenden Ang. iSd § 5 Abs. 3 werden wie solche behandelt (→ § 5 Rn. 367). 63

Die **früheren Beamten der Deutschen Bundespost** erhalten jedoch in bestimmtem Umfang betriebsverfassungsrechtlich einen **Sonderstatus.** Auf die Betrie- 64 be der drei AG sind die Vorschriften des BetrVG mit den folgenden Abweichungen anzuwenden.

65 Der Sonderstatus wirkt sich bei der **Wahl des BR** aus (§ 26 PostPersRG). Die bei den AG beschäftigten Beamten bilden bei der Wahl zum BR **eine eigene Gruppe,** es sei denn, dass die Mehrheit der Beamten vor der Wahl in geheimer Abstimmung hierauf verzichtet. Die auf die Gruppe der Beamten entfallenden Sitze werden entspr. dem zahlenmäßigen Verhältnis der Gruppen der Beamten und der übrigen ArbN untereinander ermittelt (vgl. zu den Einzelheiten → § 14 Rn. 85ff.). Die Geschlechterquote des § 15 Abs. 2 ist zu wahren. In Betrieben, in denen Beamte beschäftigt werden, muss gem. § 26 Nr. 6 PostPersRG dem Wahlvorstand ein Beamter angehören (→ § 16 Rn. 32). Beim Ausscheiden eines Vertr. der Beamten aus dem BR rückt ein Ersatzmitgl. aus dieser Gruppe nach. Das Gleiche gilt für die Stellvertr. eines zeitweilig verhinderten Vertr. der Beamten (§ 26 PostPersRG). § 27 PostPersRG, der die Mitwirkung der Beamten in den Gruppen von Arb. und Ang. vorsah, ist wegen des Wegfalls des Gruppenprinzips aufgehoben.

66 Die **Beteiligungsrechte des BR** richten sich auch in Angelegenheiten der Beamten gem. § 24 Abs. 1 PostPersRG grds. nach dem BetrVG. Der BR hat daher grds. als gesamtes Gremium zu beraten und zu beschließen, auch wenn die Angelegenheit überwiegend oder ausschließlich Beamte betrifft. Eine wichtige Ausnahme von diesem Grundsatz macht jedoch **§ 28 PostPersRG.** Danach sind in den dort genannten Angelegenheiten der Beamten – insbes. auch nach § 76 Abs. 1 BPersVG – nach gemeinsamer Beratung im gesamten Gremium nur die Vertr. der Beamten zur Beschlussfassung berufen. In den Angelegenheiten des § 76 Abs. 1 BPersVG richtet sich sodann gem. § 29 PostPersRG das weitere Verf. nach § 77 BPersVG. Verweigert der BR gem. § 77 Abs. 2 BPersVG seine Zustimmung, sind für die daraus folgenden Streitigkeiten der Betriebsparteien gem. § 29 Abs. 9 PostPersRG nicht die ArbG, sondern die VerwG zuständig (BAG 10.12.2002 – 1 ABR 27/01, AP BetrVG 1972 § 95 Nr. 42). Nach § 28 Abs. 1 PostPersRG hat der BR in personellen Angelegenheiten der Beamten nach § 76 Abs. 1 BPersVG ein MBR nur nach dem BPersVG. Besteht aber hinsichtlich der konkreten personellen Maßnahme kein MBR nach § 76 Abs. 1 BPersVG, ist die Mitbestimmung des BR nach § 99 BetrVG eröffnet (BAG 12.8.1997 – 1 ABR 7/97, NZA 1998, 273; 15.8.2012 – 7 ABR 6/11, NZA-RR 2013, 161). Bei Entscheidungen und Maßnahmen, welche die Beamten betreffen, denen nach § 4 Abs. 4 S. 1–3 PostPersRG eine Tätigkeit in einem Tochter- oder Enkelunternehmen zugewiesen ist, ist nach § 28 Abs. 2 PostPersRG der bei der AG gebildete BR zu beteiligen und gleichzeitig der BR des Betriebs, in dem die zugewiesene Tätigkeit ausgeübt wird, zu unterrichten und ihm Gelegenheit zur Stellungnahme zu geben. Außerdem ist durch einen Einschub in § 28 PostPersRG dem BR der AG ausdrücklich ein Beteiligungsrecht bei Zuweisungen nach § 4 Abs. 4 S. 1–3 PostPersRG eingeräumt worden. Dessen Beschlussfassung erfolgt durch die Beamtenvertreter. Der BR des aufnehmenden Betriebs besitzt ein solches nach § 99 Abs. 1 (vgl. die Anlage 1 zu den Ausführungshinweisen des Bundesministeriums der Finanzen v. 12.11.2004, ZBVR 2004, 258 [260f.]).

67 Weitere Sonderregelungen bestehen für die **Zusammensetzung und die Tätigkeit des GesBR** (§ 32 PostPersRG). Wenn dem BR auch Vertr. der Beamten angehören, muss eines der entsandten Mitgl. des BR ein Vertr. der Beamten sein. Dieser Vertr. der Beamten kann nicht gegen die Mehrheit der Vertr. der Beamten im BR bestimmt werden (→ § 47 Rn. 31). In den ausdrücklich aufgeführten Angelegenheiten der Beamten (§ 76 Abs. 1, § 78 Abs. 1 Nr. 3–5 und § 79 Abs. 3 BPersVG) hat der Vertr. der Beamten im GesBR so viele Stimmen, wie in dem Betrieb, in dem er gewählt wurde, wahlberechtigte Beamte in der Wählerliste eingetragen sind.

68 Auch den nach § 55 in den **KBR** zu entsendenden Mitgl. des GesBR muss gem. § 33 PostPersRG ein Vertr. der Beamten angehören. Dieser Vertr. kann nicht gegen die Mehrheit der Vertr. der Beamten im GesBR bestimmt werden (→ § 55 Rn. 6). In den ausdrücklich aufgeführten Angelegenheiten des BPersVG (→ Rn. 54) hat der

Vertr. der Beamten im KBR so viele Stimmen, wie die Vertr. der Beamten im GesBR insgesamt Stimmen haben. Mit dem G zur Neuordnung der Postbeamtenversorgungskasse (PVKNeuG) v. 21.11.2012 (BGBl. I S. 2299) ist in § 33 PostPersRG klargestellt worden, dass – soweit eines der Postnachfolgeunternehmen seinerseits in einen größeren Konzern eingegliedert ist – auf dieser Ebene im KBR kein Beamtenvertreter sein muss, da die beamtenrechtlichen Entscheidungen nach wie vor ausschließlich auf der Ebene der Postnachfolgeunternehmen getroffen werden können (s. dazu BT-Drs. 17/10307, 11).

Die Überleitung der Beamten in die BetrVerf. hat auch **indirekte Auswirkungen.** So können die **Berufsverbände der Beamten** die Rechte von **Gewerkschaften** in der BetrVerf. entspr. wahrnehmen. Das gibt die Schutzfunktion vor, die diese Berufsverbände den Beamten gegenüber haben (→ § 2 Rn. 34). Für die Mitgl. des BR, die auch Beteiligungsrechte nach dem BPersVG wahrzunehmen haben, können entsprechende **Schulungen** über dieses Rechtsgebiet nach § 37 Abs. 6 BetrVG erforderlich werden. 69

h) Kooperationsbetriebe nach dem BwKoopG

Wird Beamten, Soldaten oder ArbN des Geschäftsbereichs des Bundesministeriums der Verteidigung unter Beibehaltung ihres Dienst- oder ArbVerh. zum Bund eine Tätigkeit in einem Wirtschaftsunternehmen zugewiesen, mit dem die Bundeswehr eine Kooperation eingegangen ist, so findet auf diese das G zur Regelung von Rechtsfragen hinsichtlich der Rechtsstellung von Angehörigen der Bundeswehr bei Kooperationen zwischen der Bundeswehr und Wirtschaftsunternehmen sowie zur Änderung besoldungs- und wehrsoldrechtlicher Vorschriften **(BwKoopG)** v. 30.7.2004 (BGBl. I S. 2027) Anwendung (BAG 4.5.2011 – 7 ABR 3/10, NZA 2011, 1373; *Engels* ArbuR 2009, 65 [75]; *Albrecht* AiB 2012, 223). Nach dessen §§ 2–4 behalten sie grds. das aktive und passive Wahlrecht zum PersRat ihrer bisherigen Dienststelle. **Im Kooperationsbetrieb gelten sie** nach § 6 Abs. 1 BwKoopG für die Anwendung des BetrVG **als ArbN** und sind dort als solche aktiv und passiv wahlberechtigt. Das doppelte Wahlrecht dient der Vermeidung von Beteiligungslücken (BT-Drs. 15/2944, 8; *Albrecht* AiB 2012, 223 [224]). 70

Die den Kooperationsbetrieben zugewiesenen Beamten und ArbN sind **grds. in die Betriebsverfassung einbezogen** (BAG 4.5.2011 – 7 ABR 3/10, NZA 2011, 1373; 15.12.2011 – 7 ABR 65/10, NZA 2012, 519). Soweit der Kooperationsbetrieb betriebsverfassungsrechtliche Pflichten deshalb nicht erfüllen kann, weil er nicht Dienstherr und ArbGeb. der überlassenen Personen ist, treffen diese Pflichten nach § 6 Abs. 3 BwKoopG die jeweilige (Stamm-)Dienststelle. Die grundsätzliche Geltung des BetrVG für zugewiesene Beamte und ArbN bedeutet nicht zwingend, dass dem BR des Kooperationsbetriebs für diese Personengruppen uneingeschränkt alle betriebsverfassungsrechtlichen MBR zukommen. Bestand und Umfang der betrieblichen Mitbestimmung richten sich nach dem Gegenstand und Zweck des jeweiligen MBR (BAG 4.5.2011 – 7 ABR 3/10, NZA 2011, 1373). Versetzungen zugewiesener Beamter und ArbN innerhalb des Kooperationsbetriebs sind nach Gegenstand und Zweck des MBR nach § 99 Abs. 1 S. 1 BetrVG mitbestimmungspflichtig (BAG 4.5.2011 – 7 ABR 3/10, NZA 2011, 1373; *Albrecht* AiB 2012, 223 [227]; **aA** *Lorse* PersV 10, 204). 71

Besteht im Kooperationsbetrieb noch kein BR, hat nach § 7 Abs. 1 u. 3 BwKoopG der PersRat der zuweisenden Dienststelle bis zu einer BRWahl, längstens aber für zwölf Monate ein **Übergangsmandat.** 72

Nach § 8 BwKoopG **gelten** die bisherigen **Dienstvereinbarungen** im Kooperationsbetrieb für längstens zwölf Monate **als BV weiter,** soweit sie nicht durch andere Regelungen ersetzt werden. 73

Bei **Betriebsänderungen im Einsatzbetrieb** ist hinsichtlich der zugewiesenen Beschäftigten der TVUmBw v. 18.7.2001 (Laufzeit verlängert bis 31.12.2023) zu 74 beachten (vgl. *Albrecht* AiB 2012, 223 [224]). Eine mögliche Sozialplanpflicht dürfte dadurch aber nicht ausgeschlossen sein. Ein unfreiwilliger Verlust des Arbeitsplatzes dürfte zwar nicht in Betracht kommen. Gleichwohl können wohl wirtschaftliche Nachteile – etwa durch längere Fahrtwege zur Arbeit – eintreten, deren Ausgleich oder Abmilderung ein Sozialplan dient. Adressat der Sozialplanpflicht dürfte in diesem Fall der Inhaber des Kooperationsbetriebs sein.

i) Bundesrepublik Deutschland-Finanzagentur GmbH und BWpVerwPG

75 Nach § 1 des als Art. 2 des Gesetzes zur Modernisierung des Schuldenwesens des Bundes (Bundesschuldenwesenmodernisierungsgesetz) v. 12.7.2006 (BGBl. I S. 1466) beschlossenen, am 1.8.2006 in Kraft getretenen Gesetzes über das Personal der Bundeswertpapierverwaltung (Bundeswertpapierverwaltungspersonalgesetz – **BWpVerwPG**) wurden die Beamten und ArbN der Bundeswertpapierverwaltung ab dem 1.8.2006 solche beim Bundesamt für zentrale Dienste und Vermögensfragen. Nach § 2 Abs. 1 BWpVerwPG wurden ihnen zugleich Tätigkeiten bei der – am 19.9.2000 gegründeten, zu 100% im Besitz der Bundesrepublik stehenden – BRD – Finanzagentur GmbH zugewiesen (vgl. dazu *Engels* AuR 2009, 65 [75]). Nach § 2 Abs. 2 BWpVerwPG lässt diese Personalgestellung die bestehenden Dienst- und Arbeitsverhältnisse zum Bund unberührt. Nach § 3 S. 1 BWpVerwPG hat die BRD – Finanzagentur GmbH gegenüber den ihr zugewiesenen Beschäftigten die erforderlichen Entscheidungs- und Weisungsbefugnisse; die beamtenrechtlichen Dienstvorgesetztenbefugnisse liegen aber nach § 3 S. 2 BWpVerwPG beim Bundesamt für zentrale Dienste und Vermögensfragen.

76 Nach § 4 BWpVerwPG gelten die Beschäftigten iSd BPersVG als Beschäftigte des Bundesamtes für zentrale Dienste und Vermögensfragen. Zugleich gelten sie aber nach § 5 Abs. 1 BWpVerwPG für die Anwendung des BetrVG und des SprAuG – **auch** – als **ArbN der BRD – Finanzagentur GmbH** und sind als solche aktiv und passiv wahlberechtigt (BAG 15.12.2011 – 7 ABR 65/10, NZA 2012, 519). Nach § 5 Abs. 3 BWpVerwPG treffen Verpflichtungen nach dem BetrVG und dem SprAuG, welche die BRD – Finanzagentur GmbH mangels Dienstherren- und ArbGebEigenschaft nicht erfüllen kann, das Bundesamt für zentrale Dienste und Vermögensfragen.

77 Ob der Personalrat beim Bundesamt für zentrale Dienste und Vermögensfragen oder der BR der BRD – Finanzagentur GmbH **für die Wahrnehmung der Beteiligungsrechte zuständig** ist, richtet sich gem. § 6 Abs. 1 u. 2 BWpVerwPG danach, ob die entsprechenden Entscheidungsbefugnisse beim Bundesamt für zentrale Dienste und Vermögensfragen oder bei der BRD – Finanzagentur GmbH liegen. § 8 BWpVerwPG enthält Übergangsvorschriften bis zur unverzüglich durchzuführenden Neuwahl eines BR bei der BRD – Finanzagentur GmbH. Nach § 9 BWpVerwPG galten am 31.7.2006 bestehende Dienstvereinbarungen für längstens 12 Monate als BV fort.

j) DFS Deutsche Flugsicherung GmbH

78 Durch den ab dem 4.8.2009 geltenden § 31b des LuftVG idF v. 29.7.2009 wurde das Bundesministerium für Verkehr, Bau und Stadtentwicklung ermächtigt, durch Rechtsverordnung eine GmbH, deren Anteile ausschließlich vom Bund gehalten werden, mit der Wahrnehmung von in § 27c LuftVG genannten Aufgaben der Flugsicherung zu beauftragen (Flugsicherungsorganisation). Nach § 1 Abs. 1 S. 1 des Gesetzes zur Übernahme der Beamten und ArbN der Bundesanstalt für Flugsicherung v. 23.7.1992 **(BAFlSBAÜbnG),** zuletzt geändert durch das Art. 8 des Gesetzes zur Errichtung eines Bundesaufsichtsamts für Flugsicherung und zur Änderung und Anpassung weiterer Vorschriften v. 29.7.2007 (BGBl. I S. 2424) sind die vormaligen Beamten und ArbN bei der Bundesanstalt für Flugsicherung nunmehr Beamte und ArbN beim Luftfahrtbundesamt und nehmen Aufgaben in der **DFS Deutsche Flugsicherung GmbH** wahr. Soweit sie in der DFS Deutsche Flugsicherung GmbH

beschäftigt sind, gelten sie nach § 4 Abs. 2 S. 1 BAFlSBAÜbnG als ArbN der DFS Deutsche Flugsicherung GmbH und sind als solche aktiv und passiv wahlberechtigt. Dies deckt sich mit der durch Art. 9 des Gesetzes zur Errichtung eines Bundesaufsichtsamts für Flugsicherung und zur Änderung und Anpassung weiterer Vorschriften v. 29.7.2007 (BGBl. I S. 2424) als § 5 Abs. 1 S. 3 in das BetrVG neu eingefügten generellen Regelung.

k) Germany Trade and Invest – Gesellschaft für Außenwirtschaft und Standortmarketing GmbH

Nach § 1 des Gesetzes über das Personal der Bundesagentur für Außenwirtschaft 79
(BfAIPG) v. 8.12.2008 (BGBl. I S. 2370) sind die Beamten und ArbN der Bundesagentur für Außenwirtschaft seit dem 1.1.2009 solche bei dem Bundesamt für Wirtschaft und Ausfuhrkontrolle. Seit demselben Zeitpunkt sind ihnen nach § 2 Abs. 1 S. 1 BfAIPG Tätigkeiten bei der Germany Trade and Invest – Gesellschaft für Außenwirtschaft und Standortmarketing mbH zugewiesen. Nach § 2 Abs. 2 BfAIPG lässt diese Zuweisung die bestehenden Dienst- und Arbeitsverhältnisse mit dem Bund unberührt. Nach § 5 Abs. 1 BfAIPG gelten diese Beschäftigten für die Anwendung des BetrVG als ArbN der Germany Trade and Invest – Gesellschaft für Außenwirtschaft und Standortmarketing mbH und sind als solche aktiv und passiv wahlberechtigt. Nach § 6 Abs. 1 BfAIPG ist der Personalrat des Bundesamts für Wirtschaft und Ausfuhrkontrolle für diejenigen Personalangelegenheiten nach dem BPersVG zuständig, über die das Bundesamt für Wirtschaft und Ausfuhrkontrolle zu entscheiden hat. In Angelegenheiten, in denen die Germany Trade and Invest – Gesellschaft für Außenwirtschaft und Standortmarketing mbH entscheidet, werden gem. § 6 Abs. 2 BfAIPG die Beteiligungsrechte nach dem BetrVG von deren BR wahrgenommen. § 8 BfAIPG enthält Übergangsregelungen. Nach § 9 S. 1 BfAIPG gelten die in der Bundesagentur für Außenwirtschaft am 31.12.2008 bestehenden Dienstvereinbarungen für deren bisherige Beschäftigte in der Germany Trade and Invest – Gesellschaft für Außenwirtschaft und Standortmarketing mbH für längstens 12 Monate als BV fort und werden nicht durch etwa bereits bei der Germany Trade and Invest – Gesellschaft für Außenwirtschaft und Standortmarketing mbH bestehende BV über den gleichen Regelungsgegenstand verdrängt.

l) Energieversorgungsunternehmen iSd EnWG

Ua auch betriebsverfassungsrechtliche Auswirkungen hat jedenfalls mittelbar das als 80
Art. 1 des Zweiten Gesetzes zur Neuregelung des Energiewirtschaftsrechts v. 7.7.2005 (BGBl. I S. 1970) beschlossene, am 13.7.2005 in Kraft getretene G über die Elektrizitäts- und Gasversorgung (Energiewirtschaftsgesetz – **EnWG**). Es dient der Umsetzung der RL 2003/54/EG u. 2003/55/EG v. 26.6.2003. Diese sehen im Interesse eines funktionierenden, transparenten Wettbewerbs im Bereich der Energieversorgung die Entflechtung vom Netzgeschäft einerseits sowie der Erzeugung und dem Vertrieb andererseits vor (sog **legal unbundling,** vgl. dazu *Säcker* DB 2004, 691; *Bachner* dbr 8/2005, 13 ff.; *Seitz/Werner* BB 2005, 1961; *Trenkle* AiB 2005, 13; *Büdenbender* RdA 2006, 193). Dementsprechend müssen die Energieversorgungsunternehmen nach § 6 Abs. 1 S. 2 EnWG für die Unabhängigkeit der Netzbetreiber von anderen Tätigkeitsbereichen der Energieversorgung sorgen. Nach § 7 Abs. 1 EnWG sind sie zur rechtlichen sowie nach § 8 Abs. 1 EnWG zur operationellen **Entflechtung** verpflichtet. Hierzu haben sie die Unabhängigkeit hinsichtlich der Organisation, der Entscheidungsgewalt und der Ausübung des Netzgeschäfts sicherzustellen.

Zur Entflechtung stehen **mehrere Modelle** zur Verfügung (vgl. insbes. *Säcker* DB 81
2004, 691; *Bachner* dbr 8/2005, 13 ff.). Naheliegend ist insbes. eine der in **§ 123 UmwG** vorgesehenen Möglichkeiten der Spaltung (→ Rn. 160 ff.). Um der Verpflichtung zur organisatorischen Entflechtung zu genügen, wird regelmäßig eine or-

ganisatorische Trennung auf betrieblicher Ebene unvermeidlich sein. Dabei kann die **Zuordnung der ArbN** zu den neu entstehenden Betrieben oder Betriebsteilen Schwierigkeiten bereiten (vgl. *Trenkle* AiB 2005, 13 [14]; *Säcker* DB 2004, 691 [692]; *Bachner* dbr 8/2005, 13 [14]). Eine aus diesem Anlass in einem Interessenausgleich vorgenommene Zuordnung kann nach § 323 Abs. 2 UmwG gerichtlich nur auf grobe Fehlerhaftigkeit überprüft werden (→ §§ 112, 112a Rn. 94, 95). Der einzelne ArbN kann aber – jedenfalls im Falle der Abspaltung (§ 123 Abs. 2 UmwG) und der Ausgliederung (§ 123 Abs. 3 UmwG) – gem. **§ 613a Abs. 6 BGB** dem Übergang seines ArbVerh. auf einen neuen Inhaber des bisherigen Betriebs oder Betriebsteils widersprechen. Dieses Recht bleibt nach § 324 UmwG unberührt. Auch das EnWG steht ihm nicht entgegen (*Bachner* dbr 8/2005, 13 [14]; *Seitz/Werner* BB 2005, 1961 [1963]; etwas unklar insoweit *Säcker* DB 2004, 691 [693]).

82 **Umstritten** ist, ob trotz der durch § 8 Abs. 1 EnWG vorgeschriebenen organisatorischen Entflechtung noch ein **gemeinsamer Betrieb** iSv § 1 Abs. 1 S. 2 möglich ist. Die dafür erforderliche einheitliche Leitungsstruktur dürfte wohl nach § 8 Abs. 1 EnWG nicht mehr zulässig sein (ebenso *Bachner* dbr 8/2005, 13 [15f.]; *Trenkle* AiB 2005, 13 [14f.]; **aA** *Seitz/Werner* BB 2005, 1961 [1964]). Immerhin ist nach Art. 10 Abs. 2a der RL 2003/54/EG ein „Mindestkriterium" für die Entflechtung, dass „die für die Leitung des Übertragungsnetzbetreibers zuständigen Personen nicht betrieblichen Einrichtungen des integrierten Elektrizitätsunternehmen angehören, die direkt oder indirekt für den laufenden Betrieb in den Bereichen Elektrizitätserzeugung, -verteilung und -versorgung zuständig sind" (ebenso für Erdgasunternehmen Art. 13 Abs. 2a der RL 2003/55/EG). Vermeiden lässt sich die durch das EnWG veranlasste Spaltung der Belegschaft betriebsverfassungsrechtlich aber wohl durch einen **TV nach § 3 Abs. 1 Nr. 3** (vgl. *Bachner* dbr 8/2005, 13 [16]; *Trenkle* AiB 2005, 13 [15]).

m) Infrastrukturgesellschaft für Autobahnen und andere Bundesfernstraßen iSd InfrGG

83 Nach § 1 Abs. 1 des – als Art. 13 des Gesetzes zur Neuregelung des bundesstaatlichen Finanzausgleichssystems ab dem Jahr 2020 und zur Änderung haushaltsrechtlicher Vorschriften vom 17. August 2017 (BGBl. I S. 3122) beschlossenen – Gesetzes zur Errichtung einer Infrastrukturgesellschaft für Autobahnen und andere Bundesfernstraßen **(Infrastrukturgesellschaftserrichtungsgesetz – InfrGG)** überträgt das Bundesministerium für Verkehr und digitale Infrastruktur die Planung, den Bau, den Betrieb, die Erhaltung, die Finanzierung und die vermögensmäßige Verwaltung von Bundesautobahnen, soweit es sich um Aufgaben des Bundes handelt, zur Ausführung auf eine Gesellschaft privaten Rechts. Die Gesellschaft steht nach § 1 Abs. 2 S. 1 InfrGG im unveräußerlichen Eigentum des Bundes, wird nach § 2 Abs. 1 S. 1 InfrGG in der Rechtsform einer GmbH gegründet und kann nach § 4 Abs. 2 S. 1 InfrGG bedarfsgerecht bis zu zehn regionale Tochtergesellschaften einrichten. Nach § 5 Abs. 1 S. 1 InfrGG werden der GmbH ab dem 1. Januar 2021 die Ausführung von Aufgaben der Straßenbaulast iSd. § 3 des Bundesfernstraßengesetzes übertragen. Allerdings kann die Gesellschaft bereits ab dem 1. Januar 2020 im Einvernehmen mit dem jeweiligen Land die Planung und den Bau von Bundesautobahnen wahrnehmen.

84 Nach § 1 Abs. 1 S. 1 Nr. 1 des – als Art. 14 des Gesetzes vom 17. August 2017 (BGBl. I S. 3122) – beschlossenen Gesetzes zu Überleitungsregelungen zum Infrastrukturgesellschaftserrichtungsgesetz und zum Fernstraßen-Bundesamt-Errichtungsgesetz sowie steuerliche Vorschriften (Fernstraßen-Überleitungsgesetz – FernstrÜG) haben die Länder bis zum 1. Januar 2018 ua die „Vollzeitäquivalente" der bei den Straßenbauverwaltungen der Länder, Landesbetrieben und sonstigen Behörden in der Zeit vom 1. Januar 2014 bis 31. Dezember 2017 beschäftigten Beamten, ArbN und Azubi, die Aufgaben der Straßenbaulast an den Bundesautobahnen wahrgenommen haben, mitzuteilen. Nach § 1 Abs. 4 S. 1 FernstrÜG wird der **Bund alle vom**

Übergang betroffenen wechselbereiten Beschäftigten unter Wahrung ihrer Besitzstände **übernehmen** (vgl. dazu auch die Anl. zu § 1 Abs. 4 FernstrÜG). Die wechselbereiten Beamten werden nach § 3 Abs. 1 S. 1 FernstrÜG spätestens zum 1. Januar 2021 zu dem – neu errichteten – Fernstraßen-Bundesamt versetzt und können nach § 3 Abs. 1 S. 1 FernstrÜG der GmbH zur Dienstleistung zugewiesen werden. Für den Übergang der Arbeits- und Ausbildungsverhältnisse auf die GmbH finden nach § 5 Abs. 1 S. 1 FernstrÜG die Vorschriften des § 613a BGB entsprechende Anwendung.

Nach § 4 Abs. 3 FernstrÜG gelten die in der GmbH und ihren etwaigen Tochtergesellschaften eingesetzten Beschäftigten des Fernstraßen-Bundesamtes iSd. BPersVG als dessen Beschäftigte; § 13 Abs. 2 S. 4 BPersVG wird ausdrücklich für unanwendbar erklärt. Nach § 8 Abs. 1 S. 1 FernstrÜG nehmen die in den Dienststellen bestehenden Personalräte längstens bis zum 31. Dezember 2020 in den Betrieben und Betriebsteilen der GmbH die Aufgaben eines BR wahr. Nach § 8 Abs. 1 S. 2 FernstrÜG haben sie unverzüglich den Wahlvorstand zur Einleitung des BRWahl zu bestellen. Werden den Betrieben oder Betriebsteilen der GmbH Angehörige mehrerer Dienststellen zugewiesen und übertragen, so nimmt nach § 8 Abs. 2 S. 1 FernstrÜG das sog. **„Übergangsmandat"** der Personalrat wahr, aus dessen Zuständigkeitsbereich die meisten der zugewiesenen und übertragenen Wahlberechtigten stammen. Nach § 8 Abs. 4 S. 1 FernstrÜG endet das Übergangsmandat mit der Wahl eines BR, spätestens jedoch nach 12 Monaten. 85

Nach § 8 Abs. 9 S. 1 FernstrÜG gelten die in den Dienststellen bis zum 31. Dezember 2020 geltenden **Dienstvereinbarungen** ab dem Zeitpunkt des Übergangs auf das Fernstraßen-Bundesamt oder auf die GmbH längstens zwölf Monate als Dienst- oder Betriebsvereinbarungen weiter, sofern sie zuvor nicht durch andere Regelungen ersetzt werden. Bei der Errichtung von Tochtergesellschaften durch die GmbH verlängert sich gemäß § 8 Abs. 9 S. 2 FernstrÜG diese Frist. 86

4. Tendenzbetriebe

Das G gilt für sog „Tendenzbetriebe" (§ 118 Abs. 1) insoweit, als deren **Eigenart der Beteiligung des BR** nicht entgegensteht; die Anwendung der §§ 106–110 ist ausgeschlossen (Näheres → § 118 Rn. 43ff.). Das BetrVG findet nach § 118 Abs. 2 keine Anwendung auf Religionsgemeinschaften und ihre karitativen und erzieherischen Einrichtungen (→ § 118 Rn. 54ff.). 87

III. Betrieb

1. Allgemeines

Das **BetrVG bestimmt nicht den Begriff des Betriebs.** Es setzt ihn vielmehr voraus und ordnet in § 1 nur an, dass in allen Betrieben – unter den genannten zahlenmäßigen Voraussetzungen – BR gewählt werden. Auch das BetrVerf-ReformG hat auf eine Begriffsbestimmung aus guten Gründen verzichtet. Die von Wissenschaft und Rspr. herausgearbeiteten Merkmale (→ Rn. 93) führen auch unter veränderten wirtschaftlichen Organisationsformen zu brauchbaren Ergebnissen, wenn auch die Bestimmung der organisatorischen Einheit „Betrieb" in vielen Fällen schwierig sein kann (vgl. *Heither,* JbArbR Bd. 36, 1998, 37ff.; zur Diskussion um den Betriebsbegriff vgl. *Däubler* ArbuR 2001, 1; *Richardi/Annuß* DB 2001, 41; *Richardi* NZA 2001, 348; *Gamillscheg* ArbuR 2001, 413; *Schrader* NZA 2019, 951). 88

Der Betrieb ist vom **Unternehmen** zu unterscheiden. Das Unternehmen ist der Rechtsträger (→ Rn. 226ff.). Rechte und Pflichten können nur für einen und gegenüber einem Rechtsträger bestehen. Auch die ArbVerh. bestehen nicht zwischen ArbN und Betrieb, sondern zwischen ArbN und Unternehmen. Der Anknüpfungs- 89 punkt „Betrieb" für die Beteiligungsrechte der ArbN ist deshalb sinnvoll, weil nur so eine arbeitnehmernahe Gestaltung der Betriebsverfassung möglich ist (*Richardi* NZA 2001, 348). Gibt es in einem Unternehmen mehrere Betriebe, sind in den Betrieben BR und auf der Unternehmensebene ein GesBR zu errichten.

90 § 1 Abs. 1 S. 1 ist im Zusammenhang mit § 4 zu sehen. Danach gelten **Betriebsteile** unter bestimmten Voraussetzungen als selbständige Betriebe. Sie können einen eigenen BR wählen oder mit Stimmenmehrheit beschließen, an der Wahl des BR im Hauptbetrieb teilzunehmen (Einzelheiten → § 4 Rn. 7 ff.). **Kleinstbetriebe,** die die zahlenmäßigen Voraussetzungen des § 1 Abs. 1 S. 1 nicht erfüllen, sind zwar selbständige Betriebe. Sie sind aber gem. § 4 Abs. 2 dem Hauptbetrieb zuzuordnen mit der Folge, dass ihre ArbN den BR des Hauptbetriebs mit wählen und von diesem vertreten werden.

91 Die Abgrenzung der organisatorischen Einheit, in der ein BR zu wählen ist, hat sich am **Zweck des BetrVG** zu orientieren, der auf die Beteiligung der ArbN an den sie betreffenden betrieblichen Entscheidungen gerichtet ist (vgl. dazu *Preis/Peramato* FS 100 Jahre BetrVR 2020, 571; *Linsenmaier* FS 100 Jahre BetrVR 2020, 409 [415]). Danach sollen möglichst alle ArbN durch BR vertreten werden. Auch soll ein enger Kontakt zwischen dem BR und den von ihm repräsentierten BR möglich sein. Andererseits muss der BR dort errichtet werden, wo die Entscheidungen des ArbGeb. fallen (vgl. zu dem teleologischen Zielkonflikt zwischen Arbeitnehmernähe und Entscheidungsnähe *Preis/Peramato* FS 100 Jahre BetrVR 2020, 571 [581 ff.]. Deshalb kommt es auf das Vorhandensein einer Leitungsmacht an (→ Rn. 94).

92 Das BetrVG hat einen **eigenen Betriebsbegriff.** Definitionen aus anderen Rechtsgebieten (Handels- und Wirtschaftsrecht, Sozialrecht, Steuerrecht) können nicht ohne weiteres herangezogen werden (GK-BetrVG/*Franzen* Rn. 26; ErfK/*Koch* Rn. 7; *Haase* NZA 1988 Beilage 3, 11). Selbst innerhalb des Arbeitsrechts ist der Betriebsbegriff nicht zwingend einheitlich. So können Bestimmungsversuche zu anderen Regelungsbereichen – wie etwa zu § 613a BGB (→ Rn. 167 ff.) – nicht uneingeschränkt übernommen werden (vgl. GK-BetrVG/*Franzen* Rn. 26). Auch können TV den Betriebsbegriff für ihren Anwendungsbereich selbständig festlegen (ErfK/*Koch* Rn. 7). Die Begriffsbestimmung richtet sich nach dem Zweck der Regelung (vgl. Richardi BetrVG/*Richardi/Maschmann* Rn. 19; ErfK/*Koch* Rn. 8). Im BetrVG dient er der Gewährleistung einer sachgerechten Repräsentation der ArbN. Er beschreibt daher grds. die Einheit, in der die ArbN ihre Beteiligungsrechte gegenüber dem ArbGeb. sinnvoll wahrnehmen können (vgl. ErfK/*Koch* Rn. 8). Zum unionsrechtlichen Betriebsbegriff vgl. EuGH 13.5.2015 – C-392/13, NZA 2015, 669 – Andres Rabal Canas/Nexea.

93 Zu Recht haben **Rspr. und Lehre** (vgl. zuerst Jacobi ArbR S. 286; *Jacobi* FS *Ehrenberg,* 1926, 9) eine Begriffsbestimmung vorgenommen, die sich an Sinn und Zweck des BetrVG orientiert (zur Geschichte der Bemühungen um eine Definition vgl. DKKW/*Trümner* Rn. 33 ff.; *Preis/Peramato* FS 100 Jahre BetrVR 2020, 571). Betrieb iSd BetrVG ist danach „die organisatorische Einheit, innerhalb derer ein ArbGeb. allein oder mit seinen ArbN mit Hilfe von technischen und immateriellen Mitteln bestimmte arbeitstechnische Zwecke fortgesetzt verfolgt" (stRspr, BAG 22.6.2005 – 7 ABR 57/04, NZA 2005, 1248; 17.1.2007 – 7 ABR 63/05, NZA 2007, 703; 9.12.2009 – 7 ABR 38/08, NZA 2010, 906; 23.11.2016 – 7 ABR 3/15, NZA 2017, 1003; Richardi BetrVG/*Richardi/Maschmann* Rn. 16; GK-BetrVG/*Franzen* Rn. 28; HWGNRH/*Rose* Rn. 9; ErfK/*Koch* Rn. 7; **abl.** insbes. DKKW/*Trümner* Rn. 49 ff.; *Joost* Betrieb S. 333 f.). Der von Rspr. und Lehre entwickelte Begriff hat sich bis heute als leistungsfähig erwiesen (vgl. *Heither,* JbArbR Bd. 36, 1998, 37 ff.; *Preis/Peramato* FS 100 Jahre BetrVR 2020, 571). Neue Versuche einer Begriffsbestimmung bringen keinen Zuwachs an Klarheit. Das BAG hält daher trotz mancher Kritik zu Recht an seiner Rspr. fest (insbes. BAG 9.2.2000 – 7 ABR 21/98, BeckRS 2000, 30783023; 17.1.2007 – 7 ABR 63/05, NZA 2007, 703; 9.12.2009 – 7 ABR 38/08, NZA 2010, 906; 23.11.2016 – 7 ABR 3/15, NZA 2017, 1003).

Ein Betrieb liegt danach vor, wenn die in einer Arbeitsstätte vorhandenen materiellen **Betriebsmittel** für den oder die verfolgten arbeitstechnischen Zwecke zusammengefasst, geordnet und gezielt eingesetzt werden, und der Einsatz der menschlichen Arbeitskraft von einem **einheitlichen Leitungsapparat** gesteuert wird (BAG 18.1.1990 – 2 AZR 355/89, NZA 1990, 977; 24.1.1996 – 7 ABR 10/95, NZA 1996, 1110; **abl.** *Joost* Betrieb 241ff., der allein auf die räumliche Verbundenheit abstellen will; krit. auch DKKW/*Trümner* Rn. 40ff.; Richardi BetrVG/*Richardi/Maschmann* Rn. 20; WPK/*Preis* Rn. 24ff.). 94

Die Art des verfolgten **Zweckes** (Produktion, Vertrieb, Verwaltung, Dienstleistungen) ist **unerheblich** (Richardi BetrVG/*Richardi/Maschmann* Rn. 23; GK-BetrVG/*Franzen* Rn. 28). Auch auf die wirtschaftlichen Ziele des ArbGeb. kommt es nicht an. Betriebe iSd BetrVG können Produktionsbetriebe, Dienstleistungsbetriebe, Verwaltungen, Büros, Ladengeschäfte, Bühnen, Kanzleien, Krankenhäuser, Orchester (BAG 21.7.2004 – 7 ABR 57/03, NJOZ 2005, 4853) ua sein. Familienhaushalte sind keine Betriebe, da ihre arbeitstechnische Tätigkeit ausschließlich dem Eigenbedarf dient (GK-BetrVG/*Franzen* Rn. 28). 95

Der Begriff des Betriebs ist ein **unbestimmter Rechtsbegriff.** Bei der Beurteilung, ob eine Organisationseinheit ein Betrieb, ein selbständiger oder ein unselbständiger Betriebsteil ist, hat in einem Rechtsstreit das Gericht der Tatsacheninstanz einen Beurteilungsspielraum. Die Würdigung durch das LAG ist vom BAG nur daraufhin überprüfbar, ob das LAG den Rechtsbegriff selbst verkannt, gegen Denkgesetze, anerkannte Auslegungsgrundsätze oder allgemeine Erfahrungssätze verstoßen oder wesentliche Umstände außer Acht gelassen hat (BAG 17.1.2007 – 7 ABR 63/05, NZA 2007, 703; 9.12.2009 – 7 ABR 38/08, NZA 2010, 906). 96

2. Abgrenzungsmerkmale im Einzelnen

Für die Abgrenzung der Organisationseinheit „Betrieb" kommt es entscheidend darauf an, dass eine **sachgerechte Wahrnehmung der Beteiligungsrechte des BR** gewährleistet ist (GK-BetrVG/*Franzen* Rn. 35; DKKW/*Wedde* Einl. Rn. 117; WPK/*Preis* Rn. 25). 97

a) Einheitlicher Rechtsträger

Inhaber des Betriebs kann eine natürliche oder juristische Person oder eine Personengesamtheit sein (vgl. Richardi BetrVG/*Richardi/Maschmann* Rn. 42; GK-BetrVG/*Franzen* Rn. 37; HWGNRH/*Rose* Rn. 24). Gem. § 1 Abs. 1 S. 2 können auch mehrere Unternehmen zusammen einen gemeinsamen Betrieb haben (→ Rn. 108ff.). 98

b) Arbeitstechnischer Zweck

In einem Betrieb können **mehrere arbeitstechnische Zwecke** verfolgt werden (BAG 14.9.1988 – 7 ABR 10/87, NZA 1989, 190 mwN; Richardi BetrVG/*Richardi/Maschmann* Rn. 24f.; GK-BetrVG/*Franzen* Rn. 38; HWGNRH/*Rose* Rn. 27). 99

Ob **Hauptverwaltung** und **Produktionsstätte** einen Betrieb bilden, hängt von der einheitlichen oder getrennten Leitung in mitbestimmungspflichtigen Angelegenheiten ab (BAG 29.5.1991 – 7 ABR 54/90, NZA 1992, 74; Richardi BetrVG/*Richardi/Maschmann* Rn. 46). 100

c) Einheitliche Leitung

Entscheidendes Kriterium für einen Betrieb ist der **einheitliche Leitungsapparat,** durch den die in einer Arbeitsstätte vorhandenen materiellen und immateriellen Betriebsmittel gezielt eingesetzt werden und der Einsatz der menschlichen Arbeits- 101 kraft gesteuert wird (BAG 31.5.2000 – 7 ABR 78/98, NZA 2000, 1350; 9.2.2000 – 7 ABR 21/98, BeckRS 2000, 30783023; 11.2.2004 – 1 ABR 27/03, NZA 2004, 618; 22.6.2005 – 7 ABR 54/04, NZA 2005, 1248; Richardi BetrVG/*Richardi/Maschmann* Rn. 27; *Kreutz* FS *Wiese,* 1998, 235; *Peter* DB 1990, 424). Die einheitliche Leitung muss sich insbes. auch auf die wesentlichen Funktionen des ArbGeb. in sozialen und personellen Angelegenheiten erstrecken (BAG 11.2.2004 – 1 ABR 27/03, NZA 2004, 618; 22.6.2005 – 7 ABR 57/04, NZA 2005, 1248; GK-BetrVG/*Franzen* Rn. 43; *Haas/Salamon* RdA 2008, 146 [148]). Dabei ist unschädlich, wenn diese Entscheidungen nach Richtlinien einer Zentrale zu treffen sind (GK-BetrVG/*Franzen* Rn. 43). Auch die insb. bei Matrixstrukturen auftretende Verlagerung bestimmter Entscheidungen auf betriebsfremde Personen stellt das Vorliegen eines Betriebs idR nicht in Frage (*Bachner* NZA 2019, 134 [138]; vgl. auch *Wisskirchen/Block* NZA Beilage 3/2017 S. 90).

102 Damit hängt das Vorliegen eines Betriebs entscheidend von der **Organisation des ArbGeb.** ab. Ist das Unternehmen zentral organisiert, gibt es für mehrere Arbeitsstätten einen BR; bei dezentraler Organisation kann es mehrere örtliche BR geben. Das ist kein unsachliches Ergebnis (krit. aber *Kittner,* ArbuR 1995, 394; *Gamillscheg,* ArbuR 2001, 413). Vielmehr wird dadurch sichergestellt, dass die InteressenVertr. der ArbN dort gebildet wird, wo im Wesentlichen die mitbestimmungspflichtigen Entscheidungen des ArbGeb. getroffen werden.

103 Eine **einheitliche technische Leitung** ist jedenfalls dann nicht erforderlich, wenn mehrere arbeitstechnische Zwecke in einer Betriebsstätte verfolgt werden. Wegen der zunehmenden fachlichen Spezialisierung wird die einheitliche fachspezifische technische Leitung in vielen Fällen gar nicht mehr möglich sein. Das schließt nicht aus, dass der Unternehmer die verschiedenen arbeitstechnischen Zwecke organisatorisch zu einer Einheit zusammenfasst (→ Rn. 99) und einen gemeinsamen Betriebsleiter einsetzt (vgl. GK-BetrVG/*Franzen* Rn. 39).

d) Räumliche Einheit

104 Eine **räumliche Einheit** oder wenigstens räumliche Nähe spricht zwar für einen einheitlichen Betrieb, ist aber keine notwendige Voraussetzung (BAG 23.9.1982 – 6 ABR 42/81, AP BetrVG 1972 § 4 Nr. 3; Richardi BetrVG/*Richardi/Maschmann* Rn. 32; GK-BetrVG/*Franzen* Rn. 40; HWGNRH/*Rose* Rn. 34). Sie ist auch ein wichtiges Indiz, weil eine wirksame InteressenVertr. der ArbN durch deren persönlichen Kontakt zu den von ihnen gewählten BR erheblich gefördert wird. Das Fehlen einer räumlichen Einheit spricht aber nicht gegen einen einheitlichen Betrieb. § 4 geht davon aus, dass auch Betriebsteile außerhalb des Betriebs zu diesem gehören. Erst wenn sie räumlich weit entfernt oder durch Aufgabenbereich und Organisation eigenständig sind, gelten sie als selbständige Betriebe. Selbst räumlich weit entfernte Einheiten können Teil des Hauptbetriebs sein, wenn sie nicht einmal die für einen Betriebsteil iSv § 4 Abs. 1 erforderliche „relative" Selbständigkeit besitzen, weil alle mitbestimmungspflichtigen Entscheidungen in der Zentrale fallen (→ § 4 Rn. 8).

105 **Betriebliche Tätigkeit** ist auch **außerhalb der Betriebsstätte** möglich, für viele Unternehmen sogar typisch, zB für ArbN im Außendienst, Monteure. Diese gehören alle zum Betrieb, für den sie tätig und eingesetzt werden (Richardi BetrVG/*Richardi/Maschmann* Rn. 36; HWGNRH/*Rose* Rn. 37). Doch können sich auswärtige Arbeitsstätten selbst zu einem Betrieb entwickeln (HWGNRH/*Rose* Rn. 38).

e) Betriebsgemeinschaft

106 Das Vorhandensein einer **einheitlichen Betriebsgemeinschaft** ist kein aussagekräftiges Kriterium (BAG 9.2.2000 – 7 ABR 21/98, BeckRS 2000, 30783023; GK-BetrVG/*Franzen* Rn. 41; *Peter* DB 1990, 424; **aA** *Kohte* RdA 1992, 340, der die soziale Einheit der Beschäftigten betont; ähnlich auch *Gamillscheg* ArbuR 2001, 411 [413]). Auf subjektive Einstellungen kann es im Interesse der Rechtssicherheit nicht ankommen. Das Entstehen eines Zusammengehörigkeitsgefühls ist eher die Folge des Umstandes, dass die Belegschaft einer Betriebsstätte einer einheitlichen Leitung in mitbestimmungspflichtigen Angelegenheiten unterworfen wird (GK-BetrVG/*Franzen* Rn. 41).

f) Dauer

Die Organisation muss **auf gewisse Dauer angelegt** sein, allerdings nicht notwendig auf längere oder unbestimmte Zeit. Auch **Saisonbetriebe** oder **Kampagnebetriebe** können Betriebe iSv § 1 sein (Richardi BetrVG/*Richardi/Maschmann* Rn. 41; GK-BetrVG/*Franzen* Rn. 42). Die von einer Arbeitsgemeinschaft von Bauunternehmen **(ARGE)** eingerichtete **Baustelle** ist jedenfalls dann, wenn sie für eine nicht ganz unerhebliche Zeit eingerichtet und organisatorisch verselbständigt ist, Betrieb dieser Gesellschaft bürgerlichen Rechts. Sie beschäftigt eigene ArbN und übt wichtige ArbGebFunktionen im eigenen Namen aus (vgl. § 9 BRTV-Bau, LAG Düsseldorf 14.3.1996 – 5 TaBV 75/95, BeckRS 1996, 30457868). Dabei ist unerheblich, ob die ArbN von den entsendenden Unternehmen freigestellt oder abgeordnet werden. 107

3. Gemeinschaftsbetrieb mehrerer Unternehmen

Nach Abs. 1 S. 2 können mehrere rechtlich selbständige Unternehmen einen **gemeinsamen Betrieb** im betriebsverfassungsrechtlichen Sinn haben (eine umfassende Darstellung der – auch als Gemeinschaftsbetrieb bezeichneten – Rechtsfigur bietet *Bonanni* Betrieb). Das **BetrVerf-ReformG** hat die Rechtsfigur des Gemeinschaftsbetriebs nicht neu geschaffen, sondern die **Rspr. des BAG aufgegriffen und bestätigt** (BAG 24.1.1996 – 7 ABR 10/95, NZA 1996, 1110). Die von dieser Rspr. entwickelten Grundsätze gelten daher auch weiterhin (BAG 22.10.2003 – 7 ABR 18/03, AP ArbGG 1979 § 89 Nr. 2; 11.2.2004 – 7 ABR 27/03, NZA 2004, 618; 22.6.2005 – 7 ABR 57/04, NZA 2005, 1248; 13.8.2008 – 7 ABR 21/07, NZA-RR 2009, 255; 18.1.2012 – 7 ABR 72/10, NZA-RR 2013, 133; 13.2.2013 – 7 ABR 36/11, NZA-RR 2013, 521; 23.11.2016 – 7 ABR 3/15, NZA 2017, 1003). Allerdings enthält **§ 1 Abs. 2** nun **widerlegbare Vermutungstatbestände** für das Vorliegen eines gemeinsamen Betriebs. Greifen die Vermutungstatbestände nicht ein, besteht dennoch ein gemeinsamer Betrieb, wenn sich mehrere Unternehmen – ausdrücklich oder konkludent – zur Führung eines gemeinsamen Betriebs rechtlich verbunden haben (BAG 13.2.2013 – 7 ABR 36/11, NZA-RR 2013, 521; 23.11.2016 – 7 ABR 3/15, NZA 2017, 1003). Durch die Errichtung eines gemeinsamen Betriebs kann die Anzahl der Mitbestimmungsgremien auf betrieblicher, nicht dagegen auf Unternehmensebene reduziert werden (vgl. *Schönhöft/Schönleber* BB 2013, 2485). Teilweise wird die Bildung von Gemeinschaftsbetrieben als Instrument zur Vermeidung der strengeren Anforderungen einer zulässigen Arbeitnehmerüberlassung erörtert (vgl. → Rn. 116). 108

Sind an einem gemeinsamen Betrieb **sowohl eine juristische Person des Privatrechts als auch eine Körperschaft des öffentlichen Rechts beteiligt,** findet das BetrVG Anwendung, wenn sich die Betriebsführung auf der Grundlage einer privatrechtlichen Vereinbarung in der Rechtsform einer BGB-Gesellschaft vollzieht (BAG 24.1.1996 – 7 ABR 10/95, NZA 1996, 1110; 16.4.2008 – 7 ABR 4/07, NZA-RR 2008, 583; BVerwG 13.6.2001 – 6 P 8/00, NZA 2003, 115; DKKW/*Trümner* Rn. 109; *Tiesler* FS Willemsen 2018, S. 565 [568]; **aA** *Löwisch* FS Söllner, 2000, 689 ff.). Nach der früheren Rspr. des BAG sind die in dem Betrieb tätigen Beamten – mit Ausnahme der spezialgesetzlich ausdrücklich geregelten Fälle – aber keine wahlberechtigten ArbN (BAG 25.2.1998 – 7 ABR 11/97, NZA 1998, 838; 28.3.2001 – 7 ABR 21/00, NZA 2002, 1294). Diese Rspr. ist aufgrund des durch Art. 9 des Gesetzes zur Errichtung eines Bundesaufsichtsamtes für Flugsicherung und 109 zur Änderung und Anpassung weiterer Vorschriften v. 29.7.2009 (BGBl. I S. 2424) neu eingefügten § 5 Abs. 1 S. 3 überholt. Danach gelten als ArbN iSd des BetrVG auch **Beamte, Arbeitnehmer eines öffentlichen Dienstherrn** und **Soldaten,** die in Betrieben privatrechtlich organisierter Unternehmen tätig sind (→ Rn. 38; → § 5 Rn. 318ff.; BAG 15.12.2011 – 7 ABR 65/10, NZA 2012, 519).

110 Noch nicht abschließend geklärt ist, ob auf einen sog **Tendenzgemeinschaftsbetrieb,** also auf einen Betrieb, der von einem Tendenzunternehmen und einem Nicht-Tendenzunternehmen gemeinsam geführt wird, der Tendenzschutz nach § 118 Abs. 1 S. 2 Anwendung findet (vgl. dazu *Lunk* NZA 2005, 841). Auch hier dürfte es – wie bei sog Mischunternehmen (→ § 118 Rn. 6) – darauf ankommen, ob auf betrieblicher Ebene die Verfolgung tendenzgeschützter Zwecke überwiegt. Maßgeblich dürfte eine quantitative Betrachtung sein (BAG 27.7.1993 – 1 ABR 8/93, NZA 1994, 329; → § 118 Rn. 6 mwN).

111 Nach den **von der Rspr. entwickelten Grundsätzen** liegt ein gemeinsamer Betrieb mehrerer Unternehmen vor, wenn die in einer Betriebsstätte vorhandenen materiellen und immateriellen Betriebsmittel für einen einheitlichen arbeitstechnischen Zweck zusammengefasst, geordnet und gezielt eingesetzt werden und der Einsatz der menschlichen Arbeitskraft von einem einheitlichen Leitungsapparat gesteuert wird (BAG 22.10.2003 – 7 ABR 18/03, AP ArbGG 1979 § 89 Nr. 2; 11.2.2004 – 7 ABR 27/03, NZA 2004, 618; 22.6.2005 – 7 ABR 57/04, NZA 2005, 1248; 20.2.2018 – 1 ABR 53/16, NZA 2018, 954 Rn. 11).

112 Der Begriff des gemeinsamen Betriebs mehrerer Unternehmen ist ein **unbestimmter Rechtsbegriff,** der im Falle einer gerichtlichen Auseinandersetzung nur einer eingeschränkten revisions- oder rechtsbeschwerderechtlichen Prüfung durch das BAG unterliegt (BAG 11.2.2004 – 7 ABR 27/03, NZA 2004, 618; 16.4.2008 – 7 ABR 4/07, NZA-RR 2008, 583; 13.8.2008 – 7 ABR 21/07, NZA-RR 2009, 255; 18.1.2012 – 7 ABR 72/10, NZA-RR 2013, 133; 13.2.2013 – 7 ABR 36/11, NZA-RR 2013, 521; 23.11.2016 – 7 ABR 3/15, NZA 2017, 1003).

113 Die einheitliche Leitung im Gemeinschaftsbetrieb muss sich – ebenso wie in einem Betrieb eines Unternehmens – auf die Entscheidungen des ArbGeb. im Bereich der **personellen und sozialen Angelegenheiten** des gemeinsamen Betriebs beziehen (BAG 14.12.1994 – 7 ABR 26/94, NZA 1995, 906; 18.10.2000 – 2 AZR 494/99, NZA 2001, 321; 22.10.2003 – 7 ABR 18/03, AP ArbGG 1979 § 89 Nr. 2; 11.2.2004 – 7 ABR 27/03, NZA 2004, 618; 22.6.2005 – 7 ABR 57/04, NZA 2005, 1248). Die Wahrnehmung einheitlicher unternehmerischer Funktionen im Bereich der wirtschaftlichen Mitbestimmung ist nicht erforderlich (BAG 29.1.1987 – 6 ABR 23/85, NZA 1987, 707).

114 Eine **unternehmerische Zusammenarbeit allein reicht** für die Annahme eines Gemeinschaftsbetriebs **nicht aus.** Vielmehr müssen die Funktionen des ArbGeb. institutionell einheitlich für die beteiligten Unternehmen wahrgenommen werden (BAG 31.5.2000 – 7 ABR 78/98, NZA 2000, 1350; 22.10.2003 – 7 ABR 18/03, AP ArbGG 1979 § 89 Nr. 2; 11.2.2004 – 7 ABR 27/03, NZA 2004, 618; 22.6.2005 – 7 ABR 57/04, NZA 2005, 1248; 18.1.2012 – 7 ABR 72/10, NZA-RR 2013, 133). Für die Frage, ob der Kern der Arbeitgeberfunktionen in sozialen und personellen Angelegenheiten von derselben institutionalisierten Leitung ausgeübt wird, ist vor allem entscheidend, ob ein arbeitgeberübergreifender Personaleinsatz praktiziert wird, der charakteristisch für den normalen Betriebsablauf ist (BAG 24.1.1996 – 7 ABR 10/95, NZA 1996, 1110; 22.6.2005 – 7 ABR 57/04, NZA 2005, 1248). Ein Gemeinschaftsbetrieb liegt daher nicht vor, wenn die Steuerung des Personaleinsatzes und die Nutzung der Betriebsmittel nur durch ein Unternehmen erfolgt (BAG 22.6.2005 – 7 ABR 57/04, NZA 2005, 1248).

115 Bei einer auf eine **Personalgestellung** beschränkten unternehmerischen Zusammenarbeit zweier Unternehmen entsteht kein Gemeinschaftsbetrieb, wenn das personalstellende Unternehmen nicht an der Erreichung des arbeitstechnischen Betriebszwecks des anderen Unternehmens mitwirkt (BAG 16.4.2008 – 7 ABR 4/07, NZA-

RR 2008, 583; *Röder* FS Moll 2019, 585 [589]; → § 5 Rn. 251). Eine Personalgestellung erfolgt regelmäßig in Form der ArbN-Überlassung; die betriebsverfassungsrechtliche Stellung der überlassenen ArbN richtet sich in einem solchen Fall nach § 14 AÜG (BAG 13.8.2008 – 7 ABR 21/07, NZA-RR 2009, 255).

Die mit einem **Konzernverhältnis** verbundene Beherrschung eines Unternehmens durch ein anderes genügt für einen gemeinsamen Betrieb ebenfalls nicht (BAG 13.6.2002 – 2 AZR 327/01, NZA 2002, 1147; 24.5.2012 – 2 AZR 62/11, NZA 2013, 277). Dies gilt auch dann, wenn das herrschende Unternehmen dem beherrschten Weisungen erteilt (BAG 11.12.2007 – 1 AZR 824/06, NZA-RR 2008, 298). Auch durch Einführung einer Matrixorganisation in einem Konzern entsteht allein noch kein gemeinsamer Betrieb (*Bauer/Herzberg* NZA 2011, 713; *Kort* NZA 2013, 1318 [1322]; *Bachner* NZA 2019, 134 [139]). 116

Teilweise wird im Schrifttum der Versuch unternommen, den „gewillkürten Gemeinschaftsbetrieb unter Verwendung einer Personalführungsgesellschaft" zur Vermeidung der mit dem AÜG verbundenen Probleme als **„Gestaltungsinstrument zur Personalkostenreduzierung"** nutzbar zu machen (vgl. *Panzer-Heemeier/Schwipper* DB 2017, 1584; vgl. auch *Groeger* ArbRB 2017, 216; *Braner* DB 2017, 2169; *Schönhöft/Oelze* BB 2016, 565; *Koller-van Delden/Gallini* DStR 2017, 206); *Walle* FS Moll 2019, 771). Wird ein Gemeinschaftsbetrieb gezielt dazu benutzt, durch einen Wechsel des jeweiligen Vertragsarbeitgebers das Anschlussverbot des § 14 Abs. 2 S. 2 TzBfG zu umgehen, so stellt das betriebsverfassungsrechtlich den Gemeinschaftsbetrieb nicht in Frage; es kann darin aber eine missbräuchliche Vertragsgestaltung liegen, die je nach den Umständen des Einzelfalls die Unwirksamkeit der zuletzt vereinbarten sachgrundlosen Befristung zur Folge hat (vgl. dazu BAG 4.12.2013 – 7 AZR 290/12, NZA 2014, 426 Rn. 23 ff.; ErfK/*Müller-Glöge* TzBfG § 14 Rn. 93 mwN). 117

Bei der **Überlassung eines LeihArbN in einen Gemeinschaftsbetrieb** muss sich der Vertragspartner des Entleihers bei der Bestimmung der Überlassungshöchstdauer die gesamte Einsatzzeit des LeihArbN im Gemeinschaftsbetrieb zurechnen lassen (→ § 5 Rn. 251). 118

Erforderlich für einen Gemeinschaftsbetrieb ist ein einheitlicher betriebsbezogener Leitungsapparat (BAG 29.4.1999 – 2 AZR 352/98, NZA 1999, 932). Der Annahme einer einheitlichen Leitung steht nicht entgegen, dass formal der jeweilige VertragsArbGeb. gegenüber den einzelnen ArbN die ArbGebBefugnisse ausübt (BAG 24.1.1996 – 7 ABR 10/95, NZA 1996, 1110). Wesentliches Indiz für einen gemeinsamen Leitungsapparat ist eine **gemeinsame Personalabteilung,** die für die beteiligten Unternehmen die Entscheidungen in wesentlichen personellen und sozialen Angelegenheiten trifft (BAG 11.2.2004 – 7 ABR 27/03, NZA 2004, 618; 13.8.2008 – 7 ABR 21/07, NZA-RR 2009, 255). 119

Die gemeinsame Leitung muss regelmäßig auf eine **nicht unerhebliche Zeit** angelegt sein. Anhaltspunkte für einen zeitlichen Rahmen enthält § 21a, wonach das Übergangsmandat längstens für 6 Monate besteht (*Hanau* NJW 2001, 2513). Allerdings ist auch die Errichtung eines Gemeinschaftsbetriebs für ein zeitlich begrenztes Projekt nicht ausgeschlossen. 120

Die Zusammenarbeit der an einem Gemeinschaftsbetrieb beteiligten Arbeitgeber vollzieht sich bei Fehlen anderweitiger Anhaltspunkte regelmäßig in Form einer **BGB-Gesellschaft** (BAG 24.1.1996 – 7 ABR 10/95, NZA 1996, 1110). Die erforderliche Absprache über die gemeinsame Führung eines einheitlichen Betriebs kann aber auch bei anderen Rechtsformen der Zusammenarbeit erfüllt sein (BAG 16.4.2008 – 7 ABR 4/07, NZA-RR 2008, 583). 121

Noch wenig erörtert wurde die Frage, ob sich aus der **Anerkennung der Parteifähigkeit der BGB-Außengesellschaft** (BAG 1.12.2004 – 5 AZR 597/03, NZA 2005, 318; anders früher BAG 6.9.1989 – 6 AZR 771/87, NZA 1989, 961; BGH 29.1.2001 – II ZR 331/00, NJW 2001, 1056; 18.2.2002 – II ZR 331/00, NZA 2002, 405; BFH 18.5.2004 – IX R 83/00, NJW 2004, 2773; BVerfG 2.9.2002 – 1 BvR 1103/02, NJW 2002, 3533) auch Folgen für das Vorliegen eines gemeinsamen 122

Betriebs ergeben können. Dieser setzt mindestens zwei den Betrieb gemeinsam führende Unternehmen voraus. Daran könnte es fehlen, wenn sich die Unternehmen – seien es natürliche oder juristische Personen – durch Gesellschaftsvertrag gem. § 705 BGB zum gemeinsamen Zweck der Führung eines Betriebs verpflichtet haben (vgl. dazu insbes. BAG 24.1.1996 – 7 ABR 10/95, NZA 1996, 1110) und als sog Außengesellschaft (vgl. dazu *Palandt* BGB § 705 Rn. 33) am Rechtsverkehr teilnehmen. Da eine Außengesellschaft als rechtsfähig erachtet wird, dürfte sie nach § 14 Abs. 1 u. 2 BGB ein Unternehmen darstellen. Für die Annahme eines gemeinsamen Betriebs mehrerer Unternehmen wäre dann wohl kein Raum mehr; es würde ein Betrieb eines Unternehmens vorliegen.

123 Ein gemeinsamer Betrieb ist aber immer dann gegeben, wenn – insbes. mangels entsprechender ausdrücklicher Vereinbarungen – nur eine **nicht rechtsfähige sog Innengesellschaft** vorliegt (vgl. dazu *Palandt* BGB § 705 Rn. 33, 11). Dies dürfte der Regelfall sein (vgl. *Bonanni* Betrieb 55; *Tiesler* FS Willemsen 2018, S. 565 [566]); *Röder* FS Moll 2019, 585 [601]).

124 Die einheitliche Organisation und Leitung des Gemeinschaftsbetriebs setzte nach der Rspr. des BAG zu der bis zum BetrVerf-ReformG bestehenden Rechtslage eine **Führungsvereinbarung** voraus (BAG 18.1.1990 – 2 AZR 355/89, NZA 1990, 977; 11.11.1997 – 1 ABR 6/97, NZA 1998, 723; 9.2.2000 – 7 ABR 21/98, BeckRS 2000, 30783023; 21.2.2001 – 7 ABR 9/00, NJOZ 2002, 154). Diese musste nicht ausdrücklich abgeschlossen sein. Sie konnte vielmehr auch konkludent geschlossen werden. Auf die Existenz einer Führungsvereinbarung konnte aus den tatsächlichen Umständen geschlossen werden (BAG 18.1.1990 – 2 AZR 355/89, NZA 1990, 977; 24.1.1996 – 7 ABR 10/95, NZA 1996, 1110). Wurden die ArbGebFunktionen im sozialen und personellen Bereich im Wesentlichen tatsächlich einheitlich ausgeübt, so führte dies regelmäßig zu dem Schluss, dass eine konkludente Führungsvereinbarung vorliegt (BAG 14.9.1988 – 7 ABR 10/87, NZA 1989, 190; 18.1.1990 – 2 AZR 355/89, NZA 1990, 977; 14.12.1994 – 7 ABR 26/94, NZA 1995, 906; 18.10.2000 – 2 AZR 494/99, NZA 2001, 321).

125 Diese **Rspr. des BAG** wird durch Abs. 2 Nr. 1 im Ergebnis **bestätigt** (BAG 11.2.2004 – 7 ABR 27/03, NZA 2004, 618; Richardi BetrVG/*Richardi/Maschmann* Rn. 64ff.). Danach wird ein gemeinsamer Betrieb mehrerer Unternehmen vermutet, wenn zur Verfolgung arbeitstechnischer Zwecke die Betriebsmittel sowie die ArbN von den Unternehmen gemeinsam eingesetzt werden.

126 Der **Vermutungstatbestand** dient dazu, dem BR und Wahlvorständen den Nachweis einer Führungsvereinbarung zu ersparen (vgl. BT-Drs. 14/5741, 33; BAG 11.2.2004 – 7 ABR 27/03, NZA 2004, 618; 12.12.2006 – 1 ABR 35/02, NJOZ 2007, 2450; 13.8.2008 – 7 ABR 21/07, NZA-RR 2009, 255; 18.1.2012 – 7 ABR 72/10, NZA-RR 2013, 133; 23.11.2016 – 7 ABR 3/15, NZA 2017, 1003; WPK/*Preis* Rn. 36). Er knüpft an das äußere Erscheinungsbild an (*Reichold* NZA 2001, 858). Die in der Vermutung genannte Voraussetzung des gemeinsamen Einsatzes bedeutet nicht, dass eine Vereinbarung hierüber festgestellt werden müsste. Andernfalls wäre die Vermutung inhaltsleer und überflüssig (vgl. *Reichold* NZA 2001, 858; *Richardi* NZA 2001, 349; *Däubler* ArbuR 2001, 1). Zu den Voraussetzungen der Vermutung gehört daher nicht das Vorliegen einer Führungsvereinbarung. Es genügt, dass die von den Unternehmern zur Verfügung gestellten Betriebsmittel „gemeinsam genutzt" (vgl. *Engels/Trebinger/Löhr-Steinhaus* DB 2001, 532) und die ArbN gemeinsam eingesetzt werden. Umgekehrt genügt allein der bloße Abschluss einer Führungsvereinbarung nicht zur Annahme eines Gemeinschaftsbetriebs (BAG 20.2.2018 – 1 ABR 53/16, NZA 2018, 955 Rn. 11).

127 Eine **gemeinsame Nutzung der Betriebsmittel** liegt insbes. bei gemeinsamer räumlicher Unterbringung vor (vgl. Richardi-*Richardi* Rn. 75). Ein **gemeinsamer Einsatz der ArbN** ist anzunehmen, wenn die ArbN unternehmensübergreifend tätig werden. Maßgeblich ist, ob ein arbeitgeberübergreifender Personaleinsatz praktiziert wird, der charakteristisch für den normalen Betriebsablauf ist (BAG 22.6.2005 –

7 ABR 57/04, NZA 2005, 1248; 18.1.2012 – 7 ABR 72/10, NZA-RR 2013, 133). Dabei genügt es, wenn der für die Erbringung der Arbeitsleistung maßgebliche Rahmen (Arbeitszeit, betriebliche Ordnung) zwischen den Unternehmen nicht unterschiedlich ausgestaltet ist (vgl. Richardi BetrVG/*Richardi/Maschmann* Rn. 75). Von Bedeutung sind hierbei auch gemeinsame räumliche Unterbringung, personelle, technische und organisatorische Verknüpfung der Arbeitsabläufe, gemeinsame Buchhaltung, Sekretariat, Druckerei, Kantine (BAG 24.1.1996 – 7 ABR 10/95, NZA 1996, 1110; 11.2.2004 – 7 ABR 27/03, NZA 2004, 618; BVerwG 13.6.2001 – 6 P 8.00 – NZA 2003, 115). Im Streitfall muss derjenige, der sich auf das Vorliegen eines gemeinsamen Betriebs beruft, Sachvortrag halten, der die Würdigung rechtfertigt, es finde ein arbeitgeberübergreifender Personaleinsatz statt (BAG 18.1.2012 – 7 ABR 72/10, NZA-RR 2013, 133).

Unsicherheiten bestehen im Schrifttum zu der Frage, worin die **Vermutungswirkung** besteht (vgl. insbes. DKKW/*Trümner* Rn. 126 ff.; *Däubler* ArbuR 2001, 1 [12]; *Richardi* NZA 2001, 346 [349]; *Richardi/Annuß* DB 2001, 41; *Kreutz* FS Richardi, 2007, 637 [652]). Der reine Gesetzeswortlaut beschreibt die Rechtsfolge nicht präzise. Bei Vorliegen der Vermutungsvoraussetzungen wird nämlich nicht – unmittelbar – das Bestehen eines gemeinsamen Betriebs, sondern eine **einheitliche Leitung vermutet** (BAG 11.2.2004 – 7 ABR 27/03, NZA 2004, 618; 22.6.2005 – 7 ABR 57/04, NZA 2005, 1248; *Engels/Trebinger/Löhr-Steinhaus* DB 2001, 532). Dies entspricht zum einen der Gesetzesbegründung (vgl. BT-Drs. 14/5741, 33). Vor allem aber folgt dies aus dem Normcharakter und dem Sinn und Zweck der Vorschrift. Diese begründet keine gesetzliche Fiktion. Vielmehr handelt es sich der Sache nach um eine **widerlegliche gesetzliche Tatsachenvermutung iSv § 292 Abs. 1 ZPO.** Der „gemeinsame Betrieb“ ist keine Tatsache, sondern Ergebnis einer rechtlichen Würdigung. Voraussetzung für ihn war und ist das Bestehen einer einheitlichen Leitungsmacht, die wiederum eine ausdrückliche oder konkludente Führungsvereinbarung voraussetzt. Hierbei handelt es sich um eine Tatsache, die einer Vermutungsregel zugänglich ist. Dieses Verständnis der Bestimmung ist sachgerecht und entspricht dem Sinn und Zweck der Regelung, der dahin geht, den BR und Wahlvorständen den schwierigen Nachweis einer Führungsvereinbarung zu ersparen. 128

Bei diesem prozessualen Verständnis des Abs. 2 wird der Sache nach die **Rspr. des BAG,** aus den tatsächlichen Umständen auf das Vorliegen einer Führungsvereinbarung zu schließen, dogmatisch **abgesichert** und klargestellt, dass derjenige der diese Vermutung nicht gelten lassen will, sie widerlegen muss. Zugleich bedeutet dies, dass durch das BetrVerf-ReformG der Begriff des gemeinsamen Betriebs nicht eigenständig neu definiert worden und das Erfordernis einer einheitlichen Leitungsmacht materiellrechtlich nicht entfallen ist (BAG 11.2.2004 – 7 ABR 27/03, NZA 2004, 618; 22.6.2005 – 7 ABR 57/04, NZA 2005, 1248; 17.8.2005 – 7 ABR 62/04, BeckRS 2005, 30361384). Die Vermutungsregelungen in § 1 Abs. 2 ersetzen lediglich den konkreten Nachweis einer Führungsvereinbarung der beteiligten Unternehmen (BAG 12.12.2006 – 1 ABR 38/05, NJOZ 2007, 2450. Das BAG hat bislang ausdrücklich offen gelassen, wie zu entscheiden sei, wenn die von den Tatsacheninstanzen zu den Tatbestandsmerkmalen des Abs. 2 Nr. 1 getroffenen Feststellungen zu keinem eindeutigen Ergebnis führen (BAG 13.8.2008 – 7 ABR 21/07, NZA-RR 2009, 255). 129

Die **Vermutung kann widerlegt werden.** Hierzu müssen die beteiligten Unternehmen nachweisen, dass keine gemeinsame Leitung der organisatorischen Einheit in den wichtigen Aufgaben eines ArbGeb. (personeller Einsatz der ArbN und soziale Angelegenheiten) besteht (*Engels/Trebinger/Löhr-Steinhaus* DB 2001, 532; *Reichold* NZA 2001, 858). Nicht ausreichend ist der Nachweis, dass es keine ausdrückliche Führungsvereinbarung zwischen den beteiligten Unternehmen gibt (Richardi BetrVG/*Richardi/Maschmann* Rn. 76). Daher sind auch bloße Erklärungen oder allein die Kündigung einer Führungsvereinbarung nicht ausreichend, um die Vermutung zu widerlegen (Richardi-*Richardi* Rn. 76; BAG 29.4.1999 – 2 AZR 352/98, NZA 1999, 932). 130

131 Werden die **Betriebsmittel nicht gemeinsam eingesetzt,** liegt selbst bei einer „einheitlichen Leitung" kein gemeinsamer Betrieb vor (BAG 13.8.2008 – 7 ABR 21/07, NZA-RR 2009, 255; *Kreutz* FS Richardi, 2007, 637 [653]; *Schönhöft/Oelze* BB 2016, 565 [568]; **aA** *Schweibert* FS Willemsen 2018, S. 499 [500f.]). Auch wenn dieselbe Person zwei Betriebe leitet, werden diese allein dadurch nicht zu einem gemeinsamen Betrieb. Lässt sich eine einheitliche Leitung – zB auf Grund Personenidentität, personellen Verflechtungen oder gleich lautenden Weisungen einer Konzernspitze (vgl. dazu *Konzen* SAE 1988, 94, *Kohte* RdA 1992, 309) – oder gar eine ausdrückliche Führungsvereinbarung feststellen, so kann dies allerdings bei der Würdigung, ob ein „gemeinsamer" Einsatz von Betriebsmitteln und ArbN vorliegt, eine Rolle spielen. Aus dem Bestehen einer Organschaft iSv § 2 Abs. 2 Nr. 2 UStG ergibt sich nicht zwingend, dass die an der Organschaft beteiligten Unternehmen einen gemeinsamen Betrieb führen (BAG 25.5.2005 – 7 ABR 38/04, NJOZ 2005, 3725).

132 Für einen einheitlichen Betrieb ist **nicht erforderlich, dass nur ein arbeitstechnischer Zweck** verfolgt wird (→ Rn. 99). Das gilt auch für den Gemeinschaftsbetrieb (*Schönhöft/Oelze* BB 2016, 565 [567]). Auch die Vermutung in § 1 Abs. 2 Nr. 1 spricht von arbeitstechnischen Zwecken in der Mehrzahl. Für den Gemeinschaftsbetrieb gilt insoweit nichts anderes als für den Betrieb eines Unternehmens. Stets erforderlich ist aber, dass es sich nur um einen Betrieb handelt. Führen mehrere Unternehmen gemeinsam mehrere Betriebe, werden diese dadurch nicht zu einem einheitlichen Betrieb (BAG 18.1.2012 – 7 ABR 72/10, NZA-RR 2013, 133).

133 Das Entstehen eines Gemeinschaftsbetriebs mehrerer Unternehmen kann die Folge der Spaltung eines Unternehmens sein. Eine **Unternehmensaufspaltung** kann, muss aber nicht zu einer Betriebsaufspaltung führen. Häufig bleibt die betriebliche Einheit erhalten. An diesen Tatbestand knüpft Abs. 2 Nr. 2 an. Die Bestimmung stellt die Vermutung auf, dass der Betrieb von den an der Spaltung beteiligten Rechtsträgern gemeinsam geführt wird, sofern durch die Spaltung die Organisation des gespaltenen Betriebs nicht wesentlich geändert wird (HWGNRH/*Rose* Rn. 58; DKKW/*Trümner* Rn. 145ff.). Sie entspricht inhaltlich dem früheren § 322 Abs. 1 UmwG, der deshalb als gegenstandslos aufgehoben wurde. Voraussetzungen und Rechtsfolgen sind dieselben. Besteht trotz der Unternehmensspaltung noch eine einheitliche betriebliche Leitungsmacht fort, besteht betriebsverfassungsrechtlich noch ein einheitlicher Betrieb (vgl. *Maschmann* NZA Beilage 1/2009, 32). Nicht abschließend geklärt ist, ob eine Unternehmensspaltung iSv Abs. 2 Nr. 2 stets eine Spaltung auf der Ebene des Rechtsträgers voraussetzt (hierfür spricht der Gesetzeswortlaut), oder ob – wofür der Zweck der Vorschrift sprechen könnte – die Vermutung auch eingreifen kann, wenn ein Rechtsträger Betriebsteile ohne organisatorische Änderung auf der betrieblichen Ebene unabhängig von der Spaltung seines Unternehmens auf einen anderen Rechtsträger überträgt (so HWK/*Gaul* § 1 Rn. 18; ausdrücklich offen gelassen in BAG 18.1.2012 – 7 ABR 72/10, NZA-RR 2013, 133).

134 Die gesetzliche Vermutung in Abs. 2 Nr. 2 setzt neben der Unternehmensaufspaltung voraus, dass sich die **Organisation des betroffenen Betriebs nicht wesentlich ändert.** Es handelt sich insoweit um eine **negative Tatbestandsvoraussetzung,** die derjenige, der sich auf die gesetzliche Vermutung beruft, zumindest behaupten muss. Er genügt dabei seiner Darlegungslast zunächst, indem er vorträgt, eine wesentliche organisatorische Änderung sei nicht erfolgt (*Schaub* FS *Wlotzke,* 1996, 103; WHSS-Umstrukturierung/*Hohenstatt* Kap. D Rn. 34). Nach den Grundsätzen der abgestuften Darlegungs- und Einlassungslast ist es dann Sache der Gegenseite, die organisatorische Änderung iE darzulegen (WHSS-Umstrukturierung/*Hohenstatt* Kap. D Rn. 34; *Bauer/Lingemann* NZA 1994, 1057; BAG 18.1.2012 – 7 ABR 72/10, NZA-RR 2013, 133).

135 Sind die Voraussetzungen des Abs. 2 Nr. 2 gegeben, geht auch hier die **Vermutungswirkung** dahin, dass ein einheitlicher Leitungsapparat (fort-)besteht. Auch diese Vermutungswirkung kann widerlegt werden (vgl. BT-Drs. 14/5741, 33; DKKW/*Trümner* Rn. 159). Sie tritt allerdings schon nicht ein, wenn sich die Organi-

sation des betroffenen Betriebs bei der Unternehmensaufspaltung wesentlich geändert hat. Entscheidend ist auch hier die Organisation hinsichtlich des Einsatzes der Betriebsmittel und der ArbN (vgl. DKKW/*Trümner* Rn. 157).

Der **gemeinsame Betrieb** zweier Unternehmer **wird aufgelöst,** wenn eines der daran beteiligten Unternehmen seine betriebliche Tätigkeit einstellt und die Vereinbarung über die gemeinsame Führung des Betriebs aufgehoben wird. Dies gilt, wie sich bereits aus § 728 Abs. 2 S. 1 BGB ergibt, auch, wenn über das Vermögen eines von zwei am Gemeinschaftsbetrieb beteiligten Unternehmen das Insolvenzverfahren eröffnet wird (BAG 13.6.2019 – 6 AZR 459/18, BeckRS 2019, 21908 Rn. 55). Sofern dabei die **Identität** des nunmehr nur noch von einem ArbGeb. geführten Betriebs erhalten bleibt, bleibt auch der für diesen gewählte BR im Amt (BAG 19.11.2003 – 7 AZR 11/03, NZA 2004, 435). Erforderlichenfalls ist nach § 13 Abs. 2 Nr. 1 u. 2 ein neuer BR zu wählen. Bis dahin führt der bisherige BR nach § 22 die Geschäfte weiter. Ist die Auflösung des gemeinsamen Betriebs mit einer Betriebsspaltung und dem **Ende der Betriebsidentität** verbunden, bleibt der BR gem. § 21a Abs. 1 S. 1 u. 3 im Wege des Übergangsmandats für längstens 6 Monate im Amt. BV gelten bei Wahrung der Identität in dem Betrieb, im Falle der Betriebsspaltung in den neu entstehenden Teileinheiten fort (→ § 77 Rn. 161 ff., 166; BAG 18.9.2002 – 1 ABR 54/01, NZA 2003, 670). Die bloße Änderung des Betriebszwecks eines der an einem Gemeinschaftsbetrieb beteiligten Unternehmen führt nicht zu dessen Auflösung (BAG 29.11.2007 – 2 AZR 763/06, BeckRS 2008, 51914). 136

Für einen Gemeinschaftsbetrieb mehrerer Unternehmen ist ein **einheitlicher BR** zu wählen. Werden unter Verkennung des Betriebsbegriffs zeitlich versetzt gesonderte BR gewählt, so kann die spätere Wahl auch angefochten werden, wenn die frühere nicht angefochten wurde (so zu Recht BAG 22.11.2017 – 7 ABR 40/16, NZA 2018, 724 Rn. 21 bis 24 unter Aufgabe von BAG 31.5.2000 – 7 ABR 78/98, NZA 2000, 1350). Als Folge einer erfolgreichen Anfechtung will das BAG § 21a Abs. 2 analog anwenden (vgl. BAG 22.11.2017 – 7 ABR 40/16, NZA 2018, 724 Rn. 25 bis 28). Die Praxis wird sich hierauf bis auf Weiteres einzustellen haben. Ganz zwingend erscheint die Lösung freilich nicht. Vielmehr wäre auch daran zu denken, dass der erste BR, dessen Wahl nicht angefochten wurde, bis zum Ablauf der regulären Amtszeit im Amt bleibt und auch den Teil der Belegschaft des Gemeinschaftsbetriebs repräsentiert, hinsichtlich dessen die Wahl erfolgreich angefochten wurde (in diese Richtung BAG 21.9.2011 – 7 ABR 54/10, NZA-RR 2012, 186 Rn. 23; vgl. iÜ → § 19 Rn. 41; → § 21a Rn. 7). Ein ArbGeb. ist berechtigt, eine ausschließlich für seine (Vertrags-)ArbNschaft durchgeführte BRWahl auch dann alleine anzufechten, wenn er die Anfechtung darauf stützt, dass ein einheitlicher BR für einen mit einem anderen Unternehmen geführten Gemeinschaftsbetrieb hätte gewählt werden müssen (BAG 16.1.2018 – 7 ABR 21/16, NZA 2018, 675; § 19 Rn. 32; abl. *Kreutz* ArbuR 2018, 584). 137

Die Größe des für einen gemeinsamen Betrieb zu wählenden BR richtet sich nach der Gesamtzahl der bei den mehreren Unternehmen in der Regel insgesamt beschäftigten wahlberechtigten ArbN. Diese Zahl ist auch iÜ maßgeblich, soweit das BetrVG auf die **Größe des Betriebs** abstellt, wie zB in §§ 28a, 38, 112a Abs. 1. Auch die Frage, ob es sich um einen wesentlichen Betriebsteil iSv § 111 S. 1 Nr. 1 u. 2 handelt, wird nach den Verhältnissen des Gemeinschaftsbetriebs beurteilt (BAG 11.11.1997 – 1 ABR 6/97, NZA 1998, 723). 138

Soweit das BetrVG bei den sog **Schwellenwerten** auf das **Unternehmen** abstellt – wie insbes. in §§ 99 Abs. 1 S. 1, 106 Abs. 1 S. 1, 111 S. 1 u. 2 – ist eine **differenzierende Beurteilung** geboten (ebenso *Fuhlrott/Ritz* AuA 2012, 402 [404]; zu den Schwellenwerten nach den Mitbestimmungsgesetzen vgl. *Bonanni/Otte* BB 2016, 1653). 139

Nach dem **Wortlaut des § 99 Abs. 1 S. 1** kommt es für das MBR des BR nicht auf die Betriebs-, sondern auf die Unternehmensgröße an. Wegen des fachsprachlich 140 eindeutigen Wortsinns ist es ausgeschlossen, im Wege der Auslegung den Gemeinschaftsbetrieb als Unternehmen anzusehen (BAG 29.9.2004 – 1 ABR 39/03, NZA 2005, 420). IÜ ist innerhalb des § 99 Abs. 1 S. 1 **nach den Gegenständen der Mitbestimmung** zu **differenzieren.**

141 Geht es um die **Ein- und Umgruppierung,** sind allein die Beschäftigtenzahlen des jeweiligen VertragsArbGeb. maßgeblich. Nur diesem gegenüber besteht auch das MBR.

142 Geht es um die **Einstellung oder Versetzung,** ist unabhängig von den Zahlenverhältnissen des VertragsArbGeb. das MBR für alle Beschäftigten des Gemeinschaftsbetriebs auf Grund unmittelbarer Anwendung des § 99 bereits dann gegeben, wenn im Gemeinschaftsbetrieb insgesamt sowie **bei zumindest einem der beteiligten Unternehmen mehr als 20 ArbN beschäftigt** sind (BAG 29.9.2004 – 1 ABR 39/03, NZA 2005, 420).

143 Sind **bei keinem** der beteiligten Unternehmen, wohl aber beim Gemeinschaftsbetrieb insgesamt **mehr als 20 ArbN** beschäftigt, ist § 99 bei Versetzungen und Einstellungen analog anwendbar (BAG 29.9.2004 – 1 ABR 39/03, NZA 2005, 420).

144 Für die Bildung eines **WiAusschusses nach § 106 Abs. 1 S. 1** ist die Zahl sämtlicher im Gemeinschaftsbetrieb beschäftigter ArbN maßgeblich (vgl. zur Errichtung eines WiAausschusses bei Gemeinschaftsbetrieben → § 106 Rn. 18 bis 18d; BAG 1.8.1990 – 7 ABR 91/88, NZA 1991, 643; 22.3.2016 – 1 ABR 10/14 – NZA 2016, 969; *Fuhlrott/Ritz* AuA 2012, 402, 404; *Weller* BB 2016, 1792; *Salamon* NZA 2017, 891).

145 Für die **MBR des BR nach §§ 111 ff.** ist hinsichtlich des Schwellenwerts nach dem Gegenstand der Beteiligungsrechte zu **differenzieren.** Hinsichtlich der Unterrichtungs- und Beratungsrechte und der Verpflichtung zum Interessenausgleich dürfte auf die Zahl der im Gemeinschaftsbetrieb beschäftigten ArbN abzustellen sein; für die Verpflichtung zum Abschluss eines Sozialplans dürfte es auf den jeweiligen VertragsArbGeb. ankommen (→ § 111 Rn. 20–23; *Fuhlrott/Ritz* AuA 2012, 402 [404]; *Wißmann* FS 25 Jahre ARGE Arbeitsrecht im DAV, 2006, 1037 [1050 f.]; **aA** *Boecken* FS 50 Jahre BAG, 2004, 931 ff., der ausschließlich die Zahl der im gemeinsamen Betrieb beschäftigten wahlberechtigten ArbN als maßgeblich ansieht).

146 Wer im Gemeinschaftsbetrieb **Adressat der Beteiligungsrechte** des BR ist, lässt sich ebenfalls nicht einheitlich beantworten (vgl. hierzu insbes. *Wißmann* NZA 2001, 409 [410 ff.]; *Wißmann* NZA 2003, 1; *Fuhlrott/Ritz* AuA 2012, 402 [404]).

147 Soweit es gem. **§ 99 Abs. 1 S. 1** um Ein- und Umgruppierungen geht, ist Adressat des MBR der VertragsArbGeb. (BAG 23.9.2003 – 1 ABR 35/02, NZA 2004, 800; 12.12.2006 – 1 ABR 38/05, NJOZ 2007, 2450). Soweit es um Versetzungen und Einstellungen geht, ist der „BetriebsArbGeb." (*Wißmann* NZA 2001, 409 [410]) zuständig. Dies sind alle Unternehmen, die sich zur einheitlichen Leitung des Betriebs verbunden haben (BAG 29.9.2004 – 1 ABR 39/03, NZA 2005, 420). Der BetriebsArbGeb. ist bei Einstellungen und Versetzungen auch zuständig für den Zustimmungsersetzungsantrag nach § 99 Abs. 4. Der einem Gemeinschaftsbetrieb zugrunde liegenden Führungsvereinbarung entspricht es regelmäßig, dass jeder der mehreren Betriebsinhaber den Antrag für den BetriebsArbGeb. stellen kann (vgl. § 432 Abs. 1 S. 1 BGB). In dem Zustimmungsersetzungsverfahren von Amts wegen nach § 83 Abs. 3 ArbGG zu hören sind alle am Gemeinschaftsbetrieb beteiligten Unternehmen. Den Antrag nach § 78a Abs. 4 auf Auflösung eines nach § 78a Abs. 2 zustande gekommenen ArbVerh. kann der VertragsArbGeb. ohne Mitwirkung der anderen am Gemeinschaftsbetrieb beteiligten ArbGeb. stellen; diese sind allerdings ebenfalls nach § 83 Abs. 3 ArbGG im Auflösungsverfahren zu hören (BAG 25.2.2009 – 7 ABR 61/07, NJOZ 2009, 3933).

148 Bei **Maßnahmen iSd §§ 111 ff.** sind im Gemeinschaftsbetrieb Verhandlungen über das Ob und Wie der Betriebsänderung mit dem „BetriebsArbGeb.", regelmäßig also mit der von allen Unternehmen bestellten Betriebsleitung zu führen (→ § 111 Rn. 23; BAG 12.11.2002 – 1 AZR 632/01, NZA 2003, 676; *Wißmann* NZA 2001,

409 [411]). Diese schulden ggf. auch einen Nachteilsausgleich nach § 113 Abs. 3. Die Pflicht zum Abschluss eines Sozialplans trifft dagegen den jeweiligen VertragsArbGeb. (→ § 111 Rn. 23). Dieser ist auch Schuldner der Sozialplansprüche. Gleiches gilt für vertragliche Vergütungsansprüche (BAG 14.12.2004 – 1 AZR 504/03, NZA 2005, 818).

Auch für die Mitbestimmung in **sozialen Angelegenheiten nach § 87 Abs. 1** 149
gibt es im Gemeinschaftsbetrieb „keine bequeme Einheitslösung" (*Wißmann* NZA 2001, 409 [411]). Die Gemeinschaft der Unternehmen dürfte zB zuständig sein für die MBR nach § 87 Abs. 1 Nr. 1, Nr. 2, Nr. 6, Nr. 7 u. 8. Dementsprechend muss sich ein Antrag des BR auf die Unterlassung der einseitigen Verlängerung der Arbeitszeit durch den ArbGeb. gegen alle an dem Gemeinschaftsbetrieb beteiligten ArbGeb. richten. Ein einzelnes an der Führung des Gemeinschaftsbetriebs beteiligtes Unternehmen ist für einen solchen Antrag nicht passivlegitimiert (BAG 15.5.2007 – 1 ABR 32/06, NZA 2007, 1240). Adressat des MBR nach § 87 Abs. 1 Nr. 10 dürfte dagegen eher der VertragsArbGeb. sein (vgl. hierzu auch BAG 12.12.2006 – 1 ABR 38/05, NJOZ 2007, 2450; vgl. ferner *Wißmann* NZA 2001, 409 [411 f.]; *Fuhlrott/Ritz* AuA 2012, 402 [404]). Dabei gilt es zu beachten, dass es in einem Gemeinschaftsbetrieb mehrere Vergütungsordnungen geben kann (BAG 12.12.2006 – 1 ABR 38/05, NJOZ 2007, 2450; *Edenfeld* DB 2012, 575 [578]).

Bei **betriebsbedingten Kündigungen** ist die soziale Auswahl im Gemeinschafts- 150
betrieb auf den gesamten Betrieb zu erstrecken (BAG 29.11.2007 – 2 AZR 763/06, BeckRS 2008, 51914). Eine unternehmensübergreifende Sozialauswahl ist allerdings dann nicht geboten, wenn ein Gemeinschaftsbetrieb nicht mehr besteht (BAG 13.9.1995 – 2 AZR 954/94, NZA 1996, 307; 27.11.2003 – 2 AZR 48/03, NZA 2004, 477; 29.11.2007 – 2 AZR 763/06, AP KSchG 1969 § 1 Soziale Auswahl Nr. 95). Dies gilt auch, wenn bei Ausspruch der Kündigung bereits feststeht, dass bei Ablauf der Kündigungsfrist der Gemeinschaftsbetrieb beendet sein wird (BAG 27.11.2003 – 2 AZR 48/03, NZA 2004, 477; 24.2.2005 – 2 AZR 214/04, AP KSchG 1969 § 1 Gemeinschaftsbetrieb Nr. 4; 14.8.2007 – 8 AZR 1043/06, NZA 2007, 1431).

Bei den **Kosten der BRArbeit** ist ebenfalls zu unterscheiden: Die Kosten für 151
BRTätigkeit einzelner Mitgl. (Freistellungen wegen BRArbeit, Teilnahme an Schulungen) fallen dem jeweiligen individualrechtlichen VertragsArbGeb. zur Last. Für die allgemeinen Kosten (Büro, Personal, Sachmittel, Sachverständige) haften die beteiligten Unternehmen als Gesamtschuldner.

Der BR eines Gemeinschaftsbetriebs entsendet **Vertreter in den GesBR jedes** 152
der beteiligten Unternehmen (→ § 47 Rn. 80–82). Auch für Gemeinschaftsbetriebe kann grds. kein die jeweiligen Unternehmensgrenzen überschreitender – gemeinsamer – GesBR gebildet werden (BAG 13.2.2007 – 1 AZR 184/06, NZA 2007, 825). Führen mehrere, jeweils der drittelparitätischen Mitbestimmung nach § 1 Abs. 1 DrittelbG unterliegende Unternehmen einen gemeinsamen Betrieb, haben dessen ArbN unabhängig von ihrer arbeitsvertraglichen Bindung bei der Wahl der ArbN-Vertreter in den Aufsichtsrat bei jedem der beteiligten Unternehmen das aktive Wahlrecht (BAG 13.3.2013 – 7 ABR 47/11, NZA 2013, 853; *Mückl* BB 2013, 2301)

Werden zwei oder mehrere Betriebe unterschiedlicher Inhaber (Vertragsarbeitge- 153
ber) zu einem gemeinsamen Betrieb zusammengefasst, so gelten die in den Ursprungsbetrieben geltenden **BV, GesBV und KBV** in dem Gemeinschaftsbetrieb persönlich/gegenständlich bezogen auf die ihnen zuvor unterfallenden ArBN fort, sofern sich eine zuverlässige Zuordnung zu den ArbN und/oder den betreffenden Betriebsteilen vornehmen lässt (→ § 77 Rn. 164; **aA** *Schönhöft/Brahmstaedt* NZA 2010, 851).

Die **Regelungssperre des § 77 Abs. 3** erfasst nicht notwendig den gesamten 154
Gemeinschaftsbetrieb. Sie tritt nur hinsichtlich der Betriebsteile und/oder Personen ein, für die eine Konkurrenz zwischen BV und TV droht (*Edenfeld* DB 2012, 575 [577]). Nach dem durch das **Tarifeinheitsgesetz** (vgl. dazu BVerfG 11.7.2017 –

1 BvR 1571 ua, NZA 2017, 915) eingeführten **§ 4a Abs. 2 S. 4 TVG** gilt als Betrieb iSv § 4a Abs. 2 S. 2 TVG auch ein Betrieb nach § 1 Abs. 1 S. 2, „es sei denn, dies steht den Zielen des Absatzes 1 offensichtlich entgegen" (vgl. dazu *Wendeling-Schröder* NZA 2015, 525).

4. Verlegung, Stilllegung, Zusammenlegung und Aufspaltung

155 Der Betrieb bleibt bei einer bloß räumlichen **Verlegung der Betriebsstätte** erhalten (Richardi BetrVG/*Richardi/Maschmann* Rn. 38). Etwas anderes gilt, wenn mit der Verlegung die bisherige Betriebs- und Produktionsgemeinschaft aufgelöst und damit der Betrieb stillgelegt wird (BAG 12.2.1987 – 2 AZR 247/86, NZA 1988, 170).

156 Der Betrieb endet bei einer auf Dauer gewollten **Betriebsstilllegung** (→ § 111 Rn. 65 ff.). Diese ist die Auflösung der zwischen ArbGeb. und ArbN bestehenden Betriebs- und Produktionsgemeinschaft. Sie setzt die Einstellung der wirtschaftlichen Betätigung und die Absicht voraus, die Weiterverfolgung des bisherigen Betriebszwecks dauernd oder für eine ihrer Dauer nach unbestimmte, wirtschaftlich nicht unerhebliche Zeitspanne aufzugeben (BAG 29.5.1991 – 7 ABR 54/90, NZA 1992, 74; 21.6.2001 – 2 AZR 137/00, NZA 2002, 212). Der Entschluss des Unternehmers, den Betrieb aufzulösen, muss objektiv nach außen erkennbar sein. Das ist zB der Fall, wenn nach Einstellung der Produktion allen ArbN gekündigt wird (BAG 21.6.2001 – 2 AZR 137/00, AP KSchG 1969 § 15 Nr. 50).

157 Der Betrieb endet nicht bei einer nur durch die tatsächlichen Verhältnisse bedingten **vorübergehenden Unterbrechung,** etwa bei Katastrophen oder Arbeitskämpfen (BAG 16.6.1987 – 1 AZR 528/85, NZA 1987, 858).

158 Geht ein Betrieb durch Stilllegung unter, hat der bisherige BR für die damit in Zusammenhang stehenden Mitwirkungs- und Mitbestimmungsrechte gem. § 21b ein **Restmandat** (→ § 21b Rn. 6 ff.).

159 Der Betrieb endet durch **Eingliederung** in einen anderen Betrieb oder im Falle der **Zusammenlegung** mit einem anderen Betrieb durch die Bildung eines neuen einheitlichen Betriebs (BAG 25.9.1986 – 6 ABR 68/84, NZA 1987, 708). Wird der Betrieb in einen Betrieb mit BR eingegliedert, endet das Mandat des BR des eingegliederten Betriebs; der BR des aufnehmenden Betriebs repräsentiert auch die ArbN des eingegliederten Betriebs (→ § 21a Rn. 14). Besteht im aufnehmenden Betrieb kein BR, behält der BR des eingegliederten Betriebs ein Übergangsmandat (→ § 21a Rn. 11a, 23; streitig). Im Falle der Zusammenfassung mehrerer Betriebe hat gem. § 21a Abs. 2 der BR des zahlenmäßig größten Betriebs das Übergangsmandat (→ § 21a Rn. 11).

160 Der Betrieb endet ferner, wenn er durch eine **Aufspaltung** seine Identität verliert. Entstehen durch die Spaltung neue betriebsratsfähige Einheiten, hat der **bisherige BR nach § 21a Abs. 1 S. 1 ein Übergangsmandat** (→ § 21a Rn. 8 ff.). Dies gilt nicht, wenn die Betriebsteile in einen Betrieb mit BR eingegliedert werden; in diesem Fall repräsentiert der BR des aufnehmenden Betriebs die ArbN des aufgenommenen Betriebsteils. Entstehen durch die Spaltung Einheiten, die nicht BR fähig sind, hat der bisherige BR für die damit in Zusammenhang stehenden Mitbestimmungs- und Mitwirkungsrecht nach § 21b ein **Restmandat.** Wird ein durch die Aufspaltung entstandener Teil in einen Betrieb mit BR eingegliedert, repräsentiert dieser die ArbN des aufgenommenen Teils.

5. Betriebsübergang

a) Allgemeines

161 **Betriebe und Betriebsteile können** durch Rechtsgeschäft auf einen anderen Inhaber **übergehen.** Bleibt die Identität des bisherigen Betriebs erhalten, so führt der

Betriebsübergang nicht zu einer Beendigung des Betriebs. Dieser bleibt vielmehr als solcher bestehen. Lediglich der Arbeitgeber wechselt.

Ein Betriebsübergang hat **individualrechtliche** und **betriebsverfassungsrechtliche Auswirkungen.** Die individualrechtlichen Rechtsfolgen ergeben sich im Wesentlichen aus § 613a BGB (→ Rn. 163ff.). Dagegen sind die betriebsverfassungsrechtlichen Rechtsfolgen gesetzlich nicht näher geregelt (→ Rn. 205ff.). Teilaspekte werden durch § 21a Abs. 3 iVm Abs. 1 u. 2 erfasst. 162

b) Voraussetzungen und individualrechtliche Rechtsfolgen des § 613a BGB

Die Vorschrift des § 613a BGB sichert im Falle eines Betriebsübergangs den **Fortbestand der Arbeitsverhältnisse** beim neuen ArbGeb. und den **arbeitsrechtlichen Besitzstand** der ArbN (Bestands- und Inhaltsschutz). Sie gilt für alle Betriebe unabhängig von ihrer Größe und dem Bestehen eines BR. § 613a BGB entspringt und entspricht dem Unionsrecht (vgl. RL 2001/23/EG) und ist daher nach Möglichkeit unionsrechtskonform auszulegen, Die Bestimmung ist grds. auch bei grenzüberschreitenden Betriebsübergängen ins Ausland anwendbar (vgl. BAG 26.5.2011 – 8 AZR 37/10, NZA 2011, 1143 Rn. 38ff.; 13.12.2012 – 6 AZR 608/11, BeckRS 2013, 67590 Rn. 40; *Reinhardt-Kasperek/Domni* BB 2017, 2868). 163

§ 613a BGB ist **unabdingbar** (BAG 19.3.2015 – 8 AZR 119/14, BeckRS 2015, 70521; Bernsau/Dreher/Hauck BGB § 613a Rn. 113). Auf seine Wirkungen kann nicht im Voraus verzichtet werden. Veräußerer und Erwerber können die Rechtsfolgen nicht ausschließen. Anderslautende Abmachungen sind unbeachtlich. Ebenso ist ohne Bedeutung, in welchem (vermeintlichen) Rechtsverhältnis der Übernehmer die bisherigen ArbN nach der Übernahme weiterbeschäftigt (BAG 19.3.2015 – 8 AZR 119/14, BeckRS 2015, 70521). Vereinbarungen mit dem ArbN sind auch aus Anlass eines Betriebsübergangs möglich. Zweifelhaft ist aber, ob auf bereits entstandene Ansprüche ohne sachlichen Grund wirksam verzichtet werden kann (vgl. ErfK/*Preis* BGB § 613a Rn. 83; MüKoBGB/*Müller-Glöge* § 613a Rn. 11 mwN). Ein Verzicht auf Versorgungsanwartschaften ist ohne triftigen Grund nicht möglich (BAG 12.5.1992 – 3 AZR 247/91, NZA 1992, 1080). 164

Der **Begriff des Betriebs iSv § 613a BGB** (vgl. dazu iE näher ErfK/*Preis* BGB § 613a Rn. 5ff.; MüKoBGB/*Müller-Glöge* § 613a Rn. 14ff.; Schaub ArbR-HdB/*Ahrendt* § 117 Rn. 8ff.; Bernsau/Dreher/Hauck BGB § 613a Rn. 33ff.; *Schiefer/Hartmann* BB 2012, 1985) ist **nicht identisch mit dem betriebsverfassungsrechtlichen Betriebsbegriff** (→ Rn. 92ff.). Maßgeblich ist, ob eine wirtschaftliche Einheit vorliegt, die ein neuer Rechtsträger unter Wahrung ihrer Identität fortführt (BAG 17.4.2003 – 8 AZR 253/02, AP BGB § 613a Nr. 253 mwN). Bei der Prüfung ist eine Gesamtwürdigung der konkreten Umstände des Einzelfalls vorzunehmen (BAG 23.9.2010 – 8 AZR 567/09, NZA 2011, 197; 21.6.2012 – 8 AZR 181/11, NZA-RR 2013, 6). Oft ist die Abgrenzung zwischen einem Betriebs- oder Betriebsteilübergang und der bloßen Übernahme einzelner Betriebsmittel oder einer reinen Funktionsnachfolge schwierig. Zu den zu berücksichtigenden Aspekten gehören regelmäßig die Art des betreffenden Betriebs, der Wert der materiellen und immateriellen Betriebsmittel die Übernahme der Hauptbelegschaft, der Übergang der Kundschaft, der Grad der Ähnlichkeit zwischen den vor und nach dem Übergang verrichteten Tätigkeiten und die Dauer einer etwaigen Unterbrechung. Die Identität der Einheit kann sich auch aus anderen Merkmalen, wie zB dem Personal, den Führungskräften, der Arbeitsorganisation, den Betriebsmethoden und den zur Verfügung stehenden Betriebsmitteln ergeben (BAG 23.9.2010 – 8 AZR 567/09, NZA 2011, 197; 21.6.2012 – 8 AZR 181/11, NZA-RR 2013, 6). 165

Nach der **älteren Rspr. des BAG** kam es für § 613a BGB ausschließlich auf den Übergang der sächlichen und immateriellen Betriebsmittel an (BAG 22.5.1985 – 5 AZR 30/84, NZA 1985, 775). Die ArbN gehörten nicht zum „Betrieb" iSd 166

§ 613a BGB. Der Übergang ihrer ArbVerh. war nicht Teil des Tatbestands der Vorschrift, sondern ausschließlich deren Rechtsfolge. An dieser Rspr. konnte das BAG insbes. auf Grund der Entwicklung des Unionsrechts (→ Rn. 167) und der Rspr. des EuGH nicht uneingeschränkt festhalten.

167 Nach der **Rspr. des EuGH** (vgl. insbes. EuGH 11.3.1997 – C-13/95, NJW 1997, 2039 – Ayse Süzen; 14.4.1997 – C-392/92, NZA 1994, 545 – Christel Schmidt; 20.11.2003 – C-340/01, AP EWG Richtlinie Nr. 77/187 Nr. 34 – Sodexho; 15.12.2005 – C-232/04, NJW 2006, 889 – Güney-Görres; 12.2.2009 – C-466/07, NZA 2009, 251 – Klarenberg; 29.7.2010 – C-151/09, NZA 2010, 1014 – UGT-FSP) kommt es für einen Übergang im Sinne der Betriebsübergangsrichtlinie entscheidend darauf an, ob die fragliche Einheit ihre Identität bewahrt. Erforderlich ist, dass eine auf Dauer angelegte wirtschaftliche Einheit übergeht, deren Tätigkeit nicht auf die Ausführung eines Auftrags beschränkt ist. Dabei bezieht sich der Begriff der wirtschaftlichen Einheit auf eine organisierte Gesamtheit von Personen und Sachen zur Ausübung einer wirtschaftlichen Tätigkeit mit eigener Zielsetzung (EuGH 20.11.2003 – C-340/01, AP EWG Richtlinie Nr. 77/187 Nr. 34 – Sodexho mwN). Allein die bloße Tätigkeit von ArbN ist noch keine wirtschaftliche Einheit (EuGH 11.3.1997 – C-13/95, NJW 1997, 2039 – Ayse Süzen).

168 Das **BAG** hat sich der **Rspr. des EuGH** – schon wegen des Gebots der unionsrechtskonformen Auslegung nationalen Rechts – **angeschlossen** (BAG 13.11.1997 – 8 AZR 295/95, NZA 1998, 251; 6.4.2006 – 8 AZR 222/04, NZA 2006, 723; 7.4.2011 – 8 AZR 730/09, NZA 2011, 1231; 19.3.2015 – 8 AZR 119/14, BeckRS 2015, 70521). Es stellt ebenfalls darauf ab, ob der neue Rechtsträger die wirtschaftliche Einheit Betrieb oder Betriebsteil unter Wahrung von deren Identität fortführen kann. Hierfür kommt es insbes. auf die Eigenart des Betriebs, auf die Art, Bedeutung und den Wert der immateriellen Betriebsmittel wie Gebäude und beweglicher Güter, auf die Übernahme immaterieller Betriebsmittel und der vorhandenen Organisation, den Grad der Ähnlichkeit mit der Betriebstätigkeit des bisherigen Inhabers, die Weiterbeschäftigung der Hauptbelegschaft, den Übergang von Kundschaft und Lieferantenbeziehungen und die Dauer einer eventuellen Unterbrechung der Betriebstätigkeit an (BAG 25.5.2000 – 8 AZR 416/99, NZA 2000, 1115; 16.5.2002 – 8 AZR 319/01, NZA 2003, 93; 21.6.2012 – 8 AZR 181/11, NZA-RR 2013, 6; 25.8.2016 – 8 AZR 53/15, NZA-RR 2017, 123).

169 Der **bloße Erwerb von Anteilen an einer Gesellschaft** und die Ausübung von Herrschaftsmacht über diese Gesellschaft durch eine andere Gesellschaft genügen weder für die Annahme eines Übergangs von Unternehmen, Betrieben oder Betriebsteilen iSd. RL 2001/23/EG noch für die Annahme eines Betriebsübergangs iSv § 613a BGB (BAG 23.3.2017 – 8 AZR 91/15, NZA 2017, 981).

170 In **reinen Produktionsbetrieben** bilden die Betriebsanlagen und das technische Know-how als immaterielles Betriebsmittel die wesentlichen Grundlagen des Betriebs (Bernsau/Dreher/Hauck BGB § 613a Rn. 53f.). Hier kann bereits die Übernahme technischer Produktionsmittel für einen Betriebs- oder Betriebsteilübergang ausreichen (BAG 23.9.2010 – 8 AZR 567/09, NZA 2011, 197). Jedoch kommt auch hier den immateriellen Betriebsmitteln eine erhebliche Bedeutung zu.

171 In **Dienstleistungsbetrieben** spielen die immateriellen Betriebsmittel eine noch größere Rolle. Hier kann der Eintritt in die bestehenden Kundenbeziehungen oder die Übertragung der Kundenkartei von entscheidender Bedeutung sein (BAG 25.6.1985 – 3 AZR 254/83, NZA 1986, 93). Indizien für einen Betriebsübergang können auch die Fortführung des Firmennamens, die Übernahme der Geschäftspapiere und der Eintritt in laufende Verträge sein (vgl. zum Betriebsübergang eines Großhandelsgeschäfts BAG 28.4.1988 – 2 AZR 623/87, NZA 1989, 265; zum Bowlingbetrieb BAG 3.7.1986 – 2 AZR 68/85, NZA 1987, 123; zum Bewachungsbetrieb BAG 29.8.1988 – 2 AZR 107/88, NZA 1989, 799; zur Neuvergabe von Reinigungsarbeiten BAG 11.12.1997 – 8 AZR 729/96, NZA 1998, 534, EuGH 14.4.1994 – C-392/92, NZA 1994, 545 – Christel Schmidt; zur Neuvergabe eines

Cateringvertrags BAG 11.12.1997 – 8 AZR 426/94, NZA 1998, 532; EuGH 20.11.2003 – C-340/01, AP EWG Richtlinie Nr. 77/187 Nr. 34 – Sodexho). Die bloße Funktionsnachfolge genügt nicht (BAG 26.6.1997 – 8 AZR 426/95, NZA 1997, 1228; 23.9.2010 – 8 AZR 567/09, NZA 2011, 197; 7.4.2011 – 8 AZR 730/09, NZA 2011, 1231).

Die **bloße Tätigkeit von ArbN** ist allein keine wirtschaftliche Einheit (EuGH 11.3.1997 – C-13/95, NJW 1997, 2039 – Ayse Süzen). In Branchen, in denen es im Wesentlichen auf die menschliche Arbeitskraft ankommt, kann aber auch eine **Gesamtheit von ArbN,** die durch eine gemeinsame Tätigkeit verbunden ist, eine wirtschaftliche Einheit sein (BAG 7.4.2011 – 8 AZR 730/09, NZA 2011, 1231; 21.6.2012 – 8 AZR 181/11, NZA-RR 2013, 6; 25.8.2016 – 8 AZR53/15, NZA-RR 2017, 123; vgl. mit einer instruktiven Übersicht *Kappenhagen* BB 2013, 696). Insbes. bei der Übernahme von qualifiziertem Personal kann daher auch die Übernahme eines vom bisherigen Betriebsinhaber ausgeführten Auftrags einen Betriebsübergang darstellen (vgl. zur Übernahme der Hälfte des Personals eines IT-Service-Betriebs BAG 21.6.2012 – 8 AZR 181/11, NZA-RR 2013. 6). Die Fachkenntnisse der Mitarbeiter, das sog Know-how, können für einen Betrieb so wichtig sein, dass ein Betriebsübergang bereits dann vorliegt, wenn die Know-how-Träger einvernehmlich zum Erwerber wechseln. Die Mitarbeiter verkörpern in einem solchen Fall die immateriellen Betriebsmittel (BAG 19.11.1996 – 3 AZR 394/95, NZA 1997, 722; 22.5.1997 – 8 AZR 101/96, NZA 1997, 1050). Abgrenzungsprobleme können sich ergeben, wenn nur ein Teil der Know-how-Träger wechselt. **172**

Der Übergang muss sich durch **Rechtsgeschäft** vollziehen. Der Begriff ist weit auszulegen. § 613a BGB will einen lückenlosen Bestandsschutz gewährleisten. Er ist ein Auffangtatbestand, der alle Fälle der rechtsgeschäftlichen Betriebsnachfolge mit Ausnahme der Gesamtrechtsnachfolge (Erbfall, Umwandlung von Unternehmen, → Rn. 240 ff.) erfasst (BAG 22.3.2001 – 8 AZR 565/00, NZA 2002, 134). Einem rechtsgeschäftlichen Übergang steht nicht entgegen, dass er durch Zwischenschaltung weiterer Personen und damit durch eine Reihe von Rechtsgeschäften erfolgt, die jeweils auf die Übertragung oder Übernahme bestimmter Betriebsmittel gerichtet sind (BAG 9.2.1994 – 2 AZR 781/93, NZA 1994, 612). Auch die Übernahme eines Auftrags der öffentlichen Hand an Stelle eines früheren Unternehmens erfüllt dieses Tatbestandsmerkmal. IÜ hängt die Rechtsfolge des § 613a BGB nicht davon ab, dass das dem Betriebsübergang zugrunde liegende Rechtsgeschäft wirksam ist (BAG 6.2.1985 – 5 AZR 411/83, NZA 1985, 735). Führt ein Dritter den Betrieb im Wesentlichen weiter, spricht der Beweis des ersten Anscheins für ein zugrunde liegendes Rechtsgeschäft (BAG 15.5.1985 – 5 AZR 276/84, NZA 1985, 736). **173**

Gegenstand des Rechtsgeschäfts ist die einvernehmliche **Übertragung der Leitungsmacht** auf den Erwerber (BAG 9.2.1994 – 2 AZR 781/93, NZA 1994, 612). Eines Eigentumserwerbs des Erwerbers bedarf es nicht; entscheidend ist die Möglichkeit der wirtschaftlichen Nutzung (BAG 11.12.1997 – 8 AZR 426/94, NZA 1998, 532; 6.4.2006 – 8 AZR 222/04, NZA 2006, 723). Auf die Frage, ob dem Erwerber die Betriebsmittel zur eigenwirtschaftlichen Nutzung überlassen werden, kommt es nicht an (BAG 6.4.2006 – 8 AZR 222/04, NZA 2006, 723 im Anschluss an EuGH 15.12.2005 – C-232/04, NJW 2006, 889 – Güney-Görres). Auch auf den Zweck der Übernahme kommt es nicht an. Es ist unerheblich, ob der Betriebserwerber den Betrieb unverändert auf Dauer oder befristet fortführen oder stilllegen will (BAG 22.9.1994 – 2 AZR 54/94, NZA 1995, 165). Der Schutzzweck des § 613a BGB kann dessen Anwendung selbst dann gebieten, wenn der Erwerber den Betrieb sofort einstellt (vgl. ErfK/*Preis* BGB § 613a Rn. 52; **aA** MüKoBGB/*Müller-Glöge* BGB § 613a Rn. 54). **174**

Nicht von § 613a BGB erfasst werden Betriebsübergänge, die im Wege der **Gesamtrechtsnachfolge kraft Gesetzes** vollzogen werden (BAG 2.3.2006 – 8 AZR 124/05, NZA 2006, 848; Bernsau/Dreher/Hauck BGB § 613a Rn. 82). **175**

176 Der Betriebsübergang erfolgt zu dem **Zeitpunkt,** in dem die wesentlichen, zur Fortführung des Betriebs erforderlichen Betriebsmittel übergegangen sind und die Entscheidung nicht mehr rückgängig gemacht werden kann (BAG 27.10.2005 – 8 AZR 568/04, NZA 2006, 668).

177 Der **Übergang eines Betriebsteils** steht für dessen ArbN dem Übergang des gesamten Betriebs grds. gleich (BAG 17.4.2003 – 8 AZR 253/02, AP BGB § 613a Nr. 253). Betriebsteile iSd § 613a BGB sind einerseits die nach § 4 verselbständigten Betriebsteile (→ § 4 Rn. 14ff.). Darüber hinaus ist Betriebsteil iSv § 613a BGB weiter zu verstehen. Betriebsteile sind Teileinheiten des Betriebs, mit denen innerhalb des betrieblichen Gesamtzwecks ein Teilzweck verfolgt wird, die abgrenzbare Organisationseinheiten darstellen und Gegenstand einer rechtsgeschäftlichen Veräußerung sein können (BAG 4.3.1993 – 2 AZR 507/92, NZA 1994, 260; 26.8.1999 – 8 AZR 718/98, NZA 2000, 144). Für die Abgrenzung von Betrieb und Betriebsteil ist eine Gesamtbetrachtung maßgeblich (BAG 27.1.2011 – 8 AZR 326/09, NZA 2011, 1162; 7.4.2011 – 8 AZR 730/09, NZA 2011, 1231). Auch der Übergang des Betriebsteils setzt voraus, dass die wirtschaftliche Einheit ihre Identität wahrt (BAG 22.3.2001 – 8 AZR 565/00, NZA 2002, 1349; 2.3.2006 – 8 AZR 147/05, NZA 2006, 1105; 27.1.2011 – 8 AZR 326/09, NZA 2011, 1162). Die vom Erwerber übernommenen Betriebsmittel müssen bereits beim Veräußerer die Qualität eines Betriebsteils gehabt haben (BAG 2.3.2006 – 8 AZR 147/05, NZA 2006, 1105; 7.4.2011 – 8 AZR 730/09, NZA 2011, 1231). Ein Betriebsteilübergang kann auch dann vorliegen, wenn der übertragene Teil seine organisatorische Selbständigkeit nicht bewahrt, sofern nur die funktionelle Verknüpfung zwischen den übertragenen Produktionsfaktoren beibehalten wird und sie es dem Erwerber erlaubt, diese Faktoren zu nutzen, um derselben oder einer gleichartigen wirtschaftlichen Tätigkeit nachzugehen (EuGH 12.2.2009 – C-466/07, NZA 2009, 251 – Klarenberg; 8.4.2011 – 8 AZR 730/09, NZA 2011, 1231; vgl. dazu *Wißmann/Schneider* BB 2009, 1126; *Willemsen* NZA 2009, 289). Ein Fall der Übertragung eines Betriebsteils ist das „Outsourcing". Der Teilzweck kann auch in einer untergeordneten Hilfsfunktion bestehen, zB Fahr- oder Reinigungsdienste. Einzelne Betriebsmittel (zB einzelne Lkw) ergeben allein noch keinen selbständig übergangsfähigen Betriebsteil (BAG 26.8.1999 – 8 AZR 718/98, NZA 2000, 144).

178 Bei Übertragung nur eines Betriebsteils muss eine **Zuordnung der ArbN** erfolgen. Das ArbVerh. eines ArbN geht in diesem Fall nur über, wenn der ArbN dem übertragenen Betriebsteil angehört (BAG 21.1.1999 – 8 AZR 287/98, BeckRS 1999, 15051; 13.2.2003 – 8 AZR 102/02, NJOZ 2003, 2631; 7.4.2011 – 8 AZR 730/09, NZA 2011, 1231). Für die Zuordnung kommt es in erster Linie auf die – ausdrückliche oder konkludente – Vereinbarung zwischen dem bisherigen ArbGeb. und dem ArbN an (BAG 24.1.2013 – 8 AZR 706/11, BeckRS 2013, 69658; 21.2.2013 – 8 AZR 877/11, NZA 2013, 617; 17.10.2013 – 8 AZR 763/12, NZA-RR 2014, 175). Fehlt es an einer solchen, so erfolgt die Zuordnung grds. durch den ArbGeb. aufgrund seines Direktionsrechts (BAG 21.2.2013 – 8 AZR 877/11, NZA 2013, 617; 17.10.2013 – 8 AZR 763/12, NZA-RR 2014, 175; abl. *Elking/Aszmons* BB 2014, 373 [375]). Sofern der ArbGeb. dieses nicht ausgeübt hat, sind objektive Kriterien maßgeblich (BAG 24.1.2013 – 8 AZR 706/11, BeckRS 2013, 69658; ErfK/*Preis* BGB § 613a Rn. 72). Entscheidend ist insoweit der Schwerpunkt der bisherigen Tätigkeit (BAG 24.1.2013 – 8 AZR 706/11, BeckRS 2013, 69658; 17.10.2013 – 8 AZR 763/12, NZA-RR 2014, 175; *Kreitner* NZA 1990, 429). Der ArbN kann den Übergang seines ArbVerh. zwar durch seinen Widerspruch verhindern, ihn aber bei fehlender Zuordnung zu dem übertragenen Betriebsteil nicht herbeiführen. Der Eintritt erfolgt kraft Gesetzes; eine Vereinbarung zwischen den ArbN und den beteiligten ArbGeb. ist nicht erforderlich.

179 § 613a BGB findet auch Anwendung bei einem Betriebsübergang in der **Insolvenz des ArbGeb.** (Bernsau/Dreher/Hauck InsO Rn. 176ff. mwN) Nicht anwendbar ist die Bestimmung aber insoweit, als sie die Haftung des Betriebserwerbers

für bereits entstandene Ansprüche vorsieht. Hier gehen die Verteilungsgrundsätze des Insolvenzverfahrens vor. Dagegen ist die Haftung des Betriebserwerbers nach § 613a BGB unbeschränkt, wenn er den Betrieb vor Eröffnung des Insolvenzverfahrens erworben hat (BAG 20.6.2002 – 8 AZR 459/01, NZA 2003, 318; ErfK/*Preis* BGB § 613a Rn. 146). Die nach § 128 InsO anwendbaren §§ 125–127 InsO erleichtern dem Insolvenzverwalter betriebsbedingte Kündigungen (→ §§ 112, 112a Rn. 67 ff.). Er kann solche auch im Hinblick auf die Planung des Betriebserwerbers aussprechen (vgl. *Zwanziger* InsO § 128 Rn. 1). Ein Betriebserwerber kann sich an dem Verfahren nach § 126 InsO beteiligen. Aus § 128 InsO ergibt sich, dass § 613a Abs. 4 BGB auch in der Insolvenz gilt. Eine allein wegen des Betriebsübergangs ausgesprochene Kündigung ist daher unwirksam. § 128 InsO ist auch auf den Übergang von Betriebsteilen anzuwenden (*Zwanziger* InsO § 128 Rn. 9).

Gem. **§ 613a Abs. 5 BGB** müssen der bisherige oder der neue Arbeitgeber die ArbN über den Betriebsinhaberwechsel unterrichten (BAG 13.7.2006 – 8 AZR 303/05, NZA 2006, 1273, 14.12.2006 – 8 AZR 763/05, NZA 2007, 682; 22.1.2009 – 8 AZR 808/07, NZA 2009, 547; 14.11.2013 – 8 AZR 824/12, NZA 2014, 610; *Hohenstatt/Grau* NZA 2007, 13; Bernsau/Dreher/Hauck BGB § 613a Rn. 138 ff.). Dazu zählt § 613a Abs. 5 Nr. 1–4 BGB die Gegenstände der Unterrichtung auf (BAG 13.7.2006 – 8 AZR 303/05, NZA 2006, 1273). Daneben muss die Unterrichtung dem ArbN Klarheit über die Identität des Erwerbers schaffen (BAG 14.12.2006 – 8 AZR 763/05, NZA 2007, 682; 14.11.2013 – 8 AZR 824/12, NZA 2014, 610). Die **Unterrichtungspflicht** erstreckt sich auf die vom Betriebsübergang betroffenen ArbN (ErfK/*Preis* BGB § 613a Rn. 90). 180

Die ArbN müssen nach **§ 613a Abs. 5 Nr. 3 BGB** insbes. auch über die **rechtlichen Folgen** des Betriebsübergangs informiert werden (BAG 20.3.2008 – 8 AZR 1016/06, NZA 2008, 1354; 22.1.2009 – 8 AZR 808/07, NZA 2009, 547; *Reinhard* NZA 2009, 63 [64 f.]). Dazu gehören auch die kollektivrechtlichen Folgen des Betriebsübergangs (BAG 14.12.2006 – 8 AZR 763/05, NZA 2007, 682; Bernsau/Dreher/Hauck BGB § 613a Rn. 147), darunter die Frage, inwieweit TVe und BVen abgelöst werden (BAG 14.12.2006 – 8 AZR 763/05, NZA 2007, 682; *Mohnke/Betz* BB 2008, 498) und ob im Falle eines Widerspruchs Ansprüche aus einem Sozialplan bestehen (BAG 13.7.2006 – 8 AZR 303/05, NZA 2006, 1273, 14.12. 2006 – 8 AZR 763/05, NZA 2007, 682). Zu den rechtlichen Folgen gehört es auch, ob es sich beim Betriebserwerber um eine nach § 112a Abs. 2 S. 1 Neugründung handelt (BAG 14.11.2013 – 8 AZR 824/12, NZA 2014, 610; 15.12.2016 – 8 AZR 612/15, NZA 2017, 783). 181

Nach § 613a Abs. 5 Nr. 3 BGB sind die ArbN auch über die **sozialen und wirtschaftlichen** Folgen des Übergangs zu unterrichten. Hierzu gehören auch die ökonomischen Rahmenbedingungen, sofern diese zu einer gravierenden Gefährdung der wirtschaftlichen Absicherung der ArbN führen (BAG 15.12.2016 – 8 AZR 612/15, NZA 2017, 783). Eine Verpflichtung, im Einzelnen über die wirtschaftliche und finanzielle Lage des Betriebserwerbers zu unterrichten, besteht aber in der Regel nicht (15.12.2016 – 8 AZR 612/15, NZA 2017, 783). Etwas anderes gilt nur, wenn die wirtschaftliche Notlage, wie zB bei einem bereits eingeleiteten Insolvenzverfahren offensichtlich ist (BAG 31.1.2008 – 8 AZR 1116/06, NZA 2008, 642; 15.12.2016 – 8 AZR 612/15, NZA 2017, 783; vgl. auch *Reinhard* NZA 2009, 63 [65 ff.]). Die Unterrichtung muss vor dem Übergang des Betriebs erfolgen. Maßgeblich ist der Kenntnisstand des Veräußerers und des Erwerbers zum Zeitpunkt der Unterrichtung (BAG 14.12.2006 – 8 AZR 763/05, NZA 2007, 682). Die Information muss in Textform (§ 126b BGB), vollständig und in einer auch für einen juristischen Laien verständlichen Sprache vor dem Übergang erfolgen (BAG 14.12.2006 – 8 AZR 763/05, NZA 2007, 682). Andernfalls läuft die Frist für die Ausübung des Widerspruchsrechts nicht (BAG 13.7.2006 – 8 AZR 303/05, NZA 2006, 1273, 14.12.2006 – 8 AZR 763/05, NZA 2007, 682; ErfK/*Preis* BGB § 613a Rn. 93; MüKoBGB/*Müller-Glöge* § 613a Rn. 117; *Willemsen/Lembke* NJW 2002, 1159). 182

183 Gem. § 613a Abs. 6 S. 1 BGB kann ein ArbN wegen der persönlichen Natur der Arbeitsleistung (§ 613 BGB) **dem Übergang seines ArbVerh.** auf den neuen Betriebsinhaber innerhalb eines Monats nach Zugang der Unterrichtung nach § 613a Abs. 5 BGB **schriftlich widersprechen.** Dann geht das ArbVerh. nicht über. Es besteht mit dem bisherigen Inhaber weiter (BAG 18.3.1999 – 8 AZR 190/98, NZA 1999, 870). EU-Recht steht dem nicht entgegen (EuGH 16.12.1992 – C-132/91, AP BGB § 613a Nr. 97).

184 Die einmonatige **Frist** des § 613a Abs. 6 BGB **für die Ausübung des Widerspruchsrechts beginnt nur mit der vollständigen Unterrichtung** (BAG 20.3.2008 – 8 AZR 1016/06, NZA 2008, 1354; 27.11.2008 – 8 AZR 174/07, NZA 2009, 552; 14.11.2013 – 8 AZR 824/12, NZA 2014, 610; 16.10.2014 – 8 AZR 696/13, NZA 2015, 433; 24.8.2017 – 8 AZR 265/16, NZA 2018, 168 Rn. 12). Bei einer fehlenden Information über die Sozialplanprivilegierung des Betriebserwerbers nach § 112a Abs. 2 S. 1 wird der Mangel mit Ablauf des Privilegierungszeitraums von vier Jahren seit Gründung des neuen Inhabers geheilt (BAG 15.12.2016 – 8 AZR 612/15, NZA 2017, 783; *C. Meyer* FS 100 Jahre BetrVR 2020, 481 [491 ff.]). Der Widerspruch kann nach § 613a Abs. 6 S. 2 BGB sowohl dem Betriebsveräußerer als auch dem Betriebserwerber gegenüber erklärt werden (BAG 25.1.2001 – 8 AZR 336/00, NZA 2001, 840; 16.10.2014 – 8 AZR 696/13, NZA 2015, 433). Für die Ausübung des Widerspruchs ist ein sachlicher Grund nicht erforderlich. Wird das Widerspruchsrecht nach dem Betriebsübergang ausgeübt, so wirkt es auf dessen Zeitpunkt zurück (BAG 13.7.2006 – 8 AZR 303/05, NZA 2006, 1273). Auch kollektiv erklärte Widersprüche sind wirksam, selbst wenn dadurch eine Drucksituation für den ArbGeb. entsteht. Nach § 242 BGB darf der Widerspruch aber nicht zu anderen Zwecken als der Sicherung der arbeitsvertraglichen Rechte und der Beibehaltung des bisherigen ArbGeb. eingesetzt werden (BAG 30.9.2004 – 8 AZR 462/03, NZA 2005, 43; *Rieble* NZA 2005, 1). Zum Widerspruchsrecht bei mehreren Betriebsübergängen vgl. BAG 19.11.2015 – 8 AZR 773/14, NZA 2016, 647).

185 **Das Widerspruchsrecht kann verwirken** (BAG 20.3.2008 – 8 AZR 1016/06, NZA 2008, 1354; 24.7.2008 – 8 AZR 175/07, AP BGB § 613a Nr. 347 mwN; 27.11.2008 – 8 AZR 174/07, NZA 2009, 552; 24.8.2017 – 8 AZR 265/16, NZA 2018, 168 Rn. 15 ff.) oder aufgrund der Umstände des Einzelfalls **rechtsmissbräuchlich** sein (BAG 19.2.2009 – 8 AZR 176/08, NZA 2009, 1095). Die widerspruchslose Weiterarbeit über 7 Jahre führt regelmäßig zur Verwirkung (24.8.2017 – 8 AZR 265/16, NZA 2018, 168 Rn. 30). Zum **Verzicht** auf das Widerspruchsrecht vgl. *Pils* BB 2014, 185.

186 Ein **(Landes-)Gesetz,** das bei der Privatisierung – eines Universitätsklinikums – den Übergang der Arbeitsverhältnisse kraft Gesetzes auf den privaten ArbGeb. vorsieht, ohne dem ArbN die Möglichkeit zu bieten, den Fortbestand seines Arbeitsverhältnisses zum öffentlichen ArbGeb. geltend zu machen, stellt eine unverhältnismäßige Beschränkung des durch Art. 12 Abs. 1 GG geschützten Interesses der betroffenen ArbN an der Beibehaltung des gewählten Vertragspartners dar und ist daher verfassungswidrig (BVerfG 25.1.2011 – 1 BvR 1741/09, NZA 2011, 400 entgegen BAG 2.3.2006 – 8 AZR 124/05, NZA 2006, 848; vgl. ferner BAG 26.9.2013 – 8 AZR 775/12, BeckRS 2013, 73861; *Ubber* BB 2011, 2111; *C. Meyer* NZA-RR 2013, 225 [226])).

187 Nach § 613a Abs. 4 BGB ist die **Kündigung** des ArbVerh. eines ArbN durch den bisherigen ArbGeb. oder durch den neuen Inhaber **„wegen" des Betriebsübergangs** (Betriebsteilübergangs) **unwirksam** (zum Bestandsschutz beim Betriebsübergang vgl. *Müller-Glöge* NZA 1999, 449 ff.). Das Recht zur Kündigung des ArbVerh. aus anderen Gründen bleibt unberührt. Wegen eines Betriebsübergangs wird gekündigt, wenn der Betriebsübergang die überwiegende Ursache der Kündigung bildet. Der Betriebsübergang muss Beweggrund für die Kündigung sein. Dabei ist ausschließlich auf die Verhältnisse im Zeitpunkt des Zugangs der Kündigung abzustellen (BAG 21.1.1999 – 8 AZR 298/98, BeckRS 1999, 30810121; 28.10.2004 – 8 AZR

391/03, NZA 2005, 285). Andere Gründe sind insbes. verhaltens- oder personenbedingte Gründe. Betriebsbedingte Gründe stehen einer Kündigung iSv § 613a Abs. 4 BGB dann nicht entgegen, wenn entweder der alte oder der neue ArbGeb. den Betrieb rationalisieren will oder wenn ein Arbeitsplatz unabhängig vom Betriebsinhaberwechsel weggefallen ist (BAG 18.7.1996 – 8 AZR 127/94, NZA 1997, 148; vgl. auch EuGH 16.5.2019 – C-509/17, BeckRS 2019, 8738; zur Kündigung des Betriebsveräußerers aufgrund eines Erwerberkonzepts vgl. *Meyer* NZA 2003, 244). Die Unwirksamkeit einer Kündigung nach § 613a Abs. 4 BGB kann auch der ArbN geltend machen, der noch nicht unter das KSchG fällt. § 613a Abs. 4 BGB enthält ein eigenständiges Kündigungsverbot (BAG 31.1.1985 – 2 AZR 530/83, NZA 1985, 593). Es ist empfehlenswert, wenn der ArbN bei einem Streit über die Wirksamkeit einer Kündigung die Klage gegen beide ArbGeb. richtet. Eine KSchKlage ist allerdings unbegründet, wenn der bisherige Arbgeb. die Kündigung erst nach dem Betriebsübergang ausgesprochen hat. Dann bestand zu ihm kein ArbVerh. mehr (BAG 27.10.2005 – 8 AZR 568/04, NZA 2006, 668).

Ist eine Kündigung wegen zunächst beabsichtigter Betriebsstilllegung wirksam und **188** kommt es danach zu einem Betriebsübergang und damit zur Fortführung des Betriebs, kann der gekündigte ArbN einen Anspruch auf Wiedereinstellung gegen den Betriebserwerber haben; ein **Wiedereinstellungsanspruch** kommt selbst dann in Betracht, wenn der Betriebsübergang nach Ablauf der Kündigungsfrist erfolgt (BAG 13.5.2004 – 8 AZR 198/03, AP BGB § 613a Nr. 264 mwN). Dies gilt allerdings nicht nach Ablauf der Frist einer insolvenzbedingten Kündigung (BAG 13.5.2004 – 8 AZR 198/03, AP BGB § 613a Nr. 264). Diesen Anspruch muss der ArbN unverzüglich nach Kenntnis der Umstände, die den Betriebsübergang ausmachen, gegen den Betriebserwerber geltend machen (BAG 10.12.1998 – 8 AZR 282/97, NZA 1999, 310).

Auch im Zusammenhang mit einem Betriebsübergang sind Verträge zwischen **189** ArbGeb. und ArbN über die Aufhebung des ArbVerh. möglich. Voraussetzung ist, dass der ArbN auf Grund des **Aufhebungsvertrags** endgültig aus dem Betrieb ausscheiden soll. Dagegen ist ein Aufhebungsvertrag nichtig, wenn lediglich die Kontinuität des ArbVerh. bei gleichzeitigem Erhalt des Arbeitsplatzes bezweckt wird (BAG 28.4.1987 – 3 AZR 75/86, AP BetrAVG § 1 Betriebsveräußerung Nr. 5; 10.12.1998 – 8 AZR 324/97, NZA 1999, 422; 18.8.2005 – 8 AZR 523/04, NZA 2006, 145). Diesem Zweck dient der Aufhebungsvertrag, wenn zugleich ein neues ArbVerh. mit dem Betriebserwerber vereinbart oder verbindlich in Aussicht gestellt wird (BAG 10.12.1998 – 8 AZR 324/97, NZA 1999, 422; 18.8.2005 – 8 AZR 523/04, NZA 2006, 145).

§ 613a Abs. 1 S. 1 BGB schreibt individualrechtlich den Eintritt des neuen Be- **190** triebsinhabers in die **Rechte und Pflichten** aus den im Zeitpunkt des Übergangs bestehenden ArbVerh. vor. Zu den Rechten, die nach § 613a Abs. 1 S. 1 BGB übergehen, gehören grds. alle Ansprüche (BAG 7.9.2004 – 9 AZR 631/03, NZA 2005, 941; vgl. zu den unterschiedlichen Rechtspositionen *Fuhlrott/Fabritius* BB 2013, 1593) und der durch die bisherige Betriebszugehörigkeit erworbene Besitzstand (BAG 18.9.2003 – 2 AZR 330/02, NZA 2004, 319). Darunter fallen auch die mit dem bisherigen Betriebsinhaber individualvertraglich vereinbarten Bezugnahmen auf Tarifverträge und die mit ihm getroffenen Gleichstellungsabreden (BAG 23.1.2007 – 4 AZR 602/06, AP TVG § 1 Bezugnahme auf TV Nr. 63; 23.9.2009 – 4 AZR 331/08, NZA 2010, 1796).

Auch eine arbeitsvertraglich vereinbarte **dynamische Verweisung** auf einen TV **191** gehört nach der Rspr. des BAG zu den Rechten und Pflichten aus dem ArbVerh., in die der Betriebserwerber nach § 613a Abs. 1 S. 1 BGB eintritt (BAG 22.4.2009 – 4 AZR 100/08, NZA 2010, 41; 23.9.2009 – 4 AZR 331/08, NZA 2010, 1796; 21.10.2009 – 4 AZR 396/08, NZA-RR 2010, 361; 30.8.2017 – 4 AZR 95/14, NZA 2018, 255). Nach dem Urteil des EuGH v. 18.7.2013 (C-426/11, NZA 2013, 835 – Mark Alemo-Herron) erschien dies allerdings unionsrechtlich nicht mehr unproblematisch, denn es ist danach – wegen der durch Art. 16 GRC ua geschützten Vertragsfreiheit des Unternehmers – „einem Mitgliedstaat verwehrt, vorzusehen, dass im Fall eines Unternehmensübergangs die Klauseln, die dynamisch auf nach dem Zeitpunkt des Übergangs verhandelte und abgeschlossene Kollektivverträge verweisen, gegenüber dem Erwerber durchsetzbar sind, wenn dieser nicht die Möglichkeit hat, an den Verhandlungen über diese nach dem Übergang geschlossenen Kollektivverträge teilzunehmen" (EuGH 18.7.2013 - C-426/11, NZA 2013, 835 – Mark Alemo-Herron; vgl. dazu *Commandeur/Kleinebrink* BB 2014, 181; *Forst* DB 2013, 1847; *Jacobs/Frieling* EuZW 2013, 737; *Lobinger* NZA 2013, 945; *Hartmann* EuZA 2015, 203). Daher fragte das BAG den EuGH gem. Art. 267 AEUV, ob seiner Auslegung des nationalen Rechts unionsrechtliche Vorschriften – insbes. Art. 3 RL 2001/23/EG und Art. 16 GRC – entgegenstehen (BAG 17.6.2015 – 4 AZR 61/14 (A), NZA 2016, 373; vgl. dazu auch *Eylert/Schinz* RdA 2017, 140). Der EuGH hat geantwortet, dass dynamische Bezugnahmeklauseln beim Erwerber fortgelten, „sofern das nationale Recht sowohl einvernehmliche als auch einseitige Anpassungsmöglichkeiten für den Erwerber vorsieht"; letzteres zu beurteilen, sei Sache der nationalen Gerichte (EuGH 27.4.2017 – C-680/15, NZA 2017, 571 [Asklepios]; vgl. dazu auch *T. Wißmann/Niklas* NZA 2017, 697; *Flockenhaus* RdA 2017, 316). Das BAG hat daraufhin entschieden, ein Betriebserwerber könne nach deutschem Recht sowohl einvernehmlich im Wege des Änderungsvertrags als auch einseitig im Wege der Änderungskündigung nach § 2 KSchG etwa erforderliche Anpassungen der arbeitsvertraglichen Bedingungen vornehmen, hat allerdings ausdrücklich offen gelassen, unter welchen Voraussetzungen eine Änderungskündigung zum Zwecke der Entdynamisierung einer Bezugnahmeklausel im Einzelfall sozial gerechtfertigt sei (BAG 30.8.2017 – 4 AZR 95/14, NZA 2018, 255 Rn. 46ff.; skeptisch gegenüber der Möglichkeit, die Arbeitsbedingungen im Wege einer Änderungskündigung zu ändern, *Busch/Gerlach* BB 2017, 2356; vgl. auch *Löwisch/Wegmann* BB 2019, 1844).

192 Eine Bezugnahme auf den jeweils für den Betrieb fachlich/betrieblich geltenden TV (sog große dynamische Verweisung) liegt nur vor, wenn sich das mit hinreichender Deutlichkeit aus dem Vertragstext oder aus besonderen Begleitumständen bei Vertragsschluss ergibt; eine **Gleichstellungsabrede** genügt nicht (BAG 17.11.2010 – 4 AZR 391/09, NZA 2011, 356, dort auch mwN zur unterschiedlichen Auslegung von vor und nach dem 1.1.2002 vereinbarten Bezugnahmeklauseln). Kein Recht iSv § 613a Abs. 1 S. 1 BGB ist dagegen das Erreichen des Schwellenwertes des § 23 Abs. 1 KSchG beim bisherigen ArbGeb. und der dadurch entstandene KSchutz (BAG 15.2.2007 – 8 AZR 397/06, NZA 2007, 739).

193 Der **Betriebserwerber wird Schuldner aller Forderungen** der ArbN aus dem Arbeitsverhältnis, nicht nur der künftig fällig werdenden, sondern auch der rückständigen. Am Inhalt des ArbVerh. ändert sich nichts. Der **bisherige ArbGeb.** haftet gem. § 613a Abs. 2 BGB neben dem neuen ArbGeb. als **Gesamtschuldner** für alle Verpflichtungen, die vor dem Zeitpunkt des Übergangs entstanden sind und vor Ablauf eines Jahres nach dem Betriebsübergang fällig werden. Nach bisherigem Verständnis des § 613a BGB gehen bei einem Betriebsübergang nur die Arbeitsverhältnisse der VertragsArbN des Veräußerers, nicht dagegen diejenigen der dort eingesetzten LeihArbN auf den Erwerber über (BAG 9.2.2011 – 7 AZR 32/10, NZA 2011, 791). Nach der Entscheidung des **EuGH** v. **21.10.2010** (C-242/09, NZA 2010, 1225) in der Sache **Albron Catering** erscheint das jedoch beim Übergang eines konzernangehörenden Unternehmens auf ein nicht zum Konzern gehörendes Unternehmen nicht mehr völlig selbstverständlich (vgl. BAG 9.2.2011 – 7 AZR 32/10, NZA 2011, 791; 15.5.2013 – 7 AZR 525/11, NZA 2013, 1214; ErfK/*Preis* BGB § 613a Rn. 67; *Bauer/v. Medem* NZA 2011, 20; *Gaul/Ludwig* DB 2011, 298; *Willemsen* NJW 2011, 1546; *Heuchemer/Schielke* BB 2011, 758; *Kühn* NJW 2011, 1408).

194 Sind Rechte und Pflichten eines ArbVerh. durch TV oder BV geregelt, so werden sie gem. **§ 613a Abs. 1 S. 2 BGB** Inhalt des ArbVerh. mit dem neuen Betriebsinhaber. Gleichwohl **behalten sie ihren kollektivrechtlichen Charakter** und werden nicht Inhalt der arbeitsvertragl. Vereinbarung (BAG 22.4.2009 – 4 AZR 100/08, NZA 2010, 41 Rn. 61; 12.6.2019 – 1 AZR 154/17, BeckRS 2019, 12729 Rn. 46; → § 77 Rn. 170; **aA** ErfK/*Preis* BGB § 613a Rn. 112 ;JKOS/*Oetker* § 6 Rn. 157). Das wird vor allem bei einem weiteren Betriebsübergang bedeutsam. Würden die transformierten Normen des TV oder der BV Inhalt des Arbeitsvertrags, so gingen die damit verbundenen Rechte und Pflichten bei einem erneuten Betriebsübergang nach § 613a Abs. 1 S. 1 BGB auf den Erwerber über und unterlägen nicht mehr der Veränderungsbeschränkung nach § 613a Abs. 1 S. 2 BGB. Das wäre mit Art. 3 Abs. 3 RL 2001/23/EG kaum vereinbar (APS/*Steffan* BGB § 613a Rn. 127). Vielmehr werden auch bei einem weiteren Betriebsübergang die bereits zuvor nach § 613a Abs. 1 S. 2 BGB transformierten Bestimmungen von TV oder BV erneut nach § 613a Abs. 1 S. 2 BGB transformiert (BAG 12.6.2019 – 1 AZR 154/17 - BeckRS 2019, 12729 Rn. 46). Auch dabei kommt aber ggf. das Ablösungsprinzip nach § 613a Abs. 1 S. 3 BGB zur Anwendung (BAG 22.4.2009 – 4 AZR 100/08, NZA 2010, 41 Rn. 64; 12.6.2019 – 1 AZR 154/17, BeckRS 2019, 12729 Rn. 50; → Rn. 133). Aufgrund des kollektivrechtl. Charakters der nach § 613a Abs. 1 S. 2 BGB transformierten Regelungen ist es auch konsequent, – ebenso wie eine Ablösung nach § 613a Abs. 1 S. 3 BGB – eine Kündigung der vormaligen BV durch den Erwerber des Betriebs(teils) gegenüber dem bei ihm bestehenden BR zuzulassen (iE so auch LAG Hamm 30.5.2018 – 6 Sa 55/18, BeckRS 2018, 16590, Rev. anhängig unter – 1 AZR 386/18 –, das allerdings verkennt, dass in seinem Fall die nach § 613a Abs. 1 S. 2 BGB transformierten Regelungen bereits nach § 613a Abs. 1 S. 3 BGB abgelöst wurden).

Zu den transformierten Normen gehört der gesamte Bestand der bis dahin gelten- **195**
den Tarifnormen. Dies gilt auch für eine beim Betriebsveräußerer bereits festgelegte dynamische Veränderung, die erst nach dem Betriebsübergang eintreten soll. Die Wirkungsweise der transformierten Normen entspricht regelmäßig derjenigen, die bei einem Austritt des Veräußerers aus dem tarifschließenden ArbGebVerband nach § 3 Abs. 3 TVG eintreten würde (BAG 22.4.2009 – 4 AZR 100/08, NZA 2010, 41 Rn. 67). Sie können nach den Regeln des Individualarbeitsrechts (zB Änderungskündigung) innerhalb einer einjährigen Sperrfrist nicht zum Nachteil der ArbN verändert werden, es sei denn, die Norm hätte auch beim früheren ArbGeb. nicht mehr länger gegolten. Die **transformierten Normen wirken** in dieser Zeit **wie Mindestarbeitsbedingungen iSv § 4 Abs. 1, Abs. 3 TVG** (BAG 22.4.2009 – 4 AZR 100/08, NZA 2010, 41 Rn. 63). Die gesetzliche Anordnung der Nachbindung dient der Vermeidung der Folgen einer Tarifflucht durch Austritt des ArbGeb. aus dem ArbGebVerband (BAG 22.4.2009 – 4 AZR 100/08, NZA 2010, 41 Rn. 68). Tarifnormen, die bereits zum Zeitpunkt des Betriebsübergangs in der Nachwirkung nach § 4 Abs. 5 TVG waren, können aber jederzeit einzelvertraglich auch zum Nachteil des ArbN abgeändert werden (BAG 22.4.2009 – 4 AZR 100/08, NZA 2010, 41 Rn. 73). Nach Ablauf der Jahresfrist kann der Inhalt des Einzelarbeitsvertrags durch Änderungsvereinbarung oder durch Änderungskündigung geändert werden (BAG 22.4.2009 – 4 AZR 100/08, NZA 2010, 41 Rn. 75). Das gilt auch, wenn BV nicht weitergelten können, weil der Betrieb nicht unter das BetrVG fällt (zB öffentlich-rechtliche juristische Personen, Religionsgemeinschaften, § 118 Abs. 2). Entgegen einer im Schrifttum vertretenen Auffassung (vgl. *Völksen* NZA 2013, 1182) kann sich der Erwerber nicht vor Ablauf eines Jahres von den nach § 613a Abs. 1 S. 2 BGB transformierten Verpflichtungen aus freiwilligen BV einseitig „lossagen".

Gem. **§ 613a Abs. 1 S. 3 BGB** unterbleibt oder entfällt die Transformation nach **196**
§ 613a Abs. 1 S. 2 BGB, wenn die **Rechte und Pflichten beim neuen Betriebsinhaber durch** Rechtsnormen eines anderen **TV** oder durch eine andere **BV geregelt** sind oder werden. Dies gilt auch, wenn TV oder BV erst später geschlossen werden (BAG 14.8.2001 – 1 AZR 619/00, NZA 2002, 276; 18.11.2003 – 1 AZR 604/02, NZA 2004, 803; 28.6.2005 – 1 AZR 213/04, NJOZ 2005, 5080). Die Ab-

lösung nach § 613a Abs. 1 S. 3 BGB erfolgt grds. unabhängig davon, ob die neue, unmittelbar und zwingend geltende Regelung für die übergegangenen ArbN günstigere oder ungünstigere Arbeitsbedingungen als beim Veräußerer vorsieht (BAG 23.1.2019 – 4 AZR 445/17, BeckRS 2019, 8845 Rn. 34 ff.; 12.6.2019 – 1 AZR 154/17, BeckRS 2019, 12729 Rn. 91 ff.). Art. 3 Abs. 3 RL 2001/23/EG steht einer Ablösung auch zum Nachteil der ArbN nicht entgegen. Auch aus der Entscheidung des EuGH vom 6.11.2012 in der Rechtssache Scattolon (C-108/10, NZA 2011, 1077) lässt sich kein allgemeines Verschlechterungsverbot im Fall eines Betriebsübergangs ableiten (BAG 23.1.2019 – 4 AZR 445/17, BeckRS 2019, 8845 Rn. 40 ff.; 12.6.2019 – 1 AZR 154/17, BeckRS 2019, 12729 Rn. 92 ff. mwN; **aA** *Sagan* EuZA 2012, 247 [251 f.]; *Steffan* NZA 2012, 473 [475]). Im Falle eines TV ist für § 613a Abs. 1 S. 3 BGB Voraussetzung sowohl die kongruente Tarifgebundenheit von ArbGeb. und ArbN als auch die Identität des Regelungsgegenstands (BAG 11.5.2005 – 4 AZR 315/04, NZA 2005, 1362; 23.1.2007 – 4 AZR 602/06, AP TVG § 1 Bezugnahme auf TV Nr. 63; 12.6.2019 – 1 AZR 154/17, BeckRS 2019, 12729 Rn. 51; *Bepler* RdA 2009, 65 [70]). In einem solchen Fall, wirkt der neue TV selbst dann, wenn die Tarifbindung erst Monate nach dem Betriebsübergang entsteht (BAG 19.3.1986 – 4 AZR 640/84, NZA 1986, 687; 11.5.2005 – 4 AZR 315/04, NZA 2005, 1362).

197 § 613a Abs. 1 S. 3 BGB ist unmittelbar **nur bei beiderseitiger Tarifgebundenheit** anwendbar (BAG 21.2.2001 – 4 AZR 18/00, NZA 2001, 1318; ErfK/*Preis* BGB § 613a Rn. 123).

198 Fand im Veräußererbetrieb ein TV nur aufgrund **einzelvertraglicher Bezugnahme** Anwendung, ist § 613a Abs. 1 S. 1 BGB einschlägig (ErfK/*Preis* BGB § 613a Rn. 127). Die Rechtsfolgen hängen dann bei einem Betriebsübergang von der Auslegung der Bezugnahmeklausel ab. Führt diese dazu, dass ausschließlich der VeräußererTV in Bezug genommen ist, gilt dieser gem. § 613a Abs. 1 S. 1 BGB auch mit dem Erwerber fort (BAG 29.8.2007 – 4 AZR 767/06, NZA 2008, 364). Anders ist dies im Falle einer sog „Tarifwechselklausel" oder einer „großen dynamischen Verweisung". Von einer solchen ist regelmäßig auszugehen, wenn der Vertrag ganz pauschal auf den „jeweils gültigen TV" verweist (BAG 16.10.2002 – 4 AZR 467/01, NZA 2003, 390; ErfK/*Preis* BGB § 613a Rn. 127).

199 Gem. **§ 613a Abs. 1 S. 4 BGB** ist abweichend von S. 2 eine Abänderung der Rechte und Pflichten dann möglich, wenn der TV oder die BV nicht mehr gilt. Dies verdeutlicht, dass durch den Betriebsübergang die individualrechtliche Stellung der ArbN nicht verbessert wird, sondern nur erhalten bleibt. Eine Abänderung der Rechte und Pflichten aus einem TV ist gem. § 613a Abs. 1 S. 4 BGB während der Jahresfrist des S. 2 ferner dann möglich, wenn der neue Betriebsinhaber und ein ArbN bei fehlender Tarifgebundenheit im Geltungsbereich eines anderen TV dessen Anwendung vereinbaren (§ 613a Abs. 1 S. 4 BGB). Dies gilt auch, wenn nur eine Partei nicht tarifgebunden ist (ErfK/*Preis* BGB § 613a Rn. 122). Vereinbart werden kann nur der andere Tarifvertrag insgesamt, weil nur dies eine gewisse Richtigkeitsgewähr bietet (ErfK/*Preis* BGB § 613a Rn. 122).

200 Dagegen können tarifvertragliche Rechte und Pflichten, die nach § 613a Abs. 1 S. 2 BGB in das ArbVerh. transformiert wurden, häufig nicht im Wege der sog **Über-Kreuz-Ablösung** zum Nachteil der ArbN durch freiwillige BV abgelöst werden (BAG 6.11.2007 – 1 AZR 862/06, NZA 2008, 542; 13.11.2007 – 3 AZR 191/06, NZA 2008, 600, 21.4.2010 – 4 AZR 768/08, AP BGB § 613a Nr. 387; *Bepler* RdA 2009, 65 [71]; skeptisch auch *Waas* RdA 2006, 312 [316]; **aA** *Gussen* in Anm. zu AP BGB § 613a Nr. 225; *C. Meyer* NZA 2001, 751; *Kania* DB 1995, 626; *Moll/Krahforst* Anm. zu AP BGB § 613a Nr. 387; MüKoBGB/*Müller-Glöge* § 613a Rn. 143 mwN; Bernsau/Dreher/Hauck BGB § 613a Rn. 292; *Döring/Grau* BB 2009, 158; ErfK/*Preis* BGB § 613a Rn. 126). Meist wird einer derartigen BV bereits die Sperrwirkung des **§ 77 Abs. 3 S. 1** entgegenstehen (BAG 22.3.2005 – 1 ABR 64/03, NZA 2006, 383).

Im Falle der Unanwendbarkeit des § 77 Abs. 3 S. 1 – etwa in Fällen eines bislang geltenden Firmentarifvertrags (BAG 6.11.2007 – 1 AZR 862/06, NZA 2008, 542) oder bei Eingliederung eines übertragenen Betriebs oder Betriebsteils in einen branchenfremden Betrieb – ist angesichts des nicht eindeutigen Wortlauts des § 613a Abs. 1 S. 3 BGB nach dem systematischen Zusammenhang und dem Zweck der Regelung zu **differenzieren.** § 613a Abs. 1 S. 2 BGB erhält dem einzelnen ArbN zwingend für ein Jahr den tariflichen Schutz (BAG 21.1.2001 – 4 AZR 18/00, NZA 2001, 1318). Der ArbN soll durch den Betriebsübergang nicht schlechter stehen als er ohne diesen stünde. In Ergänzung hierzu sorgt § 613a Abs. 1 S. 3 BGB dafür, dass der ArbN durch den Betriebsübergang auch nicht besser gestellt wird. Ohne den Betriebsübergang ist das einem TV unterfallende ArbVerh. gem. § 77 Abs. 3 S. 1 gegen eine Ablösung durch BV geschützt. Auch bei einem Austritt des ArbGeb. aus dem ArbGebVerband ist wegen der Nachbindung des § 3 Abs. 3 TVG eine Ablösung nicht möglich. § 3 Abs. 3 TVG kommt allerdings dann nicht zur Anwendung, wenn die Tarifbindung wegen Herauswachsens aus dem Geltungsbereich eines TV entfällt. In diesem Fall ist § 4 Abs. 5 TVG entspr. anwendbar (BAG 10.12.1997 – 4 AZR 247/96, NZA 1998, 484). Danach können die Rechtsnormen eines TV durch eine andere Abmachung ersetzt werden. Die zwingende Wirkung der Tarifnormen entfällt. 201

Im Bereich der **zwingenden Mitbestimmung** können daher die Betriebsparteien eine von der bisherigen tariflichen Regelung abweichende Regelung treffen (BAG 24.2.1987 – 1 ABR 18/85, NZA 1987, 639; *C. Meyer* NZA-RR 2013, 225 [229]). Im Bereich der zwingenden Mitbestimmung dürften einer Über-Kreuz-Ablösung weder systematische noch teleologische Gründe entgegenstehen (so auch HessLAG 14.11.2011 – 16 Sa 721/11, BeckRS 2011, 79036; *Schiefer/Hartmann* BB 2012, 1985 [1991]). 202

§ 4 Abs. 5 TVG erweitert aber die Regelungsbefugnis der Betriebsparteien nicht. Dies bedeutet, dass diese **außerhalb der gesetzlichen Mitbestimmung** die aufgrund der Nachwirkung des TV bestehende individualrechtliche Position der ArbN nicht durch freiwillige BV verschlechtern können. Daher können auch bei einem mit einem Betriebsübergang verbundenen Herauswachsen aus dem Geltungsbereich eines TV die in das ArbVerh. transformierten tariflichen Regelungen außerhalb des Bereichs der zwingenden Mitbestimmung nicht durch BV abgelöst werden (BAG 6.11.2007 – 1 AZR 862/06, NZA 2008, 542; 13.11.2007 – 3 AZR 191/06, NZA 2008, 600; so wohl auch ErfK/*Preis* BGB § 613a Rn. 126; **aA** wohl NK-TVG/*Bepler* TVG § 4 Rn. 902). Eine Ablösung ist allerdings wegen § 77 Abs. 3 S. 2 möglich, wenn der transformierte TV den Abschluss ergänzender BV vorsah (→ § 77 Rn. 117 ff.). 203c

Dies gilt auch für **sog teilmitbestimmte Regelungsgegenstände** (BAG 13.11.2007 – 3 AZR 191/06, NZA 2008, 600; 21.4.2010 – 4 AZR 768/08, AP BGB § 613a Nr. 387). 204

c) Betriebsverfassungsrechtliche Rechtsfolgen eines Betriebsübergangs

Betriebsverfassungsrechtliche Folge eines bevorstehenden Betriebsübergangs ist zunächst, dass der bisherige ArbGeb. gem. **§ 106 Abs. 2, Abs. 3 Nr. 10** den **WiAusschuss zu unterrichten** hat (BAG 22.1.1991 – 1 ABR 38/89, NZA 1991, 649; → § 106 Rn. 131). Ist wegen Nichterreichens des Schwellenwerts des § 106 Abs. 1 kein WiAusschuss zu errichten, so stehen dessen Unterrichtungs- und Beratungsansprüche nach der Rspr. des BAG nicht dem BR zu (BAG 5.2.1991 – 1 ABR 24/90, NZA 1991, 644; → § 106 Rn. 21). Ein Informationsanspruch des BR nach § 80 Abs. 2 kommt dann nur in Betracht, wenn dies zur Durchführung konkreter Aufgaben erforderlich ist (BAG 5.2.1991 – 1 ABR 24/90, NZA 1991, 644). 205

Dieses Ergebnis begegnet keinen durchgreifenden unionsrechtlichen Bedenken. Zwar begründet **Art. 7 Abs. 1 RL 2001/23/EG (BetriebsübergangsRL)** grds. 206

auch für Fälle des Betriebsübergangs eine Verpflichtung zur Unterrichtung der Arbeitnehmervertretung. Deutschland folgt insoweit jedoch in zulässiger Weise nicht diesem Grundmodell, sondern dem Ausnahmemodell des Art. 7 Abs. 1 RL 2001/23/EG, indem es in § 111 S. 1, § 112 Abs. 2 S. 1 für Fälle, in denen der vollzogene Übergang eine Betriebsänderung hervorruft, die wesentliche Nachteile für einen erheblichen Teil der ArbN zur Folge haben kann, vorsieht, dass der BR die E-Stelle anrufen kann (vgl. *Engels* RdA 1978, 55; *Oetker* NZA 1998, 1193 [1195]; *Franzen* RdA 2002, 258 [260]). Dass die Informations- und Konsultationspflichten nach §§ 111, 112 nur für Unternehmen mit in der Regel mehr als 20 wahlberechtigten ArbN gelten, ist wegen Art. 7 Abs. 5 RL 2001/23/EG unproblematisch (*Franzen* RdA 2002, 258 [260]). Für den Fall dass es keine Vertreter der ArbN gibt, haben die Mitgliedstaaten nach Art. 7 Abs. 6 RL 2001/23/EG eine Information der betreffenden ArbN vorzusehen. § 613a Abs. 5 BGB geht insoweit hierüber hinaus, als er die Verpflichtung zur Information der betroffenen ArbN unabhängig vom Bestehen einer ArbNVertretung vorsieht (BAG 23.7.2009 – 8 AZR 541/08, BGB § 613a Unterrichtung Nr. 12).

207 Auch aus der **RL 2002/14/EG (MitwirkungsRL)** lässt sich eine unionsrechtliche Verpflichtung des ArbGeb., im Falle des Nichtbestehens eines WiAusschusses den BR unabhängig vom Vorliegen einer Betriebsänderung zu informieren, wohl nicht herleiten. Nach Art. 4 Abs. 2c RL 2002/14/EG, die nach Art. 3 RL 2002/14/EG für Unternehmen mit mind. 50 ArbN oder für Betriebe mit mind. 20 ArbN in einem Mitgliedstaat gilt, erfolgt eine Unterrichtung und Anhörung zu Entscheidungen, die wesentliche Veränderungen der Arbeitsorganisation oder der Arbeitsverträge mit sich bringen können, einschließlich solcher, die Gegenstand der in Art. 9 Abs. 1 genannten Gemeinschaftsbestimmungen sind. Zu diesen gehört die RL 2001/23/EG. Allein der anlässlich eines Betriebsübergangs eintretende Wechsel des Arbeitgebers dürfte aber keine wesentliche Änderung der Arbeitsverträge darstellen, gehen doch gem. § 613a Abs. 1 S. 1 BGB, Art. 3 Abs. 1 RL 2011/23/EG die Rechte und Pflichten aus den Arbeitsverträgen gerade auf den Erwerber über (*Bonin* ArbuR 2004, 312 [324 ff.]). Auch sind, wie auch Art. 9 RL 2002/14/EG zum Ausdruck bringt, die Regelungen der Informations- und Konsultationspflichten insoweit spezieller als diejenigen der RL 2002/14/EG.

208 Der **Übergang des ganzen Betriebs** ist nach ganz überwiegender Auffassung in Rspr. und Schrifttum **allein keine Betriebsänderung iSv § 111,** da der Betrieb als solcher erhalten bleibt und nur der ArbGeb. wechselt (→ § 111 Rn. 50 mwN; BAG 25.1.2000 – 1 ABR 1/99, NZA 2000, 1069; 31.1.2008 – 8 AZR 1116/02, NZA 2008, 642; *Moll* RdA 2003, 129; Bernsau/Dreher/Hauck Rn. 76; Schaub ArbR-HdB/*Koch* § 244 Rn. 9). Dies ist auch unionsrechtlich nicht zu beanstanden (GK-BetrVG/*Oetker* § 111 Rn. 182; **aA** wohl *Karthaus* ArbuR 2007, 114). Auch Art. 4 Abs. 2c RL 2002/14/EG verlangt Entscheidungen des ArbGeb., die wesentliche Veränderungen der Arbeitsorganisation oder der Arbeitsverträge mit sich bringen können. Allerdings kann es aus Anlass eines Betriebsübergangs zu Betriebsänderungen iSv § 111 S. 3 kommen, an denen der BR auf jeden Fall zu beteiligen ist (→ § 111 Rn. 51; BAG 25.1.2000 – 1 ABR 1/99, NZA 2000, 1069; *Neef* NZA 1994, 97; *Wißmann* NZA 2003, 5; Bernsau/Dreher/Hauck Rn. 76).

209 Werden **nur Betriebsteile auf einen neuen Inhaber übertragen** (→ Rn. 128), wird es sich häufig um die Spaltung des Betriebs iSv § 111 S. 3 Nr. 3 und zugleich um eine grundlegende Änderung der Betriebsorganisation iSv § 111 S. 3 Nr. 4 handeln (→ § 111 Rn. 52, 59; BAG 10.12.1996 – 1 ABR 32/96, NZA 1997, 898; *Neef* NZA 1994, 100; Bernsau/Dreher/Hauck Rn. 84). Der BR des alten Betriebs ist zu beteiligen (BAG 16.6.1987 – 1 ABR 41/85, NZA 1987, 671).

210 IÜ kommt es für die betriebsverfassungsrechtlichen Folgen eines Betriebsübergangs (vgl. Bernsau/Dreher/Hauck Rn. 5 ff.; *Moll* RdA 2003, 129) entscheidend darauf an, ob die **Identität** des übergegangenen **Betriebs erhalten** bleibt.

211 Bei **fortbestehender Betriebsidentität** hat der Betriebsübergang keine Auswirkungen auf die Rechtsstellung des **BR.** Dieser **bleibt im Amt** (→ § 21 Rn. 34;

BAG 11.10.1995 – 7 ABR 17/95, NZA 1996, 495; 5.6.2002 – 7 ABR 17/01, NZA 2003, 336; Bernsau/Dreher/Hauck Rn. 10). Dies gilt auch dann, wenn einzelne ArbN gem. § 613a Abs. 6 S. 1 BGB dem Übergang ihres ArbVerh. auf den Betriebserwerber widersprechen (*Moll/Ersfeld* DB 2011, 1108; *Fuhlrott/Oltmanns* BB 2015, 1013). Da der Betrieb nicht untergeht, ist für ein Restmandat nach § 21b kein Raum (→ § 21b Rn. 6; *Moll/Ersfeld* DB 2011, 1108; *Fuhlrott/Oltmanns* BB 2015, 1013 [1014]). Dies gilt auch dann, wenn der bisherige ArbGeb. die Arbeitsverhältnisse der widersprechenden ArbN kündigt (BAG 8.5.2014 – 2 AZR 1005/12, NZA 2015, 889). Zur Frage, ob überhaupt und ggf. welcher BR zur Kündigung der widersprechenden ArbN anzuhören ist, → § 102 Rn. 20b mwN.

Bei BRMitgliedern, die dem Übergang ihres ArbVerh. widersprechen, endet durch den damit verbundenen Verlust der Wählbarkeit nach § 24 Nr. 4 die **Mitgliedschaft im BR** (*Moll/Ersfeld* DB 2011, 1108). Falls durch Widersprüche von BRMitgliedern die Gesamtzahl nach Eintreten sämtlicher Ersatzmitglieder unter die vorgeschriebene Zahl der BRMitglieder sinkt, ist nach § 13 Abs. 2 Nr. 2 BetrVG ein neuer BR zu wählen; der bisherige führt nach § 22 die Geschäfte fort. Falls alle BRMitglieder und sämtliche Ersatzmitglieder dem Übergang ihrer Arbeitsverhältnisse widersprechen, ist zur Meidung einer vertretungsrechtlichen Schutzlücke an eine **entsprechende Anwendung des § 21a Abs. 1 BetrVG** zu denken (skeptisch insoweit *Moll/Ersfeld* DB 2011, 1108). 212

In einem betriebsmittelarmen und dienstleistungsorientierten Betrieb kann der **Widerspruch aller ArbN** dazu führen, dass es bereits an einem Betriebsübergang fehlt (BAG 23.9.2010 – 8 AZR 567/09, NZA 2011, 197; *Fuhlrott/Oltmanns* BB 2015, 1013 [1014]). Dann besteht der BR im bisherigen Betrieb des alten ArbGeb fort. In betriebsmittelgeprägten Betrieben kann ein Betriebsübergang auch ohne Übernahme von Personal vorliegen (BAG 23.9.2010 – 8 AZR 567/09, NZA 2011, 197). Der Widerspruch aller ArbN einschl. der BRMitglieder kann daher dazu führen, dass der Belegschaft und dem ArbGeb. der Betrieb abhandenkommen. In einem solchen Fall ist möglicherweise – etwa bei den dann anstehenden Kündigungen – in **entspr. Anwendung von § 21b** an ein Restmandat des bisherigen BR zu denken (abl. insoweit *Moll/Ersfeld* DB 2011, 1108; *Fuhlrott/Oltmanns* BB 2015, 1015). Ein Fortbestand des **GesBR** beim Erwerber kommt nur dann in Betracht, wenn auf diesen sämtliche Betriebe übertragen wurden (→ § 47 Rn. 26; BAG 5.6.2002 – 7 ABR 17/01, NZA 2003, 336; Bernsau/Dreher/Hauck Rn. 27). 213

Der **neue Betriebsinhaber tritt in die betriebsverfassungsrechtliche Stellung des bisherigen Inhabers ein** (BAG 28.9.1988 – 1 ABR 37/87, NZA 1989, 188; 15.1.2002 – 1 AZR 58/01, NZA 2002, 1034; 9.12.2008 – 1 ABR 75/07, NZA 2009, 254; 9.12.2009 – 7 ABR 90/07, NZA 2010, 461). 214

Er haftet daher auch für **Kostenerstattungs- und Freistellungsansprüche** des BR nach § 40 Abs. 1 (BAG 9.12.2009 – 7 ABR 90/07, NZA 2010, 461). Findet der Betriebsübergang nach der Eröffnung des Insolvenzverfahrens über das Vermögen des bisherigen Inhabers statt, haftet der Betriebserwerber nur für Masseverbindlichkeiten nach § 55 InsO, nicht für Insolvenzforderungen nach § 38 InsO. Das gilt auch für kollektivrechtliche Ansprüche des BR nach § 40 Abs. 1. Der BR soll keine bessere Rechtsstellung erhalten als andere Insolvenzgläubiger (BAG 9.12.2009 – 7 ABR 90/07, NZA 2010, 461; vgl. zur KO BAG 13.7.1994 – 7 ABR 50/93, NZA 1994, 1144). Honoraransprüche eines vom BR hinzugezogenen Beraters für vor der Insolvenzeröffnung erbrachte Beratungsleistungen sind Insolvenzforderungen (BAG 9.12.2009 – 7 ABR 90/07, NZA 2010, 461). Etwas anderes gilt für die Gebührenansprüche eines vom BR in einem arbeitsgerichtlichen BeschlVerf. hinzugezogenen RA, das vom Insolvenzverwalter aufgenommen wird (BAG 17.8.2005 – 7 ABR 56/04, NZA 2006, 109) und für die Honoraransprüche eines E-StellenVors. (BAG 27.3.1979 – 6 ABR 39/76, AP BetrVG 1972 § 78 Nr. 7). In einem arbeitsgerichtlichen Beschlussverfahren tritt der Betriebserwerber automatisch in jeglicher Hinsicht an die Stelle des bisher beteiligten Arbeitgebers (BAG 9.12.2008 – 1 ABR 75/07, NZA 2009, 254). 215

216 **BV gelten** bei fortbestehender Betriebsidentität **normativ fort** (→ § 77 Rn. 168; BAG 18.9.2002 – 1 ABR 54/01, NZA 2003, 670; 5.5.2015 – 1 AZR 763/13, NZA 2015, 1331; *Kreft* FS *Wißmann,* 2005, 347 [351]). Der normativen Fortgeltung der BV im Erwerberbetrieb kann nicht entgegengehalten werden, es handele sich um einen unzulässigen Vertrag zu Lasten Dritter, weil dadurch Ansprüche gegen den Betriebswerber begründet würden. Vielmehr gehen die Verpflichtungen des Veräußerers auf den Erwerber über. Die Betriebsparteien können allerdings nicht unmittelbar Verpflichtungen des Betriebserwerbers begründen (BAG 11.1.2011 – 1 AZR 375/09, NJOZ 2011, 1190; vgl. außerdem zur Haftungsbeschränkung des Betriebserwerbers aus Sozialplänen in der Insolvenz → §§ 112, 112a Rn. 317). Daher sind wohl auch aufschiebend bedingte BV, die Betriebsveräußerer und Betriebsrat vor dem Betriebsübergang schließen, und die erst beim Betriebserwerber Wirkung entfalten sollen, ohne dessen Zustimmung nicht möglich. Dagegen bestehen gegen den Abschluss aufschiebend bedingter BV zwischen BR und Betriebserwerber wohl keine durchgreifenden Bedenken.

217 Auch **GesBV** gelten normativ fort. Ihr Bezugsobjekt und Regelungssubstrat ist nicht das Unternehmen, sondern der Betrieb (→ § 77 Rn. 169 mwN, → § 50 Rn. 77; BAG 18.9.2002 – 1 ABR 54/01, NZA 2003, 670; 5.5.2015 – 1 AZR 763/s13, NZA 2015, 1331; 24.1.2017 – 1 ABR 24/15, NZA-RR 2017, 413 Rn. 15; *Kreft* FS *Wißmann,* 2005, 347 [356 ff.]; *Rieble/Gutzeit* NZA 2003, 233; *Gussen* Anm. zu AP BetrVG 1972 § 77 BV Nr. 66; *C. Meyer* NZA 2016, 749; *Brune/Schmitz-Scholemann* FS Willemsen 2018, S. 65 [8 ff.]; **aA** WHSS-Umstrukturierung/*Hohenstatt* Kap. E Rn. 58 ff.). Der Erwerber ist an Entscheidungen in betriebsverfassungsrechtlichen Streitigkeiten gegen den früheren Betriebsinhaber gebunden (BAG 5.2.1991 – ABR 32/90, NZA 1991, 639).

218 Auch **KBV** gelten bei Restrukturierungen auf Konzernebene fort, solange die Identität auf betrieblicher Ebene erhalten bleibt (→ § 77 Rn. 170; *Braun* ArbRB 04, 118; *Cisch/Hock* BB 2012, 2113 [2115]; *C. Meyer* BB 2005 Special Nr. 14, 5; **aA** WHSS-Umstrukturierung/*Hohenstatt* Kap. E Rn. 70 ff.). Auch bei der Privatisierung öffentlich-rechtlicher Betriebe erscheint eine normative Fortgeltung der Dienstvereinbarungen dann nicht ausgeschlossen, wenn sich an der Identität des betrieblichen Substrats nichts ändert (**aA** ErfK/*Preis* BGB § 613a Rn. 115 mwN; *Niklas/Mückl* DB 2008, 2250). Aus den spezialgesetzlichen Regelungen in § 8 BwKoopG (→ Rn. 70–74), § 9 BWpVerwPG (→ Rn. 75–77) und in § 9 BfAIPG (→ Rn. 79) und in § 8 Abs. 9 S. 1 FernstrÜG (→ Rn. 85, 86) kann allerdings möglicherweise ein Umkehrschluss gezogen werden; zwingend erscheint dieser jedoch nicht.

219 Auch nach § 77 Abs. 6 **nachwirkende BV** gelten bei einem Betriebsübergang normativ fort (vgl. dazu EuGH 11.9.2014 – C-328/13, NZA 2014, 1092 [Österreichischer Gewerkschaftsbund]; *Pfalz* EuZA 2015, 263).

220 Geht ein Betriebsübergang mit einer Eingliederung des bisherigen Betriebs in einen anderen Betrieb, einer Zusammenlegung oder Aufspaltung einher und **verliert** dabei **der Betrieb seine Identität,** gelten dieselben Grundsätze, die ohne den Betriebsübergang zur Anwendung kommen (→ Rn. 159, 160).

221 Geht bei der **Eingliederung** in einen aufnehmenden Betrieb die Identität des übertragenen Betriebs verloren und bleibt die Identität des aufnehmenden Betriebs erhalten, repräsentiert der BR des aufnehmenden Betriebs die ArbN des aufgenommenen Betriebs. Das Amt des BR des aufgenommenen Betriebs erlischt. Wegen der Vergrößerung des aufnehmenden Betriebs kann eine Neuwahl erforderlich werden (§ 13 Abs. 1 Nr. 1).

222 Geht bei einer **Zusammenlegung** die Identität mehrerer Betriebe verloren, hat der BR des nach der Zahl der Wahlberechtigten größten Betriebs nach § 21a Abs. 2 ein Übergangsmandat (→ § 21a Rn. 28).

223 Wird ein **Betriebsteil übertragen und** bleibt dabei die **Identität des Ursprungsbetriebs** erhalten, handelt es sich um eine **Abspaltung.** Der BR im Ausgangsbetrieb bleibt im Amt (→ § 21a Rn. 9). Ggf. können nach § 13 Abs. 2 Nr. 1

oder Nr. 2 Neuwahlen erforderlich werden (*Fuhlrott/Oltmanns* BB 2015, 1016). Die BV gelten dort weiter.

224 Wird der **abgespaltene und übertragene Betriebsteil als selbständiger Betrieb fortgeführt,** behält der BR des Ursprungsbetriebs gem. § 21a Abs. 1 S. 1, Abs. 3 ein **Übergangsmandat** (*Fuhlrott/Oltmanns* BB 2015, 1013 [1016]). Die **BV gelten normativ in dem abgespaltenen Betriebsteil fort** (→ § 77 Rn. 166; BAG 18.9.2002 – 1 ABR 54/01, NZA 2003, 670; *Kreft* FS *Wißmann,* 2005, 347 [352ff.]; *Salamon* RdA 2007, 103; zur Kritik an der Rspr. *Preis/Richter* ZIP 2004, 925). Dies gilt nicht, wenn der abgespaltene Betriebsteil in einen neuen Betrieb mit BR eingegliedert wird. Dann repräsentiert dieser die ArbN des eingegliederten Betriebsteils (*Fuhlrott/Oltmanns* BB 2015, 1013 [1016f.]). Eines Übergangsmandats bedarf es nicht. Ggf. ist bei entspr. Erhöhung der ArbNZahl gem. § 13 Abs. 2 Nr. 1 ein neuer BR zu wählen. BV des Ursprungsbetriebs gelten in dem eingegliederten Betriebsteil nicht fort (→ § 77 Rn. 173). Zur Eingliederung in einen bis dahin BRlosen Betrieb → § 21a Rn. 11a.

225 Werden im Wege der Aufspaltung der **Ursprungsbetrieb aufgelöst und die Betriebsteile gem. § 613a BGB übertragen,** hat der bisherige BR gem. § 21a Abs. 1 S. 1, Abs. 3 ein Übergangsmandat oder – bei fehlenden BRFähigkeit der übertragenen Teile – für die Abwicklung ein Restmandat nach § 21b. Auch die BV gelten in den entstandenen Teileinheiten so lange fort, wie diese die Kriterien eines Betriebsteils erfüllen und selbständig geführt werden (BAG 18.9.2002 – 1 ABR 54/01, NZA 2003, 670; *Kreft* FS *Wißmann,* 2005, 347 [352f.]).

IV. Unternehmen und Konzern

1. Unternehmen

226 Neben dem Betrieb ist das **Unternehmen** Anknüpfungspunkt für Beteiligungsrechte der ArbNVertr. Ihm kommt insbes. eine **eigenständige betriebsverfassungsrechtliche Bedeutung** zu, wenn in einem Unternehmen **mehrere BR** bestehen; in diesem Fall ist ein GesBR zu errichten (§ 47 Abs. 1). Beteiligungsrechte des BR in wirtschaftlichen Angelegenheiten beziehen sich auf das Unternehmen (§§ 106ff. – Wirtschaftsausschuss, § 110 – Unterrichtung der ArbN) oder richten sich bei Betriebsänderungen gegen den Unternehmer (§§ 111ff.). In den §§ 111ff. sind die Begriffe „Unternehmer" und „Arbeitgeber" identisch. Sie beschreiben lediglich unterschiedliche Funktionen und Rechtsbeziehungen derselben (juristischen oder natürlichen) Person (BAG 15.1.1991 – 1 AZR 94/90, NZA 1991, 681).

227 Das BetrVG kennt keinen eigenen **Unternehmensbegriff,** es setzt ihn voraus BAG 17.3.2010 – 7 AZR 706/08, NJOZ 2010, 1831 Rn. 15). Unternehmen ist die organisatorische Einheit, mit der der Unternehmer seine wirtschaftlichen oder ideellen Zwecke verfolgt (BAG 7.8.1986 – 6 ABR 57/85, NZA 1987, 131; BAG 5.3.1987 – 2 AZR 623/85, NZA 1988, 32; GK-BetrVG/*Franzen* Rn. 30; HWGNRH/*Rose* Rn. 14).

228 Ein Unternehmen setzt einen **einheitlichen Rechtsträger** voraus (BAG 23.8.1989 – 7 ABR 39/88, NZA 1990, 863; 13.2.2007 – 1 AZR 184/06, NZA 2007, 825 Rn. 17; 17.3.2010 – 7 AZR 706/08, NJOZ 2010, 1831 Rn. 15; Richardi BetrVG/*Richardi/Maschmann* Rn. 53f.; HWGNRH/*Rose* Rn. 15). Bei Personengesellschaften (OHG; KG) und bei Kapitalgesellschaften (AG, KG auf Aktien, GmbH) ist die Gesellschaft identisch mit dem Unternehmen. Die Gesellschaft kann nur ein Unternehmen haben (BAG 13.6.1985 – 2 AZR 452/84, AP KSchG 1969 § 1 Nr. 10). Die rechtliche Selbständigkeit geht nicht dadurch verloren, dass das Unternehmen von einem oder mehreren anderen Unternehmen wirtschaftlich abhängig ist; dies wird nur bei der Bildung eines KBR berücksichtigt (§ 54). Auch eine natürliche Person (Einzelkaufmann) stellt betriebsverfassungsrechtlich nur ein Unternehmen dar

(→ § 47 Rn. 12). Mehrere natürliche oder juristische Personen können sich in einer GbR zu einem Unternehmen zusammenschließen. Eine (Außen-)GbR besitzt beschränkte Rechtssubjektivität und ist parteifähig (BAG 1.12.2004 – 5 AZR 597/03, NZA 2005, 318 mwN).

229 **Betreibt ein Unternehmen nur einen Betrieb,** ist die Unterscheidung von Unternehmen und Betrieb in betriebsverfassungsrechtlicher Hinsicht nicht von Bedeutung.

230 Hat ein Unternehmen **mehrere betriebsratsfähige Betriebe,** ist in jedem ein BR zu wählen. Diese haben gem. § 47 Abs. 1 einen GesBR zu errichten. Bezugsobjekt und Regelungssubstrat der betrieblichen Mitbestimmung bleiben auch in diesem Fall die Betriebe (BAG 18.9.2002 – 1 ABR 54/01, NZA 2003, 670).

231 Die **Beteiligungsrechte des BR** bestehen grds. **gegenüber dem Unternehmer.** Dieser verfügt über die erforderlichen Informationen und trifft die mitbestimmungsrechtlich relevanten Entscheidungen. Zum Adressaten der Mitbestimmung im gemeinsamen Betrieb mehrerer Unternehmen → Rn. 146 ff.

232 Unmittelbar beeinflusst wird die unternehmerische Entscheidung durch die Mitbestimmung im AR und die Bestellung eines Arbeitsdirektors. Betriebsverfassungsrechtlich ist der Unternehmer verpflichtet, den BR und andere Vertr. der ArbN über geplante und erfolgte unternehmerische Entscheidungen zu informieren (§ 53 Abs. 2, §§ 106 ff., 111 ff.). **Die unternehmerische Entscheidung selbst kann der BR letztlich kaum beeinflussen.** Er kann jedoch versuchen, in einem Interessenausgleich Nachteile für die ArbN soweit wie möglich abzuwenden, oder in einem Sozialplan die durch unternehmerische Entscheidungen den ArbN entstehenden Nachteile auszugleichen (vgl. zum Inhalt und Umfang der Beteiligungsrechte in wirtschaftlichen Angelegenheiten in → §§ 112, 112a Rn. 10 ff., 96 ff.).

2. Unternehmensverfassung

233 **Gegenstand der Unternehmensverfassung** ist die Regelung der Planungs-, Organisations- und Leitungskompetenz in einem Unternehmen unter Beteiligung der ArbN. Es geht um die institutionelle Teilhabe der ArbN an den wirtschaftlichen (unternehmerischen) Entscheidungen (vgl. MHdB ArbR/*Boemke* § 283 Rn. 8; GK-BetrVG/*Wiese* Einl. Rn. 42).

234 Die **Mitbestimmung im Unternehmen** ist geregelt
- im G über die Mitbestimmung der ArbN **(MitbestG)** v. 4.5.1976 für Kapitalgesellschaften mit in der Regel mehr als 2000 beschäftigten ArbN (vgl. dazu etwa WKS/*Wißmann/Schubert* MitbestG),
- im G über die Mitbestimmung der ArbN in den Aufsichtsräten und Vorständen der Unternehmen des Bergbaus und der Eisen und Stahl erzeugenden Industrie v. 21.5.1951 (BGBl. I S. 347; **Montan-MitbestG,** vgl. dazu WKS/*Wißmann* Montan-MitbestG),
- im G zur Ergänzung des Gesetzes über die Mitbestimmung der ArbN in den Aufsichtsräten und Vorständen der Unternehmen des Bergbaus und der Eisen und Stahl erzeugenden Industrie v. 7.8.1956 (BGBl. I S. 707; **Mitbest-ErgG** vgl. dazu WKS/*Wißmann* Mitbest-ErgG) für herrschende Konzerngesellschaften im Montanbereich,
- in dem die §§ 76 ff. BetrVG 1952 ablösenden **Drittelbeteiligungsgesetz** v. 18.5.2004 (BGBl. I S. 974 ff.) für Unternehmen in der Rechtsform einer AG, KG aA, GmbH, VVaG oder Erwerbs- oder Wirtschaftsgenossenschaft, die in der Regel mehr als 500 ArbN beschäftigen und nicht als Tendenzunternehmen zu charakterisieren sind (vgl. WKS/*Kleinsorge* DrittelbG; *Seibt* NZA 2004, 767),
- im G über die Beteiligung der ArbN in einer Europäischen Gesellschaft **(SEBG)** v. 22.12.2004 (BGBl. I S. 3686; → Rn. 271 ff.),
- im G über die Beteiligung der ArbN und ArbNinnen in einer Europäischen Genossenschaft **(SCEBG)** v. 14.8.2006 (BGBl. I S. 1917, → Rn. 271 ff.),

– im G über die Mitbestimmung der ArbN bei einer grenzüberschreitenden Verschmelzung **(MgVG)** v. 21.12.2006 (BGBl. I S. 3332; → Rn. 276).

Auch die Mitbestimmung in Unternehmen hat das **Ziel,** bei den unternehmerischen Planungen und Entscheidungen neben den Interessen der Anteilseigner die **Interessen der ArbN zu berücksichtigen.** Die soziale Komponente der Unternehmenspolitik soll dadurch institutionell abgesichert und gefördert werden. 235

Unternehmens- und BetrVerf. müssen trotz gleicher Zwecke unterschieden werden. Die Unterschiede sind struktureller Art. Die BetrVerf. knüpft an den Betrieb als organisatorische Einheit an. Sie regelt das Verhältnis des ArbGeb. zu den ArbN des Betriebs. Die Beteiligung der ArbN erfolgt durch gewählte Vertreter (BR) gegenüber dem ArbGeb. (**dualistisches Modell,** vgl. GK-BetrVG/*Wiese* Einl. Rn. 45). In Unternehmen, die der Mitbestimmung unterliegen, werden die Vertr. der ArbN in die Willensbildung des Leitungsorgans einbezogen **(Integrationsmodell).** Die BetrVerf. lässt in der Regel die unternehmerische Entscheidung in den Aufsichts- und Planungsorganen des Unternehmens unberührt. Die Beteiligungsrechte nach dem BetrVG und den MitbestG berühren sich rechtlich im Grundsatz nicht. Faktisch gibt es viele Berührungspunkte, zB bei der Mitbestimmung in wirtschaftlichen Angelegenheiten (MHdB ArbR/*Boemke* § 283 Rn. 9). Im Unternehmen werden unternehmerische (wirtschaftliche) Entscheidungen geplant. Im Betrieb werden die Richtlinienentscheidungen (GK-BetrVG/*Wiese* Einl. Rn. 42) ausgeführt und umgesetzt. Betriebliche Mitbestimmung gibt es auch außerhalb der mitbestimmten Unternehmen, Mitbestimmung im Unternehmen nur da, wo MitbestG eingreifen. Sonst entscheidet der Unternehmer allein. 236

Das BetrVG 1972 regelt als rein arbeitsrechtliches G **nicht** die eigentliche **Unternehmensverfassung.** Die Aufnahme gesellschaftsrechtlicher Vorschriften (Vertr. der ArbN im AR) in die BetrVerf. seit dem BRG 1920 war historisch bedingt, stellte aber einen Fremdkörper dar. Mit dem DrittelbG v. 18.5.2004 wurde der unübersichtliche Regelungsrest der §§ 76 ff. BetrVG 1952 redaktionell neu gefasst und systematisiert (vgl. *Seibt* NZA 2004, 767). 237

3. Umwandlung von Unternehmen nach dem Umwandlungsgesetz

a) Rechtliche Grundlagen

Die Umstrukturierungen von Unternehmen sind im Wirtschaftsleben von erheblicher Bedeutung zu. In großen Unternehmen geht es häufig darum, Unternehmensteile rechtlich zu verselbständigen und die verschiedenen Bereiche unternehmerischer Tätigkeiten übersichtlich zu strukturieren, Verantwortungsbereiche klarer zu definieren sowie beweglichere und reaktionsschnellere Einheiten zu schaffen. Das Umwandlungsrecht ist das rechtliche Instrument, das den Unternehmen eine Änderung ihrer Strukturen erleichtern soll. Durch das G zur Bereinigung des Umwandlungsrechts wurde dieses im **UmwG** zusammengefasst und einheitlich geregelt (vgl. zu den arbeitsrechtlichen Aspekten *Boecken* Unternehmensumwandlungen; *Däubler* RdA 1995, 136; WHSS-Umstrukturierung/*Willemsen* Kap. B Rn. 83 f.; HWK/*Willemsen* UmwG §§ 323 ff.; *Willemsen* NZA 1996, 791; *Maschmann* NZA Beilage 1/2009, 32). 238

Das Umwandlungsrecht ist Organisationsrecht für Unternehmen. Es betrifft die rechtliche Zuordnung von Vermögen. Die Vermögensverschiebungen vollziehen sich bei allen Umwandlungsformen im Wege der **Gesamtrechtsnachfolge,** nicht der Einzelrechtsnachfolge (Übertragung einzelner Vermögensteile). Allerdings wird die Übertragung einzelner Vermögensgegenstände im Wege der Einzelrechtsnachfolge, zB als Betriebsveräußerung nach § 613a BGB, nicht ausgeschlossen. 239

b) Formen der Umwandlung

Die Umwandlung von Unternehmen ist in **verschiedenen Formen** möglich: Verschmelzung (§§ 2–122 UmwG), Spaltung (§§ 123–173 UmwG), Vermögensübertragung (§§ 174–189 UmwG) und Formwechsel (§§ 190–304 UmwG). 240

241 Die **Verschmelzung** kann gem. § 2 UmwG unter Auflösung des bisherigen Rechtsträgers ohne Abwicklung im Wege der Aufnahme durch Übertragung des gesamten Vermögens auf einen bestehenden Rechtsträger **(Verschmelzung durch Übernahme)** oder im Wege der Übertragung der Vermögen jeweils als Ganzes auf einen neuen, von den übertragenden Rechtsträgern gegründeten Rechtsträger erfolgen **(Verschmelzung durch Neugründung).** Die Verschmelzung durch Aufnahme richtet sich nach §§ 4ff. UmwG, die Verschmelzung durch Neugründung nach §§ 36ff. UmwG. Die Anteilseigner des übertragenden Rechtsträgers erhalten als Gegenleistung für die Übertragung des Vermögens Anteile oder Mitgliedschaften an dem übernehmenden oder neuen Rechtsträger. Grundlage der Verschmelzung ist ein Verschmelzungsvertrag (§ 4 UmwG). Mit der Eintragung der Verschmelzung im Handelsregister geht das Vermögen insgesamt auf den neuen Rechtsträger über (zu arbeitsrechtlichen Fragen einer Verschmelzung vgl. *Thannheiser* AuA 2001, 100; *Trappehl/Nussbaum* BB 2011, 2869).

242 § 123 UmwG sieht **3 Arten der Spaltung** vor: die Aufspaltung, die Abspaltung und die Ausgliederung (vgl. *Röder* FS Moll 2019, 585 [586f.]).

243 Bei der **Aufspaltung** löst sich der bisherige Rechtsträger gem. § 123 Abs. 1 UmwG auf und überträgt sein Vermögen insgesamt auf mindestens 2 bestehende oder neu gegründete Rechtsträger. Die Mitgl. oder Anteilseigner des bisherigen Unternehmens erhalten Anteile oder Mitgliedschaften an den neuen Unternehmen.

244 Bei der **Abspaltung** bleibt der bisherige Rechtsträger nach § 123 Abs. 2 UmwG bestehen und überträgt einen oder mehrere Teile seines Vermögens als Gesamtheit auf einen oder mehrere bereits bestehende oder neu gegründete Rechtsträger. Die Anteilseigner oder Mitgl. des übertragenden Rechtsträgers erhalten als Gegenleistung Anteile oder Mitgliedschaften an den übernehmenden Rechtsträgern.

245 Im Falle der **Ausgliederung** überträgt der bisherige Rechtsträger ebenso wie bei der Abspaltung einen Teil seines Vermögens auf einen anderen Rechtsträger (vgl. dazu und zu den Folgen BAG 21.11.2012 – 4 AZR 85/11, NZA 2013, 512; *Baeck/Winzer* NZG 2013, 655). Anders als bei der Abspaltung erhalten aber nicht die Anteilseigner oder Mitgl. des übertragenden Rechtsträgers Anteile an dem neuen Rechtsträger. Die Anteile erhält vielmehr gem. § 123 Abs. 3 UmwG der bisherige Rechtsträger selbst.

246 Rechtsgrundlage der Unternehmensspaltung ist gem. § 126 UmwG der **Spaltungsvertrag.** Soweit erst durch die Spaltung der neue Rechtsträger entsteht, muss ein Spaltungsplan aufgestellt werden. Dieser tritt nach § 136 UmwG an die Stelle des Spaltungs- und Übernahmevertrags. Nach § 131 Abs. 1 Nr. 1 UmwG bewirkt die Eintragung der Spaltung in das Register des Sitzes des übertragenden Rechtsträgers, dass dessen Vermögen entspr. der im Spaltungs- und Übernahmevertrag vorgesehenen Aufteilung jeweils als Gesamtheit auf den übernehmenden Rechtsträger übergeht (vgl. BAG 19.10.2017 – 8 AZR 63/16, NZA 2018, 370 Rn. 22).

247 Bei einer **Vermögensübertragung** löst sich ein Rechtsträger auf und überträgt sein Vermögen ganz oder teilweise auf den Bund, ein Land, eine Gebietskörperschaft oder einen Zusammenschluss von Gebietskörperschaften (vgl. §§ 174, 175 UmwG).

248 Bei einer formwechselnden Umwandlung **(Formwechsel)** erhalten die Rechtsträger eine andere Rechtsform (vgl. §§ 190–304 UmwG).

c) Informationsrechte des Betriebsrats

249 Die Veränderungen auf der Unternehmensebene lösen **Informationsrechte des BR** aus (ausf. *Boecken* Unternehmensumwandlungen S. 207ff.; WHSS-Umstrukturierung/*Schweibert* Kap. C Rn. 140ff.; *Wlotzke* DB 1995, 45; *Engelmeyer* DB 1996, 2542; *Blechmann* NZA 2005, 1143). Der Entwurf des Verschmelzungsvertrages muss dem zuständigen BR einen Monat vor dem Verschmelzungsbeschluss zugeleitet werden (§ 5 Abs. 3 UmwG). Zuständig wird in der Regel der GesBR sein (WHSS-Umstrukturierung/*Willemsen* Kap. C Rn. 440 mwN; *Wlotzke* DB 1995, 45; **aA**

Blechmann NZA 2005, 1143). Andere unmittelbar betroffene EinzelBR sollten ebenfalls informiert werden. Nach § 126 Abs. 3 UmwG ist bei einer Spaltung der Spaltungsvertrag oder der Spaltungsbeschluss einen Monat vor der Beschlussfassung dem zuständigen BR zuzuleiten. Auch hier wird in der Regel der GesBR zuständig sein. Auch bei einem Formwechsel ist gem. § 194 Abs. 2 UmwG der Entwurf des Umwandlungsbeschlusses spätestens einen Monat vor dem Tage der Verslg. der Anteilseigner, die den Formwechsel beschließen, dem zuständigen BR zuzuleiten.

Diese **Informationsrechte** des BR nach dem UmwG ergänzen die allgemeinen **250**
Vorschriften der §§ 80, 90f., 92, 106 Abs. 2 u. 3, 109a u. 111 BetrVG. Jene bestehen uneingeschränkt daneben. Die Angaben haben deskriptiven Charakter (*Blechmann* NZA 2005, 1143).

In allen Fällen der Umwandlung sind deren **Folgen für die ArbN** und ihre **251**
Vertr. sowie die insoweit **vorgesehenen Maßnahmen** anzugeben (§§ 5 Abs. 1 Nr. 9, 126 Abs. 1 Nr. 11, 136, 176, 177, 194 Abs. 1 Nr. 7 UmwG). Sämtliche zu erwartenden **individual- und kollektivarbeitsrechtlichen Folgen** der Umwandlung sind im gesellschaftsrechtlichen Vertrag (Spaltungsplan, Umwandlungsbeschluss) schriftlich niederzulegen.

Als Folgen kommen nicht nur die **unmittelbaren,** durch die Umwandlung selbst **252**
hervorgerufenen Änderungen in Betracht. Es müssen auch die **mittelbaren,** nach der Umwandlung eintretenden Folgen bekannt gegeben werden. Zu den unmittelbaren Folgen gehören Angaben darüber, ob und welcher Betrieb in welcher Weise gespalten wird, ob der Betrieb mit einem anderen zusammengelegt werden oder in einen anderen eingegliedert werden soll, welche ArbVerh. übergehen sollen, ob sich der BR verkleinert oder ganz wegfällt, welche Auswirkungen die Umwandlung auf den GesBR oder KBR hat, ob ein BR ein Übergangsmandat wahrzunehmen hat, ob der Tarifbereich wechselt (vgl. *Wlotzke* DB 1995, 45; *Kreßel* BB 1995, 926). Zu den mittelbaren Folgen gehören zB ein beabsichtigter Personalabbau bei Zusammenlegung von Betrieben, Versetzungen, Umschulungen, Ausgleichsleistungen. Alle Maßnahmen, die abzusehen sind, sind anzugeben (*Wlotzke* DB 1995, 45; *Bachner* NJW 1995, 2286). Aufgrund der Angaben in den Spaltungs- und Übernahmeverträgen müssen sich die BR ein zuverlässiges Bild über die künftige Betriebs- und Unternehmensstruktur machen können; pauschale Angaben reichen nicht aus. Die BR müssen wissen, ob eine Umorganisation der Interessenvertr. erforderlich wird, ob ein Übergangsmandat auszuüben ist, ob und in welchen Betrieben rechtzeitig Wahlvorbereitungen getroffen werden müssen. Zu den Angaben über die kollektivrechtlichen Folgen, gehört auch die Mitteilung, welche BV, GesBV und KBV nach Auffassung der umwandelnden Unternehmen fortgelten (*Blechmann* NZA 2005, 1143). Dem BR sind alle Unterlagen zuzuleiten, die Gegenstand der Anmeldung zur Eintragung sind (OLG Naumburg 17.3.2003 – 7 Wx 6/02, NZG 2004, 734; enger *Blechmann* NZA 2005, 1143).

Die Informationsrechte des BR sind dadurch gesichert, dass der **Nachweis über** **253**
die rechtzeitige Zuleitung der Informationen **Voraussetzung für die Eintragung der Umwandlung in das Register** und folglich Wirksamkeitsvoraussetzung für die Umwandlung ist (OLG Düsseldorf 15.5.1998 – 3 Wx 156/98, NZA 1998, 766; *Wlotzke* DB 1995, 45; *Joost* ZIP 1995, 986; WHSS-Umstrukturierung/*Willemsen* Kap. C Rn. 460; **aA** *Gaul* DB 1995, 2266; *Kreßel* BB 1995, 926). Der BR kann beim Registergericht Bedenken gegen die Eintragung geltend machen (WHSS-Umstrukturierung/*Willemsen* Kap. C Rn. 463; *Blechmann* NZA 2005, 1143).

d) Auswirkungen auf Betriebe und Betriebsteile

Eine Veränderung der Unternehmensstruktur kann zu **Änderungen in der Or-** **254**
ganisation der Arbeitsstätten führen. Bleibt bei einer Umwandlung die bisherige Identität des Betriebs erhalten, ändert sich auf betrieblicher Ebene in betriebsverfassungsrechtlicher Hinsicht nichts. Der BR bleibt im Amt, die BV gelten weiter (→ Rn. 200ff.).

255 Die **Verschmelzung** von Unternehmen lässt die Existenz der in ihnen bestehenden BR unberührt. GesBR gehen bei der Verschmelzung zur Neugründung (vgl. § 3 Nr. 2 UmwG) unter. Bei der Verschmelzung zur Aufnahme (vgl. § 3 Nr. 1 UmwG) geht der GesBR des übertragenden Unternehmens unter, der GesBR des aufnehmenden Unternehmens bleibt bestehen (→ § 47 Rn. 18).

256 Erfolgt bei der **Spaltung** eines Unternehmens die Zuordnung eines Betriebs zu mehreren Unternehmen, ohne dass sich dabei die Organisation des betroffenen Betriebs wesentlich ändert, wird nach Abs. 2 Nr. 2 ein **gemeinsamer Betrieb** mehrerer Unternehmen vermutet (→ Rn. 133ff.). An der Existenz des bisherigen BR ändert sich nichts. Betrifft die Spaltung mehrere Betriebe eines Unternehmens, entstehen mehrere Gemeinschaftsbetriebe. War von den BR ein **GesBR** errichtet, **endet** dessen rechtliche Existenz. Es ist bei jedem der nun an den Gemeinschaftsbetrieben beteiligten Unternehmen ein GesBR zu bilden.

257 Infolge von Unternehmensumstrukturierungen können **neue Betriebe oder neue selbständige Betriebsteile** entstehen. Für sie sind BR zu wählen. Führt die **Aufspaltung** zum **Verlust der bisherigen Betriebsidentität,** behält der bisherige BR nach § 21b ein **Restmandat** für den Ursprungsbetrieb (BAG 18.3.2008 – 1 ABR 77/06, NZA 2008, 957; 18.1.2012 – 7 ABR 72/10, NZA-RR 2013, 133). Außerdem kommt für die Betriebsteile ein **Übergangsmandat** nach § 21a Abs. 1 S. 1 in Betracht (BAG 18.3.2008 – 1 ABR 77/06, NZA 2008, 957; 18.1.2012 – 7 ABR 72/10, NZA-RR 2013, 133).

258 In Fällen der **Abspaltung** behält der Ursprungsbetrieb im Regelfall seine Identität; der BR bleibt im Amt (BAG 18.3.2008 – 1 ABR 77/06, NZA 2008, 957; 18.1.2012 – 7 ABR 72/10, NZA-RR 2013, 133). Unter den Voraussetzungen des § 21a hat er für die abgespaltenen Betriebsteile ein Übergangsmandat (BAG 18.3.2008 – 1 ABR 77/06, NZA 2008, 957; 18.1.2012 – 7 ABR 72/10, NZA-RR 2013, 133). Das gilt nach der klarstellenden Regelung in § 21a Abs. 3 auch, wenn die Spaltung oder Zusammenlegung von Betrieben und Betriebsteilen im Zusammenhang mit einer Umwandlung nach dem UmwG erfolgt (→ § 21a Rn. 12).

259 Die mit Unternehmensumstrukturierungen einhergehenden Betriebsspaltungen können dazu führen, dass die im bisherigen Betrieb oder selbständigen Betriebsteil geltenden gesetzlichen Beteiligungsrechte des BR in den neu gebildeten Betrieben oder selbständigen Betriebsteilen nicht mehr anzuwenden sind, weil diese neuen Organisationseinheiten die **Schwellenwerte des BetrVG** nicht erreichen. Gleiches gilt für Organisationsrechte des BR wie die Bildung von Ausschüssen oder Freistellungen (§§ 27, 38). Auch BV, die Beteiligungsrechte des BR erweitern oder begründen, gehen mit Auflösung des Betriebs unter.

260 Nach **§ 325 Abs. 2 UmwG** kann in den Fällen, in denen die Spaltung oder Teilübertragung des Unternehmens die Spaltung eines Betriebs zur Folge hat (also kein gemeinschaftlicher Betrieb erhalten bleibt, → Rn. 78ff.) und in den aus der Betriebsspaltung hervorgegangenen neuen Betrieben Rechte oder Beteiligungsrechte des BR entfallen, durch BV oder durch TV bestimmt werden, dass diese Rechte fortbestehen. Die Rechte können auch auf TV oder BV beruhen (vgl. Widmann/Mayer/*Wißmann* UmwG § 325 Rn. 59; *Boecken* Unternehmensumwandlungen S. 264ff.; *Wlotzke* DB 1995, 46; *Däubler* RdA 1995, 145; HWK/*Willemsen* UmwG § 325 Rn. 11ff.). Der Rechtsverlust kann in einem oder mehreren der aus der Spaltung hervorgehenden Betriebe eintreten. Er wird insbes. dann eintreten, wenn die Rechte oder Beteiligungsrechte des BR von einer Mindestarbeitnehmerzahl abhängen (§§ 99, 111, aber auch § 38 und § 95 Abs. 2).

261 Eine vereinbarte Fortgeltung für die aus der Spaltung hervorgegangenen neuen Betriebe scheidet aus, wenn diese Betriebe nicht betriebsratsfähig sind (vgl. *Wlotzke* DB 1995, 46; Widmann/Mayer/*Wißmann* UmwG § 325 Rn. 57). Auch bestimmt sich die **Zahl der BRMitgl.** der in den neuen Betrieben zu wählenden BR ausschließlich nach der Zahl der in den neuen Betrieben beschäftigten ArbN(vgl. §§ 9, 27; *Wlotzke* DB 1995, 46; Widmann/Mayer/*Wißmann* UmwG § 325 Rn. 64).

IÜ kann eine Fortgeltungsvereinbarung alle gesetzlichen und vereinbarten erweiterten **Beteiligungsrechte des BR** in sozialen, personellen und wirtschaftlichen Angelegenheiten erfassen (vgl. *Wlotzke* DB 1995, 46). Eine FortgeltungsBV kann Rechtsverluste, die sich aus einer Umwandlung ergeben können, vermeiden. Die Dauer der Vereinbarung ist zeitlich nicht beschränkt. Eine Fortgeltungsvereinbarung wird zwischen dem ArbGeb. und dem BR des aus der Spaltung hervorgegangenen Betriebs abgeschlossen. **262**

Die **BV** ist **freiwillig** iSv § 88 und kann nicht über die E-Stelle erzwungen werden (Widmann/Mayer/*Wißmann* UmwG § 325 Rn. 70). Eine Kündigung kann – auch zeitweise – ausgeschlossen werden. Als Fortgeltungstarifvertrag wird in der Regel ein Firmentarifvertrag in Betracht kommen. **263**

Im Fall der **Teilübertragung** nach §§ 174f. UmwG können Betriebsteile auf jur. Personen des öffentl. Rechts übergehen, auf die das BetrVG nach § 130 nicht anwendbar ist. Eine entspr. Anwendung des § 325 Abs. 2 UmwG, wonach Rechte des BR auf den PersR übertragen werden können, ist wegen der erheblichen Unterschiede zwischen dem BetrVG einerseits und dem BPersVG sowie den LPVG andererseits nicht möglich (Widmann/Mayer/*Wißmann* UmwG § 325 Rn. 66). **264**

Führen Unternehmensspaltungen zu **Vermögensverlagerungen,** etwa bei einer Spaltung des Unternehmens in eine reiche Besitz- oder Anlagegesellschaft und in eine vermögensarme Betriebsgesellschaft, kann dies zu einer erheblichen Schmälerung der Haftungsmasse zum Nachteil der ArbN führen, deren Forderungen erst nach Wirksamwerden der Spaltung begründet werden. Die Gefahr dieser Manipulationsmöglichkeiten ist durch das Instrument der Spaltung gem. §§ 123ff. UmwG erheblich gestiegen. **§ 134 Abs. 1 UmwG** begründet deshalb eine spezielle **Haftung der Anlagegesellschaft für Ansprüche der ArbN aus Sozialplänen und auf Nachteilsausgleich.** Die Anlagegesellschaft haftet über die allgemeine Haftungsregelung des § 133 UmwG hinaus auch für solche Forderungen gegen die „arme" Betriebsgesellschaft gesamtschuldnerisch, die innerhalb von 5 Jahren nach dem Wirksamwerden der Spaltung auf Grund der §§ 111–113 begründet werden. Die Anlagegesellschaft haftet auch dann, wenn diese Forderungen binnen 10 Jahren nach Wirksamwerden der Spaltung fällig und gerichtlich geltend gemacht werden (§ 134 Abs. 3 UmwG; vgl. dazu *Bauer/Lingemann* NZA 1994, 1062). § 134 UmwG kann auch bedeutsam sein für die wirtschaftliche Vertretbarkeit eines bei der Betriebsgesellschaft abzuschließenden Sozialplans (vgl. dazu BAG 15.3.2011 – 1 ABR 97/09, NZA 2011, 1112; → §§ 112, 112a Rn. 257). **265**

Stellt sich eine Umwandlung zugleich als Betriebsänderung iSv § 111 dar, können nach **§ 323 Abs. 2 UmwG** die ArbN in einem Interessenausgleich einem bestimmten Betrieb oder Betriebsteil zugeordnet werden (vgl. dazu BAG 19.10.2017 – 8 AZR 63/16, NZA 2018, 370 Rn. 38ff.; → §§ 112, 112a Rn. 94; *Roloff/Plum* ZIP 2019, 2288; HWK/*Willemsen* UmwG § 324 Rn. 28ff.). Die **Zuordnung** kann in diesem Fall durch das ArbG nur auf grobe Fehlerhaftigkeit überprüft werden. Allerdings verdrängt § 323 Abs. 2 UmwG nicht den zwingenden und vorrangig anzuwendenden § 613a Abs. 1 S. 1 BGB (BAG 19.10.2017 – 8 AZR 63/16, NZA 2018, 370 Rn. 46). Eine Zuordnung, die § 613a Abs. 1 S. 1 BGB widerspricht, ist daher grob fehlerhaft iSv. § 323 Abs. 2 UmwG und damit unverbindlich (BAG 19.10.2017 – 8 AZR 63/16, NZA 2018, 370 Rn. 40ff.). Darüber hinaus ist eine Zuordnung nach § 323 Abs. 2 UmwG nach der Rspr. des BAG nur dann verbindlich, wenn sie zu einer übergangsfähigen wirtschaftlichen Einheit erfolgt, die darauf angelegt ist, identitätswahrend fortgeführt zu werden (BAG 19.10.2017 – 8 AZR 63/16, NZA 2018, 370 Rn. 40, 47). Die wesentliche praktische Bedeutung des § 323 Abs. 2 UmwG beschränkt sich damit darauf, in den Fällen eine weitgehend „gerichtsfeste" Zuordnung zu ermöglichen, in denen ein klarer Schwerpunkt des ArbVerh. fehlt oder seine Ermittlung mit erhebl. tatsächl. Schwierigkeiten verbunden ist (BAG 19.10.2017 – 8 AZR 63/16, NZA 2018, 370 Rn. 44). **266**

Nach **§ 324 UmwG** bleibt § 613a Abs. 1, 4–6 BGB durch die Wirkungen einer Umwandlung unberührt. Es handelt sich um eine **Rechtsgrundverweisung,** nicht **267** um eine Rechtsfolgenverweisung (BAG 19.10.2017 – 8 AZR 63/16, NZA 2018, 370 Rn. 26; 12.6.2019 – 1 AZR 154/17, BeckRS 2019, 12729 Rn. 39). Daher muss bei einer Verschmelzung, Spaltung oder Vermögensübertragung für jede der in Betracht kommenden Einheiten das Vorliegen eines Betriebsübergangs eigenständig und vorrangig geprüft werden (BAG 20.4.2016 – 10 AZR 111/15, NZA 2017, 141 Rn. 30; 19.10.2017 – 8 AZR 63/16, NZA 2018, 370 Rn. 26; 12.6.2019 – 1 AZR 154/17, BeckRS 2019, 12729 Rn. 39). Nach § 131 Abs. 1 Nr. 1 UmwG können zwar auch ArbVerh. im Wege der (partiellen) Gesamtrechtsnachfolge übergehen (vgl. BAG 19.10.2017 – 8 AZR 63/16, NZA 2018, 370 Rn. 24). Dies kommt aber nur in Betracht, wenn das ArbVerh. nicht bereits im Wege des Betriebs(teil-)übergangs auf einen der übernehmenden Rechtsträger übergegangen ist (BAG 19.10.2017 – 8 AZR 63/16, NZA 2018, 370 Rn. 26). Außerdem bedarf der Übergang eines ArbVerh. nach § 131 Abs. 1 Nr. 1 UmwG nach der Rspr. des BAG wegen der grundrechtl. Wertungen des Art. 12 Abs. 1 GG – jedenfalls im Falle der Aufspaltung – der Zustimmung des ArbN (BAG 19.10.2017 – 8 AZR 63/16, NZA 2018, 370 Rn. 27 ff.). Im Falle der Aufspaltung auf mehrere neue Rechtsträger hat der ArbN ein Wahlrecht, mit wem er sein ArbVerh. fortsetzen will (BAG 19.10.2017 – 8 AZR 63/16, NZA 2018, 370 Rn. 51).

268 Die Entscheidung des BAG vom 19.10.2017 steht entgegen eigener Beurteilung (vgl. BAG 19.10.2017 – 8 AZR 63/16, NZA 2018, 370 Rn. 51) durchaus in einem gewissen **Spannungsverhältnis zu** seinem **Urteil vom 21.2.2008** (– 8 AZR 157/07, NZA 2008, 815). In diesem hatte es entschieden, im Falle der Verschmelzung einer Personengesellschaft auf eine Kapitalgesellschaft liege ein Fall der gesellschaftsrechtlichen Gesamtrechtsnachfolge vor, bei dem der neue Rechtsträger in die ArbGebstellung einrücke, ohne dass es darauf ankomme, ob sich der Vorgang als Betriebsübergang iSv § 613a BGB darstelle; da in einem solchen Fall der bisherige Rechtsträger erlösche, bestehe kein Recht des ArbN, dem Übergang seines Arbeitsverhältnisses gem. § 613a Abs. 6 BGB zu widersprechen (BAG 21.2.2008 – 8 AZR 157/08, NZA 2008, 815; **aA** *Fandel/Hausch* BB 2008, 2402). Ein wesentl. Unterschied besteht allerdings in der Tat darin, dass bei einer Verschmelzung anders als bei einer Aufspaltung ein Wahlrecht des ArbN keinen Sinn macht.

269 Liegt im Zusammenhang mit der Umwandlung ein Betriebs(teil-)übergang vor, gilt das Kündigungsverbot des § 613a Abs. 4 BGB (vgl. HWK/*Willemsen* UmwG § 324 Rn. 17). Auch § 613a Abs. 1 S. 2–4 BGB finden Anwendung. Bei Wahrung der Betriebsidentität gelten die Normen einer BV aber kollektivrechtlich weiter (BAG 6.8.2002 – 1 AZR 247/01, NZA 2003, 449; 15.1.2002 – 1 AZR 58/01, NZA 2002, 1034; 24.6.1998 – 4 AZR 208/97, NZA 1998, 1346; *Kreßel* BB 1995, 925 [928 f.]; **aA** wohl BDG Betriebsübergang/*Düwell* S. 290 f.; BAG 28.6.2005 – 1 AZR 213/04, NJOZ 2005, 5080).

270 Nach **§ 106** Abs. 3 Nr. 8 muss der **WiAusschuss** nicht nur über den Zusammenschluss von Betrieben informiert werden, sondern jetzt auch über den Zusammenschluss oder die Spaltung von Unternehmen oder Betrieben (→ § 106 Rn. 48 ff.).

4. Umwandlung zu einer SE oder einer SCE

271 Eine Umwandlung von Unternehmen kann zu einer **Europäischen Gesellschaft (SE) oder einer Europäischen Genossenschaft (SCE)** führen. Das G zur Ausführung der Verordnung (EG) Nr. 2157/2001 des Rates v. 8.10.2001 über das Statut der Europäischen Gesellschaft (SE) SE-AusführungsG **(SEAG)** v. 22.12.2004 (BGBl. I S. 3675) und das G zur Ausführung der Verordnung (EG) Nr. 1435/2003 des Rates v. 22.7.2003 über das Statut der Europäischen Genossenschaft (SCE) SCE-AusführungsG **(SCEAG)** v. 14.8.2006 (BGBl. I S. 1911) stellen diese neuen Rechtsformen seit dem 29.12.2004, bzw. dem 18.8.2006 zur Verfügung (vgl. zur SE → Anh. 2 EBRG Rn. 2a; *Blanke* S. 137 ff.; *Brandt* BB 2005 Beilage Nr. 13 S. 1; *Bungert/Gotsche* ZIP 2013, 649; WKS/*Kleinsorge* EU-Recht Rn. 16 ff.).

Der ArbNBeteiligung dienen das G über die Beteiligung der ArbN in einer Europäischen Gesellschaft **(SEBG)** v. 22.12.2004 (BGBl. I S. 3675 [3686]; vgl. dazu *Engels* ArbuR 2009, 10 [19ff.]; *Funke* NZA 2009, 412; *Grobys* NZA 2005, 84; Habersack/Henssler-*Henssler* SEBG; *Habersack* ZHR 2007, 613; *Kowalski* DB 2007, 2243; *Krause* BB 2005, 1221; *Löw/Stolzenberg* NZA 2016, 1489; *Mückl/Götte* BB 2017, 1845; *Müller-Bonanni/Müntefering* BB 2009, 1699; *Rieble* BB 2006, 2018; *Schubert* RdA 2012, 146; *Wißmann* FS Richardi, 2007, 841; HaKo-BetrVG/*Düwell* Einl. Rn. 109; HaKo-BetrVG/*Sick* Anh. SE Rn. 1ff.; WKS/*Kleinsorge* EU-Recht Rn. 84ff.; *Blanke* S. 155ff.), das die RL 2001/86/EG (vgl. dazu EUArbR/*Oetker* RL 2001/86/EG) umsetzt, und das G über die Beteiligung der ArbN und ArbNinnen in einer Europäischen Genossenschaft **(SCEBG)** v. 14.8.2006 (BGBl. I S. 1917), das der Umsetzung der RL 2003/72/EG dient (vgl. dazu EUArbR/*Oetker* RL 2003/72/EG; ferner *Engels* ArbuR 2009, 10 [25ff.]; WKS/*Kleinsorge* EU-Recht Rn. 157ff.). Ziel beider Gesetze ist es gem. § 1 SEBG, § 1 SCEBG, die bei den Gründungsgesellschaften erworbenen Rechte der ArbN auf Beteiligung an Unternehmerentscheidungen zu sichern. 272

Das SEBG sieht für die betriebliche Mitbestimmung einen **SE-Betriebsrat (SE-BR)** vor. Dieser verdrängt gem. § 47 Abs. 1 Nr. 2 SEBG den EBR (→ Anh. 2 EBRG Rn. 2a; *Engels* ArbuR 2009, 10 [25]; Habersack/Henssler-*Henssler* SEBG § 47 Rn. 5; *Krause* BB 2005, 1221; *Wißmann* FS Richardi, 2007, 841 [853]). Die Anwendbarkeit des BetrVG auf die in Deutschland befindlichen Betriebe der SE bleibt jedoch gem. § 47 Abs. 1 SEBG von vorneherein unberührt (*Engels* ArbuR 2009, 10 [25]; Habersack/Henssler-*Henssler* SEBG § 47 Rn. 4; *Krause* BB 2005, 1221; *Rieble* BB 2006, 2018 [2019]). 273

Der SE-BR ist grds. gem. § 21 Abs. 1 SEBG entspr. einer zwischen den Leitungen und dem **besonderen Verhandlungsgremium** (**BVG;** vgl. zu dessen Bildung *Mückl/Götte* BB 2017, 1845) zu schließenden Vereinbarung zu bilden. Kommt es nicht zu einer Vereinbarung nach § 21 SEBG, ist der SE-BR unter den Voraussetzungen des § 22 SEBG nach Maßgabe der §§ 23ff. SEGB zu bilden (*Engels* ArbuR 2009, 10 [24]). Eine Errichtung kraft Gesetzes entfällt gem. §§ 16 Abs. 2 S. 2, 22 Abs. 1 Nr. 2 SEBG allerdings, wenn das nach §§ 5ff. SEGB gebildete besondere Verhandlungsgremium (BVG) gem. § 16 Abs. 1 S. 1 SEBG mit der nach § 16 Abs. 1 S. 2 SEBG erforderlichen Mehrheit beschlossen hat, keine Verhandlungen aufzunehmen oder bereits aufgenommene Verhandlungen abzubrechen (*Engels* ArbuR 2009, 10 [22, 25]). Wird eine SE durch Umwandlung gegründet, kann gem. § 16 Abs. 3 SEBG ein solcher Beschluss nach Abs. 1 nicht gefasst werden, wenn den ArbN der umzuwandelnden Gesellschaft MBR zustehen. Die Mitglieder des BVG werden nach § 8 Abs. 1 S. 1 SEBG in geheimer und unmittelbarer Wahl von einem Wahlgremium gewählt, das nach § 8 Abs. 2–4 SEBG von KBR, GesBR oder BR gebildet wird (*Engels* ArbuR 2009, 10 [20f.]) und dessen Größe nach § 8 Abs. 6 SEBG auf 40 Mitglieder beschränkt ist (vgl. dazu WKS/*Kleinsorge* EU-Recht Rn. 95, *Engels* ArbuR 2009, 10 [21]). Das SCEBG enthält dem SEBG weitgehend entsprechende Bestimmungen (vgl. WKS/*Kleinsorge* EU-Recht Rn. 157ff.; *Engels* ArbuR 2009, 10 [25f.]). 274

Über Streitigkeiten in Angelegenheiten aus dem SEBG und dem SCEBG entscheiden nach **§ 2a Abs. 1 Nr. 3e und f ArbGG** – mit Einschränkungen – die Gerichte für Arbeitssachen im BeschlVerf. (vgl. zu einem Verf. über die Wirksamkeit einer Beteiligungsvereinbarung LAG Bln-Bbg 10.2.2017 – 6 TaBV 1585/16, BeckRS 2017, 103234; *Mückl/Götte* BB 2017, 1845). 275

5. Grenzüberschreitende Verschmelzung

Für Fälle einer die Grenzen der Bundesrepublik überschreitender Verschmelzung gilt – im Verhältnis zu den Mitgliedstaaten der EU und der anderen Vertragsstaaten des Abkommens über den Europäischen Wirtschaftsraum – seit dem 29.12.2006 das **G über die Mitbestimmung der ArbN bei einer grenzüberschreitenden Ver-** 276

schmelzung (MgVG) v. 21.12.2006 (BGBl. I S. 3332; vgl. dazu *Engels* ArbuR 2009, 10 [28f.]; HaKo-BetrVG/*Sick* Anh. SE Rn. 51ff.; *Habersack* ZHR 2007, 613; Habersack/Henssler-*Habersack* MgVG; *Lunk/Hinrichs* NZA 2007, 773; *Morgenroth/Salzmann* NZA-RR 2013, 449; *Müller-Bonanni/Müntefering* BB 2009, 1699; *Müller-Bonanni/Müntefering* NJW 2009, 2347; *Nagel* NZG 2007, 57; *Winter* Der Konzern 2007, 24; *Drygala/von Bressensdorf* NZG 2016, 1161; WKS/*Kleinsorge* EU-Recht Rn. 203ff.). Das G dient der Umsetzung der **RL 2005/56/EG** v. 26.10.2005 über die Verschmelzung von Kapitalgesellschaften aus verschiedenen Mitgliedstaaten (vgl. insbes. Art. 16 RL; zu dessen Auslegung EuGH 20.6.2013 – C-635/11, EuZW 2013, 662 – Kommission/Niederlande; dazu *Forst* AG 13, 588; EuArbRK/*Oetker* RL 2005/56/EG Art. 16). Mit der RL 2017/1132 des Europäischen Parlaments und des Rates vom 14.6.2017 wurden mehrere RL über Gründung, Funktionsweise, Verschmelzung und Spaltung von Kapitalgesellschaften, darunter auch die RL 2005/56/EG, zusammengeführt (vgl. RL 2017/1132 Erwägungsgrund Nr. 1). Der vormalige Art. 16 RL 2005/56/EG zur „Mitbestimmung der ArbN" wurde dabei zu **Art. 133 RL 2017/1132** (zum Entwurf der Europäischen Kommission vom 25.4.2018 zur Überarbeitung der Vorschriften zur grenzüberschreitenden Verschmelzung, Art. 119ff. RL 2017/1132, darunter auch des Art. 133 RL 2017/1132 vgl. *Mückl/Götte* BB 2018, 2036 [2041]). Ziel des MgVG ist es nach seinem § 1 Abs. 1 S. 2, die MBR der ArbN zu sichern, die diese in den an der Verschmelzung beteiligten Gesellschaften erworben haben. Nach § 1 Abs. 3 MgVG ist es so auszulegen, dass das Ziel der EG, die Mitbestimmung der ArbN in der aus einer grenzüberschreitenden Verschmelzung hervorgehenden Gesellschaft sicherzustellen, gefördert wird. Anders als bei der SE und der SCE geht aus der Verschmelzung keine europäische, sondern eine nationale Rechtsform hervor (WKS/*Kleinsorge* EU-Recht Rn. 174, 200; *Engels* ArbuR 2009, 10 [201]).

277 Art. 133 RL 2017/1132 (vormals: Art. 16 RL 2005/56/EG) hat die Mitbestimmung an Unternehmensentscheidungen zum Gegenstand (WKS/*Kleinsorge* EU-Recht Rn. 171). Dementsprechend betrifft auch das MgVG in erster Linie die Unternehmensmitbestimmung und nicht die betriebliche Mitbestimmung (*Engels* ArbuR 2009, 10 [28]). Zu letzterer stellt § 29 S. 1 MgVG klar, dass **Regelungen über ArbNVertretungen** und deren Strukturen in einer inländischen Gesellschaft, die nach der Verschmelzung erlischt, nach Eintragung der aus der grenzüberschreitenden Verschmelzung hervorgehenden Gesellschaft **fortbestehen.** Nach § 29 S. 2 MgVG stellt die Leitung dieser Gesellschaft sicher, dass die ArbNVertretungen ihre Aufgaben weiterhin wahrnehmen können (vgl. *Lunk/Hinrichs* NZA 2007, 773 [780]). ArbN-Vertretung iSd G ist dabei nach § 2 Abs. 6 MgVG jede Vertretung der ArbN nach dem BetrVG (BR, GesBR, KBR oder eine nach § 3 Abs. 1 Nr. 1–3 BetrVG gebildete Vertretung). Allerdings ist damit wohl nicht der Fortbestand jeder zuvor bestehenden ArbNVertretung garantiert. Sind etwa an der grenzüberschreitenden Verschmelzung zwei inländische Unternehmen beteiligt, in denen jeweils ein GesBR errichtet ist, ist wie bei einer Verschmelzung nach dem UmwG für einen Fortbestand beider GesBR kein Raum (*Engels* ArbuR 2009, 10 [25]). Ist jedoch an der grenzüberschreitenden Verschmelzung nur ein inländisches Unternehmen beteiligt, so dürfte der für dieses errichtete GesBR auch dann fortbestehen, wenn das inländische Unternehmen von einem ausländischen aufgenommen wird und dadurch erlischt. Gleiches dürfte für einen inländischen KBR gelten, wenn das herrschende Unternehmen eines Konzerns durch Verschmelzung mit einem ausländischen Unternehmen seine rechtliche Selbständigkeit verliert. Zweifelhaft wird dies allerdings, wenn die Konzernspitze nach der Verschmelzung im Ausland liegt und im Inland kein Ansprechpartner für den KBR mehr vorhanden ist (→ § 54 Rn. 34ff.).

278 Bereits vor einer grenzüberschreitenden Verschmelzung haben die ArbNVertretungen nach § 6 MgVG **Informationsansprüche** (vgl. *Lunk/Hinrichs* NZA 2007, 773 [775f.]; *Müller-Bonanni/Müntefering* NJW 2009, 2347 [2350f.]). Die Information hat nach § 6 Abs. 2 S. 2 MgVG unaufgefordert und unverzüglich nach Offenlegung des

Verschmelzungsplans zu erfolgen. Nach dem – § 4 Abs. 3 SEBG nachgebildeten – § 6 Abs. 3 MgVG erstreckt sie sich insbes. auf die Identität und Struktur der beteiligten Gesellschaften, betroffenen Tochtergesellschaften und betroffenen Betriebe und deren Verteilung auf die Mitgliedstaaten, auf die in diesem Gesellschaften und Betrieben bestehenden ArbNVertretungen, die Zahl der jeweils beschäftigten ArbN sowie der ArbN, denen MBR in den Organen der Gesellschaften zustehen.

Nach § 10 Abs. 2–4 MgVG bilden der KBR, der GesBR oder der BR das **Wahlgremium,** das nach § 10 Abs. 1 S. 1 MgVG in geheimer und unmittelbarer Wahl nach Maßgabe des § 10 Abs. 1 S. 2–5 MgVG die Mitglieder des **besonderen Verhandlungsgremiums (BVG)** wählt (vgl. *Lunk/Hinrichs* NZA 2007, 773 [777]), das wiederum gem. §§ 15 Abs. 1 S. 1, 22 MgVG mit den Leitungen der an der Verschmelzung beteiligten Gesellschaften eine schriftliche Vereinbarung über die (Unternehmens-)Mitbestimmung der Arbeitnehmer in der aus der grenzüberschreitenden Verschmelzung hervorgehenden Gesellschaft schließt (vgl. *Lunk/Hinrichs* NZA 2007, 773 ff.). Kommt eine solche Vereinbarung nicht zustande, so finden unter den in § 23 Abs. 1 MgVG beschriebenen Voraussetzungen die in §§ 24 ff. MgVG festgelegten Bestimmungen über die Mitbestimmung kraft Gesetzes Anwendung (vgl. *Lunk/Hinrichs* NZA 2007, 773 [779 f.]). 279

Über Streitigkeiten in Angelegenheiten aus dem MgVG haben nach **§ 2a Abs. 1 Nr. 3 f. ArbGG** – mit Einschränkungen – die Gerichte für Arbeitssachen im BeschlVerf. zu entscheiden. 280

6. Konzern

Das BetrVG kennt **keinen einheitlichen Konzernbegriff.** In § 8 Abs. 1 S. 2 und § 54 Abs. 1 wird auf § 18 Abs. 1 AktG verwiesen. Erfasst wird daher nur der sog Unterordnungskonzern (→ § 54 Rn. 9 f.). In § 76a (E-Stelle bei Beteiligung des KBR) und in § 87 Abs. 1 Nr. 8 (Wirkungsbereich einer Sozialeinrichtung) sind mit „Konzernunternehmen" und „Konzern" ebenfalls die in § 18 Abs. 1 AktG definierten Konzerne gemeint. Das folgt aus dem sachlichen Zusammenhang dieser Bestimmungen mit den MBR des KBR. Dagegen erfasst der Konzernbegriff in § 18a Abs. 3 S. 2 auch den Gleichordnungskonzern (→ § 18a Rn. 46). Näheres zum Begriff des Konzerns → § 54 Rn. 8 ff.; zum Konzern iSv § 3 Nr. 2 vgl. → § 3 Rn. 44; zum Konzern iSv § 112a Abs. 2 S. 2 vgl. → §§ 112, 112a Rn. 112. 281

In vertraglichen und in faktischen Konzernen kommt unter bestimmten Voraussetzungen eine Haftung des herrschenden Unternehmens in Betracht. Zum **Berechnungs- und Bemessungsdurchgriff bei Sozialplänen** vgl. → §§ 112, 112a Rn. 257 f. 282

Zur **Durchgriffshaftung im Bereich der betrieblichen Altersversorgung** vgl. → §§ 112, 112a Rn. 258c. 283

V. Der Betriebsrat

Die wichtigsten Organe der BetrVerf. sind **ArbGeb.** und **BR.** Sie sind Träger von Rechten. Der **SprAu** ist die InteressenVertr. einer Gruppe von ArbN, der leitenden Ang. iSv § 5 Abs. 3 (→ § 5 Rn. 313 ff., 358 ff.). Auch **der einzelne ArbN** hat allein oder gemeinsam mit anderen ArbN des Betriebs Rechte in der BetrVerf.: (vgl.§§ 7, 8, 16, 17, 19, 23, 43, 81–86). Zur Stellung und zu den Rechten der **Gewerkschaften** → § 2 Rn. 32 ff., 60 ff. 284

1. Verhältnis zur Belegschaft

Der BR ist **Repräsentant der Belegschaft** (vgl. GK-BetrVG/*Franzen* Rn. 65; Richardi BetrVG/*Richardi* Einl. Rn. 101; MHdB ArbR/*Boemke* § 286 Rn. 14; 285

WPK/*Preis* Rn. 43). Er ist durch eine demokratische Wahl legitimiert und nimmt die Interessen der Belegschaft fremdnützig wahr. Die Belegschaft ist im soziologischen Sinn eine tatsächliche Gemeinschaft (vgl. Richardi BetrVG/*Richardi* Einl. Rn. 97). Sie ist zwar rechtlich nicht verselbständigt, aber doch immerhin durch das BetrVG „rechtlich verfasst" (vgl. Richardi BetrVG/*Richardi* Einl. Rn. 96). Dass die Belegschaft eine „rechtlich relevante Personenverbindung" (*Zöllner* FS 25 Jahre BAG, 1979, 745 [752]) ist, wird ua an Bestimmungen wie §§ 2 Abs. 1, 80 Abs. 1 Nr. 2 deutlich. Die auf einer demokratischen Wahl beruhende Repräsentanz der Belegschaft durch den BR trägt zur Legitimation betrieblicher Rechtssetzung durch die Betriebsparteien bei (BAG 12.12.2006 – 1 AZR 96/06, NZA 2007, 453; → § 77 Rn. 55ff., 193ff.).

286 Der BR **repräsentiert auch die ArbN** des Betriebs, **die** erst nach der BR-Wahl in den Betrieb eingetreten sind oder aus anderen Gründen **nicht an der Wahl teilgenommen** haben. Dies gilt auch dann, wenn ArbN vom Wahlvorstand wegen Verkennung des Betriebsbegriffs fehlerhaft an der BR-Wahl nicht beteiligt worden sind (BAG 3.12.1985 – 1 ABR 29/84, NZA 1986, 334; → § 4 Rn. 15). Der BR ist daher ua auch zu Kündigungen dieser ArbN anzuhören (→ § 102 Rn. 20c; → § 4 Rn. 15; DKKW/*Bachner* § 102 Rn. 140; **aA** aber BAG 3.6.2004 – 2 AZR 577/03, NZA 2005, 175; KR/*Etzel* § 102 Rn. 46). Das gilt allerdings nicht, wenn diese ArbN selbst einen anderen BR gewählt haben; dann werden sie von diesem repräsentiert.

287 Der BR handelt zwar fremdnützig, aber gleichwohl **im eigenen Namen** (GK-BetrVG/*Franzen* Rn. 62). Er hat eigene Rechte und Pflichten. Er ist nicht etwa gesetzlicher Vertreter der Belegschaft (Richardi BetrVG/*Richardi* Einl. Rn. 99). Er hat **kein „imperatives Mandat"** (BAG 27.6.1989 – 1 ABR 28/88, AP BetrVG 1972 § 42 Nr. 5; MHdB ArbR/*Boemke* § 286 Rn. 14). Er ist an Weisungen der Belegschaft nicht gebunden. Ein „Misstrauensvotum" in einer BetrVerslg. ist rechtlich unerheblich (→ § 42 Rn. 10).

288 Der BR ist **der gemeinsame Repräsentant der Arbeiter und Angestellten** einschließlich der AT-Angestellten. Das BetrVerf-ReformG hat auf einen besonderen Gruppenschutz für Arb. und Ang. verzichtet. Die insoweit einschlägigen Bestimmungen wurden ersatzlos gestrichen. Zur Gruppenbildung von ArbN und Beamten bei der Post → Rn. 45ff.

289 Allerdings gibt es einen **Minderheitenschutz** für gewerkschaftlich orientierte Wählergruppierungen (Listen) und Fraktionen im BR (BAG 25.4.2001 – 7 ABR 26/00, NZA 2001, 977; 21.7.2004 – 7 ABR 62/03, NZA 2005, 173; 21.7.2004 – 7 ABR 58/03, NZA 2005, 170). Dazu zählen folgende Vorschriften: Verhältniswahl, wenn mehrere Wahlvorschläge eingereicht werden (§ 14 Abs. 2 S. 1); Verhältniswahl bei der Besetzung der BR-Ausschüsse (§ 27 Abs. 1 S. 3, § 28 Abs. 1) und des GesBR-Ausschusses (BAG 21.7.2004 – 7 ABR 62/03, NZA 2005, 173); Verhältniswahl bei Freistellungen (§ 38 Abs. 2 S. 1). Der mit dem System der Verhältniswahl bezweckte Minderheitenschutz ist darauf angelegt, ein Vertretungsorgan zu schaffen, in dem der Sitzanteil in möglichst genauer Übereinstimmung mit dem Stimmenanteil der verschiedenen Gruppierungen und der in ihnen vertretenen Auffassungen steht. Dies schließt eine Einbuße an Geschlossenheit des Vertretungsorgans ein (BVerfG 23.3.1982 – 2 BvL 1/81, NVwZ 1982, 673; 23.3.1982 – 2 BvL 1/81, NVwZ 1982, 673). Entschließt sich der Gesetzgeber im Interesse des Minderheitenschutzes für das System der Verhältniswahl, darf er dieses nicht durch ein unangemessen hohes Unterschriftenquorum konterkarieren. Das BVerfG hat daher das in § 12 Abs. 1 S. 2 MitbestG für die Wahlen von ArbNVertr. zum Aufsichtsrat vorgesehene Unterschriftenquorum für verfassungswidrig erklärt (BVerfG 12.10.2004 – 1 BvR 2130/98, NZA 2004, 1395; BAG 6.11.2013 – 7 ABR 65/11, NJOZ 2014, 1671). Zur Bestellung sog. Kommunikationsbeauftragter des BR durch Mehrheitsbeschluss des BR vgl. BAG 29.4.2015 – 7 ABR 102/12, NZA 2015, 1397.

290 Der BR ist trotz des Minderheitenschutzes die einheitliche Vertr. der Interessen der ArbN gegenüber dem ArbGeb. Das schließt unterschiedliche Meinungen und

Abstimmungen zur Feststellung von Mehrheiten im BR nicht aus. Die einzelnen Mitgl. dürfen sich aber nicht in erster Linie als Vertr. ihrer „Liste“ verstehen (vgl. *Wlotzke* DB 1988, 111 [114]). Jedes Mitgl. des BR ist **„Repräsentant aller Beschäftigten“**, auch soweit diese nicht oder in anderen Gewerkschaften organisiert sind (vgl. zum Personalvertretungsrecht BVerfG 27.3.1979 – 2 BvR 1011/78, NJW 1979, 1875).

2. Rechtsstellung des Betriebsrats

Der BR besitzt **keine generelle Rechts- und Vermögensfähigkeit** (BAG 24.4.1986 – 6 ABR 607/83, NZA 1987, 100; 24.10.2001 – 7 ABR 20/00, NZA 2003, 53; 29.9.2004 – 1 ABR 30/03, NZA 2005, 123; DKKW/*Wedde* Einl. Rn. 141; GK-BetrVG/*Franzen* Rn. 72ff.). Er ist insbes. keine juristische Person (Richardi BetrVG/*Richardi* Einl. Rn. 108; zur rechtshistorischen Einordnung vgl. *Bergwitz* Rechtsstellung BR). 291

Der BR ist aber **insoweit Rechtssubjekt, als ihm das BetrVG Rechte und Pflichten zuweist** (GK-BetrVG/*Franzen* Rn. 73). Innerhalb des ihm gesetzlich zugewiesenen Wirkungskreises kann er materiell-rechtlich berechtigt und verpflichtet sein (vgl. MHdB ArbR/*Boemke* § 286 Rn. 15f.). Dies gilt insbes. hinsichtlich seiner Mitwirkungs- und Mitbestimmungsrechte (vgl. Richardi-*Richardi* Einl. Rn. 109). Dies gilt aber auch insoweit, als das BetrVG dem BR im Rahmen seiner ihm gesetzlich zugewiesenen Aufgaben vermögensrechtliche Ansprüche zuerkennt (BAG 24.10.2001 – 7 ABR 20/00, NZA 2003, 53; 29.9.2004 – 1 ABR 30/03, NZA 2005, 123; Richardi BetrVG/*Richardi* Einl. Rn. 109ff.; GK-BetrVG/*Franzen* Rn. 73). 292

Angesichts der Vielzahl der wechselseitigen zwischen BR und ArbGeb. bestehenden betriebsverfassungsrechtlichen Rechte und Pflichte kann auch durchaus von einem **gesetzlich begründeten umfassenden betriebsverfassungsrechtlichen Dauerrechtsverhältnis** zwischen BR und ArbGeb. gesprochen werden (vgl. MHdB ArbR/*Boemke* § 287 Rn. 1 – 15; *Schmitt* jM 2019, 364 [368]; GK-BetrVG/*Franzen* Rn. 78), das insbesondere durch die Generalklausel des § 2 Abs. 1 gekennzeichnet ist, die als unmittelbar geltendes Recht zwar keine eigenständigen Ansprüche schafft, aber bei der Wahrnehmung der gesetzlichen Mitwirkungs- und Mitbestimmungsrechte Verhaltens- und Nebenpflichten begründet (→ § 2 Rn. 22f.). 293

Soweit der BR Träger betriebsverfassungsrechtlicher Rechte ist, kann er diese im **arbeitsgerichtlichen Beschlussverfahren** verfolgen (→ Anh. 3 Rn. 36, 42). Wegen der Erfüllung seiner betriebsverfassungsrechtlichen Pflichten kann er im BeschlVerf. in Anspruch genommen werden. Er ist insoweit gem. § 10 ArbGG parteifähig. Nach § 85 Abs. 1 S. 3 ArbGG kann er in einer erforderlich werdenden Zwangsvollstreckung Vollstreckungsgläubiger oder unter Umständen, insbes. soweit es um Herausgabeansprüche geht, auch Vollstreckungsschuldner sein (vgl. aber dazu, dass ein Unterlassungsanspruch gegen den BR wegen dessen Vermögenslosigkeit vollstreckungsrechtlich keinen Sinn macht, auch BAG 17.3.2010 – 7 ABR 95/08, NZA 2010, 1133; 15.10.2013 – 1 ABR 31/12, NZA 2014, 319; 28.5.2014 – 7 ABR 36/12, NZA 2014, 1213; abl. *Pfrogner* RdA 2016, 161). 294

Soweit der BR im Rahmen der ihm gesetzlich zugewiesenen Aufgaben Inhaber vermögensrechtlicher Ansprüche sein kann, bedingt dies im entspr. Umfang seine **partielle Vermögensfähigkeit** (vgl. für den BR BAG 24.10.2001 – 7 ABR 20/00, NZA 2003, 53; 29.9.2004 – 1 ABR 30/03, NZA 2005, 123; BGH 25.10.2012 – III ZR 266/11, NZA 2012, 1382; DKKW/*Wedde* Einl. Rn. 142; GK-BetrVG/*Franzen* Rn. 73; Richardi BetrVG/*Richardi* Einl. Rn. 111ff.; WPK/*Preis* Rn. 44; *Dommermuth-Alhäuser/Heup* BB 2013, 1461 [1462]; abl. *Weng* NZA 2019, 1246; für den KBR BAG 23.8.2006 – 7 ABR 51/05, NJOZ 2007, 2862). Dabei geht es im Wesentlichen um die dem BR nach § 40 Abs. 1 u. 2 zustehenden Ansprüche (BAG 24.10.2001 – 7 ABR 20/00, NZA 2003, 53; 29.9.2004 – 1 ABR 30/03, NZA 2005, 123; vgl. ferner zu einer Vereinbarung nach § 80 Abs. 3 S. 1 BAG 13.5.1998 – 295

7 ABR 65/96, NZA 1998, 900). Der BGH geht – wegen der partiellen Rechtsfähigkeit des BR – ohne weiteres davon aus, dass der BR als Organ im Urteilsverfahren prozessfähig ist und von einem Vertragspartner auf Zahlung in Anspruch genommen werden kann (BGH 25.10.2012 – III ZR 266/11, NZA 2012, 1382).

296 Die einmal auf Grund des BetrVG entstandenen **vermögensrechtlichen Rechtspositionen des BR** gehen mit dem **Ende der Amtszeit** des BR **nicht ersatzlos unter.** Schließt sich die Amtszeit eines neuen BR an, wird dieser als Funktionsnachfolger Inhaber des Anspruchs. Der BR mit einem Übergangs- oder Restmandat bleibt Inhaber des Anspruchs (vgl. zur Funktionsnachfolge im Beschlussverfahren → Anh. 3 Rn. 43). Gibt es weder einen Funktionsnachfolger noch ein gesetzliches Übergangs- oder Restmandat des bisherigen BR, bleibt dieser in entspr. Anwendung von § 22 BetrVG, § 49 Abs. 2 BGB auch nach dem Ende seiner Amtszeit befugt, noch nicht erfüllte Kostenerstattungsansprüche gegen den ArbGeb. weiterzuverfolgen und an den Gläubiger des BR abzutreten (vgl. für den BR BAG 24.10.2001 – 7 ABR 20/00, NZA 2003, 53; vgl. für den KBR BAG 23.8.2006 – 7 ABR 51/05, NJOZ 2007, 2862).

297 Eine über das BetrVG hinausgehende **generelle Vermögensfähigkeit** des BR **kann** allerdings selbst durch Vereinbarung der Betriebsparteien **nicht geschaffen werden.** Die Betriebsparteien haben es nicht in der Hand, den BR über den durch das BetrVG gesteckten Rahmen hinaus als Vermögenssubjekt zu installieren. Der BR kann außerhalb seines gesetzlichen Wirkungskreises nicht als Rechtssubjekt Geschäfte tätigen und selbst Gläubiger oder Schuldner privatrechtlicher Forderungen werden (BAG 24.4.1986 – 6 ABR 607/83, NZA 1987, 100; 29.9.2004 – 1 ABR 30/03, NZA 2005, 123).

298 Der BR tritt bei der Wahrnehmung seiner Aufgaben häufig in **Beziehungen zu Dritten.** Außenbeziehungen mit Personen, die nicht dem Betrieb angehören, können entstehen zu Sachverständigen, Rechtsanwälten, Beauftragten von Gewerkschaften, BR anderer Betriebe und Unternehmen, zu Behörden der Arbeitsverwaltung, zu Gerichten ua. Für die Kontakte des BR zu Behörden und Gerichten bestehen häufig gesetzliche Regelungen. Der BR soll zB Stellungnahmen abgeben (Beispiele: § 17 KSchG und § 173 SGB III betr. Kurzarbeit) und er hat gem. § 89 Abs. 1 S. 2 mit den zuständigen Behörden im Bereich des Arbeitsschutzes zusammenarbeiten (→ § 89 Rn. 16ff.; BAG 3.6.2003 – 1 ABR 19/02, AP BetrVG 1972 § 89 Nr. 1; eine Zusammenstellung der einschlägigen gesetzlichen Bestimmungen findet sich bei *Plander* ArbuR 1993, 161).

299 Der BR hat auch über die gesetzlich ausdrücklich geregelten Fälle hinaus (vgl. zum Kontakt des GesBR mit BRlosen Verkaufsstellen BAG 9.12.2009 – 7 ABR 46/08, NZA 2010, 662) das Recht auf Kontakt und **Kommunikation mit außenstehenden Dritten.** Es muss sich dabei aber um die Wahrnehmung von Aufgaben handeln, die dem BR übertragen sind. Nicht zu seinen Aufgaben gehört es, von sich aus und ohne Veranlassung durch den ArbGeb. die außerbetriebliche Öffentlichkeit über „allgemein interessierende Vorgänge" des Betriebs zu unterrichten (BAG 18.9.1991 – 7 ABR 63/90, NZA 1992, 315).

300 Über die Erforderlichkeit der **Inanspruchnahme eines RA** entscheidet der BR selbst in eigener Verantwortung unter pflichtgemäßer Berücksichtigung der objektiven Gegebenheiten und Würdigung aller Umstände (BAG 20.10.1999 – 7 ABR 25/98, NZA 2000, 556; 24.10.2001 – 7 ABR 20/00, NZA 2003, 53; 19.3.2003 – 7 ABR 15/02, NZA 2003, 870). Er beauftragt den RA. Dazu muss er nicht zuvor eine Vereinbarung mit dem ArbGeb. getroffen haben (BAG 25.6.2014 – 7 ABR 70/12, NZA 2015, 629). Gleiches gilt für die Hinzuziehung eines Beraters nach § 111 S. 2 (→ § 111 Rn. 124).

301 Die **Hinzuziehung eines Sachverständigen** nach § 80 Abs. 3 erfolgt ebenfalls durch den BR (→ § 80 Rn. 86ff.). Sie bedarf aber der vorherigen Vereinbarung zwischen ArbGeb. und BR. Über diese kann der BR in einem BeschlVerf. eine arbeitsgerichtliche Entscheidung herbeiführen (BAG 19.4.1989 – 7 ABR 87/87, NZA

1989, 936; 25.7.1989 – 1 ABR 41/88, NZA 1990, 33). Zur Hinzuziehung eines Sachverständigen durch den Wahlvorstand BAG 11.11.2009 – 7 ABR 26/08, NZA 2010, 353.

Benennt der BR die **Beisitzer einer E-Stelle,** begründet dies nach § 76a Abs. 3 S. 1 deren Anspruch auf Vergütung in ihrer Tätigkeit (→ § 76a Rn. 14 mwN; GK-BetrVG/*Franzen* Rn. 74; vgl. auch → Rn. 319). 302

Umstritten ist, **ob der BR** im Rahmen der ihm durch das BetrVG zugewiesenen Aufgaben **mit Dritten im eigenen Namen wirksam Rechtsgeschäfte abschließen kann.** Teilweise wird dies – insbes. mit der Erwägung, der BR sei nicht vermögensfähig – verneint (vgl. MHdB ArbR/*Boemke* § 286 Rn. 18, der polemisch von einer „gravierenden Leseschwäche" der Gegenmeinung spricht, selbst aber kein für die Praxis tragfähiges Konzept anzubieten vermag). 303

Dagegen gehen der BGH (25.10.2012 – III ZR 266/11, NZA 2012, 1382) und ein anderer Teil des Schrifttums (Richardi BetrVG/*Richardi* Einl. Rn. 113; GK-BetrVG/*Franzen* Rn. 74; *Gutzeit* ZIP 2009, 354 [355 f.]; *Dommermuth-Alhäuser/Heup* BB 2013, 1461 [1462]; *Preis* JZ 2013, 579 [580]) zu Recht davon aus, dass der **BR auch für Rechtsgeschäfte, die er als Hilfsgeschäfte für die Erfüllung seiner gesetzlichen Aufgaben tätigt, rechtsfähig** ist. Der in diesem Fall dem BR gegenüber dem ArbGeb. zustehende Freistellungsanspruch setzt einen wirksamen Vertrag zwischen BR und dem Dritten geradezu voraus. Der Wirksamkeit des zwischen dem BR – vertreten durch seinen Vors. – und dem RA geschlossenen Vertrags steht die (weitgehende) Vermögenslosigkeit des BR nicht entgegen. Vielmehr **kann der BR im Rahmen seiner gesetzlichen Aufgaben Verbindlichkeiten deshalb eingehen, weil er über einen gesetzlichen Freistellungsanspruch gegen den ArbGeb. verfügt** (ebenso BGH 25.10.2012 – III ZR 266/11, NZA 2012, 1382). Dieser Freistellungsanspruch bildet das „Vermögen" des BR (ebenso *Reichold* Anm. zu AP BetrVG 1972 § 40 Nr. 81). Die vom BR dem Dritten versprochene (Gegen-)Leistung besteht der Sache nach darin, dem Dritten einen Anspruch gegen den ArbGeb. zu verschaffen (ebenso im Ergebnis *Bell/Helm* ArbRAktuell 2012, 39 [42]; **weitergehend aber BGH 25.10.2012** – III ZR 266/11, NZA 2012, 1382, wonach die vom BR versprochene Leistung die Zahlung ist). Dies ist dem BR rechtlich auch möglich. Er kann seinen Freistellungsanspruch gegen den ArbGeb. an den Dritten abtreten. Dadurch wandelt sich der Freistellungsanspruch in einen Zahlungsanspruch des Dritten gegenüber dem ArbGeb. um. Allerdings muss der Dritte bei Abschluss des Vertrags mit dem BR auch erkennen (können), dass der BR lediglich die Verschaffung seines Freistellungsanspruchs gegen den ArbGeb. verspricht. Der BRVors. muss daher grds. den Dritten beim Vertragsschluss entspr. aufklären. Bei der Beauftragung eines RA wird jedoch eine solche Aufklärung regelmäßig entbehrlich sein. 304

Der BR besitzt **keine Befugnis zur Vertretung der einzelnen ArbN.** Ihm fehlt daher in einem BeschlVerf. die Antragsbefugnis, wenn er ausschließlich Rechte der ArbN reklamiert (BAG 18.2.2003 – 1 ABR 17/02, NZA 2004, 336). Eine **gesetzliche Prozessstandschaft** des BR kann aber in Fällen gegeben sein, in denen das BetrVG Rechte einzelner ArbN mit kollektivem Bezug begründet, etwa nach § 82 Abs. 2 S. 2 (BAG 16.11.2004 – 1 ABR 53/03, NZA 2005, 416). 305

3. Haftung des Betriebsrats, seines Vorsitzenden und seiner Mitglieder

Die Haftung des BR aus **rechtsgeschäftlichen Verbindlichkeiten** (→ Rn. 302 ff.) ist entspr. seiner partiellen Vermögensfähigkeit auf dieses Vermögen, also regelmäßig auf den sich aus § 40 BetrVG ergebenden Freistellungsanspruch beschränkt. Diesen kann und muss der BR ggf. an den Dritten abtreten. Dadurch wandelt sich der Freistellungsanspruch in einen Zahlungsanspruch des Dritten gegen den ArbGeb. um. Eine weitergehende Haftung des BR kommt regelmäßig nicht in Betracht (vgl. GK- 306

BetrVG/*Franzen* Rn. 77; MHdB ArbR/*Boemke* § 286 Rn. 23; *Müller/Jahner* BB 2013, 440 [441]; *Dommermuth-Alhäuser/Heup* BB 2013, 1461 [1464]).

307 Auch wenn von einem gesetzlich begründeten betriebsverfassungsrechtlichen zwischen ArbGeb. und BR ausgegangen wird (vgl. → Rn. 293), lässt sich daraus keine Haftung des BR gegenüber dem ArbGeb. ableiten. Eine solche ist im BetrVG nicht vorgesehen. Sie kann auch nicht mit der (entspr.) Anwendung des § 280 Abs. 1 BGB begründet werden (GK-BetrVG/Franzen Rn. 78). Ihr steht vielmehr bereits die nur partielle Vermögensfähigkeit des BR entgegen.

308 Eine Haftung des BR für Schadensersatzansprüche aus **unerlaubter Handlung** (§§ 823 Abs. 1 u. 2, 826 BGB) scheidet regelmäßig aus. Zwar erscheint es nicht ausgeschlossen, dass der BR als Kollegialorgan durch ein Fehlverhalten den Tatbestand einer unerlaubten Handlung erfüllt. Mangels Rechtsfähigkeit ist er jedoch nicht deliktsfähig. Seine partielle Rechtsfähigkeit bezieht sich auf die ihm durch das BetrVG eingeräumten Rechtspositionen. Dazu gehört nicht die Begehung unerlaubter Handlungen. IÜ kommt eine Haftung für Schadensersatzansprüche wegen der weitgehenden Vermögenslosigkeit des BR auch praktisch nicht in Betracht (vgl. Richardi BetrVG/*Thüsing* Vor § 26 Rn. 12; *Belling* BR-Haftung S. 287 f.; ErfK/*Koch* Rn. 19; HWGNRH/*Rose* Einl. Rn. 102).

309 Eine **Haftung des BRVors.** kann nach § 179 Abs. 1 u. 2 BGB (analog) in Betracht kommen, wenn er als Vertr. des BR ohne die erforderliche Vertretungsmacht einen Vertrag schließt und dem Dritten dadurch ein Schaden entsteht. Hiervon ist nach einem Urteil des BGH v. 25.10.2012 (III ZR 266/11, NZA 2012, 1382) auch dann auszugehen, wenn der BR die Beauftragung eines Beraters nach § 111 S. 2 – Entsprechendes dürfte für die Beauftragung eines Rechtsanwalts nach § 40 Abs. 1 gelten – nicht für erforderlich halten durfte. Es dürfte aber geboten sein, die Haftung in **entspr. Anwendung des § 31a Abs. 1 bis 3 BGB** auf die Fälle zu beschränken, in denen das Fehlen der Vertretungsmacht des BRVors. oder die fehlende Erforderlichkeit auf Vorsatz oder grober Fahrlässigkeit beruht (**jedenfalls im Ergebnis aber aA BGH** 25.10.2012 – III ZR 266/11, NZA 2012, 1382, der eine über § 179 Abs. 2 u. 3 BGB hinausgehende Haftungsbeschränkung nicht für geboten erachtet; dem BGH zust. *Dzida* NJW 2013, 433; wohl auch *Richardi* RdA 2013, 317; abl. *Bell/Helm* ArbRAktuell 2012, 39 [42]; *Dommermuth-Alhäuser/Heup* BB 2013, 1461 [1462]; *Hayen* AuR 2013, 95; ErfK/*Koch* Rn. 20; *Molkenbur/Weber* DB 2014, 242 [244 f.]; *Müller/Jahner* BB 2013, 440 [443]; *Preis* JZ 2013, 579 [582]; ferner *Bergmann* NZA 2013, 57). Andernfalls würde der ehrenamtlich tätige BRVors. durch das Haftungsrisiko bei der Ausübung seiner Amtsgeschäfte unangemessen behindert (vgl. *Linsenmaier* FS *Wißmann,* 2005, 378 [391 f.]; ebenso *Dommermuth-Alhäuser/Heup* BB 2013, 1461 [1467]; *Preis* JZ 2013, 579 [583] unter Hinweis auf die in § 31a BGB zum Ausdruck kommende gesetzliche Wertung; *Müller/Jahner* BB 2013, 440 [443] wollen die Grundsätze der beschränkten ArbNHaftung heranziehen).

310 Der **BGH** meint allerdings, das Haftungsrisiko des einzelnen BR-Mitglieds sei – jedenfalls bei der seiner Entscheidung zugrunde liegenden Hinzuziehung eines Beraters nach § 111 S. 2 BetrVG – bereits dadurch hinreichend reduziert, dass die Frage, in welchem Umfang die Hinzuziehung erforderlich gewesen sei, aus der ex-ante-Sicht zu beurteilen sei, wobei dem BR ein Beurteilungsspielraum zustehe, dessen Grenzen im Interesse der Funktions- und Handlungsfähigkeit des BR nicht zu eng zu ziehen sei. Außerdem könne der BR vor der Beauftragung Rechtsrat einholen – sinnvollerweise bei dem dann beauftragten Rechtsanwalt –; im Falle eines unzutreffenden Rechtsrats werde dann seine Haftung durch den Regressanspruch gegen den beratenden Rechtsanwalt kompensiert (BGH 25.10.2012 – III ZR 266/11, NZA 2012, 1382; so wohl auch *Jaeger/Steinbrück* NZA 2013, 401 [404]). Grds. kann es sich für den BR empfehlen, die Beauftragung eines Beraters mit dem ArbGeb. auch dann abzustimmen, wenn dies – wie in den Fällen des § 40, § 111 S. 2 Hs. 1; anders ohnehin § 80 Abs. 3 – nicht geboten ist (vgl. *Jaeger/Steinbrück* NZA 2013, 401 [407]). Das hilft freilich nicht weiter, wenn der ArbGeb. seine Zustimmung verweigert (zu den –

begrenzten – Möglichkeiten, in einem solchen Fall das Risiko im Wege des einstweiligen Rechtsschutzes zu verringern, *Jaeger/Steinbrück* NZA 2013, 401 [405]).

Möglich ist auch, in dem Vertrag zwischen BR und Berater eine **persönliche Haftung des BRVors. auszuschließen** (vgl. *Dzida* NJW 2013, 433 [434]). Im Schrifttum wird ferner eine vom ArbGeb. für den BR abzuschließende und nach § 40 Abs. 1 von ihm zu finanzierende Vermögensschadenshaftpflichtversicherung angeregt (*Bergmann* NZA 2013, 57 [60f.]; *Molkenbur/Weber* DB 2014, 242 [246]; dagegen *Jaeger/Steinbrück* NZA 2013, 401 [407]; vgl. ferner *Dommermuth-Alhäuser/Heup* BB 2013, 1461 [1467]). Der bislang eher fernliegende Gedanke erscheint aufgrund der Entscheidung des BGH nicht mehr ganz abwegig. **311**

Die **Haftung der einzelnen Mitgl. des BR für rechtsgeschäftliche Verbindlichkeiten** richtet sich grds. nach den allgemeinen Regeln des Bürgerlichen Rechts (GK-BetrVG/*Franzen* Rn. 79). Danach haften RMitgl., wenn sie Verträge im eigenen Namen abschließen (GK-BetrVG/*Franzen* Rn. 79; ErfK/*Koch* Rn. 20). Allerdings ist im Regelfall davon auszugehen, dass BRMitgl. nicht den Willen haben, selbst privatrechtliche finanzielle Verpflichtungen zu übernehmen. Ein entspr. Wille muss daher ausdrücklich erklärt werden oder sich aus den Begleitumständen unzweifelhaft ergeben (BAG 24.4.1986 – 6 ABR 607/83, NZA 1987, 100). **312**

Eine Haftung der einzelnen BRMitgl. in unmittelbarer oder entsprechender Anwendung des **§ 280 Abs. 1 BGB** wegen der Verletzung von Pflichten aus einem gesetzlichen Schuldverhältnis kommt regelmäßig nicht in Betracht (MHdB ArbR/*Boemke* § 286 Rn. 25). Anders als im Verhältnis von ArbGeb. und BR (vgl. → Rn. 293) kann von einem **gesetzlichen Schuldverhältnis („Sozialrechtsverhältnis") zwischen dem ArbGeb. und den einzelnen BRMitgl.** entgegen einer im Schrifttum teilweise vertretenen Auffassung (vgl. *Heinze* ZfA 1988, 53 [72]; *v. Hoyningen-Huene* NZA 1989, 121; *Schmitt* jM 2019, 364 [368]) nicht ausgegangen werden. Dem steht nicht entgegen, dass auch die einzelnen BRMitgl. bei der Ausübung ihrer betriebsverfassungsrechtlichen Aufgaben dem Gebot des § 2 Abs. 1 unterliegen (vgl. → § 2 Rn. 17). Es fehlt für eine solche Haftung der einzelnen BRMitgl. an einer hinreichenden gesetzlichen Grundlage. Auch würden dadurch die BRMitgl. bei der Amtsausübung unangemessen behindert. **313**

Für eine analoge Anwendung der **§§ 116, 93 AktG** ist kein Raum (so aber MHdB ArbR/*Boemke* § 286 Rn. 25). Die Tätigkeit von Aufsichtsratsmitgliedern eines Unternehmens ist in mehrfacher Hinsicht mit der ehrenamtlichen Tätigkeit von BRMitgl. nicht vergleichbar. **314**

Nicht ausgeschlossen ist eine Haftung der einzelnen BRMitgl. nach **§ 823 Abs. 1 BGB** (vgl. GK-BetrVG/*Franzen* Rn. 81). Fallgestaltungen, in denen das einzelne BRMitgl. in Ausübung seines Amtes absolute Rechte des ArbGeb. oder Dritter iSv. § 823 Abs. 1 BGB verletzt, dürften allerdings selten sein. Auch dürfte es geboten sein, die Haftung in entspr. Anwendung des § 31a Abs. 1 S 1 – 3 BGB auf die Fälle von Vorsatz und grober Fahrlässigkeit zu beschränken (vgl. dazu *Preis* JZ 2013, 579 [583]; vgl. auch *Schmitt* jM 2019, 364 [369], der §§ 31a, 31b BGB zwar im Verhältnis zu den ArbN, nicht aber im Verhältnis zum ArbGeb. für entspr. anwendbar hält). **315**

In der Praxis weniger fernliegend dürften Fälle sein, in denen einzelne BRMitgl. bei der Ausübung ihrer Tätigkeit gegen **Schutzgesetze iSv. § 823 Abs. 2 BGB** verstoßen (vgl. GK-BetrVG/Franzen Rn. 82). Dies kann ggf. eine entspr. Schadensersatzpflicht begründen. Allerdings gilt es zu beachten, dass nicht etwa sämtliche Regelungen im BetrVG, die Amtspflichten normieren, Schutzgesetze iSv § 823 Abs. 2 BGB sind (vgl. GK-BetrVG/*Franzen* Rn. 82f.; Richardi BetrVG/*Thüsing* Vor § 26 Rn. 15). Als Schutzgesetz kommt insbes. § 79 (Geheimhaltungspflicht) in Betracht (→ § 79 Rn. 43; Richardi BetrVG/*Thüsing* Vor § 26 Rn. 15). Zu denken ist ferner an die Friedenspflicht (§ 74 Abs. 2; vgl. dazu *Rieble* NZA 2005, 1 [4] mwN) und solche Bestimmungen, die dem BR eine Schweigepflicht zugunsten der ArbN auferlegen, wie zB §§ 82 Abs. 3, 83 Abs. 1, 99 Abs. 1 S. 3, 102 Abs. 2 S. 5. Auch § 75 Abs. 1 ist ein Schutzgesetz iSv § 823 Abs. 2 BGB (→ § 75 Rn. 98 mwN; BAG **316**

5.4.1984 – 2 AZR 513/82, NZA 1985, 329). Die Generalklausel des § 2 Abs. 1, die letztlich Ausdruck des Grundsatzes von Treu und Glauben ist, dürfte – obwohl sie auch das einzelne BRMitgl. betrifft (→ § 2 Rn. 17) - kein Schutzgesetz iSv. § 823 Abs. 2 BGB sein. Geschädigte können der ArbGeb. oder einzelne ArbN sein. Im Übrigen erscheint es auch im Rahmen von § 823 Abs. 2 BGB geboten, die Haftung des BRMitgl. in entspr. Anwendung von § 31a Abs. 1 BGB auf Vorsatz und grobe Fahrlässigkeit zu beschränken.

317 In der fehlerhaften Inanspruchnahme von MBR durch den BR liegt regelmäßig keine Pflichtverletzung der einzelnen BRMitgl. Die BRMitgl. trifft **regelmäßig keine Einstandspflicht für ein Fehlverhalten des BRGremiums.** Besteht die unerlaubte Handlung in einer Beschlussfassung des BR, kommt eine Haftung des einzelnen BRMitgl. nach **§ 830 Abs. 1 S. 1 BGB** nur bei vorsätzlichem Mitwirken an der Verletzungshandlung in Betracht (vgl. Palandt § 830 Rn. 2).

318 Für eine Haftung nach **§ 840 Abs. 1 BGB** ist das allerdings keine Voraussetzung. Für die Anwendung dieser Vorschrift muss aber das Fehlverhalten des Gremiums dem einzelnen BRMitgl. eindeutig zurechenbar sein (vgl. Richardi BetrVG/*Thüsing* Vor § 26 Rn. 16). Dies ist nur der Fall, wenn das BRMitgl. dem BRBeschluss zugestimmt hat (GK-BetrVG/*Franzen* Rn. 85). § 830 Abs. 1 S. 2 BGB ist nicht anwendbar (GK-BetrVG/*Franzen* Rn. 85). Deutlich zu weit geht es, eine „Enthaftung" des einzelnen BRMitgl. nur dann anzunehmen, wenn dieses seiner „Gegenvorstellungspflicht" nachgekommen sei und seine Bedenken bezüglich der Rechtmäßigkeit der Entscheidung des Gremiums artikuliert habe (so aber *Schmitt* jM 2019, 364 [368f.]). Auch muss die Ursächlichkeit einer unerlaubten Handlung für den Eintritt des Schadens feststehen. Außerdem muss der ArbGeb. – schon wegen § 254 Abs. 2 BGB – von den ihm nach dem BetrVG eröffneten Abhilfemöglichkeiten Gebrauch machen. Schließlich ist auch hier zur Sicherung der persönlichen Unabhängigkeit die Deliktshaftung in entspr. Anwendung von § 31a Abs. 1 BGB auf Vorsatz und grobe Fahrlässigkeit beschränkt (vgl. Richardi BetrVG/*Thüsing* Vor § 26 Rn. 14; *Belling* BR-Haftung S. 246ff.; wohl auch *Müller/Jahner* BB 2013, 440 [443]; offen gelassen von BGH 25.10.2012 – III ZR 266/11, NZA 2012, 1382 Rn. 45).

319 Als Anspruchsgrundlage kommt ferner **§ 826 BGB iVm § 830 Abs. 1 S. 1 BGB** in Betracht (vgl. GK-BetrVG/*Franzen* Rn. 84). Eine dafür erforderliche **vorsätzliche sittenwidrige Schädigung** des ArbGeb. kann vorliegen, wenn die BRMitgl. in bewusstem und gewollten Zusammenwirken unter Verstoß gegen den Grundsatz, den ArbGeb. nicht mit unnötigen Kosten zu belasten, betriebsfremde Mitgl. in die E-Stelle entsendet (vgl. → § 76a Rn. 15; vgl. auch LAG Nürnberg 19.9.2017 – 2 TaBV 75/26, NZA-RR 2018, 28, Rechtsbeschwerde beim anhängig unter – 7 ABR 52/17, T. 19.11.2019; *Schmitt* jM 2019, 364).

320 Der **ArbGeb.** oder die **Belegschaft** haften nicht für unerlaubte Handlungen des BRGremiums (GK-BetrVG/*Franzen* Rn. 86f.). Der BR ist nicht ihr Verrichtungsgehilfe.

321 Wegen grober Verletzung der gesetzlichen Pflichten können gem. **§ 23 Abs. 1** einzelne Mitgl. aus dem BR ausgeschlossen oder dieser aufgelöst werden. Die Verletzung von Geheimnissen ist nach **§ 120** strafbar.

VI. Arbeitgeber

322 Das BetrVG kennt den ArbGeb. in einer Vielzahl von Bestimmungen als Normadressaten. Es definiert den **Begriff des ArbGeb.** nicht, sondern setzt ihn als bekannt voraus (GK-BetrVG/*Franzen* Rn. 92). „Die Suche nach dem Arbeitgeber in der Betriebsverfassung" (*Wißmann* NZA 2001, 409ff.) bereitet bisweilen Schwierigkeiten. Zu unterscheiden ist insbes. zwischen dem **Vertragsarbeitgeber** und dem **„Betriebsarbeitgeber"** (Betriebsinhaber). Diese sind nicht immer identisch. Besonders deutlich wird dies bei einem gemeinsamen Betrieb mehrerer Unternehmen und in Fällen der Arbeitnehmerüberlassung (vgl. *Wißmann* NZA 2001, 409 [410, 412]).

323 Wer der **„richtige" ArbGeb.** ist, **hängt von** dem jeweiligen **Regelungsgegenstand** ab. ArbGeb. iSv der Betriebsverfassung ist grds. die Person, die die maßgebliche Entscheidung trifft. Dies ist abhängig von der Struktur des Betriebs, der Maßnahme und dem in Betracht kommenden betriebsverfassungsrechtlichen Recht des BR oder auch des ArbN.

324 Der **Vertragsarbeitgeber** ist regelmäßig dann der „richtige" ArbGeb., wenn ausschließlich die von ihm geschuldete Leistung betroffen ist. So ist im Gemeinschaftsbetrieb für Eingruppierungen regelmäßig nicht der Betriebsarbeitgeber, sondern der Vertragsarbeitgeber zuständig (vgl. *Wißmann* NZA 2001, 409 [411]). Auch die Verhandlungen über einen Sozialplan dürften mit dem Vertragsarbeitgeber zu führen sein. Dieser ist regelmäßig auch Adressat des MBR nach § 87 Abs. 1 Nr. 10. Dasselbe gilt bei den Rechten der ArbN nach §§ 81 ff.

325 Der **Betriebsarbeitgeber** ist der „richtige" ArbGeb., wenn er die maßgeblichen Entscheidungen trifft. Im Gemeinschaftsbetrieb dürfte dies zB der Fall sein bei Einstellungen und Versetzungen nach § 99 und bei den MBR nach § 87 Abs. 1 Nr. 1, 2, 6, 7, 8 (vgl. *Wißmann* NZA 2001, 409 [411]). Bei der Einstellung von Leiharbeitnehmern folgt die Zuständigkeit des Betriebsarbeitgebers und des bei diesem errichteten BR bereits aus § 14 Abs. 3 AÜG.

326 ArbGeb. kann eine **natürliche** oder eine **juristische Person** oder auch eine **Gesamthandsgemeinschaft** (BGB-Gesellschaft, OHG, KG) sein (WPK/*Preis* Rn. 42). Nach der neueren Rspr. des BAG besitzt auch die **BGB-Außengesellschaft** beschränkte Rechtssubjektivität und kann als solche verklagt werden (BAG 1.12.2004 – 5 AZR 597/03, NZA 2005, 318).

327 Im Falle der **Insolvenz** des ArbGeb. tritt der Insolvenzverwalter betriebsverfassungsrechtlich an die Stelle des ArbGeb. Ihn treffen die betriebsverfassungsrechtlichen Pflichten des ArbGeb., zB nach §§ 111 ff. (BAG 18.11.2003 – 1 AZR 30/03, NZA 2004, 220). Aus §§ 113, 120 ff., 125 ff. InsO ergeben sich Besonderheiten. Diese werden im jeweiligen Sachzusammenhang erläutert.

328 Die **Vertr. des ArbGeb.** als betriebsverfassungsrechtlichem Organ ist im G nicht ausdrücklich geregelt. § 43 Abs. 2 (→ § 43 Rn. 28) und § 108 Abs. 2 (→ § 108 Rn. 12) sehen ausdrücklich vor, dass für den ArbGeb. auch sein Vertr. handeln kann. Dies bedeutet nicht, dass der ArbGeb. iÜ seine betriebsverfassungsrechtlichen Aufgaben nur selbst oder durch einen gesetzlichen Vertr. wahrnehmen könnte. Er kann sich vielmehr auch gegenüber dem BR durch eine an der Betriebsleitung verantwortlich beteiligte Person vertreten lassen. Die Zulässigkeit rechtsgeschäftlicher Stellvertretung richtet sich nach Art und Funktion des in Frage stehenden Beteiligungsrechts (BAG 11.12.1991 – 7 ABR 16/91, NZA 1992, 850). Der Vertr. muss daher auf jeden Fall in der Sache kompetent sein (GK-BetrVG/*Franzen* Rn. 94; WPK/*Preis* Rn. 42). Ob er als Verhandlungspartner des BR darüber hinaus auch Entscheidungsbefugnisse besitzen muss, ist von der Art des Beteiligungsrechts des BR und dem Stadium der Verhandlungen abhängig (BAG 11.12.1991 – 7 ABR 16/91, NZA 1992, 850; GK-BetrVG/*Franzen* Rn. 94; HWGNRH/*Rose* § 2 Rn. 20; **aA** WPK/*Preis* Rn. 42).

329 Eine **Vertr. durch betriebsfremde Personen** (Rechtsanwälte, Verbandsvertreter) dürfte meist unzulässig sein (MHdB ArbR/*v. Hoyningen-Huene* 3. Aufl. § 212 Rn. 11; HWGNRH/*Rose* § 2 Rn. 21; GK-BetrVG/*Franzen* § 94; DKKW/*Wedde* Einl. Rn. 158; **aA** MHdB ArbR/*Boemke* § 286 Rn. 11). Es folgt dies aus dem in § 2 Abs. 1 normierten betriebsverfassungsrechtlichen Grds. der vertrauensvollen Zusammenarbeit (→ § 2 Rn. 16 ff.), Dazu gehört auch ein respektvoller Umgang zwischen den Betriebsparteien. Damit dürfte es häufig nicht vereinbar sein, die Gespräche mit dem BR durch eine betriebsfremde Person führen zu lassen. Da § 2 Abs. 1 letztlich aber eine Ausprägung des allgemeinen Grds. von Treu und Glauben ist (vgl. BAG 28.5.2014 – 7 ABR 36/12, NZA 2014, 1213 Rn. 35), sind die Umstände des Einzelfalls entschei-

dend. Verletzt der ArbGeb. seine daraus resultierenden (Verhaltens-)Pflichten grob, kann das die Anwendung von § 23 Abs. 3 rechtfertigen.

VII. Beteiligungsrechte

1. Beteiligungsrechte der einzelnen Arbeitnehmer

330 Das G sieht in den **§§ 81–86 Individualrechte des einzelnen ArbN** gesetzlich vor. Diese Rechte werden durch das Recht auf Hinzuziehung eines BRMitgl. gestärkt (BAG 16.11.2004 – 1 ABR 53/03, NZA 2005, 416). Eine Beschwerde in den ihn betreffenden Angelegenheiten kann der einzelne ArbN entweder direkt bei der zuständigen Stelle des Betriebs (§ 84) oder über den BR (§ 85) erheben.

2. Beteiligungsrechte des Betriebsrats

331 Die Rechte der ArbNschaft sind unterschiedlich ausgeprägt und werden unter dem Oberbegriff der **„Beteiligung“** zusammengefasst. Zumeist werden vier Beteiligungsformen unterschieden: die Informationsrechte, die Anhörungs- und Vorschlagsrechte, die Beratungsrechte und die (echten) Mitbestimmungsrechte (vgl. GK-BetrVG/*Franzen* Rn. 68). Dagegen wird hier nur von einer Zweiteilung in Mitbestimmungs- und Mitwirkungsrechte ausgegangen. Das entspricht auch der Überschrift zum Vierten Teil des Gesetzes.

332 Die **Mitbestimmung** ist die stärkste Form der Beteiligung. Eine Maßnahme des ArbGeb., die der Mitbestimmung unterliegt, kann regelmäßig nur mit Zustimmung des BR getroffen werden, wobei im Streitfall die E-Stelle oder das Gericht entscheidet (vgl. §§ 87 Abs. 2, 91 S. 2, 94 Abs. 1, 95 Abs. 2, 98 Abs. 4 u. 5, 99 Abs. 4, 103 Abs. 2, 104, 112 Abs. 4). Außer in den Fällen der §§ 94 Abs. 1, 95 Abs. 2, 99 Abs. 4, 103 Abs. 2 hat der BR auch das **Initiativrecht,** dh er kann selbst verlangen und ggf. erzwingen, dass eine Regelung getroffen wird (→ § 87 Rn. 583 ff.).

333 **Mitwirkung** bedeutet Beratung und Mitsprache bei der Entscheidung des ArbGeb., deren Rechtsgültigkeit zwar nicht von der Zustimmung des BR oder dritter Stellen, wohl aber zT von der vorherigen Unterrichtung und Beteiligung des BR abhängt (vgl. §§ 80 Abs. 2, 89 Abs. 2, 90, 92, 96 Abs. 1, 97, 102 Abs. 1, 111). Diese Anhörungs-, Überwachungs- und Beratungsrechte sind von erheblicher Bedeutung. Einmal dienen sie als Grundlage für eine weitergehende Beteiligung. Außerdem erfordert das Gebot der vertrauensvollen Zusammenarbeit (§ 2 Abs. 1), dass ArbGeb. und BR bei jeder Meinungsverschiedenheit rechtzeitig verhandeln mit dem Willen, zu einer Einigung zu kommen (§ 74 Abs. 1). Die Mitwirkung des BR setzt zuallererst entspr. aufgabenbezogene Informationen durch den ArbGeb. voraus (vgl. *Schmidt* FS 100 Jahre BetrVR 2020, 683). Der BR hat einen im BeschlVerf. durchsetzbaren Anspruch auf Erfüllung dieser Informationspflichten (→ § 80 Rn. 92). Eine Verletzung von Aufklärungs- und Auskunftspflichten (dazu ausf. → § 80 Rn. 48 ff.) durch den ArbGeb. kann gem. § 121 mit Geldbußen geahndet werden.

3. Änderung der Beteiligungsrechte des Betriebsrats durch Tarifvertrag oder Betriebsvereinbarung

334 Das G enthält **Mindestbestimmungen über die Beteiligungsrechte** des BR. Der **BR kann** auf diese **nicht wirksam verzichten** (BAG 3.6.2003 – 1 AZR 349/02, NZA 2003, 1155; 8.9.2010 – 7 ABR 73/09, NZA 2011, 934; 22.8.2017 – 1 ABR 5/16 , BeckRS 2017, 136845 Rn. 25; *Joussen* RdA 2005, 31). Ebenso wenig kann die Ausübung des MBR verwirken (BAG 22.8.2017 – 1 ABR 5/16, BeckRS 2017, 136845 Rn. 25).

Der BR darf sein MBR auch **nicht** in der Weise ausüben, dass er **dem ArbGeb. das alleinige Gestaltungsrecht** über den mitbestimmungspflichtigen Tatbestand **eröffnet** (BAG 23.3.1999 – 1 ABR 33/98, NZA 1999, 1230; 3.6.2003 – 1 AZR 349/02, NZA 2003, 1155; *Joussen* RdA 2005, 31). Eine Vereinbarung, durch die der BR dem ArbGeb. im Kernbereich eines Mitbestimmungstatbestands die Letztentscheidungsbefugnis überlässt, ist unwirksam (BAG 26.4.2005 – 1 AZR 76/04, NZA 2005, 892 mwN). **335**

Nach zutreffender allgemeiner Meinung können die **Beteiligungsrechte** des BR in sozialen, personellen und wirtschaftlichen Angelegenheiten **nicht durch TV eingeschränkt werden,** sofern nicht das BetrVG selbst eine solche Möglichkeit – etwa nach Maßgabe des § 87 Abs. 1 Einleitungssatz – vorsieht (BAG 12.1.2011 – 7 ABR 34/09, NZA 2011, 1297; Richardi BetrVG/*Richardi* Einl. Rn. 138; GK-BetrVG/*Franzen* Rn. 71; DKKW/*Däubler* Einl. Rn. 81; HWGNRH/*Rose* Einl. Rn. 283; *Lerch/Weinbrenner* NZA 2011, 664; Wiedemann/*Thüsing* TVG § 1 Rn. 765). **336**

Streitig ist, ob und in welchem Umfang die **gesetzlichen Beteiligungsrechte** des BR **durch TV und BV erweitert** oder neue Beteiligungsrechte geschaffen werden können (vgl. DKKW/*Däubler* Einl. Rn. 87ff.; GK-BetrVG/*Franzen* Rn. 71; HWGNRH/*Rose* Einl. Rn. 297ff.; Richardi BetrVG/*Richardi* Einl. Rn. 138f., 144ff.; *Lerch/Weinbrenner* NZA 2011, 664 [667]). **337**

Eine **Erweiterung** der gesetzlichen MBR **durch BV** ist jedenfalls dann möglich, wenn die Grenzen der funktionalen Zuständigkeit des BR eingehalten werden, nicht in Rechte der ArbN eingegriffen wird und für den Konfliktfall Lösungswege vorgesehen sind (vgl. *Lerch/Weinbrenner* NZA 2011, 664 [665]). Als Rechtsgrundlage kommen **freiwillige BV** und auch **Regelungsabreden** in Betracht (BAG 14.8.2001 – 1 AZR 744/00, NZA 2002, 342). Da der ArbGeb. diese Vereinbarungen jederzeit kündigen kann, ohne dass Nachwirkung eintritt (vgl. § 77 Abs. 6), werden durch die Erweiterung der Beteiligungsrechte des BR Rechte des ArbGeb. nicht verletzt (vgl. Richardi BetrVG/*Richardi* Einl. Rn. 139; *Lerch/Weinbrenner* NZA 2011, 664 [665]). **338**

Eine **funktionale Zuständigkeit des BR** zum Abschluss von BV über die Erweiterung seiner Beteiligungsrechte besteht grds. in sozialen (§ 87), personellen (§§ 92ff.) und wirtschaftlichen Angelegenheiten (BAG GS 7.11.1989 – GS 3/85, NZA 1990, 816). Freiwillige BV nach § 88 können zwischen BR und ArbGeb. nicht nur über die dort aufgezählten, sondern auch über weitere Fragen geschlossen werden (→ § 88 Rn. 2; BAG 14.8.2001 – 1 AZR 744/00, NZA 2002, 342; 23.8.2016 – 1 ABR 22/14, NZA 2017, 194). Die Betriebsparteien haben innerhalb der gesetzlich vorgegebenen Grenzen (vgl. insbes. § 77 Abs. 3) eine umfassende Regelungsbefugnis hinsichtlich aller betrieblichen und betriebsverfassungsrechtlichen Fragen sowie des Inhalts, des Abschlusses und der Beendigung von ArbVerh. (BAG GS 7.11.1989 – GS 3/85, NZA 1990, 816; BAG 19.1.1999 – 1 AZR 499/98, NZA 1999, 546; 12.12.2006 – 1 AZR 96/06, NZA 2007, 453; *Linsenmaier* RdA 2008, 1 [4]). **339**

Daher können durch BV die MBR des BR in **sozialen Angelegenheiten** (§ 87) erweitert werden (→ § 87 Rn. 7; BAG 14.8.2001 – 1 AZR 744/00, NZA 2002, 342; GK-BetrVG/*Wiese* § 87 Rn. 10 mwN; *Lerch/Weinbrenner* NZA 2011, 664 [665]; **aA** HWGNRH/*Rose* Einl. Rn. 299). **340**

Auch in **personellen Angelegenheiten** (§§ 92ff.) können die MBR des BR grds. durch freiwillige BV erweitert werden (BAG 23.8.2016 – 1 ABR 22/14, NZA 2017, 194; vgl. zur Erweiterung durch TV BAG 10.2.1988 – 1 ABR 70/86, NZA 1988, 699 mwN; *Lerch/Weinbrenner* NZA 2011, 664 [667]; **aA** GK-BetrVG/*Raab* Vor § 92 Rn. 24; GK-BetrVG/*Franzen* § 87 Rn. 13; HWGNRH/*Rose* Einl. Rn. 304). Die Annahme einer auch personelle Angelegenheiten erfassenden Regelungsbefugnis der Betriebsparteien wird bestätigt durch § 28 Abs. 1, Abs. 2 S. 1 SprAUG. Die Betriebsparteien können einvernehmlich die Wochen-Frist des § 99 Abs. 3 S. 1 verlängern (BAG 16.11.2004 – 1 ABR 48/03, NZA 2005, 775). Auch eine erhebliche Fristverlängerung begegnet jedenfalls dann keinen Bedenken, wenn sie den besonderen Umständen des Einzelfalls Rechnung trägt (BAG 5.5.2010 – **341**

7 ABR 70/08, NJOZ 2010, 2612; 6.10.2010 – 7 ABR 80/09, NZA 2012, 50). Dagegen sind sie nicht befugt, die Fiktionswirkung des § 99 Abs. 3 S. 2 abzubedingen oder gar umzukehren; diese Fiktion steht nicht zu ihrer Disposition, da sie auch im Interesse der Gerichte normiert ist (BAG 18.8.2009 – 1 ABR 49/08, NZA 2010, 112; 5.5.2010 – 7 ABR 70/08, NJOZ 2010, 2612; 12.1.2011 – 7 ABR 25/09, NZA 2011, 1304; 23.8.2016 – 1 ABR 22/14, NZA 2017, 194; *Lerch/Weinbrenner* NZA 2011, 664 [667]). Die Betriebsparteien können auch durch freiwillige BV vereinbaren, dass das MBR bei einer Versetzung nicht auf die Zustimmungsverweigerungsgründe des § 99 Abs. 2 beschränkt ist; sie können aber den BR nicht von der Verpflichtung zur Nennung konkreter Zustimmungsverweigerungsgründe völlig freistellen (23.8.2016 – 1 ABR 22/14, NZA 2017, 194).

342 Die Wirksamkeit von **Kündigungen** kann nach **§ 102 Abs. 6** durch freiwillige **BV** von der Zustimmung des BR abhängig gemacht werden (→ § 102 Rn. 124 ff.). Dabei unterfällt es auch der Regelungsmacht der Betriebsparteien, ob bei Meinungsverschiedenheiten die E-Stelle verbindlich entscheiden soll (BAG 21.6.2000 – 4 AZR 379/99, NZA 2001, 271; *Lerch/Weinbrenner* NZA 2011, 664 [668]). Ebenso können sie abweichend von § 77 Abs. 6 die Nachwirkung der freiwilligen BV vereinbaren (BAG 28.4.1998 – 1 ABR 43/97, NZA 1998, 1348).

343 Auch in **wirtschaftlichen Angelegenheiten** ist eine Erweiterung der Beteiligungsrechte des BR durch freiwillige BV grds. möglich (vgl. DKKW/*Däubler* Einl. Rn. 97). Da eine solche BV nicht erzwingbar ist, wird in die unternehmerische Entscheidungsfreiheit nicht gegen den Willen des ArbGeb. eingegriffen (vgl. Richardi-*Richardi* Einl. Rn. 140). Die Betriebsparteien können daher zB den Katalog des § 111 S. 3 erweitern (*Lerch/Weinbrenner* NZA 2011, 664 [667]).

344 Ebenso ist die **Schaffung und Erweiterung von MBR durch TV** grds. zulässig (vgl. insbes. BAG 18.8.1987 – 1 ABR 30/86, NZA 1987, 779; 10.2.1988 – 1 ABR 70/86, NZA 1988, 699; 31.1.1995 – 1 ABR 35/94, NZA 1995, 1059; 24.8.2004 – 1 ABR 28/03, NZA 2005, 371).

345 In einem **gesetzlich ungeregelten Bereich** können **durch TV auch eigene Vertretungsstrukturen** geschaffen und die **Vertr. mit Beteiligungsrechten ausgestattet** werden. Daher können durch TV in reinen Ausbildungsbetrieben Auszubildendenvertretungen errichtet und diesen vom BetrVG abweichende Zuständigkeiten und Beteiligungsrechte zuerkannt werden (BAG 24.8.2004 – 1 ABR 28/03, NZA 2005, 371).

346 Auch in dem **durch das BetrVG geregelten Bereich** ist eine Erweiterung der Mitbestimmung des BR durch TV möglich (vgl. eingehend BAG 10.2.1988 – 1 ABR 70/86, NZA 1988, 699). **Nach § 1 Abs. 1 TVG kann** der **TV normativ** (vgl. § 4 Abs. 1 S. 2 TVG) **betriebsverfassungsrechtliche Fragen regeln.** Es genügt insoweit die Tarifbindung des ArbGeb. (§ 3 Abs. 2 TVG). Der TV kann demnach dem BR auch über das BetrVG hinaus betriebsverfassungsrechtliche Rechtspositionen einräumen. § 1 Abs. 1 und § 3 Abs. 2 TVG sind durch das BetrVG 1972 nicht eingeschränkt worden. Das geschah in Kenntnis der Tatsache, dass das BAG schon zum BetrVG 1952 die Erweiterung der Beteiligungsrechte durch TV für zulässig gehalten hatte (BAG 12.10.1955 – 1 ABR 13/54, AP BetrVG § 56 Nr. 1). Außerdem weist das BetrVG ausdrücklich darauf hin, dass die Aufgaben der Koalitionen unberührt bleiben (§ 2 Abs. 3). Das BetrVG ist ArbNSchutzrecht. Schutzrechte sind in der Regel einseitig zwingender Natur. Das gilt für alle Beteiligungsrechte. Ein Umkehrschluss aus einzelnen Bestimmungen des BetrVG, die ausdrücklich eine Abänderung von Bestimmungen durch TV gestatten, ist nicht möglich, da diese Bestimmungen (§§ 3, 38 Abs. 1, 47 Abs. 4, 55 Abs. 4, 117) nur Wahl und Organisation des BR betreffen (BAG 10.2.1988 – 1 ABR 70/86, NZA 1988, 699).

347 Eine Erweiterung der gesetzlichen MBR des BR durch TV kommt insbes. in **sozialen Angelegenheiten** (§ 87) in Betracht (→ § 87 Rn. 8; BAG 18.8.1987 – 1 ABR 30/86, NZA 1987, 779; GK-BetrVG/*Wiese* § 87 Rn. 11 mwN; DKKW/*Däubler* Einl. Rn. 90; *Weyand* ArbuR 1989, 201; Wiedemann/*Oetker* TVG § 1

Rn. 251 mit Einschränkungen; *Beuthien* ZfA 1986, 131 [139]; *Lerch/Weinbrenner* NZA 2011, 664 [665]; **aA** HWGNRH/*Rose* Einl. Rn. 302; Richardi BetrVG/*Richardi* Einl. Rn. 146ff.). Entsprechendes muss auch für die Fragen der **menschengerechten Gestaltung der Arbeit** gelten, die ihrem Gehalt nach soziale Fragen sind (§§ 90, 91); hier kann der TV insbes. die Fälle konkretisieren, in denen der BR das MBR nach § 91 ausüben kann, aber auch „angemessene Maßnahmen" zur Abwendung, Milderung oder zum Ausgleich besonderer negativer Belastungen vorsehen (vgl. *Beuthien* ZfA 1986, 131 [144]). Die Nachwirkung derartiger TV nach § 4 Abs. 5 TVG kann allerdings – insbes. im Falle des Verbandsaustritts des ArbGeb. – zu erheblichen Schwierigkeiten führen.

348 In **personellen Angelegenheiten** (§§ 92ff.) ist eine Erweiterung der MBR des BR durch TV jedenfalls dann zulässig, wenn nicht in Rechtspositionen der ArbN eingegriffen wird und im Streitfall die E-Stelle entscheidet (BAG 10.2.1988 – 1 ABR 70/86, NZA 1988, 699 mwN; *Lerch/Weinbrenner* NZA 2011, 664 [667]; NK-TVG/*Hensche/Heuschmid* TVG § 1 Rn. 822ff.; **aA** GK-BetrVG/*Raab* Vor § 92 Rn. 19ff.; HWGNRH/*Rose* Einl. Rn. 305). Auch kann durch TV die Wirksamkeit einer **Kündigung** von der Zustimmung des BR abhängig gemacht werden (→ § 102 Rn. 132 mwN; BAG 17.6.2000 – 4 AZR 379/99, NZA 2001, 271; *Lerch/Weinbrenner* NZA 2011, 664 [668]).

349 In **wirtschaftlichen Angelegenheiten** wird die Zulässigkeit einer Erweiterung der Beteiligungsrechte des BR durch TV überwiegend verneint (HWGNRH/*Rose* Einl. Rn. 309ff.; *Beuthien* ZfA 1986, 131 [141ff.]; **aA** *Lerch/Weinbrenner* NZA 2011, 664, 667; diff. GK-BetrVG/*Oetker* Vor § 106 Rn. 12ff..; vgl. auch DKKW/*Däubler* Rn. 90ff.). Dies erscheint nicht zwingend. Der Umstand, dass durch derartige TV die unternehmerische Entscheidung tangiert ist, führt allein noch nicht zu ihrer Unzulässigkeit. TV sind Teil kollektiver Privatautonomie. Deren Betätigung rechtfertigt grds. auch freiwillige Einschränkungen der unternehmerischen Freiheiten (ebenso *Lerch/Weinbrenner* NZA 2011, 664 [669]). (Verfassungsrechtliche) Grenzen, welche die Gerichte ggf. wegen der Schutzpflichtfunktion der Grundrechte zu beachten haben, können dort liegen, wo die unternehmerische, durch Art. 12 GG geschützte Freiheit als solche beseitigt wird. Dies dürfte nicht ohne weiteres der Fall sein, wenn Betriebsänderungen der zwingenden Mitbestimmung unterworfen und der Weg zur E-Stelle eröffnet wird.

350 Die in §§ 81ff. geregelten **Individualrechte der ArbN** können ebenfalls durch BV und TV erweitert werden (ebenso HWGNRH/*Rose* Einl. Rn. 286, 288).

VIII. Betriebsverfassungsrecht als Privatrecht

351 Das **BetrVR** gehört zum **Privatrecht,** nicht zum öffentlichen Recht (GK-BetrVG/*Wiese* Einl. Rn. 89ff.). Es beruht auf dem Grundsatz der Gleichordnung (Richardi BetrVG/*Richardi* Einl. Rn. 129ff.; GK-BetrVG/*Wiese* Einl. Rn. 88; DKKW/*Däubler* Einl. Rn. 69; *Söllner* § 19 III; MHdB ArbR/*Boemke* § 283 Rn. 16). Weder ist im Rahmen der BetrVerf. der ArbGeb. dem BR übergeordnet noch umgekehrt. Sie sind vielmehr gleichgestellte Verfassungsorgane des Betriebs. ArbGeb. und BR üben keine öffentlich-rechtlichen Funktionen aus.

352 **BV,** welche die Betriebsparteien schließen, **wirken allerdings** nach § 77 Abs. 4 S. 1 **normativ** und gelten für die ArbVerh. der im Betrieb beschäftigten ArbN unmittelbar und zwingend. Dadurch ist auch die Rechtsstellung der ArbN betroffen. Gleichwohl rechnet die hM das BetrVR systematisch zu Recht dem Privatrecht zu (BAG 12.11.2002 – 1 AZR 58/02, NZA 2003, 1287).

IX. Auslegung des Gesetzes

353 Die Auslegung des BetrVG folgt den **allgemeinen Regeln über die Auslegung von Gesetzen** (vgl. zur „Auslegung und Analogie in der Betriebsverfassung" *Kreft* FS 100 Jahre BetrVR 2020, 369). Sie hat sich zunächst am Wortlaut und dem durch ihn vermittelten Wortsinn zu orientieren. Darüber hinaus kommt es auf die Systematik und den Zweck des Gesetzes an. Die gesetzlichen Bestimmungen sind möglichst verfassungskonform auszulegen. Von ständig zunehmender Bedeutung ist auch das Gebot der gemeinschaftsrechtskonformen Auslegung. Die nationalen Gerichte sind insbes. verpflichtet, das innerstaatliche Recht nach Möglichkeit so auszulegen, dass keine Kollision mit europäischen Richtlinien eintritt, sondern deren Ziele erreicht werden (stRspr des EuGH, vgl. insbes. 5.10.2004 – C-397/01, NZA 2004, 1145 – Pfeiffer mwN).

354 Da das BetrVG als ArbNSchutzrecht die Alleinentscheidungsbefugnis des ArbGeb. durch Mitbestimmungs- und Mitwirkungsrechte der ArbN begrenzen will (→ Rn. 2), ist es **im Zweifel „mitbestimmungsfreundlich"** auszulegen. Dies rechtfertigt sich auch aus dem in § 2 Abs. 1 normierten Grundsatz der vertrauensvollen Zusammenarbeit.

355 Das BetrVG schützt die ArbN mit kollektivrechtlichen Mitteln. Einzelne Vorschriften sind jedoch als **Schutzgesetze** zu Gunsten der einzelnen ArbN des Betriebs anzusehen, zB die §§ 20, 74 Abs. 2, 75 Abs. 1 u. 2, 78 (BAG 9.6.1982 – 4 AZR 766/79, AP BPersVG § 107 Nr. 1). **Individuelle Rechte** gewähren dem einzelnen ArbN zB die §§ 81–85, 102 Abs. 3, 113. Im Allgemeinen wirkt das BetrVG nur reflexartig auf das Einzelarbeitsverhältnis ein, zB durch Nichtigkeit einseitiger Maßnahmen des ArbGeb. im Bereich des § 87 wegen fehlender Zustimmung des BR (sog. Theorie der Wirksamkeitsvoraussetzung).

X. Betriebsratsfähiger Betrieb

356 Hinsichtlich der im Betrieb beschäftigten ArbN stellt das G für die Bildung eines BR **zwei Voraussetzungen** auf:

a) Im Betrieb müssen in der Regel mindestens fünf ständige wahlberechtigte ArbN (§ 7) beschäftigt werden.
b) Von den fünf ständigen wahlberechtigten ArbN müssen mindestens drei wählbar (§ 8) sein.

357 Das hat zur Folge, dass ein BR nicht zu errichten ist, wenn in der Regel **weniger als fünf ständige wahlberechtigte ArbN** beschäftigt werden, oder wenn zwar fünf und mehr ArbN dieser Art beschäftigt werden, aber nur ein oder zwei ArbN wählbar sind.

358 **Sinkt** während der Wahlperiode **die Zahl** der ständigen wahlberechtigten ArbN nicht nur vorübergehend unter 5, so dass der Betrieb nunmehr „in der Regel" weniger als die in § 1 geforderte Mindestzahl an ständigen wahlberechtigten ArbN beschäftigt, so endet damit mangels eines betriebsratspflichtigen Betriebs das Amt des BR (BAG 7.4.2004 – 7 ABR 41/03, NZA 2005, 311; GK-BetrVG/*Franzen* Rn. 106; HWGNRH/*Rose* Rn. 87; WPK/*Preis* Rn. 54). Verringert sich die Zahl der wählbaren ArbN auf unter 3, hat dies allein auf den Bestand des BR keinen Einfluss (HWGNRH/*Rose* Rn. 89; GK-BetrVG/*Franzen* Rn. 106). Das Amt des BR endet auch, wenn der ArbGeb. die Voraussetzung für den Wegfall des BR durch Entlassung von ArbN gezielt herbeiführt, etwa um einen ihm unbequemen BR auszuschalten (GK-BetrVG/*Franzen* Rn. 106).

359 Eine informative Zusammenstellung der **Bedeutung der Betriebsgröße für die Bildung betriebsverfassungsrechtlicher Organe** und deren Rechte und Pflichten findet sich bei *Pulte* BB 2005, 549 ff. Wer ArbN iSv § 1 ist, bestimmt § 5. Das kön-

nen auch Teilzeitbeschäftigte sein. Nicht mitzuzählen sind die leitenden Ang., da das G auf sie keine Anwendung findet (→ § 5 Rn. 347ff.).

Der sich in vielen Vorschriften (zB §§ 99 Abs. 1, 106 Abs. 1, 110 Abs. 1, 111 S. 1, 115 Abs. 1 u. 2, 116 Abs. 2; vgl. auch § 1 Abs. 1 Nr. 2 MitbestG) wiederholende Begriff **„in der Regel"** geht von der Beschäftigtenzahl des Betriebs oder Unternehmens im regelmäßigen im Gegensatz zu einem nur vorübergehenden Zustand aus. Die regelmäßige ArbNZahl kann nicht durch einfaches Abzählen ermittelt werden. Maßgebend ist die Zahl der ArbN, die für den Betrieb oder das Unternehmen im Allgemeinen kennzeichnend ist (BAG 16.11.2004 – 1 AZR 642/03, NJOZ 2005, 4140). Dabei hat eine vorübergehende Erhöhung der Personalstärke infolge außergewöhnlichen Arbeitsanfalls ebenso außer Betracht zu bleiben wie eine vorübergehende Verringerung der Belegschaft wegen eines zeitweiligen Arbeitsrückgangs (BAG 16.4.2003 – 7 ABR 53/02, NZA 2003, 1345). **360**

Zur Feststellung der Zahl der in der Regel beschäftigten ArbN bedarf es eines **Rückblicks** auf die Vergangenheit, aber auch einer **Prognose** zur künftigen Entwicklung (BAG 16.4.2003 – 7 ABR 53/02, NZA 2003, 1345 mwN; 16.11.2004 – 1 AZR 642/03, NJOZ 2005, 4140). Es ist also festzustellen, wie viel ArbN, abgesehen von Zeiten außergewöhnlicher Arbeitshäufung (Abschlussarbeiten, Weihnachtsgeschäft) oder eines vorübergehenden Arbeitsrückgangs (Reise- oder Urlaubszeit), im Allgemeinen im Betrieb beschäftigt werden. Es kommt auf den im größten Teil des Jahres bestehenden normalen Zustand an (BAG 16.11.2004 – 1 AZR 642/03, NJOZ 2005, 4140). Das braucht keineswegs die Durchschnittszahl der ArbN zu sein. Denn diese Zahl stellt das Mittel zwischen der höchsten und der niedrigsten ArbNZahl dar, während es sich bei der Zahl der „in der Regel" Beschäftigten um die Zahl der ArbN handelt, die in dem während des größten Teils des Jahres bestehenden „normalen", also regelmäßigen Zustand üblicherweise beschäftigt werden. Werden ArbN nicht ständig, sondern lediglich zeitweilig beschäftigt, kommt es für die Frage der regelmäßigen Beschäftigung darauf an, ob sie normalerweise während des größten Teils eines Jahres beschäftigt werden (BAG 16.11.2004 – 1 AZR 642/03, NJOZ 2005, 4140 mwN). **361**

Teilzeitbeschäftigte sind voll mitzuzählen. **Beurlaubte, kranke** und ArbN, die ihren **Wehrdienst** oder **Zivildienst** leisten, zählen ebenfalls mit; die ArbN, die vorübergehend zur Vertr. dieser ArbN tätig sind, werden aber nicht berücksichtigt. ArbN in **Mutterschutz:** ja (BAG 19.7.1983 – 1 AZR 26/82, AP BetrVG 1972 § 113 Nr. 23); ArbN in **Elternzeit:** ja, wenn die Zahl der ArbN vor und nach der Elternzeit unverändert ist (BAG 31.1.1991 – 2 AZR 356/90, NZA 1991, 562). Die zu ihrer **Berufsausbildung** Beschäftigten zählen zu den ArbN, auch Praktikanten, Umschüler, Volontäre. Für ArbN in **Altersteilzeit** gilt: Bei echter Altersteilzeit (Teilzeit während der gesamten Dauer der Altersteilzeit) zählen diese ArbN mit (*Rieble/Gutzeit* BB 1998, 643), bei Altersteilzeit im Blockmodell zählen sie in der zweiten Hälfte nicht mehr mit, sie sind endgültig aus dem Betrieb ausgeschieden (BAG 16.4.2003 – 7 ABR 53/02, NZA 2003, 1345). Nicht zu berücksichtigen sind die Helfer im freiwilligen sozialen Jahr (BAG 12.2.1992 – 7 ABR 42/91, NZA 1993, 334). **362**

Im Entleiherbetrieb regelmäßig beschäftigte **Leiharbeitnehmer** sind gemäß **§ 14 Abs. 2 S. 4 AÜG** zu berücksichtigen (auch → Rn. 31). Die sog **Ein-Euro-Jobber** sind keine ArbN iSd BetrVG (*Engels* NZA 2007, 8). Nach § 16 Abs. 7 S. 2 SGB II begründen die Arbeiten, welche diese erwerbsfähigen Hilfebedürftigen im öffentlichen Interesse verrichten, kein ArbVerh. im Sinne des Arbeitsrechts. Die Ein-Euro-Jobber erfüllen daher nicht die Voraussetzungen des § 5. Bei ihrer Eingliederung in den Betrieb hat aber der BR nach § 99 mitzubestimmen (BAG 2.10.2007 – 1 ABR 60/06, NZA 2008, 244; *Zwanziger* ArbuR 2005, 8 [14]; *Süllwold* ZfPR 2005, 82ff.). **363**

Es kommt nicht darauf an, ob der Betrieb diese Zahl von ArbN gerade auch im **Zeitpunkt** der Einleitung der Wahl oder der mitbestimmungsrelevanten Maßnahme beschäftigt. Beträgt daher die Zahl der in der Regel beschäftigten ständigen wahlbe- **364** rechtigten ArbN eines Betriebs 6, sind aber im Zeitpunkt der Einleitung der Wahl nur 4 ständige ArbN vorhanden, von denen 3 wählbar sind, ist ein BR gleichwohl zu errichten.

365 Bei **reinen Kampagnebetrieben,** die überhaupt nur während eines Teils des Jahres arbeiten, ist die regelmäßige Zahl der ArbN während dieser Zeit maßgebend (BAG 16.11.2004 – 1 AZR 642/03, NJOZ 2005, 4140; Richardi BetrVG/*Richardi/Maschmann* Rn. 134; GK-BetrVG/*Franzen* Rn. 104; HWGNRH/*Rose* Rn. 86). Hat jedoch ein während des ganzen Jahres laufender Betrieb für einige Monate einen Bedarf an zusätzlichen Arbeitskräften (Saisonbetrieb), so rechnen diese ArbN nicht zu den ständigen ArbN (BAG 16.11.2004 – 1 AZR 642/03, NJOZ 2005, 4140). Etwas anderes gilt wiederum, wenn die Saison den größeren Teil des Jahres dauert, zB in Kurorten (BAG 12.10.1976 – 1 ABR 1/76, AP BetrVG 1972 § 8 Nr. 1: mindestens sechs Monate im Jahr; Richardi BetrVG/*Richardi/Maschmann* Rn. 135).

366 Der Begriff der „in der Regel" Beschäftigten ist ein **unbestimmter Rechtsbegriff.** Das Revisionsgericht kann daher nur prüfen, ob das Berufungsgericht den unbestimmten Rechtsbegriff richtig erkannt, bei der Subsumtion beibehalten, nicht gegen Denkgesetze und allgemeine Erfahrungssätze verstoßen und alle erheblichen Umstände berücksichtigt hat (BAG 16.11.2004 – 1 AZR 642/03, NJOZ 2005, 4140).

367 Voraussetzung für die Errichtung eines BR ist, dass in der Regel fünf ständige wahlberechtigte (hierzu § 7) ArbN beschäftigt werden. Der **Begriff „ständig"** bezieht sich auf die zu erfüllende Arbeitsaufgabe, mit der ein ArbN auf unbestimmte, zumindest längere Zeit beschäftigt wird (LAG Hmb 19.7.2018 – 1 TaBV 2/18, Juris Rn. 33; Richardi BetrVG/*Richardi/Maschmann* Rn. 125). Dabei dürfen im Hinblick auf das Gebot einer effektiven Interessenvertretung die Anforderungen an die voraussichtl. Dauer der zu erfüllenden Arbeitsaufgabe nicht überspannt werden. Es bietet sich an, den Begriff „ständig" als Gegenstück zu „vorübergehend" zu verstehen. Diesen Begriff hat der Gesetzgeber in § 1 Abs. 1 S. 4, Abs. 1b S. 1 AÜG auf 18 Monate festgelegt. Dies gilt zwar unmittelbar nur für den Bereich der ArbNÜberlassung. Es erscheint aber gut vertretbar, ArbN, die mit Aufgaben von voraussichtl. mehr als 18 Monaten beschäftigt werden, grundsätzlich als „ständige" ArbN iSv. § 1 Abs. 1 S. 1 anzusehen (vgl. LAG Hmb 19.7.2018 – 1 TaBV 2/18, Juris Rn. 33). Auch ein neu Eingestellter kann ständiger ArbN sein, wenn er für eine in diesem Sinne nicht nur vorübergehende Zeit in den Betrieb eingegliedert werden soll. Das gilt auch bei Vereinbarung einer Probezeit (Richardi BetrVG/*Richardi/Maschmann* Rn. 127) oder der vorübergehenden Besetzung des ständigen Arbeitsplatzes mit LeihArbN (→ § 5 Rn. 241 ff.) oder mit befristet eingestellten ArbN auf einem ständigen Arbeitsplatz.

368 Den Gegensatz zum ständigen ArbN bildet der von vornherein nur vorübergehend beschäftigte ArbN, der im Hinblick auf die ihm zugewiesenen Arbeitsaufgaben nur für eine begrenzte Zeit dem Betrieb angehören soll wie **Aushilfen, Saisonarbeiter** (Richardi BetrVG/*Richardi/Maschmann* Rn. 135).

369 Der Begriff **„ständig"** stellt nicht auf die Arbeitszeit ab. Auch der nur **teilzeitbeschäftigte** (etwa nur halbtägig beschäftigte) ArbN ist ein „ständiger" ArbN, wenn die Beschäftigung für unbestimmte Zeit vorgesehen ist (vgl. Richardi BetrVG/*Richardi/Maschmann* Rn. 129).

370 Im Entleiherbetrieb beschäftigte **LeihArbN** zählen nach dem zum 1.4.2017 in Kraft getretenen **§ 14 Abs. 2 S. 4 AÜG** bei den Schwellenwerten – zB der §§ 9, 38, 111 – mit (→ Rn. 31; zur bisherigen Rspr. BAG 18.10.2011 – 1 AZR 335/10, NZA 2012, 221; 13.3.2013 – 7 ABR 69/11, NZA 2013, 789; 18.1.2017 – 7 ABR 60/15, NZA 2017, 865; vgl. auch *Linsenmaier/Kiel* RdA 2014, 135). Ausdrücklich ausgenommen ist nur § 112a. Die Prüfung, ob die LeihArbN im konkreten Einzelfall zu den „in der Regel" beschäftigten ArbN gehören, erübrigt sich durch die gesetzliche Neuregelung nicht (vgl. BAG 2.8.2017 – 7 ABR 51/15 Rn. 34).

371 Von fünf ständigen ArbN müssen **mindestens drei wählbar** sein (vgl. § 1). Bei sehr vielen wahlberechtigten, aber nicht wählbaren Leiharbeitnehmern ist § 11 zu beachten. Das Erfordernis von drei ständigen wählbaren ArbN bedeutet nicht, dass nur diese gewählt werden können. Sind nicht ständige, aber wählbare ArbN im Betrieb, so können auch sie gewählt werden (Richardi BetrVG/*Richardi/Maschmann* Rn. 132).

Der **tatsächlichen Durchsetzung der Errichtung des BR** dienen zahlreiche Vorschriften, die die Bildung und das Tätigwerden eines Wahlvorst. gewährleisten (§§ 16 ff.) und die unbehinderte Wahl sichern (§ 20) sollen. Hierzu gehören auch die Bestimmungen über das vereinfachte Wahlverf. in Klein- und Mittelbetrieben (§ 14a), die Möglichkeiten der Gewerkschaften (§§ 14, 14a, 16 u. 17), der Kündigungsschutz von Mitgl. des Wahlvorst., der Wahlbewerber und der ArbN, die die Initiative zur Wahl eines BR ergreifen (§ 103, § 15 Abs. 2–3a KSchG). Diese Bestimmungen sind so auszulegen, dass die Bildung des BR erleichtert wird (BAG 14.12.1965 – 1 ABR 6/65, AP BetrVG § 16 Nr. 5). Eine Behinderung der Wahl wird nach § 119 Abs. 1 Nr. 1, Abs. 2 auf Antrag ua des Wahlvorstandes, des Unternehmers oder einer im Betrieb vertretenen Gewerkschaft strafrechtlich verfolgt. 372

Eine ordnungsgemäße Wahl setzt bei der Wahlbeteiligung **kein bestimmtes Mindestquorum** voraus. Eine geringe Wahlbeteiligung schwächt allerdings – wie bei jeder Wahl – die demokratische Legitimation des gewählten Organs. Die Rechte des BR werden dadurch aber nicht gemindert. 373

Ein **Sprecherausschuss** wird dagegen nach (§ 7 Abs. 2 S. 4 SprAuG nur gewählt, wenn dies die Mehrheit der leitenden Ang. des Betriebs in einer Verslg. oder durch schriftliche Stimmabgabe verlangt. 374

Ein BR ist **auch** dann zu errichten, **wenn** sich eine **Mehrheit** der ArbN **dagegen** ausgesprochen hat. Allerdings müssen ein etwa vorhandener GesBR oder KBR oder mindestens drei wahlberechtigte ArbN oder eine im Betrieb vertretene Gewerkschaft die Wahl gem. § 17 Abs. 1 oder Abs. 3 initiieren. Eine gerichtliche Notbestellung wie beim AR ist nicht vorgesehen. 375

Wird kein BR errichtet, bleibt der Betrieb grds. vertretungslos. Im Rahmen seiner originären Zuständigkeit ist aber nach § 50 Abs. 1 S. 2 Hs. 2 ein etwa errichteter **GesBR** auch **für** den **BRlosen Betrieb zuständig** (→ § 50 Rn. 29 ff.). 376

XI. Streitigkeiten

Die Abgrenzung des Betriebs ist für die Errichtung eines BR von entscheidender Bedeutung. Bei Zweifeln über das Vorliegen einer betriebsratsfähigen Organisationseinheit können daher gem. § 18 Abs. 2 der ArbGeb., jeder beteiligte BR, jeder beteiligte Wahlvorstand oder eine im Betrieb vertr. Gewerkschaft unabhängig von einer konkret anstehenden Wahl im BeschlVerf. eine gerichtliche Klärung herbeiführen (vgl. iE → § 18 Rn. 53 ff.). **Zu Einzelheiten des BeschlVerf.** vgl. insbes. **Anh. 3.** 377

Wird bei einer BRWahl der **Betriebsbegriff verkannt,** ist die Wahl nach § 19 anfechtbar. Die Verkennung des Betriebsbegriffs führt dagegen nicht ohne weiteres zur Nichtigkeit der Wahl. Nur wenn der Betriebsbegriff offensichtlich verkannt wurde, kommt eine Nichtigkeit der Wahl in Betracht (BAG 13.3.2013 – 7 ABR 70/11, NZA 2013, 738). Ansonsten bleibt der unter Verkennung des Betriebsbegriffs gewählte BR bis zur rechtskräftigen Feststellung der Anfechtbarkeit der Wahl im Amt. 378

Entscheidungen nach § 18 Abs. 2 über das Vorliegen einer betriebsratsfähigen Einheit entfalten für spätere Verfahren **Bindungswirkung** (BAG 19.11.2003 – 7 ABR 25/03, AP BetrVG 1972 § 19 Nr. 55). Solange eine rechtskräftige Entscheidung nach § 18 Abs. 2 nicht ergangen ist, kann das Bestehen eines Betriebs und die Zuordnung von Betriebsteilen als **Vorfrage in anderen Rechtsstreitigkeiten** mit Wirkung für den jeweils konkreten Streitfall geprüft und entschieden werden (BAG 3.12.1985 – 1 ABR 29/84, NZA 1986, 334). 379

An einem **BeschlussVerf. über** die **MBR** des BR bei der Ausübung der betrieblichen Leitungsmacht sind **in** einem **Gemeinschaftsbetrieb** alle zur gemeinsamen 380

Betriebsführung verbundenen Unternehmen beteiligt (BAG 15.5.2007 – 1 ABR 32/06, NZA 2007, 1240).

§ 2 Stellung der Gewerkschaften und Vereinigungen der Arbeitgeber

(1) **Arbeitgeber und Betriebsrat arbeiten unter Beachtung der geltenden Tarifverträge vertrauensvoll und im Zusammenwirken mit den im Betrieb vertretenen Gewerkschaften und Arbeitgebervereinigungen zum Wohl der Arbeitnehmer und des Betriebs zusammen.**

(2) **Zur Wahrnehmung der in diesem Gesetz genannten Aufgaben und Befugnisse der im Betrieb vertretenen Gewerkschaften ist deren Beauftragten nach Unterrichtung des Arbeitgebers oder seines Vertreters Zugang zum Betrieb zu gewähren, soweit dem nicht unumgängliche Notwendigkeiten des Betriebsablaufs, zwingende Sicherheitsvorschriften oder der Schutz von Betriebsgeheimnissen entgegenstehen.**

(3) **Die Aufgaben der Gewerkschaften und der Vereinigungen der Arbeitgeber, insbesondere die Wahrnehmung der Interessen ihrer Mitglieder, werden durch dieses Gesetz nicht berührt.**

Inhaltsübersicht

I. Vorbemerkung

1 Die Vorschrift regelt in Abs. 1 iVm der Sonderbestimmung des § 74 die **Zusammenarbeit** zwischen **ArbGeb., BR, Gewerkschaften** und **ArbGebVerbänden im Betrieb** (→ Rn. 15 ff.). Abs. 2 regelt die **Zugangsrechte der Gewerkschaften** (→ Rn. 60 ff.). Nach Abs. 3 bleiben die **Aufgaben der Koalitionen** unberührt (→ Rn. 80 ff.).

2 Abs. 1 enthält die **allgemeinen, tragenden Grundsätze der Zusammenarbeit** zwischen ArbGeb. und BR. Er verdeutlicht, dass das BetrVG nicht von einem Konfrontations- sondern von einem Kooperationsmodell ausgeht (VerfG 1.3.1979 – 1 BvR 522/77 ua, NJW 1979, 593; *Freckmann/Koller-van Delden* BB 2006, 490 [491]). Seine Grundsätze sind **Generalklauseln** mit unmittelbarer rechtlicher Wirkung (vgl. GK-BetrVG/*Franzen* Rn. 5). Mitwirkungs- und Mitbestimmungsrechte, die das G nicht vorsieht, werden dadurch aber nicht begründet (GK-BetrVG/*Franzen* Rn. 5). Die Grundsätze werden für die Entscheidungen der E-Stelle in § 76 Abs. 5

S. 3 und § 112 Abs. 5 konkretisiert. Auch weitere Vorschriften wie §§ 75, 80 Abs. 1 Nr. 1, 90 S. 2, 96 verdeutlichen die Zielrichtung der Zusammenarbeit.

Eine **Zusammenarbeit zwischen BR und Sprecherausschuss** (vgl. zu dessen Rechtsstellung → § 1 Rn. 9, zu seinen Aufgaben → § 5 Rn. 448 ff. sowie insges. *Hromadka/Sieg* SprAuG 3. Aufl. 2014; ErfK/*Oetker* SprAuG) ist weder im BetrVG noch im SprAuG vorgeschrieben. Nach § 2 Abs. 2 S. 3 SprAuG soll aber einmal im Kalenderjahr eine gemeinsame Sitzung des Sprecherausschusses und des BR stattfinden. Außerdem kann der Sprecherausschuss gem. § 2 Abs. 2 S. 1 SprAuG dem BR oder Mitgl. des BR das Recht einräumen, an seinen **Sitzungen** teilzunehmen. Dies gilt nach § 2 Abs. 2 S. 2 SprAuG auch umgekehrt. Die gemeinsamen Sitzungen und die Teilnahme an Sitzungen des jeweils anderen Organs sollen die Zusammenarbeit erleichtern und Konfrontationen verhindern. 3

Eine Zusammenarbeit kommt in Betracht bei **übereinstimmenden,** aber auch bei **widerstreitenden Interessen.** Gemeinsame Interessen können zB in Fragen der Arbeitszeit, des Urlaubs, der Nutzung von Sozialeinrichtungen und der Lohngestaltung bestehen. 4

Nach § 2 Abs. 1 S. 2 SprAuG ist der ArbGeb. verpflichtet, vor Abschluss einer BV oder sonstigen Vereinbarung mit dem BR, die rechtliche Interessen der leitenden Ang. berührt, den **Sprecherausschuss** rechtzeitig **anzuhören.** Das SprAuG räumt dem Sprecherausschuss aber nicht das Recht ein, Einfluss auf den Inhalt der Vereinbarungen zwischen ArbGeb. und BR zu nehmen. 5

Eine entspr. **Anhörungspflicht** des ArbGeb. gegenüber dem BR ist im BetrVG nicht ausdrücklich vorgesehen. Sie ergibt sich jedoch aus dem Gebot der vertrauensvollen Zusammenarbeit. Der ArbGeb. hat den BR anzuhören, bevor er gem. § 28 Abs. 1 SprAuG mit dem Sprecherausschuss Richtlinien über den Inhalt, den Abschluss oder die Beendigung von ArbVerh. der leitenden Ang. vereinbart (Däubler Gewerkschaftsrechte Rn. 255 f.; **aA** GK-BetrVG/*Franzen* Rn. 9). Daher liegen auch vorhergehende gemeinsame Beratungen zwischen BR und Sprecherausschuss nahe. Zum Zustandekommen, der Wirkung und der Auslegung einer zwischen ArbGeb. und Sprecherausschuss gem. § 28 Abs. 1, Abs. 2 S. 1 SprAuG geschlossenen Vereinbarung BAG 10.2.2009 – 1 AZR 767/07, NZA 2009, 970. 6

§ 2 Abs. 1 S. 1 SprAuG schreibt – ähnlich wie § 2 Abs. 1 BetrVG – eine vertrauensvolle **Zusammenarbeit zwischen ArbGeb. und Sprecherausschuss** vor. Diese soll dem Wohl der leitenden Ang. und des Betriebes dienen (zu diesem Ziel → Rn. 56). Ebenso vorgeschrieben ist die Beachtung der geltenden TV. TV können nach ihrem persönlichen Geltungsbereich auch leitende Ang. erfassen. Leitende Ang. sind ArbN (→ § 5 Rn. 340). 7

Eine **Zusammenarbeit** des Sprecherausschusses mit den im Betrieb vertretenen **Gewerkschaften und mit ArbGebVereinigungen** ist nicht vorgeschrieben, obwohl die Gewerkschaften auch Interessen der leitenden Ang. vertreten können. Den Gewerkschaften werden keinerlei Rechte in Bezug auf die Errichtung und die Tätigkeit des Sprecherausschusses eingeräumt (dies hält Däubler ArbR I Abschn. 6.18.1 für einen Verstoß gegen Art. 9 Abs. 3 GG; Däubler Gewerkschaftsrechte Rn. 255h). 8

Abs. 2 regelt das **Zugangsrecht der Gewerkschaften** zur Erfüllung ihrer betriebsverfassungsrechtlichen Aufgaben und Befugnisse (→ Rn. 60 ff.). 9

Abs. 3 befasst sich mit den **koalitionspolitischen Aufgaben der Gewerkschaften und ArbGebVerbände** (→ Rn. 80 ff.). Er macht insbes. auch deutlich, dass **BR und Gewerkschaft unterschiedliche Aufgaben** und Funktionen im Betrieb und im Rahmen der BetrVerf. haben. Der **BR** ist **Repräsentant aller ArbN** des Betriebs, auch soweit diese nicht oder in einer anderen Gewerkschaft organisiert sind (BVerfG 27.3.1979 – 2 BvR 1011/78, NJW 1979, 1875; → § 1 Rn. 290). 10

Der **BR** ist **keine „Ersatzgewerkschaft“** (DKKW/*Berg* Rn. 3). **Gewerkschaften** werden durch den BR **nicht überflüssig.** Einfluss auf den Inhalt der Arb-Verh. können die ArbN nur über ihre Gewerkschaft und den Abschluss von TV gewinnen (→ Rn. 45 ff.). Daher wird durch Abs. 3 ebenso wie durch § 74 Abs. 3 (→ § 74 11

Rn. 64 ff.) klargestellt, dass die Rechte der Gewerkschaften und ihrer Mitgl. durch das BetrVG nicht eingeschränkt werden (DKKW/*Berg* Rn. 3; zur Rechtsstellung der Gewerkschaften in der BetrVerf. *Brock,* Gewerkschaftliche Betätigung im Betrieb nach Aufgabe der Kernbereichslehre durch das BVerfG, 2002; Däubler Gewerkschaftsrechte; *Hanau* JbArbR, Bd. 17, S. 37; *Krause* RdA 2009, 129; zum Zugangsrecht der Gewerkschaften zum Betrieb → Rn. 60 ff., 86; Zum Verhältnis Gewerkschaft – BR vgl. *Düttmann* JbArbRb Bd. 17, S. 71).

12 Trotz ihrer Unabhängigkeit sollen BR und Gewerkschaft im Interesse der ArbN des Betriebs zusammenarbeiten, soweit den Gewerkschaften betriebsverfassungsrechtliche Aufgaben und Befugnisse zukommen.

13 Die Vorschrift gilt gem. § 51 Abs. 5 auch für den **GesBR,** nach § 59 Abs. 1 iVm § 51 Abs. 5 für den **KBR** sowie gem. § 115 Abs. 1 S. 2 und § 116 Abs. 1 S. 2 für die **BordVertr.** und **SeeBR.**

14 Entspr. Vorschrift im **BPersVG:** § 2. Nach dem **SprAuG** ist zwar die vertrauensvolle Zusammenarbeit von ArbGeb. und Sprecherausschuss vorgesehen (§ 2 Abs. 1 S. 1). Hinsichtlich einer Zusammenarbeit mit den Gewerkschaften fehlt es dagegen an entspr. Bestimmungen (→ Rn. 8).

II. Grundsätze der Zusammenarbeit

15 Die Generalklausel des Abs. 1 enthält **vier Gebote:**

1. Der ArbGeb. (oder sein verantwortlicher Vertr. → § 1 Rn. 328, → § 43 Rn. 28, → § 108 Rn. 12) und der BR sollen **vertrauensvoll zusammenarbeiten** (→ Rn. 16 ff.).
2. Die Zusammenarbeit hat unter Beachtung der **geltenden TV** zu erfolgen (→ Rn. 29 ff.).
3. Diese Zusammenarbeit hat sich jedenfalls auch auf den **ArbGebVerband** bzw. die **Gewerkschaft** sowohl in getrennten Fühlungnahmen als auch bei gemeinsamen Besprechungen zwischen den Betriebspartnern zu erstrecken (→ Rn. 32 ff.; → § 74 Rn. 8).
4. Ziel der Zusammenarbeit ist das **Wohl der ArbN und des Betriebs** (→ Rn. 56 ff.).

1. Vertrauensvolle Zusammenarbeit

16 Das Gebot der vertrauensvollen Zusammenarbeit konkretisiert für die BetrVerf. den allgemeinen, in § 242 BGB normierten **Grundsatz von Treu und Glauben** (BAG 21.4.1983 – 6 ABR 70/82, NJW 1984, 2309; 28.5.2014 – 7 ABR 36/12, NZA 2014, 1213; Richardi BetrVG/*Richardi/Maschmann* Rn. 7; ErfK/*Koch* Rn. 1; WPK/*Preis* Rn. 5; *Worzalla* FS 100 Jahre BetrVR 2020, 843). Abs. 1 ist daher weder nur ein Appell noch eine Kompetenznorm (GK-BetrVG/*Franzen* Rn. 5).

17 Das Gebot betrifft das **betriebsverfassungsrechtliche Rechtsverhältnis zwischen BR und ArbGeb.** (BAG 28.5.2014 – 7 ABR 36/12, NZA 2014, 1213; 12.3.2019 – 1 ABR 42/17, NZA 2019, 843 Rn. 43; Richardi BetrVG/*Richardi/Maschmann* Rn. 8 f.; ErfK/*Koch* Rn. 1). Adressaten der Verpflichtung sind neben dem BR auch andere betriebsverfassungsrechtliche Gremien wie GesBR, KBR, JAV und SchwbVertr. (vgl. Richardi BetrVG/*Richardi/Maschmann* Rn. 11; ErfK/*Koch* Rn. 1). Sie betrifft auch den Betriebsausschuss sowie die sonstigen Ausschüsse des BR, soweit diesen Aufgaben zur selbständigen Erledigung übertragen sind (Richardi BetrVG/*Richardi/Maschmann* Rn. 9). Einbezogen sind auch einzelne Mitgl. des BR bei der Ausübung ihrer betriebsverfassungsrechtlichen Aufgaben (BAG 21.2.1978 – 1 ABR 54/76, AP BetrVG 1972 § 74 Nr. 1; GK-BetrVG/*Franzen* Rn. 7; Richardi BetrVG/*Richardi* Rn. 10). Zum Sprecherausschuss → Rn. 3 ff.

Soweit Gewerkschaften und ArbGebVerbände Aufgaben und Befugnisse im Rahmen der BetrVerf. wahrnehmen, sind sie ebenfalls an den Grundsatz der vertrauensvollen Zusammenarbeit gebunden (GK-BetrVG/*Franzen* Rn. 10; Richardi BetrVG/*Richardi* Rn. 11; HWGNRH/*Rose* Rn. 61). 18

Dagegen bezieht sich das Gebot der vertrauensvollen Zusammenarbeit **nicht** auf das **ArbVerh. zwischen ArbGeb. und ArbN** oder das Verhältnis der ArbN untereinander (BAG 13.7.1962 – 1 AZR 496/60, AP BGB § 242 Nr. 1; GK-BetrVG/*Franzen* Rn. 8; Richardi BetrVG/*Richardi/Maschmann* Rn. 8; ErfK/*Koch* Rn. 1). Abs. 1 regelt auch nicht die Zusammenarbeit im BR und das Verhältnis der BRMitgl. untereinander (BAG 5.9.1967 – 1 ABR 1/67, AP BetrVG § 23 Nr. 8; GK-BetrVG/*Franzen* Rn. 8; Richardi BetrVG/*Richardi/Maschmann* Rn. 8). 19

Die Beziehungen zwischen ArbGeb. und BR sollen auf Zusammenarbeit gerichtet sein. Sie sind verbunden durch das gemeinsame Ziel des Wohles der ArbN und des Betriebs. Die **Streichung** der in § 49 Abs. 1 BetrVG 1952 enthaltenen Worte „unter Berücksichtigung **des Gemeinwohls**" darf **nicht** als **Aufforderung zu Betriebsegoismus** und gesamtwirtschaftlichem Fehlverhalten missverstanden werden (GK-BetrVG/*Franzen* Rn. 46; Richardi BetrVG/*Richardi/Maschmann* Rn. 15; DKKW/*Berg* Rn. 41; ErfK/*Koch* Rn. 2). Umgekehrt bedeutet aber auch die Umstellung der Worte „Arbeitnehmer" und „Betrieb" gegenüber § 49 Abs. 1 BetrVG 1952 nicht, dass nunmehr nicht mehr das Wohl der ArbN des Betriebs, sondern der ArbNschaft schlechthin gemeint sei (Richardi BetrVG/*Richardi/Maschmann* Rn. 16; GK-BetrVG/*Franzen* Rn. 43; **aA** wohl DKKW/*Berg* Rn. 41). Der BR ist aber nicht gehindert, bei seiner Tätigkeit auch **überbetriebliche Gesichtspunkte** (zB Einstellung von Arbeitslosen statt Überstunden) zu berücksichtigen (*Krause* RdA 2009, 129 [137]; DKKW/*Berg* Rn. 41). IÜ weisen die Gesetzesmaterialien darauf hin, dass die Betriebsparteien durch die Prinzipien des Sozialstaats verpflichtet sein sollen (vgl. BT-Drs. VI/1786, 35; Richardi BetrVG/*Richardi/Maschmann* Rn. 15; → Rn. 57). 20

Die **Interessengegensätze** zwischen ArbGeb. und ArbN sollen durch das Gebot der vertrauensvollen Zusammenarbeit nicht verdeckt werden. Durch Abs. 1 wird das Spannungsverhältnis nicht geleugnet. Das Gebot vertrauensvoller Zusammenarbeit schließt die Wahrnehmung gegensätzlicher Interessen nicht aus (GK-BetrVG/*Franzen* Rn. 12). Die Interessengegensätze sollen aber möglichst durch gegenseitige vertrauensvolle Zusammenarbeit ausgeglichen werden, ohne dass es der Anrufung der E-Stelle oder der ArbG bedarf. Die Zusammenarbeit soll sich in gegenseitiger „Ehrlichkeit und Offenheit" (BAG 22.5.1959 – 1 ABR 2/59, AP BetrVG § 23 Nr. 3) vertrauensvoll vollziehen (ErfK/*Koch* Rn. 1; Richardi BetrVG/*Richardi/Maschmann* Rn. 14; WPK/*Preis* Rn. 4). 21

Die Generalklausel enthält unmittelbar geltendes Recht (BAG 21.2.1978 –1 ABR 54/76, AP BetrVG 1972 § 74 Nr. 1; Richardi BetrVG/*Richardi/Maschmann* Rn. 17; GK-BetrVG/*Franzen* Rn. 5; *Freckmann/Koller-van Delden* BB 2006, 490 [491]). Es geht letztlich um die Anwendung des Grundsatzes von **Treu und Glauben** auch im Rahmen der Betriebsverfassung (BAG 12.3.2019 – 1 ABR 42/17, NZA 2019, 843 Rn. 43). Ebenso wie § 242 BGB im allgemeinen Zivilrecht wirkt die Generalklausel als Auslegungsregel für den Inhalt und die Abgrenzung der Rechte von BR und ArbGeb. (Richardi BetrVG/*Richardi* Rn. 18). 22

Das **Gebot** der vertrauensvollen Zusammenarbeit **schafft keine Mitwirkungs- oder Mitbestimmungsrechte** in Angelegenheiten, in denen das BetrVG diese nicht vorsieht (BAG 3.5.1994 – 1 ABR 24/93, NZA 1995, 40; 28.5.2014 – 7 ABR 36/12, NZA 2014, 1213; Richardi BetrVG/*Richardi/Maschmann* Rn. 20; GK-BetrVG/*Franzen* Rn. 5). Das Gebot betrifft lediglich die Art der Ausübung bestehender Rechte (BAG 28.5.2014 – 7 ABR 36/12, NZA 2014, 1213). Umgekehrt können Mitwirkungs- oder Mitbestimmungsrechte aber auch nicht unter Berufung auf Abs. 1 beseitigt oder eingeschränkt werden (WPK/*Preis* Rn. 6). Das Gebot der vertrauensvollen Zusammenarbeit begründet **Verhaltens- und Nebenpflichten** bei der Wahrnehmung betriebsverfassungsrechtlicher Rechte und der Erfüllung betriebsverfassungs- 23 rechtlicher Pflichten (BAG 28.5.2014 – 7 ABR 36/12, NZA 2014, 1213; WPK/*Preis* Rn. 5). Hierbei besteht die Pflicht zur gegenseitigen **Rücksichtnahme** (BAG 28.5.2014 – 7 ABR 36/12, NZA 2014, 1213; 12.3.2019 – 1 ABR 42/17, NZA 2019, 843 Rn. 43). Beruft sich eine Betriebspartei auf eine formale Rechtsposition, die sie durch ein in erheblichem Maße betriebsverfassungswidriges eigenes Verhalten erlangt hat, verstößt das gegen das Gebot der vertrauensvollen Zusammenarbeit und kann in besonders schwerwiegenden, eng begrenzten Ausnahmefällen den Einwand der **unzulässigen Rechtsausübung** begründen (BAG 12.3.2019 – 1 ABR 42/17, NZA 2019, 843 Rn. 45; krit. *Heuschmid/Kummert* NZA 2019, 1258).

24 Abs. 1 erfährt u. eine Konkretisierung durch § 80 Abs. 2 S. 1 (*Schmidt* FS 100 Jahre BetrVR 2020, 683 [686]). Er begründet keinen eigenständigen, über § 80 Abs. 2 hinausgehenden Informationsanspruch, rechtfertigt aber im Zweifel eine **weite Auslegung der** die **Auskunfts- und Informationspflichten des ArbGeb.** regelnden Bestimmungen (*Freckmann/Koller-van Delden* BB 2006, 490 [491]). So folgt aus ihm zB das Recht des BR, sich Aufzeichnungen aus den Bruttolohn- und Gehaltslisten der ArbN zu machen (BAG 15.6.1976 – 1 ABR 116/74, AP BetrVG 1972 § 80 Nr. 9), oder der Anspruch, eine komplexe Auskunft schriftlich zu erhalten (BAG 30.9.2008 – 1 ABR 54/07, NZA 2009, 502; *Schmidt* FS 100 Jahre BetrVR 2020, 683 [688]). Andererseits begrenzt das Gebot der vertrauensvollen Zusammenarbeit den Auskunftsanspruch nach § 80 Abs. 2 S. 1 in Fällen des Rechtsmissbrauchs (vgl. *Schmidt* FS 100 Jahre BetrVR 2020, 683 [687 f.]) und steht ihm zB entgegen, wenn der BR die begehrte Information aus den ihm bereits übermittelten Daten ohne Weiteres auf rechnerisch einfachem Weg ableiten kann (BAG 24.1.2006 – 1 ABR 60/04, NZA 2006, 1050; 10.10.2006 – 1 ABR 68/05, NZA 2007, 99).

24a Auch bei dem Anspruch des BR auf die **Überlassung von Sachmitteln** gem. § 40 Abs. 2 ist das Gebot der vertrauensvollen Zusammenarbeit zu beachten (*Freckmann/Koller-van Delden* BB 2006, 490 [491]). Der ArbGeb. hat daher zB bei der Zurverfügungstellung von Fachzeitschriften für die Arbeit des BR dessen Wünsche zu berücksichtigen (BAG 21.4.1983 – 6 ABR 70/82, NJW 1984, 2309).

24b Im **Verfahren nach § 99** kann der BR nach § 2 gehalten sein, dem ArbGeb. mitzuteilen, dass er für eine abschließende Stellungnahme weitere Informationen benötigt (BAG 14.12.2004 – 1 ABR 55/03, NZA 2005, 827; 5.5.2010 – 7 ABR 70/08, NJOZ 2010, 2612).

24c Das Gebot der vertrauensvollen Zusammenarbeit kann sich bei der **Bestellung von Beisitzern der E-Stelle** nach § 76 Abs. 2 S. 1 auswirken. Die Befugnis zur Bestellung dieser Beisitzer ist zwar nicht auf einen bestimmten Personenkreis beschränkt (BAG 28.5.2014 – 7 ABR 36/12, NZA 2014, 1213). Das Gebot der vertrauensvollen Zusammenarbeit verwehrt es aber den Betriebsparteien, Personen als E-Stellenbeisitzer zu benennen, die offensichtlich ungeeignet sind, entspr. der Funktion der E-Stelle tätig zu werden (BAG 28.5.2014 – 7 ABR 36/12, NZA 2014, 1213). Das gilt zum einen, wenn sie hinsichtlich ihrer Kenntnisse und Erfahrungen offensichtlich ungeeignet sind (BAG 24.4.1996 – 7 ABR 40/95, NZA 1996, 1171). Das gilt aber auch, wenn unter ihrer Mitwirkung eine ordnungsgemäße Aufgabenerfüllung der E-Stelle nicht zu erwarten ist. Dabei ist ein strenger Maßstab anzulegen; insbes. geht es nicht darum, einzelne Verhaltensweisen der Person in der Vergangenheit zu sanktionieren (BAG 28.5.2014 – 7 ABR 36/12, NZA 2014, 1213).

25 Regelmäßig verstößt es gegen das Gebot der vertrauensvollen Zusammenarbeit, wenn der ArbGeb. die **Kosten der BRArbeit betriebsintern veröffentlicht** und den BR so „an den Pranger" stellt (BAG 19.7.1995 – 7 ABR 60/94, NZA 1996, 332; 12.11.1997 – 7 ABR 14/97, NZA 1998, 559; DKKW/*Berg* Rn. 23). Einen Verstoß gegen Abs. 1 kann es auch darstellen, wenn der ArbGeb. in einer mitbestimmungspflichtigen Angelegenheit vom BR verlangt, sich seinen Regelungsvorstellungen bedingungslos zu unterwerfen und ihm andernfalls das Ausweichen auf mitbestimmungsfreie Regelungsspielräume androht (BAG 26.5.1998 – 1 AZR 704/97, NZA 1998, 1292; DKKW/*Berg* Rn. 11).

Aus dem Gebot zur vertrauensvollen Zusammenarbeit folgt ferner die (Neben-) Pflicht des ArbGeb., **alles zu unterlassen, was der Wahrnehmung von MBR entgegensteht** (*Freckmann/Koller-van Delden* BB 2006, 490 [491]). Der ArbGeb. darf daher keine vollendeten Tatsachen schaffen. Ein allgemeiner, auf die Unterlassung mitbestimmungswidrigen Verhaltens gerichteter Anspruch des BR folgt freilich aus Abs. 1 nicht. Hierfür kommt es vielmehr auf die konkrete Ausgestaltung des MBR, insbes. dessen Struktur und Funktion an. Daher besteht ein materiell-rechtlicher Unterlassungsanspruch bei Verstößen gegen § 87 BetrVG (BAG 3.5.1994 – 1 ABR 24/93, NZA 1995, 40), nicht dagegen bei Verletzung der Beteiligungsrechte nach § 111 (→ § 111 Rn. 135; einstweiliger Rechtsschutz ist aber möglich, → § 111 Rn. 138) oder nach § 99 (BAG 23.6.2009 – 1 ABR 23/08, NZA 2009, 1430; 9.3.2011 – 7 ABR 137/09, NZA 2011, 871). 26

Umgekehrt muss sich auch der BR bei der Wahrnehmung seiner Rechte an das Gebot der vertrauensvollen Zusammenarbeit halten. Er darf sich daher bei **innerbetrieblichen Missständen** regelmäßig nicht an die **Öffentlichkeit** wenden, ohne zuvor erfolglos beim ArbGeb. auf Abhilfe gedrungen zu haben (vgl. dazu *Simitis/Kreuder* NZA 1992, 1009). So kann er bei Verstößen gegen arbeitszeitrechtliche Schutzbestimmungen trotz § 89 Abs. 1 S. 2 gehindert sein, sogleich ohne vorherige erfolglose Einschaltung des ArbGeb. die staatliche Aufsichtsbehörde zu informieren (→ § 89 Rn. 14; Richardi BetrVG/*Annuß* § 89 Rn. 19; in dieselbe Richtung, ohne dies allerdings abschließend zu entscheiden, BAG 3.6.2003 – 1 ABR 19/02, AP BetrVG 1972 § 89 Nr. 1; vgl. dazu auch *Reichold* SAE 2004, 293 [295]). 27

Abs. 1 steht in unmittelbarem **Zusammenhang mit § 74 Abs. 1.** Nach dessen S. 1 sollen ArbGeb. und BR einmal im Monat zu einer Besprechung zusammentreten. Nach dessen S. 2 haben sie mit dem ernsten Willen zur Einigung zu verhandeln und Vorschläge für die Beilegung von Meinungsverschiedenheiten zu machen. 28

2. Beachtung der geltenden Tarifverträge

Die Zusammenarbeit von ArbGeb. und BR erfolgt „unter Beachtung" der geltenden TV. Dadurch wird klargestellt, dass die Betriebsparteien bei der Gestaltung der betrieblichen Angelegenheiten an tarifvertragliche Vorgaben gebunden sind (vgl. Richardi BetrVG/*Richardi/Maschmann* Rn. 22; GK-BetrVG/*Franzen* Rn. 16; ErfK/*Koch* Rn. 2). Der **Vorrang der Tarifautonomie** gegenüber der betrieblichen Normsetzungsbefugnis findet außerdem seinen Ausdruck in § 77 Abs. 3 und in der Regelungssperre des § 87 Abs. 1 Eingangssatz (GK-BetrVG/*Franzen* Rn. 16; Richardi BetrVG/*Richardi* Rn. 24; WPK/*Preis* Rn. 11). Die Betriebsparteien können auch in mitbestimmungspflichtigen Angelegenheiten Regelungen nur treffen, soweit die TVParteien ihre Regelungsbefugnis nicht wahrgenommen haben oder den Betriebsparteien durch entspr. Öffnungsklauseln abweichende Regelungen gestatten. 29

Ob und ggf. welcher TV „gilt", richtet sich nach dem **TVG,** dem jeweiligen **Geltungsbereich des TV** und den für **Tarifpluralität und Tarifkonkurrenz** geltenden Grundsätzen. Inhalts-, Abschluss- und Beendigungsnormen setzen zu ihrer Anwendbarkeit gem. §§ 3 Abs. 1, 4 Abs. 1 TVG Tarifgebundenheit auf Seiten der ArbGeb. und ArbN voraus (GK-BetrVG/*Franzen* Rn. 17; WPK/*Preis* Rn. 11). Rechtsnormen eines TV über betriebliche und betriebsverfassungsrechtliche Fragen gelten nach § 3 Abs. 2 TVG für alle Betriebe, deren ArbGeb. tarifgebunden ist (BAG 14.1.2014 – 1 ABR 66/12, NZA 2014, 910; Richardi BetrVG/*Richardi/Maschmann* Rn. 24; GK-BetrVG/*Franzen* Rn. 17; WPK/*Preis* Rn. 11). Die Tarifzuständigkeit der abschließenden Gewerkschaft wird dadurch nicht erweitert (BAG 14.1.2014 – 1 ABR 66/12, NZA 2014, 910). Den räumlichen, fachlichen, persönlichen und zeitlichen Geltungsbereich eines TV legen die TVParteien fest. Sind für einen Betrieb und die dort beschäftigten ArbN unterschiedliche TV geschlossen, deren Geltungsbereiche und Regelungsgegenstände sich ganz oder teilweise überschneiden, stellen sich 30

Fragen der Tarifpluralität, Tarifkonkurrenz, Tarifkollision und Tarifeinheit (vgl. zu Begrifflichkeiten und möglichen Bezugspunkten *Linsenmaier* RdA 2015, 369).

30a **Tarifkonkurrenz** ist systematisch ein Unterfall von Tarifpluralität, der sich dadurch auszeichnet, dass die Tarifpluralität wegen des Gegenstands der mehreren TV sachlogisch der Auflösung bedarf (vgl. *Jacobs,* Tarifeinheit und Tarifkonkurrenz, 1999, 95 ff., 478; *Henssler* RdA 2011, 65 [66]). Das ist vor allem bei tariflichen Normen über betriebliche und betriebsverfassungsrechtliche Fragen iSv § 3 Abs. 2 TVG der Fall.

30b Die Auflösung von Tarifkonkurrenz geschieht durch die Herstellung von **Tarifeinheit** (GK-BetrVG/*Franzen* Rn. 18; Richardi BetrVG/*Richardi/Maschmann* Rn. 25). Danach kommen in einem Betrieb nur die Betriebsnormen eines TV zur Anwendung. Welcher dies ist, bestimmte sich nach bisher überwiegender Auffassung nach dem **Grundsatz der Spezialität.** Danach war der TV anzuwenden, der dem Betrieb räumlich, betrieblich, fachlich und persönlich am nächsten steht und deshalb den Erfordernissen und Eigenarten des Betriebs und der darin beschäftigten ArbN am Besten gerecht wird (BAG 20.3.1991 – 4 AZR 455/90, NZA 1991, 736; 26.1.1994 – 10 AZR 611/92, NZA 1994, 1038; 23.3.2005 – 4 AZR 203/04, NZA 2005, 1003; GK-BetrVG/*Franzen* Rn. 18; Richardi BetrVG/*Richardi/Maschmann* Rn. 25; ähnlich Wiedemann/*Wank* TVG § 4 Rn. 299h). Dies war schon in der Vergangenheit nicht zwingend. Da in diesen Fällen die Betätigungsfreiheit einer Gewerkschaft gegenüber derjenigen einer anderen zurücktreten muss, erscheint im Hinblick auf Art. 9 Abs. 3 GG und die „mitgliedschaftliche Legitimation" die Auflösung der Kollision über das **Mehrheitsprinzip** sachgerechter (so auch NK-TVG/*Zwanziger* TVG § 4 Rn. 935; *Franzen* RdA 2008, 193 [199]; HMB TV/*Greiner* Teil 9 Rn. 95; *Hanau* RdA 2008, 98 [102]; JKOS TVR/*Jacobs* § 7 Rn. 221; *Jacobs/Krois* FS Bepler, 2012, 241 [250 ff.]).

30c Spätestens seit dem Inkrafttreten des **Tarifeinheitsgesetzes** v. 3.7.2015 (BGBl. I S. 1130; vgl. zur Verfassungsmäßigkeit des G BVerfG 11.7.2017 – 1 BvR 1571/15, NZA 2017, 915 mit abw. Meinung *Baer/Paulus*) zum 10.7.2015 ist nun gem. § 4a Abs. 3 iVm § 4a Abs. 2 S. 2 TVG grds. das Mehrheitsprinzip maßgeblich (→ § 3 Rn. 16 f.; **aA** wohl *Löwisch/Rieble* § 4a Rn. 347, die – überraschend – meinen, gerade durch das TEG sei jetzt das Mehrheitsprinzip bis zu einer rechtskräftigen Entscheidung im Verfahren nach § 99 ArbGG versperrt).

31 Kein Fall von Tarifkonkurrenz, sondern (nur) von Tarifpluralität liegt in der Regel vor, wenn bei **Inhalts-, Abschluss und Beendigungsnormen** zwar der ArbGeb. an mehrere TV, die einzelnen ArbN aber jeweils nur an einen davon gebunden sind. Für diese Fälle hatte das BAG das früher **richterrechtlich entwickelte Prinzip der Tarifeinheit** (BAG 5.9.1990 – 4 AZR 59/90, NZA 1991, 202; 20.3.1991 – 4 AZR 455/90, NZA 1991, 736) im Juli 2010 zu Recht **aufgegeben** und entschieden, dass im Falle der Tarifpluralität in einem Betrieb mehrere TV zur Anwendung kommen können und die Geltung für das einzelne Arbeitsverhältnis von der Gewerkschaftszugehörigkeit des ArbN abhängt (BAG 7.7.2010 – 4 AZR 549/08, NZA 2010, 1968). Für die Verdrängung eines TV durch einen anderen gibt es in diesem Fall anders als bei echter Tarifkonkurrenz in der Tat keinen Sachgrund, der – jedenfalls richterrechtlich – die Einschränkung der durch Art. 9 Abs. 3 GG garantierten Tarifautonomie rechtfertigen würde (vgl. NK-TVG/*Zwanziger* TVG § 4 Rn. 947; Richardi BetrVG/*Richardi* Rn. 27). Durch das **Tarifeinheitsgesetz** v. 3.7.2015 (BGBl. I 1130; vgl. zur Verfassungsmäßigkeit des G BVerfG 11.7.2017 – 1 BvR 1571/15, NZA 2017, 915 mit abw. Meinung *Baer/Paulus*) hat nun der Gesetzgeber für die Fälle der von ihm so bezeichneten Tarifkollision die Tarifeinheit gesetzlich verordnet (vgl. dazu etwa *Greiner* NZA 2015, 769). Nach § 4a Abs. 2 S. 2 TVG sollen danach, soweit sich die Geltungsbereiche nicht inhaltsgleicher TV überschneiden, im Betrieb nur die Rechtsnormen des TV derjenigen Gewerkschaft anwendbar sein, die zum Zeitpunkt des Abschlusses des zuletzt abgeschlossenen kollidierenden TV im Betrieb die meisten in einem ArbVerh. stehenden Mitgl. hat.

3. Zusammenwirken mit Verbänden

a) Gewerkschaftsbegriff

Die Betriebsparteien erfüllen ihre Aufgaben im Zusammenwirken mit Gewerkschaften und ArbGebVerbänden. Der **Gewerkschaftsbegriff** wird im BetrVG vorausgesetzt und ist nach bislang überwiegender Auffassung **für das gesamte Arbeitsrecht,** insbes. das ArbGG, das TVG und das BetrVG **einheitlich** (BAG 15.3.1977 – 1 ABR 16/75, AP GG Art. 9 Nr. 24; 19.9.2006 – ABR 53/05, NZA 2007, 518; HWGNRH/*Rose* Rn. 124; DKKW/*Wedde* Einl. Rn. 160; ErfK/*Koch* Rn. 3; **aA** *Benedikt Schmidt Anm. zu* AP BetrVG 1972 § 2 Nr. 5; *Löwisch/Kaiser* Rn. 22 GK-BetrVG/*Franzen* Rn. 34 ff.; *Rieble* FS *Wiedemann,* 2002, 519 [527]). 32

Der Begriff der Gewerkschaft ist nicht identisch mit dem der Koalition iSv Art. 9 Abs. 3 GG (BAG 19.9.2006 – 1 ABR 53/05, NZA 2007, 518; DKKW/*Wedde* Einl. Rn. 161, DKKW/*Berg* Rn. 50). Er ist vielmehr enger. Gewerkschaftseigenschaft kommt nur den ArbNVereinigungen (Koalitionen) zu, die **tariffähig** sind (BAG 25.11.1986 – 1 ABR 22/85, NZA 1987, 492; 25.9.1990 – 3 AZR 266/89, NZA 1991, 314; 19.9.2006 – 1 ABR 53/05, NZA 2007, 518). Der Verband der Gewerkschaftsbeschäftigten (VGB) ist daher mangels Tariffähigkeit keine Gewerkschaft iSd BetrVG (BAG 19.9.2006 – 1 ABR 53/05, NZA 2007, 518; vgl. auch schon 17.2.1998 – 1 AZR 364/97, NZA 1998, 754). Zur Tariffähigkeit → Rn. 37 f. 33

Eine Ausnahme vom Erfordernis der Tariffähigkeit gilt für **Bahn** und **Post.** Dort sind auch nach ihrer Privatisierung weiterhin Beamte beschäftigt (→ § 1 Rn. 47 ff., 54 ff.). Den Beamtenverbänden fehlt die Fähigkeit, TV für ihre Mitgl. abzuschließen. Dennoch sind sie ebenso wie im Bereich des Personalvertretungsrechts (vgl. dazu BVerwG 25.7.2006 – 6 P 17.05, NZA 2006, 1371; Altvater/*Bacher/Hörter/Sabottig/Schneider* BPersVG § 2 Rn. 23) auch für das BetrVG als „Gewerkschaften" anzusehen (GK-BetrVG/*Franzen* Rn. 36; offen gelassen in BAG 19.9.2006 – 1 ABR 53/05, NZA 2007, 518). Die reinen Beamtenverbände müssen aber die übrigen Anforderungen an eine Gewerkschaft (→ Rn. 35, 36, 38) erfüllen. Gleiches gilt im Anwendungsbereich des Kooperationsgesetzes der Bundeswehr (BwKoopG) v. 30.7.2004 (BGBl. I S. 2027) für Soldatenverbände. Gemischte Verbände, in denen Arbeiter, Angestellte und Beamte organisiert sind, müssen tariffähig sein. 34

Die von Rspr. (BVerfG 6.5.1964 – 1 BvR 79/62, AP TVG § 2 Nr. 15; 20.10.1981 – 1 BvR 404/78, AP TVG § 2 Nr. 31; BAG 25.11.1986 – 1 ABR 22/85, NZA 1987, 492: 16.1.1990 – 1 ABR 93/88, NZA 1990, 626; 6.6.2000 – 1 ABR 10/99, NZA 2001, 160; ferner zuletzt insbes. 14.12.2004 – 1 ABR 51/03, NZA 2005, 697 – UFO; 28.3.2006 – 1 ABR 58/04, NZA 2006, 1112 – CGM; 5.10.2010 – 1 ABR 88/09, NZA 2011, 300 – GKH) und Schrifttum (vgl. etwa Richardi BetrVG/*Richardi/Maschmann* Rn. 41 ff.; GK-BetrVG/*Franzen* Rn. 26 ff.; HWGNRH/*Rose* Rn. 130 ff.; Wiedemann/*Oetker* TVG § 2 Rn. 7 ff.; NK-TVG/*Peter* TVG § 2 Rn. 6 ff.; *Löwisch/Rieble* TVG § 2 Rn. 8 ff.) entwickelten **Voraussetzungen einer Gewerkschaft** wurden unter A. III.2 des gemeinsamen Leitsatzprotokolls zum Ersten **Staatsvertrag v. 18.5.1990** iVm dem Zustimmungsgesetz v. 25.6.1990 (vgl. hierzu insbes. auch BAG 6.6.2000 – 1 ABR 10/99, NZA 2001, 160) wie folgt zusammenfassend beschrieben: „Tariffähige Gewerkschaften und Arbeitgeberverbände müssen frei gebildet, gegnerfrei, auf überbetrieblicher Grundlage organisiert und unabhängig sein sowie das geltende Tarifrecht als für sich verbindlich anerkennen; ferner müssen sie in der Lage sein, durch Ausüben von Druck auf den Tarifpartner zu einem Tarifabschluss zu kommen". Eine ArbNVereinigung ist für den beanspruchten Zuständigkeitsbereich entweder insgesamt oder überhaupt nicht tariffähig. Eine **partielle Tariffähigkeit** gibt es nicht (BAG 28.3.2006 – 1 ABR 58/04, NZA 2006, 1112 – CGM mwN; 5.10.2010 – 1 ABR 88/09, NZA 2011, 300 – GKH; Wiedemann/*Oetker* TVG § 2 Rn. 19; *Richardi* RdA 2007, 117 [119]; **aA** insbes. *Rieble* FS *Wiedemann,* 2002, 519). 35

36 **Voraussetzungen für eine tariffähige Gewerkschaft** sind somit:

36a – Die Vereinigung muss auf **freiwilliger Basis** beruhen. Zwangsverbände sind keine Koalitionen iSv Art. 9 Abs. 3 GG (BAG 14.12.2004 – 1 ABR 51/03, NZA 2005, 697 – UFO; 5.10.2010 – 1 ABR 88/09, NZA 2011, 300 – GKH; Richardi BetrVG/*Richardi/Maschmann* Rn. 43; NK-TVG/*Däubler* TVG Einl. Rn. 87; *Löwisch/Rieble* TVG § 2 Rn. 58).

36b – Die Vereinigung muss **gegnerfrei** sein. In einer Gewerkschaft können daher nicht zugleich ArbGeb. organisiert sein (BAG 14.12.2004 – 1 ABR 51/03, NZA 2005, 697 – UFO; NK-TVG/*Däubler* TVG Einl. Rn. 88). Mit dem Grundsatz der Gegnerfreiheit ist es jedoch vereinbar, wenn eine Gewerkschaft Mitgl. hat, die zugleich ArbGeb. einer Hausgehilfin sind, selbst wenn für diese die gleiche Gewerkschaft tarifzuständig ist (BAG 19.1.1962 – 1 ABR 14/60, AP TVG § 2 Nr. 13; Richardi BetrVG/*Richardi/Maschmann* Rn. 45).

36c – Die Vereinigung muss **strukturell vom sozialen Gegenspieler unabhängig** sein (BAG 14.12.2004 – 1 ABR 51/03, NZA 2005, 697 – UFO; 5.10.2010 – 1 ABR 88/09, NZA 2011, 300 – GKH; BVerfG 20.10.1981 – 1 BvR 404/78, AP TVG § 2 Nr. 31; *Ulber* RdA 2011, 353; 354 ff.). Das Erfordernis soll sicherstellen, dass die Vereinigung durch ihre koalitionsmäßige Betätigung zu einer sinnvollen Ordnung des Arbeitslebens beitragen kann (BAG 5.10.2010 – 1 ABR 88/09, NZA 2011, 300 – GKH). Dabei schließt nicht jede Beeinträchtigung der Unabhängigkeit die Gewerkschaftseigenschaft aus. Der Grundsatz der Gegnerunabhängigkeit ist erst dann verletzt, wenn durch personelle oder organisatorische Verflechtungen oder durch wesentliche finanzielle Zuwendungen die eigenständige Interessenwahrnehmung der Gewerkschaft ernsthaft gefährdet ist (BAG 14.12.2004 – 1 ABR 51/03, NZA 2005, 697 – UFO; 20.4.1999 – 3 AZR 352/97, NZA 1999, 1339; 5.10.2010 – 1 ABR 88/09, NZA 2011, 300 – GKH; NK-TVG/*Peter* TVG § 2 Rn. 30, 32; *Löwisch/Rieble* TVG § 2 Rn. 65 ff.). Die Einziehung der Gewerkschaftsbeiträge durch den ArbGeb. ist unschädlich (Wiedemann/*Oetker* TVG § 2 Rn. 320; Däubler Gewerkschaftsrechte Rn. 524). Das Erfordernis der Unabhängigkeit besteht grds. auch gegenüber Staat, Kirche und Parteien (vgl. Richardi BetrVG/*Richardi/Maschmann* Rn. 49; NK-TVG/*Däubler* TVG Einl. Rn. 89). Dies bedeutet nicht, dass eine Gewerkschaft parteipolitisch oder religiös neutral sein müsste. Parteipolitische Betätigungen und Stellungnahmen von Gewerkschaften unterfallen aber nicht dem Schutz des Art. 9 Abs. 3 GG (vgl. Däubler Gewerkschaftsrechte Rn. 290 ff.).

36d – Die Vereinigung muss nach überwiegender Auffassung **überbetrieblich organisiert** sein. Sie darf die Mitgliedschaft nicht auf einen bestimmten Betrieb beschränken (BAG 14.12.2004 – 1 ABR 51/03, NZA 2005, 697 – UFO; Richardi BetrVG/*Richardi/Maschmann* Rn. 46; vgl. aber auch ErfK/*Linsenmaier* GG Art. 9 Rn. 25; NK-TVG/*Däubler* TVG Einl. Rn. 90; **aA** für Gewerkschaft iSd BetrVG *Löwisch/Kaiser* Rn. 22). Das BAG hat dabei dahinstehen lassen, ob es sich bei der Überbetrieblichkeit um ein selbständiges, für eine Gewerkschaft konstitutives Merkmal oder lediglich um eine Indiztatsache für deren Unabhängigkeit handelt (BAG 14.12.2004 – 1 ABR 51/03, NZA 2005, 697 – UFO mwN).

36e – Tariffähigkeit setzt ferner **Tarifwilligkeit** voraus. Der Abschluss von TV muss deshalb zu den – satzungsgemäßen – Aufgaben der Vereinigung gehören (BAG 15.3.1977 – 1 ABR 16/75, AP GG Art. 9 Nr. 24; 14.12.2004 – 1 ABR 51/03, NZA 2005, 697 – UFO; Richardi BetrVG/*Richardi/Maschmann* Rn. 53; *Löwisch/Rieble* TVG § 2 Rn. 214 ff.; HWGNRH/*Rose* Rn. 138; GK-BetrVG/*Franzen* Rn. 29; **aA** für Gewerkschaften iSd BetrVG *Löwisch/Kaiser* Rn. 22).

36f – Nach der Rspr. von BVerfG und BAG muss eine Gewerkschaft das **geltende Tarifrecht als verbindlich anerkennen** (BVerfG 6.5.1964 – 1 BvR 79/62, NJW 1964, 1267; BAG 6.6.2000 – 1 ABR 10/99, NZA 2001, 160; 14.12.2004 – 1 ABR 51/03, NZA 2005, 697 – UFO). Dies ist insoweit zutreffend, als eine Gewerkschaft sich – selbstverständlich – an Recht und G halten muss. Wesensmerkmal einer Gewerkschaft ist diese Voraussetzung jedoch nicht (vgl. *Däubler* TVG Einl. Rn. 91).

– Die Vereinigung muss nach der überwiegenden Auffassung im Schrifttum eine **demokratische Struktur** besitzen (vgl. MHdB ArbR/*Klumpp* § 232 Rn. 16 ff.; NK-TVG/*Däubler* TVG Einl. Rn. 92; Richardi BetrVG/*Richardi/Maschmann* Rn. 69; ErfK/*Franzen* TVG § 2 Rn. 15; zurückhaltend aber BAG 28.3.2006 – 1 ABR 58/04, NZA 2006, 1112 – CGM, Rn. 55; vgl. auch 14.12.2004 – 1 ABR 51/03, NZA 2005, 697 – UFO, wo dieses Merkmal nicht ausdrücklich genannt ist). Hierfür spricht insb. die Notwendigkeit einer mitgliedschaftlichen Legitimation für die mit dem Abschluss von TV verbundene Rechtssetzung (MHdB ArbR/*Klumpp* § 232 Rn. 16). Jedenfalls für Gewerkschaften gilt daher der Grundsatz der Gleichheit aller Mitgl. (Richardi BetrVG/*Richardi/Maschmann* Rn. 69; *Löwisch/Rieble* TVG § 2 Rn. 124, die das aber bei ArbGebVerbänden zu Recht anders sehen, Rn. 146). Anders als Art. 21 Abs. 1 S. 3 GG für die politischen Parteien verlangt Art. 9 Abs. 3 GG allerdings nicht ausdrücklich, dass die innere Organisation demokratischen Grundsätzen entsprechen muss. Daher lässt sich auch die Auffassung vertreten, bei der demokratischen Binnenstruktur nicht um ein Wesensmerkmal, sondern um eine Verpflichtung der Gewerkschaft gegenüber ihren Mitgliedern.. 36g

Voraussetzung ist ferner, dass die ArbNVereinigung ihre Aufgabe als Tarifpartnerin sinnvoll erfüllen kann. Dazu gehört zum einen die **Durchsetzungskraft** gegenüber dem sozialen Gegenspieler (BAG 6.6.2000 – 1 ABR 10/99, NZA 2001, 160; 14.12.2004 – 1 ABR 51/03, NZA 2005, 697 – UFO; 28.3.2006 – 1 ABR 58/04, NZA 2006, 1112 – CGM; 5.10.2010 – 1 ABR 88/09, NZA 2011, 300 – GKH). Das von der Rspr. entwickelte Kriterium der **„Mächtigkeit"** bzw. „Durchsetzungsfähigkeit" einer Vereinigung (BAG 16.1.1990 – 1 ABR 93/88, AP TVG § 2 Nr. 38) ist durch den Staatsvertrag v. 18.5.1990 bekräftigt und festgeschrieben worden (BAG 6.6.2000 – 1 ABR 10/99, NZA 2001, 160). Das BVerfG hat dies anerkannt (vgl. BVerfG 13.9.2019 – BvR 1/16, NZA 2019, 1649 Rn. 9). Ausreichend ist es, wenn die Durchsetzungskraft in einem zumindest nicht unbedeutenden Teil des beanspruchten Zuständigkeitsbereichs erfüllt ist (BAG 28.3.2006 – 1 ABR 58/04, NZA 2006, 1112 – CGM). Die Durchsetzungskraft muss erwarten lassen, dass die ArbNVereinigung vom sozialen Gegenspieler wahr- und ernstgenommen wird (BAG 14.12. 2004 – 1 ABR 51/03, NZA 2005, 697 – UFO; 28.3.2006 – 1 ABR 58/04, NZA 2006, 1112 – CGM; 5.10.2010 – 1 ABR 88/09, NZA 2011, 300 – GKH; DKKW/*Berg* Rn. 52; Richardi BetrVG/*Richardi/Maschmann* Rn. 56). Hat eine ArbNVereinigung am Tarifgeschehen noch nicht teilgenommen, lässt sich ihre Durchsetzungskraft nur prognostisch beurteilen. Dabei kommt der unter Berücksichtigung des räumlichen und fachlichen Zuständigkeitsbereichs zu bewertenden Mitgliederzahl entscheidende Bedeutung zu (BAG 5.10.2010 – 1 ABR 88/09, NZA 2011, 300 – GKH; vgl. auch BVerfG 13.9.2019 – 1 BvR 1/16, NZA 2019, 1649 Rn. 12); *Ulber* RdA 2011, 353 [356 ff.]). Bei einer nur kleinen Zahl von Mitgliedern kann sich die Möglichkeit, empfindlichen Druck auf den sozialen Gegenspieler auszuüben, auch daraus ergeben, dass es sich bei den organisierten ArbN um Spezialisten in Schlüsselstellungen handelt (BAG 14.12.2004 – 1 ABR 51/03, NZA 2005, 697 – UFO; 28.3.2006 – 1 ABR 58/04, NZA 2006, 1112 – CGM; 5.10.2010 – 1 ABR 88/09, NZA 2011, 300 – GKH; *Lerch/Lerch* RdA 2013, 310). Verbleiben Zweifel an der durch die Mitglieder vermittelten sozialen Mächtigkeit und der organisatorischen Leistungsfähigkeit, kann zur Feststellung der Durchsetzungskraft einer Arbeitnehmerkoalition auch deren langjährige Teilnahme am Tarifgeschehen in die Beurteilung einbezogen werden (BAG 5.10.2010 – 1 ABR 88/09, NZA 2011, 300 – GKH; *Lerch/Lerch* RdA 2013, 310). Hat eine Arbeitnehmervereinigung originär ausgehandelte, eigenständige Tarifverträge in nennenswertem Umfang geschlossen, ist dieser Umstand geeignet, ihre Durchsetzungsfähigkeit zu belegen, soweit es sich nicht um Schein- oder Gefälligkeitstarifverträge handelt oder solche, die auf einem Diktat der Arbeitgeberseite beruhen (BAG 28.3.2006 – 1 ABR 58/04, NZA 2006, 1112 – CGM; 5.10.2010 – 1 ABR 88/09, NZA 2011, 300 – GKH; *Lerch/Lerch* RdA 2013, 310). Tarifabschlüsse einer Tarifgemeinschaft können nicht als zuverlässiges Indiz für die Durchsetzungs- 37 kraft jedes einzelnen Mitglieds angesehen werden (BAG 5.10.2010 – 1 ABR 88/09, NZA 2011, 300 – GKH).

38 Die Vereinigung muss außerdem auch von ihrem **organisatorischen Aufbau** her in der Lage sein, ihre Aufgabe als Tarifpartnerin zu erfüllen (BAG 25.11.1986 – 1 ABR 22/85, NZA 1987, 492: 16.1.1990 – 1 ABR 93/88, NZA 1990, 626; 6.6.2000 – 1 ABR 10/99, NZA 2001, 160; 14.12.2004 – 1 ABR 51/03, NZA 2005, 697 – UFO; 28.3.2006 – 1 ABR 58/04, NZA 2006, 1112 – CGM; 5.10.2010 – 1 ABR 88/09, NZA 2011, 300 – GKH; *Ulber* RdA 2011, 353 [360]). TV müssen vorbereitet und hernach durchgeführt werden. Dies erfordert einen leistungsfähigen organisatorischen Apparat (DKKW/*Berg* Rn. 52). Die Anforderungen dürfen aber nicht überspannt werden. Andernfalls besteht die Gefahr, dass im Widerspruch zu Art. 9 Abs. 3 GG die Bildung neuer Gewerkschaften in unzulässiger Weise erschwert wird. Ob der vorhandene organisatorische Aufbau genügt, um die einer Gewerkschaft gestellten Aufgaben zu erfüllen, richtet sich ebenfalls nach dem von der ArbN-Vereinigung gewählten Zuständigkeitsbereich. Ist dieser auf eine Berufsgruppe und wenige räumliche Schwerpunkte konzentriert, kann auch ein relativ kleiner, zentralisierter Apparat ausreichen (BAG 14.12.2004 – 1 ABR 51/03, NZA 2005, 697 – UFO). Ihren **Organisationsbereich** und die sich daraus ergebende **Tarifzuständigkeit** legt eine Gewerkschaft in ihrer Satzung autonom selbst fest (BAG 27.9.2005 – 1 ABR 41/04, NZA 2006, 273; 10.2.2009 – 1 ABR 36/08, NZA 2009, 908). Die entsprechenden Satzungsregelungen unterliegen dem Bestimmtheitserfordernis. Aus ihnen muss für die handelnden Gewerkschaftsorgane selbst, für den sozialen Gegenspieler und für Dritte die Tarifzuständigkeit zuverlässig erkennbar sein (BAG 10.2.2009 – 1 ABR 36/08, NZA 2009, 908).

39 Umstritten ist, ob neben der Bereitschaft zur tarifvertraglichen Einigung auch die **Bereitschaft zum Arbeitskampf** ein notwendiges Merkmal einer Gewerkschaft darstellt (bejahend BAG 19.1.1962 – 1 ABR 14/60, AP TVG § 2 Nr. 13; DKKW/*Berg* Rn. 55; Richardi BetrVG/*Richardi/Maschmann* Rn. 55; generell verneinend (MHdB ArbR/*Klumpp* § 232 Rn. 39; GK-BetrVG/*Franzen* Rn. 30; HWGNRH/*Rose* Rn. 140; verneinend jedenfalls für den „Berufsverband kath. Hausgehilfinnen" BVerfG 6.5.1964 – 1 BvR 79/62, AP TVG § 2 Nr. 15; verneinend – und daher die Gewerkschaftseigenschaft bejahend – für den Marburger Bund BAG 21.11.1975 – 1 ABR 12/75, AP BetrVG 1972 § 118 Nr. 6; die Entscheidung wurde – allerdings aus anderen Gründen – vom BVerfG aufgehoben, BVerfG 11.10.1977 – 2 BvR 209/76, AP GG Art. 140 Nr. 1; zur Sonderstellung der Beamtenverbände bei Post und Bahn → Rn. 34).

40 Unter den Begriff „Gewerkschaft" fallen auch die Zusammenschlüsse von Gewerkschaften **(Spitzenverbände)** iSd § 2 Abs. 2 TVG sowie **Orts-** und **Bezirksverwaltungen** einer Gewerkschaft, wenn sie eine korporative Verfassung, eigenes Vermögen und die Befugnis zum Abschluss von TV haben (BAG 19.11.1985 – 1 ABR 37/83, NZA 1986, 480; 25.9.1990 – 3 AZR 266/89, NZA 1991, 314; ErfK/*Koch* Rn. 3; GMP/*Matthes/Schlewing* ArbGG § 10 Rn. 12 mwN). Die Tariffähigkeit einer gewerkschaftlichen Spitzenorganisation iSd § 2 Abs. 3 TVG setzt voraus, dass die in ihr zusammengeschlossenen Gewerkschaften ihre Tariffähigkeit der Spitzenorganisation vollständig vermittelt haben. Hierzu muss der Organisationsbereich der Spitzenorganisation mit dem ihrer Mitglieder übereinstimmen (BAG 14.12.2010 – 1 ABR 19/10, NZA 2011, 289 – Tarifgemeinschaft Christlicher Gewerkschaften für Zeitarbeit und Personalserviceagenturen – CGZP; vgl. dazu *Brand/Lempke* Der CGZP-Beschluss des BAG Baden-Baden 2012; *Schüren* RdA 2011, 368; *Lunk/Rodenbusch* RdA 2011, 375).

b) Arbeitgebervereinigungen

41 Für **Arbeitgebervereinigungen** gelten im Wesentlichen die gleichen Voraussetzungen (Richardi BetrVG/*Richardi/Maschmann* Rn. 63; HWGNRH/*Rose* Rn. 155;

aA GK-BetrVG/*Franzen* Rn. 38). Auch sie beruhen auf dem freiwilligen Zusammenschluss von ArbGeb., dürfen keine ArbN als Mitgl. haben, müssen unabhängig und auf überbetrieblicher Grundlage errichtet sein. Sie sind regelmäßig rechtsfähige Vereine. Ihre grundlegende Aufgabe ist es, die **Arbeitsbedingungen** der bei ihren Mitgl. beschäftigten ArbN **durch Abschluss von TV zu regeln.** Nur tariffähige Vereinigungen können Mitwirkungsrechte nach dem BetrVG geltend machen (Richardi BetrVG/*Richardi* Rn. 62; **aA** GK-BetrVG/*Franzen* Rn. 38). Die Tariffähigkeit eines ArbGebVerbandes erfordert – anders als bei Gewerkschaften (→ Rn. 38) – nach der Rspr. des BAG keine soziale Mächtigkeit; sie ist danach nicht erforderlich, weil schon ein einzelner ArbGeb. tariffähig ist (BAG 20.11.1990 – 1 ABR 62/89, NZA 1991, 428; 10.12.2002 – 1 AZR 96/02, NZA 2003, 734; HWGNRH/*Rose* Rn. 155; vgl. aber auch ErfK/*Linsenmaier* GG Art. 9 Rn. 67). Berufsverbände und rein wirtschaftspolitische Vereine **(Industrieverbände)** der Unternehmer sind daher keine ArbGebVereinigungen. **Handwerksinnungen** sind trotz ihres teilweise öffentlich-rechtlichen Charakters Vereinigungen von ArbGeb. iSv § 2 Abs. 1 u. 2 TVG. Da ihnen durch § 54 Abs. 3 Nr. 1 HandwO in verfassungsrechtlich unbedenklicher Weise (BVerfG 19.10.1966 – 1 BvL 24/65, AP TVG § 2 Nr. 24) die Befugnis verliehen ist, TV abzuschließen, ist es konsequent, sie wie Koalitionen zu behandeln (BAG 6.5.2003 – 1 AZR 241/02, NZA 2004, 562; Richardi BetrVG/*Richardi/Maschmann* Rn. 62). Zur Relativierung des Erfordernisses demokratischer Legitimation (keine Geltung des Prinzips der gleichen Stimmrechte) vgl. *Löwisch/Rieble* TVG § 2 Rn. 146.

c) Vertretensein im Betrieb

Um an der Zusammenarbeit von ArbGeb. und BR beteiligt zu sein, müssen Gewerkschaften bzw. ArbGebVereinigungen **im Betrieb vertreten** sein. ArbGebVereinigungen sind im Betrieb vertreten, wenn der ArbGeb. dort Mitgl. ist (ErfK/*Koch* Rn. 3; GK-BetrVG/*Franzen* Rn. 39). 42

Eine Gewerkschaft ist im Betrieb vertreten, wenn **mindestens ein Mitgl.** ArbN des Betriebs ist und nicht zu den leitenden Ang. zählt (BAG 25.3.1992 – 7 ABR 65/90, NZA 1993, 134; 10.11.2004 – 7 ABR 19/04, NZA 2005, 426; DKKW/*Berg* Rn. 79; Richardi BetrVG/*Richardi/Maschmann* Rn. 69; GK-BetrVG/*Franzen* Rn. 39; ErfK/*Koch* Rn. 3). Der Tarifzuständigkeit der Gewerkschaft für den Betrieb oder das Unternehmen bedarf es nicht zwingend. Die Gewerkschaft darf allerdings den ArbN nicht offensichtlich zu Unrecht als Mitglied aufgenommen haben (BAG 10.11.2004 – 7 ABR 19/04, NZA 2005, 426). Der Nachweis des Vertretenseins konnte nach dem Beschluss des BAG v. 25.3.1992 (7 ABR 65/90, NZA 1993, 134; zust. DKKW/*Berg* Rn. 80; Richardi BetrVG/*Richardi/Maschmann* Rn. 71; mit Einschränkungen auch GK-BetrVG/*Franzen* Rn. 40ff.) von einer Gewerkschaft auch durch mittelbare Beweismittel, wie etwa notarielle Erklärungen geführt werden, ohne den Namen des im Betrieb beschäftigten GewerkschaftsMitgl. zu nennen; ob diese **Beweisführung** ausreiche, sei eine Frage der freien Beweiswürdigung. Das Schrifttum hat sich dem überwiegend angeschlossen. Dies erschien im Hinblick auf die in Zivilverf. bestehende Obliegenheit zu substantiiertem Vortrag, auf die (Un-)Möglichkeit des ArbGeb., sich konkret zu verteidigen, und wegen Art. 103 Abs. 1 GG nicht ganz unproblematisch (BAG 19.3.2003 – 4 AZR 271/02, NZA 2003, 1221; ferner BGH 18.10.1995 – I ZR 126/93 (KG), NJW 1996, 391), entspricht aber insbes. in Fällen, in denen der ArbGeb. der Gewerkschaft abl. gegenübersteht, einem ernsthaften Interesse der GewerkschaftsMitgl. im Betrieb. Die gegen die Entscheidung des BAG eingelegte Verfassungsbeschwerde wurde vom BVerfG nicht zur Entscheidung angenommen (BVerfG 21.3.1994 – 1 BvR 1485/93, NZA 1994, 891). Der durch das Tarifeinheitsgesetz v. 3.7.2015 (BGBl. I S. 1130; zur Frage der Verfassungsmäßigkeit vgl. BVerfG 11.7.2017 – 1 BvR 1571/15, NZA 2017, 915) neu eingefügte **§ 58 Abs. 3 ArbGG** sieht nun ausdrücklich vor, dass insbes. über die Zahl der in einem ArbVerh. stehenden Mitgl. oder das Vertretensein einer Gewerkschaft in einem Betrieb Beweis auch 43 durch Vorlegung öffentlicher Urkunden angetreten werden kann (vgl. dazu BVerfG 11.7.2017 – 1 BvR 1571/15, NZA 2017, 915 Rn. 199; 10.8.2017 – 1 BvR 1504/16, BeckRS 2017, 130723; *Bayreuther* NZA 2013, 1395 [1396]; *Fischer* NZA 2015, 662; *Fischer* NZA-RR 2016, 225; *Greiner* NZA 2015, 769 [773f.]; *Hofer* ZTR 2015, 185; *Ulrici* NZA 2017, 1161, 1165; *Sammet/Graf Wolffskeel v. Reichenberg* NZA 2017, 1167).

44 Sind nur **leitende Ang.** Mitgl. der Gewerkschaft, ist diese im Betrieb nicht vertreten, da der BR die Interessen dieser ArbN nicht vertritt (Richardi BetrVG/*Richardi/Maschmann* Rn. 69; GK-BetrVG/*Franzen* Rn. 39).

d) Zusammenarbeit von Betriebsrat und Gewerkschaft

45 Das BetrVG geht von der grundsätzlichen Trennung der Aufgaben des BR und der Gewerkschaften aus (GK-BetrVG/*Franzen* Rn. 22; ErfK/*Koch* Rn. 2). Der BR wird von der gesamten Belegschaft gewählt, nicht nur von den Organisierten. Er ist ein eigenständiges, von den Gewerkschaften unabhängiges Organ (*Krause* RdA 2009, 129 [133]). Der BR ist frei in seinen Entscheidungen; er ist **in die gewerkschaftliche Organisation nicht eingebunden** und unterliegt keinen Weisungen. Er ist bei seiner Tätigkeit im Verhältnis zu den ArbN zu gewerkschaftspolitischer Neutralität verpflichtet. Er darf keinen ArbN wegen dessen Zugehörigkeit oder Einstellung zu einer Gewerkschaft bevorzugen oder benachteiligen (vgl. Däubler Gewerkschaftsrechte Rn. 71).

46 Andererseits ist der BR keine Ersatzgewerkschaft. Die Aufgaben einer Gewerkschaft bleiben gem. Abs. 3 von der Tätigkeit des BR unberührt (→ Rn. 80ff.). Es gibt einen **Dualismus** von gewerkschaftlicher und betriebsverfassungsrechtlicher **InteressenVertr.** (vgl. Däubler Gewerkschaftsrechte Rn. 71; *Krause* RdA 2009, 129; ErfK/*Koch* Rn. 2). Dabei hat der BR bei seiner InteressenVertr. auch das Wohl des Betriebes zu berücksichtigen (→ Rn. 56). Er kann seine Ziele gem. § 74 Abs. 2 nur auf friedliche Weise durchsetzen.

47 Als selbständige InteressenVertr. mit jeweils eigenen Aufgaben sollen BR und Gewerkschaften **„zusammenarbeiten"**, nicht gegeneinander (Däubler Gewerkschaftsrechte Rn. 76).

48 Der Dualismus der InteressenVertr. birgt **Gefahren** insbes. für die Gewerkschaftsbewegung. Die relativ starke rechtliche Stellung des BR kann den einzelnen ArbN zu der Annahme verführen, er brauche keine Gewerkschaft (vgl. Däubler Gewerkschaftsrechte Rn. 80). Dies kann ein fataler Irrtum sein, werden doch die wesentlichen materiellen Arbeitsbedingungen nach wie vor in TV geregelt und notfalls durch Arbeitskampf erstritten. Die InteressenVertr. allein durch den BR reicht nicht aus. Dieser Gefahren sollte sich der BR bewusst sein und ihnen nach Möglichkeit entgegenwirken. BR dürfen „die Stellung der beteiligten Gewerkschaften oder ihrer Vertr. nicht untergraben" (IAO-Übereinkommen Nr. 135 Art. 5; Däubler Gewerkschaftsrechte Rn. 84).

49 Das Zusammenwirken der BetrVerfOrgane mit den Koalitionen erfolgt sowohl durch **getrennte Kontaktaufnahme** des ArbGeb. mit seiner ArbGebVereinigung bzw. des BR mit den im Betrieb vertretenen Gewerkschaften, als auch durch **Beteiligung dieser Verbände an BRSitzungen** (§§ 29 Abs. 4, 31) und an **BetrVerslg.** (§ 46 Abs. 1; BAG 18.3.1964 – 1 ABR 12/63, AP BetrVG § 45 Nr. 1; 14.2.1967 – 1 ABR 7/66, AP BetrVG § 45 Nr. 2). Auch gemeinsame Beratungen zwischen den Verbänden, ArbGeb. und BR sind möglich.

50 Eine Einbeziehung der Gewerkschaft wird sich für den BR vor allem dann aufdrängen, wenn es gem. § 80 Abs. 1 Nr. 1 um die **Überwachung der Durchführung der TV** geht.

51 Die Zusammenarbeit mit der Gewerkschaft entbindet den BR nicht generell von der ihm nach § 79 Abs. 1 obliegenden **Geheimhaltungspflicht** (ErfK/*Koch* Rn. 2). Soweit aber die Zusammenarbeit die Mitteilung von Betriebsgeheimnissen erforder-

lich macht, steht dieser § 79 Abs. 1 nicht entgegen. Vielmehr trifft in diesem Fall gem. § 79 Abs. 2 den Gewerkschaftsbeauftragten die Pflicht zur Geheimhaltung. Aus dem Gebot zur vertrauensvollen Zusammenarbeit folgt allerdings die Pflicht des BR, der Gewerkschaft keine Lohngruppenlisten zum Zweck der Überprüfung der Beitragsehrlichkeit ihrer Mitgl. zu überlassen (BAG 22.5.1959 – 1 ABR 2/59, AP BetrVG § 23 Nr. 3; ErfK/*Koch* Rn. 2).

Eine besondere Ausformung der Zusammenarbeit findet sich in § 76 Abs. 8. Danach können die TVParteien anstelle der E-Stelle eine **tarifliche Schlichtungsstelle** einrichten. 52

e) Pflicht zur Zusammenarbeit

Soweit das G der Gewerkschaft betriebsverfassungsrechtlich Aufgaben zuweist, trifft den BR ebenso wie den ArbGeb. eine **Verpflichtung zur Zusammenarbeit mit der Gewerkschaft** (GK-BetrVG/*Franzen* Rn. 23). Soweit dagegen das BetrVG den Gewerkschaften keine eigenständigen Rechte einräumt, ist der BR nicht zur Zusammenarbeit mit der Gewerkschaft verpflichtet (GK-BetrVG/*Franzen* Rn. 23; Richardi BetrVG/*Richardi/Maschmann* Rn. 74; **aA** wohl ErfK/*Koch* Rn. 2). Der BR kann in diesen Fällen die Gewerkschaft um Unterstützung bitten, ist hierzu aber nicht verpflichtet (GK-BetrVG/*Franzen* Rn. 23). Er entscheidet dies grds. eigenverantwortlich. Die Gewerkschaft erhält durch Abs. 1 kein eigenständiges Recht, sich gegen den Willen der Betriebsparteien in die Zusammenarbeit zwischen ArbGeb. und BR einzuschalten (Richardi BetrVG/*Richardi/Maschmann* Rn. 35). Zwar kein Anspruch der Gewerkschaft, wohl aber eine Verpflichtung des BR zu deren Hinzuziehung kann sich uU ergeben, wenn der BR feststellt, dass er zur Erfüllung seiner Aufgaben gewerkschaftlicher Unterstützung bedarf (vgl. Däubler Gewerkschaftsrechte Rn. 169 ff.). Zieht der BR die Gewerkschaft zur Unterstützung heran, muss die Zusammenarbeit vertrauensvoll erfolgen. 53

Eine betriebsverfassungsrechtliche **Pflicht der Gewerkschaft zur Zusammenarbeit** mit dem BR besteht nicht (BAG 14.1.1983 – 6 ABR 67/79, AP BetrVG 1972 § 76 Nr. 12; Däubler Gewerkschaftsrechte Rn. 168; DKKW/*Berg* Rn. 47; GK-BetrVG/*Franzen* Rn. 24). Soweit aber die Gewerkschaft betriebsverfassungsrechtliche Befugnisse wahrnimmt, ist auch sie an den Grundsatz der vertrauensvollen Zusammenarbeit gebunden (GK-BetrVG/*Franzen* Rn. 10). 54

Aus Abs. 1 folgt keine Verpflichtung der Gewerkschaft, einem BR **Rechtsschutz** zu gewähren (BAG 3.10.1978 – 6 ABR 102/76, AP BetrVG 1972 § 40 Nr. 14; Richardi BetrVG/*Richardi/Maschmann* Rn. 36). Ob die Gewerkschaft dem BR auf Ersuchen der organisierten BRMitgl. Rechtsschutz gewähren muss, richtet sich nach ihrer Satzung. 55

4. Ziel der Zusammenarbeit

Ziel der Zusammenarbeit zwischen ArbGeb. und BR ist das **Wohl der ArbN und des Betriebes.** Der ArbGeb. darf nicht allein die Interessen des Betriebes oder gar seine persönlichen Interessen verfolgen, der BR seine Amtsführung nicht ausschließlich auf die Interessen der ArbN des Betriebes abstellen. Die Grundtendenz des Gesetzes stellt weniger auf die Betonung der Interessengegensätze zwischen ArbGeb. und ArbN, als vielmehr auf die Zusammenarbeit zur **Vermeidung bzw. Lösung konkreter Konflikte** mit friedlichen Mitteln ab (§ 74 Abs. 1 u. 2). Dauernde Obstruktionspolitik von ArbGeb. oder BR kann zu Maßnahmen nach § 23 führen bzw. zur Bestrafung des ArbGeb. nach § 119. Für den ArbGeb. bedeutet das, dass er Wünsche des BR unverzüglich und ernsthaft prüft und dabei soziale Interessen der ArbN berücksichtigt. Andererseits muss der BR das Wohl des Betriebs – und damit zumindest langfristig oft auch der ArbN (Arbeitsplatzsicherung) – im Auge behalten (GK-BetrVG/*Franzen* Rn. 43; ErfK/*Koch* Rn. 2). 56

57 Das G schreibt nicht mehr – wie § 49 Abs. 1 BetrVG 1952 – ausdrücklich die Berücksichtigung des Gemeinwohls vor. Diese ist den Betriebsparteien freilich auch nicht verwehrt (→ Rn. 20; *Krause* RdA 2009, 129 [137]). In Betrieben, deren Tätigkeit in besonderem Maße der Allgemeinheit dient (zB Krankenhäuser, Verkehrs- und Versorgungsbetriebe) haben sie der besonderen Verpflichtung des ArbGeb. Rechnung zu tragen (ErfK/*Koch* Rn. 2). Dementsprechend ist die Wahrung des Postgeheimnisses für den Abschluss von BV über eine Videoüberwachung bei Post-Unternehmen von Bedeutung (BAG 26.8.2008 – 1 ABR 16/07, NZA 2008, 1187).

58 Auch bei Beratungen über **Betriebsänderungen** iSd § 111 sollten die Betriebsparteien die Auswirkungen auf die Allgemeinheit beachten. Ebenso sollte der BR darauf achten, dass die Besetzung von Arbeitsplätzen durch **Arbeitslose** den Vorrang hat vor der Anordnung von **Überstunden.** Falls der BR entgegen den Vorschriften des ArbZG die Anordnung von Überstunden duldet oder gar fordert, kann darin sogar eine grobe Verletzung seiner gesetzlichen Pflichten iSd § 23 Abs. 1 liegen.

59 Auch im Rahmen seiner Beteiligung bei der **Personalplanung** (zB Personalbedarfsplanung) und der **Berufsbildung** kann sich der BR für die Beschäftigung von Arbeitslosen einsetzen. Grds. obliegt allerdings die Vertr. der Belange der ArbNschaft im überbetrieblichen Bereich den Gewerkschaften.

III. Zugang von Gewerkschaftsbeauftragten zum Betrieb zur Wahrnehmung betriebsverfassungsrechtlicher Aufgaben

60 Zur Wahrnehmung ihrer betriebsverfassungsrechtlichen Aufgaben garantiert Abs. 2 den im Betrieb vertretenen Gewerkschaften ausdrücklich ein Zugangsrecht. Daneben stellt Abs. 3 klar, dass die Wahrnehmung der Interessen der Mitgl. der Gewerkschaft durch das BetrVG nicht berührt wird (→ Rn. 80 ff.).

1. Rechtsnatur des Zugangsrechts

61 Das Zugangsrecht nach Abs. 2 ist ein den **Gewerkschaften zur Wahrnehmung ihrer betriebsverfassungsrechtlichen Aufgaben** durch einfaches Gesetzesrecht eingeräumtes Recht auf Zutritt in ein fremdes befriedetes Besitztum. Es folgt nicht bereits unmittelbar aus Art. 9 Abs. 3 GG (BVerfG 17.2.1981 – 2 BvR 384/78, AP GG Art. 140 Nr. 9; Richardi BetrVG/*Richardi/Maschmann* Rn. 102). Dementsprechend steht es nur tariffähigen Gewerkschaften, nicht dagegen jeder ArbNKoalition, wie etwa dem nicht tariffähigen VGB, zu (BAG 19.9.2006 – 1 ABR 53/05, NZA 2007, 518). Der Ausschluss nicht tariffähiger ArbNVereinigungen von den Rechten, die das BetrVG Gewerkschaften verleiht, ist verfassungsgemäß. Art. 9 Abs. 3, Abs. 2 GG schließt weitere Zugangsrechte der Gewerkschaften außerhalb ihrer betriebsverfassungsrechtlichen Betätigung nicht aus (BVerfG 17.2.1981 – 2 BvR 384/78, AP GG Art. 140 Nr. 9; ErfK/*Koch* Rn. 7). Zugangsrechte von ArbNKoalitionen können sich zum Zwecke koalitionsspezifischer Betätigung – unabhängig von der Tariffähigkeit – aus Art. 9 Abs. 3 GG ergeben (→ Rn. 80 ff.).

62 Das gesetzliche Zugangsrecht des BR beseitigt nicht das **Hausrecht** des ArbGeb. Dabei kann dahin stehen, ob ein Betrieb auch dem Schutz des Art. 13 GG (verneinend Däubler Gewerkschaftsrechte Rn. 417) oder nur dem der Art. 12, 14 GG unterfällt. Denn jedenfalls steht er nicht jedermann offen. Das Hausrecht des ArbGeb. wird aber durch das gesetzliche Zugangsrecht der Gewerkschaften in verfassungsrechtlich nicht zu beanstandender Weise eingeschränkt (BVerfG 14.10.1976 – 1 BvR 19/73, AP BetrVG 1972 § 2 Nr. 3; ErfK/*Koch* Rn. 4; Richardi BetrVG/*Richardi/Maschmann* Rn. 105).

63 Seiner Funktion nach ist das Zugangsrecht nach Abs. 2 ein **Hilfsrecht der Gewerkschaft** bei der Wahrnehmung ihrer betriebsverfassungsrechtlichen Rechte und Pflichten (*T. Wißmann* FS Willemsen 2018, 631 [635]). Es dient nicht dazu, die Ein-

flussmöglichkeiten der Gewerkschaften über das G hinaus auszudehnen (ErfK/*Koch* Rn. 4; GK-BetrVG/*Franzen* Rn. 53). Insbes. können sich die Gewerkschaften zur Wahrnehmung ihrer rein koalitionsspezifischen Aufgaben nicht auf Abs. 2 – wohl aber ggf. auf Art. 9 Abs. 3 GG – berufen (→ Rn. 86).

2. Voraussetzungen des Zugangsrechts

Das Zugangsrecht wird den im Betrieb vertretenen Gewerkschaften nicht voraus- **64** setzungslos, sondern „zur Wahrnehmung der in diesem G genannten Aufgaben und Befugnisse" eingeräumt. Das **Zutrittsrecht ist „akzessorisch"** (Richardi BetrVG/*Richardi* Rn. 112). Es besteht nur insoweit, als die Gewerkschaften es zur Wahrnehmung ihrer betriebsverfassungsrechtlichen Aufgaben und Befugnisse ausüben (BAG 26.6.1973 – 1 ABR 24/72, AP BetrVG 1972 § 2 Nr. 2). **Ausreichend** ist aber, wenn die Angelegenheit in einem **inneren Zusammenhang mit einer betriebsverfassungsrechtlichen Aufgabe** der Gewerkschaft steht (BAG 26.6.1973 – 1 ABR 24/72, AP BetrVG 1972 § 2 Nr. 2; 17.1.1989 – 1 AZR 805/87, AP LPVG NW § 2 Nr. 1; Däubler Gewerkschaftsrechte Rn. 217 ff.; ErfK/*Koch* Rn. 4; DKKW/*Berg* Rn. 84; WPK/*Preis* Rn. 25; **aA** GK-BetrVG/*Franzen* Rn. 57).

Der Gewerkschaft sind im BetrVG ausdrücklich zahlreiche Initiativ-, Teilnahme-, **65** Beratungs- und Kontrollrechte eingeräumt. Dabei handelt es sich insbes. um folgende Bestimmungen:

§ 2 Abs. 1:	Allgemeine Unterstützungspflicht (→ Rn. 66).
§ 3 Abs. 3 S. 2:	Veranlassung einer Abstimmung über die Wahl eines unternehmenseinheitlichen BR.
§ 4 Abs. 2 S. 2 Hs. 2 iVm § 3 Abs. 3 S. 2:	Veranlassung einer Abstimmung in einem Betriebsteil über die Teilnahme an der BRWahl im Hauptbetrieb.
§ 14 Abs. 3:	Wahlvorschläge für BRWahl.
§ 16 Abs. 1 S. 6:	Entsendungsrecht in Wahlvorstand.
§ 16 Abs. 2 S. 1:	Antragsrecht auf Bestellung eines Wahlvorstands.
§ 17 Abs. 3:	Einladung zur BetrVerslg. zur Bestellung eines Wahlvorstands.
§ 17 Abs. 4:	Antragsrecht auf Bestellung eines Wahlvorstands.
§ 18 Abs. 1 S. 2:	Antragsrecht auf Ersetzung eines untätigen Wahlvorstands.
§ 18 Abs. 2:	Antragsbefugnis auf arbeitsgerichtliche Entscheidung über das Vorliegen einer betriebsratsfähigen Organisationseinheit.
§ 19 Abs. 2 S. 1:	Berechtigung zur Anfechtung einer BRWahl.
§ 23 Abs. 1 S. 1:	Antragsbefugnis auf Ausschluss eines BRMitgl. oder auf Auflösung des BR.
§ 23 Abs. 3 S. 1:	Antragsbefugnis gegen ArbGeb. bei grober Pflichtverletzung auf Unterlassung, Duldung oder Vornahme einer Handlung. Das Zugangsrecht besteht in diesem Fall, wenn konkrete Anhaltspunkte für einen groben Pflichtenverstoß vorliegen (Richardi BetrVG/*Richardi* Rn. 109).
§ 31:	Teilnahme an BRSitzungen auf Antrag von einem Viertel der BRMitgl. (für GesBR iVm § 51 Abs. 1; für KBR iVm § 59; für JAV iVm § 65 Abs. 1; für GesJAV iVm § 73 Abs. 2; für KJAV iVm § 73b Abs. 2). Die Bestimmung ist auf Sitzungen des Wirtschaftsausschusses nach § 108 Abs. 2 entspr. anwendbar (BAG 25.6.1987 – 6 ABR 45/85, NZA 1988, 167).
§ 35 Abs. 1:	Hilfe bei Verständigung zwischen BR und JAV oder SchwbVertr.
§ 37 Abs. 7:	Hinzuziehung der Spitzenorganisationen bei Entscheidung der obersten Arbeitsbehörde des Landes über Geeignetheit von Schulungs- und Bildungsveranstaltungen.

§ 43 Abs. 4:	Antrag auf Einberufung einer BetrVerslg.
§ 46 Abs. 1 S. 1:	Teilnahme an Betriebs- oder Abteilungsverslg. (BAG 19.9.2006 – 1 ABR 53/05, NZA 2007, 518).
§ 53 Abs. 3 S. 2 iVm § 46 Abs. 1 S. 1:	Teilnahme an BRVerslg.
§ 119 Abs. 2:	Antragsrecht bei Straftaten gegen BetrVerfOrgane und ihre Mitgl.

66 Nach zutreffender Auffassung kann das Zugangsrecht nach Abs. 2 nicht nur auf die der Gewerkschaft besonders zugewiesenen gesetzlichen Befugnisse, sondern auch auf dessen **allgemeine Unterstützungsaufgaben nach Abs. 1** gestützt werden (BAG 17.1.1989 – 1 AZR 805/87, AP LPVG NW § 2 Nr. 1; Richardi BetrVG/*Richardi/Maschmann* Rn. 110; ErfK/*Koch* Rn. 4; GK-BetrVG/*Franzen* Rn. 54, 63; HWGNRH/*Rose* Rn. 208). Das Zugangsrecht folgt in diesem Fall aber nicht unmittelbar aus Abs. 1, sondern ebenfalls aus Abs. 2 (GK-BetrVG/*Franzen* Rn. 54; offen gelassen von Richardi BetrVG/*Richardi/Maschmann* Rn. 110). Erforderlich ist die Anforderung der Gewerkschaft durch den BR (BAG 17.1.1989 – 1 AZR 805/87, AP LPVG NW § 2 Nr. 1; HWGNRH/*Rose* Rn. 213).

67 Zugangsrechte der Gewerkschaften nach Abs. 2 können sich unter Umständen auch ergeben, wenn der Zugang dem Abschluss von TV über betriebsverfassungsrechtliche Fragen nach den §§ 3, 38 Abs. 1 S. 3, 47 Abs. 4, 55 Abs. 4, 72 Abs. 4, 76 Abs. 6, 76a Abs. 5, 86, 117 Abs. 2 dient (Richardi BetrVG/*Richardi/Maschmann* Rn. 136; ErfK/*Koch* Rn. 4; zurückhaltend HWGNRH/*Rose* Rn. 219).

68 Voraussetzung für das Zugangsrecht ist ferner, dass die **Gewerkschaft im Betrieb vertreten** ist. Es muss daher zumindest ein GewerkschaftsMitgl. im Betrieb beschäftigt sein (→ Rn. 43, dort auch zur Frage des Nachweises).

3. Inhalt des Zugangsrechts

69 Das Zugangsrecht haben die **Beauftragten** der Gewerkschaft. Die Auswahl ist Sache der Gewerkschaft. Es kann sich um ehrenamtliche oder hauptamtliche Mitarbeiter, aber ebenso auch um ArbN eines anderen Betriebs handeln (BAG 14.2.1978 – 1 AZR 280/77, AP GG Art. 9 Nr. 26; Däubler Gewerkschaftsrechte Rn. 223 f.; ErfK/*Koch* Rn. 5; Richardi BetrVG/*Richardi/Maschmann* Rn. 117; DKKW/*Berg* Rn. 87). Soweit sie dies für erforderlich hält, kann die Gewerkschaft auch mehrere Beauftragte entsenden (Richardi BetrVG/*Richardi/Maschmann* Rn. 119; ErfK/*Koch* Rn. 5). Ausnahmsweise kann der ArbGeb. unter dem Gesichtspunkt der unzulässigen Rechtsausübung (Rechtsmissbrauch) einem bestimmten Beauftragten aus Gründen in seiner Person den Zutritt verweigern. Dies kann der Fall sein, wenn der Beauftragte in der Vergangenheit den Betriebsfrieden nachhaltig gestört oder den ArbGeb., seine Vertreter oder ArbN grob beleidigt hat und eine Wiederholung dieses Verhaltens zu befürchten ist (BAG 18.3.1964 – 1 ABR 12/63, AP BetrVG § 45 Nr. 1; 14.2.1967 – 1 ABR 7/66, AP BetrVG § 45 Nr. 2; Däubler Gewerkschaftsrechte Rn. 239 ff.; DKKW/*Berg* Rn. 90; ErfK/*Koch* Rn. 6; HWGNRH/*Rose* Rn. 227). Die Gewerkschaft verliert dadurch aber nicht ihr Zutrittsrecht, sondern kann einen anderen Beauftragten entsenden (Däubler Gewerkschaftsrechte Rn. 242; DKKW/*Berg* Rn. 90).

70 Soweit das Zutrittsrecht nicht von der Anforderung der Gewerkschaft durch den BR abhängt (→ Rn. 66), bestimmt die Gewerkschaft **Häufigkeit, Zeitpunkt** und **Dauer des Besuchs** (Richardi BetrVG/*Richardi/Maschmann* Rn. 120; ErfK/*Koch* Rn. 5). Sofern nicht besondere Umstände vorliegen, ist das Zutrittsrecht während der betriebsüblichen Arbeitszeit wahrzunehmen (vgl. ErfK/*Koch* Rn. 5).

71 Umstritten ist, ob das **Zugangsrecht** der Gewerkschaft auch **vor und während eines Arbeitskampfs** besteht. Teilweise wird das Zugangsrecht uneingeschränkt bejaht (Däubler Gewerkschaftsrechte Rn. 242; DKKW/*Berg* Rn. 91; ErfK/*Koch* Rn. 5), teilweise völlig verneint (HWGNRH/*Rose* Rn. 233; SWS/*Stege/Weinspach*

Rn. 21a; wohl auch GK-BetrVG/*Franzen* Rn. 79), teilweise die Auffassung vertreten, das Zugangsrecht ruhe dann, wenn der Betrieb tatsächlich in den Arbeitskampf einbezogen sei. Zutreffend dürfte sein, dass das Zugangsrecht der Gewerkschaft nach Abs. 2 vor und während eines Arbeitskampfes nicht eingeschränkt ist, solange nicht die auf konkrete Tatsachen gestützte Besorgnis gerechtfertigt ist, die Gewerkschaft werde das Zugangsrecht zu Zwecken des Arbeitskampfes missbrauchen. Nach der stRspr des BAG ist die BetrVerf. während eines Arbeitskampfes nicht außer Kraft gesetzt. Der BR bleibt grds. mit allen Rechten und Pflichten im Amt und hat diese auch während eines Arbeitskampfes neutral wahrzunehmen (BAG 10.12.2002 – 1 ABR 7/02, NZA 2004, 223).

Die Tarifautonomie und der aus ihr abzuleitende Grundsatz der Kampfmittelparität 71a verlangen aber in Fällen, in denen ein Betrieb von einem Arbeitskampf unmittelbar betroffen ist, eine **arbeitskampfkonforme Auslegung** und damit ggf. auch eine Einschränkung der Beteiligungsrechte des BR (BAG 10.12.2002 – 1 ABR 7/02, NZA 2004, 223; 13.12.2011 – 1 ABR 2/10, NZA 2012, 571; ferner BVerfG 7.4.1997 – 1 BvL 11/96, NZA 1997, 773; ErfK/*Linsenmaier* GG Art. 9 Rn. 157). MBR des BR scheiden arbeitskampfbedingt insoweit aus, als sie die Arbeitskampffreiheit des ArbGeb. tatsächlich einschränken. Dazu müssen sie geeignet sein, den ArbGeb. an der Durchführung einer beabsichtigten kampfbedingten Maßnahme zumindest vorübergehend zu hindern und auf diese Weise zusätzlichen Druck auf ihn auszuüben (BAG 10.12.2002 – 1 ABR 7/02, NZA 2004, 223). Für reine Unterrichtungsansprüche des BR hat das BAG solche Beeinträchtigungen zu Recht verneint (BAG 10.12.2002 – 1 ABR 7/02, NZA 2004, 223). Gleiches gilt für das Zugangsrecht der Gewerkschaft nach Abs. 2. Auch durch dieses wird die Kampfparität nicht zu Lasten des ArbGeb. verschoben. Dies gilt aber nur, solange sich die Gewerkschaft tatsächlich auf ihre betriebsverfassungsrechtlichen Aufgaben beschränkt. Wenn der Betrieb tatsächlich konkret in einen Arbeitskampf (Streik, Aussperrung) einbezogen ist, dürften betriebsverfassungsrechtliche Aufgaben der Gewerkschaft wohl in geringerem Umfang als normalerweise anfallen (**aA** wohl DKKW/*Berg* Rn. 92).

Das Zugangsrecht besteht **zum Betrieb.** Es ist also nicht auf die Räumlichkeiten 72 des BR oder den Verwaltungsbereich des ArbGeb. beschränkt (Richardi BetrVG/*Richardi* Rn. 122). Der Beauftragte der Gewerkschaft darf im Betrieb vielmehr den Ort aufsuchen, der sich aus der konkreten betriebsverfassungsrechtlichen Aufgabe ergibt (ErfK/*Koch* Rn. 5; GK-BetrVG/*Franzen* Rn. 65). Er ist dementsprechend auch befugt, die ArbN an ihren Arbeitsplätzen aufzusuchen, sofern dies im Rahmen der betriebsverfassungsrechtlichen Aufgabenstellung erforderlich ist (BAG 17.1.1989 – 1 AZR 805/87, AP LPVG NW § 2 Nr. 1; Däubler Gewerkschaftsrechte Rn. 226 ff.; Richardi BetrVG/*Richardi/Maschmann* Rn. 123; ErfK/*Koch* Rn. 5; WPK/*Preis* Rn. 26). Dies kann zB der Fall sein, wenn die Gewerkschaft vom BR bei Akkordstreitigkeiten (§ 87 Abs. 1 Nr. 11) zur Unterstützung hinzugezogen wird (Däubler Gewerkschaftsrechte Rn. 229; Richardi BetrVG/*Richardi/Maschmann* Rn. 123; DKKW/*Berg* Rn. 82). Bei einem in der Wohnung des ArbN liegenden Arbeitsplatz (Heim-, Telearbeitsplätze) ist dessen Zustimmung erforderlich (DKKW/*Berg* Rn. 83). § 14 Nr. 2.2 BRTV-Bau sieht ein Zutrittsrecht der Gewerkschaft zu den Baustellen, insbes. Wohn-, Schlaf- und Kantinenräumen ausdrücklich vor.

4. Wahrnehmung des Zugangsrechts

Die Gewerkschaft hat den ArbGeb. oder seinen Vertreter vor dem Besuch des Be- 73 auftragten zu **unterrichten.** Der ArbGeb. soll sich auf den Besuch einstellen und außerdem prüfen können, ob die Voraussetzungen für ein Zugangsrecht vorliegen oder ausnahmsweise ein Zutrittsverweigerungsgrund gegeben ist (Däubler Gewerkschaftsrechte Rn. 246; Richardi BetrVG/*Richardi/Maschmann* Rn. 124; *T. Wißmann* FS Willemsen 2018, 631 [635]). Deshalb hat die Gewerkschaft den ArbGeb. über den Zeitpunkt und den Zweck des Besuchs sowie über die Person des Beauftragten (insoweit) zu unterrichten (WPK/*Preis* Rn. 27; Richardi BetrVG/*Richardi/Maschmann* Rn. 124; **aA** hinsichtlich der Person Däubler Gewerkschaftsrechte Rn. 246). Die Unterrichtung des BR bzw. der zu besuchenden Person oder Stelle ist sinnvoll, aber nicht zwingend vorgeschrieben.

74 Die Unterrichtung des ArbGeb. hat im Normalfall so **rechtzeitig** zu erfolgen, dass diesem hinreichend Zeit bleibt, sich auf den Besuch einzustellen und die Zugangsberechtigung zu prüfen. In **Eilfällen** kann die Unterrichtung aber auch unmittelbar vor dem Besuch erfolgen (GK-BetrVG/*Franzen* Rn. 70; Richardi BetrVG/*Richardi/Maschmann* Rn. 125; WPK/*Preis* Rn. 27; insoweit weiter DKKW/*Berg* Rn. 88: Unterrichtung unmittelbar vor Besuch reicht nicht nur in Eilfällen, sondern regelmäßig aus).

75 Das Einverständnis des ArbGeb. ist keine Voraussetzung des Zugangsrechts (DKKW/*Berg* Rn. 37). Die Gewerkschaft darf aber – sofern nicht ganz ausnahmsweise die Voraussetzungen der §§ 229 ff. BGB vorliegen – das Zugangsrecht nicht gegen den Willen des ArbGeb. im Wege der Selbsthilfe durchsetzen (GK-BetrVG/*Franzen* Rn. 69; Richardi BetrVG/*Richardi/Maschmann* Rn. 126; WPK/*Preis* Rn. 29; iErg ebenso Däubler Gewerkschaftsrechte Rn. 710 ff.). Sie kann und muss zur Durchsetzung vielmehr die ArbG anrufen. Diese entscheiden gem. § 2a Abs. 1 Nr. 1 ArbGG im **BeschlVerf.** (→ Rn. 93 ff.). Eine Gewerkschaft hat **keinen Anspruch auf Erstattung der außergerichtlichen Kosten,** die ihr durch die Führung eines solchen Verfahrens entstehen (→ Rn. 94).

5. Beschränkungen des Zugangsrechts

76 Sind die Voraussetzungen des Abs. 2 erfüllt, darf der ArbGeb. der Gewerkschaft den **Zutritt** nur **verweigern,** soweit diesem „unumgängliche Notwendigkeiten des Betriebsablaufs, zwingende Sicherheitsvorschriften oder der Schutz von Betriebsgeheimnissen entgegenstehen". Dabei genügt die bloße Behauptung des ArbGeb. nicht. Dieser muss vielmehr Tatsachen vortragen, aus denen sich ergibt, dass diese Gründe vorliegen (Richardi BetrVG/*Richardi/Maschmann* Rn. 131; GK-BetrVG/*Franzen* Rn. 78). Außerdem gilt der Grundsatz der Verhältnismäßigkeit (Däubler Gewerkschaftsrechte Rn. 232). Deshalb darf der Gewerkschaft nicht der Zutritt zum Betrieb insgesamt verweigert werden, wenn der Verweigerungsgrund nur eine Abteilung oder einen Bereich betrifft (Richardi BetrVG/*Richardi/Maschmann* Rn. 127; ErfK/*Koch* Rn. 6).

77 **Unumgängliche Notwendigkeiten des Betriebsablaufs** liegen nur vor, wenn schwerwiegende, dem ArbGeb. unzumutbare Beeinträchtigungen des Arbeitsablaufs zu besorgen sind (Richardi BetrVG/*Richardi/Maschmann* Rn. 128). Störungen oder Verzögerungen des Arbeitsablaufs genügen allein nicht (GK-BetrVG/*Franzen* Rn. 74; Richardi BetrVG/*Richardi/Maschmann* Rn. 128).

78 **Zwingende Sicherheitsvorschriften,** zu denen sowohl öffentlich-rechtliche, als auch nach § 87 Abs. 1 Nr. 7 vereinbarte gehören, begründen ein Zugangsverweigerungsrecht nur hinsichtlich des – zB durch Strahlenschutzvorschriften – geschützten Bereichs, nicht dagegen generell für den gesamten Betrieb (Richardi BetrVG/*Richardi/Maschmann* Rn. 129; DKKW/*Berg* Rn. 95; Däubler Gewerkschaftsrechte Rn. 236).

79 Der **Schutz von Betriebsgeheimnissen** steht dem Zugangsrecht der Gewerkschaft nur entgegen, wenn konkret zu befürchten ist, dass der GewerkschaftsVertr. die ihm nach § 79 Abs. 2 obliegende Geheimhaltungspflicht verletzen wird (ErfK/*Koch* Rn. 6; WPK/*Preis* Rn. 30; Däubler Gewerkschaftsrechte Rn. 238; wohl auch GK-BetrVG/*Franzen* Rn. 76; vgl. ferner DKKW/*Berg* Rn. 95; **aA** Richardi BetrVG/*Richardi* Rn. 130).

IV. Koalitionsaufgaben der Gewerkschaften und Arbeitgeberverbände

Gem. Abs. 3 werden Aufgaben der Gewerkschaften und der Vereinigungen der ArbGeb., insbes. die Wahrnehmung der Interessen ihrer Mitgl., durch das BetrVG nicht berührt. Die typischen **Aufgaben der Koalitionen,** wie insbes. der **Abschluss und die Überwachung von TV, Arbeitskampf, Mitgliederwerbung und -beratung sowie Prozessvertretung** werden durch das BetrVG weder geregelt noch beeinträchtigt (BAG 14.2.1978 – 1 AZR 280/77, AP GG Art. 9 Nr. 26; 28.2.2006 – 1 AZR 460/04, NZA 2006, 798; 22.6.2010 – 1 AZR 179/09, NZA 2010, 1365). Die Tätigkeit der Koalitionen endet nicht an den Werkstoren. Die Gewerkschaften dürfen vielmehr die Interessen ihrer Mitgl. auch im Betrieb vertreten (DKKW/*Berg* Rn. 98). Dies gilt nicht nur für die Wahrnehmung der Gesamtinteressen der Mitgl., sondern ebenfalls für die Interessen eines einzelnen Mitgl. (Richardi BetrVG/*Richardi/Maschmann* Rn. 137). Dabei unterliegen die Verbände auch nicht der Friedenspflicht des § 74 Abs. 2, wohl aber der tariflichen Friedenspflicht. **80**

Wie sich aus **Art. 9 Abs. 3 GG** ergibt, ist die Hauptaufgabe der Koalitionen, kollektiv die **Arbeits- und Wirtschaftsbedingungen ihrer Mitgl. zu wahren und zu fördern** (GK-BetrVG/*Franzen* Rn. 83). Das durch Art. 9 Abs. 3 GG garantierte **„Doppelgrundrecht"** gewährleistet einerseits das Recht des Einzelnen zur Gründung, zum Beitritt und Verbleib sowie jeder koalitionsspezifischen Tätigkeit innerhalb und außerhalb des Verbands (BVerfG 6.2.2007 – 1 BvR 978/05, NZA 2007, 394; ErfK/*Linsenmaier* GG Art. 9 Rn. 30). Zum anderen schützt Art. 9 Abs. 3 GG auch die Koalitionen selbst, also ihren Bestand, ihre organisatorische Ausgestaltung und ihre koalitionsspezifische Betätigung (BVerfG 26.6.1991 – 1 BvR 779/85, NZA 1991, 809; 10.9.2004 – 1 BvR 1191/03, NZA 2004, 1338; 6.2.2007 – 1 BvR 978/05, NZA 2007, 394; BAG 22.6.2010 – 1 AZR 179/09, NZA 2010, 1365; ErfK/*Linsenmaier* GG Art. 9 Rn. 38). **81**

Die Rspr. zur koalitionsspezifischen Betätigung von Gewerkschaften in Betrieben war lange Zeit sehr restriktiv (vgl. etwa zur Verteilung einer Gewerkschaftszeitung BAG 23.2.1979 – 1 AZR 540/77, AP GG Art. 9 Nr. 29; 13.11.1991 – 5 AZR 74/91, NZA 1992, 690). Sie beruhte auf der sog „Kernbereichslehre", nach der durch Art. 9 Abs. 3 GG nur der Kernbereich koalitionsmäßiger Betätigung garantiert sein soll (BVerfG 17.2.1981 – 2 BvR 384/78, AP GG Art. 140 Nr. 9). In der Entscheidung v. 14.11.1995 (1 BvR 601/92, NZA 1996, 381) hat das **BVerfG** die **Kernbereichslehre** jedoch ausdrücklich **aufgegeben** (vgl. zur Entwicklung der Rspr. des BVerfG zu Art. 9 Abs. 3 *Pieroth* FS BVerfG, S. 293 ff.; *Brock,* Gewerkschaftliche Betätigung im Betrieb nach Aufgabe der Kernbereichslehre durch das BVerfG, 2002). Der Schutz der koalitionsspezifischen Betätigung ist somit nicht auf einen Kernbereich beschränkt. Er erstreckt sich vielmehr auf alle koalitionsspezifischen Verhaltensweisen (BVerfG 6.2.2007 – 1 BvR 978/05, NZA 2007, 394 mwN; BAG 25.1.2005 – 1 AZR 657/03, NZA 2005, 592). Er erfasst auch nicht nur den Bereich der Tarifautonomie, sondern ebenso Aktionen, mit denen gegenüber Gesetzgeber oder Regierung Forderungen vertreten werden, welche die Arbeits- und Wirtschaftsbedingungen betreffen (BVerfG 6.2.2007 – 1 BvR 978/05, NZA 2007, 394; BAG 25.1.2005 – 1 AZR 657/03, NZA 2005, 592). Die Wahl der Mittel, welche die Koalitionen zur Erfüllung ihrer Aufgaben für geeignet halten, bleibt grds. ihnen überlassen (BVerfG 6.2.2007 – 1 BvR 978/05, NZA 2007, 394 mwN). Nach der Aufgabe der Kernbereichslehre darf die frühere BAG-Rspr. zu den Gewerkschaftsrechten im Betrieb nicht unkritisch übernommen, sondern muss an dem neuen Maßstab gemessen werden (vgl. *Däubler* DB 1998, 2014 ff.; DKKW/*Berg* Rn. 99; WPK/*Preis* Rn. 34; **aA** wohl GK-BetrVG/*Franzen* Rn. 89). **82**

Die Gewährleistung der Koalitionsfreiheit richtet sich zwar wie alle Grundrechte in erster Linie gegen den Staat. Anders als die übrigen Grundrechte entfaltet aber die **Koalitionsfreiheit unmittelbare Drittwirkung** (BAG 10.12.2002 – 1 AZR **83**

96/02, NZA 2003, 734; 31.5.2005 – 1 AZR141/04, NZA 2005, 1182). Dies folgt aus Art. 9 Abs. 3 S. 2 GG. Danach sind Abreden, die die Koalitionsfreiheit einschränken oder zu behindern suchen, nichtig und hierauf gerichtete Maßnahmen rechtswidrig. Damit wird Art. 9 Abs. 3 GG zu einem integralen Bestandteil des Zivilrechts, der über die Schutzpflichtfunktion der übrigen Grundrechte hinausgeht (ErfK/*Linsenmaier* GG Art. 9 Rn. 43). Dies bedeutet nicht, dass ohne weiteres jegliche gewerkschaftliche Betätigung im Betrieb zulässig wäre. Vielmehr stellt sich das Problem der **Grundrechtskollision zwischen** dem der Gewerkschaft und ihren Mitgl. zustehenden Grundrecht nach **Art. 9 Abs. 3 GG und** den Grundrechten des ArbGeb. und Betriebsinhabers aus **Art. 12, 14 GG.** Der Konflikt ist zu lösen über ein zivilrechtliches Abwägungsprogramm, das die konkreten Interessengegensätze berücksichtigt (ErfK/*Linsenmaier* GG Art. 9 Rn. 44). Kollidierende Verfassungsrechte sind in ihrer Wechselwirkung zu erfassen und so zu begrenzen, dass sie für alle Beteiligten möglichst weitgehend wirksam werden (BVerfG 6.2.2007 – 1 BvR 978/05, NZA 2007, 394 mwN). Soweit es um die koalitionsspezifische Betätigung der Gewerkschaften in den Betrieben geht, müssen ihre grundrechtlich geschützten Interessen gegenüber den ebenfalls grundrechtlich geschützten Interessen des ArbGeb. abgewogen werden (BAG 28.2.2006 – 1 AZR 460/04, NZA 2006, 798 mwN). Zu diesen gehört insbes. das **Interesse des ArbGeb. an einem reibungslosen Arbeitsablauf** (BVerfG 14.11.1995 – 1 BvR 601/92, NZA 1996, 381; BAG 28.2.2006 – 1 AZR 460/04, NZA 2006, 798). Aber auch andere Rechtsinstitute, wie etwa der durch Art. 20 Abs. 3 GG garantierte Grundsatz der Gesetzmäßigkeit der Verwaltung, können im Einzelfall in die Abwägung einzubeziehen sein (vgl. zu öffentlichen Unterschriftenaktionen einer Polizeigewerkschaft in Dienstgebäuden der Polizei BAG 25.1.2005 – 1 AZR 657/03, NZA 2005, 592; BVerfG 6.2.2007 – 1 BvR 978/05, NZA 2007, 394).

84 Art. 9 Abs. 3 S. 1 u. 2 GG entfalten Wirkung auch im **Verhältnis von rivalisierenden Gewerkschaften.** Durch die von Art. 9 Abs. 3 S. 1 GG geschützte Mitgliederwerbung der einen Gewerkschaft ist zugleich der Mitgliederbestand der konkurrierenden Gewerkschaft betroffen. Diese muss die Mitgliederwerbung hinnehmen, solange sie nicht mit unlauteren Mitteln erfolgt oder auf die Existenzvernichtung der Konkurrenzorganisation gerichtet ist (BAG 31.5.2005 – 1 AZR 141/04, NZA 2005, 1182 zu „Ein-Euro-Werbemaßnahmen" einer Polizeigewerkschaft). Das UWG findet auf gewerkschaftliche Mitgliederwerbung keine Anwendung (BAG 31.5.2005 – 1 AZR 141/04, NZA 2005, 1182 mwN).

85 Heftig umstritten ist, wie Gewerkschaften in den Betrieben **gewerkschaftliche Werbung** betreiben dürfen (→ § 74 Rn. 68 f.). Die Gewerkschaften sind zur Wahrnehmung ihrer Aufgaben auf die MitglWerbung in den Betrieben angewiesen. Sie haben nach weitgehend unbestrittener Auffassung das Recht, im Betrieb **Plakatwerbung** zu betreiben (BAG 30.8.1983 – 1 AZR 121/81, AP GG Art. 9 Nr. 38; Richardi BetrVG/*Richardi/Maschmann* Rn. 159; GK-BetrVG/*Franzen* Rn. 93; WPK/*Preis* Rn. 32). Sie dürfen hierzu das „Schwarze Brett" benutzen (Richardi BetrVG/*Richardi/Maschmann* Rn. 159; WPK/*Preis* Rn. 32). Reicht dieses – insbes. in einem Großbetrieb – für eine effektive Werbung nicht aus, muss der ArbGeb. der Gewerkschaft weitere Werbeflächen zur Verfügung stellen (noch weitergehend Däubler Gewerkschaftsrechte Rn. 360 ff.). Ein wildes Plakatieren muss der Betriebsinhaber dagegen nicht hinnehmen (Richardi BetrVG/*Richardi/Maschmann* Rn. 160). Der ArbGeb. muss grds. auch die Anbringung eines **Gewerkschaftsaufklebers** auf einem dem ArbN zur Verfügung gestellten Schutzhelm dulden, sofern dessen Sachsubstanz nicht beschädigt wird (Däubler Gewerkschaftsrechte Rn. 370; **aA** noch in Anwendung der mittlerweile überholten Kernbereichslehre BAG 23.2.1979 – 1 AZR 172/78, AP GG Art. 9 Nr. 30; WPK/*Preis* Rn. 36).

85a Weitgehend unbestritten ist auch das Recht der Gewerkschaften, jedenfalls **durch betriebsangehörige Mitgl. außerhalb der Arbeitszeit** und während der Pausen Mitgl. zu werben (BAG 14.2.1967 – 1 AZR 494/65, AP GG Art. 9 Nr. 10; GK-

BetrVG/*Kraft/Franzen* Rn. 89; WPK/*Preis* Rn. 32). Die MitglWerbung ist aber auch während der Arbeitszeit nicht generell ausgeschlossen (BVerfG 14.11.1995 – 1 BvR 601/92, NZA 1996, 381; Däubler Gewerkschaftsrechte Rn. 384ff.; **aA** GK-BetrVG/*Franzen* Rn. 89; Richardi BetrVG/*Richardi/Maschmann* Rn. 156). Maßgeblich ist, ob dadurch der reibungslose Arbeitsablauf beeinträchtigt oder der Betriebsfrieden gestört wird (WPK/*Preis* Rn. 35). Ist dies nicht der Fall, gibt es keinen Grund, die gewerkschaftliche Betätigung zu untersagen.

Eine tarifzuständige Gewerkschaft ist grds. berechtigt, **E-Mails zum Zwecke der Mitgliederwerbung und Unterrichtung** auch ohne Einwilligung des Arbgeb. und ohne vorherige Aufforderung seitens der ArbN an die betrieblichen E-Mail-Adressen der Beschäftigten zu versenden. Diese Befugnis folgt aus der von den Gerichten aufgrund ihrer Schutzpflicht im Wege der gesetzesvertretenden Rechtsfortbildung vorzunehmenden Ausgestaltung der gewerkschaftlichen Betätigungsfreiheit (BAG 20.1.2009 – 1 AZR 515/08, NZA 2009, 615; **aA** GK-BetrVG/*Franzen* Rn. 94; *Mehrens* BB 2009, 2086; → Rn. 86). Die Gewerkschaftsmitgl. sind aber nicht berechtigt, einen für dienstliche Zwecke eingerichteten E-Mail-Account zu **Zwecken des Arbeitskampfs** zu nutzen und über ihn **Streikaufrufe** zu versenden (BAG 15.10.2013 – 1 ABR 31/12, NZA 1941, 319). 85b

Grds. haben auch **außerbetriebliche Gewerkschaftsbeauftragte** zum Zwecke koalitionsspezifischer Betätigung, insbes. zur **MitglWerbung** ein **Zutrittsrecht zum Betrieb** (BAG 28.2.2006 – 1 AZR 460/04, NZA 2006, 798 mwN; 28.2.2006 – 1 AZR 461/04, BeckRS 2006, 42292; 22.6.2010 – 1 AZR 179/09, NZA 2010, 1365; 22.5.2012 – 1 ABR 11/11, NZA 2012, 1176; DKKW/*Berg* Rn. 105ff.; Däubler Gewerkschaftsrechte Rn. 407ff.; ErfK/*Linsenmaier* GG Art. 9 Rn. 41; *Dieterich* RdA 2007, 110; WPK/*Preis* Rn. 38; HWK/*Gaul* § 2 Rn. 20; *Edenfeld* SAE 2007, 97; **aA** Richardi BetrVG/*Richardi/Maschmann* Rn. 151ff.; MHdB ArbR/*Boemke* § 289 Rn. 13; *Brock,* Gewerkschaftliche Betätigung im Betrieb nach Aufgabe der Kernbereichslehre durch das BVerfG, 2002, 229ff.; HWGNRH/*Rose* Rn. 196ff.). Das Zutrittsrecht ist nicht davon abhängig, ob es bereits betriebsangehörige GewerkschaftsMitgl. gibt, die MitglWerbung betreiben können (so aber wohl GK-BetrVG/*Franzen* Rn. 98). Dem steht jedenfalls für Betriebe nicht kirchlicher ArbGeb. die Entscheidung des BVerfG v. 17.2.1981 (2 BvR 384/78, AP GG Art. 140 Nr. 9) nicht entgegen (BAG 28.2.2006 – 1 AZR 460/04, NZA 2006, 798; **aA** Richardi BetrVG/*Richardi/Maschmann* Rn. 151). Zum einen entfaltet diese keine Bindungswirkung für den nicht kirchlichen Bereich. Zum andern hat die Bindungswirkung durch die Entscheidung des BVerfG v. 14.11.1995 (1 BvR 601/92, NZA 1996, 381), in der das BVerfG der Sache nach die Kernbereichslehre aufgegeben hat, eine Einschränkung erfahren (offen gelassen in BAG 28.2.2006 – 1 AZR 460/04, NZA 2006, 798). Daher spricht vieles für ein gewerkschaftliches Zutrittsrecht auch in kirchlichen Einrichtungen; das BAG konnte die Frage am 11.12.2012 im Verfahren – 1 AZR 552/10 - nicht entscheiden, da die Beklagte die Anträge der klagenden Gewerkschaft anerkannt hat (BAG PM Nr. 84/12; das LAG BW 8.9.2010 – 2 Sa 24/10, ZTR 2011, 121 hatte die Klage wegen Bindungswirkung des Beschlusses des BVerfG v. 17.2.1981 abgewiesen). Durch den Beschluss des BAG 28.2.2006 ist auch seine Entscheidung v. 19.1.1982 (1 AZR 279/81, AP GG Art. 140 Nr. 10) überholt. 86

Das BAG hat das gesetzlich nicht geregelte und sich auch nicht unmittelbar aus Art. 9 Abs. 3 GG ergebende Zutrittsrecht aufgrund seiner verfassungsrechtlichen Schutzpflicht im Wege der **richterlichen Rechtsfortbildung** entwickelt (BAG 28.2.2006 – 1 AZR 460/04, NZA 2006, 798; 22.6.2010 – 1 AZR 179/09, NZA 2010, 1365; *Schwarze* RdA 2010, 115; iErg zustimmend, aber krit. gegenüber der Begründung *Dieterich* RdA 2007, 110 [112f.]: es gehe nicht um die Gewährleistung des Schutzminimums, sondern um Ausgestaltung; grds. **aA** *Höfling/Burkiczak* Anm. AP GG Art. 9 Nr. 142). Das Zutrittsrecht besteht nicht einschränkungslos. Gegenüber dem gewerkschaftlichen **Interesse** an einer effektiven Mitgliederwerbung sind die ebenfalls verfassungsrechtlich geschützten Rechtsgüter des ArbGeb. und Betriebs- 86a inhabers, darunter insbes. sein Haus- und Eigentumsrecht, sein Interesse an einem störungsfreien Arbeitsablauf und der Wahrung des Betriebsfriedens, sowie etwaige Geheimhaltungs- und Sicherheitsinteressen **abzuwägen.** Das Zutrittsrecht hängt damit von den Umständen des konkreten Einzelfalls ab (BAG 22.6.2010 – 1 AZR 179/09, NZA 2010, 1365; 22.5.2012 – 1 ABR 11/11, NZA 2012, 1176). Deshalb hat das BAG im Urteil v. 28.2.2006 (1 AZR 460/04, NZA 2006, 798) den eine Vielzahl möglicher Fallgestaltungen erfassenden auf die Zukunft gerichteten **Globalantrag** einer Gewerkschaft abgewiesen (krit. insoweit *Dieterich* RdA 2007, 110 [112f.]). Es hat aber ausdrücklich auf die Möglichkeit des **einstweiligen Rechtsschutzes** hingewiesen (BAG 28.2.2006 – 1 AZR 460/04, NZA 2006, 798).

86b Im Urteil v. 22.6.2010 (1 AZR 179/09, NZA 2010, 1365) hat das BAG seine Rspr. dahin weiterentwickelt, dass das Verlangen einer Gewerkschaft, einmal im Kalenderhalbjahr im Betrieb Mitgliederwerbung durch betriebsfremde Beauftragte zu betreiben, in der Regel dem Gebot praktischer Konkordanz entspricht (ebenso BAG 22.5.2012 – 1 ABR 11/11, NZA 2012, 1176). Die Gewerkschaft hat eine angemessene Ankündigungsfrist einzuhalten (BAG 22.6.2010 –1 AZR 179/09, NZA 2010, 1365). Auf eine von ihm selbst provozierte Störung des Betriebsfriedens kann sich ein ArbGeb. schon wegen des in § 162 BGB zum Ausdruck kommenden allgemeinen Rechtsgedankens nicht berufen. Das sich aus Art. 9 Abs. 3 GG ergebende **Zutrittsrecht** ist unabhängig von der Tariffähigkeit und **steht** daher **auch nicht tariffähigen ArbNVereinigungen zu** (BAG 22.5.2012 – 1 ABR 11/11, NZA 2012, 1176; 19.9.2006 – 1 ABR 53/05, NZA 2007, 518; *Schönhöft/Klafki* NZA-RR 2012, 393).

86c Das Zutrittsrecht ist auch dann **gegenüber dem ArbGeb. geltend zu machen,** wenn es auf den Zutritt zu den Vorräumen einer BetrVerslg. gerichtet ist; der BR kann den Anspruch nicht erfüllen (BAG 22.5.2012 – 1 ABR 11/11, NZA 2012, 1176; *Worzalla* Anm. AP GG Art. 9 Nr. 149). Wenn der Zugang zum Betrieb – wie etwa häufig in Einkaufs- oder Gewerbezentren – nur über Grundstücksflächen oder Räume des Vermieters oder Verpächters möglich ist, dürfte die Gewerkschaft diesem gegenüber kein unmittelbares **„Durchgangsrecht"** haben, da es insoweit an jeglicher rechtlicher Sonderbeziehung fehlt (vgl. zu diesem Gesichtspunkt BAG 28.2.2006 – 1 AZR 460/04, NZA 2006, 798 Rn. 43). Sie hat in diesem Fall aber einen Anspruch gegenüber dem ArbGeb., dafür zu sorgen, dass der Dritte den Durchgang duldet (ebenso DKKW/*Berg* Rn. 118).

87 Jedenfalls während laufender Tarifverhandlungen ist das gegenüber den ArbN des Betriebs gestellte **Verlangen des ArbGeb. nach Offenlegung der Gewerkschaftszugehörigkeit** eine gegen die gewerkschaftliche Koalitionsbetätigungsfreiheit gerichtete Maßnahme (BAG 18.11.2014 – 1 AZR 257/13, NZA 2015, 306). Die Ungewissheit des sozialen Gegenspielers über die tatsächliche Durchsetzungskraft der Arbeitnehmerkoalition in einer konkreten Verhandlungssituation ist grdl. dafür, dessen Verhandlungsbereitschaft zu fördern und ihn zu einem angemessenen Interessenausgleich zu bewegen. Gegen die Beeinträchtigung kann sich die Gewerkschaft mit einer auf § 1004 Abs. 1 S. 2, § 823 Abs. 1 BGB iVm Art. 9 Abs. 3 GG gestützten Unterlassungsklage wehren (BAG 18.11.2014 – 1 AZR 257/13, NZA 2015, 306).

88 Zu den Aufgaben der Gewerkschaften gehört es auch, sich gegenüber dem ArbGeb. für die Interessen ihrer Mitgl. einzusetzen. Dies geschieht häufig durch **gewerkschaftliche Vertrauensleute,** die im Betrieb als ArbN tätig sind. Sie sind Bindeglied zwischen dem hauptamtlichen Funktionärskörper der Gewerkschaft und den GewerkschaftsMitgl. im Betrieb (DKKW/*Berg* Rn. 132). Ihre Tätigkeit gehört zur koalitionsspezifischen Betätigung der Gewerkschaften und ist daher verfassungsrechtlich geschützt (BAG 8.12.1978 – 1 AZR 303/77, AP GG Art. 9 Nr. 28; Richardi BetrVG/*Richardi/Maschmann* Rn. 174; WPK/*Preis* Rn. 40). Gewerkschaftliche Vertrauensleute dürfen wegen ihrer gewerkschaftlichen Betätigung gem. § 75 Abs. 1 S. 1 nicht unterschiedlich behandelt, also weder bevorzugt noch benachteiligt werden (vgl. auch das Übereinkommen der IAO Nr. 135 v. 23.6.1971, das allerdings keine unmittelbaren Rechtsansprüche begründet, BAG 8.12.1978 – 1 AZR 303/77, AP

GG Art. 9 Nr. 28, 19.1.1982 – 1 AZR 279/81, AP GG Art. 140 Nr. 10; vgl. aber auch Däubler Gewerkschaftsrechte Rn. 504ff.).

Nach der Entscheidung des BAG v. 8.12.1978 (1 AZR 303/77, AP GG Art. 9 Nr. 28) besteht kein Anspruch auf Durchführung der **Wahl der gewerkschaftlichen Vertrauensleute im Betrieb.** Dies soll auch dann gelten, wenn die Wahl außerhalb der Arbeitszeit stattfindet (ebenso GK-BetrVG/*Franzen* Rn. 101; HWGNRH/*Rose* Rn. 169; **aA** *Pfarr* ArbuR 1979, 242; Däubler Gewerkschaftsrechte Rn. 506ff.; DKKW/*Berg* Rn. 134; ErfK/*Koch* Rn. 7; WPK/*Preis* Rn. 41). Die Begründung des BAG, die Wahl der gewerkschaftlichen Vertrauensleute werde nicht von der Kernbereichsgarantie des Art. 9 Abs. 3 GG erfasst, ist jedoch spätestens seit der Entscheidung des BVerfG v. 14.11.1995 (1 BvR 601/92, NZA 1996, 381) nicht mehr tragfähig (→ Rn. 82; ErfK/*Koch* Rn. 7). Vielmehr ist auch hier zu prüfen, ob durch die im Betrieb durchgeführte Wahl grundrechtlich geschützte Positionen des ArbGeb. berührt sind, und sodann eine Interessenabwägung vorzunehmen. Sofern die Wahl außerhalb der Arbeitszeit stattfindet, konkrete Anhaltspunkte für eine Störung des Betriebsfriedens nicht vorliegen und für den ArbGeb. mit der Wahl keine besonderen Belastungen verbunden sind, steht daher ihrer Durchführung im Betrieb nichts entgegen (WPK/*Preis* Rn. 41; **aA** GK-BetrVG/*Franzen* Rn. 102). 89

Tarifvertragliche Regelungen über den Schutz der gewerkschaftlichen Vertrauensleute sind grds. zulässig (*Däubler* Gewerkschaftsrechte Rn. 521ff.; *Krause* RdA 2009, 129 [136]; DKKW/*Berg* Rn. 137; WPK/*Preis* Rn. 42; GK-BetrVG/*Franzen* Rn. 104; MHdB ArbR/*Boemke* § 289 Rn. 22; **aA** Richardi BetrVG/*Richardi/Maschmann* Rn. 176). Allerdings gilt es, das Verbot unterschiedlicher Behandlung nach § 75 Abs. 1 S. 1, den Grundsatz der Gegnerunabhängigkeit und das damit verbundene Verbot der Gegnerfinanzierung sowie den Gleichheitssatz des Art. 3 Abs. 1 GG zu beachten. Ein besonderer tarifvertraglicher Kündigungsschutz stellt eine Bevorzugung der gewerkschaftlichen Vertrauensleute und damit eine unterschiedliche Behandlung gegenüber den übrigen organisierten und nicht organisierten ArbN dar. Sie ist aber grds. zulässig, um dem für gewerkschaftliche Vertrauensleute auf Grund ihrer Betätigung erhöhten Arbeitsplatzrisiko Rechnung zu tragen. Dies gilt aber nur für personen- und verhaltensbedingte Kündigungen. Bei betriebsbedingten Kündigungen erscheint dagegen eine Privilegierung gewerkschaftlicher Vertrauensleute gegenüber den übrigen ArbN und ihre Herausnahme aus der Sozialauswahl unzulässig. Tarifvertragliche Regelungen über die bezahlte Freistellung von gewerkschaftlichen Vertrauensleuten zur Wahrnehmung koalitionsspezifischer Aufgaben verstoßen weder gegen § 75 Abs. 1 S. 1 noch gegen das Verbot der Gegnerfinanzierung (vgl. BAG 20.4.1999 – 3 AZR 352/97, NZA 1999, 1339; *Däubler* Gewerkschaftsrechte Rn. 524). 90

Der **BR als solcher darf weder für eine bestimmte Gewerkschaft noch für die Gewerkschaften überhaupt werben** oder Informationsmaterial verteilen (Richardi BetrVG/*Richardi/Maschmann* Rn. 171). Er ist Repräsentant aller ArbN, nicht nur der gewerkschaftlich organisierten (vgl. für den PersR BVerfG 27.3.1979 – 2 BvR 1011/78, AP GG Art. 9 Nr. 31). Das Gebot gewerkschaftsneutraler Amtsführung bedeutet jedoch nicht, dass es den **einzelnen BRMitgl.** untersagt wäre, sich im Betrieb gewerkschaftspolitisch zu betätigen. Vielmehr bestimmt **§ 74 Abs. 3** ausdrücklich, dass ArbN, die im Rahmen des BetrVG Aufgaben übernehmen, in der Betätigung für ihre Gewerkschaft auch im Betrieb nicht beschränkt sind (vgl. Däubler Gewerkschaftsrechte Rn. 464ff.). 91

Die Gewerkschaften haben einen Anspruch darauf, dass BV oder Regelungsabreden nicht unter Verletzung des Tarifvorbehalts (§ 77 Abs. 3) oder entgegen zwingender tariflicher Regelungen im Bereich des § 87 abgeschlossen werden und damit der TV unterlaufen wird (BAG 20.8.1991 – 1 ABR 85/90, NZA 1992, 317; BVerfG 29.6.1993 – 1 BvR 1916/91, NZA 1994, 34; BAG 20.4.1999 – 1 ABR 72/98, NZA 1999, 887 – Burda; 13.3.2001 – 1 AZB 19/00, NZA 2001, 1037; 17.5.2011 – 1 AZR 473/09, NZA 2011, 1169). Der **Unterlassungsanspruch** folgt aus der ent- 92 sprechenden Anwendung der §§ 1004 Abs. 1 S. 2, 823 Abs. 2 BGB iVm Art. 9 Abs. 3 S. 1 GG (BAG 20.4.1999 – 1 ABR 72/98, NZA 1999, 887 – Burda; 31.5.2005 – 1 AZR 141/04, NZA 2005, 1182; 17.5.2011 – 1 AZR 473/09, NZA 2011, 1169; vgl. zum Problem der hinreichenden Bestimmtheit des im Verfahren zu stellenden Antrags aber auch BAG 19.3.2003 – 4 AZR 271/02, NZA 2003, 1221, krit. hierzu wiederum *Dieterich* ArbuR 2005, 121; *Dieterich* FS *Wißmann,* 2005, 114 [129]; *K. Schmidt* RdA 2004, 152; *Schwarze* RdA 2005, 159; *Stadler,* Der Unterlassungsanspruch der Gewerkschaft gegen tarifwidrige Regelungsabreden auf der Grundlage des Art. 9 Abs. 3 GG, Diss. Augsburg, 2003; *Bauer/von Medem* NJW 2012, 253; *Reichold* RdA 2012, 245; *Löwisch/Krauss* Anm. EzA Art. 9 GG Nr. 105). Wirkt ein TV nur noch gemäß § 4 Abs. 5 TVG nach, wird das Recht auf koalitionsmäßige Betätigung durch abweichende betriebliche Regelungen nicht mehr beeinträchtigt; daher besteht in diesem Fall kein gewerkschaftlicher Unterlassungsanspruch (BAG 7.6.2017 – 1 ABR 32/15, NZA 2017, 1410 Rn. 21). Aus §§ 1004 Abs. 1 S. 2, 823 Abs. 2 BGB iVm Art. 9 Abs. 3 S. 1 GG kann sich bei tarifwidrigen betrieblichen Regelungen auch ein gewerkschaftlicher **Beseitigungsanspruch** ergeben (BAG 17.5.2011 – 1 AZR 473/09, NZA 2011, 1169). Dieser umfasst aber keinen Anspruch der Gewerkschaft auf Nachzahlung der tariflichen Leistungen an die ArbN (BAG 17.5.2011 – 1 AZR 473/09, NZA 2011, 1169). Diesen Anspruch müssen die ArbN vielmehr selbst verfolgen. Die Gewerkschaft kann die Beeinträchtigung ihrer kollektiven Koalitionsfreiheit im Wege des einstweiligen Rechtsschutzes bekämpfen (BAG 17.5.2011 – 1 AZR 473/09, NZA 2011, 1169).

V. Streitigkeiten

93 Streitigkeiten zwischen den Betriebsparteien, Gewerkschaften und ArbGebVereinigungen über den Inhalt der sich aus Abs. 1 ergebenden Rechte und Pflichten sind nach §§ 2a, 80 ArbGG im **arbeitsgerichtlichen BeschlVerf.** auszutragen. Dies gilt gleichermaßen, wenn die Gewerkschaft einen Anspruch auf Unterlassung der Anwendung tarifwidriger Regelungen geltend macht (BAG 13.3.2001 – 1 AZB 19/00, NZA 2001, 1037). Vgl. zu den Besonderheiten des BeschlVerf. **Anh. 3.**

94 Das BeschlVerf. ist auch dann die richtige Verfahrensart, wenn über das **Zugangsrecht einer Gewerkschaft nach Abs. 2** gestritten wird. In dringenden Fällen kann die Gewerkschaft ihr Zutrittsrecht im Wege der **einstw. Vfg. gem. § 85 Abs. 2 ArbGG** durchsetzen (vgl. DKKW/*Berg* Rn. 141; GK-BetrVG/*Franzen* Rn. 69; Richardi BetrVG/*Richardi/Maschmann* Rn. 126, 179; vgl. auch den Hinweis in BAG 28.2.2006 – 1 AZR 460/04, NZA 2006, 798). Gewerkschaften und ArbGebVereinigungen sind gem. § 10 ArbGG ungeachtet ihrer Rechtsform partei- und prozessfähig. Unterorganisationen einer Gewerkschaft können dann parteifähig sein, wenn sie körperschaftlich organisiert und gegenüber der Hauptorganisation weitgehend selbständig sind (BAG 29.11.1989 – 7 ABR 64/87, NZA 1990, 615). Eine nicht tariffähige ArbNVereinigung ist in einem BeschlVerf., in dem es um ihr betriebsverfassungsrechtliches Zutrittsrecht geht, gem. § 10 Abs. 1 Hs. 2 ArbGG parteifähig (BAG 19.9.2006 – 1 ABR 53/05, NZA 2007, 518). Eine Gewerkschaft hat **keinen Anspruch auf Erstattung der außergerichtlichen Kosten,** die ihr in einem zur Durchsetzung ihres betriebsverfassungsrechtlichen Zutrittsrechts geführten BeschlVerf. entstehen (BAG 2.10.2007 – 1 ABR 59/06, NZA 2008, 372). Das arbeitsgerichtliche BeschlVerf. kennt grds. weder eine Kostenentscheidung noch eine Kostenerstattung. Diese Grundentscheidung des Gesetzgebers ist, sofern nicht das BetrVG eine Kostenerstattung ausdrücklich vorsieht – vgl. insbes. §§ 40, 20 Abs. 3, 76a Abs. 1 –, auch nicht durch die Anwendung materiell-rechtlicher schadensersatzrechtlicher Bestimmungen wie insbes. §§ 280 ff. BGB zu korrigieren.

95 Eine **Antragsbefugnis** haben die Gewerkschaften in betriebsverfassungsrechtlichen Streitigkeiten nur, wenn das G ihnen ein Antragsrecht ausdrücklich einräumt oder wenn sie in ihrer betriebsverfassungsrechtlichen Rechtsstellung unmittelbar betroffen sind. Das ist immer dann der Fall, wenn sie eigene Rechte oder Ansprüche geltend machen, zB Zugangsrechte (→ Anh. § 3 Rn. 24ff.). Entspr. gilt für die Beteiligung nach § 83 Abs. 3 ArbGG. In Verf. über die Nichtigkeit oder die Anfechtbarkeit einer BRWahl sind die im Betrieb vertretenen Gewerkschaften nur zu beteiligen, wenn sie die Wahl nach § 19 Abs. 2 angefochten haben (BAG 19.9.1985 – 6 ABR 4/85, NZA 1986, 368).

Streiten Gewerkschaften und ArbGeb. über **Fragen der Koalitionsfreiheit** iSv 96
Abs. 3 (→ Rn. 80ff.), entscheiden die ArbG gem. § 2 Abs. 1 Nr. 2 ArbGG im **Urteilsverf.** (BAG 14.2.1967 – 1 AZR 494/65, AP GG Art. 9 Nr. 10). Hier ergeht eine Kostenentscheidung nach Maßgabe der §§ 91ff. ZPO. Die unterliegende Partei trägt daher die **Kosten** des obsiegenden Gegners. Dies gilt – anders als in einem BeschlussVerf. über das betriebsverfassungsrechtliche Zugangsrecht (→ Rn. 94) – auch, wenn über das koalitionsspezifische Zugangsrecht einer Gewerkschaft gestritten wird. In erster Instanz besteht allerdings nach § 12a Abs. 1 S. 1 ArbGG kein Anspruch auf Kostenerstattung für einen Prozessbevollmächtigten.

§ 3 Abweichende Regelungen

(1) **Durch Tarifvertrag können bestimmt werden:**

1. **für Unternehmen mit mehreren Betrieben**
   a) die Bildung eines unternehmenseinheitlichen Betriebsrats oder
   b) die Zusammenfassung von Betrieben,
   wenn dies die Bildung von Betriebsräten erleichtert oder einer sachgerechten Wahrnehmung der Interessen der Arbeitnehmer dient;
2. **für Unternehmen und Konzerne, soweit sie nach produkt- oder projektbezogenen Geschäftsbereichen (Sparten) organisiert sind und die Leitung der Sparte auch Entscheidungen in beteiligungspflichtigen Angelegenheiten trifft, die Bildung von Betriebsräten in den Sparten (Spartenbetriebsräte), wenn dies der sachgerechten Wahrnehmung der Aufgaben des Betriebsrats dient;**
3. **andere Arbeitnehmervertretungsstrukturen, soweit dies insbesondere aufgrund der Betriebs-, Unternehmens- oder Konzernorganisation oder aufgrund anderer Formen der Zusammenarbeit von Unternehmen einer wirksamen und zweckmäßigen Interessenvertretung der Arbeitnehmer dient;**
4. **zusätzliche betriebsverfassungsrechtliche Gremien (Arbeitsgemeinschaften), die der unternehmensübergreifenden Zusammenarbeit von Arbeitnehmervertretungen dienen;**
5. **zusätzliche betriebsverfassungsrechtliche Vertretungen der Arbeitnehmer, die die Zusammenarbeit zwischen Betriebsrat und Arbeitnehmern erleichtern.**

(2) **Besteht in den Fällen des Absatzes 1 Nr. 1, 2, 4 oder 5 keine tarifliche Regelung und gilt auch kein anderer Tarifvertrag, kann die Regelung durch Betriebsvereinbarung getroffen werden.**

(3) [1] **Besteht im Fall des Absatzes 1 Nr. 1 Buchstabe a keine tarifliche Regelung und besteht in dem Unternehmen kein Betriebsrat, können die Arbeitnehmer mit Stimmenmehrheit die Wahl eines unternehmenseinheitlichen Betriebsrats beschließen.** [2] **Die Abstimmung kann von mindestens drei wahlberechtigten Arbeitnehmern des Unternehmens oder einer im Unternehmen vertretenen Gewerkschaft veranlasst werden.**

(4) [1] **Sofern der Tarifvertrag oder die Betriebsvereinbarung nichts anderes bestimmt, sind Regelungen nach Absatz 1 Nr. 1 bis 3 erstmals bei der nächsten regelmäßigen Betriebsratswahl anzuwenden, es sei denn, es besteht kein Betriebsrat oder es ist aus anderen Gründen eine Neuwahl des Betriebsrats erforderlich.** [2] **Sieht der Tarifvertrag oder die Betriebsvereinbarung einen anderen**

Wahlzeitpunkt vor, endet die Amtszeit bestehender Betriebsräte, die durch die Regelungen nach Absatz 1 Nr. 1 bis 3 entfallen, mit Bekanntgabe des Wahlergebnisses.

(5) [1] **Die aufgrund eines Tarifvertrages oder einer Betriebsvereinbarung nach Absatz 1 Nr. 1 bis 3 gebildeten betriebsverfassungsrechtlichen Organisationseinheiten gelten als Betriebe im Sinne dieses Gesetzes.** [2] **Auf die in ihnen gebildeten Arbeitnehmervertretungen finden die Vorschriften über die Rechte und Pflichten des Betriebsrats und die Rechtsstellung seiner Mitglieder Anwendung.**

Inhaltsübersicht

I. Vorbemerkung

1 Durch das BetrVerf-ReformG ist § 3 grdl. neu gestaltet worden (vgl. dazu etwa *Annuß* NZA 2002, 290; *Buchner* BB 2003, 2121; *Däubler* ArbuR 2001, 285 [288]; *Eich* Euro AS 2003, 12; *Engels/Trebinger/Löhr-Steinhaus* DB 2001, 532; *Friese* RdA 2003, 92; *Friese* ZfA 2003, 237; *Giesen* BB 2002, 1480; *Gistel* Betriebsverfassungsstruktur; *Hanau* ZIP 2001, 1981; *Kania/Klemm* RdA 2006, 22; *Konzen* RdA 2001, 76; *Kort* AG 2003, 13; *Löwisch* BB 2001, 1734; *Picker* RdA 2001, 259; *Plander* NZA 2002, 483; *Plander* FS 25 Jahre ARGE Arbeitsrecht im DAV, 2006, 969; *Reichold* NZA 2001, 857; *Richardi* NZA 2001, 346; *Rolf* Betriebsratsstruktur; *Schmiege; K. Schmidt* JbArbR, Bd. 49, 2012, S. 79; *Teusch;* ders. NZA 2007, 124; *Thüsing* ZIP 2003, 693; *Utermark* Betriebsverfassung; vgl. zu § 3 aF *Spinner/Tim/Wißmann*). Vor allem den TV-Parteien sowie in allerdings sehr eingeschränktem Umfang den Betriebsparteien sind weitgehende Möglichkeiten eröffnet worden, **durch Vereinbarungen BR-Strukturen** zu **schaffen, die von den gesetzlichen abweichen.** Ein TV oder eine BV, die nach § 3 aF unwirksam waren, aber die Voraussetzungen des § 3 nF erfüllen, verstoßen nach dessen In-Kraft-Treten nicht mehr gegen zwingendes

höherrangiges Recht und sind daher auf Wahlen nach dem 28.7.2001 anwendbar (DKKW/*Trümner* Rn. 242; offen gelassen in BAG 10.11.2004 – 7 ABR 17/04, NJOZ 2005, 3038).

1. Neue Betriebsratsstrukturen durch Vereinbarung

Die **organisatorischen Bestimmungen** des BetrVG sind **zweiseitig zwingend** und einer Änderung durch TV oder BV grds. nicht zugänglich (BAG 10.2.1988 – 1 ABR 70/86, NZA 1988, 699; 10.11.2004 – 7 ABR 17/04, NJOZ 2005, 3038; GK-BetrVG/*Franzen* Rn. 3; *Franzen* NZA 2008, 250; *K. Schmidt* JbArbR, Bd. 49, 2012 S. 79 [80]; *Teusch* NZA 2007, 124). Daher steht grds. auch der Betriebsbegriff (→ § 1 Rn. 92ff.) nicht zur Disposition der Tarifvertrags- oder Betriebsparteien. Etwas anderes gilt nur, wenn das G Abweichungen ausdrücklich zulässt (GK-BetrVG/*Franzen* Rn. 3 mwN). Dies ist durch § 3 sehr viel weitgehender als früher der Fall. Zwar kann von einer grundlegenden Abkehr des Gesetzgebers vom Betriebsbegriff keine Rede sein (*Kort* AG 2003, 13f.). Gleichwohl hat er den TV-Parteien **weitreichende Möglichkeiten** eröffnet, **neue betriebsverfassungsrechtliche Organisations- und Repräsentationseinheiten zu bilden,** die auf die jeweilige Situation im Betrieb, Unternehmen und Konzern zugeschnitten sind. Die TV-Parteien können unter bestimmten Voraussetzungen unternehmenseinheitliche (Abs. 1 Nr. 1a; → Rn. 25–32) oder betriebsübergreifende (Abs. 1 Nr. 1b; → Rn. 33–36) BR, SpartenBR (Abs. 1 Nr. 2; → Rn. 37–45) oder andere ArbNVertrStrukturen (Abs. 1 Nr. 3; → Rn. 46–51) bilden oder zusätzliche betriebsverfassungsrechtliche Vertretungen (Abs. 1 Nr. 4 u. 5; → Rn. 53–65) errichten. § 3 enthält eine abschließende Regelung über die von §§ 1, 4 abweichende Bildung von ArbNVertr. durch TV oder BV (BAG 10.11.2004 – 7 ABR 17/04, NJOZ 2005, 3038). Das G eröffnet den TVParteien zwar eine vom BetrVG abweichende Ausgestaltung der Repräsentationsstrukturen. Durch TV kann aber **keine vom BetrVG abweichende Zuständigkeit für die Ausübung von Beteiligungsrechten** bestimmt werden (BAG 18.11.2014 – 1 ABR 21/13, NZA 2015, 694). Zur Vergrößerung des BR durch einen TV nach Abs. 1 Nr. 1 bis 3 → § 9 Rn. 49a (vgl. auch *Jacobs/Münder* NZA 2018, 148). 2

Anders als nach § 3 Abs. 2 aF bedürfen die TV **nicht mehr** der **staatlichen Zustimmung.** Begründet wird diese Änderung mit der Erwägung, dass die Vertragsparteien vor Ort die Sachgerechtigkeit von unternehmensspezifischen ArbNVertrStrukturen besser beurteilen können als staatliche Stellen. Außerdem sind sie in der Lage, auf Umstrukturierungen in Unternehmen und Konzern sehr viel schneller zu reagieren, als dies bei Durchführung eines mitunter zeitaufwendigen Zustimmungsverfahrens möglich wäre (BT-Drs. 14/5741, 33; *Engels/Trebinger/Löhr-Steinhaus* DB 2001, 532). Allerdings ist damit auch die Möglichkeit entfallen, die mit einer möglichen Tarifkonkurrenz verbundenen Probleme (vgl. dazu iE → Rn. 16) von vorneherein zu unterbinden. 3

Neu geschaffen wurde durch § 3 Abs. 2 grds. die Möglichkeit, **abweichende Vereinbarungen** über BR-Strukturen **durch BV** zu treffen (→ Rn. 66–72). Da dies jedoch voraussetzt, dass weder eine tarifvertragliche Regelung nach Abs. 1 besteht noch ein anderer TV gilt, ist der Anwendungsbereich der Vorschrift stark eingeschränkt. Auch können durch BV keine anderen ArbNVertrStrukturen iSv § 3 Abs. 1 Nr. 3 vorgesehen werden. 4

Für das **fliegende Personal von Luftfahrtunternehmen** enthält § 117 Abs. 2 eine Sonderregelung (→ § 117). Soweit ein TV nach § 117 Abs. 2 S. 1 nicht geschlossen ist und daher nach § 117 Abs. 1 S. 2 das BetrVG uneingeschränkt zur Anwendung kommt, erscheint der Abschluss von (Zuordnungs-)TV nach Abs. 1 Nr. 1 bis 3 nicht völlig ausgeschlossen. Manches spricht aber dafür, dass § 117 eine abschließende Sonderregelung ist. 5

Das BetrVG sieht außer in § 3 **noch zahlreiche Möglichkeiten** vor, **von seinen organisatorischen Bestimmungen abzuweichen** (vgl. §§ 21a Abs. 1 S. 4, 38 Abs. 1 S. 4, 47 Abs. 4 u. 9, 55 Abs. 4, 72 Abs. 4 u. 8, 76 Abs. 8, 76a Abs. 5, 86). 6

2. Sinn und Zweck der Regelung

7 **Ziel** der nach § 3 erweiterten, insbes. tarifvertraglichen Gestaltungsmöglichkeiten ist, die **BetrVerf. organisatorisch zu flexibilisieren und effektiver zu gestalten.** Die als zu starr empfundene Anbindung des BR an den Betrieb als ausschließliche Organisationsbasis soll aufgelöst und die Möglichkeit eröffnet werden, durch Schaffung neuer ArbNVertrStrukturen auf die vielfältigen modernen Unternehmensstrukturen angemessen reagieren zu können (BT-Drs. 14/5741, 33). Die „Beteiligten vor Ort" sollen über Vereinbarungslösungen ArbNVertr. schaffen können, die auf die besondere Struktur des jeweiligen Betriebs, Unternehmens oder Konzern passgenau zugeschnitten sind (*Engels/Trebinger/Löhr-Steinhaus* DB 2001, 532). Die **ArbNVertr.** sollen **dort** gebildet werden können, **wo die unternehmerischen Entscheidungen fallen** (BAG 21.9.2011 – 7 ABR 54/10, NZA-RR 2012, 186 mwN).

8 Die mit § 3 verbundene **Kompetenzerweiterung der TV-Parteien** dient **nicht** dem **Selbstzweck,** die Stellung von Koalitionen im Betrieb zu stärken. Vielmehr bedient sich der Gesetzgeber der – allerdings nicht unumstrittenen (vgl. etwa *Picker* RdA 2001, 279; *Reichold* NZA 2001, 857 [859]) – Sachkompetenz der TV-Parteien (BAG 24.1.2001 – 4 ABR 4/00, NZA 2001, 1149), um organisatorisch eine effektive Wahrnehmung der betriebsverfassungsrechtlichen Aufgaben zu ermöglichen (vgl. *Friese* ZfA 2003, 237 [238, 269]). Daher können die TV-Parteien TV nach Abs. 1 auch **nicht nach freiem Belieben** vereinbaren. Tarifvertragliche Vereinbarungen über abweichende BR-Strukturen sind **vielmehr an sachliche Voraussetzungen geknüpft** (BAG 13.3.2013 – 7 ABR 70/11, NZA 2013, 738; 18.11.2014 – 1 ABR 21/13, NZA 2015, 694; *Kort* Anm. AP BetrVG 1972 § 3 Nr. 10). Sie können nur geschlossen werden, wenn dies „die Bildung von BR erleichtert oder einer sachgerechten Wahrnehmung der Interessen der ArbN" (Abs. 1 Nr. 1) oder „der sachgerechten Wahrnehmung der Aufgaben des BR" (Abs. 1 Nr. 2) oder „einer wirksamen und zweckmäßigen InteressenVertr. der ArbN" (Abs. 1 Nr. 3) dient. Zu anderen – zB verbandspolitischen – Zwecken dürfen daher TV über BR-Strukturen nicht geschlossen werden (vgl. zur entspr. gerichtlichen Inhaltskontrolle → Rn. 21).

3. Verfassungsmäßigkeit der Regelung

9 Die den TV-Parteien durch § 3 Abs. 1 eröffnete Möglichkeit, zum Zwecke der erleichterten Bildung von BR oder zur sachgerechten Wahrnehmung der Interessen der ArbN oder der Aufgaben des BR vom G abweichende BR-Strukturen zu vereinbaren, ist **verfassungsgemäß** (so – jedenfalls für Abs. 1 Nr. 1–3 – BAG 29.7.2009 – 7 ABR 27/08, NZA 2009, 1424; 13.3.2013 – 7 ABR 70/11, NZA 2013, 738; 24.4.2013 – 7 ABR 71/11, AP BetrVG 1972 § 3 Nr. 11; vgl. ferner *Friese* ZfA 2003, 237 [239ff.]; *Thüsing* ZIP 2003, 693 [694ff.]; *Kania/Klemm* RdA 2006, 22; *Kort* Anm. AP BetrVG 1972 § 3 Nr. 10; *Teusch* NZA 2007, 124ff.; *Ulber* Anm. zu EzA § 3 BetrVG 2001 Nr. 3; GK-BetrVG/*Franzen* Rn. 71ff.; wohl auch *Annuß* NZA 2002, 290ff.). Die im Schrifttum teilweise erhobenen Bedenken (vgl. insbes. *Giesen* BB 2002, 1480 [1483ff.] mwN; *Picker* RdA 2001, 259 [282ff.]; Richardi BetrVG/*Richardi* Rn. 9f.) sind nicht begründet (vgl. eingehend *Utermark* Betriebsverfassung S. 28ff.).

10 Abs. 1 **verstößt nicht gegen das Rechtsstaats- und Demokratieprinzip** des Art. 20 Abs. 3 GG (BAG 29.7.2009 – 7 ABR 27/08, NZA 2009, 1424; *Utermark* Betriebsverfassung S. 75ff.; GK-BetrVG/*Franzen* Rn. 71; *Teusch* NZA 2007, 124 [125]; *Ulber* Anm. zu EzA § 3 BetrVG 2001 Nr. 3). Die Bestimmung enthält entgegen *Giesen* (BB 2002, 1483ff.) keine verfassungswidrige dynamische gesetzliche Verweisung auf einen TV iSd Entscheidung des BVerfG zum Bergmannsversorgungsschein v. 14.6.1983 (2 BvR 488/80, NJW 1984, 1225). Die Belegschaftsmitglieder – insbes. die nicht tarifgebundenen – werden nicht „schrankenlos der normsetzenden

Gewalt der TV-Parteien ausgeliefert" (BVerfG 14.6.1983 – 2 BvR 488/80, NJW 1984, 1225). Sie werden lediglich durch TV einer betriebsverfassungsrechtlichen Einheit zugeordnet, auf die dann die gesetzliche betriebsverfassungsrechtliche Ordnung mit ihren Rechten und Pflichten aufbaut. Der TV führt daher allein nicht zu einer Änderung der Rechtsstellung des ArbN (vgl. *Thüsing* ZIP 2003, 693 [695]). IÜ wird den TV-Parteien die Regelungsbefugnis in § 3 Abs. 1 auch nicht voraussetzungslos eingeräumt. Ihre Ausübung ist vielmehr an bestimmte in Abs. 1 genannte inhaltliche Voraussetzungen gebunden, deren Vorliegen im Streitfall gerichtlich überprüfbar ist (BAG 29.7.2009 – 7 ABR 27/08, NZA 2009, 1424; 13.3.2013 – 7 ABR 70/11, NZA 2013, 738). Dabei kann der Grundsatz der verfassungskonformen Auslegung gebieten, die Generalklauseln in Abs. 1 nicht zu weit auszulegen (BAG 13.3.2013 – 7 ABR 70/11, NZA 2013, 738; *Thüsing* ZIP 2003, 693 [695]) und insbes. die sachfremde Instrumentalisierung von TV nach Abs. 1 – etwa zur Bekämpfung konkurrierender Gewerkschaften oder unbequemer gewerkschaftskritischer betrieblicher Gruppen – zu verhindern (vgl. *Friese* ZfA 2003, 237 [250]; *Krause* RdA 2009, 129 [139]).

Abs. 1 verletzt auch nicht die durch Art. 9 Abs. 3 GG garantierte **negative Koalitionsfreiheit** der Außenseiter (BAG 29.7.2009 – 7 ABR 27/08, NZA 2009, 1424; *K. Schmidt* FS 100 Jahre BetrVR 2010, 693 [701]; ferner *Utermark* Betriebsverfassung S. 29 ff.; HWGNRH/*Rose* Rn. 7 ff.). Durch einen TV über BR-Strukturen werden die ArbN nicht Mitglied einer Vereinigung iSv Art. 9 Abs. 3 GG (vgl. *Thüsing* ZIP 2003, 693 [696]). Auch ihre Freiheit, sich der einen oder anderen Koalition anzuschließen, bleibt unberührt. Das Grundrecht der negativen Koalitionsfreiheit schützt nicht davor, dass der Gesetzgeber die Ergebnisse von Koalitionsvereinbarungen zum Anknüpfungspunkt gesetzlicher Regelungen nimmt. Auch wird allein dadurch, dass jemand den Vereinbarungen fremder TVParteien unterworfen wird, ein spezifisch koalitionsrechtlicher Aspekt nicht betroffen (BAG 29.7.2009 – 7 ABR 27/08, NZA 2009, 1424; BVerfG 11.7.2006 – 1 BvL 4/00, NZA 2007, 42; WPK/*Preis* Rn. 3). 11

Rechtsdogmatisch unterfällt die durch Abs. 1 Nr. 1 bis 3 eröffnete Möglichkeit zum Abschluss von (Zuordnungs-)TV **nicht** der von **Art. 9 Abs. 3 GG** originär geschützten koalitionsspezifischen Betätigung, sondern folgt erst und nur aus der einfach-gesetzlichen Ermächtigung. Die „gebundene Öffnung für eine Tarifierung (ist) normsystematisch keine Rücknahme staatlicher Regelung zugunsten originär autonomer Regelungsbefugnisse der TVParteien oder eine Ausgestaltung der verfassungsrechtlich gewährleisteten Tarifautonomie" (*K. Schmidt* FS 100 Jahre BetrVR 2020, 693 [700]). Vielmehr ist die „betriebsersetzende organisatorisch-betriebsverfassungsrechtliche Regelungszuständigkeit der TVParteien (...) **derivative Normsetzungsbefugnis auf der Grundlage staatlichen Delegationsaktes**" (so mit überzeugender, ausführlicher Begründung *K. Schmidt* FS 100 Jahre BetrVR 2020, 693 [697 ff.]). 11a

II. Gestaltungsmöglichkeiten durch Tarifvertrag (Abs. 1)

§ 3 Abs. 1 eröffnet die Möglichkeit, **unter bestimmten Voraussetzungen durch TV** vom G **abweichende ArbNVertrStrukturen** vorzusehen. Dabei stellen sich Fragen hinsichtlich der Form der Regelung, der TV-Parteien und der Tarifkonkurrenz (→ Rn. 13–19), der Erstreikbarkeit (→ Rn. 20), der gerichtlichen Inhaltskontrolle (→ Rn. 21), der (Sub-)Delegation auf die Betriebsparteien (→ Rn. 22) und der Rechtsfolgen von fehlerhaften TV (→ Rn. 23). Außerdem sind die verschiedenen Fallgruppen des Abs. 1 zu unterscheiden (→ Rn. 24–65). Zur Vergrößerung des BR durch einen TV nach Abs. 1 Nr. 1 bis 3 → § 9 Rn. 49a (vgl. auch *Jacobs/Münder* NZA 2018, 148). 12

1. Allgemeines

a) Form der Regelung, Tarifvertragsparteien und Tarifkonkurrenz

13 **TV-Parteien** können nach § 2 Abs. 1 TVG Gewerkschaften, einzelne ArbGeb. sowie Vereinigungen von ArbGeb. sein. Dies gilt grds. auch für TV nach Abs. 1. In Betracht kommen grds. HausTV zwischen ArbGeb. und Gewerkschaft, sog firmenbezogene VerbandsTV zwischen ArbGebVerband und Gewerkschaft sowie – allerdings allenfalls in Ausnahmefällen – FlächenTV. Der TV bedarf nach § 1 Abs. 2 TVG der **Schriftform.** Bei Dokumenten mit Anlage reicht es aus, wenn die sachliche Zusammengehörigkeit von unterzeichneter Haupturkunde und Anlage zweifelsfrei feststeht. Eine in Bezug genommene Karte muss daher mit dem TV fest verbunden oder ihrerseits unterzeichnet sein oder eine Rückverweisung auf den TV aufweisen (BAG 21.9.2011 – 7 ABR 54/10, NZA-RR 2012, 186 mwN; 6.10.2010 – 7 ABR 80/09, NZA 2012, 50). Der TV muss ferner aus rechtsstaatlichen Gründen in seiner **Bestimmtheit und Normenklarheit** gewissen Mindestanforderungen genügen. Die Verwendung unbestimmter Rechtsbegriffe ist den TV-Parteien aber nicht verwehrt. Daher dürfen Gerichte tarifliche Regelungen nur in ganz besonderen Ausnahmefällen wegen mangelnder Bestimmtheit und des sich daraus ergebenden Verstoßes gegen rechtsstaatliche Grundsätze für unwirksam erachten (BAG 21.9.2011 – 7 ABR 54/10, NZA-RR 2012, 186 mwN). Ein solcher Ausnahmefall kann aber vorliegen, wenn sich aus einer Karte, die konstitutiver Bestandteil eines Zuordnungs-TV sein soll, die **Grenzziehungen** nicht zuverlässig ergeben (BAG 21.9.2011 – 7 ABR 54/10, NZA-RR 2012, 186 mwN). Daher ist es weniger gefahrgeneigt, die Grenzen nach abstrakten Merkmalen – wie zB Postleitzahlen oder politischen Gemeinden – festzulegen.

14 Der **HausTV** wird auf **ArbGebSeite** vom Betriebsinhaber geschlossen. Fraglich kann sein, wer bei unternehmensübergreifenden TV den „HausTV" auf ArbGebSeite abschließt. Die Frage kann sich sowohl bei einem bislang von mehreren Unternehmen geführten Gemeinschaftsbetrieb (§ 1 Abs. 1 S. 2) als auch beim Abschluss unternehmensübergreifender TV nach Abs. 1 Nr. 2 u. 3 stellen. Zur Veränderung der betriebsverfassungsrechtlichen Struktur eines gemeinsamen Betriebs dürfte ein mit allen an dem Betrieb beteiligten Unternehmen geschlossener TV erforderlich sein (*Utermark* Betriebsverfassung S. 118). Auch ein unternehmensüberschreitender TV nach Abs. 1 Nr. 2 u. 3 kann nur mit allen betroffenen Unternehmen geschlossen werden. Dies gilt ebenfalls für einen „KonzernTV", der nur mit den betroffenen Unternehmen, nicht dagegen mit dem „Konzern" geschlossen werden kann. Der Konzern als solcher ist nicht tariffähig (*Thüsing* ZIP 2003, 693 [698]; *Eich* Euro AS 2003, 12 [14]; GK-BetrVG/*Franzen* Rn. 31). Im Einzelfall kommt eine – möglicherweise auch konkludent erteilte – rechtsgeschäftliche Bevollmächtigung in Betracht.

15 Der **echte HausTV** wird auf **ArbNSeite** von der **tarifzuständigen Gewerkschaft** geschlossen. Die TV-Zuständigkeit richtet sich nach der Satzung der Gewerkschaft. Bei satzungsmäßiger Überschneidung der Zuständigkeit von DGB-Gewerkschaften erfolgt die Bestimmung der zuständigen Gewerkschaft entweder durch Einigung unter den betroffenen Gewerkschaften oder durch Schiedsspruch nach § 16 der DGB-Satzung. Einigung und Schiedsspruch sind, sofern die Grenzen einer vertretbaren Satzungsauslegung nicht überschritten sind, für den ArbGeb. bindend (BAG 14.12.1999 – 1 ABR 74/98, NZA 2000, 949; 27.9.2005 – 1 ABR 41/04, NZA 2006, 273). Mit der danach unzuständigen Gewerkschaft kann kein TV nach Abs. 1 geschlossen werden (WPK/*Preis* Rn. 6). Nach dem Beschluss des **BAG v. 29.7.2009** (7 ABR 27/08, NZA 2009, 1424) muss die Gewerkschaft **für alle im Betrieb beschäftigten ArbN tarifzuständig** sein (ebenso BAG 14.1.2014 – 1 ABR 66/12, NZA 2014, 910). Nach dieser Entscheidung muss sie außerdem **„im Betrieb vertreten"** sein (BAG 29.7.2009 – 7 ABR 27/08, NZA 2009, 1424). Nicht ausdrücklich entschieden hat das BAG, ob für das „Vertretensein" auf die zuvor vorhandenen

oder auf die geschaffenen Einheiten abzustellen ist, insbes. ob etwa in den Fällen des Abs. 1 Nr. 1a u. b die Gewerkschaft in jedem der durch TV zusammengefassten Betriebe vertreten sein muss, und was insoweit für die Bildung von SpartenBR nach Abs. 1 Nr. 2 gilt. Maßgeblicher Grundgedanke des BAG ist jedenfalls die Erwägung, die Entscheidung einer Gewerkschaft über den Abschluss eines TV nach Abs. 1 Nr. 1–3 setze die Kenntnis der bestehenden betriebsverfassungsrechtlichen Organisation und der mitbestimmungsrechtlich relevanten Entscheidungsabläufe in den betroffenen Betriebsstätten voraus (BAG 29.7.2009 – 7 ABR 27/08, NZA 2009, 1424).

Heftig umstritten war in der Vergangenheit, welche Grundsätze gelten, **wenn mehrere Gewerkschaften in einem Betrieb die Zuständigkeit** für den Abschluss eines **TV** nach § 3 Abs. 1 **beanspruchen können** (vgl. ausf. Fitting 27. Aufl. 2014 Rn. 16a–16g; zur ähnlichen Problematik bei TV nach § 47 Abs. 4 die Kommentierung zu → § 47 Rn. 51 und zu § 55 Abs. 4 die Kommentierung zu → § 55 Rn. 20). Diesem Streit wird durch das Tarifeinheitsgesetz v. 3.7.2015 (BGBl. I S. 1130; vgl. zur Verfassungsmäßigkeit des G BVerfG 11.7.2017 – 1 BvR 1571/15, NZA 2017, 915 mit abw. Meinung *Baer/Paulus*) weitgehend die Grundlage entzogen. Allerdings stellen sich schwierige neue Fragen. 16

Nach dem durch das Tarifeinheitsgesetz neu eingeführten **§ 4a Abs. 3 TVG** gilt „für Rechtsnormen eines TV über eine betriebsverfassungsrechtliche Frage nach § 3 Abs. 1 und § 117 Abs. 2 BetrVG (…) Abs. 2 Satz 2 nur, wenn diese betriebsverfassungsrechtliche Frage bereits durch TV einer anderen Gewerkschaft geregelt ist." In diesem Fall soll die Kollision nach § 4a Abs. 2 S. 2 TVG dahingehend gelöst werden, dass „im Betrieb nur die Rechtsnormen des TV derjenigen Gewerkschaft anwendbar" sind, „die zum Zeitpunkt des Abschlusses des zuletzt abgeschlossenen kollidierenden TV im Betrieb die meisten in einem ArbVerh. stehenden Mitgl. hat." (vgl. dazu *Wendeling-Schröder* NZA 2015, 526). Nach § 4a Abs. 3 TVG gilt die Verdrängungswirkung für die dort genannten betriebsverfassungsrechtlichen Normen allerdings nur, soweit eine inhaltliche Überschneidung vorliegt; damit will der Gesetzgeber die Kontinuität tarifvertraglich geschaffener betriebsverfassungsrechtlicher Vertretungsstrukturen sichern (BT-Drs. 18/4062, 14; BVerfG 11.7.2017 – 1 BvR 1571/15, NZA 2017, 915 Rn. 183). Gleichwohl geht er ersichtlich davon aus, dass es bei TVen nach Abs. 1 zu Kollisionen kommen kann und diese nicht etwa von vorneherein vermieden werden müssen. 16a

Damit bestätigt der Gesetzgeber der Sache nach die **Rechtsprechung des Siebten Senats des BAG.** Nach dieser kann ein TV nach Abs. 1 Nr. 1–3 von einer tarifzuständigen Gewerkschaft ohne Beteiligung von anderen gleichfalls tarifzuständigen Gewerkschaften geschlossen werden (**BAG 29.7.2009 – 7 ABR 27/08,** NZA 2009, 1424; ebenso ErfK/*Koch* Rn. 2; eher zust. auch *Hanau* RdA 2010, 312; *Gaul/Mückl* NZA 2011, 657; *Schliemann* FS Etzel, 2011, 352; abl. *C. Meyer* SAE 2010, 27; *Kort* Anm. AP BetrVG 1972 § 3 Nr. 7; *Ulber* Anm. EzA § 3 BetrVG 2001 Nr. 3; *Braun* NZA Beilage 3/2010 S. 108). Auch das Repräsentations- oder Mehrheitsprinzip stehe dem Abschluss eines TV nach Abs. 1 Nr. 1–3 durch eine nach Zahl der Mitglieder kleine, aber im Unternehmen vertretene und tarifzuständige Gewerkschaft nicht entgegen. Dabei könne dahinstehen, ob ein derartiges Prinzip geeignet sei, eine etwa durch den Abschluss mehrerer unterschiedlicher TVe nach Abs. 1 tatsächlich entstandene Tarifkonkurrenz aufzulösen. Jedenfalls sei es nicht geeignet, bereits den Abschluss des TV durch eine „kleine" Gewerkschaft zu verhindern (BAG 29.7.2009 – 7 ABR 27/08, NZA 2009, 1424). Der **Vierte Senat des BAG** knüpfte hieran an und entschied, eine „antizipierte Auflösung einer antizipierten Tarifkonkurrenz" könne nicht dazu führen, dass – bereits – der Abschluss des die Tarifkonkurrenz begründenden TV unwirksam sei (**BAG 9.12.2009 – 4 AZR 190/08,** NZA 2010, 712). Die Wirksamkeit einer tariflichen Vereinbarung von Rechtsnormen über betriebliche Fragen iSv § 3 Abs. 2 TVG hänge nicht davon ab, dass sie einheitlich mit allen im Betrieb vertretenen Gewerkschaften erfolgt sei. Eine solche „Zwangsgemein- 16b schaft" sei mit der durch Art. 9 Abs. 3 GG gewährleisteten Abschlussfreiheit der TVParteien nicht vereinbar. Ein Eingriff in diese Abschlussfreiheit könne allenfalls dann zu erwägen sein, wenn die von dem beabsichtigten TVAbschluss ausgeschlossene Gewerkschaft nicht nur vorübergehend, sondern dauerhaft an einer Normsetzung für ihre Mitglieder gehindert wäre. Das sei aber nicht der Fall. Eine tarifzuständige Gewerkschaft könne mit den ihr zur Verfügung stehenden Mitteln, zu denen auch der Arbeitskampf gehöre, den ArbGeb. zur Beendigung eines bestehenden und zum Neuabschluss eines TV anhalten (BAG 9.12.2009 – 4 AZR 190/08, NZA 2010, 712).

16c Nach der gesetzgeberischen Entscheidung wird **an der früher vertretenen Auffassung,** im Anwendungsbereich von § 3 Abs. 1 gelte es, Tarifkonkurrenzen gar nicht erst entstehen zu lassen, sondern von vorneherein zu verhindern (so 27. Aufl. 2014 Rn. 16c), **nicht festgehalten.** Allerdings gilt es nun, die mit der möglichen Tarifkonkurrenz verbundenen Folgeprobleme zu lösen. Im Ausgangspunkt bedeutet dies zunächst, dass das Vorhandensein einer konkurrierenden, evtl. auch sehr viel repräsentativeren Gewerkschaft, den Abschluss eines TV nach Abs. 1 Nr. 1–3 mit einer wenn auch weniger repräsentativen, aber „im Betrieb vertretenen" tarifzuständigen Gewerkschaft nicht hindert (BAG 29.7.2009 – 7 ABR 27/08, NZA 2009, 1424; 9.12.2009 – 4 AZR 190/08, NZA 2010, 712). Dies entspricht auch § 4a Abs. 2 S. 1 TVG, wonach ein ArbGeb. nach § 3 TVG an mehrere TV unterschiedlicher Gewerkschaften gebunden sein kann. **Sofern ein ArbGeb. mit einer tarifzuständigen, im Betrieb vertretenen Gewerkschaft einen TV nach Abs. 1 schließt, stellt dieser die maßgebliche Regelung für die betriebsverfassungsrechtliche Organisations- und Repräsentationseinheit dar.** Dies entspricht auch § 4a Abs. 2 S. 4 TVG (dazu → Rn. 76). Auf die Repräsentativität und Größe der Gewerkschaften kommt es danach nicht an. Falls mehrere Gewerkschaften zum Abschluss unterschiedlicher TVe bereit sind, steht es hiernach dem ArbGeb. frei, für welchen TV mit welcher Gewerkschaft er sich entscheidet.

16d Dabei ist die **Gefahr** nicht ganz von der Hand zu weisen, dass sich unter mehreren konkurrierenden Gewerkschaften eine „schwache" bereit findet, mit dem ArbGeb. einen diesem **gefälligen TV** abzuschließen (vgl. DKKW/*Trümner* Rn. 221e; vgl. auch zu einem für den ArbGeb. äußerst „kostengünstigen" TV in einem filialisierten bundesweiten Einzelhandelsunternehmen – 92 BRMitgl. statt der gesetzl. 1155 BRMitgl. – ArbG Nienburg 22.11.2007 – 1 BV 10/07, nv, zitiert nach *Trümner/Sparchholz* AiB 2009, 98 [100]). Gleiches gilt für die Gefahr des „Windhund-Rennens" (*C. Meyer* SAE 2010, 27), bei dem sich Gewerkschaften um der eigenen Anerkennung willen darin Konkurrenz machen, dem ArbGeb. einen diesem möglichst genehmen TV nach Abs. 1 anzubieten. Ob diesen Gefahren durch die Möglichkeit gerichtlicher Kontrolle derartiger TV wirksam begegnet werden kann, erscheint zumindest fraglich, denn zum einen bedarf es hierzu der keineswegs selbstverständlichen Anrufung der Gerichte, zum zweiten ist die gerichtliche Kontrolle wegen des weiten Beurteilungs- und Ermessensspielraums der TVParteien deutlich eingeschränkt und zum dritten führt selbst die gerichtlich festgestellte Rechtswidrigkeit eines TV keineswegs notwendig zur Nichtigkeit der auf seiner Grundlage durchgeführten Wahl (→ Rn. 23). Das BAG hat in diesem Zusammenhang betont, die Gewerkschaft, die bei dem Abschluss eines TV nach Abs. 1 Nr. 1–3 durch die konkurrierende Gewerkschaft das Nachsehen habe, könne ja für den von ihr angestrebten TV streiken, zugleich aber auch darauf hingewiesen, dass Arbeitskämpfe um den Abschluss eines OrganisationsTV in nennenswerter Anzahl nicht bekannt geworden seien (BAG 29.7.2009 – 7 ABR 27/08, NZA 2009, 1424).

16e **Schwierige Folgefragen** ergeben sich, wenn der ArbGeb. während der Laufzeit eines TV nach Abs. 1 Nr. 1–3 und der Amtszeit eines auf dessen Grundlage gewählten BR mit einer anderen Gewerkschaft einen inhaltlich abweichenden TV schließt. Unter den möglichen Vorschlägen zur Auflösung einer solchen Tarifkonkurrenz (vgl. zu den unterschiedlichen Lösungsversuchen nach dem Prioritätsprinzip, dem Spezialitätsprinzip, dem Günstigkeitsprinzip, dem Prinzip der Sachnähe und dem Mehrheitsprinzip *Utermark* Betriebsverfassung S. 185 ff.; *Thüsing* ZIP 2003, 693 [699 f.]; *Friese* ZfA 2003, 237 [272 ff.]; *Annuß* NZA 2002, 290 [293]; *Däubler* ArbuR 2001, 285 [288]; DKKW/*Trümner* Rn. 217 ff.; GK-BetrVG/*Franzen* Rn. 34; *Gistel* Betriebsverfassungsstruktur S. 118 ff. Rn. 1; Richardi BetrVG/*Richardi* Rn. 61; *Löwisch/Kaiser* Rn. 38; *Plander* FS 25 Jahre ARGE Arbeitsrecht im DAV, 2006, 969 [977 f.]; *Kempen/Zachert* TVG § 3 Rn. 19; *Teusch* NZA 2007, 124 [129]; *C. Meyer* SAE 2010, 27; *Kort* Anm. zu AP BetrVG 1972 § 3 Nr. 7; *Ulber* Anm. zu EzA § 3 BetrVG 2001 Nr. 3) hat sich der Gesetzgeber in **§ 4a Abs. 3 iVm. Abs. 2 S. 2 TVG** für das **Mehrheitsprinzip** entschieden (ErfK/*Koch* Rn. 2a; *Wendeling-Schröder* NZA 2015, 526; vgl. zum Mehrheitsprinzip als Lösung von Tarifkonkurrenzen bei Betriebsnormen *Franzen* RdA 2008, 193 [199]; HMB TV/*Greiner* Teil 9 Rn. 95; *Hanau* RdA 2008, 98 [102]; JKOS TVR/*Jacobs* § 7 Rn. 221; *Jacobs/Krois* FS Bepler, 2012, 241 [250 ff.]; NK-TVG/*Zwanziger* TVG § 4 Rn. 935; vgl. auch schon *Dieterich,* Die betrieblichen Normen nach dem TVG, S. 104; *Löwisch/Rieble* TVG § 4a Rn. 347 meinen dagegen – überraschend -, durch das TEG sei nun das Mehrheitsprinzip bei Tarifkonkurrenz gerade versperrt). Anwendbar ist danach der TV der Gewerkschaft, die zum Zeitpunkt des Abschlusses des zuletzt abgeschlossenen kollidierenden TV im Betrieb die meisten in einem ArbVerh. stehenden Mitgl. hat. Für die Praxis Bedeutung gewinnen kann allerdings uU § 13 Abs. 3 TVG, wonach § 4a TVG nicht auf TV anzuwenden ist, die am 10.7.2015 gelten (vgl. DKKW/*Trümner* Rn. 221b). Danach wäre es den Gerichten wohl nicht verwehrt, Tarifkonkurrenzen – wie früher – nach dem Spezialitätsprinzip zu lösen, wenn einer der konkurrierenden TV am 10.7.2015 bereits galt. Allerdings steht wohl kaum zu erwarten, dass sie dies tun werden.

Die nach § 4a Abs. 2 S. 2 TVG erforderliche **Feststellung der Mehrheit** kann in verschiedener Hinsicht **erhebliche Schwierigkeiten** bereiten (vgl. dazu *Bayreuther* NZA 2013, 1395; *Greiner* NZA 2015, 769 [772]; *Linsenmaier* RdA 2015, 369 [386]; *Jacobs/Krois* FS Bepler, 2012, 241 [251]). Unklar erscheint bei Tarifkonkurrenzen von TV nach Abs. 1 Nr. 1–3 insbes. der Bezugspunkt für die Mehrheitsermittlung (vgl. *Greiner* NZA 2015, 769 [772]; DKKW/*Trümner* Rn. 221d; ausf. zu der Problematik auch *Hofer,* ZBVRonline 2016, 28, 30 f.). Das gilt vor allem, wenn durch die konkurrierenden TV jeweils unterschiedliche, von der gesetzlichen Struktur abweichende Einheiten geschaffen werden, gilt doch als Betrieb iSv § 4a Abs. 2 S. 2 TVG gemäß § 2a Abs. 2 S. 4 TVG auch ein durch TV nach § 3 Abs. 1 Nr. 1 bis 3 errichteter Betrieb. ZT wird die Auffassung vertreten, durch diese Regelung werde „dem Gestaltungsmissbrauch Tür und Tor geöffnet" (DKKW/*Trümner* Rn. 221e), könne doch der ArbGeb. nunmehr mit einer der konkurrierenden Gewerkschaften zu Lasten einer anderen Gewerkschaft die BRfähigen Organisationseinheiten tarifvertraglich so gestalten, dass die andere Gewerkschaft in den durch TV errichteten Betrieben vollständig oder weitgehend zur Minderheitsgewerkschaft werde (DKKW/*Trümner* Rn. 221e). Aufgelöst mit Wirkung erga omnes wird nach überwiegender Auffassung gemäß § 99 Abs. 3 ArbGG die Tarifkonkurrenz nicht ipso iure, sondern erst mit einem rechtskräftigen Beschluss über den nach § 4a Abs. 2 S. 2 TVG anwendbaren TV (vgl. etwa ErfK/*Franzen* § 4a TVG Rn. 17; vgl. auch abw. Meinung *Baer/Paulus* zu BVerfG 11.7.2017 – 1 BvR 1571/15, NZA 2017, 915, 927 Rn. 5, 15; **aA** *Löwisch* NZA 2015, 1369; *von-Steinau-Steinrück/Gooren* NZA 2017, 1149, 1151; *Ulrici* NZA 1161, 1163; ErfK/*Koch* ArbGG § 99 Rn. 5; letztlich offen gelassen in BVerfG 11.7.2017 – 1 BvR 1571/15, NZA 2017, 915 Rn. 175, 176; anders noch im einstweiligen Verfügungsverfahren im berichtenden Teil der Entscheidung BVerfG 6.10.2015 – 1 BvR 1571/15, NZA 2015, 1271). Zumindest bis dahin ist der zuerst abgeschlossene und umgesetzte TV maßgeblich. Ist aber einmal rechtskräftig entschieden, dass nicht der bisher angewandte (Minderheiten)TV, sondern der später geschlossene (Mehrheiten)TV anwendbar ist, erscheint fraglich, ob auf der Grundlage des (Mehrheiten)TV unverzüglich Neuwahlen einzuleiten sind und die Amtszeit des bisherigen BR in entspr. Anwendung von Abs. 4 S. 2 mit der Bekanntgabe des Wahl-

16f (Randnummer neben „Die nach § 4a Abs. 2 S. 2 TVG …")

ergebnisses der Neuwahl endet oder ob der (Mehrheiten)TV erst bei der nächsten regelmäßigen BRWahl zur Anwendung kommt (→ Rn. 75, 84).

17 Soll ein TV nach Abs. 1 **mehrere Betriebe** betreffen und ist eine Gewerkschaft nicht für alle Betriebe zuständig, kann der TV allenfalls unter **Beteiligung der für die anderen Betriebe zuständigen Gewerkschaften** geschlossen werden (*Thüsing* ZIP 2003, 693 [699]; *Friese* ZfA 2003, 237 [271]; *Eich* Euro AS 2003, 12 [15]). Es handelt sich um einen EinheitsTV, dessen Rechte nur gemeinsam ausgeübt werden können. Selbst dies erscheint nach der Rspr. des BAG (29.7.2009 – 7 ABR 27/08, NZA 2009, 1424; 14.1.2014 – 1 ABR 66/12, NZA 2014, 910) dann nicht selbstverständlich, wenn keine der Gewerkschaften für alle Arbeitsverhältnisse tarifzuständig ist.

18 Ist der ArbGeb. Mitglied eines ArbGebVerbandes, kommt auch ein **firmenbezogener VerbandsTV** in Betracht (GK-BetrVG/*Franzen* Rn. 31). Ein solcher ist nicht grds. ausgeschlossen (*Eich* Euro AS 2003, 12 [13f.]; skeptisch dagegen *Thüsing* ZIP 2003, 693 [697]).

19 Ein **FlächenTV,** durch den BR-Strukturen für alle MitglUnternehmen geregelt werden, dürfte kaum einmal in Betracht kommen (grds. verneinend *Thüsing* ZIP 2003, 693 [697]; *Eich* Euro AS 2003, 12 [13f.]). Die nach Abs. 1 jeweils zu beachtenden Ziele erfordern eine unternehmensbezogene Betrachtung, die in einem FlächenTV nicht möglich ist.

b) Arbeitskämpfe um Tarifverträge nach Abs. 1

20 **TV nach Abs. 1 Nr. 1–3** können **nicht durch Arbeitskämpfe** (Streik, Aussperrung) erzwungen werden (vgl. *Eich* Euro AS 2003, 12 [16f.]; GK-BetrVG/*Franzen* Rn. 33; *Friese* ZfA 2003, 237 [259ff.]; *Kort* Anm. AP BetrVG 1972 § 3 Nr. 7; *Linsenmaier* RdA 2015, 369 [382f.]; *Reichold* NZA 2001, 857 [859]; Richardi BetrVG/*Richardi* Rn. 62; HWGNRH/*Rose* Rn. 23; *Utermark* Betriebsverfassung S. 171ff.; WHSS-Umstrukturierung/*Hohenstatt* Kap. D Rn. 188; wohl auch *Schweibert* FS 100 Jahre BetrVR 2020, 731 [741]; **aA aber BAG 29.7.2009 – 7 ABR 27/08,** NZA 2009, 1424; BKS-*Wankel* AKR Rn. 41ff.; *Däubler* ArbuR 2001, 285 [288]; ErfK/*Koch* Rn. 2; *Plander* NZA 2002, 483 [488]; DKKW/*Trümner* Rn. 215; Hako-BetrVG/*Kloppenburg* Rn. 30; diff. *Thüsing* ZIP 2003, 693 [701]). Allerdings folgt die Unzulässigkeit von Streiks um TV nach Abs. 1 Nr. 1–3 nicht etwa aus der Unternehmerfreiheit des ArbGeb. Die Bestimmung der organisatorischen Gestaltung von ArbNVertrStrukturen steht nicht zur Disposition des Unternehmers, sondern wird durch das BetrVG in zweiseitig bindender Weise geregelt. Auch kann Ziel eines durch Art. 9 Abs. 3 GG gewährleisteten Arbeitskampfs grds. jede in einem TV regelbare Materie sein. Eine Ausnahme gilt aber für solche Gegenstände, die den Koalitionen nicht zur autonomen Wahrnehmung der Mitgliederinteressen, sondern zu einem anderen, darüber hinausgehenden Zweck überantwortet sind (*Friese* ZfA 2003, 237 [268]). Dies ist bei Abs. 1 Nr. 1–3 der Fall (**aA** BKS-*Wankel* AKR Rn. 41). Der Gesetzgeber bedient sich hier zum Zwecke der effektiven Gestaltung der Betriebsverfassung im Interesse der Gesamtbelegschaft der Sachkompetenz der TV-Parteien (vgl. *K. Schmidt* FS 100 Jahre BetrVR 2020, 693 [700]); deren „Indienstnahme" ist auf Konsens und nicht auf Konfrontation angelegt (*Linsenmaier* RdA 2015, 369 [382]). Ihre Tarifsetzungsbefugnis ist in Abs. 1 Nr. 1–3 an bestimmte inhaltliche Vorgaben gebunden und dient nicht der Verfolgung mitgliederbezogener Verbandsinteressen. Der Abschluss von TV nach Abs. 1 Nr. 1–3 gehört daher nicht zu den durch Art. 9 Abs. 3 GG geschützten koalitionsspezifischen Betätigungen (→ Rn. 11a; *K. Schmidt* FS 100 Jahre BetrVR 2020, 693 [697ff.]; *Friese* ZfA 2003, 237 [269]). Gegen die Erstreikbarkeit spricht auch, dass die normative Geltung betriebsverfassungsrechtlicher Tarifnormen gegenüber den „Außenseitern" nicht mitgliedschaftlich legitimiert ist. Dagegen kann nach dem Beschluss des BAG v. 29.7.2009 (– 7 ABR 27/08, NZA 2009, 1424) der Abschluss eines TV nach Abs. 1 Nr. 1–3 auch Gegenstand eines

Arbeitskampfes sein (vgl. zu der Problematik auch → § 47 Rn. 52, 82; § 55 Rn. 20, § 117 Rn. 18). Der Streit um die Erstreikbarkeit von TV war bislang eher akademischer Natur. Unter der Geltung des Tarifeinheitsgesetzes v. 3.7.2015 (BGBl. S. 1130) könnte er aber praktische Relevanz bekommen, da nach § 4a Abs. 2 S. 4 TVG nun grds. die Zuschnitte der betrieblichen Einheiten nach § 3 Abs. 1 Nr. 1–3 maßgeblich dafür sind, welche TV sich durchsetzen, und daher die konkurrierenden Gewerkschaften hieran ein ganz manifestes Interesse haben (vgl. *Greiner* NZA 2015, 769 [772]; *Linsenmaier* RdA 2015, 369 [383]).

Ob **TV nach Abs. 1 Nr. 4 u. 5** durch Streiks erzwungen werden können, erscheint zweifelhaft (bejahend 29. Aufl.; *Thüsing* ZIP 2003, 693 [701]; **aA** HWGNRH/*Rose* Rn. 23). Geht man davon aus, dass der Gesetzgeber die betriebliche Interessenvertretung der ArbN durch das BetrVG zweiseitig zwingend geregelt hat und es sich bei den durch Abs. 1 eröffneten tariflichen Möglichkeiten nicht um eine originär autonome, sondern nur um eine derivative Normsetzungsbefugnis der TVParteien handelt (vgl. → Rn. 11a; *K. Schmidt* FS 100 Jahre BetrVR 2020, 693 [697 ff.]), wären Streiks um solche Regelungen wohl unzulässig. 20a

c) Inhaltskontrolle

§ 3 enthält eine abschließende Regelung über abweichende ArbNVertrStrukturen (BAG 10.11.2004 – 7 ABR 17/04, AP BetrVG 1972 § 3 Nr. 4). Die TV-Parteien sind in der Vereinbarung abweichender BR-Strukturen nicht frei. Ihre Regelungsbefugnis ist durch die inhaltlichen Vorgaben des Abs. 1 begrenzt (BAG 13.3.2013 – 7 ABR 70/11, NZA 2013, 738; 18.11.2014 – 1 ABR 21/13, NZA 2015, 694; *C. Meyer* SAE 2013, 49; für BV nach Abs. 2 BAG 24.4.2013 – 7 ABR 71/11, AP BetrVG 1972 § 3 Nr. 11). TV sind danach nur dann zulässig, wenn und soweit sie der Erleichterung der Errichtung von BR oder der sachgerechten Wahrnehmung der Interessen der ArbN oder der Aufgaben des BR dienen. TV nach Abs. 1 unterliegen insoweit der **Rechtskontrolle durch die Gerichte** (BAG 29.7.2009 – 7 ABR 27/08, NZA 2009, 1424; 13.3.2013 – 7 ABR 70/11, NZA 2013, 738; für BV nach Abs. 2 BAG 24.4.2013 – 7 ABR 71/11, AP BetrVG 1972 § 3 Nr. 11; 18.11.2014 – 1 ABR 21/13, NZA 2015, 694; *Friese* ZfA 2003, 237 [252 ff.]; *Eich* Euro AS 2003, 12 [19 f.]; GK-BetrVG/*Franzen* Rn. 7; Richardi BetrVG/*Richardi* Rn. 98; DKKW/*Trümner* Rn. 175 will BV sogar einer Billigkeitskontrolle unterwerfen). Diese Rechtskontrolle ist nicht etwa durch Art. 9 Abs. 3 GG beschränkt (*Friese* ZfA 2003, 237 [254 f.]). Angesichts des Spannungsverhältnisses zwischen den Verbandsinteressen und den Interessen der Betriebsbelegschaft(en) gibt es auch keine Vermutung für die Richtigkeit des TV (*Friese* ZfA 2003, 237 [255 f.]). Die TV-Parteien haben aber bei der konkreten Ausgestaltung der ihnen durch § 3 Abs. 1 verliehenen Befugnis einen erheblichen **Beurteilungsspielraum** und ein **weites Regelungsermessen** (BAG 13.3.2013 – 7 ABR 70/11, NZA 2013, 738; für BV nach Abs. 2 BAG 24.4.2013 – 7 ABR 71/11, AP BetrVG 1972 § 3 Nr. 11; *K. Schmidt* JbArbR, Bd. 49, 2012 S. 79). Dies haben die Gerichte zu beachten (BAG 24.4.2013 – 7 ABR 71/11, AP BetrVG 1972 § 3 Nr. 11; *Friese* ZfA 2003, 237 [257 ff.]; *Utermark* Betriebsverfassung S. 184 f. Rn. 1; Richardi BetrVG/*Richardi* Rn. 101; nach *Trümner* AiB 2009, 98 [99] ist die gerichtliche Rechtskontrolle auf „grobe Fehler" beschränkt; ebenso DKKW/*Trümner* Rn. 216). 21

d) Delegation der Regelungsbefugnis auf Betriebsparteien

Die TV-Parteien können die ihnen vom Gesetzgeber durch § 3 Abs. 1 verliehene Regelungsbefugnis jedenfalls unbeschränkt nicht im Wege der **(Sub-)Delegation an die Betriebsparteien** weitergeben (*Thüsing* ZIP 2003, 693 [701]; *Annuß* NZA 2002, 290 [293]). Zulässig dürfte eine tarifliche Öffnungsklausel in den Fällen des Abs. 1 Nr. 1, 2, 4 u. 5 aber dann sein, wenn die TV-Parteien die BV von ihrer Zustimmung abhängig machen. Denn in diesem Fall bleibt die Regelungsbefugnis letzt- 22 lich bei ihnen (vgl. *Eich* Euro AS 2003, 12 [17]). Ganz ausgeschlossen ist eine tarifliche Öffnungsklausel aber wohl in den Fällen des Abs. 1 Nr. 3 (Richardi BetrVG/*Richardi* Rn. 82; **aA** HWGNRH/*Rose* Rn. 39). Insoweit macht der Umkehrschluss aus Abs. 2 deutlich, dass jegliche Regelung durch die Betriebsparteien gesperrt sein soll (vgl. *Eich* Euro AS 2003, 12 [17]).

e) Rechtsfolgen bei fehlerhaftem Tarifvertrag

23 **Überschreiten die TV-Parteien** die ihnen durch Abs. 1 eingeräumte **Regelungsbefugnis** – etwa indem sie die inhaltlichen Vorgaben des Abs. 1 nicht beachten –, so ist die entspr. **Regelung nichtig** (BAG 13.3.2013 – 7 ABR 70/11, NZA 2013, 738; 18.11.2014 – 1 ABR 21/13, NZA 2015, 694; für eine BV nach Abs. 2 BAG 24.4.2013 – 7 ABR 71/11, AP BetrVG 1972 § 3 Nr. 11; *Spinner/Wiesenecker* FS Löwisch, 2007, 375 [380]). Bei Teilnichtigkeit bleibt der gültige Teil wirksam, wenn er noch eine sinnvolle und in sich geschlossene Regelung enthält. Dies wird aber meistens nicht der Fall sein. Die Nichtigkeit eines TV nach Abs. 1 hat nicht notwendig die Nichtigkeit einer danach durchgeführten BRWahl zur Folge. Eine BRWahl ist nur dann nichtig, wenn gegen allgemeine Grundsätze jeder ordnungsgemäßen Wahl in so hohem Maße verstoßen wurde, dass auch der Anschein einer dem G entspr. Wahl nicht mehr vorliegt (BAG 22.3.2000 – 7 ABR 34/98, NZA 2000, 1119; 19.11.2003 – 7 ABR 25/03, AP BetrVG 1972 § 19 Nr. 55; 21.9.2011 – 7 ABR 54/10, NZA-RR 2012, 186 mwN; 13.3.2013 – 7 ABR 70/11, NZA 2013, 738). Davon kann bei einer auf einem fehlerhaften TV beruhenden Wahl meist nicht ausgegangen werden können. Die **Wahl** ist daher regelmäßig lediglich anfechtbar (BAG 13.3.2013 – 7 ABR 70/11, NZA 2013, 738; *Thüsing* ZIP 2003, 693 [700f.]; GK-BetrVG/*Franzen* Rn. 76; **aA** *Utermark* Betriebsverfassung S. 180f.; Richardi BetrVG/*Richardi* Rn. 102; *Spinner/Wiesenecker* FS Löwisch, 2007, 375 [385ff.]; diff. *Trümner/Sparchholz* AiB 2009, 98 [101]). Dementsprechend sind auch die von dem BR geschlossenen BV nicht nichtig (so aber *Spinner/Wiesenecker* FS Löwisch, 2007, 375 [388f.]).

2. Die Fallgruppen des Abs. 1

24 Abs. 1 sieht für die TV-Parteien **unterschiedliche Gestaltungsmöglichkeiten** vor. Dadurch sollen sie in die Lage versetzt werden, ArbNVertr. zu schaffen, die auf die besondere Struktur des jeweiligen Betriebs, Unternehmens oder Konzern zugeschnitten sind. In Abs. 1 Nr. 1–3 sind Organisationseinheiten beschrieben, die an die Stelle der gesetzlich vorgesehenen treten und diese ersetzen (→ Rn. 25–51). Eine gleichzeitige, parallele Kombination des gesetzlich vorgesehenen BR mit einer der nach Abs. 1 Nr. 1–3 gebildeten Einheiten (Doppelstrukturen) ist nicht möglich (→ Rn. 52). Nach Abs. 1 Nr. 4 u. 5 können zusätzliche Gremien geschaffen werden, die neben den BR oder die nach Abs. 1 Nr. 1–3 geschaffene Organisationseinheit treten (→ Rn. 53–65).

a) Unternehmenseinheitlicher Betriebsrat (Nr. 1a)

25 Nach Abs. 1 Nr. 1a kann durch TV für ein Unternehmen mit mehreren Betrieben die Wahl eines **unternehmenseinheitlichen BR** vorgesehen werden. Damit sollen vor allem in kleineren Unternehmen bessere Voraussetzungen für die Wahl von BR geschaffen werden (BT-Drs. 14/5741, 33). Die Vorschrift ist aber auch auf größere Unternehmen anwendbar (vgl. zu den „strategischen Überlegungen" für und gegen die Bildung eines unternehmenseinheitlichen BR insbes. aus ArbGeb.-Sicht *Gaul/Mückl* NZA 2011, 657). Darauf, ob es in den Unternehmen bereits BR gibt, kommt es nicht an (*Engels/Trebinger/Löhr-Steinhaus* DB 2001, 532 [533]).

26 Voraussetzung ist die Existenz von **mehreren Betrieben in einem Unternehmen.** Betriebe in diesem Sinn sind auch die Betriebsteile, die nach § 4 S. 1 als selb-

ständige Betriebe gelten (BT-Drs. 14/5741, 34; *Engels/Trebinger/Löhr-Steinhaus* DB 2001, 532 [533]; DKKW/*Trümner* Rn. 38; Richardi BetrVG/*Richardi* Rn. 17). Allerdings ist es den ArbN dieser Betriebsteile nach dem durch das BetrVerf-ReformG neu eingefügten **§ 4 Abs. 1 S. 2** grds. frei gestellt, ob sie einen eigenen BR wählen oder an der Wahl des BR im Hauptbetrieb teilnehmen wollen. Regelt aber ein **TV nach Abs. 1** eine andere Zuordnung des Betriebsteils, so **geht** diese grds. **vor** (BT-Drs. 14/5741, 35; *Utermark* Betriebsverfassung S. 119 Rn. 1; DKKW/*Trümner* Rn. 39). Hierzu muss der TV wirksam sein. Dies setzt ua voraus, dass er von einer für den Betriebsteil zuständigen Gewerkschaft geschlossen wurde und dass er die Bildung von BR erleichtert oder einer sachgerechten Wahrnehmung der Interessen der ArbN dient.

Ein unternehmenseinheitlicher BR kann nach Abs. 1 Nr. 1a nicht gebildet werden 27 kann, wenn es sich bei einem oder mehreren der Betriebe um **gemeinsame Betriebe mehrerer Unternehmen** iSv § 1 Abs. 1 S. 2 handelt; Abs. 1 Nr. 1a eröffnet keine Befugnis zur Festlegung unternehmensübergreifender Repräsentationseinheiten (BAG 13.3.2013 – 7 ABR 70/11, NZA 2013, 738; *Kort* AG 2003, 18; *Kort* Anm. AP BetrVG 1972 § 3 Nr. 10; Richardi BetrVG/*Richardi* Rn. 18; WPK/*Preis* Rn. 10). In einem solchen Fall bleibt daher nur die Möglichkeit, gem. Abs. 1 Nr. 1b die **Betriebe zusammenzufassen, die ausschließlich zu dem Unternehmen gehören.** Wegen der Beteiligung des Unternehmens an dem Gemeinschaftsbetrieb ist dann aber gleichwohl noch ein **GesBR** zu errichten. Für diesen ist § 47 Abs. 9 zu beachten. Eine andere Möglichkeit besteht darin, **unternehmensübergreifend** unter Einbeziehung der anderen an dem Gemeinschaftsbetrieb beteiligten Unternehmen **gem. Abs. 1 Nr. 3 eine andere ArbNVertrStruktur** zu schaffen (DKKW/*Trümner* Rn. 50, 108 ff.; Richardi BetrVG/*Richardi* Rn. 18).

Ein TV nach Abs. 1 Nr. 1a darf **nur** geschlossen werden, **wenn** dadurch die **Bildung von BR erleichtert** oder einer **sachgerechten Wahrnehmung der Interessen der ArbN gedient** wird (vgl. zu einer BV nach Abs. 2 BAG 24.4.2013 – 28 7 ABR 71/11, AP BetrVG 1972 § 3 Nr. 11; ferner *Utermark* Betriebsverfassung S. 122 ff. Rn. 1). Die TV-Parteien haben dies **eigenverantwortlich zu beurteilen.** Sie haben hierbei einen Beurteilungs- und Gestaltungsspielraum. Eine gerichtliche Rechtskontrolle ist – insbes. in einem Verf. nach § 18 Abs. 2 oder im Rahmen einer Wahlanfechtung nach § 19 – möglich (→ Rn. 21, 102; zu einer BV nach Abs. 2 BAG 24.4.2013 – 7 ABR 71/11, AP BetrVG 1972 § 3 Nr. 1).

Die Bildung von BR wird insbes. **dann** erleichtert, **wenn andernfalls die Ge-** 29 **fahr** besteht, **dass** in einzelnen Betrieben oder Betriebsteilen **gar kein BR gewählt wird** (BAG 24.4.2013 – 7 ABR 71/11, AP BetrVG 1972 § 3 Nr. 11; *Kort* AG 2003, 18; GK-BetrVG/*Franzen* Rn. 12; DKKW/*Trümner* Rn. 52; Richardi BetrVG/*Richardi* Rn. 23). Dieser Aspekt hat nicht etwa deshalb an Bedeutung verloren, weil nach § 50 Abs. 1 S. 1 Hs. 2 der GesBR nun auch für betriebsratslose Betriebe zuständig ist. Diese Zuständigkeit beschränkt sich nämlich nur auf den originären Zuständigkeitsbereich des GesBR nach § 50 Abs. 1 S. 1 Hs. 1. Es verbleiben daher in einem betriebsratslosen Betrieb viele „Mitbestimmungslücken" (vgl. DKKW/*Trümner* Rn. 52). Die Bildung eines unternehmenseinheitlichen BR ist allerdings dann nicht mehr vom Zweck der Regelung gedeckt wenn die Erleichterung der Bildung von BR ohne Weiteres bereits durch eine Zusammenfassung von Betrieben nach Abs. 1 Nr. 1b erreicht werden kann und sich demgegenüber die Bildung eines unternehmenseinheitlichen BR als ersichtlich weniger sachgerechte Lösung darstellt (zu einer BV nach Abs. 2 BAG 24.4.2013 – 7 ABR 71/11, AP BetrVG 1972 § 3 Nr. 11). Bei der Wahl zwischen den sich aus Abs. 1 Nr. 1a u. b ergebenden Möglichkeiten ist auch das Prinzip der Ortsnähe des Repräsentationsorgans zur repräsentierten Belegschaft zu berücksichtigen (BAG 24.4.2013 – 7 ABR 71/11, AP BetrVG 1972 § 3 Nr. 11).

Der **sachgerechten Wahrnehmung der Interessen der ArbN** dient ein unter- 30 nehmenseinheitlicher BR insbes. dann, **wenn** die **Entscheidungskompetenzen** in beteiligungspflichtigen Angelegenheiten **zentral** auf Unternehmensebene **angesiedelt** sind (zu einer BV nach Abs. 2 BAG 24.4.2013 – 7 ABR 71/11, AP BetrVG 1972 § 3 Nr. 11; BT-Drs. 14/5741, 34; Richardi BetrVG/*Richardi* Rn. 24). Es ist grds. sinnvoll, die Vertretungsgremien der ArbN möglichst dort zu errichten, wo die mitzubestimmenden unternehmerischen Entscheidungen fallen (BAG 21.9.2011 – 7 ABR 54/10, NZA-RR 2012, 186 mwN; BAG 24.4.2013 – 7 ABR 71/11, AP BetrVG 1972 § 3 Nr. 11). Andererseits kann für die sachgerechte Wahrnehmung der Interessen der ArbN aber auch die Erreichbarkeit ihres Repräsentationsorgans von erheblicher Bedeutung sein (BAG 24.4.2013 – 7 ABR 71/11, AP BetrVG 1972 § 3 Nr. 11; WHSS-Umstrukturierung/*Hohenstatt* Kap. D Rn. 154). Den Aspekt der möglichst ortsnahen Errichtung des BR macht der Gesetzgeber insbes. in § 4 S. 1 Nr. 1 deutlich (BAG 24.4.2013 – 7 ABR 71/11, AP BetrVG 1972 § 3 Nr. 11; DKKW/*Trümner* Rn. 42). Auch gestaltet sich bei großen räumlichen Entfernungen, etwa bei der Bildung nur eines bundesweiten BR, die Durchführung von Betriebsversammlungen und Sprechstunden des BR deutlich schwieriger.

31 **Andere** als die in Abs. 1 Nr. 1 ausdrücklich genannten **Gesichtspunkte** rechtfertigen den Abschluss von TV nach dieser Vorschrift grds. nicht. **Keine Rolle** spielen darf insbes. das Interesse des Unternehmens an einer **Kosteneinsparung** durch Verringerung von BR-Gremien und BRMitgl. (BAG 29.7.2009 – 7 ABR 27/08, NZA 2009, 1424; DKKW/*Trümner* Rn. 52; HWGNRH/*Rose* Rn. 44; vgl. auch den von *Trümner/Sparchholz* AiB 2009, 98 [99f.] dargestellten Fall, in dem der TV die gesetzlich vorgesehenen 1.155 BRMitgl. auf 92 reduzierte). Nicht vom Gesetzeszweck gedeckt wären daher „Kompensationsgeschäfte", die nach dem Motto „Kosten gegen Posten" nur abgeschlossen werden, um im Wege der Bildung größerer BREinheiten dem ArbGeb. im Gegenzug gegen eine erhöhte Anzahl von Freistellungen in erheblichem Umfang durch Reduzierung von BRMandaten Kosten zu sparen. Die isolierte Begründung, die Arbeit des BR werde erleichtert, reicht alleine für die Bildung eines unternehmenseinheitlichen BR nicht aus; allerdings wird die Effektivierung der BR-Arbeit häufig zugleich der sachgerechten Wahrnehmung der Interessen der ArbN dienen (vgl. DKKW/*Trümner* Rn. 56). Ein TV nach Abs. 1 Nr. 1 darf auch nicht dazu missbraucht werden – in kollusivem Zusammenwirken von ArbGeb. und Gewerkschaft – in einzelnen Betrieben unbequeme gewerkschaftskritische Gruppierungen und Listen auszuschalten (so auch für BV DKKW/*Trümner* Rn. 170). Rechtlich nicht unproblematisch sind Regelungen, nach denen der unternehmenseinheitliche BR auch für möglicherweise **künftig vom Unternehmen erst zu erwerbende Betriebe** unabhängig von deren Größe und Struktur maßgeblich sein soll (das Problem ist angesprochen, aber nicht näher erörtert in BAG 24.4.2013 – 7 ABR 71/11, AP BetrVG 1972 § 3 Nr. 11). Jedenfalls wird sich bei Abschluss einer entsprechenden Vereinbarung im Falle eines noch gar nicht bekannten Betriebs nur schwer beurteilen lassen, ob dessen Einbeziehung dort die BRBildung erleichtert oder der sachgerechten Wahrnehmung der Interessen der ArbN dieses Betriebs dient.

32 Wird ein **UnternehmensBR** nach Abs. 1 Nr. 1 errichtet, **ersetzt** dieser **sowohl** die **örtlichen BR als auch** den von diesen gebildeten **GesBR.** Die Vertretungsstrukturen werden zentralisiert. Die konzentrierte, 1-stufige Interessenwahrnehmung mag insgesamt effektiver werden. Die Berücksichtigung örtlicher Besonderheiten wird allerdings erschwert.

b) Zusammenfassung mehrerer Betriebe (Nr. 1b)

33 Gem. Abs. 1 Nr. 1b können in einem Unternehmen durch TV mehrere Betriebe „zusammengefasst" werden. An der unternehmerischen Organisation und Leitungsstruktur ändert sich dadurch nichts (BAG 18.3.2008 – 1 ABR 3/07, NZA 2008, 1259; 7.6.2011 – 1 ABR 110/09, NZA 2012, 110). Die **„zusammengefassten" Betriebe gelten** vielmehr lediglich gem. § 3 Abs. 5 S. 1 **als ein Betrieb** iSd BetrVG. Die zusammengefassten Organisationseinheiten als solche bestehen fort

(BAG 18.3.2008 – 1 ABR 3/07, NZA 2008, 1259 Rn. 27; *Ludwig/Glau* BB 2019, 309 [310]). In ihnen zuvor geltende BV gelten – beschränkt auf die Organisationseinheit – normativ fort (BAG 18.3.2008 – 1 ABR 3/07, NZA 2008, 1259 Rn. 29; 7.6.2011 – 1 ABR 110/09, NZA 2012, 110; *Salamon* NZA 2009, 74; *Trebeck/Kania* BB 2014, 1595 [1596]). Der Abschluss eines TV nach Abs. 1 Nr. 1b ist daher, solange die organisatorischen Rahmenbedingungen nicht geändert werden, allein auch keine Betriebsänderung iSv § 111 S. 3 Nr. 3 (GK-BetrVG/*Franzen* Rn. 62; DKKW/*Trümner* Rn. 196; *Trebeck/Kania* BB 2014, 1595 [1596]). Dementsprechend ist auch die mit der Beendigung des TV verbundene Wiederherstellung der gesetzlichen ArbNVertrstruktur keine Betriebsspaltung nach § 111 S. 3 Nr. 3 (*Trebeck/Kania* BB 2014, 1595). Ebenso wie bei Abs. 1 Nr. 1a sind Betriebe iSd Vorschrift auch die Betriebsteile, die nach § 4 S. 1 als selbständige Betriebe gelten (→ Rn. 26). Zu den Schwierigkeiten der Einbeziehung eines Gemeinschaftsbetriebs → Rn. 27 (ferner *Kort* AG 2003, 18).

Auch ein TV nach Abs. 1 Nr. 1b ist nur zulässig, wenn er die **Bildung von BR erleichtert** oder einer **sachgerechten Wahrnehmung der Interessen** der ArbN dient (→ Rn. 28–31). Im Interesse der sachgerechten Interessenwahrnehmung kann es insbes. liegen, die Interessenvertretung dort zu errichten, wo unternehmerische Leitungsmacht konkret entfaltet und ausgeübt wird und die mitbestimmungsrechtlich relevanten Entscheidungen getroffen werden. Daher ist es sachgerecht, sich bei der Zusammenfassung zu einer betriebsverfassungsrechtlichen Organisationseinheit an den **organisatorischen Vorgaben des ArbGeb.** zu orientieren (BAG 21.9.2011 – 7 ABR 54/10, NZA-RR 2012, 186; zu einer BV nach Abs. 2 BAG 24.4.2013 – 7 ABR 71/11, AP BetrVG 1972 § 3 Nr. 11). Sinnvoll kann es auch sein, nicht nur statisch einen bestimmten Zustand festzuschreiben, sondern bei der tariflichen Regelung bereits durch eine **dynamische Regelung** die Möglichkeit späterer Veränderungen der Organisationsstrukturen zu berücksichtigen (BAG 21.9.2011 – 7 ABR 54/10, NZA-RR 2012, 186; *K. Schmidt* JbArbR, Bd. 49, 2012 S. 79 [89]). So kann ein TV nach Abs. 1 Nr. 1b vorsehen, dass BR in den jeweiligen Regionen zu errichten sind, für die es nach dem Organisationskonzept des ArbGeb. Bezirksleitungen gibt (BAG 21.9.2011 – 7 ABR 54/10, NZA-RR 2012, 186). Die Errichtung eines „FilialBR" wird insbes. in Betracht kommen, wenn in einem Unternehmen mit bundesweitem Filialnetz kein unternehmensweiter BR nach Nr. 1a, sondern RegionalBR errichtet werden sollen (BT-Drs. 14/5741, 34; *Engels/Trebinger/Löhr-Steinhaus* DB 2001, 532 [533]; DKKW/*Trümner* Rn. 28; Richardi BetrVG/*Richardi* Rn. 20). Dagegen dürften in dem Fall, der dem Beschluss des ArbG Nienburg 22.11.2007 – 1 BV 10/07 (nv, zitiert nach *Trümner/Sparchholz* AiB 2009, 98 [100]) zugrunde lag und in dem durch einen TV in einem filialisierten bundesweiten Einzelhandelsunternehmen aus den gesetzlichen 1.155 BRMitgl. 92 gewillkürte wurden, die Voraussetzungen nach Abs. 1 Nr. 1b nicht erfüllt sein. Eine Bildung von RegionalBR ist nach Abs. 1 Nr. 1b allerdings dann nicht möglich, wenn die Filialen die Voraussetzungen des § 1 Abs. 1 S. 1 nicht erfüllen, daher nach der gesetzlichen Betriebsverfassung keine Betriebe sind und dementsprechend nach § 4 Abs. 2 dem Hauptbetrieb zuzuordnen wären. In einem solchen Fall können RegionalBR aber durch einen TV nach Abs. 1 Nr. 3 gebildet werden (→ Rn. 50). 34

Anders als beim UnternehmensBR nach Abs. 1 Nr. 1a wird durch die Zusammenfassung von Betrieben nach Abs. 1 Nr. 1b die mehrstufige Vertretungsstruktur nicht durch eine 1-stufige ersetzt. Vielmehr bilden die BR der zusammengefassten Betriebe **weiterhin** einen **GesBR.** 35

§ 3 Abs. 1 Nr. 1b erlaubt nach seinem eindeutigen Wortlaut **nicht** die betriebsverfassungsrechtliche **Aufteilung eines Betriebs** (*Kort* AG 2003, 19; GK-BetrVG/*Franzen* Rn. 9; Richardi BetrVG/*Richardi* Rn. 21; HWGNRH/*Rose* Rn. 49; **aA** wohl DKKW/*Trümner* Rn. 60ff.). Eine Aufspaltung kann aber nach Abs. 1 Nr. 2 oder 3 erfolgen. 36

c) Spartenbetriebsräte (Nr. 2)

37 Durch das BetrVerf-ReformG neu eingeführt wurde die Möglichkeit, **SpartenBR** zu errichten (vgl. dazu *Utermark* Betriebsverfassung S. 127 ff.; DKKW/*Trümner* Rn. 63 ff.; *Friese* RdA 2003, 92 ff.; *Kort* AG 2003, 19 ff.; *Gaul/Mückl* NZA 2011, 657). Die Bildung derartiger SpartenBR kann gem. § 3 Abs. 1 Nr. 2 durch TV bestimmt werden für Unternehmen und Konzerne, soweit sie nach produkt- und projektbezogenen Geschäftsbereichen (Sparten) organisiert sind und die Leitung der Sparte auch Entscheidungen in beteiligungspflichtigen Angelegenheiten trifft (→ Rn. 39 f.). Voraussetzung ist ferner, dass die Bildung dieser ArbNVertrStruktur der sachgerechten Wahrnehmung der Aufgaben des BR dient (→ Rn. 41). Die Bestimmung ermöglicht zum einen die spartenmäßige Zergliederung eines Betriebs mit der Folge, dass gem. § 3 Abs. 5 S. 1 aus einem einheitlichen Betrieb mehrere Betriebe iSd Gesetzes werden, für die jeweils ein (Sparten-)BR zu wählen ist (→ Rn. 42). Zum anderen erlaubt sie die betriebsübergreifende Zusammenfassung von Sparten mehrerer Betriebe und der darin jeweils beschäftigten ArbN (→ Rn. 43). Ferner ist grds. auch eine die Grenzen des Unternehmens überschreitende Bildung von SpartenBR im Konzern vorgesehen (→ Rn. 44). Die Bildung besonderer SpartenGesBR ist nicht möglich; es verbleibt vielmehr bei der Bildung des herkömmlichen GesBR, in dem ggf. die SpartenBR Mitglieder entsenden (→ Rn. 45). Wirksam errichtete SpartenBR treten hinsichtlich der von ihnen repräsentierten ArbN nicht neben die gesetzlichen BR, sondern verdrängen und ersetzen diese (→ Rn. 52).

38 Die Bestimmung zielt nach der Gesetzesbegründung vor allem darauf ab, den **BR dort zu errichten, wo** ihm ein **kompetenter Ansprechpartner und Entscheidungsträger** gegenübersteht (BT-Drs. 14/5741, 34).

39 Voraussetzung ist nach Abs. 1 Nr. 2 zunächst, dass ein Unternehmen oder Konzern **nach produkt- oder projektbezogenen Geschäftsbereichen (Sparten) organisiert** ist (vgl. zur Spartenorganisation *Joost* Betrieb 122 [123]; DKKW/*Trümner* Rn. 64). Als Kriterien für die Bildung der Geschäftsbereiche sind ausschließlich der Produkt- oder Projektbezug genannt. Daher stellen andere organisatorische Aufteilungen wie etwa die Aufteilung in die Bereiche Produktion, Vertrieb und Kundenservice keine Sparten iSv Abs. 1 Nr. 2 dar (DKKW/*Trümner* Rn. 64; **aA** GK-BetrVG/*Franzen* Rn. 13). Es kann aber Abs. 1 Nr. 3 in Betracht kommen. **Matrixorganisationen** in Konzernen können mit der Bildung von Sparten verbunden sein; zwingend ist dies jedoch nicht (vgl. *Bauer/Herzberg* NZA 2011, 713; *Kort* NZA 2013, 1318 [1322]). Im Schrifttum wird die Errichtung eines SpartenBR für Fälle erwogen, in denen bei einem **konzerninternen Betriebsübergang** ein Teil der ArbN dem Übergang ihres Arbeitsverhältnisses auf den Erwerber widerspricht und diese sodann vom Veräußerer dem Erwerber überlassen werden (vgl. *Moll/Ersfeld* DB 2011, 1108). Hiergegen bestehen bereits deshalb Bedenken, weil dabei nicht auf den Produkt- oder Projektbezug abgestellt wird.

40 Voraussetzung für den Abschluss eines TV nach Abs. 1 Nr. 2 ist ferner, dass die **Leitung der Sparte** auch **Entscheidungen in beteiligungspflichtigen Angelegenheiten** trifft. Nach dem Gesetzeswortlaut ist dabei nicht erforderlich, dass es sich um die maßgeblichen Entscheidungen in personellen, sozialen und wirtschaftlichen Angelegenheiten handelt (vgl. DKKW/*Trümner* Rn. 73; GK-BetrVG/*Franzen* Rn. 14; *Teusch* NZA 2007, 124 [127]; *Salamon* NZA 2019, 143 [145]). Allerdings wird in Fällen, in denen die Spartenleitung nicht die mitbestimmungsrechtlich maßgeblichen Entscheidungen trifft, die Errichtung eines SpartenBR meist nicht der sachgerechten Wahrnehmung der Aufgaben des BR dienen (DKKW/*Trümner* Rn. 73).

41 Die Errichtung von SpartenBR muss schließlich der **sachgerechten Wahrnehmung der Aufgaben des BR** dienen (vgl. dazu *Teusch* NZA 2007, 124 [127]; *Kort* NZA 2013, 1318 [1322]). Diese Voraussetzung ist gerade bei der Errichtung von SpartenBR regelmäßig genau zu prüfen. Sie wird meist nur dann vorliegen, wenn die

betriebsverfassungsrechtlich maßgeblichen Entscheidungen nicht von der herkömmlichen Betriebsleitung, sondern von den Spartenleitungen getroffen werden (vgl. *Salamon* NZA 2018, 143 [145]).

Liegen die beschriebenen Voraussetzungen vor, so kann ein **Betrieb entspr. den Sparten in betriebsverfassungsrechtliche Organisationseinheiten aufgespalten** werden. Da die entstehenden Organisationseinheiten gem. § 3 Abs. 5 S. 1 als Betriebe iSd Gesetzes gelten, werden aus einem größeren Betrieb **mehrere kleinere Betriebe.** Für die MBR ist dies nur deshalb relativ undramatisch, weil wesentliche Bestimmungen, soweit sie an Schwellenwerte anknüpfen (vgl. insbes. §§ 99, 111), nicht mehr auf den Betrieb, sondern auf das Unternehmen abstellen (zur unionsrechtlichen Problematik EuGH 13.5.2015 – C-392/13, NZA 2015, 669 – Andres Rabal Canas/Nexea). Die TV-Parteien müssen aber darauf achten, dass entweder **alle ArbN in die neue ArbNVertrStruktur einbezogen** werden **oder ein betriebsratsfähiger Teil verbleibt,** für den ein gesetzlicher BR gewählt werden kann (vgl. *Schweibert* FS 100 Jahre BetrVR 2020, 731 [737]).. Da nach hier vertretener Auffassung die nach § 3 Abs. 1 gebildeten BR den gesetzlichen BR ersetzen, ist für den Betrieb kein einheitlicher BR mehr zu wählen. Es ist allerdings **nun von den mehreren SpartenBR ein GesBR** gem. § 47 **zu bilden** (WHSS-Umstrukturierung/*Hohenstatt* Kap. D Rn. 159). Falls es neben dem bisherigen Betrieb noch andere Betriebe gab und ein GesBR bereits errichtet war, entsenden die SpartenBR dorthin Mitgl. 42

Eine **betriebsübergreifende Bildung von SpartenBR** kommt in Betracht, wenn ein nach Sparten organisiertes Unternehmen mehrere Betriebe hat (vgl. DKKW/*Trümner* Rn. 66; ErfK/*Koch* Rn. 5). Voraussetzung ist aber, dass die Spartenleitungen nicht dezentral in den Betrieben angesiedelt sind, sondern dass es für die mehreren Sparten je eine **überbetriebliche Spartenleitung** gibt. Durch die Errichtung derartiger betriebsübergreifender SpartenBR werden die bisherigen Betriebe betriebsverfassungsrechtlich „zerschlagen" und gem. § 3 Abs. 5 S. 1 neue „Betriebe" gebildet. Die bisherigen BR „entfallen" gem. § 3 Abs. 4 S. 2. 43

Möglich ist schließlich in Konzernen die tarifvertragliche Errichtung **unternehmensübergreifender SpartenBR** (vgl. DKKW/*Trümner* Rn. 69 ff.; Richardi BetrVG/*Richardi* Rn. 29; ErfK/*Koch* Rn. 5). Konzern iSv § 3 Abs. 1 Nr. 2 dürfte auch der Gleichordnungskonzern sein (DKKW/*Trümner* Rn. 41; *Utermark* Betriebsverfassung S. 129 f.; *Löwisch/Kaiser* Rn. 13 GK-BetrVG/*Franzen* Rn. 15; HWGNRH/*Rose* Rn. 58; **aA** Richardi BetrVG/*Richardi* Rn. 30). Erforderlich ist in diesem Fall, dass der TV von allen Konzernunternehmen geschlossen wird. Durch die Bildung derartiger KonzernspartenBR entstehen sodann gem. § 3 Abs. 5 S. 1 konzernweite Betriebe. Da an diesen mehrere Unternehmen beteiligt sind, dürfte es sich um besondere durch TV gebildete gemeinsame Betriebe iSv § 1 Abs. 1 S. 2 handeln. Diese hätten dann ihrerseits gem. § 47 unternehmensbezogene GesBRe zu bilden. 44

Einen besonderen, in der Begründung des Regierungsentwurfs erwähnten **„Spartengesamtbetriebsrat"** (vgl. BT-Drs. 14/5741, 34) sieht der Text des BetrVG nicht vor. Bislang ist weder in der Rspr. noch im Schrifttum geklärt, welche Phänomene sich hinter dem Begriff verbergen (vgl. zu den unterschiedlichen Verständnismöglichkeiten DKKW/*Trümner* Rn. 78–80; GK-BetrVG/*Franzen* Rn. 18; Richardi BetrVG/*Richardi* Rn. 34; *Thüsing* ZIP 2003, 693 [703]; *Utermark* Betriebsverfassung S. 136 f.; *Löwisch/Kaiser* Rn. 18 *Friese* RdA 2003, 92 [95]; *Kort* AG 2003, 20 f.; *Kania/Klemm* RdA 2006, 22 [26]; *Teusch* NZA 2007, 124; LAG SchlH 21.11.2006 – 5 Sa 244/06, die dagegen eingelegte Nichtzulassungsbeschwerde wurde vom BAG mit Beschl. v. 16.5.2007 – 7 AZN 34/07, BeckRS 2011, 69152 zurückgewiesen; ArbG Frankfurt a. M. 30.3.2004 – 4 BV 438/03, ArbuR 2004, 398, Volltext abrufbar bei juris, die hierzu beim BAG unter – BAG 16.6.2006 – 7 ABR 50/05, anhängige Rechtsbeschwerde hat sich erledigt; ArbG Frankfurt a. M. 24.5.2006 – 14 BV 518/04, NZA-RR 2007, 25, Volltext abrufbar bei juris). Das BAG hat die „Bildung von Spartengesamtbetriebsräten jedenfalls iErg als zulässig angesehen" (BAG 16.5.2007 – 7 AZN 45

34/07, BeckRS 2011, 69152), sich jedoch zu möglichen Erscheinungsformen nicht geäußert. Auch in dem Verfahren, das dem Beschluss des BAG v. 17.4.2012 (1 ABR 84/10, NZA 2013, 230) zugrunde lag, trat in den Vorinstanzen als Antragsteller ein sog. „Spartengesamtbetriebsrat" auf, ohne dass sich dessen Entstehung und Zusammensetzung dem Sachverhalt entnehmen ließe. Das BAG klärte nicht näher auf, was sich hinter diesem Phänomen verbarg und ließ dahinstehen, ob die Errichtung des Antragstellers nichtig gewesen war. Es ging davon aus, dass der während des Verfahrens gebildete – wohl gesetzliche – GesBR, der im Rechtsbeschwerdeverfahren unter rügeloser Einlassung der weiteren Beteiligten anstelle des „Spartengesamtbetriebsrats" als Antragsteller auftrat, das Verfahren zulässigerweise führen konnte (BAG 17.4.2012 – 1 ABR 84/10, NZA 2013, 230). Die SpartenBR entsenden, jedenfalls sofern ein TV nichts anderes vorsieht, Mitgl. in den im Unternehmen nach § 47 errichteten GesBR. Diesen kann man als „Spartengesamtbetriebsrat" bezeichnen; seine Errichtung ergibt sich aber bereits aus dem G (Richardi BetrVG/*Richardi* Rn. 34). Falls es in Unternehmen nur noch SpartenBR gibt, sind auch nur diese in dem GesBR vertreten. Andernfalls bilden sie diesen zusammen mit den gesetzlichen BR. Sind die SpartenBR unternehmensübergreifend gebildet, entsenden sie bei Fehlen einer tariflichen Regelung Vertreter in alle bei den Unternehmen kraft Gesetzes zur errichtenden GesBR. Durch TV können aber wohl abweichende Regelungen getroffen werden. So ist etwa eine Regelung denkbar, nach der die SpartenBR mehrerer Unternehmen unter Überschreitung der Unternehmensgrenzen jeweils Vertreter in ein für die jeweilige Sparte errichtetes Gremium entsenden; auch solche Gremien könnten insoweit als „Spartengesamtbetriebsräte" bezeichnet werden, als sie aus Vertretern mehrerer SpartenBR bestehen. Die Arbeitnehmervertretungsstrukturen des BetrVG würden damit allerdings verlassen. Diese sehen weder mehrere GesBR für dasselbe Unternehmen, noch unternehmensüberschreitende GesBR vor (BAG 13.2.2007 – 1 AZR 184/06, NZA 2007, 825). Derartige SpartenGesBR können daher wohl nicht durch TV nach Abs. 1 Nr. 2, sondern nur durch solche nach Abs. 1 Nr. 3 vorgesehen werden (so auch DKKW/*Trümner* Rn. 80; Richardi BetrVG/*Richardi* Rn. 34; *Kort* AG 2003, 20f.; Kania/Klemm RdA 2006, 22 [26]; *Salamon* NZA 2018, 143 [146]; **aA** *Gaul/Mückl* NZA 2010, 657; **offen gelassen** in BAG 16.5.2007 – 7 AZN 34/07, BeckRS 2011, 69152; nicht thematisiert auch in BAG 17.4.2012 – 1 ABR 84/10, NZA 2013, 230). Die gesetzliche Betriebsverfassung sieht einen Sparten-KBR nicht vor (BAG 9.2.2011 – 7 ABR 11/10, NZA 2011, 866; *K. Schmidt* JbArbR, Bd. 49, 2012 S. 79 [86]).

d) Andere Arbeitnehmervertretungsstrukturen (Nr. 3)

46 Nach Abs. 1 Nr. 3 können durch TV **„andere ArbNVertr-Strukturen"** bestimmt werden, „soweit dies insb. auf Grund der Betriebs-, Unternehmens- oder Konzernorganisation oder auf Grund anderer Formen der Zusammenarbeit von Unternehmen einer wirksamen und zweckmäßigen Interessenvertretung der ArbN dient". Nach der Gesetzesbegründung eröffnet diese Regelung „die Möglichkeit, über die in Nr. 1 und 2 genannten speziellen Fälle hinaus auch dort eine wirksame und zweckmäßige Interessenvertretung der ArbN zu errichten, wo dies auf Grund von Sonderformen der Betriebs-, Unternehmens- oder Konzernorganisation oder der Zusammenarbeit von Unternehmen in rechtlicher oder tatsächlicher Hinsicht generell mit besonderen Schwierigkeiten verbunden ist" (BT-Drs. 14/5741, 34).

47 Die Verwendung sehr **unbestimmter Rechtsbegriffe** in der Regelung wird teilweise heftig kritisiert (vgl. die zahlreichen Nachw. bei *Utermark* Betriebsverfassung S. 139). Die Generalklausel stelle den TV-Parteien einen Freibrief aus und öffne jeder Beliebigkeit Tür und Tor (Richardi BetrVG/*Richardi* Rn. 39; *Kort* AG 2003, 21; WPK/*Preis* Rn. 14). Die gesetzliche Organisation der BetrVerf. werde damit zur Disposition der TV-Parteien gestellt. Es widerspreche außerdem der Koalitionsfreiheit, wenn die TV-Parteien auch für nicht organisierte ArbN eine andere ArbN-

VertrStruktur festlegen könnten (HWGNRH/*Rose* Rn. 64). Von anderen wird dagegen – wohl – positiv vermerkt, mit der generalklauselartigen Offenheit des Tatbestandes traue der Gesetzgeber den TV-Parteien „offenbar auf Grund ihrer größeren Problem- und Sachnähe zu, eine jederzeit angemessene, funktionsfähige Betriebsverfassung bereitstellen zu können" (DKKW/*Trümner* Rn. 92).

Bei der auch nach Sinn und Zweck sowie unter Berücksichtigung des systematischen Zusammenhangs gebotenen **engen Auslegung der Generalklauseln** in § 3 Abs. 1 Nr. 3 hält die Vorschrift verfassungsrechtlichen Bedenken stand (so auch *Annuß* NZA 2002, 291 [292]; *Thüsing* ZIP 2003, 693 [695, 697]; *Kania/Klemm* RdA 2006, 22; *Utermark* Betriebsverfassung S. 139f.). Die Bestimmung eröffnet den TV-Parteien nicht bedingungslos die Möglichkeit zur Einführung anderer ArbNVertr-Strukturen. **Voraussetzung** ist vielmehr, dass diese einer **wirksamen und zweckmäßigen InteressenVertr.** der ArbN dienen (BAG 13.3.2013 – 7 ABR 70/11, NZA 2013, 738). Dies ist nicht schon dann der Fall, wenn die von der gesetzlichen Konzeption abweichende tarifliche Regelung sinnvoll erscheint. Die vereinbarte Struktur muss vielmehr im Hinblick auf organisatorische oder kooperative Spezifika auf Arbeitgeberseite zur Vertretung der Arbeitnehmerinteressen „besser geeignet" sein als die gesetzliche (BAG 13.3.2013 – 7 ABR 70/11, NZA 2013, 738). Dieses enge Verständnis entspricht dem Sinn und Zweck der Nr. 3. Dieser besteht nicht darin, die Organisation der BetrVerf. den TV-Parteien zur Disposition zu stellen. Vielmehr geht es darum, in besonderen Konstellationen, in denen sich die im BetrVG vorgesehene Organisation für eine wirksame und zweckmäßige Interessenvertretung der ArbN als nicht ausreichend erweist, den TV-Parteien die Möglichkeit zu geben, durch eine Änderung der BR-Struktur für Abhilfe zu sorgen (BAG 13.3.2013 – 7 ABR 70/11, NZA 2013, 738). Die mit dem BetrVG verfolgten Zwecke müssen innerhalb der alternativen Repräsentationsstruktur besser erreicht werden können als im Rahmen des gesetzlichen Vertretungsmodells (BAG 13.3.2013 – 7 ABR 70/11, NZA 2013, 738; ErfK/*Koch* Rn. 6; GK-BetrVG/*Franzen* Rn. 23; *Kania/Klemm* RdA 2006, 22 [23]; *Kort* Anm. AP BetrVG 1972 § 3 Nr. 10). Auch unter verfassungsrechtlichen Gesichtspunkten erscheint es geboten, ArbN, die nicht tarifgebunden sind, nur dann einer tarifvertraglichen ArbNVertrStruktur zu unterwerfen, wenn dies zur wirksamen und zweckmäßigen InteressenVertr. der ArbN erforderlich ist (BAG 13.3.2013 – 7 ABR 70/11, NZA 2013, 738). Die TVParteien haben allerdings bei der Einschätzung, ob aufgrund der konkreten Besonderheiten eine abweichende Vertretungsstruktur angezeigt und wie diese auszugestalten ist, einen von den Gerichten zu beachtenden Beurteilungs- und Gestaltungsspielraum (→ Rn. 21; BAG 13.3.2013 – 7 ABR 70/11, NZA 2013, 738). 48

Die mangelnde Wirksamkeit oder Zweckmäßigkeit der gesetzlichen InteressenVertr. kann sich aus der Betriebs-, Unternehmens- oder Konzernorganisation oder aus anderen Formen der Zusammenarbeit von Unternehmen ergeben. Wie das Wort „insbesondere" zeigt, sind jedoch noch andere Ursachen möglich (vgl. *Utermark* Betriebsverfassung S. 140ff.). Die mit Abs. 1 Nr. 3 eröffnete Möglichkeit setzt einen Zusammenhang zwischen vornehmlich organisatorischen oder kooperativen Rahmenbedingungen auf Arbeitgeberseite und der wirksamen sowie zweckmäßigen Interessenvertretung der ArbN voraus (BAG 13.3.2013 – 7 ABR 70/11, NZA 2013, 738). 49

Die gesetzliche BR-Struktur kann sich als unwirksam oder unzweckmäßig erweisen bei **Betrieben mit kontinuierlichem Personalwechsel** (zB Varietés), bei ständig **wechselnden Betriebsstätten** (zB in der Forstwirtschaft, der Binnenschifffahrt, bei Wanderbühnen, Zirkussen) oder bei Betrieben, in denen einer kleinen Stammbelegschaft eine große Zahl kurzzeitig oder unständig Beschäftigter gegenübersteht, wie etwa in **Qualifizierungsgesellschaften oder reinen Ausbildungsbetrieben.** Die Gesetzesbegründung (BT-Drs. 14/5741, 34) nennt als weitere Beispiele die **Just-in-Time-Produktionskette** (vgl. *Kort* AG 2003, 22), die **fraktale Fabrik** (vgl. *Kort* AG 2003, 22) und das **Shop-in-Shop-Konzept** (vgl. *Kort* AG 2003, 23). Zu denken 50 ist ferner an die **virtuelle Fabrik** (*Kort* AG 2003, 23; DKKW/*Trümner* Rn. 114, die **Inhouse-Produktion** (*Kort* AG 2003, 23; DKKW/*Trümner* Rn. 115), an **Unternehmensnetzwerke** (*Kort* AG 2003, 23) und **Industrieparks** (DKKW/*Trümner* Rn. 115). All diesen Formen ist gemein, dass sie im Rechtssinne keinen Konzern bilden und daher betriebsverfassungsrechtlich nicht erfasst werden (GK-BetrVG/*Franzen* Rn. 22). Gem. Abs. 1 Nr. 3 kann für Betriebe mehrerer Unternehmen durch TV ein „gemeinsamer BR" auch in Fällen gebildet werden, in denen die gesetzlichen Voraussetzungen des § 1 Abs. 1 S. 2, Abs. 2 nicht vorliegen (BAG 10.11.2004 – 7 ABR 17/04, AP BetrVG 1972 § 3 Nr. 4). Nach Abs. 1 Nr. 1b ist dies nicht möglich, da die Unternehmensgrenzen überschritten werden. Nach der Gesetzesbegründung sollen ferner die TVParteien zB auch in der Lage sein, für einen **mittelständischen Konzern** mit wenigen kleinen Konzernunternehmen statt einer 3-stufigen eine 2- oder gar 1-stufige InteressenVertr. vorzusehen oder in einem Gleichordnungskonzern einen KBR zu errichten (BT-Drs. 14/5741, 34; *Gaul/Mückl* NZA 2011, 657). Dies macht deutlich, dass andere ArbNVertr.-Strukturen wohl nicht nur auf der untersten Ebene, sondern auf allen Ebenen sollen geschaffen werden können (so auch *Kania/Klemm* RdA 2006, 22 [24]; *Salamon* NZA 2018, 143 [146]). Ein TV nach Abs. 1 Nr. 3 eignet sich auch zur Errichtung von **RegionalBR** in Fällen, in denen die **Filialen eines bundesweiten Einzelhandelsunternehmen** die Voraussetzungen des § 1 Abs. 1 S. 1 nicht erfüllen, daher nicht BRfähig sind und dementsprechend nicht nach Abs. 1 Nr. 1b zusammengefasst werden können (vgl. noch zu § 3 Abs. 1 Nr. 3 aF BAG 24.1.2001 – 4 ABR 4/00, NZA 2001, 1149). Auch die sich aus der „Arbeitswelt 4.0" und der Digitalisierung ergebenden Herausforderungen können uU Anlass zu anderen ArbNVertretungsstrukturen sein (vgl. *Meyerhans* in Arbeitswelt 4.0, Berlin, 2017; zu Recht skeptisch gegenüber gewillkürten Vertretungsstrukturen „entlang der Wertschöpfungskette" *Karthaus* NZA 2017, 558 [563]). Insbes. wenn es um die Bewältigung der Probleme geht, die sich aus der Zusammenarbeit von Unternehmen ergeben (zB just-in-time-Produktion, shop-in-shop, Unternehmensnetzwerk), wird es allerdings häufig betriebsverfassungsrechtlich weniger riskant sein, an den gesetzlichen Vertretungsstrukturen festzuhalten und die erforderliche Kommunikation durch zusätzliche Arbeitsgemeinschaften nach Abs. 1 Nr. 4 herzustellen (→ Rn. 55). Auch die bloße Einführung von **Matrix-Strukturen** (zum Begriff und zur Bedeutung von Matrix-Organisation vgl. *Witschen* RdA 2016, 38 [39 ff.]) führt in der Regel nicht dazu, dass die Errichtung anderer ArbNVertrStrukturen wirksamer und zweckmäßiger wäre als die gesetzlich vorgesehene Interessenvertr. (*Kort* NZA 2013, 1318 [1322]; *Witschen* RdA 2016, 38 [44]).

51 Das G enthält **keine näheren Vorgaben,** welche anderen ArbNVertrStrukturen die TVParteien bestimmen können. Hierunter fällt sicherlich die Festlegung der Bereiche, für welche die Vertretungsgremien zu errichten sind. **Ein TV nach Abs. 1 Nr. 3** kann daher zB einen unternehmensübergreifenden StandortBR vorsehen (BAG 10.11.2004 – 7 ABR 17/04, AP BetrVG 1972 § 3 Nr. 4). Die TVParteien müssen dann aber die vom G abweichende ArbNVertrStruktur abschließend selbst regeln. Insbes. dürfen sie nicht etwa – über Abs. 3 und § 4 Abs. 2 hinaus – die Entscheidung über die zu wählende ArbNVertrStruktur einer jeweiligen Abstimmung der ArbN überlassen (BAG 10.11.2004 – 7 ABR 17/04, BetrVG 1972 § 3 Nr. 4). Die Bildung von Wahlkreisen dürfte mit dem Grundsatz der freien Wahl unvereinbar sein (**aA** LAG Hamm 27.6.2003 – 10 TaBV 22/03, BeckRS 2003, 30798824). **Ob** die TVParteien nach Abs. 1 Nr. 3 befugt sind, abweichend vom BetrVG **Bestimmungen über die Wahl, Amtszeit, Mitgliedschaft und Geschäftsführung** des Organs zu treffen, erscheint **sehr zweifelhaft** (bejahend *Kania/Klemm* RdA 2006, 22 [24]; **abl.** ErfK/*Koch* Rn. 6; Richardi BetrVG/*Richardi* Rn. 67; *Friese* RdA 2003, 92 [101]; *Thüsing* ZIP 2003, 693 [704]; *Utermark* Betriebsverfassung S. 147). Jedenfalls können insoweit Abweichungen von den gesetzlichen Vorgaben allenfalls erfolgen, wenn sie erforderlich sind, um der ArbNVertr. eine wirksame und zweckmäßige Vertretung der ArbNInteressen zu ermöglichen. Insbes. bei größeren Umstrukturierungen wird häufig die in § 21a Abs. 1 S. 4 vorgesehene tarifvertragliche Verlängerung des Übergangsmandats sinnvoll sein. Über **die gesetzlichen Mitwirkungsbefugnisse der ArbNVertr. und über die Rechtsstellung ihrer Mitgl. können die TV-Parteien,** wie sich aus § 3 Abs. 5 S. 2 ergibt, jedenfalls **nicht verfügen** (BAG 18.11.2014 – 1 ABR 21/13, NZA 2015, 694; WHSS-Umstrukturierung/*Hohenstatt* Kap. D Rn. 175). Ebenso wenig stehen die Grundsätze der freien, gleichen und geheimen Wahl zur Disposition der TVParteien (WHSS-Umstrukturierung/*Hohenstatt* Kap. D Rn. 175). Sieht der TV eine mehrstufige ArbNVertr. vor, dürften sich die Zuständigkeiten aus der **entspr. Anwendung der §§ 50, 58** ergeben.

e) Ersetzung oder Ergänzung der gesetzlichen Vertretungsstruktur

Nicht unumstritten ist – insbes. bei SpartenBR –, **ob** die gem. Abs. 1 Nr. 1–3 errichteten **ArbNVertr. die gesetzlichen InteressenVertr.** (BR, GesBR, KBR) **ersetzen oder zusätzlich neben diese treten.** Nicht zweifelhaft kann sein, dass die nach Abs. 1 Nr. 1a u. b gebildeten BR nicht neben, sondern an die Stelle der gesetzlichen BR treten. Bei nach Abs. 1 Nr. 2 gebildeten SpartenBR vertritt dagegen ein Teil des Schrifttums die Auffassung, dass diese zusätzlich neben den gesetzlichen BR errichtet werden können (so *Däubler* ArbuR 2001, 285 [288], *Friese* RdA 2003, 92 [96f.]; *Kort* AG 2003, 19). Nach zutreffender Auffassung ist aber auf derselben Vertretungsebene eine Kumulation von gesetzlichem BR und SpartenBR nicht möglich (vgl. insbes. *Thüsing* ZIP 2003, 693 [702]; DKKW/*Trümner* Rn. 83; *Utermark* Betriebsverfassung S. 133f.; *Teusch* NZA 2007, 124 [126]; *Kort* Anm. AP BetrVG 1972 § 3 Nr. 12). Dass die nach Abs. 1 Nr. 1–3 gebildete ArbNVertr. den gesetzlichen BR grds. verdrängt, folgt bereits aus Abs. 4 S. 2, wonach bestehende BR durch die Regelungen nach Abs. 3 Nr. 1–3 „entfallen" (vgl. *Thüsing* ZIP 2003, 693 [702]; DKKW/*Trümner* Rn. 83). Die **grundsätzliche Unzulässigkeit von Doppelstrukturen** in den Fällen des Abs. 3 Nr. 1–3 entspricht auch der Systematik des Abs. 1, ist doch anders als in Abs. 1 Nr. 1–3 in den Fällen der Abs. 1 Nr. 4 u. 5 ausdrücklich von zusätzlichen Gremien und Vertretungen die Rede. Auch Abs. 5 S. 2 macht deutlich, dass die Vertretungen nach Abs. 1 Nr. 1–3 in vollem Umfang an die Stelle der gesetzlichen BR treten (→ Rn. 80; DKKW/*Trümner* Rn. 198). Schließlich fehlt es auch an den im Falle von Doppelstrukturen notwendigen Zuständigkeitsregelungen. Bei einem Nebeneinander von SpartenBR und gesetzlichem BR wäre ein „Horror-Szenario von Kompetenzgerangel" (*Kort* AG 2003, 20) zu besorgen. Auch die anderen ArbNVertrStrukturen nach Abs. 1 Nr. 3 ersetzen die gesetzlichen. Meist werden in diesem Fall ohnehin keine gesetzlichen BR bestehen. Ein Nebeneinander von SpartenBR und gesetzl. BR kommt allenfalls dann in Betracht, wenn neben den Sparten und den dafür errichteten SpartenBRen ein „Restbetrieb" verbleibt, dessen ArbN durch die SpartenBRe nicht repräsentiert sind (vgl. Richardi BetrVG/*Richardi* Rn. 36). 52

f) Arbeitsgemeinschaften (Nr. 4)

Nach Abs. 1 Nr. 4 können durch TV „zusätzliche betriebsverfassungsrechtliche Gremien **(Arbeitsgemeinschaften)**" bestimmt werden, „die der unternehmensübergreifenden Zusammenarbeit von ArbNVertr. dienen". Diese Arbeitsgemeinschaften ersetzen die Vertretungsorgane nicht, sondern treten zusätzlich neben diese. Sie sind keine Mitbestimmungsorgane (BT-Drs. 14/5741, 34; *Engels/Trebinger/Löhr-Steinhaus* DB 2001, 533; *Utermark* Betriebsverfassung S. 156, DKKW/*Trümner* Rn. 121). 53

Anders als in den Fällen des Abs. 1 Nr. 1–3 sowie auch der Nr. 5 handelt es sich bei den Arbeitsgemeinschaften iSv Nr. 4 nicht um eine „Vertretung" der ArbN, sondern um ein **zusätzliches Gremium.** Arbeitsgemeinschaften nach Nr. 4 sind daher ihrer Funktion nach keine Repräsentationsorgane der ArbN (*Kort* Anm. AP BetrVG 1972 § 3 Nr. 12), sondern eher Arbeitsausschüsse der ArbNVertr. (vgl. DKKW/ 54

Trümner Rn. 90). Die fehlende Einbeziehung der Arbeitsgemeinschaften in den Wahlschutz nach § 119 Abs. 1 Nr. 1 spricht ferner dafür, dass es sich nach der gesetzlichen Konzeption nicht um ein Wahlorgan handelt, sondern um ein durch Delegation entstehendes Gremium (vgl. DKKW/*Trümner* Rn. 122).

55 Voraussetzung für die tarifvertragliche Bestimmung einer Arbeitsgemeinschaft iSv Abs. 1 Nr. 4 ist, dass diese der **unternehmensübergreifenden Zusammenarbeit** der ArbNVertr. dient. Dies bezieht sich entgegen der etwas verkürzten Formulierung in der Regierungsbegründung (BT-Drs. 14/5741, 34) nicht nur auf die Zusammenarbeit zwischen den BR einzelner Unternehmen, sondern auch auf die nach Abs. 1 Nr. 1–3 gebildeten Vertretungen (vgl. DKKW/*Trümner* Rn. 131). Die Errichtung von Arbeitsgemeinschaften erscheint insbes. dann sinnvoll, wenn mehrere Unternehmen etwa in Form von Just-in-Time-Produktion, im Shop-in-Shop-Konzept oder als Unternehmensnetzwerke zusammenarbeiten (BT-Drs. 14/5741, 34; *Utermark* Betriebsverfassung S. 161). Die **Kommunikation und der Erfahrungsaustausch** über die aus der Zusammenarbeit sich ergebenden Aufgaben und Probleme kann auf diese Weise **institutionalisiert** werden (vgl. *Kort* Anm. AP BetrVG 1972 § 3 Nr. 12). Meist wird die Beibehaltung der bewährten gesetzlichen Vertretungsstrukturen verbunden mit der Bildung von Arbeitsgemeinschaften nach Abs. 1 Nr. 4 der nicht unproblematischen und risikobehafteten Errichtung von alternativen ArbNVertr.-Strukturen nach Abs. 1 Nr. 3 vorzuziehen sein (→ Rn. 48; BT-Drs. 14/5741, 34). Jedenfalls ist die Arbeitsgemeinschaft nach Abs. 1 Nr. 4 regelmäßig weit mehr als ein „betriebsverfassungsrechtlicher Stammtisch“ (so aber *Hanau* RdA 2001, 65; ähnlich auch WPK/*Preis* Rn. 18).

56 Die Art und Weise der Errichtung der ArbNVertr. nach Abs. 1 Nr. 4, deren Zusammensetzung und Geschäftsführung können die TV-Parteien nach Zweckmäßigkeitsgesichtspunkten **weitgehend frei gestalten.** Sie können zB regeln, wie groß die Arbeitsgemeinschaft sein soll, für welchen Zeitraum sie errichtet wird, wie sie bestellt wird (Beschluss nach § 33 oder Wahl analog §§ 27, 28), wann eine Abberufung erfolgen kann, wann und wie oft die Arbeitsgemeinschaft zusammentritt, usw (vgl. HWGNRH/*Rose* Rn. 80). Mitglied einer ArbNVertr. nach Abs. 1 Nr. 4 können nur Personen sein, die Mitgl. des BR oder einer anderen Vertr. nach Abs. 1 Nr. 1–3 sind (GK-BetrVG/*Franzen* Rn. 25; *Kort* Anm. AP BetrVG 1972 § 3 Nr. 12). Das ergibt sich zwar nicht ohne Weiteres aus dem Gesetzestext, wohl aber aus dem Sinn und Zweck der Vorschrift. Die Verbesserung der unternehmensübergreifenden Zusammenarbeit der ArbNVertr. setzt regelmäßig die Mitgliedschaft in einer dieser der ArbNVertr. voraus (GK-BetrVG/*Franzen* Rn. 25). Damit stellt sich auch nicht das Problem, dass den Mitgliedern einer ArbNVertr. nach Abs. 1 Nr. 4 allein aufgrund dieser Eigenschaft kein besonderer Kündigungsschutz nach § 15 KSchG, § 103 zukommt, da für sie Abs. 5 S. 2 nicht gilt (vgl. DKKW/*Trümner* Rn. 122; GK-BetrVG/*Franzen* Rn. 25).

57 Über die **Rechtsstellung der Arbeitsgemeinschaften und ihrer Mitgl.** enthält das G nur wenige Bestimmungen. Nach § 78 dürfen sie in der Ausübung ihrer Tätigkeit nicht gestört oder behindert und wegen ihrer Tätigkeit nicht benachteiligt oder begünstigt werden. Die Geheimhaltungspflicht gilt zwar nicht unmittelbar nach § 79 Abs. 2, wohl aber in entspr. Anwendung dieser Bestimmung. IÜ folgt im Umkehrschluss aus Abs. 5 S. 2, dass auf die Arbeitsgemeinschaften die Vorschriften über die Rechte und Pflichten des BR und die Rechtsstellung seiner Mitgl. keine Anwendung finden. Daher haben die Mitgl. der Arbeitsgemeinschaften auf Grund dieser Eigenschaft **keine Rechte nach §§ 37, 38** oder nach § 15 KSchG, § 103 (WPK/*Preis* Rn. 17; *Teusch* NZA 2007, 124 [128]; *Kort* Anm. AP BetrVG 1972 § 3 Nr. 12). Die durch die Tätigkeit der Arbeitsgemeinschaft entstehenden **Kosten** trägt in – zumindest entsprechender – Anwendung des § 40 Abs. 1 u. 2 der ArbGeb. (vgl. DKKW/*Trümner* Rn. 126; Richardi BetrVG/*Richardi* Rn. 49; GK-BetrVG/*Franzen* Rn. 26, *Utermark* Betriebsverfassung S. 162; **aA** *Teusch* NZA 2007, 124 [127]; wohl auch *Reichold* NZA 2001, 857 [859]; unentschieden WPK/*Preis* Rn. 17). Sind mehrere Unternehmen beteiligt, dürften diese, sofern der TV keine andere Regelung enthält, gesamtschuldnerisch haften.

g) Zusätzliche betriebsverfassungsrechtliche Vertretungen der Arbeitnehmer (Nr. 5)

58 Nach Abs. 1 Nr. 5 können durch TV **„zusätzliche betriebsverfassungsrechtliche Vertr. der ArbN"** errichtet werden, „die die Zusammenarbeit zwischen BR und ArbN erleichtern". Die Bestimmung knüpft an § 3 Abs. 1 Nr. 1 aF an. Deren Beschränkung auf bestimmte Beschäftigungsarten oder Arbeitsbereiche ist jedoch entfallen. Ebenso wie die Arbeitsgemeinschaften nach Abs. 1 Nr. 4 treten die Vertr. nach Abs. 1 Nr. 5 zusätzlich neben die bestehenden ArbNVertr. Sie sind ebenso wie die Arbeitsgemeinschaften nach Abs. 1 Nr. 4 keine Mitbestimmungsorgane (*Engels/Trebinger/Löhr-Steinhaus* DB 2001, 532 [533]; DKKW/*Trümner* Rn. 135). Sie haben gegenüber dem ArbGeb. keine Vertretungs- oder Mitwirkungsbefugnisse (BAG 29.4.2015 – 7 ABR 102/12, NZA 2015, 1397 Rn. 29).

59 Anders als bei den Arbeitsgemeinschaften nach Abs. 1 Nr. 4 handelt es sich bei den zusätzlichen Vertr. nach Abs. 1 Nr. 5 aber um **Vertretungsorgane der ArbN** (BAG 29.4.2015 – 7 ABR 102/12, NZA 2015, 1397 Rn. 29). Dies kommt nicht nur in der unterschiedlichen Wortwahl, sondern auch darin zum Ausdruck, dass § 119 Abs. 1 Nr. 1 die „Wahl" der in Abs. 1 Nr. 5 bezeichneten Vertr. der ArbN – anders als die Bestimmung eines Gremiums nach Abs. 1 Nr. 4 – ausdrücklich in den Wahlschutz einbezieht (vgl. DKKW/*Trümner* Rn. 138).

60 Voraussetzung für einen TV nach Abs. 1 Nr. 5 ist, dass durch die zusätzliche Vertr. die **Zusammenarbeit zwischen BR und ArbN erleichtert** wird. Dabei dürfte die Bestimmung abweichend vom reinen Wortlaut auch dann anwendbar sein, wenn es sich nicht um den gesetzlichen BR, sondern um eine ArbNVertr. iSv Abs. 1 Nr. 1–3 handelt (vgl. DKKW/*Trümner* Rn. 135). So sind denn auch in der Gesetzesbegründung als Beispiele gerade der unternehmenseinheitliche BR und die RegionalBR nach Nr. 1 genannt (BT-Drs. 14/5741, 34). Voraussetzung ist allerdings, dass es überhaupt einen BR oder eine ArbNVertr. iSv Abs. 1 Nr. 1–3 gibt (GK-BetrVG/*Franzen* Rn. 30). Daher endet die Amtszeit einer ArbNVertr. nach Nr. 5 auch stets dann, wenn das Amt des BR oder der ArbNVertr. nach Abs. 1 Nr. 1–3 endet (DKKW/*Trümner* Rn. 140; GK-BetrVG/*Franzen* Rn. 30). IÜ bestimmt sich das Ende der Amtszeit nach der tariflichen Regelung (DKKW/*Trümner* Rn. 140; GK-BetrVG/*Franzen* Rn. 30).

61 Die zusätzlichen Vertr. müssen der Erleichterung der Zusammenarbeit zwischen BR und ArbN dienen. Sie kommen daher insbes. dort in Betracht, wo der Kontakt zwischen BR und den von ihm zu betreuenden ArbN nicht oder nicht in ausreichendem Umfang besteht (vgl. BT-Drs. 14/5741, 34; BAG 29.4.2015 – 7 ABR 102/12, NZA 2015, 1397 Rn. 29). Gründe hierfür können zB in räumlichen Entfernungen zwischen dem zentralisierten BR und dezentralisierten Belegschaften oder in Sprachbarrieren liegen (GK-BetrVG/*Franzen* Rn. 29). In solchen Fällen kann die zusätzliche ArbNVertr. nach Abs. 1 Nr. 5 ein **Bindeglied zwischen ArbN und BR** darstellen (vgl. DKKW/*Trümner* Rn. 148; GK-BetrVG/*Franzen* Rn. 29). Der BR kann die nach Abs. 1 Nr. 5 gebildete ArbNVertr. zu seinen Sitzungen hinzuziehen. Ein eigenständiges Teilnahmerecht kann ihr der TV schon wegen des Grundsatzes der Nichtöffentlichkeit von BRSitzungen (§ 30 S. 4) nicht einräumen (**aA** DKKW/*Trümner* Rn. 149). Auch ein Stimmrecht im BR kann ihnen nicht zuerkannt werden (DKKW/*Trümner* Rn. 148).

62 Anders als nach § 3 Abs. 1 Nr. 1 aF sind zusätzliche ArbNVertr. **nicht mehr auf bestimmte Beschäftigungsarten oder Arbeitsbereiche beschränkt.** Zusätzliche Vertr. nach Abs. 1 Nr. 5 sind daher zB auch für Frauen, nicht ständige oder ausländische ArbN möglich (vgl. DKKW/*Trümner* Rn. 136). Gewerkschaftliche Vertrauensleutekörper können aber nicht als zusätzliche ArbNVertr. iSv Abs. 1 Nr. 5 installiert werden (GK-BetrVG/*Franzen* Rn. 27; Richardi BetrVG/*Richardi* Rn. 52).

63 Die zusätzlichen ArbNVertr. nach Abs. 1 Nr. 5 sind von der ArbNGruppe, die sie vertreten sollen, **nach demokratischen Grundsätzen zu wählen** (BAG 29.4.2015 – 7 ABR 102/12, NZA 2015, 1397 Rn. 29; GK-BetrVG/*Franzen* Rn. 26; DKKW/*Trümner* Rn. 141). Daher müssen unabhängig von gewerkschaftlichen Zugehörigkeiten mit gleichem Stimmrecht unmittelbar alle ArbN wahlberechtigt sein, für welche die zusätzliche Vertr. gebildet werden soll (GK-BetrVG/*Franzen* Rn. 27). Eine geheime Wahl ist nicht zwingend geboten, kann aber durch den TV vorgesehen werden. Die Wahl kann in entspr. Anwendung des § 19 angefochten werden. Eine „Ernennung" der zusätzlichen ArbNVertr. durch den BR ist nicht möglich (BAG 29.4.2015 – 7 ABR 102/12, NZA 2015, 1397 Rn. 29). Eine Vertretung der ArbN iSv Abs. 1 Nr. 5 erfordert eine Organstruktur (BAG 29.4.2015 – 7 ABR 102/12, NZA 2015, 1397 Rn. 29; ErfK/*Koch* Rn. 8). Beauftragte des BR, wie etwa „Kommunikationsbeauftragte", die nicht zu einer Organstruktur zusammengefasst sind, sind daher keine zusätzliche ArbNVertr. iSv Abs. 1 Nr. 5 (BAG 29.4.2015 – 7 ABR 102/12, NZA 2015, 1397 Rn. 30ff.). Sie sind vielmehr Hilfspersonen des BR iSv § 40 Abs. 2 (BAG 29.4.2015 – 7 ABR 102/12, NZA 2015, 1397 Rn. 33). Dementsprechend werden sie nicht im Wege der Verhältniswahl gewählt, sondern vom BR nach dem Mehrheitsprinzip bestimmt (BAG 29.4.2015 – 7 ABR 102/12, NZA 2015, 1397 Rn. 66).

64 Mitgl. der zusätzlichen ArbNVertr. haben nicht dieselbe persönliche **Rechtsstellung** wie BRMitgl. (GK-BetrVG/*Franzen* Rn. 67; Richardi BetrVG/*Richardi* Rn. 75). Die Verweisung in Abs. 5 S. 2 bezieht sich nur auf die nach Abs. 1 Nr. 1–3 errichteten – betriebsratsersetzenden –, nicht dagegen auf die zusätzlichen Gremien nach Nr. 4 bzw. Vertr. nach Nr. 5 (vgl. *Utermark* Betriebsverfassung S. 163; **aA** DKKW/*Trümner* Rn. 139). Die Mitgl. der zusätzlichen ArbNVertr. genießen daher insbes. keinen Kündigungsschutz nach § 15 KSchG, § 103 (Richardi BetrVG/*Richardi* Rn. 76; GK-BetrVG/*Franzen* Rn. 69). Ebenso wenig sind die §§ 37, 38 anwendbar (GK-BetrVG/*Franzen* Rn. 69; ErfK/*Koch* Rn. 8; Richardi BetrVG/*Richardi* Rn. 75). Die danach – de lege lata – insbes. bei den nach Abs. 1 Nr. 5 gewählten Vertretern bestehende vergütungs- und kündigungsschutzrechtliche Schutzlücke kann durch das Benachteiligungsverbot des § 78 lediglich abgemildert, aber nicht völlig geschlossen werden. TV können diesen Schutz verstärken. Ob sie im Wege des **Arbeitskampfes** erzwungen werden können, erscheint zweifelhaft (→ Rn. 20a). Die **Kosten** der zusätzlichen Vertr. trägt in – zumindest entsprechender – Anwendung des § 40 der ArbGeb. (ErfK/*Koch* Rn. 8; GK-BetrVG/*Franzen* Rn. 69; DKKW/*Trümner* Rn. 143). Nach der ausdrücklichen Regelung in § 79 Abs. 2 unterliegen die Mitgl. der zusätzlichen ArbNVertr. der **Geheimhaltungspflicht.** Ebenfalls anwendbar sind die in §§ 2 Abs. 1, 74 Abs. 2, 75 niedergelegten **tragenden Grundsätze des BetrVG** (GK-BetrVG/*Franzen* Rn. 69; ErfK/*Koch* Rn. 8).

65 Zusätzliche Vertr. nach Abs. 1 Nr. 5 können auch für den **gemeinsamen Betrieb mehrerer Unternehmen** (§ 1 Abs. 1 S. 2) vorgesehen werden. Dort kann es sogar besonders sinnvoll sein, Bindeglieder zwischen dem einheitlichen BR und den Teilbelegschaften der mehreren VertragsArbGeb. zu schaffen (vgl. DKKW/*Trümner* Rn. 146). Auch die Errichtung zusätzlicher ArbNVertr. auf überbetrieblicher Ebene ist nicht ausgeschlossen.

III. Gestaltungsmöglichkeiten durch Betriebsvereinbarung (Abs. 2)

66 Nach Abs. 2 kann in den Fällen des Abs. 1 Nr. 1, 2, 4 oder 5 eine **Regelung durch BV** geschaffen werden, wenn keine tarifliche Regelung besteht und auch kein anderer TV gilt. Die Ermächtigung der Betriebsparteien zur Vereinbarung vom G abweichender AbNVertr.-Strukturen ist ebenfalls verfassungsgemäß (BAG 24.4.2013 – 7 ABR 71/11, AP BetrVG 1972 § 3 Nr. 11; *Utermark* Betriebsverfassung S. 84ff.). Die Regelung bestätigt nach der Gesetzesbegründung in den Fällen des Abs. 1 Nr. 1,

2, 4 u. 5 den **„Vorrang tarifvertraglicher Vereinbarungslösungen"** und lässt im Falle des Abs. 1 Nr. 3 „wegen der besonderen Tragweite dieser Regelung" eine Vereinbarung der Betriebsparteien überhaupt nicht zu (BT-Drs. 14/5741, 34). Die Regelungsmöglichkeiten der Betriebsparteien sind dadurch außerordentlich eingeschränkt. Dies wird überwiegend als unangemessen und zu weitgehend kritisiert (vgl. etwa *Buchner* NZA 2001, 633 [635]; *Hanau* RdA 2001, 65; *Konzen* RdA 2001, 86). Teilweise wird sogar eine „verfassungskonforme Auslegung" des Abs. 2 dahingehend vertreten, dass die Sperrwirkung eines im Betrieb geltenden TV nur dann eintrete, wenn die TVParteien Regelungen hinsichtlich der betriebsverfassungsrechtlichen Organisation getroffen hätten (so *Utermark* Betriebsverfassung S. 103ff., 244f.).

Eine Vereinbarung **anderer ArbNVertrStrukturen nach Abs. 1 Nr. 3** durch die Betriebsparteien ist generell **ausgeschlossen.** 67

Für die Regelungen der Betriebsparteien nach Abs. 1 Nr. 1, 2, 4 u. 5 enthält Abs. 2 einen **doppelten Zulässigkeitsvorbehalt.** Zum einen darf es **keinen einschlägigen,** die Angelegenheit nach Abs. 1 **bereits regelnden TV** geben. Unzulässig ist eine BV ferner **aber auch** dann, **wenn irgendein anderer TV „gilt".** Dies ist, wie die Gesetzesbegründung ausdrücklich bestätigt (BT-Drs. 14/5741, 34), bereits dann der Fall, wenn in dem Unternehmen ein TV über Entgelte oder sonstige Arbeitsbedingungen zur Anwendung kommt (BAG 24.4.2013 – 7 ABR 71/11, AP BetrVG 1972 § 3 Nr. 11; DKKW/*Trümner* Rn. 164; GK-BetrVG/*Franzen* Rn. 40; Richardi BetrVG/*Richardi* Rn. 81; *Gaul/Mückl* NZA 2011, 657). Die Sperrwirkung kann sich auch aus der Allgemeinverbindlicherklärung eines TV nach § 5 TVG ergeben (*Engels/Trebinger/Löhr-Steinhaus* DB 2001, 532 [533]; ErfK/*Koch* Rn. 9). Bei tarifgebundenen ArbGeb. ist damit die Möglichkeit, BV nach Abs. 1 abzuschließen, nahezu ausgeschlossen (Richardi BetrVG/*Richardi* Rn. 81). Eine Ausnahme erscheint nur dann möglich, wenn die TV-Parteien die Möglichkeit einer BV ausdrücklich vorsehen (*Eich* FS *Weinspach,* 2002, 17 [25]; HWK/*Gaul* § 3 Rn. 19; *Hanau* NJW 2001, 2513 [2514]; **aA** GK-BetrVG/*Franzen* Rn. 41; Richardi BetrVG/*Richardi* Rn. 82). Damit es nicht zu einer unzulässigen Subdelegation kommt, müssen sie den Abschluss der BV aber von ihrer Zustimmung, bzw. Genehmigung abhängig machen (→ Rn. 22). Eine „Geltung" eines anderen TV liegt iSv § 3 Abs. 2 nicht vor, wenn ein nicht tarifgebundener ArbGeb. TV lediglich auf Grund einzelvertraglicher Bezugnahme anwendet. Ein TV „gilt" nur dann, wenn er normativ, also unmittelbar und zwingend iSv § 4 Abs. 1 TVG wirkt (BAG 24.4.2013 – 7 ABR 71/11, AP BetrVG 1972 § 3 Nr. 11; GK-BetrVG/*Franzen* Rn. 40 mwN; *Spinner/Wiesenecker* FS Löwisch, 2007, 375 [384]; *Trebeck/Kania* BB 2014, 1595; **aA** DKKW/*Trümner* Rn. 165). 68

Eine innerhalb der engen Schranken des Abs. 2 zulässigerweise abgeschlossene BV muss **ferner** den jeweiligen **Sachvoraussetzungen des Abs. 1 Nr. 1, 2, 4 oder 5** entsprechen (vgl. zu einer BV über die Bildung eines unternehmenseinheitlichen BR auch BAG 24.4.2013 – 7 ABR 71/11, AP BetrVG 1972 § 3 Nr. 11; Richardi BetrVG/*Richardi* Rn. 83). Regelungen über eine **vom G abweichende Mitgliederzahl des BR** dürften im Wege eine BV nicht möglich sein (zumindest skeptisch insoweit auch BAG 24.4.2013 – 7 ABR 71/11, AP BetrVG 1972 § 3 Nr. 11). 69

Eine unter Verletzung der Schranken des Abs. 2 oder ohne Erfüllung der Sachvoraussetzungen des Abs. 1 geschlossene BV ist unwirksam (BAG 24.4.2013 – 7 ABR 71/11, AP BetrVG 1972 § 3 Nr. 11). Die **Wirksamkeit** kann als Vorfrage bei einer Wahlanfechtung nach § 19 oder im Rahmen eines Verf. nach § 18 Abs. 2 geprüft werden (BAG 24.4.2013 – 7 ABR 71/11, AP BetrVG 1972 § 3 Nr. 11). 70

Eine BV nach Abs. 1, 2 ist eine **freiwillige BV iSv § 88.** Sie kann nicht erzwungen werden. Schon deshalb wirkt sie gem. § 77 Abs. 6 grds. nicht nach (GK-BetrVG/*Franzen* Rn. 45). Auch eine vereinbarte Nachwirkung gilt nur bis zum Ablauf der regelmäßigen Amtszeit der ArbNVertr. (vgl. DKKW/*Trümner* Rn. 166). **Formulierungsbeispiele** für eine GesBV nach Abs. 1 Nr. 1a bei Oberthür/Seitz Betriebsvereinbarungen/*Frahm* B. I. Rn. 26, für eine GesBV nach 71

Abs. 1 Nr. 1b bei Oberthür/Seitz Betriebsvereinbarungen/*Frahm* B. I. Rn. 38, für GesBV und KBV nach Abs. 1 Nr. 2 bei Oberthür/Seitz Betriebsvereinbarungen/*Frahm* B. I. Rn. 69–71.

72 **Zuständig** für den Abschluss von Vereinbarungen nach Abs. 1 Nr. 1a u. b ist auf BR-Seite gem. § 50 Abs. 1 regelmäßig der GesBR (BAG 24.4.2013 – 7 ABR 71/11, AP BetrVG 1972 § 3 Nr. 11; DKKW/*Trümner* Rn. 168; Richardi BetrVG/*Richardi* Rn. 85; GK-BetrVG/*Franzen* Rn. 42). Die örtlichen BR haben dagegen kein Vetorecht (BAG 24.4.2013 – 7 ABR 71/11, AP BetrVG 1972 § 3 Nr. 11; **aA** Richardi BetrVG/*Richardi* Rn. 86). Allerdings ist in Fällen, in denen innerhalb des GesBR eine sich aus § 47 Abs. 7 ergebende (Stimmen-)Mehrheit einer einen kleineren Betrieb repräsentierenden Minderheit gegenübersteht, die Gefahr nicht ganz von der Hand zu weisen, dass durch den Abschluss einer GesBV funktionierende BR beseitigt werden. Es wird daher nicht zu Unrecht darauf hingewiesen, dass ein GesBR „sein Augenmerk stärker auf Betriebe ohne BR richten" sollte, „als ausgerechnet vorhandene BR abzuschaffen" (DKKW/*Trümner* Rn. 170). Bei der Errichtung von SpartenBR kommt je nachdem, ob es sich um die spartenmäßige Aufspaltung eines Betriebs, um eine betriebsübergreifende Spartenbetriebsratsbildung innerhalb des Unternehmens oder um eine auch die Unternehmensgrenzen überschreitende Regelung handelt, die Zuständigkeit des BR, des GesBR oder des KBR in Betracht (vgl. DKKW/*Trümner* Rn. 169). In den Fällen des Abs. 1 Nr. 4 kann der GesBR oder der KBR zuständig sein (vgl. DKKW/*Trümner* Rn. 169). Bei Abs. 1 Nr. 5 kommen alle drei Ebenen in Betracht (vgl. DKKW/*Trümner* Rn. 169).

IV. Erstmalige Anwendbarkeit abweichender Regelungen (Abs. 4)

73 Abs. 4 regelt den **Zeitpunkt,** ab dem die TV oder BV nach Abs. 1 Nr. 1–3 anzuwenden sind. Für kollektive Vereinbarungen nach Abs. 1 Nr. 4 u. 5 enthält das G keine Regelung. Insofern sind ausschließlich die erforderlichenfalls auszulegenden Vereinbarungen maßgeblich. Im Zweifel ist die Bildung ab dem Zeitpunkt zulässig, ab dem die Vereinbarung gilt.

74 Nach Abs. 4 S. 1 sind, sofern der TV oder die BV nichts anderes bestimmt, die Regelungen nach Abs. 1 Nr. 1–3 **grds.** erstmals **bei der nächsten regelmäßigen BRWahl** anzuwenden. Der TV oder die BV müssen spätestens vor der Bestellung des Wahlvorstandes (§ 16) geschlossen sein. Andernfalls kann dieser die abweichenden Regelungen nicht mehr berücksichtigen. Besteht im Betrieb kein BR, werden die Wahlen sofort nach den abweichenden Regelungen durchgeführt. Dies gilt auch, wenn aus anderen Gründen (vgl. § 13 Abs. 2) eine Neuwahl erforderlich ist.

75 Nach Abs. 4 S. 1 u. 2 können die TVParteien oder BVParteien einen **anderen Zeitpunkt** für die Wahlen vorschreiben. In diesem Fall **endet** die **Amtszeit bestehender BR,** die durch die Regelungen nach Abs. 1 Nr. 1–3 entfallen, mit der Bekanntgabe des Wahlergebnisses. Die Regelung ist – jedenfalls hinsichtlich der TV – **nicht unbedenklich.** Zwar wird ein vertretungsloser Zustand vermieden. Dennoch wird den TVParteien die **Möglichkeit** eröffnet, die **laufende Amtszeit eines BR gegen dessen Willen zu beenden.** Ob dies überhaupt zulässig ist, erscheint fraglich (verneinend ArbG Frankfurt a. M. 30.3.2004 – 4 BV 438/03, ArbuR 2004, 398, Volltext abrufbar bei juris). Voraussetzung für eine derartige tarifliche Regelung dürfte zumindest sein, dass dem amtierenden BR eine sachgerechte Wahrnehmung seiner Aufgaben – insbes. wegen Änderungen auf Betriebs- oder Unternehmensseite – unmöglich geworden ist. Andernfalls dürften auch die nach Abs. 1 Nr. 1–3 erforderlichen sachlichen Voraussetzungen für eine abweichende Vereinbarung nicht vorliegen. Diese Voraussetzungen müssen nicht nur hinsichtlich des „Ob", sondern auch hinsichtlich des „Wann" gegeben sein.

V. Rechtswirkungen der Vereinbarungen nach Abs. 1 Nr. 1–3 (Abs. 5)

76 Nach **Abs. 5 S. 1** gelten die auf Grund eines TV oder einer BV nach Abs. 1 Nr. 1–3 gebildeten betriebsverfassungsrechtlichen Organisationseinheiten als Betriebe iSd G. Damit definiert das G den Betriebsbegriff nicht etwa neu. Vielmehr legt es im Wege einer **gesetzlichen Fiktion** für die Laufzeit der kollektiven Vereinbarung eine anders abgegrenzte organisatorische Einheit als den Bereich fest, in dem die gesetzliche Mitbestimmungsordnung gilt (DKKW/*Trümner* Rn. 195; *C. Meyer* SAE 2013, 49). Dabei sind die **Wirkungen** der gesetzlichen Fiktion **auf den Anwendungsbereich des BetrVG begrenzt.** Dazu gehören **aber auch** die kollektivrechtlichen **Regelungen für Interessenvertretungen, die** für ihre Errichtung **auf den BR oder den betriebsverfassungsrechtlichen Betriebsbegriff rekurrieren** (vgl. *Mückl* DB 2010, 2615). In anderen arbeitsrechtlichen Bereichen, wie etwa im **KSchR,** bleibt dagegen der allgemeine Betriebsbegriff maßgeblich (BAG 31.5.2007 – 2 AZR 276/06, NZA 2008, 33 Rn. 18; 27.6.2019 – 2 AZR 38/19, BeckRS 2019, 22223 Rn. 22; *Thüsing* ZIP 2003, 693 [705]; *Däubler* ArbuR 2001, 285 [288]; ErfK/*Koch* Rn. 12; GK-BetrVG/*Franzen* Rn. 70; *Mückl* DB 2010, 2615; diff. DKKW/*Trümner* Rn. 195, 199ff.; vgl. zum unterschiedlichen Betriebsbegriff in § 4 einerseits sowie in § 23 KSchG andererseits BAG 21.6.1995 – 2 AZR 693/94, AP BetrVG 1972 § 1 Nr. 16). Nach dem durch das **Tarifeinheitsgesetz** v. 3.7.2015 (BGBl. I S. 1130; vgl. dazu BVerfG 11.7.2017 – 1 BvR 1571/15, NZA 2017, 915 mit abw. Meinung *Baer/Paulus*) eingeführten § 4a Abs. 2 S. 4 TVG gilt als Betrieb – iSv § 4a Abs. 2 S. 2 TVG – auch „ein durch TV nach § 3 Abs. 1 Nr. 1–3 BetrVG errichteter Betrieb, es sei denn dies steht den Zielen des Abs. 1 (also der „Sicherung der Schutzfunktion, Verteilungsfunktion, Befriedungsfunktion sowie Ordnungsfunktion von Rechtsnormen des Tarifvertrags") offensichtlich entgegen". Dies ist nach § 4a Abs. 2 S. 5 TVG „insbesondere der Fall, wenn die Betriebe von TVParteien unterschiedlichen Wirtschaftszweigen oder deren Wertschöpfungsketten zugeordnet worden sind" (vgl. *Wendeling-Schröder* NZA 2015, 526; NK-TVG/*Zwanziger* § 4a Rn. 54f.). Die sich hieraus ergebenden Auslegungsschwierigkeiten (der Begriff der Wertschöpfungskette – „value chain" – geht zurück auf *Porter,* Competitive Advantage, 1985) betreffen weniger das Betriebsverfassungs- als vielmehr das Tarifrecht (vgl. aber auch DKKW/*Trümner* Rn. 221e). In den nach Abs. 1 Nr. 1–3 gebildeten Einheiten sind **BRe zu wählen.** Bei Verkennung der danach maßgeblichen betriebsorganisatorischen Einheit ist die BRWahl anfechtbar, aber in der Regel nicht nichtig (BAG 21.9.2011 – 7 ABR 54/10, NZA-RR 2012, 186; 13.3.2013 – 7 ABR 70/11, NZA 2013, 738). Werden durch einen TV nach Abs. 1 Nr. 1b mehrere Betriebe zu Organisationseinheiten iSv Abs. 5 S. 1 zusammengefasst, können die BRWahlen in einzelnen Organisationseinheiten isoliert angefochten werden; die Zulässigkeit der Wahlanfechtung hängt nicht davon ab, ob in den angrenzenden Einheiten die Wahl ebenfalls angefochten wurde (BAG 21.9.2011 – 7 ABR 54/10, NZA-RR 2012, 186). Die Errichtung gewillkürter Vertretungsstrukturen nach Abs. 1 Nr. 1 bis 3 ist, solange die organisatorischen Rahmenbedingungen nicht verändert werden, **keine Betriebsänderung iSv. § 111 S. 3 Nr. 3** (GK-BetrVG/*Franzen* Rn. 62; DKKW/*Trümner* Rn. 196; *Ludwig/Glau* BB 2019, 309 [310]). Gleiches gilt für die Rückkehr von der gewillkürten zur gesetzlichen Struktur (GK-BetrVG/*Franzen* Rn. 62; *Ludwig/Glau* BB 2019, 309 [310]).

77 Die nach der **Fiktion** des Abs. 5 S. 1 als Betrieb geltende Einheit ist **maßgeblich für alle betriebsverfassungsrechtlichen Regelungen,** also zB gem. § 9 für die Zahl der BRMitgl., gem. §§ 27, 28 für die Größe der Ausschüsse oder gem. § 38 für die Zahl der Freistellungen (vgl. BT-Drs. 14/5741, 35; ErfK/*Koch* Rn. 12; *Kania/Klemm* RdA 2006, 22 [24]; zur Frage einer Abweichung von § 9 durch TV nach Abs. 1 Nr. 3 → § 9 Rn. 49a). Ebenso richten sich die MBR nach der durch die abweichende

Vereinbarung geschaffenen Einheit (vgl. aber auch BAG 18.11.2014 – 1 ABR 21/13, NZA 2015, 694). Daher ist während der Geltung eines TV nach Abs. 1 Nr. 1 bis 3 die geschaffene Einheit auch bei der Anwendung des § 111 maßgeblich (→ § 111 Rn. 64; GK-BetrVG/*Oetker* § 111 Rn. 21, 69; *Trebeck/Kania* BB 2014, 1595 [1596 f.]; *Ludwig/Glau* BB 2019, 309) Werden durch einen TV nach Abs. 1 Nr. 1b Betriebe zusammengefasst, so **gelten in den bisherigen Einheiten die für diese geschlossenen BV normativ fort** (BAG 18.3.2008 – 1 ABR 3/07, NZA 2008, 1259 Rn. 29; 7.6.2011 – 1 ABR 110/09, NZA 2012, 110; BAG 24.8.2011 – 7 ABR 8/10, NZA 2012, 223; GK-BetrVG/*Franzen* Rn. 62; DKKW/*Trümner* Rn. 209; *Salamon* NZA 2009, 74; *K. Schmidt* JbArbR, Bd. 49, 2012 S. 79 [82]).

78 Durch **Abs. 5 S. 2** wird ausdrücklich klargestellt, dass auf die nach Abs. 1 Nr. 1–3 gebildeten ArbNVertr. die **Rechte und Pflichten des BR und die Rechtsstellung seiner Mitgl.** Anwendung finden. Die Belegschaft in den nach Abs. 1 Nr. 1–3 gebildeten Einheiten wird daher von der dort gewählten ArbNVetr. repräsentiert. Deren Zuständigkeit für die von ihr vertretenen ArbN kann weder beschränkt noch einer anderen ArbNVertr. übertragen werden (BAG 18.11.2014 – 1 ABR 21/13, NZA 2015, 694). Außerdem sichert dies den Amtsträgern ua den Schutz nach § 15 KSchG (BAG 27.6.2019 – 2 AZR 38/19, BeckRS 2019, 22223 Rn. 18; DKKW/*Trümner* Rn. 198; ErfK/*Koch* Rn. 12).

79 Die nach Abs. 1 Nr. 1–3 gebildete Organisationseinheit ist auch der Bildung der **JAV** zugrunde zu legen (DKKW/*Trümner* Rn. 200; GK-BetrVG/*Franzen* Rn. 61). Sie ist ebenfalls für die Bildung des **Sprecherausschusses** maßgeblich. Aufgrund der im SprAuG vorgesehenen Verzahnung zwischen BR und Sprecherausschuss erscheint ein Gleichlauf der Interessenvertretungen geboten (ErfK/*Oetker* SprAuG § 1 Rn. 2; GK-BetrVG/*Franzen* Rn. 61; *Mückl* DB 2010, 2615; DKKW/*Trümner* Rn. 204). Für die **SchwbVertr.** bestimmt sich der Betriebsbegriff gem. § 87 Abs. 1 S. 2 SGB IX nach dem BetrVG. Da nach Abs. 5 S. 2 die nach Abs. 1 Nr. 1–3 gebildeten Organisationseinheiten als Betrieb iSd BetrVG gelten, sind sie auch für die SchwbVertr. maßgeblich (BAG 10.11.2004 – 7 ABR 17/04, AP BetrVG 1972 § 3 Nr. 4; GK-BetrVG/*Franzen* Rn. 61; DKKW/*Trümner* Rn. 205). Das gilt auch für das **MitbestG** (vgl. WWKK/*Koberski* MitbestG § 3 Rn. 50; Habersack/Henssler/*Henssler* MitbestG § 3 Rn. 115; *Mückl* DB 2010, 2615), das **DrittelbG** (vgl. Habersack/Henssler/*Henssler* DrittelbG § 3 Rn. 7; WWKK/*Kleinsorge* DrittelbG § 3 Rn. 6; *Mückl* DB 2010, 2615), das **MontMitBestErgG** (vgl. *Mückl* DB 2010, 2615), das **SEBG** (vgl. *Mückl* DB 2010, 2615), das **SCEBG** (vgl. *Mückl* DB 2010, 2615) und das **MgVG** (vgl. *Mückl* DB 2010, 2615).

80 Abs. 5 S. 2 macht ferner deutlich, dass die nach Abs. 1 Nr. 1–3 errichteten ArbNVertr. alle Rechte und Pflichten eines BR innehaben und deshalb nicht neben den gesetzlichen **BR** treten, sondern diesen **ersetzen** (vgl. iE → Rn. 52).

81 Die Errichtung abweichender ArbNVertr. nach Abs. 1 Nr. 1–3 hat regelmäßig **Auswirkungen** auch **auf den GesBR und KBR** (vgl. *Thüsing* ZIP 2003, 693 [703]). Wird nach Abs. 1 Nr. 1a ein unternehmenseinheitlicher BR gebildet, entfällt die Grundlage für die Errichtung eines GesBR. Wird ein Betrieb gem. Abs. 1 Nr. 2 zur Errichtung von SpartenBR „aufgespalten", wird ein GesBR erforderlich. Bei Errichtung unternehmensübergreifender SpartenBR nach Abs. 1 Nr. 2 kommt eine entspr. Anwendung des § 47 Abs. 9 in Betracht. Für die Errichtung eines „Sparten-GesBR" ist kein Raum (→ Rn. 45).

VI. Ablauf der Kollektivvereinbarung, Umstrukturierungen und Rechtsnachfolge

82 Für die **Amtszeit** einer nach Abs. 1 Nr. 1–3, Abs. 2 errichteten ArbNVertr. enthält das G keine besondere Regelung. **Verlängerungen oder Verkürzungen** der Amtszeit durch TV oder (Ges)BV sind **nicht zulässig** (*Thüsing* ZIP 2003, 693 [704];

Richardi BetrVG/*Richardi* Rn. 67). Allerdings kann insbes. bei größeren Umstrukturierungen die in § 21a Abs. 1 S. 4 vorgesehene tarifvertragliche Verlängerung des Übergangsmandats sinnvoll sein. Probleme können vor allem die Fälle bereiten, in denen der TV oder die GesBV durch Kündigung, Zeitablauf oder einvernehmliche Aufhebung endet, in denen der ArbGeb. Umstrukturierungen vornimmt oder eine Rechtsnachfolge auf ArbGebSeite stattfindet.

1. Beendigung, Nachbindung und Nachwirkung der Kollektivvereinbarung

Ein TV nach Abs. 1 gilt wie andere TV über betriebliche oder betriebsverfassungsrechtliche Fragen gem. § 4 Abs. 1 S. 1 u. 2 TVG grds. unmittelbar und zwingend für die gesamte Dauer seiner Laufzeit. Die **Tarifgebundenheit** des ArbGeb. an einen TV nach Abs. 1 bleibt gem. § 3 Abs. 3 TVG bestehen, bis der TV endet. Auch im Falle eines firmenbezogenen VerbandsTV kann daher der ArbGeb. seine Bindung an einen TV nach Abs. 1 nicht durch Austritt aus dem ArbGebVerband beseitigen. Seine Tarifgebundenheit und die daraus folgende Geltung des TV über die vom G **abweichenden BR-Strukturen enden daher erst mit Beendigung des TV.** Auch eine BV nach Abs. 2 gilt gemäß § 77 Abs. 4 S. 1 unmittelbar und zwingend. Eine mit § 3 Abs. 3 TVG vergleichbare Nachbindung kommt freilich nicht in Betracht. Die Bindung des ArbGeb. endet hier mit der Beendigung der BV. **83**

Ein TV endet durch einvernehmliche Aufhebung, mit Ablauf einer vereinbarten Zeitbefristung oder durch eine wirksame Kündigung. Nach § 4 Abs. 5 TVG gelten allerdings nach Ablauf des TV seine Rechtsnormen weiter, bis sie durch eine andere Abmachung ersetzt werden. **Auf TV nach Abs. 1 Nr. 1–3 findet jedoch § 4 Abs. 5 TVG nach überwiegender Auffassung im Schrifttum keine Anwendung** (*Thüsing* ZIP 2003, 693 [704]; *Eich* Euro AS 2003, 20f.; GK-BetrVG/*Franzen* Rn. 37; DKKW/*Trümner* Rn. 233; Richardi BetrVG/*Richardi* Rn. 70; *Utermark* Betriebsverfassung S. 197ff.). Aus dem Umstand, dass der Gesetzgeber die Nachwirkung für TV nach § 117 Abs. 2 S. 1 und 2 in Abs. 2 S. 3 mit Wirkung vom 1.5.2019 ausdrücklich angeordnet hat (vgl. → § 117 Rn. 21), können für die Frage der Nachwirkung von TV nach Abs. 1 Nr. 1 bis 3 keine zwingenden (Rück-)Schlüsse gezogen werden. Die Nachwirkung einer BV nach Abs. 2 kommt, sofern die Betriebsparteien eine solche nicht vereinbaren (→ § 77 Rn. 187), gemäß § 77 Abs. 6 ohnehin nicht in Betracht, da eine GesBV nach Abs. 2 nicht zu den Angelegenheiten gehört, in denen ein Spruch der E-Stelle die Einigung zwischen ArbGeb. und BR ersetzen kann. Dies bedeutet aber nicht, dass mit der Beendigung des TV oder der BV notwendig das Amt des BR, der für die durch den TV oder die BV gebildete Einheit gewählt wurde, enden würde (DKKW/*Trümner* Rn. 233; **aA** wohl *Thüsing* ZIP 2003, 693 [704]; Richardi BetrVG/*Richardi* Rn. 70; *Utermark* Betriebsverfassung S. 200). Das BetrVG enthält jedenfalls – insbes. in §§ 13, 21 – keine dahingehende ausdrückliche Regelung. Geregelt ist lediglich, dass in Fällen, in denen ein Betrieb gespalten wird (§ 21a) oder untergeht (§ 21b), der bisherige BR ein zeitlich begrenztes Übergangs- oder Restmandat erhält. Für den Fall des Ablaufs eines TV nach Abs. 1 oder einer BV nach Abs. 2 erscheint dies aber nicht zwingend. Vielmehr **steht** in einem solchen Fall dem **Fortbestand des bisherigen BR bis zum Ende der regelmäßigen Amtszeit grds. nichts im Wege** (so auch *Eich* Euro AS 2003, 20f.; *Linsenmaier* RdA 2017, 128 [139]; DKKW/*Trümner* Rn. 234; iErg ebenso GK-BetrVG/*Franzen* Rn. 38; **aA** WHSS-Umstrukturierung/*Hohenstatt* Kap. D Rn. 201). IÜ wird auch der Wille der TV- oder Betriebsparteien regelmäßig nicht dahin gehen, der auf Grundlage des TV oder der GesBV gebildeten ArbNVertr. mit sofortiger Wirkung ihre Grundlage zu nehmen (vgl. für den TV NK-TVG/*Bepler* TVG § 4 Rn. 952). Auch wenn ein **neuer TV nach Abs. 1** oder eine **neue GesBV nach Abs. 2** geschlossen wird, sind diese – sofern darin nicht etwas anderes bestimmt ist – gem. Abs. 4 S. 1 erst bei der nächsten regelmäßigen BRWahl anzuwenden. Bis dahin bleibt **84** der bisherige BR im Amt. Dafür spricht auch der Grundsatz der **Kontinuität der BRArbeit.** Bei der folgenden regelmäßigen BRWahl ist allerdings – soweit keine neue Kollektivvereinbarung nach Abs. 1, Abs. 2 geschlossen wurde – wieder das G maßgeblich (*Eich* Euro AS 2003, 21). Fraglich erscheint, ob in Fällen der **Tarifkonkurrenz,** in denen ein Gericht den später geschlossenen (Mehrheits)TV nach § 99 Abs. 3 ArbGG rechtskräftig für anwendbar erklärt, die Amtszeit des aufgrund eines (Minderheiten)TV errichteten BR mit sofortiger Wirkung endet. Der Grundsatz der Kontinuität der BRArbeit könnte dafür sprechen, den bisherigen BR bis zum Ende seiner Amtszeit im Amt zu belassen

85 **Fraglich** kann sein, **ob und in welchem Umfang BV,** die mit der nach Abs. 1 Nr. 1–3, Abs. 2 gebildeten ArbNVertr. geschlossen wurden, bei einer Rückkehr zu den gesetzlichen ArbNVertr.-Strukturen oder bei einer Änderung der Kollektivvereinbarung **fortwirken** (vgl. DKKW/*Trümner* Rn. 151; BAG 7.6.2011 – 1 ABR 110/09, NZA 2012, 110). Eine ausdrückliche Regelung enthält das G nicht. Im Falle eines Betriebsübergangs ist die normative Fortgeltung von BV bei Wahrung der Betriebsidentität allgemein anerkannt (BAG 18.9.2002 – 1 ABR 54/01, NZA 2003, 670 mwN). Von einer Wahrung der Betriebsidentität kann beim Wechsel zu einer anderen ArbNVertrStruktur idR nicht gesprochen werden. Andererseits liegt aber auch kein Betriebsübergang iSv § 613a BGB vor. An der Betriebsinhaberschaft iSd Bestimmung ändert sich vielmehr nichts. Auch tatsächliche Veränderungen der Betriebsorganisation gehen mit dem Abschluss oder der Änderung einer Kollektivvereinbarung nach Abs. 1 Nr. 1 bis 3, Abs. 2 nicht notwendig einher (BAG 18.3.2008 – 1 ABR 3/07, NZA 2008, 1259 Rn. 27; 7.6.2011 – 1 ABR 110/09, NZA 2012, 110). Daher wirken BV auch nach Abschluss oder Änderung eines Zuordnungsvereinbarung in den Organisationseinheiten fort, in denen sie zuvor galten (BAG 18.3.2008 – 1 ABR 3/07, NZA 2008, 1259 Rn. 29; 7.6.2011 – 1 ABR 110/09, NZA 2012, 110; 24.8.2011 – 7 ABR 8/10, NZA 2012, 223; HaKo-BetrVG/*Kloppenburg* Rn. 91).

2. Umstrukturierungen

86 Ein TV nach Abs. 1 Nr. 1–3 hindert den ArbGeb. grds. nicht, auch **während der Laufzeit des TV Umstrukturierungen** vorzunehmen. Sofern dies nicht eindeutig in dem TV vorgesehen ist, verpflichtet dieser den ArbGeb. weder schuldrechtlich noch normativ, Entscheidungen über die Organisation seines Unternehmens und dessen Betriebe zu unterlassen (ebenso *C. Meyer* SAE 2013, 49 [51]). Ein TV über abweichende ArbNVertr.-Strukturen endet mit vom ArbGeb. vorgenommenen Umstrukturierungen nicht automatisch.

86a **Es kann aber durch die Strukturveränderung das Substrat für die vereinbarte ArbNVertr.-Struktur entfallen.** Die Einheit, für welche die abweichende Vertretungsstruktur vereinbart ist, kann ihre Identität verlieren (BAG 21.9.2011 – 7 ABR 54/10, NZA-RR 2012, 186; *K. Schmidt* JbArbR, Bd. 49, 2012, S. 89). Die **Identität der Einheit** bestimmt sich nicht allein nach den Kriterien der gesetzlichen Betriebsverfassung. Vielmehr haben es die TV- und Betriebsparteien aufgrund der ihnen durch § 3 eröffneten Möglichkeiten in der Hand, die Identität der nach Abs. 5 als Betrieb geltenden Organisationseinheiten durch Vereinbarung näher zu bestimmen (*Linsenmaier* RdA 2017, 128 [137]). Entscheidend ist, nach welchen Kriterien diese Vereinbarung die gewillkürte ArbNVertr. bildet. Deren Identität lässt sich nicht abstrakt-generell bestimmen, sondern hängt von der jeweiligen Vereinbarung ab (*Linsenmaier* RdA 2017, 128 [138]). Die Identität einer durch den TV geschaffenen Einheit kann verloren gehen, wenn sich die nach den **Kriterien des TV** maßgeblichen Umstände wesentlich ändern.

86b Stellen (Firmen)TVe für die Errichtung von BRfähigen Organisationseinheiten auf die **Leitungsstrukturen des ArbGeb.** – wie zB auf Gebietsleitungen – ab, kommt es darauf an, ob dies **statisch oder dynamisch** zu verstehen ist (vgl. *Ludwig/Glau* BB 2019, 309). Das ist erforderlichenfalls durch Auslegung der Vereinbarung nach den für die Gesetzesauslegung maßgeblichen Grundsätzen zu ermitteln (vgl. BAG 21.9.2009 – 7 ABR 54/10, NZA-RR 2012, 186 Rn. 30; *Linsenmaier* RdA 2017, 128 [138]). Im Falle einer statischen Regelung verlieren bei wesentlichen, vom ArbGeb. vorgenommenen organisatorischen Änderungen der TV sein Substrat und die Einheiten ihre Identität. Bei einer dynamischen Regelung behält der TV seinen Regelungsgegenstand; BR sind auf der Grundlage des weiterhin anwendbaren TV entspr. der vom ArbGeb. vorgenommenen organisatorischen Änderung zu bilden.

Als **identitätsgefährdende Vorgänge** kommen Änderungen der Organisationsstrukturen im Bereich der Kollektivvereinbarung, die Auslagerung einer Einheit aus dem Geltungsbereich der Kollektivvereinbarung sowie die Einbeziehung einer Einheit in den Bereich der Kollektivvereinbarung in Betracht (vgl. dazu ausführlich *Linsenmaier* RdA 2017, 128 [138f.]). Das Substrat für einen SpartenBR nach Abs. 1 Nr. 2 entfällt, wenn der ArbGeb. durch Organisationsänderung die Sparten abschafft. Sind für einen TV nach Abs. 1 Nr. 1b unabhängig von der Organisation des ArbGeb. allein geografische oder politische Grenzen maßgeblich, führen Organisationsänderungen nicht ohne Weiteres zu einem Verlust der Identität der tarifvertraglich geschaffenen Einheiten. **86c**

Mit dem Verlust der Identität der tarifvertraglich geschaffenen Einheit endet ebenso wie beim Betrieb iSd BetrVG auch die **Amtszeit** der für die Einheit errichteten ArbNVertr. In Anwendung der §§ 21a, 21b schließt sich **aber** ein **Übergangs- und/oder Restmandat** der ArbNVertr. an (BAG 22.8.2017 – 1 ABR 52/14, BeckRS 2017, 133168 Rn. 13; *Linsenmaier* RdA 2017, 128 [138]; GK-BetrVG/*Franzen* Rn. 64, 65; vgl. zum Schicksal abweichender ArbNVertr. bei Umstrukturierungen auch *Gistel* Betriebsverfassungsstruktur). Da nach Abs. 5 die gewillkürten Einheiten als Betriebe iSd BetrVG gelten, sind auch ihre Spaltungen und Zusammenfassungen grds. wie Spaltungen und Zusammenfassungen von Betrieben und Betriebsteilen iSd Ges. zu behandeln (*Linsenmaier* RdA 2017, 128 [137]). Das Übergangsmandat kann nach § 21a Abs. 1 S. 4 über die in § 21a Abs. 1 S. 3 vorgesehenen sechs Monate hinaus um weitere sechs Monate verlängert werden (→ § 21a Rn. 26). **86d**

Insb. bei **unternehmensüberschreitenden Umstrukturierungen** kann das Schicksal von (Gesamt-)BV nach Abs. 1 Nr. 1 u. 2, Abs. 2 zum Problem werden (vgl. dazu *Gistel* Betriebsverfassungsstruktur S. 132ff., 137f.; *Linsenmaier* RdA 2017, 128 [139f.]). Werden alle Betriebe auf ein Unternehmen ohne BR übertragen, wirkt die GesBV fort (→ § 77 Rn. 169; BAG 5.5.2015 – 1 AZR 763/13, NZA 2015, 1331 Rn. 45ff.; *Linsenmaier* RdA 2017, 128 [139]. Werden alle Betriebe auf ein Unternehmen mit unternehmenseinheitlichem BR übertragen, erlischt idR das Amt der ArbNVertr. in den übertragenen Einheiten, sofern die GesBV im aufnehmenden Unternehmen die Aufnahme weiterer Einheiten – dynamisch – vorsieht (vgl. *Linsenmaier* RdA 2017, 128 [139f.]; so auch für den Fall der Verschmelzung *Trappehl/Zimmer* BB 2008, 778ff.). Auch im Falle der Übertragung von Betrieben auf ein Unternehmen mit zusammengefassten Betrieben setzen sich regelmäßig die beim Erwerber geltenden betriebsverfassungsrechtlichen Strukturen durch (vgl. *Linsenmaier* RdA 2017, 128 [139]; vgl. auch BAG 5.5.2015 – 1 AZR 763/13, NZA 2015, 1331 Rn. 51). Werden betriebliche Einheiten ohne Wahrung ihrer Identität übertragen und sieht die im aufnehmenden Unternehmen bestehende GesBV die Aufnahme weiterer Einheiten nicht vor, entsteht ein Übergangsmandat nach § 21a Abs. 2 S. 1 (vgl. *Linsenmaier* RdA 2017, 128 [140]). Wird ein Unternehmen mit einem unternehmenseinheitlichen BR (UBR) iSv Abs. 1 Nr. 1a und ein Unternehmen mit gesetzl. BR und einem GesBR gem. §§ 4ff. UmwG verschmolzen erscheint es am sachgerechtesten, den UBR für die restliche Dauer der Wahlperiode als BR für die iSv Abs. 1 Nr. 1b als zusammengefasst erachteten Betriebe seines bisherigen Unternehmens anzusehen und ihn Vertreter in den gleichfalls fortbestehenden GesBR entsenden zu lassen, in dem weiterhin auch die ebenfalls fortbestehenden gesetzl. BR vertreten sind (so wohl auch ArbG Hamburg 13.6.2006 – 19 BV 16/06, NZA-RR 2006, 645; **aA** *Trappehl/Zimmer* BB 2008, 778). **86e**

3. Funktions- und Rechtsnachfolge

87 Nicht nur bei den gesetzlichen, sondern auch bei gewillkürten Betriebsverfassungsstrukturen wird nach einer BRWahl der neu gewählte BR Funktionsnachfolger des früheren BR (BAG 8.12.2010 – 7 ABR 69/09, NZA 2011, 362 mwN). Eine **Funktionsnachfolge** findet grds. nicht nur bei einem unveränderten Betriebszuschnitt, sondern auch beim Übergang von den gesetzlichen zu den gewillkürten Betriebsverfassungsstrukturen, bei der Änderung eines TV nach Abs. 1 Nr. 1–3 sowie bei der Rückkehr zu den gesetzlichen Betriebsverfassungsstrukturen statt (BAG 24.8.2011 – 7 ABR 8/10, NZA 2012, 223; *K. Schmidt* JbArbR, Bd. 49, 2012 S. 79 [90]). Die Funktionsnachfolge ist wegen der Kontinuität der Interessenvertretung geboten und liegt im Interesse beider Betriebsparteien. Entstehen aus einer betriebsverfassungsrechtlichen Einheit mehrere Einheiten, werden mehrere BR Funktionsnachfolger des einen bisherigen BR; werden mehrere Einheiten zusammengefasst, wird ein BR Funktionsnachfolger der mehreren bisherigen BRe. Allerdings müssen die organisatorischen Einheiten zuverlässig voneinander abgrenzbar sein (BAG 24.8.2011 – 7 ABR 8/10, NZA 2012, 223; 22.8.2017 – 1 ABR 52/14, NZA 2018, 50 Rn. 13; 9.4.2019 – 1 ABR 30/17, BeckRS 2019, 12393 Rn. 13).

88 Probleme können sich im Falle der **Rechtsnachfolge auf ArbGebSeite** ergeben (vgl. dazu DKKW/*Trümner* Rn. 158 ff.; *Utermark* Betriebsverfassung S. 201 ff.; GK-BetrVG/*Franzen* Rn. 65 f.; *Trümner* FA 2007, 226). Handelt es sich bei dem nach Abs. 1 Nr. 1–3 geschlossenen TV – wie meist – um einen **FirmenTV,** so entstehen im Falle einer **Gesamtrechtsnachfolge** keine Schwierigkeiten. In diesem Fall tritt der Rechtsnachfolger ohne weiteres auf ArbGebSeite an die Stelle der bisherigen TV-Partei (BAG 18.1.2012 – 7 ABR 72/10, NZA-RR 2013, 133; *Utermark* Betriebsverfassung S. 214; GK-BetrVG/*Franzen* Rn. 66; WHSS-Umstrukturierung/*Hohenstatt* Kap. D Rn. 195).

89 Handelt es sich dagegen um einen Fall des **§ 613a BGB** – zusätzliche Probleme entstehen noch dadurch, dass der Betrieb iSd § 613a BGB meist nicht identisch sein dürfte mit der durch den **TV** nach Abs. 1 Nr. 1–3 geschaffenen Einheit – wirkt der TV nicht normativ fort (BAG 18.1.2012 – 7 ABR 72/10, NZA-RR 2013, 133; 20.6.2001 – 4 AZR 295/00, NZA 2002, 517; 29.8.2001 – 4 AZR 332/00, NZA 2002, 513; 23.9.2003 – 1 ABR 35/02, NZA 2004, 800; GK-BetrVG/*Franzen* Rn. 66; HWK/*Gaul* § 3 Rn. 43; WHSS Umstrukturierung/*Hohenstatt* Kap. D Rn. 195; **aA** *Utermark* Betriebsverfassung S. 201 ff., die aus Gründen einer richtlinienkonformen Auslegung im Hinblick auf Art. 3 Abs. 3 der RL 2001/23/EG eine kollektivrechtliche Weitergeltung in analoger Anwendung des § 3 Abs. 3 TVG bejaht; *Däubler* DB 2005, 666 [668]). Gleichwohl dürfte, solange der neue ArbGeb. an den betrieblichen Strukturen nichts ändert, der BR bis zum Ablauf der regelmäßigen Amtszeit im Amt bleiben (→ Rn. 84; iErg ebenso DKKW/*Trümner* Rn. 227).

90 Handelt es sich um einen **VerbandsTV** und einen Fall der **Gesamtrechtsnachfolge,** so dürfte es zur Fortgeltung der Tarifbindung erforderlich sein, dass der Rechtsnachfolger die Mitgliedschaft im Verband selbst begründet (BAG 10.11.1993 – 4 AZR 375/92, AP TVG § 3 Verbandszugehörigkeit Nr. 13; GK-BetrVG/*Franzen* Rn. 66; **aA** *Utermark* Betriebsverfassung S. 213, die eine entsprechende Anwendung des § 3 Abs. 3 TVG befürwortet). Andernfalls fehlt es an der Tarifbindung. Gleichwohl bleibt nach hier vertretener Ansicht der BR bis zum Ablauf der Amtszeit im Amt (→ Rn. 84, 88). Dies gilt auch im Falle der Einzelrechtsnachfolge.

VII. Tariflose Unternehmen ohne Betriebsrat (Abs. 3)

91 Nach Abs. 3 können die ArbN in einem **betriebsratslosen Unternehmen** dann, wenn „im Falle des Abs. 1 Nr. 1 Buchst. a keine tarifliche Regelung" besteht, „mit Stimmenmehrheit die Wahl eines unternehmenseinheitlichen Betriebsrats beschlie-

ßen". Die durch das BetrVerf-ReformG neu eingeführte Bestimmung wirft etliche Fragen auf und bringt, insbes. mangels näherer Ausgestaltung, erhebliche Umsetzungsprobleme mit sich.

Sinn und Zweck der Bestimmung ist ersichtlich, in Unternehmen mit zwei oder mehr – sämtlich – betriebsratslosen Betrieben den ArbN alternativ zur Errichtung mehrerer EinzelBR die Errichtung eines unternehmenseinheitlichen BR zu ermöglichen. Anders als nach Abs. 1 Nr. 1a ist hierfür die Zustimmung des ArbGeb. nicht erforderlich. Über Abs. 3 kann daher grds. sogar gegen den Willen des ArbGeb. abweichend von der gesetzlichen Struktur ein unternehmenseinheitlicher BR – wohl sogar dauerhaft – erzwungen werden. Die praktische Durchsetzung dürfte freilich Schwierigkeiten bereiten. **92**

Voraussetzung für die Errichtung eines unternehmenseinheitlichen BR nach Abs. 3 S. 1 ist zunächst, dass in dem Unternehmen **kein BR** besteht. Falls es auch nur in einem Betrieb des Unternehmens einen BR gibt, kann ein unternehmenseinheitlicher BR nach Abs. 3 nicht errichtet werden (vgl. GK-BetrVG/*Franzen* Rn. 46; krit. gegenüber dieser Begrenzung Richardi BetrVG/*Richardi* Rn. 86). **93**

Voraussetzung ist ferner, dass **„im Fall des Abs. 1 Nr. 1 Buchst. a keine tarifliche Regelung"** besteht. Nicht eindeutig erscheint, ob damit lediglich der Tarifvorrang normiert werden soll oder ob der Verweis darüber hinaus bedeutet, dass der nach Abs. 3 S. 1 von den ArbN zu fassende Beschluss iSv Abs. 1 Nr. 1 die Bildung von BR erleichtern oder einer sachgerechten Wahrnehmung der Interessen der ArbN dienen muss. Vieles spricht dafür, dass ein Beschluss der ArbN nicht an diese zusätzliche Voraussetzung geknüpft ist. Anders als die TVParteien im Fall des Abs. 1 Nr. 1 kann die Belegschaft diese Prüfung wohl nicht vornehmen. Auch dürfte in betriebsratslosen Unternehmen regelmäßig davon auszugehen sein, dass eine mehrheitliche Abstimmung der ArbN für einen unternehmenseinheitlichen BR iSv Abs. 1 Nr. 1 „dienlich" ist. **94**

Dritte Voraussetzung ist ein **mit Stimmenmehrheit gefasster Beschluss der ArbN** über die Wahl eines unternehmenseinheitlichen BR. Erforderlich ist die absolute Stimmenmehrheit aller ArbN des Unternehmens. Die Mehrheit der auf einer „Unternehmensversammlung" oder mehreren Betriebsversammlungen anwesenden ArbN genügt nicht. Damit wird die erforderliche Stimmenmehrheit in der Praxis zu einer hohen Hürde. **95**

Hinsichtlich der Herbeiführung eines entspr. Beschlusses der ArbN bestimmt das G lediglich in Abs. 3 S. 2, dass die **Abstimmung** von mindestens 3 wahlberechtigten ArbN des Unternehmens oder einer im Unternehmen vertretenen Gewerkschaft **veranlasst** werden kann. **Von besonderen Formvorschriften** für den Beschluss bzw. die Abstimmung wurde nach der Gesetzesbegründung **bewusst abgesehen;** insbes. wird keine geheime Abstimmung verlangt (BT-Drs. 14/5741, 34; GK-BetrVG/*Franzen* Rn. 47). Das Fehlen formaler Sicherungen wird teilweise kritisiert (vgl. *Däubler* ArbuR 2001, 3). Problematisch erscheint aber noch mehr, wie in der Praxis die Abstimmung iSv Abs. 3 S. 2 „veranlasst" werden kann. Schwierigkeiten werden vor allem entstehen, wenn – was in betriebsratslosen Unternehmen häufig der Fall sein wird – das Unternehmen an der Errichtung eines BR kein Interesse hat. In Unternehmen mit mehreren, ggf. räumlich weit voneinander entfernten Betrieben dürfte es für 3 wahlberechtigte ArbN ohne aktive Kooperation des Unternehmens nahezu unmöglich sein, eine derartige Abstimmung zu organisieren. Zwar wird der ArbGeb. zur Unterstützung und zur Erteilung der erforderlichen Auskünfte, insbes. über die ArbN des Unternehmens, verpflichtet sein. Gleichwohl dürfte es große Schwierigkeiten bereiten, eine selbst formlose Abstimmung derart zu organisieren, dass zu einem bestimmten Stichtag (welchem?) zuverlässig festgestellt werden kann, ob sich die Mehrheit aller ArbN des Unternehmens für eine unternehmenseinheitliche BRWahl ausspricht. Auch muss trotz fehlender Formvorschriften die Stimmabgabe der ArbN in ggf. „gerichtsverwertbarer" Weise festgehalten werden. Andernfalls sind spätere Anfechtungen der unternehmenseinheitlichen BRWahl programmiert. **96**

97 Eine den besonderen **Kündigungsschutz** der die Abstimmung „veranlassenden" ArbN gewährleistende, § 15 Abs. 3a KSchG entspr. gesetzliche Bestimmung **fehlt** (vgl. *Däubler* ArbuR 2001, 3; DKKW/*Trümner* Rn. 181). Eine analoge Anwendung des § 15 Abs. 3a KSchG dürfte nicht möglich sein. Ein gewisser relativer Schutz folgt aus § 78.

98 Falls in einer Abstimmung die Mehrheit der ArbN die Wahl eines unternehmenseinheitlichen BR beschließt, ist ein **Wahlvorstand** zu bestellen. Da es in dem Unternehmen bislang überhaupt keinen BR und damit auch keinen GesBR gibt, kommt die Bestellung eines Wahlvorstand durch den GesBR nach § 17 Abs. 1 nicht in Betracht. Die Bestellung eines Wahlvorstand durch den KBR wird in der Praxis mangels Existenz eines solchen ebenfalls meist ausscheiden. Da es in dem Unternehmen mehrere Betriebe gibt, ist die Bestellung eines Wahlvorstand in **einer** Betriebsversammlung nach § 17 Abs. 2 S. 1 nicht möglich. In entspr. Anwendung des § 17 Abs. 2 S. 1 dürfte daher eine **Unternehmensversammlung** einzuberufen sein, was insbes. in bundesweiten Unternehmen zu erheblichen **praktischen Schwierigkeiten** führen kann (vgl. GK-BetrVG/*Franzen* Rn. 48). Zu der Unternehmensversammlung können 3 wahlberechtigte ArbN des Unternehmens oder eine im Unternehmen vertretene Gewerkschaft einladen (§ 17 Abs. 3 analog iVm § 3 Abs. 3 S. 2). Findet trotz Einladung keine Unternehmensversammlung statt oder wählt diese keinen Wahlvorstand, so bestimmt ihn auf Antrag von 3 wahlberechtigten ArbN des Unternehmens oder einer im Unternehmen vertretenen Gewerkschaft das **ArbG** (§ 17 Abs. 4 S. 1 analog iVm § 3 Abs. 3 S. 2). Zuständig dürfte das ArbG am Unternehmenssitz sein. Der Wahlvorstand führt sodann das Wahlverf. nach §§ 14ff. durch.

99 Die **Größe** des auf diese Weise errichteten unternehmenseinheitlichen BR hängt von der Zahl der wahlberechtigten ArbN im Unternehmen ab (§ 9). Diese Zahl ist auch maßgeblich für die Größe der Ausschüsse (§§ 27, 28), die Übertragung von Aufgaben auf Arbeitsgruppen (§ 28a) und für Freistellungen (§ 38).

100 Zu der Frage, ob und wie eine nach Abs. 3 herbeigeführte zentrale BR-Struktur wieder beseitigt werden kann, verhält sich das G nicht ausdrücklich. Anders als in § 4 Abs. 1 S. 5 ist ein **„Widerruf" nicht vorgesehen.** Die Entscheidung der ArbN entfaltet daher, solange sich an den betrieblichen Strukturen nichts ändert, grds. Dauerwirkung (vgl. DKKW/*Trümner* Rn. 185). Eine Rückkehr zur gesetzlichen Struktur dürfte erst nach einer entsprechenden Abstimmung der Belegschaft möglich sein (vgl. GK-BetrVG/*Franzen* Rn. 49).

VIII. Streitigkeiten

101 Streitigkeiten über die Wirksamkeit und die Auslegung von TV nach Abs. 1 Nr. 1, über BV nach Abs. 2 oder über die Errichtung eines unternehmenseinheitlichen BR nach Abs. 3 können entweder selbst den **Streitgegenstand** eines Rechtsstreits bilden **oder** in einem Rechtsstreit eine entscheidungserhebliche **Vorfrage** sein.

102 Die Frage der Wirksamkeit oder der Auslegung kollektiver Vereinbarungen über abweichende ArbNVertr.-Strukturen kann sich insbes. in einem **Verfahren nach § 18 Abs. 2** stellen, in dem über das Vorliegen einer **betriebsratsfähigen Organisationseinheit** gestritten wird. Ein solches Verf. können der ArbGeb., jeder beteiligte BR, jeder beteiligte Wahlvorstand oder eine im Betrieb vertretene Gewerkschaft einleiten. Der Streit wird gem. §§ 2a Abs. 1 Nr. 1, 80 Abs. 1 ArbGG im arbeitsgerichtlichen BeschlVerf. ausgetragen. Sofern es sich ausschließlich um die „Aufspaltung" eines Betriebes in Sparten handelt, ist nach § 82 Abs. 1 S. 1 ArbGG das ArbG örtlich zuständig, in dessen Bezirk der Betrieb liegt. Sobald die Betriebsgrenzen überschritten werden, ist das **ArbG am Sitz des Unternehmens** zuständig (vgl. GK-ArbGG/*Ahrendt* § 82 Rn. 10, 11). Bei mehreren Unternehmen eines Konzerns bestimmt der Sitz des herrschenden Unternehmens den Gerichtsstand (GK-ArbGG/*Ahrendt* § 82 Rn. 24 mwN).

Die Frage der Wirksamkeit oder Auslegung von Vereinbarungen nach § 3 Abs. 1 u. 2 kann sich ferner als Vorfrage in einem **Wahlanfechtungsverf. nach § 19** stellen (BAG 10.11.2004 – 7 ABR 17/04, NJOZ 2005, 3038; 29.7.2009 – 7 ABR27/08, NZA 2009, 1424; 21.9.2011 – 7 ABR 54/10, NZA-RR 2012, 186 mwN; 13.3.2013 – 7 ABR 70/11, NZA 2013, 738; → Rn. 23, 76). Zur Funktionsnachfolge bei einer Änderung des TV BAG 24.8.2011 – 7 ABR 8/10, NZA 2012, 223. **103**

Zweifelhaft kann die Verfahrensart sein, wenn die TV-Parteien die Wirksamkeit oder Auslegung eines nach Abs. 1 Nr. 1–3 geschlossenen TV zum selbständigen Gegenstand eines Rechtsstreits machen. Dies ist nach **§ 9 TVG** möglich. Da es sich auch in diesem Fall um eine Angelegenheit aus dem BetrVG iSv § 2a Abs. 1 Nr. 1 ArbGG handelt, dürfte ebenfalls nach § 80 Abs. 1 ArbGG nicht das Urteilsverf., sondern das BeschlVerf. die richtige Verfahrensart sein (ebenso DKKW/*Trümner* Rn. 236; GK-BetrVG/*Franzen* Rn. 75). Dies gilt auch im Falle eines firmenbezogenen VerbandsTV. Ebenso im BeschlVerf. ist der Streit der Betriebsparteien über die Wirksamkeit einer nach § 3 Abs. 2 geschlossenen BV auszutragen. **104**

Maßgeblich ist das BeschlVerf. schließlich auch bei Streitigkeiten über die Zusammensetzung, Organisation oder Geschäftsführung der nach Abs. 1 u. 2 gebildeten Vertr. (DKKW/*Trümner* Rn. 236). Zu den **Besonderheiten des BeschlVerf. vgl. Anh. 3.** **105**

§ 4 Betriebsteile, Kleinstbetriebe

(1) [1] **Betriebsteile gelten als selbständige Betriebe, wenn sie die Voraussetzungen des § 1 Abs. 1 Satz 1 erfüllen und**
1. räumlich weit vom Hauptbetrieb entfernt oder
2. durch Aufgabenbereich und Organisation eigenständig sind.
[2] **Die Arbeitnehmer eines Betriebsteils, in dem kein eigener Betriebsrat besteht, können mit Stimmenmehrheit formlos beschließen, an der Wahl des Betriebsrats im Hauptbetrieb teilzunehmen; § 3 Abs. 3 Satz 2 gilt entsprechend.** [3] **Die Abstimmung kann auch vom Betriebsrat des Hauptbetriebs veranlasst werden.** [4] **Der Beschluss ist dem Betriebsrat des Hauptbetriebs spätestens zehn Wochen vor Ablauf seiner Amtszeit mitzuteilen.** [5] **Für den Widerruf des Beschlusses gelten die Sätze 2 bis 4 entsprechend.**

(2) **Betriebe, die die Voraussetzungen des § 1 Abs. 1 Satz 1 nicht erfüllen, sind dem Hauptbetrieb zuzuordnen.**

Inhaltsübersicht

I. Vorbemerkung

Die Vorschrift regelt die **Behandlung und Zuordnung von Betriebsteilen und Kleinstbetrieben.** Sie dient dazu, BRfähige Betriebsteile von denjenigen zu unterscheiden, die nicht BRfähig sind und damit die Einheiten festzulegen, für die BR gewählt werden können (BAG 7.4.2004 – 7 ABR 42/03, NZA 2004, 745). Die Be- **1** stimmung will sicherstellen, dass ungeachtet der organisatorischen Vorgaben des ArbGeb. alle ArbN des Unternehmens die Möglichkeit haben, an der Wahl eines BR teilzunehmen, der ihre Interessen vertritt und die Mitwirkungsrechte nach dem BetrVG wahrnimmt. Keine Organisationseinheit soll ohne InteressenVertr. sein (DKKW/*Trümner* Rn. 5; vgl. bereits BAG 1.2.1963 – 1 ABR 1/62, NJW 1963, 1325). Zugleich wird bestimmt, dass grds. in Betriebsteilen, die räumlich weit vom Hauptbetrieb entfernt oder durch Aufgabenbereich und Organisation eigenständig sind, BR gebildet werden. Solange dies nicht geschehen ist, können aber ArbN dieser Organisationseinheiten die Teilnahme an der BRWahl im Hauptbetrieb beschließen. Dies ist insbes. auch insoweit von Bedeutung, als zahlreiche Schwellenwerte auf die Zahl der vom BR repräsentierten ArbN abstellen.

2 Der durch das BetrVerf-ReformG neu gefasste Abs. 1 S. 1 entspricht dem früheren § 4 S. 1. Zur Feststellung eines selbständigen Betriebsteils gelten daher weiterhin die dazu entwickelten Grundsätze. Durch Abs. 2 ist **klargestellt, dass jeder Kleinstbetrieb,** also jeder organisatorisch eigenständige Betrieb, der die zahlenmäßigen Voraussetzungen des § 1 Abs. 1 S. 1 nicht erfüllt, **dem Hauptbetrieb zugeordnet** wird (BAG 17.1.2007 – 7 ABR 63/05, NZA 2007, 703; 17.9.2013 – 1 ABR 21/12, NZA 2014, 96). Nicht ausdrücklich beantwortet das G die Frage, welcher von mehreren Betrieben Hauptbetrieb iSv Abs. 2 ist (→ Rn. 10). Zum Verhältnis zwischen § 4 Abs. 1 und § 1 Abs. 2 sowie § 3 vgl. *Rieble/Klebeck* FS Richardi, 2007, 693.

3 Die Vorschrift ist **grds. zwingend.** Die Bildung von „Wahlkreisen", in denen einzelne Betriebsbereiche BR oder BRMitgl. wählen, ist nicht zulässig (DKKW/*Trümner* Rn. 8). Gem. § 3 Abs. 1 Nr. 1–3 können aber durch TV sowie gem. § 3 Abs. 2 durch BV abweichende ArbNVertrStrukturen geschaffen werden (→ § 3 Rn. 24–52, 66–72; BAG 10.11.2004 – 7 ABR 17/04, NJOZ 2005, 3038). Außerdem haben nach Abs. 1 S. 2–5 die ArbN in betriebsratsfähigen, aber bis dahin BRlosen Betriebsteilen die Entscheidungsmöglichkeit, ob sie sich durch den BR des Hauptbetriebs oder durch einen eigenen BR vertreten lassen wollen (→ Rn. 27 ff.).

4 Entspr. Vorschriften im **BPersVG:** § 6 Abs. 3, § 12 Abs. 2.

II. Betrieb, einfacher und qualifizierter Betriebsteil, Haupt- und Kleinstbetrieb

5 Das G definiert die **Begriffe Betrieb, Betriebsteil, Haupt- und Kleinstbetrieb** nicht. Wie sich aus Abs. 1 u. 2 ergibt, setzt es jedenfalls die Begriffe Betrieb, Betriebsteil und Hauptbetrieb voraus.

6 **Betrieb** iSd BetrVG ist eine organisatorische Einheit, innerhalb derer der Unternehmer zusammen mit den von ihm beschäftigten ArbN bestimmte arbeitstechnische Zwecke fortgesetzt verfolgt. Dabei müssen die an der Betriebsstelle vorhandenen materiellen und immateriellen Betriebsmittel für den oder die verfolgten arbeitstechnischen Zwecke zusammengefasst, geordnet und gezielt eingesetzt und die menschliche Arbeitskraft von einem einheitlichen Leitungsapparat gesteuert werden (→ § 1 Rn. 88 ff.; BAG 17.1.2007 – 7 ABR 63/05, NZA 2007, 703 mwN; 9.12.2009 – 7 ABR 38/08, NZA 2010, 906).

7 Ein **(einfacher) Betriebsteil** ist eine Einheit, die zwar in die Organisation eines (Haupt-)Betriebs eingegliedert und an dessen Zweck ausgerichtet, diesem gegenüber aber organisatorisch abgrenzbar und relativ verselbständigt ist (BAG 17.1.2007 – 7 ABR 63/05, NZA 2007, 703 mwN; 7.5.2008 – 7 ABR 15/07, NZA 2009, 328; 9.12.2009 – 7 ABR 38/08, NZA 2010, 906; 23.11.2016 – 7 ABR 3/15, BeckRS 2016, 118638; ErfK/*Koch* Rn. 2; GK-BetrVG/*Franzen* Rn. 4; *Haas/Salamon* NZA 2009, 299; *Haas/Salamon* RdA 2008, 146 [150]). Es handelt sich um räumlich und organisatorisch unterscheidbare Betriebsbereiche, die aber wegen ihrer Eingliederung in den Betrieb allein nicht bestehen können. Ihre **Selbständigkeit ist „relativ"** (BAG 17.1.2007 – 7 ABR 63/05, NZA 2007, 703 mwN; 9.12.2009 – 7 ABR

38/08, NZA 2010, 906; GK-BetrVG/*Franzen* Rn. 15). Ohne eine gewisse Selbständigkeit der Einheit liegt kein Betriebsteil vor (BAG 21.7.2004 – 7 ABR 57/03, NJOZ 2005, 4853; 17.1.2007 – 7 ABR 63/05, NZA 2007, 703 mwN; *Haas/Salamon* RdA 2008, 146 [150]). Aber auch bei zu großer Selbständigkeit handelt es sich nicht mehr um einen Betriebsteil. Geht die Selbständigkeit soweit, dass die Einheit auch alleine sinnvoll bestehen könnte, liegt nämlich kein Betriebsteil, sondern ein selbständiger Betrieb vor (BAG 21.7.2004 – 7 ABR 57/03, NJOZ 2005, 4853; 7.5.2008 – 7 ABR 15/07, NZA 2009, 328; GK-BetrVG/*Franzen* Rn. 4; ErfK/*Koch* Rn. 5).

Für die Differenzierung zwischen Betrieb und (einfachem) Betriebsteil ist entscheidend der **Grad der Verselbständigung,** der im Umfang der Leitungsmacht zum Ausdruck kommt (BAG 21.7.2004 – 7 ABR 57/03, NJOZ 2005, 4853; 9.12.2009 – 7 ABR 38/08, NZA 2010, 906; 23.11.2016 – 7 ABR 3/15, BeckRS 2016, 118638; *Haas/Salamon* RdA 2008, 146 [150]; ErfK/*Koch* Rn. 5). Erstreckt sich die in der organisatorischen Einheit ausgeübte Leitungsmacht auf die wesentlichen Funktionen des ArbGeb. in den sozialen und personellen Angelegenheiten, handelt es sich um einen Betrieb (BAG 21.7.2004 – 7 ABR 57/03, NJOZ 2005, 4853; 23.11.2016 – 7 ABR 3/15, BeckRS 2016, 118638). Dagegen genügt es für einen Betriebsteil bereits, wenn in der Einheit wenigstens eine Person mit Leitungsmacht vorhanden ist, die überhaupt Weisungsrechte des ArbGeb. ausübt (BAG 17.1.2007 – 7 ABR 63/05, NZA 2007, 703; 9.12.2009 – 7 ABR 38/08, NZA 2010, 906; GK-BetrVG/*Franzen* Rn. 4). Als (einfache) Betriebsteile kommen zB die Druckerei eines Zeitungsbetriebs, die Lackiererei einer Automobilfabrik, die Reparaturwerkstatt eines Spediteurs in Betracht. Auch zentral geleitete Filialen, insbes. im Einzelhandel und Bankgewerbe, sind auf örtlicher Ebene häufig nur Betriebsteile eines einheitlichen Betriebs (→ § 1 Rn. 99f.; BAG 24.2.1976 – 1 ABR 62/75, AP BetrVG 1972 § 4 Nr. 2). 8

Zu einem **(qualifizierten) BRfähigen Betriebsteil** wird eine Einheit erst unter der **weiteren Voraussetzung,** dass sie **räumlich weit vom Hauptbetrieb** gelegen **oder in Organisation und Aufgabenbereich eigenständig** ist (→ Rn. 14ff.; BAG 21.7.2004 – 7 ABR 57/03, NJOZ 2005, 4853; 9.12.2009 – 7 ABR 38/08, NZA 2010, 906; GK-BetrVG/*Franzen* Rn. 4). Die insoweit – **alternativ zur räumlichen Entfernung** – erforderliche Eigenständigkeit in Organisation und Aufgabenbereich macht allerdings die **Abgrenzung zwischen qualifiziertem Betriebsteil und Betrieb schwierig** (vgl. GK-BetrVG/*Franzen* Rn. 15; ErfK/*Koch* Rn. 5). Gleichwohl ist die Abgrenzung vor allem auch für die Frage von Bedeutung, ob die ArbN in einer bis dahin betriebsratslosen Einheit nach Abs. 1 S. 2 die Teilnahme an der BRWahl des Hauptbetriebs beschließen können. Sie können dies nur, wenn es sich bei der Einheit nicht um einen Betrieb, sondern um einen qualifizierten Betriebsteil handelt. 9

Sowohl Abs. 1 als auch Abs. 2 setzen einen **Hauptbetrieb** voraus. Dabei ist der Begriff in den beiden Regelungen nicht identisch (Richardi BetrVG/*Richardi/Maschmann* Rn. 8). **ISv Abs. 1 ist als Hauptbetrieb regelmäßig derjenige anzusehen, in dem Leitungsfunktionen für den Betriebsteil wahrgenommen werden** (BAG 7.5.2008 – 7 ABR 15/07, NZA 2009, 328; ErfK/*Koch* Rn. 7; DKKW/*Trümner* Rn. 38; *Haas/Salamon* NZA 2009, 299; *Haas/Salamon* RdA 2008, 146 [152]). Dies entspricht dem Grundsatz, dass die InteressenVertr. dort gebildet wird, wo die mitwirkungspflichtigen ArbGebEntscheidungen getroffen werden (BAG 9.12.1992 – 7 ABR 15/92, BeckRS 2009, 55089; 7.5.2008 – 7 ABR 15/07, NZA 2009, 328). Für den **Hauptbetrieb iSv Abs. 2** gilt dies nicht in gleicher Weise. Der Kleinstbetrieb iSv Abs. 2 hat ja als Betrieb eine eigene institutionelle Leitung und wird nur deshalb dem „Hauptbetrieb" zugeordnet, weil er nicht die nach Abs. 1 S. 1 erforderliche ArbNZahl erreicht. Daher erscheint es sachgerecht, ihn dem räumlich nächsten Betrieb zuzuordnen; dieser ist dann „Hauptbetrieb" iSv Abs. 2 (so auch DKKW/*Trümner* Rn. 40; Richardi BetrVG/*Richardi/Maschmann* Rn. 47; diff. ErfK/ 10

Koch Rn. 7; GK-BetrVG/*Franzen* Rn. 7). Dies entspricht dem Grundsatz möglichst ortsnaher Vertretung und gewährleistet Rechtssicherheit (vgl. auch § 1 Abs. 2 SprAuG). Die Praxis muss sich aber auf die Entscheidung des **BAG v. 17.1.2007** (7 ABR 63/05, NZA 2007, 703) einstellen. Danach ist Hauptbetrieb der Betrieb, der gegenüber dem nicht BRfähigen Betrieb eine hervorgehobene Bedeutung hat. Diese kann sich daraus ergeben, dass die Leitung dieses Betriebs die Leitung des nicht BRfähigen Betriebs in personellen und sozialen Angelegenheiten beratend unterstützt (BAG 17.1.2007 – 7 ABR 63/05, NZA 2007, 703). Ungeklärt bleiben damit freilich die Fälle, in denen es an einer solchen beratenden Unterstützung fehlt.

11 Vom Hauptbetrieb **weit entfernte Betriebsteile können** wiederum bei räumlicher Nähe **untereinander einen einheitlichen Betrieb bilden,** für den ein BR zu entrichten ist (BAG 29.5.1991 – 7 ABR 54/90, NZA 1992 74; 19.2.2002 – 1 ABR 26/01, NZA 2002, 1300). Hauptbetrieb, bei dem dieser BR zu entrichten ist, ist in diesem Fall derjenige Betriebsteil, der den anderen organisatorisch übergeordnet ist und diese führt (BAG 19.2.2002 – 1 ABR 26/01, NZA 2002, 1300). Voraussetzung ist allerdings eine organisatorische Zusammenfassung der Betriebsteile zu einer betrieblichen Einheit. Fehlt es hieran, bildet jeder Betriebsteil einen Betrieb iSv Abs. 1 (BAG 7.5.2008 – 7 ABR 15/07, NZA 2009, 328).

12 Sog **„Kleinstbetriebe"** sind selbständige Betriebe, die aber nicht betriebsratsfähig sind, da sie nicht die nach § 1 Abs. 1 S. 1 erforderliche Mindestzahl von fünf ArbN haben (vgl. GK-BetrVG/*Franzen* Rn. 7; ErfK/*Koch* Rn. 7). Für diese sieht Abs. 2 die Zuordnung zum Hauptbetrieb vor und sorgt so dafür, dass deren Belegschaft nicht vertretungslos ist. Die ArbN des Kleinstbetriebs werden bei den Schwellenwerten mitgezählt.

13 Besteht ein Unternehmen nur aus **nicht BRfähigen Kleinstbetrieben,** so **können** diese **gemeinsam** einen **BR errichten,** wenn sie zusammen die Voraussetzungen des Abs. 1 S. 1 erfüllen (ErfK/*Koch* Rn. 7; Richardi BetrVG/*Richardi*/*Maschmann* Rn. 48; GK-BetrVG/*Franzen* Rn. 8). Dies ergibt die an Sinn und Zweck orientierte Auslegung des Abs. 2. Hauptbetrieb ist in diesem Fall der größte Kleinstbetrieb. Bei diesem ist der BR zu bilden.

III. Qualifizierter Betriebsteil

14 Abs. 1 S. 1 bestimmt im Wege einer **gesetzlichen Fiktion,** dass ein (einfacher) Betriebsteil (→ Rn. 7 f.) unter bestimmten qualifizierenden Voraussetzungen als selbständiger Betrieb gilt, für den ein eigener BR zu wählen ist (BAG 18.1.2012 – 7 ABR 72/10, NZA-RR 2013, 133; DKKW/*Trümner* Rn. 4). **Zweck der Regelung** ist, eine ortsnahe InteressenVertr. zu errichten (vgl. Richardi BetrVG/*Richardi*/*Maschmann* Rn. 14; BAG 3.12.1985 – 1 ABR 29/84, NZA 1986, 334). Eine zu starke Dezentralisierung kann allerdings auch eine Schwächung der ArbNVertr. zur Folge haben (vgl. DKKW/*Trümner* Rn. 7). Auch darf die Fiktion des Abs. 1 S. 1 nicht zu einem unfruchtbaren Nebeneinander mehrerer rivalisierender BR führen (GK-BetrVG/*Franzen* Rn. 10).

15 **Rechtsfolge** ist, dass die ArbN des als selbständiger Betrieb geltenden Betriebsteils – sofern sie nicht nach Abs. 1 S. 2 die Teilnahme beschließen – an der Wahl des BR im Hauptbetrieb nicht teilnehmen und von dem dort gewählten BR nicht repräsentiert werden. Sie können vielmehr einen **eigenen BR** wählen. Tun sie dies, werden sie von diesem so lange repräsentiert, wie dieser amtiert. Wählen sie keinen BR, haben sie auf betrieblicher Ebene keine Interessenvertretung (BAG 17.9.2013 – 1 ABR 21/12, NZA 2014, 96). Im Rahmen seiner originären Zuständigkeit vertritt ein etwa gebildeter GesBR nach § 50 Abs. 1 S. 1 Hs. 2 ihre Interessen (→ § 50 Rn. 29 ff.).

15a **Werden ArbN** eines Betriebsteils, der die Voraussetzungen des Abs. 1 S. 1 nicht erfüllt, **zu Unrecht** vom Wahlvorstand **an der Wahl des BR des Hauptbetriebs**

nicht beteiligt, so werden sie – auch mitbestimmungsrechtlich – gleichwohl von dem im Hauptbetrieb gewählten BR vertreten (→ § 1 Rn. 286; → § 102 Rn. 20c; BAG 3.12.1985 – 1 ABR 29/84, NZA 1986, 334; **aA** BAG 3.6.2004 – 2 AZR 577/03, NZA 2005, 175). Haben sie allerdings selbst – durch anfechtbare, jedoch nicht angefochtene Wahl – einen eigenen BR gewählt, so werden sie von diesem vertreten.

Werden ArbN eines qualifizierten Betriebsteils – ohne dass sie gem. Abs. 1 S. 2 die Teilnahme mit Stimmenmehrheit beschlossen haben (→ Rn. 27 ff.) – **zu Unrecht an der Wahl des Hauptbetriebs beteiligt,** ist die Wahl wegen Verkennung des Betriebsbegriffs **anfechtbar. Erfolgt keine Anfechtung, werden die ArbN** des Betriebsteils **vom gewählten BR** für die Dauer seiner Amtszeit **vertreten** (vgl. *Rieble/Klebeck* FS Richardi, 2007, 693 [699]). Dieser kann mit Wirkung auch für diesen Betriebsteil BV abschließen. Seine Regelungsbefugnis bezieht sich auf die Organisationseinheit, für die er gewählt ist „oder nach § 19 BetrVG als wirksam gewählt gilt" (BAG 19.2.2002 – 1 ABR 26/01, NZA 2002, 1300). Wird bei der nächsten BRWahl für den verselbständigten Betriebsteil ein eigener BR gewählt, wirken die BV normativ fort. 15b

Der **BR des Hauptbetriebs wird zuständig, wenn** ein **Betriebsteil** die BR-Fähigkeit verliert, weil die **Beschäftigtenzahl unter fünf absinkt** und er daher nicht mehr die Voraussetzungen des § 1 Abs. 1 S. 1 erfüllt (**aA** LAG München 28.4.2004 – 5 Sa 1375/03, BeckRS 2009, 66773; die dagegen eingelegte Nichtzulassungsbeschwerde wurde mangels Divergenz zurückgewiesen). Dabei kommt es nicht darauf an, ob in dem zunächst BRfähigen Betriebsteil ein BR gewählt war. **Das Amt eines BR endet,** wenn die Mindestbeschäftigtenzahl des § 1 Abs. 1 S. 1 nicht mehr erreicht ist (→ § 1 Rn. 358 mwN). In diesem Fall dürfen die ArbN des Betriebsteils nicht vertretungslos werden. Dies zeigt auch Abs. 2. 15c

Wird ein Betriebsteil während der Amtszeit des bislang einheitlich zuständigen BR **verselbständigt und damit selbst BRfähig,** so handelt es sich um eine **Spaltung** iSv § 21a Abs. 1 (vgl. *Rieble/Klebeck* FS Richardi, 2007, 693 [698]). Der bisherige BR behält für den verselbständigten Betriebsteil für höchstens sechs Monate ein **Übergangsmandat** und muss unverzüglich einen Wahlvorstand für die BRWahl in dem neu entstandenen Betrieb bestellen. Der Zweck des Abs. 1 S. 2 spricht dafür, dass die ArbN des aufgrund einer Organisationsentscheidung des ArbGeb. verselbständigten Betriebsteils statt einer Neuwahl durch eine Abstimmung nach Abs. 1 S. 2 die bisherige Vertretungsstruktur aufrechterhalten können. Zuvor geschlossene BV wirken normativ fort (**aA** *Rieble/Klebeck* FS Richardi, 2007, 693 [702]). Die Sechs-Monatsfrist des § 21a Abs. 1 S. 3 beginnt wohl nur, wenn der ArbGeb. den BR von der Verselbständigung des Betriebsteils unterrichtet (vgl. DKKW/*Buschmann* § 21a Rn. 49) oder diese offenkundig ist. 15d

Kommt zu einem Betrieb während der Amtszeit eines BR ein vom ArbGeb, neu geschaffener **selbständiger Betriebsteil hinzu,** so ist der BR für diesen nicht zuständig, sondern für ihn ein **neuer BR zu wählen** (so die Fallgestaltung in BAG 19.2.2002 – 1 ABR 26/01, NZA 2002, 1300). Fraglich erscheint, ob die ArbN des hinzugekommenen BRlosen Betriebsteils durch eine Abstimmung nach Abs. 1 S. 2 sogleich die Zuständigkeit des BR des Hauptbetriebs herbeiführen können oder ob diese Möglichkeit erst bei der nächsten BRWahl besteht und sie zunächst einen eigenen BR wählen müssen. 15e

1. Betriebsratsfähigkeit nach § 1

Abs. 1 S. 1 verlangt zum einen, dass es sich um einen Betriebsteil handelt, der die Voraussetzungen des § 1 Abs. 1 S. 1 erfüllt (→ § 1 Rn. 356 ff.). In dem Betriebsteil müssen daher in der Regel **mindestens 5 ständige wahlberechtigte ArbN** beschäftigt sein, von denen drei wählbar sind. Ist dies nicht der Fall, wird der Betriebsteil dem Hauptbetrieb zugeordnet (GK-BetrVG/*Franzen* Rn. 3). 16

2. Weite Entfernung vom Hauptbetrieb

17 (Einfache) Betriebsteile gelten zum einen dann als selbständige Betriebe, wenn sie **räumlich weit vom Hauptbetrieb entfernt** sind. Zweck dieser Regelung ist, den ArbN von Betriebsteilen eine effektive Vertr. durch einen eigenen BR zu ermöglichen, wenn wegen der räumlichen Entfernung zum Hauptbetrieb die persönliche Kontaktaufnahme zwischen den ArbN des Betriebsteils und dem im Hauptbetrieb gebildeten BR so erschwert ist, dass eine wirksame InteressenVertr. nicht zu erwarten ist (BAG 19.2.2002 – 1 ABR 26/01, NZA 2002, 1300; 14.1.2004 – 7 ABR 26/03, BeckRS 2009, 55090; 7.5.2008 – 7 ABR 15/07, NZA 2009, 328; 17.5.2017 – 7 ABR 21/15, NZA 2017, 1282 Rn. 20; GK-BetrVG/*Franzen* Rn. 10; ErfK/*Koch* Rn. 4).

18 Bei dem Begriff der räumlich weiten Entfernung handelt es sich um einen **unbestimmten Rechtsbegriff.** Seine Anwendung durch die Tatsachengerichte ist im Rechtsbeschwerdeverf. nur darauf überprüfbar, ob der zutreffende Bewertungsmaßstab angewandt wurde, die Gesamtwürdigung der maßgeblichen Umstände vertretbar erscheint und keine Verstöße gegen Denkgesetze oder Erfahrungssätze vorliegen (BAG 19.2.2002 – 1 ABR 26/01, NZA 2002, 1300; 14.1.2004 – 7 ABR 26/03, BeckRS 2009, 55090; 7.5.2008 – 7 ABR 15/07, NZA 2009, 328; 9.12.2009 – 7 ABR 38/08, NZA 2010, 906; 15.12.2011 – 8 AZR 692/10, NZA-RR 2012, 570; 17.5.2017 – 7 ABR 21/15, NZA 2017, 1282 Rn. 21). Der Begriff der räumlich weiten Entfernung iSv Abs. 1 Nr. 1 ist nicht identisch mit den unbestimmten Rechtsbegriffen der „nicht nur räumlich weit(er) zueinander liegenden Teilen" in § 94 Abs. 6 S. 3 SGB IX und § 18 SchwbWO (BAG 7.4.2004 – 7 ABR 42/03, NZA 2004, 745).

19 Entscheidend ist, ob die räumliche Trennung von Hauptbetrieb und Betriebsteil eine **ordnungsgemäße Betreuung der Belegschaft** des Betriebsteils durch einen einheitlichen BR noch zulässt (BAG 15.12.2011 – 8 AZR 692/10, NZA-RR 2012, 570). Die einzelnen ArbN müssen grundsätzlich die Möglichkeit haben, im Bedarfsfall zeitnah die einzelnen BRMitgl. aufzusuchen (BAG 17.5.2017 – 7 ABR 21/15, NZA 2017, 1282 Rn. 23). Umgekehrt müssen auch die BRMitgl. in der Lage sein, sich ohne Schwierigkeiten über die „Verhältnisse vor Ort" zu informieren (BAG 7.5.2008 – 7 ABR 15/07, NZA 2009, 328; ErfK/*Koch* Rn. 4). Ferner muss es für die in dem Betriebsteil beschäftigten BRMitgl. möglich sein, auch kurzfristig zu BRSitzungen im Hauptbetrieb zu erscheinen (BAG 7.5.2008 – 7 ABR 15/07, NZA 2009, 328; GK-BetrVG/*Franzen* Rn. 10). Maßgeblich ist eine Gesamtwürdigung (BAG 14.1.2004 – 7 ABR 26/03, BeckRS 2009, 55090; 7.5.2008 – 7 ABR 15/07, NZA 2009, 328; 17.5.2017 – 7 ABR 21/15, NZA 2017, 1282 Rn. 20).

20 Die Frage, ob trotz der räumlichen Trennung noch eine ordnungsgemäße Betreuung der Belegschaft in dem Betriebsteil möglich ist, richtet sich weniger nach der absoluten Entfernung, als vielmehr nach der **Qualität der Verkehrsverbindungen** und den **konkreten Betreuungsmöglichkeiten** (BAG 14.1.2004 – 7 ABR 26/03, BeckRS 2009, 55090; 7.5.2008 – 7 ABR 15/07, NZA 2009, 328; 17.5.2017 – 7 ABR 21/15, NZA 2017, 1282 Rn. 20; GK-BetrVG/*Franzen* Rn. 10 ff.; *Haas/Salamon* RdA 2008, 146 [151]). Für die jederzeitige Erreichbarkeit ist nicht auf die ungünstigste Verkehrssituation, sondern auf die **regelmäßigen Verkehrsverhältnisse** abzustellen (BAG 17.5.2017 – 7 ABR 21/15, NZA 2017, 1282 Rn. 23). Auf die Erreichbarkeit mit **öffentlichen Verkehrsmitteln** kommt es dann an, wenn für einen nicht unerheblichen Teil der ArbN nicht die Möglichkeit besteht, den Hauptbetrieb mit einem eigenen PKW oder mit einem vom ArbGeb. eingerichteten Zubringerdienst zu erreichen (17.5.2017 – 7 ABR 21/15, NZA 2017, 1282 Rn. 23). Bei guten bis normalen Verkehrsbedingungen ist eine Entfernung von 40–45 km noch nicht als „räumlich weit entfernt" anzusehen (BAG 24.2.1976 – 1 ABR 62/75, AP BetrVG 1972 § 4 Nr. 2). Bei optimalen Verkehrsverbindungen und Betreuungsmöglichkeiten kann selbst ein 60 bis 70 km entfernter Betriebsteil noch als nicht weit entfernt iSv Abs. 1 S. 1 Nr. 1 angesehen werden (BAG 24.9.1968 – 1 ABR 4/68,

BeckRS 1968, 30701924). 300 km sind allemal eine räumlich weite Entfernung (BAG 15.12.2011 – 8 AZR 692/10, NZA-RR 2012, 570). Bei schlechten Verkehrsverbindungen kann sogar schon eine Entfernung von 28 km „weit" sein (BAG 23.9.1960 – 1 ABR 9/59, BeckRS 1960, 30700897). Die Beurteilung, dass bei einer Wegezeit von **50 Minuten** eine räumlich weite Entfernung vorliege, hat das BAG rechtsbeschwerderechtlich im Ergebnis nicht beanstandet (vgl. BAG 17.5.2017 – 7 ABR 21/15, NZA 2017, 1282 Rn. 25; zu weiteren Beispielen aus der Rspr. GK-BetrVG/*Franzen* Rn. 13 f.; Richardi BetrVG/*Richardi/Maschmann* Rn. 19 f.; HWGNRH/*Rose* Rn. 43). Die Erreichbarkeit des BR durch **Post, Telefon oder andere Telekommunikationsmittel** kann den erforderlichen persönlichen Kontakt zwischen ArbN und BR nicht ersetzen, sondern nur der Erleichterung der Kontaktaufnahme, der Absprache von Terminen und der Übermittlung schriftlicher Unterlagen dienen (BAG 17.5.2017 – 7 ABR 21/15, NZA 2017, 1282 Rn. 31).

3. Eigenständigkeit in Aufgabenbereich und Organisation

Ein einfacher Betriebsteil gilt nach Abs. 1 S. 1 Nr. 2 außerdem dann als selbständiger Betrieb, wenn er **durch Aufgabenbereich und Organisation** eigenständig ist. Die Nr. 1 u. 2 des Abs. 1 S. 1 stehen **alternativ** nebeneinander. Es kann daher auch ein räumlich naher Betriebsteil betriebsratsfähig sein. 21

Die „Eigenständigkeit in Aufgabenbereich und Organisation" ist ebenfalls ein **unbestimmter Rechtsbegriff,** bei dessen Anwendung im Falle einer gerichtlichen Auseinandersetzung den Tatsacheninstanzen ein gewisser Beurteilungsspielraum zusteht (BAG 21.7.2004 – 7 ABR 57/03, NJOZ 2005, 4853; 9.12.2009 – 7 ABR 38/08, NZA 2010, 906; 18.1.2012 – 7 ABR 72/10, NZA-RR 2013, 133). Die Abgrenzung zur organisatorischen Abgrenzbarkeit und relativen Verselbständigung, die bereits für das Vorliegen eines einfachen Betriebsteils erforderlich ist (→ Rn. 7 f.), kann im Einzelfall ebenso erhebliche Schwierigkeiten bereiten wie die Frage, ob nicht bereits ein eigener (Haupt-)Betrieb vorliegt. *Trümner* (DKKW/*Trümner* Rn. 83) ist der Auffassung, die Fallgruppe des S. 1 Nr. 2 sei „im Grunde überflüssig geworden", da nach der jüngeren Rspr. des BAG (29.1.1992 – 7 ABR 27/91, NZA 1992, 894; dazu *Kohte* Anm. AP BetrVG 1972 § 7 Nr. 1) weder rechtskonstruktiv noch in der Rechtsfolge ein Unterschied gegenüber dem echten Betrieb iSv § 1 bestehe. Dies ist bereits wegen der in Abs. 1 S. 2 vorgesehenen Option unzutreffend (ebenso GK-BetrVG/*Franzen* Rn. 15). Nur bei Vorliegen eines qualifizierten betriebsratslosen Betriebsteils, nicht dagegen im Falle eines echten eigenständigen Betriebs haben die ArbN die Möglichkeit, die Teilnahme an der Wahl des BR im Hauptbetrieb zu beschließen. 22

Abs. 1 S. 1 Nr. 2 verlangt, dass der Betriebsteil sowohl durch den Aufgabenbereich als auch durch seine Organisation eigenständig ist. Es müssen daher grds. beide **Voraussetzungen kumulativ** vorliegen (BAG 14.1.2004 – 7 ABR 26/03, BeckRS 2009, 55090; Richardi BetrVG/*Richardi/Maschmann* Rn. 25; DKKW/*Trümner* Rn. 62; GK-BetrVG/*Franzen* Rn. 15). 23

Ein **eigenständiger Aufgabenbereich** liegt insbes. vor, wenn in dem Betriebsteil ein vom Hauptbetrieb abweichender gesonderter arbeitstechnischer Zweck verfolgt wird (vgl. DKKW/*Trümner* Rn. 63, dort auch unter → Rn. 64–76 zahlreiche Beispiele aus der Rspr.; Richardi BetrVG/*Richardi/Maschmann* Rn. 26; GK-BetrVG/*Franzen* Rn. 16; *Haas/Salamon* RdA 2008, 146 [151]). Meist wird es sich um fachfremde Hilfsfunktionen für den im (Haupt-)Betrieb verfolgten Zweck handeln (vgl. Richardi BetrVG/*Richardi* Rn. 26), zB die Herstellung von Verpackungsmaterial für die im Hauptbetrieb erzeugten Produkte, die Reparaturwerkstatt für den Wagenpark einer Spedition. Ein Indiz für die Eigenständigkeit des Aufgabenbereichs kann die Geltung eines anderen TV sein (BAG 5.6.1964 – 1 ABR 11/63, BeckRS 1964, 30701356; Richardi BetrVG/*Richardi/Maschmann* Rn. 26; GK-BetrVG/*Franzen* Rn. 16). 24

25 Der Begriff der **eigenständigen Organisation** erfordert, dass für den Betriebsteil eine den Einsatz der ArbN bestimmende eigene Leitung insbes. in mitbestimmungspflichtigen sozialen und personellen Angelegenheiten besteht und ausgeübt wird (BAG 28.6.1995 – 7 ABR 59/94, NZA 1996, 276; 14.1.2004 – 7 ABR 26/03, BeckRS 2009, 55090; 23.11.2016 – 7 ABR 3/15, BeckRS 2016, 118638). Die arbeitstechnische Selbständigkeit der Produktionsstätten genügt nicht. Die Eigenständigkeit setzt vielmehr auch eine von der Betriebsleitung abgehobene eigene Leitung auf der Ebene des Betriebsteils voraus (BAG 17.2.1983 – 6 ABR 64/81, AP BetrVG 1972 § 4 Nr. 4; 29.1.1992 – 7 ABR 27/91, NZA 1992, 894; Richardi BetrVG/*Richardi/Maschmann* Rn. 27). In einer Filialstruktur fehlt es regelmäßig an einer Eigenständigkeit der Organisation auf der Ebene der Filialen (*Haas/Salamon* RdA 2008, 146 [151]).

26 Erforderlich für Abs. 1 S. 1 Nr. 2 ist eine **„relative" Eigenständigkeit** (BAG 29.1.1992 – 7 ABR 27/91, NZA 1992, 894; 21.7.2004 – 7 ABR 57/03, NJOZ 2005, 4853; 9.12.2009 – 7 ABR 38/08, NZA 2010, 906; 18.1.2012 – 7 ABR 72/10, NZA-RR 2013, 133; 23.11.2016 – 7 ABR 3/15, BeckRS 2016, 118638; GK-BetrVG/*Franzen* Rn. 15). Anders als für einen selbständigen Betrieb iSv § 1 bedarf es keines umfassenden eigenständigen Leitungsapparates. Erforderlich ist jedoch, dass in dem Betriebsteil eine eigenständige Leitung institutionalisiert ist, die die wesentlichen ArbGebFunktionen in mitbestimmungspflichtigen Angelegenheiten ausübt (BAG 21.7.2004 – 7 ABR 57/03, NJOZ 2005, 4853; 9.12.2009 – 7 ABR 38/08, NZA 2010, 906; 23.11.2016 – 7 ABR 3/15, BeckRS 2016, 118638). Die eigene Leitung muss sich daher nicht auf alle Gegenstände erstrecken, die einer Unternehmensleitung vorbehalten sind (Richardi BetrVG/*Richardi/Maschmann* Rn. 27). Betreibt ein Unternehmen mehrere Sinfonieorchester und mehrere Chöre, kann ein einzelnes Orchester ein BRfähiger Betriebsteil sein, wenn es einen eigenständigen künstlerischen Aufgabenbereich hat und die wesentlichen mitbestimmungspflichtigen Angelegenheiten auf Seiten des ArbGeb. von dem nur für das Orchester zuständigen Orchestervorstand und Orchesterdirektor wahrgenommen werden (BAG 21.7.2004 – 7 ABR 57/03, NJOZ 2005, 4853). Bei der Anwendung der Vorschrift sollte möglichst ihrem Zweck Rechnung getragen werden, eine sachgerechte Wahrnehmung der ArbNInteressen zu gewährleisten.

IV. Beschluss der Arbeitnehmer eines betriebsratslosen Betriebsteils über Teilnahme an Betriebsratswahl im Hauptbetrieb

27 Abs. 1 S. 2 eröffnet für ArbN eines selbständigen Betriebsteils, der nach Abs. 1 S. 1 als eigener Betrieb gilt, für den aber kein eigener BR errichtet ist, die Möglichkeit, die **Teilnahme an der BRWahl im Hauptbetrieb** zu **beschließen** (BAG 17.9.2013 – 1 ABR 21/12, NZA 2014, 96). Die ArbN eines BRfähigen, aber BRlosen Betriebsteils können so für ihre InteressenVertr. sorgen, ohne selbst eine BRWahl organisieren zu müssen (ErfK/*Koch* Rn. 6). Handelt es sich mangels Erfüllung der Voraussetzungen des Abs. 1 S. 1 nur um einen einfachen Betriebsteil, haben die ArbN keine Wahlmöglichkeit. Sie gehören dann in jedem Fall zum Hauptbetrieb. Handelt es sich bei der Organisationseinheit bereits um einen Betrieb, gibt es ebenfalls keine Wahlmöglichkeit. In diesem Fall ist – sofern nicht ein TV oder eine BV eine andere ArbNVertrStruktur vorsieht – ein BR für den Betrieb zu wählen.

28 Der Betrieb muss **BRlos** sein (DKKW/*Trümner* Rn. 107). Besteht in ihm bereits ein BR, kann keine Zuordnung zum Hauptbetrieb herbeigeführt werden. In diesem Fall kann nur durch TV nach § 3 Abs. 1 Nr. 1b oder BV nach § 3 Abs. 2 iVm Abs. 1 Nr. 1b eine abweichende ArbNVertrStruktur geschaffen werden.

29 Erforderlich für die Teilnahme an der Wahl des BR im Hauptbetrieb ist ein entspr. **Beschluss der ArbN des Betriebsteils.** Für den Beschluss ist ausdrücklich keine Form vorgeschrieben. Nach der Begründung des Bundestagsausschusses für Arbeit

und Sozialordnung ist eine Verslg. nicht erforderlich, sondern ein im Umlaufverf. gefasster Beschluss ausreichend (Ausschuss-Drs. 14/1610, 1; LAG Düsseldorf 13.1.2016 – 12 TaBV 67/14, BeckRS 2016, 65718; DKKW/*Trümner* Rn. 120; GK-BetrVG/*Franzen* Rn. 21; *Däubler* FS Kreutz, 2010, 69 [74]; **aA** Richardi BetrVG/*Richardi/Maschmann* Rn. 39, der die Abstimmung in einer Versammlung für notwendig hält). Auch eine geheime Abstimmung wird nicht verlangt (LAG Düsseldorf 13.1.2016 – 12 TaBV 67/14, BeckRS 2016, 65718). Erforderlich ist aber die absolute Stimmenmehrheit der ArbN des Betriebsteils. Deren Feststellung kann gerade angesichts des Fehlens formaler Sicherungen zu Schwierigkeiten führen (vgl. zu der ähnlichen Problematik bei § 3 Abs. 3, → § 3 Rn. 96). Insbes. bei größeren Betriebsteilen und dann, wenn der ArbGeb. kein Interesse an der Abstimmung hat, kann es schwierig sein, eine formlose Abstimmung derart zu organisieren, dass zu einem bestimmten Stichtag (welchem?) zuverlässig festgestellt werden kann, ob sich tatsächlich die Mehrheit der ArbN des Betriebsteils für die Teilnahme an der Wahl des BR im Hauptbetrieb ausgesprochen hat. Zumindest sollte im Hinblick auf spätere Anfechtungen einer unter Einbeziehung des Betriebsteils durchgeführten BRWahl im Hauptbetrieb die Stimmabgabe in nachvollziehbarer Weise festgehalten werden (GK-BetrVG/*Franzen* Rn. 21). Häufig wird die BRlosigkeit einfacher durch die Einleitung einer BRWahl nach § 17 überwunden werden können.

Abstimmungsberechtigt sind **alle ArbN des Betriebsteils.** Diese müssen nicht wahlberechtigt sein (ErfK/*Koch* Rn. 6; GK-BetrVG/*Franzen* Rn. 20; DKKW/*Trümner* Rn. 118; Richardi BetrVG/*Richardi/Maschmann* Rn. 38). 30

Nach Abs. 1 S. 2 Hs. 2 iVm § 3 Abs. 3 S. 2 kann die **Abstimmung** von mindestens drei wahlberechtigten ArbN des Betriebsteils oder einer in dem Betriebsteil vertretenen Gewerkschaft **veranlasst** werden. Es genügt nicht, dass ArbN oder Gewerkschaft im Unternehmen vertreten sind, denn § 3 Abs. 3 S. 2 gilt nur „entsprechend" (Richardi BetrVG/*Richardi/Maschmann* Rn. 36; ErfK/*Koch* Rn. 6; DKKW/*Trümner* Rn. 112, 113). 31

Nach Abs. 1 S. 3 kann die Abstimmung **auch vom BR des Hauptbetriebs veranlasst** werden. Dies kann vor allem deshalb sinnvoll sein, weil die ArbN, welche die Abstimmung veranlassen, keinen besonderen Kündigungsschutz nach § 15 Abs. 3a KSchG genießen (vgl. DKKW/*Trümner* Rn. 117; ErfK/*Koch* Rn. 6). 32

Nach Abs. 1 S. 4 ist der Beschluss dem BR des Hauptbetriebs **spätestens zehn Wochen vor Ablauf seiner Amtszeit mitzuteilen,** damit er bei der anstehenden Neuwahl des BR berücksichtigt werden kann. Nachdem es auch insoweit an Formvorschriften fehlt, dürfte die Mitteilung formlos möglich sein. Die Mitteilung hat wohl durch denjenigen zu erfolgen, der die Abstimmung veranlasst hat. Eine zu spät eingehende Mitteilung darf der Wahlvorstand wohl nicht mehr berücksichtigen. Die ArbN des Betriebsteils dürfen dann bei der BRWahl des Hauptbetriebs nicht mitwählen (DKKW/*Trümner* Rn. 122; ErfK/*Koch* Rn. 5). 33

Der **Wahlvorstand** für die BRWahl im Hauptbetrieb hat in eigener Verantwortung zu **prüfen, ob ein wirksamer Zuordnungsbeschluss** der ArbN in dem selbständigen Betriebsteil vorliegt. Etwaige Mängel des Zuordnungsbeschlusses – insbes. hinsichtlich der erforderlichen absoluten Mehrheit – können, sofern der Wahlvorstand den selbständigen Betriebsteil bei der BRWahl beteiligt, im Rahmen einer Anfechtung der BRWahl nach § 19 geltend gemacht werden (vgl. *Hanau* NJW 2001, 2513; ErfK/*Koch* Rn. 6; GK-BetrVG/*Franzen* Rn. 21). 34

Rechtsfolge des Zuordnungsbeschlusses ist zunächst, dass die ArbN des qualifizierten Betriebsteils an der BRWahl des Hauptbetriebs teilnehmen können (GK-BetrVG/*Franzen* Rn. 22). Darüber hinaus führt die gemeinsame Wahl dazu, dass der Betriebsteil in jeglicher betriebsverfassungsrechtlicher Hinsicht Teil des Hauptbetriebs wird. Die nach Abs. 1 S. 1 fingierte betriebsverfassungsrechtliche Eigenständigkeit wird aufgehoben (BAG 17.9.2013 – 1 ABR 21/12, NZA 2014, 96; *Bayreuther* NZA 2011, 727; GK-BetrVG/*Franzen* Rn. 22; *Löwisch* RdA 2014, 317; DKKW/*Trümner* Rn. 123;). Daher zählen die in dem Betriebsteil beschäftigten ArbN bei den Schwel- 35 lenwerten mit (*Löwisch* RdA 2014, 317; DKKW/*Trümner* Rn. 124). Auch für §§ 111 ff. kommt es auf den durch den Zuordnungsbeschluss gebildeten „Gesamtbetrieb" an (GK-BetrVG/*Franzen* Rn. 22; *Bayreuther* NZA 2011, 727). Gleiches gilt für § 102. Auf das KSchG (insbes. § 17 KSchG) schlägt der Zuordnungsbeschluss und der dadurch entstehende „Gesamtbetrieb" aber wohl nicht durch (GK-BetrVG/*Franzen* Rn. 24). Der Zuordnungsbeschluss wirkt nicht bereits mit seinem Zustandekommen (so aber *Däubler* FS Kreutz, 2010, 69 [75]), sondern erst ab der Installation des neuen BR (GK-BetrVG/*Franzen* Rn. 22). Er entfaltet **Dauerwirkung.** Er gilt daher auch für die Teilnahme an späteren BRWahlen (Richardi BetrVG/*Richardi*/*Maschmann* Rn. 40; ErfK/*Koch* Rn. 6). Die Wahl eines eigenen BR in dem Betriebsteil ist nicht möglich.

36 Nach Abs. 1 S. 5 ist ein **Widerruf** des Beschlusses möglich (**aA** wohl ErfK/*Koch* Rn. 6). Für diesen gelten die S. 2–4 entsprechend. Er wirkt sich erst bei der nächsten BRWahl aus (DKKW/*Trümner* Rn. 126; GK-BetrVG/*Franzen* Rn. 22). Wird der Zuordnungsbeschluss widerrufen, ist nunmehr wieder die Wahl eines BR für den Betriebsteil möglich.

V. Streitigkeiten

37 Streitigkeiten darüber, ob eine organisatorische Einheit ein eigener Betrieb ist, ob diesem Betriebsteile zuzuordnen oder wiederum selbst betriebsratsfähig sind, entscheiden die ArbG gem. § 2a iVm §§ 80 ff. ArbGG im **Beschlussverf.** Zu den Besonderheiten des BeschlVerf. vgl. **Anh. 3.** Die Frage, ob eine betriebsratsfähige Einheit vorliegt, kann nach **§ 18 Abs. 2** unabhängig von einer konkret anstehenden oder durchgeführten BRWahl einer arbeitsgerichtlichen Entscheidung zugeführt werden (BAG 17.1.2007 – 7 ABR 63/05, NZA 2007, 703). Sie kann aber auch Vorfrage in einem Wahlanfechtungsverf. nach § 19 sein. Die Verkennung des Betriebsbegriffs führt regelmäßig nicht zur Nichtigkeit einer BRWahl, rechtfertigt aber deren Anfechtung (BAG 19.11.2003 – 7 ABR 25/03, AP BetrVG 1972 § 19 Nr. 55; 21.7.2004 – 7 ABR 57/03, AP BetrVG 1972 § 4 Nr. 15). Die falsche Zuordnung eines Betriebsteils stellt eine Verkennung des Betriebsbegriffs dar.

38 Soweit für die Zuordnung von Betriebsteilen **unbestimmte Rechtsbegriffe,** wie insbes. „räumlich weite Entfernung" (Abs. 1 S. 1 Nr. 1) oder „eigenständiger Aufgabenbereich und Organisation" (Abs. 1 S. 1 Nr. 2) von Bedeutung sind, ist deren Anwendung durch die Tatsachengerichte **im Rechtsbeschwerdeverf. nur eingeschränkt überprüfbar** (BAG 19.2.2002 – 1 ABR 26/01, NZA 2002, 1300; 21.7.2004 – 7 ABR 57/03, AP BetrVG 1972 § 4 Nr. 15; 14.1.2004 – 7 ABR 26/03, BeckRS 2009, 55090).

§ 5 Arbeitnehmer

(1) [1] **Arbeitnehmer (Arbeitnehmerinnen und Arbeitnehmer) im Sinne dieses Gesetzes sind Arbeiter und Angestellte einschließlich der zu ihrer Berufsausbildung Beschäftigten, unabhängig davon, ob sie im Betrieb, im Außendienst oder mit Telearbeit beschäftigt werden.** [2] **Als Arbeitnehmer gelten auch die in Heimarbeit Beschäftigten, die in der Hauptsache für den Betrieb arbeiten.** [3] **Als Arbeitnehmer gelten ferner Beamte (Beamtinnen und Beamte), Soldaten (Soldatinnen und Soldaten) sowie Arbeitnehmer des öffentlichen Dienstes einschließlich der zu ihrer Berufsausbildung Beschäftigten, die in Betrieben privatrechtlich organisierter Unternehmen tätig sind.**

(2) **Als Arbeitnehmer im Sinne dieses Gesetzes gelten nicht**

1. **in Betrieben einer juristischen Person die Mitglieder des Organs, das zur gesetzlichen Vertretung der juristischen Person berufen ist;**

2. die Gesellschafter einer offenen Handelsgesellschaft oder die Mitglieder einer anderen Personengesamtheit, soweit sie durch Gesetz, Satzung oder Gesellschaftsvertrag zur Vertretung der Personengesamtheit oder zur Geschäftsführung berufen sind, in deren Betrieben;
3. Personen, deren Beschäftigung nicht in erster Linie ihrem Erwerb dient, sondern vorwiegend durch Beweggründe karitativer oder religiöser Art bestimmt ist;
4. Personen, deren Beschäftigung nicht in erster Linie ihrem Erwerb dient und die vorwiegend zu ihrer Heilung, Wiedereingewöhnung, sittlichen Besserung oder Erziehung beschäftigt werden;
5. der Ehegatte, der Lebenspartner, Verwandte und Verschwägerte ersten Grades, die in häuslicher Gemeinschaft mit dem Arbeitgeber leben.

(3) [1] **Dieses Gesetz findet, soweit in ihm nicht ausdrücklich etwas anderes bestimmt ist, keine Anwendung auf leitende Angestellte.** [2] **Leitender Angestellter ist, wer nach Arbeitsvertrag und Stellung im Unternehmen oder im Betrieb**
1. zur selbständigen Einstellung und Entlassung von im Betrieb oder in der Betriebsabteilung beschäftigten Arbeitnehmern berechtigt ist oder
2. Generalvollmacht oder Prokura hat und die Prokura auch im Verhältnis zum Arbeitgeber nicht unbedeutend ist oder
3. regelmäßig sonstige Aufgaben wahrnimmt, die für den Bestand und die Entwicklung des Unternehmens oder eines Betriebs von Bedeutung sind und deren Erfüllung besondere Erfahrungen und Kenntnisse voraussetzt, wenn er dabei entweder die Entscheidungen im Wesentlichen frei von Weisungen trifft oder sie maßgeblich beeinflusst; dies kann auch bei Vorgaben insbesondere aufgrund von Rechtsvorschriften, Plänen oder Richtlinien sowie bei Zusammenarbeit mit anderen leitenden Angestellten gegeben sein.

[3] **Für die in Absatz 1 Satz 3 genannten Beamten und Soldaten gelten die Sätze 1 und 2 entsprechend.**

(4) **Leitender Angestellter nach Absatz 3 Nr. 3 ist im Zweifel, wer**
1. aus Anlass der letzten Wahl des Betriebsrats, des Sprecherausschusses oder von Aufsichtsratsmitgliedern der Arbeitnehmer oder durch rechtskräftige gerichtliche Entscheidung den leitenden Angestellten zugeordnet worden ist oder
2. einer Leitungsebene angehört, auf der in dem Unternehmen überwiegend leitende Angestellte vertreten sind, oder
3. ein regelmäßiges Jahresarbeitsentgelt erhält, das für leitende Angestellte in dem Unternehmen üblich ist, oder,
4. falls auch bei der Anwendung der Nummer 3 noch Zweifel bleiben, ein regelmäßiges Jahresarbeitsentgelt erhält, das das Dreifache der Bezugsgröße nach § 18 des Vierten Buches Sozialgesetzbuch überschreitet.

Inhaltsübersicht

I. Vorbemerkung

1 Die Vorschrift beschreibt den Kreis der **ArbN,** auf den das BetrVG im Gegensatz zu den übrigen Betriebsangehörigen in vollem Umfang anzuwenden ist. Das ist der Personenkreis, der nach dem G vom BR repräsentiert wird, und dessen Interessen er wahrnehmen kann und zu vertreten hat (zur erweiterten Zuständigkeit des BR für entliehene ArbN → Rn. 231 ff., 241 ff.).

§ 5 Abs. 1 ist durch das **BetrVerf-ReformG** (BT-Drs. 14/5741) neu gefasst worden, ohne dass materiell-rechtl. Änderungen am ArbN-Begriff erfolgt sind. Gleichzeitig verdeutlicht die Neufassung, dass infolge der Informations- und Kommunikationstechnik zunehmend Tätigkeiten außerhalb fester Betriebsstrukturen erfolgen, ohne dass dadurch der ArbN-Status verloren geht (s. Begründung des Entwurfs BT-Drs. 14/5741, 35; *Konzen* RdA 2001, 76 [83]). Das ist auch bedeutsam für die sich im Zusammenhang mit Industrie und Arbeit 4.0 wandelnden Tätigkeitsfelder der ArbN (vgl. Weissbuch Arbeiten 4.0, S. 67 ff.). 2

S. 1 erster Satzteil knüpft damit an den **traditionellen** allgemeinen arbeitsrechtlichen **ArbN-Begriff** an (DKKW/*Trümner* Rn. 2; *Engels/Trebinger/Löhr-Steinhaus* DB 2001, 532 [536]). Die Ergänzung in der Klammer stellt klar, dass mit dem Begriff Arbeitnehmer weibliche und männliche ArbN gemeint sind. 3

Arb. und Ang. werden als die immer noch bestehenden beiden klassischen Gruppen der ArbN zur Klarstellung erwähnt. Betriebsverfassungsrechtliche Folgen ergeben sich jedoch hieraus nicht mehr. Das BetrVerf-ReformG hat den **Gruppenschutz aufgegeben** (Begründung des Entwurfs BT-Drs. 14/5741, 23 f., 26, 27, 36; *Engels/Trebinger/Löhr-Steinhaus* DB 2001, 532 [534]) und § 6 (Begriffsbestimmungen der Arb. und Ang.) aufgehoben. 4

Mit einbezogen in den ArbN-Begriff sind die zu ihrer **Berufsausbildung Beschäftigten,** nicht dagegen die in außerbetrieblichen Einrichtungen zu ihrer Berufsausbildung Beschäftigten; für sie sieht § 51 BBiG eine bes. kollektive Interessenvertretung vor, deren Wahl, Zusammensetzung und Beteiligungsrechte das BMBF durch Erlass einer VO regeln kann (§ 52 BBiG). Die VO ist bisher noch nicht erlassen worden (→ Rn. 302 f.; BAG 13.6.2007 – 7 ABR 44/06, AP BetrVG 1972 § 5 Ausbildung Nr. 12). 5

S. 1 zweiter Satzteil verdeutlicht, dass dem ArbN-Status nicht entgegensteht, wenn die zu leistende Arbeit **außerhalb** des räumlichen Bereichs **des Betriebs** zB in Form des klassischen Außendienstes oder der modernen Telearbeit erfolgt. Damit wird hervorgehoben, dass die mit derartigen Beschäftigungsformen verbundene Lockerung des für den ArbN-Status entscheidenden Merkmals der persönlichen Abhängigkeit, die ua durch die Eingliederung des ArbN in den Betrieb des ArbGeb. begründet wird, nicht schadet (*Löwisch/Kaiser* Rn. 9). Wegen des auch **funktional** zu verstehenden betriebsverfassungsrechtlichen **Betriebsbegriffs** ist die Einordnung in den Betrieb nicht stets in tatsächlicher örtlicher Hinsicht erforderlich; es reicht die Einordnung in die betriebliche Organisation aus (Begründung des Entwurfs BT-Drs. 14/5741, 35; → Rn. 188). 6

S. 2 erweitert den ArbN-Begriff um die **in Heimarbeit Beschäftigten,** die in der Hauptsache für den Betrieb arbeiten. Eine generelle Einbeziehung der arbeitnehmerähnlichen Personen ist nicht erfolgt. 7

Durch Art. 9 des G zur Errichtung eines **Bundesaufsichtsamtes** für **Flugsicherung** und zur Änderung und Anpassung weiterer Vorschriften v. 29.7.2009 (BGBl. I S. 2424 [2429]) ist Abs. 1 ein neuer S. 3 angefügt worden. Er führt die allgemeine Regelung in das BetrVG ein, dass **Beamte, Soldaten** der Bundeswehr und ArbN des öffentlichen Dienstes bei Zuweisung an privatrechtlich organisierte Unternehmen als **ArbN** in deren Betrieben gelten. Die bereits bestehenden Spezialgesetze, die die Einbeziehung dieses Personenkreises in die Betriebsverfassung regeln (→ Rn. 320 ff.), gelten uneingeschränkt weiter. 8

Andererseits gelten einige ArbN im arbeitsvertraglichen Sinne **nicht** als **ArbN** iSd BetrVG. Dieser Personenkreis wird durch § 5 Abs. 2 beschrieben. 9

Außerdem findet das BetrVG, soweit in ihm nicht ausdrücklich etwas anderes bestimmt wird (vgl. §§ 105, 107 Abs. 1 u. 3, § 108 Abs. 2), auf **leitende Angestellte** keine Anwendung. Der Personenkreis der leitenden Ang. wird in § 5 Abs. 3 näher umschrieben; der neu angefügte S. 3 stellt klar, dass diese Umschreibung auch für den in → Rn. 8 genannten Personenkreis gilt. 10

Leitende Ang. können einen **Sprecherausschuss** wählen und sind zu dieser Interessenvertretung wählbar (§ 3 Abs. 1 u. 2 SprAuG). Streitigkeiten darüber, ob ein 11

ArbN an der Wahl zum BR oder Sprecherausschuss teilnehmen darf, werden in einem bes. **Zuordnungsverfahren nach § 18a BetrVG** ausgetragen. Ansonsten kann der Status eines Ang. – leitender Ang. oder nicht – jederzeit in einem BeschlVerf. geklärt werden (→ Rn. 351; → § 18a Rn. 61 ff.).

12 Die **NichtArbN** und die **leitenden Ang.** nach Abs. 3 besitzen **weder** das **Wahlrecht** noch die **Wählbarkeit** zum **BR.** Sie bleiben auch bei der Entscheidung darüber außer Betracht, ob ein BRpflichtiger Betrieb vorliegt (§ 1), in welcher Stärke der BR zu errichten ist (§ 9), ob ein MBR bzw. Mitwirkungsrecht auf personellem Gebiet besteht (§ 99 Abs. 1), ob ein WiAusschuss zu bilden ist (§ 106 Abs. 1) und ob der BR in wirtschaftlichen Angelegenheiten mitzubestimmen hat (§ 111). Beteiligungsrechte in Angelegenheiten, die diesen Personenkreis betreffen, stehen dem BR nicht zu.

13 Der **ArbN-Begriff** des G ist **zwingend;** er kann weder durch TV noch durch BV geändert werden (hM; DKKW/*Trümner* Rn. 7; GK-BetrVG/*Raab* Rn. 8). Das gilt auch für den Begriff des leitenden Ang. (→ Rn. 365).

14 Entspr. Vorschriften: § 4 BPersVG, § 3 MitbestG, § 3 DrittelbG.

II. Begriff des Arbeitnehmers

1. Allgemeiner arbeitsrechtlicher und betriebsverfassungsrechtlicher Begriff

15 Das BetrVG enthält keine eigene Begriffsbestimmung. Es geht von einem allgemeinen arbeitsrechtlichen **Begriff** des **ArbN** aus (hM; BAG 5.12.2012 – 7 ABR 48/11, NZA 2013, 793). Dieser ist im neuen **§ 611a BGB** auf Grundlage der st. Rspr. des BAG (21.11.2017 – 9 AZR 117/17, NZA 2018, 448 [450]; 17.1.2017 – 9 AZR 76/16, BeckRS 2017, 106799; 14.6.2016 – 9 AZR 305/15, NZA 2016, 1453; 29.8.2012 – 10 AZR 499/11, NZA 2012, 1433; 15.2.2012 – 10 AZR 111/11, NZA 2012, 733; sa. Gesetzesbegründung BT-Drs. 18/10064 S. 16 iVm BT-Drs. 18/9232 S. 4, 18, 25 f.; *Deinert* RdA 2017, 65, 71 ff.; *Hennsler* RdA 2017, 83 ff.; *Uffmann* NZA 2016 Bei. 1 S. 5, 11 f.) wie folgt umschrieben worden: ArbN ist, wer durch ArbVertr. im Dienste eines anderen zur Leistung weisungsgebundener, fremdbestimmter Arbeit in persönlicher Abhängigkeit verpflichtet ist. Das Weisungsrecht kann Inhalt, Durchführung, Zeit und Ort der Tätigkeit betreffen. Weisungsgebunden ist, wer nicht im Wesentlichen frei seine Tätigkeit gestalten und seine Arbeitszeit bestimmen kann. Der Grad der persönlichen Abhängigkeit hängt dabei auch von der Eigenart der jeweiligen Tätigkeit ab. Für die Feststellung, ob ein ArbVertr. vorliegt, ist eine Gesamtbetrachtung aller Umstände vorzunehmen. Zeigt die tatsächliche Durchführung des VertrVerh., dass es sich um ein ArbVerh. handelt, kommt es auf die Bezeichnung im Vertr. nicht an.

16 Soweit andere Rechtsvorschriften eine von § 611a BGB abweichende Definition des ArbN vorsehen, bleiben diese unberührt (Gesetzesbegründung BT-Drs. 18/9232 S. 29). So fasst § 5 den **betriebsverfassungsrechtlichen ArbN-Begriff** zum einen weiter, zum anderen enger als den allgemeinen arbeitsrechtlichen ArbNBegriff (→ Rn. 2–9; GK-BetrVG/*Raab* Rn. 16; Richardi BetrVG/*Richardi* Rn. 2 ff.). Er erfordert darüber hinaus, dass der ArbN einem bestimmten Betrieb zugeordnet ist. Nach der sog **„Zwei-Komponenten-Lehre"** gehört zu den konstitutiven Merkmalen der Betriebszugehörigkeit einerseits ein **ArbVerh.** zum Betriebsinhaber, andererseits die tatsächliche **Eingliederung** des ArbN in dessen Betriebsorganisation. Sie führt in der weitaus überwiegenden Zahl der Fälle zu sachgerechten Ergebnissen (BAG 5.12.2012 – 7 ABR 48/11, NZA 2013, 793).

16a In Fällen des **drittbezogenen Personaleinsatzes** führt die **„Zwei- Komponenten-Lehre"** zu nicht sachgerechten Ergebnissen und ist deshalb vom BAG (5.12.2012 – 7 ABR 48/11, NZA 2013, 793) aufgegeben worden. Der ArbN könnte weder seinem Vertrags-ArbGeb. mangels Eingliederung noch dem Betriebs-ArbGeb. mangels arbeitsvertraglichen Bands zugeordnet werden. Deshalb bedarf es in Fällen einer **aufgespaltenen ArbGeb.-Stellung** einer differenzierten Beurteilung der betriebsverfassungsrechtlichen Zuordnung der ArbN. Hierbei sind insbes. die bereits umfänglich ergangenen spezialgesetzlichen Regelungen zur betriebsverfassungsrechtlichen Behandlung des drittbezogenen Personaleinsatzes zu beachten (BAG 13.3.2013 – 7 ABR 69/11, NZA 2013, 789; 5.12.2012 – 7 ABR 48/11, NZA 2013, 793). Das sind vor allem das AÜG (→ Rn. 250ff., 262ff.; → § 99 Rn. 57ff.) und die Privatisierungsgesetze (→ Rn. 316ff.; → § 99 Rn. 299ff., 303ff., 316ff., 327ff., 332ff., 337ff., 339ff., 341ff.).

Entscheidendes Merkmal für den Status eines ArbN ist die **persönliche Abhängigkeit** (→ Rn. 39ff.; die von DKKW/*Trümner* Rn. 13 als maßgeblich angesehene Betriebszugehörigkeit ist insbes. für das Wahlrecht entscheidend; → § 7 Rn. 16ff.). Persönlich abhängig ist derjenige Mitarbeiter, der seine Arbeit (Dienste) im Rahmen einer von Dritten (ArbGeb.) bestimmten Arbeitsorganisation erbringt. Die persönliche Abhängigkeit bzw. Weisungsunterworfenheit ist ein wesentliches Element auch des europarechtlichen ArbNBegriffs (EuGH 26.3.2015 – C-316/13, NZA 2015, 1444; 17.7.2008 – C-94/07, NZA 2008, 995 mwN; *Schlachter* ZESAR 11, 156 [159ff.]; *Oberthür* NZA 2011, 253ff.). 17

2. Arbeitsverhältnis

a) Arbeitsvertrag

Das ArbVerh. wird durch Arbeitsvertrag zwischen ArbGeb. und ArbN begründet. 18
Dieser **privatrechtliche Vertrag** kann ausdrücklich oder auch stillschweigend durch übereinstimmendes schlüssiges Verhalten (Realofferte und deren konkludente Annahme) zu Stande kommen (BAG 9.4.2014 – 10 AZR 590/13, NZA 2014, 522). Ist der Arbeitsvertrag mündlich abgeschlossen worden, hat der ArbGeb. spätestens 1 Monat nach vereinbartem Beginn des ArbVerh. die wesentlichen Vertragsbedingungen (zB Art der Tätigkeit, Entgelt, Arbeitsort und -zeit, Urlaubsdauer, Kündigungsfristen) schriftl. niederzulegen, die Niederschrift zu unterzeichnen und sie dem ArbN auszuhändigen. Zur Erleichterung kann er auf Gesetze, TV und BV verweisen (§ 2 NachwG; für geringfügig Beschäftigte s. § 2 Abs. 1 S. 4 NachwG; zu deren rechtl. Situation *Koll/Grolms* AiB 2013, 309ff.).

Das nach § 78a Abs. 2 und nach § 10 Abs. 1, § 10a AÜG **kraft G** – oder iVm 19
nachrangigem statuarischen Recht (so zum Gesamthafenbetrieb Hamburg BAG 25.11.1992 – 7 ABR 7/92, AP GesamthafenbetriebsG § 1 Nr. 8; zu diesem G s. *Martens* NZA 2000, 449ff.) – **entstehende ArbVerh.** steht dem durch Rechtsgeschäft begründeten ArbVerh. gleich. In den genannten Fällen knüpft das G die Rechtsfolge an ein bestimmtes tatsächliches Verhalten der Beteiligten an, zB bei § 78a an die Begründung eines Berufsausbildungsverhältnisses und das Verlangen nach Weiterbeschäftigung.

Die **Wirksamkeit** des Arbeitsvertrages ist keine Voraussetzung für die ArbN- 20
Eigenschaft. Auch wer auf Grund anfechtbaren oder nichtigen Arbeitsvertrages beschäftigt wird, bleibt ArbN iSd BetrVG, solange er im Betrieb tatsächlich beschäftigt wird (hM; BAG 15.11.1957 – 1 AZR 189/57, AP BGB § 125 Nr. 2; 5.12.1957 – 1 AZR 594/56, AP BGB § 123 Nr. 2; DKKW/*Trümner* Rn. 10c; GK-BetrVG/*Raab* Rn. 30; Richardi BetrVG/*Richardi* Rn. 75ff.; ErfK/*Koch* Rn. 2).

AT-Ang. sind ArbN, deren Vergütung nicht durch TV geregelt wird, weil ihre Tä- 20a
tigkeit höher zu bewerten ist als die Tätigkeit in der obersten Tarifgruppe; für sie gilt das BetrVG uneingeschränkt (zB → § 87 Rn. 488ff.; *Thannheiser* AiB 2014, 49ff.; *Hunold* NZA-RR 2010, 505ff.)

Beamte und **Soldaten,** deren Beschäftigung nicht auf einem privatrechtlichen 21
Vertrag beruht, und Personen, die kraft eines öffentlich-rechtlichen Zwanges beschäf-

tigt werden (zB Strafgefangene, Fürsorgepflichtarbeiter) sind keine ArbN (zu Einzelheiten → Rn. 314, 316 ff.). Beamte, Soldaten und ArbN des öffentlichen Dienstes gelten aber dann als ArbN, wenn sie in Betriebe privater Unternehmen eingegliedert sind (Abs. 1 S. 3). **Ein-Euro-Jobber** sind ebenfalls keine ArbN (→ Rn. 155). Zum Status von **Krankenschwestern** → Rn. 332 f.

b) Gegenstand des Arbeitsvertrages

22 Gegenstand des Arbeitsvertrages ist die **Leistung** weisungsgebundener, fremdbestimmter **Arbeit** in persönlicher Abhängigkeit, zu der sich der ArbN verpflichtet (§ 611a Abs. 1 S. 1 BGB). Deshalb ist eine **Rahmenvereinbarung,** die zB nur die Bedingungen erst noch abzuschließender Verträge wiedergibt, selbst aber (noch) keine Verpflichtung zur Arbeitsleistung oder ein Weisungsrecht zur einseitigen Festlegung der zu erbringenden Leistungen begründet, kein Arbeitsvertrag (BAG 21.5.2019 – 9 AZR 295/18, NZA 2019, 1411; 15.2.2012 – 10 AZR 111/11, NZA 2012, 733 mwN; *Reinecke* ZTR 2014, 63 [64]; zur Einordnung sog Null-Stunden-Verträge s. *Bieder* RdA 2015, 388 ff.; *Forst* NZA 2014, 998 ff.).

22a Gegenstand des Arbeitsvertrages kann auch die Begründung eines **Probe-ArbVerh.** zur Prüfung einer möglichen längerfristigen Zusammenarbeit, eines **Aushilfs-ArbVerh.** zur Deckung eines vorübergehenden Arbeitskräftebedarfs und eines **Anlern-ArbVerh.** in Form eines Ausbildungs-, Umschulungs-, Praktikanten- und Volontär-Verh. (→ Rn. 289 ff.) sein. Hiervon zu unterscheiden sind sog **Einfühlungs-Verh.,** die keine Arbeitspflicht und grds. keinen Vergütungsanspruch und somit keinen ArbN-Status begründen (ErfK/*Preis* BGB § 611a Rn. 159; Schaub ArbR-HdB/*Koch* § 41 Rn. 2).

23 Mit dem ArbVerh. ist typischerweise die Vereinbarung oder jedenfalls die berechtigte Erwartung einer angemessenen **Gegenleistung** für die versprochenen Dienste verbunden (§ 611a Abs. 2 BGB). Auch wenn die Erwerbsabsicht keine notwendige Bedingung für die ArbN-Eigenschaft ist, spricht ihr Fehlen gegen die Annahme eines ArbVerh. So wird durch die Ausübung **unentgeltlicher ehrenamtlicher Tätigkeit** kein ArbVerh. begründet. Die Beauftragung zu ehrenamtlicher Tätigkeit darf aber nicht zur Umgehung zwingender arbeitsrechtlicher Schutzbestimmungen führen (BAG 29.8.2012 – 10 AZR 499/11, NZA 2012, 1433; *Reinecke* NZA-RR 2016, 393, 394).

23a Arbeitsverträge sind zu unterscheiden von **Werkverträgen** (§ 631 BGB). Im Werkvertrag verpflichtet sich der Unternehmer zur Herstellung oder Veränderung einer Sache oder zu einem anderen durch Arbeit oder Dienstleistung herbeizuführenden Erfolg für den Besteller (§ 631 Abs. 2 BGB). Demgegenüber wird beim Arbeitvertrag die Arbeitsleistung als solche geschuldet (BAG 25.9.2013 – 10 AZR 282/12, NZA 2013, 1348; *Palandt* BGB Einf. Vor § 631 Anm. 1). Zur Abgrenzung Werkvertrag von ArbNÜberlassung → Rn. 279 ff.; zum Fremdfirmeneinsatz → § 99 Rn. 63 ff.

23b **Fehlt** es an einem vertraglich festgelegten abgrenzbaren, dem Werkunternehmer als **eigene Leistung** zurechenbaren und abnahmefähigen Werk, kommt ein Werkvertrag kaum in Betracht, weil der Besteller dann durch weitere Weisungen die vom Werkunternehmer zu erbringende Leistung erst noch bestimmen und damit Arbeit und Einsatz bindend organisieren muss (BAG 25.9.2013 – 10 AZR 282/12, NZA 2013, 1348; krit. *Boemke* RdA 2015, 115 ff.).

23c Richten sich die vom Werkunternehmer zu erbringenden Leistungen nach dem jeweiligen Bedarf des Bestellers, kann darin ein **Indiz** gegen eine werk- und für eine **arbeitsvertragliche Beziehung** liegen, etwa wenn mit der Bestimmung von Leistungen auch über Inhalt, Durchführung, Zeit, Dauer und Ort der Tätigkeit entschieden wird. Wesentlich ist, inwiefern Weisungsrechte ausgeübt werden und in welchem Umfang der Werkunternehmer in einen vom Besteller organisierten Produktionsprozess eingegliedert ist (BAG 25.9.2013 – 10 AZR 282/12, NZA 2013, 1348; krit.

Boemke RdA 2015, 115ff.). Bei der Würdigung, ob ein Beschäftigter im Betrieb eines anderen ArbGeb. eingegliedert ist, steht den Tatsacheninstanzen ein Beurteilungsspielraum zu (BAG 8.11.2016 – 1 ABR 57/14, NZA-RR 2017, 134 m.Anm. *Kröll* AiB 2017 H. 7–8 S. 60f.).

Die Pflicht, die **Leistung** grds. **persönlich** zu **erbringen,** ist ein typisches Merkmal für ein ArbVerh. Ist der zur Leistung Verpflichtete berechtigt, die Leistung durch Dritte erbringen zu lassen, spricht dieser ihm eingeräumte Gestaltungsspielraum idR gegen ein ArbVerh. (BAG 11.8.2015 – 9 AZR 98/14, NZA-RR 2016, 288; 20.1.2010 – 5 AZR 99/09, NZA-RR 2011, 112). Das gilt jedoch nicht ausnahmslos. So kann ein ArbVerh. vorliegen, wenn die persönliche Leistungserbringung die Regel und die Leistungserbringung durch den Dritten eine seltene Ausnahme ist (BAG 19.11.1997 – 5 AZR 653/96, AP BGB § 611 Abhängigkeit Nr. 90). Andererseits ist zu beachten, dass auch dem Dienstvertragsrecht eine Verpflichtung zur persönlichen Leistungserbringung nicht fremd ist, so dass es zur Statusbestimmung auf die Umstände des Einzelfalles ankommt (BAG 27.6.2017 – 9 AZR 851/16, NZA 2017, 1463). **24**

Ist der zur Leistung Verpflichtete nach den tatsächlichen Umständen nicht in der Lage, seine vertraglichen Leistungspflichten alleine zu erfüllen, sondern auf den **Einsatz** von **Hilfskräften** angewiesen und hierzu vertraglich berechtigt, liegt regelmäßig kein ArbVerh. vor (BAG 12.12.2001 – 5 AZR 253/00, AP BGB § 611 Abhängigkeit Nr. 111; HWGNRH/*Rose* Rn. 37). Umgekehrt folgt aus der Verpflichtung zur persönlichen Leistungserbringung nicht automatisch die ArbNEigenschaft (BAG 26.5.1999 – 5 AZR 469/98, BB 1999, 1876 – Rundfunkgebührenbeauftragter). **25**

Jedes Dienstverhältnis führt idR zu einer persönlichen Abhängigkeit. Vom Rechtsverhältnis eines freien Mitarbeiters (Dienstvertrag, § 611 BGB) unterscheidet sich das ArbVerh. durch den **Grad** der **persönlichen Abhängigkeit,** in welcher der zur Dienstleistung Verpflichtete zum Dienstberechtigten jeweils steht (§ 611a Abs. 1 S. 4 BGB; BAG 27.6.2017 – 9 AZR 851/16, NZA 2017, 1463; 14.6.2016 – 9 AZR 305/15, NZA 2016, 1453; 11.8.2015 – 9 AZR 98/14, NZA-RR 2016, 288; 21.11.2013 – 6 AZR 23/12, NZA-RR 2014, 263). **26**

Der Grad der persönlichen Abhängigkeit hängt von Umfang und Ausgestaltung des Weisungsrechts (Direktionsrechts) ab. Das **Weisungsrecht** des ArbGeb. (s. § 106 GewO; s. dazu detailliert *Peters,* Weisungsrecht; *Waltermann,* Arbeitsrecht Rn. 101, 176f.; *Lakies* ArbRAktuell 2013, 334620) ist das typische Abgrenzungsmerkmal des ArbVerh. vom freien Dienstverhältnis (BAG 18.10.2017 – 10 AZR 330/16, NZA 2017, 1452; 11.8.2015 – 9 AZR 98/14, NZA-RR 2016, 288; 15.2.2012 – 10 AZR 301/10, NZA 2012, 731). Je stärker die (örtliche, zeitliche und fachliche) Weisungsbindung, umso eher ist von einem ArbVerh. auszugehen. Der Grad des Weisungsrechts ist der entscheidende Gesichtspunkt bei der Feststellung der persönlichen Abhängigkeit (BAG 14.6.2016 – 9 AZR 305/15, NZA 2016, 1453; 30.11.1994 – 5 AZR 704/93, AP BGB § 611 Abhängigkeit Nr. 74). Das Weisungsrecht bez. Umfang, Inhalt und organisatorischer Einbindung der Arbeitsleistung kennzeichnet das ArbVerh. im Unterschied zum freien Dienstverhältnis. Der ArbN erbringt seine Leistung fremdbestimmt. Besteht keine Weisungsgebundenheit, liegt idR kein ArbVerh. vor (BSG 21.4.1993 – 11 RAr 67/92, AP BGB § 611 Abhängigkeit Nr. 67; **aA** mit Verweis auf eine mögliche eigenständige Bedeutung des Merkmals der Fremdbestimmung in § 611a BGB *Rinck* RdA 2017, 127 [129]), wohl aber dann, wenn das bestehende Weisungsrecht nicht ausgeübt wird (BAG 25.1.2007 – 5 AZB 49/06, AP SGB II § 16 Nr. 1). Zu den Grenzen des Weisungsrechts und den Rechtsfolgen unbilliger Weisungen s. BAG 18.10.2017 – 10 AZR 330/16, NZA 2017, 1452. Solche Weisungen muss der ArbN nicht, auch nicht vorläufig, befolgen. **27**

Der Grad der persönlichen Abhängigkeit kann ua auch von der **Eigenart** und der **Organisation** der zu leistenden **Tätigkeit** abhängen (§ 611a Abs. 1 S. 4 BGB). Entscheidend ist eine Gesamtwürdigung aller maßgeblichen Umstände des Einzelfalles (§ 611a Abs. 1 S. 5 BGB; BAG 27.6.2017 – 9 AZR 851/16, NZA 2017, 1463; **28**

14.6.2016 – 9 AZR 305/15, NZA 2016, 1453; 11.8.2015 – 9 AZR 98/14, NZA-RR 2016, 288; 29.8.2012 – 10 AZR 499/11, NZA 2012, 1433). Manche Tätigkeiten können sowohl im Rahmen eines ArbVerh. als auch im Rahmen eines anderen Rechtsverhältnisses erbracht werden (BAG 21.11.2017 – 9 AZR 117/17, NZA 2018, 448; 17.10.2017 – 9 AZR 792/16, BeckRS 2017, 140191; 9.6.2010 – 5 AZR 332/09, NZA 2010, 877), andere idR nur im Rahmen eines ArbVerh.

29 Bei **untergeordneten und einfachen Arbeiten** ist eher von einer Eingliederung in die fremde Arbeitsorganisation auszugehen als bei gehobenen Tätigkeiten (*Richardi* NZA 2018, 974 [975]; *Bade* Freier MA S. 30f.). Ein ArbVerh. kann aber auch bei Diensten höherer Art vorliegen, selbst wenn dem Dienstverpflichteten ein hohes Maß an Gestaltungsfreiheit, Eigeninitiative und fachlicher Selbständigkeit verbleibt (BAG 6.5.1998 – 5 AZR 347/97, AP BGB § 611 Abhängigkeit Nr. 94; 30.9.1998 – 5 AZR 563/97, AP BGB § 611 Abhängigkeit Nr. 103; ErfK/*Preis* BGB § 611a Rn. 39).

c) Wirklicher Geschäftsinhalt

30 Für die Ermittlung des Grades der persönlichen Abhängigkeit (Dienstvertrag oder Arbeitsvertrag) kommt es auf den **wirklichen Geschäftsinhalt** des Vertrags an, nicht auf die Bezeichnung und die gewünschte Rechtsfolge (s. § 611a Abs. 1 S. 6 BGB; BAG 27.6.2017 – 9 AZR 851/16, NZA 2017, 1463; 11.8.2015 – 9 AZR 98/14, NZA-RR 2016, 288; 20.5.2009 – 5 AZR 31/08, NZA-RR 2010, 172; GK-BetrVG/*Raab* Rn. 46; Richardi BetrVG/*Richardi* Rn. 39; *Tillmanns* RdA 2015, 285ff.). Der Geschäftsinhalt kann sich sowohl aus den schriftlichen Vereinbarungen als auch aus der praktischen Durchführung des Vertrags ergeben (BAG 15.2.2012 – 10 AZR 301/10, NZA 2012, 731).

31 Widersprechen sich schriftliche Vereinbarung und tatsächliche Durchführung, kommt es für die Ermittlung des Geschäftsinhalts auf die **tatsächliche Durchführung** an, wobei eine Gesamtwürdigung der Umstände des Einzelfalles maßgebend ist (§ 611a Abs. 1 S. 5, 6 BGB; stRspr, BAG 27.6.2017 – 9 AZR 851/16, NZA 2017, 1463; 17.1.2017 – 9 AZR 76/16, BeckRS 2017, 106799; 14.6.2016 – 9 AZR 305/15, NZA 2016, 1453; 25.9.2013 – 10 AZR 282/12, NZA 2013, 1348; 15.2.2012 – 10 AZR 111/11, NZA 2012, 733; vgl. auch DKKW/*Trümner* Rn. 64; MHdB ArbR/*Schneider* § 18 Rn. 40f.). Die Parteien können sich nicht über zwingende Bestimmungen zum Schutz der ArbN hinwegsetzen, zB indem sie ihrem ArbVerh. eine andere Bezeichnung geben (BAG 15.2.2012 – 10 AZR 301/10, NZA 2012, 731; *Tillmanns* RdA 2015, 285ff.).

32 Die tatsächliche Durchführung ist auch dann maßgebend, wenn der **ArbGeb.** zwar nicht selbst tätig wird, ihm aber das Verhalten der unmittelbar Handelnden nach den Grundsätzen der Duldungs- und Anscheinsvollmacht **zugerechnet** werden kann. Das ist der Fall, wenn der vertretene ArbGeb. die abweichende Vertragsdurchführung hätte erkennen und verhindern können und der Beschäftigte nach Treu und Glauben annehmen konnte, der ArbGeb. wisse davon und billige dies (BAG 20.7.1994 – 5 AZR 627/93, AP BGB § 611 Abhängigkeit Nr. 73).

33 Die Grundsätze in → Rn. 30–32 gelten nur dann, wenn die Parteien ihr Rechtsverhältnis gerade nicht als ArbVerh., sondern als freies Mitarbeiter- oder Dienstverhältnis bezeichnet haben. Ist ein **ArbVerh. vereinbart,** so ist es auch als solches einzuordnen (BAG 20.7.1994 – 5 AZR 627/93, AP BGB § 611 Abhängigkeit Nr. 73; 12.9.1996 – 5 AZR 1066/94, AP BGB § 611 Freier Mitarbeiter Nr. 1; vgl. auch *Kreuder* ArbuR 1996, 388), selbst wenn das Weisungsrecht nicht ausgeübt wird (LAG Köln 21.11.1997 – 11 Sa 342/97, NZA-RR 1998, 394; ErfK/*Preis* § 611a Rn. 21; *Bade* Freier MA S. 39; *Boemke* ZfA 1998, 285 [308]).

34 Dagegen kann ein freies **Mitarbeiterverhältnis** durch tatsächliche Erteilung von Weisungen und deren Befolgung **zu** einem **ArbVerh.** werden (BAG 12.9.1996 – 5 AZR 1066/94, AP BGB § 611 Lehrer, Dozenten Nr. 125; 15.2.2012 – 10 AZR

111/11, NZA 2012, 733; *Tillmanns* RdA 2015, 285 ff.). Bei rückwirkender gerichtlicher Feststellung des ArbNStatus steht zugleich fest, dass der Dienstverpflichtete als ArbN zu vergüten war und ein Rechtsgrund für die Honorarzahlungen nicht bestand, wenn unterschiedliche Vergütungsordnungen für freie Mitarbeiter und ArbN galten. Der ArbGeb. kann die Rückzahlung zuviel gezahlter Honorare nach § 812 Abs. 1 S. 1 BGB verlangen, es sei denn, der ArbGeb. hatte positive Kenntnis der Rechtslage im Zeitpunkt der Leistung (§ 814 BGB, Näheres s. BAG 9.2.2005 – 5 AZR 175/04, AP BGB § 611 Lohnrückzahlung Nr. 12; 8.11.2006 – 5 AZR 706/05, NZA 2007, 321).

Wird ein ArbVerh. auf Initiative des ArbN, dessen ArbN-Status rechtskräftig festgestellt worden ist, vertraglich aufgehoben und in eine über Jahre praktizierte freie Mitarbeit umgewandelt, so ist eine erneute **Berufung** auf den **ArbN-Status rechtsmissbräuchlich** (BAG 11.12.1996 – 5 AZR 855/95, AP BGB § 242 Unzulässige Rechtsausübung – Verwirkung Nr. 35; sa LAG Köln 6.7.2001 – 11 Sa 373/01, NZA-RR 2002, 346). 35

Die weitgehende Bestimmung der zu erbringenden Leistung, insbes. Festlegung über die Verteilung der Arbeitszeit und der Arbeitseinsätze, im **Vertrag selbst** spricht erheblich gegen die Annahme eines ArbVerh., da dann für die Konkretisierung der Arbeitspflicht durch Weisung des Auftraggebers kein Raum mehr ist (BAG 13.11.1991 – 7 AZR 31/91, AP BGB § 611 Abhängigkeit Nr. 60, 25.3.1992 – 7 ABR 52/91, AP BetrVG 1972 § 5 Nr. 48). Ein gleichberechtigtes Aushandeln der Verteilung der Arbeitszeit ist ein starkes Indiz dafür, dass der Dienstverpflichtete auch nach Vertragsabschluss selbst über seine Arbeitskraft disponiert (*Weber* ZfA 1992, 527 [536]). 36

Die vorstehende Annahme gilt nicht bei **fehlendem gleichberechtigtem Aushandeln** der Vertragsbedingungen (BAG 15.2.2012 – 10 AZR 111/11, NZA 2012, 733). Werden diese im Wesentlichen einseitig vorgegeben und beinhalten sie im Grunde eine Vielzahl von „vorweggenommenen Weisungen", so kann die ArbN-Eigenschaft auch nicht dadurch ausgeschlossen werden, dass der Dienstgeber die erforderlichen Weisungen bereits in den Vertrag aufnimmt (LAG Nürnberg 26.1.1999 – 7 Sa 658/98, BB 1999, 793 [795] mit zust. Anm. *Plagemann* EWiR § 84 HGB 1/99, 363; *Kreuder* AuR 1996, 386 [392]; so auch zumindest bei einfachen Tätigkeiten BAG 16.7.1997 – 5 AZR 312/96, AP BGB § 611 Zeitungsausträger Nr. 4). 37

Zu **prozesstaktischen Fragen** bei der Geltendmachung der ArbN-Eigenschaft *Niepalla/Dütemeyer* NZA 2002, 712; *Reinecke* RdA 2001, 357; *Reinecke* DB 1998, 1282; zu damit eventuell verbundenen **Entgeltverlusten** BAG 21.1.1998 – 5 AZR 50/97, AP BGB § 612 Nr. 55 für Rundfunkmitarbeiter; BAG 29.5.2002 – 5 AZR 680/00, AP BGB § 812 Nr. 27; 8.11.2006 – 5 AZR 706/05, NZA 2007, 321. Zu Rechtsproblemen rückwirkender Statusfeststellungen *Hochrathner* NZA 2000, 1083; *Bodem* ArbRAktuell 2012, 331241. 38

3. Abgrenzung zum freien Mitarbeiter

a) Grad der persönlichen Abhängigkeit

Jedes Dienstverhältnis führt idR zu einer persönlichen Abhängigkeit. Vom Rechtsverhältnis eines freien Mitarbeiters (Dienstvertrag, § 611 BGB) unterscheidet sich das ArbVerh. durch den **Grad** der **persönlichen Abhängigkeit,** in welcher der zur Dienst-bzw. Arbeitsleistung Verpflichtete zum Leistungsberechtigten jeweils steht (§ 611a Abs. 1 S. 4 BGB; stRspr, s. BAG 27.6.2017 – 9 AZR 851/16, NZA 2017, 1463; 14.6.2016 – 9 AZR 305/15, NZA 2016, 1453; 11.8.2015 – 9 AZR 98/14, NZA-RR 2016, 288; 17.9.2014 – 10 AZB 43/14, NZA 2014, 1293). 39

Ein typisches Abgrenzungsmerkmal enthält der **neue § 611a Abs. 1 S. 3 BGB.** 40
Hiernach ist nicht selbständig, sondern als ArbN abhängig tätig, wer nicht im

Wesentlichen **frei** seine Tätigkeit **gestalten und seine Arbeitszeit bestimmen** kann (sa BAG 15.2.2012 – 10 AZR 301/10, NZA 2012, 731 zu § 84 Abs. 1 S. 2 HGB).

41 Kann die vertraglich vereinbarte Tätigkeit typologisch sowohl in einem ArbVerh. als auch selbständig erbracht werden, so spricht dieser Umstand nicht für das Bestehen eines ArbVerh. (BAG 21.7.2015 – 9 AZR 484/14, NZA-RR 2016, 344). Vielmehr ist die **Entscheidung** der Vertragspartner für einen **bestimmten Vertragstypus** im Rahmen der bei jeder Statusbeurteilung erforderlichen Gesamtabwägung aller Umstände des Einzelfalls zu berücksichtigen (s. § 611a Abs. 1 S. 5 BGB; BAG 21.11.2017 – 9 AZR 117/17, NZA 2018, 448; 17.10.2017 – 9 AZR 792/16, BeckRS 2017, 140191; 27.6.2017 – 9 AZR 851/16, NZA 2017, 1463; krit. *Reinecke* NZA-RR 2016, 393, 399). Einzelne Vorgänge der Vertragsabwicklung sind zur Feststellung eines vom Vertragswortlaut abweichenden Geschäftsinhalts nur geeignet, wenn es sich dabei nicht um untypische Einzelfälle, sondern um beispielhafte Erscheinungsformen einer durchgehend geübten Vertragspraxis handelt (BAG 11.8.2015 – 9 AZR 98/14, NZA-RR 2016, 288).

42 Einen ergänzenden, wichtigen Hinweis zur Abgrenzungsfrage enthält **§ 7 Abs. 1 SGB IV.** Er nennt als typische Anhaltspunkte für eine Beschäftigung neben der Tätigkeit nach Weisungen die **Eingliederung** in die Arbeitsorganisation.

43 Allerdings entfalten Begriffsbestimmungen des **SGB IV** Rechtswirkungen grds. nur für das Sozialversicherungsrecht, nicht für das Arbeitsrecht.

b) Eingliederung

44 Der einen **ArbN** ausmachende Grad der persönlichen Abhängigkeit ist erreicht, wenn die Dienstleistung im Rahmen einer von einem Dritten (ArbGeb.) bestimmten Arbeitsorganisation zu erbringen ist. Für eine derartige **Eingliederung** in die fremde Arbeitsorganisation ist kennzeichnend, dass der ArbN insbes. hinsichtlich Zeit, Dauer und Ort der Ausführung der übernommenen Dienste einem umfassenden Weisungsrecht des ArbGeb. unterliegt. Die **Eingliederung** in den **Betrieb** mit idR fester Arbeitszeit und festem Arbeitsort ist der typische Fall eines ArbVerh. Hieran ist auch nach Inkrafttreten des § 611a BGB weiter festzuhalten (vgl. BAG 21.1.2019 – 9 AZB 23/18, NZA 2019, 490 [494]; BAG 21.5.2019 – 9 AZR 295/18, BeckRS 2019, 22303; LAG Köln 8.5.2019 – 9 Ta 39/19, NZA-RR 2019, 441 [Rn. 18]; HessLAG 14.2.2019 – 10 Ta 350/18, NZA-RR 2019, 505 (Rn. 32); Schaub HdB-ArbR/*Vogelsang* § 8 Rn. 24, § 9 Rn. 3d; *Schubert* RdA 2018, 200 [203] zur Abgrenzung bei Crowdworkern; *Wank* AuR 2017, 140 [150]; **aA** *Hromadka* NZA 2018, 1583 [1584]; *Preis* NZA 2018, 817 [820] mit Verweis auf den Wortlaut des § 611a BGB). § 611a BGB kodifiziert die Rechtsgrundsätze, die die BAG-Rechtsprechung zum Arbeitsverhältnis aufgestellt hat (BT-Drs. 18/10064, 4, 17; BT-Drs. 18/9232, 4; → Rn. 55); die Eingliederung in eine von Dritten bestimmte Arbeitsorganisation wird nach der Rechtsprechung bei der Prüfung der persönlichen Abhängigkeit herangezogen (zB BAG 25.9.2013 – 10 AZR 282/12, NZA 2013, 1348 [1350 f.]; BAG 26.6.1991 – 5 AZR 453/90, BeckRS 1991, 30738002).

45 Da der Betriebsbegriff nicht nur räumlich, sondern funktional zu verstehen ist (BAG 29.1.1992 – 7 ABR 27/91, AP BetrVG 1972 § 7 Nr. 1; *Boemke* ZfA 1998, 285 [310]), muss die Arbeit nicht im Betrieb als festem Arbeitsort erbracht werden; es reicht für die Annahme fremdbestimmter Arbeit die **Einbindung** in die **betriebliche Organisation** aus (BAG 25.9.2013 – 10 AZR 282/12, NZA 2013, 1348).

45a Diese kann sich aus einer starken **organisatorischen Verbundenheit** und ein Angewiesensein auf die Organisation des ArbGeb. ergeben, wie zB, dass die geschuldete Leistung nur mit Hilfe des **technischen Apparats** des ArbGeb. oder nur in **Teamarbeit** erbracht werden kann (ErfK/*Preis* § 611a Rn. 41; *Hohmeister/Goretzki* Freie Mitarbeit S. 41; so insbes. für Mitarbeiter im Medienbereich, BAG 15.3.1978 – 5 AZR 819/76, AP BGB § 611 Abhängigkeit Nr. 26).

Auch die mit Realisierung der **Industrie 4.0** verbundenen Auswirkungen wie die angestrebte digitale Steuerung von Produktionsprozessen aus der Entfernung, ohne dass Beschäftigte vor Ort sein müssen (vgl. *Günther/Böglmüller* NZA 2015, 1025 ff.; *Neufeld* AuA 2015, 504 ff.; sa BMAS Grünbuch **Arbeiten 4.0** S. 64 ff.; Weissbuch **Arbeiten 4.0** S. 73 ff.; vgl. Rn. 186, 191a, 193 ff., 207) oder die Bildung autonomer Teams in agilen hierarchiearmen oder -losen Arbeitseinheiten stehen einer Eingliederung und dem ArbN-Status der so eingesetzten Personen oder der Teammitglieder nicht entgegen (*Günther/Böglmüller* NZA 2019, 273 [276]). Die bloße Nichtausübung des Weisungsrechts, wie sie etwa nach der **Scrum-Methode** (dazu Arnold/Günther, Arbeitsrecht 4.0/*Lingemann, Chakrabarti* Kap. 2 Rn. 95 ff.) während der sog. „Sprints" üblich ist, schließt die ArbN-Eigenschaft nicht aus (BAG 25.1.2007 – 5 AZB 49/06, NZA 2007, 580); der ArbGeb. kann mehr Flexibilität ermöglichen, ohne dass dies den rechtlichen Bestand seines Weisungsrechtes berührt (Arnold/Günther, Arbeitsrecht 4.0/*Arnold/Winzer,* Kap. 3 Rn. 145, 156; *Günther/Böglmüller* NZA 2019, 273 [278]). Bei **Außendienstmitarbeitern** bzw. **im Mobile Office Beschäftigten** bewirkt zB die starke Einbindung in ein Kundenbetreuungskonzept durch Dienstpläne eine Eingliederung (BAG 6.5.1998 – 5 AZR 247/97, AP BGB § 611 Abhängigkeit Nr. 102). **45b**

Dagegen reicht weder eine Tätigkeitsausübung im Betrieb des Auftraggebers aus eigenem Anlass, zB zur Benutzung von betrieblichen Einrichtungen aus Gründen der Arbeitserleichterung (BAG 3.5.1989 – 5 AZR 158/88, BB 1990, 779) noch eine nur gelegentlich notwendige Zusammenarbeit mit ArbN des Betriebs für das ArbN-Merkmal der persönlichen Abhängigkeit aus (BAG 27.3.1991 – 5 AZR 194/90, AP BGB § 611 Abhängigkeit Nr. 53). **46**

Oft tritt noch eine **fachliche Weisungsgebundenheit** hinsichtlich **Inhalt** und **Durchführung der Tätigkeit** hinzu; sie ist jedoch für Dienste höherer Art, zB Tätigkeiten in akademischen Berufen wie Ärzte, Journalisten, Lehrer nicht immer typisch (stRspr, BAG 30.10.1991 – 7 ABR 19/91, AP BGB § 611 Abhängigkeit Nr. 59; 25.3.1992 – 7 ABR 52/91, AP BetrVG 1972 § 5 Nr. 48; 24.6.1992 – 5 AZR 384/91, AP BGB § 611 Abhängigkeit Nr. 61; 6.5.1998 – 5 AZR 247/97, AP BGB § 611 Abhängigkeit Nr. 102; *Griebeling* NZA 1998, 1137 ff.; *Griebeling* RdA 1998, 208 ff.; s. Rspr.-Übersicht bei *Hunold* NZA-RR 2001, 337; *Peters,* Das Weisungsrecht des Arbeitgebers). **47**

4. Umstrittene Abgrenzungskriterien

Das arbeitsrechtliche Schrifttum ist der in → Rn. 16–47 dargestellten Rspr. des BAG im Wesentlichen gefolgt (vgl. Schaub ArbR-HdB/*Vogelsang* § 8 Rn. 1 ff., 9 ff. mwN; sa die Zusammenstellung der von der Rspr. erarbeiteten Abgrenzungskriterien bei KZDH ArbR/*Kittner/Zwanziger* § 3 Rn. 8, 25 ff.; *Franzen* RdA 2015, 141 ff.; *Reiserer/Freckmann* NJW 2003, 181). **48**

a) Kritik an herkömmlicher Abgrenzung

Einige krit. Stimmen halten die Abgrenzungskriterien der Rspr. insbes. bei den vielfältigen Formen der sog **neuen oder abhängigen Selbständigkeit** von Absatzmittlern, Freiberuflern, ehemaligen Verkaufsfahrern als Ein-Mann-Unternehmer etc für nicht brauchbar (s. *Wank* Arbeitnehmer S. 23 ff., *Wank* NZA 1999, 225; *Weber* Arbeitsverhältnis S. 217 f., 221 ff.; *Brammsen* RdA 2010, 267; **aA** *Boemke* ZfA 1998, 285; *Griebeling* RdA 1998, 208; *Hromadka* NZA 1997, 569; *Hromadka* DB 1998, 195; *Rieble* ZfA 1998, 327). **49**

Bei diesen Formen der Tätigkeit handelt es sich oft um **Scheinselbständigkeit,** mit der Beschäftigungen bezeichnet werden, in denen mittels vorgetäuschter Selbständigkeit unter formaler Bezeichnung als Selbständige oder freie Mitarbeiter ver- **50** sucht wird, das Arbeits- (und Sozialversicherungs-)recht einschl. das BetrVG aus Kostengründen zu unterlaufen, bzw. einzuschränken (*Lembke* NZA 2013, 1312 ff.).

51 Als insoweit **abgrenzungstauglichere typische ArbN-Merkmale** werden angesehen eine auf Dauer angelegte Arbeit, die in eigener Person – ohne Mitarbeiter – nur für einen Auftraggeber und im Wesentlichen ohne eigenes Kapital und ohne eigene Organisation erbracht wird (*Wank* Arbeitnehmer S. 121 ff.), insbes. auch die Kontrolle durch den Dienstberechtigten (*Hilger* RdA 1989, 1 [4]), die mittels moderner Informations- und Kommunikationstechniken oft umfassend ist und zu einer „informationellen" Abhängigkeit führt (*Haupt/Wollenschläger* NZA 2001, 289 [292]; *Linnenkohl/Kilz/Rauschenberg/Reh* ArbuR 1991, 203 [205 f.]). Im Zweifelsfall muss der Auftraggeber darlegen und beweisen, dass trotz der typischen ArbN-Merkmale Selbständigenrecht angewandt werden darf (*Wank* DB 1992, 90 [91]).

b) Abweichende Rechtsprechung von Instanzgerichten

52 Im Zuge der in → Rn. 49 ff. erwähnten Entwicklung gab es einige Entscheidungen von Instanzgerichten, die hilfsweise oder gar in bewusster **Abkehr von der BAG-Rspr.** zum Abgrenzungsmerkmal der persönlichen Abhängigkeit (inhaltliche, zeitliche, örtliche Weisungsgebundenheit und personelle, materielle Eingliederung) die og Kriterien anwenden und sie weiter konkretisieren (LAG Nds 7.9.1990 – 3 (2) Sa 1791/89, LAGE § 611 BGB Arbeitnehmerbegriff Nr. 24; LAG Köln 30.6.1995 – 4 Sa 63/95, AP BGB § 611 Abhängigkeit Nr. 80 – die zugrunde liegende Feststellungsklage ist vom BAG 23.4.1997 – 5 AZR 727/95, AP ZPO 1977 § 256 Nr. 40 mangels Feststellungsinteresse als unzulässig abgewiesen worden; LAG Düsseldorf 28.8.1995 – 14 Ta 330/94, BB 1995, 2275; ArbG Nürnberg 31.7.1996 – 2 Ca 4546/95, NZA 1997, 37, bestätigt durch LAG Nürnberg 25.2.1998 – 4 Sa 670/97, ZIP 1998, 617, aufgehoben aus verfahrensrechtl. Gründen durch BAG 16.6.1998 – 5 AZR 255/98, AP ZPO § 543 Nr. 3).

53–54 Dabei erfolgt die Feststellung der ArbN-Eigenschaft durch **negative Abgrenzung** (vgl. *Kreuder* ArbuR 1996, 388; s. Negativ-Katalog bei *Mayer* AiB 1999, 207 [212]): keine Dispositionsmöglichkeit über die Arbeitszeit, bzw. den Einsatz der Arbeitskraft; fehlender Einsatz eigenen Kapitals; keine eigene Organisation mit eigenen Mitarbeiter; Verbot, andere als die überlassenen Produkte zu vertreiben; Verbot, eigene Unternehmens- und Vertriebsideen zu entwickeln; Verbot, für sich werbend am Markt tätig zu werden; keine Produktauswahl und Preisgestaltung.

5. Kombinierte Abgrenzungsmethode

55 Die von Teilen der Instanzgerichte herangezogenen Kriterien (→ Rn. 49 ff.) mögen zwar in Einzelfällen eher zur Annahme eines ArbVerh. führen, eine **größere Abgrenzungssicherheit** bieten sie jedoch **nicht** (*Griebeling* RdA 1998, 208 [214], der zudem auf die Übereinstimmung des geltenden ArbN-Begriffes mit dem der Mitgliedstaaten der EU hinweist; *Hromadka* DB 1998, 195; *Reinecke* ZIP 1998, 581 [587]). Eine abhängige Beschäftigung (Scheinselbständigkeit) oder selbständige Tätigkeit kann auch bei der negativen Abgrenzungsmethode nur im Rahmen einer Gesamtwürdigung aller Umstände des Einzelfalles angenommen werden, bei der die genannten Kriterien zu prüfen und zu gewichten sind (§ 611a Abs. 1 S. 5 BGB; *Schliemann* RdA 1997, 322 [326]; sa *Lembke* NZA 2013, 1312 [1313 ff.]). Der neue § 611a BGB kodifiziert nunmehr die allgemeinen Abgrenzungskriterien der Rechtsprechung des BAG (BT-Drs. 18/10064, 4, 17; BAG 21.5.2019 – 9 AZR 295/18, NZA 2019, 1411; 21.1.2019 – 9 AZB 23/18, NZA 2019, 490; 21.11.2017 – 9 AZR 117/17, NJW 2018, 1194). Ein die gesetzlichen Kriterien ersetzender alternativer Abgrenzungsmechanismus ist mit der Regelung nicht vereinbar (ErfK/*Preis* § 611a Rn. 54; MHdB ArbR/*Schneider* § 18 Rn. 45; *Preis* NZA 2018, 817 [818 f.]; aber → Rn. 59 ff.; **aA** *Wank* AuR 2017, 140).

Daher ist weiterhin an der für die Feststellung der ArbN-Eigenschaft maßgeblichen **persönlichen** (nicht wirtschaftlichen) Abhängigkeit vom ArbGeb. festzuhalten (§ 611a Abs. 1 S. 1 BGB; überzeugend LAG Düsseldorf 4.9.1996 – 12 (6) (5) Sa 909/96, BB 1997, 891; LAG Nürnberg 26.1.1999 – 7 Sa 658/98, BB 1999, 793; *Hohmeister/Goretzki* Freie Mitarbeit S. 48; *Hanau/Strick* AuA 1998, 185 [189]). Bei der Prüfung dieses Merkmals ist nach der **typologischen Methode** (BVerfG 20.5.1996 – 1 BvR 21/96, NZA 1996, 1063; *Waltermann,* Arbeitsrecht Rn. 53; *Deinert* RdA 2017, 65, 66) zu verfahren (s. Zusammenstellung der Rspr. bei MAH ArbR § 66 Rn. 30ff.; *Reiserer/Freckmann* NJW 2003, 180f.): 56

Unter Würdigung der einzelnen Bestimmungen des Vertrages (Haupt- und Nebenpflichten) und seiner tatsächlichen Durchführung (→ Rn. 31) kommt es auf das Gesamtbild der Rechtsbeziehung an (BAG 20.1.2010 – 5 AZR 99/09, NZA-RR 2011, 112; *Hohmeister/Goretzki* Freie Mitarbeit S. 50; *Buchner* NZA 1998, 1144 [1145]). Dabei ist für ein ArbVerh. die Befugnis des Berechtigten kennzeichnend, zeitweilig über die **Arbeitsleistung** des Verpflichteten **verfügen** und sie durch **Weisungen** konkretisieren zu können; ob Weisungen tatsächlich erfolgen, ist nicht entscheidend (BAG 1.8.1989 – 1 ABR 54/88, AP BetrVG 1972 § 99 Nr. 68; 3.7.1990 – 1 ABR 36/89, AP BetrVG 1972 § 99 Nr. 81; *Hromadka* DB 1998, 195 [199]). 57

In Abgrenzung insbes. zu Dienst- oder Werkverträgen sprechen Dichte und Tiefe verbindlicher, arbeitsleistungs- und **personenbezogener Vorgaben,** Weisungen und sonstiger Reglementierungen für ein ArbVerh. (LAG Düsseldorf 4.9.1996 – 12 (6) (5) Sa 909/96, BB 1997, 891; → Rn. 24ff.; s. Kriterienkatalog bei *Hanau/Strick* AuA 1998, 185 [188]; *Reiserer* BB 1998, 1258 [1259]). 58

In diese Prüfung können auch die in → Rn. 49ff. genannten **wirtschaftlichen Aspekte** (LAG Düsseldorf 4.9.1996 – 12 (6) (5) Sa 909/96, BB 1997, 891 [892] – „als Gegenprobe") als Ergänzung der allgemeinen Kriterien einbezogen werden (LAG Köln 8.5.2019 – 9 Ta 31/19, NZA-RR 2019, 441 [Rn. 17]; ErfK/*Preis* BGB § 611a Rn. 54; *Hanau/Strick* AuA 1998, 185 [187]; **aA** wohl LAG Nürnberg 26.1.1999 – 7 Sa 658/98, BB 1999, 793; *Boemke* ZfA 1998, 285 [300]). Dabei ist dieses wichtige Indiz im Rahmen der Gesamtwürdigung zu beachten. 59

So können auch Vereinbarungen über das **Verwertungsrisiko des Arbeitsergebnisses** Aufschluss über das Maß an persönlicher Abhängigkeit geben (vgl. Schaub ArbR-HdB/*Vogelsang* § 8 Rn. 26, § 9 Rn. 3g; *Hilger* RdA 1989, 1 [4]): Wer die Chancen einer Verwertung für sich nutzen kann, ist kaum ArbN; wer die Verwertung nicht beeinflussen kann, das Produkt nicht auf dem Markt anbieten kann, ist ArbN. 60

Die Belastung mit Risiken spricht nur dann für Selbständigkeit, wenn dem Unternehmerrisiko eine **größere Freiheit** bei der Gestaltung der geschuldeten Tätigkeit und bei der Bestimmung des Umfangs des **Einsatzes der eigenen Arbeitskraft** gegenübersteht (OLG Düsseldorf 5.12.1997 – 16 U 220/96, NZA-RR 1998, 145 [149]; *Hopt* DB 1998, 863 [865, 868]). Diese **(kombinierte) Abgrenzungsmethode** ermöglicht idR sachgerechte Entscheidungen bei der Feststellung der ArbN-Eigenschaft der abhängigen (Schein-)Selbständigen (vgl. *Mayer* Anm. zu BAG 19.11.1997 – 5 AZR 653/96, AP BGB § 611 Abhängigkeit Nr. 90). 61

Die **Abgrenzungsmerkmale** gelten grds. **für alle Dienst-** oder **ArbVerh.** Für die Frage, welches Rechtsverhältnis im konkreten Fall vorliegt, kommt es auf eine Gesamtwürdigung aller maßgebenden Umstände des Einzelfalles an (§ 611a Abs. 1 S. 5 BGB; BAG 9.7.2003 – 5 AZR 595/02, AP BGB § 611 Lehrer, Dozenten Nr. 158; 15.2.2012 – 10 AZR 301/10, NZA 2012, 731). 62

Bes. Schwierigkeiten gibt es bei Tätigkeiten, die sowohl im Rahmen eines ArbVerh. als auch im Rahmen eines Dienstverhältnisses erbracht werden können. Hier gibt es im Einzelfall **branchenspezifische Konkretisierungen der Abgrenzungskriterien,** die Aussagen über den Grad der persönlichen Abhängigkeit erlauben (vgl. zB BAG 27.6.2017 – 9 AZR 851/16, NZA 2017, 1463 [1465]; *Bezani* NZA 1997, 856). 63

64 Maßgeblich ist letztlich die **Verfügungsbefugnis des ArbGeb.** über die Arbeitsleistung des ArbN innerhalb eines bestimmten zeitlichen Rahmens (BAG 9.6.1993 – 5 AZR 123/92, AP BGB § 611 Abhängigkeit Nr. 66; *Boemke* ZfA 1998, 285 [309]). Hierfür ist auch kennzeichnend, dass der ArbGeb. über die Verteilung der Arbeitszeit auf die einzelnen Arbeitstage sowie über Beginn und Ende der regelmäßigen Arbeitszeit entscheidet (BAG 27.3.1991 – 5 AZR 194/90, AP BGB § 611 Abhängigkeit Nr. 53; 29.6.1991 – 7 ABR 67/90, AP BetrVG 1972 § 9 Nr. 2; 30.10.1991 – 7 ABR 19/91, AP BGB § 611 Abhängigkeit Nr. 59; 25.3.1992 – 7 ABR 52/91, AP BetrVG 1972 § 5 Nr. 48). So ist zB ein Aushilfs-Taxifahrer, der weder Arbeits- oder Schichtzeiten einzuhalten noch Taxifahrten durchzuführen hat und sich jederzeit abmelden kann, kein ArbN (BAG 29.6.1991 – 7 ABR 67/90, AP BetrVG 1972 § 9 Nr. 2; *Boemke* ZfA 1998, 285 [309]).

6. Einzelfälle

65 Die Geeignetheit der kombinierten Abgrenzungsmethode belegt eine Entscheidung des LAG Düsseldorf v. 4.9.1996 (12 (6) (5) Sa 909/96, BB 1997, 891 ff.), nach der ArbN-Eigenschaft auch dann gegeben sein kann, wenn der zur Leistung Verpflichtete **(Frachtführer)** vertraglich eine Erfolgsgarantie (Haftung) übernimmt, selbst die zur Arbeitsverrichtung notwendigen Betriebsmittel stellt (LKW) und berechtigt bzw. verpflichtet ist, die Leistung durch einen Dritten erbringen zu lassen.

66 Diese Entscheidung hat das BAG (19.11.1997 – 5 AZR 653/96, AP BGB § 611 Abhängigkeit Nr. 90 m. zust. Anm. *Mayer;* sa *Mayer* AiB 1999, 207 [212]; *Wank* EWiR § 611 BGB 1/98, 433; *Wank* NJW 1999, 271; abl. Anm. *Misera* SAE 1998, 169; krit. auch *Rieble* ZfA 1998, 327 [355]) bestätigt, weil die **vertraglichen Bindungen** (keine freie Tätigkeitsausübung und Arbeitszeitgestaltung, einheitliche Firmenkleidung, stündliche Rückmeldungen, ständige Dienstbereitschaft, Einräumung eines Jahresurlaubs) und deren praktische **Durchführung** über die in § 425 HGB vorausgesetzte persönliche Abhängigkeit eines Frachtführers hinausgehen und einen für ein ArbVerh. hinreichenden Grad **persönlicher Abhängigkeit** begründen (*Bade* Freier MA S. 69 f.; *Buchner* NZA 1998, 1144 [1145]; *Krüger* AiB 1998, 621 [633]; *Reinecke* NZA 1999, 729 [733]; *Reiserer* BB 1998, 1258 [1262]).

67 Dagegen ist ein Frachtführer, der nur für einen Auftraggeber fährt, **kein ArbN,** wenn weder Dauer noch Beginn und Ende der täglichen Arbeitszeit vorgeschrieben sind und er die nicht nur theoretische Möglichkeit hat, auch Transporte für **eigene Kunden** auf eigene Rechnung durchzuführen, unabhängig davon, ob er diese Möglichkeit tatsächlich nutzt (BAG 30.9.1998 – 5 AZR 563/97, AP BGB § 611 Abhängigkeit Nr. 103 mAnm *Hromadka* SAE 1999, 166; LAG Nürnberg 26.1.1999 – 7 Sa 658/98, BB 1999, 793 [794, 795 f.]). Ein **Kurierdienstfahrer,** der allein entscheidet, ob, wann und in welchem Umfang er tätig werden will, und für ausgeführte Frachtaufträge das volle vom Auftraggeber zu leistende Entgelt erhält, ist kein ArbN des Unternehmens, das die Frachtaufträge annimmt und an die Kurierdienstfahrer weitergibt (BAG 27.6.2001 – 5 AZR 561/99, BB 2001, 2220).

68 Kommen in einem Handelsvertretervertrag zu viele Einschränkungen der handelsvertretertypischen Selbständigkeit zusammen, so dass die mit der Stellung eines selbständigen **Handelsvertreters** verbundenen Vorteile genommen werden und nur die Nachteile, nämlich die Übernahme des wirtschaftlichen Risikos, bleiben, so handelt es sich um einen angestellten Handelsvertreter, also einen ArbN (OLG Düsseldorf 5.12.1997 – 16 U 220/96, NZA-RR 1998, 145; LAG Nürnberg 26.1.1999 – 7 Sa 658/98, BB 1999, 793 [795 f.]; ausf. zu Abgrenzungsfragen bei Handelsvertretern und anderen Vertriebspersonen *Hopt* DB 1998, 863 ff.; *Oberthür/Lohr* NZA 2001, 126 ff.; *Seifert* AuA 1998, 405 ff.).

69 Dagegen ist es mit dem **Selbständigenstatus** des Handelsvertreters (Versicherungsvertreters) vereinbar, wenn dieser einem fachlichen Weisungsrecht unterliegt, einen Nachweis über die „Kundenbestandspflege" zu führen hat (vgl. § 86 Abs. 2

HGB), ihm ein bestimmter Bezirk oder Kundenkreis zugewiesen wird (s. § 87 Abs. 2 HGB), er wöchentlich an einem Besprechungstermin mit dem Organisationsleiter des Versicherungsunternehmens teilnehmen muss, er an einem tätigkeitsbegleitenden Ausbildungsprogramm an 35 Arbeitstagen im Jahr teilnimmt, er gem. § 92a HGB zulässigerweise vertraglich an nur ein Unternehmen gebunden ist und er über keine eigene Organisation und kein eigenes Kapital verfügt (vgl. § 84 Abs. 4 HGB), wenn er in seiner **Arbeitszeitgestaltung,** also wann er welche Kunden mit welchen Angeboten aufsucht, im Wesentlichen **frei** ist (BAG 20.9.2000 – 5 AZR 271/99, AP ArbGG 1979 § 2 Zuständigkeitsprüfung Nr. 8; 9.6.2010 – 5 AZR 332/09, NZA 2010, 877; *Oberthür/Lohr* NZA 2001, 126 [131 ff.]; *Waßer* ArbuR 2001, 168 ff.).

Da die **Tätigkeit** eines **Versicherungsvertreters** sowohl selbständig (§ 92 Abs. 1 iVm 84 Abs. 1 HGB) als auch im Rahmen eines ArbVerh. (§ 92 Abs. 1 iVm 84 Abs. 2 HGB) erbracht werden kann, ist bei der **Gesamtwürdigung** auch die Vertragstypenwahl der Parteien zu beachten. Wenn die tatsächliche Durchführung (→ Rn. 30 ff.) nicht zwingend für ein ArbVerh. spricht, müssen sich die Parteien an dem von ihnen gewählten Vertragstypus festhalten lassen (BAG 9.6.2010 – 5 AZR 332/09, NZA 2010, 877; sa BAG 27.6.2017 – 9 AZR 851/16, NZA 2017, 1463). 70

Vertragliche **Pflichten** eines **Versicherungsvertreters** (*Waßer* ArbuR 2001, 168 ff.), die nicht die geschuldete Tätigkeit, sondern sein sonstiges Verhalten betreffen, sind zur Abgrenzung idR nicht geeignet (BAG 15.12.1999 – 5 AZR 3/99, AP HGB § 92 Nr. 5). So kommt der vertraglichen Pflicht über ein bestimmtes **Ordnungsverhalten** innerhalb der Betriebsräume keine rechtliche Bedeutung bei der Abgrenzung zu (BAG 20.9.2000 – 5 AZR 61/99, AP BGB § 611 Rundfunk Nr. 37). 71

Gesellschafter können in einem ArbVerh. zu der Gesellschaft stehen, deren Gesellschafter sie sind. Das gilt idR nicht, wenn einem Gesellschafter mehr als 50% der Stimmrechte zustehen oder er als Minderheitsgesellschafter über eine Sperrminorität verfügt (BAG 17.1.2017 – 9 AZR 76/16, BeckRS 2017, 106799; 17.9.2014 – 10 AZB 43/14, NZA 2014, 1293). 71a

Auch der Abschluss eines Kommissionsvertrages schließt nicht aus, dass es sich bei dem **„Kommissionär"** um einen ArbN (oder eine ArbN-ähnliche Person) handelt (BAG 8.9.1997 – 5 AZB 3/97, AP ArbGG 1979 § 5 Nr. 38; *Walker* EWiR § 5 ArbGG 2/98, 53). 72

Eine **Kundenberaterin,** die während der gesamten Woche **dienstbereit** ist und keine eigene Terminplanung machen kann, ist ArbN (BAG 6.5.1998 – 5 AZR 247/97, AP BGB § 611 Abhängigkeit Nr. 102). 73

Dagegen ist ein **Subunternehmer,** der mit 18 von ihm ausgewählten ArbN und eigenen PKWs im ihm überlassenen Bezirk den **Paketdienst** selbst organisiert und durchführt, kein ArbN (LAG Köln, BB 1997, 1212). 74

Ein **Zeitungszusteller,** der idR ArbN ist, ist dann Selbständiger, wenn die Anzahl der auszutragenden Zeitungen so groß ist, dass die Einschaltung von Hilfskräften erforderlich ist, das Arbeitsvolumen also erheblich über das hinausgeht, was ein Einzelner in der vorgegebenen Zeit leisten kann (BAG 16.7.1997 – 5 AZR 312/96, AP BGB § 611 Zeitungsträger Nr. 4; *Reinecke* NZA 1999, 729 [731]). 75

Auch im **Medienbereich** gelten nun nach neuerer Rspr. des BAG (17.4.2013 – 10 AZR 272/12, NZA 2013, 903) bei der Ermittlung der ArbN-Eigenschaft von Mitarbeitern die allgemeinen Kriterien für die Abgrenzung zwischen einem ArbVerh. und einem freien Dienstvertrag (*Reinecke* NZA-RR 2019, 57 ff.; → Rn. 22 ff., 39 ff.). Da erfahrungsgemäß bei einer programmgestaltenden Tätigkeit weniger und bei einer nicht programmgestaltenden Tätigkeit eher von einem ArbVerh. ausgegangen werden kann, ist die Unterscheidung für eine Statusbestimmung weiterhin hilfreich (vgl. LAG Bln 8.9.2017 – 2 Sa 555/17, BeckRS 2017, 133869 [Rn. 54]). 76

Zu den **programmgestaltenden Mitarbeitern** gehören nach stRspr des BVerfG (BVerfG 28.6.1983 – 1 BvR 525/82, BVerfGE 64, 256 [260]; 13.1.1982 – 1 BvR 848/77 ua, BVerfGE 59, 231; 11.10.1966 – 2 BvR 489, 490/65, BVerfGE 20, 271) 77 diejenigen, die typischerweise ihre eigene Ansicht zu politischen, wirtschaftlichen, künstlerischen oder anderen Sachfragen, ihre Fachkenntnisse und Informationen, ihre individuelle künstlerische Befähigung und Aussagekraft in die Sendung einbringen. Das ist zB bei Regisseuren, Moderatoren, Kommentatoren, Redakteuren, Wissenschaftlern und Künstlern der Fall. Die Einbindung in ein festes Programmschema und die Vorgaben eines Programmverlaufs wirken bei programmgestaltenden Mitarbeitern nicht (ArbN)statusbegründend (LAG Köln 9.5.2014 – 4 Sa 8/14, NZA-RR 2014, 577). Auch die Anwesenheit zu feststehenden Zeiten schließen ein freies Mitarbeiterverhältnis eben so wenig aus wie eine Qualitätskontrolle der Arbeit (BAG 20.5.2009 – 5 AZR 31/08, NZA-RR 2010, 172).

78 Sie können ihre programmgestaltende Tätigkeit nicht nur im Rahmen **freier Mitarbeit,** sondern ebenso auf der Grundlage eines **ArbVerh.** erbringen (BAG 17.4.2013 – 10 AZR 272/12, NZA 2013, 903; 19.1.2000 – 5 AZR 644/98, AP BGB § 611 Rundfunk Nr. 33; 20.9.2000 – 5 AZR 61/99, AP BGB § 611 Rundfunk Nr. 37). Letzteres ist der Fall, wenn der Mitarbeiter zwar am Programm gestalterisch mitwirkt, dabei jedoch weitgehenden inhaltlichen Weisungen unterliegt, ihm also nur ein geringes Maß an Gestaltungsfreiheit, Eigeninitiative und Selbständigkeit verbleibt (BAG 20.5.2009 – 5 AZR 31/08, NZA-RR 2010, 172 mwN) und der Sender innerhalb eines zeitlichen Rahmens über seine Arbeitsleistung verfügen kann (BAG 14.3.2007 – 5 AZR 499/06, AP BGB § 611 Arbeitnehmerähnlichkeit Nr. 13). Dagegen ist die Einbindung in ein festes Programmschema und die Vorgabe des Programmablaufs sowie bestimmter Themen nicht statusbegründend (BAG 14.3.2007 – 5 AZR 499/06, AP BGB § 611 Arbeitnehmerähnlichkeit Nr. 13; BAG 20.5.2009 – 5 AZR 31/08, NZA-RR 2010, 172).

79 Nach der Rspr. des BAG ist bei diesem Personenkreis zur Ermittlung **des ArbN-Status** vor allem auf ständige **Dienstbereitschaft** und Einbeziehung in einen festen **Dienstplan** abzustellen (BAG 9.6.1993 – 5 AZR 123/92, AP BGB § 611 Abhängigkeit Nr. 66, 22.4.1998 – 5 AZR 342/97, AP BGB § 611 Rundfunk Nr. 26; 19.1.2000 – 5 AZR 644/98, AP BGB § 611 Rundfunk Nr. 33; *Boemke* ZfA 1998, 285 [309]; *Wrede* NZA 1999, 1019 [1022]). Dieser ist insbes. ohne vorherige Absprache starkes **ArbN-Indiz** (BAG 20.7.1994 – 5 AZR 627/93, AP BGB § 611 Abhängigkeit Nr. 73; 30.11.1994 – 5 AZR 704/93, AP BGB § 611 Abhängigkeit Nr. 74; LAG Köln 13.8.1998 – 54 Sa 161/98, NZA-RR 1999, 119), auch wenn er formal unverbindlich ist, aber jahrelang durchgeführt wird (BAG 16.6.1998 – 5 AZN 154/98, AP ArbGG 1979 § 5 Nr. 44) oder einzelne Einsätze abgelehnt werden können (BAG 30.11.1994 – 5 AZR 704/93, AP BGB § 611 Abhängigkeit Nr. 74; *Bade* Freier MA S. 27; zur verfassungsrechtl. Zulässigkeit der BAG-Rspr. bez. der Einstufung programmgestaltender Mitarbeiter als ArbN s. BVerfG 18.2.2000 – 1 BvR 491, 562/93, 1 BvR 624/98, NZA 2000, 653; 22.8.2000 – 1 BvR 2121/94, NZA 2000, 1097).

80 Gleiches gilt für **Dienstanweisungen** und **Rundschreiben,** die Einzelheiten des Vertragsverhältnisses einseitig regeln (BAG 12.9.1996 – 5 AZR 104/95, AP BGB § 611 Lehrer, Dozenten Nr. 122; 15.2.2012 – 10 AZR 301/10, NZA 2012, 731; *Hilger* RdA 1989, 1 [3]; *Berger-Delhey/Alfmeier* NZA 1991, 257; *Bezani* NZA 1997, 856).

81 Auch nach dem **BVerfG** (18.2.2000 – 1 BvR 491, 562/93, 624/98, AP GG Art. 5 Abs. 1 Rundfunkfreiheit Nr. 9) wird bei progammgestaltenden Mitarbeitern dann ein ArbVerh. zu bejahen sein, wenn der Sender innerhalb eines bestimmten zeitlichen Rahmens über die Arbeitsleistung verfügt, also ständige Dienstbereitschaft erwartet oder den Mitarbeiter in nicht unerheblichem Umfang ohne entspr. Vereinbarung heranzieht.

82 Ist eine Rundfunkanstalt auf Grund eines **Bestandsschutz-TV** für freie Mitarbeiter verpflichtet, einen Mindestbeschäftigungsanspruch des freien Mitarbeiters zu erfüllen, ist allein die Aufnahme des Mitarbeiters in Dienstpläne kein die ArbN-Stellung auslösender Umstand; hier dient die Aufnahme in **Dienstpläne** lediglich der

Realisierung des **Mindestbeschäftigungsanspruchs** des **freien Mitarbeiters** (BAG 20.9.2000 – 5 AZR 61/99, AP BGB § 611 Rundfunk Nr. 37).

Einzelabstimmungen (Gegensatz zu Dienstplan) über den jeweiligen Einsatz programmgestaltender Mitarbeiter, die über eine erhebliche Gestaltungsfreiheit verfügen, sprechen **gegen ArbNStatus** (BAG 22.4.1998 – 5 AZR 191/97, AP BGB § 611 Abhängigkeit Nr. 96 – Radio-Sportreporter; zur freien Mitarbeit bei Medien *Schaffeld* AuA 1998, 408). **83**

Allein die Aufnahme eines programmgestaltenden Mitarbeiters in **Organisationspläne** wie Dispositions- und **Raumbelegungspläne,** weil er zur Herstellung seines Beitrags auf techn. Einrichtungen und Personal der Rundfunkanstalt angewiesen ist, machen ihn noch nicht zum ArbN (BAG 19.1.2000 – 5 AZR 644/98, AP BGB § 611 Rundfunk Nr. 33). **84**

Zu den **nicht programmgestaltenden Mitarbeitern** gehören das betriebstechnische und das Verwaltungspersonal sowie diejenigen, die zwar bei der techn. Realisierung des Programms mitwirken, aber keinen inhaltlichen Einfluss auf das Programm haben (BVerfG 28.6.1983 – 1 BvR 525/82, BVerfGE 64, 256 [260]; 13.1.1982 – 1 BvR 848/77 ua, BVerfGE 59, 231; 11.10.1966 – 2 BvR 489, 490/65, BVerfGE 20, 271; BAG 19.1.2000 – 5 AZR 644/98, AP BGB § 611 Rundfunk Nr. 33; BAG 20.5.2009 – 5 AZR 31/08, NZA-RR 2010, 172) oder die, je nach den konkreten Umständen des Einzelfalles, reine Sprecherleistungen erbringen (BAG 14.3.2007 – 5 AZR 499/06, AP BGB § 611 Arbeitnehmerähnlichkeit Nr. 13). **85**

Auch nicht programmgestaltende Mitarbeiter können je nach Lage des Falls freie Mitarbeiter sein. Deshalb ist bei ihnen die ArbNEigenschaft anhand der allgemeinen Kriterien (→ Rn. 22ff., 39ff.) zu prüfen (BAG 17.4.2013 – 10 AZR 272/12, NZA 2013, 903). Allerdings sind sie idR **ArbN,** selbst wenn einzelne Einsätze vorher verabredet werden müssen (BAG 22.4.1998 – 5 AZR 92/97, AP BGB § 611 Rundfunk Nr. 25, mAnm *Krüger* AiB 1999, 659: „freier" Kameraassistent). **85a**

Der Status von Personen, die im Rahmen von **Crowdworking/Crowdsourcing** (s. hierzu Weissbuch Arbeiten 4.0 S. 55ff.; AiB Sonderausgabe Sept. 2015; *Däubler/Klebe* NZA 2015, 1032ff.; *Kocher/Hensel* NZA 2016, 984ff.; *Krause* NZA 2017 Beil. 2 S. 53, 58f.; *Meyer-Michaelis/Falter/Schäfer* DB 2016, 2543ff.; *Neufeld* AuA 2015, 504ff.; *Schubert* RdA 2018, 200, 203f.) tätig sind, hängt von der Ausgestaltung des jeweiligen Vertragsverhältnisses ab. Da der externe **Crowdworker** nicht in die Betriebsorganisation des Auftraggebers eingegliedert ist, sondern über Plattformen Aufgaben angeboten bekommt, und frei darüber bestimmen kann, wann und wo er übernommene Aufträge erfüllen will, ist er mangels persönlicher Abhängigkeit **kein ArbN,** sondern idR Selbständiger, allenfalls eine arbeitnehmerähnliche Person, wenn er von seinem Auftraggeber wirtschaftlich abhängt (LAG München 4.12.2019 – 8 Sa 146/19, **n.rkr.;** Hess LAG 14.2.2019 – 10 Ta 350/18, NZA-RR 2019, 505; Richardi BetrVG/*Richardi* Rn. 85; Hanau/Mathiaske/*Franzen* S. 183, 188; *Däubler/Klebe* NZA 2015, 1032 [1034ff.]; *Deinert* RdA 2017, 65, 68; *Günther/Böglmüller* NZA 2015, 1025 [1029f.]; *Krause* NZA 2017 Beil. 2 S. 53, 59; *Krause* NZA 2016, 1004, 1007; *Meyer-Michaelis/Falter/Schäfer* DB 2016, 2543, 2544; *Wedde* AiB Sonderausgabe Sept. 2015, S. 26ff.); er könnte auch als Heimarbeiter gelten (so im Fall eines EDV- Programmierers BAG 14.6.2016 – 9 AZR 305/15, NZA 2016, 1453; DKKW/*Trümner* Rn. 62f.; *Preis* RdA 2019, 75 [87]; **aA** GK-BetrVG/*Raab* Rn. 72 → Rn. 311). Soll ein ArbN innerhalb des Unternehmens oder Konzerns als Crowdworker tätig sein und intern ausgeschriebene Aufgaben zu lösen versuchen, so verliert er allein durch Teilnahme an diesem **internen Crowdworking** nicht seinen ArbN-Status (GK-BetrVG/*Raab* Rn. 71; Richardi BetrVG/*Richardi* Rn. 85; *Däubler/Klebe* NZA 2015, 1032 [1035]; *Deinert* RdA 2017, 65, 66, 68; *Neufeld* AuA 2015, 504 [505]). **85b**

Bei der **economy on demand** geht es im Wesentlichen darum, Dienstleistungen von Dritten anzubieten. Die Anbieter selbst beschäftigen idR keine eigenen ArbN, sondern vermitteln nur den Einsatz von Dritten (*Lingemann/Otte* NZA 2015, 1042). Aufgrund der vielen verschiedenen Gestaltungsmöglichkeiten und praktischen Hand- **85c** habungen je nach Branche (zB Fahr-, Haushalts-, Einkaufs-, Beratungsdienste) gibt es keine allgemeingültigen Kriterien für den Rechtsstatus der Dienstleister. Werden einfache Tätigkeiten vermittelt und gibt der Vermittler den Dienstleistern Einsatzort sowie zeitlichen Rahmen für die Tätigkeit vor, kann dies für einen ArbNStatus sprechen. Dieser ist aber dann abzulehnen, wenn der Dienstleister frei ist, Aufträge abzulehnen oder anzunehmen. Bei der Vermittlung akademischer Dienstleistungen ist die Einordnung als ArbN noch geringer (zu Arztleistungen LAG Rh-Pf. 3.5.2010 – 11 Ta 163/09, BeckRS 2010, 70230, LAG Thüringen 29.4.2010 – 1 Ta 29/10, BeckRS 2011, 65472; *Lingemann/Otte* NZA 2015, 1042, 1045).

86 Werden über einen längeren Zeitraum **Terminlisten** für am Folgetag zu erbringende Tätigkeiten überreicht und wird zu erkennen gegeben, dass innerhalb des durch die Liste vorgegebenen Zeitraums über die Arbeitskraft verfügt werden soll, so sind diese Listen mit verbindlichen Dienstplänen vergleichbar und sprechen für ArbN-Status, selbst wenn auf Betreiben des ArbGeb. ein Gewerbe angemeldet worden ist (LAG Düsseldorf 9.9.1997 – 8 Sa 756/97, NZA-RR 1998, 193 – Sargträger).

87 Zeitlich genau festgelegte **Berichtspflichten,** verbunden mit der Verpflichtung zu kontinuierlichen Kontakten, begründen eine den ArbN-Status auslösende Überwachung (BAG 6.5.1998 – 5 AZR 347/97, AP BGB § 611 Abhängigkeit Nr. 94 – Familienhelferin nach § 31 SGB VIII, dazu *Mayer* AiB 1999, 207 [214]; *Reiserer* BB 1998, 1258 [1259]). Verpflichtende Teilnahme an Einweisungen, **Schulungen** und Fortbildungen sind Indiz für ArbN-Status (s. *Hopt* DB 1998, 863 [865, 867]).

7. Franchise-Vertrag

88 Vom Arbeitsvertrag ist der **Franchise-Vertrag** zu unterscheiden (*Selzner* Mitbestimmung S. 39). Dieser ist ein Vertrag zur Begründung eines Dauerschuldverhältnisses, auf Grund dessen der Franchisegeber dem Franchisenehmer gegen Entgelt das Recht gewährt, bestimmte Waren- und/oder Dienstleistungen unter Verwendung von Namen, Warenzeichen, Ausstattung oder sonstigen Schutzrechten sowie der technischen und gewerblichen Erfahrungen des Franchisegebers und unter Beachtung seiner Organisation zu vertreiben, wobei dem Franchisegeber dem Franchisenehmer gegenüber Beistand, Rat und Schulungspflichten obliegen sowie eine Kontrolle über den Geschäftsbetrieb eingeräumt wird. Der Franchisenehmer schuldet dagegen regelmäßig einen Prozentsatz seines Erlöses als Vergütung (BAG 30.5.1978 – 2 AZR 598/76, AP HGB § 60 Nr. 9; *Hänlein* DB 2000, 374; sa EG VO v. 30.11.1988, ABl. L 359, 46; zu weiteren Definitionsversuchen und Klassifizierungen s. *Gittermann* Arbeitnehmerstatus S. 14ff.; *Selzner* Mitbestimmung S. 19ff.).

89 Der **Franchisenehmer** hat sich also nicht zu einer Dienstleistung, sondern zur Errichtung und Führung seines Betriebs ganz oder überwiegend nach RL und Anweisungen eines anderen verpflichtet, so dass er **idR kein ArbN,** sondern selbständiger Unternehmer ist (BAG 30.5.1978 – 2 AZR 598/76, AP HGB § 60 Nr. 9, 24.4.1980 – 3 AZR 911/77, AP HGB § 84 Nr. 1; *Flohr* Franchise-Vertrag S. 20ff.). Das ist er vor allem dann, wenn er selbst ArbN einstellen darf und dies zur ordnungsgemäßen Erfüllung der übernommenen Tätigkeit auch tatsächlich tun muss (LAG RhPf 12.7.1996 – 4 Ta 21/96, BB 1996, 1890; LAG Düsseldorf 27.8.2010 – 10 Sa 90/10, BeckRS 2010, 74853; *Gittermann* Arbeitnehmerstatus S. 47).

90 In Fällen eines **Subordinations-Franchising** (s. dazu *Selzner* Mitbestimmung S. 23; *Buschbeck-Bülow* BB 1989, 352; *Buschbeck-Bülow* BB 1990, 1061; *Skaupy* BB 1990, 134; *Skaupy* BB 1990, 1061) mit stark ausgeprägter Weisungsunterworfenheit insbes. hinsichtlich Arbeitszeit und Arbeitsort **kann** der **Franchisenehmer ArbN** sein (BAG 16.7.1997 – 5 AZB 29/96, AP ArbGG 1979 § 5 Nr. 37 m. zust. Anm. *Reichold* EWiR § 5 ArbGG 3/97, 871; sehr informativ LSG Berlin 27.10.1993 – L 9 KR 35/92, DB 1994, 1829; *Reinecke* NZA 1999, 729 [733]; *Wank* NJW 1999, 271; *Bade* Freier MA S. 57; *Hümmerich* NJW 1998, 2625 [2626, 2631]; DKKW/*Trümner* Rn. 73ff.; HWGNRH/*Rose* Rn. 109; *Hopt* DB 1998, 863 [864]; *Horn/*

Henssler ZIP 1998, 595; *Wank* DB 1992, 90 [92f.]; **aA** wohl BAG 21.2.1990 – 5 AZR 162/89, BB 1990, 1064 m. zust. Anm. *Skaupy;* LAG Köln 23.1.1989 – 5 Sa 1028/88, DB 1989, 1195; MHdB ArbR/*Schneider* § 19 Rn. 78; Richardi BetrVG/*Richardi* Rn. 166, s. aber dort Rn. 167).

Der Franchisenehmer **ist ArbN,** wenn **weder personal- noch finanz- noch vertriebspolitische Freiheiten** für ihn bei der tatsächlichen Systemabwicklung übrig bleiben (*Reichold* EWiR § 5 ArbGG 3/97, 871), er insbes. die Vertragsverpflichtungen höchstpersönlich, also ohne Mitarbeiter, zu erbringen hat (*Gittermann* Arbeitnehmerstatus S. 42f., 47, 67; BAG 16.7.1997 – 5 AZB 29/96, AP ArbGG 1979 § 5 Nr. 37). Zur Frage betriebsverfassungsrechtlicher Vertretung in Franchise-Systemen s. *Gittermann* Arbeitnehmerstatus S. 107ff.; *Selzner* Mitbestimmung S. 50ff. 91

8. Arbeitnehmerähnliche Personen

ArbN-ähnliche Personen sind keine ArbN (DKKW/*Trümner* Rn. 120ff.; GK-BetrVG/*Raab* Rn. 107). Sie leisten keine Dienste in persönlicher Abhängigkeit. Es handelt sich um Personen, die wirtschaftlich abhängig und vergleichbar einem ArbN sozial schutzbedürftig sind (§ 12a Abs. 1 TVG; zum Begriff vgl. *Willemsen/Müntefering* NZA 2008, 193ff.; *Rebhahn* RdA 2009, 236ff.). 92

Wirtschaftliche Abhängigkeit ergibt sich bei ihnen aus der ausschließlich oder überwiegenden Beschäftigung für eine Person oder ein Unternehmen (kann zB bei Künstlern, Reportern, Kameraleitern, nebenamtlichen Dozenten an Volkshochschulen der Fall sein, BAG 26.1.1977 – 5 AZR 796/75, AP BGB § 611 Lehrer, Dozenten Nr. 13; 23.9.1981 – 5 AZR 284/78, AP BGB § 611 Lehrer, Dozenten Nr. 22; 25.8.1982 – 5 AZR 7/81, AP BGB § 611 Lehrer, Dozenten Nr. 32; OLG Karlsruhe 24.10.2001 – 9 W 91/01, DB 2002, 379 zu EDV-Kräften). Es fehlt das Merkmal der persönlichen Abhängigkeit.Eine wirtschaftliche Abhängigkeit ist für die Annahme der ArbN-Eigenschaft weder erforderlich noch ausreichend (BAG 14.6.2016 – 9 AZR 305/15, NZA 2016, 1453; 30.10.1991 – 7 ABR 19/91, AP BGB § 611 Abhängigkeit Nr. 59). Allerdings neigt das BAG bez. Lehrkräfte und Dozenten zur Annahme des ArbN-Status (26.7.1995 – 5 AZR 22/94, AP BGB § 611 Abhängigkeit Nr. 79; 12.9.1996 – 5 AZR 104/95, AP BGB § 611 Lehrer, Dozenten Nr. 122; 5 AZR 1066/94, AP BGB § 611 Lehrer, Dozenten Nr. 125; anders BAG 21.11.2017 – 9 AZR 117/17, NZA 2018, 448). 93

Für ArbN-ähnliche Personen können nach § 12a TVG unter den dort genannten Voraussetzungen TV abgeschlossen werden. Sie werden dadurch nicht zu ArbN iSd G. 94

9. Unerhebliche Abgrenzungskriterien

Unerheblich für die rechtliche Einordnung ist der **zeitliche Umfang der Arbeitsleistung** (BAG 15.3.2006 – 7 ABR 39/05, BeckRS 2008, 54162; *Boemke* ZfA 1998, 285 [313]). Auch **Teilzeitbeschäftigte** sind ArbN, so zB Zusteller von Tageszeitungen (BAG 29.1.1992 – 7 ABR 27/91, AP BetrVG 1972 § 7 Nr. 1; *Greßlin* BR-Mitglieder S. 39; s. aber BAG 16.7.1997 – 5 AZR 312/96, AP BGB § 611 Zeitungsträger Nr. 4, wonach Zusteller, der zur Bewältigung des übernommenen Arbeitsvolumens weiterer Mitarbeiter bedarf, im Zweifel kein ArbN ist). Dem G lässt sich insofern keine Einschränkung entnehmen (vgl. GK-BetrVG/*Raab* Rn. 49; einschränkend für freie Berufe Richardi BetrVG/*Richardi* Rn. 57f.). Die Pflicht zur Arbeitsleistung braucht nicht die ganze Arbeitszeit des ArbN in Anspruch zu nehmen. 95

Die Arbeit braucht **nicht berufsmäßig** oder im Hauptberuf ausgeübt zu werden (Richardi BetrVG/*Richardi* Rn. 50f.; *Boemke* ZfA 1998, 285 [313]). Auch Kurzzeitbeschäftigte wie zB Ferienarbeiter (*Petri* AiB 2011, 444) können ArbN sein (vgl. DKKW/*Trümner* Rn. 36; GK-BetrVG/*Raab* Rn. 51). 96

97 Die Tätigkeit, die die ArbN-Eigenschaft begründet, kann auch **nebenberuflich** ausgeübt werden (BAG 24.1.1964 – 5 AZR 263/63, AP BGB § 611 Fleischbeschauer-Dienstverhältnis Nr. 4; 16.3.1972 – 5 AZR 460/71, AP BGB § 611 Lehrer, Dozenten Nr. 10; Richardi BetrVG/*Richardi* Rn. 53).

98 Bei **gelegentlicher Mitarbeit,** die nur an einzelnen Tagen im Monat ausgeübt wird, braucht nicht immer ein ArbVerh. vorzuliegen (BAG 25.6.1974 – 1 ABR 68/73, AP BetrVG 1972 § 19 Nr. 3; offen gelassen für wöchentliches Austragen von Anzeigenblättern oder Prospekten BAG 29.1.1992 – 7 ABR 27/91, AP BetrVG 1972 § 7 Nr. 1); weitergehend DKKW/*Trümner* Rn. 11, die auch dann ein ArbVerh. annehmen, wenn der Dienstverpflichtete zum Teil frei entscheiden kann, ob er zur Arbeit erscheint oder nicht; insoweit anders wohl BAG im Aushilfs-Taxifahrerfall v. 29.6.1991 – 7 ABR 67/90, AP BetrVG 1972 § 9 Nr. 2; LAG Köln 10.2.1992 – 3 TaBV 65/91, AfP 1992, 200 für studentische Abrufkräfte. Diese können aber auch ArbN sein (HessLAG, LAGE Nr. 20 zu § 19 BetrVG 1972: mehrjährige mündliche Rahmenvertragsbeziehung, die vierteljährlich mit Vereinbarung fester Schichten ausgefüllt wird). Dagegen sind Zusteller von Tageszeitungen ArbN (BAG 29.1.1992 – 7 ABR 27/91, AP BetrVG 1972 § 7 Nr. 1; aber → Rn. 75).

99 **Formale Merkmale** wie Modalitäten der Entgeltzahlung (Einzelhonorar, Monatsentgelt), Abführen von Steuern, Einhalten von Terminen, Gewährung von Urlaub und Führung von Personalunterlagen sind nicht oder nur sehr eingeschränkt aussagekräftig (BAG 30.10.1991 – 7 ABR 19/91, AP BGB § 611 Abhängigkeit Nr. 59; 13.11.1991 – 7 AZR 31/91, AP BGB § 611 Abhängigkeit Nr. 60; 15.2.2012 – 10 AZR 111/11, NZA 2012, 733; *Boemke* ZfA 1998, 285 [314]).

100 Auch darauf, ob die Tätigkeit der **Sozialversicherungspflicht** unterliegt, kommt es nicht an (BAG 30.9.1998 – 5 AZR 563/97, AP BGB § 611 Abhängigkeit Nr. 103). Ist die gelegentliche Beschäftigung nicht mehr versicherungsfrei, spricht dies für ein ArbVerh. Umgekehrt führt die Versicherungsfreiheit noch nicht zur Verneinung der ArbN-Eigenschaft, wie sich schon aus dem Wortlaut des mit dem BetrVerf-ReformG aufgehobenen § 6 ergeben hat. Was eine geringfügige Beschäftigung im sozialversicherungsrechtlichen Sinne ist, bestimmt § 8 SGB IV; maßgebendes Kriterium ist die Höhe des Arbeitsentgelts (450 EUR monatlich) oder die auf kurze Zeit (längstens drei Monate oder 70 Arbeitstage im Kalenderjahr) begrenzte Beschäftigung (s. Schaub ArbR-HdB/*Linck* § 44 Rn. 5 ff., 19 ff.; *Deinert* AiB 2012, 643 ff.).

101 Unerheblich ist auch die Staatsangehörigkeit des Mitarbeiters (Richardi BetrVG/*Richardi* Rn. 73).

102 Bei Vorliegen der ArbN-Voraussetzungen gehören auch Personen, deren **ArbVerh. ruht,** zu den ArbN iSd BetrVG (hM; GK-BetrVG/*Raab* Rn. 106). Ein ArbVerh. ruht zB während der Zeiten des (freiwilligen) Wehrdienstes (§ 16 Abs. 7, § 1 Abs. 1 ArbPlSchG). Soweit es auf die Zahl der ArbN ankommt, sind sie zu berücksichtigen. Diese ArbN sind auch wahlberechtigt (→ § 7 Rn. 30 ff.) und wählbar (→ § 8 Rn. 46 ff.). Zur Sondersituation bei Altersteilzeit in Form des Blockmodells → § 7 Rn. 32, → § 8 Rn. 17, → § 9 Rn. 19.

III. Sonderformen des Arbeitsverhältnisses oder des Arbeitseinsatzes

1. Befristet Beschäftigte

103 Befristet beschäftigt ist gem. § 3 Abs. 1 TzBfG ein ArbN mit einem **auf bestimmte Zeit** geschlossenen Arbeitsvertrag. Ein auf bestimmte Zeit abgeschlossener Arbeitsvertrag (befristeter Arbeitsvertrag) liegt vor, wenn seine Dauer kalendermäßig bestimmt ist (kalendermäßig befristeter Arbeitsvertrag) oder sich aus Art, Zweck oder Beschaffenheit der Arbeitsleistung (zweckbefristeter Arbeitsvertrag) ergibt (krit. zum TzBfG *Wank* RdA 2010, 193 [199 ff.]).

Der befristete Einsatz externer Führungskräfte auf Zeit in einem fremden Unternehmen ist seit einigen Jahren beliebte betriebliche Praxis (*Oltmanns/Fuhlrott* DB 2016, 591 ff.). Soweit ein solcher **Interim-Manager** als ArbN mit Arbeitsvertrag zum ArbGeb. eingestellt wird, gelten für ihn als befristet Beschäftigten die allgemeinen Vorschriften des ArbRechts einschließlich das BetrVG und insb. § 99. Wird er im Wege der ArbNÜberlassung eingesetzt, kommt zudem das AÜG (→ Rn. 241 ff.) zur Anwendung. Dies gilt auch dann, wenn er als Fremdfirmen-ArbN im Unternehmen tätig wird, er aber weitgehend in die dortige Arbeitsorganisation eingegliedert ist (→ Rn. 281 ff., → § 99 Rn. 63 ff.). 103a

Befristet Beschäftigte sind **ArbN** iSd BetrVG. Sie sind aktiv und passiv wahlberechtigt. Sie genießen aber **nicht** den üblichen **Kündigungsschutz.** Der ArbGeb. entscheidet allein, ob er den ArbN nach Ablauf der Befristung weiterbeschäftigen will. Damit wird die berufliche Zukunft dieser ArbN unkalkulierbar. Rechte, die von einer längeren Betriebszugehörigkeit abhängen, können diese ArbN nicht erwerben. 104

Wegen dieser weitgehend unsicheren Situation der befristet Beschäftigten ordnet § 20 TzBfG an, dass der ArbGeb. den **BR** und den **GesBR** (s. MHH TzBfG/*Meinel* TzBfG § 20 Rn. 2) über die Anzahl der befristet beschäftigten ArbN und ihren Anteil an der Gesamtbelegschaft des Betriebs und des Unternehmens zu **informieren** hat; da § 20 TzBfG eine Konkretisierung von § 80 Abs. 2 S. 1 ist, hat die Information rechtzeitig, umfassend und unter Vorlage der erforderlichen Unterlagen zu erfolgen (Laux/Schlachter TzBfG/*Schlachter* TzBfG § 20 Rn. 4; *Engels* ArbuR 2009, 10 [69]; *Körner* NZA 2006, 573 [574]). 105

Dadurch soll es dem BR besser ermöglicht werden, **Einfluss auf** die **betriebliche Einstellungspraxis** zu nehmen (PSW Flexibilität S. 74). Zum anderen wird ein indirekter Schutz der befristet Beschäftigten dadurch erreicht, dass der BR mittels des Zahlenmaterials besser darauf hinwirken kann, den Anteil von Befristungen durch deren Umwandlungen in Festanstellungen abzubauen und insoweit seine Beteiligungsrechte nach § 80 Abs. 2 und §§ 92 ff. sowie § 99 Abs. 2 Nr. 3 zu nutzen (*Engels* ArbuR 2009, 10 [69]). 106

Einen verbesserten Schutz der befristet Beschäftigten in Form eines **Diskriminierungsverbots** sieht § 4 Abs. 2 TzBfG vor: Ein befristet Beschäftigter darf wegen der Befristung des Arbeitsvertrages nicht schlechter behandelt werden als ein vergleichbarer unbefristet Beschäftigter, es sei denn, dass sachliche Gründe eine unterschiedliche Behandlung rechtfertigen (Näheres → § 75 Rn. 53 ff.). Sind bestimmte Beschäftigungsbedingungen von der Dauer des Bestehens des ArbVerh. in demselben Betrieb oder Unternehmen abhängig, so sind für befristet Beschäftigte dieselben Zeiten zu berücksichtigen wie für unbefristet Beschäftigte, es sei denn, dass eine unterschiedliche Berücksichtigung aus sachlichen Gründen gerechtfertigt ist. Das Diskriminierungsverbot des § 4 Abs. 2 TzBfG gilt nicht nur während der Dauer der Befristung, sondern auch dann, wenn sich an ein befristetes ArbVerh. ein unbefristetes anschließt (so unter Aufgabe der bisherigen Rspr. BAG 21.2.2013 – 6 AZR 524/11, NZA 2013, 625). 107

a) Grundzüge des Befristungsrechts

Bei der Zulässigkeit befristeter Arbeitsverträge unterscheidet **§ 14 TzBfG** zwischen **sachgrundloser Befristung** und **Sachgrundbefristung** (zur Rspr. des BAG s. *Bader* NZA-RR 2018, 169; *Bader/Jörchel* NZA 2016, 1105 ff.; *Kiel* NZA 2016 Beil. 2 S. 72 ff.; *Linsenmaier* RdA 2012, 193 ff.; *Hunold* NZA-RR 2013, 505 ff.; *Kossens* AiB 2013, 638; *Kossens* AiB 2014, 18 ff.; zur Befristung einzelner Arbeitsbedingungen *Fuhlrott* NZA 2016, 1000 ff.). 108

Zulässig ist die kalendermäßige Befristung eines Arbeitsvertrages bis zu einer Höchstdauer von **2 Jahren** und bei höchstens **dreimaliger Verlängerung** in diesem Zeitraum, **ohne** dass für die Befristung ein **sachlicher Grund** gegeben ist (§ 14 Abs. 2 S. 1 TzBfG; sa *Städler* NZA 2012, 1082 ff.). Bei der Zwei-Jahres-Dauer ist die 109

Vertragsdauer, nicht die Zeitspanne zwischen Vertragsschluss und Ende des ArbVerh entscheidend; die Verlängerungsvereinbarung muss noch vor Ende der Laufzeit des bisherigen Vertrags in schriftlicher Form und ohne eine Vertragsänderung erfolgen (zu Einzelheiten s. BAG 19.3.2014 – 7 AZR 828/12, BeckRS 2014, 68935; 4.12.2013 – 7 AZR 468/12, NZA 2014, 623; Laux/Schlachter TzBfG/*Schlachter* TzBfG § 14 Rn. 106ff.; *Bauer* NZA 2011, 241ff.).

109a Eine Befristungsabrede, mit der eine **Verkürzung** der Laufzeit eines bestehenden sachgrundlos befristeten ArbVertrags vereinbart wird, ist ohne Sachgrund nicht zulässig. § 14 Abs. 2 TzBfG erlaubt die sachgrundlose Befristung eines ArbVertrags grds. nur bei einer Neueinstellung (→ Rn. 111) und bei Vertragsverlängerungen iSv § 14 Abs. 2 S. 1 TzBfG (BAG 14.12.2016 – 7 AZR 49/15, NZA 2017, 635).

109b Die **Befristung** einer **Arbeitszeiterhöhung** bedarf zu ihrer Wirksamkeit keines Sachgrundes nach § 14 TzBfG. Sie unterliegt der Inhaltskontrolle nach § 307 Abs. 1 BGB, in dessen Rahmen aber bei der Prüfung einer nicht unangemessenen Benachteiligung des ArbN Rechtfertigungsgründe gem. § 14 TzBfG für die Befristung beachtlich sei können (BAG 23.3.2016 – 7 AZR 828/13, NZA 2016, 881). Das gilt auch für die befristete Übertragung einer höherwertigen Tätigkeit (BAG 24.2.2016 – 7 AZR 253/14, NZA 2016, 814).

110 Die erleichterte **sachgrundlose Befristung** soll den ArbGeb. die nötige Flexibilität ermöglichen, um insbes. auf Auftragsspitzen reagieren und sinnvolle Alternativen zu Leiharbeit, Überstunden oder Outsourcing entwickeln zu können (BAG 14.12.2016 – 7 AZR 49/15, NZA 2017, 631; Laux/Schlachter TzBfG/*Schlachter* TzBfG § 14 Rn. 98); insoweit kann auch der BR insbes. auf Grund seiner Beteiligungsrechte nach den §§ 92ff. initiativ werden. Die Arbeitsvertragsparteien können die Möglichkeit zur sachgrundlosen Befristung vertraglich **ausschließen** (BAG 29.6.2011 – 7 AZR 774/09, NZA 2011, 1151).

111 Eine Befristung ohne Sachgrund ist nach dem Gesetzeswortlaut unzulässig, wenn mit demselben ArbGeb. bereits zuvor ein befristeter oder unbefristeter Arbeitsvertrag bestanden hat (Anschlussverbot, § 14 Abs. 2 S. 2 TzBfG;→ Rn. 111a). Unschädlich ist dagegen, wenn zwischen den Vertragsparteien ein früheres Heimarbeitsverh. (BAG 24.8.2016 – 7 AZR 625/15, NZA 2017, 244; 24.8.2016 – 7 AZR 342/14, BeckRS 2016, 104505) oder ein Beamtenverhältnis (BAG 24.2.2016 – 7 AZR 712/13, NZA 2016, 758) bestanden hat. Ein ArbVerh. „besteht" nach dem BAG im Regelfall ab dem Zeitpunkt des vertraglich vereinbarten Arbeitsbeginns (BAG 12.6.2019 – 7 AZR 548/17, NZA 2019, 1352).

111a Das **BAG** (21.9.2011 – 7 AZR 375/10, NZA 2012, 255; 6.4.2011 – 7 AZR 716/09, NZA 2011, 905) hatte 2011 in Abkehr von seiner vorhergehenden Rechtsprechung eine unzulässige „Zuvor-Beschäftigung" ausgeschlossen, wenn das frühere ArbVerh. **mehr** als **drei Jahre** zurückliegt. Nun hat das **BVerfG** (6.6.2018 – 1 BvL 7/14, 1 BvR 1375/14, NZA 2018, 774) entschieden, dass diese Auslegung die Grenzen zulässiger richterlicher Rechtsfortbildung überschreitet. Nach der gesetzgeberischen Grundentscheidung erlaube das Anschlussverbot des § 14 Abs. 2 S. 2 TzBfG sachgrundlose Befristungen grundsätzlich nur bei der **erstmaligen** Begründung eines ArbVerh. zwischen denselben Vertragsparteien. In dieser Auslegung ist das Anschlussverbot **verfassungskonform.** Die Arbeitsgerichte müssen die Regelung jedoch dann **einschränkend auslegen,** wenn durch eine weitere sachgrundlose Befristung der Schutzzweck des Anschlussverbotes nicht berührt ist, weil offensichtlich keine Gefahr der Kettenbefristung besteht **und** der Schutz der unbefristeten Beschäftigung als Regelfall nicht beeinträchtigt wird. Dies kann nach der Entscheidung des BVerfG angezeigt sein, wenn eine Vorbeschäftigung **sehr lange zurückliegt, ganz anders geartet** oder von **sehr kurzer Dauer** war. Als Beispiele nennt das BVerfG geringfügige Nebenbeschäftigungen während der Schul-, Studien oder Familienzeit, Tätigkeiten von Werkstudierenden oder studentischen Mitarbeitern im Rahmen ihrer Berufsqualifikation oder Tätigkeiten nach einer Unterbrechung der Erwerbsbiographie und beruflicher Neuorientierung. Nach diesen Grundsätzen dürften sachgrundlose Befristungen trotz Vorbeschäftigung beim selben Arbeitgeber nur ausnahmsweise zulässig sein. Sehr lange zurück liegt eine Vorbeschäftigung grds. noch **nicht** nach **15 Jahren** (BAG 17.4.2019 – 7 AZR 323/17, NZA 2019, 1271; zuvor BAG 20.3.2019 – 7 AZR 409/16, NZA 2019, 1274: 8 Jahre 9 Monate nicht sehr lange zurückliegend; sa BAG 23.1.2019 – 7 AZR 733/16, NZA 2019, 700), regelmäßig aber nach **22 Jahren** (BAG 21.8.2019 – 7 AZR 452/17). Um den Ausnahmecharakter der sachgrundlosen Befristung zu sichern, stellt das BAG bei Prüfung der Zeitabstände darauf ab, wie häufig im Laufe eines etwa 40 Jahre langen Erwerbslebens eine sachgrundlose Befristung zwischen denselben Vertragsparteien möglich wäre (dazu *Lembke/Tegel* NZA 2019, 1029 [1033]); drei mögliche sachgrundlose Befristungen können diesen Ausnahmecharakter nicht mehr gewährleisten (BAG 17.4.2019 – 7 AZR 323/17, NZA 2019, 1271), so dass die Grenze wohl bei 20 Jahren liegen dürfte. **18 Monate** sind jedenfalls **keine sehr kurze Dauer** der Vorbeschäftigung (BAG 23.1.2019 – 7 AZR 733/16, NZA 2019, 700). Diese Ausnahme vom Anschlussverbot kommt auch nicht bei einer nachträglichen Befristung eines ArbVerh. im Hinblick auf die Vorbeschäftigungszeit (hier zwei Wochen nach Vertragsbeginn) in Betracht, weil dies den Schutzzweck des Anschlussverbotes beeinträchtigen würde (BAG 12.6.2019 – 7 AZR 548/17, NZA 2019, 1352), so dass eine solche Befristung nach wie vor nicht auf § 14 Abs. 2 TzBfG gestützt werden kann. Zur **„ganz anders gearteten"** Zuvorbeschäftigung vgl. BAG 12.6.2019 – 7 AZR 477/17, BeckRS 2019, 25428; 12.6.2019 – 7 AZR 429/17, NZA 2019, 1563. Mit Blick auf die frühere BAG-Rechtsprechung abgeschlossene Befristungsvereinbarungen genießen **keinen Vertrauensschutz** (BAG 23.1.2019 – 7 AZR 733/16, NZA 2019, 700; ErfK/*Müller-Glöge* TzBfG § 14 Rn. 99). Allerdings ist die dreiwöchige Klagefrist des § 17 TzBfG zu beachten.

Ein befristeter Arbeitsvertrag mit **„demselben" ArbGeb.** hat nur dann bestanden, wenn Vertragspartner des ArbN bei beiden Verträgen dieselbe natürliche oder juristische Person ist; dies gilt grds. auch bei einer vorangegangenen Tätigkeit auf demselben Arbeitsplatz als LeihAN (BAG 9.2.2011 – 7 AZR 32/10, NZA 2011, 791 → Rn. 113, 113a) und bei konzernverbundenen ArbGeb. (BAG 19.3.2014 – 7 AZR 527/12, NZA 2014, 840 mwN; *Bauer* NZA 2011, 241 [243];). Beim Betriebsübergang nach **§ 613a BGB** liegt kein vorangegangenes ArbVerh. mit demselben ArbGeb. vor, wenn das ArbVerh. nicht auf den Erwerber übergegangen ist. ArbGeb. und ArbN können jedoch bei Abschluss eines befristeten Arbeitsvertrages vereinbaren, dass auch die Beschäftigung bei einem anderen ArbGeb. als Vorbeschäftigung iSv § 14 Abs. 2 S. 2 TzBfG behandelt werden soll, diese Vorschrift also zugunsten des ArbN abbedungen wird (BAG 9.2.2011 – 7 AZR 32/10, NZA 2011, 791). **111b**

Sachgrundlose Befristungen im **Anschluss** an **Ausbildungsverhältnisse** sind dagegen weiterhin zulässig (BAG 21.9.2011 – 7 AZR 375/10, NZA 2012, 255; ErfK/*Müller-Glöge* TzBfG § 14 Rn. 94 mwN; *Hunold* NZA 2012, 431; *Linsenmaier* RdA 2012, 193 [205]; krit. *Jörchel* NZA 2012, 1065 [1066 f.]). Auch kann sich an eine sachgrundlose Befristung ein befristetes ArbVerh. mit Sachgrund anschließen (*Viethen* BArbBl. 01, 5 [8]). **112**

Das TzBfG gilt auch für befristete ArbVerträge zwischen Verleihern und LeihArbN; sein **Geltungsbereich** ist insoweit **nicht eingeschränkt** (BAG 23.9.2014 – 9 AZR 1025/12, BeckRS 2014, 74495; 15.5.2013 – 7 AZR 525/11, NZA 2013, 1214; *Greiner* NZA 2014, 284 ff.; vgl. aber EuGH 11.4.2013 – C-290/12, NZA 2013, 495; dazu *Lembke* NZA 2013, 815). Die sachgrundlose Befristung eines Arbeitsvertrages mit einem **Verleiher** iSd § 1 AÜG ist grds. **nicht** als **rechtsmissbräuchliche** Vertragsgestaltung anzusehen, wenn der ArbN an seinen vormaligen ArbGeb., bei dem er 2 Jahre sachgrundlos befristet beschäftigt war, überlassen wird (aber → Rn. 113a, b; zur sog „Drehtürklausel" → Rn. 258). Das Anschlussverbot des § 14 Abs. 2 S. 2 TzBfG ist arbeitgeberbezogen, nicht betriebsbezogen (BAG 15.5.2013 – 7 AZR 525/11, NZA 2013, 1214 mwN). **113**

Ein **Gestaltungsmissbrauch** kommt jedoch in Betracht, wenn mehrere rechtlich und tatsächlich verbundene VertragsArbGeb. in bewusstem und gewolltem Zusam- **113a** menwirken mit einem ArbN aufeinanderfolgende befristete Arbeitsverträge nur deshalb schließen, um so über die nach § 14 Abs. 2 TzBfG vorgesehenen Befristungsmöglichkeiten hinaus sachgrundlose Befristungen aneinanderreihen zu können (BAG 24.6.2015 – 7 AZR 452/13, NZA 2015, 1507; 22.1.2014 – 7 AZR 243/12, NZA 2014, 483; 15.5.2013 – 7 AZR 525/11, NZA 2013, 1214; LAG Bln-Bbg 31.1.2019 – 21 Sa 936/18, BeckRS 2019, 7991; *Kiel* NZA 2016 Beil. 2 S. 72, 76f.). Diese **Rechtsmissbrauchskontrolle** hat sich an allen Umständen des Einzelfalles zu orientieren. Die Gesamtdauer der befristeten ArbVerh. ist (nur) ein bei dieser Gesamtabwägung zu berücksichtigender Aspekt (BAG 15.5.2013 – 7 AZR 525/11, NZA 2013, 1214; zur Missbrauchskontrolle bei Vertretungsbefristungen → Rn. 127g).

113b **Rechtsfolge** eines **Gestaltungsmissbrauchs** zur Umgehung der zulässigen Höchstdauer für sachgrundlose Befristungen nach § 14 Abs. 2 TzBfG ist die Unwirksamkeit der Befristungsabrede. Wenn Vertrags-ArbGeb. ein Leiharbeitsunternehmen ist, führt der **Rechtsmissbrauch** aber **nicht** zur Begründung eines **ArbVerh.** mit dem **Entleiher** (BAG 23.9.2014 – 9 AZR 1025/12, BeckRS 2014, 74495;).

113c Darlegungs- und beweispflichtig für das Vorliegen einer missbräuchlichen Vertragsgestaltung ist derjenige, der sich darauf beruft, bei einer Befristungsabrede regelmäßig der ArbN. Es gelten die Grundsätze einer **abgestuften Darlegungs**- und **Beweislast** (Näheres s. BAG 24.6.2015 – 7 AZR 452/13, NZA 2015, 1507; 19.3.2014 – 7 AZR 527/12, NZA 2014, 840).

114 **Sachgrundlose Kettenbefristungen** sind unzulässig (EuGH 26.2.2015 – C-238/14, NZA 2015, 424; BAG 23.9.2014 – 9 AZR 1025/12, BeckRS 2014, 74495; Laux/Schlachter TzBfG/*Schlachter* TzBfG § 14 Rn. 99; ErfK/*Müller-Glöge* TzBfG § 14 Rn. 97).

115 Durch **TV** kann sowohl die Höchstdauer als auch die Anzahl der zulässigen Verlängerungen der Befristung ohne Sachgrund (→ Rn. 109) auch zuungunsten der ArbN **abw.** vom TzBfG festgelegt werden (§ 14 Abs. 2 S. 3 TzBfG; BAG 18.3.2015 – 7 AZR 272/13, NZA 2015, 821; 15.8.2012 – 7 AZR 184/11, NZA 2013, 45; 5.12.2012 – 7 AZR 698/11, NZA 2013, 515; *Kiel* NZA 2016 Beil. 2 S. 72, 77f.; *Linsenmaier* RdA 2012, 193 [205f.]; *Boecken/Jacobsen* ZfA 2012, 37 [40f.]). Allerdings ist diese Abweichungsbefugnis der TV-Parteien nicht unbegrenzt; sie dürfen das Konzept des G, dass grds. Befristungen nur mit Sachgrund zulässig sind, nicht konterkarieren. Das BAG (26.10.2016 – 7 AZR 140/15, NZA 2017, 463; bestätigt von BAG 17.4.2019 – 7 AZR 410/17, NZA 2019, 1223) hat nun erstmals Grenzen festgelegt: Die in § 14 Abs. 2 S. 3 TzBfG genannten Werte für die Höchstdauer und die Anzahl der möglichen Verlängerungen dürfen nicht um mehr als das Dreifache überschritten werden (kr. *Frieling/Münder* NZA 2017, 766ff.; *Hamann* NZA 2019, 424). Der TV darf zusätzliche Voraussetzungen wie etwa die Zustimmung des Betriebsrats vorsehen (BAG 21.3.2018 – 7 AZR 428/16, NZA 2018, 999). Im Geltungsbereich eines TV können auch nicht tarifgebundene ArbGeb. und ArbN die Anwendung der TV-Regelung vereinbaren (§ 14 Abs. 2 S. 4 TzBfG; *Schiefer* DB 2011, 1164); eine Inbezugnahme des gesamten TV ist nicht erforderlich (BAG 21.3.2018 – 7 AZR 428/16, NZA 2018, 999).

115a Die Abweichungsbefugnis gem. § 14 Abs. 2 S. 3 TzBfG kann **nicht** von den TVParteien mittels sog **Subdelegation** auf die Betriebsparteien in der Weise übertragen werden, dass der TV die Betriebsparteien ermächtigt, in einer BV von der gesetzlich festgelegten Anzahl der Verlängerungen und der Höchstbefristungsdauer zuungunsten der Arbeitnehmer abzuweichen (*Boecken/Jacobsen* ZfA 2012, 37 [42ff.]). Auch ist es unzulässig, über eine **Tariföffnungsklausel** iSv § 77 Abs. 3 S. 2 den Betriebsparteien zu gestatten, durch BV eine über die nachteilige tarifliche Regelung hinausgehende Abweichung zuungunsten der Arbeitnehmer vorzusehen (*Boecken/Jacobsen* ZfA 2012, 37 [48]). Dagegen können die Betriebsparteien durch eine Tariföffnungsklausel ermächtigt werden, das durch TV abgesenkte Schutzniveau mittels einer BV zugunsten der Arbeitnehmer anzuheben oder wieder herzustellen (*Boecken/Jacobsen* ZfA 2012, 37 [50]).

Sachgrundlos befristete ArbVerh. mit **BRMitgl.** haben Bestand. Das BAG (25.6.2014 – 7 AZR 847/12, NZA 2014, 1209; 5.12.2012 – 7 AZR 698/11, NZA 2013, 515 mwN; s. dazu *Helm/Bell* AiB 2013, 608 ff.) hat entschieden, dass § 14 Abs. 2 TzBfG ohne Einschränkung auf BRMitgl. anwendbar und auch europarechtlich nicht zu beanstanden ist (**aA** *Bell/Ögüt/Schubert/Helm* AiB 2012, 636 ff.; *Helm/Bell/Huber* ArbRAktuell 2012, 339393). Folglich ist ein ArbGeb. nicht verpflichtet, ein Mitgl. einer ArbNVertr. in ein unbefristetes ArBVerh. zu übernehmen oder das befristete ArbVerh. bis zur Beendigung des Mandats zu verlängern, selbst wenn eine betriebliche Weiterbeschäftigungsmöglichkeit besteht, die eine Ämterkontinuität gewährleisten würde (→ Rn. 119). Beruht jedoch die Beendigung des Arbeitsvertrages auf dem Mandat oder der Amtstätigkeit des BRMitgl., ist dies eine unzulässige Benachteiligung, der mit § 78 S. 2 – ggf. iVm § 280 Abs. 1 und/oder § 823 Abs. 2, § 249 Abs. 1 BGB – begegnet und der Abschluss eines Folgevertrages als Schadensersatz verlangt werden kann (BAG 25.6.2014 – 7 AZR 847/12, NZA 2014, 1209; *Helm/Fuchs* ArbRAktuell 2014, 355412). 115b

Zur Verbesserung der Beschäftigungschancen älterer Menschen ist die Befristung von Arbeitsverträgen mit älteren ArbN erleichtert worden. Nach § 14 Abs. 3 TzBfG ist eine sachgrundlose Befristungen mit einem **52-jährigen ArbN** zulässig, wenn er unmittelbar vor Beginn des befristeten ArbVerh. mindestens vier Monate beschäftigungslos iSd § 138 Abs. 1 Nr. 1 SGB III gewesen ist, Transferkurzarbeitergeld bezogen oder an einer öffentlich geförderten Beschäftigungsmaßnahme nach SGB II oder III teilgenommen hat. Die Höchstbefristungsdauer beträgt fünf Jahre, innerhalb der beliebig viele Verlängerungen möglich sind (s. hierzu *Bader* NZA 2007, 713 ff.; *Bauer* NZA 2007, 544 f.; *Bayreuther* BB 2007, 1113 ff.; *Kiel* NZA 2016 Beil. 2 S. 72, 78 ff.; *Schiefer/Köster/Korte* DB 2007, 1081 ff.). Diese Regelung ist –bei erstmaliger Anwendung zwischen denselben Arbeitsvertragsparteien – mit Unionsrecht und Verfassungsrecht vereinbar (BAG 28.5.2014 – 7 AZR 360/12, NZA 2015, 1131; ArbG Köln 1.12.2017 – 9 Ca 4675/17, BeckRS 2017, 150450: mehrfache Anwendung zwischen denselben Arbeitsvertragsparteien unzulässig). 116

Existenzgründer können gem. § 14 Abs. 2a TzBfG in den ersten vier Jahren nach der Gründung eines Unternehmens befristete Arbeitsverträge ohne Sachgrund bis zur Dauer von vier Jahren abschließen; bis zu dieser Gesamtdauer von vier Jahren ist auch die mehrfache Verlängerung eines befristeten Vertrages zulässig. Dies gilt nicht für Neugründungen im Zusammenhang mit der rechtlichen Umstrukturierung von Unternehmen und Konzernen (s. hierzu § 112a Abs. 2); die erleichterte Befristungsmöglichkeit gilt jedoch auch bei Neugründung von Tochtergesellschaften innerhalb eines Konzerns, wenn diese bislang nicht im Konzern wahrgenommene neue wirtschaftliche Aktivitäten verfolgen (BAG 12.6.2019 – 7 AZR 317/17, NZA 2019, 1568). 117

Der **Regelfall** der zulässigen Befristung ist die Befristung mit **sachlichem Grund** (§ 14 Abs. 1 TzBfG). Der in § 14 Abs. 1 TzBfG enthaltene, nicht abschließende Katalog zulässiger Sachgründe knüpft an die Rspr. des BAG an und nennt typische Gründe, die die Befristung eines Arbeitsvertrages rechtfertigen können, ohne andere, von der Rspr. akzeptierte oder weitere Sachgründe auszuschließen (so Begr. RegE BT-Drs. 14/4374, 13, 18; → Rn. 132a–132c). 118

So kann das aufgrund eines befristeten Arbeitsvertrags auslaufende ArbVerh. eines **BRMitgl. befristet verlängert** werden, wenn der befristete Vertrag zur Sicherung der personellen Kontinuität der BRArbeit geeignet und erforderlich ist (sachlicher Grund). Das kann sein, wenn sich die Laufzeit des Vertrags auf die Dauer der noch verbleibenden gesetzlichen Amtszeit des BR erstreckt. Ist sie kürzer, kann dies nur durch bes. Umstände gerechtfertigt sein (BAG 8.6.2016 – 7 AZR 467/14, NZA 2016, 1535; 20.1.2016 – 7 AZR 340/14, NZA 2016, 755; *Pauli* ArbuR 2003, 391, *Fuchs* AiB 2003, 50 f.; *Ricken* SAE 2003, 55 ff.). Zum **Übernahmeanspruch** von befristet beschäftigten BRMitgl → Rn. 115b. 119

Eine im **TV** enthaltene Befristung des ArbVerh. auf den Zeitpunkt des Erreichens des **Regelrentenalters** ist sachlich gerechtfertigt iSv § 14 Abs. 1 S. 1 TzBfG, wenn 120 der ArbN nach Vertragsinhalt und -dauer eine Altersversorgung in der gesetzl. Rentenversicherung erlangen kann oder bei Vertragsschluss bereits die für den Bezug einer Altersrente erforderliche rentenrechtliche Wartezeit erfüllt hat; dabei hängt die Wirksamkeit der Befristung nicht von der konkreten wirtschaftlichen Absicherung des ArbN ab (BAG 18.1.2017 – 7 AZR 236/15, NZA 2017, 849; 21.9.2011 – 7 AZR 134/10, NZA 2012, 271). Sieht ein Arbeitsvertrag eine Beschäftigung „auf unbestimmte Zeit" vor, so wird dadurch eine Altersgrenzenregelung nicht abbedungen (BAG 8.12.2010 – 7 AZR 438/09, NZA 2011, 586; 21.9.2011 – 7 AZR 134/10, NZA 2012, 271; *Linsenmaier* RdA 2012, 193 [202f.]).

120a Wenn die Voraussetzungen für die Regelungssperre des § 77 Abs. 3 S. 1 nicht vorliegen, können auch in **BV** Altersgrenzen vereinbart werden, nach denen das ArbVerh. mit Erreichen der **Regelaltersgrenze** endet. Treffen die Arbeitsvertragsparteien hierüber keine ausdrückliche Regelung, so ist ihre Absprache dann als **betriebsvereinbarungsoffen** anzusehen, wenn der Vertragsgegenstand in AGB enthalten ist und einen kollektiven Bezug hat (BAG 5.3.2013 – 1 AZR 417/12, NZA 2013, 916; *Linsenmaier* RdA 2014, 336ff.; *Straube/Rasche* DB 2016, 51ff.; krit. zu dieser Rspr.: *Hromadka* NZA 2013, 1061ff., *Preis/D. Ulber* NZA 2014, 6ff., *Säcker* BB 2013, 2677ff.).

120b Sieht eine Vereinbarung (TV, BV, Arbeitsvertrag) die Beendigung des ArbVerh. mit dem Erreichen der Regelaltersgrenze vor (zum Schriftformerfordernis → Rn. 134f.), können die Arbeitsvertragsparteien durch Vereinbarung während des ArbVerh. den **Beendigungszeitpunkt** ggf. auch mehrfach **hinausschieben** (**§ 41 S. 3 SGB VI;** die Regelung ist unionsrechtskonform, s. **EuGH** 28.2.2018 – C-46/17, NZA 2018, 355, und verfassungskonform, BAG 19.12.2018 – 7 AZR 70/17, NJW 2019, 1322 m. Anm. *Bader*). Mit dieser **befristeten Fortführung** des ArbVerh. soll es ArbGeb. und ArbN ermöglicht werden, das ArbVerh. nach Erreichen der Regelaltersgrenze einvernehmlich für einen von vornherein bestimmten Zeitraum rechtssicher fortzusetzen, um zB eine Übergangsregelung bis zur Nachbesetzung zu schaffen oder den Abschluss laufender Projekte sicherzustellen (BT-Drs. 18/1489, 25; *Kiel* NZA 2016 Beil. 2 S. 72, 79ff.). Ein nach § 41 S. 3 SGB VI wirksames Hinausschieben der Beendigung des ArbVerh. setzt voraus, dass es zu keiner Unterbrechung des ArbVerh. kommt, also ArbGeb. und ArbN das Hinausschieben vor dem rentenbedingten Beendigungszeitpunkt vereinbaren, alle sonstigen Arbeitsbedingungen unverändert bleiben – diese Vorgaben setzt auch der **EuGH** voraus (28.2.2018 – C-46/17, NZA 2018, 355; *Fuhlrott* EWiR 2018, 187) und die Vereinbarung schriftlich (§ 14 Abs. 4 TzBfG) geschlossen wurde (BT-Drs. 18/1489, 25; ErfK/*Rolfs* SGB VI § 41 Rn. 23; *Bader* NZA 2014, 749ff.; *Bayreuther* NZA 2016 Beil. 2 S. 84, 87f.; *Bayreuther* NZA 2015 Beil. 3, 84ff.; *Giesen* ZfA 2014, 217ff.; *Kleinebrink* DB 2014, 1490ff.; *Kramer* ArbRAktuell 2015, 144; → Rn. 130b; **aA** ArbG Karlsruhe 27.4.2016 – 3 Ca 22/16, BeckRS 2016, 118163: Gleichzeitiges Hinausschieben des Beendigungszeitpunkts und Reduzierung des Beschäftigungsumfangs unschädlich; offengelassen von BAG 19.12.2018 – 7 AZR 70/17, NJW 2019, 1322 m. Anm. *Bader;* Schaub ArbR-HdB/*Koch* § 40 Rn. 52; betr. Schriftform *Poguntke* NZA 2014, 1372 [1374]).

121 Das **BAG** hatte befristete Arbeitsverträge dann für unzulässig erklärt, wenn „der durch die Kündigungsschutzbestimmungen gewährleistete Bestandsschutz des ArbVerh. vereitelt wird und dafür kein **sachlicher Grund** vorliegt" (stRspr seit 12.10.1960 – 3 AZR 65/59, AP BGB § 620 Befristeter Arbeitsvertrag Nr. 16; zur BAG-Rspr. *Frohner/Pieper* ArbuR 1992, 97; *Gardain* ZTR 1996, 252; *Kempff* AiB 1996, 174; zur Befristung von Arbeitsverträgen bei Nebentätigkeit, insbes. mit Studenten BAG 10.8.1994 – 7 AZR 695/93, AP BGB § 620 Befristeter Arbeitsvertrag Nr. 162; Handlungshilfen für BR: *Böttcher/Krüger* Ungeschütze Beschäftigungsverhältnisse S. 42ff.; *Krüger* AiB 1997, 581; s. ferner *Backhaus* NZA Heft 24/2001 Sonderbeil., 8; *Hunold* NZA 2002, 255).

122 Ein sachlicher Grund war danach immer dann erforderlich, wenn ohne Befristungsabrede kündigungsschutzrechtliche Vorschriften eingreifen würden. Diese stringente Verknüpfung mit dem Kündigungsschutz enthält § 14 Abs. 1 u. 2 TzBfG nicht.

Deshalb ist im Gegensatz zur BAG-Rspr. nunmehr auch dann ein **Sachgrund** (oder eine zulässige sachgrundlose Befristung in den Grenzen des § 14 Abs. 2, 2a oder 3 TzBfG) erforderlich, wenn der ArbN in einem **Kleinbetrieb** iSd § 23 Abs. 1 KSchG beschäftigt ist (APS/*Backhaus* TzBfG § 14 Rn. 15f.).

Die **Förderung** der **Aus**- und **Weiterbildung** schwerbehinderter Menschen nach § 73 Abs. 1 SGB III durch die BA ist kein Sachgrund nach § 14 Abs. 1 S. 1 TzBfG für die Befristung des zwischen dem ArbGeb. und dem schwerbehinderten Menschen abgeschlossenen Arbeitsvertrags. Die Aus- und Weiterbildung eines ArbN kann zwar uU die Befristung eines Arbeitsvertrages sachlich rechtfertigen. Dazu genügt es aber nicht, wenn der ArbN durch die Beschäftigung lediglich die Möglichkeit erhält, Berufserfahrung zu sammeln; erforderlich ist vielmehr, dass der ArbN **bes.** über die mit der Berufstätigkeit verbundene Berufserfahrung hinausgehende **Kenntnisse** oder **Qualifikationen** erwerben kann (BAG 22.4.2009 – 7 AZR 96/08, NZA 2009, 1099). **122a**

In Anlehnung an das BAG nennt **§ 14 Abs. 1 S. 2 TzBfG** die wichtigsten **zulässigen Gründe** für Befristungen (zur Rspr. *Bruns* NZA-RR 2010, 113ff.). Nach BAG ist die Wirksamkeit einer Befristungsabrede – insbes. bei Sachgrundbefristungen – im Zeitpunkt des Vertragsabschlusses zu beurteilen. Später eintretende Änderungen haben grundsätzlich keinen Einfluss auf die Wirksamkeit der vereinbarten Befristung. Deshalb entsteht bei späterem Wegfall des Befristungsgrundes kein unbefristetes ArbVerh. (BAG 17.5.2017 – 7 AZR 301/15, NZA 2017, 1340). **123**

Es muss mit hinreichender Sicherheit deutlich werden, dass der **Zweck tatsächlich** zu irgendeinem Zeitpunkt **erreicht** werden wird, wenn auch noch nicht feststeht, wann dies sein wird. Für die erforderliche **Prognose** reicht es nicht aus, dass der im ArbVertrag festgelegte Vertragszweck nur möglicherweise oder wahrscheinlich erreicht wird. Je weiter die vereinbarte Zweckerreichung in der Zukunft liegt, umso höhere Anforderungen sind an die Zuverlässigkeit der Prognose zu stellen (BAG 21.3.2017 – 7 AZR 222/15, NZA 2017, 631; 15.5.2012 – 7 AZR 35/11, NZA 2012, 1366). Die wichtigsten Sachgründe für eine wirksame Befristung des ArbVertrags sind: **123a**

Nur **vorübergehend bestehender betrieblicher Bedarf** an der Arbeitsleistung **(Nr. 1)** setzt voraus, dass im Zeitpunkt des Vertragsschlusses mit hinreichender Sicherheit zu erwarten ist, dass nach dem vorgesehenen Vertragsende für die Beschäftigung des befristet eingestellten ArbN im Betrieb kein Bedarf mehr besteht, wie zB bei vorübergehend erhöhtem oder künftig wegfallendem Arbeitskräftebedarf. Hierüber hat der ArbGeb. bei Vertragsschluss eine **Prognose** zu erstellen, die auf konkreten Anhaltspunkten basieren muss (BAG 23.1.2019 – 7 AZR 212/17, BeckRS 2019, 8912; 14.12.2016 – 7 AZR 688/14, NZA 2017, 711; 27.7.2016 – 7 AZR 545/14, NZA 2016, 1531; APS/*Backhaus* TzBfG § 14 Rn. 82, 139ff., 142f.). Unschädlich ist, wenn der vom ArbGeb. prognostizierte Bedarf an Arbeitsleistung noch über das Vertragsende hinaus andauert und erst später wegfällt. Der ArbGeb. kann frei darüber entscheiden, ob er den Zeitraum des von ihm prognostizierten zusätzlichen Arbeitskräftebedarfs ganz oder teilweise durch Abschluss von befristeten ArbVerträgen abdeckt. Die Zahl der befristet eingestellten ArbN muss sich im Rahmen des prognostizierten Mehrbedarfs halten und darf diesen nicht überschreiten (BAG 14.12.2016 – 7 AZR 688/14, NZA 2017, 711). **124**

Auch ein **projektbedingter** personeller **Mehrbedarf** kann einen Sachgrund für eine Befristung des Arbeitsvertrages mit einem projektbezogen beschäftigten ArbN für die Gesamtdauer des Projekts oder für eine kürzere Zeit sein (BAG 14.12.2016 – 7 AZR 688/14, NZA 2017, 711; 27.7.2016 – 7 AZR 545/14, NZA 2016, 1531; krit. zur BAG-Rspr. betr. Prognose bei Projektbefristung LAG Köln 31.7.2014 – 7 Sa 587/13, BeckRS 2015, 68480; *Dörner* NZA 2007, 57 [62]; zu Eintagesarbeitsverträgen beim Poolsystem *Strasser/Melf* ArbuR 2006, 342 [344f.]). Eine Projektbefristung setzt voraus, dass die Projektaufgaben auf vorübergehende Dauer angelegt und gegenüber den Daueraufgaben des Arbeitgebers abgrenzbar sind (BAG 23.1.2019 – 7 AZR 212/17, BeckRS 2019, 8912), und dass im Zeitpunkt des Vertragsschlusses mit **124a** hinreichender Sicherheit zu erwarten ist, dass nach dem vorgesehenen Vertragsende für die Beschäftigung des befristet eingestellten ArbN kein dauerhafter betrieblicher Bedarf mehr besteht (LAG Berlin-Brandenburg 15.12.2016 – 5 Sa 998/16, BeckRS 2016, 113032). Das ist nicht der Fall, wenn dem ArbN Daueraufgaben übertragen werden, die von dem Stammpersonal wegen einer von vornherein unzureichenden Personalausstattung nicht erledigt werden können (BAG 23.1.2019 – 7 AZR 212/17, BeckRS 2019, 8912; 14.12.2016 – 7 AZR 688/14, NZA 2017, 711; 17.3.2010 – 7 AZR 640/08, NZA 2010, 633) oder unveränderte Daueraufgaben in organisatorisch eigenständige „Projekte" aufgeteilt werden (BAG 23.1.2019 – 7 AZR 212/17, BeckRS 2019, 8912; 21.11.2018 – 7 AZR 234/17, NZA 2019, 611; 27.7.2016 – 7 AZR 545/14, NZA 2016, 1531).

124b Ein nur vorübergehender betrieblicher Bedarf an der Arbeitsleistung kann sich ergeben, wenn sich der Arbeitskräftebedarf künftig aufgrund von **Abwicklungsarbeiten** bis zur Betriebsschließung verringert. Maßgebend sind dabei die Verhältnisse in dem Betrieb, für den der ArbN befristet eingestellt ist. **Nr. 1** ist weder arbeitgeber- noch betriebsorganisationsbezogen, sondern **betriebstätigkeitsbezogen** auszulegen, so dass eine bei Vertragsschluss bestehende Weiterbeschäftigungsmöglichkeit in einem anderen Betrieb des Unternehmens der Wirksamkeit der Befristung nicht entgegensteht. Beabsichtigt der ArbN bei Vertragsschluss, seine betriebliche Tätigkeit nach einer räumlichen und/oder organisatorischen Änderung fortzuführen, und besteht der betriebliche Bedarf an der vertraglichen Arbeitsleistung des befristet eingestellten ArbN dort fort, sind die Voraussetzungen der Nr. 1 nur dann erfüllt, wenn bei Vertragsschluss feststeht, dass die vertragliche Tätigkeit für den befristet beschäftigten ArbN an dem neuen Standort nicht mehr anfällt oder ihm diese nicht zugewiesen werden könnte (BAG 21.3.2017 – 7 AZR 222/15, NZA 2017, 631).

124c Der Sachgrund der Nr. 1 ist von der regelmäßig gegebenen Unsicherheit über die künftige Entwicklung des **Arbeitskräftebedarfs** eines Unternehmens zu unterscheiden (BAG 11.9.2013 – 7 AZR 107/12, NZA 2014, 150 mwN). Die allgemeine Unsicherheit über die zukünftig bestehende Beschäftigungsmöglichkeit rechtfertigt die Befristung nicht. Eine solche Unsicherheit gehört zum unternehmerischen Risiko des ArbGeb., das er nicht durch Abschluss eines befristeten Arbeitsvertrags auf den ArbN abwälzen darf (BAG 4.12.2013 – 7 AZR 277/12, NZA 2014, 481).

125 Die für später geplante Besetzung eines Arbeitsplatzes mit einem **Leih-ArbN** ist kein Sachgrund für die Befristung des Arbeitsvertrages mit einem vorübergehend auf diesem Arbeitsplatz eingesetzten ArbN (BAG 17.1.2007 – 7 AZR 20/06, AP TzBfG § 14 Nr. 30; *Düwell/Dahl* NZA 2007, 889 [892]). Auch kann sich ein Verleiher gegenüber seinem Leih-ArbN zur Begründung eines eigenen nur vorübergehenden Bedarfs idR nicht auf einen solchen bei einem Entleiher berufen (str.; wie hier BAG 18.5.2006 – 2 AZR 412/05, NZA 2006, 1007; ErfK/*Wank* AÜG Einl. Rn. 7; *Ulber* AÜG § 9 Rn. 325 ff.; *Düwell/Dahl* NZA 2007, 889 [891]).

126 Erster Arbeitsvertrag im Anschluss an Ausbildung oder Studium, um den Übergang des ArbN in eine **Anschlussbeschäftigung** zu erleichtern **(Nr. 2).** Zielgruppen dieser sog Absolventenbefristung sind ua Auszubildende, Praktikanten und Werkstudenten (s. LAG Nds 4.7.2003 – 16 Sa 103/03, NZA-RR 2004, 13). Berufsanfängern soll der Berufsstart ermöglicht werden. Ein zwischengeschaltetes anderes ArbVerh. ist unabhängig von dessen Inhalt und Dauer ebensowenig nach Nr. 2 zulässig wie eine Vertragsverlängerung (BAG 10.10.2007 – 7 AZR 795/06, AP TzBfG § 14 Verlängerung Nr. 5; 24.8.2011 – 7 AZR 368/10, BB 2012, 251; *Linsenmaier* RdA 2012, 193 [198]).

127 **Vertretung** eines anderen ArbN **(Nr. 3),** aber auch anderer Personengruppen wie zB von Beamten (BAG 15.2.2006 – 7 AZR 232/05, AP TzBfG § 14 Vertretung Nr. 1; LAG Köln 7.5.2007 – 14 Sa 1379/06, NZA-RR 2007, 517; APS/*Backhaus* TzBfG § 14 Rn. 92 f., 329 ff.). Ein Vertretungsbedarf kann sich auch aus einer vorübergehenden Abordnung/Versetzung einer Stammkraft ergeben (BAG 12.4.2017 – 7 AZR 436/15, NZA 2017, 1253; 16.1.2013 – 7 AZR 662/11, NZA 2013, 611;

16.1.2013 – 7 AZR 661/11, NZA 2013, 614; → Rn. 127d). Der Vertreter kann **wiederholt** zur Vertretung desselben vorübergehend an der Arbeitsleistung verhinderten ArbN befristet beschäftigt werden, ohne dass bes. strenge Anforderungen zu stellen sind (BAG 25.3.2009 – 7 AZR 34/08, NZA 2010, 34; *Jörchel* NZA 2012, 1065 [1067 ff.]). Der befristet eingestellte Vertreter kann auch mit **anderen Aufgaben** als denen des Vertretenen betraut werden (BAG 8.8.2007 – 7 AZR 855/06, AP TzBfG § 14 Nr. 41; aber → Rn. 127a).

Eine Abwesenheitsvertretung setzt einen **Kausalzusammenhang** zwischen der Abwesenheit des zu vertretenden Beschäftigten und dem Einsatz des Vertreters voraus. Der Vertreter muss gerade wegen des durch den Ausfall des zu vertretenden Mitarbeiters entstandenen vorübergehenden Beschäftigungsbedarfs eingestellt worden sein. Wird die Tätigkeit des zeitweise ausfallenden Mitarbeiters nicht von dem Vertreter, sondern einem anderen ArbN ausgeübt **(mittelbare Vertretung),** hat der ArbGeb. zur Darstellung des Kausalzusammenhangs grds. die **Vertretungskette** zwischen dem Vertretenen und dem Vertreter darzulegen (BAG 21.2.2018 – 7 AZR 696/16, NZA 2018, 1003). Hieran kann es fehlen, wenn schon zum Zeitpunkt des befristeten Vertrags feststeht, dass der ArbN, der den abwesenden ArbN unmittelbar vertritt und der seinerseits von dem befristet eingestellten ArbN ersetzt wird, nicht auf seinen Arbeitsplatz zurückkehren wird (BAG 11.2.2015 – 7 AZR 113/13, NZA 2015, 617; 6.11.2013 – 7 AZR 96/12, NZA 2014, 430). **127a**

Werden dem Vertreter Aufgaben übertragen, die der Vertretene nie ausgeübt hat, besteht der erforderliche **Kausalzusammenhang** zwischen Ausfall der Stammkraft und Einstellung des Vertreters, wenn der ArbGeb. rechtlich und tatsächlich in der Lage wäre, diese Aufgaben auch dem Vertretenen zuzuweisen. Für diesen **Nachweis** hat der ArbGeb. bei Vertragsschluss mit dem Vertreter dessen Aufgaben einem oder mehreren vorübergehend abwesenden ArbN nach außen erkennbar – zB durch entspr. Angaben im ArbVertrag – **gedanklich zuzuordnen** (BAG 21.2.2018 – 7 AZR 696/16, NZA 2018, 1003; 12.4.2017 – 7 AZR 436/15, NZA 2017, 1253; 24.8.2016 – 7 AZR 41/15, NZA 2017, 307; 11.2.2015 – 7 AZR 113/13, NZA 2015, 617). Die gedankliche Zuordnung begründet den erforderlichen Kausalzusammenhang **nicht** bei vorübergehender Abordnung/Versetzung der Stammkraft und auch nicht bei Bestehen eines Abruf-Arbeitsverhältnisses nach § 12 Abs. 1 TzBfG mit der Stammkraft (BAG 21.2.2018 – 7 AZR 765/16, NZA 2018, 858). **127b**

Der **Kausalzusammenhang fehlt** zB, wenn dem Vertreter eine Tätigkeit übertragen ist, die der ArbGeb. dem Vertretenen – bei dessen Anwesenheit – nicht übertragen könnte, weil sie nicht vom Direktionsrecht des ArbGeb. gedeckt ist (BAG 12.1.2011 – 7 AZR 194/09, NZA 2011, 507; 10.10.2012 – 7 AZR 462/11, NZA-RR 2013, 185) oder der Vertretene die gesamte Zeit des befristeten ArbVerh. benötigen würde, um durch Fortbildung und Einarbeitung die Kenntnisse für die zu übertragende Tätigkeit erst zu erwerben (BAG 14.4.2010 – 7 AZR 121/09, NZA 2010, 942; *Schiefer* DB 2011, 1167). **127c**

Ein unmittelbarer oder mittelbarer Vertretungsbedarf kann sich auch aus einer vorübergehenden **Abordnung/Versetzung** einer **Stammkraft** ergeben (BAG 12.4.2017 – 7 AZR 436/15, NZA 2017, 1253; 10.7.2013 – 7 AZR 761/11, NZA 2014, 26; → Rn. 127c). Es gelten die Grundsätze der → Rn. 127a. Eine Vertretung nach den Grundsätzen der gedanklichen Zuordnung kommt nicht in Betracht (→ Rn. 127b). Zu der vom ArbGeb. anzustellenden **Rückkehrprognose** (Rückkehrabsicht der vertr. Stammkraft, Planungs- und Organisationsentscheidungen des ArbGeb.) s. BAG 10.7.2013 – 7 AZR 833/11, NZA 2013, 1292; 16.1.2013 – 7 AZR 661/11, NZA 2013, 614). **127d**

Auch bei einem **ständigen Vertretungsbedarf** ist die Befristung des Arbeitsvertrages eines Vertreters zulässig (BAG 6.10.2010 – 7 AZR 397/09, NZA 2011, 1155; *Bauer* NZA 2011, 241 [245]). Voraussetzung ist, dass bei Abschluss der Befristungsabrede ein Vertretungsfall vorliegt. Das ist nicht der Fall, wenn der Vertretene bereits vor Vereinbarung der Befristung verbindlich erklärt hat, dass er die Arbeit nicht wie- **127e** der aufnehmen werde (BAG 21.2.2018 – 7 AZR 765/16, NZA 2018, 858). Unwirksam ist auch eine zur **„Dauervertretung"** führende Befristung, wenn also der ArbN von vornherein nicht nur zur Vertretung eines bestimmten, vorübergehend an der Arbeitsleistung verhinderten ArbN eingestellt wird, sondern bereits bei Vertragsschluss beabsichtigt ist, ihn für eine zum Zeitpunkt des Vertragsschlusses noch nicht absehbare Vielzahl von Vertretungsfällen auf Dauer zu beschäftigen (BAG 18.7.2012 – 7 AZR 443/09, NZA 2012, 1351 mwN; zur virtuellen Dauervertr. s. *Eisemann* NZA 2009, 1113).

127f Allein die **große Anzahl** der mit dem ArbN abgeschlossenen **befristeten Arbeitsverträge** oder die **Gesamtdauer** der **„Befristungskette"** führen nicht dazu, dass an den Sachgrund der Vertretung strengere Anforderungen zu stellen sind. Das gilt auch für die Anforderungen an die Prognose des ArbGeb. über den voraussichtlichen Wegfall des Vertretungsbedarfs durch die Rückkehr des Vertretenen (BAG 12.4.2017 – 7 AZR 436/15, NZA 2017, 1253; 18.7.2012 – 7 AZR 443/09, NZA 2012, 1351). Dem Sachgrund der Vertretung steht nicht entgegen, dass der ArbGeb. über keine ausreichende **Personalreserve** für Fälle von Krankheit, Urlaub und Freistellung verfügt, um das regelmäßige Arbeitspensum mit unbefristet beschäftigtem Stammpersonal zu bewältigen (BAG 24.8.2016 – 7 AZR 41/15, NZA 2017, 307).

127g Unter Hinweis auf die Vorabentscheidung des **EuGH** v. 26.1.2012 (C-586/10, NZA 2012, 135; s. dazu *Linsenmaier* RdA 2012, 193 [200]; *Brose/Sagan* NZA 2012, 308 ff.) hat das **BAG** (s. 21.3.2017 – 7 AZR 369/15, NZA 2017, 706; 26.10.2016 – 7 AZR 135/15, NZA 2017, 382) die vorstehenden Grundsätze (→ Rn. 127 ff.) um folgende Regeln ergänzt und konkretisiert: Besteht ein **Sachgrund** für die Befristung eines ArbVertrages nach § 14 Abs. 1 TzBfG, ist eine umfassende **Kontrolle** nach den Grundsätzen eines **institutionellen Rechtsmissbrauchs** (§ 242 BGB; krit. hierzu *Bruns* NZA 2013, 769 ff.) geboten. Die Schwelle für die Annahme eines solchen Rechtsmissbrauchs hängt vor allem von der Gesamtdauer der befristeten Verträge sowie der Anzahl der Vertragsverlängerungen ab. Dabei können Unterbrechungen des ArbVerh. gegen einen Rechtsmissbrauch sprechen (BAG 23.5.2018 – 7 AZR 16/17, NZA 2018, 1549; 21.3.2017 – 7 AZR 369/15, NZA 2017, 706). Das ist bei einer Unterbrechung von 2 Jahren idR der Fall (BAG 23.5.2018 – 7 AZR 16/17, NZA 2018, 1549; 21.3.2017 – 7 AZR 369/15, NZA 2017, 706).

127h Eine **umfassende** gerichtliche **Missbrauchskontrolle** ist geboten bei einer Gesamtdauer der befristeten ArbVerh. von mehr als 8 Jahren oder mehr als 12 Verlängerungen, Gleiches gilt, wenn kumulativ eine Gesamtdauer von 6 Jahren und 9 Verlängerungen überschritten wird. Hierbei kommt es darauf an, ob der ArbN weitere Umstände vorträgt, aus denen sich ein Rechtsmissbrauch ergibt. Ein **indizierter Rechtsmissbrauch** ist idR anzunehmen, wenn die Gesamtdauer des ArbVerh. **10 Jahre** überschreitet oder mehr als **15 Vertragsverlängerungen** vereinbart wurden oder wenn mehr als **12 Verlängerungen** bei einer Gesamtdauer von mehr als **8 Jahren** vorliegen. Hier kann der ArbGeb. die Annahme eines indizierten Rechtsmissbrauch durch Vortrag bes. Umstände entkräften (BAG 21.2.2018 – 7 AZR 765/16, NZA 2018, 858; 17.5.2017 – 7 AZR 420/15, BeckRS 2017, 126362; 26.10.2016 – 7 AZR 135/15, NZA 2017, 382).

127i Der Sachgrund der Vertretung wird durch **§ 21 Abs. 1 BEEG** konkretisiert. So kann der ArbGeb. Ausfallzeiten aufgrund von Mutterschutz, Elternzeit und Sonderurlaub zur Kinderbetreuung durch befristete Einstellung einer Vertretungskraft überbrücken (BAG 17.5.2017 – 7 AZR 420/15, BeckRS 2017, 126362). Mit dem Elternzeitvertreter kann nicht nur ein kalendermäßig befristeter, sondern auch ein zweckbefristeter ArbVertr. geschlossen werden (BAG 9.9.2015 – 7 AZR 148/14, NZA 2016, 169). Hier ist ein Gestaltungsmissbrauch (→ Rn. 127g) widerlegt, wenn ein ArbN **15 Jahre** lang aufgrund von **zehn befristeten ArbVerträgen** zur unmittelbaren Vertretung einer ArbNin auf einem **nur einmal vorhandenen Arbeitsplatz** beschäftig wird (BAG 29.4.2015 – 7 AZR 310/13, NZA 2015, 928).

Einen **bes. Befristungsgrund** für **Vertretungen** geben **§ 6 PflegeZG** und **§ 2 Abs. 3 FPfZG.** Danach kann ein ArbN zur Vertretung eines Beschäftigten für die Dauer der Pflegezeit befristet eingestellt werden. Der Sachgrund erlaubt Zeit- und Zweckbefristungen zur unmittelbaren oder mittelbaren Vertretung (ErfK/*Gallner* PflegeZG § 6 Rn. 1 mwN; *Krause* AiB 2013, 54 ff.; *Schoof* AiB 2012, 440 [444]). **127j**

Keine nach Nr. 3 zulässige Vertr. ist es, wenn ein ArbN als Ersatz für einen aus dem ArbVerh. Ausgeschiedenen befristet eingestellt wird, selbst wenn diesem eine **Wiedereinstellungszusage** erteilt worden ist (BAG 2.6.2010 – 7 AZR 136/09, NZA 2010, 1172; aber → Rn. 132a) oder wenn der Vertr. durchgehend auch in den Zeiträumen beschäftigt wird, in denen keine Stammkraft fehlt (LAG Köln 21.3.2012 – 9 Sa 1030/11, NZA 2012, 513). **127k**

Eigenart der **Arbeitsleistung (Nr. 4),** zB bei Künstlern (BAG 13.12.2017 – 7 AZR 369/16, NZA 2018, 656; 30.8.2017 – 7 AZR 864/15, NZA 2018, 229) oder programmgestaltenden Mitarbeitern im Rundfunk oder Fernsehen (BAG 13.12.2017 – 7 AZR 69/16, BeckRS 2017, 146183; LAG Köln 31.10.2013 – 7 Sa 268/13, BeckRS 2014, 71634; Laux/Schlachter TzBfG/*Schlachter* TzBfG § 14 Rn. 54 ff.). Der Kunst- oder der Rundfunkfreiheit kommt aber gegenüber dem Interesse des ArbN an einer Dauerbeschäftigung kein genereller Vorrang zu. Vielmehr ist zu prüfen, inwiefern der ArbN Einfluss auf die Umsetzung der künstlerischen Konzeption hat (BAG 30.8.2017 – 7 AZR 864/15, NZA 2018, 229 [232]) bzw. mit welcher Intensität der betroffene ArbN auf das Programm der Rundfunk- und Fernsehanstalten Einfluss nehmen kann und wie groß die Gefahr bei einem unbefristeten ArbVerh. ist, dass die Anstalt nicht mehr den Erfordernissen eines vielfältigen Programms und den sich künftig ändernden Informationsbedürfnissen und Publikumsinteressen gerecht werden kann; eine lange Beschäftigungsdauer kann gegen die Erforderlichkeit einer Befristung sprechen (BAG 24.10.2018 – 7 AZR 92/17, NZA 2019, 108; 4.12.2013 – 7 AZR 457/12, NZA 2014, 1018). Der sachliche Grund der Eigenart der Arbeitsleistung rechtfertigt auch die Befristung eines ArbVertr. zwischen einem Fußballverein der 1. Bundesliga und einem Lizenzspieler (BAG 16.1.2018 (m. Ber. vom 17.4.2018) – 7 AZR 312/16, NZA 2018, 703 m. Anm. *Koch,* RdA 2019, 54; zu Vertragsspieler in der Regionalliga LAG Köln 15.8.2018 – 11 Sa 991/17, BeckRS 2018, 38174). **128**

Befristung zur **Erprobung (Nr. 5).** Der Erprobungszweck muss nicht mehr als Vertragsinhalt vereinbart sein (APS/*Backhaus* TzBfG § 14 Rn. 95, 256). Die vereinbarte Dauer der Erprobungszeit muss in einem angemessenen Verhältnis zu der in Aussicht genommenen Tätigkeit und der Person des ArbN stehen (APS/*Backhaus* TzBfG § 14 Rn. 259 ff.). Grds. reichen sechs Monate aus (*Schiefer* DB 2011, 1168); TV können hier Anhaltspunkte geben. Längere Erprobungsfristen aufgrund bes. Einzelfallumstände sind möglich (BAG 2.6.2010 – 7 AZR 85/09, NZA 2010, 1293). **129**

In der **Person des ArbN** liegender Grund **(Nr. 6).** Hier sind die vom BAG anerkannten Fälle der sozialen Überbrückung gemeint, wenn zB eine befristete Beschäftigung bis zu einer bereits feststehenden Anschlussbeschäftigung, zum Zweck der Stellensuche oder bis zur Erfüllung der Voraussetzungen für den Bezug von Sozialleistungen oder für die Zeit einer befristeten Aufenthaltserlaubnis erfolgen (vgl. BT-Drs. 14/4374, 19; APS/*Backhaus* TzBfG § 14 Rn. 96, 288 ff.). Kennzeichnend für diese Fälle ist, dass es ohne den in der Person des ArbN begründeten sozialen Zweck überhaupt nicht zum Abschluss eines Arbeitsvertrags, auch nicht eines befristeten Arbeitsvertrags, gekommen wäre (BAG 11.2.2015 – 7 AZR 17/13, NZA 2015, 1066; 21.1.2009 – 7 AZR 630/07, AP TzBfG § 14 Nr. 57). **130**

Auch kann der **Wunsch** des **ArbN** nach einer nur zeitlich begrenzten Beschäftigung eine Befristung nach Nr. 6 sachlich rechtfertigen, wenn der ArbN trotz des Angebots auf einen unbefristeten Vertrag nur ein befristetes ArbVerh. vereinbart hätte (BAG 18.1.2017 – 7 AZR 236/15, NZA 2017, 849; 11.2.2015 – 7 AZR 17/13, NZA 2015, 1066). Allein die Unterzeichnung des befristeten ArbVertrags lässt jedoch **130a** noch nicht auf einen entspr. Wunsch schließen (BAG 18.1.2017 – 7 AZR 236/15, NZA 2017, 849).

130b Eine bei oder nach Erreichen des Renteneintrittsalters getroffene Vereinbarung über die **befristete Fortsetzung** des ArbVerh., die **nicht** in den Anwendungsbereich des **§ 41 S. 3 SGB VI** (→ Rn. 120b) fällt, kann nach Nr. 6 sachlich gerechtfertigt sein, wenn der ArbN Altersrente aus der gesetzlichen Rentenversicherung beanspruchen kann und die befristete Fortsetzung des ArbVerh. einer konkreten, im Zeitpunkt der Vereinbarung der Befristung bestehenden Personalplanung des ArbGeb. dient. Dies ist keine Altersdiskriminierung (BAG 11.2.2015 – 7 AZR 17/13, NZA 2015, 1066; → § 75 Rn. 95a).

131 **Haushaltsmittel** für befristete Beschäftigung **(Nr. 7).** Damit werden Befristungen in mit öffentlichen Mitteln geförderten Einrichtungen anerkannt. Nach BAG (9.3.2011 – 7 AZR 728/09, NZA 2011, 911) ist diese Befristungsregelung nur dann anwendbar, wenn der Haushaltsplangeber demokratisch legitimiert und nicht mit dem ArbGeb. identisch ist; sie gilt folglich nicht für die BA. Voraussetzung ist, dass der ArbN aus Haushaltsmitteln vergütet wird, die haushaltsrechtlich für eine befristete Beschäftigung bestimmt sind (ein sog. kw-Vermerk reicht nicht, BAG 23.5.2018 – 7 AZR 16/17, NZA 2018, 1549), und der ArbN zu Lasten dieser Mittel eingestellt und entspr. beschäftigt wird (BAG 28.9.2016 – 7 AZR 549/14, NZA 2017, 249 mwN; *Linsenmaier* RdA 2012, 193 [200ff.]). Voraussetzung ist nicht, dass bereits bei Vertragsabschluss die Haushaltsmittel für die gesamte Laufzeit der Befristung in einem Haushaltsgesetz ausgebracht sind, es genügt vielmehr eine entspr. aufgrund konkreter Umstände gerechtfertigte Prognose (BAG 22.4.2009 – 7 AZR 743/07, NZA 2009, 1143). Aufgrund der mit der Haushaltsbefristung verbundenen Ungleichbehandlung öffentlicher und privater Arbeitgeber hat das BAG jedoch auch bei Vorliegen der oben dargestellten Voraussetzungen Bedenken hinsichtlich der Vereinbarkeit der Regelung mit Unionsrecht, die es jüngst noch einmal bekräftigt hat (BAG 23.5.2018 – 7 AZR 16/17, NZA 2018, 1549).

132 Gerichtlicher Vergleich **(Nr. 8).** Aber nur einer aufgrund eines Vergleichsvorschlags des Gerichts (§ 278 Abs. 6 S. 1 Alt. 2, S. 2 ZPO: BAG 8.6.2016 – 7 AZR 467/14, NZA 2016, 1535 mwN; ausreichend, wenn Gericht sich den Vergleichsvorschlag der Parteien zu eigen macht: BAG 8.6.2016 – 7 AZR 339/14, NZA 2016, 1485; *Bohlen* NZA-RR 2015, 449ff.; *Linsenmaier* RdA 2012, 193 [201]). Die Mitwirkung des Gerichts bietet ausreichende Gewähr für die Schutzinteressen des ArbN (BT-Drs. 14/4374, 19; *Dörner* NZA 2007, 57 [63f.]). Vereinbaren die Parteien auf diese Weise eine Befristung des ArbVerh., so ist sie nur dann nach Nr. 8 gerechtfertigt, wenn der Vergleich zur Beilegung einer Streitigkeit über den Fortbestand oder die Fortsetzung des ArbVerh. geschlossen wird. Hierzu zählt auch ein Rechtsstreit, mit dem der ArbN die Fortführung seines ArbVerh. durch Abschluss eines Folgevertrags erreichen will (BAG 12.11.2014 – 7 AZR 891/12, NZA 2015, 379). Ein nach § 278 Abs. 6 S. 1 Alt. 1 ZPO zustande gekommender Vergleich rechtfertigt eine Befristung mangels einer verantwortlichen Mitwirkung des Gerichts idR nicht (BAG 21.3.2017 – 7 AZR 369/15, NZA 2017, 706).

132a Ein **sonstiger,** in § 14 Abs. S. 1 Nr. 1–8 TzBfG nicht genannter **Sachgrund** für eine Befristung des Arbeitsvertrags mit einer Ersatzkraft muss den in § 14 Abs. 1 TzBfG zum Ausdruck kommenden Wertungsmaßstäben entsprechen, auch wenn er in einem TV geregelt ist (BAG 18.3.2015 – 7 AZR 115/13, NZA-RR 2015, 569; 11.9.2013 – 7 AZR 107/12, NZA 2014, 150; 9.12.2009 – 7 AZR 399/08, NZA 2010, 495).

132b Ein solcher ergibt sich aus der mit einer **Wiedereinstellungszusage** eingegangenen Verpflichtung des ArbGeb. gegenüber einem ausgeschiedenen ArbN, wenn nach dem Inhalt der Zusage mit der Geltendmachung des Wiedereinstellungsanspruchs in absehbarer Zeit ernsthaft zu rechnen ist (BAG 2.6.2010 – 7 AZR 136/09, NZA 2010, 1172).

132c Die **beabsichtigte Besetzung** eines **Arbeitsplatzes** mit einem **Auszubildenden** nach Abschluss der Ausbildung kann als sonstiger Sachgrund geeignet sein, die

Befristung des Arbeitsvertrages mit einem anderen ArbN bis zu diesem Zeitpunkt zu rechtfertigen. Das ist der Fall, wenn ein ArbGeb. aufgrund eines TV einen Auszubildenden nach der Ausbildung in ein befristetes ArbVerh. zu übernehmen hat und dieser nicht auf einem infolge Ausscheidens eines früher nach dem TV in ein befristetes ArbVerh. übernommenen Auszubildenden frei werdenden Arbeitsplatz beschäftigt werden kann (BAG 18.3.2015 – 7 AZR 115/13, NZA-RR 2015, 569).

Eine **Drittmittelfinanzierung** kann in engen Grenzen sonstiger Sachgrund im Sinne des § 14 Abs. 1 S. 1 TzBfG sein, wenn die Mittel nur für eine bestimmte Zeitdauer bewilligt werden, danach wegfallen sollen und der ArbGeb. sich aufgrund der Finanzierung zur Durchführung des Vorhabens entschließt (BAG 16.1.2018 – 7 AZR 21/16, NZA 2018, 663; aA ErfK/*Müller-Glöge,* § 14 TzBfG Rn. 80: § 14 Abs. 1 S. 2 Nr. 7 TzBfG einschlägig). **132d**

Werden **mehrere aufeinander folgende befristete Arbeitsverträge** geschlossen, ist grds. (s. aber → Rn. 127 ff.) nur die Befristung des letzten Arbeitsvertrages auf ihre Rechtfertigung zu überprüfen, es sei denn, die Parteien haben im nachfolgenden befristeten Arbeitsvertrag dem ArbN das Recht vorbehalten, die Wirksamkeit der vorangegangenen Befristung prüfen zu lassen (BAG 24.2.2016 – 7 AZR 182/14, NZA 2016, 949 mwN; *Kiel* NZA 2016 Beil. 2 S. 72, 81 ff.). Haben die Parteien den weiteren befristeten Arbeitsvertrag unter dem Vorbehalt geschlossen, dass er das ArbVerh. nur regeln soll, wenn nicht bereits aufgrund des vorangegangenen Vertrags ein unbefristetes ArbVerh. besteht, ist auch für die in dem vorherigen Vertrag vereinbarte Befristung die gerichtliche Kontrolle eröffnet (BAG 18.6.2008 – 7 AZR 214/07, AP TzBfG § 14 Nr. 50). **133**

Die Befristung eines Arbeitsvertrages bedarf zu ihrer Wirksamkeit der **Schriftform** der Befristungsabrede (§ 14 Abs. 4 TzBfG; BAG 26.7.2006 – 7 AZR 514/05, AP TzBfG § 14 Nr. 24; 16.4.2008 – 7 AZR 1048/06, AP TzBfG § 14 Nr. 46; *Bauer* NZA 2011, 241 [246 f.]; *Persch* NZA 2012, 1079 ff.). Folglich müssen bei kalendermäßig befristeten Arbeitsverträgen die Tatsache der Befristung sowie deren zeitliche Dauer schriftlich vereinbart sein. Bei zweckbefristeten Arbeitsverträgen muss der Vertragszweck schriftlich vereinbart sein (BAG 21.12.2005 – 7 AZR 541/04, AP TzBfG § 14 Nr. 18; *Nadler/v. Medem* NZA 2005, 1214). Die Schriftform gilt auch für im ArbVertr. vereinbarte Altersgrenzen (BAG 25.10.2017 – 7 AZR 632/15, NZA 2018, 507; krit. *Lingemann* NZA 2018, 889). Der Schriftform bedarf es nicht, wenn die Befristung Bestandteil eines auf das ArbVerh. insgesamt anwendbaren einschlägigen TV ist (BAG 25.10.2017 – 7 AZR 632/15, NZA 2018, 507; 23.7.2014 – 7 AZR 771/12, NZA 2014, 1341; APS/*Greiner* TzBfG § 14 Rn. 452; *Kiel* NZA 2016 Beil. 2 S. 72, 73 f.; *Schneider* RdA 2015, 263). **134**

Die **Schriftform** erfordert nach § 126 Abs. 1 BGB eine eigenhändig vom Aussteller mit Namensunterschrift oder mittels notariell beglaubigten Handzeichens unterzeichnete Urkunde, also **Unterzeichnung** des befristeten ArbVertr. durch die VertrParteien. Werden mehrere gleichlautende Urkunden erstellt, genügt es, wenn jede Partei die für die andere Partei bestimmte Urkunde unterzeichnet (§ 126 Abs. 2 S. 2 BGB; BAG 15.2.2017 – 7 AZR 223/15, NZA 2017, 908; 24.12.2016 – 7 AZR 797/14, NZA 2017, 638). Die unterschriebene Befristungsvereinbarung muss der jeweils anderen VertrPartei vor Vertragsbeginn zugehen (BAG 25.10.2017 – 7 AZR 632/15, NZA 2018, 507) Haben diese nur eine **Anlage** zum Vertrag unterzeichnet, ist dem Schriftformerfordernis des § 14 Abs. 4 TzBfG nur genügt, wenn Vertrag und Anlage eine einheitliche Urkunde bilden und die Unterzeichnung der Anlage auch die Befristungsabrede im ArbVertr. abdeckt. Hierfür ist eine feste körperliche Verbindung nicht erforderlich, wenn die unmissverständliche Zusammengehörigkeit beider Teile feststeht (BAG 4.11.2015 – 7 AZR 933/13, NZA 2016, 547). **134a**

Die wesentlichen **Rechtsfolgen** bei befristeten Arbeitsverträgen ergeben sich aus §§ 16 u. 17 TzBfG. Ist die Befristung wegen fehlender Schriftform oder wegen Unzulässigkeit der Befristung **unwirksam,** bestimmt § 16 TzBfG in beiden Fällen als Rechtsfolge, dass der befristete Arbeitsvertrag als auf **unbestimmte Zeit** geschlossen **135** gilt (BAG 15.2.2017 – 7 AZR 223/15, NZA 2017, 908; 14.12.2016 – 7 AZR 717/14, BeckRS 2016, 118459; 24.12.2016 – 7 AZR 797/14, NZA 2017, 638; zur nachträglichen schriftl. Befristungsabrede BAG 7.5.2008 – 7 AZR 146/07, AP TzBfG § 14 Nr. 49; LAG Köln 5.8.2015 – 3 Sa 420/15, BeckRS 2015, 72534). Bez. der Kündigungsmöglichkeit in diesen Fällen wird unterschieden:

136 Ist die Befristung wegen eines fehlenden Sachgrundes oder mangels der Voraussetzungen für eine sachgrundlose Befristung unzulässig und damit unwirksam, ist nur der **ArbGeb.,** nicht der ArbN an die vereinbarte **Befristungsdauer gebunden.** Der ArbGeb. kann in diesem Fall frühestens zum vereinbarten Ende des ArbVerh. kündigen, sofern nicht die Möglichkeit einer ordentlichen Kündigung zu einem früheren Zeitpunkt einzelvertraglich oder im anwendbaren TV (s. § 15 Abs. 2 TzBfG) vereinbart ist (§ 16 S. 1 TzBfG).

137 Ist die Befristung nur wegen des Formmangels unwirksam, kann der ArbGeb. auch vor dem vereinbarten Ende ordentlich kündigen (§ 16 S. 2 TzBfG; krit. *Persch* NZA 2012, 1079 ff.), er muss also die gesetzlichen oder vereinbarten Kündigungsfristen und die sonstigen Kündigungsvorschriften (zB die Beteiligung des BR nach § 102) einhalten.

138 Der ArbN muss die Unwirksamkeit der Befristung **innerhalb von 3 Wochen** nach dem vereinbarten Ende des befristeten Arbeitsvertrages geltend machen und zu diesem Zweck **Klage** beim ArbG auf Feststellung erheben, dass das ArbVerh. auf Grund der Befristung nicht beendet ist (**Befristungskontrollklage:** § 17 S. 1 TzBfG; BAG 15.2.2017 – 7 AZR 153/15, NZA 2017, 803; *Schiefer* DB 2011, 1222). Bei einer **Zweckbefristung** kann diese Klage erst erhoben werden, wenn der ArbGeb. den ArbN nach § 15 Abs. 2 TzBfG schriftlich über den Zeitpunkt der Zweckerreichung unterrichtet hat. Vorher kann eine **Feststellungsklage** gem. § 256 ZPO mit dem Inhalt erhoben werden, dass das ArbVerh. nicht aufgrund der Zweckbefristung befristet ist (BAG 21.3.2017 – 7 AZR 222/15, NZA 2017, 631; 15.5.2012 – 7 AZR 35/11, NZA 2012, 1366).

138a Hat der ArbN rechtzeitig Klage erhoben, kann er bis zum Schluss der mündlichen Verhandlung 1. Instanz die Unwirksamkeit der Befristung auch aus **anderen** als den innerhalb der dreiwöchigen Klagefrist benannten **Gründen** geltend machen (BAG 24.6.2015 – 7 AZR 541/13, NZA 2015, 1511; 15.5.2012 – 7 AZR 6/11, NZA 2012, 1148; zur Geltendmachung noch in 2. Instanz s. BAG 20.8.2014 – 7 AZR 924/12, NZA-RR 2015, 9). Wird das ArbVerh. nach dem vereinbarten Ende fortgesetzt (→ Rn. 140), so beginnt die dreiwöchige Ausschlussfrist mit dem Zugang der Erklärung des ArbGeb., dass das ArbVerh. auf Grund der Befristung beendet sei (§ 17 S. 3 TzBfG). Bei Versäumen der Klagefrist gilt die Befristung als rechtswirksam (BAG 15.2.2012 – 10 AZR 111/11, NZA 2012, 733).

139 Bei einer wirksamen Befristung **endet** der kalendermäßig befristete Arbeitsvertrag mit **Ablauf** der vereinbarten **und** der zweckbefristete Arbeitsvertrag grds. mit **Erreichen** des **Zwecks,** ohne dass es einer Kündigung bedarf (§ 15 Abs. 1 u. 2 TzBfG). Hat der ArbGeb. beim zweckbefristeten Arbeitsvertrag den ArbN über den Zeitpunkt der Zweckerreichung nicht mindestens zwei Wochen zuvor schriftlich unterrichtet, endet das ArbVerh. jedoch frühestens zwei Wochen nach Zugang der schriftlichen Mitteilung beim ArbN.

140 Wird das befristete ArbVerh. nach Ablauf der vereinbarten Zeit oder nach Zweckerreichung mit Wissen des ArbGeb. **fortgesetzt,** so gilt es als auf unbestimmte Zeit verlängert, wenn der ArbGeb. nicht unverzüglich widerspricht oder dem ArbN die Zweckerreichung unverzüglich mitteilt (aber → Rn. 140a). ArbGeb. iSv § 15 Abs. 5 TzBfG ist nicht jeder Vorgesetzte, sondern der ArbGeb. selbst. Seiner Kenntnis steht die Kenntnis der zum Abschluss von ArbVertr. berechtigten Vertr. gleich. Bei LeihArbVerh. ist der Verleiher als VertragsArbGeb., nicht der Entleiher ArbGeb.; dessen Kenntnis von der Weiterarbeit des LeihArbN. kann dem Verleiher nur ausnahmsweise angerechnet werden (BAG 28.9.2016 – 7 AZR 377/14, NZA 2017, 55). Die Umwandlung in einen unbefristeten ArbVertrag darf nicht zu tiefgreifenden Änderungen der Bestimmungen des vorherigen Vertrags führen und den Betroffenen insgesamt schlechter stellen, wenn Gegenstand seiner Tätigkeit und Art seiner Aufgaben gleich bleiben (EuGH 8.3.2012 – C-251/11, BeckRS 2012, 80521).

Macht der ArbGeb. die Verlängerung einer Befristung von der Unterzeichnung des **schriftlichen Verlängerungsvertrags** durch den ArbN abhängig, kann der ArbN das Vertragsangebot des ArbGeb. nur durch Unterzeichnung der Vertragsurkunde annehmen. Geschieht dies nicht, kommt bei Fortsetzung der Tätigkeit des ArbN ein jeder Zeit auflösbares faktisches ArbVerh. zustande; § 15 Abs. 5 TzBfG findet keine Anwendung (BAG 7.10.2015 – 7 AZR 40/14, NZA 2016, 358). **140a**

Ein befristeter Arbeitsvertrag kann **grds. nicht ordentlich gekündigt** werden (wohl aber außerordentlich aus wichtigem Grund, § 626 BGB). Eine Ausnahme besteht nur dann, wenn ausdrücklich eine ordentliche Kündigung einzelvertraglich oder im anwendbaren TV vereinbart ist (§ 15 Abs. 3 TzBfG). **141**

b) Einzelfälle

Befristungen des ArbVerh. zum **65./67. Lebensjahr (Regelaltersgrenze)** sind zulässig (s. § 41 SGB VI; BAG 27.7.2005 – 7 AZR 443/04, AP BGB § 620 Altersgrenze Nr. 27), nicht dagegen zum 60. für **Flugbegleiter** (BAG 19.10.2011 – 7 AZR 253/07, NZA 2012, 1297 mwN; → § 75 Rn. 94). Zu den Gestaltungsmöglichkeiten des § 41 S. 3 SGB VI, durch Vereinbarungen der ArbVertragsparteien den auf die Regelaltersgrenze bezogenen Beendigungszeitpunkt hinauszuschieben, → Rn. 120b. **142**

Tritt der **besondere Kündigungsschutz** (BR-Mitglieder: § 15 KSchG; Schwangere: § 9 MuSchG; ArbN in Elternzeit: § 18 BEEG; schwerbehinderte Menschen §§ 168ff. SGB IX) erst **während** des befristeten ArbVerh. ein, ist dies unbeachtlich (vgl. BAG 17.2.1983 AP KSchG 1969 § 15 Nr. 14; APS/*Backhaus* § 14 TzBfG Rn. 368; APS/*Linck* § 15 KSchG Rn. 16; Laux/Schlachter/*Schlachter* § 14 TzBfG Rn. 102). Nur in bes. Fällen kann die Berufung auf die Befristung eine unzulässige Rechtsausübung sein (BAG 28.11.1963 – 2 AZR 140/63, NJW 1964, 567). **143**

Wenn bei der Vereinbarung der Befristung schon ein **bes. Kündigungsschutz besteht** (zB bei befristeter Weiterbeschäftigung eines BRMitgliedes: BAG 17.2.1983 – 2 AZR 481/81, AP KSchG 1969 § 15 Nr. 14, im Zeitpunkt erneuter Befristung besteht Schwangerschaft und ist ArbGeb. bekannt: BAG 6.11.1996 – 7 AZR 909/95, AP BGB § 620 Befristeter Arbeitsvertrag Nr. 188), muss ein sachlicher Grund vorliegen. Bestandsschutznormen sind neben § 1 KSchG auch § 15 KSchG, § 9 MuSchG, § 18 BEEG, §§ 168ff. SGB IX. **144**

Nach LAG Köln (26.5.1994 – 10 Sa 244/94, NZA 1995, 1105) kann auch eine Befristung auf sechs Monate als Benachteiligung wegen des Geschlechts nach § 611a BGB aF (s. jetzt § 7 Abs. 2 AGG) unwirksam sein, wenn zu vermuten ist, dass damit die Unzulässigkeit der **Frage nach der Schwangerschaft** kompensiert wird (zust. *Kempff* AiB 1996, 174). **145**

Auch die **nachträgliche Befristung** eines bereits bestehenden unbefristeten ArbVerh. bedarf eines sachlichen Grundes, wenn der ArbGeb. zu dessen unbefristeter Fortsetzung nicht bereit ist (BAG 24.1.1996 – 7 AZR 496/95, AP BGB § 620 Befristeter Arbeitsvertrag Nr. 179; 25.4.1996 – 2 AZR 609/95, AP KSchG 1969 § 1 Betriebsbedingte Kündigung Nr. 78; zur Abgrenzung vom Aufhebungsvertrag BAG 18.1.2017 – 7 AZR 236/15, NZA 2017, 849; LAG Köln 10.6.2016 – 4 Sa 1039/15, BeckRS 2016, 120161). Das gilt auch dann, wenn der ArbN im Zeitpunkt der Befristungsvereinbarung bereits den allgemeinen Kündigungsschutz genießt, sowie, wenn die Vereinbarung anlässlich einer vom ArbGeb. erklärten Änderungskündigung getroffen wird (BAG 8.7.1998 – 7 AZR 245/97, AP BGB § 620 Befristeter Arbeitsvertrag Nr. 201). Kein sachlicher Grund liegt allein darin, dass der neue befristete Arbeitsvertrag günstigere Arbeitsbedingungen enthält und der ArbN zwischen diesem und der Fortsetzung des bisherigen unbefristeten ArbVerh. wählen **146** kann (BAG 26.8.1998 – 7 AZR 349/97, AP BGB § 620 Befristeter Arbeitsvertrag Nr. 203).

147 Eine Vereinbarung, das unbefristete ArbVerh. zum Ablauf der ordentlichen Kündigungsfrist aus betrieblichen Gründen gegen Zahlung einer Abfindung zu beenden, ist **keine nachträgliche Befristung** des ArbVerh., die eines sachlichen Grundes bedarf (BAG 13.11.1996 – 10 AZR 340/96, AP BGB § 620 Aufhebungsvertrag Nr. 4).

c) Sonderformen befristeter Beschäftigung

148–150 Arbeitsverträge im Rahmen von Fördermaßnahmen werden üblicherweise **befristet** für die **Dauer der Förderung.** Grundlage kann eine sachgrundlose Befristung nach den allgemeinen Regeln, ggf. auch eine Sachgrundbefristung sein (zu letzterem zur Rechtslage vor Inkrafttreten des TzBfG BAG 19.1.2005 – 7 AZR 250/04, NZA 2005, 873, das auch eine Zweckbefristung bei ungewisser Förderungsdauer zulässt; zur Ausnahme s. BAG 20.12.1995 – 7 AZR 194/95, AP BGB § 620 Befristeter Arbeitsvertrag Nr. 177). Eine ausdrückliche Befristungsmöglichkeit sieht § 16i Abs. 8 SGB II bei Gewährung eines Lohnkostenzuschusses durch die Agentur für Arbeit vor.

151 Gleiches gilt für ArbN in sog **„Beschäftigungs- und Qualifizierungsgesellschaften"** (BQG) oder **Transfergesellschaften,** in denen sie idR entspr. dem arbeitsförderungsrechtlichen Zuweisungszeitraum, bzw. der Bezugsdauer des Transferkurzarbeitergeldes (max. 12 Monate, § 111 SGB III) befristet beschäftigt werden (zum Ganzen → §§ 112, 112a Rn. 236ff.; Brand SGB III/*Kühl* § 111 Rn. 1ff.; Küttner/*Kania/Voelzke* Kap. 100 Rn. 1ff.; *Pauli* Mitbestimmung S. 33; *Sieg/Maschmann* Unternehmensumstrukturierung Rn. 44ff.; LAG Bbg 24.2.1994 – 3 Sa 869/93, DB 1994, 1245). Ob für sie das BetrVG gilt, hängt von ihrer Eingliederung in den Betrieb ab (vgl. *Natzel* NZA 2012, 650ff.).

152 Sollen sie **ausschließlich durch Qualifizierungsmaßnahmen** in den ersten Arbeitsmarkt wieder integriert werden, dürfte entspr. der BAG-Rspr. zu außerbetrieblichen Bildungsstätten (→ Rn. 298ff.) das BetrVG für sie nicht gelten, da sie nur Gegenstand des Betriebszwecks sind, ihn nicht mit verwirklichen und folglich nicht eingegliedert sind (*Sieg/Maschmann* Unternehmensumstrukturierung Rn. 419f.; *Bachner/Schindele* NZA 1999, 130 [134]; *Rieble/Klumpp* NZA 2003, 1169 [1170ff.]; *Sieg* NZA 2005 Beil. 1, 9 [12]); dies gilt für eine „externe" wie auch „interne" BQG (vgl. § 110 Abs. 1 S. 1 Nr. 2, Abs. 3, § 111 Abs. 3 Nr. 2 SGB III; s. Brand SGB III/*Kühl* § 110 Rn. 14, § 111 Rn. 10ff.).

153 Erledigen die ArbN in einer BQG dagegen **betriebszweckdienliche Arbeiten** wie zB bei Sanierungsgesellschaften im Umweltschutz oder für die Infrastruktur (zur Beschäftigungsförderung im Umweltbereich *Petschow/Stein/Hildebrandt* WSI-Mitt. 97, 650ff.), gilt für sie das BetrVG. Für ArbN der BQG, die ausbilden und beraten (Stammpersonal), gilt das BetrVG uneingeschränkt (ErfK/*Koch* Rn. 2; Küttner/*Kania* Kap. 100 Rn. 3).

154 Die betriebsverfassungsrechtliche Einordnung von **erwerbsfähigen Leistungsberechtigten,** die keine Arbeit finden können, hängt davon ab, welche der Varianten zur Eingliederung in Arbeit für diese Personen gewählt wird (vgl. Eicher/Luck SGB II/*Stölting* § 16e Rn. 2ff.). Werden für sie Zuschüsse zum Arbeitsentgelt nach **§ 16e SGB II** oder **§ 16i SGB II** im Rahmen eines sozialversicherungspflichtigen Arbeitsverhältnisses (§ 16e Abs. 1 S. 1, § 16i Abs. 1 SGB II) gewährt, sind sie ArbN iSd BetrVG (→ Rn. 148–150; Eicher/Luck SGB II/*Stölting* § 16e Rn. 3).

155 In den Fällen jedoch, in denen sie für ihre Arbeit nur zuzüglich zu ihrem Arbeitslosengeld II nach **§ 16d SGB II** (zu Einzelheiten Eicher SGB II/*Stölting* § 16d Rn. 7ff.) eine angemessene Entschädigung für Mehraufwendungen erhalten (sog **Ein-Euro-Jobs**), werden sie in einem vom öffentlichen Recht geprägten Rechtsverhältnis tätig und sind **keine ArbN** iSd BetrVG (s. § 16d Abs. 7 S. 2 SGB II; Küttner/*Poeche* Kap. 151 Rn. 2; *Voelzke* NZA 2012, 177 [182]; zur Vorgängerregelung s. BAG 19.3.2008 – 5 AZR 435/07 AP SGB II § 16 Nr. 5; 19.11.2008 – 10 AZR

658/07, NZA 2009, 269), sind also weder aktiv noch passiv wahlberechtigt (*Engels* NZA 2007, 8 [9]; *Rixen* SoSi 05, 152 [155]) und zählen bei Schwellenwerten nicht mit (aber → § 99 Rn. 54f., 179, 200, 240).

2. Auflösend bedingte Arbeitsverträge

Die Vorschriften über befristete Arbeitsverträge gelten für Arbeitsverträge, die unter einer **auflösenden Bedingung** (der Eintritt eines künftigen Ereignisses ist ungewiss) geschlossen werden, entspr. (§ 21 TzBfG). Dies gilt auch für den Sachgrund. Grds. können daher alle Gründe, die eine Befristung rechtfertigen, auch eine auflösende Bedingung erlauben (s. BAG 18.12.2014 – 7 AZR 1002/12, NZA-RR 2016, 83: Volle Erwerbsminderung als auflösende Bedingung für ArbVerh. ist sonstiger Sachgrund iSv § 14 Abs. 1 S. 1 TzBfG; *Kliemt* NZA 2001, 296 [303]). Insoweit kann auf die → Rn. 118ff. verwiesen werden. Soll nach einem TV das ArbVerh. mit Beginn der unbefristeten vollen Erwerbsminderung iSd gesetzl. Rentenversicherung enden, so endet es erst im Zeitpunkt der Bewilligung der Rente durch den Rentenversicherungsträger (BAG 15.2.2017 – 7 AZR 82/15, NZA-RR 2017, 398). 156

Die dreiwöchige Klagefrist der §§ 21, 17 S. 1 TzBfG gilt sowohl für die Geltendmachung der Rechtsunwirksamkeit der Bedingungsabrede als auch für den Streit über den Eintritt der auflösenden Bedingung (BAG 6.4.2011 – 7 AZR 704/09, BeckRS 2011, 74721). Sie beginnt bei Bedingungskontrollklagen grundsätzlich mit dem Tag, an dem die auflösende Bedingung eingetreten ist. Allerdings endet der auflösend bedingte ArbVertr. nach §§ 21, 15 Abs. 2 TzBfG frühestens 2 Wochen nach Zugang der schriftlichen Unterrichtung des ArbN durch den ArbGeb. über den Eintritt der Bedingung (BAG 4.11.2015 – 7 AZR 851/13, NZA 2016, 634; s. auch BAG 12.8.2015 – 7 AZR 592/13, NZA 2016, 173; zur Beteiligung des Integrationsamts bei Schwerbehinderung BAG 16.1.2018 – 7 AZR 622/15, NZA 2018, 925). Falls die Bedingung bereits vor Ablauf der 2-Wochenfrist eingetreten ist, ist die Klagefrist gem. §§ 21, 17 S. 1 und 3, § 15 Abs. 2 TzBfG erst mit dem Zugang der schriftlichen Erklärung des ArbGeb. über die Beendigung des ArbVerh. aufgrund des Bedingungseintritts in Lauf gesetzt (BAG 27.7.2016 – 7 AZR 276/14, NZA-RR 2017, 84). Für die Schriftlichkeit der Erklärung nach § 15 Abs. 2 TzBfG ist nach der Rechtsprechung des BAG Textform (§ 126b BGB) ausreichend (BAG 20.6.2018 – 7 AZR 689/16, NZA 2019, 331). 156a

Streiten die Parteien über den Eintritt der auflösenden Bedingung oder dessen Zeitpunkt, beginnt die 3-Wochenfrist grundsätzlich mit dem vom ArbGeb. in der schriftlichen Unterrichtung angegebenen Zeitpunkt des Eintritts der auflösenden Bedingung zu laufen. Geht dem ArbN die schriftliche Unterrichtung des ArbGeb. nach diesem Zeitpunkt zu, beginnt die 3-Wochenfrist mit dem Zugang der schriftlichen Unterrichtung beim ArbN (BAG 4.11.2015 – 7 AZR 851/13, NZA 2016, 634). 156b

Hat der ArbN rechtzeitig Klage erhoben, kann er bis zum Schluss der mündlichen Verhandlung in 1. Instanz die Unwirksamkeit der Bedingung auch aus anderen als den innerhalb der 3wöchigen Klagefrist benannten Gründen geltend machen (BAG 27.7.2011 – 7 AZR 402/10, BeckRS 2012, 65214). Bei einer Kombination von auflösender Bedingung und zeitl. Höchstbefristung führt die Fiktionswirkung der §§ 21, 15 Abs. 5 TzBfG nur zu einem befristeten Fortbestand des ArbVerh. (BAG 29.6.2011 – 7 AZR 6/10, NZA 2011, 1346). 156c

3. Teilzeitbeschäftigte

a) Grundzüge des Teilzeitrechts

Teilzeitbeschäftigt sind nach § 2 Abs. 1 TzBfG die ArbN, deren regelmäßige Wochenarbeitszeit kürzer ist als die regelmäßige Wochenarbeitszeit vergleichbarer 157

vollzeitbeschäftigter ArbN des Betriebes. Ist eine regelmäßige Wochenarbeitszeit nicht vereinbart, so ist ein ArbN teilzeitbeschäftigt, wenn seine regelmäßige Arbeitszeit im Durchschnitt eines bis zu einem Jahr reichenden Beschäftigungszeitraums unter der eines vergleichbaren vollzeitbeschäftigten ArbN liegt. Vergleichbar ist ein vollzeitbeschäftigter ArbN des Betriebs mit derselben Art des ArbVerh. und der gleichen oder ähnlichen Tätigkeit. Gibt es einen solchen nicht, ist auf die tarifübliche Arbeitszeit und notfalls darauf abzustellen, wer im jeweiligen Wirtschaftszweig als vergleichbarer ArbN anzusehen ist (Laux/Schlachter TzBfG/*Laux* TzBfG § 2 Rn. 33ff.; krit. zum TzBfG *Wank* RdA 2010, 193 [197ff.]). Fehlt es an einer Teilzeitvereinbarung und lässt sich auch nicht durch Auslegung eine solche ermitteln, so wird im Zweifel ein Vollzeit-ArbVerh. begründet (BAG 24.9.2014 – 5 AZR 1024/12, NZA 2014, 1328).

158 Ausdrücklich klargestellt wird in § 2 Abs. 2 TzBfG, dass teilzeitbeschäftigte ArbN auch solche mit einer nur **geringfügigen Beschäftigung** nach § 8 Abs. 1 SGB IV sind, deren Arbeitsentgelt im Monat regelmäßig 450 EUR nicht übersteigt (s. dazu Richardi BetrVG/*Thüsing* § 7 Rn. 38; Schaub ArbR-HdB/*Linck* § 44 Rn. 5ff., 19ff.).

159 Einen verbesserten Schutz der Teilzeitbeschäftigten in Form eines **Diskriminierungsverbots** sieht § 4 Abs. 1 TzBfG vor: Ein teilzeitbeschäftigter ArbN darf wegen der Teilzeitarbeit nicht schlechter behandelt werden als ein vergleichbarer vollzeitbeschäftigter ArbN, es sei denn, dass sachliche Gründe eine unterschiedliche Behandlung rechtfertigen (**Näheres → § 75** Rn. **50ff., 56f.**).

160 ArbN, deren ArbVerh. länger als sechs Monate bestanden hat und deren ArbGeb., unabhängig von der Anzahl der in Berufsausbildung Beschäftigten, idR mehr als 15 ArbN beschäftigt, haben einen **Rechtsanspruch auf – unbefristete – Teilzeit** (**zeitlich nicht begrenzte Verringerung der Arbeitszeit, § 8 TzBfG,** der nicht für eine nur befristete Verringerung der Arbeitszeit gilt: BAG 12.9.2006 – 9 AZR 686/05, AP TzBfG § 8 Nr. 17; zur befristeten Verringerung der Arbeitszeit – Brückenteilzeit – s. **§ 9a TzBfG** → Rn. 170af.), dessen Geltendmachung keiner Begründung bedarf (Laux/Schlachter TzBfG/*Laux* TzBfG § 8 Rn. 34ff., 52; MHH TzBfG/*Heyn* TzBfG § 8 Rn. 35; s. zur BAG-Rspr. *Bruns* BB 2010, 956ff.; zur MB des BR bei Teilzeit → § 87 Rn. 124ff.; *Hamann* NZA 2010, 785ff.). Der Anspruch muss in Textform (§ 126b BGB) geltend gemacht werden. Er gilt auch für Teilzeitbeschäftigte, selbst wenn sie in einem flexiblen Arbeitszeitmodell (flexible Jahresarbeitszeit) arbeiten (BAG 13.11.2012 – 9 AZR 259/11, NZA 2013, 373).

161 Macht ein ArbN **sowohl** einen **Verringerungs**- als **auch** einen **Verteilungswunsch** nach § 8 TzBfG geltend, hängen beide idR voneinander ab (einheitliches Vertragsangebot). Der ArbGeb. kann das Änderungsangebot wegen § 150 Abs. 2 BGB nur einheitlich annehmen oder ablehnen (BAG 18.8.2009 – 9 AZR 517/08, NZA 2009, 1207 mwN). Die Klage auf Verringerung der Arbeitszeit ist in diesem Fall schon dann unbegründet, wenn der Anspruch auf die gewünschte Verteilung der Arbeitszeit nicht besteht. Hat der ArbGeb. das Vertragsangebot abgelehnt (§ 8 Abs. 5 S. 1 TzBfG), kann der ArbN einen geänderten Verteilungswunsch nur durch neuerliche Geltendmachung von Verringerung und Verteilung unter den Voraussetzungen des § 8 Abs. 6 TzBfG durchsetzen (BAG 24.6.2008 – 9 AZR 514/07, AP TzBfG § 8 Nr. 26).

162 Das ist dann anders, wenn der ArbN die Frage der **Verteilung** der Arbeitszeit bis zur Einigung über die Verringerung zurückstellt und sie danach **gesondert** verfolgt. Er kann eine isolierte Klage auf Neuverteilung der Arbeitszeit stellen, wenn der ArbGeb. dem Verringerungswunsch zugestimmt, den Neuverteilungsantrag aber abgelehnt hat (BAG 16.12.2008 – 9 AZR 893/07, AP TzBfG § 8 Nr. 27 mwN).

163 Ein **Neuverteilungsanspruch** aus § 8 Abs. 4 S. 1 TzBfG ist bis zu den Grenzen des Rechtsmissbrauchs **nicht** auf das bisher **vereinbarte Arbeitszeitverteilungsmodell beschränkt.** Der ArbN hat Anspruch auf entspr. Vertragsänderung. Er kann zB verlangen, statt in der 5-Tagewoche in der 4-Tagewoche zu arbeiten (BAG 18.8.2009 –

9 AZR 517/08, NZA 2009, 1207). Dagegen hat er keinen Anspruch auf blockweise Freistellung v. 22.12. eines Jahres bis zum 2.1. des Folgejahres (BAG 11.6.2013 – 9 AZR 786/11, NZA 2013, 1074), wohl aber auf Freistellung an den letzten 7 Tagen eines jeden Monats (BAG 20.1.2015 – 9 AZR 735/13, NZA 2015, 816).

Der **ArbGeb.** hat der gewünschten Teilzeit **zuzustimmen** und ihre Verteilung entspr. den Wünschen des ArbN festzulegen, soweit **betriebliche Gründe nicht entgegenstehen.** Ob dies der Fall ist, folgt aus einer Prüfung in 3 Stufen: 1. Gibt es ein für die vom ArbGeb. für erforderlich gehaltene Arbeitszeitregelung ein **Organisationskonzept** und wie sieht es aus? 2. Steht die aus dem Organisationskonzept folgende Arbeitszeitregelung dem Arbeitszeitverlangen tatsächlich entgegen? 3. Prüfung des Gewichts der entgegenstehenden betrieblichen Gründe. Entscheidend ist, ob das betriebliche Organisationskonzept oder die zugrunde liegende unternehmerische Aufgabenstellung durch die vom ArbN verlangte Abweichung wesentlich beeinträchtigt wird. Maßgeblich für das Vorliegen der betrieblichen Gründe ist der Zeitpunkt der Ablehnung des Arbeitszeitwunschs durch den ArbGeb. (BAG 20.1.2015 – 9 AZR 735/13, NZA 2015, 816; 13.11.2012 – 9 AZR 259/11, NZA 2013, 373). Ablehnungsgründe hat der ArbGeb. **darzulegen** und zu **beweisen** (BAG 20.1.2015 – 9 AZR 735/13, NZA 2015, 816; 8.5.2007 – 9 AZR 1112/06, AP TzBfG § 8 Nr. 21; zu Grenzen der Darlegungslast des ArbGeb. *Salamon/Reuße* NZA 2013, 865 ff.; → § 99 Rn. 222 ff.). 164

Entgegenstehende betriebliche **Gründe** sind zB wesentliche Beeinträchtigung der Organisation, des Arbeitsablaufs, der Sicherheit im Betrieb oder unverhältnismäßige Kosten (BAG 20.1.2015 – 9 AZR 735/13, NZA 2015, 816; 13.11.2012 – 9 AZR 259/11, NZA 2013, 373; Laux/Schlachter TzBfG/*Laux* TzBfG § 8 Rn. 135 ff.; MHH TzBfG/*Heyn* TzBfG § 8 Rn. 47 ff. mwN; *Salamon/Reuße* NZA 2013, 865 ff.). Die entgegenstehenden Gründe müssen **betriebsbezogen** sein; allein arbeitsplatzbezogene Gründe reichen nicht (BAG 13.11.2012 – 9 AZR 259/11, NZA 2013, 373). 165

Es müssen zwar keine unüberwindbaren, aber doch **bes. gewichtige Hindernisse** für die beantragte Verkürzung und Umverteilung der Arbeitszeit sein (BAG 15.12.2009 – 9 AZR 72/09, NZA 2010, 447). Das ist zB der Fall, wenn der ArbGeb. für die Dauer der Elternzeit eine Vollzeitvertretung eingestellt hat, die nicht bereit ist, ihre Arbeitszeit zu verringern und auch keine andere Beschäftigungsmöglichkeit mangels Bereitschaft anderer vergleichbarer ArbN zu einer Verringerung ihrer Arbeitszeit besteht (BAG 19.4.2005 – 9 AZR 233/04, AP BErzGG § 15 Nr. 44; 5.6.2007 – 9 AZR 82/07, AP BErzGG § 15 Nr. 49; 15.4.2008 – 9 AZR 380/07, AP BErzGG § 15 Nr. 50). 165a

Auch die **fehlende Teilbarkeit** eines Vollzeitarbeitsplatzes kann ein dem Verringerungswunsch des ArbN entgegenstehender **betrieblicher Grund** nach § 8 Abs. 4 S. 1 u. 2 TzBfG sein, wenn sich das zugrunde liegende Organisationskonzept des ArbGeb. nicht nur auf seine unternehmerische Vorstellung vom richtigen Arbeitszeitumfang beschränkt, das betriebliche Organisationskonzept auch tatsächlich durchgeführt und es durch die vom ArbN gewünschte Abweichung wesentlich beeinträchtigt wird (BAG 13.10.2009 – 9 AZR 910/08, NZA 2010, 339). 166

Die betrieblichen Ablehnungsgründe kann ein **TV** – nicht dagegen eine BV (BAG 24.6.2008 – 9 AZR 313/07, NZA 2008, 1309; krit. *Uffmann* ZfA 2015, 101 [113 ff.]) – festlegen, ebenso eine Quote von Teilzeitarbeitsplätzen und eine nur befristete Verringerung der Arbeitszeit (BAG 21.11.2006 – 9 AZR 138/06, AP TzBfG § 8 Nr. 18). Dagegen kann weder ein TV noch eine BV noch eine Individualvereinbarung den **gesetzlichen Teilzeitanspruch** nach § 8 oder § 9a TzBfG **ausschließen, kontingentieren** oder **befristen** (§ 22 Abs. 1 TzBfG; BAG 20.1.2015 – 9 AZR 735/13, NZA 2015, 816; 24.6.2008 – 9 AZR 313/07, AP BetrVG 1972 § 117 Nr. 8). Die TVParteien und die Betriebsparteien können jedoch **zusätzlich** zum gesetzlichen Anspruch die Möglichkeit vorsehen, die Arbeitszeit für eine begrenzte Dauer zu reduzieren (BAG 10.12.2014 – 7 AZR 1009/12, NZA 2015, 811). 166a

167 **Lehnt** der ArbGeb. den auf § 8 TzBfG gestützten Antrag des ArbN **nicht** spätestens 1 Monat vor dem gewünschten Beginn der Teilzeitarbeit **ab** – statt der hierfür früher erforderlichen Schriftform ist aufgrund Änderung des § 8 Abs. 5 S. 1 bis 3 TzBfG im Rahmen des Dritten Bürokratieentlastungsgesetzes Textform (§ 126b BGB) ausreichend -, verringert sich die Arbeitszeit in dem vom ArbN gewünschten Umfang und die von ihm begehrte Verteilung der reduzierten Arbeitszeit gilt als festgelegt (§ 8 Abs. 5 S. 2, 3 TzBfG; BAG 27.6.2017 – 9 AZR 368/16, BeckRS 2017, 123671). Will er diesen Rechtszustand mittels Änderungskündigung beseitigen, so kann er nur solche Tatsachen vortragen, die er dem Teilzeitverlangen des ArbN vor Ablauf der 1monatigen Frist nicht hätte entgegenhalten können (BAG 20.1.2015 – 9 AZR 860/13, NZA 2015, 805).

167a Die Vorschriften des § 8 und § 9a TzBfG sind **keine Gesetze im Sinne des Gesetzesvorbehalts** iSv § 87 Abs. 1 Einleitungssatz. Sie schließen das MBR des BR nach § 87 nicht aus (zu § 8 TzBfG BAG 16.3.2004 – 9 AZR 323/03, AP TzBfG § 8 Nr. 10; 18.8.2009 – 9 AZR 517/08, NZA 2009, 1207; → § 87 Rn. 124f.). Eine auf § 87 Abs. 1 Nr. 2 gründende BV kann den ArbGeb. zur Ablehnung des ArbN-Wunsches auch eines einzelnen ArbN auf Neuverteilung der Arbeitszeit – auch im Rahmen der Brückenteilzeit – berechtigen, wenn die gewünschte Arbeitszeitverteilung Auswirkungen auf das kollektive System der Verteilung der betriebsüblichen Arbeitszeit **(kollektiver Bezug)** hat, sich auf den ganzen Betrieb, eine Gruppe von ArbN oder einen Arbeitsplatz auswirkt (BAG 16.12.2008 – 9 AZR 893/07, AP TzBfG § 8 Nr. 27; 18.8.2009 – 9 AZR 517/08, NZA 2009, 1207; *Engels* ArbuR 2009, 10 [68]).

167b ArbN haben auch **während der Elternzeit** nach Maßgabe des **§ 15 Abs. 7 BEEG** einen **Anspruch auf Teilzeit,** wenn dem keine **dringenden betrieblichen Gründe** entgegenstehen (BAG 19.2.2013 – 9 AZR 461/11, NZA 2013, 907; MHH TzBfG/*Herms* TzBfG § 23 Rn. 10; *Böttcher* AiB 2007, 216ff.; zu Einzelheiten Schaub ArbR-HdB/*Linck* § 172 Rn. 37; *Lück* AiB 2015 Heft 9, 48ff.). Vorausgesetzte Betriebsgröße und Beschäftigungsdauer entsprechen denen in → Rn. 160 genannten (vgl. *Buschmann/Rosak* NZA-RR 2014, 337ff.). Ein entspr. Antrag des ArbN muss schriftlich iSv § 126 Abs. 1 S. 1 BGB (s. dazu BAG 10.5.2016 – 9 AZR 145/15, NZA 2016, 1137 mit Anm. *Glatzel* NZA-RR 2017, 239; ErfK/*Gallner* § 15 Rn. 16 iVm § 16 Rn. 2 BEEG) erfolgen und ist nur dann wirksam, wenn bereits zuvor oder zumindest gleichzeitig auch der Antrag auf Elternzeit gestellt wird (BAG 5.6.2007 – 9 AZR 82/07, AP BErzGG § 15 Nr. 49) und der Antrag so konkret formuliert ist, dass er mit einem schlichten „Ja" angenommen werden kann (BAG 16.4.2013 – 9 AZR 535/11, BeckRS 2013, 71116). Die Teilzeit soll mindestens zwei Monate und mindestens 15 und höchstens 30 Wochenstunden monatlich betragen. Der Anspruch auf Teilzeit in der Elternzeit ist durch das **G zur Einführung des Elterngeld Plus** mit Partnerschaftsbonus und einer flexibleren Elternzeit im Bundeselterngeld- und Elternzeitgesetz v. 18.12.2014 (BGBl. I S. 2325; *Abel* AiB 2015 Heft 4, 20f.; *Fecker/Scheffzek* NZA 2015, 778ff.) verbessert worden (MHH TzBfG/*Herms* TzBfG § 23 Rn. 7ff.). Lehnt der ArbGeb. den Antrag auf Verringerung der Arbeitszeit nicht innerhalb von vier bzw. acht Wochen schriftlich ab, gilt diese als festgelegt; Entspr. gilt für die gewünschte Verteilung der Arbeitszeit. Bei Ablehnung kann der ArbN Klage erheben (§ 15 Abs. 7 S. 5–7 BEEG). Der Arbeitgeber darf sich nur auf Gründe berufen, die er im Ablehnungsschreiben zumindest im Kern mitgeteilt hat (BAG 11.12.2018 – 9 AZR 298/18, NZA 2019, 616; ErfK/*Gallner* § 15 BEEG Rn. 17).

167c ArbN haben gegenüber ArbGeb. mit idR mehr als 25 ArbN ausschließlich der zur Berufsausbildung Beschäftigten einen Anspruch auf Teilzeit zur **Pflege** naher **Angehöriger** nach Maßgabe der durch **G** zur **besseren Vereinbarkeit** von **Familie, Pflege** und **Beruf** v. 23.12.2014 (BGBl. I S. 2462; MHH TzBfG/*Herms* TzBfG § 23 Rn. 21ff.; *Böning* AiB 2015 Heft 4, 15ff.) verbesserten §§ 2, 2a FPfZG. Die Teilzeit soll höchstens 24 Monate und wöchentlich mindestens 15 Stunden monatlich betragen. Nach §§ 3, 4 PflegeZG haben Beschäftigte (zum Begriff § 7 PflegeZG) gegenüber ArbGeb. mit in der Regel mehr als 15 Beschäftigten einen Anspruch auf vollständige oder teilweise Freistellung zur häuslichen Pflege naher Angehöriger für die Dauer von längstens sechs Monaten. Pflegezeit und Familienpflegezeit dürfen pro Angehörigem zusammengenommen 24 Monate nicht überschreiten. ArbGeb. und ArbN haben in beiden Fällen über die Verringerung und Verteilung der Arbeitszeit eine schriftliche Vereinbarkeit zu treffen. Hierbei hat der ArbGeb. den Wünschen der ArbN zu entsprechen, es sei denn, dass **dringende betriebliche Gründe** entgegenstehen.

Ein Teilzeit-ArbN, der länger arbeiten oder zur Vollzeitarbeit zurückkehren will und dies dem ArbGeb. in Textform angezeigt hat, hat nach **§ 9 TzBfG** einen Anspruch auf **bevorzugte Berücksichtigung,** wenn es mehrere **gleich geeignete Bewerber** bei der Besetzung eines entspr. freien Arbeitsplatzes gibt (BAG 18.7.2017 – 9 AZR 259/16, NZA 2017, 1401). Ein solcher liegt vor, wenn auf ihm die gleiche oder eine zumindest vergleichbare Tätigkeit auszuüben ist. Der Teilzeit-ArbN muss nach Eignung und Qualifikation den objektiven Anforderungen dieses Arbeitsplatzes genügen (BAG 16.9.2008 – 9 AZR 781/07, AP TzBfG § 9 Nr. 6 (Wechsel auf höherwertigen Arbeitsplatz); → § 99 Rn. 224ff.) und dem Arbeitgeber ein hierauf bezogenes Vertragsänderungsangebot zu unterbreiten, das dieser durch bloße Zustimmung annehmen kann (BAG 27.2.2018 – 9 AZR 167/17, NZA 2018, 1075). Besetzt der Arbeitgeber den Arbeitsplatz entgegen § 9 TzBfG anderweitig, kommen Schadensersatzansprüche des nicht berücksichtigten Teilzeit-ArbN in Betracht; dessen Anspruch auf Verlängerung der Arbeitszeit geht unter (BAG 27.2.2018 – 9 AZR 167/17, NZA 2018, 1075; 18.7.2017 – 9 AZR 259/16, NZA 2017, 1401). Die Regelung findet keine Anwendung während einer zeitlich begrenzten Verringerung der Arbeitszeit (§ 9a Abs. 4 TzBfG, → Rn. 170af.). 168

Der **ArbGeb.** hat das **Vertragsangebot** des Teilzeit-ArbN **anzunehmen,** es sei denn, dass dringende betriebliche Gründe oder Arbeitszeitwünsche anderer Teilzeit-ArbN entgegenstehen (BAG 15.8.2006 – 9 AZR 8/06, AP TzBfG § 9 Nr. 1). Ein **Ablehnungsgrund** ist gegeben, wenn der ArbGeb. nach seinem unternehmerischen Organisationskonzept nur Teilzeitkräfte beschäftigen will und es hierfür arbeitsplatzbezogene Erfordernisse gibt (BAG 15.8.2006 – 9 AZR 8/06, AP TzBfG § 9 Nr. 1). Das ist nicht der Fall, wenn mit einem Teilzeitvertrag ausgestattete Servicekräfte über lange Zeiträume gleichbleibend im Umfang von weit mehr als einer Vollzeitstelle eingesetzt werden (LAG Köln 2.4.2008 – 7 Sa 864/07, NZA-RR 2009, 66). Der gesetzliche Anspruch auf Berücksichtigung von Verlängerungswünschen kann nicht dadurch unterlaufen werden, dass ohne Rücksicht auf arbeitsplatzbezogene Erfordernisse ausschließlich Teilzeitstellen mit einem ganz bestimmten Stundenmaß eingerichtet werden (LAG BW 21.3.2013 – 6 TaBV 9/12, BeckRS 2013, 67559). 169

Der Wille des ArbGeb., den freien Arbeitsplatz **anders zu vergüten,** ist kein dringender betrieblicher Grund zur Ablehnung (BAG 8.5.2007 – 9 AZR 874/06, AP TzBfG § 9 Nr. 3). Deckt der ArbGeb. einen erhöhten Arbeitskräftebedarf nicht durch Einrichtung eines „freien" Arbeitsplatzes, sondern durch **Verlängerung der Arbeitszeit** von Teilzeit-ArbN ab, ist er frei, welchem Teilzeit-ArbN er die Verlängerung anbietet; er ist nicht verpflichtet, das gestiegene Arbeitszeitvolumen anteilig auf alle interessierten Teilzeiter zu verteilen (BAG 13.2.2007 – 9 AZR 575/05, AP TzBfG § 9 Nr. 2). 170

Mit dem **Gesetz zur Weiterentwicklung des Teilzeitrechts – Einführung einer Brückenteilzeit** vom 11.12.2018 (BGBl. I S. 2384) ist die sogenannte „Brückenteilzeit" eingeführt worden (zum Ganzen Schaub ArbR-HdB/*Linck* § 43 Rn. 104; *Bayreuther* NZA 2018, 1577; *Müller* FAArbR 2019, 2; *Preis/Schwarz* NZA 2018, 3673). ArbN, deren Arbeitsverhältnis länger als 6 Monate bestanden hat und deren ArbGeb. unabhängig von der Anzahl der in Berufsausbildung Beschäftigten in der Regel mehr als 45 ArbN beschäftigt, haben einen **Rechtsanspruch** (BT-Drs. 19/3452, 17) auf eine **zeitlich begrenzte Verringerung der Arbeitszeit (§ 9a** 170a

TzBfG). Die Arbeitszeit kann für einen Zeitraum zwischen einem und fünf Jahren verringert werden, es sei denn, tarifvertraglich ist ein anderer – auch kürzerer – Rahmen vorgesehen. Danach gilt wieder die ursprünglich vereinbarte Arbeitszeit. Der Anspruch gilt auch für Teilzeit-ArbN; seine Geltendmachung muss in Textform erfolgen (§ 126b BGB) und bedarf keiner Begründung (*Bayreuther* NZA 2018, 1577). Für den **Umfang der Verringerung** und die gewünschte **Verteilung der Arbeitszeit** gilt § 8 Abs. 2 bis 5 TzBfG. Während der Laufzeit der Brückenteilzeit und bis zu einem Jahr nach Rückkehr zur ursprünglichen Arbeitszeit ist keine weitere bzw. erneute Verringerung der Arbeitszeit nach dem TzBfG mehr möglich (näher *Preis/Schwarz* NZA 2018, 3673 [3677]), wohl aber aufgrund von Regelungen außerhalb des TzBfG, s. zur Teilzeit während der Elternzeit nach § 15 Abs. 7 BEEG → Rn. 167b; zur Teilzeit bei Pflege naher Angehöriger nach §§ 3, 4 PflegeZG und §§ 2, 2a FPfZG → Rn. 167c.

170b Der ArbGeb. kann die beantragte Brückenteilzeit **ablehnen,** soweit **betriebliche Gründe** entgegenstehen. § 8 Abs. 4 TzBfG ist entsprechend anwendbar, so dass auf die in → Rn. 164 ff. dargestellten Grundsätze zurückgegriffen werden kann (vgl. auch die Gesetzesbegründung BT-Drs. 19/3452, 18). Darüber hinaus können ArbGeb, die in der Regel zwar mehr als 45, aber nicht mehr als 200 ArbN beschäftigten, eine verlangte Brückenteilzeit ablehnen, wenn zu deren Beginn bereits eine bestimmte Mindestzahl anderer ArbN (s. im Einzelnen § 9a Abs. 2 S. 2 TzBfG) ihre Arbeitszeit nach § 9a TzBfG verringert haben. Lehnt der ArbGeb. den auf § 9a TzBfG gestützten Antrag des ArbN nicht spätestens einen Monat vor Beginn der Brückenteilzeit in Textform (§ 126b BGB – die früher nach § 8 Abs. 5 S. 1 bis 3 iVm 9a Abs. 3 TzBfG erforderliche Schriftform ist durch das Dritte Bürokratieentlastungsgesetz vom 22.11.2019, BGBl. I S. 1746, mit Wirkung ab 1.1.2020 geändert worden) ab, verringert sich die Arbeitszeit in der vom ArbN gewünschten Umfang und die beantragte Verteilung der Arbeitszeit gilt als zugestanden (§ 9a Abs. 3 S. 1 iVm § 8 Abs. 5 S. 2 und 3 TzBfG), ebenso wie der gewünschte Zeitraum der Brückenteilzeit (§ 9a Abs. 3 S. 2 iVm § 8 Abs. 5 S. 2 und 3 TzBfG).

171 Um **mehr Transparenz** über bestehende Beschäftigungsmöglichkeiten zu schaffen, verpflichtet § 7 TzBfG den ArbGeb. zu folgenden Maßnahmen: Er hat, sofern er Arbeitsplätze ausschreibt, diese auch als Teilzeitarbeitsplätze auszuschreiben, wenn sich der Arbeitsplatz hierfür eignet (Laux/Schlachter TzBfG/*Laux* TzBfG § 7 Rn. 16 ff.; zur Verletzung dieser Pflicht s. *Fischer* AuR 2001, 325 ff.; → § 99 Rn. 249), Wünsche nach Teilzeit oder Veränderung der Lage der Arbeitszeit mit den betr. ArbN zu erörtern, wobei diese ein Mitglied der ArbN-Vertretung hinzuziehen können (§ 7 Abs. 2 S. 3 TzBfG), ArbN, die ihm ihr Interesse an Teilzeitarbeit oder einer veränderten Lage ihrer Arbeitszeit bekundet haben, über entspr. Arbeitsplätze zu unterrichten und den **BR** sowie den **GesBR** über angezeigte Wünsche der ArbN nach Teilzeit oder einer veränderten Lage ihrer Arbeitszeit sowie über Teilzeitarbeit im Betrieb und Unternehmen zu **informieren,** insbes. über vorhandene und geplante Teilzeitarbeitsplätze und über die Umwandlung von Teilzeit- in Vollzeitarbeitsplätze oder umgekehrt; auf Verlangen der ArbN-Vertretung sind ihr die erforderlichen Unterlagen zur Verfügung zu stellen (Laux/Schlachter TzBfG/*Laux* TzBfG § 7 Rn. 76 ff.).

172 Das Informationsrecht des **BR** nach § 7 Abs. 4 TzBfG ergänzt insoweit dessen Beteiligungsrechte insbes. nach § 80 und §§ 92 ff. Zur Einführung und Förderung der Teilzeitarbeit kann sich der BR vor allem auf **§ 80 Abs. 1 Nr. 2b** u. **8** berufen und **initiativ werden.** Hiernach hat sich der BR für Maßnahmen zur Förderung von Familie und Erwerbsarbeit einzusetzen, die hauptsächlich in einem gut gefächerten Angebot von Teilzeit besteht. Gleichzeitig wird damit die Beschäftigung des auf Teilzeit angewiesenen Personenkreises gefördert und gesichert. Dieses Ziel erwähnt auch **§ 92a,** der dem BR ein umfassendes Vorschlags- und Beratungsrecht einräumt.

173 **Betriebsverfassungsrechtlich** sind Teilzeitbeschäftigte **ArbN** des Betriebs (hM; BAG 29.1.1992 – 7 ABR 27/91, AP BetrVG 1972 § 7 Nr. 1; DKKW/*Trümner* Rn. 12, 35; *Greßlin* BR-Mitglieder S. 39). Das gilt auch bei einer Beschäftigung in mehreren Betrieben für den jeweiligen Betrieb (BAG 11.4.1958 – 1 ABR 2/57, AP BetrVG § 6 Nr. 1). Dauer und Lage der individuellen Arbeitszeit sowie das Bestehen einer Sozialversicherungspflicht sind bedeutungslos (→ Rn. 95, 100).

Teilzeitbeschäftigte haben das **Wahlrecht** zum BR und sind **wählbar.** Teilzeitbeschäftigte zählen mit, wenn es auf die Zahl der ArbN des Betriebs ankommt. In anderen G werden Teilzeitbeschäftigte bei der Berechnung bestimmter Schwellenwerte nur anteilig mitgezählt (s. pro rata Anrechnung in § 23 Abs. 1 S. 4 KSchG, § 622 Abs. 5 S. 2 BGB, § 2 Abs. 3 S. 3 ArbPlSchG, § 6 Abs. 1 S. 4 ArbSchG, § 11 S. 1 ASiG). Beim BetrVG ist das nicht geschehen. 174

Bei personellen Einzelmaßnahmen betr. Teilzeitbeschäftigte hat der BR **dieselben Beteiligungsrechte** wie in Bezug auf Vollzeitbeschäftigte. Über die Lage der wöchentlichen Arbeitszeit hat der BR uneingeschränkt mitzubestimmen (BAG 13.10.1987 – 1 ABR 10/86, AP BetrVG 1972 § 87 Arbeitszeit Nr. 24). 175

b) Flexible Teilzeitarbeit

Nach § 12 TzBfG können ArbGeb. und ArbN vereinbaren, dass der ArbN seine Arbeitsleistung entspr. dem Arbeitsanfall zu erbringen hat (**Arbeit auf Abruf** oder **KAPOVAZ** = kapazitätsorientierte variable Arbeitszeit). Die Vereinbarung muss eine bestimmte Dauer der wöchentlichen und täglichen Arbeitszeit festlegen. Es kann vereinbart werden, dass der ArbN über die vertragliche Mindestarbeitszeit hinaus Arbeit auf Abruf leisten muss. Die einseitig vom ArbGeb. abrufbare Arbeit darf höchstens 25% der vereinbarten wöchentlichen Mindestarbeitszeit betragen; ist eine wöchentliche Höchstarbeitszeit vereinbart, darf der ArbGeb. höchstens 20% weniger abrufen (§ 12 Abs. 2 TzBfG). 176

Wenn die Dauer der wöchentlichen Arbeitszeit nicht festgelegt wird, gilt eine **wöchentliche Arbeitszeit von 20 Stunden** als vereinbart; wird die Dauer der täglichen Arbeitszeit nicht festgelegt, ist der ArbGeb. verpflichtet, die Arbeitsleistung jeweils für mindestens drei aufeinander folgende Stunden in Anspruch zu nehmen (BAG 24.9.2014 – 5 AZR 1024/12, NZA 2014, 1328). Wird der ArbN in derartigen Fällen nicht oder weniger als die vorgeschrieben Stunden beschäftigt, kann er Lohnansprüche aus Annahmeverzug (§ 615 BGB) geltend machen. 177

Der ArbN ist nur dann zur Arbeitsleistung verpflichtet, wenn der ArbGeb. ihm die Lage seiner Arbeitszeit jeweils mindestens 4 Tage im Voraus ankündigt (§ 12 Abs. 3 TzBfG). Die Entgeltfortzahlung im Krankheitsfall und an Feiertagen richtet sich, soweit keine für den ArbN günstigere Regelung gilt, nach dem durch das Gesetz zur Weiterentwicklung des Teilzeitrechts – Einführung einer Brückenteilzeit neu eingeführten § 12 Abs. 4 und 5 TzBfG nach der Durchschnittsarbeitszeit der vorangegangenen drei Monate (Referenzzeitraum), bei einer kürzeren Laufzeit des Arbeitsverhältnisses ist dieser Zeitraum maßgeblich. 178

Die **TV-Parteien** können nach § 12 Abs. 6 TzBfG von den gesetzl. Regelungen der Arbeit auf Abruf des § 12 Abs. 1 und 3 TzBfG auch zuungunsten der ArbN abweichen. Unklar ist nach dem Gesetzeswortlaut, ob auch von § 12 Abs. 2 TzBfG abgewichen werden kann, der nicht in § 12 Abs. 6 TzBfG genannt wird (dafür Schaub ArbR-HdB/*Linck* § 43 Rn. 10; *Bayreuther* NZA 2018, 1577, 1581 f.: verfassungskonforme Erweiterung des § 12 Abs. 6 TzBfG erforderlich). Abweichungen sind in allen Fällen jedenfalls nur dann zulässig, wenn die TV-Parteien selbst konkrete Regelungen über die tägliche und wöchentliche Arbeitszeit und die Vorankündigungsfrist im TV vorsehen. Im Geltungsbereich eines derartigen TV können auch nicht tarifgebundene ArbGeb. und ArbN die Anwendung des TV vereinbaren (s. MHH TzBfG/*Heyn* TzBfG § 12 Rn. 57 ff.). 179

Bei **Planung** und Einführung eines Arbeit-auf-Abruf (Kapovaz)-Arbeitszeitsystems kommen bereits im Vorfeld **Unterrichtungs- und Beratungsrechte des BR** nach § 106 Nr. 4, 5, 9 u. 10, nach § 111 Nr. 4 u. 5 sowie nach § 90 Nr. 3 in Betracht. Außerdem wird die Einführung des Systems regelmäßig eine neue **Personalplanung** 180

(§ 92, sa § 93) erforderlich machen. Wenn mit der Einführung des Systems zugleich eine Zeiterfassung und -abrechnung eingeführt und das Verhalten oder die Leistung der ArbN überwacht wird, greift das MBR nach § 87 Abs. 1 Nr. 6 (Näheres → § 87 Rn. 214ff.).

181 Die tatsächliche **Einführung** von **Arbeit nach Bedarf (Kapovaz-Arbeit)** sowie ihre nähere **Ausgestaltung** unterliegen der **Mitbestimmung** des BR nach § 87 Abs. 1 Nr. 2 (BAG 13.10.1987 – 1 ABR 10/86, AP BetrVG 1972 § 87 Arbeitszeit Nr. 24; 28.9.1988 – 1 ABR 41/87, AP BetrVG 1972 § 87 Arbeitszeit Nr. 29; Näheres → § 87 Rn. 126). ArbGeb. und BR können sich in jedem Fall auf eine sachgerechte Regelung einigen.

182 Schließlich besteht ein **MBR** bei der Aufstellung von **Entlohnungsgrundsätzen** und bei der Festlegung von Entlohnungsmethoden (§ 87 Abs. 1 Nr. 10, vgl. dort → § 87 Rn. 407ff.).

183 Bei der **Arbeitsplatzteilung (Jobsharing)** teilen sich zwei oder mehr ArbN die Arbeitszeit an einem Arbeitsplatz. § 13 TzBfG regelt einige individualrechtliche Fragen. Ist einer der an der Arbeitsplatzteilung beteiligten ArbN an der Arbeitsleistung verhindert, sind die anderen ArbN zur Vertretung verpflichtet, wenn sie der Vertretung im Einzelfall zugestimmt haben. Ausnahmsweise kann die Vertretungspflicht vorab für den Fall eines dringenden betrieblichen Erfordernisses vereinbart werden. Dem herangezogenen ArbN muss die Vertretung zumutbar sein (§ 13 Abs. 1 TzBfG). Eine Kündigung wegen des Ausscheidens eines Partners ist unwirksam. Nur Änderungskündigungen aus Anlass des Ausscheidens eines Partners zur Anpassung an die notwendige Arbeitszeit sowie Kündigungen aus anderen Gründen sind möglich (§ 13 Abs. 2 TzBfG).

184 Die **TV**-Parteien können nach § 13 Abs. 4 TzBfG von den gesetzl. Regelungen der Arbeitsplatzteilung (Jobsharing) auch **zuungunsten** der **ArbN** abweichen. Das ist aber nur dann zulässig, wenn sie selbst konkrete Regelungen über die Vertretung der ArbN im TV vorsehen. Im Geltungsbereich eines derartigen TV können auch nicht tarifgebundene ArbGeb. und ArbN die Anwendung des TV vereinbaren (s. *Rolfs* RdA 2001, 129 [143]).

185 Beteiligungsrechte des BR kommen zB in Betracht nach §§ 106, 111, 87 Abs. 1, 6 u. 10 sowie bei der Personalplanung (§ 92) und Beschäftigungssicherung (§ 92a).

4. Im Außendienst Beschäftigte, mobiles Arbeiten (Mobile Office)

186 Der mit dem **BetrVerf-ReformG** neu gefasste § 5 Abs. 1 S. 1 zweiter Satzteil stellt klar, dass es mit dem ArbN-Status vereinbar ist, wenn die zu leistende Arbeit außerhalb des räumlichen Bereichs des Betriebs zB in Form des klassischen **Außendienstes** oder der Telearbeit (→ Rn. 193ff.) erfolgt. Mittlerweile schreitet der Trend zu außerbetrieblichen dezentralen Arbeitsorten verstärkt voran und wird durch die mit **Industrie 4.0** und **Arbeiten 4.0.** einhergehende Digitalisierung des Arbeitslebens unterstützt und weiterhin gefördert (Weissbuch Arbeiten 4.0 S. 74, 78, 88). Dabei entsteht eine Sonderform der außerbetrieblichen Tätigkeit, das mobile Arbeiten im sog. **Mobile Office** (→ Rn. 191af.). Die damit einhergehende örtliche und zeitliche Entgrenzung und hieraus folgenden Gefahren (zB ständige Erreichbarkeit, Nichtbeachtung der betrieblichen und öffentlichrechtliche Arbeitszeitregelungen) sollten durch BV geregelt werden.

187 Für die Bestimmung des **Rechtsstatus** der außerhalb des räumlichen Bereichs des Betriebs Tätigen gelten die allgemeinen Abgrenzungskriterien (→ Rn. 15ff.; insbes. → Rn. 39ff.; *Boemke* BB 2000, 147 [148f.]). Hieran hat der neu gefasste § 5 nichts geändert. Er bestimmt nicht, dass die so Beschäftigten immer ArbN sind. Er stellt nur klar, dass dem ArbN-Status nicht entgegensteht, wenn die Arbeitsleistung außerhalb des Betriebs erfolgt (ebenso *Buchner* NZA 2001, 633 [636]; *Hanau* NJW 2001, 2513 [2515]; *Löwisch* BB 2001, 1734 [1737]; *Schaub* NZA 2001, 364f.).

Denn der Betriebsbegriff ist nicht nur räumlich, sondern funktional zu verstehen (BAG 29.1.1992 – 7 ABR 27/91, AP BetrVG 1972 § 7 Nr. 1; 22.3.2000 – 7 ABR 34/98, AP AÜG § 14 Nr. 8; 19.6.2001 – 1 ABR 43/00, AP BetrVG 1972 § 87 Arbeitszeit Nr. 92; 10.3.2004 – 7 ABR 36/03, BeckRS 2004, 30801570; *Boemke* ZfA 1998, 285 [310]). Deshalb muss die Arbeit nicht im Betrieb als festem Arbeitsort erbracht werden; es reicht für die Annahme fremdbestimmter Arbeit die **Einbindung** in die **betriebliche Organisation** aus (so Begründung des BetrVerf-ReformG-Entwurfs BT-Drs. 14/5741, 35; LAG BW 1.9.2010 – 13 TaBV 4/10, BeckRS 2011, 68000; DKKW/*Trümner* Rn. 50). Dies entspricht geltendem Recht (*Engels/Trebinger/Löhr-Steinhaus* DB 2001, 532 [536]; *Schaub* NZA 2001, 364 [365]; unzutreffend *Däubler* ArbuR 2001, 1 [4]; *Richardi/Annuß* DB 2001, 41 [43], die hier von einer Aufgabe des funktionalen Betriebsbegriffs ausgehen). 188

Eine Einbindung in die betriebliche Organisation kann sich aus einer **starken organisatorischen Verbundenheit** und ein Angewiesensein auf die Organisation des ArbGeb. ergeben, wie zB, dass die geschuldete Leistung nur mit Hilfe des technischen Apparats oder des Kundenstammes des Auftraggebers oder nur in Teamarbeit erbracht werden kann (ErfK/*Preis* BGB § 611a Rn. 41; *Hohmeister/Goretzki* Freie Mitarbeit S. 41; so insbes. für Mitarbeiter im Medienbereich BAG 15.3.1978 – 5 AZR 819/76, AP BGB § 611 Abhängigkeit Nr. 26). Bei Außendienstmitarbeitern bewirkt zB die starke Einbindung in ein Kundenbetreuungskonzept durch Dienstpläne eine Eingliederung (BAG 6.5.1998 – 5 AZR 247/97, AP BGB § 611 Abhängigkeit Nr. 102). Außendienstmitarbeiter gehören dem Betrieb an, von dem die Entscheidungen über ihren Einsatz ausgehen (BAG 10.3.2004 – 7 ABR 36/03, BeckRS 2004, 30801570; LAG BW 1.9.2010 – 13 TaBV 4/10, BeckRS 2011, 68000). 189

Im Außendienst Beschäftigte iSd § 5 Abs. 1 S. 1 zweiter Satzteil sind ArbN, die aus unterschiedlichen betrieblichen oder persönlichen Gründen ihre Arbeitsleistung außerhalb des räumlichen Bereichs des Betriebs erbringen. Es lässt sich **keine generelle Klassifizierung** dieser Tätigkeiten vornehmen; dafür sind sie zu verschieden, auch was Inhalt und Umfang des Weisungsrechts angeht (ErfK/*Preis* BGB § 611a Rn. 59). Man kann allenfalls zwischen ortsungebundener und ortsgebundener Tätigkeit außerhalb des Betriebs unterscheiden. Beide Formen werden von § 5 Abs. 1 S. 1 zweiter Satzteil erfasst. 190

Als Außendienstler mit **ortsungebundener Tätigkeit** sind Bauarbeiter, Monteure, Service- und Wartungspersonal, Reiseleiter, Kundenberater wie zB Pharmaberater, Einfirmenvertreter, Frachtführer, Auslieferungs- bzw. Verkaufsfahrer, Zeitungsausträger (BAG 22.3.2000 – 7 ABR 34/98, AP AÜG § 14 Nr. 8) und auch Beschäftigte von Pflegedienstagenturen zu nennen (s. *Grimberg* AiB 2001, 29 ff. mit Rspr.-Übersicht zum Außendienst). Einige dieser Tätigkeiten wie zB die eines Handelsvertreters oder Frachtführers können auch außerhalb eines ArbVerh. im Rahmen der freien Mitarbeit ausgeübt werden; für die Abgrenzung ist der Grad der persönlichen Abhängigkeit entscheidend (→ Rn. 39 ff.). 191

Während früher ortsungebundene Tätigkeiten idR auf die in Rn. 191 genannten Berufsgruppen beschränkt waren, bewirkt die Digitalisierung der Arbeit in Verbindung mit mobilen Kommunikationsmedien wie Laptop, Notebook, Tablet oder Smartphone, dass die Arbeitsleistung unabhängig von einem festen Arbeitsplatz im sog. **Mobile Office** von jedem denkbaren Ort aus ermöglicht wird, auf Reisen, im Hotel, Restaurant, Park oder Zug (*Günther/Böglmüller* NZA 2015; 1025, 1029; *Kamann* ArbR-Aktuell 2016, 75 ff.; *Oberthür* NZA 2013, 246; *Schirmer* NZA 2016 Beil. 2 S. 85, 86; *Schulze/Ratzesberger* ArbRAktuell 2016, 109 ff.). **Mobiles Arbeiten** kann als ArbN, aber auch als freier Mitarbeiter geschuldet sein. Eine Einbindung in die betriebliche Kommunikationsstruktur, der Zugriff auf Daten und Programme des Betriebs, die für eine Zusammenarbeit des Mobile Office und der Zentrale erforderlich sind, sowie die Möglichkeit einer mehr oder weniger **permanenten digitalen Kommunikation** mit Vorgesetzten und Mitarbeitern sprechen für ein ArbVerh. (→ Rn. 189). 191a

191b Zunehmend erlauben Unternehmen ihren Mitarbeitern, die sich im Rahmen des mobilen Arbeitens stellenden Aufgaben auf ihren **privaten Smartphones,** Tablets usw. statt auf den dienstlichen Kommunikationsmitteln zu erledigen und diese in die Unternehmens-IT einzubinden. Diese Entwicklung zum sog. **Bring Your Own Device = BYOD** schadet nicht dem ArbNStatus, wenn die in → Rn. 191a genannten Voraussetzungen erfüllt sind (zum BYOD s. Kramer IT-ArbR/*Hoppe* B Rn. 677 ff.; *Göpfert/Wilke* NZA 2012, 765 ff.; *Kamann* ArbRAktuell 2016, 75, 77 f.; *Pollert* NZA 2014 Beil. 4 S. 152 ff.; *Schulze/Ratzesberger* ArbRAktuell 2016, 109 ff.; sa *Balkenhol* AiB 2016 H. 7–8 S. 10, 13).

192 Eine **ortsgebundene Tätigkeit** verrichten sog **Außen-ArbN.** Das sind Personen, denen aus räumlichen Gründen ein Arbeitsplatz im Betrieb nicht zur Verfügung gestellt werden kann oder denen es wegen ihrer körperlichen Behinderungen oder familiärer Verpflichtungen wie Pflege von Familienangehörigen erlaubt ist, zu Hause in der eigenen Wohnung oder Werkstatt zu arbeiten (zum Home Office → Rn. 193 ff.). Außen-ArbN sind echte ArbN (ErfK/*Koch* Rn. 11), keine in Heimarbeit Beschäftigten (→ Rn. 309 ff.).

5. Mit Telearbeit bzw. im Home/Mobile Office Beschäftigte

193 § 5 Abs. 1 S. 1 zweiter Satzteil hebt hervor, dass dem ArbN-Status nicht entgegensteht, wenn die zu leistende Arbeit außerhalb des räumlichen Bereichs des Betriebs erfolgt. Ausdrücklich genannt ist die **Telearbeit** (s. hierzu *Wedde* Telearbeit, 2002; *Otten* Heimarbeitsrecht, 2008; *Fenski* Außerbetriebliche Arbeitsverhältnisse, 1994; *Pfarr/Drüke* Telearbeit, 1989; *Wiese* RdA 2009, 344 ff.) als die zur Zeit der Verabschiedung des **BetrVerf-ReformG** bekannteste Form der auf Informations- und Kommunikationstechnik gestützten außerbetrieblichen Tätigkeit (MHdB ArbR/*Boemke* § 285 Rn. 13; Küttner/*Röller* Kap. 224 Rn. 1 ff.). Die Digitalisierung des Arbeitslebens infolge von **Industrie 4.0** und **Arbeiten 4.0,** die eine ortsflexible Arbeit erleichtert, ermöglicht nicht nur das sog. Mobile Office (→ Rn. 191a), sondern auch das sog. **Home Office,** eine moderne Bezeichnung für die klassische, jetzt digitalvernetzte Telearbeit (vgl. Weissbuch Arbeiten 4.0 S. 74, 76 ff.; Kramer IT-ArbR/*Hoppe* B Rn. 616 ff. mit **Mustervereinbarung** in Rn. 676; *Eder* AiB 2017 H. 3 S. 10 ff.; *Isenhardt* DB 2016, 1499 ff.; *Kamann* ArbRAktuell 2016, 75 ff.; *Schulze/Ratzesberger* ArbRAktuell 2016, 109 ff.). Die damit einhergehende örtliche und zeitliche Entgrenzung und die hieraus folgenden Gefahren (zB ständige Erreichbarkeit, Nichtbeachtung der betrieblichen und öffentlichrechtlichen Arbeitszeitregelungen) sollten durch BV geregelt werden.

194, 195 Bei der klassischen Telearbeit gibt es **vier Gestaltungsformen** (*Wedde* in BMA Forschungsbericht 269a, Entwicklung der Telearbeit – Arbeitsrechtliche Rahmenbedingungen – Abschlussbericht – 1997, 9 f.; sa *Wedde* Telearbeit Rn. 5 ff.; *Kamann* ArbRAktuell 2016, 75 ff.; *Linnenkohl* BB 1996, 51):

196 Bei der **häuslichen Telearbeit (Home Office)** sind die Beschäftigten räumlich außerhalb des Betriebs entweder zu Hause oder an einem anderen selbst gewählten Ort tätig.

197 Bei **alternierender Telearbeit (Home Office)** werden die Beschäftigten außerdem, wenn auch nur noch zeitweise, im Betrieb tätig (s. den Fall LAG Düsseldorf 10.9.2014 – 12 Sa 505/14, BeckRS 2014, 73155 mAnm *Heinlein* AiB 2015 Heft 4, 62; *Steffan* NZA 2015, 1409, 1414).

198 Die **mobile Telearbeit (Mobile Office,** → Rn. **191a)** wird an verschiedenen Orten (moderne Variante des herkömmlichen Außendienstes) oder in Betrieben von Kunden oder Lieferanten (**On-Site-Telearbeit;** s. *Kamann* ArbRAktuell 2016, 75) erbracht.

199 Telearbeit in **Satelliten-** oder **Nachbarschaftsbüros (Home Office)** wird von einer Gruppe von Beschäftigten in ausgelagerten Büros des Unternehmens oder in

Gemeinschaftsbüros verschiedener Unternehmen verrichtet, wobei diese Büros sehr unterschiedlich ausgestaltet sein können, zB als Forum für eine gemeinsame Projektgestaltung, als Profit-Center, Gemeinschaftsbetrieb mehrerer Unternehmen, rechtlich selbständige Einheit.

Die so Beschäftigten werden **„Telearbeiter“** genannt, ohne dass diese Bezeichnung Rückschlüsse auf die rechtliche Form der Beschäftigungsverhältnisse erlaubt; Telearbeit kann im Rahmen eines ArbVerh., der Heimarbeit oder einer selbständigen/freiberuflichen Tätigkeit erfolgen (vgl. *Wedde* Telearbeit Rn. 3, 83ff. mwN). **200**

Für die Bestimmung des **Rechtsstatus** der mit Telearbeit Beschäftigten gelten die allgemeinen Abgrenzungskriterien (→ Rn. 15ff., insbes. 39ff.; HWGNRH/*Rose* Rn. 61; *Wedde* Telearbeit Rn. 94ff.; *Boemke* BB 2000, 147 [148f.]). Hieran ändert § 5 Abs. 1 S. 1 zweiter Satzteil nichts. Er bestimmt nicht, dass der mit Telearbeit Beschäftigte immer ArbN ist. Er stellt nur klar, dass es mit dem ArbN-Status vereinbar ist, wenn die Arbeitsleistung außerhalb des Betriebs in Form von Telearbeit erfolgt (*Buchner* NZA 2001, 633 [636]; *Hanau* NJW 2001, 2513 [2515]; *Löwisch* BB 2001, 1734 [1737]; *Schaub* NZA 2001, 364f.). Von bes. Bedeutung ist hier, dass gem. § 611a S. 6 BGB eine in tatsächlicher Hinsicht als ArbVerh. einzustufende Tätigkeit nicht durch einen erklärten abweichenden Willen der Parteien unterlaufen werden kann (→ Rn. 30ff.). **201**

Die für die ArbN-Eigenschaft entscheidende **persönliche Abhängigkeit** liegt praktisch immer dann vor, wenn der ausgelagerte Arbeitsplatz mit dem Zentralrechner im **online-Betrieb** (direkte Verbindung zur Zentrale) verbunden ist (vgl. DKKW/*Trümner* Rn. 43; GK-BetrVG/*Raab* Rn. 52; *Boemke* BB 2000, 147 [149]; *Boemke/Ankersen* BB 2000, 2254; zurückhaltender MHdB ArbR/*Heinkel* § 201 Rn. 7). Bei diesem System kann der ArbN jederzeit angesprochen und überwacht werden. **202**

Bei einem **offline-Betrieb** hängt die ArbN-Eigenschaft von der konkreten Ausgestaltung der Tätigkeit ab (MHdB ArbR/*Heinkel* § 201 Rn. 8; WPK/*Preis* Rn. 17; *Boemke/Ankersen* BB 2000, 2254). Für ArbN-Eigenschaft sprechen kurze Erledigungsfristen, Bereitschaftsdienst, feste Zeiten für Überspielen der Arbeitsergebnisse in den Betrieb oder Abgabe von Datenträgern, Verpflichtung zu regelmäßigem Übersenden von Screenshots, Anmeldung freier Tage oder des Urlaubs unter Berücksichtigung des betrieblichen Urlaubsplans, Bindung nur an einen ArbGeb. durch Zuweisung eines entspr. großen Arbeitsvolumens, Kontrolle durch ArbGeb., Verpflichtung zur persönlichen Arbeitsleistung (vgl. *Peter* DB 1998, 573 [574]; *Wank* NZA 1999, 225 [231]; *Wedde* NJW 1999, 527 [529]). **203**

Allerdings ist für die Feststellung der ArbN-Eigenschaft die Unterscheidung zwischen online und offline beim heutigen Stand der DV-Technik nicht mehr von so entscheidender Bedeutung, weil es heute **sehr leistungsfähige PCs** mit nahezu unbegrenzter Speicherkapazität und universell nutzbare Kommunikationsnetze gibt. Es lässt sich der gleiche Umfang an inhaltlicher Bindung bei Beschäftigten feststellen, die ohne direkte elektronische Anbindung an den zentralen Rechner offline arbeiten und alle erforderlichen Programme und Daten auf der Festplatte ihres autonomen PCs oder Notebooks vorhalten, wie bei denjenigen, die online arbeiten. Ein Merkmal für die **persönliche Abhängigkeit** ist hier der Grad der **Bindung an die Software:** Strukturiert diese die Arbeit inhaltlich vor, ist dies ein starkes Indiz für technisch vermittelte Weisungsgebundenheit (*Wedde* in BMA Forschungsbericht, Entwicklung der Telearbeit – Arbeitsrechtliche Rahmenbedingungen – Abschlussbericht – 1997, 17f.; *Wedde* Telearbeit Rn. 126ff., der darauf abstellt, ob ein System eine Verhaltens- oder Leistungskontrolle iSv § 87 Abs. 1 Nr. 6 ermöglicht; ErfK/*Koch* Rn. 11; sa *Wank* NZA 1999, 225 [231]). **204**

Wird Telearbeit im Rahmen eines **Heimarbeitsverhältnisses** (*Wedde* Telearbeit Rn. 190ff.; *Wank* NZA 1999, 225 [233ff.]; zur Heimarbeit → Rn. 309ff.) vergeben, so gelten die in Heimarbeit Beschäftigten gleichwohl betriebsverfassungsrechtlich als ArbN des Betriebs, für den sie in der Hauptsache arbeiten (§ 5 Abs. 1 S. 2). **205**

206 Der ausgelagerte **Arbeitsplatz gehört** grds. **zum Betrieb,** denn der betriebsverfassungsrechtl. Betriebsbegriff ist nicht nur räumlich, sondern auch funktional zu verstehen (BAG 29.1.1992 – 7 ABR 27/91, AP BetrVG 1972 § 7 Nr. 1; → Rn. 188).

207 Bei **Nachbarschaft- oder Satellitenbüros** ist allerdings **§ 4 Abs. 1 S. 1 Nr. 1** zu beachten, der einer Zugehörigkeit von Nachbarschafts- oder Satellitenbüros zum Betrieb und damit der Bildung eines gemeinsamen BR bei räumlich weiter Entfernung entgegenstehen kann. Da die räumliche Komponente darauf beruht, dass es den ArbN eines Betriebs möglich sein soll, miteinander in Kontakt treten zu können, ist dem Aspekt der räumlichen Entfernung bei der Telearbeit wegen der hier bestehenden kommunikationstechnischen und organisatorischen Verbindung mit dem Betrieb weit weniger Bedeutung beizumessen als bei herkömmlichen Betriebsteilen (*Wedde* in BMA Forschungsbericht, Entwicklung der Telearbeit – Arbeitsrechtliche Rahmenbedingungen – Abschlussbericht – 1997, 207 ff., 212).

208 Außerdem kann hier der durch das **BetrVerf-ReformG** neugefasste § 4 Abs. 1 S. 2 weiterhelfen. Hiernach können die in Nachbarschafts- oder Satellitenbüros tätigen ArbN beschließen, an der Wahl des **BR** im **Hauptbetrieb** teilnehmen zu wollen. Tun sie dies, gehören sie zum Hauptbetrieb und werden vom dortigen BR vertreten (s. Näheres bei § 4). Klarheit kann auch durch einen **TV** nach **§ 3 Abs. 1 Nr. 1b**) über die Zusammenfassung von Betrieben und selbständigen Betriebsteilen geschaffen werden (*Boemke/Ankersen* BB 2000, 2254 f.; → Rn. 33, 26).

209 **Individualrechtl.** geht es bei Telearbeit vor allem um folgende kritische Punkte (vgl. *Wedde* Telearbeit Rn. 271 ff.; *Boemke* BB 2000, 147 [149 ff.]):

210 Der **Wechsel** vom betriebl. Arbeitsplatz **auf** einen **Telearbeitsplatz** in einem vom ArbGeb. eingerichteten Nachbarschafts- oder Satellitenbüro oder in häusliche Telearbeit und umgekehrt ist eine Versetzung. Gleiches gilt bei alternierender Telearbeit, wenn die außerbetriebliche Arbeitsstätte dauerhaft fortfällt und die betriebliche Arbeitsstätte der alleinige Arbeitsort ist (LAG Düsseldorf 10.9.2014 – 12 Sa 505/14, BeckRS 2014, 73155 mAnm *Heinlein* AiB 2015 Heft 4, 62). Ohne Zustimmung des ArbN ist eine Änderungs- oder Beendigungskündigung erforderlich. Der BR ist nach §§ 95, 99, 102 zu beteiligen. Die Versetzung an einen häuslichen Telearbeitsplatz kann der ArbGeb. ohne Grundlage im ArbVertrag mangels entspr. Dispositionsbefugnis nicht einseitig anordnen (LAG Berlin-Brandenburg 14.11.2018 – 17 Sa 562/18, NZA-RR 2019, 287; *Müller* DB 2019, 1624 [1626]; *Wedde* Telearbeit Rn. 294 f.).

211 Bei der **häuslichen Telearbeit** (**Home Office**) sollte entspr. der Verantwortlichkeit des ArbGeb. die Geltung grundlegender **Arbeitsschutzvorschriften** (vgl. zB § 3 ArbSchG; *Wedde* Telearbeit Rn. 388 ff.; Kramer IT-ArbR/*Hoppe* B Rn. 652 ff.; *Boemke* BB 2000, 1570; *Eder* AiB 2017 H. 3 S. 10, 11 ff.; *Voigt* AiB H. 3 S. 16, 17 f.) klarstellend vereinbart und Vorkehrungen gegen die Gefahr der Selbstausbeutung **(Arbeitszeitschutz)** getroffen werden. Es ergeben sich bes. **Haftungsrisiken** sowohl für den ArbN als auch den ArbGeb. insbes. auch bez. Dritter, die sich in der Wohnung des ArbN aufhalten (*Wedde* Telearbeit Rn. 305 ff.; *Boemke* BB 2000, 147 [152 f.]). Es können **Kosten** für Energie, Abnutzung, Wartung und Reparaturen entstehen (*Boemke* BB 2000, 147 [152]). Das vom ArbGeb. zu tragende **Betriebsrisiko** (*Wedde* Telearbeit Rn. 381 ff.) bei technischen Störungen sollte klarstellend festgeschrieben werden.

212 Der **Datenschutz** bei Verarbeitung und Nutzung personenbez. Daten muss gewährleistet werden (*Wedde* Telearbeit Rn. 527 ff.; *Boemke* BB 2000, 1570 ff.).

213 **Zutrittsrechte** (zB des BR, ArbGeb.; zu Einzelheiten *Wedde* in BMA Forschungsbericht Entwicklung der Telearbeit – Arbeitsrechtliche Rahmenbedingungen – Abschlussbericht – 1997, 131 ff.; *Wiese* RdA 2009, 344 [349 ff.]) zum häuslichen Arbeitsplatz zur Kontrolle der Arbeitsbedingungen sollten klar geregelt werden.

214 **Regelungsinstrument** für die vorstehenden Fragen sollten TV oder BV sein (zur Analyse betriebl. Vereinbarungen zu Telearbeit und zu Handlungsempfehlungen *Kamp* Betriebs- und Dienstvereinbarungen Telearbeit; *Kamp* WSI-Mitt. 2000, 626; sa *Peters/Orthwein* CR 1997, 293 [355]; *Schwarzbach* AiB 2001, 577).

Betriebsverfassungsrechtl. hat der TeleArbN die gleichen Rechte wie die ArbN im Betrieb (s. *Boemke/Ankersen* BB 2000, 2254 [2255 ff.]; *Wiese* RdA 2009, 344 [345 ff.]): 215

Er kann an **Wahlen** und **BetrVerslg.** teilnehmen, die **Sprechstunde des BR** aufsuchen, als gewähltes **BR-Mitgl.** an Sitzungen des BR teilnehmen und BR-Arbeit übernehmen. Dabei ist das Arbeitsentgelt einschließlich der Wegezeiten fortzuzahlen (*Boemke/Ankersen* BB 2000, 2254 [2255]). Andernfalls würden die TeleArbN gegenüber den im Betrieb beschäftigten ArbN benachteiligt (vgl. *Wedde* in BMA Forschungsbericht Entwicklung der Telearbeit – Arbeitsrechtliche Rahmenbedingungen – Abschlussbericht – 1997, 112). Die Auslagerung von Arbeitsplätzen darf nicht zum Verlust von Rechten der ArbN aus der Betriebsverfassung führen. Soweit möglich, muss der ArbN das Aufsuchen des BR mit Besuchen aus dienstlichem Anlass im Betrieb verbinden. Eine Verweisung ausschließlich auf elektronische Kommunikation statt persönlicher Kontakte ist nicht statthaft. 216

Der BR hat bez. der TeleArbN dieselben Rechte wie bez. der übrigen ArbN (*Boemke/Ankersen* BB 2000, 2254 [2255 ff.]). **Vor** der **Einführung** von Telearbeit kommen **Beteiligungsrechte des BR** nach §§ 80, 90, 92, 92a, 93, 95, 111, 112 (vgl. *Wedde* Telearbeit Rn. 879 ff.; *Peter* DB 1998, 573 [577]) und **Mitwirkungsrechte** der einzelnen **ArbN** nach § 81 Abs. 4, 86a in Betracht. 217

Bei der **Einführung** muss der ArbGeb. die Beteiligungsrechte des BR nach §§ 80, 87 Abs. 1 Nr. 1, 2, 6, 7, 10 u. 11, §§ 91, 96 ff. und insbes. § 97 Abs. 2, § 99 sowie nach § 111 S. 2 Nr. 4 u. 5 (vgl. *Wedde* Telearbeit Rn. 245 ff.; *Peter* DB 1998, 573 [578]; *Schmechel* NZA 2004, 237) und die Mitwirkungsrechte der ArbN nach §§ 81 f. beachten. Daneben bestehen die Beteiligungsrechte des BR in personellen Angelegenheiten nach §§ 92 ff., insbes. bei der Ausschreibung von Telearbeitsplätzen (§ 93) und bei Auswahlrichtlinien für Telearbeit (§ 95). 218

6. Konzernarbeitnehmer, Arbeitsverhältnisse im Konzern

Viele rechtlich selbständige Unternehmen sind konzernmäßig **verflochten.** Das BetrVG enthält keine eigene Begriffsbestimmung des Konzerns; es verweist in § 8 Abs. 1 S. 2 und in § 54 Abs. 1 auf § 18 Abs. 1 AktG. Zur Frage, wann ein Konzern im betriebsverfassungsrechtlichen Sinne vorliegt, → § 54 Rn. 8 ff. Im Konzern kann ein KBR gebildet werden (§§ 54 ff.). 219

Die **Gestaltungsmöglichkeiten** von **ArbVerh.** innerhalb eines Konzerns sind vielfältig (vgl. *Maywald* Arbeitnehmereinsatz S. 35 ff.; *Braun/Wisskirchen* KonzernArbR Teil I.3 A. II. Rn. 32 ff.; *Windbichler* KonzernArbR S. 67 ff.; *Vogt* KonzernArbR S. 32 ff.; *Lambrich/Schwab* NZA-RR 2013, 169 ff.; *Maschmann* RdA 1996, 24 ff.; *Reiter* NZA 2014 Beil. 1, 22 ff.; sa *Rüthers/Bakker* ZfA 1990, 245 ff.; zu Matrixstrukturen im Konzern → Rn. 226a ff.). Konzernspezifisch ist, dass infolge der engen Bindungen des ArbGeb. an andere Konzernunternehmen arbeitsrechtliche Beziehungen auch zu diesen Unternehmen (Drittbeziehungen) entstehen können, sei es in Form vertraglich begründeter Arbeitnehmermobilität innerhalb des Konzerns (*Windbichler* KonzernArbR S. 68 ff.), sei es durch tatsächliche Einwirkung auf die Durchführung des ArbVerh. (*Windbichler* KonzernArbR S. 166 ff.). 220

Ist ein ArbN in Betrieben **mehrerer Konzernunternehmen** gleichzeitig tätig und eingegliedert, so gehört er betriebsverfassungsrechtlich zu jedem dieser Betriebe, selbst wenn eine Beschäftigung nur geringfügig ist (ebenso *Braun/Wisskirchen* KonzernArbR I.2. Rn. 41, I.3. Rn. 115; *Windbichler* KonzernArbR S. 269 f.; ErfK/*Koch* Rn. 9; *Vogt* KonzernArbR S. 32 f.; *Lambrich/Schwab* NZA-RR 2013, 169 [170]). 221

Eine der praktisch häufigsten Gestaltungsformen bei vom ArbGeb. initiierter Tätigkeit eines ArbN in einem anderen Konzernunternehmen ist das Begründen eines **zweiten ArbVerh.,** während das Stammarbeitsverhältnis ruht und bei Rückkehr des ArbN wiederauflebt (vgl. *Braun/Wisskirchen* KonzernArbR I.3. Rn. 33 ff.; *Windbichler* 222

KonzernArbR S. 72 ff.; ErfK/*Koch* Rn. 9; *Maywald* Arbeitnehmereinsatz S. 36 ff.; *Vogt* KonzernArbR S. 32 f.; *Meyer* NZA 2013, 1326 [1327]; *Reiter* NZA 2014 Beil. 1, 22 [23]). Auch hier gehört der ArbN betriebsverfassungsrechtlich zu beiden Betrieben, jedenfalls dann, wenn die Beziehung zum Stammbetrieb nur vorübergehend unterbrochen ist (*Braun/Wisskirchen* KonzernArbR I.2. Rn. 54 ff.; *Lambrich/Schwab* NZA-RR 2013, 169 [170]).

223 Bei einer ebenfalls oft praktizierten Gestaltungsform des mobilen Einsatzes von ArbN im Konzern hat der ArbN im Wege der Abordnung die aus dem Stammarbeitsvertrag geschuldete Leistung bei einem anderen Konzernunternehmen zu erbringen und diesem ist die Ausübung bestimmter ArbGeb.-Rechte eingeräumt (*Windbichler* KonzernArbR S. 81 ff.). Hier handelt es sich um ein sog **gespaltenes ArbVerh.** (vgl. *Weber,* Das aufgespaltene Arbeitsverhältnis, 1992; *Braun/Wisskirchen* KonzernArbR I. 2. Rn. 40, I.3. Rn. 32; *Windbichler* KonzernArbR S. 78 ff., S. 277 f.: **Konzernleihe**). Da das BAG (13.3.2013 – 7 ABR 69/11, NZA 2013, 789; 5.12.2012 – 7 ABR 48/11, NZA 2013, 793; *Linsenmaier/Kiel* RdA 2014, 135 [136 ff.]) die „Zwei-Komponenten-Lehre" für die Fälle des drittbezogenen Personaleinsatzes aufgegeben hat, wird eine Betriebszugehörigkeit der abgeordneten ArbN (auch) zu dem anderen Konzernunternehmen begründet, auch wenn sie mit diesem keinen ArbVertr. geschlossen haben(→ Rn. 16a; → Rn. 246, 265). Das gilt auch dann, wenn (ausländische) ArbN von einer ausländischen Konzernmutter zu einem inländischen Tochterunternehmen entsandt und dort in einem Betrieb eingegliedert werden (*Deinert* DB 2016, 349, 350 f.).

224 Erfolgt die Abordnung nur zum **vorübergehenden, flexiblen Einsatz,** zB für bestimmte Projekte, so bleibt die Betriebszugehörigkeit zum Stammbetrieb bestehen; bei einer damit verbundenen längerfristigen Eingliederung in den Drittbetrieb, die nach § 7 S. 2 bei einem dortigen Einsatz von über drei Monaten anzunehmen ist, ist der ArbN auch diesem zuzurechnen (*Vogt* KonzernArbR S. 32 f.; *Lambrich/Schwab* NZA-RR 2013, 169 [170]; *Rüthers/Bakker* ZfA 1990, 245 [313 f.]; sa *Christiansen* Betriebszugehörigkeit S. 43). Sog **Springer,** die als Spezialisten für bei ganz verschiedenen Unternehmen anfallenden Sonderaufgaben eingestellt werden, gehören ausschließlich zum Stammbetrieb (*Braun/Wisskirchen* KonzernArbR I.2. Rn. 60; *Windbichler* KonzernArbR S. 278, 280).

225 Erfolgt die **Abordnung als organisatorische Dauerlösung** in der Form, dass die Arbeitsverträge mit dem herrschenden Unternehmen abgeschlossen werden, tatsächlich der ArbN aber in einem Betrieb eines abhängigen Unternehmens beschäftigt wird, so gehört der ArbN betriebsverfassungsrechtlich zu dem Betrieb, in dem er arbeitet. Er ist nur dort wahlberechtigt und wählbar (*Braun/Wisskirchen* KonzernArbR I.3. Rn. 43; 54; *Windbichler* KonzernArbR S. 278, 280). Der BR nimmt dann seine Beteiligungsrechte demjenigen gegenüber wahr, der zur Entscheidung befugt ist. Das kann der ArbGeb. des Betriebs sein, in dem der BR gebildet wurde, soweit ihm diese Befugnisse zustehen. Fehlen sie, nimmt der BR seine Rechte gegenüber dem herrschenden Unternehmen wahr; das gilt vor allem für das MBR in personellen Angelegenheiten.

226 Auch wenn alle ArbN des Konzerns Arbeitsverträge nur mit dem herrschenden Unternehmen haben und zur Arbeitsleistung in die Betriebe der abhängigen Unternehmen abgeordnet werden, können sie dort Betriebsräte wählen (vgl. DKKW/*Trümner* Rn. 103 iVm Rn. 89 f.). Das muss erst recht gelten, wenn ein Konzernunternehmen als **Personalführungsgesellschaft** die ausschließliche Aufgabe hat, die von ihr eingestellten ArbN anderen Konzernunternehmen zur Arbeitsleistung zu **überlassen** (→ Rn. 246; → § 7 Rn. 45). Hierbei handelt es sich um erlaubnispflichtige Arbeitnehmerüberlassung (→ Rn. 243).

226a Bei der betriebsverfassungsrechtlichen Zuordnung von ArbN in Konzernen mit **Matrix-Strukturen** (s. LAG Düsseldorf 10.2.2016 – 7 TaBV 63/15, BeckRS 2016, 68795; *Braun/Wisskirchen* KonzernArbR I.3. Rn. 61 ff., 115; *Maywald* Arbeitnehmereinsatz S. 4 ff., 33 ff., 155 ff.; *Vogt* KonzernArbR S. 56 ff.; *Bauer/Herzberg* NZA 2011,

713 ff.; *Günther/Böglmüller* NZA 2015, 1025 [1026]; *Kort* NZA 2013, 1318 ff.; *Meyer* NZA 2013, 1326 ff.; *Neufeld* AuA 2012, 219 ff.; *Ricken* ZfA 2016, 535 ff.; *Schumacher* NZA 2015, 587 ff.; *Weller* AuA 2013, 344 ff.; *Wisskirchen/Bissels* DB 2007, 340 ff.: *Witschen* RdA 2016, 38 ff.) ist zu beachten, dass es dort neben den vertikalen Hierarchien innerhalb der einzelnen Konzernunternehmen einen horizontalen Hierarchieaufbau in Form von unternehmensübergreifenden Funktions- und Produktionsbereichen gibt (*Dörfler/Heidemann* AiB 2012, 196). Dies führt dazu, dass dem ArbN einerseits der Vertrags-ArbGeb. und andererseits der oder die Bereichsleiter gegenüberstehen, die den Einsatz des ArbN steuern (steuernde Einheit). Zwischen diesen wird das Weisungsrecht aufgespalten, auch wenn ein ArbVerh. nur zum Vertrags-ArbGeb. besteht (*Bauer/Herzberg* NZA 2011, 713 [715]; *Günther/Böglmüller* NZA 2017, 546, 548; *Henssler* NZA 2014 Beil. 3, 95 [101 ff.]; *Maschmann* NZA 2017, 1557).

Beim Vertrags-ArbGeb. verbleibt das **disziplinarische Weisungsrecht,** zB Abmahnungen, Ausspruch von Kündigungen, Urlaubsgewährung (*Braun/Wisskirchen* KonzernArbR I.3. Rn. 62; *Maywald* Arbeitnehmereinsatz S. 157 ff.; *Kort* NZA 2013, 1318 [1319]; *Neufeld* AuA 2012, 220; *Witschen* RdA 2016, 38, 39 f.; sa LAG BB 17.6.2015 – 17 TaBV 277/15, NZA-RR 2015, 529: Verfahrenseinstellung bei BAG; LAG BW 28.5.2014 – 4 TaBV 7/13, BeckRS 2014, 70642). Von der Zugehörigkeit der ArbN zum Betrieb des Vertrags-ArbGeb. ist trotz deren Einbindung in die steuernde Einheit grds. auszugehen, vor allem dann, wenn der Vertrags-ArbGeb. die Personalverwaltung weiterführt, er über ein Rückrufrecht verfügt oder die ArbN an seinen betrieblichen Sozialeinrichtungen teilnehmen (*Maywald* Arbeitnehmereinsatz S. 158; *Kort* NZA 2013, 1318 [1324]). Wenn allerdings die ArbN – wie bei internationalen Konzernen – aufgrund ihrer Matrix-Einbindung ständig wechselnde Einsatzorte haben oder über viele Jahre hinweg räumlich weit vom Betrieb des Vertrags-ArbGeb. entfernt eingesetzt werden, kann deren Zugehörigkeit zu dessen Betrieb zweifelhaft sein (*Kort* NZA 2013, 1318 [1324]). **226b**

Die steuernde Einheit verfügt über das unternehmensübergreifende **fachliche Weisungsrecht** gegenüber den ArbN im Konzern, um die durch die Matrix-Organisation vorgegebene Arbeitsorganisation realisieren zu können (*Günther/Böglmüller* NZA 2017, 546, 548; *Kort* NZA 2013, 1318 [1319 f.]; *Neufeld* AuA 2012, 219 f.; *Witschen* RdA 2016, 38, 45 f.; sa LAG Düsseldorf 10.2.2016 – 7 TaBV 63/15, BeckRS 2016, 68795; LAG BB 17.6.2015 – 17 TaBV 277/15, NZA-RR 2015, 529: Verfahrenseinstellung bei BAG; LAG BW 28.5.2014 – 4 TaBV 7/13, BeckRS 2014, 70642). Das Konstrukt des aufgeteilten Weisungsrechts zwischen Vertrags-ArbGeb. und steuernder Einheit ähnelt dem des drittbezogenen Personaleinsatzes. Da hier das BAG die „Zwei-Komponenten-Lehre“ aufgegeben hat (→ Rn. 223), kann eine Zugehörigkeit der von Matrix-Strukturen betroffenen ArbN zum Betrieb der steuernden Einheit begründet sein, obwohl zwischen ihnen kein Arbeitsvertrag besteht. Von einer Betriebszugehörigkeit auch zur steuernden Einheit ist auszugehen, wenn die ArbN nicht nur kurzfristig im Rahmen der Matrix-Struktur eingesetzt werden und der steuernden Einheit im Rahmen deren fachlichen Weisungsrechts zuarbeiten (*Maywald* Arbeitnehmereinsatz S. 155 ff.; *Henssler* NZA 2014 Beil. 3, 95 [102]). Dabei ist unerheblich, ob die ArbN räumlich in deren Betrieb tätig werden oder ihren Arbeitsplatz beim Vertrags-ArbGeb. nicht verlassen (LAG BB 17.6.2015 – 17 TaBV 277/15, NZA-RR 2015, 529: Verfahrenseinstellung bei BAG; LAG BW 28.5.2014 – 4 TaBV 7/13, BeckRS 2014, 70642; *Günther/Böglmüller* NZA 2017, 546, 549; *Kort* NZA 2013, 1318 [1324]; **aA** *Neufeld* AuA 2012, 219 [222]). Allein entscheidend ist, dass bei Matrix-Strukturen infolge der Ausübung des fachlichen Weisungsrechts durch die steuernde Einheit eine organisatorische Verknüpfung zwischen dieser und den dem Weisungsrecht unterworfenen ArbN besteht, die betriebsverfassungsrechtlich relevant ist (LAG Düsseldorf 10.2.2016 – 7 TaBV 63/15, BeckRS 2016, 68795; LAG BB 17.6.2015 – 17 TaBV 277/15, NZA-RR 2015, 529: Verfahrenseinstellung bei BAG; LAG BW 28.5.2014 – 4 TaBV 7/13, BeckRS 2014, 70642; HessLAG **226c**

13.4.2011 – 8 Sa 922/10, BeckRS 2011, 75839; ArbG Frankfurt 21.7.2009 – 12 BV 184/09, BeckRS 2013, 72862).

227 **Individualrechtlich** ist von Bedeutung, ob der ArbGeb. verpflichtet ist, eine **Kündigung** durch Weiterbeschäftigung im Konzern zu vermeiden. Nach Ansicht des BAG (23.3.2006 – 2 AZR 162/05, AP KSchG 1969 § 1 Konzern Nr. 13 mwN) ist der ArbGeb. grds. nicht verpflichtet, eine solche anderweitige Unterbringung im Konzern zu versuchen. Eine solche Verpflichtung des ArbGeb. kann sich jedoch aus Zusagen ergeben oder daraus, dass das Unternehmen, zu dem der Arbeitsvertrag besteht, als beherrschendes Unternehmen Einfluss auf weitere Unternehmen hat (BAG 23.3.2006 – 2 AZR 162/05, AP KSchG 1969 § 1 Konzern Nr. 13).

228 In einem **Interessenausgleich** nach § 112 kann sich der Unternehmer verpflichten, ArbN in einem anderen Unternehmen unterzubringen. Streitig ist, ob der Interessenausgleich den betroffenen ArbN einen Rechtsanspruch verschaffen kann (zur Bindungswirkung des Interessenausgleichs → §§ 112, 112a Rn. 43 ff.). In jedem Fall können die ArbN beim Abweichen von einem vereinbarten Interessenausgleich einen Anspruch auf Nachteilsausgleich (§ 113) erwerben.

7. Mittelbares Arbeitsverhältnis

229 Zu den ArbN eines Betriebes gehören auch diejenigen, die nicht vom Betriebsinhaber selbst, sondern von einer **Zwischenperson,** die ihrerseits ArbN des Betriebsinhabers ist, eingestellt und beschäftigt werden, so dass die ArbGeb.Funktionen zwischen dieser und dem eigentlichen (mittelbaren) ArbGeb. aufgeteilt sind (vgl. die Fälle BAG 9.4.1957 – 3 AZR 435/54, AP BGB § 611 Mittelbares Arbeitsverhältnis Nr. 2 – Musikkapelle; 8.8.1958 – 4 AZR 173/55, AP BGB § 611 Mittelbares Arbeitsverhältnis Nr. 3; 23.2.1961 – 5 AZR 110/60, AP BGB § 611 Akkordkolonne Nr. 2 zur Betriebsgruppe und Eigengruppe; sa BAG 18.4.1989 – 1 ABR 97/87, AP BetrVG 1972 § 99 Nr. 65 – Dialysezentrum mit Anm *Kraft/Raab;* Schaub ArbR-HdB/*Koch* § 182 Rn. 1). Entscheidend ist, dass eine Bindung an die Weisungen des mittelbaren ArbGeb. besteht und dass das Arbeitsergebnis dessen Betrieb zugutekommt (Richardi BetrVG/*Richardi* Rn. 101).

230 IÜ kann die Gestaltung der Vertragsbeziehungen als sog **mittelbares ArbVerh.** rechtsmissbräuchlich sein, wenn die Zwischenperson als ArbGeb. keine unternehmerischen Entscheidungen zu treffen hat und keinen Gewinn erzielen kann (BAG 20.7.1982 – 3 AZR 446/80, AP BGB § 611 Mittelbares Arbeitsverhältnis Nr. 5, für einen städt. Schulhausmeister, der Reinigungskräfte beschäftigt). Dann rechnet ein ArbN ohnehin zur Belegschaft des Betriebes, für den er arbeitet.

8. Leiharbeitnehmer

231 Das Leiharbeitsverhältnis ist ein Sonderfall des mittelbaren ArbVerh. Zu unterscheiden sind **echte** und **unechte Leiharbeitsverhältnisse.** Hiervon zu unterscheiden ist der sog **Fremdfirmeneinsatz:** Der ArbGeb. beauftragt ein anderes (fremdes) Unternehmen, im Betrieb mit dessen ArbN (Erfüllungsgehilfen des Fremdunternehmens, § 278 BGB) und unter dessen ausschließlicher Leitung bestimmte Arbeiten im Rahmen eines Werk- oder Dienstvertrages zu erbringen (zur Abgrenzung → Rn. 279 ff.; zum Fremdfirmeneinsatz → § 99 Rn. 63 ff.).

a) Echtes/erlaubnisfreies Leiharbeitsverhältnis

232 Beim **echten Leiharbeitsverhältnis** (erlaubnisfreie ArbNÜberlassung) besteht ein normaler Arbeitsvertrag. Der ArbN wird im Allgemeinen im Betrieb seines ArbGeb. beschäftigt. Er wird nur gelegentlich an einen anderen ArbGeb. verliehen, um im fremden Betrieb auf Grund der Anweisungen des Entleihers vorübergehend zu arbeiten, etwa um Kenntnisse und Fertigkeiten an ArbN des fremden Betriebes zu vermit-

teln (s. Schaub ArbR-HdB/*Koch* § 120 Rn. 5). Die Überlassung erfolgt bei der echten Leiharbeit nicht im Rahmen der wirtschaftlichen Tätigkeit des verleihenden ArbGeb. (dazu → Rn. 243).

Beim echten Leiharbeitsverhältnis, das grds. nicht unter das AÜG fällt, bestehen arbeitsrechtliche Beziehungen sowohl zum verleihenden ArbGeb. als auch zum entleihenden ArbGeb. Die **Arbeitgeberfunktion** ist dahin **aufgespalten,** dass der Entleiher den betrieblichen Arbeitgeberpflichten (zB Arbeitsschutz) zu genügen hat und ihm andererseits die Arbeitsleistung zur Verfügung steht, während der Verleiher für die Lohnzahlung und die Abführung der Sozialversicherungsbeiträge einzustehen hat (BAG 8.7.1971 – 5 AZR 29/71, AP BGB § 611 Leiharbeitsverhältnis Nr. 2; Schaub ArbR-HdB/*Koch* § 120 Rn. 5). 233

Betriebsverfassungsrechtlich ist der echte LeihArbN auch während seines Einsatzes im fremden Betrieb weiterhin dem **Verleiher-Betrieb** zugeordnet. Rechte aus dem BetrVG nimmt er in diesem Betrieb wahr. Dort hat er auch das aktive und passive **Wahlrecht** nach den allgemeinen Vorschriften. Der dortige BR ist zuständig für alle Angelegenheiten, die sich aus dem Arbeitsvertragsverhältnis zwischen dem echten LeihArbN und seinem ArbGeb. und aus dessen Einflussmöglichkeiten auf die Ausgestaltung der Tätigkeit des LeihArbN im Einsatz-Betrieb ergeben (BAG 15.10.2014 – 7 ABR 74/12, NZA 2015, 560; 19.6.2001 – 1 ABR 43/00, NZA 2001, 1263; *Linsenmaier/Kiel* RdA 2014, 135 [139]). 234

Außerdem begründet der Einsatz des echten LeihArbN im fremden Betrieb eine Betriebszugehörigkeit auch zum **Entleiher-Betrieb.** Das erkennt nunmehr auch das BAG (13.3.2013 – 7 ABR 69/11, NZA 2013, 789; 5.12.2012 – 7 ABR 48/11, NZA 2013, 793; → Rn. 16a) an, indem es für die Fälle des drittbezogenen Personaleinsatzes nicht mehr an der „Zwei-Komponenten-Lehre" festhält und die bloße Eingliederung in den Einsatz-Betrieb – ohne das zusätzliche Erfordernis eines Arbeitsvertrages zum Inhaber des Einsatz-Betriebs – ausreichen lässt (s. dazu *Linsenmaier/Kiel* RdA 2014, 135 [136 ff.]; *Markowski/Sendelbeck* AiB 2013, 660 f.). 234a

Der echte LeihArbN kann das aktive Wahlrecht zum BR des **entleihenden Betriebes** erwerben. Das bestimmt der mit dem **BetrVerf-ReformG** eingestellte § 7 S. 2 (ausf. → § 7 Rn. 37 ff.). Danach steht den echten LeihArbN das aktive Wahlrecht ab dem ersten Einsatztag im Entleiher-Betrieb zu, wenn sie dort länger als drei Monate eingesetzt werden sollen. Nur bei einer kurzfristigen Überlassung von bis zu drei Monaten verbleibt der Schwerpunkt der betriebsverfassungsrechtlich relevanten Arbeitsbeziehungen im Verleiherbetrieb, bei einer längeren verlagert er sich dagegen in den Entleiher-Betrieb. 235

Im Gegensatz zu den unechten LeihArbN nach dem AÜG erwerben die **echten LeihArbN** auch das **passive Wahlrecht** gem. § 8 nach einer Mindesteinsatzzeit von sechs Monaten (DKKW/*Trümner* Rn. 97; *Däubler* ArbuR 2001, 285 [286]; *Konzen* RdA 2001, 76 [83]; *Löwisch* BB 2001, 1734 [1737]; sa *Christiansen* Betriebszugehörigkeit S. 127; **aA** Thüsing AÜG/*Thüsing* § 14 Rn. 49). 236

Die insoweit **abweichende,** auf eine analoge Anwendung des § 14 Abs. 2 S. 1 AÜG gestützte **Ansicht des BAG** (10.3.2004 – 7 ABR 49/03, AP BetrVG 1972 § 7 Nr. 8) überzeugt nicht. Für die ArbNÜberlassung nach dem AÜG ist kennzeichnend, dass der Verleiher in der Einsatzsteuerung seiner LeihArbN frei sein und folglich auch ihren Wechsel von einem zu einem anderen Entleiher anordnen können muss. Damit wäre ein BRAmt unechter LeihArbN im Entleiher-Betrieb kaum in Einklang zu bringen (vgl. *Schüren* RdA 2004, 185 Fn. 13). Anders verhält es sich bei echten LeihArbN, die idR nur für eine bestimmte Zeit in einem anderen Betrieb vorübergehend aushelfen (→ Rn. 232), um dann wieder in ihren Stammbetrieb zurückzukehren; hier geht es eben nicht um einen ständigen Wechsel von Betrieb zu Betrieb. 237

Mit der Verleihung des Wahlrechts zum BR im Entleiher-Betrieb erkennt das BetrVerf-ReformG generell die **Betriebszugehörigkeit** der echten LeihArbN zum **Entleiher-Betrieb** an. Betriebsverfassungsrechtlich unterscheiden sie sich insoweit in nichts von den ArbN des Entleiher-Betriebs. Das bedeutet ua, dass sie unter den glei- 238 chen Voraussetzungen bei der Berechnung der Schwellenwerte zB der §§ 9 u. 38 mitzählen (s. jetzt auch BAG 13.3.2013 – 7 ABR 69/11, NZA 2013, 789; Bericht des A+S-Ausschusses BT-Drs. 14/6352, 54; *Brors* NZA 2003, 1381; *Däubler* ArbuR 2001, 1 [5]; *Däubler* ArbuR 2001, 285 [286]; *Konzen* RdA 2001, 76 [83]; → § 9 Rn. 24ff. mwN; **aA** *Löwisch/Kaiser* Rn. 4; *Schüren/Hamann* AÜG § 14 Rn. 109; *Dewender* RdA 2003, 275; *Kreutz* FS Wißmann, 2005, 364 [370f.]).

239 Sie können auch die im G vorgesehenen **individuellen Rechte** wie Teilnahme an Betriebsversammlungen oder Besuch der Sprechstunden des BR sowie die Mitwirkungsrechte nach §§ 81ff. für sich beanspruchen, ohne dass es noch eines Hinweises auf eine analoge Anwendung des nur für unechte LeihArbN geltenden § 14 Abs. 3 AÜG bedarf.

240 Beim Einsatz echter LeihArbN steht dem **BR** des **Entleiher-Betriebs** ein **MBR** nach § 99 zu (BAG 15.4.1986 – 1 ABR 44/84, AP BetrVG 1972 § 99 Nr. 35). Er ist auch immer dann für die dort tätigen **LeihArbN zuständig,** wenn der Entleiher auf Grund des ihm zustehenden Direktionsrechts Maßnahmen anordnen kann, die beteiligungspflichtig sind (BAG 15.10.2014 – 7 ABR 74/12, NZA 2015, 560; 19.6.2001 – 1 ABR 43/00, NZA 2001, 1263; *Linsenmaier/Kiel* RdA 2014, 135 [139]; *Schneider* AiB 2002, 287ff.). Das gilt für Regelungen in sozialen Angelegenheiten, von denen die LeihArbN betroffen sind (Arbeitszeit, Urlaubspläne, Dienstpläne); das MBR des BR erstreckt sich insoweit auch auf diese ArbN (so schon bisher BAG 28.9.1988 – 1 ABR 85/87, AP BetrVG 1972 § 99 Nr. 60; 28.7.1992 – 1 ABR 22/92, AP BetrVG 1972 § 87 Werkmietwohnungen Nr. 7; 19.6.2001 – 1 ABR 43/00, AP BetrVG 1972 § 87 Leiharbeitnehmer Nr. 1).

b) Unechtes/erlaubnispflichtiges Leiharbeitsverhältnis nach AÜG

241 Ein **unechtes Leiharbeitsverhältnis** (erlaubnispflichtige ArbNÜberlassung) unterfällt dem ArbNÜberlassungsG (AÜG). Es ist mit dem **AÜG-ÄnderungsG** vom 21.2.2017 (BGBl. I S. 258) in wesentlichen Punkten geändert worden. **Betriebsverfassungsrechtlich relevant** sind insb. die (Neu-)Regelungen mit folgender Zielsetzung: Eine **Definition** der **ArbNÜberlassung** wird eingeführt (→ Rn. 242). Die ArbNÜberlassung als Instrument zur zeitlich begrenzten Deckung eines Arbeitskräftebedarfs wird geschärft, indem eine **Überlassungshöchstdauer** von idR 18 Monaten festgelegt wird, von der durch TV oder aufgrund eines TV abgewichen werden kann (→ Rn. 251ff.). Der Gleichstellungsgrundsatz bei wesentlichen Arbeitsbedingungen **(Equal Treatment)** einschließlich des Arbeitsentgelts **(Equal Pay)** werden präzisiert und Ausnahmen hiervon unter bestimmten Voraussetzungen zugelassen (→ Rn. 253ff.). Die **zivilrechtlichen Sanktionsmöglichkeiten** bei illegaler ArbNÜberlassung sind verbessert und differenzierter ausgestaltet worden (→ Rn. 257ff.). LeihArbN dürfen nicht als **Streikbrecher** eingesetzt werden (→ Rn. 261). Sie sind bei den meisten **Schwellenwerten** des BetrVG beim Entleiher zu berücksichtigen (→ Rn. 266). Missbräuchliche Gestaltungen des **Fremdpersonaleinsatzes,** insb. von Werkverträgen, sollen verhindert werden (s. Gesetzesbegründung BT-Drs.18/9232 S. 13ff.; 18/10064 S. 7ff., 13ff.). Zu den Neuregelungen s. *Bayreuther* NZA 2017, 18ff.; *Bissels/Falter* ArbRAktuell 2017, 4ff., 33ff.; *Deinert* RdA 2017, 65ff.; *Hamann/Rudnik* NZA 2017, 22ff.; *Kainer/Schweipert* NZA 2017, 13ff.; *Lembke* NZA 2017, 1ff.; *J.Ulber* AiB 2017 H. 1 S. 27ff.; *Wank* RdA 2017, 100ff.).

aa) Geltungsbereich des AÜG

242 Mit § 1 Abs. 1 S. 1, 2 AÜG nF wird erstmals eine **Legaldefinition** der **ArbNÜberlassung** eingeführt. Sie liegt vor, wenn „Arbeitgeber, die als Verleiher Dritten (Entleihern) Arbeitnehmer (Leiharbeitnehmer) im Rahmen ihrer wirtschaftlichen Tätigkeit zur Arbeitsleistung überlassen (Arbeitnehmerüberlassung). Arbeitnehmer werden zur Arbeitsleistung überlassen, wenn sie in die Arbeitsorganisation des Entleihers eingegliedert sind und seinen Weisungen unterliegen.“ Diese Regelung dient der Abgrenzung zwischen dem Einsatz eines ArbN als LeihArbN im Rahmen einer ArbNÜberlassung und als Erfüllungsgehilfe im Rahmen eines Werk- bzw. Dienstvertrages (BT-Drs. 18/9232 S. 17f.). Es fällt auf, dass die Abgrenzungskriterien nicht mehr so stringent sind, wie sie in vielen Entscheidungen des BAG (18.1.2012 – 7 AZR 723/10, NZA-RR 2012, 455; 13.8.2008 – 7 AZR 269/07, BeckRS 2010, 71643; 22.6.1994 – 7 AZR 286/93, NZA 1995, 426: „volle" Eingliederung, „alleinige" Weisungsunterworfenheit) formuliert waren (s. *Bissels/Falter* ArbRAktuell 2017, 33; *Kainer/Schweipert* NZA 2017, 13, 14f.; *Thüsing* DB 2016, 2663f.; *Tuengerthal/Andorfer* BB 2016, 1909, 1911f.; *Wank* RdA 2017, 100, 102, 105).

Dies ist wohl dem Umstand geschuldet, dass sich die rechtliche Einordnung eines Fremdfirmen-Einsatzes ua deshalb **schwierig** gestaltet, weil ein **werk-** bzw. **dienstbezogenes „Weisungsrecht"** (s. § 645 Abs. 1 S. 1 BGB) im Verhältnis ArbGeb. (Auftraggeber) zum Fremdfirmen-Unternehmer und ein **arbeitsrechtliches Weisungsrecht** des Fremdfirmen-Unternehmers gegenüber den Fremdfirmen-ArbN besteht (vgl. *Schüren/Hamann* AÜG § 1 Rn. 187; *Deinert* RdA 2014, 65 [73ff.]; *Greiner* NZA 2013, 697 [698ff.]; *Timmermann* BB 2012, 1729; 1732f.), dieses aber oft auch vom ArbGeb. (Auftraggeber) ausgeübt wird. Je nachdem wie die an sich unterschiedlichen, auf verschiedenen Rechtsebenen verorteten Weisungsrechte mit einander verknüpft oder durchmischt ausgeübt werden, kann es zu **Abgrenzungsproblemen** kommen (vgl. *Hamann* NZA 2014 Beil. 1, 3 [4ff.]; *Maschmann* NZA 2013, 1305 [1306ff.]). Hier können die gelockerten Abgrenzungskriterien bei der entscheidenden Frage nach dem Grad der **Einbindung** der FremdfirmenArbN **in** die **Arbeitsorganisation** des Einsatzbetriebs (ebenso *Maschmann* NZA 2013, 1305 [1308ff.]; sa *Deinert* RdA 2014, 65 [73ff.]) zu sachgerechteren Lösungen führen (Näheres → Rn. 281ff.; zur Beteiligung des BR beim Fremdfirmeneinsatz → § 99 Rn. 63ff.). 242a

Das AÜG gilt für alle Verleiher, die die ArbNÜberlassung im Rahmen einer **wirtschaftlichen Tätigkeit** erbringen, unabhängig davon, ob sie Erwerbszwecke verfolgen oder nicht (§ 1 Abs. 1 S. 1 AÜG; sa EuGH 17.11.2016 – C-216/15, NZA 2017, 41; Schüren/Hamann AÜG § 1 Rn. 276ff.; *Wank* RdA 2017, 100, 103). Damit werden gängigen Praktiken zur Umgehung des AÜG, indem der Verleiher dem Entleiher ArbN zu Selbstkosten ohne Gewinnaufschlag überlässt, unterbunden (*Hamann* RdA 2011, 321 [323]; *Leuchten* NZA 2011, 608f.). Damit ist klargestellt, dass auch für konzerninterne **Personalservicegesellschaften,** die LeihArbN anderen Konzernunternehmen zum Selbstkostenpreis überlassen, das AÜG gilt (hM; GK-BetrVG/*Raab* § 7 Rn. 80; *Schüren/Hamann* AÜG § 1 Rn. 661, 287f. mwN; zur Gewerbsmäßigkeit nach AÜG aF schon BAG 9.2.2011 – 7 AZR 32/10, NZA 2011, 791). Folglich unterfallen alle Unternehmen, die Güter oder Dienstleistungen auf einem bestimmten Markt anbieten, dem AÜG und sind nach § 1 Abs. 1 S. 1 AÜG erlaubnispflichtig, wenn sie Dritten ArbN überlassen (*Hamann* RdA 2011, 321 [323]). Das können auch karitative Unternehmen sein, wenn sie im Wettbewerb mit anderen Marktteilnehmern stehen, die gleiche Leistungen anbieten, wie zB die Caritas bez. Pflegeleistungen (*Ulber* AÜG § 1 Rn. 205, 207; *Böhm* DB 2012, 918; *Leuchten* NZA 2011, 608 [609]; *Lembke* DB 2011, 414; *Ulber* AiB 2011, 351 [352]; **aA** *Hamann* NZA 2011, 70 [71]). 243

Eine **ArbNÜberlassung** iSd AÜG liegt auch dann vor, wenn ein Verein im Rahmen seiner wirtschaftlichen Tätigkeit ein Mitgl. durch **Gestellungsvertrag** an ein Unternehmen überlässt, damit es bei diesem eine weisungsabhängige Tätigkeit gegen Entgelt verrichtet, und es aufgrund seiner Arbeitsleistung ähnlich einem ArbN sozial geschützt ist. Dies hat das **BAG** (21.2.2017 – 1 ABR 62/12, NZA 2017, 662) unter Beachtung der im Vorabentscheidungsverfahren erfolgten Vorgaben des EuGH (17.11.2016 – C-216/15, NZA 2017, 41) festgestellt. Es hat entschieden, dass auf die Überlassung einer **DRK-Schwester,** die von ihrer Schwesternschaft aufgrund eines Gestellungsvertrags in einem von einem Dritten betriebenen Krankenhaus eingesetzt wird (→ Rn. 334), das **AÜG** anzuwenden ist (zustimmend *Ulber* AÜG Einl. Kap. C 244

Rn. 112a, § 1 Rn. 191; *Hamann/Klengel* EuZA Bd. 10 (2017), 485, 487 f.; *Mestwerdt* ArbRAktuell 2017, 8; ablehnend *Bauer* ArbRAktuell 2016, 601), allerdings mit der Ausnahme, dass für die Gestellung die Regelungen über die Überlassungshöchstdauer gem. § 1 Abs. 1 S. 4 und Abs. 1b AÜG nicht gelten (§ 2 Abs. 4 DRK-Gesetz nF; kr. *Hamann/Klengel* EuZA Bd. 10 (2017), 485, 487). Über die gesetzliche Klarstellung im DRK-Gesetz gelten jedoch alle übrigen Regelungen des AÜG einschließlich der zur betrieblichen Mitbestimmung beim Entleiher auch für überlassene DRK-Schwestern (BT-Drs. 18/12584, 20).

245 Das **AÜG** ist grds. **nicht** anzuwenden auf die ArbNÜberlassung zwischen ArbGeb. desselben **Wirtschaftszweiges** zur Vermeidung von Kurzarbeit oder Entlassungen, sofern ein für den Entleiher und Verleiher geltender **TV** dies vorsieht (§ 1 Abs. 3 Nr. 1 AÜG; s. dazu *Ulber* AÜG § 1 Rn. 421a ff.). Gleiches gilt für die sog **Kollegenhilfe** (§ 1a AÜG).

245a Das AÜG gilt grds. nicht für ArbNÜberlassung zwischen ArbGeb., sofern sie nur **gelegentlich** erfolgt und der ArbN nicht zum Zweck der Überlassung eingestellt und beschäftigt wird (§ 1 Abs. 3 Nr. 2a AÜG). Mit dieser Ausnahme sollen in Bezug sowohl auf den ArbN als auch das überlassende Unternehmen gelegentlich auftretende Überlassungsfälle ausgeklammert werden, wie zB die Abdeckung eines kurzfristigen Spitzenbedarfs eines anderen Unternehmens (BT-Drs. 17/4804, 8; krit. *Hamann* RdA 2011, 321 [333]; *Ulber* AÜG § 1 Rn. 498 ff.).

246 Das sog **Konzernprivileg** in § 1 Abs. 3 Nr. 2 AÜG erstreckt sich ausschließlich auf die konzerninterne Überlassung von solchen ArbN, die nicht zum Zweck der Überlassung eingestellt und beschäftigt werden (*Ulber* AÜG § 1 Rn. 448 ff., 472 ff.; *Vogt* KonzernArbR S. 107 ff.; *Böhm* DB 2012, 918 [919]; *Schüren/Fasholz* DB 2016, 1375 f.). Das bedeutet, dass die wesentlichen Vorschriften des AÜG nur dann nicht anzuwenden sind, wenn ausschließlich solche ArbN anderen Konzernunternehmen anlassbezogen überlassen werden, die in ihrem Unternehmen einen eigenen Arbeitsplatz haben, auf den sie nach Ende der Überlassung zurückkehren können. Damit ist auch klargestellt, dass das Konzernprivileg nicht für die ArbNÜberlassung durch sog **Personalführungsgesellschaften** gilt, selbst wenn diese als Mischunternehmen noch andere Dienstleistungen anbieten (so schon für die Vorgängerregelung BAG 9.2.2011 – 7 AZR 32/10, NZA 2011, 791; BA Fachl. Weisungen AÜG 1.4.2(8); *Schüren/Hamann* AÜG § 1 Rn. 287 ff., 626; *Hamann* RdA 2011, 321 [323, 332 f.]; *Ulber* AÜG Einl. Kap. C Rn. 123, § 1 Rn. 457; zu Inhouse-Outsourcing im Konzern *Schüren/Fasholz* DB 2016, 1375 ff.).

246a Das AÜG ist nicht anzuwenden, wenn – wie dies in der Praxis öfters gehandhabt wird – der Alleingesellschafter und alleinige **Geschäftsführer** einer Verleiher-GmbH an einen Dritten **überlassen** wird (BAG 17.1.2017 – 9 AZR 76/16, BeckRS 2017, 106799; *Winzer* ArbRAktuell 2017, 223).

247 Das AÜG ist gem. § 1 Abs. 3 Nr. 2b AÜG nF grds. nicht anwendbar auf die in TV des öffentlichen Dienstes vorgesehenen **Personalgestellungen** (zB § 4 Abs. 3 TvöD; so bisher schon OVG NRW 19.9.2014 – 20 A 281/13.PVB, ZTR 2015, 107; *Ulber* AÜG § 1 Rn. 504 ff.; *Augustin* ZTR 2014, 319 ff.; *Fieberg* NZA 2014, 187 ff.; *Trümner* PR 2013, 193 [199]; kr. *Hamann/Klengel* EuZA Bd. 10 (2017), 485, 491 ff.). Hierbei geht es darum, dass bei einer Verlagerung der Aufgaben eines ArbN auf einen Dritten das ArbVerh. mit dem bisherigen ArbGeb. weiter besteht, die arbvertraglich geschuldete Leistung jedoch zukünftig bei dem Dritten nach dessen Weisungen erbracht wird (s. Drs. 18/9232 S. 20). Die bes. Situation des ArbN hier (Beibehalten eines solventen und zuverlässigen ArbGeb., Weitergeltung des TV, keine Verdrängung der Stammbelegschaft beim Dritten) rechtfertigt eine Herausnahme aus dem Anwendungsbereich des AÜG. Sie entspricht auch der durch einige Privatisierungsgesetze (→ Rn. 332, 337, 339, 341) geschaffenen Lage.

248 Für **Überlassungen** zwischen **juristischen Personen** des **öffentlichen Rechts** sieht § 1 Abs. 3 Nr. 2c AÜG nF weitreichende Ausnahmen vom AÜG vor, sofern sie TV des öffentlichen Dienstes oder Regelungen der öffentlich-rechtlichen Religionsgesellschaften anwenden. Damit ist sichergestellt, dass Arbeitsbedingungen auf vergleichbarem Niveau gelten (BT-Drs. 18/9232 S. 20f.; *Ulber* AÜG § 1 Rn. 522ff.; kr. *Hamann/Klengel* EuZA Bd. 10 (2017), 485, 493ff.).

Das AÜG ist ebenfalls nicht anwendbar auf die **ArbNÜberlassung ins Ausland** in ein auf der Grundlage zwischenstaatlicher Vereinbarung begründetes **deutsch-ausländisches Gemeinschaftsunternehmen,** an dem der Verleiher beteiligt ist (§ 1 Abs. 3 Nr. 3 AÜG; s. dazu *Ulber* AÜG § 1 Rn. 532ff.). Von diesem Spezialfall abgesehen ist das AÜG aber grds. anwendbar, wenn ein im Inland ansässiger Verleiher LeihArbN einem Unternehmen im Ausland überlässt (ausführlich Schüren/Hamann AÜG/*Brors* Einl. Rn. 638ff.; *Brügger/Willems* AuA 2017, 272; *Günther/Pfister* ArbR-Aktuell 2014, 601; sa BAG 28.5.2014 – 5 AZR 422/12, NZA 2014, 1264). Allerdings unterfällt der Entleiher im Ausland nicht dem Auskunftsanspruch des § 13 AÜG (BAG 28.5.2014 – 5 AZR 422/12, NZA 2014, 1264). 249

Bei **ArbNÜberlassung aus** dem **Ausland** (Sitz des Verleihers) gelten die international zwingenden Vorschriften (Eingriffsnormen) des AÜG unabhängig davon, welches materielle Recht auf das LeihArb-Verhältnis anwendbar ist (vgl. ErfK/*Schlachter* Rom I-VO Rn. 21ff., 24). Daher benötigt der Verleiher eine deutsche Erlaubnis und hat insbes. die bauspezifischen Sonderregelungen (→ Rn. 270ff.) zu beachten (hM; BayOLG 26.2.1999 – 3 ObOWi 4/99, DB 1999, 1019; Schüren/Hamann AÜG/*Brors* Einl. Rn. 629, 676; *Ulber* AÜG § 1 Rn. 226, 551; vgl. auch KAEW AEntG § 8 Rn. 15ff.; *Brügger/Willems* AuA 2017, 272 [273]; *Günther/Pfister* ArbRAktuell 2014, 601; *Kienle/Koch* DB 2001, 922ff.; sa *Boemke* BB 2005, 266ff.). 249a

bb) Rechtsstellung des Leiharbeitnehmers nach dem AÜG

Die Überlassung und das Tätigwerden lassen von ArbN als LeihArbN ist nur zulässig, soweit zwischen dem Verleiher und dem LeihArbN ein durch ArbVertrag begründetes ArbVerh besteht (§ 1 Abs. 1 S. 3 AÜG nF). Der **Verleiher** ist **ArbGeb.** des LeihArbN (vgl. *Schüren/Hamann* AÜG Einl. Rn. 186ff.; *Ulber* AÜG § 1 Rn. 22; zu LeihArbN im Kündigungsrecht *Bayreuther* NZA 2016, 1304ff.). Der LeihArbN darf nur von seinem ArbGeb. verliehen werden. Damit ist ein **Ketten-,** Zwischen oder Weiterverleih verboten (BT-Drs. 18/9232 S. 18; *Ulber* AÜG § 1 Rn. 23, 169; *Bissels/Falter* ArbRAktuell 2017, 33, 36; *Lembke* NZA 2017, 1, 2f.; *Wank* RdA 2017, 100, 102; *Zimmerman* BB 2016, 53). 250

Der Vertrag zwischen **Verleiher** und **Entleiher** bedarf der Schriftform. In der Urkunde hat der Verleiher zu erklären, ob er die Erlaubnis nach § 1 AÜG besitzt, und der Entleiher hat anzugeben, welche bes. Merkmale die für den LeihArbN vorgesehene Tätigkeit hat, welche berufliche Qualifikation erforderlich ist und welche für einen vergleichbaren ArbN des Entleihers wesentlichen Arbeitsbedingungen einschließlich des Arbeitsentgelts gelten (§ 12 Abs. 1 S. 1, 3 AÜG nF). Wenn der Vertrag und seine tatsächliche Durchführung einander widersprechen, ist für die rechtliche Einordnung des Vertrages die **tatsächliche Durchführung** maßgebend (§ 12 Abs. 1 S. 2 AÜG nF; BAG 20.9.2016 – 9 AZR 735/15, NZA 2017, 49; → Rn. 286). 250a

Verleiher und Entleiher sind verpflichtet, die Überlassung von LeihArbN in ihrem Vertrag ausdrücklich **als ArbNÜberlassung** zu **bezeichnen,** bevor sie den LeihArbN überlassen oder tätig werden lassen. Da diese Überlassungsverträge auch als Rahmenverträge ausgestaltet sein können, ist vor der Überlassung die Person des LeihArbN zu konkretisieren (§ 1 Abs. 1 S. 5, 6 AÜG nF; *Ulber* AÜG § 1 Rn. 314ff., 321ff.; *Deinert* RdA 2017, 65, 73f.; *Hennsler* RdA 2017, 83, 88f.; *Kainer/Schweipert* NZA 2017, 13, 15; zur Schriftlichkeit BA Fachl. Weisungen AÜG 1.1.6.7; zur Änderung der dort. Abs. 2 und 3 mit Wirkung ab 1.8.2019 *Bissels/Falter* DB 2019, 2128; *Kramer/Dreyer* AuA 2017, 334f.). Hiermit verbunden ist die Pflicht des Verleihers, den Leih-ArbN vor jeder Überlassung darüber zu **informieren,** dass er als LeihArbN tätig wird (§ 11 Abs. 2 S. 4 AÜG nF). Mit diesen Regelungen sollen mißbräuchliche Gestaltungen des Fremdpersonaleinsatzes in Form verdeckter ArbNÜberlassung verhindert und die sog. **„Fallschirmlösung“** (Durchführung von Scheinwerk-/Schein- 250b dienstverträgen mit einer Vorratsüberlassungserlaubnis) unterbunden werden (*Bissels/Falter* ArbRAktuell 2017, 33, 34ff.; *Kainer/Schweipert* NZA 2017, 13, 15; *Schüren/Pütz* NZA 2017, 483; aber → Rn. 258).

251 Die zeitliche Überlassung eines LeihArbN an Entleiher darf nach § 1 Abs. 1 S. 4, Abs. 1b S. 1, 2 AÜG nF nur **vorübergehend,** nicht auf Dauer erfolgen. Konkretisierend wurde eine **Überlassungshöchstdauer** von grundsätzlich **18 Monaten** eingeführt (s. dazu *Schüren/Hamann* AÜG § 1 Rn. 322ff.; *Thüsing* DB 2016, 2663, 2666; *Wank* RdA 2017, 100, 107f.; zu ihrer Berechnung s. *Hamann/Rudnik* NZA 2017, 209, 210ff.). Sie ist **arbeitnehmer-, nicht arbeitsplatzbezogen,** so dass auch Dauerarbeitsplätze mit jeweils wechselnden LeihArbN besetzt werden können und mit ihnen auch ein dauernder Beschäftigungsbedarf abgedeckt werden kann (s. BT-Drs. 18/9723 S. 6; BA Fachl. Weisungen AÜG 1.2.1; *Ulber* AÜG § 1 Rn. 262; *Bissels/Falter* ArbRAktuell 2017, 4; *Deinert* RdA 2017, 65, 77; *Hamann/Rudnik* NZA 2017, 209f.; *Lembke* NZA 2017, 1, 4; kr. *J.Ulber* AiB 2017 H. 1 S. 27; fraglich, ob mit Art. 5 Abs. 5 der europäischen RL zur LeihArbeit vereinbar: so *Ulber* AÜG § 1 Rn. 250ff.; *Brors/Schüren* NZA 2014, 569, 570f.; *Hamann* NZA 2015, 904f.; *Schüren/Fasholz* NZA 2015, 1473, 1474, *Wank* RdA 2017, 100, 109; vereinbar *Willemsen/Mehrens* NZA 2015, 897, 898). Unterbrechungen zwischen 2 Überlassungen zu demselben Entleiher bleiben unberücksichtigt, wenn die Unterbrechungen 3 Monate nicht übersteigen; sie werden also bei der Berechnung der Höchstdauer mitgezählt. Dies gilt auch, wenn die LeihArbVerh. während der Überlassungen bei verschiedenen Verleihern bestanden haben (BT-Drs. 18/9232 S. 19; *Lembke* NZA 2017, 1, 3f.). Hieraus und der Arbeitnehmerbezogenheit folgt, dass die Überlassungshöchstdauer nicht betriebsbezogen, sondern **rechtsträger-/unternehmenbezogen** ist (*Schüren/Hamann* AÜG § 1 Rn. 325; *Ulber* AÜG § 1 Rn. 249, 265; *Deinert* RdA 2017, 65, 77; *Hund/Weiss* DB 2016, 2903, 2906; *Kössel/Stütze* DB 2017, 3071, 3072; **aA** *Hennsler* RdA 2017, 83, 94; *Lembke* NZA 2017, 1, 4; *Talkenberg* NZA 2017, 473ff.; zur Fristenberechnung *Hennsler* RdA 2017, 83, 95f.; *Talkenberg* NZA 2017, 473, 475ff.). Bei **Überlassung** eines LeihArbN **in einen Gemeinschaftsbetrieb** (→ § 1 Rn. 108ff.) ist Entleiher der jeweilige Vertragspartner des Verleihers, er muss sich jedoch bei der Bestimmung der Überlassungshöchstdauer die gesamte Einsatzzeit des LeihArbN im Gemeinschaftsbetrieb zurechnen lassen, unabhängig davon, ob nur er selbst oder auch ein anderes am Gemeinschaftsbetrieb beteiligtes Unternehmen während dieser Zeit Vertragspartner des Verleihers war (ähnlich *Schüren/Hamann* AÜG § 1 Rn. 326; *Hamann/Rudnik* NZA 2017, 209 [214]; krit. zu mögl. Umgehung der Überlassungshöchstdauer durch Einsatz im Gemeinschaftsbetrieb auch *Bissels/Falter* ArbRAktuell 2017, 4 [5]; *Lembke* NZA 2017, 1 [4]; **aA** *Henssler* RdA 2017, 83 [95]). Die Eingliederung in die Arbeitsorganisation und die Übertragung des Weisungsrechts an einen Dritten als das die Leiharbeit kennzeichnende Merkmal (§ 1 Abs. 1 S. 2 AÜG) kommen im Gemeinschaftsbetrieb aufgrund der einheitlichen personellen Leitung notwendig allen beteiligten Unternehmen zu. Damit wird der Unternehmensbezug der Überlassungshöchstdauer um die Einsatzzeiten im Gemeinschaftsbetrieb erweitert. Anderenfalls wäre im Gemeinschaftsbetrieb entgegen des Zwecks der Überlassungshöchstdauer durch einen bloß formalen Wechsel des Entleihers ein dauerhafter Einsatz des LeihAN für beide Einsatzunternehmen möglich. Für die Entstehung eines **Gemeinschaftsbetriebs zwischen Verleiher und Entleiher** genügt die bloße Personalgestellung ohne die gemeinsame Verfolgung eines Betriebszwecks nicht (→ § 1 Rn. 115).

251a Durch **TV** der Einsatzbranche kann für tarifgebundene Entleiher die Überlassungshöchstdauer von 18 Monaten **verkürzt** oder **verlängert** werden (§ 1 Abs. 1b S. 3 AÜG nF; *Ulber* AÜG § 1 Rn. 277ff.; *Hennsler* RdA 2017, 83, 96ff.; *Löwisch* DB 2017, 1449ff.). Die tarifvertragliche **Verlängerungsmöglichkeit** der Überlassungshöchstdauer ist **nicht unbegrenzt;** sie muss den gesetzlich vorgegebenen Charakter einer nur vorübergehend zulässigen ArbNÜberlassung gewährleisten (s. BT-Drs. 18/9232 S. 14, 19; *Wank* RdA 2017, 100, 108; s. TV Südwestmetall/IG Metall B-W v.

31.5.2017 und TV bayerische Metall-/Elektroindustrie und IG Metall v. 23.5.2017: 48 Mo., ggf. mehr). In Anlehnung an die Rspr des BAG (26.10.2016 – 7 ABR 140/15, NZA 2017, 463) zum Befristungsrecht kann ein TV höchstens eine **Überlassung** von **6 Jahren** vorsehen; eine darüber hinausgehende Überlassung ist unwirksam (*Seiwerth* NZA 2017, 479, 482; *Löwisch* DB 2017, 1449, 1451 f.; dafür im Sinne einer Orientierungshilfe auch *Schüren/Hamann* AÜG § 1 Rn. 358). Die abweichenden TVRegelungen können im Geltungsbereich eines solchen TV der Einsatzbranche in Betrieben nicht tarifgebundener Entleiher durch BV inhaltsgleich übernommen werden. Voraussetzung ist, dass der TV insb. räumlich, fachlich und zeitlich einschlägig ist und seine Regelungen im Ganzen ohne Änderungen übernommen werden (§ 1 Abs. 1b S. 4 AÜG nF; BT-Drs. 18/9232 S. 19; *Ulber* AÜG § 1 Rn. 297 ff.).

Enthält der TV der Einsatzbranche eine tarifliche Öffnungsklausel, die **abweichende** Regelungen in einer **BV** zulässt, können tarifgebundene Entleiher in einer BV eine längere oder kürzere Überlassungshöchstdauer in Abweichung von der gesetzlichen oder tarifvertraglichen Überlassungshöchstdauer bestimmen (§ 1 Abs. 1b S. 5 AÜG nF; *Ulber* AÜG § 1 Rn. 290 ff.; *Lembke* NZA 2017, 1, 5). Ein solcher TV kann es **auch nicht tarifgebundenen Entleihern,** die in den Geltungsbereich des TV fallen, ermöglichen, von einer tarifvertraglichen Öffnungsklausel Gebrauch zu machen. Für diese gelten hierbei in gleicher Weise wie für tarifgebundene Entleiher die Vorgaben des TV und zusätzlich eine gesetzliche Obergrenze von **24 Monaten,** es sei denn, der TV selbst lässt eine höhere oder niedrigere Höchstüberlassungsdauer für BV zu (§ 1 Abs. 1b S. 6 AÜG nF; BT-Drs. 18/9232 S. 19; *Ulber* AÜG § 1 Rn. 300 ff.; *Löwisch* DB 2017, 1449 ff.; *Wank* RdA 2017, 100, 108 f.). **251b**

Von den Regelungen über die **Überlassungshöchstdauer** in § 1 Abs. 1 S. 4 und Abs. 1b AÜG ist die **Gestellung** von **DRK-Schwestern** ausgenommen (§ 2 Abs. 4 DRK-Gesetz nF; → Rn. 244). Sie können zeitlich unbegrenzt überlassen werden (BT-Ausschuss-Drs. 18(11)1066 S. 1 f., 20; kr. *Hamann/Klengel* EuZA Bd. 10 (2017), 485, 487). **251c**

Das ArbVerh. zwischen Verleiher und LeihArbN ist rechtlich **unabhängig** vom **Überlassungsvertrag** zwischen Verleiher und Entleiher. Das bedeutet, dass mit Ende der Überlassung an den Entleiher nicht automatisch auch das ArbVerh. zwischen Verleiher und LeihArbN endet. Vielmehr ist der Verleiher verpflichtet, sich um weitere Einsatzmöglichkeiten für den LeihArbN zu bemühen. In der verleihfreien Zeit steht dem LeihArbN weiterhin der Anspruch auf Zahlung des Arbeitsentgelts gegenüber dem Verleiher zu. Ein Arbeitszeitkonto im LeihArbVerh. darf nicht dazu eingesetzt werden, § 11 Abs. 4 S. 2 AÜG zu umgehen und das vom Verleiher zu tragende **Beschäftigungsrisiko** auf den LeihArbN abzuwälzen (BAG 16.4.2014 – 5 AZR 483/12, NZA 2014, 1262). IÜ finden auf das ArbVerh. zwischen Verleiher und LeihArbN grds. die gleichen arbeitsrechtlichen Schutzvorschriften einschließlich die des KSchG und des TzBfG Anwendung wie für andere ArbN auch. **252**

Zwischen dem **Entleiher** und dem **LeihArbN** besteht bei einer Tätigkeit im Rahmen legaler ArbNÜberlassung **kein ArbVerh.** (BAG 17.1.2017 – 9 AZR 76/16, BeckRS 2017, 106799; 20.9.2016 – 9 AZR 735/15, NZA 2017, 49; 24.8.2016 – 7 ABR 2/15, NZA 2017, 269; s. aber → Rn. 257a ff. zu § 10 Abs. 1 S. 1 AÜG). Der LeihArbN wird aber in die Betriebsorganisation des Entleihers eingegliedert. Dieser übt das Direktionsrecht aus und entscheidet über die Zuweisung des konkreten Arbeitsplatzes und die Art und Weise der Erbringung der Arbeitsleistung. Der LeihArbN hat die ihm aus dem Arbeitsvertrag mit dem Verleiher obliegende Arbeitspflicht gegenüber dem Entleiher zu erbringen. Tatsächlich entstehen damit auch zum Entleiher rechtliche Beziehungen arbeitsrechtlicher Natur (BAG 15.3.2011 – 10 AZB 49/10, BeckRS 2011, 71529). Dieser **gespaltenen ArbGeb.-Stellung** (s. BAG 24.8.2016 – 7 ABR 2/15, NZA 2017, 269) trägt § 13 AÜG Rechnung. Danach kann der LeihArbN vom Entleiher Auskunft über die im Entleiher-Betrieb für einen vergleichbaren ArbN des Entleihers geltenden wesentlichen Arbeitsbedingungen einschließl. des Arbeitsentgelts verlangen. **252a**

252b Aufgrund der Eingliederung des LeihArbN in die Betriebsorganisation des Entleihers obliegen diesem nach § 11 Abs. 6 S. 1 AÜG die Einhaltung der öffentlich-rechtlichen **Vorschriften** des **ArbNSchutzes** über die Gestaltung der Arbeitsbedingungen und dabei die Vermeidung von Gefährdungen am Arbeitsplatz für im Entleiherbetrieb tätige LeihArbN (*Ulber* AÜG § 11 Rn. 160ff.). Der Verleiher hat zu kontrollieren, dass während der Tätigkeit der von ihm überlassenen ArbN im Entleiherbetrieb diese Vorschriften durch den Entleiher gewahrt werden (BAG 7.6.2016 – 1 ABR 25/14, NZA 2016, 1420).

253 Der wichtigste materiellrechtliche Schutz der LeihArbN folgt aus dem gesetzlich festgelegten **Gleichstellungsgrundsatz,** dass LeihArbN für die Zeit der **Überlassung** die für vergleichbare ArbN im Entleiher-Betrieb geltenden **wesentlichen Arbeitsbedingungen (Equal Treatment)** einschließl. des **Arbeitsentgelts (Equal Pay)** zu gewähren sind (vgl. § 8 Abs. 1 S. 1 AÜG nF; sa BAG 13.3.2013 – 5 AZR 954/11, NZA 2013, 680; BA Fachl. Weisungen AÜG 8. 1ff.; *Schüren/Hamann* AÜG § 8 Rn. 13ff.; *Ulber* AÜG § 8 Rn. 9ff.; *Wank* RdA 2017, 100, 110f.). Das Arbeitsentgelt umfasst das, was der LeihArbN erhalten hätte, wenn er für die gleiche Tätigkeit beim Entleiher eingestellt worden wäre (BAG 19.2,2014 – 5 AZR 1046/12, AP AÜG § 10 Nr. 42; zum Entgeltbegriff *Hennsler* RdA 2017, 83, 92f.).

253a Zur Ermittlung der Höhe des Anspruchs auf gleiches Arbeitsentgelt ist ein **Gesamtvergleich** der Entgelte im Überlassungszeitraum anzustellen, bei mehrfacher Überlassung für jeden Überlassungszeitraum (BAG 23.11.2016 – 5 AZR 53/16, NZA 2017, 380; 21.10.2015 – 5 AZR 604/14, NZA 2016, 422; 25.3.2015 – 5 AZR 368/13, NZA 2015, 877). Dabei ist Arbeitsentgelt jede aus Anlass des ArbVerh. oder aufgrund von Entgeltfortzahlungstatbeständen zu gewährende Vergütung (BAG 19.2.2014 – 5 AZR 1047/12, NZA 2014, 915; 13.3.2013 – 5 AZR 294/12, NZA 2013, 1223; *Ulber* AÜG § 8 Rn. 31ff.). Erhalten Stamm-ArbN ein Monatsgehalt, hat der LeihArbN ebenfalls einen Anspruch auf ein Monatsgehalt (zu Einzelheiten BAG 23.10.2013 – 5 AZR 135/12, NZA 2014, 200; 23.10.2013 – 5 AZR 556/12, NZA 2014, 313).

253b Über einen **vergleichbaren ArbN** geben sowohl die zu erfüllende Arbeitsaufgabe als auch die personenbezogenen Komponenten wie Qualifikation und Berufserfahrung sowie die vertraglich festgelegte Funktion des LeihArbN Aufschluss (LAG BW 16.5.2014 – 12 Sa 36/13, BeckRS 2014, 70739; *Ulber* AÜG § 8 Rn. 41ff.). Wesentliche Arbeitsbedingungen sind zB auch Arbeitszeitregelungen (BAG 16.4.2014 – 5 AZR 483/12, NZA 2014, 1262), bezahlter Urlaub (BAG 23.10.2013 – 5 AZR 135/12, NZA 2014, 200), Arbeitsschutzvorschriften sowie Diskriminierungsverbote.

253c Zur Erleichterung der Umsetzung von Equal Pay stellt § 8 Abs. 1 S. 2 AÜG nF die **Vermutung** auf, dass die **Gleichstellung** der LeihArbN mit den vergleichbaren StammArbN im Betrieb des Entleihers beim Arbeitsentgelt gegeben ist, sofern dem LeihArbN das im Einsatzbetrieb einem vergleichbaren StammArbN geschuldete tarifvertragliche Arbeitsengelt gewährt wird oder – falls im Einsatzbetrieb ein tarifvertragliches Arbeitsentgelt nicht geschuldet ist – dem LeihArbN das tarifvertragliche Arbeitsentgelt gezahlt wird, das für vergleichbare ArbN in der Einsatzbranche gilt; maßgebend ist hier der für die Branche prägende TV (BT-Drs. 18/9232 S. 22; *Ulber* AÜG § 8 Rn. 100ff., 198ff.; *Bayreuther* NZA 2017, 18, 21; *Deinert* RdA 2017, 65, 74; *Wank* RdA 2017, 100, 110f.).

254 Nach § 8 Abs. 2 AÜG nF kann ein **TV** vom **Gleichstellungsgrundsatz abweichen,** soweit er nicht die in einer RechtsVO nach § 3a Abs. 2 AÜG festgesetzten Mindeststundenentgelte unterschreitet (*Ulber* AÜG § 8 Rn. 275ff., 278ff.). Im Geltungsbereich eines solchen TV können nicht tarifgebundene ArbGeb. und ArbN die Anwendung des TV vereinbaren (*Ulber* AÜG § 8 Rn. 339ff.; *Bayreuther* NZA 2017, 18, 19, *Deinert* RdA 2017, 65, 75; *Hennsler* RdA 2017, 83, 93; *Wank* RdA 2017, 100, 111). Unterschreitet der TV die in einer RechtsVO nach § 3a Abs. 2 festgesetzten Mindeststundenentgelte, hat der Verleiher dem LeihArbN für jede Arbeitsstunde

das im Betrieb des Entleihers für einen vergleichbaren ArbN des Entleihers für eine Arbeitsstunde zu zahlende Arbeitsentgelt zu gewähren (*Ulber* AÜG § 8 Rn. 402).

Die tarifliche **Ausnahme** vom Grundsatz des **Equal Pay** regelt § 8 Abs. 4 iVm Abs. 2 AÜG nF: Ein TV kann für die ersten **9 Monate** einer Überlassung vom Grundsatz des Equal Pay abweichen (kr. *Ulber* AÜG § 8 Rn. 304aff.). Danach haben LeihArbN Anspruch auf das Arbeitsentgelt, das vergleichbare StammArbN des Entleihers im Betrieb des Entleihers erhalten. 255

Eine **darüber hinausdauernde** Abweichung vom Equal Pay ist nur noch möglich, wenn für das ArbVerh. ein (Branchen-)ZuschlagsTV gilt, der nach einer Einarbeitungszeit von längstens 6 Wochen eine **stufenweise Heranführung** des Arbeitsentgelts an das vergleichbare tarifvertragliche Arbeitsentgelt in der Einsatzbranche vorsieht. Dabei haben die sachnahen TVParteien der Zeitarbeitsbranche das gleichwertige tarifvertragliche Arbeitsentgelt vergleichbarer ArbN in der Einsatzbranche festzulegen. Das so festgelegte Arbeitsentgelt müssen die LeihArbN spätestens nach **15 Monaten** erreichen (kr. *Ulber* AÜG § 8 Rn. 311ff., 314ff.; zur Vermeidung von Branchenzuschlägen s. *Hamann/Rudnik* NZA 2016, 455ff.). Im Geltungsbereich eines solchen TV können nicht tarifgebundenen ArbGeb. und ArbN die Anwendung der tariflichen Regelungen vereinbaren (BT-Drs. 18/9232 S. 22; *Ulber* AÜG § 8 Rn. 339ff.; *Bayreuther* NZA 2017, 18, 19f.; *Henssler* RdA 2017, 83, 93; *Lembke* NZA 2017, 1, 7). 255a

Zur Vermeidung von **Umgehungsstrategien** werden kurzfristige Unterbrechungen der Überlassungszeiten bei der Berechnung des 9-/15-Monats-Zeitraums nicht berücksichtigt. Voraussetzung hierfür ist, dass die Unterbrechung zwischen zwei Überlassungen beim gleichen Entleiher nicht mehr als drei Monate beträgt; Bezugspunkt ist der **Rechtsträger** (Unternehmen, Entleiher), nicht der Einsatzbetrieb des Entleihers (Schüren/Hamann AÜG § 8 Rn. 156; *Ulber* AÜG § 8 Rn. 329ff.; *Bayreuther* NZA 2017, 18, 19; **aA** *Lembke* NZA 2017, 1, 7). In diesem Fall sind Überlassungszeiten zusammenzurechnen. Das Gleiche gilt bei einer Überlassung in einen **Gemeinschaftsbetrieb** bei formal wechselnden Entleihern (*Schüren/Hamann* AÜG § 8 Rn. 157; → Rn. 251). Wird der 9-/15-Monate-Zeitraum erreicht, besteht Anspruch auf Equal Pay bzw. das tariflich festgelegte gleichwertige Arbeitsentgelt auch, wenn bei demselben Entleiher ArbVerh. zu verschiedenen Verleihern bestanden haben (BT-Drs. 18/9232 S. 23: *Ulber* AÜG § 8 Rn. 330, 333). 255b

Eine abweichende tarifliche Regelung gilt nicht für solche LeihArbN, die in den letzten sechs Monaten vor Überlassung an den Entleiher aus einem ArbVerh. bei diesem oder einem ArbGeb., der mit dem Entleiher einen Konzern iSd § 18 AktG bildet, ausgeschieden sind (§ 8 Abs. 3 AÜG nF; *Ulber* AÜG § 8 Rn. 412ff.). Dies gilt auch für tarifliche Abweichungen vom Equal Pay nach § 8 Abs. 4 iVm Abs. 2 AÜG. Diese **„Drehtürklausel“** verhindert zwar nicht, dass eine derartige ArbNÜberlassung erfolgen kann (s. *Ulber* AiB 2011, 351 [353f.]), jedoch sind dann dem LeihArbN die gleichen wesentlichen Arbeitsbedingungen einschließl. des Arbeitsentgelts zu gewähren wie vergleichbaren ArbN im Betrieb des Entleihers. Dagegen ist ein Freimachen von mit eigenen ArbN besetzten Arbeitsplätzen zwecks Einsatzes von LeihArbN durch sog **Austauschkündigung** unzulässig (BAG 16.12.2004 – 2 AZR 66/04, NZA 2005, 761; *Ulber* AÜG § 8 Rn. 416; *Hamann* NZA 2010, 1211 [1213]). 255c

In jedem Fall ist der Verleiher verpflichtet, dem LeihArbN mindestens das in einer RechtsVO nach § 3a Abs. 2 AÜG für die Zeit der Überlassung und für die Zeiten ohne Überlassung festgesetzte Mindeststundenentgelt zu zahlen (§ 8 Abs. 5 AÜG nF; *Ulber* AÜG § 8 Rn. 402). Zur Sicherung einer effektiven Kontrolle dieser Vorgabe muss der Entleiher Beginn, Ende und Dauer der täglichen Arbeitszeit des LeihArbN spätestens bis zum Ablauf des 7. Darauffolgenden Kalendertages aufzeichnen (§ 17c Abs. 1 AÜG). Für die Überlassung in die Fleischbranche gelten die schärferen Aufzeichnungspflichten des § 6 S. 1 Arbeitnehmerrechte in der Fleischbranche-SicherungsG – GSA-Fleisch. 256

257 Die **zivilrechtlichen Sanktionsmöglichkeiten** bei illegaler ArbNÜberlassung sind durch das AÜGReformG zum Schutz der LeihArbN verbessert und differenzierter ausgestaltet worden. Nach § 9 Abs. 1 Nr. 1 AÜG sind Verträge zwischen Verleiher und Entleiher sowie zwischen Verleiher und LeihArbN **unwirksam,** wenn der Verleiher **nicht** die nach § 1 AÜG erforderliche **Erlaubnis** hat (*Ulber* AÜG § 9 Rn. 13ff.; aber → Rn. 258). Die Rechtsfolge der Unwirksamkeit tritt nicht schon aufgrund der Vereinbarungen der Beteiligten über die beabsichtigte Überlassung des ArbN an einen Entleiher, sondern erst dann ein, wenn der ArbN einem Entleiher tatsächlich zur Arbeitsleistung überlassen wird (BAG 20.1.2016 – 7 AZR 535/13, BeckRS 2016, 69503).

257a Dann gilt nach § 10 Abs. 1 AÜG nF ein **ArbVerh.** zwischen **Entleiher** und **LeihArbN** zu dem zwischen dem Entleiher und dem Verleiher für den Beginn der Tätigkeit vorgesehen Zeitpunkt als zustande gekommen; tritt die Unwirksamkeit erst nach Aufnahme der Tätigkeit beim Entleiher ein, so gilt das ArbVerh. mit dem Eintritt der Unwirksamkeit als zustande gekommen. Eine widerspruchslose Weiterarbeit beim Verleiher nach Beendigung des Einsatzes führt nicht zur Verwirkung des Rechts, sich auf ein zum Entleiher bestehendes Arbeitsverhältnis zu berufen (BAG 20.3.2018 – 9 AZR 508/17, NZA 2018, 931). Das Arbeitsverhältnis ist befristet, wenn die Überlassung nur befristet vorgesehen war und ein sachlicher Grund für die Befristung vorliegt (§ 10 Abs. 1 S. 2 AÜG). Inhalt und Dauer des ArbVerh. richten sich im Übrigen nach den Bestimmungen des Überlassungsvertrags (s. BAG 20.9.2016 – 9 AZR 735/15, NZA 2017, 49) und den im Entleiher-Betrieb geltenden Vorschriften und sonstigen Regelungen; dabei hat der LeihArbN mindestens Anspruch auf das mit dem Verleiher vereinbarte Arbeitsentgelt (§ 10 Abs. 1 S. 5 AÜG; *Ulber* AÜG § 9 Rn. 16ff.). Die Entleiher sollen auf diese Weise veranlasst werden, im eigenen Interesse nur mit zuverlässigen Verleihern Verträge abzuschließen (vgl. Thüsing AÜG/*Mengel* AÜG § 10 Rn. 2). Im Verhältnis zum Verleiher können Schadenersatzansprüche für den LeihArbN entstehen, wenn zB die Arbeitszeit im neuen ArbVerh. hinter der im alten ArbVerh. zurückbleibt (§ 10 Abs. 2 AÜG; BAG 20.9.2016 – 9 AZR 735/15, NZA 2017, 49).

257b Arbeitsverträge zwischen Verleiher und LeihArbN sind nach § 9 Abs. 1 Nr. 1a AÜG nF **unwirksam,** wenn entgegen § 1 Abs. 1 S. 5, 6 AÜG nF (**verdeckte ArbNÜberlassung,** → Rn. 250b) die ArbNÜberlasung nicht ausdrücklich als solche bezeichnet und die Person des LeihArbN nicht konkretisiert worden ist (*Bissels/Falter* ArbRAktuell 2017, 33, 34f.; aber → Rn. 258) mit der Folge, dass nach § 10 Abs. 1 AÜG nF ein **ArbVerh.** zwischen **Entleiher** und **LeihArbN** als zustande gekommen gilt (dazu → Rn. 257a). Dabei ist unklar, ob diese Wirkung nur dann erzielt wird, wenn **kumulativ** sowohl gegen die **Offenlegungspflicht** in § 1 Abs. 1 S. 5 und die **Konkretisierungspflicht** in S. 6 AÜG nF verstoßen wird (entspr. dem Wortlaut: *Schüren/Hamann* AÜG § 9 Rn. 87; *Bissels* NZA 2017, 214, 219; *Bissels/Falter* ArbRAktuell 2017, 33, 34f.; *Kainer/Schweipert* NZA 2017, 13, 17; *Lembke* NZA 2017, 1, 8f.; *Tuengerthal/Hennecke* BB 2017, 1652, 1660) oder nur **alternativ** ein Verstoß gegen S. 5 oder nur gegen S. 6 ausreicht (*Ulber* AÜG § 9 Rn. 60; wohl auch *Gaul/Hahne* BB 2016, 58, 59: „und/oder"). Allein die Alternativ-Variante dürfte sicherstellen, dass das Ziel des GGebers (BT-Drs. 18/9232 S. 18) erreicht werden kann, missbräuchliche Gestaltungen des Fremdpersonaleinsatzen in Form der verdeckten ArbNÜberlassung und insb. „Fallschirmlösungen" zu vermeiden (kr. zu § 1 Abs. 1 S. 6 AÜG *Kainer/Schweipert* NZA 2017, 13, 17 mwN; *Schüren/Pütz* NZA 2017, 483f.). Zur umstr. Frage des Schriftformerfordernisses bei Offenlegungs- und Konkretisierungspflicht s. *Bissels* NZA 2017, 214, 215; *Lembke* NZA 2017, 1, 8; *Traut/Pötters* DB 2017, 846ff.; *Zimmermann* BB 2016, 53; sa die mit Wirkung zum 1.8.2019 neugefassten Ziff. 1.1.6.7 Abs. 2 und 3 der GA der BA, dazu *Bissels/Falter* DB 2019, 2128.

257c Arbeitsverträge zwischen Verleiher und LeihArbN sind nach § 9 Abs. 1 Nr. 1b AÜG nF mit dem **Überschreiten** der zulässigen **Überlassungshöchstdauer** nach § 1 Abs. 1b AÜG nF ab dem Zeitpunkt unwirksam (aber → Rn. 258), zu dem die

Überlassungshöchstdauer überschritten wird, und es gilt nach § 10 Abs. 1 AÜG nF ein **ArbVerh.** zwischen **Entleiher** und **LeihArbN** als zustande gekommen (*Ulber* AÜG § 9 Rn. 69; dazu → Rn. 257a; zu Vermeidungsmöglichkeiten *Hund/Weiss* DB 2016, 2903, 2904 ff.).

Aus verfassungsrechtlichen Gründen (Art. 12 Abs. 1 GG) hat das AÜGReformG für den Fall, dass nach § 9 Abs. 1 Nrn. 1, 1a oder 1b iVm § 10 AÜG nF kraft G ein ArbVerh. zwischen Entleiher und LeihArbN zu Stande kommt (→ Rn. 257a), ein **Widerspruchsrecht** des LeihArbN **(Festhaltenserklärung)** eingeführt mit der Folge, dass mit ex-tunc-Wirkung kein fingiertes ArbVerh. besteht (BT-Drs. 18/9232 S. 23; *Ulber* AÜG § 9 Rn. 58; *Hamann/Rudnik* NZA 2017, 22 ff.; kr. *Brors* NZA 2016, 672 ff.; *Hennsler* RdA 2017, 83, 99; *Kainer/Schweipert* NZA 2017, 13, 17; *Wank* RdA 2017, 100, 112 f.). 258

Zur **Ausübung** des **Widerspruchsrechts** muss der LeihArbN schriftlich bis zum Ablauf eines Monats nach dem zwischen Verleiher und Entleiher für den Beginn der Überlasung vorgesehenen Zeitpunkt gegenüber dem Verleiher oder dem Entleiher erklären, dass er an dem Arbeitsvertrag mit dem Verleiher festhält (kr. zur Fristberechnung *Kainer/Schweipert* NZA 2017, 13, 17). Der **Widerspruch** ist **nur wirksam,** wenn der LeihArbN die Festhaltenserklärung vor ihrer Abgabe persönlich in einer AA vorlegt, die AA die abzugebende Erklärung mit dem Datum des Tages der Vorlage und dem Hinweis versieht, dass sie die Identität des LeihArbN festgestellt hat, und die Erklärung spätestens am dritten Tag nach der Vorlage in der AA dem Verleiher oder Entleiher zugeht (s. BT-Drs. 18/10064 S. 15; *Bissels/Falter* ArbRAktuell 2017, 33, 35; *Lembke* NZA 2017, 1, 9 f.; kr. *Tuengerthal/Hennecke* BB 2017, 1652, 1658 ff. wegen der erheblichen bürokratischen Hürden). 258a

Entspr. dem Gleichbehandlungsgrundsatz ist den LeihArbN der **Zugang** zu den **Gemeinschaftseinrichtungen** oder -diensten wie insbes. Kinderbetreuungseinrichtungen, Gemeinschaftsverpflegung und Beförderungsmittel (s. weitere Beispiele → § 87 Rn. 347) unter den gleichen Voraussetzungen und in gleicher Weise zu gewähren wie den vergleichbaren ArbN im Entleiher-Betrieb (13b AÜG; *Ulber* AÜG § 13b Rn. 1 ff.). Deshalb ist zB eine unterschiedliche **Kantinenpreisgestaltung** für StammArbN und LeihArbN gesetzwidrig (LAG Hmb 7.6.2012 – 2 TaBV 4/12, BeckRS 2013, 66789 mAnm *Schuster* AiB 2013, 138; *Grüneberg* AiB 2012, 176 [177]; *Ulber* AiB 2012, 7 [11]; → § 87 Rn. 353, 364). Eine Ausnahme hiervon gilt nur, wenn sachliche Gründe eine unterschiedliche Behandlung rechtfertigen (§ 13b AÜG; *Kock* BB 2012, 323 [324 ff.]; *Ulber* AiB 2011, 351 [356]; ausf. *Vielmeier* NZA 2012, 535 ff.). Das ist zB der Fall, wenn der Entleiher gemessen an der individuellen Einsatzdauer des LeihArbN einen unverhältnismäßigen Organisations- bzw. Verwaltungsaufwand bei der Gewährung des Zugangs hat (*Ulber* AÜG § 13b Rn. 10 ff.). 259

Die Chancen der LeihArbN, in die Stammbelegschaft des Entleihers übernommen zu werden, sollen erhöht werden (BT-Drs. 17/4804, 10). Deshalb hat der Entleiher die bei ihm eingesetzten LeihArbN von sich aus über die **freien Arbeitsplätze** zu **informieren,** damit sie sich auf diese Stellen bewerben können (§ 13a AÜG). Die Informationspflicht besteht unabhängig davon, ob der BR die Ausschreibung der Arbeitsplätze nach § 93 verlangt hat (*Ulber* AiB 2011, 351 [355]). Sie erstreckt sich auf alle Arbeitsplätze im gesamten Unternehmen (*Schüren/Hamann* AÜG § 13a Rn. 18; *Ulber* AÜG § 13a Rn. 3 ff.; *Hamann* RdA 2011, 321 [334]; *Kock* BB 2012, 323 f.). Eine vorrangige Berücksichtigung der LeihArbN besteht nicht (*Zimmermann* ArbRAktuell 2011, 264 ff.). Die Information kann durch allgemeine Bekanntgabe (zB schwarzes Brett, Mitarbeiterzeitung, Intranet) an geeigneter und dem LeihArbN zugänglicher Stelle im Betrieb und Unternehmen erfolgen. Vereinbarungen, die dem LeihArbN die Begründung eines ArbVerh. mit dem Entleiher untersagen oder ihm die Zahlung einer Vermittlungsgebühr an den Verleiher auferlegen, sind unwirksam (§ 9 Abs. 1 Nr. 4, 5 AÜG). 260

Der neue § 11 Abs. 5 AÜG verbietet dem Entleiher, LeihArbN als **Streikbrecher** einzusetzen, wenn sein Betrieb unmittelbar durch einen Arbeitskampf betroffen ist; 261

das Verbot sichert entspr. Regelungen in TV der Leiharbeitsbranche ab und schützt die betr. LeihArbN (*Schüren/Hamann* AÜG § 11 Rn. 148; *Ulber* AÜG § 11 Rn. 139ff.; *Bauer/Haußmann* NZA 2016, 803ff.; *Deinert* RdA 2017, 65, 78f.; *Thüsing* DB 2016, 2663, 2664f.; *Wank* RdA 2017, 100, 113f. sa *Boemke/Sachadae* DB 2015, 1467ff.). Die Ausführung von Notdienstarbeiten durch LeihArbN und Streikbrechereinsätze im Rahmen konzerninterner ArbNÜberlassung auf Basis des Konzernprivilegs (§ 1 Abs. 3 Nr. 2 AÜG; → Rn. 246) bleiben jedoch zulässig (BT-Drs. 18/9232 S. 25f.; *Hamann/Rudnik* NZA 2017, 22, 24f.; *Lembke* NZA 2017, 1, 10f.). Gegen das Einsatzverbot ist Verfassungsbeschwerde (1 BvR 842/17) eingelegt worden; den damit verbundenen Antrag auf einstweilige Außervollzugsetzung des § 11 Abs. 5 S. 1 AÜG hat das BVerfG abgelehnt (Beschl. v. 12.2.2019 – 1 BvR 842/17, NZA 2019, 415).

cc) Betriebsverfassungsrechtliche Aspekte des AÜG

262 **Betriebsverfassungsrechtlich** ist der LeihArbN grds. dem **Verleiher-Betrieb** zugeordnet (§ 14 Abs. 1 AÜG; BAG 15.10.2014 – 7 ABR 74/12, NZA 2015, 560), es sei denn, es liegt ein Fall der Unwirksamkeit des Vertrages zwischen Verleiher und LeihArbN nach § 9 AÜG vor (→ Rn. 257ff., dann ausschließlich Zuordnung zum Entleiher-Betrieb: s. BAG 20.4.2005 – 7 ABR 20/04, NZA 2005, 1006). Er hat im Verleiher-Betrieb das aktive und passive **Wahlrecht** nach den allgemeinen Vorschriften.

263 Der unechte LeihArbN kann zusätzlich das aktive Wahlrecht zum BR des **Entleiher-Betriebes** erwerben. Das bestimmt § 7 S. 2 (ausf. → § 7 Rn. 37ff.). Danach steht den unechten LeihArbN das aktive Wahlrecht ab dem ersten Einsatztag im Entleiher-Betrieb zu, wenn sie dort länger als drei Monate eingesetzt werden sollen (BAG 5.12.2012 – 7 ABR 48/11, NZA 2013, 793). Im Gegensatz zu den echten LeihArbN erwerben die unechten LeihArbN jedoch das passive Wahlrecht gem. § 8 nicht (s. § 14 Abs. 2 S. 1 AÜG; *Engels/Trebinger/Löhr-Steinhaus* DB 2001, 532 [536]; *Linsenmaier/Kiel* RdA 2014, 135 [140]; krit. *Hamann* NZA 2003, 529).

264 Mit der Verleihung des Wahlrechts zum BR im Entleiher-Betrieb erkennt das BetrVerf-ReformG die **Betriebszugehörigkeit** der unechten LeihArbN zum **Entleiher-Betrieb** an, die durch die §§ 13a, 13b AÜG (→ Rn. 260f.) erneut bekräftigt worden ist. Was Eingliederung, Arbeitsleistung und Weisungsunterworfenheit betrifft, unterscheiden sich LeihArbN nicht von der Stammbelegschaft. Zudem wenden sie sich zunehmend mit ihren Problemen an den BR des Entleiher-Betriebs (*Wassermann/Rudolph* AiB 2007, 700ff.).

265 Auch ohne arbeitsvertragliche Beziehungen zwischen Entleiher und LeihArbN besteht eine Betriebszugehörigkeit der LeihArbN auch zum Entleiher-Betrieb. Das erkennt auch das **BAG** (24.8.2016 – 7 ABR 2/15, NZA 2017, 269; 13.3.2013 – 7 ABR 69/11, NZA 2013, 789; 5.12.2012 – 7 ABR 48/11, NZA 2013, 793; s. dazu *Linsenmaier/Kiel* RdA 2014, 135 [136ff.]; *Markowski/Sendelbeck* AiB 2013, 660f.) an, das für die Fälle des drittbezogenen Personaleinsatzes nicht mehr an der „Zwei-Komponenten-Lehre" festhält (→ Rn. 16a).

266 Folglich zählen sie bei der Berechnung der **Schwellenwerte** im Entleiherbetrieb mit Ausnahme des § 112a mit, wie § 14 Abs. 2 S. 4 AFG nF jetzt ausdrücklich klarstellt (so schon BAG 13.3.2013 – 7 ABR 69/11, NZA 2013, 789; zu § 38: BAG 2.8.2017 – 7 ABR 51/15, NZA 2017, 1343; 18.1.2017 – 7 ABR 60/15, NZA 2017, 865; DKKW/*Homburg* § 9 Rn. 14ff.; *Schüren/Hamann* AÜG § 14 Rn. 124ff.; *Ulber* AÜG § 14 Rn. 74, 94aff.; *Linsenmaier/Kiel* RdA 2014, 135 [144ff.]; *Schüren* RdA 2004, 184; ferner → § 9 Rn. 25).

267 Die das LeihArbVerh. kennzeichnende **Aufspaltung** der **ArbGebFunktionen** zwischen dem Verleiher als VertragsArbGeb. und dem Entleiher als demjenigen, der die wesentlichen ArbGebBefugnisse in Bezug auf die Arbeitsleistung innerhalb der von ihm vorgegebenen Betriebsorganisation ausübt, bewirkt, dass die Interessen der LeihArbN sowohl durch den **BR** beim **Verleiher** als auch durch den **BR** beim **Ent-**

leiher vertreten werden. Die Zuständigkeit des jeweiligen BR für die LeihArbN bestimmt sich dabei nach dem Gegenstand des geltend gemachten MBR und der darauf bezogenen Entscheidungsmacht des jeweiligen ArbGeb. (BAG 24.8.2016 – 7 ABR 2/15, NZA 2017, 269). Gleiches gilt im Rahmen einer **Personalgestellung** infolge der Aufspaltung der ArbGebFunktionen zwischen dem Gestellungsträger als VertragsArbGeb. und dem Gestellungsnehmer (BAG 18.7.2017 – 1 ABR 15/16, NZA 2017, 1542).

Der **BR** beim **Verleiher** ist **zuständig** für alle Angelegenheiten, die sich aus dem arbeitsvertraglichen Grundverhältnis zwischen Verleiher und LeihArbN ergeben (zB Entgelt, Urlaub, Kündigung). 267a

Da die Eingruppierung des LeihArbN in das Vergütungssystem beim Entleiher ein ArbVerh. voraussetzt und dieses nur zum Verleiher besteht (→ § 5 Rn. 250), hat dieser die Eingruppierung vorzunehmen und den bei ihm bestehenden BR zu beteiligen (BAG 17.6.2008 – 1 ABR 39/07, AP BetrAVG 1972 § 99 Eingruppierung Nr. 34; → § 99 Rn. 83). Er hat auch nach § 87 Abs. 1 Nr. 3 mitzubestimmen, wenn auf Grund der Entsendeentscheidung des Verleihers feststeht, dass sich die vertraglich geschuldete Arbeitszeit des LeihArbN wegen einer davon abweichenden betriebsüblichen Arbeitszeit im Entleiher-Betrieb vorübergehend verlängert (BAG 19.6.2001 – 1 ABR 43/00, AP BetrVG 1972 § 87 Arbeitszeit Nr. 92). Werden erst später beim Entleiher Überstunden angeordnet, ist der dortige BR (allein) zuständig (*Wißmann* NZA 2003, 1 [4]; → Rn. 267f.). Das MBR des BR kann der Entleiher nicht dadurch unterlaufen, dass er mit dem Verleiher im Überlassungsvertrag bestimmte Arbeitszeiten der LeihArbN festlegt (HessLAG 1.9.2011 – 5 TaBV 44/11, AiB 2012, 540). Diese differenzierte Zuständigkeitsregelung gilt gleichermaßen bei **Personalgestellung** für den BR beim Gestellungsträger und dem beim Gestellungsnehmer (BAG 18.7.2017 – 1 ABR 15/16, NZA 2017, 1542).

Da § 14 AÜG die betriebsverfassungsrechtl. Zuordnung der LeihArbN nur partiell regelt (BAG 19.6.2001 – 1 ABR 43/00, AP BetrVG 1972 § 87 Leiharbeitnehmer Nr. 1), ist der **BR** beim **Entleiher** über die in dieser Norm genannten Fälle hinaus immer dann auch **für LeihArbN zuständig,** wenn der Entleiher auf Grund des ihm zustehenden Direktionsrechts Maßnahmen in sozialen, personellen und wirtschaftlichen Angelegenheiten anordnen kann, die beteiligungspflichtig sind (BAG 24.8.2016 – 7 ABR 2/15, NZA 2017, 269; 15.10.2014 – 7 ABR 74/12, NZA 2015, 560; 19.6.2001 – 1 ABR 43/00, NZA 2001, 1263; *Ulber* AÜG § 14 Rn. 96; *Ulber/Ulber* AÜG Basis § 14 Rn. 123; *Linsenmaier/Kiel* RdA 2014, 135 [139]). Das Gleiche gilt bei **Personalgestellung** für den BR beim Gestellungsnehmer (BAG 18.7.2017 – 1 ABR 15/16, NZA 2017, 1542). 267b

Infolgedessen stehen dem BR beim Entleiher vor allem MBR in sozialen Angelegenheiten (insbes. § 87 Abs. 1 Nr. 1, 2, 3, 6, 7, 8, 12; zur Arbeitszeit s. *Wiebauer* NZA 2012, 68ff.) auch für LeihArbN zu (BAG 13.3.2013 – 7 ABR 69/11, NZA 2013, 789; zu § 87 Abs. 1 Nr. 2 BAG 19.6.2001 – 1 ABR 43/00, AP BetrVG 1972 § 87 Leiharbeitnehmer Nr. 1; *Linsenmaier/Kiel* RdA 2014, 135 [150f.]). Das gilt auch für die Ausübung von MBR nach § 87 Abs. 1 Nr. 7 für Regelungen über die Anforderungen an eine Schutzkleidung, die der Entleiher für die bei ihm tätigen LeihArbN aufgrund öffentlich-rechtlicher Arbeitsschutzbestimmungen bereitzustellen hat (BAG 7.6.2016 – 1 ABR 25/14, NZA 2016, 1420; → Rn. 252a). Das Gleiche gilt bei **Personalgestellung** für den BR beim Gestellungsnehmer (BAG 18.7.2017 – 1 ABR 15/16, NZA 2017, 1542). 268

Nach § 14 Abs. 2 S. 2 AÜG sind die LeihArbN berechtigt, die **Sprechstunden** der ArbN-Vertretungen im Entleiher-Betrieb aufzusuchen und an **Betriebs- und JugAzubiVerslg teilzunehmen.** Für sie gelten auch die §§ 81, 82 Abs. 1, 84–86 (BAG 13.3.2013 – 7 ABR 69/11, NZA 2013, 789). Gibt es im Entleiher-Betrieb keinen BR, entfallen die vorgenannten Beteiligungsrechte, die auch nicht hilfsweise durch den BR des Verleihbetriebs ausgeübt werden können (*Stückmann* DB 1999, 1902 [1904ff.]). 268a

269 Vor der **Übernahme** eines LeihArbN zur Arbeitsleistung im Betrieb des Entleihers ist der **BR** des Entleiher-Betriebes **nach § 99 zu beteiligen** (§ 14 Abs. 3 S. 1 AÜG; ausf. → § 99 Rn. 57ff., 178ff., 191ff.). Str. ist, ob diese Bestimmung ein eigenes MBR des BR begründet oder nur auf § 99 BetrVG verweist mit der Folge, dass das MBR nur in Unternehmen mit idR von mehr als 20 wahlberechtigten ArbN besteht (BAG 9.3.2011 – 7 ABR 137/09, NZA 2011, 871; *Schüren/Hamann* AÜG § 14 Rn. 141, 146 mwN; **aA** *Ulber* AÜG § 14 Rn. 186 mwN).

269a Die **Kontrollmöglichkeiten** des BR im Einsatzbetrieb sind durch das AÜG-ÄnderungsG vom 21.2.2017 verbessert worden. Durch die Ergänzungen in § 80 Abs. 2 wird klargestellt, dass der ArbGeb. den BR des Einsatzbetriebs über den zeitlichen Umfang des Einsatzes (Einsatztage u. Einsatzzeiten), den Einsatzort und die Arbeitsaufgaben solcher Personen zu unterrichten hat, die nicht in einem ArbVerh. zu ihm stehen (s. auch BAG 31.1.1989 – 1 ABR 72/87, AP BetrVG 1972 § 80 Nr. 33); dazu gehören ua LeihArbN, KonzernArbN und FremdfirmenArbN. Außerdem hat er dem BR die Verträge vorzulegen, die der Beschäftigung dieser Personen zugrunde liegen, § 80 Abs. 2 S. 3 (s. auch BAG 6.6.1978 – 1 ABR 66/75, AP BetrVG 1972 § 99 Nr. 6). Zudem muss der ArbGeb. den BR im Rahmen der Personalplanung nach § 92 über die geplante Beschäftigung dieser Personen informieren.

dd) Besonderheiten des Baugewerbes nach AÜG

270 In Betrieben des **Baugewerbes** ist die ArbNÜberlassung für Arbeiten, die üblicherweise von Arbeitern verrichtet werden, **unzulässig.** Von diesem Grundsatz lässt § 1b AÜG weitreichende Ausnahmen für das Bauhaupt- und Baunebengewerbe durch TV zu (s. BA Fachl. Weisungen AÜG 1b; *Schüren/Hamann* AÜG § 1b Rn. 60ff.; *Ulber* AÜG § 1b Rn. 15ff.). Nach § 1b S. 2a AÜG ist die ArbNÜberlassung nicht nur zwischen Betrieben des Baugewerbes, sondern auch zwischen diesen und anderen Betrieben gestattet, wenn dies ein für allgemeinverbindlich erklärter TV zulässt und er die beteiligten Betriebe erfasst. Allerdings ist für die ArbNÜberlassung zwischen Betrieben des Baugewerbes Voraussetzung, dass der verleihende Betrieb vor der ersten Überlassung nachweislich seit mindestens drei Jahren von denselben Rahmen- und SozialkassenTV oder von deren Allgemeinverbindlichkeit erfasst wird (s. *Schüren/Hamann* AÜG § 1b Rn. 80ff.; *Ulber* AÜG § 1b Rn. 41ff.; *Salamon* NZA-RR 2012, 61ff.).

271 Betreibt ein Verleiher trotz des gesetzl. Verbots gem. § 1b AÜG ArbNÜberlassung an einen Betrieb des Baugewerbes, **ohne** die nach § 1 AÜG erforderliche **Erlaubnis** zu haben, gilt nach § 10 Abs. 1 S. 1 AÜG ein ArbVerh. zwischen dem entleihenden Baubetrieb und dem LeihArbN als zustande gekommen (BAG 8.7.1998 – 10 AZR 274/97, AP TVG § 1 Tarifverträge: Bau Nr. 214); hat er die Erlaubnis, führt der bloße Verstoß gegen § 1b S. 1 AÜG nicht zu einem ArbVerh. (BAG 13.12.2006 – 10 AZR 674/05, AP AÜG § 1 Nr. 31; *Salamon* NZA-RR 2012, 61 [64]).

272 Die Abordnung von ArbN zu einer **Arbeitsgemeinschaft** (sog **ARGE;** s. dazu *Schwab* NZA-RR 2008, 169ff.; AR-Blattei (D) Baugewerbe VI Arbeitsgemeinschaft), die ein Werk herstellen soll, ist keine ArbNÜberlassung, wenn der ArbGeb. Mitglied der Arbeitsgemeinschaft ist, alle Mitglieder der Arbeitsgemeinschaft zur selbständigen Erbringung von Vertragsleistungen verpflichtet sind und für alle Mitglieder TV desselben Wirtschaftszweiges gelten (§ 1 Abs. 1a S. 1 AÜG), und zwar unabhängig von der Form der Überlassung (*Schwab* NZA-RR 2008, 169 [170]).

273 Entspr. den Entscheidungen des EuGH v. 25.10.2001 (C-493/99, NZA 2001, 1299 – Kommission der EG/Bundesrepublik Deutschland; 25.10.2001 – C-49/98 ua, NZA 2001, 1377]) können nun auch **ausländische ArbGeb.** mit Sitz in einem Mitgliedstaat der **EU** an einer ARGE teilnehmen und zu ihr ArbN abordnen, wenn für sie zwar die deutschen TV desselben Wirtschaftszweiges nicht gelten, sie aber die übrigen vorgenannten Voraussetzungen erfüllen (§ 1 Abs. 1a S. 2 AÜG; *Schwab* NZA-RR 2008, 169 [171]).

Bei einer **Freistellung** zur ARGE ruht nach § 9 Nr. 2 BRTV-Bau das ArbVerh. zum Stammbetrieb, und der ArbN tritt mit Arbeitsaufnahme in ein solches mit der ARGE ein, wird also – anders als ein LeihArbN – (auch) deren ArbN mit allen Rechten eines „normalen" ArbN nach dem BetrVG (vgl. LAG Nürnberg 27.6.1996 – 8 (2) Sa 210/95, BeckRS 1996, 30851931; *Christiansen* Betriebszugehörigkeit S. 132f.; *Schwab* NZA-RR 2008, 169 [171]; **aA** LAG Düsseldorf 14.3.1996 – 5 TaBV 75/95, BeckRS 1996, 30457868). 274

Bei einer **Abordnung** zur ARGE ergeben sich arbeitsrechtliche Beziehungen sowohl zum Stammbetrieb, dem weiterhin insbes. die Entgeltzahlung und das Abführen der Sozialversicherungsbeiträge obliegt, als auch zur ARGE, die über die Arbeitsleistung der ArbN verfügen kann und die Weisungsbefugnis hat (*Ulber* AÜG Einl. Kap. C Rn. 149ff.; *Schwab* NZA-RR 2008, 169 [170]; s. ferner § 12 Arbeitsgemeinschaftsvertrag, 2016, hrsg. v. Hauptverband der Deutschen Bauindustrie – MusterARGEVertrag). Aus dieser ein echtes Leiharbeitsverhältnis kennzeichnenden gespaltenen ArbGebStellung (→ Rn. 233) folgt eine betriebsverfassungsrechtl. Zugehörigkeit der ArbN zum Stamm- und zum ARGE-Betrieb (ebenso *Schwab* NZA-RR 2008, 169 [174]; *Christiansen* Betriebszugehörigkeit S. 132f.; von der BRFähigkeit der ARGE geht auch § 12 MusterARGEVertrag aus, indem er unter Nr. 12.15 von einer „Betriebsvertretung" spricht; **aA** LAG Düsseldorf 14.3.1996 – 5 TaBV 75/95, BeckRS 1996, 30457868). 275

Entspr. den in → Rn. 273 genannten Entscheidungen des EuGH ist eine **Sonderregelung** für Betriebe des Baugewerbes mit Sitz in einem Mitgliedstaat der **EU** geschaffen worden. Danach ist diesen Betrieben ArbNÜberlassung auch gestattet, wenn sie nicht von deutschen Rahmen- und SozialkassenTV oder für allgemeinverbindlich erklärten TV erfasst werden, sie aber nachweislich seit mindestens drei Jahren überwiegend Tätigkeiten ausüben, die unter den Geltungsbereich derselben Rahmen- und SozialkassenTV fallen, von denen der Entleih-Betrieb erfasst wird (§ 1b S. 3 AÜG). 276

c) Überlassung von Arbeitnehmern öffentlich-rechtlicher Körperschaften an private Arbeitgeber

Auf kommunaler Ebene werden oft **ArbN,** die ursprünglich bei **Körperschaften des öffentlichen Rechts** beschäftigt waren, aus unterschiedlichen Gründen und in unterschiedlicher Form **privaten ArbGeb.** zur Arbeitsleistung **überlassen.** Sie werden vorübergehend, über viele Jahre oder dauernd in den Betrieb des privaten ArbGeb. eingegliedert. Dabei bleibt das ArbVerh. formal zur Körperschaft bestehen. Diese behält sich nicht selten eine Personalhoheit insbes. bei personellen Einzelmaßnahmen wie Höhergruppierung, Versetzungen und Kündigungen vor. Im Einsatzbetrieb gelten sie, wie Abs. 1 S. 3 jetzt ausdrücklich bestimmt, als dessen ArbN (→ Rn. 318). 277

Eine Sondersituation ergibt sich bei in TV des öffentlichen Dienstes vorgesehenen **Personalgestellungen,** auf die das AÜG nach § 1 Abs. 3 Nr. 2b AÜG nF grds. nicht anwendbar ist; Näheres → Rn. 247. Zur **Überlassungen** zwischen **juristischen Personen** des **öffentlichen Rechts** → Rn. 248. 277a

Eine **vertretungsrechtliche Besonderheit** ergibt sich hier daraus, dass sich für die von einem öffentlichen ArbGeb. einem privaten ArbGeb. längere Zeit überlassene ArbN eine **Vertretungslücke** ergibt. Das BPersVG (§ 13 Abs. 2 BPersVG) und zT die PersVG der Länder sehen vor, dass Beschäftigte, die länger als drei Monate abgeordnet werden, grds. nicht mehr zum PersR ihrer Dienststelle wahlberechtigt sind und somit nicht mehr von diesem vertreten werden. Diese Lücke ist zugunsten der betroffenen ArbN in der Weise zu schließen, dass der BR im privaten Einsatzbetrieb nicht nur bei nach dem BetrVG beteiligungspflichtigen Entscheidungen des privaten ArbGeb., sondern dann auch bei Entscheidungen der öffentlich-rechtlichen Körperschaft zu beteiligen ist (s. die bemerkenswerte Entscheidung des LAG München 278

5.12.2000 – 1 TaBV 56/00, AiB 2002, 432 mAnm *Fleischmann* = BeckRS 2000, 30788447; **aA** BayVGH PersR 99, 503; zur Eingliederung von Beamten → Rn. 316ff.).

d) Abgrenzung zu anderweitigem Drittpersonaleinsatz

279 Von der ArbNÜberlassung ist die **Tätigkeit eines Unternehmers auf Grund eines Werk-, Dienst-** oder **Industriedienstleistungsvertrages** mit einem anderen Unternehmer zu unterscheiden (s. *Rieble/Junker/Giesen,* Freie Industriedienstleistungen als Alternative zur regulierten Zeitarbeit, ZAAR Schriftenreihe Bd. 26; *Brauneisen/Ibes* RdA 2014, 213ff.; *Greiner* NZA 2013, 697ff.; *Deinert* RdA 2017, 65, 66, 69ff.; *Deinert* RdA 2014, 65 [72ff.]; *Hamann* NZA 2014 Beil. 1, 3ff.; *Hennsler* RdA 2017, 83, 86ff.; *Maschmann* NZA 2013, 1305ff.; *Rieble* ZfA 2013, 137ff.; *Schuster* AiB 2012, 151ff.). In diesen Fällen wird der Unternehmer für einen anderen Unternehmer in dessen Betrieb tätig **(Dritt-/Fremdfirmen-Einsatz).** Er organisiert die zur Erreichung eines wirtschaftlichen Erfolges notwendigen Handlungen nach seinen betrieblichen Voraussetzungen iRd Vertrages und bleibt für die Erfüllung der im Vertrag vorgesehenen Dienste bzw. für die Herstellung des geschuldeten Werks gegenüber dem Auftraggeber verantwortlich (BAG 20.9.2016 – 9 AZR 735/15, NZA 2017, 49; 25.9.2013 – 10 AZR 282/12, NZA 2013, 1348; → Rn. 23a, b, c).

279a Die zur Ausführung des Werk-, Dienst- oder Industriedienstleistungsvertrages eingesetzten ArbN unterliegen der **arbeitsrechtlichen Weisung** des **Unternehmers** (Auftragnehmers) und sind dessen Erfüllungsgehilfen (BAG 20.9.2016 – 9 AZR 735/15, NZA 2017, 49; 18.1.2012 – 7 AZR 723/10, NZA-RR 2012, 455 mwN; *Kainer/Schweipert* NZA 2017, 13f.; zur Fremdfirmenproblematik *Schüren/Hamann* AÜG § 1 Rn. 139ff.; *Ulber* AÜG Einl. Kap. C Rn. 1ff.; *Bauschke* NZA 2000, 1201ff.; *Maschmann* NZA 2013, 1305ff.; *Reiserer* DB 2013, 2026ff.; *Ulber* AiB 2012, 183ff.; → Rn. 281a, → § 99 Rn. 63ff.). Entscheidend ist, dass der Auftragnehmer über eine hinreichende Unternehmensstruktur verfügt, die es ihm ermöglicht, nach eigenen betrieblichen Voraussetzungen unternehmerische Verantwortung zu tragen (s. BAG 20.9.2016 – 9 AZR 735/15, NZA 2017, 49; 25.9.2013 – 10 AZR 282/12, NZA 2013, 1348), die über eine für die ArbNÜberlassung typische Zurverfügungstellung von ArbN hinausgeht (*Baeck/Winzer* NZA 2015, 269 [270]).

280 Folglich ist das **AÜG** auf den Einsatz solcher ArbN, die im Auftrag ihres ArbGeb. und nur nach dessen Weisungen in einem fremden Betrieb arbeiten (zB bei Montage-, Reparatur-, Bauarbeiten, Bedienung von Maschinen, Gebäudereinigung; BAG 5.3.1991 – 1 ABR 39/90, AP BetrVG 1972 § 99 Nr. 90; 5.5.1992 – 1 ABR 78/91, AP BetrVG 1972 § 99 Nr. 97) **nicht anwendbar** (BAG 20.9.2016 – 9 AZR 735/15, NZA 2017, 49). In diesem Falle entstehen auch keine MBR des BR im fremden Betrieb beim Einsatz dieser ArbN (vgl. DKKW/*Trümner* Rn. 104f.; GK-BetrVG/*Raab* § 99 Rn. 32). Zum Einsatz von FremdfirmenArbN → § 99 Rn. 63ff.

281 Der Werk- oder Dienstbesteller kann jedoch dem Werk- oder Dienstunternehmer selbst oder an seiner Stelle dessen Erfüllungsgehilfen **Anweisungen** für die Ausführung der Werk- oder Dienstleistungen erteilen (vgl. § 645 Abs. 1 S. 1 BGB); dabei kann die geschuldete Dienst- oder Werkleistung bis in Einzelheiten hinein **vertraglich** so genau geregelt sein, dass dem Werk- oder Dienstunternehmer bei der Ausführung seiner Leistungen kaum noch ein großer Entscheidungsspielraum bleibt (BAG 13.5.1992 – 7 AZR 284/91, NZA 1993, 357; 31.3.1993 – 7 AZR 338/92, NZA 1993, 1078).

281a Nach (bisheriger Rspr. des) **BAG** (18.1.2012 – 7 AZR 723/10, NZA-RR 2012, 455; 6.8.2003 – 7 AZR 180/03, AP AÜG § 9 Nr. 6) sollen auch solche Werk- oder Dienstverträge vom AÜG nicht erfasst werden. Dem sind **Instanzgerichte entgegengetreten** und haben bei entspr. Sachverhalten verdeckte ArbNÜberlassung angenommen (so LAG BW 1.8.2013 – 2 Sa 6/13, NZA 2013, 1017 über den Einsatz von

IT-Kräften eines **IT-Dienstleisters** und → § 99 Rn. 70a, 70d sowie BA Fachl. Weisungen AÜG 1.1.6.5 (4) S. 2; LAG Hamm 24.7.2013 – 3 Sa 1749/12, BeckRS 2013, 72125; LAG Brandenburg 5.3.2013 – 12 Sa 1624/12, NZA-RR 2013, 466; **sa** *Bauschke* NZA 2000, 1201 [1203, 1206]; *Hamann* NZA 2014 Beil. 1, 3 [8]; . *Lembke* NZA 2013, 1312 [1317]; *Litschen/Yacoubi* NZA 2017, 484 ff.; *Maschmann* NZA 2013, 1305 [1306 ff.]; *Stück* AuA 2005, 337; *Winstel/Karsten* AuA 2017, 400 ff.; krit. zu dieser Rspr. *Heise/Friedl* NZA 2015, 129 ff.). In neueren Entscheidungen hat das BAG (8.11.2016 – 1 ABR 57/14, NZA-RR 2017, 134 m. Anm. *Kröll* AiB 2017 H. 7–8 S. 60 f.; 13.12.2016 – 1 ABR 59/14, NZA 2017, 525) den Tatsacheninstanzen bei der Würdigung, ob ein Beschäftigter im Betrieb eines anderen ArbGeb. eingegliedert ist, einen **Beurteilungsspielraum** zugestanden. Das dürfte ein partielles Abrücken des BAG von seiner bisherigen stringenten Rspr. zur Frage der Eingliederung bedeuten.

Schwierigkeiten bei der rechtlichen Einordnung eines Fremdfirmen-Einsatzes **282** können sich vor allem daraus ergeben, dass ein werk- bzw. dienstbezogenes Weisungsrecht im Verhältnis ArbGeb. zum Fremdfirmen-Unternehmer und ein arbeitsrechtliches Weisungsrecht des Fremdfirmen-Unternehmers gegenüber den Fremdfirmen-ArbN besteht. Je nachdem wie die an sich unterschiedlichen, auf verschiedenen Rechtsebenen verorteten Weisungsrechte mit einander verknüpft oder durchmischt werden, kann es zu erheblichen Abgrenzungsproblemen kommen (vgl. sehr informativ LAG BW 1.8.2013 – 2 Sa 6/13, NZA 2013, 1017 über den Einsatz von IT-Kräften eines **IT-Dienstleisters** und krit. hierzu *Heise/Friedl* NZA 2015, 129; *Baeck/Winzer* NZA 2015, 269 [270 ff.]; *Brauneisen/Ibes* RdA 2014, 213 [219 ff.]; *Deinert* RdA 2014, 65 [73 ff.]; *Greiner* NZA 2013, 697 [700]; *Hamann* NZA 2014 Beil. 1, 3 [6 ff.]; *Litschen/Yacoubi* NZA 2017, 484; *Maschmann* NZA 2013, 1305 [1308 f.]; *Winstel/Karsten* AuA 2017, 400 ff.; **aA** *Loritz* ZfA 2013, 335 [366]). Die hieraus folgenden Schwierigkeiten wirken sich auch iRd § 99 bei der Frage aus, ob FremdfirmenArbN derart im Einsatzbetrieb eingegliedert sind, dass eine mitbestimmungspflichtige Einstellung vorliegt (ausf. hierzu → § 99 Rn. 63 ff.).

Derartige Abgrenzungsprobleme treten immer dann auf, wenn der Auftraggeber die **282a** vom Fremdfirmen-Unternehmer geschuldete Leistung iE (Zeit, Ort, Dauer, Qualität der Leistung) so genau festlegt oder den Einsatz der Fremdfirmen-ArbN durch Weisungen vor Ort weitgehend bestimmt, dass dem Werk-Unternehmer bzw. dem Dienstleister kein nennenswerter eigener organisatorischer Entscheidungsspielraum mehr bleibt; dann liegt **verdeckte ArbNÜberlassung** vor (vgl. LAG BW 1.8.2013 – 2 Sa 6/13, NZA 2013, 1017; LAG Hamm 24.7.2013 – 3 Sa 1749/12, BeckRS 2013, 72125; LAG Bln-Bbg 6.5.2013 – 21 Sa 2286/12, 21 Sa 2313/12, BeckRS 2013, 71997; *Brauneisen/Ibes* RdA 2014, 213 [220]; *Hamann* NZA 2014 Beil. 1, 3 [6 ff.]; *Maschmann* NZA 2013, 1305 [1309 f.]; zu Abgrenzungskriterien *J. Ulber* AiB 2015, Heft 7–8, 18 ff.; BAG 25.9.2013 – 10 AZR 282/12, NZA 2013, 1348).

Das belegt auch die neue Legaldefinition der ArbNÜberlassung in § 1 Abs. 1 S. 2 **282b** AÜG nF. In **Abkehr von** der bisherigen **stringenten BAG-Rspr.** stellt sie darauf ab, dass die LeihArbN in die Arbeitsorganisation des Entleihers eingegliedert sind, seinen Weisungen unterliegen (→ Rn. 242) und für die Abgrenzung nach § 12 Abs. 1 S. 1 AÜG nF die tatsächliche Durchführung des Vertrags maßgebend ist, wenn sich dieser und seine tatsächliche Durchführung widersprechen (*Ulber* AÜG § 12 Rn. 11 ff.). Die Lockerung der Abgrenzungskriterien (Verzicht auf „volle" Eingliederung und „alleinige" Weisungsmacht) und das Abstellen des Normtextes ausschließlich auf die Arbeitsorganisation und die Weisungsbefugnis unter Ausblendung weiterer Elemente wie Übernahme der Gewährleistung, Beschreibung eines Werkes usw. legen es nahe, dass der Gesetzgeber zur Verwirklichung des mit dem AÜGReformG verfolgten Zieles einer wirksameren Bekämpfung verdeckter LeihArbeit (s. BT-Drs. 18/9232 S. 18) die Definition der ArbNÜberlassung weiter als bisher fassen wollte (ebenso *Kainer/Schweipert* NZA 2017, 13, 14 f.; sa *Siebert/Novak* ArbRAktuell 2016, 391; *Tuengerthal/Andorfer* BB 2016, 1909 ff.; **aA** *Hennsler* RdA 2017, 83, 87 f.).

282c Dem steht die Feststellung des **AuS-Ausschusses** (BT-Drs. 18/10064 S. 13f.) nicht entgegen, dass mit der neuen Legaldefinition in § 1 Abs. 1 S. 2 AÜG nF die **derzeitige Rechtslage nicht geändert** werden solle (s. *Wank* RdA 2017, 100, 103, 105; *Winstel/Karsten* AuA 2017, 400; **aA** *Hennsler* RdA 2017, 83, 87f., 90f.). Diese Aussage betrifft die unternehmerische Tätigkeit von Beratungsunternehmen, die nicht eingeschränkt werden soll. Die gesetzliche Neuregelung des AÜG „solle dem sachgerechten Einsatz von Werk- und Dienstverträgen in den zeitgemäßen Formen des kreativen oder komplexen Projektgeschäfts nicht entgegenstehen, die zB in der Unternehmensberatungs-, Entwicklungs- und IT-Einführungsprojekten anzutreffen seien". Denn auch in diesen Fällen ist nicht ausgeschlossen, dass die von den Beratungsunternehmen eingesetzten ArbN bei einer wertenden Gesamtbetrachtung aller Umstände ihres Einsatzes beim Auftraggeber als in dessen Arbeitsorganisation eingegliedert anzusehen sind und damit verdeckte ArbNÜberlassung gegeben ist (informativ LAG BW 1.8.2013 – 2 Sa 6/13, NZA 2013, 1017: Einsatz von IT-Kräften eines IT-Dienstleisters; *Bissels/Falter* ArbRAktuell 2017, 33f.; *Winstel/Karsten* AuA 2017, 400).

282d Aufgrund der Ausführungen in → Rn. 282b, 282c dürfte auch der Versuch, durch eine sog. **agile Projektorganisation** oder **agile Prozessmethoden,** wie sie im IT-Bereich oder der Fahrzeugindustrie zu beobachten sind, die Abgrenzungsprobleme zu lösen und die Annahme von verdeckter ArbNÜberlassung zu vermeiden, fehlschlagen. Das gilt auch für Dienst- oder Werkleistungen, die nach der **Scrum-Methode** (dazu Arnold/Günther, Arbeitsrecht 4.0/*Lingemann, Chakrabarti* Kap. 2 Rn. 95ff.) erbracht werden. Kennzeichnend ist hierbei, dass das geplante Produkt in mehrere aufeinander folgende Zeit- und/oder Inhaltseinheiten aufgeteilt und von der Fremdfirma übernommen und im Wesentlichen selbständig abgearbeitet werden soll (*Heise/Friedl* NZA 2015, 129ff.; *Litschen/Yacoubi* NZA 2017, 484, 487; *Winstel/Karsten* AuA 2017, 400ff.). Da das vertragliche Vorabfestlegen eines konkreten Erfolges idR schwierig ist und vor allem bei der Scrum-Methode Anforderungen und Ziele erst im Verlauf des Projekts schrittweise entwickelt und konkretisiert werden, bedarf es zumindest außerhalb der sog. „Sprints" notwendigerweise laufend weitergehender Weisungen des Auftraggebers mit der Folge, dass verdeckte ArbNÜberlassung der externen Projektmitarbeiter vorliegt (vgl. LAG BW 1.8.2013 – 2 Sa 6/13, NZA 2013, 1017; LAG BB 12.12.2012 – 15 Sa 1217/12, BeckRS 2013, 65737; *Winstel/Karsten* AuA 2017, 400, 402; zu den Fallstricken *Heise/Friedl* NZA 2015, 129ff.; zu gemischten agilen Teams *Günther/Böglmüller* NZA 2019, 417ff.; → Rn. 45b). Auch der Versuch, das Gesamtprojekt in einzelne Klein- und Kleinstprojekte zu zerlegen, führt zu keinem anderen Ergebnis (sa BA Fachl. Weisungen AÜG 1.1.6.1 (4); *Winstel/Karsten* AuA 2017, 400, 402).

283 Will ein **ArbN,** der im Rahmen eines **Dienst-** oder **Werkvertrags** in einem Drittbetrieb eingesetzt ist, geltend machen, dass er eigentlich dort als **LeihArbN** beschäftigt ist, gelten für ihn die **Grundsätze der sekundären Darlegungs- und Beweislast.** Danach muss er zunächst die Tatsachen darlegen und unter Beweis stellen, die seiner Wahrnehmung zugänglich sind und für eine Zuordnung zum ArbNÜberlassungsrecht sprechen. Der ArbGeb. muss dann die für das Gegenteil sprechenden Tatsachen darlegen und beweisen (s. BAG 20.9.2016 – 9 AZR 735/15, NZA 2017, 49; LAG BW 1.8.2013 – 2 Sa 6/13, NZA 2013, 1017; LAG Bln-Bbg 5.9.2013 – 33 Ca 5347/13, BeckRS 2013, 72711; *Baeck/Winzer* NZA 2015, 269 [271ff.]; *Francken* NZA 2013, 985ff.; *Greiner* NZA 2013, 697 [702f.]; *Heise/Friedl* NZA 2015, 129 [133ff.]; *Maschmann* NZA 2013, 1305 [1310f.]). Zu Vorschlägen für eine Erleichterung der Darlegungs- und Beweislast in diesen Fällen *Brors/Schüren* NZA 2014, 569 [571f.]; *Francken* NZA 2014, 1064ff.; *Brors* NZA 2014, 1377f.; **aA** *Ulrici* NZA 2015, 456ff.).

284 Vom AÜG wird eine **Gebrauchsüberlassung von Maschinen mit Bedienungspersonal** nicht erfasst, wenn die Gebrauchsüberlassung des Geräts im Vordergrund steht und die Überlassung des Personals nur dienende Funktion hat, indem sie den Einsatz des Geräts erst ermöglichen soll (zB Bagger, Planierraupen, Flugzeuge: BAG 17.2.1993 – 7 AZR 167/92, AP AÜG § 10 Nr. 9, krit. dazu *Mayer* AiB 1994, 60; OLG Düsseldorf 30.4.2002 – 24 U 109/01, BB 2002, 2339).

Setzt demnach ArbNÜberlassung voraus, dass sich der drittbezogene Personaleinsatz auf Seiten des Vertrags-ArbGeb. (Verleihers) darauf beschränkt, einem Dritten (Entleiher) den ArbN zur Förderung von dessen Betriebszwecken zur Verfügung zu stellen, so liegt keine ArbNÜberlassung iSd AÜG vor, wenn die beteiligten ArbGeb. im Rahmen einer **unternehmerischen Zusammenarbeit** mit dem Einsatz ihrer ArbN jeweils ihre **eigenen Betriebszwecke** verfolgen (BAG 25.10.2000 – 7 AZR 487/99, AP AÜG § 10 Nr. 15). Das gilt erst recht, wenn die ArbN in einen **Gemeinschaftsbetrieb** entsandt werden, den ihr Vertrags-ArbGeb. und ein Dritter gemeinsam führen (BAG 3.12.1997 – 7 AZR 764/96, AP AÜG § 1 Nr. 24) oder wenn sie für ihren Vertrags-ArbGeb. bei der Erfüllung von dessen **gesetzlichen Aufgaben** tätig werden (BAG 26.4.1995 – 7 AZR 850/94, AP AÜG § 1 Nr. 19). 285

Ob die Arbeitskräfte im Rahmen eines Dienst- oder Werkvertrages eingesetzt werden oder ob es sich um ArbNÜberlassung handelt, entscheidet sich nach dem **Geschäftsinhalt** der zwischen den beteiligten Unternehmen abgeschlossenen Verträge. Dabei kann sich der Geschäftsinhalt sowohl aus den schriftlichen Vereinbarungen als auch aus der praktischen Durchführung des Vertrages ergeben. Widersprechen sich schriftliche Vereinbarungen und **tatsächliche Durchführung** des Vertrages, kommt es für die Ermittlung des Geschäftsinhalts auf die tatsächliche Durchführung an (s. § 12 Abs. 1 S. 2 AÜG nF; BAG 18.1.2012 – 7 AZR 723/10, NZA-RR 2012, 455; 6.8.2003 – 7 AZR 180/03, AP AÜG § 9 Nr. 6; *Hamann* NZA 2014 Beil. 1, 3 [4, 6]; *Maschmann* NZA 2013, 1305 [1306 ff.]; → Rn. 30 f.). Liegt erlaubnisbedürftige ArbNÜberlassung vor, fehlt die Erlaubnis jedoch, kommt ein ArbVerh. zwischen Entleiher und LeihArbN nach § 10 Abs. 1 AÜG zustande (→ Rn. 257a; aber → Rn. 258). 286

Anzeichen für eine **Gesetzesumgehung** sind vor allem Ausschluss der Haftung aus dem Werkvertrag, fehlende Projektbezogenheit des Arbeitseinsatzes, Zwischenschalten einer Aufsichtsperson des Werkunternehmers, um die Übertragung des Weisungsrechts zu vermeiden, „Durchprogrammierung" des Arbeitsprozesses im Vertrag selbst (*Maschmann* NZA 2013, 1305 [1309 f.]), Rahmenvertrag, kombiniert mit Einzelbestellungen oder „Atomisierung" des Vertragsgegenstands in kleine und kleinste Leistungseinheiten, um die Fremdsteuerung der ArbN des Auftragnehmers durch den Auftraggeber zu kaschieren (*Hamann* NZA 2014 Beil. 1, 3 [7 ff.]; → Rn. 281, 282a f.). 287

Verfügt der Werk- oder Dienstleistungsunternehmer nicht über die betrieblichen oder personellen Voraussetzungen, um die Tätigkeit der von ihm zur Erfüllung seiner Vertragspflichten im Betrieb eines Dritten eingesetzten ArbN vor Ort zu organisieren und ihnen Weisungen zu erteilen, so liegt verdeckte ArbNÜberlassung vor (BAG 27.6.2017 – 9 AZR 133/16, BeckRS 2017, 145967; 9.11.1994 – 7 AZR 217/94, AP AÜG § 1 Nr. 18; *Maschmann* NZA 2013, 1305 [1309]; *Ulber* AiB 2014, 10 [13]). Als Indiz weniger eindeutig ist die Berechnung der von der Drittfirma zu zahlenden Vergütung nach Zeiteinheiten (BAG 13.5.1992 – 7 AZR 284/91, NZA 1993, 357). 287a

Eine bes. Situation ergibt sich bei sog. **Onsite-Werkverträgen,** die sich eines rasanten Wachstums als billigere und weniger risikoreiche Alternative zur Leiharbeit erfreuen (*Hertwig/Kirsch/Wirth* ArbuR 2016, 141, 143). Es werden Werke, Produkte oder Leistungen mit Werkvertrag zugekauft, die zT bisher zum Kernbereich der eigenen Produktion des beauftragenden Unternehmens zählten (vgl. *Drews ua* AiB 2013 H. 5 S. 290 ff.; *Hamann/Rudnik* NZA 2016, 1368, 1369). Folgende Kriterien sind für Onsite-Werkverträge kennzeichnend: Die Vertragsbeziehungen zwischen Auftraggeber und Auftragnehmer sind auf Dauer angelegt, die vom Auftragnehmer geschuldeten Leistungen zählen zum Kernbereich der Wertschöpfung des Auftraggebers, der Auftragnehmer erbringt die geschuldete Leistung durch eigene ArbN und Arbeitsort ist der übliche Ort der Leistungserstellung durch den Auftraggeber, zB 288

Betriebsgelände, Baustellen, Betriebe von Kunden des Auftraggebers (*Drews ua* AiB 2013 H. 5 S. 290, 291; *Hamann/Rudnik* NZA 2016, 1368, 1369; *Hertwig/Kirsch/Wirth* WSI-Mitteilungen 6/2015, 457, 458).

288a Diese Form des **Dritt-/Fremdfirmen-Einsatzes** unterscheidet sich von der verdeckten ArbNÜberlassung darin, dass es an einer (faktischen oder ausdrücklichen) weitreichenden Übertragung des Weisungsrechts an den Auftraggeber fehlt. Betriebsverfassungsrechtlich gesteht das **BAG** dem **BR** des **Auftraggebers** infolgedessen nur ein MBR nach § 99 bei der Eingliederung der FremdfirmenArbN in die dortige Betriebsorganisation unter dem Gesichtspunkt der Einstellung zu (s. BAG 13.5.2014 – 1 ABR 50/12, NZA 2014, 1149). Gibt es dort eine biometrische Zugangskontrolle oder eine Überwachungseinrichtung zB in Form von Kameras oder Monitoren, soll nur der Auftragnehmer als VertragsArbGeb. der entsandten ArbN und der dortige BR die MBR nach § 87 Abs. 1 und 6 ausüben können und der Auftragnehmer verpflichtet sein, dies im Vertrag mit dem Auftraggeber sicherzustellen; eine Zuständigkeit des BR beim Auftraggeber wird abgelehnt (BAG 26.1.2016 – 1 ABR 68/13, NZA 2016, 498; 27.1.2004 – 1 ABR 7/03, NZA 2004, 556).

288b Durch die dauernde Eingliederung der aufgrund von Onsite-Werkverträgen tätigen FremdfirmenArbN in die Betriebsorganisation des Auftraggebers unterliegen sie faktisch in gleicher Weise wie die StammArbN etlichen dort geltenden Bedingungen für das Leben und Arbeiten im Betrieb (s. *Hertwig/Kirsch/Wirth* WSI-Mitteilungen 6/2015, 457, 462 ff.). Dieses Faktum kann auch nicht durch geschickte vertragliche Formulierungen entkräftet werden (s. aber *Hennsler* RdA 2017, 83, 91). Die Bedingungen gestaltet der **BR** im **Auftraggeberbetrieb** aufgrund seiner betriebsbezogenen MBR (§ 87 Abs. 1 Nr. 1, 6, 7) und seiner arbeitsbezogenen MBR (§ 87 Abs. 1 Nr. 2, 3, 5) für alle dort tätigen Stamm- und faktisch auch die FremdfirmenArbN mit. Bei Widerspruch zwischen Vertrag und seiner Durchführung kommt es auf die Bezeichnung im Onsite-Werkvertrag nicht an (vgl. § 611a Abs. 1 S. 6 BGB nF; § 12 Abs. 1 S. 2 AÜG nF). Liegt nach der tatsächlichen Vertragsdurchführung in Wirklichkeit kein Werkvertrag, sondern (verdeckte) Arbeitnehmerüberlassung vor (zur Abgrenzung *Schüren/Hamann* AÜG § 1 Rn. 139 ff, 151 ff.), entsteht nach § 10 Abs. 1 S. 1 AÜG ein Arbeitsverhältnis kraft Gesetzes zum vermeintlichen Auftraggeber; der BR des Einsatzbetriebs ist vollumfänglich zuständig. Sofern der LeihArbN eine Festhaltenserklärung (§ 9 Abs. 1 Nr, 1, 1a, 1b iVm Abs. 2 und 3 AÜG) abgibt, aber weiter im Betrieb eingesetzt wird, richtet sich die Zuständigkeit des BR nach den gleichen Grundsätzen wie bei der unechten (erlaubnispflichtigen) Leiharbeit (→ Rn. 262 ff.; GK-BetrVG/*Raab* § 7 Rn. 129).

9. Zur Berufsausbildung Beschäftigte

289 Die zu ihrer Berufsausbildung Beschäftigten sind **ArbN iSd BetrVG** (§ 5 Abs. 1 S. 1), unabhängig davon, ob ihr Berufsausbildungsverhältnis als ArbVerh. oder speziell vom Ausbildungszweck geprägtes Rechtsverhältnis anzusehen ist und unabhängig davon, ob sie im Betrieb, im Außendienst oder mit Telearbeit beschäftigt werden (BAG 6.11.2013 – 7 ABR 76/11, NZA 2014, 678; LAG SH 29.11.2016 – 1 TaBV 30/16, BeckRS 2016, 75003; DKKW/*Trümner* Rn. 130; GK-BetrVG/*Raab* Rn. 55; Richardi BetrVG/*Richardi* Rn. 86).

290 Der Begriff der Berufsausbildung in § 5 Abs. 1 ist **weitergehend als** der des **BBiG.** Er umfasst nicht nur die in § 1 Abs. 3 BBiG umschriebene, breit angelegte berufliche Grundbildung, sondern grds. alle Maßnahmen, die innerhalb eines Betriebs **berufliche Kenntnisse, Fertigkeiten, Fähigkeiten und Erfahrungen** vermitteln (stRspr, BAG 13.6.2007 – 7 ABR 44/06, AP BetrVG 1972 § 5 Ausbildung Nr. 12 mwN), also auch Maßnahmen der Berufsausbildungsvorbereitung (§ 1 Abs. 2, §§ 68–70 BBiG; s. hierzu Benecke/*Hergenröder* BBiG § 68 Rn. 1 ff.). Zu Einschränkungen → Rn. 291 ff.

§ 5 Abs. 1 S. 1 gilt nur für solche Personen, mit denen der Ausbildende einen privatrechtlichen **Vertrag** geschlossen hat, dessen Regelungsgegenstand die **Ausbildung** ist (BAG 13.6.2007 – 7 ABR 44/06, AP BetrVG 1972 § 5 Ausbildung Nr. 12); der Vertrag kann auch durch schlüssiges Verhalten zustande kommen (BAG 10.2.1981 – 6 ABR 86/78, AP BetrVG 1972 § 5 Nr. 25). Erfasst sind damit alle Verträge für Anlernlinge, Praktikanten (LAG SchlH 25.3.2003 – 2 TaBV 39/02, NZA-RR 2004, 251; GK-BetrVG/*Raab* Rn. 57; *Horstmeier* AiB 2006, 230 ff.; *Schade* NZA 2012, 654 ff.; → Rn. 298 f.), Volontäre, Umschüler und Teilnehmer an berufsvorbereitenden betriebsinternen Ausbildungsmaßnahmen (stRspr, BAG 10.2.1981 – 6 ABR 86/78, AP BetrVG 1972 § 5 Nr. 25; 24.9.1981 – 6 ABR 7/81, AP BetrVG 1972 § 5 Nr. 26; 25.10.1989 – 7 ABR 1/88, AP BetrVG 1972 § 5 Nr. 40; Richardi BetrVG/*Richardi* Rn. 89 ff.; WPK/*Preis* Rn. 11; zu den einzelnen Gruppen Benecke/*Hergenröder* BBiG § 26 Rn. 9 ff.; *Maties* RdA 2007, 135 ff.). Zu Einzelheiten des BBiG s. Übersicht in → § 96 Rn. 12 ff. **291**

Zu den zu ihrer Berufsausbildung Beschäftigten gehören nach stRspr des BAG auch solche Personen, die auf Grund von **Förderprogrammen** in Betrieben ausgebildet werden (BAG 26.11.1987 – 6 ABR 8/83, AP BetrVG 1972 § 5 Nr. 36), also auch Umschüler und Teilnehmer an berufsvorbereitenden Maßnahmen für jugendliche Arbeitslose, die in einem Betrieb ausgebildet werden, der von der Arbeitsverwaltung hierfür Förderungsmittel erhält (zum Förderungsrecht s. Brand SGB III/*Hassel* §§ 51 ff., 56 f.; Brand SGB III/*Kühl* 73 ff.). Das Gleiche gilt für Teilnehmer einer Ausbildung in einer Schule eines Unternehmens, wenn sie im Rahmen dieser Ausbildung eine praktische Unterweisung im Betrieb dieses Unternehmens erhalten (BAG 10.2.1981 – 6 ABR 86/78, AP BetrVG 1972 § 5 Nr. 25; 24.9.1981 – 6 ABR 7/81, AP BetrVG 1972 § 5 Nr. 26). **292**

Bei solchen **Förderprogrammen** ist betriebsverfassungsrechtlich entscheidend, dass die **privatrechtliche Natur** des **Ausbildungsvertrages** unberührt bleibt (eingehend dazu BAG 13.5.1992 – 7 ABR 72/91, AP BetrVG 1972 § 5 Ausbildung Nr. 4) und die Auszubildenden in den Betrieb eingegliedert sind (→ Rn. 295). Die Rechtsbeziehungen, die zwischen einer fördernden Stelle (Bund, Land, Arbeitsverwaltung) und dem ArbGeb. oder Auszubildenden bestehen, wirken sich nicht auf das Ausbildungsverhältnis aus. Die Inanspruchnahme von Mitteln aus einem Förderungsprogramm kann nur ein Motiv für den Abschluss des Ausbildungsvertrages sein (BAG 12.6.1986 – 6 ABR 8/83, AP BetrVG 1972 § 5 Nr. 33). **293**

Es ist grds. unerheblich, ob die zu ihrer Berufsausbildung Beschäftigten für die Aufgaben des Betriebes oder Unternehmens oder über den eigenen Bedarf hinaus ausgebildet werden, und ob sie an den betrieblichen Aufgaben bereits während der Ausbildung beteiligt werden (BAG 12.6.1986 – 6 ABR 8/83, AP BetrVG 1972 § 5 Nr. 33; 26.11.1987 – 6 ABR 8/83, AP BetrVG 1972 § 5 Nr. 36). Allerdings ist nach BAG zu **unterscheiden,** ob Auszubildende in einem **produzierenden** Betrieb oder in einem **reinen Ausbildungsbetrieb** ihre berufspraktische Ausbildung erhalten (stRspr, s. BAG 13.6.2007 – 7 ABR 44/06, AP BetrVG 1972 § 5 Ausbildung Nr. 12 mwN): **294**

ArbN iSd BetrVG sind zu ihrer Berufsausbildung Beschäftigte, wenn sie iRd arbeitstechnischen Zwecks eines **Produktions- oder Dienstleistungsbetriebs** ausgebildet werden und sie deshalb in vergleichbarer Weise wie die sonstigen ArbN in den Betrieb eingegliedert sind (**betriebliche Berufsbildung** iSv § 2 Abs. 1 Nr. 1 BBiG; zu dieser Voraussetzung unter Aufgabe der vorangehenden weitergehenden Rechtsprechung BAG 21.7.1993 – 7 ABR 35/92, NZA 1994, 713); nicht erforderlich ist, dass sich der Auszubildende für den Betrieb als nützlich erweist, insbes. zum Erreichen des Betriebszwecks beiträgt. **295**

ArbN iSd BetrVG sind auch zu ihrer Berufsausbildung Beschäftigte, deren Ausbildung im Wege einer **Verbundausbildung** (s. § 10 Abs. 5 BBiG und hierzu Benecke/*Hergenröder* BBiG § 10 Rn. 36 f.; *Hänlein* NZA 2006, 348 ff.; *Stück*/*Mühlhausen* NZA-RR 2006, 169 ff.) erfolgt. Das gilt unabhängig davon, welches **296**

Modell (Verbundausbildung ieS: zeitl. aufeinander folgende Ausbildungsverträge mit mehreren Unternehmen; Ausbildungspartnerschaft bzw. Auftragsausbildung: Ausbildungsvertrag nur mit einem Unternehmen, das Teile der Ausbildung in Betrieben anderer Unternehmen durchführen lässt; Ausbildungsverbund: Mehrere Unternehmen schließen sich zwecks Durchführung der Ausbildung zu einer selbständigen juristischen Person zusammen, mit der der Ausbildungsvertrag geschlossen wird; s. insbes. *Stück/Mühlhausen* NZA-RR 2006, 169 ff.) gewählt wird (vgl. *Stück/Mühlhausen* NZA-RR 2006, 169 [172, 177]; sa § 11 Abs. 1 Nr. 9 BBiG, der von anzuwendenden BV spricht; einschränkend *Hänlein* NZA 2006, 348 [349]). Zur Frage der Betriebszugehörigkeit in diesen Fällen → § 7 Rn. 17 f.; → § 60 Rn. 19).

297 Errichten Unternehmen/Betriebe der Wirtschaft **überbetriebliche Ausbildungsstätten,** wie zB Lehrwerkstätten oder Ausbildungszentren, in denen ihre Auszubildenden die nach dem Ausbildungsvertrag geschuldete Berufsausbildung erfahren, sind dies ebenfalls Einrichtungen der betrieblichen Berufsbildung und die dort zu ihrer Berufsausbildung Beschäftigten ArbN iSv § 5 Abs. 1 BetrVG (so klarstellend BAG 26.1.1994 – 7 ABR 13/92, AP BetrVG 1972 § 5 Nr. 54 gegenüber 21.7.1993 – 7 ABR 35/92, AP BetrVG 1972 § 5 Ausbildung Nr. 8). Dabei ist unerheblich, welche Rechtsform (eV, GmbH) die „betriebliche" oder überbetriebliche Ausbildungsstätte hat und ob sie den Ausbildungsbedarf eines oder mehrerer Unternehmen deckt (vgl. zu Organisationsformen bei betrieblicher Ausbildung *Heidemann* Mitbest. 97 Heft 10, S. 60).

298 Findet dagegen die praktische Berufsausbildung in einer verselbständigten Einrichtung statt, die einen Produktions- oder Dienstleistungsbetrieb nachahmt (**sonstige Berufsbildungseinrichtung** iSv § 2 Abs. 1 Nr. 3 BBiG), wie zB **außerbetriebliche** Ausbildungswerkstätten, Berufsbildungswerke, Berufsförderungswerke oder Rehabilitationszentren, so gehören diese Auszubildenden oder Rehabilitanden nicht zur Belegschaft des Ausbildungsbetriebs; sie werden nicht iRd arbeitstechnischen Zwecks des Betriebs ausgebildet, sondern sind selbst **Gegenstand** des Betriebszwecks (BAG 13.6.2007 – 7 ABR 44/06, AP BetrVG 1972 § 5 Ausbildung Nr. 12 mwN; ebenso Richardi BetrVG/*Richardi* Rn. 92; DKKW/*Trümner* Rn. 135; GK-BetrVG/*Raab* Rn. 60; HaKo-BetrVG/*Kloppenburg* Rn. 18; WPK/*Preis* Rn. 11).

299 Dabei ist für die **Ausklammerung** dieser Auszubildenden **aus** dem **BetrVG** unerheblich, ob sich innerbetriebl. Regelungen auch auf sie erstrecken, sie der Weisungsbefugnis des Ausbilders unterliegen oder gelegentlich zusammen mit anderen Mitarbeitern praktische Arbeiten verrichten (BAG 20.3.1996 – 7 ABR 46/95 AP BetrVG 1972 § 5 Ausbildung Nr. 9; 20.3.1996 – 7 ABR 34/95, AP BetrVG 1972 § 5 Ausbildung Nr. 10; 12.9.1996 – 7 ABR 61/95, AP BetrVG 1972 § 5 Ausbildung Nr. 11; 24.8.2004 – 1 ABR 28/03, AP BetrVG 1972 § 98 Nr. 12). **Anders** ist es nur dann, wenn sie für Berufe ausgebildet werden, die in der Einrichtung im Rahmen deren arbeitstechnischen Zwecks primär eingesetzt werden (zB Ausbildung zum Ausbilder oder Betreuer). Dann findet auf sie das BetrVG Anwendung.

300 Mit dieser Rspr. will das BAG auch die **Majorisierung** der in solchen Einrichtungen eine Minderheit bildenden Stammbelegschaft durch eine große Überzahl von Auszubildenden ausschließen (BAG 26.1.1994 – 7 ABR 13/92, AP BetrVG 1972 § 5 Nr. 54; zust. Anm. *Kraft* SAE 1994, 260; *Meisel* SAE 1994, 338).

301 Der Rspr. des BAG entspricht die Regelung in **§ 38 SGB IX.** Werden Leistungen zugunsten **beruflicher Rehabilitanden** in **Berufsbildungswerken,** Berufsförderungswerken und vergleichbaren Einrichtungen der beruflichen Rehabilitation ausgeführt, so werden diese Rehabilitanden nicht in den Betrieb der Einrichtung eingegliedert; sie sind **keine ArbN iSd BetrVG.** Sie fallen unter Abs. 1 Nr. 4. Die Interessen der schwerbehinderten Rehabilitanden werden durch die Schwerbehindertenvertr. wahrgenommen (BAG 16.4.2003 – 7 ABR 27/02, AP SGB IX § 95 Nr. 1; GK-BetrVG/*Raab* Rn. 47).

302 Auch das **BetrVerf-ReformG** hat die in außerbetrieblichen Einrichtungen zu ihrer Ausbildung Beschäftigten **nicht** als **ArbN** iSd § 5 anerkannt. Infolge dessen lässt

§ 51 BBiG für diesen Personenkreis eine bes. kollektive Interessenvertr. zu, deren Wahl, Zusammensetzung und Beteiligungsrechte das BMBF durch Erlass einer VO regeln kann (§ 52 BBiG). Die VO ist bisher noch nicht erlassen worden (→ Rn. 5). Bis zum Erlass dieser VO können für außerbetriebliche Einrichtungen **durch TV eigene Vertretungsstrukturen** und Beteiligungsrechte geschaffen werden, die denen des BetrVG (zB §§ 97, 98) entsprechen (so BAG 24.8.2004 – 1 ABR 28/03, AP BetrVG 1972 § 98 Nr. 12).

Das BAG hat im Beschl. v. 13.6.2007 (7 ABR 44/06, AP BetrVG 1972 § 5 Ausbildung Nr. 12) seine zu außerbetrieblichen Berufseinrichtungen ergangene Rspr. (→ Rn. 298) erweitert. Danach gilt sie auch dann, wenn die **Vermittlung** einer **Berufsausbildung nicht alleiniger** oder überwiegender **Betriebszweck** ist, sondern der ArbGeb. noch weitere arbeitstechnische Zwecke verfolgt. Die Eingliederung der dort zu ihrer Berufsausbildung Beschäftigten hängt davon ab, ob ihr Ausbildungsberuf von den ArbN des Betriebs ausgeübt wird. Ist das der Fall, sind sie ArbN; trifft das nicht zu, fehlt es auch in diesen Fällen an der Eingliederung und sie sind keine ArbN iSd § 5 Abs. 1 S. 1. Diese Azubis sollen aber wegen ihres Schutzbedürfnisses – über den Gesetzeswortlaut hinaus – eine besondere Interessenvertretung nach § 51 BBiG bilden können, wenn dort 5 wahlberechtigte außerbetriebliche Azubis beschäftigt sind (→ § 60 Rn. 17). 303

Unerheblich für die Begründung der ArbNEigenschaft iSv § 5 Abs. 1 ist der Umstand, ob der zu seiner Berufsausbildung Beschäftigte vom ArbGeb. eine **Geldleistung** erhält (BAG 6.11.2013 – 7 ABR 76/11, NZA 2014, 678; 25.10.1989 – 7 ABR 1/88, AP BetrVG 1972 § 5 Nr. 40; LAG SchlH 29.11.2016 – 1 TaBV 30/16, BeckRS 2016, 75003; zum mit dem Gesetz zur Modernisierung und Stärkung der beruflichen Bildung vom 12.12.2019 (BGBl. I S. 2522) neu geregelten Anspruch von Auszubildenden nach dem BBiG auf eine Mindestvergütung s. den dortigen § 17, der nach § 106 Abs. 1 BBiG für ab dem 1.1.2020 abgeschlossenen Ausbildungsverträge gilt). Unerheblich ist auch, ob die betriebliche Ausbildung Teil eines einheitlichen Ausbildungsganges ist, der aus einem betrieblich-praktischen und einem schulisch-theoretischen Ausbildungsteil besteht (BAG 10.2.1981 – 6 ABR 86/78, AP BetrVG 1972 § 5 Nr. 25; 8.5.1990 – 1 ABR 7/89, AP BetrVG 1972 § 99 Nr. 80; 28.7.1992 – 1 ABR 22/92, AP BetrVG 1972 § 87 Werkmietwohnungen Nr. 7). Auch die Bezeichnung sagt über den Inhalt des Vertrages nichts aus. Die Bezeichnung als „Schüler" schadet nicht, wenn eine betrieblich-praktische Ausbildung vereinbart wird (BAG 10.2.1981 – 6 ABR 86/78, AP BetrVG 1972 § 5 Nr. 25). 304

Eine **rein schulische** Ausbildung reicht dagegen nicht (BAG 28.7.1992 – 1 ABR 22/92, AP BetrVG 1972 § 87 Werkmietwohnungen Nr. 7). Erforderlich ist, dass die betrieblich-praktische Ausbildung überwiegt oder der schulischen Ausbildung zumindest gleichwertig ist. Bei der Gewichtung kommt es nicht allein quantitativ auf die Stundenanteile, sondern darauf an, ob beide Abschnitte qualitativ die gleiche Bedeutung haben. Entscheidend ist eine Eingliederung des Auszubildenden in den Betrieb des Ausbilders und keine nur schulische, sondern mindestens auch eine betrieblich praktische Unterweisung, in der der Auszubildende auch beruflich aktiv tätig ist (BAG 6.11.2013 – 7 ABR 76/11, NZA 2014, 678; LAG SchlH 29.11.2016 – 1 TaBV 30/16, BeckRS 2016, 75003). 304a

So stellt § 8 Abs. 5 PflegeberufeG nF vom 17.7.2017 (BGBl. I S. 2581) klar, dass die Azubis, die eine praktische und schulische **Ausbildung** zur **Pflegefachfrau** oder zum **Pflegefachmann** durchlaufen, für die gesamte Dauer der Ausbildung ArbN iSd BetrVG und dem Träger der praktischen Ausbildung zugeordnet sind, mit dem nach § 8 Abs. 1 S. 2 PflegeberufeG nF auch der Ausbildungsvertrag geschlossen wird, unabhängig von der Ausgestaltung des Verhältnisses zwischen diesem, den weiteren an der Ausbildung beteiligten Einrichtungen und der Pflegeschule (BT-Gesundheitsausschuss 18(14)264.2; sa § 16 Abs. 2 Nr. 11 PflegeberufeG nF). Durch ihre Zuordnung zu dem Träger der praktischen Ausbildung können sie dort ihre betriebsverfassungsrechtlichen Befugnisse ausüben. Nach dem neuen § 2 Abs. 5 S. 1 DRK-Gesetz 304b können die **DRK-Schwesternschaften** auch Träger der praktischen Ausbildung sein; die Auszubildenden gelten nach § 2 Abs. 5 S. 3 DRK-Gesetz als Arbeitnehmer im Sinne des § 5 BetrVG (bzw. § 4 BPersVG) der die Ausbildung tatsächlich durchführenden Einrichtung der praktischen Ausbildung auch ohne Ausbildungsvertrag mit dieser.

304c Die Auszubildenden zum **medizinisch-technischen Laboratoriumsassistenten** oder **Radiologieassistenten** und zum Physiotherapeuten durchlaufen heute auch eine **betrieblich-praktische Ausbildung** und sind beim Krankenhausträger zu ihrer Berufsausbildung Beschäftigte iSv § 5 Abs. 1, wenn der Ausbildungsvertrag mit diesem abgeschlossen und die praktische Ausbildung im Krankenhaus (BAG 6.11.2013 – 7 ABR 76/11, NZA 2014, 678) oder bei anderen Konzernunternehmen oder externen Physiotherapiepraxen durchgeführt wird (LAG SchlH 29.11.2016 – 1 TaBV 30/16, BeckRS 2016, 75003). Das Gleiche dürfte gelten für **Teilnehmer des Hebammenstudiums** nach dem HebammenG. Diese schließen mit dem für die Durchführung des berufspraktischen Teils des Studiums verantwortlichen Krankenhaus nach §§ 15, 27 ff. HebammenG einen privatrechtlichen Vertrag ab (sa § 28 Abs. 2 Nr. 7, 8 und § 31 HebammenG).

305 Auch **Studenten,** die als Bestandteil des Studiums ein **Hochschul- oder Fachschulpraktikum** im Betrieb absolvieren, sind jedenfalls dann unstr. zu ihrer Berufsausbildung Beschäftigte, wenn sie während des Praktikums in einer privatrechtlichen Vertragsbeziehung zum Betriebsinhaber stehen (BAG 30.10.1991 – 7 ABR 11/91, AP BetrVG 1972 § 5 Ausbildung Nr. 2; MAH ArbR § 59 Rn. 3; Richardi BetrVG/*Richardi* Rn. 90). **Werkstudenten,** die weisungsgebundene Tätigkeiten in persönlicher Abhängigkeit erbringen, sind ArbN iSd allgemeinen ArbNBegriffs (BAG 11.11.2008 – 1 ABR 68/07, AP BetrVG 1972 § 99 Eingruppierung Nr. 35; → Rn. 15 ff.).

306 Sind die Praktika entspr. der **Studienordnung** ausschließlich als **Hochschulmaßnahme** vorgesehen, so ist eine ArbNEigenschaft der Studenten iSd § 5 Abs. 1 nicht generell ausgeschlossen (str.; so aber wohl BAG 30.10.1991 – 7 ABR 11/91, AP BetrVG 1972 § 5 Ausbildung Nr. 2, das ausschließlich den Inhalt der jeweiligen Studienordnung für die Einordnung des Praktikums entscheidend sein lässt; sa BAG 18.11.2008 – 3 AZR 192/07, NZA 2009, 435 mwN; *Schwab* NZA 1988, 688; ähnlich wie hier DKKW/*Trümner* Rn. 139 f.; Richardi BetrVG/*Richardi* Rn. 90; *Schade* NZA 2012, 654 [655]). Entscheidend werden die Umstände des Einzelfalles sein (Dauer und tatsächliche Durchführung des Praktikums).

307 Nicht zu den zu ihrer Berufsausbildung Beschäftigten zählen dagegen **Schüler,** die – wie in den Bundesländern Hessen und NRW – vor ihrem Schulabschluss ein einoder zweiwöchiges Betriebspraktikum ableisten. Dieses Betriebspraktikum will den Schulabgängern lediglich einen allgemeinen Einblick in die Arbeitswelt ermöglichen. Sie werden im Rahmen dieses Praktikums weder in irgendeiner Form ausgebildet noch sind sie zur Arbeitsleistung verpflichtet (LAG SchlH 25.3.2003 – 2 TaBV 39/02, NZA-RR 2004, 251; Richardi BetrVG/*Richardi* Rn. 90; *Engels/Natter* BB 1988, 1453 [1455]; *Schade* NZA 2012, 654). Dagegen sind Schüler während ihres einjährigen Praktikums zum Erwerb der Fachhochschulreife zur Berufsaubildung Beschäftigte (LAG Düsseldorf 8.11.2005 – 3 Sa 877/05, BeckRS 2007, 46972; *Schade* NZA 2012, 654).

308 Bei Einrichtungen und Maßnahmen der Berufsbildung einschl. Berufsausbildung besteht ein MBR des BR nach Maßgabe der §§ 96–98 (s. dortige Kommentierung).

10. In Heimarbeit Beschäftigte

309 § 5 Abs. 1 S. 2 erweitert den allgemeinen ArbN-Begriff um die **in Heimarbeit Beschäftigten,** die in der Hauptsache für den Betrieb arbeiten. Eine generelle Einbeziehung der arbeitnehmerähnlichen Personen erfolgt nicht.

§ 5 Abs. 1 S. 2 verweist auf die „in Heimarbeit" Beschäftigten. Damit sind die **Heimarbeiter** und **Hausgewerbetreibenden** gemeint. Wer Heimarbeiter oder Hausgewerbetreibender ist, bestimmen **§ 2 Abs. 1 u. 2 HAG** (so ausdrücklich BAG 14.6.2016 – 9 AZR 305/15, NZA 2016, 1453; 25.3.1992 – 7 ABR 52/91, AP BetrVG 1972 § 5 Nr. 48). 310

Heimarbeiter und Hausgewerbetreibende gelten aber nur dann als ArbN, wenn sie **„in der Hauptsache"** für den Betrieb arbeiten (s. BAG 7.11.1995 – 9 AZR 268/94, AP BetrVG 1972 § 102 Nr. 74; SKTW HAG § 19 Anh. Rn. 140ff.; *Rost* NZA 1999, 113). Die Beschäftigung für den Betrieb muss gegenüber der Leistung von Heimarbeit für andere Auftraggeber **überwiegen.** Wenn diese Voraussetzungen bei einem **Crowdworker** (→ Rn. 85b) gegeben sind, kann er als Heimarbeiter gelten und dem BetrVG unterfallen, selbst wenn er hochkomplexe, schwierige Aufgaben zu erledigen hat (BAG 14.6.2016 – 9 AZR 305/15, NZA 2016, 1453; *Däubler/Klebe* NZA 2015, 1032, 1033, 1036; *Deinert* RdA 2018, 359). Mit den genannten Voraussetzungen soll erreicht werden, dass Heimarbeiter betriebsverfassungsrechtlich nur einem Betrieb zugeordnet werden (BAG 25.3.1992 – 7 ABR 52/91, AP BetrVG 1972 § 5 Nr. 48; *Fenski* Außerbetriebl. Arbeitsverhältnisse S. 113f.), während andere ArbN mit mehreren ArbVerh. in mehreren Betrieben wahlberechtigt und wählbar sind (BAG 27.9.1974 – 1 ABR 90/73, AP BetrVG 1972 § 6 Nr. 1; HWGNRH/*Rose* Rn. 58). 311

Darauf, welchen **Verdienst** Heimarbeiter oder Hausgewerbetreibende aus der überwiegend ausgeübten Tätigkeit erzielen, kommt es nicht an; auch nicht darauf, ob sie ihren Lebensunterhalt überwiegend mit Heimarbeit verdienen (BAG 27.9.1974 – 1 ABR 90/73, AP BetrVG 1972 § 6 Nr. 1; SKTW HAG § 19 Anh. Rn. 142) oder ob die ausgeübten Tätigkeiten eine geringe oder höherwertige Qualifikation erfordern (BAG 14.6.2016 – 9 AZR 305/15, NZA 2016, 1453). Auch der zeitliche Umfang, in dem sie Heimarbeit verrichten, ist nicht entscheidend (BAG 14.6.2016 – 9 AZR 305/15, NZA 2016, 1453). 312

Nur **Heimarbeiter** und **Hausgewerbetreibende** selbst gelten als ArbN des Betriebes, nicht die Familienangehörigen oder die Hilfskräfte (*Rost* NZA 1999, 113 [115]). Nicht als ArbN gelten die den Heimarbeitern gleichgestellten Personen (§ 1 Abs. 2 HAG; vgl. Richardi BetrVG/*Richardi* Rn. 140). 313

11. Nicht-Arbeitnehmer nach allgemeinen Grundsätzen

Nach allgemeinen Grundsätzen gehören danach **nicht** zu den **ArbN** iSd BetrVG: **Beamte** und Beamtenanwärter, ArbN des öffentlichen Dienstes (für sie gelten die PersVG; aber → Rn. 316ff.) sowie **Soldaten** (→ Rn. 318); diese Personengruppen gelten aber als ArbN iSd BetrVG, wenn sie in Betrieben privatrechtlich organisierter Unternehmen tätig sind (§ 5 Abs. 1 S. 3). Zu Einzelheiten dieser Regelung → Rn. 316ff.; **nicht** zu den ArbN gehören desweiteren Personen, die kraft eines öffentlich-rechtlichen Zwangs beschäftigt werden, zB **Strafgefangene** (BAG 3.10.1978 – 6 ABR 46/76, AP BetrVG 1972 § 5 Nr. 18; *Christiansen* Betriebszugehörigkeit S. 100); Personen, die iRd **freiwilligen sozialen** oder **ökologischen Jahres** (s. §§ 3, 4 JFDG) tätig sind (BAG 12.2.1992 – 7 ABR 42/91, AP BetrVG 1972 § 5 Nr. 52; DKKW/*Trümner* Rn. 151; Richardi BetrVG/*Richardi* Rn. 151; Personen, die iRd **BFDG** tätig sind (s. §§ 1, 8, 10, 13 BFDG; ArbG Magdeburg 17.12.2015 – 6 BV 77/15, BeckRS 2016, 69150; Richardi BetrVG/*Richardi* Rn. 149; *Becker* NZA 2016, 923; *Leube* ZTR online 4.2012, 207ff.; *Klenter* AiB 2011, 656 [659, 662]; AiB 2013, 316ff.; *Tiedemann* NZA 2011, 602 [604]; **Entwicklungshelfer** (BAG 27.4.1977 – 5 AZR 129/76, AP BGB § 611 Entwicklungshelfer Nr. 1; Richardi BetrVG/*Richardi* Rn. 150). 314

Personen, die in einer **BQG** ausschließlich qualifiziert werden, gelten nicht als ArbN iSv § 5 (→ Rn. 152). **Ein-Euro-Jobber** sind ebenfalls keine ArbN (→ Rn. 155). 315

12. Beamte, Soldaten und Arbeitnehmer des öffentlichen Dienstes in Privatbetrieben

316 Beamte, die (zB bei Beurlaubung, Ausscheiden aus dem Beamtenverhältnis, Ruhestand, Nebentätigkeit) im Betrieb eines privatrechtlichen Unternehmens auf Grund eines **Arbeitsvertrages** tätig werden, sind ArbN (zu einem Nebeneinander von Beamten- und ArbVerh. BAG 27.6.2001 – 5 AZR 424/99, AP BGB § 611 Faktisches Arbeitsverhältnis Nr. 20).

317 **Beamte,** die zwar ohne einen Arbeitsvertrag mit dem Betriebsinhaber, jedoch im Rahmen ihres öffentlich-rechtlichen Dienstverhältnisses zu ihrem Dienstherrn im Wege der Abordnung, Überlassung (nach BAG 24.3.1993 – 4 AZR 291/92, AP TVG § 1 Tarifverträge Autokraft Nr. 1 findet das AÜG hier keine Anwendung) oder Zuweisung in den **Betrieb** eines privatrechtlich organisierten Unternehmens **eingegliedert** werden, gelten als dessen **ArbN** iSd BetrVG (Richardi BetrVG/*Richardi* Rn. 127; GK-BetrVG/*Raab* Rn. 74). Das stellt der durch Art. 9 des G zur Errichtung eines **Bundesaufsichtsamtes** für **Flugsicherung** und zur Änderung und Anpassung weiterer Vorschriften v. 29.7.2009 (BGBl. I S. 2424 [2429]) **angefügte S. 3** in Abs. 1 klar (BAG 5.12.2012 – 7 ABR 48/11, NZA 2013, 793).

318 Außer den **Beamten** bezieht der neue Abs. 1 S. 3 **Soldaten** der Bundeswehr und **ArbN des öffentlichen Dienstes** einschließlich der zu ihrer Berufsausbildung Beschäftigten ein, die in **Privatbetrieben** tätig, also in die Betriebsorganisation eingegliedert sind. Sie müssen so in die betriebliche Arbeitsorganisation eingebunden sein, dass der ArbGeb. das Weisungsrecht innehat und über den Einsatz nach Zeit und Ort entscheidet; er muss diese ArbGeb.-Funktion wenigstens im Sinne einer **aufgespaltenen ArbGeb.-Stellung** (→ Rn. 16a) teilweise ausüben; auf die Dauer der Überlassung kommt es nicht an (BAG 5.12.2012 – 7 ABR 17/11, NZA 2013, 690). Darauf, ob ihrem Einsatz rechtliche Bedenken entgegenstehen – weil zB die Eingliederung unter Verstoß gegen § 99 erfolgt ist –, kommt es jedenfalls so lange nicht an, wie es sich um einen zwischen der Dienststelle und dem privatrechtlich organisierten Unternehmen koordinierten, vom Beschäftigten akzeptierten Einsatz handelt (BAG 15.8.2012 – 7 ABR 34/11, NZA 2013, 107).

318a Die in **Abs. 1 S. 3** genannten **Beschäftigten** sind aktiv und passiv **wahlberechtigt** zum BR (BAG 12.9.2012 – 7 ABR 37/11, NZA-RR 2013, 197; 15.8.2012 – 7 ABR 24/11, BeckRS 2012, 75794; 15.8.2012 – 7 ABR 34/11, NZA 2012, 107; DKKW/*Trümner* Rn. 108; HaKo-BetrVG/*Kloppenburg* Rn. 23; GK-BetrVG/*Raab* Rn. 6, 90 ff.; HWGNRH/*Rose* Rn. 92; *Heise/Fedder* NZA 2009, 1069; *Thüsing* BB 2009, 2036; *Trümner* AiB 2009, 539; → § 7 Rn. 52 f.; → § 8 Rn. 28 ff.; **aA** *Löwisch* BB 2009, 2316 f.), sie bilden keine eigene Gruppe mit Sonderrechten, zählen bei den **Schwellenwerten** jedenfalls bei den **Organisationsvorschriften** mit (BAG 15.12.2011 – 7 ABR 65/10, NZA 2012, 519; 15.8.2012 – 7 ABR 34/11, NZA 2013, 107; 5.12.2012 – 7 ABR 17/11, NZA 2013, 690) und haben im Hinblick auf ihre Tätigkeit im Einsatzbetrieb die gleichen Rechte und Pflichten nach dem BetrVG wie die Stamm-ArbN und werden vom dortigen **BR vertreten** (BAG 15.12.2011 – 7 ABR 65/10, NZA 2012, 519) *Hayen* PR 2009, 384 [386 ff.]; *Trümner* AiB 2009, 539 [541]; **aA** *Löwisch* BB 2009, 2316 ff.).

318b Bei den **nicht** die **Organisation** betreffenden Vorschriften des G bedarf es in Fällen des drittbezogenen Personaleinsatzes und der aufgespaltenen ArbGeb.-Stellung nach BAG (5.12.2012 – 7 ABR 48/11, NZA 2013, 793) einer **differenzierten Beurteilung** der betriebsverfassungsrechtlichen Zuordnung der in Abs. 1 S. 3 genannten Beschäftigten. Diese habe zum einen die bereits erlassenen umfangreichen spezialgesetzlichen Regelungen zur betriebsverfassungsrechtlichen Behandlung des drittbezogenen Personaleinsatzes in den Privatisierungsgesetzen (→ Rn. 320 ff.) zu beachten. Zum anderen sei zu berücksichtigen, dass im BetrVG in unterschiedlichem Zusammenhang an den Begriff des ArbN angeknüpft wird.

Soweit diese Personengruppen **auch** in einer dienstrechtlichen oder arbeitsvertraglichen Beziehung zu einem **Dienstherrn** oder **öffentlichen ArbGeb.** stehen, verbleiben bei diesem idR Entscheidungsbefugnisse insbes. in beamtenspezifischen Personalangelegenheiten nach § 76 Abs. 1, § 78 Abs. 1 Nr. 3–5 und § 79 BPersVG oder den entspr. PersVG der Länder. Der Dienstherr hat bei Entscheidungen in diesen Angelegenheiten den **dortigen PersR** zu beteiligen (BAG 31.7.2014 – 2 AZR 407/13, BeckRS 2015, 65868; 9.6.2011 – 6 AZR 132/10, BeckRS 2011, 74719; BVerwG 16.4.2012 – 6 P 1/11, NZA-RR 2012, 610; sa *Kröll* AiB 2012, 193ff.; *Roetteken* PR 2011, 366ff.). Dieser vertritt ihm gegenüber die Interessen auch der in Privatbetrieben tätigen Beamten. Ihnen sollte daher ein doppeltes aktives und passives Wahlrecht sowohl zum PersR der Dienststelle als auch zum BR des Einsatzbetriebs eingeräumt werden (*Pröpper* ZBVR online 3/2011 S. 23ff.; s. die vergleichbaren spezialgesetzl. Regelungen in §§ 2, 3, 6 Abs. 1 BwKoopG, §§ 4–6 BWpVerwPG. §§ 4–6 BfAIPG, § 4 BAFlSBAÜbnG; → § 7 Rn. 10f.; der entgegenstehende § 13 Abs. 2 S. 4 BPersVG ist nicht mehr zeitgemäß und aufzuheben). Soweit der private ArbGeb. entscheiden kann, ist der dortige BR zuständig (BAG 23.6.2009 – 1 ABR 30/08, NZA 2009, 1162) und vertritt die Interessen der zugewiesenen Beamten und ArbN (BAG 9.6.2011 – 6 AZR 132/10, BeckRS 2011, 74719; s. zum Ganzen die Ausführungen zu → § 99 Rn. 299ff.; → § 33 Rn. 30a–d, die entspr. gelten). Für eine sinnvolle Interessenvertretung der überlassenen Beamten, Soldaten und ArbN in derartigen Angelegenheiten ist eine Verzahnung der Beteiligung des PersR und des BR angebracht (entspr. → § 99 Rn. 334 iVm → Rn. 311 mwN). 319

Die Regelung in Abs. 1 S. 3 gilt **allgemein** für alle Privatisierungsgesetze und -vorhaben, die keine eigene betriebsverfassungsrechtliche Regelung vorsehen (zB **Bundesdruckerei** GmbH). Soweit für bestimmte Bereiche oder Unternehmen **spezialgesetzliche Regelungen** bestehen, **gehen** diese **vor** (so für das KooperationG der Bundeswehr – → Rn. 322 – BAG 4.5.2011 – 7 ABR 3/10, NZA 2011, 1373 mAnm *Engels* AP BetrVG 1972 § 99 Nr. 138; *Heise/Fedder* NZA 2009, 1069 [1071]; *Trümner* AiB 2009, 539 [540]). Sie sehen vor allem in unterschiedlicher Ausgestaltungen ergänzende Regelungen vor, die sicherstellen, dass die für das Letztentscheidungsrecht des Dienstherrn relevanten statusberührenden Maßnahmen (zB Beförderungen) weiter von der Stammdienststelle der Beamten und Soldaten vorgenommen werden. Für die öffentlich-rechtlich verfassten Dienststellen gilt nicht das BetrVG (s. § 130), sondern Personalvertretungsrecht. Die wichtigsten Spezialregelungen sind folgende: 320

Im Rahmen der Privatisierung der **Deutschen Bundesbahn** (s. *Burkert/Huschenbett* PersR 2010, 468ff.) und der **Deutschen Bundespost** ist klargestellt worden, dass die bei der DBAG bzw. bei den Postunternehmen (Deutsche Post AG, Deutsche Postbank AG, Deutsche Telekom AG) tätigen Beamten als ArbN iSd BetrVG gelten (§ 19 Abs. 1 DBGrG, § 24 Abs. 2 PostPersRG); außerdem sind Sonderregelungen für die Vertretung der Beamten geschaffen worden (vgl. § 17 DBGrG, dazu *Engels/Müller/Mauß* DB 1994, 473 [478]; *Engels/Mauß-Trebinger* RdA 1997, 217ff.; *Lorenzen* PersVertr. 1994, 145; §§ 26ff. PostPersRG; → § 99 Rn. 303ff., 316ff.). Eine erneute Klarstellung ist im **Ersten G zur Änderung des PostPersRG** v. 9.11.2004 (BGBl. I S. 2774) erfolgt. In dessen § 24 Abs. 3 nF wird bestimmt, dass die von den Post-AGn ihren Tochter-, Enkel- und Beteiligungsgesellschaften zugewiesenen Beamten dort als ArbN iSd BetrVG gelten (*Engels* ArbuR 2009, 10 [74f.]; *Stiller* ZBVR 2004, 237; → § 99 Rn. 327ff.). 321

Das **KooperationsG der Bundeswehr** v. 30.7.2004 (BGBl. I S. 2027) regelt den langfristigen Einsatz von Beamten, Soldaten und ArbN in privatrechtlich organisierten Betrieben von Kooperationspartnern und bestimmt in § 6 Abs. 1, dass die zugewiesenen **Beamten, Soldaten** und ArbN als **ArbN** des Kooperationsbetriebs gelten und als solche das aktive und passive **Wahlrecht zum BR** haben (BAG 4.5.2011 – 7 ABR 3/10, NZA 2011, 1373 mAnm *Engels* AP BetrVG 1972 § 99 Nr. 138; *Engels* ArbuR 2009, 10 [75]; *Albrecht* AiB 2012, 223 [224];→ § 99 Rn. 332ff.; s. ferner BVerwG 14.12.2009 – 6 P 16/08, NZA-RR 2010, 274). 322

323 Nach § 5 des **Bundeswertpapierverwaltungspersonalgesetzes** v. 12.7.2006 (BGBl. I S. 1469) gelten die **Beamten** und ArbN des Bundesamtes für zentrale Dienste und offene Vermögensfragen, die in der **BRD-Finanzagentur GmbH** eingesetzt werden, als **ArbN** der GmbH und sind als solche aktiv und passiv **wahlberechtigt** zum **BR** (vgl. *Engels* ArbuR 2009, 10 [75]; → § 99 Rn. 337ff.).

324 Das G über das **Personal der Bundesagentur für Außenwirtschaft** v. 8.12.2008 (BGBl. I S. 2370) bestimmt in seinem § 5 iVm § 2 Abs. 1, dass die der Germany Trade and Invest – **Gesellschaft für Außenwirtschaft und Standortmarketing mbH** zugewiesenen **Beamten** und ArbN als deren ArbN gelten und als solche das aktive und passive Wahlrecht zum dortigen BR haben (→ § 99 Rn. 339ff.).

325 Der durch Art. 8 des G zur Errichtung eines Bundesaufsichtsamtes für Flugsicherung und zur Änderung und Anpassung weiterer Vorschriften v. 29.7.2009 (BGBl. I S. 2424 [2429]) neu geschaffene **§ 4** des G zur **Übernahme der Beamten** und ArbN der **Bundesanstalt für Flugsicherung** bestimmt, dass die dauerhaft bei der **DFS Deutsche Flugsicherung GmbH** eingesetzten Beamten und ArbN als deren ArbN gelten und aktiv und passiv wahlberechtigt zum dortigen BR sind (BT-Drs. 16/11608, 20f.; → § 99 Rn. 341ff.).

IV. Einschränkung des Arbeitnehmerbegriffs nach Abs. 2

326 Die Bestimmung des Abs. 2 zählt einzelne Personengruppen auf, die nicht als ArbN iSd BetrVG gelten (vgl. Richardi BetrVG/*Richardi* Rn. 3). Zumeist (insbes. Beschäftigte nach Nr. 1, 2, 5, aber regelmäßig auch nach Nr. 3 u. 4) handelt es sich um Personen, die schon nach allgemeinem Arbeitsrecht nicht zu den ArbN gehören, aber der Deutlichkeit halber bes. genannt werden.

1. Vertreter juristischer Personen

327 Ist der Unternehmer eine juristische Person, so sind die Mitgl. des Organs, das zur gesetzl. Vertretung der juristischen Person befugt ist, nicht ArbN iSd G, auch wenn sie in einem ArbVerh. stehen (zur Frage Organmitglied und ArbNstatus *Gehlhaar* NZA-RR 2009, 569ff.; *v. Hoyningen-Huene* NJW 2000, 3233ff.; *Nägele* BB 2001, 305ff.; BAG 10.4.1991 – 4 AZR 467/90, AP BGB § 611 Abhängigkeit Nr. 54; 13.5.1996 – 5 AZB 27/95, AP ArbGG 1979 § 5 Nr. 27; 6.5.1999 – 5 AZB 22/98, AP ArbGG 1979 § 5 Nr. 46, DB 1999, 1811; zur Vorgesellschaft → Rn. 330), dh bei

Vereinen (nach §§ 21 u. 22 BGB): die Vorstandsmitgl. (§ 26 BGB; wird der ArbN eines Vereins Vorstandsmitgl. und ein Dienstvertrag mit höheren Bezügen abgeschlossen, wird das bisherige ArbVerh. im Zweifel aufgehoben, BAG 28.9.1995 – 5 AZB 4/95, AP ArbGG 1979 § 5 Nr. 24); ist ein Sondervertr. nach § 30 BGB bestellt, so sind trotzdem auch die Vorstandsmitgl. nicht ArbN; bei Liquidation: die Liquidatoren (§ 48 BGB);

Stiftungen: die Mitgl. des nach dem Stiftungsgeschäft bestellten gesetzl. Vertretungsorgans (§§ 85, 86 BGB);

AktG: Die Vorstandsmitgl. (§ 78 AktG); bei Abwicklung: die Abwickler (§ 269 AktG); zur Vereinb. eines ArbVerh. bei Beendigung d. Organstellung BAG 26.8.2009 – 5 AZR 522/08, NZA 2009, 1205;

KG auf Aktien: die Komplementäre nach Maßgabe des Gesellschaftsvertrages (§ 278 Abs. 2 AktG). Unerheblich ist dabei eine Beschränkung der Vertretungsmacht eines Komplementärs, solange dieser nicht vollständig von der Vertretung ausgeschlossen ist;

GmbH: die Geschäftsführer (§ 35 Abs. 1 GmbHG); sie können aber grundsätzlich in einem ArbVerh. zur GmbH stehen (BAG 21.1.2019 – 9 AZB 23/18, NZA 2019, 490; 17.1.2017 – 9 AZR 76/16, BeckRS 2017, 106799 mwN; hat ein Geschäftsführer einen Arbeitsvertrag mit dem herrschenden Unternehmen, ist dies bez. Organstellung bei GmbH unerheblich, BAG 20.10.1995 – 5 AZB 5/95, AP ArbGG 1979 § 2 Nr. 36; unterbleibt Bestellung zum Geschäftsführer, wird Dienstnehmer nicht automatisch ArbN, BAG 25.6.1997 – 5 AZB 41/96, AP ArbGG 1979 § 5 Nr. 36; bei Abwicklung: die Liquidatoren (grds. die Geschäftsführer, § 66 GmbHG); wird ein ArbN zum Geschäftsführer bestellt, ist zu vermuten, dass mit Abschluss des Geschäftsführer-Dienstvertrags das ursprüngliche ArbVerh. konkludent aufgehoben wird (BAG 3.2.2009 – 5 AZB 100/08, NZA 2009, 669; 14.6.2006 – 5 AZR 592/05, AP ArbGG 1979 § 5 Nr. 62; 19.7.2007 – 6 AZR 774/06, AP GmbHG § 35 Nr. 18; zum Ganzen *Alventsleben/Haug/Schnabel* BB 2012, 774 ff.; *Stück* GmbHR 2006, 1009 ff.; *Kempermann* ArbRAktuell 2016, 201 ff.; *Schrader/Schubert* DB 2005, 1457; *Schrader/Schubert* BB 2007, 1617 ff.; *Stagat* DB 2010, 2801; *Wank/Maties* NZA 2007, 353 ff.; zur EuGH-Rspr. betr. Geschäftsführer als ArbN *Commandeur/Kleinebrink* NZA-RR 2017, 449 ff.); der Geschäftsführerdienstvertrag erfüllt auch das Schriftformerfordernis des § 623 BGB für die Auflösung des Arbeitsvertrags zwischen den gleichen Vertragsparteien (BAG 24.10.2013 – 2 AZR 1078/12, NZA 2014, 540; 3.2.2009 – 5 AZB 100/08, NZA 2009, 669). Mit Verlust der Organstellung als Geschäftsführer wandelt sich der zugrunde liegende Anstellungsvertrag (Geschäftsführerdienstvertrag) nicht (wieder) – jedenfalls nicht ohne Weiteres – in einen Arbeitsvertrag um (BAG 5.6.2008 – 2 AZR 754/06, AP BGB § 626 Nr. 211).

VersVereinen: die Vorstandsmitgl. (§ 188 VAG); während der Liquidation: die Liquidatoren;

Genossenschaften: die Vorstandsmitgl. (§ 24 GenG); während der Liquidation: die Liquidatoren (§ 88 GenG).

Bei **Insolvenz** einer juristischen Person ist gesetzlicher Vertreter der Insolvenzverwalter (vgl. § 80 InsO). 327a

Besteht das zur gesetzl. Vertretung berufene Organ nur aus einer Person, so ist sie als einziges OrganMitgl. nicht ArbN iSd Betriebsverfassung. Die Anteilseigner einer juristischen Person (Aktionäre) und ihre ARMitgl. können jedoch deren ArbN sein. Einfache Genossenschaftsmitgl., die in Betrieben der Erwerbs- und Wirtschaftsgenossenschaften beschäftigt sind, rechnen zu den ArbN. 328

Zur ArbNEigenschaft von (GmbH-)Gesellschaftern BAG 28.11.1990 – 4 AZR 198/90, AP TVG § 1 Tarifverträge Bau Nr. 137; *Loritz* RdA 1992, 310 ff.; *Staab* NZA 1995, 608. 329

2. Mitglieder von Personengesamtheiten

Ist der ArbGeb. eine **Personengesamtheit,** so gelten **nur die Personen** nicht als ArbN des Betriebes (des Unternehmens), die kraft Gesetzes, Satzung oder Gesellschaftsvertrags **zur Vertretung** oder Geschäftsführung der Personengesamtheit **berufen** sind (diese Grundsätze gelten auch für juristische Personen im Gründungsstadium, die als Vorgründungs- bzw. **Vorgesellschaften** noch Personengesamtheiten sind). Dies sind bei der 330

Offene Handelsgesellschaft: Alle oder einzelne Gesellschafter (§§ 114, 125 HGB).

Partnerschaftsgesellschaft: alle Partner (§ 6 Abs. 2, 3 PartGG iVm §§ 114 HGB; § 7 Abs. 3 iVm 125 Abs. 1, 3, 4 HGB);

Gesellschaft bürgerlichen Rechts: alle oder einzelne Gesellschafter (§§ 709, 710, 714 BGB);

Kommanditgesellschaft: die persönlich haftenden Gesellschafter (Komplementäre) (§§ 164, 170 HGB); da bei einer GmbH & Co. KG persönlich haftende Gesellschafterin die GmbH ist, zählt deren Geschäftsführer nicht zu den ArbN (anders bei nur förmlicher Bestellung eines Gesamtprokuristen zum Mitgeschäftsführer BAG 13.7.1995 – 5 AZB 37/94, AP ArbGG 1979 § 5 Nr. 23);

Erbengemeinschaft: alle Miterben (§ 2038 Abs. 1 BGB);

eheliche Gütergemeinschaft: einer der Ehegatten (wenn ausdrücklich vereinbart) oder beide Ehegatten (§ 1421 BGB);

nicht rechtsfähiger Verein (zB Gewerkschaft): der Vereinsvorstand (§§ 54, 26 BGB entspr.).

331 Bei den nicht zur Vertretung oder zur Geschäftsführung berufenen Mitgl. einer Personengesamtheit dürfte im Allgemeinen, wenn sie im Betrieb beschäftigt sind, der ArbN-Charakter überwiegen. Im Einzelfall kann zweifelhaft sein, ob sie lediglich in einem Gesellschafterverhältnis oder in einem ArbVerh. zur Personengesamtheit stehen. Entscheidend ist, ob der eine Vertragspartner dem anderen gegenüber weisungsberechtigt ist und damit die Stellung des ArbGeb. einnimmt (LAG Brem 29.3.1957 – II Sa 5/57, AP BGB § 611 Arbeits- und Gesellschaftsverhältnis Nr. 1; DKKW/*Trümner* Rn. 169; Richardi BetrVG/*Richardi* Rn. 180).

3. Beschäftigung aus karitativen oder religiösen Gründen

332 Eine vorwiegend durch Beweggründe karitativer oder religiöser Art bestimmte Beschäftigung üben zB **Mönche, Ordensschwestern** und **Diakonissen** aus (*Christiansen* Betriebszugehörigkeit S. 138). Bei ihnen spielen Erwerbsgründe keine Rolle, da ihre Versorgung sichergestellt ist durch die religiöse Gemeinschaft, in die sie aufgenommen sind (GK-BetrVG/*Raab* Rn. 143; Richardi BetrVG/*Richardi* Rn. 191 f.; **aA** DKKW/*Trümner* Rn. 180 bei Tätigkeit außerhalb ihrer Gemeinschaft).

333 **Nicht** unter Nr. 3 fallen alle anderen **Krankenschwestern,** die Mitglied in einem **weltlichen Schwesternverband** sind wie zB Caritas-Verband, Innere Mission, Deutsches Rotes Kreuz, Bund freier Schwestern, Arbeiterwohlfahrt (umstr.; wie hier DKKW/*Trümner* Rn. 182; jedenfalls für Gastschwestern HaKo-BetrVG/*Kloppenburg* Rn. 115; Richardi BetrVG/*Richardi* Rn. 193; *Mestwerdt* NZA 2014, 281 ff.; **aA** zu DRK-Schwestern BAG → Rn. 334; diff. GK-BetrVG/*Raab* Rn. 145 ff., *Christiansen* Betriebszugehörigkeit S. 140 f.). Religiös-sittliche oder karitative Gesichtspunkte sind zwar Wesensbestandteil der Tätigkeit jeder Krankenschwester. Daneben aber gehen sie einem **echten Erwerbsberuf** nach, aus dessen Einkünften sie ihren eigenen Lebensunterhalt und vielfach auch den ihrer Familie bestreiten. Sie sind nicht wie die Ordensschwestern und Diakonissen durch eine religiöse Bindung geprägt. Ihre Vergütung entspricht weitgehend den tariflichen Sätzen. Die weltlichen Krankenschwestern sind daher **ArbN** sowohl iSd allgemeinen Arbeitsrechts wie auch des BetrVG und fallen nicht unter Nr. 3.

334 Dagegen **verneint** das **BAG** in stRspr die **ArbNEigenschaft** von **Rote-Kreuz-Schwestern,** unabhängig davon, ob sie in einem Krankenhaus des DRK beschäftigt sind oder auf Grund eines Gestellungsvertrages im Krankenhaus eines Dritten tätig sind (BAG 3.6.1975 – 1 ABR 98/74, AP BetrVG 1972 § 5 Rotes Kreuz Nr. 1; 20.2.1986 – 6 ABR 5/85, AP BetrVG 1972 § 5 Rotes Kreuz Nr. 2; 6.7.1995 – 5 AZB 9/93, NZA 1996, 33; 18.3.2015 – 7 ABR 42/12, NZA 2015, 1145; zur Anwendbarkeit des § 99 auf Einstellung, Eingruppierung und Versetzung eines Mitgl. der DRK-Schwesterschaft → § 99 Rn. 33a, 62, 132a). Die Entscheidungen beruhen auf dem Gedanken der **Verbandszugehörigkeit** der Schwestern zum Deutschen Roten Kreuz. Neben einer alle maßgebenden Rechte und Pflichten umfassenden Mitgliedschaft soll ein **ArbVerh. nicht begründet** werden können. An dieser Rspr. hält das BAG auch in seiner neuesten Entscheidung (21.2.2017 – 1 ABR 62/12, NZA 2017, 662) zur Frage der ArbNÜberlassung von DRK-Schwestern (→ Rn. 244) fest.

334a Das ist **nicht überzeugend.** Mitgl. der DRK-Schwesternschaft sind laut Vereinssatzung zur Leistung weisungsgebundener, fremdbestimmter Arbeit verpflichtet und haben dafür Anspruch auf eine übliche Vergütung. Erreichen vereinsrechtliche Mitgliedschaftspflichten die Verdichtung eines Beschäftigungsverh. in persönlicher Abhängigkeit, so besteht **neben** einer **Vereinsmitgl.-Schaft** ein **ArbVerh.,** für das die allgemeinen Schutzvorschriften des Arbeitsrechts gelten (*Mestwerdt* NZA 2014, 281 [283 f.]). Es können also sehr wohl ArbVerh. und Mitgliedschaftsverhältnis zu einem Schwesternverband grds. selbständig nebeneinander stehen; beides schließt sich gegenseitig nicht aus (sa DKKW/*Trümner* Rn. 182 ff.).

Das **BAG** (21.2.2017 – 1 ABR 62/12, NZA 2017, 662) hat **nunmehr** für die Tätigkeit von DRK-Schwestern im Rahmen von **Gestellungsverträgen** unter Beachtung der im Vorabentscheidungsverfahren erfolgten Vorgaben des EuGH (17.11.2016 – C-216/15, NZA 2017, 41) folgendes entschieden (→ Rn. 244): Wird eine **DRK-Schwester,** die als Mitglied einer DRK-Schwesternschaft angehört, von dieser in einem von einem Dritten betriebenen Krankenhaus eingesetzt, um dort nach dessen Weisungen gegen Entgelt tätig zu sein, handelt es sich um **ArbNÜberlassung** (zustimmend *Mestwerdt* ArbRAktuell 2017, 8; ablehnend *Bauer* ArbRAktuell 2016, 601). Die DRK-Schwestern sind dort als LeihArbN tätig und haben als solche grundsätzlich die ArbNRechte und -Pflichten nach dem AÜG (→ Rn. 250 ff.). Allerdings gelten für ihre Gestellung nicht die Regelungen über die Überlassungshöchstdauer gem. § 1 Abs. 1 S. 4 und Abs. 1b AÜG (s. § 2 Abs. 4 DRK-Gesetz nF). Folglich können sie zeitlich unbegrenzt überlassen werden (BT-Ausschuss-Drs. 18(11)1066 S. 1 f., 20). 334b

Das Bestehen eines ArbVerh. zwischen sog **Gastschwestern** und der Schwesternschaft (nicht zum jeweiligen Krankenhausträger; zur betriebsverfassungsrechtl. Stellung der Gastschwestern in einem von der Schwesternschaft mit betriebenen Krankenhaus BAG 14.12.1994 – 7 ABR 26/94, AP BetrVG 1972 § 5 Rotes Kreuz Nr. 3; → § 7 Rn. 80) wird hingegen vom **BAG** bejaht (BAG 4.7.1979 – 5 AZR 8/78, AP BGB § 611 Rotes Kreuz Nr. 10; 14.12.1994 – 7 ABR 26/94, AP BetrVG 1972 § 5 Rotes Kreuz Nr. 3). Maßgebend ist hier nicht die karitative Bestimmung des Tendenzbetriebes (→ § 118 Rn. 5), sondern die Tätigkeit des einzelnen ArbN (vgl. *Kohte* BlStR 1983, 129). 335

4. Beschäftigung aus medizinischen oder erzieherischen Gründen

Ausgenommen sind ferner die vorwiegend zu ihrer **Heilung, Wiedereingewöhnung** Beschäftigten, zB Kranke, Körperbehinderte, Alkoholiker, Rauschgiftsüchtige, Geisteskranke, Nichtsesshafte, soweit sie in Anstalten oder sonst aus arbeitstherapeutischen Gründen beschäftigt werden (BAG 25.10.1989 – 7 ABR 1/88, AP BetrVG 1972 § 5 Nr. 40; 15.3.2006 – 7 ABR 39/05, BeckRS 2008, 54162). 336

Hierzu zählen auch die nach § 74 SGB V zur Wiedereingliederung Beschäftigten, die in einem Rechtsverhältnis eigener Art (Schwerpunkt Rehabilitation) zum ArbGeb. stehen (BAG 29.1.1992 – 5 AZR 37/91, AP SGB V § 74 Nr. 1; 19.4.1994 – 9 AZR 462/92, AP SGB V § 74 Nr. 2; Richardi BetrVG/*Richardi* Rn. 179; *Gitter* ZfA 1995, 123). 337

Erwerbsfähige Leistungsberechtigte, die nach **§ 16e oder § 16i SGB II** im Rahmen von befristeten sozialversicherungspflichtigen Beschäftigungsverhältnissen beschäftigt werden, fallen **nicht** unter **Nr. 4** (so zur früheren Regelung des § 19 BSHG BAG 5.4.2000 – 7 ABR 20/99, AP BetrVG 1972 § 5 Nr. 62; BAG 5.10.2000 – 1 ABR 14/00, AP BetrVG 1972 § 106 Nr. 16 ausdrücklich für Fälle des § 19 Abs. 2 S. 1 Alt. 1 BSHG aF mAnm *Schneider* AiB 2001, 226). Sie werden nicht zu ihrer Wiedereingewöhnung mit dem Ziel der Rehabilitation oder Resozialisierung tätig, sondern um eine Wiedereingliederung in den normalen Arbeitsmarkt nach längerer Beschäftigungslosigkeit zu erreichen. Sie sind **ArbN** (→ Rn. 154; zur Frage der Wahlberechtigung, die davon abhängt, ob diese Beschäftigten nicht nur Gegenstand des Betriebszwecks sind, s. BAG 5.4.2000 – 7 ABR 20/99, AP BetrVG 1972 § 5 Nr. 62; → Rn. 291 ff., 298; → § 7 Rn. 7). Dagegen sind erwerbsfähige Leistungsberechtigte mit sog **Ein-Euro-Jobs keine ArbN** iSd BetrVG (→ Rn. 155). 338

339 **Berufliche Rehabilitanden** iSd **§ 112 SGB III** fallen nicht unter Nr. 4; sie werden nicht zu ihrer Wiedereingliederung beschäftigt, sondern sollen erstmals befähigt werden, trotz ihrer Behinderung am Arbeitsmarkt teilzunehmen (BAG 13.5.1992 – 7 ABR 72/91, AP BetrVG 1972 § 5 Ausbildung Nr. 4).

340 Werden Leistungen zugunsten **beruflicher Rehabilitanden** in **Berufsbildungswerken,** Berufsförderungswerken und vergleichbaren Einrichtungen der beruflichen Rehabilitation ausgeführt, so werden diese Rehabilitanden nicht in den Betrieb der Einrichtung eingegliedert; sie sind keine ArbN iSd BetrVG (so § 52 SGB IX; → Rn. 301). Sie fallen unter Nr. 4.

341 Ob behinderte Menschen in einer **Werkstatt für behinderte Menschen** nach § 219 SGB IX und der dazu erlassenen WMVO ArbN sind, hängt davon ab, ob mit ihnen ein Berufsausbildungsvertrag, ein Vertrag iSd § 26 BBiG oder gar ein normaler Arbeitsvertrag abgeschlossen wird. Dann sind sie ArbN iSd BetrVG. Wird mit ihnen ein Werkstattvertrag nach § 221 Abs. 1 SGB IX abgeschlossen, sind sie arbeitnehmerähnliche Personen (NPWJ SGB IX/*Pahlen* SGB IX § 221 Rn. 12), für die das BetrVG nicht gilt (→ Rn. 92; GK-BetrVG/*Raab* Rn. 154; Richardi BetrVG/*Richardi* Rn. 195).

342 Ausgenommen nach Nr. 4 sind ferner Personen, die vorwiegend zu ihrer sittlichen Besserung oder **Erziehung** beschäftigt werden, zB **Strafgefangene** (keine ArbN: BAG 24.4.1969 – 5 AZR 438/68, AP ArbGG 1953 § 5 Nr. 18; BAG 3.10.1978 – 6 ABR 46/76, AP BetrVG 1972 § 5 Nr. 18), es sei denn, dass sie nach § 39 StVollzG mit einem Dritten ein „freies Beschäftigungsverhältnis" eingehen, unter der Obhut des Jugendamtes stehende Jugendliche (vgl. § 42 SGB VIII) sowie Sicherungsverwahrte nach § 66 StGB in den Unterbringungsanstalten, soweit sie nicht in einem ArbVerh. stehen (DKKW/*Trümner* Rn. 197; GK-BetrVG/*Raab* Rn. 123).

5. Familienangehörige des Arbeitgebers

343 Auch wenn ein echtes ArbVerh. besteht, gelten der **Ehegatte,** nunmehr auch der **Lebenspartner** iSd des G zur Beendigung der Diskriminierung gleichgeschlechtlicher Gemeinschaften: Lebenspartnerschaften (s. dessen Art. 3 § 40), die **Eltern und Kinder** (auch nichteheliche Kinder) des ArbGeb. **nicht als ArbN** iSd BetrVG. Voraussetzung ist, dass sie mit dem ArbGeb. in häuslicher Gemeinschaft (Wohnen, Schlafen, Kochen) leben (DKKW/*Trümner* Rn. 200; GK-BetrVG/*Raab* Rn. 155 ff.; Richardi BetrVG/*Richardi* Rn. 196).

344 Mit „ArbGeb." iSd Bestimmung ist eine natürliche Person gemeint; nur mit natürlichen Personen ist häusliche Gemeinschaft möglich. Eine entspr. Anwendung auf Familienangehörige von Mitgl. des zur gesetzl. Vertretung berufenen Organs einer juristischen Person ist möglich (GK-BetrVG/*Raab* Rn. 158; Richardi BetrVG/*Richardi* Rn. 197; **aA** DKKW/*Trümner* Rn. 202). Entspr. genügt auch das Verwandtschaftsverhältnis zu einem Mitgl. einer Personengesamtheit, soweit Vertretungs- oder Geschäftsführungsbefugnis besteht (→ Rn. 330).

345 Ein **Verlöbnis** mit dem ArbGeb. schließt die ArbN-Eigenschaft nicht aus (DKKW/*Trümner* Rn. 201). Personen, die zu dem ArbGeb. in einem eheähnlichen Verhältnis stehen, fallen auch dann nicht unter Nr. 5, wenn sie in die häusliche Gemeinschaft aufgenommen sind (LAG Hamm 21.9.2001 – 10 Ta BV 52/01, DB 2002, 1332; GK-BetrVG/*Raab* Rn. 156; Richardi BetrVG/*Richardi* Rn. 198).

346 Bei einem **Verwandtschaftsverhältnis weiteren Grades** (zB Onkel-Neffe, Großeltern-Enkel) steht das BetrVG der Annahme der ArbNEigenschaft nicht entgegen. Es kommt im Einzelfall darauf an, ob nur ein familienrechtliches oder ein ArbVerh. besteht. Diese Frage ist nach allgemeinen arbeitsrechtlichen Gesichtspunkten zu prüfen (GK-BetrVG/*Raab* Rn. 157; Richardi BetrVG/*Richardi* Rn. 199).

V. Leitende Angestellte

1. Allgemeines

a) Gesetzliche Regelungen

347 Leitende Ang. sind **ArbN** im allgemeinen arbeitsrechtlichen Sinn. Sie sind auf Grund eines privatrechtlichen Vertrages im Dienste eines anderen (ArbGeb.) zur Leistung fremdbestimmter Arbeit in persönlicher Abhängigkeit verpflichtet (→ Rn. 17, 39ff.). Ihre Aufgaben erfüllen sie auf Grund eines **„Arbeitsvertrages"**, wie § 5 Abs. 3 S. 2 ausdrücklich feststellt. Sie gehören jedoch nicht zu den **„im Betrieb tätigen Personen"** iSv § 75 Abs. 1 (→ § 75 Rn. 15).

348 Das BetrVG findet auf diese Gruppe von ArbN keine Anwendung, soweit im G selbst nicht ausdrücklich etwas anderes bestimmt ist (vgl. §§ 105, 107 u. 108). Das G muss deshalb für seinen **Anwendungsbereich** bestimmen, wer zum Kreis der leitenden Ang. gehört. Dies ist in § 5 Abs. 3 S. 2 geschehen.

349 Die gesetzl. Definition in § 5 Abs. 3 S. 2 gilt zunächst nur für das BetrVG. **Andere arbeitsrechtliche G** enthalten für ihren Anwendungsbereich Beschreibungen eines Personenkreises, der mit dem der leitenden Ang. iSv § 5 Abs. 3 S. 2 BetrVG zum Teil, aber nicht völlig übereinstimmt: §§ 14, 17 Abs. 5 Nr. 3 KSchG; § 22 Abs. 2 Nr. 2 ArbGG. Die unterschiedlichen Abgrenzungen beruhen auf dem jeweiligen Zweck der G.

350 In weiteren G wird auf die Begriffsbestimmung des § 5 Abs. 3 S. 2 **verwiesen,** so zB im **MitbestG** (§ 3 Abs. 1 Nr. 2), **DrittelbG** (§ 3 Abs. 1) und im **SprAuG** (§ 1 Abs. 1). Für die Anwendungsbereiche dieser G ist deshalb der Kreis der leitenden Ang. identisch (vgl. zum MitbestG WKS/*Wißmann* MitbestG § 3 Rn. 41; WKS/*Kleinsorge* DrittelbG § 3 Rn. 3).

351 Der **Status** eines Ang. – leitender Ang. oder nicht – kann jederzeit **im arbeitsgerichtlichen BeschlVerf. geklärt** werden (→ Rn. 462ff.). Für die Zuordnung eines Ang. aus Anlass der Wahlen zu den Interessenvertretungen sieht **§ 18a** ein **bes. Zuordnungsverfahren vor.** Dieses Verfahren gilt nur **für die Wahlen** zu den Interessenvertretungen. Diese Zuordnung erzeugt keine endgültige Rechtswirkung, sie hat keine konstitutive Bedeutung (BAG 25.2.1997 – 1 ABR 69/96, AP BetrVG 1972 § 87 Arbeitszeit Nr. 72). Eine andere Beurteilung des Status eines Ang. ist in allen Fällen möglich, in denen es auf diesen Status ankommt, zB Anhörung der jeweiligen Interessenvertretung vor Ausspruch von Kündigungen (vgl. *Engels/Natter* BB 1989 Beil. 8, 13; *Müller* DB 1989, 824 [831]).

352 Wenn in Privatunternehmen oder -betrieben **Beamte** oder **Soldaten** tätig sind (→ Rn. 316ff.), die die Kriterien des Abs. 3 S. 2 erfüllen, gelten sie **als leitende Ang.** Das stellt Abs. 3 S. 3 ausdrücklich fest (so speziell für Bahn § 19 Abs. 1 DBGrG, Post §§ 24 Abs. 2 S. 2, 36 Abs. 2 PostPersRG, Bundeswehr § 6 Abs. 2 KooperationsG, für Bundeswertpapierverwaltung § 5 Abs. 2 BWpVerwPG, für die Germany Trade and Invest-Gesellschaft für Außenwirtschaft und Standortmarketing mbH § 5 Abs. 2 BfAIPG, für die DFS Deutsche Flugsicherung GmbH § 4 Abs. 2 S. 2 BAFlSBAÜbnG).

b) Bedeutung der Abgrenzung

353 Die Zuordnung eines Ang. entweder zum Kreis der leitenden Ang. oder zu den ArbN des Betriebes, für die der **BR zuständig** ist, ist von großer Bedeutung. Für alle Angelegenheiten, die nur einen leitenden Ang. oder nur die Gruppe der leitenden Ang. betreffen, ist der BR nicht zuständig. Da das G auf die leitenden Ang. im Allgemeinen keine Anwendung findet, gehören sie auch **nicht zu** den **wahlberechtigten oder wählbaren ArbN** (§§ 7, 8). Bei allen Bestimmungen, die auf die Zahl der ArbN abstellen (zB §§ 1, 9, 38, 99, 111) zählen sie nicht mit.

354 Die Abgrenzung hat für die Betriebe und Unternehmen, in denen die **leitenden Ang. eigene Interessenvertr.** wählen, noch an Bedeutung gewonnen. Sprecherausschüsse können in Betrieben (§ 1 SprAuG) oder Unternehmen (§ 20 SprAuG) gebildet werden. Dann ist entweder der Sprecherausschuss für Angelegenheiten zuständig, die einen leitenden Ang. oder die Gruppe der leitenden Ang. betreffen, oder der BR für alle übrigen ArbN. So muss zB der ArbGeb. vor Ausspruch einer Kündigung den Sprecherausschuss hören, wenn der zu kündigende ArbN ein leitender Ang. ist (§ 31 Abs. 2 SprAuG); handelt es sich um einen Ang. iSd BetrVG, ist der BR zu hören (§ 102 Abs. 1 BetrVG). In Zweifelsfällen wird der ArbGeb. zweckmäßig beide Vertr. anhören (→ § 105 Rn. 1).

c) Zweck der gesetzlichen Regelung

355 Die Sonderregelung für leitende Ang. hat ihre Ursache in dem natürlichen **Interessengegensatz** zwischen dem ArbGeb. (Unternehmer) und den ArbN des Betriebes. Der ArbGeb. verfolgt in erster Linie wirtschaftliche Interessen. Er verfügt über den Einsatz der Produktionsmittel; die ArbN sind persönlich und wirtschaftlich abhängig. Sie bedürfen des Schutzes. Der BR vertritt ihre Interessen. Er will sozialverträgliche Arbeitsbedingungen. Das **BetrVG** ist **Schutzgesetz** zugunsten aller und einzelner ArbN des Betriebes.

356 In Groß- und Mittelbetrieben werden die unternehmerischen Aufgaben leitenden Ang. übertragen. Diese haben zwar auch spezifische ArbNInteressen. Sie unterscheiden sich von den übrigen ArbN aber dadurch, dass sie im Unternehmen typische **Unternehmeraufgaben mit einem eigenen erheblichen Entscheidungsspielraum** wahrnehmen; sie müssen sich mit den Interessen des Unternehmers identifizieren. Sie können deshalb nicht gleichzeitig für den ArbGeb. (Unternehmer) handeln und den BR wählen oder zum BR gewählt werden. Sie können in ihrer Person den Interessengegensatz nicht austragen (BAG 29.1.1980 – 1 ABR 45/79, AP BetrVG 1972 § 5 Nr. 22; 23.1.1986 – 6 ABR 51/81, AP BetrVG 1972 § 5 Nr. 32).

357 Dieser Zweck der gesetzlichen Regelung ist bei der **Auslegung** der einzelnen Abgrenzungsmerkmale zu beachten (BAG 9.12.1975 – 1 ABR 80/73, AP BetrVG 1972 § 5 Nr. 11). Der Umstand, dass ein Ang. die Interessen des ArbGeb. gegenüber dem BR zu vertreten hat, ist ein Indiz für unternehmerische Funktionen, der Gegnerbezug ist aber kein Abgrenzungsmerkmal sondern nur Orientierungsmerkmal (BAG 23.1.1986 – 6 ABR 51/81, AP BetrVG 1972 § 5 Nr. 32; DKKW/*Trümner* Rn. 228).

d) Aufbau der gesetzlichen Regelung

358 § 5 Abs. 3 S. **1** bestimmt den persönlichen **Geltungsbereich** des BetrVG. **S. 2** enthält die Voraussetzungen, die erfüllt sein müssen, um leitender Ang. iSd BetrVG (und SprAuG) sein zu können **(Legaldefinition).** Nur dieser Satz enthält die entscheidenden Voraussetzungen. Deshalb wird im BetrVG (zB § 105) und im SprAuG auch nur auf die Definition in Abs. 3 verwiesen (vgl. § 1 Abs. 1 SprAuG), nicht auf Abs. 4 (GK-BetrVG/*Raab* Rn. 163; DKKW/*Trümner* Rn. 227; Richardi BetrVG/*Richardi* Rn. 213; *Engels/Natter* BB 1989 Beil. 8, 7). **Abs. 4** hat nur eine **Hilfsfunktion bei der Anwendung der Nr. 3,** enthält somit keine selbständige Begriffsbestimmung (BAG 22.2.1994 – 7 ABR 32/93, BeckRS 1994, 30747988).

359 § 5 Abs. 3 S. 2 nennt **alternativ drei Tatbestände,** die den Status eines leitenden Ang. begründen können. In **Nr. 1** wird die **typische ArbGeb.-Stellung** angesprochen (Berechtigung eines Ang. zur selbständigen Einstellung und Entlassung von ArbN). In **Nr. 2** wird der Ang. beschrieben, der im Rechtsverkehr kraft der gesetzl. umschriebenen Vollmacht (Prokura) für den ArbGeb. (Unternehmer) tätig wird, und dem im Innenverhältnis nicht unbedeutende Aufgaben übertragen wurden (formale **Unternehmerstellung**). In **Nr. 3** wird die **Hauptgruppe** der leitenden Ang. gekennzeichnet. In dieser Bestimmung kommt auch der Zweck der gesetzl. Regelung

deutlich zum Ausdruck. Es wird abgestellt auf die **Bedeutung der Aufgaben** und die Weisungsfreiheit (funktionale Abgrenzung; BAG 16.4.2002 – 1 ABR 23/01, NZA 2003, 56; 16.4.2002 – 1 ABR 24/01, BeckRS 2002, 30795486; 16.4.2002 – 1 ABR 25/01, BeckRS 2002, 30795494; *Leese* Leit. Angestellte S. 83, 85). Wie der Formulierung „sonstige Aufgaben" in Nr. 3 zu entnehmen ist, regeln die Nr. 1–3 nur unterschiedliche ArbGeb.-Funktionen, wobei die ihnen jeweils zugrundeliegenden unternehmerischen Aufgaben gleichwertig sind (BAG 16.4.2002 – 1 ABR 23/01, NZA 2003, 56; 16.4.2002 – 1 ABR 24/01, BeckRS 2002, 30795486; 16.4.2002 – 1 ABR 25/01, BeckRS 2002, 30795494).

Für jede dieser drei Alternativen müssen auch die in § 5 Abs. 3 S. 2 eingangs ge- **360** nannten Voraussetzungen erfüllt sein (s. BAG 10.10.2007 – 7 ABR 61/06, AP BetrVG 1972 § 5 Nr. 72; DKKW/*Trümner* Rn. 230). Aufgaben und Berechtigungen müssen dem Ang. im Arbeitsvertrag übertragen (vereinbart) worden sein. Der Ang. muss sie auch tatsächlich im Unternehmen oder im Betrieb wahrnehmen (→ Rn. 369 ff.).

e) Verfassungsmäßigkeit

§ 5 Abs. 3 S. 2 kann trotz der Verwendung zahlreicher unbestimmter Rechtsbe- **361** griffe in der Praxis von ArbGeb., BR und Sprecherausschüssen sowie von Wahlvorst. angewendet werden. Gerichte können verlässlich entscheiden. Die Zuordnung anhand einzelner Tatbestandsmerkmale ist überprüfbar. Die Norm verstößt nicht gegen das **Rechtsstaatsprinzip.** Sie verletzt weder das Bestimmtheitsgebot noch den Grundsatz der Bindung des Richters an G und Recht (BVerfG 24.11.1981 – 2 BvL 4/80, AP BetrVG 1972 § 5 Nr. 27 zur früheren Fassung [s. dazu *Engels* DB 1982, 697 ff.]; die Bedenken sind nach der Neufassung eher geringer geworden; *Engels/Natter* BB 1989 Beil. 8, 12; DKKW/*Trümner* Rn. 232).

Gegen die **Verfassungsmäßigkeit von § 5 Abs. 4** sind in der rechtspolitischen **362** Diskussion Bedenken geäußert worden (vgl. *Clausen/Löhr/Schneider/Trümner* ArbuR 1988, 293). Diese Bedenken sind nicht begründet, wenn – wie hier – Abs. 4 nur als **Orientierungshilfe in Grenzfällen** (vgl. *Engels/Natter* BB 1989 Beil. 8, 9 f.) verstanden wird, der nur den jeweiligen Wahlvorst. eine leichtere Zuordnung aus Anlass der BR-Wahlen oder Sprecherausschuss-Wahlen ermöglicht, eine selbständige Statusbeurteilung in einem bes. BeschlVerf. aber nicht ausschließt (aber → Rn. 443).

Der Zwang zur Zuordnung **aus Anlass von Wahlen** rechtfertigt in Grenzfällen, **363** dh wenn trotz aller Bemühungen der Wahlvorst. um eine zutreffende Beurteilung anhand der Tatbestandsmerkmale die eine oder andere Entscheidung in gleicher Weise vernünftig und rechtlich begründbar erscheint, eine Beurteilung nach ausschließlich formalen Kriterien, obwohl diese nicht in allen Fällen Rückschlüsse auf das eigentlich unterscheidende Merkmal, die Aufgaben, zulassen (vgl. *Buchner* NZA 1989 Beil. 1, 2 [9]).

Nur Abs. 4 **Nr. 4** ist bez. der nach Art. 3 GG gebotenen **Sachgerechtigkeit kri-** **364** **tisch** und verfassungsrechtlich problematisch. Es fehlt der Bezug zu unternehmensbezogenen Merkmalen, auf die der Grundtatbestand abstellt (vgl. DKKW/*Trümner* Rn. 295; *Richardi* ArbuR 1991, 44; **aA** GK-BetrVG/*Raab* Rn. 228 unter Hinweis auf das erhöhte Interesse an Rechtssicherheit). Art. 3 Abs. 1 GG verbietet nach stRspr des BVerfG eine an sachwidrigen Kriterien ausgerichtete Differenzierung (BVerfGE 35, 335; 42, 388). Für die Abgrenzung kann es nur auf unternehmensinterne Merkmale ankommen, nicht auf Durchschnittsverdienste aller ArbN.

f) Zwingendes Recht

Die Abgrenzung der leitenden Ang. von den übrigen Ang. des Betriebes nach **365** Abs. 3 ist zwingendes Recht (BAG 5.3.1974 – 1 ABR 19/73, AP BetrVG 1972 § 5 Nr. 1; 19.8.1975 – 1 AZR 565/74, AP BetrVG 1972 § 105 Nr. 1). Weder ein **TV** noch eine **BV** können regeln, wer leitender Ang. iSd Betriebsverfassung ist. Auch durch **Vereinbarung zwischen ArbGeb. und ArbN** kann der Status nicht begründet werden (vgl. DKKW/*Trümner* Rn. 234; GK-BetrVG/*Raab* Rn. 136; *Vogel* NZA 2002, 313). Entscheidend sind allein Aufgaben und Funktionen im Betrieb und Unternehmen. „Ernennungen" zu leitenden Ang. ohne die Übertragung der in § 5 Abs. 3 S. 2 genannten Aufgaben und Funktionen sind betriebsverfassungsrechtlich bedeutungslos. Indirekt kann der ArbGeb. durch die gewählte Organisation des Unternehmens und die Übertragung der notwendigen Aufgaben auf einzelne Ang. den Status eines ArbN beeinflussen.

366 Die **Eintragung in die Wählerliste** hat keine rechtsbegründende Wirkung (BAG 5.3.1974 – 1 ABR 19/73, AP BetrVG 1972 § 5 Nr. 1; 4.12.1974 – 1 ABR 48/73, AP BetrVG 1972 § 5 Nr. 4). Nicht die Eintragung begründet den Status, sondern nur die Voraussetzungen des § 5 Abs. 3 S. 2. Das gilt unabhängig davon, ob in einem Betrieb nur der BR oder auch ein Sprecherausschuss gewählt wird. Im letzteren Falle ist bei Meinungsverschiedenheiten zwischen den Wahlvorst. das Zuordnungsverfahren nach § 18a durchzuführen. Im Rahmen eines solchen Zuordnungsverfahrens kann es allerdings auf frühere Zuordnungen aus Anlass von Wahlen ankommen (§ 5 Abs. 4 Nr. 1). Die Eintragung ist damit nur Orientierungshilfe in Grenzfällen.

2. Allgemeine Voraussetzungen

a) Arbeitsvertrag

367 Die in Nr. 1–3 genannten Merkmale müssen jeweils **„nach Arbeitsvertrag"** erfüllt sein. Dem Ang. müssen im Arbeitsvertrag Befugnisse oder Aufgaben der in Nr. 1–3 genannten Art übertragen werden (Richardi BetrVG/*Richardi* Rn. 197f.; *Wlotzke* DB 1989, 111 [119]). Diese müssen jedoch nicht im Arbeitsvertrag schriftlich fixiert sein; entspr. mündliche Absprachen, die auch stillschweigend durch eine entspr. praktische Durchführung des Vertragsverhältnisses getroffen werden können, reichen aus (BAG 23.3.1976 – 1 AZR 314/75, AP BetrVG 1972 § 5 Nr. 14; 16.4.2002 – 1 ABR 23/01, NZA 2003, 56; 16.4.2002 – 1 ABR 24/01, BeckRS 2002, 30795486; 16.4.2002 – 1 ABR 25/01, BeckRS 2002, 30795494; GK-BetrVG/*Raab* Rn. 141). Folglich ist auch ein LeihArbN, dem im Entleiherbetrieb Aufgaben übertragen werden, die die Voraussetzungen des Abs. 3 erfüllen, ein leitender Ang. iSd Gesetzes, obwohl er mit dem Entleiher keinen Arbeitsvertrag hat (LAG RhPf 18.10.2012 – 10 TaBV 18/12, BeckRS 2013, 65009; GK-BetrVG/*Raab* Rn. 103).

368 Doch ist es zweckmäßig, den Arbeitsvertrag schriftlich abzuschließen, weil nur so Aufgaben und Befugnisse zweifelsfrei ermittelt werden können. Übt ein Ang. mit Billigung des ArbGeb. leitende Funktionen aus, so wird man selbst bei anders lautenden Verträgen davon auszugehen haben, dass das nach Arbeitsvertrag geschieht (*Hromadka* BB 1990, 57). Bei **Beamten** und **Soldaten** (→ Rn. 316ff.), die in keinem ArbVerh. stehen, kommt es allein auf die Stellung im Unternehmen oder Betrieb an, die in anderer rechtsverbindlicher Weise (Dienstrecht, Beamtenrecht) abgesichert sein muss.

b) Stellung im Unternehmen oder im Betrieb

369 Die Übertragung von Aufgaben und Befugnissen im Arbeitsvertrag reicht für sich allein nicht aus. Ein ArbN kann nur leitender Ang. sein, wenn er tatsächlich – im Innenverhältnis (vgl. Richardi BetrVG/*Richardi* Rn. 225) – die Aufgaben und Befugnisse ausübt, die seinen Status als leitenden Ang. begründen können. **Die tatsächlichen Verhältnisse müssen mit den arbeitsvertraglichen Grundlagen übereinstimmen** (BAG 11.3.1982 – 6 AZR 136/79, AP BetrVG 1972 § 5 Nr. 28; DKKW/*Trümner* Rn. 237; **aA** GK-BetrVG/*Raab* Rn. 171; HWGNRH/*Rose* Rn. 164). Gelegentliche oder vertretungsweise Wahrnehmung der Aufgaben genügt nicht, weil sie

nicht die „Stellung" im Unternehmen kennzeichnet (*Richardi* ArbuR 1991, 37; → Rn. 400).

370 Die Aufgaben und Befugnisse, die einen leitenden Ang. kennzeichnen, sind im Kern **unternehmerische Aufgaben.** Diese wirken sich in erster Linie auf Bestand und Entwicklung des „Unternehmens" aus. Das wird in den Einleitungsworten der Vorschrift ebenso klargestellt wie in Nr. 3 selbst (DKKW/*Trümner* Rn. 241; GK-BetrVG/*Raab* Rn. 176 ff.; *Engels/Natter* BB 1989, Beil. 8, 7). Gehört ein Ang. mehreren Betrieben eines Unternehmens an, kann der Status bei Wahrnehmung unternehmensbezogener Aufgaben nur einheitlich beurteilt werden (BAG 25.10.1989 – 7 ABR 60/88, AP BetrVG 1972 § 5 Nr. 42 – Chefpilot; 25.2.1997 – 1 ABR 69/96, AP BetrVG 1972 § 87 Arbeitszeit Nr. 72).

371 Andererseits können sich die Aufgaben und Befugnisse, die die bes. Stellung eines leitenden Ang. rechtfertigen, auch auf die **Leitung eines Betriebes** konzentrieren (BAG 16.4.2002 – 1 ABR 23/01, NZA 2003, 56; 16.4.2002 – 1 ABR 24/01, BeckRS 2002, 30795486; 16.4.2002 – 1 ABR 25/01, BeckRS 2002, 30795494; *Leese* Leit. Angestellte S. 109; MHdB ArbR/*Richter* § 20 Rn. 25; Richardi BetrVG/*Richardi* Rn. 240). Die dem Ang. übertragenen Aufgaben müssen aber unternehmerische Aufgaben sein. Die Tatbestandsmerkmale der Tatbestandsgruppen müssen in jedem Fall erfüllt werden.

372 Wird ein leitender Ang. aus Anlass des Auslaufens seines Arbeitsvertrages von der Wahrnehmung seiner Aufgaben **freigestellt,** so ändert dies nichts an seinem rechtlichen Status (BAG 23.3.1976 – 1 AZR 314/75, AP BetrVG 1972 § 5 Nr. 14; 18.8.1982 – 7 AZR 235/80, BeckRS 1982, 05132; *Powietzka/Hager* DB 2006, 102; **aA** ArbG München 26.8.2004 – 28 Ca 12794/03, NZA-RR 2005, 194).

3. Merkmale nach § 5 Abs. 3 S. 2 Nr. 1–3

373 Von den Voraussetzungen der drei Tatbestandsgruppen brauchen nur die Voraussetzungen einer Gruppe erfüllt zu sein, um die Eigenschaft eines leitenden Ang. zu begründen.

a) Leitende Angestellte nach Nr. 1

374 Die Zuordnung stellt auf eine **„Berechtigung"** des Ang. ab. Gemeint ist die Berechtigung des Ang. gegenüber dem ArbGeb., also das **Innenverhältnis** (BAG 10.10.2007 – 7 ABR 61/06, AP BetrVG 1972 § 5 Nr. 72; GK-BetrVG/*Raab* Rn. 155; Richardi BetrVG/*Richardi* Rn. 225). S. 2 stellt insgesamt auf die dem Ang. übertragenen Aufgaben ab (BAG 11.3.1982 – 6 AZR 136/79, AP BetrVG 1972 § 5 Nr. 28, HWGNRH/*Rose* Rn. 173).

375 Die Berechtigung muss sich auf **Einstellung und Entlassung** beziehen; eine der beiden Befugnisse reicht nicht aus (DKKW/*Trümner* Rn. 247; GK-BetrVG/*Raab* Rn. 185; Richardi BetrVG/*Richardi* Rn. 226).

376 Die Einstellungs- und Entlassungsbefugnis muss sich auf **„im Betrieb oder in der Betriebsabteilung beschäftigte Arbeitnehmer"** beziehen. Nach dem Zweck der Norm macht sie einen leitenden Ang. aber erst dann aus, wenn sie für das Unternehmen bedeutsam ist. Deshalb muss die Befugnis für einen **erheblichen Teil der ArbN** bestehen. Hierfür reicht eine Personalkompetenz gegenüber nicht einmal 1 % der Belegschaft nicht aus (BAG 10.10.2007 – 7 ABR 61/06, AP BetrVG 1972 § 5 Nr. 72 mwN; DKKW/*Trümner* Rn. 249; GK-BetrVG/*Raab* Rn. 185; HWGNRH/*Rose* Rn. 174; *Diringer* RdA 2003, 893).

377 Beschränkt sich die Personalverantwortung auf eine vergleichsweise geringe ArbNZahl, kann sie dennoch den Status eines leitenden Ang. nach Nr. 1 begründen, wenn sie gerade für einen für das Unternehmen **qualitativ bedeutsamen Personenkreis** besteht. Das ist der Fall, wenn sich die Personalkompetenz auf ArbN erstreckt, die entweder hochqualifizierte Tätigkeiten mit entspr. Entscheidungsspiel-

räumen ausüben oder einen für das Unternehmen herausgehobenen Geschäftsbereich betreuen (BAG 10.10.2007 – 7 ABR 61/06, AP BetrVG 1972 § 5 Nr. 72; 25.3.2009 – 7 ABR 2/08, NZA 2009, 1296 mwN; GK-BetrVG/*Raab* Rn. 185; Richardi BetrVG/*Richardi* Rn. 227). Die Einstellungs- und Entlassungsbefugnis eines **Poliers** auf seiner Baustelle oder die Befugnisse des Leiters eines kleinen Filialgeschäftes, der Hilfskräfte einstellen und entlassen darf, reichen nicht aus (BAG 5.3.1974 – 1 ABR 19/73, AP BetrVG 1972 § 5 Nr. 1; 11.3.1982 – 6 AZR 136/79, AP BetrVG 1972 § 5 Nr. 28).

378 Nur die **selbständige Entscheidung** über Einstellungen und Entlassungen begründet die Eigenschaft als leitender Ang. Selbständig heißt, dass diese Befugnis sowohl im Innenverhältnis als auch im Außenverhältnis besteht und der Ang. nicht an die Zustimmung des ArbGeb. oder sonstiger über- oder gleichgeordneter Stellen im Unternehmen oder im Betrieb gebunden ist (BAG 25.3.2009 – 7 ABR 2/08, NZA 2009, 1296). **Personalleiter,** die die Entscheidungen der Fachabteilungen im Außenverhältnis vollziehen, scheiden damit ebenso aus (DKKW/*Trümner* Rn. 248; ErfK/*Koch* Rn. 19) wie ein Fast-Food-**Restaurantleiter** mit ArbGeb.-seitig „begleiteter" Kompetenz zur Einstellung und Entlassung gewerblicher ArbN (HessLAG 7.9.2000 – 12 TaBV 64/98, NZA-RR 2001, 426 = AiB 2002, 430 mAnm *Mansholt*). Dagegen ist von einer selbständigen Einstellungs- und Entlassungsbefugnis auch dann auszugehen, wenn der Ang. nur Richtlinien oder Budgets zu beachten hat oder Zweitunterschriften einholen muss, die einer Richtigkeitskontrolle dienen, aber nicht mit der Entscheidungsbefugnis eines Dritten verbunden sind (BAG 10.10.2007 – 7 ABR 61/06, AP BetrVG 1972 § 5 Nr. 72 mwN; *Löwisch/Kaiser* Rn. 28).

379 Die selbständige Befugnis **fehlt,** wenn ein anderer **„mitentscheidet"** (*Hromadka* BB 1990, 59). Nr. 1 wird deshalb auch künftig **nur** für einen **kleinen Personenkreis** zutreffen. Der Gesetzgeber hat insoweit die Rspr. des BAG bestätigt. Ang., die diese Voraussetzung nicht erfüllen, können aber leitende Ang. nach Nr. 3 sein.

b) Leitende Angestellte nach Nr. 2

380 Dieser Teil der Norm stellt ab auf das Außen- **und** Innenverhältnis.

381 Das Außenverhältnis betrifft die Rechtsbeziehung des ArbGeb. zu Dritten. Der ArbGeb. bedarf vielfach der Vertreter, auch solcher mit weitreichenden Vollmachten. **Generalvollmacht** ist die Vollmacht zur Führung des gesamten Geschäftsbetriebes (§ 105 Abs. 1 AktG), jedenfalls aber eine Vollmacht, die die Besorgung eines wesentlichen Teils der Geschäfte des Vollmachtgebers umfasst. Generalbevollmächtigte werden erwähnt in § 22 Abs. 2 Nr. 2 ArbGG. IÜ ist der Umfang der Vollmacht nicht geregelt. Generalbevollmächtigte kommen in der Praxis nur selten vor.

382 Die **Prokura** enthält eine gesetzlich festgelegte Vollmacht (§§ 48, 49 HGB). Der Prokurist handelt im Rechtsverkehr als Vertreter des ArbGeb. (Unternehmers). Seine Erklärungen wirken unmittelbar für und gegen den Vertretenen (§ 164 Abs. 1 BGB).

383 Die Vollmacht eines Prokuristen hat einen sehr weiten Umfang. Er ist vom G zwingend festgelegt. Eine Beschränkung des Umfangs der Prokura ist Dritten gegenüber unwirksam (§ 50 Abs. 1 HGB). Beschränkung ist nur in der Form zulässig, dass die Prokura an mehrere Personen gemeinschaftlich erfolgen kann (**Gesamtprokura,** § 48 Abs. 2 HGB) oder dass die Prokura auf eine **Niederlassung,** die unter einer anderen Firma betrieben wird, beschränkt wird (§ 50 Abs. 3 HGB).

384 Abgesehen von diesen Beschränkungen ermächtigt die Prokura zu allen Arten von gerichtlichen oder außergerichtlichen Geschäften und Rechtshandlungen, die der Betrieb eines Handelsgewerbes mit sich bringt. Der Prokurist ist das **„Zweite Ich"** des Unternehmers. Ausgenommen sind nur die Veräußerung und Belastung von Grundstücken. Hier kann der Prokurist den Unternehmer nur verpflichten, wenn ihm diese Befugnis besonders erteilt ist (§ 49 Abs. 2 HGB). Wegen dieses gesetzl. vorgeschriebenen weiten Umfangs der Vollmacht ist die Erteilung der Prokura zum **Handelsregister** anzumelden und dort einzutragen (§ 53 HGB).

Das BAG hatte in einer Grundsatzentscheidung gefordert, dass sich der Umfang der Vollmacht im Außenverhältnis mit den Aufgaben des Ang. im Innenverhältnis völlig decken müsste. Nach diesem Urteil fielen nur solche Prokuristen unter Nr. 2, die berechtigt waren, die mit einer Prokura im Außenverhältnis verbundene Vertretungsmacht auch im Innenverhältnis uneingeschränkt auszuüben (BAG 27.4.1988 – 7 ABR 5/87, AP BetrVG 1972 § 5 Nr. 37). Damit konnte nur ein kleiner Personenkreis unter diese Tatbestandsgruppe fallen. In größeren Unternehmen mit dezentralisierter Organisationsstruktur gibt es viele Prokuristen, die nach den Vereinbarungen im Innenverhältnis von der Prokura nur im jeweils übertragenen Aufgabengebiet Gebrauch machen dürfen. 385

Um dieses Ergebnis zu korrigieren, wurde die Tatbestandsgruppe der Nr. 2 geändert. Allerdings ist der geänderte Wortlaut wieder ungenau: Nicht die „Prokura" kann unbedeutend sein, gemeint sind die **Aufgaben,** die der ArbGeb. einem Prokuristen überträgt, sie dürfen **nicht unbedeutend** sein (BAG 11.1.1995 – 7 ABR 33/94, AP BetrVG 1972 § 5 Nr. 55; 25.3.2009 – 7 ABR 2/08, NZA 2009, 1296). Der Ang., dem Prokura erteilt wurde, und dem der ArbGeb. einigermaßen bedeutungsvolle Aufgaben übertragen hat, ist danach leitender Ang. iSd Nr. 2. 386

Welche Aufgaben nicht nur unbedeutend im Sinne dieser Vorschrift sind, lässt sich nur im Blick auf die Aufgaben sagen, die in Nr. 1 u. 3 beschrieben werden. Prokuristen iSd Nr. 2 müssen im Innenverhältnis Aufgaben wahrnehmen, die den in Nr. 3 umschriebenen Leitungsfunktionen entsprechen (BAG 11.1.1995 – 7 ABR 33/94, AP BetrVG 1972 § 5 Nr. 55; 25.3.2009 – 7 ABR 2/08, NZA 2009, 1296; DKKW/*Trümner* Rn. 259; GK-BetrVG/*Raab* Rn. 195). Darauf weist das Verbindungswort „sonstige" in Nr. 3 hin. Die Auslegung dieses Tatbestandsmerkmals muss auch am Zweck der Bestimmung orientiert sein (→ Rn. 355 ff.). 387

Für die Erfüllung des in Nr. 2 enthaltenen funktionalen Merkmals ist maßgebend, ob der Prokurist bedeutende unternehmerische Leitungsaufgaben iSd Nr. 3 wahrnimmt (BAG 25.3.2009 – 7 ABR 2/08, NZA 2009, 1296). Sind die formalen Voraussetzungen der Tatbestände der Nr. 2 erfüllt, ist nur zu prüfen, ob die durch eine Prokura-Erteilung nach außen dokumentierten unternehmerischen Befugnisse auch im **Innenverhältnis** nicht soweit aufgehoben sind, dass eine erhebliche unternehmerische Entscheidungsbefugnis in Wirklichkeit nicht besteht (BAG 11.1.1995 – 7 ABR 33/94, AP BetrVG 1972 § 5 Nr. 55). Das hat Auswirkungen auf die Darlegungslast. Bei negativen Statusfeststellungsbegehren ist darzulegen, dass der Prokurist ungeachtet seiner weitreichenden Vertretungsmacht nur unbedeutende Führungsaufgaben zu erfüllen hat, während für die Behauptung einer positiven Statusfeststellung zunächst der Nachweis der Prokura genügt (BAG 11.1.1995 – 7 ABR 33/94, AP BetrVG 1972 § 5 Nr. 55). 388

Anders verhält es sich bei **angestellten Wirtschaftsprüfern** (§ 45 WPO). Sie gelten nach BAG (29.6.2011 – 7 ABR 15/10, NZA 2012, 408; krit. *Diller* ArbRAktuell 2012, 329192) unwiderleglich als leitende Ang. ohne Einzelfallprüfung, ob sie im Innenverhältnis unternehmerische (Teil-)Aufgaben wahrnehmen, wenn ihnen tatsächlich Prokura erteilt wurde (vgl. § 45 S. 1 WPO). 388a

Sog **Titularprokuristen sind** nach wie vor **keine leitenden Ang.** (BAG 11.1.1995 – 7 ABR 33/94, AP BetrVG 1972 § 5 Nr. 55; 25.3.2009 – 7 ABR 27 08, NZA 2009, 1296; DKKW/*Trümner* Rn. 256; GK-BetrVG/*Raab* Rn. 193; Richardi BetrVG/*Richardi* Rn. 231). **Prokuristen** mit ausschließlich **Stabsfunktionen,** die beschränkt auf das Innenverhältnis zum Unternehmer wahrgenommen werden, sind idR keine leitenden Ang. nach Nr. 2, möglicherweise jedoch nach Nr. 3 (BAG 11.1.1995 – 7 ABR 33/94, AP BetrVG 1972 § 5 Nr. 55; 25.3.2009 – 7 ABR 2/08, NZA 2009, 1296; 29.6.2011 – 7 ABR 5/10, NZA-RR 2011, 647). Auch andere Aufgaben, die ein Prokurist wahrzunehmen hat, können in ihrer Bedeutung so weit von den in Nr. 3 genannten Aufgaben entfernt sein, dass sie ohne nennenswerte Bedeutung für Bestand und Entwicklung des Unternehmens oder eines Betriebes sind. Wird Prokura nur erteilt, damit der Ang. Zollerklärungen oder sonstige Erklärungen gegenüber Behörden abgeben kann, reicht das nicht aus. 389

390 Die Erteilung einer **Handlungsvollmacht** (§ 54 HGB) kann die Tatbestandsmerkmale nach Nr. 2 nicht erfüllen (hM; BAG 10.4.1991 – 4 AZR 479/90, AP TVG § 1 Tarifverträge: Bau Nr. 141; GK-BetrVG/*Raab* Rn. 199; HWGNRH/*Rose* Rn. 178). Handlungsbevollmächtigte können jedoch die Voraussetzungen der Nr. 3 erfüllen.

c) Leitende Angestellte nach Nr. 3

391 Die Tatbestandsgruppe nach Nr. 3 enthält die Tatbestandsmerkmale, die auf die **Bedeutung der Aufgaben,** die **Entscheidungsfreiheit** sowie die **Kenntnisse und Erfahrungen** des Ang. abstellen. Es ist eine funktionsbezogene Umschreibung des leitenden Ang. (DKKW/*Trümner* Rn. 263; GK-BetrVG/*Raab* Rn. 200; *Engels/Natter* BB 1989 Beil. 8, 8f.).

392 Ang. sind nur dann leitende Ang. iSd Fallgruppe 3, wenn sie „**Aufgaben** wahrnehmen, die für den Bestand und die Entwicklung eines Unternehmens oder eines Betriebes **von Bedeutung** sind." Damit sind Aufgaben gemeint, die sich deutlich von den Aufgaben abheben, die anderen Ang. übertragen werden (BAG 5.3.1974 – 1 ABR 19/73, AP BetrVG 1972 § 5 Nr. 1; *Wlotzke* DB 1989, 111 [120]). „Bestand" oder „Entwicklung" reicht nicht (zB Überwachung einerseits, Forschung andererseits; vgl. MHdB ArbR/*Richter* § 20 Rn. 34ff.; *Richardi* ArbuR 1991, 40).

393 Es sollen nach dem Zweck des G nur diejenigen Ang. erfasst werden, die der Unternehmensleitung wegen ihrer Tätigkeit und wegen der Bedeutung ihrer Funktion nahe stehen (BAG 29.1.1980 – 1 ABR 45/79, AP BetrVG 1972 § 5 Nr. 22). Dabei muss es sich um einen beachtlichen **Teilbereich unternehmerischer Gesamtaufgaben** handeln (DKKW/*Trümner* Rn. 268). Es können Aufgaben wirtschaftlicher, technischer, kaufmännischer, organisatorischer, personeller oder wissenschaftlicher Art sein (zum Chefarzt s. BAG 5.5.2010 – 7 ABR 97/08, NZA 2010, 955; *Diringer* RdA 2003, 890 [894]).

394 Das G bezieht die Aufgaben ausdrücklich auch auf das **Unternehmen** (BAG 29.1.1980 – 1 ABR 45/79, AP BetrVG 1972 § 5 Nr. 22; 23.1.1986 – 6 ABR 51/81, AP BetrVG 1972 § 5 Nr. 32, 25.2.1997 – 1 ABR 69/96, AP BetrVG 1972 § 87 Arbeitszeit Nr. 72). Unternehmerische Aufgaben können sich auch auf den Bestand und die Entwicklung eines **Betriebes** auswirken. Aufgaben mit dieser Tragweite sind ebenfalls unternehmerische Leitungsaufgaben (BAG 10.10.2007 – 7 ABR 61/06, AP BetrVG 1972 § 5 Nr. 72 mwN; Richardi BetrVG/*Richardi* Rn. 240). Zu den unternehmensbezogenen Aufgaben gehören zB die Leitung des Rechnungswesens, der Öffentlichkeitsarbeit, der Forschung, der Anwendungstechnik. Zu den betriebsbezogenen Aufgaben gehört die Leitung der Produktion (vgl. *Hromadka* BB 1990, 60).

395 Kennzeichen unternehmerischer Leitungsaufgaben ist das **Treffen von Entscheidungen** (vgl. *Wlotzke* DB 1989, 111 [120]). Das wird aus dem weiteren Tatbestandsmerkmal der „Entscheidungsfreiheit" deutlich. Nicht alle wichtigen Aufgaben in einem Unternehmen oder in einem Betrieb sind Aufgaben der Unternehmensleitung. Das gilt etwa für Aufsichts- und **Überwachungsfunktionen** (BAG 5.6.2014 – 2 AZR 615/13, NZA 2015, 40; 29.6.2011 – 7 ABR 5/10, NZA-RR 2011, 647; 25.3.2009 – 7 ABR 2/08, NZA 2009, 1296). So ist zB ein **Qualitätsbeauftragter** nach Din EN ISO 9001 (QE 4.1.2.3.), der zwar über umfangreiche Kontroll- und Berichtsbefugnisse verfügt, aber keine die Unternehmensleitung bindenden Entscheidungen trifft, idR **kein leitender Ang.** (ArbG Würzburg 9.9.1998 – 10 BV 4/98, AiB 2000, 429 mAnm *Heese*).

396 Auch die **Durchführung** unternehmerischer Entscheidungen ist **keine** unternehmerische **Leitungsaufgabe** (BAG 25.3.2009 – 7 ABR 2/08, NZA 2009, 1296). Sind unternehmerische Entscheidungen nur durchzuführen oder vorgegebene Ziele zu erarbeiten, begründet dies selbst dann **nicht** den Status eines **leitenden Ang.** nach Nr. 3, wenn die Arbeitsergebnisse der vom Ang. geschuldeten Tätigkeit das Unternehmensschicksal entscheidend prägen können und der Ang. auf Grund seines

hohen Spezialisierungsgrades eine **Monopolstellung** im Unternehmen einnimmt und als EDV-Spezialist die Datenverarbeitung im Unternehmen aufbauen soll (LAG Köln 20.4.2001 – 11 Sa 1396/00, DB 2001, 1512).

Dass es sich um unternehmerische Leitungsaufgaben handeln muss, wird auch durch das Verbindungswort **„sonstige"** (Aufgaben) verdeutlicht. Das Verbindungswort knüpft an die Tatbestandsgruppen der Nr. 1 u. 2 an (formale Arbeitgeberstellung und „Zweites Ich" des Unternehmers). Die in Nr. 3 genannten Aufgaben müssen denen in Nr. 1 u. 2 genannten Aufgaben **vergleichbar** sein (vgl. BT-Drs. 11/2503, 30; BAG 16.4.2002 – 1 ABR 23/01, NZA 2003, 56; 16.4.2002 – 1 ABR 24/01, BeckRS 2002, 30795486; 16.4.2002 – 1 ABR 25/01, BeckRS 2002, 30795494; DKKW/*Trümner* Rn. 244; *Engels/Natter* BB 1989 Beil. 8, 8; *Richardi* ArbuR 1991, 37; WPK/*Preis* Rn. 61; **aA** GK-BetrVG/*Raab* Rn. 172). **397**

Die Zahl der Ang. eines Unternehmens, die leitende Ang. nach Nr. 3 sein können, hängt von der Größe und vor allem von den **Organisationsstrukturen** eines Unternehmens ab. Die Unternehmensleitung kann zentralisiert oder dezentralisiert sein. Werden die fachlichen Aufgabengebiete jedoch ohne Grund in zahlreiche Teilgebiete aufgeteilt **(„Atomisierung")** kann es sich nicht mehr um die Wahrnehmung unternehmerischer Leitungsaufgaben handeln (BAG 9.12.1975 – 1 ABR 80/73, AP BetrVG 1972 § 5 Nr. 11; DKKW/*Trümner* Rn. 268; Richardi BetrVG/*Richardi* Rn. 244; GK-BetrVG/*Raab* Rn. 209). Leitender Ang. ist dann nur derjenige Ang., der für die aufgeteilten Fachgebiete insgesamt zuständig ist. **398**

Unternehmerische Leitungsaufgaben kann auch derjenige Angestellte wahrnehmen, der die Unternehmensführung bei ihren Aufgaben unmittelbar unterstützt, zB der **Vorstandsassistent** (vgl. insoweit schon BAG 23.1.1986 – 6 ABR 51/81, AP BetrVG 1972 § 5 Nr. 32: „Führungsfunktionen in Stab oder Linie"; → Rn. 403: Die maßgebliche Beeinflussung der zu treffenden unternehmerischen Entscheidungen reicht aus). **399**

Die unternehmerischen Leitungsaufgaben muss der Ang. **„regelmäßig"** wahrnehmen. Eine vorübergehende oder nur gelegentliche Wahrnehmung dieser Aufgaben genügt nicht. Der Ang., der einen leitenden Ang. nur vorübergehend vertritt, kann allein deshalb nicht schon leitender Ang. sein (BAG 23.1.1986 – 6 ABR 22/82, AP BetrVG 1972 § 5 Nr. 30; DKKW/*Trümner* Rn. 274; MHdB ArbR/*Boemke* § 285 Rn. 95; Richardi BetrVG/*Richardi* Rn. 245; **aA** GK-BetrVG/*Raab* Rn. 224ff.). Nur die Übertragung der Leitungsaufgaben auf längere Zeit kann den Status eines leitenden Ang. begründen. **400**

Leitender Ang. ist nicht, wer nur zur **Erprobung** Aufgaben wahrnimmt, die die Tätigkeit eines leitenden Ang. ausmachen (*Richardi* ArbuR 1991, 41). Andererseits ist die Vereinbarung einer **Probezeit** kein Hindernis, wenn die Aufgaben uneingeschränkt wahrgenommen werden (Richardi BetrVG/*Richardi* Rn. 219; HaKo-BetrVG/*Kloppenburg* Rn. 82). Werden die Aufgaben in der Probezeit zeitweilig eingeschränkt oder nur beschränkt übertragen, fehlt es an dem statusbegründenden Aufgabenbereich. **401**

Ang., die unternehmensleitende Aufgaben wahrzunehmen haben, sind leitende Ang., wenn sie „dabei", dh bei Wahrnehmung dieser Aufgaben, die **Entscheidungen im Wesentlichen frei von Weisungen** treffen. Das ist der Fall, wenn rechtlich und tatsächlich ein eigener, erheblicher Entscheidungsspielraum zur Verfügung steht, der Ang. also über eine **weitgehend selbstbestimmte Tätigkeit** im Rahmen der unternehmerischen Leitungsaufgaben verfügt (BAG 5.6.2014 – 2 AZR 615/13, NZA 2015, 40; 29.6.2011 – 7 ABR 5/10, NZA-RR 2011, 647; Richardi BetrVG/*Richardi* Rn. 242). **402**

Angestellte Steuerberater und/oder **Rechtsanwälte** sind nicht bereits deshalb leitende Ang. nach Nr. 3, weil sie nach den gesetzlichen Bestimmungen – § 57 Abs. 1, 60 Abs. 1 Nr. 2 StBerG und §§ 1, 3, 43a BRAO – ihren Beruf unabhängig und eigenverantwortlich ausüben; maßgeblich ist vielmehr, ob sie der Leitungs- und Führungsebene zuzurechnen sind und unternehmens- oder betriebsleitende Ent- **402a**

scheidungen selbst treffen oder maßgeblich vorbereiten (→ Rn. 403f.). Das wäre zB bei der selbständigen Verwaltung eines nicht unerheblichen Budgets oder der zwingenden Mitsprache bei strategischen Entscheidungen der Fall (BAG 29.6.2011 – 7 ABR 5/10, NZA-RR 2011, 647). Dagegen gelten **angestellte Wirtschaftsprüfer** mit Prokura (§ 45 WPO) als leitende Ang. (BAG 29.6.2011 – 7 ABR 15/10, NZA 2012, 408; → Rn. 388a). Sogenannte **Risikoträger** im Sinne der §§ 1 Abs. 21, 25a Abs. 5b KWG iVm Art. 3 und 4 der delegierten Verordnung (EU) Nr. 604/2014, §§ 2 Abs. 8, 18ff. **InstitutsVergV** sind nicht bereits aufgrund dieser Eigenschaft leitende Ang. (Richardi BetrVG/*Richardi* Rn. 210; *Henssler/Lunk* NZA 2016, 1425 [1427]; *Jensen,* Die Institutsvergütungsverordnung 3.0, S. 39). Die gesetzlichen Abgrenzungskriterien beruhen nicht auf dem für die Betriebsverfassung maßgeblichen Interessengegensatz zwischen ArbGeb. und ArbN (→ Rn. 355), sondern auf der Möglichkeit, das Risikoprofil eines Instituts maßgeblich zu beeinflussen; die Regelungen dienen vergütungsrechtlichen Zwecken. Das gleiche gilt für die Untergruppe der Hochverdiener-Risikoträger, deren Kündigungsschutz durch Art. 6 des **Brexit-Steuerbegleitgesetzes** vom 25.3.2019 (BGBl. I S. 357) nach § 25a Abs. 5a KWG abgeschwächt wurde (dazu *Hinrichs/Langhans* BB 2019, 1464). Die hier zusätzlich eingezogene Gehaltsgrenze des Dreifachen der Beitragsbemessungsgrenze der gesetzlichen Rentenversicherung ist für sich genommen weder unternehmens- noch tätigkeitsbezogen und daher nicht geeignet, die Stellung als leitender Ang. zu begründen (vgl. zu der in § 5 Abs. 4 Nr. 4 geregelten Gehaltsgrenze → Rn. 364, 443).

403 Leitender Ang. kann auch der sein, der eine unternehmerische Leitungsaufgabe wahrnimmt, die dabei anfallenden **Entscheidungen** aber nicht selbst trifft, sondern sie **„maßgeblich beeinflusst".** Damit wird die sog **Ratgruppe** (wie zB **Stabsangestellte**) erfasst (BAG 5.6.2014 – 2 AZR 615/13, NZA 2015, 40; 29.1.1980 – 1 ABR 45/79, AP BetrVG 1972 § 5 Nr. 22).

404 Entscheidungen werden maßgeblich beeinflusst, wenn die eigentlichen Entscheidungsträger **an** den durch Tatsachen und Argumente vorbereiteten **Vorschlägen „nicht vorbeigehen können"** (BAG 5.6.2014 – 2 AZR 615/13, NZA 2015, 40; 5.5.2010 – 7 ABR 97/08, NZA 2010, 955; 29.6.2011 – 7 ABR 5/10, NZA-RR 2011, 647; GK-BetrVG/*Raab* Rn. 220ff.: Merkmal ist im Sinne einer Kontrollfrage nicht erfüllt, wenn die Unternehmensleitung von Vorschlägen ohne interne Begründung abweichen kann; *Vogel* NZA 2002, 314). Maßgebliche Beeinflussung einer im Rahmen der unternehmensleitenden Aufgaben zu treffenden Entscheidung schließt deshalb einen bes. erheblichen Grad an selbstbestimmter Tätigkeit mit ein (*Engels/Natter* BB 1989, Beil. 8, 9).

405 Wiederum hängt der jeweilige **Entscheidungsspielraum** im Einzelfall von Größe und Struktur des Unternehmens und der Organisation ab. Aufschluss kann die **Delegationsstufe (Leitungsebene)** geben, auf der der ArbN Aufgaben in Stab oder Linie wahrzunehmen hat. Von der Unternehmensleitung her betrachtet, ist die Wahrscheinlichkeit, dass wesentliche unternehmerische Entscheidungsspielräume bestehen, umso geringer, je tiefer die Ebene liegt, auf der der Ang. in der Unternehmenshierarchie tätig wird. Doch lässt sich nur im jeweiligen Einzelfall sagen, von welcher Delegationsstufe ab leitende Ang. im Unternehmen nicht mehr beschäftigt werden (BAG 5.5.2010 – 7 ABR 97/08, NZA 2010, 955; 29.6.2011 – 7 ABR 5/10, NZA-RR 2011, 647; GK-BetrVG/*Raab* Rn. 216; Richardi BetrVG/*Richardi* Rn. 249). Der maßgebliche Einfluss fehlt jedenfalls dann, wenn der Ang. nur bei der reinen arbeitstechnischen, vorbestimmten Durchführung unternehmerischer Entscheidungen, zB im Rahmen von Aufsichts- oder Überwachungsfunktionen (→ Rn. 395), eingeschaltet wird (BAG 5.5.2010 – 7 ABR 97/08, NZA 2010, 955).

406 Selbstbestimmte Tätigkeit in diesem Sinne wird nicht dadurch ausgeschlossen, dass der Ang. bei seinen Entscheidungen an **Rechtsvorschriften, Pläne** oder **Richtlinien** gebunden oder auf eine Zusammenarbeit mit anderen leitenden Ang. angewiesen ist (BAG 29.1.1980 – 1 ABR 45/79, AP BetrVG 1972 § 5 Nr. 22 mwN; DKKW/*Trümner* Rn. 277; ErfK/*Koch* Rn. 22; *Engels/Natter* BB 1989 Beil. 8, 9).

Entscheidend ist, welche **Kompetenzen** und Einflussmöglichkeiten dem Ang. **innerhalb** der zu beachtenden **Rahmenbedingungen** eingeräumt sind (BAG 29.6.2011 – 7 ABR 5/10, NZA-RR 2011, 647 mwN). Das Merkmal der Weisungsfreiheit kann also trotz Bindung an Vorgaben vorliegen, muss es aber nicht. Deshalb kommt es auf den **Grad der Einbindung in Pläne und Richtlinien** an. Falls durch die Vorgaben die Entscheidungen schon weitgehend vorprogrammiert sind und die Tätigkeit des Ang. mehr ausführenden Charakter hat, fehlt es an einer selbstbestimmten Tätigkeit im Sinne dieser Fallgruppe (BAG 9.12.1975 – 1 ABR 80/73, AP BetrVG 1972 § 5 Nr. 11; 23.3.1976 – 1 AZR 314/75, AP BetrVG 1972 § 5 Nr. 14). 407

Schließlich müssen die Aufgaben, die einem leitenden Ang. übertragen werden, **besondere Erfahrungen und Kenntnisse** voraussetzen. Eine bes. Ausbildung wird nicht verlangt. Die erforderlichen Kenntnisse können durch längere praktische Tätigkeit oder im Selbststudium erworben sein (BAG 9.12.1975 – 1 ABR 80/73, AP BetrVG 1972 § 5 Nr. 11; GK-BetrVG/*Raab* Rn. 213). Diese Voraussetzung bereitet idR keine Schwierigkeiten. Sie wird bei dem Personenkreis, der den leitenden Ang. zugeordnet werden könnte, praktisch immer vorhanden sein. 408

Die Tätigkeiten, die einen Ang. zum leitenden Ang. machen, müssen die Tätigkeit des Ang. prägen, sie **schwerpunktmäßig** bestimmen (BAG 5.6.2014 – 2 AZR 615/13, NZA 2015, 40; 5.5.2010 – 7 ABR 97/08, NZA 2010, 955; 25.10.1989 – 7 ABR 60/88, NZA 1990, 820; sa *Engels/Natter* BB 1989 Beil. 8, 9; HWGNRH/*Rose* Rn. 221). Dazu ist erforderlich, dass der Ang. zu einem überwiegenden Teil eine Tätigkeit nach Nr. 3 ausübt. 409

Ang., die Aufgaben nach Nr. 3 nur zu einem geringeren **Bruchteil** ihrer **Arbeitszeit** wahrnehmen, können keine leitenden Ang. sein (BAG 23.1.1986 – 6 ABR 51/81, AP BetrVG 1972 § 5 Nr. 32; *Wlotzke* DB 1989, 111 [121]; krit. zu diesen Anforderungen *Buchner* NZA 1989 Beil. 1, 2 [8]). Die rechtliche Qualifizierung einer Tätigkeit nach Schwerpunkten ist ein durchgängiges arbeitsrechtliches Prinzip. Nur dieses Verständnis wird auch dem Zweck der Norm gerecht. 410

4. Unerhebliche Kriterien

Die in § 5 Abs. 3 S. 2 aufgeführten **Merkmale sind abschließend aufgezählt.** Auf andere Merkmale kann es bei der Entscheidung nicht ankommen. Das gilt trotz der Einfügung des Abs. 4. Diese Bestimmung enthält keine eigenen Kriterien, sie soll nur Auslegungshilfe bei der Anwendung der Nr. 3 sein (→ Rn. 391 ff.). Unerhebliche Merkmale sind zB die Übertragung einer bedeutenden **Sachverantwortung** ohne nennenswerte Entscheidungskompetenz (BAG 23.1.1986 – 6 ABR 51/81, AP BetrVG 1972 § 5 Nr. 32). Auch die **Personalverantwortung** als solche ist kein Tatbestandsmerkmal. Die schlichte Vorgesetztenstellung auch gegenüber einer größeren Zahl unterstellter ArbN reicht für eine Qualifikation als leitender Ang. nicht aus (stRspr, BAG 23.1.1986 – 6 ABR 51/81, AP BetrVG 1972 § 5 Nr. 32). Auch **Überwachungsfunktionen** genügen nicht (→ Rn. 395). 411

Von der schlichten Vorgesetztenstellung zu unterscheiden ist die Aufgabe der **Einsatzlenkung** von ArbN zur Erfüllung oder Gewährleistung arbeitstechnischer Abläufe. Diese Aufgabe kann dann als unternehmensleitende Teilaufgabe angesehen werden, wenn der Ang. im Wesentlichen frei von Weisungen Entscheidungen auf personellem und sozialem Gebiet treffen muss, die eine Beteiligung des BR erforderlich machen, zB Versetzungen, Eingruppierungen, Regelung der Arbeitszeit, des Verhaltens der ArbN im Betrieb, Fragen der Lohngestaltung ua. Der Gegnerbezug zum BR ist zwar kein eigenes Tatbestandsmerkmal, er kann aber Anzeichen dafür sein, dass es sich bei dem Ang. um einen leitenden Ang. handelt (BAG 23.1.1986 – 6 ABR 51/81, AP BetrVG 1972 § 5 Nr. 32; GK-BetrVG/*Raab* Rn. 212; Richardi BetrVG/*Richardi* Rn. 246: nur iBa § 5 Abs. 3 S. 2 Nr. 1 relevant). 412

Unerheblich sind das **Selbstverständnis** und die **Bezeichnung** eines Ang. als „leitenden Angestellten" im Arbeitsvertrag. **AT-Angestellte** gehören nur dann zu 413 den leitenden Ang., wenn sie die bes. Voraussetzungen des Abs. 3 S. 2 erfüllen. Unter AT-Angestellten sind solche Ang. zu verstehen, die nicht unter den persönlichen Geltungsbereich eines TV fallen. Über ihre Eigenschaft als leitende Ang. wird damit noch nichts gesagt. Das BetrVG kennt keine bes. Gruppe von AT-Angestellten.

5. Die Auslegungsregel des Abs. 4

a) Zweck und Bedeutung der Norm

414 Die Bestimmung soll eine **Entscheidungshilfe** geben und die Anwendung der Nr. 3 in **Grenzfällen** erleichtern (vgl. BT-Drs. 11/2503, 25, 30, 31).

415 Abs. 4 wendet sich in erster Linie an die Wahlvorst. (vgl. *Wlotzke* DB 1989, 111 [121]). Die Bestimmung steht im sachlichen Zusammenhang mit dem **Zuordnungsverfahren** nach § 18a. Nach dieser Bestimmung haben die Wahlvorst. die Ang. der einen oder anderen Gruppe zuzuordnen. Das wird häufig ohne spezielle Kenntnisse nicht leicht sein, da die Wahlvorst. in erster Linie nach den Kriterien des Abs. 3 S. 2 vorgehen müssen. Sie müssen sich um die exakte Ermittlung des Sachverhalts und um die rechtliche Würdigung anhand der Tatbestandsmerkmale des Abs. 3 bemühen. Nur in Ausnahmefällen kann es auf Abs. 4 ankommen.

416 Nach der Vorstellung des Gesetzgebers soll die Norm erst dann zur Anwendung kommen, wenn nach Ausschöpfung der üblichen Auslegungsgrundsätze **rechtliche Zweifel** über das Auslegungsergebnis bestehen.

417 Abs. 4 enthält **keine eigenen Tatbestandsmerkmale,** nach denen ein Ang. den leitenden Ang. zugeordnet werden könnte (ebenso BAG 22.2.1994 – 7 ABR 32/93, BeckRS 1994, 30747988). Leitender Ang. iSd BetrVG kann nur ein leitender Ang. iSv § 5 Abs. 3 S. 2 BetrVG sein. Nur durch Verweisung auf § 5 Abs. 3 werden leitende Ang. in anderen Vorschriften definiert (vgl. §§ 105, 107 Abs. 1 u. 3, § 108 Abs. 2, § 114 Abs. 6, § 1 Abs. 1 SprAuG, § 3 Abs. 1 Nr. 2 MitbestG; § 3 Abs. 1 DrittelbG; sa DKKW/*Trümner* Rn. 223, 227; WPK/*Preis* Rn. 69; *Engels/Natter* BB 1989, Beil. 8, 10).

418 Abs. 4 enthält auch **keine gesetzlichen Regelbeispiele.** Die Bestimmung gilt nicht „in der Regel", sondern nur „im Zweifel", und zwar nur bei der Prüfung der Voraussetzungen der Nr. 3 (BAG 22.2.1994 – 7 ABR 32/93, BeckRS 1994, 30747988); GK-BetrVG/*Raab* Rn. 236; Richardi BetrVG/*Richardi* Rn. 256; *Engels/Natter* BB 1989 Beil. 8, 10; *Richardi* NZA 1990 Beil. 1, 9).

419 Schließlich werden die **unbestimmten Rechtsbegriffe** des § 5 Abs. 3 S. 2 Nr. 3 auch **nicht beispielhaft erläutert** (BAG 22.2.1994 – 7 ABR 32/93, BeckRS 1994, 30747988). Es heißt eben nicht, dass leitende Ang. „insbesondere" solche Ang. sind, die die Merkmale des Abs. 4 erfüllen. Insoweit ist Abs. 4 auch keine Auslegungsregel. Eine Zuordnung nach Abs. 3 Nr. 3 ist möglich, auch ohne, dass Merkmale des Abs. 4 erfüllt sind (GK-BetrVG/*Raab* Rn. 237; Richardi BetrVG/*Richardi* Rn. 256; *Richardi* ArbuR 1991, 41).

420 Abs. 4 enthält schließlich **keine Vermutung** in dem Sinne, dass eine Tatsache das Vorhandensein einer anderen Tatsache vermuten lässt (BAG 22.2.1994 – 7 ABR 32/93, BeckRS 1994, 30747988). Die **Zweifel** iSd Abs. 4 beziehen sich nicht auf Tatsachen. Sie können nur **bei der rechtlichen Würdigung** bleiben. Alle Tatsachen müssen vor der Heranziehung des Abs. 4 eindeutig ermittelt sein (vgl. DKKW/*Trümner* Rn. 290; ErfK/*Koch* Rn. 23; GK-BetrVG/*Raab* Rn. 242; *Buchner* NZA 1989 Beil. 1, 2 [9]; *Engels/Natter* BB 1989, Beil. 8, 10; *Richardi* ArbuR 1991, 41; **aA** Richardi BetrVG/*Richardi* Rn. 258).

421 Danach kommt es allein auf **rechtliche Zweifel am Auslegungsergebnis** an, nicht auf Zweifel bei der Ermittlung des Sachverhalts, der für die Entscheidung maßgebend ist (BAG 22.2.1994 – 7 ABR 32/93, BeckRS 1994, 30747988).

422 Wichtig ist, wann **„Zweifel"** im Sinne dieser Bestimmung vorliegen. Da nach § 5 Abs. 3 nach wie vor auf den funktionsbezogenen Grundtatbestand abzustellen ist,

kommt eine Heranziehung des Abs. 4 danach nur in Betracht, wenn nach Ausschöpfung aller Erkenntnismöglichkeiten und unter Anwendung aller Auslegungsregeln das Auslegungsergebnis noch immer zweifelhaft ist.

Die leichtere Handhabung formaler Merkmale begründet noch keine Zweifel iSv Abs. 4. Damit würde in unzulässiger Weise der Grundtatbestand des Abs. 3 verdrängt. Rechtliche Zweifel kann es nur in Grenzfällen geben, wenn das eine Auslegungsergebnis ebenso rechtlich vertretbar ist wie das andere. Abs. 4 ist danach nur eine **„Orientierungshilfe in Grenzfällen"** (BAG 22.2.1994 – 7 ABR 32/93, BeckRS 1994, 30747988; *Dänzer-Vanotti* NZA 1989 Beil. 1, 30 [34]; *Engels/Natter* BB 1989 Beil. 5, 10; HWGNRH/*Rose* Rn. 231). Es kann leitende Ang. geben, die die Merkmale des Abs. 4 nicht erfüllen; es kann aber auch Ang. geben, die die Merkmale des Abs. 4 erfüllen, aber nach Abs. 3 keine leitenden Ang. sind. 423

Da auch die Wahlvorst. sich um die Anwendung der Merkmale der Nr. 3 auf den ermittelten Sachverhalt bemühen müssen, kann es zu rechtserheblichen und rechtlich unerheblichen Zweifeln kommen. Abs. 4 darf nur bei **rechtlich erheblichen Zweifeln** herangezogen werden, also nur wenn die tatbestandsmäßigen Voraussetzungen nicht aufgeklärt werden können und beide Auslegungsergebnisse gut vertretbar und begründbar erscheinen. Ob dies der Fall ist, ist eine **Rechtsfrage** (GK-BetrVG/*Raab* Rn. 244). 424

Der Gesetzgeber hat den Zuordnungsstellen insoweit **keinen Wertungsspielraum** zugebilligt (ebenso GK-BetrVG/*Raab* Rn. 210; *Engels/Natter* BB 1989 Beil. 8, 11; **aA** *Wlotzke* DB 1989, 111 [123]). Die Zuordnungsstellen haben sich deshalb nicht nur um die einwandfreie Klärung des Sachverhalts, sondern auch um eine Zuordnung nach Abs. 3 Nr. 3 zu bemühen. 425

Eine **„Daumenregelung"** (*Martens* RdA 1989, 73 [83]) darf es nicht geben. Erst wenn das Auslegungsergebnis im Sinne dieser Erläuterung zweifelhaft ist, können die Zuordnungsstellen auf Abs. 4 zurückgreifen. Das Vorliegen von begründeten Zweifeln ist Tatbestandsvoraussetzung, deren Vorliegen vom ArbG nachgeprüft wird. Werden allzu leichtfertig Zweifel angenommen, ist die Zuordnung fehlerhaft (vgl. *Dänzer-Vanotti* NZA 1989 Beil. 1, 30 [34]; *Engels/Natter* BB 1989 Beil. 8, 11). Sie muss dann vom ArbG selbst vorgenommen werden. 426

b) Die einzelnen Merkmale

Die Merkmale der Nr. 1–4 sind **formale Merkmale.** Sie geben für sich allein betrachtet keinen Aufschluss über das Vorhandensein der den Status begründenden Merkmale nach Abs. 3 Nr. 3 (BAG 25.2.1997 – 1 ABR 69/96, AP BetrVG 1972 § 87 Arbeitszeit Nr. 72, wonach der allgemeine Hinweis auf die Teilnahme an der AR-Wahl als leitender Ang. nicht ausreicht). Ihre voreilige Heranziehung kann deshalb zu unsachgemäßen Ergebnissen führen. 427

Für die rechtliche Beurteilung kann von Bedeutung sein, ob der Ang. **bereits** den leitenden Ang. **zugeordnet** worden war. Das kann geschehen sein aus Anlass einer Wahl oder durch gerichtliche Entscheidung. Entscheidend ist nur eine positive Zuordnung. Diese wiederum kann nur von Bedeutung sein, wenn beide Wahlvorst. den Status des Ang. übereinstimmend beurteilt haben, oder wenn der Wahlvorst. für die letzte BR-Wahl den Ang. nicht in die Wählerliste aufgenommen hatte. 428

Die **Zuordnung** durch einen **Vermittler** (vgl. § 18a) kann **keine Orientierungshilfe** bei einem nachfolgenden BeschlVerf. sein, das ein Beteiligter – Arb-Geb., BR, Sprecherausschuss oder Ang. – anstrengt; dasselbe gilt für die erzwungene Zuordnung auf Grund der Wahlen nach dem MitbestG 1976 (vgl. dort § 10 der 3. WahlO). 429

Liegt eine rechtskräftige **Entscheidung im BeschlVerf.** (Statusverf.) vor, sind alle Beteiligten (ArbGeb., BR, Wahlvorst.) daran gebunden, wenn sich die tatsächlichen Verhältnisse nicht geändert haben. Abs. 4 Nr. 1 beschreibt nur die Wirkung einer positiven Zuordnung. Gemeint ist die Statusbeurteilung in einem BeschlVerf. (nicht 430 in einem Urteilsverfahren), weil der Sachverhalt von Amts wegen aufgeklärt wird und nicht dem Belieben der Parteien überlassen bleibt. Eine Entscheidung im Urteilsverfahren kann diese Bedeutung nicht haben, weil es in diesem Verfahren den Parteien überlassen ist, was sie vortragen (ErfK/*Koch* Rn. 24; Richardi BetrVG/*Richardi* Rn. 263; *Hromadka* BB 1990, 63; *Martens* RdA 1989, 84; **aA** GK-BetrVG/*Raab* Rn. 249).

431 War ein Ang. als wahlberechtigt zum BR zugeordnet worden, ist diese Zuordnung für ihn bedeutungslos, wenn er in einem **Statusverfahren** geltend macht, er sei leitender Ang. Steht aber rechtskräftig fest, dass der Ang. kein leitender Ang. ist, kann er diesem Kreis nicht zugeordnet werden (*Steindorff* ArbuR 1988, 266 [270]; *Wlotzke* DB 1989, 111).

432 Nr. 1 enthält **keine Besitzstandsgarantie.** Die Zuordnung zum Kreis der leitenden Ang. kann als Auslegungshilfe nur herangezogen werden, wenn sich die Tätigkeit des Ang. nach der letzten Zuordnung oder nach der gerichtlichen Entscheidung nicht geändert hat. Es kommt auf die Merkmale des Abs. 3 Nr. 3 an (DKKW/*Trümner* Rn. 291; GK-BetrVG/*Raab* Rn. 250; WPK/*Preis* Rn. 71).

433 Nr. 2 stellt auf die **Leitungsebene** ab, auf der der Ang. tätig wird. Maßgebend ist die Führungsebene mit vergleichbar bedeutenden Aufgaben (*Richardi* ArbuR 1991, 43), nicht die Delegationsstufe (*Hromadka* BB 1990, 63; *Wlotzke* DB 1989, 111 [123]). Gibt es in einem Unternehmen für verschiedene Bereiche – zB Produktion und Verwaltung – unterschiedliche Leitungsebenen, kommt es auf die Leitungsebene an, in der der Ang. tätig ist.

434 Die Zuordnung einzelner Ang. zu Leitungsebenen geschieht auf Grund von **Organisationsplänen** der Unternehmen. Sind auf dieser Ebene überwiegend leitende Ang. vertreten, spricht dies für diese Zuordnung (*Löwisch/Kaiser* Rn. 44). Überwiegend heißt mehr als 50 vH (vgl. *Engels/Natter* BB 1989 Beil. 8, 12). Dabei können nur die Ang. berücksichtigt werden, deren Status als leitender Ang. feststeht oder nicht umstritten ist (GK-BetrVG/*Raab* Rn. 256; Richardi BetrVG/*Richardi* Rn. 266; krit. DKKW/*Trümner* Rn. 292 Fn. 882). Ist der Status umstritten, muss er zunächst geklärt werden, bevor die Zuordnungsstellen oder Gerichte auf die Kriterien der Nr. 2 abstellen dürfen. Nr. 2 ist am ehesten sachlich berechtigt, wenn auf einer hierarchischen Ebene häufig vergleichbare Aufgaben erledigt werden.

435 Nach Nr. 3 kann das **regelmäßige Jahresarbeitsentgelt,** das für leitende Ang. in dem Unternehmen üblich ist, Orientierungshilfe sein. Zunächst ist das regelmäßige Jahresarbeitsentgelt des betreffenden Ang. zu ermitteln. Was regelmäßiges Jahresarbeitsentgelt ist, kann § 14 SGB IV entnommen werden. Danach sind Arbeitsentgelt alle laufenden oder einmaligen Einnahmen aus einer Beschäftigung, gleichgültig ob ein Rechtsanspruch auf die Einnahmen besteht, unter welcher Bezeichnung und in welcher Form sie geleistet werden und ob sie unmittelbar aus der Beschäftigung oder im Zusammenhang mit ihr erzielt werden.

436 Zum regelmäßigen Jahresarbeitsentgelt gehören das Festgehalt und alle zusätzlichen Vergütungsbestandteile, die regelmäßig, wenn auch in unterschiedlicher Höhe, anfallen. Unbeachtlich sind nur einmalige Bezüge (DKKW/*Trümner* Rn. 293; GK-BetrVG/*Raab* Rn. 257; Richardi BetrVG/*Richardi* Rn. 268). Für variable Vergütungsbestandteile ist der Durchschnitt der letzten Jahre zu ermitteln.

437 Dieses für einen Ang. ermittelte regelmäßige Jahresarbeitsentgelt ist zu vergleichen mit den Gehältern der **Ang., die vergleichbare Aufgaben** wahrnehmen (*Bauer* SprAuG § 5 BetrVG Anm. VII 4). Für diese Gruppe von ArbN ist das übliche Jahresarbeitsentgelt zu ermitteln. **Üblich** im Sinne dieser Vorschrift ist nicht durchschnittlich (GK-BetrVG/*Raab* Rn. 258). Üblich heißt nur, dass Sonderfälle – höheres Gehalt infolge höheren Lebensalters, Auslandstätigkeit, Berufsanfänger – ausgeschaltet werden.

438 Lässt sich nur durch die Höhe des Gehaltes eine Orientierungshilfe gewinnen, muss der **ArbGeb.** sowohl im Zuordnungsverfahren als auch im gerichtlichen Verfahren **Auskunft** sowohl über das Gehalt des betreffenden Ang. als auch über die

Gehälter der vergleichbaren Gruppe leitender Ang. geben (ErfK/*Koch* Rn. 26; *Engels/Natter* BB 1989, Beil. 8, 12). Er hat das Gehaltsband einschließlich der Sonderfälle darzustellen. Die Bezieher der Einkommen brauchen im Regelfall nicht namentlich bezeichnet zu werden, sondern nur dann, wenn dies bei der Ermittlung des üblichen Gehalts unbedingt erforderlich ist.

Schließlich kommen als vergleichbare Ang. nur die in Betracht, deren Status feststeht (vgl. GK-BetrVG/*Raab* Rn. 258; Richardi BetrVG/*Richardi* Rn. 269). 439

Abs. 4 Nr. 4 darf nur herangezogen werden, wenn auch **bei Anwendung der Nr. 3 noch Zweifel** bleiben (HaKo-BetrVG/*Kloppenburg* Rn. 103). Zweifel sind wieder Zweifel über das Ergebnis rechtlicher Würdigung („bei der Anwendung", → Rn. 420ff.). Da die Höhe der Gehälter feststeht, können Zweifel nur darüber entstehen, welche Jahresarbeitsentgelte in dem Unternehmen **üblich** sind. 440

Der Rückgriff auf Nr. 4 ist dagegen nicht möglich, wenn die nach Nr. 3 relevanten unternehmensbezogenen Gehaltsgrenzen nicht erreicht sind, der in Nr. 4 genannte Betrag aber überschritten wird (GK-BetrVG/*Raab* Rn. 260; Richardi BetrVG/*Richardi* Rn. 271f.). Nr. 4 enthält deshalb **kein selbständiges Kriterium;** die Bestimmung ist – entspr. ihrem Wortlaut – nur Hilfs-Hilfs-Instrument. 441

In erster Linie muss es – auch nach dem Zweck der Norm – auf unternehmensbezogene Kriterien ankommen. Was „üblich" ist, ist im Regelfall genau bestimmbar. Ein Rückgriff auf Nr. 4 ist meist nicht notwendig. Die Bestimmung ist **praktisch bedeutungslos** (vgl. auch *Buchner* NZA 1989 Beil. 1, 2 [10]; *Bauer* SprAuG § 5 BetrVG Anm. VII 5; *Steindorff* ArbuR 1988, 266 [271]; *Engels/Natter* BB 1989 Beil. 8, 12; *Richardi* ArbuR 1991, 44; HWGNRH/*Rose* Rn. 246: äußerst enger Anwendungsbereich). 442

Nach Nr. 4 soll das Gehalt des Ang. mit einer Bezugsgröße – § 18 SGB IV – verglichen werden. Die Bezugsgröße wird jährlich neu festgesetzt (vgl. Sozialversicherungs-RechengrößenVO). Das Dreifache dieser Bezugsgröße beträgt im Jahre 2018 109620 EUR, das Dreifache der Bezugsgröße Ost 97020 EUR. Dieses Merkmal enthält keinen Bezug zu den Tatbestandsmerkmalen der Nr. 3 in Abs. 3. § 18 SGB IV enthält Angaben über das durchschnittliche Verdienst aller ArbN. Die daran orientierte Gehaltsgrenze ist willkürlich. Sie ist nicht unternehmensbezogen. Sie kann in dem einen Unternehmen zu hoch, im anderen zu niedrig liegen. Sie ist nicht an den Aufgaben des Ang. orientiert. Sie dürfte deshalb bez. Art. 3 Abs. 1 GG problematisch sein (→ Rn. 362; DKKW/*Trümner* Rn. 295; aA GK-BetrVG/*Raab* Rn. 261; Richardi BetrVG/*Richardi* Rn. 273). 443

6. Beispiele aus der Rechtsprechung des BAG

Die Aufzählung von Beispielen hat nur einen geringen **Aussagewert.** Jede Entscheidung muss auf die übertragenen Aufgaben sowie deren Bedeutung für den oder die Betriebe des Unternehmens abstellen. Die Entscheidungen können daher nur im Zusammenhang mit den **Sachverhalten** näheren Aufschluss über die Eigenschaft als leitender Ang. geben. 444

Das BAG hat als leitende Ang. anerkannt: **Grubenfahrsteiger** in Bergwerksbetrieben (19.11.1974 – 1 ABR 20/73, AP BetrVG 1972 § 5 Nr. 2; 19.11.1974 – 1 ABR 50/73, AP BetrVG 1972 § 5 Nr. 3); dagegen jetzt abl. für einen **Fahrsteiger** (23.1.1986 – 6 ABR 22/82, AP BetrVG 1972 § 5 Nr. 30); **Wirtschaftsprüfer** als angestellte Prüfungsleiter und/oder Berichtskritiker von Wirtschaftsprüfungsgesellschaften (28.1.1975 – 1 ABR 52/73, AP BetrVG 1972 § 5 Nr. 5); **Abteilungsleiter** für Organisation und Unternehmensplanung (17.12.1974 – 1 ABR 131/73, AP BetrVG 1972 § 5 Nr. 6; 17.12.1974 – 1 ABR 105/73, AP BetrVG 1972 § 5 Nr. 7); **Leiter einer Forschungsabteilung,** der auch am Abschluss von Lizenzverträgen beteiligt war (23.3.1976 – 1 AZR 314/75, AP BetrVG 1972 § 5 Nr. 14); **Leiter einer Betriebsabteilung,** der nicht nur arbeitstechnische Weisungen erteilt, und **Leiter des Ausbildungswesens** (8.2.1977 – 1 ABR 22/76, AP BetrVG 1972 § 5 445

Nr. 16); **Sicherheitsingenieur** und Sicherheitsfachmann eines Luftfahrtunternehmens mit 6500 Beschäftigten (8.2.1977 – 1 ABR 22/76, AP BetrVG 1972 § 5 Nr. 16); **Leiter der Abteilung** „Technische Kontrolle" eines Luftfahrtunternehmens (8.2.1977 – 1 ABR 22/76, AP BetrVG 1972 § 5 Nr. 16); **Verkaufsleiter,** der nach Kundenwünschen Industrieanlagen entwirft und Kosten ermittelt (1.6.1976 – 1 ABR 118/74, AP BetrVG 1972 § 5 Nr. 15); Abteilungsleiter eines TÜV (29.1.1980 – 1 ABR 49/78, AP BetrVG 1972 § 5 Nr. 24); **Chefpilot,** der eine sichere und effektive Durchführung des Flugbetriebes mit ca. 255 Piloten, Copiloten und Bordingenieuren zu gewährleisten hat (BAG 25.10.1989 – 7 ABR 60/88, AP BetrVG 1972 § 5 Nr. 42); **Alleinmeister** im Baubetrieb (BAG 10.4.1991 – 4 AZR 479/90, AP TVG § 1 Tarifverträge: Bau Nr. 141); **Hauptabteilungsleiter** (Prokurist) für das Finanzwesen und **Hauptabteilungsleiter** für das Rechnungswesen, die dem zuständigen Geschäftsführer unmittelbar nachgeordnet sind (11.1.1995 – 7 ABR 33/94, AP BetrVG 1972 § 5 Nr. 55).

446 **Nicht** als leitende Ang. wurden **anerkannt: Abteilungsleiter** eines Maschinenbauunternehmens (17.12.1974 – 1 ABR 131/73, AP BetrVG 1972 § 5 Nr. 6); **Leiter eines Verbrauchermarktes** mit 45 ArbN, der im personellen und kaufmännischen Bereich keinen eigenen nennenswerten Entscheidungsspielraum hat (19.8.1975 – 1 AZR 565/74, AP BetrVG 1972 § 105 Nr. 1); **Hauptabteilungsleiter** eines von 20 Hauptbüros eines großen Unternehmens (19.11.1974 – 1 ABR 20/73, AP BetrVG 1972 § 5 Nr. 2); **Produktionsleiter** in der Kraftfahrzeugindustrie mit 400 unterstellten ArbN (15.3.1977 – 1 ABR 86/76, BeckRS 1977, 00159); **Verkaufsleiter** in einer Niederlassung eines Kraftfahrzeugunternehmens (15.3.1977 – 1 ABR 29/76, DB 1978, 496); **Grubenfahrsteiger** (23.1.1986 – 6 ABR 22/82, AP BetrVG 1972 § 5 Nr. 30); **Piloten** und **Co-Piloten** (16.3.1994 – 5 AZR 447/92, AP BGB § 611 Abhängigkeit Nr. 68 mAnm *Boemke* SAE 1995, 127); **Zentraleinkäufer** eines Warenhausunternehmens (25.10.2001 – 2 AZR 358/00, BeckRS 2002, 40362); Chefarzt (5.5.2010 – 7 ABR 97/08, NZA 2010, 955). Mit Vorsicht sind auch die Beispielsfälle aus der Rspr. der Instanzgerichte heranzuziehen, da es immer auf die Struktur des jeweiligen Unternehmens ankommt.

447 In vielen Fällen wurde das Verfahren vom BAG wegen weiter erforderlicher Aufklärung einzelner Tatbestandsmerkmale an das LAG zurückverwiesen.

7. Sprecherausschüsse

448 Nach dem **G über Sprecherausschüsse der leitenden Angestellten** können die leitenden Ang. iSv § 5 Abs. 3 eine bes. Interessenvertretung **(Sprecherausschuss)** wählen (§ 7 Abs. 2 SprAuG; zum Ganzen *Hromadka/Sieg* SprAuG; *Sieg* FS Richardi, 2007, 777 ff.; *Sieg* AuA 2009, 578 ff.).

449 Sprecherausschüsse können in Betrieben mit in der Regel **mindestens 10 leitenden Ang.** gewählt werden (§ 1 Abs. 1 SprAuG). Hat der Betrieb weniger als 10 leitende Ang., gelten diese Ang. für die Anwendung des SprAuG als leitende Ang. des räumlich nächsten Betriebes desselben Unternehmens, der die Voraussetzung des § 1 Abs. 1 SprAuG erfüllt (§ 1 Abs. 2 SprAuG).

450 Sind in einem Unternehmen mit mehreren Betrieben in der Regel insgesamt mindestens zehn leitende Ang. beschäftigt, kann abw. von § 1 Abs. 1 u. 2 ein **Unternehmenssprecherausschuss** der leitenden Ang. gewählt werden (§ 20 SprAuG). Dazu ist ein Beschluss der Mehrheit der leitenden Ang. des Unternehmens erforderlich. Für den Unternehmenssprecherausschuss gelten die Bestimmungen über den Sprecherausschuss im Betrieb entspr. (*Goldschmidt* Sprecherausschuss Rn. 56 ff.).

451 Ein Sprecherausschuss wird nur gewählt, wenn dies die Mehrheit der leitenden Ang. des Betriebs in einer Versammlung oder durch schriftliche Stimmabgabe verlangt, sog **Grundsatzbeschluss** (§ 7 Abs. 2 SprAuG). Die Mehrheit entscheidet, anders als im BetrVG, darüber, ob eine Interessenvertretung zustande kommt. Dies ist sachgemäß, weil die Beteiligungsrechte ohnehin nur sehr gering sind und deshalb

Vor- und Nachteile einer solchen Vertretung sehr genau abgewogen werden müssen (zu Sprecherausschusswahl-Ergebnissen *Sieg* FS Richardi, 2007, 777 [786]).

Ist der Sprecherausschuss gewählt, vertritt er die **Interessen aller leitenden Ang.** 452 eines Betriebes oder Unternehmens, unabhängig davon, ob sich die leitenden Ang. an der Wahl zum Sprecherausschuss beteiligt haben oder nicht (§ 25 Abs. 1 SprAuG; anders noch die Rechtslage für die auf freiwilliger Grundlage als privatrechtliche Vereinigungen gebildeten Sprecherausschüsse, die nur die Interessen ihrer Mitglieder vertreten konnten).

Neben diesen auf gesetzl. Grundlage beruhenden **Sprecherausschüssen** kann es 453 **keine freiwilligen Interessenvertretungen** der leitenden Ang. im Betrieb mehr geben (GK-BetrVG/*Raab* Rn. 284; *Hromadka/Sieg* SprAuG Vorb. § 1 Rn. 12). Zwar kann die Bildung privatrechtlicher Vereine nicht verboten werden. Doch kann ein ArbGeb. mit der privaten Interessenvertretung nicht zusammenarbeiten, er würde damit gegen § 2 Abs. 1 S. 1 SprAuG (Gebot der vertrauensvollen Zusammenarbeit) verstoßen (vgl. *Wlotzke* DB 1989, 174; *Wlotzke* NZA 1989, 710; *Martens* NZA 1989, 409).

Freiwillig gebildete Organisationen kann es dagegen weiter **anstelle** der gesetzl. 454 vorgesehenen Interessenvertretung geben (**aA** GK-BetrVG/*Raab* Rn. 285 f., soweit die gleichen Aufgaben wie nach dem SprAuG wahrgenommen werden sollen; enger Richardi BetrVG/*Richardi* Rn. 325). Für die Bildung von Sprecherausschüssen nach dem SprAuG muss sich eine Mehrheit der leitenden Ang. finden (§ 7 SprAuG). Kommt sie nicht zustande, sind private Vereinigungen nicht unzulässig (*Goldschmidt* Sprecherausschuss Rn. 72 ff.). Nur stehen diesen Vereinen nicht die Rechte und Befugnisse eines Sprecherausschusses nach dem SprAuG zu (*Martens* NZA 1989, 409; *Bauer* SprAuG § 1 V; *Hromadka/Sieg* SprAuG Vorb. § 1 Rn. 12). Ein gesetzl. Ausschuss kann jederzeit gebildet werden mit der Folge, dass die Tätigkeit des freiwilligen Ausschusses praktisch eingestellt werden muss; ähnlich auch *Borgwardt/Fischer/Janert* Rn. 12; *Buchner* NZA 1989 Beil. 1, 13.

Als Interessenvertretung eines Teils der ArbN (auch die leitenden Ang. sind ArbN, 455 → Rn. 347 ff.) ist der Sprecherausschuss ein **Organ der Betriebsverfassung.** Bei wirksamer Vertretung der Interessen dieser ArbN-Gruppe sind Konflikte mit dem ArbGeb. nicht auszuschließen. Die Wahrnehmung der Interessen steht – wie beim BR – jedoch unter dem Gebot der vertrauensvollen Zusammenarbeit (§ 2 Abs. 1 S. 1 SprAuG). Auch **zwischen** beiden Interessenvertretungen der ArbN des Betriebs – **BR und Sprecherausschuss** – kann es zur **Zusammenarbeit** und zu **Konflikten** kommen (→ § 2 Rn. 3 ff.).

Das SprAuG enthält – ebenso wie das BetrVG – Vorschriften über die Wahl, Zu- 456 sammensetzung und Amtszeit der Sprecherausschüsse (§§ 3–10 SprAuG), über die Geschäftsführung (§§ 11–14 SprAuG), über die Versammlung der leitenden Ang. (§ 15 SprAuG), über Gesamtsprecherausschuss und Konzernsprecherausschuss (§§ 16–24 SprAuG). Die Mitwirkung des Sprecherausschusses ist geregelt in den §§ 25–33 SprAuG. Die §§ 25–29 enthalten dabei die allgemeinen Vorschriften (vergleichbar den §§ 74–80 BetrVG). **Mitwirkungsrechte** sind **nur** in **§ 30** (Arbeitsbedingungen und Beurteilungsgrundsätze), **§ 31** (Personelle Maßnahmen) **und § 32** (Wirtschaftliche Angelegenheiten) geregelt (s. *Sieg* FS Richardi, 2007, 777 [788 ff.]). § 33 enthält bes. Vorschriften für die Seeschifffahrt.

Aufgaben und Beteiligungsrechte bleiben deutlich hinter den Rechten des BR 457 zurück und sind nicht vergleichbar (*Kort* NZA-RR 2015, 113). Im Einzelnen: ArbGeb. und Sprecherausschuss können **Richtlinien** über den Inhalt, den Abschluss oder die Beendigung von ArbVerh. der leitenden Ang. vereinbaren (§ 28 Abs. 1 SprAuG; s. *Kramer* DB 1996, 1082; *Kort* NZA-RR 2015, 113 [114]; *Sieg* FS Richardi, 2007, 777 [784]). Diese Richtlinien gelten für die ArbVerh. der leitenden Ang. **unmittelbar und zwingend,** soweit dies zwischen ArbGeb. und Sprecherausschuss vereinbart ist (§ 28 Abs. 2 SprAuG); der hierauf gerichtete gemeinsame Wille muss sich aus der geschlossenen Vereinbarung deutlich und zweifelsfrei ergeben (BAG 10.2.2009 – 1 AZR 767/07, AP SprAuG § 28 Nr. 1). Ausdrücklich wird klargestellt, dass abweichende Vereinbarungen zugunsten der leitenden Ang. in den Arbeitsverträgen möglich sind (§ 28 Abs. 2 S. 2; *Goldschmidt* Sprecherausschuss Rn. 104 ff.). Das **Günstigkeitsprinzip** ist für leitende Ang. gesetzl. geregelt (*Kort* NZA-RR 2015, 113 [114]). Es gilt auch für die übrigen ArbN des Betriebs, obwohl eine entspr. ausdrückliche Regelung im BetrVG fehlt (BAG GrS 16.9.1986 – GS 1/82, AP BetrVG 1972 § 77 Nr. 17).

458 IÜ bestehen **Unterrichtungspflichten** und zT auch **Beratungspflichten** (*Kort* NZA-RR 2015, 113 [114]). Der ArbGeb. hat den Sprecherausschuss zu unterrichten, wenn er die **Gehaltsgestaltung** oder sonstige **allgemeine Arbeitsbedingungen** ändern will, oder wenn er allgemeine **Beurteilungsgrundsätze** ändern oder einführen will. Durch diese Informations- und Beratungsrechte werden MBR des BR nicht berührt. So bedürfen allgemeine Beurteilungsgrundsätze der Zustimmung des BR (§ 94 BetrVG). Will der ArbGeb. die Beurteilungsgrundsätze einheitlich für alle ArbN des Betriebs einführen, muss er sich an das mit dem BR Vereinbarte oder an den Spruch der E-Stelle halten. Entspr. gilt bei Fragen der Lohngestaltung (s. § 87 Abs. 1 Nr. 10 BetrVG).

459 Eine beabsichtigte Einstellung oder **personelle Veränderung** eines leitenden Ang. ist dem Sprecherausschuss – ebenso wie dem BR (§ 105 BetrVG) – rechtzeitig mitzuteilen. Vor Kündigungen ist der Sprecherausschuss zu hören. Eine ohne Anhörung des Sprecherausschusses ausgesprochene **Kündigung** eines leitenden Ang. ist unwirksam (§ 31 Abs. 2 S. 1 u. 2 SprAuG, BAG 27.9.2001 – 2 AZR 176/00, AP KSchG 1969 § 14 Nr. 6). Ist der Status eines Ang. zweifelhaft, tut der ArbGeb. gut daran, beide Vertretungen zu hören.

460 Der ArbGeb. ist nach § 32 SprAuG verpflichtet, den Sprecherausschuss mindestens einmal im Kalenderhalbjahr über die **wirtschaftlichen Angelegenheiten** des Betriebs und des Unternehmens zu **unterrichten.** Die Unterrichtungspflicht entspricht inhaltlich der Unterrichtungspflicht gegenüber dem Wirtschaftsausschuss; § 30 Abs. 1 S. 1 SprAuG verweist auf § 106 Abs. 3 BetrVG. Bei geplanten **Betriebsänderungen** iSv § 111 BetrVG bestehen Unterrichtungs- und Beratungsrechte. Das gilt auch für Maßnahmen zum Ausgleich oder zur Milderung der Nachteile, die leitenden Ang. infolge einer Betriebsänderung entstehen. Der Sprecherausschuss hat aber **keinen Anspruch auf Aufstellung eines Sozialplans.**

461 **Streitigkeiten** aus dem SprAuG, zB über die Bildung, Wahl, Zusammensetzung, Bestehen und Umfang von Beteiligungsrechten, werden im arbeitsgerichtlichen BeschlVerf. ausgetragen (§ 2a Abs. 1 Nr. 2 ArbGG). Der Sprecherausschuss ist in diesem Verfahren partei- und beteiligtenfähig (→ Anh. 3 Rn. 41 ff.); er kann Anträge stellen (→ Anh. 3 Rn. 13 ff.). Für das vorgerichtliche Zuordnungsverfahren aus Anlass von Wahlen gelten bes. Bestimmungen (§ 18a BetrVG). Der Status eines Ang. kann außerhalb des Zuordnungsverfahrens nach § 18a in einem BeschlVerf. festgestellt werden (→ Rn. 462 ff.).

VI. Streitigkeiten

462 Streitigkeiten über die ArbNEigenschaft eines Betriebsangehörigen, einschl. eines in einem Privatbetrieb tätigen Beamten oder Soldaten (→ Rn. 316 ff.), und Streitigkeiten über die Eigenschaft als leitender Ang. entscheidet das ArbG im BeschlVerf. (§ 2a ArbGG; → Anh. 3 Rn. 1 ff.; zu Rechtsproblemen rückwirkender Statusfeststellungen *Hochrathner* NZA 2000, 1083).

463 **Antragsberechtigt** sind der ArbGeb. und der BR (stRspr, BAG 23.1.1986 – 6 ABR 22/82, AP BetrVG 1972 § 5 Nr. 30). Antrags- und beteiligungsbefugt sind auch die ArbN, um deren Status es geht (GK-BetrVG/*Raab* Rn. 288). Das ist vom BAG anerkannt für die Antrags- und Beteiligungsbefugnis der leitenden Ang. (BAG 23.1.1986 – 6 ABR 22/82, AP BetrVG 1972 § 5 Nr. 30). Dasselbe muss aber auch für Mitarbeiter gelten, um deren ArbNEigenschaft es geht.

Im Zusammenhang mit einer BRWahl ist auch eine im Betrieb vertretene Gewerkschaft antragsberechtigt. Dabei ist es unerheblich, ob der Antrag vor der Wahl oder nach der Wahl im Rahmen eines **Anfechtungsverfahrens** gestellt wird (HWGNRH/*Rose* Rn. 306; Richardi BetrVG/*Richardi* Rn. 330; für das Anfechtungsverfahren zust. auch GK-BetrVG/*Raab* Rn. 288). 464

Das **Rechtsschutzinteresse** für die positiv oder negativ beantragte Feststellung ergibt sich daraus, dass für BR und ArbGeb. der personelle Kompetenzbereich des BR geklärt werden muss (BAG 23.1.1986 – 6 ABR 22/82, AP BetrVG 1972 § 5 Nr. 30). Deshalb kann der ArbN-Status oder der eines (leitenden) Ang. jederzeit – auch ohne einen konkreten, aktuellen Streit hierüber oder ohne Klärung str. Einzelfragen aus dem ArbVerh. – im BeschlVerf. geklärt werden (stRspr, BAG 20.7.1994 – 5 AZR 169/93, AP ZPO 1977 § 256 Nr. 26; LAG Berlin 5.3.1990 – 9 Ta BV 6/89, NZA 1990, 577; GK-BetrVG/*Raab* Rn. 254; HWGNRH/*Rose* Rn. 304). Das Rechtsschutzinteresse entfällt, wenn der ArbN (leitende Ang.) aus dem Betrieb ausgeschieden ist. Es geht um den persönlichen Status eines ArbN, nicht um die Bewertung einer Stelle. Das Rechtsschutzinteresse wird in jeder Lage des Verfahrens (auch in der Rechtsbeschwerdeinstanz) von Amts wegen geprüft. 465

Die **Gesamtwürdigung** der verschiedenen Merkmale, die in tatsächlicher Hinsicht vorliegen müssen, um den Status eines leitenden Ang. zu begründen, ist in erster Linie Aufgabe des **Tatsachenrichters** (ArbG und LAG); sie ist nur einer beschränkten Nachprüfung in der Rechtsbeschwerdeinstanz zugänglich. Dagegen ist die rechtlich richtige Beurteilung der einzelnen Tatsachen eine unbeschränkt nachprüfbare rechtliche Entscheidung (BAG 23.1.1986 – 6 ABR 22/82, AP BetrVG 1972 § 5 Nr. 30). 466

Die Feststellung des rechtlichen Status als leitender Ang. kann auch als **Vorfrage im Kündigungsschutzprozess** getroffen werden (BAG 23.3.1976 – 1 AZR 314/75, AP BetrVG 1972 § 5 Nr. 14). Eine Entscheidung in diesem Verfahren wirkt mit Rechtskraft nur für und gegen die an diesem Verfahren beteiligten Parteien (ArbGeb., ArbN), nicht gegenüber dem nichtbeteiligten BR. 467

§ 6 Arbeiter und Angestellte

(weggefallen)

Zweiter Teil. Betriebsrat, Betriebsversammlung, Gesamt- und Konzernbetriebsrat

Erster Abschnitt. Zusammensetzung und Wahl des Betriebsrats

§ 7 Wahlberechtigung

[1] Wahlberechtigt sind alle Arbeitnehmer des Betriebs, die das 18. Lebensjahr vollendet haben. [2] Werden Arbeitnehmer eines anderen Arbeitgebers zur Arbeitsleistung überlassen, so sind diese wahlberechtigt, wenn sie länger als drei Monate im Betrieb eingesetzt werden.

Inhaltsübersicht

I. Vorbemerkung

1 Die Vorschrift regelt das aktive Wahlrecht zum BR. Während S. 1 klarstellt, dass grds. nur solche ArbN zum BR wahlberechtigt sind, die dem Betrieb auf Grund eines Arbeitsvertrages mit dem ArbGeb. (Betriebsinhaber) angehören, begründet S. 2 ausdrücklich eine Betriebszugehörigkeit auch von ArbN eines anderen ArbGeb. unter bestimmten Voraussetzungen. Sie sind im Einsatzbetrieb zum dortigen BR dann wahlberechtigt, wenn sie für eine längere Zeit als drei Monate zur Arbeitsleistung überlassen werden.

2 Die Wahlberechtigung zur JAV ist in § 61 Abs. 1, die zur Bordvertr. und zum SeeBR in § 115 Abs. 2 Nr. 1, § 116 Abs. 2 Nr. 1 geregelt. Wegen der Wahlberechtigung für die Wahl der Vertr. der ArbN im AR → Rn. 93.

3 Die Vorschrift ist **zwingendes Recht.** Auch durch TV oder BV können keine abweichenden Regelungen getroffen werden (hM).

4 Entspr. Vorschriften: § 13 BPersVG, § 5 Abs. 2 DrittelbG; § 3 Abs. 1 SprAuG.

II. Wahlberechtigung

5 Die Vorschrift regelt das **aktive Wahlrecht,** dh die Berechtigung, bei der Wahl des BR mitzuwählen. Danach sind wahlberechtigt alle Personen, die als ArbN im Sinne dieses G anzusehen sind (→ Rn. 6ff.), dem Betrieb entweder aufgrund eines Arb-

Verh. zum Betriebsinhaber (→ Rn. 19ff.) oder – falls ein solches nicht besteht – dem Betrieb auf Grund einer Überlassung zur Arbeitsleistung für eine längere Zeit als drei Monate angehören (→ Rn. 37ff.) und am Wahltag das 18. Lebensjahr vollendet haben (→ Rn. 85ff.). Zur tatsächlichen **Ausübung** des **Wahlrechts** muss die Eintragung in die Wählerliste erfolgen (§ 2 Abs. 3 WO). Wegen des passiven Wahlrechts (Wählbarkeit) vgl. § 8.

1. Arbeitnehmereigenschaft

Wer **ArbN** ist und damit die Grundvoraussetzung für die Wahlberechtigung erfüllt, bestimmt sich nach § 5 (ausf. hierzu → § 5 Rn. 15ff.). Hiernach sind ArbN Arbeiter und Angestellte, unabhängig davon, ob sie befristet (→ § 5 Rn. 103ff.) oder in Teilzeit beschäftigt (→ § 5 Rn. 157ff.), im Außendienst bzw. im Mobile Office (→ § 5 Rn. 186ff.) oder mit Telearbeit bzw. im Home oder Mobile Office (→ § 5 Rn. 193ff.) beschäftigt sind, KonzernArbN (→ § 5 Rn. 219ff.), in Matrix-Strukturen tätige ArbN (→ § 5 Rn. 226aff.) sowie echte und unechte LeihArbN (zur wahlrechtlichen Sondersituation dieser Personengruppen → Rn. 19ff., 37ff.). 6

Des Weiteren können auch ArbN, deren **ArbVerh. Besonderheiten** aufweisen, wahlberechtigt sein. Im Rahmen von sozialversicherungspflichtigen Beschäftigungsverhältnissen (Entgeltvariante) tätige **erwerbsfähige Leistungsberechtigte** (§ 16e, § 16i SGB II) sind ArbN und wahlberechtigt, **nicht** dagegen **Ein-Euro-Jobber** (→ § 5 Rn. 154f.; so ausdrücklich HessLAG 23.5.2006 – 9 TaBVGa 81/06, BeckRS 2006, 43684; *Engels* NZA 2007, 8 [9]). Personen, die sozialversicherungsrechtlich als Selbständige gelten (§ 7 Abs. 4 SGB IV), sind dann wahlberechtigt, wenn sie in den Betrieb eingegliedert und ArbN sind (→ § 5 Rn. 43, 44ff.). Die in **Beschäftigungs- und Qualifizierungsgesellschaften** tätigen Personen sind – mit Ausnahme des Stammpersonals – idR nicht wahlberechtigt (→ § 5 Rn. 152f.). 7

Obwohl bestimmte Beschäftigtengruppen nach allgemeinem Arbeitsrecht nicht zu den ArbN zählen, gelten sie als ArbN iSd G. Insoweit ausdrücklich erwähnt sind in § 5 Abs. 1 S. 1 die zu ihrer **Berufsausbildung Beschäftigten.** Sie müssen allerdings in einem Ausbildungsverhältnis zum Betrieb stehen (Einzelheiten → § 5 Rn. 289ff.). Keine ArbN und damit nicht wahlberechtigt sind dagegen Azubis, die eine bes. Interessenvertr. iSv § 51 BBiG bilden können (→ § 5 Rn. 298ff.). 8

Ebenfalls ausdrücklich als ArbN iSd G werden die **in Heimarbeit** bzw. im **Home Office Beschäftigten** (Heimarbeiter und Hausgewerbetreibende) anerkannt, die in der Hauptsache für den Betrieb arbeiten (→ § 5 Rn. 309ff., 193ff.). 9

Die in Privatbetrieben tätigen **Beamten, Soldaten** und ArbN des öffentlichen Dienstes gelten nach dem neuen § 5 Abs. 1 S. 3 als ArbN iSd BetrVG (→ § 5 Rn. 316ff.) und sind daher gem. § 7 S. 1 wahlberechtigt (Näheres → Rn. 51f.). Bei der **Bahn** sind die der DBAG zugewiesenen Beamten zur Wahrung ihrer Interessen gegenüber den sie betreffenden beamtenrechtlichen Entscheidungen des BEV außerdem wahlberechtigt zu den bes. PersVertr. beim **BEV,** die ausschließlich von diesen Beamten gewählt werden (vgl. § 17 Abs. 1 DBGrG; *Engels/Müller/Mauß* DB 1994, 473; *Engels/Mauß-Trebinger* RdA 1997, 217; *Lorenzen* PersVertr. 1994, 145). Die DBAG hat den ihr zugewiesenen Beamten die Teilnahme an der Wahl der bes. PersVertr. zu ermöglichen (§ 17 Abs. 7 DBGrG). 10

Die in den **Kooperationsbetrieben** der **Bundeswehr** beschäftigten Beamten, ArbN und Soldaten haben ebenfalls ein doppeltes Wahlrecht sowohl zum PersR ihrer Dienststelle bei der Bundeswehr als auch zum BR des Kooperationsbetriebs (§§ 2, 3, 6 Abs. 1 BwKoopG; BAG 4.5.2011 – 7 ABR 3/10, NZA 2011, 1373 mAnm *Engels* AP BetrVG 1972 § 99 Nr. 138; BVerwG 14.12.2009 – 6 P 16/08, NZA-RR 2010, 274; *Engels* ArbuR 2009, 10 [75]; → § 99 Rn. 332). Gleiches gilt für die in der **BRD-Finanzagentur GmbH** eingesetzten Beamten und ArbN des Bundesamtes für zentrale Dienste und offene Vermögensfragen; sie sind aktiv und passiv wahlberechtigt zum BR der GmbH und zum PR des Bundesamtes (§§ 2, 4, 5 Abs. 1 11

BWpVerwPG; *Engels* ArbuR 2009, 10 [75]). Das doppelte Wahlrecht haben auch die der **Gesellschaft für Außenwirtschaft und Standortmarketing mbH** zugewiesenen **Beamten** und ArbN (→ § 5 Rn. 324) sowie die bei der **DFS Deutsche Flugsicherung GmbH** eingesetzten Beamten und ArbN (→ § 5 Rn. 325). Dagegen sind die **von** den **Post-AGn** ihren Tochter-, Enkel- und Beteiligungsgesellschaften **zugewiesenen Beamten** nur dort, nicht in der jeweiligen Post-AG mangels Eingliederung wahlberechtigt (BAG 16.1.2008 – 7 ABR 66/06, AP BetrVG 1972 § 7 Nr. 12; krit. *Stiller* ZBVR 2004, 237; → § 99 Rn. 331). Zur Beamtengruppe im BR der Postunternehmen → § 14 Rn. 72 ff.

12 Ob in **Werkstätten für behinderte Menschen** nach § 219 SGB IX beschäftigte behinderte Menschen ArbN iSd § 5 Abs. 1 und damit wahlberechtigt sind, bemisst sich nach den Umständen des Einzelfalles (→ § 5 Rn. 341).

13 **Nicht wahlberechtigt** sind die in § 5 Abs. 2 u. 3 genannten Personen, dh insbes. die **leitenden Ang.** (→ § 5 Rn. 326 ff., 347 ff.).

14 Kein Wahlrecht steht **arbeitnehmerähnlichen Personen** (→ § 5 Rn. 92 ff.) und sog **freien Mitarbeitern** zu, die im Rahmen von Dienst- oder Werkverträgen tätig werden und nicht dem Direktionsrecht des ArbGeb. (Betriebsinhabers) unterstehen. Sie sind keine ArbN (→ § 5 Rn. 39 ff., 65 ff., 279 ff.). Das gilt aber dann nicht, wenn es sich bei diesen Verträgen um „Scheinverträge“ handelt und tatsächlich fremdbestimmte Arbeit in persönlicher Abhängigkeit geleistet wird, also kein freies Dienstverhältnis, sondern ein ArbVerh. vorliegt (→ § 611a Abs. 1 BGB nF; → § 5 Rn. 15, 39 ff.). Zur rechtlichen Einordnung von Fremdfirmen-ArbN und Onsite-Werververtrags-ArbN → § 5 Rn. 281 ff., 288 ff.

15 Der Franchisenehmer ist idR kein ArbN, sondern selbständiger Unternehmer. In Fällen des **Subordinations-Franchising** kann der Franchisenehmer jedoch bei starker Weisungsbindung bez. Arbeitszeit und Arbeitsort ArbN sein (→ § 5 Rn. 88 ff.).

2. Betriebszugehörigkeit

16 Wahlberechtigt sind grundsätzlich nur die ArbN **des Betriebs** (Näheres zum Betriebsbegriff → § 1 Rn. 58 ff.). Sie müssen zur Belegschaft des Betriebs gehören. Das erforderte nach der bisher herrschenden sog **„Zwei-Komponenten-Lehre“** in aller Regel, dass die ArbN zum Betriebsinhaber in einem **ArbVerh.** stehen (1. Komponente) **und** von ihm innerhalb der betrieblichen Organisation zur Erfüllung des Betriebszwecks **eingesetzt** werden (2. Komponente), dh dass ihnen innerhalb der betrieblichen Organisation ein Arbeitsbereich als ArbN zugewiesen ist (s. BAG-Rspr. bis 17.2.2010 – 7 ABR 51/08, NZA 2010, 832; GK-BetrVG/*Raab* Rn. 30; *Brors* NZA 2002, 123 [124 f.]; *Lindemann/Simon* NZA 2002, 365 [366]; **aA** DKKW/*Homburg* Rn. 5, 7 ff.).

17 In Fällen des **drittbezogenen Personaleinsatzes** führt die **„Zwei- Komponenten-Lehre“** jedoch zu nicht sachgerechten Ergebnissen. Der ArbN könnte weder seinem Vertrags-ArbGeb. mangels Eingliederung noch dem Betriebs-ArbGeb. mangels arbeitsvertraglichen Bands zugeordnet werden. Deshalb bedarf es in Fällen einer **aufgespaltenen ArbGeb.-Stellung** einer differenzierten Beurteilung der betriebsverfassungsrechtlichen Zuordnung der ArbN (*Linsenmaier/Kiel* RdA 2014, 135 [136 ff.]). Hier kann die **Betriebszugehörigkeit** auch nur durch **eine** der beiden **Komponenten** begründet werden (*Brors* NZA 2002, 123 [125]), wie dies bei ArbVerh. im Konzern, bei Tätigkeit von ArbN in Matrix-Strukturen, bei echter (erlaubnisfreier) und unechter (erlaubnispflichtiger) Leiharbeit (→ § 5 Rn. 219 ff., 226a ff., 232 ff., 241 ff., 250 ff., 262 ff.), Beschäftigung von Beamten in Privatbetrieben (→ Rn. 10 f.; → § 5 Rn. 316 ff.; → § 99 Rn. 299 ff.) und bei bestimmter Ausgestaltung der Ausbildung (→ § 60 Rn. 16 ff.; → § 5 Rn. 296) der Fall sein kann (weitergehend DKKW/*Homburg* Rn. 5, 7 ff.: Eingliederung allein ausreichend).

18 Dem hat der Gesetzgeber des **BetrVerf-ReformG** Rechnung getragen und in S. 2 des § 7 bei bestimmten Fallkonstellationen des Drittpersonaleinsatzes auf das

Bestehen eines **ArbVerh.** zum Betriebsinhaber/ArbGeb. als Voraussetzung für die Wahlberechtigung **verzichtet** und damit die Betriebszugehörigkeit dieser überlassenen ArbN (auch) zum Einsatzbetrieb anerkannt (→ Rn. 37 ff.). Das BAG (13.3.2013 – 7 ABR 69/11, NZA 2013, 789; 5.12.2012 – 7 ABR 48/11, NZA 2013, 793) hat nunmehr die Zwei-Komponenten-Lehre ausdrücklich aufgegeben.

a) Arbeitsverhältnis zum Betriebsinhaber

19 Betriebszugehörig ist ein ArbN immer dann, wenn er in einem **ArbVerh.** zum Betriebsinhaber als ArbGeb. steht und im Betrieb zur Erfüllung des Betriebszweck eingesetzt wird (GK-BetrVG/*Raab* Rn. 32). Unerheblich ist, ob das ArbVerh. durch Vertrag oder kraft G zustande gekommen ist (→ § 5 Rn. 18 ff.).

20 Die **Wirksamkeit** des Arbeitsvertrages ist keine Voraussetzung für die Wahlberechtigung. Die **Nichtigkeit** oder **Anfechtbarkeit** eines ArbVerh. lässt die Wahlberechtigung des betreffenden ArbN solange unberührt, als dieser Rechtsmangel nicht geltend gemacht und der ArbN im Betrieb tatsächlich beschäftigt wird (hM: GK-BetrVG/*Raab* Rn. 33; Richardi BetrVG/*Thüsing* Rn. 9).

21 Dagegen reicht der **bloße Abschluss** des Arbeitsvertrages für ein erst später beginnendes ArbVerh. **nicht** aus. Der ArbN muss vielmehr am Tage der Wahl zur ArbNschaft des Betriebs gehören (GK-BetrVG/*Raab* Rn. 33; HWGNRH/*Nicolai* Rn. 17; *Löwisch/Kaiser* Rn. 20).

21a Ist ein im **Außendienst** bzw. im **Mobile Office Beschäftigter** für ein **Unternehmen** mit **mehreren Betrieben** tätig und ist der Außendienst nicht in einer eigenen organisatorischen Einheit (Betrieb oder Betriebsteil iSv § 4 Abs. 1 S. 1) zusammengefasst, so ist er demjenigen Betrieb zugehörig, in den er tatsächlich eingegliedert ist. Hierfür ist die organisatorische Einbindung in den Betrieb maßgebend. Ein Außendienstmitarbeiter gehört folglich zu dem Betrieb, von dem die Entscheidungen über seinen Einsatz ausgehen und in dem somit Leitungsmacht, vor allem das Direktionsrecht des ArbGeb., ausgeübt wird und die auf das ArbVerh. bezogenen Anweisungen erteilt werden wie Zuweisungen von Kunden, Tourenplanerstellung, Besuchsintensität, Arbeitszeit (BAG 10.3.2004 – 7 ABR 36/03, BeckRS 2004, 30801570; LAG RhPf 24.8.2012 – 9 Sa 176/12, NZA-RR 2012, 636; GK-BetrVG/*Raab* Rn. 44; zum Einsatz mit Auslandsbezug → § 1 Rn. 22 ff.).

21b Erfolgt die Berufsausbildung oder das Trainee-Programm abschnittsweise in **verschiedenen Betrieben** des Ausbildungsunternehmens und bleibt der Schwerpunkt der Ausbildung im Stammbetrieb, sind die Auszubildenden und Trainees idR nur zum dortigen BR wahlberechtigt. Eine nur vorübergehende und partielle Eingliederung in die anderen Betriebe begründet keine Wahlberechtigung zu deren BR (→ § 60 Rn. 18 mwN; BAG 12.5.2005 – 2 AZR 149/04, AP BetrVG 1972 § 102 Nr. 145).

22 Auf die **Dauer der Betriebszugehörigkeit** kommt es im Gegensatz zur Wählbarkeit (§ 8) bei der Wahlberechtigung nach S. 1 nicht an. Entscheidend ist allein, dass der ArbN am Wahltag dem Betrieb als ArbN angehört. Auch der kurz vor der Wahl in den Betrieb eingetretene ArbN ist wahlberechtigt (vgl. § 4 Abs. 3 WO). Unerheblich ist, ob der ArbN auf Dauer oder nur vorübergehend, unbefristet oder nur **befristet** eingestellt worden ist (Richardi BetrVG/*Thüsing* Rn. 31).

23 **Bedeutung** und **Umfang** der geschuldeten **Arbeitsleistung** spielen ebenfalls für die Betriebszugehörigkeit keine Rolle. Es kommt nicht darauf an, ob der ArbN haupt- oder **nebenberuflich** tätig ist. Nur bei den in **Heimarbeit** Beschäftigten stellt § 5 Abs. 1 S. 2 darauf ab, ob sie in der Hauptsache für den Betrieb arbeiten (→ § 5 Rn. 311).

24 **Teilzeitbeschäftigte ArbN** und auch solche mit einer nur **geringfügigen Beschäftigung** nach § 8 Abs. 1 Nr. 1, ggf. auch Nr. 2 (sofern am Wahltag im ArbVerh zum Betrieb stehend, → Rn. 28; Richardi BetrVG/*Thüsing* Rn. 38) SGB IV, sind wahlberechtigt (hM; → § 5 Rn. 157 ff.; DKKW/*Homburg* Rn. 11; GK-BetrVG/*Raab*

Rn. 36; *Greßlin* BR-Mitglieder S. 41; **aA** *Hanau* FS Müller, S. 172ff.); andernfalls wäre hier auch eine mittelbare Frauendiskriminierung gegeben (Richardi BetrVG/*Thüsing* Rn. 38).

25 Sind sie in mehreren Betrieben desselben ArbGeb. oder verschiedener ArbGeb. teilzeitbeschäftigt, so sind sie in jedem dieser Betriebe wahlberechtigt (hM; BAG 11.4.1958 – 1 ABR 2/57, AP BetrVG § 6 Nr. 1; GK-BetrVG/*Raab* Rn. 40; Richardi BetrVG/*Thüsing* Rn. 32; → Rn. 81ff.).

26 Wahlberechtigt sind auch ArbN mit flexibler Teilzeit. Folglich sind ArbN mit **Arbeit auf Abruf/kapazitätsorientierter variabler Arbeitszeit** (vgl. § 12 TzBfG) sowie ArbN mit **Arbeitsplatzteilung/Jobsharing** (vgl. § 13 TzBfG; Näheres → § 5 Rn. 176ff.) wahlberechtigt. Hierbei ist es unerheblich, wenn sie am Tage der Aufstellung der Wählerliste oder am Wahltag gerade nicht im Betrieb arbeiten (*Greßlin* BR-Mitglieder S. 40; *Lipke* NZA 1990, 759).

27 **Zeitungsausträger** sind grds. wahlberechtigt (BAG 29.1.1992 – 7 ABR 27/91, AP BetrVG 1972 § 7 Nr. 1 mAnm *Kreutz* SAE 1994, 75; **aA** ArbG Oldenburg 7.6.1996 – 3 Ca 819/95, NZA-RR 1997, 162 bei Sonntagszeitung); *Berger-Delhey* AfP 1990, 340 [344f.]; 1991, 566 [569f.]; zur Ausnahme, dass ein Zeitungszusteller selbständig ist, → § 5 Rn. 75). Insbes. weist das BAG die von der Gegenansicht genannten Argumente einer möglichen **Majorisierung** der Stammbelegschaft durch geringfügig Beschäftigte und deren mangelnde Schutzbedürftigkeit zu Recht unter Hinweis auf den Grundsatz der formalen Wahlgerechtigkeit (ein Mann/Frau, eine Stimme) zurück (ähnlich schon BAG 26.11.1987 – 6 ABR 8/83, AP BetrVG 1972 § 5 Nr. 36; zum Problem der Majorisierung in reinen Ausbildungsbetrieben s. dagegen → § 5 Rn. 298ff.).

28 Auch spielt es keine Rolle, ob die ArbN ständig oder nur vorübergehend arbeiten. Auch **Aushilfskräfte** sind wahlberechtigt; jedoch müssen auch sie am Wahltag in einem ArbVerh zum Betrieb stehen (BAG 29.1.1992 – 7 ABR 27/91, AP BetrVG 1972 § 7 Nr. 1 mAnm *Kreutz* SAE 1994, 75; *Christiansen* Betriebszugehörigkeit S. 105). Dabei ist unerheblich, ob eine Aushilfskraft einmalig, hin und wieder oder immer wieder herangezogen wird (GK-BetrVG/*Raab* Rn. 39; **aA** LAG Hamm 11.5.1979, EzA § 6 BetrVG 1972 Nr. 2 für die Fälle, dass dieselben Aushilfskräfte ständig herangezogen werden).

29 Auf die tatsächliche Arbeitsleistung im Betrieb und im Zeitpunkt der Wahl kommt es nicht an. So sind wahlberechtigt auch **kranke** (einschl. Bezieher einer Erwerbsminderungsrente – s. *Burgmer* AuA 2005, 718ff. – und sog ausgesteuerter ArbN nach Ablauf des Krankengeldbezugs, § 48 SGB V; LAG Düsseldorf 23.3.2010 – 8 TaBVGa 4/10, BeckRS 2012, 75546), **beurlaubte** ArbN (Elternzeit, § 15 BEEG), infolge von Beschäftigungsverboten **arbeitsbefreite** ArbNinnen (§§ 3 Abs. 2, 6 Abs. 1 MuSchG) sowie die in Heimarbeit Beschäftigten, auch wenn sie gerade zzt. der Wahl von dem Betrieb, für den sie sonst in der Hauptsache arbeiten, keine Aufträge erhalten. Gleiches gilt für „Kurzarbeit Null" (DKKW/*Homburg* Rn. 13). Zur Möglichkeit der Briefwahl in diesen Fällen vgl. §§ 24ff., 35, 36 Abs. 4 WO.

30 Während des (freiwilligen) **Wehrdienstes** ruht zwar das ArbVerh. (§§ 1, 10, 16 ArbPlSchG), die ArbNEigenschaft und das Wahlrecht bleiben aber erhalten, da nur die Hauptpflichten aus dem ArbVerh. (Lohnzahlungspflicht, Arbeitspflicht) zum Ruhen kommen und ein berechtigtes Interesse des Wehrdienstleistenden an der Zusammensetzung des BR bei der künftigen Wiederaufnahme der Arbeit besteht (BAG 29.3.1974 – 1 ABR 27/73, AP BetrVG 1972 § 19 Nr. 2; GK-BetrVG/*Raab* Rn. 60ff.; HWGNRH/*Nicolai* Rn. 18; *Christiansen* Betriebszugehörigkeit S. 95; *Lindemann/Simon* NZA 2002, 365 [370]).

31 Entspr. gilt während einer **Eignungsübung** (§ 1 Abs. 1 EigÜbG) und während der Ableistung des **Zivildienstes** (§ 78 ZDG; *Lindemann/Simon* NZA 2002, 365 [370]). Eine § 78 ZDG vergleichbare Regelung findet sich im Gesetz über den Bundesfreiwilligendienst nicht.

32 Bei **Altersteilzeit** in Form des **Blockmodells** (vgl. § 2 Abs. 2 Nr. 1 ATG) verliert der ArbN sein Wahlrecht mit Beginn der Freistellungsphase, wenn er danach

nicht in den Betrieb zurückkehrt. Im Gegensatz zu den sonstigen Fällen eines wahlrechtlich unschädlichen Ruhens des ArbVerh. scheidet hier der Altersteilzeiter aus dem Betrieb aus und geht in den vorzeitigen Ruhestand, so dass wegen des nicht nur vorübergehenden Wegfalls der tatsächlichen Beziehung zum Betrieb die Betriebszugehörigkeit entfällt und mangels Wiederaufnahme der Arbeit ein berechtigtes Interesse an der Zusammensetzung des BR nicht besteht (BAG 16.4.2003 – 7 ABR 53/02, AP BetrVG 2002 § 9 Nr. 1; *Greßlin* BR-Mitglieder S. 41; *Lindemann/Simon* NZA 2002, 365 [370]; *Nicolai* DB 2003, 2601; DKKW/*Homburg* Rn. 12; **aA** *Natzel* NZA 1998, 1262 [1264]).

Im Falle der **Kündigung** des ArbVerh. gilt Folgendes: Bei einer **ordentlichen** Kündigung besteht das Wahlrecht bis zum Ablauf der Kündigungsfrist fort, da bis zu diesem Zeitpunkt das ArbVerh. Bestand hat (*Christiansen* Betriebszugehörigkeit S. 84; Richardi BetrVG/*Thüsing* Rn. 37); das gilt auch dann, wenn der ArbN von der Arbeitspflicht freigestellt ist (diff. *Lindemann/Simon* NZA 2002, 365 [368]). Nach Ablauf der Kündigungsfrist besteht das Wahlrecht fort, wenn und solange der ArbN während des Kündigungsstreitverfahrens weiterbeschäftigt wird (BAG 14.5.1997 – 7 ABR 26/96, AP BetrVG 1972 § 8 Nr. 6; 10.11.2004 – 7 ABR 12/04, AP BetrVG 1972 § 8 Nr. 11; GK-BetrVG/*Raab* Rn. 41 ff.; *Christiansen* S. 86; zum Weiterbeschäftigungsanspruch → § 102 Rn. 103 ff.). 33

Nach **Ablauf** der **Kündigungsfrist** steht einem gekündigten ArbN ohne Weiterbeschäftigung das aktive Wahlrecht nicht mehr zu, selbst dann nicht, wenn er Kündigungsschutzklage erhoben hat (BAG 10.11.2004 – 7 ABR 12/04, AP BetrVG 1972 § 8 Nr. 11; LAG Hamm 6.5.2002 – 10 TaBV 53/02, NZA-RR 2003, 480; GK-BetrVG/*Raab* Rn. 42; HWGNRH/*Nicolai* Rn. 19; **aA** DKKW/*Homburg* Rn. 14). 34

Bei einer **außerordentlichen** Kündigung verliert der ArbN seine Wahlberechtigung mit Zugang der Kündigungserklärung, sofern nicht die Voraussetzungen des allgemeinen Anspruchs auf Weiterbeschäftigung vorliegen (BAG 25.10.2017 – 7 ABR 10/16, NZA 2018, 458 [461]; 14.5.1997 – 7 ABR 26/96, AP BetrVG 1972 § 8 Nr. 6). 35

Ein **BRMitgl.,** dem der ArbGeb. außerordentlich kündigen will, bleibt für die Neuwahl des BR auf jeden Fall solange wahlberechtigt, wie der BR seine Zustimmung zur Kündigung nicht erteilt oder das ArbG die Zustimmung des BR nicht rechtskräftig ersetzt hat (vgl. § 103; HWGNRH/*Nicolai* Rn. 19; Richardi BetrVG/*Thüsing* Rn. 47). 36

b) Fehlendes Arbeitsverhältnis zum Betriebsinhaber

Das **BetrVerf-ReformG** hat § 7 um einen S. 2 ergänzt. Um der Erosion der Stammbelegschaft und der damit verbundenen negativen Auswirkungen auf die Betriebsverfassung entgegenzuwirken, erkennt die neue Vorschrift für bestimmte Fälle die **Betriebszugehörigkeit** auch solcher ArbN an, die in **keinem ArbVerh.** zum ArbGeb. des Betriebs stehen, in dem sie für eine nicht nur kurze Zeit ihre Arbeitsleistung erbringen (BT-Drs. 14/5741, 27 f., 36; BAG 13.3.2013 – 7 ABR 69/11, NZA 2013, 789; 15.8.2012 – 7 ABR 24/11, BeckRS 2012, 75794; 15.8.2012 – 7 ABR 34/11, NZA 2013, 107; *Däubler* AiB 2001, 684; *Engels/Trebinger/Löhr-Steinhaus* DB 2001, 532 [536]; *Hamann* NZA 2003, 528; krit. *Buchner* NZA 2001, 633 [636]; *Reichold* NZA 2001, 857 [861]). Danach sind ArbN eines anderen ArbGeb. im Einsatzbetrieb zum dortigen BR wahlberechtigt, wenn sie zur Arbeitsleistung überlassen sind und länger als drei Monate eingesetzt werden. 37

Ein ArbN ist zur Arbeitsleistung **überlassen,** wenn er in den Einsatzbetrieb derart eingegliedert ist, dass er dem Weisungsrecht des dortigen ArbGeb. unterliegt (*Däubler* ArbuR 2001, 285 [286]; *Engels/Trebinger/Löhr-Steinhaus* DB 2001, 532 [536]). Eine derartige Überlassung erfolgt bei bestimmten Formen des **Drittpersonaleinsatzes,** der eine **gespaltene ArbGeb.-Stellung** (gespaltenes ArbVerh.; → § 5 Rn. 16a f.) bewirkt: 38

39 Hauptanwendungsfall ist die **ArbNÜberlassung** nach dem **AÜG** (vgl. BT-Drs. 14/5741, 27f., 36; 18/9232, 13ff., 17ff.; BAG 13.3.2013 – 7 ABR 69/11, NZA 2013, 789; *Däubler* AiB 2001, 684; *Engels/Trebinger/Löhr-Steinhaus* DB 2001, 532 [536]; *Richter* AiB 2004, 154f.). Damit wird erstmals den sog unechten Leih-ArbN (→ § 5 Rn. 241ff.) das aktive Wahlrecht zum BR des Entleiherbetriebs zugestanden (→ § 5 Rn. 263; BAG 5.12.2012 – 7 ABR 48/11, NZA 2013, 793; *Hamann* NZA 2003, 529; *Maschmann* DB 2001, 2446; *Schneider* AiB 2005, 710ff.; *Thüsing/Lambrich* NZA-Sonderheft 01, 84). Am Ausschluss des passiven Wahlrechts der LeihArbN im Entleiherbetrieb ist festgehalten worden (*Linsenmaier/Kiel* RdA 2014, 135 [140]; § 2 Abs. 3 S. 2 WO).

40 Die gegen die Anerkennung der Betriebszugehörigkeit von LeihArbN geäußerte **Kritik** (s. insbes. *Reichold* NZA 2001, 857 [861]) überzeugt nicht. Es wird übersehen, dass bereits nach geltendem Recht die Zuständigkeit des BR für im Betrieb beschäftigte ArbN eines fremden ArbGeb. anerkannt ist, soweit diese in den Betrieb eingegliedert sind (so BAG 28.7.1992 – 1 ABR 22/92, AP BetrVG 1972 § 87 Werkmietwohnungen Nr. 7). Das **BAG** stellt auf die **gespaltene ArbGeb.-Stellung** ab. Danach übt der Entleiher gegenüber LeihArbN, die seiner Organisationshoheit und Dispositionsbefugnis unterstellt sind, partielle ArbGeb.-Funktionen aus (→ § 5 Rn. 252a). Von daher kann es auch **verfassungsrechtlich** nicht bedenklich sein, LeihArbN das aktive Wahlrecht zum BR des Entleiherbetriebs einzuräumen, der partiell für ihn zuständig ist. Damit wird keine Zuständigkeit des BR für den Verleiherbetrieb begründet.

41 S. 2 ist nicht auf die ArbNÜberlassung nach dem AÜG begrenzt. Von der Regelung erfasst werden auch die **echten LeihArbN** (ErfK/*Koch* § 7 Rn. 6; WPK/*Preis* Rn. 23; *Brors* NZA 2002, 123 [125]; *Däubler* ArbuR 2001, 285 [286]; *Dewender* RdA 2003, 275; *Konzen* RdA 2001, 76 [83]; *Lindemann/Simon* NZA 2002, 365 [367]). Sie werden im Allgemeinen im Betrieb ihres ArbGeb. beschäftigt und nur ausnahmsweise an einen ArbGeb. verliehen, um im fremden Betrieb auf Grund der Anweisungen des Entleihers vorübergehend zu arbeiten, etwa um Kenntnisse und Fertigkeiten an ArbN des fremden Betriebes zu vermitteln oder auszuhelfen (→ § 5 Rn. 232ff.). Sie sind im Einsatzbetrieb wahlberechtigt.

42 Dasselbe gilt für volljährige **Auszubildende,** die ein ArbGeb. mangels entspr. Einrichtungen für die Ausbildungszeit im **Betrieb** eines **anderen Unternehmens ausbilden** lässt; diese sind zum BR des dortigen Betriebs wahlberechtigt (LAG Hamm 16.3.1988 – 3 Ta BV 76/87, DB 1988, 2058). Näheres zum Wahlrecht von Auszubildenden in überbetrieblichen Einrichtungen bzw. nach § 51 BBiG und zur Verbundausbildung → § 5 Rn. 296ff., → § 60 Rn. 16ff.

43 Erfasst werden auch **KonzernArbN,** die in bestimmter Weise im Konzern eingesetzt werden (→ § 5 Rn. 219ff.; ErfK/*Koch* Rn. 6; *Däubler* AiB 2001, 684f.; *Engels/Trebinger/Löhr-Steinhaus* DB 2001, 532 [536]; *Lambrich/Schwab* NZA-RR 2013, 169ff.; *Nicolai* DB 2003, 2600). Bei dem oft praktizierten mobilen Einsatz von ArbN im Konzern hat der ArbN im Wege der Abordnung die aus dem Stammarbeitsvertrag geschuldete Leistung bei einem anderen Konzernunternehmen zu erbringen und diesem ist die Ausübung bestimmter ArbGeb.-Rechte eingeräumt (*Braun/Wisskirchen* KonzernArbR I. 2. Rn. 40, I.3. Rn. 32; *Windbichler* KonzernArbR S. 78ff., die hier von **„Konzernleihe"** spricht, S. 277f.). Der Konzern-ArbN ist im Betrieb des anderen Konzernunternehmens, in dem er eingesetzt wird, zum dortigen BR wahlberechtigt, wenn sein dortiger Einsatz länger als drei Monate dauert (*Lambrich/Schwab* NZA-RR 2013, 169 [170]; → § 5 Rn. 224).

44 Erfolgt die **Abordnung als organisatorische Dauerlösung** in der Form, dass die Arbeitsverträge mit dem herrschenden Unternehmen abgeschlossen werden, tatsächlich der ArbN aber im Betrieb eines abhängigen Unternehmens beschäftigt wird, so gehört der KonzernArbN betriebsverfassungsrechtlich zu dem Betrieb, in dem er arbeitet. Er ist nur dort wahlberechtigt und wählbar (*Braun/Wisskirchen* KonzernArbR I.3. Rn. 43; 54; *Windbichler* KonzernArbR S. 278, 280; *Konzen* Unternehmensaufspaltungen S. 113). Der BR nimmt dann seine Beteiligungsrechte demjenigen gegenüber wahr, der zur Entscheidung befugt ist. Das kann der ArbGeb. des Betriebs sein, in dem der BR gebildet wurde, soweit ihm diese Befugnisse zustehen. Fehlen sie, nimmt der BR seine Rechte gegenüber dem herrschenden Unternehmen wahr; das gilt vor allem für das MBR in personellen Angelegenheiten (→ § 5 Rn. 225).

Auch wenn **alle ArbN** des Konzerns **Arbeitsverträge** nur mit dem **herrschenden Unternehmen** (→ § 5 Rn. 226, 246) haben und zur Arbeitsleistung in die Betriebe der abhängigen Unternehmen nicht auf Dauer abgeordnet werden, haben sie dort das aktive (und passive) Wahlrecht und können BR wählen (vgl. DKKW/*Trümner* § 5 Rn. 100 f.). Konzerninterne **Personalführungsgesellschaften,** die die Aufgabe haben, die von ihnen eingestellten ArbN anderen Konzernunternehmen zur Arbeitsleistung zu **überlassen,** fallen nicht unter das Konzernprivileg des § 1 Abs. 3 Nr. 2 AÜG und sind auch im Sinne des § 1 Abs. 1 S. 1 AÜG wirtschaftlich tätig, so dass das AÜG vollumfänglich gilt (→ § 5 Rn. 243, 246) und die LeihArbN nach den für die unechte/erlaubnispflichtige Leiharbeit geltenden Regeln im Einsatzbetrieb wahlberechtigt sind (→ Rn. 39 f.). 45

Erfolgt die Abordnung im Konzern nur zum **vorübergehenden, flexiblen Einsatz,** zB für bestimmte Projekte, so bleibt die Betriebszugehörigkeit zum Stammbetrieb bestehen; bei einer damit verbundenen Eingliederung in den Drittbetrieb von über drei Monate n ist der ArbN auch diesem zuzurechnen und dort wahlberechtigt (vgl. DKKW/*Trümner* § 5 Rn. 100 ff.; *Rüthers/Bakker* ZfA 1990, 245 [313 f.]; sa *Christiansen* Betriebszugehörigkeit S. 43). 46

Die in → Rn. 43–46 geschilderten Grundsätze gelten entspr. beim Einsatz von ArbN in **Matrix-Strukturen** (→ § 5 Rn. 226a ff.). Der bei der steuernden Einheit eingesetzte ArbN bleibt idR dem Betrieb seines **Vertrags-ArbGeb.** zugehörig, vor allem, wenn dieser die Personalverwaltung weiterführt, über ein Rückrufrecht verfügt oder der ArbN an dessen betrieblichen Sozialeinrichtungen teilnimmt. Dort ist er **wahlberechtigt** (*Kort* NZA 2013, 1318 [1324]). 46a

Die Matrix-Strukturen kennzeichnende Aufteilung des Weisungsrechts zwischen Vertrags-ArbGeb. und steuernder Einheit ähnelt dem drittbezogenen Personaleinsatz. Hier hat das BAG die „Zwei-Komponenten-Lehre" aufgegeben (→ § 5 Rn. 16a, 265). Folglich kann eine **Zugehörigkeit** des in einer Matrix-Struktur tätigen ArbN auch zum **Betrieb** der **steuernden Einheit** begründet sein, obwohl zwischen ihnen kein Arbeitsvertrag besteht. Hiervon ist auszugehen, wenn der ArbN nicht nur kurzfristig in der Matrix-Struktur eingesetzt wird und der steuernden Einheit zuarbeitet (*Henssler* NZA 2014 Beil. 3, 95 [102]). Dabei ist unerheblich, ob der ArbN räumlich in deren Betrieb tätig wird oder seinen Arbeitsplatz beim Vertrags-ArbGeb. nicht verlässt (*Kort* NZA 2013, 1318 [1324]; **aA** *Neufeld* AuA 2012, 219 [222]). Allein entscheidend ist, dass bei Matrix-Strukturen infolge der Ausübung des fachlichen Weisungsrechts durch die steuernde Einheit eine organisatorische Einheit zwischen dieser und den dem Weisungsrecht unterworfenen ArbN besteht, die betriebsverfassungsrechtlich relevant ist (HessLAG 13.4.2011 – 8 Sa 922/10, BeckRS 2011, 75839; ArbG Frankfurt 21.7.2009 – 12 BV 184/09, BeckRS 2013, 72862). 46b

Eine gleichgelagerte Situation wie in → Rn. 46 ergibt sich im **Gesamthafenbetrieb** (BAG 2.11.1993 – 1 ABR 36/93, AP BetrVG 1972 § 95 Nr. 32). Neben dem auf Dauer angelegten Gesamthafenarbeitsverhältnis bestehen abgespaltene arbeitsrechtliche Beziehungen zum jeweils beschäftigenden Einzelhafenbetrieb (GK-BetrVG/*Raab* Rn. 150). Bei mehr als dreimonatigen Einsätzen in einem Hafeneinzelbetrieb gehören die GesamthafenArbN auch zu diesem Betrieb und sind dort nach S. 2 wahlberechtigt. Im **Gesamthafen Hamburg** besteht die Besonderheit, dass bei Arbeitsantritt des zugeteilten GesamthafenArbN ein ArbVerh. mit dem Inhaber des Hafeneinzelbetriebs zustande kommt (BAG 25.11.1992 – 7 ABR 7/92, AP GesamthafenbetriebsG § 1 Nr. 8). In diesem Fall ergibt sich die Wahlberechtigung aus S. 1. 47

48 Bei der Abordnung von **BauArbN** zu einer sog **ARGE** (→ § 5 Rn. 274 f.) ist zu unterscheiden. Bei einer **Freistellung** zur ARGE ruht nach § 9 Nr. 2 BRTV-Bau das ArbVerh. zum Stammbetrieb, und der ArbN tritt mit Arbeitsaufnahme in ein solches mit der ARGE ein, wird also (auch) deren ArbN mit der Folge, dass sich seine Wahlberechtigung zum BR der ARGE aus § 7 S. 1 ergibt (*Schwab* NZA-RR 2008, 169 [174]).

49 Bei einer **Abordnung** zur ARGE ergeben sich arbeitsrechtliche Beziehungen sowohl zum Stammbetrieb, dem weiterhin insbes. die Entgeltzahlung und das Abführen der Sozialversicherungsbeiträge obliegt, als auch zur ARGE, die über die Arbeitsleistung der ArbN verfügen kann und die Weisungsbefugnis hat (Näheres → § 5 Rn. 275). Die Wahlberechtigung des abgeordneten BauArbN zum BR der ARGE folgt aus § 7 S. 2 (*Schwab* NZA-RR 2008, 169 [174]).

50 S. 2 wirkt sich im Rahmen von **Gestellungsverträgen** aus. Der Gestellungsträger verpflichtet sich, dem Betriebsinhaber die für die Verfolgung des Betriebszwecks erforderlichen Personen zur Verfügung zu stellen, ohne dass zwischen diesen und dem Betriebsinhaber ein Arbeitsvertrag abgeschlossen wird. Ist der Betriebsinhaber gegenüber den gestellten Personen weisungsbefugt, so sind sie in den Betrieb eingegliedert und wahlberechtigt zum dortigen BR. Das trifft auf **alle weltlichen Krankenschwestern** (Caritas-Verband, Innere Mission, Deutsches Rotes Kreuz, Bund freier Schwestern, Arbeiterwohlfahrt) und **Gastschwestern** (→ § 5 Rn. 332 ff.) zu. Sie sind **ArbN** iSd BetrVG.

50a Diese Ansicht **lehnt** das **BAG** in stRspr. **ab** (bei Rote-Kreuz-Schwestern BAG 3.6.1975 – 1 ABR 98/74, AP BetrVG 1972 § 5 Rotes Kreuz Nr. 1; 20.2.1986 – 6 ABR 5/85, AP BetrVG 1972 § 5 Rotes Kreuz Nr. 2; 6.7.1995 – 5 AZB 9/93, AP ArbGG 1979 § 5 Nr. 22; 22.4.1997 – 1 ABR 74/96, AP BetrVG 1972 § 99 Einstellung Nr. 18; Näheres → § 5 Rn. 334). **Nunmehr** hat das **BAG** (21.2.2017 – 1 ABR 62/12, NZA 2017, 662) unter Beachtung der im Vorabentscheidungsverfahren erfolgten Vorgaben des EuGH (17.11.2016 – C-216/15, NZA 2017, 41) Folgendes entschieden (s. Rn. 244): Wird eine **DRK-Schwester,** die als Mitglied einer DRK-Schwesternschaft angehört, von dieser in einem von einem Dritten betriebenen Krankenhaus eingesetzt, um dort nach dessen Weisungen gegen Entgelt tätig zu sein, handelt es sich um **ArbNÜberlassung** (zustimmend *Mestwerdt* ArbRAktuell 2017, 8; ablehnend *Bauer* ArbRAktuell 2016, 601). Folglich sind die DRK-Schwestern dort als LeihArbN tätig und als solche nach S. 2 zum BR des Einsatzbetriebs **wahlberechtigt.**

51 **ArbN öffentlicher ArbGeb.,** die privaten ArbGeb. zur Arbeitsleistung überlassen und von diesen eingesetzt werden, ohne dass es zu einem Arbeitsvertrag mit ihnen kommt, gelten nach **§ 5 Abs. 1 S. 3** als ArbN des Einsatzbetriebs und sind dort von Beginn ihres Einsatzes an nach S. 1 wahlberechtigt zum BR des Privatbetriebs (vgl. Gesetzesbegründung BT-Drs. 16/11608, 43; BAG 15.8.2012 – 7 ABR 24/11, BeckRS 2012, 75794; 15.8.2012 – 7 ABR 34/11, NZA 2013, 107; *Trümner* AiB 2009, 539 [541];→ Rn. 95 f.; → § 5 Rn. 318).

52 **Beamte** und **Soldaten,** die ohne einen Arbeitsvertrag mit dem Betriebsinhaber im Rahmen ihres öffentlich-rechtlichen Dienstverhältnisses zu ihrem Dienstherrn im Wege der **Abordnung, Überlassung** oder **Zuweisung** in den Betrieb eines privatrechtlich organisierten Unternehmens **eingegliedert** werden, gelten nach **§ 5 Abs. 1 S. 3** dort als ArbN iSd BetrVG und erlangen dort von Beginn ihres Einsatzes an **das aktive Wahlrecht** zum BR **nach S. 1** (vgl. Gesetzesbegründung BT-Drs. 16/11608, 43; BAG 15.8.2012 – 7 ABR 24/11, BeckRS 2012, 75794; LAG SchlH 5.4.2011 – 2 TaBV 35/10, BeckRS 2011, 72246; 27.4.2011 – 3 TaBV 36/10, BeckRS 2011, 72247; 23.3.2011 – 3 TaBV 31/10, BeckRS 2011, 74708; *Heise/Fedder* NZA 2009, 1069 [1071]; *Trümner* AiB 2009, 539 [541]; *Thüsing* BB 2009, 2036 f.; → § 5 Rn. 316 ff.; zu den Sonderbereichen Bahn, Post, Bundeswehr, BRD-Finanzagentur GmbH, Außenwirtschaft, Flugsicherung → Rn. 10 f., 95 f., → § 5 Rn. 321 ff., → § 99 Rn. 299 ff.).

Dem kann nicht unter Hinweis auf spezialgesetzliche Regelungen wie zB in § 5 des **Bundeswertpapierverwaltungspersonalgesetzes** entgegengehalten werden, dass es einer ausdrücklichen Verleihung des aktiven und passiven Wahlrechts an die in § 5 Abs. 1 S. 3 genannten Personengruppen bedurft hätte (so aber *Löwisch* BB 2009, 2316f.). Die ausdrückliche Erwähnung des aktiven und passiven Wahlrechts zB der Beamten zum BR im Einsatzbetrieb ist allein der Tatsache geschuldet, dass in den Spezialgesetzen klar zum Ausdruck kommen sollte, dass die Beamten trotz Zuweisung zu einem privatrechtlich organisierten Unternehmen ihr bisheriges Wahlrecht zum PersR nicht verlieren und dennoch auch zum BR ihres Einsatz-betriebs wahlberechtigt sind (Doppelwahlrecht). Auch auf die Verweildauer des zugewiesenen Personals im Einsatzbetrieb kommt es nicht an, da es als dessen ArbN angesehen wird (wie hier BAG 15.12.2011 – 7 ABR 65/10, NZA 2012, 519; 15.8.2012 – 7 ABR 24/11, BeckRS 2012, 75794; 15.8.2012 – 7 ABR 34/11, NZA 2013, 107; *Thüsing* BB 2009, 2036; *Trümner* AiB 2009, 539; **aA** *Heise/Fedder* NZA 2009, 1069 [1070f.] und *Löwisch* BB 2009, 2316f., die das zugewiesene Personal LeihArbN gleichstellen). 52a

Eine das Wahlrecht begründende Überlassung liegt dann nicht vor, wenn beim **Drittpersonaleinsatz** der im Einsatzbetrieb tätige ArbN nicht derart eingegliedert ist, dass er dem Weisungsrecht des dortigen ArbGeb. unterliegt, es also an einer **gespaltenen ArbGeb.-Stellung** fehlt. 53

Das ist bei der Tätigkeit eines Unternehmers auf Grund eines **Werk- oder Dienstvertrages** mit einem anderen Unternehmer der Fall. Hier kommt es zu einem **Fremdfirmen-Einsatz.** Für diesen ist kennzeichnend, dass die zur Ausführung des Werk- oder Dienstvertrages eingesetzten ArbN der arbeitsrechtlichen Weisung des Unternehmers unterliegen und dessen Erfüllungsgehilfen sind (zur Fremdfirmenproblematik *Bauschke* NZA 2000, 1201ff.). Diese ArbN, die im Auftrag ihres ArbGeb. und nur nach seinen Weisungen in einem fremden Betrieb zB Montage-, Reparatur- und Bauarbeiten ausführen, Gebäude reinigen oder Maschinen bedienen (→ § 5 Rn. 279ff.; aber dort → § 5 Rn. 281a), sind **nicht** zum BR des fremden Betriebs **wahlberechtigt** (*Brors* NZA 2002, 123 [126]; *Engels/Trebinger/Löhr-Steinhaus* DB 2001, 532 [536]; *Hanau* RdA 2001, 65 [68]; *Lindemann/Simon* NZA 2002, 365 [367]; *Reichold* NZA 2001, 857 [861]; **aA** wohl *Däubler* ArbuR 2001, 285 [286]). 54

Oft werden **zum Schein** Werk- oder Dienstverträge abgeschlossen, obwohl es sich in Wirklichkeit um ArbNÜberlassung handelt (Näheres → § 5 Rn. 281ff.). Dies kann insbesondere bei **Onsite-Werkverträgen** (→ § 5 Rn. 288ff.) der Fall sein. In diesen Fällen sind die ArbN zum BR des Einsatzbetriebs nach S. 2 wahlberechtigt (*Lindemann/Simon* NZA 2002, 365 [367]; *Maschmann* DB 2001, 2446). Besitzt der „Verleiher" nicht die vorgeschriebene Erlaubnis für die ArbNÜberlassung nach dem AÜG oder liegen andere Gründe vor, die den Vertrag zwischen Verleiher und LeihArbN nach § 9 AÜG nF unwirksam machen, entsteht grundsätzlich (Ausnahme → § 5 Rn. 258) ein ArbVerh. zwischen ArbN und Entleiher (§ 10 Abs. 1 S. 1 iVm § 9 AÜG; → § 5 Rn. 257ff.), so dass die Wahlberechtigung aus S. 1 folgt (*Brors* NZA 2002, 123 [125]). 55

Die **Abgrenzung** der verschiedenen Erscheinungsformen des Personaleinsatzes bei Dritten ist schwierig. **Problematisch** sind die Fälle, in denen die Dienstleistung oder das Werk zu einem festgelegten Zeitpunkt im Betrieb des ArbGeb. von bestimmter Art und Güte in Zusammenarbeit mit den ArbN des Betriebs, also unter **Einbeziehung** in die Planung des **Arbeitsablaufs** und der Produktion, und auf Dauer zu erbringen ist (→ § 5 Rn. 281ff.). 56

Sind die FremdfirmenArbN in die Arbeitsorganisation des ArbGeb. (Auftraggebers) **eingegliedert** und unterliegen seinen Weisungen, liegt nach der nicht so stringent gefassten neuen Definition in § 1 Abs. 1 S. 1 und 2 AÜG nF ArbNÜberlassung vor (→ § 5 Rn. 242f., 279ff.; → § 99 Rn. 63ff.). 57

In solchen Fällen sind die FremdfirmenArbN tatsächlich LeihArbN und als solche **wahlberechtigt** zum BR des Einsatzbetriebs. 58

c) Mindesteinsatzzeit bei fehlendem Arbeitsverhältnis zum Betriebsinhaber

59 Die Wahlberechtigung der zur Arbeitsleistung überlassenen ArbN setzt voraus, dass sie länger als **drei Monate** eingesetzt werden. Die Kritik, dass es bedenklich sei, schon bei dreimonatiger Überlassungsdauer das Recht zur Legitimation eines vier Jahre amtierenden BR einzuräumen (so *Däubler* ArbuR 2001, 1 [5]), übersieht, dass auch befristet Beschäftigte wahlberechtigt sind (*Konzen* RdA 2001, 76 [83]). Wird ein ArbN überlassen, sind folgende Fallgestaltungen denkbar:

60 Ein ArbN wird für vier Monate entliehen. In der 1. Woche seiner Einsatzzeit wird im Einsatzbetrieb der BR gewählt. Bei einer Überlassung von mehr als drei Monaten ist der ArbN ab dem ersten Tag seines Einsatzes wahlberechtigt (s. BT-Drs. 14/5741, 36; *Brors* NZA 2002, 123 [125]; *Däubler* AiB 2001, 684 [686]; *Lindemann/Simon* NZA 2002, 365 [367]). Das folgt aus der Formulierung „länger als drei Monate eingesetzt **werden**" (das „Stichtagsprinzip" von *Maschmann* DB 2001, 2446 ff., nach dem der LeihArbN nur dann wahlberechtigt sein soll, wenn er länger als drei Monate **nach dem Wahltag** überlassen worden ist, entspricht nicht dem Wortlaut des § 7 S. 2; ebenso *Brors* NZA 2002, 123 [125]).

61 Ein ArbN wird für neun Monate entliehen. Nach sieben Monaten wird er gegen einen anderen LeihArbN für die Restzeit von zwei Monaten **ausgetauscht.** Im achten Monat findet die BR-Wahl statt. An dieser kann der neue LeihArbN nicht teilnehmen. Da das Wahlrecht ein personengebundenes Recht ist, kann dem neuen LeihArbN die Verweildauer seines Vorgängers nicht angerechnet werden. Je nach Fallgestaltung kann sich aber bei der Frage des Zählwertes iRd § 9 eine Berücksichtigung ergeben (→ § 9 Rn. 30 ff., 42 ff.).

62 Ein ArbN wird für neun Monate entliehen. Im zweiten Monat wird er wegen **Erkrankung** durch einen anderen LeihArbN vorübergehend ersetzt. In dieser Zeit wird der BR gewählt. Der erkrankte ArbN behält sein Wahlrecht (→ Rn. 29), das er durch Briefwahl ausüben kann.

63 Ein ArbN wird für zwei Monate entliehen. Die Überlassung wird um zwei weitere Monate **verlängert.** Im dritten Monat findet die BR-Wahl statt. Der LeihArbN ist wahlberechtigt, da er insgesamt länger als drei Monate eingesetzt wird (so wohl auch *Däubler* AiB 2001, 684 [686 f.]; *Thüsing/Lambrich* NZA-Sonderheft 2001, 84 f.). Er ist dagegen nicht wahlberechtigt, wenn er für zwei Monate entliehen wird, der Verleihvertrag nur eine Verlängerungsmöglichkeit vorsieht und die BR-Wahl im Entleih-Betrieb im ersten Monat stattfindet (*Lindemann/Simon* NZA 2002, 365 [367]).

64 Ein ArbN wird für drei Monate entliehen. Nach einer **Unterbrechung** von 1 Monat wird derselbe ArbN erneut für drei Monate überlassen. Im 5. Monat steht die BR-Wahl an. Der ArbN ist im Zeitpunkt der Wahl insgesamt länger als drei Monate im Einsatzbetrieb, allerdings schließt sich der zweite Überlassungszeitraum, der erst zum Erreichen der das Wahlrecht begründenden Mindestdauer führt, nicht unmittelbar an den ersten Überlassungszeitraum an.

65 In Fragen der Betriebzugehörigkeit ist entspr. dem zu § 1 Abs. 1 KSchG, § 622 Abs. 2 BGB und § 4 BUrlG entwickelten **Grundsatz** des **Sachzusammenhangs** (BAG 20.6.2013 – 2 AZR 790/11, BeckRS 2013, 71024; APS/*Vossen* KSchG § 1 Rn. 37 ff. mwN) darauf abzustellen, ob ein sachlicher Zusammenhang zwischen den beiden – unterbrochenen – Einsätzen des überlassenen ArbN besteht. Hierfür ist insbes. maßgeblich, dass die Unterbrechung nicht allzu lange andauerte, der Beendigungsanlass für den ersten Einsatz nicht vom ArbN zu vertreten ist und der erneute Einsatz im gleichen Betrieb erfolgt. Alle drei Voraussetzungen sind erfüllt, so dass der überlassene ArbN im Einsatzbetrieb wahlberechtigt ist (iErg ähnlich *Thüsing/Lambrich* NZA-Sonderheft 2001, 84 f.).

66 ArbN A und ArbN B werden über einen längeren Zeitraum **abwechselnd** mehrfach für jeweils zwei Monate überlassen. Im 8. Monat wird der BR gewählt. Zu dieser Zeit arbeitet B im Einsatzbetrieb. Er ist wahlberechtigt, da er insgesamt länger als

drei Monate eingesetzt wird. Die Voraussetzungen für einen sachlichen Zusammenhang (→ Rn. 65) der alternierenden Einsätze von A (und B) liegen vor.

Dem steht nicht entgegen, dass die Dauer der jeweiligen Unterbrechungen genauso lange wie die Dauer der jeweiligen Einsätze ist. **Allein** mit einer bestimmten **Unterbrechung** kann ein **sachlicher Zusammenhang** zwischen den einzelnen Einsätzen **nicht verneint** werden; je länger jedoch die Unterbrechung währt, desto gewichtiger müssen die für einen sachlichen Zusammenhang sprechenden Umstände sein (BAG 20.8.1998 – 2 AZR 83/98, AP KSchG 1969 § 1 Wartezeit Nr. 10). Diese sind hier in dem geplanten bzw. praktizierten wechselnden Einsatz von A und B über eine längere Zeit hinweg zu finden. 67

Es erfolgt ein ständiger Austausch der überlassenen ArbN, wobei jeder von ihnen weniger als drei Monate eingesetzt wird. Keiner der ArbN ist wahlberechtigt. Einwendungen, der ArbGeb. könne dann durch gezielten Einsatz bzw. Austausch von LeihArbN deren Wahlrecht unterlaufen, ist entgegenzuhalten, dass zum einen der Austausch von LeihArbN die Beteiligung des BR nach § 99 auslöst (→ § 99 Rn. 58). Des Weiteren ist der Austausch eines eingearbeiteten LeihArbN für den ArbGeb. mit höheren Kosten verbunden. Schließlich können bei dieser Fallgestaltung auch nur kurzzeitig tätige LeihArbN bei der Ermittlung der ArbNGrenzzahlen zB in § 9 zu berücksichtigen sein (→ § 9 Rn. 30 ff.). 68

Sog **Springer,** die zB von der Konzernzentrale als Spezialisten für bei den einzelnen Konzernunternehmen anfallenden Sonderaufgaben eingestellt werden, gehören grds. zum Stammbetrieb der Konzernzentrale (*Windbichler* KonzernArbR S. 278, 280; → § 5 Rn. 224). Ergibt es sich jedoch, dass ein Springer länger als drei Monate im Betrieb eines Konzernunternehmens eingesetzt wird, ist er zum dortigen BR wahlberechtigt, wenn in dieser Zeit gewählt wird. 69

d) Eingliederung in den Betrieb

Da der Betriebsbegriff nicht rein räumlich (Betriebsgrundstück), sondern funktional (Betriebszweck) zu verstehen ist, sind – wie dies der durch das BetrVerf-ReformG neu gefasste § 5 S. 1 jetzt ausdrücklich klarstellt – auch sog **AußenArbN** bzw. im Mobile Office Beschäftigte betriebszugehörig, da sie idR zur Erfüllung des Betriebszwecks eingesetzt werden (Näheres → § 5 Rn. 186 ff. mwN, 191a). Das gilt auch für teilzeitbeschäftigte AußenArbN (BAG 29.1.1992 – 7 ABR 27/91, AP BetrVG 1972 § 7 Nr. 1). 70

Mit **Telearbeit** bzw. im Home oder Mobile Office beschäftigte ArbN gehören dem Betrieb an, für den sie tätig sind bzw. in dessen Organisation sie eingebunden sind (Näheres → § 5 Rn. 193 ff.). Im Gegensatz zu den in Heimarbeit Beschäftigten können sie auch zu mehreren Betrieben zugehörig sein. 71

Arbeiten sie in **Nachbarschaft- oder Satellitenbüros** (→ § 5 Rn. 199), ist allerdings § 4 Abs. 1 S. 1 Nr. 1 zu beachten, der einer Zugehörigkeit von Nachbarschafts- oder Satellitenbüros zum Betrieb und damit der Bildung eines gemeinsamen BR bei räumlich weiter Entfernung entgegenstehen kann. Die dort tätigen TeleArbN können jedoch auf Grund des durch das BetrVerf-ReformG neugefassten § 4 Abs. 1 S. 2 beschließen, an der Wahl des **BR** im **Hauptbetrieb** teilnehmen zu wollen. Tun sie dies, gehören sie zum Hauptbetrieb und sind zum dortigen BR wahlberechtigt. Dieses Ergebnis kann auch durch einen **TV** nach **§ 3 Abs. 1 Nr. 1a) über die Bildung eines unternehmenseinheitlichen BR oder Nr. 1b)** über die Zusammenfassung von Betrieben und selbständigen Betriebsteilen erreicht werden (→ § 5 Rn. 207 f.). 72

Ein ins **Ausland entsandter ArbN** bleibt zum BR des entsendenden Betriebs wahlberechtigt, wenn er nach wie vor dem Inlandbetrieb zuzuordnen ist (DKKW/*Homburg* Rn. 33; ErfK/*Koch* Rn. 5). Dies ist zB anzunehmen, wenn er nicht in eine im Ausland bestehende betriebliche Organisation eingegliedert wird, wie dies zB im Regelfall bei Montagearbeiten zutrifft (*Lindemann/Simon* NZA 2002, 365 [371]; *Pulte* AuA 1994, 38). 73

74 Das Gleiche gilt aber auch dann, wenn ein entsandter ArbN zwar in eine im Ausland bestehende betriebliche Organisation eingegliedert wird, seine Tätigkeit im Ausland jedoch nur **zeitlich beschränkter Natur** ist, zB im Falle einer vorübergehenden Vertretung oder zur Erledigung eines zeitlich befristeten Auftrags (BAG 25.4.1978 – 6 ABR 2/77, AP Internat. Privatrecht, Arbeitsrecht Nr. 16; → § 1 Rn. 16ff.; HaKo-BetrVG/*Brors* Rn. 14; **aA** GK-BetrVG/*Raab* Rn. 48; *Lindemann/Simon* NZA 2002, 365 [371]).

75 Generell hängt die Bewertung der Frage, ob der im Ausland tätige ArbN noch dem Inlandsbetrieb zuzuordnen ist, von der Würdigung aller **Umstände des Einzelfalls** ab, wobei insbes. die Dauer des Auslandseinsatzes, die Eingliederung in einen Auslandsbetrieb, das Bestehen und die Voraussetzungen eines Rückrufrechts zu einem Inlandseinsatz sowie der sonstige Inhalt der Weisungsbefugnisse von Bedeutung sind (BAG 7.12.1989 – 2 AZR 228/89, AP Internat. Privatrecht, Arbeitsrecht Nr. 27 mAnm *Lorenz; Boemke* NZA 1992, 112ff.).

76 Dagegen ist ein **ständig** zu einer **Auslandsvertr.** des Unternehmens entsandter ArbN auch dann nicht zum BR der in der Bundesrepublik liegenden Hauptgeschäftsstelle wahlberechtigt, wenn für sein ArbVerh. weiterhin das deutsche Arbeitsrecht maßgebend ist (BAG 25.4.1978 – 6 ABR 2/77, AP Internat. Privatrecht, Arbeitsrecht Nr. 16; BAG 21.10.1980 – 6 AZR 640/79, AP Internat. Privatrecht, Arbeitsrecht Nr. 17; *Lindemann/Simon* NZA 2002, 365 [371]). Näheres zur Betriebszugehörigkeit von ins Ausland entsandten ArbN → § 1 Rn. 22ff.

77 Zum Betrieb zählen auch **Betriebsteile,** sofern sie nicht nach § 4 Abs. 1 S. 1 als eigene Betriebe gelten. Aber selbst, wenn sie als eigene Betriebe anzusehen sind, eröffnet § 4 Abs. 1 S. 2 den dort beschäftigten ArbN die Möglichkeit, formlos zu beschließen, dass sie an den BR-Wahlen im Hauptbetrieb teilnehmen wollen (→ § 4 Rn. 27ff.). Mit Beschlussfassung begründen sie ihre Betriebszugehörigkeit zum Hauptbetrieb und sind zum dortigen BR wahlberechtigt.

78 ArbN von **Kleinstbetrieben,** die nach § 4 Abs. 2 dem Hauptbetrieb zuzuordnen sind, sind zum BR des Hauptbetriebs wahlberechtigt (zur Möglichkeit einer anderweitigen Zuordnung von Betriebsteilen und Kleinstbetrieben durch TV vgl. § 3).

79 Haben mehrere Unternehmen einen **gemeinsamen Betrieb** gebildet (iE → § 1 Rn. 78ff.), ist nur ein BR zu wählen, zu dem die im gemeinsamen Betrieb beschäftigten ArbN der beteiligten Unternehmen wahlberechtigt sind.

80 Zur ArbNEigenschaft und Wahlberechtigung der **weltlichen Krankenschwestern** (Caritas-Verband, Innere Mission, Deutsches Rotes Kreuz, Bund freier Schwestern, Arbeiterwohlfahrt) und der **Gastschwestern** → Rn. 50f. mwN.

3. Zugehörigkeit zu mehreren Betrieben

81 Hat der ArbN ein ArbVerh. mit **mehreren ArbGeb.** und wird er zB als Teilzeitkraft in mehreren Betrieben tätig, so ergibt sich eine **mehrfache Betriebszugehörigkeit** mit der Folge, dass der ArbN in jedem Betrieb zum jeweiligen BR wahlberechtigt ist (BAG 11.4.1958 – 1 ABR 2/57, AP BetrVG § 6 Nr. 1; LAG Köln 22.10.2013 – 12 TaBV 64/13, BeckRS 2014, 65221; → Rn. 25).

82 Das **Gleiche** gilt, wenn der ArbN zu einem ArbGeb. in einem ArbVerh. steht und von diesem einem **anderen ArbGeb.** zur Arbeitsleistung unter den Voraussetzungen des § 7 S. 2 **überlassen** wird (→ Rn. 37ff.).

83 Gehören einem Unternehmen **mehrere Betriebe** an und wird ein ArbN in mehreren Betrieben dieses Unternehmens **eingesetzt,** so erwirbt der ArbN die Zugehörigkeit zu diesen Betrieben und ist dort wahlberechtigt. Dabei ist unerheblich, ob die Bindung an einen Betrieb stark überwiegt (BAG 11.4.1958 – 1 ABR 2/57, AP BetrVG § 6 Nr. 1; LAG Köln 3.9.2007 – 14 TaBV 20/07, BeckRS 2008, 51325; LAG RhPf 24.8.2012 – 9 Sa 176/12, NZA-RR 2012, 636; GK-BetrVG/*Raab* Rn. 37).

Dagegen sind **in Heimarbeit Beschäftigte** (→ § 5 Rn. 309 ff.) ausschließlich in dem Betrieb wahlberechtigt, für den sie in der Hauptsache arbeiten. Denn nur in diesem Betrieb gelten sie gem. § 5 Abs. 1 S. 2 als ArbN. 84

4. Wahlalter

Der ArbN muss **am Wahltag mindestens 18 Jahre alt** sein, dh spätestens an diesem Tage seinen Geburtstag haben (vgl. § 187 Abs. 2 S. 2 BGB). Erstreckt sich die Stimmabgabe über mehrere Tage, so muss das Mindestalter am letzten Tag der Stimmabgabe erreicht sein (hM; GK-BetrVG/*Raab* Rn. 66; Richardi BetrVG/*Thüsing* Rn. 22). Zum BR wahlberechtigt sind demnach nur volljährige ArbN. Die Altersgrenze von 18 Jahren als Voraussetzung für das aktive Wahlrecht zum BR ist europarechtskonform und insb. keine „Beschäftigungs- und Arbeitsbedingung" iSv Art 3 Abs. 1 Buchst. c der RL 2000/78/EG. Das sind nur Umstände und Bedingungen, die einen Bezug zur **Arbeitsleistung** haben (vgl. BAG 20.3.2012 – 9 AZR 529/10, NZA 2012, 803; sa EuGH 13.7.1995 – C-116/94, NZA-RR 1996, 121; EUArbR/*Mohr* Kap. 520 Art. 3 Rn. 19). Das ist beim Wahlalter nicht der Fall, so dass hier keine Altersdiskriminierung angenommen werden kann (**aA** *Bertelsmann* AiB 2018, 28). 85

Die noch **nicht volljährigen Beschäftigten** des Betriebs wählen unter den Voraussetzungen der §§ 60 ff. die JAV. Zu ihrer Berufsausbildung Beschäftigte des Betriebs, die am Wahltag über 18 Jahre, jedoch noch keine 25 Jahre alt sind, sind sowohl zum BR als auch zur JAV wahlberechtigt (zum letzteren → § 61 Rn. 6 f.). 86

Die Wahlberechtigung zur **Bordvertr.** und zum **SeeBR** ist von keiner Altersgrenze abhängig (vgl. § 115 Abs. 2 Nr. 1, § 116 Abs. 2 Nr. 1). 87

5. Weitere Voraussetzungen

Hinsichtlich der **Staatsangehörigkeit** bestehen keine die aktive Wahlberechtigung einschränkende Vorschriften. Daher sind auch nichtdeutsche Staatsangehörige und staatenlose Personen wahlberechtigt und zwar ohne Rücksicht darauf, ob sie ausreichende deutsche Sprachkenntnisse haben. Wegen Unterrichtung solcher ArbN über das Wahlverfahren durch den Wahlvorst. vgl. § 2 Abs. 5 WO. 88

Wahlberechtigt kann auch ein ArbN sein, der wegen einer psychischen Krankheit oder einer körperlichen, geistigen oder seelischen Behinderung seine Angelegenheiten nicht selbst besorgen kann und für den zur Besorgung aller seiner Angelegenheiten durch das **Vormundschaftsgericht** gem. §§ 1896 ff. BGB ein **Betreuer** bestellt worden ist. Wenn er mit Zustimmung des Betreuers ein ArbVerh. eingegangen ist, stehen ihm alle sich hieraus ergebende ArbNRechte einschließlich das Wahlrecht zum BR zu, dessen Ausübung zudem als ein sog neutrales Geschäft iSv § 1903 Abs. 3 BGB anzusehen ist (GK-BetrVG/*Raab* Rn. 67; DKKW/*Homburg* Rn. 47; ErfK/*Koch* Rn. 8; Richardi BetrVG/*Thüsing* Rn. 23/24). 89

Im Fall der **natürlichen Geschäftsunfähigkeit** iSv § 104 Nr. 2 BGB, wenn also der ArbN wegen akuter Geisteskrankheit nicht übersehen kann, welche Bedeutung sein Tun hat, steht ihm das Wahlrecht nicht zu (ErfK/*Koch* Rn. 8). 90

Dagegen wird die **Wahlberechtigung nicht** dadurch **ausgeschlossen,** dass dem ArbN gem. § 45 Abs. 5 StGB das Recht aberkannt worden ist, in öffentlichen Angelegenheiten zu wählen oder zu stimmen; denn die BRWahl ist keine öffentliche Angelegenheit im Sinne dieser Vorschrift (Richardi BetrVG/*Thüsing* Rn. 59). 91

In formeller Hinsicht ist für die Ausübung des Wahlrechts gem. § 2 Abs. 3 WO erforderlich, dass der ArbN in die **Wählerliste eingetragen** ist. Obwohl die Eintragung in die Wählerliste für den materiellen Bestand des Wahlrechts ohne Bedeutung ist, kann nur ein in die Wählerliste eingetragener ArbN seine Stimme abgeben (hM). Zur Frage der Berichtigung oder Ergänzung der Wählerliste vgl. § 4 WO. Andererseits begründet die Eintragung in die Wählerliste nicht das Wahlrecht eines ArbN, bei dem die materiellen Voraussetzungen für die Wahlberechtigung nicht vorliegen. 92

III. Auswirkungen der Wahlberechtigung

93 ArbN, die zum BR wahlberechtigt sind, besitzen auch das aktive Wahlrecht für die Wahl der Vertr. der ArbN im **Aufsichtsrat** sowie für die Wahl der Wahlmänner nach dem MitbestErG (vgl. § 5 Abs. 2 DrittelbG, § 10 Abs. 3 und § 18 MitbestG, § 6 Abs. 2 MitbestErG).

94 **Bestimmte Befugnisse** der ArbN im Rahmen dieses G stehen **nur wahlberechtigten ArbN** zu. So zB das Wahlvorschlagsrecht (§ 14 Abs. 3 u. 4), die Mitgliedschaft im Wahlvorst. (§ 16 Abs. 1), das Recht, die Bestellung des Wahlvorst. oder seine Ersetzung beim ArbG zu beantragen (§ 16 Abs. 2, § 18 Abs. 1 S. 2) oder eine BetrVerslg. zur Bestellung des Wahlvorst. einzuberufen (§ 17 Abs. 3), das Wahlanfechtungsrecht (§ 19 Abs. 2), das Recht, die Auflösung des BR oder den Ausschluss eines Mitglieds aus dem BR, dem GesBR oder dem KBR zu beantragen (§ 23 Abs. 1, §§ 48, 56), das Antragsrecht zur Einberufung einer BetrVerslg. nach § 43 Abs. 3 S. 1.

95 Die **Errichtung, Größe** sowie **bestimmte Organisations-** und **Mitbestimmungsrechte** des **BR** (s. zB §§ 1, 9, 99, 110, 111) setzen eine bestimmte Anzahl wahlberechtigter ArbN voraus, zu denen auch die in § 7 S. 2 genannten ArbN zählen, die keinen Arbeitsvertrag mit dem Betriebsinhaber als ArbGeb. haben (*Brors* NZA 2003, 1381; *Brors/Schüren* BB 2004, 2745 [2751]; *Däubler* ArbuR 2001, 1 [4f.]; *Däubler* ArbuR 2001, 285 [286]; *Däubler* ArbuR 2004, 81f.; *Hamann* NZA 2003, 530; *Thüsing/Lambrich* NZA-Sonderheft 2001, 86; *Reichold* NZA 2001, 857 [861]; *Schüren* RdA 2004, 184; **aA** GK-BetrVG/*Raab* Rn. 107ff.; *Löwisch/Kaiser* Rn. 12; *Brose* NZA 2005, 797ff.; *Hanau* RdA 2001, 65 [68]; *Konzen* RdA 2001, 76 [84]; *Kreutz* FS Wißmann, 2005, 365ff.; *Löwisch* BB 2001, 1734 [1737]). Auch die **Stimmengewichtung** im GesBR und im KBR stellt auf die Zahl der wahlberechtigten ArbN im Betrieb bzw. im Unternehmen ab (vgl. § 47 Abs. 7 u. 8, § 55 Abs. 3).

95a Nach dem neuen § 14 Abs. 2 S. 4 AÜG sind auch **LeihArbN** im **Entleiherbetrieb** zu berücksichtigen, soweit Bestimmungen des BetrVG mit Ausnahme des § 112a eine bestimmte Anzahl oder einen bestimmten Anteil von ArbN voraussetzen.

95b Die in **§ 5 Abs. 1 S. 3 genannten Beschäftigten,** also Beamte, Soldaten und ArbN des öffentlichen Dienstes in privaten Unternehmen (→ Rn. 51f., → § 5 Rn. 318) zählen ebenfalls bei den Schwellenwerten zumindest der organisatorischen Bestimmungen mit, die auf die regelmäßige Anzahl der (wahlberechtigten) ArbN des Betriebs abstellen (BAG 15.12.2011 – 7 ABR 65/10, NZA 2012, 519; 15.8.2012 – 7 ABR 24/11, BeckRS 2012, 75794; 15.8.2012 – 7 ABR 34/11, NZA 2013, 107). Das gilt auch für die von speziellen Privatisierungsgesetzen (→ § 5 Rn. 321ff.) erfassten Beschäftigten.

IV. Streitigkeiten

96 Im Zusammenhang mit der BRWahl obliegt die Entscheidung über die Wahlberechtigung eines ArbN **zunächst dem Wahlvorst.** (§§ 2, 4 Abs. 2 WO). Meinungsverschiedenheiten über seine Entscheidung sind im **arbeitsgerichtlichen BeschlVerf.** zu entscheiden (§§ 2a, 80ff. ArbGG; → Anh. 3 Rn. 1ff.; → § 18 Rn. 32ff.). Im Falle des § 18a erfolgt die Zuordnung der leitenden Ang. in einem bes. Zuordnungsverfahren (→ § 18a Rn. 6ff.).

97 Das arbeitsgerichtliche BeschlVerf. ist auch die richtige Verfahrensart, wenn außerhalb des Wahlverf. Streit über die Wahlberechtigung eines ArbN entsteht. Beteiligte können sein: der betr. ArbN, dessen Rechtsstellung geklärt werden soll (BAG 28.4.1964 – 1 ABR 1/64, AP BetrVG § 4 Nr. 3), der Wahlvorst. (wenn die Wahl noch nicht durchgeführt ist), der ArbGeb., jede im Betrieb vertr. Gewerkschaft und – wenn die Wahl bereits durchgeführt ist – der BR. Die Frage der Wahlberechtigung wird uU als Vorfrage im Anfechtungsverfahren (§ 19) zu entscheiden sein.

§ 8 Wählbarkeit

(1) [1]**Wählbar sind alle Wahlberechtigten, die sechs Monate dem Betrieb angehören oder als in Heimarbeit Beschäftigte in der Hauptsache für den Betrieb gearbeitet haben.** [2]**Auf diese sechsmonatige Betriebszugehörigkeit werden Zeiten angerechnet, in denen der Arbeitnehmer unmittelbar vorher einem anderen Betrieb desselben Unternehmens oder Konzerns (§ 18 Abs. 1 des Aktiengesetzes) angehört hat.** [3]**Nicht wählbar ist, wer infolge strafgerichtlicher Verurteilung die Fähigkeit, Rechte aus öffentlichen Wahlen zu erlangen, nicht besitzt.**

(2) **Besteht der Betrieb weniger als sechs Monate, so sind abweichend von der Vorschrift in Absatz 1 über die sechsmonatige Betriebszugehörigkeit diejeni-gen Arbeitnehmer wählbar, die bei der Einleitung der Betriebsratswahl im Betrieb beschäftigt sind und die übrigen Voraussetzungen für die Wählbarkeit erfüllen.**

Inhaltsübersicht

I. Vorbemerkung

Die Vorschrift regelt das **passive Wahlrecht** zum BR (Wählbarkeit). Die Bildung 1 eines BR setzt die Beschäftigung von mindestens drei wählbaren ArbN voraus (vgl. § 1 Abs. 1 S. 1). Zur Wählbarkeit zur JAV vgl. § 61 Abs. 2. Wegen Sonderregelungen für die Wählbarkeit zur Bordvertr. und zum SeeBR vgl. § 115 Abs. 2 Nr. 2 und § 116 Abs. 2 Nr. 2.

Wegen der Wählbarkeit der Vertr. der ArbN im AR s. § 4 Abs. 3 DrittelbG, § 7 2 Abs. 3 MitbestG, § 6 Abs. 2 MitbestErG und zur Wählbarkeit der Delegierten § 10 Abs. 3 MitbestG, § 8 Abs. 3 MitbestErG.

Die Vorschrift ist **zwingend;** abweichende Regelungen durch TV oder BV sind 3 grds. nicht zulässig (BAG 16.2.1973 – 1 ABR 18/72, AP BetrVG 1972 § 19 Nr. 1; BAG 12.10.1976 – 1 ABR 1/76, AP BetrVG 1972 § 8 Nr. 1). Eine Ausnahme kann für TV nach § 3 Abs. 1 Nr. 3 (dort → § 3 Rn. 51) gelten, die für die dort genannten Vertr. eine kürzere Dauer der Betriebszugehörigkeit als Wählbarkeitsvoraussetzung vorsehen können (BAG 16.2.1973 – 1 ABR 18/72, AP BetrVG 1972 § 19 Nr. 1).

Entspr. Vorschriften: §§ 14, 15 BPersVG, § 3 Abs. 2 SprAuG. 4

II. Wählbarkeit

Die **Wählbarkeit,** dh das passive Wahlrecht, ist die Fähigkeit, Mitglied des BR 5 und durch Entsendung aus diesem ggf. des GesBR und des KBR zu werden. Die Voraussetzungen der Wählbarkeit sind in § 8 erschöpfend aufgeführt (BAG 16.2.1973 – 1 ABR 18/72, AP BetrVG 1972 § 19 Nr. 1). Die Wählbarkeit zum BR wird nach Abs. 1 S. 3 nur bei Verlust der Fähigkeit, Rechte aus öffentlichen Wahlen zu erlangen, infolge strafrechtlicher Verurteilung ausgeschlossen. Daher kann auch ein nach § 23 Abs. 1 rechtskräftig aus dem BR ausgeschlossenes BRMitgl. unmittelbar erneut zum BRMitgl. gewählt werden (BAG 27.7.2016 – 7 ABR 14/15, NZA 2017, 136; 18.5.2016 – 7 ABR 81/13, NZA-RR 2016, 582; *Möller/Kirschner* ArbRAktuell 2017, 455f.).

1. Wahlberechtigung

6 Nur **wahlberechtigte ArbN,** die die übrigen Voraussetzungen des § 8 erfüllen, sind wählbar. Demnach sind wählbar nur die ArbN, die nach § 5 als ArbN im Sinne dieses G anzusehen sind, und dem Betrieb nach § 7 zugehören, sei es, dass sie in einem ArbVerh. zum Betriebsinhaber als ArbGeb. stehen, sei es, dass sie dem Betriebsinhaber zur Arbeitsleistung für länger als drei Monate überlassen werden.

7 Da sich die **Wahlberechtigung** als **Voraussetzung** für die **Wählbarkeit** ausschließlich nach § 7 bestimmt, wird hier auf die Kommentierung zu § 7 und insbes. auf die dortigen → § 7 Rn. 6ff. zur ArbN-Eigenschaft, → Rn. 19ff. zur Betriebszugehörigkeit auf Grund eines ArbVerh. mit dem Betriebsinhaber und → Rn. 37ff. zur Betriebszugehörigkeit bei fehlendem ArbVerh. zum Betriebsinhaber generell Bezug genommen.

8 Folgende Punkte sind wegen ihrer Bedeutung für die Wählbarkeit besonders zu erwähnen:

9 Zum BR wahlberechtigt sind – obwohl sie keine ArbN im arbeitsrechtlichen Sinn sind – die zu ihrer **Berufsausbildung Beschäftigten,** wenn sie in einem „echten" Produktions- oder Dienstleistungsbetrieb ausgebildet werden; Azubis, die eine bes. Interessenvertr. iSv § 51 BBiG bilden können gelten dagegen nicht als ArbN (→ § 7 Rn. 8; → § 5 Rn. 298ff.).

10 Die in **Heimarbeit** bzw. **im Home Office Beschäftigten** (→ § 5 Rn. 309ff., → § 7 Rn. 9) sind in dem Betrieb wählbar, für den sie in der Hauptsache arbeiten.

11 Unerheblich ist, ob der ArbN haupt- oder nebenberuflich oder als **TeilzeitArbN** im Betrieb beschäftigt ist (→ § 7 Rn. 23ff.). Auch ArbN in einem ArbVerh. mit Arbeit auf Abruf/kapazitätsorientierter variabler Arbeitszeit (vgl. § 12 TzBfG) sowie ArbN mit Arbeitsplatzteilung/Jobsharing (vgl. § 13 TzBfG; Näheres → § 7 Rn. 26) sind wählbar.

12 Wählbar ist der wahlberechtigte ArbN, der **am Wahltag mindestens 18 Jahre** alt ist. Erstreckt sich die Stimmabgabe über mehrere Tage, so muss der Wahlbewerber mindestens am letzten Tag der Stimmabgabe das 18. Lebensjahr vollendet, dh an diesem Tag Geburtstag haben. Nicht entscheidend ist der Beginn der Amtszeit des neugewählten BR (Richardi BetrVG/*Thüsing* Rn. 9).

13 Wird ein jüngerer ArbN gewählt, so ist die Wahl **anfechtbar.** Der Mangel der Wählbarkeit entfällt jedoch, wenn der Gewählte das Mindestalter erreicht hat, ohne dass seine Wahl mit Erfolg angefochten oder die Nichtwählbarkeit gerichtlich festgestellt worden ist (BAG 7.7.1954 – 1 ABR 6/54, AP BetrVG § 24 Nr. 1; Richardi BetrVG/*Thüsing* Rn. 9). Näheres → § 24 Rn. 40ff.

14 Ein ArbN, der seinen (freiwilligen) **Wehrdienst** ableistet, ist gleichwohl wählbar, allerdings für die Zeit der Wehrdienstleistung an der Ausübung des BRAmtes idR verhindert (DKKW/*Homburg* Rn. 22; HaKo BetrVG/*Brors* Rn. 4; GK-BetrVG/*Kreutz/Raab* Rn. 40).

15 Das Gleiche gilt, wenn ein ArbN zu einer Eignungsübung einberufen wird oder **Zivildienst** leistet (GK-BetrVG/*Kreutz/Raab* Rn. 40; → § 7 Rn. 30f.).

16 ArbN in **Elternzeit** verlieren ihre Wählbarkeit nicht. Die in dieser Zeit fehlende Eingliederung in den Betrieb ist unschädlich, da eine Rückkehr in den Betrieb nach Ende der Elternzeit vorgesehen ist (BAG 25.5.2005 – 7 ABR 45/04, AP BetrVG 1972 § 24 Nr. 13 mwN).

17 Bei **Altersteilzeit** in Form des **Blockmodells** (vgl. § 2 Abs. 2 Nr. 1 ATG) verliert der ArbN sein aktives Wahlrecht mit Beginn der Freistellungsphase, wenn er danach nicht in den Betrieb zurückkehrt (→ § 7 Rn. 32). Folglich ist er auch nicht wählbar (*Rieble/Gutzeit* BB 1998, 638 [641, 643]; BAG 16.4.2003 – 7 ABR 53/02,

AP BetrVG 2002 § 9 Nr. 1; LAG Nürnberg 16.2.2006 – 2 TaBV 9/06, NZA-RR 2006, 358 zum Verlust der Wählbarkeit eines ArbN-Vertr. im AR bei Eintritt in Freistellungsphase; *Nicolai* DB 2003, 2601; **aA** *Natzel* NZA 1998, 1262 [1265]).

Ein ArbN, dessen **ArbVerh.** ordentlich oder außerordentlich fristlos **gekündigt** worden ist und Kündigungsschutzklage erhoben hat, bleibt, obwohl er nach Ablauf der Kündigungsfrist grds. nicht aktiv wahlberechtigt ist (→ § 7 Rn. 33 f.), gleichwohl zum BR selbst dann wählbar, wenn die BRWahl nach Ablauf der Kündigungsfrist erfolgt und der ArbN nicht weiterbeschäftigt wird (BAG 10.11.2004 – 7 ABR 12/04, NZA 2005, 707; ErfK/*Koch* Rn. 2; WPK/*Wlotzke* Rn. 5). 18

Grund dieser Ausnahme ist es auszuschließen, dass der ArbGeb. durch eine Kündigung die Kandidatur eines ihm **unliebsamen Bewerbers verhindert** (BAG 14.5.1997 – 7 ABR 26/96, AP BetrVG 1972 § 8 Nr. 6 mit zust. Anm. *v. Hoyningen-Huene* SAE 1998, 91; zum Kündigungsschutz von Wahlbewerbern → § 103 Rn. 5 ff.). Außerdem kann im Gegensatz zur Wahlberechtigung, die am Wahltag zweifelsfrei feststehen muss, die Wirksamkeit der Wahl eines BRMitgl. wegen der möglichen Stellvertretung nach § 25 zunächst in der Schwebe bleiben (BAG 10.11.2004 – 7 ABR 12/04, NZA 2005, 707; DKKW/*Homburg* Rn. 25; HWGNRH/*Nicolai* Rn. 5; *Christiansen* Betriebszugehörigkeit S. 89 f.; **aA** GK-BetrVG/*Raab* Rn. 20). 19

Deshalb hat ein **gekündigter ArbN** hinsichtlich der **Wählbarkeit** solange als betriebsangehörig zu gelten, als nicht rechtskräftig geklärt ist, ob die Kündigung gerechtfertigt war. Wird die auf Feststellung der Rechtsunwirksamkeit der Kündigung gerichtete Klage abgewiesen, so steht damit fest, dass im Zeitpunkt der Wahl ein ArbVerh. nicht bestand; die Wahl dieses BRMitgl. ist deshalb unwirksam. Wird der Kündigungsschutzklage stattgegeben, so steht fest, dass ein ArbVerh. bestand; die Wahl ist wirksam. Dies gilt sowohl im Falle der ordentlichen als auch der außerordentlichen Kündigung. 20

Der ArbGeb. kann einen **Antrag nach § 9 KSchG,** das ArbVerh. trotz Unwirksamkeit der Kündigung unter Festsetzung einer vom ArbGeb. zu zahlenden Abfindung aufzulösen, von dem Zeitpunkt an, von dem der Wahlbewerber den bes. Kündigungsschutz genießt (→ § 103 Rn. 10), nicht mehr stellen, da dies dem bes. Kündigungsschutz widerspräche (Richardi BetrVG/*Thüsing* Rn. 16). Ist der Antrag früher gestellt worden, so hat das ArbG, falls es ihm stattgibt, den Zeitpunkt der Auflösung festzusetzen. Liegt dieser Zeitpunkt nach der Wahl, so war die Wahl wirksam; das BRMitgl. scheidet jedoch mit der Auflösung des ArbVerh. gem. § 24 Abs. 1 Nr. 3 aus dem BR aus. 21

Wird ein **gekündigter ArbN gewählt,** so tritt bis zur rechtskräftigen Entscheidung über die Wirksamkeit der Kündigung im Allgemeinen ein ErsMitgl. an die Stelle des Gewählten in den BR ein. 22

Einem gekündigten ArbN, der für den BR kandidiert, wird der ArbGeb., will er nicht gegen das Wahlbehinderungsverbot des § 20 Abs. 1 verstoßen (→ § 20 Rn. 9 ff.), einen gewissen Kontakt mit den ArbN im Betrieb – etwa Aufsuchen in den Pausen – zugestehen und zu diesem Zweck den **Zutritt zum Betrieb** gestatten müssen (LAG Hamm 6.2.1980 – 3 TaBV 79/79, BeckRS 1980, 30810634; LAG Hamm 6.5.2002 – 10 TaBV 53/02, NZA-RR 2003, 480; DKKW/*Homburg* Rn. 25; HWGNRH/*Nicolai* Rn. 5, § 20 Rn. 13; Schaub ArbR-HdB/*Koch* § 217 Rn. 14). Dies gilt jedenfalls dann, wenn die Kündigung nicht offensichtlich begründet ist (anders dagegen, wenn der Kündigung zB eine zustimmende rechtskräftige gerichtliche Entscheidung nach § 103 Abs. 2 vorausgegangen ist; LAG Düsseldorf , BB 1975, 700). 23

Ohne Einfluss auf die Wählbarkeit ist es, wenn nach der Art der Tätigkeit des ArbN zu erwarten ist, dass er sich bei der BRArbeit häufig von einem ErsMitgl. vertreten lassen muss, zB wegen häufiger **Auslandsaufenthalte;** das wäre ein unzulässiges Aufstellen weiterer Wählbarkeitsvoraussetzungen. Deshalb sind auch ArbN, die zwar vorübergehend im Ausland beschäftigt werden, jedoch noch zur Belegschaft des Betriebs gehören (→ § 7 Rn. 73 ff.), zum BR dieses Betriebes wählbar (GK-BetrVG/*Raab* Rn. 24). 24

25 Zur Wählbarkeit von Mitgl. des Wahlvorst. → § 16 Rn. 22. Zur Wählbarkeit von Mitgl. aufgelöster BR oder von aus dem BR ausgeschlossener Mitgl. → § 23 Rn. 30.

26 Grds. sind auch die ArbN, die zwar in **keinem ArbVerh.** zum **Betriebsinhaber** stehen, diesem jedoch entspr., § 7 S. 2 zur Arbeitsleistung überlassen werden, in den BR des Einsatzbetriebs wählbar. Dies trifft auf alle Formen der ArbN-Überlassung mit Ausnahme der Überlassung nach dem AÜG zu.

27 LeihArbN, die in einem **echten (erlaubnisfreien) Leiharbeitsverhältnis** stehen (→ § 5 Rn. 231 ff.), sind zum BR des Entleiherbetriebs wählbar (str. auch → § 7 Rn. 41; **aA** BAG 17.2.2010 – 7 ABR 51/08, NZA 2010, 832; ErfK/*Koch* Rn. 2). Folglich sind auch **KonzernArbN,** die im Wege der „Konzernleihe" oder Abordnung in einem anderen Konzernunternehmen eingesetzt werden (Näheres → § 5 Rn. 219 ff.), zum BR des Einsatzbetriebs wählbar (→ § 7 Rn. 43 ff.; **aA** BAG 10.3.2004 – 7 ABR 49/03, AP BetrVG 1972 § 7 Nr. 8; *Lambrich/Schwab* NZA-RR 2013, 169 [171]; *Nicolai* DB 2003, 2600). Das gilt grds. auch für in Matrix-Strukturen tätige ArbN (Näheres → § 5 Rn. 226a ff.; → § 7 Rn. 46a f.; sa *Kort* NZA 2013, 1318 [1324]). Bei einer Abordnung von Bau-ArbN zu einer **ARGE** (Näheres → § 5 Rn. 272 ff.) sind diese ArbN im dortigen Betrieb wählbar (→ § 7 Rn. 48 f.; *Schwab* NZA-RR 2008, 169 [174]; **aA** LAG Düsseldorf 14.3.1996 – 5 TaBV 75/95, BeckRS 1996, 30457868).

27a Die unechten (erlaubnispflichtigen) **LeihArbN iSd AÜG** sind im Entleiherbetrieb **nicht wählbar** (vgl. § 14 Abs. 2 AÜG; BAG 17.2.2010 – 7 ABR 51/08, NZA 2010, 832; *Linsenmaier/Kiel* RdA 2014, 135 [140]).). Ihnen ist zwar mit dem **BetrVerf-ReformG** erstmals das aktive Wahlrecht zum BR des Entleiherbetriebs zugestanden worden (Näheres → § 5 Rn. 263; → § 7 Rn. 39). Am Ausschluss des passiven Wahlrechts der Leih-ArbN im Entleiherbetrieb ist jedoch festgehalten worden (sa § 2 Abs. 3 S. 2 WO; *Maschmann* DB 2001, 2446 f.; *Stück* AuA 2005, 338; krit. *Blanke* DB 2008, 1153 ff.; *Däubler* ArbuR 2004, 82; *Hamann* NZA 2003, 529). Damit sind die unechten LeihArbN die einzige Gruppe wahlberechtigter ArbN, die nicht wählbar sind (**aA** BAG 17.2.2010 – 7 ABR 51/08, NZA 2010, 832, nach dem auch echte LeihArbN nicht wählbar sind).

28 Wählbar sind auch die in Betrieben privater oder privatisierter Unternehmen eingesetzten **Beamten, Soldaten** und **ArbN** des öffentlichen Dienstes, die nach dem neuen § 5 Abs. 1 S. 3 als ArbN des Einsatzbetriebs gelten (vgl. Gesetzesbegründung BT-Drs. 16/11 608, 43; BAG 12.9.2012 – 7 ABR 37/11, NZA-RR 2013, 197; 15.12.2011 – 7 ABR 65/10, NZA 2012, 519; 15.8.2012 – 7 ABR 24/11, BeckRS 2012, 75794; 15.8.2012 – 7 ABR 34/11, NZA 2012, 107; DKKW/Homburg Rn. 29; GK-BetrVG/*Raab* § 5 Rn. 90; HWGNRH/*Rose* § 5 Rn. 92; *Heise/Fedder* NZA 2009, 1069 [1071]; *Thüsing* BB 2009, 2036; *Trümner* AiB 2009, 539 [541]; → § 7 Rn. 52 f.; → § 5 Rn. 316 ff.; **aA** *Löwisch* BB 2009, 2316 f.). Einer ausdrücklichen Erwähnung des passiven Wahlrechts dieser Personengruppen bedurfte es nicht (→ § 7 Rn. 52a; **aA** *Löwisch* BB 2009, 2316 f.). Auch wenn für **ArbN** des öffentlichen Dienstes gleichzeitig ArbN-Überlassung vorliegt, bleiben diese wählbar, da § 5 Abs. 1 S. 3 den Wählbarkeitsausschluss des § 14 Abs. 2 S. 1 AÜG verdrängt (BAG 15.8.2012 – 7 ABR 34/11, NZA 2013, 107).

28a **Sonderregelungen** für die in → Rn. 28 genannten Personengruppen gibt es bei Bahn, Post-AGn und deren Tochter-, Enkel- und Beteiligungsgesellschaften, Kooperationsbetrieben der Bundeswehr (s. BAG 4.5.2011 – 7 ABR 3/10, NZA 2011, 1373 mAnm *Engels* AP BetrVG 1972 § 99 Nr. 138) sowie BRD-Finanzagentur GmbH, der Gesellschaft für Außenwirtschaft und Standortmarketing mbH und der DFS Deutsche Flugsicherung GmbH: § 19 Abs. 1 DBGrG, § 24 Abs. 2 u. 3 PostPersRG, § 6 BwKoopG; § 5 Abs. 1 BWpVerwPG, § 6 BfAIPG, § 4 Abs. 2 BAFlSBAÜbnG; → § 5 Rn. 317 ff. → § 7 Rn. 51 ff.).

29 Bei der **Bahn** sind die der DBAG zugewiesenen Beamten auch zu den bes. PersVertr. beim BEV wählbar und ggf. zur Wahrnehmung von Mandaten in den bes.

PersVertr. von der DBAG freizustellen (§ 17 Abs. 1, 7 DBGrG; → § 5 Rn. 316ff., → § 99 Rn. 303ff.). Eine Doppelmitgliedschaft in einem BR der DBAG und einer bes. PersVertr. des BEV ist zulässig (BAG 11.4.1958 – 1 ABR 2/57, AP BetrVG § 6 Nr. 1; *Engels/Müller/Mauß* DB 1994, 145; *Engels/Mauß-Trebinger* RdA 1997, 217 [219]). Gleiches gilt für die in den **Kooperationsbetrieben** der **Bundeswehr** beschäftigten Beamten, ArbN und Soldaten, die sowohl für den PersR ihrer Dienststelle bei der Bundeswehr als auch für den BR des Kooperationsbetriebs wählbar sind (§§ 2, 3, 6 Abs. 1 BwKoopG; *Engels* ArbuR 2009, 10 [75]; → § 99 Rn. 332). Ebenso sind die bei der BRD-Finanzagentur GmbH beschäftigten Beamten und ArbN außer zum dortigen BR zur PersVertr. ihrer Dienststelle beim Bundesamt für zentrale Dienste und offene Vermögensfragen wählbar (§ 4 BWpVerwPG). Gleiches gilt für die der **Gesellschaft für Außenwirtschaft und Standortmarketing mbH** zugewiesenen **Beamten** und ArbN (→ § 5 Rn. 324; → § 99 Rn. 339ff.) sowie die bei der **DFS Deutsche Flugsicherung GmbH** eingesetzten Beamten und ArbN (→ § 5 Rn. 325, → § 99 Rn. 341ff.). Dagegen sind die **von** den **Post-AGn** ihren Tochter-, Enkel- und Beteiligungsgesellschaften **zugewiesenen Beamten** nur für den jeweiligen dortigen BR, nicht auch für den BR in der jeweiligen Post-AG wählbar (BAG 16.1.2008 – 7 ABR 66/06, AP BetrVG 1972 § 7 Nr. 14; krit. *Stiller* ZBVR 2004, 237; → § 14 Rn. 88; → § 99 Rn. 331a).

Ein ArbN, der in **zwei Betrieben** eines oder mehrerer ArbGeb. **beschäftigt** ist 30
(→ § 7 Rn. 81, 83), ist in beiden Betrieben wählbar; denn § 8, der die Wählbarkeitsvoraussetzungen abschließend aufzählt, kennt keine Beschränkung der Mitgliedschaft auf einen BR (BAG 11.4.1958 – 1 ABR 2/57, AP BetrVG § 6 Nr. 1; DKKW/*Homburg* Rn. 18; GK-BetrVG /*Raab* Rn. 24; Richardi BetrVG/*Thüsing* Rn. 12).

Ein im **Außendienst Beschäftigter** in einem **Unternehmen** mit **mehreren** 31a
Betrieben ist in demjenigen Betrieb wählbar, in dem er das aktive Wahlrecht besitzt (→ § 7 Rn. 21a).

2. Mindestens sechsmonatige Zugehörigkeit zum Betrieb, Unternehmen oder Konzern

Der wahlberechtigte ArbN muss, um wählbar zu sein, im Zeitpunkt der Wahl 32
mindestens sechs Monate dem Betrieb angehören (BAG 7.7.2011 – 2 AZR 377/10, NZA 2012, 107; → Rn. 33ff.). Auf diese Dauer der Betriebszugehörigkeit werden Zeiten einer unmittelbar vorhergehenden Tätigkeit als ArbN in einem anderen Betrieb des **Unternehmens** oder des **Konzerns** angerechnet (→ Rn. 48f.). Bei einem Heimarbeiter ist erforderlich, dass er mindestens sechs Monate in der Hauptsache für einen Betrieb des Unternehmens oder Konzerns gearbeitet hat.

Im Regelfall muss der ArbN am Wahltag – wenn an mehreren Tagen gewählt 33
wird, am **letzten Wahltag** (GK-BetrVG/*Raab* Rn. 28) – dem Betrieb mindestens sechs Monate als dessen ArbN angehört haben (hM; Richardi BetrVG/*Thüsing* Rn. 17; BAG 26.9.1996 – 2 AZR 528/95, AP KSchG 1969 § 15 Wahlbewerber Nr. 3). Die Frist berechnet sich nach §§ 186ff. BGB.

Betriebszugehörigkeit bedeutet die Zugehörigkeit des ArbN zur Belegschaft des 34
Betriebs, in dem er auf Grund eines Arbeitsvertrages oder zur Arbeitsleistung gem. § 7 S. 2 überlassen beschäftigt ist (→ § 7 Rn. 16ff.). Eine rein rechtliche Zugehörigkeit reicht hierbei nicht aus; vielmehr muss eine tatsächliche Anbindung an den Betrieb bestanden haben (BAG 28.11.1977 – 1 ABR 40/76, AP BetrVG 1972 § 8 Nr. 2; GK-BetrVG/*Raab* Rn. 34).

Ausreichend ist eine sechsmonatige Beschäftigung als TeilzeitArbN (DKKW/*Hom-* 35
burg Rn. 14; Richardi BetrVG/*Thüsing* Rn. 23; einschränkend *Lipke* NZA 1990, 760).

Zeiten, in denen ein Beschäftigter zu den in **§ 5 Abs. 2 u. 3** genannten Personen 36
gehörte, sind in den sechsmonatigen Zeitraum einzurechnen (HWGNRH/*Nicolai* Rn. 16; Richardi BetrVG/*Thüsing* Rn. 21; GK-BetrVG/*Raab* Rn. 32).

37 Ferner sind Zeiten **vor** der Vollendung des **18. Lebensjahres,** in denen der ArbN im Betrieb als ArbN oder Auszubildender beschäftigt war, zu berücksichtigen (ErK/*Koch* Rn. 3; GK-BetrVG/*Raab* Rn. 30).

38 Eine sechsmonatige **Überlassung zur Arbeitsleistung** iSv **§ 7 S. 2** reicht für die Wählbarkeit aus. Wird ein zur Arbeitsleistung überlassener ArbN zB nach zwei Monaten ArbN des Einsatzbetriebs, weil entweder dessen Inhaber mit ihm einen Arbeitsvertrag abschließt oder ein solcher im Fall der Überlassung nach § 10 Abs. 1 iVm § 9 Abs. 1 AÜG kraft Gesetzes zustande kommt, wird die zweimonatige Zeit der Überlassung **voll berücksichtigt** (BAG 10.10.2012 – 7 ABR 53/11, NZA 2013, 863; DKKW/*Homburg* Rn. 11; Richardi BetrVG/*Thüsing* Rn. 21; **aA** GK-BetrVG/*Kreutz/Raab* Rn. 33). Zur fehlenden Wählbarkeit von LeihArbN iSd AÜG → Rn. 27a.

39 Für die sechsmonatige Dauer der Betriebsangehörigkeit wird man einen **zusammenhängenden Zeitraum** fordern müssen. Bei einer **rechtlichen Unterbrechung** der Betriebszugehörigkeit – etwa durch Zeiten einer anderweitigen Tätigkeit oder durch längere Arbeitslosigkeit – beginnt die Sechsmonatsfrist erneut zu laufen (HWGNRH/*Nicolai* Rn. 19; Richardi BetrVG/*Thüsing* Rn. 25).

40 Das gilt allerdings nicht uneingeschränkt. Besteht zwischen den ArbVerh. ein innerer **Sachzusammenhang** derart, dass das neue ArbVerh. als die Fortsetzung des früheren anzusehen ist, ist die frühere Beschäftigungszeit und – soweit die Unterbrechung nur kurzfristig ist (→ Rn. 49) – auch diese mit zu berücksichtigen (zum Sachzusammenhang → § 7 Rn. 65, 67).

41 Zu denken ist zB an **mehrere** aneinander anschließende **befristete ArbVerh.** oder an eine das ArbVerh. lösende (Ausnahmefall; idR nur suspendierende Wirkung; Küttner/*Kania* Kap. 40 Rn. 12) **Abwehraussperrung,** an witterungsbedingte Unterbrechungen des ArbVerh. im Baugewerbe (LAG BW 15.10.1957 – III Sa 66/57, AP KSchG § 1 Unterbrechung des Arbeitsverhältnisses Nr. 1) oder an kurzfristige, durch Auftragsmangel bedingte Unterbrechungen, insbes. wenn die Fortsetzung des ArbVerh. von vornherein in Aussicht genommen ist (BAG 23.9.1976 – 2 AZR 309/75, AP KSchG 1969 § 1 Wartezeit Nr. 1; 6.12.1976 – 2 AZR 470/75 AP KSchG 1969 § 1 Wartezeit Nr. 2; 18.1.1979 – 2 AZR 254/77, AP KSchG 1969 § 1 Wartezeit Nr. 3; Richardi BetrVG/*Thüsing* Rn. 25; **weitergehend** DKKW/*Homburg* Rn. 15, HWGNRH/*Nicolai* Rn. 19, *Löwisch/Kaiser* Rn. 6; GK-BetrVG/*Raab* Rn. 38 nehmen in diesen Fällen nur eine entspr. Hemmung der Sechsmonatsfrist an).

42 In **Saisonbetrieben** kommt im Hinblick auf die Dauer der Unterbrechung bei den nur für die Saison eingestellten ArbN eine Zusammenfassung der jeweiligen Betriebszugehörigkeitszeiten nicht in Betracht (Richardi BetrVG/*Thüsing* Rn. 27; HWGNRH/*Nicolai* Rn. 20; **aA** GK-BetrVG/*Raab* Rn. 39; HaKo BetrVG/*Brors* Rn. 7).

43 Im Falle des **Betriebsinhaberwechsels** wird die Betriebszugehörigkeit nicht unterbrochen, da nach § 613a BGB der neue Betriebsinhaber in die im Zeitpunkt des Betriebsübergangs bestehenden ArbVerh. (nicht jedoch Heimarbeitsverhältnisse, BAG 3.7.1980 – 3 AZR 1077/78, AP BGB § 613a Nr. 23) eintritt (GK-BetrVG/*Raab* Rn. 50; Richardi BetrVG/*Thüsing* Rn. 31).

44 Wird die Betriebszugehörigkeit unter Aufrechterhaltung des ArbVerh. **nur tatsächlich unterbrochen,** so sind nur kürzere tatsächliche Unterbrechungen der Tätigkeit, etwa durch Krankheit, Urlaub, Werksbeurlaubung usw für die Berechnung der Dauer der Betriebszugehörigkeit ohne Belang (HWGNRH/*Nicolai* Rn. 19; Richardi BetrVG/*Thüsing* Rn. 24).

45 Im Hinblick auf den mit dem Erfordernis einer sechsmonatigen Betriebszugehörigkeit verfolgten gesetzgeberischen Zweck, als Wahlbewerber nur ArbN mit gewissen Betriebskenntnissen zuzulassen, wird man bei einer längeren tatsächlichen Unterbrechung der Betriebszugehörigkeit – etwa bei einer Unterbrechung von mehr als zwei Monaten – eine **Hemmung des Sechsmonats-Zeitraums** annehmen müssen mit der Folge, dass die Zeit der Unterbrechung nicht mitzählt (*Greßlin* BR-

Mitglieder S. 44; Richardi BetrVG/*Thüsing* Rn. 24; **aA** DKKW/*Homburg* Rn. 13; GK-BetrVG/*Raab* Rn. 35).

Dies gilt allerdings nicht im Falle der Einberufung zum (freiwilligen) **Wehrdienst,** Zivildienst oder zu Eignungsübungen. Diese Einberufungszeiten sind auf Grund **gesetzl. Sonderregelungen** (vgl. § 6 Abs. 2 S. 1 iVm § 16 Abs. 7 ArbPlSchG, § 78 Abs. 1 S. 1 ZDG, § 6 Abs. 1 EigÜG) stets auf die Betriebszugehörigkeit anzurechnen (LAG RhPf 25.2.1994 – 3 Sa 1155/93, BB 1994, 942; DKKW/*Homburg* Rn. 13; GK-BetrVG/*Raab* Rn. 40; HWGNRH/*Nicolai* Rn. 19; Richardi BetrVG/*Thüsing* Rn. 28/29). 46

Muss ein Staatsangehöriger eines Mitgliedstaates der **EU** seine Tätigkeit zur Erfüllung der **Wehrpflicht** in seinem Heimatland unterbrechen, so wird die Wehrdienstzeit ebenfalls auf die Betriebszugehörigkeit angerechnet (EuGH 15.10.1969 – AP EWG-Vertrag Art. 177 Nr. 2; sa BAG 27.2.1969 – 5 AZR 215/68, AP EWG-Vertrag Art. 177 Nr. 1; 15.10.1969 – 15/69, AP EWG-Vertrag Art. 177 Nr. 2; 5.12.1969 – 5 AZR 215/68, AP EWG-Vertrag Art. 177 Nr. 3), nicht dagegen bei ArbN anderer Staaten (HessLAG, BB 1974, 789; GK-BetrVG/*Raab* Rn. 42; Richardi BetrVG/*Thüsing* Rn. 30). 47

Tätigkeiten in einem anderen Betrieb desselben Unternehmens oder im Betrieb eines Unternehmens, das mit dem gegenwärtigen Beschäftigungsbetrieb in einem **Konzern** iSv § 18 Abs. 1 AktG verbunden ist, sind nach § 8 Abs. 1 S. 1 auf die Sechsmonatsfrist anzurechnen. Damit soll dem Umstand Rechnung getragen werden, dass ArbN in nicht seltenen Fällen innerhalb des Unternehmens und auch zwischen Konzernunternehmen die Betriebszugehörigkeit wechseln (→ § 5 Rn. 219 ff.). 48

Die Beschäftigungszeiten in den verschiedenen Betrieben desselben Unternehmens bzw. der Konzernunternehmen müssen **unmittelbar** aneinander anschließen. Dies ist der Fall, wenn entweder das ArbVerh. zum Unternehmen bzw. zu den Konzernunternehmen nicht unterbrochen worden ist oder wenn es zwar unterbrochen gewesen ist, jedoch ein enger zeitlicher und innerer Zusammenhang zwischen der jetzigen Betriebszugehörigkeit und der früheren Betriebszugehörigkeit in dem anderen Betrieb des (Konzern-)Unternehmens besteht (→ Rn. 40 ff.; GK-BetrVG/*Raab* Rn. 44; Richardi BetrVG/*Thüsing* Rn. 34). Keine „Unmittelbarkeit" liegt vor, wenn der ArbN zwischenzeitlich ein ArbVerh. zu einem anderen ArbGeb. begründet hat oder längere Zeit arbeitslos gewesen ist (→ Rn. 39; DKKW/*Homburg* Rn. 9; HWGNRH/*Nicolai* Rn. 21). 49

Der Mangel einer sechsmonatigen Betriebs-(Unternehmens- oder Konzern-)zugehörigkeit berechtigt zur **Anfechtung der Wahl.** Der Mangel wird geheilt, sobald der ArbN die sechsmonatige Betriebszugehörigkeit erfüllt hat, ohne dass rechtskräftig die Wahl mit Erfolg angefochten oder die Nichtwählbarkeit festgestellt ist (vgl. § 24 Abs. 1 Nr. 6). 50

3. Wählbarkeit ausländischer Arbeitnehmer

Alle ausländischen ArbN sind, sofern sie die weiteren Voraussetzungen für die Wählbarkeit erfüllen, uneingeschränkt zum BR **wählbar** (DKKW/*Homburg* Rn. 21; GK-BetrVG/Raab Rn. 4, 59; Richardi BetrVG/*Thüsing* Rn. 43). 51

4. Verlust der Wählbarkeit durch Richterspruch

Wegen der Bedeutung der Stellung eines BRMitgl. sind jedoch solche ArbN von der Wählbarkeit zum BR ausgeschlossen, die infolge **strafgerichtlicher Verurteilung** die Fähigkeit, Rechte aus öffentlichen Wahlen zu erlangen, nicht besitzen. 52

Der Verlust der Fähigkeit, Rechte aus öffentlichen Wahlen zu erlangen, ist nach § 45 Abs. 1 StGB stets die automatische Rechtsfolge einer strafgerichtlichen Verurteilung wegen eines **Verbrechens** zu einer Mindestfreiheitsstrafe von einem Jahr. Dieser Verlust ist kein dauernder, sondern auf fünf Jahre nach Rechtskraft des Urteils be- 53 schränkt. Das Strafgericht kann auch **in anderen Fällen,** soweit dies gesetzl. bes. vorgesehen ist (vgl. zB §§ 92a, 101, 102 Abs. 2, §§ 108c, 109i StGB), die Fähigkeit, Rechte aus öffentlichen Wahlen zu erlangen, für die Dauer von zwei bis fünf Jahren aberkennen (vgl. § 45 Abs. 2 StGB).

54 Ohne Einfluss auf die Wählbarkeit zum BR ist die nach § 45 Abs. 5 StGB mögliche strafgerichtliche **Aberkennung des Rechts,** in **öffentlichen Angelegenheiten** zu **wählen** oder zu stimmen (GK-BetrVG/*Raab* Rn. 56). Auch eine Entscheidung des BVerfG nach § 39 Abs. 2 BVerfGG, durch die wegen Verwirkung der Grundrechte das Wahlrecht, die Wählbarkeit und die Fähigkeit zur Bekleidung öffentlicher Ämter aberkannt wird, lässt die Wählbarkeit zum BR unberührt, da das BRAmt kein öffentliches Amt ist.

55 Hat ein **ausländischer ArbN** in seinem Heimatland infolge einer strafgerichtlichen Verurteilung die Fähigkeit, Rechte aus öffentlichen Wahlen zu erlangen, verloren, so führt dies dann zu einem Verlust der Wählbarkeit zum BR, wenn die ausländische Entscheidung nicht in Widerspruch zu deutschen Rechtsgrundsätzen steht (GK-BetrVG/*Raab* Rn. 57; DKKW/*Homburg* Rn. 32; ErfK/*Koch* Rn. 4).

56 Die Wählbarkeit zum BR ist nur für die **Dauer** ausgeschlossen, während der der ArbN die Fähigkeit, Rechte aus öffentlichen Wahlen zu erlangen, nicht besitzt. Näheres über die Berechnung der Zeiten vgl. § 45a StGB. Zu beachten ist, dass das Strafgericht die aberkannte Fähigkeit, Rechte aus öffentlichen Wahlen zu erlangen, unter gewissen Voraussetzungen vorzeitig wieder verleihen kann (vgl. § 45b StGB).

57 Maßgebend für die Beurteilung, ob ein ArbN zum BR wählbar ist, ist der **Wahltag.** Der ArbN muss deshalb an diesem Tag im Besitz der Fähigkeit sein, Rechte aus öffentlichen Wahlen zu erlangen. Wird einem BRMitgl. die Fähigkeit nach der BRWahl aberkannt, so erlischt gem. § 24 Abs. 1 Nr. 4 seine Mitgliedschaft im BR, da er dann nicht mehr wählbar ist (Näheres → § 24 Rn. 31 ff.).

5. Eintragung in die Wählerliste

58 Auch für die Wählbarkeit ist in formeller Hinsicht erforderlich, dass der ArbN in die **Wählerliste eingetragen** ist (vgl. § 2 Abs. 3 WO). Zur Frage der Berichtigung oder Ergänzung der Wählerliste vgl. § 4 WO. Außerdem setzt die Wählbarkeit eines ArbN seine Aufnahme in einen ordnungsmäßigen **Wahlvorschlag** voraus (→ § 14 Rn. 40 ff., §§ 6, 33 WO).

III. Sonderregelung für neu errichtete Betriebe

59 **Besteht der Betrieb** am Tage der Einleitung der Wahl **weniger als sechs Monate,** so sind wählbar alle Wahlberechtigten, die an diesem Tage im Betrieb als ArbN beschäftigt sind (§ 8 Abs. 2), es sei denn, sie sind unechte LeihArbN iSd AÜG, die grds. nicht wählbar sind (§ 14 Abs. 2 S. 1 AÜG; → Rn. 30), oder sie besitzen infolge strafgerichtlicher Verurteilung nicht die Fähigkeit, Rechte aus öffentlichen Wahlen zu erlangen. Eine bestimmte Dauer der Betriebszugehörigkeit ist in diesem Falle nicht erforderlich. Die BRWahl ist mit dem Erlass des Wahlausschreibens eingeleitet (vgl. § 3 Abs. 1, 31 Abs. 1, 36 Abs. 2 WO). In diesem Zeitpunkt muss der ArbN im Betrieb beschäftigt sein, um wählbar zu sein (GK-BetrVG/*Raab* Rn. 64; Richardi BetrVG/*Thüsing* Rn. 36).

60 Die Vorschrift des Abs. 2 gilt nur für **neu errichtete Betriebe.** Sie betrifft nicht den Fall, dass der Betrieb auf einen neuen ArbGeb. übergeht, da der Wechsel des ArbGeb., wenn der Betrieb fortgeführt wird, die Zugehörigkeit zum Betrieb unberührt lässt (vgl. § 613a BGB; → Rn. 43). Eine Betriebserweiterung, mag sie noch so umfangreich sein, reicht nicht aus (BAG 26.9.1996 – 2 AZR 528/95, AP KSchG 1969 § 15 Wahlbewerber Nr. 3).

Dagegen ist der **Zusammenschluss mehrerer Betriebe** eines Unternehmens unter Aufgabe ihrer Identität zu einem neuen Betrieb als Neuerrichtung iSv Abs. 2 anzusehen (DKKW/*Homburg* Rn. 36; GK-BetrVG/*Raab* Rn. 66; Richardi BetrVG/*Thüsing* Rn. 37). Gleiches gilt, wenn sich mehrere Bauunternehmen zu einer sog ARGE (→ § 5 Rn. 272, 274 ff.) zusammenschließen (*Schwab* NZA-RR 2008, 169 [174]; AR-Blattei (D) Baugewerbe VI Arbeitsgemeinschaft D III 2). 61

Wird dagegen ein Betrieb in einen anderen Betrieb unter Beibehaltung von dessen Identität lediglich **eingegliedert,** so liegt keine Neuerrichtung vor. Die Betriebszugehörigkeit der ArbN im eingegliederten Betrieb ist jedoch nach Abs. 1 S. 2 anzurechnen. Dies gilt auch für den Fall, dass der Betrieb eines anderen Unternehmens eingegliedert wird, da vor der Eingliederung regelmäßig ein Betriebsübergang mit der Wirkung des § 613a BGB stattgefunden hat. 62

Wird ein Betrieb nicht nur vorübergehend **stillgelegt** und später wiedereröffnet, liegt eine Neuerrichtung iSv Abs. 2 vor (Richardi BetrVG/*Thüsing* Rn. 37). Auch **Kampagnebetriebe** (→ § 1 Rn. 365) unterfallen der Regelung des Abs. 2, es sei denn, sie sind lediglich unselbständige Betriebsteile eines anderen Betriebs (zweifelnd GK-BetrVG/*Raab* Rn. 66). 63

IV. Streitigkeiten

Die Entscheidung über die Wählbarkeit eines Wahlbewerbers hat **zunächst der Wahlvorst.** zu treffen. Meinungsverschiedenheiten über dessen Entscheidung sind im **arbeitsgerichtlichen BeschlVerf.** zu entscheiden (§§ 2a, 80 ff. ArbGG, → Anh. 3 Rn. 1 ff.). Über das bes. Verfahren bei der Zuordnung von leitenden Ang. im Rahmen der Wahl vgl. § 18a. 64

Verstöße gegen Vorschriften über die Wählbarkeit können zur **Anfechtung** der Wahl berechtigen (§ 19). Unterbleibt die rechtzeitige Anfechtung, so erlischt die Mitgliedschaft im BR erst mit der Rechtskraft der nach § 24 Abs. 1 Nr. 6 auch noch nach Ablauf der Anfechtungsfrist und auch unabhängig von einer BRWahl (BAG 17.2.2010 – 7 ABR 51/08, NZA 2010, 832) möglichen gerichtlichen Entscheidung über die Feststellung der Nichtwählbarkeit (→ § 24 Rn. 40 ff.). 65

Aus der Regelung des § 24 Abs. 1 Nr. 6 ergibt sich, dass die Wahl eines nichtwählbaren ArbN keineswegs stets nichtig ist (GK-BetrVG/*Raab* Rn. 66). Dies kann nur in bes. krassen Fällen gelten, etwa bei der Wahl einer eindeutig betriebsfremden Person. Verliert ein BRMitgl. nachträglich die Wählbarkeit, so scheidet es mit diesem Ereignis aus dem BR aus, ohne dass es einer gerichtlichen Feststellung bedarf (vgl. § 24 Abs. 1 Nr. 4; → § 24 Rn. 31 ff.). 66

§ 9 Zahl der Betriebsratsmitglieder

[1] Der Betriebsrat besteht in Betrieben mit in der Regel

5 bis 20 wahlberechtigten Arbeitnehmern aus einer Person,
21 bis 50 wahlberechtigten Arbeitnehmern aus 3 Mitgliedern,
51 wahlberechtigten Arbeitnehmern
bis 100 Arbeitnehmern aus 5 Mitgliedern,
101 bis 200 Arbeitnehmern aus 7 Mitgliedern,
201 bis 400 Arbeitnehmern aus 9 Mitgliedern,
401 bis 700 Arbeitnehmern aus 11 Mitgliedern,
701 bis 1000 Arbeitnehmern aus 13 Mitgliedern,
1001 bis 1500 Arbeitnehmern aus 15 Mitgliedern,
1501 bis 2000 Arbeitnehmern aus 17 Mitgliedern,
2001 bis 2500 Arbeitnehmern aus 19 Mitgliedern,
2501 bis 3000 Arbeitnehmern aus 21 Mitgliedern,

3001 bis 3500 Arbeitnehmern aus 23 Mitgliedern,
3501 bis 4000 Arbeitnehmern aus 25 Mitgliedern,
4001 bis 4500 Arbeitnehmern aus 27 Mitgliedern,
4501 bis 5000 Arbeitnehmern aus 29 Mitgliedern,
5001 bis 6000 Arbeitnehmern aus 31 Mitgliedern,
6001 bis 7000 Arbeitnehmern aus 33 Mitgliedern,
7001 bis 9000 Arbeitnehmern aus 35 Mitgliedern.

[2]In Betrieben mit mehr als 9000 Arbeitnehmern erhöht sich die Zahl der Mitglieder des Betriebsrats für je angefangene weitere 3000 Arbeitnehmer um 2 Mitglieder.

Inhaltsübersicht

I. Vorbemerkung

1 Die Vorschrift legt die nach der Betriebsgröße gestaffelte Zahl der BRMitgl. fest, wobei für die Betriebsgröße die Zahl der in der Regel im Betrieb beschäftigten ArbN maßgebend ist.

2, 3 Das **BetrVerf-ReformG** hat die für die BRGröße maßgebliche ArbNZahl abgesenkt. Dadurch erhöht sich die Zahl der BRMandate. Dies hat der Gesetzgeber für erforderlich gehalten, um die BRArbeit, die in den letzten Jahrzehnten an Umfang und Schwierigkeit ganz erheblich zugenommen hat, „auf mehr Schultern" zu verteilen (BT-Drs. 14/5741, 28, 36; *Engels/Trebinger/Löhr-Steinhaus* DB 2001, 532 [536]). Dabei werden kleine und mittelgroße Betriebe bis zu 100 ArbN von den Änderungen ausgenommen. Die neue Staffel wirkt sich erst in Betrieben ab 101 ArbN aus.

4 Von bes. Bedeutung bei der Ermittlung der BRGröße ist der durch das **BetrVerf-ReformG** in § 7 neu angefügte S. 2. Um der Erosion der Stammbelegschaft und der damit verbundenen negativen Auswirkungen ua auf die BRGröße entgegenzuwirken, erkennt die neue Vorschrift erstmals die **Betriebszugehörigkeit** auch solcher ArbN an, die zwar in **keinem ArbVerh.** zum Betriebsinhaber als ArbGeb. stehen, jedoch in dem Betrieb, dem sie zur Arbeitsleistung überlassen sind, länger als drei Monate eingesetzt werden (BT-Drs. 14/5741, 27f., 36; jetzt auch BAG 13.3.2013 – 7 ABR 69/11, NZA 2013, 789; 12.9.2012 – 7 ABR 37/11, NZA-RR 2013, 197; *Däubler* AiB 2001, 684 [687f.]; *Engels/Trebinger/Löhr-Steinhaus* DB 2001, 532 [536]; krit. *Buchner* NZA 2001, 633 [636]; *Reichold* NZA 2001, 857 [861]; → § 7 Rn. 18, 37ff.).

5 Diese wahlberechtigten ArbN sind unter den gleichen Voraussetzungen wie die ArbN mit einem ArbVerh. zum Betriebsinhaber im Rahmen der Staffel des § 9 zu **berücksichtigen** (umstr., → Rn. 24ff.).

6 Zur Größe der JAV vgl. § 62, der Bordvertr. vgl. § 115 Abs. 2 Nr. 3 und des SeeBR vgl. § 116 Abs. 2 Nr. 3. Zur MitglZahl des GesBR vgl. § 47, des KBR vgl. § 55 und der GesJAV vgl. § 72.

7 Die Zahl der BRMitgl. ist für die jeweilige Betriebsgröße **zwingend** (aber → Rn. 49a), so dass von der vorgeschriebenen Zahl weder durch TV oder BV noch sonst abgewichen werden kann (BAG 7.5.2008 – 7 ABR 17/07, AP BetrVG 1972 § 9 Nr. 12). Etwas anderes gilt nur für den Fall, dass im Betrieb nicht genügend wählbare ArbN vorhanden sind oder sich als Wahlbewerber zur Verfügung stellen (→ Rn. 49). Die nach § 3 Abs. 1 Nr. 5 möglichen zusätzlichen betriebsverfassungs-

rechtlichen Vertr. der ArbN, die die Zusammenarbeit zwischen BR und ArbN erleichtern (→ § 3 Rn. 58 ff.), stellen keine Erweiterung der Zahl der Mitgl. des BR dar.

Entspr. Vorschriften: § 16 BPersVG, § 4 Abs. 1 SprAuG. 8

II. Zahl der Betriebsratsmitglieder

Die für die Größe des BR maßgebende ArbNZahl des Betriebs wird vom **Wahlvorst.** (§§ 16 ff.) festgestellt. Zu berücksichtigen sind in Betrieben mit bis zu 51 wahlberechtigten ArbN nur die Wahlberechtigten; sind über 51 wahlberechtigte ArbN vorhanden, so zählen für die weiteren Größenstufen des BR alle ArbN, gleichgültig, ob sie wahlberechtigt sind oder nicht (→ Rn. 41). 9

Unselbständige Betriebsteile gehören zum Betrieb, sofern sie nicht nach § 4 Abs. 1 als selbständige Betriebe gelten, oder sie zwar als solche gelten, aber auf Grund eines Beschlusses der dort beschäftigten ArbN an der Wahl des BR im Hauptbetrieb teilnehmen (§ 4 Abs. 1 S. 2); Kleinstbetriebe sind unter den Voraussetzungen des § 4 Abs. 2 dem Hauptbetrieb zuzuordnen. Bestehen gem. § 3 Abs. 1 Nr. 1–3 abweichende Tarifregelungen über die Bildung von betriebsverfassungsrechtlichen Organisationseinheiten (→ § 3 Rn. 12 ff.), so sind diese bei der Bestimmung der Betriebsgröße zu beachten (s. § 3 Abs. 5). 10

1. Regelmäßige Betriebszugehörigkeit

Maßgebend für die anstehende BRWahl ist die Zahl der **„in der Regel"** tätigen ArbN (hM). Das ist die Zahl der ArbN, die für den Betrieb im Allgemeinen kennzeichnend ist (BAG 18.1.2017 – 7 ABR 60/15, NZA 2017, 865; 7.5.2008, 12.11.2008 – 7 ABR 17/07, AP BetrVG 1972 § 9 Nr. 12; Nr. 13; zum Begriff „in der Regel" → § 1 Rn. 360 ff.). In Grenzfällen [regelmäßiger Stand 700 oder 701?] wird der Wahlvorst. nach **pflichtgemäßem Ermessen** zu entscheiden haben (BAG 12.10.1976 – 1 ABR 1/76, AP BetrVG 1972 § 8 Nr. 1; 25.11.1992 – 7 ABR 7/92, AP GesamthafenbetriebsG § 1 Nr. 8; GK-BetrVG/*Jacobs* Rn. 18; DKKW/*Homburg* Rn. 23; HWGNRH/*Nicolai* Rn. 10; iErg ebenso Richardi BetrVG/*Thüsing* Rn. 11). 11

Der Wahlvorst. hat bei der Ermittlung der für die BRGröße maßgeblichen ArbN-Zahl nicht nur einen Rückblick auf die Vergangenheit zu werfen, sondern auch die künftige, auf Grund konkreter Entscheidungen des ArbGeb. **zu erwartende Entwicklung** des Beschäftigungsstandes des Betriebs zu berücksichtigen, die unmittelbar bevorstehen (BAG 2.8.2017 – 7 ABR 51/15, NZA 2017, 1343; 18.1.2017 – 7 ABR 60/15, NZA 2017, 865; 7.5.2008, 12.11.2008 – 7 ABR 17/07, AP BetrVG 1972 § 9 Nr. 12; Nr. 13 mwN; DKKW/*Homburg* Rn. 8; GK-BetrVG/*Jacobs* Rn. 18 f.). 12

Dies kann zB bei Personalabbau oder -aufstockung auf Grund einer konkreten Personalplanung, an der der BR beteiligt worden ist, oder infolge von Entlassungen auf Grund eines Interessenausgleichs/Sozialplans der Fall sein (LAG Köln, AiB 1999, 281 mAnm *Macher* zu bereits getroffenen und umgesetzten Umstrukturierungsentscheidungen; LAG Hmb 26.4.2006 – 6 TaBV 6/06, NZA-RR 2006, 413; GK-BetrVG/*Jacobs* Rn. 19). Bloße **Befürchtungen** einer Personalrückentwicklung seitens des ArbGeb. sind vom Wahlvorst. nicht zu berücksichtigen (LAG Hamm 19.8.1998 – 3 TaBV 30/98, AiB 1999, 643; ErfK/*Koch* BetrVG § 9 Rn. 1). 13

Zu berücksichtigen sind nur die **betriebszugehörigen** ArbN. Das sind in erster Linie ArbN, die zum Betriebsinhaber in einem ArbVerh. stehen **und** in die Betriebsorganisation eingegliedert sind („Zwei-Komponenten-Lehre": BAG 7.5.2008, 12.11.2008 – 7 ABR 17/07, AP BetrVG 1972 § 9 Nr. 12; Nr. 13; zur insoweit nicht ausreichenden Rahmenvereinbarung → § 5 Rn. 22 f.). In Fällen des **drittbezogenen Personaleinsatzes** führt die „Zwei- Komponenten-Lehre" zu nicht sachgerechten Ergebnissen. Deshalb bedarf es bei einer **aufgespaltenen ArbGeb.-Stellung** einer 14 differenzierten Beurteilung der betriebsverfassungsrechtlichen Zuordnung der ArbN. Hierbei sind insbes. die bereits umfänglich ergangenen spezialgesetzlichen Regelungen zur betriebsverfassungsrechtlichen Behandlung des drittbezogenen Personaleinsatzes zu beachten (BAG 18.1.2017 – 7 ABR 60/15, NZA 2017, 865; 13.3.2013 – 7 ABR 69/11, NZA 2013, 789; 5.12.2012 – 7 ABR 48/11, NZA 2013, 793). Das sind vor allem das AÜG und die Privatisierungsgesetze (→ Rn. 25ff.; → § 7 Rn. 16ff.). Fragen stellen sich bei folgenden Sonderfällen:

15 Bei ArbN, die nur zeitweilig beschäftigt werden **(Aushilfskräfte),** kommt es für die Annahme der regelmäßigen Beschäftigung darauf an, dass sie normalerweise während des größten Teils eines Jahres, also **über 6 Monate,** beschäftigt werden (BAG 18.1.2017 – 7 ABR 60/15, NZA 2017, 865; 7.5.2008 – 7 ABR 17/07, AP BetrVG 1972 § 9 Nr. 12; 12.11.2008 – 7 BR 73/07, AP BetrVG 1972 § 9 Nr. 13). Setzt der ArbGeb. regelmäßig Aushilfskräfte ein, mit denen er bei Bedarf jeweils für einen Tag befristete Arbeitsverträge abschließt, zählt die durchschnittliche Anzahl der an einem Arbeitstag beschäftigten Aushilfskräfte zu den in der Regel im Betrieb beschäftigten ArbN (BAG 7.5.2008 – 7 ABR 17/07, AP BetrVG 1972 § 9 Nr. 12). Ob es sich dabei um dieselben oder um jeweils andere Aushilfskräfte handelt, ist unerheblich (LAG Düsseldorf 26.9.1990 – 12 TaBV 74/90, DB 1991, 238).

16 In Saisonbetrieben sind unter denselben Voraussetzungen, dh bei einer über sechs Monate dauernden Saison, die **Saisonarbeiter** ebenfalls zu berücksichtigen (GK-BetrVG/*Jacobs* Rn. 20; DKKW/*Homburg* Rn. 11;).

17 Auch **Teilzeitbeschäftigte** zählen mit, und zwar die Gesamtzahl der im Betrieb tätigen Teilzeitbeschäftigten; ihre Zahl ist nicht etwa auf eine Zahl vollzeitbeschäftigter ArbN umzurechnen (LAG Hamm 11.5.1979 – 3 TaBV 9/79, DB 1979, 2380; DKKW/*Homburg* Rn. 9; GK-BetrVG/*Jacobs* Rn. 20).

18 ArbN, die in **Elternzeit** oder zur Kindbetreuung freigestellt sind, werden nicht berücksichtigt, solange für sie ein Vertreter eingestellt ist (§ 21 Abs. 7 BEEG; so zur inhaltsgl. Vorgängerregelung BAG 15.3.2006 – 7 ABR 39/05, BeckRS 2008, 54162; s. zu Vertretungsfällen und „in der Regel" tätigen ArbN allg. auch Vorlagebeschluss BAG 16.11.2017 – 2 AZR 90/17 (A), NZA 2018, 245 [246], Rev. zurückgenommen); werden jedoch ArbN anlässlich der Inanspruchnahme von Elternzeit unbefristet eingestellt, so zählen sie mit. Werden für eine beurlaubte Vollzeitkraft zwei Teilzeitkräfte als Vertreter eingestellt, so dürfte nach dem Normzweck des § 21 Abs. 7 BEEG und den Ausführungen in → Rn. 11f. nur „ein Kopf" zu berücksichtigen sein (BAG 15.3.2006 – 7 ABR 39/05, BeckRS 2008, 54162; *Lindemann/Simon* NZA 2002, 365 [369]). Ähnlich wie bei zwei Teilzeitkräften als Vertreter dürfte auch bei der **Brückenteilzeit** (→ § 5 Rn. 170af.) nach dem Normzweck des § 9 (→ Rn. 11) nur „ein Kopf" zählen, wenn Arbeitnehmer zur (Teilzeit-)Vertretung eingestellt werden (s. auch Ausschussbericht zum Gesetzentwurf BT-Drs. 19/5097, 16; Schaub ArbR-HdB/*Linck* § 43 Rn. 108; *Bayreuther* NZA 2018, 1577, 1580; *Löwisch* BB 2018, 3061, 3067). Anders ist dies bei unbefristeter Einstellung (dazu → Rn. 17).

19 Unberücksichtigt bleiben ArbN, die sich für **Altersteilzeit** in Form des Blockmodells (vgl. **§ 2 Abs. 2 Nr. 1 ATG**) entschieden haben (BAG 16.4.2003 – 7 ABR 53/02, AP BetrVG 2002 § 9 Nr. 1; *Lindemann/Simon* NZA 2002, 365 [370]). Mit Beginn der Freistellungsphase scheiden sie aus dem Betrieb aus (BAG 16.4.2003 – 7 ABR 53/02, AP BetrVG 2002 § 9 Nr. 1; → § 7 Rn. 32; → § 8 Rn. 17).

20 Ein ins **Ausland entsandter ArbN,** der zum BR des entsendenden Betriebs wahlberechtigt ist (→ § 7 Rn. 73ff.), zählt bei Ermittlung der BRGröße mit (*Lindemann/Simon* NZA 2002, 365 [371]).

21 **Gekündigte** und als noch betriebszugehörig anzusehende **ArbN** (→ § 7 Rn. 33ff.) zählen dann nicht mit, wenn ihre nach der BRWahl frei werdenden Arbeitsplätze aufgrund einer konkreten Entscheidung (→ Rn. 13) dauernd entfallen (*Lindemann/Simon* NZA 2002, 365 [368f.]).

22 Im Rahmen von sozialversicherungspflichtigen Beschäftigungsverhältnissen (Entgeltvariante) tätige **erwerbsfähige Leistungsberechtigte** (§ 16e, § 16i SGB II) sind

ArbN und zu berücksichtigen, **nicht** dagegen **Ein-Euro-Jobber** iSv § 16d SGB II (→ § 5 Rn. 154f.).

23 Die in **Beschäftigungs-** und **Qualifizierungsgesellschaften** tätigen Personen sind – mit Ausnahme des Stammpersonals – idR nicht zu berücksichtigen (→ § 5 Rn. 151ff.).

24 Ausnahmsweise kann die **Betriebszugehörigkeit** auch **ohne** ein **ArbVerh.** zum Betriebsinhaber begründet werden, wie dies jetzt ausdrücklich in dem durch das **BetrVerf-ReformG** angefügten § 7 S. 2 anerkannt wird. Danach wird bei bestimmten Fallkonstellationen des **Drittpersonaleinsatzes** durch Verleihung des aktiven Wahlrechts die Betriebszugehörigkeit der überlassenen ArbN (auch) zum Einsatzbetrieb anerkannt (BAG 12.9.2012 – 7 ABR 37/11, NZA-RR 2013, 197; 15.8.2012 – 7 ABR 24/11, BeckRS 2012, 75794; 15.8.2012 – 7 ABR 34/11, NZA 2013, 107; → Rn. 4, 25ff.; → § 7 Rn. 37ff.). Folglich zählen auch die in → § 7 Rn. 39ff. genannten ArbNGruppen unter den Voraussetzungen des § 9 (→ Rn. 11) mit. Das bedeutet insbes.:

25 **Echte (erlaubnisfreie)** LeihArbN (→ § 5 Rn. 231ff.) und **unechte (erlaubnispflichtige) LeihArbN** iSd AÜG (→ § 5 Rn. 241ff.), die nach § 14 Abs. 2 S. 4 AÜG nF jetzt ausdrücklich bei der Berechnung der Schwellenwerte mit Ausnahme des § 112a zu berücksichtigen sind, **KonzernArbN,** die im Wege der Konzernleihe entweder auf Dauer oder vorübergehend einem anderen Konzernunternehmen zur Arbeitsleistung überlassen werden (→ § 5 Rn. 219ff.), in Matrix-Strukturen tätige ArbN, die sowohl dem Betrieb ihres Vertrags-ArbGeb. als auch dem der steuernden Einheit angehören können (Näheres → § 5 Rn. 226a ff.; → § 7 Rn. 46a f.; *Kort* NZA 2013, 1318 [1324]), **BauArbN,** die zu einer ARGE abgeordnet sind (→ § 5 Rn. 272, 274f.), sind dem Einsatzbetrieb zugehörig und zählen dann mit, wenn sie regelmäßig beschäftigt werden. Ob diese Voraussetzung vorliegt, beurteilt sich nach den allgemeinen Maßstäben (→ Rn. 11, → § 1 Rn. 32–36, 360f.).

26 Ebenso zählen die vom Gesamthafenbetrieb Hamburg zugeteilten bzw. zugewiesenen Gesamthafenarb. und Aushilfsarb. in den jeweiligen Hafeneinzelbetrieben mit (BAG 25.11.1992 – 7 ABR 7/92, AP GesamthafenbetriebsG § 1 Nr. 8; → § 7 Rn. 47).

27 **Beamte, Soldaten** und ArbN des öffentlichen Dienstes, die ohne einen Arbeitsvertrag mit dem Betriebsinhaber im Rahmen ihres öffentlich-rechtlichen Dienstverhältnisses zu ihrem Dienstherrn im Wege der **Abordnung, Überlassung** oder **Zuweisung** in den Betrieb eines privaten Unternehmens **eingegliedert** werden, gelten dort nach dem neuen § 5 Abs. 1 S. 3 als ArbN iSd BetrVG und zählen mit (so BAG 12.9.2012 – 7 ABR 37/11, NZA-RR 2013, 197; 15.12.2011 – 7 ABR 65/10, NZA 2012, 519; 15.8.2012 – 7 ABR 24/11, BeckRS 2012, 75794; 15.8.2012 – 7 ABR 34/11, NZA 2013, 107: Es erkennt den Zählwert dieser Beschäftigten bei den Schwellenwerten zumindest der organisatorischen Bestimmungen an, die auf die regelmäßige Anzahl der (wahlberechtigten) ArbN des Betriebs abstellen; BAG 13.3.2013 – 7 ABR 69/11, NZA 2013, 789; → § 7 Rn. 10f., 51ff.; Näheres → § 5 Rn. 316ff.).

28 **Gleiches** gilt für die bei **Bahn, Post, Kooperationsunternehmen** der **Bundeswehr** (BAG 4.5.2011 – 7 ABR 3/10, NZA 2011, 1373 mAnm *Engels* AP BetrVG 1972 § 99 Nr. 138), **BRD-Finanzagentur** GmbH, **Gesellschaft** für **Außenwirtschaft** und Standortmarketing mbH sowie die bei der **DFS** Deutsche Flugsicherung GmbH eingesetzten Beamten, Soldaten und ArbN. Sie erlangen die Zugehörigkeit zu dem privaten Betrieb und zählen grds. dort mit (BAG 13.3.2013 – 7 ABR 69/11, NZA 2013, 789; → § 5 Rn. 321ff.).

29 Dies gilt grds. auch für die **Post-AGn,** so dass es für die Ermittlung der jeweiligen BRGröße unerheblich ist, ob die dort beschäftigten Beamten eine eigene Gruppe bei der BRWahl bilden oder darauf verzichten; letzteres wirkt sich erst bei der Sitzverteilung auf die Gruppen der ArbN und Beamten im BR aus (vgl. § 24 Abs. 2, § 26 Nr. 1 PostPersRG; dazu *Engels/Mauß-Trebinger* RdA 1997, 217ff., → § 14 Rn. 72ff.).

Die von den Post-AGn ihren **Tochter-, Enkel-** und **Beteiligungsgesellschaften** zugewiesenen Beamten (s. § 24 Abs. 3 PostPersRG, → § 14 Rn. 86 ff.; → § 99 Rn. 327 ff.) zählen mangels Eingliederung nicht bei jenen, sondern nur in den Betrieben der jeweiligen Gesellschaften mit, denen sie zugeordnet sind (BAG 16.1.2008 – 7 ABR 66/06, AP BetrVG 1972 § 7 Nr. 14; *Engels* ArbuR 2009, 10 [74]).

30 Beim Drittpersonaleinsatz, insbes. in der in → Rn. 24 f. erwähnten Form des Einsatzes von unechten LeihArbN iSd AÜG, kann sich bei bestimmten Fallgestaltungen ergeben, dass LeihArbN zwar nach § 7 S. 2 **wahlberechtigt** sind, **jedoch** mangels einer regelmäßigen Betriebszugehörigkeit bei der Staffel des § 9 **nicht mitzählen,** und **umgekehrt,** dass **nicht wahlberechtigte LeihArbN dennoch mitzählen:**

31 In einem Betrieb werden zum Abfedern einer **einmaligen Auftragsspitze** zehn LeihArbN für vier Monate eingestellt. In dieser Zeit wird der BR gewählt. Die zehn LeihArbN sind nach § 7 S. 2 wahlberechtigt und können an der BRWahl teilnehmen. Sie sind jedoch **nicht** bei der Bestimmung der BRGröße nach **§ 9** zu **berücksichtigen,** da sie nicht „in der Regel" eingesetzt werden (*Talkenberg* NZA 2017, 473, 477).

32 Ein Betrieb mit 195 ArbN setzt auf **zehn Arbeitsplätzen laufend LeihArbN** mit einer jeweiligen Einsatzzeit von zwei Monaten ein. Die einzelnen LeihArbN sind wegen ihrer kurzen Verweildauer im Einsatzbetrieb dort nicht nach § 7 S. 2 wahlberechtigt (→ § 7 Rn. 61). Da jedoch auf zehn Arbeitsplätzen regelmäßig LeihArbN eingesetzt werden und vom BR des Einsatzbetriebs zu betreuen sind, sind diese LeihArbN mit einem Zählwert von zehn entspr. der Zahl der von ihnen regelmäßig eingenommenen Arbeitsplätze iRd § 9 zu **berücksichtigen** (s. zum Parallelfall der Berücksichtigung von LeihArbN für die Schwellenwerte der Unternehmensmitbestimmung BGH 25.6.2019 – II ZB 21/18, BeckRS 2019, 18562). Deshalb ist in diesem Betrieb ein neunköpfiger statt nur eines siebenköpfigen BR zu wählen.

33 In einem Betrieb werden regelmäßig für einen Zeitraum von über **sechs Monaten** im Jahr zehn LeihArbN eingesetzt. Sie sind wahlberechtigt und entspr. der Rspr. zur regelmäßigen Betriebszugehörigkeit von Aushilfskräften reicht eine sechsmonatige Tätigkeit aus, um bei der Staffel des § 9 berücksichtigt zu werden (*Talkenberg* NZA 2017, 473, 477; → Rn. 15).

34 Eine das Wahlrecht und damit die **Betriebszugehörigkeit** begründende Überlassung liegt dann **nicht** vor, wenn beim **Drittpersonaleinsatz** der im Einsatzbetrieb tätige ArbN nicht derart eingegliedert ist, dass er dem Weisungsrecht des dortigen ArbGeb. unterliegt, es also an einer **gespaltenen ArbGeb.-Stellung** fehlt (→ § 7 Rn. 53).

35 Das kann beim sog **Fremdfirmen-Einsatz** der Fall sein (BAG 16.4.2003 – 7 ABR 53/02, AP BetrVG 2002 § 9 Nr. 1; *Maschmann* DB 2001, 2446; zur Fremdfirmenproblematik *Bauschke* NZA 2000, 1201 ff.). Die ArbN eines anderen ArbGeb., die im Rahmen von werkvertraglichen Beziehungen im Auftrag ihres ArbGeb. und nur nach dessen Weisungen in einem fremden Betrieb Arbeitsleistungen durchführen, zB Montage-, Reparatur- und Bauarbeiten ausführen, Gebäude reinigen oder Maschinen bedienen (→ § 5 Rn. 279 ff., aber → Rn. 281a), gehören grds. **nicht** zum Einsatzbetrieb (BAG 15.3.2006 – 7 ABR 39/05, BeckRS 2008, 54162; *Engels/Trebinger/Löhr-Steinhaus* DB 2001, 532 [536]; *Hanau* RdA 2001, 65 [68]; *Lindemann/Simon* NZA 2002, 365 [367]; *Reichold* NZA 2001, 857 [861]; → § 7 Rn. 54; **aA** wohl *Däubler* ArbuR 2001, 285 [286]) und zählen dort nicht mit.

36 In bes. Fällen der → Rn. 35, in denen beim Fremdfirmen-Einsatz der Personaleinsatz zumindest partiell und nicht unwesentlich (auch) beim ArbGeb. des Einsatzbetriebs liegt, kommt es zu der für die Betriebszugehörigkeit ausschlaggebenden **Aufspaltung der ArbGeb.-Funktion.** In diesen bes. Fällen unterscheiden sich die FremdfirmenArbN nicht wesentlich von LeihArbN und sind wie diese (auch) dem Einsatzbetrieb zugehörig (→ § 5 Rn. 281 ff.; 7 Rn. 57 f.; → § 99 Rn. 63 ff.).

36a Bei **Onsite-Werkverträgen** kann nach der tatsächlichen Vertragsdurchführung verdeckte Leiharbeit vorliegen mit der Folge, dass grds. ArbVerhältnisse zum ArbGeb. des Einsatzbetriebs entstehen (→ § 5 Rn. 288b) und die betr. ArbN daher im Einsatzbetrieb mitzählen. Im Falle einer Festhaltenserklärung des LeihArbN nach § 9 Abs. 1 Nr. 1, 1a, 1b iVm Abs. 2 und 3 AÜG zählt dieser unter den gleichen Voraussetzungen mit wie unechte LeihArbN (→ Rn. 25, 30 ff.).

2. Zeitpunkt der Feststellung

Maßgebend ist die Zahl der bei Erlass des Wahlausschreibens für die bevorstehende BRWahl „in der Regel" tätigen ArbN (hM; BAG 16.4.2003 – 7 ABR 53/02, AP BetrVG 2002 § 9 Nr. 1; LAG RhPf 6.3.2015 – 1 TaBV 23/14, BeckRS 2015, 67551; § 3 Abs. 2 Nr. 5, § 31 Abs. 1 Nr. 5 WO). 37

Ändert sich in der Zeit zwischen Erlass des Wahlausschreibens und Wahl die **Zahl der ArbN,** so nehmen inzwischen hinzugekommene wahlberechtigte ArbN an der Wahl teil, ausgeschiedene ArbN wählen nicht mehr mit (vgl. auch § 4 Abs. 3 WO). Für die Mitgliederzahl des zu wählenden BR ist jedoch unverändert von der Zahl der bei Erlass des Wahlausschreibens „in der Regel" beschäftigten ArbN auszugehen (LAG Hmb 19.4.2010 – 7 TaBVGa 2/10, NZA-RR 2010, 585; GK-BetrVG/*Jacobs* Rn. 23; HWGNRH/*Nicolai* Rn. 17 f.; Richardi BetrVG/*Thüsing* Rn. 13). Sinkt allerdings die regelmäßige Beschäftigtenzahl im Zeitraum zwischen dem Erlass des Wahlausschreibens und dem Tag der Wahl des BR unter die Mindestgrenze des § 1, so ist die Wahl abzubrechen (GK-BetrVG/*Jacobs* Rn. 24; Richardi BetrVG/*Thüsing* Rn. 16). 38

Eine **nach der Wahl eintretende Änderung** der ArbNZahl hat auf die Größe des BR keine Auswirkung (GK-BetrVG/*Jacobs* Rn. 24; HWGNRH/*Nicolai* Rn. 19; Richardi BetrVG/*Thüsing* Rn. 27). Etwas anderes gilt nur für die **Sonderfälle,** dass 24 Monate nach der Wahl die Zahl der regelmäßig beschäftigten ArbN um mehr als die Hälfte, mindestens aber um 50, gestiegen oder gesunken ist oder dass die Zahl der regelmäßig beschäftigten wahlberechtigten ArbN unter die Mindestgrenze von fünf ArbN sinkt. Im ersten Fall ist eine Neuwahl durchzuführen (→ § 13 Rn. 21 ff.), im zweiten Fall entfällt ein BR. 39

3. Einköpfiger Betriebsrat

In Betrieben mit in der Regel 5 bis einschließlich 20 wahlberechtigten ArbN (vgl. § 7) besteht der BR nur aus einem Mitgl. Folglich kann es keinen Vors. und stellvertr. Vors. geben, und es finden auch keine BRSitzungen im eigentlichen Sinn statt. Dieser BR ist aber ein **vollwertiger BR** und hat grds. dieselben Rechte und Pflichten wie ein mehrköpfiger BR (DKKW/*Homburg* Rn. 24; GK-BetrVG/*Jacobs* Rn. 28; HWGNRH/*Nicolai* Rn. 22; Richardi BetrVG/*Thüsing* Rn. 26). **Unterschiede** ergeben sich allerdings daraus, dass die Anwendung einiger Vorschriften des G die Beschäftigung einer bestimmten Anzahl (wahlberechtigter) ArbN im Unternehmen voraussetzt (vgl. zB §§ 99, 110 Abs. 2, § 111). Dem einköpfigen BR wachsen die entspr. Mitwirkungs- und MBR zu, wenn die Zahl der regelmäßig beschäftigten ArbN über die betr. Grenze steigt (DKKW/*Homburg* Rn. 25; HWGNRH/*Nicolai* Rn. 22; GK-BetrVG/*Kreutz/Jacobs* Rn. 23; Richardi BetrVG/*Thüsing* Rn. 23). 40

4. Mehrköpfiger Betriebsrat

Hat ein Betrieb in der Regel mindestens 21 wahlberechtigte ArbN, so ist ein mehrköpfiger BR zu wählen. Sowohl für den drei- als auch für den fünfköpfigen BR stellt das G auf die Zahl der **wahlberechtigten ArbN** ab, für die größeren BR dagegen nur noch allgemein auf die Zahl der regelmäßig **beschäftigten ArbN** (also einschließlich der nicht wahlberechtigten jug. ArbN). Die Stufe, von der ab für die Größe des BR allein die Zahl der ArbN des Betriebs maßgebend ist, beginnt mit mehr als 51 ArbN (BAG 13.3.2013 – 7 ABR 69/11, NZA 2013, 789; DKKW/*Homburg* Rn. 2; GK-BetrVG/*Jacobs* Rn. 5; Richardi BetrVG/*Thüsing* Rn. 3). 41

42 Beim Drittpersonaleinsatz, insbes. in der in → Rn. 25, 30ff. erwähnten Form des Einsatzes von unechten **LeihArbN** iSd AÜG, deren Berücksichtigung bei der Staffel nun gesetzlich anerkannt ist (→ Rn. 25), können sich insoweit folgende **Besonderheiten** ergeben:

43 Ein LeihArbN wird mehrmals hintereinander für zwei Monate entliehen. Der LeihArbN ist **wahlberechtigt,** da er insgesamt länger als drei Monate eingesetzt wird (§ 7 S. 2; → § 7 Rn. 63). Er **zählt** bei regelmäßigem Einsatz stets mit, unabhängig davon, ob er einem Betrieb mit in der Regel 50 oder 150 ArbN zur Arbeitsleistung überlassen wird.

44 Ein Betrieb mit **51 ArbN** setzt auf **zehn Arbeitsplätzen laufend LeihArbN** mit einer jeweiligen Einsatzzeit von zwei Monaten ein. Die einzelnen LeihArbN sind wegen ihrer kurzen Verweildauer im Einsatzbetrieb dort **nicht wahlberechtigt** (§ 7 S. 2; → Rn. 32). Da in Betrieben mit bis zu 51 ArbN nur wahlberechtigte ArbN für die BRGröße maßgeblich sind, **zählen** sie **nicht mit.**

45 In Betrieben mit mehr als **51 ArbN** verhält sich dies anders. Da auf zehn Arbeitsplätzen regelmäßig LeihArbN eingesetzt werden und vom BR des Einsatzbetriebs zu betreuen sind, sind diese LeihArbN, auch wenn sie **nicht wahlberechtigt** sind, mit einem Zählwert von zehn entspr. der Zahl der von ihnen regelmäßig eingenommenen Arbeitsplätzen iRd § 9 zu **berücksichtigen,** wenn mindestens 51 ArbN wahlberechtigt sind (vgl. DKKW/*Homburg* Rn. 2; GK-BetrVG/*Jacobs* Rn. 5; Richardi BetrVG/*Thüsing* Rn. 1–3).

46 Auch soweit das G für die BRGröße allgemein auf die Zahl der regelmäßigen im Betrieb beschäftigten ArbN abstellt, sind weder die in § 5 Abs. 2 genannten Personen noch die **leitenden Ang.** nach § 5 Abs. 3 mitzuzählen (BAG 12.10.1976 – 1 ABR 1/76, AP BetrVG 1972 § 8 Nr. 1; DKKW/*Homburg* Rn. 3; Richardi BetrVG/*Thüsing* Rn. 5).

47 Die Zahl der BRMitgl. ist bis zu einer regelmäßigen ArbNZahl von bis zu 9000 ArbN unmittelbar aus der Tabelle des § 9 abzulesen. In Betrieben mit mehr als 9000 ArbN erhöht sich die Zahl der BRMitgl. für je angefangene weitere 3000 ArbN um zwei Mitgl. Demnach besteht der BR in Betrieben mit in der Regel

9001 bis 12000 ArbN aus 37 Mitgl.
12001 bis 15000 ArbN aus 39 Mitgl.
15001 bis 18000 ArbN aus 41 Mitgl. usw.

Eine **obere Grenze** ist **nicht** vorgesehen.

48 In Großbetrieben kann die Kommunikation zwischen dem BR und den ArbN trotz der verhältnismäßig großen MitglZahl des BR Schwierigkeiten bereiten, selbst unter Berücksichtigung der Möglichkeit genereller Freistellungen von BRMitgl. (vgl. § 38). Für solche Fälle eröffnet das G in § 3 Abs. 1 Nr. 5 die Möglichkeit tariflicher Regelungen über die Errichtung **zusätzlicher ArbNVertr.,** die die Verbindung zwischen BR und der Belegschaft fördern sollen (Näheres → § 3 Rn. 58ff.).

49 Eine **Abweichung** von der gesetzl. vorgeschriebenen MitglZahl des BR **nach unten** ist nur zulässig, wenn nicht genügend wählbare ArbN vorhanden oder nicht genügend wählbare ArbN zur Übernahme des BRAmtes bereit sind (LAG Düsseldorf 4.7.2014 – 6 TaBV 24/14, NZA 2014, 1155), sei es, dass zu viele gewählte Kandidaten die Annahme der Wahl ablehnen, sei es, dass trotz ordnungsgemäßen Wahlausschreibens die Vorschlagslisten von vornherein nicht ausreichend Kandidaten enthalten oder dass – was bei der Mehrheitswahl denkbar ist – nicht auf so viele Wahlbewerber, wie der BR Sitze hat, wenigstens eine Stimme entfallen ist (DKKW/*Homburg* Rn. 4; Richardi BetrVG/*Thüsing* Rn. 19; → § 11 Rn. 8; **aA** GK-BetrVG/*Jacobs* Rn. 32).

49a Eine **Abweichung nach oben** sieht das G nicht ausdrücklich vor. ZT wird vertreten, dass sich im Falle einer vom G abweichenden Ausgestaltung der Arbeitnehmervertretungsstrukturen nach § 3 Abs. 1 Nr. 3 (→ § 3 Rn. 46ff.) trotz der Betriebsfiktion des § 3 Abs. 5 S. 1 ein Abweichen nach oben als erforderlich herausstellen könnte (DKKW/*Trümner* § 3 Rn. 100, 113; *Jacobs/Münder* NZA 2018, 148; **aA** GK-BetrVG/*Jacobs* Rn. 2, 30; ErfK/*Koch* Rn. 1; Richardi BetrVG/*Richardi* § 3 Rn. 67; *Tonikidis* FA 2018, 320). Dabei wird auf den gegenüber § 3 Abs. 1 Nr. 1 und 2 weiter gefassten Wortlaut des § 3 Abs. 1 Nr. 3 („andere Arbeitnehmervertretungsstrukturen") verwiesen sowie auf die Abweichungsmöglichkeit nur durch TV, nicht durch BV. Nach dem BAG ist die Anzahl der Betriebsratsmitglieder in § 9 jedoch zwingend und abweichungsfest gegenüber TV, BV oder sonstigen Vereinbarungen, es sei denn, dass nicht genügend wählbare Arbeitnehmer vorhanden oder zur Übernahme des Amts bereit sind (BAG 7.5.2008 – 7 ABR 17/07, NZA 2008, 1142; sa BT-Drs. 14/5741, 35). Auch der Beschluss des BAG vom 24.4.2013 (7 ABR 71/11 – BeckRS 2013, 71144 Rn. 43) signalisiert eher Distanz als Offenheit gegenüber einer Abweichung von § 9. Eine auf der Grundlage eines abweichenden TV durchgeführte BRWahl wäre daher einem nicht unerheblichen Anfechtungsrisiko ausgesetzt. Jedenfalls dürfte eine Verkleinerung gegenüber der in § 9 geregelten Mitgliederzahl nicht zulässig sein, weil dies anders als im Falle des GBR und KBR die grundsätzliche an der Zahl der Arbeitnehmer orientierte Repräsentationsdichte und damit die ordnungsgemäße Aufgabenerfüllung des BR beeinträchtigen würde.

Hat das **Geschlecht in der Minderheit,** das nach § 15 Abs. 2 ab einem dreiköpfigen BR in diesem entspr. seinem zahlenmäßigen Verhältnis vertreten sein muss, nicht genügend wählbare ArbN oder ArbNinnen, die zur Übernahme des BR-Amtes bereit sind, so sind die freien Sitze des Minderheitsgeschlechts mit gewählten ArbN des anderen Geschlechts zu besetzen (s. § 126 Nr. 5a; § 15 Abs. 5 u. § 22 Abs. 4 WO; DKKW/*Homburg* Rn. 4; *Engels/Trebinger/Löhr-Steinhaus* DB 2001, 532 [541]). **50**

Zu den insoweit geltenden Besonderheiten in Postunternehmen, deren Beamten bei der BRWahl neben der Gruppe der ArbN eine eigene, zweite Wählergruppe bilden wollen, aber nicht alle ihnen zustehenden Sitze einnehmen können oder wollen → § 14 Rn. 83 ff. **51**

Entspricht abgesehen von vorstehenden Ausnahmen der BR nicht der gesetzl. vorgeschriebenen Größe, so ist der BR nicht ordnungsgemäß zusammengesetzt. In diesem Fall ist die Wahl des BR **anfechtbar** (BAG 13.3.2013 – 7 ABR 69/11, NZA 2013, 789; Richardi BetrVG/*Thüsing* Rn. 22). Wird die Wahl angefochten, so kann das ArbG die fehlerhafte Größe des BR im Falle der **Mehrheitswahl** nicht berichtigen; denn es kann nicht beurteilen, wie der Wähler die ihm zustehenden Stimmen bei Zugrundelegung der richtigen BRGröße verteilt hätte (BAG 29.6.1991 – 7 ABR 67/90, AP BetrVG 1972 § 9 Nr. 2). **52**

Dieser Gesichtspunkt greift aber im Falle der Listenwahl nicht ein. Vielmehr kann bei einer **Listenwahl** im Allgemeinen davon ausgegangen werden, dass die Entscheidung des Wählers für eine Liste nicht von der Anzahl der zu wählenden BRMitgl. abhängt. Deshalb ist im Falle der Listenwahl eine Berichtigung der fehlerhaften BRGröße durch das ArbG als zulässig anzusehen, es sei denn, bes. Umstände stehen dem entgegen (GK-BetrVG/*Jacobs* Rn. 36; **aA** BAG 12.10.1976 – 1 ABR 1/76, AP BetrVG 1972 § 8 Nr. 1; 12.10.1976 – 1 ABR 14/76 N, AP BetrVG 1972 § 19 Nr. 5; DKKW/*Homburg* Rn. 26 f.; HWGNRH/*Nicolai* Rn. 23; ErfK/*Koch* Rn. 4). **53**

Ist bei Listenwahl die **Größe des BR** fälschlicherweise **zu niedrig festgesetzt,** so hat die Berichtigung dahin zu erfolgen, dass aus den Listen entspr. viele Wahlbewerber nachrücken. Sind nicht genügend Wahlbewerber vorhanden, ist gem. § 13 Abs. 2 Nr. 2 eine Neuwahl durchzuführen. Ist die Größe des BR fälschlicherweise zu hoch angesetzt, so hat die Berichtigung dahin zu erfolgen, dass die Wahlbewerber, die nach dem d'Hondt'schen Verfahren (→ § 14 Rn. 24) als letzte aus den Listen in den BR eingerückt sind, keine BRMitgl., sondern nur ErstMitgl. sind. **54**

Nach BAG (29.6.1991 – 7 ABR 67/90, AP BetrVG 1972 § 9 Nr. 2) führt eine rechtsfehlerhaft **zu hoch festgelegte Größe des BR** zu einer Anfechtbarkeit der Wahl des **gesamten BR,** und zwar auch dann, wenn bei einer Gruppenwahl der Fehler nur darauf beruht, dass für eine Gruppe eine zu hohe Zahl von ArbN zugrun- **55** de gelegt worden ist. Auch wenn es keinen Gruppenschutz mehr gibt, wird diese Rspr. ua in Fällen zu beachten sein, wenn für das Geschlecht in der Minderheit (§ 15 Abs. 2) von einer zu hohen Zahl der Angehörigen eines Geschlechts ausgegangen wird.

56 Werden irrtümlich mehr BRMitgl. als gesetzl. festgelegt gewählt und wird die Wahl **nicht angefochten,** so verbleibt es für die Dauer der Amtszeit bei der höheren Mitgliederzahl (BAG 14.1.1972 – 1 ABR 6/71, AP BetrVG § 20 Jugendvertreter Nr. 2; DKKW/*Homburg* Rn. 27; GK-BetrVG/*Jacobs* Rn. 37). Entspr. gilt, wenn irrtümlich weniger BRMitgl. als gesetzl. festgelegt gewählt werden und die Wahl nicht angefochten wird. Nach Ablauf der Anfechtungsfrist kann die richtige Zusammensetzung des BR auch nicht mehr als Vorfrage in einem anderen gerichtlichen Verfahren – etwa einem Kündigungsschutzverfahren – entschieden werden (DKKW/*Homburg* Rn. 27; unabhängig von der Anfechtungsfrist GK-BetrVG/*Jacobs* Rn. 38).

III. Streitigkeiten

57 Die Größe des zu wählenden BR wird zunächst vom **Wahlvorst.** festgelegt (§ 3 Abs. 2 Nr. 4 WO). Kommt es über dessen Entscheidung zu Streitigkeiten, so sind diese im **arbeitsgerichtlichen BeschlVerf** zu entscheiden (§§ 2a, 80 ff. ArbGG, → Anh. 3 Rn. 1 ff.).

58 Verstöße gegen die zwingenden Bestimmungen über die Zahl der BRMitgl. können zur **Anfechtung der Wahl** nach § 19 führen, wenn infolge des Verstoßes das Wahlergebnis geändert oder beeinflusst wird und eine Berichtigung nicht möglich ist (vgl. zum letzteren → Rn. 52 ff.).

59 Ein Irrtum über die Zahl der beschäftigten ArbN (zB wegen unzutreffender Nichtberücksichtigung von Teilzeitbeschäftigten) ist nur von Belang, wenn die richtige Zahl der ArbN zu einer anderen Größe des BR führen würde. Die Wahl ist bei Zugrundelegung einer unrichtigen Zahl von BRMitgl. nicht als nichtig anzusehen (BAG 12.10.1976 – 1 ABR 1/76, AP BetrVG 1972 § 8 Nr. 1; 12.10.1976 – 1 ABR 14/76 N, AP BetrVG 1972 § 19 Nr. 5).

§ 10 Vertretung der Minderheitsgruppen

(weggefallen)

§ 11 Ermäßigte Zahl der Betriebsratsmitglieder

Hat ein Betrieb nicht die ausreichende Zahl von wählbaren Arbeitnehmern, so ist die Zahl der Betriebsratsmitglieder der nächstniedrigeren Betriebsgröße zugrunde zu legen.

Inhaltsübersicht

I. Vorbemerkung

1 Die Vorschrift lässt in Ausnahmefällen eine von § 9 abweichende BRGröße zu und stellt damit sicher, dass die Bildung eines BR nicht an einer zu geringen Zahl wählbarer ArbN scheitert. Die Regelung gilt für die BordVertr., den SeeBR und die JAV

entspr. (vgl. § 115 Abs. 2, § 116 Abs. 2, § 11 analog). Sie gilt jedoch nicht für den GesBR, den KBR, die GesJAV und die KJAV. Sie gilt ferner nicht für den Fall, dass die dem **Geschlecht in der Minderheit** nach § 15 Abs. 2 **zustehenden Mindestsitze** von diesem nicht besetzt werden können (→ Rn. 10).

2 Die Vorschrift ist **zwingend.** Sie kann auch durch TV oder BV nicht abgedungen werden. Insbes. kann nicht die Wahl eines BR mit gerader Sitzzahl oder die Wahl nicht wählbarer ArbN vereinbart werden.

3 Entspr. Vorschrift: Keine.

II. Zurückgehen auf die nächstniedrige Betriebsgröße

4 Das Zurückgehen auf die Zahl der BRSitze, die sich bei der nächstniedrigeren Betriebsgröße ergeben würde, setzt voraus, dass **am Tage des Erlasses des Wahlausschreibens** nicht die ausreichende Zahl von ArbN im Betrieb beschäftigt ist, die die Voraussetzungen des § 8 erfüllen (→ § 8 Rn. 6 ff.).

5 Als **ausreichend** ist die Zahl anzusehen, die nach § 9 für die Zusammensetzung des BR vorgesehen ist. Ausreichend ist demnach die Zahl dann, wenn mindestens ebenso viel wählbare ArbN im Betrieb beschäftigt sind, wie BRMitgl. zu wählen sind. Die Vorschrift des § 6 Abs. 2 WO, nach dem jeder Wahlvorschlag mindestens doppelt so viele Bewerber aufweisen soll, wie BRMitgl. zu wählen sind, ist als bloße Sollvorschrift insoweit ohne Bedeutung. Allerdings müssen mindestens drei wählbare ArbN vorhanden sein, da sonst der Betrieb nicht betriebsratsfähig ist (vgl. § 1 Abs. 1 S. 1).

6 Sind nicht genügend wählbare ArbN vorhanden, so ist auf die Zahl der BRMitgl. der **nächstniedrigeren Betriebsgröße** gem. der Staffelung in § 9 zurückzugehen. Nicht zulässig ist die Festlegung einer BRGröße außerhalb der Staffel des § 9, auch, wenn mehr wählbare ArbN vorhanden sind als der nächstniedrigeren BRGröße entspricht. Hat zB ein Betrieb mit 51 wahlberechtigten ArbN nur vier wählbare ArbN, so ist nicht ein BR mit vier Mitgl., sondern ein dreiköpfiger BR zu wählen (BAG 11.4.1958 – 1 ABR 4/57, AP WahlO z. BetrVG § 6 Nr. 1). Reicht auch diese Zahl nicht aus, so muss man so lange auf die Zahl der BRMitgl. der weiteren nächstniedrigeren Betriebsgrößen zurückgehen, bis die entspr. Zahl von BRSitzen voll besetzt werden kann (DKKW/*Homburg* Rn. 1; ErfK/*Koch* Rn. 1; GK-BetrVG/*Jacobs* Rn. 8; HWGNRH/*Nicolai* Rn. 4; Richardi BetrVG/*Thüsing* Rn. 2 f.).

7 Die Zugrundelegung der jeweils nächstniedrigeren Betriebsgröße ist **verbindlich,** so dass die sich aus ihr ergebende Zahl der BRMitgl. maßgebend ist. Sie gilt bis zur nächsten BRWahl als gesetzl. Zahl der BRMitgl. Eine Nachwahl, um die ursprünglich maßgebende Zahl der BRMitgl. zu erreichen, ist nicht zulässig (DKKW/*Homburg* Rn. 3; GK-BetrVG/*Jacobs* Rn. 9; Richardi BetrVG/*Thüsing* Rn. 5).

III. Sinngemäße Anwendung bei Mangel an Wahlbewerbern

8 Seinem Wortlaut nach regelt § 11 nur den Fall, dass nicht genügend ArbN vorhanden sind, die objektiv die Voraussetzungen der Wählbarkeit (§ 8) erfüllen. Dass der wählbare ArbN auch zur Übernahme des Amts bereit ist, wird für die Anwendung des § 11 nicht gefordert. Stellt sich allerdings heraus, dass ein BR unter Zugrundelegung der Zahl der objektiv wählbaren ArbN in dieser Stärke nach § 9 nicht gebildet werden kann, weil zu viele von ihnen nicht bereit sind, ein BRAmt zu übernehmen, so ist § 11 **sinngemäß anzuwenden** und auf eine BRGröße entspr. der Staffel des § 9 zurückzugehen, die die Besetzung des BR mit zur Übernahme des Amts bereiten wählbaren ArbN gestattet (LAG Düsseldorf 4.7.2014 – 6 TaBV 24/14, NZA 2014, 1155; DKKW/*Homburg* Rn. 4; Richardi BetrVG/*Thüsing* Rn. 6; **aA** HWGNRH/*Nicolai* Rn. 8; GK-BetrVG/*Jacobs* Rn. 11).

9 Sind zB in einem Betrieb mit 21 wahlberechtigten ArbN zwar genügend wählbare ArbN vorhanden, aber nur einer oder zwei zur **Übernahme des BRAmtes** bereit, so ist ein einköpfiger BR zu wählen (BAG 11.4.1958 – 1 ABR 4/57, AP WO § 6 Nr. 1; Richardi BetrVG/*Thüsing* Rn. 7; wegen der Befugnisse dieses BR → § 9 Rn. 40). Die nächstniedrigere BRgröße ist auch maßgeblich, wenn trotz ordnungsgemäßen Wahlausschreibens die Vorschlagslisten nicht ausreichend Kandidaten enthalten oder wenn bei Mehrheitswahl nicht so viele Wahlbewerber, wie der BR Mitgl. haben sollte, wenigstens eine Stimme erhalten haben (vgl. § 22 Abs. 4 WO, → § 22 WO Rn. 9; DKKW/*Homburg* Rn. 4; Richardi BetrVG/*Thüsing* Rn. 6, 8; **aA** GK-BetrVG/*Jacobs* Rn. 11 f.; HWGNRH/*Nicolai* Rn. 8).

10 Vorstehendes gilt **jedoch nicht** für den Fall, dass die dem **Geschlecht in der Minderheit** nach dem neuen § 15 Abs. 2 **zustehenden Mindestsitze,** zB wegen mangelnder Bereitschaft zur Übernahme des BRAmtes oder Nichtannahme der Wahl, nicht vollständig besetzt werden können. In diesem Falle sind die vom Minderheitsgeschlecht nicht in Anspruch genommenen BRSitze mit gewählten Vertr. des anderen Geschlechts zu besetzen (s. § 126 Nr. 5a; § 15 Abs. 5 u. § 22 Abs. 4 WO; DKKW/*Homburg* Rn. 1; Richardi BetrVG/*Thüsing* Rn. 10; *Engels/Trebinger/Löhr-Steinhaus* DB 2001, 532 [541]).

IV. Streitigkeiten

11 Entsteht Streit über die Größe des BR nach § 11 iVm § 9, so entscheidet das **ArbG im BeschlVerf.** (§§ 2a, 80 ff. ArbGG, → Anh. 3 Rn. 1 ff.). Bei unrichtiger Anwendung des § 11 kann die Wahl nach § 19 **anfechtbar** sein.

§ 12 Abweichende Verteilung der Betriebsratssitze

(wegefallen)

§ 13 Zeitpunkt der Betriebsratswahlen

(1) [1] **Die regelmäßigen Betriebsratswahlen finden alle vier Jahre in der Zeit vom 1. März bis 31. Mai statt.** [2] **Sie sind zeitgleich mit den regelmäßigen Wahlen nach § 5 Abs. 1 des Sprecherausschussgesetzes einzuleiten.**

(2) **Außerhalb dieser Zeit ist der Betriebsrat zu wählen, wenn**

1. **mit Ablauf von 24 Monaten, vom Tage der Wahl an gerechnet, die Zahl der regelmäßig beschäftigten Arbeitnehmer um die Hälfte, mindestens aber um fünfzig, gestiegen oder gesunken ist,**
2. **die Gesamtzahl der Betriebsratsmitglieder nach Eintreten sämtlicher Ersatzmitglieder unter die vorgeschriebene Zahl der Betriebsratsmitglieder gesunken ist,**
3. **der Betriebsrat mit der Mehrheit seiner Mitglieder seinen Rücktritt beschlossen hat,**
4. **die Betriebsratswahl mit Erfolg angefochten worden ist,**
5. **der Betriebsrat durch eine gerichtliche Entscheidung aufgelöst ist oder**
6. **im Betrieb ein Betriebsrat nicht besteht.**

(3) [1] **Hat außerhalb des für die regelmäßigen Betriebsratswahlen festgelegten Zeitraums eine Betriebsratswahl stattgefunden, so ist der Betriebsrat in dem auf die Wahl folgenden nächsten Zeitraum der regelmäßigen Betriebsratswahlen neu zu wählen.** [2] **Hat die Amtszeit des Betriebsrats zu Beginn des für die regelmäßigen Betriebsratswahlen festgelegten Zeitraums noch nicht ein Jahr betragen, so ist der Betriebsrat in dem übernächsten Zeitraum der regelmäßigen Betriebsratswahlen neu zu wählen.**

Inhaltsübersicht

I. Vorbemerkung

Die Vorschrift regelt den **Zeitpunkt** der BRWahlen. Sie schreibt in Abs. 1 für die Durchführung der regelmäßigen BRWahlen einen festen Vierjahres-Rhythmus (jeweils im Zeitraum v. 1.3. bis 31.5.) vor. Abs. 2 regelt die Fälle, in denen außerhalb des in Abs. 1 genannten Zeitraums BRWahlen stattfinden. Durch Abs. 3 wird der Anschluss einer außerhalb des regelmäßigen Wahlzeitraums durchgeführten BRWahl an die Wahlzeiträume der regelmäßigen BRWahlen sichergestellt. 1

Die Vorschrift gilt entspr. für die Wahl des SeeBR (vgl. § 116 Abs. 2). Sonderregelungen bestehen für den Zeitpunkt der Wahl der **JAV** (vgl. § 64 Abs. 1) und der BordVertr. (vgl. § 115 Abs. 2 Nr. 5). Die Vorschrift ist nicht auf den GesBR und den KBR anwendbar. Sie hat aber insoweit praktische Bedeutung für diese Gremien, als diese nach Durchführung der BRWahlen regelmäßig neu zu besetzen sind. 2

Die Vorschrift ist **zwingend** und kann weder durch TV noch durch BV abgeändert werden. Ihre Geltung kann allerdings durch TV nach § 3 Abs. 1 Nr. 3 für die dort ermöglichte anderweitige ArbNVertr.-Struktur ausgeschlossen werden, wenn dies die Eigenart der vom TV erfassten Betriebe bedingt. Auf die zusätzlichen ArbNVertr. nach § 3 Abs. 1 Nr. 4 u. 5 findet sie keine Anwendung; der Zeitpunkt ihrer Wahl bleibt der tarifvertraglichen Regelung überlassen. 3

Entspr. Vorschriften: § 27 BPersVG, § 5 Abs. 1–3 SprAuG. 3a

II. Regelmäßige Betriebsratswahlen

Das ÄndG 1989 hat die Amtszeit der BR von drei auf vier Jahre verlängert und die regelmäßigen BRWahlen auf einen **Vierjahres-Rhythmus** umgestellt. Die nächsten regelmäßigen BRWahlen finden in den Jahren 2022, 2026 usw. statt, und zwar jeweils in der Zeit v. 1.3. bis 31.5. Die Vorschrift des § 13 legt lediglich den Zeitraum für die Durchführung der BRWahl fest; Beginn und Ende der Amtszeit des BR sind in § 21 geregelt. 4

Die Festlegung eines regelmäßigen Wahlzeitraums erleichtert den Gewerkschaften die **organisatorische Vorbereitung** der Wahl, insbes. durch die Möglichkeit, rechtzeitig und generell die Formulare und sonstige Drucksachen herzustellen und ihre an der Durchführung der Wahl interessierten Mitglieder zu schulen. Damit wird auch die Gefahr von Wahlanfechtungen, die durch Maßnahmen ungenügend geschulter Wahlvorst. verursacht werden können und die ArbGeb. mit Mehrkosten erneuter Wahlen belasten, erheblich vermindert. Wegen Schulung von Mitgliedern des Wahlvorst. → § 20 Rn. 39. Auch die ArbGebVerbände erhalten so die Möglichkeit, ihre Mitglieder auf die BRWahlen vorzubereiten. 5

Der Zeitraum v. 1.3. bis zum 31.5. bezieht sich auf den **Wahltag,** dh den Tag der Stimmabgabe (HWGNRH/*Nicolai* Rn. 5; Richardi BetrVG/*Thüsing* Rn. 6; WPK/ 6

Wlotzke Rn. 4). Bei mehreren Wahltagen ist der letzte Tag der Stimmabgabe entscheidend (insoweit **aA** GK-BetrVG /*Jacobs* Rn. 13; HaKo-BetrVG/*Brors* Rn. 3). Für den einzelnen Betrieb wird sich der konkrete Zeitpunkt der Wahl nach dem Ende der Amtsperiode des bestehenden BR bestimmen (vgl. hierzu § 21).

7 Nach Sinn und Zweck der Vorschrift sollte bis zum Ablauf der Amtszeit des bestehenden BR jedoch nicht nur die Wahlhandlung durchgeführt, sondern auch das **Wahlergebnis endgültig festgestellt und bekannt gegeben** sein, weil frühestens mit diesem Zeitpunkt die Amtszeit des neuen BR beginnen kann (vgl. § 21 S. 2). Andernfalls wäre der Betrieb nach Ablauf der Amtszeit des bisherigen BR bis zur Bekanntmachung des Wahlergebnisses für den neuen BR betriebsratslos.

8 Der gesetzl. vorgeschriebene Wahlzeitraum hindert nicht, mit den **Wahlvorbereitungen** schon vorher zu beginnen (GK-BetrVG/*Jacobs* Rn. 15), zB wenn erkennbar wird, dass ArbN eines selbständigen Betriebsteils nach § 4 Abs. 1 S. 2 beschließen wollen, an der BRWahl im Hauptbetrieb teilzunehmen, oder dass es Meinungsverschiedenheiten über die Zuordnung der leitenden Ang. geben und sich deshalb das Zuordnungsverfahren nach § 18a langwieriger gestalten wird. Auch im Hinblick darauf, dass während des Wahlverfahrens auftretende Zweifelsfragen uU eine gerichtliche Entscheidung notwendig machen, sollte der für die Vorbereitung und Durchführung der BRWahl in Aussicht genommene Zeitraum nicht zu kurz bemessen werden. Die Amtszeit des bestehenden BR wird durch eine vorzeitige Wahl des neuen BR grds. nicht verkürzt. Vielmehr beginnt dessen Amtszeit erst mit Ablauf der Amtszeit des bestehenden BR (→ § 21 Rn. 10 ff.).

9 Der regelmäßige Wahlzeitraum hindert nicht die Wahl eines BR in einem Betrieb, in dem kein BR besteht, außerhalb dieses Zeitraums (vgl. Abs. 2 Nr. 6, → Rn. 47 ff.).

III. Zeitgleiche Einleitung der Wahlen (Abs. 1 S. 2)

10 Abs. 1 S. 2 schreibt die **zeitgleiche Einleitung** der regelmäßigen BRWahl mit der Wahl des Sprecherausschusses für leitende Ang. vor. Eine entspr. Verpflichtung enthält § 5 Abs. 1 S. 2 SprAuG. Die Vorschriften über die Amtszeit der Sprecherausschüsse und ihre regelmäßigen Wahlzeiträume entsprechen denen des BR. Schon aus diesem Grunde liegt es nahe, die Wahlen möglichst zeitgleich durchzuführen. Hinzu kommt, dass eine Abgrenzung der zum BR und zum Sprecherausschuss wahlberechtigten ArbN erforderlich ist. Hier sieht § 18a ein bes. Verfahren für die Bestimmung des Personenkreises der leitenden Ang. vor, dass für die anstehenden Wahlen grds. verbindlich ist und an dem die Wahlvorst. sowohl für die BRWahl als auch für die Wahl des Sprecherausschusses beteiligt sind (aber → § 18a Rn. 4 bez. vereinfachtes Wahlverfahren). Auch dies gebietet eine zeitgleiche Einleitung beider Wahlen, damit die Klärung der jeweils wahlberechtigten ArbN, die nicht nur für die Aufstellung der Wählerliste, sondern auch für weitere Entscheidungen der Wahlvorst., zB Größe des BR bzw. des Sprecherausschusses, Zahl der notwendigen Stützunterschriften für Wahlvorschläge, von Bedeutung ist, vor Einleitung der Wahl abgeschlossen ist (DKKW/*Homburg* Rn. 1).

11 Die Verpflichtung zur zeitgleichen Einleitung der Wahl besteht nur für die **regelmäßigen Wahlen** des BR und des Sprecherausschusses (HWGNRH/*Nicolai* Rn. 6; Richardi BetrVG/*Thüsing* Rn. 10; WPK/*Wlotzke* Rn. 5). Regelmäßige Wahlen sind die alle vier Jahre in der Zeit v. 1.3. bis 31.5. stattfindenden Wahlen. Hierunter fallen auch die Wahlen, die nach einer außerhalb des regelmäßigen Wahlzeitraums durchgeführten BRWahl wieder in den regelmäßigen Wahlzeitraum überführt werden (→ Rn. 50 ff.; ebenso GK-BetrVG/*Jacobs* Rn. 20). Bei Wahlen außerhalb des regelmäßigen Wahlzeitraums ist eine Verpflichtung der Wahlvorst. zur zeitgleichen Einleitung der Wahl gesetzl. nicht vorgeschrieben, aber möglich (→ § 18a Rn. 32 ff.).

Die Wahlen sind zeitgleich **einzuleiten.** Die Einleitung der Wahl erfolgt mit dem **Erlass des Wahlausschreibens** durch den Wahlvorst. Das Wahlausschreiben zur BRWahl ist somit am selben Tage wie das zur Wahl des Sprecherausschusses zu erlassen. Dies bedingt eine entspr. Abstimmung der Wahlvorst. untereinander. Bei der Festlegung des Tages des Erlasses des Wahlausschreibens ist darauf zu achten, dass sowohl die Wahl des BR als auch des Sprecherausschusses vor Ablauf der Amtszeit der bestehenden Vertretungen stattfindet und damit eine betriebsrats- oder sprecherausschusslose Zeit vermieden wird. Endet die Amtszeit des bestehenden BR und Sprecherausschusses zu unterschiedlichen Zeiten (zB am 15.3. u. 20.4.), so ist für die Frage des rechtzeitigen Erlasses des Wahlausschreibens stets von dem früheren Amtsende auszugehen (GK-BetrVG/*Jacobs* Rn. 23; → § 16 Rn. 9ff.). Das Wahlausschreiben kann vor Beginn des regelmäßigen Wahlzeitraumes, dh vor dem 1.3. des Wahljahres erlassen werden. 12

Nur die Einleitung der Wahl muss zeitgleich erfolgen. Es besteht keine Verpflichtung, auch das **weitere Wahlverfahren** aufeinander abgestimmt durchzuführen. Insbes. brauchen die beiden Wahlen nicht am selben Tage durchgeführt zu werden (DKKW/*Homburg* Rn. 1; GK-BetrVG/*Jacobs* Rn. 21; Richardi BetrVG/*Thüsing* Rn. 11). 13

Die Verpflichtung zur zeitgleichen Einleitung der Wahlen besteht nicht nur im Falle der Wahl eines betrieblichen Sprecherausschusses, sondern auch dann, wenn die leitenden Ang. gem. § 20 SprAuG in Unternehmen mit mehreren Betrieben anstelle der betrieblichen Sprecherausschüsse die Bildung eines **Unternehmenssprecherausschusses** beschließen. Dies ergibt sich zum einen daraus, dass § 13 Abs. 1 S. 2 allgemein auf die regelmäßigen Wahlen nach § 5 Abs. 1 SprAuG verweist. Unter diese Bestimmung fällt durch die generelle Verweisung in § 20 Abs. 1 S. 2 SprAuG auch die Wahl eines Unternehmenssprecherausschusses. Zum anderen besteht die Notwendigkeit einer gegenseitigen Abgrenzung der jeweiligen für die BRWahl und die Wahl des Sprecherausschusses wahlberechtigten Personen auch bei der Wahl eines Unternehmenssprecherausschusses (ebenso GK-BetrVG/*Jacobs* Rn. 22; Richardi BetrVG/*Thüsing* Rn. 9; WPK/*Wlotzke* Rn. 5). Zur Beteiligung der einzelnen BRWahlvorst. an dem Zuordnungsverfahren nach § 18a in diesen Fällen → § 18a Rn. 23f.; zur Verpflichtung der rechtzeitigen Bestellung der Wahlvorst. gerade in diesen Fällen → § 16 Rn. 11. 14

Die zeitgleiche Einleitung der Wahlen des BR und des Sprecherausschusses ist eine **Rechtspflicht** der jeweiligen Wahlvorst. (GK-BetrVG/*Jacobs* Rn. 22; Richardi BetrVG/*Thüsing* Rn. 11; *Engels/Natter* BB 1989 Beil. 8, 15). Ihre Missachtung stellt eine Pflichtverletzung des Wahlvorst. dar. Die Einhaltung dieser Pflicht kann durch das ArbG – ggf. im Wege einer einstw. Vfg. – jedenfalls insoweit gesichert werden, dass das ArbG den Tag, an dem die Wahlen einzuleiten sind, konkret festlegt (ErfK/*Koch* Rn. 1; **aA** GK-BetrVG/*Jacobs* Rn. 24). Bei dieser Entscheidung hat das ArbG darauf zu achten, dass eine betriebsrats- und sprecherausschusslose Zeit vermieden wird. 15

Dem Wahlvorst. obliegen neben der Verpflichtung zur zeitgleichen Einleitung der Wahl noch zahlreiche weitere Pflichten. Insbes. ist hier seine Verpflichtung zu nennen, die Wahl so rechtzeitig einzuleiten und so zügig durchzuführen, dass der neu gewählte BR sein Amt mit Ablauf der Amtszeit des bestehenden BR antreten kann und somit eine betriebsratslose Zeit vermieden wird (→ § 18 Rn. 15). Diese Verpflichtung kann in **Kollision** mit der Verpflichtung zur zeitgleichen Einleitung der Wahl geraten, zB wenn der Sprecherausschuss die rechtzeitige Bestellung des Wahlvorst. für seine Neuwahl oder dieser Wahlvorst. eine Abstimmung über den Zeitpunkt der zeitgleichen Einleitung der Wahl verzögert. Im Konfliktfall hat die Verpflichtung zur zügigen Durchführung der Wahl, um eine betriebsratslose Zeit zu vermeiden, Vorrang vor der Verpflichtung zur zeitgleichen Einleitung der Wahl (ebenso HWGNRH/*Nicolai* Rn. 9). Denn die Gewährleistung, dass überhaupt ein BR zur Wahrnehmung der ArbNInteressen besteht, ist höher zu bewerten, als die 16

Durchführung des Zuordnungsverfahrens nach § 18a, das lediglich einer möglichst richtigen Abgrenzung der zum BR und zum Sprecherausschuss wahlberechtigten und wählbaren ArbN dient (Einzelheiten → § 18a Rn. 26ff.).

17 Der **Verstoß** gegen die Verpflichtung zur zeitgleichen Einleitung der Wahl hat für sich allein keine Auswirkung auf die Wirksamkeit der Wahl, etwa dahingehend, dass der Verstoß als solcher bereits eine Anfechtung der Wahl rechtfertigt (ebenso GK-BetrVG/*Jacobs* Rn. 25; HWGNRH/*Nicolai* Rn. 9; *Löwisch/Kaiser* Rn. 2; Richardi BetrVG/*Thüsing* Rn. 12). Eine derartige Annahme verbietet sich schon deshalb, weil nicht ersichtlich ist, inwiefern die nicht zeitgleiche Einleitung der Wahl als solche Einfluss auf das Wahlergebnis haben kann. Durch die zeitgleiche Einleitung der Wahl soll die Durchführung des Zuordnungsverfahrens nach § 18a ermöglicht werden. Wird dieses Verfahren nicht durchgeführt, hat der Wahlvorst. eigenverantwortlich zu entscheiden, welche ArbN er als leitende Ang. ansieht oder nicht. Diese Entscheidung ist in einem etwaigen Anfechtungsverfahren in vollem Umfang nachprüfbar, weil die Beschränkung des Anfechtungsrechts nach § 18a Abs. 5 wegen des fehlenden Zuordnungsverfahrens nicht Platz greift. Die Verletzung der Pflicht zur zeitgleichen Einleitung der Wahl kann deshalb nur im Zusammenhang mit einer falschen Zuordnung von ArbN zu den leitenden Ang. Bedeutung für eine Wahlanfechtung haben.

IV. Wahlen außerhalb des regelmäßigen Wahlzeitraums

18 In bestimmten Fällen ist der BR **außerhalb des Vierjahres-Rhythmus** für die regelmäßigen BRWahlen neu zu wählen. Bei den in Abs. 2 umschriebenen Tatbeständen handelt es sich um Fälle, in denen in der Zwischenzeit entweder kein BR (mehr) vorhanden ist (Abs. 2 Nr. 4–6) oder sonstige Umstände eingetreten sind, die eine Neuwahl des BR notwendig machen (Abs. 2 Nr. 1–3).

19 Die in Abs. 2 enthaltenen Tatbestände betreffen lediglich die Frage der (Neu-)-Wahl des BR. Wegen der Beendigung der Amtszeit des bisherigen BR und des Beginns der Amtszeit des neuen BR → § 21 Rn. 20ff.

20 Eine außerhalb des regelmäßigen Wahlzeitraums durchgeführte BRWahl ist **nur zulässig,** wenn einer der in Abs. 2 genannten Sonderfälle vorliegt. Ist dies nicht der Fall, so ist die außerhalb des regelmäßigen Wahlzeitraums durchgeführte BRWahl **nichtig** (ArbG Regensburg 20.9.1989 – 6 BV 14/89, BB 1990, 852; DKKW/*Homburg* Rn. 7; GK-BetrVG/*Jacobs* Rn. 14; Richardi BetrVG/*Thüsing* Rn. 15). Aus diesem Grunde ist die Durchführung einer vorgezogenen BRWahl vor dem 1.3. des Wahljahres bei Bestehen eines ordnungsgemäßen BR (etwa zur „Ablösung" eines nicht zurückgetretenen BR) unzulässig (GK-BetrVG/*Jacobs* Rn. 33). Das Gleiche gilt, wenn vor Rechtskraft der Entscheidung über die Wahlanfechtung eines BR ein neuer BR gewählt wird (GK-BetrVG/*Jacobs* Rn. 72; Richardi BetrVG/*Thüsing* Rn. 43). Dagegen ist eine verspätete BRWahl (etwa erst im Juni des Wahljahres) zulässig, da die Amtszeit des bisherigen BR spätestens mit Ablauf des 31.5. des Wahljahres abgelaufen ist und deshalb der Fall des Abs. 2 Nr. 6 vorliegt.

1. Wesentliche Veränderung der Belegschaftsstärke

21 Der BR ist neu zu wählen, wenn nach Ablauf von 24 Monaten seit der Wahl die Zahl der regelmäßig beschäftigten ArbN **um die Hälfte, mindestens aber um 50,** gestiegen oder gesunken ist. Sinn dieser Regelung ist es, nicht nur die Größe des BR an die Belegschaftsstärke anzupassen, sondern auch keine Zweifel an der Legitimation des BR bei einer so starken Veränderung der Belegschaft aufkommen zu lassen (DKKW/*Homburg* Rn. 13; GK-BetrVG/*Jacobs* Rn. 36; ErfK/*Koch* Rn. 3).

22 Im Interesse der Rechtssicherheit löst nur eine Belegschaftsveränderung zum maßgebenden Stichtag eine Neuwahl aus. Entscheidend ist der **Ablauf von 24 Monaten** seit der Wahl.

Maßgeblicher Stichtag zur Feststellung der erforderlichen Änderung der Belegschaft ist der Tag, an dem seit dem Tage der Wahl des BR 24 Monate vergangen sind. Das G stellt zur Berechnung des Stichtages auf den Tag der Wahl ab, nicht etwa auf den Ablauf von 24 Monaten Amtszeit. Tag der Wahl ist der Tag der Stimmabgabe, nicht der Tag der Bekanntgabe des Wahlergebnisses nach § 18, § 34 Abs. 3 WO (GK-BetrVG/*Jacobs* Rn. 39; Richardi BetrVG/*Thüsing* Rn. 20). Hat sich die Stimmabgabe über mehrere Tage erstreckt, ist der letzte Tag der Stimmabgabe entscheidend. 23

Für die **Fristberechnung** gelten die §§ 186 ff. BGB. Nach § 187 Abs. 1 BGB wird für den Fristbeginn der Tag der Wahl selbst nicht mitgezählt. Gem. § 188 Abs. 2 BGB läuft die 24-Monatsfrist mit dem Tage ab, der der Zahl nach dem Tage der Wahl entspricht. Maßgebender Stichtag iSd Abs. 2 Nr. 1 ist der auf den Ablauf der 24-Monatsfrist folgende Tag (DKKW/*Homburg* Rn. 8; GK-BetrVG/*Jacobs* Rn. 38 f.; *Hahn/Rudolph* AiB 2008, 651 [654]). 24

Beispiel:

Hat die Wahl des BR am 12.3.2018 stattgefunden, so läuft die 24-Monatsfrist mit Ablauf des 12.3.2020 ab. Maßgeblicher Stichtag ist somit der 13.3.2020.

Änderungen der Belegschaftsstärke **vor oder nach** dem Stichtag sind **unerheblich.** Steigt zB in einem Betrieb mit 200 regelmäßig beschäftigten ArbN in den ersten 24 Monaten nach der Wahl die Zahl der regelmäßig Beschäftigten auf 250 und erst später weiter auf 500, so sind die Voraussetzungen für eine Neuwahl nicht gegeben (GK-BetrVG/*Jacobs* Rn. 37; Richardi BetrVG/*Thüsing* Rn. 19). 25

Im Regelfall liegt der Stichtag in der Mitte der vierjährigen Amtszeit des BR. Dies gilt allerdings nicht in den Fällen, in denen der BR außerhalb des für die regelmäßige BR Wahlen festgelegten Zeitraums neu gewählt worden ist und sich seine Amtszeit gem. Abs. 3 iVm § 21 S. 3 u. 4 uU verkürzt oder verlängert (→ § 21 Rn. 21 ff.). Gleichwohl ist bei Vorliegen der Voraussetzungen am Stichtag selbst dann neu zu wählen, wenn die Amtszeit des BR nur noch von kurzer Dauer wäre. 26

An dem maßgebenden Stichtag muss die Zahl der ArbN des Betriebs um die Hälfte, mindestens aber um 50, gestiegen oder gesunken sein. Für den Zugang oder Abgang an beschäftigten ArbN ist nur von den **regelmäßig beschäftigten ArbN** auszugehen (zu diesem Begriff → § 1 Rn. 360 ff.; → § 9 Rn. 11 ff.); zu diesen zählen auch die nach § 7 S. 2 zur Arbeitsleistung überlassenen ArbN eines anderen ArbGeb., wenn sie regelmäßig im Einsatzbetrieb tätig werden. Lediglich vorübergehend beschäftigte ArbN, zB **Aushilfskräfte** während der Weihnachtsverkäufe oder der Schulferien, sind nicht zu berücksichtigen (DKKW/*Homburg* Rn. 10; GK-BetrVG /*Jacobs* Rn. 41; Richardi BetrVG/*Thüsing* Rn. 23); etwas Anderes gilt, wenn inzwischen regelmäßig Aushilfskräfte beschäftigt werden (→ § 9 Rn. 15). Abzustellen ist auf die Gesamtzahl der im Betrieb beschäftigten ArbN, nicht auf die wahlberechtigten ArbN. Auch hier sind jedoch die in § 5 Abs. 2 genannten Personen sowie die leitenden Ang. nach § 5 Abs. 3 nicht mitzuzählen. 27

Es kommt nur auf eine Veränderung der Gesamtzahl der Belegschaft des Betriebes an. **Änderungen in der Zusammensetzung der Belegschaft,** zB Änderungen im Verhältnis des Geschlechts in der Minderheit (§ 15 Abs. 2) zum Mehrheitsgeschlecht oder Änderungen nur innerhalb eines der Geschlechter, lösen keine Neuwahl aus (DKKW/*Homburg* Rn. 11; GK-BetrVG/*Jacobs* Rn. 44; Richardi BetrVG/*Thüsing* Rn. 22). 28

Die regelmäßige Belegschaftsstärke muss sich **um die Hälfte, mindestens aber um 50,** verändert haben. Beide Voraussetzungen müssen vorliegen. Ändert sich in einem Betrieb die regelmäßige Belegschaftsstärke zwar um 50 vH, umfasst diese Veränderung jedoch weniger als 50 regelmäßig beschäftigte ArbN, findet keine Neuwahl statt (DKKW/*Homburg* Rn. 9; *Krause/Niemann* AuA 1999, 265 [266]). Folglich kann Abs. 2 Nr. 1 nur in Betrieben ab 100 ArbN zur Anwendung kommen (HWGNRH/*Nicolai* Rn. 18). 29

30 **Unerheblich** ist, ob die Veränderung der Belegschaftsstärke in dem vorgeschriebenen Ausmaß auch nach § 9 zu einer **Veränderung der Zahl der BRMitgl.** führt (DKKW/*Homburg* Rn. 12; GK-BetrVG/*Jacobs* Rn. 45; Richardi BetrVG/*Thüsing* Rn. 26; *Hahn/Rudolph* AiB 2008, 651 [652]). Deshalb ist eine zwischenzeitliche Neuwahl auch dann durchzuführen, wenn die Zahl der beschäftigten ArbN in dem gesetzl. angegebenen Ausmaß zurückgegangen ist, zugleich aber auch so viele BRMitgl. ausgeschieden sind, dass die Zahl der restlichen BRMitgl. der niedrigeren Belegschaftsstärke entspricht (GK-BetrVG/*Jacobs* Rn. 46; HWGNRH/*Nicolai* Rn. 19; Richardi BetrVG/*Thüsing* Rn. 26). Bei der Neuwahl bestimmt sich die Zahl der zu wählenden BRMitgl. nach der aktuellen Belegschaftsstärke (BAG 22.11.1984 – 6 ABR 9/84, AP BetrVG 1972 § 64 Nr. 1).

31 Eine **Neuwahl** des BR nach Abs. 2 Nr. 1 ist bei BR mit einer vierjährigen oder kürzeren Amtszeit (→ § 21 Rn. 20ff.) während dieser Amtszeit **nur einmal** möglich. Hat ein außerhalb des regelmäßigen Wahlzeitraums gewählter BR im Hinblick auf Abs. 3 S. 2 eine längere Amtszeit als vier Jahre (→ § 21 Rn. 22), so kann sich innerhalb der mit der Wahl dieses BR eingeleiteten Wahlperiode die Notwendigkeit einer vorzeitigen Neuwahl wegen veränderter Belegschaftsstärke uU zweimal ergeben (DKKW/*Homburg* Rn. 13; GK-BetrVG/*Jacobs* Rn. 47).

32 Der **BR bleibt** bis zur Wahl des neuen BR mit allen Rechten und Pflichten **im Amt** (§§ 22, 21 S. 5; ebenso seine Ausschüsse und der WiAusschuss, HessLAG 17.8.1993 – 4 TaBV 61/93, BB 1994, 717). Er hat unverzüglich den Wahlvorst. für die Durchführung der Neuwahl des BR zu bestellen (→ § 16 Rn. 13). Unterlässt er dies, so kann dies eine grobe Pflichtverletzung iSd § 23 Abs. 1 darstellen, es sei denn, bes., sachlich einleuchtende Gründe (zB hohe Abwesenheitsquote infolge von Kurzarbeit, Konzentration auf Verkaufsprozess im Rahmen eines Insolvenzverfahrens) stehen einer sofortigen Bestellung des Wahlvorst. entgegen. Bei Säumigkeit des BR kann in entspr. Anwendung des § 16 Abs. 2 u. 3 auch das ArbG, bzw. der GesBR oder, falls ein solcher nicht besteht, der KBR den Wahlvorst. bestellen (→ § 16 Rn. 75ff.).

32a Findet **keine Neuwahl** des BR statt, bleibt der bestehende BR im Amt und führt die Geschäfte nach § 22 bis zum Ablauf der regelmäßigen Amtszeit nach § 21 S. 3 weiter (BAG 19.11.2003 – 7 AZR 11/03, AP BetrVG 1972 § 1 Gemeinsamer Betrieb Nr. 19).

2. Neuwahl wegen Absinkens der Mitgliederzahl des Betriebsrats

33 Der BR ist ferner neu zu wählen, wenn die bei der Wahl maßgebende Gesamtzahl seiner Mitgl. auch nach Eintritt sämtlicher ErsMitgl. nicht mehr erreicht wird. Auszugehen ist von der **ursprünglichen Zahl der BRMitgl.** War die Zahl der BRMitgl. nach § 11 herabgesetzt, so ist diese Zahl entscheidend. Auch wenn die verminderte BRGröße einer verminderten Belegschaftsgröße entsprechen sollte, ist eine Neuwahl durchzuführen (GK-BetrVG/*Jacobs* Rn. 52; HWGNRH/*Nicolai* Rn. 25; Richardi BetrVG/*Thüsing* Rn. 29; → Rn. 30).

34 Die danach maßgebende Zahl von BRMitgl. muss durch den **dauernden Wegfall von BRMitgl.** eine Lücke aufweisen, die durch ein ErsMitgl. nicht mehr ausgefüllt werden kann. Ist ein BRMitgl. nur zeitweilig verhindert und für dieses ein ErsMitgl. nicht mehr vorhanden, so besteht keine dauernd unbesetzbare Lücke. Das ist auch der Fall, wenn für ein vorübergehend verhindertes BRMitgl. das letzte vorhandene ErsMitgl. eingetreten ist und während dieser Zeit ein anderes BRMitgl. endgültig ausscheidet; denn das ErsMitgl. kann nach Rückkehr des verhinderten für das ausgeschiedene BRMitgl. nachrücken, so dass die BRGröße der vorgeschriebenen MitglZahl entspricht. Eine Neuwahl findet in diesen Fällen nicht statt (GK-BetrVG/*Jacobs* Rn. 55, 58; Richardi BetrVG/*Thüsing* Rn. 30f.; HWGNRH/*Nicolai* Rn. 23).

35 Auch wenn in einem **einköpfigen BR** das BRMitglied oder die ErsMitgl. aus dem Amt ausgeschieden sind, findet keine Neuwahl statt; denn der einköpfige BR ist

voll besetzt, solange er noch über ein Mitgl. verfügt (ErfK/*Koch* Rn. 4; GK-BetrVG/*Jacobs* Rn. 59). Allerdings kann das BRMitgl. seinen Rücktritt erklären und dadurch eine Neuwahl des BR nach Abs. 2 Nr. 3 auslösen (→ Rn. 39). Bis zur Neuwahl bleibt der einköpfige BR im Amt (→ § 21 Rn. 27).

Die Neuwahl des BR nach Abs. 2 Nr. 2 ist solange ausgeschlossen, als noch **ErsMitgl.** in den BR **nachrücken** können (vgl. den Gesetzeswortlaut: nach Einrücken „sämtlicher" ErsMitgl.). Die Reihenfolge des Nachrückens bestimmt sich nach § 25 (→ § 25 Rn. 24ff.). Bei Erschöpfung einer Liste ist nach § 25 Abs. 2 auf ErsMitgl. anderer Listen, gegebenenfalls auch des anderen Geschlechts, zurückzugreifen (→ § 25 Rn. 24ff.). 36

Erst wenn ohne Rücksicht auf Listen- und Geschlechterzugehörigkeit **kein ErsMitgl.** zur Auffüllung des BR auf die erforderliche MitglZahl mehr zur Verfügung steht, kommt eine Neuwahl in Betracht (DKKW/*Homburg* Rn. 17; GK-BetrVG/*Jacobs* Rn. 56; *Krause/Niemann* AuA 1999, 265 [266]). Deshalb führt der Rücktritt sämtlicher BRMitgl. und ErsMitgl. einer Liste ebenso wenig zu einer vorzeitigen Neuwahl wie der Rücktritt sämtlicher BRMitgl. und ErsMitgl. des Geschlechts in der Minderheit, sofern der BR noch durch andere ErsMitgl. ergänzt werden kann (DKKW/*Homburg* Rn. 17; GK-BetrVG/*Jacobs* Rn. 57; Richardi BetrVG/*Thüsing* Rn. 34). Die Größe des neu zu wählenden BR richtet sich nach der aktuellen Belegschaftsstärke im Zeitpunkt des Erlasses des Wahlausschreibens, nicht nach der Größe des bisherigen BR (BAG 22.11.1984 – 6 ABR 9/84, AP BetrVG 1972 § 64 Nr. 1; GK-BetrVG/*Jacobs* Rn. 61). 37

Hinsichtlich der **Amtszeit** des nicht mehr vollständigen BR und seiner Verpflichtung zur Bestellung des Wahlvorst. gelten die Ausführungen in → Rn. 32, 32a entspr. (BAG 16.11.2017 – 2 AZR 14/17, NZA 2018, 240; LAG Düsseldorf 15.4.2011 – 6 Sa 857/10, BeckRS 2011, 74967). 38

3. Rücktritt des Betriebsrats

Der BR ist neu zu wählen, wenn er seinen **Rücktritt** beschlossen hat. Der Beschluss über den Rücktritt braucht nicht einstimmig zu erfolgen. Es genügt, wenn der BR mit der **Mehrheit der Stimmen seiner Mitgl.** (dh mit absoluter Stimmenmehrheit, → § 33 Rn. 36; DKKW/*Homburg* Rn. 19; HaKo-BetrVG/*Brors* Rn. 9; Richardi BetrVG/*Thüsing* Rn. 39) den Rücktritt beschließt. Die Gründe für den Rücktritt (zB Protest, Erzwingung einer Neuwahl, Verdrängung des Minderheits- durch MehrheitsTV – § 3 Abs. 1, 117 Abs. 2 – gem. § 4a Abs. 3 iVm Abs. 2 TVG nF; → § 3 Rn. 16ef., 84) sind unerheblich (LAG Hamm 23.9.1954 – 3 A Ta 87/54, AP BetrVG § 15 Nr. 1; DKKW/*Homburg* Rn. 18; HWGNRH/*Nicolai* Rn. 29). Ein Rücktrittsbeschluss ist deshalb **inhaltlich,** dh im Hinblick auf seine Gründe, **gerichtlich nicht überprüfbar** (BAG 3.4.1979 – 6 ABR 64/76, AP BetrVG 1972 § 13 Nr. 1; DKKW/*Homburg* Rn. 18; GK-BetrVG/*Jacobs* Rn. 63). Jedoch kann die Rücktrittserklärung wegen offensichtlichen Mangels der Ernstlichkeit unwirksam sein (GK-BetrVG/*Jacobs* Rn. 63; Richardi BetrVG/*Thüsing* Rn. 40). 39

Auch der nur aus **einem Mitgl. bestehende BR** kann zurücktreten. Der Gesetzeswortlaut „mit der Mehrheit seiner Stimmen" bedeutet lediglich das Erfordernis einer qualifizierten Mehrheit und keine Beschränkung der Möglichkeit des Rücktritts auf einen mehrköpfigen BR (GK-BetrVG/*Jacobs* Rn. 64; Richardi BetrVG/*Thüsing* Rn. 41; WPK/*Wlotzke* Rn. 13). Die Frage, ob das einzige BRMitgl. „zurücktritt" oder lediglich sein Amt nach § 24 Abs. 1 Nr. 2 niederlegt mit der Folge, dass ein ErsMitgl. nachrückt, ist durch Auslegung seiner Erklärung zu beantworten. Entscheidend ist, ob er die Amtszeit der Institution BR beenden oder sich lediglich aus ihm – etwa aus persönlichen Gründen – zurückziehen will (DKKW/*Homburg* Rn. 22; GK-BetrVG/*Jacobs* Rn. 64; HWGNRH/*Nicolai* Rn. 28). 40

Dem Gesamtrücktritt des BR kommt es praktisch gleich, wenn **alle BRMitgl.** und **alle ErsMitgl.** in einer gemeinsamen Aktion **ihr Amt niederlegen** (ErfK/ 41

Koch Rn. 5; HWGNRH/*Huke* § 22 Rn. 5; **aA** GK-BetrVG/*Jacobs* Rn. 69; einschr. Richardi BetrVG/*Thüsing* Rn. 52, die einen Fall außerhalb des G annehmen und deshalb Fortführung der Geschäfte ausschließen; HWGNRH/*Nicolai* Rn. 30). Dies dürfte idR als **kollektiver Rücktritt umzudeuten** sein, da man nur bei Vorliegen bes. Umstände davon ausgehen kann, dass die BR- und ErsMitgl. eine betriebsratslose Zeit bis zur Neuwahl in Kauf nehmen wollen (ebenso ErfK/*Koch* Rn. 5); denn im Gegensatz zum Rücktritt des BR (→ Rn. 39) kommt bei einer echten Amtsniederlegung eine Fortführung der Geschäfte bis zur Neuwahl nicht in Betracht. Etwas Anderes gilt, wenn nur ein Teil der BRMitgl. „zurücktritt". Hier kann ggf. eine Neuwahl nach Abs. 2 Nr. 2 (Absinken der erforderlichen MitglZahl) notwendig werden.

42 Der rechtswirksam beschlossene Rücktritt **erfasst den gesamten BR,** auch die BRMitgl., die gegen den Rücktritt gestimmt haben, sowie die ErsMitgl. (DKKW/*Homburg* Rn. 20; Richardi BetrVG/*Thüsing* Rn. 40; *Hahn/Rudolph* AiB 2008, 651 [652]). Diese können nicht etwa anstelle der zurückgetretenen BRMitgl. in den BR nachrücken und einen neuen BR bilden. Der zurückgetretene BR bleibt bis zur Wahl des neuen BR im Amt (→ § 21 Rn. 27) und führt solange die Geschäfte weiter (→ § 22 Rn. 5 ff.). Er ist verpflichtet, zur Durchführung der Neuwahl unverzüglich einen Wahlvorst. zu bestellen (→ Rn. 32; aber auch → Rn. 32a).

4. Anfechtung der Wahl

43 Auch bei einer erfolgreichen Anfechtung ist der BR neu zu wählen. Die erfolgreiche Anfechtung der BRWahl hat zur Folge, dass der BR ab **Rechtskraft der gerichtlichen Entscheidung** nicht mehr besteht (→ § 19 Rn. 49 ff.). Der Betrieb ist betriebsratslos. Um zu verhindern, dass der Betrieb bis zum nächsten regelmäßigen Wahlzeitraum ohne BR bleibt, ist auch für diesen Fall eine zwischenzeitliche Neuwahl vorgesehen. Zur **Bestellung des Wahlvorst.** in diesem Fall → § 19 Rn. 45 f.

44 Eine **betriebsratslose Zeit** als Wirkung einer erfolgreichen Wahlanfechtung kann der BR nicht allein dadurch verhindern, dass er vor Rechtskraft der gerichtlichen Entscheidung zurücktritt; der zurückgetretene BR verliert nämlich mit Rechtskraft der seine Wahl für unwirksam erklärenden gerichtlichen Entscheidung seine Befugnis zur Weiterführung der BRGeschäfte (BAG 29.5.1991 – 7 ABR 54/90, AP BetrVG 1972 § 4 Nr. 5; GK-BetrVG/*Jacobs* Rn. 74; offen gelassen DKKW/*Homburg* Rn. 25). Er kann sie also nur dadurch verhindern, dass er so rechtzeitig zurücktritt und einen Wahlvorst. bestellt, dass dieser die Neuwahl bis zur Rechtskraft durchführen kann (BAG 15.2.2012 – 7 ABN 59/11, NZA-RR 2012, 602; 15.2.2012 – 7 ABN 74/11, BeckRS 2012, 67612; *Hahn/Rudolph* AiB 2008, 651 [654]; → § 19 Rn. 45).

45 Abs. 2 Nr. 4 erfasst nur die Anfechtung der gesamten BRWahl. Wird nur die Wahl eines BRMitgl. mit Erfolg angefochten, so lässt dies den Bestand des BR als solchen unberührt. In diesem Falle rückt ein ErsMitgl. nach (→ § 19 Rn. 48).

5. Auflösung des Betriebsrats durch gerichtliche Entscheidung

46 Mit der durch den rechtskräftigen Beschluss des ArbG bewirkten Auflösung des BR nach § 23 (nicht nur der Amtsenthebung einzelner Mitglieder – in diesem Fall rücken ErsMitgl. nach) hat dieser zu bestehen aufgehört (→ § 23 Rn. 41). Seine **Amtszeit ist beendet.** Für den betriebsratslosen Betrieb ist deshalb ein neuer BR zu wählen. Die **Bestellung des Wahlvorst.** für die Neuwahl des BR erfolgt gem. § 23 Abs. 2 durch das ArbG (→ § 23 Rn. 46 ff.).

6. Fehlen eines Betriebsrats

47 Darüber hinaus ist allgemein auch zwischen den Wahlzeiträumen für die regelmäßigen BRWahlen ein BR neu zu wählen, wenn in dem Betrieb **kein BR** besteht. Diese Regelung stellt in einer Art **Generalklausel** sicher, dass in allen betriebsratslo-

sen Betrieben ohne Rücksicht auf die regelmäßigen Wahlzeiträume BRWahlen durchgeführt werden können. Voraussetzung ist, dass der Betrieb gem. § 1 Abs. 1 S. 1 betriebsratsfähig ist. Aus welchem Grunde ein BR nicht gebildet ist, ist gleichgültig (DKKW/*Homburg* Rn. 29; GK-BetrVG/*Jacobs* Rn. 79; HWGNRH/*Nicolai* Rn. 36; Richardi BetrVG/*Thüsing* Rn. 51).

Abgesehen von den in Nr. 4 u. 5 geregelten Sonderfällen der erfolgreichen Anfechtung einer BRWahl sowie der gerichtlichen Auflösung des BR ist hier insbes. an **folgende Fälle** zu denken: der Betrieb ist neu errichtet worden; die ArbN haben bisher davon abgesehen, einen BR zu wählen; die BRWahl war nichtig (→ § 19 Rn. 4ff.); der Betrieb wird während eines regelmäßigen Wahlzeitraums betriebsratsfähig; mehrere bisher selbständige Betriebe werden zu einem neuen Betrieb zusammengelegt; ein Betrieb wird in zwei selbständige Betriebe aufgespalten (Verlust der Betriebsidentität); durch Abspaltung eines Betriebsteils von einem Betrieb wird ein neuer Betrieb geschaffen (zu Spaltungsvarianten → § 21a Rn. 8ff.). 48

Eine auf Basis eines **MinderheitsTV** nach § 3 Abs. 1 **erfolgte BRWahl** ist nach Abschuss eines ihn verdrängenden **MehrheitsTV** lediglich anfechtbar, nicht dagegen zwingend als nichtig anzusehen. Das ist nur dann der Fall, wenn auch die Wahl als solche gegen allgemeine Grundsätze einer jeden ordnungsgemäßen Wahl in hohem Maße verstößt (→ § 3 Rn. 16d, 23; → § 19 Rn. 4f.). Erst dann besteht kein rechtswirksam gewählter BR und die Voraussetzung für eine Neuwahl außerhalb des regelmäßigen Wahlzeitraums ist gegeben. 48a

Fraglich ist, ob dann, wenn ein **Gericht** den später abgeschlossenen **MehrheitsTV** nach § 99 Abs. 3 ArbGG **rechtskräftig** für **anwendbar** erklärt, die Amtszeit des auf Basis eines MinderheitsTV gewählten BR mit sofortiger Wirkung endet. Der Grundsatz der Kontinuität der BRArbeit könnte dafür sprechen, den BR bis zum Ende seiner Amtszeit im Amt zu belassen (→ § 3 Rn. 84), es sei denn, der amtierende BR kann seine Aufgaben insbes. aufgrund erfolgter Änderungen auf Betriebs- oder Unternehmensebene nicht mehr sachgerecht wahrnehmen (→ § 3 Rn. 75). 48b

Bei einem **Gemeinschaftsbetrieb** kommt es nur dann zu einem Wegfall des BR, wenn die Betriebsidentität verloren geht. Das ist aber nicht der Fall, wenn zwar ein am Gemeinschaftsbetrieb beteiligtes Unternehmen seine betriebliche Tätigkeit völlig einstellt, das oder die anderen Unternehmen unter Wahrung der Betriebsidentität den bisherigen Betrieb jedoch fortführen (BAG 19.11.2003 – 7 AZR 11/03, AP BetrVG 1972 § 1 Gemeinsamer Betrieb Nr. 19). Hier ist der BR allenfalls nach Nr. 1 oder 2 neu zu wählen. 48c

Die Bestellung des **Wahlvorst.** erfolgt in diesen Fällen in unterschiedlicher Weise: Bei Zusammenlegung von Betrieben mit BR durch den BR des nach der Zahl der wahlberechtigten ArbN größten Betriebs auf Grund des Übergangsmandats nach § 21a Abs. 2. Gibt es keinen BR und gehört der neue Betrieb auch nicht zu einem Unternehmen mit einem GesBR bzw. zu einem Konzern mit KBR, so wird der Wahlvorst. durch die BetrVerslg. (§ 17 Abs. 2) und im vereinfachten Wahlverfahren durch die Wahlversammlung (§ 17a Nr. 3) gewählt oder, wenn dies nicht zum Erfolg führt, durch das ArbG bestellt (§ 17 Abs. 4, § 17a Nr. 4). 49

V. Wiederanschluss an die regelmäßigen Wahlzeiträume

Durch die Regelung des Abs. 3 wird sichergestellt, dass BR, die außerhalb der regelmäßigen Wahlzeiträume gewählt worden sind, bei der Neuwahl **wieder in den Wahlzeitraum der regelmäßigen BRWahlen eingegliedert** werden. Die Wahl außerhalb des regelmäßigen Wahlzeitraums soll eine Ausnahme bleiben. 50

Die Wiedereingliederung in den regelmäßigen Wahlrhythmus erfolgt entweder bei der **nächsten** oder bei der **übernächsten regelmäßigen BRWahl.** Ist ein BR außerhalb des regelmäßigen Wahlzeitraums gewählt worden, so findet die Neuwahl des BR im Allgemeinen im nächstfolgenden regelmäßigen Wahlzeitraum statt. Die Amts- 51 zeit jenes BR ist in diesem Falle gegenüber der allgemeinen Amtszeit von vier Jahren verkürzt (→ § 21 Rn. 21). War jedoch der zwischenzeitlich gewählte BR zu Beginn des regelmäßigen Wahlzeitraums, dh am 1.3. des folgenden Wahljahres noch kein Jahr im Amt, so wird dieser BR erst bei der **übernächsten** regelmäßigen BRWahl neu gewählt. Hierdurch soll eine BRNeuwahl in zu kurzen Abständen verhindert werden.

52 In allen Fällen einer Wahl nach Abs. 2 außerhalb des regelmäßigen Wahlzeitraums ist für den Beginn der Amtszeit des neugewählten BR die Bekanntmachung des Wahlergebnisses maßgebend (→ § 21 Rn. 7f.). Der Tag der Bekanntmachung wird nach § 187 Abs. 1 BGB nicht mitgezählt; vielmehr beginnt die Frist erst mit dem folgenden Tag. Das bedeutet, dass die zwischenzeitlich gewählten BR, deren Wahlergebnis **vor dem 1.3.** des dem regelmäßigen Wahljahr voraufgegangenen Jahres bekannt gemacht worden ist, im **nächstfolgenden** regelmäßigen Wahlzeitraum neu zu wählen sind. Dagegen sind die BR, deren Wahlergebnis **am 1.3.** des dem regelmäßigen Wahljahr voraufgegangenen Jahres **oder später** bekannt gemacht worden ist, erst im **übernächsten** regelmäßigen Wahlzeitraum neu zu wählen (DKKW/*Homburg* Rn. 33; GK-BetrVG/*Jacobs* Rn. 85; Richardi BetrVG/*Thüsing* Rn. 57ff.; ErfK/*Koch* Rn. 7).

VI. Streitigkeiten

53 Streitigkeiten über den Zeitpunkt der BRWahl oder über die Zulässigkeit einer BRWahl außerhalb des Wahlzeitraums für die regelmäßigen BRWahlen entscheidet das **ArbG im BeschlVerf.** (§§ 2a, 80ff. ArbGG, → Anh. 3 Rn. 1ff.).

§ 14 Wahlvorschriften

(1) **Der Betriebsrat wird in geheimer und unmittelbarer Wahl gewählt.**

(2) [1] **Die Wahl erfolgt nach den Grundsätzen der Verhältniswahl.** [2] **Sie erfolgt nach den Grundsätzen der Mehrheitswahl, wenn nur ein Wahlvorschlag eingereicht wird oder wenn der Betriebsrat im vereinfachten Wahlverfahren nach § 14a zu wählen ist.**

(3) **Zur Wahl des Betriebsrats können die wahlberechtigten Arbeitnehmer und die im Betrieb vertretenen Gewerkschaften Wahlvorschläge machen.**

(4) [1] **Jeder Wahlvorschlag der Arbeitnehmer muss von mindestens einem Zwanzigstel der wahlberechtigten Arbeitnehmer, mindestens jedoch von drei Wahlberechtigten unterzeichnet sein; in Betrieben mit in der Regel bis zu zwanzig wahlberechtigten Arbeitnehmern genügt die Unterzeichnung durch zwei Wahlberechtigte.** [2] **In jedem Fall genügt die Unterzeichnung durch fünfzig wahlberechtigte Arbeitnehmer.**

(5) **Jeder Wahlvorschlag einer Gewerkschaft muss von zwei Beauftragten unterzeichnet sein.**

Inhaltsübersicht

I. Vorbemerkung

Die Vorschrift enthält die **Grundsätze für die Wahl des BR** einschließlich des **Wahlvorschlagsrechts.** Diese werden ergänzt durch die auf Grund des § 126 erlassene **Wahlordnung** (abgedr. als Anh. 1). 1

Die Vorschrift ist durch das BetrVerf-ReformG neu gefasst worden. Mit der Neufassung wird die Wahl des BR erheblich erleichtert und vereinfacht. Eine wesentliche Vereinfachung der BRWahl bewirkt die **Aufgabe des Gruppenprinzips** (s. Wegfall insbes. der §§ 6, 10; → § 5 Rn. 4). Es bedarf nunmehr keiner nach Gruppen getrennter Wahlgänge oder einer vorherigen Abstimmung darüber, ob die BRWahl als gemeinsame Wahl durchgeführt werden soll. Die BRMitgl. werden ab sofort gemeinsam von allen ArbN in einem Wahlgang gewählt (*Engels/Trebinger/Löhr-Steinhaus* DB 2001, 532 [534]). 2

Die Wahl erfolgt weiterhin als geheime und unmittelbare Wahl. Für die Wahl sind in aller Regel die Grundsätze der **Verhältniswahl** maßgebend, wenn ein Betriebsrat mit mindestens 5 Mitgl. gewählt wird und mehrere Wahlvorschläge eingereicht werden (→ Rn. 21 ff.; §§ 11–19 WO; ausnahmsweise wird ein fünfköpfiger BR in Mehrheitswahl gewählt, wenn für diesen Betrieb das vereinfachte Wahlverfahren nach § 14a Abs. 5 vereinbart worden ist). Liegt nur ein Wahlvorschlag vor, so erfolgt die Wahl nach den Grundsätzen der **Mehrheitswahl** (vgl. hierzu §§ 20–23 WO). Des Weiteren erfolgt die Wahl nach den Grundsätzen der Mehrheitswahl, wenn der BR im vereinfachten Wahlverfahren nach § 14a zu wählen ist, es also um die Wahl eines ein- oder dreiköpfigen BR geht (→ Rn. 35 ff.; §§ 28–36 WO); das vereinfachte Wahlverfahren kann jedoch auch für die Wahl eines fünfköpfigen BR vereinbart werden (§ 14a Abs. 5, § 37 WO). Die Bevorzugung des Mehrheitswahlrechts steht im Zusammenhang damit, die BRWahlen in Kleinbetrieben zu vereinfachen (s. BT-Drs. 14/5741). 3

Eine weitere Wahlerleichterung bewirkt, dass das **Ersatzmitgl. des einköpfigen BR** nicht mehr in einem getrennten Wahlgang gewählt werden muss. Dadurch wird zugleich sichergestellt, dass bei Verhinderung des einzigen BRMitgl. und seines bisher einzigen Vertreters keine BRlose Zeit mehr eintritt. 4

Das Wahlvorschlagsrecht, das weiterhin sowohl den ArbN des Betriebs als auch den im Betrieb vertretenen Gewerkschaften zusteht, ist infolge der Aufgabe des Gruppenprinzips in der Weise angepasst worden, dass Anknüpfungspunkt für das Unterschriftenquorum nicht mehr die wahlberechtigten Gruppenmitgl., sondern die wahlberechtigten ArbN sind. 5

Die Vorschrift gilt auch für die Wahl der BordVertr. und des SeeBR, für letztere jedoch mit gewissen Abweichungen hinsichtlich des Wahlvorschlagsrechts (vgl. § 116 Abs. 2 Nr. 4). Zur Wahl der JAV vgl. § 63. Die Bestimmung gilt nicht für den GesBR, den KBR, die GesJAV und die KJAV. Die Mitgl. dieser Gremien werden von den jeweils zuständigen betriebsverfassungsrechtlichen ArbNVertretungen entsandt (vgl. § 47 Abs. 2 u. 3; § 55 Abs. 1 u. 2; § 72 Abs. 2 u. 3; § 73a Abs. 2). 6

Die Vorschrift ist **zwingend.** Weder durch TV noch durch BV können abweichende Wahlbestimmungen getroffen werden. Dies gilt auch für die Wahl der nach § 3 Abs. 1 Nr. 1–3 gebildeten Betriebsräte, nicht jedoch für die zusätzlichen betriebs- 7 verfassungsrechtlichen Vertr. der ArbN nach § 3 Abs. 1 Nr. 5 sowie die zusätzlichen betriebsverfassungsrechtlichen Gremien in Form von Arbeitsgemeinschaften der BR nach § 3 Abs. 1 Nr. 4 (so auch GK-BetrVG/*Jacobs* Rn. 7), letztere dürften idR durch Entsendung von Mitgl. aus den einzelnen BR gebildet werden. Für die Wahl zusätzlicher Vertreter nach § 3 Abs. 1 Nr. 5 → § 3 Rn. 63.

8 Entspr. Vorschriften: § 19 BPersVG, § 6 SprAuG.

II. Grundsatz der geheimen und unmittelbaren Wahl

9 Die Bildung des BR kann **nur durch eine Wahl** der ArbN des Betriebs erfolgen. Jede andere Art der Errichtung ist unzulässig. Insbes. besteht auch keine Befugnis des ArbG oder staatlicher Stellen, einen BR einzusetzen (hM). Lediglich bei der Bestellung des Wahlvorst. sieht das G eine Hilfsfunktion des ArbG (vgl. § 16 Abs. 2, § 23 Abs. 2) und neuerdings nach Inkrafttreten des BetrVerf-ReformG auch eine Hilfsfunktion des GesBR oder, falls ein solcher nicht besteht, des KBR vor (vgl. § 16 Abs. 3, § 17 Abs. 1).

10 Die Wahl des BR erfolgt als **geheime und unmittelbare Wahl.** Die Wahl ist ferner, obwohl dies nicht ausdrücklich im G selbst vorgeschrieben ist, **allgemein** (**aA** wohl BAG 7.8.1990 – 1 AZR 372/89, AP BGB § 80 Nr. 1, Der Begriff „allgemeine Wahl" bedeute gemeinsame Wahl sämtlicher wahlberechtigter ArbN und schließe damit eine Gruppenwahl aus; da es keine Gruppenwahl mehr gibt, dürfte die BRWahl nunmehr auch nach BAG als allgemein gelten), **gleich** und **frei** (LAG BW 29.11.1990 – 4b TaBV 2/90, AiB 1991, 276; → Rn. 18). Dies gilt ohne Rücksicht darauf, ob der BR in Mehrheitswahl oder Verhältniswahl gewählt wird.

11 Die Stimmabgabe der wahlberechtigten ArbN ist **geheim.** Dies schützt den Wähler vor jeglichem sozialen Druck (BAG 2.8.2017 – 7 ABR 42/15, NZA 2018, 182). Eine Wahl durch Zuruf in einer Betriebsversammlung oder durch öffentliche Abstimmung ist unzulässig (Richardi BetrVG/*Thüsing* Rn. 9; HWGNRH/*Nicolai* Rn. 7). Ebenso ist eine Wahl ohne vorgedruckte Stimmzettel unzulässig (vgl. §§ 11 ff. WO). Unzulässig ist ebenfalls die Ausgabe von Stimmzetteln außerhalb des Wahlraumes (GK-BetrVG/*Jacobs* Rn. 14; Richardi BetrVG/*Thüsing* Rn. 10).

12 Der für die Durchführung der Wahl verantwortliche Wahlvorst. hat daher **organisatorische Maßnahmen** zu treffen, um die **Geheimhaltung** des eigentlichen Vorgangs des Wählens durch geeignete Vorkehrungen für die unbeobachtete Kennzeichnung der Stimmzettel (zB durch Bereitstellung abgeschirmter Schreibgelegenheiten usw) zu sichern; insbes. darf kein Wahlhelfer in der Kabine bei der Ausfüllung des Stimmzettels Hilfe leisten, auch nicht bei ausländischen ArbN ohne ausreichende deutsche Sprachkenntnisse (ArbG Bremen 19.7.1972, DB 1972, 1830; GK-BetrVG/*Jacobs* Rn. 18; DKKW/*Homburg* Rn. 10; Richardi BetrVG/*Thüsing* Rn. 12).

13 Eine Ausnahme besteht nur bei ArbN, die infolge ihrer **Behinderung** bei der Stimmabgabe beeinträchtigt sind, denen es zB wegen Blindheit unmöglich ist, den Stimmzettel selbst auszufüllen; diese behinderten ArbN dürfen eine Person ihres Vertrauens zur Hilfeleistung heranziehen, die gemeinsam mit dem Wähler die Wahlzelle aufsuchen und bei der Kennzeichnung des Stimmzettels behilflich sein darf (DKKW/*Homburg* Rn. 11). Diese Vertrauensperson ist zur Geheimhaltung der Kenntnisse verpflichtet, die sie bei der Hilfeleistung zur Stimmabgabe erlangt hat (so jetzt ausdrücklich § 12 Abs. 4 WO). Der Sicherung des Wahlgeheimnisses dienen iÜ die Regelungen in §§ 11 u. 12 WO.

14 Bei der **Briefwahl** ist das Wahlgeheimnis durch die bes. Ausgestaltung der Stimmabgabe gesichert (vgl. iE §§ 24 ff. WO). Im Hinblick darauf, dass die Voraussetzungen der Briefwahl in § 24 WO iE festgelegt sind, ist es nicht zulässig, dass der Wahlvorst. ohne Rücksicht auf diese Voraussetzungen generell Briefwahl anordnet (so zu § 26 WO Rn. 53; BAG 27.1.1993 – 7 ABR 37/92, AP BetrVG § 76 Nr. 29).

15 Das Wahlgeheimnis hat nicht nur ein **Zeugnisverweigerungsrecht** im Rechtsstreit über die Frage, welche Liste oder Person der einzelne ArbN gewählt hat, zur Folge (BAG 6.7.1956 – 1 ABR 7/55, AP BetrVG § 27 Nr. 4; DKKW/*Homburg* Rn. 12; *Weiß/Weyand* BetrVG Rn. 2), sondern aus ihm ergibt sich darüber hinaus ein generelles Verbot einer gerichtlichen Nachprüfung des Wahlverhaltens des ArbN (BAG 2.8.2017 – 7 ABR 42/15, NZA 2018, 182) einschließlich der Verwertung freiwillig abgegebener eidesstattlicher Versicherungen der ArbN (ArbG Düsseldorf 30.10.1984 – 1 BV 155/84, DB 1985, 1137; ArbG Frankfurt a. M. 24.9.2001 – 18 BV 187/01, AiB 2002, 629; GK-BetrVG/*Jacobs* Rn. 20; Richardi BetrVG/*Thüsing* Rn. 15).

16 Der Wahlberechtigte wählt **unmittelbar,** dh ohne Zwischenschaltung von Wahlmännern. Eine Vertr. in der Stimmabgabe ist nicht zulässig. Die Stimmabgabe ist vielmehr, auch wenn sie schriftlich erfolgt (vgl. § 25 WO), stets eine persönliche.

17 Die BRWahl ist ferner **allgemein,** dh jeder Wahlberechtigte übt sein Wahlrecht formal in gleicher Weise aus (zum abweichenden Begriffsverständnis des BAG zur früheren Gruppenwahl → Rn. 10). Hieraus ergibt sich auch, dass der BR **einheitlich für den Betrieb** gewählt wird. Eine Aufteilung des Betriebs in Wahlkreise, in denen sich die Wahlbewerber gesondert zur Wahl stellen, ist unzulässig (DKKW/*Homburg* Rn. 14; HaKo-BetrVG/*Brors* Rn. 5; Richardi BetrVG/*Thüsing* Rn. 19; *Weiß/Weyand* BetrVG Rn. 4; iErg ebenso GK-BetrVG/*Jacobs* Rn. 29; **aA** LAG Hamm 27.6.2003 – 10 TaBV 22/03, BeckRS 2003, 30798824 unter Verkennung des § 3 Abs. 5; *Gaul/Mückl* NZA 2011, 657 [664]).

18 Ferner ist die Wahl **gleich** und **frei** (→ Rn. 10), dh jede gültige Stimme hat das gleiche Gewicht und jede Behinderung der Wahl oder Wahlbeeinflussung, die über zulässige Werbemaßnahmen hinausgeht (→ § 20 Rn. 6, 8), ist unzulässig. So sind der allgemeine Grundsatz der freien Wahl sowie der ungeschriebene Grundsatz der Chancengleichheit der Wahlbewerber verletzt, wenn der Wahlvorst. während der laufenden BRWahl Dritte in die mit den **Stimmabgabevermerken** versehene **Wählerliste** einsehen lässt (BAG 6.12.2000 – 7 ABR 34/99, AP BetrVG 1972 § 19 Nr. 48).

19 Die Teilnahme an der Wahl ist keine Pflicht, sondern ein **Recht des wahlberechtigten ArbN.** Wählt der Wahlberechtigte nicht, so zieht das keine rechtlichen, insbes. arbeitsrechtlichen Folgen nach sich. Andererseits ist ein Verzicht auf das Wahlrecht rechtlich nicht möglich (Richardi BetrVG/*Thüsing* Rn. 20; DKKW/*Homburg* Rn. 5).

20 Die Wahl erfolgt grds. **während der Arbeitszeit** (→ § 20 Rn. 33). Die zur Ausübung des Wahlrechts notwendige Arbeitsunterbrechung hat **keine Minderung des Arbeitsentgelts** zur Folge (vgl. § 20 Abs. 3).

III. Wahl eines Betriebsrats mit mehr als drei Mitgliedern

1. Gemeinsame Wahl

21 Das BetrVerf-ReformG hat als eine der zentralen Neuregelungen den bisher das gesamte G durchziehenden **Gruppenschutz aufgegeben** (s. BT-Drs. 14/5741, 23 f., 26, 27, 36; *Engels/Trebinger/Löhr-Steinhaus* DB 2001, 532 [534]). Es hat § 6 und damit die Begriffsbestimmungen der Arb. und Ang. aufgehoben, an die eine Vielzahl gruppenspezifischer Regelungen angeknüpft hat. Aus dem Wegfall des Gruppenprinzips ergeben sich zahlreiche Änderungen vor allem bei den Vorschriften zur Wahl des BR (§§ 14 ff.). Diese wird erheblich erleichtert und vereinfacht. Es bedarf nunmehr keiner nach Gruppen getrennter Wahlgänge oder einer vorherigen Abstimmung darüber, ob die BRWahl als gemeinsame Wahl durchgeführt werden soll. Die BRMitgl. werden ab sofort **gemeinsam von allen ArbN in einem Wahlgang** gewählt (*Engels/Trebinger/Löhr-Steinhaus* DB 2001, 532 [534]).

2. Verhältniswahl

22 Sind **mehr als 3 BRSitze** zu besetzen und sind **2 oder mehr (gültige) Vorschlagslisten** für die BRWahl eingereicht, so findet Verhältniswahl statt. Als Verhältniswahl bezeichnet man das Wahlsystem, das die auf die Minderheit entfallenden Stimmen in einem angemessenen „Verhältnis" berücksichtigt und sich daher besonders für eine Mehrzahl von Wahlvorschlägen eignet. Der Sinn des Verhältniswahlsystems ist der Schutz von Minderheiten. Es soll (möglichst) erreicht werden, dass keine Stimme verloren geht, dass also einem bestimmten Anteil an der Stimmenzahl ein entsprechender Anteil von Vertr. in dem zu wählenden Organ entspricht.

23 Die Verhältniswahl erfolgt als **Listenwahl.** Der Wähler ist an die Liste als solche gebunden. Er kann nur die Liste als solche wählen oder ablehnen (s. § 11 Abs. 3 WO). Er kann dagegen keine auf der Liste stehende Bewerber streichen oder nicht auf ihr stehende Bewerber hinzusetzen, andernfalls ist seine Stimme ungültig (GK-BetrVG/*Jacobs* Rn. 35; Richardi BetrVG/*Thüsing* Rn. 25; WPK/*Wlotzke* Rn. 10).

24 Die Verteilung der Sitze auf die einzelnen Listen folgt nach dem sog **d'Hondtschen System** (vgl. § 15 WO). Hiernach werden die Stimmzahlen, die auf die einzelnen Listen entfallen, der Reihe nach durch 1, 2, 3, 4 usw geteilt und die zu vergebenden BRSitze entspr. den sich hierbei ergebenden Höchstzahlen auf die einzelnen Listen verteilt. Aus den einzelnen zu berücksichtigenden Listen sind die Bewerber in der Reihenfolge gewählt, in der sie in der Liste aufgeführt sind (§ 15 Abs. 4 WO).

25 Bei der Wahl des BR hat der Wahlvorst. das Höchstzahlensystem gem. § 15 WO wie folgt anzuwenden:

25a Es ist auf die **Höchstzahlen,** die auf die Einzelnen **Listen** entfallen, **abzustellen.** Jede Vorschlagsliste erhält so viele Mitgl.Sitze zugeteilt, wie Höchstzahlen auf sie entfallen. Der Wahlvorst. hat auf Grund der Höchstzahlen festzustellen, welche Bewerberinnen und Bewerber der einzelnen Listen gewählt sind (vgl. § 15 Abs. 1 u. 2 WO). Die Anwendung des d'Hondtschen Höchstzahlensystems ist verfassungsgemäß (BAG 22.11.2017 – 7 ABR 35/16, NZA 2018, 604).

Beispiel:

Der BR besteht aus neun Mitgl., davon mindestens zwei Frauen gem. 15 Abs. 2 BetrVG, § 5 WO.

Es sind zwei Listen mit folgenden Bewerberinnen und Bewerbern eingereicht:

Liste I

A	Mann	G	Mann
B	Mann	H	Frau
C	Frau	I	Mann
D	Mann	K	Mann
E	Mann	L	Mann
F	Frau		

Liste II

M	Mann	S	Frau
N	Frau	T	Mann
O	Frau	U	Mann
P	Mann	V	Mann
Q	Mann	W	Mann
R	Mann		

Auf die Liste I entfallen 160, auf die Liste II 120 Stimmen.
Die Höchstzahlberechnung ergibt folgendes Ergebnis:

	Liste I			Liste II	
160	: 1	**160**	120	: 1	**120**
	: 2	**80**		: 2	**60**

: 3	**53,3**	: 3	**40**
: 4	**40**	: 4	**30**
: 5	**32**	: 5	24
: 6	26,6	: 6	120
: 7	22,8	: 7	17,1
: 8	20	: 8	15
: 9	17,7	: 9	13,3

Die Reihenfolge der Höchstzahlen ist: 160, 120, 80, 60, 53,3, 40, 40, 32, 30. An Hand dieser neun Höchstzahlen, die für die Besetzung der neun BRSitze entscheidend sind, ist nacheinander für jede Liste gesondert (§ 15 Abs. 2 WO) zu ermitteln, welche Bewerberinnen und Bewerber gewählt sind. Auf die Liste I sind fünf Höchstzahlen und damit fünf BRSitze, auf die Liste II sind vier Höchstzahlen und damit vier BRSitze entfallen.

Da sich die Reihenfolge der Bewerberinnen und Bewerber innerhalb der einzelnen Listen nach der Reihenfolge ihrer Benennung bestimmt, sind danach als Vertreter in den BR folgende Personen gewählt:

Aus Liste I: Herr **A,** Herr **B,** Frau **C,** Herr **D,** Herr **E.**

Aus Liste II: Herr **M,** Frau **N,** Frau **O,** Herr **P.**

Hinweis: Mit der Wahl von drei Frauen ist die Mindestzahl von zwei Sitzen für das Minderheitsgeschlecht übertroffen, so dass es hier keine Verschiebungen bei der Feststellung der in den BR Gewählten gibt (s. hierzu Näheres bei → § 15 Rn. 15 ff., 21 ff.).

Entfällt auf den letzten zu vergebenden BRSitz in mehreren Listen dieselbe Höchstzahl, so entscheidet das Los, welcher Liste der Sitz zufällt (vgl. § 15 Abs. 2 WO). Die **nicht gewählten Bewerber** einer Liste sind **ErsMitgl.** in der Reihenfolge, in der sie auf der Liste stehen (→ § 25 Rn. 5 ff.). Weist die Liste weniger Bewerber auf, als Höchstzahlen auf sie entfallen, so gehen die nicht in Anspruch genommenen, überschüssigen BRSitze auf die anderen Listen in der Reihenfolge der nächsten Höchstzahlen über (§ 15 Abs. 3 WO). 26

Für den Fall, dass sich unter den auf die Listen entfallenden Höchstzahlen **nicht** die erforderliche **Mindestzahl** von Angehörigen des **Geschlechts in der Minderheit** nach § 15 Abs. 2 BetrVG befindet, richtet sich das weitere Verfahren zur Verteilung der BRSitze nach § 15 Abs. 5 WO (Näheres → § 15 Rn. 24 ff.; → WO § 15 Rn. 6 ff.). Das dritte Geschlecht (divers) ist nicht das Geschlecht in der Minderheit iSd § 15 Abs. 2 BetrVG (→ § 15 Rn. 11b). 27

Lehnt ein Gewählter die **Wahl ab,** tritt an seine Stelle die in derselben Liste in der Reihenfolge nach ihr benannte, nicht gewählte Person. Gehört diese dem Minderheitsgeschlecht an, so tritt an ihre Stelle die in derselben Liste in der Reihenfolge nach ihr benannte, nicht gewählte Person desselben Geschlechts, wenn ansonsten das Minderheitsgeschlecht nicht die ihm nach § 15 Abs. 2 zustehenden Sitze erhält (§ 17 Abs. 2 WO; Näheres → § 15 Rn. 29, 35; → WO § 17 Rn. 5 ff.). 28

3. Mehrheitswahl

Sind **mehr als 3 BRMitgl.** zu wählen und ist **nur eine gültige Vorschlagsliste** eingereicht, werden die in dieser Vorschlagsliste aufgeführten Bewerberinnen und Bewerber nach den Grundsätzen der **Mehrheitswahl** gewählt. 29

Bei der Mehrheitswahl wird die Vorschlagsliste nicht geschlossen gewählt oder abgelehnt, vielmehr kann jeder wahlberechtigte ArbN **so viele Kandidaten** auf der Liste **ankreuzen, wie BRMitgl.** insgesamt **zu wählen** sind. Es gibt in diesen Fällen also keine Rangfolge der Wahlbewerber durch Platzierung auf der Liste, vielmehr wird die Reihenfolge, in der die auf der Liste aufgeführten Kandidaten in den BR einrücken, durch die Wähler bestimmt. Die zu vergebenden BRSitze werden **entspr. der erreichten Stimmenzahl** auf die einzelnen Wahlbewerber verteilt. 30

Hierbei ist jedoch eine Einschränkung zu beachten. Nach dem durch das BetrVerf-ReformG neugefassten § 15 Abs. 2 steht dem Geschlecht in der Minderheit eine seinem zahlenmäßigen Verhältnis entsprechende Mindestanzahl von BRSitzen zu. 31

Um dieser gesetzlichen Vorgabe zu entsprechen, bestimmt **§ 22 Abs. 1 u. 2 WO,** dass in getrennten Auszählverfahren zunächst die dem **Geschlecht in der Minderheit** zustehenden Mindestsitze und danach die weiteren, vom Geschlecht unabhängigen Sitze zu verteilen sind. Bei der Bestimmung der gewählten Angehörigen des Minderheitsgeschlechts ist **ausschließlich auf die Stimmen** abzustellen, die **auf die Angehörigen dieses Geschlechts** entfallen sind, mögen Bewerber des anderen Geschlechts (Mehrheitsgeschlecht) auch eine höhere Stimmenzahl erhalten haben (→ § 15 Rn. 31; § 22 Abs. 1 S. 2 WO). Das dritte Geschlecht (divers) ist nicht das Geschlecht in der Minderheit iSd § 15 Abs. 2 BetrVG (→ § 15 Rn. 11b; Beispiele dazu § 15 Rn. 31, 33).

Beispiel:

Der BR besteht aus 13 Mitgl., von denen mindestens 3 dem Minderheitsgeschlecht (hier Frauen) angehören müssen. Das Wahlergebnis ist wie folgt:

1. A	(Mann)	912 Stimmen
2. B	(Mann)	901 Stimmen
3. C	(Mann)	884 Stimmen
4. D	(Mann)	772 Stimmen
5. E	(Mann)	751 Stimmen
6. F	(Mann)	719 Stimmen
7. G	(Frau)	706 Stimmen
8. H	(Mann)	688 Stimmen
9. I	(Mann)	663 Stimmen
10. K	(Mann)	640 Stimmen
11. L	(Mann)	312 Stimmen
12. M	(Mann)	226 Stimmen
13. N	(Mann)	212 Stimmen
14. O	(Frau)	175 Stimmen
15. P	(Mann)	168 Stimmen
16. Q	(Mann)	157 Stimmen
17. R	(Frau)	103 Stimmen
18. S	(Mann)	96 Stimmen
19. T	(Frau)	75 Stimmen

Gewählt sind als Vertr. des Minderheitsgeschlechts die Frauen: Nr. 7 (G), Nr. 14 (O), Nr. 17 (R); für die weiteren, vom Geschlecht unabhängigen BRSitze sind gewählt: Nr. 1 (A), Nr. 2 (B), Nr. 3 (C), Nr. 4 (D), Nr. 5 (E), Nr. 6 (F), Nr. 8 (H), Nr. 9 (I), Nr. 10 (K), Nr. 11 (L).

Die Wahlbewerber Nr. 12 (M), Nr. 13 (N), Nr. 15 (P), Nr. 16 (Q) sind trotz ihrer gegenüber den Wahlbewerberinnen Nr. 14 (O) und Nr. 17 (R) höheren Stimmenzahlen nicht gewählt.

32 Haben bei dem letzten zu vergebenden BRSitz für das Minderheitsgeschlecht oder bei der Verteilung der weiteren, vom Geschlecht unabhängigen Sitze mehrere Bewerberinnen oder Bewerber **dieselbe Stimmenzahl,** so entscheidet das **Los** darüber, wem der Sitz zufällt (§ 22 Abs. 3 WO).

33 Für den Fall, dass **weniger Angehörige** des **Minderheitsgeschlechts** für den BR kandidiert oder gewählt werden als diesem Geschlecht nach § 15 Abs. 2 BetrVG Mindestsitze zustehen, fallen diese Sitze dem anderen Geschlecht zu (§ 22 Abs. 4 WO; Näheres → § 15 Rn. 33).

34 **Lehnt** ein Gewählter die **Wahl ab,** tritt an seine Stelle der nicht gewählte Bewerber mit der nächsthöchsten Stimmenzahl. Gehört der Gewählte dem Minderheitsgeschlecht an, so tritt an seine Stelle die gewählte Person dieses Geschlechts mit der nächsthöchsten Stimmenzahl, wenn ansonsten das Minderheitsgeschlecht nicht die ihm nach § 15 Abs. 2 BetrVG zustehenden Mindestsitze erhalten würde (§ 23 Abs. 2 WO; Näheres → § 15 Rn. 35). Die nicht gewählten Bewerber sind ErsMitgl. (→ § 25 Rn. 30 ff.), vorausgesetzt, dass auf sie wenigstens eine Stimme entfallen ist.

IV. Wahl eines Betriebsrats mit bis zu drei Mitgliedern (vereinfachtes Wahlverfahren)

Während nach bisher geltendem Recht nur die Wahl des einköpfigen BR stets in Mehrheitswahl erfolgte, bestimmt der durch das BetrVerf-ReformG neugefasste § 14 Abs. 2, dass das vereinfachte Wahlverfahren nach § 14a nach den Grundsätzen der Mehrheitswahl zu erfolgen hat. Da dieses Wahlverfahren für Betriebe mit bis zu 50 wahlberechtigten ArbN vorgeschrieben ist, wird nunmehr der **einköpfige und der dreiköpfige BR generell in Mehrheitswahl** gewählt (vgl. hierzu §§ 28–36 WO). Über den gesetzlich zwingenden Fall hinaus kann das vereinfachte Wahlverfahren auch für Betriebe mit bis zu 100 wahlberechtigten ArbN zwischen Wahlvorst. und ArbGeb. vereinbart werden, so dass **ausnahmsweise** auch die Wahl eines **fünfköpfigen BR** in Mehrheitswahl erfolgen kann (§ 14a Abs. 5, § 37 WO; Näheres → § 14a Rn. 53 ff.; für auch einen siebenköpfigen BR DKKW/*Homburg* § 14a Rn. 2; HWGNRH/*Nicolai* § 14a Rn. 4, 21; dies abl. Schaub ArbR-HdB/*Koch* § 217 Rn. 39; *Quecke* AuR 2002, 1 f.; *Löwisch/Kaiser/Wiebauer* § 14a Rn. 3). Zur Verfassungsmäßigkeit der Mehrheitswahl im vereinfachten Wahlverfahren vgl. GK-BetrVG/*Jacobs* § 14a Rn. 56; Richardi BetrVG/*Thüsing* § 14a Rn. 2; Schaub ArbR-HdB/*Koch* § 217 Rn. 39; Bedenken haben *Hanau* NJW 2001, 2513 [2517]; *Franke* DB 2002, 211 ff.; *Windeln* BetrVG-Reform S. 174. 35

Die Wahl des BR nach den Grundsätzen der Mehrheitswahl erfolgt auf Grund von **Wahlvorschlägen** (§ 33 Abs. 1 S. 1 WO). Im Gegensatz zu Vorschlagslisten bei der Verhältniswahl kommt es bei den Wahlvorschlägen im Rahmen der Mehrheitswahl nicht auf die Reihenfolge der Bewerberinnen und Bewerber an. Diese werden auf den Stimmzetteln in alphabetischer Reihenfolge unter Angabe von Familienname, Vorname und Art der Beschäftigung aufgeführt, und der Wähler kann, ohne an einen Wahlvorschlag gebunden zu sein, so viele Bewerberinnen oder Bewerber ankreuzen wie BRMitgl. zu wählen sind (§ 34 Abs. 1 WO). Deshalb wird die Mehrheitswahl auch als **Persönlichkeitswahl** bezeichnet. 36

Ist nur ein **einköpfiger BR** zu **wählen,** so ist die Person gewählt, die die meisten Stimmen erhalten hat. Bei Stimmengleichheit entscheidet das Los. Lehnt eine gewählte Person die Wahl ab, so tritt an ihre Stelle die nicht gewählte Person mit der nächsthöchsten Stimmenzahl (§ 34 Abs. 4 WO). 37

Ersatzmitgl. des **einköpfigen BR** werden nicht mehr in einem getrennten Wahlgang gewählt; die entspr. Regelung in § 14 Abs. 4 aF ist im Rahmen des BetrVerf-ReformG ersatzlos gestrichen worden. Ersatzmitgl. sind daher, wie in den übrigen Fällen des § 25, automatisch die nicht gewählten Bewerber mit den nächsthöchsten Stimmenzahlen. Dadurch wird zugleich sichergestellt, dass bei Verhinderung des einzigen BRMitgl. (und seines bisher einzigen Vertreters) keine BRlose Zeit mehr eintritt (BT-Drs. 14/5741, 36). 38

Sind mehrere (3 bzw. 5) BRMitgl. zu wählen (→ Rn. 35), so gelten die Erläuterungen in → Rn. 29 ff. entspr. 39

V. Wahlvorschläge

Die Wahl des BR erfolgt auf Grund von Wahlvorschlägen. Unter Wahlvorschlag versteht man die **schriftliche oder** – im vereinfachten Wahlverfahren auch zulässige – **mündliche** (vgl. § 14a Abs. 2, → § 14a Rn. 31) **Benennung** einer oder mehrerer Personen gegenüber dem Wahlvorst., die für die Wahl zum BR vorgeschlagen werden. Wahlvorschläge werden nach der WO als Vorschlagslisten bezeichnet, wenn die Wahl des BR mit mehr als drei Mitgl. in Verhältniswahl (Listenwahl) erfolgt (§ 6 Abs. 1 WO). Ist ein BR mit bis zu drei Mitgl. im vereinfachten Wahlverfahren zu 40 wählen, so spricht § 33 WO von Wahlvorschlägen, weil hier keine Listenwahl, sondern Persönlichkeitswahl stattfindet (vgl. Richardi BetrVG/*Thüsing* Rn. 44).

41 Sind **mehrere BRMitgl.** zu wählen, so soll die Vorschlagsliste mindestens doppelt so viele Bewerberinnen oder Bewerber aufweisen, wie BRMitgl. zu wählen sind (vgl. § 6 Abs. 2 WO); eine Verletzung der **Sollvorschrift** ist unschädlich. Ein Wahlvorschlag ist sogar dann gültig, wenn in ihm, obwohl mehrere BRMitgl. zu wählen sind, nur ein einziger Wahlbewerber genannt ist (BAG 29.6.1965 – 1 ABR 2/65, AP BetrVG § 13 Nr. 11; 6.11.2013 – 7 ABR 65/11, NJOZ 2014, 1671; GK-BetrVG/*Jacobs* Rn. 47; **aA** *Heinze* NZA 1988, 570). Ein Wahlbewerber darf nur auf einer Vorschlagsliste kandidieren (vgl. hierzu § 6 Abs. 7 WO).

42 Ist **nur eine Person** zu wählen, ist der Wahlvorschlag nur ein **Einzelvorschlag,** dh es werden jeweils einzelne Personen vorgeschlagen, wobei jeder Vorschlag mindestens zwei Bewerber umfassen soll (§ 33 Abs. 2 iVm § 6 Abs. 2 WO).

43 Eine BRWahl, die nicht auf Grund von Wahlvorschlägen durchgeführt wird, ist **nichtig,** nicht nur anfechtbar (DKKW/*Homburg* Rn. 18; HaKo-BetrVG/*Brors* Rn. 9; GK-BetrVG/*Jacobs* Rn. 48; Richardi BetrVG/*Thüsing* Rn. 43). Über die Voraussetzungen der Wählbarkeit → § 8 Rn. 5 ff. Wegen des **Kündigungsschutzes** der Wahlbewerber → § 103 Rn. 5 ff.

44 Wahlvorschlagsberechtigt sind die wahlberechtigten ArbN des Betriebs (→ Rn. 45 ff.) und die im Betrieb vertretenen Gewerkschaften (→ Rn. 61 ff.).

1. Wahlvorschläge der Arbeitnehmer des Betriebs

45 Wahlvorschläge können zum einen die ArbN des Betriebs machen. Vorschlagsberechtigt sind allerdings nur die **wahlberechtigten ArbN** des Betriebs, einschließlich der in § 7 S. 2 Genannten (→ § 7 Rn. 5 ff.; Richardi BetrVG/*Thüsing* Rn. 45; GK-BetrVG/*Jacobs* Rn. 50; *Kummert/Dietze* AiB 2009, 489 [493]). Über die Erfordernisse der Wahlvorschläge iE, über die Einreichungsfrist, über Prüfung und weitere Behandlung der Wahlvorschläge vgl. §§ 6–10, §§ 33, 36 Abs. 5 WO. Zur Abgrenzung vom Wahlvorschlag der Gewerkschaft → WO § 7 Rn. 2. Der ArbGeb. kann keine Wahlvorschläge machen (hM).

46 Ein Wahlvorschlag der ArbN muss, um gültig zu sein, von einer bestimmten Anzahl von **Stützunterschriften** (zur Besonderheit nicht schriftlicher Unterstützung im vereinfachten Wahlverfahren s. § 14a Abs. 2; → § 14a Rn. 31 f.) wahlberechtigter ArbN getragen sein. Hierdurch sollen völlig aussichtslose Wahlvorschläge vermieden werden (GK-BetrVG/*Jakobs* Rn. 52). IE gilt Folgendes:

47 Ein Wahlvorschlag muss grds. mindestens von einem **Zwanzigstel** der **wahlberechtigten ArbN,** wozu auch die in § 7 S. 2 Genannten und damit auch LeihArbN gehören (dies ist mit dem neu eingefügten Satz 4 in § 14 Abs. 2 AÜG (s. Art. 1 des Gesetzes zur Änderung des AÜG und anderer Gesetze vom 21.2.2017 BGBl. I S. 258) endgültig geklärt (s. S. 29 BT-Drs. 18/9232 zu Art. 1 Nr. 10); so schon vorher *Linsenmaier/Kiel* RdA 2014, 135 [146] unter Verweis auf die geänderte Rspr. des BAG zum Mitzählen von LeihArbN bei § 9 BetrVG – BAG 13.3.2013 – 7 ABR 69/11, NZA 2013, 789) unterzeichnet sein. Ergibt die Berechnung des Zwanzigstels keine volle Zahl, ist auf die nächste volle Zahl aufzurunden, da das erforderliche Quorum mindestens ein Zwanzigstel betragen muss (BAG 6.11.2013 – 7 ABR 65/11, NJOZ 2014, 1671; GK-BetrVG/*Jacobs* Rn. 59; Richardi BetrVG/*Thüsing* Rn. 63; WPK/*Wlotzke* Rn. 27). Stets reicht jedoch die Unterzeichnung von 50 wahlberechtigten ArbN für einen gültigen Wahlvorschlag aus, auch wenn diese weniger als ein Zwanzigstel der Wahlberechtigten darstellen (BAG 4.11.1960 – 1 ABR 21/59, AP BetrVG § 13 Nr. 3).

48 Andererseits ist jedoch **mindestens** die Unterzeichnung von **drei wahlberechtigten ArbN** erforderlich. Dieses Mindesterfordernis ist nur dann nicht einzuhalten, wenn im Betrieb in der Regel nur bis zu 20 wahlberechtigte ArbN beschäftigt werden. In diesem Falle genügt die Unterzeichnung durch zwei Wahlberechtigte. Bei der

Wahl eines nur einköpfigen BR (vgl. § 9) muss ein Wahlvorschlag deshalb nur von zwei wahlberechtigten ArbN unterzeichnet sein. Zum Begriff „in der Regel" → § 1 Rn. 360ff.

Für die Errechnung der Mindestzahlen für die Unterzeichnung ist der Tag des Erlasses des Wahlausschreibens maßgebend. Die erforderliche Mindestzahl von Unterschriften ist **im Wahlausschreiben bekanntzugeben** (vgl. § 3 Abs. 2 Nr. 6, § 31 Abs. 1 Nr. 6, § 36 Abs. 3 Nr. 1 WO). Die erforderliche Anzahl der Unterschriften muss – abgesehen von dem Sonderfall des § 8 Abs. 2 Nr. 3 WO – im Zeitpunkt der Einreichung des Wahlvorschlags beim Wahlvorstand gegeben sein (vgl. § 8 Abs. 1 Nr. 3 WO). 49

Es ist nicht zulässig, dass die Belegschaft in einer BetrVerslg. oder einer anderen Zusammenkunft Vorabstimmungen über die zur Wahl zu stellenden Kandidaten durchführt. Das Vorschlagsrecht der ArbN des Betriebs ist vielmehr in Abs. 4 **abschließend geregelt** (WPK/*Wlotzke* Rn. 29; ErfK/*Koch* Rn. 6). Wohl können ArbN eines Betriebs, die einem Wahlvorschlag einreichen wollen, interne Abstimmungen über die zu benennenden Kandidaten und ihre Reihenfolge vornehmen (zB die Mitgl. oder Vertrauensleute einer im Betrieb vertr. Gewerkschaft). 50

Alle wahlberechtigten ArbN sind zur Unterzeichnung des Wahlvorschlags berechtigt. Hierzu gehören nach der gesetzlichen Klarstellung in § 14 Abs. 2 S. 4 AÜG auch die nach § 7 S. 2 wahlberechtigten LeihArbN (*Löwisch/Wegmann* BB 2017, 373; so schon vorher Richardi BetrVG/*Thüsing* Rn. 45; GK-BetrVG/*Jacobs* Rn. 50; HWGNRH/*Nicolai* Rn. 23; *Löwisch/Kaiser/Wiebauer* Rn. 25). Auch im Wahlvorschlag aufgeführte **Bewerber** können diesen Vorschlag unterzeichnen und damit stützen (BAG 6.11.2013 – 7 ABR 65/11, NJOZ 2014, 1671). Es muss jedoch deutlich werden, dass der Bewerber mit seiner Unterschrift nicht nur seine Bereitschaft zu Kandidatur entspr. der Vorgabe des § 6 Abs. 3 S. 2 WO erklärt, sondern auch den Wahlvorschlag selbst mit seiner Unterschrift unterstützen will. Liegt nur eine Unterschrift vor, kann dieser eine doppelte Bedeutung im og Sinne nur dann zuerkannt werden, wenn dieser Wille eindeutig zum Ausdruck kommt, wie zB durch Leistung der Unterschrift unter der Rubrikbezeichnung „Zustimmung des Kandidaten, zugleich Stützunterschrift zur Liste"; andernfalls kann die Unterschrift des Bewerbers nicht zugleich als Stützunterschrift gewertet werden (HessLAG 28.1.2002 – 9 TaBV Ga 7/02, NZA-RR 2002, 424f.; *Schiefer/Korte* NZA 2002, 57 [65]; DKKW/*Homburg* Rn. 30; GK-BetrVG/*Jacobs* Rn. 60). Im Fall des einzigen Wahlbewerbers auf einer Vorschlagsliste kann dessen Unterschrift – zumindest im Fall einer abgeschlossenen Vorschlagsliste – zugleich auch ohne weitere Hinweise als Stützunterschrift gewertet werden; es wäre lebensfremd, als einziger Wahlbewerber auf der Liste zu kandidieren, ohne sie zugleich unterstützen zu wollen (BAG 6.11.2013 – 7 ABR 65/11, NJOZ 2014, 1671; 12.2.1960 – 1 ABR 13/59, AP BetrVG § 18 Nr. 11). Auch **Mitgl. des Wahlvorst.** sind unterzeichnungsberechtigt (BAG 4.10.1977 – 1 ABR 37/77, AP BetrVG 1972 § 18 Nr. 2; DKKW/*Homburg* Rn. 30; GK-BetrVG/*Jacobs* Rn. 60; ErfK/*Koch* Rn. 7; *Söllner* AcP Bd. 161, 411; dazu dass Mitgl. des Wahlvorst. sogar zum BR kandidieren können, → § 16 Rn. 22). Für eine Interessenkollision, die eine Unterzeichnung ausschließen könnte, ist kein Raum, da die Prüfungspflicht des Wahlvorst. und seine Tätigkeit rechtlich gebunden und gerichtlich überprüfbar sind. 51

Der (schriftliche) Wahlvorschlag muss mindestens von der geforderten Zahl der wahlberechtigten ArbN **persönlich unterschrieben** sein (BAG 12.2.1960 – 1 ABR 13/59, AP BetrVG § 18 Nr. 11; LAG Düsseldorf 18.10.2007 – 11 TaBV 68/07, BeckRS 2008, 55378; DKKW/*Homburg* Rn. 27; HaKo-BetrVG/*Brors* Rn. 10; GK-BetrVG/*Jacobs* Rn. 67; Richardi BetrVG/*Thüsing* Rn. 60; WPK/*Wlotzke* Rn. 28). Nicht erforderlich ist, dass die Unterschriften auf derselben Urkunde geleistet werden. Ein Wahlvorschlag kann durchaus in **mehreren Exemplaren** für Unterschriften umlaufen, allerdings müssen diese Exemplare inhaltlich übereinstimmen (HessLAG 25.42018 – 16 TaBVGa 83/18, juris; DKKW/*Homburg* Rn. 28; GK-BetrVG/*Jacobs* Rn. 69; Richardi BetrVG/*Thüsing* Rn. 60). Die Einreichung von Wahlvor- 52 schlägen nebst Einverständniserklärung und Stützunterschriften per **E-Mail** sind nicht zulässig (LAG Düsseldorf 18.10.2007 – 11 TaBV 68/07, BeckRS 2008, 55378; HWGNRH/*Nicolai* Rn. 32; Kramer IT-Arbeitsrecht/*Neu* C Rn. 147) es sei denn, dass diese in elektronischer Form nach § 126a BGB erfolgt (so *Jansen* DB 2006, 334 [337]). Auch die Einreichung von Wahlvorschlägen mittels Telekopie oder sog Kettenfax wahrt nicht die vorgeschriebene Form (ausf. BAG 20.1.2010 – 7 ABR 39/08, NZA 2010, 1435 zum vergleichbaren Fall der Wahl der Schwerbehindertenvertretung und BVerwG 11.3.2014 – 6 P 5/13, NZA-RR 2014, 451 zu Personalratswahlen; HWGNRH/*Nicolai* Rn. 32).

53 Die Unterschriften müssen auf dem Wahlvorschlag geleistet werden. Bestehen Wahlvorschläge und Unterschriftenlisten aus **mehreren Blättern,** muss eindeutig und zweifelsfrei erkennbar sein, dass sich die geleisteten Unterschriften auf den betreffenden Wahlvorschlag beziehen und mit ihm eine einheitliche Urkunde bilden (BAG 25.5.2005 – 7 ABR 39/04, AP BetrVG 1972 § 14 Nr. 2; 20.1.2010 – 7 ABR 39/08, NZA 2010, 1435). Nach BAG 25.5.2005 u. 20.1.2010 ist dafür eine körperliche, gegen Trennung gesicherte feste Verbindung nicht zwingende Voraussetzung; ausreichend für die Zusammengehörigkeit können danach auch den Schriftstücken anhaftende Merkmale wie zB die Wiedergabe des Kennworts auf den einzelnen Blättern sein (zust. *Schneider* AiB 2006, 51 ff. Anm. zu BAG 25.5.2005; HessLAG 25.42018 – 16 TaBVGa 83/18, juris). Zur Verwendung eines Kennworts → WO § 7 Rn. 2; BAG 15.5.2013 – 7 ABR 40/11, NZA 2013, 1095; 26.10.2016 – 7 ABR 4/15, NZA-RR 2017, 194. Zur Vermeidung von Unklarheiten empfiehlt es sich auch weiterhin, die Bewerberliste und die Blätter mit den Stützunterschriften durch zB Zusammenheften, körperlich fest und gegen Trennung gesichert, zu einer einheitlich zusammenhängenden Urkunde zu verbinden (→ WO § 6 Rn. 13; LAG Saarl 30.10.1995 – 2 TaBV 2/95, NZA-RR 1996, 172; LAG Brem 26.3.1998 – 1 Ta BV 9/98, NZA-RR 1998, 401; HessLAG 18.9.2003 – 9 TaBV 174/02, ArbuR 2004, 318; Richardi BetrVG/*Thüsing* Rn. 61; DKKW/*Homburg* Rn. 19).

54 Der Wahlvorschlag ist ein Vorschlag aller, die ihn unterzeichnet haben. Eine ohne Einverständnis der Unterzeichner vorgenommene **Änderung des Wahlvorschlags** macht diesen ungültig (BAG 15.12.1972 – 1 ABR 8/72, AP BetrVG 1972 § 14 Nr. 1; LAG Düsseldorf 18.1.1982 – 10 TaBV 85/81, DB 1982, 1628; GK-BetrVG/*Jacobs* Rn. 70). Jeder Wahlberechtigte kann rechtsgültig nur einen Wahlvorschlag unterstützen. Über die Prüfung und Streichung von Unterschriften, über die Funktion von Unterzeichnern als Listen- oder Vorschlagsvertr. vgl. § 6 Abs. 4, 5 u. 7, § 33 WO. Über die Ungültigkeit von Wahlvorschlägen infolge unzureichender Zahl von Unterschriften und über die Nachholung von durch Streichung ausgefallenen Unterschriften vgl. § 8 WO.

55 Außer in den Fällen des § 6 Abs. 5 WO ist ein **Zurückziehen von Unterschriften** durch Unterzeichner ordnungsgemäß eingereichter Wahlvorschläge für die Gültigkeit des Wahlvorschlags ohne Bedeutung (vgl. § 8 Abs. 1 Nr. 3 WO; BAG 1.6.1966 – 1 ABR 16/65, AP WahlO z. BetrVG § 6 Nr. 2; LAG SchlH 9.1.2017 – 3 TaBVGa 3/16, juris; DKKW/*Homburg* Rn. 29; Richardi BetrVG/*Thüsing* Rn. 59; *Stückmann* DB 1994, 630). Vor Einreichung des Wahlvorschlags beim Wahlvorst. kann eine Unterschrift zurückgenommen oder widerrufen werden, und zwar durch Erklärung des betreffenden ArbN gegenüber dem Wahlvorst., nicht gegenüber dem Listenvertreter (BVerwG 5.2.1971 – VII P 9.70, AP WahlO z. PersVG § 10 Nr. 6; BVerwG, PersVertr. 1986, 155; insoweit **aA** GK-BetrVG/*Jacobs* Rn. 62; weitergehender ErfK/*Koch* Rn. 7, der wohl beide Varianten für zulässig erachtet).

56 Ist ein ArbN mit seiner Zustimmung als **Wahlbewerber** in eine Vorschlagsliste aufgenommen worden, so kann er – abgesehen von der Sonderregelung des § 6 Abs. 7 WO im Falle einer Doppelkandidatur – **seine Bewerbung nicht mehr zurückziehen,** da dies eine materielle Änderung des Wahlvorschlags, die nur mit Zustimmung aller Unterzeichner erfolgen kann (BAG 15.12.1972 – 1 ABR 8/72, AP BetrVG 1972 § 14 Nr. 1), bedeuten würde (BVerwG 30.10.1964 – VII P 5.64, AP

WahlO z. PersVG § 9 Nr. 1; LAG Düsseldorf 18.1.1982 – 10 TaBV 85/81, DB 1982, 1628; DKKW/*Homburg* Rn. 24, 31; *Hanau* AR-Blattei, Betriebsverfassung IX, Anm. zu Entscheidung 21; **aA** GK-BetrVG/*Jacobs* Rn. 71; Richardi BetrVG/*Thüsing* Rn. 65; *Stückmann* DB 1994, 630; wohl auch BAG 27.4.1976 – 1 AZR 482/75, AP BetrVG 1972 § 19 Nr. 4). Allerdings kann der Gewählte nach seiner Wahl die Annahme des Amtes ablehnen (vgl. § 17 Abs. 1 S. 2 WO).

Eine **Verbindung mehrerer** rechtsgültig eingereichter **Vorschlagslisten** ist unzulässig (§ 6 Abs. 6 WO). 57

2. Wahlvorschläge der im Betrieb vertretenen Gewerkschaften

Das BetrVG 1972 hat erstmals ein eigenständiges Wahlvorschlagsrecht der im Betrieb vertretenen Gewerkschaften vorgesehen; allerdings beschränkt auf betriebsratslose Betriebe. Ziel war, den Gewerkschaften in verstärktem Umfang die Möglichkeit einzuräumen, darauf hinzuwirken, dass in allen betriebsratsfähigen Betrieben auch tatsächlich BR gewählt werden. 58

Durch das ÄndG 1989 ist den Gewerkschaften **allgemein** ein **eigenständiges Wahlvorschlagsrecht** eingeräumt worden. Damit ist die Tätigkeit der Gewerkschaften als reine Unterstützungsfunktion im Rahmen der BetrVerf. auf ein in eigenem gewerkschaftlichem Interesse liegendes Handeln verlagert worden. Das eigenständige gewerkschaftliche Wahlvorschlagsrecht begründet sich unter Hinweis auf die Rspr. des BVerfG (BVerfG 30.11.1965 – 2 BvR 54/62, AP GG Art. 9 Nr. 7) ua damit, dass dadurch die Ausübung des in Art. 9 Abs. 3 GG verankerten Rechts der Koalitionen, sich im Bereich der BetrVerf. zu betätigen und Einfluss auf die Wahl des BR zu nehmen, erleichtert werden soll. 59

Dieses allgemeine eigenständige Wahlvorschlagsrecht war in den parlamentarischen Beratungen **sehr umstr.** (vgl. hierzu den Bericht des federführenden Ausschusses für Arbeit und Sozialordnung, BT-Drs. 11/3618, 4 ff.). S. dazu ausf. Fitting 23. Aufl. 2006 Rn. 60. 60

Wahlvorschlagsberechtigt sind nur die im Betrieb vertretenen **Gewerkschaften.** Zum Gewerkschaftsbegriff, der vom BetrVG vorausgesetzt wird und für das gesamte Arbeitsrecht einheitlich ist, → § 2 Rn. 32 ff. Dieser Gewerkschaftsbegriff gilt auch für das Wahlvorschlagsrecht (so Begründung des Entwurfs, BT-Drs. 11/2503, 23; vgl. auch Ausschuss-Bericht, BT-Drs. 11/3618, 5; DKKW/*Homburg* Rn. 34; GK-BetrVG/*Jacobs* Rn. 83 ff.; Richardi BetrVG/*Thüsing* Rn. 47; ebenso *Löwich* BB 1988, 1953; *Engels/Natter* BB 1989 Beil. 8, 18, 20; *Heither* NZA 1990 Beil. 1, 13). 61

Der Wahlvorst. hat die Gewerkschaftseigenschaft zu prüfen (*Dänzer-Vanotti* ArbuR 1989, 205; DKKW/*Homburg* Rn. 35). ArbNVereinigungen, bei denen sie zu verneinen ist, haben kein Wahlvorschlagsrecht. In den Betrieben der privatisierten Post- und Bahnunternehmen, in denen für eine längere Übergangszeit noch Beamte beschäftigt werden (→ § 1 Rn. 50 ff., 58 ff., → § 5 Rn. 316 ff.), sind auch die im Betrieb vertretenen **Berufsverbände der Beamten** vorschlagsberechtigt (→ § 2 Rn. 34). Gleiches gilt, soweit Beamte vom Bundesamt für zentrale Dienste und offene Vermögensfragen eine Tätigkeit bei der BRD-Finanzagentur GmbH zugewiesen bekommen (§ 2 BWpVerwPG; → § 1 Rn. 75ff) als auch wenn Beamte vom Fernstraßen-Bundesamt Tätigkeiten bei der Infrastrukturgesellschaft für Autobahnen und andere Bundesfernstraßen zugewiesen bekommen (§ 3 Abs. 3 FernstrÜG → § 1 Rn. 83). In Betrieben von Wirtschaftsunternehmen mit denen die Bundeswehr eine Kooperation eingegangen ist und in denen Beamten und Soldaten des Geschäftsbereichs des Bundesministeriums der Verteidigung unter Beibehaltung ihres Dienstverhältnisses zum Bund eine Tätigkeit zugewiesen wurde (§ 1 BwKoopG; → § 1 Rn. 70ff, → § 5 Rn. 322), sind die im Betrieb vertretenen **Berufsverbände der Beamten und Soldaten** vorschlagsberechtigt (→ § 2 Rn. 34). 62

Im Betrieb vertreten ist eine Gewerkschaft, wenn ihr ein ArbN des Betriebs als Mitglied angehört (→ § 2 Rn. 43). Nicht erforderlich ist, dass dieser ArbN wahlbe- 63 rechtigt ist (Hess.LAG 15.5.2014 – 9 TaBV 194/13, juris; GK-BetrVG/*Jacobs* Rn. 87; HaKo-BetrVG/*Brors* Rn. 15). Die Gewerkschaft muss im Zeitpunkt der Einreichung des Wahlvorschlags im Betrieb vertreten sein (GK-BetrVG/*Kreutz/Jacobs* Rn. 87; Richardi BetrVG/*Thüsing* Rn. 47). Soweit diese Voraussetzung nicht offenkundig erfüllt ist, ist sie dem Wahlvorst. – ggf. durch notarielle Erklärung ohne Namensnennung einzelner ArbN oder durch eine entspr. eidesstattliche Versicherung nachzuweisen (BAG 25.3.1992 – 7 ABR 65/90, NZA 1993, 134; LAG SchlH 9.1.2017 – 3 TaBVGa 3/16; LAG Düsseldorf 5.12.1988 – 4 TaBV 140/88, NZA 1989, 236; GK-BetrVG/*Jacobs* Rn. 88; *Dänzer-Vanotti* ArbuR 1989, 205; *Däubler* Gewerkschaftsrechte Rn. 87f.; *Grunsky* ArbuR 1990, 105; **aA** *Prütting-Weth* DB 1989, 2273 u. NJW 1993, 576 → § 2 Rn. 43).

64 Das Wahlvorschlagsrecht steht **jeder** im Betrieb vertretenen **Gewerkschaft** zu. Es besteht für **jede Art der BRWahl,** gleichgültig ob ein ein- oder mehrköpfiger BR zu wählen ist, ob die Wahl als Verhältniswahl oder als Mehrheitswahl durchgeführt wird oder ob es sich um eine regelmäßige BRWahl oder eine Wahl außerhalb des regelmäßigen Wahlzeitraums handelt.

65 Als **Wahlbewerber** können die Gewerkschaften nicht nur bei ihr organisierte ArbN, sondern auch sonstige ArbN des Betriebs vorschlagen, sofern sie die allgemeinen Wählbarkeitsvoraussetzungen (vgl. § 8) erfüllen und sich mit ihrer Kandidatur einverstanden erklärt haben (DKKW/*Homburg* Rn. 36; GK-BetrVG/*Jacobs* Rn. 90f.; *Heither* NZA 1990 Beil. 1, 13; *Däubler* Gewerkschaftsrechte Rn. 94).

66 Das Wahlvorschlagsrecht der Gewerkschaften ist **an die allgemeinen Voraussetzungen,** die für die Einreichung von Wahlvorschlägen zu beachten sind, gebunden. So müssen auch die Gewerkschaften ihre Wahlvorschläge innerhalb der vom Wahlvorstand festgesetzten Frist (vgl. § 6 WO), ggf. der festgesetzten Nachfrist (vgl. § 9 WO), einreichen. Ferner können nur nach § 8 wählbare ArbN des Betriebs vorgeschlagen werden.

67 Die Vorschlagslisten der Gewerkschaften brauchen jedoch nicht von einem Mindestquorum wahlberechtigter ArbN des Betriebs unterzeichnet zu sein. Es genügt die Unterzeichnung durch **zwei Beauftragte der Gewerkschaft.** Diese Regelung ist nicht wegen Verstoßes gegen den Gleichheitsgrundsatz verfassungswidrig, weil die gewerkschaftlichen Wahlvorschläge keiner Stützunterschriften der wahlberechtigten ArbN bedürfen. Diese unterschiedliche Behandlung der Wahlvorschläge ist sachlich gerechtfertigt. Das Unterschriftenquorum der Wahlvorschläge der ArbN soll die Wahl auf ernsthafte Bewerber beschränken. Bei gewerkschaftlichen Wahlvorschlägen ist diesem Gesichtspunkt bereits dadurch Rechnung getragen, dass eine Gewerkschaft hinter dem Wahlvorschlag steht (eing. hierzu GK-BetrVG/*Jacobs* Rn. 97; *Heither* NZA 1990 Beil. 1, 13; *Engels/Natter* BB 1989 Beil. 8, 18).

68 Wen die Gewerkschaft als Beauftragte bestimmt, ist ihre Sache. Es können sowohl hauptberufliche Ang. der Gewerkschaft als auch ArbN des Betriebs oder eines anderen Betriebs in ehrenamtlicher Funktion beauftragt werden (LAG SchlH 9.1.2017 – 3 TaBVGa 3/16; GK-BetrVG/*Jacobs* Rn. 93; ErfK/*Koch* Rn. 8; WPK/*Wlotzke* Rn. 31; *Engels/Natter* BB 1989 Beil. 8, 18; *Wlotzke* DB 1989, 113). Ihre **Beauftragung** muss sich allerdings entweder unmittelbar aus der Satzung der Gewerkschaft ergeben oder durch ihre satzungsmäßigen Organe ordnungsgemäß ausgesprochen worden sein. Die Beauftragung braucht nicht schriftlich zu erfolgen; jedoch ist dies aus Beweisgründen angezeigt. In Zweifelsfällen kann der Wahlvorst. den Nachweis der Beauftragung verlangen (→ WO § 27 Rn. 3; LAG SchlH 9.1.2017 – 3 TaBVGa 3/16; LAG Hamm 10.3.1998 – 3 TaBV 37/98, NZA-RR 1998, 400; GK-BetrVG/*Jacobs* Rn. 93; DKKW/*Homburg* Rn. 35; *Dänzer-Vanotti* ArbuR 1989, 205).

69 Ist der Wahlvorschlag der Gewerkschaft nicht von zwei Beauftragten unterschrieben, ist er **ungültig,** sofern die Unterschriften nicht innerhalb der Zweiwochenfrist für die Einreichung von Wahlvorschlägen nachgeholt werden (vgl. § 6 Abs. 1 S. 2 WO; LAG SchlH 9.1.2017 – 3 TaBVGa 3/16; ArbG Siegen 26.4.1974 – BV 2/74, DB 1974, 1776; GK-BetrVG/*Jacobs* Rn. 92). Auch eine etwa fehlende Vollmacht für die Unterzeichnung muss innerhalb dieser Frist nachgeholt werden. Nach LAG Hamm 10.3.1998 – 3 TaBV 37/98, NZA-RR 1998, 400 gilt dies jedenfalls dann nicht, wenn der Wahlvorst. den Nachweis der Bevollmächtigung nicht in dieser Frist gefordert hat.

Dass ein Wahlvorschlag der Gewerkschaft nicht nur von zwei Beauftragten, sondern **auch von ArbN** des Betriebs **unterzeichnet** ist, ist unschädlich (BAG 15.5.2013 – 7 ABR 40/11, NZA 2013, 1095). Das Gleiche gilt im umgekehrten Fall, dass der Wahlvorschlag der ArbN von zwei Beauftragten der Gewerkschaft mit unterschrieben ist. In diesem Falle bleibt der Wahlvorschlag als gewerkschaftlicher Wahlvorschlag gültig, auch wenn er wegen nicht ausreichender Stützunterschriften der ArbN gem. § 8 Abs. 1 Nr. 3 WO ungültig wäre (BAG 17.3.2005 – 2 AZR 275/04, NZA 20105, 1064; GK-BetrVG/*Jacobs* Rn. 93 f.; Richardi BetrVG/*Thüsing* Rn. 48; *Engels/Natter* BB 1989 Beil. 8, 19). 70

Das den **Gewerkschaften** eingeräumte eigenständige Wahlvorschlagsrecht gehört zu ihren Aufgaben und Befugnissen iSv § 2 Abs. 2 (→ § 2 Rn. 60 ff.). Deshalb haben sie das Recht, den **Betrieb** für alle mit der BRWahl zusammenhängenden Aktionen und Aktivitäten auch durch externe Vertreter **zu betreten** (GK-BetrVG/*Jacobs* Rn. 101; Richardi BetrVG/*Thüsing* Rn. 67; *Wlotzke* DB 1989, 113; *Hanau* Gutachten S. 8; *Engels/Natter* BB 1989 Beil. 8, 19). Das gilt zB für die Gewinnung von Wahlbewerbern, für die Information über die Wahl und die Wahlbewerber sowie generell für die Wahlwerbung (WPK/*Wlotzke* Rn. 32; GK-BetrVG/*Jacobs* Rn. 101). 71

VI. Sonderregelung für Beamte in den Postunternehmen

1. Grundsätzliches

Die in den Betrieben der Postunternehmen Deutsche Telekom AG, Deutsche Post AG und Deutsche Post Bank AG (PostAG'n) beschäftigten Beamten gelten auf Grund ihrer Eingliederung gem. § 24 Abs. 2 PostPersRG grds. als ArbN iSd BetrVG (→ § 5 Rn. 321; → § 7 Rn. 10; → § 8 Rn. 28; → § 9 Rn. 27 f.). Die Regelungen des PostPersRG gehen als spezialgesetzliche Regelung der neuen allgemeinen Regelung des § 5 Abs. 1 S. 3 vor (→ § 1 Rn. 38; → § 5 Rn. 320; *Hayen* ArB 2009, 334 [389]). Die Beamten der Postunternehmen haben die gleichen Rechte und Pflichten im Rahmen der Betriebsverfassung wie „normale" ArbN. Einzige Ausnahme: die **Beamten** der **PostAG'n** bilden bei der Wahl zum BR eine eigene, **zweite Wählergruppe,** es sei denn, dass sie auf dieses Sonderrecht verzichten (§ 26 Nr. 1 PostPersRG; s. dazu Richardi BetrVG/*Thüsing* Rn. 72; ausf. *Engels/Mauß-Trebinger* RdA 1997, 217 [221 ff.]). Hinsichtlich der Beamten, denen von den PostAG'n Tätigkeiten in Tochter-, Enkel-, oder sonstigen Beteiligungsgesellschaften zugewiesen werden ausf. → Rn. 86 ff. 72

Hintergrund dieser Sonderregelung ist folgendes: Ungeachtet ihrer Tätigkeit bei den privatisierten Postunternehmen bleibt den Beamten ihr Rechtsstatus „unmittelbare Bundesbeamte" erhalten; ihr Dienstherr ist also weiterhin der Bund (§ 2 Abs. 3 PostPersRG). Um die Beamten wie ArbN in den privatisierten Betrieben auch einsetzen und ihnen Aufgaben übertragen zu können, hat der Bund die Postunternehmen mit der Wahrnehmung der Dienstherrenbefugnisse „beliehen" (§ 1 PostPersRG). Folglich können die Postunternehmen gegenüber allen bei ihnen beschäftigten Beamten auch erforderliche personelle Einzelmaßnahmen beamtenrechtlicher Natur, wie zB Versetzungen, Umsetzungen und Abordnungen, treffen (*Engels/Mauß-Trebinger* RdA 1997, 217 [218 f., 235 ff.] mwN). 73

Dementspr. sieht § 28 S. 1 PostPersRG eine Beteiligung des BR in den beamtenspezifischen Tatbeständen der §§ 76 Abs. 1, 78 Abs. 1 Nr. 3–5 u. 79 Abs. 3 BPersVG vor (s. *Engels/Mauß-Trebinger* RdA 1997, 217 [218 f., 235 ff.]; → § 99 Rn. 299 ff., 316 ff.). Allerdings gestaltet sich die Beteiligung des BR in diesen speziellen Fällen 74 abw. von § 33 BetrVG in der Weise, dass nach gemeinsamer Beratung im BR nur die Vertr. der Beamten zur Beschlussfassung berufen sind (§ 28 S. 2 PostPersRG). Diese – dem BPersVG entnommene – Überbetonung des Gruppenprinzips soll verfassungsrechtlich geboten sein, weil Beamte in beamtenspezifischen Angelegenheiten ausschließlich durch von ihnen gewählte Personen vertreten werden müssen (so Begründung zu § 27 – jetzt § 28 – BR-Drs. 115/94, 102). Um sicherzustellen, dass Vertr. der Beamten in den BR gelangen können, ist den Beamten für die BR-Wahl ein eigener Gruppenstatus zuerkannt worden (§ 26 Nr. 1 PostPersRG).

75 Die Anerkennung einer eigenen Wählergruppe der Beamten in diesen engen Grenzen (Wahl u. beamtenspezifische Angelegenheiten) bedeutet iE:

- Die Vertr. der Beamten im BR sind „normale" BRMitglieder mit den gleichen Rechten und Pflichten (s. *Engels/Mauß-Trebinger* RdA 1997, 217 [230ff.]). Scheidet ein Vertr. der Beamten aus, so rückt als Ersatzmitgl. ein Vertr. der Beamten nach (§ 25 BetrVG, § 26 Nr. 7 iVm Nr. 2 PostPersRG).
- Es gibt keine Berücksichtigung der Beamten als eigene Gruppe bei der Wahl des BRVorsitzenden (§ 26 BetrVG), der Mitgl. der Ausschüsse → § 27 Rn. 14, § 28 Rn. 28) und bei Freistellungen → § 38 Rn. 36; ausf. *Engels/Mauß-Trebinger* RdA 1997, 217 [230]; ebenso BAG 20.6.2018 – 7 ABR 48/16, NZA 2018, 1633).
- Gleiches gilt für GesBR und KBR, jedoch mit der Maßgabe, dass den in diese Gremien zu entsendenden BR- und GesBRMitgl. ein Vertr. der Beamten angehören muss (§§ 32, 33 PostPersRG). Ebenso muss dem Wahlvorst. ein Beamter angehören (§ 26 Nr. 6 PostPersRG; → § 16 Rn. 32; vgl. *Engels/Mauß-Trebinger* RdA 1997, 217 [222, 231]).
- Nur dann, wenn im BR eine beamtenspezifische Angelegenheit zu entscheiden ist, lebt die Beamtengruppe als solche auf (§ 28 PostPersRG); dann ist auch das bes. Verfahren zur Durchsetzung der MB- und Mitwirkungsrechte des BR nach § 29 PostPersRG und die spezielle Besetzung der E-Stelle (§ 30 PostPersRG) zu beachten (*Engels/Mauß-Trebinger* RdA 1997, 217 [236ff.]).

2. Beamte als eigene Gruppe

76 Die in den Betrieben der **Postunternehmen** Deutsche Telekom AG, Deutsche Post AG und Deutsche Post Bank AG (PostAG'n) beschäftigten Beamten bilden bei der **Wahl** zum BR eine **eigene Wählergruppe** (§ 26 Nr. 1 PostPersRG); hierzu gehören nicht zB in sich beurlaubte Beamte, die in einem ArbVerhältnis zu der AG stehen und folglich ArbN sind (→ § 5 Rn. 316). Damit soll erreicht werden, dass die Beamten entspr. ihrem zahlenmäßigen Verhältnis zu den übrigen ArbN im BR vertreten sind (zu ebenfalls nicht wahlberechtigten Beamten in der AG ausf. → Rn. 86ff.). Eine zweite Gruppe „Beamte" im BR und die damit verbundenen erheblichen Schwierigkeiten (s. zur damaligen Rechtslage mit noch drei Gruppen *Engels/Mauß-Trebinger* RdA 1997, 217 [223ff.] mwN) können vermieden werden, wenn die Mehrheit der Beamten eines Betriebes der Postunternehmen vor der Wahl in geheimer Abstimmung auf die Bildung einer eigenen Wählergruppe verzichtet (§ 26 Nr. 1 PostPersRG, § 3 WOP (Anh. 2), → Rn. 85b Buchst. c; → Rn. 85c). Geschieht dies, so gelten die Beamten als ArbN; sie erhalten keine eigenen Beamtensitze im BR. Bei der **Bahn** stellt sich dieses Problem wegen der dort vorgesehenen Sondervertretung der zugewiesenen Beamten beim BEV nicht, § 17 DBGrG; → § 7 Rn. 10 mwN; in den **Kooperationsunternehmen der Bundeswehr** (→ Rn. 62) bedurfte es ebenfalls keiner der Post entsprechenden Sonderregelung, da den Beamten und Soldaten nach den §§ 2–4 BwKoopG das aktive und passive Wahlrecht zum Personalrat der Beschäftigungsdienststelle unverändert zusteht; → § 7 Rn. 11; → § 8 Rn. 29; BT-Drs. 15/2944; die Bestimmung einer anderen Dienststelle zur personalbearbeitenden Stelle ändert daran nichts (BVerwG 14.12.2009 – 6 AP 16/08, NZA-RR 2010, 274). Gleiches gilt für die der **BRD-Finanzagentur GmbH** zugewiesenen Beamten, die nach § 4 BWpVerwPG zum Personalrat der Beschäftigtendienststelle aktiv und passiv wahlberechtigt sind (→ § 7 Rn. 11; → § 8 Rn. 28; BT-Drs. 16/1336, 17), für die der **DSF Deutsche Flugsicherung** zugewiesenen Beamten und ArbN, die zum Personalrat des Luftfahrtbundesamtes aktiv und passiv wahlberechtigt sind (§ 4 Abs. 1 BAFISBAUbnG), sowie für das der **Bundesagentur für Außenwirtschaft** zugewiesene Personal, das nach § 4 BfAIPG als Beschäftigte des Bundesamtes für Wirtschaft und Ausfuhrkontrolle gilt und zum dortigen Personalrat aktiv und passiv wahlberechtigt ist. Soweit keine spezialgesetzlichen Regelungen bestehen, richtet sich die Frage des aktiven und passiven Wahlrechts der überlassenen Beamten, Arbeitnehmer des öffentlichen Dienstes und der Soldaten zum Personalrat ihrer Stammdienststelle nach den jeweiligen Regelungen des BPersVG bzw. des jeweiligen LPersVG (zum anzuerkennenden doppelten Wahlrecht → § 5 Rn. 319; zu Fragen der Beteiligung des PersR s. ua BVerwG 14.12.2009 – 6 AP 16/08, NZA-RR 2010, 274).

Verzichten die **Beamten** eines Betriebs **nicht** auf eine eigene Wählergruppe, so 77
müssen sie ebenso wie die ArbN entspr. ihrem zahlenmäßigen Verhältnis im BR vertreten sein, wenn dieser mindestens aus drei Mitgl. besteht (§ 26 Nr. 2 PostPersRG). IE gilt Folgendes:

Für die Verteilung der Sitze auf die ArbN und Beamten ist von der Zahl der 78
Angehörigen jeder Gruppe auszugehen, die am Tage des Erlasses des Wahlausschreibens **tatsächlich** dem Betrieb als Beschäftigte angehören (GK-BetrVG/*Jacobs* § 10 Anh. Rn. 6; anders für die Größe des BR § 9, der auf die Zahl der „in der Regel" beschäftigten ArbN abstellt, → § 9 Rn. 11; **aA** BAG 29.5.1991 – 7 ABR 27/90, AP BPersVG § 17 Nr. 1, das auch bei der Bestimmung der Gruppenstärke entgegen dem GWortlaut auf die idR beschäftigten Gruppenangehörigen abstellt). Dabei werden bei jeder Gruppe auch die nicht wahlberechtigten Gruppenangehörigen (dh jug. ArbN) mitgezählt (GK-BetrVG/*Jacobs* § 10 Anh. Rn. 6) sowie die nach § 7 S. 2 wahlberechtigten ArbN. Nicht mitzuzählen sind die leitenden Ang. nach § 5 Abs. 3 (hM). Nach Erlass des Wahlausschreibens eintretende Veränderungen der zahlenmäßigen Zusammensetzung der ArbNschaft des Betriebs bleiben unberücksichtigt. Grds. gelten hier die gleichen Grundsätze wie zu § 15 Abs. 2 (daher ausf. → § 15 Rn. 16).

Die sich aus § 9 unter Einbeziehung der Beamten als ArbN ergebenden Sitze 79
(→ § 9 Rn. 27 f.) werden auf die Gruppen der ArbN und Beamten nach den **Grundsätzen der Verhältniswahl** (d'Hondtsches Höchstzahlensystem, § 6 Nr. 3 WOP) verteilt. Der Wahlvorst. hat die Zahlen der im Betrieb beschäftigten ArbN und Beamten nebeneinander zu stellen und durch 1, 2, 3, 4 usw zu teilen. Er hat diese Teilung so lange durchzuführen, als Höchstzahlen entstehen, die noch für die Zuweisung von Sitzen im BR in Frage kommen. Jede Gruppe erhält so viele Sitze, wie Höchstzahlen auf sie entfallen.

Beispiel:

Ein Betrieb hat 131 Beschäftigte, davon 109 ArbN und 22 Beamte. Der BR besteht aus 7 Mitgl. (§ 9 BetrVG).

Der Wahlvorst. rechnet wie folgt:

	109 ArbN		**22 Beamte**
: 1	**109**	: 1	**22**
: 2	**54,5**	: 2	11
: 3	**36,3**	: 3	7,3
: 4	**27,2**		
: 5	**21,8**		
: 6	**18,6**		
: 7	15,5		

Die sieben höchsten Teilzahlen sind: 109; 54,5; 36,3; 27,2; 22; 21,8; 18,6.

Davon entfallen sechs Höchstzahlen auf die ArbN, einer auf die Beamten. Der BR besteht also aus sechs Vertr. der ArbN und ein Vertr. der Beamten.

80 Fällt die niedrigste noch zu berücksichtigende Höchstzahl auf beide Gruppen, so entscheidet das **Los** (§ 6 Nr. 3 Buchst. b WOP). Gleiches gilt, wenn beiden Gruppen gleich viele Beschäftigte angehören (§ 6 Nr. 3 Buchst. c WOP).

81 Entfällt auf **eine Gruppe** keine Höchstzahl und steht ihr damit **kein BRSitz** zu, kann sie **keine eigene Wählergruppe** bilden. Das bedeutet nicht, dass die Angehörigen dieser Gruppe vom aktiven und passiven Wahlrecht ausgeschlossen sind. In diesem Falle ist vielmehr der BR von ArbN und Beamten in **gemeinsamer Wahl** zu wählen (vgl. zu § 10 aF Fitting 20. Aufl. 2000 Rn. 14; GK-BetrVG/*Kreutz* 6. Aufl. § 10 aF Rn. 21 f.; Richardi BetrVG 7. Aufl. § 10 aF Rn. 12). Wird ein Beschäftigter der Minderheitsgruppe gewählt, so hat dieser jedoch nicht die Stellung eines Gruppenvertreters.

82 Eine weitere praktische **Beschränkung** ergibt sich für die Vertretung der Minderheitsgruppe im BR im Falle der Gruppenwahl aus § 26 Nr. 3 PostPersRG iVm § 14 Abs. 4 S. 1 Hs. 2. Hiernach muss bei Kleingruppen ein Wahlvorschlag von mindestens zwei wahlberechtigten Gruppenangehörigen unterzeichnet sein. Eine Minderheitsgruppe, die nicht mindestens zwei wahlberechtigte ArbN umfasst (zB ein wahlberechtigten und sechs jug. ArbN) kann daher nicht im BR vertreten sein (GK-BetrVG/*Kreutz* 6. Aufl. § 10 aF Rn. 20; **aA** GL § 10 aF Rn. 10; Richardi BetrVG 7. Aufl. § 10 aF Rn. 11, die in diesem Falle einen Wahlvorschlag auch mit weniger als den gesetzl. vorgeschriebenen Unterschriften als gültig ansehen). Es findet dann gemeinsame Wahl statt.

83 Ist dagegen eine Gruppe, obwohl ihr wählbare ArbN angehören, **nicht bereit,** sich an der Wahl zu beteiligen, so wird der BR in der nach § 9 maßgebenden Größe **nur mit Vertr. der Mehrheitsgruppe besetzt,** ohne dass bei deren Wahl die ArbN der Minderheitsgruppe mitwirken (DKK/*Schneider* BetrVG 7. Aufl. § 10 aF Rn. 12; GK-BetrVG/*Kreutz* 6. Aufl. § 10 aF Rn. 24; GL § 10 aF Rn. 9; Richardi BetrVG 7. Aufl. § 10 aF Rn. 22; BAG 11.4.1958 – 1 ABR 4/57, AP WahlO z. BetrVG § 6 Nr. 1; 20.10.1954 – 1 ABR 11/54, AP BetrVG § 25 Nr. 1).

83a Sind im Betrieb ArbN und Beamte beschäftigt, so sieht § 26 Nr. 1 iVm Nr. 3 PostPersRG als Regelfall die **Gruppenwahl** vor, dh ArbN und Beamten wählen ihre Vertreter im BR in getrennten Wahlgängen (zu den abweichenden Besonderheiten → Rn. 81–83). Auch bei getrennten Wahlgängen findet die Wahl beider Gruppen **grds. gleichzeitig** statt. Kann aus organisatorischen Gründen die Wahlhandlung nicht für beide Gruppen zur selben Zeit stattfinden (zB in Betrieben mit Schichtarbeit), darf mit der Feststellung des Wahlergebnisses erst nach der Beendigung der gesamten Wahlhandlung begonnen werden, da nicht auszuschließen ist, dass die vorherige Bekanntgabe des Ergebnisses der einen Gruppe die Wahl der anderen Gruppe beeinflusst.

83b Mit der Aufhebung des § 12 BetrVG im Rahmen des BetrVerf-ReformG und mangels einer entsprechenden Regelung im PostPersRG ist eine abweichende Verteilung der BRSitze auf die Gruppen entfallen. Die Möglichkeit der **gruppenfremden Kandidatur** ist dagegen mit dem Ersten G zur Änderung des Postpersonalrechtsgesetzes v. 9.11.2004 (BGBl. I S. 2774) wieder eröffnet worden (vgl. § 26 Nr. 4a PostPersRG). Danach kann sowohl die Gruppe der ArbN als auch die Gruppe der Beamten Angehörige der jeweils anderen Gruppe wählen. Sie gelten in diesem Fall als Angehörige derjenigen Gruppe, die sie gewählt hat. Gleiches gilt für ErsatzMitgl. (§ 26 Nr. 4a S. 3 PostPersRG). Die Möglichkeit der Wahl gruppen fremder Bewerber ist nicht auf die Gruppenwahl beschränkt (sa *Engels/Mauß-Trebinger* RdA 1997, 217 [229] mwN; **aA** BAG 20.10.1954 – 1 ABR 17/54, AP BetrVG § 76 Nr. 1). Bei der **gemeinsamen Wahl** muss sich jedoch die Zuordnung eines Wahlbewerbers zur anderen Gruppe sowohl aus dem Wahlvorschlag als auch aus dem Stimmzettel eindeutig ergeben (*Engels/Mauß-Trebinger* RdA 1997, 217 [229]; *Tumm* AiB 1996, 156 [172]; DKK/*Schneider* BetrVG 5. Aufl. 1996 zum alten § 12 Rn. 17). Bei **Gruppenwahl** muss der gruppenfremde Bewerber in einen Wahlvorschlag der Gruppe, für die er kandidiert, aufgenommen werden. Er kann diesen Wahlvorschlag jedoch nicht selbst unterzeichnen, sondern nur einen seiner eigenen Gruppe. Auch wählt er selbst nur bei seiner Gruppe (*Engels/Mauß-Trebinger* RdA 1997, 217 [230]; DKK/Schneider BetrVG 5. Aufl. § 12 Rn. 15; GK-BetrVG/*Kreutz* 6. Aufl. § 12 Rn. 33). Für die Dauer seiner Mitgliedschaft im BR gilt er als **Angehöriger der anderen Gruppe** und ist als Vertreter dieser Gruppe zu zählen, zB bei der Wahl zum Vors. des BR oder zum Mitgl. eines Ausschusses oder bei der Entsendung in den GesBR oder KBR etc. Dagegen bleibt seine arbeits- bzw. dienstrechtl. Stellung als ArbN bzw. Beamter unverändert. Seine Eigenschaft als Beamter lebt im BR auch dann nicht auf, wenn beamtenspezifische Angelegenheiten gem. § 28 PostPersRG zur Beschlussfassung anstehen, da er gerade nicht als Vertreter der Beamtengruppe in den BR gewählt worden ist (*Engels/Mauß-Trebinger* RdA 1997, 217 [229]).

Die wahlberechtigten Angehörigen der jeweiligen Gruppen können in **getrennter** und **geheimer Abstimmung** die **gemeinsame Wahl** beschließen (§ 26 Nr. 3 PostPersRG). Auch bei der gemeinsamen Wahl bleibt es beim Erfordernis der anteiligen Repräsentation der Beamten (→ Rn. 78 f.; Richardi BetrVG/*Thüsing* Rn. 76). Die Beschlussfassung muss **vor der Wahl,** und zwar nach § 6 Nr. 5 Buchst. b WOP **spätestens** bis zum Ablauf der für die Einreichung von Vorschlagslisten maßgebenden Frist von 2 Wochen seit dem Erlass des Wahlausschreibens erfolgen. Eine ohne Abstimmung vorgenommene Gemeinschaftswahl kann nicht durch nachträglich genehmigende Beschlussfassung geheilt werden (GK-BetrVG/*Kreutz* 6. Aufl. § 14 Rn. 48; Richardi BetrVG 7. Aufl. Rn. 37); die Wahl ist aber nicht nichtig, sondern nur anfechtbar (BAG 2.3.1955 – 1 ABR 19/54, AP BetrVG § 18 Nr. 1). Da die Abstimmung geheim sein muss, ist eine **förmliche Stimmabgabe** durch schriftliche Stimmzettel erforderlich. Mangels näherer Regelungen über die Durchführung der Abstimmung ist die Zulässigkeit einer **Briefwahl** anzuerkennen, auch wenn sie ausschließlich als Briefwahl erfolgt (BAG 14.2.1978 – 1 ABR 46/77, AP BetrVG 1972 § 19 Nr. 7). Ein **förmlicher Antrag** auf Abstimmung ist nicht erforderlich. Die Abstimmung kann von jedem Wahlberechtigten oder jeder im Betrieb vertretenen Gewerkschaft initiiert werden. Der Wahlvorst. ist nicht verpflichtet, jedoch im Hinblick auf seine Stellung und Unparteilichkeit berechtigt, die Abstimmungen durchzuführen, wenn dies gewünscht wird. Auch können andere ArbN oder der amtierende BR die Abstimmung durchführen. Die Abstimmungen finden als Teil der BRWahl grds. während der Arbeitszeit statt. Die Kosten der Abstimmungen trägt der ArbGeb. Die Teilnahme an der Abstimmung hat keine Minderung des Arbeitsentgelts zur Folge (→ § 20 Rn. 43). 83c

Das G enthält keine ausdrückliche Regelung, welche **Mehrheit** für die Beschlussfassung über die gemeinsame Wahl erforderlich ist. Das BAG hatte zum insoweit wortgleichen § 13 Abs. 2 BetrVG 1952 entschieden, dass für die Wirksamkeit der Abstimmung erforderlich ist, dass **die Mehrheit aller Wahlberechtigten in beiden Gruppen** sich an ihr **beteiligt** (auch ungültige Stimmzettel rechnen mit) und **die Mehrheit der Abstimmenden in beiden Gruppen** sich für die **gemeinsame Wahl** ausspricht (BAG 7.7.1954 – 1 ABR 2/54, AP BetrVG § 13 Nr. 1; 7.7.1954 – 1 ABR 14/54, AP BetrVG § 13 Nr. 2; 2.2.1962 – 1 ABR 5/61, AP BetrVG § 13 Nr. 10; ebenso für die Übertragung dieser Grundsätze auf die Abstimmung in den Postunternehmen Richardi BetrVG/*Thüsing* Rn. 77 mwN). 83d

Wird die gemeinsame Wahl erst **nach Erlass des WA** beschlossen, so verlieren etwa bereits eingereichte Wahlvorschläge ihre Gültigkeit. Der Wahlvorst. hat für die Einreichung neuer Wahlvorschläge eine Nachfrist von einer Woche zu setzen (§ 6 Nr. 5 Buchst. b WOP). Der Beschluss über die gemeinsame Wahl gilt nur für die bevorstehende Wahl, hat also – wie sich bereits aus den Worten „vor der Neuwahl“ in § 26 Nr. 3 PostPersRG ergibt – **keine Dauerwirkung.** Findet jedoch eine Wiederholung der Wahl (etwa bei einer wirksam angefochtenen oder nichtigen Wahl) statt, gilt die Abstimmung auch für die Wiederholung der Wahl, es sei denn die Abstimmung über die gemeinsame Wahl war selbst rechtsfehlerhaft. 83e

Für das **vereinfachte Wahlverfahren** gilt die Besonderheit, dass die BRWahl in den Postunternehmen immer als **gemeinsame Wahl** erfolgt (§ 26 Nr. 3 S. 2 Post- 83f

PersRG). Hier besteht keine Möglichkeit ggf. im Wege der Abstimmung auch im vereinfachten Wahlverfahren Gruppenwahl durchzuführen. Für die **Abstimmung** darüber, ob die Beamten bei der Wahl zum BR eine **eigene Wählergruppe** bilden → Rn. 85b.

83g Ergänzend zu den Fällen des § 14 Abs. 2 S. 2 findet **Mehrheitswahl** auch dann statt, wenn für eine Gruppe nur ein Vertreter zu wählen ist (§ 26 Nr. 4 PostPersRG). § 6 Nr. 17 WOP enthält die dazu notwendigen Wahlvorschriften (→ Rn. 85m). Nach der ersatzlosen Streichung des § 14 Abs. 4 aF und einer fehlenden Sonderregelung für die Postunternehmen, bestimmt sich auch in diesem Fall die Frage des **Ersatzmitgl.** nach § 25. Ersatzmitgl. sind danach automatisch die nicht gewählten Bewerber mit den nächsthöchsten Stimmenzahlen (→ Rn. 38).

84 Die Vorgabe des § 15 Abs. 2 über die Mindestquote an BRSitzen für das **Geschlecht in der Minderheit** ist in der Weise umgesetzt worden, dass innerhalb der jeweiligen Gruppe im BR das Minderheitsgeschlecht entspr. seinem zahlenmäßigen Anteil an den ArbN und an den Beamten vertreten sein muss (§ 4 Abs. 1 S. 2 WOP). Damit ist die allgemeine Vorgabe des § 15 Abs. 2 an die Besonderheit des in den Postunternehmen bestehenden Gruppenprinzips angepasst worden. Für die Bestimmung der Mindestsitze für das Minderheitsgeschlecht innerhalb der jeweiligen Gruppe ist jeweils § 5 WO entspr. anzuwenden (§ 6 Nr. 4 WOP). Insoweit kann für die Ermittlung der Mindestsitze des Geschlechts in der Minderheit für die jeweilige Gruppe auf die Beispielsfälle in → § 15 Rn. 15–20 verwiesen werden.

3. Wahl in Betrieben der Post-Aktiengesellschaften

85 Die Wahlvorschriften des § 14 und damit auch die Ausführungen in den → Rn. 1 ff. gelten entspr. für die Betriebe der Postunternehmen Deutsche Telekom AG, Deutsche Post AG und Deutsche Post Bank AG (PostAG'n), in denen die dort beschäftigten Beamten eine eigene, zweite Wählergruppe bilden (§ 26 Nr. 1 PostPersRG; → Rn. 76 ff.). Die insoweit zu beachtenden wahlrechtlichen Besonderheiten ergeben sich aus der VO zur Durchführung der Betriebsratswahlen bei den Postunternehmen (WahlO Post (hier: WOP) v. 22.2.2002 BGBl. I S. 946). Zum **Wahlrecht** von den PostAG'n beurlaubten Beamten, die mit einem gesonderten Arbeitsvertrag in einer Tochtergesellschaft beschäftigt werden (LAG Hmb 14.7.1999 – 8 TaBV 5/99, BeckRS 1999, 30779692) sowie von Beamten, die aufgrund einer ihnen bei einer Tochter-, Enkel- oder Beteiligungsgesellschaft nach § 4 Abs. 4 S. 1–3 PostPersRG zugewiesenen Tätigkeit nicht mehr in der AG beschäftigt sind, ausf. → Rn. 86 ff. Für die BRWahl in den PostAG'n sieht die WOP (s. Anh. 2) in ihren Grundzügen Folgendes vor:

85a 1. **Grundlage** für die BRWahlen in den PostAG'n ist die **WO.** Für ihre Anwendung gelten die bei den PostAG'n beschäftigten Beamten als ArbN. Sie bilden bei der BRWahl neben den ArbN eine eigene Wählergruppe, es sei denn sie verzichten hierauf **(§§ 1–3 WOP).**

85b 2. Um die Wählerliste aufstellen zu können, muss der Wahlvorst. wissen, ob die Beamten bei der BRWahl eine **eigene Wählergruppe** bilden oder hierauf verzichten (vgl. *Engels/Mauß-Trebinger* RdA 1997, 222).

a) Dazu hat er unverzüglich nach seiner Bestellung die wahlberechtigten Beamten (→ Rn. 76) durch **Aushang** darauf hinzuweisen, dass sie in geheimer Abstimmung darüber entscheiden können, ob sie auf die Bildung einer eigenen Wählergruppe verzichten. Im Aushang ist der Zeitpunkt zu bestimmen, bis wann die Beamten dem Wahlvorst. ihre Entscheidung mitzuteilen haben. Die **Abstimmung** kann schon vor Erlass des Aushangs durchgeführt oder eingeleitet werden. Der für die Entscheidung zur Verfügung stehende Zeitraum muss jedoch mindestens 5 Arbeitstage ab Aushang betragen. Der Aushang hat an einer oder mehreren geeigneten, den Beamten zugänglichen Stellen zu erfolgen **(§ 5 Abs. 1 WOP).** Für die Durchführung der geheimen Abstimmung kann auf die grundsätzlichen Ausführungen zur Abstimmung über die gemeinsame Wahl verwiesen werden (→ Rn. 83c).

b) Für die BRWahl im **vereinfachten Wahlverfahren** besteht folgende Besonderheit:

aa) Vorstehendes findet keine Anwendung im vereinfachten Wahlverfahren nach § 14a Abs. 1 **(zweistufiges Wahlverfahren – § 5 Abs. 2 S. 1 WOP).** Hierfür besteht eine **Sonderregelung** in **§ 6 Nr. 18 Buchst. a WOP.** Danach haben die nach § 28 WO zur WahlVerslg. zur Wahl des Wahlvorst. Einladenden in ihrer **Einladung** ergänzend darauf hinzuweisen, dass die wahlberechtigten Beamten in geheimer Abstimmung mit Stimmenmehrheit darüber entscheiden können, ob sie auf die Bildung einer eigenen Wählergruppe verzichten, und dass die Abstimmung hierüber bis zur Wahl des Wahlvorst. erfolgen kann.

bb) Für das **einstufige vereinfachte Wahlverfahren** nach § 14a Abs. 3 u. 5 verkürzt sich die Frist für die Abstimmung auf mindestens 3 Arbeitstage **(§ 5 Abs. 2 S. 2 WOP).**

c) Die Beamten können auf ihr Recht, eine eigene Wählergruppe zu bilden, nur mit der **Mehrheit der wahlberechtigten Beamten** in geheimer Abstimmung verzichten (**§ 3 WOP,** § 26 Nr. 1 PostPersRG). Der Verzicht muss innerhalb der vom Wahlvorst. festgesetzten Frist diesem mitgeteilt werden. Die Frist über die Vorabstimmung der Beamten über die Bildung einer eigenen Wählergruppe ist eine **Ausschlussfrist.** Erfolgt innerhalb dieser Frist keine Mitteilung, so bilden die Beamten für die BRWahl eine eigene Wählergruppe. Gleiches gilt, wenn keine Mehrheit für den Verzicht auf eine eigene Wählergruppe erreicht wird.

3. Bei einem **Verzicht** der Beamten auf eine eigene Wählergruppe richtet sich das Wahlverfahren bis auf **eine Ausnahme** unmittelbar nach der **WO.** Aus Gründen der Rechtssicherheit hat das Wahlausschreiben nach den §§ 3, 31, 36 Abs. 3 WO zusätzlich die Angabe über den Verzicht der Beamten auf eine eigene Wählergruppe zu enthalten **(§ 7 WOP).** **85c**

4. Bei der **Bildung einer eigenen Wählergruppe** bestimmt **§ 4 Abs. 1 WOP,** dass **85d**
– die Gruppen der ArbN und der Beamten entspr. ihrem Verhältnis im BR vertreten sein müssen. Zur Bestimmung der Sitze → Rn. 79.
– innerhalb der jeweiligen Gruppe das Geschlecht in der Minderheit mindestens entspr. seinem zahlenmäßigen Verhältnis in der Gruppe vertreten sein muss (→ Rn. 84).

5. **§ 6 WOP** enthält sodann **18** zT komplizierte **Sondervorschriften zur WO.** Grundlage für die BRWahlen in Postunternehmen ist die WO, allerdings in modifizierter Form. Die wesentlichen Besonderheiten sind Folgende: **85e**

a) Die **Wählerliste** (§ 2 Abs. 1 WO) ist getrennt nach den Gruppen ArbN und Beamten und innerhalb der Gruppen getrennt nach den Geschlechtern aufzustellen **(§ 6 Nr. 1 Buchst. a WOP).** Neben dem Abdruck der Wählerliste und der WO ist auch die WOP auszulegen bzw. elektronisch bekannt zu machen (§ 2 Abs. 4 S. 1 WO, **§ 6 Nr. 1 Buchst. b WOP**). **85f**

b) Das **Wahlausschreiben** hat insbes. abw. von § 3 Abs. 2 Nr. 4 WO die Angabe über den Anteil der Geschlechter innerhalb der Gruppen (**§ 6 Nr. 2 Buchst. b WOP)** sowie abw. von § 3 Abs. 2 Nr. 5 WO die Angabe über die Verteilung der BRSitze auf die Gruppen und die auf das Geschlecht in der Minderheit entfallenden Mindestsitze für die jeweilige Gruppe **(§ 6 Nr. 2 Buchst. c WOP)** zu enthalten. Des Weiteren ist anzugeben, ob Gruppenwahl oder gemeinsame Wahl stattfindet **(§ 6 Nr. 2 Buchst. d WOP)** und dass bei Gruppenwahl zur Unterzeichnung von Wahlvorschlägen nur die wahlberechtigten Angehörigen der jeweiligen Gruppen berechtigt sind **(§ 6 Nr. 2 Buchst. e WOP).** **85g**

85h c) Die Berechnung der Verteilung der **Sitze** auf die **Gruppen** erfolgt nach der Verhältniswahl, die in **§ 6 Nr. 3 WOP** beschrieben ist (vgl. ausf. mit Beispielsfall → Rn. 79 ff.). Nach **§ 6 Nr. 4 WOP** wird die Verteilung der Mindestsitze auf das **Minderheitsgeschlecht** innerhalb der jeweiligen Gruppe in entsprechender Anwendung des § 5 WO vorgenommen (→ Rn. 84).

85i d) Nach **§ 6 Nr. 6 WOP** hat der Wahlvorst. eine Nachfrist von einer Woche zu setzen, wenn für eine Gruppe kein gültiger Wahlvorschlag eingereicht worden ist. Hat die Gruppe auch innerhalb dieser **Nachfrist** keinen gültigen Wahlvorschlag eingereicht, unterbleibt der Wahlgang für diese Gruppe. Damit bleibt die Gruppe, für die kein gültiger Wahlvorschlag eingereicht worden ist, ohne Vertr. und der BR besteht – in der nach § 9 bestimmten Größe – nur aus Vertretern der anderen Gruppe.

85j Findet Gruppenwahl statt, geben die Angehörigen der beiden Gruppen **ihre Stimmen getrennt** voneinander ab **(§ 6 Nr. 8 WOP).** Für die Stimmabgabe der beiden Gruppen ist je eine Wahlurne zu verwenden, die am besten durch entspr. Hinweise auf die Gruppe gekennzeichnet werden. Werden für die Gruppe unterschiedliche Stimmzettel verwandt, so können die Stimmzettel beider Gruppen in eine Urne geworfen werden, da durch die unterschiedlichen Stimmzettel eine nach Gruppen getrennte Auszählung sichergestellt ist.

85k e) Bei **Gruppenwahl** bestimmt sich die **Verteilung der BRSitze** für die Gruppe der ArbN und die Gruppe der Beamten nach **§ 6 Nr. 9 WOP.** Die Verteilung der BRSitze erfolgt für die jeweilige Gruppe getrennt nach den Grundsätzen der Verhältniswahl (§ 6 Nr. 9 Buchst. a und b WOP). Die Vorgehensweise ist bis auf eine Besonderheit mit § 15 WO identisch, so dass insoweit auf die Beispielfälle und dortigen Ausführungen (→ § 15 Rn. 22 ff.) verwiesen werden kann. Verfügt keine der Vorschlagslisten über Angehörige der Gruppe und sind noch BRSitze für diese Gruppe zu verteilen, bestimmt § 6 Nr. 9 Buchst. c S. 2 WOP, dass die insoweit überschüssigen Mitgl.Sitze auf die folgenden, nicht berücksichtigten Höchstzahlen der Vorschlagslisten der anderen Gruppe übergehen. Stellt der Wahlvorst. nach der Verteilung der BRSitze auf die Vorschlagslisten der jeweiligen Gruppen fest, dass für eine oder beide Gruppen die dem **Minderheitsgeschlecht** nach § 6 Nr. 4 WOP jeweils zustehenden **Mindestsitze** noch nicht erfüllt sind, richtet sich dessen weiteres Vorgehen nach § 6 Nr. 9 Buchst. e WOP iVm § 15 Abs. 5 WO. Da die Ermittlung für jede Gruppe getrennt vorzunehmen ist, kann auch hier auf die Beispiele zu → § 15 Rn. 24 ff. verwiesen werden. Verfügt eine Gruppe über nicht ausreichend Kandidaten des Minderheitsgeschlechts, verbleibt der Sitz für das Minderheitsgeschlecht in der Gruppe, er geht nicht auf die andere Gruppe über (§ 6 Nr. 9 Buchst. e WOP iVm § 15 Abs. 5 WO).

85l f) Ist bei **Gruppenwahl** für einen Wahlgang **Mehrheitswahl** vorgesehen, weil nur eine gültige Vorschlagsliste eingereicht worden ist, erfolgt die Ermittlung der Gewählten nach § 22 WO **(§ 6 Nr. 14 WOP).** Insoweit kann auf die Ausführungen zu → § 15 Rn. 30 ff.; § 22 WO verwiesen werden.

85m g) Ist bei **Gruppenwahl** nur **ein Vertreter** zu wählen, enthält **§ 6 Nr. 17 WOP** die erforderlichen Sonderregelungen. Nach § 6 Nr. 17 Buchst. d WOP ist gewählt, wer die meisten Stimmen erhalten hat. Bei Stimmengleichheit entscheidet das Los. Lehnt eine gewählte Person die Wahl ab, so tritt an ihre Stelle die nicht gewählte Person mit der nächsthöchsten Stimmenzahl.

85n h) Bei **gemeinsamer Wahl** bestimmt sich die **Verteilung der BRSitze** auf die Gruppen der ArbN und Beamte nach **§ 6 Nr. 10 WOP.** Danach hat der Wahlvorst. zunächst die BRSitze nach den Grundsätzen der Verhältniswahl (d'Hondtsches System), getrennt nach den Gruppen auf die Vorschlagslisten zu verteilen. Die Verteilung der Gruppensitze entspricht der alten Regelung des § 16 WO 72.

Beispiel:

Der BR besteht aus 11 ArbNVertr. (davon entfallen vier Mindestsitze auf das Minderheitsgeschlecht Frauen) und vier BeamtenVertr. (wobei ein Mindestsitz auf das Minderheitsgeschlecht Frauen entfällt). Es hat gemeinsame Wahl stattgefunden, bei der drei Vorschlagslisten als gültig anerkannt wurden. Die Gesamtzahl der gültigen Stimmen beträgt 1.382.

Davon entfielen auf die

Liste 1	873 Stimmen;
Liste 2	344 Stimmen;
Liste 3	165 Stimmen.

Der Wahlvorst. errechnet zunächst die Verteilung der **11 ArbNSitze** auf die Listen wie folgt:

	Liste 1: 873		Liste 2: 344		Liste 3: 165
: 1	**873**	: 1	**344**	: 1	**165**
: 2	**436,5**	: 2	**172**	: 2	82,5
: 3	**291**	: 3	**114,66**	: 3	55
: 4	**218,25**	: 4	86		
: 5	**174,6**	: 5	68		
: 6	**145, 5**				
: 7	**124,7**				
: 8	109,125				
: 9	90				

Es entfallen	auf die Liste 1	7 ArbNSitze
	auf die Liste 2	3 ArbNSitze
	auf die Liste 3	1 ArbNSitz

Sodann errechnet der Wahlvorst. die Verteilung der vier BeamtenSitze wie folgt:

	Liste 1: 873		Liste 2: 344		Liste 3: 165
: 1	873	: 1	344	: 1	165
: 2	436,5	: 2	172		
: 3	291				

Es entfallen	auf die Liste 1	3 BeamtenSitze
	auf die Liste 2	1 BeamtenSitz

Bei der Verteilung der Sitze auf die Listen kommt es nicht darauf an, in welcher Reihenfolge die Vertr. der ArbN und der Beamten auf den Listen stehen. Die Reihenfolge ist jeweils nur für Angehörige derselben Gruppe innerhalb der jeweiligen Liste von Bedeutung:

Liste 1	Liste 2	Liste 3
1. A (ArbN w.)	1. M (Beamter m.)	1. V (Beamte w.)
2. B (Beamter m.)	2. N (Beamte w.)	2. W (ArbN m.)
3. C (ArbN m.)	3. O (Beamter m.)	3. X (ArbN w.)
4. D (ArbN w.)	4. P (Beamter m.)	4. Y (ArbN w.)
5. E (ArbN m.)	5. Q (Beamte w.)	
6. F (ArbN m.)	6. R (Beamter m.)	
7. G (ArbN w.)	7. S (ArbN w.)	
8. H (Beamte w.)	8. T (ArbN m.)	
9. J (Beamter m.)	9. U (ArbN m.)	
10. K (ArbN m.)		
11. L (ArbN m.)		

Gewählt sind danach von der Liste 1 für die ArbNGruppe: A (w), C, D (w.), E, F, G (w.), und K sowie für die BeamtenGruppe: B, H (w.) und J. Von der Liste 2 sind gewählt für die ArbNGruppe: S (w.), T und U und für die BeamtenGruppe: M. Von der Liste 3 ist für die ArbNGruppe W gewählt.

85o Im Anschluss daran hat der Wahlvorst. zu prüfen, ob nach der Verteilung der Gruppensitze die jeweilige Gruppe über die ihr zustehenden **Mindestsitze** für das **Minderheitsgeschlecht** nach § 6 Nr. 4 WOP verfügt. Ist dies nicht der Fall, richtet sich das weitere Vorgehen nach **§ 6 Nr. 10 Buchst. e WOP.** Danach hat der Wahlvorst. für die Gruppe, deren Mindestsitze für das Minderheitsgeschlecht noch nicht erreicht sind, den zuletzt verteilten Gruppensitz zu ermitteln, der nicht auf einen Angehörigen des Geschlechts in der Minderheit entfällt. Der so ermittelte Gruppensitz geht an die noch nicht berücksichtigte Person in derselben Vorschlagsliste, die dem Minderheitsgeschlecht derselben Gruppe angehört (§ 6 Nr. 10 Buchst. e Doppelbuchst. aa WOP). Weist diese Vorschlagsliste keine Person des Minderheitsgeschlechts derselben Gruppe auf, hat der Wahlvorst. als nächstes zu ermitteln, auf welche Vorschlagsliste dieser Sitz übergeht. Dies ist nach § 6 Nr. 10 Buchst. e Doppelbuchst. bb WOP diejenige Vorschlagsliste, auf die die folgende, noch nicht für die Gruppe berücksichtigte Höchstzahl entfällt und die zugleich über Angehörige des Minderheitsgeschlechts dieser Gruppe verfügt. Dieses Verfahren ist so lange fortzuführen, bis der Mindestanteil an Gruppensitzen für das Minderheitsgeschlecht erreicht ist (§ 6 Nr. 10 Buchst. e Doppelbuchst. cc WOP). Bei der Verteilung der Gruppensitze des Minderheitsgeschlechts sind nur die Angehörigen des Geschlechts derselben Gruppe in der Reihenfolge ihrer Benennung auf den einzelnen Vorschlagslisten zu berücksichtigen (§ 6 Nr. 10 Buchst. e Doppelbuchst. dd WOP). Gibt es insgesamt keine ausreichende Anzahl von kandidierenden Gruppenangehörigen des Geschlechts in der Minderheit verbleibt der Sitz bei der Gruppe und geht nicht auf das Minderheitsgeschlecht der anderen Gruppe über (§ 6 Nr. 10 Buchst. e Doppelbuchst. ee WOP; insoweit unzutreffend GK-BetrVG/*Oetker* § 25 Rn. 51, der in diesem Fall bei der Ermittlung des Ersatzmitgl. wohl von einem Wechsel der Gruppe ausgeht). Der nicht mehr vom Minderheitsgeschlecht zu besetzende Gruppensitz verbleibt bei der Vorschlagsliste, die zuletzt ihren Sitz zu Gunsten des Geschlechts in der Minderheit hätte abgeben müssen. Damit wird entspr. der Intention des § 26 Nr. 2 PostPersRG, § 4 Abs. 1 WOP sichergestellt, dass die Gruppe entspr. ihrem zahlenmäßigen Verhältnis im BR vertreten ist.

Beispiel:

Wäre in dem unter → Rn. 85n gebildeten Beispielsfall auf der Liste 2 der 7. Listenplatz für die ArbN nicht mit einer Frau (S) sondern einem Mann besetzt, wären die auf die Gruppe der ArbN entfallenden Mindestsitze (4) nicht erfüllt. Gewählt wären danach nur drei Frauen, A (w), D (w) und G (w). Entsprechend § 6 Nr. 10 Buchst. e WOP hat der Wahlvorst. daher anhand der zuvor dargestellten Vorgehensweise zu prüfen, ob der vierte Mindestsitz für die Gruppe der ArbN mit einer Frau besetzt werden kann. Die zuletzt verteilte Höchstzahl der Gruppe der ArbN ist auf die Liste 2 (114,66) und dort auf U entfallen. Die Liste 2 selbst verfügt über keine weiteren Kandidaten der ArbNGruppe, so dass der Wahlvorst. die nächste noch nicht berücksichtigte Höchstzahl zu ermitteln hat: dies ist die Zahl 109, 125 und entfällt auf die Liste 1. Zu prüfen ist nunmehr, ob die Liste 1 noch über eine Kandidatin des Geschlechts in der Minderheit der ArbNGruppe verfügt. Da auf der Liste 1 als Kandidat der ArbNGruppe nur noch der L steht aber keine Frau, hat der Wahlvorst. in Ermittlung der nächsten noch nicht berücksichtigten Höchstzahl zu prüfen, ob die Liste 3 (nächste zu beachtende Höchstzahl 82,5) eine Kandidatin der ArbNGruppe aufgestellt hat. Dies ist mit Frau X der Fall. Damit geht, weil weder die Liste 1 noch die Liste 2 über weitere Kandidaten des Minderheitsgeschlechts verfügen, der zuletzt verteilte Sitz für die ArbNGruppe von der Liste 2 auf die Liste 3 über. Gewählt sind in diesem abgewandelten Beispielsfall von der Liste 1 wie gehabt: A (w), C, D (w.), E, F, G (w). und K. Von der Liste 2 sind es S und T. Von der Liste 3 sind gewählt W und X (w).

85p i) Findet bei **gemeinsamer Wahl Mehrheitswahl** statt, weil nur eine gültige Vorschlagsliste eingereicht worden ist, richtet sich die Ermittlung der Gewählten nach **§ 6 Nr. 15 WOP.** Danach werden zunächst getrennt für jede Gruppe die ihr zustehenden Mindestsitze des Minderheitsgeschlechts verteilt, indem diese mit Angehörigen des Geschlechts in der Minderheit in der Reihenfolge der jeweils höchsten auf sie entfallenden Stimmenzahlen besetzt werden. Dabei bleiben höhere Stimmenzahlen des anderen Geschlechts derselben Gruppe außer Betracht. Im Anschluss an die Ermittlung der Mindestsitze für das Minderheitsgeschlecht, hat der Wahlvorst. die **weiteren BRSitze** für die jeweilige Gruppe, unabhängig vom Geschlecht, mit Bewerberinnen und Bewerbern in der Reihenfolge der jeweils höchsten auf sie entfallenden Stimmenzahlen zu besetzen (§ 6 Nr. 15 Buchst. a WOP). Haben für den zuletzt zu vergebenden Sitz mehrere Bewerber/innen die **gleiche Stimmenzahl,** entscheidet das **Los** darüber, wer gewählt ist (§ 6 Nr. 15 Buchst. b WOP). Sind weniger Angehörige des Geschlechts in der Minderheit für die jeweilige Gruppe gewählt worden oder haben sich nicht ausreichend Gruppenangehörige des Minderheitsgeschlechts für das BRAmt beworben, gehen die insoweit überschüssigen BRSitze auf das andere Geschlecht derselben Gruppe über (§ 6 Nr. 15 Buchst. c WOP). Nicht gewählt ist, wer keine Stimme erhalten hat (→ WO § 22 Rn. 5 mwN). Steht dem Geschlecht in der Minderheit nach der Berechnung nach d'Hondt (§ 6 Nr. 4 WOP iVm § 5 WO) kein Mindestsitz für die Gruppe zu, werden die zu verteilenden BRSitze der Gruppe gem. § 6 Nr. 15 Buchst. a S. 2 u. 4 WOP unabhängig vom Geschlecht mit den Wahlbewerbern besetzt, die die entspr. höchsten Stimmenzahl erreicht haben (vgl. dazu Beispiel unter → § 15 Rn. 34). Haben sich insgesamt nicht ausreichend Bewerber/innen für die jeweilige Gruppe zur Wahl gestellt oder sind nicht ausreichend Bewerber/innen gewählt worden, gehen die überschüssigen BRSitze auf nicht gewählte Angehörige der anderen Gruppe in der Reihenfolge der jeweils höchsten auf sie entfallenden Stimmenzahlen über (§ 6 Nr. 15 Buchst. d WOP).

j) Für das **vereinfachte Wahlverfahren** enthält **§ 6 Nr. 18 WOP** die maßgeblichen Wahlvorschriften. Zur Abstimmung über die Frage, ob die Beamten eine eigene Wählergruppe bilden → Rn. 85b; im zweistufigen Wahlverfahren haben die nach § 28 WO zur Wahlversammlung zur Wahl des Wahlvorst. Einladenden in der Einladung darauf hinzuweisen, dass die Beamten bis zur Wahl des Wahlvorst. die Möglichkeit haben, in geheimer Abstimmung und mit Stimmenmehrheit darüber zu entscheiden, ob sie bei der BRWahl auf die Bildung einer eigenen Wählergruppe verzichten wollen (§ 6 Nr. 18 Buchst. a WOP). Auch im vereinfachten Wahlverfahren muss dem **Wahlvorst.** ein **Beamter** angehören (§ 26 Nr. 6 PostPersRG; § 6 Nr. 18 Buchst. b WOP). Diese Verpflichtung besteht losgelöst davon, ob die Beamten auf die Bildung einer eigenen Wählergruppe verzichtet haben oder nicht (→ § 16 Rn. 32). Die Verteilung der Sitze auf das **Geschlecht in der Minderheit** erfolgt nach § 6 Nr. 4 WOP, § 32 WO findet ausdrücklich keine Anwendung (§ 6 Nr. 16 Buchst. e WOP). Dies bedeutet, dass beispielsweise in einem dreiköpfigen BR, wovon 1 Sitz den Beamten und zwei Sitze den ArbN zustehen, der Wahlvorst. für die ArbNGruppe ermitteln muss, ob dem Minderheitsgeschlecht dieser Gruppe ein **Mindestsitz** nach § 6 Nr. 4 WOP iVm § 5 WO zusteht. Für die Ermittlung der **Gewählten** bestimmt § 6 Nr. 18 Buchst. g Doppelbuchst. bb WOP, dass wenn für eine Gruppe nur ein Vertreter zu wählen ist, nach § 34 Abs. 4 WO derjenige, der die meisten Stimmen erhalten hat, gewählt ist. Sind für eine Gruppe mehrere BRMitgl. zu wählen, richtet sich die Ermittlung der Gewählten gem. § 6 Nr. 18 Buchst. e Doppelbuchst. cc WOP iVm § 34 Abs. 5 WO nach §§ 22 u. 23 Abs. 2 WO (→ WO § 34 Rn. 7; → § 22 Rn. 2ff.). Im **vereinbarten vereinfachten Wahlverfahren nach § 14a Abs. 5** gilt für die Ermittlung der Gewählten das Gleiche mit einer Ausnahme: Sind für beide Gruppen mehrere Vertreter zu wählen (zwei für die Beamten und drei für die ArbN), richtet sich die Ermittlung der Gewählten nach § 6 Nr. 15 u. 16 WOP (§ 6 Nr. 18 Buchst. i S. 2 WOP). 85q

4. Beamte in Tochter-, Enkel- und Beteiligungsgesellschaften

86 Mit dem Ersten G zur Änderung des PostPersRG v. 9.11.2004 (BGBl. I S. 2774) ist den Postunternehmen (Deutsche Telekom AG, Deutsche Post AG und Deutsche Post Bank AG) die Möglichkeit eingeräumt worden, bei ihnen beschäftigten Beamten Tätigkeiten bei Tochter-, Enkel- und Beteiligungsgesellschaften zuzuweisen (§ 4 Abs. 4 S. 1–3 PostPersRG; BT-Drs. 15/3404). Zur Amtsangemessenheit der zugewiesenen Tätigkeit → BVerwG 19.5.2016 – 2 C 14.15, ZTR 2017, 57. Die Ausführungshinweise des BMF v. 12.11.2004 geben zu den Gesetzesänderungen einige Erläuterungen, die aber nicht abschließend sind (vollständiger Abdruck in ZBVR 2004, 258 ff.). Die Rechtsstellung der Beamten bleibt dabei unberührt, dh sie bleiben weiterhin unmittelbare Bundesbeamte; ihr Dienstherr ist der Bund (§ 4 Abs. 4 S. 6, § 2 Abs. 3 PostPersRG). Dementsprechend verbleiben die dienstrechtl. Befugnisse gegenüber den Beamten bei den jeweiligen Post-AG'n mit Ausnahme des im Rahmen der Zuweisung im erforderlichen Maße auf die Unternehmen übergehenden Direktionsrechts (§ 4 Abs. 4 S. 8 PostPersRG; BT-Drs. 15/3404, 9; *Biletzki* ZTR 2010, 10 ff. zur amtsangemessenen Beschäftigung). Zur Verfassungsmäßigkeit der Zuweisung an Tochterunternehmen der Postunternehmen sowie der Wahrnehmung der Dienstherrnbefugnis durch Nichtbeamte → BVerfG 2.5.2016 – 2BvR 1137/14, NVWZ 2016, 1313.

87 Beamte, denen nach § 4 Abs. 4 S. 1–3 PostPersRG eine Tätigkeit bei einem Unternehmen (Tochter-, Enkel- oder Beteiligungsgesellschaft) zugewiesen ist, gelten gem. § 24 Abs. 3 S. 1 PostPersRG für die Anwendung des BetrVG als ArbN und sind zum dortigen BR aktiv und passiv wahlberechtigt (→ § 7 Rn. 11; → § 8 Rn. 29; BAG 16.1.2008 – 7 ABR 66/06, AP BetrVG 1972 § 7 Nr. 12). Anders als in den PostAG'n, bilden die zugewiesenen **Beamten** im Betrieb der Tochter-, Enkel- oder Beteiligungsgesellschaft bei der BRWahl **keine eigene Wählergruppe.** Dies liegt darin begründet, dass die Entscheidungsbefugnis in beamtenspezifischen Angelegenheiten der § 76 Abs. 1, § 78 Abs. 1 Nr. 3–5 und § 79 Abs. 3 BPersVG der zugewiesenen Beamten bei der jeweiligen Post-AG verblieben ist (§ 28 Abs. 1 S. 1 PostPersRG). Das Beteiligungsrecht des BR in beamtenspezifischen Angelegenheiten der zugewiesenen Beamten richtet sich in diesen Fällen nach § 28 Abs. 2 S. 1 PostPersRG (ausf. → § 99 Rn. 316 ff., 327 ff.). Bei **Versetzung eines BRMitgl.** → § 103 Rn. 77.

88 Mit der Zuweisung einer Tätigkeit bei einem Unternehmen nach § 4 Abs. 4 S. 1–3 PostPersRG **entfällt** gleichzeitig das bis dahin bestehendes **aktive und passive Wahlrecht zum BR** bei der **Post-AG,** da sie nicht mehr in deren Betriebsorganisation eingegliedert sind (→ § 7 Rn. 11; → § 8 Rn. 29; so auch *Stiller* ZBVR 2004, 236; BAG 16.1.2008 – 7 ABR 66/06, AP BetrVG 1972 § 7 Nr. 12; OVG NRW 9.5.2011 – 1 A 440/10, PersV 2012, 456). Dementsprechend sind sie auch nicht bei der Bestimmung der BRGröße nach § 9 zu berücksichtigen (→ § 9 Rn. 29). Auch soweit der Post-AG noch Entscheidungsbefugnisse in beamtenspezifischen Angelegenheiten (→ Rn. 86) zustehen und der BR bei der Post-AG nach § 28 Abs. 2 PostPersRG zu beteiligen ist, beeinflusst dies die Frage des Wahlrechts nicht (so auch BAG 16.1.2008 – 7 ABR 66/06, AP BetrVG 1972 § 7 Nr. 12; s. zum iErg ähnlich gelagerten SV der Beurlaubung eines Beamten von der Post-AG zu einer Tochtergesellschaft: LAG Hmb 14.7.1999 – 8 TaBV 5/99, BeckRS 1999, 30779692). Nach § 28 Abs. 2 S. 1 Hs. 2 PostPersRG ist der BR des Betriebs, in dem der Beamte die zugewiesene Tätigkeit ausübt zu beteiligen (→ § 99 Rn. 331).

VII. Streitigkeiten

89 Verstöße gegen die Wahlbestimmungen können unter den Voraussetzungen des § 19 die **Anfechtung der Wahl** rechtfertigen. Bei krassen Verstößen kommt ausnahmsweise Nichtigkeit in Frage (Näheres → § 19 Rn. 4 ff.).

Streitigkeiten aus den Wahlvorschriften sind von den **ArbG im BeschlVerf.** zu entscheiden (§§ 2a, 80 ff. ArbGG). Sie können auch unabhängig von einer Wahlanfechtung schon **während des Wahlverfahrens** gerichtlich ausgetragen werden (BAG 15.12.1972 – 1 ABR 8/72, AP BetrVG 1972 § 14 Nr. 1). **Antragsberechtigt** ist in diesem Falle neben den Anfechtungsberechtigten jeder, der durch Einzelmaßnahmen des Wahlvorst. in seinem aktiven oder passiven Wahlrecht betroffen wird (Näheres, insbes. zur Möglichkeit des Erlasses von einstw. Vfg. während des Wahlverfahrens → § 18 Rn. 29). Zum Zuordnungsverfahren hinsichtlich der leitenden Ang. vgl. § 18a. 90

§ 14a Vereinfachtes Wahlverfahren für Kleinbetriebe

(1) [1] **In Betrieben mit in der Regel fünf bis fünfzig wahlberechtigten Arbeitnehmern wird der Betriebsrat in einem zweistufigen Verfahren gewählt.** [2] **Auf einer ersten Wahlversammlung wird der Wahlvorstand nach § 17a Nr. 3 gewählt.** [3] **Auf einer zweiten Wahlversammlung wird der Betriebsrat in geheimer und unmittelbarer Wahl gewählt.** [4] **Diese Wahlversammlung findet eine Woche nach der Wahlversammlung zur Wahl des Wahlvorstands statt.**

(2) **Wahlvorschläge können bis zum Ende der Wahlversammlung zur Wahl des Wahlvorstands nach § 17a Nr. 3 gemacht werden; für Wahlvorschläge der Arbeitnehmer gilt § 14 Abs. 4 mit der Maßgabe, dass für Wahlvorschläge, die erst auf dieser Wahlversammlung gemacht werden, keine Schriftform erforderlich ist.**

(3) [1] **Ist der Wahlvorstand in Betrieben mit in der Regel fünf bis fünfzig wahlberechtigten Arbeitnehmern nach § 17a Nr. 1 in Verbindung mit § 16 vom Betriebsrat, Gesamtbetriebsrat oder Konzernbetriebsrat oder nach § 17a Nr. 4 vom Arbeitsgericht bestellt, wird der Betriebsrat abweichend von Absatz 1 Satz 1 und 2 auf nur einer Wahlversammlung in geheimer und unmittelbarer Wahl gewählt.** [2] **Wahlvorschläge können bis eine Woche vor der Wahlversammlung zur Wahl des Betriebsrats gemacht werden; § 14 Abs. 4 gilt unverändert.**

(4) **Wahlberechtigten Arbeitnehmern, die an der Wahlversammlung zur Wahl des Betriebsrats nicht teilnehmen können, ist Gelegenheit zur schriftlichen Stimmabgabe zu geben.**

(5) **In Betrieben mit in der Regel 51 bis 100 wahlberechtigten Arbeitnehmern können der Wahlvorstand und der Arbeitgeber die Anwendung des vereinfachten Wahlverfahrens vereinbaren.**

Inhaltsübersicht

I. Vorbemerkung

Mit dem **BetrVerf-ReformG** ist die Möglichkeit geschaffen worden, in **Kleinbetrieben** den BR im **vereinfachten Wahlverfahren** zu wählen. Untersuchungen des 1

Instituts für Arbeitsmarkt- und Berufsforschung (IAB) haben ergeben, dass gerade in kleineren Betrieben selten BR bestehen. Ein maßgeblicher Grund hierfür ist das besonders für Kleinbetriebe aufwändige Wahlverfahren. Mit dem speziell für Kleinbetriebe geschaffenen vereinfachten Wahlverfahren wird die Errichtung von BR in diesen Größenklassen erleichtert (vgl. BT-Drs. 14/5741, 23, 27, 37).

2 Das vereinfachte Wahlverfahren findet in Betrieben mit in der Regel **fünf bis fünfzig wahlberechtigten ArbN** Anwendung. Der BR wird in einem **zweistufigen Verfahren** gewählt, wenn zuvor der Wahlvorst. in einer WahlVerslg. gewählt werden muss (§ 14a Abs. 1 u. 2). In einem **einstufigen Verfahren** wird der BR gewählt, wenn der Wahlvorst. durch einen BR, GesBR bzw. KBR oder das ArbG bestellt wird (§ 14a Abs. 3, § 17a).

3 In Betrieben mit **51 bis 100 wahlberechtigten ArbN** können **ArbGeb.** und **Wahlvorst.** die Anwendung des **vereinfachten Wahlverfahrens vereinbaren** (Abs. 5). Diese **Option** ist im Rahmen der parlamentarischen Beratungen des **Betr.-Verf.-ReformG** neu aufgenommen worden (vgl. BT-Drs. 14/6352, 54).

4 Das **vereinfachte Wahlverfahren** ist für Betriebe mit in der Regel **fünf bis fünfzig** wahlberechtigten ArbN **maßgebliche Wahlvorschrift.** Dh wird in Betrieben dieser Größenklasse die Wahl nach den Regeln für Betriebe mit mehr als 50 wahlberechtigten ArbN durchgeführt, ist die Wahl grds. gem. § 19 anfechtbar (→ § 19 Rn. 21). Gleiches gilt, wenn die Wahl des BR nach den Vorschriften des § 14a durchgeführt worden ist, obwohl die Voraussetzungen hierfür nicht vorliegen (→ § 19 Rn. 21; BAG 19.11.2003 – 7 ABR 24/03, AP BetrVG 1972 § 19 Nr. 54; ErfK/*Koch* Rn. 1; GK-BetrVG/*Jacobs* Rn. 127; *Berg* AiB 2002, 17 [18]). Die Ermittlung des Schwellenwerts richtet sich nach § 9 (→ § 9 Rn. 11 ff.); nach § 7 S. 2 wahlberechtigte ArbN sind mitzuzählen (→ § 9 Rn. 25; → § 7 Rn. 95, 95a; dies ist mit dem neu eingefügten Satz 4 in § 14 Abs. 2 AÜG (Art. 1 des Gesetzes zur Änderung des AÜG und anderer Gesetze vom 21.2.2017 BGBl. I S. 258) endgültig geklärt (s. S. 29 BT-Drs. 18/9232 zu Art. 1 Nr. 10); so schon vorher: *Linsenmaier/Kiel* RdA 2014, 135 [145]; *Reichold* NZA 2001, 857 [861]; *Däubler* ArbuR 2001, 1 [4]; *Brors* NZA 2003, 1380 [1382]; HWGNRH/*Nicolai* Rn. 5).

5 Die Vorschrift gilt nicht für die Wahl der BordVertr. und des SeeBR; für die BordVertr. gilt die Sonderregelung des § 115 Abs. 2 Nr. 6, für den SeeBR ist das vereinfachte Wahlverfahren auf Grund der spezifischen Regelungen zur Wahl des SeeBR ausgeschlossen (§ 116 Abs. 2 Nr. 5). Für die Wahl der JAVgAzubiVertr. gilt das vereinfachte Wahlverfahren nach § 14a entspr. (vgl. § 63 Abs. 4 u. 5, → § 63 Rn. 12 ff., 29). Die Bestimmung gilt nicht für die Bestellung der Mitgl. des GesBR (vgl. § 47 Abs. 2), des KBR (vgl. § 55), der GesJAV (vgl. § 72 Abs. 2) und der KJAV (vgl. § 73a Abs. 2).

6 Die Vorschrift ist **zwingend.** Es können weder durch TV noch durch BV abweichende Wahlbestimmungen getroffen werden. Das gilt auch für die nach § 3 Abs. 1 Nr. 1–3 gebildeten BR (ausf. → § 14 Rn. 7). Die Wahl des BR im vereinfachten Wahlverfahren erfolgt nach den Grundsätzen der Mehrheitswahl (§ 14 Abs. 2 S. 2) – → § 14 Rn. 35 ff.).

7 Die **maßgeblichen Vorschriften** zur Durchführung des vereinfachten Wahlverfahrens sind die **§§ 28–37 der Ersten Verordnung zur Durchführung des Betriebsverfassungsgesetzes** v. 11.12.2001 (**Wahlordnung** – WO – BGBl. I S. 3494).

II. Wahl des Betriebsrats im zweistufigen Verfahren (§ 14a Abs. 1 u. 2)

8 Das **zweistufige Verfahren** nach Abs. 1 kommt nur in Betrieben zum Tragen, in denen der Wahlvorst. nicht bereits durch den BR, den GesBR bzw. KBR oder durch das ArbG bestellt worden ist (vgl. Abs. 3 und § 17a, → § 17a Rn. 8 ff.; GK-BetrVG/ /*Jacobs* Rn. 21; Richardi BetrVG/*Thüsing* Rn. 9; WPK/*Wlotzke* Rn. 2;

Windeln BetrVG-Reform S. 168f.), sondern zunächst in einer WahlVerslg. von den ArbN gewählt werden muss.

1. Erste Wahlversammlung zur Wahl des Wahlvorstands

In betriebsratslosen Betrieben mit in der Regel fünf bis fünfzig wahlberechtigten ArbN, in denen der Wahlvorst. nicht bereits durch den GesBR bzw. KBR oder das ArbG bestellt worden ist (→ § 17a Rn. 8ff.), wird zunächst in einer ersten WahlVerslg. der Wahlvorst. nach § 17a Nr. 3 gewählt. Die Grundsätze der Wahl des Wahlvorst. sind in den §§ 28, 29 WO geregelt. 9

a) Einladung zur Wahlversammlung zur Wahl des Wahlvorstands

Zur WahlVerslg. für die Wahl des Wahlvorst. können drei wahlberechtigte ArbN oder eine im Betrieb vertretene Gewerkschaft einladen (vgl. § 17a Nr. 3, → § 17a Rn. 10, § 28 Abs. 1 S. 1 WO, → § 28 Rn. 1). Die **Einladung** zu dieser WahlVerslg. muss mindestens **sieben Tage** vor dem Tag der WahlVerslg. erfolgen (vgl. § 28 Abs. 1 S. 2 WO; bis zum Inkrafttreten der neuen WO vgl. § 125 Abs. 4 Nr. 1 S. 1). Für die Berechnung der Frist finden die §§ 186–193 BGB entsprechende Anwendung (§ 41 WO). 10

Da sich im zweistufigen Verfahren an die Wahl des Wahlvorst. unmittelbar die Einleitung zur Wahl des BR anschließt, muss die **Einladung** zur Wahl des Wahlvorst. neben dem **Hinweis** über Ort, Tag und Zeit der WahlVerslg. zur Wahl des Wahlvorst. (vgl. § 28 Abs. 1 S. 5 Buchst. a WO) **weitere** wesentliche **Hinweise** für die ArbN zur Wahl des BR enthalten. Dies sind gem. § 28 Abs. 1 S. 5 WO: 11

- dass Wahlvorschläge zur Wahl des BR bis zum Ende der WahlVerslg. zur Wahl des Wahlvorst. gemacht werden können (§ 28 Abs. 1 S. 5 Buchst. b WO),
- dass Wahlvorschläge der ArbN zur Wahl des BR mindestens von einem Zwanzigstel der Wahlberechtigten, mindestens jedoch von drei Wahlberechtigten unterzeichnet sein müssen; in Betrieben mit in der Regel bis zu zwanzig Wahlberechtigten reicht die Unterzeichnung durch zwei Wahlberechtigte (§ 28 Abs. 1 S. 5 Buchst. c WO),
- dass Wahlvorschläge zur Wahl des BR, die erst in der WahlVerslg. zur Wahl des Wahlvorst. gemacht werden, nicht der Schriftform bedürfen (§ 28 Abs. 1 S. 5 Buchst. d WO).

Die **Einladung** ist gem. § 28 Abs. 1 S. 3 WO durch **Aushang** an geeigneten Stellen im Betrieb **bekannt zu machen,** so dass alle ArbN die Möglichkeit haben, von der Einladung Kenntnis zu nehmen. Sie kann **ergänzend** auch **mittels** der im Betrieb vorhandenen **Informations- und Kommunikationstechnik** bekannt gemacht werden (§ 28 Abs. 1 S. 4 WO), wie zB durch Rund-E-Mail oder durch Veröffentlichung im Intranet (→ § 17a Rn. 13). Die Bekanntmachung **ausschließlich in elektronischer Form** ist dagegen nur zulässig, wenn **alle ArbN** von der Bekanntmachung Kenntnis erlangen können und Vorkehrungen getroffen werden, dass Änderungen der Bekanntmachung nur von der einladenden Stelle vorgenommen werden können (vgl. § 28 Abs. 1 S. 4 WO; BAG 19.11.2003 – 7 ABR 24/03, AP BetrVG 1972 § 19 Nr. 54). Der in der WO verwandte **Begriff „elektronische Form"** ist **nicht identisch** mit dem in § 126a BGB und § 2 Nr. 3 SignaturG verwandten Begriff. Die Bekanntmachung in elektronischer Form setzt daher zu ihrer Wirksamkeit kein qualifiziert signiertes Dokument iSd vorgenannten Vorschriften voraus (ebenso ErfK/*Koch* Rn. 2). Wollen die einladenden ArbN die im Betrieb vorhandene Informations- und Kommunikationstechnik nutzen, so hat der ArbGeb. ihnen die bestehende Infrastruktur hierfür zur Verfügung zu stellen; dies gilt auch, wenn eine im Betrieb vertretene Gewerkschaft zur WahlVerslg. einladen will (so wohl auch *Thüsing/Lambrich* NZA-Sonderheft 2001, 79 [88]; ErfK/*Koch* Rn. 2; Richardi BetrVG/*Thüsing* Rn. 7). Vgl. iÜ die Ausführungen zu → § 17a Rn. 13; → WO § 28 12

Rn. 1 ff.). Nach Ansicht von Richardi BetrVG/*Thüsing* Rn. 7 ist der ArbGeb jedoch nicht verpflichtet, den Einladenden bei der Einstellung der Einladung in das Intranet mit eigenen Leuten behilflich zu sein.

b) Wahl des Wahlvorstands

13 Die Einladenden eröffnen die WahlVerslg., ggf. unter Hinweis auf deren Zweck und veranlassen zweckmäßigerweise zunächst die Wahl eines ArbN des Betriebs zum **Versammlungsleiter.** Bis dahin leiten die Einladenden die Verslg. Unterbleibt eine förmliche Wahl des Versammlungsleiters, hat dies keine Auswirkung auf die Gültigkeit der Wahl des Wahlvorst. (ausf. → § 17 Rn. 23; → WO § 29 Rn. 2 mwN).

14 Im vereinfachten Wahlverfahren besteht der **Wahlvorst.** abw. von § 16 Abs. 1 aus **drei Mitgl.** (vgl. § 17a Nr. 1, → § 17a Rn. 15, § 29 WO, → § 29 Rn. 3).

14a **Teilnahme-, Vorschlags-** und **Stimmberechtigt** sind – mit Ausnahme der in § 5 Abs. 2 u. 3 genannten Personen – **alle ArbN** des Betriebs, einschließlich die nach § 7 S. 2 wahlberechtigten ArbN (→ § 17a Rn. 6, 15; → WO § 29 Rn. 1).

15 Der Wahlvorst. wird von der **Mehrheit der anwesenden ArbN** gewählt. Jedes einzelne Mitgl. bedarf der Stimmenmehrheit der anwesenden ArbN. Aus dem Kreis der gewählten Mitgl. des Wahlvorst. wird dann die oder der **Vorsitzende des Wahlvorst.,** ebenfalls von der Mehrheit der anwesenden ArbN, gewählt (§ 29 S. 3 WO). Ergänzend können auch ErsMitgl. gewählt werden (→ § 17a Rn. 7, 15; → WO § 29 Rn. 3; DKKW/*Homburg* Rn. 12).

16 Wie auch bei der Wahl des Wahlvorst. in einer BetrVerslg. nach § 17 Abs. 2 ist eine förmliche, insbes. geheime Wahl nicht erforderlich; nach dem Verlauf der WahlVerslg. muss jedoch zweifelsfrei feststehen, wer als Mitgl. des Wahlvorst. gewählt ist (→ § 17 Rn. 27 mwN; → WO § 29 Rn. 3; DKKW/*Homburg* Rn. 13).

17 Die WahlVerslg. zur Wahl des Wahlvorst. findet nach § 44 Abs. 1 grundsätzlich **während der Arbeitszeit** statt. Die Zeit der Teilnahme ist den ArbN einschl. zusätzlicher Wegezeiten wie Arbeitszeit zu vergüten (ausf. → § 17 Rn. 26).

c) Einleitung der Wahl des Betriebsrats

18 Mit der Wahl des Wahlvorst. ist die erste WahlVerslg. noch nicht beendet. **Unmittelbar** nach seiner Wahl hat der Wahlvorst. die Aufgabe, die **Wahl des BR einzuleiten** (§ 30 Abs. 1 S. 1 WO).

19 **Erste Aufgabe** des Wahlvorst. ist es, in der WahlVerslg. unverzüglich die **Wählerliste,** getrennt nach den Geschlechtern, **aufzustellen** (§ 30 Abs. 1 S. 3 WO). Zur Aufstellung der Wählerliste vgl. die Ausführungen zu → WO §§ 2, 28 Rn. 6 ff., → WO § 30 Rn. 3 ff. Hervorzuheben ist die **Pflicht des ArbGeb.,** gem. § 28 Abs. 2 WO, den zur WahlVerslg. für die Wahl des Wahlvorst. Einladenden (einladende Stelle) unverzüglich nach Aushang der Einladung alle für die Anfertigung der Wählerliste **erforderlichen Unterlagen** nach § 2 WO in einem **versiegelten Umschlag** auszuhändigen. Der ArbGeb. hat die erforderlichen Unterlagen ohne schuldhaftes Zögern zusammenzustellen; längstens steht ihm der Zeitraum bis zum Tag der WahlVerslg. zur Wahl des Wahlvorst. zur Verfügung (→ WO § 28 Rn. 6; *Thüsing/Lambrich* NZA-Sonderheft 2001, 79 [88]).

20 Die **einladende Stelle** ist ihrerseits verpflichtet, den ihr vom ArbGeb. übergebenen, **versiegelten Umschlag** dem **Wahlvorst.** unmittelbar nach dessen Wahl in der WahlVerslg. zu **übergeben** (§ 30 Abs. 1 S. 4 WO, → § 30 Rn. 3). Damit wird es dem Wahlvorst. ermöglicht, unverzüglich nach seiner Wahl in der WahlVerslg. die Wählerliste aufzustellen. Hinsichtlich Art und Umfang der erforderlichen Unterlagen ausf. → WO § 28 Rn. 7).

21 Bei bestehenden Unklarheiten ist der ArbGeb. verpflichtet, dem Wahlvorst. die erforderlichen **Auskünfte** zu erteilen (§ 2 WO). Zum bestehenden **Teilnahmerecht** des **ArbGeb.** an der **WahlVerslg.** → § 17 Rn. 26; → WO § 30 Rn. 3; ErfK/*Koch* Rn. 3. Gerade vor dem Hintergrund, dass der Wahlvorst. die Wählerliste in der

WahlVerslg. selbst aufstellen und prüfen muss, ist es angezeigt dem ArbGeb. auch im vereinfachten Wahlverfahren ein Teilnahmerecht zuzusprechen (WPK/*Wlotzke* Rn. 8; **aA;** Richardi BetrVG/*Thüsing* Rn. 14; GK-BetrVG/*Kreutz* § 17a Rn. 18; wohl auch *Däubler* ArbuR 2001, 285 [287]). Zur Unterbrechungsmöglichkeit ausf. → WO § 30 Rn. 3.

Im vereinfachten Wahlverfahren verkürzt sich die **Einspruchsfrist** gegen die Wählerliste auf **drei Tage** seit Erlass des Wahlausschreibens (§ 30 Abs. 2 WO, → § 30 Rn. 5 ff.). **22**

Stellt der Wahlvorst. nach seiner Wahl fest, dass im Betrieb mehr als fünfzig wahlberechtigte ArbN beschäftigt sind, kann er die BRWahl nicht im vereinfachten Wahlverfahren durchführen. Liegt die Beschäftigtenzahl unter 100 wahlberechtigten ArbN, hat der Wahlvorst. jedoch die Möglichkeit, mit dem ArbGeb. nach § 14a Abs. 5 die Anwendung des vereinfachten Wahlverfahrens zu vereinbaren (vgl. BR-Drs. 838/01, 34 zu § 30 WO; HWGNRH/*Nicolai* Rn. 22). Das weitere Wahlverfahren richtet sich dann nach den Vorschriften über das einstufige Verfahren (§ 37 iVm § 36 WO; *Berg* AiB 2002, 17 [23]). Stellt der Wahlvorst. fest, dass die Beschäftigtenzahl über 100 wahlberechtigte ArbN liegt, hat er die Wahl im normalen Wahlverfahren durchzuführen (GK-BetrVG/*Jacobs* Rn. 118). **23**

Im Anschluss an die Aufstellung der Wählerliste **erlässt** der **Wahlvorst.** in der WahlVerslg. das **Wahlausschreiben** (§ 31 Abs. 1 WO). Das Wahlausschreiben muss die in § 31 Abs. 1 WO aufgeführten Angaben zur Wahl des BR enthalten (ausf. → WO § 31 Rn. 2 ff.). Die Angaben entsprechen im Wesentlichen denjenigen, die auch im normalen Wahlverfahren nach § 3 Abs. 2 WO im Wahlausschreiben enthalten sein müssen. Dazu gehören ua die Angabe über den Anteil der Geschlechter im Betrieb und die dem Geschlecht in der Minderheit gem. § 15 Abs. 2 im BR zustehende Mindestsitzzahl, wenn der BR aus drei Mitgl. besteht (→ WO § 31 Rn. 6, 7). Die Berechnung der Mindestsitzzahl erfolgt nach § 5 WO (§ 32 WO). Zur Berechnung vgl. die Ausführungen zu → § 15 Rn. 15 ff. **24**

Des Weiteren ist auf Grund der Besonderheit des vereinfachten Wahlverfahrens im Wahlausschreiben anzugeben, **25**

– dass **Einsprüche** gegen die Wählerliste nur **binnen drei Tage** seit Erlass des Wahlausschreibens zulässig sind (§ 31 Abs. 1 Nr. 3 WO),
– dass Wahlvorschläge nur bis zum Abschluss der WahlVerslg. zur Wahl des Wahlvorst. bei diesem einzureichen sind (§ 31 Abs. 1 Nr. 8 WO),
– die Angabe der Mindestzahl von Wahlberechtigten, von denen ein Wahlvorschlag unterzeichnet sein muss bzw., dass wenn die Wahlvorschläge erst auf der WahlVerslg. gemacht werden, diese nicht der Schriftform bedürfen (§ 31 Abs. 1 Nr. 6 WO),
– dass Wahlberechtigten, die an der WahlVerslg. zur Wahl des BR nicht teilnehmen können, Gelegenheit zur nachträglichen schriftlichen Stimmabgabe gegeben wird und dass das Verlangen auf nachträgliche schriftliche Stimmabgabe spätestens drei Tage vor dem Tag der WahlVerslg. zur Wahl des BR dem Wahlvorst. mitgeteilt werden muss (§ 31 Abs. 1 Nr. 12 WO),
– sowie Ort, Tag und Zeit der nachträglichen schriftlichen Stimmabgabe (§ 31 Abs. 1 Nr. 13 WO).

Mit Erlass des Wahlausschreibens ist die BRWahl eingeleitet (§ 31 Abs. 1 S. 2 WO). Ein Abdruck des Wahlausschreibens ist vom Tage seines Erlasses bis zum letzten Tag der Stimmabgabe an einer oder mehreren geeigneten, den Wahlberechtigten zugänglichen Stellen vom Wahlvorst. auszuhängen. Ergänzend kann das Wahlausschreiben auch mittels der im Betrieb vorhandenen Informations- und Kommunikationstechnik bekannt gemacht werden (§ 31 Abs. 2 WO, → § 31 Rn. 21 f.). **26**

Nach Erlass des Wahlausschreibens können bei dem Wahlvorst. die Wahlvorschläge eingereicht werden. Die Wahl des BR im vereinfachten Wahlverfahren findet nach den Grundsätzen der **Mehrheitswahl** statt (§ 14 Abs. 2 S. 2, → § 14 Rn. 35 ff.), so dass die Wahlvorschläge nicht in Form von Listen eingereicht werden können. Dem- **27** entsprechend kommt es im Unterschied zur Verhältniswahl bei den Wahlvorschlägen im Rahmen der Mehrheitswahl nicht auf die Reihenfolge der Bewerberinnen und Bewerber an; es findet **Persönlichkeitswahl** statt (→ § 14 Rn. 36).

28 Wahlvorschlagsberechtigt sind die wahlberechtigten ArbN, einschließlich die in § 7 S. 2 Genannten sowie die im Betrieb vertretenen Gewerkschaften (§ 14 Abs. 3, → § 14 Rn. 45 ff., 58 ff.). Die **Wahlvorschläge der ArbN** können im vereinfachten Wahlverfahren sowohl **schriftlich** als auch **mündlich** gemacht werden. Mündlich können sie jedoch nur dann gemacht werden, wenn sie erst in der WahlVerslg. selbst gemacht werden (Abs. 2 Hs. 2, § 33 Abs. 1 S. 3 WO). **Wahlvorschläge** der im Betrieb vertretenen **Gewerkschaften** können dagegen auch im vereinfachten Wahlverfahren **nur schriftlich** (→ § 14 Rn. 58 ff.) eingereicht werden; die Ausnahme vom Schriftformerfordernis nach § 14 Abs. 4 ist gem. § 14a Abs. 2 Hs. 2 ausschließlich auf Wahlvorschläge der ArbN beschränkt (vgl. *Thüsing/Lambrich* NZA-Sonderheft 2001, 79 [90]; HWGNRH/*Nicolai* Rn. 11).

29 Wie im Wahlverfahren mit mehr als fünfzig wahlberechtigten ArbN bedürfen die Wahlvorschläge zu ihrer Gültigkeit auch im vereinfachten Wahlverfahren der erforderlichen Anzahl von Stützunterschriften bzw. Unterstützung nach § 14 Abs. 4. Danach muss ein Wahlvorschlag der ArbN von mindestens einem **Zwanzigstel** der **wahlberechtigten ArbN, mindestens** jedoch von **drei** wahlberechtigten ArbN unterzeichnet sein. Eine **Ausnahme** hiervon besteht für Betriebe mit in der Regel **bis zu zwanzig wahlberechtigten ArbN;** in diesem Fall genügt die Unterzeichnung des Wahlvorschlags durch **zwei wahlberechtigte ArbN** (ausf. → § 14 Rn. 45 ff.).

30 Die Wahlvorschläge sind **schriftlich** zu machen, wenn sie bereits vor der WahlVerslg. vorbereitet werden. Dies bietet sich immer dann an, wenn zB nicht alle wahlberechtigten ArbN, die den Vorschlag unterstützen wollen, am Tag der WahlVerslg. anwesend oder der bzw. die Wahlbewerber an diesem Tag verhindert sind. In diesen Fällen haben die wahlberechtigten ArbN die Möglichkeit den Wahlvorschlag bereits vor der WahlVerslg. schriftlich fertig zu stellen und diesen einer Person ihres Vertrauens zu geben, die den Wahlvorschlag am Tag der WahlVerslg. beim Wahlvorst. einreicht (*Berg* AiB 2002, 17 [23]). Die Person des Vertrauens kann zB einer der unterzeichnenden ArbN, einer der Wahlbewerber aber auch die einladende Stelle sein (→ WO § 33 Rn. 2).

31 Von dem Erfordernis der **schriftlichen Unterstützung** kann nur dann abgesehen werden, wenn der Wahlvorschlag erst unmittelbar in der WahlVerslg. selbst gemacht wird. In diesen Fällen reicht es aus, dass die erforderliche **Unterstützung** des Wahlvorschlags nach § 14 Abs. 4 (→ Rn. 29) zB durch **Handzeichen** erfolgt (vgl. BT-Drs. 14/5741, 37; HaKo-BetrVG/*Brors* Rn. 9; *Engels/Trebinger/Löhr-Steinhaus* DB 2001, 532 [535]; *Thüsing/Lambrich* NZA-Sonderheft 2001, 79 [90]). Dabei hat der Wahlvorst. darauf zu achten, dass verschiedene Wahlvorschläge nicht von denselben ArbN unterstützt werden (ausf. → WO § 33 Rn. 9). Die Einreichung von mündlichen Wahlvorschlägen hat der Wahlvorst. zu **Protokoll** zu nehmen, damit bei evtl. später auftauchenden Streitigkeiten Zweifelsfragen geklärt werden können (so auch WPK/*Wlotzke* Rn. 12; GK-BetrVG/*Jacobs* Rn. 42 f.; *Berg* AiB 2002, 17 [24]). Der Wahlvorschlag kann als **Einheit** entweder nur schriftlich oder nur mündlich gemacht werden. So kann ein schriftlicher Wahlvorschlag, der nicht über genügend Stützunterschriften verfügt, nicht durch mündliche Unterstützung ergänzt werden; er kann nur insgesamt als neuer – mündlicher – Wahlvorschlag eingebracht werden (Richardi BetrVG/*Thüsing* Rn. 22; → WO § 33 Rn. 5).

32 Zur Unterstützung – sei es schriftlich oder mündlich – sind alle wahlberechtigten ArbN, einschließlich die in § 7 S. 2 Genannten berechtigt (→ § 14 Rn. 46; *Löwisch* BB 2001, 1734 [1737]; *Maschmann* DB 2001, 2446 [2448]). Der Wahlvorschlag kann daher auch von den Wahlbewerbern selbst, aber auch von Mitgl. des Wahlvorst. unterstützt werden (mwN → § 14 Rn. 51). Zu den **weiteren Gültigkeitsvoraussetzungen** der Wahlvorschläge der ArbN → § 14 Rn. 52 ff.; → WO § 33 Rn. 2 ff.). Zu beachten ist insbes., dass Mängel der Wahlvorschläge nur innerhalb der Wahl Verslg. zur Wahl des Wahlvorst. beseitigt werden können (SWS Rn. 8; Weber/Ehrich/*Hörchens/Oberthür* Teil B Rn. 121; → WO § 33 Rn. 11).

33 Für die **Wahlvorschläge** der im Betrieb vertretenen **Gewerkschaften** bestehen im vereinfachten Wahlverfahren **keine Besonderheiten** gegenüber dem normalen Wahlverfahren, so dass insoweit auf die Ausführungen in → § 14 Rn. 58–71 verwiesen wird (WPK/*Wlotzke* Rn. 11; unverständlich GK-BetrVG/*Jacobs* Rn. 39, 44ff., der verkennt, dass § 14a auf den Wahlgrundsätzen des § 14 aufbaut und damit unzweifelhaft auch das Wahlvorschlagsrecht der Gewerkschaften umfasst).

34 Wahlvorschläge können bis zum **Ende der WahlVerslg.** zur Wahl des Wahlvorst. gemacht werden (Abs. 2 Hs. 1). Das Ende der WahlVerslg. richtet sich nach den jeweiligen Gegebenheiten in der WahlVerslg. Sie ist regelmäßig beendet, wenn keine Wahlvorschläge mehr eingereicht werden und der Wahlvorst. die Wahlvorschläge geprüft und evtl. notwendige Rückfragen (zB bei Doppelunterstützung etc) geklärt hat. Bevor der Wahlvorst. die WahlVerslg. für beendet erklärt, empfiehlt es sich, die ArbN hierauf hinzuweisen, damit diese abschließend die Gelegenheit erhalten, noch Wahlvorschläge einzureichen (iErg ebenso GK-BetrVG/*Jacobs* Rn. 38). Nach der formellen Beendigung eingereichte Wahlvorschläge dürfen vom Wahlvorst. nicht mehr berücksichtigt werden (*Thüsing/Lambrich* NZA-Sonderheft 2001, 79 [90]). Dennoch berücksichtigte Wahlvorschläge berechtigen zur Anfechtung der Wahl nach § 19.

35 Unmittelbar nach **Abschluss der WahlVerslg.** hat der Wahlvorst. die als gültig anerkannten **Wahlvorschläge bekannt** zu **machen** (§ 33 Abs. 4 WO; → § 33 Rn. 13). Ist in der WahlVerslg. kein Wahlvorschlag zur Wahl des BR gemacht worden, findet die BRWahl nicht statt. Dies hat der Wahlvorst. ebenfalls bekannt zu machen (vgl. § 33 Abs. 5 WO). Die Möglichkeit der **Nachfristsetzung** zur Einreichung von Wahlvorschlägen nach § 9 WO **besteht** auf Grund des verkürzten Verfahrens im vereinfachten Wahlverfahren **nicht** (→ WO § 33 Rn. 12; HessLAG 22.8.2013 – 9 TaBV 19/13, NZA-RR 2014, 72; GK-BetrVG/*Jacobs* Rn. 109; SWS Rn. 6).

2. Zweite Wahlversammlung zur Wahl des Betriebsrats

36 Die **Wahl des BR** erfolgt in einer **zweiten WahlVerslg.** Sie findet **eine Woche** nach der ersten WahlVerslg. zur Wahl des Wahlvorst. statt (Abs. 1 S. 4). Die Frist bestimmt sich nach den §§ 186–193 BGB. Fällt der Wahltag zB auf einen Feiertag, so ist erst der nachfolgende Werktag der maßgebliche Wahltag (*Thüsing/Lambrich* NZA-Sonderheft 2001, 79 [91]; SWS Rn. 10).

37 Die Wahl des BR erfolgt nach den Grundsätzen der **Mehrheitswahl** (§ 14 Abs. 2 S. 2 Hs. 2); → § 14 Rn. 35ff. Gewählt wird der BR in **geheimer** und **unmittelbarer Wahl** (Abs. 1 S. 3). Zu den Grundsätzen der geheimen und unmittelbaren Wahl → § 14 Rn. 9ff. Die Einzelheiten des Wahlverfahrens sind in § 34 WO geregelt. Auf den Stimmzetteln sind die Bewerberinnen oder Bewerber in alphabetischer Reihenfolge unter Angabe von Familienname, Vorname und Art der Beschäftigung im Betrieb aufzuführen. Die Wählerin bzw. der Wähler kann nur so viele Bewerberinnen oder Bewerber auf dem Stimmzettel ankreuzen, wie BRMitgl. zu wählen sind.

38 Wahlberechtigte ArbN, die an der zweiten WahlVerslg. zur Wahl des BR nicht teilnehmen können, haben die Möglichkeit der **nachträglichen schriftlichen Stimmabgabe** (Abs. 4, § 35 Abs. 1 S. 1 WO). Dem Wahlvorst. muss das **Verlangen** auf nachträgliche schriftliche Stimmabgabe von dem wahlberechtigten ArbN spätestens **drei Tage** vor dem Tag der WahlVerslg. zur Wahl des BR mitgeteilt werden (§ 35 Abs. 1 S. 2 WO, → § 35 Rn. 1). Der Antrag kann **mündlich** oder **schriftlich** erfolgen. Wird er mündlich gestellt, hat der Wahlvorst. dies zu vermerken. In dem Antrag sollte der Grund der voraussichtlichen Abwesenheit angegeben werden; eine Nachprüfungspflicht besteht jedoch nicht (→ WO § 35 Rn. 1 und zur Briefwahl im

normalen Wahlverfahren → WO § 24 Rn. 3). Durch den Verweis in § 35 Abs. 1 S. 3 WO auf die §§ 24, 25 WO gilt die nachträgliche schriftliche Stimmabgabe auch für diejenigen Wahlberechtigten ArbN, von denen dem Wahlvorst. bekannt ist, das sie im Zeitpunkt der Wahl nach der Eigenart ihres Beschäftigungsverhältnisses voraussichtlich nicht im Betrieb anwesend sein werden, wie zB im Außendienst oder mit Telearbeit Beschäftigte sowie in Heimarbeit Beschäftigte (§ 24 Abs. 2 WO). Diesen ArbN hat der Wahlvorst. ohne gesondertes Verlangen die Wahlunterlagen für die schriftliche Stimmabgabe zukommen zu lassen (ErfK/*Koch* Rn. 4; DKKW/*Homburg* Rn. 30; GK-BetrVG/*Jacobs* Rn. 59; SWS Rn. 12; → WO § 35 Rn. 3; **aA** *Thüsing/Lambrich* NZA-Sonderheft 2001, 79 [91]; Richardi BetrVG/*Thüsing* Rn. 30). Gleiches gilt für die Fälle des § 24 Abs. 3 (→ WO § 35 Rn. 4).

39 Im Fall der **nachträglichen schriftlichen Stimmabgabe** liegt die Stimmabgabe regelmäßig nach dem Tag der WahlVerslg. zur Wahl des BR (*Thüsing/Lambrich* NZA-Sonderheft 2001, 79 [91]; *Heilmann* AiB 2001, 621 [623]). Der Wahlvorst. kann daher in diesem Fall nicht bereits am Ende der WahlVerslg. zur Wahl des BR die öffentliche Stimmauszählung vornehmen, sondern hat gem. § 34 Abs. 2 WO am Ende der WahlVerslg. zur Wahl des BR die **Wahlurne** bis zum Fristablauf für die nachträgliche schriftliche Stimmabgabe zu **versiegeln** und aufzubewahren (→ WO § 34 Rn. 3; ErfK/*Koch* Rn. 4). Ist die nachträgliche schriftliche Stimmabgabe beantragt worden, bestimmt § 35 Abs. 2 WO zudem, dass der Wahlvorst. dies unter Angabe des Orts, des Tags und der Zeit der öffentlichen Stimmauszählung in gleicher Weise **bekannt zu machen** hat wie das Wahlausschreiben (→ WO § 35 Rn. 6).

40 Unmittelbar nach **Ablauf der Frist** für die nachträgliche schriftliche Stimmabgabe hat der Wahlvorst. in öffentlicher Sitzung die eingegangenen Freiumschläge zu öffnen und zu prüfen, ob die Stimmabgabe nach den Vorschriften der Briefwahl (§ 35 Abs. 3 S. 2 WO iVm § 25 WO) ordnungsgemäß erfolgt ist. Die ordnungsgemäß abgegebenen Wahlumschläge hat der Wahlvorst. nach Vermerk der Stimmabgabe in der Wählerliste in die bis dahin versiegelte Wahlurne einzuwerfen (vgl. § 35 Abs. 3 WO). Im Anschluss daran hat der Wahlvorst. die öffentliche **Stimmauszählung** vorzunehmen und das Wahlergebnis bekannt zu geben (→ WO § 35 Rn. 9).

41 Die Wahlordnung hat keine konkrete **Frist** zur **nachträglichen schriftlichen Stimmabgabe** gesetzt. Der **Wahlvorst.** hat die Frist so zu **bemessen,** dass unter Berücksichtigung der Bedingungen im Betrieb und der normalen Postlaufzeit eine ordnungsgemäße Briefwahl möglich ist (→ WO § 35 Rn. 7; *Thüsing/Lambrich* NZA-Sonderheft 2001, 79 [92]; *Heilmann* AiB 2001, 621 [623]). Sie darf zugleich nicht über Gebühr lang sein; eine Frist von einer Woche nach dem Tag der WahlVerslg. zur Wahl des BR dürfte ausreichend sein (vgl. *Thüsing/Lambrich* NZA-Sonderheft 2001, 79 [92]). Dementsprechend halten Richardi BetrVG/*Thüsing* Rn. 32 und SWS Rn. 13 eine Frist von mindestens drei Tagen bis längstens eine Woche für angemessen; DKKW/*Homburg* WO § 35 Rn. 4 geht von einer Frist von vier Tagen aus.

42 Ist **keine nachträgliche schriftliche Stimmabgabe** erforderlich, weil kein wahlberechtigter ArbN einen Antrag nach § 35 Abs. 1 WO gestellt hat und auch kein Fall des § 24 Abs. 2 u. 3 WO vorliegt, hat der Wahlvorst. **unverzüglich nach Abschluss** der Wahl (Tag der WahlVerslg. zur Wahl des BR) die öffentliche **Auszählung der Stimmen** vorzunehmen und das Wahlergebnis bekannt zu geben (§ 34 Abs. 3 WO, → § 34 Rn. 4).

43 Für die **Ermittlung der Gewählten** gilt Folgendes:

Ist nur **ein BRMitgl.** zu wählen, ist gewählt, wer die meisten Stimmen erhalten hat; lehnt diese Person die Wahl ab, so tritt an ihre Stelle die nicht gewählte Person mit der nächsthöchsten Stimmenzahl (§ 34 Abs. 4 WO, → § 34 Rn. 6). Sind **mehrere BRMitgl.** zu wählen ist das Geschlecht in der Minderheit nach § 15 Abs. 2 zu berücksichtigen (→ § 15 Rn. 15 ff.). Für die Ermittlung der Gewählten gelten die §§ 22 u. 23 Abs. 2 WO entspr. (§ 34 Abs. 5 WO, → § 34 Rn. 7, → § 14 Rn. 39, 31 ff., → § 15 Rn. 30 ff.). **ErsMitgl.** sind die nicht gewählten Bewerber mit der nächsthöchsten Stimmenzahl unter Beachtung des § 25 Abs. 2 S. 3; die gesonderte

Wahl des ErsMitgl. beim **einköpfigen BR** ist im Rahmen des **BetrVerf-ReformG** aufgehoben worden (vgl. BT-Drs. 14/5741, 36; → § 14 Rn. 38).

III. Wahl des Betriebsrats im einstufigen Verfahren (§ 14a Abs. 3)

Die Wahl des BR erfolgt im **einstufigen Wahlverfahren,** wenn der Wahlvorst. durch den BR, GesBR bzw. KBR oder das ArbG bestellt wird (Abs. 3). Dies erfasst auch den Fall, dass der GesBR bzw. der KBR den Wahlvorst. in einem betriebsratslosen Kleinbetrieb bestellt (ausf. → Rn. 2, 9; → § 17a Rn. 8 mwN; **aA** *Löwisch* BB 2001, 1734 [1739]). Zur Bestellung des Wahlvorst. durch den BR, GesBR bzw. KBR oder das ArbG im vereinfachten Wahlverfahren ausf. → § 17a Rn. 1 ff. **44**

Auch im einstufigen Verfahren wird der BR in geheimer und unmittelbarer Wahl nach den Grundsätzen der Mehrheitswahl auf einer WahlVerslg. gewählt (Abs. 3). **Aufgabe des Wahlvorst.** ist es, unverzüglich nach seiner Bestellung die Wahl des BR einzuleiten (§ 36 Abs. 1 S. 1 WO). Dazu hat er als erstes die **Wählerliste,** getrennt nach den Geschlechtern, aufzustellen (§ 36 Abs. 1 S. 3 WO iVm § 2 WO). Zur Aufstellung der Wählerliste hat der ArbGeb. dem Wahlvorst. alle für die Anfertigung der Wählerliste erforderlichen Auskünfte zu erteilen und die erforderlichen Unterlagen zur Verfügung zu stellen (ausf. → WO § 2 Rn. 1 ff.). Die **Einspruchsfrist** gegen die Wählerliste beträgt wie im zweistufigen Verfahren **drei Tage** seit Erlass des Wahlausschreibens (§ 36 Abs. 1 S. 3 WO iVm § 30 Abs. 2 WO, → § 30 Rn. 5 f.). **45**

Nach Aufstellung der Wählerliste hat der Wahlvorst. das **Wahlausschreiben** zu erlassen (§ 36 Abs. 2 S. 1 WO). Der Inhalt des Wahlausschreibens richtet sich nach § 31 Abs. 1 S. 3 WO, soweit § 36 Abs. 3 WO nichts anderes bestimmt: **46**

- Abweichend von § 31 Abs. 1 Nr. 6 WO ist im einstufigen Wahlverfahren ausschließlich die Mindestzahl von Wahlberechtigten anzugeben, von denen ein Wahlvorschlag unterzeichnet sein muss (§ 36 Abs. 3 Nr. 1 WO). Denn anders als im zweistufigen Verfahren können die Wahlvorschläge im einstufigen Verfahren nur schriftlich abgegeben werden (§ 14a Abs. 3 S. 2 Hs. 2).
- Abweichend von § 31 Abs. 3 Nr. 8 WO hat der Wahlvorst. anzugeben, dass die Wahlvorschläge spätestens eine Woche vor dem Tag der WahlVerslg. zur Wahl des BR bei ihm einzureichen sind; der letzte Tag der Frist ist anzugeben (§ 36 Abs. 3 Nr. 2 WO).

Die Wahl des BR erfolgt auf Grund von **Wahlvorschlägen.** Listenwahl scheidet aus, da der BR im vereinfachten Wahlverfahren nach den Grundsätzen der **Mehrheitswahl** gewählt wird (→ Rn. 37). Mit Erlass des Wahlausschreibens können Wahlvorschläge beim Wahlvorst. bis spätestens **eine Woche vor der WahlVerslg.** zur Wahl des BR **schriftlich** eingereicht werden (§ 36 Abs. 5 S. 1 WO). **47**

Wahlvorschlagsberechtigt sind die wahlberechtigten ArbN, einschließlich die in § 7 S. 2 Genannten sowie die im Betrieb vertretenen Gewerkschaften (§ 14 Abs. 3, → § 14 Rn. 45 ff., 61 ff.). Die **Wahlvorschläge** können im einstufigen Verfahren nur **schriftlich** gemacht werden (vgl. § 36 Abs. 5 S. 1 WO), weil es hier an der ersten WahlVerslg. zur Wahl des Wahlvorst. fehlt. Die Wahlvorschläge bedürfen zu ihrer Gültigkeit der nach § 14 Abs. 4 erforderlichen Anzahl von **Stützunterschriften.** Danach muss ein Wahlvorschlag der ArbN von mindestens einem **Zwanzigstel** der **wahlberechtigten ArbN, mindestens** jedoch von **drei** wahlberechtigten ArbN unterzeichnet sein. Eine **Ausnahme** hiervon besteht für Betriebe mit in der Regel **bis zu zwanzig wahlberechtigten ArbN;** hier genügt die Unterzeichung des Wahlvorschlags durch **zwei wahlberechtigte ArbN** (ausf. → § 14 Rn. 45 ff.). Zur Unterstützung sind alle wahlberechtigten ArbN, einschließlich die in § 7 S. 2 Genannten berechtigt (→ § 14 Rn. 46; *Löwisch* BB 2001, 1734 [1737]; *Maschmann* DB 2001, 2446 [2448]). Der Wahlvorschlag kann daher auch von den Wahlbewerbern selbst, aber auch von Mitgl. des Wahlvorst. unterstützt werden (mwN → § 14 **47a**

Rn. 51). Zu den **weiteren Gültigkeitsvoraussetzungen** der Wahlvorschläge der ArbN → § 14 Rn. 52ff.; → WO § 36 Rn. 11ff.

48 Für die **Wahlvorschläge** der im Betrieb vertretenen **Gewerkschaften,** die von zwei Beauftragten unterzeichnet sein müssen, bestehen im einstufigen Verfahren **keine Besonderheiten** gegenüber dem normalen Wahlverfahren bzw. dem zweistufigen vereinfachten Wahlverfahren, so dass insoweit auf die Ausführungen in → § 14 Rn. 58–71 verwiesen wird.

49 Die Wahlvorschläge sind spätestens eine Woche vor der WahlVerslg. zur Wahl des BR beim Wahlvorst. einzureichen (§ 36 Abs. 5 S. 1 WO). Die **Frist** zur Einreichung der Wahlvorschläge setzt der Wahlvorst. Das **Fristende** muss jedoch spätestens eine Woche vor dem Tag der WahlVerslg. zur Wahl des BR liegen (HessLAG 23.1.2003 – 9 TaBV 104/02, ArbuR 2003, 158). Die Entscheidung des Verordnungsgebers, dem Wahlvorst. Spielraum bei der Festsetzung der Frist zu lassen, beruht darauf, dass im Fall des einstufigen Verfahrens nach § 14a Abs. 3 der Wahlvorst. auf Grund verschiedener Fallkonstellationen bestellt wird und sich hierdurch für den Wahlvorst. verschiedene Zeitabläufe zur Durchführung der BRWahl ergeben:

– In Betrieben mit BR wird der Wahlvorst. vom BR vier Wochen vor Ablauf dessen Amtszeit bestellt (§ 17a Nr. 1). Die Stimmabgabe soll eine Woche vor Ablauf der Amtszeit des BR liegen (vgl. § 36 Abs. 2 S. 3 WO, → § 36 Rn. 5).
– Unterlässt der BR die Bestellung des Wahlvorst. wird dieser frühestens drei Wochen vor Ablauf der Amtszeit des BR vom GesBR bzw. KBR oder durch das ArbG bestellt (§ 17a Nr. 1). Da auch in diesen Fällen ein BR besteht, soll die Stimmabgabe eine Woche vor Ablauf der Amtszeit des BR liegen (vgl. § 36 Abs. 2 S. 3 WO, → § 36 Rn. 5).
– In Betrieben ohne BR wird der Wahlvorst. durch den GesBR bzw. KBR bestellt.

In allen drei Fällen steht dem Wahlvorst. ein **unterschiedlicher Zeitraum** zur Durchführung der BRWahl zur Verfügung. Hieran hat sich der Wahlvorst. bei der Bestimmung der Frist zur Einreichung der Wahlvorschläge zu orientieren (→ WO § 36 Rn. 11). In Anlehnung an § 28 Abs. 1 S. 2 WO erscheint eine Frist von sieben Tagen ausreichend (→ WO § 36 Rn. 11; ebenso GK-BetrVG/*Jacobs* Rn. 94; HessLAG 23.1.2003 – 9 TaBV 104/02, ArbuR 2003, 158).

50 Nach **Ablauf der Frist** zur Einreichung von Wahlvorschlägen hat der Wahlvorst. die als **gültig** anerkannten **Wahlvorschläge bekannt** zu **machen** (§ 36 Abs. 5 S. 3 WO). Ist kein Wahlvorschlag zur Wahl des BR gemacht worden, findet die BRWahl nicht statt. Auch dies hat der Wahlvorst. bekannt zu machen (vgl. § 36 Abs. 6 WO). Die Möglichkeit der **Nachfristsetzung** zur Einreichung von Wahlvorschlägen nach § 9 WO **besteht** wegen des verkürzten Verfahrens im vereinfachten Wahlverfahren **nicht** (→ WO § 36 Rn. 20; ErfK/*Koch* Rn. 5). Nach Fristablauf eingereichte Wahlvorschläge dürfen vom Wahlvorst. nicht mehr berücksichtigt werden. Dennoch berücksichtigte Wahlvorschläge berechtigen zur Anfechtung der Wahl nach § 19.

51 Besteht der zu wählende BR aus drei Mitgl., hat der Wahlvorst. die dem **Geschlecht in der Minderheit** gem. § 15 Abs. 2 zustehende Mindestsitzzahl im BR zu ermitteln. Die Berechnung der Mindestsitzzahl erfolgt nach § 5 WO (§ 36 Abs. 4 WO). Zur Berechnung der **Mindestsitzzahl** vgl. die Ausführungen zu → § 15 Rn. 15ff.

52 Für das **Wahlverfahren** und die **nachträgliche schriftliche Stimmabgabe** gelten die §§ 34 u. 35 WO im einstufigen Verfahren entspr. (§ 36 Abs. 4 WO), so dass insoweit auf die Ausführungen in → Rn. 38ff. verwiesen wird.

IV. Vereinfachtes Wahlverfahren kraft Vereinbarung (§ 14a Abs. 5)

53 In Betrieben mit 51–100 wahlberechtigten ArbN haben ArbGeb. und Wahlvorst. die Option, die Anwendung des vereinfachten Wahlverfahrens zu vereinbaren. Ob die Durchführung der BRWahl nach dem vereinfachten Wahlverfahren in dieser Grö-

ßenklasse sinnvoll ist, entscheiden ArbGeb. und Wahlvorst. gemeinsam. Die Vereinbarung muss nicht **ausdrücklich** sondern kann auch **konkludent** getroffen werden. Erforderlich sind jedoch zwei korrespondierende Willenserklärungen; **Schweigen** des ArbGeb. auf einer Betriebs- bzw. WahlVerslg. reicht für die Annahme einer konkludenten Vereinbarung zwischen Wahlvorst. und ArbGeb. iSd Abs. 5 nicht aus (BAG 19.11.2003 – 7 ABR 24/03, AP BetrVG 1972 § 19 Nr. 54; HaKo-BetrVG/*Brors* Rn. 20). Der Wahlvorst. ist an eine evtl. vorherige Vereinbarung des BR mit dem ArbGeb., die Wahl im vereinfachten Verfahren durchzuführen, nicht gebunden (*Rudolph/Lautenbach* AiB 2006, 152).

Die Vereinbarung nach Abs. 5 kann auch ein nach Abs. 1 gewählter Wahlvorst. treffen, wenn dieser feststellt, dass im Betrieb mehr als fünfzig wahlberechtigte ArbN beschäftigt sind (vgl. BR-Drs. 838/01, 34 zu § 30 WO; DKKW/*Homburg* WO § 30 Rn. 6; GK-BetrVG/*Jacobs* Rn. 116; HWGNRH/*Nicolai* Rn. 22; HaKo-BetrVG/*Brors* Rn. 20; *Rudolph/Lautenbach* AiB 2006, 152; offen gelassen von BAG 19.11.2003 – 7 ABR 24/03, AP BetrVG 1972 § 19 Nr. 54, aber wohl mit zustimmender Tendenz; **aA** Richardi BetrVG/*Thüsing* § 37 WO Rn. 1 und *Löwisch/Kaiser/Wiebauer* § 14a Rn. 6 und WO § 37 Rn. 1 die die Möglichkeit der Vereinbarung nach Abs. 5 ausschließlich auf nach § 16 BetrVG bestellte Wahlvorst. beschränken). **53a**

Vereinbaren ArbGeb. und Wahlvorst. die Anwendung des vereinfachten Wahlverfahrens, so ist die BRWahl nach dem einstufigen Wahlverfahren durchzuführen (§ 37 WO). Insoweit kann auf die Ausführungen unter → Rn. 44–52 verwiesen werden. Dies bedeutet ua, dass die Wahl des BR auch in dieser Größenklasse nach den Grundsätzen der Mehrheitswahl erfolgt. **54**

Der Vereinbarung nach Abs. 5 kommt keine Dauerwirkung zu; sie muss für jede BRWahl neu getroffen werden (DKKW/*Homburg* Rn. 3; ErfK/*Koch* Rn. 6; GK-BetrVG/*Jacobs* Rn. 124 WPK/*Wlotzke* Rn. 23f.; HWGNRH/*Nicolai* Rn. 24). Dies gilt auch dann, wenn die BRWahl wegen erfolgreicher Anfechtung erneut durchgeführt werden muss (GK-BetrVG/*Jacobs* Rn. 124; Richardi BetrVG/*Thüsing* Rn. 2; *Rudolph/Lautenbach* AiB 2006, 152; **aA** DKKW/*Homburg* Rn. 3). Da ein neuer Wahlvorst. erforderlich ist (→ § 19 Rn. 45) kann die zwischen dem vorherigen Wahlvorst. und ArbGeb. getroffene Vereinbarung nach Abs. 5 den neuen Wahlvorst. nicht binden. Er muss in eigener Verantwortung entscheiden, ob er mit dem ArbGeb. eine Vereinbarung über die Durchführung der Wahl im vereinfachten Wahlverfahren treffen will. **54a**

Lehnt eine der Parteien die Anwendung des vereinfachten Wahlverfahrens ab, richtet sich die Wahl des BR nach den Vorschriften, die für Betriebe mit mehr als 50 ArbN gelten (vgl. BT-Drs. 14/6352, 54; Richardi BetrVG/*Thüsing* Rn. 2; *Löwisch/Kaiser/Wiebauer* Rn. 6). Demgemäß hat der Wahlvorst. das normale Wahlverfahren nach § 18 einzuleiten. Dies gilt auch dann, wenn der Wahlvorst. in der Annahme der Voraussetzungen für das vereinfachte Wahlverfahren nach Abs. 1 gewählt worden ist (vgl. *Berg* AiB, 2002, 17 [23]; → WO § 30 Rn. 11) Das normale Wahlverfahren nach § 18 ist auch dann einzuleiten, wenn der Wahlvorst. feststellt, dass dem Betrieb mehr als 100 wahlberechtigte ArbN angehören (GK-BetrVG/*Jacobs* Rn. 118). **55**

V. Streitigkeiten

Verstöße gegen die Wahlbestimmungen (vgl. zB → Rn. 4) können unter den Voraussetzungen des § 19 die **Anfechtung der Wahl** rechtfertigen. Bei krassen Verstößen kommt ausnahmsweise Nichtigkeit in Frage (Näheres → § 19 Rn. 4ff.). **56**

Streitigkeiten aus den Wahlvorschriften sind von den **ArbG im BeschlVerf.** zu entscheiden (§§ 2a, 80ff. ArbGG). Sie können auch unabhängig von einer Wahlanfechtung schon **während des Wahlverfahrens** gerichtlich ausgetragen werden (BAG 15.12.1972 – 1 ABR 8/72, AP BetrVG 1972 § 14 Nr. 1). **Antragsberechtigt** ist in diesem Falle neben den Anfechtungsberechtigten jeder, der durch Einzelmaß- **57** nahmen des Wahlvorst. in seinem aktiven oder passiven Wahlrecht betroffen wird (Näheres, insbes. zur Möglichkeit des Erlasses von einstw. Vfg. während des Wahlverfahrens → § 18 Rn. 32 ff.). Zum Zuordnungsverfahren hinsichtlich der leitenden Ang. vgl. § 18a.

§ 15[1)] Zusammensetzung nach Beschäftigungsarten und Geschlechter

(1) **Der Betriebsrat soll sich möglichst aus Arbeitnehmern der einzelnen Organisationsbereiche und der verschiedenen Beschäftigungsarten der im Betrieb tätigen Arbeitnehmer zusammensetzen.**

(2) **Das Geschlecht, das in der Belegschaft in der Minderheit ist, muss mindestens entsprechend seinem zahlenmäßigen Verhältnis im Betriebsrat vertreten sein, wenn dieser aus mindestens drei Mitgliedern besteht.**

Inhaltsübersicht

I. Vorbemerkung

1 Die Vorschrift befasst sich mit der Zusammensetzung des BR und hat durch das **BetrVerf-ReformG** eine grdl. neue Bedeutung erhalten. Abs. 1 sieht vor, dass sich der BR möglichst aus ArbN der **einzelnen Organisationsbereiche** und der verschiedenen **Beschäftigungsarten** zusammensetzen soll. Von grundlegender Bedeutung für die Zusammensetzung des BR ist jedoch die neugefasste Bestimmung des Abs. 2, die eine verbesserte Repräsentanz des Geschlechts, das in der Belegschaft in der Minderheit ist, im BR gewährleistet. Bereits das am 1.9.1994 in Kraft getretene G zur Durchsetzung der Gleichberechtigung von Frauen und Männern – 2. GleiBG – v. 24.6.1994 (BGBl. I S. 1406 [2103]) sah in Art. 5 (Änderung des BetrVG) eine Reihe von Maßnahmen zur besseren Durchsetzung der Gleichstellung von Frauen und Männern im Betrieb vor (→ Rn. 11). Nicht ausdrücklich erwähnt ist eine angemessene Berücksichtigung der im Betrieb beschäftigten **ausländischen ArbN.** Es würde jedoch sowohl dem Grundsatz des § 75 entsprechen als auch einer sachgerechten Integration der ausländischen ArbN dienen, wenn auch sie bei der Aufstellung von Wahlvorschlägen angemessen berücksichtigt würden (DKKW/*Homburg* Rn. 2; ErfK/*Koch* Rn. 1).

2 Die Regelung des Abs. 1 ist nicht zwingend. Sie enthält aber die Aufforderung an diejenigen, die zu Wahlvorschlägen berechtigt sind, darauf hinzuwirken, dass der BR eine die Organisation des Betriebes und die Struktur seiner ArbNschaft widerspiegelnde Zusammensetzung erhält. Sie ist als „Soll-Vorschrift" ausgestaltet und damit keine wesentliche Wahlvorschrift iSv § 19. Auf die Gültigkeit der Wahl hat es daher

[1)] **Amtl. Anm.:** Gemäß Artikel 14 Satz 2 des Gesetzes zur Reform des Betriebsverfassungsgesetzes (BetrVerf-Reformgesetz) vom 23. Juli 2001 (BGBl. I S. 1852) gilt § 15 (Artikel 1 Nr. 13 des BetrVerf-Reformgesetzes) für im Zeitpunkt des Inkrafttretens bestehende Betriebsräte erst bei deren Neuwahl.

keinen Einfluss, wenn die Wahlvorschlagsberechtigten dieser Aufforderung nicht nachkommen. Das gilt selbst dann, wenn die Vorschrift bewusst nicht beachtet worden ist. Ein Verstoß gegen Abs. 1 rechtfertigt daher **keine Wahlanfechtung** nach § 19 (GK-BetrVG/*Jacobs* Rn. 14; Richardi BetrVG/*Thüsing* Rn. 21; *Sieg/Maschmann* AuA 2002, 22 [23]).

Die Regelung des Abs. 2, wonach das Geschlecht, das in der Belegschaft in der Minderheit ist, entspr. seinem zahlenmäßigen Verhältnis im BR vertreten sein muss, ist dagegen eine wesentliche Vorschrift über das Wahlverfahren iSv § 19, deren Verletzung grds. zur **Wahlanfechtung** berechtigt (*Löwisch* BB 2001, 1734 [1738]; GK-BetrVG/*Jacobs* Rn. 32; ErfK/*Koch* Rn. 2; Näheres → § 19 Rn. 20). Eine **zwingende Verpflichtung,** dementsprechend die **Wahlvorschläge** zu gestalten ist damit jedoch **nicht verbunden,** wie § 6 Abs. 2 WO zeigt (GK-BetrVG/*Jacobs* Rn. 21; → WO § 6 Rn. 7). 3

Die Vorschrift ist **nicht abdingbar,** auch nicht in dem Sinne, dass durch TV, BV oder eine Absprache zwischen den ArbN oder zwischen ArbN und ArbGeb. eine bestimmte Berücksichtigung von einzelnen Organisationsbereichen, Beschäftigungsarten oder der Geschlechter verbindlich vorgeschrieben werden könnte. Denn abgesehen von den Abweichmöglichkeiten nach § 3 stehen die Regelungen über Wahl und Zusammensetzung des BR nicht zur Disposition und lassen die Schaffung betrieblicher WahlO nicht zu (so zutr. GK-BetrVG/*Jacobs* Rn. 6). 4

Die Vorschrift gilt auch für die Wahl der BordVertr. und des SeeBR. Allerdings ist wegen der geringen Größe dieser Vertr. die Berücksichtigung aller in ihr aufgeführten Gesichtspunkte bei der Kandidatenaufstellung praktisch nicht möglich; Vorrang hat die geschlechterbezogene Besetzung. Für die Wahl der JAV gelten die gleich lautenden Sondervorschriften des § 62 Abs. 2 u. 3. Die Vorschrift gilt nicht für den GesBR, den KBR, die GesJAV und die KJAV (§§ 47, 55, 72 u. 73a). 5

Für die Zusammensetzung des Personalrats, Sprecherausschusses und des Europäischen Betriebsrats gelten die Vorschriften § 17 Abs. 6 u. 7 BPersVG, § 4 Abs. 2 SprAuG und §§ 11 Abs. 5, 23 Abs. 5 EBRG unverändert, wonach Frauen und Männer entspr. ihrem zahlenmäßigen Verhältnis in dem jeweiligen Gremium vertreten sein **sollen.** 6

II. Berücksichtigung der einzelnen Organisationsbereiche

Bei der im Rahmen des **BetrVerf-ReformG** vorgenommenen Änderung in Abs. 1 handelt es sich ausschließlich um eine redaktionelle Anpassung an die Änderungen der §§ 3 u. 4 durch das BetrVerf-ReformG. 7

Organisationsbereiche sind organisatorische Untergliederungen innerhalb eines Betriebs wie zB unselbständige Betriebsabteilungen und unselbständige Kleinstbetriebe, in denen kein eigener BR gewählt werden kann (vgl. § 4) aber auch andere in § 3 vorgesehene betriebsverfassungsrechtliche Organisationseinheiten wie zB Betriebsabteilungen innerhalb einer Sparte oder Betriebe, wenn zB ein unternehmenseinheitlicher oder regionaler BR nach § 3 Abs. 1 Nr. 1 vereinbart worden ist (dazu und zu weiteren Möglichkeiten → § 3 Rn. 24 ff.). Nicht zulässig ist es, die Wahl des BR nach Organisationsbereichen in der Form aufzugliedern, dass diese eigene Vertr. in den BR wählen. Das widerspräche sowohl dem Grundsatz der allgemeinen und gleichen Wahl als auch dem Prinzip, dass der BR Vertr. aller ArbN des Betriebes ist (iErg ebenso ErfK/*Koch* Rn. 1; GK-BetrVG/*Jacobs* Rn. 10; Richardi BetrVG/*Thüsing* Rn. 7, 9). Andererseits bewirkt die gemeinsame Beschäftigung von ArbN innerhalb eines eigenen organisatorischen Verbandes, wie ihn in aller Regel zB eine Betriebsabteilung oder ein Kleinstbetrieb darstellen, im Hinblick auf die vielfältigen aus dieser gemeinsamen Beschäftigung sich ergebenden gleichartigen Fragen, Probleme und Interessen eine **eigene betriebssoziologische Bindung** der ArbN einer solchen Einheit untereinander. Aus diesem Grund erscheint es zweckmäßig, dass dem BR 7a jeweils ArbN derartiger organisatorischer Einheiten angehören, die die besonderen Belange der ArbN der betreffenden einzelnen Organisationsbereiche im BR zur Sprache bringen. Deshalb soll bei der Aufstellung von Wahlvorschlägen darauf Bedacht genommen werden, dass möglichst die einzelnen Organisationsbereiche im BR vertreten sind.

Beispiele:

Für bestimmte Betriebsabteilungen: Abteilung Einkauf, Abteilung Verkauf, Abteilung Versand, die verschiedenen Produktionsabteilungen größerer Industriebetriebe (weitere Beispiele → § 4 Rn. 8f.).

8 Die Vertr. der einzelnen Organisationsbereiche sind **keine Arbeitsgruppensprecher** iSv § 3 Abs. 1 Nr. 5. Sie haben weder eine gesetzl. näher umschriebene bes. Funktion noch eine bes. Stellung gegenüber den übrigen BRMitgl. Scheidet ein ArbN aus einem bestimmten Organisationsbereich aus dem BR aus, so rückt nach § 25 Abs. 2 das dort bezeichnete ErsMitgl. nach, nicht etwa ein anderer ArbN aus demselben Organisationsbereich (GK-BetrVG/*Jacobs* Rn. 10; DKKW/*Homburg* Rn. 4; Richardi BetrVG/*Thüsing* Rn. 10; HWGNRH/*Nicolai* Rn. 5).

III. Berücksichtigung der Beschäftigungsarten

9 Im BR sollen ferner die verschiedenen Beschäftigungsarten vertreten sein, damit der BR seine Tätigkeit auch im Hinblick auf die im Betrieb ausgeübten Berufsarten möglichst sachkundig ausüben kann. Unter Beschäftigungsarten sind demnach die im Betrieb vertr. **Berufsgruppen** zu verstehen (DKKW/*Homburg* Rn. 2; Richardi BetrVG/*Thüsing* Rn. 8).

Beispiele:

Für Beschäftigungsarten: Facharbeiter (verschiedener Berufe), angelernte Arbeiter, Hilfsarbeiter, Kraftfahrer, Reinemachepersonal usw, verschiedene Angestelltenkategorien, zB kaufmännische, technische, naturwissenschaftliche Angestellte, in Heimarbeit Beschäftigte, aber auch mit Telearbeit oder im Außendienst Beschäftigte.

10 Auch sie haben ebenso wenig eine bes. gesetzl. umschriebene Funktion oder eine bes. rechtliche Stellung gegenüber den übrigen BRMitgl. wie die Vertr. von einzelnen Organisationsbereichen (→ Rn. 8).

IV. Berücksichtigung der Geschlechter

1. Allgemeines

11 Die Berücksichtigung der Geschlechter ist mit dem **BetrVerf-ReformG** in Abs. 2 neu geregelt worden. Ein wesentliches Ziel des BetrVerf-ReformG ist es, den Einfluss der Frauen in den Betriebsräten zu stärken und auf diese Weise die **Gleichstellung** von **Frauen** und **Männern** nach Art. 3 Abs. 2 S. 2 GG wirksam zu fördern. Denn vor allem die gleichberechtigte Teilhabe der im Betrieb beschäftigten Frauen im BR ist gerade auch bezogen auf das BRAmt von besonderer Bedeutung. Der BR, der mit den beruflichen Alltagsproblemen der Frauen unmittelbar konfrontiert ist, nimmt eine Schlüsselfunktion bei der Beseitigung von Nachteilen und der Durchsetzung der Gleichstellung von Frauen und Männern ein (vgl. *Fisahn* WSI-Mitt. 1995 Heft 1 S. 22ff.). Dazu ist erforderlich, dass Frauen ihr Potential künftig wirksam in die BRArbeit einbringen und Einfluss auf die Gleichstellungspolitik im Betrieb nehmen können. Bereits im Rahmen des 2. GleiBG hat der Gesetzgeber diese wichtige Auf-

gabe des BR durch entspr. Änderungen des BetrVG (s. §§ 16 Abs. 1 S. 6, 45 S. 1, 63 Abs. 2 S. 2, 80 Abs. 1 Nr. 2a, 92 Abs. 2 aF, 93 S. 2 u. 3, 96 Abs. 2 S. 2) verdeutlicht (vgl. Begründung des GEntwurfs BT-Drs. 12/5468, 17, 41f.; sa *Bischoff/Kunz* AiB 1997, 562; *Mauer* BB 1994, 1283; *Mittmann* NJW 1994, 3048; *Schiek* AiB 1994, 450; zum Aspekt der tatsächlichen Durchsetzung der Gleichberechtigung sa den mit ÄnderungsG zum GG v. 27.10.1994 [BGBl. I S. 3146] in Art. 3 Abs. 2 GG neu eingefügten S. 2 und dazu *Berlit* ArbuR 1995, 19, *Sannwald* NJW 1994, 3313), die jedoch nicht ausreichend waren.

Der Anteil der Frauen im BR ist auch nach den im 2. GleibG vorgenommenen, verbesserten Regelungen zur Förderung der Gleichstellung von Frauen und Männern nicht wesentlich gestiegen. So ist der Frauenanteil in den BR von 1994 von 23% lediglich auf 25,4% in 1998 gestiegen, während im gleichen Zeitraum der durchschnittliche Anteil der Frauen an der Gesamtbelegschaft von 38% auf 43% gestiegen ist (vgl. BT-Drs. 14/5741, 25; *Rudolph/Wassermann,* Trendreport Betriebsratswahlen 1998, 1998, 18). Die Frage, wie das Ziel einer **besseren Repräsentanz der Frauen im BR** am besten erreicht werden kann, ist in den parlamentarischen Beratungen ausführlich diskutiert worden. In den Schlussberatungen ist die noch im Regierungsentwurf vorgesehene „starre" Geschlechterquote (vgl. BT-Drs. 14/5741 zu Art. 1 Nr. 13, S. 9 – „Die Geschlechter müssen entspr. ihrem zahlenmäßigen Verhältnis im BR vertreten sein, wenn ...") zugunsten einer Mindestquote für das Geschlecht in der Minderheit in Abs. 2 aufgegeben worden (vgl. Beschlussempfehlung und Bericht des A+S Ausschusses BT-Drs. 14/6352 zu Art. 1 Nr. 13, S. 10 u. 5). Durch diese sog „Mindest-Klausel" wird das Ziel einer stärkeren Repräsentanz der Frauen dort gewährleistet, wo sie in den Betrieben in der Minderheit sind und zugleich sichergestellt, dass überall dort, wo Frauen bereits auf Grund ihres starken Engagements in den BR zahlenmäßig überrepräsentiert sind, dies auch in Zukunft möglich bleibt (vgl. Beschlussempfehlung und Bericht des A+S Ausschusses BT-Drs. 14/6352, 54 zu Art. 1 Nr. 13 u. 43). Zugleich wird mit dieser Regelung dem Gedanken des **Gleichberechtigungsgrundsatzes des Art. 3 Abs. 2 GG** Rechnung getragen (→ § 75 Rn. 28ff.). Insoweit gilt das oben Gesagte in gleichem Maße für Männer, wenn diese im Betrieb in der Minderheit sind. **11a**

Soweit das BVerfG mit Entscheidung vom 10.10.2017 – 1 BvR 2019/16, NVWZ 2018, 877, das sog. „dritte Geschlecht" als weitere Geschlechterkategorie neben den Geschlechtern von Frauen und Männern iSd Art. 3 Abs. 3 GG anerkannt hat, folgt daraus nicht, dass das „dritte Geschlecht" iSd § 45b Personenstandsgesetz nunmehr das Minderheitengeschlecht iSd § 15 Abs. 2 ist, auch wenn dies dem Wortlaut nach zunächst so zu sein scheint. Die Geschlechterquote in § 15 Abs. 2 basiert auf Art. 3 Abs. 2 S. 2 GG und dient damit ausschließlich der Förderung der tatsächlichen Durchsetzung der Gleichberechtigung von Frauen und Männern (→ Rn. 11, 11a). Zum Verhältnis von Art. 3 Abs. 2 GG zu Art. 3 Abs. 3 GG hat das BVerfG betont, dass auch künftig Regelungen zur Förderung der tatsächlichen Durchsetzung der Gleichberechtigung von Frauen und Männern unabhängig von der Anerkennung einer weiteren Geschlechterkategorie nach Art. 3 Abs. 3 GG, zulässig bleiben (BVerfG 10.10.2017 – 1 BvR 2019/16, NVWZ 2018, 877, Rn. 60). Mithin ist § 15 Abs. 2 nicht dahin auszulegen, dass das Geschlecht in der Minderheit nunmehr nur das sog. „dritte Geschlecht" sein könne (so aber *Weller* BB 2018 Heft 7, Seite 1 und *Verhoek/Weuthen* ArbRAktuell 2018, 65) bzw. § 15 Abs. 2 auf beide in der Minderheit befindlichen Geschlechter anzuwenden sei (so MHdB ArbR/*Krois* § 291 Rn 164) oder das Geschlecht in der Minderheit dasjenige sei, welches unter Anwendung des § 5 WO einen Mindestsitz beanspruchen kann (so *Franzen* in FS 100 Jahre BetrVR, 129, 140). Das verfassungsrechtlich geschützte allgemeine Persönlichkeitsrecht umfasst zwar auch die Zugehörigkeit zu einem „dritten Geschlecht". Daraus folgt jedoch kein unmittelbares Gleichbehandlungsgebot in der Weise, das (auch) dem „dritten Geschlecht" ein zwingender Anspruch auf einen Sitz in einem Interessenvertretungsorgan zusteht. Der vom Gesetzgeber vorgesehene Geschlechterproporz auf **11b**

Grundlage des Art. 3 Abs. 2 GG zur Sicherung der Repräsentanz von Frauen im BR, ist auch nach Anerkennung des dritten Geschlechts nach Art. 3 Abs. 3 S. 1, Art. 2 Abs. 1 iVm Art. 1 Abs. 1 GG gerechtfertigt und eine Diskriminierung des dritten Geschlechts damit nicht verbunden. Insb. verhindert § 15 Abs. 2 nicht, dass Personen des dritten Geschlechts, die sich zur BRWahl stellen, in den BR gewählt werden können.

12 Die Einzelheiten zur Berücksichtigung des Geschlechts in der Minderheit bei der BRWahl und zur Verteilung der BRSitze sind in der **neuen Wahlordnung** (Erste Verordnung zur Durchführung des Betriebsverfassungsgesetzes – Wahlordnung – WO – v. 11.12.2001, BGBl. I S. 3494) geregelt. Entsprechend der weiteren Vorgabe des § 126 Nr. 5a enthält die WO auch Regelungen über das Verfahren zur Verteilung der BRSitze, wenn die dem Geschlecht in der Minderheit zustehenden Mindestsitze im BR nach Abs. 2 bzw. für die JAV nach § 62 Abs. 3 nicht besetzt werden können (vgl. § 15 Abs. 5 WO, § 22 Abs. 4 WO, § 34 Abs. 5 WO, § 36 Abs. 4 WO, § 39 Abs. 2 u. 3 WO, § 40 iVm § 36 Abs. 4 WO).

13 Mit der in Abs. 2 enthaltenen Zielvorgabe ist keine Zwangskandidatur verbunden. Dementsprechend enthält die Wahlordnung in dieser Hinsicht keine Vorgaben für die nach den §§ 14, 14a zu machenden Wahlvorschläge, so dass nach wie vor **reine Geschlechterlisten wie z. B. Frauenlisten, reine Männerlisten** sowie **gemischte Listen** zulässig sind (vgl. BT-Drs. 14/5741, 53 zu Nr. 81; §§ 3 u. 6 WO; GK-BetrVG/*Jacobs* Rn. 21; ErfK/*Koch* Rn. 3; WPK/*Wlotzke* Rn. 2; Richardi BetrVG/*Thüsing* § 14 Rn. 37). Dies entspricht dem bisher geltenden Recht für die Vertretung der Gruppen der Arb. und Ang. im BR, die ebenfalls entspr. ihrem zahlenmäßigen Verhältnis im BR vertreten sein mussten (vgl. § 10 aF). Mit der Anerkennung einer dritten Geschlechterkategorie sind insoweit keine Änderungen verbunden (auch → Rn 11b).

14 Der Wahlvorst. ist jedoch nach § 3 Abs. 2 Nr. 4 WO verpflichtet, im **Wahlausschreiben** den **Anteil der Geschlechter im Betrieb** anzugeben und den Hinweis darauf, dass das Geschlecht in der Minderheit im BR entspr. seinem zahlenmäßigen Verhältnis vertreten sein muss. Eine Verpflichtung, dies bei der Aufstellung der Wahlvorschläge zu berücksichtigen, besteht nicht (→ Rn. 3; → WO § 6 Rn. 7). Damit wird dem elementaren Grundsatz des Wahlrechts, dass die Wähler ihre Kandidaten frei und ohne Vorgaben aufstellen und wählen können Rechnung getragen. In Betrieben mit Ausländern können diese zB entspr. ihrer Kultur reine „Männerlisten" aufstellen, ohne dass dies Anlass für eine Zurückweisung der Listen durch den Wahlvorst. oder Anlass für eine Wahlanfechtung wäre. Gem. § 3 Abs. 2 Nr. 5 WO hat der Wahlvorst. im **Wahlausschreiben** neben der Anzahl der zu wählenden BRMitglieder auch die Zahl der auf das **Geschlecht in der Minderheit** entfallenden **Mindestsitze** im BR anzugeben. Die Ermittlung der Mindestsitzzahl für das Geschlecht in der Minderheit erfolgt nach dem **d'Hondtschen Höchstzahlensystem** (→ Rn. 16 f., § 5 WO).

2. Bestimmung der Anzahl der Mindestsitze für das Geschlecht in der Minderheit

15 Die erste Aufgabe des Wahlvorst. ist es, festzustellen, welches Geschlecht im Betrieb in der Minderheit ist (vgl. § 5 Abs. 1 S. 1 WO). Unter Berücksichtigung der Ausführungen unter → Rn. 11b ist das Geschlecht in der Minderheit dasjenige Geschlecht (Männer oder Frauen), welches am Tage des Erlasses des Wahlausschreibens durch weniger Angehörige seines Geschlechts (einschließlich der nichtwahlberechtigten jug. ArbN) im Betrieb vertreten ist als das andere Geschlecht.

16 Für die Bestimmung der Anzahl der Mindestsitze für das Geschlecht in der Minderheit ist von der Zahl der **Angehörigen des Geschlechts in der Minderheit** auszugehen, die am Tage des Erlasses des Wahlausschreibens (vgl. § 5 Abs. 1 S. 3 WO) **tatsächlich** dem Betrieb als ArbN angehören (DKKW/*Homburg* Rn. 13; Richardi BetrVG/*Thüsing* Rn. 13; HaKo-BetrVG/*Brors* Rn. 5; anders für die Größe des BR § 9, der auf die Zahl der „in der Regel" beschäftigten ArbN abstellt, → § 9 Rn. 11; **aA** BAG 29.5.1991 – 7 ABR 27/90, AP BPersVG § 17 Nr. 1, das bei der Bestimmung der Gruppenstärke entgegen dem damaligen GWortlaut auf die idR beschäftigten Gruppenangehörigen abstellt). Bei der Ermittlung der Zahl der Angehörigen des Geschlechts in der Minderheit zählen nicht nur die Wahlberechtigten [hierzu gehören auch die Teilnehmer an AB-Maßnahmen BAG 13.10.2004 – 7 ABR 6/04, AP BetrVG 1972 § 5 Nr. 71, nicht dagegen erwerbsfähige Hilfebedürftige, die Arbeitsgelegenheiten in der Mehraufwandsvariante nach § 16 Abs. 3 S. 2 SGB II (Ein-Euro-Jobs) ausüben → § 5 Rn. 155)], einschließlich der in § 5 Abs. 1 S. 3 genannten Personengruppen (BAG 15.12.2011 – 7 ABR 65/10, NZA 2012, 519; 15.8.2012 – 7 ABR 34/11, NZA 2013, 107; 12.9.2012 – 7 ABR 37/11, NZA-RR 2013, 197) sowie die **nach § 7 S. 2 wahlberechtigten ArbN** mit (dies ist mit dem neu eingefügten Satz 4 in § 14 Abs. 2 AÜG (s. Art. 1 des Gesetzes zur Änderung des AÜG und anderer Gesetze vom 21.2.2017 BGBl. I S. 258) endgültig geklärt (s. S. 29 BT-Drs. 18/9232 zu Art. 1 Nr. 10), *Löwisch/Wegmann* BB 2017, 373; so wie hier schon vorher: DKKW/*Homburg* Rn. 11; Richardi BetrVG/*Thüsing* Rn. 13; ErfK/*Koch* Rn. 3; *Windeln* BetrVG-Reform S. 160; *Wlotzke* FS 50 Jahre BAG, 2004, 1149 [1160]; *Kummert/Dietze* AiB 2009, 489 [493]; *Linsenmaier/Kiel* RdA 2014, 135 [146]), sondern auch die noch nicht wahlberechtigten jug. ArbN (GK-BetrVG/*Jacobs* Rn. 19; HWGNRH/*Nicolai* Rn. 18; Richardi BetrVG/*Thüsing* Rn. 12; *Neumann* BB 2002, 510 [514]; *Däubler* AuR 2001, 285 [286]; **aA** *Quecke* AuR 2002, 1; *Schneider* AiB 2002, 74 [75], der in Anlehnung an § 9 bis zur Grenzzahl 51 ArbN nur die wahlberechtigten ArbN bei der Berechnung der Mindestquote berücksichtigen will). Zu berücksichtigen sind ferner die in Heimarbeit Beschäftigten, die in der Hauptsache für den Betrieb arbeiten (→ § 5 Rn. 309 ff.). **Nicht mitzuzählen** sind jedoch auch hier die leitenden Ang. nach § 5 Abs. 3 und die in § 5 Abs. 2 genannten Personen (vgl. BR-Drs. 838/01, 29; GK-BetrVG/*Jacobs* Rn. 18). Nach Erlass des Wahlausschreibens eintretende Veränderungen der zahlenmäßigen Zusammensetzung der ArbNschaft des Betriebs bleiben unberücksichtigt (GK-BetrVG/*Jacobs* Rn. 18).

Die Ermittlung der Mindestsitzzahl für das Geschlecht in der Minderheit erfolgt **17** nach den **Grundsätzen der Verhältniswahl** (d'Hondtsches Höchstzahlensystem; vgl. hierzu § 5 WO). Danach hat der Wahlvorst. die Zahlen der im Betrieb beschäftigten Frauen und Männer nebeneinander zu stellen und durch 1, 2, 3, 4 usw zu teilen. Er hat diese Teilung so lange durchzuführen, wie Höchstzahlen entstehen, die noch für die Zuweisung von Sitzen im BR in Frage kommen. Das Geschlecht in der Minderheit erhält danach so viele Sitze, wie Höchstzahlen auf es entfallen (§ 5 Abs. 1, Abs. 2 S. 1 u. 2 WO; ebenso BAG 10.3.2004 – 7 ABR 49/03, AP BetrVG 1972 § 7 Nr. 8; 13.3.2013 – 7 ABR 67/11, NZA-RR 2013, 575; DKKW/*Homburg* Rn. 15; Richardi BetrVG/*Thüsing* Rn. 14, 17; GK-BetrVG/*Jacobs* Rn. 23; ErfK/*Koch* Rn. 4; HaKo-BetrVG/*Brors* Rn. 6; WPK/*Wlotzke* Rn. 8; *Löwisch/Kaiser/Wiebauer* Rn. 7; *Quecke* AuR 2002, 1; *Windeln* BetrVG-Reform S. 161; **aA** *Franke* NZA 2005, 394 ff.; *Link/Fink* AuA 2001, Sonderausg. Das neue Betriebsverfassungsrecht zu § 15 S. 20; *Löwisch* BB 2001, 1734 [1738]; *Etzel* AuR 2002, 62, die von einer prozentualen Berechnungsmethode ausgehen und entstehende Bruchteilsergebnisse aufrunden). Gehören dem Betrieb Angehörige des **dritten Geschlechts** an, bleiben sie bei der Ermittlung der Anzahl der dem Minderheitengeschlecht im Verhältnis Mann und Frau zustehenden Mindestsitze außer Betracht (→ Beispielsberechnung unter → Rn. 17c).

Die Anwendung des d'Hondtschen Höchstzahlensystems ist verfassungsgemäß **17a** (BAG 22.11.2017 – 7 ABR 35/16, NZA 2018, 604; LAG RhPf 13.11.2002 – 10 TaBV 743/02, NZA-RR 2003, 591; GK-BetrVG/*Jacobs* Rn. 23; DKKW/*Homburg* Rn. 14; **aA** *Etzel* AuR, 2002, 62); zur **Verfassungsmäßigkeit** von § 15 Abs. 2 selbst s. BAG 16.3.2005 – 7 ABR 40/04, AP BetrVG 1972 § 15 Nr. 3; LAG Nds 10.3.2011 – 5 TaBV 96/10, AiB 2011, 547; GK-BetrVG/*Jacobs* Rn. 16; HaKo-

BetrVG/*Brors* Rn. 4; ErfK/*Koch* Rn. 2; *Löwisch/Kaiser/Wiebauer* Rn. 3; *Brors* NZA 2004, 472 ff.; ArbG Bonn 16.10.2002 – 4 BV 51/02, AuR 2003, 76; **aA** LAG Köln 13.10.2003 – 2 TaBV 1/03, AuR 2004, 111 mAnm *Hänlein* AuR 2004, 111; *Badura* ZBVR 2002, 255 ff.; *Ubber/Weller* NZA 2004, 893 ff.; *Franke* NZA 2005, 394 ff.; *Weller* NZA 2005, 1228 ff.; *Podewin* BB 2005, 2521; abl. Anm. *Kamanabrou* zu BAG 16.3.2005 – 7 ABR 40/04, AP BetrVG 1972 § 15 Nr. 3; zweifelnd *Schiefer/Korte* NZA 2002, 57 [61]; *Hanau* RdA 2001, 65 [70]; *Schneider* AiB 2002, 74 [81]; *Windeln* BetrVG-Reform *S.* 164).

17b Wird im Wahlausschreiben unzutreffend die Anzahl der Mindestsitze für das Geschlecht in der Minderheit angegeben, rechtfertigt dies die Wahlanfechtung nach § 19 BetrVG (BAG 10.3.2004 – 7 ABR 49/03, AP BetrVG 1972 § 7 Nr. 8; 13.3.2013 – 7 ABR 67/11, NZA-RR 2013, 575; → § 19 Rn. 20, 22, 27).

Allgemeines Beispiel:

In einem Betrieb sind 150 ArbN beschäftigt, davon 50 Frauen und 100 Männer. Der BR besteht aus 7 Mitgliedern (§ 9). Die Ermittlung der Mindestsitzzahl für das Geschlecht in der Minderheit berechnet sich nach dem Höchstzahlensystem. Danach rechnet der Wahlvorst. wie folgt:

100 Männer	Höchstzahl	50 Frauen	Höchstzahl
: 1	**100**	: 1	**50**
: 2	**50**	: 2	**25**
: 3	**33,3**	: 3	16,7
: 4	**25**	: 4	12,5
: 5	**20**	: 5	10
: 6	16,7	: 6	8,3
: 7	14,3	: 7	7,1

Ergebnis:

Auf die Frauen entfallen zwei Höchstzahlen (50 u. 25) Damit steht nach der Höchstzahlberechnung fest, dass den Frauen, die in diesem Fall das Geschlecht in der Minderheit sind, mindestens zwei Sitze im BR zustehen.

17c Gehören dem Betrieb wie im Ausgangsfall 150 Beschäftigte an, davon jedoch 93 Männer, 50 Frauen und 7 Angehörige des Dritten Geschlechts, bleiben letztere bei der Ermittlung der Mindestsitzzahl außer Betracht.

93 Männer		50 Frauen
: 1	93	**50**
: 2	46,5	**25**
: 3	31	16,7
: 4	23,25	12,5
: 5	18,6	10,4
: 6	15,5	8,3
. 7	13,3	7,1

Danach entfallen auf die Frauen zwei Höchstzahlen (50 und 25).

18 Fällt die niedrigste noch zu berücksichtigende Höchstzahl auf beide Geschlechter, so entscheidet das **Los** (§ 5 Abs. 2 S. 3 WO).

19 Haben beide Geschlechter **gleich viele Angehörige** im Betrieb, so entfällt die Berechnung der Mindestsitzzahl nach § 5 WO, da es in diesem Fall kein vom Wahlvorst. festzustellendes Geschlecht in der Minderheit gibt (vgl. § 5 Abs. 1 S. 1 WO; Richardi BetrVG/*Thüsing* Rn. 13; HaKo-BetrVG/*Brors* Rn. 3, 5; HWGNRH/*Nicolai* Rn. 19; *Neumann* BB 2002, 510 [514]). Die Verteilung der nach § 9 festgestellten BRSitze erfolgt **unabhängig vom Geschlecht** im Fall der **Verhältniswahl** nach § 15 Abs. 1–4 WO und im Fall der **Mehrheitswahl** nach § 22 Abs. 2 S. 2 und Abs. 3 WO (vgl. *Nielebock* AiB 2001, 681 [682]). Zugleich entfallen auch die in § 3 Abs. 2 Nr. 4 u. 5 WO maßgeblichen Angaben zur Vertretung des Geschlechts in der Minderheit im BR.

20 Ergibt die Berechnung nach **d'Hondt,** dass dem Geschlecht in der Minderheit kein Mindestsitz zusteht, kann dennoch ein Vertreter dieses Geschlechts in den BR gewählt werden (ErfK/*Koch* Rn. 3). Fest steht lediglich, dass dem Geschlecht in der Minderheit nicht bereits auf Grund seines Anteils im Betrieb ein BRSitz zusteht. Eine über das zahlenmäßige Verhältnis hinausgehende Vertretung des Geschlechts in der Minderheit ist durch die **offene „Mindest-Klausel"** zulässig (Beschlussempfehlung des A+S Ausschusses BT-Drs. 14/6352, 54 zu Art. 1 Nr. 13 u. 43; HWGNRH/*Nicolai* Rn. 14; *Löwisch* BB 2001, 1734 [1738]; *Nielebock* AiB 2001, 681 [683]). So können auch in einem Betrieb mit wenigen Frauen diese in den BR gewählt werden (→ Rn. 34). Ihnen steht nur kein Sitzanspruch nach § 15 Abs. 2 zu.

Beispiel:

In einem Betrieb sind 114 ArbN beschäftigt, davon 14 Frauen und 100 Männer. Der BR besteht aus sieben Mitgliedern (§ 9). Die Ermittlung der Mindestsitzzahl für das Geschlecht in der Minderheit berechnet sich nach dem Höchstzahlensystem. Danach rechnet der Wahlvorst. wie folgt:

100 Männer	Höchstzahl	14 Frauen	Höchstzahl
: 1	**100**	: 1	14
: 2	**50**	: 2	7
: 3	**33,3**	: 3	
: 4	**25**	: 4	
: 5	**20**	: 5	
: 6	**16,7**	: 6	
: 7	**14,3**	: 7	

Ergebnis:

Da auf die Frauen keine Höchstzahl entfällt, steht ihnen kein Mindestsitz nach Abs. 2 zu (so auch BAG 10.3.2004 – 7 ABR 49/03, AP BetrVG 1972 § 7 Nr. 8).

3. Verteilung der Betriebsratssitze

21 Die Verteilung der Betriebsratssitze auf die Geschlechter bestimmt sich im Fall der Verhältniswahl nach § 15 WO und im Fall der Mehrheitswahl nach § 22 WO.

a) Verhältniswahl

22 Der BR wird nach den Grundsätzen der Verhältniswahl, dh Listenwahl, gewählt, wenn er aus mehr als drei Mitgliedern besteht und mehr als eine gültige Vorschlagsliste für die BRWahl eingereicht worden ist (§ 14 Rn. 22). Die Verteilung der Sitze auf die einzelnen Sitze erfolgt nach dem sog. **d'Hondtschen System** (vgl. § 15 WO; zur Verfassungsgemäßheit s. BAG 22.11.2017 – 7 ABR 35/16, NZA 2018, 604). Danach werden die Stimmenzahlen, die auf die einzelnen Listen entfallen sind, der Reihe nach durch 1, 2, 3, 4 usw. geteilt und die zu vergebenden BRSitze entspr. den sich hierbei ergebenden Höchstzahlen auf die einzelnen Listen verteilt. Aus den einzelnen zu berücksichtigenden Listen sind grds. die Bewerberinnen und Bewerber in der Reihenfolge gewählt, in der sie in der Liste aufgeführt sind (§ 15 Abs. 4 WO). Dies gilt uneingeschränkt auch dann, wenn Angehörige des dritten Geschlechts (divers) zur BRWahl kandidiert haben.

Beispiel:

In einem Betrieb sind 150 ArbN beschäftigt, davon 50 Frauen und 100 Männer (bzw. 50 Frauen, 93 Männer und 7 Angehörige des dritten Geschlechts). Zu wählen ist ein siebenköpfiger BR. Dem Geschlecht in der Minderheit, hier den Frauen, stehen zwei Mindestsitze zu (→ Rn. 17). Es sind drei Listen mit folgenden Bewerberinnen und Bewerber eingereicht worden:

Liste I	**Liste II**	**Liste III**
A Mann	G Frau	M Mann
B Mann	H Frau	N Mann

C Frau	I Mann	O Mann
D Frau (bzw. divers)	J Mann	P Mann
E Mann	K Mann	
F Mann	L Mann	

Auf die Liste I sind 80, auf die Liste II 50 und auf die Liste III 20 Stimmen entfallen. Für die Verteilung der Sitze auf die einzelnen Listen rechnet der Wahlvorst. wie folgt:

Liste I		**Liste II**		**Liste III**	
: 1	**80**	: 1	**50**	: 1	**20**
: 2	**40**	: 2	**25**	: 2	10
: 3	**26,7**	: 3	16,7	: 3	6,7
: 4	**20**	: 4	12,5	: 4	5
: 5	16	: 5	10	: 5	4
: 6	13,3	: 6	8,3	: 6	3,3
: 7	11,4	: 7	7,1	: 7	2,9

Die Reihenfolge der sieben Höchstzahlen ist 80, 50, 40, 26,7, 25, 20 und noch mal 20. Danach sind auf die Liste I 4 Höchstzahlen und damit 4 BRSitze, auf die Liste II 2 Höchstzahlen und damit 2 BRSitze und auf die Liste III ist eine Höchstzahl und damit ein BRSitz entfallen. Da sich die Reihenfolge der Bewerberinnen und Bewerber innerhalb der einzelnen Listen grds. nach der Reihenfolge ihrer Benennung richtet (§ 15 Abs. 4 WO), sind danach als Vertreter in den BR folgende Personen gewählt: Aus Liste I: Herr A, Herr B, Frau C und Frau D. Aus Liste II: Frau G und Frau H sowie aus der Liste III: Herr M. Damit besteht der BR aus drei Männern und vier Frauen. Die nach § 15 Abs. 2 erforderliche Mindestsitzzahl für das Geschlecht in der Minderheit ist erfüllt. Das Geschlecht in der Minderheit hat darüber hinaus zwei weitere Sitze erhalten. Hat ein Angehöriger des dritten Geschlechts (divers) auf Liste I (D) kandidiert, besteht der BR aus drei Männern, drei Frauen und D als Angehöriger des dritten Geschlechts (divers).

23 Entfällt auf den letzten zu vergebenden BRSitz in mehreren Listen dieselbe Höchstzahl, so entscheidet das **Los** darüber, welcher Liste der Sitz zufällt (vgl. § 15 Abs. 2 S. 3 WO). Verfügt eine Liste insgesamt über weniger Bewerber, als Höchstzahlen auf sie entfallen, so gehen die nicht in Anspruch genommenen, überschüssigen BRSitze auf die anderen Vorschlagslisten in der Reihenfolge der nächsten Höchstzahlen über (§ 15 Abs. 3 WO).

24 Befindet sich unter den auf die Listen entfallenden Höchstzahlen **nicht** die erforderliche **Mindestzahl** von Angehörigen des **Geschlechts in der Minderheit,** bestimmt sich das weitere Verfahren zur Verteilung der Sitze nach § 15 Abs. 5 WO (zur Verfassungsmäßigkeit dieser Vorschrift s. BAG 16.3.2005 – 7 ABR 40/04, AP BetrVG 1972 § 15 Nr. 3). In einem ersten Schritt hat der Wahlvorstand die Person auf der Liste mit der niedrigsten Höchstzahl zu ermitteln, die nicht dem Geschlecht in der Minderheit angehört. An deren Stelle tritt die Person, die auf der Vorschlagsliste in der Reihenfolge nach ihr benannt ist und dem Geschlecht in der Minderheit angehört (vgl. § 15 Abs. 5 Nr. 1 WO). Damit bleibt der Liste, wenn sie über Angehörige des Geschlechts in der Minderheit verfügt, der ihr nach dem Höchstzahlsystem grds. zustehende BRSitz erhalten. Diese Vorgehensweise gilt uneingeschränkt auch dann, wenn Angehörige des dritten Geschlechts (divers) zur BRWahl kandidiert haben. Grundlage des § 15 Abs. 5 WO ist allein die Sicherung der Mindestsitze des Geschlechts in der Minderheit gegenüber den anderen Wahlbewerbern.

Beispiel:

Anders als unter der → Rn. 22 sind die Listen I–III mit folgenden Bewerberinnen und Bewerber eingereicht worden:

Liste I	**Liste II**	**Liste III**
A Mann	G Mann	M Frau
B Mann	H Frau	N Frau
C Mann	I Mann	O Frau
D Mann (bzw. divers)	J Mann	P Frau
E Mann	K Mann	
F Frau	L Mann	

Wie im Beispielsfall → Rn. 22 hat die Liste I 80, die Liste II 50 und die Liste III 20 Stimmen enthalten. Die Reihenfolge der sieben Höchstzahlen ist 80, 50, 40, 26,7, 25, 20 und noch mal 20. Danach sind auf die Liste I vier Höchstzahlen und damit vier BRSitze, auf die Liste II zwei Höchstzahlen und damit zwei BRSitze und auf die Liste III ist eine Höchstzahl und damit ein BRSitz entfallen. Da sich die Reihenfolge der Bewerberinnen und Bewerber innerhalb der einzelnen Listen grds. nach der Reihenfolge ihrer Benennung richtet (§ 15 Abs. 4 WO), wären danach als Vertreter in den BR folgende Personen gewählt: Aus Liste I: Herr A, Herr B, Herr C und Herr D. Aus Liste II: Herr G und Herr H sowie aus der Liste III: Frau M. Nach dem Ausgangsfall (→ Rn. 17) stehen dem Geschlecht in der Minderheit jedoch zwei Mindestsitze im BR zu. Da nach der obigen Verteilung aber bisher nur eine Frau in den BR gewählt ist, muss nach § 15 Abs. 5 WO ermittelt werden, welche weitere Frau in den BR gewählt ist. Nach § 15 Abs. 5 Nr. 1 WO ist die zuletzt verteilte, niedrigste Höchstzahl 20. Sie befindet sich auf der Liste I u. III. Da auf dem ersten Listenplatz der Liste III eine Frau, die dem Geschlecht in der Minderheit angehört, benannt ist, scheidet hier das Losverfahren aus. Die gleiche niedrigste Höchstzahl 20, befindet sich auf der Liste I und ist mit einem männlichen Bewerber (bzw. einem diversen Bewerber) besetzt. Gem. § 15 Abs. 5 Nr. 1 tritt an die Stelle des dort benannten Mannes D (bzw. Angehörigem des dritten Geschlechts) die nach ihm benannte Bewerberin auf derselben Liste. Da sich auf der Liste I eine Bewerberin des Geschlechts in der Minderheit befindet (hier Frau F), die nach D auf der Liste I benannt ist, geht der Sitz von D gem. § 15 Abs. 5 Nr. 1 WO auf Frau F über. Der Sitz verbleibt damit bei der Liste I. In den BR gewählt sind damit: Aus Liste I: Herr A, Herr B, Herr C und Frau F. Aus der Liste II: Herr G und Herr H sowie aus Liste III Frau M. Der BR besteht damit aus fünf Männern und zwei Frauen.

Verfügt dagegen die Vorschlagsliste mit der niedrigsten Höchstzahl nicht über Angehörige des Geschlechts in der Minderheit, geht dieser Sitz auf die Vorschlagsliste über, auf die die folgende, noch nicht berücksichtigte Höchstzahl entfällt und die zugleich über Angehörige des Geschlechts in der Minderheit verfügt (vgl. § 15 Abs. 5 Nr. 2 WO). 25

Beispiel:

Obiges Beispiel (→ Rn. 22) wiederum nur mit einer anderen personellen Besetzung der Listen:

Liste I	Liste II	Liste III
A Mann	G Mann	M Frau
B Mann	H Mann	N Mann
C Mann	I Mann	O Frau
D Mann (bzw. divers)	J Frau	P Mann
E Mann	K Frau	
F Mann	L Mann	

Wie im Beispielsfall → Rn. 22 hat die Liste I 80, die Liste II 50 und die Liste III 20 Stimmen enthalten. Die Reihenfolge der sieben Höchstzahlen ist 80, 50, 40, 26,7, 25, 20 und noch mal 20. Danach sind auf die Liste I vier Höchstzahlen und damit vier BRSitze, auf die Liste II zwei Höchstzahlen und damit zwei BRSitze und auf die Liste III ist eine Höchstzahl und damit ein BRSitz entfallen. Da sich die Reihenfolge der Bewerberinnen und Bewerber innerhalb der einzelnen Listen grds. nach der Reihenfolge ihrer Benennung richtet (§ 15 Abs. 4 WO), wären danach als Vertreter in den BR folgende Personen gewählt: Aus Liste I: Herr A, Herr B, Herr C und Herr D (bzw. divers). Aus Liste II: Herr G und Herr H sowie aus der Liste III: Frau M. Nach dem Ausgangsfall (→ Rn. 17) stehen dem Geschlecht in der Minderheit jedoch zwei Mindestsitze im BR zu. Da nach der Verteilung aber bisher nur eine Frau in den BR gewählt ist, muss nach § 15 Abs. 5 WO ermittelt werden, welche weitere Frau in den BR gewählt ist. Da auf der Liste III eine Frau, die dem Geschlecht in der Minderheit angehört, auf dem ersten Listenplatz benannt ist, scheidet hier das Losverfahren aus. Die niedrigste Höchstzahl 20, die mit einem männlichen Bewerber (bzw. divers) besetzt ist, befindet sich auf der Liste I. Der Wahlvorst. hat nach § 15 Abs. 5 Nr. 1 WO zunächst zu prüfen, ob sich auf derselben Vorschlagsliste ein Bewerber des Geschlechts in der Minderheit befindet. Dies ist in diesem Beispiel nicht der Fall. In einem zweiten Schritt hat dann der Wahlvorst. gem. § 15 Abs. 5 Nr. 2 WO diejenige Vorschlagsliste mit der nächstfolgenden, noch nicht berücksichtigten Höchstzahl und mit Bewerbern des Geschlechts in der Minderheit zu ermitteln. Die nächstfolgende, noch nicht berücksichtigte Höchstzahl in diesem Beispielsfall befindet sich auf der Liste II mit der Höchstzahl 16,7 (→ Rn. 22). Da die Liste II auch über Bewerber des Geschlechts in der Minderheit verfügt, geht der Sitz von Herrn D (bzw. divers) gem. § 15 Abs. 5 Nr. 2 WO von Liste I auf die Liste II an Frau J über.

26 Fehlt mehr als nur ein Mindestsitz für das Geschlecht in der Minderheit, so ist das nach § 15 Abs. 5 Nr. 1 u. 2 WO beschriebene Verfahren solange fortzuführen, bis der gesetzliche Mindestanteil an Betriebsratssitzen des Geschlechts in der Minderheit erreicht ist (vgl. § 15 Abs. 5 Nr. 3 WO).

27 Bei der Ermittlung der fehlenden Sitze für das Geschlecht in der Minderheit sind auf den einzelnen Vorschlagslisten nur die Angehörigen dieses Geschlechts in der Reihenfolge ihrer Benennung zu berücksichtigen (vgl. § 15 Abs. 5 Nr. 4 WO). Dementsprechend erhält in dem obigen Beispielsfall (→ Rn. 25) Frau J und nicht Frau K den von Liste I auf die Liste II übergehenden BRSitz.

28 Findet sich auf keiner Vorschlagsliste mehr ein Angehöriger des Geschlechts in der Minderheit, so verbleiben die Sitze bei den jeweiligen Vorschlagslisten (vgl. § 15 Abs. 5 Nr. 5 WO). In den Beispielsfällen unter Rn. 24 und 25 behält D jeweils den Sitz. Damit wird entspr. der Intention des § 126 Nr. 5a sichergestellt, dass der BR auch dann der in **§ 9 vorgegebenen BRGröße** entspricht, wenn das Geschlecht in der Minderheit die ihm zustehenden **Mindestsitze** nach § 15 Abs. 2 **nicht besetzen kann,** sei es, weil es nicht über genügend wählbare ArbN verfügt oder sich nicht genügend wählbare ArbN dieses Geschlechts zur Übernahme des BRAmtes bereit erklärt haben (vgl. BT-Drs. 14/5741, 53 zu Nr. 8; *Engels/Trebinger/Löhr-Steinhaus* DB 2001, 532 [541]; *Reichold* NZA 2001, 857 [860]; DKKW/*Homburg* Rn. 22; GK-BetrVG/*Jacobs* Rn. 28; Richardi BetrVG/*Thüsing* Rn. 19; SWS Rn. 8). Eine Veränderung der BRGröße kommt erst dann in Betracht, wenn der Betrieb insgesamt nicht über eine ausreichende Zahl von wählbaren ArbN verfügt. In diesem Fall ist für die BRWahl die Zahl der BRMitglieder der nächst niedrigeren Betriebsgröße zugrunde zu legen (→ § 11 Rn. 6).

29 Lehnt eine gewählte Person die Wahl ab, so tritt unabhängig von ihrem Geschlecht an ihre Stelle grds. die in derselben Vorschlagsliste in der Reihenfolge nach ihr benannte, nicht gewählte Person (vgl. § 17 Abs. 2 S. 1 WO). Etwas anderes gilt jedoch dann, wenn die die Wahl ablehnende Person dem Geschlecht in der Minderheit angehört und hierdurch das Geschlecht in der Minderheit nicht mehr die ihm nach Abs. 2 zustehenden Mindestsitze erhalten würde. In ausschließlich diesem Fall tritt an die Stelle der die Wahl ablehnenden Person die in derselben Vorschlagsliste nach ihr benannte, nicht gewählte Person, die dem Geschlecht in der Minderheit angehört (vgl. § 17 Abs. 2 S. 2 WO). Verfügt diese Vorschlagsliste über keine weiteren Angehörigen des Geschlechts in der Minderheit, so geht dieser Sitz auf die Vorschlagsliste mit der nächstfolgenden, noch nicht berücksichtigten Höchstzahl und Angehörigen des Minderheitsgeschlechts über (→ WO § 17 Rn. 5). Erst wenn sich auf keiner Vorschlagsliste mehr ein Angehöriger des Geschlechts in der Minderheit befindet, verbleibt der Sitz auf der Vorschlagsliste mit der Person, die die Wahl ablehnt und geht an die nach ihr benannte nicht gewählte Person des anderen Geschlechts (vgl. § 17 Abs. 2 S. 3 WO). Die nicht gewählten Bewerber der jeweiligen Liste kommen als **ErsMitgl.** in Betracht (→ § 25 Rn. 26ff.). Führt im umgekehrten Fall die Ablehnung der Wahl dazu, dass ein zunächst notwendig gewordener Listensprung nicht mehr erforderlich ist, weil mit dem nachrückenden Kandidaten das Geschlecht in der Minderheit die Mindestsitzzahl auch ohne den vorherigen Listensprung erreicht wird, ist das Wahlergebnis durch den Wahlvorst. entspr. zu korrigieren, dh der dazu zuletzt als erforderlich durchgeführte Listensprung ist rückgängig zu machen (→ § 19 Rn. 27; → WO § 17 Rn. 6, → WO § 18 Rn. 1). Zur Möglichkeit der Teilanfechtung und Korrektur des Wahlergebnisses in diesem Fall s. LAG Nds 10.3.2011 – 5 TaBV 96/10, AiB 2011, 547, → § 19 Rn. 20. Scheidet dagegen erst im Laufe der Amtszeit ein BRMitglied aus und wird durch dessen Nachrücker die Mindestquote des Minderheitsgeschlechts übererfüllt, berechtigt dies nicht zur Korrektur des bei der Feststellung des Wahlergebnisses zur Erfüllung der Mindestquote notwendigen Listensprungs (so zutreffend ArbG Köln 12.11.2014 – 17 BV 296/14, AA 2015, 37).

Im Fall der Verhinderung oder des Ausscheidens eines Angehörigen des Minderheitsgeschlechts, welches nach den Vorschriften des § 15 Abs. 5 Nr. 1–3 WO in den BR gewählt worden ist, rückt derjenige Bewerber als **ErsMitgl.** nach, der zuletzt seinen Sitz zu Gunsten der Erfüllung der Geschlechterquote hat abgeben müssen (LAG Nürnberg 13.5.2004 – 5 TaBV 54/03, AuR 2004, 317). Dies gilt jedoch nur für den Fall, dass keine weiteren Angehörigen des Geschlechts in der Minderheit auf den Listen zur Verfügung stehen. Scheiden mehrere BRMitgl. zeitgleich aus dem BR aus, bestimmt sich das Nachrücken in Erfüllung der Geschlechterquote richtigerweise nach § 15 Abs. 5 der WO (LAG Bln-Bbg 25.7.2017 – 7 TaBV 358/17, juris). Generell zum Nachrücken → § 25 Rn. 26ff. 29a

b) Mehrheitswahl

Der BR wird nach den Grundsätzen der **Mehrheitswahl** gewählt, wenn nur eine gültige Vorschlagsliste eingereicht worden ist (→ § 14 Rn. 29ff.) oder der BR im vereinfachten Wahlverfahren zu wählen ist (→ § 14 Rn. 35ff.). 30

Im Fall der **Mehrheitswahl** werden die zu vergebenden BRSitze entspr. der erreichten Stimmenzahl auf die einzelnen Wahlbewerber unter Beachtung der dem Geschlecht in der Minderheit entspr. seinem zahlenmäßigen Verhältnis zustehenden Mindestsitze im BR verteilt. Wie die Verteilung der BRSitze im Fall der Mehrheitswahl vorzunehmen ist, richtet sich nach § 22 WO, der ein getrenntes Auszählverfahren vorsieht. Danach werden nach § 22 Abs. 1 WO zunächst die dem **Geschlecht in der Minderheit** zustehenden **Mindestsitze** in der Weise verteilt, dass die Mindestsitze mit Angehörigen des Minderheitsgeschlechts in der Reihenfolge der jeweils höchsten auf sie entfallenden Stimmenzahlen besetzt werden. Außerbetracht zu bleiben haben dabei auf Angehörige des anderen Geschlechts entfallende höhere Stimmenzahlen. Diese kommen erst im zweiten Schritt zum Tragen. Im Anschluss an die Verteilung der Mindestsitze für das Geschlecht in der Minderheit hat der Wahlvorst. die **weiteren Sitze** auf die Bewerberinnen und Bewerber, **unabhängig von ihrem Geschlecht,** in der Reihenfolge der jeweils höchsten auf sie entfallenden Stimmenzahl zu verteilen (vgl. § 22 Abs. 2 WO). Diese Vorgehensweise gilt uneingeschränkt auch dann, wenn Angehörige des dritten Geschlechts (divers) zur BRWahl kandidiert haben. 31

Beispiel:

Der BR besteht aus 7 Mitgl., von denen mindestens 2 dem Geschlecht in der Minderheit (hier Frauen) angehören müssen.

1.	Frau A	252 Stimmen
2.	Frau B	25 Stimmen
3.	Mann C	180 Stimmen
4.	Mann D	75 Stimmen
5.	Frau E	64 Stimmen
6.	Mann F (bzw. divers)	164 Stimmen
7.	Mann G	98 Stimmen
8.	Mann H	222 Stimmen
9.	Mann I	32 Stimmen
10.	Frau J	8 Stimmen
11.	Mann K	12 Stimmen
12.	Mann L	7 Stimmen

Gewählt sind als Vertr. des Geschlechts in der Minderheit folgende Frauen: Nr. 1 (A) und Nr. 5 (E). Für die weiteren, vom Geschlecht unabhängigen BRSitze sind gewählt: Nr. 8 (H), Nr. 3 (C), Nr. 6 (F), Nr. 7 (G) und Nr. 4 (D). Der siebenköpfige BR besteht danach aus zwei Frauen und fünf Männern bzw. aus zwei Frauen, vier Männern und einer Person, die dem dritten Geschlecht (divers) angehört.

32 Haben bei dem letzten zu verteilenden BRSitz für das Geschlecht in der Minderheit nach § 22 Abs. 1 WO oder für die weiteren, vom Geschlecht unabhängigen BRSitze nach § 22 Abs. 2 WO mehrere Bewerberinnen oder Bewerber **dieselbe Stimmenzahl** erhalten, so entscheidet das **Los** darüber, wem der Sitz zufällt (vgl. § 22 Abs. 3 WO).

33 Für den Fall, dass **weniger Angehörige** des **Geschlechts in der Minderheit** für das BRAmt kandidiert haben oder gewählt worden sind, als ihnen Mindestsitze nach Abs. 2 zustehen, sieht § 22 Abs. 4 WO entspr. der Vorgabe des § 126 Nr. 5a vor, dass die insoweit überschüssigen BRSitze dem anderen Geschlecht bzw. Geschlechtern zufallen. Diese Sitze werden entspr. § 22 Abs. 2 S. 2 WO an die Bewerber in der Reihenfolge der jeweils nächsthöchsten erreichten Stimmenzahl verteilt.

Beispiel:

Der BR besteht aus 11 Mitgl. von denen mindestens 4 Mitgl. dem Geschlecht in der Minderheit angehören müssen (hier Frauen):

1.	Mann A	852 Stimmen
2.	Frau B	525 Stimmen
3.	Mann C	180 Stimmen
4.	Mann D	375 Stimmen
5.	Frau E	463 Stimmen
6.	Mann F	764 Stimmen
7.	Mann G	998 Stimmen
8.	Mann H	222 Stimmen
09.	Mann I	231 Stimmen
10.	Frau J	188 Stimmen
11.	Mann K	212 Stimmen
12.	Mann L (bzw. divers)	342 Stimmen
13.	Mann M	407 Stimmen
14.	Frau N	0 Stimmen
15.	Mann O	65 Stimmen
16.	Mann P	79 Stimmen
17.	Mann Q	48 Stimmen
18.	Mann R	160 Stimmen
19.	Mann S	517 Stimmen

Gewählt sind als Vertr. des Geschlechts in der Minderheit folgende Frauen: Nr. 2 (B), Nr. 5 (E) und Nr. 10 (J). Frau N auf Nr. 14 ist nicht gewählt, da sie keine Stimme erhalten hat. Weitere Frauen haben nicht für das BRAmt kandidiert, so dass der vierte Mindestsitz für das Geschlecht in der Minderheit gem. § 22 Abs. 4 WO auf einen Bewerber unabhängig vom Geschlecht übergeht. Anstatt 7 weitere, vom Geschlecht unabhängige BRSitze sind auf Grund des überschüssigen Mindestsitzes für das Geschlecht in der Minderheit 8 weitere BRSitze nach § 22 Abs. 2 WO zu verteilen. Danach sind gewählt: Nr. 7 (G), Nr. 1 (A), Nr. 6 (F), Nr. 19 (S), Nr. 13 (M), Nr. 4 (D), Nr. 12 (L) und Nr. 9 (I). Der elfköpfige BR besteht danach aus drei Frauen und acht Männern bzw. aus drei Frauen, sieben Männern und einer Person, die dem dritten Geschlecht (divers) angehört.

34 Steht dem Geschlecht in der Minderheit kein Mindestsitz zu (→ Rn. 20), werden die zu vergebenden BRSitze unabhängig vom Geschlecht entspr. der erreichten Stimmenzahl auf die einzelnen Wahlbewerber gem. § 22 Abs. 2 S. 2 und Abs. 3 WO verteilt.

Beispiel:

In einem Betrieb sind 114 ArbN, davon 14 Frauen und 100 Männern beschäftigt. Der BR besteht aus 7 Mitgl., den Frauen steht nach der Berechnung nach d'Hondt kein Mindestsitz zu (→ Rn. 20). Es ist nur eine Vorschlagsliste eingereicht worden. Die Bewerber haben folgende Stimmen erhalten:

Mann A	115
Mann B	56
Frau C	61

Mann D	79
Frau E bzw. divers	102
Mann F	85
Mann G	37
Mann H	42
Frau I	34
Frau J	23
Mann K	22

Ergebnis:

In den BR gewählt sind in der Reihenfolge der erhaltenen Stimmenzahl: Herr A, Frau E, Herr F, Herr D, Frau C, Herr B und Herr H. Damit besteht der BR aus fünf Männern und zwei Frauen bzw. aus fünf Männern, einer Frau und einer Person, die dem dritten Geschlecht (divers) angehört.

Lehnt eine gewählte Person die Wahl ab, so tritt an ihre Stelle grds. die nicht gewählte Person mit der nächsthöchsten Stimmenzahl, unabhängig von ihrem Geschlecht (vgl. § 23 Abs. 2 S. 1 WO). Etwas anderes gilt nur dann, wenn die die Wahl ablehnende Person dem Geschlecht in der Minderheit angehört und hierdurch die dem Geschlecht in der Minderheit zustehenden Mindestsitze nicht mehr mit Personen dieses Geschlechts besetzt wären. In diesem Fall tritt an die Stelle der die Wahl ablehnenden Person die dem Geschlecht in der Minderheit angehörende, nicht gewählte Person mit der nächsthöchsten Stimmenzahl (→ WO § 23 Rn. 6). Gibt es keine weiteren Angehörigen des Geschlechts in der Minderheit, die sich zur Wahl gestellt und Stimmen erhalten haben, so geht der Sitz auf die nicht gewählte Person des anderen Geschlechts mit der nächsthöchsten Stimmenzahl über (vgl. § 23 Abs. 2 S. 3 WO). Die nicht gewählten Bewerber sind, soweit sie Stimmen erhalten haben, **ErsMitgl.** (→ § 25 Rn. 30f.). 35

V. Streitigkeiten

Verstöße gegen zwingende Bestimmungen über die Verteilung der BRSitze können zur **Anfechtung der Wahl** (§ 19) führen, wenn durch die Verstöße das Wahlergebnis beeinflusst wurde und eine Berichtigung des Wahlergebnisses nicht möglich ist (→ § 19 Rn. 20ff.). Eine auf die Berichtigung des Wahlergebnisses gerichtete Teilanfechtung ist zulässig, wenn zB lediglich die Verteilung der Sitze auf die Vorschlagslisten fehlerhaft vorgenommen worden ist (BAG 16.3.2005 – 7 ABR 40/04, AP BetrVG 1972 § 15 Nr. 3; → § 19 Rn. 27). 36

Die Verteilung der Sitze auf die Geschlechter ist in erster Linie Aufgabe des Wahlvorst. Im Streitfall entscheiden die **ArbG im BeschlVerf.** (§§ 2a, 80ff. ArbGG; → § 19 Rn. 20ff.). 37

§ 16 Bestellung des Wahlvorstands

(1) [1] **Spätestens zehn Wochen vor Ablauf seiner Amtszeit bestellt der Betriebsrat einen aus drei Wahlberechtigten bestehenden Wahlvorstand und einen von ihnen als Vorsitzenden.** [2] **Der Betriebsrat kann die Zahl der Wahlvorstandsmitglieder erhöhen, wenn dies zur ordnungsgemäßen Durchführung der Wahl erforderlich ist.** [3] **Der Wahlvorstand muss in jedem Fall aus einer ungeraden Zahl von Mitgliedern bestehen.** [4] **Für jedes Mitglied des Wahlvorstands kann für den Fall seiner Verhinderung ein Ersatzmitglied bestellt werden.** [5] **In Betrieben mit weiblichen und männlichen Arbeitnehmern sollen dem Wahlvorstand Frauen und Männer angehören.** [6] **Jede im Betrieb vertretene Gewerkschaft kann zusätzlich einen dem Betrieb angehörenden Beauftragten als nicht stimmberechtigtes**

Mitglied in den Wahlvorstand entsenden, sofern ihr nicht ein stimmberechtigtes Wahlvorstandsmitglied angehört.

(2) [1]**Besteht acht Wochen vor Ablauf der Amtszeit des Betriebsrats kein Wahlvorstand, so bestellt ihn das Arbeitsgericht auf Antrag von mindestens drei Wahlberechtigten oder einer im Betrieb vertretenen Gewerkschaft; Absatz 1 gilt entsprechend.** [2]**In dem Antrag können Vorschläge für die Zusammensetzung des Wahlvorstands gemacht werden.** [3]**Das Arbeitsgericht kann für Betriebe mit in der Regel mehr als zwanzig wahlberechtigten Arbeitnehmern auch Mitglieder einer im Betrieb vertretenen Gewerkschaft, die nicht Arbeitnehmer des Betriebs sind, zu Mitgliedern des Wahlvorstands bestellen, wenn dies zur ordnungsgemäßen Durchführung der Wahl erforderlich ist.**

(3) [1]**Besteht acht Wochen vor Ablauf der Amtszeit des Betriebsrats kein Wahlvorstand, kann auch der Gesamtbetriebsrat oder, falls ein solcher nicht besteht, der Konzernbetriebsrat den Wahlvorstand bestellen.** [2]**Absatz 1 gilt entsprechend.**

Inhaltsübersicht

I. Vorbemerkung

1 Die Vorschrift regelt die Bestellung des Wahlvorst., und zwar in Abs. 1 die Einsetzung des Wahlvorst. für den **Regelfall,** dh durch den **bestehenden BR,** und in Abs. 2 die Bestellung durch das ArbG, falls der BR den Wahlvorst. nicht rechtzeitig einsetzt. In diesem Fall kann nach dem durch das BetrVerf-ReformG neu angefügten Abs. 3 nunmehr auch der GesBR oder, falls ein solcher nicht besteht, der KBR den Wahlvorst. bestellen.

2 Die Wahl bzw. Bestellung des Wahlvorst. in **betriebsratslosen Betrieben** wird in § 17 geregelt. Die beim **vereinfachten Wahlverfahren** bei der Wahl oder Bestellung des Wahlvorst. zu beachtenden Besonderheiten ergeben sich aus. § 17a iVm § 14a. Zum Übergangsmandat → § 21a Rn. 21f.; zur Bestellung des Wahlvorst. im Falle der gerichtlichen Auflösung des BR → § 23 Rn. 35ff.

3 Die Regelung des § 16 gilt grds. auch für die Wahl der BordVertr. und des SeeBR, jedoch bestehen hier gewisse Abweichungen hinsichtlich der Fristen für die Bestellung des Wahlvorst. und hinsichtlich seiner Mitgl. (vgl. § 115 Abs. 2 Nr. 7 und § 116 Abs. 2 Nr. 6 u. 7). Zur Bestellung des Wahlvorst. für die Wahl zur JAV vgl. § 63 Abs. 2 u. 3. Die Vorschrift gilt nicht für die Bestellung der Mitgl. des GesBR (vgl.

§ 47 Abs. 2), des KBR (vgl. § 55), der GesJAV (vgl. § 72 Abs. 2) und der KJAV (vgl. § 73a Abs. 2).

Die Vorschrift ist grds. **zwingend.** Weder durch TV noch durch BV kann hiervon abgewichen werden. Das gilt auch für die nach § 3 Abs. 1 Nr. 1–3 gebildeten Betriebsräte, nicht jedoch für die Wahl zusätzlicher betriebsverfassungsrechtlicher Vertr. der ArbN nach § 3 Abs. 1 Nr. 5 sowie die zusätzlichen betriebsverfassungsrechtlichen Gremien in Form von Arbeitsgemeinschaften der BR nach § 3 Abs. 1 Nr. 4. Letztere dürften idR durch Entsendung von Mitgl. aus den einzelnen BR gebildet werden. 4

Entspr. Vorschriften: § 20 BPersVG, § 7 Abs. 1 SprAuG. 5

II. Bestellung des Wahlvorstands durch den Betriebsrat

1. Zeitpunkt

Die Vorschrift des Abs. 1 regelt die **Bestellung des Wahlvorst. durch den BR,** dessen Amtszeit in Kürze ablaufen wird. Dabei sind drei Fälle der Beendigung der Amtszeit zu unterscheiden: 6

- der Ablauf der regelmäßigen Amtszeit von vier Jahren gem. § 21 S. 1 (→ Rn. 5ff., 15),
- die vorzeitige Beendigung der Amtszeit außerhalb des regelmäßigen Wahlzeitraums nach § 21 S. 5 wegen einer vorzeitigen Neuwahl des BR gem. § 13 Abs. 2 Nr. 1–3 (→ Rn. 18ff.) und
- die Beendigung der verkürzten bzw. der verlängerten Amtszeit des nach § 13 Abs. 2 außerhalb des regelmäßigen Wahlzeitraums gewählten BR im Hinblick auf die Wiedereingliederung der Wahl des neuen BR in den regelmäßigen Wahlzeitraum (→ Rn. 13ff.).

Im Falle des **Ablaufs der regelmäßigen Amtszeit** von vier Jahren hat der BR den Wahlvorst. spätestens an dem Tag zu bestellen, der um zehn Wochen zurückgerechnet dem Tag entspricht, an dem seine Amtszeit abläuft. Ist dieser Tag ein Samstag, Sonntag oder gesetzlicher Feiertag, ist der letzte davorliegende Werktag maßgebend (GK-BetrVG/*Kreutz* Rn. 22; ErfK/*Koch* Rn. 2; HaKo-BetrVG/*Brors* Rn. 12). Zur Beendigung der Amtszeit → § 21 Rn. 16ff. 7

Bei der Frist des Abs. 1 S. 1 handelt es sich um eine **Mindestfrist** (zur Verkürzung der Mindestfrist beim vereinfachten Wahlverfahren s. § 17a Nr. 1). Die Bestellung des Wahlvorst. zu einem früheren Zeitpunkt ist durchaus zulässig und im Allgemeinen auch zweckmäßig. Das gilt insbes., wenn umfangreiche und/oder schwierige Arbeiten und Aufgaben (zB Klärung schwieriger Sachverhalts- oder Rechtsfragen) zu erledigen oder zu erwarten sind, was insbes. in Großbetrieben oder in Betrieben mit einer bes. Struktur (etwa mit zahlreichen unselbständigen Betriebsteilen oder Kleinstbetrieben) der Fall sein kann. Dementsprechend sieht auch das BAG eine frühere Bestellung nicht als rechtsmissbräuchlich an, solange nicht der Zeitpunkt der Bestellung gänzlich unangemessen ist (BAG 19.4.2012 – 2 AZR 299/11, NZA 2013, 112; LAG Hamm 6.9.2013 – 7 TaBVGa 7/13, NZA-RR 2013, 637; ErfK/*Kiel* KSchG § 15 Rn. 15; **aA** *Otto/Schmidt* NZA 2014, 169 [171f.]; *Grimm/Brock/Windeln* DB 2006, 156 [158] frühstens 16 Wochen vorher; *Grau/Schaut* BB 2014, 757; Richardi BetrVG/*Thüsing* Rn. 21 frühestens 20 Wochen vorher; ebenso *Hoffmann-Remy/Zaumseil* BB 2017, 1717 [1720]). 8

Die Notwendigkeit einer früheren Bestellung des Wahlvorst. kann sich vielfach auch aus seiner Verpflichtung nach § 13 Abs. 1 S. 2 und § 18a ergeben, die Wahlen zeitgleich mit den Wahlen des (Unternehmens-)Sprecherausschusses für leitende Ang. einzuleiten (→ § 13 Rn. 10ff.) und vorher noch das Zuordnungsverfahren nach § 18a durchzuführen (→ § 18a Rn. 6ff.). 9

Wegen dieser **Verzahnung** der **Wahlen** des BR und des (Unternehmens-)Sprecherausschusses ist für die Bestellung des Wahlvorst. in der Praxis vom Ende der 10

Amtszeit derjenigen Vertretung auszugehen, deren Amtszeit zuerst endet. Hierauf ist bes. im Falle der Wahl eines Unternehmenssprecherausschusses zu achten, da hier dessen Wahl und die BRWahlen in sämtlichen Betrieben des Unternehmens zeitlich einzuleiten sind (GK-BetrVG/*Kreutz* § 19 Rn. 23; *Dänzer-Vanotti* ArbuR 1989, 204).

11 Endet zB im Falle der Wahl eines **Unternehmenssprecherausschusses** die Amtszeit des BR im Betrieb A bereits am 15.3., während die Amtszeit des Unternehmenssprecherausschusses und die BR in den übrigen Betrieben des Unternehmens erst im Laufe des April und Mai enden, so ist für die Bestellung aller Wahlvorst. vom Amtsende des BR im Betrieb A am 15.3. auszugehen. Denn nur in diesem Falle ist einerseits die zeitgleiche Einleitung der Wahl und die vorherige Durchführung des Zuordnungsverfahrens nach § 18a möglich und andererseits eine rechtzeitige Neuwahl des BR im Betrieb A gewährleistet, die sicherstellt, dass dieser Betrieb wegen des Amtsendes des bestehenden BR am 15.3. nicht vorübergehend betriebsratslos ist (→ § 13 Rn. 14ff.; → § 18a Rn. 26ff.).

12 Auch **nach** Ablauf der **Zehnwochenfrist** des Abs. 1 S. 1 kann der BR die Bestellung des Wahlvorst. noch vornehmen, solange eine rechtskräftige gerichtliche Ersatzbestellung (→ Rn. 56ff.) oder eine Bestellung durch den GesBR bzw. KBR (→ Rn. 75ff.) nicht erfolgt ist (WPK/*Wlotzke* Rn. 3). Nach Ablauf seiner Amtszeit kann der BR den Wahlvorst. jedoch nicht mehr bestellen (HWGNRH/*Nicolai* Rn. 7; *Hoffmann-Remy/Zaumseil* BB 2017, 1717 [1720]). In diesem Falle erfolgt die Bestellung gem. § 17, § 17a durch den GesBR bzw. KBR oder, falls nicht noch vor Ablauf der Amtszeit des BR ein gerichtliches Bestellungsverfahren nach Abs. 2 eingeleitet worden ist, durch die BetrVerslg.

13 Die Vorschrift gilt unmittelbar auch für die Fälle, in denen die Amtszeit des BR nach § 13 Abs. 2 Nr. 1–3 iVm § 21 S. 5 und § 22 **vorzeitig abläuft.** Da der Zeitpunkt des Ablaufs der Amtszeit in diesen Fällen nicht von vornherein feststeht, kann allerdings die Zehnwochenfrist nicht berechnet werden. Der BR hat deshalb in diesen Fällen den Wahlvorst. **unverzüglich,** dh ohne schuldhaftes Zögern zu bestellen, nachdem ein die Neuwahl bedingender Tatbestand nach § 13 Abs. 2 Nr. 1–3 eingetreten ist (BAG 16.11.2017 – 2 AZR 14/17, NZA 2018, 240; DKKW/*Homburg* Rn. 6; GK-BetrVG/*Kreutz* Rn. 24; Richardi BetrVG/*Thüsing* Rn. 4, 22).

14 In den Fällen, in denen der BR ein grds. auf höchstens sechs Monate befristetes **Übergangsmandat** nach § 21a Abs. 1 in einem betriebsratslosen Betrieb wahrnimmt, hat die Bestellung des Wahlvorst. spätestens zehn Wochen vor Ablauf des Übergangsmandates zu erfolgen (ebenso ArbG Düsseldorf 17.9.1996 – 1 BVGa 12/96, AiB 1997, 602; ErfK/*Koch* Rn. 3; so auch bei Abspaltung eines Betriebsteils von einem Gemeinschaftsbetrieb BAG 31.5.2000 – 7 ABR 78/98, AP BetrVG 1972 § 19 Nr. 47; **aA** ArbG Freiburg 20.8.1996 – 4 BVGa 2/96, NZA-RR 1997, 179, das bei Teilbetriebsübertragung ein Übergangsmandat des alten BR für den neuen betriebsratslosen Betrieb ablehnt u. dort nur § 17 gelten lässt). Wird aus mehreren zusammengelegten Betrieben oder Betriebsteilen ein neuer Betrieb gebildet, so steht nach § 21a Abs. 2 das Übergangsmandat und damit das Recht (und die Pflicht) zur rechtzeitigen Bestellung des Wahlvorst. dem BR des der wahlberechtigten ArbN-Zahl nach größeren Betriebs oder Betriebsteils zu (str.; → § 21a Rn. 18; → § 17 Rn. 5; wie hier LAG Nds 13.5.1998 – 13 TaBV 40/98, NZA-RR 1998, 545, ErfK/*Koch* Rn. 3; GK-BetrVG/*Kreutz* § 17 Rn. 9; u. jetzt auch DKKW/*Homburg* Rn. 3; dem zust. LAG SchlH 7.4.2011 – 4 TaBVGa 1/11, BeckRS 2011, 73471; **aA** HessLAG 15.12.1988 – 12 TaBVGa 196/88, BB 1989, 1198, das jedem BR das Bestellungsrecht einräumt, aber keine BetrVerslg. nach § 17 verlangt; letzteres verlangt dagegen ArbG Bremen 20.3.1987 – 2 TaBV 8/87, AP BetrVG 1972 § 17 Nr. 3). Besteht in dem nach Zahl der wahlberechtigten ArbN größten Betrieb kein BR, fällt das Übergangsmandat dem BR des nach der Zahl der wahlberechtigten ArbN nächst größeren Betrieb zu (→ § 21a Rn. 19; *Engels/Trebinger/Löhr-Steinhaus* DB 2001, 532; ArbG Frankfurt a. M. 24.9.2001 – 18 BV 187/01, AiB 2002, 629 mit zustimmender Anm. von *Steiner*).

§ 16 gilt nicht nach einer erfolgreichen rechtskräftigen Anfechtung der BRWahl oder der Feststellung ihrer Nichtigkeit. In diesen Fällen besteht kein BR im Betrieb (mehr), so dass für die Bestellung des Wahlvorst. § 17 (s. neue Zuständigkeit des GesBR) oder § 17a Nr. 3 u. 4 anzuwenden ist (vgl. aber auch → § 19 Rn. 45; → § 13 Rn. 43 zur Berechtigung der Bestellung eines Wahlvorst. vor Rechtskraft der Anfechtung). Ebenso gilt § 16 nicht bei Auflösung des BR durch das ArbG gem. § 23; in diesem Falle bestellt das ArbG den Wahlvorst. (vgl. § 23 Abs. 2, → § 23 Rn. 35 ff.; HaKo-BetrVG/*Brors* Rn. 6). 15

Ist der BR **außerhalb des regelmäßigen Wahlzeitraums** gewählt worden und hat er deshalb gem. § 13 Abs. 3 iVm § 21 S. 3 u. 4 eine von der regelmäßigen vierjährigen Amtszeit abweichende **(verkürzte oder verlängerte) Amtszeit** (→ § 21 Rn. 21 ff.), so muss der Wahlvorst. spätestens (eine frühere Bestellung ist auch in diesem Falle zulässig und vielfach angebracht) am 22.3. des Jahres bestellt sein, in dem gem. § 13 Abs. 3 der BR neu zu wählen ist (HaKo-BetrVG/*Brors* Rn. 5). 16

Die Bestellung des Wahlvorst. gehört zu den **gesetzl. Pflichten** des BR. Unterlässt er sie, so kann der Fall des § 23 Abs. 1 vorliegen. Allerdings wäre im Hinblick auf die Dauer des gerichtlichen Verfahrens ein Antrag auf Auflösung des BR unpraktisch. Deshalb sieht das G bei Untätigkeit des BR in § 16 Abs. 2 die arbeitsgerichtliche Ersatzbestellung des Wahlvorst. und im neuen Abs. 3 die Bestellung des Wahlvorst. durch den GesBR bzw. KBR vor (so auch HessLAG 8.12.2005 – 9 TaBV 88/05, AuR 2006, 253). 17

Zur Bestellung des Wahlvorst. im **vereinfachten Wahlverfahren** → § 14a Rn. 13 ff.; → § 17a Rn. 4 f., 8 ff. 18

2. Mitglieder

Bei den Mitgl. des Wahlvorst. ist zwischen den ordentlichen, dh den stimmberechtigten Mitgl., deren ErsMitgl. (→ Rn. 35 ff.) und den nicht stimmberechtigten Mitgl., die von den nicht im Wahlvorst. vertretenen Gewerkschaften entsandt werden können (→ Rn. 41 ff.), zu unterscheiden. Wenn im Folgenden von Mitgl. des Wahlvorst. gesprochen wird, sind stets die ordentlichen Mitgl. gemeint. Die von den Gewerkschaften entsandten nicht stimmberechtigten Mitgl. werden als solche bezeichnet. 19

Die Mitgl. des Wahlvorst. nach Abs. 1 (und auch deren ErsMitgl.) werden **vom BR bestellt.** Auf die von den Gewerkschaften nach Abs. 1 S. 6 zu entsendenden nicht stimmberechtigten Mitgl. hat der BR keinen unmittelbaren Einfluss. Allerdings kann er dem Entsendungsrecht der Gewerkschaften dadurch den Boden entziehen, dass er von sich aus Angehörige aller im Betrieb vertretenen Gewerkschaften in den Wahlvorst. beruft und in diesem Falle selbst die in den Wahlvorst. zu berufenen ArbN dieser Gewerkschaften bestimmt. 20

Der BR kann **jeden wahlberechtigten ArbN** (→ § 7 Rn. 5 ff.) als Mitglied des Wahlvorst. bestellen (BAG 15.10.2014 – 7 ABR 53/12, NZA 2015, 1014; 16.11.2017 – 2 AZR 14/17, NZA 2018, 240). Das können auch die in § 7 S. 2 genannten wahlberechtigten ArbN und damit auch LeihArbN sein (→ § 7 Rn. 37 ff.; dies ist mit dem neu eingefügten Satz 4 in § 14 Abs. 2 AÜG (Art. 1 des Gesetzes zur Änderung des AÜG und anderer Gesetze vom 21.2.2017 BGBl. I S. 258) endgültig geklärt (s. S. 29 BT-Drs. 18/9232 zu Art. 1 Nr. 10); so wie hier schon vorher ErfK/*Koch* Rn. 4; GK-BetrVG/*Kreutz* Rn. 32; *Rudolph* AiB 2009, 711 [713]). Die Wählbarkeit (→ § 8 Rn. 5 ff.) ist nicht erforderlich (so aber unzutreffend *Maschmann* DB 2001, 2446 [2448]); ebenso wenig braucht es sich um ständig beschäftigte ArbN zu handeln (ErfK/*Koch* Rn. 4). Die Absicht, dem ArbN mit der Bestellung zum Wahlvorst. Sonderkündigungsschutz zu verschaffen, ist nicht rechtsmissbräuchlich (BAG 16.11.2017 – 2 AZR 14/17, NZA 2018, 240). Nach Änderung des § 5 Abs. 1 S. 3 können auch Beamte, Soldaten und ArbN des öffentl. Dienstes dem Wahlvorstand angehören. Zu den Postunternehmen → Rn. 32. Sind nach Kün- 21 digung eines TV nach § 3 einzelne BRe zu wählen, hat der bestehende BR darauf zu achten, dass für den jeweiligen Betrieb dort wahlberechtigte ArbN Mitgl. des Wahlvorst. werden; andernfalls ist die BRWahl anfechtbar (LAG SchlH 19.3.2010 – 4 TaBVGa 5/10, ArbRAktuell 2010, 381; LAG Köln 10.2.2010 – 8 TaBV 65/09, ArbR 2010, 227).

22 Auch **Mitgl. des BR** können bestellt werden. Ebenso können **Wahlkandidaten** Mitgl. des Wahlvorst. sein (BAG 12.10.1976 – 1 ABR 1/76, AP BetrVG 1972 § 8 Nr. 1; 4.10.1977 – 1 ABR 37/77, AP BetrVG 1972 § 18 Nr. 2; für das PersVG BVerwG 12.1.1962 – VII P 10.60, AP PersVG § 10 Nr. 6; LAG Nürnberg 16.2.2016 – 7 TaBV 34/15, NZA-RR 2016, 417; GK-BetrVG/*Kreutz* Rn. 35f.; DKKW/*Homburg* Rn. 12; HWGNRH/*Nicolai* Rn. 14; Richardi BetrVG/*Thüsing* Rn. 12, 58; *Weiß/Weyand* BetrVG Rn. 4). Zwar sollte letzteres – um jeden Anschein der Parteilichkeit des Wahlvorst. zu vermeiden – möglichst unterlassen werden. Andererseits wird sich in kleineren Betrieben gelegentlich kein anderer Ausweg bieten, wenn zB ein Kandidat als einziger die erforderlichen Kenntnisse für die ordnungsgemäße Durchführung der Wahl hat. Zur Frage der Zulässigkeit der Unterzeichnung von Wahlvorschlägen durch Mitgl. des Wahlvorst. → § 14 Rn. 51. Nicht dem Betrieb als ArbN angehörige Gewerkschaftsmitgl. können im Allgemeinen nicht zu Mitgl. des Wahlvorst. bestellt werden (jedoch → Rn. 48ff.). Zur Unterstützung des Wahlvorst. durch Gewerkschaften, → § 18 Rn. 11; LAG MV 11.11.2013 – 5 TaBVGa 2/13, NZA-RR 2014, 130.

23 Die Bestellung der Mitgl. des Wahlvorst. erfolgt durch **Beschluss des BR** mit **einfacher Stimmenmehrheit** (§ 33). Eine förmliche Wahl kann vom BR beschlossen oder in der Geschäftsordnung festgelegt werden (§ 36). Sie ist aber nicht von Gesetzes wegen vorgeschrieben (DKKW/*Homburg* Rn. 9; GK-BetrVG/*Kreutz* Rn. 25; HWGNRH/*Nicolai* Rn. 13; WPK/*Wlotzke* Rn. 6; **aA** Richardi BetrVG/*Thüsing* Rn. 23). Deshalb besteht auch kein Zwang, dann, wenn bei der Bestellung der WahlvorstMitgl. zunächst nicht die erforderliche Mehrheit erreicht worden ist, die folgende Abstimmung auf die beiden Kandidaten mit den meisten Stimmen zu beschränken (GK-BetrVG/*Kreutz* Rn. 26; HWGNRH/*Nicolai* Rn. 13; **aA** Richardi BetrVG/*Thüsing* Rn. 23).

24 Rechtlich steht nichts entgegen, dem **BetrAusschuss** oder einem Ausschuss nach § 28 durch bes. Beschluss die Bestellung des Wahlvorst. zu übertragen (vgl. § 27 Abs. 3 S. 2, → § 27 Rn. 70ff.; § 28 Abs. 1, → § 28 Rn. 5ff.; Richardi BetrVG/*Thüsing* Rn. 24; ErfK/*Koch* Rn. 4). Dies wird wegen der Einmaligkeit der Aufgabe jedoch nur in bes. gelagerten Fällen zweckmäßig sein. Die Bestellung fällt nicht in den Rahmen der laufenden Geschäfte. Zur Entsendung nicht stimmberechtigter Mitgl. in den Wahlvorst. durch Gewerkschaften → Rn. 41ff.

25 Der ArbN ist **nicht verpflichtet,** das Amt als Mitgl. des Wahlvorst. **anzunehmen** (hM). Lehnt ein ArbN die Übernahme ab, so ist ein neues Mitgl. zu bestellen. Ein bestelltes ErsMitgl. rückt nicht ohne weiteres nach, da weder ein Fall der zeitweiligen Verhinderung noch des Ausscheidens vorliegt (→ Rn. 35ff.). Jedoch ist es als zulässig anzusehen, dass der BR für den Fall, dass ein bestelltes Mitgl. das Amt nicht annimmt, vorsorglich ein weiteres Mitgl. des Wahlvorst. bestellt oder aber auch das Nachrücken des ErsMitgl. für diesen Fall beschließt. Finden sich nicht genügend ArbN, die bereit sind, im Wahlvorst. mitzuwirken, so kann das **ArbG** in Betrieben mit in der Regel mehr als 20 wahlberechtigten ArbN gem. Abs. 2 S. 3 auch nicht dem Betrieb angehörende Mitgl. einer im Betrieb vertretenen Gewerkschaft in den Wahlvorst. berufen (→ Rn. 65ff.).

26 Die Mitgliedschaft im Wahlvorst. **endet** zum einen mit der Beendigung des Amtes des Wahlvorst. als Gremium (→ Rn. 83). Außerdem kann ein WahlvorstMitgl. dieses Amt jederzeit **niederlegen.** Die Mitgliedschaft endet ferner mit dem Verlust des aktiven Wahlrechts zum BR (zB Ausscheiden aus dem Betrieb, Aufrücken in den Kreis der leit. Ang.). Der BR kann den einmal bestellten Wahlvorst. oder einzelne seiner Mitgl. **nicht abberufen** (ArbG Berlin 3.4.1974 – 10 BVGa 3/74, DB 1974,

830; DKKW/*Homburg* Rn. 18); das kann nur das ArbG nach § 18 Abs. 1 S. 2 (→ § 18 Rn. 44ff.).

3. Mitgliederzahl

27 Der Wahlvorst. besteht **in der Regel aus drei Mitgl.** Dies gilt auch für Betriebe, in denen nur ein einköpfiger BR zu wählen ist. Ein Wahlvorst. mit weniger als drei Mitgl. ist kein gesetzlich zusammengesetzter Wahlvorst.

28 Der BR kann eine **Vergrößerung** des Wahlvorst. beschließen, wenn dies zur ordnungsgemäßen Durchführung der Wahl erforderlich ist (ein ohne einen solchen Beschluss bestellter fünfköpfiger Wahlvorstand ist nach LAG Nürnberg nicht wirksam bestellt: 17.5.2013 – 5 TaBVGa 2/13, DB 2013, 1916). Hierzu ist **keine Zustimmung des ArbGeb.** erforderlich. Andererseits ist die Erforderlichkeit als unbestimmter Rechtsbegriff arbeitsgerichtlich nachprüfbar (Richardi BetrVG/*Thüsing* Rn. 10; *Otto/Schmidt* NZA 2014, 169), so dass es sich empfiehlt, die beabsichtigte Erhöhung der Mitgliederzahl mit dem ArbGeb. zu erörtern (so auch WPK/*Wlotzke* Rn. 5). Dabei sind die Größe des Betriebs, die Gliederung in Betriebsabteilungen, der Arbeitsrhythmus (zB Schichtarbeit), die räumliche Entfernung der Betriebsteile zu berücksichtigen. Das LAG Nürnberg hat einen neunköpfigen Wahlvorstand in einem Betrieb ohne Außenstelle und nur einem Wahllokal für unwirksam erklärt (LAG Nürnberg 30.3.2006 – 6 TaBV 19/06, dbr 2007, Nr. 1, 36f.).

29 Von wesentlicher Bedeutung ist auch die Vorschrift des § 12 Abs. 2 WO, wonach während der Wahl stets mindestens ein **stimmberechtigtes Mitgl.** des Wahlvorst. im **Wahllokal anwesend** sein muss. Es wird daher auch abzuwägen sein, ob es sachgerechter ist, den Wahlgang über mehrere Tage zu erstrecken oder mehr WahlvorstMitgl. zu bestellen (ähnlich GK-BetrVG/*Kreutz* Rn. 39; *Otto/Schmidt* NZA 2014, 169). Da der Wahlvorst. die Entscheidung über die Anzahl der Wahllokale im Rahmen seiner Verantwortung für eine ordnungsgemäße Durchführung der Wahl zu treffen hat, ist es zulässig, wenn auf Vorschlag des Wahlvorst. hin der BR die Zahl der Mitgl. des Wahlvorst. **nachträglich erhöht,** sofern nach Ansicht des Wahlvorst. eine Erhöhung der Zahl der Wahllokale sachgemäßer ist als eine sich über mehrere Tage hinstreckende BRWahl (ErfK/*Koch* Rn. 5; DKKW/*Homburg* Rn. 15).

30 Eine **Höchstgrenze** für die Erhöhung der Mitgliederzahl ist nicht vorgesehen (hM). Lediglich ist vorgeschrieben, dass der Wahlvorst. immer aus einer ungeraden Zahl von Mitgl. bestehen muss, damit bei Abstimmungen klare Mehrheiten erreicht werden.

4. Berücksichtigung der Geschlechter

31 Das 2. GleiBG hat Abs. 2 um S. 6 ergänzt, dass in Betrieben mit weiblichen und männlichen ArbN dem Wahlvorst. Frauen und Männer angehören sollen. Mit dieser Regelung soll erreicht werden, dass die jeweiligen Interessen der Geschlechter bereits im Vorfeld der BRWahl ausgewogen wahrgenommen werden können. Eine weitergehende Regelung, zB in Form einer Muss-Vorschrift oder einer Quotierung, ist wegen der nur organisatorischen Aufgaben des Wahlvorst. als unangemessen abgelehnt worden (BT-Drs. 12/5468, 41f.). Auch wenn die Vorschrift nicht zwingend ist, enthält sie die Aufforderung an den BR, dafür zu sorgen, dass Frauen in den Wahlvorst. gelangen. Er kann damit ein wichtiges Zeichen setzen und die Bereitschaft bei Frauen zur Teilnahme an der Bildung der betrieblichen Interessenvertretung wecken (*Bischoff/Kunz* AiB 1997, 562; *Fisahn* WS I-Mit. 1995 Heft 1 S. 22ff.).

5. Berücksichtigung der Beamten in den Postunternehmen

32 Werden in Betrieben der Postunternehmen Beamte beschäftigt, so muss dem Wahlvorst. ein Beamter angehören, unabhängig davon, ob die Beamten auf die Bil-

dung einer eigenen Wählergruppe verzichtet haben oder nicht (§ 26 Nr. 6 PostPersRG; Richardi BetrVG/*Thüsing* Rn. 14; DKKW/*Homburg* Rn. 14; *Rudolph* AiB 2009, 711 [713]).

6. Vorsitzender

33 Der Vors. des Wahlvorst. wird nicht von dessen Mitgliedern aus ihrer Mitte gewählt, sondern vom **BR durch Mehrheitsbeschluss** bestellt. Hat der BR übersehen, den Vors. zu bestellen, ist das Versäumte unverzüglich nachzuholen. Besteht der BR nicht mehr, so wählen die Mitgl. des Wahlvorst. aus ihrer Mitte den Vors. (GK-BetrVG/*Kreutz* Rn. 28; Richardi BetrVG/*Thüsing* Rn. 18; HWGNRH/*Nicolai* Rn. 18). Die Bestellung eines Stellvertr. des Vors. ist nicht vorgeschrieben, jedoch zulässig (GK-BetrVG/*Kreutz* Rn. 44; Richardi BetrVG/*Thüsing* Rn. 57).

34 Der Vors. hat insbes. die **Aufgabe,** die Sitzungen des Wahlvorst. einzuberufen, zu denen er auch die nicht stimmberechtigten, von den Gewerkschaften entsandten Mitgl. einzuladen hat. Ferner hat er die Vertr. des Wahlvorst. gegenüber dem ArbG oder sonstigen Personen und Stellen im Rahmen der vom Wahlvorst. gefassten Beschlüsse zu übernehmen, ggf. Verhandlungen mit dem ArbGeb. oder sonstigen Stellen zu führen, den erforderlichen Schriftwechsel durchzuführen, zusammen mit mindestens einem weiteren stimmberechtigten Mitgl. des Wahlvorst. das Wahlausschreiben und die Niederschrift über die Feststellung des Wahlergebnisses zu unterzeichnen (vgl. § 3 Abs. 1 u. § 16 Abs. 2 WO). Er ist berechtigt, Erklärungen, die dem Wahlvorst. gegenüber abzugeben sind (vgl. zB § 6 Abs. 5 u. 7 WO), entgegenzunehmen.

7. Ersatzmitglieder

35 Die ErsMitgl. werden durch **Beschl. des BR** bestimmt, und zwar grds. jeweils für ein bestimmtes Mitgl. des Wahlvorst. ein ErsMitgl. Aus Gründen der Praktikabilität ist es jedoch auch zulässig, ein ErsMitgl. **für mehrere Mitgl. des Wahlvorst.** zu bestellen (DKKW/*Homburg* Rn. 16; Richardi BetrVG/*Thüsing* Rn. 19; *Schulze* AiB 2013, 682). Ferner ist es zulässig, für die einzelnen Mitgl. des Wahlvorst. jeweils **mehrere ErsMitgl.** zu bestellen; in diesem Falle ist jedoch die Reihenfolge des Nachrückens der einzelnen ErsMitgl. durch den BR festzulegen (GK-BetrVG/*Kreutz* Rn. 46; HWGNRH/*Nicolai* Rn. 19). Die von den Gewerkschaften nach Abs. 1 S. 6 entsandten nicht stimmberechtigten Mitgl. sind keine ErsMitgl. Allerdings steht es dem BR frei, ein solches Mitgl. als ErsMitgl. zu bestellen (ErfK/*Koch* Rn. 7). Im Vertretungsfall ist dieses Mitgl. dann stimmberechtigt.

36 Das ErsMitgl. tritt im Falle der **Verhinderung des ordentlichen Mitgl.** des Wahlvorst. ein. Aus dem Vergleich des Wortlauts des § 16 Abs. 1 S. 4 mit dem des § 25 Abs. 1 könnte geschlossen werden, dass das ErsMitgl. nicht an die Stelle eines **ausgeschiedenen Mitgl.** des Wahlvorst. tritt. Diese Auslegung ist jedoch zu eng und entspricht nicht dem Erfordernis der Kontinuität des Wahlvorst. (HaKo-BetrVG/*Brors* Rn. 10; GK-BetrVG/*Kreutz* Rn. 47; WPK/*Wlotzke* Rn. 7; Richardi BetrVG/*Thüsing* Rn. 20; *Jacobs* Wahlvorstände S. 97). Lehnt ein Mitgl. des Wahlvorst. die Übernahme des Amtes ab, so ist ein neues Mitgl. zu bestellen (→ Rn. 25).

37 Hat der Wahlvorst. auch nach Nachrücken der ErsMitgl. nicht mehr die erforderliche MitglZahl, so hat der BR ihn **unverzüglich zu ergänzen** (BAG 14.12.1965 – 1 ABR 6/65, AP BetrVG § 16 Nr. 5; BAG 23.11.2016 – 7 ABR 13/15, NZA 2017, 589; ErfK/*Koch* Rn. 7). Bleibt der BR **untätig,** erfolgt die Ergänzung entspr. Abs. 2 auf Antrag durch das ArbG (BAG 23.11.2016 – 7 ABR 13/15, NZA 2017, 589; DKKW/*Homburg* Rn. 17; WPK/*Wlotzke* Rn. 7) oder nach Abs. 3 durch den GesBR bzw. KBR (WPK/*Wlotzke* Rn. 7).

38 Ist die Amtszeit des BR bereits abgelaufen, ist zunächst eine **Ergänzung** durch den **GesBR** bzw. **KBR** oder, falls diese nicht tätig werden, eine Ergänzung durch die

BetrVerslg. (s. § 17 Abs. 2 S. 2) zu betreiben (ErfK/*Koch* Rn. 8). Erst wenn trotz Einladung keine BetrVerslg. stattfindet oder die BetrVerslg. eine Ergänzung des Wahlvorst. nicht beschließt, erfolgt die Ergänzung des Wahlvorst. auf Antrag durch das ArbG (vgl. § 17 Abs. 4). Eine Ergänzung des Wahlvorst. in der Weise, dass er selbst Mitgl. zuwählt, ist nicht zulässig (GK-BetrVG/*Kreutz* Rn. 48).

Sobald das ErsMitgl. für ein verhindertes oder an Stelle eines ausgeschiedenen Mitgl. in den Wahlvorst. eingetreten ist, genießt es den **Kündigungsschutz** nach § 103 und § 15 KSchG (Näheres → § 103 Rn. 5ff.). Bis zum Eintritt in den Wahlvorst. ist das ErsMitgl. nach § 20 geschützt (→ § 20 Rn. 15). 39

Die Bestellung von ErsMitgl. ist **nicht zwingend** vorgeschrieben. Wird sie unterlassen, hat dies allein keinen Einfluss auf die Gültigkeit der Wahl. 40

III. Entsendung nicht stimmberechtigter Mitglieder durch Gewerkschaften

Der durch das ÄndG 1989 eingefügte Abs. 1 S. 6 räumt jeder im Betrieb vertretenen Gewerkschaft, die nicht durch ein ordentliches Mitgl. im Wahlvorst. vertreten ist, das Recht ein, einen betriebsangehörigen Beauftragten als **nicht stimmberechtigtes Mitgl.** zusätzlich in den Wahlvorst. **zu entsenden.** Diese Regelung war sowohl in den parlamentarischen Beratungen (vgl. Ausschussbericht BT-Drs. 11/3618, 4f.) als auch in der sie begleitenden arbeitsrechtlichen Diskussion umstr. (Näheres dazu s. Fitting 17. Aufl. 1994). 41

1. Voraussetzungen

Das Entsendungsrecht steht **nur Gewerkschaften** zu (auch hier gilt der allgemeine Gewerkschaftsbegriff, iE → § 2 Rn. 32ff.), die im Betrieb vertreten sind, dh denen mindestens ein ArbN des Betriebs als Mitgl. angehört (→ § 2 Rn. 43). In Betrieben privatisierter Unternehmen (zB Post- und Bahnunternehmen, Kooperationsunternehmen der Bundeswehr, BRD-Finanzagentur GmbH, DFS-Deutsche Flugsicherung GmbH, Germany Trade and Invest – Gesellschaft für Außenwirtschaft und Standortmarketing GmbH – Infrastrukturgesellschaft für Autobahnen und andere Bundesfernstraßen → § 1 Rn. 47ff., 54ff., 70 bis 83), in denen für eine längere Übergangszeit Beamte beschäftigt werden, steht auch den im Betrieb vertretenen **Berufsverbänden der Beamten** das Entsendungsrecht zu (→ § 2 Rn. 34; Richardi BetrVG/*Thüsing* Rn. 27). In Betrieben von Wirtschaftsunternehmen, mit denen die Bundeswehr eine Kooperation eingegangen ist und in denen neben Beamten auch Soldaten des Geschäftsbereichs des Bundesministeriums der Verteidigung unter Beibehaltung ihres Dienstverhältnisses zum Bund, eine Tätigkeit zugewiesen wurde (vgl. § 1 BwKoopG; → § 1 Rn. 70ff.; → § 5 Rn. 322), steht auch den im Betrieb vertretenen **Berufsverbänden der Soldaten** das Entsendungsrecht zu (→ § 2 Rn. 34). Gleiches gilt in den Fällen, in denen die Bundeswehr ohne eine Kooperation nach dem BwKoopG Soldaten in privatrechtlich organisierten Unternehmen einsetzt (→ § 5 Rn. 318). 42

Das Entsendungsrecht besteht ferner nur, wenn die Gewerkschaft **nicht bereits** durch ein **ordentliches Mitgl.** im Wahlvorst. vertreten ist (HaKo-BetrVG/*Brors* Rn. 11). Dass ihr ein ErsMitgl. des Wahlvorst. als Mitgl. angehört, steht dem Entsendungsrecht solange nicht entgegen, als das ErsMitgl. nicht in den Wahlvorst. wegen Eintritts des Vertretungsfalls nachgerückt ist. Bei Nachrücken des ErsMitgl. endet die Mitgliedschaft als entsandtes Mitgl. (GK-BetrVG/*Kreutz* Rn. 50). Das Entsendungsrecht gehört zu den Aufgaben und Befugnissen der im Betrieb vertretenen Gewerkschaften iSd § 2 Abs. 2 und kann deshalb ein **Zutrittsrecht** zum Betrieb im Rahmen dieser Vorschrift begründen, zB um einen in den Wahlvorst. zu entsendenden ArbN zu gewinnen (GK-BetrVG/*Kreutz* Rn. 51). 43

44 Der Wahlvorst. ist berechtigt und verpflichtet, das Vorliegen der Voraussetzungen des Entsendungsrechts **zu prüfen** (DKKW/*Homburg* Rn. 22; GK-BetrVG/*Kreutz* Rn. 54; Richardi BetrVG/*Thüsing* Rn. 30; *Engels/Natter* BB 1989 Beil. 8, 20; *Heither* NZA 1990 Beil. 1, 14). Denn bei Fehlen der Voraussetzungen würde die Teilnahme des Entsandten gegen den Grundsatz der Nichtöffentlichkeit der Sitzungen des Wahlvorst. verstoßen. Bestehen Zweifel am Entsendungsrecht, hat die Gewerkschaft als diejenige, die sich darauf beruft, seine Voraussetzungen nachzuweisen.

2. Entsendungsrecht

45 Die Gewerkschaft hat ein Entsendungsrecht; ihr obliegt **keine Verpflichtung,** von diesem Recht Gebrauch zu machen. Der BR oder der Wahlvorst. sind nicht verpflichtet, von sich aus die Gewerkschaften auf das Entsendungsrecht hinzuweisen. Dies folgt zum einen daraus, dass ihnen nicht bekannt zu sein braucht, ob die Gewerkschaft überhaupt im Betrieb vertreten ist oder ob nicht bereits ein ordentl. Mitgl. des Wahlvorst. zu ihren Mitgl. zählt. Zum anderen obliegt es grds. dem jeweiligen Rechtsinhaber, sich um die Geltendmachung seines Rechts zu kümmern (GK-BetrVG/*Kreutz* Rn. 51; Richardi BetrVG/*Thüsing* Rn. 30; *Heither* NZA 1990 Beil. 1, 14; *Engels/Natter* BB 1989 Beil. 8, 20; offensichtlich weitergehend *Wlotzke* DB 1989, 113). Allerdings dürfte der Wahlvorst. verpflichtet sein, auf Anfrage den im Betrieb vertretenen Gewerkschaften die Mitgl. und auch ErsMitgl. des Wahlvorst. mitzuteilen, damit sie beurteilen können, ob und inwieweit für sie ein Entsendungsrecht in Betracht kommt (WPK/*Wlotzke* Rn. 8). Diese Pflicht des Wahlvorst. folgt aus seiner allgemeinen Verpflichtung, eine ordnungsgemäße Durchführung der Wahl zu gewährleisten.

46 Ein Entsendungsrecht kommt erst **nach Bestellung des Wahlvorst.** durch den BR in Betracht. Denn erst dann steht fest, ob die Gewerkschaft nicht bereits durch ein ordentl. Mitgl. im Wahlvorst. vertreten ist. Andererseits ist die Ausübung des Entsendungsrechts an keine bestimmte Frist gebunden. Sie ist auch noch im Laufe der Vorbereitung oder Durchführung der Wahl zulässig (GK-BetrVG/*Kreutz* Rn. 51; *Jacobs* Wahlvorstände S. 116). Nach Abschluss der Aufgaben des Wahlvorst., dh nach Bekanntgabe der Gewählten gem. § 18 WO, kommt eine Entsendung nicht mehr in Betracht.

47 Die Entsendung muss durch einen satzungsmäßigen oder hierzu bevollmächtigten Vertreter der Gewerkschaft **erklärt** werden. Die Erklärung ist in entspr. Anwendung des § 26 Abs. 3 S. 2 gegenüber dem Vors. des Wahlvorst. abzugeben (GK-BetrVG/*Kreutz* Rn. 15).

3. Betriebsangehörige Beauftragte

48 Die Gewerkschaft (für Bahn u. Post sowie Kooperationsunternehmen der Bundeswehr → Rn. 42) kann nur einen **betriebsangehörigen Beauftragten** in den Wahlvorst. entsenden. Die Entsendung eines externen Vertreters ist selbst dann unzulässig, wenn sich kein Betriebsangehöriger zur Mitgliedschaft im Wahlvorst. bereit erklärt. Die Möglichkeit der Bestellung Externer gem. Abs. 2 S. 3 ist auf eine Bestellung durch das ArbG beschränkt und bezieht sich nur auf ordentl. Mitgl. des Wahlvorst. (GK-BetrVG/*Kreutz* Rn. 52; Richardi BetrVG/*Thüsing* Rn. 28).

49 Das G beschränkt das Entsendungsrecht der Gewerkschaften nicht auf ihre Mitgl. Vielmehr folgt aus der Verwendung des allgemeinen Begriffs „Beauftragter", dass **auch andere Betriebsangehörige** in den Wahlvorst. entsandt werden können, sofern sie hiermit einverstanden sind (GK-BetrVG/*Kreutz* Rn. 52; Richardi BetrVG/*Thüsing* Rn. 28; **aA** *Engels/Natter* BB 1989 Beil. 8, 20). Allerdings können nur wahlberechtigte ArbN entsandt werden, nicht etwa Jug. unter 18 Jahren (*Jacobs* Wahlvorstände S. 116). Dies folgt, da der entsandte Beauftragte ebenfalls Mitgl. des Wahlvorst. – wenn auch ohne Stimmrecht – ist, aus Abs. 1 S. 1.

Unzulässig ist die Entsendung von Personen, die keine **ArbN iSd BetrVG** sind, etwa von leitenden Ang. iSv § 5 Abs. 3 oder von Beschäftigten iSv § 5 Abs. 2 (GK-BetrVG/*Kreutz* Rn. 52; *Heither* NZA 1990 Beil. 1, 14; *Däubler* Gewerkschaftsrechte Rn. 98). Denn die Wahl des BR, deren ordnungsgemäße Durchführung der Wahlvorst. zu gewährleisten hat, ist allein Sache der ArbN des Betriebs und darf nicht von potentiellen Gegenspielern oder Konkurrenten des BR beeinflusst werden. IÜ ist das Entsendungsrecht der Gewerkschaften nicht beschränkt. Zulässig ist zB auch die Entsendung eines ArbN, der vom BR als ErsMitgl. des Wahlvorst. bestellt ist oder der dem amtierenden BR angehört oder für den zu wählenden BR kandidiert (→ Rn. 22). Die im Betrieb, jedoch nicht im Wahlvorst. durch ein ordentliches Mitgl. vertr. Gewerkschaften können jeweils **nur ein zusätzliches** Mitgl. (nicht mehrere) in den Wahlvorst. entsenden (GK-BetrVG/*Kreutz* Rn. 53; Richardi BetrVG/*Thüsing* Rn. 29). 50

Zweifelhaft ist, ob die Gewerkschaft für das entsandte Mitgl. zulässigerweise **Ers-Mitgl.** bestellen kann. Diese Frage dürfte zu verneinen sein. Abs. 1 S. 6 enthält hierzu keine Aussage. Seine Stellung innerhalb des Abs. 1 spricht rechtssystematisch dagegen, den vorangehenden Abs. 1 S. 4, der nur die vom BR zu bestellenden ErsMitgl. regelt, auch auf das von der Gewerkschaft entsandte Mitgl. zu erstrecken. IÜ dienen die vom BR zu bestellenden ErsMitgl. dazu, die Beschlussfähigkeit des Wahlvorst. zu sichern. Mangels Stimmrecht spielt dieser Aspekt bei den entsandten Mitgl. keine Rolle (GK-BetrVG/*Kreutz* Rn. 53; Richardi BetrVG/*Thüsing* Rn. 29; DKKW/*Homburg* Rn. 23). Allerdings ist die Gewerkschaft befugt, wenn das von ihr entsandte Mitgl. zB wegen Amtsniederlegung oder Beendigung des ArbVerhältnisses aus dem Wahlvorst. ausgeschieden ist, einen neuen Beauftragten in den Wahlvorst. zu entsenden. Die Gewerkschaft kann das entsandte Mitgl., da dieses nur eine beobachtende Funktion hat und sie von einer Entsendung absehen kann, auch wieder abberufen (GK-BetrVG/*Kreutz* Rn. 53). 51

4. Rechtsstellung im Wahlvorstand

Der von der Gewerkschaft entsandte Beauftragte ist – wie sich aus dem insoweit eindeutigen Gesetzeswortlaut ergibt – (zusätzliches, aber nicht stimmberechtigtes) **Mitgl. des Wahlvorst.** Der Beauftragte soll vor allem als „Beobachter für mehr Transparenz bei der Tätigkeit des Wahlvorst. sorgen" (vgl. BT-Drs. 11/2503, 23, 31). Für die Erreichung dieses Zweckes hätte an sich ein Teilnahmerecht an den Sitzungen des Wahlvorst. entspr. § 20 Abs. 1 S. 3 BPersVG ausgereicht. Da der Gesetzgeber trotz dieses Vorbildes den Beauftragten als „Mitglied" bezeichnet, ist es auch als solches anzusehen und hat, soweit sich aus dem fehlenden Stimmrecht nicht etwas anderes ergibt, die **gleichen Rechte und Befugnisse** wie die übrigen Mitgl. des Wahlvorst (GK-BetrVG/*Kreutz* Rn. 55; Richardi BetrVG/*Thüsing* Rn. 32; *Heither* NZA 1990 Beil. 1, 14). 52

So hat es zB ein Teilnahmerecht an allen **Sitzungen** des **Wahlvorst.;** zu diesen ist es wie die ordentl. Mitgl. zu laden. Da der Ausschluss des Stimmrechts nicht auch den Ausschluss eines Beratungsrechts beinhaltet, kann sich das entsandte Mitgl. an der **Beratung** im Wahlvorst. beteiligen (GK-BetrVG/*Kreutz* Rn. 55; *Dänzer-Vanotti* ArbuR 1989, 206; **aA** DKKW/*Homburg* Rn. 23; *Engels/Natter* BB 1989 Beil. 8, 20). Ferner hat es das Recht, Einblick in die Unterlagen des Wahlvorst. zu nehmen. Auch kann es bei der Durchführung der Wahl hinzugezogen werden, soweit die WO keine Beschränkung auf stimmberechtigte Mitgl. vorsieht (→ WO § 1 Rn. 2). Da der Beauftragte Mitgl. des Wahlvorst. ist, steht ihm auch der **besondere Kündigungsschutz** nach § 103 BetrVG und § 15 Abs. 3 KSchG zu (→ § 103 Rn. 5; GK-BetrVG/*Kreutz* Rn. 57; *Heither* NZA 1990 Beil. 1, 14; **aA** *Engels/Natter* BB 1989 Beil. 8, 20; zur Rechtsstellung → Rn. 82 ff.). 53

Der von der Gewerkschaft entsandte Beauftragte hat im Wahlvorst. **kein Stimmrecht.** Ihm ist es deshalb untersagt, an den Abstimmungen teilzunehmen. Dies wür- 54 de zur Unwirksamkeit eines Beschlusses des Wahlvorst. führen, sofern seine Teilnahme entscheidungserheblich ist. Beschlussorgan ist allein der vom BR bestellte Wahlvorst. Aus dem fehlenden Stimmrecht des entsandten Mitgl. folgt, dass es keine Anforderungen erfüllen kann, die den ordentlichen Mitgl. des Wahlvorst. vorbehalten ist. So wird zB das Erfordernis, dass während der Wahl zwei bzw. ein stimmberechtigtes Mitgl. des Wahlvorst. im Wahlraum anwesend sein müssen, nicht dadurch erfüllt ist, dass ein entsandtes Mitgl. zugegen ist. Auch kann ein entsandtes Mitgl., sofern es nicht vom BR als ErsMitgl. bestellt worden ist, nicht als Vertr. für ein verhindertes ordentl. Mitgl. einspringen; dies selbst dann nicht, wenn auch das ErsMitgl. verhindert ist.

55 Da das entsandte Mitgl. mangels Stimmrechts keinen bestimmenden Einfluss auf die Willensbildung des Wahlvorst. hat, rechtfertigt eine Verletzung des Entsendungsrechts für sich allein **keine Wahlanfechtung** (GK-BetrVG/*Kreutz* Rn. 58; ErfK/*Koch* Rn. 6; *Engels/Natter* BB 1989 Beil. 8, 20).

IV. Bestellung durch das Arbeitsgericht

1. Voraussetzungen

56 Acht Wochen vor Ablauf der Amtszeit eines BR mit mehr als drei Mitgl. (im vereinfachten Wahlverfahren gilt eine kürzere Frist, § 17a Nr. 1) kann die Bestellung des Wahlvorst. **durch das ArbG beantragt** werden, wenn der BR bis zu diesem Zeitpunkt den Wahlvorst. nicht bestellt hat (DKKW/*Homburg* Rn. 24; Richardi BetrVG/*Thüsing* Rn. 33; GK-BetrVG/*Kreutz* Rn. 65, hält die Einhaltung der Frist für eine Frage der Begründetheit des Antrags und lässt deshalb eine frühere Antragstellung zu). Zur Bestellung durch den GesBR bzw. KBR → Rn. 75ff.

57 Der BR kann – solange seine Amtszeit noch nicht abgelaufen ist – die Bestellung **bis zur rechtskräftigen Entscheidung des Gerichts nachholen** (LAG Hamm 23.9.1954 – 3 A Ta 87/54, AP BetrVG § 15 Nr. 1; DKKW/*Homburg* Rn. 24; HaKo-BetrVG/*Brors* Rn. 13; GK-BetrVG/*Kreutz* Rn. 15, 61; Richardi BetrVG/*Thüsing* Rn. 21; *Jacobs* Wahlvorstände S. 134; BAG 19.3.1974 – 1 ABR 87/73, AP BetrVG 1972 § 17 Nr. 1). In diesem Falle ist ein anhängiges gerichtliches Verfahren für erledigt zu erklären. Ist der Wahlvorst. bereits durch Gerichtsbeschluss bestellt, muss der BR durch Rechtsmitteleinlegung den Eintritt der Rechtskraft des Beschlusses verhindern; anderenfalls ist allein der gerichtlich bestellte der rechtmäßige Wahlvorst. (GK-BetrVG/*Kreutz* Rn. 15; SWS Rn. 1; HWGNRH/*Nicolai* Rn. 42). Nach Ablauf der Amtszeit des BR ist die **Einleitung** des arbeitsgerichtlichen Bestellungsverfahrens nach Abs. 2 nicht mehr zulässig (BAG 23.11.2016 – 7 ABR 13/15, NZA 2017, 589). Ein rechtzeitig eingeleitetes Verfahren ist jedoch fortzuführen (BAG 23.11.2016 – 7 ABR 13/15, NZA 2017, 589; LAG Düsseldorf 20.11.1975 – 14 TaBV 80/75, DB 1976, 682; DKKW/*Homburg* Rn. 24; WPK/*Wlotzke* Rn. 10; *Jacobs* Wahlvorstände S. 134). Ist die Amtszeit des BR abgelaufen, ist der Wahlvorst. durch den GesBR bzw. KBR oder die BetrVerslg. nach § 17 zu bestellen.

58 Für die **Berechnung der Antragsfrist** gilt in den Fällen des Ablaufs der regelmäßigen Amtszeit des BR das oben in → Rn. 6ff. Gesagte entspr. Der Antrag kann also frühestens an dem Tag gestellt werden, der um acht Wochen zurückgerechnet dem Tag des Ablaufs der Amtszeit des BR entspricht. In den Fällen der vorzeitigen Neuwahl nach § 13 Abs. 2 Nr. 1–3 (→ Rn. 13) kann der Antrag zwei Wochen nach dem Tag gestellt werden, an dem der BR den Wahlvorst. hätte bestellen müssen, wenn er unverzüglich gehandelt hätte (BAG 23.11.2016 – 7 ABR 13/15, NZA 2017, 589; DKKW/*Homburg* Rn. 27; GK-BetrVG/*Kreutz* Rn. 66; Richardi BetrVG/*Thüsing* Rn. 34).

59 In den Fällen, in denen bei einer außerhalb des regelmäßigen Wahlzeitraums durchgeführten BRWahl die Wahl des neuen BR wieder in den regelmäßigen Wahl-

zeitraum einzugliedern ist (vgl. § 13 Abs. 3; → Rn. 13), kann der Antrag frühestens acht Wochen vor dem 31.5., dh frühestens am 6.4. des Jahres gestellt werden, in dem der BR gem. § 13 Abs. 3 neu zu wählen ist.

2. Verfahren

Das ArbG wird nur auf Antrag tätig. **Antragsberechtigt** sind mindestens drei wahlberechtigte ArbN des Betriebs (§ 7) und jede im Betrieb vertr. Gewerkschaft (→ § 2 Rn. 43), in den Betrieben der privatisierten Post- und Bahnunternehmen sowie der Kooperationsunternehmen der Bundeswehr bzw. anderer privatrechtlicher Betriebe, in denen Beamte tätig sind, jeder dort vertr. Berufsverband der Beamten bzw. Soldaten (→ Rn. 42). Keine Voraussetzung ist, dass die Gewerkschaft für den Betrieb oder das Unternehmen des ArbGeb. tarifzuständig ist (BAG 10.11.2004 – 7 ABR 19/04, AP BetrVG 1972 § 17 Nr. 7). Die Antragsberechtigung ist eine Verfahrensvoraussetzung, die während des gesamten Verfahrens bis zur letzten mündlichen Anhörung in der Rechtsbeschwerdeinstanz bestehen muss (BAG 20.2.2019 – 7 ABR 40/17, NZA 2019, 1147; 21.11.1975 – 1 ABR 12/75, AP BetrVG 1972 § 118 Nr. 6; DKKW/*Homburg* Rn. 25; GK-BetrVG/*Kreutz* Rn. 61 f.; HWGNRH/*Nicolai* Rn. 36; Richardi BetrVG/*Thüsing* Rn. 38). Mit Zustimmung der Antragsteller können auch weitere Antragsteller dem Verfahren beitreten – dies kommt insb. in Betracht, wenn zB ein Antragsteller seine Wahlberechtigung und damit seine Antragsbefugnis verliert (BAG 20.2.2019 – 7 ABR 40/17, NZA 2019, 1147). Dagegen handelt es sich um eine unzulässige Beteiligtenänderung, wenn eine bislang am Verfahren nicht beteiligte Gewerkschaft erst im Rechtsbeschwerdeverfahren einen Antrag nach Abs. 2 stellt (so BAG 20.2.2019 – 7 ABR 40/17, NZA 2019, 1147 zu § 17 Abs. 4). Der ArbGeb. ist nicht antragsberechtigt (hM). Der Antrag ist schriftlich oder mündlich zur Niederschrift der Geschäftsstelle des ArbG (§ 81 ArbGG) zu stellen und auf die Bestellung eines Wahlvorst. zu richten. 60

Die Antragsteller können **Vorschläge für die Zusammensetzung** des Wahlvorst. machen. Das ArbG ist aber nicht verpflichtet, diese Vorschläge zu berücksichtigen. Es ist vielmehr ebenso wie der BR in der Auswahl der zu bestellenden Personen frei und kann jeden wahlberechtigten ArbN des Betriebs bestellen (BAG 20.2.2019 – 7 ABR 40/17, NZA 2019, 1147; DKKW/*Homburg* Rn. 26; GK-BetrVG/*Kreutz* Rn. 72; HWGNRH/*Nicolai* Rn. 37; Richardi BetrVG/*Thüsing* Rn. 41; KRHS Rn. 6), sie müssen jedoch damit einverstanden sein (BAG 20.2.2019 – 7 ABR 40/17, NZA 2019, 1147; Richardi BetrVG/Thüsing Rn. 51). Das ArbG entscheidet im BeschlVerf. (§§ 2a, 80 ff. ArbGG; BAG 4.11.1960 – 1 ABR 4/60, AP BetrVG § 16 Nr. 2). Sowohl die vorgeschlagenen WahlvorstMitgl. als auch die vom ArbG bestellten WahlvorstMitgl. sind nicht Beteiligte des BeschlVerf. (BAG 20.2.2019 – 7 ABR 40/17, NZA 2019, 1147; 23.11.2016 – 7 ABR 13/15, NZA 2017, 589; 10.11.2004 – 7 ABR 19/04, AP BetrVG 1972 § 17 Nr. 7). 61

Durch Verweisung auf Abs. 1 ist sichergestellt, dass das ArbG auch über die Zahl der Mitgl. des Wahlvorst. entscheidet (→ Rn. 27 f.), eine ungerade Zahl von Mitgl. des Wahlvorst. bestellen muss (→ Rn. 30) und, falls es für die Durchführung der Wahl zweckmäßig erscheint, für die Mitgl. des Wahlvorst. ErsMitgl. bestellen kann (→ Rn. 35 f.). 62

Auch wenn der Wahlvorst. durch das ArbG bestellt worden ist, steht den im Betrieb vertr. Gewerkschaften, die nicht bereits durch ein ordentl. Mitgl. im Wahlvorst. vertreten sind, das Recht zu, ein nicht stimmberechtigtes Mitgl. zusätzlich in den Wahlvorst. zu entsenden (ErfK/*Koch* Rn. 9). Dies folgt aus der generellen Verweisung auf Abs. 1. 63

Ist ein vom ArbG oder BR bestellter Wahlvorst. durch Ausscheiden einiger seiner Mitgl. funktionsunfähig geworden, so ist er auf Antrag durch das ArbG zu ergänzen (BAG 14.12.1965 – 1 ABR 6/65, AP BetrVG § 16 Nr. 5; 23.11.2016 – 7 ABR 13/15, NZA 2017, 589; LAG Düsseldorf 7.11.1974 – 7 TaBV 87/74, DB 1975, 260; 64

LAG Hamm 2.10.2009 – 10 TaBV 27/09, BeckRS 2010, 65733; WPK/*Wlotzke* Rn. 7). Eine gerichtliche Bestellung kann nicht im Wege des einstweiligen Rechtsschutzes erfolgen; dies gilt auch im Fall eines funktionsunfähig gewordenen Wahlvorst. (LAG Köln 29.5.2013 – 3 TaBVGa 3/13, BeckRS 2013, 71645).

3. Bestellung nichtbetriebsangehöriger Gewerkschaftsmitglieder

65 Um zu erreichen, dass auch in solchen Betrieben, in denen uU Hemmungen gegen die Wahl eines BR bestehen, dennoch BR gewählt werden, sieht das G vor, dass in den Betrieben mit idR mehr als 20 wahlberechtigten ArbN das ArbG in Ausnahmefällen auch **nicht betriebsangehörige Gewerkschaftsmitgl.,** in den privatisierten Post- und Bahnunternehmen, der BRD-Finanzagentur GmbH bzw. anderen Betrieben privatrechtlicher Unternehmen, in denen Beamte tätig sind sowie in Kooperationsunternehmen der Bundeswehr auch Mitgl. der Berufsverbände der Beamten bzw. Soldaten (→ Rn. 42), zu Mitgl. des Wahlvorst. bestellen kann.

66 Ob diese Vorschrift häufig praktiziert werden wird, hängt sowohl von der Bereitschaft der ArbN ab, sich für den Wahlvorst. zur Verfügung zu stellen, als auch von der Bereitschaft der ArbGeb., die Durchführung der Vorschriften des G zu fördern. Praktische Bedeutung dürfte die Vorschrift wohl weniger iRd § 16 als bei ihrer entspr. Anwendung nach § 17 Abs. 4 und § 18 Abs. 1 S. 2 sowie § 23 Abs. 2 S. 2 haben.

67 Das ArbG kann Nichtbetriebsangehörige in den Wahlvorst. berufen, wenn

– bei ihm die Bestellung des Wahlvorst. **beantragt** wird (→ Rn. 60),
– im Betrieb in der Regel **mehr als 20 wahlberechtigte ArbN** beschäftigt werden (zum Begriff „in der Regel" → § 1 Rn. 360 ff.),
– es zur Überzeugung gelangt, dass eine **ordnungsgemäße Durchführung der Wahl** mit einem nur aus wahlberechtigten ArbN des Betriebs bestehenden Wahlvorst. nicht zu erwarten ist, und
– eine oder mehrere **Gewerkschaften „im Betrieb vertreten"** sind (→ § 2 Rn. 43).

67a Liegen diese Voraussetzungen vor, können Nichtbetriebsangehörige auch dann in den Wahlvorst. berufen werden, wenn die ArbN des Betriebs an der Errichtung eines BR desinteressiert sind. Zur Stimmabgabe kann allerdings niemand gezwungen werden.

68 Zweckmäßigerweise werden die Antragsteller, nach der Sachlage wohl die **antragstellende Gewerkschaft,** auf das Vorliegen dieser Voraussetzungen in ihrem Antrag hinweisen und Mitgl. für den Wahlvorst. **vorschlagen.** Eine Bindung des ArbG an die gemachten Vorschläge besteht allerdings auch hier nicht (→ Rn. 61).

69 Durch die Untergrenze von in der Regel mehr als 20 wahlberechtigten ArbN sind die Kleinbetriebe, für die nach § 9 nur ein einköpfiger BR zu wählen ist, ausgenommen.

70 Das Gericht kann Nichtbetriebsangehörige nur bestellen, wenn das für die **ordnungsgemäße Durchführung der Wahl erforderlich** ist. Zweckmäßigkeit allein genügt nicht. Die Erforderlichkeit ist gegeben, wenn nicht genügend ArbN zur Übernahme des Amtes eines Mitgl. des Wahlvorst. bereit oder in der Lage sind (LAG München 20.4.2004 – 5 TaBV 18/04, LAGE § 16 BetrVG 2001 Nr. 1; LAG Düsseldorf 7.11.1974 – 7 TaBV 87/74, DB 1975, 260; DKKW/*Homburg* Rn. 29; GK-BetrVG/*Kreutz* Rn. 78; HWGNRH/*Nicolai* Rn. 39; Richardi BetrVG/*Thüsing* Rn. 45; KRHS Rn. 6; *Jacobs* Wahlvorstände S. 113).

71 Die Notwendigkeit der Bestellung eines oder mehrerer Nichtbetriebsangehöriger kann sich auch daraus ergeben, dass die ArbN des Betriebs nicht in der Lage sind, das förmlich ausgestaltete Wahlverfahren ordnungsgemäß durchzuführen (zB wegen mangelnder Sprachkenntnisse). Das Gericht ist nicht genötigt, den Wahlvorst. in diesen Fällen ausschließlich aus Nichtbetriebsangehörigen zu bestellen. Es kann vielmehr auch lediglich die Ergänzung durch solche Personen auf die erforderliche Anzahl der WahlvorstMitgl. vornehmen (nach GK-BetrVG/*Kreutz* Rn. 78, ist nur dies zulässig). In betriebsratslosen Betrieben → § 17 Rn. 35.

Es können nur **Mitgl. solcher Gewerkschaften** bestellt werden, die im Betrieb durch mindestens ein Mitgl. vertreten sind (→ § 2 Rn. 43). Dabei können sowohl Angestellte der im Betrieb vertr. Gewerkschaften als auch sonstige Mitgl., zB ArbN eines anderen Betriebs, bestellt werden (DKKW/*Homburg* Rn. 30). 72

Auch die nichtbetriebsangehörigen Mitgl. des Wahlvorst. handeln **ehrenamtlich** (→ Rn. 86). Da sie zum Betriebsinhaber in keinem Arbeitsverhältnis stehen, haben sie gegen diesen keinen Lohnanspruch. Der ArbGeb. hat ihnen jedoch **notwendige Aufwendungen und Auslagen** als Mitgl. des Wahlvorst. zu erstatten (→ § 20 Rn. 35 ff.; DKKW/*Homburg* Rn. 30; GK-BetrVG/*Kreutz* Rn. 80; Richardi BetrVG/*Thüsing* Rn. 47; Schaub ArbR-HdB/*Koch* § 217 Rn. 7; **aA** HWGNRH/*Nicolai* Rn. 40, für den Fall, dass die ArbN des Betriebs keinen BR wollen). Das gilt auch für einen eventuellen Verdienstausfall (GK-BetrVG/*Kreutz* Rn. 80; ErfK/*Koch* Rn. 10). Soweit die Gewerkschaft die Erstattung der Aufwendungen und Auslagen vorschießt, kann sie vom ArbGeb. gem. § 683 BGB Ersatz dieser Aufwendungen im BeschlVerf. verlangen. 73

Auch bei der Bestellung externer Gewerkschaftsmitgl. zu Mitgl. des Wahlvorst. bleibt das Recht anderer, nicht im Wahlvorst. vertretener Gewerkschaften zur Entsendung nicht stimmberechtigter Mitgl. in den Wahlvorst. unberührt (→ Rn. 41 ff.). 74

V. Bestellung durch den Gesamtbetriebsrat oder Konzernbetriebsrat

Nach dem durch das **BetrVerf-ReformG** neu angefügten Abs. 3 kann nunmehr auch der **GesBR** oder, falls ein solcher nicht besteht, der **KBR** den Wahlvorst. bestellen, wenn der BR acht Wochen vor Ablauf seiner Amtszeit seiner Pflicht zur Bestellung des Wahlvorst. nicht nachgekommen ist. Hierbei handelt es sich um eine weitere, neben der Regelung des Abs. 2 bestehende Möglichkeit, den Wahlvorst. zu bestellen (BT-Drs. 14/5741, 38; *Engels/Trebinger/Löhr-Steinhaus* DB 2001, 532 [535]; krit. *Link/Fink* AuA 2001 Sonderausg. Das neu Betriebsverfassungsrecht S. 21; *Reichold* NZA 2001, 857 [860]; *Rieble* ZIP 2001, 313 [315]). 75

Wird von beiden Möglichkeiten der Bestellung des Wahlvorstands Gebrauch gemacht, so gilt das **Prioritätsprinzip** (ebenso *Löwisch* BB 2001, 1734 [1738]; WPK/*Wlotzke* Rn. 15; ErfK/*Koch* Rn. 8; DKKW/*Homburg* Rn. 33): Haben drei wahlberechtigte ArbN oder eine im Betrieb vertretene Gewerkschaft den Antrag auf gerichtliche Bestellung gestellt und bestellt danach, aber vor rechtskräftigem Abschluss des gerichtlichen Verfahrens der GesBR den Wahlvorstand, so kommt eine gerichtliche Bestellung nicht mehr in Betracht. Hat dagegen das ArbG den Wahlvorstand rechtskräftig bestellt, kann der GesBR sein Bestellungsrecht nicht mehr ausüben. Das Prioritätsprinzip gilt auch dann, wenn der zunächst säumige BR nunmehr den Wahlvorst. bestellen will. Die Möglichkeit der Bestellung durch den BR besteht solange, bis der GesBR bzw. KBR den Wahlvorst. wirksam bestellt hat (GK-BetrVG/*Kreutz* Rn. 85; ErfK/*Koch* Rn. 8; HWGNRH/*Nicolai* Rn. 49; **aA** HaKo-BetrVG/*Brors* Rn. 14, der trotz erfolgter Bestellung durch den GesBR der nachfolgenden Bestellung durch den säumigen BR den Vorrang einräumt). Letzterer Ansicht kann nicht gefolgt werden. Wie auch bei der Bestellung des Wahlvorst. durch das ArbG nach Abs. 2, kann der säumige BR die Bestellung des Wahlvorst. nur solange nachholen, wie der Wahlvorst. nicht bereits wirksam durch rechtskräftige Entscheidung des ArbG bestellt worden ist. Dieser Grundsatz gilt für den säumigen BR auch im Verhältnis zum Bestellungsrecht des GesBR bzw. KBR nach Abs. 3. Eine spätere Bestellung des Wahlvorst. durch den BR ist daher unwirksam (SWS Rn. 7b). 76

Wegen des einfacheren und schnelleren Bestellungsverfahrens nach Abs. 3 wird das **gerichtliche Bestellungsverfahren** nach Abs. 2 die **Ausnahme** bilden. Falls der GesBR von sich aus nicht tätig wird, sollten aus den vorgenannten Gründen die nach 77

Abs. 2 Antragsberechtigten versuchen, den GesBR zur Wahrnehmung seines Bestellungsrechts zu bewegen, bevor sie das ArbG einschalten.

78 Wird der GesBR nicht tätig, so bleibt nur der Weg über das gerichtliche Bestellungsverfahren. Der KBR kann hier nicht einspringen und die Bestellung des Wahlvorst. übernehmen. Der **KBR** ist nur dann zur Bestellung des Wahlvorst. berechtigt, wenn es im Unternehmen keinen GesBR gibt (ErfK/*Koch* Rn. 8; GK-BetrVG/*Kreutz* Rn. 83). Das ist der Fall, wenn es in einem Konzernunternehmen nur einen BR gibt oder zwar mehrere BR bestehen, sie aber entgegen ihrer gesetzlichen Verpflichtung (s. § 47 Abs. 1) keinen GesBR gebildet haben.

79 Ein weiterer, ausschließlich über das gerichtliche Bestellungsverfahren nach Abs. 2 zu lösender Ausnahmefall liegt vor, wenn es im Betrieb keinen oder zu wenige wahlberechtigte ArbN mit der Bereitschaft zur Mitglschaft im Wahlvorst. gibt. In Abs. 3 ist nur § 16 Abs. 1, nicht auch § 16 Abs. 2 in Bezug genommen. Das Recht, unter bestimmten Voraussetzungen auch **betriebsexterne Personen** in den Wahlvorst. zu bestellen, ist also weiterhin **nur** dem **ArbG** vorbehalten (→ Rn. 65 ff.; *Thüsing/Lambrich* NZA-Sonderheft 2002, 91; *Löwisch/Kaiser* Rn. 17).

80 Bei Untätigkeit des BR wachsen dem GesBR, hilfsweise dem KBR die ansonsten dem BR zustehenden Rechte und ihm obliegenden Pflichten nach Abs. 1 zu. Insoweit kann auf die Erläuterungen insbes. in den → Rn. 6–55 verwiesen werden. Die Wahrnehmung seines Bestellungsrechts nach Abs. 3 setzt voraus, dass dem GesBR bzw. KBR das **Zutrittsrecht** zu dem Betrieb zusteht, in dem er den Wahlvorst. bestellen will (ErfK/*Koch* Rn. 8; HWGNRH/*Nicolai* Rn. 48). Er muss – sofern ihm nicht schon entspr. Kenntnisse vorliegen – vor Ort erkunden können, welche wahlberechtigten ArbN in der Lage sein dürften, die BRWahlen erfolgreich durchzuführen. Mit dieser Aufgabe kann der GesBR bzw. KBR einzelne Mitgl. beauftragen.

81 Das Zutrittsrecht des GesBR bzw. KBR besteht auch nach Bestellung des Wahlvorst. bis zum Abschluss der Wahl (ErfK/*Koch* Rn. 8; **aA** HWGNRH/*Nicolai* Rn. 48). Nur mit Hilfe dieses Rechts kann der GesBR kontrollieren, ob der Wahlvorst. seinen gesetzlichen Verpflichtungen nachkommt oder er seine Ersetzung durch das ArbG nach § 18 Abs. 1 S. 2 beantragt (→ § 18 Rn. 44).

VI. Rechtsstellung des Wahlvorstands und seiner Mitglieder

82 Der Wahlvorst. hat die **gesetzliche Aufgabe,** die BRWahl einzuleiten und durchzuführen sowie das Wahlergebnis festzustellen (Näheres → § 18 Rn. 6 ff. sowie Erläuterungen zur WO in Anh. 1). Ferner obliegt es ihm, den gewählten BR zur konstituierenden Sitzung einzuberufen (→ § 29 Rn. 6 ff.). Im Rahmen seiner gesetzl. Aufgaben ist der Wahlvorst. bei gerichtlichen Streitigkeiten Beteiligter; er wird in entspr. Anwendung des § 26 Abs. 3 (→ § 26 Rn. 21 ff.) durch den Vors. vertreten (Richardi BetrVG/*Thüsing* Rn. 57; WPK/*Wlotzke* Rn. 17).

83 Das **Amt des Wahlvorst. beginnt** mit seiner Bestellung durch den BR, GesBR bzw. KBR, im Fall der gerichtlichen Bestellung regelmäßig mit der (mündl.) Verkündung des Einsetzungsbeschlusses (BAG 26.11.2009 – 2 AZR 186/09, NZA 2010, 443) und **endet** mit der Einberufung des BR zu dessen konstituierender Sitzung (BAG 14.11.1975 – 1 ABR 61/75, AP BetrVG 1972 § 18 Nr. 1; 15.10.2014 – 7 ABR 53/12, NZA 2015, 1014; WPK/*Wlotzke* Rn. 16; Richardi BetrVG/*Thüsing* Rn. 58; **aA** DKKW/*Homburg* Rn. 21; GK-BetrVG/*Kreutz* Rn. 88; ErfK/*Koch* Rn. 10: mit der Wahl eines Wahlleiters in der konstituierenden Sitzung; → § 29 Rn. 7). Letzteres gilt auch dann, wenn die Amtszeit des den Wahlvorst. bestellenden GesBR im weiteren Verfahren enden sollte, da der Wahlvorst. für den konkreten Betrieb bestellt ist (BAG 15.10.2014 – 7 ABR 53/12, NZA 2015, 1014). Auch im Fall des Wechsels in der Betriebsinhaberschaft bleibt der Wahlvorst. im Amt; der bloße Inhaberwechsel berührt nicht die betriebliche Organisationseinheit (BAG 15.10.2014 – 7 ABR 53/12, NZA 2015, 1014). Die Mitgliedschaft der von den Gewerkschaften nach Abs. 1 S. 6 entsandten Mitgl. beginnt mit dem Zugang der entspr. Erklärung beim Vors. des Wahlvorst.

Ein wirksam bestellter Wahlvorst. kann nur im Wege des § 18 Abs. 1 S. 2 durch das ArbG **ersetzt** werden (→ § 18 Rn. 44). Der BR kann weder den Wahlvorst. in seiner Gesamtheit noch einzelne seiner Mitgl. abberufen (ArbG Berlin 3.4.1974 – 10 BVGa 3/74, DB 1974, 830; GK-BetrVG/*Kreutz* Rn. 91; ErfK/*Koch* Rn. 10; zur Abberufungsmöglichkeit nicht stimmberechtigter entsandter Mitgl. → Rn. 51; **aA** *Schulze* AiB 2013, 682, der eine Abberufung des Wahlvorst. für zulässig erachtet, wenn der 10-Wochenzeitraum nach Abs. 1 noch nicht begonnen hat). 84

Der Wahlvorst. kann auch **nicht** durch kollektiven Beschluss seine Auflösung oder seinen **Rücktritt** beschließen (LAG Düsseldorf 26.3.1975 – 12 Ta BV 29/75, DB 1975, 840; DKKW/*Homburg* Rn. 19; Richardi BetrVG/*Thüsing* Rn. 60; ErfK/*Koch* Rn. 10). Wohl ist es möglich, dass einzelne oder auch sämtliche Mitgl. des Wahlvorst. ihr Amt niederlegen (HWGNRH/*Nicolai* Rn. 54; Richardi BetrVG/*Thüsing* Rn. 60 f.; WPK/*Wlotzke* Rn. 16; GK-BetrVG/*Kreutz* Rn. 97). In diesem Falle rücken entweder ErsMitgl. nach oder – soweit dies nicht möglich ist – muss eine Nachbestellung von WahlvorstMitgl. erfolgen. Besteht der BR noch, obliegt ihm die Nachbestellung; ansonsten dürfte entspr. dem Grundgedanken im neuen Abs. 3 und in § 17 Abs. 1 der GesBR, hilfsweise der KBR nachbestellen. Scheiden nach Abs. 1 S. 6 entsandte Mitgl. aus dem Wahlvorst. aus, obliegt die Neuentsendung der betr. Gewerkschaft. 85

Die Mitgliedschaft im Wahlvorst. – auch die der nicht stimmberechtigten Mitgl. nach Abs. 1 S. 6 – ist ein unentgeltliches **Ehrenamt** (BAG 26.4.1995 – 7 AZR 874/94, AP BetrVG 1972 § 20 Nr. 17). Für Arbeitsversäumnis, die durch die Tätigkeit im Wahlvorst. erforderlich ist, behalten die WahlvorstMitgl. den **Anspruch auf Arbeitsentgelt** (→ § 20 Rn. 43). Notwendige **Aufwendungen** sind ihnen zu erstatten (→ § 20 Rn. 33, 36 ff.). Zum besonderen **Kündigungsschutz** und zur **Schulung** vom Mitgl. des Wahlvorst. → § 103 Rn. 5 ff.; → § 20 Rn. 36 f. Dazu, dass Mitgl. des Wahlvorst. einen Wahlvorschlag unterzeichnen und selbst zum BR kandidieren können, → § 14 Rn. 51; → Rn. 22. Die Mitgl. des Wahlvorst. unterliegen keiner bes. Verschwiegenheits- oder **Geheimhaltungspflicht.** Wohl kommen für sie datenschutzrechtliche Verschwiegenheitspflichten in Betracht. 86

VII. Streitigkeiten

Verstöße gegen die Vorschriften über die Bestellung des Wahlvorst. können als Verstöße gegen das Wahlverf. unter den Voraussetzungen des § 19 die **Anfechtung der Wahl** rechtfertigen, wenn durch den Verstoß das Wahlergebnis „geändert oder beeinflusst werden konnte“ (BAG 2.3.1955 – 1 ABR 19/54, AP BetrVG § 18 Nr. 1; 14.9.1988 – 7 ABR 93/87, AP BetrVG 1972 § 16 Nr. 1). Eine ohne Wahlvorst. durchgeführte BRWahl ist eine Nichtwahl und daher **nichtig** (LAG Köln 10.3.2000 – 13 TaBV 9/00, NZA-RR 2001, 423; GK-BetrVG/*Kreutz* Rn. 6; Richardi BetrVG/*Thüsing* Rn. 1). Zu unterscheiden ist, ob die Errichtung des Wahlvorst. lediglich fehlerhaft war oder unter solchen gravierenden Mängel leidet, dass es sich rechtlich um einen nicht existenten Wahlvorst. handelt. Letzteres setzt voraus, dass gegen allgemeine Grundsätze jeder ordnungsgemäßen Errichtung in einem so hohen Maße verstoßen wurde, dass auch der Anschein einer dem G entsprechenden Bestellung des Wahlvorst. nicht mehr besteht (BAG 27.7.2011 – 7 ABR 61/10, NZA 2012, 345; 13.3.2013 – 7 ABR 70/11, NZA 2013, 738; 15.10.2014 – 7 ABR 53/12, NZA 2015, 1014). Letzteres kann beispielsweise der Fall sein, wenn der Wahlvorst. durch einen in nichtiger Weise errichteten GesBR bestellt worden ist (BAG 15.10.2014 – 7 ABR 53/12, NZA 2015, 1014). Fehler im Bestellungsverfahren durch den GesBR führen grds. nicht zur Nichtigkeit der Bestellung des Wahlvorst. (BAG 15.10.2014 – 7 ABR 53/12, NZA 2015, 1014). War an der Bestellung des 87

Wahlvorst. ein dem GesBR zu Unrecht angehörendes Mitgl. beteiligt und kann dies Auswirkung auf den Beschluss gehabt haben, führt dies nur dann zur Nichtigkeit, wenn dies offensichtlich war (BAG 15.10.2014 – 7 ABR 53/12, NZA 2015, 1014). Gleiches gilt für den Fall der Verkennung des Betriebsbegriffs durch den GesBR (BAG 15.10.2014 – 7 ABR 53/12, NZA 2015, 1014). Offen gelassen hat das BAG, ob eine nichtige Wahl des Wahlvorst. auch die Nichtigkeit der BRWahl zur Folge hat (BAG 27.7.2011 – 7 ABR 61/10, NZA 2012, 345; 13.3.2013 – 7 ABR 70/11, NZA 2013, 738); für Nichtigkeit: LAG Köln 10.3.2000 – 13 TaBV 9/00, NZA-RR 2001, 423; GK-BetrVG/*Kreutz* Rn. 6; Richardi BetrVG/*Thüsing* Rn. 1; es müssen noch weitere Umstände hinzutreten LAG Bln 8.4.2003 – 5 TaBV 1990/02, NZA-RR 2003, 587; LAG Nürnberg 29.7.1998 – 4 TaBV 12/97, BeckRS 1998, 30465950.

88 Streitigkeiten, die aus der Bestellung des Wahlvorst. durch den BR, GesBR bzw. KBR oder im Rahmen des gewerkschaftlichen Entsendungsrechts nach Abs. 1 S. 6 entstehen, sind von den **ArbG im BeschlVerf.** zu entscheiden (§§ 2a, 80ff. ArbGG). **Antragsberechtigt** sind, da die fehlerhafte Bestellung des Wahlvorst. eine Wahlanfechtung rechtfertigen kann, in entspr. Anwendung des § 19 Abs. 2 auch die im Betrieb vertr. Gewerkschaften (BAG 14.12.1965 – 1 ABR 6/65, AP BetrVG § 16 Nr. 5), desgleichen der ArbGeb. (BAG 3.6.1975 – 1 ABR 98/74, AP BetrVG 1972 § 5 Rotes Kreuz Nr. 1).

89 Derartige Streitigkeiten können nicht nur im Zusammenhang mit einer Anfechtung der BRWahl, sondern auch selbständig – ggf. auch im Wege einer einstw. Vfg. (vgl. § 85 Abs. 2 ArbGG) – zum Gegenstand eines BeschlVerf. gemacht werden (BAG 8.2.1957 – 1 ABR 11/55, AP BetrVG § 82 Nr. 1; 3.6.1975 – 1 ABR 98/74, AP BetrVG 1972 § 5 Rotes Kreuz Nr. 1). Die ArbG können die Bestellung des Wahlvorst. nur unter dem Gesichtspunkt der Rechtmäßigkeit, nicht der Zweckmäßigkeit der Auswahl der bestellten Mitgl. nachprüfen (WPK/*Wlotzke* Rn. 19). Wegen Bestellung des Wahlvorst. durch das ArbG → Rn. 56ff. Zur Möglichkeit der gerichtlichen Überprüfung von Maßnahmen des Wahlvorst. während des Wahlverfahrens → § 18 Rn. 32ff. Der Streitwert ist- da es sich um eine nichtvermögensrechtliche Streitigkeit handelt – in Anwendung von § 23 Abs. 3 S. 2 RVG nach billigem Ermessen festzusetzen (bei Streitigkeiten allein über die Bestellung von Personen für einen Wahlvorst. ist ein Betrag von 4000 EUR angemessen – LAG Köln 10.6.2005 – 9 Ta 34/05, NZA-RR 2006, 383).

§ 17 Bestellung des Wahlvorstands in Betrieben ohne Betriebsrat

(1) [1] **Besteht in einem Betrieb, der die Voraussetzungen des § 1 Abs. 1 Satz 1 erfüllt, kein Betriebsrat, so bestellt der Gesamtbetriebsrat oder, falls ein solcher nicht besteht, der Konzernbetriebsrat einen Wahlvorstand.** [2] **§ 16 Abs. 1 gilt entsprechend.**

(2) [1] **Besteht weder ein Gesamtbetriebsrat noch ein Konzernbetriebsrat, so wird in einer Betriebsversammlung von der Mehrheit der anwesenden Arbeitnehmer ein Wahlvorstand gewählt; § 16 Abs. 1 gilt entsprechend.** [2] **Gleiches gilt, wenn der Gesamtbetriebsrat oder Konzernbetriebsrat die Bestellung des Wahlvorstands nach Absatz 1 unterlässt.**

(3) **Zu dieser Betriebsversammlung können drei wahlberechtigte Arbeitnehmer des Betriebs oder eine im Betrieb vertretene Gewerkschaft einladen und Vorschläge für die Zusammensetzung des Wahlvorstands machen.**

(4) [1] **Findet trotz Einladung keine Betriebsversammlung statt oder wählt die Betriebsversammlung keinen Wahlvorstand, so bestellt ihn das Arbeitsgericht auf Antrag von mindestens drei wahlberechtigten Arbeitnehmern oder einer im Betrieb vertretenen Gewerkschaft.** [2] **§ 16 Abs. 2 gilt entsprechend.**

Inhaltsübersicht

I. Vorbemerkung

Die Vorschrift regelt die Bestellung des Wahlvorst. in Betrieben, in denen kein BR besteht. Da im vereinfachten Wahlverfahren sich die Wahl bzw. Bestellung des Wahlvorst. nach §§ 14a, 17a richtet, kommt diese Vorschrift regelmäßig nur für betriebsratslose Betriebe mit mehr als 50 ArbN zum Tragen. Durch das **BetrVerf-ReformG** obliegt in betriebsratslosen Betrieben zunächst dem GesBR, oder falls ein solcher nicht besteht, dem KBR die Bestellung des Wahlvorst. Erst wenn kein GesBR und auch kein KBR besteht oder die Bestellung des Wahlvorst. vom GesBR bzw. KBR unterlassen wird, wird der Wahlvorst. wie bisher durch die ArbN des Betriebs in einer BetrVerslg. gewählt. Zu dieser BetrVerslg. können drei wahlberechtigte ArbN des Betriebs oder eine im Betrieb vertretene Gewerkschaft einladen. Wird der Wahlvorst. in der BetrVerslg. nicht gewählt, so ist er auf Antrag vom ArbG zu bestellen. 1

Auf die Wahl der Bordvertr. findet die Vorschrift mit einigen Abweichungen Anwendung (vgl. § 115 Abs. 2 Nr. 8). Die Abs. 2–4 gelten nicht für die Wahl des SeeBR; hier bestehen Sonderregelungen (vgl. § 116 Abs. 2 Nr. 7). Die Vorschrift gilt nicht für die Wahl der JAV (vgl. § 63 Abs. 2, 3); sie gilt ferner nicht für die in den GesBR, den KBK, die GesJAV und die KJAV zu entsendenden Mitgl. (vgl. hierzu § 47 Abs. 2, § 55 Abs. 1, § 72 Abs. 2 und § 73a Abs. 2). 2

Die Vorschrift ist **zwingend.** Eine abweichende Regelung – etwa eine Absprache über die Bestellung des Wahlvorst. mit dem ArbGeb. oder einer Gewerkschaft – ist unzulässig. 3

Entspr. Vorschriften: §§ 21 u. 22 BPersVG, § 7 Abs. 2 u. 3 SprAuG. **3a**

II. Bestellung durch den Gesamtbetriebsrat bzw. den Konzernbetriebsrat

Der Wahlvorst. wird durch den **GesBR** bestellt, wenn in einem betriebsratsfähigen Betrieb (vgl. § 1) **kein BR besteht.** Besteht kein GesBR (→ § 16 Rn. 78), obliegt dieses Aufgabe dem **KBR.** Aus welchen Gründen kein BR besteht, ist unerheblich (GK-BetrVG/*Kreutz* Rn. 8; Richardi BetrVG/*Thüsing* Rn. 5; HWGNRH/*Nicolai* Rn. 3). Die Bestellung des Wahlvorst. durch den GesBR bzw., wenn dieser nicht besteht, durch den KBR kommt daher in Betracht, wenn erstmals ein BR gewählt werden soll, aber auch dann, wenn die Wahl des BR rechtskräftig angefochten worden ist oder die Wahl nichtig war (→ § 19 Rn. 4 ff., 10 ff., 45 ff.). Das Bestellungsrecht des GesBR bzw. KBR nach Abs. 1 besteht auch dann, wenn die Amtszeit des BR abgelaufen ist, ohne dass dieser einen Wahlvorst. bestellt hat und auch kein gerichtliches Bestellungsverfahren nach § 16 Abs. 2 eingeleitet worden ist und der GesBR bzw. KBR, wenn kein GesBR besteht, sein Bestellungsrecht nach § 16 Abs. 3 während der noch laufenden Amtszeit des BR nicht wahrgenommen hat (GK-BetrVG/*Kreutz* § 16 Rn. 83). Beispielsfälle s. *Wassermann/Rudolph* AiB 2004, 273 ff. Das Bestellungsrecht des GesBR bzw. KBR besteht nur in betriebsratsfähigen 4

Betrieben (LAG Düsseldorf 3.11.2011 – 5 TaBV 50/11, ArbR 2012, 23, AuA 2012, 242). Aufgrund der ausdrücklichen Beschränkung auf den GesBR bzw. KBR, kann nicht der einzige im Unternehmen bestehende BR die Bestellung eines Wahlvorst. in einem betriebsratslosen Betrieb vornehmen (GK-BetrVG/Kreutz Rn 7; **aA** *Däubler* in FS-Kreutz S. 69 (77); *Bobisz/Manstetten* ArbuR 2018, 565).

5 Entsteht bei einer Teilbetriebsübertragung ein neuer betriebsratsloser Betrieb oder haben zwei oder mehrere Betriebsstätten bisher getrennte BR gewählt und soll nunmehr aus Rechtsgründen für die Betriebsstätten nur ein BR gewählt werden, erfolgt die Bestellung des Wahlvorst. entspr. den Grundsätzen des **Übergangsmandats** (→ § 21a Rn. 6 ff.) durch den **alten BR** des Ursprungsbetriebs (ebenso ArbG Düsseldorf 17.9.1996 – 1 BVGa 12/96, AiB 1997, 602; Richardi BetrVG/*Thüsing* Rn. 6; WPK/*Wlotzke* Rn. 4; **aA** ArbG Freiburg 20.8.1996 – 4 BVGa 2/96, NZA-RR 1997, 179, das für den neuen Betrieb nur § 17 gelten lässt) bzw. durch den BR der nach der wahlberechtigten ArbN-Zahl größeren Betriebsstätte (str.; → § 16 Rn. 14; LAG SchlH 7.4.2011 – 4 TaBVGa 1/11, BeckRS 2011, 73471; LAG Nds 13.5.1998 – 13 TaBV 40/98, NZA-RR 1998, 545; jetzt ebenso DKKW/*Homburg* § 16 Rn. 3; GK-BetrVG/*Kreutz* Rn. 9; HaKo-BetrVG/*Brors* Rn. 3; SWS Rn. 1b, 1c; **aA** BAG 20.3.1987 – 2 TaBV 8/87, AP BetrVG 1972 § 17 Nr. 3 für BetrVerslg.; HessLAG 15.12.1988 – 12 TaBVGa 196/88, BB 1989, 1198 jeder BR hat ein Bestellungsrecht; Richardi BetrVG/*Thüsing* Rn. 7: Bestellung in gemeinsamer Sitzung der bestehenden BR). Besteht in dem nach Zahl der wahlberechtigten ArbN größten Betrieb kein BR, fällt das Übergangsmandat dem BR des nach der Zahl der wahl-berechtigten ArbN nächst größeren Betrieb zu (→ § 21a Rn. 19; *Engels/Trebinger/Löhr-Steinhaus* DB 2001, 532; ArbG Frankfurt a. M. 24.9.2001 – 18 BV 187/01, AiB 2002, 629 mit zust. Anm. von *Steiner*). Eine Bestellung des Wahlvorst. durch den GesBR nach Abs. 1 kommt erst in Betracht, wenn der Wahlvorst. nicht bereits wegen Untätigbleiben des BR durch das ArbG bzw. den GesBR nach § 16 Abs. 2 u. 3 bestellt worden ist. Wird der GesBR bzw. KBR weder während der maßgeblichen Amtszeit des BR im Rahmen des Übergangsmandats (→ § 16 Rn. 14; §§ 21a, 24) noch nach Ablauf des Übergangsmandats nach Abs. 1 tätig, kann der Wahlvorst. auf einer gemeinsamen BetrVerslg. dieser Betriebsstätten gewählt werden (*Löwisch* BB 2001, 2162 [2163]).

6 Die Bestellung des Wahlvorst. durch den GesBR bzw. KBR nach Abs. 1 ist **nicht zulässig,** wenn der im Amt befindliche BR noch vor Ablauf seiner Amtszeit oder – im Falle der Wahlanfechtung – noch vor Rechtskraft der gerichtlichen Entscheidung (→ § 19 Rn. 45) einen Wahlvorst. bestellt; des Weiteren nicht nach Auflösung des BR gem. § 23 Abs. 1, da in diesem Falle das ArbG den Wahlvorst. von Amts wegen bestellt (vgl. § 23 Abs. 2). Die Bestellung des Wahlvorst. durch den GesBR nach Abs. 1 ist ferner unzulässig, solange zwar ein BR – auch ein gem. § 22 nur geschäftsführender BR – besteht, dieser jedoch die Bestellung unterlässt; auch in diesem Fall erfolgt die Bestellung des Wahlvorst. ausschließlich nach § 16 Abs. 2 durch das ArbG, sofern bei ihm vor Ablauf der Amtszeit des BR ein entspr. Antrag gestellt wird oder durch den GesBR bzw., wenn kein GesBR besteht, durch den KBR, nach § 16 Abs. 3. Läuft während eines arbeitsgerichtlichen Verfahrens zur Bestellung des Wahlvorst. nach § 16 Abs. 2 die Amtszeit des BR ab, so ist das gerichtliche Bestellungsverfahren fortzuführen (→ § 16 Rn. 57). Der GesBR bzw. KBR, der während der noch laufenden Amtszeit des BR untätig geblieben ist, kann den Wahlvorst. noch nach Abs. 1 bestellen. Bleibt der GesBR bzw. KBR auch nach Ablauf der Amtszeit des BR weiterhin untätig, kann der Wahlvorst. durch die BetrVerslg. bestellt werden (GK-BetrVG/*Kreutz* Rn. 10; Richardi BetrVG/*Thüsing* Rn. 9; → Rn. 11 ff.). Wird der Wahlvorst. entweder durch den GesBR bzw. KBR oder durch die BetrVerslg. bestellt, ist das gerichtliche Verfahren nach § 16 Abs. 2 einzustellen (WPK/*Wlotzke* Rn. 4; → § 16 Rn. 57).

7 Für die Bestellung des Wahlvorst. durch den GesBR, oder falls ein GesBR nicht besteht durch den KBR, gilt § 16 Abs. 1 entsprechend. Insoweit kann auf die Erläuterungen zu → § 16 Rn. 6 ff. verwiesen werden. **Mitgl. des Wahlvorst.** können

grds. nur wahlberechtigte ArbN des Betriebs werden, in dem der BR gewählt werden soll; das können auch die in § 7 S. 2 genannten ArbN sein (→ § 16 Rn. 21; **aA** *Maschmann* DB 2001, 2446 [2448]). **Mitgl. des GesBR** bzw. des **KBR** können **nicht** zum Wahlvorst. bestellt werden.

8 Zur Ermittlung, welche wahlberechtigten ArbN bereit sind, das Amt des Wahlvorst. zu übernehmen, steht dem GesBR bzw. dem KBR ein **Zutrittsrecht** zum Betrieb zu, in dem der Wahlvorst. bestellt werden soll (→ § 16 Rn. 80; so auch WPK/*Wlotzke* Rn. 6; KRHS Rn. 1; **aA** wohl *Hanau* ZIP 2001, 1981 [1983], der ein Zutrittsrecht nur bei Erforderlichkeit im Einzelfall gewähren will). Auch kann der GesBR iR seines pflichtgemäßen Ermessens die Möglichkeit der telefonischen Kontaktaufnahme mit den ArbN der betriebsratslosen Einheiten verlangen (LAG BW 30.4.2008 – 2 Ta BV 7/07, AiB 2008, 416f.; so iErg auch BAG 9.2.2009 – 7 ABR 46/08, NZA 2010, 662; → § 40 Rn. 128). Nicht zulässig ist dagegen, eine Informationsveranstaltung zur Vorbereitung der Bestellung eines Wahlvorst. iR einer BetrVerslg. durchzuführen (ausf. BAG 16.11.2011 – 7 ABR 28/10, NZA 2012, 404).

9 Indem Abs. 1 dem GesBR die Aufgabe überträgt, in betriebsratslosen Betrieben einen Wahlvorst. zu bestellen, steht dem **GesBR** gegen die Unternehmensleitung auch ein **Auskunftsanspruch** darüber zu, in welchen Betrieben des Unternehmens kein BR besteht (§ 80 Abs. 2 iVm § 51 Abs. 5; LAG Nürnberg 25.1.2007 – 1 TaBV 14/06, AiB Newsletter 2007 Nr. 5, 4; KRHS Rn. 1). Voraussetzung ist nicht, dass der GesBR bzw. KBR zunächst durch die ArbN zum Tätigwerden aufgefordert worden sein muss (LAG Nürnberg 25.1.2007 – 1 TaBV 14/06, AiB Newsletter 2007 Nr. 5, 4; kritisch wohl GK-BetrVG/*Kreutz* Rn. 7). In Unternehmen, in denen kein GesBR besteht, diese aber einem Konzern angehören, steht dem **KBR** gegen die Konzernleitung ein Auskunftsanspruch darüber zu, in welchen Konzernunternehmen betriebsratslose Betriebe bestehen (§ 80 Abs. 2 iVm § 59 Abs. 1). Denn nur über einen entsprechenden Auskunftsanspruch ist der GesBR bzw. der KBR auch in der Lage, der ihm übertragenen Aufgabe nachzukommen, in betriebsratslosen Betrieben einen Wahlvorst. zu bestellen.

10 Bleibt der GesBR bzw. der KBR untätig, so ist hiermit **keine grobe Pflichtverletzung** dieser Gremien verbunden (vgl. *Thüsing/Lambrich* NZA-Sonderheft 2001, 79 [94]; Richardi BetrVG/*Thüsing* Rn. 3; HWGNRH/*Nicolai* Rn. 7; **aA** GK-BetrVG/*Kreutz* Rn. 13). Der durch das **BetrVerf-ReformG** neu geschaffene Abs. 1 begründet **keine zwingende Verpflichtung** der Gremien zur Bestellung eines Wahlvorst. (LAG Nürnberg 25.1.2007 – 1 TaBV 14/06, AiB Newsletter 2007 Nr. 5, 4; WPK/*Wlotzke* Rn. 5; **aA** GK-BetrVG/*Kreutz* Rn. 13; Schaub ArbR-HdB/*Koch* § 217 Rn. 1a). Vielmehr bestimmt Abs. 2 S. 2, dass im Fall des **Untätigbleibens** des GesBR bzw. des KBR, der Wahlvorst. durch die BetrVerslg. bestellt werden kann (→ Rn. 12ff.). Ziel der Regelung des Abs. 1 ist es allein, die Wahl des BR zu erleichtern, indem der Wahlvorst. nicht wie bisher ausschließlich in einer aufwändigen und kostenintensiven BetrVerslg. gewählt wird (vgl. BT-Drs. 14/5741, 38 zu Nr. 15; *Engels/Trebinger/Löhr-Steinhaus* DB 2001, 532 [535]).

III. Bestellung durch die Betriebsversammlung

1. Voraussetzungen

11 In betriebsratslosen Betrieben wird der Wahlvorst. durch die BetrVerslg. gewählt, wenn weder ein GesBR noch ein KBR besteht. Die Gründe für das Nichtbestehen eines GesBR oder KBR sind unerheblich (ErfK/*Koch* Rn. 1). Deshalb wählt die BetrVerslg. den Wahlvorst. in Unternehmen mit mehreren Betrieben, wenn dort nur in einem Betrieb ein BR besteht. Gleiches gilt für einen betriebsratslosen Betrieb eines Unternehmens mit mehreren BR, die jedoch die Bildung eines GesBR entgegen ihrer gesetzlichen Verpflichtung nach § 47 Abs. 1 unterlassen haben. Gibt es im

Unternehmen keinen GesBR und gehört es auch keinem Konzern an, wählt die BetrVerslg. in einem betriebsratslosen Betrieb den Wahlvorst. Gleiches gilt, wenn das Unternehmen zwar einem Konzern angehört, für diesen jedoch kein KBR gebildet worden ist (§ 54).

12 Die BetrVerslg. wählt den Wahlvorst. auch dann, wenn zwar ein GesBR besteht, dieser jedoch die Bestellung des Wahlvorst. nach Abs. 1 **unterlassen** hat. Gleiches gilt, wenn es keinen GesBR gibt, und ein bestehender KBR die Bestellung des Wahlvorst. unterlassen hat. Hat der GesBR bzw. KBR bereits während der noch laufenden Amtszeit des BR trotz dessen Untätigbleibens von seinem Bestellungsrecht nach § 16 Abs. 3 keinen Gebrauch gemacht, ist nach Ablauf der Amtszeit des BR dennoch zunächst der GesBR bzw. KBR nach Abs. 1 für die Bestellung des Wahlvorst. zuständig (→ Rn. 6). Aufgrund des Untätigbleibens des GesBR bzw. KBR noch während der Amtszeit des ebenfalls untätigbleibenden BR, liegt jedoch die **Vermutung** nahe, dass der GesBR bzw. der KBR die Bestellung des Wahlvorst. auch nach Abs. 1 unterlässt.

13 Das G sieht keine Frist für die Feststellung des **Unterlassens** der Bestellung des Wahlvorst. durch den GesBR bzw. KBR vor. Wenn der **GesBR** zwar den Wahlvorst. noch nicht bestellt hat, er aber **erkennbar** zur Bestellung des Wahlvorst. **tätig geworden ist,** indem er zB sondiert, ob und welche wahlberechtigten ArbN bereit sind, das Amt des Wahlvorst. zu übernehmen, liegt noch kein Unterlassen iSd Abs. 1 vor, so dass zu diesem Zeitpunkt die BetrVerslg. noch nicht zuständig ist (vgl. *Thüsing/Lambrich* NZA-Sonderheft 2001, 79 [94]; Richardi BetrVG/*Thüsing* Rn. 8; ErfK/*Koch* Rn. 2). Erst wenn solche Vorbereitungshandlungen vom GesBR bzw. KBR eingestellt werden, ohne einen Wahlvorst. zu bestellen, ist die BetrVerslg. zuständig.

14 Eine **Verpflichtung** der nach Abs. 3 zur BetrVerslg. Einladungsberechtigten, vor einer Einladung zur BetrVerslg. zu erkunden, ob der GesBR bzw. KBR selbst beabsichtigt, nach Abs. 1 den Wahlvorst. zu bestellen bzw. ihm hierzu die Gelegenheit einzuräumen, kann mangels einer entsprechenden Regelung nicht angenommen werden (**aA** wohl *Thüsing/Lambrich* NZA-Sonderheft 2001, 79 [94]; Richardi BetrVG/*Thüsing* Rn. 8). Vielmehr gilt auch hier im Fall des beiderseitigen Tätigwerdens das **Prioritätsprinzip** (GK-BetrVG/*Kreutz* Rn. 19; DKKW/*Homburg* Rn. 3; WPK/*Wlotzke* Rn. 7). Ist zwar zur BetrVerslg. eingeladen worden, wird aber der Wahlvorst. noch vor dem Tag der BetrVerslg. vom GesBR bzw. KBR bestellt, findet eine BetrVerslg. nicht mehr statt. Der Wahlvorst. ist bereits wirksam durch den GesBR bzw. KBR bestellt worden. Eine dennoch auf einer BetrVerslg. durchgeführte Wahl eines Wahlvorst. ist **nichtig** (HaKo-BetrVG/*Brors* Rn. 5; **aA** ErfK/*Koch* Rn. 2). Davon unberührt bleibt der für die zur BetrVerslg. **einladenden ArbN** bestehende **Kündigungsschutz** nach § 15 Abs. 3a KSchG (HaKo-BetrVG/*Brors* Rn. 11; → Rn. 37 ff.). Mangels einer gültigen Wahl des Wahlvorst. besteht allerdings für die auf dieser BetrVerslg. gewählten Mitgl. des Wahlvorst. kein Kündigungsschutz nach § 15 Abs. 3 KSchG.

15 Wenn es den Einladungsberechtigten sinnvoll erscheint, ist es ihnen jedoch unbenommen, vor einer Einladung zur BetrVerslg. den GesBR bzw. den KBR hierüber zu unterrichten und zu erkunden, ob nicht ggf. der GesBR bzw. der KBR beabsichtigt, von seinem Bestellungsrecht nach Abs. 1 Gebrauch zu machen. Dies empfiehlt sich gerade auch zur Vermeidung eines gleichzeitigen oder sich überschneidenden Tätigwerdens von GesBR bzw. KBR einerseits und Einladungsberechtigten andererseits.

2. Einberufung der Betriebsversammlung

16 In Abs. 3 ist festgelegt, wer zu der BetrVerslg. einladen kann. **Einladungsberechtigt** sind mindestens drei wahlberechtigte ArbN des Betriebs (vgl. § 7) sowie jede im Betrieb vertr. Gewerkschaft (→ § 2 Rn. 43; HessLAG 15.5.2014 – 9 TaBV 194/13, juris). In den Betrieben der privatisierten Post- und Bahnunternehmen, in denen für eine längere Übergangszeit noch Beamte beschäftigt werden (→ § 1 Rn. 47ff.; → § 5 Rn. 316ff.; → § 14 Rn. 72ff.), sind auch die im Betrieb vertretenen Berufsverbände der Beamten einladungsberechtigt (→ § 2 Rn. 34). In Betrieben von Wirtschaftsunternehmen, mit denen die Bundeswehr eine Kooperation eingegangen ist und in denen Beamten und Soldaten des Geschäftsbereichs des Bundesministeriums der Verteidigung unter Beibehaltung ihres Dienstverhältnisses zum Bund, eine Tätigkeit zugewiesen wurde (§ 1 BwKoopG; → § 1 Rn. 70ff; → § 5 Rn. 322), sind ebenfalls die im Betrieb vertretenen Berufsverbände der Beamten und Soldaten einladungsberechtigt (→ § 2 Rn. 34). Gleiches gilt bei der BRD-Finanzagentur und allen anderen Betrieben privatrechtlicher Unternehmen, in denen Beamte und Soldaten eingesetzt werden (→ § 16 Rn. 42). Das Einladungsrecht einer Gewerkschaft entfällt nicht deshalb, weil bereits drei ArbN zu derselben BetrVerslg. eingeladen haben (LAG Köln 6.10.1989 – 9 TaBV 49/89, BB 1990, 998; ArbG Aachen 8.11.2012 – 9 BVGa 11/12); das gilt auch für den umgekehrten Fall (so auch GK-BetrVG/*Kreutz* Rn. 32). Ist bereits zu einer BetrVerslg. zur Wahl eines Wahlvorst. eingeladen worden, kann keine weitere Einladung zu einem anderen Zeitpunkt erfolgen; es gilt auch hier das Prioritätsprinzip (LAG Hamm 16.3.2015 – 13 TaBvGa 3/15, juris; WPK/*Kreft* Rn. 8). Davon zu trennen ist die Möglichkeit, zu einem späteren Zeitpunkt erneut zu einer BetrVerslg. einzuladen, wenn es nicht zur Wahl eines Wahlvorst. gekommen ist (DKKW/*Homburg* Rn. 4).

Vorschriften über die **Form der Einladung** bestehen nicht. Jedoch muss die ArbNschaft rechtzeitig von Termin und Gegenstand unterrichtet werden (nach ArbG München 17.12.1996 – 8 BV 282/96, AiB 1997, 288 reicht Ladungsfrist von 3 Tagen noch aus, nicht jedoch, wenn fest steht, dass innerhalb der drei Arbeitstage – 30.12. bis 2.1. – nicht alle ArbN die Möglichkeit haben, hiervon Kenntnis zu erlangen so LAG BW 20.2.2009 – 5 TaBVGa 1/09, AE 2009, 200; nach ArbG Essen 22.6.2004 – 2 BV 17/04, NZA-RR 2005, 258ff. ist Ladungsfrist von einem Arbeitstag unzureichend, Frist von einer Woche ausreichend, wenn alle ArbN in benachbarten Gebäuden arbeiten, ansonsten zwei Wochen; ArbG Hamburg 7.1.2015 – 27 BVGa 5/14, NZA-RR 2015, 137, Frist abhängig von Eigenart des Betriebs und der regelmäßigen Schichteinteilung – Theater mit vielen Teilzeitbeschäftigten, die nicht wöchentlich arbeiten: länger als eine Woche). Es genügt idR, wenn die ArbN durch einen Aushang von der BetrVerslg. Kenntnis nehmen können und damit die Möglichkeit erhalten, an ihr teilzunehmen. Die Einladung kann auch – wie im vereinfachten Wahlverfahren zulässig – mittels der im Betrieb vorhandenen IuK-Technik erfolgen (ausf. → § 17a Rn. 13; → WO § 28 Rn. 4; DKKW/*Homburg* Rn. 6); bei der Versendung über E-Mail müssen die Einladenden sicherstellen, dass alle ArbN hiervon Kenntnis erlangen. Nicht ausreichend ist, wenn von 59 ArbN 52 über einen E-Mail Anschluss verfügen (BAG 19.11.2003 – 7 ABR 24/03, AP BetrVG 1972 § 19 Nr. 54). Einer Einladung iS einer Aufforderung zur Teilnahme bedarf es nicht. Will eine Gewerkschaft einladen, kann sie vom ArbGeb. die Übersendung ihrer Einladungsschreiben an die ArbN, nicht aber die Überlassung der Namen und Adressen der ArbN zwecks eigener Versendung, bei Übernahme der Kosten verlangen (LAG Hmb 16.6.1992 – 2 TaBv 10/91, RDV 1994, 190; *Fahlbusch* BetrR 1994, 123; krit. *Hoyer* ArbuR 1994, 567; → Rn. 33). Da für die Einladung keine Schriftform vorgeschrieben ist, braucht der Aushang der Einladung nicht unterschrieben zu sein (LAG Hamm 29.11.1973 – 3 Sa 663/73, DB 1974, 389). In Betrieben mit AußenArbN können die Einladenden vom ArbGeb. die Zuleitung der Einladung auf seine Kosten an diese verlangen (BAG 26.2.1992 – 7 ABR 37/91, AP BetrVG 1972 § 17 Nr. 6; Richardi BetrVG/*Thüsing* Rn. 14). 17

Wird die Einladung zur BetrVerslg. nicht so bekannt gemacht, dass alle ArbN des Betriebs hiervon Kenntnis nehmen konnten und haben sie auch nicht auf andere Weise tatsächlich von der Verslg. erfahren, so soll die **Wahl** des Wahlvorst. auf dieser BetrVerslg. dann **nichtig sein,** wenn durch das Fernbleiben der nicht unterrichteten 18

ArbN das Wahlergebnis beeinflusst werden konnte (so zu weitgehend BAG 7.5.1986 – 2 AZR 349/85, AP KSchG 1969 § 15 Nr. 18; DKKW/*Homburg* Rn. 5). Diese sehr strengen Anforderungen an eine ordnungsgem. Einladung müssen für Bereiche, in denen es auf Grund ihrer Eigenart infolge großer Mobilität der ArbN und fehlendem zentralen Einsatzort immer sehr schwierig, oft sogar unmöglich ist, alle Wahlberechtigten zu erreichen, gelockert werden, andernfalls BRWahlen dort leicht verhindert werden können. Für den insoweit typischen **Baubereich** ist ordnungsgem. eingeladen, wenn die Einladung am Betriebssitz (Lohnbüro) und Bauhof/Lagerplätze (Sammelstelle der BauArb. für Fahrt zum Einsatzort) aushängt. Ist der Wahlvorst. anstatt vom BR bestellt auf einer BetrVerslg. gewählt worden, führt dies nicht zur Nichtigkeit der BRWahl sondern lediglich zu deren Anfechtbarkeit nach § 19 (BAG 21.7.2004 – 7 ABR 57/03, AP BetrVG 1972 § 4 Nr. 15).

19 Um BRWahlen zu erleichtern, hat das LAG Nürnberg (29.7.1998 – 4 TaBV 12/97, ArbuR 1998, 492) zutreffend entschieden, dass **Ladungsfehler** bei einer kurzfristig stattfindenden BetrVerslg., von der jedenfalls ein Großteil (90 von 140 ArbN) der Belegschaft hätte Kenntnis haben können, nicht derart gravierend sind, dass von einer gesetzwidrigen Wahl des Wahlvorst. auszugehen ist; jedenfalls liege keine nichtige Wahl des Wahlvorst. vor. Unabhängig davon sei auch nicht zwingende Folge einer nichtigen Bestellung des Wahlvorst. die Nichtigkeit einer ansonsten ordnungsgemäß durchgeführten BRWahl (sa den Fall ArbG München 17.12.1996 – 8 BV 282/96, AiB 1997, 288, das zutreffend geringere Anforderungen stellt u. bei deren Nichterfüllung nur die Anfechtbarkeit der Wahl des Wahlvorst. analog § 19 annimmt; aufschlussreich auch HessLAG 29.4.1997 – 12 TaBVGa 60/97, BB 1997, 2220, das dem Antrag des ArbGeb. auf Abbruch einer BRWahl wegen absehbarer Nichtigkeit nicht entsprochen hat, weil der ArbGeb. die Weiterleitung von Einladungen zu einer BetrVerslg. unterlassen hat; → § 18 Rn. 42). Nach BAG 21.7.2004 – 7 ABR 57/03, AP BetrVG 1972 § 4 Nr. 15 hat die Wahl des Wahlvorst. aufgrund einer unzureichende Einladung zur BetrVerslg. nicht die Nichtigkeit der BRWahl zur Folge, sondern berechtigt ebenfalls nur zur Anfechtung (→ Rn. 18). Insofern wohl zu weitgehend ArbG Hamburg 7.1.2015 – 27 BVGa 5/14, NZA-RR 2015, 137, das von einer Nichtigkeit der Wahl des Wahlvorst. ausgeht, wenn nur 90% der Belegschaft von der Einladung Kenntnis erlangen konnten (so auch *Sachadae* ZBVR-online 4/2015, 33, 36).

19a Das LAG LSA hat in seiner Entscheidung v. 29.6.2011 – 5 TaBVGA 1/11, AiB 2011, 694 die Wahl eines Wahlvorst. in einem in Vollschicht arbeitenden Unternehmen für nichtig erklärt. Seiner Ansicht nach hätte die Nichtigkeit der Wahl des Wahlvorst. ua durch die Durchführung der WahlVerslg. in zwei TeilVerslg. gem. § 42 Abs. 1 S. 3 verhindert werden können. Dieser Ansicht kann nicht gefolgt werden: das LAG verkennt in seiner Entscheidung die Besonderheit einer BetrVerslg. in Ausgestaltung einer WahlVerslg. Richtig ist zwar, dass die §§ 42ff. grds. auch auf die WahlVerslg. Anwendung finden. Das gilt jedoch nicht für die TeilVerslg. Ziel und Zweck einer „normalen" BetrVerslg. ist die Information der Belegschaft durch den BR und ArbGeb. sowie die Diskussion mit der Belegschaft. Diese Ziele sind grundstzl. auch in TeilVerslg. zu erreichen. Dagegen kann das Ziel und der Zweck der WahlVerslg. nach § 17 Abs. 2, den ArbN in einem BRlosen Betrieb die Wahl eines Wahlvorst. in einer einheitlichen Wahl zu ermöglichen, nicht wirksam durch TeilVerslg. erreicht werden. Der Wahlvorst. wird in einer WahlVerslg. in einem Wahlakt einheitlich von der Mehrheit der anwesenden ArbN gewählt. Dazu gehört, dass die anwesenden ArbN berechtigt sind, neben den möglichen Wahlvorschlägen der Einladenden in der WahlVerslg. selbst eigene Wahlvorschläge für die Besetzung des Wahlvorst. zu machen, was auch regelmäßig geschieht (→ Rn. 21). Über diese Wahlvorschläge wird sodann in der WahlVerslg. einheitlich abgestimmt. Diesen Anforderungen wird die Wahl des Wahlvorst. in TeilVerslg. nicht gerecht. Die Wahl des Wahlvorst. in mehreren Wahlakten und damit durch verschiedene Wahlgremien hätte zur Folge, dass nicht alle ArbN des Betriebs dieselbe Möglichkeit haben, die jeweils in den einzelnen

TeilVerslg. zur Wahl gestellten ArbN in einem einheitlichen Wahlakt aufgrund allen Teilnehmern der WahlVerslg. bekannten Wahlvorschlägen zu wählen (ebenso *Eder* Anm. zu LAG LSA 29.6.2011 – 5 TaBVGA 1/11, AiB 2011, 695f.; *Homburg/Fay* AiB 2012, 451 [453f.]). Ein solches Vorgehen verstößt gegen die allgemeinen Wahlgrundsätze über eine gleiche, freie und unbeeinflusste Wahl. Die Einladenden haben in Betrieben, die in Vollschicht arbeiten, bei der Festlegung des Termins allerdings darauf zu achten, dass möglichst viele ArbN an der WahlVerslg. teilnehmen können.

Beauftragte der **im Betrieb vertretenen Gewerkschaften** haben das Recht, zum Zwecke der Einladung der ArbN des Betriebs zu dieser Versammlung den Betrieb nach Unterrichtung des ArbGeb. gem. § 2 Abs. 2 zu betreten (→ § 46 Rn. 5; LAG Köln 8.1.2013 – 11 TaBVGa 9/12). Auch dürfen die Beauftragten der im Betrieb vertretenen Gewerkschaften in diesem Falle ArbN des Betriebs ggf. an ihrem Arbeitsplatz aufsuchen, um geeignete ArbN zur Übernahme des Amtes als Wahlvorst. zu gewinnen, sofern dem nicht unumgängliche Notwendigkeiten des Betriebsablaufs, zwingende Sicherheitsvorschriften oder der Schutz von Betriebsgeheimnissen entgegenstehen (DKKW/*Homburg* Rn. 7; GK-BetrVG/*Kreutz* Rn. 24; Näheres → § 2 Rn. 60ff.; LAG Köln 8.1.2013 – 11 TaBVGa 9/12; **aA** HWGNRH/*Nicolai* Rn. 19). Das gilt auch für Betriebe der Arbeitsgemeinschaften (ARGE) des Baugewerbes (→ § 5 Rn. 272ff.). 20

Wer zur BetrVerslg. einlädt, kann nach § 17 Abs. 3 **Vorschläge für die Zusammensetzung des Wahlvorst.** machen. Es können nur betriebsangehörige wahlberechtigte ArbN vorgeschlagen werden; dazu gehören auch die nach § 7 S. 2 wahlberechtigten ArbN (→ Rn. 7). Die BetrVerslg. ist nicht an diese Vorschläge gebunden. Vielmehr können alle an der BetrVerslg. teilnehmenden ArbN ebenfalls Wahlvorschläge unterbreiten (so auch GK-BetrVG/*Kreutz* Rn. 35; WPK/*Wlotzke* Rn. 11; Richardi BetrVG/*Thüsing* Rn. 25). 21

Eine Einladung **durch den ArbGeb.** ist nicht zulässig (DKKW/*Homburg* Rn. 4; WPK/*Wlotzke* Rn. 8; *Weiß/Weyand* BetrVG Rn. 4; ErfK/*Koch* Rn. 2; **aA** BAG 19.3.1974 – 1 ABR 87/73, AP BetrVG 1972 § 17 Nr. 1; LAG Hamm 9.1.1980 – 3 Sa 1059/79, DB 1980, 1222; GK-BetrVG/*Kreutz* Rn. 27; Richardi BetrVG/*Thüsing* Rn. 13; Schaub ArbR-HdB/*Koch* § 217 Rn. 3; *Vogt* BetrVerslg., S. 64). Allerdings ist die Wahl eines Wahlvorst., der auf einer vom ArbGeb. einberufenen BetrVerslg. gewählt worden ist, nicht nichtig. Denn entscheidend für seine Bildung ist die ordnungsgemäße Wahl auf der BetrVerslg. als solche, nicht die Einberufung der BetrVerslg. Aus diesem Grunde ist auch die von einem solchen Wahlvorst. durchgeführte BRWahl keineswegs nichtig. Sie ist im Allgemeinen auch nicht anfechtbar, da nur bei Vorliegen bes. Umstände angenommen werden kann, dass dieser Mangel der Einberufung der BetrVerslg. Einfluss auf das Wahlergebnis hat (→ § 19 Rn. 4ff.; ErfK/*Koch* Rn. 2). Die Mitgl. eines solchen Wahlvorst. genießen ebenso wie die Wahlbewerber für die von ihnen eingeleitete BRWahl den bes. Kündigungsschutz nach § 15 KSchG und § 103 BetrVG (→ § 103 Rn. 5ff.). 22

Die Einladenden eröffnen die Versammlung, gegebenenfalls unter Hinweis auf deren Zweck, und veranlassen zweckmäßigerweise zunächst die Wahl eines ArbN des Betriebs zum **Versammlungsleiter.** Bis dahin leiten die Einladenden die Versammlung (ErfK/*Koch* Rn. 3; LAG MV 30.1.2017 – 3 TaBVGa 1/17, NZA-RR 2017, 247). Für die Wahl des Versammlungsleiters genügt die relative Mehrheit (Richardi BetrVG/*Thüsing* Rn. 17). Unterbleibt eine förmliche Wahl des Versammlungsleiters, ist die Mehrheit der Versammelten jedoch erkennbar damit einverstanden, dass der die Versammlung Eröffnende (zB ein Sekretär der einladenden Gewerkschaft) oder ein sonstiger ArbN die Leitung der Versammlung übernimmt, so hat dies auf die Gültigkeit der Bestellung des Wahlvorst. keinen Einfluss (BAG 14.12.1965 – 1 ABR 6/65, AP BetrVG § 16 Nr. 5; GK-BetrVG/*Kreutz* Rn. 40). 23

Teilnahmeberechtigt an der BetrVerslg. sind alle im Betrieb beschäftigten ArbN iSd § 5 Abs. 1 (auch die nichtwahlberechtigten), nicht dagegen die in § 5 Abs. 2 u. 3 genannten Personen (DKKW/*Homburg* Rn. 8; WPK/*Wlotzke* Rn. 9) sowie die im 24

Betrieb tätigen LeiharbN (GK-BetrVG/*Kreutz* Rn. 42). Auch gekündigten ArBN, die Kündigungsschutzklage erhoben haben, ist für die Teilnahme an der BetrVerslg. Zutritt zu gewähren (LAG MV 30.1.2017 – 3 TaBVGa 1/17, NZA-RR 2017, 247; **aA** GK-BetrVG/*Kreutz* Rn. 42). Ein vom ArbGeb. ausgesprochenes Hausverbot steht dem nicht entgegen; für den Zeitraum der BetrVerslg. steht das Hausrecht für den Raum der BetrVerslg. zur Wahl des WAhlVorst. den Wahlinitiatoren zu (LAG MV 30.1.2017 – 3 TaBVGa 1/17, NZA-RR 2017, 247; zum vergleichbaren Hausrecht des BRVors. bei einer BetrVerslg. s. BAG 22.5.2012 – 1 ABR 11/11, NZA 2012, 1176; § 42 Rn. 36).

25 Zur **Beschlussfähigkeit** ist nicht erforderlich, dass eine bestimmte Mindestzahl von ArbN an der BetrVerslg. teilnimmt. Denn die Wahl erfolgt nach Abs. 2 S. 1 durch die „Mehrheit der anwesenden ArbN" (DKKW/*Homburg* Rn. 8; ErfK/*Koch* Rn. 3; *Jacobs* Wahlvorstände S. 165). Allerdings müssen die ArbN ordnungsgemäß zu der BetrVerslg. eingeladen worden sein (→ Rn. 16 f.; LAG Hamm 29.11.1973 – 3 Sa 663/73, DB 1974, 389).

26 Die BetrVerslg. findet nach § 44 Abs. 1 grds. **während der Arbeitszeit** statt. Die Zeit der Teilnahme ist den ArbN einschl. zusätzlicher Wegezeiten wie Arbeitszeit zu vergüten. Bes. Fahrtkosten sind zu erstatten (Näheres → § 44 Rn. 7 ff., 24 ff.). Für die BetrVerslg. gelten unter Berücksichtigung ihres beschränkten Auftrags die allgemeinen Vorschriften über die BetrVerslg., insbes. § 43 Abs. 2 über die **Teilnahme des ArbGeb.** (LAG Bln 10.2.1986 – 9 TaBV 5/85, ArbuR 1987, 34; GK-BetrVG/*Kreutz* Rn. 28; HaKo-BetrVG/*Brors* Rn. 7; WPK/*Wlotzke* Rn. 10; *Jacobs* Wahlvorstände S. 163; **aA** DKKW/*Homburg* Rn. 8; Richardi BetrVG/*Thüsing* Rn. 18) und § 46 über die Teilnahme von Beauftragten der Gewerkschaften bzw. des ArbGebVerbandes (GK-BetrVG/*Kreutz* Rn. 36; WPK/*Wlotzke* Rn. 10). Die unbefugte Teilnahme einer betriebsfremden Person führt aber nur zur Anfechtbarkeit der Wahl des Wahlvorst. (ArbG Essen 22.6.2004 – 2 BV 17/04, NZA-RR 2005, 258 ff.).

3. Wahl des Wahlvorstands

27 **Stimmberechtigt** sind nicht nur die wahlberechtigten ArbN, sondern – abgesehen von den in § 5 Abs. 2 u. 3 genannten Personen und leitenden Angestellten – **alle ArbN** des Betriebs, die an der BetrVerslg. teilnehmen (DKKW/*Homburg* Rn. 12; GK-BetrVG/*Kreutz* Rn. 42; Richardi BetrVG/*Thüsing* Rn. 22). Eine förmliche, insbes. geheime Wahl ist nicht erforderlich, wenn nur nach dem Verlauf der BetrVerslg. zweifelsfrei feststeht, wer gewählt ist (BAG 14.12.1965 – 1 ABR 6/65, AP BetrVG § 16 Nr. 5; 31.7.2014 – 2 AZR 505/13, NZA 2015, 245; HWGNRH/*Nicolai* Rn. 27; Richardi BetrVG/*Thüsing* Rn. 26). Allerdings muss – jedenfalls wenn mehr Kandidaten vorgeschlagen werden, als der Wahlvorst. Mitgl. hat – eine Abstimmung darüber erfolgen, wer dem Wahlvorst. angehören soll (LAG Nürnberg 17.5.2013 – 5 TaBVGa 2/13, DB 2013, 1916); eine derartige Bestimmung durch den VerslgsLeiter lässt die Bestellung des Wahlvorst. nichtig sein (ArbG Bielefeld 20.5.1987 – 4 BVGa 9/87, NZA 1987, 680; LAG Nürnberg 17.5.2013 – 5 TaBVGa 2/13, DB 2013, 1916; GK-BetrVG/*Kreutz* Rn. 48).

28 **Jeder** in den Wahlvorst. zu wählende ArbN muss mit der **Mehrheit der Stimmen** der an der BetrVerslg. **teilnehmenden** ArbN des Betriebs gewählt werden. Die Mehrheit der abgegebenen Stimmen genügt nicht (BAG 31.7.2014 – 2 AZR 505/13, NZA 2015, 245; LAG München 16.6.2008 – 11 TaBV 50/05, EzA-SD 2008 Nr. 16, 12, GK-BetrVG/*Kreutz* Rn. 41; Richardi BetrVG/*Thüsing* Rn. 24).

29 Aus den gewählten Mitgl. des Wahlvorst. bestimmt die BetrVerslg. den **Vors. des Wahlvorst.** Auch hierfür ist die absolute Mehrheit der Stimmen der an der BetrVerslg. teilnehmenden ArbN erforderlich, da die Bestimmung des Vors. mit zur Bestellung des Wahlvorst. gehört (Richardi BetrVG/*Thüsing* Rn. 28; GK-BetrVG/*Kreutz* Rn. 50). Hat die BetrVerslg. die Bestellung des Vors. unterlassen, ist der Wahlvorst. berechtigt, seinen Vors. selbst zu bestimmen (→ § 16 Rn. 33).

Der **Entscheidungsspielraum** der BetrVerslg. bei der Bestellung des Wahlvorst. deckt sich infolge der Verweisung auf § 16 Abs. 1 mit dem des BR, dh die BetrVerslg. hat einen Vorsitzenden des Wahlvorst. zu bestellen, sie kann die Zahl der WahlvorstMitgl. erforderlichenfalls über drei erhöhen (→ § 16 Rn. 28; nach LAG Nürnberg 17.5.2013 – 5 TaBVGa 2/13, DB 2013, 1916 ist auch hier eine förmliche Abstimmung erforderlich) und ErsMitgl. bestellen (→ § 16 Rn. 35 f.). Letzteres dürfte sich stets empfehlen, da anderenfalls bei Ausscheiden eines Mitgl. aus dem Wahlvorst. für die Nachwahl eine weitere BetrVerslg. durchgeführt oder das arbeitsgerichtliche Verfahren nach Abs. 3 eingeleitet werden müsste. **30**

Auch im Falle der Bestellung des Wahlvorst. durch die BetrVerslg. kann jede im Betrieb vertretene Gewerkschaft, die nicht durch ein ordentl. Mitgl. im Wahlvorst. vertreten ist, zusätzlich einen betriebsangehörigen Beauftragten als nicht stimmberechtigtes Mitgl. in den Wahlvorst. entsenden (→ § 16 Rn. 41 ff.). **31**

IV. Bestellung durch das Arbeitsgericht

Die Bestellung des Wahlvorst. durch das ArbG nach Abs. 4 setzt einen **gescheiterten Versuch** voraus, in einer BetrVerslg. den Wahlvorst. zu wählen. Gleichgültigkeit ist, ob der Versuch scheitert, weil keine BetrVerslg. zustande kommt oder diese keinen Wahlvorst. wählt und warum (BAG 20.2.2019 – 7 ABR 40/17, NZA 2019, 1147; ArbG Hamm 9.10.1959 – BV 3/59, BB 1960, 288; DKKW/*Homburg* Rn. 17; Richardi BetrVG/*Thüsing* Rn. 31; HWGNRH/*Nicolai* Rn. 30). Auch ist nicht erforderlich, dass mehrere Versuche unternommen worden sein müssen, einen Wahlvorst. zu wählen, um einen Antrag nach Abs. 4 stellen zu können (BAG 20.2.2019 – 7 ABR 40/17, NZA 2019, 1147). Gegen die Regelung bestehen keine verfassungsrechtlichen Bedenken (ausführlich dazu: BAG 20.2.2019 – 7 ABR 40/17, NZA 2019, 1147). **32**

Nach BAG (26.2.1992 – 7 ABR 37/91, AP BetrVG 1972 § 17 Nr. 6) muss grds. eine ordnungsgemäße Einladung zu einer BetrVerslg. nach Abs. 3 erfolgt sein, von der auch dann nicht abgesehen werden könne, wenn der ArbGeb. eine ihm obliegende, zur Bewirkung der Einladung notwendige Mitwirkungshandlung, wie zB das Verschicken der Einladungen an alle AußenArbN auf seine Kosten, verweigert; dessen Mitwirkung müsse gerichtlich durchgesetzt werden. Ein Verzicht auf die Einladung sei allenfalls bei Hindernissen gerechtfertigt, deren Beseitigung den Einladenden nicht möglich oder nicht zumutbar ist. Diese Rspr. ist jedenfalls dann abzulehnen, wenn die überwiegende Zahl der ArbN AußenArbN oder bei Entleihern tätige LeihArbN (so der Ausgangsfall des BAG) sind. Sie überbetont den Wortlaut des Abs. 4 („trotz Einladung") und vereitelt ein Hauptanliegen der Norm, unter schwierigen Bedingungen auch gegen den Widerstand des ArbGeb. erstmalige BR-Wahlen zu ermöglichen (→ Rn. 18 f.). Verweigert der ArbGeb. eine für die Einladung erforderliche Mitwirkungshandlung, so ist der Weg für Abs. 4 eröffnet (wohl zust. WPK/*Wlotzke* Rn. 12). **33**

Antragsberechtigt sind mindestens drei wahlberechtigte ArbN oder eine im Betrieb vertr. Gewerkschaft (→ § 16 Rn. 60). Die Antragsberechtigung muss während des gesamten Verfahrens bestehen, dies umfasst auch die Wahlbefugnis nach § 7 (BAG 20.2.2019 – 7 ABR 40/17, NZA 2019, 1147; LAG München 7.12.2011 – 11 TaBV 74/11, NZA-RR 2012, 83). Andere Personen oder Stellen, zB der ArbGeb. oder der ArbGebVerband, können das gerichtliche Verfahren nicht einleiten. Mit Zustimmung der Antragsteller können auch weitere Antragsteller dem Verfahren beitreten – dies kommt insb. in Betracht, wenn z. B. ein Antragsteller seine Wahlberechtigung und damit seine Antragsbefugnis verliert (BAG 20.2.2019 – 7 ABR 40/17, NZA 2019, 1147). Dagegen handelt es sich um eine unzulässige Beteiligtenänderung, wenn eine bislang am Verfahren nicht beteiligte Gewerkschaft erst im Rechtsbeschwerdeverfahren einen Antrag nach Abs. 4 stellt (BAG 20.2.2019 – 7 ABR 40/17, NZA 2019, 1147). **34**

35 Für die Zusammensetzung des Wahlvorst. gelten dieselben Grundsätze, wie sie für die Bestellung durch die BetrVerslg. maßgebend sind (→ Rn. 30). Für Betriebe mit mehr als 20 wahlberechtigte ArbN kann das ArbG jedoch, soweit dies für eine ordnungsgemäße Durchführung der Wahl erforderlich ist, darüber hinaus nichtbetriebsangehörige Gewerkschaftsmitglieder in den Wahlvorst. berufen (→ § 16 Rn. 65 ff.). Die Erforderlichkeit der Bestellung nichtbetriebsangehöriger Gewerkschaftsmitgl. bestimmt sich nach den konkreten Verhältnissen des einzelnen Betriebs. Sie ist ua dann zu bejahen, wenn es nach dem Ablauf der gescheiterten Wahl des Wahlvorst. auf einer BetrVerslg. zweifelhaft ist, dass die BRWahl in diesem Betrieb ohne Beteiligung Externer zu bewältigen ist (ArbG Berlin 11.10.2001 – 75 BV 21966/01, AiB 2002, 106 ff.). Über die gerichtliche Bestellung iE → § 16 Rn. 56 ff.

36 Die gerichtliche Bestellung des Wahlvorst. ist nur subsidiär, d. h. **bis zur rechtskräftigen Entscheidung** des ArbG bzw. Instanzgerichts kann der GesBR bzw. KBR, und falls ein solcher nicht besteht oder tätig wird, die BetrVerslg. die Wahl des Wahlvorst. noch vornehmen (BAG 20.2.2019 – 7 ABR 40/17, NZA 2019, 1147; 23.11.2016 – 7 ABR 13/15, NZA 2017, 589; 19.3.1974 – 1 ABR 87/73, AP BetrVG 1972 § 17 Nr. 1; LAG Hamm 14.8.2009 – 10 TaBVGa 3/09, NZA-RR 2010, 191; LAG Köln 29.5.2013 – 3 TaBVGa 3/13, BeckRS 2013, 71645; DKKW/*Homburg* Rn. 17; GK-BetrVG/*Kreutz* Rn. 52; ErfK/*Koch* Rn. 4; Richardi BetrVG/*Thüsing* Rn. 8, 35; → § 16 Rn. 57). Eine gerichtliche Bestellung kann nur im Hauptsacheverfahren erfolgen; dies gilt auch im Fall eines funktionsunfähig gewordenen Wahlvorst. (LAG Köln 29.5.2013 – 3 TaBVGa 3/13, BeckRS 2013, 71645).

V. Kündigungsschutz

37 Mit dem **BetrVerf-ReformG** ist denjenigen ArbN, die die Initiative zur Wahl eines BR ergreifen, ein besonderer Kündigungsschutz nach **§ 15 Abs. 3a KSchG** eingeräumt worden. Damit hat der Gesetzgeber anerkannt, dass für die Zeit der Wahl eines BR nicht nur schutzwürdige Interessenkonflikte mit dem ArbGeb. auf Seiten des Wahlvorst. und der Wahlbewerber, sondern auch auf Seiten der eine Wahl initiierenden ArbN bestehen (vgl. BT-Drs. 14/5741, 55, *Engels/Trebinger/Löhr-Steinhaus* DB 2001, 532 [535]). Unzulässig ist nach § 15 Abs. 3a KSchG die Kündigung eines ArbN, der im vereinfachten Wahlverfahren nach § 14a, § 17a Nr. 3 S. 2 zur WahlVerslg. oder im normalen Verfahren nach § 17 Abs. 3 zur BetrVerslg. einlädt oder die Bestellung eines Wahlvorst. beim ArbG beantragt (§ 16 Abs. 2 S. 1, § 17 Abs. 4, § 17a Nr. 4).

38 Der bes. **Kündigungsschutz** ist **zeitlich beschränkt** auf den Zeitpunkt ab Einladung bzw. Antragstellung bis zur Bekanntgabe des Wahlergebnisses. Wird kein BR gewählt, endet der bes. Kündigungsschutz nach drei Monaten. Steht innerhalb dieses Zeitraumes noch nicht fest, ob ein BR gewählt wird, weil zB die Bestellung des Wahlvorst. noch nicht abgeschlossen ist, besteht der Kündigungsschutz nach § 15 Abs. 3a KSchG bis zu dem Zeitpunkt, in dem feststeht, dass die Wahl nicht stattfindet (so auch KR/*Etzel* § 15 Rn. 143; APS/*Linck* KSchG § 15 Rn. 58e). Es kommt nicht zu einem rückwirkenden Wegfall des Kündigungsschutzes (so anscheinend aber *Nägele* BB 2002, 354 [357]).

39 Begrenzt ist der **Kündigungsschutz** auf die **gesetzliche Mindestzahl** der einladenden bzw. antragstellenden ArbN. Laden mehr als drei wahlberechtigte ArbN zur BetrVerslg. ein, steht der Kündigungsschutz nach § 15 Abs. 3a KSchG nur drei Personen zu (*Löwisch* DB 2002, 1503; ErfK/*Kiel* KSchG § 15 Rn. 12; APS/*Linck* KSchG § 15 Rn. 58d; LAG München 30.4.2008 – 5 Sa 661/07, BeckRS 2009, 67724). In der Regel werden dies die in der Einladung bzw. Antragstellung an erster Stelle Genannten sein (vgl. *Engels/Trebinger/Löhr-Steinhaus* DB 2001, 532 [535]). Sind die Einladenden in einer Reihe nebeneinander aufgeführt, so ergibt sich die Ermittlung der unter den Kündigungsschutz fallenden Personen durch schlichtes Abzählen von links nach rechts

entspr. der Schriftrichtung (ArbG Frankfurt a. M. 9.4.2002 – 20 Ca 8024/01, AuR 2002, 394). Haben weniger als drei ArbN eingeladen bzw. den Antrag bei Gericht zur Bestellung eines Wahlvorst. gestellt, besteht mangels Vorliegen der gesetzlichen Voraussetzungen an eine wirksame Einladung (drei wahlberechtigte ArbN) für diese kein bes. Kündigungsschutz nach § 15 Abs. 3a KSchG (ebenso LAG München 30.4.2008 – 5 Sa 661/07, BeckRS 2009, 67724; Richardi BetrVG/*Thüsing* Anh. § 103 Rn. 2; HaKo-BetrVG/*Brors* Rn. 11; HaKo-KSchR/*Fiebig/Gallner/Nägele* § 15 Rn. 25d; HWGNRH/*Nicolai* Rn. 20; *Löwisch* DB 2002, 1503; *Windeln* BetrVG-Reform S. 165). Kündigt der ArbGeb. in diesem Beispielsfall wegen der Initiative zur Einleitung einer Betriebsratswahl, ist diese jedoch wegen Verstoßes gegen § 20 nach § 134 BGB nichtig (*Löwisch* DB 2002, 1503). Der bes. Kündigungsschutz nach § 15 Abs. 3a KSchG besteht ebenfalls nicht, wenn bereits drei ArbN wirksam zur Betriebs- bzw. WahlVerslg. eingeladen oder den Antrag bei Gericht auf Bestellung eines Wahlvorst. gestellt haben. Nicht ausgeschlossen ist der bes. Kündigungsschutz nach § 15 Abs. 3a KSchG, wenn die Einladung bzw. die Antragstellung bei Gericht durch eine im Betrieb vertretene Gewerkschaft gleichzeitig oder kurz vorher erfolgt ist; insoweit trifft § 15 Abs. 3a KSchG keine Unterscheidung (**aA** KR/*Etzel* § 15 Rn. 140, HWGNRH/*Nicolai* Rn. 21; HaKo-KSchR/*Fiebig/Gallner/Nägele* § 15 Rn. 25d, die generell bei bereits erfolgter Einladung bzw. Antragstellung den bes. Kündigungsschutz verneinen). Formelle Mängel der Einladung zur WahlVerslg. im vereinfachten Wahlverfahren, wie zB der fehlende Hinweis auf die Frist zur Einreichung von Wahlvorschlägen, tangieren den Bestand des Kündigungsschutzes grds. nicht (LAG Bln 25.6.2003 – 17 Sa 531/03, BeckRS 2003, 31054223; ArbG Frankfurt a. M. 9.4.2002 – 20 Ca 8024/01, AuR 2002, 394 f.; *Berg* AiB 2005, 740 [743]; HaKo-KSchR/*Fiebig/Gallner/Nägele* § 15 Rn. 25d; → WO § 28 Rn. 5). Ausreichend ist, dass die Einladung im Betrieb bekannt gemacht und von mindst. drei wahlberechtigten ArbN unterzeichnet wurde und Angaben zu Ort, Zeit und Gegenstand der Versammlung enthält (LAG Bln 25.6.2003 – 17 Sa 531/03, BeckRS 2003, 31054223; ArbG Frankfurt a. M. 9.4.2002 – 20 Ca 8024/01, AuR 2002, 394 f.). An den Kündigungsschutz für die Wahlinitiatoren kann im vereinfachten Wahlverfahren keine höheren Anforderungen gestellt werden, als an die Einladenden im normalen Wahlverfahren (so zutr. LAG Bln 25.6.2003 – 17 Sa 531/03, BeckRS 2003, 31054223). Ist die Einladung hinsichtlich der weiteren Anforderungen des § 28 WO formal mangelhaft, empfiehlt sich, dass die Einladenden ihre Einladung formal ordnungsgemäß nachholen.

Nicht ausgeschlossen ist die Kündigung aus wichtigem Grund nach § 626 Abs. 1 BGB. Anders als in § 15 Abs. 3 KSchG besteht für die einladenden bzw. antragstellenden ArbN kein nachwirkender Kündigungsschutz. Wird einem solchen ArbN nach der Wahl des BR gekündigt, ist der BR nach § 102 zu beteiligen (→ § 102 Rn. 20 ff.). 40

Eine ordentliche Kündigung eines Wahlinitiators wegen **Betriebsstilllegung** bzw. Stilllegung einer Betriebsabteilung ist nach § 15 Abs. 4 u. 5 KSchG nicht ausgeschlossen; dem steht nicht entgegen, dass § 15 Abs. 3a KSchG in § 15 Abs. 4 u. 5 KSchG nicht erwähnt ist (BAG 4.11.2004 – 2 AZR 96/04, AP KSchG 1969 § 15 Nr. 57; 12.3.2009 – 2 AZR 47/08, AP KSchG 1969 § 15 Nr. 63; APS/*Linck* KSchG § 15 Rn. 58a, 157; ErfK/*Kiel* KSchG § 15 Rn. 40, 41; SPV Kündigung/*Vossen* Rn. 1700). Der bes. Kündigungsschutz der Wahlinitiatoren nach § 15 Abs. 3a KSchG ist allein auf die Zeitspanne bis zur Bekanntgabe des Wahlergebnisses bzw. bis zum Ablauf von drei Monaten nach Wahleinladung, wenn kein BR gewählt wird, begrenzt. Der bes. Kündigungsschutz für Wahlinitiatoren kann für den Fall der Betriebsstilllegung nicht weitergehen als der für BR-Mitgl., WahlvorstMitgl. und Wahlbewerber. Die Kündigung ist nach § 15 Abs. 4 KSchG grds. erst zum Zeitpunkt der Stilllegung zulässig. Handelt es sich um die Stilllegung einer Betriebsabteilung ist die Freikündigungspflicht nach § 15 Abs. 5 KSchG zu beachten. Dies gilt nicht, wenn es sich um einen selbständigen Betriebsteil iSd § 4 Abs. 1 S. 1 handelt und ein BR gewählt ist (BAG 4.11.2004 – 2 AZR 96/04, AP KSchG 1969 § 15 Nr. 57). 41

VI. Streitigkeiten

42 Verstöße gegen die Regelungen des § 17 haben als Verstöße gegen das Wahlverfahren zu gelten und berechtigen daher unter den Voraussetzungen des § 19 zur Anfechtung der BRWahl (→ § 19 Rn. 10ff.).

43 Streitigkeiten, die aus der Wahl des Wahlvorst. durch die BetrVerslg. entstehen, sind von den **ArbG im BeschlVerf.** zu entscheiden (§§ 2a, 80ff. ArbGG; → § 16 Rn. 88; LAG MV 30.1.2017 – 3 TaBVGa 1/17, NZA-RR 2017, 247; zur umstr. Vfg. auf Abbruch der BRWahl bei Wahl des Wahlvorst. durch BetrVerslg. trotz Bestehens eines BR LAG Hamm 1.3.1994 – 3 TaBV 20/94, DB 1994, 992; → § 18 Rn. 42). Im Hinblick auf die in § 17 den im Betrieb vertr. Gewerkschaften eingeräumten Initiativrechte fehlt für ein isoliertes Feststellungsbegehren einer Gewerkschaft, dass im Betrieb ein BR zu bilden ist, das Rechtsschutzinteresse (BAG 3.2.1976 – 1 ABR 121/74, AP BetrVG 1972 § 118 Nr. 8).

§ 17a Bestellung des Wahlvorstands im vereinfachten Wahlverfahren

Im Fall des § 14a finden die §§ 16 und 17 mit folgender Maßgabe Anwendung:

1. **Die Frist des § 16 Abs. 1 Satz 1 wird auf vier Wochen und die des § 16 Abs. 2 Satz 1, Abs. 3 Satz 1 auf drei Wochen verkürzt.**
2. **§ 16 Abs. 1 Satz 2 und 3 findet keine Anwendung.**
3. **In den Fällen des § 17 Abs. 2 wird der Wahlvorstand in einer Wahlversammlung von der Mehrheit der anwesenden Arbeitnehmer gewählt. Für die Einladung zu der Wahlversammlung gilt § 17 Abs. 3 entsprechend.**
4. **§ 17 Abs. 4 gilt entsprechend, wenn trotz Einladung keine Wahlversammlung stattfindet oder auf der Wahlversammlung kein Wahlvorstand gewählt wird.**

Inhaltsübersicht

I. Vorbemerkung

1 Diese Vorschrift ist im Rahmen des **BetrVerf-ReformG** eingefügt worden und regelt die **Bestellung des Wahlvorst.** im **vereinfachten Wahlverfahren** in Betrieben mit **fünf bis fünfzig** wahlberechtigten ArbN. Wie im Wahlverfahren mit mehr als fünfzig wahlberechtigten ArbN ist auch im vereinfachten Wahlverfahren bei der Bestellung des Wahlvorst. zu unterscheiden zwischen Betrieben mit BR und ohne BR (→ Rn. 4f., 8ff.).

1a **Grundlage** für die Bestellung des Wahlvorst. im vereinfachten Wahlverfahren sind die §§ 16 u. 17. Wegen der bestehenden Besonderheiten im vereinfachten Wahlverfahren, das sich insbes. durch ein verkürztes Verfahren auszeichnet, enthält § 17a notwendige **Maßgaberegelungen** zu den §§ 16 u. 17.

2 Keine Anwendung findet § 17a auf das vereinbarte vereinfachte Wahlverfahren nach § 14a Abs. 5; der Wahlvorst. ist in diesem Fall bereits nach den allgem. Regeln der §§ 16 u. 17 bestellt, denn nur ein bestehender Wahlvorst. kann mit dem ArbGeb.

in Betrieben mit 51 bis 100 wahlberechtigten ArbN das vereinfachte Wahlverfahren vereinbaren (*Thüsing/Lambrich* NZA-Sonderheft 2001, 79 [87, 94]; GK-BetrVG/*Kreutz* Rn. 4; HWGNRH/*Nicolai* Rn. 2). Die Vorschrift findet ebenfalls keine Anwendung für die Wahl der JAV; für die Bestellung des Wahlvorst. gelten die Sonderregelungen in § 63 Abs. 2 u. 4. Die Vorschrift gilt ebenfalls nicht für die Wahl der Bordvertretung und des SeeBR sowie für die Bestellung der Mitgl. des GesBR (vgl. § 47 Abs. 2), des KBR (vgl. § 55), der GesJAV (vgl. § 72 Abs. 2) und der KJAV (vgl. § 73a Abs. 2).

Die Vorschrift ist grds. **zwingend.** Hiervon kann weder durch TV noch durch BV abgewichen werden. Dies gilt grds. auch für die nach § 3 Abs. 1 Nr. 1–3 gebildeten bzw. zu bildenden Betriebsräte im vereinfachten Wahlverfahren (→ § 16 Rn. 4). 3

II. Bestellung des Wahlvorstands in Betrieben mit Betriebsrat

Eine wesentliche Besonderheit der **Bestellung des Wahlvorst.** im vereinfachten Wahlverfahren ist, dass die **Fristen** zur Bestellung erheblich **verkürzt** worden sind. In Betrieben mit in der Regel fünf bis fünfzig wahlberechtigten ArbN, in denen bereits ein BR besteht, verkürzt sich nach Nr. 1 die Frist des § 16 Abs. 1 S. 1 zur Bestellung des Wahlvorst. von zehn auf vier Wochen. Danach muss der BR im vereinfachten Wahlverfahren anders als in Betrieben mit mehr als 50 wahlberechtigten ArbN den Wahlvorst. **spätestens vier Wochen** vor Ablauf seiner Amtszeit bestellen. Bei den genannten Fristen handelt es sich um **Mindestfristen.** Die Bestellung des Wahlvorst. zu einem früheren Zeitpunkt ist hierdurch nicht ausgeschlossen (→ § 16 Rn. 8; HWGNRH/*Nicolai* Rn. 4). 4

Kommt der BR im vereinfachten Wahlverfahren seiner Verpflichtung zur **Bestellung des Wahlvorst.** nicht nach, so kann der Wahlvorst. auf Antrag von drei wahlberechtigten ArbN oder einer im Betrieb vertretenen Gewerkschaft **durch das ArbG** bestellt werden (§ 16 Abs. 2). Die in § 16 Abs. 2 bestimmte Frist von acht Wochen ist im vereinfachten Wahlverfahren auf **drei Wochen** verkürzt (Nr. 1). Ebenso kann gem. § 16 Abs. 3 der **GesBR,** oder falls dieser nicht besteht, der **KBR** im vereinfachten Wahlverfahren den Wahlvorst. bestellen, wenn der BR nicht **drei Wochen** vor Ablauf seiner Amtszeit tätig geworden ist (Nr. 1). Wird von beiden Möglichkeiten der Bestellung des Wahlvorst. Gebrauch gemacht, so gilt das **Prioritätsprinzip** (→ § 16 Rn. 76; ErfK/*Koch* Rn. 1). Die verkürzten Fristen nach Nr. 1 gelten auch für den BR, der gem. § 21a das **Übergangsmandat** in Betrieben mit in der Regel fünf bis fünfzig wahlberechtigten ArbN wahrnimmt. 5

III. Mitgliederzahl des Wahlvorstands

Im vereinfachten Wahlverfahren ist die **Mitgliederzahl** des Wahlvorst. auf **drei** beschränkt. Dies ergibt sich aus **Nr. 2,** die die Erhöhung der Mitgliederzahl nach § 16 Abs. 1 S. 2 u. 3 ausschließt. Eine höhere Mitgliederzahl ist zur Durchführung der Wahl zum BR in Betrieben mit nicht mehr als fünfzig wahlberechtigten ArbN nicht erforderlich (vgl. BT-Drs. 14/5741, 38). In Betrieben der **Postunternehmen,** die Beamten beschäftigen, muss auch im vereinfachten Wahlverfahren dem Wahlvorst. ein **Beamter** angehören (§ 26 Nr. 6 PostPersRG; § 6 Nr. 18 Buchst. b WOP; → § 14 Rn. 85q). 6

Die Beschränkung des Wahlvorst. auf drei Mitgl. schließt jedoch nicht aus, **ErsMitgl.** zu bestellen (→ Rn. 15, → § 16 Rn. 35ff.; DKKW/*Homburg* Rn. 1; ErfK/*Koch* Rn. 1; HWGNRH/*Nicolai* Rn. 7; *Löwisch/Kaiser/Wiebauer* Rn. 2). Die Bestellung von ErsMitgl. kann auch im vereinfachten Wahlverfahren sinnvoll sein, wenn zB ein Mitgl. des Wahlvorst. ausscheidet oder wegen Krankheit gehindert ist, das Amt auszuüben. Uneingeschränkt gelten auch die übrigen Regeln des § 16 Abs. 1: auch 7 im vereinfachten Wahlverfahren sollen Frauen und Männer dem Wahlvorstand angehören und können im Betrieb vertretene Gewerkschaften einen Beauftragten als nicht stimmberechtigtes Mitglied in den Wahlvorst. entsenden (DKKW/*Homburg* Rn. 1; *Löwisch/Kaiser* Rn. 1; GK-BetrVG/*Kreutz* Rn. 10).

IV. Bestellung des Wahlvorstands in betriebsratslosen Betrieben

1. Bestellung durch den Gesamtbetriebsrat oder Konzernbetriebsrat

8 Wie auch im normalen Wahlverfahren wird der Wahlvorst. im vereinfachten Wahlverfahren in betriebsratslosen Betrieben zunächst vom GesBR oder, falls dieser nicht besteht, vom KBR bestellt (vgl. *Thüsing/Lambrich* NZA-Sonderheft 2001, 79 [87, 88]; *Engels/Trebinger/Löhr-Steinhaus* DB 2001, 532 [534] Fn. 26; GK-BetrVG/*Kreutz* Rn. 13; SWS Rn. 4; ErfK/*Koch* Rn. 1; Richardi BetrVG/*Thüsing* § 14a Rn. 9; *Löwisch/Kaiser/Wiebauer* Rn. 3; KRHS Rn. 2; Schaub ArbR-HdB/*Koch* § 217 Rn. 5; *Shahatit* BArBl. 2001, S. 15; *Hanau* RdA 2001, 65 [69]; *Quecke* AuR 2002, 1 [3]; iErg so wohl auch *Däubler* AuR 2001, 285 [287]; **aA** *Löwisch* BB 2001, 1734 [1739]; *Neumann* BB 2002, 510 [512]). § 17 Abs. 1 gilt mangels anderweitiger Maßgabe in § 17a uneingeschränkt auch für die Bestellung des Wahlvorst. im vereinfachten Wahlverfahren (vgl. *Engels/Trebinger/Löhr-Steinhaus* DB 2001, 532 [534] Fn. 26; *Shahatit* BArBl. 2001, S. 15; GK-BetrVG/*Kreutz* Rn. 13). So bestimmt auch § 17a Nr. 3, dass der Wahlvorst. in den Fällen des § 17 Abs. 2 in der WahlVerslg. gewählt wird. § 17 Abs. 2 setzt seinerseits jedoch voraussetzt, dass für den betriebsratslosen Betrieb kein GesBR oder KBR besteht oder der GesBR, oder falls dieser nicht besteht, der KBR die Bestellung des Wahlvorst. unterlassen hat. Damit kommt die WahlVerslg. zur Bestellung des Wahlvorst. auch im vereinfachten Wahlverfahren erst nachrangig zum Zuge (vgl. so auch *Thüsing/Lambrich* NZA-Sonderheft 2001, 79 [87, 88]; ErfK/*Koch* Rn. 1).

2. Wahl durch die Wahlversammlung

9 Nach Nr. 3 wird der Wahlvorst. in betriebsratslosen Betrieben mit in der Regel fünf bis fünfzig wahlberechtigten ArbN in einer WahlVerslg. von der Mehrheit der anwesenden ArbN gewählt, wenn weder ein GesBR noch ein KBR besteht oder der bestehende GesBR bzw. der KBR die Bestellung des Wahlvorst. nach § 17 Abs. 1 unterlassen hat (vgl. Ausführungen unter → Rn. 8; → § 17 Rn. 11 ff.; GK-BetrVG/*Kreutz* Rn. 15; HWGNRH/*Nicolai* Rn. 9).

10 Für die Einladung zur WahlVerslg. gilt § 17 Abs. 3 entspr. (Nr. 3 S. 2), so dass weitgehend auf die Ausführungen hierzu verwiesen werden kann (→ § 17 Rn. 16 ff.; abweichende Besonderheiten → Rn. 11). **Einladungsberechtigt** sind danach mindestens drei wahlberechtigte ArbN des Betriebs oder eine im Betrieb vertretene Gewerkschaft (vgl. auch § 28 Abs. 1 S. 1 WO, → § 28 Rn. 1 ff.). Diese, aber auch jeder andere ArbN kann Vorschläge zur Zusammensetzung des Wahlvorst. machen (→ § 17 Rn. 21).

11 Anders als bei der **Einladung** zur BetrVerslg. nach § 17 Abs. 3 sind bei der Einladung zur WahlVerslg. nach § 17a Nr. 3 **Besonderheiten** zu beachten. Die **Einladung** zu Wahl des Wahlvorst. muss gem. § 28 Abs. 1 S. 2 WO **mindestens sieben Tage vor dem Tag der WahlVerslg.** erfolgen (bis zum Inkrafttreten der neuen Wahlordnung am 11.12.2001 (BGBl. I S. 3494) bestimmte dies § 125 Abs. 4 Nr. 1 S. 1). Für die Berechnung der Frist finden die §§ 186–193 BGB entsprechende Anwendung (§ 41 WO).

12 Des Weiteren muss die **Einladung** gem. § 28 Abs. 1 S. 5 WO **folgende Hinweise** enthalten:

a) Ort, Tag und Zeit der WahlVerslg. zur Wahl des Wahlvorst.,

b) dass Wahlvorschläge zur Wahl des BR bis zum Ende der WahlVerslg. zur Wahl des Wahlvorst. gemacht werden können,
c) dass Wahlvorschläge der ArbN zur Wahl des BR mindestens von einem Zwanzigstel der Wahlberechtigten, mindestens jedoch von drei Wahlberechtigten unterzeichnet sein müssen; in Betrieben mit in der Regel bis zu zwanzig Wahlberechtigten reicht die Unterzeichnung durch zwei Wahlberechtigte,
d) dass Wahlvorschläge zur Wahl des BR, die erst in der WahlVerslg. zur Wahl des Wahlvorst. gemacht werden, nicht der Schriftform bedürfen.

Vgl. dazu auch → WO § 28 Rn. 5.

Die **Einladung** ist durch **Aushang** an geeigneten Stellen im Betrieb **bekannt zu machen** (§ 28 Abs. 1 S. 3 WO). **Ergänzend** kann die Einladung **auch mittels** der im Betrieb vorhandenen **Informations- und Kommunikationstechnik** bekannt gemacht werden (§ 28 Abs. 1 S. 4 WO), wie zB durch Rund-E-Mail oder durch Veröffentlichung im Intranet. Die Bekanntmachung **ausschließlich in elektronischer Form** ist dagegen nur zulässig, wenn alle ArbN von der Bekanntmachung Kenntnis erlangen können und Vorkehrungen getroffen werden, dass Änderungen der Bekanntmachung nur von der einladenden Stelle vorgenommen werden können (→ WO § 28 Rn. 4). Wollen die einladenden ArbN die im Betrieb vorhandene Informations- und Kommunikationstechnik nutzen, so hat der ArbGeb. ihnen die bestehende Infrastruktur hierfür zur Verfügung zu stellen; dies gilt auch, wenn eine im Betrieb vertretene Gewerkschaft zur WahlVerslg. einladen will (so wohl auch *Thüsing/Lambrich* NZA-Sonderheft 2001, 79 [88]). Der in der WO verwandte **Begriff „elektronische Form"** ist **nicht identisch** mit dem in § 126a BGB und § 2 Nr. 3 SignaturG verwandten Begriff. Die Bekanntmachung in elektronischer Form setzt daher zu ihrer Wirksamkeit kein qualifiziert signiertes Dokument iSd vorgenannten Vorschriften voraus. 13

Der ArbGeb. ist verpflichtet, die Einladung zur WahlVerslg. zur Wahl des Wahlvorst. auch im vereinfachten Wahlverfahren allen regelmäßig auswärts beschäftigten ArbN zukommen zu lassen (*Hanau* ZIP 2001, 1981 [1983]; → § 17 Rn. 17). IÜ wird wegen der gleichgelagerten Fragen zur Einladung und zum Ablauf der WahlVerslg. auf die Ausführungen in → § 17 Rn. 18–25 verwiesen. 14

Am Tag der WahlVerslg. wird der **dreiköpfige Wahlvorst.** von der Mehrheit der anwesenden ArbN **gewählt.** Jedes einzelne Mitgl. bedarf der Stimmenmehrheit der anwesenden ArbN. Aus dem Kreis der gewählten Mitgl. des Wahlvorst. wird dann die oder der Vorsitzende des Wahlvorst., ebenfalls von der Mehrheit der anwesenden ArbN, gewählt (§ 29 S. 3 WO; GK-BetrVG/*Kreutz* Rn. 25). Ergänzend können auch ErsMitgl. gewählt werden (→ Rn. 7; → WO § 29 Rn. 3). **Teilnahme-** und **stimmberechtigt** sind nicht nur die wahlberechtigten ArbN, sondern – bis auf die in § 5 Abs. 2 u. 3 genannten Personen – **alle ArbN** des Betriebs, einschließlich die nach § 7 S. 2 wahlberechtigten ArbN, die an der WahlVerslg. teilnehmen (→ § 17 Rn. 21, 27). Wie auch bei der Wahl des Wahlvorst. in einer BetrVerslg. ist eine förmliche, insbes. geheime Wahl nicht erforderlich; nach dem Verlauf der WahlVerslg. muss jedoch zweifelsfrei feststehen, wer gewählt ist (→ § 17 Rn. 27 mwN). Auch im Fall des vereinfachten Wahlverfahrens kann durch die Verweisung auf § 17 Abs. 2 und damit auf § 16 Abs. 1 jede im Betrieb vertretene Gewerkschaft, die nicht durch ein ordentl. Mitgl. im Wahlvorst. vertreten ist, zusätzlich einen betriebsangehörigen Beauftragten als nicht stimmberechtigtes Mitgl. in den Wahlvorst. entsenden (→ § 16 Rn. 41 ff.). 15

Die WahlVerslg. findet nach § 44 Abs. 1 grds. **während der Arbeitszeit** statt. Die Zeit der Teilnahme ist den ArbN einschl. zusätzlicher Wegezeiten wie Arbeitszeit zu vergüten (vgl. Ausführungen zu → § 17 Rn. 26; GK-BetrVG/*Kreutz* Rn. 19). Zum **Teilnahmerecht** des **ArbGeb.** → § 17 Rn. 26; → § 14a Rn. 21. 16

3. Bestellung durch das Arbeitsgericht

17 Die Bestellung des Wahlvorst. durch das ArbG nach Nr. 4 setzt einen **gescheiterten Versuch** voraus, in einer WahlVerslg. den Wahlvorst. zu wählen. Gleichgültig ist, ob der Versuch scheitert, weil keine WahlVerslg. zustande kommt oder diese keinen Wahlvorst. wählt und warum (→ § 17 Rn. 32).

18 Grds. muss eine ordnungsgemäße Einladung zu einer WahlVerslg. nach Nr. 3 erfolgt sein, dazu gehört auch, dass die besonderen Voraussetzungen der Einladung nach § 28 Abs. 1 WO (→ Rn 11, 12) erfüllt sind (BAG 20.2.2019 – 7 ABR 40/17, NZA 2019, 1147). Hierzu gelten die gleichen Ausführungen wie zu → § 17 Rn. 33, auf die hier verwiesen wird.

19 **Antragsberechtigt** sind mindestens drei wahlberechtigte ArbN oder eine im Betrieb vertr. Gewerkschaft (→ § 17 Rn. 34; → § 16 Rn. 60). Andere Personen oder Stellen, zB der ArbGeb. oder der ArbGebVerband, können das gerichtliche Verfahren nicht einleiten. Den antragstellenden wahlberechtigten ArbN steht gem. § 15 Abs. 3a KSchG Kündigungsschutz zu (→ § 17 Rn. 37 ff.).

20 Für die Zusammensetzung des Wahlvorst. gelten dieselben Grundsätze, wie sie für die Bestellung durch die WahlVerslg. maßgebend sind (→ Rn. 15). Nach Nr. 4 gilt § 17 Abs. 4 entspr. und damit auch § 16 Abs. 2, so dass das ArbG für Betriebe mit mehr als 20 wahlberechtigte ArbN auch nichtbetriebsangehörige Gewerkschaftsmitglieder in den Wahlvorst. berufen kann, soweit dies für eine ordnungsgemäße Durchführung der Wahl erforderlich ist (→ § 17 Rn. 35; → § 16 Rn. 65 ff.; *Löwisch/Kaiser/Wiebauer* Rn. 6; GK-BetrVG/*Kreutz* Rn. 28). Insgesamt darf der Wahlvorst. aber nur aus drei Mitgl. bestehen. Über die gerichtliche Bestellung iE → § 16 Rn. 56 ff.

21 Die WahlVerslg. kann **bis zur rechtskräftigen Entscheidung** des ArbG (oder des Instanzgerichts) die Wahl des Wahlvorst. noch vornehmen (BAG 20.2.2019 – 7 ABR 40/17, NZA 2019, 1147; GK-BetrVG/*Kreutz* Rn. 27; ErfK/*Koch* Rn. 1; → § 16 Rn. 57).

V. Streitigkeiten

22 Verstöße gegen die Regelungen des § 17a haben als Verstöße gegen das Wahlverfahren zu gelten und berechtigen daher unter den Voraussetzungen des § 19 zur Anfechtung der BRWahl (→ § 19 Rn. 10 ff.).

23 Streitigkeiten, die aus der Wahl des Wahlvorst. durch die WahlVerslg. entstehen, sind von den **ArbG im BeschlVerf.** zu entscheiden (§§ 2a, 80 ff. ArbGG; → § 16 Rn. 88; zur umstr. Vfg. auf Abbruch der BRWahl bei Wahl des Wahlvorst. durch WahlVerslg. trotz Bestehens eines BR LAG Hamm 1.3.1994 – 3 TaBV 20/94, DB 1994, 992; → § 18 Rn. 42). Im Hinblick auf die den im Betrieb vertr. Gewerkschaften eingeräumten Initiativrechte fehlt für ein isoliertes Feststellungsbegehren einer Gewerkschaft, dass im Betrieb ein BR zu bilden ist, das Rechtsschutzinteresse (BAG 3.2.1976 – 1 ABR 121/74, AP BetrVG 1972 § 118 Nr. 8).

§ 18 Vorbereitung und Durchführung der Wahl

(1) [1] **Der Wahlvorstand hat die Wahl unverzüglich einzuleiten, sie durchzuführen und das Wahlergebnis festzustellen.** [2] **Kommt der Wahlvorstand dieser Verpflichtung nicht nach, so ersetzt ihn das Arbeitsgericht auf Antrag des Betriebsrats, von mindestens drei wahlberechtigten Arbeitnehmern oder einer im Betrieb vertretenen Gewerkschaft.** [3] **§ 16 Abs. 2 gilt entsprechend.**

(2) **Ist zweifelhaft, ob eine betriebsratsfähige Organisationseinheit vorliegt, so können der Arbeitgeber, jeder beteiligte Betriebsrat, jeder beteiligte Wahlvor-**

stand oder eine im Betrieb vertretene Gewerkschaft eine Entscheidung des Arbeitsgerichts beantragen.

(3) [1]**Unverzüglich nach Abschluss der Wahl nimmt der Wahlvorstand öffentlich die Auszählung der Stimmen vor, stellt deren Ergebnis in einer Niederschrift fest und gibt es den Arbeitnehmern des Betriebs bekannt.** [2]**Dem Arbeitgeber und den im Betrieb vertretenen Gewerkschaften ist eine Abschrift der Wahlniederschrift zu übersenden.**

Inhaltsübersicht

I. Vorbemerkung

1 Die Vorschrift regelt in Abs. 1 u. 3 die Pflichten des Wahlvorst. bei der Einleitung, Durchführung und nach Beendigung der Wahl sowie die Möglichkeit der Ersetzung eines säumigen Wahlvorst. durch das ArbG. In Abs. 2 wird ferner die Möglichkeit eröffnet, bei Zweifeln über das Vorliegen einer betriebsratsfähigen Organisationseinheit eine Entscheidung des ArbG herbeizuführen.

2 Die Vorschrift ist durch das **BetrVerf-ReformG** in drei Punkten geändert worden. Den Antrag auf Ersetzung des Wahlvorst. kann nunmehr auch der BR stellen (Abs. 1). Wegen der weitreichenden Gestaltungsmöglichkeiten von BRStrukturen insbes. durch TV nach § 3 nF und der neuen Regelungen in § 4 ist der Streitgegenstand der gerichtlichen Klärung in Abs. 2, was zu einem Betrieb gehört, umfassender umschrieben werden. Das Streichen der Worte „vor der Wahl" verdeutlich, dass die Klärung, ob ein betriebsratsfähiger Betrieb vorliegt und was zu ihm gehört, auch außerhalb des Wahlverfahrens erfolgen kann (vgl. BT-Drs. 14/5741, 38).

3 Die Vorschrift findet auf die Wahl der BordVertr. und des SeeBR entsprechende Anwendung (vgl. § 115 Abs. 2, § 116 Abs. 2). Für die Wahl der JAV gilt die Sonderregelung des § 63 Abs. 2–4. Keine Anwendung findet die Vorschrift auf die Entsendung der Mitgl. des GesBR, KBR, der GesJAV und KJAV.

4 Die Vorschrift ist grds. **zwingend.** Weder durch TV noch durch BV können abweichende Regelungen getroffen werden. Das gilt auch für die nach § 3 Abs. 1 Nr. 1–3 gebildeten Betriebsräte, nicht jedoch für die Wahl zusätzlicher betriebsverfassungsrechtlicher Vertr. der ArbN nach § 3 Abs. 1 Nr. 5 sowie die zusätzlichen betriebsverfassungsrechtlichen Gremien in Form von Arbeitsgemeinschaften der BR nach § 3 Abs. 1 Nr. 4 (so auch WPK/*Wlotzke* Rn. 1). Letztere dürften idR durch Entsendung von Mitgl. aus den einzelnen BR gebildet werden, so dass die Vorschrift nicht greift.

5 Entspr. Vorschriften: § 23 BPersVG, § 7 Abs. 4 SprAuG.

II. Aufgaben des Wahlvorstands

6 § 18 Abs. 1 u. 3 umschreibt die **Aufgaben des Wahlvorst.** in den Grundzügen. Der Wahlvorst. hat die Wahl nach den gesetzlichen Vorschriften, die durch die nach

§ 126 erlassene **Wahlordnung** ergänzt werden (→ § 126 Rn. 5ff.; sowie Anh. 1), einzuleiten und durchzuführen. Er hat das Wahlverfahren in seinem gesamten Verlauf zu überwachen und für seine ordnungsmäßige Durchführung zu sorgen.

7 Aus seiner Verpflichtung zur ordnungsmäßigen Durchführung der Wahl folgt auch sein Recht, rechtsfehlerhafte Maßnahmen **im Laufe des Wahlverfahrens zu korrigieren,** umso eine sonst drohende erfolgreiche Anfechtbarkeit der Wahl oder gar ihre Nichtigkeit zu vermeiden (LAG Brem 27.2.1990 – 1 TaBV 3/90, DB 1990, 1571; zur Zulässigkeit von gerichtlichen Entscheidungen im Laufe des Wahlverfahrens → Rn. 32ff.). Der Sicherung einer ordnungsgemäßen Durchführung der Wahl dient auch das Strafantragsrecht des Wahlvorst. bei Behinderung oder unzulässiger Beeinflussung der Wahl (vgl. § 119 Abs. 2).

8 Der Wahlvorst. kann, sofern er dies zB wegen seiner erhöhten MitglZahl für sachgerecht hält, einen **geschäftsführenden Ausschuss** bilden, dem die vielfältigen laufenden Geschäfte des Wahlvorst. (insbes. vorbereitender oder technischer Art) zur Erledigung übertragen werden können (*Jacobs* Wahlvorstände S. 226). Zum Begriff der laufenden Geschäfte → § 27 Rn. 67ff. Die das Wahlverfahren betr. materiellen Entscheidungen (zB Erlass des Wahlausschreibens, Entscheidungen über Wahlrecht, Wählbarkeit oder die Gültigkeit von Vorschlagslisten) muss jedoch der Wahlvorst. als solcher treffen (*Jacobs* Wahlvorstände S. 227; WPK/*Wlotzke* Rn. 2).

9 Der Wahlvorst. trifft seine Entscheidungen nach **pflichtgemäßem Ermessen** durch Beschluss. Die **Beschlüsse** werden mit einfacher Stimmenmehrheit der stimmberechtigten Mitglieder des Wahlvorst. – also ohne Beteiligung der von den Gewerkschaften nach § 16 Abs. 1 S. 6 entsandten Mitgl. – gefasst (§ 1 Abs. 3 S. 1 WO).

10 Über jede Sitzung des Wahlvorst. ist eine **Niederschrift** aufzunehmen, die mindestens den Wortlaut der gefassten Beschlüsse enthält. Die Niederschrift ist vom Vorsitzenden und einem weiteren stimmberechtigten WahlvorstMitgl. zu unterschreiben (§ 1 Abs. 3 S. 2 u. 3 WO). ErsMitgl nehmen an den Sitzungen des Wahlvorst., solange sie nicht für ein verhindertes oder ausgeschiedenes Mitgl. eingetreten sind, nicht teil, wohl jedoch die von den Gewerkschaften nach § 16 Abs. 1 S. 1 entsandten Mitgl. (→ § 16 Rn. 52). Zur Rechtstellung der Mitgl. des Wahlvorst. → § 16 Rn. 82ff.

11 Auch ohne dass dies ausdrücklich geregelt ist, sind die **Gewerkschaften,** in den Betrieben der privatisierten Post- und Bahnunternehmen, der BRD-Finanzagentur GmbH, der Infrastrukturgesellschaft für Autobahnen und andere Bundesfernstraßen sowie der Kooperationsunternehmen der Bundeswehr auch die **Berufsverbände der Beamten** bzw. Soldaten (→ § 2 Rn. 34), berechtigt, dem Wahlvorst. auf sein Verlangen hin fachkundigen Rat zu erteilen, um das komplizierte Wahlverfahren ordnungsgemäß abzuwickeln (LAG MV 11.11.2013 – 5 TaBVGa 2/13, NZA-RR 2014, 130). Das ergibt sich nicht nur aus der allgemeinen betriebsverfassungsrechtlichen Unterstützungsfunktion der Gewerkschaften, sondern auch aus ihrem Recht, die Wahl anzufechten (§ 19) oder gegen rechtsfehlerhafte Maßnahmen des Wahlvorst. auch während des laufenden Wahlverfahrens gerichtlich vorzugehen (→ Rn. 32ff.).

12 Ist ihnen nämlich das Recht einer nachträglichen Beseitigung rechtsfehlerhafter Maßnahmen des Wahlvorst. zuerkannt, muss ihnen auch eine **vorbeugende Hilfe** gestattet sein. Hieran ändert auch nichts die in § 16 Abs. 1 S. 6 den nicht im Wahlvorst. vertretenen Gewerkschaften eingeräumte Möglichkeit, einen betriebsangehörigen Beauftragten als nicht stimmberechtigtes Mitgl. in den Wahlvorst. zu entsenden. Denn diese Regelung soll lediglich für mehr Transparenz der Tätigkeit des Wahlvorst. sorgen (→ § 16 Rn. 41ff.). Sie kann eine erforderliche Beratung des Wahlvorst. in schwierigen Sach- oder Rechtsfragen nicht ersetzen.

13 Ein eigenständiges Teilnahmerecht der Gewerkschaften an den Sitzungen des Wahlvorst. besteht allerdings mangels einer ausdrücklichen gesetzlichen Regelung nicht. Jedoch ist es zulässig, dass ein Gewerkschaftsbeauftragter zur Erörterung konkreter Zweifelsfragen auf Wunsch des Wahlvorst. auch an dessen **Sitzungen** teilnimmt (LAG MV 11.11.2013 – 5 TaBVGa 2/13, NZA-RR 2014, 130; ArbG Verden 7.10.2013 – 1 BVGa 1/13, NZA-RR 2014, 19; LAG Düsseldorf 15.8.1980 – 7 Ta 177/80, BB 1980, 1424; GK-BetrVG/*Kreutz* Rn. 13). Dem Gewerkschaftsbeauftragten ist zu diesem Zweck gem. § 2 Abs. 2 **Zutritt zum Betrieb** zu gewähren (LAG MV 11.11.2013 – 5 TaBVGa 2/13, NZA-RR 2014, 130; ErfK/*Koch* Rn. 1; WPK/*Wlotzke* Rn. 3; SWS Rn. 1; **aA** LAG Hamm 30.9.1977 – 3 Ta BV 59/77, DB 1978, 844; HWGNRH/*Nicolai* Rn. 6).

1. Einleitung der Wahl

Der Wahlvorst. hat die Wahl **unverzüglich,** dh ohne schuldhaftes Zögern, alsbald nach seiner Bestellung **„einzuleiten".** Diese Verpflichtung entsteht mit der Bestellung des Wahlvorst. und ist mit Erlass des Wahlausschreibens erfüllt (§ 3 Abs. 1 S. 2, § 31 Abs. 1 S. 2, § 36 Abs. 2 S. 2 WO). **14**

Der Wahlvorst. soll die Wahl so **zügig durchführen,** dass der neugewählte BR sein Amt mit Ablauf der Amtszeit des bestehenden antreten kann, damit keine betriebsratslose Zeit eintritt. Besteht im Betrieb kein oder nur noch ein nach § 22 bloß geschäftsführender BR, so ist die Wahl so zügig durchzuführen, dass möglichst bald der neue BR gewählt ist. Andererseits muss man dem Wahlvorst. genügende Zeit zugestehen, die Wahlvorbereitungen gründlich zu treffen, um eine Anfechtbarkeit der Wahl (§ 19) zu vermeiden. Jedenfalls soll der Wahlvorst. das Wahlausschreiben spätestens sechs Wochen vor dem ersten Tag der Stimmabgabe erlassen (§ 3 Abs. 1 S. 1 WO), wenn der BR nicht im vereinfachten Wahlverfahren nach § 14a gewählt wird (Näheres → § 14a Rn. 8 ff., § 36 Abs. 2 S. 3 WO). **15**

Bis zum Erlass des Wahlausschreibens hat der Wahlvorst. **16**

- zu beschließen, ob er sich eine **schriftliche Geschäftsordnung** geben will (§ 1 Abs. 2 S. 1 WO) und ob er Wahlhelfer bestellen will (§ 1 Abs. 2 S. 2 WO); dies hängt ua von der Zahl der erforderlichen Wahllokale ab;
- die **Wählerlisten** nach § 2 Abs. 1 WO aufzustellen, wobei ihn der ArbGeb. nach § 2 Abs. 2 WO durch Auskünfte und Unterlagen (Listen und dergleichen) zu unterstützen hat, und zu beschließen, wo diese ausgelegt werden sollen bzw. ob und wie eine Bekanntmachung der Wählerliste in **elektronischer Form** erfolgen soll (§ 2 Abs. 4 WO);
- ggf. das Verfahren nach § 18a über die **Zuordnung der leitenden Ang.** durchführen (→ § 18a Rn. 6 ff.);
- die **Zahl** der zu wählenden BRMitgl. nach § 9 festzustellen;
- die Zahl der gem. § 15 Abs. 2 auf das **Minderheitsgeschlecht** entfallenden Mindestsitze im BR nach § 5 WO zu berechnen (→ § 15 Rn. 15 ff.);
- zu errechnen, von wievielen ArbN ein **Wahlvorschlag** zu unterstützen ist (→ § 14 Rn. 45 ff.);
- zu beschließen, wann und wo **Wahlvorschläge** einzureichen sind (vgl. §§ 6 ff. WO) und wo sie ausgelegt bzw. wo und wie sie elektronisch bekanntgemacht werden sollen (vgl. § 10 WO);
- zu beschließen, ob für Betriebsteile oder Kleinstbetriebe, die räumlich weit vom Hauptbetrieb entfernt sind, **schriftliche Stimmabgabe** erfolgen soll (§ 24 Abs. 3 WO);
- Ort, Tag und die Zeit der **Stimmabgabe** festzulegen (vgl. § 3 Abs. 2 Nr. 11 WO);
- den Ort zu bestimmen, an dem Einsprüche, Wahlvorschläge und sonstige Erklärungen gegenüber dem Wahlvorst. abzugeben sind (vgl. § 3 Abs. 2 Nr. 12 WO);
- Ort, Tag und Zeit der öffentlichen Stimmauszählung festzulegen (vgl. § 3 Abs. 2 Nr. 13 WO).

Vgl. hierzu auch die Erläuterungen zu den angegebenen Vorschriften der WO (abgedr. in Anh. 1).

17 Zu den Besonderheiten, die der Wahlvorst. beim **vereinfachten Wahlverfahren** nach § 14a zu beachten hat, → § 14a Rn. 18ff. sowie die §§ 30ff. WO und die dortigen Erläuterungen.

18 Aufgrund der in → Rn. 16 genannten Entscheidungen fertigt der Wahlvorst. das **Wahlausschreiben** an, mit dessen Erlass die Wahl „eingeleitet" ist (§ 3 Abs. 1 S. 2, § 31 Abs. 1 S. 2, § 36 Abs. 2 S. 2 WO). Die regelmäßigen BRWahlen nach § 13 Abs. 1 sind zeitgleich mit den regelmäßigen Wahlen nach § 5 Abs. 1 SprAuG, dh den Wahlen der betrieblichen Sprecherausschüsse oder des Unternehmenssprecherausschusses einzuleiten (→ § 13 Rn. 10ff.).

2. Durchführung der Wahl

19 Nach Erlass des Wahlauschreibens hat der Wahlvorst. insbes. folgende Aufgaben: Er hat über **Einsprüche gegen die Richtigkeit der Wählerlisten** zu entscheiden (vgl. § 4 Abs. 1 u. 2 WO) und diese bis zum Tage vor Beginn der Stimmabgabe auf dem aktuellen Stand zu halten. Insbes. hat er neu in den Betrieb eintretende ArbN noch in die Wählerliste einzutragen und ausgeschiedene ArbN zu streichen (vgl. § 4 Abs. 3 WO).

20 Ferner hat er **Vorschlagslisten** (vgl. § 7 WO) entgegenzunehmen, sie nach den §§ 6ff. WO zu prüfen und ggf. eine Nachfrist von einer Woche festzusetzen und bekanntzumachen, wenn keine Wahlvorschläge eingereicht werden (vgl. § 9 WO). Er hat die Reihenfolge der eingereichten Vorschlagslisten auszulosen (vgl. § 10 WO) sowie die Vorschlagslisten bekanntzumachen. Ferner hat er die **Stimmzettel,** die Wahlumschläge und die Wahlurnen zu beschaffen und schließlich die **Stimmabgabe,** ggf. mit Unterstützung von Wahlhelfern, zu überwachen (vgl. § 12 WO).

3. Feststellung des Wahlergebnisses

21 Für die Feststellung des Wahlergebnisses schreibt § 18 Abs. 3 ausdrücklich die **öffentliche Auszählung der Stimmen** unverzüglich nach Abschluss der Stimmabgabe vor. Nach Sinn und Zweck der Vorschrift, die davon ausgeht, dass die ArbN nicht nur an der Stimmauszählung, sondern insbes. auch an der Feststellung interessiert sind zu erfahren, wer gewählt ist, ist die Bestimmung dahin auszulegen, dass die gesamte Ermittlung des Wahlergebnisses nach § 16 WO in öffentlicher Sitzung erfolgen muss (GK-BetrVG/*Kreutz* Rn. 32; HWGNRH/*Nicolai* Rn. 20; Richardi BetrVG/*Thüsing* Rn. 7; *Weiß/Weyand* BetrVG Rn. 2; vgl. auch § 13 WO).

22 Mit der Wahlniederschrift nach § 16 WO liegt das vorläufige Wahlergebnis vor. Das **endgültige Wahlergebnis** steht allerdings erst fest, wenn die Gewählten die Wahl gem. § 17 WO angenommen haben (vgl. § 18 WO).

23 Unter **Öffentlichkeit** ist nicht die allgemeine Öffentlichkeit zu verstehen, da dies dem internen betrieblichen Charakter der BRWahl nicht entsprechen würde. Jedoch beschränkt sich die „Öffentlichkeit" auch nicht nur auf die ArbN des Betriebs. Vielmehr ist allen, die ein berechtigtes Interesse an der BRWahl haben, die Anwesenheit zu ermöglichen. Hierzu zählen im Hinblick auf ihr Wahlanfechtungsrecht und die Regelung des Abs. 3 S. 2 jedenfalls auch die im Betrieb vertretenen Gewerkschaften (BAG 16.4.2003 – 7 ABR 29/02, AP BetrVG 1972 § 20 Nr. 21; GK-BetrVG/*Kreutz* Rn. 33; Richardi BetrVG/*Forst* WO § 13 Rn. 3; DKKW/*Homburg* WO § 13 Rn. 6; **aA** SWS Rn. 6). Die Gewerkschaft muss sich nicht auf die ihr zu übersendende Wahlniederschrift verweisen lassen, sondern hat das Recht, sich durch eigene Wahrnehmung von der Ordnungsgemäßheit der Ermittlung des Wahlergebnisses zu überzeugen (BAG 16.4.2003 – 7 ABR 29/02, AP BetrVG 1972 § 20 Nr. 21). Das Gebot der öffentlichen Stimmauszählung erfordert, dass den Teilnahmeberechtigten ein ungehinderter Zugang zum Ort der Stimmauszählung möglich ist (BAG 15.11.2000 – 7 ABR 53/99, AP BetrVG 1972 § 18 Nr. 10 mAnm *Rädel* AiB 2001, 663; BAG

10.7.2013 – 7 ABR 83/11, ArbuR 2013, 460; → WO § 13 Rn. 4ff.). Notfalls kann dies auch im Wege des einstweiligen Verfügungsverfahrens durchgesetzt werden (für die Teilnahme eines Gewerkschaftsmitgl. an der Stimmauszählung s. BAG 15.11.2000 – 7 ABR 53/99, AP BetrVG 1972 § 18 Nr. 10).

Die **Auszählung der Stimmen** ist in §§ 13, 14 WO geregelt. Die Auszählung muss hiernach unverzüglich nach Abschluss der Wahl erfolgen. Sie erfolgt in der Weise, dass der Wahlvorst. die Stimmzettel den Wahlumschlägen entnimmt und die auf jede Vorschlagsliste (bei Verhältniswahl) bzw. auf jeden Wahlbewerber (bei Mehrheitswahl) entfallenden Stimmen zusammenzählt. Hierbei hat er jeweils die **Gültigkeit der einzelnen Stimmzettel** zu prüfen. Es ist zulässig, die Auszählung der Stimmen über eine EDV-Anlage vorzunehmen (ArbG Bremen 19.7.1972 – 3 Ca 3252/72, DB 1972, 1830; HWGNRH/*Nicolai* Rn. 22); jedoch muss die Verantwortlichkeit des Wahlvorst. für den Auszählungsvorgang und die Öffentlichkeit der Stimmauszählung gewahrt bleiben (LAG Bln 16.11.1987 – 12 Ta BV 6/87, DB 1988, 504; WPK/*Wlotzke* Rn. 7). Die Öffentlichkeit der Stimmauszählung erfordert, dass Ort und Zeitpunkt der Stimmauszählung vorher im Betrieb öffentlich bekanntgemacht werden (BAG 15.11.2000 – 7 ABR 53/99, AP BetrVG 1972 § 18 Nr. 10; 10.7.2013 – 7 ABR 83/11, ArbuR 2013, 460). Der Verstoß hiergegen berechtigt zur Wahlanfechtung (BAG 10.7.2013 – 7 ABR 83/11, ArbuR 2013, 460). Wegen schriftlicher Stimmabgabe vgl. §§ 24ff. WO. 24

Die **Ermittlung der Sitze** erfolgt bei Verhältniswahl nach § 15 WO (→ § 14 Rn. 22ff.; → § 15 Rn. 11ff.; 22ff.), bei Mehrheitswahl nach den §§ 22, 34 und § 36 Abs. 4 WO (→ § 14 Rn. 29ff.; → § 15 Rn. 30ff.). 25

Über das vorläufige Wahlergebnis ist eine Niederschrift nach § 16 WO zu erstellen, in der für die Feststellung des Wahlergebnisses wesentliche Angaben aufzunehmen sind. 26

Die **Bekanntgabe des Wahlergebnisses** erfolgt durch zweiwöchigen Aushang (vgl. § 18 WO), sobald die Namen der BRMitgl. endgültig feststehen, dh wenn feststeht, ob alle Gewählten die Wahl angenommen haben oder ob gewählte Wahlbewerber nach § 17 WO binnen drei Tagen nach Zugang der Benachrichtigung ihrer Wahl gegenüber dem Wahlvorst. die Ablehnung der Wahl erklärt haben und welche Wahlbewerber an ihrer Stelle endgültig in den BR eingetreten sind. 27

4. Weitere Verpflichtungen des Wahlvorstands

Nach § 18 Abs. 3 S. 2 ist der Wahlvorst. verpflichtet, eine **Abschrift der Wahlniederschrift** (dh der Niederschrift über die Feststellung des Wahlergebnisses) dem **ArbGeb.** und den **Gewerkschaften** zu übersenden, von denen er weiß, dass sie im Betrieb vertreten sind (→ § 2 Rn. 43). Die Übersendung hat unverzüglich nach Unterzeichnung der Wahlniederschrift zu erfolgen (Richardi BetrVG/*Thüsing* Rn. 7; **aA** GK-BetrVG/*Kreutz* Rn. 41: nach Bekanntgabe des endgültigen Wahlergebnisses; zur Frage der Anfechtungsfrist → § 19 Rn. 34ff.). 28

Die Verletzung dieser Vorschrift begründet **kein Wahlanfechtungsrecht,** da sie die ordnungsgemäße Durchführung der Wahl als solche nicht berührt. Wohl können der ArbGeb. und jede im Betrieb vertretene Gewerkschaft durch Anrufung des ArbG die Aushändigung der Wahlniederschrift im arbeitsgerichtlichen Beschlussverf. (§§ 80ff. ArbGG) erzwingen, ggf. auch im Wege einer einstw. Vfg. nach § 85 Abs. 2 ArbGG. Hat der Wahlvorst. die Übersendung versäumt, kann sie auch vom BR noch vorgenommen werden (LAG Düsseldorf 6.4.1978 – 14 Ta BV 123/77, BB 1978, 1310). 29

Der Wahlvorst. hat ferner gem. § 29 Abs. 1 vor Ablauf von einer Woche nach dem Wahltag die Mitgl. des BR zur **konstituierenden Sitzung** einberufen. Hierbei leitet der Vorsitzende des Wahlvorst. – im Falle seiner Verhinderung ein anderes Mitgl. – die BRSitzung, bis der BR aus seiner Mitte einen Wahlleiter bestellt hat (iE → § 29 Rn. 6ff.). 30

31 Die **Wahlakten** werden vom BR, und zwar mindestens bis zur Beendigung seiner Amtszeit aufbewahrt (vgl. § 19 WO).

5. Streitfragen im Laufe des Wahlverfahrens

32 Bei der Vielfalt und Vielzahl der Aufgaben des Wahlvorst. sind **Meinungsverschiedenheiten** über die Rechtsgültigkeit seiner Maßnahmen und Entscheidungen nicht ausgeschlossen. Zu denken ist zB an Streit über die Ordnungsmäßigkeit des Wahlausschreibens, über die Nichtanerkennung des aktiven oder passiven Wahlrechts, über die Anerkennung oder Nichtanerkennung eines Wahlvorschlags.

33 Derartige Rechtsverstöße können zwar auch im Wahlanfechtungsverfahren nach § 19 geltend gemacht werden (→ § 19 Rn. 10 ff.). Das schließt jedoch eine **gerichtliche Klärung** von auftretenden Streitfragen **im Laufe des Wahlverfahrens** nicht aus; denn es wäre widersinnig, ein mit Rechtsfehlern behaftetes Wahlverfahren mit dem Risiko einer Wahlanfechtung und der Notwendigkeit einer Wahlwiederholung fortzusetzen, obgleich die Mängel schon im Laufe des Wahlverfahrens durch eine gerichtliche Entscheidung hätten beseitigt werden können. Deshalb können rechtsfehlerhafte Maßnahmen des Wahlvorst. bereits im Laufe des Wahlverfahrens zum Gegenstand eines arbeitsgerichtlichen Verfahrens gemacht werden (hM; BAG 15.12.1972 – 1 ABR 8/72, AP BetrVG 1972 § 14 Nr. 1; 3.6.1975 – 1 ABR 98/74, AP BetrVG 1972 § 5 Rotes Kreuz Nr. 1; 25.8.1981 – 1 ABR 61/79, AP ArbGG 1979 § 83 Nr. 2; 20.2.1991 – 7 ABR 85/89, AP MitbestG § 9 Nr. 1 (zu ARWahlen); HWGNRH/*Nicolai* Rn. 35 ff., 41, § 19 Rn. 3; *Winterfeld* NZA 1990 Beil. 1, 20; *Zwanziger* DB 9199, 2264).

34 Ist die **Wahl durchgeführt,** ohne dass im Laufe des Wahlverfahrens ein aufgetretener Rechtsverstoß geltend gemacht worden ist, ist **nur** noch eine **Anfechtung** der Wahl nach § 19 möglich.

35 Für die **Zuordnung von leitenden Ang.** im Rahmen der Wahl stellt § 18a ein bes. Zuordnungsverfahren zur Verfügung (→ § 18a Rn. 6 ff.). Dies beschränkt zwar im Interesse der Rechtsicherheit die Anfechtung der Wahl auf Fälle einer offensichtlich fehlerhaften Zuordnung, schließt aber iÜ den Rechtsweg nicht aus (→ § 18a Rn. 61 ff.).

36 Die Klärung von Streitfragen im Laufe des Wahlverfahrens ist wegen des durch den Wahlablauf bestehenden Zeitdrucks meist von großer Dringlichkeit. Deshalb ergibt sich vielfach die Notwendigkeit des Erlasses **einstw. Vfg.** gem. § 85 Abs. 2 ArbGG (BAG 15.12.1972 – 1 ABR 5/72, AP ArbGG 1953 § 80 Nr. 5; GK-BetrVG/*Kreutz* Rn. 81 ff.).

37 Durch eine einstw. Vfg. darf jedoch im Allgemeinen die Durchführung der **Wahl nicht** bis zur endgültigen Klärung der Rechtsfrage **ausgesetzt** werden, da dies im Hinblick darauf, dass der Betrieb nach Ablauf der Amtszeit des bestehenden BR betriebsratslos ist, auf eine vorläufige Suspendierung des G hinauslaufen würde (LAG Hamm 10.4.1975 – 8 TaBV 29/75, DB 1975, 1176; LAG Düsseldorf 27.3.1975 – 11 TaBV 28/75, DB 1975, 937 und DB 1978, 987; WPK/*Wlotzke* Rn. 10; *Zwanziger* DB 1999, 2265; **aA** LAG Düsseldorf 19.4.1968 – 6 BV Ta 3/68, DB 1968, 898; *Winterfeld* NZA 1990 Beil. 1, 26 bei Streit über die Abgrenzung des Betriebs).

38 Wegen dieser Konsequenz kommen bei Streitigkeiten im Laufe des Wahlverfahrens im Allgemeinen auch keine einstw. Vfg. in Betracht, die lediglich eine vorläufige Regelung schaffen (sog Sicherungsverfügung), die endgültige Klärung jedoch dem Ausgang des Streitverfahrens in der Hauptsache vorbehalten. Vielmehr können durch sog **Leistungsverfügungen** für die weitere Durchführung der Wahl endgültige Maßnahmen („vollendete Tatsachen“) getroffen werden (LAG Hamm 9.3.1972 – 8 BV Ta 2/72, BB 1972, 493; 10.4.1975 – 8 TaBV 29/75, DB 1975, 1176; LAG Bln 7.2.2006 – 4 TaBV 214/06, NZA 2006, 509 [511]; WPK/*Wlotzke* Rn. 10; GK-BetrVG/*Kreutz* Rn. 94; *Winterfeld* NZA 1990 Beil. 1, 23 ff.; *Veit/Wichert* DB 2006,

390; *Rieble/Triskatis* NZA 2006, 233 [236]; **aA** LAG Düsseldorf 19.4.1968 – 6 BV Ta 3/68, DB 1968, 897; wohl auch *Heinze* RdA 1986, 286).

Hiergegen bestehen auch deshalb keine grundsätzlichen Bedenken, weil bei Abwägung der Gesichtspunkte auf der einen Seite die weitere **Durchführung** der **BRWahl** ohne großen Zeitverzug **gewährleistet** ist, auf der anderen Seite jedoch – falls die durch die einstw. Vfg. getroffene Regelung den Streit zwischen den Beteiligten nicht endgültig beilegen sollte – die Möglichkeit der Anfechtung der BRWahl nicht ausgeschlossen ist und insofern letztlich keine endgültigen Fakten geschaffen werden (ErfK/*Koch* Rn. 7; *Veit/Wichert* DB 2006, 390; **aA** LAG BW 6.3.2006 – 13 TaBV 4/06, MDR 2006, 1001). **39**

Durch einstw. Vfg. sind **berichtigende Eingriffe** in das Wahlverfahren zulässig zB Aufnahme eines ArbN in die Wählerliste, Streichung von ArbN aus Betriebsteilen iSd § 4 S. 1 auf der Wählerliste des Hauptbetriebs, Zulassung bzw. Nichtzulassung eines Wahlvorschlags, anderweitige Festlegung der Größe des zu wählenden BR (s. insoweit aber *Zwanziger* DB 1999, 2266; dagegen Eingriffsregelung unbegründet, wenn Wahlvorst. iRd § 9 Aushilfen, die über sechs Monate im Jahr beschäftigt werden, und ArbN, die wegen Erziehungsurlaubsgewährung unbefristet eingestellt werden, berücksichtigt, LAG Hamm 18.3.1998 – 3 TaBV 42/98, BB 1998, 1211) oder unzutreffende Ermittlung der Zahl der Mindestsitze für das Minderheitsgeschlecht nach § 15 Abs. 2 bzw. deren anderweitige Verteilung (vgl. zum alten Gruppenschutz LAG Hamm 10.4.1975 – 8 TaBV 29/75, DB 1975, 1176; LAG Düsseldorf 27.3.1975 – 11 TaBV 28/75, DB 1975, 937; ArbG Aachen 14.3.1994 5d BVGa 1/94, AuA 1994, 253; GK-BetrVG/*Kreutz* Rn. 96; *Winterfeld* NZA 1990 Beil. 1, 20 ff.). **40**

Derartige Entscheidungen stellen vielfach nicht unerhebliche Eingriffe in das Wahlverfahren dar. Aus diesem Grunde sind an die materielle Begründetheit des Anordnungsanspruchs **strenge Anforderungen** zu stellen (GK-BetrVG/*Kreutz* Rn. 102; WPK/*Wlotzke* Rn. 10; *Berg/Heilmann* AiB 2009, 363 [365]). In diesem Zusammenhang ist ferner zu berücksichtigen, ob die Gefahr einer nachträglichen begründeten Wahlanfechtung geringer ist, wenn der berichtigende Eingriff erfolgt, als im umgekehrten Fall. **41**

In bes. Ausnahmefällen kann durch eine einstw. Vfg. auch ein vorzeitiger **Abbruch der Wahl** und die Einleitung einer neuen Wahl vorgesehen werden. Das BAG hat in seiner Entscheidung v. 27.7.2011 – 7 ABR 61/10, NZA 2012, 345 entschieden, dass ein vorzeitiger Abbruch der Wahl **nur im Fall der Nichtigkeit** der BRWahl zulässig ist und damit den bisher bestehenden Meinungsstreit (s. dazu Fitting 27. Aufl. 2014 Rn. 42a) höchstrichterlich entschieden (zust. *Klimaschewski* AiB 2012, 681 [682]; LAG Hamm 6.9.2013 – 7 TaBVGa 7/13, NZA-RR 2013, 637; LAG Köln 8.4.2014 – 7 Ta 101/14, AE 2014, 299; krit. LAG SchlH 5.4.2012 – 4 TaBVGa 1/12, ZBVR online 2012, Nr. 7/8 S. 12; *Mückl/Herrenstadt* Personalmagazin Ausgabe 10/2013; ebenfalls krit. *Otto/Schmidt* NZA 2014, 169 [173], soweit durch die Unterbrechung der Wahl evident keine BRlose Zeit eintreten kann). Dies gilt auch für eine BRWahl, die außerhalb des regelmäßigen Wahlzeitraums erfolgt (LAG Düsseldorf 13.3.2013 – 9 TaBVGa 5/13, BeckRS 2013, 68272). Sind in einem Betrieb zur Wahl eines BR zwei konkurrierende Wahlvorst. gewählt worden, so ist zur Sicherung einer ordnungsgemäßen BRWahl, die BRWahl des Wahlvorst. abzubrechen, zu dessen Wahl zeitlich später eingeladen worden ist (LAG Hamm 16.3.2015 – 13 TaBVGa 3/15). Eine lediglich fehlerhafte Bestellung des Wahlvorst. (zB Verkennung des Betriebsbegriffs) führt nicht zur Nichtigkeit der BR-Wahl (BAG 27.7.2011 – 7 ABR 61/10, NZA 2012, 345; 13.3.2013 – 7 ABR 70/11, NZA 2013, 738). Offen gelassen hat das BAG, ob eine nichtige Wahl des Wahlvorst. auch die Nichtigkeit der BRWahl zur Folge hat; für Nichtigkeit LAG Köln 10.3.2000 – 13 TaBV 9/00, NZA-RR 2001, 423; GK-BetrVG/*Kreutz* § 16 Rn. 6; Richardi BetrVG/*Thüsing* Rn. 21, 21af; es müssen noch weitere Umstände hinzutreten LAG Bln 8.4.2003 – 5 TaBV 1990/02, NZA-RR 2003, 587; LAG Nürnberg 29.7.1998 – 4 TaBV 12/97, BeckRS 1998, 30465950. **42**

42a Basiert die Wahl des BR auf einem TV nach § 3 Abs. 1 und wird vor Abschluss der BRWahl ein weiterer TV mit einer anderen Gewerkschaft nach § 3 Abs. 1 abgeschlossen, stellt sich für den Wahlvorst. die Frage, ob die Wahl des BR bis zur Klärung, welcher TV nach § 4a Abs. 3 iVm Abs. 2 S. 2 TVG der MehrheitsTV ist, abgebrochen werden muss. Unter Zugrundelegung der vom BAG an den Abbruch einer BRWahl gestellten Maßstäbe, ist eine nach dem zeitlich zuerst abgeschlossenen TV nach § 3 Abs. 1 durchgeführte BRWahl nicht nichtig (→ § 3 Rn. 23). Die Feststellung, welcher TV die Mehrheit hat, ist keine einfache und schnell zu klärende Frage sondern kann erhebliche Schwierigkeiten bereiten (→ § 3 Rn. 16f). Von einer für den Wahlvorst. klar erkennbaren Nichtigkeit kann nicht ausgegangen werden. Halten ArbGeb. und die im Betrieb vertretene Gewerkschaft den später abgeschlossenen TV für den maßgeblichen TV nach § 4a Abs. 3 iVm Abs. 2 S. 2 TVG, kann jeder von ihnen sowohl einen Antrag nach § 18 Abs. 2 stellen (aber → Rn. 61) als auch die BRWahl innerhalb der zwei-Wochen-Frist nach § 19 anfechten (→ Rn. 66). Bis zur rechtskräftigen Klärung über den nach § 4a Abs. 3 iVm Abs. 2 S. 2 TVG anwendbaren TV ist der zuerst abgeschlossene TV – auch für den Wahlvorst. – zunächst der maßgebliche TV (→ § 3 Rn. 16f). Damit kommt es nicht zu einem BRlosen Zustand auf unbestimmte Zeit.

43 **Antragsberechtigt** ist jeder, der durch Maßnahmen des Wahlvorst. in seinem aktiven oder passiven Wahlrecht betroffen ist. Darüber hinaus sind auch die nach § 19 Anfechtungsberechtigten antragsberechtigt (so jedenfalls für die im Betrieb vertretenen Gewerkschaften BAG 5.3.1974 – 1 ABR 19/73, AP BetrVG 1972 § 5 Nr. 1; 14.12.1965 – 1 ABR 6/65, AP BetrVG § 16 Nr. 5; 5.6.1964 – 1 ABR 11/63, AP BetrVG § 3 Nr. 7; 24.9.1968 – 1 ABR 4/68, AP BetrVG § 3 Nr. 9; LAG BW 9.3.2010 – 15 TaBVGa 1/10, BeckRS 2010, 67125; GK-BetrVG/*Kreutz* Rn. 84; *Zwanziger* DB 1999, 2266; *Bonanni/Mückl* BB 2010, 437). Auch der Wahlvorst. kann ein arbeitsgerichtliches Verfahren einleiten (BAG 5.3.1974 – 1 ABR 19/73, AP BetrVG 1972 § 5 Nr. 1). Gegen einen erstgerichtlichen Beschl. im Eilverf., der dem Wahlvorst. die weitere Durchführung einer eingeleiteten BRWahl einstw. untersagt, steht auch dem ArbGeb., nicht nur dem Wahlvorst., die Beschwerdebefugnis zu (HessLAG 16.7.1992 – 12 TaBVGa 112/92, NZA 1993, 1008; LAG BW 9.3.2010 – 15 TaBVGa 1/10, BeckRS 2010, 67125; *Dzida/Hohenstatt* BB-Spezial 14/2005, 1 [2]; *Heider* NZA 2010, 488 [490]).

III. Ersetzung des Wahlvorstands durch das Arbeitsgericht

44 Kommt der Wahlvorst. seiner Verpflichtung, die Wahl unverzüglich einzuleiten, durchzuführen und das Wahlergebnis festzustellen (→ Rn. 6ff.), nicht nach, so können mindestens drei wahlberechtigte ArbN des Betriebs oder eine im Betrieb vertr. Gewerkschaft (→ § 2 Rn. 43) beim ArbG die **Ersetzung des Wahlvorst** beantragen. Werden in Betrieben der privatisierten Unternehmen noch Beamte bzw. Soldaten beschäftigt (zB Post- und Bahnunternehmen, Kooperationsunternehmen der Bundeswehr, BRD-Finanzagentur GmbH, DFS-Deutsche Flugsicherung GmbH, Germany Trade and Invest – Gesellschaft für Außenwirtschaft und Standortmarketing GmbH – Infrastrukturgesellschaft für Autobahnen und andere Bundesfernstraßen → § 1 Rn. 47ff., 54ff., 70 bis 83; → § 5 Rn. 316ff., 321ff.; → § 14 Rn. 62, 72ff.) sind auch die im Betrieb vertretenen Berufsverbände der Beamten bzw. Soldaten antragsberechtigt (→ § 2 Rn. 34; → § 16 Rn. 42). Vors. für die Ersetzung durch das ArbG ist eine wirksame Bestellung des Wahlvorst.; ist die Wahl des Wahlvorst. für die erstmalige Wahl des BR nichtig, muss zunächst nach § 17 Abs. 3 u. 4 erneut zu einer BetrVerslg. eingeladen werden (ArbG Essen 22.6.2004 – 2 BV 17/04, NZA-RR 2005, 258).

45 Der **ArbGeb.** ist **nicht** antragsberechtigt (HWGNRH/*Nicolai* Rn. 31). das galt bisher auch für den BR (vgl. *Jacobs* Wahlvorstände S. 194), der allenfalls über seine

Mitgl. als wahlberechtigte ArbN den Antrag stellen konnte. Nunmehr ist mit einer entspr. Änderung des Abs. 1 durch das **BetrVerf-ReformG** klargestellt, dass der **BR antragsberechtigt** ist.

46 Die Antragsbefugnis des BR begründet sich aus der Überlegung, dass der BR, der den Wahlvorst. bestellt hat, auch berechtigt sein muss, diesen bei Untätigkeit durch das ArbG ersetzen zu lassen (BT-Drs. 14/5741, 38). Folglich dürfte in den Fällen des § 16 Abs. 3 und § 17 Abs. 1, in denen der **GesBR** oder, falls ein solcher nicht besteht, der **KBR** den Wahlvorst. bestellt, diese Gremien über den Wortlaut des Abs. 1 hinaus ebenfalls antragsberechtigt sein (ErfK/*Koch* Rn. 6).

47 Die **Ersetzung einzelner Mitgl.** des Wahlvorst. ist **nicht** zulässig (DKKW/*Homburg* Rn. 17; GK-BetrVG/*Kreutz* Rn. 52). Die Ersetzung des Wahlvorst. kann nur durch eine Entscheidung des ArbG erfolgen. Der BR kann den einmal bestellten Wahlvorst. nicht mehr abberufen (ArbG Berlin 3.4.1974 – 10 BVGa 3/74, DB 1974, 830; → § 16 Rn. 84).

48 Voraussetzung für das Eingreifen des ArbG ist die **Untätigkeit oder Säumigkeit** des Wahlvorst. Ein Verschulden ist nicht erforderlich (GK-BetrVG/*Kreutz* Rn. 45; DKKW/*Homburg* Rn. 13; Richardi BetrVG/*Thüsing* Rn. 11). Missbraucht der Wahlvorst. sein Ermessen pflichtwidrig, ohne dass dies eine Verzögerung der Wahl zur Folge hat, so ist eine Ersetzung des Wahlvorst. nicht gerechtfertigt. Derartige Entscheidungen des Wahlvorst. können jedoch selbständig zum Gegenstand eines arbeitsgerichtlichen BeschlVerf. gemacht werden und ggf. den Erlass einer einstw. Vfg. nach § 85 Abs. 2 ArbGG rechtfertigen (→ Rn. 22 ff.; **aA** hinsichtl. einer einstw. Vfg. *Grambow* BB 2017, 1978).

49 Unzweckmäßige Maßnahmen des Wahlvorst. rechtfertigen seine Abberufung nicht notwendig, es sei denn, der Wahlvorst. trifft Maßnahmen, die die Durchführung der Wahl geradezu vereiteln; denn das kommt einer Untätigkeit des Wahlvorst. gleich (GK-BetrVG/*Kreutz* Rn. 45; HWGNRH/*Nicolai* Rn. 29; DKKW/*Homburg* Rn. 13; *Jacobs* Wahlvorstände S. 192). Bei Untätigkeit oder Säumigkeit des Wahlvorst. besteht nur die Möglichkeit seiner gerichtlichen Ersetzung, nicht die Möglichkeit ihn durch gerichtliche Entscheidung zur Durchführung der Wahl zu zwingen (ArbG Iserlohn 7.6.1988 – 2 BV Ga 4/88, DB 1988, 1759).

50 Gibt das ArbG dem Antrag statt, so ruft es durch Beschluss den bisherigen Wahlvorst. ab und ersetzt ihn durch einen in dem Beschluss zugleich zu bestellenden **neuen Wahlvorst.** Mit Rechtskraft der Entscheidung des ArbG hört der bisherige Wahlvorst. auf zu bestehen. Seine Mitglieder verlieren ihr Amt kraft Gesetzes. Der Beschluss betrifft den Wahlvorst. als solchen, nicht etwa nur die einzelnen Mitglieder des Wahlvorst. (GK-BetrVG/*Kreutz* Rn. 52). Die Mitglieder des abberufenen Wahlvorst. genießen nicht den nachwirkenden Kündigungsschutz nach § 15 Abs. 2 S. 2 KSchG (→ § 103 Rn. 10; ErfK/*Koch* Rn. 4; WPK/*Wlotzke* Rn. 14). Bis zur Rechtskraft des Ersetzungsbeschlusses kann der neue Wahlvorst. keine gültigen Wahlhandl. vornehmen, da er erst mit Rechtskraft wirksam im Amt ist; entsprechende Wahlhandl. können im Wege der einstw. Vfg. untersagt werden (LAG Nds 4.12.2003 – 16 TaBV 91/03, BB 2004, 1114; → Rn. 42; WPK/*Wlotzke* Rn. 14).

51 In dem gerichtlichen Abberufungsverfahren ist der Wahlvorst. Beteiligter (Richardi BetrVG/*Thüsing* Rn. 14). Die Abberufung des Wahlvorst. hat **keine rückwirkende Kraft.** Bereits ordnungsgemäß eingeleitete Maßnahmen des Wahlvorst. (zB Erlass des Wahlausschreibens) bleiben vielmehr rechtswirksam (GK-BetrVG/*Kreutz* Rn. 54; WPK/*Wlotzke* Rn. 14; HWGNRH/*Nicolai* Rn. 33). Rechtsfehlerhafte Maßnahmen des alten Wahlvorst. darf und hat der neue Wahlvorst. allerdings zu berichtigen (GK-BetrVG/*Kreutz* Rn. 55; Richardi BetrVG/*Thüsing* Rn. 16).

52 Für die Bestellung des neuen Wahlvorst. gilt § 16 Abs. 2 entspr. (iE → § 16 Rn. 56 ff.). Die Wiederbestellung des bisherigen Wahlvorst. verbietet sich von selbst, wohl aber kann ein Mitglied desselben wieder bestellt werden, insbes. wenn dieses Mitglied keinerlei Anlass für die Abberufung des alten Wahlvorst. gegeben hat (DKKW/*Homburg* Rn. 18; GK-BetrVG/*Kreutz* Rn. 52; Richardi BetrVG/*Thüsing*

Rn. 15). Das ArbG kann auch, wenn es dies im Interesse einer ordnungsgemäßen Durchführung der Wahl für erforderlich erachtet, Mitglieder einer im Betrieb vertretenen Gewerkschaft, die nicht ArbN des Betriebs sind, in den Wahlvorst. berufen (→ § 16 Rn. 65 ff.).

IV. Entscheidung über Vorliegen einer betriebsratsfähigen Organisationseinheit (Abs. 2)

53 Wegen der durch das **BetrVerf-ReformG** eröffneten weitreichenden Gestaltungsmöglichkeiten von BRStrukturen durch TV und ggf. BV nach § 3 nF sowie der neuen Regelungen in § 1 zum gemeinsamen Betrieb und § 4 zu Betriebsteilen und Kleinstbetrieben ist der Streitgegenstand der gerichtlichen Klärung in Abs. 2 nF umfassender umschrieben worden als in Abs. 2 aF. Damit wird verdeutlicht, dass in allen Fällen, in denen Zweifel über das Vorliegen einer **betriebsratsfähigen Organisationseinheit und ihren Umfang** bestehen, von den antragsberechtigten Parteien das ArbG angerufen werden kann. Insoweit dient das Verfahren nach Abs. 2 der verbindlichen Klärung, welche Organisationseinheit (künftig) als Betrieb anzusehen ist, in dem ein BR gewählt wird und in dem er seine Beteiligungsrechte wahrnehmen kann (BAG 17.1.2007 – 7 ABR 63/05, AP BetrVG 1972 § 4 Nr. 18; 7.5.2008 – 7 ABR 15/07, AP BetrVG 1972 § 1 Nr. 19; 24.4.2013 – 7 ABR 71/11, DB 2013, 1913; 23.11.2016 – 7 ABR 3/15, NZA 2017, 1003). Ein Antrag nach Abs. 2 kann auch dann gestellt werden, wenn bereits BR'e in Organisationseinheiten gewählt worden sind; die nach Abs. 2 zu treffende Feststellung wirkt dann für die künftigen BR-Wahlen (BAG 23.11.2016 – 7 ABR 3/15, NZA 2017, 1003).

54 Um etwaige Wahlanfechtungen möglichst zu vermeiden, sollten **vor der Wahl** die wichtigsten Fragen geklärt werden, wie zB, ob:

– durch die räumliche Zusammenlegung zweier bisher selbständiger Betriebe ein **einheitlicher Betrieb** entstanden ist (BAG 25.9.1986 – 6 ABR 68/84, AP BetrVG 1972 § 1 Nr. 7);
– mehrere Unternehmen einen **gemeinsamen Betrieb** bilden (BAG 9.4.1991 – 1 AZR 488/90, AP BetrVG 1972 § 18 Nr. 8; 13.8.2008 – 7 ABR 21/07, NZA-RR 2009, 255; 13.2.2013 – 7 ABR 36/11, NZA-RR 2013, 521); hier hilft vor allem die durch das BetrVerf-ReformG eingeführte Vermutungsregelung im neuen § 1 Abs. 2 weiter (Näheres → § 1 Rn. 108 ff.; BAG 23.11.2016 – 7 ABR 3/15, NZA 2017, 1003: *Schmädicke/Glaser/Altmüller* NZA-RR 2005, 393 ff.);
– **Betriebsteile** nach § 4 S. 1 als selbständig gelten oder zum Hauptbetrieb zu rechnen sind, weil sie unselbständig sind oder die dort beschäftigten ArbN nach § 4 S. 2 an der BRWahl im Hauptbetrieb teilnehmen (so auch Richardi BetrVG/*Thüsing* Rn. 23; BAG 17.1.2007 – 7 ABR 63/05, AP BetrVG 1972 § 4 Nr. 18; § 4); nehmen sie bei der Wahl zum Hauptbetrieb teil, verliert der Betriebsteil seine gesetzlich fingierte Eigenständigkeit (BAG 17.9.2013 – 1 ABR 21/12, NZA 2014, 96);
– ob für mehrere Betriebsstätten ein gemeinsamer BR zu wählen ist oder die einzelnen Betriebstätten für sich genommen BR-fähig sind (BAG 9.12.2009 – 7 ABR 38/08, NZA 2010, 906; LAG Bln-Bbg 11.6.2015 – 26 TaBV 1459/14, NZA-RR 2016, 19);
– und welche vom G **abweichende betriebsverfassungsrechtliche Strukturen** durch TV und ggf. BV nach § 3 vereinbart worden sind (unternehmenseinheitlicher BR, FilialBR, betriebs- oder unternehmensübergreifende SpartenBR, andere ArbNStrukturen, Näheres → § 3 Rn. 24 ff.).

55 Die Klärung dieser Fragen gehört zur Vorbereitung der Wahl durch den Wahlvorst.

56 Insbes. bei der **Umstrukturierung** von Unternehmen und Konzernen mit idR weitreichenden Auswirkungen auf die Betriebsstruktur und damit auch auf Bestand und Struktur der BR wird die gerichtliche Klärung nach Abs. 2 dann für BR bedeutsam sein, wenn der ArbGeb. ihnen die zur Beurteilung der neuen Strukturen erfor-

derlichen Daten vorenthält. Zur Verpflichtung bei Umwandlungen von Unternehmen nach dem UmwG, über alle zu erwartenden (individual- und) kollektivarbeitsrechtlichen Folgen der Umwandlung (also zB Verkleinerung, Vergrößerung, Wegfall des BR, GesBR, KBR) im gesellschaftsrechtlichen Vertrag bzw. Spaltungsplan oder Umwandlungsbeschluss schriftlich Auskunft zu geben sowie diese Unterlagen dem zuständigen BR einen Monat vor dem Tag der Anteilsinhaberversammlung zuzuleiten vgl. § 5 Abs. 1 Nr. 9 u. Abs. 3, § 126 Abs. 1 Nr. 11 u. Abs. 3, §§ 136, 176, 177, 194 Abs. 1 Nr. 7 u. Abs. 2 UmwG; *Wlotzke* DB 1995, 40 [45]).

Die **Klärung, was zur betriebsratsfähigen Organisationseinheit gehört,** 57 spielt aber nicht nur für die Wahl des BR eine Rolle, sondern auch zB für die Frage, ob der BR Ausschüsse bilden kann, über Freistellungen verfügt (vgl. §§ 27, 28, 38) und ob ihm Mitbestimmungs- und Mitwirkungsrechte zustehen (vgl. zB § 95 Abs. 2, §§ 99–101, 106, 110 Abs. 2, §§ 111 ff.). Deshalb kann die Entscheidung des ArbG **auch außerhalb des Wahlverfahrens** jederzeit herbeigeführt werden (so bisher schon BAG 25.11.1980 – 6 ABR 62/79, AP BetrVG 1972 § 18 Nr. 3; 9.4.1991 – 1 AZR 488/90, AP BetrVG 1972 § 18 Nr. 8; 23.11.2016 – 7 ABR 3/15, NZA 2017, 1003; DKKW/*Homburg* Rn. 19; Richardi BetrVG/*Thüsing* Rn. 22; **aA** Hess-LAG 20.4.1988 – 8 Sa 923/87, DB 1988, 2650). Deshalb sind die bisher in Abs. 2 enthaltenen Worte „vor der Wahl" gestrichen worden (vgl. BT-Drs. 14/5741, 38).

Eine im BeschlVerf. nach § 18 Abs. 2 ergangene Entscheidung hat bindende 58 Rechtskraft (**„präjudizielle Bindungswirkung"**) zB auch für das Urteilsverfahren über einen Nachteilsausgleichsanspruch nach § 113 (str., wie hier BAG 9.4.1991 – 1 AZR 488/90, AP BetrVG 1972 § 18 Nr. 8; Näheres → § 113 Rn. 39). Die Entscheidung des ArbG ist solange bindend, als die Voraussetzungen, von denen sie ausgegangen ist, sich nicht ändern (GK-BetrVG/*Kreutz* Rn. 68, 78; Richardi BetrVG/*Thüsing* Rn. 30; WPK/*Wlotzke* Rn. 17). Zuständig ist das ArbG, in dessen Bezirk der Betrieb liegt, der als Hauptbetrieb angesehen wird (Richardi BetrVG/*Thüsing* Rn. 24). Keine präjudizielle Bindungswirkung kommt dagegen einer rechtskräftigen Entscheidung nach § 18 Abs. 2 über das Vorliegen eines gemeinsamen Betriebs für das Kündigungsschutzverfahren zu, soweit es dort primär um eine individualrechtliche Vorfrage (Betriebsbegriffs iSd §§ 1, 23 KSchG) geht (BAG 18.10.2006 – 2 AZR 434/05, AP BetrVG 1972 § 92a Nr. 1).

Das Verfahren nach § 18 Abs. 2 wird auf Antrag eingeleitet. **Antragsberechtigt** 59 sind

- der Arbeitgeber,
- jeder beteiligte **Betriebsrat.** Wenn der Kleinstbetrieb oder der Betriebsteil bisher als selbständiger Betrieb angesehen wurde und einen eigenen BR hatte, so sind sowohl dieser als auch der BR des Hauptbetriebs beteiligt und deshalb antragsberechtigt (BAG 24.2.1976 – 1 ABR 62/75, AP BetrVG 1972 § 4 Nr. 2; 29.1.1987 – 6 ABR 23/85, AP BetrVG 1972 § 1 Nr. 6); antragsbefugt ist auch der GesBR, wenn seine Zuständigkeit bestritten wird (BAG 22.6.2005 – 7 ABR 57/04, AP BetrVG 1972 § 1 Gemeinsamer Betrieb Nr. 23);
- jeder beteiligte **Wahlvorst.** (sowohl der Wahlvorst. des Hauptbetriebs als auch etwa bestehende Wahlvorst. der Kleinstbetriebe oder Betriebsteile (DKKW/*Homburg* Rn. 23);
- jede im Betrieb, Betriebsteil oder Kleinstbetrieb vertretene **Gewerkschaft** (→ § 2 Rn. 32 f.), in den Betrieben der privatisierten Post- und Bahnunternehmen sowie Kooperationsunternehmen der Bundeswehr bzw. anderen Betrieben privatrechtlicher Unternehmen, in denen Beamte tätig sind, auch jeder dort vertr. **Berufsverband der Beamten** bzw. Soldaten (Aufzählung unter → Rn. 44; § 2 Rn. 34).

Nicht antragsberechtigt sind **ArbN** des Betriebs, Betriebsteils oder Kleinstbe- 60 triebs (BAG 18.1.2012 – 7 ABR 72/10, NZA-RR 2013, 133; DKKW/*Homburg* Rn. 23; WPK/*Wlotzke* Rn. 17; ErfK/*Koch* Rn. 6; **aA** GK-BetrVG/*Kreutz* Rn. 65, der insoweit eine entspr. Anwendung des § 19 Abs. 2 bejaht). Wohl ist es möglich, dass im Rahmen eines von einem einzelnen ArbN angestrengten Verfahrens über seine Wahlberechtigung oder Wählbarkeit die Frage der Zuordnung eines Betriebsteils oder Kleinstbetriebs inzidenter mitentschieden wird (Richardi BetrVG/*Thüsing* Rn. 26). Ebenfalls nicht antragsberechtigt – auch nicht analog – ist die Schwerbehindertenvertretung (BAG 18.1.2012 – 7 ABR 72/10, AP BetrVG 1972 § 1 Nr. 33).

61 Ergeht **vor Abschluss** des Wahlverfahrens eine rechtskräftige gerichtliche Entscheidung über die Zuordnung von Betriebsteilen oder Kleinstbetrieben, so ist diese Entscheidung für alle Beteiligten verbindlich und wirkt auch im Verhältnis zwischen ArbGeb. und ArbN (BAG 1.12.2004 – 7 ABR 27/04, EzA Nr. 1 zu § 18 BetrVG 2001). Sollte der anstehenden Wahl eine andere Betriebsabgrenzung zugrunde gelegen haben, ist die Wahl abzubrechen und ein neues Wahlverfahren einzuleiten, uU auch ein neuer Wahlvorst. zu bestellen (BAG 1.12.2004 – 7 ABR 27/04, EzA Nr. 1 zu § 18 BetrVG 2001; ErfK/*Koch* Rn. 5; WPK/*Wlotzke* Rn. 18). Dass über die Frage des nach § 4a Abs. 3 iVm Abs. 2 S. 2 TVG maßgeblichen TV nach § 3 Abs. 1 bereits iR des laufenden Wahlverfahrens eine rechtskräftige Entscheidung getroffen werden wird, dürfte aufgrund der damit verbundenen schwierigen Fragestellungen (→ § 3 Rn. 16f) eher nicht der Fall sein.

62 Wird **während der Amtszeit** eines BR in dem Feststellungsverfahren nach Abs. 2 (nicht in einem Anfechtungsverfahren nach § 19) rechtskräftig **festgestellt,** dass ein bei der BRWahl als zum Hauptbetrieb gehörig angesehener **Betriebsteil selbständig** ist, bleibt der BR dennoch bis zum Ablauf seiner Amtszeit für diesen Betriebsteil zuständig. Denn die Verkennung des Betriebsbegriffs rechtfertigt im Allgemeinen nur eine Anfechtung der BRWahl, die nur innerhalb der Anfechtungsfrist von zwei Wochen nach Bekanntgabe des Wahlergebnisses geltend gemacht werden kann (→ § 19 Rn. 10ff.; DKKW/*Homburg* Rn. 25; GK-BetrVG/*Kreutz* Rn. 72; WPK/*Wlotzke/Preis* Rn. 19; *Gnade* FS Herschel, 1982, 149; BAG 11.4.1978 – 6 ABR 22/77, AP BetrVG 1972 § 19 Nr. 8; 7.12.1988 – 7 ABR 10/88, AP BetrVG 1972 § 19 Nr. 15; 9.4.1991 – 1 AZR 488/90, AP BetrVG 1972 § 18 Nr. 8; **aA** Richardi BetrVG/*Thüsing* Rn. 34, der die Wahl eines BR für den Betriebsteil nach § 13 Abs. 2 Nr. 6 zulässt und nur bis zu dessen Wahl eine Zuständigkeit des BR des Hauptbetriebs für den Betriebsteil entspr. § 22 bejaht).

62a Betrifft der Beschluss des ArbG die Entscheidung über die Frage, welcher nach § 3 Abs. 1 abgeschlossene TV nach § 4a Abs. 3 iVm Abs. 2 S. 2 TVG der maßgebliche TV (MehrheitsTV) ist, stellt sich die Frage, ob direkt Neuwahlen einzuleiten sind oder die Entscheidung erst zur nächsten BRWahl zum Tragen kommt (→ § 3 Rn. 16f, 75, 84). Der Grundsatz der Kontinuität der BRArbeit könnte dafür sprechen, den BR bis zum Ende seiner Amtszeit im Amt zu belassen (→ § 13 Rn. 48b).

63 Aus demselben Grunde bleibt auch im umgekehrten Fall, in dem ein als selbständig angesehener **Betriebsteil** in dem Verfahren nach Abs. 2 rechtskräftig dem **Hauptbetrieb zugeordnet** wird, ein im Betriebsteil gewählter BR bis zum Ablauf seiner Amtszeit im Amt, wenn die Wahl nicht rechtzeitig angefochten worden ist (in diesem Falle ebenso GK-BetrVG/*Kreutz* Rn. 75; **aA** Richardi BetrVG/*Thüsing* Rn. 35).

64 Sind dagegen ein **Betriebsteil** oder Kleinstbetrieb zu Unrecht nicht bei der Wahl des BR im Hauptbetrieb einbezogen worden und ist in ihnen auch **kein eigener BR** gewählt worden, so erstreckt sich nach rechtskräftiger Zuordnung des Betriebsteils oder Nebenbetriebs zum Hauptbetrieb die Zuständigkeit von dessen BR auch auf den Betriebsteil oder Kleinstbetrieb (BAG 3.12.1985 – 1 ABR 29/84, AP BetrVG 1972 § 99 Nr. 28; Richardi BetrVG/*Thüsing* Rn. 35). Dieser Fall ist demjenigen vergleichbar, dass sich ein Betrieb nachträglich vergrößert. Da die ArbN des Betriebsteils/Kleinstbetriebs nicht an der Wahl des BR des Hauptbetriebs beteiligt waren, kann in entspr. Anwendung des § 13 Abs. 2 Nr. 1 uU eine Neuwahl wegen Veränderung der Belegschaftsstärke in Betracht kommen (GK-BetrVG/*Kreutz* Rn. 74; HaKo-BetrVG/*Brors* Rn. 9 aE).

64a Das oben Gesagte gilt gleichermaßen für die Frage der Zuordnung von Betrieben, Betriebsteilen, Sparten, Unternehmen etc nach einer Vereinbarung nach § 3 Abs. 1

Nr. 1–3. Auch hier bleibt der BR im Amt, wenn zB ein Betrieb unter Verkennung seiner Zuordnung nach § 3 Abs. 1 Nr. 3 zu einer betriebsratsfähigen Organisationseinheit einen eigenständigen BR gewählt hat (so auch Richardi BetrVG/*Thüsing* Rn. 33; GK-BetrVG/*Kreutz* Rn. 76; ErfK/*Koch* Rn. 5; HWGNRH/*Nicolai* Rn. 44). Umgekehrt ist der nach § 3 Abs. 1 Nr. 3 gewählte BR für den ihm nach dem Tarifvertrag nach § 3 Abs. 1 Nr. 3 zugeordneten betriebsratslosen Betrieb zuständig, auch wenn dieser fälschlicherweise bei der BR-Wahl nicht beteiligt wurde. Gleiches gilt, wenn beispielsweise eine Niederlassung in einem Regional-Tarifvertrag nach § 3 Abs. 1 Nr. 1b nicht benannt ist, die aber eindeutig in dessen Bezirk liegt und auch sonst in keinem anderen Zuordnungstarifvertrag genannt ist. Auch hier handelt es sich um einen Fall der Verkennung des Betriebsbegriffs.

Etwas anderes gilt jedoch dann, wenn die Zuordnung unter Verkennung der Vor- **64b**
aussetzungen des § 3 Abs. 1 Nr. 1–3 vorgenommen worden ist. So kann beispielsweise eine andere Arbeitnehmervertretungsstruktur nach § 3 Abs. 1 Nr. 3 ausschließlich durch Tarifvertrag erfolgen; eine BRWahl aufgrund einer Betriebsvereinbarung ist unzulässig. Da es sich in diesem Fall nicht mehr um einen Fall der Verkennung des Betriebsbegriffs handelt, ist eine auf dieser Basis durchgeführte BRWahl nichtig (→ § 19 Rn. 4, 5; ebenso *Dzida/Hohenstatt* BB-Spezial 14/2005, 1 [2]; *Mückl/Koehler* NZA-RR 2009, 513 [515]; *Bonanni/Mückl* BB 2010, 437 [442]; insoweit ungenau Richardi BetrVG/*Thüsing* Rn. 33; ErfK/*Koch* Rn. 5, die nicht zwischen einer nur unzutreffenden Zuordnung durch den Wahlvorst. aufgrund einer Vereinbarung nach § 3 Abs. 1 Nr. 1–3 und einer Zuordnung aufgrund einer unzulässigen Vereinbarung nach § 3 Abs. 1 Nr. 1–3 unterscheiden.

V. Streitigkeiten

Streitigkeiten, die sich aus dieser Vorschrift ergeben, entscheiden die ArbG im **65**
BeschlVerf. (§§ 2a, 80ff. ArbGG). Über die Möglichkeit, gegen rechtsfehlerhafte Maßnahmen des Wahlvorst. bereits während des Wahlverfahrens – ggf. im Wege der einstw. Vfg. – vorgehen zu können, → Rn. 32ff. Über die Möglichkeit einer gerichtlichen Klärung der richtigen Zuordnung von Kleinstbetrieben und Betriebsteilen zum Hauptbetrieb, → Rn. 53ff.

Ein vor Durchführung der BRWahl mit einem **Feststellungsantrag** eingeleitetes **66**
arbeitsgerichtliches BeschlVerf. kann nach Durchführung der Wahl **nicht** ohne weiteres in ein Verfahren auf **Anfechtung** der inzwischen durchgeführten BRWahl **umgedeutet** werden (BAG 15.12.1972 – 1 ABR 5/72, AP ArbGG 1953 § 80 Nr. 5). Es ist jedoch – allerdings nicht mehr in der Rechtsbeschwerdeinstanz – zulässig, innerhalb der Anfechtungsfrist des § 19 von dem ursprünglich gestellten Antrag auf einen entspr. Wahlanfechtungsantrag überzugehen (BAG 14.1.1983 – 6 ABR 39/82, AP BetrVG 1972 § 19 Nr. 9).

Andererseits wird ein nach § 18 Abs. 2 eingeleitetes BeschlVerf. durch eine **zwi- 67**
schenzeitlich durchgeführte **BRWahl nicht erledigt** (BAG 25.11.1980 – 6 ABR 62/79, AP BetrVG 1972 § 18 Nr. 3). In einem vom ArbGeb. eingeleiteten BeschlVerf. nach Abs. 2 ist die im Betrieb vertr. Gewerkschaft nicht beteiligungsbefugt, wohl jedoch ein bereits bestellter Wahlvorst. (BAG 25.9.1986 – 6 ABR 68/84, AP BetrVG 1972 § 1 Nr. 7; 27.7.2011 – 7 ABR 61/10, NZA 2012, 345).

§ 18a Zuordnung der leitenden Angestellten bei Wahlen

(1) [1] **Sind die Wahlen nach § 13 Abs. 1 und nach § 5 Abs. 1 des Sprecherausschussgesetzes zeitgleich einzuleiten, so haben sich die Wahlvorstände unverzüglich nach Aufstellung der Wählerlisten, spätestens jedoch zwei Wochen vor Einleitung der Wahlen, gegenseitig darüber zu unterrichten, welche Angestell-**

ten sie den leitenden Angestellten zugeordnet haben; dies gilt auch, wenn die Wahlen ohne Bestehen einer gesetzlichen Verpflichtung zeitgleich eingeleitet werden. [2] Soweit zwischen den Wahlvorständen kein Einvernehmen über die Zuordnung besteht, haben sie in gemeinsamer Sitzung eine Einigung zu versuchen. [3] Soweit eine Einigung zustande kommt, sind die Angestellten entsprechend ihrer Zuordnung in die jeweilige Wählerliste einzutragen.

(2) **[1] Soweit eine Einigung nicht zustande kommt, hat ein Vermittler spätestens eine Woche vor Einleitung der Wahlen erneut eine Verständigung der Wahlvorstände über die Zuordnung zu versuchen. [2] Der Arbeitgeber hat den Vermittler auf dessen Verlangen zu unterstützen, insbesondere die erforderlichen Auskünfte zu erteilen und die erforderlichen Unterlagen zur Verfügung zu stellen. [3] Bleibt der Verständigungsversuch erfolglos, so entscheidet der Vermittler nach Beratung mit dem Arbeitgeber. [4] Absatz 1 Satz 3 gilt entsprechend.**

(3) **[1] Auf die Person des Vermittlers müssen sich die Wahlvorstände einigen. [2] Zum Vermittler kann nur ein Beschäftigter des Betriebs oder eines anderen Betriebs des Unternehmens oder Konzerns oder der Arbeitgeber bestellt werden. [3] Kommt eine Einigung nicht zustande, so schlagen die Wahlvorstände je eine Person als Vermittler vor; durch Los wird entschieden, wer als Vermittler tätig wird.**

(4) **[1] Wird mit der Wahl nach § 13 Abs. 1 oder 2 nicht zeitgleich eine Wahl nach dem Sprecherausschussgesetz eingeleitet, so hat der Wahlvorstand den Sprecherausschuss entsprechend Absatz 1 Satz 1 erster Halbsatz zu unterrichten. [2] Soweit kein Einvernehmen über die Zuordnung besteht, hat der Sprecherausschuss Mitglieder zu benennen, die anstelle des Wahlvorstands an dem Zuordnungsverfahren teilnehmen. [3] Wird mit der Wahl nach § 5 Abs. 1 oder 2 des Sprecherausschussgesetzes nicht zeitgleich eine Wahl nach diesem Gesetz eingeleitet, so gelten die Sätze 1 und 2 für den Betriebsrat entsprechend.**

(5) **[1] Durch die Zuordnung wird der Rechtsweg nicht ausgeschlossen. [2] Die Anfechtung der Betriebsratswahl oder der Wahl nach dem Sprecherausschussgesetz ist ausgeschlossen, soweit sie darauf gestützt wird, die Zuordnung sei fehlerhaft erfolgt. [3] Satz 2 gilt nicht, soweit die Zuordnung offensichtlich fehlerhaft ist.**

Inhaltsübersicht

I. Vorbemerkung

1 Die Vorschrift ist durch das ÄndG 1989 in das BetrVG eingefügt worden. Sie steht im Zusammenhang mit dem gleichzeitig erlassenen G über die Sprecherausschüsse der leitenden Ang. (vgl. Anh. 4). Die Vorschrift dient der notwendigen Abgrenzung

der zum BR und zum Sprecherausschuss wahlberechtigten und wählbaren ArbN, indem bei den jeweils anstehenden Wahlen in einem möglichst einfachen, rasch durchführbaren und kostengünstigen Verfahren für beide Wahlen einheitlich entschieden wird, wer zum Kreis der leitenden Ang. gehört.

Die Vorschrift gilt nicht für die Seebetriebe eines Seeschifffahrtsunternehmens, da dort keine Sprecherausschüsse gewählt werden. Bei der Wahl der Sprecherausschüsse in Landbetrieben findet sie hinsichtlich der Kapitäne ebenfalls keine Anwendung, da sie kraft G als leitende Ang. des nach der ArbNZahl größten Landbetriebs gelten (§ 33 Abs. 3 SprAuG). Für die Abgrenzung der übrigen leitenden Ang. des Landbetriebes ist die Vorschrift jedoch anzuwenden (so zu Recht GK-BetrVG/*Kreutz* Rn. 7). Auf die Wahl von BR und anderen ArbNVertr. mit bes. Strukturen iSv § 3 Abs. 1 Nr. 1–3 ist sie grds. unmittelbar oder entspr. anzuwenden, da diese entweder selbst BR sind oder an deren Stelle treten (Richardi BetrVG/*Thüsing* Rn. 10; ErfK/*Koch* Rn. 1; HWGNRH/*Nicolai* Rn. 2; **aA** GK-BetrVG/*Kreutz* Rn. 8, der die Anwendbarkeit nur für den Fall des unternehmenseinheitlichen BR und eines Unternehmenssprecherausschuss anerkennen will). Das Zuordnungsverfahren gilt nicht für die Wahlen der ArbNVertr. zum AR nach dem MitbestG (GK-BetrVG/*Kreutz* Rn. 5; Richardi BetrVG/*Thüsing* Rn. 2; *Hromadka* Betriebsverfassung Rn. 1; zum letzteren **aA** *Martens* RdA 1989, 87, der eine entspr. Anwendung bejaht). Die §§ 8 und 10 der 1. 2. und 3. WO MitbestG v. 27.5.2002 BGBl. I S. 1682, 1708, 1741) sehen ein eigenes Klärungsverfahren vor. 2

Die Vorschrift ist grds. (aber → Rn. 4) **zwingend** und kann weder durch TV, BV oder Absprachen zwischen BR und Sprecherausschuss oder den Wahlvorst. abgedungen werden. Auch Absprachen zwischen den TVParteien oder Zuordnungsvereinbarungen zwischen BR, ArbGeb. und SprAusschuss, durch die alle str. Statusfälle langfristig, abschließend und verbindlich festgelegt werden, haben keine verbindliche Wirkung für das Zuordnungsverfahren (GK-BetrVG/*Kreutz* Rn. 10; SWS Rn. 19). Absprachen über Einzelheiten des Zuordnungsverfahrens zu seiner näheren Ausgestaltung sind zulässig (GK-BetrVG/*Kreutz* Rn. 10). 3

Die Vorschrift findet keine Anwendung im **vereinfachten Wahlverfahren** nach § 14a (HaKo-BetrVG/*Brors* Rn. 5; WPK/*Wlotzke* Rn. 1). In diesem Wahlverfahren ist kein Zeitpuffer für den Abstimmungsprozess betr. die Zuordnung der leitenden Ang. vorgesehen. Im Fall des zweistufigen Wahlverfahrens nach § 14a Abs. 1, das in Betrieben ohne BR Anwendung findet, wird das Zuordnungsverfahren nicht durchführbar sein, da es dort in aller Regel auch keinen Sprecherausschuss geben wird. Aber selbst wenn für die leitenden Ang. in diesem BRlosen Betrieb ein Unternehmenssprecherausschuss gem. § 20 Abs. 1 SprAuG zuständig wäre, ist der auf der ersten Wahlversammlung gewählte Wahlvorst. nicht gehalten, das Zuordnungsverfahren einzuleiten. Er ist ausschließlich verpflichtet, unmittelbar nach seiner Wahl noch in der Wahlversammlung die Wahl des BR einzuleiten (vgl. § 30 WO; Näheres hierzu bei → § 14a Rn. 18ff.). Die Verpflichtung des Wahlvorst., die BRWahl grds. (Ausnahme s. § 14a Abs. 4) innerhalb einer Woche durchzuführen, ist vorrangig. Wegen der generellen Vorrangigkeit des vereinfachten Wahlverfahrens ist auch im einstufigen Wahlverfahren (§ 14a Abs. 3) das Zuordnungsverfahren nicht zwingend. Entspr. gilt für das vereinbarte vereinfachte Wahlverfahren (§ 14a Abs. 5). 4

Entspr. Vorschriften: keine. 5

II. Zuordnungsverfahren

1. Allgemeines

Mit Wirkung vom 1.1.1989 besteht eine gesetzl. Regelung für Sprecherausschüsse für leitende Ang. (vgl. Art. 2 des G v. 20.12.1988, BGBl. I S. 2312; vgl. Anh. 4). Die regelmäßigen Wahlen zu den Sprecherausschüssen finden zeitgleich mit den regelmä- 6 ßigen BR-Wahlen statt (vgl. § 13 Abs. 1 BetrVG 1972, § 5 Abs. 1 SprAuG). Hieraus ergibt sich bei jeder Wahl die Notwendigkeit einer Abgrenzung der zum BR und zum Sprecherausschuss wahlberechtigten Ang. Die materielle Abgrenzung der leitenden Ang. ist nicht selten schwierig und deshalb umstr.; eine gerichtliche Klärung ist jedoch sehr zeitaufwändig und deshalb im Rahmen des Wahlverfahrens vielfach nicht praktikabel. Deshalb sieht § 18a vor, in einem möglichst einfachen, rasch durchführbaren und keine Seite begünstigenden formellen Zuordnungsverfahren für die anstehende Wahl die Frage zu klären, wer zum Kreis der leitenden Ang. gehört. Diese Zuordnung hat nur für die anstehenden Wahlen Bedeutung und keine darüber hinausgehende allgemein verbindliche Wirkung (GK-BetrVG/*Kreutz* Rn. 4; SWS Rn. 14; → Rn. 50ff.). Die Zweckmäßigkeit, die Abgrenzung des Personenkreises der leitenden Ang. auch durch verfahrensrechtliche Regelungen zu erleichtern, wird weitgehend begrüßt (vgl. zB *Engels/Natter* BB 1989 Beil. 8, 13; *Wlotzke* DB 1989, 124; *Buchner* NZA 1989 Beil. 1, 11), zT wird jedoch die nur auf das Wahlverfahren beschränkte punktuelle Regelung als unbefriedigend angesehen (vgl. *Martens* RdA 1989, 86; *Bauer* SprAuG S. 125; zu anderen im Rahmen der Gesetzesnovellierung diskutierten Zuordnungsverfahren vgl. *Hromadka* DB 1988, 735; *Hanau* RdA 1985, 292; *H. P. Müller* DB 1987, 1688; *Martens* RdA 1988, 206).

7 Das Zuordnungsverfahren gilt nur bei der Wahl eines gesetzlichen, nicht eines freiwilligen Sprecherausschusses, soweit letzterer überhaupt noch zulässig ist (→ § 5 Rn. 453f.; GK-BetrVG/*Kreutz* Rn. 9).

8 Das gesetzliche Zuordnungsverfahren ist in zwei Stufen zu unterteilen. In erster Linie soll eine **einvernehmliche Zuordnung** zwischen den beteiligten Wahlvorst. – im Falle des Abs. 4 zwischen dem Wahlvorst. und der nicht neu zu wählenden Vertr. – versucht werden. Erweist sich dies als nicht möglich, wird in der zweiten Stufe ein **Vermittler** zur Klärung und ggf. Entscheidung der umstrittenen Zuordnungsfälle eingeschaltet (→ Rn. 42ff.).

9 IÜ sind im Rahmen des Zuordnungsverfahrens drei Fallgestaltungen zu unterscheiden:

10 Die Zuordnung im Rahmen der regelmäßigen Wahlen von BR und Sprecherausschuss (Abs. 1 S. 1 Hs. 1; → Rn. 11ff.), die Zuordnung bei einer sonstigen zeitgleichen Einleitung beider Wahlen (Abs. 1 S. 1 Hs. 2; → Rn. 32ff.) sowie die Zuordnung in den Fällen, in denen nur die Wahl des BR oder nur des Sprecherausschusses ansteht (Abs. 4; → Rn. 37ff.).

2. Regelmäßige Wahlen des Betriebsrats und des Sprecherausschusses

a) Regelfall

11 Bei den regelmäßigen Wahlen des BR und des Sprecherausschusses obliegt die Durchführung des Zuordnungsverfahrens den **beteiligten Wahlvorst.** Sie sind zu seiner Durchführung gesetzlich verpflichtet. Die regelmäßigen Wahlen sind im Betrieb – im Falle der Wahl eines Unternehmenssprecherausschusses in allen Betrieben des Unternehmens – zeitgleich einzuleiten (→ § 13 Rn. 10ff.). Die Einleitung der Wahl erfolgt mit dem Erlass des Wahlausschreibens (§ 3 Abs. 1 S. 2 WO 1972). Dieser Termin ist zwischen den beteiligten Wahlvorst. abzusprechen. Er ist maßgebend für die im Rahmen des Zuordnungsverfahrens einzuhaltenden (Mindest-)Fristen (WPK/*Wlotzke/Preis* Rn. 3).

12 Die Wahlvorst. für die Wahl des BR und des Sprecherausschusses haben nach ihrer Bestellung die Wahl unverzüglich einzuleiten (§ 18 Abs. 1 BetrVG, § 7 Abs. 4 SprAuG). Hierzu gehört insbes. die **Aufstellung der Wählerliste** (→ § 18 Rn. 16; § 2 Abs. 1 WO 1972; § 2 Abs. 1 WOSprAuG). Jeder Wahlvorst. trifft die Entscheidung, welche ArbN er in die Wählerliste aufnimmt oder nicht aufnimmt und welche er damit als leitende Ang. ansieht, in eigener Verantwortung zunächst für sich (DKKW/*Trümner* Rn. 11; *Martens* RdA 1989, 86). Bei ihrer Entscheidung haben sie die Abgrenzungskriterien des § 5 Abs. 3 u. 4 und das zwischen diesen Absätzen bestehende Rangverhältnis zu beachten (→ § 5 Rn. 373ff., 414ff.; *Buchner* NZA 1989 Beil. 1, 11; *Dänzer-Vanotti* NZA 1989 Beil. 1, 33). Die Wahlvorst. sind bei ihrer Entscheidung vom ArbGeb. durch Auskünfte und Überlassung der erforderlichen Unterlagen zu unterstützen (§ 2 Abs. 2 WO 1972, § 2 Abs. 2 WOSprAuG). Die Entscheidung über die Aufnahme in die Wählerliste trifft der jeweilige Wahlvorst. durch Beschluss.

Nach Aufstellung der Wählerlisten haben sich die Wahlvorst. **gegenseitig** darüber **zu unterrichten,** welche Ang. sie den leitenden Ang. zugeordnet haben. Die Unterrichtungspflicht beschränkt sich auf den Personenkreis der leitenden Ang. Das bedeutet konkret: Der Wahlvorst. für die BRWahl muss dem Wahlvorst. für die Wahl des Sprecherausschusses die Ang. mitteilen, die er nicht in seine Wählerliste aufgenommen hat (ausgenommen natürlich die in § 5 Abs. 2 genannten Personen). Der Wahlvorst. für die Wahl des Sprecherausschusses muss seinerseits den BRWahlvorst. über seine Wählerliste unterrichten (DKKW/*Trümner* Rn. 12; GK-BetrVG/*Kreutz* Rn. 39). 13

Die Unterrichtung ist an **keine** besondere **Form** gebunden. In der Regel dürfte sich jedoch eine schriftliche Unterrichtung empfehlen, um dem anderen Wahlvorst. eine Unterlage für seine Meinungsbildung über die getroffene Zuordnung zu geben. Es kann zweckmäßig sein, die getroffene Zuordnungsentscheidung näher zu begründen, insbes. in Fällen, in denen Meinungsverschiedenheiten über die Zuordnung nicht auszuschließen sind (DKKW/*Trümner* Rn. 13; GK-BetrVG/*Kreutz* Rn. 44). Diese Begründung kann auch mündlich durch den Vors. des Wahlvorst. erfolgen, zB in der Sitzung, in der der andere Wahlvorst. über die Zuordnung unterrichtet wird und hierzu ggf. Stellung nimmt. 14

Die Unterrichtung hat **unverzüglich,** dh ohne schuldhaftes Zögern, nach Aufstellung der Wählerlisten zu erfolgen. Die gegenseitige Unterrichtung muss nicht zeitgleich erfolgen (DKKW/*Trümner* Rn. 12; GK-BetrVG/*Kreutz* Rn. 45; Richardi BetrVG/*Thüsing* Rn. 13; **aA** *Dänzer-Vanotti* ArbuR 1989, 206); jedoch dürfte dies vielfach zweckmäßig sein. Sie muss spätestens zwei Wochen vor Einleitung der Wahl, dh vor Erlass des Wahlausschreibens durchgeführt werden. Diese kurze Terminierung erklärt sich aus der Notwendigkeit, vor Erlass des Wahlausschreibens ggf. noch eine einvernehmliche Zuordnung und eine Entscheidung des Vermittlers herbeiführen zu können. 15

Unterlässt einer der Wahlvorst. die rechtzeitige Unterrichtung und nimmt er auch nicht bis spätestens eine Woche vor Einleitung der Wahl zu der vom anderen Wahlvorst. getroffenen und ihm mitgeteilten Zuordnung Stellung, so kann der andere Wahlvorst. die Wählerliste endgültig entspr. der von ihm getroffenen Zuordnung aufstellen. Dies folgt zum einen aus Abs. 1 S. 2, der voraussetzt, dass der andere Wahlvorst. von dem fehlenden Einvernehmen Kenntnis erlangt, um ggf. danach zum Zwecke einer einvernehmlichen Zuordnung initiativ werden zu können, zum anderen aus Abs. 2 S. 1, der die Einschaltung des Vermittlers spätestens eine Woche vor Einleitung der Wahl vorschreibt (vgl. Richardi BetrVG/*Thüsing* Rn. 16; **aA** GK-BetrVG/*Kreutz* Rn. 48, 51; ErfK/*Koch* Rn. 2; WPK/*Wlotzke* Rn. 5; *Jacobs* Wahlvorstände S. 276, die auch in diesem Falle eine Verpflichtung zur gemeinsamen Sitzung annehmen). 16

Nach der gegenseitigen Unterrichtung haben die Wahlvorst. über die vom anderen Wahlvorst. vorgenommene Zuordnung, soweit sie von der eigenen Zuordnung abweicht, zu **beraten.** Dies ist schon wegen des vorgeschriebenen Verständigungsversuches auf der gemeinsamen Sitzung gem. Abs. 1 S. 2 erforderlich. Die Beratung kann uU zu einer Korrektur der eigenen Zuordnungsentscheidung führen. Sofern dies der Fall ist, ist dies dem anderen Wahlvorst. mitzuteilen. Führt diese Korrektur zu einer inhaltlich übereinstimmenden Zuordnung, sind die Wählerlisten entspr. dieser Zuordnung aufzustellen. 17

Stimmen die von den Wahlvorst. vorgenommenen Zuordnungen – auch nach einer eventuellen erneuten internen Beratung – nicht überein, haben die Wahlvorst. zu 18 einer **gemeinsamen Sitzung** zusammenzutreten, um in ihr eine einverständliche Zuordnung zu versuchen.

19 An der gemeinsamen Sitzung **teilnahmeberechtigt** sind die Mitgl. der jeweiligen Wahlvorst. Hierzu zählen auch die nicht stimmberechtigten Mitgl. im Sinne von § 16 Abs. 1 S. 6, da auch sie Mitgl. des Wahlvorst. sind (→ § 16 Rn. 52; GK-BetrVG/*Kreutz* Rn. 50; Richardi BetrVG/*Thüsing* Rn. 19; WPK/*Wlotzke* Rn. 5; **aA** DKKW/*Trümner* Rn. 17, 18). Andere Personen und Stellen haben kein eigenständiges Teilnahmerecht. Jedoch kann der einzelne Wahlvorst. ebenso wie zu seiner eigenen Sitzung auch zu der gemeinsamen Sitzung **Sachkundige** zur Beratung anstehender Zweifelsfragen, zB sachkundige Gewerkschaftsbeauftragte, hinzuziehen. Das Recht zur Hinzuziehung von Gewerkschaftsbeauftragten ist umso mehr anzuerkennen, als im Falle einer einvernehmlichen Zuordnung auf der gemeinsamen Sitzung deren Wahlanfechtungsrecht nach § 19 Abs. 2 berührt wird, da die Anfechtbarkeit der Wahl nur noch im Falle einer offensichtlichen Fehlerhaftigkeit der Zuordnung zulässig ist (vgl. Abs. 6 S. 2; → Rn. 69 ff.; GK-BetrVG/*Kreutz* Rn. 50). Falls erforderlich kann auch der ArbGeb. zur Auskunftserteilung zu der gemeinsamen Sitzung geladen werden (WPK/*Wlotzke* Rn. 5).

20 Es bestehen keine näheren Regelungen über die **Durchführung** der gemeinsamen Sitzung (zB Ladung, Ort, Leitung). Diese bleiben einer Absprache zwischen den Wahlvorst. bzw. ihren Vors. vorbehalten (→ § 29 Rn. 42, 51). Die **Ladung** kann bei einer entsprechenden Absprache durch eine von den Vors. der Wahlvorst. gemeinsam unterschriebenen Einladung erfolgen. Mangels einer solchen Absprache haben die Vors. der einzelnen Wahlvorst. jeweils ihre Mitgl. zu der gemeinsamen Sitzung zu laden. Die **Leitung** der gemeinsamen Sitzung obliegt, sofern keine anderweitige Absprache besteht, den Vors. der beiden Wahlvorst. gemeinsam (GK-BetrVG/*Kreutz* Rn. 51; *Jacobs* Wahlvorstände S. 277). Der Zeitpunkt der gemeinsamen Sitzung muss mindestens eine Woche vor Erlass des Wahlausschreibens liegen. Das folgt aus Abs. 2 S. 1, nach dem im Fall eines fehlenden Einvernehmens mindestens die letzte Woche vor Einleitung der Wahl den Einigungsbemühungen und der Entscheidung des Vermittlers vorbehalten ist (GK-BetrVG/*Kreutz* Rn. 48; *Löwisch/Kaiser/Wiebauer* Rn. 8; SWS Rn. 5).

21 Die gemeinsame Sitzung dient der Erörterung der nicht einvernehmlich vorgenommenen Zuordnungen. **Nur** die zwischen den einzelnen Wahlvorst. **umstrittenen Fälle** stehen zur Debatte (vgl. den Wortlaut von Abs. 1 S. 2: „soweit"; GK-BetrVG/*Kreutz* Rn. 52; DKKW/*Trümner* Rn. 14). Diese sollen unter Berücksichtigung der für die leitenden Ang. maßgebenden Abgrenzungskriterien des § 5 Abs. 3 u. 4 nochmals zwischen den Wahlvorst. mit dem Ziel einer gemeinsamen Lösung beraten werden. Die gemeinsame Sitzung ist ein Erörterungs- und Beratungsforum (GK-BetrVG/*Kreutz* Rn. 52). Eine **gemeinsame Abstimmung** der an der Sitzung teilnehmenden Mitgl. der einzelnen Wahlvorst. über die anstehenden Streitfälle ist nicht zulässig (GK-BetrVG/*Kreutz* Rn. 52; Richardi BetrVG/*Thüsing* Rn. 20; *Engels/Natter* BB 1989 Beil. 8, 15). Eine Entscheidung über diese Streitfälle – ggf. unter Berücksichtigung der gemeinsamen Erörterung – haben vielmehr allein die Einzelnen beteiligten Wahlvorst. und zwar jeder für sich zu treffen (*Jacobs* Wahlvorstände S. 277). Derartige getrennte Abstimmungen können im Rahmen der gemeinsamen Sitzung (DKKW/*Trümner* Rn. 21; **aA** *Jacobs* Wahlvorstände S. 278), aber auch in eigenen Sitzungen der Wahlvorst. durchgeführt werden.

22 Wird auf Grund der gemeinsamen Sitzung Einvernehmen über die umstrittenen Zuordnungsfälle erzielt, was in einem Protokoll festzuhalten ist (GK-BetrVG/*Kreutz* Rn. 53), sind die jeweiligen Wählerlisten entspr. anzupassen. Wird nur teilweise Einvernehmen erzielt, sind die Wählerlisten insoweit zu ändern. Soweit kein Einvernehmen erzielt wird, ist nunmehr ein Vermittler einzuschalten (DKKW/*Trümner* Rn. 22; GK-BetrVG/*Kreutz* Rn. 54; → Rn. 42 ff.). Die Abwicklung des Zuordnungsverfahrens steht jedenfalls dann, wenn es in den gesetzlichen Mindestzeitrahmen durchzuführen ist, unter einem starken Zeitdruck. Deshalb erscheint es vielfach zweckmäßig,

sich bereits auf der gemeinsamen Sitzung auch auf die Person des Vermittlers zu verständigen und, soweit dies nicht möglich ist, den Vermittler durch Losentscheid zu bestimmen (→ Rn. 48f.).

23 Wird in einem Unternehmen mit mehreren Betrieben gem. § 20 Abs. 1 SprAuG anstelle betrieblicher Sprecherausschüsse ein **Unternehmenssprecherausschuss** gewählt, obliegt die Durchführung dieser Wahl dem Unternehmenswahlvorst. (§ 20 Abs. 2 SprAuG; über die Schwierigkeiten, die sich bei der Bildung eines Unternehmenswahlvorst. ergeben können, vgl. *Schneider* NZA 1990, 31f.). In diesem Falle ist dieser gegenüber den BRWahlvorst. in den einzelnen Betrieben des Unternehmens für die Durchführung des Zuordnungsverfahrens zuständig (DKKW/*Trümner* Rn. 51; WPK/*Wlotzke* Rn. 3; GK-BetrVG/*Kreutz* Rn. 20; *Wlotzke* DB 1989, 124; *Engels/Natter* BB 1989 Beil. 8, 14; *Dänzer-Vanotti* ArbuR 1989, 207). Je nach der Anzahl der Betriebe des Unternehmens können die im Rahmen des Zuordnungsverfahrens notwendigen Gespräche und gemeinsamen Sitzungen mit den betrieblichen Wahlvorst. sehr zeitaufwändig sein. Es empfiehlt sich deshalb, zumindestens in diesen Fällen für das Zuordnungsverfahren einen zeitlich größeren Rahmen als den gesetzlich vorgesehenen Mindestrahmen zur Verfügung zu stellen. Das setzt eine entspr. frühere Bestellung der Wahlvorst. voraus (→ § 13 Rn. 14, → § 16 Rn. 9ff.).

24 Der Unternehmenswahlvorst. hat das Zuordnungsverfahren mit den **einzelnen Wahlvorst.** für die in den Betrieben des Unternehmens zu wählenden BR durchzuführen (GK-BetrVG/*Kreutz* Rn. 20, 49; ErfK/*Koch* Rn. 1; *Engels/Natter* BB 1989 Beil. 8, 14; *Schneider/Weber* NZA 1990, 32; *Dänzer-Vanotti* ArbuR 1989, 207). Es findet nicht etwa ein unternehmenseinheitliches Zuordnungsverfahren zwischen dem Unternehmenswahlvorst. und allen BRWahlvorst. der einzelnen Betriebe des Unternehmens statt. Auch die zur Klärung etwaiger umstrittener Fälle vorgeschriebene gemeinsame Sitzung der Wahlvorst. ist grds. vom Unternehmenswahlvorst. und dem einzelnen BRWahlvorst. durchzuführen. Soll der Einigungsversuch umstrittener Zuordnungsfälle auf einer gemeinsamen Sitzung des Unternehmenswahlvorst. und aller oder mehrerer BRWahlvorst. durchgeführt werden, ist hierfür das Einverständnis aller beteiligten Wahlvorst. erforderlich. Auch in diesem Falle bleiben die einzelnen Wahlvorst. jedoch allein zuständig, um über die Beilegung etwaiger Streitfälle in ihrem jeweiligen Bereich zu beschließen (GK-BetrVG/*Kreutz* Rn. 49).

25 Ein Sprecherausschuss wird nur in Betrieben mit in der Regel zehn leitenden Ang. gewählt (§ 1 Abs. 1 SprAuG). Hat in einem Unternehmen mit mehreren Betrieben ein Betrieb **weniger als zehn leitende Ang.** und wird kein Unternehmenssprecherausschuss gewählt, so nehmen diese leitenden Ang. an der Wahl des Sprecherausschusses des räumlich nächstgelegenen Betriebs des Unternehmens teil, in dem ein Sprecherausschuss zu wählen ist. In diesem Falle hat der Wahlvorst. für die Wahl des Sprecherausschusses in entsprechender Anwendung der Regelungen bei der Wahl eines Unternehmenssprecherausschusses das Abstimmungsverfahren sowohl mit dem BRWahlvorst. des Betriebes, in dem der Sprecherausschuss gewählt wird, **als auch mit dem BRWahlvorst. des Betriebes, dessen leitende Ang.** an der Wahl des Sprecheraussschusses des Nachbarbetriebes **teilnehmen,** durchzuführen. Denn die sachgerechte Abgrenzung des Personenkreises der leitenden Ang. mit dem beteiligten Wahlvorst. ist in diesem Falle ebenso notwendig wie bei der Wahl des Unternehmenssprecherausschusses (*Jacobs* Wahlvorstände S. 275; *Schneider* AiB 1990, 16; **aA** GK-BetrVG/*Kreutz* Rn. 22, der lediglich eine freiwillige Beteiligung des BRWahlvorst. in dem sprecherausschussunfähigen Betrieb gestattet).

b) Sonderfälle

26 Die ordnungsmäßige Durchführung des Zuordnungsverfahrens bis zur Einleitung der Wahl setzt die rechtzeitige Bestellung der beteiligten Wahlvorst., eine einvernehmliche Absprache zwischen ihnen über eine zeitgleiche Einleitung der Wahl und eine Beachtung der Einzelheiten des Zuordnungsverfahrens, insbes. seiner Fristen

voraus. Es sind jedoch auch Fälle denkbar, in denen das **Zuordnungsverfahren nicht rechtzeitig** vor Einleitung einer oder gar beider Wahlen **abgeschlossen** werden kann. Da sich zB die Pflicht des noch im Amt befindlichen BR und Sprecherausschusses zur rechtzeitigen Bestellung der jeweiligen Wahlvorst. nach ihrem jeweiligen, in der Regel unterschiedlichen Amtsende bestimmt (→ § 16 Rn. 7ff.), ist es – falls sich BR und Sprecherausschuss nicht auf eine zeitgleiche Bestellung einigen – durchaus möglich, dass die Wahlvorst. zu unterschiedliche Zeiten bestellt werden (vgl. GK-BetrVG/*Kreutz* Rn. 18). Dies kann zur Folge haben, dass der zuerst bestellte Wahlverst. im Zeitpunkt der Bestellung des zweiten bereits kurz vor Erlass des Wahlausschreibens steht oder dieses gar schon erlassen hat. Ferner ist nicht auszuschließen, dass sich die Wahlvorst. (pflichtwidrig) nicht auf eine zeitgleiche Einleitung verständigen oder dass einer von ihnen die Durchführung des Zuordnungsverfahrens verzögert.

27 In diesem Falle besteht **keine Verpflichtung** des zuerst bestellten oder des zügig arbeitenden Wahlvorst., mit der Einleitung der Wahl so lange **zu warten,** bis der noch nicht oder später bestellte oder der säumige Wahlvorst. sich ordnungsgemäß an dem Zuordnungsverfahren beteiligt und dieses abgeschlossen ist (vgl. DKKW/*Trümner* Rn. 42ff.). Eine der Hauptpflichten des Wahlvorst. ist es, die Wahl so rechtzeitig durchzuführen, dass der neue BR oder Sprecherausschuss vor Amtsende der bestehenden Vertr. gewählt und damit eine betriebsrats- oder sprecherausschusslose Zeit vermieden wird (→ § 13 Rn. 16). Auf die Erfüllung dieser Pflicht hat es keinen Einfluss, dass der am Zuordnungsverfahren beteiligte weitere Wahlvorst. nicht rechtzeitig bestellt worden ist oder sich nicht oder nicht zügig am Zuordnungsverfahren beteiligt. Denn anderenfalls würde der für die ordnungsgemäße und rechtzeitige Durchführung der Wahl verantwortliche Wahlvorst. sich seiner Verantwortung begeben und von einer Institution abhängig machen, die für die Durchführung dieser Wahl nicht verantwortlich ist.

28 Leitet ein am Zuordnungsverfahren beteiligter Wahlvorst. die Wahl **vor Abschluss des Zuordnungsverfahrens** ein, weil anderenfalls die Wahl nicht rechtzeitig vor Amtsende der noch im Amt befindlichen ArbNVertr. durchgeführt werden kann und damit eine betriebsratslose oder sprecherausschusslose Zeit eintreten würde, so ist das Zuordnungsverfahren mit der Einleitung der Wahl grds. **beendet** (vgl. DKKW/*Trümner* Rn. 78f.; *Hromadka* Betriebsverfassung Rn. 13; *Jacobs* Wahlvorstände S. 290; zur Zulässigkeit einer Absprache zwischen den Wahlvorst., das Zuordnungsverfahren freiwillig weiterzuführen → Rn. 29). Dafür, dass das Zuordnungsverfahren **nicht von Gesetzes wegen** über den Tag der Einleitung der Wahl hinaus fortzusetzen ist, spricht zum einen, dass das G die zeitgleiche Einleitung der Wahl als das entscheidende Kriterium für die Durchführung des Zuordnungsverfahrens und auch der Abgrenzung seiner verschiedenen Fallgestaltungen bestimmt. Auch die Gesetzesbegründung geht davon aus, dass das Zuordnungsverfahren bis zur Einleitung der Wahl abgeschlossen ist (vgl. BT-Drs. 11/2503, 25, 31). Entscheidend sprechen jedoch Sinn und Funktion des Zuordnungsverfahrens im Rahmen des Wahlverfahrens dagegen, eine gesetzliche Verpflichtung zu seiner Fortführung auch nach Einleitung der Wahl anzunehmen. Das Zuordnungsverfahren wird nicht um seiner selbst willen durchgeführt, sondern will im Rahmen der anstehenden Wahlen eine für das weitere Verfahren grds. verbindliche Zuordnung der leitenden Ang. gewährleisten. Es ist damit Teil der Wahl. Aus diesem Grunde ist es dem Hauptanliegen einer regelmäßigen Neuwahl des BR und des Sprecherausschusses, die Wahl so rechtzeitig durchzuführen, dass eine vertretungslose Zeit vermieden wird, zu- und untergeordnet. Für die rechtzeitige Durchführung der Wahl ist aber ihre Einleitung, dh der Erlass des Wahlausschreibens von wesentlicher Bedeutung. Mit Erlass des Wahlausschreibens ist zum einen die Wählerliste im Betrieb auszulegen (§ 2 Abs. 4 S. 1 WO), deren Aufstellung das Zuordnungsverfahren vornehmlich dient. Schon dies spricht dafür, dass das Zuordnungsverfahren vor der endgültigen Aufstellung der Wählerliste abgeschlossen sein muss. Entscheidend kommt hinzu, dass die Zahl der zu wählenden BRMitgl., die Mindest-

sitzzahl für das Geschlecht in der Minderheit und die Mindestzahl der Stützunterschriften für einen Wahlvorschlag von der Zahl der (wahlberechtigten) ArbN abhängt und eine nachträgliche Änderung dieser Zahl durch eine spätere abweichende Zuordnungsentscheidung uU einen Neuerlass des Wahlausschreibens erforderlich machen kann. Da zwischen Erlass des Wahlausschreibens und dem Tag der Stimmabgabe mindestens eine Zeitspanne von sechs Wochen liegen muss (vgl. § 3 Abs. 1 WO), ist nicht auszuschließen, dass in diesem Falle die Wahl erst nach Ablauf der Amtszeit des noch im Amt befindlichen BR bzw. Sprecherausschusses stattfindet mit der Folge einer vertretungslosen Zeit. Die Hinnahme einer solchen Konsequenz kann dem Gesetzgeber nicht unterstellt werden (ebenso *Schneider* AiB 1990, 18; *Schneider/Weber* NZA 1990, 31; *Blanke/Berg* ua Betriebsratswahl Rn. 210, 241, 256, 274; **aA** GK-BetrVG/*Kreutz* Rn. 17 ff., 19, 43, nach dem das Zuordnungsverfahren, da seine Durchführung nach Abs. 1 S. 1 Hs. 1 lediglich von der Verpflichtung zur zeitgleichen Einleitung der Wahl abhänge, auch dann fortzuführen ist, wenn eine oder beide Wahlen bereits eingeleitet sind; dies soll selbst für den Fall einer betriebsrats- oder sprecherausschusslosen Zeit gelten; ähnlich wohl *Allinger* NZA 1990, 563).

Die beteiligten Wahlvorst. können allerdings eine **freiwillige Absprache** treffen, das Zuordnungsverfahren nach Einleitung der Wahl **weiterzuführen** (**aA** wohl DKKW/*Trümner* Rn. 32, 42, nach denen bei einem Verstoß gegen das Gebot der gleichzeitigen Einleitung der Wahlen Abs. 4 anzuwenden sein soll). Dem Zuordnungsverfahren sind einvernehmliche Absprachen nicht fremd, vgl. zB die Absprache zur zeitgleichen Einleitung der Wahl (→ Rn. 11) oder die Absprache, auch bei Wahlen außerhalb des regelmäßigen Wahlzeitraums ein Zuordnungsverfahren durchzuführen (vgl. Abs. 1 S. 1 Hs. 2; → Rn. 32). Es besteht kein Grund, im Falle des Abs. 1 S. 1 Hs. 1 eine freiwillige Weiterführung des Zuordnungsverfahrens auszuschließen. Die beteiligten Wahlvorst. können am besten abschätzen, ob bei einer Weiterführung die Gefahr eines Abbruchs der Wahl und die Notwendigkeit eines erneuten Erlasses des Wahlausschreibens mit der entsprechenden Verzögerung der Wahl droht oder nicht. Im ersteren Fall sollte das Zuordnungsverfahren wegen einer betriebsrats- oder sprecherausschusslosen Zeit nicht weitergeführt werden. Denn der Nachteil einer vertretungslosen Zeit ist schwerwiegender als der Nachteil, dass wegen fehlender Durchführung des Zuordnungsverfahrens keine Einschränkung des Wahlanfechtungsrechts nach Abs. 5 S. 2 (→ Rn. 69) eintritt. Besteht dagegen keine Gefahr einer betriebsrats- oder sprecherausschusslosen Zeit (zB weil die geringe Anzahl der umstrittenen Fälle in keinem Falle zu einem Neuerlass des Wahlausschreibens führen kann), kann es sich empfehlen das Zuordnungsverfahren wegen der mit ihm verbundenen Einschränkung der Anfechtungsmöglichkeit nach Abs. 5 S. 1 einvernehmlich weiterzuführen. 29

Wird einer der beteiligten Wahlvorst. erst zu einem Zeitpunkt bestellt, nach dem der vorher bestellte Wahlvorst. **die Wahl bereits eingeleitet** hat, so findet zwischen den Wahlvorst. kein Zuordnungsverfahren mehr statt (vgl. DKKW/*Trümner* Rn. 42). In diesem Falle hat der zuerst bestellte Wahlvorst. das Zuordnungsverfahren gem. Abs. 4 mit der anderen Vertr. durchzuführen (→ Rn. 37). Der verspätet bestellte Wahlvorst. hat seinerseits das Zuordnungsverfahren ebenfalls mit der anderen ArbN-Vertr. durchzuführen, und zwar, wenn die bisherige noch im Amt ist, mit dieser, anderenfalls mit der neugewählten Vertr. 30

Hat der Wahlvorst. wegen nicht rechtzeitiger Bestellung des anderen Wahlvorst. das Zuordnungsverfahren mit der anderen ArbNVertr. zwar schon begonnen, bestellt die andere Vertr. jedoch den Wahlvorst. für ihre Neuwahl noch zu einem Zeitpunkt, zu dem der erstbestellte Wahlvorst. die Wahl noch nicht eingeleitet hat, so **tritt** der andere Wahlvorst. in das mit der anderen Vertr. **bereits begonnene Zuordnungsverfahren ein.** Dies ist deshalb zulässig und geboten, weil bei Durchführung des Zuordnungsverfahrens zwischen den beiden Wahlvorst. die Zuordnung der leitenden Ang. für beide Wahlen einheitlich erfolgt. Letzteres ist nicht gewährleistet, wenn zwei getrennte Zuordnungsverfahren zwischen den einzelnen Wahlvorst. und der jeweiligen anderen Vertr. durchgeführt werden (so mit Recht GK-BetrVG/*Kreutz* Rn. 32). 31

3. Sonstige zeitgleiche Einleitung der Wahlen

32 Bei den regelmäßigen Wahlen des BR und des Sprecherausschusses besteht eine Rechtspflicht zur zeitgleichen Einleitung dieser Wahlen (vgl. § 13 Abs. 1 S. 2). Es sind jedoch auch außerhalb der regelmäßigen Wahlen Fälle möglich, in denen die Wahlen zum BR und zum Sprecherausschuss **in zeitlichem Zusammenhang** durchgeführt werden, zB wenn ein Betrieb neu errichtet wird oder BR und Sprecherausschuss zur gleichen Zeit ihren Rücktritt beschlossen haben. In diesem Falle besteht zwar keine gesetzliche Verpflichtung, die Wahlen zeitgleich einzuleiten. Jedoch können die beteiligten Wahlvorst. eine zeitgleiche Einleitung der Wahlen absprechen. Das liegt in ihrem **freien Ermessen.** Beschließen die Wahlvorst. eine zeitgleiche Einleitung der Wahlen, so haben sie in gleicher Weise wie bei den regelmäßigen Wahlen das Zuordnungsverfahren durchzuführen (vgl. Abs. 1 S. 1 Hs. 2; GK-BetrVG/*Kreutz* Rn. 24; HaKo-BetrVG/*Brors* Rn. 6; ErfK/*Koch* Rn. 1; *Bauer* NZA 1989 Beil. 1, 22; *Sieg* FS Hromadka, 2008, 437 [443]; **aA** DKKW/*Trümner* Rn. 27 ff., die hier aus der Normkonstruktion des § 18a unzutreffend nur eine gegenseitige Unterrichtung d. Wahlvorst. annehmen und damit den Anwendungsbereich des relativ einfachen, rasch durchführbaren und kostengünstigen Zuordnungsverfahrens unnötig einengen).

33 Werden die Wahlen von BR und Sprecherausschuss außerhalb des regelmäßigen Wahlzeitraums in zeitlichem Zusammenhang durchgeführt, so können sich die Wahlvorst. **freiwillig** auch dann auf die **Durchführung des gemeinsamen Zuordnungsverfahrens** verständigen, wenn sie davon Abstand nehmen, die Wahlen zeitgleich einzuleiten. Bei einer zeitgleichen Einleitung der Wahlen besteht eine Rechtspflicht zur Durchführung des Zuordnungsverfahrens (vgl. Abs. 1 S. 1 Hs. 2; → Rn. 32). Diese Rechtspflicht beruht aber letztlich ebenfalls auf einer freiwilligen Absprache der beteiligten Wahlvorst., nämlich ihrem Einvernehmen über die zeitgleiche Einleitung der Wahlen. Die Einigung über diesen Punkt ist jedoch für das Zuordnungsverfahren nicht in dem Sinne sachlich unerlässlich, dass es nur in diesem Falle durchgeführt werden könnte. Es ist deshalb kein Grund ersichtlich, weshalb das gemeinsame Zuordnungsverfahren nur bei einem freiwilligen Einvernehmen über die zeitgleiche Einleitung der Wahl zulässig sein soll (dann ist es verbindlich vorgeschrieben), nicht jedoch in den Fällen, in denen die Wahlvorst. – im Allgemeinen doch wohl aus einsichtigen Gründen – von dem zeitgleichen Erlass des Wahlausschreibens absehen, jedoch im Interesse der größeren Rechtssicherheit der Wahlen das gemeinsame Zuordnungsverfahren durchführen (ebenso GK-BetrVG/*Kreutz* Rn. 25).

34 Eine freiwillige Absprache der Wahlvorst. über die Durchführung eines gemeinsamen Zuordnungsverfahrens ist **auch dann zulässig,** wenn BR und Sprecherausschuss, deren Neuwahl ansteht, **noch im Amt** sind. Denn der Durchführung nur eines Zuordnungsverfahrens zwischen den Wahlvorst. mit einer einheitlichen Entscheidung über den Personenkreis der leitenden Ang. für beide Wahlen ist der Vorrang einzuräumen, gegenüber zwei getrennten Zuordnungsverfahren zwischen BRWahlvorst. und Sprecherausschuss einerseits und dem Wahlvorst. für die Sprecherausschusswahl und dem BR andererseits mit der Möglichkeit divergierender Zuordnungsentscheidungen (GK-BetrVG/*Kreutz* Rn. 25, 34).

35 Verständigen sich die beteiligten Wahlvorst. nicht über die gemeinsame Durchführung des Zuordnungsverfahrens, so hat jeder Wahlvorst. das Zuordnungsverfahren gem. Abs. 4 mit **jeweils anderen ArbNVertr.** durchzuführen, vorausgesetzt diese sind – sei es auch nur geschäftsführend – noch im Amt (→ Rn. 37 ff.; **aA** GK-BetrVG/*Kreutz* Rn. 26, 28 f., 34; HaKo-BetrVG/*Brors* Rn. 7, die die Anwendung des Abs. 4 auf Fälle beschränkt, wo nur eine Vertretung zu wählen ist, und seine Anwendung generell ausschließt, sobald zwei Wahlvorst. in zeitlichem Zusammenhang die Wahl durchführen). Hierfür spricht nicht nur der Wortlaut von Abs. 4, sondern auch der Gesichtspunkt, dass es besser ist, es werden überhaupt Zuordnungsverfahren mit der Rechtsfolge des Abs. 5 S. 2 (Einschränkung der Anfechtungsmöglichkeit)

durchgeführt, als wenn überhaupt kein Zuordnungsverfahren stattfindet. Da die Wahlvorst. bei Bestehen der ArbNVertr. somit auf jeden Fall ein Zuordnungsverfahren durchführen müssen, dürfte es stets sachgerechter sein, sich auf die Durchführung eines gemeinsamen Zuordnungsverfahrens zu verständigen. Denn nur in diesem Falle ist eine einheitliche Zuordnung für beide Wahlen gewährleistet.

Verständigen sich die Wahlvorst. wenn kein BR und/oder kein Sprecherausschuss besteht, nicht auf die Durchführung des Zuordnungsverfahrens, so entscheidet jeder Wahlvorst. für sich allein, welche Ang. er als leitende Ang. ansieht. In diesem Falle treten die Rechtswirkungen des Zuordnungsverfahrens (→ Rn. 68ff.) nicht ein. 36

4. Wahl nur des Betriebsrats oder nur des Sprecherausschusses

Die Wahlen zum BR und zum Sprecherausschuss brauchen nicht immer im zeitlichen Zusammenhang durchgeführt werden. So kann sich zB die Notwendigkeit einer Wahl außerhalb des regelmäßigen Wahlzeitraums nur für eine Vertr. ergeben (zB erfolgreiche Anfechtung nur der Wahl des Sprecherausschusses oder Rücktritt nur des BR). Ferner kann die Neuwahl einer außerhalb des regelmäßigen Wahlzeitraums gewählten Vertr. erst im übernächsten Wahlzeitraum notwendig werden (→ § 13 Rn. 50ff.; § 5 Abs. 3 SprAuG). Ist nur der BR oder nur der Sprecherausschuss zu wählen, so ist in das Zuordnungsverfahren die jeweils andere, nicht neu zu wählende Vertr. eingeschaltet (Abs. 4 S. 1 u. 3). Das Gleiche gilt, wenn die Wahlen in zeitlichem Zusammenhang durchgeführt werden, die Wahlvorst. sich jedoch nicht auf die Durchführung eines gemeinsamen Zuordnungsverfahrens verständigen (→ Rn. 32ff.) oder wenn bei einer regelmäßigen Neuwahl von Sprecherausschuss und BR einer der beteiligten Wahlvorst. bestellt wird, nachdem der andere die Wahl bereits eingeleitet hat (→ Rn. 24f.). Das Zuordnungsverfahren nach Abs. 4 gestaltet sich wie folgt: 37

Der Wahlvorst. trifft zunächst intern seine Entscheidung, welche Ang. er für die anstehende Wahl als leitende Ang. ansieht. Diese Entscheidung teilt er unverzüglich, spätestens 2 Wochen vor Einleitung der Wahl, der anderen, nicht neu zu wählenden Vertr. mit, dh im Falle der Neuwahl des BR dem Sprecherausschuss bzw. im Falle der Neuwahl des Sprecherausschusses dem BR. Hält die andere Vertr. die vom Wahlvorst. vorgenommene Zuordnung für zutreffend, ist dies dem Wahlvorst. mitzuteilen. Diese Zuordnung ist für die anstehende Wahl maßgebend. 38

Findet die vom Wahlvorst. vorgenommene Zuordnung ganz oder teilweise nicht die Zustimmung der anderen, nicht neu zu wählenden Vertr., so hat diese Mitgl. zu benennen, die an dem weiteren Zuordnungsverfahren teilnehmen (vgl. Abs. 4 S. 2 u. 3). Es können **nur Mitgl.** der anderen Vertr. benannt werden, nicht etwa sonstige ArbN des Betriebs oder gar Betriebsfremde (vgl. Begründung des Gesetzentwurfs BT-Drs. 11/2503, 32; GK-BetrVG/*Kreutz* Rn. 92; Richardi BetrVG/*Thüsing* Rn. 33). IÜ bestehen hinsichtlich der zu benennenden Mitgl. keine näheren Regelungen. Insbes. bleibt es der anderen Vertr. überlassen, wie viele Mitgl. sie benennt (*Hromadka* Betriebsverfassung Rn. 19; Richardi BetrVG/*Thüsing* Rn. 33); jedoch müssen stets mehrere Mitgl. benannt werden (vgl. Wortlaut von Abs. 4 S. 2; **aA** GK-BetrVG/*Kreutz* Rn. 93; Richardi BetrVG/*Thüsing* Rn. 33), es sei denn, der BR oder Sprecherausschuss besteht nur aus einer Person. Um eine Pattsituation zu vermeiden, sollte stets eine ungerade Zahl von Mitgl. benannt werden (GK-BetrVG/*Kreutz* Rn. 93 hält dies für zwingend). Eine Beachtung des Minderheitenschutzes, wie etwa bei der Besetzung der Ausschüsse des BR, ist nicht erforderlich (GK-BetrVG/*Kreutz* Rn. 93). Ferner ist es zulässig, dass die andere Vertr. alle ihre Mitgl. benennt und damit praktisch selbst am Zuordnungsverfahren teilnimmt. Ist der BR zu beteiligen, so kann dieser den BetrAusschuss oder einen anderen Ausschuss des BR mit der weiteren Beteiligung im Zuordnungsverfahren beauftragen (GK-BetrVG/*Kreutz* Rn. 93). 39

Die benannten Mitgl. der anderen Vertretung nehmen „anstelle des Wahlvorst". am Zuordnungsverfahren teil. Das bedeutet iE: Sie haben in einer gemeinsamen Sitzung mit dem Wahlvorst. eine Einigung über die Zuordnung zu versuchen 40

(→ Rn. 18ff.). Gelingt dies, ist diese Zuordnung für die anschließende Wahl maßgebend. Anderenfalls müssen sich die benannten Mitgl. und der Wahlvorst. auf die Person des Vermittlers einigen bzw. den Vermittler durch Losentscheid ermitteln (→ Rn. 42ff.). Die benannten Mitgl. der anderen Vertr. haben über die im Rahmen des Zuordnungsverfahren notwendig werdenden Entscheidungen stets einen förmlichen Beschluss zu fassen (GK-BetrVG/*Kreutz* Rn. 94).

41 Wird nur der BR gewählt, ohne dass für den Betrieb ein (betrieblicher oder Unternehmens-)Sprecherausschuss besteht, so kann mangels einer anderen Vertr. das Zuordnungsverfahren nicht durchgeführt werden. Die Festlegung des Personenkreises der leitenden Ang. obliegt allein dem BRWahlvorst., der gem. § 2 Abs. 2 S. 2 WO hierbei vom ArbGeb. zu unterstützen ist. Die mit dem Zuordnungsverfahren verbundenen Rechtsfolgen (→ Rn. 68ff.) treten in diesem Falle nicht ein. Entsprechendes gilt, wenn nur der Sprecherausschuss gewählt wird und im Betrieb kein BR besteht (GK-BetrVG/*Kreutz* Rn. 36; *Goldschmidt* Sprecherausschuss Rn. 382).

III. Einschaltung des Vermittlers

1. Bestellung des Vermittlers

42 Einigen sich die beteiligten Wahlvorst. (Abs. 1) oder im Fall, dass nur der BR oder nur der Sprecherausschuss gewählt wird (Abs. 4), der Wahlvorst. und die nicht neu zu wählende ArbVertretung nicht über die Zuordnung der leitenden Ang., haben sie insoweit einen Vermittler einzuschalten. Es ist für die strittigen Zuordnungsfälle **nur ein Vermittler** zu bestellen, nicht etwa für jeden umstrittenen Zuordnungsfall ein gesonderter Vermittler (GK-BetrVG/*Kreutz* Rn. 65; *Bauer* SprAuG S. 137).

43 Der für eine Vermittlung in Betracht kommende **Personenkreis** ist beschränkt. Nur Beschäftigte des Betriebs oder eines anderen Betriebs des Unternehmens oder Konzerns oder der ArbGeb. können zum Vermittler bestellt werden (*Goldschmidt* Sprecherausschuss Rn. 380), keine externen Personen, wie zB Vertreter von Gewerkschaften oder ArbGebVerbänden oder Rechtsanwälte. Diese Beschränkung erklärt sich aus dem Bestreben, einerseits eine möglichst schnelle und kostengünstige, andererseits jedoch auch eine weitgehend neutrale Vermittlung zu gewährleisten. Eine Klärung der umstrittenen Zuordnungsfälle durch das ArbG oder die E-Stelle hätte dem Anliegen einer schnellen und kostengünstigen Zuordnungsentscheidung nicht genügt. Aus diesem Grunde dürfte auch die Bestellung eines externen Vermittlers, der sich mit dem betriebs- und unternehmensinternen Verhältnissen erst hätte vertraut machen müssen, ausgeschlossen worden sein. Was die Neutralität des Vermittlers anbelangt, so ergeben sich aus der Beschränkung der Auswahlmöglichkeit auf Angehörige des Unternehmens und des Konzerns gewisse Zweifel an der Sachgerechtigkeit der gesetzlichen Regelung. Denn die möglichen Vermittler gehören selbst entweder zu den vom BR oder vom Sprecherausschuss vertretenen ArbNschaft (vgl. Richardi BetrVG/*Thüsing* Rn. 38) oder sind – bei Vermittlung durch den ArbGeb. – betriebsverfassungsrechtlicher Gegenpart von BR und Sprecherausschuss.

44 Zu den Beschäftigten, die für eine Vermittlungstätigkeit in Betracht kommen, gehören zum einen alle unternehmens- und konzernangehörigen ArbN einschließlich der leitenden Ang. (zum ArbNBegriff → § 5 Rn. 16ff.; **aA** hinsichtlich leitender Ang. DKKW/*Trümner* Rn. 57). Es können nur aktive, nicht bereits pensionierte Beschäftigte zum Vermittler bestellt werden (GK-BetrVG/*Kreutz* Rn. 57; *Bauer* SprAuG S. 136). Eine bestimmte Dauer der Unternehmens- oder Konzernzugehörigkeit des Vermittlers wird ebenso wenig gefordert wie besondere rechtliche Vorkenntnisse. Im Interesse einer möglichst sachgerechten Aufgabenerfüllung sollte der Vermittler jedoch sowohl eingehendere Kenntnisse der Unternehmens- und Betriebsstruktur als auch Rechtskenntnisse über den Begriff des leitenden Ang. besitzen. Obwohl das G keine ausdrückliche diesbezügliche Einschränkung enthält, dürften Mitgl. der betei-

ligten Wahlvorst. als Vermittler ausgeschlossen sein (HaKo-BetrVG/*Brors* Rn. 10; **aA** Richardi BetrVG/*Thüsing* Rn. 40). Denn da sie in dieser Eigenschaft bereits vorher in das Zuordnungsverfahren eingeschaltet waren, dürfte ihnen die für eine anschließende Vermittlungstätigkeit gebotene Unbefangenheit fehlen (*Hromadka* Betriebsverfassung Rn. 9; *Dänzer-Vanotti* ArbuR 1989, 206; SWS Rn. 5; **aA** GK-BetrVG/*Kreutz* Rn. 59). Dagegen sind Mitgl. des BR oder des Sprecherausschusses als Vermittler nicht ausgeschlossen (GK-BetrVG/*Kreutz* Rn. 59; Richardi BetrVG/*Thüsing* Rn. 40; DKKW/*Trümner* Rn. 59 beschränkend auf Mitgl. des BR; **aA** *Martens* RdA 1989, 87).

Da das G allgemein von „Beschäftigten" spricht, kommen auch Personen im Sinne von § 5 Abs. 2 (→ § 5 Rn. 326ff.) für eine Vermittlungstätigkeit in Betracht. Bedenken wegen der ArbGebNähe eines Teiles dieser Beschäftigten sind im Hinblick darauf, dass der ArbGeb. selbst zum Vermittler bestellt werden kann, nicht stichhaltig (GK-BetrVG/*Kreutz* Rn. 57; *Löwisch/Kaiser/Wiebauer* Rn. 9; zweifelnd *G. Müller* DB 1989, 828; **aA** DKKW/*Trümner* Rn. 58; *Dänzer-Vanotti* ArbuR 1989, 206). Eine andere Frage ist, ob die Bestellung dieser Personen zum Vermittler ebenso wie die des ArbGeb. nicht nur in Ausnahmefällen erfolgen sollte (→ Rn. 47). **45**

Der Vermittler braucht nicht aus dem Betrieb zu stammen, in dem die Wahl stattfindet. Es können auch Beschäftigte aus anderen Betrieben desselben Unternehmens und darüber hinaus aus Betrieben anderer Unternehmen, die mit dem Beschäftigungsunternehmen in einem Konzern verbunden sind, zu Vermittlern bestellt werden (zum Begriff des Unternehmens → § 47 Rn. 9ff.; zum Begriff des Konzerns → § 54 Rn. 8ff.). Da Abs. 3 S. 2 im Gegensatz zu § 8 Abs. 1 S. 2 und § 54 Abs. 1 S. 1 nicht auf § 18 Abs. 1 AktG verweist, erstreckt sich der Kreis möglicher Vermittler nicht nur auf Beschäftigte anderer Unternehmen in einem Unterordnungskonzern, sondern auch in einem Gleichordnungskonzern (GK-BetrVG/*Kreutz* Rn. 58; *Bauer* SprAuG S. 136; *Löwisch/Kaiser/Wiebauer* Rn. 9). Für eine einschränkende Interpretation besteht im Interesse, als Vermittler eine möglichst neutrale Person bestellen zu können, keine Veranlassung. **46**

Auch der **ArbGeb.** kann zum Vermittler bestellt werden (Richardi BetrVG/*Thüsing* Rn. 41; *Goldschmidt* Sprecherausschuss Rn. 382). Da der ArbGeb. der institutionelle betriebsverfassungsrechtliche Gegenpart von BR und Sprecherausschuss ist, erscheint bei ihm die Frage einer Befangenheit bei seiner Vermittlungstätigkeit besonders problematisch. Sollte schon aus diesem Grunde die Bestellung des ArbGeb. als Vermittler auf besondere Ausnahmefälle beschränkt werden (**aA** GK-BetrVG/*Kreutz* Rn. 60), so spricht hierfür auch noch folgende Überlegung: Das Vermittlungsverfahren ist im Interesse einer richtigen Entscheidung auf eine intensive Erörterung der für die Zuordnung maßgeblichen Gesichtspunkte zwischen den Beteiligten angelegt (erneuter Verständigungsversuch, Unterstützungspflicht des ArbGeb. durch Auskunftserteilung und Vorlage der erforderlichen Unterlagen, Beratung des Vermittlers mit dem ArbGeb. vor seiner Entscheidung). Die Möglichkeit, die offenen Zuordnungsfälle auf argumentativem Wege einer richtigen Lösung zuzuführen, würden jedoch erheblich gemindert, wenn die gesetzlich vorgesehene Erörterung und Beratung der Problemfälle zwischen Vermittler und ArbGeb. wegen Personenidentität beider ausscheiden. **47**

Die **Bestimmung der Person des Vermittlers** erfolgt in erster Linie durch die beteiligten Wahlvorst. Findet die Wahl nur des BR oder nur des Sprecherausschusses statt (Abs. 4), obliegt die Bestimmung dem Wahlvorst. für die anstehende Wahl und der nicht neu zu wählenden anderen ArbNVertr. bzw. den von ihr hierfür benannten Mitgl. (→ Rn. 39f.). Die Entscheidung erfolgt durch getrennte Beschlussfassung der jeweiligen Gremien (Richardi BetrVG/*Thüsing* Rn. 43). Eine geheime Abstimmung ist nicht erforderlich. Das Beschlusserfordernis bezieht sich sowohl auf die Entscheidung, welche Person als Vermittler vorgeschlagen werden soll, als auch auf die Entscheidung, ob ein Vorschlag der anderen Seite akzeptiert werden soll (GK-BetrVG/*Kreutz* Rn. 64). **48**

49 Nimmt ein Unternehmenswahlvorst. am Vermittlungsverfahren teil, so sind sowohl alle BRWahlvorst., mit denen keine Einigung erzielt worden ist, als auch der Unternehmenswahlvorst. berechtigt, Vorschläge für die Person des Vermittlers zu machen (GK-BetrVG/*Kreutz* Rn. 66; *Schneider* AiB 1990, 18). Die beteiligten BRWahlvorst. brauchen sich zwar nicht, können sich jedoch auf einen einzigen Vermittler verständigen. Allerdings muss dies jeder BRWahlvorst. gesondert beschließen.

50 Können sich die Wahlvorst. (im Falle des Abs. 4: der Wahlvorst. und die andere, nicht neu zu wählenden Vertr.) nicht auf einen Vermittler einigen, so haben sie je eine Person als Vermittler vorzuschlagen. Aus ihnen wird der Vermittler durch **Losentscheid** bestimmt. Die nähere Ausgestaltung des Losentscheids sollte zwischen den beteiligten Wahlvorst. bzw. deren Vors. abgesprochen werden. Mangels Absprache gelten die allgemein üblichen Verfahren eines Losentscheids (→ WO § 10 Rn. 2). Um mögliche Zweifel an der Ordnungsmäßigkeit des Losentscheids zu vermeiden, sollte er in Anwesenheit aller Mitgl. der beteiligten Wahlvorst. durchgeführt werden.

51 Eine (hilfsweise) Bestellung des Vermittlers durch das **ArbG.** ist **nicht zulässig** (DKKW/*Trümner* Rn. 67; GK-BetrVG/*Kreutz* Rn. 63; *Löwisch/Kaiser/Wiebauer* Rn. 19; *Hromadka* Betriebsverfassung Rn. 10). Das gilt selbst dann, wenn die Wahlvorst. (pflichtwidrig) keine Vermittler vorschlagen oder alle hierfür in Aussicht genommenen Beschäftigten die Übernahme dieses Amtes ablehnen. In diesem Falle kann das **Zuordnungsverfahren nicht weitergeführt** werden (GK-BetrVG/*Kreutz* Rn. 70; Richardi BetrVG/*Thüsing* Rn. 46; *Bauer* SprAuG S. 136 f.). Das Gleiche gilt für den Fall, dass einer der beteiligten Wahlvorst. nicht in der Lage sein sollte, einen seiner Ansicht nach geeigneten Vermittler vorzuschlagen (etwa mangels Bereitschaft aller vorgeschlagenen Personen) und er auch nicht bereit ist, den Vorschlag des anderen Wahlvorst. zu akzeptieren (DKKW/*Trümner* Rn. 66; *Hromadka* Betriebsverfassung Rn. 10). Mangels Einverständnisses liegt keine Einigung des Wahlvorst. auf die Person des Vermittlers vor. Ein Losentscheid scheidet, da nur eine Person vorgeschlagen worden ist, ebenfalls aus (DKKW/*Trümner* Rn. 66; GK-BetrVG/*Kreutz* Rn. 71; *Bauer* SprAuG S. 136 f.; **aA** SWS Rn. 7; *Löwisch/Kaiser/Wiebauer* Rn. 19, für den Fall, dass ein Wahlvorst. seine Mitwirkung am Zuordnungsverfahren verweigert). In diesem Fall entscheiden die Wahlvorst. allein über die Aufnahme der noch offenen Streitfälle in die Wählerlisten. Die Rechtswirkungen des Zuordnungsverfahrens (→ Rn. 68 ff.) treten hinsichtlich dieser Streitfälle nicht ein.

51a Der Vermittler muss **spätestens in der zweiten Woche** vor Einleitung der Wahl bestellt werden, da er gem. Abs. 2 S. 1 spätestens eine Woche vor der Wahl eine erneute Verständigung der Wahlvorst. zu versuchen hat (*Hromadka* Betriebsverfassung Rn. 8). Wegen des beträchtlichen Zeitdrucks, unter denen das Vermittlungsverfahren jedenfalls bei kurzfristiger Bestellung der Wahlvorst. geraten kann, erscheint es angebracht, in der gemeinsamen Sitzung der Wahlvorst. nach Abs. 1 S. 2 auch schon die Bestellung des Vermittlers, ggf. durch Losentscheid, vorzunehmen (→ Rn. 22).

2. Tätigkeit des Vermittlers

52 Der Vermittler hat zunächst nochmals eine **Verständigung der Wahlvorst.** über die strittigen Zuordnungsfälle zu versuchen. Dieser Versuch muss nach Abs. 2 S. 1 spätestens eine Woche vor Einleitung der Wahl stattfinden. Ein späterer Versuch ist jedoch nicht unzulässig (**aA** WPK/*Wlotzke* Rn. 6). Die Vermittlung beschränkt sich auf die noch vorhandenen Streitfälle. Fälle einer einvernehmlichen Zuordnung darf der Vermittler nicht von sich aus neu aufgreifen, auch wenn er sie für nicht zutreffend hält (GK-BetrVG/*Kreutz* Rn. 79; *Hromadka* Betriebsverfassung Rn. 12).

53 Vor dem erneuten Einigungsversuch wird der Vermittler sich nähere Kenntnis über die umstrittenen Fälle und die Gründe der unterschiedlichen Zuordnung zu verschaffen haben. Er hat, soweit dies seine Vermittlungstätigkeit erfordert, gegen den ArbGeb. Anspruch auf **umfassende Unterstützung.** Insbes. sind ihm alle zur Erfüllung seiner Vermittlungsfunktion erforderlichen Auskünfte zu erteilen und Unterlagen zu

Verfügung zu stellen. Die Auskunfts- und Vorlagepflicht bezieht sich auf alle Aspekte, die für die Zuordnung der leitenden Ang. nach § 5 Abs. 3 u. 4 von Bedeutung sind (→ § 5 Rn. 373 ff.; 414 ff.). Betriebs- und Geschäftsgeheimnisse sind nicht ausgenommen, so dass uU – etwa weil eine eindeutige Zuordnung auf Grund des § 5 Abs. 3 Nr. 3 nicht möglich ist –, auch über die Bandbreite der an leitende Ang. gezahlte Gehälter und das Gehalt der umstrittenen Ang. zu unterrichten ist (GK-BetrVG/*Kreutz* Rn. 82; *Engels/Natter* BB 1989 Beil. 8, 12; *Bauer* SprAuG S. 135; *Hromadka* Betriebsverfassung Rn. 11; einschränkend SWS Rn. 8 und HWGNRH/*Nicolai* Rn. 9: nur Mitteilung, dass sich das Gehalt innerhalb dieser Bandbreite bewegt; zur Verschwiegenheitspflicht → Rn. 48). Ein Anspruch auf Einsicht in die Personalakte besteht allerdings nicht (GK-BetrVG/*Kreutz* Rn. 81; Richardi BetrVG/*Thüsing* Rn. 51; WPK/*Wlotzke* Rn. 6; *Löwisch/Kaiser/Wiebauer* Rn. 12).

Im Interesse einer möglichst richtigen Entscheidung strittiger Zuordnungsfälle ist der Vermittler berechtigt, alle sachdienlichen Erkenntnisquellen zu nutzen. Hierzu zählen auch Gespräche mit den umstrittenen Ang. über ihre Aufgabe und Stellung im Betrieb. Ferner kommen Gespräche mit dem BR und/oder Sprecherausschuss in Betracht, insbes. wenn diese sich mit dem Status der umstrittenen Personen bereits befasst haben, etwa im Rahmen einer personellen Einzelmaßnahme. Auch kann eine Besichtigung des Arbeitsbereichs des Ang. geboten sein, um dessen Bedeutung und Umfang konkret kennenzulernen (GK-BetrVG/*Kreutz* Rn. 83). Zur Einholung eines Sachverständigengutachtens ist der Vermittler in entsprechender Anwendung von § 80 Abs. 3 nur bei Einverständnis des ArbG berechtigt (HaKo-BetrVG/*Brors* Rn. 11; dagegen schließt GK-BetrVG/*Kreutz* Rn. 83 dies wegen des internen Charakters des Vermittlungsverfahrens generell aus). **54**

Es bleibt dem Vermittler überlassen, in welcher Weise er den **erneuten Einigungsversuch** der beteiligten Gremien durchführt. Er kann mit ihnen die strittigen Zuordnungsfälle jeweils getrennt erörtern. Er kann sie jedoch auch zu einer gemeinsamen Erörterung einladen. Zu dieser Besprechung kann er auch den ArbGeb. im Rahmen der diesem obliegenden Unterstützungsfunktion nach Abs. 2 S. 2 hinzuziehen. In der Sache wird er die Streitfälle mit den beteiligten Wahlvorst. nochmals eingehend anhand der Abgrenzungskriterien des § 5 Abs. 3 u. 4 und der gegebenen betrieblichen und unternehmensbezogenen Gegebenheiten erörtern. Der Vermittler ist zwar nicht verpflichtet, bei dieser Erörterung seine Einschätzung der Streitfälle offenzulegen, jedoch wird in aller Regel wohl deutlich werden, welchen Umständen er eine besondere Bedeutung beimisst. Die jeweiligen Wahlvorst. haben auf Grund des Einigungsversuchs des Vermittlers eine Meinungsbildung darüber herbeizuführen, ob sie ihre ursprüngliche Entscheidung der umstrittenen Fälle beibehalten oder ändern wollen. Auch diese Meinungsbildung erfolgt durch Beschluss. Erfolgt keine erneute Beschlussfassung, verbleibt es bei der ursprünglichen Entscheidung. **55**

Soweit der erneute Verständigungsversuch des Vermittlers **erfolglos** bleibt, hat er selbst eine Entscheidung zu treffen. Vor dieser Entscheidung hat er sich nochmals mit dem **ArbGeb. zu beraten.** Diese Beratung dient dem Zweck, mit dem ArbGeb. als dem Inhaber der Organisationsgewalt des Betriebs und des Unternehmens (vgl. hierzu *H. P. Müller* DB 1987, 1687; *Martens* RdA 1988, 204) die Streitfälle nochmals in rechtlicher und tatsächlicher Hinsicht zu erörtern. Unterbleibt die Beratung, so hat dies grds. keinen Einfluss auf die Rechtswirksamkeit der Zuordnungsentscheidung des Vermittlers. Dies gilt insbes., wenn der ArbGeb. bereits in den voraufgegangenen Erörterungen seine Einschätzung näher dargelegt hat (GK-BetrVG/*Kreutz* Rn. 86; Richardi BetrVG/*Thüsing* Rn. 53). **56**

Die Entscheidung über die Zuordnung der Streitfälle trifft **allein der Vermittler.** Er hat hierbei die Voraussetzung des § 5 Abs. 3 u. 4 und das Rangverhältnis der beiden Absätze dieser Vorschrift (→ § 5 Rn. 411 ff.; GK-BetrVG/*Kreutz* Rn. 87; *Buchner* NZA 1989 Beil. 1, 11) zu beachten. Der Vermittler ist nicht verpflichtet, seine Entscheidung schriftlich zu begründen. Jedoch erscheint dies im Allgemeinen wegen der Folgewirkung dieser Entscheidung nach Abs. 6 und nach § 5 Abs. 4 Nr. 1 **57** zweckmäßig. Die Wahlvorst. sind **verpflichtet,** die umstrittenen Ang. entspr. der Entscheidung des Vermittlers in die jeweilige **Wählerliste einzutragen.** Sie dürfen diese Zuordnung nicht mehr von sich aus ändern. Etwas anderes gilt nur, wenn sie die Entscheidung des Vermittlers übereinstimmend für offensichtlich fehlerhaft halten (um die dann nicht ausgeschlossene Möglichkeit einer Wahlanfechtung zu vermeiden) oder wenn sie auf Grund nachträglicher Änderung der tatsächlichen Gegebenheiten einvernehmlich eine anderweitige Zuordnung vornehmen (GK-BetrVG/*Kreutz* Rn. 89; *Jacobs* Wahlvorstände S. 292). Eine Änderung der Wählerliste auf Grund einer rechtskräftigen gerichtlichen Entscheidung bleibt stets unberührt (→ Rn. 67).

58 Der Vermittler muss seine Entscheidung grds. vor Einleitung der Wahl, dh vor Erlass des Wahlausschreibens treffen (→ Rn. 28). Etwas anderes gilt nur, wenn die Wahlvorst. bzw. im Falle des Abs. 4 der Wahlvorst. und die andere Vertretung einvernehmlich damit einverstanden sind, das Zuordnungsverfahren auch nach Einleitung der Wahl fortzusetzen (→ Rn. 29). Ist dies nicht der Fall und ist bis zu der Einleitung der Wahl eine Entscheidung nicht getroffen, sind mangels Abschluss des Zuordnungsverfahrens die Wahlvorst. berechtigt, für die anstehende Wahl von der jeweiligen beschlossenen Zuordnung auszugehen. Die Rechtswirkung des Abs. 5 S. 2 (→ Rn. 68ff.) treten in diesem Falle nicht ein.

3. Rechtstellung des Vermittlers

59 Der Vermittler ist zur Übernahme der Vermittlungstätigkeit nicht von Gesetzes wegen verpflichtet. Eine derartige Verpflichtung ergibt sich in aller Regel auch nicht aus der arbeits- oder dienstvertraglichen Treuepflicht (GK-BetrVG/*Kreutz* Rn. 67, 72; *Bauer* SprAuG S. 136). Der Vermittler ist in seiner Tätigkeit an **keinerlei Weisungen** gebunden, sondern ausschließlich dem G und seinem Gewissen verpflichtet (GK-BetrVG/*Kreutz* Rn. 73, 78; WPK/*Wlotzke* Rn. 8). Das allgemeine Benachteiligungs- und Begünstigungsverbot des § 20 Abs. 2 gilt auch für die Vermittlungstätigkeit. Eine Kündigung des Vermittlers wegen seiner Vermittlungstätigkeit ist wegen Gesetzesverstoßes nach § 134 BGB nichtig (GK-BetrVG/*Kreutz* Rn. 77; → § 20 Rn. 8, 15). Die Verletzung dieses Verbotes ist gem. § 119 Abs. 1 Nr. 1 strafbewehrt. Der Vermittler ist verpflichtet, über Betriebs- und Geschäftsgeheimnisse und sonstige vertrauliche Angelegenheiten, die ihm im Rahmen seiner Vermittlungstätigkeit bekannt werden, **Stillschweigen** zu wahren. Zwar besteht keine gesetzliche Schweigepflicht des Vermittlers, da er nicht in § 79 Abs. 2 genannt ist (**aA** GK-BetrVG/*Kreutz* Rn. 76 und *Hromadka* Betriebsverfassung Rn. 17, die § 79 Abs. 2 analog anwenden). Jedoch ergibt sich diese Verpflichtung in aller Regel aus seinem Arbeits- oder Dienstvertrag (Richardi BetrVG/*Thüsing* Rn. 49; ErfK/*Koch* Rn. 4; WPK/*Wlotzke* Rn. 8). Eine Verletzung dieser Verschwiegenheitspflicht ist wegen fehlender Nennung des Vermittlers in § 79 Abs. 2 und § 120 nicht strafbewehrt.

60 Für die Vermittlungstätigkeit ist **keine Vergütung** vorgesehen (vgl. Entwurfsbegründung, BT-Drs. 11/2503, 32). Wohl hat der Vermittler Anspruch auf Fortzahlung des Arbeitsentgelts, wenn er wegen seiner Vermittlungstätigkeit gehindert ist, seine üblichen Vertragspflichten zu erfüllen (vgl. § 20 Abs. 3, → § 20 Rn. 43). Im Falle einer Vermittlungstätigkeit außerhalb seiner persönlichen Arbeitszeit ist in entsprechender Anwendung des § 37 Abs. 3 ein Ausgleichsanspruch zu bejahen (→ § 37 Rn. 73ff.; ebenso WPK/*Wlotzke* Rn. 8; *Dänzer-Vanotti* ArbuR 1989, 207; *Engels/Natter* BB 1989 Beil. 8, 14 Fn. 105; *Hromadka* Betriebsverfassung Rn. 16; einschränkend GK-BetrVG/*Kreutz* Rn. 74: nur falls der Vermittler kein leitender Ang. ist). Notwendige Auslagen, hierzu zählen insbes. erforderliche Reisekosten, sind ihm zu erstatten (→ § 20 Rn. 35ff.).

IV. Rechtsstreitigkeiten

1. Rechtsstreitigkeiten über den Status des (leitenden) Angestellten

Durch Abs. 5 S. 1 wird als genereller Grundsatz klargestellt, dass eine Zuordnung nach § 18a den **Rechtsweg nicht ausschließt.** Eine Ausnahme hiervon besteht nach Abs. 1 S. 2 nur insofern, als eine Anfechtung der Wahl des BR und/oder des Sprecherausschusses ausgeschlossen ist, soweit sie darauf gestützt wird, dass die Zuordnung fehlerhaft erfolgt sei. Diese Ausnahmeregelung greift wiederum nicht Platz, soweit die Zuordnung offensichtlich fehlerhaft ist (Abs. 5 S. 3). 61

Die Ausnahme des Abs. 5 S. 2 (Einschränkung des Anfechtungsrechts) von der generellen Rechtsweggarantie des Abs. 5 S. 1 erklärt sich aus dem Bestreben, im Interesse der Rechtssicherheit die Gefahr von Anfechtungen gleich mehrerer Wahlen mit der eventuellen Notwendigkeit anschließender Neuwahlen mehrerer betriebsverfassungsrechtlicher Gremien möglichst einzuschränken (vgl. *Wlotzke* DB 1989, 126; *Engels/Natter* BB 1989 Beil. 8, 14). Als Ausnahmeregelung ist Abs. 5 S. 2 **eng auszulegen** (BAG 12.9.1996 – 7 ABR 61/95, AP BetrVG 1972 § 5 Ausbildung Nr. 11; **aA** GK-BetrVG/*Kreutz* Rn. 99, der den Normzweck des Abs. 5 S. 2 in einer Sicherung der Effektivität des Zuordnungsverfahrens sieht und eine einschränkende Auslegung deshalb ablehnt). Dies gilt umso mehr, als diese Regelung eine Einschränkung des Rechtsschutzes zum Inhalt hat. Sie erfasst nur die nachträgliche Anfechtung der Wahl, nicht dagegen eine eventuell erforderliche gerichtliche Klärung von Streitfragen über die Frage, ob ein Ang. leitender Ang. ist oder nicht, außerhalb oder im Laufe des Wahlverfahrens. Hieraus ergibt sich iE: 62

Die Zuordnungsentscheidung im Rahmen des Wahlverfahrens entfaltet **keinerlei Rechtswirkungen** für andere Bereiche, in denen es darauf ankommt, ob ein ArbN leitender Ang. ist oder nicht (zu der nur eingeschränkten und nur mittelbaren Bedeutung der getroffenen Zuordnung nach § 5 Abs. 4 Nr. 1, → § 5 Rn. 427ff., 351, 366). Das gilt zB für die Wahlen zum Aufsichtsrat nach dem MitbestG (→ Rn 2) oder für § 14 KSchG oder § 18 Abs. 1 Nr. 1 ArbZG oder generell für die Anwendung des BetrVG oder des SprAuG, etwa bei der Beteiligung des BR im Rahmen von personellen Einzelmaßnahmen (DKKW/*Trümner* Rn. 73; GK-BetrVG/*Kreutz* Rn. 4f.; WPK/*Wlotzke* Rn. 12; *Löwisch/Kaiser/Wiebauer* Rn. 5; *Sieg* FS Hromadka, 2008, 437 [440]; *Wlotzke* DB 1989, 125; *Engels/Natter* BB 1989 Beil. 8, 13; krit. zu dieser Beschränkung *Hanau* ArbuR 1988, 262; *Hanau* RdA 1985, 291; *Hromadka* DB 1986, 860; *Hromadka* DB 1988, 755; *Martens* RdA 1988, 206; *H. P. Müller* DB 1988, 1689). Die Frage, ob ein ArbN leitender Ang. ist oder nicht, kann vielmehr als Vorfrage jederzeit und in jedem gerichtlichen Verfahren, zB einem Kündigungsschutzverfahren, anders bewertet und entschieden werden. 63

Ferner ist es bei Vorliegen eines entsprechenden Rechtsschutzinteresses jederzeit zulässig, diese Frage außerhalb der Wahl in einem sog **Statusverfahren** gerichtlich klären zu lassen (→ § 5 Rn. 351, 362ff.; LAG Bln 5.3.1990 – 9 Ta BV 6/89, NZA 1990, 577; *Engels/Natter* BB 1989 Beil. 8, 13f.; *Wlotzke* DB 1989, 125; *Buchner* NZA 1989 Beil. 1, 11). Antragsberechtigt sind der ArbGeb., der BR, der Sprecherausschuss und der ArbN, dessen Rechtsstellung zu klären ist (GK-BetrVG/*Kreutz* Rn. 105; *Wlotzke* DB 1989, 125; *Engels/Natter* BB 1989 Beil. 8, 13f.). 64

Eine gerichtliche Klärung des Status eines (leitenden) Ang. ist trotz des Zuordnungsverfahrens nach § 18a **auch im Rahmen des Wahlverfahrens** noch zulässig (DKKW/*Trümner* Rn. 75; GK-BetrVG/*Kreutz* Rn. 106; SWS Rn. 14; *Engels/Natter* BB 1989 Beil. 8, 14; *Hromadka* Betriebsverfassung Rn. 22). Die Einschränkung der Anfechtungsmöglichkeit der Wahl des BR und/oder des Sprecherausschusses nach Abs. 5 S. 2, die als Ausnahmeregelung eng auszulegen ist (→ Rn. 62; ErfK/*Koch* Rn. 7), will nur eine nachträgliche Aufhebung der Wahl mit der Folge notwendiger Neuwahlen ausschließen, nicht jedoch einer möglichst rechtmäßigen Durchführung 65 der Wahl im Wege stehen. Deswegen wird die Möglichkeit, eventuelle Streitfragen über der Status von (leitenden) Ang. vor Durchführung der Wahl gerichtlich klären zu lassen, durch das Zuordnungsverfahren nach § 18a grds. nicht eingeschränkt (vgl. *Jacobs* Wahlvorstände S. 274; *Goldschmidt* Sprecherausschuss Rn. 385; *Winterfeld* NZA 1990 Beil. 1, 25; WPK/*Wlotzke* Rn. 14).

66 Im Zusammenhang mit der anstehenden Wahl sind zur Einleitung eines gerichtlichen Verfahrens **antragsberechtigt** auch die im Rahmen des Zuordnungsverfahrens nicht beteiligten im Betrieb vertretenen Gewerkschaften (→ § 5 Rn. 464; ErfK/*Koch* Rn. 6; **aA** *Hromadka* Betriebsverfassung Rn. 22; *Martens* RdA 1989, 88 Fn. 81; GK-BetrVG/*Kreutz* Rn. 106, der zwischen einem Statusverfahren im Rahmen des Wahlverfahrens und dem vorgeschalteten Kontrollverfahren im Rahmen der BRWahl unterscheidet und nur im letzteren Falle eine Antragsbefugnis der im Betrieb vertretenen Gewerkschaften bejaht). Antragsberechtigt ist ferner der ebenfalls im Zuordnungsverfahren nicht beteiligte ArbN, dessen Rechtsstellung geklärt werden soll. Dies gilt insbes., wenn dieser ArbN bei einer der anstehenden Wahlen kandidieren will und hieran durch eine nicht auszuschließende anderweitige Zuordnungsentscheidung gehindert wird (vgl. § 2 Abs. 3 WO). Grds. sind auch die beteiligten Wahlvorst. trotz ihrer Beteiligung am Zuordnungsverfahren antragsberechtigt (*Wlotzke* DB 1989, 126; ErfK/*Koch* Rn. 6; **aA** GK-BetrVG/*Kreutz* Rn. 106, 110; HWGNRH/*Nicolai* Rn. 15; *Löwisch/Kaiser/Wiebauer* Rn. 24; *Engels/Natter* BB 1989 Beil. 8, 14). Allerdings dürfte vor Durchführung des Zuordnungsverfahrens einem von einem Wahlvorst. gesondert eingeleiteten gerichtlichen Statusverfahren im Allgemeinen das Rechtschutzinteresse fehlen. Das Gleiche gilt, wenn die Wahlvorst. die Zuordnung einvernehmlich festgelegt haben oder soweit die Entscheidung des Vermittlers der Ansicht des betreffenden Wahlvorst. entspricht. IÜ ist jedoch das Antragsrecht der Wahlvorst. nicht eingeschränkt. Das gilt nicht nur für den Fall, dass ein Wahlvorst. die Zuordnung des Vermittlers offensichtlich für fehlerhaft hält und deshalb weiterhin eine Anfechtung der Wahl möglich ist (→ Rn. 69 ff.), die zu verhindern zu seinen wesentlichen Aufgaben gehört. Das gilt auch bei der Geltendmachung einer bloß einfachen Rechtsfehlerhaftigkeit der Zuordnung. Denn die Aufgabe des Wahlvorst. erschöpft sich nicht darin, eine Anfechtbarkeit der Wahl zu verhindern. Ihm obliegt es vielmehr, eine in jeder Hinsicht möglichst rechtmäßige Wahl durchzuführen. Hierzu zählt insbes. die richtige Zuordnung der (leitenden) Angestellten. Denn bei einer Eintragung in die falsche Wählerliste können sie ihr wichtigstes Wahlrecht, nämlich das aktive und passive Wahlrecht zu „ihrer" Vertr., nicht ausüben (vgl. § 2 Abs. 3 WO, § 2 Abs. 3 WOSprAuG).

67 Wird nach erfolgter Zuordnung in einem gerichtlichen Statusverfahren (zu einer Inzidentfeststellung im Rahmen eines Urteilsverfahrens → Rn. 70; → WO § 4 Rn. 7) rechtskräftig festgestellt, ob ein ArbN leitender Ang. ist oder nicht, so ist diese Entscheidung auch für die anstehende Wahl maßgebend. Eine im Zuordnungsverfahren getroffene andere Entscheidung ist nicht mehr verbindlich (*Martens* RdA 1989, 84). Die Wählerlisten sind entspr. zu berichtigen (GK-BetrVG/*Kreutz* Rn. 107). Ergeht erst nach Durchführung der Wahlen eine derartige rechtskräftige Entscheidung und ist der betreffende Angestellte zB bei der Wahl in den Sprecherausschuss gewählt worden, so verliert er in entsprechender Anwendung des § 9 Abs. 2 Nr. 6 SprAuG mit Rechtskraft der Entscheidung, mit der seine „normale" Angestellteneigenschaft festgestellt wird, die Mitglschaft im Sprecherausschuss. Entsprechendes gilt in analoger Anwendung des § 24 Abs. 1 Nr. 6 im umgekehrten Fall, dass ein Angestellter in den BR gewählt worden ist und nachträglich rechtskräftig festgestellt wird, dass er leitender Angestellter ist (ErfK/*Koch* Rn. 6; GK-BetrVG/*Kreutz* Rn. 107; iErg ebenso *Martens* RdA 1989, 88; → Rn. 72 ff.).

68 Die Zuordnungsentscheidungen durch die Wahlvorst. oder den Vermittler haben in zweifacher Hinsicht **unmittelbare Rechtsfolgen:** Zum einen ist ein Einspruch gegen die Wählerlisten nach § 4 Abs. 2 S. 2 u. 3 WO grds. ausgeschlossen, soweit er Zuordnungsfälle nach § 18a betrifft. Mit diesem Ausschluss soll die Möglichkeit verhindert werden, dass der Wahlvorst. von der getroffenen Zuordnung auf Grund eines nachträglichen Einspruchs abweicht (Näheres → WO § 4 Rn. 7ff.).

Zum anderen ist die **Anfechtung der Wahl** des BR oder des Sprecherausschusses ausgeschlossen, soweit sie auf eine angebliche Fehlerhaftigkeit der getroffenen Zuordnung gestützt wird (→ Rn. 72ff.). Etwas anderes gilt, wenn die Zuordnung offensichtlich fehlerhaft ist. 69

Eine **offensichtliche Fehlerhaftigkeit** ist anzunehmen, wenn sich die Fehlerhaftigkeit einem, der sowohl mit den Gegebenheiten des Betriebs und Unternehmens als auch mit den maßgebenden rechtlichen Kriterien für die Bestimmung eines leitenden Ang. vertraut ist, geradezu aufdrängt (BT-Drs. 11/2503, 32; DKKW/*Trümner* Rn. 70; GK-BetrVG/*Kreutz* Rn. 102; *Wlotzke* DB 1989, 126; *Löwisch/Kaiser/Wiebauer* Rn. 22). Die offensichtliche Fehlerhaftigkeit kann sich zum einen auf den **Inhalt der Zuordnungsentscheidung** beziehen. Dies ist zB der Fall, wenn der Wahlvorst. seiner Entscheidung ersichtlich die zwingenden und allein maßgebenden gesetzlichen Kriterien des § 5 Abs. 3 S. 2 nicht zugrunde legt bzw. sie grob verkennt (LAG BW 29.4.2011 – 7 TaBV 7/10, BB 2011, 1268). Dazu gehört auch, dass ein Ang. ohne jede Rücksicht auf die Abgrenzungskriterien des § 5 Abs. 3 u. 4 als leitender Ang. angesehen worden ist. Sie kann ferner vorliegen, wenn die Wahlvorst. oder der Vermittler ihre Entscheidung ohne Beachtung des Rangverhältnisses zwischen § 5 Abs. 3 u. 4 (→ § 5 Rn. 351, 407ff.) allein auf Grund der Hilfskriterien des § 5 Abs. 4 getroffen haben (DKKW/*Trümner* Rn. 71; WPK/*Wlotzke* Rn. 16; *Engels/Natter* BB 1989 Beil. 8, 14; einschränkend *Wlotzke* DB 1989, 126; **aA** GK-BetrVG/*Kreutz* Rn. 103; SWS Rn. 16; *Löwisch* BB 1988, 1955; *H. P. Müller* DB 1988, 1701; *Bauer* SprAuG S. 138; wohl auch *Buchner* NZA 1989 Beil. 1, 11). Das Gleiche gilt, wenn bei der Zuordnung von falschen Annahmen ausgegangen worden ist, etwa wegen unzutreffender Unterrichtung durch den ArbGeb. (*Löwisch/Kaiser/Wiebauer* Rn. 22; *Hromadka* Betriebsverfassung Rn. 24) oder weil (zwischenzeitlich) durch eine rechtskräftige gerichtliche Entscheidung, uU auch eine bloße Inzidenzentscheidung (insoweit **aA** GK-BetrVG/*Kreutz* Rn. 103), der Status eines Angestellten geklärt worden ist. 70

Die Zuordnung kann ferner deswegen offensichtlich fehlerhaft sein, weil das **Zuordnungsverfahren an schweren Mängeln** leidet (LAG BW 29.4.2011 – 7 TaBV 7/10, BB 2011, 1268). Denn dann kann nicht mehr von der Richtigkeit oder jedenfalls Vertretbarkeit der getroffenen Zuordnungsentscheidung, die allein eine Einschränkung des Anfechtungsrechts rechtfertigt, ausgegangen werden. Dies ist zB der Fall, wenn der Wahlvorst. eine eigenverantwortliche Statusbeurteilung unterlässt und ohne Einzelfallprüfung aufgrund vom ArbGeb. unzureichend zur Verfügung gestellter Unterlagen eine pauschale Zuordnung vornimmt (LAG BW 29.4.2011 – 7 TaBV 7/10, BB 2011, 1268). Ein schwerer Mangel ist zB ferner anzunehmen, wenn der getroffenen Zuordnung oder der Bestellung des Vermittlers offensichtlich kein wirksamer Beschluss eines oder beider Wahlvorst. zugrunde liegt, etwa bei einer bloßen Absprache lediglich der Vors. der Wahlvorst. 71

Obwohl dem Wortlaut des Abs. 5 S. 2 nach eine getroffene Zuordnungsentscheidung die Möglichkeit der Wahlanfechtung generell einschränkt, ist diese Einschränkung auf die Anfechtung der Wahl des ganzen BR bzw. Sprecherausschusses oder auf die Anfechtung der Wahl einer Gruppe des BR zu begrenzen. Die **Anfechtung der Wahl nur eines einzelnen Mitgl.** des BR bzw. des Sprecherausschusses wegen fehlender Wählbarkeit (→ § 19 Rn. 42) ist nicht eingeschränkt (iErg ebenso GK-BetrVG/*Kreutz* Rn. 104; ErfK/*Koch* Rn. 7; **aA** SWS Rn. 17; *Martens* RdA 1989, 87). Dies ergibt sich aus Folgendem: 72

Die Einschränkung der Anfechtungsmöglichkeit will im Interesse der Rechtssicherheit die Gefahr von Wahlanfechtungen gleich mehrerer Wahlen mit der eventuellen Notwendigkeit mehrerer Neuwahlen begrenzen (→ Rn. 62). Bei der erfolgreichen Anfechtung der Wahl nur eines Mitgl. des BR oder des Sprecherausschusses besteht aber **keine Notwendigkeit einer Neuwahl,** weil in diesem Falle das an 73 nächster Stelle anstehende ErsMitgl. in dem BR bzw. den Sprecherausschuss nachrückt (→ § 19 Rn. 48). Der rechtspolitische Grund für eine Beschränkung des Wahlanfechtungsrechts fehlt in diesem Falle.

74 Die **fehlerfreie Besetzung** des BR und des Sprecherausschusses ist außerdem von **so wesentlicher Bedeutung,** dass der Gesetzgeber bei fehlender Wählbarkeit eines Mitgl. den Verlust der Mitglschaft im BR oder Sprecherausschuss auch noch nach Ablauf der Anfechtungsfrist durch eine rechtskräftige gerichtliche Feststellung der Nichtwählbarkeit vorgesehen hat (vgl. § 24 Abs. 1 Nr. 6 BetrVG, § 9 Abs. 2 Nr. 6 SprAuG). Die in diesen gesetzlichen Regelungen zum Ausdruck kommende entscheidende Bedeutung einer fehlerfreien Besetzung des BR oder des Sprecherausschusses lässt es nicht zu, die Anfechtung einer Wahl wegen fehlender Wählbarkeit davon abhängig sein zu lassen, ob die Zuordnung offensichtlich fehlerhaft ist oder nicht. Denn für die Frage einer falschen Besetzung der betr. Vertr. ist dies irrelevant (vgl. hierzu auch *Martens* RdA 1989, 87).

75 Die Vorschrift des Abs. 5 S. 2 ist ferner als **Ausnahmevorschrift** eng auszulegen (BAG 12.9.1996 – 7 ABR 61/95, AP BetrVG 1972 § 5 Ausbildung Nr. 11 nicht analogiefähig) und auf die Anfechtung der Wahl beschränkt (→ Rn. 62). Sie erstreckt sich nicht auf die Möglichkeit der nachträglichen Geltendmachung der Nichtwählbarkeit gem. § 24 Abs. 1 Nr. 6 BetrVG und § 9 Abs. 2 Nr. 6 SprAuG. Es ist aber widersprüchlich, eine Wahlanfechtung auszuschließen, nach Ablauf der Anfechtungsfrist jedoch die gerichtliche Geltendmachung der Nichtwählbarkeit zuzulassen. Diesen Widerspruch kann man dadurch vermeiden, dass entweder die Einschränkung der Anfechtungsmöglichkeit nach Abs. 5 S. 2 auf die nachträgliche Geltendmachung der Nichtwählbarkeit entspr. angewandt wird (so *Martens* RdA 1989, 87) oder dass wegen der gesetzlich nicht eingeschränkten Möglichkeit der nachträglichen Geltendmachung der Nichtwählbarkeit die Anfechtung der Wahl eines einzelnen Mitgl. des BR oder Sprecherausschusses von der Einschränkung der Anfechtungsmöglichkeit nach Abs. 5 S. 2 ausgenommen wird. Letzterem ist aus Gründen der materiellen Gerechtigkeit, um nämlich eine fehlerhafte Besetzung des BR oder Sprecherausschusses mit einem Nichtwählbaren über eine ganze vierjährige Amtszeit zu vermeiden, eindeutig der Vorzug zu geben. Dies gilt umso mehr, als eine rechtskräftige Entscheidung darüber, ob ein Gewählter leitender Ang. ist oder nicht, im Statusverfahren je nach Fallgestaltung ebenfalls zu einer Beendigung der Mitgl.schaft im BR oder Sprecherausschuss führt (→ Rn. 56). Dass das Statusverfahren zT von anderen Antragsberechtigten betrieben werden kann (einerseits → Rn. 64f.; andererseits → § 24 Rn. 41, → § 19 Rn. 29ff.), kann in diesem Zusammenhang keine entscheidende Rolle spielen.

2. Rechtsstreitigkeiten über das Zuordnungsverfahren

76 IÜ sind Streitigkeiten über die Durchführung des Zuordnungsverfahrens, zB über die Einhaltung der gesetzlichen Mindestfristen, über die Durchführung von gemeinsamen Sitzungen der Wahlvorst., über die Bestimmung der vom Sprecherausschuss oder dem BR nach Abs. 4 zu benennenden Mitgl., über das Unterstützungs- und Beratungsrecht des Vermittlers gegenüber dem ArbGeb., als Streitigkeiten im Rahmen des Wahlverfahrens von den ArbG in **BeschlVerf.** zu entscheiden (§§ 2a, 80ff. ArbGG; HaKo-BetrVG/*Brors* Rn. 13). Antragsberechtigt sind die beteiligten Wahlvorst. und der bestellte Vermittler, im Falle des Abs. 4 auch der beteiligte BR und Sprecherausschuss (iErg ebenso GK-BetrVG/*Kreutz* Rn. 111). Zur Möglichkeit des Erlasses einstw. Vfg., die auch im Rahmen des Zuordnungsverfahrens in Betracht kommen (GK-BetrVG/*Kreutz* Rn. 111; HWGNRH/*Nicolai* Rn. 14), → § 18 Rn. 32ff.

§ 19 Wahlanfechtung

(1) **Die Wahl kann beim Arbeitsgericht angefochten werden, wenn gegen wesentliche Vorschriften über das Wahlrecht, die Wählbarkeit oder das Wahlverfahren verstoßen worden ist und eine Berichtigung nicht erfolgt ist, es sei denn, dass durch den Verstoß das Wahlergebnis nicht geändert oder beeinflusst werden konnte.**

(2) [1] **Zur Anfechtung berechtigt sind mindestens drei Wahlberechtigte, eine im Betrieb vertretene Gewerkschaft oder der Arbeitgeber.** [2] **Die Wahlanfechtung ist nur binnen einer Frist von zwei Wochen, vom Tage der Bekanntgabe des Wahlergebnisses an gerechnet, zulässig.**

Inhaltsübersicht

I. Vorbemerkung

1 Die Vorschrift ermöglicht die Anfechtung rechtsfehlerhafter BRWahlen, und zwar sowohl des gesamten BR als auch der Wahl eines einzelnen oder einzelner BRMitgl. Zur Möglichkeit, die rechtsfehlerhafte Bestellung oder rechtsfehlerhafte Maßnahmen des Wahlvorst. im Laufe des Wahlverfahrens gerichtlich geltend zu machen, → § 16 Rn. 87 f.; → § 18 Rn. 32 ff.

2 Die Vorschrift gilt auch für die Anfechtung der JAV, vgl. § 63 Abs. 2 S. 2. Für die Anfechtung der Wahl der Bordvertr. und des SeeBR bestehen Sonderregelungen, vgl. § 115 Abs. 2 Nr. 9; § 116 Abs. 2 Nr. 8. Die Vorschrift gilt nicht für die Bestellung der Mitgl., des GesBR, des KBR, der GesJAV und der KJAV. Die Mitgl. dieser Gremien werden durch Beschluss des BR, des GesBR, der JAV und der KJAV bestellt. Diese Beschlüsse sind nach den allgemeinen Grundsätzen, die für die gerichtliche Überprüfung von BRBeschlüssen gelten, überprüfbar (→ § 33 Rn. 47 ff.). Die Vorschrift ist dagegen auf die Wahl des BRVors. und seines Stellvertr. sowie auf die Bestellung der Mitgl. des BetrAusschusses und anderer Ausschüsse des BR entspr. anwendbar (BAG 16.11.2005 – 7 ABR 11/05, AP BetrVG 1972 § 28 Nr. 7; → § 26 Rn. 51 ff.; → § 27 Rn. 95 ff.). Wegen der Anfechtung der Wahlen der Wahlmänner sowie der Vertr. der ArbN im Aufsichtsrat nach dem MitbestG vgl. §§ 21 u. 22 MitbestG sowie § 11 DrittelbG.

3 Entspr. Vorschriften: § 25 BPersVG, § 8 Abs. 1 SprAuG.

II. Nichtigkeit der Wahl

4 Von der nur im Wege des Wahlanfechtungsverfahrens möglichen Geltendmachung der Ungültigkeit der Wahl sind die seltenen Fälle zu unterscheiden, in denen die Wahl schlechthin nichtig ist. Eine **nichtige Wahl** ist nur in **besonderen Ausnahmefällen** anzunehmen, in denen gegen wesentliche Grundsätze des Wahlrechts in einem so hohen Maße verstoßen worden ist, dass nicht einmal der Anschein einer dem G entspr. Wahl mehr vorliegt (BAG 2.3.1955 – 1 ABR 19/54, AP BetrVG § 18

Nr. 1; 27.4.1976 – 1 AZR 482/75, AP BetrVG 1972 § 19 Nr. 4; 28.11.1977 – 1 ABR 36/76, AP BetrVG 1972 § 19 Nr. 6; 10.6.1983 – 6 ABR 50/82, AP BetrVG 1972 § 19 Nr. 10; 29.4.1998 – 7 ABR 42/97, AP BetrVG 1972 § 40 Nr. 58; 22.3.2000 – 7 ABR 34/98, AP AÜG § 14 Nr. 8; 19.11.2003 – 7 ABR 24/03, AP BetrVG 1972 § 19 Nr. 54; DKKW/*Homburg* Rn. 43; GK-BetrVG/*Kreutz* Rn. 143 ff.; Richardi BetrVG/*Thüsing* Rn. 83; *Krause/Niemann* AuA 1998, 152). Erforderlich ist ein besonders **grober** und **offensichtlicher Verstoß** gegen **wesentliche gesetzliche Wahlregeln** (BAG 24.1.1964 – 1 ABR 14/63, AP BetrVG § 3 Nr. 6; 19.11.2003 – 7 ABR 24/03, AP BetrVG 1972 § 19 Nr. 54; 27.7.2011 – 7 ABR 61/10, NZA 2012, 345; 13.3.2013 – 7 ABR 70/11, NZA 2013, 738; Richardi BetrVG/*Thüsing* Rn. 78). Ob ein Verstoß offensichtlich ist, ist nicht vom Standpunkt eines Außenstehenden sondern desjenigen zu beurteilen, dem der Wahlvorgang selbst bekannt ist, weil er mit den Betriebsinterna vertraut ist (hM: BAG 24.1.1964 – 1 ABR 14/63, AP BetrVG § 3 Nr. 6; 19.11.2003 – 7 ABR 24/03, AP BetrVG 1972 § 19 Nr. 54; GK-BetrVG/*Kreutz* Rn. 144; Richardi BetrVG/*Thüsing* Rn. 84; *Müller* FS Schnorr v. Carolsfeld, 1972, 394). Die **Häufung von Verstößen** gegen wesentliche Wahlvorschriften, von denen jeder für sich allein betrachtet lediglich eine Anfechtung der BRWahl rechtfertigt, führt nach der **neuesten Rspr.** des BAG nicht zur Nichtigkeit der Wahl; weder durch eine Addition der Summe der Fehler noch durch eine Gesamtwürdigung der einzelnen Verstöße (BAG 19.11.2003 – 7 ABR 24/03, AP BetrVG 1972 § 19 Nr. 54 unter Aufgabe der bisherigen Rspr. BAG 27.4.1976 – 1 AZR 482/75, AP BetrVG 1972 § 19 Nr. 4). Die neue BAG Rspr. bringt insoweit mehr Rechtsklarheit und Rechtssicherheit, als nunmehr die Unwirksamkeit einer BRWahl wegen Häufung von Wahlverstößen nur noch innerhalb der Anfechtungsfrist und der übrigen Voraussetzungen des § 19 geltend gemacht werden kann, es sei denn, mindestens einer der Wahlverstöße führt schon für sich allein genommen zur Nichtigkeit der Wahl.

5 **Beispiele:**

Für die Nichtigkeit:

- Wahl eines BR durch Nicht-ArbN, hier Mitgl. der LPG, auch wenn diese später kraft Gesetzes (→ § 5 Rn. 328) ArbN wurden (BAG 16.2.1995 – 8 AZR 714/93, AP Einigungsvertrag Anlage II Kap. VI Nr. 1);
- Bildung eines BR in der BetrVerslg. spontan durch Zuruf (BAG 12.10.1961 – 5 AZR 423/60, AP BGB § 611 Urlaubsrecht Nr. 84);
- Durchführung der BRWahl auch als Online-Wahl (ArbG Hamburg 7.6.2017 – 13 BV 13/16, juris mit zust. Anm. Neumann GWR 2017, 317 und Stoffregen AiB 2017, 46; **aA** LAG Hmb 15.2.2018 – 8 TaBV 5/17, juris: keine Nichtigkeit aber anfechtbar; differenzierend Richardi BetrVG/*Thüsing* Rn. 83a: bei Einhaltung der Erfordernisse des § 14 nur Anfechtbarkeit, ansonsten Nichtigkeit);
- offene Terrorisierung der Belegschaft während des Wahlaktes (BAG 8.3.1957 – 1 ABR 5/55, AP BetrVG § 19 Nr. 1);
- Wahl ohne Wahlvorst. und ohne geordnetes Verfahren iSd WO (GK-BetrVG/*Kreutz* Rn. 150; weitergehend RAG 4, 315, das schon bei einer Wahl ohne Wahlvorst. stets die Nichtigkeit annimmt;); dagegen hat die nichtige Wahl eines Wahlvorst. nicht die Nichtigkeit einer ansonsten ordnungsgemäß durchgeführten BRWahl zur Folge (LAG Nürnberg 29.7.1998 – 4 TaBV 12/97, ArbuR 1998, 492; LAG Bln 8.4.2003 – 5 TaBV 1990/02, NZA-RR 2003, 587; **aA** LAG München 16.6.2008 – 11 TaBV 50/05, EzA-SD 2008 Nr. 16, 12; LAG Düsseldorf 7.9.2010 – 16 TaBV 57/10, ArbuR 2011, 7; **diff. BAG:** Abbruch/Unterlassung der Durchführung der Wahl, wenn Wahlvorst. überhaupt nicht bestellt wurde aber offengelassen, ob eine nichtige Bestellung des Wahlvorst. stets zur Nichtigkeit der BRWahl führt (BAG 13.3.2013 – 7 ABR 70/11, NZA 2013, 738; 27.7.2011 – 7 ABR 61/10, NZA 2012, 345 [348]; 19.11.2003 – 7 ABR 25/03, AP BetrVG 1972 § 19 Nr. 55; 21.7.2004 – 7 ABR 57/03, AP BetrVG 1972 § 4 Nr. 15; → § 17 Rn. 18);
- Wahl eines „Aktionsausschusses" (*Schnorr* zu AP § 53, Nr. 172);
- Wahl eines Betriebsrats für einen nichtbetriebsratsfähigen, bzw. einen nicht unter den Geltungsbereich des BetrVG fallenden Betrieb (RAG 2, 79; BAG 9.2.1992 – 1 ABR 36/80, AP BetrVG 1972 § 118 Nr. 24; 29.4.1998 – 7 ABR 42/97, AP BetrVG 1972 § 40 Nr. 58);

- Wahl eines BR aufgrund einer von Gesetzes wegen offenkundig unzulässigen BV nach § 3 Abs. 1 Nr. 3 (*Dzida/Hohenstatt* BB-Spezial 14/2005, 1 [2]; *Bonanni/Mückl* BB 2010, 437 [442]; insoweit ungenau Richardi BetrVG/*Thüsing* § 18 Rn. 33; ErfK/*Koch* § 18 Rn. 5, die nicht zwischen einer nur unzutreffenden Zuordnung durch den Wahlvorst. aufgrund einer Vereinbarung nach § 3 Abs. 1 Nr. 1–3 und einer Zuordnung aufgrund einer unzulässigen Vereinbarung nach § 3 Abs. 1 Nr. 1–3 unterscheiden, → § 18 Rn. 64b);
- Wahl eines unternehmenseinheitlichen BR für mehrere Unternehmen nach § 3 Abs. 3 (ArbG Hamburg 13.6.2006 – 19 BV 16/06, NZA-RR 2006, 645);
- willkürliche Zusammenziehung von selbständigen Betrieben zu einem Betrieb (RAG 12, 409). Allerdings hat nicht jede Verkennung des Betriebsbegriffs die Nichtigkeit der Wahl zur Folge, sondern nur eine „offensichtliche" bzw. „willkürliche" (BAG 17.1.1978 – 1 ABR 71/76, AP BetrVG 1972 § 1 Nr. 1; 11.4.1978 – 6 ABR 22/77, AP BetrVG 1972 § 19 Nr. 8; 19.11.2003 – 7 ABR 25/03, AP BetrVG 1972 § 19 Nr. 55; 27.7.2011 – 7 ABR 61/10, NZA 2012, 345), zB Ausschluss auswärtiger BelegschaftsMitgl. von der Briefwahl ohne den geringsten einleuchtenden Grund entgegen einer zehnjährigen Übung (BAG 24.1.1964 – 1 ABR 14/63, AP BetrVG § 3 Nr. 6),Durchführung einer BR-Wahl unter bewusster Verkennung des Betriebsbegriffs – vorher eingeholtes Rechtsgutachten durch BR verneint Vorliegen eines gemeinsamen Betriebes (ArbG Hamburg 5.4.2006 – 11 GaBV 1/06, NZA-RR 2006, 361 ff.) sowieoffensichtliche Verkennung des Betriebsbegriffs unter Missachtung einer bindenden gerichtlichen Entscheidung nach § 18 Abs. 2 (BAG 19.11.2003 – 7 ABR 25/03, AP BetrVG 1972 § 19 Nr. 55). IÜ ist die Wahl nur anfechtbar (BAG 13.9.1984 – 6 ABR 43/83, AP BetrVG 1972 § 1 Nr. 3; 19.11.2003 – 7 ABR 25/03, AP BetrVG 1972 § 19 Nr. 55; GK-BetrVG/*Kreutz* Rn. 151; *Müller* FS Schnorr v. Carolsfeld, 1972, 395);
- Wahl eines BR für einen Betriebsteil, obwohl für diesen Betriebsteil zusammen mit anderen bereits ein gemeinsamer BR gewählt und diese Wahl nicht angefochten worden ist (BAG 11.4.1978 – 6 ABR 22/77, AP BetrVG 1972 § 19 Nr. 8; 21.7.2004 – 7 ABR 57/03, AP BetrVG 1972 § 4 Nr. 15);
- Wahl eines gemeinsamen BR für mehrere Filialen, obwohl in diesen bereits BR gewählt worden waren und deren Wahl nicht angefochten worden ist (ArbG Regensburg 20.9.1989 – 6 BV 14/89, BB 1990, 852);
- Wahl eines BR außerhalb des regelmäßigen Wahlzeitraums, ohne dass eine der Ausnahmeregelungen des § 13 Abs. 2 vorgelegen hat (Richardi BetrVG/*Thüsing* Rn. 81);
- Wahl einer Person, die offensichtlich kein ArbN des Betriebes ist;
- vorzeitige, vor Abschluss der Wahl und unter Ausschluss der Öffentlichkeit erfolgte Öffnung der Wahlurne in Verbindung mit nichtöffentlicher Stimmauszählung (LAG Nürnberg 27.11.2007 – 6 TaBV 46/07, LAGE Nr. 3a zu § 19 BetrVG 2001);
- Wahl bereits 12 Tage nach Bestellung des bei der Stimmabgabe nicht mehr vollzähligen Wahlvorst. ohne Aufstellung einer Wählerliste und ohne Erlass eines Wahlausschreibens auf der Grundlage nicht mehr zutreffender Stimmzettel, wobei die Stimmauszählung nicht durch WahlvorstMitgl. sondern durch ein gewähltes BRMitgl. erfolgte (BAG 27.4.1976 – 1 AZR 482/75, AP BetrVG 1972 § 19 Nr. 4).

Die Feststellung der Nichtigkeit hat **rückwirkende Kraft.** Der BR hat rechtlich nie bestanden. Seine Handlungen sind rechtsunwirksam. Seine Mitgl. genießen nicht den Kündigungsschutz nach § 15 KSchG und § 103 BetrVG, wohl jedoch den nachwirkenden Kündigungsschutz nach § 15 KSchG in ihrer Eigenschaft als Wahlbewerber (LAG Düsseldorf 24.8.1978 – 7 Sa 326/78, DB 1979, 1092; ErfK/*Koch* Rn. 14; BAG 7.5.1986 – 2 AZR 349/85, AP KSchG 1969 § 15 Nr. 18, hinsichtlich einer nichtigen Wahl des Wahlvorst); letzteres gilt jedenfalls dann, wenn ihnen der zur Nichtigkeit der Wahl führende Verstoß nicht bekannt und zurechenbar war. Beruht die Nichtigkeit der Wahl nach § 118 Abs. 2 auf einer nicht offenkundigen Verkennung des Geltungsbereichs des BetrVG, steht einem nichtig gewählten BRMitgl. ein Erstattungsanspruch für tatsächliche Aufwendungen nach betriebsverfassungsrechtlichen Grund-sätzen zu (BAG 29.4.1998 – 7 ABR 42/97, AP BetrVG 1972 § 40 Nr. 58). 6

Die Nichtigkeit einer solchen Wahl kann von jedermann, zu jeder Zeit und in jeder Form geltend gemacht werden. Ein nichtiger BR besteht rechtlich nicht. Hierauf kann sich **jedermann** berufen, der an der Feststellung der Nichtigkeit ein Interesse hat (BAG 27.4.1976 – 1 AZR 482/75, AP BetrVG 1972 § 19 Nr. 4; 21.7.2004 – 7

7 ABR 57/03, AP BetrVG 1972 § 4 Nr. 15). Dazu gehören auf jeden Fall die Anfechtungsberechtigten nach § 19 Abs. 2. Die Nichtigkeit kann auch von einem einzelnen ArbN geltend gemacht werden (LAG Bln 8.4.2003 – 5 TaBV 1990/02, NZA-RR 2003, 587; einschränkend *Burger* S. 110 nur soweit die Verletzung eigener Rechte geltend gemacht wird).

8 Die Nichtigkeit der Wahl kann **zu jeder Zeit** geltend gemacht werden. Sie ist nicht an die Anfechtungsfrist des § 19 gebunden (hM). Das gilt auch für den ArbGeb., allerdings mit der Einschränkung, dass er sich auf die Nichtigkeit der Wahl nicht für die Vergangenheit berufen kann, wenn er in Kenntnis der Nichtigkeit den nichtigen BR längere Zeit als rechtmäßige BetrVertr. anerkannt oder als solche behandelt hat. Einer Berufung auf die Nichtigkeit für die Vergangenheit würde in diesem Falle der Einwand der Arglist entgegenstehen (DKKW/*Homburg* Rn. 48; *Küchenhoff* Rn. 3b; KRHS Rn. 6; einschränkend GK-BetrVG/*Kreutz* Rn. 154, Richardi BetrVG/*Thüsing* Rn. 87, WPK/*Wlotzke* Rn. 29; Schaub ArbR-HdB/*Koch* § 218 Rn. 13, die dies nur hinsichtlich arbeitsvertraglicher Ansprüche der als BRMitgl. auftretenden ArbN anerkennen; **aA** BAG 27.4.1976 – 1 AZR 482/75, AP BetrVG 1972 § 19 Nr. 4; 21.7.2004 – 7 ABR 57/03, AP BetrVG 1972 § 4 Nr. 15; HWGNRH/*Nicolai* Rn. 44; *Krause/Niemann* AuA 1998, 152 [153]; *Bonanni/Mückl* BB 2010, 437 [442]). Aus diesem Grunde sind zB Kosten der Schulung vom BRMitgl., die vor Feststellung der Nichtigkeit der BRWahl entstanden sind, vom ArbGeb. zu tragen (LAG Düsseldorf 9.4.1979 – 20 TaBV 11/79, DB 1979, 2140; Richardi BetrVG/*Thüsing* Rn. 87).

9 Die Geltendmachung der Nichtigkeit der Wahl ist **in jeder Form** möglich. Sie ist nicht an ein bestimmtes gerichtliches Verfahren gebunden. Über sie kann insbes. als Vorfrage entschieden werden (zB im Rahmen einer Lohn- oder Kündigungsschutzklage; BAG 27.4.1976 – 1 AZR 482/75, AP BetrVG 1972 § 19 Nr. 4). Die Nichtigkeit kann aber auch im arbeitsgerichtlichen BeschlVerf. festgestellt werden (DKKW/*Homburg* Rn. 46; GK-BetrVG/*Kreutz* Rn. 156; Richardi BetrVG/*Thüsing* Rn. 91). Im Betrieb vertretene Gewerkschaften sind nach der neueren Rspr. des BAG, sofern sie nicht selbst das Verfahren betreiben, nicht beteiligungsbefugt (BAG 19.9.1985 – 6 ABR 4/85, AP BetrVG 1972 § 19 Nr. 12; → Rn. 38; **aA** noch BAG 9.2.1982 – 1 ABR 36/80, AP BetrVG 1972 § 118 Nr. 24). Ist beantragt worden, die Wahl für unwirksam zu erklären, so ist der Antrag in der Regel dahin auszulegen, dass die Wahl unter jedem rechtlichen Gesichtspunkt, dh sowohl der Nichtigkeit als auch der Anfechtbarkeit überprüft werden soll (BAG 24.1.1964 – 1 ABR 14/63, AP BetrVG § 3 Nr. 6; 28.4.1964 – 1 ABR 1/64, AP BetrVG § 4 Nr. 3; 12.10.1976 – 1 ABR 1/76, AP BetrVG 1972 § 8 Nr. 1). Zum Einsichtsrecht des ArbGeb. in die Wahlakten BAG 27.7.2005 – 7 ABR 54/04, AP WahlO BetrVG 1972 § 19 Nr. 1; → WO § 19 Rn. 2).

III. Anfechtung der Wahl

1. Voraussetzungen der Anfechtung

10 Die Anfechtung kann darauf gestützt werden, dass gegen **wesentliche Vorschriften** über das Wahlrecht (→ Rn. 11), die Wählbarkeit (→ Rn. 15) oder das Wahlverfahren (→ Rn. 19) verstoßen worden ist. Nicht jeder Verstoß, sondern nur ein Verstoß gegen wesentliche Vorschriften berechtigt zur Anfechtung. Als wesentlich sind solche Vorschriften anzusehen, die tragende Grundprinzipien der BRWahl enthalten. Hierzu zählen grds. die zwingenden Regelungen (sog Mussvorschriften; BAG 14.9.1988 – 7 ABR 93/87, AP BetrVG 1972 § 16 Nr. 1). Bloße Ordnungsvorschriften oder Sollbestimmungen (zB § 6 Abs. 2 WO) rechtfertigen die Anfechtung der Wahl im Allgemeinen nicht (DKKW/*Homburg* Rn. 3; GK-BetrVG/*Kreutz* Rn. 17 ff.; Richardi BetrVG/*Thüsing* Rn. 5; *Müller* FS Schnorr v. Carolsfeld, 1972, 382; **aA**

Hanau DB 1986 Beil. 4, 5, nach dem nur solche Vorschriften wesentlich sind, die Anordnungen treffen, deren Verletzung prinzipiell geeignet ist, das Wahlergebnis zu beeinflussen). Motivirrtum auf Seiten der Wähler begründet die Anfechtbarkeit ebenfalls nicht (BAG 2.12.1960 – 1 ABR 20/59, AP BetrVG § 19 Nr. 2).

Vorschriften über das **Wahlrecht** sind die Bestimmungen über die Wahlberechtigung (§ 7). Hier ist insbes. der durch das **BetrVerf-ReformG** neu angefügte § 7 S. 2 zu beachten, nach dem auch ArbN eines anderen ArbGeb. im Einsatzbetrieb wahlberechtigt sein können (Näheres → § 7 Rn. 37 ff.). Werden zB echte oder unechte **LeihArbN** iSd AÜG länger als drei Monate im Entleiherbetrieb eingesetzt, so sind sie als Wahlberechtigte zu der dortigen BRWahl zuzulassen. Geschieht dies nicht, ist dies ein die Anfechtung begründender Verstoß gegen eine wesentliche Wahlvorschrift (HaKo-BetrVG/*Brors* Rn. 7; GK-BetrVG/*Kreutz* Rn. 22). Generell wahlberechtigt sind auch **Beamte,** die in Betrieben privatisierter Unternehmen tätig sind (→ § 7 Rn. 10 f., 51–52a; sie gelten nach § 5 Abs. 1 S. 3 als ArbN→ § 5 Rn. 317; → § 7 Rn. 52, 52a). 11

Weitere Beispiele: 12

Für Anfechtbarkeit wegen Mängel bzgl. der Wahlberechtigung:

Zulassung von Nichtwahlberechtigten zur Wahl, insbes. von jug. ArbN, von zur Berufsausbildung in sog reinen Berufsausbildungseinrichtungen (→ § 5 Rn. 298) Beschäftigten (zuletzt BAG 20.3.1996 – 7 ABR 46/95, AP BetrVG 1972 § 5 Ausbildung Nr. 9; 20.3.1996 – 7 ABR 34/95, AP BetrVG 1972 § 5 Ausbildung Nr. 10) oder von Personen nach § 5 Abs. 2 oder leitenden Ang. nach § 5 Abs. 3 (LAG Düsseldorf 7.1.1958 – 3 BV Ta 3/57, BB 1958, 701; LAG Brem 30.6.1961 – 1 Ta BV 1–4/61, BB 1961, 933); Helfer in freiwilligem sozialen Jahr (BAG 12.2.1992 – 7 ABR 42/91, AP BetrVG 1972 § 5 Nr. 52); Nichtzulassung von wahlberechtigten ArbN (BAG 28.4.1964 – 1 ABR 1/64, AP BetrVG § 4 Nr. 3; 29.3.1974 – 1 ABR 27/73, AP BetrVG 1972 § 19 Nr. 2; 25.6.1974 – 1 ABR 68/73, AP BetrVG 1972 § 19 Nr. 3; 13.11.1996 – 10 AZR 804/94, AP MantelG DDR § 30 Nr. 4), von Teilzeitbeschäftigten wie zB Zeitungszusteller (BAG 29.1.1992 – 7 ABR 27/91, AP BetrVG 1972 § 7 Nr. 1; s. aber auch BAG 16.7.1997 – 5 AZR 312/96, AP BGB § 611 Zeitungsausträger Nr. 4; → § 5 Rn. 75, 95), Zulassung erwerbsfähiger Hilfebedürftiger, die Arbeitsgelegenheiten in der Mehraufwandsvariante (sog **Ein-Euro-Jobs**) nach § 16 Abs. 3 S. 2 SGB II ausüben (HessLAG 23.5.2006 – 9 TaBVGa 81/06, BeckRS 2006, 43684; LAG RhPf 3.2.2006 – 10 Ta 14/06, BeckRS 2006, 40792).

Ist die Frage, ob ein ArbN **leitender Ang.** ist oder nicht, in einem Zuordnungsverfahren nach § 18a entschieden worden, ist eine Anfechtbarkeit der Wahl mit der Begründung, der ArbN sei zu Unrecht von der Wahl ausgeschlossen oder zu ihr zugelassen worden, nur noch dann gegeben, wenn die Zuordnung offensichtlich fehlerhaft ist (→ § 18a Rn. 69 ff.). 13

Soweit anfechtungsberechtigte **ArbN** nach § 4 WO Einspruch gegen die Wählerliste erheben konnten; und keinen Einspruch eingelegt haben, steht ihnen insoweit kein Anfechtungsrecht mehr zu (LAG Kiel 11.8.1959 – 3 TaBV 1/59, AP WahlO z. BetrVG § 4 Nr. 1; LAG Düsseldorf DB 1973, 2050; HessLAG 27.1.1976 – 5 TaBV 38/75, BB 1976, 1271; LAG Nürnberg 31.5.2012 – 5 TaBV 36/11, AiB 2013, 393 mit zust. Anm. *Manske* 2013, 395; *Küchenhoff* Rn. 14; Richardi BetrVG/*Thüsing* Rn. 10; SWS Rn. 3; *Forschner* NZA 2016, 872; **aA** BAG 2.8.2017 – 7 ABR 42/15, NZA 2018, 182 mit Verweis auf die dazu fehlende gesetzliche Ermächtigung; DKKW/*Homburg* Rn. 6; WPK/*Wlotzke* Rn. 5; GK-BetrVG/*Kreutz* Rn. 60 f.; HWGNRH/*Nicolai* Rn. 23; *Hanau* DB 1986 Beil. 4, 12; *Bulla* DB 1977, 304; *Gnade* FS Herschel, 1982, 145; → WO § 4 Rn. 5). Ist der Fehler der Wählerliste erst nach Ablauf der Einspruchsfrist entstanden, ist das Anfechtungsrecht nicht eingeschränkt (BAG 21.3.2017 – 7 ABR 19/15, NZA 2017, 1075). Des Weitern geht das Anfechtungsrecht wegen anderer Verstöße nicht durch Nichteinlegung eines Einspruchs gegen die Wählerliste verloren (BAG 21.3.2017 – 7 ABR 19/15, NZA 2017, 1075; 14.11.2001 – 7 ABR 40/00, DB 2002, 2003). Die Wahlanfechtungsbefugnis einer im 14

Betrieb vertretenen **Gewerkschaft** hängt dagegen nicht davon ab, dass ArbN zuvor Einspruch gegen die Richtigkeit der Wählerliste eingelegt haben (BAG 29.3.1974 – 1 ABR 27/73, AP BetrVG 1972 § 19 Nr. 2; 25.6.1974 – 1 ABR 68/73, AP BetrVG 1972 § 19 Nr. 3; LAG Düsseldorf 15.10.1973 – 10 Ta BV 14/73, DB 1974, 684). Das Gleiche gilt für das Anfechtungsrecht des **ArbGeb.** (BAG 11.3.1975 – 1 ABR 77/74, AP BetrVG 1972 § 24 Nr. 1).

15 Die Vorschriften über die **Wählbarkeit** sind in § 8 enthalten. Zu beachten ist, dass nach dem durch das **BetrVerf-ReformG** neu angefügten § 7 S. 2 auch ArbN eines anderen ArbGeb. im Einsatzbetrieb wahlberechtigt und folglich wählbar sein können (Näheres → § 8 Rn. 26 ff.). Eine Ausnahme gilt für unechte **LeihArbN iSd AÜG,** die im Entleiherbetrieb **nicht wählbar** sind (§ 14 Abs. 2 AÜG, § 2 Abs. 3 S. 2 WO). Ein Verstoß hiergegen berechtigt zur Anfechtung der BRWahl (HaKo-BetrVG/*Brors* Rn. 8).

16 **Weitere Beispiele:**

Für Anfechtbarkeit wegen Mängel bzgl. der Wählbarkeit:

Zulassung nicht wählbarer ArbN als Wahlkandidaten, zB von ArbN unter 18 Jahren oder von leitenden Ang. oder von einem ArbN, der zwar rein formalrechtlich zum Betrieb in arbeitsvertraglichen Beziehungen steht, tatsächlich aber ausschließlich in einem anderen Betrieb arbeitet (BAG 28.11.1977 – 1 ABR 40/76, AP BetrVG 1972 § 8 Nr. 2; sa die Fallgestaltungen bei → WO § 8 Rn. 1 ff.), Zulassung nicht wählbarer Beamter zur BRWahl in PostAG, wenn diese nach § 4 Abs. 4 PostPersRG eine Tätigkeit in einem Betrieb eines anderen Unternehmens zugewiesen worden ist (BAG 16.1.2008 – 7 ABR 66/06, AP BetrVG 1972 § 7 Nr. 12). Nichtzulassung eines wählbaren ArbN zur Wahl, zB durch unberechtigte Streichung von der Vorschlagsliste.

Ist Wahlkandidaten außerordentlich gekündigt worden (→ § 103 Rn. 5 ff.), so gelten sie noch solange als betriebsangehörig und damit als wählbar, als die Wirksamkeit der Kündigung noch nicht feststeht (→ § 8 Rn. 18 ff.; Gleiches gilt für ordentlich gekündigte ArbN, die nach Ablauf der Kündigungsfrist nicht weiterbeschäftigt werden, deren Kündigungsschutzprozess aber im Zeitpkt. der BRWahl noch nicht abgeschlossen ist (BAG 10.11.2004 – 7 ABR 12/04, AP BetrVG 1972 § 8 Nr. 11). Verkennt Wahlvorst. Wählbarkeit eines gekündigten ArbN, der eine Vorschlagsliste anführt, und schließt er deshalb diese Liste von der BRWahl aus, ist dies ein Verstoß gegen wesentliche Vorschriften über die Wählbarkeit (BAG 14.5.1997 – 7 ABR 26/96, AP BetrVG 1972 § 8 Nr. 6).

17 Die Anfechtbarkeit einer Wahl wegen zu Unrecht bejahter oder verneinter Wählbarkeit ist im Falle einer **Zuordnung** von **leitenden Ang.** nach § 18a nur noch gegeben, wenn die Zuordnung offensichtlich fehlerhaft gewesen ist; dies gilt nicht, wenn sich die Anfechtung auf die Wahl eines zu Unrecht gewählten BRMitgl. beschränkt (→ § 18a Rn. 69 ff.). Als Ausnahmevorschrift kann § 18a nicht analog auf andere Fälle zwecks Einschränkung des Anfechtungsrechts herangezogen werden (→ § 18a Rn. 62, 75).

18 Auf die fehlende Wählbarkeit kann die Anfechtung nicht mehr gestützt werden, wenn vor Abschluss der gerichtlichen Verhandlung der ArbN **wählbar geworden** ist, zB inzwischen die sechsmonatige Betriebszugehörigkeit erfüllt hat (BAG 7.7.1954 – 1 ABR 6/54, AP BetrVG § 24 Nr. 1; DKKW/*Homburg* Rn. 8; WPK/*Wlotzke* Rn. 6; Richardi BetrVG/*Thüsing* Rn. 7). Wegen nachträglicher Feststellung der Nichtwählbarkeit auch noch nach Ablauf der Anfechtungsfrist → § 24 Rn. 40 ff.

19 Vorschriften über das **Wahlverfahren** enthalten die §§ 9–18 und die Vorschriften der Wahlordnung (vgl. Anh. 1); die Anfechtbarkeit begründen nur Verstöße gegen solche Vorschriften, die für die Anwendung der Grundsätze des G von wesentlicher, nicht nur förmlicher Bedeutung sind. So liegt zB nach LAG Köln (AiB 2001, 602, Anm. *Große-Kock*) kein Verstoß gegen Wahlvorschriften vor, wenn auf einer Wahlvorschlagsliste 80 % der wahlberechtigten ArbN aufgeführt sind, selbst wenn sie damit einen besseren Kündigungsschutz (§ 15 Abs. 3 KSchG) erreichen wollen.

20 Zu den wesentlichen Vorschriften des Wahlverfahrens zählt der durch das **BetrVerf-ReformG** neu gefasste § 15 Abs. 2. Jedoch begründet nicht jeder Verstoß

hiergegen eine Anfechtung (so wohl *Löwisch* BB 2001, 1734 [1738]). Es ist vielmehr zu unterscheiden:

Ein **Anfechtungsgrund** liegt grds. vor, wenn die Zahl der Mindestsitze für das Geschlecht in der Minderheit nicht oder nicht richtig gem. § 5 WO ermittelt worden ist (BAG 10.3.2004 – 7 ABR 49/03, AP BetrVG 1972 § 7 Nr. 8). Das Gleiche gilt, wenn bei der Verteilung der BRSitze auf das Minderheitsgeschlecht gegen § 15 Abs. 5 WO oder bei der Ermittlung der Gewählten dieses Geschlechts gegen § 22 WO verstoßen worden ist. Nach LAG Nds 10.3.2011 – 5 TaBV 96/10, NZA 2011, 465 liegt – unter Hinweis auf eine verfassungskonforme Auslegung des § 17 Abs. 2 WO im Hinblick auf den Grundsatz der Wahlgleichheit – ein Verstoß gegen § 15 Abs. 5 WO dann vor, wenn ein zunächst erforderlicher Listensprung dann nicht korrigiert wird, wenn ein nach § 17 benachrichtigter Kandidat die Wahl nicht annimmt und mit dem nachrückenden Kandidaten der Listensprung zur Erfüllung der Mindestsitze des Geschlechts in der Minderheit nicht mehr erforderlich ist. **Kein Anfechtungsgrund** ist gegeben, wenn § 5 WO deshalb nicht angewendet worden ist, weil es kein Minderheitsgeschlecht gibt (Belegschaft besteht je zur Hälfte aus Frauen und Männern), oder die dem Minderheitsgeschlecht nach § 15 Abs. 2 zustehenden Mindestsitze nicht besetzt werden können, weil es keine oder zu wenige Bewerber dieses Geschlechts gibt oder sie nicht gewählt worden sind (vgl. § 126 Nr. 5a BetrVG iVm § 15 Abs. 5 Nr. 5 u. § 22 Abs. 4 WO; so auch SWS § 15 Rn. 8). Gleiches gilt, wenn Wahlvorschläge keine Bewerberinnen oder Bewerber des Minderheitsgeschlechts aufweisen. In den Gesetzesmaterialien (s. BT-Drs. 14/5741, 53) ist ausdrücklich festgehalten worden, dass mit § 15 Abs. 2 auch weiterhin reine Männerlisten und Frauenlisten zulässig sind (→ § 15 Rn. 13). 20a

Im Zusammenhang mit dem **vereinfachten Wahlverfahren** nach § 14a können sich folgende **Anfechtungsgründe** ergeben: Es wird im vereinfachten Wahlverfahren gewählt, weil man irrtümlich davon ausgegangen ist, dass im Betrieb weniger als 50 ArbN beschäftigt sind, es aber tatsächlich über 50 ArbN sind, weil zB ArbN eines unselbständigen Betriebsteils oder ArbN iSv § 7 S. 2 nicht mitgezählt worden sind oder eine Vereinbarung nach § 14a Abs. 5 konkludent getroffen worden sei (BAG 19.11.2003 – 7 ABR 24/03, AP BetrVG 1972 § 19 Nr. 54). Es wird in einem Betrieb mit weniger als 50 ArbN im normalen Verfahren gewählt, weil unzutreffend von einer größeren ArbNZahl ausgegangen worden ist, indem man fälschlicherweise zB die ArbN eines selbständigen Betriebsteils iSv § 4 Abs. 1 S. 1 oder FremdfirmenArbN dem Betrieb zugerechnet hat. Entspr. gilt für das vereinbarte vereinfachte Wahlverfahren nach § 14a Abs. 5, wenn die Grenzzahl von 100 ArbN verkannt worden ist. Vgl. zur Verkennung der Arbeitnehmergrenzzahl im vereinfachten Wahlverfahren GK-BetrVG/*Kreutz* Rn. 152 und GK-BetrVG/*Jacobs* § 14a Rn. 127 f.). 21

Weitere Beispiele: 22

Für Anfechtbarkeit wegen Mängel des Wahlverfahrens:

- Bestellung des Wahlvorst. durch einen BR, dessen Amtszeit abgelaufen oder sonst beendet ist (BAG 2.3.1955 – 1 ABR 19/54, AP BetrVG § 18 Nr. 1; krit. hierzu GK-BetrVG/*Kreutz* Rn. 52);
- Wahl eines Wahlvorst. für einen von einem Gemeinschaftsbetrieb abgespaltenen Betriebsteil auf einer Betriebsversammlung nach § 17 Abs. 2 anstelle der Bestellung des Wahlvorst. nach § 16 Abs. 1 durch den für das Gemeinschaftsunternehmen gebildeten BR kraft seines Übergangsmandats (BAG 31.5.2000 – 7 ABR 78/98, AP BetrVG 1972 § 1 Gemeinsamer Betrieb Nr. 12);
- Wahl des Wahlvorst. auf einer BetrVerslg. obwohl er vom BR, dessen Amtszeit endet, hätte bestellt werden müssen (BAG 21.7.2004 – 7 ABR 57/03, AP BetrVG 1972 § 4 Nr. 15);
- Nicht ordnungsgemäße Zusammensetzung des Wahlvorst. (BAG 3.6.1975 – 1 ABR 98/74, AP BetrVG 1972 § 5 Rotes Kreuz Nr. 1; LAG SchlH 19.3.2010 – 4 TaBVGa 5/10, ArbRAktuell 2010, 381);

- Beschluss des Wahlvorst. die BRWahl im vereinfachten Wahlverfahren nach § 14a Abs. 5 durchzuführen, ohne dass eine entsprechende Vereinbarung mit dem ArbGeb. getroffen worden ist (BAG 19.11.2003 – 7 ABR 24/03, AP BetrVG 1972 § 19 Nr. 54; ArbG Düsseldorf 28.11.2016 – 2 BV 286/16, AiB 2013, 60);
- Nichteinhaltung der Fristen der Wahlordnung zur Einreichung von Wahlvorschlägen (BAG 12.2.1960 – 1 ABR 13/59, AP BetrVG § 18 Nr. 11);
- Fehlen einer Wählerliste (BAG 27.4.1976 – 1 AZR 482/75, AP BetrVG 1972 § 19 Nr. 4) bzw. fehlende Aufstellung getrennt nach den Geschlechtern (BAG 19.11.2003 – 7 ABR 24/03, AP BetrVG 1972 § 19 Nr. 54);
- Fehlen oder nicht ordnungsgemäße Bekanntgabe des Wahlausschreibens (BAG 27.4.1976 – 1 AZR 482/75, AP BetrVG 1972 § 19 Nr. 4, 5.5.2004 – 7 ABR 44/03, AP WahlO BetrVG 1972 § 3 Nr. 1; 21.7.2004 – 7 ABR 57/03, AP BetrVG 1972 § 4 Nr. 15; 21.1.2009 – 7 ABR 65/07, AP BetrVG 1972 § 19 Nr. 61). Dies gilt auch im vereinfachten Wahlverfahren (BAG 19.11.2003 – 7 ABR 24/03, AP BetrVG 1972 § 19 Nr. 54);
- Unrichtige Angabe der Mindestsitze für das Geschlecht in der Minderheit im Wahlausschreiben (BAG 10.3.2004 – 7 ABR 49/03, AP BetrVG 1972 § 7 Nr. 8; 13.3.2013 – 7 ABR 67/11, NZA-RR 2013, 575;
- nicht ordnungsgemäße Unterrichtung ausländischer ArbN gem. § 2 Abs. 5 WO über Wahlverfahren, Aufstellung der Wähler- und Vorschlagslisten, Wahlvorgang und Stimmabgabe (BAG 13.10.2004 – 7 ABR 5/04, AP WahlO BetrVG 1972 § 2 Nr. 1; LAG RhPf 22.7.2015 – 7 TaBV 7/15; LAG Hamm 27.1.1982 – 3 TaBV 102/81, DB 1982, 2252; → WO § 2 Rn. 12);
- Nichteinhaltung der im Wahlausschreiben angegebenen Zeit der Stimmabgabe ohne ordnungsgemäße Bekanntgabe der Änderung, es sei denn, es steht fest, dass dadurch keine Wahlberechtigten von der Stimmabgabe abgehalten worden sind (BAG 11.3.1960 – 1 ABR 15/59, AP BetrVG § 18 Nr. 13; 19.9.1985 – 6 ABR 4/85, AP BetrVG 1972 § 19 Nr. 12);
- Fehlende vorherige Festlegung und Bekanntmachung der konkreten Zeit für die Stimmabgabe, wenn ein Wahlvorst. die einzelnen Filialen eines Einzelhandelsunternehmens nach einem bestimmten „Tourenplan" besucht (LAG Bbg 27.11.1998 – 5 TaBV 18/98, NZA-RR 1999, 418);
- Fehlende Angabe des Ortes der Wahllokale im Wahlausschreiben, sofern dieses nicht so rechtzeitig ergänzt wird, dass für die Wahlberechtigten keine Einschränkung ihres Stimmrechts eintritt (BAG 19.9.1985 – 6 ABR 4/85, AP BetrVG 1972 § 19 Nr. 12);
- Setzen einer zu kurzen Nachfrist für die Einreichung von Wahlvorschlägen (HessLAG 5.7.1965 – 1 Ta BV 1/65, BB 1965, 1395);
- Verkennung des Betriebsbegriffs durch den Wahlvorstand (BAG 23.11.2016 – 7 ABR 3/15, NZA 2017, 1003: 15.10.2014 – 7 ABR 53/12, NZA 2015, 1014; 19.11.2003 – 7 ABR 25/03, AP BetrVG 1972 § 19 Nr. 55; 13.11.1996 – 10 AZR 804/94, AP MantelG DDR § 30 Nr. 4; 17.1.1978 – 1 ABR 71/76, AP BetrVG 1972 § 1 Nr. 1; LAG Bln 28.6.1999 – 9 TaBV 479/99, NZA-RR 2000, 246; LAG Köln AiB 2001, 352) soweit dieser nicht „offensichtlich" verkannt wird → Rn. 5;
- BRWahl aufgrund eines unwirksamen Tarifvertrags nach § 3 Abs. 1 Nr. 3 BetrVG (BAG 29.7.2009 – 7 ABR 27/08, NZA 2009, 1424; 21.9.2011 – 7 ABR 54/10, NZA-RR 2012, 186; 13.3.2013 – 7 ABR 70/11, NZA 2013, 738; **aA** *Richardi* NZA 2014, 232 [235]); *Hoffmann-Remy/Zaumseil* BB 2017, 1717: nichtig;
- BRWahl aufgrund eines kollidierenden Tarifvertrags nach § 4a Abs. 3 iVm Abs. 2 S. 2 TVG (→ § 3 Rn. 16d, 23; → § 18 Rn. 42a);
- Wahlvorstand verkennt bei Anwendung eines wirksamen Tarifvertrages nach § 3 Abs. 1 Nr. 1–5 BetrVG die nach dem TV maßgebliche Organisationseinheit (BAG 21.9.2011 – 7 ABR 54/10, NZA-RR 2012, 186);
- Wahl eines unternehmenseinheitlichen BR ohne absolute Stimmenmehrheit nach § 3 Abs. 3 (LAG Düsseldorf 16.10.2008 – 11 TaBV 105/08, BeckRS 2009, 68704);
- Teilnahme eines selbständigen Betriebsteils iSv § 4 Abs. 1 Nr. 1 an BRWahl im Hauptbetrieb ohne Teilnahmebeschluss nach § 4 Abs. 1 S. 2 (ArbG Stuttgart 25.4.2019 – 21 BV 62/18, AiB 2019, Nr. 7/8, 61);
- Verletzung des Wahlgeheimnisses (*Herschel* DB 1963, 1046; LAG Hamm 26.2.1976 – 8 TaBV 74/75, DB 1976, 1920); keine Verletzung der Geheimheit der Wahl bei BRWahl auf einem Privatparkplatz, wenn die geheime Stimmabgabe gewährleistet war (ArbG Kiel 13.11.2003 – 1 BV 34d/03, AiB 2004, 66); Keine Nichtigkeit durch „generalisierende Hochrechnung" eines Verstoßes gegen das Wahlgeheimnis (LAG Düsseldorf 21.7.2017 – 10 TaBV 3/17, AA 2017, 160);

- Verstoß gegen den allgemeinen Grundsatz der freien Wahl und den ungeschriebenen Grundsatz der Chancengleichheit der Wahlbewerber, indem der Wahlvorstand Dritten während des noch laufenden Wahlverfahrens Einblick in die mit Stimmabgabevermerken versehene Wählerliste gestattet (BAG 6.12.2000 – 7 ABR 34/99, AP BetrVG 1972 § 19 Nr. 48); gleiches gilt, wenn ein Wahlhelfer, der zugleich Wahlbewerber ist, vor Abschluss der Wahl eine Namensliste derjenigen erstellt, die noch nicht gewählt haben und damit das Wahllokal verlässt (LAG Köln 20.2.2015 – 4 TaBV 79/14, ZBVR online 2015, Nr. 6, 29);
- unterbliebene Auslosung der Reihenfolge der Vorschlagslisten gem. § 10 Abs. 1 WO und Fehlen der beiden an erster Stelle stehenden Bewerber der Vorschlagsliste entspr. § 11 Abs. 2 WO (ArbG Wetzlar 12.6.1972 – BV 4/72, DB 1972, 1731);
- Verletzung der Pflicht des Wahlvorstands nach § 7 Abs. 2 S. 2 WO auf unverzügliche Prüfung der Wahlvorschläge (BAG 25.5.2005 – 7 ABR 39/04, AP BetrVG 1972 § 14 Nr. 2; 21.1.2009 – 7 ABR 65/07, AP BetrVG 1972 § 19 Nr. 61; 18.7.2012 – 7 ABR 21/11, NZA 2013, 168);
- Zurückweisung eines ordnungsgemäßen Wahlvorschlags durch den Wahlvorst. wegen nicht stichhaltiger Bedenken (LAG Hamm EZA § 19 BetrVG 1972 Nr. 9);
- Nichtzulassung eines Wahlvorschlags wegen zu geringer Zahl von Bewerbern (BAG 29.6.1965 – 1 ABR 2/65, AP BetrVG § 13 Nr. 11);
- Zulassung eines Wahlvorschlags einer ArbNVereinigung, die keine Gewerkschaft iSd BAG-Rspr. (→ § 2 Rn. 32 ff.) ist, oder Nichtzulassung eines Wahlvorschlags einer Gewerkschaft wegen Verkennung des Gewerkschaftsbegriffs (GK-BetrVG/*Jacobs* § 14 Rn. 88);
- Zulassung einer Wahlvorschlagsliste mit unzulässigem Kennwort (BAG 26.10.2016 – 7 ABR 4/15, NZA-RR 2017, 194);
- Unterlassung der Belehrung nach § 6 Abs. 5 S. 2 WO (LAG Hamm 12.11.1965 – 5 BVTa 17/65, DB 1966, 37);
- Streichung einzelner oder mehrerer Kandidaten von der Vorschlagsliste durch einige Unterzeichner (BAG 15.12.1972 – 1 ABR 8/72, AP BetrVG 1972 § 14 Nr. 1);
- Fehlerhafte Terminangabe für Einreichung von Wahlvorschlägen (BAG 9.12.1992 – 7 ABR 27/92, AP WahlO BetrVG 1972 § 6 Nr. 2);
- Festsetzung des Endes der Frist für die Einreichung von Wahlvorschlägen auf einen Zeitpunkt, der vor Ende der Arbeitszeit der überwiegenden Zahl der ArbN liegt (BAG 12.2.1960 – 1 ABR 13/59, AP BetrVG § 18 Nr. 11; ArbG Berlin 21.4.1972 – 10 BV 1/72, DB 1972, 877);
- Unzulässige Nachfristsetzung für Einreichung von Wahlvorschlägen im vereinfachten Wahlverfahren (HessLAG 22.8.2013 – 9 TaBV 19/13, NZA-RR 2014, 72);
- unterschiedliche Gestaltung der Stimmzettel (BAG 14.1.1969 – 1 ABR 14/68, AP BetrVG § 13 Nr. 12);
- Wahl einer unrichtigen Anzahl von BRMitgl. (BAG 12.10.1976 – 1 ABR 1/76, AP BetrVG 1972 § 8 Nr. 1; 12.10.1976 – 1 ABR 14/76 N, AP BetrVG 1972 § 19 Nr. 5; 18.1.1989 – 7 ABR 21/88, AP BetrVG 1972 § 9 Nr. 1; 29.6.1991 – 7 ABR 67/90, AP BetrVG 1972 § 9 Nr. 2; 7.5.2008 – 7 ABR 17/07, AP BetrVG 1972 § 9 Nr. 12; LAG SchlH 27.10.1994 – 4 TaBV 23/94, BB 1995, 620; LAG Köln 17.4.1998 – 5 TaBV 20/98, NZA-RR 1999, 247; → § 9 Rn. 49 ff.);
- Streichungen oder Ergänzungen in den Wählerlisten, ohne dass hierfür die Voraussetzungen der WO vorliegen (BAG 21.3.2017 – 7 ABR 19/15, NZA 2017, 1075; 27.1.1993 – 7 ABR 37/92, AP BetrVG § 76 Nr. 29 für die Wahl der ArbNVertr. im AR);
- rechtswidrige Wahlbeeinflussung, zB finanzielle oder sonstige Unterstützung einer bestimmten Gruppe von Kandidaten bei der Wahlwerbung durch den ArbGeb. (BAG 4.12.1986 – 6 ABR 48/85, AP BetrVG 1972 § 19 Nr. 13; iE → § 20 Rn. 20 ff.);
- Verbindung unterschiedlicher Vorschlagslisten zu einer Liste (ArbG Hamm DB 1972, 1734);
- Durchführung der Wahl als Online-Wahl (LAG Hmb 15.2.2018 – 8 TaBV 5/17, juris; **aA** Nichtigkeit: ArbG Hamburg 7.6.2017 – 13 BV 13/16, juris mit zust. Anm. Neumann GWR 2017, 317 und Stoffregen AiB 2017, 46; differenzierend Richardi BetrVG/*Thüsing* Rn. 83a: bei Einhaltung der Erfordernisse des § 14 nur Anfechtbarkeit, ansonsten Nichtigkeit);
- generelle Zulassung der Briefwahl ohne Vorliegen der Voraussetzungen des § 26 WO aF, jetzt § 24 WO (LAG SchlH 18.3.1999 – 4 TaBV 51/98, NZA-RR 1999, 523; für Wahl der ArbNVertr. im AR s. BAG 27.1.1993 – 7 ABR 37/92, AP BetrVG § 76 Nr. 29); für den jetzigen § 24 WO (LAG Hamm 5.8.2011 – 10 TaBV 13/11, ZBVR online 2011/20 Nr. 4 S. 10);

- keine ordnungsgemäße Versiegelung der Wahlurne bei deren Transport zu einzelnen Filialen eines Einzelhandelsunternehmens zwecks Stimmabgabe (LAG Bbg 27.11.1998 – 5 TaBV 18/98, NZA-RR 1999, 418);
- Keine vorherige öffentliche Bekanntmachung von Ort und Zeit der Stimmauszählung (BAG 15.11.2000 – 7 ABR 53/99, AP BetrVG 1972 § 18 Nr. 10);
- nicht unverzügliche öffentliche Auszählung der abgegebenen Stimmen nach Abschluss der Wahl ohne genügende Sicherung der abgegebenen Stimmen (ArbG Bochum DB 1975, 1898);
- unzureichende Verantwortlichkeit des Wahlvorst. bei der Auszählung der Stimmen mit Hilfe einer EDV-Anlage und unzureichende Öffentlichkeit dieser Stimmauszählung (LAG Bln 16.11.1987 – 12 Ta BV 6/87, DB 1988, 504);
- Verstoß gegen die Öffentlichkeit der Stimmauszählung – Auszählung beginnt vor der im WA angegebenen Zeit – führt nur zur Anfechtbarkeit, soweit nicht eine bewusste Umgehung der öffentlichen Stimmauszählung durch den WV vorliegt (LAG Hamm 30.1.2015 – 13 TaBV 46/14, BeckRS 2015, 66714 mit zust. Anm. *Sachadae* jurisPR-ArbR 16/2015, Anm. 4; → WO § 13 Rn. 6);
- Berücksichtigung einer schriftlichen Stimmabgabe durch den Wahlvorst. in Kenntnis, dass diese unter Verstoß gegen die Grundsätze der geheimen Wahl abgegeben wurde (BAG 21.3.2018 – 7 ABR 29/16, NZA 2018, 948);
- Differenz der Zahl zwischen der in der Wahlurne befindlichen Stimmen und der Zahl der in der Wählerliste eingetragenen Stimmabgaben ist so groß, dass sie das Ergebnis der Wahl beeinflussen konnte (BAG 12.6.2013 - 7 ABR 77/11, NZA 2013, 1368; → WO § 12 Rn. 8, 9).

23 Ein Verstoß gegen wesentliche Wahlvorschriften rechtfertigt eine Anfechtung nicht, wenn der Verstoß im Laufe des Wahlverfahrens **rechtzeitig berichtigt** worden ist (DKKW/*Homburg* Rn. 4; GK-BetrVG/*Kreutz* Rn. 35 ff.; Richardi BetrVG/*Thüsing* Rn. 39). Rechtzeitig ist eine Berichtigung dann, wenn sie zu einem Zeitpunkt erfolgt, dass danach die Wahl noch ordnungsgemäß ablaufen kann, ohne dass sich der berichtigte Fehler noch auf das Wahlergebnis auswirken kann. Hierbei ist im Falle der nachträglichen Ergänzung oder Berichtigung des Wahlausschreibens nicht in jedem Fall die Einhaltung der sechswöchigen Aushangfrist nach § 3 Abs. 1 S. 1 WO für die Berichtigung erforderlich. Das hängt von dem Inhalt der Ergänzung oder Berichtigung ab. So ist zB die Festlegung oder Änderung des Ortes der Stimmabgabe nach Erlass des Wahlausschreibens zulässig, sofern sie nur so rechtzeitig erfolgt, dass sich die Wahlberechtigten rechtzeitig informieren können und damit keine Einschränkung ihres Wahlrechts eintritt (BAG 19.9.1985 – 6 ABR 4/85, AP BetrVG 1972 § 19 Nr. 12; → WO § 3 Rn. 3).

24 Als weitere Voraussetzung der Anfechtung der Wahl muss hinzukommen, dass der wesentliche Verstoß zu einem **anderen Wahlergebnis** geführt hat oder führen konnte, als es ohne den Verstoß zu verzeichnen gewesen wäre. Ausreichend ist, dass das Wahlergebnis ohne den Verstoß möglicherweise anders ausgefallen wäre. Allerdings reicht nicht jede theoretisch denkbare Möglichkeit eines anderen Ergebnisses aus, vielmehr muss nach der allgemeinen Lebenserfahrung und den konkreten Umständen des Falles die Möglichkeit eines anderen Ergebnisses nicht gänzlich unwahrscheinlich sein (BAG 13.10.2004 – 7 ABR 5/04, AP WahlO BetrVG 1972 § 2 Nr. 1; 25.5.2005 – 7 ABR 39/04, AP BetrVG 1972 § 14 Nr. 2; 21.1.2009 – 7 ABR 65/07, AP BetrVG 1972 § 19 Nr. 61; LAG Bbg 27.11.1998 – 5 TaBV 18/98, NZA-RR 1999, 418; DKKW/*Homburg* Rn. 4; GK-BetrVG/*Kreutz* Rn. 46; *Müller* FS Schnorr v. Carolsfeld, 1972, 387). Daher kann die Anfechtung der Wahl bei nur zwei Wahlvorschlägen nicht damit begründet werden, dass ein nicht wahlberechtigter ArbN mitgewählt habe, wenn die obsiegende Liste einen so großen Stimmenvorsprung hatte, dass die eine unberechtigte Stimmabgabe ohne Einfluss auf das Wahlergebnis war. Entsprechendes gilt, wenn leitende Ang. nach § 5 Abs. 3 irrtümlich auf die Wählerliste gesetzt worden sind, diese aber nicht oder nur in einem Umfang gewählt haben, der für das Wahlergebnis unerheblich war. Die vorzeitige Schließung des Wahllokals begründet keine Anfechtung, wenn feststeht, dass dadurch kein Wahlbe-

rechtigter von der Stimmabgabe abgehalten worden ist (BAG 19.9.1985 – 6 ABR 4/85, AP BetrVG 1972 § 19 Nr. 12). Ein Wahlverstoß, der sich nur auf die Reihenfolge der Ersatzmitgl. auswirkt, kann nicht das Wahlergebnis beeinflussen, da die Reihenfolge der Ersatzmitgl. nicht mehr zum Wahlergebnis iSd Abs. 1 Hs. 2 gehört (BAG 21.2.2001 – 7 ABR 41/99, AP BetrVG 1972 § 19 Nr. 49).

Nach der Rspr. des BAG (14.9.1988 – 7 ABR 93/87, AP BetrVG 1972 § 16 Nr. 1; 31.5.2000 – 7 ABR 78/98, AP BetrVG 1972 § 1 Gemeinsamer Betrieb Nr. 12) lassen **Fehler** bei der **Bestellung** des **Wahlvorst.** nicht ohne weiteres den Schluss zu, dass hierdurch das Wahlergebnis nicht geändert oder beeinflusst werden konnte. Diese Ansicht ist angesichts des rechtlich dezidiert ausgestalteten und damit weitgehend gebundenen Wahlverfahrens ohne Vorliegen bes. zusätzlicher Umstände überzogen (GK-BetrVG/*Kreutz* Rn. 52; *Schlömp-Röder* ArbuR 1989, 160; **aA** LAG Nürnberg 30.3.2006 – 6 TaBV 19/06, dbr 2007 Nr. 1 S. 36f.; HessLAG 6.2.2003 – 9 TaBV 96/02, NZA-RR 2004, 27, für den Fall, dass im Rahmen eines Übergangsmandats keine dem Betrieb angehörenden wahlberechtigten ArbN zum Wahlvorst. bestellt worden sind). Bei einem Verstoß gegen das Gebot der öffentlichen Stimmauszählung ist dagegen der Verdacht einer Manipulation und damit die Möglichkeit eines anderen Wahlergebnisses nicht völlig unwahrscheinlich (LAG Hamm 30.1.2015 – 13 TaBV 46/14, BeckRS 2015, 66714; LAG Bln 16.11.1987 – 12 TaBV 6/87, DB 1988, 505; LAG SchlH 18.3.1999 – 4 TaBV 51/98, NZA-RR 1999, 523; LAG Nürnberg 27.11.2007 – 6 TaBV 46/07, LAGE Nr. 3a zu § 19 BetrVG 2001). Auch im Fall der Durchführung der Wahl im falschen Wahlverfahren (→ Rn. 21) kann die Möglichkeit eines anderen Wahlergebnisses nicht per se ausgeschlossen werden; im vereinfachten Wahlverfahren wird ausschließlich nach dem Grundsatz der Mehrheitswahl gewählt, im normalen Wahlverfahren gilt der Grundsatz der Verhältniswahl (so auch GK-BetrVG/*Kreutz* Rn. 57; BAG 19.11.2003 – 7 ABR 24/03, AP BetrVG 1972 § 19 Nr. 54). 25

Lässt sich der von Amts wegen zu ermittelnde **Sachverhalt nicht eindeutig** dahingehend **aufklären,** dass der Verstoß keinen Einfluss auf das Wahlergebnis gehabt hat, so ist von einer Beeinflussung des Wahlergebnisses durch den Verstoß auszugehen (BAG 8.3.1957 – 1 ABR 5/55, AP BetrVG § 19 Nr. 1; GK-BetrVG/*Kreutz* Rn. 42; HWGNRH/*Nicolai* Rn. 9; Richardi BetrVG/*Thüsing* Rn. 37). Eine gerichtliche Nachprüfung zur Aufklärung, ob das Wahlverhalten der ArbN hinsichtl. ihrer Motivlage das Wahlergebnis hätte beeinflussen können, ist vor dem Hintergrund des Wahlgeheimnisses unzulässig (BAG 2.8.2017 – 7 ABR 42/15, NZA 2018, 182). Den Nachteil, dass der Sachverhalt nicht iS einer fehlenden Kausalität aufzuklären ist, trägt der Anfechtungsgegner (GK-BetrVG/*Kreutz* Rn. 42; *Müller* FS Schnorr v. Carolsfeld, 1972, 387f.). 26

Ein wesentlicher Verstoß mit möglichen Auswirkungen auf das Wahlergebnis rechtfertigt eine Anfechtung jedoch dann nicht, wenn der Verstoß durch eine entsprechende **Berichtigung des Wahlergebnisses** behoben worden ist oder behoben werden kann (BAG 22.11.2017 – 7 ABR 35/16, NZA 2018, 604; 16.3.2005 – 7 ABR 40/04, AP BetrVG 1972 § 15 Nr. 3; GK-BetrVG/*Kreutz* Rn. 129f.; HWGNRH/*Nicolai* Rn. 8; Richardi BetrVG/*Thüsing* Rn. 39, 73). Ist zB bei der Ermittlung des Wahlergebnisses lediglich die Verteilung der Sitze auf die Vorschlagslisten fehlerhaft vorgenommen worden, berechtigt dies zur Teilanfechtung (BAG 22.11.2017 – 7 ABR 35/16, NZA 2018, 604; 16.3.2005 – 7 ABR 40/04, AP BetrVG 1972 § 15 Nr. 3; LAG Nds 10.3.2011 – 5 TaBV 96/10, NZA 2011, 465; LAG Nürnberg 16.2.2016 – 7 TaBV 34/15, NZA-RR 2016, 417). 27

Beispiel:

Die unrichtige Verteilung der BRSitze auf die Bewerberinnen oder Bewerber des Minderheitsgeschlechts und die anderen Bewerber auf Grund eines Rechenfehlers kann nachträglich berichtigt werden (BAG 16.3.2005 – 7 ABR 40/04, AP BetrVG 1972 § 15 Nr. 3; HaKo-BetrVG*Brors* § 15 Rn. 15; GK-BetrVG/*Jacobs* § 15 Rn. 32, GK-BetrVG/*Kreutz* § 19

Rn. 131). Hierzu kann auch gehören, dass ein zunächst nach § 15 Abs. 5 Nr. 2 WO notwendiger Listensprung rückgängig gemacht wird, wenn aufgrund der Nichtannahme der Wahl eines Wahlkandidaten und des dadurch nachrückenden bisher nicht gewählten Bewerbers der Listensprung zur Erreichung der Mindestsitze für das Geschlecht in der Minderheit nicht mehr erforderlich ist (vgl. zur notwendigen Korrektur des Wahlergebnisses im Fall der Anfechtung LAG Nds 10.3.2011 – 5 TaBV 96/10, NZA 2011, 465; → WO § 17 Rn. 5, 6) – eine entsprechende Korrektur durch den Wahlvorst. lässt insoweit die Anfechtungsfrist erneut laufen → Rn. 35. Dagegen kann keine Berichtigung erfolgen, wenn bereits die Grundentscheidung, wie viele Mindestsitze dem Geschlecht in der Minderheit zustehen, falsch war (BAG 10.3.2004 – 7 ABR 49/03, AP BetrVG 1972 § 7 Nr. 8; GK-BetrVG/*Jacobs* § 15 Rn. 32; HaKo-BetrVG/*Brors* § 15 Rn. 15).

28 Stellt sich die Möglichkeit der Berichtigung des Wahlergebnisses erst im Anfechtungsverfahren heraus, so hat das ArbG in dem Beschluss das Wahlergebnis zu berichtigen (BAG 10.11.1954 – 1 ABR 24/54, AP BetrVG § 76 Nr. 2; 15.7.1960 – 1 ABR 3/59, AP BetrVG § 76 Nr. 10; 26.11.1968 – 1 ABR 7/68, AP BetrVG § 76 Nr. 18; 6.7.1955 – 1 AZR 510/54, AP BetrVG § 20 Jugendvertreter Nr. 1; Richardi BetrVG/*Thüsing* Rn. 71; *Müller* FS Schnorr v. Carolsfeld, 1972, 391 f.). Die Berichtigung (zB eines offensichtlichen Rechenfehlers) kann nicht durch Beschluss des BR selbst, dh nach Beendigung des Amtes des Wahlvorst. vorgenommen werden (WPK/*Wlotzke* Rn. 25; GK-BetrVG/*Kreutz* Rn. 40; Richardi BetrVG/*Thüsing* Rn. 72).

2. Anfechtungsberechtigung

29 Anfechtungsberechtigt sind zum einen mindestens **drei wahlberechtigte ArbN** (zur Wahlberechtigung → § 7 Rn. 5 ff.). Hierzu gehören mit der gesetzlichen Klarstellung in § 14 Abs. 2 S. 4 AÜG auch die in § 7 S. 2 genannten ArbN, also auch LeihArbN (→ § 7 Rn. 37 ff.; vor der gesetzlichen Klarstellung schon wie hier *Linsenmaier/Kiel* RdA 2014, 135 [146, 147] unter Verweis auf die geänderte Rspr. des BAG zum Mitzählen von LeihArbN bei § 9 BetrVG BAG 13.3.2013 – 7 ABR 69/11, NZA 2013, 789; *Löwisch* BB 2001, 1734 [1737]; *Maschmann* DB 2001, 2446 [2448]). Als gewählt festgestellte BRMitgl. sind von der Anfechtung nicht ausgeschlossen (BAG 21.3.2017 – 7 ABR 19/15, NZA 2017, 1075; LAG Hamm 26.2.1976 – 8 TaBV 74/75, DB 1976, 1920). Maßgebend für die Feststellung der Wahlberechtigung ist der Tag der Wahl, nicht der Tag der Antragstellung beim ArbG (Richardi BetrVG/*Thüsing* Rn. 44; GK-BetrVG/*Kreutz* Rn. 69). Nach bisher hM in Literatur und Rspr. musste die Voraussetzung, dass mindestens drei wahlberechtigte ArbN die Wahl anfechten, als Verfahrensvoraussetzung während des gesamten Verfahrens gegeben sein (so BAG 14.2.1978 – 1 ABR 46/77, AP BetrVG 1972 § 19 Nr. 7; 10.6.1983 – 6 ABR 50/82, AP BetrVG 1972 § 19 Nr. 10; nach GK-BetrVG/*Kreutz* Rn. 62, der die Antragsberechtigung als Frage der Aktivlegitimation bewertet, muss sie am Ende der Letzten mündlichen Tatsachenverhandlung gegeben sein). Nach der Rspr. des BAG hat dagegen ein nachträglicher Wegfall der Wahlberechtigung – zB durch Ausscheiden aus dem Betrieb – keinen Einfluss auf die Anfechtungsbefugnis (so BAG 4.12.1986 – 6 ABR 48/85, AP BetrVG 1972 § 19 Nr. 13 unter ausdrücklicher Aufgabe seiner bisherigen Rspr. und im Anschluss an die Rspr. des BVerwG zum BPersVG, BVerwG 27.4.1983 – 6 P 17.81, BVerwGE 67, 145, 24.2.2015 – 5 P 7.14, ZTR 2015, 352). Erforderlich ist allerdings, dass wenigstens drei am Wahltag wahlberechtigte ArbN das Wahlanfechtungsverfahren eingeleitet und dieses bis zum Zeitpunkt der Entscheidung – auch wenn nur noch einer von ihnen wahlberechtigt ist – betreiben (DKKW/*Homburg* Rn. 25; HWGNRH/*Nicolai* Rn. 22; BVerwG 24.2.2015 – 5 P 7.14, ZTR 2015, 352). Scheiden dagegen alle die Wahlanfechtung betreibenden ArbN endgültig aus ihrem ArbVerhältnis aus, so führt dies zum Wegfall des Rechtsschutzinteresses und damit zur Unzulässigkeit des Wahlanfechtungsverfahrens (BAG 15.2.1989 – 7 ABR 9/88, AP BetrVG 1972 § 19 Nr. 17 m. krit. Anm.

v. Weth SAE 1990, 291; BAG 16.11.2005 – 7 ABR 9/05, AP SGB IX § 94 Nr. 4; 23.7.2014 – 7 ABR 23/12, NZA 2014, 1288; 17.5.2017 – 7 ABR 22/15, NZA 2017, 1405; offen gelassen von BVerwG 24.2.2015 – 5 P 7.14, ZTR 2015, 352; Richardi BetrVG/*Thüsing* Rn. 44; HWGNRH/*Nicolai* Rn. 22). Entspr. gilt, wenn drei Wahlberechtigte iSd § 7 S. 2, also zB LeihArbN, die Wahl im Entleiherbetrieb anfechten und alle drei während des Wahlanfechtungsverfahrens aus diesem Betrieb ausscheiden.

Jeder anfechtende ArbN kann in der ersten Instanz seinen **Antrag** ohne Zustimmung der übrigen Beteiligten **zurücknehmen** (BAG 12.2.1985 – 1 ABR 11/84, AP BetrVG § 76 Nr. 27 unter Aufgabe von BAG 8.12.1970 – 1 A BR 23/70, AP BetrVG § 76 Nr. 21). Für einen ausscheidenden Antragsteller kann nach Ablauf der Anfechtungsfrist weder ein anderer wahlberechtigter ArbN (BAG 12.2.1985 – 1 ABR 11/84, AP BetrVG § 76 Nr. 27; DKKW/*Homburg* Rn. 26; GK-BetrVG/*Kreutz* Rn. 76; Richardi BetrVG/*Thüsing* Rn. 45) noch eine im Betrieb vertretene Gewerkschaft (BAG 10.6.1983 – 6 ABR 50/82, AP BetrVG 1972 § 19 Nr. 10) das Anfechtungsverfahren weiter betreiben. Zur Frage des Verlustes der Anfechtungsberechtigung bei Unterlassen des Einspruchs gegen die Wählerliste nach § 4 WO, → Rn. 14; → WO § 4 Rn. 5. 30

Ferner ist jede im Betrieb vertretene **Gewerkschaft** (→ § 2 Rn. 32, 43) anfechtungsberechtigt. In Betrieben privatisierter Unternehmen (zB Post- und Bahnunternehmen, der BRD Finanzagentur GmbH, Kooperationsunternehmen der Bundeswehr und andere privater Unternehmen, in denen für eine längere Übergangszeit noch Beamte bzw. Soldaten beschäftigt werden (→ § 16 Rn. 42), sind auch die im Betrieb vertretenen Berufsverbände der Beamten bzw. Soldaten anfechtungsberechtigt (→ § 2 Rn. 34; → § 23 Rn. 12). Die örtliche Verwaltungsstelle einer Gewerkschaft ist anfechtungsberechtigt, wenn sie hierzu durch eine Bestimmung der Satzung der Gewerkschaft ermächtigt ist (BAG 1.6.1966 – 1 ABR 17/65, AP BetrVG § 18 Nr. 15; 29.3.1974 – 1 ABR 27/73, AP BetrVG 1972 § 19 Nr. 2). Auch bei einer Anfechtung durch die Gewerkschaft muss die Verfahrensvoraussetzung, dass die Gewerkschaft im Betrieb vertreten ist, während des ganzen Verfahrens gegeben sein (BAG 21.11.1975 – 1 ABR 12/75, AP BetrVG 1972 § 118 Nr. 6; DKKW/*Homburg* Rn. 27; Richardi BetrVG/*Thüsing* Rn. 46; HaKo-BetrVG/*Brors* Rn. 15; einschränkend GK-BetrVG/*Kreutz* Rn. 80, bis zum Ende der Letzten mündlichen Verhandlung in der Beschwerdeinstanz; **aA** BAG 4.11.1960 – 1 ABR 4/60, AP BetrVG § 16 Nr. 2). 31

Schließlich ist der **ArbGeb.**, in dessen Betrieb die BRWahl durchgeführt worden ist, anfechtungsberechtigt. Haben sich zwei oder mehrere ArbGeb. zu einer BGB-Gesellschaft zusammengeschlossen und an diese ArbN abgestellt, so ist zur Anfechtung der im Betrieb der BGB-Gesellschaft durchgeführten BRWahl als ArbGeb. nur die BGB-Gesellschaft, nicht ein einzelner Gesellschafter berechtigt (BAG 28.11.1977 – 1 ABR 36/76, AP BetrVG 1972 § 19 Nr. 6; 16.1.2018 – 7 ABR 21/16, NZA 2018, 675 (Rn. 23). Folglich ist die BRWahl in einer sog ARGE (Bau) nur diese anfechtungsberechtigt (ggf. durch die Aufsichtsstelle als deren oberstes Organ; s. § 6 MusterARGEVertrag, zum Ganzen (→ § 5 Rn. 272 ff.). Dagegen soll in einem gemeinsamen Betrieb mehrerer Unternehmen auch der einzelne ArbGeb. eines Gemeinschaftsbetriebs anfechtungsberechtigt sein, solange nicht feststeht, dass es sich um einen Gemeinschaftsbetrieb handelt (BAG 16.1.2018 – 7 ABR 21/16, NZA 2018, 675 (Rn. 23); *Kiel* FS 100 Jahre BetrVR S. 291 ff.; **aA** *Kreutz* ArbuR 2018, 582; GK-BetrVG/*Kreutz* Rn. 83). Steht dagegen fest, dass es sich um einen Gemeinschaftsbetrieb handelt, sind die ArbGeb. nur gemeinsam, bzw. nur die einheitliche Leitung anfechtungsberechtigt (BAG 16.1.2018 – 7 ABR 21/16, NZA 2018, 675 (Rn. 23 aE); HWGNRH/*Nicolai* Rn. 20; WPK/*Wlotzke* Rn. 16; *Bonanni/Mückl* BB 2010, 437; insoweit ungenau ErfK/*Koch* Rn. 11). Ist in einem TV nach § 3 Abs. 1 Nr. 2 u. 3 eine unternehmensübergreifende Betriebsratsstruktur vereinbart, ist anfechtungsberechtigt nur derjenige, der als Rechtsträger auch in einer unmittelbaren 32

Rechtsbeziehung zum BR steht (BAG 23.11.2016 – 7 ABR 3/15, NZA 2017, 1003). Das Anfechtungsrecht des ArbGeb. ist nicht vom Nachweis eines besonderen rechtlichen Interesses abhängig (BAG 2.12.1960 – 1 ABR 20/59, AP BetrVG § 19 Nr. 2). Nach einem Betriebsübergang ist der Veräußerer des Betriebs nicht mehr anfechtungs- und beschwerdeberechtigt (LAG Düsseldorf, DB 1979, 938; ErfK/*Koch* Rn. 11; WPK/*Wlotzke* Rn. 16).

33 **Kein Anfechtungsrecht** hat der **einzelne ArbN,** auch wenn er bei ordnungsgemäßer Durchführung der Wahl gewählt worden wäre (hM; BAG 20.4.1956 – 1 ABR 2/56, AP BetrVG § 27 Nr. 3; 12.2.1985 – 1 ABR 11/84, AP BetrVG § 76 Nr. 27). Nicht anfechtungsberechtigt sind ferner der **BR** oder der **Wahlvorst.** als solcher (BAG 14.11.1975 – 1 ABR 61/75, AP BetrVG 1972 § 18 Nr. 1; 28.2.1958 – 1 ABR 3/57, AP BetrVG § 29 Nr. 1; GK-BetrVG/*Kreutz* Rn. 63; *Müller* FS Schnorr v. Carolsfeld, 1972, 379). Ihre Mitgl. können jedoch als wahlberechtigte ArbN die Anfechtung betreiben (LAG Bbg 27.11.1998 – 5 TaBV 18/98, NZA-RR 1999, 418; DKKW/*Homburg* Rn. 24). Etwas anderes gilt bei betriebsratsinternen Wahlen wie zB Freistellungswahl, Wahl der weiteren Mitgl. im **Betriebsausschuss** oder Gesamtbetriebsausschuss; in diesen Fällen ist das einzelne BRMitgl. anfechtungsberechtigt (BAG 15.1.1992 – 7 ABR 24/91, AP BetrVG 1972 § 26 Nr. 10; 21.7.2004 – 7 ABR 62/03, AP BetrVG 1972 § 51 Nr. 4; 16.3.2005 – 7 ABR 43/04, AP BetrVG 1972 § 28 Nr. 6; 20.4.2005 – 7 ABR 44/04, AP BetrVG 1972 § 38 Nr. 30). Dabei kommt es nicht darauf an, ob das anfechtende BRMitgl. durch den Ausgang der Wahl persönlich betroffen ist (BAG 20.4.2005 – 7 ABR 47/04, AP BetrVG 1972 § 38 Nr. 29). Die Anfechtungsbefugnis erlischt mit Ausscheiden des BRMitgl. aus dem BR (BAG 15.8.2001 – 7 ABR 2/99, AP BetrVG 1972 § 47 Nr. 10).

3. Anfechtungsfrist

34 Die Wahl des BR kann innerhalb einer Frist von **zwei Wochen nach Bekanntgabe des Wahlergebnisses** angefochten werden. Der Zeitpunkt der Unterrichtung von ArbGeb. und im Betrieb vertretenen Gewerkschaften nach § 18 Abs. 3 ist nicht maßgebend. Der Beginn der Frist bestimmt sich nach § 187 Abs. 1 BGB. Hiernach beginnt die Frist mit dem Tage, der auf denjenigen folgt, an dem das endgültige Wahlergebnis nach § 18 WO ausgehängt worden ist. Die Frist endet nach § 188 Abs. 2 BGB zwei Wochen später mit Ablauf des Wochentages, der dem Tag entspricht, an dem das Wahlergebnis ausgehängt worden ist.

Beispiel:

Ist das Wahlergebnis an einem Dienstag ausgehängt worden, so endet die Frist mit Ablauf des Dienstags der zweiten darauf folgenden Woche.

35 Ist der letzte Tag der Frist ein Sonnabend, Sonntag oder Feiertag, so tritt an dessen Stelle der nächste Werktag (§ 193 BGB). Der die Anfechtung erklärende Antrag muss einschließlich Begründung spätestens am letzten Tag der Frist beim ArbG eingegangen sein (BAG 23.11.2016 – 7 ABR 3/15, NZA 2017, 1003). Wann die Antragsschrift dem BR zugestellt wird, ist insoweit unerheblich (BAG 23.11.2016 – 7 ABR 3/15, NZA 2017, 1003: 17.5.2017 – 7 ABR 22/15, NZA 2017, 1405; LAG Bln 28.6.1999 – 9 TaBV 479/99, NZA-RR 2000, 246; 19.11.1999 – 6 BV 22475/99, NZA-RR 2001, 36 [38]). Die Aufgabe zur Post an diesem Tage genügt nicht. Zur Wahrung der Frist reicht allerdings der Eingang bei einem örtlich nicht zuständigen ArbG aus (BAG 13.3.2013 – 7 ABR 70/11, NZA 2013, 738; 15.7.1960 – 1 ABR 3/59, AP BetrVG § 76 Nr. 10; Richardi BetrVG/*Thüsing* Rn. 52). Wird das bekanntgemachte endgültige Wahlergebnis nachträglich vom Wahlvorst. geändert, beginnt insoweit eine neue Anfechtungsfrist zu laufen (Richardi BetrVG/*Thüsing* Rn. 51; weitergehend GK-BetrVG/*Kreutz* Rn. 91, insgesamt neue Anfechtungsfrist).

Die Frist ist eine **Ausschlussfrist.** Mit ihrem Ablauf erlischt das Anfechtungsrecht, so dass von diesem Zeitpunkt an die Wahl **unanfechtbar** wird, auch wenn das Wahlverfahren an wesentlichen Mängeln gelitten hat (BAG 26.10.1979 – 7 AZR 752/77, AP KSchG 1969 § 9 Nr. 5; LAG Bln 19.11.1999 – 6 BV 22475/99, NZA-RR 2001, 36 [37]; GK-BetrVG/*Kreutz* Rn. 84; HaKo-BetrVG/*Brors* Rn. 16). Der BR bleibt mit allen betriebsverfassungsrechtl. Befugnissen im Amt (BAG 27.6.1995 – 1 ABR 62/94, AP BetrVG 1972 § 4 Nr. 7; LAG SchlH 2.4.2014 – 3 TaBVGa 2/14, ZBVR online 9/2014, 16). Da die Anfechtungsfrist eine materiellrechtliche Voraussetzung verfahrensmäßiger Art ist, kann deren Einhaltung allein ein Gericht der Tatsacheninstanz, nicht aber das Rechtsbeschwerdegericht feststellen (BAG 28.4.1964 – 1 ABR 1/64, AP BetrVG § 4 Nr. 3; 22.11.2017 – 7 ABR 40/16, NZA 2018, 724). Eine Verlängerung der Frist ist nicht möglich, ebenso wenig mangels einer dahingehenden Vorschrift eine Wiedereinsetzung in den vorigen Stand (hM; Richardi BetrVG/*Thüsing* Rn. 53). Ist innerhalb der Frist ein betriebsverfassungsrechtlich erheblicher Anfechtungsgrund nicht vorgetragen, so kann ein solcher nicht nachgeschoben werden. Das liefe auf eine Verlängerung der Anfechtungsfrist hinaus (BAG 24.5.1965 – 1 ABR 1/65, AP BetrVG § 18 Nr. 14; GK-BetrVG/*Kreutz* Rn. 105; *Müller* FS Schnorr v. Carolsfeld, 1972, 378). Hat allerdings ein Anfechtungsberechtigter die Wahl frist- und ordnungsgemäß angefochten, so muss das Gericht weiteren Anfechtungsgründen, die im Laufe des Verfahrens sichtbar werden, von Amts wegen nachgehen (BAG 3.6.1969 – 1 ABR 3/69, AP BetrVG § 18 Nr. 17; WPK/*Wlotzke* Rn. 17; GK-BetrVG/*Kreutz* Rn. 117; Richardi BetrVG/*Thüsing* Rn. 58, 63; *Müller* FS Schnorr v. Carolsfeld, 1972, 379). Nach Ablauf der Anfechtungsfrist kann weder eine im Betrieb vertretene Gewerkschaft noch ein anderer Anfechtungsberechtigter dem Verfahren als Antragsteller beitreten und nach Ausscheiden eines der drei antragstellenden ArbN das BeschlVerf. fortsetzen (BAG 10.6.1983 – 6 ABR 50/82, AP BetrVG 1972 § 19 Nr. 10; 12.2.1985 – 1 ABR 11/84, AP BetrVG § 76 Nr. 27). Wegen nachträglicher Feststellung der Nichtwählbarkeit eines BRMitgl. auch nach Ablauf der Anfechtungsfrist → § 24 Rn. 40 ff. 36

Wird die Bekanntgabe des Wahlergebnisses **unterlassen** oder **verzögert** oder erfolgt sie **nicht ordnungsgemäß** (vgl. § 18 WO), so kann die Frist nicht zu laufen beginnen. Die Wahl ist uU dann noch während der ganzen Wahlperiode anfechtbar (DKKW/*Homburg* Rn. 36; GK-BetrVG/*Kreutz* Rn. 92; *Müller* FS Schnorr v. Carolsfeld, 1972, 375; ArbG Düsseldorf 28.11.2016 – 2 BV 286/16, AiB 2013, 60). Jedoch kann die Anfechtung bereits vor der verspäteten Bekanntgabe des Wahlergebnisses erfolgen (LAG München 23.2.1952 – I 12/41, BB 1952, 319; Richardi BetrVG/*Thüsing* Rn. 51; nur einschr. GK-BetrVG/*Kreutz* Rn. 83). 37

Wird der Aushang des Wahlergebnisses vorzeitig vor Ablauf von zwei Wochen abgenommen, wird die Anfechtungsfrist **unterbrochen,** da den Anfechtungsberechtigten die Möglichkeit der Einsichtnahme beschränkt wird und damit die Bekanntgabe nicht ordnungsgemäß erfolgt (vgl. § 18 WO; ErfK/*Koch* Rn. 9). 38

4. Verfahren

Die Anfechtung erfolgt ausschließlich durch **Anrufung des ArbG,** sei es durch Einreichung eines die Anfechtung erklärenden Schriftsatzes, sei es durch Erklärung zur Niederschrift der Geschäftsstelle des ArbG (§ 81 Abs. 1 ArbGG). Eine Nachprüfung der Rechtswirksamkeit der Wahl kann von Amts wegen nicht eingeleitet werden. Den mittels eines Schriftsatzes eingereichten Wahlanfechtungsantrag müssen die anfechtenden ArbN entweder selbst unterschreiben oder sich dabei rechtswirksam vertreten lassen (HessLAG 23.2.1989 – 12 TaBV 157/88, BB 1989, 2041; LAG Nürnberg 31.5.2012 – 5 TaBV 36/11, AiB 2013, 393). Der Antrag kann die Feststellung der Ungültigkeit der Wahl zum Ziele haben. Er kann jedoch auch eine Korrektur des Wahlergebnisses anstreben (GK-BetrVG/*Kreutz* Rn. 99). Der Wahlanfechtung muss eine Begründung beigefügt sein, damit das ArbG Anhaltspunkte dafür hat, wor- 39 auf die Anfechtung gestützt wird. Dabei ist ausreichend, dass erkennbar wird, gegen welche Vorschriften verstoßen worden sein soll (BAG 21.3.2017 – 7 ABR 19/15, NZA 2017, 1075).

40 **Zuständig** ist das ArbG, in dessen Bezirk der Betrieb seinen Sitz hat (LAG Düsseldorf 13.12.2016 – 9 TaBV 85/16, ZBVR online 2/2017, 24). Die Entscheidung über die Anfechtung der BRWahl kann nur durch einen Beschluss des ArbG getroffen werden; ein gerichtlicher Vergleich ist unzulässig (Schaub ArbR-HdB/*Koch* § 218 Rn. 24).

41 **Anfechtungsgegner** ist bei Anfechtung der Gesamtwahl der **BR** (Richardi BetrVG/*Thüsing* Rn. 54). Ist nach Ansicht eines Anfechtungsberechtigten die in einem Hauptbetrieb und einem unselbständigen Betriebsteil durchgeführte Wahl von **zwei Betriebsräten** deshalb **unwirksam,** weil für beide **nur** ein **gemeinsamer BR** hätte gewählt werden dürfen, muss – wenn die Wahlen zu einem Zeitpunkt stattgefunden haben, in denen für beide noch die Anfechtungsfrist läuft – die Wahl beider BR angefochten werden. Gleiches gilt auch für einen **Gemeinschaftsbetrieb,** wenn dort anstelle eines gemeinsamen BR, mehrere einzelne BR gewählt worden sind bzw. wenn bereits die erste BRWahl mit Hinweis auf das Vorliegen eines Gemeinschaftsbetriebs angefochten worden ist. Nach BAG kann auch eine isolierte Wahlanfechtung einer erst späteren (weiteren) BRWahl innerhalb eines Gemeinschaftsbetriebs unter Berufung auf das Vorliegen eines gemeinsamen Betriebes grds. zulässig sein (BAG 22.11.2017 – 7 ABR 40/16, NZA 2018, 724 unter Aufgabe seiner bisherigen Rspr. BAG 7.12.1988 – 7 ABR 10/88, NZA 1989, 731 u. 31.5.2000 – 7 ABR 78/98, NZA 2000, 1350; so schon hinsichtlich einer isolierten Anfechtung einer BRWahl bei Anwendung eines Tarifvertrages nach § 3 Abs. 1 Nr. 1b BetrVG: BAG 21.9.2011 – 7 ABR 54/10, NZA-RR 2012, 186). Die damit verbundenen Probleme, wenn der/die ArbGeb. eines Gemeinschaftsbetriebs die Wahl eines anderen BR zuvor nicht angefochten hat/haben, will das BAG in analoger Anwendung des § 21a Abs. 2 dahingehend lösen, dass der BR, der die größte Einheit des Gemeinschaftsbetriebs vertritt, für längstens sechs Monate ein Übergangsmandat inne hat, auf dessen Grundlage er unverzüglich einen Wahlvorst. zur Einleitung der BRWahl für den ganzen Gemeinschaftsbetrieb zu bestellen hat (BAG 22.11.2017 – 7 ABR 40/16, NZA 2018, 724). Dies erscheint vor dem Hintergrund eines bereits bestandskräftig gewählten BR, dessen Wahl nicht angefochten wurde, nicht zwingend. Näher gelegen hätte, den bestandskräftig gewählten BR im Amt zu belassen. Dieser ist – auch wenn er unter Verkennung des Betriebsbegriffs nicht von allen ArbN gewählt worden ist, für alle ArbN des Gemeinschaftsbetriebs zuständig (→ § 1 Rn. 137f; § 21a Rn. 7; **aA** BAG 23.3.2006 – 2 AZR 162/05, NZA 2007, 30); eine etwaige Neuwahl bestimmt sich dann nach den Vorschriften des § 13 (Nr. 1 bzw. 3) BetrVG.

42 Ist die Wahl eines **einzelnen** oder mehrerer einzelner **BRMitgl.** angefochten (zB wegen mangelnder Wählbarkeit, § 8), was zulässig ist (BAG 28.11.1977 – 1 ABR 40/76, AP BetrVG 1972 § 8 Nr. 2; DKKW/*Homburg* Rn. 30; GK-BetrVG/*Kreutz* Rn. 100; Richardi BetrVG/*Thüsing* Rn. 55; *v. Hoyningen-Huene* BetrVR § 7 Kap. VIII 1), so sind nur diese Anfechtungsgegner (BAG 7.7.1954 – 1 ABR 6/54, AP BetrVG § 24 Nr. 1; WPK/*Wlotzke* Rn. 18).

43 Der **Wahlvorst.** ist **nicht Anfechtungsgegner,** da sein Amt mit Abschluss der Durchführung der Wahl erloschen ist (BAG 26.10.1962 – 1 ABR 3/61, AP BetrVG § 76 Nr. 11; LAG Bln 28.6.1999 – 9 TaBV 479/99, NZA-RR 2000, 246; HaKo-BetrVG/*Brors* Rn. 17; DKKW/*Homburg* Rn. 30). Nach Konstituierung des BR ist der Wahlvorst. auch dann nicht Beteiligter in einem Anfechtungsverfahren, wenn die Anfechtung mit Mängeln seiner Bestellung oder seines Verfahrens begründet wird (BAG 14.1.1983 – 6 ABR 39/82, AP BetrVG 1972 § 19 Nr. 9; 25.9.1986 – 6 ABR 68/84, AP BetrVG 1972 § 1 Nr. 7; LAG Düsseldorf 13.12.2016 – 9 TaBV 85/16, ZBVR online 2/2017, 24). Die Mitgl. des Wahlvorst. werden jedoch in aller Regel vom Gericht als Auskunftspersonen herangezogen werden.

Tritt bei einer Anfechtung der Wahl des ganzen **BR** dieser in seiner **Gesamtheit zurück** (→ § 13 Rn. 39ff.), so ist im Hinblick auf die weiter bestehende Geschäftsführungsbefugnis des zurückgetretenen BR (→ § 22 Rn. 5ff.) das Verfahren gegen den zurückgetretenen BR fortzusetzen, bis ein neuer BR gewählt ist (BAG 29.5.1991 – 7 ABR 54/90, AP BetrVG 1972 § 4 Nr. 5; LAG Düsseldorf 16.10.1986 – 17 Ta BV 84/86, DB 1987, 177; GK-BetrVG/*Kreutz* Rn. 119; **aA** *Müller* FS Schnorr v. Carolsfeld, 1972, 380). Etwas anderes gilt, wenn nur die Wahl eines einzelnen Mitgl. des BR angefochten wird und dieses Mitgl. sein Amt niederlegt; denn die Amtsniederlegung führt zum sofortigen Verlust der Mitglschaft im BR, so dass für eine Weiterführung des Anfechtungsverfahrens das Rechtsschutzinteresse fehlt (ErfK/*Koch* Rn. 8; Richardi BetrVG/*Thüsing* Rn. 66). Das Gleiche gilt, wenn die Amtszeit des BR vor rechtskräftiger gerichtlicher Entscheidung endet (BAG 13.3.1991 – 7 ABR 5/90, AP BetrVG 1972 § 19 Nr. 20; GK-BetrVG/*Kreutz* Rn. 120; HWGNRH/*Nicolai* Rn. 30; BAG 8.12.1961 – 1 ABR 8/60, AP BetrVG § 23 Nr. 7; 29.4.1969 – 1 ABR 19/68, AP BetrVG § 23 Nr. 9). 44

5. Neuwahl

Die Wahl des BR muss bei erfolgreicher Anfechtung wiederholt werden. Hierzu ist die Bestellung eines **neuen Wahlvorst.** erforderlich. Der BR, dessen Wahl erfolgreich angefochten worden ist, kann den Wahlvorst. nicht bestellen, da er ab dem Zeitpunkt der rechtskräftigen Anfechtung nicht mehr existent ist und keine Rechtshandlungen mehr vornehmen kann. Vor Rechtskraft kann der BR (etwa nach Verkündung des Beschlusses, jedoch vor Ablauf der Rechtsmittelfrist), noch den Wahlvorst. bestellen (ArbG Wuppertal 19.11.2003 – 3 BVGa 13/03, AiB 2004, 308 mit zust. Anm. *Malottke;* LAG Köln 2.8.2011 – 12 TaBV 12/11, NZA-RR 2012, 23: BR materiell-rechtlich vor Rechtskraft noch zuständig im übrigen offen lassend, ob vorbereitende Wahlhandlungen zulässig sind; *Burgmer/Richter* NZA-RR 2006, 1 [5f.]; HaKo-BetrVG/*Brors* Rn. 17; DKKW/*Homburg* Rn. 40; **aA** GK-BetrVG/*Kreutz* Rn. 137; ErfK/*Koch* Rn. 7; WPK/*Wlotzke* Rn. 23; *Jacobs* Wahlvorstände S. 139; *Müller* FS Schnorr v. Carolsfeld, 1972, 369, nach denen vor Rechtskraft der Entscheidung keine Vorbereitungen für die Neuwahl getroffen werden dürfen. Dies ist jedoch nicht überzeugend. Wenn abzusehen ist, dass eine Anfechtung erfolgreich sein wird, ist nicht einzusehen, warum der BR nicht notwendige Vorentscheidungen für die Neuwahl soll treffen können. Dies gilt umso mehr, als der BR in diesem Falle auch zurücktreten könnte und dann als geschäftsführender BR gem. § 22 verpflichtet wäre, den Wahlvorst. zu bestellen, → § 22 Rn. 9). Zu den Wirkungen einer erfolgreichen Wahlanfechtung auf den vorher zurückgetretenen BR → § 13 Rn. 44. Zum Fortbestehen des Rechtsschutzbedürfnisses für das Wahlanfechtungsverfahren bei Rücktritt des BR LAG SchlH 18.3.1999 – 4 TaBV 51/98, NZA-RR 1999, 523). 45

Da eine § 23 Abs. 2 entspr. Regelung fehlt, erfolgt keine unmittelbare Bestellung des Wahlvorst. durch das ArbG. Vielmehr ist, wenn der BR nicht vor Rechtskraft den Wahlvorst. bestellt, dieser durch den GesBR oder, falls ein solcher nicht besteht, durch den KBR zu bestellen (s. § 17 Abs. 1; → § 17 Rn. 4ff.). Besteht weder ein GesBR noch ein KBR, so ist der Wahlvorst. in einer **BetrVerslg.** zu wählen (§ 17 Abs. 2; → § 17 Rn. 11ff.). GesBR, KBR oder die BetrVerslg. können den alten Wahlvorst. oder einzelne seiner Mitgl. wieder berufen. Der ArbGeb. ist nicht verpflichtet, von sich aus auf eine ordnungsgemäße Neuwahl hinzuwirken (BAG 12.10.1961 – 5 AZR 423/60, AP BGB § 611 Urlaubsrecht Nr. 84). Unterbleibt eine BetrVerslg. oder wählt diese keinen Wahlvorst., kann die Bestellung gem. § 16 Abs. 2, § 17 Abs. 4 durch das ArbG erfolgen. 46

In Betrieben der **Postunternehmen** kann sich im Fall der **Gruppenwahl** die Anfechtung auf die Wahl einer Gruppe beschränken, wenn der Anfechtungsgrund nur den Wahlgang einer Gruppe betrifft (BAG 12.2.1960 – 1 ABR 13/59, AP BetrVG § 18 Nr. 11; 20.5.1969 – 1 ABR 20/68, AP BetrVG § 5 Nr. 1; 16.1.2008 – 7 ABR 47

66/06, AP BetrVG 1972 § 7 Nr. 12). In diesem Fall wird nur ein **Teil des BR neu gewählt.** Bei dieser Neuwahl bleiben die die BRWahl betreffenden Grundentscheidungen maßgebend, wie zB die Größe des BR, die Verteilung der Sitze auf die Gruppen der Beamten und ArbN sowie die Verteilung der Sitze auf das Minderheitsgeschlecht innerhalb der Gruppe, auch wenn sich die maßgebenden ArbNZahlen geändert haben. Das für einen wirksamen Wahlvorschlag maßgebende Unterschriftenquorum bestimmt sich allerdings nach den Verhältnissen bei Erlass des Wahlausschreibens zur Neuwahl der Gruppe; das folgt aus dem mit dem Unterschriftenquorum verfolgten Zweck einer ausreichenden Unterstützung des Wahlvorschlags für die anstehende Wahl (insoweit **aA** GK-BetrVG/*Kreutz* 6. Aufl. Rn. 129). Bis zur Neuwahl der Gruppenvertreter werden die Aufgaben des BR von den BRMitgl. der anderen Gruppe wahrgenommen (DKK/*Schneider* BetrVG 7. Aufl. § 19 Rn. 38; GK-BetrVG/*Kreutz* 6. Aufl. § 19 Rn. 128), wobei in Höhe der Anzahl der neu zu wählenden Gruppenvertr. vorübergehend ErsMitgl. der anderen Gruppe nachrücken. Wurde von der Möglichkeit der **gruppenfremden Kandidatur** Gebrauch gemacht, kann sich der Fehler (zB Berücksichtigung nicht wahlberechtigter Beamter – → § 14 Rn. 87, 88) auf beide Gruppen durchschlagen mit der Folge, dass die **BRWahl insgesamt** zu wiederholen ist (BAG 16.1.2008 – 7 ABR 66/06, AP BetrVG 1972 § 7 Nr. 12).

48 Ist die **Wahl eines BRMitgl.** angefochten und erklärt das ArbG in seiner Entscheidung die Anfechtung der Wahl für begründet, so ist das BRMitgl. nicht wirksam gewählt und deshalb kein Mitglied des BR mehr. An seiner Stelle tritt das nach § 25 in Frage kommende ErsMitgl. in den BR ein (GK-BetrVG/*Kreutz* Rn. 142; Richardi BetrVG/*Thüsing* Rn. 73). Auch diese Entscheidung wirkt erst mit Rechtskraft, so dass das BRMitgl. während des gerichtlichen Verfahrens im Amt bleibt und nicht von einem ErsMitgl. vertreten wird (GK-BetrVG/*Kreutz* Rn. 142; Richardi BetrVG/*Thüsing* Rn. 73; WPK/*Wlotzke* Rn. 24;). Wegen Heilung des Mangels der Wählbarkeit durch Zeitablauf → § 8 Rn. 13, 50. Wegen Geltendmachung des Mangels der Wählbarkeit nach Ablauf der Anfechtungsfrist → § 24 Rn. 40ff.

6. Keine Rückwirkung der erfolgreichen Anfechtung

49 Mit der rechtskräftigen Entscheidung steht die Gültigkeit oder Ungültigkeit der BRWahl fest. Die erfolgreiche Anfechtung der Wahl hat (im Gegensatz zu deren Nichtigkeit) **keine rückwirkende Kraft,** sondern wirkt nur für die Zukunft (BAG 13.3.1991 – 7 ABR 5/90, AP BetrVG 1972 § 19 Nr. 20; 9.6.2011 – 6 AZR 132/10, ZTR 2011, 119; 27.7.2011 – 7 ABR 61/10, NZA 2012, 345; DKKW/*Homburg* Rn. 39; GK-BetrVG/*Kreutz* Rn. 127; HWGNRH/*Nicolai* Rn. 35; Richardi BetrVG/*Thüsing* Rn. 68; *Müller* FS Schnorr v. Carolsfeld, 1972, 369). Nach den Bestimmungen des BGB (§ 142) sind zwar Willenserklärungen, die erfolgreich angefochten worden sind, als von Anfang an unwirksam anzusehen. Dieser Grundsatz kann aber nicht auf das ganz andere Gebiet der Anfechtung von Wahlen im Bereich der Betriebsverfassung übertragen werden (hM).

50 Betriebsverfassungsrechtliche Handlungen des BR sowie mit ihm abgeschlossene BV, die bis zum rechtskräftigen Abschluss des Anfechtungsverfahrens ergangen sind, bleiben daher **gültig** (hM; BAG 27.7.2011 – 7 ABR 61/10, NZA 2012, 345; 16.1.2018 – 7 ABR 21/16, NZA 2018, 675). Den BRMitgl. wird bis dahin auch nicht der besondere Kündigungsschutz des § 15 KSchG und des § 103 BetrVG genommen; dieser entfällt jedoch mit Rechtskraft des der Anfechtung stattgebenden Beschlusses ebenso wie der nachwirkende Kündigungsschutz für BRMitgl. (vgl. § 15 Abs. 1 S. 2 Hs. 2 KSchG; es bleibt nur der für Wahlbewerber nach § 15 Abs. 3 S. 2 KSchG).

51 Andererseits ergibt sich aus § 22 iVm § 13 Abs. 2 Nr. 4, dass der BR, dessen Wahl erfolgreich angefochten ist, nicht mehr die Geschäfte bis zur Neuwahl führt (hM; → Rn. 45).

IV. Streitigkeiten

52 Die Entscheidung über die Wahlanfechtung erfolgt im **arbeitsgerichtlichen BeschlVerf.** (§§ 2a, 80ff. ArbGG, Nach § 1). Dieses ist auch hier Offizialverfahren. Das nachprüfende ArbG ist deshalb nicht an eine vom Antragsteller vorgenommene Einschränkung der Anfechtungsgründe gebunden. Es hat vielmehr **sämtliche Anfechtungsgründe,** auf die es im Laufe des Verfahrens stößt, von Amts wegen zu berücksichtigen, gleichgültig ob sich die Beteiligten darauf berufen oder nicht (BAG 3.6.1969 – 1 ABR 3/69, AP BetrVG § 18 Nr. 17; 4.12.1986 – 6 ABR 48/85, AP BetrVG 1972 § 19 Nr. 13; GK-BetrVG/*Kreutz* Rn. 117; *Müller* FS Schnorr v. Carolsfeld, 1972, 379). Allerdings besteht **keine Ausforschungspflicht** des Gerichts. Ein Anfechtungsgrund kann auch später nicht wirksam fallen gelassen werden (BAG 3.10.1958 – 1 ABR 3/58, AP BetrVG § 18 Nr. 3; 28.4.1964 – 1 ABR 2/64, AP BetrVG § 4 Nr. 4). Greift ein Anfechtungsgrund durch, so braucht das Rechtsbeschwerdegericht, das selbst keine tatsächlichen Feststellungen treffen kann, das Verfahren nicht zwecks Aufklärung und Feststellung weiterer Wahlanfechtungsgründe an das Beschwerdegericht zurückzuverweisen (BAG 29.3.1974 – 1 ABR 27/73, AP BetrVG 1972 § 19 Nr. 2). Im Anfechtungsverfahren sind die im Betrieb vertretenen Gewerkschaften, wenn sie von ihrem Anfechtungsrecht keinen Gebrauch machen, nicht von Amts wegen zu beteiligen (BAG 19.9.1985 – 6 ABR 4/85, AP BetrVG 1972 § 19 Nr. 12 unter Aufgabe seiner bisherigen Rspr., BAG 10.6.1983 – 6 ABR 50/82, AP BetrVG 1972 § 19 Nr. 10; 27.1.1993 – 7 ABR 37/92, AP BetrVG § 76 Nr. 29; GK-BetrVG/*Kreutz* Rn. 109; **aA** DKKW/*Homburg* Rn. 29). Dagegen ist der ArbGeb. stets beteiligungs- und rechtsmittelbefugt, da im Anfechtungsverfahren darüber entschieden wird, ob das zwischen ihm und dem gewählten BR bestehende betriebsverfassungsrechtliche Rechtsverhältnis aufgelöst wird oder nicht (BAG 4.12.1986 – 6 ABR 48/85, AP BetrVG 1972 § 19 Nr. 13). Zur Frage der Beteiligung des Wahlvorst. → Rn. 43. Das Rechtsschutzinteresse entfällt mit Ablauf der Amtszeit des BR, dessen Wahl angefochten wird (BAG 13.3.1991 – 7 ABR 5/90, AP BetrVG 1972 § 19 Nr. 20). Die **Streitwertfestsetzung** für ein Wahlanfechtungsverfahren erfolgt als Ermessensentscheidung nach § 23 Abs. 3 Hs. 2 RVG, wobei neben den individuell gegebenen Besonderheiten des Verfahrens auch die Größe des aufzulösenden BR zu berücksichtigen sind (BAG 17.10.2001 – 7 ABR 42/99, BeckRS 2001, 16012; LAG RhPf 21.12.2004 – 5 Ta 236/04, NZA-RR 2005, 385; LAG SchlH 2.6.2014 – 1 Ta 77/14, NZA-RR 2014, 494; 15.7.2014 – 1 Ta 98/14, NZA-RR 2014, 563; zum alten § 8 Abs. S. 2 BRAGO LAG Köln 20.1.2003 – 2 Ta 1/03, NZA-RR 2003, 555; LAG SchlH 9.7.2003 – 3 Ta 215/02, NZA-RR 2004, 212f.). Ausgegangen wird dabei einheitlich von einem zweifachen des Ausgangstreitwerts bei Wahlanfechtung und dreifachen Ausgangsstreitwert im Fall der Nichtigkeit sowie einer Erhöhung für jede Stufe der Staffel des § 9 BetrVG um den halben Ausgangswert aus (BAG 17.10.2001 – 7 ABR 42/99, BeckRS 2001, 16012; LAG SchlH 15.12.2014 – 5 Ta 165/14, NZA 2015, 576; LAG Brem 16.2.2007 – 3 Ta 4/07, NZA 2007, 1389; LAG RhPf – 21.5.2007 – 1 Ta 117/07, NZA-RR 2007, 379). Das LAG Bln-Bbg geht dagegen von einem dreifachen Hilfswert sowie einer Erhöhung für jede weitere Stufe nach § 9 BetrVG aus (LAG Bln-Bbg 23.4.2010 – 17 Ta (Kost) 6031/10, NZA-RR 2010, 491). Sa LAG Hmb mit einem kurzem Überblick über die Handhabung der Streitwertfestsetzung in den LAG's: LAG Hmb 30.6.2011 – 8 Ta 11/11, NZA-RR 2011, 488.

53 Zur Möglichkeit gerichtlicher Entscheidungen über Streitfragen im Laufe des Wahlverfahrens → § 18 Rn. 32ff.

§ 20 Wahlschutz und Wahlkosten

(1) [1]**Niemand darf die Wahl des Betriebsrats behindern.** [2]**Insbesondere darf kein Arbeitnehmer in der Ausübung des aktiven und passiven Wahlrechts beschränkt werden.**

(2) **Niemand darf die Wahl des Betriebsrats durch Zufügung oder Androhung von Nachteilen oder durch Gewährung oder Versprechen von Vorteilen beeinflussen.**

(3) [1]**Die Kosten der Wahl trägt der Arbeitgeber.** [2]**Versäumnis von Arbeitszeit, die zur Ausübung des Wahlrechts, zur Betätigung im Wahlvorstand oder zur Tätigkeit als Vermittler (§ 18a) erforderlich ist, berechtigt den Arbeitgeber nicht zur Minderung des Arbeitsentgelts.**

Inhaltsübersicht

I. Vorbemerkung

1 Die Vorschrift sichert die **ungehinderte Durchführung der Wahl** und schützt den einzelnen ArbN in der Ausübung des aktiven und passiven Wahlrechts (Abs. 1 u. 3). Darüber hinaus verbietet sie jede Wahlbeeinflussung durch Begünstigung oder Benachteiligung (Abs. 2). Diese Regelungen werden ergänzt durch den bes. Kündigungsschutz der Mitgl. des Wahlvorst. und der Wahlbewerber nach § 103 BetrVG und § 15 Abs. 3–5 KSchG (→ § 103 Rn. 5ff.) sowie die Strafvorschrift des § 119 Abs. 1 Nr. 1.

2 Die Vorschrift gilt auch für die Wahl der JAV (vgl. § 63 Abs. 2 S. 2), der Bordvertr. und des SeeBR (vgl. § 115 Abs. 2, § 116 Abs. 2). Sie gilt nicht für die Bestellung der Mitgl. des GesBR, des KBR, der GesJAV, der KJAV und des WiAusschusses. Die Bestellung der Mitgl. dieser Institutionen ist durch § 78 geschützt, da es sich insoweit um Beschlussfassung der BR bzw. GesBR und JAV bzw. KJAV handelt. Die Kostentragungspflicht des ArbGeb. ergibt sich in diesen Fällen aus § 40 (GK-BetrVG/*Kreutz* Rn. 4; HWGNRH/*Nicolai* Rn. 2).

3 Die Vorschrift ist **zwingendes Recht,** auf das kein Beteiligter rechtswirksam verzichten kann (GK-BetrVG/*Kreutz* Rn. 5).

4 Entspr. Vorschriften: § 24 BPersVG, § 8 Abs. 2 u. 3 SprAuG; §§ 30, 42 EBRG.

II. Schutz der Wahl

5 Durch Abs. 1 u. 2 sollen die ungehinderte Durchführung der Wahl und die freie Ausübung des aktiven und passiven Wahlrechts geschützt werden. Das Verbot der Wahlbehinderung und Wahlbeeinflussung richtet sich **gegen jedermann,** also nicht nur gegen den ArbGeb. oder die ArbN des Betriebs, sondern auch gegen Außenstehende. Die Vorschrift bezweckt, die BRWahl nach allen Seiten hin zu schützen und zu sichern.

6 Die Abwehr unzulässiger Wahlbeeinträchtigung kann im arbeitsgerichtlichen BeschlVerf., insbes. durch Erwirkung einer einstw. Verf. des ArbG, schon während

des Wahlverfahrens erreicht werden (vgl. §§ 2a, 85 Abs. 2 ArbGG; LAG Köln 10.3.2000 – 13 TaBV 9/00, NZA-RR 2001, 423; ArbG Regensburg 6.6.2002 – 6 BVGa 6/02, AiB 2003, 554); solche einstw. Verf. sind nicht darauf beschränkt, die weitere Durchführung ordnungswidriger Wahlen zu untersagen (vgl. den Fall LAG SchlH 19.8.1966 – 1 TaBV 3/66, AP BetrVG § 24 Nr. 4), sondern können auch berichtigend in den Wahlablauf eingreifen (Richardi BetrVG/*Thüsing* Rn. 4; *Winterfeld* NZA 1990 Beil. 1, 20; → § 18 Rn. 32ff.).

1. Verbot der Behinderung der Wahl

Der Schutz des § 20 Abs. 1 u. 2 bezieht sich auf die **Wahl des BR.** Wahl bedeutet hier nicht nur die eigentliche Ausübung des aktiven oder passiven Wahlrechts. Dieser Begriff ist vielmehr im weitesten Sinne zu verstehen und umfasst **alle mit der Wahl zusammenhängenden oder ihr dienenden Handlungen,** Betätigungen und Geschäfte (DKKW/*Homburg* Rn. 1f.; GK-BetrVG/*Kreutz* Rn. 8; HWGNRH/*Nicolai* Rn. 8; Richardi BetrVG/*Thüsing* Rn. 5; *Bolt/Gosch* AiB 1997, 559), so zB die Betätigung im Wahlvorst. oder als Wahlhelfer, die Einberufung und Durchführung der Wahlversammlungen zur Wahl des Wahlvorst. und des BR im vereinfachten Wahlverfahren nach § 14a, § 17a Nr. 3 und der BetrVerslg. zum Zwecke der Bestellung des Wahlvorstands (§ 17 Abs. 2; BayObLG 9.7.1980 – 4 St 173/80, BB 1980, 1638; LAG MV 30.1.2017 – 3 TaBVGa 1/17, NZA-RR 2017, 247), das Tätigwerden des GesBR bzw. des KBR zur Bestellung des Wahlvorst. bei Untätigkeit des BR oder in Betrieben ohne BR (§ 16 Abs. 3, § 17 Abs. 1, § 17a), das Betreiben des arbeitsgerichtlichen Verfahrens zur Bestellung oder Ersetzung des Wahlvorst. (§ 16 Abs. 2, 17 Abs. 4, § 17a Nr. 4, § 18 Abs. 1 S. 2), oder zur Feststellung, ob eine betriebsratsfähige Organisationseinheit vorliegt (§ 18 Abs. 2), die Tätigkeit als Vermittler gem. § 18a, ferner die Aufstellung von Wahlvorschlägen. Auch Maßnahmen, die nach der eigentlichen Wahlhandlung liegen, jedoch mit der Wahl in unmittelbarem Zusammenhang stehen, zählen hierzu, wie zB die Stimmauszählung, Bekanntgabe des Wahlergebnisses oder die Anfechtung der Wahl. Hierunter fällt ferner die Tätigkeit der im Betrieb vertretenen Gewerkschaften, soweit sie im Zusammenhang mit der BRWahl tätig werden können (vgl. zB § 14 Abs. 5, § 16 Abs. 2, § 17 Abs. 3, § 18 Abs. 1 u. 2). 7

Zur Wahl gehört auch die **Wahlwerbung,** und zwar sowohl durch die ArbN als auch durch die im Betrieb vertretenen Gewerkschaften (BAG 6.12.2000 – 7 ABR 34/99, AP BetrVG 1972 § 19 Nr. 48; DKKW/*Homburg* Rn. 2, 23ff.; GK-BetrVG/*Kreutz* Rn. 9; Richardi BetrVG/*Thüsing* Rn. 6; *Bolt/Gosch* AiB 1997, 561). Das Recht der im Betrieb vertretenen Gewerkschaften zur Wahlwerbung bei BRWahlen gehört zum Kernbereich der in Art. 9 Abs. 3 GG enthaltenen gewerkschaftlichen Betätigungsgarantie (BVerfG 30.11.1965 – 2 BvR 54/62, AP GG Art. 9 Nr. 7; BAG 14.2.1967 – 1 AZR 494/65, AP GG Art. 9 Nr. 10). Eine Behinderung der Wahlwerbung ist deshalb verboten, vorausgesetzt diese verstößt nicht gegen gesetzl. Vorschriften oder arbeitsvertragliche Pflichten. Zur Frage, dass selbst wahrheitswidrige Wahlpropaganda keine Wahlbehinderung ist, → Rn. 11; zum Verhältnis von Wahlwerbung zum Verbot unzulässiger Wahlbeeinflussung → Rn. 24f. Als zulässig anzusehen ist zB das Verteilen von Handzetteln zugunsten einzelner Listen oder Kandidaten; das gilt jedenfalls dann, wenn die Verteilung während der Arbeitspausen oder vor und nach der Arbeit im Betrieb erfolgt. Ob eine Verteilung auch während der Arbeitszeit zulässig ist (verneinend GK-BetrVG/*Kreutz* Rn. 21), dürfte davon abhängig sein, ob hierdurch der betriebliche Arbeitsablauf gestört wird (HaKo-BetrVG/*Brors* Rn. 2; WPK/*Wlotzke* Rn. 4; ErfK/*Koch* Rn. 3). Die Einstellung von Wahlaufrufen bzw. Wahlwerbung per **Intranet** oder **E-Mail** dürfte aufgrund des damit grds. verbundenen geringen zeitlichen Arbeitsaufwands zulässig sein (DKKW/*Berg* § 2 Rn 129; ArbG Frankfurt 22.1.2003 RDV 2004, 79; Nutzung des Intranets für Werbeschreiben an im Außendienst Beschäftige s. ArbG Brandenburg 1.12.2004 – 3 Ca 8

1231/04, RDV 2005, 275; OVG NRW 10.11.2005 – 1 A 5076/04 PVL, PersV 2006, 138ff.; unklar VG Magdeburg 23.11.2005 – 11 A 8/05, PersV 2006, 140, wonach sich im konkreten Fall die Dienststellenleitung die Werbung per Intranet zurechnen lassen musste). Zur Frage der Zulässigkeit von Gewerkschaftswerbung per **E-Mail** hat das BAG entschieden, dass eine tarifzuständige Gewerkschaft grds. berechtigt ist, E-Mails zu Werbezwecken auch ohne Einwilligung des ArbGeb. und Aufforderung durch die ArbN an deren betrieblichen E-Mail-Adressen zu versenden; die mit der Lektüre der E-Mail aufgewandte Arbeitszeit beschränke die Zulässigkeit nicht, da der Umfang typischerweise nicht größer ist als derjenige, den die ArbN aufwenden, wenn sie diese in Papierform überreicht bekommen (BAG 20.1.2009 – 1 AZR 515/08, AP GG Art. 9 Nr. 137; → § 74 Rn. 71a; **aA** *Dumke* RdA 2009, 77ff.; *Arnold/Wiese* NZA 2009, 717ff.; *Maschmann* NZA 2008, 613ff., BB 2010, 245 [247]; diff. *Schwarze* RdA 2010, 115 [118]; jedoch unzulässig bei Nutzung zum Streikaufruf BAG 15.10.2013 – 1 ABR 31/12, NZA 2014, 319). Die dortigen Ausführungen dürften auf die hier geführte Diskussion zur Zulässigkeit von Wahlwerbung grds. übertragbar sein – dies auch vor dem Hintergrund, dass bei Gewerkschaften in dieser Frage schwerlich zwischen Mitgliederwerbung und BRWahlwerbung differenziert werden kann (beides gehört zur verfassungsrechtlich geschützten Betätigungsfreiheit der Koalitionen) – (iErg so auch Däubler AiB 2002, 82ff., für die Nutzung des Intranets für Wahlwerbung; **aA** *Beckschulze* DB 2007, 1526 [1534]; *Maschmann* NZA 2008, 613ff.; krit. *Gola* MMR 2005, 17 [20ff.]). Da die Wahlwerbung wesentlicher Bestandteil der Wahl ist, ist der ArbGeb. nach Abs. 3 als verpflichtet anzusehen, im betriebsüblichen Rahmen auch Flächen zum **Aushang von Wahlplakaten** zur Verfügung zu stellen (GK-BetrVG/*Kreutz* Rn. 21; *Däubler* AiB 2002, 82 [83]). Der ArbGeb. darf hierbei die an der Wahl sich beteiligenden Gruppen nicht unterschiedlich behandeln; gleiches gilt für den Fall der Zulassung von Wahlwerbung im Intranet. Seinerseits muss er sich einer Wahlwerbung zugunsten bestimmter Kandidaten oder Listen enthalten, da die Wahl des BR allein Sache der ArbN des Betriebs ist (ErfK/*Koch* Rn. 7; **aA** HWGNRH/*Nicolai* Rn. 22; wohl auch *Husemann* RdA 2018, 375 (379) unter Verweis auf die allgemeine Meinungsfreiheit). Eine unzulässige Wahlwerbung des ArbGeb. zugunsten einer bestimmten Gruppe liegt insb. vor, wenn der ArbGeb. die Wahlwerbung dieser Gruppe finanziell unterstützt (BAG 4.12.1986 – 6 ABR 48/85, AP BetrVG 1972 § 19 Nr. 13). Ein wildes Plakatieren im Betrieb braucht der ArbGeb. nicht zu dulden.

9 Abs. 1 S. 1 **verbietet jede Behinderung der Wahl,** gleichgültig in welcher Weise sie geschieht. Eine Behinderung der Wahl iSv Abs. 1 S. 1 liegt vor, wenn ein Wähler, Wahlkandidat oder sonstiger an der Wahl Beteiligter, insbes. auch der Wahlvorst. oder der Vermittler nach § 18a Abs. 2, in der Ausübung seiner Rechte, Befugnisse oder Aufgaben beeinträchtigt oder beschränkt wird (*Bolt/Gosch* AiB 1997, 559; LAG MV 30.1.2017 – 3 TaBVGa 1/17, NZA-RR 2017, 247). Es dürfen also keinerlei Maßnahmen oder Handlungen erfolgen, durch die der ungestörte Ablauf der Wahl beeinträchtigt wird.

10 **Beispiele:**

Für Behinderungen:
Nichtzurverfügungstellen von Wahlräumen oder notwendigen Wahlunterlagen wie Wahlzettel, Wahlumschläge, Wahlurnen; Vorenthaltung der für die Aufstellung von Wählerlisten notwendigen Angaben und Unterlagen (AmtsG Detmold 24.8.1978 – 7 Ls 2 Js 553/77, BB 1979, 783; LAG SchlH 7.4.2011 – 4 TaBVGa 1/11, BeckRS 2011, 73471); Vornahme von wahlvorbereitenden Maßnahmen durch einen Wahlvorst. für eine einheitliche BRWahl in mehreren Spartenunternehmen, obwohl sie keinen gemeinsamen Betrieb bilden und es im Betrieb eines dieser Unternehmen bereits einen Wahlvorst. gibt, der seine Tätigkeit aufgenommen hat (s. den Fall LAG Köln 10.3.2000 – 13 TaBV 9/00, NZA-RR 2001, 423); Verbot der Benutzung des Fernsprechers für notwendige Gespräche in Wahlangelegenheiten; Verweigerung der erforderlichen Arbeitsbefreiung für die Mitgl. des Wahlvorst. oder des Vermittlers nach § 18a zur Erledigung ihrer Aufgaben; Zurückweisung eines Wahlvorschlags

ohne gesetzlichen Grund; Vernichtung von Wahlvorschlägen; Hinderung am Betreten des Wahllokals; Fälschung oder Unterschlagung von Wahlzetteln. Kurzfristige (eine Woche vorher) dienstliche Verpflichtung aller ArbN, an dem Tag der Wahlversammlung einen Erste-Hilfe-Kurs zu absolvieren (ArbG Berlin 29.5.2009 – 16 BVGa 9922/09, BB 2009, 1928).

Keine Behinderung der Wahl stellt die **Propaganda** für oder gegen einen Kandidaten oder eine sich an der Wahl beteiligende Liste dar. Das gilt selbst dann, wenn die Propaganda wahrheitswidrig ist (insofern einschr. *Weiß/Weyand* BetrVG Rn. 6; wie hier LAG Köln 15.10.1993 – 13 TaBV 36/93, NZA 1994, 431). Hierdurch würde der Begriff der Behinderung, der zugleich nach § 119 Abs. 1 Nr. 1 Straftatbestand ist, in einem übertragenen und nicht vom Sprachgebrauch gedeckten Sinne verstanden. Die Behinderung kann sich nur auf die Einschränkung der Handlungsfreiheit, nicht auf die freie innere Willensbildung beziehen (LAG Köln 15.10.1993 – 13 TaBV 36/93, NZA 1994, 431; GK-BetrVG/*Kreutz* Rn. 11; HWGNRH/*Nicolai* Rn. 19). Auch die Straftatbestände bei politischen Wahlen (§§ 107 ff. StGB) erfassen die Propagandalüge nicht. Dort sind vielmehr verboten die Täuschung bei Stimmabgabe, die Wahlbestechung, die Wahlnötigung, die Verletzung des Wahlgeheimnisses, die gewaltsame Wahlbehinderung oder -störung, die Wahlfälschung und gewisse Handlungen bei der Erstellung der Wahlunterlagen. Da der Straftatbestand des § 119 Abs. 1 Nr. 1 wohl schwerlich schärfer zu verstehen ist als die entsprechenden Vorschriften bei den allgemeinen politischen Wahlen, ergibt sich schon hieraus, dass Lügen keine Wahlbehinderung sind, wenn sie nicht mit Zwang oder Drohung gekoppelt sind. Demnach ist die wahrheitswidrige Propaganda auch kein zur Anfechtung berechtigender Verstoß gegen das Wahlverfahren, zumal die Lüge als solche zwar ethisch verwerflich ist, rechtswidrig aber nur, wenn noch weitere, insbes. vermögensschädigende Wirkungen hinzutreten (NdsOVG VRspr. Bd. 11, 71; VGH BW ESVGH Bd. 8, 73; enger *Weiß/Weyand* BetrVG Rn. 6). Der betroffene Wahlbewerber kann sich, wenn die diffamierende wahrheitswidrige Propaganda den strafrechtlichen Tatbestand der Beleidigung oder den zivilrechtlichen der unerlaubten Handlung (§§ 823, 826 BGB) erfüllt, schon vor der Wahl zur Wehr setzen und Gerichtsschutz in Anspruch nehmen, – allerdings nicht unter dem Gesichtspunkt der Wahlbehinderung. In diesen Fällen, insbes. für den Erlass einstweiliger Verfügungen, ist das ordentliche Gericht (AmtsG) zuständig, da es sich nicht um einen betriebsverfassungsrechtlichen Tatbestand handelt (HWGNRH/*Nicolai* Rn. 20; HaKo-BetrVG/*Brors* Rn. 5; *Nicolai* in FS 100 Jahre BetrVR S. 521, 529; **aA** aus dem Gesichtspunkt der Wahlbeeinflussung GK-BetrVG/*Kreutz* Rn. 39; Richardi BetrVG/*Thüsing* Rn. 16; ErfK/*Koch* Rn. 3). Zur Wahlpropaganda im Hinblick auf das Verbot einer unzulässigen Wahlbeeinflussung → Rn. 24 f. 11

2. Schutz des Wahlrechts des einzelnen Arbeitnehmers

Niemand darf einen ArbN in der Ausübung seines aktiven oder passiven Wahlrechts beschränken. Der Begriff des **Wahlrechts** ist ebenso wie der Begriff Wahl im weitesten Sinne zu verstehen. Er erstreckt sich auf alle in → Rn. 7 ff. bezeichneten Betätigungen, also nicht nur auf die Betätigung als Wähler oder als Wahlkandidat, sondern auch als Mitgl. des Wahlvorst., als Wahlhelfer, als Vermittler gem. § 18a usw. Hierunter fallen auch die Aufstellung und Unterzeichnung von Wahlvorschlägen (LAG BW 29.11.1990 – 4b TaBV 2/90, AiB 1991, 276). 12

Abs. 1 S. 2 hebt den Fall einer unmittelbaren **Wahlbehinderung des einzelnen ArbN** besonders hervor. Verboten ist danach jede Maßnahme, die darauf gerichtet ist, einen Berechtigten in der Ausübung von Wahlbefugnissen im weitesten Sinne zu beschränken. Im Gegensatz hierzu steht das Verbot der Beeinflussung der Wahl nach Abs. 2, das nicht die äußere Freiheit der ungestörten Ausübung der Wahlbefugnisse, sondern die innere Freiheit der Beteiligten hinsichtlich ihrer Wahlbefugnisse schützt (GK-BetrVG/*Kreutz* Rn. 26; HWGNRH/*Nicolai* Rn. 19; Richardi BetrVG/*Thüsing* Rn. 9). 13

14 Eine **unzulässige Beschränkung** liegt vor allem dann vor, wenn es dem einzelnen ArbN unmöglich gemacht wird, sich an der Wahl zu beteiligen, etwa durch eine Anweisung des ArbGeb., gerade am Wahltag eine nicht unbedingt erforderliche Geschäftsreise zu unternehmen, oder dadurch, dass ein ArbN nicht in die Wählerliste aufgenommen wird. Ferner ist unzulässig die Nichtgewährung notwendiger Arbeitsbefreiung für die Stimmabgabe oder für die Tätigkeit der Mitgl. des Wahlvorst., des Vermittlers nach § 18a oder der Wahlhelfer. Auch das Verbot der Teilnahme an der WahlVerslg. oder der BetrVerslg. zur Wahl des Wahlvorst. (§ 14a Abs. 1, § 17 Abs. 2) ist eine unzulässige Beschränkung.

15 Verboten ist vor allem, den ArbN dadurch in der Ausübung von Wahlbefugnissen zu behindern, dass der ArbGeb. ihn aus dem Betrieb entfernt, indem er ihm kündigt oder in einen anderen Betrieb versetzt. Wird eine **Kündigung** mit dem Ziel ausgesprochen, den ArbN an der Ausübung seines Wahlrechts (im weitesten Sinne) zu hindern, so verstößt diese Kündigung gegen das gesetzl. Verbot des Abs. 1 S. 1 und ist deshalb gem. § 134 BGB nichtig (BAG 31.7.2014 – 2 AZR 505/13, NZA 2015, 245 zu Kandidaten für den Wahlvorst.; BAG 26.11.2009 – 2 AZR 185/08, NZA 2010, 443; ArbG München 26.5.1987 – 15 Ca 3024/87, DB 1987, 2662; DKKW/*Homburg* Rn. 14; HWGNRH/*Nicolai* Rn. 12; Richardi BetrVG/*Thüsing* Rn. 11; *Weiß/Weyand* BetrVG Rn. 3; ebenso, wenn auch mit anderer Begründung, GK-BetrVG/*Kreutz* Rn. 20) und ist nach § 119 strafbar (ArbG Emmendingen 24.7.2008 – 5 Cs 440 Js 26354 – AK 329/07, ArbuR 2009, 222). Zur Beweislast in diesen Fällen → Rn. 33. Das Behinderungsverbot deckt jedoch nicht ein gesetz- oder sonst rechtswidriges Verhalten eines ArbN im Rahmen der BRWahl. Keine unzulässige Wahlbehinderung ist es deshalb, wenn einem Wahlkandidaten, der bei der Werbung für seine Wahl die Ehre anderer schwerwiegend verletzt und dabei mit parteipolitischer und verfassungsfeindlicher Zielsetzung agiert, außerordentlich gekündigt wird (BAG 13.10.1977 – 2 AZR 387/76, AP KSchG 1969 § 1 Verhaltensbedingte Kündigung Nr. 1; BAG 15.12.1977 – 3 AZR 184/76, AP BGB § 626 Nr. 69).

16 Für die Mitgl. des Wahlvorst. – auch die nicht stimmberechtigten Mitgl. gem. § 16 Abs. 1 S. 6 – und die Wahlkandidaten dürfte der sich aus dem Wahlbehinderungsverbot ergebende Kündigungsschutz allerdings nicht von allzu großer praktischer Bedeutung sein, da sie kraft ausdrücklicher gesetzl. Regelung sowohl gegen ordentliche Kündigungen als auch gegen außerordentliche Kündigungen in gleicher Weise wie BRMitgl. geschützt sind (Näheres → § 103 Rn. 5 ff.). Allerdings greift dieser Kündigungsschutz erst mit der Bestellung zum Wahlvorst. bzw. mit der Aufstellung des Wahlvorschlags ein (→ § 103 Rn. 10). Abs. 1 S. 2 bleibt daher für die Mitgl. des Wahlvorst. und für Wahlbewerber insofern von Bedeutung, als er gegen Kündigungen schützt, die vor der Bestellung zum Wahlvorst. bzw. vor der Aufstellung des Wahlvorschlags erfolgen. Eine unzulässige Beschränkung kann auch darin liegen, dass der ArbGeb. einem **gekündigten Wahlbewerber,** der die Rechtswirksamkeit der Kündigung gerichtlich angreift, das **Betreten des Betriebs** verbietet und damit den Kontakt mit den Wählern unterbindet. Unter Berücksichtigung der betrieblichen Notwendigkeiten ist einem gekündigten Wahlbewerber Zugang zum Betrieb – etwa in den Pausen – zu gestatten (ArbG Münster 11.4.1975 – BV 3/75, DB 1975, 1468; LAG Hamm 6.2.1980 – 3 TaBV 79/79, DB 1980, 1223; ArbG München 18.11.1997 – 19 BVGa 61/97, AiB 1998, 161 mAnm *Rudolph;* LAG Hamm 6.5.2002 – 10 TaBV 53/02, NZA-RR 2003, 480; DKKW/Homburg Rn. 14; HWGNRH/*Nicolai* Rn. 13; **aA** GK-BetrVG/*Kreutz* Rn. 16). Dieser Anspruch kann durch einstw. Vfg. durchgesetzt werden (ArbG München 18.11.1997 – 19 BVGa 61/97, AiB 1998, 161).

17 Unzulässig ist ferner, dass der ArbGeb. einem ArbN hinsichtlich der Ausübung von Wahlbefugnissen **Anweisungen** (auch wenn diese in Form von Hinweisen oder Empfehlungen gekleidet sind) gibt. Dies ist schon deswegen verboten, weil die ganze Wahlbetätigung der ArbN der Weisungsbefugnis des ArbGeb. entzogen ist (GK-BetrVG/*Kreutz* Rn. 18).

18 Die rechtsirrige Mitteilung des ArbGeb. an wahlberechtigte ArbN, sie seien leitende Ang. und deshalb nicht wahlberechtigt, stellt eine unzulässige Wahlbehinderung dar, wenn die Mitteilung nicht eindeutig als eine unverbindliche Meinungsäußerung, sondern als Wunsch oder gar als Weisung für ein bestimmtes Verhalten zu verstehen ist (LAG Hamm 27.4.1972 – 8 BVTa 5/72, DB 1972, 1297; LAG BW 31.5.1972 – 4 Ta BV 1/72, DB 1972, 1392; WPK/*Wlotzke* Rn. 7; GK-BetrVG/*Kreutz* Rn. 17; HWGNRH/*Nicolai* Rn. 11; Richardi BetrVG/*Thüsing* Rn. 12; weitergehend DKKW/*Homburg* Rn. 11). Das Verbot der Wahlbehinderung richtet sich gegen jedermann, so dass ein Fall der Wahlbehinderung auch vorliegen kann, wenn eine solche Mitteilung durch einen der zur WahlVerslg. nach § 14a Einladenden erfolgt (LAG SchlH 9.7.2008 – 6 TaBV 3/08, BeckRS 2008, 57780).

19 Eine Beschränkung in der Ausübung von Wahlbefugnissen aller Art liegt nicht nur vor, wenn der ArbN durch bestimmte Maßnahmen von der Ausübung von Wahlbefugnissen abgehalten wird, der Verbotstatbestand ist vielmehr auch gegeben, wenn der ArbN seine Befugnisse ausgeübt hat und ihm deshalb Nachteile zugefügt werden **(Maßregelung).** Solche Maßnahmen, zu denen insbes. Kündigung, Versetzung an einen schlechteren Arbeitsplatz usw gehören, können zwar, abgesehen von dem Fall, dass sie vorher angekündigt waren und daher als Wahlbeeinflussung unter Abs. 2 fallen, nicht zu einer Wahlanfechtung führen, weil ja der Berechtigte von seinen Wahlbefugnissen ordnungsgemäß Gebrauch gemacht hat; wohl aber sind diese Maßnahmen **nichtig** und können **Schadensersatzansprüche** des ArbN auslösen (DKKW/*Homburg* Rn. 18; GK-BetrVG/*Kreutz* Rn. 30, 52; Schaub ArbR-HdB/*Koch* § 218 Rn. 6). Das gilt sinngemäß für den gleichzubehandelnden Fall, dass ein ArbN das Wahlrecht nicht ausgeübt hat und er deshalb gemaßregelt wird; denn das Wahlrecht umfasst auch das Recht, nicht zu wählen.

3. Verbot unzulässiger Wahlbeeinflussung

20 Verboten ist jede Begünstigung oder Benachteiligung, die darauf zielt, auf den Wahlbeteiligten im weitesten Sinne (Wähler, Wahlkandidat, Wahlvorst., Vermittler nach § 18a, Unterzeichner von Vorschlagslisten usw) dahin einzuwirken, dass er seine (Wahl-)Befugnisse nicht nach seiner **eigener Willensentscheidung,** sondern in dem von dritter Seite (zB vom ArbGeb.) gewünschten Sinne ausübt. Das Verbot der Wahlbeeinflussung dient auch der Integrität der BRWahl. Diese soll allein auf der freien Entscheidung der Wahlberechtigten beruhen, denen auch die Freiheit zusteht, nicht zu wählen mit der Folge, dass sie auch bei dieser Entscheidung keinem unzulässigen Druck ausgesetzt werden dürfen (BAG 6.12.2000 – 7 ABR 34/99, AP BetrVG 1972 § 19 Nr. 48; BGH 13.9.2010 – 1 StR 220/09, NJW 2011, 88). Deshalb darf der Wahlvorst. Dritten keine Einsichtnahme in die mit den Stimmabgabevermerken versehene Wählerliste gestatten; denn ansonsten würden Wahlberechtigte dem unzulässigen Druck ausgesetzt, sich dafür rechtfertigen zu müssen, noch nicht gewählt zu haben (BAG 6.12.2000 – 7 ABR 34/99, AP BetrVG 1972 § 19 Nr. 48; **aA** wohl *Nicolai* in FS 100 Jahre BetrVR S. 521, 529). Der Einsatz von Hilfspersonen nach § 40 Abs. 2 als Kommunikationsbeauftragte ist grds. keine unzulässige Wahlbeeinflussung iSd Abs. 2, auch wenn teilweise Personenidentität mit Vertrauensleuten der Mehrheitsgewerkschaft besteht (s. ausf. BAG 29.4.2015 – 7 ABR 102/12, NZA 2015, 1397).

21 Verboten ist die Wahlbeeinflussung durch **Zufügung von Nachteilen** (zB Kündigung, Versetzung auf einen schlechteren Arbeitsplatz) oder durch **Androhung** von Nachteilen (zB Ankündigung einer solchen Maßnahme). Dies ist der Fall, wenn der ArbGeb. in einem Schreiben an alle ArbN darauf hinweist, dass bei Wahl einer Gewerkschaftsliste dem Unternehmen schwerer Schaden zugefügt werde (ArbG Heilbronn 18.3.1999 – 1 BV 1/99, AiB 1999, 581 mAnm *Schneider;* **aA** Richardi BetrVG/*Thüsing* Rn. 20) oder er im Rahmen einer Einladung zur Mitarbeiterversammlung mit dem Wegfall liberaler Regelungen droht (ArbG Regensburg 6.6.2002

– 6 BVGa 6/02, AiB 2003, 554 unter Anerkennung eines allgemeinen Unterlassungsanspruchs des Wahlvorst. iVm § 20, mit zust. Anm. *Müller* AiB 2003, 554 f.).

22 Auch die **Gewährung von Vorteilen** (zB Beförderung, Lohn- und Gehaltserhöhung, Versetzung auf einen bevorzugten Arbeitsplatz, aber auch Geschenke und Zuwendungen) oder das Versprechen solcher Vorteile zum Zweck der Wahlbeeinflussung sind verboten. Unter Vorteilen im Sinne des § 20 Abs. 2 sind unsachliche, an den Egoismus des Einzelnen appellierende Leistungen (bzw. Besserstellungen) zu verstehen (*Nicolai* in FS 100 Jahre BetrVR S. 521, 526; **aA** Richardi BetrVG/*Thüsing* Rn. 18).

23 Dem **ArbGeb.** ist jegliche **Wahlwerbung** und **Propaganda** (nicht die Unterrichtung über gesetzliche Wahlvorschriften, LAG Hamm 17.2.1982 – 3 TaBV 115/81, DB 1982, 1574; **aA** *Wichert* DB 2018, 381, 384) untersagt, da die Bildung und Zusammensetzung des BR ausschließlich eine Angelegenheit der ArbN ist und er sich als Gegenspieler des BR jeglichen Einflusses auf dessen Zusammensetzung zu enthalten hat (DKKW/*Homburg* Rn. 19; ErfK/*Koch* Rn. 7; Maschmann BB 2010, 245, 250; *Homburg/Pietsch* AiB 2018, 28; **aA** BAG 25.10.2017 – 7 ABR 10/16, NZA 2018, 458 wonach § 20 Abs. 2 kein striktes **Neutralitätsgebot** des ArbGeb. im Zusammenhang mit BRWahlen begründet und der ArbGeb. nicht verpflichtet ist, sich jeder kritischen Äußerung über den BR oder einzelner BRMitgl. im Hinblick auf die BRWahl zu enthalten). Dem kann in dem dem BAG zugrunde liegenden Fall nicht zugestimmt werden. Auch wenn mit Abs. 2 kein absolutes Neutralitätsgebot des ArbGeb. verbunden sein mag (BAG 25.10.2017 – 7 ABR 10/16, NZA 2018, 458; *Husemann* RdA 2018, 375; *Gooren* NZA 2018, 699; *Wichert* DB 2018, 381, 384), so ist es dem ArbGeb. dennoch nicht erlaubt, sich in jedweder Form kritisch zu anstehenden BRWahlen zu äußern (so auch Schaub ArbR-HdB/*Koch* § 218 Rn. 6).

23a Die **Grenze** der durch Art. 5 Abs. 1 GG gewährleisteten **Meinungsfreiheit** des **ArbGeb.** wird im Betrieb durch das in § 2 Abs. 1 verankerte Gebot der vertrauensvollen Zusammenarbeit im Allgemeinen (so im Ergebnis auch *Husemann* RdA 2018, 375; offengelassen von BAG 25.10.2017 – 7 ABR 10/16, NZA 2018, 458) und das Verbot der Wahlbeeinflussung des § 20 Abs. 2 im Besonderen markiert. Dabei ist die Grenze im Bereich der hochsensiblen **Betriebsratswahlen** bereits dann erreicht, wenn sie geeignet ist, das Wahlergebnis durch unzulässigen Druck zu beeinflussen (so auch *Burgmer* jurisPR-ArbR 13/2016). Hierzu gehören eindeutig Äußerungen wie *„wer die Person Y wählt begehe Verrat am Unternehmen"*. Eine solche Äußerung ist erheblich mehr als nur eine kritische Äußerung zur Personalie eines Wahlbewerbers. Auch verkennt das BAG in diesem Zusammenhang grundlegend, dass ArbN in einem Abhängigkeitsverhältnis zum ArbGeb. stehen und auch nur mittelbar wirkende Drohungen geeignet sind, die freie Willensbildung des ArbN zu beeinflussen (insofern geht auch der Vergleich von *Nicolai* in FS 100 Jahre BetrVR S. 521, 525 zu politischen Wahlen fehl). Ungeeignet ist der Hinweis des BAG, dass es ArbN gibt, die sich von den Äußerungen des ArbGeb. beeinflussen lassen und welche, die es nicht tun. Dies trifft auch auf konkret ausgesprochene Drohungen bzw. Begünstigungen zu und dennoch unterfallen sie dem Verbot der Wahlbeeinflussung. Verboten ist der Akt der Wahlbeeinflussung selbst, nicht, ob dieser auch tatsächlich erfolgreich war. Daher geht auch der Verweis des BAG auf das Wahlgeheimnis und des dadurch gewährten Schutzes für die Einordnung, ob ein Verstoß gegen § 20 Abs. 2 vorliegt, fehl. Wäre dies zutreffend, könnte auch ein konkret angedrohter Nachteil wie z. B. *„wer die Person Y wählt wird gekündigt"* nicht mehr den Tatbestand des Abs. 2 erfüllen, da auch in diesem Fall der ArbGeb. aufgrund des Wahlgeheimnisses nicht in der Lage wäre, seine Androhung umzusetzen. Eine unzulässige Wahlbeeinflussung ist daher bereits schon dann begründet, wenn sie bei der Belegschaft den Eindruck vermittelt, dass der ArbGeb., sollte ein ihm unliebsamer BR gewählt werden, dies die Belegschaft spüren lassen werde. Ebenfalls kritisch *Dohna-Jäger* in AuR 2019, 184 ff.

23b Unzulässig ist des Weiteren eine finanzielle Unterstützung der Wahlpropaganda einer bestimmten Vorschlagsliste durch den ArbGeb. (BAG 4.12.1986 – 6 ABR 48/85,

AP BetrVG 1972 § 19 Nr. 13) als auch die finanzielle Unterstützung einer bestimmten Vorschlagsliste durch den ArbGeb. (BGH 13.9.2010 – 1 StR 220/09, NJW 2011, 88). Keine unzulässige Wahlbeeinflussung liegt dagegen vor, wenn der ArbGeb. anderen Wählerlisten nicht von sich aus über Wahlwerbeideen einer konkurrierenden Liste informiert, die betriebliche Mittel zur Werbung benutzt (LAG Hamm 27.10.2015 – 7 TaBV 19/15, ZBVR online 2016, Nr. 9, 8). Sammelt ein leitender Ang. (Justitiar des ArbGeb.) Stützunterschriften für eine Vorschlagsliste zur BRWahl, um eine konkurrierende Liste zu erreichen, ist dies nach LAG Hmb (12.3.1998 – 2 TaBV 2/98, AiB 1998, 701 m. zust. Anm. *Brinkmeier*) ein Verhalten, das über eine unzulässige Wahlbeeinflussung noch hinaus geht und unzulässigerweise aktiv auf die Zusammensetzung des BR abzielt.

Keine unzulässige Wahlbeeinflussung ist grds. die **Werbung** und **Propaganda** für eine bestimmte Liste oder einen bestimmten Kandidaten bei der Wahl, wenn diese durch im Betrieb vertretene Gewerkschaften oder Gruppierungen von ArbN des Betriebes oder durch sonstige Personen erfolgt (zum Wahlaufruf eines mohammedanischen Vorbeters LAG Hamm 12.2.1976 – 8 TaBV 90/75, DB 1976, 922). 24

Das Recht der ArbN und der Gewerkschaften auf Werbung und Propaganda wird durch die **allgemeine Meinungsfreiheit** und für die Gewerkschaften zusätzlich durch **Art. 9 Abs. 3 GG** gedeckt (BVerfG 30.11.1965 – 2 BvR 54/62, AP GG Art. 9 Nr. 7; DKKW/*Homburg* Rn. 25; Richardi BetrVG/*Thüsing* Rn. 23). Soweit in Werkszeitungen geworben oder Kritik geübt wird, greift der Schutz der Pressefreiheit gem. Art. 5 Abs. 1 S. 2 GG (BVerfG 8.10.1996 – 1 BvR 1183/90, BB 1997, 205). Überdies ist die Wahlwerbung, wie bei jeder Wahl, auch wesentlicher Bestandteil der BRWahl (BAG 2.12.1960 – 1 ABR 20/59, AP BetrVG § 19 Nr. 2). Bei den Gewerkschaften kommt hinzu, dass ihnen, wenn sie schon allgemein im Betrieb werben dürfen (→ § 74 Rn. 66ff.), dies erst recht anlässlich von BRWahlen gestattet ist. Das gilt umso mehr, als ihnen ein eigenes gewerkschaftliches Wahlvorschlagsrecht zusteht (vgl. § 14 Abs. 3 u. 5; Näheres → § 14 Rn. 58ff.). Denn die sozialpolitische Repräsentanz einer Gewerkschaft im Betrieb wird wesentlich am Abschneiden der von ihr unterstützten Liste bei BRWahlen gemessen. Zwar will Werbung und Propaganda auf die Willensentscheidung des Wählers in einem bestimmten Sinne Einfluss nehmen. Dies ist jedoch solange einem Wahlkampf als wesengemäß und damit als zulässig anzusehen, als eine Abwägung der Standpunkte möglich und die Entscheidungsfreiheit des Wählers gewahrt bleibt. Zudem ist zu beachten, dass Abs. 2 nicht jede Wahlbeeinflussung verbietet, sondern nur eine solche, die durch Zufügung oder Androhung von Nachteilen bzw. Gewährung oder Versprechung von Vorteilen bewirkt wird. Hieran fehlt es jedoch im Allgemeinen bei der Werbung und Propaganda für die BRWahl jedenfalls gegenüber den ArbN als Wählern. Gegenüber anderen Wahlbewerbern kann eine diffamierende Wahlpropaganda dann eine unzulässige Wahlbeeinflussung darstellen, wenn sie hierdurch von einer Teilnahme an der Wahl abgehalten werden sollen. Jedoch ist auch hier zu berücksichtigen, dass im Rahmen eines Wahlkampfes eine gewisse überpointierte Darstellung der jeweiligen Standpunkte allgemein üblich und deshalb nicht als unzulässige Wahlbeeinflussung anzusehen ist. Deshalb ist nicht schon jede unsachliche Propaganda an einem Wahlaufruf als unzulässige Wahlbeeinflussung anzusehen (so jedoch HmbOVG für das PersVG, ArbuR 1961, 350). Kritik, auch an konkurrierenden Gewerkschaften, gehört zum Wesen des Wahlkampfes und ist deshalb zulässig (BVerfG 30.11.1965 – 2 BvR 54/62, AP GG Art. 9 Nr. 7). Auch eine vergleichende Werbung, sofern keine falschen Hoffnungen erweckt werden, und angreifbare Werturteile sind zulässig (BGH 7.1.1964 – VI ZR 58/63, AP BGB § 1004 Nr. 1; 6.10.1964 – VI ZR 176/63, AP BGB § 54 Nr. 6). Die Propaganda darf aber nicht in eine Hetze gegen eine andere Gewerkschaft ausarten (BAG 14.2.1967 – 1 AZR 494/65, AP GG Art. 9 Nr. 10; zur Frage der Zulässigkeit auch harter Auseinandersetzungen zwischen rivalisierenden Gewerkschaften und Berufsverbänden BGH 18.5.1971 – VI ZR 220/69, AP GG Art. 5 Abs. 1 Meinungsfreiheit Nr. 6). Wenn auch im Rahmen eines Wahlkampfes nicht jedes Wort auf die Gold- 25 waage gelegt werden darf, so darf andererseits jedoch auch nicht die Ehre anderer, insbes. anderer Wahlbewerber, in schwerwiegender Weise verletzt werden (→ Rn. 11).

26 Das Verbot der Wahlbeeinflussung richtet sich gegen **jedermann** und gilt deshalb auch für die **Gewerkschaften.** Es fragt sich deshalb, ob eine Gewerkschaft zulässigerweise ihren Mitgl. unter **Androhung des möglichen Ausschlusses** oder **Funktionsverlusts** verbieten kann, auf anderen als der mit dem Kennwort der Gewerkschaften bezeichneten oder von ihr unterstützten Listen zu kandidieren oder solche Listen zu unterzeichnen. Diese Frage ist bisher im Allgemeinen bejaht worden, allerdings unter unterschiedlichen Voraussetzungen (zur Rspr. und Literatur vor der Entscheidung des BVerfG v. 24.2.1999, s. Fitting 23. Aufl. 2006 Rn. 26).

27 Mit seiner Entscheidung v. 24.2.1999 hat das **BVerfG** (24.2.1999 – 1 BvR 123/93, NZA 1999, 713; s. dazu *Sachse* ArbuR 1999, 387) einer Gewerkschaft **generell** das **Recht** zugestanden, Mitglieder bei **Fremdkandidatur** aus der Gewerkschaft **auszuschließen.** Bei der Anwendung des § 20 Abs. 2 ist stets die Ausstrahlungswirkung von Art. 9 Abs. 3 GG zu beachten. Das Verbot einer Maßregelung von Gewerkschaftsmitgl., die auf einer konkurrierenden Liste kandidieren, beeinträchtigt die Koalitionsfreiheit. Diese umfasst die Selbstbestimmung der Koalitionen über ihre innere Ordnung sowie ihre Tätigkeiten zur Förderung der Arbeits- und Wirtschaftsbedingungen ihrer Mitgl. Unter Art. 9 GG fallen damit auch verbandsinterne Sanktionen zur Aufrechterhaltung ihrer Geschlossenheit nach innen und außen.

28 Auch im Rahmen der **betrieblichen MB** fördern die Gewerkschaften die Arbeits- und Wirtschaftsbedingungen ihrer Mitgl. und haben somit eine **verfassungsrechtliche Funktion** inne. Nachdem den Gewerkschaften durch das ÄndG 1989 sogar ein eigenes Wahlvorschlagsrecht für die BRWahlen zugestanden worden ist (→ § 14 Rn. 58 ff.), wird noch mehr als bisher ihre sozialpolitische Repräsentanz sowohl im Betrieb als auch darüber hinaus wesentlich am Erfolg der von ihnen eingereichten oder unterstützten Listen bei den BRWahlen gemessen (vgl. auch *Zöllner* Rechtsgutachten S. 17 ff., der die gesetzl. Einbindung der Gewerkschaften in die Betriebsverfassung und das daraus folgende Recht der eigenständigen Einflussnahme auf die BRWahl betont). Die Glaubwürdigkeit ihrer Wahlaussagen und das Vertrauen in ihre Durchsetzungsfähigkeit hängen entscheidend vom Eindruck ihrer Geschlossenheit ab. Konkurrierende Listen eigener Mitglieder wirken dem entgegen (BVerfG 24.2.1999 – 1 BvR 123/93, NZA 1999, 713).

29 Zum anderen ist zu bedenken, dass die **Mitgliedschaft** in der Gewerkschaft **freiwillig** ist und Rechtspflichten sowie eine Unterwerfung unter die Satzungsautonomie begründet. Die Notwendigkeit einer Unterwerfung unter die Satzungsautonomie ergibt sich auch daraus, dass die Gewerkschaft ihre Mitgl. nicht frei auswählen kann, sondern idR einem Aufnahmezwang unterliegt (*Sachse* ArbuR 1985, 267). Außerdem können diese sich an der gewerkschaftsinternen Willensbildung beteiligen und so selbst deren Entscheidung beeinflussen. Das setzt aber ein demokratischen Ansprüchen gerecht werdendes Verfahren der verbandsinternen Kandidatenaufstellung voraus (*Sachse* ArbuR 1999, 390).

30 Aus alledem folgt: Die Drohung einer Gewerkschaft mit **Ausschluss** oder **Funktionsverbot** bei „Fremdkandidatur" kann zwar die Entscheidung zur Kandidatur bei den BRWahlen beeinflussen. Sie ist jedoch **keine rechtswidrige Nachteilsandrohung** iSv § 20 Abs. 2 und deshalb als zulässig anzusehen. Dabei ist unerheblich, ob die **„Fremdkandidatur"** auf der Liste konkurrierender Gewerkschaften (BGH 13.6.1966 – II ZR 130/64, AP BetrVG § 19 Nr. 5; 27.2.1978 – II ZR 17/77, AP GG Art. 9 Nr. 27; BAG 2.12.1960 – 1 ABR 20/59, AP BetrVG 1972 § 19 Nr. 2; DKKW/*Homburg* Rn. 26; GK-BetrVG/*Kreutz* Rn. 45; HWGNRH/*Nicolai* Rn. 25; *Weiß/Weyand* BetrVG Rn. 10), auf gewerkschaftsfeindlichen oder sog freien oder neutralen Listen (vgl. dazu die nunmehr überholte Rspr. des BGH 19.1.1981 – II ZR 20/80, AP BetrVG 1972 § 20 Nr. 7; BAG 12.10.1976 – 1 ABR 14/76 N, AP BetrVG 1972 § 19 Nr. 5; 27.2.1978 – II ZR 17/77, AP GG Art. 9 Nr. 27; ähnlich

Weiß/Weyand BetrVG Rn. 10; GK-BetrVG/*Kreutz* Rn. 46; Richardi BetrVG/*Thüsing* Rn. 27) erfolgt. Die Maßregelungsbefugnis bei Fremdkandidatur besteht jedoch nur insoweit, als die Liste nach demokratischen Grundsätzen aufgestellt worden ist (*Sachse* ArbuR 1999, 390; ErfK/*Koch* Rn. 7).

4. Folgen der Zuwiderhandlung

Verstöße gegen die Vorschriften des Abs. 1 u. 2 können nicht nur unter den Voraussetzungen des § 19 zur **Wahlanfechtung** führen, sondern bei Vorsatz auch zu einer strafrechtlichen Verfolgung des Täters Anlass geben, da sie eine **strafbare Handlung** darstellen, die nach § 119 Abs. 1 Nr. 1 mit Geld- oder Freiheitsstrafe bedroht ist (AmtsG Detmold 24.8.1978 – 7 Ls 2 Js 553/77, BB 1979, 783; *Dörner* FS Kreutz, 2010, 81 [92]). Die Bestrafung nach §§ 107 ff. StGB ist nicht möglich, da diese Vorschriften nur für politische Wahlen iSd § 108d StGB gelten. Für einen **allgemeinen Unterlassungsanspruch** zur Sicherung der Rechte des BR sprechen sich das ArbG Regensburg 6.6.2002 – 6 BVGa 6/02, AiB 2003, 554 mit zust. Anm. *Müller* AiB 2003, 554; *Dörner* FS Kreutz, 2010, 81 [89 f.] aus. 31

Die **Nichtigkeit der Wahl** wegen rechtswidriger Beeinflussung dürfte nur in Fällen eines offenen Terrors, der sich auf den eigentlichen Wahlakt erstreckt, gegeben sein. Damit wäre der Wahl auch der Anschein einer ordnungsmäßigen freien Wahl genommen (weitergehend BAG 8.3.1957 – 1 ABR 5/55, AP BetrVG § 19 Nr. 1; GK-BetrVG/*Kreutz* Rn. 51; Richardi BetrVG/*Thüsing* Rn. 29). 32

Rechtsgeschäftliche Maßnahmen gegenüber ArbN, um die Wahl zu behindern oder zu beeinflussen, sind **nichtig,** da § 20 Abs. 1 u. 2 ein **gesetzliches Verbot** iSv § 134 BGB enthält. Das gilt insbes. für Kündigungen, die diesem Ziele dienen (BAG 13.10.1977 – 2 AZR 387/76, AP KSchG 1969 § 1 Verhaltensbedingte Kündigung Nr. 1; 26.11.2009 – 2 AZR 185/08, NZA 2010, 443; DKKW/*Homburg* Rn. 21; Richardi BetrVG/*Thüsing* Rn. 30; → Rn. 12). Die Beweislast dafür, dass die Kündigung erfolgt ist, um die Wahl zu behindern oder zu beeinflussen, obliegt dem ArbN; jedoch kommen die Grundsätze des Beweises des ersten Anscheins zur Anwendung (DKKW/*Homburg* Rn. 21; Richardi BetrVG/*Thüsing* Rn. 30), etwa wenn der ArbGeb. allgemein eine betriebsratsfeindliche Haltung erkennen lässt (ArbG Bln 20.9.2001 – 66 Ca 4883/01, AiB 2002, 305). Eine Verschiebung oder Umkehr der Beweislast tritt dadurch nicht ein. Klagt der ArbN jedoch nach § 1 KSchG mit der Behauptung, die Kündigung sei sozial ungerechtfertigt, so trägt die Beweislast der ArbGeb. Die prozessuale Besserstellung kommt aber nur ArbN zugute, die unter das KSchG fallen und sich auf die Sozialwidrigkeit der Kündigung berufen. Die Klage nach dem KSchG kann zudem dazu führen, dass der ArbGeb. sich durch Zahlung einer Abfindung befreien kann, während bei einem Verstoß gegen § 134 BGB, der die Nichtigkeit der Kündigung zur Folge hat, diese Möglichkeit nicht besteht. 33

Soweit ein ArbN durch einen schuldhaften Verstoß gegen § 20 Abs. 1 oder 2 einen sonstigen Schaden, auch durch außerbetriebliche Stellen, erlitten hat, kann er **Schadensersatz** wegen Verletzung eines Schutzgesetzes (§ 823 Abs. 2 BGB) verlangen (DKKW/*Homburg* Rn. 20; Richardi BetrVG/*Thüsing* Rn. 31; diff. *Dörner* FS Kreutz, 2010, 81 [89]; **aA** *Rieble* ZfA 2003, 283 [287]). 34

III. Kosten der Wahl

Der **ArbGeb.** trägt die Kosten der Wahl. Bei Streit über das Bestehen eines gemeinsamen Betriebs mehrerer Unternehmen und die hieraus folgenden Konsequenzen für die BR-Wahl sind diejenigen Unternehmer als kostenpflichtige ArbGeb. (Gesamtschuldner gem. § 421 BGB analog) anzusehen, die Umstände für die Annahme eines von ihnen gemeinsam geführten Betriebs gesetzt haben; das tatsächliche Beste- 35 hen eines derartigen Betriebs ist nicht erforderlich (BAG 8.4.1992 – 7 ABR 56/91, AP BetrVG 1972 § 20 Nr. 15).

36 **Kosten der Wahl** sind die bei der Vorbereitung und Durchführung der Wahl entstehenden **Sachkosten,** zB die Kosten für die Beschaffung von Wählerlisten, Stimmzetteln, Wahlurnen, Vordrucken, Portokosten bei Briefwahl (ArbG Halberstadt 14.9.1993 – 6 BV 4/93, AuA 1994, 57), Kosten für Geschäftsbedürfnisse und für erforderliche Reisen des Wahlvorst. (BAG 26.2.1992 – 7 ABR 37/91, AP BetrVG 1972 § 17 Nr. 6). Dem Wahlvorst. sind auch die einschlägigen Gesetzestexte sowie eine Kommentierung der Wahlvorschriften zur Verfügung zu stellen. Das Gleiche gilt für sonstige erforderliche Sachmittel, zB für ein Kraftfahrzeug, um die zur Durchführung der BRWahl erforderlichen Unterlagen (Wahlurne, Stimmzettel, Wahlkabinen usw) zu den Wahllokalen zu bringen.

37 Benutzen die Mitgl. des Wahlvorst. hierzu ihr **eigenes Fahrzeug,** so haben sie Anspruch auf die betriebsübliche Kilometerpauschale. Im Falle eines Unfalls ist der ArbGeb. zur Tragung der Unfallkosten unter denselben Voraussetzungen verpflichtet wie bei einem ArbN, der auf einer Dienstfahrt mit einem eigenen Pkw einen Unfall erleidet; das ist zB der Fall, wenn der ArbGeb. den ArbN zur Benutzung des eigenen Fahrzeugs aufgefordert hat oder wenn die Benutzung des eigenen Fahrzeugs zur rechtzeitigen Erledigung der gesetzlichen Aufgaben des Wahlvorst. deshalb notwendig war, weil der ArbGeb. kein Fahrzeug zur Verfügung gestellt hat (BAG 3.3.1983 – 6 ABR 4/80, AP BetrVG 1972 § 20 Nr. 8; DKKW/*Homburg* Rn. 33; GK-BetrVG/*Kreutz* Rn. 61; **aA** LAG Hamm 26.10.1979 – 3 TaBV 64/79, EzA Nr. 9 zu § 20 BetrVG 1972; allgemein zur Frage der Tragung von Unfallkosten bei Benutzung des eigenen Pkw des ArbN vgl. Schaub ArbR-HdB/*Koch* § 218 Rn. 7, *Gaul* Bd. I S. 610f.; BAG 16.11.1978 – 3 AZR 258/77, AP BGB § 611 Gefährdungshaftung des Arbeitgebers Nr. 5; 8.5.1980 – 3 AZR 82/79, AP BGB § 611 Gefährdungshaftung des Arbeitgebers Nr. 6; LAG Nds EZA § 40 BetrVG 1972 Nr. 48).

38 Vom ArbGeb. sind die im Zusammenhang mit der Bestellung des Wahlvorst. entstehenden Kosten zu tragen, also auch die in einem Verfahren zur gerichtlichen Bestellung des Wahlvorst. in BRlosen Betrieben gem. § 17 Abs. 4 und § 17a Nr. 4 anfallen. Dazu gehören die **Kosten einer Gewerkschaft,** die ihr in Ausübung ihrer Rechte auf Einleitung eines Verfahrens zur Wahl eines BR entstehen; sie umfassen auch außergerichtliche Kosten bei erforderlicher Beauftragung eines Rechtsanwalts für das gerichtliche Bestellungsverfahren (BAG 31.5.2000 – 7 ABR 8/99, AP BetrVG 1972 § 20 Nr. 20). Der ArbGeb. ist auch verpflichtet, die Kosten des Anfechtungsverfahrens oder sonstiger gerichtlicher Verfahren zur Klärung von Streitfragen im Laufe des Wahlverfahrens zu tragen, soweit die Rechtsverfolgung nicht mutwillig und offensichtlich unbegründet ist (BAG 8.4.1992 – 7 ABR 56/91, AP BetrVG 1972 § 20 Nr. 15; LAG Düsseldorf 25.10.1994 – 6 TaBV 78/94, NZA 1995, 444; DKKW/*Homburg* Rn. 30; HWGNRH/*Nicolai* Rn. 42; Richardi BetrVG/*Thüsing* Rn. 35; → Rn. 41). Auch Kosten für eine **anwaltliche Vertretung** hat der ArbGeb. zu tragen, wenn der Wahlvorst. oder Anfechtungsberechtigte diese bei der Beauftragung des Rechtsanwaltes bei vernünftiger Betrachtung für erforderlich halten durften (BAG 8.4.1992 – 7 ABR 56/91, AP BetrVG 1972 § 20 Nr. 15; 7.7.1999 – 7 ABR 4/98, NZA 1999, 1232; LAG Düsseldorf 25.10.1994 – 6 TaBV 78/94, NZA 1995, 444). Kosten für eventuelle Wahlpropaganda einzelner Gruppen hat der ArbGeb. nicht zu tragen (DKKW/*Homburg* Rn. 38; HWGNRH/*Nicolai* Rn. 41; GK-BetrVG/*Kreutz* Rn. 56; **aA** *Weiß/Weyand* BetrVG Rn. 13); das gilt auch für Rechtsanwaltskosten, die durch ein gerichtliches Verfahren zur Beseitigung unzulässiger Wahlpropagandamaßnahmen entstehen (LAG Hamm 6.2.1980 – 3 TaBV 84/79, EzA § 20 BetrVG 1972, Nr. 10; GK-BetrVG/*Kreutz* Rn. 56). Für die Hinzuziehung eines Rechtsanwalts als Sachverständiger gilt § 80 Abs. 3 entspr. (BAG 11.11.2009 – 7 ABR 26/08, NZA 2010, 353). Andererseits ist es dem ArbGeb. unter dem Gesichtspunkt der unzulässigen Wahlbeeinflussung untersagt, Wahlpropaganda für einzelne Listen finanziell zu unterstützen (→ Rn. 24). Der ArbGeb. darf eine zulässige Wahl-

werbung nicht behindern, sondern muss sie unter Berücksichtigung der betrieblichen Gegebenheiten gestatten (*Becker/Schaffner* BlStR 1975, 130; → Rn. 8).

Da § 20 Abs. 3 die Kostentragungspflicht des ArbGeb. nicht auf die „sächlichen Kosten" beschränkt, hat der ArbGeb. auch die erforderlichen **persönlichen Kosten der Mitgl. des Wahlvorst.** zu tragen, die diesen in ihrer Eigenschaft als WahlvorstMitgl. entstehen, etwa Reisekosten, die zur ordnungsgemäßen Vorbereitung und Durchführung der Wahl, zB in auswärtigen Nebenbetrieben oder Betriebsteilen, erforderlich sind. Hierzu gehören auch Kosten einer notwendigen und angemessenen **Schulung** der Mitgl. des Wahlvorst. über eine ordnungsgemäße Vorbereitung und Durchführung der BRWahl (BAG 5.3.1974 – 1 AZR 50/73, AP BetrVG 1972 § 20 Nr. 5; 7.6.1984 – 6 AZR 3/82, NZA 1985, 66; HessLAG 20.8.2018 – 16 TaBVGa 159/18, NZA-RR 2019, 94; HWGNRH/*Nicolai* Rn. 38; DKKW/*Homburg* Rn. 39; GK-BetrVG/*Kreutz* Rn. 71; Richardi BetrVG/*Thüsing* Rn. 38; *Jacobs* Wahlvorstände S. 386f.; *Ahlberg* AiB 2009, 399ff.; *Berg/Heilmann* AiB 2009, 363 [368]; einschr. *v. Hoyningen-Huene* BetrVR § 7 Kap. II). Gleiches gilt auch für ein ErsMitgl., das jederzeit einspringen können muss (HessLAG 20.8.2018 – 16 TaBVGa 159/18, NZA-RR 2019, 94). Im Allgemeinen ist jedenfalls **jedem stimmberechtigten WahlvorstMitgl.,** das erstmals mit dieser Aufgabe betraut wird, eine idR kurzfristige **Schulung** zuzugestehen und der ArbGeb. zur Tragung der Schulungskosten verpflichtet (*Ahlburg* AiB 2009, 399ff.; weitergehend ArbG Frankfurt 3.3.1999 – 14 BV 210/98, AiB 1999, 401 mAnm *Peter*). Eine Schulung von Mitgl. des Wahlvorst. ist nicht etwa deshalb entbehrlich, weil eines der Mitgl. bereits ausreichende Kenntnisse über das Wahlverfahren hat; dies widerspräche dem Grundsatz, dass jedes WahlvorstMitgl. sein Amt unabhängig und eigenverantwortlich ausübt (DKKW/*Homburg* Rn. 39ff.; Richardi BetrVG/*Thüsing* Rn. 45). Im Hinblick darauf, dass den von den Gewerkschaften entsandten zusätzlichen Mitgl. des Wahlvorst. nach § 16 Abs. 1 S. 6 kein Stimmrecht zusteht und sie deshalb keinen bestimmenden Einfluss auf seine Tätigkeit haben, dürfte für sie im Allgemeinen keine Notwendigkeit einer Schulung bestehen (so auch WPK/*Wlotzke* Rn. 19). 39

Zu den Kosten der Wahl zählen auch die Kosten, die durch die Tätigkeit des Vermittlers nach § 18a im Verfahren über die Zuordnung der leitenden Ang. entstehen, etwa notwendige Reisekosten des Vermittlers. Wegen der Schwierigkeit der Abgrenzung des Personenkreises der leitenden Ang. kann uU auch eine diesbezügliche Schulung des Vermittlers erforderlich sein. In diesem Falle hat der ArbGeb. auch dessen notwendige Schulungskosten zu tragen. 40

Die Kostentragungspflicht des ArbGeb. besteht allerdings nur insoweit, als die Kosten für eine **ordnungsgemäße Durchführung der Wahl notwendig** sind. Überflüssige Kosten fallen dem ArbGeb. nicht zur Last, zB Schulungskosten für solche WahlvorstMitgl., die bereits ausreichende Kenntnisse über die Vorschriften des Wahlverfahrens haben. Nicht erforderlich sind ferner zB Kosten, die durch einen Beschluss des Wahlvorst. entstehen, Vorschlagslisten um Lichtbilder der Kandidaten zu ergänzen (BAG 3.12.1987 – 6 ABR 79/85, AP BetrVG 1972 § 20 Nr. 13). Dagegen sind die Kosten eines vom ArbG nach § 16 Abs. 2 eingesetzten betriebsfremden Wahlvorst. Kosten der Wahl und vom ArbGeb. zu tragen; denn auch dieser Wahlvorst. dient der Bildung des BR (→ § 16 Rn. 73). Zur Frage der Erstattung der Kosten für die Hinzuziehung eines Rechtsanwalts bei Rechtsstreitigkeiten im Rahmen der Durchführung der BRWahl → § 40 Rn. 24ff., die sinngemäß gelten. Dies umfasst auch die erforderlichen **Kosten** einer **Gewerkschaft,** die ihr in Ausübung ihrer im Zusammenhang mit der BRWahl stehenden Rechte aus dem BetrVG entstehen (BAG 16.4.2003 – 7 ABR 29/02, AP BetrVG 1972 § 20 Nr. 21 – hier: gerichtliche Durchsetzung der Teilnahme eines Gewerkschaftsmitglieds bei der Stimmauszählung einer BRWahl, → § 18 Rn. 23). Erstattungspflichtig sind auch Anwaltskosten eines einstweiligen Verfügungsverfahrens eines Wahlbewerbers, um in den Freischichten den Betrieb zum Zwecke der Unterschriftensammlung für einen Wahlvorschlag betreten zu dürfen (LAG Hamm 6.2.1980 – 3 TaBV 79/79, DB 1980, 1223; GK-BetrVG/*Kreutz* Rn. 62). 41

42 **Streitigkeiten** über die vom ArbGeb. zu tragenden Kosten sowie über die Notwendigkeit von Geschäftsbedürfnissen und sonstigem durch die Wahl bedingten Sachaufwand sind vom **ArbG im Beschlussverfahren** zu entscheiden (§§ 2a, 80ff. ArbGG). Soweit die in diesem Verfahren ergehende rechtskräftige Entscheidung eine Verpflichtung des ArbGeb. ausspricht, ist der Beschluss des Gerichts nach § 85 Abs. 1 ArbGG der Zwangsvollstreckung fähig. Diese Vorschrift ist insbes. wichtig, wenn Mitgl. des Wahlvorst. persönlich Verpflichtungen eingegangen sind oder Kosten, die der ArbGeb. zu tragen hat, vorgelegt haben, der ArbGeb. aber seine Kostenpflicht bestreitet (BAG 3.12.1987 – 6 ABR 79/85, AP BetrVG 1972 § 20 Nr. 13; ArbG Halberstadt 14.9.1993 – 6 BV 4/93, AuA 1994, 57). Der rechtskräftige Beschluss wird nach Maßgabe der Zwangsvollstreckungsvorschriften der ZPO vollstreckt (Näheres → ArbGG Rn. 62ff.).

IV. Versäumnis von Arbeitszeit

43 Bei notwendiger Versäumnis von Arbeitszeit infolge der Ausübung des Wahlrechts – hierunter fällt auch die Teilnahme an den WahlVerslg. im vereinfachten Wahlverfahren nach § 14a und der BetrVerslg. nach § 17 Abs. 2 (vgl. hierzu § 44 Abs. 1), die Betätigung im Wahlvorst., nicht jedoch die Anwesenheit bei der öffentlichen Stimmauszählung nach § 18 Abs. 3 S. 1 (LAG SchlH 26.7.1989 – 3 Sa 228/89, AP BetrVG 1972 § 20 Nr. 14), aber auch die Teilnahme an einer Vorabstimmung nach § 26 Nr. 1 u. 3 PostPersRG als Teil der BRWahl in Postunternehmen (→ § 14 Rn. 83c, 85b) – ist das **Arbeitsentgelt** vom ArbGeb. **weiterzuzahlen.** Notwendig ist eine Arbeitszeitversäumnis, die der betr. ArbN bei vernünftiger Überlegung als erforderlich betrachten konnte (Näheres → § 37 Rn. 38f.). Eine Arbeitsbefreiung, um für Wahlbewerber während der Arbeitszeit Stützunterschriften zu sammeln oder um sich bei den ArbN als Wahlbewerber vorzustellen, dürfte im Allgemeinen nicht erforderlich sein (LAG Bln 9.1.1979 – 3 Ta BV 6/78, BB 1979, 1036; LAG Hamm 6.2.1980 – 3 TaBV 79/79, DB 1980, 1223; ArbG Düsseldorf 21.7.1981 – 1 Ca 2201/81, BB 1981, 1579; vgl. aber auch ArbG Berlin 1.7.1978 – 10 BvGa 4/78, ArbuR 1979, 315; GK-BetrVG/*Kreutz* Rn. 765; ErfK/*Koch* Rn. 11 **aA** DKKW/*Homburg* Rn. 36). Zur Frage der Abhaltung einer zusätzlichen BetrVerslg. zur Vorstellung der Wahlbewerber → § 43 Rn. 35.

44 Die Wahl findet **während der Arbeitszeit** statt. Das G bestimmt das zwar nicht ausdrücklich. Wenn es aber den Betrieben im Rahmen einer gesetzlich vorgeschriebenen Betriebsverfassung die Errichtung eines BR auferlegt, so kann das nur dahin verstanden werden, dass die zur Verwirklichung der Betriebsverfassung erforderliche Wahl des BR, auch wenn keine Wahlpflicht, sondern nur ein Wahlrecht besteht, im Betrieb und während der Arbeit, also während der Arbeitszeit, vorzunehmen ist (GK-BetrVG/*Kreutz* Rn. 65; HWGNRH/*Nicolai* Rn. 44; Richardi BetrVG/*Thüsing* Rn. 47). Ebenso findet die Wahl **im Betrieb** statt, sofern nicht bes. Gründe eine andere Regelung als zweckmäßig erscheinen lassen.

45 **Wahlrecht** iSd Abs. 3 ist das **aktive** wie das **passive Wahlrecht,** also die Betätigung des ArbN als Wähler und als Wahlbewerber (HWGNRH/*Nicolai* Rn. 46). Die Frage der Notwendigkeit einer Versäumnis von Arbeitszeit wird im Allg. nur in Zusammenhang mit der Ausübung des passiven Wahlrechts zu prüfen sein, da die eigentliche Wahlhandlung während der Arbeitszeit stattfindet und deshalb die Ausübung des aktiven Wahlrechts stets eine notwendige Versäumnis der Arbeitszeit darstellt.

46 Die zum Zwecke der Wahl des Wahlvorst. und des BR im vereinfachten Wahlverfahren nach § 14a abzuhaltenden WahlVerslg. und die BetrVerslg. nach § 17 Abs. 2 finden grds. während der Arbeitszeit statt (vgl. § 44 Abs. 1). Die Zeit der Teilnahme an dieser Verslg. einschließlich etwa erforderlicher zusätzlicher Wegezeiten ist den ArbN wie Arbeitszeit zu vergüten; zusätzliche Fahrtkosten sind ihnen zu erstatten (Näheres → § 44 Rn. 24ff.).

Da das Amt des Mitgl. des Wahlvorst. – auch des nicht stimmberechtigten Mitgl. nach § 16 Abs. 1 S. 6 – **als Ehrenamt unentgeltlich** wahrzunehmen ist, wird eine Vergütung für das Amt nicht gewährt (GK-BetrVG/*Kreutz* Rn. 64; Richardi BetrVG/*Thüsing* Rn. 41). Dies gilt auch für die Mitgl. des Wahlvorst., die nicht ArbN des Betriebs sind, sondern als Mitgl. der im Betrieb vertretenen Gewerkschaften gem. § 16 Abs. 2 S. 3 in den Wahlvorst. berufen worden sind (→ § 16 Rn. 73). 47

Die **Tätigkeit des Wahlvorst.** findet grds. während der Arbeitszeit statt (BAG 26.4.1995 – 7 AZR 874/94, AP BetrVG 1972 § 20 Nr. 17; DKKW/*Homburg* Rn. 34; Richardi BetrVG/*Thüsing* Rn. 43). Soweit es die Erfüllung der Aufgaben erforderlich macht, sind alle Mitgl. des Wahlvorst. (auch die nicht stimmberechtigten nach § 16 Abs. 1 S. 6) von ihrer beruflichen Tätigkeit zu befreien. Hier gilt das gleich wie bei BRMitgl. (→ § 37 Rn. 16ff.). Eine stundenmäßige Begrenzung der Tätigkeit des Wahlvorst. durch den ArbGeb. ist unzulässig (LAG SchlH 15.12.2004 – 3 Sa 269/04, NZA-RR 2005, 253f.; HWGNRH/*Nicolai* Rn. 44). Grds. zu Fragen der Erforderlichkeit → § 37 Rn. 35ff. Das Arbeitsentgelt für eine hierdurch bedingte erforderliche Versäumnis der Arbeitszeit ist vom ArbGeb. weiterzuzahlen (→ § 37 Rn. 57ff.; LAG SchlH 15.12.2004 – 3 Sa 269/04, NZA-RR 2005, 253, keine Erstattung versäumter Arbeitszeit, wenn aufgewandte Zeit des Wahlvorst. außerhalb jeglicher effektiven und zügigen Amtsausübung steht). Überstunden, die ein Mitgl. des Wahlvorst. ohne seine Tätigkeit im Wahlvorst. geleistet hätte, sind ihm auch dann zu vergüten, wenn es sich dabei nicht um regelmäßig anfallende Überstunden handelt (BAG 29.6.1988 – 7 AZR 651/87, AP BPersVG § 24 Nr. 1; DKKW/*Homburg* Rn. 34; ErfK/*Koch* Rn. 12). Das Arbeitsentgelt ist auch fortzuzahlen, soweit die Mitgl. des Wahlvorst. Arbeitszeit infolge einer notwendigen und angemessenen **Schulung** zum Zwecke einer ordnungsgemäßen Vorbereitung und Durchführung der Wahl versäumen (LAG Hamm DB 1973, 288; GK-BetrVG/*Kreutz* Rn. 70; Richardi BetrVG/*Thüsing* Rn. 44; HWGNRH/*Nicolai* Rn. 45; WPK/*Wlotzke* Rn. 22; so jetzt auch BAG 7.6.1984 – 6 AZR 3/82, NZA 1985, 66; enger noch 26.6.1973 – 1 AZR 170/73, AP BetrVG 1972 § 20 Nr. 4; 5.3.1974 – 1 AZR 50/73, AP BetrVG 1972 § 20 Nr. 5, konkreter betriebsbezogener Anlass erforderlich. Führen Mitgl. des Wahlvorst. aus betriebsbedingten Gründen Aufgaben ihres Amtes außerhalb der Arbeitszeit durch, so haben sie in entspr. Anwendung des § 37 Abs. 3 Anspruch auf entspr. **Freizeitausgleich** oder Mehrarbeitsvergütung (BAG 26.4.1995 – 7 AZR 874/94, AP BetrVG 1972 § 20 Nr. 17; DKKW/*Homburg* Rn. 34; GK-BetrVG/*Kreutz* Rn. 67; Richardi BetrVG/*Thüsing* Rn. 43; *Jacobs* BR-Wahlvorstände S. 383; **aA** SWS Rn. 13a). Dies gilt entspr. § 37 Abs. 6 auch für eine außerhalb der Arbeitszeit liegende Schulungsteilnahme (**aA** GK-BetrVG/*Kreutz* Rn. 71). 48

Auch die Tätigkeit des Vermittlers nach § 18a Abs. 2 im Verfahren über die Zuordnung der leitenden Ang. bei Wahlen findet ebenso wie die Tätigkeiten des Wahlvorst. während der Arbeitszeit statt. Durch die ausdrückliche Erwähnung des Vermittlers in Abs. 3 S. 2 ist klargestellt, dass eine Vermittlungstätigkeit während der Arbeitszeit keine Minderung des Arbeitsentgelts zur Folge hat. Das Gleiche gilt für den Fall einer eventuell notwendig werdenden Schulung des Vermittlers (→ Rn. 40). 49

Bei unberechtigter Minderung des Arbeitsentgelts muss der ArbN das einbehaltene Arbeitsentgelt einklagen. Es handelt sich um eine im **Urteilsverfahren** zu entscheidende Lohnklage (BAG 11.5.1973 – 1 ABR 3/73, AP BetrVG 1972 § 20 Nr. 2; 5.3.1974 – 1 AZR 50/73, AP BetrVG 1972 § 20 Nr. 5), wobei das ArbG über die Notwendigkeit der Arbeitsversäumnis als Vorfrage entscheidet. Das WahlvorstMitgl. hat darzulegen und ggf. zu beweisen, dass die Versäumnis der Arbeitszeit zur Betätigung im Wahlvorst. erforderlich iSd → Rn. 39, 48 war (BAG 26.6.1973 – 1 AZR 170/73, AP BetrVG 1972 § 20 Nr. 4). Zur Verteilung der Darlegungs- und Beweislast → § 37 Rn. 254; BAG 15.3.1995 – 7 AZR 643/94, AP BetrVG 1972 § 37 Nr. 105; LAG SchlH 15.12.2004 – 3 Sa 269/04, NZA-RR 2005, 253f.). Hat der betroffene ArbN im BeschlVerf. einen **rechtskräftigen Beschluss** erlangt, dass er zur Ausübung des Wahlrechts in dem dargelegten weiten Sinne, etwa zur Ausübung 50 des Amts als Mitgl. des Wahlvorst., in einem bestimmten Umfang Arbeitszeit versäumen müsse, so hat dieser Beschluss für ein nachfolgendes Urteilsverfahren – etwa für eine Lohnklage – **präjudizielle Wirkung;** auch für dieses Verfahren steht dann bindend fest, dass der geltend gemachte Anspruch dem Grunde nach gerechtfertigt ist (BAG 6.5.1975 – 1 ABR 135/73, AP BetrVG 1972 § 65 Nr. 5; Richardi BetrVG/*Thüsing* Rn. 49; HaKo-BetrVG/*Brors* Rn. 12; ErfK/*Koch* Rn. 13). Allerdings macht ein rechtskräftig abgeschlossenes BeschlVerf. eine spätere Lohnklage nicht entbehrlich, wenn der ArbGeb. die Erfüllung des Anspruches verweigern sollte. Denn durch den rechtskräftigen Beschluss ist nur die Notwendigkeit der Arbeitsversäumnis festgestellt, nicht jedoch die für eine Vollstreckung notwendige Höhe des Anspruches ziffernmäßig festgelegt. Für die Einklagung einbehaltenen Arbeitslohns bedarf es deshalb bei Zahlungsverweigerung immer der Lohnklage, auch wenn ein die Berechtigung der Arbeitsversäumnis feststellender, im BeschlVerf. ergangener rechtskräftiger Beschluss vorliegt (hM; → § 37 Rn. 253).

Zweiter Abschnitt. Amtszeit des Betriebsrats

§ 21 Amtszeit

[1] Die regelmäßige Amtszeit des Betriebsrats beträgt vier Jahre. [2] Die Amtszeit beginnt mit der Bekanntgabe des Wahlergebnisses oder, wenn zu diesem Zeitpunkt noch ein Betriebsrat besteht, mit Ablauf von dessen Amtszeit. [3] Die Amtszeit endet spätestens am 31. Mai des Jahres, in dem nach § 13 Abs. 1 die regelmäßigen Betriebsratswahlen stattfinden. [4] In dem Fall des § 13 Abs. 3 Satz 2 endet die Amtszeit spätestens am 31. Mai des Jahres, in dem der Betriebsrat neu zu wählen ist. [5] In den Fällen des § 13 Abs. 2 Nr. 1 und 2 endet die Amtszeit mit der Bekanntgabe des Wahlergebnisses des neu gewählten Betriebsrats.

Inhaltsübersicht

I. Vorbemerkung

1 Die Vorschrift regelt die **Amtszeit des BR.** Die regelmäßige Amtszeit betrug zunächst drei Jahre und wurde zur Wahrung der Amtskontinuität 1989 auf insgesamt vier Jahre erstreckt. Ausnahmen gelten für BR, die außerhalb des regelmäßigen Wahlzeitraums gewählt werden (vgl. S. 3 u. 4 iVm § 13 Abs. 2 u. 3) und solche BR, die infolge der Wahl einer nach § 3 Abs. 1 Nr. 1–3 durch TV oder BV gebildeten ArbNVertr. entfallen (§ 3 Abs. 4 S. 2, → § 3 Rn. 84 ff.).

2 § 21 findet Anwendung auf die Amtszeit der nach § 3 Abs. 1 Nr. 1–3 gewählten BR. Das folgt aus § 3 Abs. 5 S. 2 (→ § 3 Rn. 82). Die Vorschrift gilt für die Amtszeit des SeeBR entspr. (vgl. § 116 Abs. 2 S. 1). Für die JugAzubiVertr. sowie für die

BordVertr. bestehen Sonderregelungen (vgl. § 64 Abs. 2, § 115 Abs. 3). Die **Vorschrift gilt nicht** für den GesBR und den KBR (BAG 23.5.2018 – 7 ABR 14/17, NZA 2018, 1281 Rn. 1). Für diese ArbNVertr. ist sie allerdings von praktischer Bedeutung, weil die Mitgliedschaft in ihnen mit dem Erlöschen der Mitgliedschaft im BR endet und diese Gremien in aller Regel mit dem Beginn der regelmäßigen Amtszeit der BR personell neu besetzt werden. Entsprechendes gilt für die GJAV sowie die KJAV (vgl. § 73 Abs. 2 iVm § 49; § 73a Abs. 2; iVm § 57). Auf die zusätzlichen betriebsverfassungsrechtlichen Gremien oder ArbNVertr. nach § 3 Abs. 1 Nr. 4 u. 5 findet sie ebenfalls keine Anwendung; deren Dauer ist durch TV oder durch BV zu regeln.

Die Vorschrift ist **zwingend.** Sie kann weder durch TV noch durch BV abgeändert werden (ErfK/*Koch* Rn. 1). 3

Entsprechende Vorschriften: § 26 BPersVG, § 5 Abs. 4 SprAuG; §§ 32, 37 EBRG. 4

II. Beginn der Amtszeit

Die **regelmäßige Amtszeit** beträgt vier Jahre. Für BR, die zwischen den regelmäßigen Wahlzeiträumen neu gewählt werden, kann sich die Amtszeit verkürzen oder verlängern. Das gilt auch für BR, die wegen der Bildung einer ArbNVertr. durch TV oder BV nach § 3 Abs. 1 Nr. 1–3 entfallen, soweit im TV oder in der BV für die neu zu wählende ArbNVert. ein Wahlzeitraum bestimmt wird, der vom regelmäßigen Wahlzeitraum nach § 13 Abs. 1 S. 1 abweicht (§ 3 Abs. 4 S. 2). 5

Für den **Beginn der Amtszeit** ist zu unterscheiden, ob 6

- im Zeitpunkt der Bekanntgabe des Wahlergebnisses kein BR (mehr) oder nur ein geschäftsführender BR besteht (→ Rn. 7 ff.);
- zu diesem Zeitpunkt die Amtszeit des bisherigen BR noch nicht abgelaufen ist (→ Rn. 10 ff.).

1. Betriebe ohne Betriebsrat

Besteht am Tage der Bekanntgabe des endgültigen Wahlergebnisses nach § 18 WO 2001 **kein BR** (mehr), weil 7

- in dem Betrieb erstmals ein BR gewählt wird,
- die Amtszeit des bisherigen BR bereits abgelaufen war oder
- die Wahl des BR mit Erfolg angefochten, bzw. der BR durch gerichtliche Entscheidung aufgelöst war,

beginnt die Amtszeit des neuen BR mit der **Bekanntgabe des Wahlergebnisses,** nicht erst mit Beginn des folgenden Tages (hM). Der Amtsbeginn fällt nicht zwingend mit dem Beginn der tatsächlichen Amtsführung zusammen, wenn sich etwa der BR am Tage des Amtsbeginns noch nicht nach § 26, § 29 konstituiert hat.

Bekanntgegeben ist das Wahlergebnis in dem Zeitpunkt, in dem es vom Wahlvorst. nach § 18 iVm § 3 Abs. 4 WO 2001 entspr. der Vorgaben des Wahlausschreibens veröffentlich worden ist (zB Aushang, betriebsübliche Informations- und Kommunikationstechnik). Wird das Wahlergebnis an mehreren Stellen des Betriebs an verschiedenen Tagen ausgehängt, kommt es auf den Tag des letzten Aushangs an. Nicht maßgebend ist der Tag der öffentlichen Stimmauszählung (§ 13 WO 2001) oder der Tag der Fertigung der Wahlniederschrift (§ 16 WO 2001) oder der schriftlichen Benachrichtigung der Gewählten (§ 17 WO 2001). Unerheblich ist, ob die Bekanntmachung nachträglich berichtigt wird (GK-BetrVG/*Kreutz* Rn. 12). 8

2. Betriebe mit Betriebsrat

Ist ein BR **vorzeitig neu** zu wählen, weil ein Tatbestand des § 13 Abs. 2 Nr. 1–3 vorliegt, beginnt die Amtszeit des neuen BR mit dem Zeitpunkt der Bekanntgabe 9 des endgültigen Wahlergebnisses nach § 18 WO 2001. Für die in § 13 Abs. 2 Nr. 1–3 geregelten Sachverhalte folgt dies daraus, dass gem. S. 5 die Amtszeit des noch bestehenden BR oder nach § 22 die Geschäftsführungsbefugnis des zurückgetretenen BR mit der Bekanntgabe des Wahlergebnisses des neu gewählten BR endet (Richardi BetrVG/*Thüsing* Rn. 9). Ein BR ist auch dann vorzeitig zu wählen, wenn in einer Kollektivvereinbarung nach § 3 Abs. 1 Nr. 1–3 für die neugeschaffene Einheit ein von § 13 abweichender Wahlzeitpunkt geregelt ist. In diesem Fall beginnt die Amtszeit der neugewählten ArbNVertr. mit der Bekanntgabe des Wahlergebnisses (vgl. § 3 Abs. 4 S. 2; ErfK/*Koch* Rn. 5).

10 Ist im Zeitpunkt der Bekanntgabe des Wahlergebnisses die vierjährige **Amtszeit** des bisherigen BR **noch nicht abgelaufen** und endet sie auch nicht zu diesem Zeitpunkt (→ Rn. 7 f.), beginnt die Amtszeit des neu gewählten BR am Tage nach dem Ablauf der Amtszeit des bisherigen BR (vgl. § 21 S. 2 Alt. 2; DKKW/*Buschmann* Rn. 12). Endet dessen Amtszeit zB am 16.4.2018, so beginnt die Amtszeit des neuen BR am 17.4.2018.

11 Das gilt nur bei dem **normalen Ablauf der vollen vierjährigen Amtszeit** innerhalb des regelmäßigen Wahlzeitraums gem. § 13 Abs. 1. Dazu muss die Wahl des neuen BR so früh angesetzt werden, dass der bisherige BR über den Tag der Bekanntgabe des Wahlergebnisses hinaus noch im Amt ist. In diesem Fall wird der Beginn der Amtszeit des neugewählten BR bis zum Ablauf der Amtszeit des bisherigen BR hinausgeschoben. Dadurch schließt sich die Amtszeit des neuen BR lückenlos an die des bisherigen BR an.

12 Für den neu gewählten BR ergibt sich bis zum Amtsantritt ein **Zwischenstadium,** in dem er zwar schon gewählt, aber noch nicht im Amt ist. In diesem Zeitraum stehen die dem BR zugewiesenen Rechte, Pflichten und Befugnisse noch dem bisherigen BR zu (WPK/*Wlotzke* Rn. 4). Etwaige Beschlüsse des neuen BR in beteiligungspflichtigen Angelegenheiten sind unwirksam (GK-BetrVG/*Kreutz* Rn. 19). Allerdings steht den Mitgl. des neuen BR der besondere Kündigungsschutz nach § 15 Abs. 1 KSchG, § 103 BetrVG bereits zu. Anderenfalls wäre ihr Schutz gegen außerordentliche Kündigungen bis zum Beginn ihrer Amtszeit unzureichend. Denn als Wahlbewerber sind sie nach § 15 Abs. 2 S. 2 KSchG nur gegen außerordentliche Kündigungen geschützt, die bis zur Bekanntgabe des Wahlergebnisses ausgesprochen werden. Eine solche Schutzlücke wäre aber systemwidrig (→ § 103 Rn. 33 f.; BAG 22.9.83 – 6 AZR 323/81, AP BetrVG 1972 § 78a Nr. 11; GK-BetrVG/*Kreutz* Rn. 20; DKKW/*Buschmann* Rn. 14; Richardi BetrVG/*Thüsing* Rn. 10; **aA** HWGNRH/*Worzalla* Rn. 9). Außerdem besteht Versetzungsschutz entspr. § 103 Abs. 3.

13 Wurde der amtierende BR außerhalb des regelmäßigen Wahlzeitraums gewählt, verkürzt oder verlängert sich seine Amtszeit nach § 13 Abs. 2. Die Amtszeit des in dem **darauf folgenden regulären Wahlzeitraum** zu wählenden BR beginnt mit der Bekanntgabe des Wahlergebnisses (Richardi BetrVG/*Thüsing* Rn. 14).

3. Amtsbeginn

14 Die Amtszeit des BR beginnt an dem **maßgebenden Stichtag** unabhängig davon, ob sich der neugewählte BR an diesem Tag auch konstituiert. Für den Beginn der Amtszeit bedarf es keiner besonderen Handlungen oder Erklärungen (DKKW/*Buschmann* Rn. 15). In einem betriebsratslosen Betrieb muss der ArbGeb. vor Beginn der Amtszeit keine Beteiligungsrechte des BR beachten, wohl aber die eines GesBR. Das gilt auch, wenn ihm bekannt ist, dass eine BRWahl ansteht (so für eine vor Beginn der Amtszeit bereits geplante und begonnene Betriebsänderung, Einzelh. bei → § 111 Rn. 33).

III. Ende der Amtszeit

15 Mit Ablauf der Amtszeit **endet der BR als Gremium.** Der einmal gewählte BR ist also keine Dauereinrichtung (BAG 18.5.2016 – 7 ABR 81/13, NZA-RR 2016, 582). Wird ein neuer BR gewählt, ist dieser Funktionsnachfolger seines Vorgängers. Er tritt in dessen Rechte und Pflichten, auch in prozessrechtlicher Hinsicht ein. Unterbleibt eine Wahl, endet die Beteiligtenfähigkeit für die Führung von Beschlussverfahren (BAG 19.12.2018 – 7 ABR 79/16, NZA 2019, 940). Davon zu unterscheiden ist die Beendigung der Mitgliedschaft des einzelnen BRMitgl. im BR. Diese fällt im Regelfall mit dem Ende des BR zusammen, kann jedoch auch vor Ablauf dessen Amtszeit eintreten (vgl. § 24 Abs. 1; → § 24 Rn. 9 ff.). Die Beendigung der Mitgliedschaft einzelner BRMitgl. lässt die Amtszeit des BR unberührt.

1. Ende der Amtszeit im Regelfall

16 Die regelmäßige Amtszeit hat nur Bedeutung für die BR, die während des regelmäßigen Wahlzeitraums gewählt werden. Die ersten regelmäßigen BRWahlen nach der durch das Änderungsgesetz 1989 auf vier Jahre verlängerten Amtszeit haben im Zeitraum vom 1.3. bis 31.5.1990 stattgefunden. Dem Vierjahresrhythmus entspr. finden die künftigen regelmäßigen BRWahlen in den Jahren 2018, 2022 etc, jeweils in der Zeit vom 1.3. bis 31.5., statt.

17 Die Amtszeit endet im Regelfall mit Ablauf von vier Jahren seit ihrem Beginn. Für die Berechnung des Endes der Amtszeit gilt § 188 Abs. 1, § 187 Abs. 2 BGB (BAG 23.5.2018 – 7 ABR 14/17, NZA 2018, 1281 Rn. 21; ErfK/*Koch* Rn. 3). Hat die Amtszeit des BR **mit Ablauf der Amtszeit** des vorausgehenden BR begonnen (→ Rn. 10 f.), so endet sein Amt vier Jahre später mit Ablauf desjenigen Kalendertages, an dem die Amtszeit seines Vorgängers geendet hat. Beginnt zB die Amtszeit des BR am 7.5., dh dem Tag nach Ende der Amtszeit des Vorgängers, so endet sie vier Jahre später mit Ablauf des 6.5.

18 Hat die Amtszeit des BR mit der **Bekanntgabe des Wahlergebnisses** begonnen (→ Rn. 7 ff.), bleibt dieser Tag bei der Fristberechnung unberücksichtigt. Die Amtszeit endet nach § 188 Abs. 2 iVm § 187 Abs. 1 BGB vier Jahre später an dem Tag, der seiner Bezeichnung nach dem Tag der Bekanntgabe des Wahlergebnisses entspricht.

Beispiel:

Bekanntgabe des Wahlergebnisses am 11.4. um 12.00 h; Ende der Amtszeit nach vier Jahren am 11.4. um 24.00 h.

19 Die Amtszeit des BR **endet unabhängig** davon, ob im Zeitpunkt ihres Ablaufes bereits ein **neuer BR gewählt** ist (GK-BetrVG/*Kreutz* Rn. 24; DKKW/*Buschmann* Rn. 20; **aA** Richardi BetrVG/*Thüsing* Rn. 13 sofern der neue BR noch nicht gewählt sei; in diesem Fall soll die Amtszeit erst mit der Bekanntgabe des Wahlergebnisses des neugewählten BR, spätestens jedoch am 31.5. des maßgebenden Wahljahres enden). Die Gegenansicht steht im Widerspruch zu § 21 S. 1, der eine feste Regelamtszeit vorschreibt. Sie verkennt außerdem, dass die Regelungen des § 21 S. 3 u. 4 iVm § 13 Abs. 3 nur dazu dienen, die Wahl und die Amtszeiten der außerhalb der regelmäßigen Wahlzeiträume gewählten BR wieder an die allgemeine Regelung der §§ 13 Abs. 1 u. 21 S. 1 u. 2 anzuschließen. Der Ausnahmecharakter dieser Vorschrift verbietet es, unter Verletzung der Grundregel des § 21 S. 1 die Amtszeit der BR darüber hinaus zu verlängern und bei unterlassener Neuwahl allgemein erst mit Ablauf des 31.5. des Jahres enden zu lassen, in dem die regelmäßigen BRWahlen stattfinden.

2. Ende der Amtszeit in Sonderfällen

a) Wahlen außerhalb des regelmäßigen Wahlzeitraums

20 Die allgemeine Beendigungsregelung gilt nur in den Fällen, in denen sowohl der alte BR als auch der neu zu wählende BR innerhalb der regelmäßigen Wahlzeiträume für die BRWahlen gewählt wird. Ist der bestehende BR **außerhalb des regelmäßigen Wahlzeitraums** gewählt worden, hat er eine von der regelmäßigen Amtszeit abweichende Amtsdauer.

21 Die **Amtszeit ist kürzer** als die regelmäßige Amtszeit, wenn der zwischenzeitlich gewählte BR am 1.3. des nächstfolgenden regelmäßigen Wahljahres ein Jahr oder länger im Amt gewesen ist und deshalb nach § 13 Abs. 3 S. 1 bereits bei der nächstfolgenden regelmäßigen BRWahl neu zu wählen ist. In diesem Falle endet die Amtszeit des zwischenzeitlich gewählten BR „spätestens" am 31.5. des nächstfolgenden regelmäßigen Wahljahres für die BRWahlen (vgl. § 21 S. 4; BAG 6.12.2006 – 7 ABR 62/05, AP BetrVG 1972 § 216 Nr. 5).

22 Die **Amtszeit ist länger** als die regelmäßige Amtszeit, wenn der zwischenzeitlich gewählte BR am 1.3. des nächstfolgenden Jahres der regelmäßigen BRWahlen weniger als ein Jahr im Amt gewesen ist und deshalb gem. § 13 Abs. 3 S. 2 erst bei der übernächsten regelmäßigen BRWahl neu zu wählen ist. Hier endet die Amtszeit des zwischenzeitlich gewählten BR „spätestens" am 31.5. des übernächsten regelmäßigen Wahljahres für die BRWahlen (vgl. § 21 S. 4).

23 Aus dem Gesetzeswortlaut ergibt sich nicht eindeutig, ob in den Fällen der → Rn. 21, 22 die Amtszeit des bestehenden, außerhalb des regelmäßigen Wahlzeitraumes gewählten BR erst am 31.5. des maßgebenden regelmäßigen Wahljahres oder bereits mit der Bekanntgabe des Wahlergebnisses des neu gewählten BR endet. Das Wort **„spätestens"** kann jedoch nur in dem Sinn verstanden werden, dass die Beendigung der Amtszeit mit dem Ablauf des 31.5. den **Ausnahmefall** darstellt und deshalb im Regelfall die Amtszeit früher endet. Als früherer Zeitpunkt kommt in Anlehnung an § 21 S. 5 und § 22 nur der Zeitpunkt der Bekanntgabe des endgültigen Wahlergebnisses des neuen BR nach § 18 WO 2001 in Betracht. In den Fällen des § 21 S. 3 u. 4 endet deshalb die Amtszeit des außerhalb des regelmäßigen Wahlzeitraums gewählten BR mit der Bekanntgabe des Wahlergebnisses des im maßgebenden folgenden regelmäßigen Wahlzeitraum neu gewählten BR (BAG 28.9.1983 – 7 AZR 266/82, NZA 1984, 52; DKKW/*Buschmann* Rn. 25; GK-BetrVG/*Kreutz* Rn. 29). Ist bis zum 31.5. des maßgebenden Wahljahres kein neuer BR gewählt oder das Wahlergebnis nicht bekannt gemacht worden, endet die Amtszeit des außerhalb des regelmäßigen Wahlzeitraums gewählten BR mit Ablauf des 31.5. des betreffenden Jahres (WPK/*Wlotzke* Rn. 10).

24 Die Frist nach § 16 Abs. 1 für die **Bestellung des Wahlvorst.** durch den BR ist in diesen Fällen vom 31.5. des nächstfolgenden regelmäßigen Wahljahres aus zu berechnen. Demnach ist der BR verpflichtet, spätestens zehn Wochen vor dem 31.5. den Wahlvorst. zu bestellen (→ § 16 Rn. 9). Eine frühere Bestellung des Wahlvorst. dürfte jedoch gerade in diesen Fällen zweckmäßig und angebracht sein. Bleibt der BR untätig, kann acht Wochen vorher die Bestellung auch durch den GesBR bzw. den KBR erfolgen (§ 16 Abs. 3). Der Antrag auf Bestellung des Wahlvorstands durch das ArbG gem. § 16 Abs. 2 kann frühestens acht Wochen vor dem 31.5. des nächstfolgenden maßgebenden Wahljahres gestellt werden (HaKo-BetrVG/*Düwell* Rn. 16).

b) Sonstige Sonderfälle

25 Ist gem. § 13 Abs. 2 Nr. 1 wegen **Veränderung der Belegschaftsstärke** außerhalb des Wahlzeitraums für die regelmäßigen BRWahlen ein neuer BR zu wählen (→ § 13 Rn. 21 ff.), endet die Amtszeit des bestehenden BR mit der Bekanntgabe des Wahlergebnisses des neu gewählten BR.

Das Gleiche gilt bei einer zwischenzeitlichen Neuwahl außerhalb des regelmäßigen Wahlzeitraums wegen **Absinken der MitglZahl** des BR unter die maßgebende Größe (vgl. § 13 Abs. 2 Nr. 2, → Rn. 33ff.). 26

Hat der BR mit der Mehrheit seiner Stimmen den **Rücktritt** beschlossen (→ § 13 Rn. 39ff.), bleibt er bis zu der Bekanntgabe des Wahlergebnisses des neu gewählten BR geschäftsführend im Amt. Das ergibt sich nicht ausdrücklich aus dem Wortlaut des § 21 S. 5, sondern folgt aus dem systematischen Zusammenhang mit der Regelung des § 22. Danach führt der zurückgetretene BR die Geschäfte bis zur Bekanntgabe des Wahlergebnisses des neuen BR weiter. Die volle Geschäftsführungsbefugnis setzt aber den einstweiligen Weiterbestand des BRAmtes voraus. Deswegen endet die Amtszeit erst mit der Bekanntgabe des Wahlergebnisses des neu gewählten BR (GK-BetrVG/*Kreutz* Rn. 33). 27

Die Amtszeit des BR endet auch, wenn **alle Mitgl. und ErsMitgl. aus ihrem Amt ausgeschieden** sind. Mit dem Amtsverlust des letzten BRMitgl. ist die Amtszeit des BR beendet. Eine Weiterführung der Geschäfte kommt im Gegensatz zum Rücktritt mangels einer gesetzlichen Grundlage nicht in Betracht (BAG 12.1.2000 – 7 ABR 61/98, NZA 2000, 669). 28

Im Falle einer vorzeitigen Neuwahl des BR nach § 13 Abs. 1 Nr. 1–3 bleibt der bestehende BR über seine regelmäßige Amtszeit hinaus auch dann nicht im Amt, wenn das Wahlergebnis für den neugewählten BR erst **nach Ablauf der regulären Amtszeit** des bestehenden BR bekanntgegeben wird. In diesem Fall besteht in der Zwischenzeit kein BR. 29

Ist die BRWahl erfolgreich angefochten (§ 19) oder ist der BR durch gerichtliche Entscheidung aufgelöst worden (§ 23 Abs. 1), endet die Amtszeit des BR mit dem Tag der **Rechtskraft der gerichtlichen Entscheidung.** Ein Rücktritt vor Eintreten der Rechtskraft kann diese Rechtsfolge nicht verhindern (BAG 22.11.2017 – 7 ABR 34/16, NZA 2018, 461 Rn. 20). Hat ein LAG die Rechtsbeschwerde nicht zugelassen, tritt die Rechtskraft frühestens mit Ablauf der Frist für die Einlegung der Nichtzulassungsbeschwerde ein, soweit die Beteiligten darauf nicht verzichtet haben (HaKo-BetrVG/*Düwell* Rn. 21). Rechtskräftig wird die Entscheidung des LAG, wenn die Nichtzulassungsbeschwerde vom BAG zurückgewiesen wird. Im Falle der **Nichtigkeit** der BRWahl steht mit dem Tage der Rechtskraft der gerichtlichen Entscheidung fest, dass ein rechtsmäßiger BR nicht bestanden hat (→ § 19 Rn. 6). 30

Die Amtszeit des BR endet auch vorzeitig, wenn die Zahl der in der Regel ständig beschäftigten wahlberechtigten Arbeitnehmer nicht nur vorübergehend die **vorgeschriebene Mindestzahl von fünf ArbN** unterschreitet (hM) und deshalb der Betrieb nicht mehr betriebsratsfähig ist. Der BR besteht aber fort, wenn lediglich die Zahl der wählbaren ArbN unter drei sinkt. Das Erfordernis mehrerer wählbarer ArbN will lediglich eine Auswahl bei der Wahl ermöglichen. Dieser Zweck wird nach Durchführung der Wahl bedeutungslos und hat deshalb keinen Einfluss auf die Amtszeit des bestehenden BR (hM). 31

Die Amtszeit von BR, die für Einheiten gewählt waren, die nunmehr auf Grund einer **Vereinbarungslösung nach § 3 Abs. 1 Nr. 1–3** zusammengefasst worden sind, endet vorzeitig, wenn in dem TV oder der BV ein von § 13 Abs. 1 S. 1 abweichender Wahlzeitpunkt festgelegt wird (§ 3 Abs. 4 S. 2). Ihre Amtszeit endet mit der Bekanntgabe des Wahlergebnisses. Wird einer solchen Einheit, die nach § 3 Abs. 6 als Betrieb gilt, ein weiterer Betrieb zugeordnet, in dem ein BR gewählt ist, bestimmt sich die Dauer dessen Amtszeit danach, ob mit der Zuordnung der Verlust der bisherigen Betriebsidentität verbunden ist. Hierfür gelten die unter → Rn. 34ff. dargelegten Grundsätze. 32

Bei einer **Betriebsaufspaltung** oder **Betriebsabspaltung** und einer **Betriebszusammenlegung** sowie einer **Betriebsstilllegung,** die zum Entstehen eines Übergangsmandates führen (§ 21a), verlängert sich die Amtszeit entspr. der Dauer des Übergangsmandats (GK-BetrVG/*Kreutz* Rn. 45). 33

34 Ein **Betriebsübergang nach § 613a BGB** beendet nicht die Amtszeit des BR, wenn die Identität des Betriebs beim übernehmenden ArbGeb. fortbesteht (BAG 9.12.2008 – 1 ABR 75/07, NZA 2009, 254). Etwas anderes gilt, wenn der Betriebserwerber nicht unter den Geltungsbereich des BetrVG fällt, zB bei Erwerb einer erzieherischen oder karitativen Einrichtung durch eine Religionsgemeinschaft (§ 118 Abs. 2). In diesem Fall endet die Amtszeit des BR mit dem Betriebsübergang (BAG 9.2.1982 – 1 ABR 36/80, AP BetrVG 1972 § 118 Nr. 24; GK-BetrVG/*Kreutz* Rn. 44; Richardi BetrVG/*Thüsing* Rn. 30; **aA** DKKW/*Buschmann* Rn. 37, soweit das Vorliegen der Voraussetzungen des § 118 Abs. 2 nicht offenkundig ist). Es entsteht auch kein zeitlich befristetes Übergangsmandat. Die Errichtung einer Mitarbeitervertretung ist dann ausschließlich Angelegenheit der jeweiligen Religionsgemeinschaft (→ § 118 Rn. 48 ff.). Sie kann von dem früheren BR nicht erzwungen werden.

35 Die **Fusion von Gesellschaften** oder die **Änderung ihrer Rechtsform** lassen die Identität der Betriebe unberührt. Sie beenden nicht die Amtszeit der BR (BAG 28.9.1988 – 1 ABR 37/87, NZA 1989, 188). Lediglich damit in Zusammenhang stehende Veränderungen der Belegschaftsstärke (→ § 13 Rn. 21 ff.) oder anderweitige organisatorische Änderungen (zB Zusammenlegung des übernommenen Betriebs mit einem anderen oder Stilllegung des übernommenen Betriebs), können die Amtszeit des BR beeinflussen (→ § 21a Rn. 1). Eben so wenig beendet die Auflösung eines Gemeinschaftsbetriebs das Amt des dafür gewählten BR, sofern die Auflösung der Betriebsführungsgemeinschaft die Identität des Betriebes unberührt lässt (BAG 19.11.2003 – 7 AZR 11/13, NZA 2004, 435; HaKo-BetrVG/*Düwell* Rn. 32).

36 Die Eröffnung eines **Insolvenzverfahrens** hat keine Auswirkungen auf die Amtszeit des BR (WPK/*Wlotzke* Rn. 17). Die nach § 80 InsO auf den Insolvenzverwalter übergehende Verwaltungs- und Verfügungsbefugnis über das Vermögen des Schuldners umfasst auch die Rechte und Pflichten, die sich aus dessen ArbGebStellung ergeben. Das gilt auch für betriebsverfassungsrechtliche Rechte und Pflichten (GK-BetrVG/*Kreutz* Rn. 48).

3. Bedeutung des Endes der Amtszeit

37 Mit dem Ende der Amtszeit **hört der BR kraft Gesetzes auf zu bestehen.** Die ihm zustehenden Rechte, Pflichten und Befugnisse können nach Ablauf der Amtszeit nicht mehr ausgeübt werden. Eine Fortführung der Geschäfte durch den bisherigen BR bis zur Wahl des neuen BR ist nicht zulässig (BAG 15.1.1974 – 1 AZR 234/73, AP PersVG Baden-Württemberg § 68 Nr. 1; GK-BetrVG/*Kreutz* Rn. 49); nach Ablauf der Amtszeit abgeschlossene Vereinbarungen mit dem ArbGeb. sind unwirksam (HessLAG 15.5.2012 – 12 Sa 280/11, BeckRS 2012, 75087). Zu den Sonderfällen des Übergangs- und des Restmandats vgl. § 21a und § 21b. Der Betrieb bleibt bis zur Wahl eines neuen BR ohne ArbNVertr.

38 Die bisherigen BRMitgl. genießen nach Ende der Amtszeit nicht mehr den verstärkten **Kündigungsschutz** nach § 103 dieses Gesetzes gegen eine außerordentliche Kündigung, wohl jedoch noch den nachwirkenden Kündigungsschutz nach § 15 Abs. 1 S. 2 KSchG gegen ordentliche Kündigungen innerhalb eines Jahres nach Beendigung der Amtszeit (→ § 103 Rn. 33 ff.). Letzteres gilt nicht, wenn die Beendigung der Amtszeit auf einer gerichtlichen Entscheidung beruht. Auch der **Versetzungsschutz** des § 103 Abs. 3 wirkt nicht nach. Er dient dem Schutz der betriebsverfassungsrechtlichen Amtsführung (vgl. BT-Drs. 14/5741, 51). Diese endet mit dem Ablauf der Amtszeit.

39 Ferner verlieren mit dem Amtsende des BR seine Mitgl. nicht nur ihre Mitgliedschaft im BR, sondern auch **sonstige Funktionen,** die eine Mitgliedschaft im BR voraussetzen, zB Freistellung, Mitgliedschaft im GesBR und KBR (DKKW/*Buschmann* Rn. 45).

IV. Streitigkeiten

Über Fragen der Amtszeit des BR entscheiden im Streitfall die ArbG im **Beschl-Verf.** (→ ArbGG Rn. 7 ff.). Sie können hierüber auch als Vorfrage im Rahmen eines UrteilsVerf., zB eines Kündigungsschutzprozesses, befinden. Einem Feststellungsbegehren zum (Fort-)Bestand des BRAmtes nach einem Betriebsübergang fehlt nach Ablauf der regulären Amtszeit des BR aber das **Feststellungsinteresse** (BAG 11.10.1995 – 7 ABR 17/95, AP BetrVG 1972 § 21 Nr. 2; 16.4.2008 – 7 ABR 4/07, NZA-RR 2008, 583). Ist zwischen ArbGeb. und BR ein Beschl.Verf. über eine nicht mit der Amtszeit zusammenhängende Frage, zB über das Bestehen eines MBR in einer bestimmten Angelegenheit, anhängig, wird das Verfahren nicht durch den Ablauf der Amtszeit beendet, sondern von dem neuen BR fortgeführt (BAG 25.4.1978 – 6 ABR 9/75, AP BetrVG 1972 § 80 Nr. 11). Das gilt auch, wenn die Amtszeit eines BR auf Grund eines Sachverhaltes nach § 3 Abs. 1 Nr. 1–3 endet, weil die im Wege einer Vereinbarungslösung geschaffene ArbNVertr. gewählt worden ist (BAG 19.6.2001 – 1 ABR 43/00, NZA 2001, 1263). Ein BR ist nach Ablauf seiner Amtszeit nicht mehr beteiligtenfähig, sofern kein neuer BR gewählt ist oder eine solche Wahl nicht unmittelbar bevorsteht (BAG 19.12.2018 – 7 ABR 79/16, NZA 2019, 940). Mit Ablauf der Amtszeit ist ein BR auch nicht mehr rechtsbeschwerdebefugt. Das gilt auch, sofern die Neuwahl eines BR bloß in Aussicht steht. Eine Aussetzung nach §§ 239, 246 Abs. 1 Hs. 2 ZPO ist nicht möglich (BAG 19.12.2018 – 7 ABR 79/16, NZA 2019, 940). Bei einem (unstr.) Betriebsinhaberwechsel unter Wahrung der Betriebsidentität tritt der Erwerber ohne entsprechende Prozesserklärungen automatisch in ein laufendes betriebsverfassungsrechtliches Verfahren ein (BAG 9.12.2008 – 1 ABR 75/07, NZA 2009, 254). 40

§ 21a[1] Übergangsmandat

(1) [1] **Wird ein Betrieb gespalten, so bleibt dessen Betriebsrat im Amt und führt die Geschäfte für die ihm bislang zugeordneten Betriebsteile weiter, soweit sie die Voraussetzungen des § 1 Abs. 1 Satz 1 erfüllen und nicht in einen Betrieb eingegliedert werden, in dem ein Betriebsrat besteht (Übergangsmandat).** [2] **Der Betriebsrat hat insbesondere unverzüglich Wahlvorstände zu bestellen.** [3] **Das Übergangsmandat endet, sobald in den Betriebsteilen ein neuer Betriebsrat gewählt und das Wahlergebnis bekannt gegeben ist, spätestens jedoch sechs Monate nach Wirksamwerden der Spaltung.** [4] **Durch Tarifvertrag oder Betriebsvereinbarung kann das Übergangsmandat um weitere sechs Monate verlängert werden.**

(2) [1] **Werden Betriebe oder Betriebsteile zu einem Betrieb zusammengefasst, so nimmt der Betriebsrat des nach der Zahl der wahlberechtigten Arbeitnehmer größten Betriebs oder Betriebsteils das Übergangsmandat wahr.** [2] **Absatz 1 gilt entsprechend.**

(3) **Die Absätze 1 und 2 gelten auch, wenn die Spaltung oder Zusammenlegung von Betrieben und Betriebsteilen im Zusammenhang mit einer Betriebsveräußerung oder einer Umwandlung nach dem Umwandlungsgesetz erfolgt.**

---

[1] **Amtl. Anm.:** Diese Vorschrift dient der Umsetzung des Artikels 6 der Richtlinie 2001/23/EG des Rates vom 12. März 2001 zur Angleichung der Rechtsvorschriften der Mitgliedstaaten über die Wahrung von Ansprüchen der Arbeitnehmer beim Übergang von Unternehmen, Betrieben oder Betriebsteilen (ABl. EG Nr. L 82 S. 16).

Inhaltsübersicht

I. Vorbemerkung

1 Organisationsbasis für die Existenz und die Tätigkeit des BR ist der Betrieb (→ § 1 Rn. 88), eine durch Kollektivvereinbarung nach § 3 Abs. 1 Nr. 1–3 geschaffene Einheit oder der als selbständiger Betrieb geltende Betriebsteil (§ 4 Abs. 1). **Änderungen dieser Organisationsstrukturen** können Auswirkungen auf den Bestand des BR oder den Umfang seiner Zuständigkeit (persönlich, räumlich) haben und in den neugeschaffenen oder veränderten Organisationseinheiten die Neuwahl von BR erfordern. Soweit die von der Organisationsänderung betroffenen ArbN nicht wieder in einen Betrieb eingegliedert werden, für den bereits ein BR gewählt ist, werden sie bis zur Neuwahl eines BR betriebsverfassungsrechtlich nicht mehr repräsentiert. Sie verlieren bis zur Bekanntgabe des Wahlergebnisses des neuen BR ihren bisherigen kollektiven Schutz (BAG 31.5.2000 – 7 ABR 78/98, NZA 2000, 1350).

2 Das BetrVG 1972 nahm ursprünglich die auf eine bloße Organisationsentscheidung des ArbGeb. zurückgehende Schutzlücke hin. Ausnahmen davon wurden erst seit den 90er Jahren in **Spezialgesetzen** geregelt (HWGNRH/*Worzalla* Rn. 2). Gleichwohl nahm der Gesetzgeber die spezialgesetzlich geregelten Fälle zunächst nicht zum Anlass, ein allgemeines betriebsverfassungsrechtliches Übergangsmandat zu normieren. Als Folge davon war eine **Gleichbehandlung aller ArbN,** die infolge einer betrieblichen Umstrukturierung ihre betriebsverfassungsrechtliche Repräsentation verloren, nicht mehr gewährleistet. Diese Schutzlücke schloss das BAG durch die Anerkennung eines allgemeinen Übergangsmandats (BAG 31.5.2000 – 7 ABR 78/98, NZA 2000, 1350).

3 Mit dem bereits am 28.7.2001 in Kraft getretenen § 21a regelt das BetrVerf-ReformG erstmals die **Voraussetzungen** und die **Dauer** eines allgemeinen betriebsverfassungsrechtlichen Übergangsmandats. Dadurch sind die bisherigen spezialgesetzlichen Regelungen zum Übergangsmandat gegenstandslos geworden. Soweit sie nicht ohnehin historisch überholt sind, wurden sie durch Art. 3 Nr. 1 BetrVerf-ReformG (§ 321 UmwG) und Art. 5 Nr. 2 BetrVerf-ReformG (§ 20 DBGrG) aufgehoben. Zugleich wurde mit der Schaffung eines allgemeinen Übergangsmandats die RL 98/50/EG des Rates vom 29.6.1998 zur Änderung der BetriebsübergangsRL 77/187/EWG kurz nach Ablauf der bis zum 17.7.2001 dauernden Umsetzungsfrist in nationales Recht umgesetzt. Diese RL war zuvor aber bereits durch die RL 2001/23/EG des Rates vom 12.3.2001 zur Angleichung der Rechtsvorschriften der Mitgliedstaaten über die Wahrung von Ansprüchen der Arbeitnehmer beim Übergang von Unternehmen, Betrieben oder Betriebsteilen (ABl. 2001 L 82, 16) ersetzt worden. Der materielle Normgehalt der RL hat dadurch keine Änderung erfahren (*Löwisch/Schmidt-Kessel* BB 2001, 2162). Nach Art. 6 Abs. 1 S. 1 der Betriebsüber-

gangsRL lässt ein Betriebsübergang die Rechtstellung und die Funktion der ANVertr. unberührt. Verliert der Betrieb im Zuge eines Betriebsübergangs seine Selbständigkeit, haben die Mitgliedstaaten Maßnahmen zu treffen, damit die von dem Übergang betroffenen ArbN während eines Zeitraums, der für die Bildung einer ArbNVertr. erforderlich ist, weiterhin angemessen vertreten werden (Art. 6 S. 4 BetriebsübergangsRL).

Abs. 1 regelt die Voraussetzungen für das Entstehen des Übergangsmandats und bestimmte Pflichten des das Übergangsmandat ausübenden BR sowie die zeitliche Dauer des Übergangsmandats und dessen Verlängerung durch Kollektivvereinbarung. Abs. 2 bestimmt den zuständigen BR, soweit Betriebe oder Betriebsteile in denen BR gebildet sind, zu einem neuen Betrieb zusammengefasst werden. Abs. 3 stellt sicher, dass ein Übergangsmandat ungeachtet dessen entsteht, ob die betriebliche Umstrukturierung mit einem Betriebsübergang nach § 613a BGB einher geht oder mit einer Übertragung von Betrieben und oder Betriebsteilen auf einen anderen Rechtsträger im Wege der Gesamtrechtsnachfolge verbunden ist (vgl. BT-Drs. 14/5741, 39; ErfK/*Koch* Rn. 1). Die Vorschrift gilt auch für gewillkürte Betriebsverfassungsstrukturen iSd § 3 BetrVG (BAG 22.8.2017 – 1 ABR 52/14). Zu den daraus resultierenden Besonderheiten für das Übergangsmandat vgl. → § 3 Rn. 82 ff. 4

Die Vorschrift ist **zwingend** (GK-BetrVG/*Kreutz* Rn. 8). Von ihr kann weder durch TV noch durch BV abgewichen werden. Eine **Verlängerung des Übergangsmandats** auf Grund einer Kollektivvereinbarung ist nur innerhalb der zeitlichen Grenze des Abs. 1 S. 3 möglich. Ein Übergangsmandat steht dem GesBR, dem KBR, der JAV, der GesJAV, der KJAV sowie der BordVertr. (§ 115 Abs. 3) nicht zu, wohl aber dem SeeBR (§ 116 Abs. 1 S. 2). Davon unabhängig berechtigt das Übergangsmandat als Vollmandat zur Entsendung von Mitgl. in den GBR oder KBR desjenigen Unternehmens, dem der Betrieb angehört, für den das Übergangsmandat ausgeübt wird. Hierfür ist unerheblich, ob das in den GBR/KBR entsandte BRMitgl. in einem Arbeitsverhältnis zum Unternehmen steht. Diese Abweichung von dem durch § 8 Abs. 1 vermittelten Grundprinzip der betriebsverfassungsrechtlichen Repräsentanz durch betriebszugehörige ArbN wird durch die gesetzliche Anordnung des § 21a BetrVG gedeckt. Entsprechende Vorschrift: § 177 Abs. 8 SGB IX für die Schwerbehindertenvertretung 5

II. Das Entstehen des Übergangsmandats

Sinn und Zweck des Übergangsmandats ist es, in der besonderen Situation einer betrieblichen Umstrukturierung den ArbN ihre betriebsverfassungsrechtlichen Beteiligungsrechte zu erhalten und bis zur Neuwahl eines BR in der neu gebildeten Einheit eine **betriebsratslose Zeit zu vermeiden** (BT-Drs. 14/5741, 39). Diese Gefahr besteht, wenn eine betriebliche Umorganisation (→ § 1 Rn. 15 ff.) zu einer Änderung der Betriebsidentität führt, die nach dem Prinzip der betriebsbezogenen Repräsentation zur Folge hat, dass der BR seine Zuständigkeit für den Ursprungsbetrieb oder Teilen davon verliert (GK-BetrVG/*Kreutz* Rn. 7). Deshalb ist kein Raum für ein Übergangsmandat, soweit der BR nach allgemeinen Regeln im Amt bleibt (BAG 8.5.2014 – 2 AZR 1005/12, NZA 2015, 889; ErfK/*Koch* Rn. 3). 6

Für das Übergangsmandat kommt es auf die Art der Umorganisation, damit verbundene rechtsgeschäftliche Übertragungen von Betrieben oder Betriebsteilen oder den Übergang von Arbeitsverhältnissen auf einen anderen Rechtsträger nicht an (*Engels/Trebinger/Löhr-Steinhaus* DB 2001, 532). Entscheidend ist die **Änderung der Betriebsidentität** auf Grund der im G genannten Umstrukturierungen in Form einer Spaltung oder Zusammenfassung von Betrieben und/oder Betriebsteilen. Allerdings hat der Begriff der Betriebsidentität keinen feststehenden Inhalt und kann am ehesten mittels einer typologisierenden Betrachtungsweise bestimmt werden. Dafür kommt es weniger auf quantitative Gesichtspunkte, also die Zahl der betroffenen 7

ArbN, denn auf räumliche, funktionale und strukturelle Kriterien an (*Linsenmaier* RdA 2017, 128). Für die Beantwortung der Frage, ob sich die Identität eines Betriebs geändert hat, kann deshalb auf die zum gleichgelagerten Problem beim (Teil)-Betriebsübergang nach § 613a BGB entwickelten Kriterien zurückgegriffen werden (Richardi BetrVG/*Thüsing* Rn. 5; dazu BAG 25.1.2018 – 8 AZR 309/16, NZA 2018, 933 Rn. 51 ff.; BAG 24.8.2006 – 8 AZR 556/05, AP BGB § 613a Nr. 315). Danach sind sämtliche den betreffenden Vorgang kennzeichnenden Tatsachen in Form einer Gesamtabwägung zu berücksichtigen, also etwa die Art Betriebs, der etwaige Übergang der materiellen Betriebsmittel, der Wert der immateriellen Aktiva im Zeitpunkt des Übergangs, die etwaige Übernahme der Hauptbelegschaft durch den neuen Inhaber, der Übergang der Kundschaft sowie der Grad der Ähnlichkeit zwischen den vor und nach dem Übergang verrichteten Tätigkeiten und die Dauer einer eventuellen Unterbrechung (BAG 25.8.2016 – 8 AZR 53/15, NZA-RR 2017, 123; *Meyer* NZA 2018, 900, 902). Ein Übergangsmandat ist ausgeschlossen bei einer bloß räumlichen Verlegung des Betriebs (→ § 1 Rn. 15), einer Änderung des Betriebszwecks unter Beibehaltung der Betriebsorganisation, bei einem bloßen Betriebsinhaberwechsel, bei einem Wechsel der Gesellschafter oder einer Änderung der Rechtsform des Unternehmens (DKKW/*Buschmann* Rn. 6 f.). Es kommt ebenfalls nicht in Betracht, wenn sämtliche ArbN eines Betriebes kollektiv dem Übergang ihrer Arbeitsverhältnisse auf einen Betriebserwerber widersprechen (§ 613a Abs. Abs. 6 BGB). Sie bleiben dann ArbN des Betriebsveräußerers. Verfügt dieser über keine Betriebsorganisation mehr, in den die widersprechenden ArbN eingegliedert sind, scheidet ein Übergangsmandat aus (*Hidalgo/Kobler* NZA 2014, 290). Zum Übergangsmandat im Bereich des öffentlichen Dienstes → § 130 Rn. 10 ff. Nach der Rspr. des BAG entsteht ein Übergangsmandat analog § 21a Abs. 2, wenn in einem Gemeinschaftsbetrieb unter Verkennung des Betriebsbegriffs zeitlich versetzt mehrere BR für Teile des Gemeinschaftsbetriebs gewählt werden. Fechten die ArbGeb. nur die letzte BR-Wahl aus diesem Grunde an, soll mit Rechtskraft der einer Anfechtung stattgebenden Entscheidung auch das Amt des BR enden, dessen Wahl nicht angefochten war. Zur Vermeidung betriebsratsloser Zeiten und zwecks Erreichung eines betriebsverfassungsgemäßen Zustandes wird diesem aber ein Übergangsmandat bezogen auf alle ArbN des Gemeinschaftsbetriebs zugebilligt (BAG 22.11.2017 – 7 ABR 40/16, NZA 2018, 724). Näher hätte aber gelegen, diesen BR im Amt zu belassen. Dieser ist zwar ebenfalls unter Verkennung des Betriebsbegriffs und des aktiven Wahlrechts bestimmter ArbN gewählt. Gleichwohl ist er als Folge unterbliebener Anfechtung automatisch für sämtliche ArbN des Gemeinschaftsbetriebs zuständig (→ § 1 Rn. 121; → § 19 Rn. 45).

1. Spaltung von Betrieben

8 § 21a Abs. 1 bestimmt nicht die **Voraussetzungen** für das Vorliegen **einer Betriebsspaltung** und deren Wirksamwerden. Auf die Definition der Spaltung eines Rechtsträgers und deren Vollzug nach §§ 123, 130 Abs. 1 UmwG kann nicht zurückgegriffen werden. Das Übergangsmandat hat nicht die Spaltung eines Unternehmens und die damit zwingend verbundene Übertragung von Vermögensteilen zur Grundlage, sondern eine tatsächliche Veränderungen der Betriebsorganisation, die sich auf die betriebsverfassungsrechtliche Repräsentation der ArbN auswirkt (BAG 24.5.2012 – 2 AZR 62/11, NZA 2013, 277). Damit löst die Vorschrift nicht das Problem im Einzelfall festzustellen, ob und welche organisatorischen Änderungen der betrieblichen Ebene ein Übergangsmandat entstehen lassen (GK-BetrVG/*Kreutz* Rn. 22 ff.).

9 **Gegenstand der Spaltung** iSd § 21a Abs. 1 ist der Betrieb iSd § 1 Abs. 1. Ihr Kennzeichen ist die Auflösung einer einheitlichen Leitungsstruktur und das Entstehen zumindest zweiter Leitungsapparate (GK-*Kreuz* Rn. 21; *Linsenmaier* RdA 2017, 128. Spaltbar können auch Betriebsteile sein, die nach § 4 Abs. 1 als selbständige Betriebe

gelten. Für sie muss aber eine eigene ArbNVertr. gewählt worden sein. Auch Gemeinschaftsbetriebe sowie die durch kollektivrechtliche Vereinbarungen nach § 3 Abs. 1 Nr. 1–3 gebildeten Organisationseinheiten, die nach § 3 Abs. 5 S. 1 ebenfalls als Betriebe gelten, können gespalten werden. Trotz des weiten Wortlauts fällt ein Übergangsmandat nicht bei jedem Spaltungsvorgang an. Nach dem Schutzzweck der Norm entsteht es nur bei solchen Umstrukturierungen, die sich auf die Identität des Betriebs, also das betriebliche Substrat auswirken und den Verlust einer betriebsverfassungsrechtlichen Repräsentation zur Folge haben (BAG 24.5.2012 – 2 AZR 62/11, NZA 2013, 277; GK-BetrVG/*Kreutz* Rn. 19). Deshalb ist etwa die bloße Übertragung eines Betriebs auf einen anderen Rechtsträger keine Spaltung iSd Vorschrift (BAG 8.5.2014 – 2 AZR 1005/12, NZA 215, 889; GK-BetrVG/*Kreutz* Rn. 87). Auch die teilweise Stilllegung eines Betriebs bewirkt nicht dessen Spaltung (BAG 18.3.2008 – 1 ABR 77/06, NZA 2008, 957).

Die Spaltung eines Betriebs ist nach § 111 Nr. 3 zugleich eine Betriebsänderung. 9a
Sie kann in Form einer Abspaltung oder einer Aufspaltung erfolgen (BAG 18.3.2008 – 1 ABR 77/06, NZA 2008, 957). Bei der **Abspaltung** besteht die organisatorische Einheit des Ursprungsbetriebs fort. Aus ihm werden bestimmte Teilbereiche ausgegliedert. Diese werden entweder als eigenständige Betriebe geführt oder in einen anderen Betrieb eingegliedert dh in dessen Betriebsorganisation eingefügt (Richardi BetrVG/*Thüsing* Rn. 6; *Rieble* NZA 2002, 233) oder zu einem Betrieb zusammengefasst (Übergangsmandat nach § 21a Abs. 2 S. 1). Bei der Abspaltung verändert sich zwar auch die Organisation des Ursprungsbetriebs. Da jener seine Identität aber wahrt, bleibt der gewählte BR weiter im Amt (*Linsenmaier* RdA 2017, 128). Im Einzelfall kann die darauf bezogene Feststellung allerdings schwierig sein (krit. GK-BetrVG/*Kreutz* Rn. 24). Indizien hierfür können der Betriebszweck, die Beibehaltung der Organisationsstruktur und das Fortbestehen des Leitungsapparates oder die Anzahl der von der Organisationsänderung betroffenen ArbN sein (so eindimensional GK-BetrVG/*Kreutz* Rn. 25). Die Betriebsidentität kann nur durch wesentliche Änderungen in Frage gestellt werden (DKKW/*Buschmann* Rn. 27). Wird aus einem **Gemeinschaftsbetrieb** unter Beibehaltung der bisherigen Betriebsführungsgemeinschaft ein Teilbereich ausgegliedert und von einem am Gemeinschaftsbetrieb beteiligten Unternehmen fortgeführt, handelt es sich um eine Abspaltung, die sich auf das Amt des für den Gemeinschaftsbetrieb gewählten BR nicht auswirkt. Dieser bleibt auch im Amt, wenn ein am Gemeinschaftsbetrieb beteiligtes Unternehmen seine betriebliche Tätigkeit völlig einstellt, das oder die anderen beteiligten Unternehmen unter Wahrung der Betriebsidentität den bisherigen Betrieb aber fortführen (BAG 19.11.2003 – 7 AZR 11/03, AP BetrVG 1972 § 1 Gemeinsamer Betrieb Nr. 19). Bei der **Aufspaltung** wird der Ursprungsbetrieb aufgelöst (WPK/*Wlotzke* Rn. 12). Die aus ihm gebildeten neuen Organisationseinheiten bilden anschließend je eigenständige Betriebe (BAG 21.2.2013 – 8 AZR 877/11, NJW-Spezial 2013, 338) oder werden in bereits bestehende Betriebe eingegliedert oder werden zu einem Betrieb zusammengefasst (Übergangsmandat nach § 21a Abs. 2 S. 1). Dementsprechend ist Spaltung auch die Auflösung einer durch Kollektivvereinbarung nach § 3 Abs. 1 Nr. 1–Nr. 3 geschaffene Einheit und die damit verbundene Rückkehr zu den gesetzlichen Organisationsstrukturen (DKKW/*Buschmann* Rn. 33). Bei einem **Gemeinschaftsbetrieb** ist die Auflösung der bisherigen Betriebsführungsgemeinschaft und die getrennte Fortführung der einzelnen Betriebsbereiche durch eines oder mehrerer beteiligter Unternehmen Spaltung iSd § 21a Abs. 1 (DKKW/*Buschmann* Rn. 32).

Für den **Vollzug der Spaltung** kommt es maßgeblich auf die Unterstellung unter 10
den jeweiligen Leitungsapparat an. Das BetrVG beruht auf dem Gedanken der betriebsbezogenen Interessenvertretung der ArbN. Dazu knüpft es die Zuständigkeit des BR an den Betrieb als Organisationseinheit, für den er gewählt ist (BAG 31.5.2000 – 7 ABR 78/98, NZA 2000, 1350). Die organisatorische Einheit eines Betriebs wird maßgeblich durch den Leitungsapparat bestimmt, der den Einsatz der Betriebsmittel wie den der ArbN koordiniert und dazu die wesentlichen mitbestimmungspflichtigen

Entscheidungen trifft. Demnach setzt der Vollzug einer Spaltung die Errichtung oder den Rückgriff auf bestehende Leitungsapparate und die Zuordnung der auf- oder abgespaltenen Betriebsbereiche zum jeweiligen Leitungsapparat voraus (GK-BetrVG/*Kreutz* Rn. 21).

2. Zusammenfassung von Betrieben

11 Ein Übergangsmandat ordnet das G auch bei der Zusammenfassung von Betrieben und/oder Betriebsteilen zu einem neuen Betrieb an (→ § 1 Rn. 159). Das folgt aus § 21a Abs. 2 S. 1. Bei der Zusammenfassung bisher eigenständiger Betriebe und/oder Betriebsteile handelt es sich um einen umgekehrten Fall der Aufspaltung, wenn durch das Zusammenfassen ein neuer Betrieb entsteht (HWGNRH/*Worzalla* Rn. 10). Keine Zusammenfassung in diesem Sinne ist eine solche von Betrieben nach § 3 Abs. 1 Nr. 1b (*Linsenmaier* RdA 2017, 128). Durch die **Zusammenfassung zu einem neuen Betrieb** und der damit verbundenen Unterstellung unter einen neuen Leitungsapparat verlieren die Betriebe/Betriebsteile ihre Identität und gehen in dem neu gebildeten Betrieb auf. Damit endet das Amt der für die beteiligten Betriebe gewählten BR. Es entsteht ein Übergangsmandat für jeden BR, dessen Betrieb an der Zusammenfassung beteiligt ist (*Linsenmaier* RdA 2017, 128). Für die Ausübung des Übergangsmandats stellt § 21a Abs. 2 eine Kollisionsregel auf (Einzelheiten → Rn. 18). Das Entstehen eines Übergangsmandats nach § 21a Abs. 2 setzt nicht voraus, dass für alle an der Zusammenfassung beteiligten Betriebe ein BR gewählt ist (GK-BetrVG/*Kreutz* Rn. 69; *Lunck* FS Willemsen S. 299). Die gegenteilige Auffassung (Nachw. bei Richardi BetrVG/*Thüsing* Rn. 14) ist mit dem Schutzzweck des Übergangsmandats unvereinbar. Sie lässt sich nicht mit der Kollisionsnorm des Abs. 2 begründen. Der Regelungsgehalt dieser Vorschrift beschränkt sich auf die Bestimmung desjenigen BR, dem das Übergangsmandat zusteht, soweit hierfür mehrere BR in Betracht kommen (WPK/*Wlotzke* Rn. 17; **aA** *Löwisch/Schmidt-Kessel* BB 2001, 2162).

3. Eingliederung

11a Das BetrVG erläutert nicht den Begriff der Eingliederung, sondern setzt ihn voraus. Ob eine solche vorliegt bestimmt sich wie bei der Zusammenfassung oder Zusammenlegung nach der Betriebsidentität (→ Rn. 7). Eine Eingliederung liegt nach hM vor, wenn die Aufnahme die Identität des aufnehmenden Betriebs nicht ändert (*Linsenmaier* RdA 2017, 128). Umstritten ist, ob die Vorschrift ein Übergangsmandat auch für den **Fall der Eingliederung eines oder mehrerer Betriebe** bzw. auf- oder abgespaltene Teile eines solchen in einen bestehenden, bis dato aber betriebsratslosen Betrieb regelt. Dazu wird unter Hinweis auf den Wortlaut und die Entstehungsgeschichte des § 21a eine teleologische Reduktion des Normgehalts gefordert und das Entstehen eines Übergangsmandats bei einer Eingliederung in einen betriebsratslosen Betrieb verneint (GK-BetrVG/*Kreutz* Rn. 60; HWGNRH/*Worzalla* Rn. 9; *Kittner* NZA 2012, 541; *Löwisch/Schmidt-Kessel* BB 2001, 2162; *Feudner* BB 2003, 882). Der Wortlaut des § 21a Abs. 2 verlangt aber nicht das Entstehen eines neuen Betriebs, sondern die Zusammenfassung zu einem Betrieb. Ob hierfür ein neuer Leitungsapparat erst geschaffen werden muss, oder das Ziel durch eine Zuordnung zu einem bereits bestehenden Leitungsapparat erreicht wird, lässt der Wortlaut der Norm offen. Auch die Entstehungsgeschichte zwingt nicht zu einer Beschränkung des Regelungsgehalts, zumal der Gesetzgeber gerade umfassend die sich aus betrieblichen Umstrukturierungen ergebenden Schutzlücken durch die Anerkennung eines Übergangsmandats schließen wollte. Demzufolge verlangt der Normzweck (→ Rn. 6) auch bei einer Eingliederung in einen betriebsratslosen Betrieb das Entstehen eines Übergangsmandats (DKKW/*Buschmann* Rn. 44 ff.; *Fischer* RdA 2005, 39). Für dieses Ergebnis spricht auch eine unionsrechtskonforme Auslegung nach

Maßgabe des Art. 6 Abs. 1 Unterabs. 4 RL 2001/23/EG, wonach die durch eine Arbeitnehmervertretung repräsentierte Belegschaft durch den bloßen Verlust der Selbständigkeit des Betriebs oder Betriebsteils nicht vertretungslos werden soll (*Linsenmaier* RdA 2017, 128).

4. Eingliederung in Betriebe mit BR

12 Die Definition des Übergangsmandats enthält ein **„negatives" Tatbestandsmerkmal.** Sein Vorliegen schließt das Entstehen eines Übergangsmandats aus. Nach Abs. 1 S. 1, der für den Fall der Zusammenfassung entspr. gilt (§ 21 Abs. 2 S. 2), entsteht kein Übergangsmandat, wenn ein Betrieb oder ein ausgegliederter Teil des Betriebs in einen Betrieb eingegliedert werden, für den bereits ein BR gewählt ist. Insoweit werden die aufgenommen ArbN Teil der Belegschaft des aufnehmenden Betriebs. Sie werden von dem dort gewählten BR repräsentiert (GK-BetrVG/*Kreutz* Rn. 29). Ein Nebeneinander zweier ArbNVertr. in einem Betrieb ist nicht vom Schutzzweck des Übergangsmandats geboten; es widerspräche dem Prinzip einer einheitlichen betriebsbezogenen Interessenvertretung. Allerdings kann sowohl im aufnehmenden als auch im abgebenden Betrieb wegen einer wesentlichen Änderung der Belegschaftsstärke eine Neuwahl erforderlich werden (GK-BetrVG/*Kreutz* Rn. 31). Das Restmandat des BR des abgebenden Betriebs schließt § 21a Abs. 1 nicht aus (→ Rn. 28 ff.; → § 21b Rn. 13). Entsprechendes gilt im Falle der Eingliederung.

5. Umstrukturierung von Unternehmen

13 Für das Entstehen eines Übergangsmandats ist es nach Abs. 3 unerheblich, ob die Spaltung von Betrieben oder deren Zusammenfassung auf einem Betriebsübergang oder Teilbetriebsübergang nach § 613a BGB oder einer Umwandlung iSd 3. u. 4. Buches des UmwG beruht (GK-BetrVG/*Kreutz* Rn. 86). Entscheidend ist die **tatsächliche Änderung der Betriebsorganisation.** Nach dem Wortlaut des Abs. 3 „gelten auch" kommt es nicht darauf an, ob die Änderung der Betriebsorganisation zu einem Rechtsträgerwechsel des Betriebs führt oder ob ein solcher Wechsel im Weg der Einzel- oder Gesamtrechtsnachfolge vollzogen wird (vgl. BT-Drs. 14/5741, 39). Das Übergangsmandat entsteht nicht nur bei einer Änderung der Betriebsorganisation als Folge einer Spaltung nach § 123 UmwG. Es gilt auch bei einer Organisationsänderung nach einer Verschmelzung iSd 1. Buchs des UmwG (HWGNRH/*Worzalla* Rn. 17). Damit erledigt sich die innerhalb der Geltung des § 321 UmwG aF umstrittene Frage, ob ein Übergangsmandat über den Wortlaut der Vorschrift hinaus auch bei Verschmelzungen entstehen kann (BT-Drs. 14/5741, 39; *Bachner* NJW 1995, 2885). Kein Übergangsmandat entsteht, soweit nach einer unternehmensübergreifenden Betriebsspaltung die Unternehmen den gespaltenen Betrieb nunmehr als Gemeinschaftsbetrieb fortführen (GK-BetrVG/*Kreutz* Rn. 93).

13a Nicht bedacht hat der Gesetzgeber aber die Fälle, in denen ein Betrieb unter Wahrung seiner Identität nach § 613a BGB auf den Betriebserwerber übergeht und sämtliche BR-Mitgl. einschließlich der ErsatzMitgl. dem Übergang ihres Arbeitsverhältnisses widersprechen. Infolge dieses Widerspruchs besteht das Arbeitsverhältnis zum Betriebsveräußerer fort. Damit endet deren betriebsverfassungsrechtliches Mandat für die übertragene Einheit nach § 24 Nr. 4. ArbN, deren Arbeitsverhältnisse mangels Widerspruchs auf den Betriebserwerber übergehen, bleiben dann zwar in ihrem Betrieb, verlieren aber ihren BR (→ § 1 Rn. 211 ff.) und bleiben bis zur Neuwahl ohne den bisherigen betriebsverfassungsrechtlichen Schutz. Das gilt vor allem für dann anstehende Kündigungen oder Sozialpläne. Diese Schutzlücke dürfte nach dem Gebot der unionsrechtskonformen Auslegung durch die Zuerkennung eines Übergangsmandats zu schließen sein (→ § 1 Rn. 211 ff.; **aA** *Moll/Ersfeld* DB 2011, 1108).

6. Betriebsratsfähigkeit der neuen Einheit

14 Das Übergangsmandat setzt voraus, dass die nach Spaltung oder Zusammenfassung entstandene Einheit ihrerseits **betriebsratsfähig** ist*. Diese Einschränkung trägt der Überbrückungsfunktion des Übergangsmandats Rechnung (GK-BetrVG/*Kreutz* Rn. 26; HWGNRH/*Worzalla* Rn. 6). Sind in den jeweils neu geschaffenen Einheiten weniger als fünf wahlberechtigte ArbN beschäftigt oder handelt es sich um eine Einrichtung einer Religionsgemeinschaft (§ 118 Abs. 2) kann noch ein **Restmandat** in Betracht kommen (vgl. § 21b; Richardi BetrVG/*Thüsing* Rn. 15). Die Beschränkung des Abs. 1 auf betriebsratsfähige Einheiten steht mit Art. 6 Abs. 1 S. 3 der Richtlinie 2001/23/EG (→ Rn. 3) in Einklang (GK-BetrVG/*Kreutz* Rn. 26; **aA** DKKW/*Buschmann* Rn. 21; HaKo-*Düwell* Rn. 46 ff.). Danach ist von der nationalen Rechtsordnung die Aufrechterhaltung des Schutzes durch eine ArbNVertr. während eines Zeitraums sicherzustellen, der für die Bildung einer ArbNVertr. nach einem Betriebsübergang, der zum Verlust der Selbständigkeit des Betriebs/Betriebsteils führt, erforderlich ist. Diese Verpflichtung besteht nicht, wenn in der neu geschaffenen Einheit nach dem jeweiligen nationalen Recht keine ArbNVertr. gebildet werden kann. Das ist auch der Fall, wenn in den jeweiligen Einheiten die Grenzzahl des § 1 Abs. 1 nicht erreicht wird und deshalb von der Möglichkeit des § 3 Abs. 2 keinen Gebrauch gemacht werden kann.

III. Die Ausübung des Übergangsmandats

1. Personelle Zusammensetzung des BR

15 Das G regelt nicht die personelle Zusammensetzung des BR, der das Übergangsmandat auszuüben hat. Lediglich Abs. 2 stellt eine **Kollisionsregel** auf, wenn infolge einer Zusammenfassung von Betrieben/Betriebsteilen mehrere BR für die Ausübung des Übergangsmandats in Betracht kommen.

16 **Grundregel:** Während der Dauer des Übergangsmandats bleibt der BR nicht nur als Organ, sondern auch in seiner **bisherigen personellen Zusammensetzung** bestehen und ist für die neue Organisationseinheit zuständig (WPK/*Wlotzke* Rn. 26; GK-BetrVG/*Kreutz* Rn. 34; DKKW/*Buschmann* Rn. 35; ErfK/*Koch* Rn. 7; *Au* Übergangsmandat S. 152; *Gragert* NZA 2004, 289). Entscheidend ist die personelle Zusammensetzung des BR vor der Umstrukturierung und dessen MitglZahl (Richardi BetrVG/*Thüsing* Rn. 27; ErfK/*Koch* Rn. 7). Es scheiden nicht etwa die BRMitgl., die in dem abgespaltenen Betriebsteil beschäftigt waren und nunmehr der neuen Organisationseinheit angehören, wegen Beendigung des Arbeitsverhältnisses oder Verlustes der Wählbarkeit gem. § 24 Abs. 1 Nr. 3 oder 4 aus dem BR aus (*Rieble* NZA 2002, 233; GK-BetrVG/*Kreutz* Rn. 34 nur für BRTätigkeit in der Einheit, für die das Übergangsmandat auszuüben ist). Der Normzweck dieser Vorschrift ist hier nicht einschlägig. Die in § 24 Abs. 1 Nr. 3 u. 4 angeordnete Beendigung der Mitglschaft im BR bei Beendigung des Arbeitsverhältnisses oder bei Verlust der Wählbarkeit will verhindern, dass dem BR Mitgl. angehören, die nicht mehr zu der Belegschaft gehören, deren Interessen er vertritt (→ § 24 Rn. 13 ff.). Den **Besonderheiten** des Übergangsmandats trägt diese Vorschrift nicht Rechnung. Das Übergangsmandat ist eine **gesetzliche Ausnahme** vom Prinzip der betriebsbezogenen Interessenvertretung. Es ist deshalb auch nicht danach zu differenzieren, ob der BR in Ausübung des Übergangsmandats in der ursprünglichen Zusammensetzung oder in Ausübung des Normalmandats unter Ausschluss solcher Mitgl. tätig wird, deren Arbeitsverhältnisse im Zuge der betrieblichen Umstrukturierung auf einen anderen ArbGeb. übergegangen sind (ErfK/*Koch* Rn. 7). Für die personelle Zusammensetzung des BR während der Dauer des Übergangsmandats ist es deshalb ohne Bedeutung, ob der Ursprungsbetrieb völlig aufgespalten wird oder ob im Falle einer Abspaltung die Arbeitsverhältnis-

se aller BRMitgl. einschließlich der ErsatzMitgl. auf einen anderen ArbGeb. übergehen. Während der Dauer des Übergangsmandats bleibt der BR in der personellen Zusammensetzung, wie sie vor der Umstrukturierung bestanden hat, sowohl für den Ursprungsbetrieb als auch für die neuen betriebsratsfähigen Organisationseinheiten zuständig, für die erst noch ein BR zu wählen ist (*Rieble* NZA Heft 16/2003, Sonderbeil., 62).

Ausnahme: Die Vorschrift des § 24 Abs. 1 Nr. 3 und Nr. 4 ist aber dann zu berücksichtigen, wenn das Arbeitsverhältnis eines BRMitgl./ErsatzMitgl. im Zuge der betrieblichen Umstrukturierung mit dem bisherigen Betriebsinhaber endet und auch nicht mit einem ArbGeb. einer daraus gebildeten neuen Einheit fortgesetzt wird (HWGNRH/*Worzalla* Rn. 24). In diesem Fall scheidet das BRMitgl. aus dem Ursprungsbetrieb aus und gehört auch nicht mehr zur Belegschaft der neugebildeten Einheit. In einem solchen Fall kommt die Grundregel des § 24 zur Anwendung. Für das endgültig ausgeschiedene BRMitgl. rückt ein ErsatzMitgl. nach. 17

Bei Zusammenfassung von Betrieben oder Betriebsteilen: Die Kollisionsnorm des Abs. 2 bestimmt von mehreren in Betracht kommenden ArbNVertr. diejenige, die für eine zusammengefasste Einheit das Übergangsmandat wahrzunehmen hat. Ausschlaggebend ist die **Zahl der wahlberechtigten ArbN** (DKKW/*Buschmann* Rn. 46). Diese bestimmt sich nach den Verhältnissen der letzten BRWahl, die für die Größe des BR maßgebend war (GK-BetrVG/*Kreutz* Rn. 72). Demgegenüber stellen *Linsenmaier* (RdA 2017, 128), *Lunck* (FS Willemsen S. 299), *Worzalla* (HWGNRH/*Worzalla* Rn. 25), *Rieble* (NZA 2002, 233) und *Hohenstatt* (D 81) auf den Zeitpunkt der tatsächlichen Zusammenfassung ab. Dieser Zeitpunkt erlaubt aber Manipulationen durch entsprechende Veränderungen der Belegschaftsstärke. Vorzugswürdig ist aus Gründen der Rechtssicherheit und Rechtsklarheit aber auch aus Gründen der tatsächlichen Betriebsratsgröße das Abstellen auf den davor liegenden Wahlzeitpunkt. Zwischenzeitliche Veränderungen der Belegschaftsstärke, die nicht zu einer vorzeitigen Wahl nach § 13 Abs. 2 geführt haben, bleiben unberücksichtigt. Insgesamt gibt die Regelung des Abs. 2 dem Prinzip, nach dem die Belegschaft eines Betriebs nur einheitlich durch einen BR vertreten werden kann, Vorrang vor dem Prinzip der durch Wahl vermittelten Legitimation. Zwar werden deshalb die ArbN eines Betriebs zunächst von einem BR repräsentiert, an dessen Wahl sie nicht beteiligt waren. Andererseits verliert der von ihnen gewählte BR mit Ausnahme eines ihm verbleibenden Restmandats seine Zuständigkeit. Die zeitweise **Verdrängung des Prinzips der demokratischen Legitimation** wird von der Funktion des Übergangsmandats vorgegeben. Das ist angesichts der zeitlichen Beschränkung des Übergangsmandats und im Hinblick auf die alsbaldige Durchführung von BR-Wahlen in den neugeschaffenen Einheiten nicht zu beanstanden (Richardi BetrVG/*Thüsing* Rn. 14). 18

Besteht in dem nach Zahl der wahlberechtigten ArbN größten Betrieb kein BR, fällt das Übergangsmandat dem **BR des nach Zahl der wahlberechtigten ArbN nächst größeren Betrieb** zu (hM GK-BetrVG/*Kreutz* Rn. 73). Die wohl ausschließlich auf den Wortlaut abstellende Gegenansicht (*Reichold* NZA 2001, 859), nach der ein Übergangsmandat bei Zusammenfassung nur entstehe, wenn in dem nach Zahl der wahlberechtigten ArbN größten Betrieb ein BR vorhanden wäre, ist abzulehnen (so auch *Hohenstatt* D 87 ff.). Sie widerspricht dem Zweck des Übergangsmandats. Sie hätte zur Folge, dass ArbN in Betrieben, die mit einem größeren betriebsratslosen Betrieb zusammengefasst würden, allein deswegen den durch das Übergangsmandat vermittelten Schutz verlieren würden. Im Übrigen wäre diese Auffassung, soweit sich die Zusammenfassung im Wege eines Betriebsübergangs vollzieht, auch nicht gemeinschaftsrechtskonform (→ Rn. 3). Deswegen hat es auf das Entstehen des Übergangsmandats keinen Einfluss, wenn der nach Zahl der wahlberechtigten ArbN kleinste Betrieb mit größeren Einheiten zusammengefasst wird, für die bisher kein BR gebildet war (**aA** *Rieble* NZA 2002, 233 bei Verschmelzung eines größeren betriebsratslosen Betriebs mit einem erheblich kleineren Betrieb mit BR). 19

Auch insoweit wird das Entstehen eines Übergangsmandats nicht verdrängt durch die Entscheidung der ArbN des größeren Betriebs, entgegen § 1 keinen BR gewählt zu haben.

2. Inhalt des Übergangsmandats

20 Die sich aus dem Übergangsmandat ergebenden **Rechte und Befugnisse** sind inhaltlich **nicht eingeschränkt** (hM GK-BetrVG/*Kreutz* Rn. 37 ff.). Dem BR obliegt nicht nur die Bestellung des Wahlvorst. für die BRNeuwahl. Vielmehr ist er auch zur Wahrnehmung aller Mitwirkungs- und Mitbestimmungsrechte, insbes. auch im personellen und wirtschaftlichen Bereich, sowie zum Abschluss von BV befugt. Die in § 13 Abs. 3 SpTrUG, § 6b Abs. 9 S. 5 VermG und § 20 Abs. 3 DBGrG geregelte Beschränkung in Fällen, in denen die an der Spaltung beteiligten Gesellschaften im Wettbewerb zueinander stehen, hat das G nicht übernommen. Das Übergangsmandat berechtigt ferner zu allen **Befugnissen des BR im organisatorischen Bereich,** zB Durchführung von BetriebsVerslg. oder Sprechstunden, ferner die Entsendung von Mitgl. in den GesBR. Der BR kann auch für die Einheit, für die das Übergangsmandat auszuüben ist, BV abschließen (ErfK/*Koch* Rn. 5). Es gibt dem BR auch die Befugnis zum **Führen von Beschlussverfahren** unabhängig davon, ob eine gerichtliche Entscheidung noch während der Dauer des Übergangsmandats ergehen kann. Nach diesem Zeitpunkt wird das Verfahren von dem neugewählten BR fortgesetzt. Er ist der Funktionsnachfolger des das Übergangsmandat ausübenden BR.

21 Abs. 1 S. 2 betont die Pflicht, unverzüglich (vgl. § 121 BGB) **Wahlvorst. für die Wahl** eines neuen BR zu bestellen, damit eine betriebsratslose Zeit nach Ablauf der begrenzten Dauer des Übergangsmandats vermieden wird. Wahlvorst. sind deshalb für die nach der Umstrukturierung neu gebildeten betriebsratsfähigen Einheiten, für die kein BR besteht, zu bestellen. Ein Wahlvorst. ist aber auch für den **Ursprungsbetrieb** zu bestellen, wenn infolge des Übergangs der Arbeitsverhältnisse der BRMitgl. auf einen anderen ArbGeb. im Ursprungsbetrieb keine ErsMitgl. mehr zur Verfügung stehen, die nach Ablauf des Übergangsmandats nachrücken könnten. Steht wenigsten ein ErsMitgl. zur Verfügung, rückt es nach Ablauf des Übergangsmandats in den BR nach. Ist nach seinem Eintreten die Gesamtzahl der BRMitgl. unter die für den Ursprungsbetrieb vorgeschriebene Zahl der BRMitgl. gesunken, sind von ihm und nicht von dem das Übergangsmandat ausübenden BR im Ursprungsbetrieb Wahlen einzuleiten. Das gilt auch, wenn zwar genügend ErsMitgl. als Nachrücker zur Verfügung stehen, aber wegen einer Veränderung der Belegschaftsstärke iSd § 13 Abs. 2 Nr. 1 eine Neuwahl erforderlich wird.

22 Abs. 1 S. 2 ist eine Spezialvorschrift für die **Einleitung von BRWahlen** (modifiziertes Bestellungsverfahren Richardi BetrVG/*Thüsing* Rn. 26; ErfK/*Koch* Rn. 5). Sie verdrängt in ihrem Anwendungsbereich das von § 17 vorgesehene Bestellungsverfahren für bis dato betriebsratslose Betriebe. Es wird die Anwendung des Bestellungsverfahrens für Betriebe mit BR angeordnet (vgl. § 16). Besteht ein Übergangsmandat, ist der Betrieb – begrenzt auf die zeitliche Dauer von sechs Monaten – nicht betriebsratslos. Bestellt der das Übergangsmandat ausübende BR keinen Wahlvorstand, fällt diese Aufgabe zunächst dem GesBR bzw. dem KBR zu (vgl. § 16 Abs. 3). Abs. 1 S. 2 gilt auch für das vereinfachte Wahlverfahren nach § 14a.

22a Das Übergangsmandat als solches bewirkt nicht die **Fortgeltung von BV** aus der bisherigen Einheit in derjenigen, für die das Übergangsmandat wahrzunehmen ist. Der Geltungsbereich solcher BV ist auf diejenige Einheit begrenzt, für die sie ursprünglich abgeschlossen worden ist. Für die Fortgeltung in der neuen Einheit bedarf es einen anderen betriebsverfassungsrechtlichen Geltungsgrundes (*Kreft* FS Wißmann, 2005, 347; **aA** DKKW/*Buschmann* Rn. 64).

3. Personeller Geltungsbereich

Aus dem Wortlaut des § 21 Abs. 1 S. 1 „führt die Geschäfte der für die ihm bislang zugeordneten Betriebsteile weiter“ folgt **keine Beschränkung des personellen Geltungsbereichs** des Übergangsmandats (WPK/*Wlotzke* Rn. 28; GK-BetrVG/*Kreutz* Rn. 36ff.; ErfK/*Koch* Rn. 7; **aA** HWGNRH/*Worzalla* Rn. 9). Weder ist das Übergangsmandat begrenzt auf den unveränderten Fortbestand des bisher dem BR zugeordneten Betriebsteils, noch ist es beschränkt auf die dem BR bisher zugeordneten ArbN, die vor der Umorganisation von ihm betriebsverfassungsrechtlich repräsentiert waren (*Rieble* NZA 2002, 233). Ersteres folgt aus dem Zweck des Übergangsmandats für das ein Bedürfnis unabhängig davon besteht, ob die betroffenen Betriebe/Betriebsteile in der neuen Einheit unverändert fortgeführt oder aufgelöst werden. Dagegen ist die Erstreckung des Übergangsmandats auf die Gesamtbelegschaft der bis dato betriebsratslosen Einheit Folge der **Kollektivbezogenheit der betrieblichen Interessenvertretung der ArbN.** Der BR ist für die Dauer des Übergangsmandats auch für diejenigen ArbN einer neugeschaffenen Einheit zuständig, die vor der Umstrukturierung betriebsratslos war. Auch wenn diese ArbN den das Übergangsmandat ausübenden BR nicht durch Wahl legitimiert haben, kollektive Interessen für sie wahrzunehmen, werden sie mit Entstehen des Übergangsmandats für ihre Einheit in vollem Umfang betriebsverfassungsrechtlich repräsentiert. Insoweit gelten die gleichen Grundsätze wie bei der Eingliederung eines betriebsratslosen Betriebs in einen Betrieb mit BR. Auch in diesem Fall werden die eingegliederten ArbN, die keinen BR gewählt haben, mit dem Zeitpunkt der Eingliederung betriebsverfassungsrechtlich vertreten. Ihnen stehen daher auch im umgekehrten Fall die Schutzrechte bei personellen Maßnahmen des ArbGeb. insbes. bei Kündigung zu (vgl. § 102). Soweit es für die Ausübung von Mitwirkungs- und Mitbestimmungsrechten auf das Erreichen von **Schwellenwerten** ankommt, ist die Belegschaftsstärke der neuen Einheit und nicht die Zahl der in diese Einheit aufgenommenen ArbN maßgebend, die im Ursprungsbetrieb betriebsverfassungsrechtlich vertreten waren (ErfK/*Koch* Rn. 7). Erreicht die Belegschaft der neuen Einheit diesen Schwellenwert nicht, kommen die entsprechenden Beteiligungsrechte auch dann nicht in Betracht, wenn im Ursprungsbetrieb der Schwellenwert erreicht war. 23

4. Dauer

Die Dauer des Übergangsmandats ist **zeitlich begrenzt.** Die Höchstdauer von sechs Monaten kann durch eine Kollektivvereinbarung um ein weiteres halbes Jahr verlängert werden. Den **Fristbeginn** für die Höchstdauer des Übergangsmandats regelt das G nicht. Das Übergangsmandat knüpft an die Änderung bestehender betrieblicher Strukturen an. Das betrifft einen tatsächlichen Vorgang. Dieser bestimmt sich nach den konkreten Umständen des Einzelfalls (WPK/*Wlotzke* Rn. 30). Auf das Wirksamwerden rechtlicher Vorgänge auf der Unternehmensebene kommt es nicht an (HWGNRH/*Worzalla* Rn. 40). Ebenso wenig hat die Eröffnung eines InsOVerf. Einfluss auf die zeitl. Dauer des Übergangsmandats (DKKW/*Buschmann* Rn. 54). 24

Das Übergangsmandat endet in jedem Fall, sobald in dem neuen, jedoch noch betriebsratslosen Betrieb ein BR gewählt und das Wahlergebnis bekannt gegeben ist. Erstreckt sich das Übergangsmandat des bisherigen BR auf mehrere Betriebe (zB bei Teilung eines Betriebs in mehrere selbständige Betriebe) endet es erst, wenn in dem letzten dieser Betriebe ein BR gewählt und dessen Wahlergebnis bekannt gemacht worden ist (HWGNRH/*Worzalla* Rn. 42). Es endet in jedem Fall mit Ablauf der im G geregelten **Höchstdauer** von sechs Monaten. 25

Abs. 1 S. 3 eröffnet die Möglichkeit, die **Dauer** des Übergangsmandats durch eine **Kollektivvereinbarung** um weitere sechs Monate auf insgesamt ein Jahr zu **verlängern.** Dieser Zeitraum muss nicht vollständig ausgeschöpft werden (hM; vgl. Richardi BetrVG/*Thüsing* Rn. 22). Die Verlängerung kann innerhalb dieser Frist auch 26 gestückelt werden (*Lunck* FS Willemsen S. 299). In allen Fällen muss die entsprechende Kollektivvereinbarung (TV, BV) vor Ablauf der ersten sechs Monate des Übergangsmandats oder deren erstmaligen Verlängerung wirksam vereinbart sein (HWGNRH/*Worzalla* Rn. 46). Ist diese Frist verstrichen, hat das Übergangsmandat geendet. Es kann dann begriffsnotwendig nicht mehr verlängert werden. Die BV ist zwischen dem das Übergangsmandat ausübenden BR und dem ArbGeb. abzuschließen, für dessen Betrieb/Betriebsteil das Übergangsmandat wahrgenommen wird. Eine entsprechende BV ist aber auch mit dem ArbGeb. des Ursprungsbetriebs zu schließen, wenn er die bei ihm beschäftigten BRMitgl. für die Erledigung der BRAufgaben im Rahmen des Übergangsmandats bei einem anderen ArbGeb. freizustellen hat (**aA** Richardi BetrVG/*Thüsing* Rn. 23). Entsprechendes gilt für TV. Deshalb muss der Tarifvertrag alle ArbGeb., für deren Betriebe das Übergangsmandat über den gesetzlichen Zeitraum hinweg gelten soll, legitimieren. Dazu müssen bei einem Betriebsübergang sowohl der Veräußerer als auch der Erwerber demselben tarifschließenden Arbeitgeberverband angehören oder als Haustarifvertrag von den beteiligten Arbeitgebern abgeschlossen werden. Lediglich bei einer Spaltung ohne Betriebsveräußerung oder einer Umwandlung nach dem Umweg gestaltet der Tarifvertrag als betriebsverfassungsrechtliche Norm (§ 3 Abs. 2 TVG) das Rechtsverhältnis zwischen den Arbeitgebern automatisch (*Löwisch/Schmidt-Kessel* BB 2001, 2162).

5. Kosten

27 Das G enthält keine Regelung darüber, wer die Kosten der Wahrnehmung der Aufgaben des BR während des Übergangsmandats trägt. Auch für das Übergangsmandat gilt das Verbot der Finanzierung der BRTätigkeit durch das Erheben von Beiträgen durch ArbN. Es findet die **allgemeine Kostenregelung** des § 40 Anwendung (*Jung* S. 75). Das bereitet Schwierigkeiten in den Fällen, in denen das Übergangsmandat für den Betrieb eines anderen Rechtsträgers auszuüben und eine eindeutige Kostenzuordnung nicht möglich ist. Für diese Kosten haften die beteiligten ArbGeb. wie beim Gemeinschaftsbetrieb im Verhältnis zum BR als Gesamtschuldner (*Au* S. 159; *Jung* S. 77; ArbG Leipzig 5.5.2006 – 10 BV 57/05, NZA-RR 2007, 24). Damit ist keine dem ArbGeb. des Ursprungsbetriebs unzumutbare Kostenbelastung verbunden (WPK/*Wlotzke* Rn. 35). Das Übergangsmandat ist eine gesetzliche Aufgabe des BR. Es entsteht infolge einer Organisationsentscheidung des ArbGeb. Er kann im Zusammenhang mit der rechtsgeschäftlichen Übertragung von Betrieben/Betriebsteilen auf einen anderen Rechtsträger im Innenverhältnis eine Vereinbarung über die Kosten des Übergangsmandats treffen. Fehlt es daran, kann die Belegschaftsgröße ein taugliches Kriterium für die Kostenaufteilung im Innenverhältnis der beteiligten ArbGeb. sein (HWGNRH/*Worzalla* Rn. 38). Der **Freistellungsanspruch** eines BRMitgl. für die Wahrnehmung des Übergangsmandats nach § 37 Abs. 2 richtet sich an den jeweiligen VertragsArbGeb. (WPK/*Wlotzke* Rn. 36). Dieser ist auch zur Fortzahlung des Entgelts verpflichtet (ErfK/*Koch* Rn. 8; *Au* Übergangsmandat S. 156; Richardi BetrVG/*Thüsing* Rn. 30 unbezahlter Freistellungsanspruch). Durch das Übergangsmandat erhöht sich die Zahl der freizustellenden BRMitgl. nach § 38 nicht (**aA** *Gagert* NZA 2004, 289). Es kann sich ein höherer Freistellungsbedarf nach § 37 Abs. 2 ergeben.

IV. Übergangsmandat und Restmandat

28 Entfällt durch eine betriebliche Umstrukturierung die Organisationsbasis des BR für den gesamten Betrieb oder Teile davon, kann neben dem Übergangsmandat auch ein Restmandat des für den Ursprungsbetrieb gewählten BR in Betracht kommen (**aA** *Lelley* DB 2008, 1433). Im Gegensatz zum Übergangsmandat richtet sich das Restmandat in allen Fällen an den **Rechtsträger des Ursprungsbetriebs** (→ § 21b

Rn. 13). Es ist stets durch die BRMitgl. auszuüben, die im Zeitpunkt der Betriebsänderung/Stilllegung im Amt waren. Das Restmandat ist zeitlich nicht beschränkt. Es kann auch noch nach Ablauf des Übergangsmandats zum Tragen kommen.

Unter den Voraussetzungen des § 21b kann ein Restmandat entstehen, wenn **29**

– die Aufspaltung des Ursprungsbetriebs das Entstehen nicht betriebsratsfähiger Einheiten zur Folge hat,
– abgespaltene Betriebsteile in einen Betrieb eingegliedert werden in dem ein BR besteht,
– der Ursprungsbetrieb unter Auflösung seiner Identität in einen anderen Betrieb eingegliedert wird, für den bereits ein BR gewählt ist (vgl. Richardi BetrVG/*Thüsing* Rn. 11).

Einzelheiten bei → § 21b Rn. 13. **29a**

V. Streitigkeiten

Über Streitigkeiten über das Entstehen und die Ausübung des Übergangsmandats im Verhältnis BR und ArbGeb. oder zwischen mehreren BR entscheiden die ArbG im **BeschlVerf.** (→ ArbGG Rn. 7 ff.). Nach der Bekanntgabe des Wahlergebnisses ist der für die neu geschaffene Einheit gewählte BR an Stelle des das Übergangsmandat ausübenden BR am Verfahren zu beteiligen (zur Funktionsnachfolge BAG 13.5.2014 – 1 ABR 9/12, NZA-RR 2015, 23). Örtlich zuständig ist nach § 82 Abs. 1 ArbGG das ArbG, in dessen Bezirk derjenige Betrieb gelegen ist, für den das Übergangsmandat ausgeübt wird (LAG Bln-Bbg 20.4.2015 – 21 SHa 462/15, NZA-RR 2015, 324; *Lunck* FS Willemsen S. 299). Das **UrteilsVerf.** ist die zutreffende Verfahrensart für die Geltendmachung von Entgelt- und Freizeitausgleichsansprüchen von BRMitgl. Im UrteilsVerf. kann auch über das Bestehen des Übergangsmandats, seinen Inhalt und persönlichen Geltungsbereich als Vorfrage einer individualrechtlichen Streitigkeit zwischen ArbN und ArbGeb., etwa im Rahmen einer Kündigung, zu entscheiden sein. **30**

§ 21b Restmandat

Geht ein Betrieb durch Stilllegung, Spaltung oder Zusammenlegung unter, so bleibt dessen Betriebsrat so lange im Amt, wie dies zur Wahrnehmung der damit im Zusammenhang stehenden Mitwirkungs- und Mitbestimmungsrechte erforderlich ist.

Inhaltsübersicht

I. Vorbemerkung

Wird ein Betrieb stillgelegt oder wird die Betriebsorganisation durch Spaltung oder Zusammenfassung mit anderen Betrieben oder Betriebsteilen (§ 4 Abs. 1) aufgelöst, **1** endet die Amtszeit des BR vorzeitig. Der **Wegfall der Betriebsorganisation** des Ursprungsbetriebs bewirkt nach § 24 Abs. 1 Nr. 4 das Ende der Mitgliedschaft im BR (BAG 14.8.2001 – 1 ABR 52/00, NZA 2002, 109). Ein solcher Vorgang stellt aber regelmäßig eine Betriebsänderung iSd §§ 111 ff. dar, die weitgehende Mitbestimmungs- und Mitwirkungsrechte des BR auslöst. Dazu gehört ua das Recht, ggf. über die E-Stelle die Aufstellung eines Sozialplans zu erzwingen (vgl. § 112 Abs. 4). Durch eine schnelle Auflösung der Betriebsorganisation könnte der ArbGeb. aber die Amtszeit des BR vorzeitig beenden und damit die Beteiligungsrechte nach den §§ 111 ff. unterlaufen. Zur Sicherung der mit einer Betriebsstilllegung verbunden Rechte des BR hatte daher das BAG in stRspr die **Rechtsfigur des Restmandats** entwickelt (BAG 1.4.1998 – 10 ABR 17/97, NZA 1998, 768).

2 Mit dem durch das BetrVerf-ReformG in das G eingefügten § 21b wird die Rechtsfigur des Restmandats gesetzlich anerkannt und geregelt (BT-Drs. 14/5741, S. 39). Sie sichert das **Recht des BR,** die mit der Auflösung der Betriebsorganisation zusammenhängenden betriebsverfassungsrechtlichen Befugnisse, insbes. die Mitwirkungs- und Mitbestimmungsrechte nach den §§ 111 ff., über das Ende seiner Amtszeit hinaus wahrzunehmen (BAG 8.12.2009 – 1 ABR 41/09, NZA 2010, 665). Es setzt zwingend einen **funktionalen Bezug** zu den in der Vorschrift genannten Änderungen der Betriebsorganisation und daraus resultierenden Aufgaben voraus (BAG 22.3.2016 – 1 ABR 10/14, NZA 2016, 969; 12.6.2019 – 1 AZR 154/17, NZA 2019, 1203). Es dient nicht dazu, ein vorhergehendes mitbestimmungswidriges Verhalten des ArbGeb. zu sanktionieren (BAG 11.10.2016 – 1 ABR 51/14, NZA 2017, 68).

3 Die Vorschrift gilt nach § 116 Abs. 1 auch für den SeeBR als Folge seiner gesetzlichen Zuständigkeit nach § 116 Abs. 6 Nr. 1c zur Wahrnehmung der Rechte bei Betriebsänderungen (BT-Drs. 14/5741, 52) und deshalb nicht für die BordVertr. (§ 115 Abs. 3). Sie gilt nicht für den GesBR und den KBR, die keine feste Amtszeit haben (*Lunck* FS Willemsen S. 299; *Schubert* ArbuR 2003, 132; für analoge Anwendung GK-BetrVG/*Kreutz* Rn. 5, jedoch dürfte eine analogiefähige Gesetzeslücke mangels eines originären Beteiligungsrechts dieser Gremien nicht in Betracht kommen). Auf die JAV findet sie ebenso wenig Anwendung (§ 64) wie auf die GesJAV bzw. die KJAV.

4 Die Vorschrift ist **zwingend.** Sie kann weder durch TV noch durch BV abgeändert werden (DKKW/*Buschmann* Rn. 1). Ihr Ausschluss kann nicht vertraglich mit den das Restmandat ausübenden BRMitgl. vereinbart werden (BAG 12.1.2000 – 7 ABR 61/98, NZA 2000, 669).

II. Geltungsbereich

5 Das G ordnet das **Entstehen eines Restmandats** in allen Fällen an, in denen die Auflösung der betrieblichen Organisation die Amtszeit eines BR vorzeitig beendet (ErfK/*Koch* Rn. 2). Das Restmandat entsteht daher als Folge der im G genannten Auflösungstatbestände (HWGNRH/*Worzalla* Rn. 2). Endet das Amt des BR vorzeitig, weil alle BRMitgl. einschließlich der ErsatzMitgl. infolge der Auflösung ihrer Arbeitsverhältnisse aus dem Betrieb ausscheiden (§ 24 Abs. 1 Nr. 3) und keine Neuwahl erfolgt, kommt ein Restmandat nicht in Betracht.

1. Stilllegung

6 Die Stilllegung eines Betriebs ist die **Aufhebung der Betriebs- und Produktionsgemeinschaft** zwischen ArbGeb. und ArbN für einen nach seiner Dauer unbestimmten, wirtschaftlich nicht unerheblichen Zeitraum (BAG 21.6.2001 – 2 AZR 137/00, NZA 2002, 212). Nicht jede Betriebsänderung ist zugleich eine Stilllegung iSd § 21b. Die **räumliche Verlegung** eines Betriebs lässt ebenso wie ein **Betriebs-**

übergang nach § 613a BGB die betriebliche Organisation unberührt. Es findet lediglich eine Änderung der räumlichen Lage bzw. ein Betriebsinhaberwechsel statt (ErfK/*Koch* Rn. 2). Machen in einem solchen Fall ArbN von ihrem Widerspruchsrecht nach § 613a Abs. 6 BGB Gebrauch, kommt in Bezug auf diese ArbN ein Restmandat weder nach Wortlaut noch nach Sinn und Zweck der Vorschrift in Betracht (BAG 8.5.2014 – 2 AZR 1005/12, NZA 2015, 889; *Hidalgo/Kobler* NZA 2014, 290).

Die bloße Zerstörung von Betriebsanlagen durch äußere Einwirkungen ist ebenso wenig eine Betriebsstilllegung wie eine vorübergehende Produktionseinstellung, zB durch Streik oder Abwehraussperrung (WPK/*Wlotzke* Rn. 4). Eine Betriebsstilllegung ist nicht bereits vollzogen, wenn die Betriebsanlagen stillgelegt und die ArbN nicht mehr beschäftigt werden (DKKW/*Buschmann* Rn. 11). Erforderlich ist vielmehr, dass die Belegschaft **in rechtlicher Hinsicht aufgelöst** worden ist, dh, dass die ArbN in einen anderen Betrieb versetzt oder ihre Arbeitsverhältnisse zB durch Kündigung oder Auflösungsvertrag beendet worden sind (BAG 29.3.1977 – 1 AZR 46/75, NJW 1977, 2182; GK-BetrVG/*Kreutz* Rn. 9; HWGNRH/*Worzalla* Rn. 2; Richardi BetrVG/*Thüsing* Rn. 4). **Verzögert sich die Durchführung** der Stilllegung und setzt der ArbGeb. mit den gekündigten ArbN die Produktionsgemeinschaft für die Dauer der Kündigungsfrist fort, kommt nach dem Schutzzweck des § 21b ein Restmandat auch in den Fällen in Betracht, in denen die Arbeitsverhältnisse der BR-Mitglieder einschl. der ErsMitgl. zum ursprünglich geplanten Stilllegungszeitpunkt enden (vgl. GK-BetrVG/*Kreutz* Rn. 7). 7

Hat ein ArbGeb. den ArbN wegen Vernichtung des Betriebs durch Brand oÄ gekündigt und entschließt er sich erst Monate später, den Betrieb endgültig stillzulegen, so hat er die Mitbestimmungsrechte des BR nach §§ 111 ff. selbst dann zu beachten, wenn die reguläre Amtszeit des BR inzwischen bereits abgelaufen ist (BAG 16.6.1987 – 1 AZR 528/85, NZA 1987, 858). 8

Bei einer **Teilstilllegung** des Betriebs tritt keine Beendigung der Amtszeit des BR ein, solange der Restbetrieb betriebsratsfähig bleibt (GK-BetrVG/*Kreutz* Rn. 15; DKKW/*Buschmann* Rn. 12). Jedoch kann sich in diesem Falle die Notwendigkeit einer Neuwahl des BR wegen Veränderung der Belegschaftsstärke ergeben (→ § 13 Rn. 21 ff.). Auch die Eröffnung eines Insolvenzverfahrens hat keinen Einfluss auf die Amtszeit des BR und löst kein Restmandat aus (Richardi BetrVG/*Thüsing* Rn. 3). 9

2. Spaltung

Ein Restmandat kommt ferner bei einer **Betriebsaufspaltung** in zwei oder mehrere Betriebe/Betriebsteile in Betracht, die entweder als eigenständige Betriebe fortgeführt werden oder in andere Betriebe eingegliedert werden (DKKW/*Buschmann* Rn. 16; HWGNRH/*Worzalla* Rn. 2). Das gilt unabhängig davon, ob mit der Spaltung auch ein Betriebsinhaberwechsel verbunden ist. Die Spaltung darf sich nicht darin erschöpfen, die betriebliche Tätigkeit eines Betriebsteils zu beenden. Sie muss vielmehr die Auflösung der gesamten Betriebsorganisation zur Folge haben (BAG 24.5.2012 – 2 AZR 62/11, NZA 2013, 277). Die dadurch ausgelösten Mitwirkungs- und Mitbestimmungsrechte richten sich gegen den Inhaber des Ursprungsbetriebs. 10

Bei der **Abspaltung** eines Teils des Betriebs besteht der Ursprungsbetrieb fort. Dieser behält in der Regel seine Identität bei. In diesem Fall endet die Amtszeit des BR im verbleibenden Ursprungsbetrieb nicht (BAG 24.5.2012 – 2 AZR 62/11, NZA 2013, 277). Der dortige BR übt im Rahmen seines Vollmandats die Beteiligungsrechte nach den §§ 111 ff. für die infolge der Abspaltung ausscheidenden AN aus. 11

3. Zusammenlegung

Auch im Falle der **Zusammenlegung von Betrieben,** die nach § 111 S. 2 Nr. 3 stets eine Betriebsänderung ist, kommt ein Restmandat der bisherigen BR in Be- 12 tracht. Die Zusammenlegung von Betrieben kann in der Weise erfolgen, dass der eine in den anderen eingegliedert wird oder dass aus den zusammengelegten Betrieben ein neuer Betrieb gebildet wird. Im ersten Fall geht der eingegliederte Betrieb unter, im letzten Fall die zusammengelegten Betriebe. Konnten die BR der zusammengelegten oder der eingegliederten Betriebe ihre Beteiligungsrechte nach §§ 111 ff. nicht rechtzeitig vor der Zusammenlegung oder Eingliederung wahrnehmen, bleibt ihnen insoweit (zB zur Aufstellung eines Sozialplans) ein Restmandat (DKKW/*Buschmann* Rn. 19; ErfK/*Koch* Rn. 3). Erfolgt die Zusammenlegung im Wege einer Verschmelzung nach dem UmwG, richtet sich nach deren Eintragung in das Handelsregister das Restmandat an den übernehmenden Rechtsträger (BAG 12.6.2019 – 1 AZR 154/17, NZA 2019, 1203).

4. Restmandat und Übergangsmandat

13 Das Entstehen eines Übergangsmandats schließt ein Restmandat nicht aus (WPK/*Wlotzke* Rn. 17; GK-BetrVG/*Kreutz* Rn. 30; Richardi BetrVG/*Thüsing* Rn. 7; *Fischer* RdA 2005, 39). Für das Entstehen des Restmandats ist entscheidend, ob eine der in § 21b benannten organisatorischen Änderungen zum Untergang eines Betriebs/Betriebsteils führt. Bei einer Spaltung und Fortführung der abgespaltenen Betriebsteile als eigenständige Betriebe steht dem **BR des Ursprungsbetriebs** sowohl ein Restmandat als auch ein Übergangsmandat zu (GK-BetrVG/*Kreutz* Rn. 32). Werden die durch Spaltung entstandenen Teile des Betriebs in einen Betrieb mit BR eingegliedert, entsteht kein Übergangsmandat, wohl aber ein Restmandat der BR des Ursprungsbetriebs, das sich an den Inhaber dieses Betriebs richtet (GK-BetrVG/*Kreutz* Rn. 32). Bei einer **Zusammenlegung von Betrieben** zu einem einheitlichen Betrieb steht jedem BR für die Einheit, für die er gewählt worden ist, ein Restmandat zu (GK-BetrVG/*Kreutz* Rn. 33). Das Übergangsmandat übt in diesem Fall der BR mit der größten ArbNZahl aus (§ 21a Abs. 2).

III. Ausübung des Restmandats

1. Personelle Zusammensetzung des Betriebsrats

14 Das Restmandat ist von dem BR auszuüben, der bei Beendigung der Amtszeit auf Grund eines im G genannten Sachverhalts im Amt war (BAG 5.5.2010 – 7 AZR 728/08, NZA 2010, 1025). Für die Größe und die personelle Zusammensetzung des das Restmandats ausübenden BR kommt es auf den **Zeitpunkt der Stilllegung, Spaltung oder Zusammenlegung** an (GK-BetrVG/*Kreutz* Rn. 17). Ist zu diesem Zeitpunkt die Zahl der BRMitgl. auf Grund eines vorherigen Ausscheidens aus dem BR und wegen Fehlens von ErsatzMitgl. unter die von § 9 gezogene Grenze gesunken, führen die verbliebenen Mitgl. die Geschäfte gem. § 22, § 13 Abs. 2 Nr. 2 fort. Zu diesen Geschäften gehört auch die Wahrnehmung des Restmandats (Richardi BetrVG/*Thüsing* Rn. 16). Eine **Aufstockung** auf die gesetzmäßige Zahl an BRMitgl. ist ausgeschlossen (BAG 12.1.2000 – 7 ABR 61/98, NZA 2000, 669).

15 Das oder die das Restmandat ausübenden früheren BRMitgl. sind nicht gehindert das **Restmandat niederzulegen.** Sie können nicht gezwungen werden, das Restmandat fortzuführen (WPK/*Wlotzke* Rn. 12). Soweit der das Restmandat ausübende BR nur noch aus einem Mitgl. besteht, kann die Amtsniederlegung (→ § 24 Rn. 9 ff.) ausnahmsweise dem ArbGeb. gegenüber erklärt werden, wenn keine Belegschaft mehr vorhanden ist, gegenüber der die Erklärung abgegeben werden könnte (BAG 5.10.2000 – 1 AZR 48/00, NZA 2001, 849).

2. Inhalt

16 Das G enthält keine Regelung zum Inhalt des Restmandats. Nach dem Wortlaut der Vorschrift bleibt der BR zwar im „Amt“. Dennoch ist das **Restmandat kein Vollmandat** (BAG 22.3.2016 – 1 ABR 10/14, NZA 2016, 969; BAG 24.9.2015 – 2 AZR 562/14, NZA 2016, 366). Sein Inhalt ist eingeschränkt (WPK/*Wlotzke* Rn. 13). Das verdeutlicht der Wortlaut des Hs. 2 der Vorschrift. Er stellt einen **funktionalen Bezug** zu durch die Stilllegung, die Spaltung und die Zusammenfassung ausgelösten Aufgaben des BR her (BAG 8.12.2009 – 1 ABR 41/09, NZA 2010, 665). Für eine derartige Beschränkung spricht auch die Systematik des G. Die Aberkennung des Restmandats für die BordVertr. im Zusammenhang mit der Stilllegung eines Schiffes beruht darauf, dass die Beteiligungsrechte nach den §§ 111 ff. BetrVG nicht der BordVertr., sondern dem SeeBR zustehen (BT-Drs. 14/5741, 52). Schließlich folgt die funktionale Beschränkung auch aus dem Zweck der Vorschrift. Das Restmandat soll gewährleisten, dass die zur Abwicklung der im G genannten Sachverhalte erforderlichen Regelungen ungeachtet der vorzeitigen Beendigung der Amtszeit noch getroffen werden können (GK-BetrVG/*Kreutz* Rn. 11). Ein ArbGeb. handelt nicht rechtsmissbräuchlich, wenn er sich auf diese Beschränkungen beruft (BAG 11.10.2016 – 1 ABR 51/14, NZA 2017, 68).

17 Das Restmandat betrifft in erster Linie die sich aus den Vorschriften der §§ 111 ff. ergebenden Beteiligungsrechte (GK-BetrVG/*Kreutz* Rn. 12). Deshalb kann der BR im Restmandat auch noch nach der Betriebsstilllegung und der Beendigung aller Arbeitsverhältnisse die Aufstellung eines Sozialplans fordern und einen darauf gerichteten Spruch der E-Stelle auch anfechten (BAG 26.5.2009 – 1 ABR 12/08, NZA-RR 2009, 588). Das Restmandat erfasst auch die Pflicht, einen bereits abgeschlossenen aber noch nicht erfüllten **Sozialplan** an veränderte Umstände anzupassen (BAG 5.10.2000 – 1 AZR 48/00, NZA 2001, 849). Da das G lediglich die bisherige Rspr. des BAG zum Restmandat kodifiziert ohne sie einschränken zu wollen, bezieht es sich auch auf Aufgaben, die sich daraus ergeben, dass trotz der Stilllegung des Betriebs noch nicht alle **Arbeitsverhältnisse** beendet sind oder einzelne ArbN noch für eine gewisse Zeit mit Abwicklungsarbeiten beschäftigt werden (BAG 14.10.1982 – 2 AZR 568/80, NJW 1984, 381). Auf diese ArbN erstreckt sich das Restmandat für solche Beteiligungsrechte, die in der Stilllegung und dem damit im Zusammenhang stehenden Beschluss des ArbGeb. angelegt sind. Der das Restmandat ausübende BR ist daher nach § 102 vor einer Kündigung der Arbeitsverhältnisse der mit Abwicklungsaufgaben betrauten ArbN zu hören (BAG 25.10.2007 – 8 AZR 917/06, NZA-RR 2008, 367). Das gilt auch für eine erneute Durchführung eines Konsultationsverfahrens bei einer Massenkündigung iSd. § 17 KSchG (BAG 22.9.2016 – 2 AZR 276/16, NZA 2017, 175). In Fällen der Betriebsstilllegung kommt ein Restmandat zur Ausübung der **personellen MB** nach § 99 entspr. dem Gegenstand dieses Beteiligungsrechts nicht in Betracht. Werden etwa die ArbN des stillgelegten Betriebs in andere Betriebe versetzt, entfällt mit der Stilllegung das MBR, weil sowohl die kollektiven Interessen der früheren Belegschaft als auch die betriebsbezogenen Interessen der zu versetzenden ArbN ihren Bezugspunkt verlieren (BAG 8.12.2009 – 1 ABR 41/09, NZA 2010, 665). Das gilt auch, wenn Beamte eines Postnachfolgeunternehmens von einem stillgelegten Betrieb zu anderen Betrieben des Unternehmens wechseln (BVerwG 25.1.2012 – 6 P 25/10, NZA-RR 2012, 360).

18 Das Restmandat setzt nach seinem **Zweck** einen tatsächlichen Regelungsbedarf voraus. Daran fehlt es, wenn sich die Betriebsparteien in einem Beschlussverfahren über die Nachwirkung einer gekündigten teilmitbestimmten Betriebsvereinbarung streiten, aber keiner der Beteiligten eine Änderung des bestehenden Rechtszustandes erstrebt (BAG 14.8.2001 – 1 ABR 52/00, NZA 2002, 109). Es erstreckt sich auch **nicht** auf die sonstigen, **unerledigt gebliebenen BRAufgaben,** die keinen Bezug zu der Auflösung der Betriebsorganisation aufweisen (BAG 24.5.2012 – 2 AZR 62/11, NZA 2013, 277). Das Restmandat ist seinem Zweck nach kein allgemeines Abwicklungsmandat (HaKo-

BetrVG/*Düwell* Rn. 16; **aA** *Richardi/Annuß* DB 2001, 41 unter Hinweis auf *Däubler* AuR 2001, 1, der sich aber zur Begründung seiner Ansicht letztlich auf die Abwicklung ein Beschlussverfahren über die Anfechtung eines Sozialplans beruft, der infolge einer bereits vor der endgültigen Stilllegung durchgeführten Betriebsänderung abgeschlossen war. Der Abschluss eines solchen Verfahrens steht jedoch noch in einem funktionalen Zusammenhang mit der späteren Betriebsstilllegung). Widerspricht ein ArbN dem Übergang des ArbVerh. nach § 613a Abs. 6 BGB, löst dieser individualrechtliche Vorgang kein Restmandat aus (BAG 24.5.2012 – 2 AZR 62/11, NZA 2013, 277). Ein Unterrichtsanspruch setzt die Darlegung einer restmandatsbezogenen Aufgabe voraus (BAG 22.3.2016 – 1 ABR 10/14, NJW 2016, 2363).

3. Dauer

19 Die Ausübung des Restmandats ist in **zeitlicher Hinsicht nicht beschränkt** (ErfK/*Koch* Rn. 5; DKKW/*Buschmann* Rn. 27; HWGNRH/*Worzalla* Rn. 10). Ob die **Erlöschenstatbestände des § 24** das Restmandat beenden, entscheidet sich nach Sinn und Zweck des § 21b. Danach endet die Mitglschaft im restmandatierten BR nicht durch die Beendigung des Arbeitsverhältnisses eines BRMitgl., da § 24 Nr. 3 ebenso wie § 24 Nr. 1 BetrVG für ein restmandatiertes BRMitgl. nicht gelten kann (BAG 5.5.2010 – 7 AZR 728/08, NZA 2010, 1025). Es dauert solange an, bis die dem Restmandat zuzuordnenden Aufgaben abgeschlossen sind (BAG 6.12.2006 – 7 ABR 62/05, AP BetrVG 1972 § 21b Nr. 5) und die das Restmandat ausübenden BRMitgl. hierzu bereit sind (5.10.2000 – 1 AZR 48/00, NZA 2001, 849). Es kann daher auch noch längere Zeit nach Abschluss der Stilllegung bzw. Spaltung oder der Zusammenlegung zum Tragen kommen, etwa bei der Abänderung oder der Ergänzung von Sozialplänen. In jedem Fall endet es mit der Amtsniederlegung des letzten verbliebenen BRMitgl. Ein erloschenes Restmandat lebt nicht mehr auf (BAG 6.12.2006 – 7 ABR 62/05, AP BetrVG 1972 § 21b Nr. 5). Ein Restmandat ist durch Neuwahl nicht verlängerbar (BAG 19.2.2008 – 1 ABR 65/05, NZA-RR 2008, 490); Restmandat und Vollmandat schließen sich denklogisch aus.

4. Kosten

20 Die mit der Ausübung des Restmandats verbundenen Kosten hat der **ArbGeb.** des **Ursprungsbetriebs** zu tragen (GK-BetrVG/*Kreutz* Rn. 23; *Auktor* NZA 2003, 950). Seine Kostentragungspflicht folgt aus § 40. Dazu gehören auch die Kosten der Entgeltfortzahlung, die für ein das Restmandat ausübendes BRMitgl. anfallen, das bei einem anderen ArbGeb. beschäftigt ist. Ist ein solches BRMitgl. gehalten, erforderliche Aufgaben des Restmandats während seiner Arbeitszeit auszuüben, steht ihm nach dem Rechtsgedanken des § 37 Abs. 2 iVm § 78 ein Anspruch auf Freistellung zu (**aA** *Lunck* FS Willemsen S. 299). Ein solcher Anspruch ist teleologisch zu reduzieren und demnach auf unbezahlte Freistellung gerichtet (ErfK/*Koch* Rn. 5; Richardi BetrVG/*Thüsing* Rn. 18; *Biebl* S. 61; *Auktor* NZA 2003, 950, der den Freistellungsanspruch in einem solchen Fall aus der Fürsorgepflicht des VertragsArbGeb. ableitet). Damit ein restmandatiertes BRMitgl. keine Vermögenseinbuße erleidet und insoweit benachteiligt wäre, ist das ausfallende Entgelt nach dem Rechtsgedanken des § 78 vom ArbGeb. des Ursprungsbetriebs zu zahlen (*Griebe* ArbR 2014, 506). Ist ein das Restmandat ausübendes BRMitgl. dagegen arbeitslos oder übt er das **Restmandat in seiner Freizeit** aus, kommt eine Freistellung mangels Arbeitspflicht nicht in Betracht. In beiden Fällen erbringt er lediglich ein Freizeitopfer. Hierfür kann er mangels Anspruchsgrundlage kein Entgelt verlangen. In einem solchen Fall kommt wg. des Ehrenamtsprinzips des § 37 Abs. 1 eine unmittelbare oder entsprechende Anwendung von § 37 Abs. 3 S. 3 nicht in Betracht (BAG 5.5.2010 – 7 AZR 728/08, NZA 2010, 1025).

21 Nicht zu den **Kosten** des Restmandats, sondern denen **des Vollmandats** zählen diejenigen Aufwendungen eines BR, die zwar während der Dauer seines Amts ge-

genüber dem ArbGeb. entstanden waren, aber vor einer vorzeitigen Beendigung der Amtszeit auf Grund der Auflösung der Arbeitsverhältnisse aller BRMitgl. nicht mehr rechtzeitig geltend gemacht worden sind. Denn der BR bleibt in entsprechender Anwendung des § 22 BetrVG und § 49 Abs. 2 BGB auch nach dem Ende seiner Amtszeit befugt, noch nicht erfüllte Kostenerstattungsansprüche gegen den ArbGeb. weiter zu verfolgen und an den Gläubiger abzutreten (BAG 24.10.2001 – 7 ABR 20/00, NZA 2003, 53).

IV. Streitigkeiten

Streitigkeiten zwischen dem ArbGeb. und dem früheren BR über das Bestehen eines Restmandats und die damit verbundenen Befugnisse entscheiden die **ArbG im BeschlVerf.** (→ ArbGG Rn. 7 ff.). Örtlich zuständig nach § 82 Abs. 1 ArbGG ist dasjenige ArbG, in dessen Bezirk derjenige Betrieb/Betriebsteil gelegen war, für den das Restmandat entstanden ist (LAG Bln-Bbg 20.4.2015 – 21 SHa 462/15, NZA-RR 2015, 324). Wird der Betrieb während eines laufenden BeschlVerf. über eine sonstige betriebsverfassungsrechtliche Streitigkeit stillgelegt, kann sich das Verfahren – auch noch im Rechtsbeschwerdeverfahren – erledigen. Widerspricht ein Beteiligter der Erledigung des Antragstellers, hat das Gericht zu prüfen, ob **ein erledigendes Ereignis** eingetreten ist (§ 83a ArbGG). Das ist der Fall, wenn infolge der Stilllegung, Spaltung oder Zusammenfassung der Antrag unzulässig oder unbegründet geworden ist. Ob der Antrag von Anfang an zulässig oder begründet war, ist nicht mehr zu prüfen (BAG 9.12.2008 – 1 ABR 75/07, NZA 2009, 254). Steht dem BR zur Klärung der streitigen betriebsverfassungsrechtlichen Angelegenheit kein Restmandat zu, entfällt seine **Beteiligtenfähigkeit** nach § 10 S. 2 ArbGG soweit er selbst Antragsteller ist. Hat der ArbGeb. den Antrag gestellt, fehlt es an einem feststellungsfähigen Rechtsverhältnis, weil das betriebsverfassungsrechtliche Rechtverhältnis mit Wegfall des Vollmandats und dem Fehlen eines Restmandats beendet ist. Das führt zur Unzulässigkeit des Antrags. Das Verfahren ist in einem solchen Fall einzustellen (BAG 14.8.2001 – 1 ABR 52/00, NZA 2002, 109). Unterbleibt die Erledigungserklärung, ist der Antrag als unzulässig abzuweisen. Für die abstrakte Feststellung eines Restmandats ungeachtet konkreter MBR fehlt es am Rechtsschutzinteresse (BAG 27.5.2015 – 7 ABR 20/13, AP BetrVG 1972 § 3 Nr. 15). Gleiches gilt, wenn der restmandatierte BR die Unwirksamkeit eines E-Stellenspruchs festgestellt wissen will, der aber mangels Bestehens eines MBR im Restmandat nicht mehr zum Tragen kommt (BAG 22.3.2016 – 1 ABR 10/14, NZA 2016, 969). 22

Bestand und Inhalt des Restmandats könne auch als Vorfrage eines Individualrechtsstreits zwischen ArbGeb. und ArbN, etwa über die Anhörung bei Kündigung oder bei der Geltendmachung von Ansprüchen aus einem Sozialplan als Vorfrage entscheidungserheblich sein. In diesem Fall wird darüber im **UrteilsVerf.** nach § 2 Abs. 1 Nr. 3 ArbGG entschieden. 23

§ 22 Weiterführung der Geschäfte des Betriebsrats

In den Fällen des § 13 Abs. 2 Nr. 1 bis 3 führt der Betriebsrat die Geschäfte weiter, bis der neue Betriebsrat gewählt und das Wahlergebnis bekannt gegeben ist.

Inhaltsübersicht

I. Vorbemerkung

1 Die Vorschrift regelt die **Befugnis zur Weiterführung der Geschäfte** für BR, deren Amtszeit aus bestimmten Gründen vorzeitig endet. Sie ist für BR, deren Amtszeit aus den in § 13 Abs. 2 Nr. 1 u. 2 genannten Gründen endet, an sich überflüssig, weil diese BR gem. § 21 S. 5 bis zur Bekanntgabe des Wahlergebnisses des neu gewählten BR ohnehin im Amt bleiben. Während der Amtszeit sind die BR aber stets in vollem Umfange geschäftsführungsbefugt. Die Norm hat deshalb Bedeutung allein für die Geschäftsführungsbefugnis eines zurückgetretenen BR (vgl. § 13 Abs. 2 Nr. 3), für den das G logischerweise kein Ende der Amtszeit bestimmen kann. § 21 S. 5, der die Amtszeit von BR regelt, die wegen einer rechtserheblichen Veränderung der Belegschaftsstärke oder eines Absinkens von BRMitgl. vorzeitig zu wählen sind, erfasst den Fall der mehrheitlichen Amtsniederlegung nicht (GK-BetrVG/*Kreutz* Rn. 9f.). Darüber hinaus findet die Vorschrift entsprechende Anwendung für die Geltendmachung von BRKosten, wenn sämtl. BRMitgl. wegen Beendigung des Arbeitsverhältnisses aus dem Amt scheiden, ohne dass über einen Kostenerstattungsanspruch nach § 40 rechtskräftig entschieden ist (BAG 17.11.2010 – 7 ABR 120/09, NZA 2011, 816).

2 Die Vorschrift gilt für die BordVertr. und den SeeBR entspr. (vgl. § 115 Abs. 3, § 116 Abs. 2). Für die Geschäftsführungsbefugnis der JAV wird die Vorschrift nicht für anwendbar erklärt. Bei einem Absinken der Gesamtzahl der JugAzubiVertr. unter den gesetzlichen Grenzwert des § 13 Abs. 2 Nr. 2 ergibt sich deren Befugnis zur Weiterführung der Geschäfte jedoch daraus, dass sie in diesem Fall bis zur Bekanntgabe des Wahlergebnisses der neu gewählten JAV im Amt bleibt (vgl. § 64 Abs. 2 S. 5). Keine Anwendung findet die Bestimmung auf den GesBR, den KBR, die GesJAV, die KJAV und den WiAusschuss.

3 Die Vorschrift ist **zwingend.** Abweichende Regelungen sind weder durch TV noch durch BV zulässig.

4 Entsprechende Vorschriften: § 27 Abs. 3 BPersVG und § 5 Abs. 5 SprAuG.

II. Geschäftsführungsbefugnis

1. Anwendungsbereich

5 Die Geschäftsführungsbefugnis nach § 22 besteht für die BR, deren Amtszeit infolge einer vorzeitigen Neuwahl vor Ablauf der regelmäßigen Amtszeit endet, weil
- sich die **regelmäßige ArbNZahl** des Betriebs in dem in § 13 Abs. 2 Nr. 1 genannten Umfang **verändert** hat (→ § 13 Rn. 21ff.);
- die **MitglZahl des BR** unter die gesetzlich vorgeschriebene MitglZahl **gesunken** ist (→ § 13 Rn. 33ff.), auch wenn der RumpfBR nur noch aus einem Mitgl. besteht (BAG 12.1.2000 – 7 ABR 61/98, NZA 2000, 669);
- der BR seinen **kollektiven Rücktritt** erklärt hat (→ § 13 Rn. 36ff.).

6 In den **anderen Fällen einer vorzeitigen Beendigung der Amtszeit** des BR (vgl. hierzu § 13 Abs. 2 Nr. 4 u. 5; → § 13 Rn. 40ff.; → § 21 Rn. 28, 30f.) besteht keine Befugnis zur Weiterführung der Geschäfte, auch nicht zur Weiterführung der „laufenden" Geschäfte. Diese Betriebe sind vielmehr betriebsratslos (DKKW/*Buschmann* Rn. 5; GK-BetrVG/*Kreutz* Rn. 14). Der Eintritt dieser Rechtsfolge lässt nicht durch Rücktritt des BR vor Eintritt der Rechtskraft eines Wahlanfechtungsantrags vermeiden (BAG 22.11.2017 – 7 ABR 34/16, NZA 2018, 461 Rn. 20). Be-

triebsratslosigkeit tritt auch ein, wenn sämtliche Mitgl. des BR ihr Amt niederlegen und keine ErsMitgl. nachrücken (§ 24 Abs. 1 Nr. 2).

7 § 22 gilt auch, wenn eine Vereinbarung nach § 3 Abs. 1 Nr. 1–3 erst bei der nächsten regelmäßigen BRWahl zur Anwendung gelangt und bis zu diesem Zeitpunkt ein bestehender, aber künftig entfallender BR zuvor wegen einer in § 13 Abs. 2 Nr. 1–3 geregelten Fallgestaltung neu gewählt werden müsste. Ferner gilt die Vorschrift entsprechend, wenn der BR wegen zeitweiliger Verhinderung von BRMitgl., die auch nicht durch ErsMitgl. vertreten werden können, vorübergehend beschlussunfähig ist (BAG 18.8.1982 – 7 AZR 437/80, NJW 1983, 2836; GK-BetrVG/*Kreutz* Rn. 13).

2. Umfang der Geschäftsführungsbefugnis

8 Die **Geschäftsführungsbefugnis** nach § 22 ist **umfassend,** auch wenn nach der Verkleinerung der Belegschaft nur noch ein BR-Mitgl. von ursprüngl. mehreren im Amt ist (BAG 19.11.2003 – 7 AZR 11/03, NZA 2004, 435). Sie ist nicht beschränkt, sondern entspricht vollumfänglich derjenigen eines ordnungsgemäß gewählten und zusammengesetzten BR während seiner Amtszeit (hM). Daher umfasst sie die Befugnis zur Wahrnehmung **sämtlicher Mitwirkungs- und Mitbestimmungsrechte** (HaKo-BetrVG/*Düwell* Rn. 7). Der BR kann auch weiterhin BV abschließen. Ferner kann er alle aus den organisatorischen Vorschriften dieses Gesetzes sich ergebenden Rechte und Befugnisse wahrnehmen. Der BetrAusschuss (§ 27) und etwa gebildete weitere Ausschüsse des BR nach § 28 bleiben mit den ihnen übertragenen Rechten und Befugnissen bestehen. Freistellungen von BRMitgl. gem. § 38 bleiben wirksam. Auch sind die Mitgl. des BR berechtigt, an Schulungs- und Bildungsveranstaltungen nach § 37 Abs. 6 u. 7 teilzunehmen. Der BR kann ferner Sprechstunden (§ 39) abhalten und hat Betriebs- bzw. Abteilungsverslg. (§§ 42ff.) durchzuführen (Richardi BetrVG/*Thüsing* Rn. 5). Der nach § 22 amtierende BR ist auch vor Kündigungen zu hören. Die in den GesBR entstandenen Mitgl. bleiben dessen Mitgl. Der BR kann auch im Bedarfsfall die Einigungsstelle anrufen oder arbeitsgerichtliche Verfahren einleiten und durchführen. Die BRMitgl. genießen den Schutz nach § 78 sowie besonderen Kündigungsschutz nach § 15 KSchG und § 103 dieses Gesetzes (hM), bzw. auch den besonderen Versetzungsschutz des § 103 Abs. 3.

9 Der BR ist verpflichtet, in diesen Fällen **unverzüglich,** dh ohne schuldhaftes Zögern, einen **Wahlvorstand** für die Durchführung der vorzeitigen Neuwahl zu bestellen (Näheres → § 13 Rn. 32; → § 16 Rn. 7).

III. Ende der Geschäftsführungsbefugnis

10 Die Geschäftsführungsbefugnis endet mit der **Bekanntgabe des Wahlergebnisses** des neu gewählten BR (→ § 21 Rn. 8), nicht erst mit Ablauf des Tages der Bekanntmachung (§ 188 BGB). § 187 BGB ist hier nicht anzuwenden, da die Bekanntmachung nicht den Beginn einer Frist, sondern das Ende einer bestehenden Befugnis festlegt (GK-BetrVG/*Kreutz* Rn. 20; HWGNRH/*Huke* Rn. 10). Die Amtszeit des neu gewählten BR schließt sich lückenlos an (→ § 21 Rn. 6ff.).

11 Kommt eine **Neuwahl nicht zustande,** weil der bisherige BR keinen Wahlvorstand bestellt hat und ein Bestellungsverfahren nach § 16 Abs. 2 oder Abs. 3 unterblieben ist bzw. zu keinem Erfolg geführt hat oder aus sonstigen Gründen, führt der bisherige BR die Geschäfte in vollem Umfang weiter. In diesen Fällen endet die Geschäftsführungsbefugnis des BR nach § 22 endgültig in dem Zeitpunkt, in dem bei **normalem Ablauf die Amtszeit** des BR geendet hätte. § 22 dehnt die Geschäftsführungsbefugnis des BR nicht über seine reguläre Amtszeit aus, sondern sichert sie nur bis zur Bekanntgabe des Wahlergebnisses des vorzeitig neu gewählten BR (hM). Kommt eine Neuwahl nicht zustande und hat der ArbGeb. bis zum Ablauf der Amts-

zeit des geschäftsführenden BR noch nicht alle betriebsverfassungsrechtlichen Kostenfreistellungsansprüche erfüllt, können diese auch nach dem Ende der Amtszeit gegenüber dem ArbGeb. noch geltend gemacht werden (BAG 24.10.2001 – 7 ABR 20/00, NZA 2003, 53). Ist die Wahl eines nur noch geschäftsführend tätigen BR angefochten worden, endet dessen Amtszeit bereits mit Rechtskraft der gerichtlichen, der Anfechtung stattgebenden Entscheidung (BAG 29.5.1991 – 7 ABR 54/90, NZA 1992, 74). Dasselbe gilt, wenn der BR vor Ablauf seiner normalen Amtszeit gem. § 23 Abs. 1 durch eine rechtskräftige gerichtliche Entscheidung aufgelöst wird.

12 Bei einer **nichtigen Neuwahl** bleibt der vorherige BR zur weiteren Geschäftsführung bis zum Ablauf seiner regulären Amtszeit berechtigt, sobald die Nichtigkeit der Neuwahl feststeht (hM). Ist die Wahl des neuen BR dagegen nur **anfechtbar,** lebt wegen der zukunftsgerichteten Wirkung einer Anfechtung die Geschäftsführungsbefugnis des alten BR nicht wieder auf, da dessen Amtszeit bereits mit der Bekanntgabe des Wahlergebnisses geendet hat (GK-BetrVG/*Kreutz* Rn. 22; HWGNRH/*Huke* Rn. 11; **aA** DKKW/*Buschmann* Rn. 14).

IV. Streitigkeiten

13 Über Fragen der Weiterführung der Geschäfte entscheiden im Streitfall die ArbG im **BeschlVerf.** (→ ArbGG Rn. 7 ff.). Erfolgen Rücktritt und Neuwahl während eines Nichtzulassungsbeschwerdeverfahrens, das eine Wahlanfechtung zum Gegenstand hat, entfällt das Rechtsschutzbedürfnis für dessen weitere Durchführung (BAG 15.2.2012 – 7 ABN 59/11, NZA-RR 2012, 603). Dem ist durch eine Erledigungserklärung (§ 83a ArbGG) Rechnung zu tragen.

§ 23 Verletzung gesetzlicher Pflichten

(1) [1]**Mindestens ein Viertel der wahlberechtigten Arbeitnehmer, der Arbeitgeber oder eine im Betrieb vertretene Gewerkschaft können beim Arbeitsgericht den Ausschluss eines Mitglieds aus dem Betriebsrat oder die Auflösung des Betriebsrats wegen grober Verletzung seiner gesetzlichen Pflichten beantragen.** [2]**Der Ausschluss eines Mitglieds kann auch vom Betriebsrat beantragt werden.**

(2) [1]**Wird der Betriebsrat aufgelöst, so setzt das Arbeitsgericht unverzüglich einen Wahlvorstand für die Neuwahl ein.** [2]**§ 16 Abs. 2 gilt entsprechend.**

(3) [1]**Der Betriebsrat oder eine im Betrieb vertretene Gewerkschaft können bei groben Verstößen des Arbeitgebers gegen seine Verpflichtungen aus diesem Gesetz beim Arbeitsgericht beantragen, dem Arbeitgeber aufzugeben, eine Handlung zu unterlassen, die Vornahme einer Handlung zu dulden oder eine Handlung vorzunehmen.** [2]**Handelt der Arbeitgeber der ihm durch rechtskräftige gerichtliche Entscheidung auferlegten Verpflichtung zuwider, eine Handlung zu unterlassen oder die Vornahme einer Handlung zu dulden, so ist er auf Antrag vom Arbeitsgericht wegen einer jeden Zuwiderhandlung nach vorheriger Androhung zu einem Ordnungsgeld zu verurteilen.** [3]**Führt der Arbeitgeber die ihm durch eine rechtskräftige gerichtliche Entscheidung auferlegte Handlung nicht durch, so ist auf Antrag vom Arbeitsgericht zu erkennen, dass er zur Vornahme der Handlung durch Zwangsgeld anzuhalten sei.** [4]**Antragsberechtigt sind der Betriebsrat oder eine im Betrieb vertretene Gewerkschaft.** [5]**Das Höchstmaß des Ordnungsgeldes und Zwangsgeldes beträgt 10 000 Euro.**

Inhaltsübersicht

I. Vorbemerkung

Die Vorschrift regelt **Sanktionsmöglichkeiten** gegen den BR, seine Mitgl. und den ArbGeb. im Falle grober Pflichtverletzungen. Sie dient damit mittelbar der Funktionsfähigkeit des BR und dem gesetzmäßigen Verhalten der Betriebspartner. Darüber hinaus weist das AGG dem BR wie einer im Betrieb vertretenen Gewerkschaft auch die soziale Verantwortung für die Einhaltung des im AGG geregelten Diskriminierungsschutzes zu. Dazu bestimmt § 17 Abs. 2 AGG die Voraussetzungen für die Einleitung eines gerichtl. Verf. und ordnet für dessen Durchführung im Wege eine Rechtsfolgenverweisung die Geltung des § 23 Abs. 3 an (Einzelheiten → Rn. 111 ff.). 1

Die Abs. 1 u. 2 des § 23 regeln **abschließend das Verfahren** und die Voraussetzungen für **eine Auflösung des BR als Kollektivorgan** und für **einen Ausschluss einzelner Mitgl.** Über beide Maßnahmen ist im arbeitsgerichtlichen BeschlVerf. zu entscheiden. Voraussetzung ist neben einer groben Verletzung der gesetzlichen Pflichten ein ordnungsgemäßer Antrag der in Abs. 1 genannten Berechtigten. Eine Abwahl des BR oder eine Absetzung einzelner BRMitgl. durch die ArbN des Betriebs ist nicht zulässig. Der BR hat kein imperatives, sondern ein repräsentatives Mandat (BVerfG 27.3.1979 – 2 BvR 1011/78, NJW 1979, 1875). Beschließt das ArbG die Auflösung des BR, hat es von Amts wegen einen Wahlvorst. für die Neuwahl zu bestellen. Nach der früheren Rspr. des BAG haben es die Abs. 1 u. 2 nicht ausgeschlossen, vom BR oder einzelnen Mitgl. im arbeitsgerichtlichen BeschlVerf. das Unterlassen betriebsverfassungswidriger Handlungen zu verlangen (BAG 22.7.1980 – 6 ABR 5/78, AP BetrVG 1972 § 74 Nr. 3). Diese Rspr. hat das BAG nunmehr zu Recht wegen der gesetzl. Konzeption des § 23 aufgegeben (BAG 17.3.2010 – 7 ABR 95/08, NZA 2010, 1133; 15.10.2013 – 1 ABR 31/12, NZA 2014, 319). Danach sieht das G von einer ausdrücklichen Regelung eines gegen den BR oder das BRMitgl. gerichteten **Unterlassungsanspruchs des ArbGeb.** ab und billigt ihm stattdessen das Recht zu, in Fällen grober Pflichtverletzungen die Auflösung des BR oder den Ausschluss aus dem BR zu betreiben. Hinzu kommt, dass ein entsprechender Unterlassungstitel gegenüber dem BR wegen dessen Vermögenslosigkeit nicht vollstreckbar ist und Auflösung oder Ausschluss eine Wiederholung des beanstandeten betriebsverfassungswidrigen Verhaltens hindern. 1a

2 Abs. 3 bietet die Möglichkeit, einen **ArbGeb.,** der grob gegen seine Verpflichtungen aus diesem G verstoßen hat, auf Antrag des BR oder einer im Betrieb vertretenen Gewerkschaft hin, durch gerichtliche Zwangsmaßnahmen zur Befolgung des G anzuhalten. Die Regelung ist **nicht abschließend.** Die Möglichkeit, nach allgemeinen Zwangsvollstreckungsregeln die Einhaltung der gesetzlichen Pflichten des ArbGeb. sicherzustellen, bleibt unberührt (→ Rn. 96ff.).

3 Die Vorschrift gilt für die BordVertr. und den SeeBR entspr. (vgl. § 115 Abs. 3, § 116 Abs. 2). Für die JAV gilt nur Abs. 1 (vgl. § 65), nicht dagegen die Abs. 2 u. 3 (DKKW/*Trittin* Rn. 8; GK-BetrVG/*Oetker* Rn. 6). Die Bestellung des Wahlvorst. erfolgt bei einer Auflösung der JAV nach § 63 nicht durch das ArbG, sondern den BR. Verletzt der ArbGeb. die ihm gegenüber der JAV obliegenden Pflichten in grober Weise, kann neben jeder im Betrieb vertretenen Gewerkschaft nur der BR, nicht die JAV das Verfahren nach Abs. 3 einleiten (BAG 15.8.1978 – 6 ABR 10/76, AP BetrVG 1972 § 23 Nr. 1).

4 Abs. 1 u. 2 sind nicht auf den GesBR, den KBR, die GesJAV und die KJAV anzuwenden. Hier gelten die Sondervorschriften der §§ 48, 56, 73 Abs. 2 und § 73b Abs. 2. Andererseits gilt Abs. 3 gem. § 51 Abs. 5 und § 59 Abs. 1 iVm § 51 Abs. 5 auch im Verhältnis des Unternehmers zum GesBR und dem KBR (DKKW/*Trittin* Rn. 8; GK-BetrVG/*Oetker* Rn. 5; **aA** HWGNRH/*Huke* Rn. 3).

5 Die Vorschrift ist **zwingend.** Sie kann weder durch BV noch durch TV abbedungen werden (hM).

6 Entsprechende Vorschriften: § 28 BPersVG, § 9 Abs. 1 SprAuG.

II. Ausschluss aus dem Betriebsrat – Auflösung des Betriebsrats

1. Antrag

7 Das arbeitsgerichtliche Verfahren nach Abs. 1 setzt einen **Antrag** voraus. Dieser kann nur von den in der Vorschrift genannten Antragsberechtigten gestellt werden. Er ist konkret zu begründen (hM) und kann nur auf den in Abs. 1 S. 1 genannten Grund einer groben Verletzung der gesetzlichen Pflichten gestützt werden.

8 Der Antrag muss **ausdrücklich gestellt** werden. Ein Misstrauensvotum der BetrVerslg. gegen den BR oder ein einzelnes BRMitgl. ist kein Antrag auf Auflösung des BR oder Ausschluss eines Mitglieds aus dem BR. Ein **Misstrauensvotum** ist, da es eine Abberufung des BR oder eines einzelnen Mitgl. durch die Wähler nicht gibt, ohne rechtliche Wirkung (hM). Es kann höchstens den BR zum Rücktritt veranlassen. Wird das Misstrauensvotum in Form eines Beschlusses gekleidet, der die Einleitung des arbeitsgerichtlichen Verfahrens fordert, muss der Beschluss durch einen förmlichen Antrag beim ArbG umgesetzt werden.

2. Antragsberechtigte

9 Der Antrag kann von mindestens einem **Viertel der wahlberechtigten ArbN** des Betriebs gestellt werden. Die Wahlberechtigung muss im Zeitpunkt der Antragstellung gegeben sein (Richardi BetrVG/*Thüsing* Rn. 35). Antragsberechtigt sind alle wahlberechtigten ArbN des Betriebs einschl. der in Privatbetrieben tätigen Beamten, Soldaten und ArbN des öffentl. Dienstes (→ § 7 Rn. 52). Wahlberechtigt sind auch die **Leih-ArbN,** wenn sie länger als 3 Monate im Betrieb des Entleihers eingesetzt werden (→ § 7 Rn. 37ff.). § 14 Abs. 2 S. 4 AÜG stellt das nunmehr klar. Auch BRMitgl. sind antragsberechtigt (DKKW/*Trittin* Rn. 81). Die Mindestzahl ist zwingend. Das Quorum muss während des gesamten Verfahrens gewahrt sein (BAG 14.2.1978 – 1 ABR 46/77, AP BetrVG 1972 § 19 Nr. 7); kurzfristige Unterschreitungen sind unschädlich (WPK/*Kreft* Rn. 7). Es berechnet sich nach dem regelmäßigen Stand der Belegschaft (→ § 1 Rn. 234ff.). Im Gegensatz zum Wahlanfechtungs-

verfahren (vgl. § 19) können in das Verfahren nach § 23 Abs. 1 für ausscheidende andere wahlberechtigte ArbN eintreten, um das erforderliche Mindestquorum zu erhalten (LAG SchlH 3.12.2013 – 1 TaBV 11/33, BeckRS 2014, 66286; HWGNRH/*Huke* Rn. 9; **aA** GK-BetrVG/*Oetker* Rn. 83). Denn es handelt sich bei dem Verfahren nach § 23 Abs. 1 um eine akute Vertrauenskrise zwischen ArbN und BR bzw. einzelnen BRMitgl. und nicht wie bei der Wahlanfechtung um die Bewertung eines in der Vergangenheit liegenden Ereignisses. Außerdem kennt das Verfahren nach § 23 im Gegensatz zur Wahlanfechtung keine Ausschlussfrist für die Einleitung des gerichtlichen Verfahrens. Demgegenüber können weder ArbGeb. noch eine im Betrieb vertretene Gewerkschaft anstelle ausscheidender wahlberechtigter ArbN in das Verfahren eintreten. Scheiden alle Antragsteller aus dem Betrieb aus, ist das Verfahren mangels Rechtsschutzinteresses zu beenden (BAG 15.2.1989 – 7 ABR 9/88, NZA 1990, 115).

Antragsberechtigt ist ferner der **ArbGeb.** Dies gilt nur hinsichtlich solcher Pflicht- 10
verletzungen, die Rechte und Pflichten des BR oder seiner Mitgl. ihm gegenüber betreffen. Pflichtverletzungen im Verhältnis der BRMitgl. untereinander oder im Verhältnis zur Belegschaft kann der ArbGeb. nach dem Zweck seines Antragsrechts nicht geltend machen. Er ist weder Anwalt der Belegschaft noch des BR (LAG Bln-Bbg 31.5.2017 – 15 TaBV 1979/16; DKKW/*Trittin* Rn. 83; GK-BetrVG/*Oetker* Rn. 84; Richardi BetrVG/*Thüsing* Rn. 37). Der ArbGeb. kann sich zur Begründung seines Antrags auch nicht auf solche Amtspflichtverletzungen stützen, an denen er mitgewirkt hat (zB Abschluss offenkundig tarifwidriger BV). Das wäre rechtsmissbräuchlich.

Schließlich kann jede **im Betrieb vertretene Gewerkschaft** (→ § 2 Rn. 24) den 11
Antrag stellen. Ob örtliche Untergliederungen einer Gewerkschaft antragsberechtigt sind, bestimmt sich nach der Satzung der Gewerkschaft. Mangels ausdrücklicher gesetzl. Ermächtigung steht einer gewerkschaftlichen Spitzenorganisation iSd § 2 Abs. 2, 3 TVG kein eigenes Antragsrecht zu; allenfalls kann sie hierzu von einer im Betrieb vertretenen Einzelgewerkschaft bevollmächtigt werden (GK-BetrVG/*Oetker* Rn. 85; Richardi BetrVG/*Thüsing* Rn. 32; **aA** HWGNRH/*Huke* Rn. 10). Das Antragsrecht der Gewerkschaft besteht auch, soweit es sich um den Ausschluss eines einzelnen BRMitgl. handelt, ohne Rücksicht darauf, ob das BRMitgl. der antragstellenden Gewerkschaft angehört (BAG 22.6.93 – 1 ABR 62/92, NZA 94, 184). Die Vertretung der Gewerkschaft im Betrieb muss als Verfahrensvoraussetzung während des gesamten Verfahrens gegeben sein (GK-BetrVG/*Oetker* Rn. 87; HWGNRH/*Huke* Rn. 10; Richardi BetrVG/*Thüsing* Rn. 35; **aA** DKKW/*Trittin* Rn. 85).

In den Betrieben der **privatisierten Post- und Bahnunternehmen,** in denen 12
für eine längere Übergangszeit noch Beamte beschäftigt werden, sind auch die im Betrieb vertretenen **Berufsverbände der Beamten** antragsbefugt (WPK/*Kreft* Rn. 8). Für den Bereich des Personalvertretungsrechts sind die Berufsverbände der Beamten den Gewerkschaften gleichgestellt (BVerwG 27.1.1981 – 18 C 80 A. 1026, AP BPersVG § 2 Nr. 1). Dies folgt aus der auch den Beamten zustehenden Koalitionsfreiheit und der Schutzfunktion der Berufsverbände den Beamten gegenüber (GK-BetrVG/*Oetker* Rn. 88).

Für den Fall der **Amtsenthebung einzelner BRMitgl.** ist auch der BR als Gre- 13
mium antragsberechtigt. Das schließt es aus, dass lediglich eine im BR vertretene Gruppe den Antrag stellt. An dem nach § 33 mit einfacher Mehrheit zu fassenden Beschluss des BR, das Verfahren auf Ausschluss eines BRMitgl. zu betreiben, wirkt das auszuschließende BRMitgl. weder bei der Beratung noch bei der Beschlussfassung mit (BAG 3.8.1999 – 1 ABR 30/98, NZA 2000, 440). Es ist iSd § 25 Abs. 1 S. 2 „zeitweilig" verhindert. An seiner Stelle wirkt das nach § 25 zu ermittelnde ErsMitgl. mit (→ § 25 Rn. 18). Dem auszuschließenden BRMitgl. ist jedoch Gelegenheit zur Stellungnahme zu geben. Ein unwirksamer Einleitungsbeschluss kann nach Verfahrenseinleitung nachgeholt werden. Soweit der Verfahrensbevollm. aufgrund ordnungsgem. Beauftragung durch den BR den Antrag eingereicht hat, ent-

steht auch ein Prozessrechtsverhältnis (BAG 18.2.2003 – 1 ABR 17/02, NZA 2004, 336; *Linsenmaier* FS Wißmann, 2005, 378; **aA** WPK/*Kreft* 9, bei Annahme einer Identität von Einleitungsbeschluss und Mandatserteilung).

3. Ausschluss von Mitgliedern aus dem Betriebsrat

14 Der Ausschluss eines (oder auch mehrerer) Mitgl. des BR kann nur wegen grober Verletzung der aus dem Amt als BRMitgl., nicht etwa der aus dem Arbeitsverhältnis sich ergebenden Pflichten, erfolgen. Die grobe Pflichtverletzung muss **objektiv erheblich** und **offensichtlich schwerwiegend** und damit von einem solchen Gewicht sein, dass sie das Vertrauen in eine künftig ordnungsgem. Amtsführung zerstört oder zumindest schwer erschüttert (BAG 22.6.1993 – 1 ABR 62/92, NZA 1994, 184; BVerwG 14.4.2004 – 6 PB 1/04, NZA-RR 2004, 448). Dazu muss unter Berücksichtigung aller Umstände die weitere Amtsausübung untragbar erscheinen (BAG 27.7.2016 – 7 ABR 14/15, NZA 2017, 136). Der Begriff der groben Pflichtverletzung räumt als unbestimmter Rechtsbegriff den Tatsacheninstanzen einen Beurteilungsspielraum ein. Dieser ist vom BAG im Rechtsbeschwerdeverfahren nur eingeschränkt überprüfbar. Kontrolliert wird aber, ob das LAG von zutreffenden rechtl. Voraussetzungen ausgegangen ist und den Sachverhalt auch vollständig gewürdigt hat (BAG 18.3.2014 – 1 ABR 77/12, NZA 2014, 987).

a) Grobe Pflichtwidrigkeit

15 Zu den **gesetzlichen Pflichten** gehören alle Pflichten aus dem BetrVG, auch die Beachtung der Grundsätze von Recht und Billigkeit nach § 75, sowie aus allen anderen gesetzlichen Vorschriften (vgl. die Übersicht bei *Pulte* NZA-RR 2008, 113). Das sind auch die durch **TV** oder **BV** konkretisierten Pflichten (GK-BetrVG/*Oetker* Rn. 23; ErfK/*Koch* Rn. 3). Zu den gesetzlichen Amtspflichten zählen auch jene, die sich aus einer besonderen Stellung innerhalb des BR ergeben, etwa der des Vors. oder stellvertr. Vors., ferner aus der Mitglschaft im BetrAusschuss oder einem anderen Ausschuss des BR (HWGNRH/*Huke* Rn. 15). Eine Verletzung von Pflichten als Mitgl. einer E-Stelle ist nicht zwangsläufig mit einer Verletzung gesetzlicher BRPflichten verbunden. Gleiches gilt für die Verletzung von Pflichten als Mitgl. des GesBR oder KBR (GK-BetrVG/*Oetker* Rn. 22). Für den Ausschluss aus dem GesBR und dem KBR enthalten §§ 48 u. 56 Sonderregelungen.

16 Eine zum Ausschluss führende **Pflichtverletzung muss schuldhaft,** dh vorsätzlich oder grob fahrlässig begangen sein (HWGNRH/*Huke* Rn. 17; DKKW/*Trittin* Rn. 24; im Grundsatz auch Richardi BetrVG/*Thüsing* Rn. 26; **aA** WPK/*Kreft* Rn. 13; GK-BetrVG/*Oetker* Rn. 51 ff., der nach dem Zweck des § 23 Abs. 1 eine grobe Pflichtverletzung annimmt, wenn die Handlung darauf schließen lässt, das BRMitgl. werde auch für den Rest der Amtszeit pflichtwidrig handeln). Eine nur objektiv, nicht schuldhafte Pflichtverletzung genügt nicht, es sei denn, es läge ein krankhaftes, querulatorisches Verhalten vor (BAG 5.9.1967 – 1 ABR 1/67, AP BetrVG § 23 Nr. 8; BVerwG 14.2.1969 – VII P 11.67, AP PersVG § 26 Nr. 8; **aA** HWGNRH/*Huke* Rn. 17; Richardi BetrVG/*Thüsing* Rn. 26). Ein Verschulden kann zu verneinen sein, wenn das BRMitgl. einem unverschuldeten Rechtsirrtum unterliegt, weil es sich etwa um einen tatsächlich oder rechtlich schwierig gelagerten Sachverhalt handelt (ArbG Marburg 7.8.1996 – 1 BV 6/96, NZA 1996, 1331). Die Pflichtverletzung muss dem BRMitgl. zurechenbar sein, was bei einer bloßen Durchführung von BRBeschl. nicht der Fall ist (LAG Bln-Bbg 10.3.2016 – 10 BV 253/15, ArbuR 2016, 256).

17 Es genügt eine **einmalige grobe Pflichtverletzung.** Diese indiziert die Wiederholungsgefahr. Wiederholte leichte Pflichtverletzungen können nur in Ausnahmefällen, etwa wg. einer darin zum Ausdruck kommenden Beharrlichkeit, eine grobe Pflichtverletzung sein (HWGNRH/*Huke* Rn. 16; Richardi BetrVG/*Thüsing* Rn. 25).

17a Die vorherige Abmahnung einer Amtspflichtverletzung ist weder erforderlich noch möglich. Eine **betriebsverfassungsrechtliche Abmahnung** ist unzulässig. Sie ist schon deshalb aus der Personalakte zu entfernen, weil eine vertragsrechtliche Sanktion bei betriebsverfassungsrechtlichen Verstößen ausgeschlossen ist (BAG 9.9.2015 – 7 ABR 69/13, AP BetrVG 1972 § 78 Nr. 15). Für die Amtsenthebung genügt es eben nicht, dass aus der subjektiven Sicht des ArbGeb. eine weitere Zusammenarbeit mit dem BR oder eines seiner Mitgl. bei einer Fortführung des beanstandeten Verhaltens nicht mehr möglich scheint. Erforderlich ist vielmehr eine besonders schwerwiegende Pflichtverletzung, die unter Berücksichtigung aller Umstände eine weitere Amtsführung untragbar werden lässt. Diese Anforderungen sind nicht vereinbar mit der Warnfunktion einer Abmahnung. Ein BRMitgl., dessen Pflichtverletzung das vom G geforderte Ausmaß erreicht, kann von vornherein nicht mit der Billigung dieses Verhaltens und dem Verbleib im Amt rechnen. Die Anerkennung einer Abmahnbefugnis für Pflichtverletzungen, die nach den Vorstellungen des Gesetzgebers nicht für eine Amtsenthebung ausreichen, steht deshalb in Widerspruch zur gesetzlichen Wertung des § 78 (BAG 5.12.1975 – 1 AZR 94/74, AP BetrVG 1972 § 87 Betriebsbuße Nr. 1; LAG Düsseldorf 23.2.1993 – 8 TaBV 245/92, LAGE § 23 BetrVG 1972 Nr. 31; LAG Berlin 6.9.1991 – 2 Sa 9/91, LAGE § 611 BGB Abmahnung Nr. 28; GK-BetrVG/*Oetker* Rn. 50; Richardi BetrVG/*Thüsing* Rn. 10; *Kania* DB 96, 374; **aA** DKKW/*Trittin* Rn. 148ff.; WPK/*Kreft* Rn. 13; HaKo-BetrVG/*Düwell* Rn. 15; *Schleusener* NZA 01, 640). Im Übrigen führt es zu Wertungswidersprüchen, eine betriebsverfassungsrechtliche Abmahnungsbefugnis allein dem ArbGeb., nicht jedoch den sonstigen nach § 23 Abs. 1 Anfechtungsberechtigten zuzubilligen.

18 Hat der BR den Antrag auf Ausschluss eines (oder mehrerer) seiner Mitgl. gestellt, ist ein Hinweis auf die Unzumutbarkeit weiterer Zusammenarbeit für die Begründung des Antrags unzureichend. Es ist vielmehr erforderlich, dass der Auszuschließende durch ein ihm zurechenbares Verhalten die **Funktionsfähigkeit des BR** ernstlich bedroht oder lahmgelegt hat (BAG 21.2.1978 – 1 ABR 54/76, AP BetrVG 1972 § 74 Nr. 1; GK-BetrVG/*Oetker* Rn. 56; HWGNRH/*Huke* Rn. 18; **aA** WPK/*Kreft* Rn. 4; einschränkend Richardi BetrVG/*Thüsing* Rn. 9, der in der schuldhaften Herbeiführung der Funktionsunfähigkeit eine grobe Pflichtverletzung sieht und, falls diese keinem bestimmten BRMitgl. vorgeworfen werden kann, nur die Auflösung des BR zulassen will).

19 **Als grobe Pflichtverletzung kommt in Betracht:**

- Verletzung der Schweigepflicht, wenn sie wiederholt erfolgt oder schwerwiegende Folgen hat. Nicht jeder Beratungspunkt des BR unterliegt der Schweigepflicht, sondern nur Betriebs- und Geschäftsgeheimnisse, die der ArbGeb. ausdrücklich als geheimhaltungsbedürftig bezeichnet hat (vgl. § 79), und solche Gegenstände, die ihrer Natur nach nicht für die Öffentlichkeit bestimmt sind, zB aus dem privaten Bereich von ArbN (vgl. hierzu auch die Schweigepflicht nach § 82 Abs. 2, § 83 Abs. 1, § 99 Abs. 1, § 102 Abs. 2). In Zweifelsfällen sollte ein BRBeschluss über die Geheimhaltung herbeigeführt werden (BAG 5.9.1967 – 1 ABR 1/67, AP BetrVG § 23 Nr. 8; vgl. auch § 79);
- Preisgabe von vertraulichen – unter Ausnutzung oder doch auf Grund der BREigenschaft erlangten – Informationen oder Kenntnissen an den ArbGeb. (LAG München 15.11.1977 – 5 TaBV 34/77, DB 1978, 894 [895]);
- Weitergabe von Gehaltslisten an außerbetriebliche Stellen (zB an Gewerkschaft zur Überprüfung der Beitragsehrlichkeit (BAG 22.5.1959 – 1 ABR 2/59, AP BetrVG § 23 Nr. 3);
- diffamierende persönliche Beleidigungen anderer BRMitgl. (HessLAG 23.5.2013 – 9 TaBV 17/13, BeckRS 2013, 70451);
- Handgreiflichkeiten gegenüber anderen BRMitgl. in der BRSitzung (ArbG Berlin 9.5.1981 – 10 Ca 72/81, ArbuR 1982, 260);
- falsche Angaben eines freigestellten BRMitgl. über Zweck seiner Tätigkeit außerhalb des Betriebs (BAG 21.2.1978 – 1 ABR 54/76, AP BetrVG 1972 § 74 Nr. 1);
- wiederholte (partei-)politische Agitation im Betrieb (BAG 21.2.1978 – 1 ABR 54/76, AP BetrVG 1972 § 74 Nr. 1) sowie die Behandlung von (partei-)politischen Fragen in einer

BetrVerslg., die den Betriebsfrieden stört (BAG 4.5.1955 – 1 ABR 4/53, AP BetrVG § 44 Nr. 1; LAG Düsseldorf 23.6.1977 – 3 TaBV 8/77, DB 1977, 2191); nicht jede gelegentliche politische Tätigkeit von BRMitgl. berechtigt zum Ausschluss (BAG 8.8.1968 – 2 AZR 348/67, AP BGB § 626 Nr. 57). Zur Frage, inwieweit das Grundrecht der Meinungsfreiheit nach Art. 5 Abs. 1 GG die Pflichtwidrigkeit relativiert BVerfG 28.4.1976 – 1 BvR 71/73, AP BetrVG 1972 § 74 Nr. 2; → § 74 Rn. 33. Parteipolitische Betätigung außerhalb des Betriebs ist zulässig, auch wenn dabei die BRMitglschaft zu erkennen gegeben wird;

- Beteiligung an Arbeitskämpfen unter Ausnutzung des BRAmtes (GK-BetrVG/*Oetker* Rn. 65); vgl. aber auch → § 74 Rn. 15;
- grundsätzliche Ablehnung der Zusammenarbeit durch die Mehrheit der anders organisierten BRMitgl. (BAG 5.9.1967 – 1 ABR 1/67, AP BetrVG § 23 Nr. 8);
- ständiges unentschuldigtes Fernbleiben von der BRSitzung;
- Nichtteilnahme an BRSitzungen oder an Abstimmungen im BR;
- Entgegennahme von besonderen, nur dem betreffenden BRMitgl. zugewandten Vorteilen zum Zwecke der Beeinflussung der Amtsführung oder zur Belohnung einer voraufgegangenen pflichtwidrigen Amtsführung (LAG München 15.11.1977 – 5 TaBV 34/77, DB 1978, 894 [895]);
- Unterstützung von Maßregelungskündigungen und Missachtung des Überwachungsgebots des § 75 (ArbG Freiburg 15.10.1997 – 6 BV 2/97, AiB 1998, 402);
- Diffamierung und grobe Beschimpfung des ArbGeb. (ArbG Marburg 28.5.1999 – 2 BV 3/99, NZA-RR 2001, 91);
- Verstoß gegen die Pflicht zur gewerkschaftsneutralen Amtsführung, um den Gewerkschaftsbeitritt betriebsangehöriger ArbN zu erzwingen (LAG Köln 12.1.2001 – 11 (10) Sa 866/00, NZA-RR 2001, 372);
- Drohung der Einschaltung des Gewerbeaufsichtsamts wegen Verstöße gegen das ArbZG um eigener individualrechtlicher Vorteile willen (ArbG München 25.9.2006 – 22 BV 219/06, AuA 2007, 58);
- Weitergabe von Bewerbungsunterlagen an Dritte (ArbG Wesel 16.10.2008 – 5 BV 34/08, NZA-RR 2009, 21);
- heimlicher Zugriff auf elektronisch geführte Personalakten (LAG Bln-Bbg 12.11.2012 – 17 TaBV 1318/12, NZA-RR 2013, 293);
- Betreiben eines Ausschließungsverfahrens gegenüber einem anderen BRMitgl. in kollusivem Zusammenwirken mit dem ArbGeb. (HessLAG 23.5.2013 – 9 TaBV 17/13, BeckRS 2013, 70451).

20 **Keine grobe Pflichtverletzung ist regelmäßig:**

- Gewerkschaftliche Betätigung (vgl. § 74 Abs. 3);
- Werbung für eine Gewerkschaft ohne Ausübung von Druck (BVerwG 15.1.1960 – VII P 2.59, AP PersVG § 26 Nr. 2; OVG Saarl 15.11.1967 – III R 37/67, AP GG Art. 9 Nr. 15);
- Erstattung einer Strafanzeige gegen den ArbGeb., soweit diese nicht missbräuchlich ist oder absichtlich unwahre Anschuldigungen enthält (LAG BW 25.10.1957 – VII Sa 39/57, AP BetrVG § 78 Nr. 2);
- mangelnde Kompromissbereitschaft gegenüber dem ArbGeb.;
- Informationen an das Gewerbeaufsichtsamt oder an die Berufsgenossenschaft über sicherheitstechnische Mängel (→ § 89 Rn. 14);
- Streitigkeiten innerhalb des BR, die auf sachlichen Meinungsverschiedenheiten beruhen (BAG 5.9.1967 – 1 ABR 1/67, AP BetrVG § 23 Nr. 8);
- unbefugte Weitergabe von Personaldaten, wenn auf Grund einer Entschuldigung des BR bei den Betroffenen eine Wiederholungsgefahr auszuschließen ist (ArbG Marburg 28.5.1999 – 2 BV 4/99, NZA-RR 2001, 94);
- Weitergabe von Informationen über einen geplanten Personalabbau an die Gewerkschaft, sofern es sich nicht um ein Geschäftsgeheimnis handelt (HessLAG 20.3.2017 – 16 TaBV 12/17);
- Strafanzeige gegen den ArbGeb., die einen Bezug zum Handeln des BR hat und weder leichtfertig noch haltlos ist (LAG Bln-Bbg 31.5.2017 – 15 TaBV 1979/16);
- unberechtigter Vorwurf nötigenden Verhaltens an den ArbGeb., sofern aufgrund der umgangssprachlichen Verwendung des Begriffs der Nötigung erkennbar kein strafrechtl. relevantes Verhalten gemeint ist (LAG Köln 13.4.2018 – 9 TaBV 68/17).

b) Amts- und Vertragspflichtverletzung

Von der Verletzung betriebsverfassungsrechtlicher Pflichten ist die **Verletzung von Pflichten aus dem Arbeitsvertrag** zu unterscheiden. Verletzt ein BRMitgl. seine Vertragspflichten, zB schuldhafte fehlerhafte Arbeitsleistung, kommen nur arbeitsvertragliche Sanktionsmöglichkeiten in Betracht, nicht dagegen ein Ausschluss aus dem BR. Deshalb ist ein Anspruch auf Entfernung einer Abmahnung aus der Personalakte stets im Urteilsverfahren zu verfolgen, wenn ein Bezug zur betriebsverfassungsrechtlichen Aufgaben fehlt (LAG Nds 26.1.2016 – 9 BV 5/15, NZA-RR 2016, 301). Eine bloße Amtspflichtverletzung kann nicht zu arbeitsvertraglichen, sondern nur zu betriebsverfassungsrechtlichen Sanktionen wie der Amtsenthebung führen (DKKW/*Trittin* Rn. 14; GK-BetrVG/*Oetker* Rn. 27; HWGNRH/*Huke* Rn. 22; Richardi BetrVG/*Thüsing* Rn. 21). 21

Unter Umständen kann aber eine grobe Verletzung der Pflichten des BRMitgl. zugleich auch eine Verletzung der **Pflichten aus dem Arbeitsverhältnis** darstellen (zB wenn das BRMitgl. unter dem Vorwand angeblicher BRGeschäfte sich unberechtigt von der Arbeit entfernt). In diesem Falle hat **der ArbGeb. die Wahl** (HWGNRH/*Huke* Rn. 24; Richardi BetrVG/*Thüsing* Rn. 22 ff.; eing. GK-BetrVG/*Oetker* Rn. 30 ff., 27; **aA** nur Ausschlussverfahren DKKW/*Trittin* Rn. 116). Er kann sich auf den Antrag auf Ausschluss des Mitgl. aus dem BR beschränken oder außerordentlich kündigen, sofern dessen Verhalten eine Kündigung des Arbeitsverhältnisses aus wichtigem Grund ohne Einhaltung einer Kündigungsfrist rechtfertigt und der BR gem. § 103 der außerordentlichen Kündigung zugestimmt hat. Verweigert der BR seine Zustimmung, kann der ArbGeb. gem. § 103 Abs. 2 beim ArbG die Ersetzung der Zustimmung des BR zur außerordentlichen Kündigung beantragen. Der ArbGeb. kann den **Antrag auf Ausschluss aus dem BR und den Antrag auf Ersetzung der Zustimmung des BR zur außerordentlichen Kündigung des BRMitgl. prozessual miteinander verbinden.** Gleichwohl muss bei der Antragstellung aus Gründen der Rechtsklarheit bedacht werden, ob die Entfernung aus dem BR oder die Beendigung des Arbeitsverhältnisses im Vordergrund steht. Im Einzelnen gilt: Beide Anträge zielen auf die Beendigung der Mitgl. im BR. Das wird bei einem Antrag nach § 23 Abs. 1 mit Rechtskraft des arbeitsgerichtlichen Beschlusses, bei einem Antrag nach § 103 Abs. 3 frühestens nach rechtskräftiger Zustimmungsersetzung und Ausspruch der außerordentlichen Kündigung (vgl. § 24 Abs. 1 Nr. 3) erreicht. Zu einem Ausschlussantrag sollte ein Antrag auf Ersetzung der Zustimmung des BR zur außerordentlichen Kündigung aus materiellrechtlichen Gründen allenfalls hilfsweise gestellt werden. Denn mit der Rechtskraft des Ausschlusses entfällt das Zustimmungserfordernis nach § 103 Abs. 1. Sind die angeführten Gründe für einen Ausschluss unzureichend, dürfte ein hierauf gestütztes Zustimmungsersetzungsverfahren ebenfalls erfolglos sein. Umgekehrt kann ein Ausschlussantrag nach § 23 Abs. 1 hilfsweise (BAG 21.2.1978 – 1 ABR 54/76, AP BetrVG 1972 § 74 Nr. 1; → § 103 Rn. 44) oder kumulativ zu einem Antrag nach § 103 Abs. 2 gestellt werden. Denn die rechtskräftige Zustimmungsersetzung bewirkt noch nicht das Ende der Mitgl. im BR (GK-BetrVG/*Oetker* Rn. 97; Richardi BetrVG/*Thüsing* Rn. 42; ErfK/*Koch* Rn. 10). 22

Da für die Ahndung von Amtspflichtverstößen eines BRMitgl. das G ein Amtsenthebungsverfahren vorsieht, ist an die darüber hinaus ggf. bestehende **Möglichkeit einer außerordentlichen Kündigung** wegen gleichzeitiger schwerer Verletzung des Arbeitsvertrages ein strenger Maßstab anzulegen (BAG 23.10.2008 – 2 ABR 59/07, NZA 2009, 855). Dies gilt jedenfalls dann, wenn die Vertragsverletzung mit der Amtsausübung des BR zusammenhängt; denn BRMitgl. können infolge ihrer exponierten Stellung und gerade bei aktiver BRTätigkeit leichter als andere ArbN in Kollision mit arbeitsvertraglichen Pflichten kommen (BAG 15.7.1992 – 7 AZR 466/91, NZA 1993, 220; LAG MV 24.5.2016 – 2 TaBV 22/15, ArbR 2016, 562; GK-BetrVG/*Oetker* Rn. 37 ff.; Richardi BetrVG/*Thüsing* Rn. 22; zweifelnd HWGNRH/*Huke* Rn. 27; **weitergehend** DKKW/*Trittin* Rn. 116, der wegen einer 23 von ihm angenommenen Unterscheidbarkeit von Amtspflichtverletzung und Arbeitsvertragsverstoß das Bestehen einer Konfliktlage von vornherein verneint, weshalb das Verfahren nach § 23 Abs. 1 gegenüber arbeitsvertraglichen Sanktionen vorrangig sein soll). Die von § 23 Abs. 1 bezweckte Sicherung der BRTätigkeit kann nicht dadurch unterlaufen werden, dass sich der ArbGeb. auf individualrechtliche Sanktionen beschränkt. Im Allgemeinen kann eine außerordentliche Kündigung nur solche Gründe gestützt werden, die sich auch künftig nachteilig auf das Arbeitsverhältnis auswirken würden. Beruht diese Prognose auf einem Verhalten, das der Amtstätigkeit zuzurechnen ist, müsste dieser Gefährdung vorrangig durch eine Amtsenthebung begegnet werden (Ultima-Ratio-Prinzip). Das dürfte wegen § 78 S. 2 auch geboten sein (GK-BetrVG/*Oetker* Rn. 36).

24 Hat ein BRMitgl. im Zusammenhang mit dem groben Verstoß ein Schutzgesetz verletzt, so kommt die Geltendmachung von Schadensersatzansprüchen in Betracht (→ § 79 Rn. 43).

25 Der Ausschluss eines BRMitgl. ist **nach Ablauf der Amtsperiode** nicht mehr möglich. Der Antrag wird infolge des Ablaufs der Wahlperiode unzulässig (BAG 18.5.2016 – 7 ABR 81/13, NZA-RR 2016, 582). Wird das betreffende BRMitgl. anschließend wiedergewählt, kann es nicht wegen einer in der vorherigen Amtszeit begangenen groben Pflichtwidrigkeit aus dem neugewählten BR ausgeschlossen werden (BAG 27.7.2016 – 7 ABR 14/15, NZA 2017, 136). Anderes kann gelten, wenn das BRMitgl. diese Pflichtwidrigkeit zur Grundlage seiner Wahlwerbung macht und darüber hinaus zum Ausdruck bringt, auch künftig Betriebs- und Geschäftsgeheimnisse offen zu legen (LAG Düsseldorf 23.1.2015 – 6 TaBV 48/14, NZA-RR 2015, 299). In diesem Fall ist zu prüfen, ob diese Ankündigung einen Ausschluss rechtfertigt (LAG Düsseldorf 21.1.2015 – 6 TaBV, NZA-RR 2015, 299).

c) Rechtsfolgen

26 Mit der **Rechtskraft** des den Ausschluss aus dem BR aussprechenden arbeitsgerichtlichen Beschlusses **erlischt die Mitgliedschaft** im BR (BAG 27.7.2017 – 7 ABR 14/15, NZA 2017, 136). Gemäß § 25 rückt ein ErsMitgl. nach.

27 Darüber hinaus hat der rechtskräftige Beschluss des ArbG die Wirkung, dass das ausgeschlossene BRMitgl., sofern es zugleich Mitgl. des GesBR und ggf. des KBR ist, auch diese Ämter verliert. Das Gleiche gilt hinsichtlich des Amts als Mitgl. des WiAusschusses, sofern das ausgeschlossene BRMitgl. nach § 107 Abs. 1 S. 1 als BRMitgl. in den WiAusschuss entsandt worden ist.

28 Nicht berührt wird die Mitglschaft in einer E-Stelle oder in einem Aufsichtsrat als ArbNVertreter. Der Ausschluss kann jedoch Anlass für eine **Abberufung** sein (GK-BetrVG/*Oetker* Rn. 111; DKKW/*Trittin* Rn. 98).

29 Der rechtskräftige Ausschluss aus dem BR hat zur Folge, dass das BRMitgl. den besonderen **Kündigungsschutz und Versetzungsschutz** der betriebsverfassungsrechtlichen Funktionsträger **verliert** (ErfK/*Koch* Rn. 11; WPK/*Kreft* Rn. 17). Soweit dieser Kündigungsschutz auf die Zeit der Mitgliedschaft im BR beschränkt ist, wie zB im Fall der außerordentlichen Kündigung gem. § 103, versteht sich dies von selbst. Aber auch der nachwirkende Kündigungsschutz für BRMitgl. gegen ordentliche Kündigungen gem. § 15 Abs. 1 KSchG gilt nicht für durch eine gerichtliche Entscheidung aus dem BR ausgeschlossene BRMitgl. (vgl. § 15 Abs. 1 S. 2 Hs. 2 KSchG; → § 103 Rn. 38). Diese Wirkungen treten nicht ein, wenn ein BRMitgl. durch eine einstweilige Verfügung lediglich vorläufig aus dem BR entfernt worden ist (GK-BetrVG/*Oetker* Rn. 114). Das ausgeschlossene BRMitgl. behält mangels einer entgegenstehenden gesetzlichen Regelung seine Rechte aus § 37 Abs. 4 u. 5 sowie § 38 Abs. 4 (DKKW/*Trittin* Rn. 97). Das Gegenteil folgt nicht aus dem Rechtsgedanken des § 15 Abs. 1 S. 2 KSchG, der einem völlig anderen Zweck als der Vertragsinhaltsschutz der § 37 Abs. 4, 5 und § 38 Abs. 4 dient (**aA** GK-BetrVG/*Oetker* Rn. 114).

Die Frage, ob das ausgeschlossene BRMitgl. **sofort wiedergewählt** werden kann oder erst nach einer gewissen Zeit, etwa erst nach Ablauf der normalen Amtsperiode, ist umstritten. Die Frage wird bei vorzeitiger Neuwahl des BR praktisch. Die Möglichkeit auch der alsbaldigen Wiederwahl ist zu bejahen (GK-BetrVG/*Oetker* Rn. 117; DKKW/*Trittin* Rn. 99; **aA** HWGNRH/*Huke* Rn. 34). Das ausgeschlossene Mitglied ist als **Wahlbewerber** zuzulassen. Die materiellen Voraussetzungen der Wählbarkeit sind in § 8 abschließend geregelt (BAG 16.2.1973 – 1 ABR 18/72, AP BetrVG 1972 § 19 Nr. 1). Eine Einschränkung im Falle eines vorherigen Ausschlusses findet sich darin nicht. 30

d) Gerichtliches Verfahren

Das **ArbG entscheidet im BeschlVerf.** Der Antrag auf Amtsenthebung kann in der 1. Instanz bis zur Verkündigung einer diese Instanz beendenden Entscheidung ohne Zustimmung der übrigen Beteiligten jederzeit zurückgenommen werden (vgl. § 81 Abs. 2 ArbGG; GK-BetrVG/*Oetker* Rn. 94). In den Rechtsmittelinstanzen bedarf die Rücknahme der Zustimmung der übrigen Verfahrensbeteiligten (§ 87 Abs. 2, § 92 Abs. 2 S. 3 ArbGG). Läuft ein Auflösungsverfahren und wird zugleich auch der Ausschluss eines Mitgl. aus dem BR betrieben, hat das Auflösungsverfahren aus Gründen der Prozessökonomie Vorrang (DKKW/*Trittin* Rn. 94; GK-BetrVG/*Oetker* Rn. 98; Richardi BetrVG/*Thüsing* Rn. 43). Mit der Auflösung des BR, wird das weitere Verfahren auf Ausschluss einzelner Mitglieder unzulässig. Wird die BRWahl angefochten oder die Feststellung ihrer Nichtigkeit betrieben und wird zugleich ein Antrag auf Auflösung des BR gestellt, ist das Wahlanfechtungsverfahren aus Gründen der Prozessökonomie vorrangig (GK-BetrVG/*Oetker* Rn. 100; HWGNRH/*Huke* Rn. 36; DKKW/*Trittin* Rn. 92; Richardi BetrVG/*Thüsing* Rn. 44). Wird während eines laufenden Verfahrens über die Ausschließung der BR einschl. des betroffenen BRMitgl. neu gewählt, entfällt das Rechtsschutzinteresse für die Ausschließung. Der Antrag wird unzulässig. Er erstreckt sich auch nicht automatisch auf die Ausschließung aus dem neu gewählten BR. Hierzu bedarf es einer Antragserweiterung, die im Rechtsbeschwerdeverfahren idR unzulässig ist (BAG 18.5.2016 – 7 ABR 81/13, NZA-RR 2016, 582). 31

In dringlichen und eindeutigen Fällen kann durch eine **einstw. Verfg.** dem BRMitgl. die weitere Amtsausübung bis zur rechtskräftigen Entscheidung im Interesse der ordnungsgemäßen Zusammenarbeit untersagt werden, wenn diese mit dem BRMitgl. unter Anlegung eines strengen Maßstabs nicht einmal mehr vorübergehend zumutbar erscheint (LAG Nürnberg 25.2.2016 – 7 TaBVGa 4/15, ArbR 2016, 336; DKKW/*Trittin* Rn. 93; GK-BetrVG/*Oetker* Rn. 106; Richardi BetrVG/*Thüsing* Rn. 47). 32

Das BRMitgl. kann das Verfahren durch **Amtsniederlegung** beenden (BAG 29.4.1969 – 1 ABR 19/68, AP BetrVG § 23 Nr. 9; GK-BetrVG/*Oetker* Rn. 101). Der Amtsenthebungsantrag ist in diesem Fall mangels Rechtsschutzinteresses als unzulässig abzuweisen (GK-BetrVG/*Oetker* Rn. 102; **aA** Richardi BetrVG/*Thüsing* Rn. 40: Zurückweisung des Antrags als unbegründet). Der nachwirkende Kündigungsschutz nach § 15 Abs. 1 S. 2 KSchG bleibt entspr. dem Schutzgedanken der Vorschrift erhalten. Eine gerichtliche Entscheidung iSd § 15 Abs. 1 S. 2 KSchG steht einer – aus welchen Gründen auch immer erfolgten – Amtsniederlegung nicht gleich. Bei einem Rücktritt des gesamten BR ist das Ausschlussverfahren fortzusetzen, da der BR bis zur Neuwahl die Geschäfte weiterführt und deshalb das auszuschließende BRMitgl. noch im Amt bleibt (GK-BetrVG/*Oetker* Rn. 102). 33

e) Ausschluss von Ersatzmitgliedern

Bei der Frage, ob auch ein **ErsMitgl. ausgeschlossen** werden kann, ist zu unterscheiden: Ein endgültig nachgerücktes Ersatzmitglied hat die Rechtsstellung eines ordentlichen BRMitgl. Ab dem Zeitpunkt seines endgültigen Nachrückens gilt § 23 34

Abs. 1 unmittelbar. Für ein Ersatzmitglied, das während oder in einem unmittelbaren Zusammenhang mit einer zeitweiligen Vertretung eine grobe Amtspflichtverletzung begangen hat, gilt § 23 Abs. 1 entsprechend. Ein gegen ihn eingeleitetes Ausschlussverfahren bleibt auch nach Ende des Verhinderungsfalls zulässig, weil durch einen erfolgreichen Antrag ein nochmaliges Nachrücken während der laufenden Amtsperiode verhindert werden kann (DKKW/*Trittin* Rn. 30; GK-BetrVG/*Oetker* Rn. 76; HWGNRH/*Huke* Rn. 29).

4. Auflösung des Betriebsrats

35 Bei einem betriebsverfassungswidrigen Verhalten des BR hat der ArbGeb. gegen diesen keinen gerichtlich durchsetzbaren Unterlassungsanspruch (BAG 28.4.2014 – 7 ABR 36/12, NZA 2014, 1213; **aA** Raab RdA 2017, 288 ff.). Vielmehr kann der BR nur wegen **grober Verletzung seiner gesetzlichen Pflichten** aufgelöst werden. Dazu muss die in die Gesamtverantwortung des BR-Gremiums fallende Pflichtverletzung objektiv erheblich und offensichtlich schwerwiegend sein (BAG 22.6.1993 – 1 ABR 62/92, NZA 1994, 184; WPK/*Kreft* Rn. 18). Das bestimmt sich nach den Umständen des Einzelfalls. Den betrieblichen Gegebenheiten und dem Anlass der Pflichtverletzung kommt dabei ein erhebliches Gewicht zu. Den Tatsacheninstanzen steht bei der Bewertung eines Verhaltens als grobe Pflichtverletzung ein Beurteilungsspielraum zu, der im Rechtsbeschwerdeverfahren aber darauf hin überprüft werden kann, ob der Sachverhalt vollständig erfasst und die Tatsachen auf der Grundlage der geltenden Rechtslage umfassend gewürdigt worden sind (BAG 18.3.2014 – 1 ABR 77/12, NZA 2014, 987).

a) Grobe Pflichtwidrigkeit

36 Ein erhebliches Überschreiten der gesetzlichen Befugnisse, die zur Störung von Ordnung und Frieden im Betrieb führt, kann eine grobe Pflichtverletzung sein. Ferner kann die dauernde oder wiederholte **Nichtwahrnehmung von Rechten und Befugnissen,** sofern diese dem BR im Interesse und zum Schutz Dritter gewährt werden, eine Pflichtverletzung darstellen. Das gilt jedenfalls dann, wenn die Nichtwahrnehmung dieser Rechte ermessensmissbräuchlich ist (ErfK/*Koch* Rn. 12; GK-BetrVG/*Oetker* Rn. 128). Die Billigung einer gesetzwidrigen Tätigkeit der Ausschüsse oder seiner Mitgl. kann ebenfalls eine Amtspflichtverletzung des BR sein (**aA** DKKW/*Trittin* Rn. 155 nur aktives Verhalten). In jedem Fall muss ein konkreter Vorwurf erhoben werden können; allgemeine Behauptungen reichen nicht aus.

37 **Grobe Pflichtverletzungen können sein:**

- Nichtbestellung des Vorsitzenden und stellvertretenden Vorsitzenden des BR;
- Unterlassen der Bildung eines BetrAusschusses;
- Unterlassen erforderlicher BRSitzungen;
- Nichtbestellung der Mitgl. des GesBR;
- nachhaltige Nichteinberufung von Pflichtversammlungen nach § 43, insbes. wenn die Gewerkschaft einen Antrag nach § 43 Abs. 4 gestellt hat (HessLAG 12.8.1993 – 12 TaBV 203/92, ArbuR 1994, 107; LAG BW 13.3.2014 – 6 TaBV 5/13, BeckRS 2014, 69674);
- Abschluss einer Vereinbarung mit dem ArbGeb., die für die tarifgebundenen ArbN des Betriebs einen unzulässigen Verzicht auf die unmittelbare und zwingende Wirkung von TV nach § 4 Abs. 1 TVG und einen Ausschluss des grundsätzlichen Verzichtsverbots auf tarifliche Ansprüche nach § 4 Abs. 4 TVG bedeuten würde (ArbG Marburg 7.8.1996 – 1 BV 6/96, NZA 1996, 1331);
- Abschluss von BV entgegen § 77 Abs. 3, insbes. gegen den ausdrücklichen Willen einer TVPartei (BAG 20.8.1991 – 1 ABR 85/90, AP BetrVG 1972 § 77 Tarifvorbehalt Nr. 2); etwas anderes gilt, wenn infolge Unübersichtlichkeit des TV der Verstoß für juristisch nicht geschulte Personen nur schwer erkennbar ist (BAG 22.6.1993 – 1 ABR 62/92, AP BetrVG 1972 § 23 Nr. 22);

- der Abschluss einer Vereinbarung zwischen ArbGeb. und BR in Form einer Regelungsabrede mit eindeutig gesetzes- oder tarifwidrigem Inhalt;
- Beschlüsse, die gegen gesetzliche Schutzvorschriften, insbes. gegen Arbeitsschutzvorschriften verstoßen, zB Zustimmung zu gesetzwidriger Mehrarbeit;
- grundsätzliche Missachtung der Gebote des § 2 Abs. 1 (→ § 2 Rn. 7 ff.; ArbG Krefeld 6.2.1995 – 4 BV 34/94, NZA 1995, 803 für den Fall einer grundsätzlichen Ablehnung der vertrauensvollen Zusammenarbeit);
- offensichtliche Verstöße gegen die Diskriminierungsverbote des § 75;
- Beschlüsse, die zu unzulässigen Arbeitskampfmaßnahmen aufrufen oder eindeutig parteipolitischen Inhalt haben.

Keine grobe Pflichtverletzung ist es, wenn sich der BR bei einer spontanen, durch provokative Maßnahmen des ArbGeb. verursachte Arbeitsniederlegung mit den streikenden ArbN solidarisch erklärt und sie nicht zur Wiederaufnahme der Arbeit auffordert (LAG Hamm 6.11.1975 – 8 TaBV 21/75, DB 1976, 343). Keine Pflichtverletzung liegt ferner vor, wenn die betriebsverfassungsrechtlichen Möglichkeiten und Befugnisse konsequent ausgeschöpft werden (DKKW/*Trittin* Rn. 177; GK-BetrVG/*Oetker* Rn. 25). 38

Die grobe Pflichtverletzung muss **vom BR als Gremium** begangen sein. Der BR muss als Organ gehandelt haben (DKKW/*Trittin* Rn. 156). Gleichzeitige, jedoch nur dem Einzelnen zurechenbare Pflichtverletzungen rechtfertigen nicht die Auflösung des BR, sondern lediglich den Ausschluss des jeweiligen BRMitgl. (GK-BetrVG/*Oetker* Rn. 123; HWGNRH/*Huke* Rn. 43; ArbG Marburg 7.8.1996 – 1 BV 6/96, NZA 1996, 1331). Diese Unterscheidung ist wichtig, da im ersten Fall die Amtszeit des BR mit der Auflösung endet, im letzten Fall jedoch ErsMitgl. nachrücken. 39

Die Auflösung des BR kann nur wegen eines Pflichtverstoßes in der zzt. der Antragstellung **laufenden Amtsperiode** erfolgen (DKKW/*Trittin* Rn. 183; GK-BetrVG/*Oetker* Rn. 125; weitergehend HWGNRH/*Huke* Rn. 47). 39a

Anders als beim Ausschluss eines einzelnen BRMitgl. setzt die Verletzung gesetzlicher Pflichten durch den BR **kein Verschulden** voraus (BAG 22.6.1993 – 1 ABR 62/92, NZA 1994, 184). Ein Verschulden einzelner oder der Mehrheit der BRMitgl. kommt, soweit es überhaupt feststellbar ist, nicht in Betracht, da nicht die Verletzung der Pflichten eines oder der einzelnen BRMitgl. in Frage steht. Es kommt vielmehr darauf an, ob der BR als Gremium objektiv grob pflichtwidrig gehandelt hat. Unerheblich ist, ob alle BRMitgl. an der Pflichtverletzung teilhaben (GK-BetrVG/*Oetker* Rn. 124; WPK/*Kreft* Rn. 23). 40

b) Rechtsfolgen

Der rechtskräftige Beschluss des ArbG bewirkt die **Auflösung des BR.** Damit hört der BR auf zu bestehen; seine Amtszeit ist beendet. Der Beschluss erfasst auch die ErsMitgl. (DKKW/*Trittin* Rn. 188; GK-BetrVG/*Oetker* Rn. 139; Richardi BetrVG/*Thüsing* Rn. 65). Diese können nicht etwa die Arbeit des BR fortsetzen. Der Betrieb wird betriebsratslos. Ein BR ist nach § 13 Abs. 2 Nr. 5 neu zu wählen, wobei die Wiederwahl bisheriger BRMitgl. nicht ausgeschlossen ist. Die Auflösung des BR durch Beschluss eines LAG ohne Zulassung der Rechtsbeschwerde tritt nicht bereits mit Verkündung des gerichtlichen Auflösungsbeschlusses, sondern grds. erst mit Ablauf der Frist für die Einlegung der Nichtzulassungsbeschwerde bzw. mit der Entscheidung über diese Beschwerde ein. Bis dahin genießen die BRMitgl. auch den besonderen Kündigungsschutz nach § 15 KSchG und § 103 BetrVG. 41

Der rechtskräftige Auflösungsbeschluss des ArbG bewirkt zugleich für die in den **GesBR** des Unternehmens und ggf. in den **KBR** weiterentsandten BRMitgl. den Verlust der Ämter in diesen Gremien (vgl. §§ 49 u. 57). Das gleiche gilt für die Mitglschaft im WiAusschuss, wenn dessen Mitgl. vom BR bestellt worden sind. In diesem Fall entfällt mit der Auflösung des BR der WiAusschuss. Sind die Mitgl. des WiAusschusses vom GesBR bestellt worden, scheiden die Mitgl. des aufgelösten BR 42 aus dem WiAusschuss aus, wenn sie in ihrer Eigenschaft als BRMitgl. entsandt worden sind. Auch die Mitglschaft in einer betrieblichen E-Stelle endet, da ein laufendes E-Stellenverfahren durch den Auflösungsbeschluss wegen Wegfalls eines Beteiligten gegenstandslos wird (ErfK/*Koch* Rn. 15; GK-BetrVG/*Oetker* Rn. 140). Mit dem Auflösungsbeschluss verliert auch eine Delegation von BR-Aufgaben an eine Arbeitsgruppe nach § 28a ihre Wirkung.

43 Die Auflösung des BR hat ferner zur Folge, dass die BRMitgl. den besonderen **Kündigungsschutz** nach § 103 dieses Gesetzes und nach § 15 Abs. 1 KSchG verlieren. Der nachwirkende Kündigungsschutz gegen ordentliche Kündigungen gilt nicht, wenn die Beendigung der Mitgliedschaft im BR auf einer gerichtlichen Entscheidung beruht (§ 15 Abs. 1 S. 2; → § 103 Rn. 38). Es besteht auch kein **Versetzungsschutz** mehr (vgl. § 103). Fraglich ist der gesetzliche Ausschluss der Nachwirkung auch in den Fällen, in denen ein oder mehrere BRMitgl. an den zur Auflösung führenden Pflichtwidrigkeiten nicht beteiligt waren. Für sie müsste im Wege einer teleologischen Reduktion der Rechtsfolgen des § 15 Abs. 1 S. KSchG der nachwirkende Kündigungsschutz erhalten bleiben (DKKW/*Trittin* Rn. 190).

c) Auflösungsverfahren

44 Das ArbG entscheidet im BeschlVerf. Der **BR** kann durch einen **Rücktritt** nach § 13 Abs. 2 Nr. 3 dem Auflösungsverfahren nicht die Grundlage entziehen (GK-BetrVG/*Oetker* Rn. 131; HWGNRH/*Huke* Rn. 54; BAG 29.5.1991 – 7 ABR 54/90, NZA 1992, 74). Das Verfahren wird gegen den zurückgetretenen BR, der die Geschäfte gem. § 21 iVm § 13 Abs. 2 Nr. 3 bis zur Neuwahl eines BR weiterzuführen hat, eingeleitet bzw. fortgesetzt. Entspr. gilt, wenn alle Mitgl. und ErsMitgl. einzeln ihr Amt niederlegen und dies als kollektiver Rücktritt anzusehen ist (→ § 13 Rn. 38). Sonst bestünde die Möglichkeit einer Umgehung des G dadurch, dass der BR zurücktritt, jedoch keinen Wahlvorstand bestellt und so eine vorzeitige Neuwahl des BR verhindert.

45 Eine **einstw. Verfg.,** durch die dem BR vor Rechtskraft des Auflösungsbeschlusses generell die Ausübung seines Amtes untersagt wird oder die ihn vorläufig auflöst, ist nicht statthaft (hM). Es entstünde ansonsten eine betriebsratslose Zeit, obwohl eine gerichtliche Entscheidung im Hauptsacheverfahren noch aussteht.

5. Bestellung des Wahlvorstands

46 Die Bestellung des Wahlvorst. erfolgt in einem Anschlussverfahren durch das ArbG **von Amts wegen,** sobald der Auflösungsbeschluss rechtskräftig geworden ist (§ 23 Abs. 2). Eine Verbindung dieses Verfahrens mit dem Auflösungsverfahren ist im Interesse, jede vermeidbare Verzögerung der Durchführung der Neuwahl des BR zu verhindern, zulässig. Dem Erfordernis, dass der Bestellung des Wahlvorst. die rechtskräftige Auflösung des BR vorausgehen muss, kann dadurch Genüge getan werden, dass der Beschlusstenor zunächst die Auflösung des BR feststellt, danach die Mitgl. des Wahlvorst. bestellt und diese Bestellung von der Rechtskraft des Auflösungsbeschlusses abhängig macht (DKKW/*Trittin* Rn. 191; WPK/*Kreft* Rn. 26; wohl auch ErfK/*Koch* Rn. 16; **aA** HWGNRH/*Huke* Rn. 61; GK-BetrVG/*Oetker* Rn. 144; Richardi BetrVG/*Thüsing* Rn. 67).

47 Die Bestellung des Wahlvorst. erfordert **keinen besonderen Antrag.** Wird der Antrag auf Auflösung des BR von einer im Betrieb vertretenen Gewerkschaft oder von den ArbN gestellt, so können diese **Vorschläge** für die **Größe und Zusammensetzung des Wahlvorst.** machen (**aA** Richardi BetrVG/*Thüsing* Rn. 70). Dem ArbGeb. steht ein derartiges Vorschlagsrecht nicht zu. Sein Antragsrecht nach § 23 Abs. 1 ist auf die Auflösung des BR gerichtet. Diese Beschränkung hebt die in § 23 Abs. 2 S. 2 angeordnete entsprechende Anwendung des § 16 Abs. 2 nicht auf. Der Verweis auf diese Vorschrift legt lediglich das vom ArbG zu beachtende Verfahren bei der Bestellung des Wahlvorst. fest (DKKW/*Trittin* Rn. 192; **aA** GK-BetrVG/*Oetker* Rn. 147; HWGNRH/*Huke* Rn. 62; Richardi BetrVG/*Thüsing* Rn. 70).

Das ArbG kann unter den in § 16 Abs. 2 S. 3 genannten Voraussetzungen auch Betriebsfremde in den Wahlvorst. berufen. Der Beschluss über die Bestellung eines Wahlvorstandes ist mit der **Beschwerde** nach § 87 ArbGG anfechtbar (WPK/*Kreft* Rn. 24). Beschwerdebefugt sind die Verfahrensbeteiligten des Auflösungsverfahrens, ausgenommen der aufgelöste BR. Näheres zur Bestellung des Wahlvorst. durch das ArbG → § 16 Rn. 41 ff. 48

III. Grobe Pflichtverletzungen des Arbeitgebers

1. Allgemeines

Abs. 3 trifft eine **Sonderregelung** für die Fälle, in denen der ArbGeb. in grober Weise seine betriebsverfassungsrechtlichen Pflichten verletzt. Er gewährt dem BR und jeder im Betrieb vertretenen Gewerkschaft einen materiell-rechtlichen **Anspruch** (vgl. § 194 BGB) gegen den ArbGeb., eine Handlung zu unterlassen, die Vornahme einer Handlung zu dulden oder eine Handlung vorzunehmen (BAG 25.8.2004 – 1 AZB 41/03, AP BetrVG 1972 § 23 Nr. 41). Dieser Anspruch besteht unabhängig von der Dauer des betriebsverfassungswidrigen Verhaltens des ArbGeb. Auch wenn der BR ein solches Verhalten über einen längeren Zeitraum hin geduldet hat, verwirkt er nicht sein Antragsrecht (LAG SchlH 4.3.2008 – 2 TaBV 42/07, NZA-RR 2008, 414). 49

Die Vorschrift regelt ein **Erkenntnisverf.** (→ Rn. 68 ff.) und ein **Vollstreckungsverf.** (→ Rn. 77 ff.). Das ArbG entscheidet über die nach Abs. 3 geltend gemachten Ansprüche im BeschlVerf. Für den Fall, dass den Anträgen der Gläubiger (BR, Gewerkschaft) entsprochen wird, kann es, wenn der Schuldner (ArbGeb.) der rechtskräftig auferlegten Verpflichtung zuwider handelt, zur **Zwangsvollstreckung** kommen. Für diese enthalten Abs. 3 S. 2–5 weitere Sonderregelungen. 50

Der **Zweck** des § 23 Abs. 3 ist es, **gesetzmäßiges Verhalten des ArbGeb.** im Rahmen der betriebsverfassungsrechtlichen Ordnung **sicherzustellen** (BAG 20.8.1991 – 1 ABR 85/90, NZA 1992, 317; GK-BetrVG/*Oetker* Rn. 152). Im Zweck vergleichbar ist Abs. 3 mit Abs. 1, der gesetzmäßiges Verhalten des BR sichert. Unterschiede bestehen in den Mitteln, mit denen das Ziel erreicht werden soll. Beide Bestimmungen knüpfen an einen in der Vergangenheit liegenden groben Verstoß betriebsverfassungsrechtlicher Organe an, wollen aber in die Zukunft wirken (→ Rn. 76). Der Gesetzgeber wollte in beiden Fällen eine materiell gleichwertige Regelung. 51

Die Regelung des Abs. 3 weist gegenüber anderen Ansprüchen aus dem BetrVG und deren Vollstreckung folgende **Besonderheiten** auf: 52

- sie gilt nur bei **groben Verstößen des ArbGeb.** gegen seine Verpflichtungen aus diesem G (→ Rn. 59 ff.);
- nur der **BR** und jede im Betrieb vertretene **Gewerkschaft sind antragsbefugt** (→ Rn. 69);
- der **Höchstbetrag** des Ordnungs- oder Zwangsgeldes ist auf 10 000 EUR **beschränkt,** die **Verurteilung zur Haft ist ausgeschlossen** (→ Rn. 80, 93).

Neben § 23 Abs. 3 kommt auch ein **Anspruch aus einer BV** auf Durchführung darin geregelter Pflichten des ArbGeb. in Betracht. Ein solcher Durchführungsanspruch (Einzelheiten → § 77 Rn. 227) ist an keine weiteren Voraussetzungen (zB Verschulden des ArbGeb.) gebunden. 53

Umstritten ist **das Verhältnis des Abs. 3 zu anderen Ansprüchen** des BR und der Gewerkschaften aus dem BetrVG. Das gilt vor allem für den vorbeugenden Unterlassungsanspruch zur Sicherung des Mitbestimmungsverfahrens oder zur Verhinderung mitbestimmungswidriger Maßnahmen des ArbGeb., aber auch zu anderen 54

Ansprüchen wie Vornahme einer Handlung, Unterrichtung, Überlassung von Unterlagen usw. Den **Gewerkschaften** stehen zudem Ansprüche aus §§ 1004, 823 BGB iVm Art. 9 Abs. 3 GG zu, zB Unterlassung der Vereinbarung von BV unter Verletzung des Tarifvorrangs (→ § 77 Rn. 236) oder bindender tariflicher Vorgaben bei BV oder tarifwidriger Regelungsabreden im Bereich des § 87 (Einzelheiten → § 77 Rn. 235 ff.).

55 Die Sonderregelung des Abs. 3 betrifft nur – wie sich aus dem in Anlehnung an die §§ 887, 888 u. 890 ZPO geregelten Verf. ergibt – **Verpflichtungen des ArbGeb.,** die die Vornahme einer vertretbaren oder unvertretbaren Handlung, die Unterlassung einer Handlung oder die Duldung der Vornahme einer Handlung zum Inhalt haben (**aA** WPK/*Kreft* Rn. 46). Ein Antrag, mit dem etwa dem ArbGeb. aufgegeben werden soll, die Entgegennahme mitbestimmungswidrig erbrachter Überstunden zu unterlassen, betrifft eine Handlung iSd § 890 Abs. 1 ZPO. Der ArbGeb. ist in einem solchen Fall nicht nur verpflichtet eigene Handlungen zu unterlassen, die zu Überstunden führen, sondern muss ggf. auch Maßnahmen gegenüber den die Arbeitsleistung erbringenden ArbN ergreifen. Er ist insoweit verpflichtet, den Eintritt eines mitbestimmungswidrigen Zustandes aktiv zu verhindern. Tritt dieser Zustand dennoch ein, ist erst im Rahmen der Zwangsvollstr. nach § 890 ZPO zu prüfen, ob der Schuldner das ihm Mögl. und Zumutbare zur Verhinderung des Erfolgs getan hat (BAG 29.4.2004 – 1 ABR 30/03, NZA 2005, 123; 29.9.2004 – 1 ABR 29/03, NZA 2005, 313).

56 Unsicherheiten über das Vorliegen einer groben Pflichtverletzung können nicht im Wege eines **Feststellungsantrags** gerichtl. geklärt werden. Ein solcher Antrag ist nicht auf die Klärung eines Rechtsverhältnisses iSd 256 Abs. 1 ZPO zw. BR und ArbGeb. gerichtet. Gleiches gilt für einen Zwischenfeststellungsantrag nach § 256 Abs. 2 ZPO (WPK/*Kreft* Rn. 50; → ArbGG Rn. 14; Richardi BetrVG/*Thüsing* Rn. 102; HWGNRH/*Huke* Rn. 71). Es müssen aus der Pflichtverletzung Rechtsfolgen (→ Rn. 55) gezogen werden (zB Unterlassung gleicher Handlungen in der Zukunft).

57 **Nicht anwendbar** ist die Bestimmung des Abs. 3 auf Verpflichtungen des ArbGeb. auf Herausgabe bestimmter beweglicher Sachen. In diesem Falle erfolgt die Zwangsvollstreckung nach § 85 Abs. 1 ArbGG iVm § 883 ZPO. Auch auf die Verpflichtung des ArbGeb. zur Abgabe einer Willenserklärung ist Abs. 3 nicht anwendbar. In diesem Falle erfolgt die Zwangsvollstreckung nach § 85 Abs. 1 ArbGG iVm § 894 ZPO. Schließlich gilt Abs. 3 auch nicht für die Verpflichtung des ArbGeb. zur Erfüllung von Geldforderungen. Derartige Verpflichtungen werden, soweit sie überhaupt im arbeitsgerichtlichen BeschlVerf. entschieden werden, nach § 85 Abs. 1 ArbGG iVm §§ 803 ff. ZPO vollstreckt.

58 Sonderregelungen, die gegenüber § 23 Abs. 3 im Rahmen ihres Regelungsbereichs **Spezialvorschriften** sind, enthalten § 98 Abs. 5, §§ 101 u. 104 (BAG 5.12.1978 – 6 ABR 70/77, AP BetrVG 1972 § 101 Nr. 4; GK-BetrVG/*Oetker* Rn. 211; **aA** Richardi BetrVG/*Thüsing* Rn. 77). § 101 ist jedoch nur Sondervorschrift, soweit es um die Aufhebung einer konkreten personellen Einzelmaßnahme geht; § 101 schließt den Anspruch des BR nach § 23 Abs. 3 auf künftige Beachtung seiner MBR bei personellen Einzelmaßnahmen nicht aus (BAG 17.3.1987 – 1 ABR 65/85, NZA 1987, 786). Diese Sonderregelungen beschränken auch nicht das Recht der Gewerkschaft aus § 23 Abs. 3. Nach §§ 119, 121 können bei den dort geregelten und in der Vergangenheit liegenden Pflichtverletzungen Strafen und Geldbußen gegen den ArbGeb. verhängt werden. Die damit verbundenen staatl. Sanktionen begründen aber keine Handlungs- und Erfüllungsansprüche des BR gegenüber einem pflichtwidrig handelnden ArbGeb., um auf diese Weise die betriebsverfassungsrechtl. Ordnung wieder herzustellen (WPK/*Kreft* Rn. 28).

2. Grobe Pflichtwidrigkeit

Die Ansprüche nach Abs. 3 setzen einen **groben Verstoß** gegen Verpflichtungen des ArbGeb. aus diesem G voraus. Der Begriff des groben Pflichtverstoßes deckt sich inhaltlich weitgehend mit dem in Abs. 1 verwandten Begriff der „groben Verletzung der gesetzlichen Pflichten" des BR (GK-BetrVG/*Oetker* Rn. 225; → Rn. 14 ff., 35 f.). Die Anforderungen des Abs. 3 sind regelmäßig erfüllt, wenn der ArbGeb. mehrfach und offenkundig gegen seine betriebsverfassungsrechtlichen Pflichten verstoßen hat (BAG 7.2.2012 – 1 ABR 77/10, NZA-RR 2012, 359). 59

Allerdings betrifft Abs. 3 im Gegensatz zu Abs. 1 nur die Verletzung von Pflichten, die dem ArbGeb. „aus diesem Gesetz" obliegen. Es muss sich um Pflichten des ArbGeb. im Rahmen der BetrVerf. handeln. Hierzu zählen auch solche **betriebsverfassungsrechtlichen Pflichten** des ArbGeb., die ihre Grundlage nicht im BetrVG selbst, sondern in anderen G oder in TV haben, zB § 17 Abs. 2 KSchG, § 9 ASiG, §§ 181, 182 SGB IX (DKKW/*Trittin* Rn. 197). Die Verletzung arbeitsvertraglicher Pflichten durch den ArbGeb. kann allenfalls mittelbar über § 75 oder nach den §§ 81 ff. erfasst werden (LAG Köln 19.2.1988 – 10 TaBV 69/87, DB 1989, 1341; Richardi BetrVG/*Thüsing* Rn. 94; GK-BetrVG/*Oetker* Rn. 222). 60

Ferner fallen grobe Verletzungen von Pflichten, die sich **aus BV** – auch soweit sie auf einem Spruch der E-Stelle beruhen oder ihre Grundlage in einer GesBV oder KBV haben – ergeben, unter die Regelung des Abs. 3, da sie ihre Grundlage in diesem G haben (BAG 23.6.1992 – 1 ABR 11/92, NZA 1992, 1095). Zu den gesetzlichen Pflichten gehören auch solche, die durch TV oder BV lediglich konkretisiert werden (Richardi BetrVG/*Thüsing* Rn. 94; GK-BetrVG/*Oetker* Rn. 220; HWGNRH/*Huke* Rn. 61). 61

Die **groben Pflichtverletzungen** müssen objektiv erheblich und offensichtlich schwerwiegend sein (BAG 18.3.2014 – 1 ABR 75/12, NZA 2014, 987). Auf eine Gefährdung des Betriebsfriedens kommt es nicht an. Bereits ein **einmaliger gravierender Verstoß** kann eine grobe Pflichtverletzung sein (BAG 14.11.1989 – 1 ABR 87/88, NZA 1990, 357). Bereits dieser indiziert die Wiederholungsgefahr. Eine Entschuldigung des ArbGeb. lässt die Wiederholungsgefahr nicht entfallen (BAG 18.3.2014 – 1 ABR 77/12, NZA 2014, 987). Leichtere Verstöße können bei Wiederholungen zu einem groben Verstoß werden (BAG 16.7.1991 – 1 ABR 69/90, NZA 1992, 70). 62

Kein grober Verstoß liegt vor, wenn der ArbGeb. in einer schwierigen und ungeklärten Rechtsfrage nach einer vertretbaren Rechtsansicht handelt (stRspr, BAG 19.1.2010 – 1 ABR 55/08, NZA 2010, 659; 9.3.2011 – 7 ABR 137/09, NZA 2011, 871). Etwas anderes gilt, wenn er einen abwegigen Rechtsstandpunkt einnimmt oder die Rechtslage wegen fehlender Informationen über die gesetzliche Lage oder höchstrichterl. Rspr. verkennt. 63

Eine grobe Pflichtverletzung setzt **kein schuldhaftes Verhalten** des ArbGeb. voraus. Es kommt nur darauf an, ob der Verstoß objektiv so erheblich war, dass unter Berücksichtigung des Gebots zur vertrauensvollen Zusammenarbeit die Anrufung des ArbG durch den BR gerechtfertigt erscheint (stRspr, BAG 9.3.2011 – 7 ABR 137/09, NZA 2011, 871). Der Zweck der Bestimmung, rechtswidriges Verhalten des ArbGeb. zu verhindern, verlangt kein Verschulden. Die Interessen der ArbGeb. werden im Vollstreckungsverf. ausreichend gewahrt (Richardi BetrVG/*Thüsing* Rn. 97). 64

Ein Unterlassungsanspruch nach § 23 Abs. 3 verlangt regelmäßig **keine besondere Darlegung einer Wiederholungsgefahr** (BAG 18.4.1985 – 6 ABR 19/84, NZA 1985, 783; zweifelnd ErfK/*Koch* Rn. 18). Der Anspruch ist eine Reaktion auf einen groben Verstoß des ArbGeb. gegen die BetrVerf.; bereits dieser Umstand begründet die Wiederholungsgefahr (BAG 7.2.2012 – 7 ABR 77/10, NZA-RR 2012, 359; 23.6.1992 – 1 ABR 11/92, NZA 1992, 1095). **Etwas anderes kommt ausnahmsweise in Betracht,** wenn eine Wiederholung des betriebsverfassungswidrigen Verhaltes aus faktischen oder rechtlichen Gründen auf absehbare Zeit ausgeschlossen 65 ist (WPK/*Kreft* Rn. 62; 15.5.2007 – 1 ABR 32/06, NZA 2007, 1240). Das ist etwa der Fall, wenn die Betriebsparteien im Anschluss an ein solches Verhalten des ArbGeb. über die davon betroffene betriebsverfassungsrechtl. Angelegenheit eine BV geschlossen haben.

66 **Grobe Pflichtverletzungen können sein:**

- Beharrliche Weigerung der Zusammenarbeit mit dem BR (§ 2 Abs. 1);
- nachhaltige Verstöße gegen das Verbot der parteipolitischen Betätigung (§ 74 Abs. 2 S. 3);
- offensichtlich grundlose Verweigerung des Zutritts von Gewerkschaftsbeauftragten (§ 2 Abs. 2);
- beharrliche Missachtung der Mitwirkungs-, Mitbestimmungs- und Informationsrechte des BR (LAG Hamm 19.7.2002 – 10 TaBV 42/02, NZA-RR 2002, 642);
- Weigerung, vereinbarte BV durchzuführen (§ 77 Abs. 1);
- ungenügende Unterrichtung des Wirtschaftsausschusses in wesentlichen Fragen;
- Unterlassen der Berichte nach § 43 Abs. 2 oder § 110;
- Aktivitäten gegen die Bildung eines BR oder Unterlassen der dem ArbGeb. im Zusammenhang mit der Bildung eines BR obliegenden Duldungs- und Unterstützungspflichten;
- Verstöße gegen das Gleichbehandlungsgebot des § 75;
- grobe Verstöße gegen § 75 Abs. 2 durch unzulässigen Druck auf ArbN wegen krankheitsbedingter Fehlzeiten (LAG Köln 19.2.1988 – 10 TaBV 69/87, DB 1989, 1341);
- Initiierung eines Misstrauensvotums gegen den BR;
- Weigerung, ein BRMitgl. an Gesprächen mit ArbN über Entgeltzusammensetzung, Leistungsbeurteilung oder beruflichen Aufstieg teilnehmen zu lassen (ArbG Hamm 10.1.1979 – 3 BV 74/78, BB 1980, 42);
- mehrfaches Übergehen der MBR des BR bei der Anordnung von Überstunden (BAG 18.4.1985 – 6 ABR 19/84, AP BetrVG 1972 § 23 Nr. 5);
- Verhinderung einer ordnungsgemäß einberufenen BetrVerslg. durch das Entfernen der Einladung vom Schwarzen Brett (LAG BW 30.4.1987 – 13 (7) TaBV 15/86, BetrR 1987, 420);
- Behinderung einer Freistellung (§ 38) durch die Drohung, freiwillige Leistungen zu streichen (ArbG Rosenheim 22.6.1988 – 3 BV 4/88, AuR 1989, 151 (L));
- Aushänge am Schwarzen Brett über Fehlzeiten der BR wegen Krankheit, BR-Tätigkeit und Besuch von Lehrgängen (ArbG Verden 14.4.1989 – 1 BV 5/89, DB 1989, 1580);
- Anordnung von Überstunden oder deren Entgegennahme ohne Zustimmung des BR (BAG 27.11.1990 – 1 ABR 77/89, AP BetrVG 1972 § 87 Arbeitszeit Nr. 41);
- Änderung von Dienstplänen (Arbeitszeit) ohne Zustimmung des BR;
- Abschluss von BV entgegen § 77 Abs. 3 (BAG 20.8.1991 – 1 ABR 85/90, AP BetrVG 1972 § 77 Tarifvorbehalt Nr. 2);
- Nichtweiterleiten von Post (ArbG Elmshorn 27.31991 – 2c BV 16/91, AiB 1991, 269);
- unzulässige formelle Anforderungen an die Ab- und Rückmeldepflichten eines BR-Mitgl.;
- schwerwiegende Verstöße gegen das Benachteiligungsverbot (§ 78);
- einseitige Absage von Schichten (LAG Hamm 29.6.1993 – 13 TaBV 158/92, BB 1994, 139);
- Behinderung der Betriebsratsarbeit durch Hinweise an die Belegschaft über BR-Kosten (Etat „recht stark" ausschöpfen, BAG 15.1.1997 – 7 ABR 14/96, AP BetrVG 1972 § 37 Nr. 118);
- Abschluss einer tarifwidrigen Standortsicherungsvereinbarung zur Verlängerung der tariflichen Arbeitszeit und Kürzung tariflicher Sonderzahlung;
- Drohung mit Produktionsverlagerung ins Ausland, soweit der BR auf seinem gesetzlichen Kostenfreistellungsanspruch besteht (ArbG Leipzig 5.9.2002 – 7 BVGa 54/02, NZA-RR 2003, 142);
- Missachtung eines gerichtlich festgestellten MBR (BAG 8.8.1989 – 1 ABR 59/88, AP BetrVG 1972 § 23 Nr. 11);
- Vornahme mitbestimmungswidriger Versetzungen unter Missachtung des nach § 100 vorgesehenen Verfahrens (BAG 19.1.2010 – 1 ABR 62/08, NZA 2010, 659);
- einseitiges Abweichen von Pausenregelungen in mitbestimmten Dienstplänen (BAG 7.2.2012 – 1 ABR 77/10, NZA-RR 2012, 359);
- Missachtung des Vorschlagsrechts des BR bei berufl. Bildungsmaßnahmen iSv § 98 Abs. 3 (BAG 18.3.2014 – 1 ABR 77/12, NZA 2014, 987).

3. Das Verfahren

Das Verf. gegen den ArbGeb. gliedert sich in **zwei Stufen:** In das arbeitsgerichtliche **Erkenntnisverf.** nach Abs. 3 S. 1 und das arbeitsgerichtliche **Vollstreckungsverf.** nach Abs. 3 S. 2 u. 3. 67

a) Erkenntnisverfahren

Das arbeitsgerichtliche Erkenntnisverf. nach Abs. 3 S. 1 setzt **einen Antrag** des BR oder einer im Betrieb vertretenen Gewerkschaft voraus. Die Einleitung eines solchen Verfahrens muss der BR zuvor **wirksam beschließen.** ArbN sind weder antragsberechtigt noch an einem solchen Verfahren zu beteiligen, auch wenn es um deren Rechte geht. Die Geltendmachung individueller Rechte der ArbN ist dem Urteilsverf. vorbehalten (ausf. WPK/*Kreft* Rn. 51). 68

Das Antragsrecht steht dem **BR** oder **jeder im Betrieb vertretenen Gewerkschaft** zu unabhängig davon, ob sie durch das Verhalten des ArbGeb. in eigenen Rechten betroffen sind. § § 23 Abs. 3 S. 1 regelt eine entsprechende Prozessstandschaft (BAG 16.11.2004 – 1 ABR 53/03, NZA 2005, 416). So kann etwa eine im Betrieb vertretene Gewerkschaft das gerichtliche Verf. bei einer Verletzung von Mitwirkungs- und MBR des BR einleiten, obwohl sie nicht in einem eigenen Recht betroffen ist. Ferner kann der BR das gerichtliche Verf. einleiten, wenn der ArbGeb. zB Rechte der Gewerkschaften (etwa nach § 2 Abs. 2, §§ 31 oder 46), der JugAzubiVertr. (§§ 60 ff.), des WiAusschusses (§§ 106 ff.) oder einzelner ArbN nach §§ 81 ff. grob verletzt. 69

Andere Personen oder Institutionen (etwa eine Anzahl von BRMitgl. oder von ArbN, eine Arbeitsgruppe nach § 28a, die BetrVerslg. oder die JugAzubiVertr.) sind **nicht antragsberechtigt** (BAG 15.8.1978 – 6 ABR 10/76, AP BetrVG 1972 § 23 Nr. 1). Sie können allenfalls beim BR oder den im Betrieb vertretenen Gewerkschaften die Einleitung eines gerichtlichen Verf. gegen den ArbGeb. nach Abs. 3 anregen. Wohl ist es möglich, dass zB die JugAzubiVertr. oder einzelne ArbN gem. § 83 ArbGG an einem eingeleiteten Verf. zu beteiligen sind (BAG 15.81978 – 6 ABR 10/76, AP BetrVG 1972 § 23 Nr. 1). 70

Mit dem Antrag muss ein bestimmter Verstoß des ArbGeb. gegen seine sich aus dem BetrVG ergebenden gesetzlichen Pflichten geltend gemacht werden (→ ArbGG Rn. 24). Je nach Art dieser Pflichtverletzungen lautet der Antrag – ggf. **ergänzt um abgestufte Hilfsanträge** –, dem ArbGeb. aufzugeben, eine konkret umschriebene Handlung vorzunehmen oder zu unterlassen oder die Vornahme einer solchen Handlung durch Dritte zu dulden. Die Handlungen müssen genau bezeichnet werden; die Verletzungshandlung muss abstrahierend beschrieben werden (BAG 19.1.2010 – 1 ABR 55/08, NZA 2010, 659). Es darf nicht zweifelhaft sein, welche Maßnahmen im Einzelnen betroffen sein sollen (Einzelheiten → ArbGG Rn. 24). Aus rechtsstaatlichen Gründen muss der ArbGeb. konkret wissen, in welchen Fällen gegen ihn als Sanktion ein Ordnungsgeld verhängt werden kann (BAG 14.11.2006 – 1 ABR 5/06, NZA 2007, 458). Ansonsten besteht die Gefahr, dass der Antrag mangels Bestimmtheit (§ 253 Abs. 2 Nr. 2 ZPO) abgewiesen wird (BAG 14.9.2010 – 1 ABR 32/09, NZA 2011, 364). An die Bestimmtheit dürfen aber keine überzogenen Anforderungen gestellt werden (BAG 24.4.2007 – 1 ABR 47/06, NZA 2007, 818; Einzelheiten → ArbGG Rn. 20 ff.). 71

Mit dem Antrag kann in den Fällen des § 23 Abs. 3 S. 2 der weitere Antrag, dem ArbGeb. wegen einer jeden Zuwiderhandlung gegen die gerichtlich auferlegte Verpflichtung ein **Ordnungsgeld** anzudrohen, verbunden werden (BAG 24.4.2007 – 1 ABR 47/06, NZA 2007, 81). Das Ordnungsgeld ist eine repressive Rechtsfolge für einen vorangegangenen Ordnungsverstoß; das Zwangsgeld dient als Beugemittel (GK-BetrVG/*Oetker* Rn. 271). 72

73 Der grobe Pflichtverstoß des ArbGeb. ist **materielle Voraussetzung** für einen dem Antrag stattgebenden gerichtlichen Beschluss. Die bloße Befürchtung eines solchen Verstoßes ist unzureichend.

74 Fehlt eine solche Pflichtverletzung, ist der Antrag als unbegründet abzuweisen (BAG 29.2.2000 – 1 ABR 4/99, NZA 2000, 1066; GK-BetrVG/*Oetker* Rn. 264; **aA** Richardi BetrVG/*Thüsing* Rn. 104, Abweisung als unzulässig). Die Umdeutung eines Antrags nach § 23 Abs. 3 S. 1 in einen entspr. Feststellungsantrag ist nicht zulässig, wohl jedoch eine **Antragsänderung.** Soweit das Gericht die Änderung nicht ohnehin für sachdienlich hält, müssen ihr die übrigen Beteiligten zustimmen (GMP/*Matthes/Schlewing* ArbGG § 87 Rn. 27). Eine solche Zustimmung kann auch darin liegen, dass sich die Beteiligten auf den geänderten Antrag einlassen. Im Rechtsbeschwerdeverfahren ist wegen § 559 Abs. 1 ZPO eine Antragsänderung in der Regel nicht mehr möglich (BAG 20.2.2001 – 1 ABR 30/00, NZA 2001, 1033). Sie kann aus Gründen der Prozessökonomie ausnahmsweise zugelassen werden, wenn es sich um einen Fall des § 264 Nr. 2 ZPO handelt und der geänderte Sachantrag sich auf den festgestellten Sachverhalt oder unstreitiges Beteiligtenvorbringen stützen lässt (BAG 27.1.2004 – 1 AZR 105/03, AP ArbGG 1979 § 64 Nr. 35) oder die Vorinstanzen durch unterlassene, aber nach § 139 ZPO gebotene Hinweise Verfahrensrechte verletzt haben (BAG 26.10.2004 – 1 ABR 37/03, NZA 2005, 36).

75 Das Verf. zielt auf ein **künftiges Verhalten des ArbGeb.** ab (Richardi BetrVG/*Thüsing* Rn. 101). Je nach der Art der Pflichtverletzung dient es der Beseitigung eines vom ArbGeb. veranlassten rechtswidrigen Zustands oder der Verhinderung bestimmter weiterer rechtswidriger Handlungen oder Unterlassungen des ArbGeb. (zur möglichen Anspruchskonkurrenz → Rn. 100). **Bereits begangene grobe Verstöße** des ArbGeb. gegen seine Verpflichtungen aus diesem G sind zwar materielle Voraussetzungen für einen dem Antrag stattgebenden Beschluss des ArbG, können jedoch nicht selbst Gegenstand einer Verurteilung zu einem Ordnungs- oder Zwangsgeld nach Abs. 3 S. 2 oder 3 sein. UU können sie jedoch, wenn sie gleichzeitig einen Verstoß gegen den Straftatbestand des § 119 darstellen oder als eine Ordnungswidrigkeit iSd § 121 anzusehen sind, auf Grund dieser Vorschriften geahndet werden.

76 Der Anspruch nach § 23 Abs. 3 kann aber auch mittels einer **einstw. Verfg.** durchgesetzt werden (Einzelheiten → ArbGG Rn. 65 ff.). § 85 Abs. 2 ArbGG steht dem nicht entgegen, da es um die Sicherung eines zukünftigen betriebsverfassungsgem. Verhaltens des ArbGeb. geht (LAG Köln 22.4.1985 – 6 TaBV 5/85, NZA 1985, 634; LAG Düsseldorf 16.5.1990 – 12 Ta BV 9/90, NZA 1991, 29; GK-BetrVG/*Oetker* Rn. 263; *Raab* ZfA 1997, 183; **aA** ErfK/*Koch* Rn. 23; Richardi BetrVG/*Thüsing* Rn. 105; HWGNRH/*Huke* Rn. 75).

76a Über den Antrag **entscheidet das ArbG** durch Beschluss (§ 2a Abs. 1 Nr. 1, § 80, § 84 ArbGG). Bei Fehlen der Antragsbefugnis (→ ArbGG Rn. 31 ff.) wird der Antrag als unzulässig abgewiesen. Fehlt es an einem groben Verstoß wird der Antrag abgewiesen. Trifft den ArbGeb. eine Unterlassungspflicht kann von ihm auch verlangt werden bestimmte Handlungen selbst vorzunehmen oder auf Dritte einzuwirken, um eine ihm zurechenbare Zuwiderhandlung künftig zu verhindern (BAG 29.4.2004 – 1 ABR 30/02, NZA 2004, 670; WPK/*Kreft* Rn. 66).

b) Vollstreckungsverfahren

77 Im arbeitsgerichtlichen BeschlVerf. ordnet § 85 Abs. 1 S. 3 ArbGG für das Zwangsvollstreckungsverfahren die Geltung der Vorschriften des Achten Buches der ZPO an (→ ArbGG Rn. 62 ff.). Für das Vollstreckungsverfahren aus Ansprüchen nach § 23 Abs. 3 gelten die in § 23 Abs. 3 S. 2–5 geregelten Besonderheiten (GK-BetrVG/*Oetker* Rn. 268). Bei der **gerichtlichen Vollstreckung** der gem. Abs. 3 S. 1 vom ArbG festgesetzten Verpflichtung ist zu unterscheiden, ob dem ArbGeb. aufgegeben worden ist,

– eine Handlung zu unterlassen oder die Vornahme einer Handlung zu dulden (Abs. 3 S. 2 → Rn. 78ff.) oder
– eine Handlung vorzunehmen (Abs. 3 S. 3 → Rn. 90ff.).

Derart titulierte Pflichten des ArbGeb. gegenüber einem BR sind auf den jeweiligen Betrieb beschränkt. Verliert dieser Betrieb infolge einer Umstrukturierung seine Identität, geht die festgestellte Verpflichtung des ArbGeb. nunmehr ins Leere; der **titulierte Anspruch** erlischt. Werden Betriebe unter Fortbestehen ihrer Identität nach § 3 nur in anderer Weise als bisher zusammengefasst (→ § 3 Rn. 33ff.), bleiben sie räumlich abgegrenzte Teile des neuen Einheitsbetriebs. Beschränkt auf diese einzelnen Teile behalten darauf bezogene Unterlassungstitel ihre Wirkung (BAG 18.3.2008 – 1 ABR 3/07, NZA 2008, 1259; *Salomon* NZA 2009, 74).

aa) Ordnungsgeld

Ist der ArbGeb. rechtskräftig verpflichtet worden, eine **Handlung zu unterlassen** oder **die Vornahme einer Handlung zu dulden,** ist eine Verurteilung zur Zahlung eines **Ordnungsgeldes** möglich. Die Verhängung einer Ordnungshaft (§ 890 ZPO) ist nicht zugelassen. Eine Verhängung von Ordnungsgeld hat zur **Voraussetzung** eine vorherige Androhung durch das ArbG, deren Nichtbefolgung durch den ArbGeb. sowie einen Antrag auf Einleitung des Vollstreckungsverfahrens. 78

Vorherige Androhung durch das ArbG: 79

Die Androhung der Verhängung eines Ordnungsgeldes bei Nichtbefolgen der im arbeitsgerichtlichen Beschluss ausgesprochenen Verpflichtung kann bereits in dem Beschluss nach Abs. 3 S. 1 selbst enthalten sein (BAG 24.4.2007 – 1 ABR 47/06, NZA 2007, 818). Ist dies nicht der Fall, muss die gerichtliche Androhung auf Antrag eines der nach S. 1 Antragsbefugten (also nicht zwingend desjenigen, der im Erkenntnisverfahren den Antrag nach Abs. 3 S. 1 gestellt hat, vgl. Richardi BetrVG/*Thüsing* Rn. 109; GK-BetrVG/*Oetker* Rn. 282) nachgeholt werden. Solange eine Androhung fehlt, kann kein Ordnungsgeld verhängt werden. Die Androhung selbst muss nicht rechtskräftig erfolgt sein (GK-BetrVG/*Oetker* Rn. 280; DKKW/*Trittin* Rn. 300; ErfK/*Koch* Rn. 25; **aA** Richardi BetrVG/*Thüsing* Rn. 113; HWGNRH/*Huke* Rn. 78).

Es braucht kein bestimmtes Ordnungsgeld angedroht zu werden. Der **Hinweis auf das Höchstmaß** von 10 000 EUR genügt (vgl. Abs. 3 S. 5). Die Beschränkung auf diesen Betrag ist damit zu erklären, dass der Kreis der Antragsberechtigten gegenüber dem allgemeinen Recht erweitert ist (→ Rn. 69). Darüber hinaus trägt die Beschränkung dem besonderen, auf Dauer angelegten betriebsverfassungsrechtlichen Rechtsverhältnis der Betriebsparteien Rechnung. Wird ein niedrigeres Ordnungsgeld angedroht, darf bei der späteren Festsetzung des Ordnungsgeldes diese Summe nicht überschritten werden (GK-BetrVG/*Oetker* Rn. 284). 80

Nichtbefolgen der im rechtskräftigen arbeitsgerichtlichen Beschluss ausgesprochenen **Verpflichtung:** 81

Der aus einem entspr. Titel verpflichtete ArbGeb. muss selbst über die aus seiner Sicht zu treffenden geeigneten und erforderlichen Maßnahmen befinden, um seiner festgestellten Verpflichtung zu genügen. In der Regel wird es sich um technisch-organisatorische Änderungen oder um Anweisungen gegenüber den ArbN im Rahmen des Direktionsrechts handeln. Tritt der zu vermeidende Erfolg gleichwohl ein, ist im Rahmen der Zwangsvollstreckung nach § 890 ZPO zu prüfen, ob der ArbGeb. alles ihm Mögliche und Zumutbare getan hat, um seiner Unterlassungsverpflichtung zu genügen (BAG 14.11.2006 – 1 ABR 5/06, NZA 2007, 458). 81a

Der ArbGeb. muss **nach Rechtskraft** des arbeitsgerichtlichen Beschlusses gem. Abs. 3 S. 1 der in ihm enthaltenen Verpflichtung zuwidergehandelt haben. Zuwiderhandlungen vor Rechtskraft des Beschlusses rechtfertigen nicht die Verhängung eines Ordnungsgeldes (→ Rn. 76; GK-BetrVG/*Oetker* Rn. 285). 82

Bei der Festsetzung eines Ordnungsgeldes wegen Verstoßes des ArbGeb. gegen seine Verpflichtung, eine Handlung zu unterlassen oder die Vornahme einer Handlung 83 zu dulden, handelt es sich nicht um eine Beugemaßnahme. Deshalb ist die Verhängung des angedrohten Ordnungsgeldes auch dann noch zulässig, wenn der ArbGeb. nach einer Zuwiderhandlung, jedoch vor Vollstreckung des Ordnungsgeldes die Handlung unterlässt oder die Vornahme der angedrohten Handlung duldet. Ferner kann das angedrohte Ordnungsgeld wegen einer **jeden Zuwiderhandlung** gegen die gerichtlich angeordnete Verpflichtung erneut verhängt werden (GK-BetrVG/*Oetker* Rn. 293; DKKW/*Trittin* Rn. 313). Berücksichtigungsfähig sind aber nur solche Handlungen, die nach Eintritt der Rechtskraft des Unterlassungstitels erfolgt sind (HessLAG 5.4.2017 – 15 Ta 1522/16).

84 Als repressive Rechtsfolge eines vorausgegangenen Ordnungsverstoßes setzt die Verhängung des Ordnungsgeldes ein **Verschulden des ArbGeb.** voraus (GK-BetrVG/*Oetker* Rn. 288; DKKW/*Trittin* Rn. 309). Nicht erforderlich ist ein grobes Verschulden; Fahrlässigkeit genügt. Wenn Abs. 3 S. 1 einen groben Verstoß des ArbGeb. gegen seine Verpflichtungen aus diesem G verlangt, ist dies lediglich eine Voraussetzung dafür dar, dass das ArbG dem ArbGeb. eine der in S. 1 genannten Verpflichtungen auferlegen kann (→ Rn. 73). Dies hat jedoch keine Bedeutung für die Vollstreckung einer gerichtlich festgesetzten Verpflichtung. Andernfalls würde die Möglichkeit einer Zwangsvollstreckung gem. Abs. 3 S. 2 in einem gegenüber der normalen Zwangsvollstreckung unerträglichen Maße eingeschränkt.

85 Bei dem Ordnungsgeld handelt es sich nicht um eine Kriminalstrafe. Es ist daher zulässig, gegen den ArbGeb. wegen derselben Zuwiderhandlung ein Ordnungsgeld nach Abs. 3 S. 2 zu verhängen und ihn außerdem ggf. **nach § 119 zu bestrafen** oder **nach § 121 mit einer Geldbuße** zu belegen (hM).

86 **Antrag:** Das Vollstreckungsverf. wird nicht von Amts wegen eingeleitet. Es erfordert einen **gesonderten Antrag** eines Antragsberechtigten (→ Rn. 69). Nicht erforderlich ist, dass der Antrag von dem gestellt wird, der das Erkenntnisverf. durchgeführt hat. Vielmehr kann jeder der in Abs. 3 genannten Antragsberechtigten das Vollstreckungsverf. einleiten lassen (DKKW/*Trittin* Rn. 293). Der Antrag kann erst gestellt werden, nach dem der Beschl. nach Abs. 3 S. 1 rechtskräftig ist und das Ordnungsgeld angedroht ist (GK-BetrVG/*Oetker* Rn. 280; Richardi BetrVG/*Thüsing* Rn. 117 Rechtskraft auch der Androhung).

87 **Festsetzung des Ordnungsgeldes:** Die Festsetzung des Ordnungsgeldes erfolgt durch Beschluss des ArbG. Das gilt auch dann, wenn Grundlage der Vollstreckung eine rechtskräftige Entscheidung eines LAG oder des BAG ist. Der Beschluss des ArbG ist mit einer **Vollstreckbarkeitsklausel** nach § 724 ZPO zu versehen und zuzustellen (WPK/*Kreft* Rn. 70 mwN). Er kann ohne Anhörung ergehen (§ 85 Abs. 1 ArbGG iVm § 891 ZPO). Jedoch ist dem ArbGeb. stets **rechtliches Gehör** zu gewähren. Unterbleibt eine Anhörung, ist dem ArbGeb. jedenfalls Gelegenheit zur schriftlichen Stellungnahme zu geben. Gemäß § 53 Abs. 1 ArbGG entscheidet der Vors. der zuständigen Kammer allein (GMP/*Matthes/Spinner* ArbGG § 85 Rn. 23). Ist das Verschulden des ArbGeb. (→ Rn. 84) streitig, hat das ArbG Beweis zu erheben. Es gilt der Freibeweis, bei dem Beweisverfahren und -mittel im Ermessen des Gerichts stehen (WPK/*Kreft* Rn. 70).

88 Das bei jeder Zuwiderhandlung im Einzelfall zu verhängende Ordnungsgeld darf den Betrag von 10 000 EUR nicht übersteigen (vgl. Abs. 3 S. 5). Werden **mehrere Zuwiderhandlungen** geahndet, kann die Summe von insgesamt 10 000 EUR überschritten werden. Das Ordnungsgeld kann wiederholt verhängt werden (Richardi BetrVG/*Thüsing* Rn. 121; ErfK/*Koch* Rn. 25; GK-BetrVG/*Oetker* Rn. 294). Das festgesetzte Ordnungsgeld fällt an die Staatskasse; beigetrieben wird es nach den Vorschriften der JustizbeitreibungsO.

89 Gegen die Festsetzung des Ordnungsgeldes, aber auch gegen den selbständigen Androhungsbeschluss sind die Rechtsmittel des Zwangsvollstreckungsverfahrens gegeben (WPK/*Kreft* Rn. 75). Gegen den Festsetzungs- oder Androhungsbeschluss (BAG 2.6.2008 – 3 AZB 24/08, AP ArbGG 1979 § 85 Nr. 11) kann **sofortige Beschwerde** nach § 78 S. 2 ArbGG iVm § 83 Abs. 5 ArbGG eingelegt werden. Eine weitere Beschwerde als Rechtsbeschwerde bedarf der Zulassung nach § 72 Abs. 2 ArbGG iVm § 78 S. 2 ArbGG. Das BAG ist an die Zulassung gebunden (BAG 28.2.2003 – 1 ABR 52/02, NZA 2003, 516).

bb) Zwangsgeld

Führt der ArbGeb. entgegen einer rechtskräftig festgestellten Verpflichtung eine Handlung nicht durch, ist auf Antrag durch das ArbG zu erkennen, dass der ArbGeb. zur Vornahme der Handlung durch Zwangsgeld anzuhalten ist. Hierfür ist unerheblich, ob es sich um eine vertretbare Handlung handelt oder nicht (WPK/*Kreft* Rn. 72). 90

Der **Antrag** kann erst gestellt werden, wenn der Beschluss des ArbG **rechtskräftig** geworden ist (DKKW/*Trittin* Rn. 320; GK-BetrVG/*Oetker* Rn. 297). Zum Antragsrecht → Rn. 69. 91

Der Antrag muss keinen bestimmten Geldbetrag beziffern. Im Gegensatz zu Abs. 3 S. 2 kann das Zwangsgeld **ohne vorherige Androhung** verhängt werden (Richardi BetrVG/*Thüsing* Rn. 115). Es kann sofort festgesetzt werden. 92

Bei der Festsetzung des Zwangsgeldes gem. Abs. 3 S. 3 handelt es sich um eine **Beugemaßnahme.** Deshalb ist seine Verhängung unzulässig, wenn der ArbGeb. inzwischen die Handlung vorgenommen hat (GK-BetrVG/*Oetker* Rn. 302). Die Verhängung eines Zwangsgeldes setzt **kein Verschulden** des ArbGeb. voraus (DKKW/*Trittin* Rn. 321). Die wiederholte Festsetzung ist zulässig, wenn der ArbGeb. trotz Beitreibung des Zwangsgeldes die Handlung nicht vornimmt (GK-BetrVG/*Oetker* Rn. 303). 93

Auch die Festsetzung des Zwangsgeldes nach Abs. 3 S. 3 erfolgt durch **Beschluss** (§ 329 ZPO, § 53 ArbGG), der ohne mündliche Verhandlung ergehen kann. In diesem Falle entscheidet der Vors. der zuständigen Kammer des ArbG allein (vgl. § 53 Abs. 1 ArbGG). Die Gewährung rechtlichen Gehörs nach § 891 S. 2 ZPO für den ArbGeb. ist nicht geboten, da dieser die Vollstreckung des Zwangsgeldes durch Vornahme der gerichtlich festgesetzten Handlung abwenden kann (ErfK/*Koch* Rn. 26; **aA** GK-BetrVG/*Oetker* Rn. 304; Richardi BetrVG/*Thüsing* Rn. 118). 94

Hinsichtlich der **Höhe des Zwangsgeldes** und der zulässigen **Rechtsmittel** → Rn. 88 f.: beigetrieben wird das Zwangsgeld nach § 85 Abs. 1 S. 3 ArbGG iVm §§ 803 ff. ZPO. Es verfällt der Staatskasse. 95

4. Das Verhältnis zu anderen Vorschriften

a) Das Verhältnis zu anderen Ansprüchen

§ 23 Abs. 3 ermöglicht dem BR oder einer im Betrieb vertretenen Gewerkschaft bei einem grob pflichtwidrigen Verhalten des ArbGeb. von diesem das Unterlassen eines solchen Verhaltens oder die Beseitigung des betriebsverfassungswidrigen Zustandes zu verlangen (BAG 9.12.2003 – 1 ABR 44/02, NZA 2004, 746). Damit dient die Vorschrift dem **Schutz der betriebsverfassungsrechtlichen Ordnung** (Richardi BetrVG/*Thüsing* Rn. 73). Der ArbGeb. soll dazu angehalten werden, sich künftig entspr. dieser Ordnung zu verhalten oder einen dieser Ordnung entsprechenden Zustand herzustellen. 96

Diesen Zweck und dieses Ziel verfolgen auch andere und teilweise weitergehende Vorschriften, die das BetrVG dem BR oder der Gewerkschaft zum Schutz der Funktionsfähigkeit der betriebsverfassungsrechtlichen Ordnung zubilligt. § 23 Abs. 3 enthält deshalb **keine abschließende Regelung** (ErfK/*Koch* Rn. 27). Weitergehende Ansprüche können sich etwa ergeben aus § 2 Abs. 2 (Zutrittsrecht der Gewerkschaften), § 20 Abs. 3 (Tragung der Kosten der BRWahl), § 29 Abs. 3 (BRSitzung auf Verlangen des ArbGeb.), § 40 (Kosten der BRTätigkeit), § 41 (Umlageverbot, BAG 14.8.2002 – 7 ABR 29/01, NZA 2003, 626), § 44 (Kosten der BetrVerslg.), § 74 Abs. 2 (Unterlassung von Verstößen gegen die Friedenspflicht), § 78 S. 1 (Schutz der 97 betriebsverfassungsrechtlichen Vertr. vor unzuverlässigen Eingriffen des ArbGeb., BAG 12.11.1997 – 7 ABR 14/97, NZA 1998, 559), § 80 Abs. 2 (Vorlage von Unterlagen), § 89 Abs. 2 (Mitteilung von Arbeitsschutzvorschriften), § 90 (Unterrichtungs- und Beratungsrechte bei der Gestaltung der Arbeitsplätze), § 93 (Stellenausschreibung auf Verlangen des BR), §§ 111 ff. (Unterrichtungs- und Beratungsrechte bei Betriebsänderungen). Dies sind alles Bestimmungen, die den ArbGeb. zur Leistung von Geld oder Sachen, zur Vorlage von Unterlagen, zur Unterrichtung verpflichten. Sie geben einen unmittelbaren **Erfüllungsanspruch** und sind daher auch außerhalb des Verf. nach § 23 Abs. 3 nach allgemeinen Vorschriften des arbeitsgerichtlichen Verf. und nach allgemeinem Vollstreckungsrecht (§ 85 ArbGG) durchsetzbar. Dasselbe gilt für **Unterlassungsansprüche** zur Sicherung der Arbeit der InteressenVertr. Die Beachtung der MBR kann aber nicht durch die Vereinbarung einer **Vertragsstrafe** – auch nicht eine zugunsten Dritter – gesichert werden. Solche Vereinbarungen sind wegen fehlender Vermögens- und Rechtsfähigkeit des BR unwirksam (BAG 29.9.2004 – 1 ABR 30/03, NZA 2005, 123) oder stellen eine von § 78 S. 2 untersagte Begünstigung dar oder haben reinen Strafcharakter und sind deshalb gar nicht geeignet, einen betriebsverfassungswidrigen Zustand zu beseitigen. Vielmehr werden die finanziellen Folgen eines betriebsverfassungswidrigen Verhaltens für den ArbGeb. kalkulierbar. Das kommt einem Abkauf gesetzlicher Rechte gleich (BAG 19.1.2010 – 1 ABR 62/08, NZA 2010, 592; *Hexel/Lüders* NZA 2010, 613; *Gehlhaar* AuR 2008, 380; **aA** DKKW/*Trittin* Rn. 359; *Wiebauer* AuR 12, 150).

98 Umstritten war, ob § 23 Abs. 3 einen Unterlassungsanspruch des BR bei einer Verletzung von MBR abschließend regelt. Insoweit hatte der Erste Senat des BAG zunächst angenommen, der BR könne nur bei einem groben Verstoß des ArbGeb gegen das MBR das Unterlassen der mitbestimmungswidrigen Maßnahme verlangen (BAG 22.2.1983 – 1 ABR 27/81, NJW 1984, 196). Diese Rspr. hatte im Schrifttum erhebliche Kritik erfahren. Auch die ArbG waren ihr überwiegend nicht gefolgt. Sie hatten einen Unterlassungsanspruch unabhängig von den Voraussetzungen des § 23 Abs. 3 im Wege einstw. Verf. durchgesetzt (Nachw. bei BAG 3.5.1994 – 1 ABR 24/93, NZA 1995, 40).

99 Im Beschluss vom 3.5.1994 (1 ABR 24/93, NZA 1995, 40) hat das BAG diese Rspr. aufgegeben. Nunmehr ist anerkannt, dass dem BR bei einer Verletzung seines MBR aus § 87 neben dem Sondertatbestand des § 23 Abs. 3 ein **eigenständiger Unterlassungsanspruch** zusteht, er sich also unabhängig von den Voraussetzungen des § 23 Abs. 3 gegen zu erwartende Verletzungen des MBR aus § 87 zur Wehr setzen kann (BAG 15.5.2007 – 1 ABR 32/06, NZA 2007, 1240). Diesen leitet das BAG aus den aus § 87 folgenden besonderen Rechtsbeziehungen zwischen BR und ArbGeb ab.

100 Nach § 87 darf der ArbGeb. die dort beschriebenen Maßnahmen nur durchführen, wenn er sich mit dem BR hierüber geeinigt hat oder die Einigung durch Spruch der E-Stelle ersetzt wurde (§ 87 Abs. 2). Das Gesetz, das dem BR ein MBR einräumt, muss zugleich sicherstellen, dass der ArbGeb. keine vollendeten Tatsachen schaffen darf und sich nicht über bestehende MBR hinwegsetzen kann. Der Unterlassungsanspruch ergibt sich aus den Rechtsbeziehungen zwischen ArbGeb. und BR. Diese Rechtsbeziehungen sind einem gesetzlich begründeten Dauerschuldverhältnis ähnlich. Es wird bestimmt durch wechselseitige Rücksichtspflichten, die sich aus § 2 ergeben (*v. Hoyningen-Huene* NZA 1989, 121). Der ArbGeb. muss alles unterlassen, was der Wahrnehmung der MBR entgegensteht (BAG 3.5.1994 – 1 ABR 24/93, NZA 1995, 40; 3.5.2006 – 1 ABR 14/05, AP BetrVG 1972 § 87 Arbeitszeit Nr. 119; hM).

101 Das BAG hat damit anerkannt, dass ohne einen allgemeinen Unterlassungsanspruch die MBR nicht hinreichend gesichert sind. Insbes. reichen individualrechtliche Rechtsfolgen (Theorie der Wirksamkeitsvoraussetzung, → § 87 Rn. 599) in der Regel nicht aus, die Einhaltung der Rechte des BR zu gewährleisten. Richtig ist, dass der BR als Träger der MBR selbst die Möglichkeit haben muss, seine Rechte durchzusetzen (BAG 3.5.1994 – 1 ABR 24/93, NZA 1995, 40). Dazu kann auch ein Beseitigungsanspruch gehören (BAG 16.6.1998 – 1 ABR 68/97, NZA 1999, 49).

Der allgemeine Unterlassungsanspruch bei Verletzung eines MBR aus § 87 setzt allerdings eine **Wiederholungsgefahr** voraus. Eine solche folgt regelmäßig aus dem mitbestimmungswidrigen Verhalten des ArbGeb. An dieser tatsächlichen Vermutung fehlt es nur dann, wenn auf Grund besonderer Umstände des Einzelfalls eine erneute Beeinträchtigung des Mitbestimmungsrechts unwahrscheinlich ist (BAG 29.2.2000 – 1 ABR 4/99, NZA 2000, 1066). 102

Der BR kann einen allgemeinen Unterlassungsanspruch bei Verletzung eines MBR mittels **einstw. Vfg.** durchsetzen. Das ist Praxis der LAG (GK-BetrVG/*Oetker* Rn. 186; prozessuale Einzelheiten bei *Clemenz* NZA 2005, 129). Im einstw. Rechtsschutzverfahren ist die Rechtsbeschwerde zum BAG unzulässig (BAG 22.1.2003 – 9 AZB 7/03, NZA 2003, 399; *Kerwer* RdA 2004, 121). 103

Allerdings begründet nicht jede Verletzung von Rechten des BR ohne Rücksicht auf § 23 Abs. 3 einen Unterlassungsanspruch. Hierfür kommt es nach der stRspr (BAG 3.5.1994 – 1 ABR 24/93, NZA 1995, 40) auf den Gegenstand des MBR, dessen konkrete Ausgestaltung und die Art der Rechtsverletzung an. Umstritten ist deshalb, ob dem BR auch bei **personellen Einzelmaßnahmen** nach § 99 oder bei **Betriebsänderungen,** die der ArbGeb. ohne die von § 111 vorgeschriebene Konsultation plant, ein Unterlassungsanspruch zusteht. 104

Zum Unterlassungsanspruch bei **personellen Einzelmaßnahmen** → § 99 Rn. 295 ff. Ein ArbGeb., der das Zustimmungserfordernis des § 99 Abs. 4 ignoriert, handelt grob betriebsverfassungswidrig. Das rechtfertigt einen Anspruch auf Unterlassen dieser personellen Einzelmaßnahme bereits nach § 23 Abs. 3. Hierzu bedarf es keines allgemeinen Unterlassungsanspruchs. Diesen lehnt BAG zu Recht wegen der besonderen Ausgestaltung des Zustimmungsersetzungsverfahrens nach § 100 wie des Aufhebungsverfahrens nach § 101 ab (BAG 23.6.2009 – 1 ABR 23/08, NZA 2009, 1430). 105

Zum Unterlassungsanspruch bei **Betriebsänderungen** → § 111 Rn. 131 ff. Zum Unterlassungsanspruch bei **Auswahlrichtlinien** → § 95 Rn. 31; bei berufl. Bildungsmaßnahmen → § 98 Rn. 42). 106

b) Das Verhältnis zur allgemeinen Zwangsvollstreckung nach § 85 ArbGG

Die Regelung des **Abs. 3 stellt auch keine** die allgemeine Zwangsvollstreckung nach § 85 ArbGG ausschließende **Sonderregelung** dar (BAG 17.5.1983 – 1 ABR 21/80, AP BetrVG 1972 § 80 Nr. 19, soweit Vorschriften des BetrVG den ArbGeb. zur Leistung von Geld oder Sachen, zur Vorlage von Unterlagen oder zur Unterrichtung verpflichten; GK-BetrVG/*Oetker* Rn. 214; DKKW/*Trittin* Rn. 325; ErfK/*Koch* Rn. 27; **aA** HWGNRH/*Huke* Rn. 97). 107

Der Gesetzgeber hat zusammen mit der Vorschrift des § 23 Abs. 3 gleichzeitig § 85 Abs. 1 in das ArbGG eingefügt und damit die Zwangsvollstreckungsvorschriften der ZPO allgemein für das BeschlVerf. für anwendbar erklärt (→ ArbGG Rn. 54 f.). Zweck des § 23 Abs. 3 ist es ua, die Einhaltung des G durch die erweiterte Möglichkeit der Verhängung von Sanktionen gegen den gesetzwidrig handelnden ArbGeb. besser zu sichern. Dieses Ziel würde praktisch in sein Gegenteil verkehrt, wenn § 23 Abs. 3 mit seiner engen Voraussetzung einer vorangegangenen groben Pflichtverletzung die allgemeinen Zwangsvollstreckungsmöglichkeiten ausschließen würde. Insbes. wäre damit eine vorbeugende Sicherung der Mitbestimmungs- und Mitwirkungsrechte des BR ausgeschlossen. Der gleichzeitige Erlass sowohl des § 23 Abs. 3 als auch des § 85 Abs. 1 ArbGG und der mit ihnen verfolgte gesetzgeberische Zweck zeigen eindeutig, dass § 85 Abs. 1 ArbGG neben § 23 Abs. 3 anwendbar ist. 108

Deshalb kann der ArbGeb., auch wenn er keine grobe, sondern lediglich **eine leichte Pflichtverletzung** begangen hat, auf Antrag des materiell Berechtigten durch das ArbG zur Erfüllung seiner gesetzlichen Pflichten angehalten werden 109

(→ Rn. 96 ff.). Aus Beschlüssen des ArbG, durch die dem ArbGeb. aufgegeben worden ist, eine Handlung zu unterlassen, die Vornahme einer Handlung zu dulden oder eine Handlung vorzunehmen, kann gem. § 85 ArbGG nach den allgemeinen Zwangsvollstreckungsvorschriften des Achten Buches der ZPO vollstreckt werden.

110 Ein materiell Nichtberechtigter aber nach § 23 Abs. 3 Antragsbefugter kann nur das Verfahren nach § 23 Abs. 3 betreiben. Dagegen kann der materiell Berechtigte bei einer groben Pflichtwidrigkeit des ArbGeb einen Unterlassungsanspruch sowohl nach § 23 Abs. 3 als auch nach allgemeinen Grundsätzen durchsetzen. Beim allgem. Unterlassungsanspruch ist er nicht auf das Zwangsvollstreckungsverfahren nach § 23 Abs. 3 S. 2–5 beschränkt. Er kann auch nach allgemeinem Zwangsvollstreckungsrecht vorgehen (GK-BetrVG/*Oetker* Rn. 215; ErfK/*Koch* Rn. 27; DKKW/*Trittin* 328). Dennoch ist hinsichtlich der Art und der Höhe der jeweiligen Ordnungsmittel die speziellere Regelung des § 23 Abs. 3 S. 5 zu beachten (BAG 29.4.2004 – 1 ABR 30/02, NZA 04, 670). Jene schließt die Verhängung von Ordnungshaft aus und begrenzt die Höhe des Ordnungsgeldes auf 10 000 EUR, obwohl die Anforderungen eines Unterlassungsanspruchs nach § 23 Abs. 3 strenger sind als die des allgemeinen Unterlassungsanspruchs des BR bei mitbestimmungswidrigem Verhalten des ArbGeb. Demnach können zur Vermeidung von **Wertungswidersprüchen** die Ordnungsmittel zur Durchsetzung des allgemeinen Unterlassungsanspruchs nicht strenger als der in § 23 Abs. 3 geregelte Rahmen sein (BAG 29.4.2007 – 1 ABR 30/02, NZA 2004, 670). Das schließt die Verhängung von Ordnungshaft oder ein 10 000 EUR übersteigendes Ordnungsgeld für jeden Fall der Zuwiderhandlung aus (BAG 5.10.2010 – 1 ABR 71/09, NZA 2011, 174).

110a Aufgrund der Geltung des allgem. Zwangsvollstreckungsrechts kann der Schuldner die Unzulässigkeit der Zwangsvollstreckung auch im Wege einer **Vollstreckungsabwehrklage** geltend machen (§ 85 Abs. 1 S. 1, S. 3 ArbGG iVm § 767 Abs. 1 ZPO). Dabei geht es allein um die Beseitigung der Vollstreckbarkeit eines Titels, nicht um dessen Wirksamkeit, also nicht um den vollstreckbaren Anspruch selbst (BAG 18.3.2008 – 1 ABR 3/07, NZA 2008, 1259). Hält der Schuldner den Titel aber für nicht hinreichend bestimmt und damit keiner Vollstreckung fähig, kann er gegen dessen Vollstreckung ebenfalls im Wege einer Vollstreckungsabwehrklage vorgehen (§ 767 Abs. 1 ZPO analog; BAG 18.3.2008 – 1 ABR 3/07, NZA 2008, 1259).

IV. Antragsbefugnis des BR nach dem AGG

111 § 17 Abs. 2 AGG billigt BR oder einer im Betrieb vertretenen Gewerkschaft das Recht zu, sicherzustellen, dass der ArbGeb. seinen Verpflichtungen nach dem AGG nachkommt. Dazu regelt die Vorschrift iVm § 23 Abs. 3 S. 1 das **Erkenntnisverf.** und verweist hinsichtlich des **Vollstreckungsverf.** auf § 23 Abs. 3 S. 2–5.

1. Erkenntnisverfahren

112 Das **Antragsrecht** setzt einen groben Verstoß des ArbGeb. gegen dessen Verpflichtungen aus dem **Abschnitt 2 des AGG** voraus. Das sind im Einzelnen die Verletzung des Benachteiligungsverbots nach § 7 AGG, der in den §§ 11, 12 AGG geregelten Organisationspflichten (Ausschreibungspflicht, präventive und repressive Schutzmaßnahmen) sowie die in den §§ 13–16 AGG geregelten Rechte von Beschäftigten. Ein kollektiver Bezug ist nicht erforderlich; es genügt nach Sinn und Zweck des Antragsrechts, wenn die Pflichtverletzung nur einen einzelnen Beschäftigten betrifft. Bereits das ist ein Verstoß gegen die kollektive betriebliche Ordnung (*Besgen/Roloff* NZA 2007, 670; einschränkend *Klumpp* NZA 2006, 904). Trotz des missverständlichen Wortlauts setzt das Antragsrecht nicht auch noch das Vorliegen einer betriebsverfassungsrechtlichen Rechtsverletzung voraus; § 17 Abs. 2 AGG verweist lediglich hinsichtlich des Verfahrens auf § 23 Abs. 3 (BAG 18.8.2009 – 1 ABR

47/08, NZA 2010, 222); HK-AGG/*Buschmann* § 17 Rn. 13). Es muss sich aber um eine **grobe Pflichtverletzung** handeln, also objektiv erheblich und offensichtlich schwerwiegend sein. Ein einmaliger Verstoß kann hierfür genügen; leichtere Verstöße können durch mehrmaliges Wiederholen zur groben Pflichtwidrigkeit werden. Eine solche kann in einem Tun oder Unterlassen liegen, verlangt aber kein schuldhaftes Verhalten des ArbGeb. (*Besgen/Roloff* NZA 2007, 670). Soweit dieser in einer schwierigen und ungeklärten Rechtsfrage nach einer vertretbaren Rechtsansicht handelt, scheidet eine grobe Pflichtverletzung aus. Allerdings verletzt ein ArbGeb. seine **Pflicht zur diskriminierungsfreien Stellenausschreibung** in grober Weise, wenn er für innerbetriebl. Ausschreibungen den Kreis der potentiellen Bewerber aufgrund eines scheinbar neutralen Kriteriums auf jüngere ArbN beschränkt, aber mit dieser Beschränkung kein rechtmäßiges Ziel verfolgt und die Begrenzung hierfür auch offensichtlich untauglich ist (BAG 18.8.2009 – 1 ABR 47/08, NZA 2010, 222).

Antragsberechtigt sind der BR und im Rahmen ihrer gesetzlicher Zuständigkeiten auch der GBR oder KBR sowie jede im Betrieb vertretene Gewerkschaft (→ § 2 Rn. 24). Bei LeihArbN ist auch der BR des Entleiherbetriebs antragsbefugt (vgl. § 6 Abs. 2 S. 2 AGG). Einzelne BRMitgl., einer Arbeitsgruppe nach § 28 oder der JugAzubiVertr. sind nicht antragsberechtigt. Die Einleitung des Verfahrens bedarf eines ordnungsgem. **Beschlusses des BR,** nicht hingegen der Zustimmung der benachteiligten ArbN (HK-AGG/*Buschmann* § 17 Rn. 18). 113

Zutreffende Verfahrensart ist das **BeschlVerf.;** wegen der Verweisung auf § 23 handelt es sich um eine Angelegenheit iSd BetrVG (hM). Die in individuellen Rechten betroffenen ArbN sind nicht zu beteiligen (*Klumpp* NZA 2006, 904). Das Antragsrecht soll den ArbGeb. dazu anhalten, seine Pflichten nach dem AGG zu erfüllen. Je nach Art der Pflichtverletzung kann von ihm das Unterlassen von Handlungen oder die Vornahme einer Handlung bzw. deren Duldung verlangt werden (*Bauer/Krieger* AGG § 17 Rn. 11). Für den **Unterlassungsanspruch** ist keine Wiederholungsgefahr erforderlich (→ Rn. 65). Ein solcher Antrag muss hinreichend bestimmt sein (→ Rn. 70 ff., → ArbGG Rn. 20 ff.). Einstw. Vfg. sind möglich (→ Rn. 76; *Schleusener* AGG Rn. 7), § 17 Abs. 2 AGG ist keine bloße Sanktionsregelung (**aA** *Bauer/Krieger* AGG § 17 Rn. 26). Allerdings darf der BR nicht die Ansprüche von Benachteiligten geltend machen (§ 17 Abs. 2 S. 2 AGG). Für **Feststellungs- und Folgebeseitigungsanträge,** die § 23 Abs. 3 nicht regelt, fehlt es an der Antragsbefugnis (vgl. HK-AGG/*Buschmann* § 17 Rn. 28). Klagen auf Feststellung eines grob pflichtwidrigen Verhaltens des ArbGeb. betreffen auch nicht das Rechtsverhältnis der Betriebsparteien zueinander und erfüllen auch aus diesem Grund nicht die Voraussetzungen des § 256 ZPO. 114

2. Vollstreckungsverfahren

§ 85 Abs. 1 S. 3 ArbGG ordnet im arbeitsgerichtl. BeschlussVerf. für die Zwangsvollstreckung die Geltung der Vorschriften des Achten Buches der ZPO an, die nach § 17 Abs. 2 AGG durch die in § 23 Abs. 3 S. 2–5 geregelten Besonderheiten ergänzt werden. Danach kommen nach dem rechtskräftigen Abschluss des Erkenntnisverfahrens die Verhängung eines **Ordnungsgeldes** (→ Rn. 78 ff.) oder die Verhängung eines **Zwangsgeldes** (→ Rn. 90 ff.) in Betracht. Diese sind an die Staatskasse zu zahlen und kommen nicht etwa dem oder den Benachteiligten zugute (*Klumpp* NZA 2006, 904). 115

§ 24 Erlöschen der Mitgliedschaft

Die Mitgliedschaft im Betriebsrat erlischt durch

1. Ablauf der Amtszeit,
2. Niederlegung des Betriebsratsamtes,

3. Beendigung des Arbeitsverhältnisses,
4. Verlust der Wählbarkeit,
5. Ausschluss aus dem Betriebsrat oder Auflösung des Betriebsrats aufgrund einer gerichtlichen Entscheidung,
6. gerichtliche Entscheidung über die Feststellung der Nichtwählbarkeit nach Ablauf der in § 19 Abs. 2 bezeichneten Frist, es sei denn, der Mangel liegt nicht mehr vor.

Inhaltsübersicht

I. Vorbemerkung

1 Die Vorschrift regelt nach ihrer Änderung durch das BetrVerf-ReformG nur noch die Beendigung der Mitglschaft im BR. Der frühere Abs. 2, der die Auswirkungen des Wechsels der arbeitsrechtlichen Gruppenzugehörigkeit eines BRMitgl. während seiner Mitgliedschaft im BR normiere, ist mit der **Aufgabe des Gruppenprinzips** durch das BetrVerf-ReformG (vgl. Art. 1 Nr. 6) überflüssig geworden. Im Gegensatz zum Erlöschen der Mitglschaft des einzelnen Mitgl. des BR steht die Beendigung der Amtszeit des BR als Kollektivorgan. Diese ist in § 21 geregelt (→ § 21 Rn. 15 ff.).

2 Die **Aufzählung** der sechs Gründe in Abs. 1, nach denen die Mitglschaft des einzelnen Mitgl. im BR erlischt, ist **nicht abschließend.** So ist etwa der Tod ein Unterfall der Beendigung des Arbeitsverhältnisses, da die Arbeitsleistung regelmäßig persönlich zu erbringen ist. Mit dem Tod oder der Todeserklärung erlischt stets die Mitglschaft im BR (GK-BetrVG/*Oetker* Rn. 30; Richardi BetrVG/*Thüsing* Rn. 7). Wegen des Verlustes der Wählbarkeit durch Übertritt in den Kreis der leitenden Ang. → Rn. 33. Wegen Beendigung der Mitglschaft durch Übertritt in einen anderen Betrieb des Unternehmens → Rn. 36; zu den Besonderheiten beim Übergangsmandat vgl. § 21a.

3 Die Mitglschaft erlischt in den Fällen des Abs. 1 Nr. 1–4 kraft Gesetzes. Es bedarf dafür keiner besonderen gerichtlichen Feststellung. Demgegenüber erlischt die Mitglschaft in den Fällen des Abs. 1 Nr. 5 u. 6 nur auf Grund einer die Rechtslage gestaltenden gerichtlichen Entscheidung.

4 Für noch nicht nachgerückte **ErsMitgl.** gilt Abs. 1 nicht unmittelbar sondern entsprechend. Deshalb erlischt bei Vorliegen eines der Tatbestände des Abs. 1 die Anwartschaft des Ersatzmitglieds, in den BR nachzurücken (GK-BetrVG/*Oetker* Rn. 76; Richardi BetrVG/*Thüsing* Rn. 5; zum Fall des Abs. 1 Nr. 5 → § 23 Rn. 30).

5 Die Vorschrift gilt auch für die Mitgliedschaft in einer durch Vereinbarung nach § 3 Abs. 1 Nr. 1–3 geschaffenen Arbeitnehmervertretung. Sie betrifft auch die Mitgl. der BordVertr. und des SeeBR, wobei jedoch für die Beendigung der Mitgliedschaft (vgl. Abs. 1) die ergänzenden Sonderregelungen in § 115 Abs. 3 Nr. 2 und § 116 Abs. 2 Nr. 9 zu beachten sind. Für die JAV gilt die Vorschrift entspr. (vgl. § 65 Abs. 1). Sie gilt nicht für den GesBR, den KBR, die GesJAV und die KJAV Hier greifen die Sonderbestimmungen der §§ 49, 57, 73 Abs. 2 u. 73b Abs. 2 ein.

6 Die Vorschrift ist **zwingend** und kann weder durch TV noch durch BV abbedungen werden (hM).

7 Entsprechende Vorschriften: § 29 BPersVG, § 9 Abs. 2 SprAuG, § 32 EBRG.

II. Erlöschen der Mitgliedschaft im Betriebsrat

1. Ablauf der Amtszeit

Mit dem Ablauf der Amtszeit endet die **Mitglschaft aller Mitgl. des BR.** In Betracht kommen der Ablauf der regelmäßigen Amtszeit (§ 21 S. 1), ferner die vorzeitige Beendigung der Amtszeit nach § 21 S. 3 u. 5 sowie die Fälle der verlängerten Amtszeit gem. § 21 S. 4 (→ § 21 Rn. 16ff.). Schließlich sind die erfolgreiche Anfechtung der Wahl (§ 19) sowie die rechtskräftige Auflösung des BR durch das ArbG (§ 23 Abs. 1) zu nennen. Dabei ist die Mitglschaft des BRMitgl. an das Bestehen des BR als betriebsverfassungsrechtliches Organ gebunden. Mit dem Ende seiner Amtszeit erlischt auch die Mitglschaft. Die Feststellung der Nichtigkeit beendet keine Amtszeit, da ein BR in diesem Fall von Anfang an nicht bestanden hat. 8

2. Amtsniederlegung

Amtsniederlegung ist die **freiwillige Aufgabe** des Amtes des BRMitgl. Sie kann schon unmittelbar nach der Wahl erklärt werden (VGH BW 26.9.1995 – PB 15 S 1138/9, NZA-RR 1996, 158). Die Ablehnung der Wahl nach § 17 Abs. 1 S. 2 WO 2001 zur Vermeidung der in dieser Vorschrift geregelten Annahmefiktion ist keine Amtsniederlegung. Ein BRMitgl. hat vor der Wahlannahme noch kein BRAmt inne (GK-BetrVG/*Oetker* Rn. 9). 9

Eine **Form** ist für die Amtsniederlegung **nicht** vorgeschrieben (ErfK/*Koch* Rn. 3; Richardi BetrVG/*Thüsing* Rn. 8). Es genügt die mündliche Erklärung gegenüber allen Mitgl. des BR (zB in einer BRSitzung) oder dessen Vors. (vgl. § 26 Abs. 3), nicht gegenüber dem ArbGeb. (LAG SchlH 19.8.1966 – 1 TaBV 3/66, AP BetrVG § 24 Nr. 4) oder der BetrVerslg. (GK-BetrVG/*Oetker* Rn. 13). Eine gegenüber der BetrVerslg. abgegebene Erklärung kann allerdings wirksam sein, wenn im Wege der Auslegung festgestellt wird, dass sie auch gegenüber dem BRVors. als Leiter der BetrVerslg oder allen Mitgliedern des BR abgegeben worden ist (DKKW/*Buschmann* Rn. 7; Richardi BetrVG/*Thüsing* Rn. 9). Ist ein Betrieb stillgelegt und besteht zum Zeitpunkt der Betriebsstilllegung der BR nur noch aus einem Mitglied, übt dieser das Restmandat aus. Das Restmandat ist die Fortsetzung des ursprünglichen Mandats. Es kann wie dieses zu jedem Zeitpunkt niedergelegt werden. Ist infolge der Stilllegung des Betriebs keine Belegschaft mehr vorhanden, kann die Amtsniederlegung ausnahmsweise gegenüber dem ArbGeb. erklärt werden (BAG 12.1.2000 – 7 ABR 61/98, NZA 2000, 669). Die Erklärung muss eindeutig sein; es gelten die allgemeinen Auslegungsgrundsätze für Willenserklärungen (§§ 133, 157 BGB). Von der Amtsniederlegung ist die bloße Absichtserklärung, das Amt niederlegen zu wollen, zu unterscheiden. Diese ist rechtlich bedeutungslos. Die Amtsniederlegung bewirkt die Beendigung der Mitglschaft im Zeitpunkt ihrer Erklärung, bei schriftlicher Erklärung mit dem Zugang des Schreibens an den Empfänger, es sei denn, dass der Erklärende selbst einen anderen Zeitpunkt festsetzt, zB in dem er mitteilt, er werde mit Ablauf des Monats aus dem Amt ausscheiden. 10

Die Erklärung kann mit Rücksicht auf die mit ihr verknüpfte Rechtsfolge der Beendigung der Mitglschaft im BR **nicht zurückgenommen** oder **widerrufen** werden (VGH BW 26.9.1995 – PB 15 S 1138/9, NZA-RR 1996, 158). Sie kann auch nicht an den Eintritt oder Nichteintritt einer Bedingung geknüpft werden (GK-BetrVG/*Oetker* Rn. 15 nur aufschiebende Bedingung, deren Eintreten rechtssicher formuliert ist; Richardi BetrVG/*Thüsing* Rn. 10). Jedoch kann Mangel der Ernstlichkeit (§ 118 BGB) eingewandt werden (GK-BetrVG/*Oetker* Rn. 17; enger Richardi BetrVG/*Thüsing* Rn. 10, nur wenn dem Erklärungsempfänger der Mangel der Ernstlichkeit erkennbar war). Die Erklärung kann nicht angefochten werden, da sich BR und ArbN nicht mit unklaren und ungewissen Mitgliedschaften belasten können 11

(DKKW/*Buschmann* Rn. 9; Richardi BetrVG/*Thüsing* Rn. 11; ErfK/*Koch* Rn. 3; GK-BetrVG/*Oetker* Rn. 16; einschränkend HWGNRH/*Huke* Rn. 7, die eine Anfechtung wegen Drohung oder arglistiger Täuschung zulassen). Deshalb ist aus Gründen der Rechtssicherheit ein Anfechtungsrecht ausgeschlossen.

12 Von der Amtsniederlegung zu unterscheiden sind die Fälle, in denen ein BRMitgl. konkrete **Funktionen** innerhalb des BR **niedergelegt** (zB Niederlegung des Vorsitzes, Ausscheiden aus dem BetrAusschuss). Dies berührt die Mitglschaft im BR nicht. Die vakanten Posten sind vom BR neu zu besetzen (hM).

3. Beendigung des Arbeitsverhältnisses

13 Da nur betriebsangehörige ArbN wählbar sind, erlischt die Mitglschaft im BR mit der Beendigung des Arbeitsverhältnisses. Entscheidend ist die **rechtliche Beendigung** des Arbeitsverhältnisses. Eine nachfolgende Wiedereinstellung lässt das BRAmt nicht aufleben (→ Rn. 23). Die Mitglschaft besteht aber fort, wenn das Arbeitsverhältnis nur ruht, in seinem rechtlichen Bestand aber aufrechterhalten bleibt. Zu denken ist etwa an Sonderurlaub, Zeiten des Mutterschutzes oder Elternzeit (BAG 25.5.2005 – 7 ABR 45/05, NZA 2005, 1002). Auch wenn ein ArbN im Rahmen von Freiwilligendiensten, des Zivil- oder Katastrophenschutzes zum Einsatz kommt, wird die Zugehörigkeit zum BR nicht berührt (hM). Das betreffende BRMitgl. ist lediglich zeitweise an der Ausübung seines Amtes gehindert. Für die Zeit der Verhinderung rückt ein ErsMitgl. vorübergehend in den BR nach. Etwas anderes gilt, wenn der Einsatz eines **Beamten** in einem Betrieb eines privatrechtlich organisierten Unternehmens endet. In diesem Fall verliert der Beamte die Eigenschaft als ArbN iSd § 5 Abs. 1 S. 3, die Voraussetzung der Wählbarkeit ist.

14 Eine Beendigung des Arbeitsverhältnisses erfolgt in erster Linie durch **Kündigung.** Kündigt das BRMitgl. unter Einhaltung der in Betracht kommenden Kündigungsfrist, so erlischt die Mitglschaft im BR erst mit Ablauf der Kündigungsfrist. Einigen sich die Parteien noch vorher über eine unmittelbare **Fortsetzung des Arbeitsverhältnisses** erlischt das BRAmt nicht (LAG Düsseldorf 15.4.2011 – 6 Sa 857/10, NZA-RR 2011, 531; bei Befristung BAG 23.1.2002 – 7 AZR 611/00, NZA 2002, 986).

15 Eine ordentliche Kündigung gegenüber einem BRMitgl., die grds. unzulässig ist (§ 15 Abs. 1 KSchG), kommt nur bei der Stilllegung oder Teilstilllegung des Betriebs in Betracht (vgl. § 15 Abs. 4 und § 5 KSchG; → § 103 Rn. 12ff.). Für den Ausspruch einer **außerordentlichen Kündigung** aus wichtigem Grund ist entweder die Zustimmung des BR oder ein die Zustimmung des BR ersetzender rechtskräftiger Beschluss des ArbG erforderlich (→ § 103 Rn. 17ff.). Entsprechendes gilt für einen Auflösungsantrag nach § 9 KSchG (BAG 29.8.2013 – 2 AZR 419/12, NZA 2014, 660).

16 Kündigt der ArbGeb. nach Zustimmung des BR oder einer diese Zustimmung ersetzenden rechtskräftigen arbeitsgerichtlichen Entscheidung einem BRMitgl. außerordentlich, so endet mit **Zugang der Kündigungserklärung** das Arbeitsverhältnis und damit die Mitglschaft im BR. Erhebt das BRMitgl. Kündigungsschutzklage, so bleibt die Wirksamkeit der Kündigung bis zur rechtskräftigen Entscheidung des Kündigungsschutzprozesses offen. Gleichwohl ist das gekündigte BRMitgl. während des Kündigungsschutzprozesses wegen seiner Entlassung nicht in der Lage, sein BRAmt wahrzunehmen. Es ist vielmehr während dieser Zeit im Sinne von § 25 Abs. 1 S. 2 an der Ausübung seines Amtes gehindert. An seine Stelle tritt ein ErsMitgl. in den BR ein (BAG 14.5.1997 – 7 ABR 26/96, NZA 1997, 1245). Etwas anderes gilt, soweit das BRMitgl. während des Kündigungsschutzverfahrens einen vorläufigen Weiterbeschäftigungsanspruch – ggf. im Wege einer einstw. Verfg. – durchsetzt. In diesem Falle nimmt es auch wieder seine BRFunktionen wahr (LAG Hamm 12.12.2001 – 10 Sa 1741/01, NZA-RR 2003, 311).

17 Da während des Kündigungsrechtsstreits über die außerordentliche Kündigung noch nicht feststeht, ob Betriebszugehörigkeit und BRAmt fortbestehen, kann zu-

gunsten des BRMitgl. im Allgemeinen auch **keine einstweilige Verfügung** zum Schutze der BRTätigkeit erlassen werden (LAG Köln 12.12.2001 – 8 TaBV 72/01, NZA-RR 2002, 425; LAG Hamm 24.9.2004 – 10 TaBV 95/04, BeckRS 2009, 54798; GK-BetrVG/*Oetker* § 25 Rn. 37; HWGNRH/*Huke* Rn. 12). Zulässig ist eine einstweilige Verfügung allerdings, wenn der ArbGeb. die Kündigung ohne Zustimmung des BR oder eine die Zustimmung ersetzende arbeitsgerichtliche Entscheidung nach § 103 Abs. 2 ausgesprochen hat oder die Kündigung aus einem anderen Grunde offensichtlich unwirksam ist (LAG Hamm 12.12.2001 – 10 Sa 1741/01, NZA-RR 2003, 311; GK-BetrVG/*Oetker* § 25 Rn. 38; DKKW/*Buschmann* Rn. 15; HWGNRH/*Huke* Rn. 12; **aA** *Heinze* RdA 1986, 288, für den Fall der Weiterbeschäftigung).

Steht zum Zeitpunkt der **Betriebsstilllegung** auf Grund eines Kündigungsschutzverfahrens noch nicht rechtskräftig fest, ob das Arbeitsverhältnis durch die Kündigung wirksam beendet ist, bleibt das BRMitgl. an der Wahrnehmung seiner Amtsaufgaben aus rechtlichen und tatsächlichen Gründen gehindert, wenn wegen Wegfalls der Betriebsorganisation keine Weiterbeschäftigung erfolgen kann. Insoweit fehlt es unabhängig von dem Ausgang eines Kündigungsschutzverfahrens an der von § 7 Abs. 1 iVm § 8 vorausgesetzten Eingliederung in eine betriebliche Organisation (BAG 14.5.1997 – 7 ABR 26/96, NZA 1997, 1245). Es kann allerdings ein Restmandat in Betracht kommen (→ § 21b Rn. 16 ff.). 18

Etwas anderes gilt in den Fällen, in denen das BR-Mitgl. zusammen mit weiteren AN bis zum rechtskräftigen Abschluss des Kündigungsschutzverfahrens in einer **betriebsratsfähigen Einheit weiterbeschäftigt** wird. Zwar wäre das BRMitgl. wegen der Ungewissheit über den Fortbestand des Arbeitsverhältnisses faktisch an der Amtsführung gehindert (BAG 14.5.1997 – 7 ABR 26/96, NZA 1997, 1245). Doch besteht in einem solchen Fall regelmäßig nicht die Möglichkeit, die zeitweilige Verhinderung durch ein ErsMitgl. zu überbrücken. Gleichwohl bleibt in Bezug auf die verbliebenen AN ein Schutzbedarf. Zur Vermeidung einer Schutzlücke, die sich aus einem unterschiedlichen Umfang von Voll- und Restmandat ergeben könnte, bleibt das gekündigte BRMitgl. bis zum negativen Ausgang des Kündigungsschutzverfahrens im Amt. 19

Das Arbeitsverhältnis kann auch durch einen **Aufhebungsvertrag** zwischen ArbGeb. und BRMitgl. beendet werden und zwar zu dem vereinbarten Zeitpunkt der Aufhebung. Der Aufhebungsvertrag bedarf wegen § 623 BGB der Schriftform. 20

Die erfolgreiche **Anfechtung** oder die **Nichtigkeit des Arbeitsvertrages** wirkt erst mit ihrer Feststellung für die Zukunft. Das gilt auch für das mit dem Bestand des Arbeitsverhältnisses verbundene BRAmt (GK-BetrVG/*Oetker* Rn. 29; HWGNRH/*Huke* Rn. 14). 21

Wirksam **befristete Arbeitsverhältnisse** enden auch bei BRMitgl. durch Zeitablauf (→ § 103 Rn. 11). Allerdings kann eine Befristungsabrede unwirksam sein, wenn der ArbGeb. dem ArbN nur wegen seiner Mitgliedschaft im BR ein befristetes Arbeitsverhältnis anbietet (BAG 5.12.2012 – 7 AZR 698/11, NZA 2013, 515). Gleiches gilt im Falle einer auflösenden Bedingung soweit der ArbGeb. deren Eintritt gezielt herbeiführt (BAG 20.6.2018 – 7 AZR 690/16, NZA 2019, 324). Die bloße Behauptung, eine Befristungsvereinbarung sei wg. eines Verstoßes gegen das Begünstigungsverbot des § 78 nichtig, bewirkt nicht das Ende der Mitgliedschaft im BR (LAG Köln 18.7.2019 – 6 TaBVGa 3/19, ArbR 2019, 492). Wird der ArbN über die Befristung hinaus weiterbeschäftigt oder liegen die Voraussetzungen des § 15 Abs. 5 TzBfG vor, besteht mit dem Arbeitsverhältnis das Amt fort (DKKW/*Buschmann* Rn. 18). Sieht eine BV das Ausscheiden der ArbN mit Vollendung des 65. Lebensjahres vor, gilt dies auch für BRMitgl.; räumt die BV die Möglichkeit von Ausnahmen ein, kann davon zur Sicherung der Amtskontinuität zugunsten eines BRMitgl. bis zum Ablauf der Amtsperiode Gebrauch gemacht werden (BAG 23.1.2002 – 7 AZR 611/00, NZA 2002, 986; **aA** GK-BetrVG/*Oetker* Rn. 27; Richardi BetrVG/*Thüsing* Rn. 18). Darüber hinaus ist die personelle Kontinuität der 22

BRTätigkeit als Sachgrund für eine Befristungsverlängerung anerkannt (BAG 8.6.2016 – 7 AZR 467/14, NZA 2016, 1535). Dazu muss sich die Laufzeit des Verlängerungsvertrags auf die Dauer der verbleibenden Amtszeit des BR erstrecken (BAG 20.1.2016 – 7 AZR 340/14, NZA 2016, 755).

23 Wird ein nach Beendigung des Arbeitsverhältnisses aus dem Betrieb ausgeschiedenes BRMitgl. später **erneut eingestellt,** lebt seine Mitglschaft im BR nicht wieder auf. Das gilt selbst dann, wenn die spätere Wiedereinstellung von vornherein in Aussicht genommen oder gar zugesichert war. Denn über die zwingenden Vorschriften des G hinsichtlich der Mitglschaft im BR können die Arbeitsvertragsparteien nicht verfügen (hM).

24 Keinen Einfluss auf die Mitglschaft im BR haben **Streik** und **Aussperrung.** Der Streik hat grds. nur suspendierende Wirkung. Nach Beendigung des Arbeitskampfes lebt das suspendierte Arbeitsverhältnis wieder auf. Das gilt auch für das BRMitgl. (BAG 25.10.1988 – 1 AZR 368/87, NZA 1989, 353). Zum Fortbestehen des BRAmtes während eines Arbeitskampfes → § 74 Rn. 17 ff.

25 Bei einem nicht nachgerückten **ErsMitgl.** führt eine lösende Aussperrung, soweit diese überhaupt zulässig ist, zu einer Beendigung des Arbeitsverhältnisses und damit zu einer Beendigung der ErsMitglschaft. Sie gewinnen ihre Eigenschaft als ErsMitgl. jedoch zurück, wenn sie nach Beendigung des Arbeitskampfes wieder eingestellt werden. Dies gilt jedenfalls dann, wenn die TVParteien ein Maßregelungsverbot vereinbart haben oder wenn bei der Wiedereinstellung der Ausgesperrten allgemein vereinbart wird, dass die Arbeitsverhältnisse als nicht unterbrochen gelten (GK-BetrVG/*Oetker* Rn. 52; HWGNRH/*Huke* Rn. 18).

26 Die **Veräußerung eines Betriebs** hat keine Auswirkungen auf die Mitglschaft im BR, da nach § 613a BGB die im Zeitpunkt des Betriebsübergangs bestehenden Arbeitsverhältnisse kraft Gesetzes auf den neuen Betriebsinhaber überführt werden (→ § 1 Rn. 117 ff.). Der BR bleibt deshalb bei einer Betriebsveräußerung unverändert im Amt. Widersprechen einzelne Mitgl. des BR dem Übergang ihres Arbeitsverhältnisses, erlischt ihr BRAmt zum Zeitpunkt des Betriebsübergangs (ArbG Solingen 27.7.2017 – 2 BVGa 3/17, ArbAktuell 2017, 631). Wird allerdings **nur ein Betriebsteil veräußert,** so scheiden die BRMitgl., die in dem veräußerten Teil ihren Arbeitsplatz haben, grds. aus dem für den nicht veräußerten Betriebsteil fortbestehenden BR aus. Infolge des Übergangs der Arbeitsverhältnisse auf den Erwerber gem. § 613a Abs. 1 BGB stehen sie zu dem bisherigen Betriebsinhaber nicht mehr in einem Arbeitsverhältnis. Etwas anderes gilt, wenn sie dem Übergang des Arbeitsverhältnisses auf den Erwerber widersprechen (§ 613a Abs. 6 BGB und deshalb ArbN des bisherigen Betriebsinhabers bleiben (Einzelheiten → § 1 Rn. 135).

27 Wird bei einer Unternehmensaufspaltung auch ein Betrieb rechtlich geteilt, die Organisation des Betriebs einschließlich der beschäftigten ArbN jedoch unverändert beibehalten und ist deshalb davon auszugehen, dass der Betrieb als **gemeinsamer Betrieb** der neuen Unternehmen fortgeführt wird (§ 1 Abs. 2), endet die Mitglschaft im BR ebenso wenig wie die Amtszeit des dort bestehenden BR. Denn bei einem gemeinsam geführten Betrieb mehrerer ArbGeb. reicht für das Wahlrecht der im gemeinsamen Betrieb beschäftigten ArbN aus, wenn ihr Arbeitsvertrag zu einem dieser ArbGeb. besteht (GK-BetrVG/*Oetker* Rn. 47).

28 Die Betriebsstilllegung wirkt sich nicht auf die Befugnis zur Ausübung des **Restmandats** aus. Diese Befugnis ist für den Sonderfall des § 21b Folge des originären Mandats (→ § 21b Rn. 6 ff.).

29 Zu den Folgen der Beendigung des ArbVerh. zum Betriebsinhaber auf Grund einer Änderung der betrieblichen Organisation im Rahmen eines **Übergangsmandats** → § 21a Rn. 15 ff.

30 Die **Eröffnung des Insolvenzverfahrens** über das Vermögen des ArbGeb. hat auf den Bestand des Arbeitsverhältnisses keinen unmittelbaren Einfluss. Die Mitglschaft im BR bleibt deshalb bis zur Auflösung des Betriebes bestehen (GK-BetrVG/*Oetker* Rn. 49; DKKW/*Buschmann* Rn. 24).

4. Verlust der Wählbarkeit

Die Mitglschaft im BR endet ferner, wenn das BRMitgl. **nachträglich seine Wählbarkeit verliert.** Fehlte die Wählbarkeit schon im Zeitpunkt der Wahl, ist dieser Mangel entweder durch eine Wahlanfechtung (→ § 19 Rn. 15 ff.) oder nach Ablauf der Anfechtungsfrist in einem gesonderten gerichtlichen Verfahren zur Feststellung der Nichtwählbarkeit gem. Abs. 1 Nr. 6 (→ Rn. 40 ff.) geltend zu machen. Während die fehlende Wählbarkeit im Zeitpunkt der Wahl durch eine gerichtliche Entscheidung festgestellt werden muss, führt der nachträgliche Verlust der Wählbarkeit von Gesetzes wegen zu einem Amtsverlust. 31

Ein nachträglicher Verlust der Wählbarkeit kann zB dadurch eintreten, dass ein BRMitgl. im Laufe der Amtszeit infolge einer **strafgerichtlichen Verurteilung** die Fähigkeit, Rechte aus öffentlichen Wahlen zu erlangen, verliert (→ § 8 Rn. 52 f.) oder für das BRMitgl. im Laufe der Amtszeit ein **Betreuer** nach §§ 1896 ff. BGB bestellt wird (DKKW/*Buschmann* Rn. 27; Richardi BetrVG/*Thüsing* Rn. 26; HaKo-BetrVG *Düwell* Rn. 16; **aA** GK-BetrVG/*Oetker* Rn. 61). Zum Verlust der Wählbarkeit führt insoweit der Wegfall der – vom G vorausgesetzten – Fähigkeit, eigene Angelegenheiten besorgen zu können. 32

Die Wählbarkeit geht auch verloren, wenn das Mitgl. aus dem persönlichen Geltungsbereich des BetrVG (vgl. § 5 Abs. 2 u. 3) ausscheidet. Das BRMitgl. das zum **leitd. Ang.** (§ 5 Abs. 3) wird, kann dem BR nicht mehr angehören. Der Wechsel zum leitd. Ang. ist als Umgruppierung aufzufassen, die jedoch nicht der personellen Mitbestimmung nach § 99, sondern dem Verfahren nach § 105 unterliegt. 33

Da nur betriebsangehörige ArbN zum BR wählbar sind (→ § 8 Rn. 32 ff.), tritt ein Verlust der Wählbarkeit auch ein, wenn das Mitgl. nicht mehr zur Belegschaft des Betriebs gehört. Deshalb endet das BRAmt auch im Falle einer **Versetzung** des BRMitgl. in einen anderen Betrieb des Unternehmens. Eine nur vorübergehende Abordnung des BRMitgl. in einen anderen Betrieb lässt die Betriebszugehörigkeit unverändert und berührt daher auch nicht die Mitglschaft im BR (GK-BetrVG/*Oetker* Rn. 57; DKKW/*Buschmann* Rn. 28; Richardi BetrVG/*Thüsing* Rn. 22). Zulässig ist die Versetzung, wenn sie mit Einwilligung des BRMitgl. erfolgt. Bei fehlender Einwilligung ist sie gem. § 103 nur zulässig, wenn sie sich im Rahmen des durch den Arbeitsvertrag näher festgelegten Direktionsrechts des ArbG hält und der BR ihr zustimmt (§ 103 Abs. 3 S. 1). Verweigert der BR die Zustimmung, kann der ArbGeb. das arbeitsgerichtliche Zustimmungsersetzungsverfahren betreiben (§ 103 Abs. 3 S. 2). Das ArbG kann die Zustimmung ersetzen, wenn dringende betriebliche Gründe dem Schutz betriebsverfassungsrechtlicher Funktionsträger vorgehen (§ 103 Abs. 3 S. 2; Einzelheiten → § 103 Rn. 64 ff.). 34

Eine nicht durch den Arbeitsvertrag gestattete Versetzung macht, wenn das BRMitgl. mit ihr nicht einverstanden ist, eine **Änderungskündigung** erforderlich. Dies ist nach § 15 KSchG nur zulässig, wenn sie im Zuge einer Stilllegung oder Teilstilllegung des Betriebs nach § 15 Abs. 4 u. 5 KSchG erfolgt. Soweit danach die Änderungskündigung überhaupt zulässig ist, unterliegt sie wiederum der Mitbestimmung des BR nach § 102. 35

Das BRMitgl. scheidet ferner aus dem Betrieb und damit aus dem BR aus, wenn der **Betriebsteil,** in dem das Mitgl. beschäftigt ist, aus dem Betrieb **ausgegliedert** wird, sei es, dass jener mit einem anderen Betrieb zusammengelegt wird, sei es, dass er als selbständiger Betrieb organisiert wird (GK-BetrVG/*Oetker* Rn. 46; Richardi BetrVG/*Thüsing* Rn. 23). Mit vollzogener Neugliederung des Betriebsteils verliert das BRMitgl. im Allgemeinen sein Amt (aber → Rn. 26 ff.; ErfK/*Koch* Rn. 6). Dies dürfte allerdings nur dann gelten, wenn es aus betrieblichen Gründen nicht möglich ist, das BRMitgl. in dem nicht ausgegliederten Teil des Betriebes zu beschäftigen. Besteht diese Möglichkeit, so ist das BRMitgl. in entsprechender Anwendung des § 15 Abs. 5 KSchG in diesen Teil des Betriebes zu übernehmen (BAG 13.8.1992 – 2 AZR 22/92, NZA 1993, 224; DKKW/*Buschmann* Rn. 29; ErfK/*Koch* Rn. 6; **aA** 36 mangels Regelungslücke GK-BetrVG/*Oetker* Rn. 60; HWGNRH/*Huke* Rn. 28). Bei freigestellten BRMitgl. ist für die Beurteilung der Beschäftigungsmöglichkeit auch die betriebsübliche Entwicklung vergleichbarer Arbeitnehmer (Rechtsgedanke § 37 Abs. 4) zu berücksichtigen.

37 Die Mitglschaft im BR bleibt dagegen bestehen, wenn bei einer Unternehmensteilung ein rechtlich geteilter Betrieb als gemeinsamer Betrieb der neuen Unternehmen fortgeführt wird (→ Rn. 27). Zur Mitgliedschaft während des Übergangsmandats von BRMitgl., die in einem ausgegliederten Betriebsteil beschäftigt werden → § 21a Rn. 16 ff.

38 Der Verlust der Wählbarkeit muss dauerhaft sein. Deshalb führt ein ruhendes Arbeitsverhältnis etwa während der **Elternzeit/Pflegezeit** nicht zum Verlust der Wählbarkeit, weil die fehlende Eingliederung in die betriebliche Organisation nur vorübergehend ist. Bei diesen ArbN ist mit dem Ablauf der Elternzeit/Pflegezeit wieder mit einer Wiedereingliederung zu rechnen (BAG 25.5.2005 – 7 ABR 45/04, NZA 2005, 1002). Dagegen steht bei einer **Altersteilzeit im Blockmodell** mit dem Eintritt in die Freistellungsphase bereits fest, dass der ArbN nicht wieder in den Betrieb eingegliedert werden wird, sondern am Ende der Freistellungsphase endgültig ausscheidet (DKKW/*Buschmann* Rn. 17). Er verliert deshalb mit dem Eintritt in die Freistellungsphase seine Wählbarkeit (→ § 8 Rn. 17; BAG 16.4.2003 – 7 ABR 21/88, NZA 1989, 724).

5. Amtsenthebung

39 Wird durch **rechtskräftigen Beschl.** des ArbG nach § 23 entweder der BR **aufgelöst** oder das Mitgl. aus dem BR **ausgeschlossen,** so erlischt die Mitglschaft der Mitgl. des BR oder des einzelnen ausgeschlossenen Mitgl. mit der Rechtskraft des arbeitsgerichtlichen Beschlusses (Näheres → § 23 Rn. 26). Die Rechtskraft eines diesbezüglichen Beschlusses eines LAG, das keine Rechtsbeschwerde zugelassen hat, tritt frühestens mit Ablauf der Frist für die Einlegung der Nichtzulassungsbeschwerde ein, es sei denn, es wird vorher auf die Einlegung dieses Rechtsmittels verzichtet.

6. Nachträgliche Feststellung der Nichtwählbarkeit

40 Gegenüber dem nachträglichen Verlust der Wählbarkeit (→ Rn. 13 ff.) handelt es sich bei einer **bereits im Zeitpunkt der Wahl** fehlenden Wählbarkeit um einen anderen Tatbestand. Dieser Fehler ist in erster Linie durch eine Wahlanfechtung zu bereinigen, die nach § 19 binnen 2 Wochen nach Bekanntgabe des Wahlergebnisses erfolgen kann (→ § 19 Rn. 34). Auch nach Ablauf der Anfechtungsfrist kann der Mangel der Wählbarkeit jederzeit festgestellt werden. Diese Feststellung erfolgt durch **richterliche Entscheidung** im arbeitsgerichtlichen BeschlVerf. Eine Entscheidung dieser Frage als Vorfrage in einem Urteilsverfahren genügt reicht nicht (ErfK/*Koch* Rn. 7). Gegenstand des Verfahrens muss die Feststellung der Nichtwählbarkeit als solche sein (GK-BetrVG/*Oetker* Rn. 65; HWGNRH/*Huke* Rn. 33; Richardi BetrVG/*Thüsing* Rn. 30).

41 **Antragsberechtigt** sind nur die nach § 19 Abs. 2 Anfechtungsberechtigten (BAG 28.11.1977 – 1 ABR 40/76, AP BetrVG 1972 § 8 Nr. 2). Das Zuordnungsverfahren nach § 18a schließt die nachträgliche Feststellung der Nichtwählbarkeit nicht aus (→ § 18a Rn. 64; GK-BetrVG/*Oetker* Rn. 61; Richardi BetrVG/*Thüsing* Rn. 33).

42 Der Antrag ist an **keine Frist** gebunden. Er kann auch schon während der Anfechtungsfrist nach § 19 eingereicht werden (GK-BetrVG/*Oetker* Rn. 67; Richardi BetrVG/*Thüsing* Rn. 31). Er ist gegen das auszuschließende BRMitgl. zu richten.

43 Die Feststellung ist **unzulässig,** wenn Anfechtungsberechtigte in einem vorausgegangenen Anfechtungsverfahren mit der Anfechtung nicht durchgedrungen sind. Etwas anderes gilt, wenn dieser Grund nicht Gegenstand des Anfechtungsverfahrens war (hM).

Die nachträgliche Feststellung der Nichtwählbarkeit im Zeitpunkt der Wahl führt dann nicht zum Verlust der Mitglschaft im BR, wenn der **Mangel inzwischen nicht mehr vorliegt** (§ 24 Abs. 1 Nr. 6). War zB das gewählte BRMitgl. im Zeitpunkt der Wahl noch nicht 18 Jahre alt oder noch keine sechs Monate im Betrieb beschäftigt, so fehlte ihm die Wählbarkeit. Dieser Mangel wird aber geheilt, wenn der Gewählte das Mindestalter oder die Mindestbeschäftigungszeit erreicht, ohne das seine Wahl angefochten oder die Nichtwählbarkeit rechtskräftig festgestellt wurde (Richardi BetrVG/*Thüsing* Rn. 32). Die Heilung muss bis zur letzten mündl. Verhandlung beim LAG erfolgt sein, da die Rechtsbeschwerdeinstanz derartige tatsächliche Feststellungen nicht treffen kann (GK-BetrVG/*Oetker* Rn. 71). **44**

Mit der Rechtskraft des arbeitsgerichtlichen Beschlusses erlischt die Mitglschaft im BR kraft Gesetzes **für die Zukunft.** Infolgedessen sind Beschlüsse, an denen das BRMitgl. zuvor mitgewirkt hat, wirksam (DKKW/*Buschmann* Rn. 35; GK-BetrVG/*Oetker* Rn. 72). Auf der anderen Seite genießt das BRMitgl. bis zur Rechtskraft des Beschlusses den besonderen Kündigungsschutz. Demnach ist eine ordentliche Kündigung, die zwar nach dem Beschluss des ArbG über die Feststellung der Nichtwählbarkeit, jedoch vor dessen Rechtskraft ausgesprochen wird, nach § 15 Abs. 1 KSchG unwirksam (BAG 29.9.1983 – 2 AZR 212/82, AP KSchG 1969 § 15 Nr. 15). Entsprechendes gilt für den besonderen Versetzungsschutz nach § 103 Abs. 3. **45**

III. Folgen des Erlöschens der Mitgliedschaft

Die Erlöschensgründe beenden nicht nur die Mitglschaft im BR und damit alle **Funktionen** und **Ämter** innerhalb des BR, sondern, wenn das Mitgl. in den GesBR des Unternehmens (vgl. § 47) oder den KBR des Konzerns (vgl. § 55) entsandt worden ist, zugleich auch diese Ämter (vgl. §§ 49 u. 57). Gleiches gilt für die Mitglschaft im WiAusschuss (→ § 107 Rn. 5; GK-BetrVG/*Oetker* Rn. 73; DKKW/*Buschmann* Rn. 36). Die Mitglschaft im Aufsichtsrat des Unternehmens wird durch den Verlust der Mitglschaft im BR nicht berührt. Das gleiche gilt für eine Mitglschaft in einer betrieblichen E-Stelle; jedoch kann das Ausscheiden aus dem BR Anlass für seine Abberufung aus der E-Stelle sein (Richardi BetrVG/*Thüsing* Rn. 35). Nach ihrem Sinn und Zweck ist die Vorschrift des § 24 Abs. 3 nicht anzuwenden auf die Mitgliedschaft in einem **BR im Restmandat.** Das gilt auch dann, wenn das Arbeitsverhältnis eines BRMitgl. nach Entstehen des Restmandats unabhängig vom Untergang des Betriebs ohnehin geendet hätte (BAG 5.5.2010 – 7 AZR 728/08, NZA 2010, 131). **46**

Mit dem Erlöschen der Mitglschaft endet auch der **besondere Kündigungsschutz** des BRMitgl. gegen außerordentliche Kündigungen nach § 103 BetrVG bzw. der besondere Versetzungsschutz nach § 103 Abs. 3. Dieser Schutz ist auf die Dauer der Mitglschaft im BR beschränkt. Dagegen bleibt der **nachwirkende Kündigungsschutz** gegen ordentliche Kündigungen gem. § 15 Abs. 1 S. 2 KSchG grds. auch bei Beendigung der persönlichen Mitglschaft (und nicht nur, wie der Wortlaut dieser Vorschrift an sich nahe legen würde, bei Beendigung der Amtszeit des BR als Kollektivorgan) bestehen. Diese Auslegung des § 15 Abs. 1 KSchG gebieten Sinn und Zweck des nachwirkenden Kündigungsschutzes (BAG 5.7.1979 – 2 AZR 521/77, AP KSchG 1969 § 15 Nr. 6; DKKW/*Buschmann* Rn. 36; ErfK/*Koch* Rn. 8; GK-BetrVG/*Oetker* Rn. 75; Richardi BetrVG/*Thüsing* Rn. 36; **aA** HWGNRH/*Huke* Rn. 38; Näheres vgl. § 103). Der nachwirkende Kündigungsschutz besteht allerdings nicht, wenn die Beendigung der Mitglschaft wie in den Fällen der Nr. 5 u. 6 auf einer gerichtlichen Entscheidung beruht. Der nachwirkende Schutz nach § 37 Abs. 4 und § 38 Abs. 3 u. 4 steht ebenfalls dem vor Ablauf der Amtszeit des BR ausgeschiedenen BRMitgl. zu. **47**

IV. Streitigkeiten

48 Besteht Streit darüber, ob die Mitglschaft im BR erloschen ist, entscheiden die ArbG im **BeschlVerf.** In den Fällen des Abs. 1 Nr. 5 u. 6 ist das die ausschließliche Verfahrensart (→ ArbGG Rn. 7 ff.). Das Erlöschen der Mitglschaft im Falle der Nr. 6 kann im Wege eines Feststellungsantrags geklärt werden. Denn diese Vorschrift sieht die Wählbarkeit unabhängig vom Ablauf der Frist des § 19 Abs. 2 als Rechtsverhältnis an (BAG 17.2.2010 – 7 ABR 51/08, NZA 2010, 832). Das auch in dieser Verfahrensart stets zu prüfende Rechtsschutzinteresse entfällt, wenn vor der rechtskräftigen Entscheidung das betreffende BRMitgl. aus dem BR ausgeschieden ist (BAG 11.3.1975 – 1 ABR 77/74, AP BetrVG 1972 § 24 Nr. 1; GK-BetrVG/Oetker Rn. 72). Ist vor der Einlegung der Rechtsbeschwerde das letzte BRMitgl. aus dem fortbestehenden Betrieb ausgeschieden und kein neuer BR gewählt worden, ist die Rechtsbeschwerde unzulässig (BAG 17.8.1996 – 3 ABR 21/95, NZA 1997, 623). Das Erlöschen der Mitgliedschaft. im BR kann inzidenter auch als Vorfrage in einem UrteilsVerf. (etwa einem Kündigungsschutzverfahren) entschieden werden.

§ 25 Ersatzmitglieder

(1) [1]**Scheidet ein Mitglied des Betriebsrats aus, so rückt ein Ersatzmitglied nach.** [2]**Dies gilt entsprechend für die Stellvertretung eines zeitweilig verhinderten Mitglieds des Betriebsrats.**

(2) [1]**Die Ersatzmitglieder werden unter Berücksichtigung des § 15 Abs. 2 der Reihe nach aus den nichtgewählten Arbeitnehmern derjenigen Vorschlagslisten entnommen, denen die zu ersetzenden Mitglieder angehören.** [2]**Ist eine Vorschlagsliste erschöpft, so ist das Ersatzmitglied derjenigen Vorschlagsliste zu entnehmen, auf die nach den Grundsätzen der Verhältniswahl der nächste Sitz entfallen würde.** [3]**Ist das ausgeschiedene oder verhinderte Mitglied nach den Grundsätzen der Mehrheitswahl gewählt, so bestimmt sich die Reihenfolge der Ersatzmitglieder unter Berücksichtigung des § 15 Abs. 2 nach der Höhe der erreichten Stimmenzahlen.**

Inhaltsübersicht

I. Vorbemerkung

1 Die Vorschrift regelt das Eintreten von ErsMitgl. für zeitweilig verhinderte oder endgültig ausgeschiedene BRMitgl. Sie dient dem **Zweck,** die Tätigkeit des BR und seine Beschlussfähigkeit (§ 33) zu sichern (GK-BetrVG/*Oetker* Rn. 7). Die Aufhebung des Gruppenprinzips für Arbeiter und Angestellte bei gleichzeitiger Einführung

einer zwingenden Geschlechterquote (§ 15 Abs. 2) durch das BetrVerf-ReformG erforderte umfangreiche **redaktionelle Änderungen.** Beibehalten wurde das Konzept des Abs. 1 zum Nachrücken von ErsMitgl. bei Ausscheiden oder zeitweiliger Verhinderung eines BRMitgl. Mit der Aufgabe des Gruppenprinzips entfiel für den bisherigen Abs. 2, der ein gruppenbezogenes Nachrücken bestimmte, ein darauf gerichteter Regelungsbedarf. Die Neufassung des Abs. 2 berücksichtigt demnach nur noch die erstmals im BetrVerf-ReformG enthaltene Geschlechterquote bei der Besetzung der BRSitze. Die Einbindung des § 15 Abs. 2 bei der Festlegung der Reihenfolge der Nachrücker soll die **Repräsentation der Geschlechter** auch dann noch gewährleisten, wenn ein gewähltes BRMitgl. sein Amt dauerhaft oder vorübergehend nicht ausüben kann (BT-Drs. 14/5741, 39). Aufgehoben wurde durch das BetrVerf-ReformG der bisherige Abs. 3 dieser Vorschrift, der auf die Sonderregel des § 14 Abs. 4 S. 3 aF zur Wahl von BR, die aus einer Person bestehen bzw. des einzigen Gruppenvertreters, verwies. Diese Sonderregelung führt das BetrVerf-ReformG aus Gründen der Wahlerleichterung und -vereinfachung und nach der Aufgabe des Gruppenprinzips nicht mehr fort (BT-Drs. 14/5741, 36). Nunmehr richtet sich auch bei BR, die aus einer Person bestehen, die Feststellung des ErsMitgl. nach dem Grundprinzip des Abs. 1.

Die Vorschrift gilt auch für die BordVertr. und den SeeBR (vgl. § 115 Abs. 3, § 116 Abs. 2) sowie für die JAV (vgl. § 65 Abs. 1). Hinsichtlich der ErsMitgl. für den GesBR, den KBR, die GesJAV und die KJAV bestehen zwingende Sonderregelungen in § 47 Abs. 3 S. 1, § 55 Abs. 2, § 72 Abs. 3 und § 73b Abs. 2. Sie verlangen nicht die Beachtung der Geschlechterquote bei der Bestimmung der Nachrücker für verhinderte oder ausscheidende Mitglieder. Die Vorschrift gilt nicht für den WiAusschuss. Für seine Mitgl. ist die Bestellung von ErsMitgl. gesetzlich nicht vorgesehen (aber → § 107 Rn. 13). Die Vorschrift gilt auch für eine kollektivrechtliche ArbN-Vertr. nach § 3 Abs. 1 Nr. 1–3. Die Bestellung von ErsMitgl. für zusätzliche Vertr. nach § 3 Abs. 1 Nr. 4–5 bleibt der kollektivrechtlichen Regelung vorbehalten (GK-BetrVG/*Oetker* Rn. 4; DKKW/*Buschmann* Rn. 2). Zur Bestellung von ErsMitgl. des Wahlvorst. → § 16 Rn. 35 ff. 2

Die Vorschrift enthält **zwingendes** Recht. Sie kann weder durch TV noch durch BV abgeändert werden (hM). 3

Entsprechende Vorschriften: § 31 BPersVG, § 10 SprAuG, § 22 Abs. 1 S. 2 EBRG. 4

II. Ersatzmitglieder

ErsMitgl. ist ein nicht gewählter Wahlbewerber, der nach § 25 eine **Anwartschaft** darauf hat, entweder im Falle einer nur vorübergehenden Verhinderung des BRMitgl. zeitweilig (Abs. 1 S. 2) oder im Fall eines vorzeitigen Ausscheidens eines BRMitgl. für den Rest der Amtszeit des BR kraft Gesetzes die Stellung eines ordentlichen BRMitgl. einzunehmen. Solange dieser Fall nicht eingetreten ist, steht das ErsMitgl. außerhalb des BR (BAG 21.2.2001 – 7 ABR 41/99, NZA 2002, 282). Bei Beendigung der Amtszeit des BR als Kollektivorgan rücken keine ErsMitgl. nach. In diesem Falle besteht kein BR mehr. 5

Ein Mitgl. des BR kann sich im Falle seiner Verhinderung nur durch ein gem. Abs. 2 nachrückendes ErsMitgl. vertreten lassen, nicht durch ein von ihm selbst bestimmtes ErsMitgl. oder einen von ihm ausgewählten Bevollmächtigten. 6

Das ErsMitgl. tritt im Falle des Ausscheidens eines ordentlichen Mitgl. endgültig, im Falle der vorübergehenden Verhinderung eines ordentlichen Mitgl. für die Dauer der Verhinderung als vollwertiges Mitgl. mit allen sich aus dieser Stellung ergebenden **Rechten und Pflichten** in den BR ein (hM). Insbes. genießt es während der Zeit der Stellvertr. alle **Schutzrechte** eines BRMitgl.; so gelten zB die Behinderungs- und Benachteiligungsverbote des § 78 auch in Bezug auf ErsMitgl.; zur Schulung von ErsMitgl. BAG 19.9.2001 – 7 ABR 32/00, AP BetrVG 1972 § 25 Nr. 9. Auch kann es 7 während der Dauer seiner Heranziehung Einsicht in die Unterlagen des BR gem. § 34 Abs. 3 nehmen. Dazu zählen auch dessen elektronische Dateien. Wird ein ErsMitgl. in der darauf folgenden Wahlperiode in den BR gewählt, sind bei der Prüfung dessen Anpassungsanspruchs nach § 37 Abs. 4 auch frühere Zeiten einer Heranziehung als ErsMitgl. zu berücksichtigen (BAG 21.2.2018 – 7 AZR 496/16, NZA 2018, 1082).

8 Hinsichtlich des **Kündigungsschutzes** kommt es nicht auf den betriebsverfassungsrechtlichen Betriebsbegriff, sondern auf den des KSchG an. Das ist auch für ein ErsMitgl. einer nach § 3 Abs. 1 Nr. 1–3 gebildeten ArbNVertretung von Bedeutung (BAG 27.6.2019, 2 AZR 38/19, NZA 2019, 1427). Im Übrigen ist wie folgt zu unterscheiden:

8a **Vor Eintritt in den BR** für ein ausgeschiedenes oder verhindertes BRMitgl. genießt das ErsMitgl. grds. nicht den Kündigungsschutz der BRMitgl. nach § 103 und § 15 Abs. 1 KSchG (ErfK/*Koch* Rn. 11). In den ersten sechs Monaten nach Bekanntgabe des Wahlergebnisses ist es allerdings gegen ordentliche Kündigungen unter dem Gesichtspunkt des **nachwirkenden Kündigungsschutzes** der Wahlbewerber gem. § 15 Abs. 3 S. 2 KSchG geschützt (vgl. § 103). Ferner kann sich ein Kündigungsschutz für ErsMitgl. auch vor Eintritt in den BR aus der **Schutzvorschrift des § 78** ergeben, der jede Benachteiligung auch eines ErsMitgl. (→ § 78 Rn. 16) wegen seiner (zu erwartenden) Tätigkeit untersagt. Eine Kündigung mit dem Ziel, das Eintreten eines ErsMitgl. in den BR zu verhindern, wäre als Verstoß gegen § 78 iVm § 134 BGB nichtig (GK-BetrVG/*Oetker* Rn. 77; Richardi BetrVG/*Thüsing* Rn. 31). Darüber hinaus greift der Kündigungsschutz nach § 15 KSchG und § 103 BetrVG zugunsten eines ErsMitgl. vor Eintritt in den BR dann ein, wenn zwar der Verhinderungsfall noch nicht vorliegt, das ErsMitgl. sich jedoch auf eine BRSitzung, an der es wegen eines Verhinderungsfalles teilnehmen muss, vorbereitet. In diesem Falle genießt das ErsMitgl. vom Tage der Ladung zur Sitzung ab, im Allgemeinen jedoch höchstens für eine Zeit von drei Tagen vor der Sitzung, den einem BRMitgl. zustehenden Kündigungsschutz (BAG 17.1.1979 – 5 AZR 891/77, AP KSchG 1969 § 15 Nr. 5; DKKW/*Buschmann* Rn. 40; zweifelnd GK-BetrVG/*Oetker* Rn. 78, *Uhmann* NZA 2000, 576; **aA** HWGNRH/*Huke* Rn. 17).

9 Während der **Zeit der Mitgliedschaft** im BR – also für die Dauer der Verhinderung des BRMitgl. – steht dem nachgerückten ErsMitgl. der volle Kündigungsschutz eines BRMitgl. nach § 103 und § 15 KSchG zu (BAG 27.6.2019 – 2 AZR 38/19, NZA 2019, 1427; 27.9.2012 – 2 AZR 955/11, NZA 2013, 1323; 5.11.2009 – 2 AZR 487/08, NZA-RR 2010, 236). Das gilt unabhängig davon, ob das nachgerückte ErsMitgl. tatsächlich BRAufgaben wahrnimmt oder nicht (BAG 8.9.2011 – 2 AZR 388/10, NZA 2012, 400). Denn das ErsMitgl. muss sein Amt mit der gleichen Unabhängigkeit ausüben können wie jedes andere BRMitgl. Dies gilt für ein endgültig in den BR nachgerücktes ErsMitgl. auch dann, wenn es im Zeitpunkt des Nachrückens wegen Krankheit selbst verhindert war und deshalb durch ein anderes ErsMitgl. vertreten wurde. Ist im Falle einer nur vorübergehenden Vertretung das ErsMitgl. selbst zeitweilig verhindert, behält es während der Zeit seiner Verhinderung den besonderen Kündigungsschutz, sofern die Zeit der Verhinderung im Vergleich zur Dauer des Vertretungsfalles als unerheblich anzusehen ist (BAG 9.11.1977 – 5 AZR 175/76, NJW 1978, 909). Eine gegenüber einem zeitweise nachgerückten ErsMitgl. während der Vertretungszeit ohne Zustimmung des BR ausgesprochene außerordentliche Kündigung ist auch dann unwirksam, wenn das vertretene BRMitgl. sich krankgemeldet hat und der Arbeit ferngeblieben ist, tatsächlich jedoch nicht arbeitsunfähig war (BAG 5.9.1986 – 7 AZR 175/85, AP KSchG 1969 § 15 Nr. 26). Ein Verhinderungsfall darf allerdings nicht kollusiv zu dem Zweck herbeigeführt werden, dem ErsMitgl. den besonderen Kündigungsschutz zu verschaffen. In einem solchen Fall kann wegen **Rechtsmissbrauchs** die Berufung auf den besonderen Kündigungsschutz ausgeschlossen sein (BAG 8.9.2011 – 2 AZR 388/10, NZA 2012, 400).

10 Scheidet ein ErsMitgl., das für ein zeitweilig verhindertes ordentliches Mitgl. dem BR angehört hat, nach Beendigung des Vertretungsfalles wieder aus dem BR aus,

genießt es den **nachwirkenden Kündigungsschutz** gegen ordentliche Kündigungen gem. § 15 Abs. 1 S. 2 KSchG (BAG 27.9.2012 – 2 AZR 955/11, NZA 2013, 1323). Bei begrenzten Weiterbeschäftigungsmöglichkeiten nach Stilllegung einer Betriebsabteilung geht der Schutz der aktiven Mandatsträger dem von ErsMitgl. vor (BAG 2.3.2006 – 2 AZR 83/05, NZA 2006, 988). Für das Bestehen des besonderen Kündigungsschutzes nach § 15 Abs. 1 S. 1 KSchG oder des nachwirkenden nach § 15 Abs. 1 S. 2 KSchG kommt es auf die Verhältnisse zum Zeitpunkt des Zugangs der Kündigung an (BAG 27.9.2012 – 2 AZR 955/11, NZA 2012, 1323).

§ 103 Abs. 3 beschränkt nunmehr die **Versetzungsbefugnis** des ArbGeb. gegen- 11
über den betriebsverfassungsrechtlichen Funktionsträgern, wenn die Versetzung zum Verlust des betriebsverfassungsrechtlichen Amts oder der Wählbarkeit führen würde. Im Falle des **Ausscheidens** eines ordentliches BRMitgl. rückt das ErsMitgl. endgültig in den BR nach. Er wird selbst zum ordentlichen BRMitgl. Der Schutz des § 103 Abs. 3 steht ihm ab dem Zeitpunkt des Nachrückens zu. Willigt das dauerhaft nachgerückte ErsMitgl. nicht ein, bedarf die Versetzung der Zustimmung des BR oder der sie ersetzenden arbeitsgerichtlichen Entscheidung. Eine dennoch ausgesprochene Versetzung ist unwirksam. Bei **zeitweiliger Verhinderung** eines BRMitgl. und nur vorübergehendem Nachrücken ist zu differenzieren: **Während der zeitweiligen Vertretung** eines ordentlichen BRMitgl. nimmt das ErsMitgl. dessen Rechtstellung ein. Für die Dauer dieser Zeit steht ihm der besondere Versetzungsschutz des § 103 Abs. 3 zu. Die Vorschrift des § 103 Abs. 3 stellt nicht darauf ab, in welchem zeitlichen Umfang die geschützte betriebsverfassungsrechtliche Funktion durch eine Versetzung verkürzt wird. Nach dem **Ende des Vertretungsfalls** wirkt der Versetzungsschutz nach § 103 Abs. 3 seinem Zweck entspr. nicht nach. Der Versetzungsschutz erfasst nur amtierende BRMitgl. Zwar gilt er seinem Wortlaut nach auch bei einem Verlust der Wählbarkeit. Damit wird aber kein umfassender Versetzungsschutz gegenüber betriebsübergreifenden Versetzungen von ErsMitgl. begründet. Vielmehr betrifft diese Fallgestaltung nicht den Verlust der Wählbarkeit allgemein, sondern den von Wahlbewerbern. Dazu gehört das ErsMitgl. nicht.

Ein in der Berufsausbildung befindliches ErsMitgl. ist berechtigt, nach § 78a Abs. 2 12
den **Antrag auf Übernahme in ein Arbeitsverhältnis** zu stellen, und zwar nicht nur, wenn es zzt. der Antragstellung Mitgl. des BR oder der JugVertr. war, sondern auch dann, wenn es innerhalb des letzten Jahres vor erfolgreichem Abschluss des Berufsausbildungsverhältnisses ein Mitgl. des BR oder der JugVertr. vorübergehend vertreten hat (→ § 78a Rn. 11 ff.).

III. Eintreten von Ersatzmitgliedern

1. Nachrücken für ausgeschiedene Betriebsratsmitglieder

Die im § 24 Abs. 1 Nr. 2–6 genannten Gründe des Erlöschens der Mitgliedschaft 13
bezeichnen zugleich die Fälle, in denen ein Mitgl. aus dem BR **endgültig ausscheidet.** Legt ein einzelnes BRMitgl. sein Amt nieder, scheidet es aus dem Betrieb aus, verliert es die Wählbarkeit, wird es durch rechtskräftigen Beschluss des ArbG aus dem BR ausgeschlossen oder seine Nichtwählbarkeit festgestellt, so tritt stets ein ErsMitgl. ein. Ein Eintritt von ErsMitgl. ist so lange möglich, wie die Amtszeit des BR nicht beendet ist (→ § 21 Rn. 16 ff.). Deshalb können auch in BR, die nach § 22 die Geschäfte bis zur Neuwahl weiterführen, bei Ausscheiden oder Verhinderung von BRMitgl. ErsMitgl. nachrücken (HWGNRH/*Huke* Rn. 5). Wird ein BRMitgl. mit dem Beginn der Freistellungsphase einer **Altersteilzeit im sog Blockmodell** bis zur Beendigung seines ArbVerh vollständig von der Arbeitsleistung freigestellt und ist deshalb auch keine Rückkehr in die betriebliche Organisation zu erwarten, sind die Voraussetzungen der Wählbarkeit iSd § 8 iVm § 7 nicht erfüllt. Wählbar sind danach nur die betriebsangehörigen ArbN. Daran fehlt es, wenn das BRMitgl. in der Frei-

stellungsphase nach dem Blockmodell keine Arbeitsleistung erbringen muss und deshalb bis zur Beendigung seines ArbVerh nicht mehr in die betriebliche Organisation eingegliedert ist. Er verliert deshalb mit dem Eintritt in die Freistellungsphase wegen Wegfalls einer Wählbarkeitsvoraussetzung sein Amt (→ § 24 Rn. 38; → § 8 Rn. 17; BAG 16.4.2003 – 7 ABR 21/88, NZA 1989, 724). Ein nach Abs. 2 zu ermittelndes ErsMitgl. rückt nach. Das gilt auch, wenn es sich um ein freigestelltes BRMitgl. handelt, dessen arbeitsvertragliche Freistellungsphase nach dem Blockmodell beginnt (BAG 25.10.2000 – 7 ABR 18/00, NZA 2001, 461).

14 Das ErsMitgl. tritt an die Stelle des ausgeschiedenen BRMitgl. und nimmt **ohne weiteres** und selbsttätig dessen **Rechtsstellung** für den Rest der Amtszeit des BR ein. Einer Benachrichtigung durch den Vors. bedarf es ebenso wenig wie einer Erklärung des ErsMitgl., dass es in den BR eintreten will. Es bedarf auch keines Beschlusses des BR (hM). Eine Unterrichtung des ArbGeb. ist ebenfalls nicht erforderlich, im Hinblick auf eine etwa notwendige Arbeitsbefreiung oder den Kündigungsschutz bzw. Versetzungsschutz jedoch zweckmäßig (DKKW/*Buschmann* Rn. 8; weitergehend GK-BetrVG/*Oetker* Rn. 42, der eine aus § 2 Abs. 1 abgeleitete Verpflichtung zur Unterrichtung des ArbGeb. durch den BRVors. annimmt). Das ErsMitgl. wird nun vollwertiges BRMitgl. und hat alle Rechte und Pflichten eines solchen. Allerdings tritt das ErsMitgl. **nur in den BR ein.** Es übernimmt nicht kraft Gesetzes auch die Funktionen innerhalb des BR, die das ausgeschiedene Mitgl. innehatte (hM). Es wird zB nicht Mitgl. des BetrAusschusses, der nach § 3 Abs. 1 Nr. 4–5 gebildeten Gremien bzw. Vertretungen oder des GesBR bzw. KBR, wenn das vertretene BRMitgl. diesen Gremien angehört (aber auch → § 27 Rn. 22). Auch eine Freistellung des vertretenen BRMitgl. gilt nicht automatisch für das ErsMitgl.

2. Stellvertretung für zeitweilig verhinderte Betriebsratsmitglieder

15 Im Falle des Abs. 1 S. 2 rückt das ErsMitgl. nicht endgültig, sondern nur **für die Dauer der zeitweiligen Verhinderung** des ordentlichen Mitgl. nach. Nach deren Beendigung tritt es in die Reihen der ErsMitgl. zurück. Während der Dauer der Stellvertretung ist es Mitgl. des BR und hat alle Rechte und Pflichten eines ordentlichen BRMitgl. (BAG 15.4.2014 – 1 ABR 2/13 (B), NZA 2014, 551). Das wird sich im Hinblick auf die oft nur kurze Zeit der Stellvertretung nicht immer voll auswirken. Die Stellvertr. beginnt automatisch, sobald das ordentliche BRMitgl. verhindert ist. Auch bei der nur zeitweisen Verhinderung ist die Stellvertretung unabhängig von einer förmlichen Benachrichtigung oder einer Annahmeerklärung des ErsMitgl. (BAG 8.9.2011 – 2 AZR 388/10, NZA 2012, 400).

16 Während der Zeit der Stellvertretung nimmt das ErsMitgl. nicht nur an den **BRSitzungen** teil, sondern auch alle sonstigen dem BR obliegenden Geschäfte wahr. So kann es sich wie jedes andere BRMitgl. an außerhalb der Sitzungen zu stellenden Anträgen an den BR beteiligen, zB auf Anberaumung einer BRSitzung (§ 29 Abs. 3), auf Zuziehung eines Gewerkschaftsvertreter. (§ 31), auf Aussetzung eines Beschlusses nach § 35 Abs. 1 (Richardi BetrVG/*Thüsing* Rn. 26). Über die Ladung von ErsMitgl. zu BRSitzungen → § 29 Rn. 39. Dagegen erstreckt sich die Stellvertretung **nicht auf die Ämter und Funktionen,** die dem zeitweilig verhinderten BRMitgl. im BR übertragen sind und ihm trotz der zeitweiligen Verhinderung erhalten bleiben (→ Rn. 14).

17 Eine **zeitweilige Verhinderung** liegt vor, wenn sich ein BRMitgl. vorübergehend aus tatsächlichen oder rechtlichen Gründen nicht in der Lage sieht, sein Amt auszuüben (zB wegen Urlaubs, Dienstreise, Teilnahme an einer Schulungsveranstaltung, während des Rechtsstreits über eine Kündigung des BRMitgl. (→ § 24 Rn. 15f.; BAG 8.9.2011 – 2 AZR 388/10, NZA 2012, 400; 14.4.2000 – 7 ABR 26/96, NZA 1997, 1245). Auf die **Dauer** der zeitweiligen Verhinderung und deren **Vorhersehbarkeit** kommt es nicht an (GK-BetrVG/*Oetker* Rn. 22; DKKW/*Buschmann* Rn. 22; Richardi BetrVG/*Thüsing* Rn. 6). Diese kann unter Umständen sehr kurz sein und zB **nur eine BRSitzung** betreffen (BAG 5.9.1986 – 7 AZR 175/85, AP KSchG 1969 § 15 Nr. 26). Ein Verhinderungsfall ist selbst dann gegeben, wenn ein BRMitgl. nicht an der ganzen BRSitzung teilnehmen kann; denn auch in diesen Fällen muss gewährleistet sein, dass Beschlüsse möglichst von dem voll besetzten BR gefasst werden (GK-BetrVG/*Oetker* Rn. 28; DKKW/*Buschmann* Rn. 21; **aA** HWGNRH/*Huke* Rn. 9). Eine **krankheitsbedingte Arbeitsunfähigkeit** eines BRMitgl. führt zwar in der Regel, jedoch nicht zwangsläufig dazu, dass er auch sein Amt nicht ausüben kann. Ob ein Verhinderungsfall iSd § 25 vorliegt, beurteilt sich nach den Umständen des Einzelfalles (BAG 15.11.1984 – 2 AZR 341/83, NZA 1985, 367). So kann eine zeitweilige Verhinderung mangels eindeutiger gegenteiliger Anhaltspunkte vorliegen, wenn sich ein BRMitgl. krank meldet und der Arbeit fernbleibt, auch wenn sich später herausstellen sollte, dass es nicht arbeitsunfähig krank war und der Arbeit unberechtigt ferngeblieben ist. Eine zeitweilige Verhinderung liegt auch vor, wenn ein in **Elternzeit** befindliches BRMitgl. aus persönlichen Gründen keine BRArbeit verrichten will (LAG Bln 1.3.2005 – 7 TaBV 2220/04, NZA-RR 2006, 32; LAG Hamm 15.10.2010 – 10 TaBV 37/10, BeckRS 2011, 67992). Ist es dagegen zur Wahrnehmung seines Amtes bereit, bewirkt das Ruhen des Arbeitsverhältnisses während der Elternzeit keine zeitweilige Verhinderung (BAG 25.5.2005 – 7 ABR 45/04, NZA 2005, 1002). Entsprechendes gilt für die Dauer des **Erholungsurlaubs.** Dieser begründet wg. persönl. Unzumutbarkeit einen Verhinderungsgrund, es sei denn, das BRMitgl. hat ausdrücklich seine Bereitschaft angezeigt, trotz Urlaubs für BRTätigkeit zur Verfg. zu stehen (BAG 27.9.2012 – 2 AZR 955/11, NZA 2013, 425; 8.9.2011 – 2 AZR 388/10, NZA 2012, 400). Ferner liegt eine Verhinderung vor, wenn sich ein BRMitgl., auf einer **Montage/Dienstreise** im Ausland befindet (BAG 24.6.1969 – 1 ABR 6/69, AP BetrVG § 39 Nr. 8; DKKW/*Buschmann* Rn. 18; GK-BetrVG/*Oetker* Rn. 27; Richardi BetrVG/*Thüsing* Rn. 15). Entscheidet er sich für die Teilnahme an der BRSitzung, hat er auch das Kosteninteresse des ArbGeb. zu bedenken (BAG 23.6.2010 – 7 ABR 103/08, NZA 2010, 1298). Die Heranziehung zu BRAufgaben **außerhalb der persönl. ArbZ** stellt grds. keinen Verhinderungsgrund dar (BAG 27.9.2012 – 2 AZR 955/11, NZA 2013, 425). Eine vom ArbGeb. angeordnete **arbeitsvertragl. Freistellung** des BRMitgl. von seinen arbeitsvertraglichen Pflichten und ein darauf hin erteiltes Hausverbot lässt die betriebsverfassungsrechtliche Rechtsstellung des BRMitgl. unberührt und hindern nicht an der Wahrnehmung von BRAufgaben. Das gilt auch für ErsMitgl. (BAG 8.9.2011 – 2 AZR 388/10, NZA 2012, 400).

Zeitweilig verhindert ist auch ein BRMitgl., das von einer Entscheidung des BR **unmittelbar betroffen** wird, zB wenn über die Stellung eines Antrages nach § 23 (Ausschluss aus dem BR) oder eine das BRMitgl. unmittelbar betreffende personelle Maßnahme (Umgruppierung, Versetzung, Kündigung) beschlossen werden soll (BAG 6.11.2013 – 7 ABR 84/11, NZA-RR 2014, 551; DKKW/*Buschmann* Rn. 25; GK-BetrVG/*Oetker* Rn. 29ff.; HWGNRH/*Huke* Rn. 11; WPK/*Wlotzke* Rn. 11). Das gilt insbes. bei einem Beschluss gem. § 103 über die Zustimmung des BR zu einer außerordentlichen Kündigung des BRMitgl. oder dessen Versetzung, die den Verlust des betriebsverfassungsrechtlichen Amts zur Folge hätte (BAG 26.8.1981 – 7 AZR 550/79, NJW 1982, 1175). Wird dem einzigen und daher selbst betroffenen BRMitgl. gekündigt und fehlt es an einem ErsMitgl., hat der ArbGeb. analog § 103 Abs. 2 das ArbG um Ersetzung der Zustimmung zu ersuchen (BAG 25.4.2018 – 2 AZR 401/17, NZA 2018, 1087). Soll wegen eines bestimmten Vorgangs mehreren BRMitgl. gekündigt werden, ist bei der Beratung und Abstimmung über die Zustimmung zu den einzelnen Kündigungen jeweils nur dasjenige BRMitgl. iSd § 25 zeitweilig verhindert, das durch die ihm gegenüber beabsichtigte Kündigung unmittelbar betroffen wird, nicht jedoch die BRMitgl., denen aus demselben Anlass ebenfalls gekündigt werden soll. Das gilt auch, wenn der ArbGeb. mehrere BRMitgl versetzen will. **Als Faustregel gilt,** dass ein BRMitgl. wg. Interessenkollision als zeitweilig verhindert anzusehen ist, wenn es bei der Beschlussfassung um Maßnahmen oder Regelungen 18 geht, die es in seiner Stellung als ArbN individuell und unmittelbar betreffen. Daran fehlt es, wenn das BRMitgl. lediglich als Angehöriger eines aus mehreren Personen bestehenden Teils der Belegschaft betroffen ist (BAG 24.4.2013 – 7 ABR 82/11, NZA 2013, 857) oder mit der fraglichen Maßnahme oder Regelung nur mittelbare Auswirkungen oder Reflexe auf die Rechtsstellung des BRMitgl. verbunden sind (BAG 6.11.2013 – 7 ABR 84/11, NZA-RR 2014, 551). Von einem unmittelbaren Betroffensein ist auszugehen, wenn das BRMitgl. als ArbN von seinem Beschwerderecht nach § 84 Gebrauch macht. In dieser Angelegenheit ist er sowohl von der Beschlussfassung nach § 85 als auch an der Teilnahme am Verfahren der E-Stelle ausgeschlossen (LAG Nürnberg 16.10.2012 – 7 TaBV 28/12, NZA-RR 2013, 23). Für die Beurteilung dieses Verhinderungsgrundes kommt es auf den Zeitpunkt der Beratung und Beschlussfassung an. Ein nur potentielles Betroffensein genügt nicht (BAG 10.11.2009 – 1 ABR 64/08, NZA-RR 2010, 416).

19 Ein BRMitgl. ist nicht wegen eigener Betroffenheit verhindert bei **organisationsbezogenen Entscheidungen,** zB: Wahl des Vors., stellvertr. Vors. oder der Mitgl. des BetrAusschusses oder eines anderen Ausschusses des BR, Beschluss über die Teilnahme an einer Schulungs- und Bildungsveranstaltung nach § 37 Abs. 6 u. 7, Freistellung nach § 38, Bestellung der Mitgl. des GesBR, des KBR, des WiAusschusses oder Vorschlag zur Wahl als ANVertreter im AR (GK-BetrVG/*Oetker* Rn. 32; DKKW/*Buschmann* Rn. 26; HWGNRH/*Huke* Rn. 12; Richardi BetrVG/*Thüsing* Rn. 11). Das gilt auch, wenn über die Abberufung eines BRMitgl. aus solchen Funktionen beschlossen wird. In all diesen Fällen kann das BRMitgl. mit beraten und mit abstimmen, auch wenn es sich um Funktionen handelt, für die es sich bewirbt oder die es innehat.

20 Das ErsMitgl. kann nur mit beschließen, wenn es auch mit beraten hat. Deshalb tritt es auch für die **Beratung** an die Stelle des Verhinderten. Das wegen persönlicher Betroffenheit zeitweilig verhinderte BRMitgl. ist sowohl von der Beratung als auch der Beschlussfassung ausgeschlossen (BAG 3.8.1999 – 1 ABR 30/98, NZA 2000, 440; 10.11.1999 – 7 ABR 64/08, NZA-RR 2010, 416).

21 Ein BRMitgl. darf einen Vertretungsfall nicht gezielt herbeigeführen. Es entscheidet aber in eigener Verantwortung darüber, welcher seiner beruflichen, privaten oder betriebsverfassungsrechtlichen Pflichten im Kollisionsfall den Vorrang einzuräumen ist (BAG 23.6.2010 – 7 ABR 103/08, NZA 2010, 1298; LAG Nürnberg 13.6.2017 – 7 TaBV 80/16). Erklärt sich ein BRMitgl. ausdrücklich für verhindert, hat der Vorsitzende **das tatsächl. Vorliegen eines Hinderungsgrundes nicht nachprüfen.** Vielmehr darf er ohne eigene Ermittlungen davon ausgehen, dass sich ein BRMitgl. seiner gesetzl. Pflicht zur Teilnahme an einer BRSitzung nicht ohne triftigen Grund entzieht und seine Verhinderung nur nach sachgerechter Abwägung unterschiedlicher Pflichten anzeigt (zum vergleichbaren Fall der Verhinderung ehrenamtl. Richter BAG 14.12.2010 – 1 ABR 19/10, NZA 2011, 289). Demensprechend ist erst nach Vorliegen einer Verhinderungsanzeige ein ErsMitgl. zu laden. Ähnlich auch die hM (vgl. GK-BetrVG/*Oetker* Rn. 25 mwN; **aA** *Horstmeier* BB 2019, 888 unter Hinweis auf die Sollvorschrift des § 29 Abs. 2 Satz 5, woraus sich aber nicht ergibt, ob und nach welcher Sicht eine Verhinderung objektiv begründet und notwendig ist), die zwar das Vorliegen einer objektiven Verhinderung verlangt, dieser aber den Fall einer subjektiv unzumutbaren Amtsausübung gleichstellt. Gleichwohl ist es aus Gründen der rechtssicheren Vorbereitung und Durchführung von BRSitzungen und zum Schutz einer autonomen Amtsführung geboten, die Entscheidung über das Vorliegen eines Hinderungsgrundes in der Verantwortung des jeweiligen BRMitgl. zu belassen (BAG 8.9.2011 – 2 AZR 388/10, NZA 2012, 400). Bei fehlender Verhinderungsanzeige → Rn. 23

22 Die **Dauer der zeitweiligen Verhinderung** kann sich durchaus über einen längeren Zeitraum erstrecken (zB Langzeiterkrankung, Kuraufenthalt, arbeitsgerichtliches Feststellungsverfahren zum Übergang des Arbeitsverhältnisses auf einen Betriebserwerber, Kündigungsschutzverfahren; BAG 14.5.1997 – 7 ABR 26/96, NZA 1997, 1245; DKKW/*Buschmann* Rn. 23.

Kein Verhinderungsfall liegt vor, wenn der ArbGeb. einem BRMitgl. außerordentlich kündigt, bevor der BR zugestimmt oder das ArbG die Zustimmung des BR rechtskräftig ersetzt hat. In diesem Fall fehlt es offenkundig an einer wirksamen Kündigung (Richardi BetrVG/*Thüsing* Rn. 12). Ein Fall zeitweiliger Verhinderung liegt dagegen vor, wenn ein BRMitgl. im Rahmen eines Ausschlussverfahrens durch eine einstweilige Verfügung vorläufig aus dem BR entfernt wird (→ § 23 Rn. 32). **22a**

Da das Nachrücken der ErsMitgl. auch bei zeitweiliger Verhinderung von BR-Mitgl. die volle Besetzung des BR sicherstellen soll, hat der Vors. des BR die Pflicht, durch rechtzeitige Heranziehung der in Frage kommenden ErsMitgl. dafür zu sorgen, dass der BR mit der gesetzlich vorgeschriebenen Zahl der BRMitgl. besetzt ist. Das setzt allerdings voraus, dass das zu ersetzende BRMitgl. einen Verhinderungsfall rechtzeitig angezeigt hat oder ein solcher bereits bei der Einladung zur Sitzung offenkundig ist, so dass dem BRVors. die Heranziehung eines ErsMitgl. auch möglich ist (BAG 4.11.2015 – 7 ABR 61/13, NZA-RR 2016, 256; LAG Brl.-Bbg. 5.7.2018 – 10 TaBV 1537/17). Ist das nicht der Fall, kann aus dem bloßen Nichterscheinen eines rechtzeitig geladenen BRMitgl. nicht auf einen Verhinderungsfall geschlossen werden. Den BRVors. trifft in diesem Fall auch keine Erkundigungspflicht (dies verkennend LAG Hamm 8.12.2017 – 13 TaBV 72/17, BeckRS 2017, 137472). Für ein der **BRSitzung ohne Verhinderungsanzeige fernbleibendes BRMitgl.** ist kein ErsMitgl. zu laden. Das pflichtwidrige Verhalten eines BRMitgl., das ohne Angabe von Gründen nicht zur BRSitzung erscheint, ist kein Fall der zeitweiligen Verhinderung; es kann allenfalls einen Antrag nach § 23 rechtfertigen. **Gründe der Rechtssicherheit** und Rechtsklarheit legen es daher nahe, die Einzelheiten der Anzeigepflicht bei Verhinderung in der GO des BR zu regeln und überdies die BRBeschlüsse in der darauffolgenden Sitzung zu bestätigen. **23**

IV. Reihenfolge der Ersatzmitglieder

Die **Reihenfolge,** in der ErsMitgl. für ausgeschiedene oder verhinderte BRMitgl. in den BR nachrücken, bestimmt sich nach Abs. 2. Diese Reihenfolge ist strikt zu beachten, da eine fehlerhafte Heranziehung den BR an einer wirksamen Beschlussfassung hindert (BAG 18.1.2006 – 7 ABR 25/05, AuA 2007, 697). Bei der Bestimmung der Reihenfolge ist die **Geschlechterquote** nach § 15 Abs. 2 erst beim Nachrücken solcher BR beachtlich, die nach dem Inkrafttreten dieses G gewählt werden (Art. 14 BetrVerf-ReformG). Da die Geschlechterquote des § 15 Abs. 2 nicht auf das sogn. **Dritte Geschlecht** (dazu BVerfG 10.10.2017 – 1 BvR 2019/16, NvWZ 2018, 877) abstellt (→ § 15 Rn. 11b), bleibt eine gewählte Person, die personenstandsrechtlich diesem Geschlecht zugeordnet wird, bei der Bestimmung der Reihenfolge der ErsMitgl. zur Sicherung der Geschlechterquote außen vor. Für das Nachrücken ist zu unterscheiden, ob das ausgeschiedene oder verhinderte BRMitgl. in **Verhältniswahl** (→ Rn. 26 ff.) oder in **Mehrheitswahl** (→ Rn. 30 f.) gewählt worden ist. Bei beiden Wahlvarianten ist der Geschlechterproporz des § 15 Abs. 2 zwingend zu beachten. Diese Vorschrift ist verfassungsgem. (BAG 16.3.2005 – 7 ABR 40/04, NZA 2005, 1252). Sie schützt das Geschlecht in Minderheit im BR ohne dessen Überrepräsentanz auszuschließen (BAG 13.3.2013 – 7 ABR 67/11, NZA-RR 2013, 575). Maßgebend für die Feststellung der auf das Minderheitsgeschlecht entfallenden BRSitze sind die **Angaben im Wahlausschreiben** (§ 3 Abs. 2 Nr. 5; § 5 WO 2001). Eine spätere erhebliche Änderung der Geschlechterrelation während der Amtszeit des BR wirkt sich weder auf dessen Zusammensetzung aus, noch verändert sie die Reihenfolge des Nachrückens. Eine solche Änderung müsste ansonsten Anlass für eine Neuwahl sein. Das sieht das G nicht vor. Zu Besonderheiten beim Nachrücken von ErsMitgl. in BR der Postunternehmen → Rn. 36. **24**

Bei der Bestimmung der in den BR eintretenden ErsMitgl. bleiben selbstverständlich diejenigen **außer Betracht,** die nachträglich die Wählbarkeit verloren haben, zB **25** dadurch, dass sie inzwischen leitende Ang. geworden sind oder die aus einem sonstigen Grunde aus dem Kreis der ErsMitgl. ausgeschieden sind (→ § 24 Rn. 12ff., 26ff.; GK-BetrVG/*Oetker* Rn. 49).

1. Reihenfolge des Nachrückens bei Verhältniswahl

26 Ist der BR im Wege der **Verhältniswahl** gewählt worden, dh ist die Wahl gem. § 14 Abs. 1 S. 1 auf Grund mehrerer Vorschlagslisten erfolgt, so rücken die ErsMitgl. zunächst in der **Reihenfolge** nach, in der sie auf der Liste aufgeführt sind, der das ausgeschiedene oder verhinderte Mitgl. angehört. Dabei ist allerdings die Geschlechterquote des § 15 Abs. 2 zwingend zu beachten (WPK/*Wlotzke* Rn. 16; GK-BetrVG/*Oetker* Rn. 53). Der Verweis in § 25 Abs. 2 S. 1 hat zur Folge, dass gewährleistet bleiben muss, dass das in der Minderheit befindliche Geschlecht entspr. seinem Anteil an der Belegschaft im BR vertreten bleibt **(Beispiel 1).** Das gilt jedenfalls solange, wie noch Wahlbewerber dieses Geschlechts überhaupt zur Verfügung stehen (vgl. § 15 Abs. 5 Nr. 5 WO 2001). Andererseits muss das ausscheidende oder zeitweilig verhinderte BRMitgl. nicht in allen Fällen durch einen Wahlbewerber des eigenen Geschlechts ersetzt werden, wenn trotz des Nachrückens eines BRMitgl. des anderen Geschlechts die von § 15 Abs. 2 geforderte Quote gewahrt bleibt **(Beispiel 2).** Diese Grundsätze gelten auch, wenn ein gewählter Wahlbewerber des Minderheitsgeschlechts die Wahl nicht annimmt. Wird dadurch die auf das Minderheitsgeschlecht entfallende Mindestanteil an BRSitzen nicht gewahrt, rückt der nächste Bewerber auf der betreffenden Vorschlagsliste, der dem Minderheitsgeschlecht angehört, automatisch nach. Die auf der Liste davor stehenden Wahlbewerber des anderen Geschlechts werden übergangen.

Beispiel 1:

Zu wählen ist ein aus 5 Personen bestehender BR. Nach der vom Wahlvorstand gem. § 5 WO festgelegten Mindestquote muss eine Frau dem BR angehören.
Für die BRWahl wurden drei Vorschlagslisten eingereicht.

Liste 1	Liste 2	Liste 3
A (m)	F (f)	K (m)
B (m)	G (m)	L (m)
C (f)	H (m)	M (f)
D (m)	I (f)	N (m)
E (f)	J (m)	

Liste 1: A (m) und B (m)
Liste 2: F (f) und G (m)
Liste 3: K (m)

- Für A (m) ist das anstehende ErsMitgl. C (f).
- Für F (f) ist das anstehende ErsMitgl. I (f), da bei einem Nachrücken des nächsten, auf der Liste 2 geführten Wahlbewerbers H (m) das in der Minderheit befindliche weibliche Geschlecht nicht mehr repräsentiert wäre. Anstelle von H (m) rückt also I (f) in den BR nach.
- Für K (m) ist das anstehende ErsMitgl. L (m).

Beispiel 2:

Ausgangsfall wie in Beispiel 1 jedoch andere Listenfolge

Liste 1	Liste 2	Liste 3
A (m)	F (f)	K (m)
C (f)	G (m)	L (m)
B (m)	H (m)	M (f)
D (m)	I (f)	N (m)
E (f)	J (m)	

Liste 1: A (m) und C (f)
Liste 2: F (f) und G (m)
Liste 3: K (m)

In diesem Fall ist ein weibliches Mitglied mehr als die Quote des § 15 Abs. 2 verlangt in den BR gewählt worden. Scheidet die der Liste 1 zugehörende C (f) aus dem BR aus, bleibt durch F (f) von der Liste 2 die Quote gewahrt. Deshalb kann C (f) ausnahmsweise durch das männliche ErsMitgl. B (m) ersetzt werden.

Abs. 2 S. 2 regelt das Nachrücken, wenn die **Vorschlagsliste,** aus der an sich das ErsMitgl. zu entnehmen wäre, **erschöpft** ist. In diesem Falle ist zunächst die Liste zu ermitteln, auf die der nächste BRSitz entfallen wäre, wenn der BR aus einem Mitgl. mehr, als die gesetzliche Regelung vorsieht, bestehen würde. Aus dieser Liste rückt der nächste nicht gewählte Bewerber in den BR nach. Dieser Fall kann wegen der zwingenden Beachtung der Geschlechterquote vor allem dann eintreten, wenn auf den jeweiligen Vorschlagslisten das in der Minderheit befindliche Geschlecht unzureichend vertreten ist (GK-BetrVG/*Oetker* Rn. 55). Die Notwendigkeit des Übergreifens auf eine andere Liste ergibt sich bereits dann, wenn auf der Liste, der das ausscheidende oder verhinderte Mitgl. angehört, ein das Minderheitsgeschlecht nach § 15 Abs. 2 repräsentierendes ErsMitgl. desselben Geschlechts, dem das zu ersetzende BRMitgl. angehört, nicht mehr zur Verfügung steht, es sei denn, die Quote nach § 15 Abs. 2 wäre durch die übrigen BRMitgl. noch gewahrt (→ Rn. 26). 27

Das Übergreifen auf eine andere Vorschlagsliste **beschränkt sich nicht** auf solche Listen, die bei der BRWahl **erfolgreich** gewesen sind und aus denen mindestens ein Wahlbewerber als ordentl. Mitgl. gewählt worden ist. Das BetrVG kennt keinerlei Sperrklausel (DKKW/*Buschmann* Rn. 29; ErfK/*Koch* Rn. 9). Vielmehr spricht Abs. 2 S. 2 ohne Einschränkung davon, dass das ErsMitgl. derjenigen Vorschlagsliste zu entnehmen ist, auf die nach den Grundsätzen der Verhältniswahl der nächste Sitz entfallen würde. Deshalb kommen bei Erschöpfung einer oder mehrerer Vorschlagslisten auch solche Listen für die Entsendung von ErsMitgl. in Betracht, die bisher kein Mitgl. im BR gestellt haben. 28

Beispiel für das Übergreifen auf eine andere Liste: 29

Es kandidieren drei Listen für fünf BRSitze.
Liste A erhält 50 Stimmen. Liste B 33 Stimmen, Liste C 12 Stimmen.
Nach § 15 WO ist die Sitzverteilung wie folgt zu berechnen:

	Liste A	Liste B	Liste C
	50	33	12
: 1	50	33	12
: 2	25	$16^1/_2$	6
: 3	$16^2/_3$	11	4

Auf die Liste A entfallen drei und auf die Liste B entfallen zwei Sitze. Scheidet ein auf der Liste A gewähltes BRMitgl. aus und ist diese Liste erschöpft, so wird der freigewordene fünfte BRSitz mit dem an erster Stelle stehenden Wahlbewerber der Liste C mit der Höchstzahl 12 besetzt, obwohl diese Liste bisher nicht im BR vertreten war.

2. Reihenfolge des Nachrückens bei Mehrheitswahl

Der BR wird in Mehrheitswahl gewählt, wenn die Wahl auf Grund nur einer Vorschlagsliste oder im vereinfachten Wahlverfahren erfolgt (vgl. § 14 Abs. 2 S. 2). In diesem Falle rückt für das verhinderte oder ausgeschiedene BRMitgl. als ErsMitgl. der Wahlbewerber mit der nächsthöchsten Stimmenzahl nach. Wahlbewerber, auf die keine Stimme entfallen ist, sind keine ErsMitgl. (HWGNRH/*Huke* Rn. 26). Führt das schematische Nachrücken dazu, dass das Minderheitsgeschlecht nicht mehr entspr. der Zahl der auf ihn entfallenden BRSitze vertreten wäre, rückt ausnahmsweise der Bewerber mit der nächst höheren Stimmenzahl, der dem Minderheitsgeschlecht angehört, für das BR-Mitgl. seines Geschlechts nach. Das gilt jedenfalls so lange, wie noch Wahlbewerber dieses Geschlechts vorhanden sind (GK-BetrVG/*Oetker* Rn. 58; Richardi BetrVG/*Thüsing* Rn. 19; WPK/*Wlotzke* Rn. 17). 30

Beispiel:

Zu wählen ist ein aus 5 Mitgl bestehender BR. Wahlberechtigt sind 100 AN. Dem BR muss nach § 15 Abs. 2 mindestens eine Frau angehören.

A (f)	60 Stimmen
B (m)	24 Stimmen
C (m)	36 Stimmen
D (m)	30 Stimmen
E (m)	15 Stimmen
F (f)	21 Stimmen
G (m)	45 Stimmen
H (m)	66 Stimmen
I (m)	33 Stimmen
J (m)	7 Stimmen

Gewählt sind: A (f), C (m), G (m), H (m), I (m)

Scheidet A (f) aus, rückt wegen § 15 Abs. 2 F (f) nach, obwohl D (m) mehr Stimmen erhalten hat. Schiede stattdessen C (m) aus, rückte D (m) nach. Die Quote bliebe durch A (f) repräsentiert.

Scheidet auch die für A (f) nachgerückte F (f) aus, kommt D (m) zum Zuge, weil die Quote mangels gewählter Wahlbewerberinnen nicht mehr erfüllt werden kann.

31 Besteht der BR nur aus **einer Person,** der im vereinfachten Wahlverfahren stets in Mehrheitswahl gewählt wird (vgl. § 14 Abs. 2 S. 2), ist die Quote nach § 15 Abs. 2 nicht zu beachten. Sie gilt nur für BR, die mindestens aus drei Mitgl. bestehen.

3. Fehlen von Ersatzmitgliedern

32 Ist der BR in Verhältniswahl gewählt und ist diejenige Liste erschöpft, der das ausscheidende Mitgl. angehört, ist das ErsMitgl. aus der Liste zu bestimmen, auf die nach dem Grundsatz der **Verhältniswahl** der nächste Sitz entfallen wäre. Bei der Ermittlung des ErsMitgl. ist auch in diesem Fall die Quote des § 15 Abs. 2 zu beachten. Das in der Minderheit befindliche Geschlecht muss aber nur dann durch einen Angehörigen seines Geschlechts aus einer anderen Liste ersetzt werden, wenn ansonsten die Mindestquote unterschritten würde.

33 Sind **überhaupt keine ErsMitgl.** mehr vorhanden, die nachrücken können, und scheidet nunmehr ein Mitgl. endgültig aus dem BR aus (nicht bei bloßer zeitweiser Verhinderung), bleibt dessen Sitz unbesetzt. Es ist gem. § 13 Abs. 2 Nr. 2 ein neuer BR zu wählen (→ § 13 Rn. 33 ff.). Die Amtszeit des nicht mehr vollzähligen BR endet gem. § 21 S. 5 mit der Bekanntgabe des Wahlergebnisses für den neuen BR (→ § 21 Rn. 26).

4. Verhinderung mehrerer Betriebsratsmitglieder oder des Ersatzmitglieds

34 Das G kennt keine an die Person des einzelnen BRMitgl. anknüpfende ErsMitgliedschaft. Die ErsMitgl. rücken vielmehr – ggf. unter Berücksichtigung der Geschlechterquote – in der sich aus der Vorschlagsliste (bei Verhältniswahl) bzw. der erreichten Stimmenzahl (bei Mehrheitswahl) ergebenden Reihenfolge für verhinderte oder ausgeschiedene BRMitgl. in den BR nach. Dadurch werden Zufälligkeiten, die sich aus einem Nebeneinander zeitweiliger oder dauerhafter Verhinderung von BRMitgl. ergeben können, vermieden (GK-BetrVG/*Oetker* Rn. 60). Diese sich aus der Vorschlagsliste bzw. der erreichten Stimmenzahl ergebende Reihenfolge hat **qualitative Bedeutung** in dem Sinne, dass das „erste" ErsMitgl. stets vor dem nächstfolgenden anstelle verhinderter oder ausgeschiedener BRMitgl. dem BR angehört. Ist zB für ein nur zeitweilig verhindertes BRMitgl. das in Betracht kommende ErsMitgl. vorübergehend nachgerückt und scheidet nunmehr von derselben Liste ein anderes BRMitgl. endgültig aus dem BR aus, so rückt für dieses das an nächstbereiter Stelle

stehende ErsMitgl. unter Beachtung von § 15 Abs. 2 ein. Dieses ErsMitgl. tritt jedoch nicht endgültig in den BR ein, sondern nur solange, bis die zeitweilige Verhinderung des anderen BRMitgl. behoben ist. Anstelle des ausgeschiedenen BRMitgl. tritt dagegen das an erster Stelle stehende, zunächst für das zeitweilig verhinderte BRMitgl. nachgerückte ErsMitgl. endgültig in den BR ein. Ähnliches gilt, wenn zB mehrere BRMitgl. aus derselben Liste zur gleichen Zeit, jedoch unterschiedlich lange zeitweilig verhindert sind. Auch in diesem Falle bestimmt sich die Reihenfolge der dem BR angehörenden ErsMitgl. immer nach der sich aus der Liste ergebenden Rangfolge; das „erste" ErsMitgl. bleibt deshalb Mitgl. des BR, solange ein ordentliches BRMitgl. aus der Liste verhindert ist. Scheiden mehrere BRMitgl. – etwa wg. eines Betriebsteilsübergangs – gleichzeitig aus dem BR aus und wird hierdurch im verbleibenden BR die Geschlechterquote unterschritten, bestimmen sich die Nachrücker entspr. § 15 Abs. 5 WO (BAG Brl-Brbg. 25.7.2017 – 7 TaBV 358/17).

Ist das **ErsMitgl.,** das für ein ausgeschiedenes oder zeitweilig verhindertes BR-Mitgl. nachgerückt ist, **selbst zeitweilig verhindert,** so wird es für die Dauer seiner Verhinderung seinerseits von dem an nächstbereiter Stelle stehenden ErsMitgl. vertreten. **35**

5. Besonderheiten in Betrieben der PostAG

In BR von **Betrieben der Postunternehmen** sind beim Nachrücken von Ers-Mitgl. gewisse Besonderheiten zu beachten. Die darauf gerichteten Regelungen gehen nach dem Spezialitätsprinzip den allgemeinen Regelungen, die nunmehr auch für die Beamten in Betrieben der Privatwirtschaft wegen § 5 Abs. 1 S. 3 gelten, vor. Demzufolge können die Beamten der Betriebe der Post AG weiterhin eine eigene Gruppe bilden (§ 26 Nr. 1 PostPersRG) und nach § 26 Nr. 2 PostPersRG entspr. ihrem zahlenmäßigen Verhältnis im BR vertreten sein (→ § 14 Rn. 72ff.). Zum anderen muss auch bei der Wahl dieser BR der Geschlechterproporz des § 15 Abs. 2 gewährleistet werden (§ 4 Abs. 1 S. 2 WOP). Das durch das BetrVerf-ReformG aufgegebene allgemeine betriebsverfassungsrechtliche Gruppenprinzip ist deshalb auch nicht mehr für das Nachrücken innerhalb der Beamtengruppe zu beachten. Insgesamt muss bei der Feststellung des ErsMitgl. sowohl der Beamtenquote als auch dem Geschlechterproporz Rechnung getragen werden. **36**

Bilden die **Beamten eine eigene Gruppe,** ist das Geschlecht in der Minderheit entspr. seinem zahlenmäßigen Verhältnis sowohl in der Gruppe der Beamten als auch der ArbN zu bestimmen (§ 4 Abs. 1 S. 2 WOP). Die jeweiligen Anteile sind nach § 5 WO 2001 zu ermitteln (§ 6 Nr. 4 WOP). IErg zwingen § 26 Nr. 2 u. 7 PostPersRG zu einer Modifizierung des Geschlechterproporzes. Für die Feststellung der Mindestquote kommt es dann nicht auf die Gesamtbelegschaft, sondern auf die Gruppe der Beamten einerseits und der ArbN andererseits an (→ § 14 Rn. 84, 85d; DKKW/*Buschmann* Rn. 37; **aA** Richardi BetrVG/*Thüsing* § 14 Rn. 91). In diesem Sinne bestimmt auch § 6 Nr. 2b WOP, dass im Wahlausschreiben der Anteil der Geschlechter jeweils gruppenbezogen anzugeben ist. Haben die Beamten allerdings auf die Bildung einer Gruppe verzichtet (§ 5 Abs. 1 WOP), ist das Minderheitengeschlecht wie im Normalfall belegschaftsbezogen zu ermitteln (§ 4 Abs. 2 WOP). Für das Nachrücken der ErsMitgl. ist zu unterscheiden, ob die BRWahl als Gruppenwahl oder als gemeinsame Wahl stattgefunden hat. Weiterhin ist danach zu differenzieren, ob eine Verhältniswahl oder eine Mehrheitswahl durchgeführt wurde. **37**

Hat die BRWahl als **Gruppen- und Verhältniswahl** (mehrere Listen) stattgefunden, bestimmt sich das ErsMitgl. aus der Liste der Gruppe, der das zu ersetzende BRMitgl. angehört. Es gelten die unter → Rn. 26 dargestellten Grundsätze. Wegen § 15 Abs. 2 muss das zu ersetzende BRMitgl. durch einen Wahlbewerber des eigenen Geschlechts nur dann ersetzt werden, wenn ansonsten die auf die jeweilige Gruppe **38** bezogene Mindestquote nicht gewährleistet bleibt. Stehen keine Wahlbewerber des Minderheitengeschlechts innerhalb der Gruppe der Beamten oder der ArbN zur Verfügung, unterbleibt ein Übergreifen auf die Listen der anderen Gruppe. Bei Durchführung der BRWahl als **Gruppen- und Mehrheitswahl** rückt das jeweils nächste Mitgl. der Gruppe nach, der das zu ersetzende BRMitgl. angehört. Es gelten die unter → Rn. 30 dargestellten Grundsätze. Ist die Liste erschöpft, weil für das zu ersetzende BRMitgl. einer Gruppe ein Wahlbewerber des gleichen Geschlechts zur Wahrung der Mindestquote des § 15 Abs. 2 nicht mehr zur Verfügung steht, bestimmt sich die Reihenfolge der Ersatzmitgl. innerhalb einer Gruppe allein nach der Höhe der erreichten Stimmenzahlen (§ 25 Abs. 2 S. 3). Infolge des Vorrangs des Gruppenproporzes führt das Fehlen eines ErsMitgl. des gleichen Geschlechts in beiden Fällen nicht dazu, einen der Minderheit angehörenden Wahlbewerber der anderen Gruppe heranzuziehen. Erst wenn innerhalb einer Gruppe überhaupt keine Wahlbewerber mehr vorhanden sind, ist die gesetzliche Anzahl der BRMitgl. durch das Heranziehen von Wahlbewerbern der anderen Gruppe zu wahren.

39 Hat eine **gemeinsame Wahl als Verhältniswahl** stattgefunden, erfolgt die Verteilung der nach § 6 Nr. 3 WO 2001 für die Beamten und die ArbN festzustellenden Sitze nach § 6 Nr. 10 WOP. Beim Nachrücken ist der Gruppenproporz des § 26 Nr. 2 PostPersRG wie der Geschlechterproporz beachtlich (GK-BetrVG/*Oetker* Rn. 63). Muss beim Nachrücken der Geschlechterproporz gewahrt werden, rückt stets der nächste Wahlbewerber derjenigen Liste des in der Minderheit befindlichen Geschlechts nach. Ist die Liste hinsichtlich des Geschlechts in der Minderheit erschöpft, ist das ErsMitgl. aus der nächsten zu berücksichtigenden Liste zu bestimmen. Ist auf keiner der Listen ein Wahlbewerber aus dem Geschlecht in der Minderheit mehr vorhanden, bestimmt sich der Nachrücker aus der Gruppe der Liste, der das zu ersetzende BRMitgl. angehört (vgl. § 6 Nr. 10e ee WOP). Wurde der BR in **Gemeinschaftswahl und Mehrheitswahl** gewählt, rückt stets der Wahlbewerber mit der nächsthöheren Stimmzahl nach, der der Gruppe des zu ersetzenden BRMitgl. angehört (DKKW/*Buschmann* Rn. 36). Muss der Geschlechterproporz beim Nachrücken gewahrt werden, sind die Angehörigen des Geschlechts in der Minderheit innerhalb der jeweiligen Gruppe in der Reihenfolge der auf sie entfallenden Stimmen heranzuziehen. Steht innerhalb der betroffenen Gruppe kein solcher Nachrücker mehr zur Verfügung, bestimmt sich die Reihenfolge des Nachrückens nach der Anzahl der Stimmen innerhalb der übrigen Gruppenangehörigen. Erst wenn aus diesem Kreis keine Wahlbewerber mehr zur Verfügung stehen, kommt die andere Gruppe zum Zuge.

V. Streitigkeiten

40 Streitigkeiten aus § 25, insbes. Streitigkeiten über das Nachrücken und über die Reihenfolge des Nachrückens, sind vom ArbG im Allgemeinen im **BeschlVerf.** zu entscheiden (→ ArbGG Rn. 7 ff.). Sie können aber auch in anderen Verfahren als Vorfrage entschieden werden, zB in einem Kündigungsstreitverfahren, wenn das ErsMitgl. die Wirksamkeit seiner Kündigung im Hinblick auf § 15 KSchG bestreitet oder in einem Verfahren, bei dem es auf die Rechtswirksamkeit eines BRBeschlusses ankommt, an dem ein ErsMitgl. mitgewirkt hat. Ob Sonderkündigungsschutz besteht, beurteilt sich nach dem Zeitpunkt des Zugangs der Kündigung (§ 130 Abs. 1 S. 1 BGB; BAG 27.9.2012 – 2 AZR 955/11, NZA 2013, 425). Beruft sich das ErsMitgl. auf einen Sonderkündigungsschutz, hat es die Voraussetzungen seines Nachrückens darzulegen (BAG 27.9.2012 – 2 AZR 955/11, NZA 2013, 425).

Dritter Abschnitt. Geschäftsführung des Betriebsrats

§ 26 Vorsitzender

(1) **Der Betriebsrat wählt aus seiner Mitte den Vorsitzenden und dessen Stellvertreter.**

(2) [1] **Der Vorsitzende des Betriebsrats oder im Fall seiner Verhinderung sein Stellvertreter vertritt den Betriebsrat im Rahmen der von ihm gefassten Beschlüsse.** [2] **Zur Entgegennahme von Erklärungen, die dem Betriebsrat gegenüber abzugeben sind, ist der Vorsitzende des Betriebsrats oder im Fall seiner Verhinderung sein Stellvertreter berechtigt.**

Inhaltsübersicht

I. Vorbemerkung

Die Vorschrift regelt die **organisatorische Gestaltung** des mehrköpfigen BR, indem sie diesen zwingend zur Wahl eines Vors. und stellvertr. Vors. verpflichtet (Abs. 1). Außerdem regelt sie die Stellung dieser Vertretungsorgane des BR sowohl für die Abgabe als auch die Entgegennahme von Erklärungen (Abs. 2). 1

Die Vorschrift gilt **entspr.** für den GesBR und KBR (vgl. § 51 Abs. 1 S. 1 und § 59 Abs. 1), für die JAV, GesJAV und KJug AzubiVertr. (vgl. §§ 65 Abs. 1, 73 Abs. 2 u. 73b Abs. 2) sowie für die Bordvertr. und den SeeBR (vgl. § 115 Abs. 4, § 116 Abs. 3). Sie gilt ferner entspr. für Vertretungen nach § 3 Abs. 1 Nr. 1, 2 u. 3, da diese an die Stelle des BR treten (vgl. § 3 Abs. 5). Für Vertr. nach § 3 Abs. 1. Nr. 4 u. 5 bleibt die nähere Ausgestaltung der Wahl des Vors. und eines oder mehrerer Stellvertr. der dort genannten Vertretungen einer Regelung im TV oder in der BV vorbehalten. Zur Wahl des Sprechers einer ArbGruppe nach § 28a und seines Vertr. → § 28a Rn. 16. 2

Die Regelung des Abs. 1 ist **zwingendes Recht.** Weder durch BV noch durch TV kann von ihr abgewichen werden. Für ArbNVertretungen nach § 3 Abs. 1 Nr. 2 u. 3 sind abweichende Regelungen durch TV oder BV zulässig. Von Abs. 2 kann insoweit abgewichen werden, als der BR auch andere seiner Mitgl. mit seiner Vertr. betrauen kann (→ Rn. 36). 3

Entsprechende Vorschriften: §§ 32, 33 BPersVG, § 11 Abs. 1 u. 2 SprAuG sowie § 13 Abs. 1 S. 3, § 25 EBRG, § 12 S. 2, § 23 Abs. 2 S. 2, Abs. 3 SEBG; § 12 Abs. 1 S. 2, § 23 Abs. 2 S. 2, Abs. 3 SCEBG. 4

II. Wahl des Vorsitzenden und seines Stellvertreters

1. Allgemeines

Die Wahl des Vors. und des stellvertr. Vors. ist eine **innere Angelegenheit des BR,** dh an ihr nehmen ausschließlich seine Mitglieder teil. Die Wahl kann nicht auf 5 den BetrAusschuss oder einen anderen Ausschuss delegiert werden. Die JAV nehmen an der Wahl des Vors. und des stellvertr. Vors. nicht teil.

6 Die Wahl des Vors. und seines Stellvertr. ist eine **gesetzliche Pflichtaufgabe** des mehrköpfigen BR (GK-BetrVG/*Raab* Rn. 5; *Löwisch/Kaiser* Rn. 2; Richardi BetrVG/*Thüsing* Rn. 1). Nimmt der BR die Wahl nicht vor, so handelt er pflichtwidrig und kann nach § 23 wegen grober Verletzung seiner gesetzlichen Pflichten aufgelöst werden (DKKW/*Wedde* Rn. 3). Eine Ersatzbestellung des Vors. und seines Stellvertr. durch das ArbG ist nicht zulässig, selbst wenn im BR keine Wahl zustande kommt oder die Gewählten die Wahl nicht annehmen (DKKW/*Wedde* Rn. 3; GK-BetrVG/*Raab* Rn. 5; HWGNRH/*Glock* Rn 6).

7 Der ArbGeb. kann Verhandlungen mit einem BR, der **keinen Vors.** hat, ablehnen; denn der **BR** ist solange noch **nicht konstituiert** und damit noch nicht funktionsfähig (BAG 23.8.1984 – 6 AZR 520/82, AP BetrVG 1972 § 102 Nr. 36; LAG Düsseldorf 24.6.2009 – 12 Sa 336/09, BeckRS 2009, 69090; HWGNRH/*Glock* Rn. 3; Richardi BetrVG/*Thüsing* Rn. 1; offen gelassen von BAG 28.9.1983 – 7 AZR 266/82, AP BetrVG 1972 § 21 Nr. 1; **aA** DKKW/*Wedde* Rn. 5 f.; GK-BetrVG/*Raab* Rn. 6; *Matusche* AiB 2011, 251 ff.). Steht allerdings die Wahl des Vors. und seines Stellvertr. unmittelbar bevor, ist der ArbGeb. nach den Grundsätzen der vertrauensvollen Zusammenarbeit gehalten, mit der Durchführung des Beteiligungsverfahrens zu warten, bis sich der BR konstituiert hat. Das gilt jedenfalls dann, wenn die beabsichtigte Maßnahme nicht unaufschiebbar ist (BAG 28.9.1983 – 7 AZR 266/82, AP BetrVG 1972 § 21 Nr. 1; HaKo-BetrVG /*Wolmerath* Rn. 3; **aA** HWGNRH/*Glock* Rn. 4).

8 Die Wahl erfolgt in der **konstituierenden Sitzung** des BR (→ § 29 Rn. 19). Die Wahl des Vors. und seines Stellvertr. ist keine Wahl in dem Sinne, dass ein Gegenkandidat aufgestellt werden müsste (BAG 29.1.1965 – 1 ABR 8/64, AP BetrVG § 27 Nr. 8).

2. Wahl

9 Nähere **Wahlvorschriften** bestehen nicht. Mangels ausdrücklicher Vorschriften ist auch eine mündliche Stimmabgabe, unter Umständen sogar eine Wahl durch Zuruf ausreichend, sofern diese Art der Stimmabgabe eine einwandfreie Feststellung des Abstimmungsergebnisses gestattet (DKKW/*Wedde* Rn. 7; ErfK/*Koch* Rn. 1; GK-BetrVG/*Raab* Rn. 10). Im Interesse der Sicherung der Wahlfreiheit des einzelnen BRMitgl. ist die Wahl auf Antrag eines BRMitgl geheim durchzuführen. Hierzu ist kein Mehrheitsbeschluss des BR erforderlich (DKKW/*Wedde* Rn. 7; HaKo-BetrVG/*Wolmerath* Rn. 6; HWGNRH/*Glock* Rn. 8; Richardi BetrVG/*Thüsing* Rn. 7; **aA** ArbG Bielefeld 12.8.1998 – 3 BV 23/98, AiB 1999, 341; GK-BetrVG/*Raab* Rn. 10).

10 **Wahlberechtigt** sind ausschließlich die Mitgl. des BR. Ist ein BRMitgl. zeitweilig verhindert, so wird es nach § 25 Abs. 1 S. 2 von einem ErsMitgl. vertreten. Auch der oder die zum Vors. kandidierenden BRMitgl. sind wahlberechtigt (GK-BetrVG/*Raab* Rn. 7; HWGNRH/*Glock* Rn. 11; Richardi BetrVG/*Thüsing* Rn. 4). Nicht wahlberechtigt sind die Mitgl. der JAV.

11 Zum Vors. und stellvertretenden Vors. **wählbar** sind nur Mitgl. des BR (vgl. „aus seiner Mitte“). ErsMitgl. sind nicht wählbar, solange sie nicht endgültig in den BR nachgerückt sind (GK-BetrVG/*Raab* Rn. 8; HWGNRH/*Glock* Rn. 12; Richardi BetrVG/*Thüsing* Rn. 10; **aA** DKKW/*Wedde* Rn. 9 bei längerer Vertr. und absehbares endgültiges Nachrücken des ErsMitgl.). Für die Kandidatur bestehen keinerlei gesetzliche Vorgaben. Der BR braucht bei der Wahl weder auf die Geschlechterzugehörigkeit noch darauf Rücksicht zu nehmen, ob eine Liste bei der BRWahl bes. erfolgreich gewesen ist. Auch können weder der BR noch ein TV weitere persönliche Wählbarkeitsvoraussetzungen für die Wahl des Vors. oder seines Stellvertr. aufstellen, die über die gesetzlichen Anforderungen gem. §§ 8 u. 26 Abs. 1 hinausgehen (BAG 16.2.1973 – 1 ABR 18/72, AP BetrVG 1972 § 19 Nr. 1). Wen der BR aus seiner Mitte zum

Vors. und stellvertretenden Vors. wählt, obliegt allein seiner Entscheidung. Damit sind „Koalitionsabsprachen" unter den BRMitgl. nicht ausgeschlossen (BAG 1.6.1966 – 1 ABR 18/65, AP BetrVG § 18 Nr. 16; DKKW/*Wedde* Rn. 10).

12 Die Wahl des Vors. und die seines Stellvertr. sind **gesondert,** also in je einem Wahlgang vorzunehmen. Gewählt ist, wer jeweils die meisten Stimmen auf sich vereinigt Es ist nicht etwa derjenige, der im ersten Wahlgang die meisten Stimmen erhalten hat, zum Vors. und der mit der nächsthöheren Stimmenzahl zum stellvertr. Vors. gewählt (HWGNRH/*Glock* Rn. 9; *Löwisch/Kaiser* Rn. 6; Richardi BetrVG/*Thüsing* Rn. 8; **aA** für den Fall, dass der BR das vor der Wahl beschlossen hat: GK-BetrVG/*Raab* Rn. 13; DKKW/*Wedde* Rn. 10; WPK/*Kreft* Rn. 7). IE kann der BR den Wahlmodus unter Beachtung der vorstehenden Grundsätze selbst festlegen (BAG 28.2.1958 – 1 ABR 3/57, AP BetrVG § 29 Nr. 1).

13 Der BR muss bei der Wahl des Vors. und seines Stellvertr. gem. § 33 Abs. 2 **beschlussfähig** sein (DKKW/*Wedde* Rn. 8; GK-BetrVG/*Raab* Rn. 9; Richardi BetrVG/*Thüsing* Rn. 6).

14 Das G fordert für die Wahl **keine qualifizierte Mehrheit.** Deshalb sind als Vors. und stellvertr. Vors. die Bewerber gewählt, auf die im jeweiligen Wahlgang die meisten der abgegebenen Stimmen entfallen sind (DKKW/*Wedde* Rn. 11; GK-BetrVG/*Raab* Rn. 11; HWGNRH/*Glock* Rn. 9). Der BR kann jedoch vor Durchführung der Wahl ein bestimmtes Mindestquorum, etwa die absolute Mehrheit, beschließen (DKKW/*Wedde* Rn. 11; ErfK/*Koch* Rn. 1; GK-BetrVG/*Raab* Rn. 11).

15 Eine gesetzliche Regelung für den Fall der **Stimmengleichheit** besteht nicht. Zweckmäßigerweise sollte in diesem Fall zunächst eine weitere Abstimmung und erst bei einem etwaigen erneuten Patt einen Losentscheid zwischen den bestplatzierten Bewerbern erfolgen (ähnlich DKKW/*Wedde* Rn. 11; GK-BetrVG/*Raab* Rn. 12; Richardi BetrVG/*Thüsing* Rn. 8). Dies sollte der BR möglichst vor der Wahl beschließen. Ein derartiger Beschluss ist jedoch auch noch nach dem ersten Wahlgang zulässig. Trifft der BR keine derartige Regelung, ist unter den Bestplatzierten ein sofortiger Losentscheid durchzuführen (BAG 26.2.1987 – 6 ABR 55/85, AP BetrVG 1972 § 26 Nr. 5; 15.1.1992 – 7 ABR 24/91, AP BetrVG 1972 § 26 Nr. 10; HWGNRH/*Glock* Rn. 9).

16 Ein BRMitgl., das zum Vors. des BR oder zu seinem Stellvertr. gewählt wird, braucht das Amt **nicht anzunehmen** (BAG 29.1.1965 – 1 ABR 8/64, AP BetrVG § 27 Nr. 8; DKKW/*Wedde* Rn. 12; GK-BetrVG/*Raab* Rn. 24; HWGNRH/*Glock* Rn. 15; Richardi BetrVG/*Thüsing* Rn. 13). Erklärt sich der Gewählte zur Annahme des Amts nicht bereit, ist eine erneute Wahl vorzunehmen (Richardi BetrVG/*Thüsing* Rn. 13).

17 Über die Wahl ist eine **Niederschrift** (§ 34) aufzunehmen. In ihr sind auf jeden Fall die Namen der Gewählten und die auf die einzelnen Kandidaten entfallenden Stimmen anzugeben (GK-BetrVG/*Raab* Rn. 14).

3. Amtsdauer, Amtsniederlegung, Abberufung

18 Die Wahl des Vors. und seines Stellvertr. gilt grds. **für die gesamte Wahlperiode** des BR, so dass beide das Amt bis zum Ende der Amtszeit des BR innehaben. Der BR kann jedoch zulässigerweise beschließen, die Wahl von vornherein auf eine bestimmte Zeit, zB bis zum Ablauf der Hälfte der Amtszeit des BR, zu begrenzen (DKKW/*Wedde* Rn. 14; GK-BetrVG/*Raab* Rn. 25).

19 Der Vors. oder stellvertr. Vors. kann das Amt jederzeit durch eine eindeutige und nicht widerrufbare Erklärung gegenüber dem BR **niederlegen** (DKKW/*Wedde* Rn. 13; ErfK/*Koch* Rn. 1; GK-BetrVG/*Raab* Rn. 25; HWGNRH/*Glock* Rn. 26; Richardi BetrVG/*Thüsing* Rn. 15).

20 Ferner können der Vors. und/oder stellvertr. Vors. jederzeit durch Mehrheitsbeschluss des BR aus ihrem Amt **abberufen** werden (BAG 26.1.1962 – 2 AZR 244/61, AP BGB § 626 Druckkündigung Nr. 8; ErfK/*Koch* Rn. 1; DKKW/*Wedde*

Rn. 14 f.; GK-BetrVG/*Raab* Rn. 26; HWGNRH/*Glock* Rn. 27; Richardi BetrVG/*Thüsing* Rn. 28 f.). Sie verlieren damit dieses Amt, bleiben jedoch Mitgl. des BR. Ein bes. Grund für die Abberufung braucht nicht vorzuliegen. Eine Amtsenthebung des Vors. oder stellvertr. Vors. durch das ArbG in entspr. Anwendung des § 23 ist nicht möglich, wohl jedoch die fristgerechte Anfechtung der Wahl wegen Rechtsverstoßes (→ Rn. 52 ff.).

III. Stellung des Vorsitzenden

1. Allgemeines

21 Der Vors. (und der stellvertr. Vors.) ist in erster Linie BRMitgl., ebenso wie die anderen Mitgl. Ihm obliegen jedoch bes. zusätzliche **Befugnisse, Aufgaben und Zuständigkeiten,** die das G speziell dem Vors. zuweist. Neben der Aufgabe, den BR im Rahmen der von ihm gefassten Beschlüsse zu vertreten (→ Rn. 24 ff.), sowie der Berechtigung zur Entgegennahme von dem BR gegenüber abzugebenden Erklärungen (→ Rn. 38 ff.) hat der Vors. insbes. folgende gesetzliche Aufgaben:
- die **Führung der laufenden Geschäfte** in BR mit weniger als neun Mitgl., falls diese ihm durch Beschluss des BR übertragen worden ist (§ 27 Abs. 3);
- die Mitgliedschaft kraft Amtes im **BetrAusschuss** (§ 27 Abs. 1);
- die **Einberufung der BRSitzungen,** die Festlegung der Tagesordnung für die Sitzungen, die Ladung der BRMitgl., der Schwbvertr., der JAV, ggf. auch des Vertrauensmanns der Zivildienstleistenden zu den Sitzungen sowie die Leitung der BRSitzungen (§ 29 Abs. 2 u. 3);
- die Unterzeichnung der **Sitzungsniederschriften** (§ 34 Abs. 1);
- die **Leitung der BetrVerslg.** (§ 42 Abs. 1 S. 1);
- die Teilnahme an **Sitzungen der JAV** (§ 65 Abs. 2), falls nicht ein anderes BRMitgl. hiermit beauftragt ist;
- die beratende Teilnahme an den **Sprechstunden der JAV,** falls nicht ein anderes BRMitgl. hiermit beauftragt ist (vgl. § 69 S. 4).

21a Darüber hinaus können dem Vors. sowohl durch die Geschäftsordnung des BR als auch durch speziellen Einzelauftrag noch weitere Aufgaben übertragen werden (→ Rn. 29).

2. Vertretungsbefugnis im Besonderen

22 Der Vors. des BR ist weder dessen Bevollmächtigter noch dessen gesetzlicher Vertr. in dem Sinne, dass er für den BR handelt und an dessen Stelle die dem BR gesetzlich zugewiesenen Befugnisse, Pflichten und Zuständigkeiten ausübt (DKKW/*Wedde* Rn. 17). Diese werden vielmehr ausschließlich vom BR wahrgenommen. Der Vors. hat eine Eigenzuständigkeit und damit eine Entscheidungsbefugnis aus eigenem Recht nur in den ihm im G ausdrücklich zugewiesenen Angelegenheiten (→ Rn. 21). IÜ hat er lediglich die von dem BR in Ausübung seiner Pflichten und Befugnisse gefassten Beschlüsse auszuführen und sie nach außen zum Ausdruck zu bringen. Er ist daher **nicht Vertr. im Willen, sondern Vertr. in der Erklärung** (BAG 17.2.1981 – 1 AZR 290/78, AP BetrVG 1972 § 112 Nr. 11; DKKW/*Wedde* Rn. 17; HaKo-BetrVG/*Wolmerath* Rn. 13; HWGNRH/*Glock* Rn. 35; WPK/*Kreft* Rn. 14; diff. Richardi BetrVG/*Thüsing* Rn. 34 f.; *Linsenmaier* FS Wißmann, 2005, 380 ff.; krit. GK-BetrVG/*Raab* Rn. 32).

23 Da das G außer in den in → Rn. 21 genannten Fällen alle Befugnisse und Zuständigkeiten dem BR als solchem, also in seiner Gesamtheit, einräumt, ist es auch **nicht** möglich, dass der BR **generell** (Generalvollmacht jedenfalls unzulässig; DKKW/*Wedde* Rn. 20; GK-BetrVG/*Raab* Rn. 34, Richardi BetrVG/*Thüsing* Rn. 44) alle oder auch nur einzelne ihm zustehende **Befugnisse** und Rechte dem Vors., dem

stellvertr. des Vors. oder einem sonstigen Mitgl. des BR zur selbständigen Ausübung **überträgt** und ihm insoweit Handlungsfreiheit mit verbindlicher Wirkung für und gegen den BR einräumt. Eine Vertretung in der Willensbildung kommt nicht in Betracht (HessLAG 14.9.1964 – 1 Sa 355/64, NJW 1965, 654 mwN; LAG Hamm, DB 1965, 1329).

Die Vertretungsbefugnis des Vors. des BR besteht nur **im Rahmen der vom BR gefassten Beschlüsse** (zur Auslotung des Rahmens *Linsenmaier* FS Wißmann, 2005, 383 f.). Innerhalb dieses Rahmens kann er tätig werden und rechtsgeschäftliche Erklärungen mit verbindlicher Wirkung für den BR abgeben (BAG 4.11.2015 – 7 ABR 61/13, NZA-RR 2016, 256; 10.10.2007 – 7 ABR 51/06, AP BetrVG 1972 § 26 Nr. 17; GK-BetrVG/*Raab* Rn. 31 ff.; DKKW/*Wedde* Rn. 20; Richardi BetrVG/*Thüsing* Rn. 33, 46). Die Legitimation für derartige Handlungen und Erklärungen des BRVors. kann sich nur aus einem **ordnungsgemäßen BRBeschluss** ergeben, es sei denn, dem BRVors. ist eine Alleinzuständigkeit durch bes. gesetzl. Regelungen zugewiesen; hierzu gehören die in → Rn. 21 genannten Aufgaben und zB die schriftliche Mitteilung an den ArbGeb. über die Verweigerung der Zustimmung des BR zu personellen Einzelmaßnahmen iSv § 99, und zwar auch dann, wenn diese den BRVors. selbst betreffen (BAG 19.3.2003 – 7 ABR 15/02, AP BetrVG 1972 § 40 Nr. 77; → Rn. 45 ff., → § 99 Rn. 261) oder die Abfassung und Zuleitung der vom ArbGeb. vor einem Kündigungsausspruch zu berücksichtigende Stellungnahme des BR (BAG 25.5.2016 – 2 AZR 345/15 – NZA 2016, 1140). 24

Kommt ein Beschluss des BR wegen Verstoßes gegen zwingende Verfahrensvorschriften **(vgl. § 29 Abs. 2) nicht ordnungsgemäß** zustande, ist er unwirksam und begründet keine Vertretungsbefugnis des BRVors. Der BR kann aber erneut über die betr. Angelegenheit beschließen. Der **erneute Beschluss** wirkt grds. nicht auf den Zeitpunkt des erstmaligen, unwirksamen Beschlusses zurück, sondern legitimiert den BRVors. **nur** für die **Zukunft** (BAG 10.10.2007 – 7 ABR 51/06, AP BetrVG 1972 § 26 Nr. 17 mAnm *Klimaschewski* AiB 2008, 419 ff.). 25

Der BR kann allerdings eine vom BRVors. ohne Rechtsgrundlage getroffene und folglich schwebend unwirksame Vereinbarung durch eine nachträgliche Beschlussfassung – also nicht stillschweigend – nach § 184 BGB genehmigen (BAG 9.12.2014 – 1 ABR 19/13, NZA 2015, 368; 17.11.2010 – 7 ABR 120/09, NZA-RR 2011, 415); dann wirkt die Genehmigung auf den Zeitpunkt der Vornahme des Rechtsgeschäfts zurück. Die **Rückerstreckung** der **Genehmigung** ist nur bez. eines Vertrags **möglich** (s. § 177 BGB; BAG 10.10.2007 – 7 ABR 51/06, AP BetrVG 1972 § 26 Nr. 17). So kann zB die unwirksame Beauftragung eines Rechtsanwalts durch den BRVors. infolge eines fehlenden (wirksamen) Beschlusses durch einen Genehmigungsbeschluss des BR **geheilt** werden (BAG 4.11.2015 – 7 ABR 61/13, NZA-RR 2016, 256; 16.11.2005 – 7 ABR 12/05, AP BetrVG 1972 § 80 Nr. 64; Näheres → § 33 Rn. 47a ff.). 26

Die Rückerstreckung ist **ausgeschossen,** wenn die Beschlussfassung des BR nach dem für die Beurteilung eines Sachverhalts maßgeblichen Zeitpunkt erfolgt. Hier geht es insbes. um Vereinbarungen zur Kostentragungspflicht des ArbGeb., deren Erforderlichkeit vor dem Zeitpunkt des Beschlusses, der die Kosten auslöst, zu beurteilen ist (BAG 10.10.2007 – 7 ABR 51/06, AP BetrVG 1972 § 26 Nr. 17). So kann ein nach dem Besuch einer Schulungsveranstaltung gefasster BRBeschluss über die Teilnahme eines BRMitgl. keinen Anspruch des BR nach § 40 Abs. 1 auf Kostentragung des ArbGeb. begründen (BAG 8.3.2000 AP BetrVG 1972 § 40 Nr. 68; → § 99 Rn. 260). Ferner können Gesichtspunkte des Vertrauensschutzes einer Rückerstreckung der Genehmigung entgegenstehen (BAG 10.10.2007 – 7 ABR 51/06, AP BetrVG 1972 § 26 Nr. 17; → Rn. 32 ff.). Diese **Einschränkungen** greifen **nicht** bei der **Genehmigung** einer schwebend unwirksamen Bestellung eines **E-Stellenbeisitzers,** selbst wenn die Tätigkeit der E-Stelle zum Zeitpunkt des Genehmigungsbeschlusses bereits beendet war (BAG 10.10.2007 – 7 ABR 51/06, AP BetrVG 1972 § 26 Nr. 17). 27

28 Die Vertretungsmacht des Vors. kann **nicht** durch **ständige betriebliche Übung erweitert** werden (DKKW/*Wedde* Rn. 20, 22; bedenklich insoweit BAG 28.2.1958 – 1 AZR 491/56, AP AZO § 14 Nr. 1). Nur eine ausdrückliche Genehmigung durch den BR im Einzelfall ist möglich (DKKW/*Wedde* Rn. 22; GK-BetrVG/*Raab* Rn. 39; Richardi BetrVG/*Thüsing* Rn. 48). Wegen einer ausnahmsweisen Zurechnung aus Grundsätzen der Rechtsscheinhaftung oder der Haftung kraft widersprüchlichen Verhaltens → Rn. 32 ff.

29 Eine gewisse selbständige Entscheidungsbefugnis ist dem Vors. des BR allenfalls einzuräumen, wenn der BR für bestimmte Angelegenheiten im Voraus bindende **Richtlinien** oder **Weisungen** beschließt, die eine Sachentscheidung für sich häufig wiederholende Fälle darstellen (ErfK/*Koch* Rn. 2; GK-BetrVG/*Raab* Rn. 35; HWGNRH/*Glock* Rn. 38; Richardi BetrVG/*Thüsing* Rn. 45; **enger** DKKW/*Wedde* Rn. 21). Damit wird ein sachlicher Rahmen gesetzt, innerhalb dessen dem Vors. die Vertretung zukommt. Auch Alternativbeschlüsse sind zulässig (DKKW/*Wedde* Rn. 21; GK-BetrVG/*Raab* Rn. 35). Näheres – insbes. die Beteiligung einzelner sachverständiger BRMitgl. oder die Vorlage von Angelegenheiten von grundsätzlichem Interesse an den BR – kann die **Geschäftsordnung** regeln.

30 Der Vors. des BR braucht bei seinen Erklärungen den Beschluss des BR nicht vorzulegen (Richardi BetrVG/*Thüsing* Rn. 38). Den **Nachweis,** dass den Handlungen und Erklärungen des Vors. ein vom BR gefasster Beschluss zugrunde liegt, wird der ArbGeb. nur bei Vorliegen eines berechtigten Interesses fordern können, ggf. dann sogar müssen, zB wenn aus Äußerungen von BRMitgl. oder aus dem Verhalten des BRVors. (sofortige Entscheidung ohne Beratung mit dem BR) sich Zweifel ergeben, ob ein Beschluss des BR überhaupt oder mit dem angegebenen Inhalt vorliegt, oder wenn das Vorliegen eines rechtswirksamen Beschlusses seinerseits Rechtswirksamkeitsvoraussetzung für Erklärungen des ArbGeb. gegenüber Dritten ist, etwa bei Ausspruch einer Kündigung (BAG 26.9.1963 – 2 AZR 220/63, AP PersVG § 70 Kündigung Nr. 2; LAG SchlH 11.5.1973 – 4 Sa 84/73, DB 1973, 1608; GK-BetrVG/*Raab* Rn. 43 f.; → § 102 Rn. 51 ff.; **weitergehend** Richardi BetrVG/*Thüsing* Rn. 38; wohl auch FS 100 Jahre BetrVR/*Tillmanns,* 745 [755], die dieses Recht dem ArbGeb. stets zugestehen).

31 Wird im Streitfall geltend gemacht, ein Beschluss des BR sei nicht oder nicht mit diesem Inhalt gefasst worden, so ist die Frage, ob die Erklärung dem vom BR gefassten Beschluss entspricht, der Nachprüfung nicht verschlossen. Die Erklärung des Vors. des BR hat zwar die **Vermutung** für sich, dass der BR den der Erklärung zugrunde liegenden Beschluss auch so gefasst hat (HaKo-BetrVG/*Wolmerath* Rn. 16; **aA** WPK/*Kreft* Rn. 19). Die Vermutung kann aber durch Gegenbeweis jederzeit entkräftet werden (BAG 17.2.1981 – 1 AZR 290/78, AP BetrVG 1972 § 112 Nr. 11). Der gute Glaube des ArbGeb., dass sich der Vors. im Rahmen eines ordnungsmäßigen BRBeschl. hält, wird grds. nicht geschützt (DKKW/*Wedde* Rn. 23; GK-BetrVG/*Raab* Rn. 43; Richardi BetrVG/*Thüsing* Rn. 47; einschr. nach den Grundsätzen des Vertrauensschutzes BAG 23.8.1984 – 2 AZR 391/83, AP BetrVG 1972 § 103 Nr. 17; → Rn. 32 f.).

32 Unter Umständen kann sich eine Bindung des BR an **nicht von der Vertretungsmacht gedeckte Erklärungen** des Vors. aus den Grundsätzen der Rechtsscheinhaftung oder der Vertrauenshaftung kraft widersprüchlichen Verhaltens ergeben (BAG 24.2.2000 – 8 AZR 180/99, AP KSchG 1969 § 1 Namensliste Nr. 7; LAG Düsseldorf 27.4.2018 – 10 TaBV 64/17, BeckRS 2018, 12934 – Verf. beim BAG eingestellt – mit Hinweis darauf, dass eine Rechtsscheinhaftung die Wirksamkeit einer BV für die Zukunft nicht fingieren, sondern allenfalls konkrete Maßnahmen des Arbeitgebers im Vertrauen auf die Wirksamkeit des Beschlusses schützen kann; GK-BetrVG/*Raab* Rn. 45 ff., 52; MHdB ArbR/*Krois* § 293 Rn. 26; Richardi BetrVG/*Thüsing* Rn. 50 f.; **aA** HWGNRH/*Glock* Rn. 45 ff.; demgegenüber befürworten einen weitergehenden Vertrauensschutz des ArbGeb. LAG Düsseldorf 13.10.1994 – 12 (15) Sa 1024/94, BB 1995, 465).

Eine Bindung des BR aus **Grundsätzen der Rechtsscheinhaftung** setzt voraus, dass der BR in einer ihm zurechenbaren Weise den Anschein gesetzt hat, die Erklärung des Vors. sei durch einen Beschluss gedeckt. Dem BR zurechenbar ist der Anschein dann, wenn jedenfalls die Mehrheit der BRMitgl. das nicht durch einen Beschluss des BR gedeckte Verhalten des Vors. kennt und gleichwohl untätig bleibt; zB der BRVors. erklärt nach einer BRSitzung in Anwesenheit und ohne Widerspruch der BRMitgl. dem ArbGeb. gegenüber die Zustimmung des BR zu einer bestimmten Maßnahme, obwohl der BR keinen entspr. Beschluss gefasst hat (BAG 29.1.2008 – 3 AZR 42/06, AP BetrVG 1972 § 87 Nr. 13; Richardi BetrVG/*Thüsing* Rn. 51; *Reitze* ZBVR online 1/2011, 22 [23]; enger: Kenntnis des BR als Gremium erforderlich DKKW/*Wedde* Rn. 22; GK-BetrVG/*Raab* Rn. 47). Nicht ausreichend ist, dass der BR bzw. die Mehrheit seiner Mitgl. das Verhalten des Vors. hätte kennen müssen (Richardi BetrVG/*Thüsing* Rn. 51; so aber GK-BetrVG/*Raab* Rn. 47). **33**

Eine **Vertrauenshaftung kraft widersprüchlichen Verhaltens,** bei der noch nicht einmal das subjektive Zurechnungsmoment der Kenntnis der BRMitgl. vom Verhalten des Vors. vorliegen muss, kommt nur in ganz engen Grenzen in Betracht. Sie setzt voraus, dass sich der BR in einer gegen Treu und Glauben verstoßenden Weise mit seinem bisherigen Verhalten in Widerspruch setzt (GK-BetrVG/*Raab* Rn. 51; Richardi BetrVG/*Thüsing* Rn. 52). **34**

Handelt der Vors. des BR, ohne dass ein entspr. Beschluss gefasst wurde, oder gibt er in einer Angelegenheit gar eine dem Beschluss des BR widersprechende Erklärung ab, so kann er abgesetzt werden. Bei **grober Pflichtverletzung** (§ 23) kann er aus dem BR ausgeschlossen werden. Auch kommt uU eine persönliche Haftung für den aus der unbefugt abgegebenen Erklärung entstandenen Schaden in Betracht (DKKW/*Wedde* Rn. 25; GK-BetrVG/*Raab* Rn. 42; HWGNRH/*Glock* Rn. 52). Ausführlich zur Haftung des BR, des BR-Vors. und der BR-Mitgl. → § 1 Rn. 306ff. **35**

Die Vertr. durch den Vors. ist **keine notwendige Vertretung** in dem Sinne, dass der BR nur durch den Vors. handeln kann. Es bleibt dem BR vielmehr unbenommen, alle Pflichten, Befugnisse und Zuständigkeiten selbst in seiner Gesamtheit handelnd wahrzunehmen. IÜ kann er zwar nicht generell, aber in von ihm zu bestimmenden Einzelfällen die Ausführung seiner Beschlüsse und die Erklärung seines Willens einem **anderen BRMitgl.** als dem Vors. übertragen (DKKW/*Wedde* Rn. 24; ErfK/*Koch* Rn. 2; GK-BetrVG/*Raab* Rn. 72; Richardi BetrVG/*Thüsing* Rn. 39; **aA** HWGNRH/*Glock* Rn. 72), zB auch dem Stellvertr. des Vors. Das Mitgl. bedarf dann einer rechtsgeschäftlichen Vollmacht (GK-BetrVG/*Raab* Rn. 74; Richardi BetrVG/*Thüsing* Rn. 39). **36**

Die Übertragung der Vertretungsbefugnis auf ein anderes BRMitgl. ist insbes. möglich, wenn der BR dem BetrAusschuss oder einem anderen Ausschuss bestimmte **Aufgaben zur selbständigen Erledigung** überträgt (→ § 27 Rn. 70ff.; → § 28 Rn. 6ff.). In diesem Falle kann im Interesse einer ordnungsmäßigen Ausübung der Beteiligungsrechte in den betreffenden Angelegenheiten (zB bei personellen Einzelmaßnahmen) auch die Übertragung der Vertretungsbefugnis auf ein Mitgl. des Ausschusses zweckdienlich sein (BAG 4.8.1975 – 2 AZR 266/74, AP BetrVG 1972 § 102 Nr. 4; 27.6.1985 – 2 AZR 412/84, AP BetrVG 1972 § 102 Nr. 37; DKKW/*Wedde* Rn. 24; GK-BetrVG/*Raab* Rn. 72; Richardi BetrVG/*Thüsing* Rn. 40). Das Gleiche gilt bei einer Übertragung von Aufgaben auf eine Arbeitsgruppe nach § 28a. **37**

3. Entgegennahme von Erklärungen

Durch Abs. 3 S. 2 wird klargestellt, dass dem BR gegenüber abzugebende Erklärungen grds. vom BRVors. entgegengenommen werden. Dies gilt nicht nur für **rechtsgeschäftliche Erklärungen** im engeren Sinne, sondern **generell** für dem BR gegenüber abzugebende Erklärungen und Mitteilungen, gleichgültig ob es sich um Mitteilungen des ArbGeb., Äußerungen (zB Beschwerden oder Vorschläge) von **38**

ArbN oder Erklärungen anderer betriebsverfassungsrechtlicher Institutionen (zB der JAV oder des WiAusschusses) handelt.

39 Wird eine dem BR gegenüber abzugebende Erklärung nicht dem Vors. (im Falle seiner Verhinderung dem stellvertr. Vors.), sondern einem anderen BRMitgl. gegenüber abgegeben, so wird dieser als **Bote** tätig; dem BR ist die Erklärung solange nicht zugegangen, als sie nicht dem Vorsitzenden bzw. seinem Vertreter oder dem BR als solchem zur Kenntnis gelangt ist (BAG 28.2.1974 – 2 AZR 455/73, AP BetrVG 1972 § 102 Nr. 2; 27.6.1985 – 2 AZR 412/84, AP BetrVG 1972 § 102 Nr. 37; DKKW/*Wedde* Rn. 27; GK-BetrVG/*Raab* Rn. 56; HWGNRH/*Glock* Rn. 57). Dies ist insbes. in den Fällen von Bedeutung, in denen mit dem Zugang der Erklärung eine Frist zu laufen beginnt (vgl. zB § 99 Abs. 3 S. 2, § 102 Abs. 2 S. 2). In diesen Fällen ist für den Beginn des Fristablaufs der Zeitpunkt maßgebend, in dem der Vors. oder der BR als solcher Kenntnis von der Erklärung genommen hat (GK-BetrVG/*Raab* Rn. 54; Richardi BetrVG/*Thüsing* Rn. 43).

40 Sind sowohl der BRVors. als auch sein Stellvertr. **verhindert** und hat der BR versäumt, für diesen Fall Vorkehrungen zu treffen, kann der ArbGeb. grds. jedem BRMitgl. gegenüber Erklärungen abgeben mit der Folge, dass eine etwaige gesetzliche Frist zu laufen beginnt (BAG 27.6.1985 – 2 AZR 412/84, AP BetrVG 1972 § 102 Nr. 37; DKKW/*Wedde* Rn. 34; ErfK/*Koch* Rn. 2; weiter GK-BetrVG/*Raab* Rn. 57, 69 – Gelangen in Machtbereich des BR, zB BR-Büro, reicht; **aA** HWGNRH/*Glock* Rn. 67 ff., die eine Funktionsunfähigkeit des BR annehmen und noch nicht einmal die Kenntnisnahme aller BRMitgl. ausreichen lassen, vielmehr die Bestellung eines weitern Stellvertr. für erforderlich halten).

41 Der BRVors. oder im Vertretungsfall sein Stellvertr. sind **nicht verpflichtet,** Erklärungen des ArbGeb. außerhalb der Arbeitszeit oder außerhalb des Betriebs entgegenzunehmen. Geschieht dies dennoch, geht die Erklärung mit der Entgegennahme zu (BAG 27.8.1982 – 2 AZR 455/73, AP BetrVG 1972 § 102 Nr. 25; GK-BetrVG/*Raab* Rn. 55). Andererseits können aber auch weder der BR noch sein Vors. oder stellvertr. Vors. einseitig einen Ort außerhalb des Betriebs für die Entgegennahme von Erklärungen des ArbGeb. festlegen, wenn sowohl der Vors. als auch der stellvertr. Vors. nicht im Betrieb anwesend sind (HessLAG, LAGE § 26 BetrVG 1972 Nr. 2).

41a Kündigt der ArbGeb. die Übergabe eines Anhörungsschreibens zur Kündigung eines ArbN außerhalb des Betriebs an und lehnt dies der Vors. des BR nicht ab, kann der Vors. das Schreiben dort wirksam entgegennehmen; ist der BRVors. aufgrund von Ortsabwesenheit tatsächlich an der Entgegennahme des Anhörungsschreibens außerhalb des Betriebs verhindert, ist sein Stellvertr. nach Abs. 2 S. 2 zur Entgegennahme dort berechtigt, wenn nicht zuvor der BRVors. die vom ArbGeb. angekündigte Übergabe außerhalb des Betriebs abgelehnt hatte (BAG 7.7.2011 – 6 AZR 248/10, NZA 2011, 1108).

42 Auch für die Entgegennahme von **Zustellungen** in einem arbeitsgerichtlichen Verfahren des BR ist der BRVors. zuständig. Bedient sich allerdings der BR der beim ArbGeb. bestehenden Posteingangsstelle, so ist der dort tätige ArbN, der vom BR mit der Annahme seiner Post betraut ist, bei gerichtlichen Zustellungen Bediensteter iSv § 178 Abs. 1 Nr. 2 ZPO (BAG 20.1.1976 – 1 ABR 48/75, AP BetrVG 1972 § 47 Nr. 2).

43 Der BR kann allerdings in bestimmten Angelegenheiten (auch) **andere Mitgl. des BR** als zuständig für die Entgegennahme von Erklärungen bestimmen (GK-BetrVG/*Raab* Rn. 59; DKKW/*Wedde* Rn. 28). Der ArbGeb. braucht sich eine anderweitige Regelung des BR über die Empfangsberechtigung von Erklärungen erst entgegenhalten zu lassen, wenn ihm diese vom BR mitgeteilt ist. Wenn einem **Ausschuss** des BR bestimmte Aufgaben zur selbständigen Erledigung übertragen sind, wird man idR davon ausgehen müssen, dass der Vors. des Ausschusses im Rahmen der übertragenen Aufgaben zur Entgegennahme von Erklärungen berechtigt ist (BAG 4.8.1975 – 2 AZR 266/74, AP BetrVG 1972 § 102 Nr. 4; GK-BetrVG/*Raab* Rn. 59; HWGNRH/*Glock* Rn. 74; Richardi BetrVG/*Thüsing* Rn. 42). Das Gleiche

gilt bei der Übertragung von Aufgaben auf eine Arbeitsgruppe nach § 28a für den ArbGruppensprecher.

IV. Stellung des Stellvertreters des Vorsitzenden

Die Worte „im Falle seiner Verhinderung“ bringen zum Ausdruck, dass der Stellvertr. des Vors. die Aufgaben und Befugnisse nur dann wahrnehmen kann und darf, wenn und solange der **Vors. selbst verhindert** ist. Der Stellvertr. ist daher **kein „zweiter“ Vors.** mit gleichen Rechten (BAG 7.7.2011 – 6 AZR 248/10, NZA 2011, 1108; HWGNRH/*Glock* Rn. 58; Richardi BetrVG/*Thüsing* Rn. 57). Der Vors. kann auch nicht einzelne Aufgaben oder Geschäfte dem Stellvertr. zur einmaligen oder ständigen Erledigung übertragen (DKKW/*Wedde* Rn. 31; GK-BetrVG/*Raab* Rn. 63; HWGNRH/*Glock* Rn. 58; Richardi BetrVG/*Thüsing* Rn. 56), jedoch kann dies der BR (→ Rn. 31, 37). **44**

Für die Beurteilung der Frage, wann der Vors. als **verhindert** anzusehen ist, gelten die für die zeitweilige Verhinderung eines BRMitgl. nach § 25 Abs. 1 S. 2 maßgebenden Grundsätze entspr. (BAG 7.7.2011 – 6 AZR 248/10, NZA 2011, 1108; → § 25 Rn. 15 ff.). Der Vors. ist zeitweilig verhindert, wenn er aus rechtlichen oder tatsächlichen Gründen nicht in der Lage ist, sein Amt auszuüben. Diese Voraussetzung ist während seines Erholungsurlaubs jedenfalls dann erfüllt, wenn er nicht zuvor seine Bereitschaft erklärt hat, trotz des Urlaubs als Vors. zur Verfügung zu stehen (BAG 27.9.2012 – 2 AZR 955/11, NZA 2013, 425; 8.9.2011 – 2 AZR 388/10, NZA 2012, 400). Weitere Verhinderungsgründe sind insbes. Dienstreisen oder Krankheit des Vors., im Allgemeinen aber nicht eine ganz kurzfristige Verhinderung, zB wenn der Vors. aus irgendwelchen, insbes. dienstlichen Gründen den Betrieb auf einige Stunden verlässt, es sei denn, es ist eine unaufschiebbare Angelegenheit zu regeln (DKKW/*Wedde* Rn. 33; GK-BetrVG/*Raab* Rn. 65; HWGNRH/*Glock* Rn. 62; Richardi BetrVG/*Thüsing* Rn. 55; Näheres → § 25 Rn. 18 ff.). **45**

Verhindert und von seiner **Organtätigkeit ausgeschlossen** ist der Vors. auch bei Maßnahmen und Regelungen, die ihn individuell und unmittelbar betreffen. Im Rahmen der MB des BR bei **personellen Einzelmaßnahmen** nach § 99 ist das nur dann der Fall, wenn der Vors. selbst die Person ist, auf die sich das Zustimmungsersuchen des ArbGeb. unmittelbar richtet (BAG 6.11.2013 – 7 ABR 84/11, NZA-RR 2014, 196 mwN). Dagegen ist er an der Mitwirkung bei der Entscheidung über den Antrag des ArbGeb. auf Zustimmung zur Versetzung eines anderen ArbN auch dann nicht gehindert, wenn er sich selbst auch auf die betreffende Stelle beworben hat (BAG 24.4.2013 – 7 ABR 82/11, NZA 2013, 857 mwN). Gleiches gilt, wenn es um die Klärung oder Sicherung eines str. MBRechts nach § 101 geht (BAG 6.11.2013 – 7 ABR 84/11, NZA-RR 2014, 196; → § 33 Rn. 37a; → § 99 Rn. 273). **45a**

Kein Vertretungsfall liegt ferner vor, wenn der ArbGeb. schriftlich über die Zustimmungsverweigerung des BR zu einer den BRVors. selbst betreffenden personellen Einzelmaßnahme unterrichtet werden soll; dieses Schreiben kann der BRVors. unterzeichnen (BAG 19.3.2003 – 7 ABR 15/02, AP BetrVG 1972 § 40 Nr. 77; → Rn. 24; → § 99 Rn. 261). Auch dann ist kein Vertretungsfall gegeben, wenn der BR nach §§ 99, 101 gegen die einseitige Einstellung eines ArbN vorgehen will, der den BRVors. wegen der beabsichtigten Kündigung ersetzen soll, und die Freistellung von den hierbei ihm entstandenen Anwaltskosten beschießt (LAG Hamm 10.3.2006 – 10 TaBV 151/05, NZA-RR 2006, 581). **46**

Betreibt der BR gem. § 23 ein **Ausschlussverfahren gegen** den **Vors.,** so kann dieser als am Verfahren persönlich Beteiligter den BR nicht vertreten; in diesem Falle tritt der Stellvertr. ein (BAG 1.8.1958 – 1 ABR 6/58, AP ArbGG § 83 Nr. 1). In solchen Fällen ist es allerdings vernünftiger, das BRMitgl. sofort als Vors. abzuberufen und einen neuen Vors. zu wählen. Der stellvertr. Vorsitzende tritt ferner an die Stelle **46a** des Vors., soweit es um die Frage der Zustimmung des BR zu einer außerordentlichen Kündigung des BRVors. gem. § 103 geht.

47 Die zeitweilige Verhinderung des Vors. führt zu einer **Aufspaltung** seiner Vertretung: In seiner Eigenschaft als Vors. des BR tritt sein Stellvertr. an seine Stelle. IÜ (dh ohne den Vorsitz zu übernehmen) rückt das nach § 25 Abs. 2 in Betracht kommende ErsMitgl. in den BR nach.

48 **Scheidet der Vors. aus diesem Amt aus,** sei es, dass er den BR ganz verlässt, sei es, dass er lediglich sein Amt als Vors. (nicht als BRMitgl.) niederlegt, so wird sein Stellvertr. nicht automatisch BRVors. Dieser bleibt vielmehr Stellvertr. Der Vors. ist vom BR neu zu wählen (DKKW/*Wedde* Rn. 32; ErfK/*Koch* Rn. 3; GK-BetrVG/*Raab* Rn. 67; HWGNRH/*Glock* Rn. 64; Richardi BetrVG/*Thüsing* Rn. 16).

49 Der stellvertr. Vors. **übernimmt** für die Dauer der zeitweiligen Verhinderung des Vors. bzw. bei dessen Ausscheiden bis zu seiner Neuwahl dessen **Aufgaben, Befugnisse und Zuständigkeiten kraft Gesetzes** (LAG Berlin-Brandenburg 5.9.2013 – 21 TaBV 843/13, BeckRS 2014, 67575). Diese Stellung kann ihm durch rechtsgeschäftliche Vereinbarung nicht entzogen werden. Wohl aber kann der BR beschließen, dass im Einzelfall eine bestimmte Aufgabe bei Verhinderung des Vors. von einem anderen BRMitgl. erledigt wird (GK-BetrVG/*Raab* Rn. 63).

50 Ist **auch der Stellvertr.** des Vors. während der Dauer der Stellvertretung zeitweise **verhindert,** so muss, wenn dieser Fall nicht in der Geschäftsordnung (§ 36) geregelt ist, der BR eine Regelung der Vertretung des Vors. treffen. In diesem Fall kann der BR für die Dauer der Verhinderung einen weiteren Stellvertr. wählen, der so lange die Aufgaben des Vors. übernimmt (DKKW/*Wedde* Rn. 34; ErfK/*Koch* Rn. 3; GK-BetrVG/*Raab* Rn. 69; HWGNRH/*Glock* Rn. 69; Richardi BetrVG/*Thüsing* Rn. 56). Sind BRVors. und sein Stellvertr. **dauernd verhindert** (etwa weil sie aus dem BR ausgeschieden sind), so hat der BR eine Neuwahl durchzuführen. Der BR hat in diesen Fällen ein **Selbstzusammentrittsrecht;** er wählt – am zweckmäßigsten unter Leitung des ältesten Mitgl. – einen Wahlleiter zur Durchführung der erforderlichen Wahlen (DKKW/*Wedde* Rn. 34; GK-BetrVG/*Raab* Rn. 70).

V. Streitigkeiten

51 Streitigkeiten über Wahl, Abberufung und Zuständigkeit des Vors. oder seines Stellvertr. sind von den ArbG im **BeschlVerf.** zu entscheiden (§§ 2a, 80 ff. ArbGG; → Anh. 3 Rn. 1 ff.).

52 Die **Wahl** des BRVors. und seines Stellvertr. sind auf ihre Rechtmäßigkeit hin **gerichtlich überprüfbar** (hM; BAG 15.1.1992 – 7 ABR 24/91, AP BetrVG 1972 § 26 Nr. 10; 8.4.1992 – 7 ABR 71/91, AP BetrVG 1972 § 26 Nr. 11; GK-BetrVG/*Raab* Rn. 75; HWGNRH/*Glock* Rn. 16 ff.; Richardi BetrVG/*Thüsing* Rn. 59). Das G enthält zwar für Rechtsverstöße gegen die Wahlen nach § 26 keine ausdrückliche Rechtsfolgeregelung. § 19 gilt nur für BRWahlen und ist auf Wahlen innerhalb des BR, die von der Sache her Geschäftsführungsakte des BR darstellen, nicht unmittelbar anwendbar. Auf der anderen Seite verbietet es sich, bei jedem Rechtsverstoß bei betriebsratsinternen Wahlen stets deren Nichtigkeit anzunehmen. Dies würde der Bedeutung, der Stellung und der Aufgaben des BRVors. und seines Stellvertr., ohne deren Tätigkeit der BR weitgehend handlungsunfähig ist, nicht gerecht. Auch ist es nicht hinnehmbar, die Rechtswirksamkeit der Wahl über einen längeren Zeitraum im Ungewissen zu lassen.

53 Aus Gründen der Rechtssicherheit ist es deshalb geboten, ebenso wie bei der BRWahl selbst auch bei Wahlen innerhalb des BR, die für die Handlungsfähigkeit des BR wesentliche Geschäftsführungsakte zum Gegenstand haben, die Geltendmachung von Rechtsverstößen in **entspr. Anwendung** des **§ 19** zu beschränken (BAG 8.4.1992 – 7 ABR 71/91, AP BetrVG 1972 § 26 Nr. 11; 21.7.2004 – 7 ABR 58/

03, AP BetrVG 1972 § 47 Nr. 13; GK-BetrVG/*Raab* Rn. 16ff.; iErg ebenso HWGNRH/*Glock* Rn. 20ff.; Richardi BetrVG/*Thüsing* Rn. 17ff.). Das bedeutet iE:

Nur Rechtsverstöße gegen **wesentliche Wahlvorschriften** können eine Wahlanfechtung rechtfertigen. Hierzu zählt zB die Durchführung einer mündlichen Wahl statt der beantragten geheimen Abstimmung. Auch die Verletzung der für eine ordnungsmäßige Wahl wesentlichen Verfahrensvoraussetzungen kann die Wahlanfechtung rechtfertigen, zB nicht ordnungsgemäße Ladung der BRMitgl. oder fehlende Beschlussfähigkeit des BR bei der Wahl (DKKW/*Wedde* Rn. 36; GK-BetrVG/*Raab* Rn. 15 – dieser allerdings nur bei fehlender Beschlussfähigkeit – nehmen in diesen Fällen Nichtigkeit der Wahl an). Dagegen dürfte in aller Regel ein Verstoß gegen die Nichtöffentlichkeit der BRSitzung eine Wahlanfechtung nicht rechtfertigen (so bei Teilnahme des Arbeitsdirektors LAG Düsseldorf, BB 1961, 900). 54

Die Anfechtung der Wahl ist nur innerhalb einer **Frist von zwei Wochen** nach Kenntnis des Wahlergebnisses zulässig (BAG 13.11.1991 – 7 ABR 8/91, Nr. 9; u. 15.1.1992 – 7 ABR 24/91, AP BetrVG 1972 § 26 Nr. 10; 21.7.2004 – 7 ABR 58/03, AP BetrVG 1972 § 47 Nr. 13; DKKW/*Wedde* Rn. 36; GK-BetrVG/*Raab* Rn. 18; HWGNRH/*Glock* Rn. 20ff.; **aA** Richardi BetrVG/*Thüsing* Rn. 26, unbefristet, jedoch uU Verwirkung des Anfechtungsrechts). Für den Fristbeginn ist idR der Tag der Wahl maßgebend. Hat allerdings ein BRMitgl., das an der BRSitzung nicht teilgenommen hat, von Durchführung und Ergebnis der Wahl erst später Kenntnis erlangt, ist für den Fristbeginn der Tag der Kenntniserlangung maßgebend. 55

Anfechtungsberechtigt ist jedes **BRMitgl.** Diese Abweichung von der Regelung des § 19, der eine Anfechtung durch mindestens drei ArbN fordert, rechtfertigt sich aus der Besonderheit der betriebsratsinternen Wahl, bei der ein Missbrauch des Anfechtungsrechts nicht zu befürchten ist, und insbes. daraus, dass eine Anfechtung auch in kleineren Betrieben möglich sein muss (BAG 13.11.1991 – 7 ABR 8/91, AP BetrVG 1972 § 26 Nr. 9; 15.1.1992 – 7 ABR 24/91, AP BetrVG 1972 § 26 Nr. 10; 21.7.2004 – 7 ABR 58/03, AP BetrVG 1972 § 47 Nr. 13; DKKW/*Wedde* Rn. 37; GK-BetrVG/*Raab* Rn. 19; HWGNRH/*Glock* Rn. 24; Richardi BetrVG/*Thüsing* Rn. 22). 56

Anfechtungsberechtigt ist ferner jede im Betrieb vertr. **Gewerkschaft** (BAG 12.10.1976 – 1 ABR 17/76, AP BetrVG 1972 § 26 Nr. 2; DKKW/*Wedde* Rn. 16, 37; **aA** GK-BetrVG/*Raab* Rn. 19; HWGNRH/*Glock* Rn. 23; Richardi BetrVG/*Thüsing* Rn. 23; vgl. auch BAG 30.10.1986 – 6 ABR 52/83, AP BetrVG 1972 § 47 Nr. 6). Das Anfechtungsrecht der Gewerkschaften ergibt sich daraus, dass es sich bei der Wahl des Vors. und seines Stellvertr. um einen konstitutiven Akt des BR handelt, der insbes. im Hinblick auf die Vertretungsbefugnis des Vors. von wesentlicher Bedeutung für die gesetzlich vorgesehene Zusammenarbeit der Gewerkschaften mit dem BR ist und die Gewerkschaft deshalb in ihrer betriebsverfassungsrechtlichen Stellung unmittelbar berührt. 57

Nicht anfechtungsberechtigt sind der BR, der die Wahlmängel selbst beheben kann, sowie der ArbGeb. und einzelne ArbN des Betriebs, da ihnen keine Kontrollfunktion über die interne Geschäftsführung des BR zukommt (DKKW/*Wedde* Rn. 37; GK-BetrVG/*Raab* Rn. 19; HWGNRH/*Glock* Rn. 24; Richardi BetrVG/*Thüsing* Rn. 24f.). 58

Die gerichtliche Entscheidung über eine Anfechtung der Wahl des BRVors. und seines Stellvertr. wirkt **rechtsgestaltend.** Bis zur rechtskräftigen Feststellung der Ungültigkeit der Wahl bleiben der Vors. und sein Vertr. im Amt (GK-BetrVG/*Raab* Rn. 21; HWGNRH/*Glock* Rn. 25). 59

Eine **Nichtigkeit** der Wahl ist nur anzunehmen, wenn so **schwerwiegende und offensichtliche** Gesetzesverstöße vorliegen, dass nicht einmal der Anschein einer dem G entspr. Wahl vorliegt (BAG 13.11.1991 – 7 ABR 8/91, AP BetrVG 1972 § 26 Nr. 9; 15.1.1992 – 7 ABR 24/91, AP BetrVG 1972 § 26 Nr. 10; 13.11.1991 – 7 ABR 18/91, AP BetrVG 1972 § 27 Nr. 3; DKKW/*Wedde* Rn. 36; GK-BetrVG/*Raab* Rn. 15; HWGNRH/*Glock* Rn. 17). Das ist zB anzunehmen, wenn eine Wahl 60 überhaupt nicht durchgeführt worden ist, sondern der Vors. und sein Stellvertr. diese Positionen einfach okkupiert haben, oder bei Wahl einer nicht dem BR angehörenden Person. In keinem Falle liegt eine Nichtigkeit vor, wenn eine für die Wahl bedeutsame Rechtsfrage umstritten ist und der BR sich einer vertretbaren Meinung anschließt. Für die Frage, ob ein schwerwiegender Gesetzesverstoß auch **offensichtlich** ist, kommt es in erster Linie darauf an, ob sich die Annahme dieses Verstoßes den BRMitgl. als den mit den tatsächlichen Gegebenheiten vertrauten Personen aufdrängen musste. Die Nichtigkeit der Wahl des Vors. und seines Stellvertr. kann von **jedermann** und **jederzeit** geltend gemacht werden (BAG 15.1.1992 – 7 ABR 24/91, AP BetrVG 1972 § 26 Nr. 10).

61 Der Antrag auf Feststellung der Unwirksamkeit der Wahl ist **auslegungsfähig.** Er beinhaltet idR nicht nur die Feststellung ihrer Nichtigkeit, sondern auch eine Anfechtung der Wahl (BAG 15.1.1992 – 7 ABR 24/91, AP BetrVG 1972 § 26 Nr. 10; 8.4.1992 – 7 ABR 71/91, AP BetrVG 1972 § 26 Nr. 11). Umgekehrt umfasst ein Antrag, die Wahl für unwirksam zu erklären, nicht nur eine Anfechtung der Wahl, sondern auch das Begehren, ihre Nichtigkeit festzustellen (BAG 13.11.1991 – 7 ABR 18/91, AP BetrVG 1972 § 27 Nr. 3; GK-BetrVG/*Raab* Rn. 76).

62 Einzelne BRMitgl. haben **keine Befugnis,** ein Verhalten oder Handeln des BRVors. zur gerichtlichen Prüfung zu stellen (LAG Düsseldorf, LAGE § 81 ArbGG 1979 Nr. 4; GK-BetrVG/*Raab* Rn. 75; HWGNRH/*Glock* Rn. 75).

§ 27 Betriebsausschuss

(1) [1]**Hat ein Betriebsrat neun oder mehr Mitglieder, so bildet er einen Betriebsausschuss.** [2]**Der Betriebsausschuss besteht aus dem Vorsitzenden des Betriebsrats, dessen Stellvertreter und bei Betriebsräten mit**
9 bis 15 Mitgliedern aus 3 weiteren Ausschussmitgliedern,
17 bis 23 Mitgliedern aus 5 weiteren Ausschussmitgliedern,
25 bis 35 Mitgliedern aus 7 weiteren Ausschussmitgliedern,
37 oder mehr Mitglieder aus 9 weiteren Ausschussmitgliedern.
[3]**Die weiteren Ausschussmitglieder werden vom Betriebsrat aus seiner Mitte in geheimer Wahl und nach den Grundsätzen der Verhältniswahl gewählt.** [4]**Wird nur ein Wahlvorschlag gemacht, so erfolgt die Wahl nach den Grundsätzen der Mehrheitswahl.** [5]**Sind die weiteren Ausschussmitglieder nach den Grundsätzen der Verhältniswahl gewählt, so erfolgt die Abberufung durch Beschluss des Betriebsrats, der in geheimer Abstimmung gefasst wird und einer Mehrheit von drei Vierteln der Stimmen der Mitglieder des Betriebsrats bedarf.**

(2) [1]**Der Betriebsausschuss führt die laufenden Geschäfte des Betriebsrats.** [2]**Der Betriebsrat kann dem Betriebsausschuss mit der Mehrheit der Stimmen seiner Mitglieder Aufgaben zur selbständigen Erledigung übertragen; dies gilt nicht für den Abschluss von Betriebsvereinbarungen.** [3]**Die Übertragung bedarf der Schriftform.** [4]**Die Sätze 2 und 3 gelten entsprechend für den Widerruf der Übertragung von Aufgaben.**

(3) **Betriebsräte mit weniger als neun Mitgliedern können die laufenden Geschäfte auf den Vorsitzenden des Betriebsrats oder andere Betriebsratsmitglieder übertragen.**

Inhaltsübersicht

I. Vorbemerkung

Die Vorschrift bezweckt, durch die Bildung eines BetrAusschusses die Geschäftsführung des BR zu erleichtern, das BRKollegium zu entlasten und damit eine praktikable BRArbeit zu ermöglichen. 1

Abs. 2 u. 3 gelten für den GesBR (vgl. § 51 Abs. 1) und den KBR (vgl. § 59 Abs. 1) **entsprechend.** Dagegen bestehen für die Größe des GesBetrAusschusses und des KBetrAusschusses eigenständige Regelungen (vgl. § 51 Abs. 1, § 59 Abs. 1). Auf die Bordvertr. und den SeeBR findet nur Abs. 3 Anwendung, da die Bildung eines BetrAusschusses für diese ArbNVertr. angesichts ihrer beschränkten MitglZahl (vgl. § 115 Abs. 2 Nr. 3 und § 116 Abs. 2 Nr. 3) nicht möglich ist. 2

Die Vorschrift findet **keine Anwendung** auf die JAV, die GesJAV und die KJugAzubiVertr. (DKKW/*Wedde* Rn. 2; Richardi BetrVG/*Thüsing* Rn. 73). Sie gilt jedoch entspr. für die durch TV oder BV nach § 3 Abs. 1 Nr. 1, 2 u. 3 gebildeten ArbNVertr. Für ArbNVertr. nach § 3 Abs. 1 Nr. 4 und 5 bleibt die Bildung eines Ausschusses der Regelung durch TV oder BV vorbehalten. Die Vorschrift gilt nicht für ArbGruppen nach § 28a. 3

Werden die Aufgaben des WiAusschusses gem. § 107 Abs. 3 S. 1 einem Ausschuss des BR übertragen, sind die Mitgl. gem. § 27 und § 28 zu bestimmen. Dies gilt aber nicht für kooptierte Mitgl. gem. § 107 Abs. 3 S. 3; hier gilt die Sonderregelung dieser Vorschrift. 4

Die Vorschrift ist grds. **zwingend** und kann weder durch TV noch durch BV abgeändert werden (DKKW/*Wedde* Rn. 3; GK-BetrVG/*Raab* Rn. 7; HWGNRH/*Glock* Rn. 7). Für ArbNVertr. nach § 3 Abs. 1 Nr. 1, 2 u. 3 können TV oder BV abweichende Regelungen vorsehen, wenn dies der sachgerechten Wahrnehmung der Aufgaben dieser ArbNVertr. oder der wirksamen und zweckmäßigen Interessenvertretung der ArbN dient. 5

Entsprechende Vorschriften: §§ 32, 33 BPersVG, § 11 Abs. 3 SprAuG und § 26 EBRG, § 23 Abs. 4 SEBG, § 23 Abs. 4 SCEBG. 6

II. Bestellung des Betriebsausschusses

1. Pflicht zur Bestellung

Die Bildung des BetrAusschusses gehört, wenn die Voraussetzungen dafür vorliegen, zu den **Pflichtaufgaben** des BR (GK-BetrVG/*Raab* Rn. 10; Richardi BetrVG/*Thüsing* Rn. 5). 7

2. Zeitpunkt der Bestellung

8 Über den Zeitpunkt der Wahl besteht keine ausdrückliche Regelung. Jedoch sollten in der **konstituierenden Sitzung** des BR nach § 29 Abs. 1 nicht nur der Vors. und sein Stellvertr., sondern auch die übrigen Mitgl. des BetrAusschusses gewählt werden, damit diese grundlegenden Organisationsentscheidungen in der ersten Sitzung des BR erledigt werden (DKKW/*Wedde* Rn. 6; HWGNRH/*Glock* Rn. 9; Richardi BetrVG/*Thüsing* Rn. 10; GK-BetrVG/*Raab* Rn. 13).

9 Wählt der BR keinen BetrAusschuss, so handelt er **pflichtwidrig.** Ob diese Pflichtverletzung als ein grober Verstoß iSd § 23 Abs. 1 angesehen werden kann, der zur Auflösung des BR in dem durch § 23 vorgesehenen arbeitsgerichtlichen Verfahren führt, ist nach den Umständen des Einzelfalls zu beurteilen. Bei einem großen BR, der zur Erleichterung seiner Arbeit den BetrAusschuss unbedingt benötigt, ist die Unterlassung der Wahl wohl stets als eine grobe Pflichtverletzung anzusehen (DKKW/*Wedde* Rn. 3; GK-BetrVG/*Raab* Rn. 11; HWGNRH/*Glock* Rn. 10; weiter Richardi BetrVG/*Thüsing* Rn. 6; *Reitze* ZBVR online 1/2011, 22 [24]). Darüber hinaus bestehen keine Sanktionsmöglichkeiten. Insbes. ist der ArbGeb. nicht berechtigt, die Fortzahlung des Arbeitsentgelts an die Mitgl. des BR zu versagen, weil dieser die an sich vom BetrAusschuss wahrzunehmenden Aufgaben jetzt selbst erledigt und dadurch mehr Arbeitszeit versäumt wird (DKKW/*Wedde* Rn. 3; GK-BetrVG/*Raab* Rn. 12; HWGNRH/*Glock* Rn. 10; Richardi BetrVG/*Thüsing* Rn. 6). Auch kann der ArbGeb. nicht die Zusammenarbeit mit einem BR ohne BetrAusschuss verweigern.

3. Größe des Betriebsausschusses

10 Die Größe des BetrAusschusses ist **zwingend** vorgeschrieben. Hiernach besteht der BetrAusschuss bei BR mit
9–15 Mitgl. aus insgesamt fünf Ausschussmitgl.,
17–23 Mitgl. aus insgesamt sieben Ausschussmitgl.,
25–35 Mitgl. aus insgesamt neun Ausschussmitgl. und
37 und mehr Mitgl. aus insgesamt 11 Ausschussmitgl.

10a Entscheidend ist die **Zahl der gewählten BRMitgl.,** nicht die gesetzlich vorgeschriebene MitglZahl, die uU nicht erreicht wird (→ § 11 Rn. 4 ff DKKW/*Wedde* Rn. 5; GK-BetrVG/*Raab* Rn. 14; HWGNRH/*Glock* Rn. 12; Richardi BetrVG/*Thüsing* Rn. 7). Sinkt die MitglZahl des BR im Laufe der Amtszeit, so dass nach § 13 Abs. 2 Nr. 2 eine Neuwahl notwendig wird, so bleibt der BetrAusschuss größenmäßig unverändert bestehen, solange der BR noch im Amt ist (DKKW/*Wedde* Rn. 5; HWGNRH/*Glock* Rn. 12; Richardi BetrVG/*Thüsing* Rn. 5). Die nach § 325 Abs. 2 UmwG bestehende Möglichkeit, im Falle der Spaltung eines Betriebs durch BV oder TV den Fortbestand bestehender Rechte zu sichern, gilt nicht für die Größe des BR und des BetrAusschusses.

4. Wahl der weiteren Mitglieder des Betriebsausschusses

a) Allgemeines

11 **Kraft Gesetzes** gehören dem BetrAusschuss stets der **BRVors.** und sein **Stellvertr.** an. Sie sind deshalb nicht gesondert in den BetrAusschuss zu wählen. Die übrigen Ausschussmitgl. sind jedoch zu **wählen.**

12 Bis auf die in den Abs. 1 S. 3 u. 4 enthaltenen Grundentscheidungen enthält das G keine näheren Regelungen über die Wahl der weiteren Mitgl. des BetrAusschusses. Diese können auch nicht durch eine Rechtsverordnung nach § 126 BetrVG näher festgelegt werden, da diese Ermächtigungsnorm auf die Wahlen der ArbN zu den jeweiligen betriebsverfassungsrechtlichen Vertretungen beschränkt ist und sich nicht

auf interne Wahlen innerhalb dieser Vertretungen erstreckt. Soweit nicht die zwingenden Grundentscheidungen der Abs. 1 S. 3 u. 4 entgegenstehen, kann deshalb der BR **nähere Regelungen der Wahl** beschließen (GK-BetrVG/*Raab* Rn. 17; HWGNRH/*Glock* Rn. 20; *Engels/Natter* BB 1989 Beil. 8, 21). Das kann jeweils von Fall zu Fall geschehen, jedoch auch als generelle Regelung in der Geschäftsordnung nach § 36 festgelegt werden (DKKW/*Wedde* Rn. 10). Sofern keine anderweitige Regelung getroffen ist, obliegt die Durchführung der Wahl dem BRVors.

Mitgl. des BetrAusschusses kann nur sein, wer auch dem **BR angehört** (vgl. den Wortlaut von Abs. 1 S. 3: „aus seiner Mitte"; GK-BetrVG/*Raab* Rn. 15). ErsMitgl. des BR können in dieser Eigenschaft, dh solange sie noch nicht in den BR nachgerückt sind, nicht dem BetrAusschuss angehören (ErfK/*Koch* Rn. 2; GK-BetrVG/*Raab* Rn. 39; HWGNRH/*Glock* Rn. 13). 13

IÜ bestehen **keine gesetzliche Vorgaben** über die Zusammensetzung des BetrAusschusses. Auch ist nicht vorgeschrieben, dass die im BR vertr. Geschlechter in einer bestimmte Weise berücksichtigt werden müssen. Es bleibt vielmehr denjenigen, die BRMitgl. für die Wahl des BetrAusschuss vorschlagen, überlassen, derartige Gesichtspunkte bei der Aufstellung der Wahlvorschläge zu berücksichtigen. Die Entscheidung, welche BRMitgl. in den BetrAusschuss entsandt werden, wird ausschließlich durch die Wahl getroffen. 14

Die Wahl der weiteren Mitgl. des BetrAusschusses erfolgt im Gegensatz zur Wahl des ihm von Gesetzes wegen angehörenden Vors. und stellvertretenen Vors. in **geheimer Wahl.** Das gilt auch im Falle einer Mehrheitswahl, da Abs. 1 S. 4 nur eine Abweichung von der Verhältniswahl, nicht jedoch von dem Grundsatz der geheimen Wahl zum Inhalt hat (GK-BetrVG/*Raab* Rn. 22). Die geheime Wahl bedingt eine förmliche Stimmabgabe mit **Stimmzetteln.** Nicht erforderlich ist die Verwendung vorgedruckter Stimmzettel. Andererseits ist dies durchaus zulässig und im Interesse, die Ordnungsmäßigkeit der Wahl bei Meinungsverschiedenheiten auch belegen zu können, vielfach zweckmäßig. Bei Verwendung nicht vorgedruckter Stimmzettel ist darauf zu achten, dass der Grundsatz der geheimen Wahl gewahrt bleibt (DKKW/*Wedde* Rn. 7, 10; → § 38 Rn. 39). Der Vors. des BR, dem die Leitung der Wahl obliegt, hat dafür zu sorgen, dass den BRMitgl. eine geheime Stimmabgabe möglich ist. Wird eine Wahlkabine nicht von allen BRMitgl. genutzt, führt dies nicht zu einem Verstoß gegen den Grundsatz der geheimen Wahl (LAG Nds 24.4.2009 – 10 TaBV 55/08, NZA-RR 2009, 532). 15

Eine ordnungsgemäße Wahl setzt die Beschlussfähigkeit des BR, dh die Beteiligung von **mindestens der Hälfte der BRMitgl.** an der Wahl voraus (vgl. § 33 Abs. 2). Das Erfordernis der Beschlussfähigkeit muss auch bei organisatorischen Akten des BR erfüllt sein, für die eine förmliche Wahl vorgeschrieben ist (HaKo-BetrVG/*Wolmerath* Rn. 5; GK-BetrVG/*Raab* Rn. 17; HWGNRH/*Glock* Rn. 18; → § 33 Rn. 16). 16

Die Durchführung der Wahl iE und ihr Ergebnis sind mit Angabe der jeweils erreichten Stimmenzahl in der Sitzungsniederschrift festzuhalten. 17

b) Wahlvorschläge

Berechtigt, **Wahlvorschläge,** dh Vorschlagslisten einzureichen, sind nur Mitgl. des BR (nicht auch ErsMitgl., sofern sie nicht in den BR eingetreten sind). Für einen gültigen Wahlvorschlag ist kein bestimmtes Mindestquorum erforderlich. Auch ein einzelnes BRMitgl. ist deshalb berechtigt, einen Wahlvorschlag zu machen (DKKW/*Wedde* Rn. 22). Das Vorschlagsrecht ist auch nicht in sonstiger Hinsicht eingeschränkt, etwa dahingehend, dass eine listenmäßige Zusammengehörigkeit bei der Wahl zum BR zu beachten wäre. Vielmehr können BRMitgl., die bei der BRWahl auf konkurrierenden Listen kandidiert haben, für die Wahl des BetrAusschusses einen gemeinsamen Wahlvorschlag unterbreiten (DKKW/*Wedde* Rn. 21; GK-BetrVG/*Raab* Rn. 18; *Ratayczak* AiB 2006, 270). Ein Wahlvorschlag braucht nicht mehrere Kandidaten zu enthalten. Auch ein Vorschlag mit nur einem Kandidaten ist gültig. 18

19 Wahlvorschläge können auch **mündlich** gemacht werden, sind dann jedoch vom BRVors. bzw. vom Protokollführer schriftlich festzuhalten. In diesem Falle ist stets klarzustellen, ob es sich um einen eigenen Wahlvorschlag handelt oder um die bloße Ergänzung eines bereits vorliegenden anderen Wahlvorschlags – Vorschlagsliste – (ArbG Hamburg 15.9.1998 – 3 BV 5/98, AiB 1999, 42; DKKW/*Wedde* Rn. 22). Denn in erstem Fall muss eine Verhältniswahl stattfinden, im letzten Falle jedoch eine Mehrheitswahl, falls die Vorschlagsliste der einzige Wahlvorschlag bleibt. Im Zweifelsfalle ist von einem gesonderten Wahlvorschlag auszugehen (ArbG Hamburg 15.9.1998 – 3 BV 5/98, AiB 1999, 42).

20 Stets ist erforderlich, dass sich die für die Wahl vorgeschlagenen BRMitgl. mit ihrer Kandidatur **einverstanden** erklären. Denn die BRMitgl. dürfen nicht darüber im Unklaren gelassen werden, ob sie ihre Stimme jemandem geben, der überhaupt nicht Mitgl des BetrAusschusses werden will (**aA** GK-BetrVG/*Raab* Rn. 18). Die Bereitschaft zu Kandidatur hat der BRVors. als Leiter der Wahl vor ihrer Durchführung festzustellen.

21 Da Mitgl. des BetrAusschusses nur Mitgl. des BR sein können, nicht dagegen ErsMitgl. des BR, solange sie noch nicht in diesen nachgerückt sind (→ Rn. 13), können grds. auch **nur BRMitgl.** für den BetrAusschuss **vorgeschlagen** werden.

22 Letzteres gilt allerdings dann nicht, wenn der BR die Ausschussmitgl. und gleichzeitig mit deren Wahl auch ErsMitgl. des BetrAusschusses wählt (→ Rn. 28 ff.). Es ist wenig sachgerecht, auch endgültig in den BR nachgerückte ErsMitgl. von vornherein von einer Mitarbeit im BetrAusschuss auszuschließen. Deshalb können vorsorglich auch ErsMitgl. des BR als **potenzielle ErsMitgl.** des BetrAusschusses vorgeschlagen werden (vgl. hierzu GK-BetrVG/*Raab* Rn. 42; DKKW/*Wedde* Rn. 11). Zu den Voraussetzungen für ein Nachrücken eines ErsMitgl. des BR in den BetrAusschuss → Rn. 29.

c) Verhältniswahl

23 Sind für die Wahl **mehrere Wahlvorschläge,** dh mehrere Listen mit einem oder mehreren Wahlkandidaten, eingereicht worden, so erfolgt die Wahl als **Verhältniswahl** (→ § 14 Rn. 22 ff.). Die Verhältniswahl ist stets eine Listenwahl, dh die BRMitgl. können die Listen nur als solche wählen. Sie können weder die Reihenfolge, in der die Kandidaten auf der Liste stehen, ändern noch können sie auf der Liste stehende Bewerber streichen oder die Liste um weitere Bewerber ergänzen. Dies würde ihre Stimme ungültig machen.

24 Im Gegensatz zur BRWahl enthält das G für die Wahl der weiteren Ausschussmitgl. keine Regelung, in welcher Weise die auf die einzelnen Vorschlagslisten entfallenden Ausschusssitze zu berechnen sind. Gleichwohl ist das für die BRWahl vorgeschriebene und eingespielte sog **d'Hondtsche Höchstzahlensystem** (vgl. hierzu § 15 WO) auch für die in Verhältniswahl zu wählenden BetrAuschussmitgl. anzuwenden (so für die entspr. Regelung des § 38 Abs. 2 BAG 11.3.1992 – 7 ABR 50/91, AP BetrVG 1972 § 38 Nr. 11; für Zulässigkeit anderer Systeme zB DKKW/*Wedde* Rn. 21; GK-BetrVG/*Raab* Rn. 21; Richardi BetrVG/*Thüsing* Rn. 14). Nach dem d'Hondtschen System sind die Stimmenzahlen, die auf die einzelnen Listen entfallen, der Reihe nach durch 1, 2, 3 usw zu teilen und die zu vergebenden Ausschusssitze entspr. den sich hiernach ergebenden Höchstzahlen auf die Listen zu verteilen (→ § 14 Rn. 24 ff.). Der BRVors. als Leiter der Wahl hat auf Grund der Höchstzahlen festzustellen, welche Bewerber der einzelnen Listen gewählt sind. Maßgebend ist hierbei die Reihenfolge, in der die Bewerber auf den Listen stehen.

d) Mehrheitswahl

25 Ist nur eine Vorschlagsliste eingereicht worden – sei es, dass sich die BRMitgl. hierauf verständigt haben, sei es, dass die Einreichung weiterer Listen aus sonstigen Gründen unterblieben ist – so erfolgt die Wahl der weiteren Mitgl. des BetrAusschus-

ses in **Mehrheitswahl.** Das G enthält keine Regelung, in welcher Weise die Mehrheitswahl durchzuführen ist. Der BR kann deshalb vor der Wahl festlegen, ob die Mehrheitswahl in Form von getrennten Wahlgängen (hierbei wird über jeden Bewerber gesondert abgestimmt) oder in einem gemeinsamen Wahlgang (bei dem in einem Wahlgang auf dem Stimmzettel gleichzeitig so viele Bewerber angekreuzt werden können, wie im BetrAusschuss Sitze zu besetzen sind) durchgeführt werden soll (DKKW/*Wedde* Rn. 9; HaKo-BetrVG/*Wolmerath* Rn. 6; ErfK/*Koch* Rn. 2; GK-BetrVG/*Raab* Rn. 19f.; Richardi BetrVG/*Thüsing* Rn. 15).

Findet die Mehrheitswahl in Form **getrennter Wahlgänge** statt, so sind so viele Wahlgänge durchzuführen, wie Ausschussmitgl. zu wählen sind. Derjenige, der in dem einzelnen Wahlgang die meisten Stimmen erhält, ist gewählt. Erhalten bei den einzelnen Wahlgängen Bewerber die gleiche Stimmenzahl, entscheidet das Los über die Besetzung des Sitzes. Stehen bei dem letzten Wahlgang für einen Sitz mehr als zwei Bewerber zur Wahl und ergibt sich auch hier eine Pattsituation, so kann der BR beschließen, eine Stichwahl durchzuführen. Denn im Gegensatz zu den vorausgegangenen Wahlgängen, in denen der durch Losentscheid ausgeschiedene Bewerber sich im nächsten Wahlgang wieder zur Wahl stellen kann, kann der Wähler beim letzten Wahlgang mit mehr als zwei Bewerbern nicht voraussehen, zwischen welchen Bewerbern die Pattsituation eintritt. Ergibt auch die Stichwahl keine Mehrheit, entscheidet das Los über die Besetzung des Sitzes (DKKW/*Wedde* Rn. 9; GK-BetrVG/*Raab* Rn. 20; HWGNRH/*Glock* Rn. 19; BAG 26.2.1987 – 6 ABR 55/85, AP BetrVG 1972 § 26 Nr. 5; 15.1.1992 – 7 ABR 24/91, AP BetrVG 1972 § 26 Nr. 10 Sofortiger Losentscheid). 26

Wird die Mehrheitswahl in einem **gemeinsamen Wahlgang** durchgeführt, hat jedes BRMitgl. das Recht, aus der Vorschlagsliste so viele Bewerber zu wählen, wie weitere Mitgl. des BetrAusschusses zu bestellen sind. Wählt er mehr Bewerber, macht dies seine Stimme ungültig; wählt er weniger, ist dies unschädlich. Haben für den letzten zu vergebenden Sitz zwei oder mehre Kandidaten dieselbe Stimmenzahl erhalten, ist unter ihnen ein Stichentscheid durchzuführen, Ergibt auch dieser keine Mehrheit für einen Wahlbewerber, ist durch Los zu entscheiden, welchem Bewerber, die bei diesem Wahlgang dieselbe Stimmenzahl erreicht haben, der Ausschusssitz zufällt (→ Rn. 26). 27

5. Wahl von Ersatzmitgliedern

Das G enthält keine ausdrückliche Regelung über die Wahl von ErsMitgl. für verhinderte oder für aus dem BetrAusschuss ausgeschiedene BRMitgl. Gleichwohl ist in entspr. Anwendung der § 47 Abs. 3 und § 55 Abs. 2 die Bestellung von ErsMitgl. **zulässig** und vielfach **zweckmäßig,** um eine volle Besetzung des BetrAusschusses zu gewährleisten. Das gilt insbes. in den Fällen, in denen ihm Aufgaben zur selbständigen Erledigung (→ Rn. 70ff.) übertragen sind. Deshalb wird die Bestellung von ErsMitgl. allgemein als zulässig angesehen (DKKW/*Wedde* Rn. 11; ErfK/*Koch* Rn. 2; GK-BetrVG/*Raab* Rn. 42ff.; Richardi BetrVG/*Thüsing* Rn. 17ff.; MHdB ArbR/*Krois* § 293 Rn. 40; HWGNRH/*Glock* Rn. 14; s. aber zur Zulässigkeit von Ersatzfreistellungen BAG 25.4.2001 – 7 ABR 26/00, AP BetrVG 1972 § 25 Nr. 8). Nur der BR kann ErsMitgl. wählen, nicht der BetrAusschuss seine ErsMitgl. selbst bestimmen. 28

Ebenso wie die ordentl. Mitgl. müssen auch die ErsMitgl. des BetrAusschusses **Mitgl. des BR** sein. Es ist deshalb nicht zulässig, dass ErsMitgl. des BR in dieser Eigenschaft Mitgl. des BetrAusschusses werden. Grds. rückt beim Ausscheiden oder bei einer zeitweiligen Verhinderung eines Mitgl. des BetrAusschusses das für ihn in den BR nachrückende ErsMitgl. nicht auch in den BetrAusschuss nach (→ § 25 Rn. 14; DKKW/*Wedde* Rn. 12; GK-BetrVG/*Raab* Rn. 41; Richardi BetrVG/*Thüsing* Rn. 17). Etwas anderes kann allerdings in dem **Sonderfall** gelten, dass der BR bei der Wahl der Ausschussmitgl. gleichzeitig deren ErsMitgl. gewählt hat, in den Wahlvorschlägen auch ErsMitgl. des BR aufgenommen worden sind (→ Rn. 22), das 29

ErsMitgl. in den BR nachgerückt ist (→ § 25 Rn. 13ff., 24ff.). und entspr. der beim Nachrücken in den BetrAusschuss zu berücksichtigenden Reihenfolge an nächstbereiter Stelle steht (vgl. auch DKKW/*Wedde* Rn. 11, 23; GK-BetrVG/*Raab* Rn. 41).

30 Da die Wahl von ErsMitgl. gesetzlich nicht geregelt ist, besteht insoweit eine gewisse Gestaltungsfreiheit des BR. Andererseits muss ihre Wahl jedoch nach denselben Grundsätzen erfolgen, die für die Wahl der weiteren Mitgl. des BetrAusschusses maßgebend sind. Hieraus ergibt sich: Die Wahl der ErsMitgl. muss ebenfalls **geheim** sein. Ferner muss die Wahl den in Abs. 1 S. 3 u. 4 geregelten **Wahlgrundsätzen** entsprechen (DKKW/*Wedde* Rn. 23; GK-BetrVG/*Raab* Rn. 42). Dass sich die Wahl der ordentl. Mitgl. des BetrAusschusses unterschiedlich gestalten kann, je nachdem ob nur eine Vorschlagsliste vorliegt (dann Mehrheitswahl, → Rn. 25ff.), oder ob mehrere Vorschlagslisten zur Wahl stehen (dann Verhältniswahl, → Rn. 23f.), hat auch Auswirkungen auf die Wahl der ErsMitgl. Denn deren Wahl darf das Ergebnis der Wahl der ordentl. Mitgl. des BetrAusschusses in Bezug auf den in der Verhältniswahl liegenden Minderheitenschutz nicht unterlaufen (GK-BetrVG/*Raab* Rn. 46). IE ist zu unterscheiden:

31 Sind die weiteren Mitgl. des BetrAusschusses in **Mehrheitswahl** gewählt worden, rücken in entspr. Anwendung des § 25 Abs. 2 S. 3 die BRMitgl. in der Reihenfolge der erreichten Stimmenzahl in den BetrAusschuss nach, die für ihn kandidiert, jedoch nicht die für einen ordentl. Sitz erforderliche Stimmenzahl erreicht haben (GK-BetrVG/*Raab* Rn. 43; Richardi BetrVG/*Thüsing* Rn. 21). Hierbei ist allerdings die Geschlechterzugehörigkeit der BRMitgl. ohne Bedeutung, da diese bei der Wahl der BetrAusschussmitgl. keine Rolle spielt. Diese Art des Nachrückens von ErsMitgl. in den BetrAusschuss im Falle der Mehrheitswahl ist maßgebend, wenn der BR keine andere Art ihrer Wahl beschlossen hat.

32 Der BR kann im Falle der Mehrheitswahl jedoch auch beschließen, nach der Wahl der ordentlichen Ausschussmitgl. in einem **gesonderten Wahlgang** ebenfalls in Mehrheitswahl die ErsMitgl. zu wählen (GK-BetrVG/*Raab* Rn. 43). Dies ist zulässig, weil die Mehrheitswahl stets eine Personenwahl ist, bei der der Wähler so viele Stimmen hat, wie Personen zu wählen sind, und der Erfolg der Wahl allein von der erreichten Stimmenzahl abhängt. Eine gesonderte Wahl erscheint sogar insofern sachgerechter, als sich bei ihr alle Stimmen auf die Wahl der ErsMitgl. konzentrieren und diese nicht lediglich durch die Stimmen ermittelt werden, die für einen ordentlichen Sitz im BetrAusschuss nicht mehr ausgereicht haben. Die Reihenfolge des Nachrückens der ErsMitgl. bestimmt sich nach der in dem gesonderten Wahlgang erreichten Stimmenzahl. Zur Auflösung einer Pattsituation bei Stimmengleichheit → Rn. 26.

33 Sind die weiteren Ausschussmitgl. in Mehrheitswahl gewählt worden, können ErsMitgl. auch im Laufe der Amtszeit aus **konkretem Anlass,** zB weil der BetrAusschuss nicht mehr die vorgeschriebene Zahl von Mitgl. hat und keine ErsMitgl. zum Nachrücken mehr vorhanden sind, **nachgewählt** werden (ebenso GK-BetrVG/*Raab* Rn. 49; Richardi BetrVG/*Thüsing* Rn. 31).

34 Sind die weiteren Mitgl. des BetrAusschusses in **Verhältniswahl** gewählt worden, so sind ErsMitgl in entspr. Anwendung des § 25 Abs. 2 S. 1 der Reihe nach die nicht gewählten BRMitgl. derjenigen Vorschlagslisten, denen die verhinderten oder aus dem BetrAusschuss ausgeschiedenen Mitgl. angehören (BAG 25.4.2001 – 7 ABR 26/00, AP BetrVG 1972 § 25 Nr. 8, 14.11.2001 – 7 ABR 31/00, AP BetrVG 1972 § 38 Nr. 24, 16.3.2005 – 7 ABR 43/04, NZA 2005, 1072; 20.4.2005 – 7 ABR 47/04, AP BetrVG 1972 § 38 Nr. 29; HWGNRH/*Glock* Rn. 24; Richardi BetrVG/*Thüsing* Rn. 19; **a. A.** bei Ausscheiden eines Mitglieds GK-BetrVG/*Raab* Rn. 47f.; Näheres zum Nachrücken bei Verhältniswahl → § 25 Rn. 26). Allerdings ist auch hier die Geschlechterzugehörigkeit der ErsMitgl. ohne Bedeutung, da diese bei der Wahl der weiteren Ausschussmitgl. keine Rolle spielt. § 25 Abs. 2 S. 1 ist insoweit nicht entspr. anzuwenden.

35 Ist eine Vorschlagsliste **erschöpft,** so ist entspr. der für ErsMitgl. des BR geltenden Regelung des **§ 25 Abs. 2 S. 2** das ErsMitgl. derjenigen Vorschlagsliste zu entnehmen, auf die nach den Grundsätzen der Verhältniswahl der nächste Sitz entfallen

würde (DKKW/*Wedde* Rn. 24; Richardi BetrVG/*Thüsing* Rn. 20; → § 25 Rn. 27). Die **Gegenansicht** des **BAG** (insbes. 16.3.2005 – 7 ABR 43/04, NZA 2005, 1072), das bei Erschöpfung einer Liste die analoge Anwendung des § 25 Abs. 2 S. 2 ablehnt und eine Nachwahl in Mehrheitswahl für zulässig hält, überzeugt nicht. Es dürfte wohl keinem Zweifel unterliegen, dass in dem Fall, in dem eine bei der Wahl der weiteren Ausschussmitgl. erfolgreiche Liste weniger Bewerber enthält, als ihr nach dem Ergebnis der Wahl Sitze zustehen, die nicht aus dieser Liste zu besetzenden Sitze mit den nächstbereiten Bewerbern der Listen zu besetzen sind, auf die die nächsten d'Hondtschen Höchstzahlen entfallen. Es ist kein Grund ersichtlich, dass dies nicht auch gilt, wenn eine Liste in einem späteren Zeitpunkt nicht mehr die ausreichende Zahl von nachrückbaren ErsMitgl. aufweist.

35a Hinzu kommt, dass nur eine analoge Anwendung des § 25 Abs. 2 S. 2 dem Minderheitenschutz, den der Gesetzgeber durch die Bestimmung der Verhältniswahl als Regelwahl zur Ermittlung der weiteren Ausschussmitgl. festgeschrieben hat, gerecht werden kann. Wie das BAG selbst einräumen muss, hat die Minderheit bei einer analogen Anwendung des § 25 Abs. 2 S. 2 zumindest bei Erschöpfung der Mehrheitsliste die Chance nachzurücken, die ihr bei der Bestimmung des Nachrückers durch Mehrheitswahl gänzlich genommen wird; hier ist immer die Mehrheit am Zug. Die Feststellung des BAG, es bestehe keine Rechtfertigung dafür, den mit der Verhältniswahl bezweckten Minderheitenschutz durch eine analoge Anwendung von § 25 Abs. 2 S. 2 auf das Nachrücken von Ersatzmitgl. in betriebsinternen Ausschüssen zu beeinträchtigen, ist nicht nachvollziehbar. Um im Falle der Verhinderung oder des Ausscheidens von ordentl. Mitgl. des BetrAusschusses die freiwerdenden Sitze aus der jeweiligen Liste nachbesetzen zu können, empfiehlt es sich, möglichst viele Bewerber in die Vorschlagslisten aufzunehmen (vgl. *Engels/Natter* BB 1989 Beil. 8, 22).

36 Da die Wahl von ErsMitgl. des BetrAusschusses gesetzlich nicht iE geregelt ist, ist es auch als zulässig anzusehen, dass der BR anstelle der entspr. Anwendung des § 25 Abs. 2 S. 2 beschließt, im Falle der Erschöpfung einer Liste eine **Neuwahl** aller weiteren Mitgl. des BetrAusschusses vorzunehmen (GK-BetrVG/*Raab* Rn. 50 hält nur letzteres für zulässig).

37 Im Gegensatz zur Wahl der weiteren Ausschussmitgl. in Mehrheitswahl ist bei einer **Verhältniswahl** eine **gesonderte Wahl** – sei es in Verhältniswahl, sei es in Mehrheitswahl – der ErsMitgl. **grds. nicht zulässig** (ArbG Berlin 19.6.2003 – 25 BV 6243/03, NZA-RR 2004, 87; GK-BetrVG/*Raab* Rn. 50; ebenso bei Freistellung für den Fall, dass die Liste, der der zu ersetzende Freigestellte angehörte, ausreichend Ersatzbewerber hat BAG 25.4.2001 – 7 ABR 26/00, AP BetrVG 1972 § 25 Nr. 8, 14.11.2001 – 7 ABR 31/00, AP BetrVG 1972 § 38 Nr. 24; 16.3.2005 – 7 ABR 43/04, NZA 2005, 1072; **aA** DKKW/*Wedde* Rn. 24; Richardi BetrVG/*Thüsing* Rn. 22). Denn dies könnte und würde vielfach eine Änderung des Ergebnisses der Listenwahl der ordentl. Mitgl. des BetrAusschusses in Bezug auf den in der Verhältniswahl liegenden Minderheitenschutz zur Folge haben. Da sich im Falle einer gesonderten Verhältniswahl der ErsMitgl. die Reihenfolge des Nachrückens nach den auf die einzelnen Listen entfallenen Höchstzahlen bei dieser Wahl bestimmen müsste, wäre nicht gewährleistet, dass das ErsMitgl. von derselben Gruppierung im BR getragen wird wie das zu ersetzende Mitgl. des BetrAusschusses.

Beispiel:

Es sind fünf weitere Ausschussmitgl. zu wählen. Drei Listen stehen zur Wahl, die folgende Stimmen erhalten: 1. Liste 11 Stimmen, 2. Liste sieben Stimmen und 3. Liste fünf Stimmen. Die Verteilung der weiteren Ausschusssitze berechnet sich nach dem Höchstzahlensystem wie folgt:

1. Liste		2. Liste		3. Liste	
11: 1	11	7: 1	7	5: 1	5
2	$5\frac{1}{2}$	2	$3\frac{1}{2}$	2	$2\frac{1}{2}$
3	$3\frac{2}{3}$	3	$2\frac{1}{2}$	3	$1\frac{2}{3}$

Als ordentl. Mitgl. sind danach gewählt die drei ersten Bewerber der Liste 1 und jeweils der erste Kandidat der Listen 2 u. 3. Bei einer gesonderten Wahl der ErsMitgl. und der Annahme, dass sich wieder drei Listen zur Wahl stellen und auf sie dieselben Stimmen entfallen, müsste als erstes ErsMitgl. stets der erste Kandidat der Liste 1 nachrücken, auch wenn ein ordentl. Mitgl. der Liste 2 oder 3 zu vertreten ist.

38 Erst recht ist es im Falle der Verhältniswahl der weiteren Ausschussmitgl. nicht zulässig, die ErsMitgl. in **Mehrheitswahl** zu wählen. Denn dann würde der in der Verhältniswahl liegende Minderheitenschutz bei der Wahl der ErsMitgl. in Mehrheitswahl unterlaufen (ebenso GK-BetrVG/*Raab* Rn. 47, 50; BAG 25.4.2001 – 7 ABR 26/00, AP BetrVG 1972 § 25 Nr. 8, 14.11.2001 – 7 ABR 31/00, AP BetrVG 1972 § 38 Nr. 24, 16.3.2005 – 7 ABR 43/04, NZA 2005, 1072; 20.4.2005 – 7 ABR 47/04, AP BetrVG 1972 § 38 Nr. 29, das die Mehrheitswahl erst bei Erschöpfung der Liste zulässt; **aA** DKKW/*Wedde* Rn. 24).

39 **Ausnahmsweise** kann dann, wenn ein in Verhältniswahl gewähltes weiteres Ausschussmitgl. verhindert ist oder ausscheidet und auf keiner Liste mehr ein ErsMitgl. vorhanden ist, eine **gesonderte Nachwahl** des ErsMitgl. nach den Grundsätzen der Mehrheitswahl erfolgen (BAG 28.10.1992 – 7 ABR 2/92, AP BetrVG 1972 § 38 Nr. 16, während BAG 25.4.2001 – 7 ABR 26/00, AP BetrVG 1972 § 25 Nr. 8, 14.11.2001 – 7 ABR 31/00, AP BetrVG 1972 § 38 Nr. 24; 16.3.2005 – 7 ABR 43/04, NZA 2005, 1072 eine Nachwahl bei Erschöpfung der jeweiligen Liste zulässt, → Rn. 35; Richardi BetrVG/*Thüsing* Rn. 31; HWGNRH/*Glock* Rn. 24). Es muss keine Neuwahl aller weiteren Mitgl. des BetrAusschusses erfolgen. Sie widerspräche praktischen Bedürfnissen, insbes. dem Erfordernis einer kontinuierlichen Ausschussarbeit (BAG 25.4.2001 – 7 ABR 26/00, AP BetrVG 1972 § 25 Nr. 8).

40 Die Ausführungen in → Rn. 37 ff. **gelten nicht,** wenn alle BRMitgl. mit der Nachbesetzung des freien Sitzes im BetrAusschuss durch eine **gesonderte Mehrheitswahl einverstanden** sind (GK-BetrVG/*Raab* Rn. 50). Denn ein Verzicht auf den in der Verhältniswahl liegenden Minderheitenschutz ist zulässig. Dies ergibt sich schon daraus, dass sich die BRMitgl. auf die Vorlage nur einer Vorschlagsliste und damit auf die Mehrheitswahl verständigen können.

41 Die vorstehenden Ausführungen gelten für die ErsMitgl. der weiteren Mitgl. des BetrAusschusses. Sind die dem BetrAusschuss von Amts wegen angehörenden **BR-Vors.** und/oder dessen **Stellvertr.** zeitweilig **verhindert,** so ist wie folgt zu unterscheiden:

42 Sind der BRVors. und/oder sein Stellvertr. verhindert und hat der BR für diesen Fall **andere BRMitgl.** als zeitweiligen Vors. und stellvertr. Vors. bestimmt (was zulässig ist, → § 26 Rn. 43), so treten diese für die Dauer der Verhinderung des BRVors. und/oder seines Stellvertr. in den BetrAusschuss ein. Hat der BR für diesen Fall keine vorsorgliche Regelung getroffen, so kann er diese jederzeit nachholen. Die Bestellung des temporären BRVors. und/oder seines Stellvertr. erfolgt nach den Grundsätzen des § 26 (→ § 26 Rn. 9 ff.).

43 Hat der BR für den Fall der Verhinderung des BRVors. und/oder seines Stellvertreters keine vorsorgliche Regelung getroffen und holt er diese auch nicht nach, so ist die erforderliche Vollständigkeit des BetrAusschusses durch eine Ergänzung aus dem Kreis der zugewählten Mitgl. des BetrAusschusses zu gewährleisten. In diesem Falle rücken deshalb für die Zeit, während der der BRVors. und/oder sein Stellvertreter verhindert sind, die nächstfolgenden nicht mehr erfolgreichen Wahlbewerber für einen Sitz im BetrAusschuss nach. Im Falle der Mehrheitswahl sind das die Bewerber mit den nächsthöchsten Stimmenzahlen. Im Falle der Verhältniswahl sind die ErsMitgl. denjenigen Listen zu entnehmen, auf die die nächsten Sitze entfallen wären (so auch GK-BetrVG/*Raab* Rn. 44; DKKW/*Wedde* Rn. 25).

6. Amtsniederlegung, Abberufung

44 Die zu weiteren Mitgl. oder ErsMitgl. des BetrAusschusses gewählten BRMitgl. sind zur **Übernahme dieses Amts nicht verpflichtet** (DKKW/*Wedde* Rn. 18; GK-BetrVG/*Raab* Rn. 23; Richardi BetrVG/*Thüsing* Rn. 23). Daher können die gewählten weiteren Ausschussmitgl. dieses Amt auch jederzeit **niederlegen** (Richardi BetrVG/*Thüsing* Rn. 24). Dies gilt allerdings nicht für den BRVors. und seinen Stellvertr. Sie gehören in dieser Eigenschaft dem BetrAusschuss kraft G an und können aus ihm nur unter gleichzeitiger Niederlegung des Amtes des Vors. oder des stellvertr. Vors. ausscheiden (DKKW/*Wedde* Rn. 18; ErfK/*Koch* Rn. 2; HWGNRH/*Glock* Rn. 32). Da nur BRMitgl. zu Mitgl. des BetrAusschusses gewählt werden können (→ Rn. 13), führt ein Ausscheiden aus dem BR stets auch zum Verlust der Mitglschaft im BetrAusschuss.

45 Die Wahl der weiteren Ausschussmitgl. gilt grds. für die gesamte Amtszeit des BetrAusschusses, da dieser bis zum Ende der Amtszeit des BR besteht. Allerdings können die Mitgl. des BetrAusschusses vom BR vorzeitig **abberufen** werden (vgl. Abs. 1 S. 5; BAG 20.4.2005 – 7 ABR 47/04, AP BetrVG 1972 § 38 Nr. 29; DKKW/*Wedde* Rn. 14; ErfK/*Koch* Rn. 2; GK-BetrVG/*Raab* Rn. 30; Richardi BetrVG/*Thüsing* Rn. 25). Der BetrAusschuss selbst kann ebenso wenig eines seiner Mitgl. abberufen, wie er seine Mitgl. selbst bestimmen kann. Das abzuberufende Ausschussmitgl. ist bei der Abstimmung über seine Abberufung im BR ebenso stimmberechtigt, wie es bei seiner Wahl in den BetrAusschuss stimmberechtigt gewesen ist (DKKW/*Wedde* Rn. 15; GK-BetrVG/*Raab* Rn. 30; Richardi BetrVG/*Thüsing* Rn. 29).

46 Sind das oder die abzuberufenden Mitgl. des BetrAusschusses in **Verhältniswahl** gewählt worden, so bedarf die Abwahl einer **geheimen** Abstimmung und ferner einer **qualifizierten Mehrheit** von drei Vierteln der Stimmen der Mitgl. des BR (§ 27 Abs. 1 S. 5; *Ratayczak* AiB 2010, 297). Das Erfordernis einer qualifizierten Mehrheit erklärt sich aus der notwendigen Absicherung des Verhältniswahlrechts. Denn der in ihm liegende Minderheitenschutz wäre nicht gesichert, wenn die so gewählten Ausschussmitgl. mit einfacher Stimmenmehrheit jederzeit abgewählt werden könnten (BAG 29.4.1992 – 7 ABR 74/91, AP BetrVG 1972 § 38 Nr. 15; HWGNRH/*Glock* Rn. 33f.; *Engels/Natter* BB 1989 Beil. 8, 22).

47 Für die **Berechnung dieser qualifizierten Mehrheit** ist von der gesetzlich vorgeschriebenen bzw. der uU nach § 11 verringerten BRGröße (nicht von der Zahl der anwesenden oder an der Beschlussfassung teilnehmenden BRMitgl.) auszugehen (DKKW/*Wedde* Rn. 16; GK-BetrVG/*Raab* Rn. 32). Hat sich die Größe des BR durch Ausscheiden von Mitgl. aus dem BR in der Weise geändert, dass auch durch Nach-rücken von ErsMitgl. die bisherige Größe nicht aufrechterhalten werden kann (→ § 25 Rn. 32f.), so bestimmt sich die qualifizierte Mehrheit nach der nunmehrigen **tatsächlichen Größe** des BR (DKKW/*Wedde* Rn. 16; GK-BetrVG/*Raab* Rn. 32). In all diesen Fällen ist die maßgebende Ausgangszahl mit 0,75 zu multiplizieren und das Ergebnis, falls es keine ganze Zahl ergibt, auf die nächste volle Zahl aufzurunden.

48 Sind das oder die abzuberufenden Mitgl. des BetrAusschusses in **Mehrheitswahl** gewählt worden, erfordert eine Abwahl lediglich die einfache Mehrheit der Stimmen im BR. Erforderlich ist stets, dass der BR beschlussfähig ist (→ Rn. 16).

49 Ob diese äußerst unterschiedlichen Abberufungsvoraussetzungen innerlich gerechtfertigt sind, erscheint zweifelhaft. Sie dürften kaum dazu beitragen, dass sich die BRMitgl. auf eine Vorschlagsliste verständigen und damit eine Mehrheitswahl ermöglichen.

50 Die Abberufung muss nur in dem Fall, dass die Wahlen der weiteren Mitgl. des BetrAusschusses in Verhältniswahl erfolgt ist, **geheim** durchgeführt werden. Sind sie in Mehrheitswahl gewählt worden, kann in offener Abstimmung über die Abberufung entschieden werden (GK-BetrVG/*Raab* Rn. 34). Angesichts der Tatsache, dass

die Wahl der weiteren Ausschussmitgl. stets geheim erfolgt (→ Rn. 15), ist diese Differenzierung nicht einleuchtend. Der BR kann beschließen, dass auch im Falle der Mehrheitswahl die Entscheidung über die Abberufung durch geheime Stimmabgabe zu erfolgen hat (GK-BetrVG/*Raab* Rn. 34; Richardi BetrVG/*Thüsing* Rn. 27). Ausreichend ist auch ein entspr. Antrag eines BRMitgl. (→ § 26 Rn. 9).

51 Sind die Mitgl. des BetrAusschusses wirksam gewählt worden, so setzt eine **Neuwahl** der Mitgl. eine wirksame Abberufung der früher gewählten Ausschussmitgl. voraus. Eine Neuwahl **ohne Abberufung** ist grds. **nichtig** (BAG 13.11.1991 – 7 ABR 18/91, AP BetrVG 1972 § 27 Nr. 3; DKKW/*Wedde* Rn. 16; HWGNRH/*Glock* Rn. 34; **aA** BAG 29.4.1992 – 7 ABR 74/91, AP BetrVG 1972 § 38 Nr. 15, was der gesetzlichen Regelung des Abs. 1 S. 5 widerspricht, → § 38 Rn. 75). Erfolgt die Neuwahl dagegen mit der nach Abs. 1 S. 5 erforderlichen Mehrheit, liegt darin eine Abberufung der bisher Gewählten mit der Folge, dass die neu Gewählten an deren Stelle treten (BAG 20.4.2005 – 7 ABR 44/04, BB 2005, 2360; GK-BetrVG/*Raab* Rn. 49).

52 Der BRVors. und sein Stellvertr. können nicht aus dem BetrAusschuss abberufen werden, es sei denn, sie werden zugleich als Vors. oder stellvertr. Vors. abberufen (→ Rn. 45; → § 26 Rn. 20).

53 Lassen sich Mitgl. des BetrAusschusses **grobe Pflichtverletzungen** zuschulden kommen, so können sie im arbeitsgerichtlichen Verfahren nach § 23 aus dem BR ausgeschlossen werden, wodurch sie zugleich aus dem BetrAusschuss ausscheiden. Dagegen ist der Ausschluss eines Mitgl. nur aus dem BetrAusschuss durch das ArbG auch in entspr. Anwendung des § 23 nicht zulässig (DKKW/*Wedde* Rn. 17; GK-BetrVG/*Raab* Rn. 37; Richardi BetrVG/*Thüsing* Rn. 26).

III. Stellung und Aufgaben des Betriebsausschusses

1. Stellung des Betriebsausschusses

54 Der BetrAusschuss ist keine gesonderte Betriebsvertretung, sondern ein **Organ des BR,** dessen rechtliche Stellung und Aufgaben sich aus § 27 ergeben und das in diesem Rahmen an die Stelle des BR tritt (GK-BetrVG/*Raab* Rn. 52; HWGNRH/*Glock* Rn. 35; Richardi BetrVG/*Thüsing* Rn. 39). Dabei bleibt es dem BR unbenommen, daneben noch Sonderausschüsse zu bilden, denen bestimmte Aufgaben sowohl lediglich zur Vorbereitung als auch zur selbständigen Entscheidung (→ § 28 Rn. 7 ff.), nicht aber die Führung der laufenden Geschäfte des BR, übertragen werden können.

55 Für die **Geschäftsführung des BetrAusschusses** gelten grds. die Vorschriften der §§ 29 Abs. 2–4, 30 ff. über die Geschäftsführung des BR sinngemäß. Da der BetrAusschuss einen erweiterten geschäftsführenden Vorstand des BR darstellt, ist der Vors. des BR ohne weiteres auch Vors. des BetrAusschusses und sein Stellvertr. stellvertr. Vors. des BetrAusschusses mit den Rechten und Befugnissen nach § 26 Abs. 2 (DKKW/*Wedde* Rn. 27; GK-BetrVG/*Raab* Rn. 53; HWGNRH/*Glock* Rn. 37; Richardi BetrVG/*Thüsing* Rn. 40). Der BetrAusschuss hält ebenso wie der BR seine Sitzungen idR während der Arbeitszeit ab (→ § 30 Rn. 6 ff.). Die Sitzungen des BetrAusschusses sind ebenso wie die des BR nicht öffentlich (LAG BW 9.9.2011 – 17 Sa 16/11, BeckRS 2011, 76075). Der ArbGeb. ist von den Sitzungen des BetrAusschusses vorher zu verständigen (→ § 30 Rn. 3, 14 f.).

56 An den **Sitzungen des BetrAusschusses** können der ArbGeb., Vertr. der ArbGebVereinigung, der er angehört, und der im BR vertr. Gewerkschaften nach Maßgabe der für ihre Teilnahme an den Sitzungen des BR geltenden Vorschriften (vgl. § 29 Abs. 4 und § 31) teilnehmen, dh zB der Vertr. einer Gewerkschaft, wenn ein Viertel der Mitgl. des BR dies verlangt oder wenn dies der BR oder der BetrAusschuss beschließt (DKKW/*Wedde* Rn. 28; ErfK/*Koch* Rn. 3; Richardi BetrVG/

Thüsing Rn. 42f.; einschr. GK-BetrVG/*Raab* Rn. 57: kein Teilnahmerecht, wenn der BetrAusschuss nur die laufende Geschäftsführung wahrnimmt; → § 31 Rn. 27f.).

Die **SchwbVertr.** hat nach § 178 Abs. 4 S. 1 SGB IX ein eigenständiges Recht, auch an den Sitzungen der Ausschüsse der BR beratend teilzunehmen, unabhängig davon, ob zu behandelnde Angelegenheiten die bes. Belange der Schwbeh. berühren. Zum Teilnahmerecht der SchwbVertr. iE → § 32 Rn. 17ff. 57

Das Recht der **JAV** nach § 67 Abs. 1 S. 1, zu allen Sitzungen des BR einen Vertreter zu entsenden, besteht nicht für Sitzungen des BetrAusschusses, auf denen nur laufende Geschäfte erledigt werden, da diese nur der Vorbereitung von BRBeschlüssen bzw. BRSitzungen dienen (GK-BetrVG/*Raab* Rn. 58f.; Richardi BetrVG/*Thüsing* Rn. 43; HaKo-BetrVG/*Wolmerath* Rn. 11; ErfK/*Koch* Rn. 3; **aA** DKKW/*Wedde* Rn. 31). Etwas anderes gilt, wenn dem BetrAusschuss Aufgaben zur selbständigen Erledigung übertragen worden sind und diese Gegenstand einer Sitzung sind. Denn bei einer Übertragung von Aufgaben zur selbständigen Erledigung tritt der BetrAusschuss an die Stelle des BR und dann würde eine Verneinung des Teilnahmerechts eines JugVertr. an solchen Sitzungen des BetrAusschusses zu einer unzulässigen Verkürzung der mit § 67 Abs. 1 S. 1 bezweckten Information der JAV über die BRArbeit führen (DKKW/*Wedde* Rn. 31; GK-BetrVG/*Raab* Rn. 58; Richardi BetrVG/*Thüsing* Rn. 44; → § 67 Rn. 18; **aA** HWGNRH/*Rose* § 67 Rn. 18). 58

Ein Teilnahmerecht der JAV an den Sitzungen des BetrAusschusses besteht ferner stets dann, wenn der BetrAusschuss Angelegenheiten behandelt, die **besonders oder überwiegend** jug. ArbN oder Auszubildende des Betriebs betreffen und hinsichtlich derer die JAV, würde die Angelegenheit im BR behandelt, nach § 67 Abs. 1 S. 2 und Abs. 2 volles Teilnahme- und ggf. Stimmrecht hätte (GK-BetrVG/*Raab* Rn. 59; Richardi BetrVG/*Annuß* § 67 Rn. 18; Näheres → § 67 Rn. 11ff., 20ff.). 59

Allerdings ist im Hinblick auf die beschränkte Größe des BetrAusschusses **nicht** der **gesamten JAV** das Teilnahmerecht zuzubilligen, sondern lediglich so vielen ihrer Mitgl., dass das Verhältnis der Ausschussmitglieder zu den an seiner Sitzung teilnehmenden JAV dem zahlenmäßigen Verhältnis der Mitgl. des BR und derjenigen der JAV entspricht (im Grundsatz ähnlich GK-BetrVG/*Raab* Rn. 59; DKKW/*Wedde* Rn. 31; ErfK/*Koch* Rn. 3; Richardi BetrVG/*Annuß* § 67 Rn. 18). Ergibt die Berechnung keine ganze Zahl, so ist entspr. den allgemeinen Grundsätzen auf- oder abzurunden (nach GK-BetrVG/*Raab* Rn. 59 ist stets abzurunden). Diese Beschränkung der Teilnahme der JAV an den Sitzungen des BetrAusschusses ist aus Gründen einer erforderlichen Stimmengewichtung unumgänglich. Welche ihrer Mitgl. in diesen Fällen an den Sitzungen des BetrAusschusses teilnehmen, bestimmt die JAV. 59a

Im Gegensatz zu § 178 Abs. 4 S. 1 SGB IX hinsichtlich der SchwbVertr. sieht § 3 Abs. 1 ZDVG ein Teilnahmerecht des **Vertrauensmanns der Zivildienstleistenden** nur an den Sitzungen des BR und nicht seiner Ausschüsse vor. 60

Auch die Vorschrift des § 33 über die **Beschlussfassung** des BR gilt grds. für den BetrAusschuss. Allerdings ist der BR, soweit er dem BetrAusschuss bestimmte Aufgaben zur selbständigen Erledigung überträgt, berechtigt, abweichend von der gesetzlichen Regelung für Beschlüsse des Ausschusses bes. Stimmenmehrheiten festzusetzen (→ Rn. 73). 61

Die Vorschrift des § 34 über die **Sitzungsniederschrift** gilt ebenfalls für den BetrAusschuss. Die Mitglieder des BR haben jederzeit das Recht, in die Unterlagen des BetrAusschusses Einsicht zu nehmen (vgl. § 34 Abs. 3). 62

Das Gleiche gilt für die Möglichkeit, die **Aussetzung von Beschlüssen** des BetrAusschusses zu beantragen (vgl. § 35), wobei allerdings erforderlich ist, dass die Mehrheit der JAV (nicht die Mehrheit ihrer an der BetrAusschusssitzung teilnehmenden Mitgl.) den Beschluss als eine erhebliche Beeinträchtigung wichtiger Interessen der durch sie vertr. ArbN ansieht (→ § 35 Rn. 32). Auch die SchwbVertr. kann die Aussetzung von Beschlüssen des BetrAusschusses unter den Voraussetzungen des § 35 verlangen (→ § 35 Rn. 6, 10). 63

64 Schließlich ist der BetrAusschuss berechtigt, sich eine **Geschäftsordnung** zu geben. Beschließt allerdings der BR eine bes. Geschäftsordnung für den BetrAusschuss, so hat diese Vorrang (DKKW/*Wedde* Rn. 29; ErfK/*Koch* Rn. 3; GK-BetrVG/*Raab* Rn. 61; Richardi BetrVG/*Thüsing* Rn. 45). In der Geschäftsordnung für den BetrAusschuss kann die Verpflichtung einer regelmäßigen Berichterstattung über die Tätigkeit des BetrAusschusses gegenüber dem BR vorgesehen werden (GK-BetrVG/*Raab* Rn. 61).

2. Führung der laufenden Geschäfte

65 Der BetrAusschuss hat **von Gesetzes wegen** die Aufgabe, die **laufenden Geschäfte des BR** zu führen. Damit soll eine funktionsfähige Arbeitsweise größerer BR gewährleistet werden. Der BetrAusschuss hat in verwaltungsmäßiger und organisatorischer Hinsicht dafür zu sorgen, dass die dem BR von Gesetzes wegen zugewiesenen Aufgaben ordnungsgemäß durchgeführt werden können. Der BetrAusschuss tritt, was die Erfüllung dieser Aufgaben anbelangt, nicht an die Stelle des BR. Er bereitet lediglich ihre Erfüllung durch den BR vor. Zum Recht des BetrAusschusses, in die Lohn- und Gehaltslisten einzusehen, → § 80 Rn. 70ff.

66 Dem BetrAusschuss ist mit der laufenden Geschäftsführung gesetzlich ein **eigener Zuständigkeitsbereich** zugewiesen. Soweit dieser Zuständigkeitsbereich reicht, entscheidet der BetrAusschuss anstelle des BR (BAG 15.8.2012 – 7 ABR 16/11, NZA 2013, 284; GK-BetrVG/*Raab* Rn. 63; Richardi BetrVG/*Thüsing* Rn. 49). Allerdings gilt dies nur im Grundsatz. Der BR ist nicht gehindert, eine Angelegenheit, die zum Kreis der laufenden Geschäfte gehört, im Einzelfall an sich zu ziehen (DKKW/*Wedde* Rn. 32; ErfK/*Koch* Rn. 4; GK-BetrVG/*Raab* Rn. 64; Richardi BetrVG/*Thüsing* Rn. 49; **aA** HWGNRH/*Glock* Rn. 64).

67 Aus der Begrenzung des originären Zuständigkeitsbereichs des BetrAusschusses in Abs. 2 S. 1 und den qualifizierten Voraussetzungen in Abs. 2 S. 2 u. 3 für eine Aufgabenübertragung zur selbständigen Erledigung durch den BetrAusschuss folgt, dass unter **laufenden Geschäften** regelmäßig interne, verwaltungsmäßige, organisatorische und ggf. wiederkehrende Aufgaben des BR zu verstehen sind (BAG 15.8.2012 – 7 ABR 16/11, NZA 2013, 284; DKKW/*Wedde* Rn. 33f.; GK-BetrVG/*Raab* Rn. 65f.; ErfK/*Koch* Rn. 4; MHdB ArbR/*Krois* § 293 Rn. 47; **aA** Richardi BetrVG/*Thüsing* Rn. 50ff.). Was iE darunter fällt, hängt nicht zuletzt sowohl von den konkreten Verhältnissen des einzelnen Betriebs als auch von der Größe des betreffenden BR ab.

Beispiele:

Vorbereitung beabsichtigter Beschlüsse sowie von BRSitzungen; Einholung von Auskünften, Beschaffung von Unterlagen, Besprechungen mit Vertretern der im Betrieb vertretenen Gewerkschaften über konkrete, der Beteiligung des BR unterliegenden Angelegenheiten; Vorbesprechung mit dem ArbGeb.; Erstellung von Entwürfen von BV; ggf. Durchführung von Beschlüssen des BR; Entgegennahme von Anträgen der ArbN; Voruntersuchungen über die Berechtigung von Beschwerden oder Anregungen; Vorbereitung der Betriebs- und Abteilungsversammlungen; anfallender Schriftwechsel.

68 **Nicht** zu den laufenden Geschäften des BetrAusschusses gehören Angelegenheiten aus dem Rechte- und Pflichtenkreis des BR im Verhältnis zur Belegschaft, insbes. zum ArbGeb., also die **Mitwirkungs**- und **Mitbestimmungsangelegenheiten** in weitesten Sinn; dazu gehört auch die Einleitung eines BeschVerf (LAG Düsseldorf 5.8.2015 – 4 TaBVGa 6/15, BeckRS 2015, 71815). Dies zeigt vor allem Abs. 2 S. 2 Hs. 2, nach dem der Abschluss von BV ausdrücklich von einer Übertragung auf den BetrAusschuss ausgenommen ist (BAG 15.8.2012 – 7 ABR 16/11, NZA 2013, 284; DKKW/*Wedde* Rn. 33; HaKo-BetrVG/*Wolmerath* Rn. 10; GK-BetrVG/*Raab* Rn. 66; ErfK/*Koch* Rn. 4; HWGNRH/*Glock* Rn. 48; *Löwisch/Kaiser* Rn. 16; MHdB ArbR/*Krois* § 293 Rn. 47; **aA** Richardi BetrVG/*Thüsing* Rn. 54).

69 In der nach § 36 zulässigen **Geschäftsordnung** für den BetrAusschuss kann der Kreis der laufenden Geschäfte näher festgelegt werden, ohne dass dadurch deren Umfang konstitutiv erweitert werden kann (DKKW/*Wedde* Rn. 34; GK-BetrVG/*Raab* Rn. 68; HWGNRH/*Glock* Rn. 49; **aA** Richardi BetrVG/*Thüsing* Rn. 61). Zu den laufenden Geschäften gehört nicht die Vertretung des BR nach außen. Diese obliegt dem BRVors. (→ § 26 Rn. 22 ff.).

3. Übertragung von Aufgaben zur selbständigen Erledigung

a) Allgemeines

70 Abs. 2 S. 2 sieht im Hinblick auf den weiten Aufgabenbereich des BR und im Interesse einer zügigen Erledigung dieser Aufgaben die Möglichkeit vor, dass der BR dem BetrAusschuss (oder einem anderen Ausschuss des BR, → § 28 Rn. 6 ff.) mit qualifizierter Mehrheit und schriftlich **Aufgaben zur selbständigen Erledigung** überträgt. Zu Übertragung von Aufgaben auf eine Arbeitsgruppe vgl. § 28a.

71 Die Übertragung von Aufgaben zur selbständigen Erledigung bedeutet, dass in diesem Fall der BetrAusschuss sowohl in der Willensbildung als auch in der Willensäußerung **an die Stelle des BR tritt.** Der Beschluss des BetrAusschusses ersetzt den des BR (ArbG Essen 29.7.2003 – 2 BV 38/03, AiB 2005, 44; DKKW/*Wedde* Rn. 36; ErfK/*Koch* Rn. 5; GK-BetrVG/*Raab* Rn. 79; HWGNRH/*Glock* Rn. 58; Richardi BetrVG/*Thüsing* Rn. 67). Bei einer Übertragung bestimmter Aufgaben zur selbständigen Erledigung ist der Vors. des Ausschusses zur Entgegennahme von Erklärungen berechtigt (→ § 26 Rn. 43). Soweit eine Übertragung zur selbständigen Erledigung erfolgt ist, kann der BR einen Beschluss des BetrAusschusses nur mit absoluter Mehrheit aufheben, und dies auch nur solange, als der Beschluss des BetrAusschusses noch nicht nach außen wirksam geworden ist (DKKW/*Wedde* Rn. 36; GK-BetrVG/*Raab* Rn. 79; ErfK/*Koch* Rn. 5; Richardi BetrVG/*Thüsing* Rn. 67; HaKo-BetrVG/*Wolmerath* Rn. 12; **aA** HWGNRH/*Glock* Rn. 58).

72 Abs. 2 S. 2 regelt nur den Fall der Übertragung von Aufgaben auf den BetrAusschuss zur „selbständigen Erledigung", dh den Fall, dass die Beschlüsse des Ausschusses in bestimmten Angelegenheiten an die Stelle der Beschlüsse des BR treten. Selbstverständlich besteht auch die Möglichkeit, dem BetrAusschuss bestimmte Angelegenheiten **lediglich zur Vorberatung** zu übertragen, während die endgültige Beschlussfassung dem BR vorbehalten bleibt. In diesem Falle sind die Voraussetzungen des Abs. 2 S. 2 u. 3 – eine qualifizierter Mehrheit und die Schriftform des Übertragungsbeschlusses – nicht erforderlich. Die Übertragung von Aufgaben lediglich zur Vorbereitung bestimmt sich nach allgemeinen Grundsätzen (→ § 33 Rn. 9 ff., 26 ff.; GK-BetrVG/*Raab* Rn. 84; Richardi BetrVG/*Thüsing* Rn. 71).

73 Da es im freien Ermessen des BR liegt, dem BetrAusschuss bestimmte Angelegenheiten zur selbständigen Erledigung zu übertragen, ist der BR berechtigt, die **formelle Behandlung** derartiger Angelegenheiten im BetrAusschuss näher zu regeln; etwa in der Hinsicht, dass ein Beschluss in diesen Angelegenheiten eine bestimmte **qualifizierte Mehrheit im BetrAusschuss** oder sogar Einstimmigkeit erfordert, anderenfalls die Angelegenheiten dem BR zur Beschlussfassung zufließen (GK-BetrVG/*Raab* Rn. 80; ErfK/*Koch* Rn. 5; Richardi BetrVG/*Thüsing* Rn. 68; **aA** HWGNRH/*Glock* Rn. 55). Wird eine solche Regelung nicht getroffen, gilt für die Beschlussfassung § 33 entspr. (→ Rn. 61; → § 33 Rn. 2).

73a Ferner ist es zulässig, dass der BR für die Behandlung der delegierten Angelegenheit bestimmte **Weisungen** erteilt oder **Richtlinien** aufstellt (DKKW/*Wedde* Rn. 38; ErfK/*Koch* Rn. 5; Richardi BetrVG/*Thüsing* Rn. 68). Auch kann der BR den BetrAusschuss verpflichten, in bestimmten Zeitabständen über die im BetrAusschuss beschlossenen Angelegenheiten zu **berichten.**

73b Desgleichen kann der BR sich vorbehalten, dass nur er berechtigt ist, die **E-Stelle** anzurufen, wenn in einer MBAngelegenheit zwischen ArbGeb. und dem BetrAusschuss keine Einigung erzielt wird (GK-BetrVG/*Raab* Rn. 81; ErfK/*Koch* Rn. 5; Richardi BetrVG/*Thüsing* Rn. 68; DKKW/*Wedde* Rn. 37 hält hierzu nur den BR für befugt). Soll über die dem Ausschuss übertragene Angelegenheit eine BV abgeschlossen werden, so ist allein der BR zur Anrufung der E-Stelle berechtigt. Dies ergibt sich daraus, dass der Abschluss von BV allein dem BR vorbehalten ist (→ Rn. 76).

74 Der **Aufgabenbereich,** der dem BetrAusschuss (oder gem. § 28 einem anderen Ausschuss des BR) zur selbständigen Erledigung übertragen werden kann, ist **dem Gegenstand nach nicht begrenzt;** er muss sich nur im Rahmen der funktionellen Zuständigkeit des BR halten (LAG BW 10.4.2013 – 2 TaBV 6/12, NZA-RR 2013, 411 n. rkr.). Aus diesem Grunde kann der BR dem BetrAusschuss die Wahrnehmung der Monatsgespräche mit dem ArbGeb. gem. § 74 Abs. 1 und **auch** die der **MB unterliegenden Angelegenheiten** zur selbständigen Erledigung übertragen (BAG 15.8.2012 – 7 ABR 16/11, NZA 2013, 284; 17.3.2005 – 2 AZR 275/04, NZA 2005, 1064; DKKW/*Wedde* Rn. 38; GK-BetrVG/*Raab* Rn. 71; ErfK/*Koch* Rn. 5); dazu gehört auch das Zustimmungsrecht des BR im Fall des § 103 (BAG 17.3.2005 – 2 AZR 275/04, NZA 2005, 1064). Der BR entscheidet in eigener Verantwortung, welche Aufgaben er dem BetrAusschuss oder einem anderen, auch einem gemeinsamen Ausschuss nach § 28 überträgt. Die Zweckmäßigkeit dieser Übertragung unterliegt keiner gerichtlichen Kontrolle. Diese ist auf eine Rechtskontrolle beschränkt (BAG 15.8.2012 – 7 ABR 16/11, NZA 2013, 284; 17.3.2005 – 2 AZR 275/04, NZA 2005, 1064; ErfK/*Koch* Rn. 5).

75 Eine **Einschränkung** besteht allerdings für BR der privatisierten **Post-AGn.** In diesen BR ist die Beschlussfassung über bestimmte Personalangelegenheiten sowohl der unmittelbar bei ihnen beschäftigten Beamten als auch der von ihnen Tochter-, Enkel- und Beteiligungsgesellschaften zugewiesenen Beamten (→ § 14 Rn. 86 ff.; → § 99 Rn. 331) den gesondert gewählten Beamtenvertr. im BR der jeweiligen Post-AG vorbehalten (→ § 99 Rn. 316 ff.; → § 102 Rn. 137). Diese Angelegenheiten können nicht auf den BetrAusschuss zur selbständigen Erledigung übertragen werden, da sonst das Selbstbestimmungsrecht der Beamtenvertr. unterlaufen würde (GK-BetrVG/*Raab* Rn. 72; Richardi BetrVG/*Thüsing* Rn. 72; *Engels/Mauß-Trebinger* RdA 1997, 230). Zu Möglichkeit der Bildung eines bes. Beamtenpersonalausschusses in diesen Fällen → § 28 Rn. 34 ff.

76 Der **Abschluss von BV** (zu diesem Begriff → § 77 Rn. 11 ff.) ist allein **dem BR vorbehalten.** Hieraus ergibt sich eine Beschränkung der dem BetrAusschuss zu übertragenden Aufgaben. Soweit eine sachgerechte Erledigung der der Beteiligung des BR unterliegenden Angelegenheiten nur durch Abschluss einer BV möglich ist, verbietet sich eine Übertragung zur selbständigen Erledigung.

77 Dem BetrAusschuss können **ferner nicht übertragen** werden organisatorische Entscheidungen des BR, wie zB die Bestellung des BRVors. und seines Stellvertr. sowie die Bestellung der weiteren Mitgl. des BetrAusschusses und weiterer Ausschüsse des BR nach § 28. Dies ergibt sich aus der Natur der Sache (DKKW/*Wedde* Rn. 37; GK-BetrVG/*Raab* Rn. 70; HWGNRH/*Glock* Rn. 54; Richardi BetrVG/*Thüsing* Rn. 62; krit. ArbG Essen 29.7.2003 – 2 BV 38/03, AiB 2005, 44, das die Übertragung der Entscheidungsbefugnis über die Teilnahme an einer Schulungsveranstaltung nach § 37 Abs. 6 zulässt). Deshalb kann der BetrAusschuss auch bei einer entspr. Ermächtigung des BR nicht selbst weitere (Unter-)Ausschüsse mit eigener Entscheidungskompetenz bilden (GK-BetrVG/*Raab* Rn. 79). Auch die Entsendung der Mitgl. in den GesBR oder den KBR können – wie sich aus § 47 Abs. 2 ergibt – nicht auf den BetrAusschuss übertragen werden. Ferner können solche Angelegenheiten nicht zur selbständigen Erledigung übertragen werden, in denen ein wirksamer Beschluss des BR die Mehrheit der Stimmen seiner Mitglieder erfordert (ErfK/*Koch* Rn. 5; → § 33 Rn. 36).

78 Außerdem darf die Übertragung von Angelegenheiten zur selbständigen Erledigung auf den BetrAusschuss oder andere Ausschüsse des BR nicht so weit gehen, dass dem BR als Gesamtorgan **nicht ein Kernbereich** der gesetzlichen Befugnisse **verbleibt** (BAG 15.8.2012 – 7 ABR 16/11, NZA 2013, 284 mwN; DKKW/*Wedde* Rn. 37; GK-BetrVG/*Raab* Rn. 73; HWGNRH/*Glock* Rn. 54; Richardi BetrVG/*Thüsing* Rn. 62). Bei der Prüfung, ob dem BR ein Kernbereich gesetzlicher Befugnisse verbleibt, ist nicht auf den einzelnen MBTatbestand, sondern auf das gesamte Aufgabengebiet des BR abzustellen (BAG 15.8.2012 – 7 ABR 16/11, NZA 2013, 284; 17.3.2005 – 2 AZR 275/04, NZA 2005, 1064). Denn anderenfalls wäre eine sinnvolle Übertragung von Aufgaben zur selbständigen Erledigung, zB bei der Einstellung oder Kündigung von ArbN, nicht möglich.

b) Voraussetzungen

Die **Übertragung** von Angelegenheiten zur selbständigen Erledigung auf den BetrAusschuss ist in formeller Hinsicht an zwei Voraussetzungen gebunden: **79**
- Der Übertragungsbeschluss muss mit qualifizierter Stimmenmehrheit, nämlich der Mehrheit der Stimmen der Mitgl. des BR gefasst werden (→ Rn. 80 f.).
- Der Übertragungsbeschluss bedarf der Schriftform (→ Rn. 82 ff.).

Die Übertragung bedarf der **Mehrheit der Stimmen der Mitgl. des BR.** Es müssen also mehr als die Hälfte der Mitgl., die der BR nach den §§ 9 u. 11 hat, der Übertragung zustimmen. Nicht ausreichend ist die Mehrheit der an der Beschlussfassung teilnehmenden Mitgl. **80**

Nehmen an der Beschlussfassung die **Mitgl. der JAV** teil, – etwa weil der Gegenstand der Übertragung eine überwiegend die jugendlichen ArbN und Auszubildenden betreffende Angelegenheit darstellt (vgl. § 67 Abs. 2 iVm § 33 Abs. 3) – so sind die Stimmen der JAV bei der Berechnung der absoluten Mehrheit mit zu berücksichtigen (GK-BetrVG/*Raab* Rn. 75; Richardi BetrVG/*Thüsing* Rn. 61; nach DKKW/*Wedde* Rn. 35 soll jeweils eine absolute Mehrheit der Stimmen sowohl der BRMitgl. als auch der JAV erforderlich sein, was jedoch der Regelung des § 33 Abs. 3 widerspricht). Allerdings muss auch in diesem Falle der Beschluss mindestens von der Mehrheit der BRMitgl. getragen sein (GK-BetrVG/*Raab* Rn. 75; → § 33 Rn. 39 ff.). **81**

Die Übertragung bedarf der **Schriftform.** Diese Voraussetzung ist nicht bereits dadurch erfüllt, dass lediglich die Übertragung als solche ordnungsgemäß schriftlich niedergelegt wird. Erforderlich ist vielmehr, dass **auch die Angelegenheiten,** die dem BetrAusschuss zur selbständigen Erledigung übertragen werden, in dem Übertragungsbeschluss **genau umschrieben** werden (*Grosjean* NZA-RR 2005, 113 [117]). Dies ist aus Gründen der Rechtssicherheit notwendig, damit eindeutig feststeht, in welchen Angelegenheiten der BetrAusschuss anstelle des BR für eine rechtsverbindliche Beschlussfassung zuständig ist (BAG 20.10.1993 – 7 ABR 26/93, AP BetrVG 1972 § 28 Nr. 5; DKKW/*Wedde* Rn. 35; GK-BetrVG/*Raab* Rn. 76; HWGNRH/*Glock* Rn. 60; Richardi BetrVG/*Thüsing* Rn. 64). Dafür reicht die Angabe des jeweiligen Paragrafen zur Benennung des übertragenen Rechts im Übertragungsbeschluss aus (BAG 17.3.2005 – 2 AZR 275/04, NZA 2005, 1064). **82**

Schriftform bedeutet die schriftliche Niederlegung des Übertragungsbeschlusses in einer Urkunde, die vom BRVors. unterzeichnet werden muss. Dem Erfordernis der Schriftform wird jedoch auch dadurch Genüge getan, dass der Übertragungsbeschluss mit den erforderlichen Angaben gem. § 34 Abs. 1 in die **Sitzungsniederschrift** aufgenommen und vom BRVors. und einem weiteren BRMitgl. unterzeichnet worden ist (GK-BetrVG/*Raab* Rn. 77; *Grosjean* NZA-RR 2005, 113 [117]). Die Schriftform ist auch gewahrt, wenn in der **Geschäftsordnung des BR** dem BetrAusschuss oder einem anderen Ausschuss des BR bestimmte Aufgaben zur selbständigen Erledigung zugewiesen werden, da die Geschäftsordnung gem. § 36 ihrerseits der Schriftform und eines qualifizierten Mehrheitsbeschlusses bedarf (BAG 4.8.1975 – 2 AZR 266/74, AP BetrVG 1972 § 102 Nr. 4; 20.10.1993 – 7 ABR 26/93, AP BetrVG 1972 § 28 Nr. 5). **83**

84 Wird der Übertragungsbeschluss nicht mit der erforderlichen Mehrheit gefasst oder nicht schriftlich niedergelegt, ist er **unwirksam.** Der BetrAusschuss kann in diesem Fall keine rechtsverbindlichen Beschlüsse in den betreffenden Angelegenheiten fassen. Gleichwohl gefasste Beschlüsse sind unwirksam; jedoch können sie durch einen bestätigenden Beschluss des BR genehmigt werden (ErfK/*Koch* Rn. 5; → § 26 Rn. 26f.; **aA** hinsichtlich der Wirksamkeit Richardi BetrVG/*Thüsing* Rn. 69; hinsichtlich der Genehmigungsfähigkeit GK-BetrVG/*Raab* Rn. 78; HWGNRH/*Glock* Rn. 61).

85 Für die Wirksamkeit des Übertragungsbeschlusses ist nicht erforderlich, dass er dem **ArbGeb. mitgeteilt** wird (HWGNRH/*Glock* Rn. 62). Allerdings dürfte sich die unverzügliche Unterrichtung des ArbGeb. im Interesse einer ordnungsgemäßen und zügigen Zusammenarbeit von ArbGeb. und BetrAusschuss in den übertragenen Angelegenheiten empfehlen. Denn der ArbGeb. braucht sich eine entspr. Übertragung von Angelegenheiten auf den BetrAusschuss nicht entgegenhalten zu lassen, solange er von der Übertragung keine Kenntnis erlangt hat. Deshalb kann der ArbGeb., wenn der BetrAusschuss die Übertragung behauptet, verlangen, dass ihm dies – ggf. durch Vorlage des schriftlich niedergelegten Übertragungsbeschlusses – nachgewiesen wird (DKKW/*Wedde* Rn. 40; Richardi BetrVG/*Thüsing* Rn. 65; GK-BetrVG/*Raab* Rn. 83 und HWGNRH/*Glock* Rn. 63 leiten aus § 2 Abs. 1 eine Verpflichtung des BR zur Unterrichtung des ArbGeb. ab).

86 Die **Mitgl. des BR** haben jederzeit das Recht, in die Unterlagen des BetrAusschusses, insbes. soweit diesem Angelegenheiten zur selbständigen Erledigung übertragen worden sind, **Einsicht zu nehmen** (vgl. § 34 Abs. 3; → § 34 Rn. 33ff.).

87 Für den **Widerruf der Übertragung** von Angelegenheiten zur selbständigen Erledigung, die ohne Begründung zulässig ist, gelten gem. Abs. 2 S. 4 die gleichen Grundsätze wie für die Übertragung selbst, dh der Widerruf bedarf ebenfalls der **Mehrheit der Stimmen der Mitgl. des BR** (DKKW/*Wedde* Rn. 41; GK-BetrVG/*Raab* Rn. 82; HWGNRH/*Glock* Rn. 64; Richardi BetrVG/*Thüsing* Rn. 70), ggf. unter Berücksichtigung der Stimmen der JAV (→ Rn. 80f.), sowie der **Schriftform** (→ Rn. 82ff.).

88 Die für die Übertragung und den Widerruf maßgebenden Voraussetzungen gelten auch, wenn der Kreis der dem BetrAusschuss zur selbständigen Erledigung übertragenen Aufgaben umfangmäßig oder inhaltlich **geändert** wird.

89 Der Übertragungsbeschluss gilt längstens für die **Dauer der Amtszeit** des BR, da es allein dem jeweiligen BR obliegt, wie er die Erfüllung seiner Aufgaben organisiert (HWGNRH/*Glock* Rn. 66). Will ein nachfolgender BR die Übertragung von Aufgaben auf den BetrAusschuss seines Vorgängers übernehmen, bedarf ein entspr. Übernahmebeschluss der qualifizierten Stimmenmehrheit und der Schriftform.

IV. Führung der laufenden Geschäfte in kleineren Betriebsräten

90 Im Interesse einer möglichst praktikablen Erledigung der laufenden Geschäfte des BR auch in kleineren Betrieben gestattet Abs. 3, die Führung der laufenden Geschäfte in den BR, die keinen BetrAusschuss bilden können, auf den Vors. des BR oder andere BRMitgl. zu übertragen.

91 Der Übertragungsbeschluss ist an keine bes. Voraussetzungen gebunden. Ausreichend ist, dass der beschlussfähige BR mit **einfacher Stimmenmehrheit** einen entspr. Beschluss fasst (DKKW/*Wedde* Rn. 44; GK-BetrVG/*Raab* Rn. 87; HWGNRH/*Glock* Rn. 69; **aA** Richardi BetrVG/*Thüsing* Rn. 77, die für den Beschluss absolute Mehrheit verlangen). Auch die Schriftform ist nicht erforderlich (*Reitze* ZBVR online 1/2011, 22 [23]), obwohl sie im Regelfall gegeben sein dürfte, da gem. § 34 Abs. 1 auch dieser Beschluss in der Sitzungsniederschrift des BR aufzunehmen ist. Der Übertragungsbeschluss sollte dem ArbGeb. im Interesse einer ordnungsgemäßen und zügigen Zusammenarbeit mitgeteilt werden.

Die Führung der laufenden Geschäfte kann **dem BRVors.** oder **anderen BR-Mitgl.,** dh auch mehreren Mitgl. gemeinsam, übertragen werden. Auch wenn im letzteren Falle eine Art „geschäftsführender Ausschuss" besteht, sollte er nicht so benannt werden; denn er ist kein BetrAusschuss iSd G und nach BAG (14.8.2013 – 7 ABR 66/11, NZA 2014, 161) führt die Übertragung laufender Geschäfte nach Abs. 3 nicht zur Bildung eines Ausschusses (sa DKKW/*Wedde* Rn. 43; GK-BetrVG/*Raab* Rn. 86; HWGNRH/*Glock* Rn. 68; Richardi BetrVG/*Thüsing* Rn. 77). Der BR ist in seiner Entscheidung, welches oder welche seiner Mitgl. er mit der Führung der laufenden Geschäfte beauftragt, frei. Auch kann er ein oder mehrere ErsMitgl. bestellen. Wird nicht der BRVors., sondern ein anderes BRMitgl. mit der Führung der laufenden Geschäfte beauftragt, so hat das keinen Einfluss auf die dem BRVors. von Gesetzes wegen zustehenden Rechte und Befugnisse (zB nach § 26 Abs. 2, § 29 Abs. 2 u. 3, § 42 Abs. 1). 92

Nach § 28 Abs. 1 S. 1 kann der BR in Betrieben **mit mehr als 100 ArbN** Ausschüsse bilden und ihnen bestimmte Aufgaben übertragen (→ § 28 Rn. 13ff.). Die Bildung derartiger Ausschüsse ist auch in BR möglich, die keinen BetrAusschuss bilden müssen. Der Ansicht, dass in diesen Fällen einem derartigen Ausschuss die Führung der laufenden Geschäfte des BR übertragen werden könne (s. Fitting, 27. Aufl. 2014; HWGNRH/*Glock* Rn. 68) ist das BAG (BAG 14.8.2013 – 7 ABR 66/11, NZA 2014, 161) entgegengetreten. Danach regelt § 28 Abs. 1 S. 1 die Bildung von Fachausschüssen, denen nur fachspezifische Aufgaben und nicht die laufenden Geschäfte des BR oder auch nur die Vorbereitung der BR-Sitzungen übertragen werden können (DKKW/*Wedde* § 28 Rn. 11; GK-BetrVG/*Raab* Rn. 85, § 28 Rn. 12). 93

Die Übertragung ist auf die Führung der **laufenden Geschäfte** (→ Rn. 67ff.) beschränkt. Eine Übertragung darüber hinausgehender Aufgaben und Befugnisse zur selbständigen Erledigung auf den BRVors. oder andere BRMitgl. ist nicht zulässig (DKKW/*Wedde* Rn. 43; GK-BetrVG/*Raab* Rn. 85; Richardi BetrVG/*Thüsing* Rn. 80). Dies gilt insbes. für die Ausübung von Beteiligungsrechten des BR, die in Betrieben mit bis zu neun BRMitgl. nur von dem BR als ganzem wahrgenommen werden können (LAG Bremen, ArbuR 1983, 123; HWGNRH/*Glock* Rn. 70). Zum Recht des Vors. von BR mit weniger als neun Mitgl., in die Lohn- und Gehaltslisten Einblick zu nehmen → § 80 Rn. 71. 94

V. Streitigkeiten

Streitigkeiten in Zusammenhang mit der Bildung des BetrAusschusses, der Wahl, Zusammensetzung oder Abberufung der weiteren BetrAusschussmitgl. oder des gem. Abs. 4 mit der Führung der laufenden Geschäfte beauftragten BRMitgl. sowie Streitigkeiten über die Zuständigkeit des BetrAusschusses oder des beauftragten BRMitgl. entscheiden die ArbG im **BeschlVerf.** (§§ 2a, 80ff. ArbGG; → Anh. 3 Rn. 1ff.). 95

Auch die **Wahl** der weiteren Mitgl. des BetrAusschusses ist auf ihre Rechtmäßigkeit **gerichtlich überprüfbar.** Im Hinblick auf die für die tägliche BRArbeit wesentliche Aufgabe der laufenden Geschäftsführung und insbes. auf die Möglichkeit, dem BetrAusschuss Aufgaben zur selbständigen Erledigung zu übertragen, kann aber ebenso wenig wie bei der Wahl des BRVors. und seines Stellvertr. (→ § 26 Rn. 52ff.) jeder Rechtsverstoß die Nichtigkeit der Wahl zur Folge haben. Aus denselben Gründen darf auch die Rechtswirksamkeit der Wahl nicht über einen längeren Zeitraum im Ungewissen bleiben. Aus Gründen der Rechtssicherheit ist es auch hier geboten, in entspr. Anwendung des § 19 grds. nur eine zeitlich befristete Wahlanfechtung zuzulassen und eine Nichtigkeit der Wahl nur in bes. Ausnahmefällen anzuerkennen (stRspr, BAG 21.7.2004 – 7 ABR 62/03, AP BetrVG 1972 § 51 Nr. 4; 21.7.2004 – 7 ABR 58/03, AP BetrVG 1972 § 47 Nr. 13; 20.4.2005 – 7 ABR 47/04, AP BetrVG 1972 § 38 Nr. 29; 20.4.2005 – 7 ABR 44/04, BB 2005, 2360 jeweils mwN; 96

DKKW/*Wedde* Rn. 47; ErfK/*Koch* Rn. 6; GK-BetrVG/*Raab* Rn. 88, 24ff.; Richardi BetrVG/*Thüsing* Rn. 81, 33).

97 Als **wesentliche Wahlvorschriften,** die eine Anfechtung der Wahl rechtfertigen können, sind insbes. die Wahlgrundsätze nach Abs. 1 anzusehen (ErfK/*Koch* Rn. 6). Ferner gehören hierzu die für eine ordnungsmäßige Durchführung der Wahl zu beachtenden allgemeinen Verfahrensgrundsätze, wie zB die ordnungsgemäße Ladung der BRMitgl. unter Mitteilung der TO oder die Beschlussfähigkeit des BR. Auch die Wahl einer von Abs. 1 S. 2 abweichenden Anzahl weiterer Mitgl. des BetrAusschusses rechtfertigt die Wahlanfechtung.

98 Die Anfechtung ist innerhalb einer **Frist von zwei Wochen** nach der **Feststellung** des **Wahlergebnisses** durch den BR zulässig (BAG 16.11.2005 – 7 ABR 11/05, AP BetrVG 1972 § 28 Nr. 7; GK-BetrVG/*Raab* Rn. 26). Ein späterer Zeitpunkt für den Beginn der Anfechtungsfrist kann nur dann maßgebend sein, wenn ein BRMitgl. an der Teilnahme an der BRSitzung verhindert war und deshalb keine Kenntnis von Wahl und Wahlergebnis hat. Allein für dieses BRMitgl. beginnt die Frist erst mit dessen Kenntniserlangung (so jetzt BAG 20.4.2005 – 7 ABR 44/04, BB 2005, 2360; HWGNRH/*Glock* Rn. 30; **aA** Richardi BetrVG/*Thüsing* Rn. 37 unbefristet).

99 **Anfechtungsberechtigt** ist auch ein einzelnes BRMitgl. (st. BAG-Rspr., zuletzt BAG 16.11.2005 – 7 ABR 11/05, AP BetrVG 1972 § 28 Nr. 7 mwN; DKKW/*Wedde* Rn. 49; HWGNRH/*Glock* Rn. 31; *Gräfl* Jahrb. des Arbeitsrechts Bd. 42, 133 [145]). Dabei kommt es nicht darauf an, ob es durch den Ausgang der Wahl persönlich betroffen ist (BAG 20.4.2005 – 7 ABR 47/04, AP BetrVG 1972 § 38 Nr. 29). Anfechtungsberechtigt ist ferner jede im Betrieb vertr. **Gewerkschaft.** Denn die Wahl des BetrAusschusses ist ebenso wie die Wahl des BRVors. und seines Stellvertr. (→ § 26 Rn. 57) ein konstitutiver Geschäftsführungsakt des BR, der wegen der gesetzlich vorgesehenen Geschäftsführungsbefugnis des Ausschusses und der Möglichkeit, ihm Aufgaben zur selbständigen Erledigung zu übertragen, von wesentlicher Bedeutung für die Unterstützungsfunktion der Gewerkschaften im Rahmen der Betriebsverfassung ist (BAG 11.2.1969 – 1 ABR 12/68, AP BetrVG § 28 Nr. 1; ErfK/*Koch* Rn. 6; DKKW/*Wedde* Rn. 49; HaKo-BetrVG/*Wolmerath* Rn. 14; *Däubler* Gewerkschaftsrechte Rn. 193; **aA** BAG 12.10.1976 – 1 ABR 17/76, AP BetrVG 1972 § 26 Nr. 2; GK-BetrVG/*Raab* Rn. 27; HWGNRH/*Glock* Rn. 31; Richardi BetrVG/*Thüsing* Rn. 36; wohl auch BAG 16.2.1973 – 1 ABR 18/72, AP BetrVG 1972 § 19 Nr. 1).

99a **Nicht anfechtungsbefugt** sind der ArbGeb. und die ArbN des Betriebs, da ihnen keine Kontrollfunktion über die Geschäftsführung des BR zukommt (DKKW/*Wedde* Rn. 49; GK-BetrVG/*Raab* Rn. 27; HWGNRH/*Glock* Rn. 31; Richardi BetrVG/*Thüsing* Rn. 35). Etwas anderes gilt hinsichtlich des ArbGeb. allerdings für den Fall, dass der BR mehr Mitgl. als nach Abs. 1 vorgesehen in den Ausschuss wählt. Denn hierdurch wird der ArbGeb. unmittelbar belastet, da er eine notwendige Arbeitsbefreiung für die Teilnahme an den Sitzungen des Ausschusses und die Wahrnehmung seiner Aufgaben für mehr BRMitgl. als gesetzlich vorgesehen hinnehmen muss (ErfK/*Koch* Rn. 6; GK-BetrVG/*Raab* Rn. 27).

100 Die gerichtliche Entscheidung über die Anfechtung der Wahl der Ausschussmitgl. wirkt **rechtsgestaltend** (BAG 16.11.2005 – 7 ABR 11/05, AP BetrVG 1972 § 28 Nr. 7). Bis zur rechtskräftigen Feststellung der Ungültigkeit der Wahl bleiben die gewählten Mitgl. des Ausschusses im Amt.

101 Eine **Nichtigkeit** der Wahl liegt nur bei ganz **groben** und **offensichtlichen** Rechtsverstößen vor. Dies ist nicht schon bei einem Verstoß gegen zwingende Wahlvorschriften anzunehmen, sondern es muss sich um einen so schwerwiegenden Verstoß handeln, dass nicht einmal der Anschein einer dem G entspr. Wahl vorliegt (BAG 20.4.2005 – 7 ABR 44/04, BB 2005, 2360). Das ist zB anzunehmen, wenn überhaupt keine Wahl stattgefunden hat, sondern die Mitgl. durch den BRVors. oder durch bloßen Zuruf bestimmt worden sind, oder bei einer Wahl außerhalb einer

BRSitzung oder bei der Wahl eines NichtBRMitgl. Auch eine Neuwahl der Mitgl. des BetrAusschusses ohne vorherige ordnungsgemäße Abberufung der vorher wirksam gewählten Ausschussmitgl. ist nichtig (BAG 13.11.1991 – 7 ABR 18/91, AP BetrVG 1972 § 27 Nr. 3), es sei denn, die Neuwahl erfolgt mit der für die Abberufung erforderlichen Mehrheit (BAG 20.4.2005 – 7 ABR 44/04, BB 2005, 2360; → Rn. 51). Das Gleiche gilt, wenn in einem BR mit weniger als neun Mitgl. ein Betriebsausschuss oder ein „geschäftsführender Ausschuss"(BAG 14.8.2013 – 7 ABR 66/11, NZA 2014, 161) gewählt wird.

Dagegen hat, da sowohl die Verhältniswahl als auch die Mehrheitswahl demokratische Wahlen sind, die Wahl der BetrAusschussmitgl. in Mehrheitswahl statt in Verhältniswahl **keine Nichtigkeit** der Wahl, sondern nur ihre Anfechtbarkeit zur Folge (BAG 21.7.2004 – 7 ABR 62/03, AP BetrVG 1972 § 51 Nr. 4). Das Gleiche gilt, wenn die Wahl nicht als geheime Wahl durchgeführt worden ist oder die Größe des gewählten Ausschusses nicht der gesetzlichen Regelung entspricht. Auch reicht eine zu Unrecht unterbliebene Ladung eines weiteren Ersatzmitgl. bei Verhinderung des geladenen Ersatzmitgl. nicht aus (BAG 20.4.2005 – 7 ABR 44/04, BB 2005, 2360). In keinem Falle liegt eine Nichtigkeit der Wahl vor, wenn eine Rechtsfrage umstritten ist und die BRMitgl. sich einer bestimmten, vertretbaren Meinung anschließen (BAG 13.11.1991 – 7 ABR 18/91, AP BetrVG 1972 § 27 Nr. 3). 102

Bei der Frage, ob ein schwerwiegender Gesetzesverstoß **offensichtlich** ist, kommt es darauf an, dass sich den BRMitgl. als den mit den tatsächlichen Gegebenheiten vertrauten Personen die Annahme eines schwerwiegenden Gesetzesverstoßes aufdrängen musste. Die Nichtigkeit der Wahl kann **jederzeit** und von **jedermann** geltend gemacht werden, sofern daran ein berechtigtes Interesse besteht (BAG 14.8.2013 – 7 ABR 66/11, NZA 2014, 161 mwN). Sie ist an kein bestimmtes Verfahren gebunden. 103

Der **Antrag** auf Feststellung der Unwirksamkeit der Wahl ist **auslegungsfähig.** IdR beinhaltet er nicht nur die Feststellung ihrer Nichtigkeit, sondern auch eine Anfechtung der Wahl (BAG 15.1.1992 – 7 ABR 24/91, AP BetrVG 1972 § 26 Nr. 10; 29.4.1992 – 7 ABR 74/91, AP BetrVG 1972 § 38 Nr. 15; 16.11.2005 – 7 ABR 11/05, AP BetrVG 1972 § 28 Nr. 7). Umgekehrt umfasst ein Antrag, die Wahl für unwirksam zu erklären, idR nicht nur eine Anfechtung der Wahl, sondern auch das Begehren, ihre Nichtigkeit festzustellen (BAG 13.11.1991 – 7 ABR 18/91, AP BetrVG 1972 § 27 Nr. 3; 20.4.2005 – 7 ABR 44/04, BB 2005, 2360). 104

§ 28 Übertragung von Aufgaben auf Ausschüsse

(1) [1]**Der Betriebsrat kann in Betrieben mit mehr als 100 Arbeitnehmern Ausschüsse bilden und ihnen bestimmte Aufgaben übertragen.** [2]**Für die Wahl und Abberufung der Ausschussmitglieder gilt § 27 Abs. 1 Satz 3 bis 5 entsprechend.** [3]**Ist ein Betriebsausschuss gebildet, kann der Betriebsrat den Ausschüssen Aufgaben zur selbständigen Erledigung übertragen; § 27 Abs. 2 Satz 2 bis 4 gilt entsprechend.**

(2) **Absatz 1 gilt entsprechend für die Übertragung von Aufgaben zur selbständigen Entscheidung auf Mitglieder des Betriebsrats in Ausschüssen, deren Mitglieder vom Betriebsrat und vom Arbeitgeber benannt werden.**

Inhaltsübersicht

I. Vorbemerkung

1 Diese Vorschrift ermöglicht im Interesse der Intensivierung der BRArbeit die Bildung von Ausschüsse des BR und gemeinsamer Ausschüsse von ArbGeb. und BR, denen in BR mit einem BetrAusschuss auch Angelegenheiten zur selbständigen Entscheidung übertragen werden können.

2 Die Vorschrift gilt – mit Ausnahme des Abs. 1 S. 2 – **entspr.** für den GesBR und KBR (vgl. § 51 Abs. 1 und § 59 Abs. 1). Für die JAV gilt Abs. 1 S. 1 u. 2, für die GesJAV und die KJAV gilt Abs. 1 S. 1 entspr. (vgl. §§ 65 Abs. 1, 73 Abs. 2 u. 73b Abs. 2). Für die BordVertr. und den SeeBR ist die Vorschrift für entspr. anwendbar erklärt (vgl. §§ 115 Abs. 4, 116 Abs. 3), jedoch ist bei diesen ArbNVertr. eine Übertragung von Aufgaben an Ausschüsse zur selbständigen Erledigung (§ 28 Abs. 1 S. 3) nicht möglich, weil diese ArbNVertr. angesichts ihrer beschränkten MitglZahl (vgl. § 115 Abs. 2 Nr. 3 und § 116 Abs. 2 Nr. 3) keinen BetrAusschuss bilden können. Für ArbNVertr. nach § 3 Abs. 1 Nr. 1, 2 u. 3 gilt die Vorschrift entspr., da diese an die Stelle des BR treten. Für ArbNVertr. nach § 3 Abs. 1 Nr. 4 u. 5 können TV oder BV eine entspr. Regelung vorsehen. Die Vorschrift gilt nicht für ArbGruppen nach § 28a.

3 Die Vorschrift ist **zwingend** und kann weder durch TV noch durch BV abgeändert werden. Für ArbNVertr. nach § 3 Abs. 1 Nr. 2 u. 3 können TV und BV abweichende Regelungen vorsehen, wenn dies der sachgerechten Wahrnehmung der Aufgaben dieser ArbNVertr. oder der wirksamen und zweckmäßigen Interessenvertretung der ArbN dient.

4 Entsprechende Vorschriften im PersVG, SprAuG, EBRG, SEBG und SCEBG: keine.

II. Ausschüsse des Betriebsrats

1. Zweck und Aufgaben

5 Die Ermächtigung des BR, außer dem BetrAusschuss **andere Ausschüsse** des BR bilden und diesen sogar Aufgaben zur selbständigen Erledigung übertragen zu können, dient der **Intensivierung** sowie der **Straffung und Beschleunigung der BRArbeit.** Im Hinblick auf eine zügige und sachgerechte Erledigung der umfangreichen Aufgaben des BR erscheint es insbes. in größeren BR unumgänglich, von der Möglichkeit der Ausschussbildung Gebrauch zu machen. Ebenso wie der BetrAusschuss sind auch andere Ausschüsse des BR keine gesonderten Betriebsvertretungen, sondern Organe des BR (→ § 27 Rn. 54; Richardi BetrVG/*Thüsing* Rn. 22).

6 Der BR ist zur Bildung von Ausschüsse **berechtigt,** nicht verpflichtet. Im Gegensatz zur Bildung des BetrAusschusses (→ § 27 Rn. 7 ff.) obliegt diese Entscheidung seinem freien Ermessen (DKKW/*Wedde* Rn. 7; ErfK/*Koch* Rn. 1; enger GK-BetrVG/*Raab* Rn. 20; Richardi BetrVG/*Thüsing* Rn. 8: pflichtgemäßes Ermessen).

7 Ebenfalls dem freien **Ermessen** des BR unterliegt, welche **Arten** von **Ausschüssen** er bilden und welche Aufgaben er diesen übertragen will (LAG BW 10.4.2013 – 2 TaBV 6/12, NZA-RR 2013, 411; **aA** GK-BetrVG/*Raab* Rn. 20). Nach neuester BAG-Rspr. (14.8.2013 – 7 ABR 66/11, NZA 2014, 161) ermöglicht § 28 Abs. 1

S. 1 nur die Bildung von Fachausschüssen, denen fachspezifische Aufgaben und nicht zB die laufenden Geschäfte des BR übertragen werden können (DKKW/*Wedde* Rn. 11; GK-BetrVG/*Raab* Rn. 12, § 27 Rn. 85; aber → Rn. 11). Der BR kann insoweit lediglich vorbereitende Ausschüsse bilden, er kann aber auch Ausschüsse mit eigener Entscheidungskompetenz errichten. Zu den unterschiedlichen Voraussetzungen, die bei der Bildung dieser Ausschüsse zu beachten sind, → Rn. 13 ff.

Vorbereitende Ausschüsse haben den Zweck, in den übertragenen Angelegen- 8
heiten eine zügige Beratung und sachgerechte Beschlussfassung des BR vorzubereiten. Sie haben keine Sachentscheidungskompetenz, können jedoch im Rahmen ihrer Hilfsfunktion alle Maßnahmen vornehmen, die für eine ordnungsgemäße Beschlussfassung des BR sachdienlich erscheinen, zB vorbereitende Gespräche mit Vertr. des ArbGeb. oder der Gewerkschaften, Vorklärung von Sach- und Rechtsfragen, Erarbeitung von Lösungsmöglichkeiten, ggf. auch die Hinzuziehung eines sachkundigen ArbN des Betriebs (→ § 80 Rn. 81 ff.) oder von Sachverständigen (→ § 80 Rn. 86 ff.) oder Beratern iSd § 111 S. 2 (→ § 111 Rn. 117 ff.).

Der BR kann den Ausschüssen auch bestimmte Angelegenheiten, insbes. auch 9
MBAngelegenheiten, **zur selbständigen Erledigung** übertragen. Im Rahmen dieser Übertragung treten die Ausschüsse an die Stelle des BR. Die Willensbildung in den Ausschüssen ersetzt diejenige des BR (DKKW/*Wedde* Rn. 9; GK-BetrVG/*Raab* Rn. 16; Richardi BetrVG/*Thüsing* Rn. 28). Allerdings können Ausschüsse des BR ebenso wenig wie der BetrAusschuss ermächtigt werden, **Betriebsvereinbarungen** abzuschließen. Der Abschluss von BV ist wegen ihrer normativen Wirkung dem BR vorbehalten.

Der Kreis der **Angelegenheiten,** die den Ausschüssen des BR übertragen werden 10
können, ist gesetzlich nicht näher umschrieben. Er ist **grds. nicht begrenzt** (aber → Rn. 7), muss sich jedoch im Rahmen der funktionellen Zuständigkeit des BR halten (BAG 20.10.1993 – 7 ABR 26/93, NZA 1994, 567; DKKW/*Wedde* Rn. 10; GK-BetrVG/*Raab* Rn. 12). So ist zB die Delegation der Beteiligungsrechte des BR nach den §§ 99 u. 102 auf einen sog. Personalausschuss zulässig (BAG 4.8.1975 – 2 AZR 266/74, AP BetrVG 1972 § 102 Nr. 4; 12.7.1984 – 2 AZR 320/83, AP BetrVG 1972 § 102 Nr. 32; 1.6.1976 – 1 ABR 99/74, AP BetrVG 1972 § 28 Nr. 1), was sich im Hinblick auf die Ausschlussfristen in § 99 Abs. 3 S. 2 und § 102 Abs. 2 in größeren BR vielfach empfehlen dürfte (zu den in BR der privatisierten Postunternehmen für bestimmte Personalangelegenheiten der dort beschäftigten Beamten bestehenden Einschränkungen → § 27 Rn. 75; → Rn. 34 ff.). Ferner ist zu denken an einen Ausschuss zur Verwaltung von Sozialeinrichtungen oder einen Akkord-, Personalplanungs-, Berufsbildungs-, Beschwerde- oder Arbeitsschutzausschuss. Auch können Ausschüsse zur Erledigung begrenzter Aufgaben, zB zur Ausgestaltung von Arbeitsplätzen oder zur Durchführung eines Betriebsfestes, gebildet werden.

Vor allem die mit Realisierung der **Industrie 4.0** zu erwartenden grundlegenden 10a
Auswirkungen auf die betriebliche Arbeit und den Status der ArbN können ein wichtiges Betätigungsfeld für BRAusschüsse bilden. Hier wird zu erkunden sein, wie sich die Digitalisierung und Vernetzung aller Schritte der Wertschöpfungskette von Produktplanung über Entwicklung und Fertigung bis zur Auslieferung und die damit verbundene Entgrenzung der Arbeit in zeitlicher, örtlicher und gegenständlicher Hinsicht konkret auf Arbeitsorganisation, Arbeitsabläufe, Arbeitsumgebung, Arbeitsinhalte, Arbeitsmittel, Arbeitsplätze, Arbeitszeit, Arbeits- und Gesundheitsschutz auswirken kann (vgl. *Balkenhol* AiB 2016 H. 7–8 S. 10 ff.; *Günther/Böglmüller* NZA 2015, 1025 ff.; *Krause* NZA 2017 Beil. 2 S. 53 ff.; *Krause* NZA 2016, 1004 ff.; *Schulze/Hofer* AiB 2016 H. 7–8 S. 27 ff.; *Schwarzbach* AiB 2016 H. 7–8 S. 21 ff.; *Steffan* NZA 2016, 1409 ff.; *Uffmann* NZA 2016, 977 ff.). Diesen komplexen und längerfristigen Prozess muss der BR von Anfang an begleiten und ihn hin zu einer **Arbeit 4.0** mitgestalten (→ Rn. 38a, → § 28a Rn. 11b, 12b). Die einschlägigen Beteiligungsrechte insb. nach §§ 80, 87, 90 f., 92 ff., 96 ff., 99 ff., 106 ff., 111 ff. und ggf. die Einschaltung des EBR bilden hierfür eine geeignete Basis.

11 Allerdings ist die Übertragung gewisser Angelegenheiten auf Ausschüsse des BR aus der Natur der Sache heraus **ausgeschlossen.** Soweit eine sachgerechte Erledigung einer Angelegenheit nur durch Abschluss einer BV möglich ist, verbietet sich ihre Übertragung auf einen Ausschuss mit eigener Entscheidungskompetenz, da diese BV von einem Ausschuss nicht abgeschlossen werden kann. Ferner gelten die für den BetrAusschuss bestehenden Einschränkungen einer Übertragung von Angelegenheiten (→ § 27 Rn. 77f.) auch für andere Ausschüsse. In einem BR mit einem BetrAusschuss kann einem anderen Ausschuss nicht die Führung der laufenden Geschäfte des BR übertragen werden, da diese dem BetrAusschuss als gesetzliche Aufgabe zugewiesen ist (→ § 27 Rn. 65ff., 92; Richardi BetrVG/*Thüsing* Rn. 26; enger DKKW/*Wedde* Rn. 11; GK-BetrVG/*Raab* Rn. 12: Übertragung auch dann möglich, wenn kein BetrAusschuss besteht). Soweit allerdings der einem Ausschuss übertragene Aufgabenbereich die Notwendigkeit einer eigenen laufenden Geschäftsführung mit sich bringt (etwa bei einem Wohnungsausschuss die laufende Verwaltung der Wohnungen), kann diese dem Ausschuss übertragen werden (ErfK/*Koch* Rn. 1; GK-BetrVG/*Raab* Rn. 12; HWGNRH/*Glock* Rn. 21; Richardi BetrVG/*Thüsing* Rn. 26).

12 Außer den gesetzlich vorgesehenen Ausschüssen des BR nach §§ 27 u. 28 kann nach Ansicht des BAG (BAG 15.1.1992 – 7 ABR 24/91, AP BetrVG 1972 § 26 Nr. 10) durch BV auch die Errichtung **anderer,** nicht im BetrVG vorgesehener Ausschüsse von den BR eines Unternehmens vereinbart werden (LAG BW 10.4.2013 – 2 TaBV 6/12, NZA-RR 2013, 411), etwa eines sog Koordinierungsausschusses, der sich aus zwei Mitgl. aller in einer bestimmten Region tätigen BR eines Unternehmens zusammensetzt. Die Errichtung eines derartigen unternehmensinternen Ausschusses ist kein zusätzliches betriebsverfassungsrechtliches Gremium iSd § 3 Abs. 1 Nr. 4, da diese Vorschrift nur die Schaffung unternehmensübergreifender Institutionen betrifft. Deshalb gilt auch nicht der Tarifvorrang des § 3 Abs. 2.

2. Voraussetzungen für ihre Bildung

a) Vorbereitende Ausschüsse

13 Die Voraussetzungen für die Bildung von Ausschüssen des BR sind unterschiedlich geregelt, je nachdem, ob ihnen Aufgaben lediglich zur Vorbereitung von BRBeschlüssen oder zur selbständigen Erledigung übertragen werden sollen. **Ausschüsse ohne Sachentscheidungskompetenz** können in Betrieben mit mehr als **100 ArbN** errichtet werden (LAG Nds 24.4.2009 – 10 TaBV 55/08, NZA-RR 2009, 532). Im Gegensatz zur Bildung des BetrAusschusses wird bei ihnen nicht auf eine bestimmte BRGröße, sondern auf die Zahl der im Betrieb beschäftigten Arbeitnehmer abgestellt.

14 Wer als ArbN iS dieser Vorschrift anzusehen ist, bestimmt sich nach denselben Kriterien wie sie für die Bestimmung der BRGröße maßgebend sind (→ § 9 Rn. 11ff.), also sind idR auch LeihArbN mitzuzählen (*Linsenmaier/Kiel* RdA 2014, 135 [146]). Es kommt, obwohl dies nicht ausdrücklich geregelt ist, auf den **regelmäßigen Bestand** der ArbN an (DKKW/*Wedde* Rn. 3), wie dies auch bei anderen Grenzzahlen des G (vgl. zB §§ 1, 9, 99, 111) und mittelbar auch beim BetrAusschuss der Fall ist, dessen Bildung und Größe von der BRGröße abhängt, die ihrerseits wiederum durch die Zahl der in der Regel beschäftigten ArbN des Betriebs bestimmt wird (zum Begriff in der Regel → § 1 Rn. 360).

15 Da das G. nicht auf die BRGröße, sondern auf die **Größe des Betriebs** abstellt, kann einem 5-köpfiger BR, der in Betrieben mit 51 bis 100 regelmäßig Beschäftigten zu bilden ist, die Zulässigkeit der Ausschussbildung zuwachsen, wenn der Betrieb auf Dauer mehr als 100 ArbN beschäftigt. Umgekehrt kann ein in Betrieben mit 101 bis 200 regelmäßig Beschäftigten zu wählender 7-köpfiger BR das Recht zur Ausschussbildung verlieren, wenn die ArbNZahl seines Betriebs auf Dauer unter 100 ArbN sinkt.

In Betrieben mit in der Regel **weniger als 101 ArbN** ist die Bildung von Ausschüssen **unzulässig** (BAG 14.8.2013 – 7 ABR 66/11, NZA 2014, 161; → § 27 Rn. 92f.). Das schließt allerdings nicht aus, dass BR in solchen Betrieben einzelne BRMitgl. mit bes. Aufgaben, etwa mit der sachlichen Vorbereitung bestimmter vom BR zu erledigenden Aufgaben, beauftragen können. Eine generelle Übertragung bestimmter Aufgaben auf einzelne BRMitgl. ist jedoch nicht zulässig (LAG BW 10.4.2013 – 2 TaBV 6/12, NZA-RR 2013, 411; DKKW/*Wedde* Rn. 4; GK-BetrVG/*Raab* Rn. 19; Richardi BetrVG/*Thüsing* Rn. 6; *Reitze* ZBVR online 1/2011, 22 [25]). 16

Für die Übertragung von Aufgaben auf einen Ausschuss ohne eigene Sachentscheidungskompetenz sind weder eine qualifizierte Mehrheit erforderlich noch bestimmte Formerfordernisse einzuhalten. Ausreichend ist ein **einfacher Mehrheitsbeschluss** des BR (→ § 33 Rn. 26ff.). Der Schriftform des Übertragungsbeschlusses bedarf es nicht. Jedoch ist der Beschluss in der Sitzungsniederschrift festzuhalten. Diese Grundsätze gelten auch, wenn ein Übertragungsbeschluss **aufgehoben** oder **abgeändert** werden soll. 17

Die Bildung von Ausschüssen des BR ist eine Entscheidung des jeweiligen BR. Deshalb sind derartige Ausschüsse nach einer Neuwahl des BR **neu zu bilden** und zu besetzen (HWGNRH/*Glock* Rn. 6, 24; → § 27 Rn. 89). 18

b) Ausschüsse mit selbständiger Entscheidungskompetenz

Die Bildung von Ausschüssen des BR mit selbständiger Entscheidungsbefugnis ist nach Abs. 1 S. 3 nur zulässig, wenn ein **BetrAusschuss besteht.** Derartige Ausschüsse kommen deshalb nur in BR mit neun oder mehr Mitgl. in Betracht. BR dieser Größenordnung sind in Betrieben mit in der Regel mehr als 200 ArbN zu wählen (vgl. § 9). 19

Der **BetrAusschuss** muss vor Bildung eines Ausschusses mit selbständiger Entscheidungskompetenz **tatsächlich errichtet** sein (DKKW/*Wedde* Rn. 6; GK-BetrVG/*Raab* Rn. 27; Richardi BetrVG/*Thüsing* Rn. 6). Insoweit genießt die Bildung des BetrAusschusses gegenüber derjenigen anderer Ausschüsse mit Sachentscheidungskompetenz Priorität. Ein nur vorübergehender Wegfall des BetrAusschusses lässt den Bestand derartiger Ausschüsse allerdings unberührt. Ebenso wie der BetrAusschuss sind auch die übrigen Ausschüsse zu Beginn einer neuen Amtsperiode neu zu bilden und zu besetzen (HWGNRH/*Glock* Rn. 6). 20

Werden einem Ausschuss Aufgaben zur selbständigen Erledigung übertragen, so muss, ebenso wie bei der entspr. Übertragung auf den BetrAusschluss, die Übertragung mit der **Mehrheit der Stimmen der Mitgl. des BR** beschlossen werden (Näheres → § 27 Rn. 80f.). Ferner bedarf die Übertragung der **Schriftform** (→ § 27 Rn. 82f.). Gleiches gilt, wenn die Übertragung aufgehoben oder inhaltlich geändert werden soll. 21

3. Errichtung, Größe, Auflösung

Die Errichtung von Ausschüssen steht im Ermessen des BR. Sie kann gerichtlich nicht auf ihre Zweckmäßigkeit, sondern nur auf Rechtsfehler hin überprüft werden (LAG Nds 24.4.2009 – 10 TaBV 55/08, NZA-RR 2009, 532). Will der BR einen Ausschuss bilden, muss er iE festlegen, welche Aufgaben der Ausschuss wahrnehmen soll, ob ihm diese Aufgaben lediglich zur Vorbereitung der Entscheidungen des BR oder zur selbständigen Erledigung übertragen werden, welche Größe der Ausschuss haben soll und ggf. auch, wie sich der Ausschuss zusammensetzen soll. 22

Insbes. bei einer Übertragung von Angelegenheiten zur selbständigen Erledigung ist eine **genaue Umschreibung** der zu übertragenden Angelegenheiten erforderlich, damit eindeutig feststeht, in welchen Fällen der Ausschuss anstelle des BR zuständig ist. Da es im freien Ermessen des BR liegt, einem Ausschuss Angelegenheiten zur 23 selbständigen Erledigung zu übertragen ist der BR befugt, nähere Regelungen über die formelle Behandlung der übertragenen Angelegenheiten festzulegen, zB Festlegung einer qualifizierten Stimmenmehrheit bei der Beschlussfassung oder einer Berichtspflicht (→ § 27 Rn. 73 ff.). Auch inhaltliche Vorgaben des BR zur Behandlung der übertragenen Angelegenheiten sind zulässig, etwa in Form konkreter Weisungen oder Richtlinien.

24 Der BR kann auch **Vorgaben für die Zusammensetzung** des Ausschusses dahingehend machen, dass der BRVors. und/oder sein Stellvertreter, die im Gegensatz zum BetrAusschuss den anderen Ausschüssen des BR nicht von Gesetzes wegen angehören, einem Ausschuss als geborene Mitgl. angehören und deshalb nicht zu wählen sind (DKKW/*Wedde* Rn. 14; **aA** BAG 16.11.2005 – 7 ABR 11/05, AP BetrVG 1972 § 28 Nr. 7, → Rn. 29; GK-BetrVG/*Raab* Rn. 31; Richardi BetrVG/*Thüsing* Rn. 15). Dagegen kann der BR nicht festlegen, dass einem Ausschuss (auch) andere Personen als BRMitgl. – etwa noch nicht nachgerückte ErsMitgl. oder sachkundige ArbN des Betriebs – angehören. Denn dies wäre kein Ausschuss des BR mehr.

25 Im Gegensatz zum BetrAusschuss ist für andere Ausschüsse des BR **keine bestimmte Größe** vorgeschrieben. Die Größe braucht sich nicht an die des Betr.Ausschusses anzulehnen (DKKW/*Wedde* Rn. 12; GK-BetrVG/*Raab* Rn. 31; Richardi BetrVG/*Thüsing* Rn. 11; **aA** HWGNRH/*Glock* Rn. 8); ihre Festlegung liegt im Ermessen des BR. Die Zweckmäßigkeit dieser Entscheidung unterliegt keiner gerichtlichen Überprüfung (BAG 20.10.1993 – 7 ABR 26/93, NZA 1994, 567). Aus diesem Grunde können die weiteren Ausschüsse auch aus weniger als fünf Mitgl. bestehen (DKKW/*Wedde* Rn. 12; GK-BetrVG/*Raab* Rn. 30; HWGNRH/*Glock* Rn. 8; Richardi BetrVG/*Thüsing* Rn. 10).

26 Die Größe von Ausschüssen ist einer der Faktoren, die bei der grds. vorgeschriebenen Wahl der Ausschussmitgl. in Verhältniswahl den Erfolg der einzelnen zur Wahl anstehenden Listen beeinflussen kann. Je größer die Ausschüsse sind, umso mehr kommen die Grundsätze der Verhältniswahl zum Tragen (vgl. hierzu *Wlotzke* DB 1989, 114). Es besteht jedoch keine Verpflichtung des BR, im Hinblick hierauf die Größe der weiteren Ausschüsse so festzulegen, dass eine bei der BRWahl erfolgreiche Liste auch bei der Besetzung des weiteren Ausschusses zum Zuge kommt. Denn einen derartigen Schutz der bei der BRWahl angetretenen Listen kennt das G nicht. Ein solcher Schutz kann auch nicht mit Billigkeitserwägungen begründet werden (BAG 20.10.1993 – 7 ABR 26/93, NZA 1994, 567; LAG BW 10.4.2013 – 2 TaBV 6/12, NZA-RR 2013, 411; HaKo-BetrVG/*Wolmerath* Rn. 11; HWGNRH/*Glock* Rn. 7). Nicht notwendig ist, dass die Zahl der Ausschussmitgl. stets eine ungerade ist. Allerdings dürfte sich im Hinblick auf die Sicherstellung von Beschlussmehrheiten eine gerade Zahl von Ausschussmitgl. nur in Ausnahmefällen empfehlen (DKKW/*Wedde* Rn. 12; HWGNRH/*Glock* Rn. 8).

27 Ebenso wie die Bildung liegt auch die **Auflösung** eines Ausschusses sowie die Änderung der ihm übertragenen Angelegenheiten der freien Ermessensentscheidung des BR. Hierbei sind – wie bei der Bildung von Ausschüssen – die unterschiedlichen Formerfordernisse zu beachten, je nachdem ob es sich um einen vorbereitenden Ausschuss oder einen Ausschuss mit selbständiger Entscheidungsbefugnis handelt. Im ersten Falle reicht ein einfacher Mehrheitsbeschluss des BR aus, im zweiten Fall ist eine absolute Mehrheit sowie die Schriftform erforderlich (→ Rn. 17, 21).

4. Wahl der Mitglieder, Amtsniederlegung, Abberufung, Geschäftsführung

28 Für die **Wahl** der Mitgl. der Ausschüsse gelten **dieselben Grundsätze** wie für die Wahl der weiteren Mitgl. des BetrAusschusses (vgl. Abs. 1 S. 2 iVm § 27 Abs. 1 S. 3–5; DKKW/*Wedde* Rn. 13; GK-BetrVG/*Raab* Rn. 21 ff.). Das gilt unabhängig davon, ob es sich um einen nur vorbereitenden oder um einen Ausschuss mit selbständiger

Entscheidungsbefugnis handelt. IE gilt: Die Wahl der Ausschussmitgl. ist geheim (→ § 27 Rn. 15). Die Mitgl. werden grds. in Verhältniswahl gewählt. Eine Mehrheitswahl findet nur statt, wenn im BR lediglich eine Vorschlagsliste eingereicht wird (→ § 27 Rn. 23, 25). Vorgaben für die personelle Besetzung der Ausschüsse, wie zB eine bestimmte Geschlechterzugehörigkeit oder die Berücksichtigung der bei der BRWahl erfolgreichen Listen, bestehen nicht (→ § 27 Rn. 14). Berechtigt, Wahlvorschläge für die Mitgl. der Ausschüsse einzureichen, sind nur die BRMitgl. (→ § 27 Rn. 18). Auch können nur BRMitgl., nicht jedoch noch nicht in den BR nachgerückte ErsMitgl. in die weiteren Ausschüsse gewählt werden (→ § 27 Rn. 13). Zur Möglichkeit, ErsMitgl. des BR als ErsMitgl. für die Wahl der Ausschüsse vorzuschlagen → § 27 Rn. 22.

Die Wahl von ErsMitgl. ist ebenso wie beim BetrAusschuss zulässig (→ § 27 **28a** Rn. 28 ff.). Es gelten die gleichen Grundsätze. So kann bei Ausscheiden eines Ausschussmitgl. in entspr. Anwendung von § 25 Abs. 2 S. 1 oder 2 (→ § 27 Rn. 34 f.) ein Ersatzmitgl. in den Ausschuss nachrücken. Dies gilt jedoch nicht bei der **Erweiterung** des **Ausschusses** zB um ein zusätzliches Mitgl. Dieses ist bisher noch gar nicht gewählt worden und kann daher nicht analog § 25 ersetzt werden. Es ist vielmehr neu zu wählen, und zwar in Mehrheitswahl, wenn die bisherigen Mitgl. ebenfalls in Mehrheitswahl gewählt worden sind. Sind diese in Verhältniswahl gewählt worden, kommt eine isolierte Neuwahl in Mehrheitswahl nicht in Betracht. Vielmehr müssen dann **alle Ausschussmitgl.** neu gewählt werden, um eine **Verhältniswahl** zu ermöglichen und den Minderheitenschutz zu gewährleisten (BAG 16.3.2005 – 7 ABR 43/04, NZA 2005, 1072). Eine vorherige Abberufung der bisherigen Ausschussmitgl. ist nicht erforderlich (BAG 20.4.2005 – 7 ABR 47/04, AP BetrVG 1972 § 38 Nr. 29).

Abweichend von der Regelung für den BetrAusschuss gehören der **BRVors. und** **29** **sein Stellvertr.** anderen Ausschüssen **nicht von Gesetzes wegen** an (DKKW/*Wedde* Rn. 12; GK-BetrVG/*Raab* Rn. 31; HWGNRH/*Glock* Rn. 9; *Löwisch/Kaiser* Rn. 10). Sie können jedoch in den Ausschuss gewählt werden. Ist der BRVors. in einen Ausschuss gewählt worden, wird er im Verhinderungsfall nicht vom stellvertr. Vors. vertreten (LAG SchlH 22.8.1983 – 5 (2) TaBV 29/82, NZA 1985, 68; GK-BetrVG/*Raab* Rn. 31). Entgegen der in → Rn. 24 vertretenen Ansicht (sa DKKW/*Wedde* Rn. 14) kann nach BAG (16.11.2005 – 7 ABR 11/05, AP BetrVG 1972 § 28 Nr. 7) der BR bei der Errichtung eines Ausschusses nicht festlegen, dass der BRVors. und/oder sein Stellvertr. einem Ausschuss als geborenes Mitgl. angehören, weil ansonsten der durch das Verhältniswahlrecht bezweckte Minderheitenschutz nicht gewährleistet wäre (wie BAG: ErfK/*Koch* Rn. 1; GK-BetrVG/*Raab* Rn. 31; Richardi BetrVG/*Thüsing* Rn. 15).

Die Ausschüsse des BR werden im Allgemeinen für die **Dauer der Amtszeit** des **30** BR gewählt. Etwas anderes gilt, wenn ein Ausschuss ausdrücklich nur für eine bestimmte Zeit oder für einen bestimmten Zweck errichtet wird. In diesem Falle endet die Tätigkeit des Ausschusses mit Zeitablauf oder mit Erfüllung seines Zwecks (DKKW/*Wedde* Rn. 8; GK-BetrVG/*Raab* Rn. 26).

Die Mitgl. der Ausschüsse des BR können dieses Amt jederzeit **niederlegen** **31** (→ § 27 Rn. 44) oder aus diesem Amt wieder **abberufen** werden (GK-BetrVG/*Raab* Rn. 26). Sind sie in Verhältniswahl gewählt worden, ist zu ihrer Abwahl allerdings eine geheime Wahl und eine qualifizierte Mehrheit erforderlich (→ § 27 Rn. 46 f.).

Für die **Geschäftsführung** der Ausschüsse gelten grds. dieselben Regelungen wie **32** für den BR. Das gilt insbes. in Bezug auf die Beschlussfassung, deren Voraussetzungen der BR allerdings näher regeln kann (→ § 27 Rn. 73 ff.; → Rn. 45), für das Teilnahmerecht der Gewerkschaften oder anderer Personen oder Institutionen an den Sitzungen, die Sitzungsniederschrift, die Frage der Aussetzung von Beschlüssen sowie die Geschäftsordnung (→ § 27 Rn. 54 ff.).

Da der BRVors. und sein Stellvertr. den weiteren Ausschüssen nicht von Gesetzes **33** wegen angehören, sind sie auch nicht automatisch Vors. und stellvertr. Vors. der weiteren Ausschüsse. Um eine ordnungsmäßige Tätigkeit des Ausschusses sicherzustellen, erscheint auch für sie die **Bestellung eines Vors.** und eines stellvertr. Vors. geboten. Die Bestellung erfolgt durch den BR (DKKW/*Wedde* Rn. 13; GK-BetrVG/*Raab* Rn. 36; Richardi BetrVG/*Thüsing* Rn. 23; **aA** HWGNRH/*Glock* Rn. 15). Unterlässt der BR sie, kann der Ausschuss seinen Vors. und dessen Stellvertr. selbst wählen. Jedenfalls bei einer Übertragung bestimmter Aufgaben zur selbständigen Erledigung ist davon auszugehen, dass der Vors. des Ausschusses insoweit zur Entgegennahme von Erklärungen berechtigt ist (→ § 26 Rn. 43).

5. Personalausschüsse in Betriebsräten der Post-AG

34 In BR von Betrieben der privatisierten Post-AG besteht nach § 28 Abs. 1 PostPersRG eine Ausnahme von der gemeinsamen Beschlussfassung im BR. Stehen für die diesen Betrieben zugewiesenen Beamten bestimmte beteiligungspflichtige personelle Maßnahmen an (→ § 99 Rn. 301, 317), werden diese zwar vom gesamten BR beraten, zur Beschlussfassung ist jedoch allein die Beamtengruppe im BR berufen (→ § 33 Rn. 27 ff.); dies gilt auch bez. der Beamten, die von den Post-AG ihren Tochter-, Enkel- und Beteiligungsgesellschaften zugewiesen worden sind (s. § 28 Abs. 2 PostPersRG, dazu krit. *Stiller* ZBVR 2004, 237; → § 14 Rn. 86 ff., → § 99 Rn. 331). Diese Besonderheiten sind bei der Übertragung von personellen Angelegenheiten auf Ausschüsse des BR zu beachten. Dies bedeutet iE:

35 Bei Bildung eines **bes. Beamtenpersonalausschusses** nur für Beamte müssen dem Ausschuss auf jeden Fall Vertr. der Beamtengruppe im BR angehören, denen auch die alleinige Entscheidungsbefugnis im Ausschuss zusteht (GK-BetrVG/*Raab* Rn. 15; Richardi BetrVG/*Thüsing* Rn. 10). Um die gemeinsame Beratung zu gewährleisten, müssen dem Beamtenausschuss auch andere BRMitgl angehören, wenn man eine unpraktikable vorherige Beratung im gesamten BR verhindern will (GK-BetrVG/*Raab* Rn. 15; Richardi BetrVG/*Thüsing* Rn. 10; *Engels/Maus-Trebinger* RdA 1997, 230). Da die Behandlung von Beamtenangelegenheiten in einem Beamtenausschuss sowohl Belange der Beamtengruppe im BR als auch den gesamten BR berührt, setzt seine Bildung einen zustimmenden Beschluss sowohl des BR als auch der Beamtengruppe im BR, und zwar jeweils mit der Mehrheit der Stimmen der Mitgl., voraus (GK-BetrVG/*Raab* Rn. 15; einschränkend Richardi BetrVG/*Thüsing* Rn. 9: nur Mehrheit des BR).

36 Die **Wahl** der in einen Beamtenpersonalausschuss zu entsendenden Vertr. der Beamten obliegt allein der Beamtengruppe im BR der Post-AGn. Das folgt aus dem Alleinentscheidungsrecht der Gruppe in Beamtenangelegenheiten (GK-BetrVG/*Raab* Rn. 14). Werden in der Beamtengruppe für diese Wahl mehrere Wahlvorschläge eingereicht, erfolgt die Wahl – wie auch sonst – nach den Grundsätzen der Verhältniswahl. Für die Wahl der übrigen Mitgl. des Beamtenpersonalausschusses gelten die allgemeinen Grundsätze (→ Rn. 28 ff.).

37 Die Bildung eines **allgemeinen Personalauschusses** des BR für die Behandlung von Personalangelegenheiten aller Beschäftigten, dh sowohl der Beamten als auch der übrigen Beschäftigten, ist unter folgenden Voraussetzung zulässig: Die Bildung muss sowohl vom BR als auch von der Beamtengruppe im BR, jeweils mit Mehrheit der Stimmen der Mitgl., beschlossen werden. Die Wahl der Beamtenvertr. des Ausschusses erfolgt allein durch die Beamtengruppe und in Beamtenangelegenheiten ist die endgültige Beschlussfassung den Beamtenvertretern im Ausschuss vorbehalten (GK-BetrVG/*Raab* Rn. 15; Richardi BetrVG/*Thüsing* Rn. 10).

37a Diese Sonderregelungen gelten nur für die BR der Post-AG. Sie ergeben sich aus der seinerzeit vom Gesetzgeber als notwendig angesehenen Sondervertretung der Beamten durch deren partielle Anerkennung als eigene Gruppe bei den BRWahlen und innerhalb der BR der Post-AG mit ausschließlicher Beschlussfassungsbefugnis der Beamtengruppe in beamtenspezifischen Angelegenheiten (vgl. §§ 26, 28 PostPersRG; → § 1 Rn. 54 ff.; → § 99 Rn. 301, 316 ff.; *Engels* ArbuR 2009, 10 [74]).

Nach der Regelung im **neuen § 5 Abs. 1 S. 3** gibt es keinen Gruppenschutz für Beamte mehr. Diese allgemeine Vorschrift tritt jedoch hinter die Spezialvorschriften für die Post-AG zurück (→ § 5 Rn. 320 ff.).

III. Gemeinsam von Arbeitgeber und Betriebsrat zu besetzende Ausschüsse

In der betrieblichen Praxis werden zT der Beteiligung des BR unterliegende Angelegenheiten in **Ausschüssen** behandelt, deren Mitgl. vom **ArbGeb. und BR benannt** werden (zB Akkordausschuss, Ausschuss zur Verwaltung von Sozialeinrichtungen, Wohnungsausschuss, Ausschuss für Arbeitssicherheit oder für menschengerechte Gestaltung der Arbeit, Eingruppierungsausschuss). Die Bildung derartiger – idR wohl **paritätisch** besetzter – Ausschüsse hat sich insbes. deshalb als zweckmäßig erwiesen, weil eine sachgerechte Behandlung bestimmter Angelegenheiten einen bes. Sachverstand auf speziellen Gebieten erfordert und daher entspr. Sachverständigen des BR und des ArbGeb. überlassen wird. Außerdem erfordern diese Angelegenheiten vielfach ein häufiges Zusammenkommen von ArbGeb. und BR. 38

Die Bildung eines gemeinsamen Ausschusses bietet sich insbes.im Zusammenhang mit **Industrie 4.0** an. Durch Einbeziehung von betrieblichen Fachleuten, die für den ArbGeb. Planung und Realisierung dieses Prozesses zu organisieren haben, wird ein Fachforum geschaffen, das über die notwendige Kompetenz verfügt, um diesen schwierigen und komplexen Prozess (→ Rn. 10a) zu begleiten und zu gestalten. Gleichzeitig erhalten die AusschussMitgl. des BR Kenntnis aus erster Hand darüber, wie die Digitalisierung und Vernetzung aller Schritte der Wertschöpfungskette im Einzelnen erfolgen soll, welche Konsequenzen sich für die ArbN ergeben können und wie die Zeitschiene aussehen soll (→ § 28a Rn. 11b, 12b). Mittels dieses Wissens können BR und BRAusschuss **„Arbeit 4.0"** ihre Beteiligungsrechte zur Mitgestaltung des Prozesses (→ Rn. 10a) effektiver wahrnehmen. 38a

Abs. 2 gestattet die Übertragung von Aufgaben zur **selbständigen Erledigung** auf von BR und ArbGeb. gemeinsam gebildete Ausschüsse. Diese können nur aufgrund einer freiwilligen Übereinkunft zwischen BR und ArbGeb., nicht durch Spruch der E-Stelle gebildet werden (BAG 22.3.2016 – 1 ABR 14/14, NZA 2016, 1283). In Angelegenheiten, die einem gemeinsamen Ausschuss zur selbständigen Entscheidung übertragen sind, ist die Entscheidung des Ausschusses verbindlich. Es ist nicht erforderlich, diese vom BR und ArbGeb. billigen zu lassen (BAG 12.7.1984 – 2 AZR 320/83, AP BetrVG 1972 § 102 Nr. 32; GK-BetrVG/*Raab* Rn. 37; HWGNRH/*Glock* Rn. 25; Richardi BetrVG/*Thüsing* Rn. 29; zweifelnd DKKW/*Wedde* Rn. 16). Im Hinblick auf die erforderliche selbständige Entscheidungskompetenz des gemeinsamen Ausschusses, ist seine Bildung nur in BR zulässig, die einen BetrAusschuss gebildet haben (vgl. Abs. 1 S. 3). 39

Abs. 2 betrifft, wie sich aus seinem Wortlaut ergibt, nur gemeinsame Ausschüsse mit eigener Entscheidungskompetenz. Es bestehen jedoch keine Bedenken gegen die Zulässigkeit von gemeinsamen Ausschüssen von BR und ArbGeb., die lediglich der **Vorbereitung** der Verhandlungen und Entscheidungen von BR und ArbGeb. dienen. Derartige lediglich vorbereitende gemeinsame Ausschüsse von BR und ArbGeb. können auch in BR ohne Betriebsausschuss errichtet werden; im Hinblick auf das stets erforderliche Einverständnis des ArbGeb. können sie sogar in Betrieben mit weniger als 100 ArbN, in denen die Bildung eigener Ausschüsse des BR nicht vorgesehen ist, errichtet werden (DKKW/*Wedde* Rn. 21; ErfK/*Koch* Rn. 2; GK-BetrVG/*Raab* Rn. 39; HWGNRH/*Glock* Rn. 27). Im letzteren Fall sind gemeinsame Ausschüsse jedoch keine Ausschüsse iSd Abs. 2. 40

Ein gemeinsamer Ausschuss iSd Abs. 2 ist **kein Ausschuss des BR;** das ergibt sich schon aus der Mitgliedschaft auch von Vertr. des ArbGeb. Der gemeinsame Ausschuss steht vielmehr – im Gegensatz zum BetrAusschuss und den anderen Ausschüs- 41 sen des BR – selbständig neben dem BR. Er ist kein Organ des BR, sondern eine **eigenständige Einrichtung der BetrVerf.** (BAG 22.3.2016 – 1 ABR 14/14, NZA 2016, 1283; 20.10.1993 – 7 ABR 26/93, AP BetrVG 1972 § 28 Nr. 5; DKKW/*Wedde* Rn. 18; GK-BetrVG/*Raab* Rn. 37; HWGNRH/*Glock* Rn. 25; Richardi BetrVG/*Thüsing* Rn. 30).

42 Abgesehen von der Anerkennung gemeinsamer Ausschüsse als solche enthält das G über sie **keine näheren Regelungen.** Ihre Bildung ist nicht davon abhängig, dass der BR weitere Ausschüsse iSv Abs. 1 gebildet hat (BAG 20.10.1993 – 7 ABR 26/93, AP BetrVG 1972 § 28 Nr. 5). Größe und Besetzung der Ausschüsse bleiben einer näheren Absprache zwischen den Betriebspartnern vorbehalten (HWGNRH/*Glock* Rn. 28, 30; Richardi BetrVG/*Thüsing* Rn. 33). Auch wenn sich der Zuständigkeitsbereich eines gemeinsamen Ausschusses mit dem eines anderen Ausschusses überschneidet oder gar weitgehend deckt, ist es nicht erforderlich, die Größe des gemeinsamen Ausschusses so festzulegen, dass alle Mitgl. des anderen Ausschusses in ihm vertreten sind. Die Größe des gemeinsamen Ausschusses zu bestimmen, ist allein der Vereinbarung der Betriebspartner überlassen (BAG 20.10.1993 – 7 ABR 26/93, AP BetrVG 1972 § 28 Nr. 5). Andererseits steht nichts entgegen, die Größe des gemeinsamen Ausschusses so festzusetzen, dass alle Mitgl. des BetrAusschusses oder eines anderen Ausschusses in ihm vertreten sind. Im Hinblick auf die selbständige Entscheidungskompetenz des gemeinsamen Ausschusses darf der BR für seine Mitgl. keine unterparitätische Besetzung des Ausschusses akzeptieren, da dies auf einen Verzicht auf Mitwirkung und MB hinausliefe (DKKW/*Wedde* Rn. 16; ErfK/*Koch* Rn. 2; GK-BetrVG/*Raab* Rn. 41; **aA** HWGNRH/*Glock* Rn. 31).

43 Die Regelung des Abs. 2 betrifft nur die Übertragung einer selbständigen Entscheidungsbefugnis auf die Mitgl. des BR in derartigen Ausschüssen. Die selbständige Entscheidungsbefugnis der vom ArbGeb. benannten Mitgl. muss von diesem ausgesprochen werden.

44 Was die Übertragung von Aufgaben zur selbständigen Entscheidung auf BRMitgl. in derartigen gemischten Ausschüssen anbelangt, so sind die **gleichen Grundsätze** zu beachten wie bei einer Delegation von Aufgaben zur selbständigen Erledigung auf einen Ausschuss des BR (Richardi BetrVG/*Thüsing* Rn. 32). Dies bedeutet iE: Im Interesse der Rechtssicherheit sind die dem gemeinsamen Ausschuss zur selbständigen Erledigung übertragenen Aufgaben möglichst konkret zu umschreiben (→ § 27 Rn. 82). Das schließt die Verwendung auslegungsbedürftiger und auslegungsfähiger Begriffe nicht aus (BAG 20.10.1993 – 7 ABR 26/93, AP BetrVG 1972 § 28 Nr. 5). Der gemischte Ausschuss kann **keine Betriebsvereinbarung** abschließen (*Reitze* ZBVR online 1/2011, 22 [25]; → Rn. 9). Er kann nur gebildet werden in Betrieben, die auch einen **Betriebsausschuss gebildet** haben (→ Rn. 19; aber → Rn. 40). Die Übertragung derartiger Aufgaben auf den gemischten Ausschuss bedarf der **Mehrheit der Stimmen der Mitgl. des BR** und der **Schriftform** (→ Rn. 21). Für die Wahl und auch die Abberufung der vom BR zu bestimmenden Mitgl. und ErsMitgl. gelten dieselben Grundsätze wie bei der Wahl und Abberufung von Mitgl. und ErsMitgl. des BetrAusschusses oder anderer Ausschüsse des BR (→ Rn. 28 ff.).

45 Das G regelt nicht die Frage, auf welche Weise die gemischten Ausschüsse ihre Entscheidungen treffen. Insbes. ist nicht geregelt, ob für einen **Beschluss des Ausschusses die einfache Mehrheit der Ausschussmitgl.** ausreicht, ohne Rücksicht darauf, ob es sich hierbei um vom BR oder vom ArbGeb. in den Ausschuss entsandte Mitgl. handelt (in diesem Falle könnte gegen die Mehrheit der vom BR entsandten Ausschussmitgl. eine Minderheit zusammen mit den vom ArbGeb. entsandten Vertr. eine Entscheidung des Ausschusses herbeiführen), oder ob Voraussetzung für einen Beschluss des Ausschusses darüber hinaus ist, dass die **Mehrheit der vom BR entsandten Mitgl.** dem Beschluss des Ausschusses zugestimmt hat (offen gelassen von BAG 12.7.1984 – 2 AZR 320/83, AP BetrVG 1972 § 102 Nr. 32).

46 Sicherlich ist es angesichts des Schweigens des G zulässig, dass BR und ArbGeb. bei der Bildung von gemischten Ausschüssen näher die **Voraussetzungen für die**

Beschlussfassung im Ausschuss festzulegen, zB in dem Sinne, dass ein Beschluss des Ausschusses nicht zustande kommt, wenn nicht die Mehrheit der vom BR entsandten Mitgl. dem Beschluss zugestimmt hat (ebenso GK-BetrVG/*Raab* Rn. 44; DKKW/*Wedde* Rn. 17; vgl. auch den Sachverhalt in BAG 20.10.1993 – 7 ABR 26/93, AP BetrVG 1972 § 28 Nr. 5; **aA** HWGNRH/*Glock* Rn. 34). Auch kann der BR bestimmen, dass bei Meinungsverschiedenheiten zwischen den entsandten BRMitgl. eine Entscheidung des BR einzuholen ist.

Soweit hierüber nichts gesagt ist, wird man entspr. den allgemeinen Grundsätzen über die Beschlussfassung in Kollegialgremien davon ausgehen müssen, dass für einen Beschluss die **einfache Mehrheit der Mitgl. des Ausschusses** ausreicht, wobei allerdings in entspr. Anwendung des § 33 Abs. 2 mindestens die Hälfte der Ausschussmitgl. an der Beschlussfassung teilgenommen haben muss. Denn anderenfalls würde es sich in Wirklichkeit nicht mehr um eine Beschlussfassung „des Ausschusses", sondern um getrennte Beschlussfassungen der vom BR und vom ArbGeb. benannten Ausschussmitglieder handeln (ErfK/*Koch* Rn. 2; GK-BetrVG/*Raab* Rn. 45; HWGNRH/*Glock* Rn. 32f.; einschr. DKKW/*Wedde* Rn. 17: Mehrheit der entsandten BR-Mitglieder erforderlich bei Wahrnehmung von Aufgaben des BR; **aA** iS einer Abstimmung nach Bänken: Richardi BetrVG/*Thüsing* Rn. 39). **47**

Tritt bei der Abstimmung im gemeinsamen Ausschuss eine **Pattsituation** ein, fällt die übertragene Angelegenheit wieder an BR und ArbGeb. zurück (DKKW/*Wedde* Rn. 18; ErfK/*Koch* Rn. 2; GK-BetrVG/*Raab* Rn. 45; **aA** HWGNRH/*Glock* Rn. 35f., nach denen es bei der Pattsituation bleiben und nur die Möglichkeit des Widerrufs der Aufgabenübertragung bestehen soll). Da der gemeinsame Ausschuss mangels einer ausdrücklichen Regelung weder die E-Stelle noch das ArbG anrufen kann, wären anderenfalls die gesetzlich vorgesehenen Instrumente der Konfliktlösung nicht einsetzbar. Das würde jedoch zu einer unnötigen Erschwerung und Verzögerung der Wahrnehmung gesetzlicher Beteiligungsrechte führen (WPK/*Kreft* Rn. 19). **48**

Für die **Berichterstattungspflicht** der vom BR bestellten Mitgl. der gemischten Ausschüsse gegenüber dem BR gilt das in → § 27 Rn. 73a Gesagte entspr. **49**

Da die gemischten Ausschüsse ihrerseits keine BV abschließen können, sie jedoch vielfach Entscheidungen treffen, die **unmittelbare Wirkung auf den Inhalt der ArbVerh.** haben (zB bei Akkordfestsetzungen), ist es erforderlich, insoweit die **Aufgaben und Befugnisse der gemischten Ausschüsse in einer BV** näher festzulegen. Denn soweit die Entscheidungen des Ausschusses nicht durch das Direktionsrecht des ArbGeb. zum Inhalt der Arbeitsverträge gemacht werden können, kann auf diese Weise sichergestellt werden, dass die Entscheidungen der Ausschüsse ohne Einschaltung des gesamten BR in die ArbVerh. einfließen (**aA** GK-BetrVG/*Raab* Rn. 46; WPK/*Kreft* Rn. 17). **50**

IV. Streitigkeiten

Streitigkeiten im Zusammenhang mit der Bildung, Zusammensetzung, Wahl und Zuständigkeit der weiteren Ausschüsse des BR sowie der gemeinsamen Ausschüsse von ArbGeb. und BR gem. Abs. 3 entscheiden die ArbG im **BeschlVerf.** (§§ 2a, 80ff. ArbGG; → Anh. 3 Rn. 1ff.). Zur Frage der gerichtlichen Überprüfbarkeit der Entscheidungen des BR im Zusammenhang mit der Bildung weiterer Ausschüsse und der Antragsberechtigung gilt das in → § 27 Rn. 96ff. Gesagte entspr.. Unter Umständen können derartige Streitigkeiten inzidenter im Urteilsverfahren entschieden werden, zB bei einer Lohnklage eines Akkordarbeiters die Frage der Entscheidungsbefugnis der Akkordkommission. **51**

§ 28a Übertragung von Aufgaben auf Arbeitsgruppen

(1) [1] **In Betrieben mit mehr als 100 Arbeitnehmern kann der Betriebsrat mit der Mehrheit der Stimmen seiner Mitglieder bestimmte Aufgaben auf Arbeitsgruppen übertragen; dies erfolgt nach Maßgabe einer mit dem Arbeitgeber abzuschließenden Rahmenvereinbarung.** [2] **Die Aufgaben müssen im Zusammenhang mit den von der Arbeitsgruppe zu erledigenden Tätigkeiten stehen.** [3] **Die Übertragung bedarf der Schriftform.** [4] **Für den Widerruf der Übertragung gelten Satz 1 erster Halbsatz und Satz 3 entsprechend.**

(2) [1] **Die Arbeitsgruppe kann im Rahmen der ihr übertragenen Aufgaben mit dem Arbeitgeber Vereinbarungen schließen; eine Vereinbarung bedarf der Mehrheit der Stimmen der Gruppenmitglieder.** [2] **§ 77 gilt entsprechend.** [3] **Können sich Arbeitgeber und Arbeitsgruppe in einer Angelegenheit nicht einigen, nimmt der Betriebsrat das Beteiligungsrecht wahr.**

Inhaltsübersicht

I. Vorbemerkung

1 Die durch das BetrVerf-ReformG eingefügte Vorschrift des § 28a erlaubt es ArbGeb. und BR, die Wahrnehmung von Aufgaben des BR, insbes. auch die Wahrnehmung von Mitwirkungs- und MBRechten, auf **ArbGruppen zu delegieren.** Diese Regelung dient dem Zweck, den ArbN, denen an ihrem Arbeitsplatz in zunehmendem Maße Selbständigkeit, Eigeninitiative und Mitverantwortlichkeit abverlangt wird, auch bei der Wahrnehmung von betriebsverfassungsrechtlichen Aufgaben und Rechten in stärkerem Maße als bisher eine unmittelbare Beteiligung in den Angelegenheiten zu ermöglichen, die sich auf ihren Arbeitsplatz und die Erfüllung ihrer arbeitsvertraglichen Tätigkeiten beziehen. Die Regelung steht im Zusammenhang mit den Regelungen in § 75 Abs. 2 S. 2 und § 87 Abs. 1 Nr. 13, wonach ArbGeb. und BR die Selbständigkeit und Eigeninitiative der ArbN und ArbGruppen zu fördern haben und die Grundsätze über die Durchführung von eigenverantwortlicher Gruppenarbeit der MB des BR unterliegen (→ § 75 Rn. 172 ff.; → § 87 Rn. 561 ff.).

2 Die Vorschrift **gilt auch** für ArbNVertr. nach § 3 Abs. 1 Nr. 1, 2 u. 3, da diese grds. an die Stelle des BR treten (→ § 3 Rn. 52). Die Vorschrift gilt entspr. für die Bordvertr. (vgl. § 115 Abs. 4) und den SeeBR (vgl. § 116 Abs. 3). Sie gilt nicht für GesBR und KBR (vgl. § 51 Abs. 1 und § 59 Abs. 1) sowie die JAV, die GesJAV und die KJAV (vgl. § 65 Abs. 1, § 73 Abs. 2 und § 73b Abs. 2).

3 Die Vorschrift ist hinsichtlich der Voraussetzungen und der Rechtsfolgen der Übertragung von betriebsverfassungsrechtlichen Aufgaben auf eine ArbGruppe

zwingendes Recht, von dem auch nicht durch TV gem. § 3 Abs. 1 Nr. 5 abgewichen werden kann (*Linde* Aufgaben BR S. 243; *Tüttenberg* Arbeitsgruppe S. 156f.). Nähere Regelungen über Inhalt und Modalitäten der Übertragung sowie über das von der ArbGruppe bei der Wahrnehmung dieser Aufgaben zu beachtende Verfahren sind zulässig.

Entsprechende Vorschriften im BPersVG, SprAuG, EBRG, SEBG und SCEBG: keine. 4

II. Voraussetzungen der Übertragung von Aufgaben auf eine Arbeitsgruppe

1. Zweck und Bedeutung der Vorschrift

In den letzten 20 Jahren hat in großem Umfang ein grundlegender Wandel der Unternehmens- und Betriebsstrukturen stattgefunden, der insbes. durch eine starke **Dezentralisierung** und **Flexibilisierung** der Entscheidungs- und Arbeitsablaufstrukturen gekennzeichnet war. Dieser Wandel ist auch heute noch nicht abgeschlossen; vielmehr erhält er vor allem mit Realisierung von **Industrie 4.0** und **Arbeit 4.0** und den damit verbundenen Auswirkungen auf Unternehmensstrukturen sowie auf Arbeitsorganisation, Arbeitsabläufe, Arbeitsumgebung, Arbeitsplätze und Arbeitsinhalte (s. *Günther/Böglmüller* NZA 2015, 1025ff.; *Krause* NZA 2017 Beil. 2 S. 53ff.; *Krause* NZA 2016, 1004ff.; *Schulze/Hofer* AiB 2016 H. 7–8 S. 27ff.; *Schwarzbach* AiB 2016 H. 7–8 S. 21ff.; *Steffan* NZA 2016, 1409ff.; *Uffmann* NZA 2016, 977ff.) einen neuen Schub. Mit einer Arbeitsgruppe, der auch ArbN angehören, die die Einführung von Industrie 4.0 für das Unternehmen und seine Betriebe zu planen, zu organisieren und zu begleiten haben, könnte ein kompetentes Gremium geschaffen werden, das den schwierigen, komplexen und längerfristigen Prozess der Digitalisierung zum gemeinsamen Vorteil von ArbGeb. und Belegschaft fachkundig begleitet. 5

Statt einer Arbeitsteilung wird oft ein ganzheitlicher Arbeitszuschnitt angestrebt. Für Teilbereiche betrieblicher Tätigkeiten werden zB planende, ausführende und kontrollierende Arbeiten in kleineren Einheiten (ArbGruppen) zusammengefasst. Darüber hinaus wird statt der Zergliederung eines einheitlichen Arbeitsvorgangs die von einer ArbGruppe zur Erledigung übertragene Tätigkeit nicht nur größer geschnitten, sondern es werden der ArbGruppe neben der Erfüllung dieser unmittelbaren Produktions- oder Dienstleistungsarbeiten auch damit zusammenhängende Aufgaben wie zB Wartungs- und Instandhaltungsaufgaben sowie insbes. eine laufende Qualitätskontrolle der durchzuführenden Arbeiten übertragen. Vielfach ist den ArbGruppen auch eine mehr oder weniger weitgehende eigene Entscheidungskompetenz eingeräumt. IE sind die Formen von ArbGruppen sehr vielgestaltig (vgl. zum Ganzen *Linde* Aufgaben BR S. 5ff.; *Tüttenberg* Arbeitsgruppe S. 30ff.; *Nill* Selbstbestimmung S. 21ff.; *Blanke* RdA 2003, 140ff.; *Blanke/Rose* RdA 2001, 93f.; *Geffken* AiB 2002, 150ff.; *Wendeling-Schröder* NZA 2001, 359; *Federlin* NZA-Sonderheft 2001, 25f.; *Breisig* Gruppenarbeit S. 30ff.; s. MusterBV bei *Bachner/Heilmann* Betriebsvereinbarung S. 280ff.). 5a

Diese Verlagerung von (komplexen) Teilaufgaben auf bes. Arbeitseinheiten (ArbGruppen) sind für ihre Mitgl. häufig mit einer **größeren Entscheidungs-, Verantwortungs-** und **Gestaltungskompetenz** verbunden. Man spricht hier schlagwortartig von Arbeitserweiterung (Job Enlargement), Arbeitsbereicherung (Job Enrichment) und Arbeitswechsels (Job Rotation), die dazu dienen, den kollektiven Handlungsspielraum der ArbGruppe zu vergrößern. Der umfassendere Arbeitsansatz der Gruppenarbeit und die größere Selbständigkeit und Eigenverantwortlichkeit der ArbGruppe bei der Erfüllung ihrer Arbeit hat auch zu einem geänderten Selbstverständnis der ArbGruppe gegenüber der BR geführt. Mit ihrer gesteigerten Selbständigkeit und Eigenverantwortlichkeit bei der Arbeitserfüllung geht das Bestreben der ArbGruppe 5b einher, auch die die Gruppe und ihre Arbeit betreffenden betriebsverfassungsrechtlichen Aufgaben und Beteiligungsrechte in die eigene Hand zu nehmen; **gleichzeitig** soll die Aufgabenverteilung den **BR entlasten** und ihm eine Konzentrierung auf wichtigere Themen wie zB Beschäftigungssicherung ermöglichen (*Zumbeck* Arbeitsgruppenvereinbarungen S. 10).

5c Diesem Bestreben gibt der neue § 28a Raum, indem er nach Maßgabe dieser Vorschrift der ArbGruppe die Wahrnehmung betriebsverfassungsrechtlicher Aufgaben gestattet. Durch diese Regelung soll ferner generell eine stärkere unmittelbare Beteiligung des einzelnen ArbN an der Gestaltung der Betriebsverfassung ermöglicht werden (Gesetzesbegründung BT-Drs. 14/5741, 29f., 40).

6 Die Regelung des § 28a beinhaltet eine wesentliche **strukturelle Änderung** des Betriebsverfassungsrechts. Bisher war die Anwendung und Durchführung betriebsverfassungsrechtlicher Aufgaben und Rechte ausschließlich bipolar ausgerichtet (vgl. hierzu *Blanke/Rose* RdA 2001, 93ff.; *Wendeling-Schröder* NZA 2001, 359). Allein ArbGeb. und BR oblag die Regelung von beteiligungspflichtigen Angelegenheiten. ArbN oder ArbNGruppen waren keine Träger betriebsverfassungsrechtlicher Mitwirkungs- und MBRechte. An dieser bipolaren Grundstruktur ändert auch nichts die bisher schon bestehende Möglichkeit der Aufgabenübertragung auf den BetrAusschuss oder anderer Ausschüsse des BR. Ganz abgesehen davon, dass diesen Ausschüssen der Abschluss von BV untersagt ist (→ § 27 Rn. 76), handelt es sich bei diesen Ausschüssen um Organe des BR, denen nur BRMitgl. angehören. Auch der nach § 28 Abs. 2 mögliche gemeinsame Ausschuss von ArbGeb. und BR ist bipolar zusammengesetzt. In den WiAusschuss können zwar auch nicht dem BR angehörende ArbN des Unternehmens berufen werden. Der WiAusschuss ist jedoch nicht Träger von MBRechten, sondern hat lediglich eine die BRArbeit unterstützende Funktion (→ § 106 Rn. 23ff.).

6a Mit § 28a, der die **Delegation** von betriebsverfassungsrechtlichen Mitwirkungs- und MBRechten auf **ArbGruppen,** dh eine Mehrheit von ArbN, gestattet und diese damit zu Trägern von Beteiligungsrechten macht, wird die bipo-lare Struktur der Betriebsverfassung erstmals durchbrochen (*Engels* FS Wißmann, 2005, 303ff.). Zwar stehen den ArbGruppen keine originären sondern nur durch eine Delegation übertragene Beteiligungsrechte zu. Das ändert jedoch nichts daran, dass bei einer entspr. Delegation nicht mehr der BR, sondern die ArbGruppe Träger von Mitwirkungs- und MBRechten ist (vgl. *Reichold* NZA 2001 Beil. zu Heft 24, 38). Es wird ein Schritt hin zur direkt-demokratischen Interessenvertretung der ArbN gemacht (*Blanke* RdA 2003, 141).

6b Die **Durchbrechung** der bisher **bipolaren Struktur** der Betriebsverfassung bewirkt eine Dezentralisierung und Flexibilisierung der Entscheidungsfindung, die ArbGeb. und ArbN gleichermaßen zugutekommen können. Entscheidungen mit betriebsverfassungsrechtlichem Bezug lassen sich schneller und sachnäher treffen. Das ist insb. bei so weitreichenden Umbrüchen, wie sie sich bei der Realisierung von **Industrie** und **Arbeit 4.0** ergeben und einschlägige Beteiligungsrechte insb. nach §§ 80, 87, 90f., 92ff., 96ff., 99ff., 106ff., 111ff. betroffen sein können, von großem Vorteil. Die betroffenen ArbN können diese Entscheidungen unmittelbar mit ihren Ideen und Erfahrungen beeinflussen. Dabei ist nicht auszuschließen, dass die Mitgl. der ArbGruppe, die nicht über die gleichen Schutzrechte wie die BRMitgl. verfügen (→ Rn. 39), in Auseinandersetzungen mit dem ArbGeb. unter Druck geraten können (*Hjort/Hummel/Helm* AiB 2001, 123). In derartigen Situationen, die sich durch eine sorgfältige Abfassung der Rahmenvereinbarung von vornherein weitgehend vermeiden lassen (Beispiele bei *Wedde* AiB 2001, 630), kann der BR die Angelegenheit an sich ziehen und die Bipolarität ganz oder teilweise wieder herstellen (→ Rn. 26ff., 37; krit. zum Ganzen DKKW/*Wedde* Rn. 5ff.; zur Empirie *Linde* AiB 2004, 334).

7 Die ArbGruppe ist, wenn ihr betriebsverfassungsrechtliche Aufgaben übertragen werden, **kein Organ des BR.** Das ergibt sich nicht nur aus der fehlenden personellen Verknüpfung zwischen BR und ArbGruppe, sondern auch aus ihrer eigenständigen Entscheidungsbefugnis, die sogar zum Abschluss von BV berechtigt, sowie der Notwendigkeit, dass die Zulässigkeit der Übertragung von Aufgaben auf eine ArbGruppe von einer zuvor zwischen ArbGeb. und BR abzuschließenden Rahmenvereinbarung abhängt (→ Rn. 14 ff.). Die mitwirkungs- und mitbestimmungsberechtigte ArbGruppe hat eine **eigenständige betriebsverfassungsrechtliche Stellung,** so wie dies auch bei dem gemeinsamen Ausschuss von ArbGeb. und BR der Fall ist (→ § 28 Rn. 41; GK-BetrVG/*Raab* Rn. 7; HWGNRH/*Glock* Rn. 29; *Linde* Aufgaben BR S. 128 ff.; *Engels* FS Wißmann, 2005, 304; *Löwisch* BB 2001, 1741; *Raab* NZA 2002, 475; *Reichold* NZA 2001, 862; *Natzel* DB 2001, 1362; wohl auch *Richardi* NZA 2001, 351). Die Sachbereiche, in denen eine Übertragung betriebsverfassungsrechtlicher Aufgaben auf eine ArbGruppe in Betracht kommt, ergeben sich iE aus der zwischen ArbGeb. und BR abzuschließenden Rahmenvereinbarung (→ Rn. 14 ff.) und dem schriftlich und mit einer qualifizierten Mehrheit zu fassenden Übertragungsbeschluss des BR (→ Rn. 22 ff.).

2. Voraussetzungen der Übertragung

a) Betriebsgröße

8 Die Übertragung von betriebsverfassungsrechtlichen Aufgaben auf eine ArbGruppe ist nur zulässig in Betrieben mit **mehr als 100 ArbN** (zur Fragwürdigkeit dieser Schwelle zutr. *Tüttenberg* Arbeitsgruppe S. 45). Auch wenn der Wortlaut der Vorschrift dies nicht ausdrücklich bestimmt, kommt es auf die Zahl der in der Regel beschäftigten ArbN an, so wie dies auch bei Grenzzahlen in anderen Vorschriften des G der Fall ist (vgl. zB §§ 1, 9, 14a, 38, 99 Abs. 1, 112 Abs. 1; ebenso DKKW/*Wedde* Rn. 12; GK-BetrVG/*Raab* Rn. 10; HWGNRH/*Glock* Rn. 9; *Linde* Aufgaben BR S. 105 ff.; Richardi BetrVG/*Thüsing* Rn. 5). Es gelten insoweit dieselben Grundsätze wie bei der Bildung beratender Ausschüsse des BR nach § 28 (→ § 28 Rn. 14). Zum Begriff „in der Regel" → § 1 Rn. 360 ff. Für die Frage, wer iS dieser Vorschrift als ArbN anzusehen ist, gelten dieselben Grundsätze wie bei der Bestimmung der BRGröße nach § 9 (→ § 9 Rn. 14 ff.). Auf die Wahlberechtigung kommt es nicht an (*Nill* Selbstbestimmung S. 65). Es zählen deshalb auch jug. ArbN mit (*Zumbeck* Arbeitsgruppenvereinbarungen S. 18). Das gleiche gilt für LeiharbN, die nicht für länger als drei Monate im Betrieb beschäftigt werden, sofern im Betrieb in der Regel entspr. LeiharbN eingesetzt werden (DKKW/*Wedde* Rn. 11; **aA** Richardi BetrVG/*Thüsing* Rn. 5; *Nill* Selbstbestimmung S. 65).

9 Abs. 1 S. 1 stellt nicht auf die BRGröße, sondern auf die Zahl der im Betrieb beschäftigten ArbN ab. Maßgebend für die Feststellung dieser Grenzzahl ist nicht der Zeitpunkt der BRWahl, sondern der **Zeitpunkt der Übertragung** von Aufgaben auf die ArbGruppe (DKKW/*Wedde* Rn. 13; *Nill* Selbstbestimmung S. 66; *Linde* Aufgaben BR S. 109; *Tüttenberg* Arbeitsgruppe S. 43). Deshalb kann einem BR mit 5 Mitgl., der in Betrieben mit 51 bis 100 ArbN zu wählen ist, das Recht der Delegation von Aufgaben auf eine ArbGruppe zuwachsen, wenn sich die Beschäftigtenzahl auf Dauer auf mehr als 100 ArbN erhöht. Andererseits kann ein in Betrieben mit 101 bis 200 regelmäßig Beschäftigten zu wählender BR mit sieben Mitgl. dieses Recht verlieren, wenn die Beschäftigtenzahl im Laufe der Amtszeit nicht nur vorübergehend unter 101 ArbN sinkt (GK-BetrVG/*Raab* Rn. 27; Richardi BetrVG/*Thüsing* Rn. 6; *Tüttenberg* Arbeitsgruppe S. 128 f.).

b) Arbeitsgruppe

10 Die Übertragung von betriebsverfassungsrechtlichen Aufgaben kann nur auf eine **ArbGruppe** erfolgen, nicht auf einzelne ArbN. Das G enthält **keine** allgemeine **Definition der ArbGruppe.** Die Definition der Gruppenarbeit in § 87 Abs. 1 Nr. 13,

die entscheidend auf die im wesentliche eigenverantwortliche Erledigung der einer Gruppe übertragenen Gesamtaufgabe abstellt (→ § 87 Rn. 565ff.), enthält keine allgemeine Definition der Gruppenarbeit, sondern ist – wie sich aus ihrem Wortlaut eindeutig ergibt – auf diese Vorschrift beschränkt (*Nill* Selbstbestimmung S. 68; *Engels* FS Wißmann, 2005, 303f.). Allerdings ist eine Gruppenarbeit iSv § 87 Abs. 1 Nr. 13 stets auch als Tätigkeit einer ArbGruppe iSv § 28a anzusehen (Richardi BetrVG/*Thüsing* Rn. 8; ErfK/*Koch* Rn. 2). Gerade wegen der die Gruppenarbeit kennzeichnenden Eigenverantwortlichkeit der Wahrnehmung ihrer Aufgaben, bei der das Weisungsrecht des ArbGeb. stark zurückgenommen ist, ist sie in bes. Maße geeignet, die Regelung ihrer Arbeit unter Berücksichtigung der betriebsverfassungsrechtlichen Beteiligungsrechte autonom zu gestalten (zur Gruppenarbeit in diesem Sinne vgl. *Klein* NZA 2001 Beil. zu Heft 24, 15 mit einer Auswertung von BV zur Gruppenarbeit; *Blanke* RdA 2003, 143f.).

11 Als ArbGruppe iSv § 28a ist jede Zusammenfassung von ArbN zu verstehen, denen bestimmte Arbeitsaufgaben zur **gemeinsamen Erledigung** übertragen worden sind (vgl. *Federlin* NZA-Sonderheft 2001, 25; *Löwisch* BB 2001, 1740; *Natzel* DB 2001, 1362). ArbN, die sich einen Arbeitsplatz teilen (Job-Sharing), bilden keine Arbeitsgruppe. Ob eine ArbGruppe in die bestehende betriebliche Ablauforganisation integriert ist oder ob sie außerhalb dieser Organisation tätig wird, ist unerheblich (Richardi BetrVG/*Thüsing* Rn. 8; ErfK/*Koch* Rn. 2; GK-BetrVG/*Raab* Rn. 15; **aA** DKKW/*Wedde* Rn. 20). Als in den Arbeitsablauf integrierte ArbGruppen sind zB anzusehen: Akkordgruppen, **Fertigungsteams** oder sonstige ArbGruppen, die bestimmte Arbeitsaufgaben gemeinsam erledigen. Hierbei ist es unerheblich, ob die Gruppe nach den Weisungen eines Vorgesetzten oder mehr oder weniger eigenverantwortlich ihre Arbeit organisieren (*Tüttenberg* Arbeitsgruppe S. 33; *Löwisch* BB 2001, 1740; *Federlin* NZA-Sonderheft 2001, 28; **aA** DKKW/*Wedde* Rn. 15, 16, die für derartige Teams und Gruppen Eigenverantwortlichkeit oder Eigenständigkeit verlangen). Auch Entwicklungs- und Forschungsabteilungen sind in diesem Zusammenhang zu nennen (*Däubler* AuR 2001, 289).

11a Als außerhalb der betrieblichen Arbeitsorganisation stehend ist zB eine sog **Projektgruppe** anzusehen, die zur Lösung von Aufgaben komplexer Sachverhalte, die in aller Regel unterschiedliche (Organisations-)Bereiche der unternehmerischen oder betrieblichen Tätigkeit berühren, gebildet werden; eine dauerhafte organisatorische Verfestigung der Gruppe ist nicht erforderlich (*Thüsing* ZTR 2002, 4). Auch Qualitätszirkel sind hier zu nennen (zu den verschiedenen Arten von ArbGruppen vgl. *Linde* Aufgaben BR S. 5ff.; *Tüttenberg* Arbeitsgruppe S. 31ff.; *Federlin* NZA-Sonderheft 2001, 25). **Virtuelle ArbGruppen,** deren Mitgl. ausschließlich über elektronische Medien kommunizieren, werden ebenfalls erfasst (*Tüttenberg* Arbeitsgruppe S. 33f.).

11b Als Projektgruppe eignet sich eine Arbeitsgruppe zur Vorbereitung und Begleitung des Vorhabens **Industrie 4.0.** Durch Einbeziehung von ArbN, die sich mit Planung und Realisierung dieses Prozesses zu befassen haben, wird ein kompetentes Gremium geschaffen, das über die notwendige Fachkenntnis und das konkrete Umsetzungswissen verfügt, um den BR in dieser schwierigen und komplexen Materie (→ § 28 Rn. 10a) sachkundig zu informieren und zu beraten, wie die Interessen der ArbN bei Industrie 4.0 durch **Arbeit 4.0** angemessen berücksichtigt werden können. Dabei dürfte auch ein enges Zusammenwirken der Arbeitsgruppe mit Ausschüssen des BR zu diesen Themen (→ § 28 Rn. 10a, 38a) vorteilhaft sein. Wegen der Vielfalt der mit Industrie/Arbeit 4.0 zusammenhängenden komplexen Fragestellungen kann der BR einer (Haupt-)Arbeitsgruppe zu deren Unterstützung auch eine (Unter-)Gruppe zur Seite stellen (→ § 36 Rn. 7).

12 **Zweifelhaft** ist, ob es zum Wesen einer ArbGruppe iSv § 28a gehört, dass die in ihr zusammengefassten ArbN die ihnen obliegenden Arbeitsaufgabe **gemeinsam,** dh durch eine gewollte und gezielte Zusammenarbeit ausüben oder ob es ausreicht, wenn eine Mehrzahl von ArbN ohne diese Zielsetzung eines gemeinsamen Handelns eine gleichartige Tätigkeit ausübt oder in demselben Arbeitsbereich arbeitet. Die Gesetzesbegründung – und auch die Legaldefinition im alten § 3 Abs. 1 Nr. 1 – spricht für Letzteres, da sie in der beispielhaften Aufzählung möglicher Delegationen auch die Übertragung von Aufgaben auf ArbN bestimmter Beschäftigungsarten oder Arbeitsbereiche nennt (vgl. BT-Drs. 14/5741, 40). Dem ist zuzustimmen.

Angesichts der Zielsetzung des § 28a, durch die Delegation von betriebsverfassungsrechtlichen Aufgaben auf ArbGruppen eine stärkere Einbeziehung der unmittelbar betroffenen ArbN bei der Wahrnehmung von Beteiligungsrechten zu ermöglichen, ist der **Begriff der ArbGruppe weit** zu verstehen (so auch HWGNRH/*Glock* Rn. 3; HaKoBetrVG/*Wolmerath* Rn. 6; ErfK/*Koch* Rn. 2; *Löwisch/Kaiser* Rn. 8; *Nill* Selbstbestimmung *S.* 67; *Tüttenberg* Arbeitsgruppe *S.* 40; *Engels* FS Wißmann, 2005, 304; *Engels/Trebinger/Löhr-Steinhaus* DB 2001, 537; *Löwisch* BB 2001, 1740; *Natzel* DB 2001, 1362; *Däubler* AiB 2001, 383; wohl auch GK-BetrVG/*Raab* Rn. 13; *Malottke* AiB 2001, 626; *Raab* NZA 2002, 475f.; **aA** DKKW/*Wedde* Rn. 15, 20; *Linde* Aufgaben BR *S.* 124ff.; 25; *Wedde* ArbuR 2002, 123). Deshalb sind zB auch die betrieblichen Mitarbeiter im Außendienst als eine ArbGruppe anzusehen, bei der eine Aufgabendelegation in Betracht kommen kann (WPK/*Kreft* Rn. 7; *Zumbeck* Arbeitsgruppenvereinbarungen *S.* 20; *Däubler* AuR 2001, 289; **aA** DKKW/*Wedde* Rn. 15, 20). Die Gefahr einer Zersplitterung der betrieblichen MB ist nicht zu befürchten (so aber GK-BetrVG/*Raab* Rn. 18; *Federlin* NZA-Sonderheft 2001, 28), da eine Delegation von betriebsverfassungsrechtlichen Aufgaben auf eine ArbGruppe nur unter Beteiligung der Betriebspartner (notwendiger Abschluss einer Rahmenvereinbarung, qualifizierter Übertragungsbeschluss) zulässig ist. **12a**

Die Bildung einer ArbGruppe kann **betriebsübergreifend** für mehrere Betriebe oder alle Betriebe eines Unternehmens erfolgen (zB Projektgruppe zur Vorbereitung und Begleitung der Einführung eines unternehmenseinheitlichen IT-Systems oder des Projekts Industrie 4.0; DKKW/*Wedde* Rn. 18; HWGNRH/*Glock* Rn. 4; *Tüttenberg* Arbeitsgruppe *S.* 50f.; **aA** GK-BetrVG/*Raab* Rn. 16; *Linde* Aufgaben BR *S.* 152, 154; *Nill* Selbstbestimmung S. 69). Das setzt Rahmenvereinbarungen des ArbGeb. mit allen einzelnen BR sowie inhaltsgleiche Übertragungsbeschlüsse der BR voraus (Richardi BetrVG/*Thüsing* Rn. 14; *Zumbeck* Arbeitsgruppenvereinbarungen *S.* 24). Eine Zuständigkeit des GesBR besteht nicht (→ Rn. 2; DKKW/*Wedde* Rn. 18; *Tüttenberg* Arbeitsgruppe S. 51). Eine Einschaltung des GesBR kommt allenfalls im Wege der Beauftragung nach § 50 Abs. 2 (→ § 50 Rn. 62ff.; ebenso DKKW/*Wedde* Rn. 18) und unter der Voraussetzung in Betracht, dass sich die einzelnen BR die Entscheidungsbefugnis vorbehalten. Nur so ist die für den Übertragungsbeschl. nach § 28a Abs. 1 S. 1 geforderte absolute Stimmenmehrheit eines jeden BR sichergestellt. Diese Schwierigkeiten ergeben sich dann nicht oder werden minimiert, wenn durch **TV** oder BV nach **§ 3 Abs. 1 Nr. 1** ein **unternehmenseinheitlicher BR** oder zumindest einzelne Betriebe des Unternehmens zusammengefasst werden (→ § 3 Rn. 25ff., 33ff.). **12b**

Eine **unternehmensübergreifende** ArbGruppe kann in einem gemeinsamen Betrieb mehrerer Unternehmen oder in einer durch TV oder BV nach § 3 Abs. 1 Nr. 2 oder 3 gebildeten Organisationseinheit (→ § 3 Rn. 37ff., 46ff.), die als Betrieb iSd G gilt (s. § 3 Abs. 5; → § 3 Rn. 76ff.), geschaffen werden (DKKW/*Wedde* Rn. 19; HWGNRH/*Glock* Rn. 4; Richardi BetrVG/*Thüsing* Rn. 9; *Tüttenberg* Arbeitsgruppe S. 52f.; *Thüsing* ZTR 2002, 4). Hier müssen alle betroffenen ArbGeb. die Rahmenvereinbarung unterzeichnen, andernfalls ist sie unwirksam (Richardi BetrVG/*Thüsing* Rn. 14). **12c**

Änderungen in der **personellen Zusammensetzung** der ArbGruppe aufgrund personeller Einzelmaßnahmen sind grds. unschädlich, es sei denn, Rahmenvereinbarung oder Übertragungsbeschluss sehen etwas anderes vor. Dies gilt grds. auch dann, wenn alle oder der ganz überwiegende Teil der ArbGruppenMitgl. ausgetauscht wird (vgl. HaKo-BetrVG/*Wolmerath* Rn. 19; wohl auch WPK/*Kreft* Rn. 10; *Linde* Aufgaben BR S. 280f.; **aA** DKKW/*Wedde* Rn. 72; Richardi BetrVG/*Thüsing* Rn. 11; **12d**

Tüttenberg Arbeitsgruppe S. 125 f.); die neuen Mitgl. können dann aufgrund ihrer Mehrheit ihnen nicht genehme gruppeninterne Regelungen aufheben oder ändern sowie Gruppenvereinbarungen kündigen und neue mit dem ArbGeb. schließen. Erhält die ArbGruppe eine neue Aufgabe, wird sie selbst dann eine neue ArbGruppe, wenn viele der Mitgl. verbleiben (*Linde* Aufgaben BR S. 281; enger Richardi BetrVG/*Thüsing* Rn. 11; **aA** wohl *Tüttenberg* Arbeitsgruppe S. 126 f.). Wegen der im Einzelfall auftretenden Unsicherheit sollten in der Rahmenvereinbarung Kriterien festgeschrieben werden, bei deren Vorliegen die ArbGruppe endet (ähnlich Richardi BetrVG/*Thüsing* Rn. 11).

13 Weder bei der teilautonomen Gruppenarbeit iSv § 87 Abs. 1 Nr. 13 noch bei ArbGruppen iSv § 28a hat der BR ein **spezielles Mitbestimmungsrecht** in Bezug auf Bildung und Umfang der Arbeitsgruppe (vgl. für die Gruppenarbeit iSv § 87 Abs. 1 Nr. 13: → § 87 Rn. 572; *Engels/Trebinger/Löhr-Steinhaus* DB 2001, 540; *Löwisch* BB 2001, 1792). Hier können allerdings andere gesetzliche Beteiligungsrechte des BR zu beachten sein, zB nach den §§ 90, 99 oder 111. Das hängt davon ab, ob die Bildung der ArbGruppe eine Änderung der Betriebsorganisation, der Arbeitsverfahren, der Arbeitsabläufe oder der Arbeitsplätze zur Folge hat oder ihre personelle Besetzung mit einer Versetzung von ArbN verbunden ist (→ § 90 Rn. 23 ff.; → § 99 Rn. 118 ff.; → § 111 Rn. 90 ff.). Da eine Delegation von Aufgaben nur auf der Grundlage einer zwischen ArbGeb. und BR abzuschließenden Rahmenvereinbarung zulässig ist, besteht allerdings die Möglichkeit, derartige Fragen im Zusammenhang mit dem Abschluss der Rahmenvereinbarung näher zu regeln.

c) Rahmenvereinbarung

14 Die Übertragung von Aufgaben des BR auf eine ArbGruppe setzt zwingend den **vorherigen Abschluss einer Rahmenvereinbarung** voraus (DKKW/*Wedde* Rn. 22; GK-BetrVG/*Raab* Rn. 19; Richardi BetrVG/*Thüsing* Rn. 13; *Löwisch* BB 2001, 1740; *Nill* Selbstbestimmung S. 70). In dieser sind die notwendigen Regelungen zu treffen, die bei einer Übertragung von Aufgaben auf eine ArbGruppe von Bedeutung und zur sachgerechten Wahrnehmung dieser Aufgaben durch die ArbGruppe erforderlich sind (DKKW/*Wedde* Rn. 21, 28; *Linde* Aufgaben BR S. 205 ff., abstrakte Umschreibung genügt; *Engels* FS Wißmann, 2005, 305 ff.). Hierzu gehört vor allem eine genaue Umschreibung der ArbGruppe. Dies ist aus Gründen einer eindeutigen Abgrenzung der Zuständigkeit der ArbGruppe und insbes. wegen des fachlichen und personellen Geltungsbereichs der mit ihr abgeschlossenen Gruppenvereinbarungen gegenüber den allgemeinen BV erforderlich (DKKW/*Wedde* Rn. 34). In der Rahmenvereinbarung sind auch die Aufgabenbereiche zu umschreiben, die für eine Übertragung auf die ArbGruppe in Betracht kommen (→ Rn. 15). Ferner sollte die Rahmenvereinbarung Verfahrensregelungen enthalten, in welcher Art und Weise die ArbGruppe die ihr übertragenen Aufgaben wahrzunehmen hat (→ Rn. 16, 38). In der Rahmenvereinbarung können ferner Regelungen über die Größe und personelle Zusammensetzung der ArbGruppe getroffen werden (DKKW/*Wedde* Rn. 37 f.; GK-BetrVG/*Raab* Rn. 24; HWGNRH/*Glock* Rn. 18; *Linde* Aufgaben BR S. 205 ff.; *Blanke* RdA 2003, 153; *Raab* NZA 2002, 476). Das Gleiche gilt für Fragen der Kompetenzen, der Selbstorganisation und der Verantwortung der Gruppe bzw. ihren Mitgl. (vgl. hierzu *Federlin* NZA-Sonderheft 2001, 28). Bei Gruppenarbeit iSv § 87 Abs. 1 Nr. 13 sind die im Rahmen dieser Vorschrift bestehenden MBR des BR zu beachten (→ § 87 Rn. 572 ff.).

15 In der Rahmenvereinbarung sollten auch die **beteiligungspflichtigen Angelegenheiten,** die für eine Übertragung auf die ArbGruppe in Betracht kommen, näher festgelegt werden (DKKW/*Wedde* Rn. 35). Dies sollte allerdings nur in allgemeiner Form geschehen. § 28a Abs. 1 geht davon aus, dass die Übertragung von beteiligungspflichtigen Aufgaben auf die ArbGruppe ein von dem Abschluss der Rahmenvereinbarung getrennter und gesonderter Akt ist (*Löwisch* BB 2001, 1740; *Natzel* DB

2001, 1363; *Richardi* NZA 2001, 351). Das ergibt sich nicht nur daraus, dass der Übertragungsbeschluss im Gegensatz zum Abschluss der Rahmenvereinbarung einer qualifizierten Mehrheit bedarf, sondern auch aus der Regelung des Abs. 1 S. 4. Diese sieht die Möglichkeit eines Widerrufs der Übertragung vor, ohne dass die Rahmenvereinbarung gekündigt zu werden braucht. Diese Trennung von Rahmenvereinbarung einerseits und Übertragungsbeschluss andererseits hat einen inneren Grund. Sie belässt dem BR eine ausreichende Flexibilität, um sowohl die Übertragung als auch deren Widerruf nach den Umständen des konkreten Einzelfalls auszurichten (*Engels* FS Wißmann, 2005, 306). So ist zB nach etwa inzwischen gesammelten negativen Erfahrungen der Widerruf nur eines bestimmten Teils der übertragenen Aufgaben möglich. Die Kündigung der Rahmenvereinbarung würde demgegenüber der Delegation von Aufgaben auf die ArbGruppe in vollem Umfang die Rechtsgrundlage entziehen (*Engels* FS Wißmann, 2005, 306).

In der Rahmenvereinbarung sollte auch geregelt werden, in welcher **Art und** 16
Weise die ArbGruppe die übertragenen Beteiligungsrechte wahrzunehmen hat (DKKW/*Wedde* Rn. 38f.; HaKo-BetrVG/*Wolmerath* Rn. 10; GK-BetrVG/*Raab* Rn. 9). Hierzu gehört zB die Wahl eines ArbGruppensprechers, der sowohl als Gesprächspartner für den ArbGeb., den BR oder sonstige betriebliche Stellen zur Verfügung steht als auch die notwendigen Maßnahmen für eine Meinungsbildung und Beschlussfassung in der ArbGruppe vorbereitet und organisiert (→ Rn. 35ff.). Um eine kontinuierliche Aufgabenwahrnehmung zu gewährleisten, sollte auch die Wahl eines Vertr. des Gruppensprechers vorgesehen werden, der diesen im Verhinderungsfalle vertritt (zur Vertr. des BRVors. → § 26 Rn. 44ff.; krit. *Linde* Aufgaben BR S. 160ff.). Die Rahmenvereinbarung kann auch nähere Regelungen über Gruppensitzungen bzw. Gruppengespräche treffen (*Nill* Selbstbestimmung S. 71; *Engels* FS Wißmann, 2005, 306). Sie kann ferner die Zusammenarbeit zwischen ArbGruppe und BR regeln, zB eine Berichtspflicht der ArbGruppe über ihre Arbeit, insbes. über ihre Beschlüsse und über abgeschlossene Gruppenvereinbarungen vorsehen (*Löwisch* BB 2001, 1791); zum möglichen Inhalt einer Rahmenvereinbarung vgl. die von *Wedde* AiB 2001, 630ff. erläuterte Musterrahmenvereinbarung sowie die Checkliste bei *Zumbeck* Arbeitsgruppenvereinbarungen S. 48f., sa S. 25ff.).

Bestehen in einem Betrieb **mehrere ArbGruppen** iSv § 28a, dürfte es sich idR 17
empfehlen, für jede ArbGruppe eine Rahmenvereinbarung abzuschließen. Hierfür spricht zum einen der praktische Grund, dass auf diese Weise den Besonderheiten der jeweiligen ArbGruppe am besten Rechnung getragen werden kann. Auch aus Rechtsgründen erscheint dies angezeigt, da dann eine etwaige Kündigung der Rahmenvereinbarung einer bestimmten ArbGruppe den Bestand der Rahmenvereinbarung der anderen Gruppen unberührt lässt (*Tüttenberg* Arbeitsgruppe S. 54; *Natzel* DB 2001, 1363). Wird eine Rahmenvereinbarung für mehrere ArbGruppen abgeschlossen, sollte auf jeden Fall die Zulässigkeit ihrer Teilkündigung für die einzelnen ArbGruppen vorgesehen werden.

Die Rahmenvereinbarung kann **nur als förmliche BV** und nicht als formlose 18
Regelungsabrede abgeschlossen werden (DKKW/*Wedde* Rn. 24; Richardi BetrVG/*Thüsing* Rn. 13; ErfK/*Koch* Rn. 2; GK-BetrVG/*Raab* Rn. 26; *Nill* Selbstbestimmung S. 72; *Engels* FS Wißmann, 2005, 307; *Richardi* NZA 2001, 351; *Wendeling-Schröder* NZA-Sonderheft 2001, 32; **aA** HWGNRH/*Glock* Rn. 15; *Linde* Aufgaben BR S. 195; *Tüttenberg* Arbeitsgruppe S. 71f., 74; *Raab* NZA 2002, 477; *Natzel* DB 2001, 1362, *Malottke* AiB 2001, 626; *Schaub* ZTR 2001, 439 halten allerdings eine Regelungsabrede nicht für zweckmäßig). Dies ist zum einen aus Gründen der Rechtssicherheit erforderlich, damit Inhalt, Umfang, Kompetenz und Verfahrensweise der ArbGruppe eindeutig festliegen. Ferner können nur auf diese Weise verbindliche Regelungen mit unmittelbarer und zwingender Wirkung aufgestellt werden (→ § 77 Rn. 124ff.). IÜ ist zu bedenken, dass die Rahmenvereinbarung eine von der gesetzlichen Regelung abweichende Wahrnehmung von Beteiligungsrechten zulässt und eine solche Abweichung grds. einer normativen Regelung bedarf, so wie dies auch in

sonstigen Fällen, in denen das G abweichende Regelungen gestattet, der Fall ist (vgl. zB § 3 Abs. 1 u. 2, § 38 Abs. 1 S. 5, § 47 Abs. 4 § 55 Abs. 4, § 72 Abs. 4).

19 Die Rahmenvereinbarung kann nur als **freiwillige BV** abgeschlossen werden. Sie ist nicht über die E-Stelle erzwingbar (DKKW/*Wedde* Rn. 24; GK-BetrVG/*Raab* Rn. 20; Richardi BetrVG/*Thüsing* Rn. 18; *Linde* Aufgaben BR S. 202ff.; *Nill* Selbstbestimmung S. 72; *Däubler* AuR 2001, 289; *Engels* FS Wißmann, 2005, 307; *Konzen* RdA 2001, 85; *Löwisch* BB 2001, 1740; *Natzel* DB 2001, 1363; *Wendeling-Schröder* NZA-Sonderheft 2001, 33) und hat deshalb auch keine Nachwirkung (GK-BetrVG/*Raab* Rn. 28), auch nicht über den neuen § 87 Abs. 1 Nr. 13 (*Blanke* RdA 2003, 151). Allerdings haben ArbGeb. und BR nach § 75 Abs. 2 S. 2 die Selbständigkeit und Eigeninitiative von ArbN und ArbGruppen zu fördern. Hieraus ergibt sich zwar keine für ArbGeb. und BR bindende und einklagbare Rechtsverpflichtung (→ § 75 Rn. 175f.). Jedoch haben ArbGeb. und BR bei der Frage, ob und in welchen Bereichen eine Delegation von Aufgaben in Betracht kommt, das Gebot des § 75 Abs. 2 S. 2 im Auge zu halten (GK-BetrVG/*Raab* Rn. 22; HWGNRH/*Glock* Rn. 14; *Nill* Selbstbestimmung S. 74; *Franzen* ZfA 2001, 434; *Löwisch* BB 2001, 1740; *Raab* NZA 2002, 477; *Reichold* NZA 2001, 864; zu weitgehend *Löwisch/Kaiser* Rn. 13: BR soll bei Verstoß gegen § 75 Abs. 2 S. 2 ArbGeb. über BeschlVerf. zum Abschluss der Rahmenvereinbarung zwingen können).

20 Der **Abschluss** der Rahmenvereinbarung bedarf – anders als der Beschluss des BR, der ArbGruppe bestimmte betriebsverfassungsrechtliche Aufgaben zu übertragen (→ Rn. 35) – **keines qualifizierten Mehrheitsbeschlusses** des BR. Etwas anders gilt nur, wenn schon in der Rahmenvereinbarung selbst konkrete betriebsverfassungsrechtliche Beteiligungsrechte übertragen werden (*Linde* Aufgaben BR S. 198f., 244f.; **aA** DKKW/*Wedde* Rn. 43; *Tüttenberg* Arbeitsgruppe S. 79f., die dies für unzulässig halten). In diesem Falle ergibt sich die Notwendigkeit einer absoluten Stimmenmehrheit der Rahmenvereinbarung aus Abs. 1 S. 1 Hs. 1. Auch die **Kündigung** einer Rahmenvereinbarung ist mit einfacher Stimmenmehrheit des beschlussfähigen BR zulässig. Sofern in der Rahmenvereinbarung keine andere Kündigungsfrist vorgesehen ist, ist sie mit einer Frist von drei Monaten kündbar (DKKW/*Wedde* Rn. 26; HWGNRH/*Glock* Rn. 21; JRH BetrVR-HdB/*Kappenhagen* Kap. 5 Rn. 141; *Nill* Selbstbestimmung S. 102). Da die Rahmenvereinbarung nicht erzwingbar ist, entfaltet sie nach Ablauf der Kündigungsfrist keine Nachwirkung nach § 77 Abs. 6 (DKKW/*Wedde* Rn. 27; ErfK/*Koch* Rn. 2; *Linde* Aufgaben BR S. 250; *Natzel* DB 2001, 1363). Mit einer wirksamen Kündigung entfällt die Basis für eine Delegation betriebsverfassungsrechtlicher Aufgaben auf die ArbGruppe (Richardi BetrVG/*Thüsing* Rn. 17). Die Wahrnehmung dieser Aufgaben fällt an den BR zurück. Gleiches gilt, wenn die gesetzlichen Voraussetzungen für den Abschluss einer Rahmenvereinbarung entfallen, wie Unterschreiten der betriebl. Mindestgröße von idR mehr als 100 ArbN oder Auflösung der ArbGruppe (GK-BetrVG/*Raab* Rn. 27; *Raab* NZA 2002, 477; **aA** *Linde* Aufgaben BR S. 249). Zur Frage der (Weiter-)Geltung von zwischen ArbGeb. und der ArbGruppe abgeschlossenen Gruppenvereinbarungen → Rn. 27, 32.

d) Übertragungsbeschluss

21 Bei der in Abs. 1 S. 1 Hs. 1 geregelten Übertragung von Aufgaben auf eine ArbGruppe handelt es sich ausschließlich um **Aufgaben des BR,** die diesem nach den gesetzlichen Vorschriften obliegen. Nicht gemeint sind Aufgaben, die der ArbGeb. der ArbGruppe und ihren Mitgl. im Rahmen des ArbVerh. überträgt.

22 In **formeller** Hinsicht ist die Übertragung betriebsverfassungsrechtlicher Aufgaben auf die ArbGruppe an zwei Voraussetzungen gebunden. Die Übertragung bedarf eines **qualifizierten Mehrheitsbeschlusses** des BR, dh es müssen mehr als die Hälfte der BRMitgl. der Übertragung zustimmen (DKKW/*Wedde* Rn. 40). Ferner bedarf der Übertragungsbeschluss der **Schriftform** (DKKW/*Wedde* Rn. 50; Richar-

di BetrVG/*Thüsing* Rn. 19; GK-BetrVG/*Raab* Rn. 30; *Engels* FS Wißmann, 2005, 308; *Löwisch* BB 2001, 1740; **aA** *Malottke* AiB 2001, 626, die Abs. 1 S. 3 nur auf die Mitteilung der Übertragung an die Arbeitsgruppe bezieht). Diese Voraussetzungen sind erfüllt, wenn die Übertragung in der **GO** des BR geregelt wird, da die GO ihrerseits der Schriftform und eines qualifizierten Mehrheitsbeschusses bedarf (→ § 36 Rn. 9f.). Sie entsprechen denjenigen, die bei der Übertragung von Aufgaben zur selbständigen Erledigung auf den BetrAusschuss zu beachten sind (→ § 27 Rn. 79ff.). Zur **Unterrichtung** des **ArbGeb.** über den Übertragungsbeschl. gelten die Ausführungen zu → § 27 Rn. 85 entspr. (sa *Zumbeck* Arbeitsgruppenvereinbarungen S. 29).

In **materieller** Hinsicht begrenzt Abs. 1 S. 2 die Möglichkeit der Aufgabenübertragung auf solche beteiligungspflichtigen Angelegenheiten, die im **Zusammenhang mit der von der ArbGruppe zu erledigenden Tätigkeiten** stehen. Bei der Frage, ob dies der Fall ist, haben ArbGeb. und BR eine Einschätzungsprärogative, die nur eingeschränkt gerichtlich überprüft werden kann (*Tüttenberg* Arbeitsgruppe S. 92; *Engels* FS Wißmann, 2005, 309; *Thüsing* ZTR 2002, 6; **aA** *Linde* Aufgaben BR S. 217), Die übertragenen Angelegenheiten müssen die Arbeitstätigkeit der Mitgl. der ArbGruppe einschließlich deren Arbeitsleistung betreffen (*Tüttenberg* Arbeitsgruppe S. 90f.). Welche der gesetzlichen Beteiligungsrechte wegen Sachzusammenhangs mit der Tätigkeit der ArbGruppe übertragungsfähig sind, kann nicht einheitlich für alle ArbGruppen entschieden werden (**aA** *Linde* Aufgaben BR S. 216). Das hängt nicht nur von der jeweiligen Tätigkeit der ArbGruppe ab. Auch die Entscheidungs- und Gestaltungskompetenzen der jeweiligen ArbGruppe spielen eine Rolle. Insofern ist es unzutreffend und vom Wortlaut des G nicht gedeckt, Abs. 1 S. 2 grds. eng auszulegen (so aber DKKW/*Wedde* Rn. 44; wie hier Richardi BetrVG/*Thüsing* Rn. 24; GK-BetrVG/*Raab* Rn. 32f.; *Tüttenberg* Arbeitsgruppe S. 92). Die Wahrung der Rechte des BR und die Berücksichtigung der Interessen der anderen ArbN des Betriebs muss und kann der BR durch eine entspr. Ausgestaltung seines Übertragungsbeschl. mit Vorgaben, Auflagen oder Genehmigungsvorbehalten selbst sicherstellen (DKKW/*Wedde* Rn. 47f.; *Nill* Selbstbestimmung S. 78; **aA** Richardi BetrVG/*Thüsing* Rn. 20). Insbes. sollte eine Rückkoppelung durch Informationsaustausch zwischen ArbN-Gruppe und BR sichergestellt werden (*Zumbeck* Arbeitsgruppenvereinbarungen S. 23). **23**

Als **übertragungsfähige Sachbereiche** kommen zB in Betracht: Fragen der Arbeitszeitgestaltung nach § 87 Abs. 1 Nr. 2 u. 3 und der Urlaubsgewährung nach § 87 Abs. 1 Nr. 5 (DKKW/*Wedde* Rn. 30; *Tüttenberg* Arbeitsgruppe S. 93f., 96f.; *Zumbeck* Arbeitsgruppenvereinbarungen S. 21; diff. betr. Nr. 5 *Linde* Aufgaben BR S. 224f.). Auch die Regelung der Ordnung der ArbGruppe und des diesbezüglichen Verhaltens ihrer MitGl. (§ 87 Abs. 1 Nr. 1; *Linde* Aufgaben BR S. 220; **aA** *Tüttenberg* Arbeitsgruppe S. 93) kann ebenso dazu gehören wie Fragen gruppenspezifischer Überwachungseinrichtungen (§ 87 Abs. 1 Nr. 6; *Linde* Aufgaben BR S. 226; *Tüttenberg* Arbeitsgruppe S. 99) sowie eines gruppenspezifischen Arbeits- und Gesundheitsschutzes (*Linde* Aufgaben BR *S.* 227; *Tüttenberg* Arbeitsgruppe S. 99). Bei ArbGruppen, denen eine weitgehende eigene Regelungskompetenz bei der Erfüllung der Arbeit und der Sicherung ihrer Qualität eingeräumt ist, kommt auch eine (partielle) Übertragung der MBR nach § 87 Abs. 1 Nr. 10 (HaKo-BetrVG/*Wolmerath* Rn. 12; *Linde* Aufgaben BR *S.* 229; *Tüttenberg* Arbeitsgruppe *S.* 102; *Engels* FS Wißmann, 2005, 309) u. 11 (Fragen der Lohngestaltung und leistungsbezogener Entgelte; ebenso HaKo-BetrVG/*Wolmerath* Rn. 12; *Linde* Aufgaben BR S. 230; *Tüttenberg* Arbeitsgruppe S. 103) sowie Nr. 13 (Grundsätze über die Durchführung der Gruppenarbeit; s. HaKo-BetrVG/*Wolmerath* Rn. 12; GK-BetrVG/*Raab* Rn. 34; *Löwisch/Kaiser* Rn. 3; *Linde* Aufgaben BR S. 234; *Blanke* RdA 2003, 152; ebenso *Tüttenberg* Arbeitsgruppe S. 104ff., 110, jedoch aufgrund enger Auslegung der Nr. 13), nach § 98 (Durchführung von Bildungsmaßnahmen der Gruppenmitgl., *Wedde* ArbuR 2002, 124: **aA** *Linde* Aufgaben BR S. 239) und nach § 99 (Ein- und Umgruppierungen von Gruppenmitgl.) in Be- **23a** tracht (**aA** DKKW/*Wedde* Rn. 31; GK-BetrVG/*Raab* Rn. 35; *Linde* Aufgaben BR S. 239f.; *Tüttenberg* Arbeitsgruppe S. 114).

24 Dagegen dürften einer ArbGruppe **kein Beteiligungsrechte** in Bezug auf ihre personelle Zusammensetzung übertragen werden können, zB nach § 99 bei einer Einstellung für die ArbGruppe oder bei einer Versetzung in die ArbGruppe (*Linde* Aufgaben BR S. 239f.; *Tüttenberg* Arbeitsgruppe S. 113f.; *Zumbeck* Arbeitsgruppenvereinbarungen S. 21). Bei einer Einstellung verbietet sich dies schon deswegen, weil es hier um die Begründung eines ArbVerh. mit dem ArbGeb. und damit um eine über die Gruppenbelange hinausgehende Entscheidung handelt (DKKW/*Wedde* Rn. 31; GK-BetrVG/*Raab* Rn. 35; *Löwisch* BB 2001, 1740; *Raab* NZA 2002, 478). Das Gleiche gilt bei der Versetzung eines ArbN in die ArbGruppe, da hier auch Gesichtspunkte der abgebenden Stelle und ihrer ArbN zu berücksichtigen sind (*Engels* FS Wißmann, 2005, 309). Auch Beteiligungsrechte in wirtschaftlichen Angelegenheiten, bei denen es um die wirtschaftliche Lage des Betriebs bzw. des Unternehmens geht, kommen für eine Übertragung auf eine ArbGruppe nicht in Betracht, da diese Angelegenheiten keine gruppenspezifischen, sondern darüber hinaus gehende Fragen betreffen (so Gesetzesbegründung BT-Drs. 14/574, 40; DKKW/*Wedde* Rn. 31, 68; GK-BetrVG/*Raab* Rn. 35; *Engels/Trebinger/Löhr-Steinhaus* DB 2001, 537; *Blanke* RdA 2003, 151; *Löwisch* BB 2001, 17401; zweifelnd Richardi BetrVG/*Thüsing* Rn. 24; *Richardi/Annuß* DB 2001, 44; *Federlin* NZA-Sonderheft 2001, 28; **aA** *Tüttenberg* Arbeitsgruppe S. 115ff.; *Annuß* NZA 2001, 370 Fn. 25).

25 **Ob** und **in welchem Umfang** der BR übertragungsfähige betriebverfassungsrechtliche Aufgaben auf eine ArbGruppe überträgt, hat er nach **pflichtgemäßen Ermessen** zu entscheiden (GK-BetrVG/*Raab* Rn. 31; *Linde* Aufgaben BR S. 259; *Tüttenberg* Arbeitsgruppe S. 85; *Raab* NZA 2002, 478; einschr. DKKW/*Wedde* Rn. 3, 9, die wohl von freiem Ermessen ausgehen; **aA** *Nill* Selbstbestimmung S. 77). Zwar sind ArbGeb. und BR nach § 75 Abs. 2 S. 2 gehalten, die Selbständigkeit und Eigeninitiative der ArbN und ArbGruppen zu fördern. Aus diesem Gebot ergibt sich jedoch keine rechtliche Verpflichtung zur Übertragung von Aufgaben auf die ArbGruppe. Der BR hat bei seiner Entscheidung, ob und ggf. in welchem Umfang eine Übertragung von Aufgaben auf eine ArbGruppe in Betracht kommt, vielfältige Aspekte zu bedenken. Diese gehen von der allgemeinen Einbettung und Einbindung von isolierten Gruppenentscheidungen in das betriebliche Geschehen und die allgemeine BRTätigkeit einschließlich ihrer Akzeptanz in der Gesamtbelegschaft über die Frage der Sach- und Fach- und Durchsetzungskompetenz der Gruppenangehörigen bei der Wahrnehmung der zu übertragenden Aufgaben gegenüber dem ArbGeb. bis hin zu der Frage, ob und in welchem Umfang von den allgemeinen betrieblichen Regelungen abweichende Sonderregelungen für die ArbGruppe sachgerecht bzw. vertretbar erscheinen (*Engels* FS Wißmann, 2005, 308). Bei seiner Entscheidung hat der BR stets das Gebot des § 75 Abs. 2 S. 2 im Auge zu behalten. Seine Entscheidung hat er damit nicht nach freiem, sondern pflichtmäßigen Ermessen zu treffen (ähnlich *Löwisch* BB 2001, 1740; *Natzel* DB 2001, 1363; die Ansicht von *Däubler* AuR 2001, 289, dass mangels Konfrontationsfähigkeit der ArbGruppe im Regelfall nur unterhalb der MB liegende Aufgaben auf eine Arbgruppe übertragen werden sollten, entspricht nicht der gesetzlichen Grundentscheidung und lässt iÜ außer Acht, dass im Nichteinigungsfalle die Wahrnehmung des konkreten Streits an den BR zurückfällt; → Rn. 37).

e) Widerruf der Übertragung

26 Der BR kann die Übertragung betriebsverfassungsrechtlicher Aufgaben auf eine ArbGruppe – auch auf deren Wunsch (s. *Tüttenberg* Arbeitsgruppe S. 123f.) – jederzeit **ganz** oder **teilweise widerrufen** (vgl. Abs. 1 S. 4). Auch diese Entscheidung hat er nach pflichtemäßem Ermessen zu treffen (GK-BetrVG/*Raab* Rn. 40; *Franzen* ZfA 2001, 434; *Raab* NZA 2002, 479); tut er dies nicht, ist der Widerruf dennoch wirksam (GK-BetrVG/*Raab* Rn. 40; *Linde* Aufgaben BR S. 268; *Tüttenberg* Arbeitsgruppe S. 122; *Raab* NZA 2002, 479). Der Beschluss über den Widerruf bedarf – ebenso wie der Übertragungsbeschluss – aus Gründen der Rechtssicherheit der Schriftform sowie der absoluten Mehrheit der Stimmen der BRMitgl. (GK-BetrVG/*Raab* Rn. 39; Richardi BetrVG/*Thüsing* Rn. 22; *Nill* Selbstbestimmung S. 101). Um gegenüber ArbGeb. und ArbGruppe wirksam zu werden, muss der Beschluss der ArbGruppe, dh ihrem Sprecher, oder dem ArbGeb. mitgeteilt werden (**aA** DKKW/*Wedde* Rn. 54; *Linde* Aufgaben BR S. 266: stets gegenüber Sprecher). Ab diesem Zeitpunkt hat die ArbGruppe, falls die Aufgabenübertragung generell widerrufen worden ist, keinerlei Regelungskompetenz mehr (DKKW/*Wedde* Rn. 55; *Engels* FS Wißmann, 2005, 310; **aA** *Nill* Selbstbestimmung S. 101 ab Widerrufsbeschluss). Liegt nur ein Teilwiderruf vor, beschränkt sich der Verlust der Regelungskompetenz auf den widerrufenen Teil der übertragenen Aufgaben.

Der Widerruf der Übertragung hat von Gesetzeswegen **keine unmittelbaren Auswirkungen** auf die von der ArbGruppe mit dem ArbGeb. abgeschlossenen **Gruppenvereinbarungen** (GK-BetrVG/*Raab* Rn. 57; *Nill* Selbstbestimmung S. 103; *Tüttenberg* Arbeitsgruppe S. 215; *Engels/Trebinger/Löhr-Steinhaus* DB 2001, 537; *Franzen* ZfA 2001, 435; *Raab* NZA 2002, 481 f.). Diese Vereinbarungen, für die § 77 entspr. gilt (→ Rn. 32), haben Normwirkung. Ihr Ende bestimmt sich nach den allgemeinen Regeln über das Ende von BV (→ § 77 Rn. 142 ff.). ArbGeb. und BR können nach Widerruf der Übertragung die Gruppenvereinbarung jederzeit aufheben (*Engels* FS Wißmann, 2005, 311). Auch kann sie von ArbGeb. oder BR fristgerecht gekündigt werden (*Tüttenberg* Arbeitsgruppe S. 216; *Zumbeck* Arbeitsgruppenvereinbarungen S. 42; *Blanke* RdA 2003, 153). Ist mit dem Widerruf der Übertragung von betriebsverfassungsrechtliche Aufgaben eine Auflösung der ArbGruppe verbunden, kommt auch ein Ende von Gruppenvereinbarungen wegen **Wegfalls der Geschäftsgrundlage** in Betracht (vgl. hierzu die entspr. anzuwendenden Ausführungen in → § 77 Rn. 160 ff.; iErg ähnl. Richardi BetrVG/*Thüsing* Rn. 31). 27

Vom Widerruf zu **unterscheiden** ist der Rückfall der Wahrnehmung eines Beteiligungsrechts auf den BR nach Abs. 2 S. 3, weil sich ArbGeb. und ArbGruppe in einem konkreten Streitfall nicht einigen konnten (→ Rn. 37). In diesem Falle ist die Wahrnehmung des Beteiligungsrechts durch den BR auf die Herbeiführung einer Einigung in dem konkreten Streitfall beschränkt. Die generelle Übertragung der Angelegenheit auf die ArbGruppe wird dadurch nicht berührt (GK-BetrVG/*Raab* Rn. 42). 28

III. Rechtsfolgen der Übertragung

Mit der Übertragung von betriebsverfassungsrechtlichen Aufgaben erwirbt die ArbGruppe eine **eigenständige Regelungskompetenz** (*Engels* FS Wißmann, 2005, 303 f.). Diese betrifft zum einen die inhaltliche Gestaltung der übertragenen Aufgaben (→ Rn. 30 ff.). Die Regelungskompetenz erfordert jedoch auch die Beachtung gewisser formeller Voraussetzungen (→ Rn. 35). Sie hat ferner Auswirkungen auf die Rechtsstellung der ArbGruppe und ihrer Mitgl. (→ Rn. 39). 29

1. Inhaltliche Regelungskompetenz

In den übertragenen betriebsverfassungsrechtlichen Angelegenheiten ist die **ArbGruppe** anstelle des BR **regelungsbefugt** (GK-BetrVG/*Raab* Rn. 37 f.; *Nill* Selbstbestimmung S. 81). Dieser kann grds. nur durch Widerruf der Übertragung oder durch Kündigung der Rahmenvereinbarung das Recht zur eigenen Regelung der Angelegenheit wieder an sich ziehen (*Linde* Aufgaben BR S. 247; aber → Rn. 37). Soweit Aufgaben auf die ArbGruppe übertragen worden sind, hat diese grds. **diesel-** 30

ben Befugnisse und Rechte, die dem BR bei der Wahrnehmung seiner Aufgaben zustehen (*Linde* Aufgaben BR S. 292; *Richardi* DB 2001, 44). Der ArbGeb. ist zB bei den übertragenen Aufgaben gegenüber der ArbGruppe in demselben Umfang zur Unterrichtung und zur Vorlage der erforderlichen Unterlagen nach § 80 Abs. 2 S. 1 u. 2 verpflichtet, wie er dies bei fehlender Übertragung gegenüber dem BR wäre (*Linde* Aufgaben BR S. 181). Ein Recht der ArbGruppe auf Hinzuziehung eines sachkundigen ArbN nach § 80 Abs. 2 S. 3 dürfte allerdings solange zu verneinen sein, als die ArbGruppe auf den Sachverstand des BR zurückgreifen kann (*Linde* Aufgaben BR S. 183); *Tüttenberg* Arbeitsgruppe S. 144). Denn insoweit stünde auch dem BR kein Hinzuziehungsrecht zu.

31 Bei der **inhaltlichen Gestaltung** der übertragenen Aufgaben hat die ArbGruppe den **weiten Regelungsspielraum,** wie er auch dem BR zur Verfügung steht. Andererseits ist sie jedoch ebenfalls an die Grenzen gebunden, die auch der Regelungskompetenz des BR gesetzt sind (→ § 77 Rn. 52ff.). Das gilt insbes. für die Beachtung des Tarifvorbehalts und des Tarifvorrangs nach § 77 Abs. 3 und § 87 (→ § 77 Rn. 67ff.; → § 87 Rn. 39ff.) sowie für die Beachtung der Grundsätze für die Behandlung der Betriebsangehörigen nach § 75 (→ § 75 Rn. 28f., 30ff., 58ff., 136ff.).

32 Als Regelungsinstrument für die inhaltliche Gestaltung der übertragenen Aufgaben stehen ArbGeb. und ArbGruppe die Gruppenvereinbarung zur Verfügung (§ 28a Abs. 2 S. 1). Diese kann sowohl als **formlose Regelungsabrede** als auch als **formelle schriftliche Vereinbarung** abgeschlossen werden (GK-BetrVG/*Raab* Rn. 44; ErfK/*Koch* Rn. 3; *Linde* Aufgaben BR S. 284; *Raab* NZA 2002, 479). Die Regelung einer übertragenen Angelegenheit durch formlose Regelungsabrede (→ § 77 Rn. 216ff.) empfiehlt sich allerdings in all den Fällen nicht, in denen eine Gruppenvereinbarung von allgemein geltenden BV abweichen, da eine bloße Regelungsabrede die unmittelbaren und zwingenden Normen der BV nicht verdrängen kann (→ § 77 Rn. 124ff.). Die Gruppenvereinbarung kann auch in der formellen Form einer schriftlichen Vereinbarung abgeschlossen werden. In diesem Falle hat sie **dieselbe rechtliche Wirkung wie eine BV** (GK-BetrVG/*Raab* Rn. 44, 58; Richardi BetrVG/*Thüsing* Rn. 27; ErfK/*Koch* Rn. 3; HWGNRH/*Glock* Rn. 33; *Löwisch/Kaiser* Rn. 22; *Löwisch* BB 2001, 1734 [1741]; *Raab* NZA 2002, 479f.; *Richardi* NZA 2001, 346 [351]; *Nill* Selbstbestimmung S. 89; **aA** DKKW/*Wedde* Rn. 57ff., *Tüttenberg* Arbeitsgruppe S. 170, *Wedde* ArbuR 2002, 125; *Zumbeck* Arbeitsgruppenvereinbarungen S. 33, die eine Wirkung lediglich unterhalb der BVEbene aus der nur analogen Anwendung des § 77, der systematischen Einordnung des § 28a und den begrenzten Beteiligungsrechten der ArbGruppe ableiten).

32a Das folgt aus der generellen Verweisung von Abs. 2 S. 2 auf § 77. Dessen Regelungen über die **unmittelbare** und **zwingende Wirkungen** der Normen einer BV, über das grundsätzliche Verzichts- und Verwirkungsverbot, über das Kündigungsrecht einer BV und über die **Nachwirkung** ihrer Normen bei mitbestimmungspflichtigen Tatbeständen (→ § 77 Rn. 124ff., 131ff., 142ff., 177ff.), gelten damit auch für eine schriftliche Gruppenvereinbarung (GK-BetrVG/*Raab* Rn. 52, 58; *Linde* Aufgaben BR S. 283ff.; *Nill* Selbstbestimmung S. 100f.; *Tüttenberg* Arbeitsgruppe S. 218; *Raab* NZA 2002, 482; **aA** zur Nachwirkung DKKW/*Wedde* Rn. 65). Das gilt auch für das Ende der Gruppenvereinbarung aus anderen Gründen als einer Kündigung (→ § 77 Rn. 160ff.). Die gerichtl. **Inhaltskontrolle** ist wie bei BV auf eine reine Rechtskontrolle beschränkt (*Linde* Aufgaben BR S. 301). Zur Frage der Weitergeltung von Gruppenvereinbarungen bei Widerruf der Übertragung nach Abs. 1 S. 4 → Rn. 27.

33 Sind in einem Betrieb betriebsverfassungsrechtliche Aufgaben auf mehrere ArbGruppen delegiert worden, können diese bei der Regelung gleichgelagerter Angelegenheiten inhaltlich übereinstimmende Gruppenvereinbarungen abschließen. Rechtlich handelt es sich hierbei um jeweils **selbständige** und **getrennte** Vereinbarungen. Der Abschluss einer einheitlichen Gruppenvereinbarung aller Gruppen ist unzulässig, da das G eine Zusammenfassung mehrerer ArbGruppen zu einer – dem GesBR ähnlichen – „GesArbGruppe" nicht kennt (*Linde* Aufgaben BR S. 288; **aA** *Tüttenberg* Arbeitsgruppe S. 205; *Natzel* DB 2001, 1363).

Das Verhältnis einer schriftlichen Gruppenvereinbarung zu einer allgemeinen BV bestimmt sich nach den **Grundsätzen der Spezialität** (GK-BetrVG/*Raab* Rn. 55; HaKo-BetrVG/*Wolmerath* Rn. 18; ErfK/*Koch* Rn. 3; HWGNRH/*Glock* Rn. 32; *Linde* Aufgaben BR S. 308f.; *Nill* Selbstbestimmung S. 99; *Natzel* DB 2001, 1363; *Neef* NZA 2001, 363; *Raab* NZA 2002, 481; *Wendeling-Schröder* NZA-Sonderheft 2001, 33; zweifelnd *Däubler* AiB 2001, 383; **aA** DKKW/*Wedde* Rn. 57, 61; *Tüttenberg* Arbeitsgruppe S. 178f., der aber durch Modifizierung der Vorrangtheorie zu ähnl. Ergebnissen wie bei Annahme der Spezialität kommt; **aA** Richardi BetrVG/*Thüsing* Rn. 29: Vorrang der BV). Hiernach hat die Gruppenvereinbarung in aller Regel Vorrang vor einer allgemeinen BV (HWGNRH/*Glock* Rn. 32). Das gilt unabhängig davon, ob ihre Regelungen für die Gruppenmitgl. günstiger oder ungünstiger als die der allgemeinen BV sind; denn da für Gruppenvereinbarungen § 77 maßgebend ist, gelten für sie auch die Grundsätze, die für das Verhältnis mehrere BV zueinander gelten (→ § 77 Rn. 192ff.; wie hier *Linde* Aufgaben BR S. 308f.; **aA** *Malottke* AiB 2001, 627; *Zumbeck* Arbeitsgruppenvereinbarungen S. 34, die nur günstigere Regelungen als zulässig ansehen). 34

Das gilt grds. auch im Stadium der **Nachwirkung** (→ Rn. 32f.), allerdings mit folgender **Ausnahme:** Wenn die eine alte Gruppenvereinbarung ablösende neue Vereinbarung nicht mehr von der ArbGruppe selbst abgeschlossen werden kann (zB Widerruf der Übertragung und Kündigung der Vereinbarung durch BR) und im Betrieb eine BV besteht, die denselben Gegenstand regelt wie die Gruppenvereinbarung und von ihrem Anwendungsbereich die ArbGruppe erfasst (zB Arbeitszeitregelung), jedoch nur aufgrund der Spezialität der Gruppenvereinbarung nicht für die GruppenMitgl. gilt, kommt nach Erlöschen der Regelungszuständigkeit der ArbGruppe der bestehenden BV Vorrang vor einer nur nachwirkenden Gruppenvereinbarung zu, zumal hier auch eine die Nachwirkung rechtfertigende Regelungslücke nicht besteht (GK-BetrVG/*Raab* Rn. 60; *Zumbeck* Arbeitsgruppenvereinbarungen S. 39; *Raab* NZA 2002, 482). 34a

2. Beachtung formeller Voraussetzungen bei der Wahrnehmung der Regelungskompetenz

Der Abschluss einer Gruppenvereinbarung setzt voraus, dass ihr **die Mehrheit der Mitgl. der ArbGruppe** zustimmt (Abs. 2 S. 1 Hs. 2). Die Mehrheit der an der Abstimmung teilnehmenden Gruppenmitgl. reicht nicht aus, gleichgültig ob die Nichtteilnahme an der Abstimmung auf einer objektiven Unmöglichkeit (zB Erkrankung) oder auf sonstigen Gründen beruht (DKKW/*Wedde* Rn. 69). Da die Vorschrift nicht auf die Wahlberechtigung der Gruppenmitgl. abstellt, sind nicht nur die nach § 7 Wahlberechtigten (so aber GK-BetrVG/*Raab* Rn. 46; *Zumbeck* Arbeitsgruppenvereinbarungen S. 36), sondern **alle Mitgl.** der ArbGruppe, die nach § 5 als ArbN anzusehen sind (ebenso ErfK/*Koch* Rn. 3; *Linde* Aufgaben BR S. 175; → § 5 Rn. 16ff.; **aA** HWGNRH/*Glock* Rn. 37), **abstimmungsberechtigt.** Damit sind zB auch der ArbGruppe angehörende jug. ArbN an den Entscheidungen der Gruppenmitgl. zu beteiligen (*Tüttenberg* Arbeitsgruppe S. 187). Das gilt für alle Entscheidungen der ArbGruppe, auch wenn sie keinen Abschluss einer Vereinbarung zum Gegenstand haben. Nicht abstimmungsberechtigt sind die in § 5 Abs. 2–4 genannten Personen. Durch das für den Abschluss einer Gruppenvereinbarung bestehende Erfordernis einer absoluten Mehrheit der Gruppenmitgl. wird sichergestellt, dass eine Gruppenvereinbarung mit verbindlicher Wirkung für alle Gruppenmitgl. in einem ausreichenden Maße legitimiert ist, auch wenn sich aus der Gruppenvereinbarung Regelungen mit materiellen Auswirkungen für die Mitgl. der ArbGruppe ergeben. 35

Gegen die Möglichkeit, dass die Minderheit der einer Gruppenvereinbarung nicht zustimmenden Gruppenmitgl. gleichwohl an den Inhalt der Gruppenvereinbarung 35a gebunden sind, werden zT mit dem Hinweis auf die fehlende Möglichkeit der Gruppenmitgl., auf die personelle Zusammensetzung der Gruppe Einfluss zu nehmen, und der daraus folgenden fehlenden **Legitimation** der Gruppe Bedenken erhoben (GK-BetrVG/*Raab* Rn. 5, 54; *Tüttenberg* Arbeitsgruppe S. 190 ff.; *Däubler* AuR 2001, 289; *Franzen* ZfA 2001, 437; *Raab* NZA 2002, 481; *Richardi* NZA 2001, 351; *Wendeling-Schröder* NZA 2001, 359; *Wendeling-Schröder* NZA-Sonderheft 2001, 32). Das ist jedoch nicht überzeugend (ebenso *Linde* Aufgaben BR S. 297 ff.; *Nill* Selbstbestimmung S. 97, 120; s. dessen legitimationsrechtl. Ausführungen S. 91 ff.). Dem Gesetzgeber steht es frei, in welcher Weise er die Wahrnehmung betriebsverfassungsrechtlicher Beteiligungsrechte ausgestaltet. Es bestünden keine Legitimationsbedenken gegen eine gesetzliche Regelung, die – iS einer unmittelbaren Demokratie – die Wahrnehmung von Beteiligungsrechten durch die ArbN selbst vorsähe. Dann können jedoch auch keine Bedenken gegen eine gesetzliche Regelung erhoben werden, die den Betriebspartnern die Möglichkeit einräumt, in begrenztem Umfang und unter bes. Voraussetzungen (Abschluss einer Rahmenvereinbarung, qualifizierter Übertragungsbeschluss) die Wahrnehmung bestimmter betriebsverfassungsrechtlicher Aufgaben an die ArbN zu delegieren (wie hier *Blanke* RdA 2003, 153; vgl. in diesem Zusammenhang auch die Regelung des § 50 Abs. 1 Hs. 2, nach der sich die originäre Zuständigkeit des GesBR auch auf betriebsratslose Betriebe erstreckt).

35b Verlangt man dagegen **Einverständnis aller Gruppenmitgl.** bei zusätzlichen Pflichten aus einer Gruppenvereinbarung (so GK-BetrVG/*Raab* Rn. 54; *Raab* NZA 2002, 481), bedeutet dies iErg, dass das vom BR an die ArbGruppe delegierte **kollektive Recht** auf Abschluss von Gruppenvereinbarungen mit Normwirkung in eine Vielzahl von Individualrechten aufgesplittet und damit **aufgegeben** wird. Das widerspricht nicht nur dem Wesen der Delegation, nämlich Weitergabe des Rechts ohne dessen inhaltliche Änderung. Dieser Lösungsansatz ist zudem problematisch bezogen auf das Rückholrecht des BR, weil selbst eine nach Ausübung dieses Rechts abgeschlossene BV des BR mit dem ArbGeb. die auf individualrechtlicher Ebene geschlossenen Vereinbarungen nicht beseitigen kann, wenn diese günstiger sind. Nicht zielführend ist vor allem aber, dass ein einzelnes GruppenMitgl. eine Gruppenregelung verhindern könnte.

36 Im Gegensatz zu § 33, der von Beschlüssen des BR spricht und die Stimmenmehrheit der anwesenden BRMitgl. fordert, spricht § 28 Abs. 2 S. 1 Hs. 2 lediglich von der Mehrheit der Stimmen der Gruppenmitgl. Wegen des unterschiedlichen Wortlauts der Vorschriften und bei Berücksichtigung des Umstands, dass die Gruppenmitgl. in aller Regel mit den die Gruppe betreffenden Fragen und Problemen vertraut sind, dürfte die Wirksamkeit einer Entscheidung der Gruppe nicht davon abhängig sein, dass sie in einer förmlichen Gruppensitzung getroffen wird. Insofern kommt auch eine **Abstimmung im Umlaufverfahren** in Betracht (GK-BetrVG/*Raab* Rn. 49; HWGNRH/*Glock* Rn. 38; *Tüttenberg* Arbeitsgruppe S. 201 f.; *Raab* NZA 2002, 480; **aA** DKKW/*Wedde* Rn. 74; *Linde* Aufgaben BR S. 173). Allerdings ist stets erforderlich, dass allen Gruppenmitgl. die regelungsbedürftige Angelegenheit und der genaue Inhalte der angestrebten Regelung bekannt ist. Dies hat der Gruppensprecher durch eine rechtzeitige und der zu regelnden Angelegenheit entspr. Unterrichtung der Gruppenmitgl. sicherzustellen (DKKW/*Wedde* Rn. 74).

37 Eine Regelungskompetenz der Gruppe besteht nur für **freiwillige Regelungen** der auf sie übertragenen betriebsverfassungsrechtlichen Aufgaben. Zwischen ArbGeb. und ArbGruppe herrscht das **Einigungsprinzip.** Können sich ArbGeb. und ArbGruppe in einer konkret zu regelnden Angelegenheit nicht einigen, fällt die Regelung des konkreten Streitfalls – nicht die übertragene Aufgabe als solche (*Engels/Trebinger/Löhr-Steinhaus* DB 2001, 537) – wieder an den BR zurück (Richardi BetrVG/*Thüsing* Rn. 32 f.; GK-BetrVG/*Raab* Rn. 36; *Tüttenberg* Arbeitsgruppe S. 135; HWGNRH/*Glock* Rn. 42). Hieraus folgt, dass ausschließlich der BR und nicht die ArbGruppe berechtigt ist, die **E-Stelle** zur Streitentscheidung anzurufen (*Nill* Selbstbestimmung S. 83; *Engels* FS Wißmann, 2005, 311). Die Feststellung, dass in einer umstrittenen Angelegenheit eine einverständliche Regelung nicht möglich ist, kann sowohl der ArbGeb. als auch die ArbGruppe treffen (Richardi BetrVG/*Thüsing* Rn. 33).

Im Interesse der Rechtssicherheit erfordert eine derartige Feststellung durch die ArbGruppe eine **förmliche Abstimmung,** damit eindeutig feststeht, wer auf ArbNSeite zur Regelung der Angelegenheit befugt ist (*Engels* FS Wißmann, 2005, 311 f.; **aA** GK-BetrVG/*Raab* Rn. 43: Ablauf zumutbarer Frist nach Regelungsvorschlag des ArbGeb. soll ausreichen; dagegen *Linde* Aufgaben BR S. 274 f.). Diese Entscheidung der ArbGruppe bedarf keiner qualifizierten Mehrheit, da diese nach Abs. 2 S. 1 Hs. 2 nur beim Abschluss von Gruppenvereinbarungen erforderlich ist (*Nill* Selbstbestimmung S. 83). Bevor ArbGeb. oder ArbGruppe die Unmöglichkeit einer freiwilligen Einigung feststellen, sollten sie sich des auch für sie geltenden Gebots des § 74 Abs. 1 S. 2 bewusst sein, über strittige Fragen mit dem ernsten Willen zur Einigung zu verhandeln und Vorschläge für die Beilegung von Meinungsverschiedenheiten zu machen. Allerdings hat die Missachtung dieses Gebots kein Auswirkung auf die Rechtswirksamkeit der Feststellung der Nichteinigung (→ § 74 Rn. 9 ff.). Die Feststellung der Nichteinigung ist verbindlich und aus Gründen der Rechtssicherheit nicht widerrufbar (*Engels* FS Wißmann, 2005, 312). **37a**

Durch die Übertragung von betriebsverfassungsrechtlichen Aufgaben erhält die ArbGruppe eine eigenständige betriebsverfassungsrechtliche Stellung (→ Rn. 7). Daraus folgt, dass die gesetzlichen Regelungen über die Stellung des BR im Rahmen der übertragenen Aufgaben grds. für die ArbGruppe entspr. gelten (vgl. *Nill* Selbstbestimmung S. 84 ff.). So ist zB der ArbGeb. verpflichtet, die zur ordnungsgemäßen Wahrnehmung der betriebsverfassungsrechtlichen Aufgabe erforderlichen **Kosten der ArbGruppe** nach § 40 zu tragen (DKKW/*Wedde* Rn. 78; ErfK/*Koch* Rn. 3; *Linde* Aufgaben BR S. 184 f.; *Tüttenberg* Arbeitsgruppe S. 142). Ebenso gelten die Grundsätze der §§ 2 u. 74 über die **Zusammenarbeit** der Betriebspartner auch im Verhältnis zwischen ArbGeb. und ArbGruppe (*Linde* Aufgaben BR S. 157 f.; *Tüttenberg* Arbeitsgruppe S. 142). Ferner hat die ArbGruppe die gesetzlichen Regelungen, die im Zusammenhang mit der Meinungsbildung des BR stehen oder ihrer Dokumentation oder Kontrolle dienen, grds. ebenfalls zu beachten. Hierbei ist es allerdings zulässig, diese Regelungen an die Besonderheiten einer – idR kleinen und überschaubaren – ArbGruppe anzupassen. Zweckmäßigerweise sollte dies in der Rahmenvereinbarung näher geregelt werden. **38**

Vorbehaltlich einer konkretisierenden bzw. abweichenden Regelung in der Rahmenvereinbarung gelten deshalb für die ArbGruppe zB grds. folgende Vorschriften: **§ 26** zur Wahl des **Gruppensprechers** und seiner Vertretungsbefugnis, wenn nicht die ArbGruppe eine andere Form einer Vertr. beschließt (GK-BetrVG/*Raab* Rn. 50; krit. *Linde* Aufgaben BR S. 160 ff.); **§ 29 Abs. 2–4** hinsichtlich der Einberufung, Leitung, Tagesordnung von **Gruppensitzungen** (*Linde* Aufgaben BR S. 163 ff.; *Tüttenberg* Arbeitsgruppe S. 195 ff.; **§ 30** über Zeitpunkt von Gruppensitzungen (*Linde* Aufgaben BR S. 166); **§ 31** über das Teilnahmerecht von **Gewerkschaftsvertretern,** wobei für deren Hinzuziehung ein Antrag von einem Viertel der Gruppenmitgl. ausreicht (*Tüttenberg* Arbeitsgruppe S. 146 f.; **aA** *Linde* Aufgaben BR S. 168); **§ 32** über das Teilnahmerecht der **SchwbVertr.** (*Linde* Aufgaben BR S. 170); § 33 Abs. 1 u. 2 für nicht der qualifizierten Mehrheit bedürftige Entscheidungen der ArbGruppe; wegen des eigenen Teilnahmerechts von jug. ArbN bei Gruppenentscheidungen (→ Rn. 35) ist § 33 Abs. 3 bei Gruppenentscheidungen nicht anzuwenden; **§ 34** über die **Dokumentation** von Entscheidungen der ArbGruppe sowie das **Einsichtsrecht** in ihre Unterlagen (*Linde* Aufgaben BR S. 177 ff.; *Tüttenberg* Arbeitsgruppe S. 201). Die ArbGruppe kann sich unter Beachtung bestehender Regelungen in der Rahmenvereinbarung ferner eine **eigene Geschäftsordnung** geben (§ 36, *Linde* Aufgaben BR S. 180 f.). **38a**

IV. Betriebsverfassungsrechtliche Rechtsstellung der Mitglieder der Arbeitsgruppe

39 Die Mitgl. der ArbGruppe sind, auch wenn dieser betriebsverfassungsrechtlich Aufgaben übertragen werden, **keine BRMitgl.** Deshalb gelten für sie die für BR-Mitgl. geltenden gesetzlichen Schutz- oder Sondervorschriften grds. nicht (DKKW/*Wedde* Rn. 7; GK-BetrVG/*Raab* Rn. 8; ErfK/*Koch* Rn. 3). Das gilt insbes. für den Kündigungsschutz der BRMitgl. nach § 15 KSchG und § 103 BetrVG (*Linde* Aufgaben BR S. 133 f.; *Tüttenberg* Arbeitsgruppe S. 149 f.) sowie der Schutz Auszubildender nach § 78a. Auch das Recht des BR und seiner Mitgl. auf Teilnahme an Schulungen nach § 37 Abs. 6 u. 7 oder auf Freistellung nach § 38 gilt nicht für die ArbGruppe und ihre Mitgl. (HWGNRH/*Glock* Rn. 31; *Tüttenberg* Arbeitsgruppe S. 143, 155; *Zumbeck* Arbeitsgruppenvereinbarungen S. 31).

39a Auf der anderen Seite dürfen die Mitgl. der ArbGruppe durch die Übertragung betriebsverfassungsrechtlicher Aufgaben **keine Nachteile** erleiden. Deshalb gelten für sie die Regelungen des **§ 37 Abs. 1–3** über die Ehrenamtlichkeit ihrer Tätigkeit, der Anspruch auf erforderliche Arbeitsbefreiung zur Durchführung ihrer betriebsverfassungsrechtlichen Aufgaben und der Anspruch auf Freizeitausgleich bzw. auf Abgeltung für die Durchführung erforderlicher betriebsverfassungsrechtlicher Tätigkeit außerhalb ihrer Arbeitszeit entspr. (ErfK/*Koch* Rn. 3; *Linde* Aufgaben BR S. 134 ff.; *Tüttenberg* Arbeitsgruppe S. 153 f.; *Raab* NZA 2002, 475; *Nill* Selbstbestimmung S. 82). Das Gleiche gilt für das allgemeine **Behinderungs-, Benachteiligungs- und Begünstigungsverbot** nach § 78 (*Linde* Aufgaben BR S. 141 ff.; *Tüttenberg* Arbeitsgruppe S. 151 f.; **aA** DKKW/*Wedde* Rn. 83). Hieraus ergibt sich für die Mitgl. einer ArbGruppe ein relativer Kündigungsschutz; denn eine Kündigung, die wegen der rechtmäßigen Wahrnehmung betriebsverfassungsrechtlicher Aufgaben erfolgt, ist nichtig (GK-BetrVG/*Raab* Rn. 8; *Linde* Aufgaben BR S. 143; → § 78 Rn. 18). Das Gleiche gilt auch bei einer beruflichen Benachteiligung aus diesen Gründen (→ § 78 Rn. 16 ff.). Die Verpflichtung der BRMitgl. zur **Verschwiegenheit** nach § 79 dürfte für die Mitgl. der ArbGruppe ebenfalls entspr. geltend (Richardi BetrVG/*Thüsing* Rn. 34; *Tüttenberg* Arbeitsgruppe S. 152 f.; **aA** DKKW/*Wedde* Rn. 83; *Linde* Aufgaben BR S. 144), wobei bei ihnen eine Verletzung dieser Pflicht wegen des strafrechtlichen Analogieverbots nicht nach § 120 strafbewehrt ist. IÜ dürfte sich eine Verschwiegenheitspflicht der Gruppenmitgl. in aller Regel auch aus der arbeitsvertraglichen Treuepflicht ergeben (→ § 79 Rn. 39). In der Rahmenvereinbarung kann die betriebsverfassungsrechtliche Rechtstellung der Gruppenmitgl. näher geregelt und stärker an die Rechtsstellung von BRMitgl. angepasst werden (GK-BetrVG/*Raab* Rn. 8f.).

V. Streitigkeiten

40 Rechtsstreitigkeiten im Zusammenhang mit der Übertragung von betriebsverfassungsrechtlichen Aufgaben auf eine ArbGruppe entscheiden die ArbG im **BeschlVerf** (→ Anh. 3 Rn. 1 ff.). Das gleich gilt für Streitigkeiten, die sich innerhalb der ArbGruppe bei der Wahrnehmung dieser Aufgaben ergeben, etwa über die Wirksamkeit einer Entscheidung der ArbGruppe. Auch Streitigkeiten im Zusammenhang mit einer zwischen ArbGeb. und ArbGruppe abgeschlossenen Gruppenvereinbarung, etwa über deren Geltungsbereich oder Auslegung, sind im BeschlVerf. zu entscheiden. Da die ArbGruppe eine eigene betriebsverfassungsrechtliche Rechtsstellung innehat (→ Rn. 7), ist sie bei Streitigkeiten im Zusammenhang mit den übertragenen Aufgaben antrags- und beteiligungsbefugt (GK-BetrVG/*Raab* Rn. 61; *Löwisch/Kaiser* Rn. 29; Richardi BetrVG/*Thüsing* Rn. 35; *Linde* Aufgaben BR S. 316; *Zumbeck* Arbeitsgruppenvereinbarungen S. 38; *Löwisch* BB 2001, 1741; **aA** DKKW/*Wedde* Rn. 84; *Nill* Selbstbestimmung S. 84).

§ 29 Einberufung der Sitzungen

(1) [1]**Vor Ablauf einer Woche nach dem Wahltag hat der Wahlvorstand die Mitglieder des Betriebsrats zu der nach § 26 Abs. 1 vorgeschriebenen Wahl einzuberufen.** [2]**Der Vorsitzende des Wahlvorstands leitet die Sitzung, bis der Betriebsrat aus seiner Mitte einen Wahlleiter bestellt hat.**

(2) [1]**Die weiteren Sitzungen beruft der Vorsitzende des Betriebsrats ein.** [2]**Er setzt die Tagesordnung fest und leitet die Verhandlung.** [3]**Der Vorsitzende hat die Mitglieder des Betriebsrats zu den Sitzungen rechtzeitig unter Mitteilung der Tagesordnung zu laden.** [4]**Dies gilt auch für die Schwerbehindertenvertretung sowie für die Jugend- und Auszubildendenvertreter, soweit sie ein Recht auf Teilnahme an der Betriebsratssitzung haben.** [5]**Kann ein Mitglied des Betriebsrats oder der Jugend- und Auszubildendenvertretung an der Sitzung nicht teilnehmen, so soll es dies unter Angabe der Gründe unverzüglich dem Vorsitzenden mitteilen.** [6]**Der Vorsitzende hat für ein verhindertes Betriebsratsmitglied oder für einen verhinderten Jugend- und Auszubildendenvertreter das Ersatzmitglied zu laden.**

(3) **Der Vorsitzende hat eine Sitzung einzuberufen und den Gegenstand, dessen Beratung beantragt ist, auf die Tagesordnung zu setzen, wenn dies ein Viertel der Mitglieder des Betriebsrats oder der Arbeitgeber beantragt.**

(4) [1]**Der Arbeitgeber nimmt an den Sitzungen, die auf sein Verlangen anberaumt sind, und an den Sitzungen, zu denen er ausdrücklich eingeladen ist, teil.** [2]**Er kann einen Vertreter der Vereinigung der Arbeitgeber, der er angehört, hinzuziehen.**

Inhaltsübersicht

I. Vorbemerkung

Die Vorschrift regelt wesentliche Einzelheiten der **konstituierenden** Sitzung sowie der **weiteren Sitzungen** des mehrköpfigen BR. 1

Auf die Sitzungen der JAV, der BordVertr. und des SeeBR ist sie **entspr.** anzuwenden (vgl. § 65 Abs. 2, § 115 Abs. 4 und § 116 Abs. 3). Die Abs. 2–4 gelten für den GesBR und den KBR entspr. (vgl. § 51 Abs. 2 S. 3 und § 59 Abs. 2 S. 3). Für die Einberufung und Leitung der konstituierenden Sitzung des GesBR und des KBR enthalten § 51 Abs. 2 S. 1 u. 2 sowie § 59 Abs. 2 S. 1 u. 2 Sonderregelungen. Das Gleiche gilt für die GesJAV und die KJugAzubi Vertr. (vgl. § 73 Abs. 2 und § 73b Abs. 2). 2

Mit gewissen Modifikationen gelten Abs. 2–4 für den BetrAusschuss und sonstige Ausschüsse des BR, des GesBR und des KBR entspr., insbes. wenn ihnen Aufgaben zur selbständigen Erledigung übertragen sind (BAG 18.11.1980 – 1 ABR 31/78, AP 3

BetrVG 1972 § 108 Nr. 2; DKKW/*Wedde* Rn. 1; HWGNRH/*Glock* Rn. 63; einschr. GK-BetrVG/*Raab* Rn. 2, nur bei Übertragung von Aufgaben zur selbständigen Erledigung; → § 27 Rn. 55ff., 70ff.). Die Vorschrift gilt nicht für zusätzliche betriebsverfassungsrechtliche Vertr. nach § 3 Abs. 1 Nr. 5, wohl jedoch für andere Vertr. der ArbN des Betriebs iSv § 3 Abs. 1 Nr. 2–4, sofern der TV oder die BV keine abweichenden Regelungen enthalten (vgl. § 3 Abs. 5). Vorbehaltlich einer abweichenden Regelung in der Rahmenvereinbarung gelten die Abs. 2–4 auch für ArbGruppen nach § 28a (→ § 28a Rn. 38).

4 Die Vorschrift ist **zwingend.** Abweichende Vereinbarungen sind weder durch TV noch durch BV zulässig.

5 Entsprechende Vorschriften: § 34 BPersVG, § 12 Abs. 1–4 SprAuG, § 13 Abs. 1 u. 2, § 25 Abs. 1 S. 1, § 27 EBRG, § 12 Abs. 1 S. 1, Abs. 2, § 23 Abs. 2, § 24 Abs. 2 S. 2, 3 SEBG, § 12 Abs. 1 S. 1, Abs. 2, § 23 Abs. 2, § 24 Abs. 2 S. 2, 3 SCEBG.

II. Konstituierende Sitzung des Betriebsrats

6 Die konstituierende Sitzung des BR dient der **Wahl des Vors. und stellvertr. Vors.,** in BR mit neun oder mehr Mitgl. auch der Wahl der weiteren Mitgl. des BetrAusschusses (→ § 26 Rn. 8; → § 27 Rn. 8).

1. Einberufung der konstituierenden Sitzung

7 Die konstituierende Sitzung wird vom **Wahlvorst.** unter Mitteilung von Zeitpunkt und TO einberufen. Dieser wird seinerseits durch seinen Vors. vertreten. Das Recht des Wahlvorst. beschränkt sich auf die Einberufung der konstituierenden Sitzung und ihre Leitung durch seinen Vors., bis der BR aus seiner Mitte einen Wahlleiter für die Wahl des BRVors. bestellt hat. Danach endet sein Teilnahmerecht (DKKW/*Wedde* Rn. 10; GK-BetrVG/*Raab* Rn. 16; HWGNRH/*Glock* Rn. 12; Richardi BetrVG/*Thüsing* Rn. 4). Ein Teilnahmerecht aller Mitgl. des Wahlvorst. an der konstituierenden Sitzung des BR besteht nicht.

8 Die konstituierende Sitzung ist spätestens **eine Woche nach dem Wahltag** (erstreckt sich die Wahl über mehrere Tage, nach dem letzten Tag der Stimmabgabe) einzuberufen. Der Wahltag selbst ist bei der Fristberechnung nicht mitzurechnen. Hat zB die Wahl des BR an einem Mittwoch stattgefunden, so muss die Einberufung zur konstituierenden Sitzung spätestens bis Mittwoch der folgenden Woche erfolgt sein. Fällt der letzte Tag der Frist auf einen Samstag, Sonntag oder gesetzlichen Feiertag, läuft die Frist mit dem nächsten Werktag ab (vgl. § 193 BGB).

9 Die Frist von einer Woche ist eine **Ordnungsvorschrift.** An geringfügige Überschreitungen sind keine Rechtsfolgen geknüpft. Ihre Nichtbeachtung ist insbes. dann unerheblich, wenn bei Ablauf der Frist das endgültige Wahlergebnis noch nicht feststeht. Kommt der Wahlvorst. seiner Verpflichtung, die BRMitgl. zur ersten Sitzung einzuberufen, dagegen überhaupt nicht oder längere Zeit nicht nach, so müssen die gewählten BRMitgl. selbst die Initiative ergreifen, sei es, dass ein einzelnes BRMitgl. zur ersten Sitzung einlädt, sei es, dass sich die BRMitgl. untereinander verständigen und den Zeitpunkt der ersten Sitzung zum Zweck der Wahl des Vors. und seines Stellvertr. vereinbaren (LAG Hamm 23.6.2014 – 13 TaBVGa 21/14, BeckRS 2014, 72579; DKKW/*Wedde* Rn. 7f.; GK-BetrVG/*Raab* Rn. 13; Richardi BetrVG/*Thüsing* Rn. 11; insoweit **aA** BAG 23.8.1984 – 6 AZR 520/82, AP BetrVG 1972 § 102 Nr. 36, das ein Selbstversammlungsrecht des BR vor der Konstituierung für unzulässig hält; HWGNRH/*Glock* Rn. 8: freiwillige Versammlung aller BRMitgl.; **aA** auch MHdB ArbR/*Krois* § 294 Rn. 7). Hierbei muss allerdings sichergestellt sein, dass alle BRMitgl., ggf. auch nach § 25 heranzuziehende ErsMitgl., vom Zeitpunkt und Ort der konstituierenden Sitzung unterrichtet sind.

Ein Vorgehen gegen einen **säumigen Wahlvorst.** ist nicht vorgesehen; es hat auch wenig Sinn, da mit der Einberufung der konstituierenden Sitzung die Tätigkeit des Wahlvorst. ohnehin endet. Ein säumiger Wahlvorst. kann auch nicht mehr gem. § 18 Abs. 1 S. 2 abberufen werden mit der Wirkung, dass seine Mitgl. den nachwirkenden Kündigungsschutz verlieren. Denn die Unterlassung der Einberufung der konstituierenden Sitzung des BR stellt keine die Abberufung rechtfertigende Pflichtverletzung iSv § 18 Abs. 1 S. 2 dar (GK-BetrVG/*Raab* Rn. 12). 10

Vor Ablauf der Wochenfrist sind die BRMitgl. lediglich **zur ersten Sitzung** des BR **einzuberufen.** Es sind also in der Frist nur die BRMitgl. zur konstituierenden BRSitzung zu laden. Nicht erforderlich ist, dass die Sitzung selbst in dieser Zeit stattfindet (DKKW/*Wedde* Rn. 5; ErfK/*Koch* Rn. 1; HWGNRH/*Glock* Rn. 3; Richardi BetrVG/*Thüsing* Rn. 5; **aA** GK-BetrVG/*Raab* Rn. 8f.). Den Zeitpunkt der konstituierenden Sitzung festzulegen, ist vielmehr dem Wahlvorst. überlassen, der, wenn die Amtszeit des bisherigen BR am Wahltag bereits abgelaufen war oder unmittelbar danach abläuft, die Sitzung sehr kurzfristig anberaumen muss. Ist dagegen die Amtszeit des bisherigen BR innerhalb einer Woche nach der Wahl nicht abgelaufen, so hat der Wahlvorst. zur konstituierenden Sitzung spätestens am ersten Tag der Amtszeit des neuen BR einzuladen, damit der BR sofort voll funktionsfähig ist (→ Rn. 12). Es ist auch zulässig, die konstituierende Sitzung bereits vor Beginn der Amtszeit des derzeitigen BR abzuhalten (GK-BetrVG/*Raab* Rn. 9; DKKW/*Wedde* Rn. 4; HWGNRH/*Glock* Rn. 3; Richardi BetrVG/*Thüsing* Rn. 6). Allerdings muss sich diese Sitzung auf die Konstituierung des BR, dh die Wahl des Vors., seines Stellvertreters und der Mitgl. des BetrAusschusses, deren Amt erst mit Ablauf der Amtszeit des noch im Amt befindlichen BR beginnt, beschränken. Sachentscheidungen in Beteiligungsangelegenheiten können nicht wirksam beschlossen werden, da die Amtszeit des neu gewählten BR noch nicht begonnen hat (DKKW/*Wedde* Rn. 4; HaKo-BetrVG/*Wolmerath* Rn. 5). 11

Die konstituierende Sitzung ist auch dann in der vorgeschriebenen Frist anzuberaumen, wenn die **Wahl angefochten** ist (DKKW/*Wedde* Rn. 4; GK-BetrVG/*Raab* Rn. 7). 12

Bevor sich der BR durch Vornahme der nach § 26 vorgeschriebenen Wahlen konstituiert hat, braucht der ArbGeb. mit ihm nicht zu verhandeln. In der Zeit vor der Konstituierung etwa schon gefasste Beschlüsse sind nicht verbindliche Meinungsäußerungen der BRMitgl.; sie stellen **keine Beschlüsse des BR** dar (BAG 23.8.1984 – 6 AZR 520/82, AP BetrVG 1972 § 102 Nr. 36; HWGNRH/*Glock* Rn. 2; Richardi BetrVG/*Thüsing* § 26 Rn. 1; **aA** GK-BetrVG/*Raab* § 26 Rn. 6; DKKW/*Wedde* § 26 Rn. 4; wohl auch, wenn letztlich noch offen gelassen BAG 28.9.1983 – 7 AZR 266/82, AP BetrVG 1972 § 21 Nr. 1). Steht die Wahl des BRVors. und seines Stellvertreters unmittelbar bevor, hat der ArbG. dem Grundsatz der vertrauensvollen Zusammenarbeit entspr. zum Zwecke der Durchführung des Beteiligungsverfahrens die Konstituierung des BR jedenfalls dann abzuwarten, wenn die beabsichtigte Maßnahme nicht unaufschiebbar ist (BAG 28.9.1983 – 7 AZR 266/82, AP BetrVG 1972 § 21 Nr. 1). 13

Zur Sitzung **einzuladen** sind die nach dem bekannt gegebenen Wahlergebnis (§ 19 WO) **gewählten Mitgl. des BR.** Hat ein Wahlbewerber erklärt, dass er die Wahl nicht annehme, so ist der statt seiner in den BR einrückende Wahlbewerber (vgl. hierzu § 18 Abs. 2 WO) zu laden. Steht fest, dass ein Mitgl. durch Krankheit, Urlaub usw zeitweilig verhindert ist, so ist das nach § 25 in Frage kommende ErsMitgl. zu laden. Der Wahlvorst. ist nicht berechtigt, zu der Sitzung den ArbGeb. oder die im Betrieb vertr. Gewerkschaften zu laden, da diese Entscheidungen dem BR bzw. dessen Vors. vorbehalten sind und daher erst nach Konstituierung des BR getroffen werden können (GK-BetrVG/*Raab* Rn. 10, 17; ErfK/*Koch* Rn. 1; HWGNRH/*Glock* Rn. 10; Richardi BetrVG/*Thüsing* Rn. 8; **aA** DKKW/*Wedde* Rn. 10 für Gewerkschaftsbeauftragten; diff. HaKo-BetrVG/*Wolmerath* Rn. 7). Wegen des beschränkten Zwecks der konstituierenden Sitzung haben kein Teilnahmerecht 14 und sind deshalb auch nicht zu laden die SchwbVertr. und ein Mitgl. der JAV (GK-BetrVG/*Raab* Rn. 17; WPK/*Kreft* Rn. 4; insoweit **aA** DKKW/*Wedde* Rn. 10; HaKo-BetrVG/*Wolmerath* Rn. 7; Richardi BetrVG/*Thüsing* Rn. 8; HWGNRH/*Glock* Rn. 12, die trotz Bejahung eines Teilnahmerechts allerdings keine Ladungspflicht vorsehen) sowie der Vertrauensmann der Zivildienstleistenden (GK-BetrVG/*Raab* Rn. 17).

15 Kann trotz ordnungsgemäßer Ladung die Wahl des Wahlleiters nicht durchgeführt werden, zB weil nicht wenigstens die Hälfte der neu gewählten BRMitgl. bzw. ErsMitgl. erschienen sind und deshalb der BR beschlussunfähig ist, hat der Wahlvorst. erneut zu einer konstituierenden Sitzung einzuladen (DKKW/*Wedde* Rn. 5; GK-BetrVG/*Raab* Rn. 11).

2. Leitung der konstituierenden Sitzung

16 Der **Vors. des Wahlvorst.** (im Verhinderungsfalle sein Stellvertreter oder ein sonstiges Mitgl. des Wahlvorst.) hat die Sitzung solange zu leiten, bis der BR aus seiner Mitte einen **Wahlleiter** gewählt hat.

17 Die Wahl des **Wahlleiters** für die Wahl des BRVors. erfolgt durch den BR. Er kann – einem oft geübten Brauch entspr. – das älteste BRMitgl. als Wahlleiter bestellen; zwingend ist dies jedoch nicht. Auch das BRMitgl., das als Vors. oder stellvertr. Vors. des BR in Aussicht genommen ist, kann zum Wahlleiter gewählt werden (GK-BetrVG/*Raab* Rn. 19; HWGNRH/*Glock* Rn. 13). Gewählt ist, wer von den aus der Mitte des BR vorgeschlagenen Kandidaten die meisten Stimmen erhält. Eine qualifizierte Stimmenmehrheit ist für die Wahl des Wahlleiters nicht erforderlich (DKKW/*Wedde* Rn. 11; GK-BetrVG/*Raab* Rn. 19; HWGNRH/*Glock* Rn. 13).

18 Sobald der Wahlleiter gewählt ist, **endet** die Berechtigung des Vors. des Wahlvorst., die konstituierende Sitzung zu leiten und – falls er nicht selbst BRMitgl. ist – an ihr teilzunehmen (BAG 28.2.1958 – 1 ABR 3/57, AP BetrVG § 29 Nr. 1; DKKW/*Wedde* Rn. 12).

19 Nach seiner Wahl übernimmt der Wahlleiter die weitere Leitung der konstituierenden Sitzung des BR. Er hat zunächst die **Wahl des BRVors.** durchzuführen. Nach dessen Wahl findet die Wahl des stellvertr. Vors. statt. Auch diese wird im Interesse, jegliche Wahlbeeinflussung zu vermeiden, noch vom Wahlleiter durchgeführt (DKKW/*Wedde* Rn. 12; GK-BetrVG/*Raab* Rn. 20; HWGNRH/*Glock* Rn. 14; MHdB ArbR/*Krois* § 293 Rn. 6ff., § 294 Rn. 12).

20 Mit der Wahl des Vors. und seines Stellvertr. ist die Aufgabe des Wahlleiters erfüllt. Nunmehr übernimmt der **BRVors. die Leitung** der Sitzung des BR.

21 In der konstituierenden Sitzung des BR sollten ferner die weiteren **Mitgl. des BetrAusschusses gewählt werden** (→ § 27 Rn. 8). Außerdem kann der BR, wenn die absolute Mehrheit seiner Mitgl. dies beschließt, **weitere Punkte** (zB die Wahl eines Schriftführers oder die Mitgl. des GesBR) beraten und darüber Beschluss fassen. Zwar sind die BRMitgl. gem. § 29 Abs. 2 S. 3 grds. unter Mitteilung der vom Vors. festgesetzten Tagesordnung zu laden, jedoch können weitere Punkte, die der sofortigen Erledigung bedürfen, durch Beschluss des BR auf die Tagesordnung gesetzt werden (DKKW/*Wedde* Rn. 14; GK-BetrVG/*Raab* Rn. 22). Das dürfte nunmehr auch das BAG (22.11.2017 – 7 ABR 46/16, NZA 2018, 732; 15.4.2014 – 1 ABR 2/13, NZA 2014, 551; 22.1.2014 – 7 AS 6/13, NZA 2014, 441; 9.7.2013 – 1 ABR 2/13 (A), NZA 2013, 1433; *Joussen* NZA 2014, 505 [508ff.]) anerkennen, das sogar ein gänzliches Fehlen der Tagesordnung bei der Ladung für heilbar hält, wenn 1. **sämtliche BRMitgl.** rechtzeitig geladen sind, 2. der BR **beschlussfähig** iSd § 33 Abs. 2 ist (→ § 33 Rn. 11ff.) und 3. die anwesenden BRMitgl. **einstimmig** beschlossen haben, über die weiteren Punkte zu beraten und abzustimmen (zu dieser umstr. Frage → Rn. 48f.; → § 33 Rn. 24f., 54). Für die Beratung von weiteren Punkten ist jedoch das Teilnahmerecht der SchwbVertr. nach § 32, der JAV nach

§ 65 und ggf. des Vertrauensmanns der Zivildienstleistenden nach § 3 Abs. 1 ZDVG zu beachten, die deshalb insoweit hinzugezogen werden müssen (→ Rn. 35 ff.).

III. Die weiteren Sitzungen des Betriebsrats

1. Einberufung

22 Die **weiteren Sitzungen** des BR hat der **BRVors.** anzuberaumen und die Teilnehmer unter Mitteilung der Tagesordnung zu laden. Im Regelfall beraumt der Vors., sofern nicht durch Beschluss des BR oder durch die Geschäftsordnung (§ 36) turnusmäßige Sitzungen vorgesehen sind, die Sitzungen nach pflichtgemäßen Ermessen an, sobald sich die Notwendigkeit einer Sitzung ergibt. Ggf. kann er sich zuvor mit dem BetrAusschuss beraten. Bei der Festlegung des Sitzungstermins hat der Vors. auf die betrieblichen Notwendigkeiten Rücksicht zu nehmen (→ § 30 Rn. 10 ff.). Ein Verzicht auf das Einberufungsrecht, zB die Zusage, während des Urlaubs des ArbGeb. keine Sitzungen abzuhalten, ist unzulässig (GK-BetrVG/*Raab* Rn. 24; Richardi BetrVG/*Thüsing* Rn. 19).

23 Ist der BRVors. verhindert, erfolgt die Einberufung der weiteren BRSitzungen durch den **stellvertr. Vors.** Andere BRMitgl. sind nicht berechtigt, zu einer BR-Sitzung einzuladen (DKKW/*Wedde* Rn. 15; ErfK/*Koch* Rn. 2; GK-BetrVG/*Raab* Rn. 25; HWGNRH/*Glock* Rn. 18; Richardi BetrVG/*Thüsing* Rn. 17).

24 Sind sowohl der Vors. als auch sein Stellvertr. verhindert und hat der BR für diesen Fall nicht vorsorglich einen weiteren Stellvertr. gewählt (→ § 26 Rn. 50), hat der BR zur Erledigung dringender Beratungsgegenstände ein **Selbstzusammentrittsrecht,** das von jedem BRMitgl. initiiert werden kann (DKKW/*Wedde* Rn. 15; ErfK/*Koch* Rn. 2; Richardi BetrVG/*Thüsing* Rn. 17; *Ulrich* AiB 2011, 154 [155]; vgl. auch GK-BetrVG/*Raab* Rn. 25 f.). Für eine wirksame Beschlussfassung auf dieser Sitzung ist mangels einer Ladung allerdings erforderlich, dass der BR in vollzähliger Besetzung – ggf. unter Heranziehung von ErsMitgl. – zusammentritt (SWS Rn. 3). Der BR hat für diese Sitzung durch einfachen Mehrheitsbeschluss einen Sitzungsleiter zu bestimmen (→ Rn. 49).

2. Verpflichtung zur Einberufung einer Sitzung

25 Der BRVors. ist nach Abs. 3 **zur Einberufung einer BRSitzung verpflichtet,** wenn dies ein Viertel der Mitgl. des BR oder der ArbGeb. beantragt.

26 Die Berechnung des **Viertels der Mitgl. des BR** erfolgt in der Weise, dass die Zahl der BRMitgl. durch 4 geteilt und das so gewonnene Ergebnis, sofern es keine ganze Zahl ergibt, auf die nächste ganze Zahl aufgerundet wird. Ist ein BRMitgl. verhindert, kann sich das nachrückende ErsMitgl. an der Antragstellung beteiligen.

27 In den BR der **privatisierten Post-AGn** sind in bestimmten Personalangelegenheiten der Beamten nur die Beamtenvertreter im BR zur Beschlussfassung befugt (→ § 33 Rn. 27 ff.; → § 99 Rn. 299 ff., 316 ff.). In diesen Fällen dürfte der BRVors zur Einberufung einer BRSitzung verpflichtet sein, wenn die Beamtenvertreter dies mehrheitlich fordern. Dies folgt aus ihrer alleinigen Entscheidungskompetenz in derartigen Angelegenheiten (vgl. *Engels/Mauß-Trebinger* RdA 1997, 230).

28 Außer zur Anberaumung der BRSitzung als solcher ist der BRVors. ferner verpflichtet, den Gegenstand, dessen Beratung beantragt wird, auf die **Tagesordnung** zu setzen.

29 Den Antragsberechtigten, die die Anberaumung einer BRSitzung verlangen können, steht auch das Recht zu, die **Ergänzung der Tagesordnung** einer bereits anberaumten oder anzuberaumenden BRSitzung zu verlangen (DKKW/*Wedde* Rn. 34; GK-BetrVG/*Raab* Rn. 30; HWGNRH/*Glock* Rn. 25; Richardi BetrVG/*Thüsing* Rn. 24). Sofern eine Ergänzung der Tagesordnung aus zeitlichen Gründen nicht möglich ist, hat der BR eine bes. Sitzung einzuberufen, es sei denn, die Antragsteller

sind damit einverstanden, dass der gewünschte Beratungsgegenstand in die Tagesordnung der nächstfolgenden Sitzung aufgenommen wird.

30 **Andere Personen,** etwa die Belegschaft oder Teile der Belegschaft, eine im Betrieb vertr. Gewerkschaft, der GesBR oder die SchwbVertr., haben **kein Recht,** die Einberufung einer BRSitzung zu verlangen. Das gilt auch für ArbN, die nach § 86a dem BR Themen zur Beratung vorgeschlagen haben (→ § 86a Rn. 4ff.). Diese Personen oder Stellen können allenfalls die Einberufung einer Sitzung anregen (DKKW/*Wedde* Rn. 35; ErfK/*Koch* Rn. 2; HWGNRH/*Glock* Rn. 24; Richardi BetrVG/*Thüsing* Rn. 21). Auch die JAV hat kein Recht, eine BRSitzung zu beantragen. Wohl steht ihr gem. § 67 Abs. 3 die für den BR bindende Antragsbefugnis zu, Angelegenheiten, die bes. die jug. ArbN und die Auszubildenden des Betriebs betreffen und über die sie bereits vorberaten hat, auf die Tagesordnung der nächsten BRSitzung zu setzen (→ § 67 Rn. 26ff.). Desgleichen kann die SchwbVertr. verlangen, dass Angelegenheiten, die einzelne Schwbeh. oder die Schwbeh. als Gruppe bes. betreffen, auf die Tagesordnung der nächsten BRSitzung gesetzt werden (vgl. § 178 Abs. 4 S. 1 SGB IX). Wird ein Beratungsvorschlag der ArbN nach § 86a von mindestens 5 vH der ArbN des Betriebs unterstützt, hat der BR den Vorschlag innerhalb von zwei Monaten auf die Tagesordnung einer BRSitzung zu setzen.

31 Der **Antrag** auf Einberufung einer BRSitzung nach § 29 Abs. 3 ist an den Vors. des BR zu richten. Eine **Form** ist **nicht** vorgeschrieben; mündliches Verlangen genügt. Der Antrag muss den Gegenstand angeben, dessen Beratung in der Sitzung verlangt wird. Der Beratungsgegenstand muss zum Aufgabenbereich des BR gehören (DKKW/*Wedde* Rn. 33; GK-BetrVG/*Raab* Rn. 28; HWGNRH/*Glock* Rn. 25; Richardi BetrVG/*Thüsing* Rn. 23). Der BRVors. ist nicht berechtigt, die Zweckmäßigkeit des Antrags zu prüfen.

32 Entspricht der Vors. dem Antrag auf Einberufung einer BRSitzung nicht, so handelt er **pflichtwidrig.** Der Antragsteller kann aber in diesem Fall den BR nicht anstelle des Vors. von sich aus einberufen (DKKW/*Wedde* Rn. 36; GK-BetrVG/*Raab* Rn. 31; HWGNRH/*Glock* Rn. 26; Richardi BetrVG/*Thüsing* Rn. 26), sondern nur (bei grober Pflichtverletzung) nach § 23 Abs. 1 vorgehen und zusammen mit anderen Wahlberechtigten beim ArbG beantragen, dass der Vors. aus dem BR ausgeschlossen wird (*Ulrich* AiB 2011, 154 [155]). Ggf. kann er seine Gewerkschaft oder den BR veranlassen, den Antrag zu stellen. Auch kann der pflichtwidrig handelnde BRVors. durch Beschluss des BR von seinem Amt abberufen werden (→ § 26 Rn. 20).

33 Der Vors. des BR handelt ferner **pflichtwidrig,** wenn er zwar eine Sitzung anberaumt, den beantragten Punkt aber **nicht auf die Tagesordnung setzt** oder ohne Tagesordnung zur BRSitzung einlädt. In diesem Falle wird der beantragte Gegenstand in der anberaumten Sitzung uU nicht behandelt werden können. Das ist nach neuer Rspr. des BAG (BAG 22.11.2017 – 7 ABR 46/16, NZA 2018, 732; 15.4.2014 – 1 ABR 2/13, NZA 2014, 551; 22.1.2014 – 7 AS 6/13, NZA 2014, 441; 9.7.2013 – 1 ABR 2/13 (A), NZA 2013, 1433) nur dann möglich, wenn 1. **sämtliche BRMitgl.** rechtzeitig geladen worden sind, 2. der BR **beschlussfähig** iSd § 33 Abs. 2 ist (→ § 33 Rn. 11ff.) und 3. die anwesenden BRMitgl. **einstimmig** beschließen, über den beantragten Gegenstand zu beraten und abzustimmen; die Anwesenheit aller BRMitgl. ist nicht erforderlich (ähnlich DKKW/*Wedde* Rn. 20, 24ff.; ErfK/*Koch* Rn. 2; HaKo-BetrVG/*Wolmerath* Rn. 13; *Joussen* NZA 2014, 505 [507f.], der die Einstimmigkeit für überzogen hält; **aA** GK-BetrVG/*Raab* Rn. 32, 54ff.: einfache Mehrheit ausreichend; Richardi BetrVG/*Thüsing* Rn. 25: nur wenn alle BRMitgl. erschienen und mit Beschlussfassung einverstanden sind; zur Ergänzung der Tagesordnung während einer BRSitzung → Rn. 48f.).

3. Ladung

34 Der BRVors. hat zu den BRSitzungen **alle Mitgl.** des BR **rechtzeitig einzuladen** (BAG 15.4.2014 – 1 ABR 2/13, NZA 2014, 551; 9.7.2013 – 1 ABR 2/13 (A),

NZA 2013, 1433), dh ihnen Ort und Zeitpunkt der jeweiligen Sitzung mitzuteilen. Mit der Ladung ist idR auch die Tagesordnung bekannt zu geben (→ Rn. 46 ff., insbes. → Rn. 48a; Mustertext für Einladungsschreiben bei *Kühne/Meyer/Patzelt* Fehler in der Betriebsratsarbeit S. 55; *Fuchs* AiB 2002, 282). Die rechtzeitige Ladung unter Übermittlung der Tagesordnung soll den BRMitgl. Gelegenheit geben, sich ein Bild über die zu treffenden Entscheidungen machen und sich sachgerecht auf die BRSitzung vorbereiten zu können (BAG 15.4.2014 – 1 ABR 2/13, NZA 2014, 551; *Joussen* NZA 2014, 505 [506]). Jedoch können Ladung und Übersendung der Tagesordnung getrennt erfolgen.

Finden die BRSitzungen entspr. der Geschäftsordnung des BR (turnusgemäß) stets zu einer bestimmten festgelegten Zeit statt, so kann die Ladung der BRMitgl. unterbleiben, nicht jedoch die Ladung etwaiger ErsMitgl. (→ Rn. 39). In diesem Falle ist den BRMitgl. jedoch noch die Tagesordnung rechtzeitig mitzuteilen, sofern diese nicht bereits auf der voraufgegangenen BRSitzung festgelegt worden und den BRMitgl. deshalb bekannt ist (DKKW/*Wedde* Rn. 19; GK-BetrVG/*Raab* Rn. 37; HWGNRH/*Glock* Rn. 30; Richardi BetrVG/*Thüsing* Rn. 39). **34a**

Die Ladung zur BRSitzung entbindet das **BRMitgl.** nicht von der **Abwägung,** ob seine Teilnahme an der BRSitzung so wichtig ist, dass sie auch die Nichtleistung einer dringenden beruflichen Tätigkeit iSd § 37 Abs. 2 erforderlich macht. Diese Entscheidung über eine rein zeitliche Pflichtenkollision hat es eigenverantwortlich zu treffen und darüber zu befinden, welche Pflicht vorrangig zu erfüllen ist (BAG 15.4.2014 – 1 ABR 2/13, NZA 2014, 551). Im Zweifel hat die **Teilnahme** den **Vorrang** (*Ögüt* AiB 2014, 64). Wenn aber in der Sitzung keine wichtigen Fragen anstehen und das BRMitgl. als Fachkraft zur Erledigung dringender Aufgaben unabkömmlich ist, hat es diese Aufgaben wahrzunehmen und gilt als an der Sitzungsteilnahme verhindert (BAG 9.7.2013 – 1 ABR 2/13 (A), NZA 2013, 1433; HessLAG 4.2.2013 – 16 TaBV 261/12, BeckRS 2013, 67962; zur Ladung von ErsMitgl. in diesen Fällen → § 25 Rn. 21 ff.; zur Arbeitsbefreiung s. → § 37 Rn. 33, 34, 41). **34b**

Außer den BRMitgl. ist zu allen BRSitzungen auch die **SchwbVertr.** unter Mitteilung der Tagesordnung zu laden (HessLAG 1.11.2012 – 9 TaBV 156/12, BeckRS 2013, 67654; → § 32 Rn. 20). **35**

Werden auf der BRSitzung Angelegenheiten behandelt, die auch im Betrieb beschäftigte Zivildienstleistende betreffen, ist der **Vertrauensmann der Zivildienstleistenden** ebenfalls zur Sitzung zu laden. Zwar sieht das G nicht ausdrücklich eine Ladungspflicht vor; wenn jedoch der Vertrauensmann der Zivildienstleistenden gem. § 3 Abs. 1 ZDVG berechtigt ist, an derartigen Sitzungen beratend teilzunehmen, so müssen ihm auch Ort, Zeitpunkt und Tagesordnung der Sitzung bekanntgegeben werden (GK-BetrVG/*Raab* Rn. 41; Richardi BetrVG/*Thüsing* Rn. 29; *Rudolph* AiB 2010, 340 [342]). **36**

Die **JAV** hat je nach dem Beratungsgegenstand unterschiedliche Rechte auf Teilnahme an den BRSitzungen (→ § 67 Rn. 5 ff.). Generell hat sie das Recht, zu allen BRSitzungen einen Vertr. zu entsenden. In diesem Falle sind ihr Zeitpunkt und Ort der BRSitzung unter Mitteilung der Tagesordnung mitzuteilen mit dem Anheimgeben, einen Vertr. zu der Sitzung zu entsenden. Hat sie im Voraus ein bestimmtes Mitgl. für die Teilnahme an BRSitzungen bestimmt, so hat der BRVorsitzende dieses Mitgl. unmittelbar unter Mitteilung der Tagesordnung zu laden (GK-BetrVG/*Raab* Rn. 42; **aA** HWGNRH/*Glock* Rn. 32). **37**

Alle Mitgl. der JAV haben das Recht, bei der Beratung solcher Angelegenheiten teilzunehmen, die bes. jug. ArbN und zu ihrer Berufsausbildung Beschäftigte betreffen. In diesem Fall ist jedes Mitgl. der JAV unter Mitteilung des betreffenden Tagesordnungspunktes zu der BRSitzung einzuladen. Das Gleiche gilt bei der Behandlung von Angelegenheiten, bei denen die JAV gem. § 67 Abs. 2 im BR Stimmrecht haben (zum Teilnahmerecht aller JAV an den BRSitzungen → § 67 Rn. 11 ff.). **38**

Ist ein BRMitgl. oder ein Mitgl. der JAV verhindert (→ Rn. 34a; → § 25 Rn. 15 ff.; → § 26 Rn. 45a), an der BRSitzung teilzunehmen, so hat der BRVors. **39** sobald er dies erfährt, **von Amts wegen** das entspr. **ErsMitgl.** (→ § 25 Rn. 24ff.; → § 65 Rn. 6) unter Mitteilung der Tagesordnung zu laden (Abs. 2 S. 6; BAG 4.11.2015 – 7 ABR 61/13, NZA-RR 2016, 256; 6.11.2013 – 7 ABR 84/11, NZA-RR 2014, 196). Um dem BRVors. die Ladung des ErsMitgl. zu ermöglichen, sollen BRMitgl. und die Mitgl. der JAV ihre Verhinderung unter Angabe des Verhinderungsgrundes (zB Krankheit, Urlaub, Dienstreise) dem BRVors. unverzüglich mitteilen; eine entspr. Verpflichtung kann in der Geschäftsordnung des BR festgelegt werden (*Schneider* AiB 2006, 491). Die Angabe des Verhinderungsgrundes soll es dem BRVors. ermöglichen festzustellen, ob ein Verhinderungsfall vorliegt. Ist dies nicht der Fall, ist das ErsMitgl. nicht zu laden, da eine gewillkürte Stellvertretung nicht zulässig ist (LAG SchlH 1.11.2012 – 5 TaBV 13/12, BeckRS 2012, 75845; HWGNRH/*Glock* Rn. 34; Richardi BetrVG/*Thüsing* Rn. 33; → § 25 Rn. 21). Bei einer verspäteten oder unterbliebenen Mitteilung muss die Ladung der ErsMitgl. uU sehr kurzfristig erfolgen.

39a Ein an sich zB wegen Urlaub **verhindertes BRMitgl.** kann jedoch dem BRVors. seine **Bereitschaft** anzeigen, dass es trotz des Urlaubs an den BRSitzungen **teilnehmen** will (BAG 27.9.2012 – 2 AZR 955/11, NZA 2013, 425). Es muss dann dem Vors. mitteilen, wie es zwecks Zuleitung der Einladung zur BRSitzung erreicht werden kann (zB Wohnungs-/Urlaubs-/E-Mailadresse, Telefonnummer; → Rn. 44). Dann hat der BRVors. dieses BRMitgl. und nicht das ErsMitgl. zu laden.

40 Obwohl das G dies nicht ausdrücklich bestimmt, ist der BRVors. verpflichtet, bei einer **Verhinderung** des ordentl. Mitgl. der **SchwbVertr.** oder des **Vertrauensmanns der Zivildienstleistenden** deren Stellvertr. (vgl. hierzu § 177 Abs. 1 SGB IX, § 2 Abs. 1 ZDVG) zu den BRSitzungen zu laden (→ § 32 Rn. 21; DKKW/*Wedde* Rn. 23; GK-BetrVG/*Raab* Rn. 46; **aA** HWGNRH/*Glock* Rn. 37, nach denen nur die SchwbVertr. als solche zu laden ist).

41 Nach § 2 Abs. 2 S. 2 SprAuG kann der BR dem **Sprecherausschuss für leitende Ang.** oder einzelnen seiner Mitgl. das Recht einräumen, an seinen Sitzungen teilzunehmen. Das Gleiche gilt in Bezug auf den Unternehmenssprecherausschuss und seine Mitgl., falls anstelle betrieblicher Sprecherausschüsse ein Unternehmenssprecherausschuss gebildet worden ist (vgl. § 20 Abs. 1 SprAuG). Die Entscheidung darüber, ob der Sprecherausschuss oder einzelne Mitgl. an einer BRSitzung teilnehmen sollen, trifft der BR durch Beschluss. Er kann diese Entscheidung gem. § 27 Abs. 3 S. 2 auf den BetrAusschuss delegieren. Liegt ein entspr. Beschluss vor, obliegt dem BRVors. auch insoweit eine entspr. Einladungspflicht. Soll der gesamte Sprecherausschuss an einer BRSitzung teilnehmen, ist die Einladung an den Vors. des Sprecherausschusses zu richten. Sollen nur einige seiner Mitgl. teilnehmen, können diese – falls die Teilnahme nur ganz bestimmter Mitgl. gewünscht wird, zB des Vors. oder eines mit einer bestimmten Aufgabe betrauten oder bes. fachkundigen Mitgl. – unmittelbar geladen werden (HWGNRH/*Glock* Rn. 40; **aA** GK-BetrVG/*Raab* Rn. 50; *Hromadka/Sieg* SprAuG § 2 Rn. 21a); iÜ ist die Einladung an den Vors. des Sprecherausschusses zu richten mit der Bitte, ein oder mehrere Mitgl. zu der BRSitzung zu entsenden.

42 Zu der einmal jährlich vorgesehenen **gemeinsamen Sitzung** des **BR** und des **Sprecherausschusses** (vgl. § 2 Abs. 2 S. 3 SprAuG) werden – sofern zwischen BR und Sprecherausschuss nichts Anderes abgesprochen ist – die Mitgl. des BR und des Sprecherausschusses nach Verständigung über Sitzungstermin und Tagesordnung jeweils von ihren Vors. eingeladen (Richardi BetrVG/*Thüsing* Rn. 32).

43 Zu den Sitzungen des BR sind außerdem in den Fällen des Abs. 4 S. 1 der **ArbGeb.** (→ Rn. 53ff.) sowie nach Maßgabe des § 31 **Vertr. der Gewerkschaften** einzuladen (→ § 31 Rn. 6ff.).

44 Eine **Einladungsfrist** und eine **Form** der Einladung sind im G nicht vorgesehen. Diese können aber durch die Geschäftsordnung vorgeschrieben werden. Besteht keine Vorschrift, so ist mit angemessener Frist und in geeigneter Weise einzuladen (Richardi BetrVG/*Thüsing* Rn. 37f.). Die schriftliche Ladung muss dem BRMitgl. zugehen, dh sie muss in verkehrsüblicher Weise in seine tatsächliche Verfügungsgewalt gelangen, so dass es unter gewöhnlichen Umständen die Möglichkeit hat, von ihr Kenntnis zu nehmen (LAG Hamm 12.2.1992 – 3 TaBV 174/91, BB 1992, 1562; *Grosjean* NZA-RR 2005, 113 [117]). Auch eine mündliche, telefonische Ladung, eine solche per Videokonferenz, Telefax oder E-Mail ist zulässig (Kramer IT-ArbR/*Neu* C Rn 116), zB wenn eine Sitzung wegen bes. Umstände kurzfristig stattfinden muss (DKKW/*Wedde* Rn. 18; GK-BetrVG/*Raab* Rn. 34; Richardi BetrVG/*Thüsing* Rn. 37).

Jedenfalls muss die Ladung **rechtzeitig** ergehen, dh so zeitig, dass die BRMitgl. sich auf die Sitzung einrichten (zB für Vertr. am Arbeitsplatz sorgen), notwendige Vorberatungen treffen, ggf. dem Vors. eine voraussehbare Verhinderung mitteilen können (GK-BetrVG/*Raab* Rn. 35; *Grosjean* NZA-RR 2005, 113 [117]). Rechtzeitig ist in jedem Fall eine Frist von 10 Tagen vor der Sitzung, kann aber auch bei außerordentlichen BRSitzungen aufgrund von unvorhergesehenen Eilfällen eine kurzfristige Einladung – auch telefonisch – von 1 Tag vor dieser Sitzung sein (LAG SchlH 14.1.2016 – 5 TaBV 45/15, NZA-RR 2016, 304; DKKW/*Wedde* Rn. 17; ErfK/*Koch* Rn. 2; HWGNRH/*Glock* Rn. 28; Richardi BetrVG/*Thüsing* Rn. 37). Die Forderung des BAG (4.5.2006 – 7 AZR 201/05, AP BetrVG 1972 § 29 Nr. 6) nach einer ausreichenden Frist für eine sachgerechte Sitzungsvorbereitung der BRMitgl. auch in diesen Fällen verkennt die Notwendigkeit für den BR, schnellstmöglich auf überraschende Entscheidungen des ArbGeb. mit weitreichenden Auswirkungen wie Betriebsschließungen und Personalabbau reagieren zu können. **44a**

Die Ladung aller BRMitgl. einschließlich etwaiger ErsMitgl. ist eine wesentliche Voraussetzung für das ordnungsgemäße Zustandekommen eines BRBeschlusses (BAG 9.7.2013 – 1 ABR 2/13 (A), NZA 2013, 1433 mwN). **Ohne Ladung** durch den Vors. des BR kann eine Sitzung, auf der wirksame Beschlüsse gefasst werden können, nur stattfinden, wenn **alle BRMitgl.** – einschließlich etwaiger ErsMitgl. – mit Zeit und Ort der Sitzung einverstanden sind (LAG Saarbrücken 11.11.1964 – Sa 141/63, AP BetrVG § 29 Nr. 2; LAG Düsseldorf 7.3.1975 – 16 Sa 690/74, DB 1975, 743; DKKW/*Wedde* Rn. 15; GK-BetrVG/*Raab* Rn. 25; HWGNRH/*Glock* Rn. 20; Richardi BetrVG/*Thüsing* Rn. 18; *Joussen* NZA 2014, 505 [506]; zur Ladung ohne Mitteilung der Tagesordnung oder zur nachträglichen Ergänzung der Tagesordnung → Rn. 48ff.). Ist ein BRMitgl. objektiv (Krankheit, Urlaub) verhindert und gibt es keine ErsMitgl., reicht ein einstimmiger Beschluß der zur Verfügung stehenden BRMitgl. aus; auf die Frage nach einer ordnungsgemäßen Ladung kommt es dann nicht an (LAG Nürnberg 10.10.2006 – 6 TaBV 16/06, NZA-RR 2007, 136). **45**

4. Tagesordnung

Die Aufstellung der Tagesordnung und ihre Mitteilung an die BRMitgl. dient dem Zweck, dass sich alle BRMitgl. auf die Beratung der einzelnen Tagesordnungspunkte **ordnungsgemäß vorbereiten,** ggf. auch mit den ArbN des Betriebs Kontakt aufnehmen oder mit den im Betrieb vertr. Gewerkschaften die Angelegenheiten besprechen können. Im Hinblick hierauf muss die Tagesordnung die zu behandelnden Punkte möglichst konkret angeben (DKKW/*Wedde* Rn. 22). Dabei sind keine überhöhten Anforderungen zu stellen (*Grosjean* NZA-RR 2005, 113 [118]). So müssen bei einem anstehenden Beschluss zur Einleitung eines Gerichtsverfahrens nicht schon die zu stellenden Anträge formuliert sein; Nennung des Streitgegenstands und des angestrebten Ergebnisses reicht aus (BAG 29.4.2004 – 1 ABR 30/02, AP BetrVG 1972 § 77 Durchführung Nr. 3). **46**

Abgesehen von den in → Rn. 29f. genannten Sonderfällen stellt der BRVors. die einzelnen Punkte der Tagesordnung an Hand der **Geschäftslage** zusammen; dabei kann ihn der BetrAusschuss unterstützen (→ § 27 Rn. 65ff.). Ihm steht jedoch keine uneingeschränkte Entscheidungsgewalt hinsichtlich der Tagesordnung in dem Sinne zu, dass es in seinem freien Ermessen stünde, ob und welche Punkte er auf die Tages- **47** ordnung setzen will. Die von ihm festgesetzte Tagesordnung ist auch nicht in dem Sinne verbindlich, dass sie nicht – insbes. in Eilfällen – rechtzeitig vor der Sitzung geändert oder ergänzt werden könnte (*Mallmann* AiB 2013, 230 [232]).

48 Umstr. ist, unter welchen Voraussetzungen eine **Ergänzung** der Tagesordnung noch in der BRSitzung selbst zulässig ist. Die früher hM (frühere BAG-Rspr.: BAG 4.5.2006 – 7 AZR 201/05, AP BetrVG 1972 § 29 Nr. 6; 10.10.2007 – 7 ABR 51/06, AP BetrVG 1972 § 26 Nr. 17; Richardi BetrVG/*Thüsing* Rn. 40) hielt eine Ergänzung der Tagesordnung in der BRSitzung nur für zulässig, wenn zu dieser Sitzung ordnungsgemäß eingeladen worden und der vollzählig versammelte BR hiermit **einstimmig** einverstanden ist (**aA** DKKW/*Wedde* Rn. 20, 24ff.; HaKo-BetrVG/*Wolmerath* Rn. 13; GK-BetrVG/*Raab* Rn. 54ff.).

48a Das **BAG** (22.11.2017 – 7 ABR 46/16, NZA 2018, 732; 15.4.2014 – 1 ABR 2/13, NZA 2014, 551; 22.1.2014 – 7 AS 6/13, NZA 2014, 441; 9.7.2013 – 1 ABR 2/13 (A), NZA 2013, 1433) hat seine **bisherige Rspr.** (→ Rn. 48) **aufgegeben.** Es vertritt jetzt die Ansicht, dass die gegen Abs. 2 S. 3 verstoßende Ladung zu einer BRSitzung **ohne Mitteilung der Tagesordnung** nicht zur Unwirksamkeit eines in dieser BRSitzung gefassten Beschlusses führt, wenn 1. **sämtliche BRMitgl.** rechtzeitig geladen sind, 2. der BR **beschlussfähig** iSd § 33 Abs. 2 ist (→ § 33 Rn. 11ff.) und 3. die anwesenden BRMitgl. **einstimmig** beschlossen haben, über den Regelungsgegenstand des später gefassten Beschl. zu beraten und abzustimmen (→ Rn. 21, 33). **Nicht** erforderlich ist, dass in dieser Sitzung **alle BRMitgl. anwesend** sind. Das gilt erst recht für den Fall, dass die mitgeteilte Tagesordnung in der BRSitzung geändert werden soll.

48b Dieser Ansicht ist zuzustimmen (ErfK/*Koch* Rn. 2; HWGNRH/*Glock* Rn. 16; einschr. *Joussen* NZA 2014, 505 [508], der die Einstimmigkeit der anwesenden BRMitgl. für überzogen hält). Das von der früher hM verlangte Erfordernis der **Einstimmigkeit** aller **BRMitgl.** ist **überzogen.** Hierbei bleibt unberücksichtigt, dass entspr. den allgemein üblichen Geschäftsordnungsgrundsätzen die Tagesordnung durchaus Änderungen und Ergänzungen zugänglich ist und dass insbes. – der allgemeinen Praxis entspr. – im Rahmen des Punktes „Verschiedenes" Angelegenheiten behandelt zu werden pflegen, die nicht ausdrücklich in der Tagesordnung erwähnt sind (vgl. hierzu eingehend GK-BetrVG/*Raab* Rn. 54ff., die allerdings die einfache Mehrheit ausreichen lassen).

5. Leitung der Sitzungen

49 Die **Leitung** der BRSitzungen obliegt dem **Vors.,** im Falle seiner Verhinderung dem Stellvertr. Ist auch dieser verhindert, können die anwesenden BRMitgl. durch Mehrheitsbeschluss aus ihrer Mitte einen Sitzungsleiter bestimmen. Sind der Vors. und sein Stellvertr. für längere Zeit verhindert, kann der BR für die Dauer der Verhinderung einen weiteren Stellvertr. wählen; dieser hat dann die Aufgaben des Vors. wahrzunehmen, insbes. die erforderlichen Sitzungen einzuberufen und zu leiten (→ § 26 Rn. 50). Der Vors. eröffnet und schließt die Sitzungen, führt die Rednerliste, gibt und entzieht das Wort, erteilt Ordnungsrufe, leitet die Abstimmungen und stellt ihre Ergebnisse fest. Er sorgt für die nach § 34 vorgeschriebene Sitzungsniederschrift. Er hat im Sitzungszimmer das **Hausrecht** (DKKW/*Wedde* Rn. 29; ErfK/*Koch* Rn. 2; GK-BetrVG/*Raab* Rn. 67; HWGNRH/*Glock* Rn. 60; Richardi BetrVG/*Thüsing* Rn. 46), dessen Inhalt und Ausübung iE in der Geschäftsordnung (§ 36) näher festgelegt werden kann.

49a In seltenen **Ausnahmefällen,** in denen der Vors. BRSitzungen wegen unüberbrückbarer Konflikte innerhalb des BR nicht ohne Unterstützung von außen zu leiten vermag, kann die Inanspruchnahme **externer Hilfe** erforderlich sein. So hat das HessLAG (11.6.2012 – 16 TaBV 237/11, BeckRS 2012, 72136) die aufgrund eines BRBeschlusses vorgesehene Unterstützung des Vors. durch eine Moderatorin zur Behebung einer schwerwiegenden Kommunikationsstörung und Beeinträchtigung der Zusammenarbeit im BR anerkannt (HessLAG 19.5.2011 – 9 TaBV 196/10, BeckRS 2011, 78203: Handlungsunfähigkeit des BR aufgrund fehlender Bereitschaft zur Übernahme des BRVorsitzes).

Die Frage, ob der Vors. des BR **ein BRMitgl. von einer Sitzung ausschließen** kann, ist zu verneinen (DKKW/*Wedde* Rn. 29; HaKo-BetrVG/*Wolmerath* Rn. 14; ErfK/*Koch* Rn. 2; **aA** GK-BetrVG/*Raab* Rn. 69; HWGNRH/*Glock* Rn. 60; *Löwisch/Kaiser* Rn. 10; MHdB ArbR/*Krois* § 294 Rn. 54; Richardi BetrVG/*Thüsing* Rn. 45). Dem Vors. des BR kann eine so weitgehende Befugnis in einem verhältnismäßig kleinem Gremium nicht zugebilligt werden. Dagegen spricht vor allem die Erwägung, dass die Zulassung des Ausschlussrechts die Anerkennung einer Strafgewalt des Vors. bedeuten und diesem eine Machtfülle geben würde, die ihm nach seiner Rechtsstellung nicht zukommt. Da überdies jede dahingehende gesetzliche Regelung fehlt, ist der Vors. auf das Recht beschränkt, bei ungebührlichem Verhalten eines BRMitgl. diesem das **Wort** zu **entziehen.** 50

Bei **groben Verstößen** kann der BR (nicht der Vors. des BR allein) beim ArbG den **Ausschluss** des BRMitgl. im arbeitsgerichtlichen **BeschlVerf.** nach § 23 beantragen. Eine Bestrafung des BRMitgl. nach § 119 Abs. 1 Nr. 2 kommt dagegen nur in dem wohl seltenen Fall in Betracht, in dem das BRMitgl. unter Missachtung des Wortentzugs durch böswilliges und renitentes Verhalten den Abbruch der BR-Sitzungen erzwingt und dadurch die Tätigkeit des BR vorsätzlich behindert oder stört. 50a

Die jährlich einmal vorgesehene **gemeinsame Sitzung des BR und des Sprecherausschusses** für leitende Ang. (vgl. § 2 Abs. 2 S. 3 SprAuG) wird von den Vors. beider Gremien gemeinsam geleitet. Zulässig ist aber auch eine anderweitige Absprache etwa dahingehend, dass die Leitung dieser Sitzungen zwischen dem Vors. des BR und des Sprecherausschusses wechselt (DKKW/*Wedde* Rn. 30; GK-BetrVG/*Raab* Rn. 89). 51

Über Nichtöffentlichkeit und Zeitpunkt der BRSitzungen vgl. § 30. Wegen Beschlussfassung und Beschlussfähigkeit vgl. § 33. Weitere Regelungen über BRSitzungen enthalten §§ 34–37, 40 Abs. 2. 52

6. Teilnahmerecht des Arbeitgebers

Der **ArbGeb.** hat **kein allgemeines Recht,** an BRSitzungen teilzunehmen. Ein solches Recht ergibt sich nicht etwa aus § 74 Abs. 1. Diese Vorschrift will lediglich das Zusammenwirken der beiden betriebsverfassungsrechtlichen Organe BR und ArbGeb., insbes. bei strittigen Fragen, sicherstellen (GK-BetrVG/*Raab* Rn. 71). Ein Anspruch des ArbGeb. auf Teilnahme an einer BRSitzung besteht gem. § 29 Abs. 4 nur, 53

- wenn er **selbst die Einberufung** einer Sitzung **beantragt** hat, (hat er lediglich die Ergänzung der Tagesordnung der Sitzung oder einer anzuberaumenden Sitzung verlangt (→ Rn. 29), beschränkt sich sein Teilnahmerecht auf die Behandlung dieses Tagesordnungspunktes) oder
- wenn der **BRVors.** ihn **ausdrücklich eingeladen** hat. Die Entscheidung hierüber obliegt dem pflichtgemäßen Ermessen des BRVors. Eine Verpflichtung zur Einladung besteht, wenn der BR oder der BetrAusschuss die Einladung beschlossen hat. Die Einladung kann sich auf einzelne Punkte der Tagesordnung beschränken (DKKW/*Wedde* Rn. 38; ErfK/*Koch* Rn. 3; GK-BetrVG/*Raab* Rn. 64; HWGNRH/*Glock* Rn. 45).

In beiden Fällen ist der **ArbGeb. rechtzeitig** über Zeit und Ort der BRSitzung, im letzten Falle auch über den oder die Tagesordnungspunkte, für die seine Teilnahme gewünscht wird, zu **unterrichten.** 54

Der ArbGeb. hat **kein Recht,** eine **gemeinsame Sitzung** von BR und Sprecherausschuss (vgl. § 2 Abs. 2 S. 3 SprAuG) zu **beantragen.** Wohl können die Vors. des BR und des Sprecherausschusses ihn zu dieser Sitzung oder zu bestimmten Punkten der Tagesordnung dieser Sitzung einladen (GK-BetrVG/*Raab* Rn. 88). 55

56 Der ArbGeb. ist im Hinblick auf das Gebot der vertrauensvollen Zusammenarbeit nach § 2 Abs. 1 in den Fällen des § 29 Abs. 4 im Allgemeinen **verpflichtet,** entweder selbst oder durch einen Vertr. (→ Rn. 58) an der BRSitzung **teilzunehmen** (DKKW/*Wedde* Rn. 40; GK-BetrVG/*Raab* Rn. 77; ErfK/*Koch* Rn. 3; HWGNRH/*Glock* Rn. 46; Richardi BetrVG/*Thüsing* Rn. 49).

57 Besteht eine Teilnahmepflicht des ArbGeb. so kann diese erforderlichenfalls im arbeitsgerichtlichen BeschlVerf. durchgesetzt werden (DKKW/*Wedde* Rn. 41; ErfK/*Koch* Rn. 3; HWGNRH/*Glock* Rn. 47; **aA** GK-BetrVG/*Raab* Rn. 78). Ein grundsätzliches und hartnäckiges Fernbleiben des ArbGeb. von BRSitzungen kann einen **groben Verstoß** des ArbG gegen seine Verpflichtungen aus diesem G darstellen und den BR oder eine im Betrieb vertr. Gewerkschaft zur Einleitung des gerichtlichen Zwangsverfahrens nach § 23 Abs. 3 (→ § 23 Rn. 49 ff.) berechtigen. Außerdem kann ein derartiges Verhalten uU eine vorsätzliche Behinderung oder Störung der Tätigkeit des BR iSd § 119 Abs. 1 Nr. 2 sein (DKKW/*Wedde* Rn. 41; GK-BetrVG/*Raab* Rn. 78; ErfK/*Koch* Rn. 3; HWGNRH/*Glock* Rn. 47).

58 Das Anwesenheitsrecht steht dem **ArbGeb. persönlich** zu, bei juristischen Personen den nach G oder Gesellschaftsvertrag **zur Vertretung Berechtigten.** Der ArbGeb. kann sich durch eine an der Leitung des Betriebs verantwortlich beteiligte Person vertreten lassen (→ § 1 Rn. 328 f.), auch durch einen in der zu erörternden Angelegenheit bes. sachkundigen ArbN (BAG 11.12.1991 – 7 ABR 16/91, AP BetrVG 1972 § 90 Nr. 2), nicht aber durch eine betriebsfremde Person, zB durch einen Rechtsanwalt (DKKW/*Wedde* Rn. 40; GK-BetrVG/*Raab* Rn. 73; Richardi BetrVG/*Thüsing* Rn. 52). Er kann zu seiner Unterstützung betriebsangehörige Sachbearbeiter mitbringen, sofern für die anstehenden Tagesordnungspunkte deren Sachkunde erforderlich ist (DKKW/*Wedde* Rn. 43; GK-BetrVG/*Raab* Rn. 74; HWGNRH/*Glock* Rn. 49). Betriebsfremde Auskunftspersonen oder Sachverständige, die nicht Vertr. des ArbGebVerbandes sind, kann der ArbGeb. zur Sitzung nur heranziehen, wenn der BR zustimmt (Richardi BetrVG/*Thüsing* Rn. 52). Das folgt aus dem Hausrecht des BR in seinen Sitzungen.

59 Der ArbGeb. hat in den Sitzungen des BR **kein Stimmrecht** (DKKW/*Wedde* Rn. 42; Richardi BetrVG/*Thüsing* Rn. 51). Er hat auch keine beratende Stimme (DKKW/*Wedde* Rn. 42; **aA** GK-BetrVG/*Raab* Rn. 75; HWGNRH/*Glock* Rn. 51; Richardi BetrVG/*Thüsing* Rn. 50). Selbstverständlich kann und soll er sich zu den anstehenden Punkten äußern. Wo aber das G Außenstehenden eine beratende Stimme einräumt, bringt es dies eindeutig zum Ausdruck (vgl. zB §§ 31, 67). Das Teilnahmerecht erstreckt sich nicht auf die Beschlussfassung zu den einzelnen TOPunkten (LAG Düsseldorf 7.3.1975 – 16 Sa 690/74, DB 1975, 743; DKKW/*Wedde* Rn. 42; ErfK/*Koch* Rn. 3; Richardi BetrVG/*Thüsing* Rn. 50; HWGNRH/*Glock* Rn. 52; **aA** GK-BetrVG/*Raab* Rn. 76 bei Sitzungen auf Verlangen des ArbGeb.).

60 Dem ArbGeb. kann **nicht die Leitung der Sitzung** übertragen werden (DKKW/*Wedde* Rn. 42; GK-BetrVG/*Raab* Rn. 75). Zum Anspruch des ArbGeb. auf Abschrift der **Sitzungsniederschrift** bei Teilnahme an der BRSitzung → § 34 Rn. 22.

61 § 29 Abs. 4 betrifft nur die Teilnahme des ArbGeb. an **förmlichen Sitzungen** des BR, nicht jedoch sonstige Besprechungen des ArbGeb. mit der Gesamtheit der Mitgl. oder mit einzelnen Mitgl. des BR. Insbes. die Besprechungen nach § 74 Abs. 1 finden nicht notwendigerweise in BRSitzungen statt, können allerdings mit solchen verbunden werden.

7. Hinzuziehung von Arbeitgeberverbandsvertretern

62 Die ArbGebVereinigung kann ebenso wenig wie die Gewerkschaft von sich aus an der BRSitzung teilnehmen. Sie kann vielmehr einen Vertr. nur entsenden, wenn der **ArbGeb. dies ausdrücklich wünscht.** Dabei ist Voraussetzung, dass der ArbGeb. entweder selbst an der Sitzung des BR teilnimmt oder sich durch eine an der Be-

triebsleitung verantwortlich beteiligte Person vertreten lässt (GK-BetrVG/*Raab* Rn. 80; ErfK/*Koch* Rn. 3; HWGNRH/*Glock* Rn. 53; Richardi BetrVG/*Thüsing* Rn. 53). Eine Vertretung des ArbGeb. durch den Beauftragten des ArbGebVerbandes ist nicht zulässig. Andererseits hängt die vom ArbGeb. beabsichtigte Teilnahme eines Vertr. der ArbGebVereinigung nicht davon ab, dass der Vors. des BR seinerseits die ArbGebVereinigung einlädt. Es erscheint allerdings zweckmäßig, den Vors. des BR möglichst frühzeitig zu benachrichtigen, wenn der ArbGeb. einen Vertr. der ArbGebVereinigung hinzuzuziehen beabsichtigt (DKKW/*Wedde* Rn. 44; GK-BetrVG/*Raab* Rn. 81; HWGNRH/*Glock* Rn. 54).

Lässt der BR entgegen Abs. 4 S. 2 einen Vertr. der ArbGebVereinigung, der der ArbGeb. angehört, nicht zu, so handelt er **pflichtwidrig.** Der ArbGeb. kann seine Teilnahme an der Sitzung verweigern (ErfK/*Koch* Rn. 3; **aA** GK-BetrVG/*Raab* Rn. 82; HWGNRH/*Glock* Rn. 56). Bei groben Verstößen kann er außerdem nach § 23 vorgehen. Die Wirksamkeit der auf der Sitzung gefassten Beschlüsse des BR wird hierdurch jedoch nicht berührt (GK-BetrVG/*Raab* Rn. 82; HWGNRH/*Glock* Rn. 56). 63

Der Vertr. der ArbGebVereinigung kann lediglich an der Sitzung teilnehmen und dabei **den ArbGeb. beraten.** Er hat, anders als der Vertreter der Gewerkschaft (§ 31), dem das G dies ausdrücklich einräumt, keine beratende Stimme gegenüber dem BR (DKKW/*Wedde* Rn. 45; WPK/*Kreft* Rn. 17; **aA** GK-BetrVG/*Raab* Rn. 83; HWGNRH/*Glock* Rn. 55; Richardi BetrVG/*Thüsing* Rn. 54; → Rn. 59). Der BRVors. kann aber dem Vertr. des ArbGebVerbandes das **Wort erteilen;** hierzu ist er dem ArbGeb. gegenüber auf dessen Wunsch hin aus dem Grundsatz der vertrauensvollen Zusammenarbeit jedenfalls dann verpflichtet, wenn auch dem ArbGeb. selbst das Wort zu erteilen wäre (DKKW/*Wedde* Rn. 45; ErfK/*Koch* Rn. 3; → § 46 Rn. 19; BAG 19.5.1978 – 6 ABR 41/75, AP BetrVG 1972 § 43 Nr. 3). 64

Der Vertr. der ArbGebVereinigung hat über **Betriebs- und Geschäftsgeheimnisse,** die ihm in der BRSitzung bekannt geworden und vom ArbGeb. ausdrücklich als geheim zu halten bezeichnet worden sind, Stillschweigen zu wahren (§ 79). Die Verletzung der Schweigepflicht kann nach § 120 Abs. 1 Nr. 2 strafrechtlich geahndet werden. 65

8. Hinzuziehung von Gewerkschaftsvertretern

Über die Möglichkeit der Hinzuziehung von Beauftragten der im BR vertr. Gewerkschaften zu den BRSitzungen vgl. § 31. 66

IV. Streitigkeiten

Streitigkeiten über die Anberaumung und die Tagesordnung von Sitzungen, über die Ladungen zu ihnen, über das Anwesenheitsrecht anderer Personen an den Sitzungen, über das Teilnahmerecht des ArbGeb. oder eines Vertr. des ArbGebVerbandes sind von den ArbG im **BeschlVerf.** zu entscheiden (§§ 2a, 80 ff. ArbGG, → Anh. 3 Rn. 1 ff.). Der Erlass von einstw. Vfg. ist zulässig (§ 85 Abs. 2 ArbGG). 67

Bei sog. **Binnenstreitigkeiten** zwischen BR und einzelnen BRMitgl. über den Sitzungsverlauf können diese die ArbG nur bei Verletzung eigener betriebsverfassungsrechtlicher Rechtspositionen wie Teilnahmerecht, Rederecht und Recht auf Stimmabgabe anrufen, nicht dagegen bei str. Fragen betreffend Kompetenzen und Rechte des BRVors., des BR und seiner Mitgl. (BAG 7.6.2016 – 1 ABR 30/14, NZA 2016, 1350). 67a

Beschlüsse des BR, die ohne ordnungsgemäße Ladung aller seiner Mitgl. gefasst werden, sind **nichtig,** es sei denn der vollständig versammelte BR ist mit der Abhaltung der Sitzung einverstanden. Nach hM gilt das Gleiche, wenn Beschlüsse über nicht auf der Tagesordnung der BR-Sitzung stehende Angelegenheiten gefasst werden (→ Rn. 48). Letzteres gilt aber auch nach Ansicht des BAG nicht, wenn Ent- 68 scheidungen des BR in Form von Wahlen getroffen werden, wie zB bei der Wahl des Vors. oder seines Stellvertr., der Wahl der Mitgl. von BRAusschüssen oder bei der Wahl freizustellender BRMitgl., da ein derartiger Rechtsverstoß im Allgemeinen nur die Anfechtung der Wahl rechtfertigt, nicht jedoch die Nichtigkeit zur Folge hat (st. BAG-Rspr.: 21.7.2004 – 7 ABR 62/03, AP BetrVG 1972 § 51 Nr. 4 mwN; iE → § 26 Rn. 54 ff.; → § 27 Rn. 96 ff.; → § 38 Rn. 105 ff.; allgemein zur Nichtigkeit von BRBeschlüssen → § 33 Rn. 52 ff.).

§ 30 Betriebsratssitzungen

[1]Die Sitzungen des Betriebsrats finden in der Regel während der Arbeitszeit statt. [2]Der Betriebsrat hat bei der Ansetzung von Betriebsratssitzungen auf die betrieblichen Notwendigkeiten Rücksicht zu nehmen. [3]Der Arbeitgeber ist vom Zeitpunkt der Sitzung vorher zu verständigen. [4]Die Sitzungen des Betriebsrats sind nicht öffentlich.

Inhaltsübersicht

I. Vorbemerkung

1 Die Vorschrift behandelt in Fortsetzung des § 29 **weitere Einzelheiten** der BRSitzungen, insbes. ihren Zeitpunkt und ihre Nichtöffentlichkeit. Diese Regelungen sind auch bei einer gemeinsamen Sitzung des BR und des Sprecherausschusses für leitende Ang. gem. § 2 Abs. 2 S. 3 SprAuG anzuwenden.

2 Die Vorschrift gilt auch für den GesBR und KBR (vgl. § 51 Abs. 1 S. 1, § 59 Abs. 1), ferner für die JAV., die GesJAV und die KJAV (vgl. § 65 Abs. 1, § 73 Abs. 2, § 73b Abs. 2) sowie für die Bordvertr. und den SeeBR (vgl. § 115 Abs. 4, § 116 Abs. 3). Das Gleiche gilt für Sitzungen einer ArbNVertr. nach § 3 Abs. 1 Nr. 1–5, wobei der TV oder die BV nähere Reglungen treffen kann.

3 Auf Sitzungen des BetrAusschusses (§ 27) und andere Ausschüsse des BR (§ 28) ist die Vorschrift entspr. anzuwenden (BAG 18.11.1980 – 1 ABR 31/78, AP BetrVG 1972 § 108 Nr. 2; DKKW/*Wedde* Rn. 1; GK-BetrVG/*Raab* Rn. 2; HWGNRH/*Glock* Rn. 32; Richardi BetrVG/*Thüsing* Rn. 1). Denn diese Ausschüsse unterliegen hinsichtlich der Durchführung der ihnen übertragenen Aufgaben und Befugnisse grds. den gleichen Vorschriften wie der BR. Das Gleiche gilt für Sitzungen einer ArbGruppe nach § 28a (→ § 28a Rn. 38).

4 Die Vorschrift ist **zwingend** und weder durch TV oder BV abdingbar (zur Gestaltung von BRSitzungen *Gröschel* AiB 2002, 342; sa *Renker* AiB 2002, 219). Sie bindet auch den BRVors., der deshalb nicht regelmäßig Sitzungen außerhalb der Arbeitszeit ansetzen kann (GK-BetrVG/*Raab* Rn. 3; HWGNRH/*Glock* Rn. 2).

5 Entsprechende Vorschriften: § 35 BPersVG, § 12 Abs. 5 SprAuG, § 13 Abs. 1 u. 2, § 27 EBRG, § 24 Abs. 2 SEBG, § 24 Abs. 2 SCEBG.

II. Sitzungen während der Arbeitszeit

6 Die BRSitzungen finden grds. **während der Arbeitszeit** statt. Ausnahmen sind nur zuzulassen, wenn die bes. Verhältnisse des Betriebs eine Arbeitsbefreiung der

BRMitgl. verbieten, so zB wenn in kleineren Betrieben alle oder fast alle BRMitgl. Arbeitsplätze innehaben, auf denen sie nicht entbehrt oder vertreten werden können (Kranführer, Maschinenwärter, Schalterdienst usw). Jedoch ist der ArbGeb. in derartigen Fällen verpflichtet, die ihm zumutbaren Vorkehrungen zu treffen, damit dem Grundsatz von S. 1 entspr. die BRSitzungen jedenfalls idR während der Arbeitszeit durchgeführt werden können (GK-BetrVG/*Raab* Rn. 9; ErfK/*Koch* Rn. 1).

Wird in mehreren **Schichten** gearbeitet und gehören die BRMitgl. verschiedenen Schichten an, so wird jeweils für einen Teil der BRMitgl. die Sitzung außerhalb ihrer persönlichen Arbeitszeit stattfinden müssen. In diesen Fällen haben die BRMitgl. nach § 37 Abs. 3 Anspruch auf entspr. bezahlte Arbeitsbefreiung oder, soweit dies nicht möglich ist, auf Vergütung der aufgewendeten Zeit; das Gleiche gilt bei teilzeitbeschäftigten BRMitgl., wenn die BRSitzung außerhalb ihrer persönlichen Arbeitszeit stattfindet (Näheres → § 37 Rn. 81 ff.). **6a**

Der BR bzw. der BRVors. hat bei der Festlegung der BRSitzungen darauf zu achten, dass sie für möglichst viele BRMitgl. **in** ihre **persönliche Arbeitszeit** fällt, so dass ihnen nicht mehr Freizeitaufwand als unbedingt erforderlich abverlangt wird (DKKW/*Wedde* Rn. 8; GK-BetrVG/*Raab* Rn. 5; HWGNRH/*Glock* Rn. 9 f.; Richardi BetrVG/*Thüsing* Rn. 5). Zur Frage der Erstattung notwendiger zusätzlicher Fahrtkosten in diesen Fällen → § 40 Rn. 44 f. **6b**

Die Abhaltung der BRSitzungen während der **Arbeitspausen** oder unmittelbar vor Beginn oder nach Ende der Arbeitszeit ist außer in den oben genannten Ausnahmefällen grds. nicht zumutbar (GK-BetrVG/*Raab* Rn. 8; DKKW/*Wedde* Rn. 7; **aA** SWS Rn. 2). Eine Vereinbarung zwischen ArbGeb. und BR, dass die BRSitzungen stets außerhalb der Arbeitszeit stattfinden, ist wegen Verstoßes gegen S. 1 **nichtig** (GK-BetrVG/*Raab* Rn. 12). **7**

Für die Teilnahme an der BRSitzung bedürfen die BRMitgl. **keiner bes. Erlaubnis des ArbGeb.** Jedoch müssen sie, soweit sie nicht von der Arbeit freigestellt sind (§ 38) oder die BRSitzungen nicht stets zu einer bestimmten Zeit stattfinden und dies allgemein bekannt ist, den zuständigen Vorgesetzten vom Verlassen der Arbeit und von deren Wiederaufnahme nach Schluss der BRSitzung verständigen (BAG 8.3.1957 – 1 AZR 113/55, AP BetrVG § 37 Nr. 4; 19.6.1979 – 6 AZR 638/77, AP BetrVG 1972 § 37 Nr. 36; GK-BetrVG/*Raab* Rn. 13; Richardi BetrVG/*Thüsing* Rn. 2; Näheres → § 37 Rn. 50 ff.). Zur Frage der Fortzahlung des Arbeitsentgelts an die BRMitgl. für die Zeit der Sitzungsdauer → § 37 Rn. 57 ff. Die Sitzungsteilnahme ist erforderliche BRTätigkeit iSv § 37 Abs. 2. **8**

Es bedarf keines Abschlusses einer BV über den Zeitpunkt der BRSitzung mit dem ArbGeb., da § 30 diese Frage abschließend dahingehend regelt, dass die **Anberaumung der BRSitzungen** im Rahmen der gesetzlichen Vorschriften (dh idR während der Arbeitszeit) ausschließlich **Sache des BR und seines Vors.** ist. Andererseits kann gerade in kleineren und mittleren Betrieben eine (unverbindliche) Abstimmung mit dem ArbGeb. durchaus zweckmäßig sein. Vereinbarungen zwischen ArbGeb. und BR über den Zeitpunkt von BRSitzungen können den BRVors. jedoch nicht hindern, falls erforderlich, auch außerhalb der vereinbarten Zeit Sitzungen anzuberaumen (DKKW/*Wedde* Rn. 4; HWGNRH/*Glock* Rn. 11; iErg ebenso GK-BetrVG/*Raab* Rn. 11, Richardi BetrVG/*Thüsing* Rn. 7). Über die Anzahl der BRSitzungen entscheidet entspr. dem Arbeitsanfall allein der BR bzw. der BRVors. (BAG 23.4.1974 – 1 AZR 139/73, AP BetrVG 1972 § 37 Nr. 11; DKKW/*Wedde* Rn. 5; → § 29 Rn. 22 ff.). **9**

III. Berücksichtigung der betrieblichen Notwendigkeiten

Der BR hat bei Ansetzung der Sitzungen auf die **betrieblichen Notwendigkeiten** (den Betriebs- und Arbeitsablauf) Rücksicht zu nehmen. Betriebliche Notwendigkeiten sind nicht gleichzusetzen mit betrieblichen Interessen oder Bedürfnissen. **10**

Als betriebliche Notwendigkeiten sind nur solche dringenden betrieblichen Gründe anzuerkennen, die zwingenden Vorrang vor dem Interesse des BR auf Abhaltung der BRSitzung zu dem vorgesehenen Zeitpunkt haben (DKKW/*Wedde* Rn. 6; GK-BetrVG/*Raab* Rn. 6; ErfK/*Koch* Rn. 1; HWGNRH/*Glock* Rn. 5; MHdB ArbR/*Krois* § 294 Rn. 56). Die Rücksichtnahme auf betriebliche Notwendigkeiten kann es uU gebieten, die BRSitzungen an den Beginn oder das Ende und nicht mitten in die Arbeitszeit zu legen; jedoch kann eine derartige Verpflichtung nicht generell angenommen werden (DKKW/*Wedde* Rn. 7; GK-BetrVG/*Raab* Rn. 8; HaKo-BetrVG/*Wolmerath* Rn. 7; wohl auch Richardi BetrVG/*Thüsing* Rn. 5; **aA** HWGNRH/*Glock* Rn. 7). Im Allgemeinen können betriebliche Notwendigkeiten **nur in Ausnahmefällen** dazu führen, dass eine BRSitzung außerhalb der Arbeitszeit stattfinden muss (→ Rn. 6).

11 Die Vorschrift wendet sich in erster Linie an den Vors., dem die Anberaumung der BRSitzungen und damit die Festlegung ihres Zeitpunkts obliegt (§ 29 Abs. 2 S. 1). Der BR kann den Zeitpunkt von BRSitzungen auch selbst festlegen und hat dann seinerseits auf die betrieblichen Notwendigkeiten Rücksicht zu nehmen (GK-BetrVG/*Raab* Rn. 6).

11a Jedes BRMitgl. ist grds. berechtigt und verpflichtet, an der BRSitzung teilzunehmen. Die Ansetzung der BRSitzung bewirkt jedoch nicht automatisch eine Arbeitsbefreiung; vielmehr muss jedes BRMitgl. die Erforderlichkeit seiner Sitzungsteilnahme iSv § 37 Abs. 2 prüfen (HessLAG 4.2.2013 – 16 TaBV 261/12, BeckRS 2013, 67962; BAG 9.7.2013 – 1 ABR 2/13 (A), NZA 2013, 1433; → § 29 Rn. 34a).

12 Wird eine Sitzung ohne Rücksicht auf betriebliche Notwendigkeiten angesetzt, so wird dadurch die **Rechtmäßigkeit** der in ihr gefassten **Beschlüsse** nicht beeinträchtigt (DKKW/*Wedde* Rn. 7; GK-BetrVG/*Raab* Rn. 10). Der ArbGeb. kann eine derartige Sitzung auch nicht eigenmächtig unterbinden. Er ist deshalb auch nicht berechtigt, den BRMitgl. das Arbeitsentgelt entspr. zu kürzen (vgl. LAG Hamm, EzA § 37 BetrVG 1972 Nr. 58; DKKW/*Wedde* Rn. 7; ErfK/*Koch* Rn. 1; GK-BetrVG/*Raab* Rn. 10).

13 Bei **groben Verstößen** gegen das Gebot der Rücksichtnahme kann § 23 Abs. 1 zur Anwendung kommen (WPK/*Kreft* Rn. 3; → § 23 Rn. 14 ff., 35 ff.). UU kann der ArbGeb. die Aufhebung der angesetzten Sitzung durch eine einstw. Vfg. des ArbG (§ 85 Abs. 2 ArbGG) erwirken (DKKW/*Wedde* Rn. 7; ErfK/*Koch* Rn. 1; GK-BetrVG/*Raab* Rn. 11; *Raab* RdA 2017, 352, 357).

IV. Verständigung des Arbeitgebers

14 Der ArbGeb. ist **vom Zeitpunkt** einer jeden BRSitzung **vorher zu verständigen,** damit er unterrichtet ist, dass die BRMitgl. ihre Tätigkeit im Betrieb für die Dauer der Sitzung unterbrechen und er ggf. wegen der Arbeitsunterbrechung erforderlich werdende Maßnahmen treffen kann. Einer Mitteilung der Tagesordnung an den ArbGeb. bedarf es nicht (LAG Hamm, EzA § 37 BetrVG 1972 Nr. 58; GK-BetrVG/*Raab* Rn. 17; DKKW/*Wedde* Rn. 10; ErfK/*Koch* Rn. 1; HWGNRH/*Glock* Rn. 15; s. aber → Rn. 54). Eine Zustimmung des ArbGeb. zur Durchführung der BRSitzung ist ebenfalls nicht erforderlich. Die jeweilige Unterrichtung kann entfallen, wenn die BRSitzungen – zB nach der Geschäftsordnung des BR – stets zu einer bestimmten Zeit stattfinden und dies dem ArbGeb. bekannt ist. Da die Unterrichtungspflicht des BR lediglich dem Zweck dient, dass der ArbGeb. sich auf die Abwesenheit der BRMitgl. einstellen kann, ergibt sich aus ihr kein Anspruch des ArbGeb., ihm nachträglich Beginn und Ende der Sitzung mitzuteilen (ArbG Hamburg 8.9.1999 – 13 BV 4/99, AiB 2000, 102; **aA** GK-BetrVG/*Raab* Rn. 18).

15 Die schuldhafte Unterlassung der Verständigung des ArbGeb. berechtigt diesen zwar nicht, dem BRMitgl. das auf die Zeit der BRSitzungen entfallende Arbeitsentgelt zu verweigern oder zu mindern, sie kann aber zu **Schadensersatzansprüchen**

des ArbGeb. führen, wenn dieser durch die Unterlassung an entspr. betrieblichen Dispositionen gehindert worden ist und hierdurch einen Schaden erlitten hat (GK-BetrVG/*Raab* Rn. 18; SWS Rn. 2; WPK/*Kreft* Rn. 5; **aA** bez. Schadensersatz DKKW/*Wedde* Rn. 10; HWGNRH/*Glock* Rn. 18).

V. Nichtöffentlichkeit

16 Das Gebot der Nichtöffentlichkeit der BRSitzungen nach S. 4, das weder durch Beschluss des BR noch durch eine BV oder Tarifregelung aufgehoben werden kann, beschränkt den **Kreis der an den Sitzungen der BR Teilnehmenden** grds. auf die BRMitgl. Außer diesen haben im Allgemeinen nur der ArbGeb. (§ 29 Abs. 4), die SchwbVertr. (§ 32), die JAV (§ 67), die Vertr. von Gewerkschaften und von ArbGebVereinigungen (§§ 31, 29 Abs. 4 S. 2) sowie der Vertrauensmann der Zivildienstleistenden (§ 3 Abs. 1 ZDVG) das Recht, an BRSitzungen teilzunehmen. Ferner kann der BR dem Sprecherausschuss für leitende Ang. oder einzelnen seiner Mitgl. das Recht einräumen, an seinen Sitzungen teilzunehmen (vgl. § 2 Abs. 2 S. 2 SprAuG). Andere Personen, insbes. auch ErsMitgl., soweit sie nicht nach § 25 in den BR nachgerückt sind, dürfen grds. nicht teilnehmen (DKKW/*Wedde* Rn. 11; GK-BetrVG/*Raab* Rn. 22; ErfK/*Koch* Rn. 1; Richardi BetrVG/*Thüsing* Rn. 11 f.). Jedoch ist die Hinzuziehung einer Schreibkraft zur Unterstützung des Schriftführers zulässig (Richardi BetrVG/*Thüsing* Rn. 14; *Renker* AiB 2002, 219; **aA** GK-BetrVG/*Raab* Rn. 23; HWGNRH/*Glock* Rn. 24; → § 34 Rn. 11).

17 Der Grundsatz der Nichtöffentlichkeit der BRSitzungen schließt allerdings nicht aus, dass der BR weitere Personen als **Auskunftspersonen** zur **Beratung einzelner Gegenstände** der Tagesordnung hinzuzieht. Dies ist stets dann als zulässig anzusehen, wenn der BR das im Hinblick auf eine sachgerechte Behandlung einzelner Tagesordnungspunkte für zweckmäßig erachtet. So kann er zu einzelnen Beratungsgegenständen erforderlichenfalls sachkundige ArbN nach § 80 Abs. 2 S. 3, Sachverständige nach § 80 Abs. 3 oder einen Berater nach § 111 S. 2 einladen (zu deren Hinzuziehung → § 80 Rn. 81 ff., 86 ff.; → § 111 Rn. 117 ff.). Das Gleiche gilt für sonstige Auskunftspersonen, zB Gewerbeaufsichtsbeamte, technische Aufsichtsbeamte der Berufsgenossenschaften, Bedienstete der zuständigen AA, Mitgl. des GesBR, Vertreter der ArbN im Aufsichtsrat, betroffene ArbN bei personellen Einzelmaßnahmen oder bei Beschwerden (DKKW/*Wedde* Rn. 13c; differenzierend nach Anhörung und Beratung GK-BetrVG/*Raab* Rn. 21; Richardi BetrVG/*Thüsing* Rn. 12; *Renker* AiB 2002, 219). Ferner kann der BR den oder einen Vertr. der ArbN, die ihm nach § 86a einen Beratungsgegenstand vorgeschlagen haben (→ § 86a Rn. 4 ff.), bei der Behandlung dieses Themas Gelegenheit geben, den Vorschlag näher zu erläutern (*Löwisch* BB 2001, 1741).

18 Der Grundsatz der Nichtöffentlichkeit der BRSitzung schließt ferner nicht aus, dass sich schwerbeh. BRMitgl. auch in der Sitzung von einer **Hilfsperson** (zB einem Gehörlosendolmetscher) begleiten lassen. Die Zulässigkeit einer solchen Begleitung hängt von Art und Schwere der Behinderung und den Umständen des Einzelfalles ab, insbes. auch davon, ob die notwendige Hilfe nicht durch ein anderes BRMitgl. geleistet werden kann und dies dem schwerbeh. Menschen zumutbar ist.

19 Die anwesenden Sachverständigen und Auskunftspersonen haben **keine beratende Stimme** in dem Sinne, dass sie Einfluss auf die Willensbildung des BR nehmen dürfen (HWGNRH/*Glock* Rn. 23; Richardi BetrVG/*Thüsing* Rn. 12). Das schließt jedoch nicht aus, dass sie uU während der Beratung des betr. Tagesordnungspunktes anwesend sein dürfen, damit der BR ggf. rückfragen kann (**aA** hinsichtlich Auskunftspersonen, die nicht zu denen des § 80 Abs. 2 S. 3 gehören GK-BetrVG/*Raab* Rn. 20). Ihre Anwesenheit bei der Beschlussfassung ist nicht zulässig.

20 Soweit sich eine **Verschwiegenheitspflicht** der vom BR zugezogenen Sachverständigen und Auskunftspersonen über Betriebs- und Geschäftsgeheimnisse nicht

bereits aus diesem G (vgl. §§ 79, 80 Abs. 3) oder aus ihrer speziellen Rechtstellung ergibt (etwa Dienstpflicht des Gewerbeaufsichtsbeamten oder des technischen Überwachungsbeamten der Berufsgenossenschaft, ArbVerh. des zugezogenen ArbN), ist der BR verpflichtet, dafür zu sorgen, dass diese Personen solche Geheimnisse nicht erfahren. Sollten sie ihnen gleichwohl bekannt werden, hat der BR diesen Personen eine bes. Verschwiegenheitspflicht aufzuerlegen (Richardi BetrVG/*Thüsing* Rn. 15; **aA** DKKW/*Wedde* Rn. 14; GK-BetrVG/*Raab* Rn. 28; HWGNRH/*Glock* Rn. 27, die die Begründung einer solchen Pflicht durch den BR nicht für zulässig halten). Diese ist allerdings nicht nach § 120 strafbewehrt.

21 Aus dem Grundsatz der Nichtöffentlichkeit der BRSitzung ergibt sich keine über den Rahmen des § 79 hinausgehende Verschwiegenheitspflicht der BRMitgl. Deshalb besteht auch **keine generelle Pflicht, Stillschweigen über den Inhalt von BRSitzungen** zu wahren (BAG 5.9.1967 – 1 ABR 1/67, AP BetrVG § 23 Nr. 8; LAG München 15.11.1977 – 5 TaBV 34/77, DB 1978, 894; HessLAG 17.2.1997 – 11 Sa 1776/96, NZA-RR 1998, 17; GK-BetrVG/*Raab* Rn. 28; DKKW/*Wedde* Rn. 14; HWGNRH/*Glock* Rn. 28; Richardi BetrVG/*Thüsing* Rn. 17). Allerdings kann bei Angelegenheiten, die ihrer Natur nach einer vertraulichen Behandlung bedürfen oder deren allgemeines Bekanntwerden für den Betroffen Nachteile mit sich bringen würde, eine Verpflichtung zur Vertraulichkeit bestehen. Dies gilt insbes., wenn der BR die vertrauliche Behandlung der Angelegenheit beschlossen hat (DKKW/*Wedde* Rn. 15; ErfK/*Koch* Rn. 1; insoweit **aA** HWGNRH/*Glock* Rn. 28). Diese Verpflichtung ergibt sich jedoch nicht aus dem Grundsatz der Nichtöffentlichkeit der BRSitzung, sondern aus dem vertraulichen Charakter der betreffenden Angelegenheit. Das **heimliche Mithörenlassen** eines Dritten von Äußerungen in einer BRSitzung verstößt gegen das Gebot der Nichtöffentlichkeit und verletzt die arbeitsvertraglichen Nebenpflichten des so handelnden BRMitgl. (LAG BW 9.9.2011 – 17 Sa 16/11, BeckRS 2011, 76075).

21a Ferner ist zu beachten, dass der BR ein Kollektivorgan ist und sich hieraus **gewisse Solidaritätspflichten seiner Mitgl.** ergeben. Aus diesem Grunde dürfte es jedenfalls nicht generell zulässig sein, dass überstimmte BRMitgl. diese Tatsache und ihre Ansicht zu der anstehenden Frage dem ArbGeb. mitteilen (DKKW/*Wedde* Rn. 15; **aA** GK-BetrVG/*Raab* § 35 Rn. 31; HWGNRH/*Glock* Rn. 28; Richardi BetrVG/*Thüsing* § 35 Rn. 6). Ferner haben die BRMitgl. darauf zu achten, dass die Funktionsfähigkeit des BR nicht durch unangebrachte Indiskretion beeinträchtigt wird (BAG 5.9.1967 – 1 ABR 1/67, AP BetrVG § 23 Nr. 8; DKKW/*Wedde* Rn. 15; HWGNRH/*Glock* Rn. 29). So ist insbes. die Weitergabe von strategischen Überlegungen für geplante Aktivitäten des BR zu unterlassen (*Markowski* AiB 2016 H. 10, S. 38, 39).

22 Die Beachtung des Gebots der **Nichtöffentlichkeit** von BRSitzungen, das eine unbefangene Diskussion unter den BRMitgl. und eine Beschlussfassung frei von Einflüssen Dritter gewährleisten will, ist grds. als **wesentlich** für die **Wirksamkeit** eines vom BR in der Sitzung gefassten **Beschlusses** anzusehen (→ § 33 Rn. 54). Von einem die Unwirksamkeit des Beschlusses begründenden Verstoß gegen das Gebot der Nichtöffentlichkeit ist allerdings nur dann auszugehen, wenn zumindest ein BRMitgl. vor der Behandlung eines Tagungsordnungspunkts die Anwesenheit einer nicht teilnahmeberechtigten Person ausdrücklich beanstandet hat und diese anwesend bleibt (BAG 30.9.2014 – 1 ABR 32/13, NZA 2015, 370; zu Videokonferenzen → § 33 Rn 21b).

22a Auch dann, wenn feststeht, dass der Beschluss des BR bei Einhaltung des Gebotes der Nichtöffentlichkeit **anders ausgefallen wäre,** ist von seiner Unwirksamkeit auszugehen (GK-BetrVG/*Raab* § 33 Rn. 61; DKKW/*Wedde* Rn. 16; ErfK/*Koch* Rn. 1; Richardi BetrVG/*Thüsing* Rn. 18; *Löwisch/Kaiser* Rn. 10; *Grosjean* NZA-RR 2005, 113 [118]; nach HWGNRH/*Glock* Rn. 29f.; *v. Hoyningen-Huene* BetrVR § 9 Kap. IV 2 führt ein Verstoß gegen den Grundsatz der Nichtöffentlichkeit als bloßer Ordnungsvorschrift nie zur Ungültigkeit gefasster Beschlüsse). Zur Zulässigkeit einer **Videokonferenz** → § 33 Rn. 21b.

VI. Streitigkeiten

Streitigkeiten über den Zeitpunkt von BRSitzungen sowie darüber, wer an ihnen teilnehmen oder zu ihnen hingezogen werden kann, entscheiden die **ArbG im BeschlVerf.** (§§ 2a, 80 ff. ArbGG; → Anh. 3 Rn. 1 ff.). Ggf. besteht die Möglichkeit des Erlasses einer einstw. Vfg. durch das ArbG (vgl. § 85 Abs. 2 ArbGG). 23

§ 31 Teilnahme der Gewerkschaften

Auf Antrag von einem Viertel der Mitglieder des Betriebsrats kann ein Beauftragter einer im Betriebsrat vertretenen Gewerkschaft an den Sitzungen beratend teilnehmen; in diesem Fall sind der Zeitpunkt der Sitzung und die Tagesordnung der Gewerkschaft rechtzeitig mitzuteilen.

Inhaltsübersicht

I. Vorbemerkung

Die Vorschrift **konkretisiert** das allgemeine **Gebot der Zusammenarbeit** des BR mit den Gewerkschaften in Bezug auf die BRSitzungen, indem sie den im BR vertr. Gewerkschaften auch auf Antrag einer Minderheit, nämlich eines Viertels der Mitgl. des BR, das Recht geben, beratend an der BRSitzung teilzunehmen. Die Vorschrift gilt auch für die gemeinsame Sitzung von BR und Sprecherausschuss für leitende Ang. gem. § 2 Abs. 2 S. 3 SprAuG. Dies folgt daraus, dass es für die vorgesehenen gemeinsamen Sitzungen dieser Gremien keine bes. Regelungen gibt und deshalb die für die Sitzungen der einzelnen Gremien geltenden Vorschriften maßgebend bleiben (GK-BetrVG/*Raab* Rn. 6). 1

Die Vorschrift gilt **entspr.** für den GesBR und den KBR (vgl. § 51 Abs. 1, § 59 Abs. 1), für die JAV, die GesJAV und die KonzernJAV (vgl. § 65 Abs. 1, § 73 Abs. 2, § 73b Abs. 2) sowie für die BordVertr. und den SeeBR (vgl. § 115 Abs. 4, § 116 Abs. 3). Zur Anwendung der Vorschrift auf Ausschüsse des BR → Rn. 26 f. Die Vorschrift gilt ferner entspr. für ArbNVertr. nach § 3 Abs. 1 Nr. 2 u. 3, da diese an die Stelle des BR treten. Das Gleiche gilt für ArbGruppen nach § 28a (→ § 28a Rn. 38). Die Teilnahme von Gewerkschaftsvertr. an Zusammenkünften der ArbNVertr. nach § 3 Abs. 1 Nr. 4 u. 5 ist im TV oder in der BV zu regeln. 2

Die Vorschrift ist **zwingend** und kann weder durch TV noch durch BV eingeschränkt oder abgedungen werden. 3

Entsprechende Vorschrift: § 36 BPersVG. 4

II. Hinzuziehung von Gewerkschaftsvertretern

Die Gewerkschaften haben im Gegensatz zur Regelung des § 46 für die BetrVerslg **kein eigenständiges Recht,** an BRSitzungen teilzunehmen (DKKW/*Wedde* Rn. 3; GK-BetrVG/*Raab* Rn. 7; HWGNRH/*Glock* Rn. 1). Ihre Hinzuziehung ist jedoch 5 sowohl durch Beschluss des BR als auch auf Antrag einer BRMinderheit zulässig. Der BRVors ist nicht berechtigt, von sich aus Gewerkschaftsvertr. hinzuzuziehen.

1. Beschluss des Betriebsrats

6 Obwohl § 31 nur das Recht einer Minderheit des BR auf Hinzuziehung von Gewerkschaftsvertr. zu BRSitzungen regelt, kann auch der BR als solcher ihre Hinzuziehung durch **Mehrheitsbeschluss** beschließen (DKKW/*Wedde* Rn. 4; GK-BetrVG/*Raab* Rn. 12; HWGNRH/*Glock* Rn. 6; Richardi BetrVG/*Thüsing* Rn. 12). Das gilt auch für den einköpfigen BR, so dass sich dessen einziges Mitgl. ebenfalls mit seiner Gewerkschaft beraten kann (DKKW/*Wedde* Rn. 8; GK-BetrVG/*Raab* Rn. 9).

7 Die Hinzuziehung von Gewerkschaftsbeauftragten **durch den BR** kann sowohl durch **Beschluss im Einzelfall** als auch generell erfolgen, zB in der **Geschäftsordnung** vorgesehen werden (BAG 28.2.1990 – 7 ABR 22/89, AP BetrVG 1972 § 31 Nr. 1; vgl. auch BAG 18.11.1980 – 1 ABR 31/78, AP BetrVG 1972 § 108 Nr. 2; DKKW/*Wedde* Rn. 5; HaKo-BetrVG/*Wolmerath* Rn. 3f.; ErfK/*Koch* Rn. 1; WPK/*Kreft* Rn. 3; *Däubler* Gewerkschaftsrechte Rn. 142; **aA** hinsichtlich einer generellen Hinzuziehung BAG 25.6.1987 – 6 ABR 45/85, AP BetrVG 1972 § 108 Nr. 6, für Sitzungen des WiAusschusses; GK-BetrVG/*Raab* Rn. 19f.; *Löwisch/Kaiser* Rn. 2; Richardi BetrVG/*Thüsing* Rn. 14f.; MHdB ArbR/*Krois* § 294 Rn. 43). Hierbei genügt für einen Beschluss im Einzelfall die einfache Stimmenmehrheit; bei einer diesbezüglichen Regelung in der Geschäftsordnung ist die absolute Mehrheit der Stimmen der BRMitgl. erforderlich, da der Erlass einer Geschäftsordnung gem. § 36 einer qualifizierten Mehrheit bedarf.

8 Der BR ist nicht verpflichtet, jede im BR vertr. Gewerkschaft hinzuzuziehen, sondern kann seine Entscheidung auf eine bestimmte Gewerkschaft beschränken.

9 Andererseits kann im Hinblick auf die ausdrückliche Vorschrift des § 31 der BR nicht durch Mehrheitsbeschluss den Antrag des Viertels der BRMitgl. auf Hinzuziehung des Vertr. einer bestimmten Gewerkschaft **ablehnen** und dadurch den von den Minderheiten gestellten Antrag zunichte machen (DKKW/*Wedde* Rn. 8; GK-BetrVG/*Raab* Rn. 15; HWGNRH/*Glock* Rn. 15; Richardi BetrVG/*Thüsing* Rn. 11).

2. Antrag einer Minderheit im Betriebsrat

10 § 31 dient dem **Schutz gewerkschaftlicher Minderheiten.** Auch ihnen soll die Möglichkeit gewährleistet werden, sich der Unterstützung ihrer Gewerkschaft zu bedienen. Diese Möglichkeit besteht zum einen in konkreten Einzelfällen. Darüber hinaus kann auch eine Minderheit nach § 31 eine generelle Hinzuziehung von Gewerkschaftsbeauftragten zu den BRSitzungen beantragen, da sich weder aus dem Wortlaut der Vorschrift noch ihrer Entstehungsgeschichte eine Begrenzung des Antragsrecht auf konkrete Einzelfälle ergibt (BAG 28.2.1990 – 7 ABR 22/89, AP BetrVG 1972 § 31 Nr. 1; DKKW/*Wedde* Rn. 6; HaKo-BetrVG/*Wolmerath* Rn. 3; **aA** GK-BetrVG/*Raab* Rn. 19; HWGNRH/*Glock* Rn. 11; Richardi BetrVG/*Thüsing* Rn. 14).

11 Der **Antrag** auf Hinzuziehung eines Beauftragten einer im BR vertr. Gewerkschaft kann gestellt werden von einem Viertel der Mitgl. des BR. Der Antrag kann während oder außerhalb der BRSitzung gestellt werden. Er ist nicht an eine bestimmte Form gebunden, sondern kann mündlich gestellt werden. Er bedarf keiner Begründung. Jedoch muss er erkennen lassen, welche Gewerkschaft hinzugezogen werden und bei einer Hinzuziehung aus konkretem Anlass zu welchem Tagesordnungspunkt sie einen Vertr. entsenden soll. Außerdem ist, wenn dies zweifelhaft ist, nachzuweisen, dass die Gewerkschaft im BR vertreten ist, dh dass wenigstens ein BRMitgl. ihr angehört. Wegen seiner Bedeutung ist der Antrag in die Sitzungsnie-

derschrift nach § 34 aufzunehmen (DKKW/*Wedde* Rn. 10; GK-BetrVG/*Raab* Rn. 11).

Der Antrag bedarf der Unterstützung von einem **Viertel der BRMitgl.,** und zwar der Gesamtzahl der BRMitgl. nicht ein Viertel der anwesenden oder an der Beschlussfassung teilnehmenden BRMitgl. (DKKW/*Wedde* Rn. 7; GK-BetrVG/*Raab* Rn. 9; HWGNRH/*Glock* Rn. 7; Richardi BetrVG/*Thüsing* Rn. 7). Zur Berechnung des Viertels → § 29 Rn. 26. 12

An dem Antrag kann sich **jedes BRMitgl.,** auch das nicht organisierte oder das anders organisierte Mitgl. beteiligen. Es ist also nicht erforderlich, dass die Antragsteller der Gewerkschaft angehören, deren Beauftragten hinzuzuziehen sie beantragen (GK-BetrVG/*Raab* Rn. 8; HWGNRH/*Glock* Rn. 7; Richardi BetrVG/*Thüsing* Rn. 8). 13

Der **Antrag** ist **an den Vors. des BR** zu richten und im Allgemeinen so frühzeitig zu stellen, dass der Vors. rechtzeitig in der Lage ist, die Gewerkschaft aufzufordern, einen Beauftragten zur Sitzung zu entsenden. Der Antrag kann jedoch auch noch in der Sitzung selbst gestellt werden. In diesem Falle ist ihm zu entsprechen, wenn der Gewerkschaftsvertr. abrufbereit zur Verfügung steht. Ist dies nicht der Fall, kann der BR eine Vertagung der Sitzung oder eine Absetzung des betr. TOPunktes beschließen. Ein Anspruch hierauf besteht jedoch nicht; dies gilt insbes. dann, wenn der TOPunkt, zu dem die Hinzuziehung beantragt wird, ordnungsgemäß vorher angekündigt war. Denn dann könnten die Antragsteller eine zügige Beschlussfassung des BR blockieren (DKKW/*Wedde* Rn. 9; GK-BetrVG/*Raab* Rn. 10; Richardi BetrVG/*Thüsing* Rn. 9). Der Antrag auf Hinzuziehung eines Gewerkschaftsbeauftragten kann auf bestimmte Tagungspunkte beschränkt werden (DKKW/*Wedde* Rn. 9; Richardi BetrVG/*Thüsing* Rn. 16). 14

Der Antrag kann nur auf Entsendung eines Beauftragten einer **im BR vertr.** Gewerkschaft gerichtet werden. Dass die Gewerkschaft im Betrieb vertreten ist, genügt nicht; vielmehr muss der Gewerkschaft mindestens ein BRMitgl. angehören (BAG 28.2.1990 – 7 ABR 22/89, AP BetrVG 1972 § 31 Nr. 1). Sind mehrere Gewerkschaften im BR vertreten, so kann natürlich die Entsendung von Beauftragten mehrerer im BR vertr. Gewerkschaften beantragt werden (DKKW/*Wedde* Rn. 10; GK-BetrVG/*Raab* Rn. 13; HWGNRH/*Glock* Rn. 14; Richardi BetrVG/*Thüsing* Rn. 10). 15

In Betrieben, in denen **Beamte** zwar ohne einen Arbeitsvertrag mit dem Betriebsinhaber, jedoch im Rahmen ihres öffentlich-rechtlichen Dienstverhältnisses zu ihrem Dienstherrn im Wege der Abordnung, Überlassung, Zuweisung oder Gestellung in den Betrieb eines privatrechtlich organisierten Unternehmens beschäftigt werden, sind als Gewerkschaften auch die **Berufsverbände der Beamten** anzusehen (→ § 2 Rn. 34; → § 5 Rn. 316ff.; RDW § 2 Rn. 30, 43, 51, 53f.; enger DKKW/*Wedde* Rn. 7: nur bei alleiniger Beschlussfassungsbefugnis der Beamtengruppe). 15a

Es bestehen keine Bedenken, Beauftragte von Gewerkschaften, die nicht im BR vertreten sind, in geeigneten Fällen als **Auskunftspersonen** zu einzelnen Beratungsgegenständen zu hören (DKKW/*Wedde* Rn. 11; GK-BetrVG/*Raab* Rn. 14; Richardi BetrVG/*Thüsing* Rn. 6; hierzu → § 30 Rn. 17). Das setzt einen entspr. Beschluss des BR voraus. Wird die Hinzuziehung eines Beauftragten nur einer bestimmten im BR vertr. Gewerkschaft beantragt, so gibt dies den übrigen im BR vertr. Gewerkschaften nicht das Recht zur Entsendung von Beauftragten. 15b

Der BRVors. **muss** einem ordnungsgemäßen Antrag **stattgeben.** Eine Entscheidung darüber, ob die Hinzuziehung zweckmäßig ist, steht ihm nicht zu. Entspricht der Vors. dem Antrag nicht und lehnt er die beantragte Hinzuziehung des Gewerkschaftsvertr. ab, so handelt er pflichtwidrig. Er kann uU – etwa bei wiederholter Nichtbeachtung eines Antrags – nach § 23 im arbeitsgerichtlichen BeschlVerf. wegen grober Verletzung seiner gesetzlichen Pflichten aus dem BR ausgeschlossen werden (DKKW/*Wedde* Rn. 12). 16

III. Beauftragte der im Betriebsrat vertretenen Gewerkschaften

17 Die Gewerkschaften können – anders als bei der BetrVerslg (vgl. § 46) – an BRSitzungen nur teilnehmen, wenn ein **Antrag nach § 31** gestellt worden ist oder der **BR die Teilnahme beschlossen** hat (Richardi BetrVG/*Thüsing* Rn. 3). Ist dies der Fall, so steht der Gewerkschaft das Teilnahmerecht zu. Eine Verpflichtung zur Teilnahme besteht nicht (DKKW/*Wedde* Rn. 14).

18 Der Beauftragte der Gewerkschaft braucht kein Angestellter derselben zu sein. Die Gewerkschaft kann vielmehr jedes ihrer Mitgl. als Beauftragten entsenden, auch ArbN des Betriebs (DKKW/*Wedde* Rn. 14; HWGNRH/*Glock* Rn. 18; Richardi BetrVG/*Thüsing* Rn. 19). Die Entsendung von ArbN, die in einem ausgesprochenen Konkurrenzbetrieb tätig sind, dürfte dagegen im Allgemeinen nicht zulässig sein (GK-BetrVG/*Raab* Rn. 16; HWGNRH/*Glock* Rn. 19; Richardi BetrVG/*Thüsing* Rn. 19; **aA** DKKW/*Wedde* Rn. 14).

19 Die Gewerkschaft ist – jedenfalls bei einem entspr. Begehren der Antragsberechtigten – nicht darauf beschränkt, nur einen Beauftragten zu entsenden. Sie kann mehrere Beauftragte entsenden, wenn dies im Hinblick auf die Tagesordnung im Interesse einer sachgerechten Beratung des BR liegt (DKKW/*Wedde* Rn. 14; ErfK/*Koch* Rn. 1; *Däubler* Gewerkschaftsrechte Rn. 135; **enger** GK-BetrVG/*Raab* Rn. 16, 21: nur wenn sich das Begehren auf verschiedene TOPunkte bezieht; **aA** HWGNRH/*Glock* Rn. 22; Richardi BetrVG/*Thüsing* Rn. 18).

20 Von dem Beauftragten kann im Zweifelsfalle ein **Nachweis** über die Beauftragung verlangt werden (DKKW/*Wedde* Rn. 15; Richardi BetrVG/*Thüsing* Rn. 20).

21 Das Teilnahmerecht des Beauftragten der Gewerkschaft besteht nur für **förmliche BRSitzungen,** nicht für sonstige Besprechungen zwischen ArbGeb. und BR. Seine Teilnahme an solchen Besprechungen setzt das Einverständnis sowohl des BR als auch des ArbGeb. voraus (GK-BetrVG/*Raab* Rn. 18; HWGNRH/*Glock* Rn. 5; Richardi BetrVG/*Thüsing* Rn. 4; **aA** DKKW/*Wedde* Rn. 13).

22 Der Beauftragte der Gewerkschaft hat im Gegensatz zu dem Vertr. der ArbGeb-Vereinigung (§ 29 Abs. 4 S. 2) **beratende Stimme,** dh er darf auf die Willensbildung des BR Einfluss nehmen. Ihm ist auf Antrag das Wort zu erteilen. Er kann zur Sache sprechen, jedoch nicht an Abstimmungen teilnehmen. Wohl aber kann er bei ihnen zugegen sein, da das G dies nicht verbietet (DKKW/*Wedde* Rn. 16; ErfK/*Koch* Rn. 1; GK-BetrVG/*Raab* Rn. 22; HWGNRH/*Glock* Rn. 27; Richardi BetrVG/*Thüsing* Rn. 22). Die Leitung der Sitzung kann dem Gewerkschaftsbeauftragten nicht übertragen werden (*Däubler* Gewerkschaftsrechte Rn. 137).

23 Der ArbGeb. kann dem Gewerkschaftsbeauftragten das **Betreten des Betriebs** zum Zwecke der Teilnahme an einer BRSitzung, zu der er hinzugezogen wird, **nicht verweigern,** da im Sitzungsraum der Vors. des BR das Hausrecht hat (→ § 29 Rn. 49). Außerdem ist § 31 gegenüber der allgemeinen Zugangsregelung des § 2 Abs. 2 eine Sonderregelung. Deshalb kann der ArbGeb. dem Gewerkschaftsbeauftragten den Zutritt zum Betrieb auch nicht aus den Gründen des § 2 Abs. 2 verwehren (DKKW/*Wedde* Rn. 18; Richardi BetrVG/*Thüsing* Rn. 24; ErfK/*Koch* Rn. 1; HaKo-BetrVG/*Wolmerath* Rn. 5; → § 2 Rn. 64; **aA** GK-BetrVG/*Raab* Rn. 23f.; HWGNRH/*Glock* Rn. 23f.). Allerdings kann der ArbGeb. in bes. Ausnahmefällen unter dem Gesichtspunkt des Rechtsmissbrauchs den Zutritt eines bestimmten Gewerkschaftsbeauftragten (etwa bei drohender Gefahr von unerlaubten oder strafbaren Handlungen) untersagen (Richardi BetrVG/*Thüsing* Rn. 24; → § 46 Rn. 9). Verweigert der ArbGeb. einem Gewerkschaftsbeauftragten widerrechtlich den Zutritt zur BRSitzung, so liegt regelmäßig eine Störung der BRTätigkeit iSd § 78 vor, die strafrechtliche Folgen nach § 119 Abs. 1 Nr. 2 haben kann (DKKW/*Wedde* Rn. 18; GK-BetrVG/*Raab* Rn. 25; HWGNRH/*Glock* Rn. 25). Darüber hinaus kann bei groben Verstößen das Zwangsverfahren nach § 23 Abs. 3 eingeleitet werden.

Der Beauftragte der Gewerkschaft hat über **Betriebs- und Geschäftsgeheimnisse,** die vom ArbGeb. als geheimhaltungsbedürftig bezeichnet worden sind, gem. § 79 Abs. 2 **Stillschweigen** zu wahren (Richardi BetrVG/*Thüsing* Rn. 23). Diese Pflicht obliegt ihm auch gegenüber seiner Gewerkschaft. Die Verletzung der Verschwiegenheitspflicht kann nach § 120 Abs. 1 Nr. 2 strafrechtlich geahndet werden. Eine Schweigepflicht des Gewerkschaftsbeauftragten besteht in entspr. Anwendung des § 99 Abs. 1 S. 3 und § 102 Abs. 2 S. 5 auch in Bezug auf persönliche Verhältnisse und Angelegenheiten der ArbN, die ihrem Inhalt oder ihrer Bedeutung nach einer vertraulichen Behandlung bedürfen (DKKW/*Wedde* Rn. 17; GK-BetrVG/*Raab* Rn. 26; Richardi BetrVG/*Thüsing* Rn. 23; **aA** HWGNRH/*Glock* Rn. 29). Die Verletzung dieser Verschwiegenheitspflicht ist wegen fehlender unmittelbarer Geltung des § 99 Abs. 1 S. 3 und § 102 Abs. 2 S. 5 jedoch nicht strafbewehrt (DKKW/*Wedde* Rn. 17; GK-BetrVG/*Raab* Rn. 27). Außerdem kann sich die Verpflichtung zur Wahrung der Vertraulichkeit über persönlichen Verhältnisse und Angelegenheiten von ArbN auch aus der Verpflichtung zur Achtung des allgemeinen Persönlichkeitsrechts des ArbN aus § 823 BGB ergeben (HWGNRH/*Glock* Rn. 29). 24

IV. Mitteilung von Zeitpunkt und Tagesordnung der Betriebsratssitzung

Ist ein Antrag nach § 31 gestellt oder hat der BR einen Beschluss auf Hinzuziehung eines Gewerkschaftsbeauftragten gefasst, so hat der Vors. des BR der Gewerkschaft den **Zeitpunkt** der BRSitzung und die **Tagesordnung** rechtzeitig mitzuteilen. „Rechtzeitig" bedeutet, dass der Gewerkschaft so frühzeitig Zeitpunkt und Tagesordnung der Sitzung mitzuteilen sind, dass sie einen oder mehrere geeignete Beauftragte auswählen und diese sich ordnungsgemäß auf die BRSitzung vorbereiten können. Die Mitteilung kommt einer **Einladung** gleich. Sie ist vor der Sitzung vorzunehmen. Daher sind hier die Ausführungen zu § 29 Abs. 2 S. 3 entspr. heranzuziehen (→ § 29 Rn. 34ff.). Unterbleibt die Mitteilung so kann dies eine grobe Pflichtverletzung iSd § 23 darstellen. Ist die Einladung der Gewerkschaft trotz rechtzeitiger Antragstellung nach § 31 unterblieben, so dürfte der TOPunkt, zu dem die Hinzuziehung eines Gewerkschaftsbeauftragten begehrt worden ist, selbst dann nicht behandelt werden können, wenn der BR das mehrheitlich beschließt. Denn das käme einem Unterlaufen des Antragsrechts der Minderheit gleich (DKKW/*Wedde* Rn. 12; ErfK/*Koch* Rn. 1; WPK/*Kreft* Rn. 7; **aA** GK-BetrVG/*Raab* Rn. 15). 25

V. Anwendung auf Ausschüsse des Betriebsrats

§ 31 ist auf Sitzungen von Ausschüssen des BR **entspr. anzuwenden** (BAG 18.11.1980 – 1 ABR 31/78, AP BetrVG 1972 § 108 Nr. 2; 25.6.1987 – 6 ABR 45/85, AP BetrVG 1972 § 108 Nr. 6; DKKW/*Wedde* Rn. 19; GK-BetrVG/*Raab* Rn. 3; HWGNRH/*Glock* Rn. 30; *Löwisch/Kaiser* Rn. 7; Richardi BetrVG/*Thüsing* Rn. 25). Das gilt nicht nur für Ausschüsse, denen bestimmte Aufgaben zur selbständigen Erledigung übertragen worden sind, sondern auch für bloß vorbereitende Ausschüsse (→ § 28 Rn. 7f., 13ff.; HaKo-BetrVG/*Wolmerath* Rn. 7; GK-BetrVG/*Raab* Rn. 3). Denn gerade auch bei vom BR delegierte vorbereitende Tätigkeiten, wie zB Klärung von Sach- und Rechtsfragen, Erarbeitung von Lösungsmöglichkeiten, Vorbereitung schwieriger BV, etwa über eine betriebliche Altersversorgung, ist häufig eine Unterstützung durch die Gewerkschaft geboten. 26

Antragsberechtigt sind zum einen der BR und die nach § 31 zur Antragstellung Befugten, dh ein Viertel der Mitgl. des BR (DKKW/*Wedde* Rn. 20; GK-BetrVG/*Raab* Rn. 4; Richardi BetrVG/*Thüsing* Rn. 26; **aA** HWGNRH/*Glock* Rn. 33). Ferner kann jedoch der Ausschuss selbst durch Mehrheitsbeschluss die Hin- 27 zuziehung eines Gewerkschaftsbeauftragten beschließen. Das ergibt sich daraus, dass der Ausschuss insoweit an die Stelle des BR tritt (DKKW/*Wedde* Rn. 20; GK-BetrVG/*Raab* Rn. 4; HWGNRH/*Glock* Rn. 33; Richardi BetrVG/*Thüsing* Rn. 26). Aus diesem Grunde kann darüber hinaus auch ein Viertel der Mitgl. des Ausschusses den Hinzuziehungsantrag stellen (GK-BetrVG/*Raab* Rn. 4; Richardi BetrVG/*Thüsing* Rn. 26; *Däubler* Gewerkschaftsrechte Rn. 144; HWGNRH/*Glock* Rn. 33). In all diesen Fällen genügt es, dass die Gewerkschaft im BR vertreten ist; sie braucht nicht mit einem Mitgl. im Ausschluss vertreten zu sein.

28 Zum Teilnahmerecht von Gewerkschaftsbeauftragten an Sitzungen des WiAusschusses → § 108 Rn. 21 f.

VI. Streitigkeiten

29 Streitigkeiten, die sich aus dem Recht auf Hinzuziehung von Gewerkschaftsbeauftragten ergeben, sind von den ArbG im **BeschlVerf.** zu entscheiden (§§ 2a, 80 ff. ArbGG, → Anh. 3 Rn. 1 ff.). Antragsberechtigt ist auch die betr. Gewerkschaft, falls das Vorliegen der Voraussetzungen ihres Zutrittsrechts streitig ist (BAG 18.11.1980 – 1 ABR 31/78, AP BetrVG 1972 § 108 Nr. 2; GK-BetrVG/*Raab* Rn. 28; HWGNRH/*Glock* Rn. 34; Richardi BetrVG/*Thüsing* Rn. 29). Der Erlass einer einstw. Vfg. ist zulässig (vgl. § 85 Abs. 2 ArbGG).

§ 32 Teilnahme der Schwerbehindertenvertretung

Die Schwerbehindertenvertretung (§ 177 des Neunten Buches Sozialgesetzbuch) kann an allen Sitzungen des Betriebsrats beratend teilnehmen.

Inhaltsübersicht

I. Vorbemerkung

1 Die Regelungen zur Schwerbehindertenvertretung sind in §§ 176 ff. SGB IX enthalten. § 177 SGB IX schreibt die Bildung einer **Schwerbehindertenvertretung** (SchwbVertr.) vor. Diese besteht aus einer Person, die das G **Vertrauensperson** nennt (Näheres zur SchwbVertr. → Rn. 6 ff.).

2 Der BR ist im Rahmen seiner allgemeinen Aufgaben verpflichtet, die Eingliederung der Schwbeh. im Betrieb zu fördern (§ 80 Abs. 1 Nr. 4). Zur Unterstützung dieser Verpflichtung hat die Vertrauensperson der Schwbeh. das Recht, an allen Sitzungen des BR und seiner Ausschüsse (→ Rn. 17 ff., § 178 Abs. 4 S. 1 SGB IX) teilzunehmen; zu diesen Sitzungen ist sie gem. § 29 Abs. 2 S. 4 rechtzeitig unter Mitteilung der Tagungsordnung zu laden. Außerdem kann sie in SchwbAngelegenheiten die Ergänzung der TO der nächsten BRSitzung sowie die Aussetzung eines BRBeschlusses verlangen (vgl. § 35 BetrVG, § 178 Abs. 4 S. 2 SGB IX). Zum Teilnahmerecht des **Vertrauensmannes der Zivildienstleistenden** an den Sitzungen des BR. → § 29 Rn. 36.

3 Die Vorschrift gilt auch für ArbNVertr. nach § 3 Abs. 1 Nr. 1–3, nicht dagegen für die Teilnahme an Sitzungen zusätzlicher betriebsverfassungsrechtlicher Vertr. iSv § 3 Abs. 1 Nr. 4 und 5, es sei denn, der TV oder die BV enthalten entspr. Regelungen. Sie gilt ferner für die gemeinsame Sitzung von BR und Sprecherausschuss für leitende Ang. nach § 2 Abs. 2 S. 3 SprAuG. Zum Teilnahmerecht der GesSchwbVertr. und der KSchwbVertr. an den Sitzungen des GesBR und des KBR vgl. § 52 und § 59a. Die Teilnahme eines Vertr. der Schwbeh. an den Sitzungen der JAV (vgl. §§ 60, 72, 73a) ist gesetzlich nicht vorgesehen. Für die Sitzungen der Bordvertr. und des SeeBR findet § 32 zwar entspr. Anwendung (vgl. § 115 Abs. 4 und § 116 Abs. 3), dürfte jedoch kaum praktisch werden. Auf ArbGruppen nach § 28a ist die Vorschrift entspr. anzuwenden (→ § 28a Rn. 38).

Die Vorschrift ist **zwingend** und kann weder durch TV noch durch BV abgedungen werden. 4

Entsprechende Vorschrift: § 40 BPersVG. 5

II. Die Schwerbehindertenvertretung

Die **Institution der SchwbVertr.** ist in den §§ 176 ff. SGB IX geregelt. In allen Betrieben mit fünf oder mehr nicht nur vorübergehend beschäftigten Schwbeh. wählen diese in unmittelbarer und geheimer Wahl nach den Grundsätzen der Mehrheitswahl eine Vertrauensperson sowie wenigstens einen Stellvertr. (§ 177 SGB IX). Wählbar sind alle nicht nur vorübergehend im Betrieb Beschäftigten (also nicht nur die Schwbeh.), die am Wahltag das 18. Lebensjahr vollendet haben, zum BR wählbar sind (also nicht leitende Ang. iSv § 5 Abs. 3) und die dem Betrieb seit sechs Monaten angehören (vgl. § 177 Abs. 3 SGB IX). Unter diesen Voraussetzungen sind auch Arbeitnehmer des öffentlichen Dienstes wählbar, die im Betrieb aufgrund eines Personalgestellungsvertrages eingesetzt werden (BAG 25.10.2017 – 7 ABR 2/16, NZA 2018, 252). Zur Wahl und Zuständigkeit der GesamtschwbVertr. und KSchwbVertr. vgl. § 180 SGB IX (sa BAG 4.11.2015 – 7 ABR 62/13, NZA-RR 2016, 191). 6

Die **persönliche Rechtsstellung** des Mitglieds der SchwbVertr. entspricht weitgehend derjenigen eines BRMitgl. Das gilt insbes. in Bezug auf 7

- seine **ehrenamtliche Tätigkeit** (vgl. § 179 Abs. 1 SGB IX),
- das generelle **Verbot der Behinderung,** Begünstigung und Benachteiligung (vgl. § 179 Abs. 2 SGB IX),
- den **Schutz gegen Kündigung,** Versetzung und Abordnung (vgl. § 179 Abs. 3 SGB IX; → Rn. 16),
- die **Arbeitsbefreiung** zur Durchführung seiner Aufgaben sowie zur Teilnahme an erforderlichen Schulungs- und Bildungsveranstaltungen (vgl. § 179 Abs. 4 SGB IX),
- **Freistellung von der Arbeit** bei wenigstens 100 beschäftigten Schwbeh. (vgl. § 179 Abs. 4 S. 2 SGB IX),
- den **besonderen beruflichen Schutz** des freigestellten Mitgl. des SchwbVertr. (vgl. § 179 Abs. 5 SGB IX),
- den **Anspruch auf Freizeitausgleich** für Amtstätigkeit, die es aus betriebsbedingten Gründen außerhalb seiner Arbeitszeit durchgeführt hat (vgl. § 179 Abs. 6 SGB IX),
- seine **Verschwiegenheitspflicht** (vgl. § 179 Abs. 7 SGB IX),
- die **Kostentragungspflicht** des ArbGeb. für die Tätigkeit der SchwbVertr. (vgl. § 179 Abs. 8 SGB IX).

Der **Stellvertr. der Vertrauensperson** besitzt während der Dauer der Vertretung und der in Betrieben mit in der Regel mehr als 100 Schwbeh. zulässigen Heranziehung zu bestimmten Aufgaben (vgl. § 178 Abs. 1 S. 4 SGB IX) dieselbe persönliche Rechtsstellung wie das ordentl. Mitgl. der SchwbVertr. (vgl. § 179 Abs. 3 S. 2 SGB IX; NPM/*Pahlen* SGB IX § 96 aF Rn. 1 ff.). IÜ hat er dieselbe Rechtsstellung wie ErsMitgl. des BR (→ § 25 Rn. 5 ff.). 8

Die **Räume und der Geschäftsbedarf,** die der ArbGeb. dem BR zur Durchführung seiner Aufgaben zur Verfügung stellt, kann auch die SchwbVertr. zur Durch- 9 führung ihrer Aufgaben benutzen, es sei denn, ihr werden eigene Räume und sachliche Mittel zur Verfügung gestellt (vgl. § 179 Abs. 9 SGB IX).

10 Die SchwbVertr. hat wie der BR die Aufgabe, die **Eingliederung** Schwbeh. in den Betrieb zu fördern, ihre **Interessen im Betrieb** zu vertreten und ihnen beratend und helfend zur Seite zu stehen (vgl. § 178 Abs. 1 SGB IX). Zu diesem Zweck arbeiten ArbGeb., SchwbVertr. und BR eng zusammen (vgl. § 182 Abs. 1 SGB IX; NPWJ/*Pahlen* SGB IX § 182 Rn. 1 ff.). Die SchwbVertr. ist berechtigt, mindestens einmal im Kalenderjahr eine **Verslg. der Schwbeh.** des Betriebs durchzuführen (§ 178 Abs. 6 SGB IX). In allen Angelegenheiten, die einen Schwbeh. oder die Schwbeh. als Gruppe berühren, ist sie vom ArbGeb. rechtzeitig und umfassend zu **unterrichten** und **anzuhören;** getroffene Maßnahmen sind ihr unverzüglich mitzuteilen. Ist der Vertr. der Schwbeh. auch Mitgl. des BR, so muss er sich seine Kenntnis aus der Anhörung oder sonstigen Beteiligung des BR zurechnen lassen (LAG München 30.8.1989 – 5 Sa 419/89, DB 1989, 2236).

11 Ist die Beteiligung der SchwbVertr. unterblieben, so ist die Durchführung oder Vollziehung der beabsichtigten Maßnahme **auszusetzen.** Die Beteiligung ist innerhalb einer Frist von sieben Tagen nachzuholen; sodann ist endgültig zu entscheiden (vgl. § 178 Abs. 2 S. 2 SGB IX). Die unterlassene Beteiligung durch den ArbGeb. gibt der SchwbVertr. außerdem das Recht, allein aus diesem Grunde die Aussetzung eines Beschlusses des Betriebsrats nach § 35 zu verlangen (vgl. § 178 Abs. 4 S. 2 SGB IX). Diese Regelungen zeigen, dass eine zwar erforderliche, jedoch unterbliebene Beteiligung der SchwbVertr. **keine Unwirksamkeit** der getroffenen Maßnahme zur Folge hat (BAG 28.7.1983 – 2 AZR 122/82, AP SchwbG § 22 Nr. 1; NPWJ/*Pahlen* SGB IX § 178 Rn. 9; *Düwell* ArbuR 1993, 348). Eine Ausnahme gilt bei einer ohne ordnungsgemäße Anhörung der Schwerbehindertenvertretung ausgesprochene Kündigung eines schwerbehinderten ArbN, § 178 Abs. 2 S. 3 SGB IX (s. dazu BAG 13.12.2018 – 2 AZR 378/18, NZA 2019, 305).

12 Schwbeh. können die Vertrauensperson bei der Einsicht in ihre **Personalakte** hinzuziehen (vgl. § 178 Abs. 3 SGB IX). IÜ hat die SchwbVertr. hinsichtlich der Schwbeh. des Betriebs ähnliche allgemeine Aufgaben, wie sie dem BR nach § 80 Abs. 1 Nr. 1–3 obliegen (vgl. § 178 Abs. 1 S. 2 SGB IX). Andererseits verdrängt sie den BR nicht aus diesen Aufgaben.

13 Sowohl der BR als auch die SchwbVertr. haben die Eingliederung Schwbeh. in den Betrieb zu fördern (vgl. § 80 Abs. 1 Nr. 4 BetrVG, § 178 Abs. 1 SGB IX). Beide haben sich bei der Erfüllung der ihnen in Bezug auf die Schwbeh. obliegenden Aufgaben gegenseitig zu unterstützen (§ 182 Abs. 2 SGB IX). Diese Zusammenarbeit zwischen BR und SchwbVertr. wird durch das **Teilnahmerecht** des Mitgl. der SchwbVertr. an allen **Sitzungen des BR** und seiner **Ausschüsse** nach § 32 BetrVG und § 178 Abs. 4 S. 1 und an den Besprechungen zwischen ArbGeb. und BR nach § 74 Abs. 1 (vgl. § 178 Abs. 5 SGB IX) institutionalisiert. So kann sie bei allen im Betrieb zu behandelnden Angelegenheiten die bes. Probleme der Schwbeh. fachkundig vertreten (NPWJ/*Pahlen* SGB IX § 178 Rn. 14).

14 Die SchwbVertr. ist kein Betriebsverfassungsorgan iSd BetrVG. Sie ist auch kein Organ des BR. In Bezug auf die im Betrieb beschäftigten Schwbeh. ist sie allerdings ebenfalls ein gesetzliches Organ der Verfassung des Betriebs (BAG 21.9.1989 – 1 AZR 465/88, AP SchwbG 1986 § 25 Nr. 1; GK-BetrVG/*Raab* Rn. 9 f.; ähnlich Richardi BetrVG/*Thüsing* Rn. 5). Der SchwbVertr. stehen jedoch **keine Mitbestimmungsrechte** zu; diese übt allein der BR aus (BAG 16.8.1977 – 1 ABR 49/76, AP SchwbG § 23 Nr. 1; DKKW/*Wedde* Rn. 1; GK-BetrVG/*Raab* Rn. 9; HWGNRH/*Glock* Rn. 9; Richardi BetrVG/*Thüsing* Rn. 3). Der BR vertritt die Interessen aller ArbN des Betriebs einschließlich der schwerbehinderten einheitlich gegenüber dem Arbeitgeber; eine Zersplitterung der Belegschaftsvertretung wird so vermieden.

15 Der BR hat in allen Angelegenheiten, die die Schwbeh. berühren, mit der SchwbVertr. **eng zusammenzuarbeiten.** Die Vertrauensperson ist als solche nicht Mitgl.

des BR, sondern hat ein eigenes Amt und eine eigene Verantwortung. Ein **Doppelamt** mit der Wirkung, dass die Vertrauensperson der Schwbeh. gleichzeitig Mitgl. des BR ist, ist zulässig (DKKW/*Wedde* Rn. 2; GK-BetrVG/*Raab* Rn. 10; NPWJ/*Pahlen* SGB IX § 177 Rn. 30). In diesem Falle ist sie trotz der Mitgliedschaft im BR in ihrer Eigenschaft als Vertrauensperson der Schwbeh. insoweit nicht an Beschlüsse des BR gebunden; sie kann vielmehr dem ArbGeb. gegenüber auch eine abweichende Meinung nach § 178 Abs. 2 SGB IX vertreten (ErfK/*Koch* Rn. 1; *Austermühle* AiB 2010, 669 [670]). Beide Ämter erlöschen unabhängig voneinander (vgl. §§ 21, 24 BetrVG, § 177 Abs. 7 SGB IX; DKKW/*Wedde* Rn. 2; GK-BetrVG/*Raab* Rn. 10).

§ 179 Abs. 3 SGB IX gewährt dem Mitgl. der SchwbVertr. denselben **Kündigungs-, Versetzungs- und Abordnungsschutz** wie einem Mitgl. des BR. Hierdurch ist es nicht nur in den bes. Kündigungsschutz von BRMitgl. nach § 15 KSchG einbezogen, sondern auch in den nach § 103. Eine außerordentliche Kündigung eines Mitgl. der SchwbVertr. oder seine nicht einvernehmliche Versetzung, die zu einem Amtsverlust führen würde, ist deshalb nur mit Zustimmung des BR zulässig (Richardi BetrVG/*Thüsing* Rn. 11; → § 103 Rn. 6). 16

III. Teilnahme an Sitzungen des Betriebsrats und seiner Ausschüsse

Die SchwbVertr. ist nach § 32 berechtigt, an **allen Sitzungen des BR** (nicht nur an solchen, auf denen Fragen der Schwbeh. behandelt werden) beratend teilzunehmen (HessLAG 1.11.2012 – 9 TaBV 156/12, BeckRS 2013, 67654; 4.12.2001 – 15 Sa 384/01, NZA-RR 2002, 587; zur Zusammenarbeit von BR und SchwbVertr. *Rudolph* AiB 2011, 193ff., 382ff.). Nach § 178 Abs. 4 SGB IX besteht dieses Recht auch für **Sitzungen der Ausschüsse** des BR. Deshalb kann die SchwbVertr. auch an allen Sitzungen des BetrAusschusses und weiterer Ausschüsse des BR nach § 28 beratend teilnehmen (DKKW/*Wedde* Rn. 4; ErfK/*Koch* Rn. 1; Richardi BetrVG/*Thüsing* Rn. 20; **aA** GK-BetrVG/*Raab* Rn. 3 für Ausschüsse des BR ohne eigene Entscheidungskompetenz). Das gilt auch für Sitzungen gemeinsamer Ausschüsse des BR und des ArbGeb. iSv § 28 Abs. 3 (BAG 21.4.1993 – 7 ABR 44/92, AP SchwbG 1986 § 25 Nr. 4). Kein Teilnahmerecht besteht bei nur informellen, vorbereitenden oder vorklärenden Gesprächen zwischen BR oder BRMitgl. und ArbGeb. (LAG SchlH 10.9.2008 – 3 TaBV 26/08, BeckRS 2008, 57950). 17

Da nach der gesetzlichen Konzeption der **Wirtschaftsausschuss** ein Ausschuss des BR ist, ist die SchwbVetr. auch berechtigt, an seinen Sitzungen teilzunehmen (BAG 4.6.1987 – 6 ABR 70/85, AP SchwbG § 22 Nr. 2; DKKW/*Wedde* Rn. 5; GK-BetrVG/*Oetker* § 108 Rn. 49; Richardi BetrVG/*Thüsing* Rn. 20; **aA** HWGNRH/*Glock* Rn. 23). 18

Kraft ausdrücklicher gesetzlicher Regelung ist die SchwbVertr. auch zu den **Besprechungen** zwischen ArbGeb. und BR nach § 74 Abs. 1 hinzuzuziehen (vgl. § 178 Abs. 5 SGB IX). 19

Nach § 29 Abs. 2 S. 4 ist die SchwbVertr. zu allen Sitzungen ebenso **zu laden** wie BRMitgl., dh **rechtzeitig** und unter Mitteilung der **Tagesordnung** (HessLAG 1.11.2012 – 9 TaBV 156/12, BeckRS 2013, 67654). Entspr. gilt für die Besprechungen zwischen ArbGeb. und BR nach § 74 Abs. 1. 20

Nach § 178 Abs. 1 S. 1 SGB IX ist für die Vertrauensperson der Schwbeh. mindestens ein Stellvertr. zu wählen, der die Vertrauensperson im Fall einer Verhinderung vertritt. Obwohl das BetrVG diesen Stellvertr. nicht erwähnt, ist davon auszugehen, dass der **Stellvertr.** an den Sitzungen des BR und seiner Ausschüsse sowie an den Besprechungen zwischen ArbGeb. und BR nach § 74 Abs. 1 teilnehmen kann, wenn die Vertrauensperson der Schwbeh. verhindert ist (DKKW/*Wedde* Rn. 7; GK-BetrVG/*Raab* Rn. 15; Richardi BetrVG/*Thüsing* Rn. 24). Ist dem BRVors. bzw. den Vors. der Ausschüsse die Verhinderung der Vertrauensperson bekannt, so haben sie den Stellvertr. unmittelbar zu laden (→ § 29 Rn. 40). Der Stellvertr. ist nur bei Verhinderung 21 des ordentl. Mitgl. der SchwbVertr. zur Teilnahme an den Sitzungen des BR und seiner Ausschüsse berechtigt, nicht jedoch, wenn er nach § 178 Abs. 1 S. 4 SGB IX vom ordentl. Mitglied lediglich zu bestimmten Aufgaben herangezogen wird.

22 Hat in einem Unternehmen mit mehreren Betrieben ein Betrieb, in dem Schwbeh. beschäftigt werden, keine SchwbVertr., so vertritt gem. § 180 Abs. 6 SGB IX die **GesSchwbVertr.** die Interessen der Schwbeh. auch dieses Betriebes. In diesem Falle ist die GesSchwbVertr. zu den Sitzungen des BR und seiner Ausschüsse sowie zu den Besprechungen nach § 74 Abs. 1 zu laden (DKKW/*Wedde* Rn. 13; HWGNRH/*Glock* Rn. 13).

23 Die SchwbVertr. hat kein Recht, die **Einberufung einer BRSitzung** zu beantragen (GK-BetrVG/*Raab* Rn. 12; Richardi BetrVG/*Thüsing* Rn. 22). Wohl kann sie verlangen, Angelegenheiten, die einzelne Schwbeh. oder die Schwbeh. als Gruppe bes. betreffen, auf die Tagesordnung der nächsten BRSitzung zu setzen (vgl. § 178 Abs. 4 SGB IX).

24 Eine Unterlassung der Ladung oder die Nichtteilnahme der SchwbVertr. haben keinen Einfluss auf die **Rechtswirksamkeit von Beschlüssen** des BR (DKKW/*Wedde* Rn. 8; GK-BetrVG/*Raab* Rn. 13; ErfK/*Koch* Rn. 1; HWGNRH/*Glock* Rn. 16; Richardi BetrVG/*Thüsing* Rn. 22a). Diese Vorschrift betrifft nur die innere Ordnung des BR. Andererseits kann die bewusste Ausschaltung der SchwbVertr. eine grobe Pflichtverletzung iSd § 23 Abs. 1 sein (DKKW/*Wedde* Rn. 8; GK-BetrVG/*Raab* Rn. 13).

25 Die SchwbVertr. ist **nicht verpflichtet,** an den BRSitzungen teilzunehmen, insbes. wenn aus der Tagesordnung ersichtlich ist, dass Belange der Schwbeh. nicht anstehen. Ihre Verpflichtung ergibt sich ausschließlich aus dem SGB IX. Das gilt auch für etwaige sich aus der Verletzung dieser Verpflichtung ergebenden rechtlichen Konsequenzen (DKKW/*Wedde* Rn. 9; GK-BetrVG/*Raab* Rn. 14; Richardi BetrVG/*Thüsing* Rn. 21). Andererseits darf der SchwbVertr. die Teilnahme weder vom BR noch vom ArbGeb. verwehrt werden. Das wäre eine unzulässige Behinderung ihrer Tätigkeit (vgl. § 179 Abs. 2 SGB IX).

26 Das Mitgl. der SchwbVertr. ist ebenso wie ein BRMitgl. verpflichtet, sich beim Verlassen seines Arbeitsplatzes bei seinem Vorgesetzten **abzumelden** (→ § 37 Rn. 50; DKKW/*Wedde* Rn. 11; GK-BetrVG/*Raab* Rn. 18). Die Zeit der Teilnahme an den Sitzungen des BR und seiner Ausschüsse ist eine notwendige Arbeitsversäumnis iSv § 179 Abs. 4 S. 1 SGB IX, die den ArbGeb. nicht zu einer Minderung des Arbeitsentgelts berechtigt (DKKW/*Wedde* Rn. 11; einschr., wenn die Sitzungsteilnahme vorher erkennbar offensichtlich überflüssig ist: GK-BetrVG/*Raab* Rn. 19; HWGNRH/*Glock* Rn. 19).

27 Das Mitgl. der SchwbVertr. ist verpflichtet, über **Betriebs- und Geschäftsgeheimnisse** des ArbGeb., die ihm durch die Teilnahme an den BRSitzungen bekannt werden und die der ArbGeb. ausdrücklich als geheimhaltungsbedürftig bezeichnet hat, **Stillschweigen** zu bewahren (vgl. § 179 Abs. 7 SGB IX). Diese Verschwiegenheitspflicht gilt nicht gegenüber den Mitgl. der in § 79 Abs. 1 BetrVG genannten betriebsverfassungsrechtlichen Institutionen. Eine Verletzung der Verschwiegenheitspflicht ist nach §§ 237af. SGB IX mit Strafe bedroht.

28 Die SchwbVertr. nimmt **beratend** an den BRSitzungen teil (→ § 31 Rn. 23). Das Beratungsrecht ist umfassend; eine Beschränkung auf Fragen der Schwbeh. besteht nicht (GK-BetrVG/*Raab* Rn. 16; ErfK/*Koch* Rn. 1; Richardi BetrVG/*Thüsing* Rn. 23; *Rudolph* AiB 2010, 340 [341]). Das Mitgl. der SchwbVertr. hat kein Stimmrecht, auch dann nicht, wenn die betr. Angelegenheit bes. die Schwbeh. betrifft (HessLAG 1.11.2012 – 9 TaBV 156/12, BeckRS 2013, 67654; DKKW/*Wedde* Rn. 10; GK-BetrVG/*Raab* Rn. 16). Jedoch bestehen keine Bedenken dagegen, dass es bei der Abstimmung anwesend ist (NPWJ/*Pahlen* SGB IX § 178 Rn. 14). Die SchwbVertr. ist berechtigt, die **Aussetzung** eines BRBeschlusses zu beantragen, wenn dieser ihrer Ansicht nach eine erhebliche Beeinträchtigung wichtiger Interessen der Schwbeh. darstellt (→ § 35 Rn. 5ff., 10).

IV. Streitigkeiten

Streitigkeiten über das Teilnahmerecht der SchwbVertr. an den Sitzungen des BR und seiner Ausschüsse sowie über ihre Befugnisse innerhalb der Betriebsverfassung entscheiden die ArbG im **BeschlVerf.** (§§ 2a, 80ff. ArbGG; → Anh. 3 Rn. 1ff.). Auch die SchwbVertr. ist antragsberechtigt. Darüber hinaus sind auch andere Rechtsstreitigkeiten über Rechte und Pflichten der SchwbVertr. sowohl gegenüber dem ArbGeb. als auch dem BR im BeschlVerf. zu entscheiden (BAG 21.9.1989 – 1 AZR 465/88, AP SchwbG 1986 § 25 Nr. 1; Richardi BetrVG/*Thüsing* Rn. 27). Dazu zählen auch Ansprüche auf Ersatz notwendiger Schulungskosten (GK-BetrVG/*Raab* Rn. 20; **aA** DKKW/*Wedde* Rn. 14). Dagegen sind Streitigkeiten aus dem ArbVerh., zB der Anspruch auf Fortzahlung des Arbeitsentgelts bei Teilnahme an erforderlichen Schulungsveranstaltungen, wie bei BRMitgl. im Urteilsverfahren geltend zu machen (→ § 37 Rn. 253ff.). 29

§ 33 Beschlüsse des Betriebsrats

(1) [1]**Die Beschlüsse des Betriebsrats werden, soweit in diesem Gesetz nichts anderes bestimmt ist, mit der Mehrheit der Stimmen der anwesenden Mitglieder gefasst.** [2]**Bei Stimmengleichheit ist ein Antrag abgelehnt.**

(2) **Der Betriebsrat ist nur beschlussfähig, wenn mindestens die Hälfte der Betriebsratsmitglieder an der Beschlussfassung teilnimmt; Stellvertretung durch Ersatzmitglieder ist zulässig.**

(3) **Nimmt die Jugend- und Auszubildendenvertretung an der Beschlussfassung teil, so werden die Stimmen der Jugend- und Auszubildendenvertreter bei der Feststellung der Stimmenmehrheit mitgezählt.**

Inhaltsübersicht

I. Vorbemerkung

Die Vorschrift regelt die für die Willensbildung des BR als Kollegialorgan bes. wichtige Fragen der **Beschlussfassung** (Abs. 1 u. 3) und der **Beschlussfähigkeit** (Abs. 2). Zu bestimmten Besonderheiten der Beschlussfassung in BR der privatisierten Post- und Bahnunternehmen → Rn. 27ff. 1

Die Vorschrift gilt für Beschlüsse und die Beschlussfähigkeit des **BetrAusschusses** und **weiterer Ausschüsse** des BR entspr. (GK-BetrVG/*Raab* Rn. 3; HWGNRH/*Glock* Rn. 47). Allerdings kann der BR bei der Übertragung bestimmter Aufgaben auf den BetrAusschuss oder weiterer Ausschüsse eine anderweitige Regelung, insbes. verschärfte Anforderungen für die Beschlussfassung oder für die Beschlussfähigkeit festlegen (→ § 27 Rn. 73ff.; DKKW/*Wedde* Rn. 1; GK-BetrVG/*Raab* Rn. 3; ErfK/*Koch* Rn. 1). Zur Anwendung der Vorschrift auf ArbGruppen nach § 28a → § 28a Rn. 38. 2

Für die Beschlussfassung und die Beschlussfähigkeit des **GesBR** und des **KBR** gilt § 33 nicht. Hier greifen die Sonderregelungen des § 47 Abs. 7–9, § 51 Abs. 3, § 55 Abs. 3 u. 4 und § 59 Abs. 1 ein. Das Gleiche gilt für die **GesJAV** und die **KJAV** (vgl. 3

§ 72 Abs. 7 u. 8, § 73 Abs. 2 iVm § 51 Abs. 3, § 73a Abs. 3 u. 4, § 73b iVm § 51 Abs. 3). Auf Beschlüsse des GesBetrAusschusses und KBetrAusschusses sowie weiterer Ausschüsse des GesBR und des KBR findet § 33 dagegen Anwendung (vgl. § 51 Abs. 5, § 59 Abs. 1).

4 Die Abs. 1 u. 2 gelten entspr. für die Beschlüsse der **JAV** (vgl. § 65 Abs. 1) und der **Bordvertr.** (vgl. § 115 Abs. 4). Für die Beschlussfähigkeit des **SeeBR** enthält § 116 Abs. 3 Nr. 1 für bestimmte Ausnahmefälle eine Sonderregelung. Abs. 3 ist auf Beschlüsse der Bordvertr. und des SeeBR nicht anwendbar, da im Seebereich eine JAV nicht zu bilden ist.

5 Die Vorschrift findet entspr. Anwendung auf die Beschlussfassung von ArbNVertr. iSv § 3 Abs. 1 Nr. 1, 2 u. 3, da diese an die Stelle des BR treten. Die Beschlussfassung der ArbNVertr. nach § 3 Abs. 1 Nr. 4 u. 5 bleibt einer Regelung im TV oder der BV überlassen.

6 Sollen auf einer gemeinsamen Sitzung von BR und Sprecherausschuss der leitenden Ang. gem. § 2 Abs. 2 S. 3 SprAuG Beschlüsse gefasst werden, so erfolgen diese in jeweils getrennten Abstimmungen des BR und des Sprecherausschusses. Eine gemeinsame Abstimmung der Mitgl. des BR und des Sprecherausschusses ist unzulässig.

7 Die Regelung über die Beschlussfähigkeit und die Beschlussfassung des BR ist **zwingendes Recht.** Abweichende Regelungen sind weder durch TV noch durch BV zulässig. Auch die Geschäftsordnung kann keine abweichende Regelung treffen (GK-BetrVG/*Raab* Rn. 5; HWGNRH/*Glock* Rn. 3; Richardi BetrVG/*Thüsing* Rn. 22). Wohl kann die Geschäftsordnung die Durchführung der Beschlussfassung näher regeln (→ Rn. 26).

8 Entsprechende Vorschriften: §§ 37, 38 BPersVG, § 13 Abs. 1 u. 2 SprAuG, § 13 Abs. 3, § 28 EBRG, § 15 Abs. 2, § 24 Abs. 3 SEBG, § 24 Abs. 3 SCEBG.

II. Allgemeine Voraussetzungen für die Beschlussfassung

9 Der BR trifft seine Entscheidungen als **Kollegialorgan** durch **Beschluss** (BAG 22.11.2017 – 7 ABR 46/16, NZA 2018, 732; 9.12.2014 – 1 ABR 19/13, NZA 2015, 368; 15.4.2014 – 1 ABR 2/13, NZA 2014, 551). Dies ist die allein zulässige Form der Willensbildung des BR. Sie kann weder auf den Vors. allein noch auf den Vors. und stellvertr. Vors. gemeinsam übertragen werden (GK-BetrVG/*Raab* Rn. 7; HWGNRH/*Glock* Rn. 4, 7). Grds. können auch die Beschlüsse des BetrAusschusses nicht die Beschlüsse des BR ersetzen, da dem BetrAusschuss von G wegen nur die Führung der laufenden Geschäfte obliegt (vgl. § 27 Abs. 3 S. 1). Etwas anderes gilt, wenn dem BetrAusschuss oder anderen Ausschüssen des BR zulässigerweise Aufgaben zur selbständigen Erledigung übertragen worden sind (→ § 27 Rn. 70 ff.; → § 28 Rn. 7 ff.). Im Falle der Übertragung von Aufgaben auf eine Arbeitsgruppe iSv § 28a, obliegt die Beschlussfassung der Arbeitsgruppe.

10 Keine Beschlüsse iSv § 33 sind **Wahlen des BR,** zB nach §§ 26, 27 oder 38 (DKKW/*Wedde* Rn. 3; GK-BetrVG/*Raab* Rn. 7). Deren Ergebnis bestimmt sich nach der erreichten Stimmenzahl. Allerdings gilt die Regelung des Abs. 2 über die Beschlussfähigkeit und die Stellvertretung durch ErsMitgl. auch für sie (→ Rn. 16).

10a Ein **Beschluss** ist **wirksam,** wenn er ordnungsgemäß zustande gekommen ist. Dazu muss der BR beschlussfähig sein (→ Rn. 11 ff.) und sich auf einer BRSitzung (→ Rn. 20 ff.) aufgrund einer mit den Vorschriften der G im Einklang stehenden Ladung (→ Rn. 22 ff.) mit dem jeweiligen Sachverhalt befasst und durch Abstimmung (→ Rn. 26 ff.) eine einheitliche Willensbildung herbeigeführt haben. Nach BAG-Rspr. (30.9.2014 – 1 ABR 32/13, NZA 2015, 370; 15.4.2014 – 1 ABR 2/13, NZA 2014, 551 mwN) führen allerdings nur solche **Verstöße** gegen **Verfahrensvorschriften** zur **Unwirksamkeit** des Beschlusses, die für dessen ordnungsgemäßes Zustandekommen als wesentlich anzusehen sind. Das sind Verstöße, die so schwer wiegen, dass der Fortbestand des Beschlusses von der Rechtsordnung nicht hingenommen werden kann (BAG 15.4.2014 – 1 ABR 2/13, NZA 2014, 551; 22.1.2014 – 7 AS 6/13, NZA 2014, 441; 9.7.2013 – 1 ABR 2/13 (A), NZA 2013, 1433; → § 30 Rn. 22, 22a). IE gilt Folgendes:

1. Beschlussfähigkeit

Der BR kann einen wirksamen Beschluss nur fassen, wenn der BR beschlussfähig ist. **Beschlussfähig** ist er nur, wenn mindestens die Hälfte seiner Mitgl. einschließlich etwaiger ErsMitgl. (vgl. Abs. 2 Hs. 2) an der Beschlussfassung teilnimmt (BAG 22.1.2014 – 7 AS 6/13, NZA 2014, 441). Da der BR stets aus einer ungeraden Zahl von Mitgl. besteht, ist praktisch für die Beschlussfähigkeit die Teilnahme von mehr als der Hälfte der BRMitgl. erforderlich (GK-BetrVG/*Raab* Rn. 12; HWGNRH/*Glock* Rn. 8). 11

Die **Hälfte der BRMitgl.** bedeutet die Hälfte der nach § 9 gesetzlich vorgeschriebenen oder nach § 11 zulässigerweise ermäßigten Zahl der BRMitgl. Ist die Gesamtzahl der BRMitgl. auch nach Eintreten sämtlicher ErsMitgl. unter die vorgeschriebene Zahl gesunken (vgl. § 13 Abs. 2 Nr. 2), ist bis zur Neuwahl des BR von der Zahl der noch vorhandenen BRMitgl. einschließlich der nachgerückten ErsMitgl. auszugehen (LAG Bln 1.3.2005 – 7 TaBV 2220/04, NZA-RR 2006, 32; DKKW/*Wedde* Rn. 5; GK-BetrVG/*Raab* Rn. 13; Richardi BetrVG/*Thüsing* Rn. 6). Gleiches gilt, wenn infolge einer vorübergehenden Verhinderung von BRMitgl. der BR auch nach Einrücken von ErsMitgl. nicht mehr mit der vorgeschriebenen Zahl besetzt ist (§ 22 analog: BAG 18.8.1982 – 2 AZR 455/73, AP BetrVG 1972 § 102 Nr. 24; *Grosjean* NZA-RR 2005, 119). Nur so können Beteiligungsrechte des BR, deren Ausübung an kurze Fristen gebunden ist (zB § 99 Abs. 3, 102 Abs. 2, 103 Abs. 1, 3), wahrgenommen werden (zu missbräuchlichen Fällen s. *Klar* NZA 2017, 295). 12

Für die Beschlussfähigkeit des BR reicht es nicht aus, wenn die Hälfte seiner Mitgl. anwesend ist. Vielmehr muss mindestens die Hälfte seiner Mitgl. **an der Beschlussfassung teilnehmen** (GK-BetrVG/*Raab* Rn. 16; HaKo-BetrVG/*Wolmerath* Rn. 7; HWGNRH/*Glock* Rn. 10; Richardi BetrVG/*Thüsing* Rn. 7). Teilnahme an der Beschlussfassung kann auch in Form der Stimmenthaltung geschehen (DKKW/*Wedde* Rn. 6; ErfK/*Koch* Rn. 3; HWGNRH/*Glock* Rn. 10; Richardi BetrVG/*Thüsing* Rn. 8). Im Allgemeinen dürfte eine tatsächliche Vermutung dafür sprechen, dass bei der Beschlussfassung anwesende BRMitgl. auch an der Beschlussfassung teilgenommen haben, so dass idR, wenn ein BRMitgl. einem Beschluss des BR weder zugestimmt noch diesen abgelehnt hat, eine Stimmenthaltung anzunehmen ist (DKKW/*Wedde* Rn. 6; HaKo-BetrVG/*Wolmerath* Rn. 8; ErfK/*Koch* Rn. 3; Richardi BetrVG/*Thüsing* Rn. 8; **aA** GK-BetrVG/*Raab* Rn. 16 f.; HWGNRH/*Glock* Rn. 11). 13

Eine **Teilnahme** an der Abstimmung liegt dagegen **nicht** vor, wenn ein anwesendes BRMitgl. erklärt, an der Abstimmung nicht teilnehmen zu wollen. Das an der Abstimmung nicht teilnehmende BRMitgl. wird – anders als das sich der Stimme enthaltende BRMitgl. – weder bei der Feststellung der Beschlussfähigkeit noch bei der Beschlussfassung (→ Rn. 34) berücksichtigt. Wegen dieser Unterschiedlichkeiten muss eindeutig feststehen, ob ein BRMitgl sich der Stimme enthält oder an der Abstimmung nicht teilnimmt. Die Nichtteilnahme an der Abstimmung muss deshalb grds. ausdrücklich erklärt werden (vgl. LAG BW 12.3.2014 – 21 TaBV 6/13, BeckRS 2014, 73986; DKKW/*Wedde* Rn. 6; ErfK/*Koch* Rn. 3; **aA** GK-BetrVG/*Raab* Rn. 16 f.; Richardi BetrVG/*Thüsing* Rn. 7), es sei denn sie ergibt sich eindeutig aus anderen Umständen, zB bei einem eingeschlafenen BRMitgl. (GK-BetrVG/*Raab* Rn. 17). In Zweifelsfällen hat der BRVors. durch Nachfrage zu klären, ob eine Nichtteilnahme an der Abstimmung oder eine Stimmenthaltung eines BRMitgl. vorliegt. 13a

Da der Beschluss eines beschlussunfähigen BR unwirksam ist, empfiehlt es sich, in der **Sitzungsniederschrift** nach § 34 bei der Aufnahme der Stimmenmehrheit nicht 14 nur die Ja- und Nein-Stimmen, sondern auch die Stimmenthaltungen ausdrücklich aufzunehmen. Ferner erscheint es geboten, ebenso die Nichtteilnahme von BRMitgl. an der Abstimmung in die Sitzungsniederschrift aufzunehmen (DKKW/*Wedde* Rn. 7; GK-BetrVG/*Raab* Rn. 18; HWGNRH/*Glock* Rn. 17; Richardi BetrVG/*Thüsing* Rn. 12).

15 Die Beschlussfähigkeit muss **bei jeder Abstimmung** des BR (vgl. „an der Beschlussfassung") bestehen. Dass der BR zu Beginn seiner Sitzung beschlussfähig gewesen ist, ist weder erforderlich noch ausreichend (DKKW/*Wedde* Rn. 8; GK-BetrVG/*Raab* Rn. 19; HWGNRH/*Glock* Rn. 15; Richardi BetrVG/*Thüsing* Rn. 7). Deshalb kann die Beschlussfähigkeit durch Heranholen abwesender BRMitgl. herbeigeführt werden. Andererseits kann die Beschlussunfähigkeit des BR dadurch bewirkt werden, dass BRMitgl. nicht an der Beschlussfassung teilnehmen und dadurch die für die Beschlussfähigkeit des BR erforderliche Teilnehmerzahl nicht mehr erreicht wird (DKKW/*Wedde* Rn. 8; GK-BetrVG/*Raab* Rn. 20; Richardi BetrVG/*Thüsing* Rn. 8 halten dies unter Hinweis auf den Rechtsgedanken des § 162 BGB für unzulässig; dem kann nicht zugestimmt werden; denn dieses Mittel der Verhinderung eines Beschlusses ist insbes. zur Vermeidung von Zufallsmehrheiten durchaus legitim). Führen allerdings BRMitgl. ohne triftigen Grund die Beschlussunfähigkeit des BR herbei, so handeln sie pflichtwidrig und können ggf. im arbeitsgerichtlichen BeschlVerf. wegen grober Verletzung ihrer gesetzlichen Pflichten gem. § 23 Abs. 1 aus dem BR ausgeschlossen werden (DKKW/*Wedde* Rn. 8; GK-BetrVG/*Raab* Rn. 19; HWGNRH/*Glock* Rn. 18).

16 Das Erfordernis der Beschlussfähigkeit des BR muss auch bei Entscheidungen des BR erfüllt sein, für die eine **förmliche Wahl** vorgeschrieben ist, wie zB in den §§ 26, 27 oder 38 für die Wahl des BRVors. und seines Stellvertr., die Wahl der weiteren Mitgl. des BetrAusschusses oder der freizustellenden BRMitgl. (GK-BetrVG/*Raab* Rn. 15; HWGNRH/*Glock* Rn. 19).

17 Die **Beschlussunfähigkeit** braucht nicht bes. festgestellt zu werden; sie tritt von selbst ein (Richardi BetrVG/*Thüsing* Rn. 12).

18 Für die Frage der Beschlussfähigkeit des BR kommt es nur auf die Teilnahme von **mindestens der Hälfte der BRMitgl.** an der Beschlussfassung an. Die Stimmen der JAV zählen, auch wenn sie Stimmrecht im BR haben, für die Frage der Beschlussfähigkeit des BR nicht mit (DKKW/*Wedde* Rn. 5; GK-BetrVG/*Raab* Rn. 23; HWGNRH/*Glock* Rn. 8; Richardi BetrVG/*Thüsing* Rn. 10). Die an der Abstimmung teilnehmenden JAV können daher einem BR nicht zur Beschlussfähigkeit verhelfen (→ Rn. 39).

19 In den Fällen, in denen in BR der **privatisierten Post-AGn** der Gruppe der Beamten in bestimmten Personalangelegenheiten der Beamten die alleinige Beschlussfassungsbefugnis zusteht (→ Rn. 28), ist in entspr. Anwendung des Abs. 2 die Gruppe der Beamten nur beschlussfähig, wenn sich die Mehrheit der Vertr. der Beamtengruppe an der Beschlussfassung beteiligt (GK-BetrVG/*Raab* Rn. 15; Richardi BetrVG/*Thüsing* Rn. 11).

2. Weitere Voraussetzungen

20 Beschlüsse des BR können grds. nur auf einer **ordnungsgemäßen Sitzung des BR** gefasst werden, nicht etwa auf den monatlichen Besprechungen zwischen ArbGeb. und BR gem. § 74 Abs. 1 oder auf sonstigen Zusammenkünften des BR (DKKW/*Wedde* Rn. 9; GK-BetrVG/*Raab* Rn. 9; Richardi BetrVG/*Thüsing* Rn. 3).

21 Eine Beschlussfassung im **Umlaufverfahren** ist **unzulässig** (BAG 4.8.1975 – 2 AZR 266/74, AP BetrVG 1972 § 102 Nr. 4; LAG Düsseldorf 27.4.2018 – 10 TaBV 64/17, BeckRS 2018, 12934 – Verf. beim BAG eingestellt; LAG Köln, LAGE Nr. 2 zu § 33 BetrVG 1972; ArbG Stuttgart 25.4.2019 – 21 BV 62/18, BeckRS 2019, 10530 Rn. 60; DKKW/*Wedde* Rn. 3, 10; GK-BetrVG/*Raab* Rn. 10; ErfK/*Koch* Rn. 3; HWGNRH/*Glock* Rn. 4; Richardi BetrVG/*Thüsing* Rn. 3; *Grosjean*

NZA-RR 2005, 113 [118]; **aA** LAG München 6.8.1974 – 5 Sa 395/74, DB 1975, 1228 bei klaren und einfach gelagerten Sachverhalten; LAG Hamm 27.5.1974 – 2 Sa 282/74, DB 1974, 1343 für Anhörung nach § 102). Sie widerspricht der Regelung des Abs. 1, die die (gleichzeitige) Anwesenheit der an der Beschlussfassung teilnehmenden BRMitgl. fordert. Außerdem hat der Beschlussfassung eine mündliche Beratung vorauszugehen, durch die nicht nur jedem BRMitgl. die gleichen Informations- und Argumentationsmöglichkeiten eingeräumt werden sollen, sondern auch gewährleistet werden soll, dass jedes BRMitgl. auf Grund der kollegialen Beratung seine eigene Entscheidung trifft. Schließlich würde bei einer Beschlussfassung im Umlaufverfahren das gesetzliche Recht bestimmter Personen oder Stellen auf Teilnahme an der BRSitzung mit der Möglichkeit der Einflussnahme auf den BRBeschluss unterlaufen (→ § 29 Rn. 34ff., → § 31 Rn. 23).

Aus demselben Grunde ist auch eine fernmündliche, schriftliche, telegrafische oder auf sonstigem **elektronischen Wege** (E-Mail, Internet, Intranet) erfolgte Beschlussfassung unzulässig (DKKW/*Wedde* Rn. 10; GK-BetrVG/*Raab* Rn. 10f.; ErfK/*Koch* Rn. 3; *Schiefer/Worzalla* DB 2019, 2017 [2021]; anders § 108 Abs. 4 AktG). Sie ist auch nicht zulässig, wenn alle BRMitgl. mit der Beschlussfassung im Umlaufwege einverstanden sind. Angelegenheiten, die einer schnellen Entscheidung bedürfen, können einem Ausschuss zur selbständigen Erledigung übertragen werden (→ § 27 Rn. 70ff.; → § 28 Rn. 7ff.). **21a**

Auch eine Beschlussfassung per **Videokonferenz** ist grds. nicht zulässig (ArbG Stuttgart 25.4.2019 – 21 BV 62/18, BeckRS 2019, 10530 Rn. 60; anders: § 41a EBRG nF, → Anh. 2 Übersicht EBRG Rn. 117a; §§ 108 Abs. 4, 110 Abs. 3 AktG, s. dazu *Hüffer/Koch* § 108 Rn. 22, § 110 Rn. 11). Zwar sind hier die BRMitgl. als anwesend anzusehen, und es ist auch eine mündliche Beratung sichergestellt (→ Rn. 21), jedoch dürfte das Prinzip der Nichtöffentlichkeit der BRSitzungen (→ § 30 Rn. 16ff.) nicht immer gewährleistet sein (DKKW/*Wedde* Rn. 11). Dennoch sind Ausnahmen von diesem Verbot denkbar (→ Rn. 21c, d; **aA** DKKW/*Wedde* Rn. 11; GK-BetrVG/*Raab* Rn. 11; Richardi BetrVG/*Thüsing* Rn. 3; Kramer IT-ArbR/*Neu* C Rn. 160f.; *Jesgarzewski/Holzendorf* NZA Online-Aufsatz 5/2012). **21b**

Wenn sich zB in einem international tätigen Unternehmen die BRMitgl. und ErsMitgl. idR auf Dienstreisen im Ausland befinden und eine BRSitzung an einem Ort nicht oder nur unter schwierigsten Bedingungen möglich wäre, ist eine Videokonferenz als zulässig anzuerkennen (für grundsätzliche Zulässigkeit ErfK/*Koch* Rn. 3 – bei nicht geheimer Abstimmung; *Schiefer/Worzalla* DB 2019, 2017 [2021]; *Thüsing/Beden* BB 2019, 372; *Fündling/Sorber* NZA 2017, 552, 555ff.; *Butz/Pleul* AuA 2011, 213ff.; sa die dortige Checkliste für Sicherheitsmaßnahmen; sa Weißbuch Arbeiten 4.0 S. 161; **aA** DKKW/*Wedde* Rn. 11a; Kramer IT-ArbR/*Neu* C Rn. 161). Andernfalls wäre der BR in einem solchen Unternehmen nicht funktionsfähig und könnte insbes. bei personellen Einzelmaßnahmen, die schnelles Handeln erfordern (s. §§ 99 Abs. 3, 102 Abs. 2), nicht agieren. Die Beschlussfassung per Videokonferenz wäre nur dann ein schwerer Verstoß gegen das Gebot der Nichtöffentlichkeit und damit unwirksam, wenn zumindest ein BRMitgl. der Abhaltung einer Videokonferenz widersprochen hätte (→ § 30 Rn. 22; *Fündling/Sorber* NZA 2017, 552, 557; zur Zulässigkeit nach dem BPersVG *Grandjot/Schulz* NZA-RR 2017, 393ff.; **aA** *Richter* PersV 2017, 288, 293). Der BR sollte Einzelheiten in der GO (§ 36) regeln. **21c**

Hier knüpft auch der neue § 41a EBRG an, der spezielle Vorschriften schafft für **Seeleute,** die Besatzungsmitgl. von Seeschiffen und **Mitgl.** bzw. Ersatzmitgl. des **BVG** oder des **EBR** sind. Ihnen soll wegen wochenlangem Aufenthalt auf hoher See die Wahrnehmung ihrer Beteiligungsrechte gesichert und eine Teilnahme an Sitzungen des BVG bzw. EBRG eröffnet werden (BT-Drs. 18/12590 S. 13). Diese Gremien können in ihrer jeweiligen GO vorsehen, dass einem Besatzungsmitgl., das sich auf See oder in einem Hafen außerhalb des Landes mit dem Geschäftssitz der Reederei befindet, eine Teilnahme an ihren Sitzungen mittels neuer **Informations- und Kommunikationstechnik** ermöglicht wird. Dabei muss sichergestellt sein, dass **21d**

Dritte vom Inhalt der Sitzung keine Kenntnis nehmen können. Dies umfasst die nach dem Stand der Technik möglichen Maßnahmen wie Verschlüsselung der Verbindung und organisatorische Maßnahmen wie Zurverfügungstellung eines eigenen nichtöffentlichen Raumes für das Besatzungsmitgl. während der Sitzungsdauer (BT-Drs. 18/11926 S. 24). Auch wenn sich diese Regelung als Ausnahme für Seeleute versteht (BT-Drs. 18/12590 S. 13; *Hayen* AiB 2017 H. 9 S. 38f), können BR in Anlehnung an den neuen § 41a EBRG in ihrer GO entspr. Bedingungen festlegen, unter denen ausnahmsweise eine **Videokonferenz** abgehalten werden kann.

22 Die Beschlussfassung setzt eine **ordnungsgemäße Ladung** aller BRMitgl. voraus (BAG 15.4.2014 – 1 ABR 2/13, NZA 2014, 551; 22.1.2014 – 7 AS 6/13, NZA 2014, 441; 10.10.2007 – 7 ABR 51/06, AP BetrVG 1972 § 26 Nr. 17; DKKW/*Wedde* Rn. 15; ErfK/*Koch* Rn. 2; HWGNRH/*Glock* Rn. 20; Richardi BetrVG/*Thüsing* Rn. 3; *Joussen* NZA 2014, 505 [506]). Zur Ladung der BRMitgl. → § 29 Rn. 34ff. Erforderlich ist die Ladung **aller BRMitgl.** Werden nicht alle BRMitgl. geladen, ist die Sitzung nicht ordnungsgemäß; die auf ihr gefassten Beschlüsse sind unwirksam (BAG 18.1.2006 – 7 ABR 25/05, BeckRS 2006, 30805639). Dies gilt nicht, wenn ein BRMitgl. plötzlich verhindert ist und es dem BR nicht mehr möglich ist, ein ErsMitgl. rechtzeitig zu laden (BAG 18.1.2006 – 7 ABR 25/05, BeckRS 2006, 30805639) oder wenn alle BRMitgl. anwesend sind und mit der Abhaltung der BRSitzung einverstanden sind (→ § 29 Rn. 45).

22a In den Fällen, in denen die **JAV** im BR Stimmrecht haben (vgl. § 67 Abs. 2), ist auch ihre ordnungsgemäße Ladung im allgemeinen Voraussetzung für eine wirksame Beschlussfassung (→ Rn. 54). Dagegen hängt die Wirksamkeit gefasster Beschlüsse nicht davon ab, dass der ArbGeb. (→ § 29 Rn. 53ff.), die SchwbVertr. (→ § 32 Rn. 20f.), der Vertrauensmann der Zivildienstleistenden (→ § 29 Rn. 36) oder der Gewerkschaftsbeauftragte (→ § 31 Rn. 26) zur BRSitzung geladen worden sind.

23 Ist ein **BRMitgl. zeitweise verhindert** (zB durch Krankheit oder Urlaub), so tritt für die Dauer der Verhinderung gem. § 25 ein ErsMitgl. in den BR ein (→ § 25 Rn. 15ff.). In diesem Fall ist das **ErsMitgl. zu laden.** Wird das ErsMitgl. nicht geladen, ist der BR an einer wirksamen Beschlussfassung gehindert (BAG 23.8.1984 – 2 AZR 391/83, AP BetrVG 1972 § 103 Nr. 17; LAG Saarbrücken 11.11.1964 – Sa 141/63, AP BetrVG § 29 Nr. 2. Das gilt auch, wenn ein BRMitgl. wegen **Interessenkollision** (→ Rn. 37ff.) gehindert ist, an Beratung und Beschlussfassung zu einem bestimmten Tagesordnungspunkt der BRSitzung teilzunehmen. Auch in diesem Falle setzt eine wirksame Beschlussfassung grds. die ordnungsgemäße Ladung des ErsMitgl. zu diesem TOPunkt voraus (BAG 3.8.1999 – 1 ABR 30/98, AP BetrVG 1972 § 25 Nr. 7; → Rn. 56). Allerdings setzt die Ladung des ErsMitgl. voraus, dass der BRVors. von der Verhinderung Kenntnis hat (DKKW/*Wedde* Rn. 15; **aA** HWGNRH/*Glock* Rn. 22; zu der Mitteilungspflicht des verhinderten BRMitgl. → § 29 Rn. 39). Eine Beschlussfassung ist nicht deshalb unwirksam, weil ein BRMitgl. plötzlich verhindert ist und es dem BRVors. nicht möglich war, ein ErsMitgl. zu laden (BAG 23.8.1984 – 2 AZR 391/83, AP BetrVG 1972 § 103 Nr. 17; 3.8.1999 – 1 ABR 30/98, AP BetrVG 1972 § 25 Nr. 7; DKKW/*Wedde* Rn. 15; HWGNRH/*Glock* Rn. 22). Ist ein BRMitgl. nicht verhindert, bleibt es jedoch der BRSitzung fern, so darf für dieses BRMitgl. kein ErsMitgl. geladen werden, da eine gewillkürte Stellvertretung unzulässig ist (→ § 25 Rn. 21; → § 29 Rn. 39).

24 Außer der Ladung als solche ist für eine Beschlussfassung des BR grds. die rechtzeitige **Mitteilung der Tagesordnung** notwendig (HWGNRH/*Glock* Rn. 20; Richardi BetrVG/*Thüsing* Rn. 4; → § 29 Rn. 46f.). Dies darf jedoch nicht dahin verstanden werden, dass über einen Punkt, der nicht auf der Tagesordnung genannt ist, nicht ein wirksamer Beschluss gefasst werden könnte. Dies würde an der betrieblichen Wirklichkeit, die oft kurzfristige und schnelle Entscheidungen des BR notwendig macht, vorbeigehen (DKKW/*Wedde* Rn. 16; **aA** die früher hM: nur bei einstimmigem Einverständnis des vollzählig versammelten BR; zur zulässigen Ergänzung der TO → § 29 Rn. 48ff.; → Rn. 54).

Dem trägt das **BAG** in seiner neuesten Rspr. (BAG 22.11.2017 – 7 ABR 46/16, NZA 2018, 732; 15.4.2014 – 1 ABR 2/13, NZA 2014, 551; 22.1.2014 – 7 AS 6/13, NZA 2014, 441; 9.7.2013 – 1 ABR 2/13 (A), NZA 2013, 1433; → § 29 Rn. 48a) Rechnung. Danach führt sogar eine gegen § 29 Abs. 2 S. 3 verstoßende Ladung zur BRSitzung **ohne Mitteilung der** (gesamten) **Tagesordnung** nicht zur Unwirksamkeit eines in dieser BRSitzung gefassten Beschlusses, wenn 1. **sämtliche BRMitgl.** rechtzeitig geladen sind, 2. der BR **beschlussfähig** iSd Abs. 2 ist (→ Rn. 11ff.) und 3. die anwesenden BRMitgl. **einstimmig** beschließen, über den Regelungsgegenstand des später gefassten Beschl. zu beraten und abzustimmen. **Nicht** erforderlich ist, dass in dieser Sitzung **alle BRMitgl. anwesend** sind (ähnlich DKKW/*Wedde* Rn. 16; ErfK/*Koch* Rn. 2; HWGNRH/*Glock* § 29 Rn. 16; GK-BetrVG/*Raab* Rn. 55, § 29 Rn. 54ff., die Mehrheitsbeschluss ausreichen lassen; HaKo-BetrVG/*Wolmerath* Rn. 6; *Joussen* NZA 2014, 505 [507f.], der die Einstimmigkeit für überzogen hält; FS 100 Jahre BetrVR/*Tillmanns,* 745 [750f.]; **aA** Richardi BetrVG/*Thüsing* § 29 Rn. 40, nur wenn sämtliche BRMitgl. erschienen und mit Beschlussfassung einverstanden sind). 24a

Werden Angelegenheiten, die voraussehbar waren, absichtlich nicht auf die Tagesordnung gesetzt, so verletzt der BRVors. seine Verpflichtung nach § 29 Abs. 2 S. 3; dies kann uU – insbes. im Wiederholungsfall – eine grobe Pflichtverletzung iSv § 23 Abs. 1 sein. 25

III. Beschlussfassung

Das Verfahren der Abstimmung bei Beschlüssen des BR ist iE nicht geregelt. Nähere Einzelheiten der Abstimmung (Reihenfolge der Stimmabgabe, schriftliche oder mündliche Stimmenabgabe, offene oder geheime Abstimmung, Feststellung des Abstimmungsergebnisses usw) können, soweit das G selbst keine Regelung enthält, in der nach § 36 zulässigen **Geschäftsordnung** festgelegt werden. Die GO kann aber nicht eine qualifizierte Mehrheit vorschreiben, wo das G die einfache Mehrheit ausreichen lässt, oder umgekehrt (DKKW/*Wedde* Rn. 18; ErfK/*Koch* Rn. 3; GK-BetrVG/*Raab* Rn. 5, 36; HWGNRH/*Glock* Rn. 34; Richardi BetrVG/*Thüsing* Rn. 22). Mangels einer anderweitigen Regelung in der GO wird grds. offen abgestimmt, es sei denn, die Mehrheit der anwesenden BRMitgl. beschließt eine geheime Abstimmung (WPK/*Kreft* Rn. 13). Der Antrag eines BRMitgl. auf geheime Abstimmung reicht nicht aus. 26

Die BRMitgl. stimmen **gemeinsam** ab. Eine **Ausnahme** von dem Grundsatz der gemeinsamen Abstimmung aller BRMitgl. besteht nach § 28 PostPersRG in bestimmten Fällen für BR in Betrieben der **privatisierten Post-AGn.** Diese beschäftigen auch auf sie übergeleitete Beamte, für die bestimmte Besonderheiten gelten (→ § 14 Rn. 72ff.; → § 99 Rn. 299ff., 316ff.; → § 102 Rn. 137). Stehen bei zugewiesenen Beamten beteiligungspflichtige Angelegenheiten nach § 76 Abs. 1, § 78 Abs. 1 Nr. 3–5 und § 79 Abs. 3 BPersVG an, so hat der ArbGeb. zwar den BR zu beteiligen, dieser ist auch berechtigt und verpflichtet, diese Angelegenheiten im BR gemeinsam zu beraten, zur Beschlussfassung ist in diesen Fällen jedoch allein die Beamtengruppe im BR berufen. 27

Dieses Verfahren gilt auch für die Behandlung der vorgenannten Angelegenheiten der von den **Post-AGn** ihren **Tochter-,** Enkel- und Beteiligungsgesellschaften **zugewiesenen Beamten.** Sie werden insoweit ebenfalls von den BR der jeweiligen Post-AG vertreten (§ 28 Abs. 2 PostPersRG; Näheres → § 14 Rn. 86ff.; → § 99 Rn. 327ff., 331), weil bei diesen die dienstrechtlichen Befugnisse bez. dieser Beamten verbleiben (BT-Drs. 15/3404, 9; BAG 16.1.2008 – 7 ABR 66/06, AP BetrVG 1972 § 7 Nr. 14). Um hier eine sinnvolle und sachgerechte Behandlung der beteiligungspflichtigen Angelegenheiten dieser Beamten sicherzustellen, sollte durch TV oder BV verbindlich festgelegt werden, dass der mitentscheidungsbefugte, aber sach- 27a fernere **BR bei der Post-AG** und der nicht mitentscheidungsbefugte, aber sachnähere **BR** zB des Betriebs der **Tochtergesellschaft,** in der der zugewiesene Beamte arbeitet, die diesen Beamten betr. Angelegenheit **gemeinsam beraten,** bevor die Beamtengruppe im BR der Post-AG beschließt. Zumindest sollte der Post-AG-BR vor seiner Entscheidung den BR vor Ort konsultieren und um Stellungnahme bitten. (*Engels* ArbuR 2009, 10 [74f.]; zur entspr. Frage bei der Bahn → Rn. 30). Eine **Verzahnung** der beiden BR-Gremien legt § 28 Abs. 2 PostPersRG nahe, indem er eine Unterrichtung des BR vor Ort vorschreibt und die Verpflichtung begründet, diesem BR Gelegenheit zur Stellungnahme zu geben (*Engels* ArbuR 2009, 10 [74f.]).

28 Diese ausschließliche Beschlussfassungsbefugnis der Beamtengruppe ist beschränkt auf die vorstehend genannten Angelegenheiten. In **allen anderen Fällen** steht, auch wenn eine Angelegenheit überwiegend oder gar ausschließlich Beamte betreffen sollte, die **Beschlussfassung dem gesamten BR** zu (BAG 12.8.1997 – 1 ABR 7/97, AP BetrVG 1972 § 99 Versetzung Nr. 15).

29 **Keine Ausnahme** von dem Prinzip der gemeinsamen Beschlussfassung im BR besteht im Bereich der ebenfalls **privatisierten Deutschen Bahn AG.** Zwar beschäftigt auch die Deutsche Bahn AG kraft gesetzlicher Zuweisung Beamte (vgl. § 12 Abs. 2 DBGrG). Die beamtenrechtliche Zuordnung ist hier jedoch rechtlich anders gestaltet als bei den Post-AGn. Während diesen die dienstrechtlichen Rechte und Pflichten in Bezug auf die Beamten grds. übertragen worden sind (vgl. §§ 1ff. PostPersRG), bleibt bei der Deutschen Bahn AG Dienstherr der zugewiesenen Beamten das Bundeseisenbahnvermögen (BEV), ein öffentlichrechtliches Sondervermögen des Bundes (§ 1 Eisenbahnneuordnungsgesetz). Folgerichtig werden beim BEV für die der Deutschen Bahn AG zugewiesenen Beamten eigene Personalvertretungen gebildet (vgl. hierzu *Engels/Müller/Mauß* DB 1994, 473ff.). Soweit der Deutschen Bahn AG bestimmte Dienstherrenbefugnisse übertragen werden (vgl. zB § 12 Abs. 4 S. 2 und Abs. 6 DBGrG sowie die DBAG-Zuständigkeitsverordnung v. 1.1.1994 – BGBl. I S. 53), ist zur Wahrnehmung der nach dem BetrVG bestehenden Mitwirkungs- und Mitbestimmungsrechte grds. der BR zuständig und insoweit stets als solcher beschlussfassungsbefugt. Für die in **§ 76 Abs. 1 BPersVG** genannten Angelegenheiten schreibt § 17 Abs. 1 und 2 DBGrG die Wahrnehmung der Beteiligungsrechte durch die beim BEV gebildete PersVertr. vor. Diese Beteiligung der PersVertr. schließt die Wahrnehmung der Beteiligungsrechte des BR nach § 99 BetrVG 72 nicht aus (→ § 99 Rn. 305ff.). In Fällen, in denen bei Personalmaßnahmen der Deutschen Bahn AG sowohl Beteiligungsrechte des PersR nach § 76 Abs. 1 BPersVG als auch Beteiligungsrechte des BR nach § 99 zu beachten sind, ist hiernach eine Beteiligung beider ArbNVertr. erforderlich. Damit ist auch bei Personalmaßnahmen gegenüber Beamten eine Beteiligung des BR sichergestellt.

30 Dies gilt aber **nicht** für Personalmaßnahmen der Deutschen Bahn AG, bei denen nur eine Beteiligungspflicht des PersR beim BEV besteht, was bei Angelegenheiten nach § 76 Abs. 1 Nr. 1, 2, 6–9 BPersVG der Fall sein kann. In diesen Fällen **verkürzt** die Sonderregelung des § 17 Abs. 2 DBGrG die nach § 38 BPersVG bestehende Möglichkeit der Vertr. der Arb. und der Ang., durch die dort vorgeschriebene gemeinsame Beratung auf die Beschlussfassung des Personalrats Einfluss zu nehmen. Wegen der Eigenständigkeit des BR in den Betrieben der Deutschen Bahn AG einerseits und des besonderen PersR beim BEV andererseits ist auch faktisch eine gemeinsame Beratung nicht möglich. Im Interesse einer gemeinsamen Personalpolitik für ArbN und Beamte in den Betrieben der Bahn AG ist es nicht nur sinnvoll, sondern sachlich geboten, dass der besondere PersR beim BEV vor seiner Entscheidung die Haltung des BR zu der beabsichtigten Personalmaßnahme kennenlernt. Deshalb ist der PersR auf jeden Fall berechtigt, vor seiner Entscheidung den BR in derartigen Angelegenheiten zu konsultieren. Im Hinblick auf bestehende Fristen wäre es allerdings sachgerechter, wenn der ArbGeb., bevor er die Zustimmung des PersR zu der beabsichtigten Maßnahme beantragt, den BR unterrichtet und seine Stellungnahme abwartet. Diese könnte der BR dem PersR beim BEV entweder unmittelbar zuleiten oder über den ArbGeb. zukommen lassen, falls dieser das Beteiligungsverfahren nach § 76 Abs. 1 BPersVG noch nicht eingeleitet hat. Eine derartige Verfahrensweise kann durch TV oder BV verbindlich festgelegt werden (vgl. hierzu auch *Engels/Müller/Mauß* DB 1994, 478; → § 99 Rn. 309 ff.).

Für die Beschlussfassung der BR in **Kooperationsbetrieben** der **Bundeswehr** (→ § 99 Rn. 332 ff.) gilt Folgendes: Für das dort eingesetzte Personal (Beamten, Soldaten, ArbN) der Bundeswehr bleibt der Bund Dienstherr und ArbGeb. mit der Folge, dass der **PersR** der jeweiligen Dienststelle der Bundeswehr für die vom Bund zu entscheidenden Personalangelegenheiten der in den Kooperationsbetrieben tätigen Beamten, Soldaten und ArbN zuständig bleibt (s. § 1 BwKoopG). Soweit es um Entscheidungen und Weisungen geht, die das privatrechtlich organisierte Kooperationsunternehmen als ArbGeb. gegenüber dem ihm zugewiesenen Personal zur Erledigung der anfallenden Aufgaben im Betrieb trifft, ist der dortige **BR** zuständig und nach den Vorschriften des BetrVG zu beteiligen. So hat der ArbGeb. das MBR des BR nach § 99 Abs. 1 S. 1 BetrVG bei innerbetrieblichen Versetzungen von Beamten, Soldaten und ArbN im Kooperationsunternehmen zu beachten (BAG 4.5.2011 – 7 ABR 3/10, NZA 2011, 1373 mAnm *Engels* AP BetrVG 1972 § 99 Nr. 138; BT-Drs. 15/2944, 8). Da wesentliche Entscheidungen in Personalangelegenheiten nicht nur der Beamten, sondern auch der ArbN bei den Dienststellen der Bundeswehr verbleiben, ist eine **Verzahnung** der jeweiligen PersR und der BR der Kooperationsbetriebe geboten (→ Rn. 30 zur gleichen Frage bei der Bahn). **30a**

Gleiches gilt für die Beschlussfassung der BR in der **BRD-Finanzagentur GmbH.** Für die dort eingesetzten Beamten und ArbN bleibt das Bundesamt für zentrale Dienste und offene Vermögensfragen Dienstherr und ArbGeb., so dass dessen PersR für die von ihm zu treffenden Entscheidungen zuständig bleibt; soweit die BRD-Finanzagentur GmbH entscheidungs- und weisungsbefugt ist, um einen Einsatz des zugewiesenen Personals organisieren zu können, ist der dortige BR zu beteiligen (§ 2 Abs. 1, 2, §§ 3–6 BWpVerwPG). Zur Verzahnung von BR und PersR → Rn. 30a. **30b**

Ebenso verhält es sich für die Beschlussfassung der BR der Germany Trade and Invest – Gesellschaft für **Außenwirtschaft** und Standortmarketing mbH. Die Interessen der Beamten und ArbN des Bundesamtes für Wirtschaft und Ausfuhrkontrolle, die der GmbH zugewiesen sind, werden vom PR vertreten, soweit es um Entscheidungen des Bundesamtes geht. Soweit die GmbH entscheiden kann, ist der dortige BR zuständig und kann entspr. Beschlüsse auch bez. der zugewiesenen Beamten und ArbN treffen (s. §§ 2–6 BfAIPG, → § 5 Rn. 324). **30c**

Die gleiche Situation besteht im Bereich der **Flugsicherung.** Die der DFS Deutsche Flugsicherung zugewiesenen Beamten und ArbN des Luftfahrt-Bundesamtes sind aktiv und passiv wahlberechtigt zum dortigen PR, der ihre Interessen gegenüber dem Bundesamt vertritt und bei dessen Entscheidungen als Dienstherr/ArbGeb. zu beteiligen ist (§§ 4 f. BAFlSBAÜbnG). Soweit es um Entscheidungen der DFS geht, fasst der dortige BR die erforderlichen Beschlüsse und ist bez. der zugewiesenen Beamten und ArbN beschlussfähig (→ § 5 Rn. 325). **30d**

Bei der Beschlussfassung im BR gibt jedes BRMitgl. seine Stimme in **eigener Verantwortung** ab. Es ist nicht an Weisungen oder Aufträge gebunden (LAG BW 12.3.2014 – 21 TaBV 6/13, BeckRS 2014, 73986; GK-BetrVG/*Raab* Rn. 37). Zur Frage der Mängel bei der Stimmabgabe → Rn. 51 ff. **31**

Der Beschluss des BR fordert grds. eine förmliche Abstimmung innerhalb des BR. Er kann jedoch auch durch schlüssiges Verhalten gefasst werden, zB in der Weise, dass festgestellt wird, es werde **kein Widerspruch** (oder nur der Widerspruch einer Minderheit) gegen einen zur Abstimmung gestellten Antrag erhoben. Eine **stillschweigende Beschlussfassung** gibt es dagegen nicht (BAG 14.2.1996 – 7 ABR 25/95, AP BetrVG 1972 § 76a Nr. 5; DKKW/*Wedde* Rn. 3, 14; GK-BetrVG/*Raab* Rn. 39; HWGNRH/*Glock* Rn. 5). Allerdings kommt dem Stillschweigen des BR in bestimmten Fällen rechtliche Bedeutung zu (vgl. § 99 Abs. 3 S. 2, § 102 Abs. 2 S. 2; → § 26 Rn. 30 ff.; eing. Richardi BetrVG/*Thüsing* Rn. 26 ff.). **32**

33 Ein Beschluss des BR wird im Allgemeinen, sofern das G nicht eine bes. Stimmenmehrheit verlangt (→ Rn. 36), mit der Mehrheit der Stimmen der teilnehmenden BRMitgl. gefasst **(einfache Stimmenmehrheit),** wobei der BR allerdings beschlussfähig sein muss (→ Rn. 11 ff.). **Stimmenthaltung** ist zulässig. Da jedoch die Mehrheit der an der Beschlussfassung teilnehmenden BRMitgl. für den Beschluss stimmen muss, wirkt sich die Stimmenthaltung eines BRMitgl. als Ablehnung aus (DKKW/*Wedde* Rn. 21; HaKo-BetrVG/*Wolmerath* Rn. 11; GK-BetrVG/*Raab* Rn. 30; ErfK/*Koch* Rn. 3; **aA** unter Hinweis auf die Rspr. des BGH zum Vereinsrecht: *Löwisch/Kaiser* Rn. 10; HWGNRH/*Glock* Rn. 26 f.; *Löwisch* BB 1996, 1006).

Beispiel:

Von einem 15-köpfigen BR nehmen 11 BRMitgl. an einer Beschlussfassung teil. Fünf Mitgl. stimmen für den Antrag, vier dagegen und zwei enthalten sich der Stimme. Der Antrag ist nach Abs. 1 mit 5 : (4 + 2) abgelehnt.

34 Trotz des Gesetzeswortlauts, der für einen Beschluss die Mehrheit der anwesenden BRMitgl. fordert, bleiben BRMitgl, die zwar bei der Beschlussfassung anwesend sind, jedoch ausdrücklich erklären, **an der Beschlussfassung nicht teilzunehmen,** bei der Berechnung der Stimmenmehrheit unberücksichtigt. Denn es wäre widersinnig, die Stimme eines BRMitgl., das an der Beschlussfassung nicht teilnimmt, dennoch bei der Ermittlung der Stimmenmehrheit zu berücksichtigen (DKKW/*Wedde* Rn. 21; HWGNRH/*Glock* Rn. 12; Richardi BetrVG/*Thüsing* Rn. 18; WPK/*Kreft* Rn. 15 **aA** GK-BetrVG/*Raab* Rn. 31 f.). Die erklärte Nichtteilnahme wird also auch nicht als Gegenstimme gezählt. Hätten im obigen Beispiel die beiden BRMitgl., statt sich zu enthalten, ihre Nichtteilnahme erklärt, so wäre der BR mit neun Abstimmenden beschlussfähig gewesen und der Antrag wäre mit 5 : 4 Stimmen angenommen worden.

35 Bei **Stimmengleichheit** ist ein Antrag **abgelehnt.** Keinesfalls gibt in diesem Falle die Stimme des Vors. den Ausschlag (GK-BetrVG/*Raab* Rn. 32; Richardi BetrVG/*Thüsing* Rn. 17).

36 Die einfache Stimmenmehrheit der anwesenden Mitgl. eines beschlussfähigen BR reichen für einen wirksamen Beschluss nicht aus, soweit das G für einen Beschluss eine qualifizierte Mehrheit fordert. Die Mehrheit der Stimmen der Mitgl. des BR, dh die **absolute Mehrheit,** verlangt das G

- beim Rücktritt des BR (vgl. § 13 Abs. 2 Nr. 3),
- bei der Übertragung von Aufgaben zur selbständigen Erledigung auf Ausschüsse oder einzelne BRMitgl. (vgl. § 27 Abs. 3, § 28),
- bei der Übertragung von Aufgaben auf Arbeitsgruppen (vgl. § 28a),
- bei der Aufstellung einer schriftlichen Geschäftsordnung (vgl. § 36),
- bei der Beauftragung des GesBR, eine Angelegenheit für den BR mit der Unternehmensleitung zu behandeln (vgl. § 50 Abs. 2),
- bei der Übertragung von Aufgaben des Wirtschaftsausschusses auf einen Ausschuss des BR (vgl. § 107 Abs. 3).

36a In diesen Fällen muss die Mehrheit aller BRMitgl. für den Beschlussvorschlag stimmen, zB in einem BR mit 19 Mitgl. mindestens 10 Mitgl.

37 Wird ein BRMitgl. durch einen Beschluss des BR in seiner Rechtsstellung **als ArbN** (zB Beschlussfassung über die Berechtigung einer Beschwerde u. Anrufung der E-Stelle nach § 85: LAG Nürnberg 16.10.2012 – 7 TaBV 28/12, NZA-RR 2013, 23) oder als BRMitgl. **persönlich betroffen** (zB personelle Maßnahmen und Kündigung, oder ein Antrag auf Ausschließung aus dem BR nach § 23 Abs. 1 S. 2), hat es bei diesem Beschluss **kein Beratungs-** und **kein Stimmrecht** (→ Rn. 37a ff.). Dies folgt aus dem allgemeinen Grundsatz, dass zur Vermeidung von **Interessenkollisionen** niemand Richter in eigener Sache sein kann (BAG 3.8.1999 – 1 ABR 30/98, AP BetrVG 1972 § 25 Nr. 7; 23.8.1984 – 2 AZR 391/83, AP

BetrVG 1972 § 103 Nr. 17; 10.11.2009 – 1 ABR 64/08, NZA-RR 2010, 416; DKKW/*Wedde* Rn. 25; → Rn. 37c; § 99 Rn. 273).

Ein BRMitgl. ist **rechtlich verhindert** und von einer Beteiligung an der **Beschlussfassung ausgeschlossen** bei Maßnahmen und Regelungen, die es **individuell** und **unmittelbar** betreffen (BAG 6.11.2013 – 7 ABR 84/11, NZA-RR 2014, 196 mwN). An einer individuellen Betroffenheit fehlt es, wenn das BRMitgl. nur als Angehöriger eines aus mehreren Personen bestehenden Teils der Belegschaft betroffen ist; eine unmittelbare Betroffenheit liegt nicht vor, wenn mit der Maßnahme oder Regelung nur mittelbare Auswirkungen oder Reflexe verbunden sind (BAG 6.11.2013 – 7 ABR 84/11, NZA-RR 2014, 196). Deshalb ist im Rahmen der MB des BR bei personellen Einzelmaßnahmen nach § 99 wie Beförderung, Eingruppierung, Versetzung nur dann der Fall einer rechtlichen Verhinderung anzunehmen, wenn es um die Person des BRMitgl. selbst geht, auf die sich das Zustimmungsersuchen des ArbGeb. unmittelbar richtet. Dagegen ist es an der Mitwirkung bei der Entscheidung über den Antrag des ArbGeb. auf Zustimmung zur Versetzung eines anderen ArbN auch dann nicht gehindert, wenn es sich selbst auch auf die betreffende Stelle beworben hat (BAG 24.4.2013 – 7 ABR 82/11, NZA 2013, 857 mwN). Gleiches gilt, wenn es nur um einen Beschluss zum Schutz oder zur Sicherung eines streitigen MBR nach § 99 mit Hilfe eines Verfahrens nach § 101 geht (BAG 6.11.2013 – 7 ABR 84/11, NZA-RR 2014, 196). **37a**

Bei bloßen **Organisations-** oder **Geschäftsführungsentscheidungen** des BR, die die Rechtsstellung des BRMitgl. als solche nicht tangieren, wie zB bei der Wahl oder Abberufung des BRVors., der Mitgl. des BetrAusschusses oder des GesBR oder beim Beschluss über die Teilnahme an einer Schulungs- und Bildungsveranstaltung, gilt dies allerdings nicht. Bei ihnen ist das betroffenen BRMitgl. stets stimmberechtigt (GK-BetrVG/*Raab* Rn. 27; ErfK/*Koch* § 25 Rn. 4; HWGNRH/*Glock* Rn. 33; → § 25 Rn. 19). So ist auch ein von einer Kündigung bedrohtes BRMitgl. nicht von der Beratung und Abstimmung ausgeschlossen, wenn der BR gegen eine einseitige Einstellung eines ArbN als Ersatz für das BRMitgl. gem. §§ 99, 101 vorgehen will (LAG Hamm NZR-RR 06, 581). Gleiches gilt bei einem BRBeschluss über die Beauftragung eines Rechtsanwalts in einem Zustimmungsersetzungsverfahren nach § 103 Abs. 2 (LAG Hamm 10.6.1998 – 3 TaBV 15/98, AiB 1999, 461). **37b**

Lässt der Vors. ein in seiner Amtstätigkeit aus persönlichen Gründen verhindertes BRMitgl. und nicht das ErsMitgl. an der Beschlussfassung mitwirken, leidet der BRBeschluss an einem erheblichen Mangel und ist grds. unwirksam (BAG 10.11.2009 – 1 ABR 64/08, NZA-RR 2010, 416 mwN; aber auch → Rn. 56). **37c**

Ist das BRMitgl. wegen persönlichen Betroffenseins vom Stimmrecht ausgeschlossen, so ist es auch **gehindert,** an der vorausgehenden **Beratung** im BR teilzunehmen, da diese in Anwesenheit des Betroffenen nicht unbefangen möglich ist (BAG 3.8.1999 – 1 ABR 30/98, AP BetrVG 1972 § 25 Nr. 7; 10.11.2009 – 1 ABR 64/08, NZA-RR 2010, 416 mwN; GK-BetrVG/*Raab* Rn. 24; ErfK/*Koch* § 25 Rn. 4; unklar DKKW/*Wedde* Rn. 26). Anstelle des betroffenen BRMitgl. nimmt das nach § 25 anstehende ErsMitgl. an Beratung und Abstimmung teil. Dem BR ist es jedoch unbenommen, das betroffene Mitgl. vor seiner Beschlussfassung **anzuhören** (GK-BetrVG/*Raab* Rn. 26; HWGNRH/*Glock* Rn. 31). Ein Rechtsanspruch des BRMitgl. auf Anhörung besteht jedoch bei den üblichen individualarbeitsrechtlichen Maßnahmen ohne konkreten BRBezug nicht, da dies gegenüber den übrigen ArbN ein unberechtigter Vorteil wäre (insoweit **aA** DKKW/*Wedde* Rn. 26; GK-BetrVG/*Raab* Rn. 26; HWGNRH/*Glock* Rn. 31). **38**

Nehmen die **Mitgl. der JAV** an der Beschlussfassung des BR teil (→ § 67 Rn. 20 ff.), so zählen ihre Stimmen bei der Feststellung der Stimmenmehrheit mit, nicht jedoch bei der Frage, ob der BR beschlussfähig ist (DKKW/*Wedde* Rn. 23; GK-BetrVG/*Raab* Rn. 23; HWGNRH/*Glock* Rn. 8, 28; Richardi BetrVG/*Thüsing* Rn. 10). **39**

Beispiel:

Der BR hat 19 Mitgl., die JAV fünf Mitgl. An der Beschlussfassung müssen nach Abs. 2 mindestens zehn BRMitgl. teilnehmen. Stimmen sechs BRMitgl. gegen den Beschlussvorschlag, vier BRMitgl. und die fünf JAVMitgl. dafür, so ist der Beschluss als Beschluss des BR mit 9 : 6 Stimmen angenommen.

40 Für die Wirksamkeit eines Beschlusses in Jugend- und Ausbildungsangelegenheiten ist es nicht erforderlich, dass die Mehrheit der Mitgl. der JAV bei der Beschlussfassung anwesend ist oder dem Beschluss zugestimmt hat. Denn § 65 Abs. 1 iVm § 33 Abs. 2 gilt nur für eigene Sitzungen der JAV (DKKW/*Wedde* Rn. 23; GK-BetrVG/*Raab* Rn. 22; Richardi BetrVG/*Thüsing* Rn. 19).

41 Bei der Abstimmung in JugAngelegenheiten ist **jedes JAVMitgl. stimmberechtigt.** Die JAV gibt ihre Stimmen nicht gebündelt ab. Das einzelne Mitgl. ist bei der Stimmabgabe nicht an einen Beschluss der JAVMitgl. gebunden (GK-BetrVG/*Raab* Rn. 22).

42 Bei der Abstimmung hat die Stimme eines JAVMitgl. grds. das gleiche Gewicht wie die eines BRMitgl. Dies gilt allerdings nicht ausnahmslos. Soweit Beschlüsse der **Mehrheit der Stimmen der BRMitgl.** bedürfen (→ Rn. 36) und an diesen Beschlüssen die Mitgl. der JAV teilnehmen (was wohl nur im Falle des § 27 Abs. 2 S. 2 bei der Übertragung von Jugend- und Ausbildungsangelegenheiten auf einen Ausschuss des BR praktisch werden kann), setzt ein wirksamer Beschluss des BR voraus, dass ihm sowohl die Mehrheit des aus BRMitgl. und JAVMitgl. gebildeten Gremiums als auch die absolute Mehrheit der BRMitgl. zustimmt (DKKW/*Wedde* Rn. 24; GK-BetrVG/*Raab* Rn. 34f.; ErfK/*Koch* Rn. 3). Fehlt es an einem dieser Erfordernisse, so ist ein positiver Beschluss nicht zustande gekommen. Es kann also in einem solchen Falle nicht eine Minderheit von BRMitgl. zusammen mit den JAVMitgl. einen wirksamen Beschluss fassen. Dies ergibt sich daraus, dass es sich bei den Beschlüssen, für die das G eine absolute Mehrheit der Stimmen der BRMitgl. fordert, stets um organisatorische Akte des BR handelt, die nicht gegen den Willen der Mehrheit seiner Mitgl. gefasst werden sollen.

Beispiel:

Ein BR mit 25 Mitgl. beabsichtigt, einen besonderen Jugend- und Ausbildungsausschuss mit selbständiger Entscheidungsbefugnis zu bilden. Die JAVMitgl. in dem Betrieb besteht aus fünf Mitgl. Die Abstimmung ergibt eine Mehrheit von 16 Stimmen für die Bildung des Ausschusses, davon 12 Stimmen von BRMitgl. und vier Stimmen von JAVMitgl. Der Beschluss hat zwar die absolute Mehrheit der Stimmen erzielt; jedoch hat sich nicht die Mehrheit der Mitgl. des BR für ihn ausgesprochen. Der Beschluss über die Bildung des Ausschusses ist deshalb nicht zustande gekommen.

43 Andererseits kann die Mehrheit der BRMitgl. den Beschluss nicht gegen die Mehrheit des aus Mitgl. des BR und der JAV gebildeten Gremiums durchsetzen.

Beispiel:

Beispiel: (Fortsetzung des vorigen Beispiels)
Der Antrag wird von 15 BRMitgl. angenommen; gegen ihn haben gestimmt zehn BRMitgl. und fünf JAV. Dann ist der Antrag wegen Stimmengleichheit abgelehnt, obwohl ihm die absolute Mehrheit der BRMitgl. zugestimmt hat.

44 Jede Beschlussfassung ist in die nach § 34 Abs. 1 vorgeschriebene **Niederschrift** aufzunehmen (→ § 34 Rn. 13f.). Die Aufnahme in die Niederschrift ist jedoch keine Wirksamkeitsvoraussetzung für einen ordnungsgemäßen Beschluss (→ § 34 Rn. 26).

45 Der **Beschluss** kann, solange er noch nicht durchgeführt ist und keine Rechtswirkungen nach außen entfaltet hat (zB Mitteilung an den ArbGeb.), jederzeit durch einen entgegenstehenden Beschluss des BR **geändert** oder **aufgehoben** werden

(LAG Hamm, LAGE § 611 BGB Direktionsrecht Nr. 11; DKKW/*Wedde* Rn. 28; ErfK/*Koch* Rn. 2; GK-BetrVG/*Raab* Rn. 43; Richardi BetrVG/*Thüsing* Rn. 35; vgl. auch BAG 15.12.1961 – 1 AZR 207/59, AP BGB § 615 Kurzarbeit Nr. 1). Hat dagegen der Beschluss bereits **Außenwirkung** entfaltet, zB dadurch, dass die vom BR beschlossene Zustimmung zu einer Kündigung dem ArbGeb. mitgeteilt worden ist, kann der Erstbeschluss nicht durch einen erneuten Beschluss des BR rückgängig gemacht werden (*Grosjean* NZA-RR 2005, 121). Hat der Beschluss des BR zum Abschluss einer BV geführt, so kann der BR seinen Beschluss nicht mehr aufheben oder ändern; ihm bleibt allein die Möglichkeit einer Kündigung der BV (DKKW/*Wedde* Rn. 28).

Unter den Voraussetzungen des § 35 kann die JAV oder die SchwbVertr. die **Aussetzung des Beschlusses** auf die Dauer von einer Woche, vom Zeitpunkt der Beschlussfassung an gerechnet, verlangen (Näheres → § 35 Rn. 5 ff.). 46

IV. Streitigkeiten, insbes. gerichtliche Überprüfung der Beschlüsse

Streitigkeiten über die Ordnungsmäßigkeit der Beschlussfassung des BR und über die Rechtsgültigkeit seiner Beschlüsse sind von den ArbG im **BeschlVerf** (→ Anh. 3 Rn. 1 ff.). zu entscheiden. Über sie kann jedoch auch als Vorfrage im Urteilsverfahren, zB im Rahmen eines Kündigungsschutzprozesses, entschieden werden. 47

Bei sog. **Binnenstreitigkeiten** zwischen BR und einzelnen BRMitgl. über die (Un-)Wirksameit eines Beschlusses oder die Rechtswidrigkeit von Handlungen können diese die ArbG nur bei Verletzung eigener betriebsverfassungsrechtlicher Rechtspositionen wie Teilnahmerecht an Beratungen, Rederecht und Recht auf Stimmabgabe anrufen, nicht dagegen bei str. Fragen betreffend Kompetenzen und Rechte, die dem BR als Gremium oder einzelnen BRMitgl. kraft Gesetzes zugewiesen sind (BAG 7.6.2016 – 1 ABR 30/14, NZA 2016, 1350). 47a

Will der BR ein BeschlVerf. einleiten und einen Rechtsanwalt beauftragen, bedarf es einer wirksamen internen **Beschlussfassung** des BR (BAG 6.11.2013 – 7 ABR 84/11, NZA-RR 2014, 196) und einer nach außen wirksamen **Vollmachtserteilung** gem. §§ 80 ff. ZPO, § 46 Abs. 2 ArbGG. Zur Einlegung eines Rechtsmittels ist eine erneute Beschlussfassung und Vollmachtserteilung nicht erforderlich (§ 81 ZPO iVm § 46 Abs. 2, § 80 Abs. 2 ArbGG, BAG 19.12.2017 – 1 ABR 33/16, NZA 2018, 678). Legt der BR die Einhaltung der Wirksamkeitsvoraussetzungen für diesen Beschluss (→ Rn. 11 ff.) unter Beifügung von Unterlagen dar, ist ein pauschales Bestreiten mit Nichtwissen durch den ArbGeb. unbeachtlich (BAG 9.12.2003 – 1 ABR 44/02, AP BetrVG 1972 § 33 Nr. 1; *Linsenmaier* FS Wißmann, 2005, 386). 47b

Fehlt es an einem entspr. Beschluss zur Einleitung eines BeschlVerf. oder für die Beauftragung eines Rechtsanwalts, kann dieser mit **heilender Wirkung** vor Abschluss der 1. Instanz nachgeholt werden (BAG 6.11.2013 – 7 ABR 84/11, NZA-RR 2014, 196; 18.2.2003 – 1 ABR 17/02, AP BetrVG 1972 § 23 Nr. 39; 16.11.2005 – 7 ABR 12/05, AP BetrVG 1972 § 80 Nr. 64; *Grosjean* NZA-RR 2005, 120 f.; sa BAG 10.10.2007 – 7 ABR 51/06, AP BetrVG 1972 § 26 Nr. 17; → § 26 Rn. 26 f.). Hierauf hat das Gericht den BR hinzuweisen und ihm Gelegenheit zu geben, die fehlende oder fehlerhafte Beschlussfassung nachzuholen oder zu korrigieren (BAG 4.11.2015 – 7 ABR 61/13, NZA-RR 2016, 256; 6.12.2006, AP BetrVG 1972 § 21b Nr. 5). Der Nachweis darüber, dass der BR den Beschuss nachgeholt hat, kann noch im Rechtsmittelverfahren erfolgen (BAG 16.11.2005 – 7 ABR 12/05, AP BetrVG 1972 § 80 Nr. 64; s. zum Ganzen *Linsenmaier* FS Wißmann, 2005, 378 ff. [386 f.], der eine Heilung des Vertretungsmangels noch im Rechtsbeschwerdeverfahren zulässt, ebenso LAG Hamburg 24.2.2005 – 3 TaBV 11/03, AuR 2005, 465; *Reitze* NZA 2002, 492 ff.). 47c

Bleibt der **Vertretungsmangel** in der unteren Instanz **unentdeckt,** so ist auch noch in der Rechtsmittelinstanz eine Genehmigung durch Beschluss des BR mög- 47d lich. Sie kann in diesen Fällen sogar noch nach Eintritt der Rechtskraft erklärt werden (BAG 6.11.2013 – 7 ABR 84/11, NZA-RR 2014, 196; *Linsenmaier* FS Wißmann, 2005, 378 [391]).

48 Nimmt der BR für bei privatisierten Postunternehmen beschäftigte **Beamte** ein betriebsverfassungsrechtliches MBR in Anspruch, ist für einen Rechtsstreit hierüber der Rechtsweg zu den Arbeitsgerichten gegeben (BAG 26.6.1996 – 1 AZB 4/96, AP ArbGG 1979 § 2a Nr. 12; BVerwG 22.2.1998, NZA-RR 1998, 30). Er ist im arbeitsgerichtlichen Beschlussverfahren zu entscheiden.

49 Bei der Überprüfung der Rechtmäßigkeit von Entscheidungen des BR ist zu unterscheiden zwischen Organisationsentscheidungen, die in förmlichen Wahlen getroffen werden, und sonstigen Beschlüssen des BR. Eine Überprüfung der Rechtsgültigkeit von **förmlichen Wahlen** innerhalb des BR ist entspr. § 19 nur im Rahmen eines fristgebundenen Anfechtungsverfahrens und nur bei Verstoß gegen wesentliche Wahlvorschriften zulässig (→ § 26 Rn. 52ff.; → § 27 Rn. 96ff.; → § 38 Rn. 105ff.). Die frist- und formlose Geltendmachung der Nichtigkeit derartiger Wahlen kommt nur bei ganz groben und offensichtlichen Rechtsverstößen in Betracht (→ § 26 Rn. 60; → § 27 Rn. 101ff.; → § 38 Rn. 105).

50 **Beschlüsse** des BR können **nur** auf ihre **Rechtmäßigkeit** hin gerichtlich überprüft werden. Eine Überprüfung der sachlichen **Zweckmäßigkeit** des Beschlusses ist **ausgeschlossen** (BAG 3.4.1979 – 6 ABR 64/76, AP BetrVG 1972 § 13 Nr. 1; DKKW/*Wedde* Rn. 30; GK-BetrVG/*Raab* Rn. 48; ErfK/*Koch* Rn. 4; Richardi BetrVG/*Thüsing* Rn. 40 → § 77 Rn. 230ff.).

51 **Beschlüsse** des BR können **nicht angefochten** werden, da § 19 mangels einer gesetzlichen Grundlage auf sie nicht anwendbar ist (BAG 21.7.2004 – 7 ABR 58/03, AP BetrVG 1972 § 47 Nr. 13; DKKW/*Wedde* Rn. 30; GK-BetrVG/*Raab* Rn. 49f.; HWGNRH/*Glock* Rn. 37; Richardi BetrVG/*Thüsing* Rn. 36). Eine Anfechtung der **Stimmabgabe des einzelnen BRMitgl.** nach §§ 119ff. BGB wegen Irrtums, Täuschung oder Drohung ist dagegen nicht ausgeschlossen (GK-BetrVG/*Raab* Rn. 50; ErfK/*Koch* Rn. 4; Richardi BetrVG/*Thüsing* Rn. 37). Eine wirksame Anfechtung der Stimmabgabe kann Auswirkungen auf die für die Wirksamkeit des Beschlusses erforderliche Mehrheit haben. Ist dies der Fall, darf der BRVors. den Beschluss nicht ausführen. Die Anfechtung der Stimmabgabe zeitigt allerdings keine Auswirkungen, wenn der Beschluss bereits einem außenstehenden Dritten gegenüber wirksam geworden ist und der Dritte bei der Durchführung einer beteiligungspflichtigen Maßnahme die Anfechtung oder Anfechtbarkeit des Beschlusses weder gekannt hat noch kennen musste (GK-BetrVG/*Raab* Rn. 49; Richardi BetrVG/*Thüsing* Rn. 37; **aA** HWGNRH/*Glock* Rn. 38; → Rn. 45).

52 Die ArbG können die **Rechtsunwirksamkeit** von BRBeschlüssen nur feststellen, wenn sie wegen Rechtswidrigkeit **nichtig** sind. Nichtig sind Beschlüsse des BR nur, wenn sie entweder einen gesetzwidrigen Inhalt haben, nicht in die Zuständigkeit des BR fallen oder nicht ordnungsgemäß zustande gekommen sind (BAG 23.8.1984 – 2 AZR 391/83, AP BetrVG 1972 § 103 Nr. 17).

53 Einen **gesetzwidrigen Inhalt** haben Beschlüsse, wenn sie inhaltlich gegen ein G, eine VO, eine UVV oder einen TV verstoßen oder der BR außerhalb seiner sachlichen Zuständigkeit gehandelt hat (DKKW/*Wedde* Rn. 31; GK-BetrVG/*Raab* Rn. 51; Richardi BetrVG/*Thüsing* Rn. 42).

54 Die Nichtigkeit eines BRBeschlusses wegen **nicht ordnungsgemäßer Beschlussfassung** liegt nicht schon bei kleinen Formfehlern vor. Sie ist vielmehr nur bei groben Verstößen gegen Vorschriften und Grundsätze gegeben, deren Beachtung unerlässliche Voraussetzung einer Beschlussfassung ist (s. iE BAG 15.4.2014 – 1 ABR 2/13, NZA 2014, 551 und → Rn. 10a; GK-BetrVG/*Raab* Rn. 52ff.; Richardi BetrVG/*Thüsing* Rn. 42ff.). Derartige Voraussetzungen sind zB:

– Ladung aller BRMitgl. grds. unter Mitteilung der Tagesordnung. Bei Ladung ohne Mitteilung der Tagesordnung oder bei Änderung der mitgeteilten Tagesordnung ist der BRBeschl. unter den von der neueren **BAG-Rsp.** (BAG 22.11.2017 – 7 ABR

46/16, NZA 2018, 732; 15.4.2014 – 1 ABR 2/13, NZA 2014, 551; 22.1.2014 – 7 AS 6/13, NZA 2014, 441; 9.7.2013 – 1 ABR 2/13 (A), NZA 2013, 1433) genannten Voraussetzungen (→ Rn. 24a, → § 29 Rn. 48a) wirksam. Dies entspricht auch der bisherigen BAG-Rspr. zu Organisationsentscheidungen des BR in Form von Wahlen, bei denen ein derartiger Verstoß nur die Anfechtbarkeit der Wahl, nicht jedoch ihre Nichtigkeit zur Folge hat (BAG 13.11.1991 – 7 ABR 18/91, AP BetrVG 1972 § 27 Nr. 3);

- die ordnungsgemäße Hinzuziehung der JAVMitgl. bei der Behandlung von Angelegenheiten, bei denen sie Stimmrecht haben (§ 67 Abs. 2). Die Nichtbeteiligung der JAVMitgl. berührt die Rechtsgültigkeit eines Beschlusses aber dann nicht, wenn die Beschlussfassung entspr. einem Antrag der JAVMitgl. erfolgt ist und die JAV durch ihre Stimmen das Abstimmungsergebnis nicht hätten beeinflussen können (BAG 6.5.1975 – 1 ABR 135/73, AP BetrVG 1972 § 65 Nr. 5);
- die Teilnahme von mindestens der Hälfte der BRMitgl. an der Beschlussfassung (Beschlussfähigkeit);
- Beschlussfassung durch die Mehrheit der teilnehmenden BRMitgl., ggf. unter Einschluss der JAVMitgl.;
- grds. auch die Beachtung der Nichtöffentlichkeit der BRSitzung (Näheres → § 30 Rn. 22);
- in bestimmten Fällen Beschlussfassung durch die Mehrheit der Mitgl. des BR (→ Rn. 36);
- uU auch Beachtung der Schriftform des Beschlusses (vgl. § 27 Abs. 2 S. 3 u. 4; § 28 Abs. 1 S. 2; § 28a Abs. 1 S. 3 u. 4; § 36).

Keine Wirksamkeitsvoraussetzung für die Gültigkeit eines BRBeschlusses ist die Aufnahme des Beschlusses in die Sitzungsniederschrift (DKKW/*Wedde* Rn. 35; ErfK/*Koch* Rn. 2; GK-BetrVG/*Raab* Rn. 66; Richardi BetrVG/*Thüsing* Rn. 44; → § 34 Rn. 26). 55

Hat ein **Nichtberechtigter,** etwa ein nach § 25 nicht vertretungsberechtigtes ErsMitgl. oder das durch den Beschluss persönlich betroffene BRMitgl. (→ Rn. 37 f.) oder das Mitgl. der SchwbVertr., an der Beschlussfassung mitgewirkt, so ist der Beschluss nicht in jedem Falle, sondern nur dann unwirksam, wenn nicht ausgeschlossen werden kann, dass durch die Mitwirkung des Nichtberechtigten das Ergebnis der Beschlussfassung beeinträchtigt werden konnte (BAG 6.12.2006, AP BetrVG 1972 § 21b Nr. 5). Dies ist zB nicht anzunehmen, wenn bei einem aus einer größeren Zahl von Mitgl. bestehenden BR der Nichtberechtigte an einem einstimmig gefassten Beschluss mitgewirkt hat (GK-BetrVG/*Raab* Rn. 59; **aA** BAG 3.8.1999 – 1 ABR 30/98, AP BetrVG 1972 § 25 Nr. 7; HWGNRH/*Glock* Rn. 41 für den Fall, dass bei persönlicher Betroffenheit eines BRMitgl. dieses und nicht das ErsMitgl. an Beratung und Beschlussfassung teilgenommen hat; ferner wenn der Beschluss zugunsten des selbst betroffenen BRMitgl. ausgefallen ist: *Oetker* ZfA 1984, 438; Richardi BetrVG/*Thüsing* Rn. 45). 56

Nichtige BRBeschlüsse haben **keine Rechtswirkung.** Jedoch kann die Unwirksamkeit eines Beschlusses durch einen ordnungsgemäßen späteren Beschluss des BR geheilt werden (BAG 6.11.2013 – 7 ABR 84/11, NZA-RR 2014, 196; 10.10.2007 – 7 ABR 51/06, AP BetrVG 1972 § 26 Nr. 17; → Rn. 47c; → § 26 Rn. 25 ff.). Ist ein BRBeschluss nichtig, bedeutet dies für Maßnahmen, bei denen Beteiligungsrechte des BR zu beachten sind, folgendes: 57

Unterliegt eine Maßnahme lediglich der **Mitwirkung** des BR, so hat ein nichtiger BRBeschluss **keine Auswirkungen** auf die Rechtsgültigkeit der Maßnahme des ArbGeb., da diese nicht der Zustimmung des BR bedarf (ErfK/*Koch* Rn. 2). Der ArbGeb. hat vielmehr mit der ordnungsgemäßen Einleitung des Mitwirkungsverfahrens seine ihm obliegenden Verpflichtungen erfüllt. Weiß er allerdings von der Nichtigkeit des BRBeschlusses, so kann er uU aus dem Gesichtspunkt der vertrauensvollen Zusammenarbeit verpflichtet sein, eine eventuelle erneute ordnungsgemäße Beschlussfassung abzuwarten. Auf das Anhörungsverfahren nach § 102 Abs. 1 wirken 58 sich allerdings nach BAG (16.1.2003 – 2 AZR 707/01, AP BetrVG 1972 § 102 Nr. 129) Mängel, die im Verantwortlichkeitsbereich des BR entstehen, grds. selbst dann nicht aus, wenn der ArbGeb. bei Ausspruch der Kündigung weiß oder vermuten kann, dass der BR die Angelegenheit nicht fehlerfrei behandelt hat (→ § 102 Rn. 51).

59 Bei Maßnahmen, die der **MB** des BR unterliegen, hat ein Beschluss des BR **konstitutive Wirkung.** Diese kann einem nichtigen BRBeschluss nicht zukommen. Deshalb ist im Falle der Nichtigkeit des BRBeschlusses die vom ArbGeb. vorgenommene Maßnahme grds. ebenso **unwirksam,** wie wenn der BR überhaupt nicht beteiligt worden wäre. Allerdings können zugunsten des ArbGeb. in diesen Fällen uU die Grundsätze des Vertrauensschutzes eingreifen (BAG 23.8.1984 – 2 AZR 391/83, AP BetrVG 1972 § 103 Nr. 17; LAG Hamm 4.12.2013 – 4 Sa 530/13, BeckRS 2014, 68801; ErfK/*Koch* Rn. 2; Richardi BetrVG/*Thüsing* Rn. 32ff., 47; → § 26 Rn. 31f.; → § 102 Rn. 53f.).

§ 34 Sitzungsniederschrift

(1) [1]**Über jede Verhandlung des Betriebsrats ist eine Niederschrift aufzunehmen, die mindestens den Wortlaut der Beschlüsse und die Stimmenmehrheit, mit der sie gefasst sind, enthält.** [2]**Die Niederschrift ist von dem Vorsitzenden und einem weiteren Mitglied zu unterzeichnen.** [3]**Der Niederschrift ist eine Anwesenheitsliste beizufügen, in die sich jeder Teilnehmer eigenhändig einzutragen hat.**

(2) [1]**Hat der Arbeitgeber oder ein Beauftragter einer Gewerkschaft an der Sitzung teilgenommen, so ist ihm der entsprechende Teil der Niederschrift abschriftlich auszuhändigen.** [2]**Einwendungen gegen die Niederschrift sind unverzüglich schriftlich zu erheben; sie sind der Niederschrift beizufügen.**

(3) **Die Mitglieder des Betriebsrats haben das Recht, die Unterlagen des Betriebsrats und seiner Ausschüsse jederzeit einzusehen.**

Inhaltsübersicht

I. Vorbemerkung

1 Die Vorschrift betrifft die Anfertigung der Niederschrift und ihren Mindestinhalt sowie das Recht aller BRMitgl., die Unterlagen des BR und seiner Ausschüsse einzusehen.

2 Die Vorschrift gilt **entspr.** für den GesBR (§ 51 Abs. 1 S. 1), den KBR (§ 59 Abs. 1), die JAV. (§ 65 Abs. 1), die GesJAV (§ 73 Abs. 2), die KJAV (§ 73b Abs. 2), die Bordvertr. (§ 115 Abs. 4 S. 1) und den SeeBR (§ 116 Abs. 3). Sie ist auf die ArbNVertr. nach § 3 Abs. 1 Nr. 2 u. 3 entspr., anzuwenden, da diese ArbNVertr. an die Stelle des BR treten. Das Gleiche gilt für ArbGruppen nach § 28a (→ § 28a Rn. 38). Die Anfertigung von Niederschriften über die Zusammenkünfte der ArbN-

Vertr. nach § 3 Abs. 1 Nr. 4 u. 5 ist durch den TV oder die BV zu regeln. Zur Frage ihrer Anwendung auf Ausschüsse des BR und bei einer Übertragung von BRAufgaben auf eine Arbeitsgruppe → Rn. 7f.

3 Die Vorschrift ist **zwingend.** Sie kann weder durch TV noch durch BV abgedungen werden. Ergänzende Regelungen über Erstellung, Inhalt und Form der Niederschrift in der Geschäftsordnung des BR sind zulässig (→ § 36 Rn. 5ff.).

4 Entsprechende Vorschriften: § 41 BPersVG und § 13 Abs. 3 u. 4 SprAuG.

II. Niederschrift

1. Inhalt

5 Die Niederschrift (s. hierzu *Kröll* AiB 2015 Heft 4, 35ff.) ist eine **Privaturkunde** iSd § 416 ZPO, die zum Zwecke des Nachweises der Ordnungsmäßigkeit und der Rechtsgültigkeit der BRBeschlüsse angefertigt wird. Sie beweist nur, dass die Unterzeichner die Angaben in der Niederschrift gemacht haben. Ob diese Angaben richtig sind, wird durch die Niederschrift nicht bewiesen (BAG 30.9.2014 – 1 ABR 32/13, NZA 2015, 370; GK-BetrVG/*Raab* Rn. 13). Über die inhaltliche Richtigkeit ist im Streitfall nach freier richterlicher Beweiswürdigung zu entscheiden (§ 286 ZPO). Bei dieser Würdigung kommt der Niederschrift aber ein hoher Beweiswert zu. Wird aus ihr die ordnungsgemäße Beschlussfassung des BR ersichtlich, bedarf es idR keiner weitergehenden tatsächlichen Darlegungen oder einer darauf gerichteten Durchführung einer Beweisaufnahme. Vielmehr muss dann der ArbGeb. den Beweiswert der Niederschrift erschüttern oder den Gegenbeweis antreten (BAG 30.9.2014 – 1 ABR 32/13, NZA 2015, 370; LAG SH 14.1.2016 – 5 TaBV 45/15, NZA-RR 2016, 304).

5a Die Niederschrift gehört ebenso wie ein etwaiges bes. Protokollbuch zu den Akten des BR. Der ArbGeb. hat an diesen Urkunden ebenso wenig wie an den übrigen Akten des BR Eigentum (→ § 40 Rn. 107; DKKW/*Wedde* Rn. 12; HaKo-BetrVG/*Wolmerath* Rn. 6; WPK/*Kreft* Rn. 5; **aA** GK-BetrVG/*Weber* § 40 Rn. 214ff., HWGNRH/*Glock* Rn. 20, Richardi BetrVG/*Thüsing* Rn. 25, die dem ArbGeb. jedoch kein Besitzrecht zugestehen) und auch kein Einsichtsrecht (LAG Düsseldorf 7.3.2012 – 4 TaBV 87/11, BeckRS 2012, 67193).

6 Die Niederschrift ist über jede „Verhandlung" des BR zu fertigen. Aus § 34 Abs. 2 und aus der Gesetzessystematik ergibt sich, dass die Vorschrift sich nur auf die **Sitzungen des BR** im engeren Sinn (§§ 29–35) bezieht. Andererseits gilt sie für alle BRSitzungen, auch wenn im Einzelfall kein Beschluss gefasst wurde (DKKW/*Wedde* Rn. 2; ErfK/*Koch* Rn. 1; GK-BetrVG/*Raab* Rn. 6; Richardi BetrVG/*Thüsing* Rn. 4). Für Beratungen des BR außerhalb von BRSitzungen und für Gespräche oder Verhandlungen des BR oder seiner Mitgl. mit dem ArbGeb. oder sonstigen Stellen kann die Geschäftsordnung des BR die Fertigung eines Protokolls vorschreiben (GK-BetrVG/*Raab* Rn. 6).

7 Auch über Sitzungen des **BetrAusschusses** und **anderer Ausschüsse** des BR ist eine Niederschrift zu fertigen. Dies gilt nicht nur dann, wenn den Ausschüssen bestimmte Aufgaben zur selbständigen Erledigung übertragen sind, sondern auch bei bloß vorbereitender Tätigkeit dieser Ausschüsse. Denn auch in diesen Fällen kommt eine Beschlussfassung in Betracht (DKKW/*Wedde* Rn. 1; GK-BetrVG/*Raab* Rn. 3; Richardi BetrVG/*Thüsing* Rn. 2).

8 Bei Übertragung von Aufgaben auf eine **Arbeitsgruppe** nach § 28a sind Verhandlungen und Entscheidungen der Arbeitsgruppe in Bezug auf die übertragenen Angelegenheiten ebenfalls in einer Niederschrift festzuhalten (HaKo-BetrVG/*Wolmerath* Rn. 2). Das gilt insbes. für die Wahrnehmung der übertragenen Beteiligungsrechte. Näheres kann in der nach § 28a Abs. 1 abzuschließenden Rahmenvereinbarung geregelt werden.

9 Für **gemeinsame Sitzungen** des BR und des Sprecherausschusses für leitende Ang. nach § 2 Abs. 2 S. 3 SprAuG gilt § 34 ebenso wie die entspr. Regelung des § 13 Abs. 3 u. 4 SprAuG. Jedem dieser Gremien obliegt die Fertigung einer Niederschrift, es sei denn, es wird ein gemeinsames Protokoll erstellt. Letzteres ist zwischen BR und Sprecherausschuss abzusprechen (GK-BetrVG/*Raab* Rn. 5). Das gilt auch für die Frage der Protokollunterzeichnung, die zweckmäßiger Weise außer vom zu bestimmenden Schriftführer von den Vors. beider Gremien erfolgt.

10 Wer die Niederschrift aufzunehmen hat, ist im G nicht bestimmt. Jedenfalls ist die Bestellung eines für die Niederschrift verantwortlichen **Schriftführers** aus dem Kreise der BRMitgl. zulässig (DKKW/*Wedde* Rn. 9; HWGNRH/*Glock* Rn. 9; Richardi BetrVG/*Thüsing* Rn. 5). Die Bestellung hat durch den BR, nicht durch den BRVors. zu erfolgen. Es ist auch die Bestellung mehrerer BRMitgl. zu Schriftführern möglich. Der BR hat keinen Anspruch darauf, dass eine ihm nicht angehörende Person als verantwortlicher Protokollführer an seinen Sitzungen teilnimmt (BAG 17.10.1990 – 7 ABR 69/89, AP BetrVG 1972 § 108 Nr. 8).

11 Allerdings ist die Hinzuziehung einer **Schreibkraft** zur Unterstützung des Schriftführers zulässig (DKKW/*Wedde* Rn. 9; ErfK/*Koch* Rn. 1; Richardi BetrVG/*Thüsing* Rn. 5; **aA** GK-BetrVG/*Raab* Rn. 8, § 30 Rn. 23; HWGNRH/*Glock* Rn. 10, § 30 Rn. 24). In größeren BR mit einer umfangreichen Tagesordnung der BRSitzungen dürfte die Hinzuziehung einer unterstützenden Schreibkraft idR unerlässlich sein. Bei der Bestimmung der Schreibkraft steht dem BR ebenso wie bei dem ihm zur Verfügung zu stellenden Büropersonal ein Mitspracherecht zu (→ § 40 Rn. 136). Soweit die Schreibkraft bei ihrer Tätigkeit Kenntnis von Betriebs- und Geschäftsgeheimnissen erhält, ist sie auf Grund der arbeitsvertraglichen Treuepflicht zur Geheimhaltung verpflichtet. Der BR sollte sie hierauf ausdrücklich hinweisen.

12 Da das G nichts darüber aussagt, ob die Niederschrift unmittelbar in der Sitzung angefertigt werden muss oder ob sie auf Grund von Notizen nach der Sitzung ausgearbeitet werden kann, dürfte beides zulässig sein (hM). **Tonbandaufnahmen** von der Sitzung zu Protokollzwecken sind nur zulässig, wenn alle Anwesenden ausdrücklich damit einverstanden sind (DKKW/*Wedde* Rn. 7; GK-BetrVG/*Raab* Rn. 19; ErfK/*Koch* Rn. 1; Richardi BetrVG/*Thüsing* Rn. 8; MHdB ArbR/*Krois* § 294 Rn. 109; → § 42 Rn. 45). Ist dies nicht der Fall, dürfen nur die Beiträge der mit einer Aufnahme einverstandenen Sitzungsteilnehmer auf einem Datenträger erfasst werden (DKKW/*Wedde* Rn. 7; GK-BetrVG/*Raab* Rn. 19).

13 Inhaltlich muss die Niederschrift auf jeden Fall den **Wortlaut der Beschlüsse** und die **Stimmenmehrheit,** mit der sie gefasst worden sind, enthalten. Zu den Beschlüssen gehören nicht nur die vom BR angenommenen, sondern auch die abgelehnten. Deshalb muss auch der Wortlaut abgelehnter Anträge in die Niederschrift aufgenommen werden (GK-BetrVG/Raab Rn. 15; Richardi BetrVG/*Thüsing* Rn. 4). Zum Zwecke der Identifizierbarkeit ist ferner stets die Angabe des **Sitzungsdatums** erforderlich. Nicht erforderlich ist dagegen die genaue Angabe von Beginn und Ende der BRSitzung (ArbG Hamburg 8.9.1999 – 13 BV 4/99, AiB 2000, 102; DKKW/*Wedde* Rn. 3; GK-BetrVG/*Raab* Rn. 15).

14 Ist die Beschlussfassung durch eine förmliche Abstimmung erfolgt, ist auch das **Stimmenverhältnis,** mit dem ein Beschluss gefasst oder abgelehnt worden ist, in die Niederschrift aufzunehmen (DKKW/*Wedde* Rn. 3; GK-BetrVG/*Raab* Rn. 15; Richardi BetrVG/*Thüsing* Rn. 3). Aus dem Stimmenverhältnis ist zugleich das Ergebnis der Beschlussfassung zu ersehen. Die Angabe, wie jedes BRMitgl. gestimmt hat, ist möglich, aber nicht vorgeschrieben; sie ist aber, wenn der BR namentliche Abstimmung beschlossen hat, erforderlich (DKKW/*Wedde* Rn. 3; HWGNRH/*Glock* Rn. 6; **aA** ErfK/*Koch* Rn. 1; GK-BetrVG/*Raab* Rn. 15). Bei einer Beschlussfassung in der Weise, dass festgestellt wird, es werde **kein Widerspruch** (oder nur der Widerspruch einer Minderheit) gegen einen zur Abstimmung gestellten Antrag erhoben, ist dies in die Niederschrift aufzunehmen. Über Beschlüsse und Stimmenmehrheit → § 33 Rn. 26ff.

15 Was iÜ in die Niederschrift aufzunehmen ist, kann in der **Geschäftsordnung** näher geregelt werden. Auch ohne eine derartige Regelung sollte zu jedem TOPunkt und seiner Behandlung sowie auch zu anderen Punkten, die in der BRSitzung behandelt worden sind, kurz Stellung genommen werden (GK-BetrVG/*Raab* Rn. 17; HWGNRH/*Glock* Rn. 5). Erklärungen eines BRMitgl. zu Protokoll sind grds. ebenfalls aufzunehmen (DKKW/*Wedde* Rn. 4; GK-BetrVG/*Raab* Rn. 17). Dagegen kann eine wörtliche Wiedergabe oder die Angabe jeder Äußerung eines BRMitgl. in die Niederschrift nicht verlangt werden.

16 Ob vom ArbGeb. in der BRSitzung mitgeteilte **Betriebs-** und **Geschäftsgeheimnisse** oder sonstige geheimhaltungsbedürftige Angaben (→ § 79 Rn. 3ff., 32ff.) in die Niederschrift aufgenommen werden sollten, kann zweifelhaft sein. Unzulässig ist dies jedenfalls nicht, da das Einsichtsrecht nur BRMitgl. zusteht (→ Rn. 33) und diese nach § 79 zur Verschwiegenheit verpflichtet sind (DKKW/*Wedde* Rn. 3; **aA** GK-BetrVG/*Raab* Rn. 30 bei einem entspr. berechtigten Verlangen des ArbGeb.). Soweit der BRVors. bei Vorliegen eines berechtigten Interesses anderen Personen Einsicht in die Niederschriften gewährt (→ Rn. 35), hat er sicherzustellen, dass diese von Betriebs- und Geschäftsgeheimnissen keine Kenntnis erhalten.

17 Die Niederschrift ist **aufzubewahren,** solange ihr Inhalt von rechtlicher Bedeutung ist (BAG 30.9.2014 – 1 ABR 32/13, NZA 2015, 370; DKKW/*Wedde* Rn. 12; GK-BetrVG/*Raab* Rn. 40; Richardi BetrVG/*Thüsing* Rn. 26). Geht diese über die Amtszeit des BR hinaus, so ist die Niederschrift vom folgenden BR aufzubewahren.

2. Unterzeichnung

18 Der **Vors.** – bei dessen Abwesenheit sein Stellvertr. – sowie ein **weiteres Mitgl.** des BR haben die Niederschrift zu unterzeichnen.

19 Wenn die GO keine Bestimmungen darüber enthält, welches BRMitgl. die Niederschrift neben dem Vors. unterzeichnet, ist das Mitgl. vom BR zu bestimmen. Trifft der BR keine Bestimmung, ist jedes BRMitgl. zur Unterzeichnung berechtigt (HWGNRH/*Glock* Rn. 11). Ist ein **Schriftführer** aus dem Kreis des BR bestellt, so hat dieser idR neben dem Vors. die Niederschrift zu unterzeichnen (DKKW/*Wedde* Rn. 11; GK-BetrVG/*Raab* Rn. 20; Richardi BetrVG/*Thüsing* Rn. 10).

20 Ist für einen wirksamen Beschluss die Schriftform erforderlich (vgl. zB § 27 Abs. 3 S. 3 oder § 36), so wird diesem Erfordernis genügt, wenn der Beschluss in die Niederschrift aufgenommen und diese ordnungsgemäß unterzeichnet worden ist.

3. Anwesenheitsliste

21 Die Anwesenheitsliste ist **Bestandteil der Niederschrift** und beweist durch die **eigenhändige Unterschrift** eines jeden Teilnehmers, dass er an der BRSitzung – wenn auch nur zeitweise – teilgenommen hat. Einzutragen haben sich **alle Teilnehmer,** also nicht nur die teilnehmenden BRMitgl. und ErsMitgl. für zeitweilig verhinderte BRMitgl., sondern bei ihrer Teilnahme auch der ArbGeb., die JAV-Mitgl., das Mitgl. der SchwbVertr., der Vertrauensmann der Zivildienstleistenden, Vertr. der ArbGebVereinigung oder der Gewerkschaften, Mitgl. des Sprecherausschusses für leitende Ang., sachkundige ArbN, Sachverständige oder sonstige Auskunftspersonen sowie die Schreibkraft (GK-BetrVG/*Raab* Rn. 21; Richardi BetrVG/*Thüsing* Rn. 11). Die Eintragung hat **eigenhändig** zu erfolgen. Sie kann deshalb nicht vom Vors. oder Schriftführer stellvertretend vorgenommen werden. Allerdings haben diese bei nur vorübergehender Anwesenheit von Teilnehmern Angaben über den Zeitraum der Teilnahme in der Niederschrift oder auf der Anwesenheitsliste festzuhalten (DKKW/*Wedde* Rn. 5; ErfK/*Koch* Rn. 1; GK-BetrVG/*Raab* Rn. 22).

4. Aushändigung von Teilen der Niederschrift an Arbeitgeber und Gewerkschaftsbeauftragte

22 Der ArbGeb. erhält eine **Abschrift der Niederschrift,** soweit er oder sein Vertreter an der Sitzung **teilgenommen** hat, nicht aber schon, wenn er nach § 29 Abs. 4 zur Teilnahme berechtigt war, aber nicht teilgenommen hat (DKKW/*Wedde* Rn. 14; GK-BetrVG/*Raab* Rn. 24; ErfK/*Koch* Rn. 1; Richardi BetrVG/*Thüsing* Rn. 14). Entspr. gilt für die **Gewerkschaftsbeauftragten** (in Betrieben der privatisierten Post- und Bahnunternehmen ggf. auch für den Beauftragten eines Berufsverbandes der Beamten (→ § 31 Rn. 15a, 17 ff.), die durch Beschluss des BR oder nach § 31 zur BRSitzung herangezogen werden. Auch sie erhalten die Niederschrift nur bei tatsächlicher Teilnahme an der Sitzung. Hat der ArbGeb. oder der Gewerkschaftsbeauftragte nicht an der ganzen Sitzung teilgenommen, sondern nur an der Verhandlung über einzelne Punkte, so erhält er **nur den entspr. Teil,** dh den Teil der Niederschrift, der die Verhandlung während seiner Teilnahme wiedergibt (GK-BetrVG/*Raab* Rn. 24; Richardi BetrVG/*Thüsing* Rn. 14).

23 Die Abschrift muss nur vom BRVors., nicht auch von einem weiteren BRMitgl. unterschrieben werden (DKKW/*Wedde* Rn. 14; GK-BetrVG/*Raab* Rn. 24; Richardi BetrVG/*Thüsing* Rn. 12). Einer Gegenzeichnung (Abzeichnung) der Niederschrift durch den ArbGeb. bedarf es nicht. **Unterzeichnet der ArbGeb.** einen ihm zugesandten ordnungsgemäß protokollierten Beschluss des BR, der inhaltlich eine BV zum Gegenstand hat, so wird mit der Unterzeichnung der Formvorschrift des § 77 Abs. 2 S. 2 für den Abschluss einer BV Genüge getan, sofern der ArbGeb. eine auf Abschluss einer BV gerichtete Willenserklärung bereits abgegeben hat oder mit der Unterzeichnung abgibt (DKKW/*Wedde* Rn. 14; GK-BetrVG/*Raab* Rn. 25; Richardi BetrVG/*Thüsing* Rn. 15).

24 Die **übrigen Teilnehmer** an der BRSitzung – wie zB das Mitgl. der SchwbVertr., der Vertrauensmann der Zivildienstleistenden, die JAVMitgl., Mitgl. des Sprecherausschusses für leitende Ang., Sachverständige, sonstige Auskunftspersonen oder die anwesende Schreibkraft – haben **keinen Anspruch** auf Aushändigung einer Abschrift der Sitzungsniederschrift (GK-BetrVG/*Raab* Rn. 24; Richardi BetrVG/*Thüsing* Rn. 13). Andererseits ist es bei Vorliegen eines berechtigten Interesses nicht unzulässig, ihnen eine Abschrift der Niederschrift (ganz oder teilweise) zu überlassen (DKKW/*Wedde* Rn. 16; HaKo-BetrVG/*Wolmerath* Rn. 7). Dies gilt allerdings nur insoweit, als dadurch keine Betriebs- und Geschäftsgeheimnisse oder sonstige geheimhaltungsbedürftige Angaben gefährdet werden (→ § 79 Rn. 3 ff., 29 ff.).

25 Dagegen haben die **BRMitgl.** Anspruch auf Überlassung einer Abschrift der Niederschrift, wenn sie diese für ihre Tätigkeit benötigen (DKKW/*Wedde* Rn. 16; HWGNRH/*Glock* Rn. 23; WPK/*Kreft* Rn. 10; **aA** GK-BetrVG/*Raab* Rn. 26; Richardi BetrVG/*Thüsing* Rn. 13; wohl auch LAG Nds 24.4.2009 – 10 TaBV 55/08, NZA-RR 2009, 532). Das Gleiche gilt für den Fall, dass es üblich ist, in der folgenden Sitzung förmlich festzustellen, ob gegen die Niederschrift Einwendungen erhoben werden. Denn dann muss jedes BRMitgl. vorher den Inhalt der Niederschrift kennen. Sich diese Kenntnis vor jeder Sitzung durch Einsichtnahme in die BRUnterlagen nach Abs. 3 zu verschaffen, ist den BRMitgl. nicht zumutbar.

5. Unterlassung der Niederschrift

26 Die Anfertigung der Niederschrift ist zwar vorgeschrieben. Ihre Unterlassung stellt auch eine Pflichtwidrigkeit dar, ist jedoch für die **Rechtsgültigkeit** der BRBeschlüsse im Allgemeinen **ohne Bedeutung** (BAG 8.2.1977 – 1 ABR 82/74, AP BetrVG 1972 § 80 Nr. 10; GK-BetrVG/*Raab* Rn. 10; Richardi BetrVG/*Thüsing* Rn. 23). Das gilt naturgemäß erst recht, wenn lediglich die erforderlichen Unterschriften oder die Anwesenheitsliste fehlen. Ist die Niederschrift unterblieben und wird die Rechtmäßigkeit eines BRBeschlusses bestritten, so ist der Beweis für das rechtsgültige Zu-

standekommen des bestrittenen Beschlusses durch Zeugen oder durch andere Unterlagen zu führen.

27 Die Anfertigung einer Niederschrift ist jedoch für die Rechtsgültigkeit eines Beschlusses des BR erforderlich, wenn dieser Beschluss kraft gesetzlicher Regelung – nicht durch eine Regelung in der Geschäftsordnung – der **Schriftform** bedarf (BAG 30.9.2014 – 1 ABR 32/13, NZA 2015, 370; DKKW/*Wedde* Rn. 13; GK-BetrVG/*Raab* Rn. 11; Richardi BetrVG/*Thüsing* Rn. 24; *Grosjean* NZA-RR 2005, 117). Das ist zB der Fall beim Erlass einer Geschäftsordnung (§ 36) oder bei der Übertragung von Aufgaben zur selbständigen Erledigung auf den BetrAusschuss oder andere Ausschüsse des BR oder auf Arbeitsgruppen nach § 28a sowie deren Widerruf (vgl. § 27 Abs. 2, §§ 28 und 28a Abs. 1) oder bei der Beauftragung des GesBR nach § 50 Abs. 2.

III. Einwendungen gegen die Niederschrift

28 § 34 Abs. 2 S. 2 regelt die Behandlung von **Einwendungen** gegen die Richtigkeit der Niederschrift, insbes. gegen die Wiedergabe der Beschlüsse oder Stimmenmehrheiten, die Vollständigkeit der Anwesenheitsliste, ggf. die Protokollierung von Anträgen und von in der Sitzung gemachten Ausführungen.

29 Die **Berechtigung,** solche Einwendungen zu erheben, ist nicht auf den ArbGeb. und die Gewerkschaftsbeauftragten beschränkt, sondern steht **jedem** zu, der an der Sitzung teilgenommen und vom Inhalt der Niederschrift Kenntnis genommen hat (DKKW/*Wedde* Rn. 17; ErfK/*Koch* Rn. 2; GK-BetrVG/*Raab* Rn. 27; Richardi BetrVG/*Thüsing* Rn. 17). Das sind insbes. die BRMitgl.

30 Einwendungen müssen **unverzüglich,** dh ohne vorwerfbare Verzögerung, und **schriftlich** beim BR, dh bei seinem Vors. (§ 26 Abs. 2), erhoben werden. Der BRVors. ist verpflichtet, erhobene Einwendungen dem BR zur Kenntnis zu bringen. Sind Einwendungen ordnungsgemäß erhoben worden, so sind sie der Niederschrift beizufügen, auch wenn der BR die Einwendungen nicht für berechtigt erachtet. Durch diese Ordnungsvorschrift soll erreicht werden, dass Zweifel an der Richtigkeit der Niederschrift möglichst bald entweder ausgeräumt oder aktenkundig gemacht werden. Die Anfertigung eines vollständigen „Gegenprotokolls", zB des ArbGeb., fällt aber nicht mehr unter den Begriff der „Einwendung" (HessLAG 19.5.1988 – 12 Ta BV 123/87, DB 1989, 486; DKKW/*Wedde* Rn. 17; ErfK/*Koch* Rn. 2; **aA** GK-BetrVG/*Raab* Rn. 28). Die Erhebungen von Einwendungen haben auf die Wirksamkeit von Beschlüssen des BR keine Auswirkungen.

31 Durch die Vorschrift des Abs. 2 S. 2 wird der BR nicht gehindert, in üblicher Weise (zB in der folgenden Sitzung) festzustellen, ob Einsprüche gegen die Niederschrift erhoben werden, und ggf. die Niederschrift zu berichtigen. Dabei können selbstverständlich noch **mündlich** vorgebrachte Einwendungen berücksichtigt werden (GK-BetrVG/*Raab* Rn. 29, 42).

32 Will der BR erhobenen **Einwendungen nicht stattgeben,** so wird er zweckmäßigerweise die Angelegenheit auf sich beruhen lassen und abwarten, ob sich aus den widersprechenden Auffassungen ein Streit entwickelt, der eine arbeitsgerichtliche Klärung erfordert. Dieser Streit betrifft eine Angelegenheit der Geschäftsführung des BR und ist vom ArbG im BeschlVerf. zu entscheiden. **Antragsberechtigt** ist auch derjenige, der Einwendungen erhoben hat (DKKW/*Wedde* Rn. 28; GK-BetrVG/*Raab* Rn. 28). Unter Umständen kann ein Streit über die Berechtigung von Einwendungen auch als Vorfrage in einem anderen Verfahren zu entscheiden sein.

IV. Einsichtsrecht der Mitglieder des Betriebsrats

33 Durch Abs. 3 wird den BRMitgl. das Recht eingeräumt, jederzeit **die Unterlagen des BR und seiner Ausschüsse** einzusehen. Dieses unabdingbare Recht, das

weder durch die GO noch durch einen Beschluss des BR eingeschränkt werden kann (LAG BW 20.2.2013 – 13 TaBV 11/12, BeckRS 2013, 67255), steht jedem BRMitgl. zu und umfasst auch das elektronische Leserecht der Dateien und der E-Mail-Korresspondenz des BR (BAG 12.8.2009 – 7 ABR 15/08, NZA 2009, 1218; LAG Düsseldorf 7.3.2012 – 4 TaBV 87/11, BeckRS 2012, 67193; *Mallmann* AiB 2013, 230 [231]). Durch den Begriff **„jederzeit"** wird sichergestellt, dass für das Verlangen keine bes. zeitlichen Beschränkungen bestehen (→ § 80 Rn. 68). Jedes BRMitgl. kann sich ohne zeitliche Verzögerung über die Vorgänge im BR informieren. Der Grundsatz der gleichen Informationsmöglichkeiten soll ausschließen, dass BRMitgl. aufgrund ihres Status oder übertragener Aufgaben (zB BRVors., Stellvertr., Ausschussmitgl., Freistellung) gegenüber anderen BRMitgl. über einen Informationsvorsprung verfügen (BAG 12.8.2009 – 7 ABR 15/08, NZA 2009, 1218; sa LAG BW 20.2.2013 – 13 TaBV 11/12, BeckRS 2013, 67255: Einsichtsrecht nur durch Überlassen eines Schlüssels zum BR-Büro realisierbar).

33a In **Ausnahmesituationen,** in denen die Unternehmens-/Konzernleitung/AR in einem sehr frühen, noch nicht beteiligungsrelevanten Zeitraum nur einige BR (GBR, KBR) Mitgl., zB die Vors., stellvertr. Vors., Freigestellte informieren und zu Rate ziehen will, ist wegen der bes. Brisanz der Angelegenheit eine Ausnahme vom Grundsatz des Abs. 3 anzuerkennen, um eine derartige vertrauensbildende Praxis nicht zu gefährden. Diese Ausnahme ist jedenfalls dann zulässig, wenn die BRMitgl. auf ihr „unabdingbares" Recht persönlich verzichten.

33b Auch bes. sachliche Voraussetzungen für die Ausübung des Einsichtsrechts, insbes. das Vorliegen eines bes. Interesses des einzelnen BRMitgl., sind nicht erforderlich. Vielmehr sollen die BRMitgl., insbes. wegen der möglichen Delegation von Aufgaben nach §§ 27, 28 u. 28a, den **Überblick über die Gesamttätigkeit des BR** und die betriebsverfassungsrechtliche Aufgabenerfüllung behalten (LAG Nds 16.2.2001 – 16 TaBV 46/00, NZA-RR 2001, 249; DKKW/*Wedde* Rn. 19; GK-BetrVG/*Raab* Rn. 31). Unzulässig ist es deshalb, das Einsichtsrecht von bes. Voraussetzungen (zB Geschäftsordnung oder Beschluss des BR) abhängig zu machen (BAG 12.8.2009 – 7 ABR 15/08, NZA 2009, 1218). Auch kann die Einsicht nicht durch einen Beschluss des BR untersagt werden (Richardi BetrVG/*Thüsing* Rn. 30). Andererseits ist das Einsichtsrecht in einer Weise auszuüben, dass die Arbeit des BR und seiner Ausschüsse nicht behindert wird (LAG Nds 16.2.2001 – 16 TaBV 46/00, NZA-RR 2001, 249; HWGNRH/*Glock* Rn. 34; Richardi BetrVG/*Thüsing* Rn. 30). Insbes. darf es nicht missbräuchlich ausgeübt werden.

33c Das jederzeitige, nicht an das Vorliegen eines bes. Interesses gebundene Einsichtsrecht der BRMitgl. besteht auch bei **personenbezogenen Daten;** es kann nicht durch Maßnahmen nach § 9 BDSG iVm der dazu geltenden Anlage beschränkt werden (BAG 12.8.2009 – 7 ABR 15/08, NZA 2009, 1218). Die Vorschriften des BetrVG zu Verschwiegenheitspflichten beim Umgang mit personenbezogenen Daten innerhalb des BR (§ 99 Abs. 1 S. 3 u. § 102 Abs. 2 S. 5 iVm § 79 Abs. 1 S. 2–4) gehen dem BDSG vor (s. § 1 Abs. 3 S. 1 BDSG). Da die Verschwiegenheitspflicht nicht im Verhältnis der BRMitgl. gilt (§ 79 Abs. 1 S. 3), ist das Einsichtsrecht aller BRMitgl. nicht unter dem Gesichtspunkt des Datenschutzes einschränkbar. Der BR hat aber als Teil der verantwortlichen Stelle nach § 3 Abs. 7 BDSG über Maßnahmen zu beschließen, um einem Missbrauch von persönlichen Daten zu verhindern (BAG 12.8.2009 – 7 ABR 15/08, NZA 2009, 1218).

34 Es besteht **kein Anspruch auf Überlassung** oder Zurverfügungstellung der einzusehenden Unterlagen. Jedoch kann sich das BRMitgl. aus diesen Notizen machen oder Ablichtungen fertigen (DKKW/*Wedde* Rn. 27; HaKo-BetrVG/*Wolmerath* Rn. 12; ErfK/*Koch* Rn. 2; GK-BetrVG/*Raab* Rn. 33; Richardi BetrVG/*Thüsing* Rn. 31; Schaub ArbR-HdB/*Koch* § 220 Rn. 33; **aA** hinsichtlich der Fertigung von Ablichtungen BAG 27.5.1982 – 6 ABR 66/79, AP BetrVG 1972 § 34 Nr. 1). Dies gilt jedoch nicht, soweit die Geheimhaltungspflicht nach § 79 entgegensteht, was jedoch wegen § 79 Abs. 1 S. 3 regelmäßig nicht der Fall sein dürfte.

Das G gesteht **nur den BRMitgl.** das Einsichtsrecht zu, nicht dagegen den übrigen Personen, die berechtigt sind, allgemein oder im Einzelfall an BRSitzungen teilzunehmen, zB ArbGeb., JAVMitgl., SchwbVertr., Vertrauensmann der Zivildienstleistenden, Mitgl. des Sprecherausschusses für leitende Ang. (Richardi BetrVG/*Thüsing* Rn. 27). Andererseits hindert die Vorschrift nicht, dass solchen Personen – soweit nicht die Geheimhaltungspflicht nach § 79 entgegensteht – Informationen an Hand der Unterlagen gegeben werden, soweit ein berechtigtes Interesse besteht (DKKW/*Wedde* Rn. 25; GK-BetrVG/*Raab* Rn. 31; Richardi BetrVG/*Thüsing* Rn. 27). Gegenüber der **JAV** kann im Einzelfall insoweit eine gesetzliche Verpflichtung auf Grund des Unterrichtungsrechts nach § 70 Abs. 2 S. 1 bestehen. 35

Das Einsichtsrecht besteht in Bezug auf die **Unterlagen des BR.** Zu den Unterlagen des BR gehören diejenigen schriftlichen Aufzeichnungen und Materialien, die der BR oder ein Ausschuss angefertigt hat oder die ihm ständig zur Verfügung stehen (Niederschriften, Listen, Berechnungen, Betriebsvereinbarungen, Tarifverträge, Gesetzestexte, Erläuterungsbücher). Neben den in Papierform verkörperten Aufzeichnungen sind auch sämtliche auf Datenträgern gespeicherten Dateien sowie die Korrespondenz des BR unter dessen E-Mail-Anschrift erfasst (BAG 12.8.2009 – 7 ABR 15/08, NZA 2009, 1218; LAG Düsseldorf 7.3.2012 – 4 TaBV 87/11, BeckRS 2012, 67193; *Mallmann* AiB 2013, 230 [231]). Das Verlangen auf Einsicht kann auf die über die Behandlung eines bestimmten Vorgangs entstandenen Unterlagen beschränkt werden. 36

Das Einsichtsrecht richtet sich gegen den **BR.** Auf der Grundlage des Abs. 3 kann nicht verlangt werden, dass der ArbGeb. Einsichtnahmen, die er dem BR ordnungsgemäß gewährt hat, auf Wunsch einzelner BRMitgl. wiederholt. Aus Abs. 3 ergibt sich auch kein Anspruch des einzelnen BRMitgl. auf eine bestimmte Art und Weise der Führung oder den Inhalt der Unterlagen des BR (LAG Nds 16.2.2001 – 16 TaBV 46/00, NZA-RR 2001, 249). Sind die Unterlagen beim BR nicht mehr vorhanden, hat das BRMitgl. Anspruch auf Auskunft über deren Verbleib. 37

Entspr. gilt für die Einsichtnahme in die schriftlichen Unterlagen, die sich bei den **Akten der Ausschüsse des BR** befinden, und zwar sowohl des BetrAusschusses als auch der nach § 28 gebildeten Ausschüsse, unabhängig davon, ob ihnen Aufgaben zur selbständigen Erledigung übertragen worden sind oder ob sie nur die Aufgabe haben, Beschlüsse des BR vorzubereiten (GK-BetrVG/*Raab* Rn. 3, 38; Richardi BetrVG/*Thüsing* Rn. 29; ErfK/*Koch* Rn. 2), als auch des WiAusschusses (GK-BetrVG/*Raab* Rn. 38; WPK/*Kreft* Rn. 16; **aA** Richardi BetrVG/*Thüsing* Rn. 26). Das Gleiche gilt für die Einsichtnahme in Unterlagen einer **Arbeitsgruppe,** die bei ihr infolge der Übertragung von Aufgaben nach § 28a und deren Wahrnehmung entstehen (**aA** GK-BetrVG/*Raab* Rn. 39; → § 28a Rn. 38). 38

Das Einsichtsrecht besteht auch gegenüber den Mitgl. von **gemischten Ausschüssen** nach § 28 Abs. 3, soweit bei ihnen eigene Unterlagen entstanden sind (GK-BetrVG/*Raab* Rn. 40; Richardi BetrVG/*Thüsing* Rn. 29). Wegen Berichterstattung solcher Ausschussmitgl. gegenüber dem BR → § 28 Rn. 49; → § 27 Rn. 73a. 39

Die **Verweigerung der Einsichtnahme,** insbes. eine ständige Verweigerung gegenüber bestimmten BRMitgl., kann eine grobe Pflichtverletzung nach § 23 Abs. 1 darstellen. 40

V. Streitigkeiten

Streitigkeiten über die Notwendigkeit der Anfertigung und die Richtigkeit der Niederschriften, über die Berechtigung und Behandlung von Einwendungen und über das Einsichtsrecht nach Abs. 3 sind von den ArbG im **BeschlVerf.** zu entscheiden (§§ 2a, 80 ff. ArbGG; → Anh. 3 Rn. 1 ff.; → Rn. 32). 41

§ 35 Aussetzung von Beschlüssen

(1) **Erachtet die Mehrheit der Jugend- und Auszubildendenvertretung oder die Schwerbehindertenvertretung einen Beschluss des Betriebsrats als eine erhebliche Beeinträchtigung wichtiger Interessen der durch sie vertretenen Arbeitnehmer, so ist auf ihren Antrag der Beschluss auf die Dauer von einer Woche vom Zeitpunkt der Beschlussfassung an auszusetzen, damit in dieser Frist eine Verständigung, gegebenenfalls mit Hilfe der im Betrieb vertretenen Gewerkschaften, versucht werden kann.**

(2) [1] **Nach Ablauf der Frist ist über die Angelegenheit neu zu beschließen.** [2] **Wird der erste Beschluss bestätigt, so kann der Antrag auf Aussetzung nicht wiederholt werden; dies gilt auch, wenn der erste Beschluss nur unerheblich geändert wird.**

Inhaltsübersicht

I. Vorbemerkung

1 Die Vorschrift gibt der JAV und der SchwbVertr. ein **suspendierendes Vetorecht** gegen Beschlüsse des BR.

2 Die Vorschrift gilt **entspr.** für den GesBR (§ 51 Abs. 1) und KBR (§ 59 Abs. 1). Für die BordVertr. und den SeeBR ist sie ebenfalls für entspr. anwendbar erklärt (vgl. §§ 115 Abs. 4 u. 116 Abs. 3). Jedoch dürfte sie im Seebereich eine noch eingeschränktere Bedeutung haben, da eine JAV nur in Landbetrieben von Seeschifffahrtsunternehmen zu wählen ist (vgl. § 114 Abs. 5) und SchwbVertr. wegen der bes. gesundheitlichen Anforderungen an die Besatzungsmitgl. idR nicht zu bilden sein werden; allerdings kann insoweit eine Zuständigkeit der GesSchwerbVertr. gem. § 180 Abs. 6 S. 1 SGB IX in Betracht kommen. Die Vorschrift gilt nicht für Beschlüsse der JAV, der GesJAV und der KJAV (vgl. §§ 65 Abs. 1, 73 Abs. 2 u. 73b Abs. 2). Auf ArbNVertr. nach § 3 Abs. 1 Nr. 1, 2 u. 3 ist die Bestimmung entspr. anzuwenden, da sie an die Stelle eines BR treten. Für ArbNVertr. nach § 3 Abs. 1 Nr. 4 u. 5 bleibt eine entspr. Regelung dem TV oder der BV überlassen. Wegen ihrer Anwendung auf den BetrAusschuss und weitere Ausschüsse des BR → Rn. 32.

3 Die Vorschrift ist **zwingend** und kann weder durch TV noch durch BV abgedungen werden. Zulässig ist es jedoch, das bei der Antragstellung und der Behandlung des Antrags zu beachtende Verfahren in der Geschäftsordnung des BR näher zu regeln (GK-BetrVG/*Raab* Rn. 7).

4 Entsprechende Vorschrift: § 39 BPersVG.

II. Antrag auf Aussetzung eines Beschlusses

5 Der Antrag auf Aussetzung kann nur **gegen einen Beschluss des BR** gestellt werden. Die Wahl des BRVors., seines Vertr. (§ 26), der Mitgl. des BetrAusschusses oder anderer Ausschüsse (§§ 27, 28), der freizustellenden BRMitgl. (§ 38 Abs. 2), der Mitgl.

des GesBR (§ 47 Abs. 2) oder KBR (§ 55 Abs. 1) sind keine Beschlüsse iS dieser Vorschrift. Deshalb greift hier § 35 nicht ein. Überdies tritt bei einer Wahl stets sofort eine unmittelbare Wirkung ein, so dass sich schon deshalb die Aussetzung verbietet (BAG 20.4.1956 – 1 ABR 2/56, AP BetrVG § 27 Nr. 3; DKKW/*Wedde* Rn. 3; ErfK/*Koch* Rn. 1; GK-BetrVG/*Raab* Rn. 18). Zur Frage der gerichtlichen Überprüfbarkeit dieser Wahlen → § 26 Rn. 52 ff.; → § 27 Rn. 96 ff.; → § 38 Rn. 105 ff.

Antragsberechtigt sind die JAV (→ Rn. 7 ff.) sowie die SchwbVertr. 6 (→ Rn. 10).

Der **Antrag der JAV** bedarf eines ordentlichen Beschlusses, der mit der absoluten 7 Mehrheit dieser Vertr. zu fassen ist (vgl. den Wortlaut; GK-BetrVG/*Raab* Rn. 10; GK-BetrVG/*Oetker* § 66 Rn. 6; Richardi BetrVG/*Thüsing* Rn. 4; WPK/*Kreft* Rn. 5; **aA** DKKW/*Wedde* Rn. 5). Da der Aussetzungsantrag die Geltendmachung einer erheblichen Beeinträchtigung wichtiger Interessen der Jug. ArbN oder der Auszubildenden voraussetzt, dürfte er in aller Regel nur bei Angelegenheiten in Betracht kommen, die die Jug. oder zu ihrer Berufsausbildung beschäftigten ArbN „überwiegend" oder „besonders" iSd § 67 angehen (→ § 67 Rn. 11 ff., 20 ff.).

Bei einem Beschluss über eine Angelegenheit, die die Jug. oder zu ihrer Berufsaus- 8 bildung beschäftigten ArbN „überwiegend" betrifft, bei dem daher die gesamte Jug-AzubiVertr. nach § 67 Abs. 2 Stimmrecht hat (→ § 67 Rn. 20 ff.), setzt der Antrag voraus, dass die **Mehrheit** der JAV **gegen den Beschluss** gestimmt hat (DKKW/*Wedde* Rn. 5; WPK/*Kreft* Rn. 5; **aA** GK-BetrVG/*Raab* Rn. 12; HWGNRH/*Glock* Rn. 7; Richardi BetrVG/*Thüsing* Rn. 9).

Bei einem Beschluss, der Jug. oder zu ihrer Berufsausbildung beschäftigte ArbN 9 „besonders" betrifft, bei dessen Erörterung daher die gesamte JAV nach § 67 Abs. 1 S. 2 ein beratendes Teilnahmerecht hat, ist für die Berechtigung zur Antragstellung zu fordern, dass die JAV erkennbar gemacht hat, dass sie **mehrheitlich erhebliche Bedenken** gegen den zur Abstimmung gestellten Beschluss hatte (DKKW/*Wedde* Rn. 5; GK-BetrVG/*Raab* Rn. 13; ErfK/*Koch* Rn. 1; iErg unter dem Gesichtspunkt des Rechtsmissbrauchs ebenso Richardi BetrVG/*Thüsing* Rn. 16; **aA** HWGNRH/*Glock* Rn. 10). Deshalb erscheint eine entspr. Erklärung zur Niederschrift zweckmäßig.

Die **SchwbVertr.** nimmt nach § 32 beratend an den BRSitzungen teil. Auch von 10 ihr wird man verlangen müssen, dass sie ihre Bedenken vor der Beschlussfassung dargetan hat (GK-BetrVG/*Raab* Rn. 14; **aA** HWGNRH/*Glock* Rn. 10). Ist die SchwbVertr. entgegen§ 178 Abs. 2 S. 1 SGB IX in Angelegenheiten, die einzelne Schwbeh. oder die Schwbeh. als Gruppe berühren, nicht rechtzeitig und umfassend unterrichtet und vor einer Entscheidung des ArbGeb. nicht gehört worden, so kann die SchwbVertr. den Aussetzungsantrag stellen. Das gilt auch, wenn sie nicht beteiligt worden ist (vgl. § 178 Abs. 4 S. 2 SGB IX). Im Falle der Verhinderung des ordentlichen Mitgl. der SchwbVertr. kann dessen Stellvertreter den Aussetzungsantrag stellen.

Kein Recht zur Stellung eines Aussetzungsantrags hat der Vertrauensmann der 11 Zivildienstleistenden. Auch anderen Gruppen, etwa ausländischen ArbN oder Frauen, steht kein Antragsrecht zu.

Auch der **Sprecherausschuss** für leitende Ang. hat **kein Recht,** einen Ausset- 12 zungsantrag zu stellen (Richardi BetrVG/*Thüsing* Rn. 7).

Für den Antrag auf Aussetzung ist **keine Form** vorgeschrieben. Es genügt daher 13 auch ein mündlicher Antrag.

Auch eine **Frist** ist für die Antragstellung ausdrücklich nicht vorgeschrieben. Mit- 14 telbar ergibt sich eine Frist jedoch daraus, dass der Beschluss nur auf eine Woche, von der Sitzung – nicht vom Antrag – an gerechnet, ausgesetzt werden kann. Deshalb kann nach Ablauf von einer Woche nach Beschlussfassung der Antrag nicht mehr gestellt werden (DKKW/*Wedde* Rn. 8; GK-BetrVG/*Raab* Rn. 16; HWGNRH/*Glock* Rn. 17; Richardi BetrVG/*Thüsing* Rn. 13). Wird der Antrag bereits in der Sitzung gestellt, in der der betr. Beschluss gefasst wurde, so ist er in der Niederschrift aufzunehmen.

15 Ist der Beschluss **bereits durchgeführt,** so kann eine Aussetzung nicht mehr beantragt werden (DKKW/*Wedde* Rn. 8; GK-BetrVG/*Raab* Rn. 17; HWGNRH/*Glock* Rn. 22; Richardi BetrVG/*Thüsing* Rn. 13; → Rn. 29 ff.; → § 33 Rn. 45).

16 Der Antrag ist grds. an den **Vors. des BR** zu richten (§ 26 Abs. 2 S. 2). In ihm muss behauptet werden, der Beschluss beeinträchtige in erheblicher Weise wichtige Interessen der von den Antragstellern vertretenen ArbN. Es ist zwar nicht erforderlich, dass die Antragsteller das Vorliegen einer solchen Beeinträchtigung beweisen; eine Begründung für den Antrag ist aber von den Antragstellern zu verlangen (DKKW/*Wedde* Rn. 9; ErfK/*Koch* Rn. 1; GK-BetrVG/*Raab* Rn. 19; Richardi BetrVG/*Thüsing* Rn. 8).

17 Der Antrag kann jederzeit **zurückgenommen** werden mit der Folge, dass sich die Durchführung des weiteren Aussetzungsverfahrens erübrigt (DKKW/*Wedde* Rn. 12; GK-BetrVG/*Raab* Rn. 10).

III. Aussetzung des Beschlusses

18 **Aussetzen** bedeutet, die Durchführung des Beschlusses um die angegebene Dauer hinauszuschieben. Der eigentliche Bestand des Beschlusses wird durch eine Aussetzung nicht berührt; der Beschluss ist lediglich suspendiert (GK-BetrVG/*Raab* Rn. 21; Richardi BetrVG/*Thüsing* Rn. 23). Wegen der Rechtswirkung des Aussetzungsantrags → Rn. 29 ff.

19 Der Vors. hat ein **formelles Prüfungsrecht,** dh er hat zu prüfen, ob die Antragsberechtigung gegeben ist, Gründe für eine Beeinträchtigung der Interessen bestimmter ArbN dargelegt sind und die Antragsfrist eingehalten ist. Ist dies der Fall, ist er grds. verpflichtet, den Beschluss auszusetzen. Er kann nicht über die Berechtigung des Antrags entscheiden. Eine Verletzung dieser Pflicht kann ggf. eine grobe Pflichtverletzung iSv § 23 Abs. 1 sein (Richardi BetrVG/*Thüsing* Rn. 27). Andererseits wird man dem Vors. jedoch zubilligen müssen, insbes. in dringenden Fällen, von der Berücksichtigung eines Antrags abzusehen, wenn dieser **offensichtlich unbegründet** ist (ähnlich GK-BetrVG/*Raab* Rn. 20; Richardi BetrVG/*Thüsing* Rn. 17; WPK/*Kreft* Rn. 7; **aA** HWGNRH/*Glock* Rn. 16; nur bei Rechtsmissbrauch: DKKW/*Wedde* Rn. 10). Letzteres kann der Fall sein, wenn der Antrag offensichtlich auf einem Rechts- oder Tatsachenirrtum beruht, er nicht mit speziellen Interessen der von den Antragstellern vertretenen ArbN, sondern mit allgemeinen Erwägungen begründet wird oder wenn der Antrag offensichtlich mutwillig gestellt ist.

20 Bei einem ordnungsgemäßen Antrag ist der Beschluss auf die **Dauer von einer Woche,** gerechnet von der BRSitzung an, in der er gefasst worden ist, auszusetzen. Für die Berechnung der Frist ist nach § 187 Abs. 1 BGB der Tag, an dem der Beschluss gefasst wurde, nicht mitzuzählen. Die Frist endet mit Ablauf des Wochentages der nächsten Woche, der in seiner Bezeichnung dem Tag der Beschlussfassung entspricht. Eine Verlängerung der Frist ist nicht vorgesehen, jedoch kann der BR im Hinblick auf den Verlauf der Verständigungsverhandlungen eine längere Aussetzung des Beschlusses beschließen (ErfK/*Koch* Rn. 1). Eine Verkürzung der Frist ist grds. nicht zulässig, es sei denn, es wird im Laufe der Frist die Angelegenheit im allgemeinen Einverständnis geregelt (DKKW/*Wedde* Rn. 12; GK-BetrVG/*Raab* Rn. 26; → Rn. 25).

21 Während der Aussetzungsfrist soll eine **Verständigung** zwischen der Mehrheit im BR und den Antragstellern versucht werden. Dies erfordert entspr. Verhandlungen innerhalb des BR, die aber, besonders wenn die Hilfe der Gewerkschaften in Anspruch genommen wird, nicht notwendig in förmlichen BRSitzungen stattfinden müssen (DKKW/*Wedde* Rn. 14; GK-BetrVG/*Raab* Rn. 24).

IV. Hinzuziehung der Gewerkschaften

22 Die **im Betrieb** – nicht nur die im BR – **vertr. Gewerkschaften** (→ § 2 Rn. 43) können zur Hilfeleistung bei den Verständigungsverhandlungen herangezogen werden. Jedoch dürften für eine solche Hilfeleistung insbes. die im BR vertr. Gewerkschaften in Betracht kommen. Für die Heranziehung ist kein bes. Beschluss des BR erforderlich. Vielmehr können die Beteiligten unmittelbar die im Betrieb vertr. Gewerkschaften in die Verständigungsverhandlungen einbeziehen (GK-BetrVG/*Raab* Rn. 24; Richardi BetrVG/*Thüsing* Rn. 19). Aus eigenem Recht können sich die Gewerkschaften nicht in diese Verhandlungen einschalten (GK-BetrVG/*Raab* Rn. 24; HWGNRH/*Glock* Rn. 26; Richardi BetrVG/*Thüsing* Rn. 19).

23 Obwohl auch die SchwbVertr einen Aussetzungsantrag stellen kann, ist die Heranziehung der Verbände der Schwbeh. in die Verständigungsversuche nicht vorgesehen. Der BR ist jedoch nicht gehindert, in einschlägigen Fällen Vertreter eines solchen Verbandes als Auskunftspersonen zu hören (DKKW/*Wedde* Rn. 13; GK-BetrVG/*Raab* Rn. 24; HWGNRH/*Glock* Rn. 27).

V. Erneute Beschlussfassung

24 Nach Ablauf der Wochenfrist ist über die Angelegenheit **neu zu beschließen** und zwar dahingehend, ob der alte Beschluss aufrechterhalten, aufgehoben oder abgeändert werden soll. Gegenstand der Beschlussfassung ist also nicht der ursprüngliche Antrag, sondern der angegriffene Beschluss (GK-BetrVG/*Raab* Rn. 25; Richardi BetrVG/*Thüsing* Rn. 20). Das Aussetzungsverfahren wird durch die **erneute Beschlussfassung abgeschlossen.** Erfolgt keine erneute Beschlussfassung, so ist das Verfahren gegenüber den Antragstellern nicht abgeschlossen, der Beschluss ist aber im Außenverhältnis weiterhin wirksam, kann insbes. durch einen Vollzug dem ArbGeb. gegenüber Rechtswirkungen entfalten (GK-BetrVG/*Raab* Rn. 22f., 27).

25 Nach dem Gesetzeswortlaut findet die erneute Beschlussfassung nach Ablauf der Frist von einer Woche statt, also frühestens an dem Tag, der auf den Ablauf der Frist folgt. Eine **Verschiebung der Beschlussfassung** (zB auf den nächsten Termin turnusmäßiger BRSitzungen) ist jedoch jedenfalls dann zulässig, wenn der Vollzug des ursprünglichen Beschlusses ebenfalls entspr. hinausgeschoben wird (DKKW/*Wedde* Rn. 17; GK-BetrVG/*Raab* Rn. 27). Andererseits kann im Einverständnis mit den Antragstellern die erneute Beschlussfassung auch vor Ablauf der Wochenfrist durchgeführt werden (GK-BetrVG/*Raab* Rn. 26; HWGNRH/*Glock* Rn. 28; WPK/*Kreft* Rn. 11).

26 **Bestätigt der BR den angegriffenen Beschluss,** so kann ein neuer Antrag nicht gestellt werden, und zwar weder von dem ursprünglichen Antragsteller noch von einem anderen Antragsberechtigten, weil für letzteren die Frist nach § 35 Abs. 1 bereits abgelaufen ist (DKKW/*Wedde* Rn. 18; GK-BetrVG/*Raab* Rn. 28; Richardi BetrVG/*Thüsing* Rn. 21).

27 **Bestätigt der BR den Beschluss** in seinem **wesentlichen Inhalt,** verändert er ihn aber nur unerheblich, dh in einzelnen Punkten, die bei Gesamtwürdigung des Beschlusses zurücktreten, so ist ebenfalls ein erneuter Aussetzungsantrag ausgeschlossen (ErfK/*Koch* Rn. 1). Dabei ist es unwesentlich, aus welchen Gründen diese nur unerheblichen Änderungen erfolgt sind, zB um dem Antragsteller in bestimmten Fragen entgegenzukommen, die im Ganzen unerheblich, für den Antragsteller aber bes. wichtig sind (HWGNRH/*Glock* Rn. 31; ähnlich GK-BetrVG/*Raab* Rn. 29).

28 **Ändert der BR seinen Beschluss nicht nur unerheblich,** so kann ein erneuter Aussetzungsantrag gestellt werden. Hierbei ist für die Frage der Zulässigkeit dieses Aussetzungsantrages, dh insbes. hinsichtlich der Antragsberechtigung, von der erneuten Beschlussfassung auszugehen (DKKW/*Wedde* Rn. 18; HWGNRH/*Glock* Rn. 31; Richardi BetrVG/*Thüsing* Rn. 22). Eine erhebliche Änderung liegt auch vor, wenn der

ursprüngliche Beschluss aufgehoben wird, ohne dass in der Sache ein erneuter Beschluss gefasst worden ist (**aA** GK-BetrVG/*Raab* Rn. 30; WPK/*Kreft* Rn. 12).

VI. Rechtswirkung des Aussetzungsantrages

29 Ein Aussetzungsantrag verpflichtet den BRVors., die Durchführung des BRBeschlusses für eine bestimmte Zeit auszusetzen. Der Antrag hat keine Auswirkung auf die Rechtswirksamkeit des BRBeschlusses. Das zeigt sich nicht nur darin, dass ein Aussetzungsantrag nach Vollzug des Beschlusses unbeachtlich ist (→ Rn. 15). Das ergibt sich auch daraus, dass Gegenstand der erneuten Beschlussfassung nicht der ursprüngliche Antrag, sondern der angegriffene Beschluss des BR ist. Bei einer Ablehnung des Antrags wird der ursprüngliche Beschluss lediglich bestätigt (→ Rn. 24). Die Vorschrift des § 35 ist lediglich eine **interne Ordnungsvorschrift für die Willensbildung des BR,** deren Nichtbeachtung zwar uU eine Pflichtverletzung des BR sein kann, iÜ die **Wirksamkeit von BRBeschlüssen** jedoch **nicht** berührt (GK-BetrVG/*Raab* Rn. 22f.; ErfK/*Koch* Rn. 1).

30 Die Aussetzungsfrist von einer Woche kann sich mit der förmlichen **Ausschlussfrist** von einer Woche nach § 99 Abs. 3 und § 102 Abs. 2 S. 1 überschneiden. Das gilt in verstärktem Maße für die Frist von drei Tagen nach § 102 Abs. 2 S. 3. Diese Fristen werden durch einen Aussetzungsantrag jedoch **nicht berührt** (DKKW/*Wedde* Rn. 11; ErfK/*Koch* Rn. 1; GK-BetrVG/*Raab* Rn. 22f.; Richardi BetrVG/*Thüsing* Rn. 24; MHdB ArbR/*Krois* § 294 Rn. 102; **aA** *Oetker* BlStR 1983, 293, der die Fristen des § 99 Abs. 3 und § 102 Abs. 2 als unterbrochen ansieht). Das folgt zum einen aus dem unterschiedlichen Charakter der Vorschriften: während § 35 lediglich eine interne Ordnungsvorschrift für die Willensbildung des BR ist, stellen die vorstehend genannten Fristen im Rahmen der personellen MB materielle Ausschlussfristen dar. Der ArbGeb. und im Falle der Einstellung der betroffene ArbN müssen nach Ablauf dieser Ausschlussfristen klar sehen, ob sie mit einem Widerspruch oder der Zustimmung des BR zu rechnen haben. Schließlich ist für den Aussetzungsantrag der SchwbVertr. in § 178 Abs. 4 S. 2 SGB IX ausdrücklich geregelt, dass er keine Fristverlängerung zur Folge hat. Dieselbe Regelung hat § 39 Abs. 1 S. 3 BPersVG für den Bereich der Personalvertretung getroffen. Dafür, für den Aussetzungsantrag der JAV etwas anderes anzunehmen, sind keinerlei Gründe ersichtlich.

31 Allerdings hat der BRVors. dem **ArbGeb. mitzuteilen,** dass ein Aussetzungsantrag gestellt worden ist. Der ArbGeb. wird im Rahmen der vertrauensvollen Zusammenarbeit abzuwägen haben, ob er die vorgesehene Maßnahme bis zur erneuten Beschlussfassung des BR zurückstellen kann (GK-BetrVG/*Raab* Rn. 23; HWGNRH/*Glock* Rn. 20, 24; nach DKKW/*Wedde* Rn. 11 besteht grds. eine derartige Rechtspflicht). Abzulehnen ist die Ansicht von *Thüsing* (Richardi BetrVG/*Thüsing* Rn. 25), der BR habe bei einem Aussetzungsantrag gegen einen zustimmenden Beschluss zu einer Personalmaßnahme bei einer Mitteilung an den ArbGeb. die von den Antragstellern vorgetragenen Gründe zu übernehmen, bis der BR über die Angelegenheit erneut beschlossen habe; dies wäre eine unzulässige Missachtung des – immerhin mit Mehrheit gefassten – BRBeschlusses. IÜ ist der BR **verpflichtet,** bei Stellung eines nicht offensichtlich unbegründeten Antrags alle zumutbaren Anstrengungen zu unternehmen, um die Angelegenheit **beschleunigt** mit den Antragstellern zu klären und ggf. vor Ablauf der dem ArbGeb. gegenüber einzuhaltenden Frist nochmals in der Angelegenheit zu beschließen.

VII. Anwendung auf Beschlüsse von Ausschüssen des Betriebsrats

32 Ein Antrag auf Aussetzung eines Beschlusses eines **Ausschusses nach §§ 27 u. 28** ist zulässig, wenn dem Ausschuss Aufgaben zur selbständigen Erledigung übertragen

worden sind. Denn andernfalls könnte das Aussetzungsrecht durch Verlagerung von Aufgaben auf Ausschüsse unterlaufen werden (DKKW/*Wedde* Rn. 1; ErfK/*Koch* Rn. 1; GK-BetrVG/*Raab* Rn. 6; Richardi BetrVG/*Thüsing* Rn. 26; **weitergehend** auch bei nur vorbereitenden Beschlüssen eines Ausschusses: *Oetker* BlStR 1983, 293; → § 27 Rn. 63). Auch in diesen Fällen ist der Antrag an den Vors. des BR (nicht des Ausschusses) zu richten (GK-BetrVG/*Raab* Rn. 6; Richardi BetrVG/*Thüsing* Rn. 26; **aA** HWGNRH/*Glock* Rn. 34; WPK/*Kreft* Rn. 2; *Oetker* BlStR 1983, 293). Etwas anderes gilt, wenn der Übertragungsbeschluss des BR oder die Geschäftsordnung eine Antragstellung beim Ausschussvors. vorsieht. Die Antragsberechtigung ergibt sich unmittelbar aus § 35 Abs. 1.

Bei Beschlüssen des **WiAusschusses** ist § 35 nicht anwendbar, da er keine originären BRAufgaben, sondern ihm eigens zugewiesene Aufgaben zu erfüllen hat (DKKW/*Wedde* Rn. 2; GK-BetrVG/*Raab* Rn. 6; Richardi BetrVG/*Thüsing* Rn. 26). 33

VIII. Streitigkeiten

Streitigkeiten, die sich aus Anträgen auf Aussetzung eines BRBeschlusses oder aus der Durchführung der Aussetzung ergeben, sind von den ArbG im **BeschlVerf.** zu entscheiden (§§ 2a, 80ff. ArbGG, → Anh. 3 Rn. 1ff.). Das gilt auch für den Antrag der SchwbVertr. (BAG 21.9.1989 – 1 AZR 465/88, AP SchwbG 1986 § 25 Nr. 1). UU kommt auch der Erlass **einstw. Vfg.** in Betracht, zB zur Sicherung der Aussetzung des Beschlusses oder zur Gewährleistung einer rechtzeitigen neuen Beschlussfassung (DKKW/*Wedde* Rn. 19; GK-BetrVG/*Raab* Rn. 32; HWGNRH/*Glock* Rn. 35). 34

§ 36 Geschäftsordnung

Sonstige Bestimmungen über die Geschäftsführung sollen in einer schriftlichen Geschäftsordnung getroffen werden, die der Betriebsrat mit der Mehrheit der Stimmen seiner Mitglieder beschließt.

Inhaltsübersicht

I. Vorbemerkung

Der Erlass einer GO ist dem BR wegen ihrer Bedeutung für einen ordnungsgemäßen Ablauf der BRTätigkeit durch **Sollvorschrift** aufgegeben. Wegen der Bedeutung der GO und aus Gründen der Rechtssicherheit bedarf ihr Erlass der absoluten Mehrheit im BR und der Schriftform. 1

Die Vorschrift gilt **entspr.** für den GesBR (§ 51 Abs. 1 S. 1), den KBR (§ 59 Abs. 1), die JugAzubiVertr. (§ 65 Abs. 1), die GesJAV (§ 73 Abs. 2), die KJAV (§ 73b Abs. 2), die Bordvertr. (§ 115 Abs. 4 S. 1) und den SeeBR (§ 116 Abs. 3). Sie gilt ferner für eine ArbNVertr. nach § 3 Abs. 1 Nr. 1, 2 u. 3, da diese an die Stelle des BR treten. Das Gleiche gilt für ArbGruppen nach § 28a (→ § 28a Rn. 38). Für ArbNVertr. nach § 3 Abs. 1 Nr. 4 u. 5 bleibt die Frage der GO der Regelung durch TV oder BV überlassen. 2

3 Obwohl dies nicht ausdrücklich geregelt ist, gilt die Vorschrift ferner entspr. für den **BetrAusschuss** und andere Ausschüsse des BR. Allerdings können die GO dieser Ausschüsse auch vom BR selbst beschlossen werden (DKKW/*Wedde* Rn. 2; GK-BetrVG/*Raab* Rn. 3; Richardi BetrVG/*Thüsing* Rn. 8; **aA** HWGNRH/*Glock* Rn. 15; → § 27 Rn. 64). Entspr. gilt für Ausschüsse des GesBR und des KBR.

4 Entsprechende Vorschriften: § 42 BPersVG, § 13 Abs. 5 SprAuG, §§ 13 Abs. 1 S. 2, 28 S. 2 EBRG, § 12 Abs. 1 S. 3, § 24 Abs. 1 SEBG, § 24 Abs. 1 SCEBG.

II. Inhalt der Geschäftsordnung

5 Die GO (Muster bei *Ahlburg* AiB 2010, 300 f.; *Böttcher* AiB 2002, 225; sa *Zumbeck* AiB 2006, 273) enthält Bestimmungen über die **Ordnung der internen Geschäftsführung,** insbes. der Sitzungen des BR. Sie darf zwar Bestimmungen der §§ 26–41 wiederholen, nicht aber von zwingenden Vorschriften abweichen (LAG Hmb 6.10.2006 – 6 TaBV 12/06, BeckRS 2011, 66726; DKKW/*Wedde* Rn. 3; GK-BetrVG/*Raab* Rn. 12; ErfK/*Koch* Rn. 1; HWGNRH/*Glock* Rn. 4; Richardi BetrVG/*Thüsing* Rn. 5), so zB nicht von Bestimmungen über die Wahl der AusschussMitgl. (BAG 16.11.2005 – 7 ABR 11/05, AP BetrVG 1972 § 28 Nr. 7; → § 28 Rn. 29), die Beschlussfassung des BR (§ 33), die Teilnahme von JAV (§ 65), der SchwbVertr. (§ 32) oder des Vertrauensmanns der Zivildienstleistenden (§ 3 Abs. 1 ZDVG) an den Sitzungen des BR. Ebenso wenig kann die GO absolute Mehrheit verlangen, wo das G eine einfache Mehrheit ausreichen lässt, oder umgekehrt bei einer gesetzlich vorgeschriebenen absoluten Mehrheit die einfache Mehrheit ausreichen lassen. Auch kann die GO dem BR keine Aufgaben und Befugnisse übertragen, die ihm nicht bereits durch eine gesetzliche oder tarifliche Regelung obliegen (DKKW/*Wedde* Rn. 5; ErfK/*Koch* Rn. 1; HWGNRH/*Glock* Rn. 4 f.; GK-BetrVG/*Raab* Rn. 13; Richardi BetrVG/*Thüsing* Rn. 3).

6 Zulässig sind insbes. Vorschriften über **Einzelheiten der BRSitzungen,** so über die Anberaumung der Sitzungen, die Einladung zur Sitzung zB in elektronischer Form mittels innerbetrieblicher Kommunikationssysteme, die Festlegung regelmäßiger Sitzungen (zB montags oder freitags aus Rücksicht auf BRMitgl. im Außendienst), die Einladungsfrist, die Meldepflicht bei Verhinderung eines BRMitgl., die Leitung der Sitzung, wenn Vors. und stellvertr. Vors. zugleich verhindert sind, die Ausübung des Rederechts (Redeordnung, Rednerliste), das Zurverfügungstellen von für die Beratung und Beschlussfassung erforderlichen Unterlagen in einem betriebsratseigenen Sitzungs- und Informationsmanagementsystem sowie die Erlaubnis zur Nutzung von elektronischen Kommunikationsmittel zum Lesen der Unterlagen für den jeweiligen TOP, die Erlaubnis der Nutzung von Notebooks zwecks Protokollierung und Informationsbeschaffung in laufender Sitzung, die Leitung und Durchführung der Abstimmungen, die Festlegung der Voraussetzungen für eine geheime oder namentliche Abstimmung, das Hausrecht des Vors.; ferner Regelungen über die Verschwiegenheitspflicht, insbes. die Festlegung von Angelegenheiten, über die Verschwiegenheit zu wahren ist, die Bestellung von BRMitgl. als Schriftführer des BR, Einzelheiten der Sitzungsniederschrift. Die GO kann auch Fragen des Teilnahmerechts der im BR vertr. Gewerkschaften (zB generelles Teilnahmerecht, gegenständlicher und zeitlicher Umfang) regeln (BAG 28.2.1990 – 7 ABR 22/89, AP BetrVG 1972 § 31 Nr. 1; DKKW/*Wedde* Rn. 5; **aA** HWGNRH/*Glock* Rn. 4; Richardi BetrVG/*Thüsing* Rn. 5; → § 31 Rn. 7).

7 Weiter kann die GO nähere Regelungen über die **Organisation des BR** und die **Art der Erfüllung seiner Aufgaben** treffen, zB über die Wahl und Abberufung des BRVors. und seines Stellvertr. (→ § 26 Rn. 6 ff.), der Mitgl. und ErsMitgl. des BetrAusschusses und weiterer Ausschüsse (→ § 27 Rn. 11 ff.; → § 28 Rn. 28 ff.), sowie der freizustellenden BRMitgl. (→ § 38 Rn. 34 ff.), über eine Qualifizierungspflicht für BRMitgl. in Fachausschüssen, über die Übertragung von Aufgaben zur selbstän-

digen Erledigung auf den BetrAusschuss (§ 27 Abs. 2), über die Bildung und Zusammensetzung weiterer Ausschüsse des BR mit konkreter Festlegung ihrer Aufgaben (§ 28), aber auch die Möglichkeit, dass der BR in wichtigen und komplexen Angelegenheiten Unterausschüsse bildet und sie (Haupt-)Ausschüssen zu deren Unterstützung bei speziellen Fragestellungen, wie zB ein spezieller Unterausschuss Industrie/Arbeit 4.0 einem (Haupt-)Ausschuss Informationstechnologie, zuordnet, über die Beschlussfassung in diesen Ausschüssen und ihre Berichtspflicht gegenüber dem BR, über die Konkretisierung der vom BetrAusschuss nach § 27 Abs. 2 zu erledigenden laufenden Geschäfte, über die Übertragung der laufenden Geschäfte auf den Vors. oder andere BRMitgl. in kleineren BR (§ 27 Abs. 3). Ferner kommen in Betracht Regelungen über die Führung der BRAkten, einschließlich der Einsicht in diese, das beim Aussetzungsantrag und seiner Behandlung zu beachtende Verfahren, die Bekanntmachung von BRBeschlüssen oder sonstiger Mitteilungen des BR an die ArbN oder über die Durchführung von BetrVerslg und/oder Abteilungsverslg.

Maßnahmen, über die **nur gemeinsam mit dem ArbGeb.** entschieden werden kann, zB die Zurverfügungstellung von Geschäftsräumen, Zeit und Ort der Sprechstunden, Durchführung der monatlichen Besprechungen, zusätzliche Freistellungen von BRMitgl. nach § 38, können nicht durch die GO, sondern nur durch BV oder eine sonstige Vereinbarung zwischen ArbGeb. und BR geregelt werden (BAG 16.1.1979 – 6 AZR 683/76, AP BetrVG 1972 § 38 Nr. 5; DKKW/*Wedde* Rn. 4; ErfK/*Koch* Rn. 1; GK-BetrVG/*Raab* Rn. 13; Richardi BetrVG/*Thüsing* Rn. 3). Das Gleiche gilt bei der Übertragung von Aufgaben auf eine Arbeitsgruppe nach § 28a für die in diesem Zusammenhang abzuschließende Rahmenvereinbarung. Umgekehrt können Regelungen, die in die GO gehören, nicht Gegenstand einer BV sein (GK-BetrVG/*Raab* Rn. 14; Richardi BetrVG/*Thüsing* Rn. 3). Allerdings können sich BV und GO ergänzen, zB bei einer Vereinbarung zwischen ArbGeb. und BR über Ort und Zeit der Sprechstunden sowie einer hieran anknüpfenden entspr. Regelung in der GO. 8

III. Erlass der Geschäftsordnung

Der **Beschluss des BR** über die GO bedarf der **absoluten Mehrheit** der Stimmen seiner Mitgl. (→ § 33 Rn. 36). Durch die Sollvorschrift des § 36 wird dem BR der Erlass der GO aufgegeben (schärfer GK-BetrVG/*Raab* Rn. 6: grundsätzliche Verpflichtung zum Erlass); die Nichtbeachtung der Vorschrift macht jedoch die Beschlüsse des BR nicht unwirksam (ErfK/*Koch* Rn. 1; GK-BetrVG/*Raab* Rn. 6; HWGNRH/*Glock* Rn. 1). Andererseits ist – insbes. in größeren BR – der Nachweis der Beachtung der GO wichtig, wenn es gilt, die Ordnungsmäßigkeit von Beschlüssen des BR und seiner Ausschüsse darzulegen. Der Nichterlass einer GO ist für sich allein keine grobe Pflichtverletzung nach § 23. 9

Der Erlass der GO bedarf der **Schriftform.** Zur Schriftform gehört auch die Unterzeichnung durch den Vorsitzenden des BR (HWGNRH/*Glock* Rn. 10; Richardi BetrVG/*Thüsing* Rn. 10). Der Schriftform wird genügt, wenn der Beschluss über die GO in die Sitzungsniederschrift aufgenommen und diese ordnungsgemäß unterzeichnet wird (vgl. § 34 Abs. 1 S. 2). 10

Eine **Veröffentlichung** der GO ist nicht erforderlich; sie bedarf daher weder des Aushangs noch einer sonstigen Bekanntmachung (DKKW/*Wedde* Rn. 9; ErfK/*Koch* Rn. 1; GK-BetrVG/*Raab* Rn. 10). Wegen der Bedeutung der GO für die BRArbeit, ist die Aushändigung einer Abschrift an jedes BRMitgl. geboten (DKKW/*Wedde* Rn. 9: Aushändigung verpflichtend). Auf jeden Fall muss eine jederzeitige Kenntnisnahme durch die BRMitgl. möglich sein. Dem ArbGeb. braucht sie nicht bekannt gegeben zu werden (Richardi BetrVG/*Thüsing* Rn. 11). Eine Aushändigung – jedenfalls von Teilen der GO – an ihn kann jedoch dann geboten sein, wenn die GO die Delegation von Aufgaben des BR nach § 27 Abs. 3 S. 2 und § 28 zur selbständigen 11

Erledigung vorsieht (DKKW/*Wedde* Rn. 9; schärfer GK-BetrVG/*Raab* Rn. 10, HWGNRH/*Glock* Rn. 11; MHdB ArbR/*Joost* § 219 Rn. 80, Rechtspflicht aus § 2 Abs. 1).

IV. Wirkung der Geschäftsordnung

12 Die GO enthält Verfahrensrichtlinien, die nur für die **Dauer der Amtszeit** des BR gelten (GK-BetrVG/*Raab* Rn. 18; DKKW/*Wedde* Rn. 12; ErfK/*Koch* Rn. 1; HWGNRH/*Glock* Rn. 12; MHdB ArbR/*Joost* § 219 Rn. 83; **aA** Richardi BetrVG/*Thüsing* Rn. 15, SWS Rn. 3, die eine Nachwirkung der GO für den folgenden BR bejahen). Allerdings kann sich aus der GO eine allgemeine Übung entwickeln, die auch der spätere BR beachtet. Ebenso kann dieser die bisherige GO durch einen mit Mehrheit seiner Mitgl. gefassten Beschluss als eigene übernehmen (BAG 17.3.2005 – 2 AZR 275/04, NZA 2005, 1064).

13 Die Mitgl. des BR, insbes. der Vors. und sein Stellvertr., sind **an die GO gebunden,** nicht aber der BR als solcher. Dieser kann vielmehr jederzeit im Einzelfall von der GO durch Beschluss, der der absoluten Mehrheit im BR bedarf, abweichen (DKKW/*Wedde* Rn. 10; GK-BetrVG/*Raab* Rn. 11, 17; ErfK/*Koch* Rn. 1; HWGNRH/*Glock* Rn. 13; MHdB ArbR/*Joost* § 219 Rn. 82; **aA** Richardi BetrVG/*Thüsing* Rn. 13, die bei einer Abweichung im Einzelfall das Einverständnis aller BRMitgl. fordern). Eine generelle Änderung der GO bedarf außerdem der Schriftform (nach HWGNRH/*Glock* Rn. 13 auch eine Abweichung im Einzelfall), der schon durch die ordnungsgemäße Aufnahme des Beschlusses in die Sitzungsniederschrift Genüge getan wird (→ § 34 Rn. 20). Dasselbe dürfte aus Gründen der Rechtssicherheit auch für die Aufhebung der GO gelten (HWGNRH/*Glock* Rn. 13; insoweit **aA** GK-BetrVG/*Raab* Rn. 11). Hat der BR eine GO nur im Rahmen einer allgemeinen Übung übernommen, kann er jederzeit und formlos von ihr abweichen.

14 Da die GO nur **interne Vorgänge des BR** regelt, können dem BR nicht angehörige Personen, etwa der ArbGeb. oder einzelne ArbN, aus ihr keine unmittelbaren Rechte herleiten. Eine Verletzung von Vorschriften der GO macht einen Beschluss des BR nicht unwirksam, jedenfalls dann nicht, wenn es sich lediglich um eine Ordnungsvorschrift handelt (DKKW/*Wedde* Rn. 11; ErfK/*Koch* Rn. 1; HWGNRH/*Glock* Rn. 14; Richardi BetrVG/*Thüsing* Rn. 12; **aA** MHdB ArbR/*Joost* § 219 Rn. 82; GK-BetrVG/*Raab* Rn. 19 bei Verstoß gegen wesentliche Ordnungsvorschriften).

V. Streitigkeiten

15 Streitigkeiten über Erlass, Inhalt oder Auslegung einer GO sind von den ArbG im **BeschlVerf.** zu entscheiden (§§ 2a, 80 ff. ArbGG, → Anh. 3 Rn. 1 ff.).

§ 37 Ehrenamtliche Tätigkeit, Arbeitsversäumnis

(1) **Die Mitglieder des Betriebsrats führen ihr Amt unentgeltlich als Ehrenamt.**

(2) **Mitglieder des Betriebsrats sind von ihrer beruflichen Tätigkeit ohne Minderung des Arbeitsentgelts zu befreien, wenn und soweit es nach Umfang und Art des Betriebs zur ordnungsgemäßen Durchführung ihrer Aufgaben erforderlich ist.**

(3) [1] **Zum Ausgleich für Betriebsratstätigkeit, die aus betriebsbedingten Gründen außerhalb der Arbeitszeit durchzuführen ist, hat das Betriebsratsmitglied Anspruch auf entsprechende Arbeitsbefreiung unter Fortzahlung des Arbeitsentgelts.** [2] **Betriebsbedingte Gründe liegen auch vor, wenn die Betriebsratstätig-**

keit wegen der unterschiedlichen Arbeitszeiten der Betriebsratsmitglieder nicht innerhalb der persönlichen Arbeitszeit erfolgen kann. [3]Die Arbeitsbefreiung ist vor Ablauf eines Monats zu gewähren; ist dies aus betriebsbedingten Gründen nicht möglich, so ist die aufgewendete Zeit wie Mehrarbeit zu vergüten.

(4) **[1]Das Arbeitsentgelt von Mitgliedern des Betriebsrats darf einschließlich eines Zeitraums von einem Jahr nach Beendigung der Amtszeit nicht geringer bemessen werden als das Arbeitsentgelt vergleichbarer Arbeitnehmer mit betriebsüblicher beruflicher Entwicklung. [2]Dies gilt auch für allgemeine Zuwendungen des Arbeitgebers.**

(5) **Soweit nicht zwingende betriebliche Notwendigkeiten entgegenstehen, dürfen Mitglieder des Betriebsrats einschließlich eines Zeitraums von einem Jahr nach Beendigung der Amtszeit nur mit Tätigkeiten beschäftigt werden, die den Tätigkeiten der in Absatz 4 genannten Arbeitnehmer gleichwertig sind.**

(6) **[1]Die Absätze 2 und 3 gelten entsprechend für die Teilnahme an Schulungs- und Bildungsveranstaltungen, soweit diese Kenntnisse vermitteln, die für die Arbeit des Betriebsrats erforderlich sind. [2]Betriebsbedingte Gründe im Sinne des Absatzes 3 liegen auch vor, wenn wegen Besonderheiten der betrieblichen Arbeitszeitgestaltung die Schulung des Betriebsratsmitglieds außerhalb seiner Arbeitszeit erfolgt; in diesem Fall ist der Umfang des Ausgleichsanspruchs unter Einbeziehung der Arbeitsbefreiung nach Absatz 2 pro Schulungstag begrenzt auf die Arbeitszeit eines vollzeitbeschäftigten Arbeitnehmers. [3]Der Betriebsrat hat bei der Festlegung der zeitlichen Lage der Teilnahme an Schulungs- und Bildungsveranstaltungen die betrieblichen Notwendigkeiten zu berücksichtigen. [4]Er hat dem Arbeitgeber die Teilnahme und die zeitliche Lage der Schulungs- und Bildungsveranstaltungen rechtzeitig bekannt zu geben. [5]Hält der Arbeitgeber die betrieblichen Notwendigkeiten für nicht ausreichend berücksichtigt, so kann er die Einigungsstelle anrufen. [6]Der Spruch der Einigungsstelle ersetzt die Einigung zwischen Arbeitgeber und Betriebsrat.**

(7) **[1]Unbeschadet der Vorschrift des Absatzes 6 hat jedes Mitglied des Betriebsrats während seiner regelmäßigen Amtszeit Anspruch auf bezahlte Freistellung für insgesamt drei Wochen zur Teilnahme an Schulungs- und Bildungsveranstaltungen, die von der zuständigen obersten Arbeitsbehörde des Landes nach Beratung mit den Spitzenorganisationen der Gewerkschaften und der Arbeitgeberverbände als geeignet anerkannt sind. [2]Der Anspruch nach Satz 1 erhöht sich für Arbeitnehmer, die erstmals das Amt eines Betriebsratsmitglieds übernehmen und auch nicht zuvor Jugend- und Auszubildendenvertreter waren, auf vier Wochen. [3]Absatz 6 Satz 2 bis 6 findet Anwendung.**

Inhaltsübersicht

I. Vorbemerkung

1 Die Bestimmung regelt wesentliche Fragen der **allgemeinen Rechtsstellung der BRMitgl.** Sie steht damit in engem Zusammenhang mit §§ 78, 78a u. 103 dieses Gesetzes sowie §§ 15f. KSchG und konkretisiert den allgemeinen Grundsatz des § 78 S. 2, nach dem die BRMitgl. wegen ihrer Tätigkeit nicht benachteiligt oder begünstigt werden dürfen. § 78 S. 2 kann deshalb zur Auslegung des § 37 herangezogen werden (BAG 3.6.1969 – 1 ABR 1/69, AP BetrVG § 37 Nr. 11; DKKW/*Wedde* Rn. 1; GK-BetrVG/*Weber* Rn. 10). Zweck der Vorschrift ist die Sicherung der äußeren und inneren Unabhängigkeit der BRMitgl., um so eine ordnungsgemäße und sachdienliche BRArbeit zu gewährleisten. Dem dient zunächst der Grundsatz des Abs. 1, nach dem das Amt der BRMitgl. ein **Ehrenamt** ist, das unentgeltlich zu führen ist. Die BRMitgl. sollen keine finanziellen Vorteile aus dieser Tätigkeit ziehen. Andererseits sollen sie durch ihre Tätigkeit jedoch auch keine Nachteile erleiden. Das gilt sowohl in zeitlicher als auch in finanzieller und beruflicher Hinsicht. Dem dienen insbes. die Regelungen der Abs. 3–5 und Abs. 6 S. 1 u. 2. Die Regelung des Abs. 2, nach der BRMitgl. von ihrer beruflichen Tätigkeit ohne Minderung des Arbeitsentgelts zu befreien sind, wenn und soweit es nach Umfang und Art des Betriebs zu ordnungsgemäßen Durchführungen ihrer Aufgaben erforderlich ist, will die Erfüllung der BRAufgaben während der Arbeitszeit ohne Entgelteinbuße ermöglichen. Zur völligen Freistellung von BRMitgl. vgl. § 38. Von erheblicher Bedeutung ist ferner die in Abs. 6 u. 7 geregelte Freistellung von BRMitgl. zum Zwecke der Teilnahme an **Schulungs- und Bildungsveranstaltungen.** Hierdurch soll den betriebsverfassungsrechtlichen Funktionsträgern die Erlangung des für ihre Aufgabenerfüllung erforderlichen Wissens ermöglicht werden.

2 Das **BetrVerf-ReformG** hat das Recht auf Freizeitausgleich für BRTätigkeit außerhalb der Arbeitszeit in zweifacher Hinsicht erweitert. Zum einen ist der Anwendungsbereich des Abs. 3 durch die Einfügung des neuen S. 2 ausdrücklich auf die Fälle erstreckt worden, in denen wegen unterschiedlicher Arbeitszeiten der BRMitgl. die BRTätigkeit nicht innerhalb der persönlichen Arbeitszeit des BRMitgl. erfolgen kann. Zum anderen wird durch eine Ergänzung der Abs. 6 u. 7 der Ausgleichsanspruch nach Abs. 3 auch auf außerhalb der persönlichen Arbeitszeit des BRMitgl.

durchgeführte Schulungen erstreckt. Hierbei wird durch den neuen Abs. 6 S. 2 einerseits unterstellt, dass Besonderheiten der betrieblichen Arbeitszeitgestaltung als betriebsbedingte Gründe iSd Abs. 3 anzusehen sind, andererseits der Ausgleichsanspruch umfangmäßig unter Anrechnung der Arbeitsbefreiung nach Abs. 2 auf die Arbeitszeit eines vollzeitbeschäftigten ArbN des Betriebs begrenzt ist. Die Neuregelung hat ua wegen der Einschränkung des Ehrenamtsprinzips Kritik erfahren (vgl. *Berger-Delhey* ZTR 2001, 111; *Buchner* NZA 2001, 637). Die nähere Ausgestaltung des Ehrenamts unterliegt jedoch der Gestaltungsfreiheit des Gesetzgebers, deren Grenzen durch die Neuregelung nicht verletzt sind.

Die Abs. 1–3 gelten für den GesBR (vgl. § 51 Abs. 1), den KBR (vgl. § 59 Abs. 1), die GesJAV (vgl. § 73 Abs. 2) und die KJAV (vgl. § 73b Abs. 2) **entsprechend.** Nicht dagegen gelten für sie die Abs. 4–7; die in diesen Absätzen enthaltenen Regelungen finden auf die Mitgl. dieser ArbNVertr. bereits in ihrer Eigenschaft als BRMitgl. bzw. Mitgl. der JAV Anwendung. Für die Mitgl. der JAV gilt § 37 entsprechend (vgl. § 65 Abs. 1). Das Gleiche gilt für die Mitglieder des SeeBR (vgl. § 116 Abs. 3). Auf die BordVertr. finden nur Abs. 1–3 Anwendung (vgl. § 115 Abs. 4). Dagegen ist § 37 auf ArbNVertr. iSv § 3 Abs. 1 Nr. 2 u. 3 in vollem Umfang anzuwenden, da diese Vertretungen an die Stelle des BR treten. Seine Anwendung auf zusätzliche ArbNVertr. iSv § 3 Abs. 1 Nr. 5 bleibt einer tarifvertraglichen oder betrieblichen Regelung vorbehalten; allerdings gelten Abs. 1 u. 2 auch ohne eine ausdrückliche kollektivvertragliche Regelung für eine solche ArbNVertr (GK-BetrVG/*Weber* Rn. 7; **aA** HWGNRH/*Glock* Rn. 6). Auf die Mitgl. unternehmensübergreifender Arbeitsgemeinschaften iSd § 3 Abs. 1 Nr. 4 findet § 37 in ihrer Eigenschaft als Mitgl. der beteiligten unternehmensinternen ArbNVertr. Anwendung. Zur Anwendung der Abs. 1–3 auf ArbGruppen nach § 28a → § 28a Rn. 39. Für betriebsangehörige Mitgl. der betrieblichen E-Stelle gelten Abs. 2 u. 3 entsprechend; das Gleiche gilt bei Meinungsverschiedenheiten zwischen ArbGeb. und GesBR oder KBR für die unternehmens- und konzernangehörigen Mitgl. der E-Stelle (→ § 76a Rn. 11 ff.). Auf die nach § 78a Abs. 2 begründeten Arbeitsverhältnisse der in einem Ausbildungsverhältnis stehenden betriebsverfassungsrechtlichen Funktionsträger sind die Abs. 4 u. 5 entsprechend anzuwenden. Zu teilweise entsprechenden Regelungen für Mitgl. des Wahlvorst. vgl. § 20 Abs. 3; → § 20 Rn. 47 f. 3

Die Vorschrift ist **zwingend** und kann weder durch TV noch durch BV abgeändert werden. Soweit es sich allerdings um die Durchführung der Vorschrift handelt, sind Regelungen durch TV und BV zulässig, sofern sich diese in Übereinstimmung mit den Grundsätzen des § 37 halten (BAG 22.9.2016 – 7 AZR 248/14, NZA 2017, 335; 18.1.2017 – 7 AZR 205/15, NZA 2017, 935: GK-BetrVG/*Weber* Rn. 8; HWGNRH/*Glock* Rn. 8; *Sturm,* freigestellte BR-Mitgl., S. 165 f.). 4

Entsprechende Vorschrift: § 46 BPersVG, § 14 Abs. 1 SprAuG und §§ 38, 40 EBRG. 5

II. Ehrenamt (Abs. 1)

Das „Amt" des BR ist ein **privatrechtliches Ehrenamt.** Es ist kein Amt im öffentlich-rechtlichen Sinne. Das BRMitgl. versieht daher kein Amt iSd Beamtenrechts und übt auch keine öffentlich-rechtlichen Amtsbefugnisse aus (GK-BetrVG/*Weber* Rn. 11; Richardi BetrVG/*Thüsing* Rn. 6; → § 1 Rn. 351). Vielmehr bleibt das Rechtsverhältnis des BRMitgl. zum ArbGeb. ein Arbeitsverhältnis, dessen Inhalt allerdings durch die Vorschriften dieses G zT modifiziert wird. 6

Während die Abs. 4 u. 5 sowie die Kündigungsschutzvorschriften zugunsten der Mitgl. des BR (vgl. § 103 BetrVG, §§ 15 f. KSchG) die **äußere Unabhängigkeit** der BRMitgl. gewährleisten sollen, dient der Grundsatz der unentgeltlichen Ausübung des BRAmtes der **inneren Unabhängigkeit** der BRMitgl. (BAG 20.10.1993 – 7 AZR 581/92, AP BetrVG 1972 § 37 Nr. 90; 5.5.2010 – 7 AZR 728/08, NZA 7

2010, 1025; 18.2.2014 – 3 AZR 568/12, AE 2014, 245; DKKW/*Wedde* Rn. 1; HWGNRH/*Glock* Rn. 12; Richardi BetrVG/*Thüsing* Rn. 2). Es stärkt maßgeblich das Vertrauen der ArbN darauf, dass die Wahrnehmung der Mitbestimmungsrechte durch den BR nicht durch die Gewährung oder den Entzug materieller Vorteile für die BRMitgl. beeinflussbar ist (BAG 18.2.2014 – 3 AZR 568/12, AE 2014, 245; 11.11.2008 – 1 AZR 646/07, AP BGB § 611 Kirchendienst Nr. 51; 5.3.1997 – 7 AZR 581/92, AP BetrVG 1972 § 37 Nr. 123). An den Begriff der Unentgeltlichkeit ist im Interesse der Unabhängigkeit der BRMitgl. ein strenger Maßstab anzulegen (BAG 20.10.1993 – 7 AZR 581/92, AP BetrVG 1972 § 37 Nr. 90; 5.3.1997 – 7 AZR 581/92, AP BetrVG 1972 § 37 Nr. 123; ErfK/*Koch* Rn. 1; GK-BetrVG/*Weber* Rn. 12; Richardi BetrVG/*Thüsing* Rn. 7; *Weiß/Weyand* BetrVG Rn. 2). Deshalb darf das BRMitgl. im Interesse der unparteiischen und unabhängigen Wahrnehmungen des Amtes aus dessen Führung keine Vorteile haben, aber auch keine Einbußen erleiden. Notwendige Aufwendungen und Auslagen, die ihm im Rahmen der Ausübung des Amts erwachsen, sind ihm zu ersetzen (vgl. § 40 Abs. 1).

8 Für die Wahrnehmung des Amts darf dem BRMitgl. insbes. **in keiner Weise irgendeine Vergütung** zufließen, auch nicht in mittelbarer oder versteckter Form (BAG 5.5.2010 – 7 AZR 728/08, NZA 2010, 1025; DKKW/*Wedde* Rn. 3; ErfK/*Koch* Rn. 1; GK-BetrVG/*Weber* Rn. 16; HWGNRH/*Glock* Rn. 15; Richardi BetrVG/*Thüsing* Rn. 8; SWS Rn. 1; *Thüsing/Denzer* BR-Vergütung Rn. 124). Unzulässig ist zB die Gewährung von Lohn für nicht notwendige Arbeitsversäumnis, die Zuweisung einer besonders verbilligten Werkswohnung, die Einräumung besonders günstiger Konditionen bei einem Firmendarlehen, die Gewährleistung eines längeren Urlaubs, die Zahlung von Sitzungsgeldern zusätzlich zum fortgezahlten Entgelt, die Freistellung von der Arbeit, ohne dass dies zur Erfüllung der BRArbeit erforderlich ist (BAG 1.3.1963 – 1 ABR 3/62, AP BetrVG § 37 Nr. 8; Richardi BetrVG/*Thüsing* Rn. 8), die Vereinbarung einer pauschalen Stundenvergütung zur Abgeltung von BR-Tätigkeiten, wenn sie ohne sachlichen Grund gewährt wird und zu einer Verdiensterhöhung führt (BAG 8.11.2017 – 5 AZR 11/17, NZA 2018, 528), die Beförderung eines BRMitgl., wenn diese nicht durch dessen Leistung bedingt ist oder den Regelungen der Abs. 4 oder 5 entspricht, Ersatz von nicht notwendig und nicht wirklich entstandenen Auslagen (GK-BetrVG/*Weber* Rn. 18; HWGNRH/*Glock* Rn. 15; *Rüthers* RdA 1976, 61 ff.). Nicht zulässig ist auch die Weitergewährung einer pauschalierten Überstundenabgeltung an freigestellte BRMitgl., wenn die Arbeitskollegen im Allgemeinen keine Überstunden mehr leisten. Es ist auch nicht angängig, vom BR die Abhaltung der Sitzungen außerhalb der Arbeitszeit unter Zahlung des entsprechenden Arbeitsentgelts zu fordern, wenn dies nicht aus betrieblichen Gründen erforderlich ist.

9 **Keinen unzulässigen Vorteil** stellt dagegen die Gewährung eines bezahlten Freizeitausgleichs an BRMitgl. dar, die aus betriebsbedingten Gründen notwendige BRArbeit außerhalb ihrer Arbeitszeit ausüben (vgl. Abs. 3) oder aus solchen Gründen an Schulungsveranstaltungen außerhalb ihrer Arbeitszeit teilnehmen (vgl. Abs. 6 iVm Abs. 3). Das Gleiche gilt, wenn ein BRMitgl. mit Rücksicht auf seine BRTätigkeit an einem geringer entlohnten Arbeitsplatz beschäftigt wird, jedoch weiterhin seinen bisherigen Lohn erhält (DKKW/*Wedde* Rn. 5; HWGNRH/*Glock* Rn. 16; Richardi BetrVG/*Thüsing* Rn. 8). Zur Frage der Änderung der Arbeitsbedingungen auch der BRMitgl. bei einer Massenänderungskündigung → § 103 Rn. 12.

10 Der **pauschale Ersatz regelmäßig entstehender Auslagen** und barer Aufwendungen kann als zulässig angesehen werden, wenn die Pauschale im Wesentlichen dem Durchschnitt der wirklichen Auslagen und Aufwendungen entspricht, sich in ihr also keine versteckte Vergütung verbirgt (BAG 29.8.2018 – 7 AZR 206/17, NZA 2019, 253; 9.11.1955 – 1 AZR 329/54, AP KRG Nr. 22 Betriebsrätegesetz Art. IX Nr. 1; ArbG Stuttgart 13.12.2012 – 24 Ca 5430/12, NZA-RR 2013, 140; DKKW/*Wedde* Rn. 3; GK-BetrVG/*Weber* Rn 17 und § 40 Rn. 33; Richardi BetrVG/*Thüsing* Rn. 35; *Byers* NZA 2014, 65 [67]; Dzida/*Mehrens* NZA 2013, 753 [756]; *Rüthers*

RdA 1976, 63; weitergehend im Sinne einer großzügigeren Pauschalierungsmöglichkeit *Kehrmann* FS Wlotzke, 1996, 374ff.). Entsteht dem BRMitgl. ein höherer Aufwand, als er bei der Pauschalierung berücksichtigt wurde, so kann es den Mehraufwand erstattet verlangen. Zur Aufwandsentschädigung freigestellter Mitgl. des Personalrats vgl. § 46 Abs. 5 BPersVG.

Unzulässig ist nicht nur das Gewähren unberechtigter zusätzlicher Leistungen an BRMitgl., sondern auch das **Versprechen derartiger Leistungen.** Vereinbarungen jeder Art über eine unzulässige Entgeltgewährung, seien es einzelvertragliche Absprachen oder Regelungen in BV oder TV, sind nach § 134 BGB **nichtig,** da sie gegen das Begünstigungsverbot des § 78 verstoßen (hM; BAG 16.2.2005 – 7 AZR 95/04, AP BPersVG § 46 Nr. 26; ArbG Bielefeld 11.5.2011 – 3 Ca 2633/11, BeckRS 2011, 73560; ArbG Stuttgart 13.12.2012 – 24 Ca 5430/12, NZA-RR 2013, 140). Aufgrund solcher Vereinbarungen gezahlte Entgelte sind ohne Rechtsgrund geleistet; sie können aber nicht zurückgefordert werden, weil das Verbot der unzulässigen Entgeltgewährung sich auch gegen den ArbGeb. richtet und deshalb auch der Leistende gegen Abs. 1 verstößt (vgl. § 817 S. 2 BGB; DKKW/*Wedde* Rn. 7; HaKo-BetrVG/*Wolmerath* Rn. 5; *Hennecke* BB 1986, 936 [940]; *Henssler* BB 2002, 307; *Wichert* AuA 2013, 281; differenzierend *Esser,* Die Begünstigung von BRMitgl., S. 153f.: Rückforderung nur bei kollusivem Zusammenwirken; **aA** BAG 8.11.2017 – 5 AZR 11/17, NZA 2018, 528; GK-BetrVG/*Weber* Rn. 22; ErfK/*Koch* Rn. 1; HWGNRH/*Glock* Rn. 20; Richardi BetrVG/*Thüsing* Rn. 10; *Sturm,* freigestellte BR-Mitgl., S. 117; MHdB ArbR/*Krois* § 295 Rn. 4, 177; *Bittmann/Mujan* BB 2012, 1604 [1605f.]; *Moll/Roebers* NZA 2012, 57 [61f.]; *Jacobs/Frieling* ZfA 2015, 241 [259]; *Jacobs* NZA 2019, 1606, 1610). 11

Das aus dem Ehrenamt folgende Verbot der Gewährung besonderer Vergünstigungen richtet sich nicht nur gegen den ArbGeb. sondern **gegen jedermann.** Unzulässig ist deshalb auch die Gewährung einer Vergütung oder sonstiger Leistungen an BRMitgl. durch die Arbeitnehmer selbst (vgl. § 41) oder durch eine Gewerkschaft. 12

Verstöße gegen den Grundsatz der ehrenamtlichen Tätigkeit können uU zum Ausschluss aus dem BR nach § 23 Abs. 1 führen (ErfK/*Koch* Rn. 1; GK-BetrVG/*Weber* Rn. 23). Die vorsätzliche Begünstigung oder Benachteiligung eines BRMitgl. um seiner Tätigkeit willen ist nach § 119 Abs. 1 Nr. 3 strafbar. 13

Die ehrenamtliche Tätigkeit des BRMitgl. steht der von ihm zu leistenden Arbeit gleich. Das hat zur Folge, dass die Tätigkeit als BRMitgl. in **sozialversicherungsrechtlicher Hinsicht** als Arbeitsleistung gilt. Unfälle, die das BRMitgl. in Ausübung von Amtsgeschäften erleidet, sind Arbeitsunfälle, die nach den allgemeinen unfallversicherungsrechtlichen Vorschriften zu entschädigen sind (BSG 15.5.2012 – B 2 U 8/11, BSGE 111, 37; 20.5.1976 – 8 RU 76/75, BB 1976, 980; GK-BetrVG/*Weber* Rn. 21; Richardi BetrVG/*Thüsing* Rn. 13; *Küttner* Personalbuch/*Voelkze* Betriebsrat Rn. 73). Kein Versicherungsschutz besteht bei Feier von BR-Mitgl., wenn Kostentragung und Organisation allein in der Hand des BR liegt (BSG 20.2.2001 – 469/B 2 U 7/00 R, NZS 2001, 636). Das Gleiche gilt auch bei Teilnahme von BRMitgl. an Schulungsveranstaltungen nach § 37 Abs. 6 u. 7 (LSG BW 12.5.2016 – L 6 U 836/16, NZS 2016, 552; DKKW/*Wedde* Rn. 8; HWGNRH/*Glock* Rn. 13). 14

Allerdings ist die BRTätigkeit nicht mit der nach dem Arbeitsvertrag zu erbringenden Arbeitsleistung identisch. Deshalb ist sie in einem **Arbeitszeugnis** grds. nicht – auch nicht mittelbar – zu erwähnen (BAG 19.8.1992 – 7 AZR 262/91, AP BPersVG § 8 Nr. 5; LAG Hamm 12.4.1976 – 9 Sa 29/76, DB 1976, 1112, DB 1991, 1527; HessLAG 10.3.1977 – 6 Sa 779/76, DB 1978, 167; DKKW/*Wedde* Rn. 9; GK-BetrVG/*Weber* Rn. 21; HWGNRH/*Glock* Rn. 14; Richardi BetrVG/*Thüsing* Rn. 13; *Witt* BB 1996, 2154; *Schleßmann* BB 1988, 1322); dies gilt jedenfalls dann, wenn der ArbN damit nicht einverstanden ist. Etwas anderes kann nur in Ausnahmefällen bei einem freigestellten BRMitgl. im Falle eines auf seinen Wunsch hin auszustellenden qualifizierten Zeugnisse gelten, wenn andernfalls eine Beurteilung überhaupt nicht möglich ist (BAG 19.8.1992 – 7 AZR 262/91, AP BPersVG § 8 Nr. 5) 15 oder wenn die auf die Arbeitsleistung bezogenen Aussagen des Zeugnisses unrichtig werden, etwa wenn das freigestellte BRMitgl. infolge der Freistellung und inzwischen eingeführter grundlegender technischer Neuerungen in seinem Arbeitsbereich seinem Arbeitsplatz entfremdet worden ist (LAG Köln 6.12.2012 – 7 Sa 583/12, AuA 2014, 82; ArbG Kassel 18.6.1976 – 4 (3) Ca 240/76, DB 1976, 1487; HessLAG 10.3.1977 – 6 Sa 779/76, DB 1978, 167; DKKW/*Wedde* Rn. 9; GK-BetrVG/*Kreutz* § 78 Rn. 55; *Brill* BB 1981, 616; *Witt* BB 1996, 2154).

III. Arbeitsbefreiung (Abs. 2)

16 Die Mitgl. des BR sind weiterhin ArbN des Betriebs und deshalb grds. auch verpflichtet, die ihnen nach ihrem Arbeitsvertrag obliegenden Arbeitsleistungen zu erbringen. Da ihnen durch die Übernahme des BRAmtes jedoch weitere Aufgaben und nicht unerhebliche Amtspflichten obliegen, ist eine Klärung notwendig, in welchem Rangverhältnis diese sich aus dem Amt ergebenden Pflichten und Aufgaben zu denjenigen aus dem Arbeitsvertrag stehen. Das G räumt der **Erfüllung der BRAufgaben den Vorrang** ein (vgl. Abs. 2 und § 38).

17 Der Anspruch von BRMitgl. auf Befreiung von der beruflichen Tätigkeit nach Abs. 2 betrifft in erster Linie die **vorübergehende Arbeitsbefreiung aus konkretem Anlass.** Demgegenüber sieht § 38, der einen Unterfall der Generalklausel des § 37 Abs. 2 darstellt (BAG 22.5.1973 – 1 ABR 10/73, AP BetrVG 1972 § 37 Nr. 2; 22.5.1973 – 1 ABR 26/72, AP BetrVG 1972 § 38 Nr. 1; 22.5.1973 – 1 ABR 2/73, AP BetrVG 1972 § 38 Nr. 2), eine nicht durch konkrete Anlässe bedingte generelle Freistellung oder Teilfreistellung von der Verpflichtung zur Arbeitsleistung vor. Für die in vollem Umfang von der Arbeit freigestellten BRMitgl. ist Abs. 2 ohne Bedeutung. Werden allerdings BRMitgl. nach § 38 nur teilweise von der Arbeit freigestellt (→ § 38 Rn. 12ff., 28), können sich für diese aus Abs. 2 Ansprüche auf Arbeitsbefreiung über die Teilfreistellung hinaus ergeben, wenn dies zur ordnungsgemäßen Aufgabenerfüllung erforderlich ist (DKKW/*Wedde* Rn. 11; GK-BetrVG/*Weber* Rn. 25; HWGNRH/*Glock* Rn. 23; *Lipp* Honorierung S. 46f.).

18 Die Regelung gilt auch für **ErsMitgl.,** soweit sie in den BR nachgerückt sind (DKKW/*Wedde* Rn. 14; GK-BetrVG/*Weber* Rn. 28).

19 Abgesehen von der Arbeitsbefreiung aus konkretem Anlass eröffnet Abs. 2 auch die Möglichkeit, ein BRMitgl. generell für einen **bestimmten Teil** seiner **Arbeitszeit,** etwa für bestimmte Stunden am Tag oder für bestimmte Tage in der Woche oder im Monat freizustellen, sofern dies für die ordnungsgemäße Erfüllung der BRAufgaben erforderlich ist. Dies kann insbes. in Betrieben mit weniger als 200 ArbN in Betracht kommen, in denen nicht von Gesetzeswegen ein Mitgl. des BR von der Arbeit freizustellen ist (→ § 38 Rn. 25; DKKW/*Wedde* Rn. 11; HaKo-BetrVG/*Wolmerath* Rn. 8; *Sieg* FS Hromadka, 2008, 437 [448]; *Lipp* Honorierung S. 45f.; **aA** HWGNRH/*Glock* Rn. 24).

20 Darüber hinaus gewährt Abs. 2 uU auch einen Anspruch auf generelle Befreiung von einer **bestimmten Art der Arbeit.** So ist zB, wenn dies für eine sachgerechte Erfüllung der Aufgaben des BR erforderlich ist, ein BRMitgl. aus der Wechselschicht in die Normalschicht oder aus dem Außendienst in den Innendienst oder von der Akkordarbeit in die Zeitarbeit zu übernehmen (BAG 13.11.1964 – 1 ABR 7/64, AP BetrVG § 37 Nr. 9; 3.6.1969 – 1 ABR 1/69, AP BetrVG § 37 Nr. 11; LAG Düsseldorf 22.7.1974 – 15 Sa 317/74, DB 1975, 311; DKKW/*Wedde* Rn. 12; GK-BetrVG/*Weber* Rn. 27; SWS Rn. 9; **aA** HWGNRH/*Glock* Rn. 25, die nur freiwillige Vereinbarungen zulassen).

21 Der Anspruch des BRMitgl. auf Freistellung von der beruflichen Tätigkeit erschöpft sich nicht darin, lediglich die zur ordnungsmäßigen Durchführung der BRAufgaben erforderliche Freizeit zu erhalten, iÜ aber mit dem Arbeitspensum eines VollarbN belastet zu bleiben. Der ArbG ist vielmehr verpflichtet, bei der **Zuteilung**

des Arbeitspensums auf die erforderliche Inanspruchnahme des BRMitgl. durch die BRTätigkeit angemessen Rücksicht zu nehmen (BAG 27.6.1990 – 7 ABR 43/89, AP BetrVG 1972 § 37 Nr. 78; DKKW/*Wedde* Rn. 13; GK-BetrVG/*Weber* Rn. 27; SWS Rn. 9; *Thüsing/Denzer* BR-Vergütung Rn. 23; einschränkend MHdB ArbR/ *Krois* § 295 Rn. 19).

1. Voraussetzungen

Der Anspruch auf Befreiung von der beruflichen Tätigkeit ohne Minderung des Arbeitsentgelts nach Abs. 2 hängt von **zwei Voraussetzungen** ab. 22

- Die Arbeitsbefreiung muss der Durchführung der dem **BR obliegenden Aufgaben dienen** (→ Rn. 23ff.).
- Die Arbeitsbefreiung muss zur ordnungsgemäßen Durchführung dieser Aufgaben **erforderlich** sein (→ Rn. 35ff.).

a) Aufgaben des Betriebsrats

Es muss sich um Aufgaben handeln, die zu den **Amtsobliegenheiten der BRMitgl.** gehören. Das sind in erster Linie die in diesem G genannten Aufgaben des BR und seiner Mitgl. Hierzu zählen zB die Teilnahme an Sitzungen des BR, des BetrAusschusses oder anderer Ausschüsse des BR oder an Sitzungen des Sprecherausschusses für leitende Ang. nach § 2 Abs. 2 SprAuG einschließlich notwendiger Vorbereitungen hierzu; die Durchführung von Sprechstunden des BR; die Teilnahme der Mitgl. des GesBR, KBR, des WiAusschusses, der JAV, GesJAV und der KJAV an deren Sitzungen (die Teilnahme eines Nichtmitgl. nur bei Vorliegen besonderer Gründe, so LAG München 30.10.1985 – 8 Sa 74/7, LAGE § 37 BetrVG 1972 Nr. 18 bei Teilnahme eines BRMitgl. an einer Sitzung des GesBR), die Teilnahme an Betr.- und AbtVerslg, der BRVerslg oder der JAVVerslg, jeweils einschließlich der erforderlichen Vorbereitungen; die Beteiligung bei Maßnahmen des Arbeitsschutzes und des Umweltschutzes nach Maßgabe des § 89, insbes. die Beteiligung an Betriebsbesichtigungen der Gewerbeaufsichtsbeamten oder der Aufsichtsperson der Berufsgenossenschaften und an Unfalluntersuchungen; die Teilnahme an Besprechungen mit dem Sicherheitsbeauftragten, dem Betriebsarzt oder den Sicherheitsfachkräften; Verhandlungen oder Besprechungen mit dem ArbGeb.; Besuch einer zum Betrieb gehörenden auswärtigen Betriebsstätte, auch wenn diese vorübergehend im Ausland gelegen ist (zB Baustelle); Besprechungen mit Vertr. der Gewerkschaften im Rahmen des Zusammenarbeitsgebots nach § 2 Abs. 1; die Erfüllung der allgemeinen Aufgaben des BR nach § 80 (BAG 1.3.1963 – 1 ABR 3/62, AP BetrVG § 37 Nr. 8), wozu auch das Aufsuchen der AN an ihrem Arbeitsplatz gehören kann (BAG 21.1.1982 – 6 ABR 17/79, AP BetrVG 1972 § 70 Nr. 1; 13.6.1989 – 1 ABR 4/88, AP BetrVG 1972 § 80 Nr. 36; 17.1.1989 – 1 AZR 805/87, AP LPVG NW § 2 Nr. 1; ArbG Hamburg 6.5.1997 – 25 GaBV 4/97, NZA-RR 1998, 78; einschränkend HWGNRH/*Glock* Rn. 32; vgl. zum Letzteren auch → § 39 Rn. 31; → § 80 Rn. 80); die Teilnahme an Verfahren der E-Stelle; die Unterstützung einzelner ArbN im Rahmen der §§ 81ff.; die Entgegennahme von Beschwerden der ArbN und die Untersuchung ihrer Berechtigung, zB durch Besichtigung des Arbeitsplatzes des ArbN, auch eines häuslichen Telearbeitsplatzes; wie überhaupt die Durchführung der dem BR obliegenden Mitwirkungs- und Mitbestimmungsrechte. 23

Ferner zählen zu den Amtsobliegenheiten des BR Aufgaben, die ihm in **anderen Gesetzen** (zB §§ 17, 19 KSchG, §§ 9, 11 ASiG, §§ 95 Abs. 1, 110 u. 111. SGB III, § 193 Abs. 5 SGB VII, §§ 120ff. InsO, § 182 SGB IX; vgl. hierzu auch die Übersicht bei *Pulte* NZA 2000, 234; *Engels* FS Wlotzke, 1996, 279ff.; *Engels* AuR 2009, 10ff. u. 65ff.; → § 80 Rn. 5ff.) oder in **TV** (zB tarifliche Akkordkommissionen) oder **BV** (GesBV, KBV) übertragen sind (DKKW/*Wedde* Rn. 16; ErfK/*Koch* Rn. 2; GK-BetrVG/*Weber* Rn. 31; *Lipp* Honorierung S. 47f.; **aA** HWGNRH/*Glock* Rn. 29, hinsichtlich TV und BV). Auch wenn durch Absprachen zwischen ArbGeb. und BR, 24 die nicht die Rechtsform einer Betriebsvereinbarung haben (→ § 77 Rn. 4ff., 216ff.), dem BR weitere Aufgaben zugewiesen werden, gehört deren Wahrnehmung zu den Obliegenheiten des BR.

25 In grenzüberschreitend tätigen Unternehmen oder Konzernen, für die die **Bildung eines Europäischen BR** (EBR) in Betracht kommt oder ein solcher gebildet ist, gehören die sich aus dem EBRG für die nationalen ArbNVertr. ergebenden Aufgaben und Befugnisse zu den Amtsobliegenheiten des BR bzw. GesBR oder KBR (Näheres zu diesem G vgl. Anh. 2; *Müller* EBRG, 1997; DKKW/*Wedde* Rn. 18; **aA** HWGNRH/*Glock* Rn. 28; SWS Rn. 5a). Das gilt auch, wenn auf Grund des EBRG statt des gesetzlichen EBR vorrangige anderweitige Vereinbarungen über eine grenzüberschreitende Unterrichtung und Anhörung der ArbN getroffen werden, für die sich aus einer derartigen Vereinbarung ergebenden Aufgaben und Befugnisse der nationalen ArbNVertr. (zu diesen Möglichkeiten → Anh. 2 Rn. 63ff.; *Müller* EBRG § 17 Rn. 1ff.).

26 Werden in grenzüberschreitend tätigen Unternehmen, die nicht unter den Geltungsbereich des EBRG fallen, auf Grund **freiwilliger Absprachen** zwischen ArbGeb. und BR die Errichtung einer grenzüberschreitenden ArbNVertr. oder ein grenzüberschreitender Zusammenarbeit der jeweiligen nationalen ArbNVertr. untereinander vereinbart und hierbei Mitgl. des BR bestimmte Aufgaben und Befugnisse zugewiesen, gehört auch deren Wahrnehmung zu den Amtsobliegenheiten des BR (*Klebe* FS Gnade, 1992, 667f.; DKKW/*Wedde* Rn. 18).

27 Unerheblich ist, ob die Durchführung der BRAufgaben **innerhalb** oder **außerhalb des Betriebes** erfolgt (BAG 21.6.2006 – 7 AZR 418/05, AuA 2007, 120; DKKW/*Wedde* Rn. 17; ErfK/*Koch* Rn. 2; GK-BetrVG/*Weber* Rn. 32; HWGNRH/*Glock* Rn. 31). Im Allgemeinen wird sich die Tätigkeit des BR zwar innerhalb des Betriebs vollziehen, jedoch gilt das nicht uneingeschränkt. So kommen zB **Verhandlungen mit Behörden,** etwa dem Gewerbeaufsichtsamt oder den Berufsgenossenschaften im Rahmen der Durchführung des Arbeitsschutzes oder dem Arbeitsamt bei drohenden Massenentlassungen oder drohender Kurzarbeit oder im Rahmen der Aufstellung eines Sozialplans, in Betracht (BAG 23.9.1982 – 6 ABR 86/79, AP BetrVG 1972 § 37 Nr. 42; *Brill* ArbuR 1981, 202). Auch ist die Beteiligung an Verhandlungen möglich, die der ArbGeb. mit Behörden führt und an denen der BR zu beteiligen ist oder in denen es auf seine Stellungnahme ankommt (vgl. zB §§ 95, 110, 111 SGB III – Arbeitsförderung – und § 17 KSchG) oder in denen aus sonstigen Gründen die Hinzuziehung des BR erwünscht ist (BAG 23.9.1982 – 6 ABR 86/79, AP BetrVG 1972 § 37 Nr. 42: Teilnahme an einem Arbeitsmarktgespräch einer Arbeitsagentur; **aA** HWGNRH/*Glock* Rn. 32). Das kann auch bei **internationalen Behörden,** zB der EG-Kommission, der Fall sein (LAG Nds 10.6.1992 – 5 Ta BV 3/92, BB 1993, 291; GK-BetrVG/*Weber* Rn. 32). Auch Besprechungen mit Vertr. der Gewerkschaft im Rahmen des § 2 Abs. 1 können außerhalb des Betriebs (zB in der gewerkschaftlichen Geschäftsstelle) durchgeführt werden, wenn hierfür ein besonderer Anlass besteht (DKKW/*Wedde* Rn. 18). Ferner gehört der Besuch eines **Rechtsanwalts** durch ein BRMitgl., um zB ein arbeitsgerichtliches Streitverfahren vorzubereiten, zu den außerhalb des Betriebs wahrzunehmenden Aufgaben (LAG Hamm 8.10.1986 – 3 Ta BV 97/86, DB 1987, 282).

28 Der BR tritt vor den **Gerichten für Arbeitssachen** in den Streitfällen auf, in denen er unmittelbar beteiligt ist (BAG 19.5.1983 – 6 AZR 290/81, AP BetrVG 1972 § 37 Nr. 44; LAG Düsseldorf 3.1.1975 – 4 Sa 1489/74, DB 1975, 651; GK-BetrVG/*Weber* Rn. 35). In Ausnahmefällen kann die Teilnahme eines BRMitgl. an einem Prozess als Zuhörer eine notwendige Arbeitsversäumnis darstellen, wenn es sich um einen grundsätzlichen Rechtsstreit von allgemeiner Bedeutung über eine für die Arbeit des betreffenden BR wesentliche Frage handelt (LAG Brem 2.10.1963 – 1 Sa 67/63, DB 1964, 1302; 28.6.1989 – 2 Sa 39/89, DB 1990, 742; LAG Hmb 10.2.1981 – 1 Sa 37/80, DB 1981, 2236; LAG München 14.1.1987 – 5 (6) TaBV 41/86, BB 1987, 685; LAG Köln 14.9.1992 – 11/2 Sa 246/92, ArbuR 1993, 336;

DKKW/*Wedde* Rn. 22; ErfK/*Koch* Rn. 2; *Weiß/Weyand* BetrVG Rn. 5; *Leisten* ArbuR 1981, 168; auch vom BAG 31.5.1989 – 7 AZR 277/88, AP BetrVG 1972 § 38 Nr. 9 bei Vorliegen besonderer Gründe nicht ausgeschlossen; **aA** die hM BAG 19.5.1983 – 6 AZR 290/81, AP BetrVG 1972 § 37 Nr. 44; 31.8.1994 – 7 AZR 893/93, AP BetrVG 1972 § 37 Nr. 98; LAG Freiburg 17.5.1954 – I Sa 71/54, AP BetrVG § 37 Nr. 3; HWGNRH/*Glock* Rn. 32; Richardi BetrVG/*Thüsing* Rn. 18; SWS Rn. 5; MHdB ArbR/*Krois* § 295 Rn. 10).

Bei Rechtsstreitigkeiten über die betriebsverfassungsrechtliche Stellung, Rechte und Pflichten **einzelner BRMitgl.** gehört ihre Prozessteilnahme ebenfalls zu ihren Amtsobliegenheiten. Etwas anderes gilt für die Teilnahme an der Gerichtsverhandlung in einem Verfahren, in dem ein BRMitgl. das Arbeitsentgelt für Zeiten von Arbeitsversäumnis wegen notwendiger BRArbeit einklagt, da dieser Anspruch arbeitsvertraglicher Natur ist (LAG Düsseldorf 4.9.1990 – 16 Sa 765/90, LAGE § 37 BetrVG 1972 Nr. 34). Tritt ein BRMitgl. als Zeuge vor Gericht auf (sei es auch in einem Strafverfahren gegen den ArbGeb. nach § 119), so findet das G über die Entschädigung von Zeugen und Sachverständigen Anwendung (JVEG). Das BRMitgl. muss seinen Lohnausfall gegen den Staat geltend machen, da es als Zeuge insoweit keine andere Stellung hat wie jeder andere Zeuge (BAG 11.7.1978 – 6 AZR 387/77, AP BetrVG 1972 § 37 Abs. 2 Nr. 57; LAG Düsseldorf 10.9.1971 – 4 Sa 649/71, DB 1971, 2315; DKKW/*Wedde* Rn. 22; GK-BetrVG/*Weber* Rn. 36; SWS Rn. 5). 29

Abgesehen von der Teilnahme an der BRVerslg. nach § 53 stellt die Teilnahme des BR an **Besprechungen mit BR fremder Betriebe** im Allgemeinen zwar keine dem BR durch das G gestellte Aufgabe dar. Etwas **anderes** gilt allerdings dann, wenn diese Besprechung durch **konkrete betriebliche Umstände** bedingt ist (BAG 21.6.2006 – 7 AZR 418/05, AuA 2007, 120; DKKW/*Wedde* Rn. 19; ErfK/*Koch* Rn. 2; GK-BetrVG/*Weber* Rn. 33; **aA** HWGNRH/*Glock* Rn. 32). Dies ist zB anzunehmen, wenn mehrere Betriebe verschiedener ArbGeb. zu einem gemeinsamen Betrieb zusammengefasst werden sollen oder wenn mehrere ArbGeb. in Angelegenheiten, die der Beteiligung des BR unterliegen oder diese wesentlich berühren, eng zusammenarbeiten oder wenn in benachbarten Betrieben gleichgelagerte Arbeitsschutzprobleme auftreten. Ferner kann ein Treffen mehrerer BR eines Unternehmens – auch wenn ein GesBR gebildet ist – zu den BRAufgaben gehören, wenn zwischen dem BR und dem GesBR Meinungsverschiedenheiten über dessen Zuständigkeit bestehen oder Einfluss auf den Inhalt der vom GesBR abzuschließenden oder abgeschlossenen Vereinbarungen genommen werden soll (BAG 10.8.1994 – 7 ABR 35/93, BB 1995, 1034; 21.6.2006 – 7 AZR 418/05, AuA 2007, 120; **aA** HWGNRH/*Glock* Rn. 32; *Behrens* BB 1995, 1035). UU können auch Besprechungen mit **ausländischen** betrieblichen ArbNVertr. zur BRTätigkeit gehören, zB in dem Fall, dass ein Unternehmen oder Konzern mit Betrieben oder Tochterunternehmen in mehreren Staaten eine grenzüberschreitende Maßnahme plant (zB ein grenzüberschreitender EDV-Einsatz), der sowohl nach inländischen als auch nach ausländischem Recht der Beteiligung der jeweiligen ArbNVertr. unterliegt, um die Haltung der einzelnen ArbNVertr. untereinander abzustimmen (ArbG München 29.8.1991 – 12 BV 53/91, BB 1991, 2375; DKKW/*Wedde* Rn. 20; HaKo-BetrVG/*Wolmerath* Rn. 11; *Klebe* FS Gnade, 1992, 669ff.; LAG BW 16.1.1998 – 5 TaBV 14/96, NZA-RR 1998, 306 hinsichtlich der Teilnahme eines ArbNVertr. einer ausländischen Schwestergesellschaft an der BetrVerslg; **aA** HWGNRH/*Glock* Rn. 32). Ist nach § 3 Abs. 1 Nr. 4 durch TV oder BV eine **unternehmensübergreifende Arbeitsgemeinschaft** gebildet worden, gehört die Teilnahme an dieser Arbeitsgemeinschaft zur BRTätigkeit. 30

Nicht zu den Aufgaben des BR gehört die Teilnahme an Veranstaltungen rein gewerkschaftlichen Charakters (BAG 21.6.2006 – 7 AZR 418/05, AuA 2007, 120), auch nicht die Werbung für eine Gewerkschaft. Zur Zulässigkeit der Wahrnehmung gewerkschaftlicher Aufgaben durch BRMitgl. auch im Betrieb → § 74 Rn. 64ff. Jedoch gehört die Zusammenarbeit mit den im Betrieb vertretenen Gewerkschaften 31 im Rahmen des BetrVG zu den Aufgaben des BR (vgl. § 2 Abs. 1; GK-BetrVG/*Weber* Rn. 39). Das gleich gilt für die Teilnahme an Schulungs- und Bildungsveranstaltungen nach den Abs. 6 u. 7, die von den Gewerkschaften durchgeführt werden (→ Rn. 169, 209). Die Teilnahme an Tarifverhandlungen – auch soweit es sich um Firmentarifverträge handelt – gehört dagegen nicht zu den Aufgaben des BR (ErfK/*Koch* Rn. 2; GK-BetrVG/*Weber* Rn. 40; Richardi BetrVG/*Thüsing* Rn. 19; **aA** DKKW/*Wedde* Rn. 24). Das gilt auch dann, wenn das BRMitgl. in seiner Eigenschaft als Angehöriger der Gewerkschaft Mitgl. der Tarifkommission ist. Auch die Ausübung andere **Ehrenämter,** zB als Arbeitsrichter oder in den Selbstverwaltungsorganen der Sozialversicherungsträger, gehört nicht zu den Aufgaben des BR (DKKW/*Wedde* Rn. 23; GK-BetrVG/*Weber* Rn. 38; Richardi BetrVG/*Thüsing* Rn. 19). Es besteht auch kein Anspruch auf Arbeitsbefreiung der BRMitgl. für die Teilnahme an gewerkschaftlichen Veranstaltungen zur Einführung in das Wahlverfahren; denn für die Durchführung der Wahl ist allein der Wahlvorst. zuständig (BAG 10.11.1954 – 1 AZR 99/54, AP BetrVG § 37 Nr. 2; Richardi BetrVG/*Thüsing* Rn. 20). Zur Schulung von Mitgl. des Wahlvorst. → § 20 Rn. 39.

32 Nicht zu den Aufgaben des BR gehört ferner, Betriebsangehörige in deren Arbeitsstreitigkeiten vor den ArbG zu vertreten (LAG Düsseldorf 3.1.1975 – 4 Sa 1489/74, BB 1975, 373; ErfK/*Koch* Rn. 2; GK-BetrVG/*Weber* Rn. 35; Richardi BetrVG/*Thüsing* Rn. 18; BAG 19.5.1983 – 6 AZR 290/81, AP BetrVG 1972 § 37 Nr. 44) oder die einzelnen ArbN in ihren individuellen Angelegenheiten, etwa steuerlicher oder sozialversicherungsrechtlicher Art, zu beraten (BAG 4.6.2003 – 7 ABR 42/02, AP BetrVG 1972 § 37 Nr. 136; DKKW/*Wedde* Rn. 23; HWGNRH/*Glock* Rn. 32).

33 Soweit ein BRMitgl. Arbeitsbefreiung für die Durchführung von Aufgaben in Anspruch genommen hat, die nicht zu den Aufgaben des BR gehören, hat es auf der Grundlage des Abs. 2 grds. keinen Anspruch auf Fortzahlung des Arbeitsentgelts. Dies gilt allerdings dann nicht, wenn das BRMitgl. in einem **entschuldbaren Irrtum** davon ausgegangen ist, diese Aufgaben gehörten zu denjenigen des BR (LAG Brem 28.6.1989 – 2 Sa 39/89, DB 1990, 742; DKKW/*Wedde* Rn. 25; ErfK/*Koch* Rn. 2; *Neumann-Duesburg* RdA 1962, 291; *Weiß/Weyand* BetrVG Rn. 6; **aA** BAG 31.8.1994 – 7 AZR 893/93, AP BetrVG 1972 § 37 Nr. 98, 21.6.2006 – 7 AZR 418/05, AuA 2007, 120, das dem BRMitgl. allerdings einen Beurteilungsspielraum einräumt; ebenso Richardi BetrVG/*Thüsing* Rn. 16; GK-BetrVG/*Weber* Rn. 29; ohne diese Modifikation HWGNRH/*Glock* Rn. 33; SWS Rn. 6; *Frohner* BlStR 1979, 66; → Rn. 38, 40 ff.). Ein entschuldbarer Irrtum kann insbes. dann anzuerkennen sein, wenn der ArbGeb. in der Vergangenheit ein entsprechendes Verhalten des BR bzw. seiner Mitgl. unwidersprochen akzeptiert hat, zB eine Zusammenkunft der BR mehrerer Betriebe (LAG Bln 28.9.1992 – 9 TaBV 2/92, BB 1993, 291).

34 In diesen Fällen ist auch eine **Abmahnung** des BRMitgl. wegen Verletzung arbeitsvertraglicher Pflichten **nicht zulässig.** Die doppelte Pflichtenstellung eines nicht freigestellten BRMitgl. – einerseits die arbeitsvertragliche Pflicht zur Erbringung der Arbeitsleistung, andererseits die Amtspflicht zur Wahrnehmung erforderlicher betriebsverfassungsrechtlicher Aufgaben und der hieraus folgenden Arbeitsbefreiung – ist auch bei der Möglichkeit des ArbGeb. zur Abmahnung arbeitsvertraglicher Pflichtverletzungen zu beachten. Wenn jede Verkennung der objektiven Rechtslage hinsichtlich der Wahrnehmung von BRAufgaben eine arbeitsvertragliche Abmahnung des BRMitgl. rechtfertigten würde, wäre die Möglichkeit einer unbefangenen Amtsbetätigung des BRMitgl. beeinträchtigt. Denn dann bestünde die Gefahr, dass das BR-Mitgl. in Zweifelsfällen wegen einer drohenden Abmahnung auch zulässige BR-Arbeit unterlässt. Im Falle einer **entschuldbaren Fehleinschätzung** der BRAufgaben ist deshalb eine Abmahnung wegen Nichterfüllung der Arbeitspflicht nicht zulässig (BAG 31.8.1994 – 7 AZR 893/93, AP BetrVG 1972 § 37 Nr. 98, das bei irrtümlicher Annahme von BRAufgaben eine Abmahnung jedenfalls dann ausschließt wenn der Irrtum auf der Verkennung schwieriger und ungeklärter Rechtsfragen beruht; BAG 21.6.2006 – 7 AZR 418/05, AuA 2007, 120; HessLAG 4.2.2013 – 16 TaBV 261/12, BeckRS 2013, 67962; DKKW/*Wedde* Rn. 32; GK-BetrVG/*Weber* Rn. 62; zur Einschränkung der Abmahnungsmöglichkeit → Rn. 41, 175).

b) Erforderlichkeit der Arbeitsbefreiung

Die **Arbeitsbefreiung** muss zur Durchführung der vom BR zu erfüllenden Aufgaben **erforderlich** sein. Hierbei ist davon auszugehen, dass die BRMitgl. berechtigt sind, ihre Aufgaben im Allgemeinen **während der Arbeitszeit** durchzuführen. Nur in Ausnahmefällen sind sie, wie die Regelung des Abs. 3 zeigt, gehalten, diese Tätigkeit während ihrer persönlichen Freizeit auszuüben. 35

Die Frage, ob eine Arbeitsbefreiung von BRMitgl. erforderlich ist, beantwortet sich zT unmittelbar aus dem Gesetz. So finden die **BRSitzungen** grds. während der Arbeitszeit statt, so dass die Arbeitsbefreiung zum Zwecke der Teilnahme an diesen Sitzungen stets erforderlich ist. Die Teilnahme des BRMitgl. an BRSitzungen ist dessen betriebsverfassungsrechtliche Pflicht (BAG 21.3.2017 – 7 ABR 17/15, NZA 2017, 1014). Dies gilt auch dann, wenn die BRSitzung selbst nicht erforderlich war oder unter Verstoß gegen § 30 S. 2 anberaumt worden ist; denn auf die Anberaumung der BRSitzung hat das einzelne BRMitgl. keinen Einfluss (LAG Hamm 8.6.1978 – 3 Sa 568/78, EzA § 37 BetrVG 1972 Nr. 58; DKKW/*Wedde* Rn. 33; GK-BetrVG/*Weber* Rn. 51). Dasselbe gilt für die BRMitgl., die dem **BetrAusschuss,** einem anderen Ausschuss des BR, dem WiAusschuss, dem GesBR, dem KBR oder EBR angehören, hinsichtlich der Teilnahme an den Sitzungen dieser Gremien. 36

Auch die Teilnahme an den **Betriebs-** und **AbtVerslg.** stellt stets einen Fall erforderlicher Arbeitsversäumnis dar. Allerdings stellt sich bei den AbtVerslg. im Einzelfall die Frage, wie viele BRMitgl hieran zweckmäßiger teilnehmen sollten. Das hängt nicht zuletzt von der Tagesordnung ab (GK-BetrVG/*Weber* Rn. 54; zu eng HWGNRH/*Glock* Rn. 40, der eine Arbeitsbefreiung in der Regel nur des BRVors. und derjenigen BRMitgl. annimmt, die der betreffenden Abteilung als ArbN angehören; weitergehend DKKW/*Wedde* Rn. 35, die stets ein Teilnahmerecht aller BRMitgl. bejahen; → § 42 Rn. 72). Soweit Mitgl. des BR berechtigt sind, an den Sitzungen der JAV und der JAVVerslg. teilzunehmen (vgl. § 65 Abs. 2, § 71 S. 2), stellt auch dies einen Fall erforderlicher Arbeitsversäumnis dar. Das Gleiche gilt für die Teilnahme von BRMitgl. an Sitzungen des Sprecherausschusses für leitende Ang. gem. § 2 Abs. 2 SprAuG. 37

Die Erforderlichkeit einer Arbeitsbefreiung beschränkt sich aber keineswegs auf die Teilnahme an den BRSitzungen oder den Sitzungen der sonstigen betriebsverfassungsrechtlichen Gremien. Dies schon deshalb nicht, weil die zahlreichen dem BR obliegenden Aufgaben nur zu einem geringen Teil während der BRSitzungen erledigt werden können. Deshalb haben die BRMitgl. **auch außerhalb der BRSitzungen** Anspruch auf entsprechende Arbeitsbefreiung, soweit dies für die Durchführung der dem BR obliegenden Aufgaben erforderlich ist. Was im Einzelfall in diesem Sinne als erforderlich anzusehen ist – und zwar sowohl hinsichtlich der Dauer der Arbeitsbefreiung als auch hinsichtlich der Frage, welche BRMitgl. Anspruch auf Arbeitsbefreiung haben –, kann nur anhand der konkreten Umstände des Einzelfalls beurteilt werden (GK-BetrVG/*Weber* Rn. 46). Hierbei erfolgt diese Beurteilung weder nach rein objektiven Gesichtspunkten noch nach der rein persönlichen subjektiven Auffassung des betreffenden BRMitgl. Entscheidend ist vielmehr, dass das betreffende BRMitgl. bei **gewissenhafter Überlegung** und bei **ruhiger, vernünftiger Würdigung aller Umstände** die Arbeitsversäumnis für erforderlich halten durfte, um den gestellten Aufgaben gerecht zu werden (DKKW/*Wedde* Rn. 26; nach BAG 8.3.1957 – 1 AZR 113/55, AP BetrVG § 37 Nr. 4; 6.7.1962 – 1 AZR 483/60, AP BetrVG § 37 Nr. 7; 6.8.1981 – 6 AZR 1086/79, AP BetrVG 1972 § 37 Nr. 40 ist darauf abzustellen, dass „ein vernünftiger Dritter“ bei der Abwägung der Interessen 38 des Betriebs, des BR und der Belegschaft die Arbeitsversäumnis für sachlich geboten halten würde; ebenso ErfK/*Koch* Rn. 3; GK-BetrVG/*Weber* Rn. 44; HWGNRH/*Glock* Rn. 34; Richardi BetrVG/*Thüsing* Rn. 25; SWS Rn. 7). Hierbei spielen insbes. Größe und Art des Betriebes, die Vielfalt der konkreten dem BR obliegenden Aufgaben und auch die Aktivität des jeweiligen BR eine wesentliche Rolle. Es besteht insoweit ein **Beurteilungsspielraum** des BRMitgl. (BAG 3.12.1987 – 6 ABR 79/85, AP BetrVG 1972 § 20 Nr. 13; 16.10.1986 – 6 ABR 14/84, AP BetrVG 1972 § 37 Nr. 58; 3.10.1978 – 6 ABR 102/76, AP BetrVG 1972 § 40 Nr. 14; ErfK/*Koch* Rn. 34; GK-BetrVG/*Weber* Rn. 44; Richardi BetrVG/*Thüsing* Rn. 26). Ein BR, der den weit gesteckten Rahmen seiner gesetzlichen Mitwirkungs- und Mitbestimmungsrechte auszuschöpfen versucht, überschreitet keineswegs die Grenzen der Erforderlichkeit (ErfK/*Koch* Rn. 3; GK-BetrVG/*Weber* Rn. 46; *Frohner* BlStR 1979, 67).

39 Allerdings genügt ein **Beschluss des BR,** mit dem ein BRMitgl. zur Erledigung einer bestimmten Aufgabe „freigestellt" wird, für sich allein **nicht,** um die Erforderlichkeit einer Arbeitsbefreiung zu begründen (BAG 6.8.1981 – 6 AZR 505/78, AP BetrVG 1972 § 37 Nr. 39; 31.8.1994 – 7 AZR 893/93, AP BetrVG 1972 § 37 Nr. 98; LAG Hamm 8.10.1986 – 3 Ta BV 97/86, DB 1987, 282; HessLAG 4.2.2013 – 16 TaBV 261/12, BeckRS 2013, 67962; DKKW/*Wedde* Rn. 26, 30; ErfK/*Koch* Rn. 3). Da die Erforderlichkeit der Arbeitsbefreiung sich nach den Umständen des jeweiligen Einzelfalls richtet, ist es nicht zulässig, nach sog Richtwerten in Anlehnung an die Freistellungsstaffel des § 38 Abs. 1 Höchstgrenzen festzusetzen. Dies verbietet sich schon deshalb, weil § 38 selbst nur Mindestfreistellungen vorschreibt (BAG 21.11.1978 – 6 AZR 247/76, AP BetrVG 1972 § 37 Nr. 34; DKKW/*Wedde* Rn. 30; ErfK/*Koch* Rn. 3; HWGNRH/*Glock* Rn. 34).

40 Hat das BRMitgl. nach gewissenhafter Prüfung die Arbeitsbefreiung für erforderlich gehalten und stellt sich nachher heraus, dass diese objektiv doch nicht notwendig war, so hat diese **Fehleinschätzung** auf den Lohnfortzahlungsanspruch des BR-Mitgl. keinen Einfluss (DKKW/*Wedde* Rn. 31; ErfK/*Koch* Rn. 3; GK-BetrVG/*Weber* Rn. 45; HWGNRH/*Glock* Rn. 34; *Weiß/Weyand* BetrVG Rn. 8).

41 Bei einer derartigen Fehleinschätzung ist auch eine arbeitsvertragliche **Abmahnung** des BRMitgl. wegen nicht berechtigter Arbeitsversäumnis aus denselben Gründen, wie in → Rn. 34 dargelegt, unzulässig. Gerade bei unbestimmten Rechtsbegriffen wie dem der „Erforderlichkeit" ist die Feststellung des objektiv Richtigen oft nicht leicht zu beurteilen. Auf jeden Fall kommt eine Abmahnung nicht in Betracht, wenn das BRMitgl. bei gewissenhafter Überlegung und bei ruhiger Würdigung aller Umstände die Arbeitsbefreiung für erforderlich halten durfte, mag dies objektiv auch nicht zutreffend gewesen sein (BAG 6.8.1981 – 6 AZR 505/78, AP BetrVG 1972 § 37 Nr. 39; 6.8.1981 – 6 AZR 1086/79, AP BetrVG 1972 § 37 Nr. 40; 31.8.1994 – 7 AZR 893/93, AP BetrVG 1972 § 37 Nr. 98; ferner BAG 10.11.1993 – 7 AZR 682/92, AP BetrVG 1972 § 78 Nr. 4; HessLAG 17.2.1997 – 11 Sa 1776/96, NZA-RR 1998, 17; DKKW/*Wedde* Rn. 32; ErfK/*Koch* Rn. 3; GK-BetrVG/*Weber* Rn. 45).

42 Bei erforderlichen BRTätigkeiten außerhalb des Betriebs (zB Behördenbesuch, Konsultation eines Rechtsanwalts, Teilnahme an der BRVerslg.) oder für BRMitgl., die außerhalb des Betriebs tätig sind (zB Fahrpersonal, Vertr.), zählen auch die während der Arbeitszeit des ArbN aufgewendeten **Wege- und Reisezeiten** zur erforderlichen Arbeitsversäumnis iSv Abs. 2 (BAG 11.7.1978 – 6 AZR 387/75, AP BetrVG 1972 § 37 Nr. 57; 10.2.1988 – 7 AZR 36/87, AP BetrVG 1972 § 37 Nr. 64; LAG Düsseldorf 23.8.1977 – 8 Sa 201/77, EzA § 37 BetrVG 1972 Nr. 56; LAG Hamm 14.7.1978 – 3 Sa 368/78, EzA § 37 BetrVG 1972 Nr. 61; DKKW/*Wedde* Rn. 41; ErfK/*Koch* Rn. 3; GK-BetrVG/*Weber* Rn. 55; HWGNRH/*Glock* Rn. 43; Richardi BetrVG/*Thüsing* Rn. 23). Zu Wege- und Reisezeiten außerhalb der Arbeitszeit → Rn. 77, 91.

43 Der Anspruch nach Abs. 2 auf Arbeitsbefreiung ohne Minderung des Arbeitsentgelts beschränkt sich nicht auf Fälle, in denen eine erforderliche BRArbeit während der Arbeitszeit des einzelnen BRMitgl. zu leisten ist und deshalb unmittelbar zu einer Unterbrechung der beruflichen Tätigkeit führt. Auch soweit die Nichterfüllung der Arbeitspflicht nur eine **mittelbare Folge** notwendiger BRArbeit ist, greift das Entgeltminderungsverbot des Abs. 2 ein. Deshalb hat eine **außerhalb der Arbeitszeit** des BRMitgl. liegende erforderliche BRTätigkeit dann keine Minderung des Arbeitsentgelts zur Folge, wenn ihm die Erbringung der Arbeitsleistung infolge der erforderlichen BRTätigkeit **unmöglich oder unzumutbar** ist (BAG 7.6.1989 – 7 AZR 500/88, AP BetrVG 1972 § 37 Nr. 72; 18.1.2017 – 7 AZR 224/15, NZA 2017, 791; BAG 21.3.2017 – 7 ABR 17/15, NZA 2017, 1014; DKKW/*Wedde* Rn. 42; GK-BetrVG/*Weber* Rn. 53; HWGNRH/*Glock* Rn. 44; *Bengelsdorf* AuA 2001, 71;). Dies ist zB dann der Fall, wenn ein in Nachtschicht arbeitendes BRMitgl. an einer ganztägigen BRSitzung teilnimmt. In diesem Falle ist das BRMitgl. weder in der voraufgehenden noch in der folgenden Nacht zur Nachtarbeit verpflichtet. Es behält für diese Nachtschichten seinen Lohnanspruch (BAG 7.6.1989 – 7 AZR 500/88, AP BetrVG 1972 § 37 Nr. 72). Aus dem gleichen Grund kann ein in Nachtschicht arbeitendes BRMitgl. diese vorzeitig beenden, um ausreichend ausgeruht an der am Vormittag des folgenden Tages angesetzten BRSitzung teilzunehmen (BAG 18.1.2017 – 7 AZR 224/15, NZA 2017, 791). Das BAG hat unabhängig von der offen gelassenen Frage, ob BRTätigkeit Arbeitszeit iS § 2 Abs. 1 ArbZG ist, zu Recht entschieden, dass die aus § 5 Abs. 1 ArbZG folgende Wertung zur Ruhezeit für die Beurteilung, ob die Fortsetzung der Arbeit wegen bevorstehender BRTätigkeit zumutbar ist, zu berücksichtigen ist (BAG 18.1.2017 – 7 AZR 224/15, NZA 2017, 791; ebenso *Jacobs* NZA 2019, 1606, 1607). So schon vorher LAG Hamm 30.1.2015 – 13 Sa 933/14, BeckRS 2015, 66656; LAG SchlH 30.8.2005 – 5 Sa 161/05, DB 2005, 2415; ArbG Lübeck 7.12.1999 – 6 Ca 2589/99, NZA-RR 2000, 427; DKKW/*Wedde* Rn. 42; *Bengelsdorf* AuA 2001, 71; *Wiebauer* NZA 2013, 540 [543]; **aA** wohl Richardi BetrVG/*Thüsing* Rn. 13). Die Teilnahme an der BRSitzung selbst ist in diesem Fall nach § 37 Abs. 3 auszugleichen, da sie außerhalb der persönlichen Arbeitszeit stattfand (BAG 18.1.2017 – 7 AZR 224/15, NZA 2017, 791; *Steiner* AiB 2017, 31).

In welchem **Umfang** ein in Schichtarbeit beschäftigtes BRMigl., das in seiner arbeitsfreien Zeit an einer BRSitzung teilnimmt, wegen **Unzumutbarkeit** Anspruch auf Arbeitsbefreiung in der voraufgehenden und/oder der nachfolgenden Schicht hat, um ihm eine ausreichende Ruhenszeit zu ermöglichen, richtet sich nach den Umständen des Einzelfalles (*Bengelsdorf* AuA 2000, 72). Dabei ist die in § 5 Abs. 1 ArbZG zum Ausdruck kommende Wertung zu berücksichtigen (s. BAG 18.1.2017 – 7 AZR 224/15, NZA 2017, 791; *Steiner* AiB 2017, 31). 44

Der **Umfang der Arbeitsbefreiung** ist nicht für alle BRMitgl. gleich, sondern bestimmt sich danach, welche **Aufgaben das jeweilige BRMitgl.** im Rahmen der BRTätigkeit zu erfüllen hat. Ein BRMitgl., das Mitgl. des BetrAusschusses oder weiterer Ausschüsse des BR ist, ist naturgemäß in einem weitergehenden Maße von der Arbeitspflicht befreit als ein BRMitgl., dessen Tätigkeit sich im Wesentlichen auf die Teilnahme an den regelmäßigen BRSitzungen beschränkt. Insoweit hängt die Erforderlichkeit der Arbeitsbefreiung einzelner BRMitgl. insbes. davon ab, in welcher Weise der BR die Bewältigung der ihm obliegenden Aufgaben auf die einzelnen BRMitgl. verteilt. Die Entscheidung dieser organisatorischen Frage ist **allein Sache des BR** (DKKW/*Wedde* Rn. 27; ErfK/*Koch* Rn. 4; GK-BetrVG/*Weber* Rn. 30, 47; HWGNRH/*Glock* Rn. 37; Richardi BetrVG/*Thüsing* Rn. 24). Hierbei hat dieser auch auf eine rationelle Arbeitsgestaltung zu achten. Zu eng ist allerdings die Ansicht, in Betrieben mit nach § 38 freigestellten Mitgl. sei eine zeitweise Arbeitsbefreiung anderer Mitgl. nur in Ausnahmefällen erforderlich (so Richardi BetrVG/*Thüsing* Rn. 24; SWS Rn. 7a). Dies könnte nur dann gelten, wenn die freigestellten BRMitgl. mit den ihnen zugewiesenen Aufgaben nicht ausgelastet wären. Sind sie jedoch ausgelastet, ist es dem BR unbenommen, nicht freigestellten Mitgl. die Erledigung bestimmter weiterer Aufgaben zu übertragen (DKKW/*Wedde* Rn. 28; ErfK/*Koch* Rn. 4; MHdB ArbR/*Krois* § 295 Rn. 14; Schaub/*Koch* § 221 Rn. 9). Auch ein 45

BRMitgl. kann nicht allgemein darauf verwiesen werden, die von ihm ausgeübte BRTätigkeit habe von einem freigestellten BRMitgl. verrichtet werden können. Entscheidend ist, ob das BRMitgl. im Einzelfall trotz der Freistellungen die von ihm wahrgenommene BRTätigkeit für erforderlich halten konnte (BAG 19.9.1985 – 6 AZR 476/83, AP LPVG Rheinland-Pfalz § 42 Nr. 1). Auch kann es möglich sein, dass ein nach § 38 teilfreigestelltes BR-Mitgl. im Einzelfall zeitl. darüber hinaus BR-Arbeit leistet. Die Beurteilung dieser geleisteten BR-Arbeit richtet sich grdstzl. nach § 37 Abs. 2. Dabei ist insbes. zu prüfen, ob die über den Teilfreistellungsrahmen hinausgehende BR-Arbeit erforderlich iSd § 37 Abs. 2 war (HessLAG 28.11.2006 – 15 Sa 1343/06, NZA-RR 2007, 296); → § 38 Rn. 22.

46 Zu eng ist ferner die Ansicht, es sei überflüssig, wenn zu einer **Verhandlung mit dem ArbGeb.** der gesamten BR erscheine; es genüge vielmehr, wenn der Vors., ggf. zusammen mit einem sachkundigen BRMitgl. verhandele. Dies kann keinesfalls für Besprechungen nach § 74 Abs. 1 und für die Behandlung von grundsätzlichen Fragen gelten, allenfalls für reine Routineverhandlungen (DKKW/*Wedde* Rn. 29; GK-BetrVG/*Weber* Rn. 46; HWGNRH/*Glock* Rn. 40).

47 IÜ stehen **jedem BRMitgl.** gewisse, sich aus dem Wesen seines Mandats ergebende **originäre Aufgaben** zu, die ihm selbst durch einen Beschluss des BR nicht entzogen werden können und die deshalb im Rahmen des Erforderlichen, eine Arbeitsbefreiung rechtfertigen können. Zu denken ist hier zB an Informationsmöglichkeiten im Zusammenhang mit den allgemeinen Aufgaben des BR nach § 80 Abs. 1 Nr. 1, 2 u. 3 oder an die Fälle einer Hinzuziehung des BRMitgl. durch einen ArbN nach § 81 Abs. 4 S. 3, § 82 Abs. 2 S. 2, § 83 Abs. 1 S. 2 oder § 84 Abs. 1 S. 2. Werden BRMitgl. von einzelnen ArbN nach diesen Vorschriften zur Unterstützung herangezogen, so ist die hierdurch bedingte Arbeitsversäumnis auch dann erforderlich, wenn die Unterstützung auch von einem freigestellten BRMitgl. hätte gewährt werden können. Dies folgt aus dem besonderen Vertrauensverhältnis zwischen dem einzelnen ArbN und dem hinzugezogenen BRMitgl. (HWGNRH/*Glock* Rn. 41; LAG Hamm 24.8.1979 – 3 Sa 362/79, DB 1980, 694). Aus diesem Grunde braucht auch ein BRMitgl. das während der Arbeitszeit von einem ArbN des Betriebs angesprochen wird, diesen nicht auf die Sprechstunden des BR zu verweisen (BAG 23.6.1983 – 6 ABR 65/80, AP BetrVG 1972 § 37 Nr. 45; DKKW/*Wedde* Rn. 37; **aA** LAG Bln 10.10.1980 – 10 Ta BV 4/80, DB 1981, 1416; SWS Rn. 8; HWGNRH/*Glock* Rn. 42 bei nicht unaufschiebbaren Angelegenheiten; → § 39 Rn. 30). Aus der Eigenverantwortlichkeit der Amtsführung des einzelnen BRMitgl. kann sich auch seine Berechtigung ergeben, sich in einer konkreten mitbestimmungspflichtigen Angelegenheit mit seiner von der Mehrheitsmeinung abweichenden Ansicht unter Wahrung des Betriebsfriedens mit einem Flugblatt an die betroffenen ArbN zu wenden (HessLAG 17.2.1997 – 11 Sa 1776/96, NZA-RR 1998, 17).

48 Verhandlungen über Angelegenheiten, die dem BetrAusschuss oder einem anderen Ausschuss zur selbständigen Erledigung übertragen sind, sind im Allgemeinen von allen Mitgl. des Ausschusses wahrzunehmen (enger GK-BetrVG/*Weber* Rn. 49: nur bei Verhandlung grundsätzlicher Fragen).

49 Soweit zur ordnungsgemäßen Durchführung der dem BR gestellten Aufgaben eine **Arbeitsbefreiung** erforderlich ist, ist das BRMitgl. in entsprechendem Umfang von der Verpflichtung zur Arbeitsleistung befreit. Diese Arbeitsbefreiung tritt jeweils von Fall zu Fall ein. Einer **Zustimmung** des ArbGeb. zur Arbeitsbefreiung **bedarf es nicht** (BAG 8.3.1957 – 1 AZR 113/55, AP BetrVG § 37 Nr. 4; 19.6.1979 – 6 AZR 638/77, AP BetrVG 1972 § 37 Nr. 36; 15.3.1995 – 7 AZR 643/94, AP BetrVG 1972 § 37 Nr. 105; 29.6.2011 – 7 ABR 135/09, NZA 2012, 47; 24.2.2016 – 7 ABR 20/14, NZA 2016, 831; DKKW/*Wedde* Rn. 44; Richardi BetrVG/*Thüsing* Rn. 27; HaKo-BetrVG/*Wolmerath* Rn. 8; GK-BetrVG/*Weber* Rn. 56; HWGNRH/*Glock* Rn. 47; **aA** *Meisel* SAE 1984, 198; *Loritz* SAE 1990, 205; *Schiefer/Pogge* DB 2012, 743).

50 Das BRMitgl. muss sich beim Verlassen des Arbeitsplatzes **abmelden** (Ausfluss arbeitsvertraglicher Nebenpflichten BAG 29.6.2011 – 7 ABR 135/09, NZA 2012, 47 mwN; 24.2.2016 – 7 ABR 20/14, NZA 2016, 831;). Gleiches gilt für vollzeitbeschäftigte BRMitgl., die nur teilweise freigestellt sind und deren Teilfreistellung nicht in starren Blöcken, sondern flexibel gehandhabt wird (→ § 38 Rn. 14; zu vollfreigestellten BRMitgl. → § 38 Rn. 82). Sinn und Zweck der Abmeldepflicht ist es, dem ArbGeb. zu ermöglichen, den Arbeitsausfall zu überbrücken (BAG 29.6.2011 – 7 ABR 135/09, NZA 2012, 47). Nur wenn aufgrund der besonderen Art der Arbeitsaufgabe des ArbN und der voraussichtlichen Dauer der Arbeitsunterbrechung durch die Wahrnehmung der BRTätigkeit eine Disponierung zur Überbrückung des Arbeitsausfalls durch den ArbGeb. nicht ernsthaft in Betracht kommt, kann die Abmeldepflicht entfallen (BAG 29.6.2011 – 7 ABR 135/09, NZA 2012, 47). Dies ist in jedem Einzelfall gesondert zu prüfen und gilt unabhängig davon, ob das BRMitgl. den Arbeitsplatz zur Wahrnehmung der BRTätigkeit verlassen muss oder nicht. Beispielhaft nennt das BAG BRTätigkeit während der Korrektur von Klassenarbeiten oder eines mit einem langfristigen Projekt befassten Entwicklungsingenieurs, der seine Tätigkeit kurzfristig für die Wahrnehmung der BRAufgabe unterbricht. Nicht ausreichend ist, wenn es dem BRMitgl. bei gewissenhafter Prüfung nicht erforderlich erscheint, die arbeitsvertragl. geschuldete Arbeit umzuorganisieren (BAG 29.6.2011 – 7 ABR 135/09, NZA 2012, 47). Entfällt die Ab- und Rückmeldepflicht ist das BRMitgl. jedoch verpflichtet, dem ArbGeb. nachträglich die Gesamtdauer der in einem bestimmten Zeitraum geleisteten BRTätigkeit mitzuteilen (BAG 29.6.2011 – 7 ABR 135/09, NZA 2012, 47).

Die Abmeldung braucht **nicht persönlich** und kann **mündlich** erfolgen (BAG 13.5.1997 – 1 ABR 2/97, AP BetrVG 1972 § 37 Nr. 119). Hierbei ist dem ArbGeb. bzw. dem Vorgesetzten grds. ohne nähere Spezifizierung der beabsichtigten Tätigkeit mitzuteilen, dass das BRMitgl. zur Wahrnehmung betriebsverfassungsrechtlicher Aufgaben den Arbeitsplatz verlassen muss. Außer diesen allgemeinen Angaben ist nur die voraussichtliche Dauer der Abwesenheit sowie auch der Ort der beabsichtigten BRTätigkeit mitzuteilen, nicht jedoch die geplante BRTätigkeit selbst (BAG 15.3.1995 – 7 AZR 643/94, AP BetrVG 1972 § 37 Nr. 105 unter Aufgabe seiner bisherigen Rspr., wonach auch eine stichwortartige Umschreibung der beabsichtigten BRTätigkeit erforderlich war; BAG 29.6.2011 – 7 ABR 135/09, NZA 2012, 47; 24.2.2016 – 7 ABR 20/14, NZA 2016, 831; DKKW/*Wedde* Rn. 45f.; WPK/*Kreft* Rn. 17; Richardi BetrVG/*Thüsing* Rn. 28; **aA** so noch HWGNRH/*Glock* Rn. 48; SWS Rn. 11). Die Angabe der Dauer der Abwesenheit ist erforderlich, damit der ArbGeb. ggf. notwendige Dispositionen zur Überbrückung des Arbeitsausfalls treffen kann (BAG 29.6.2011 – 7 ABR 135/09, NZA 2012, 47). Die Angabe des Ortes dient einer eventuell erforderlichen Erreichbarkeit des BRMitgl. Eine konkrete, sei es auch nur stichwortartige Umschreibung der beabsichtigten BRTätigkeit, ist vom Zweck der Abmeldung, den ArbGeb. von der Abwesenheit in Kenntnis zu setzen und ihm zu erforderlichen Dispositionen zu ermöglichen, nicht gedeckt. Sie birgt vielmehr die Gefahr in sich, dass das BRMitgl. schon vor Durchführung der BRTätigkeit konkreten Rechtfertigungszwängen ausgesetzt wird, die sich nachteilig auf eine eigenverantwortliche und unabhängige Aufgabenerfüllung auswirken können (BAG 15.3.1995 – 7 AZR 643/94, AP BetrVG 1972 § 37 Nr. 105; LAG München 18.11.2009 – 11 TaBVGa 16/09, NZA-RR 2010, 189; zur Frage der bei Streit über die Entgeltfortzahlung bestehenden Darlegungs- und Beweislast → Rn. 254; krit. gegenüber der neuen Rspr. wegen der unterschiedlichen Voraussetzungen bei Abmeldung und Geltendmachung von Entgeltansprüchen *Leege* DB 1995, 1511; sie ausdrücklich abl. HWGNRH/*Glock* Rn. 49). 50a

Macht allerdings der ArbGeb. wegen betrieblicher Notwendigkeiten die **Unabkömmlichkeit des BRMitgl.** zu dem betreffenden Zeitpunkt geltend, ist das BRMitgl. nach BAG (Beschl. 13.5.1997 – 1 ABR 2/97, AP BetrVG 1972 § 37 Nr. 119) unter dem Gesichtspunkt der vertrauensvollen Zusammenarbeit gehalten zu prüfen, ob nicht eine zeitliche Verschiebung der beabsichtigten BRTätigkeit möglich ist, und hat im Verneinungsfall dies dem ArbGeb. unter stichwortartiger Angabe der Gründe mitzuteilen. Aber auch in diesem Falle ist die stichwortartige Angabe des 51

Grundes nicht erforderlich wenn es sich um eine betriebsratsvertrauliche oder vertrauliche Angelegenheit von ArbN handelt. In keinem Fall kann der ArbGeb. eine genaue Schilderung der beabsichtigten BRTätigkeit oder gar eine schriftliche Unterrichtung über ihre Art und Dauer verlangen (so schon BAG 19.6.1979 – 6 AZR 638/77, AP BetrVG 1972 § 37 Nr. 36; 14.2.1990 – 7 ABR 13/88, BB 1990, 1625; DKKW/*Wedde* Rn. 45; ErfK/*Koch* Rn. 5). Ebensowenig kann er, falls das BRMitgl einen ArbN aufsuchen will, die Angabe dessen Namens verlangen (BAG 23.6.1983 – 6 ABR 65/80, AP BetrVG 1972 § 37 Nr. 45). In diesem Falle ist auch die Angabe des Ortes jedenfalls dann nicht erforderlich, wenn sich hieraus Rückschlüsse auf den ArbN ziehen lassen.

52 Das BRMitgl. ist verpflichtet, sich nach Beendigung der BRTätigkeit wieder **zurückzumelden,** damit der ArbGeb. etwa für die Zeit der Abwesenheit getroffenen Maßnahmen, zB Stellung eines Vertr. am Arbeitsplatz, wieder rückgängig machen kann (BAG 15.3.1995 – 7 AZR 643/94, AP BetrVG 1972 § 37 Nr. 105; 13.5.1997 – 1 ABR 2/97, AP BetrVG 1972 § 37 Nr. 119; 29.6.2011 – 7 ABR 135/09, NZA 2012, 47; 24.2.2016 – 7 ABR 20/14, NZA 2016, 831; DKKW/*Wedde* Rn. 47; ErfK/*Koch* Rn. 5; GK-BetrVG/*Weber* Rn. 61; HWGNRH/*Glock* Rn. 51).

53 Die Pflicht des BRMitgl., sich beim Verlassen des Arbeitsplatzes zur Wahrnehmung betriebsverfassungsrechtlicher Aufgaben abzumelden und sich nach Beendigung dieser Tätigkeit wieder zurückzumelden, ist eine aus dem Arbeitsvertrag folgende Verpflichtung. Sie ist durch ihren **Zweck,** den ArbGeb. von der Abwesenheit und ihrer Dauer in Kenntnis zu setzen und ihm etwa erforderliche Dispositionen zu ermöglichen, inhaltlich so **konkret bestimmt,** dass dem ArbGeb. **kein Raum für nähere Anweisungen** hinsichtlich des Meldeverfahrens verbleibt. So kann zB der ArbGeb. weder verlangen, dass die Ab- und Zurückmeldung schriftlich noch dass sie persönlich erfolgen muss, da dies durch den Zweck der Meldepflichten nicht gefordert wird (BAG 13.5.1997 – 1 ABR 2/97, AP BetrVG 1972 § 37 Nr. 119). Auch die Bestimmung des Vorgesetzten, bei dem die Meldungen zu erfolgen haben, ist insofern nicht in das freie Belieben des ArbGeb. gestellt, als auch diese vom Zweck der Meldepflichten gedeckt sein muss und insbes. gegenüber Ab- und Rückmeldepflichten der ArbN aus anderen Anlässen (zB wegen dringende Arztbesuchs oder Vernehmung als Zeugen vor Gericht) nicht willkürlich abweichen darf. Wenn auch die Bestimmung des Adressaten der Ab- und Zurückmeldung grds. in die Organisationsgewalt des ArbGeb. fällt (BAG 13.5.1997 – 1 ABR 2/97, AP BetrVG 1972 § 37 Nr. 119), wäre eine – und sei es auch nur eine psychologische – Erschwerung des Meldeverfahrens bei betriebsverfassungsrechtlich bedingter Abwesenheit ein Verstoß gegen § 78 und damit unwirksam. Infolge des fehlenden Gestaltungsspielraums des ArbGeb. beim Meldeverfahren ist für ein **Mitbestimmungsrecht** des BR nach § 87 Abs. 1 Nr. 1 **kein Raum** (iErg ebenso BAG 23.6.1983 – 6 ABR 65/80, AP BetrVG 1972 § 37 Nr. 45; 13.5.1997 – 1 ABR 2/97, AP BetrVG 1972 § 37 Nr. 119; DKKW/*Wedde* Rn. 48; GK-BetrVG/*Weber* Rn. 63; Richardi BetrVG/*Thüsing* Rn. 31; **aA** LAG BW 1.6.1976 – 7 TaBV 3/76, DB 1976, 1820).

54 Besuchen BRMitgl. im Rahmen ihrer betriebsverfassungsrechtlichen (Überwachungs-)Aufgaben Abteilungen des Betriebs oder ArbN an ihren Arbeitsplätzen (→ § 39 Rn. 31; → § 70 Rn. 14; → § 80 Rn. 80), brauchen sie sich grds. **nicht** bei dem zuständigen Abteilungsleiter oder Vorgesetzten des ArbN unter stichwortartiger Angaben der Gründe für ihren Besuch **anzumelden.** Denn auch dies setzt die BRMitgl. vor der Durchführung ihrer BRTätigkeit konkreten Rechtfertigungszwängen aus (DKKW/*Wedde* Rn. 46; **aA** LAG Nürnberg 18.10.1993 – 7 TaBV 13/93, NZA 1994, 378; LAG Köln 20.8.1992 – 5 TaBV 30/92, LAGE § 2 BetrVG 1972 Nr. 9). Etwas anderes gilt, wenn aus besonderen Sicherheitsgründen der Zutritt zu bestimmten Abteilungen oder Arbeitsplätzen eingeschränkt und von einer vorherigen Anmeldung abhängig ist. Diese Anmeldepflicht haben auch BRMitgl. zu beachten.

55 Sind die ArbN des Betriebs durch eine Regelung über die **Arbeitszeiterfassung** bei zeitweisem Verlassen des Betriebs zur entsprechenden Bedienung des Zeiterfas-

sungsgeräts verpflichtet, gilt dies auch bei einer BRTätigkeit außerhalb des Betriebs (LAG Bln 9.1.1984 – 12 Sa 127/83, DB 1984, 2098; DKKW/*Wedde* Rn. 48; ErfK/*Koch* Rn. 5; GK-BetrVG/*Weber* Rn. 59).

Die Pflicht eines nicht freigestellten BRMitgl., sich vor Beginn der BRTätigkeit beim ArbGeb. abzumelden, ist jedenfalls auch eine aus dem Arbeitsvertrag folgende Verpflichtung. Die Verletzung dieser Pflicht kann deshalb auch Gegenstand einer arbeitsvertraglichen **Abmahnung** sein (BAG 15.7.1992 – 7 AZR 466/91, AP BGB § 611 Abmahnung Nr. 9; ErfK/*Koch* Rn. 5; Richardi BetrVG/*Thüsing* Rn. 30; SWS Rn. 11e; Schaub/*Koch* § 221 Rn. 11; *Pröpper* ZBVR online 2013 Nr. 4 S. 30; **aA** DKKW/*Wedde* Rn. 32; *Kittner* Anm. zu BAG 15.7.1992 – 7 AZR 466/91, EzA § 611 BGB Abmahnung Nr. 26, der die Abmeldepflicht des BRMitgl. als eine ausschließlich betriebsverfassungsrechtliche und deshalb nicht abmahnungsfähige Pflicht ansieht). Ferner kann eine schuldhafte Verletzung dieser Pflicht Schadensersatzansprüche des ArbGeb. auslösen (ErfK/*Koch* Rn. 5; GK-BetrVG/*Weber* Rn. 59). 56

2. Verbot der Minderung des Arbeitsentgelts

Wenn das BRMitgl. sein Amt auch unentgeltlich auszuüben hat, so darf seine Tätigkeit doch nicht zu einer Schmälerung seines Arbeitseinkommens führen. Das BRMitgl. hat vielmehr, sofern seine BRTätigkeit während der Arbeitszeit erforderlich war, **Anspruch auf das Arbeitsentgelt,** das es erzielt haben würde, wenn es gearbeitet hätte (Lohnausfallprinzip). Die Vorschrift konkretisiert hinsichtlich der Vergütung das allgemeine Benachteiligungsverbot des § 78 S. 2 (BAG 28.6.1995 – 7 AZR 1001/94, NZA 1996, 252; 29.4.2015 – 7 AZR 123/13, NZA 2015, 1328; 18.5.2016 – 7 AZR 401/14, NZA 2016, 1212). Es hat Anspruch auf Fortzahlung seines individuellen Arbeitsentgelts. Der Begriff des fortzuzahlenden Arbeitsentgelts iSv Abs. 2 kann mangels einer tariflichen Öffnungsklausel nicht durch TV modifiziert werden (BAG 28.8.1991 – 7 AZR 137/90, AP BPersVG § 46 Nr. 16; 13.7.1994 – 7 AZR 477/93, AP BetrVG 1972 § 37 Nr. 97; DKKW/*Wedde* Rn. 50). Zum Entgeltanspruch eines freigestellten BRMitgl. → § 38 Rn. 85 ff. Zum Entgeltanspruch bei einer Schulungsteilnahme → Rn. 182 ff. Zur Darlegungs- und Beweislast bei gerichtlicher Geltendmachung des Entgeltanspruchs → Rn. 254. 57

Der Lohnfortzahlungsanspruch eines BRMitgl. hat bei berechtigter Arbeitsversäumnis nicht in § 37 Abs. 2, sondern allein im **Arbeitsvertrag** iVm § 611a Abs. 2 BGB seine Rechtsgrundlage (hM, BAG 18.9.1973 – 1 AZR 102/73, AP BetrVG 1972 § 37 Nr. 3; 18.6.1974 – 1 ABR 119/73, AP BetrVG 1972 § 37 Nr. 16; 17.9.1974 – 1 AZR 574/73, AP BetrVG 1972 § 37 Nr. 17; 19.7.1977 – 1 AZR 302/74, AP BetrVG 1972 § 37 Nr. 31; 31.7.1986 – 6 AZR 298/84, AP BetrVG 1972 § 37 Nr. 55; 27.6.1990 – 7 AZR 292/89, AP BetrVG 1972 § 37 Nr. 76; 8.9.2010 – 7 AZR 513/09, NZA 2011, 159; 29.4.2015 – 7 AZR 123/13, NZA 2015, 1328; GK-BetrVG/Weber Rn. 66 mwN). Liegen die Voraussetzungen des § 37 Abs. 2 vor, so bleibt der Lohnanspruch bestehen; er verwandelt sich nicht in einen Ersatzanspruch. Die notwendige Arbeitsversäumnis ist wie geleistete Arbeit zu vergüten. Es wird nicht etwa die BRArbeit als solche vergütet; denn das BRAmt ist ein unentgeltliches Ehrenamt (BAG 5.3.1997 – 7 AZR 581/92, AP BetrVG 1972 § 37 Nr. 123; ErfK/*Koch* Rn. 6; SWS Rn. 1, 12). Als arbeitsvertraglicher Anspruch unterliegt der Lohnanspruch der Lohnsteuer und ist sozialabgabenpflichtig. Für ihn gelten auch bestehende tarifliche Ausschlussfristen (BAG 8.9.2010 – 7 AZR 513/09, NZA 2011, 159; 19.1.2005 – 7 AZR 208/04, AuA 2005, 436; 26.2.1992 – 7 AZR 201/91, AP BPersVG § 46 Nr. 18 hinsichtlich § 70 BAT; LAG München 14.1.1987 – 5 (6) TaBV 41/86, DB 1987, 1156; GK-BetrVG/*Weber* Rn. 66; HWGNRH/*Glock* Rn. 70). Zum Restmandat → Rn. 72a. 58

Da sich nach dem **Lohnausfallprinzip** der Entgeltfortzahlungsanspruch danach bestimmt, was das BRMitgl. während der Zeit notwendiger BRArbeit verdient hätte, ist einem BRMitgl., das regelmäßig über die vertraglich geschuldete Arbeitsleistung 59 hinaus zu weiteren Arbeitseinsätzen herangezogen wird, bei einer notwendigen Arbeitsversäumnis das Entgelt auch für die zusätzlichen Arbeitseinsätze fortzuzahlen (BAG 3.12.1997 – 7 AZR 490/93, AP BetrVG 1972 § 37 Nr. 124 für den Fall einer notwendigen Schulungsteilnahme). Aus demselben Grunde ist die Arbeitszeit für die volle Schicht zu vergüten, wenn wegen der BRSitzung für im Fahrdienst beschäftigte BRMitgl. notwendig die ganze Schicht ausfällt (LAG Düsseldorf 14.7.1978 – 8 Sa 201/77, EzA § 37 BetrVG 1972 Nr. 56; GK-BetrVG/*Weber* Rn. 70).

60 In Betrieben mit **Gleitzeitarbeit** hat das BRMitgl. Anspruch auf eine entsprechende Zeitgutschrift, wenn es während der Arbeitszeit erforderliche BRArbeit vornimmt. Dies gilt nicht nur für erforderliche BRArbeit während der Kern- und Normalarbeitszeit (so HWGNRH/*Glock* Rn. 52, DKKW/*Wedde* Rn. 43) sondern auch während der Gleitzeit. Denn angesichts der flexiblen Gestaltungsmöglichkeiten im Rahmen der Gleitzeitarbeit erfolgt auch diese BRTätigkeit während der Arbeitszeit des BRMitgl. Zum Ausgleich der während der Gleitzeit durchgeführten BRTätigkeit → Rn. 92a.

61 Aus dem Lohnausfallprinzip folgt andererseits, dass für BRTätigkeiten **außerhalb der Arbeitszeit** grds. kein Lohnanspruch besteht (zum Ausgleichsanspruch, wenn die BRTätigkeit aus betriebsbedingten Gründen außerhalb der Arbeitszeit erfolgt → Rn. 73 ff.). Deshalb haben BRMitgl., deren ArbVerh. durch eine zulässige **Aussperrung** suspendiert ist, grds. keinen Anspruch auf Fortzahlung des Arbeitsentgelts, wenn sie während der Aussperrung BRAufgaben wahrnehmen (BAG 25.10.1988 – 1 AZR 368/87, AP GG Art. 9 Arbeitskampf Nr. 110; ErfK/*Koch* Rn. 6; GK-BetrVG/*Weber* Rn. 69; *Lipp* Honorierung S. 129 ff.; **aA** DKKW/*Wedde* Rn. 61; krit. *Hanau* RdA 1991, 278). **Etwas anderes** gilt allerdings, soweit der ArbGeb. während des Arbeitskampfes bei Angelegenheiten, bei denen ein Kampfbezug fehlt, Beteiligungsrechte des BR beachten muss (→ § 74 Rn. 17 ff.) und zu diesem Zweck den BR einschaltet. In diesen Fällen ergeben sich Entgeltansprüche der BRMitgl. aus Abs. 3. Denn die Beteiligung des BR erfolgt aus betriebsbedingten Gründen außerhalb der Arbeitszeit seiner Mitgl. Die Aussperrung des ArbGeb. führt nämlich zum einen dazu, dass von den BRMitgl. keine Arbeitszeit einzuhalten ist und sie deshalb außerhalb der Arbeitszeit tätig werden. Zum anderen bewirkt sie als eine vom ArbGeb. zu vertretende Maßnahme, dass die BRMitgl. die BRTätigkeit nicht während ihrer Arbeitszeit wahrnehmen konnten (ebenso *Happe,* Rechtsstellung von BR, S. 66; **aA** wohl BAG 25.10.1988 – 1 AZR 368/87, AP GG Art. 9 Arbeitskampf Nr. 110; GK-BetrVG/*Weber* Rn. 69; *Lipp* Honorierung S. 131 f.). Allerdings haben die BRMitgl. keinen Anspruch auf Bezahlung dieser Tätigkeit als Mehrarbeit, da sie infolge der Aussperrung noch nicht einmal ihre normale Arbeitszeit einhalten müssen.

62 Versucht im Falle eines **wilden Streiks** der BR im Einverständnis mit dem ArbGeb. durch Verhandlungen zwischen diesem und den streikenden ArbN zu „schlichten“, so ist die Zeit der schlichtenden Tätigkeit, die funktionell zur BRTätigkeit gehören kann, wie Arbeitszeit auch dann zu vergüten, wenn die Arbeit infolge des Streiks auch an den Arbeitsplätzen der BRMitgl. ruht (BAG 5.12.1978 – 6 AZR 485/76; DKKW/*Wedde* Rn. 61; GK-BetrVG/*Weber* Rn. 69; *Däubler* AiB 2011, 473 Anm. zu BAG 5.12.1978 – 6 AZR 485/76; **aA** HWGNRH/*Glock* Rn. 64). Denn durch den wilden Streik waren die ArbVerh. der BRMitgl. nicht suspendiert; die BRMitgl. waren vielmehr grds. zur Arbeit verpflichtet, und der ArbGeb. wäre in Annahmeverzug gekommen, wenn er ihre Arbeit nicht angenommen hätte (BAG 25.10.1988 – 1 AZR 368/87, AP GG Art. 9 Arbeitskampf Nr. 110 unter III 3c der Gründe). Zum Lohnfortzahlungsanspruch eines BRMitgl., das während eines Streiks an einer Schulungsveranstaltung teilnimmt, → Rn. 184.

63 Zum fortzuzahlenden Arbeitsentgelt gehören auch die bei Arbeitsleistung anfallenden **Nebenbezüge,** wie zB Erschwernis- und Schmutzzulagen, Inkassoprämien, Zuschläge für Mehr-, Nacht- oder Sonntagsarbeit (BAG 18.5.2016 – 7 AZR 401/14, NZA 2016, 1212 mwN; 29.8.2018 – 7 AZR 206/17, NZA 2019, 253), die sog Antrittsgebühr in Druckereien, das Saison-Kurzarbeitergeld und Wintergeld als Zu-

schuss-Wintergeld und Mehraufwands-Wintergeld nach §§ 101, 102 SGB III (BAG 21.6.1957 – 1 AZR 465/56, AP BetrVG § 37 Nr. 5 – Sonntagsarbeit; 11.1.1978 – 5 AZR 829/76, AP LohnFG § 2 Nr. 7 – Inkassoprämien; 13.7.1994 – 7 AZR 477/93, AP BetrVG 1972 § 37 Nr. 97 – Antrittsgebühr; 23.4.1974 – 1 AZR 139/73, AP BetrVG 1972 § 37 Nr. 11; 16.8.1995 – 7 AZR 103/95, AP TVG § 1 Tarifverträge: Lufthansa Nr. 19 – Mehrflugstundenprämien; BAG 18.5.2016 – 7 AZR 401/14, NZA 2016, 1212 und LAG Nds 1.8.1979 – 4 Sa 29/79, EzA § 37 BetrVG 1972 Nr. 68 betr. Nachtarbeitszuschlag; GK-BetrVG/*Weber* Rn. 73; DKKW/*Wedde* Rn. 50; ErfK/*Koch* Rn. 6; Richardi BetrVG/*Thüsing* Rn. 34). Es kommt nicht darauf an, dass derartige Zuschläge regelmäßig anfallen; entscheidend ist, dass sie bei hypothetischer Betrachtung während der Arbeitsbefreiung angefallen wären (BAG 29.6.1988 – 7 AZR 651/87, AP BPersVG § 24 Nr. 1; GK-BetrVG/*Weber* Rn. 73). Kein Nachtarbeitszuschlag fällt dagegen an, wenn das BRMitgl. eine Verschiebung seiner Arbeitszeit mit dem ArbGeb. außerhalb der bis dahin regelmäßig anfallenden Nachtschicht vereinbart hat (BAG 18.5.2016 – 7 AZR 401/14, NZA 2016, 1212; ebenso LAG Düsseldorf 22.7.1974 – 15 Sa 317/74, DB 1975, 311; GK-BetrVG/*Weber* Rn. 73 für den Fall, dass das BRMitgl., ohne dass hierfür eine Notwendigkeit bestand, seine Nachtschicht mit einem Arbeitskollegen getauscht hat). Der Verlust des Nachtarbeitszuschlags beruht nicht auf der Arbeitsbefreiung aufgrund notwendiger BRTätigkeit, sondern darauf, dass die Arbeitszeit auf eine nicht zuschlagsfähige Arbeitszeit verschoben wurde ohne dass dies für die Erbringung der BRTätigkeit notwendig war (BAG 18.5.2016 – 7 AZR 401/14, NZA 2016, 1212; **aA** *Jacobs* NZA 2019, 1606, 1607). Leistungen aus einem evtl. bestehenden besonderen Entgeltpool sind weiterzuzahlen (BAG 17.2.1993 – 7 AZR 373/92, AP LPVG Rheinland-Pfalz § 42 Nr. 2 für den sog Liquidationspool nach dem rheinl.-pfälz. KrankenhausG).

Auch **allgemeine Zuwendungen** des ArbGeb., zB Weihnachtsgratifikationen, **64** Urlaubsgeld, Anwesenheitsprämien, vermögenswirksame Leistungen, sind an die von der Arbeit befreiten BRMitgl. fortzuzahlen (GK-BetrVG/*Weber* Rn. 76; DKKW/*Wedde* Rn. 54; ErfK/*Koch* Rn. 6; HWGNRH/*Glock* Rn. 58). Das gilt auch für freiwillige, jederzeit widerrufliche Zulagen (BAG 21.4.1983 – 6 AZR 407/80, AP BetrVG 1972 § 37 Nr. 43). Gewährt der ArbGeb. Pharmaberatern eine am Gesamtumsatz orientierte **Jahresprämie,** ist ein durch erforderliche BRTätigkeiten geminderter Anteil am Jahresumsatz zur Vermeidung einer Verdienstminderung auszugleichen. Bei der Bemessung der Höhe des Ausgleichs sind auch andere Marketingaktivitäten des ArbGeb. zur Umsatzsteigerung zu berücksichtigen (LAG Bln 28.6.1996 – 6 Sa 37/96, NZA 1997, 224; *Esser,* Die Begünstigung von BRMitgl., S. 79; allgemein zur Berechnung leistungs- oder erfolgsbezogener Jahressonderzahlungen bei BRMitgl. vgl. *Gaul* BB 1998, 101). Bei schwankenden Bezügen ist ggf. eine Schätzung nach den Grundsätzen des § 287 Abs. 2 ZPO vorzunehmen (BAG 29.4.2015 – 7 AZR 123/13, NZA 2015, 1328; 8.11.2017 – 5 AZR 11/17, NZA 2018, 528; LAG Bln 28.6.1996 – 6 Sa 37/96, NZA 1997, 224). Keine zulässige Methode zur Ermittlung des erzielten Jahresbonus ist es bezogen auf den Anteil der BRArbeit pauschal auf den durchschnittlichen Zielerreichungsgrad aller ArbN in diesem Bereich abzustellen; sie lässt unberücksichtigt, dass die Erfüllung des Zielerreichnungsgrads nicht nur von der Arbeitsleistung, sondern auch von anderen Faktoren bestimmt wird (s. dazu BAG 29.4.2015 – 7 AZR 123/13, NZA 2015, 1328). *Thüsing/Denzer* BR-Vergütung Rn. 358 ff. stellen bei vollständig freigestellten BRMitgl. auf das Verhältnis des durchschnittlich erreichten Zielerreichungsgrad des BRMitgl. mit dem in der gleichen Zeit von den vergleichbaren ArbN erzielten durchschnittlichen Zielerreichungsgrades ab.

Bei **Akkordarbeit** ist der Akkordlohn nach Maßgabe der durchschnittlichen bis- **65** herigen Arbeitsleistung des BRMitgl. zu vergüten; ist diese nicht feststellbar, so ist der Durchschnitt der jetzt an vergleichbare ArbN gezahlten Akkordlöhne maßgebend (DKKW/*Wedde* Rn. 49; ErfK/*Koch* Rn. 6; GK-BetrVG/*Weber* Rn. 72; HWGNRH/*Glock* Rn. 57, *Lipp* Honorierung S. 113 f.; *Jacobs/Frieling* NZA 2015, 513 [517] jedoch abl. bzgl. Rückgriff auf durchschnittlich individuelle Leistung des BRMitgl. S. 516; **aA** Richardi BetrVG/*Thüsing* Rn. 34, der den zuletzt verdienten Akkord zu Grunde legt). Gleiches gilt für monatliche **Provisionen** (BAG 5.6.1985 – 5 AZR 459/83, NZA 1986, 290; DKKW/*Wedde* Rn. 52; *Lipp* Honorierung S. 114; *Göpfert/Fellenberg/Klarmann* DB 2009, 2041; *Mayer* AiB 2011, 668 [669]; **aA** *Jacobs/Frieling* NZA 2015, 513 [518], die auch hier nur auf die Provisionen vergleichbarer ArbN bzw. wenn solche nicht zu ermitteln sind auf die durchschnittliche Entwicklung aller ArbN abstellen wollen).

66 **Trinkgelder,** die dem Bedienungspersonal in Gaststätten vom Gast freiwillig gegeben werden, gehören jedenfalls bei Fehlen einer besonderen arbeitsvertraglichen Vereinbarung nicht zum vom ArbGeb. fortzuzahlenden Arbeitsentgelt (BAG 28.6.1995 – 7 AZR 1001/94, NZA 1996, 252; GK-BetrVG/*Weber* Rn. 75; ErfK/*Koch* Rn. 6; Richardi BetrVG/*Thüsing* Rn. 34; *Sturm,* freigestellte BR-Mitgl., S. 75; *Esser,* Die Begünstigung von BRMitgl., S. 59f.; **aA** DKKW/*Wedde* Rn. 51). Etwas anderes gilt, wenn sich die vom ArbGeb. für die geleisteten Dienste geschuldete Gegenleistung anstelle oder auch neben der Zahlung der vereinbarten Vergütung die Verschaffung einer Verdienstmöglichkeit zum Gegenstand hat. Eine derartige Verpflichtung des ArbGeb. kann sich auch aus besonderen Umständen ergeben und ist in der Regel anzunehmen, wenn eine so geringe Vergütung vereinbart ist, dass der ArbN erst bei Berücksichtigung der Trinkgelder ein für eine derartige Arbeitsleistung übliches Arbeitsentgelt erreichen kann (BAG 28.6.1995 – 7 AZR 1001/94, NZA 1996, 252).

67 **Leistungen** des ArbGeb., die einen **reinen Aufwendungscharakter** tragen, sind an BRMitgl., die solche Aufwendungen infolge ihrer Arbeitsbefreiung nicht mehr haben (etwa Wegegelder, Auslösungen, Beköstigungszulagen, BAG AP KRG Nr. 22 Betriebsrätegesetz Art. IX Nr. 1), nicht fortzuzahlen (BAG 29.4.2015 – 7 AZR 123/13, NZA 2015, 1328; 29.8.2018 – 7 AZR 206/17, NZA 2019, 253; GK-BetrVG/*Weber* Rn. 77; DKKW/*Wedde* Rn. 57; HWGNRH/*Glock* Rn. 61; Richardi BetrVG/*Thüsing* Rn. 37, 38; *Lipp* Honorierung S. 104). Dies gilt allerdings nicht in den Fällen, in denen es sich bei diesen Leistungen um einen besonderen Teil des Lohnes handelt, zB wenn eine Schmutzzulage nicht als Ausgleich für den Verbrauch zusätzlicher Reinigungsmittel, sondern als Entgelt für die Leistung von schmutziger Arbeit gezahlt wird (ErfK/*Koch* Rn. 6; GK-BetrVG/*Weber* Rn. 77). Ob eine Leistung des ArbGeb. als Aufwendungsersatz oder als Teil des Arbeitsentgelts anzusehen ist, bestimmt sich nach der inhaltlichen Ausgestaltung und dem objektiven Zweck der Leistung. Die gewährte Leistung als Aufwendungsersatz anzusehen erfordert, dass in Fällen, für die eine als Aufwendungsersatz gewährte Leistung vorgesehen ist, im Vergleich zu Fällen, in denen die Voraussetzungen für die Gewährung nicht erfüllt sind, typischerweise besondere Aufwendungen anfallen, die jedenfalls in der Regel den Umfang des gewährten Aufwendungsersatzes erreichen. Hierbei ist eine Pauschalierung des typischen Mehraufwandes zulässig. Denn Sinn der Pauschalierung ist es, vom Nachweis des entstandenen Aufwandes im Einzelfall abzusehen und statt dessen die Gewährung der Pauschalleistung an leicht feststellbare objektive Umstände zu knüpfen, bei deren Vorliegen nach der Lebenserfahrung eine hohe Wahrscheinlichkeit für das Entstehen derartiger Aufwendungen gegeben ist (BAG 18.9.1991 – 7 AZR 41/90, AP BetrVG 1972 § 37 Nr. 82). Die nach der Richtlinie für die Gewährung der Aufwandsentschädigung für Lokomotivführer und Zugbegleiter der Deutschen Bundesbahn gewährte Fahrentschädigung ist keine pauschalierte Aufwandsentschädigung im vorstehenden Sinne, sondern gehört zum fortzuzahlenden Arbeitsentgelt (BAG 5.4.2000 – 7 AZR 213/99, AP BetrVG 1972 § 37 Nr. 131).

67a Dient die Überlassung eines **Dienstwagens** oder die Übernahme der Telefonkosten allein der funktionsgerechten Erledigung der arbeitsvertraglichen Verpflichtungen, steht einem freigestellten BRMitgl kein Anspruch auf Fortgewährung dieser Leistungen zu (BAG 23.6.2004 – 7 AZR 514/03, AP BetrVG 1972 § 37 Nr. 139; 25.2.2009 – 7 AZR 954/07, AP BetrVG 1972 § 37 Nr. 146; GK-BetrVG/*Weber* Rn. 75; SWS

Rn. 18, *Lipp* Honorierung S. 107f.; *Jacobs/Frieling* ZfA 2015, 241 [245]; *Esser,* Die Begünstigung von BRMitgl., S. 124f; **aA** DKKW/*Wedde* Rn. 57). Erlaubt dagegen die Überlassung eines Dienstwagens auch dessen private Nutzung, so ist sie Bestandteil des Arbeitsentgelts und damit auch im Fall der Freistellung eines BRMitgl. aufgrund des Verbots der Entgeltminderung nach Abs. 2 fortzugewähren (BAG 23.6.2004 – 7 AZR 514/03, AP BetrVG 1972 § 37 Nr. 139; ErfK/*Koch* Rn. 6; *Jacobs/Frieling* ZfA 2015, 241 [245]; *Sturm,* freigestellte BR-Mitgl., S. 85; *Esser,* Die Begünstigung von BRMitgl., S. 123; **aA** wohl Richardi BetrVG/*Thüsing* Rn. 33). Denn insoweit handelt es sich um eine zusätzlich Gegenleistung für die geschuldete Arbeit in Form eines Sachbezugs (BAG 23.6.2004 – 7 AZR 514/03, AP BetrVG 1972 § 37 Nr. 139; 11.10.2000 – 5 AZR 240/99, AP BGB § 611 Sachbezüge Nr. 13). Ein vertragl. Ausschluss der Überlassung eines – auch privat genutzten – Dienstwagens im Fall einer Freistellung von der Arbeit als BRMitgl. nach § 37 Abs. 2 ist wegen Verstoßes gegen ein G (§ 37 Abs. 2, § 78 S. 2 BetrVG) nach § 134 BGB nichtig (BAG 23.6.2004 – 7 AZR 514/03, AP BetrVG 1972 § 37 Nr. 139). Die weitere Überlassung des Dienstwagens zur privaten Nutzung führt nicht zu einer Begünstigung iSd. § 78 S. 2 (BAG 23.6.2004 – 7 AZR 514/03, AP BetrVG 1972 § 37 Nr. 139; *Esser,* Die Begünstigung von BRMitgl., S. 123; → § 78 Rn. 22).

Die private Nutzung eines Dienstwagens ist gem. § 8 Abs. 2 S. 2 EStG iVm § 6 **67b** Abs. 1 Nr. 4 S. 2 EStG als geldwerter Vorteil zu versteuern. Voraussetzung ist, dass der ArbGeb. den Dienstwagen auch tatsächlich zur privaten Nutzung überlassen hat. Allein die Nutzung des Wagens für Fahrten zwischen Wohnung und Arbeitsstätte (ab dem 1.1.2014 erste Tätigkeitsstätte → Rn. 66c) begründet noch keine Überlassung zur privaten Nutzung (BFH 6.10.2011 – VI R 56/10, NZA-RR 2012, 199). Des Weiteren sind nach § 8 Abs. 2 S. 3 EStG die Fahrten zwischen Wohnort und regelmäßiger Arbeitsstätte (ab dem 1.1.2014 erste Tätigkeitsstätte → Rn. 66c) mit monatlich 0,03% des Brutto-Wertes des PKW zu versteuern, wenn die betriebliche Einrichtung des ArbGeb. durchschnittlich im Kalenderjahr an einem Arbeitstag je Arbeitswoche zum Zwecke der beruflichen Tätigkeit aufgesucht wird (LohnsteuerRL 9.4.). Für Außendienstmitarbeiter, die die Arbeitsstätte nicht in diesem Sinne regelmäßig aufsuchen, kommt diese Vorschrift nicht zum Tragen. Fahrten, die ein Außendienstmitarbeiter als nicht freigestelltes BRMitgl. iR seiner BRTätigkeit wie zB zu BRSitzungen zur Einrichtung des ArbGeb macht, zählen für die nach der LohnsteuerRL 9.4. zu ermittelnden durchschnittlichen Kalendertage nicht mit, da das Aufsuchen der Einrichtung des ArbGeb. zum Zwecke der BRTätigkeit kein Aufsuchen zur Erbringung ihrer arbeitsvertraglichen Leistung ist (ebenso *Schölzel/Grünberg* AiB 2011, 79; *Mayer* AiB 2011, 668 [671]). Andernfalls würde es sich insoweit um eine vom ArbGeb. nach § 40 zu erstattende Aufwendung handeln (*Schölzel/Grünberg* AiB 2011, 79; *Mayer* AiB 2011, 668 [671]). Mit seiner Entscheidung v. 9.6.2011 hat der BFH seine bisherige Rspr. zur Innehabung mehrerer Arbeitsstätten aufgegeben (BFH 9.6.2011 – VI R 55/10, NZA-RR 2011, 1110). Ob eine Fahrt zwischen Wohnung und Arbeitsstätte iSd § 8 Abs. 2 S. 3 EStG vorliegt, bestimmt sich nach den Grundsätzen, die für den Werbungskostenabzug für Fahrten zwischen Wohnung und (regelmäßiger) Arbeitsstätte iSd § 9 Abs. 1 S. 3 Nr. 4 EStG gelten (BFH 4.4.2008 – VI R 85/04, BFHE 221, 11; BFH 9.6.2011 – VI R 55/10, NZA-RR 2011, 1110). Regelmäßige Arbeitsstätte iS dieser Vorschrift ist (nur) der (ortsgebundene) Mittelpunkt der dauerhaft angelegten beruflichen Tätigkeit des ArbN und damit der Ort, an dem dieser seine aufgrund des Dienstverhältnisses geschuldete Leistung zu erbringen hat (BFH 9.6.2011 – VI R 55/10, NZA-RR 2011, 1110 mwN). Dies ist nach BFH im Regelfall der Betrieb oder eine Betriebsstätte des ArbGeb., der der ArbN zugeordnet ist und die er nicht nur gelegentlich, sondern mit einer gewissen Nachhaltigkeit, also fortdauernd und immer wieder aufsucht (BFH 22.10.2010 – VI R 54/09, BFHE 231, 127; BFH 9.6.2011 – VI R 55/10, NZA-RR 2011, 1110). Zur Besteuerung nur der tatsächlichen Fahrten zwischen Wohnung und Arbeitsstätte s. Schreiben des BMF 1.4.2011 – IV C 5 – S 2334/08/10010 (DStR 2011, 672).

67c Mit dem G zur Änderung und Vereinfachung der Unternehmensbesteuerung und des steuerlichen Reisekostenrechts v. 20.2.2013 (BGBl. I S. 285) hat der Gesetzgeber auf die geänderte Rspr. des BFH reagiert. **Ab dem 1.1.2014** ist maßgeblicher Anknüpfungspunkt nicht mehr die regelmäßige Arbeitsstätte sondern die **erste Tätigkeitsstätte** des ArbN. Was unter „erste Tätigkeitsstätte" zu verstehen ist, ist in § 9 Abs. 4 (neu) EStG festgelegt. Danach bestimmt sich die erste Tätigkeitsstätte vorrangig anhand der arbeits- oder dienstrechtlichen Festlegung sowie diese ausfüllenden arbeits- oder dienstrechtlichen Weisungen/Verfügungen. Damit ist vorrangig die Festlegungen des Arbeitgebers maßgebend und nicht mehr wie bisher die Regelmäßigkeit des Aufsuchens (vgl. BT-Drs. 17/10774, 15). Ist der ArbN einer bestimmten Tätigkeitsstätte arbeits- oder dienstrechtlich dauerhaft zugeordnet, ist es unerheblich, in welchem Umfang er seine berufliche Tätigkeit an dieser oder auch anderen Tätigkeitsstätten ausübt (BT-Drs. 17/10774, 15). Fehlt es an einer dauerhaften Zuordnung zu einer Tätigkeitsstätte, oder ist sie nicht eindeutig, ist darauf abzustellen, ob der ArbN an einer bestimmten betrieblichen Einrichtung typischerweise arbeitstäglich tätig wird oder je Arbeitswoche zwei volle Arbeitstage oder mindestens ein Drittel seiner vereinbarten regelmäßigen Arbeitszeit tätig werden soll (§ 9 Abs. 4 S. 4 Nr. 1 u. 2 EStG). Je Dienstverhältnis hat der ArbN höchstens eine erste Tätigkeitsstätte (§ 9 Abs. 4 S. 5 EStG).

68 Pauschalierte **Auslösungen** können, je nach der Vertragsgestaltung, über einen reinen Aufwendungsersatz hinausgehen; insoweit sind sie als fortzuzahlendes Arbeitsentgelt anzusehen (so für den steuerpflichtigen Teil der Nahauslösung gem. § 7 BundesmontageTV BAG 10.2.1988 – 7 AZR 36/87, AP BetrVG 1972 § 37 Nr. 64; LAG Düsseldorf 29.4.1974 – 15 Sa 1457/73, DB 1974, 2405; HessLAG 31.8.1987 – 14 Sa 1003/86, NZA 1988, 817; krit. hierzu HWGNRH/*Glock* Rn. 61 f.). Auch die nach den Lehrentschädigungsrichtlinien der Deutschen Bundespost gewährte Lehrentschädigung gehört zum fortzuzahlenden Arbeitsentgelt (BAG 15.7.1992 – 7 AZR 491/91, AP BPersVG § 46 Nr. 19). Dagegen ist die Fernauslösung nach § 6 des BundesmontageTV der Eisen-, Metall- und Elektroindustrie v. 30.4.1980 eine pauschalierte, nicht fortzuzahlende Aufwandsentschädigung (BAG 18.9.1991 – 7 AZR 41/90, AP BetrVG 1972 § 37 Nr. 82). Das Gleiche gilt für die sog Streckenzulage nach Nr. 12 Abs. 1 der Sonderregelung 2d zum MTB (BAG 28.8.1991 – 7 AZR 137/90, AP BPersVG § 46 Nr. 16). Nach BAG (14.9.1988 – 7 AZR 753/87, NZA 1989, 856) ist ferner in einer Regelung, die Monteuren bei dienstlichen Fahrten einen Anspruch auf Fahrtkostenerstattung gewährt, lediglich ein vereinfachtes Abrechnungsverfahren für die bei tatsächlicher Montagetätigkeit entstehenden Aufwendungen zu sehen, so dass der Anspruch auf Fahrtkostenerstattung nicht zum Arbeitsentgelt zählt. Deshalb steht dem Monteur, der von seiner Wohnung zur Wahrnehmung von BRAufgaben in den Betrieb fährt, kein Anspruch auf Kilometergeld zu.

69 Fällt im **Baugewerbe** oder einem Wirtschaftszweig, der von saisonbedingten Arbeitsausfall betroffen ist, während der Schlechtwetterzeit (1.11. bis 31.3.) die Arbeit **witterungsbedingt** aus, hat das BRMitgl. wie die anderen ArbN Anspruch auf die entsprechenden tariflichen Leistungen und bei Erfüllung der gesetzlichen Voraussetzungen gegen die Bundesanstalt für Arbeit Anspruch auf Saison-Kurzarbeitergeld und Wintergeld als Zuschuss-Wintergeld und Mehraufwands-Wintergeld (vgl. §§ 101, 102 SGB III). Verlieren ArbN durch eine Kündigung, die auf Grund einer entsprechenden Tarifregelung bei witterungsbedingtem Arbeitsausfall zulässig ist, ihren Entgeltanspruch, gilt dies wegen ihres besonderen Kündigungsschutzes nicht für BRMitgl. (BAG 18.5.1999 – 9 AZR 13/98, AP TVG § 1 Tarifverträge: Betonsteingewerbe Nr. 7). Bei rechtmäßiger betrieblicher **Kurzarbeit** hat auch das BRMitgl. gegen den ArbGeb. grds. nur Anspruch auf das verkürzte Arbeitsentgelt und im übrigen Anspruch auf Kurzarbeitergeld gegen die Bundesanstalt für Arbeit (LAG Hamm LAGE § 37 BetrVG 1972 Nr. 40; ErfK/*Koch* Rn. 6; GK-BetrVG/*Weber* Rn. 68). Führt das BRMitgl. aus betriebsbedingten Gründen außerhalb der Kurzarbeitszeit BRAufgaben

aus, hat es gem. Abs. 3 Anspruch auf Freizeitausgleich oder hilfsweise auf Abgeltung, allerdings ohne einen Mehrarbeitszuschlag, da auch bei normaler Arbeitszeit diese Zeit nur mit dem üblichen Entgelt entlohnt worden wäre (DKKW/*Wedde* Rn. 53).

Auch BRMitgl., die als **Heimarbeiter** beschäftigt sind, haben Anspruch auf Entgeltzahlung für die Zeit, die sie für erforderliche BRArbeit aufwenden. Das gebietet das Benachteiligungsverbot des § 78 S. 2 (HWGNRH/*Glock* Rn. 67). Da Heimarbeiter keine feste Arbeitszeit haben und sich ihr Entgelt grds. nach der erbrachten Arbeitsleistung richtet, bereitet die Bestimmung der Höhe des für Zeiten erforderlicher BRTätigkeit zu zahlenden Entgelts allerdings gewisse Schwierigkeiten. Um immer unsichere hypothetische Erwägungen und insbes. eine unterschiedliche Behandlung der in Heimarbeit beschäftigten BRMitgl. zu vermeiden, erscheint es allein sachgerecht und praktikabel, ihnen für die Zeit erforderlicher BRArbeit den in der jeweils maßgebenden bindenden Festsetzung festgelegten **Mindeststundenlohn** zu zahlen (ErfK/*Koch* Rn. 6; **aA** HWGNRH/*Glock* Rn. 67; GK-BetrVG/*Weber* Rn. 71, *Sturm,* freigestellte BR-Mitgl., S. 71 f., die unter entsprechender Anwendung des § 11 EFZG eine bestimmte Stundenvergütung für die Feiertagsbezahlung berechnen und diese der Vergütung der Zeit der BRTätigkeit zugrunde legen; dieser Ansatz führt aber dazu, dass die Zeit der BRTätigkeit der in Heimarbeit beschäftigten BRMitgl. je nach der Höhe der ihnen zugewiesenen Arbeitsmenge unterschiedlich vergütet wird. DKKW/*Wedde* Rn. 55 schlägt den Rückgriff auf das Referenzeinkommen des betreffenden Heimarbeiters vor, hält aber auch eine Orientierung eines am Durchschnitt vergleichbarer Heimarbeiter ermittelten Referenzeinkommens für zulässig). 70

Das fortzuzahlende Arbeitsentgelt unterliegt der **Steuer-** und **Sozialabgabenpflicht.** Da nach § 3b EStG Zuschläge nur für tatsächlich geleistete Sonntags-, Feiertags- oder Nachtarbeit steuerfrei sind, unterliegen sie bei BRMitgl., die derartige Zuschläge nur auf Grund des Entgeltminderungsverbots fortgezahlt erhalten, nunmehr der Steuer- und damit auch der Sozialabgabenpflicht (BFH 3.5.1974 – VI R 211/71, DB 1974, 1991; MHdB ArbR/*Krois* § 295 Rn. 31). Gleiches gilt, wenn die Zuschläge nur pauschal, ohne anschließende Einzelabrechnung gezahlt werden, aus der sich ergibt, dass die Arbeiten auch tatsächlich geleistet worden sind (BFH 8.12.2011 – VI R 18/11, NZA-RR 2012, 197). Der ArbGeb. ist nicht verpflichtet, dem BRMitgl. die von diesen Zuschlägen zu zahlenden Steuern und Sozialabgaben zu erstatten (BAG 29.7.1980 – 6 AZR 231/78, AP BetrVG 1972 § 37 Nr. 37; 22.8.1985 – 6 AZR 504/83, AP BetrVG 1972 § 37 Nr. 50; 15.1.1997 – 7 AZR 873/95, AP LPVG Rheinland-Pfalz § 39 Nr. 1; GK-BetrVG/*Weber* Rn. 79; HWGNRH/*Glock* Rn. 72; Richardi BetrVG/*Thüsing* Rn. 39; Schaub/*Koch* § 221 Rn. 16; *Sturm,* freigestellte BR-Mitgl., S. 74; *Esser,* Die Begünstigung von BRMitgl., S. 91; **aA** DKKW/*Wedde* Rn. 58; *Schneider* NZA 1984, 21; *Becker/Schaffner* BB 1982, 498). Vorstehendes gilt allerdings nicht, wenn der ArbGeb. auf Grund einer ausdrücklichen Vereinbarung der Arbeitsvertragsparteien die anfallenden Steuern und Sozialversicherungsbeiträge allein trägt (GK-BetrVG/*Weber* Rn. 79). Auch verstößt ein ArbGeb., der den BRMitgl. diese Steuer und Sozialabgaben freiwillig erstattet, nicht gegen das Begünstigungsverbot des § 78 (LAG Bln-Bbg 12.3.2009 – 20 Sa 34/09; **aA** *Esser,* Die Begünstigung von BRMitgl., S. 92). 71

Das zu leistende Arbeitseinkommen darf nicht gemindert werden. Eine solche Minderung würde eintreten, wenn ein BRMitgl. im Hinblick auf den durch seine Amtstätigkeit bedingten Ausfall seiner Arbeitskraft auf einen **minder entlohnten Arbeitsplatz** versetzt würde. Wird dem BRMitgl. eine andere Beschäftigung zugewiesen, weil es wegen seines Amtes die bisherige Arbeit nicht mehr verrichten kann, so behält es mindestens die bisherige Entlohnung (ErfK/*Koch* Rn. 6; Richardi BetrVG/*Thüsing* Rn. 8). 72

BRTätigkeiten, die **nach Beendigung des Arbeitsverhältnisses** iRd **Restmandats** nach § 21b durchgeführt werden, lösen keine Vergütungsansprüche nach § 37 Abs. 2 aus, da es an der Grundvoraussetzung einer Arbeitspflicht aus einem bestehen- 72a den Arbeitsverhältnis fehlt (BAG 5.5.2010 – 7 AZR 728/08, NZA 2010, 1025). Zu Abs. 3 → Rn. 73; zu § 40 → Rn. 7, 40.

IV. Ausgleich für Betriebsratstätigkeit außerhalb der Arbeitszeit (Abs. 3)

73 Die Mitgl. des BR sollen – wie sich aus den Abs. 2 u. 3 ergibt – die sich aus ihrem Amt ergebenden Aufgaben grds. während der Arbeitszeit durchführen (BAG 3.12.1987 – 6 AZR 569/85, AP BetrVG 1972 § 37 Nr. 62 mit weiteren Hinweisen). Dies ist jedoch nicht in allen Fällen möglich. Um zu verhindern, dass BRMitgl., die aus betriebsbedingten Gründen ihre BRTätigkeit nicht während der Arbeitszeit durchführen können, durch einen Verlust persönlicher Freizeit benachteiligt werden, gewährt ihnen Abs. 3 einen Ausgleichsanspruch auf entsprechende Arbeitsbefreiung ohne Minderung des Arbeitsentgelts bzw. hilfsweise auf Abgeltung der aufgewandten Zeit. Damit nicht verbunden ist ein vom Grundsatz des unentgeltlichen Ehrenamts abweichender Grundsatz, dass Freizeitopfer durch eine angemessene Vergütung auszugleichen wären; das Lohnausfallprinzip wird hierdurch nicht durchbrochen (BAG 8.11.2017 – 5 AZR 11/17, NZA 2018, 528; 22.9.2016 – 7 AZR 248/14, NZA 2017, 335; 28.5.2014 – 7 AZR 404/12, NZA 2015, 564; 5.5.2010 – 7 AZR 728/08, NZA 2010, 1025). Dementsprechend besteht für BRTätigkeiten, die **nach Beendigung des Arbeitsverhältnisses** iRd **Restmandats** durchgeführt werden, mangels Arbeitspflicht kein Vergütungsanspruch aus Abs. 3 (BAG 5.5.2010 – 7 AZR 728/08, NZA 2010, 1025). Auch eine analoge Anwendung des Abs. 3 scheidet aus; eine Vergütung eines solchen mit der BRTätigkeit verbundenen Freizeitopfers ist mit dem Ehrenamtsprinzip nicht vereinbar und stellt eine unzulässige Begünstigung iSd § 78 S. 2 dar (BAG 5.5.2010 – 7 AZR 728/08, NZA 2010, 1025).

1. Voraussetzungen

74 Der **Ausgleichsanspruch** setzt voraus, dass eine BRTätigkeit (→ Rn. 75 ff.) aus betriebsbedingten Gründen (→ Rn. 79 ff.) außerhalb der Arbeitszeit (→ Rn. 92) durchgeführt worden ist.

a) Betriebsratstätigkeit

75 Bei der außerhalb der Arbeitszeit durchgeführten Tätigkeit muss es sich um eine **BRTätigkeit** gehandelt haben. dh um die Erfüllung von Aufgaben, die dem BR oder seinen Mitgl. kraft Gesetzes, TV oder BV obliegen oder in unmittelbarem Zusammenhang mit der Erfüllung dieser Aufgaben stehen (iE → Rn. 23 ff.). Zur BRTätigkeit gehört – wie sich aus der durch das BetrVerf-ReformG eingefügten Bezugnahme des Abs. 3 in Abs. 6 S. 1 ergibt – auch die Teilnahme an Schulungsveranstaltungen (→ Rn. 187 ff., 226).

76 Ferner muss die BRTätigkeit, die außerhalb der Arbeitszeit durchgeführt worden ist, **zur ordnungsgemäßen Durchführung** der Aufgaben des BR **erforderlich** iSv Abs. 2 gewesen sein. Dies ergibt sich aus dem Grundsatz, dass die erforderliche BRArbeit im Allgemeinen während der Arbeitszeit durchgeführt werden soll (vgl. Abs. 2) und die Regelung des Abs. 3 lediglich einen entsprechenden Ausgleich für die Fälle schaffen will, in denen dies aus betrieblichen Gründen nicht möglich ist (DKKW/*Wedde* Rn. 62; GK-BetrVG/*Weber* Rn. 86; Richardi BetrVG/*Thüsing* Rn. 44; *Bengelsdorf* NZA 1989, 906). Eine andere Auslegung würde auch zu einer ungleichen Behandlung von BRMitgl. führen. Denn dann stünden BRMitgl., die zwar nützliche, jedoch nicht iSv Abs. 2 erforderliche BRTätigkeiten aus betriebsbedingten Gründen außerhalb der Arbeitszeit durchführen, ein entsprechender Ausgleichsanspruch zu, während BRMitgl., die dieselbe Tätigkeit während der Arbeits-

zeit durchführen, keinerlei Ansprüche, auch keinen Anspruch auf Fortzahlung des Arbeitsentgelts hätten.

Zur BRTätigkeit iSv Abs. 3 zählen auch solche Tätigkeiten, die für sich allein keine BRTätigkeit darstellen, jedoch in einem unmittelbaren notwendigen sachlichen Zusammenhang mit der Durchführung einer BRTätigkeit stehen. Aus diesem Grunde können auch **Reisezeiten** oder zusätzliche **Wegezeiten,** die ein BRMitgl. zur Erfüllung notwendiger betriebsverfassungsrechtlicher Aufgaben außerhalb seiner Arbeitszeit aufwendet, einen entsprechenden Ausgleichsanspruch auslösen, wenn sie in einem unmittelbaren sachlichen Zusammenhang stehen (BAG 27.7.2016 – 7 AZR 255/14, NZA 2016, 1418; 12.8.2009 – 7 AZR 218/08, NZA 2009, 1284 ff.; 16.2.2005 – 7 AZR 330/04, AP BetrVG 1972 § 37 Nr. 141; 16.4.2003 – 7 AZR 423/01, AP BetrVG 1972 § 37 Nr. 138; 10.11.2004 – 7 AZR 131/04, AP BetrVG 1972 § 37 Nr. 140; 11.7.1978 – 6 AZR 387/75, AP BetrVG 1972 § 37 Nr. 57; GK-BetrVG/*Weber* Rn. 103; DKKW/*Wedde* Rn. 63; WPK/*Kreft* Rn. 27; → § 221 Rn. 20; *Bengelsdorf* NZA 1989, 911; HWGNRH/*Glock* Rn. 76). Bei der Frage, ob Reise- und Wegezeiten nach Absatz 3 vergütungspflichtig sind, sind die gleichen Maßstäbe anzuwenden wie für Fahrzeiten, die ein ArbN iRd Erfüllung seiner Arbeitspflichten aufwendet (BAG 27.7.2016 – 7 AZR 255/14, NZA 2016, 1418). Das folgt aus dem Begünstigungs- und Benachteiligungsverbot des § 78. Geht es um Wegezeiten von ArbN von der Wohnung zur Arbeitsstätte sind diese in der Regel nicht als Arbeitszeit zu vergüten, so dass insoweit auch einem BRMitgl. kein Entgeltanspruch für diese Zeiten aus Absatz 3 zusteht (BAG 27.7.2016 – 7 AZR 255/14, NZA 2016, 1418; *Däubler* SR 2017, 85 [93]). Bestehen über die Durchführung von Dienstreisen nähere tarifliche oder betriebliche Regelungen, sind diese auch bei Reisen von BRMitgl. maßgebend (BAG 16.4.2003 – 7 AZR 423/01, AP BetrVG 1972 § 37 Nr. 138; 21.6.2006 – 7 AZR 389/05, NZA 2006, 1417; 12.8.2009 – 7 AZR 218/08, NZA 2009, 1284 ff.; DKKW/*Wedde* Rn. 72; GK-BetrVG/*Weber* Rn. 104; HWGNRH/*Glock* Rn. 78). Des Weiteren ist erforderlich, dass die Reise aus betriebsbedingten Gründen außerhalb der Arbeitszeit des BRMitgl. durchgeführt wird (→ Rn. 91). Zur Frage, ob und inwieweit die Zeit von Dienstreisen außerhalb der Arbeitszeit als **Arbeitszeit** zählt BAG 16.4.2003 – 7 AZR 423/01, AP BetrVG 1972 § 37 Nr. 138; 10.11.2004 – 7 AZR 131/04, AP BetrVG 1972 § 37 Nr. 140; 3.9.1997 – 5 AZR 428/96, NZA 1998, 540; 22.2.1978 – 4 AZR 579/76, AP BAT § 17 Nr. 3 mwN; *Hunold* DB 1977, 1506; *Hunold* NZA 1993, 10; *Loritz/Koch* BB 1987, 1102; *Loritz* NZA 1997, 1192. **77**

Findet im Betrieb eine **Betr.- oder AbtVerslg.** gem. § 44 Abs. 1 S. 1 **außerhalb der Arbeitszeit** statt, so findet für BRMitgl. die Regelung des Abs. 3 (und nicht diejenige des § 44 Abs. 1 S. 3) Anwendung, da davon auszugehen ist, dass die Mitgl. des BR **in ihrer Amtseigenschaft** und nicht in ihrer Eigenschaft als ArbN des Betriebs an diesen Verslg. teilnehmen. Da die Teilnahme eine notwendige BRTätigkeit darstellt, steht ihnen auch der Ausgleichsanspruch nach Abs. 3 zu (LAG Düsseldorf 8.12.1972 – 4 Sa 945/72, EzA § 44 BetrVG 1972 Nr. 1; DKKW/*Wedde* Rn. 64; GK-BetrVG/*Weber* Rn. 102; GK-BetrVG/*Weber* § 44 Rn. 45; ErfK/*Koch* Rn. 7; einschränkend Richardi BetrVG/*Thüsing* Rn. 67; *Greßlin* BR-Mitglieder S. 112: nur bei Teilnahme an der AbtVerslg. eines Betriebsteils, der das BRMitgl. nicht angehört; **aA** offensichtlich BAG 5.5.1987 – 1 AZR 292/85, AP BetrVG 1972 § 44 Nr. 4, das den Entgeltanspruch auch für BRMitgl. auf § 44 Abs. 1 stützt; Richardi BetrVG/*Thüsing* Rn. 67; Richardi BetrVG/*Annuß* § 44 Rn. 39; *Greßlin* BR-Mitglieder S. 112 die Anspruch ausschließlich nach § 44 Abs. 1 gewähren, unabhängig davon, ob die Betr.- bzw. AbtVerslg. innerhalb der persönlichen und betrieblichen Arbeitszeit des BRMitgl. abgehalten wird oder nicht; für Erstattung nach § 44 Abs. 1: GK-BetrVG/*Weber* Rn. 49, nur dann, wenn die Teilnahme des BRMitgl. innerhalb seiner persönlichen und auch der betrieblichen Arbeitszeit erfolgt und er nicht als Externer teilnimmt). Dies gilt allerdings nicht für die außerordentliche Betr.- und AbtVerslg., die mangels Zustimmung des ArbGeb. gem. § 44 Abs. 2 nicht während der Arbeitszeit **78** durchgeführt werden. Denn der Grund für die Durchführung dieser Verslg. außerhalb der Arbeitszeit ist die gesetzliche Regelung des § 44 und kein betriebsbedingter Grund iSd Abs. 3. Etwas anderes gilt allerdings dann, wenn der ArbGeb. seine Zustimmung zur Durchführung der BetrVerslg. während der Arbeitszeit lediglich aus betriebsbedingten Gründen verweigert. Fällt jedoch die außerordentliche BetrVerslg. in die persönliche Arbeitszeit des BRMitgl. besteht ein Anspruch nach Abs. 2 (*Greßlin* BR-Mitglieder S. 112).

b) Betriebsbedingte Gründe

79 Nicht jede BRTätigkeit außerhalb der Arbeitszeit löst einen entsprechenden Ausgleichsanspruch aus, sondern nur eine solche, die aus betriebsbedingten Gründen außerhalb der Arbeitszeit durchgeführt werden muss. **Betriebsbedingte Gründe** sind insbes. solche, die sich aus der Eigenart des Betriebs oder der Gestaltung seines Arbeitsablaufs ergeben; es muss ein im Betrieb selbst vorhandener Sachzwang dazu führen, dass die BRTätigkeit nicht während der Arbeitszeit durchgeführt werden kann (BAG 28.5.2014 – 7 AZR 404/12, NZA 2015, 564; 19.3.2014 – 7 AZR 480/12, DB 2014, 497; 26.1.1994 – 7 AZR 593/92, AP BetrVG 1972 § 37 Nr. 93; 31.10.1985 – 6 AZR 175/83, AP BetrVG 1972 § 37 Nr. 52; 3.12.1987 – 6 AZR 569/85, AP BetrVG 1972 § 37 Nr. 62; 11.7.1978 – 6 AZR 387/75, AP BetrVG 1972 § 37 Nr. 57; DKKW/*Wedde* Rn. 65; ErfK/*Koch* Rn. 7; GK-BetrVG/*Weber* Rn. 90f.; Richardi BetrVG/*Thüsing* Rn. 47; SWS Rn. 20, 23). Das gilt sowohl für Tätigkeiten des BRGremiums als auch für BRTätigkeiten seiner einzelnen Mitgl. Zu denken ist hier zB an die Durchführung einer BRSitzung außerhalb der Arbeitszeit aus den Gründen des § 30 S. 2 oder an Teilnahme an der BRSitzung in Betriebe mit Schichtarbeit für die in unterschiedlichen Schichten tätigen BRMitgl. Betriebsbedingte Gründe liegen auch vor, wenn BRMitgl. in Schlüsselstellungen beschäftigt sind und sie wegen ihrer Unabkömmlichkeit BRTätigkeiten außerhalb ihrer Arbeitszeit durchführen müssen. Das Gleiche gilt für die Teilnahme an Betriebsbesichtigungen oder Unfalluntersuchungen der zuständigen Arbeitsschutzbehörden außerhalb der persönlichen Arbeitszeit des hierfür zuständigen BRMitgl. Auch wenn ein **Zeitungszusteller,** dessen Arbeit in den frühen Morgenstunden zu erledigen ist, BRTätigkeit in der Normalarbeitszeit ausübt, ist dies durch die Eigenart des Betriebs bedingt (BAG 19.3.2014 – 7 AZR 480/12, DB 2014, 497; 25.8.1999 – 7 AZR 713/97, AP BetrVG 1972 § 37 Nr. 130).

80 Allerdings ist der Begriff der „betriebsbedingten Gründe" nicht nur in diesem engen Sinne zu verstehen. Vielmehr liegen betriebsbedingte Gründe für eine BRTätigkeit außerhalb der Arbeitszeit bereits dann vor, wenn aus Gründen, die in **der Sphäre des Betriebs** liegen, die BRTätigkeit nicht während der Arbeitszeit durchgeführt wird (GK-BetrVG/*Weber* Rn. 92; DKKW/*Wedde* Rn. 65; ErfK/*Koch* Rn. 7; Richardi BetrVG/*Thüsing* Rn. 48). Das ist stets anzunehmen, wenn der ArbGeb. direkt oder indirekt Einfluss darauf genommen hat, dass die BRTätigkeit außerhalb der Arbeitszeit durchgeführt worden ist (BAG 26.1.1994 – 7 AZR 593/92, AP BetrVG 1972 § 37 Nr. 93). Zu denken ist zB daran, dass eine BRSitzung auf Wunsch des ArbGeb. ganz oder teilweise außerhalb der Arbeitszeit abgehalten worden ist oder dass bei Meinungsverschiedenheiten zwischen ArbGeb. und BR in einer wichtigen und für den Betrieb wesentlichen Frage, die im Interesse des Betriebs eine schnelle Entscheidung erfordert, die Verhandlungen zwischen den Betriebspartnern oder die Beratungen des BR über die gewöhnliche Arbeitszeit hinausgehen (GK-BetrVG/*Weber* Rn. 92). Betriebsbedingte Gründe liegen auch vor, wenn der ArbGeb. dem BR eine Fülle kurzfristig zu erledigender beteiligungspflichtiger Sachverhalte vorlegt, die der BR auch bei konzentrierter Arbeit nicht innerhalb der üblichen Arbeitszeit bewältigen kann (DKKW/*Wedde* Rn. 66; *Däubler* SR 2017, 85 [93]). Das Gleiche gilt, wenn. der ArbGeb. ein BRMitgl veranlasst, erforderliche BRArbeit nicht während seiner Arbeitszeit vorzunehmen.

Betriebsbedingte Gründe liegen nach dem durch das BetrVerf-ReformG in Abs. 3 neu eingefügte S. 2 ferner vor, wenn wegen der **unterschiedlichen Arbeitszeiten** der BRMitgl. die BRTätigkeit nicht innerhalb der persönlichen Arbeitszeit erfolgen kann. Die jeweilige betriebliche Arbeitszeitgestaltung ist Teil der betrieblichen Organisation. Diese ist Grundlage für die Arbeit des BR und seiner Mitgl. (vgl. Begründung des RE BT-Drs. 14/5741, 40). Insofern ist es folgerichtig, dass sich aus ihr keine nachteiligen Folgen für die BRArbeit ergeben dürfen. Das wird durch den neuen Abs. 3 S. 2 gewährleistet. Mit dessen gesetzlicher Fiktion (*Löwisch* BB 2001, 1741) ist ua auch die Frage, ob die BRTätigkeit von **teilzeitbeschäftigten BRMitgl.** außerhalb ihrer Arbeitszeit als betriebsbedingt anzusehen ist (dies wurde zwar überwiegend bejaht, war jedoch nicht unumstritten, vgl. hierzu Fitting, 20. Aufl. 2000, Rn. 66), in einem bejahenden Sinne beantwortet (HaKo-BetrVG/*Wolmerath* Rn. 18; ErfK/*Koch* Rn. 7). 81

Der neue S. 2 ist weit formuliert. Er erfasst zum einen die Fälle, in denen – ohne das es auf eine unterschiedliche Dauer der Arbeitszeit der BRMitgl. ankommt – allein wegen der unterschiedlichen Lage der Arbeitszeiten der BRMitgl. die BRTätigkeit eines Mitgl. nicht innerhalb seiner persönlichen Arbeitszeit erfolgen kann. Dies gilt zB – was bisher schon allgemein anerkannt war – für den Fall, dass BRMitgl. in **Wechselschicht** arbeiten. Nimmt ein BRMitgl. entsprechend dem Schichtplan in seiner schichtfreien Zeit notwendige BRTätigkeiten wahr, zB Teilnahme an Sitzungen des BR oder GesBR oder an der BRVerslg., wird diese BRTätigkeit aus betriebsbedingten Gründen außerhalb der persönlichen Arbeitszeit des BRMitgl. ausgeübt (BAG 15.5.2019 – 7 AZR 396/17, NZA 2019, 1497; 18.1.2017 – 7 AZR 224/15, NZA 2017, 791; 16.4.2003 – 7 AZR 423/01, AP BetrVG 1972 § 37 Nr. 138; DKKW/*Wedde* Rn. 76; ErfK/*Koch* Rn. 7; GK-BetrVG/*Weber* Rn. 96). Das gilt ferner für Betriebe mit **Gleitzeitarbeit.** Denn diese ist ja gerade auf eine unterschiedliche Lage der Arbeitszeit der ArbN ausgerichtet (*Löwisch* BB 2001, 1741). 82

Betriebsbedingte Gründe iSd Abs. 3 S. 2 liegen ferner vor, wenn ein BRMitgl. erforderliche BRTätigkeiten wegen des unterschiedlichen **Umfangs der Arbeitszeiten** der BRMitgl. nicht innerhalb seiner persönlichen Arbeitszeit vornehmen kann (*Löwisch* BB 2001, 1741; Richardi BetrVG/*Thüsing* Rn. 52). Die Regelung betrifft alle Fälle, in denen BRMitglieder unterschiedlich lange Arbeitszeiten haben. Sie ist insbes. für BRMitgl. mit einer gegenüber der Regelarbeitszeit verkürzten Arbeitszeit von Bedeutung. Hierbei ist es gleichgültig, ob die verkürzte Arbeitszeit auf der Vereinbarung von Teilzeitarbeit oder einer ihre Unterformen Arbeit auf Abruf oder Arbeitsplatzteilung nach §§ 2, 12 u. 13 TzBfG (→ § 5 Rn. 157 ff.) beruht oder ob sie sich aus einer Arbeitszeitausgleichsregelung wegen vorübergehender Mehrarbeit ergibt (vgl. hierzu § 3 S. 2, § 7 Abs. 1 ArbZG). Unerheblich ist, ob das Interesse für die verkürzte Arbeitszeit arbeitgeberseitig (zB bessere Auslastung der Betriebsanlagen) oder arbeitnehmerseitig (zB familiäre oder sonstige persönliche Gründe) bedingt ist. Das ist eine dem Abs. 3 vorgelagerte Frage (so zu Recht GK-BetrVG/*Weber* Rn. 95). Auch eine auf Veranlassung des ArbN gem. §§ 8, 9a TzBfG erfolgte Verringerung der Arbeitszeit unterfällt der Regelung des Abs. 3 S. 2 (HaKo-BetrVG/*Wolmerath* Rn. 18; GK-BetrVG/*Weber* Rn. 95; Richardi BetrVG/*Thüsing* Rn. 52; *Greßlin* BR-Mitglieder S. 79; **aA** SWS Rn. 23a; *Reichold* NZA 2001, 857 [861]; *Hanau* RdA 2001, 65 [71]). 83

Die Unmöglichkeit eines **teilzeitbeschäftigten BRMitgl.,** BRArbeit während seiner Arbeitszeit auszuführen, wird insbes. wegen seiner unterschiedlichen Arbeitszeit zu vollzeitbeschäftigten BRMitgl. bestehen. Zu denken ist zB an seine Teilnahme an BRSitzungen, an Sitzungen des BetrAusschusses oder anderer Ausschüsse des BR oder an Besprechungen mit dem ArbGeb. nach § 74 Abs. 1, die während der Regelarbeitszeit, jedoch außerhalb der Arbeitszeit des teilzeitbeschäftigten BRMitgl. stattfinden. Wie sich aus der allgemeinen Formulierung des S. 2 ergibt, können auch unterschiedliche Arbeitszeiten zwischen zwei oder mehreren teilzeitbeschäftigten BRMigl. die Rechtsfolge des S. 2 auslösen, zB wenn der BR zwei zu unterschiedlichen Zeiten arbeitende teilzeitbeschäftigte BRMitgl. beauftragt, zur Beschlussvorbe- 84 reitung eine bestimmte Angelegenheit mit dem ArbGeb. zu besprechen (so auch *Greßlin* BR-Mitglieder S. 67 f.).

85 Um eine Ausgleichsanspruch auszulösen muss die außerhalb der persönlichen Arbeitszeit eines teilzeitbeschäftigten BRMitgl. durchgeführte BRArbeit allerdings ihrerseits zu einer Zeit erfolgen, in der **üblicherweise BRArbeit** geleistet wird. Das folgt daraus, dass die Fiktion des Abs. 3 S. 2 an unterschiedliche Arbeitszeiten von BRMitgl. anknüpft. Diese Voraussetzung ist zB gegeben bei der Teilnahme an einer während der Arbeitszeit stattfindenden BRSitzung oder im Falle einer notwendigen Zusammenarbeit mit einem anderen (teilzeitbeschäftigten) BRMitgl. die Durchführung der BRTätigkeit in dessen Arbeitszeit. Wird die BRTätigkeit außerhalb dieser Zeiten ausgeübt, setzt ein Ausgleichsanspruch voraus, dass hierfür ein besonderer betriebsbedingter Grund vorliegt. Kein Ausgleichsanspruch besteht allerdings, wenn alle teilzeitbeschäftigten BRMitgl. dieselbe Arbeitszeit haben und die BRTätigkeit ohne betriebsbedingten Grund außerhalb ihrer persönlichen Arbeitszeit stattfindet (GK-BetrVG/*Weber* Rn. 96; *Greßlin* BR-Mitglieder S. 67 f.). Nicht erforderlich ist dagegen, dass die BRTätigkeit immer von mindestens zwei BRMitgl. zu erbringen ist (so aber *Greßlin* BR-Mitglieder S. 80, 86; für BRTätigkeit eines einzeln tätig gewordenen BRMitgl. außerhalb seiner Arbeitszeit bestehe der Ausgleichsanspruch nur in analoger Anwendung des Abs. 3 S. 2 (*Greßlin* BR-Mitglieder S. 80 ff., 82, 86).

86 Abs. 3 S. 2 regelt ausschließlich die Frage, dass eine BRTätigkeit außerhalb der persönliche Arbeitszeit eines BRMitgl. unter den genannten Voraussetzungen betriebsbedingt ist. Aus dieser Vorschrift ergibt sich **keine rechtliche Verpflichtung** des BR oder seiner Mitgl., die Erledigung von BRAufgaben nach den unterschiedlichen Arbeitszeiten der BRMitgl. auszurichten. Die Annahme einer derartigen Verpflichtung würde die den auf die Normalarbeitszeit abgestellten Handlungs- und Gestaltungsspielraum des BR und seiner Mitgl. unzulässig einengen. Der BR kann – soweit ihm dies geboten oder vertretbar erscheint – bei der Gestaltung seiner Arbeit die unterschiedlichen Arbeitszeiten seiner Mitgl. berücksichtigen. Unterlässt er dies, ergeben sich hieraus keine Auswirkungen darauf, dass die Unmöglichkeit von BRMitgl., die BRTätigkeit während ihrer Arbeitszeit zu erbringen, betriebsbedingt iSd Abs. 3 S. 2 ist (ErfK/*Koch* Rn. 7; enger GK-BetrVG/*Weber* Rn. 97; *Greßlin* BR-Mitglieder S. 69 ff. nur wenn zB BR Sitzung so gelegt ist, dass sie für die meisten BRMitgl. innerhalb der persönlichen Arbeitszeit stattfindet).

87 **Keine betriebsbedingten Gründe** liegen vor, wenn das BRMitgl. aus **persönlichen Gründen** BRTätigkeiten außerhalb der Arbeitszeit durchführt, die es ohne weiteres auch während der Arbeitszeit hätte durchführen können (GK-BetrVG/*Weber* Rn. 98). Auch die Unterbrechung des Urlaubs eines BRMitgl., um an einer BRSitzung teilzunehmen, erfolgt nicht aus betriebsbedingten Gründen, so dass kein Anspruch auf eine entsprechende Verlängerung des Urlaubs besteht (BAG 28.5.2014 – 7 AZR 404/12, NZA 2015, 564; GK-BetrVG/*Weber* Rn. 98; Richardi BetrVG/*Thüsing* Rn. 50; ErfK/*Koch* Rn. 7; **aA** wohl DKKW/*Wedde* Rn. 77; *Ochsmann* BB 1978, 562 allerdings nicht wegen Abs. 3 sondern aus allgemeinen Gründen). Führt ein BRMitgl. während einer ihm erteilten Arbeitsbefreiung BRTätigkeit durch, kann ohne Hinzutreten von besonderen Umständen regelmäßig nicht vom Vorliegen betriebsbedingter Gründe ausgegangen werden (BAG 28.5.2014 – 7 AZR 404/12, NZA 2015, 564).

88 Betriebsbedingte Gründe können ferner zu verneinen sein, wenn eine **besondere Gestaltung der BRArbeit** dazu führt, dass sie nicht innerhalb der Arbeitszeit der BRMitgl. durchgeführt wird. Betriebsratsbedingte Gründe sind nicht ohne weiteres mit betriebsbedingten Gründen gleichzusetzen (ErfK/*Koch* Rn. 7; GK-BetrVG/*Weber* Rn. 101 f.; Richardi BetrVG/*Thüsing* Rn. 49; **aA** wohl DKKW/*Wedde* Rn. 68 f.). Dies gilt allerdings **nicht in den Fällen des Abs. 3 S. 2,** da bei Vorliegen seiner Voraussetzungen die Betriebsbedingtheit – ohne dass es auf die Gestaltung der BRArbeit ankommt – **von Gesetzes wegen** unterstellt wird (→ Rn. 81 ff.; *Greßlin* BR-Mitglieder S. 73 f.). Keine betriebsbedingten Gründe sind zB gegeben, wenn eine BRSitzung nur deshalb außerhalb der Arbeitszeit stattfindet, weil ansonsten die Teilnahme eines in einer Spezialfrage besonders sachverständigen Gewerkschaftsvertreters nicht möglich ist. Auch die Festsetzung von Zeit und Ort zB von Sitzungen des GesBR oder des KBR oder der Zeit der BRVerslg. werden im Allgemeinen nicht durch betriebsbedingte Gründe bestimmt sein (BAG 11.7.1978 – 6 AZR 387/75, AP BetrVG 1972 § 37 Nr. 57). Allerdings ist zu beachten, dass Abs. 3 S. 2 für den GesBR und KBR entsprechend gilt (vgl. § 51 Abs. 1, § 59 Abs. 1). Keine betriebsbedingten Gründe dürften ferner vorliegen, wenn in einem Betrieb, der kurzarbeitet, BRTätigkeiten während der Zeit vorgenommen werden, in der wegen der Kurzarbeit keine Arbeit geleistet wird (BAG 26.4.1995 – 7 AZR 874/94, AP BetrVG 1972 § 20 Nr. 17 für die Tätigkeit eines Wahlvorstands). Etwas anders gilt allerdings, wenn besondere betriebliche Gründe die BRArbeit in dieser Zeit erforderlich machen oder wenn nur in einem Teil des Betriebs kurzgearbeitet wird und BRMitgl. aus diesem Grund unterschiedliche Arbeitszeiten haben; dann greift Abs. 3 S. 2 Platz.

Der Anspruch eines BRMitgl. auf Freizeitausgleich bzw. Mehrarbeitsvergütung, das nach dem Arbeitsvertrag die **zeitliche Lage seiner Arbeitszeit** ganz oder teilweise **selbst bestimmen** und außerhalb des Betriebs ableisten kann (zB Lehrer), setzt in der Regel voraus, dass das BRMitgl. dem ArbGeb. vorher mitgeteilt hat, dass die BRTätigkeit aus betriebsbedingten Gründen nicht innerhalb der Arbeitszeit erfolgen kann (BAG 31.10.1985 – 6 AZR 175/83, AP BetrVG 1972 § 37 Nr. 52). Hat das BRMitgl. eine entsprechende Mitteilung gemacht, der ArbGeb. aber keine Möglichkeit zur Ausübung der BRTätigkeit während der Arbeitszeit gegeben, liegen betriebsbedingte Gründe iSd Abs. 3 vor (DKKW/*Wedde* Rn. 77; Richardi BetrVG/*Thüsing* Rn. 51; SWS Rn. 22a; *Rath* BB 1989, 2328; **aA** HWGNRH/*Glock* Rn. 87). Das Gleiche gilt auch ohne Mitteilung des BRMitgl., wenn sich der ArbGeb. eindeutig und endgültig auch für zukünftige Fälle geweigert hat, die BRTätigkeit während der Arbeitszeit zu ermöglichen (BAG 3.12.1987 – 6 AZR 569/85, AP BetrVG 1972 § 37 Nr. 62). 89

Freigestellte BRMitgl. sind ebenfalls gehalten, ihre BRAufgaben während der normalen Arbeitszeit durchzuführen. Das Gleiche gilt für teilweise freigestellte BRMitgl. hinsichtlich ihrer Freistellungszeit. Ist dies infolge eines übermäßigen Arbeitsanfalls nicht möglich und die Mehrarbeit auch nicht durch eine anderweitige Arbeitsaufteilung unter den Freigestellten aufzufangen, sind ggf. weitere BRMitgl. (ganz oder teilweise) freizustellen (BAG 21.5.1974 – 1 AZR 477/73, AP BetrVG 1972 § 37 Nr. 14; DKKW/*Wedde* Rn. 70; GK-BetrVG/*Weber* Rn. 101; zur Frage weiterer Freistellungen → § 38 Rn. 19 ff.). Geschieht dies nicht, kommen für erforderliche Mehrarbeit der Freigestellten Ausgleichsansprüche in Betracht (→ Rn. 97, 109; → § 38 Rn. 81). 90

Bei **Reisen eines BRMitgl.** in erforderlichen betriebsverfassungsrechtlichen Angelegenheiten hat das BRMitgl. nach Abs. 2 in dem Umfang Anspruch auf entsprechende Arbeitsbefreiung dass es in angemessener Weise und zu angemessener Zeit am Reiseziel eintrifft (→ Rn. 42). Soweit die für die Reise erforderliche Arbeitsbefreiung aus betriebsbedingten Gründen nicht in Anspruch genommen werden kann und deshalb die Reise außerhalb der Arbeitszeit durchgeführt werden muss, besteht ein Anspruch auf entsprechende Arbeitsbefreiung (BAG 11.7.1978 – 6 AZR 387/75, AP BetrVG 1972 § 37 Nr. 57; 16.4.2003 – 7 AZR 423/01, AP BetrVG 1972 § 37 Nr. 138; GK-BetrVG/*Weber* Rn. 103; Richardi BetrVG/*Thüsing* Rn. 50; SWS Rn. 23c; *Bengelsdorf* NZA 1989, 911; **aA** LAG Brem 11.10.1974 – 1 SA 73/74, BB 1975, 838; LAG BW 14.9.1976 – 7 Sa 69/76, AP BetrVG 1972 § 37 Nr. 25; **weitergehend** ArbG Siegen 16.1.1998 – 1 Ca 278/97 O, NZA-RR 1998, 360). So ist zB ein BRMitgl., das zu einer um 9 Uhr beginnenden GesBRSitzung von München nach Hamburg reist, berechtigt, die Reise schon am Vortage unter Inanspruchnahme der erforderlichen Arbeitsbefreiung anzutreten. Ist letzteres aus betriebsbedingten Gründen nicht möglich, hat das BRMitgl. insoweit Anspruch auf einen entsprechenden Freizeitausgleich, als es am Vortag Arbeitszeit für die Durchführung der Reise hätte in Anspruch nehmen können. Bei Reisen **teilzeitbeschäftigter BRMitgl.** ist für die Frage der Inanspruch- 91 nahme von Arbeitszeit auf die übliche Arbeitszeit eines vollzeitbeschäftigten BRMitgl. abzustellen, dh: soweit die erforderliche Reisezeit in die Arbeitszeit eines vollbeschäftigten BRMitgl. fällt, hat es den Ausgleichsanspruch nach Abs. 3 S. 2; denn insoweit ist es ihm wegen seiner verkürzten Arbeitszeit nicht möglich, die Reise während der Arbeitszeit eines vollzeitbeschäftigten BRMitgl. anzutreten. Insoweit gilt das Gleiche wie bei einer notwendigen BRTätigkeit außerhalb der individuellen Arbeitszeit eines teilzeitbeschäftigten BRMitgl. (→ Rn. 83ff.; LAG Brem 3.7.2018 – 1 Sa 147/17, LAGE § 37 BetrVG 2001 Nr. 17; DKKW/*Wedde* Rn. 71; Richardi BetrVG/*Thüsing* Rn. 52; *Greßlin* BR-Mitglieder S. 106f.; **aA** GK-BetrVG/*Weber* Rn. 103; *Bengelsdorf* NZA 1989, 912; *Lipke* NZA 1990, 761). Bestehen tarifliche oder betriebliche Regelungen über Dienstreisen, sind diese maßgebend (BAG 12.8.2009 – 7 AZR 218/08, NZA 2009, 1284; → Rn. 77 und Hinweise zur Frage der Reisezeit als Arbeitszeit). Gleiches gilt bei der Teilnahme an Schulungs- oder Fortbildungsveranstaltungen (BAG 10.11.2004 – 7 AZR 131/04, AP BetrVG 1972 § 37 Nr. 140).

c) Tätigkeit außerhalb der Arbeitszeit

92 Die BRTätigkeit muss **außerhalb der Arbeitszeit** durchgeführt worden sein. Diese Voraussetzung ist auf das einzelne BRMitgl., das bei der Ausübung der betreffenden BRTätigkeit beteiligt war, zu beziehen; es kommt auf dessen **individuelle Arbeitszeit** an, so wie sie sich aus der bestehenden tariflichen Regelung, einer BV nach § 87 Abs. 1 Nr. 2 oder dem Arbeitsvertrag ergibt (BAG 3.12.1987 – 6 AZR 569/85, AP BetrVG 1972 § 37 Nr. 62; DKKW/*Wedde* Rn. 71; GK-BetrVG/*Weber* Rn. 94; Richardi BetrVG/*Thüsing* Rn. 46). Für BRMitgl., die in einem **Teilzeitarbeitsverhältnis** einschließlich seiner Unterformen Arbeit auf Abruf und Arbeitsplatzteilung nach den §§ 6ff., 12 u. 13 TzBfG beschäftigt sind, ist ebenfalls ihre jeweilige konkrete persönliche Arbeitszeit maßgebend (BAG 25.8.1999 – 7 AZR 713/97, AP BetrVG 1972 § 37 Nr. 130; LAG Nds 30.5.1985 – 2 Sa 15/85, AiB 1986, 94; HessLAG 3.3.1988 – 12 Sa 898/87, DB 1988, 1706; DKKW/*Wedde* Rn. 71; ErfK/*Koch* Rn. 7; HWGNRH/*Glock* Rn. 89; *Greßlin* BR-Mitglieder S. 85; *Bengelsdorf* NZA 1989, 905f.).

92a Bei einem in **Gleitzeitarbeit** beschäftigten BRMitgl. liegt die BRTätigkeit auf jeden Fall außerhalb seiner Arbeitszeit, wenn die Tätigkeit außerhalb des Gleitzeitrahmens ausgeübt wird. Führt ein BRMitgl. in der Gleitzeit erforderliche BRArbeit durch, kann es diese (zunächst) im Rahmen der allgemeinen Gleitzeitregelung ausgleichen, ohne dass es insoweit einer besonderen Geltendmachung des Ausgleichsanspruchs und einer ausdrücklichen Gewährung der Arbeitsbefreiung durch den ArbGeb. bedarf (BAG 22.9.2016 – 7 AZR 248/14, NZA 2017, 335 → Rn. 94f.). Ist ein Ausgleich im Gleitzeitrahmen nicht oder nicht in vollem Umfang möglich, etwa wegen zu starker Arbeitsbelastung oder aus sonstigen Gründen, ist die erforderliche BRTätigkeit, da sie dann nicht mehr im Rahmen der vertraglich geschuldeten Arbeitszeit stattgefunden hat, als außerhalb der persönlichen Arbeitszeit liegend anzusehen (so auch BAG 22.9.2016 – 7 AZR 248/14, NZA 2017, 335 und *Schönhöft/Oelze* NZA 2017, 284). Insoweit bestimmt sich der Anspruch auf Freizeitausgleich nach Abs. 3. Für seine Erfüllung ist die Kern- und Normalarbeitszeit in Anspruch zu nehmen. Dies gilt insbes. auch, wenn nach Ablauf des betrieblich maßgebenden Ausgleichszeitraums ein Zeitguthaben vorhanden ist und hierin Zeitgutschriften für erforderliche BRTätigkeiten enthalten sind, die während der Gleitzeit durchgeführt worden sind (→ Rn. 60). Dies im Streitfall darzulegen, obliegt dem BRMitgl. Es empfiehlt sich deshalb, die aus betriebsbedingten Gründen in der Gleitzeit durchgeführten BRArbeiten iE festzuhalten.

2. Anspruch auf Arbeitsbefreiung

93 Das BRMitgl. hat bei Vorliegen der in den → Rn. 74ff. genannten Voraussetzungen in erster Linie Anspruch auf entsprechende **Arbeitsbefreiung unter Fortzah-**

lung des Arbeitsentgelts. Nur wenn die Gewährung der geltend gemachten Arbeitsbefreiung innerhalb eines Monats aus betriebsbedingten Gründen nicht möglich ist, besteht ein **Abgeltungsanspruch** (→ Rn. 106ff.). Dieses **Rangverhältnis** zwischen dem Ausgleichs- und dem Abgeltungsanspruch unterliegt weder der Disposition des ArbGeb. noch des betreffenden BRMitgl., dh der ArbGeb. kann nicht statt des Freizeitanspruchs die Abgeltung gewähren, noch kann das BRMitgl. direkt die Abgeltung verlangen (BAG 8.11.2017 – 5 AZR 11/17, NZA 2018, 528; 18.1.2017 – 7 AZR 224/15, NZA 2017, 791; 25.8.1999 – 7 AZR 713/97, AP BetrVG 1972 § 37 Nr. 130; DKKW/*Wedde* Rn. 78; ErfK/*Koch* Rn. 8; GK-BetrVG/*Weber* Rn. 105, 107; HWGNRH/*Glock* Rn. 90; Richardi BetrVG/*Thüsing* Rn. 61).

Das BRMitgl. hat Anspruch auf entsprechende Arbeitsbefreiung unter Fortzahlung des Arbeitsentgelts. Der Anspruch steht dem **einzelnen BRMitgl.,** nicht dem BR zu (BAG 21.3.2017 – 7 ABR 17/15, NZA 2017, 1014; GK-BetrVG/*Weber* Rn. 106; HWGNRH/*Glock* Rn. 94). Das BRMitgl. hat den Anspruch auf Arbeitsbefreiung dem ArbGeb. gegenüber **geltend** zu machen (BAG 25.8.1999 – 7 AZR 713/97, AP BetrVG 1972 § 37 Nr. 130; 18.1.2017 – 7 AZR 224/15, NZA 2017, 791). Sind dem ArbGeb. die Voraussetzungen des Ausgleichsanspruchs nicht bekannt, hat das BRMitgl. sie ihm darzulegen, dh ihm mitzuteilen, wann und wie lange es erforderliche BRAufgaben außerhalb der Arbeitszeit durchgeführt hat (Richardi BetrVG/*Thüsing* Rn. 58). Da der Freizeitausgleich grds. innerhalb eines Monats gewährt werden soll, hat die **Geltendmachung unverzüglich** zu erfolgen. Eine verspätete Geltendmachung des Anspruches, auch wenn sie erst nach Ablauf eines Monats erfolgt, ist jedoch unschädlich (GK-BetrVG/*Weber* Rn. 108, 114; Richardi BetrVG/*Thüsing* Rn. 58; HaKo-BetrVG/*Wolmerath* Rn. 22; **aA** HWGNRH/*Glock* Rn. 96, wonach der Anspruch erlischt, wenn er nicht innerhalb eines Monats geltend gemacht wird). Zur Verjährung des Anspruchs auf Freizeitausgleich → Rn. 105. 94

Der ArbGeb. hat dem BRMitgl. **Arbeitsbefreiung zu gewähren.** Das BRMitgl. darf diesen Anspruch grds. nicht von sich aus ohne eine entsprechende Gewährung durch den ArbGeb. durchsetzen und einfach von der Arbeit fernbleiben (DKKW/*Wedde* Rn. 79; ErfK/*Koch* Rn. 8; GK-BetrVG/*Weber* Rn. 107; HWGNRH/*Glock* Rn. 88; Richardi BetrVG/*Thüsing* Rn. 59). Insoweit gelten entsprechende Grundsätze wie bei der Urlaubsgewährung (SWS Rn. 24; DKKW/*Wedde* Rn. 79; *Däubler* SR 2017, 85 [95]; enger BAG 19.3.2014 – 7 AZR 480/12, DB 2014, 497; 15.2.2012 – 7 AZR 774/10, NZA 2012, 1112, wonach der ArbGeb. ein Bestimmungsrecht nach billigem Ermessen iSv § 106 S. 1 GewO, § 315 Abs. 3 BGB hat, im Rahmen dessen die Belange des BRMitgl. an einer planbaren Freizeitgestaltung zu beachten sind; ebenso GK-BetrVG/*Weber* Rn. 112; ErfK/*Koch* Rn. 8; HWGNRH/*Glock* Rn. 87; Richardi BetrVG/*Thüsing* Rn. 59; WPK/*Kreft* Rn. 31). 95

Wenn der ArbGeb. allerdings den Ausgleichsanspruch nicht innerhalb eines Monats erfüllt und **offensichtlich keinerlei erkennbare Gründe** seiner Gewährung entgegenstehen, kann das BRMitgl. den Freizeitausgleich von sich aus in Anspruch nehmen; denn es ist zu berücksichtigen, dass der Anspruch auf Freizeitausgleich durch BRTätigkeit bedingt ist und das BRMitgl. für die Wahrnehmung von BRTätigkeiten während der Arbeitszeit ebenfalls keiner Zustimmung des ArbGeb. bedarf (→ Rn. 49; DKKW/*Wedde* Rn. 79; *Lichtenstein* BetrR 1972, 152; **aA** ErfK/*Koch* Rn. 8; HWGNRH/*Glock* Rn. 96; Richardi BetrVG/*Thüsing* Rn. 61f). 96

Hat ein **freigestelltes BRMitgl.** aus betriebsbedingten Gründen notwendige BRArbeit außerhalb seiner Arbeitszeit erledigt (→ Rn. 90, → § 38 Rn. 81), obliegt es seiner Einschätzung, ob und wann seine Amtstätigkeit die Inanspruchnahme des Freizeitausgleichs gestattet. 97

Der Ausgleichsanspruch besteht in **dem gleichen Umfang,** wie das BRMitgl. aus betrieblichen Gründen außerhalb der Arbeitszeit BRTätigkeit durchgeführt hat. Dem BRMitgl. ist für von ihm aufgewendete Zeit für BRTätigkeit außerhalb der Arbeitszeit entsprechende Arbeitsbefreiung zu gewähren; er ist unabhängig von der Dauer der üblichen Arbeitszeit (BAG 26.9.2018 – 7 AZR 829/16, NZA 2019, 259). 98

Das gilt auch für den Ausgleichsanspruch teilzeitbeschäftigter BRMitgl. (*Bengelsdorf* NZA 1989, 912). Ein Anspruch auf einen dem Mehrarbeitszuschlag entsprechenden Freizeitzuschlag besteht nicht (vgl. den Gesetzeswortlaut: „entsprechende Arbeitsbefreiung"; BAG 26.9.2018 – 7 AZR 829/16, NZA 2019, 259; 19.7.1977 – 1 AZR 376/74, AP BetrVG 1972 § 37 Nr. 29;; ErfK/*Koch* Rn. 8; GK-BetrVG/*Weber* Rn. 117; Richardi BetrVG/*Thüsing* Rn. 55; MHdB ArbR/*Krois* § 295 Rn. 47; *Greßlin* BR-Mitglieder S. 93f.; *Eich* BB 1974, 1445; **aA** DKKW/*Wedde* Rn. 81).

99 Auch wenn ein teilzeitbeschäftigtes BRMitgl. aus betriebsbedingten Gründen notwendige BRArbeit in einem Umfang außerhalb der Arbeitszeit durchführt, die über seine vertraglich festgelegte tägliche Arbeitszeit hinausgeht, hat es in dem Umfang Anspruch auf Freizeitausgleich, der zeitlich der BRArbeit außerhalb seiner Arbeitszeit entspricht. Zu denken ist zB an den Fall, dass ein Zeitungsausträger mit einer werktäglichen Arbeitszeit von zwei Stunden morgens früh im Laufe des Tages über 6 Stunden notwendige BRArbeit ausführt. Der Freizeitausgleich erfolgt in diesem Fall stunden- und nicht tageweise, und ist in einem solchen Fall über mehrere Tage zu gewähren (BAG 19.3.2014 – 7 AZR 480/12, DB 2014, 1558; 25.8.1999 – 7 AZR 713/97, AP BetrVG 1972 § 37 Nr. 130). Je nach Lage der persönlichen Arbeitszeit eines BRMitgl. und der damit zwangsläufig außerhalb der Arbeitszeit erbrachten BRTätigkeit kann dies über einen längeren Zeitraum zu einer vollständigen Freistellung von der Arbeit führen (wie bei einem Zeitungszusteller mit geringer Arbeitsstundenzahl s. BAG 19.3.2014 – 7 AZR 480/12, DB 2014, 1558).

100 Keine Voraussetzung für den Ausgleichsanspruch ist, dass die außerhalb der Arbeitszeit des BRMitgl. geleistete BRTätigkeit eine **zusätzliche,** über die geschuldete Arbeitszeit hinausgehende Leistung darstellt (BAG 15.5.2019 – 7 AZR 396/17, NZA 2019, 1497 unter Aufgabe seiner bisherigen Rspr. BAG 15.2.1989 – 7 AZR 193/88, NZA 1990, 447; 7.6.1989 – 7 AZR 597/88, juris). Es kommt ausschließlich darauf an, ob die aus betriebsbedingten Gründen erbrachte BRArbeit zu einer Zeit erfolgte, in der das BRMitgl. nicht zur Arbeitsleistung verpflichtet war (BAG 15.5.2019 – 7 AZR 396/17, NZA 2019, 1497).

101 Das G enthält keine Regelung, in welcher Weise der Anspruch auf Arbeitsbefreiung zu erfüllen ist, zB ob die Arbeitsbefreiung **zusammenhängend** genommen werden muss oder **eine Teilung,** zB in Form einer stundenweisen Arbeitsbefreiung über mehrere Tage hinweg, zulässig ist. Sofern keine betriebsbedingten Gründe entgegenstehen, bestimmt sich die zeitliche Lage der entsprechenden Arbeitsbefreiungen nach den **Wünschen des BRMitgl.** (DKKW/*Wedde* Rn. 79; ErfK/*Koch* Rn. 8; *Däubler* SR 2017, 85 [95] nach BAG hat der ArbGeb. ein Bestimmungsrecht nach billigem Ermessen iSv § 106 S. 1 GewO, § 315 Abs. 3 BGB iR. dessen auf die Belange des BRMitgl. an einer planbaren Freizeitgestaltung Rücksicht zu nehmen ist: BAG 19.3.2014 – 7 AZR 480/12, DB 2014, 497; BAG 15.2.2012 – 7 AZR 774/10, NZA 2012, 1112).

102 Für die Zeit der Arbeitsbefreiung ist dem BRMitgl. das **Arbeitsentgelt fortzuzahlen.** Das BRMitgl. erhält also nicht die Zeit für die außerhalb der Arbeitszeit geleisteten BRTätigkeit vergütet (dann hätte es uU Anspruch auf Mehrarbeitsvergütung), vielmehr hat es einen Anspruch auf Arbeitsbefreiung unter Fortzahlung des Arbeitsentgelts. Fortzuzahlen ist das Arbeitsentgelt, dass das BRMitgl. verdient haben würde, wenn es während der Zeit der Arbeitsbefreiung gearbeitet hätte (BAG 19.7.1977 – 1 AZR 376/74, AP BetrVG 1972 § 37 Nr. 29; 12.8.2009 – 7 AZR 218/08, NZA 2009, 1284; GK-BetrVG/*Weber* Rn. 118; HWGNRH/*Glock* Rn. 99; Richardi BetrVG/*Thüsing* Rn. 56). Auch etwaige **Zulagen** sind fortzuzahlen (→ Rn. 63ff.). Im Fall des Bestehens eines Anspruchs auf Freizeitausgleich für **Reisezeiten,** die außerhalb der Arbeitszeit anfallen und dessen Vergütung kommt es auf die maßgeblichen tarifvertraglichen bzw. betrieblichen Regelungen über die Durchführung von Dienstreisen im Betrieb des ArbGeb. an (BAG 12.8.2009 – 7 AZR 218/08, NZA 2009, 1284). **Erkrankt** das BRMitgl. am Tag des zu gewährenden Freizeitausgleichs, besteht kein Entgeltfortzahlungsanspruch nach § 3 Abs. 1 S. 1

EFZG; dieser entsteht nur, wenn die krankheitsbedingte Arbeitsunfähigkeit der alleinige Grund für den Ausfall der Arbeitsleistung ist (BAG 15.2.2012 – 7 AZR 774/10, NZA 2012, 1112).

Die Arbeitsbefreiung ist **innerhalb eines Monats** zu gewähren. Für den Beginn der Frist ist nicht die Geltendmachung des Anspruchs, sondern der Zeitpunkt maßgebend, an dem das BRMitgl. aus betriebsbedingten Gründen BRTätigkeit außerhalb der Arbeitszeit durchgeführt hat (DKKW/*Wedde* Rn. 78, 83; GK-BetrVG/*Weber* Rn. 110; Richardi BetrVG/*Thüsing* Rn. 57). Die Monatsfrist endet gem. § 188 Abs. 2 BGB mit dem Ablauf des Tages des folgenden Monats, der durch seine Zahl dem Tag entspricht, an dem die BRTätigkeit ausgeübt wurde. Hat zB ein BRMitgl. am 15.2. notwendige BRTätigkeit außerhalb der Arbeitszeit durchgeführt, so muss grds. spätestens bis zum Ablauf des 15.3. die entsprechende Arbeitsbefreiung gewährt sein. Die Monatsfrist ist keine Frist im Sinne einer Ausschlussfrist (BAG 19.3.2014 – 7 AZR 480/12, DB 2014, 1558). **103**

Wird der Anspruch nicht innerhalb eines Monats erfüllt, so wandelt er sich nur dann in einen **Abgeltungsanspruch** um, wenn seiner Erfüllung **betriebsbedingte Gründe** entgegenstehen (→ Rn. 106 ff.; BAG 28.5.2014 – 7 AZR 404/12, NZA 2015, 564; 18.1.2017 – 7 AZR 224/15, NZA 2017, 791). Wird die Arbeitsbefreiung nicht innerhalb eines Monats gewährt, obwohl dem keine betrieblichen Gründe entgegenstehen und deshalb im Allgemeinen kein Abgeltungsanspruch entsteht (→ Rn. 108), behält das BRMitgl. grds. den Anspruch auf Arbeitsbefreiung. Die Monatsfrist ist **keine Ausschlussfrist** in dem Sinne, dass nach Ablauf der Frist der Anspruch nicht mehr bestünde (BAG 19.3.2014 – 7 AZR 480/12, DB 2014, 1558; DKKW/*Wedde* Rn. 84; ErfK/*Koch* Rn. 8; GK-BetrVG/*Weber* Rn. 114; Richardi BetrVG/*Thüsing* Rn. 58; HaKo-BetrVG/*Wolmerath* Rn. 22; *Lipp* Honorierung S. 139 f.; **aA** HWGNRH/*Glock* Rn. 96). Zweck dieser verhältnismäßig kurzen Frist ist es sicherzustellen, dass das BRMitgl. möglichst umgehend einen entsprechenden Freizeitausgleich erhält. Wenn der ArbGeb. den Freizeitausgleich ordnungsgemäß gewährt, das BRMitgl. ihn jedoch unbegründet nicht in Anspruch genommen hat, erlischt der Anspruch (DKKW/*Wedde* Rn. 84; GK-BetrVG/*Weber* Rn. 109; Richardi BetrVG/*Thüsing* Rn. 60). **104**

Der Anspruch auf Freizeitausgleich **verjährt** gem. §§ 195, 199 BGB in der ab 1.1.2002 geltenden Fassung mit Ablauf von drei Jahren, gerechnet vom Schluss des Jahres an, in dem er entstanden ist (Richardi BetrVG/*Thüsing* Rn. 60; GK-BetrVG/*Weber* Rn. 110). Für am 1.1.2002 bestehende Ansprüche vgl. die Übergangsregelung in Art. 229 § 6 EGBGB. Etwa bestehende **tarifliche Ausschlussfristen** erstrecken sich auch auf den Anspruch auf Freizeitausgleich als Anspruch aus dem Arbeitsverhältnis (BAG 16.4.2003 – 7 AZR 423/01, AP BetrVG 1972 § 37 Nr. 138; 18.1.2017 – 7 AZR 224/15, NZA 2017, 791; ArbG Lübeck 7.12.1999 – 6 Ca 2589/99, NZA-RR 2000, 427; DKKW/*Wedde* Rn. 84; ErfK/*Koch* Rn. 8; GK-BetrVG/*Weber* Rn. 119; HWGNRH Rn. 98). Der Anspruch auf Freizeitausgleich entsteht und wird fällig unmittelbar nach der Teilnahme an der jeweiligen BRSitzung bzw. der BRTätigkeit (BAG 16.4.2003 – 7 AZR 423/01, AP BetrVG 1972 § 37 Nr. 138; 18.1.2017 – 7 AZR 224/15, NZA 2017, 791). Zur Wahrung einer tariflichen Ausschlussfrist muss das BRMitgl. den Anspruch auf Freizeitausgleich konkret geltend machen, eine Klage auf Vergütung der BRTätigkeit oder die bloße Anzeige über die außerhalb der Arbeitszeit erbrachte BRTätigkeit erfüllt diese Voraussetzung nicht (BAG 18.1.2017 – 7 AZR 224/15, NZA 2017, 791). Wurde der Anspruch auf Freizeitausgleich gewährt, liegt darin grds. kein Anerkenntnis, die Zeit der Arbeitsbefreiung unabhängig von einer dazu bestehenden Rechtspflicht vergüten zu wollen; der ArbGeb. kann die fehlende Verpflichtung auch noch in einem späteren Rechtsstreit geltend machen (BAG 16.2.2005 – 7 AZR 330/04, AP BetrVG 1972 § 37 Nr. 141). **105**

3. Abgeltung

106 Eine Abgeltung der Zeit, die das BRMitgl. außerhalb seiner persönlichen Arbeitszeit für erforderliche BRArbeit aufgewendet hat, kommt nur in Betracht, wenn dem ArbGeb. die beantragte Arbeitsbefreiung aus **betriebsbedingten Gründen** nicht möglich ist. Das gilt auch für freigestellte BRMitgl. Im Hinblick auf das grundsätzliche Rangverhältnis des Ausgleichsanspruchs auf Arbeitsbefreiung und des Abgeltungsanspruchs und dem ihm zugrunde liegenden sozial-, insbes. gesundheitspolitischen Grundgedanken ist der Begriff der „betriebsbedingten Gründe" **eng auszulegen.** Grds. soll dem BRMitgl. entsprechende Arbeitsbefreiung gewährt werden und nur in Ausnahmefällen die aufgewendete Zeit mit Geld abgegolten werden. Betriebsbedingte Gründe sind deshalb nur solche, die aus objektiven Gründen eines ordnungsgemäßen Betriebsablaufs auch eine nur vorübergehende Abwesenheit des BRMitgl. als nicht vertretbar erscheinen lassen (GK-BetrVG/*Weber* Rn. 112; DKKW/*Wedde* Rn. 85; ErfK/*Koch* Rn. 8; MHdB ArbR/*Krois* § 295 Rn. 46).

107 Der Abgeltungsanspruch setzt voraus, dass das BRMitgl. **zuvor** den Anspruch auf Freizeitausgleich ordnungsgemäß geltend gemacht hat. Es kann den **Abgeltungsanspruch nicht** dadurch herbeiführen, dass es die Geltendmachung des vorrangigen Anspruchs auf Arbeitsbefreiung unterlässt (BAG 8.11.2017 – 5 AZR 11/17, NZA 2018, 528; 18.1.2017 – 7 AZR 224/15, NZA 2017, 791; 28.5.2014 – 7 AZR 404/12, NZA 2015, 564; 25.8.1999 – 7 AZR 713/97, AP BetrVG 1972 § 37 Nr. 130; 11.1.1995 – 7 AZR 543/94, NZA 1996, 105; DKKW/*Wedde* Rn. 84; ErfK/*Koch* Rn. 8; GK-BetrVG/*Weber* Rn. 120; *Lipp* Honorierung S. 140). Die bloße Anzeige der BR-Tätigkeit außerhalb der Arbeitszeit stellt kein Geltendmachung des Anspruchs auf Arbeitsbefreiung dar (BAG 18.1.2017 – 7 AZR 224/15, NZA 2017, 791; 28.5.2014 – 7 AZR 404/12, NZA 2015, 564; 16.4.2003 – 7 AZR 423/01, AP BetrVG 1972 § 37 Nr. 138; 25.8.1999 – 7 AZR 713/97, AP BetrVG 1972 § 37 Nr. 130).

108 Ferner muss der ArbGeb. die Gewährung des beantragten Freizeitausgleichs aus betriebsbedingten Gründen **verweigert** haben. Die betriebsbedingten Gründe müssen grds. objektiv vorliegen. Allerdings entsteht der Abgeltungsanspruch auch dann, wenn der ArbGeb. unter Verkennung des Begriffs der betriebsbedingten Gründe die beantragte Arbeitsbefreiung verweigert hat und das BRMitgl. sich hiermit zufrieden gibt; denn eine Verweigerung der Abgeltung durch den ArbGeb. würde im Hinblick auf seine vorausgegangene Verweigerung des Freizeitausgleichs gegen Treu und Glauben verstoßen (Richardi BetrVG/*Thüsing* Rn. 52; in diesem Fall ebenso HWGNRH/*Glock* Rn. 96; MHdB ArbR/*Krois* § 295 Rn. 46; GK-BetrVG/*Weber* Rn. 121; *Däubler* SR 2017, 85 [95]).

109 Haben **freigestellte BRMitgl.** aus betriebsbedingten Gründen notwendige BRArbeit außerhalb ihrer Arbeitszeit durchgeführt (→ § 38 Rn. 81), entsteht der Abgeltungsanspruch, wenn ihre Arbeitszeit in einem Umfang mit der Erledigung erforderlicher BRArbeit ausgefüllt ist, der die Inanspruchnahme eines Freizeitausgleichs nicht zulässt (LAG Düsseldorf 19.5.1993 – 18 Sa 215/93, LAGE § 37 BetrVG 1972 Nr. 41; ArbG Freiburg 28.11.1995 – 2 Ca 373/94, AiB 1996, 378; ArbG Stuttgart 13.12.2012 – 24 Ca 5430/12, NZA-RR 2013, 140 [143]; **aA** LAG Bln-Bbg 11.6.2010 – 6 Sa 675/10, AuA 2010, 610). Letzteres hat das freigestellte BRMitgl. näher darzulegen (BAG 12.12.2000 – 9 AZR 508/99, TVG § 1 Tarifverträge: Textilindustrie Nr. 27; BAG 28.9.2016 – 7 AZR 248/14, NZA 2017, 335; **aA** *Greßlin* BR-Mitglieder S. 97).

110 Ist eine Arbeitsbefreiung aus betriebsbedingten Gründen nicht möglich, so ist die außerhalb der Arbeitszeit ausgeübte BRTätigkeit wie **Mehrarbeit** zu vergüten. Die Abgeltung wie Mehrarbeit rechtfertigt sich bei **vollzeitbeschäftigten BRMitgl.** daraus, dass sich in diesem Falle die außerhalb der Arbeitszeit ausgeübte BRTätigkeit tatsächlich als eine zusätzliche zu der normalen Arbeitsleistung vollbrachte Tätigkeit darstellt, die nicht in anderer Weise ausgeglichen wird. Bei einer Vereinbarung nach

Stücklohn hat eine hypothetische Betrachtung zu erfolgen; dabei ist die Methode zu wählen, die dem Lohnausfallprinzip am nächsten kommt, ggf. ist eine Schätzung nach den Grundsätzen des § 287 Abs. 2 ZPO vorzunehmen (BAG 8.11.2017 – 5 AZR 11/17, NZA 2018, 528).

Umstritten ist, ob die Vergütung wie Mehrarbeit ohne Rücksicht auf die vertraglich vereinbarte Dauer der Arbeitszeit des BRMitgl. kraft Gesetzes stets als Mehrarbeit zu vergüten ist oder ob die Vergütung wie Mehrarbeit voraussetzt, dass deren (tarif-)vertragliche Voraussetzungen vorliegen. Diese Frage ist insbes. für **teilzeitbeschäftigte BRMitgl.** von Bedeutung, denen im ersteren Fall schon bei jeder Überschreitung ihrer gegenüber den Vollzeitbeschäftigten verkürzten Arbeitszeit ein Anspruch auf Mehrarbeitszuschläge zustünde. Abs. 3 hat zum Ziel, Nachteile auszugleichen, die einem BRMitgl. durch eine außerhalb seiner Arbeitszeit wahrgenommene BRTätigkeit entstehen. Auf der anderen Seite verbietet § 78 S. 2 die Begünstigung von BRMitgl. wegen ihrer Tätigkeit. Würde man einem teilzeitbeschäftigten BRMitgl. bereits bei jeder Überschreitung seiner verkürzten Arbeitszeit einen Mehrarbeitszuschlag zubilligen, so würde es sowohl gegenüber anderen teilzeitbeschäftigten ArbN als auch gegenüber den vollzeitbeschäftigten BRMitgl. begünstigt. Erstere würden für eine von ihnen abverlangte über die vereinbarte Teilzeit hinausgehende Arbeit solange keine Zuschläge erhalten, bis die Grenze, von der ab ein solcher Zuschlag allgemein zu zahlen ist, überschritten wird. Letztere würden für ihre BRTätigkeit während des Vollarbeitszeitraums keine Zuschläge erhalten. Dem teilzeitbeschäftigten BRMitgl. stünden für BRTätigkeiten in demselben Zeitraum Mehrarbeitszuschläge zu, sobald er die für ihn maßgebende verkürzte Arbeitszeit überschreitet. Berücksichtigt man, dass die Erstreckung des Abs. 3 auf Schulungsveranstaltungen durch das BetrVerf-ReformG ua wegen der gebotenen Gleichbehandlung von teilzeit- mit den vollzeitbeschäftigten BRMitgl. erfolgt ist, wäre eine Gesetzesauslegung, die zu einer Bevorzugung von teilzeitbeschäftigten BRMitgl. führen würde, widersprüchlich. Der Abgeltungsanspruch nach Abs. 3 umfasst deshalb erst dann Mehrarbeitszuschläge, wenn deren (tarif-)vertragliche Voraussetzungen erfüllt sind. Bis dahin besteht der Anspruch in Höhe der für die regelmäßige Arbeitszeit zu zahlenden Vergütung (BAG 7.2.1985 – 6 AZR 370/82, NZA 1985, 600; ErfK/*Koch* Rn. 8; GK-BetrVG/*Weber* Rn. 126; Richardi BetrVG/*Thüsing* Rn. 65; *Greßlin* BR-Mitglieder S. 102f.; *Däubler* SR 2017, 85 [95]; *Hanau* RdA 2001, 71; *Bengelsdorf* NZA 1989, 913; *Lipke* NZA 1990, 761; **aA** DKKW/*Wedde* Rn. 73; HaKo-BetrVG/*Wolmerath* Rn. 23; die ebenfalls abweichende Ansicht in Fitting, 20. Aufl. 2000 wird aufgegeben). Die außerhalb der persönlichen Arbeitszeit erbrachte Betriebsratstätigkeit ist betriebsratsbedingte Überarbeit und keine betrieblich bedingte Überarbeit; sie kann nicht mit der vertraglich zu leistenden Arbeitszeit zu einer hierüber hinaus geleisteten Gesamtarbeitszeit zusammengerechnet werden (BAG 19.12.2006 – 9 AZR 356/06, AP TzBfG § 8 Nr. 20). **111**

In welcher **Höhe der Mehrarbeitszuschlag** zu zahlen ist, richtet sich nach einer bestehenden Vereinbarung (Tarifvertrag, Einzelarbeitsvertrag) oder der Betriebsüblichkeit. Eine gesetzliche Regelung des Mehrarbeitszuschlags wie in § 15 AZO ist in dem neuen Arbeitszeitgesetz v. 6.6.1994 (BGBl. I S. 1170) nicht mehr enthalten. **112**

Wird das **Urlaubsentgelt** nach dem zurückliegenden Durchschnittslohn berechnet, sind im **Referenzzeitraum** erfolgte Ausgleichszahlungen nach Abs. 3 S. 2 zu berücksichtigen (BAG 11.1.1995 – 7 AZR 543/94, NZA 1996, 105; 8.11.2017 – 5 AZR 11/17, NZA 2018, 528; DKKW/*Wedde* Rn. 85; HWGNRH/*Glock* Rn. 104). Dies gilt auch für alle sonstigen Lohnersatzleistungen, deren Höhe sich nach dem Referenzperiodenprinzip bestimmt (DKKW/*Wedde* Rn. 85).Leistet ein BRMitgl. ständig zusätzlich zu seiner individuellen Arbeitszeit BR-Tätigkeit iSd Abs. 3 und kann hierfür keine regelmäßig bezahlte Arbeitsbefreiung erfolgen, sind auch diese Zeiten im **Krankheitsfall** bei der Bemessung der Entgeltfortzahlung zu berücksichtigen (BAG 8.11.2017 – 5 AZR 11/17, NZA 2018, 528). **113**

V. Wirtschaftliche und berufliche Absicherung (Abs. 4 u. 5)

114 Durch die Abs. 4 u. 5 soll sichergestellt werden, dass BRMitgl. sowohl während ihrer Amtszeit als auch ein Jahr nach Beendigung der Amtszeit bei der Bemessung ihres Arbeitsentgelts einschließlich allgemeiner Zuwendungen und grds. auch hinsichtlich der zugewiesenen beruflichen Tätigkeit **nicht schlechter gestellt werden als vergleichbare ArbN** des Betriebs mit betriebsüblicher Entwicklung. Das Einkommen und die berufliche Entwicklung des BRMitgl. sollen nicht durch die Inanspruchnahme durch das BRAmt beeinträchtigt werden. Die Regelungen der Abs. 4 u. 5 stellen eine besondere Ausprägung und Konkretisierung des allgemeinen Benachteiligungsverbots des § 78 S. 2 dar, in dem sie seine Durchsetzung durch einfach nachzuweisende Anspruchsvoraussetzungen erleichtern (BAG 17.5.1977 – 1 AZR 458/74, AP BetrVG 1972 § 37 Nr. 28; 15.1.1992 – 7 AZR 194/91, AP BetrVG 1972 § 37 Nr. 84; 17.8.2005 – 7 AZR 528/04, NZA 2006, 448; DKKW/*Wedde* Rn. 86; GK-BetrVG/*Weber* Rn. 128; *Hennecke* BB 1986, 936). Abs. 4 u. 5 enthalten keine § 78 S. 2 verdrängende abschließende Sonderregelung; diese Vorschrift bleibt vielmehr daneben anwendbar (BAG 15.1.1992 – 7 AZR 194/91, AP BetrVG 1972 § 37 Nr. 84; 17.8.2005 – 7 AZR 528/04, NZA 2006, 448; **aA** HWGNRH/*Glock* Rn. 106; *Happe,* Rechtsstellung von BR, S. 2 hinsichtlich des Benachteiligungsverbots).

115 Der nachwirkende Schutz von einem Jahr nach Beendigung des BRAmts steht in engem Zusammenhang mit dem **nachwirkenden Kündigungsschutz** der BRMitgl. gegen ordentliche Kündigung nach § 15 Abs. 2 KSchG, der ebenfalls ein Jahr nach Beendigung der Amtszeit des BR fortdauert und innerhalb dessen die BRMitgl in aller Regel eine verzögerte berufliche Entwicklung nachholen können. Für freigestellte BRMitgl. verlängert sich der nachwirkende Schutzzeitraum nach § 38 Abs. 3 unter bestimmten Voraussetzungen auf zwei Jahre (Näheres → § 38 Rn. 92 ff.).

1. Wirtschaftliche Absicherung

116 Während Abs. 2 die Fortzahlung des Arbeitsentgelts an BRMitgl. wegen notwendiger Arbeitsversäumnis infolge der BRTätigkeit sichert, betrifft Abs. 4 die **Angleichung des Arbeitsentgelts** von BRMitgl. an das **vergleichbarer ArbN** des Betriebs mit **betriebsüblicher Entwicklung.** Das BRMitgl. soll grds. dasselbe Arbeitsentgelt erhalten, das es verdient haben würde, wenn es das BRAmt nicht übernommen und deshalb vielleicht eine bessere berufliche Entwicklung genommen hätte. Bestehende Tätigkeits- und Qualifikationsunterschiede, die ohne Ausübung des BRAmtes nicht vorlägen, dürfen nicht zuungunsten des BRMitgl. wirken. Da diese hypothetische Betrachtungsweise im Einzelfall zu Schwierigkeiten führen kann, stellt das G auf das Arbeitsentgelt vergleichbarer ArbN mit betriebsüblicher Entwicklung ab (BAG 19.1.2005 – 7 AZR 208/04, AuA 2005, 436; 16.1.2008 – 7 AZR 887/06, NZA 2008, 836; GK-BetrVG/*Weber* Rn. 130; Richardi BetrVG/*Thüsing* Rn. 73; *Schweibert/Buse* NZA 2007, 1080). Maßgeblich ist also nicht die hypothetische Weiterentwicklung des BRMitgl. selbst, sondern die Weiterentwicklung vergleichbarer ArbN. Aus diesem Grunde kommt der Entgeltschutz auch dann zum Tragen, wenn der Arbeitsplatz des (freigestellten) BRMitgl. weggefallen ist (BAG 17.5.1977 – 1 AZR 458/74, AP BetrVG 1972 § 37 Nr. 28, GK-BetrVG/*Weber* Rn. 135; ErfK/*Koch* Rn. 10; HWGNRH/*Glock* Rn. 109). Kann in diesem Fall der Arbeitsplatz nicht durch einen gleichwertigen ersetzt werden, bestimmt sich das Arbeitsentgelt nach den vergleichbaren ArbN die eine Tätigkeit ausüben, die dem BRMitgl. nach dem Arbeitsvertrag übertragen werden müsste, wenn es nicht freigestellt wäre (BAG 17.5.1977 – 1 AZR 458/74, AP BetrVG 1972 § 37 Nr. 28; LAG RhlPf 21.1.2006 – 11 Sa 230/06).

117 Die Regelung des Abs. 4 wird in erster Linie für **freigestellte BRMitgl.** von Bedeutung sein, da die nicht freigestellten ihre berufliche Tätigkeit weiter ausüben und

sich ihr Arbeitsentgelt im Allgemeinen nach dieser beruflichen Tätigkeit bestimmt. Allerdings kann Abs. 4 auch für nicht freigestellte BRMitgl. bedeutsam werden, wenn ihre Inanspruchnahme durch das BRAmt dazu führt, dass sie sich ihrer beruflichen Entwicklung nicht in derselben Weise widmen können wie vergleichbare ArbN (BAG 13.11.1987 – 7 AZR 550/87, NZA 1988, 403; GK-BetrVG/*Weber* Rn. 129).

Maßgebend ist das Arbeitsentgelt solcher ArbN des Betriebs, die mit dem BRMitgl. **„vergleichbar“** sind. Hat der Betrieb nur einen vergleichbaren ArbN, ist der Vergleich mit diesem maßgebend (BAG 21.4.1983 – 6 AZR 407/80, AP BetrVG 1972 § 37 Nr. 43; DKKW/*Wedde* Rn. 88; HWGNRH/*Glock* Rn. 111; *Happe,* Rechtsstellung von BR, S. 47; *Greßlin* BR-Mitglieder S. 120f.). Hat der Betrieb keinen vergleichbaren ArbN, ist auf den ArbN abzustellen, der dem BRMitgl. am ehesten vergleichbar ist (DKKW/*Wedde* Rn. 88; GK-BetrVG/*Weber* Rn. 132; ErfK/*Koch* Rn. 9; *Blattner* NZA 2018, 129, 131; *Sturm,* freigestellte BR-Mitgl., S. 94; *Esser,* Die Begünstigung von BRMitgl., S. 39; **aA,** HWGNRH/*Glock* Rn. 112, *Happe,* Rechtsstellung von BR, S. 47f; *Jacobs/Frieling* NZA 2015, 513 [518], *Steinau-Steinrück/Kuntzsch* NJW-Spezial 2017, 754, die den vergleichbaren ArbN abstrakt bestimmen, damit aber zu einer rein hypothetischen Betrachtungsweise kommen; ähnlich *Hennecke* RdA 1986, 241; nach *Lipp* Honorierung S. 69ff. und *Jacobs/Frieling* ZfA 2015, 241 [250] soll zunächst unternehmensbezogen ein vergleichbarer ArbN als Maßstab herangezogen werden; ist eine abstrakt hypothetische Bestimmung nicht mögl., wollen *Jacobs/Frieling* NZA 2015, 513 [518], *dieselben* ZfA 2015, 241 [250] und *Jacobs* NZA 2019, 1606, 1609 auf die durchschnittlich berufliche Entwicklung aller ArbN abstellen, die eine vergleichbare Tätigkeit ausüben, ohne in ihrer persönlichen und fachlichen Qualifikation vergleichbar zu sein; *Annuß* NZA 2018, 134, 135 will dagegen ausschließl. auf die hypothetische Entwicklung des BRMitgl. ohne BRAmt abstellen; *Thüsing/Denzer* BR-Vergütung Rn. 160f, halten bei Fehlen eines vergleichbaren ArbN § 37 Abs. 4 S. 1 für nicht anwendbar und ziehen erst bei Prüfung des § 78 S. 2 die berufliche Entwicklung anderer „am ehesten vergleichbarer ArbN“ oder vergleichbarer ArbN in anderen Betrieben als Indiz hinzu). Bei der Frage, welche ArbN bei **teilzeitbeschäftigten BRMitgl.** die maßgebliche Vergleichsgruppe sind – voll- und teilzeitbeschäftigte ArbN oder nur teilzeitbeschäftigte ArbN – wird es vorrangig darauf ankommen, ob und inwieweit es zwischen Vollzeit- und Teilzeitbeschäftigten typische unterschiedliche betriebsübliche berufliche Entwicklungen gibt, die nicht gegen das Diskriminierungsverbot von Teilzeitbeschäftigten nach § 4 TzBfG verstoßen; in diesem Fall wären in den Vergleich allein die teilzeitbeschäftigten ArbN zu nehmen (so auch *Lipp* Honorierung S. 67; *Happe,* Rechtsstellung von BR, S. 49; **aA** *Greßlin* BR-Mitglieder S. 115ff., 120, wonach ausschließlich ein Vergleich mit teilzeitbeschäftigten ArbN vorzunehmen ist). 118

Maßgebender Zeitpunkt für den Vergleich ist zunächst der Zeitpunkt der Wahl des BRMitgl., dh der Zeitpunkt, in dem sich das BRMitgl. noch – ohne auch das Amt eines BRMitgl. innezuhaben – ausschließlich seiner beruflichen Tätigkeit gewidmet hat, also nicht der Zeitpunkt der Freistellung (BAG 18.1.2017 – 7 AZR 205/15, NZA 2017, 935; 19.1.2005 – 7 AZR 208/04, AuA 2005, 436; 13.11.1987 – 7 AZR 550/87, NZA 1988, 403; 17.5.1977 – 1 AZR 458/74, AP BetrVG 1972 § 37 Nr. 28; DKKW/*Wedde* Rn. 88; GK-BetrVG/*Weber* Rn. 131, 128; HWGNRH/*Glock* Rn. 113; Richardi BetrVG/*Thüsing* Rn. 71; SWS Rn. 27a; *Happe,* Rechtsstellung von BR, S. 37; *Sturm,* freigestellte BR-Mitgl., S. 92; **aA** *Hennecke* RdA 1986, 242, *Schneider* NZA 1984, 22 *Esser,* Die Begünstigung von BRMitgl., S. 336f.: letzter Tag der beruflichen Tätigkeit vor Beginn der ausschließlichen BRTätigkeit; damit wird die Vorschrift aber unzulässigerweise auf freigestellte BRMitgl. beschränkt; *Annuß* NZA 2018 976, 977, der zu jeder neuen Amtszeit eine erneute Festlegung der Vergleichspersonen erforderlich hält, ggf. sogar nach jeder Beförderung/Qualifikation NZA 2018, 134, 135; *Thüsing/Denzer* BR-Vergütung Rn. 93ff., 273, 278: Überprüfung und ggf. Neufestlegung zu jeder neuen Amtszeit). Bei **ErsMitgl.** ist der Zeitpunkt des Nachrückens in den BR entscheidend (BAG 15.1.1992 – 7 AZR 194/91, 119

AP BetrVG 1972 § 37 Nr. 84; Richardi BetrVG/*Thüsing* Rn. 71; *Happe,* Rechtsstellung von BR, S. 38; *Däubler* SR 2017, 85 [99]; *Esser,* Die Begünstigung von BRMitgl., S. 37). Dies kann neben dem Zeitpunkt des dauerhaften Nachrückens auch der Zeitpunkt des erstmaligen, nur zeitweiligen Nachrückens sein, wenn nach Beendigung des jeweiligen Vertretungsfalls unter Einbeziehung des nachwirkenden einjährigen Entgeltschutzes ein durchgehender Schutzzeitraum bestand (BAG 21.2.2018 – 7 AZR 496/16, NZA 2018, 1012). Das Arbeitsentgelt des BRMitgl. ist in diesem Zeitpunkt mit dem anderer ArbN zu vergleichen, die unter Berücksichtigung der **Qualifikation** und **der Persönlichkeit** dieselbe oder eine im Wesentlichen gleichqualifizierte Arbeit verrichtet haben (BAG 18.1.2017 – 7 AZR 205/15, NZA 2017, 935; 19.1.2005 – 7 AZR 208/04, AuA 2005, 436; 15.1.1992 – 7 AZR 194/91, AP BetrVG 1972 § 37 Nr. 84; 21.4.1983 – 6 AZR 407/80, AP BetrVG 1972 § 37 Nr. 43; 17.5.1977 – 1 AZR 458/74, AP BetrVG 1972 § 37 Nr. 28; DKKW/*Wedde* Rn. 89; ErfK/*Koch* Rn. 10; GK-BetrVG/*Weber* Rn. 131; HWGNRH/*Glock* Rn. 114; Richardi BetrVG/*Thüsing* Rn. 71; *Happe,* Rechtsstellung von BR, S. 39f; *Rüthers* RdA 1976, 63). Wird das BRMitgl. wegen seiner BRTätigkeit auf einen anderen Arbeitsplatz versetzt, ist für den Vergleich gleichwohl der bisherige Arbeitsplatz maßgebend (Richardi BetrVG/*Thüsing* Rn. 77). ArbGeb. und BR können – unter Beachtung der Vorgaben der §§ 37 Abs. 4, 78 S. 2 – zB Verfahren zur Festlegung vergleichbarer ArbN vereinbaren (BAG 18.1.2017 – 7 AZR 205/15, NZA 2017, 935).

120 Der Begriff vergleichbar ist insofern **auch subjektiv** zu verstehen, als es darauf ankommt, einen Vergleich des jeweiligen BRMitgl. mit entsprechenden anderen ArbN vorzunehmen. Ist ein BRMitgl. zB besonders qualifiziert und in seiner beruflichen Tätigkeit überdurchschnittlich gewesen, so kommt als vergleichbarer ArbN nur einer mit ähnlicher Qualifikation und überdurchschnittlicher Leistung in Betracht (BAG 21.4.1983 – 6 AZR 407/80, AP BetrVG 1972 § 37 Nr. 43; 13.11.1987 – 7 AZR 550/87, NZA 1988, 403; GK-BetrVG/*Weber* Rn. 133; DKKW/*Wedde* Rn. 90; HWGNRH/*Glock* Rn. 114; Richardi BetrVG/*Thüsing* Rn. 75; SWS Rn. 27a; *Sturm,* freigestellte BR-Mitgl., S. 91; *Hennecke* RdA 1986, 242). Entsprechendes gilt im umgekehrten Fall (BAG 11.5.1988 – 5 AZR 334/87, EzA § 4 TVG Tariflohnerhöhung Nr. 16). Nicht zu berücksichtigen sind besondere Leistungen des BRMitgl. in seiner Amtsführung (DKKW/*Wedde* Rn. 90; GK-BetrVG/*Weber* Rn. 133; Richardi BetrVG/*Thüsing* Rn. 75; *Happe,* Rechtsstellung von BR, S. 40ff; *Bayreuther* NZA 2014, 235 [236]; *Byers* NZA 2014, 65 [66]; *Rüthers* RdA 1976, 61). Sie können allerdings ein Indiz für seine überdurchschnittliche Qualifikation im Allgemeinen sein (vgl. hierzu auch *Kehrmann* FS Wlotzke, 1996, 357 [364]; *Thüsing/Denzer* BR-Vergütung Rn. 127ff, 135; *Däubler* SR 2017, 85 [99]; *Schweibert/Buse* NZA 2007, 1080 [1082]; *Dzida/Mehrens* NZA 2013, 753 [755];), wie zB erworbene Qualifikation im Zusammenhang mit der bisherigen Arbeitstätigkeit (*Byers* NZA 2014, 65 [66]; *Happe,* Rechtsstellung von BR, S. 42; *Meissner* AiB 2019, 28 (30); GK-BetrVG/*Kreutz* § 78 Rn. 68); weitergehend *Annuß* NZA 2018, 134, 136, iR der BRTätigkeiten erworbene Qualifikationen, die unabhängig von der Ausübung des BRAmtes fortbestehen; ebenfalls dahin tendierend *Strauß* NZA 2018, 1372, 1373; *Uffmann* ZfA 2018, 225, 244f; *Bayreuther* DB 2019, 1207, 1209, **aA** *Lipp* Honorierung S. 61f.; Rieble NZA 2008, 276 [277]; *Bittmann/Mujan* BB 2012, 637 [638]; *Jacobs/Frieling* ZfA 2015, 241 [253]; *Esser,* Die Begünstigung von BRMitgl., S. 38f.).

121 Bei der Bemessung des an das BRMitgl. zu zahlenden Arbeitsentgelts ist die **betriebsübliche Entwicklung** dieser vergleichbaren ArbN zu berücksichtigen. Betriebsüblich ist die Entwicklung, die andere nach Qualifikation und Persönlichkeit vergleichbare ArbN unter Berücksichtigung der betrieblichen Gegebenheiten im Betrieb genommen haben (BAG 15.1.1992 – 7 AZR 194/91, AP BetrVG 1972 § 37 Nr. 84; 17.8.2005 – 7 AZR 528/04, NZA 2006, 448; 19.1.2005 – 7 AZR 208/04, AuA 2005, 436; 4.11.2015 – 7 AZR 972/13, NZA 2016, 1339; ErfK/*Koch* Rn. 10; GK-BetrVG/*Weber* Rn. 136). Eine bloße Vergleichbarkeit der beruflichen Entwicklung in der Vergangenheit ist dabei nicht ausreichend; auch nicht eine Vergleichbarkeit mit nur einem ArbN, wenn die Besserstellung auf individuellen, nur auf diesen ArbN persönlich zugeschnittenen Gründen beruht und damit gerade nicht aufgrund eines typischen Geschehensablaufs erfolgt (BAG 17.8.2005 – 7 AZR 528/04, NZA 2006, 448; 4.11.2015 – 7 AZR 972/13, NZA 2016, 1339; 18.1.2017 – 7 AZR 205/15, NZA 2017, 935). Hierbei sind zugunsten des BRMitgl. auch betriebliche Maßnahmen der **beruflichen Fortbildung** (nicht eine rein private Fortbildung, zB auf Volkshochschulen oder Abendgymnasien) zu berücksichtigen, an denen zwar vergleichbare ArbN teilgenommen haben, an denen teilzunehmen dem betreffenden BRMitgl. wegen der BRTätigkeit nicht möglich war (*Lipp* Honorierung S. 74f.; GK-BetrVG/*Weber* Rn. 138; DKKW/*Wedde* Rn. 92; ErfK/*Koch* Rn. 10; HWGNRH/*Glock* Rn. 118; Richardi BetrVG/*Thüsing* Rn. 75; *Happe,* Rechtsstellung von BR, S. 54; *Hennecke* RdA 1986, 243f.; *Hennecke* BB 1986, 938; **aA** *Esser,* Die Begünstigung von BRMitgl., S. 45).

Da die gesetzliche Regelung auf die Verhältnisse vergleichbarer ArbN und deren betriebsübliche Entwicklung abstellt, bleiben **persönliche Umstände** in der Entwicklung des BRMitgl. – etwa durch eine längere Erkrankung – außer Betracht (DKKW/*Wedde* Rn. 90; ErfK/*Koch* Rn. 10; HWGNRH/*Glock* Rn. 121; WPK/*Kreft* Rn. 38; *Happe,* Rechtsstellung von BR, S. 53f.; *Thüsing/Denzer* BR-Vergütung Rn. 138, 140; *Esser,* Die Begünstigung von BRMitgl., S. 42; *Däubler* SR 2017, 85 [102]; **aA** *Lipp* Honorierung S. 77; *Sturm,* freigestellte BR-Mitgl., S. 99; GK-BetrVG/*Weber* Rn. 134). Deshalb hat das BRMitgl. auch dann Anspruch auf das erhöhte Arbeitsentgelt vergleichbarer ArbN, wenn es erfolglos an einer Fortbildungsmaßnahme teilgenommen hat (DKKW/*Wedde* Rn. 92; HWGNRH/*Glock* Rn. 121; GK-BetrVG/*Weber* Rn. 138; *Happe,* Rechtsstellung von BR, S. 56; *Däubler* SR 2017, 85 [102]; einschränkend *Lipp* Honorierung S. 75f.; **aA** *Hennecke* RdA 1986, 244). 122

Die Teilnahme an der betrieblichen Entwicklung gewinnt insbes. im Rahmen von **Beförderungen** Bedeutung. Beförderungen sind jedenfalls dann als betriebsüblich anzusehen, wenn nach den betrieblichen Gepflogenheiten wenigstens die überwiegende Mehrheit der vergleichbaren ArbN des Betriebs einen derartigen Aufstieg erreicht. Auch ohne Vorliegen dieser Voraussetzung besteht ein Anspruch des BRMitgl. auf eine der Beförderungsstelle entsprechende Bezahlung, wenn das BRMitgl. – lässt man seine Tätigkeit als BRMitgl. außer Betracht – nach den betrieblichen Gepflogenheiten unter den vergleichbaren ArbN zur Beförderung angestanden hätte (BAG 13.11.1987 – 7 AZR 550/87, NZA 1988, 403; 15.1.1992 – 7 AZR 194/91, AP BetrVG 1972 § 37 Nr. 84; 19.1.2005 – 7 AZR 208/04, AuA 2005, 436; 4.11.2015 – 7 AZR 972/13, NZA 2016, 1339; GK-BetrVG/*Weber* Rn. 136). Ein Anspruch auf eine der Beförderungsstelle entsprechende Bezahlung kann ferner dann anzuerkennen sein, wenn die Beförderungsstelle mit einem wegen seines Sachwissens besseren Konkurrenten besetzt worden ist, der diesbezügliche Mangel des BRMitgl. aber darauf beruhte, dass es wegen seiner Amtstätigkeit nicht mehr über das erforderliche Wissen verfügte bzw. es eine Bewerbung wegen der BRTätigkeit unterlassen hat, eine solche ohne die BRTätigkeit erfolgreich gewesen wäre (BAG 4.11.2015 – 7 AZR 972/13, NZA 2016, 1339; LAG Düsseldorf 27.4.2018 – 10 Sa 717/17, AuA 2018, 551; *Thüsing/Denzer* BR-Vergütung Rn. 206; für den Bereich des öffentlichen Dienstes BAG 29.10.1998 – 7 AZR 676/96, AP BPersVG § 46 Nr. 22; *Däubler* SR 2017, 85 [102]). Die Feststellung der Vergleichbarkeit ist auch dann vorzunehmen, wenn ein beruflicher Aufstieg des vergleichbaren ArbN im Rahmen einer betrieblichen Umorganisation erfolgt (HWGNRH/*Glock* Rn. 117; DKKW/*Wedde* Rn. 89). 123

Das **Arbeitsentgelt** des BRMitgl. ist demjenigen vergleichbarer ArbN **laufend anzupassen.** Hierbei umfasst diese Entgeltsicherung zum einen den Ausgleich etwaiger Entgeltminderungen, die dadurch eintreten, dass ein BRMitgl. wegen seiner BRTätigkeit von Akkordarbeit auf Zeitarbeit oder von Wechselschicht auf die einfache Tagesschicht umgesetzt wird (GK-BetrVG/*Weber* Rn. 141; Richardi BetrVG/ 124

Thüsing Rn. 78; → Rn. 20). Darüber hinaus sind zum anderen die späteren Steigerungen des Arbeitsentgelts vergleichbarer ArbN auf Grund ihrer betriebsüblichen Entwicklung zu berücksichtigen (BAG 19.1.2005 – 7 AZR 208/04, AuA 2005, 436; 18.1.2017 – 7 AZR 205/15, NZA 2017, 935: GK-BetrVG/*Weber* Rn. 143; *Lipp* Honorierung S. 87). Dabei kommt es darauf an, ob die Gehaltsentwicklung des BRMitgl. während der Dauer seiner Amtszeit in Relation zu derjenigen vergleichbarer ArbN zurückgeblieben ist (BAG 18.1.2017 – 7 AZR 205/15, NZA 2017, 935; 21.2.2018 – 7 AZR 496/16, NZA 2018, 1012). Bei unterschiedlichen Gehaltserhöhungen innerhalb der Vergleichsgruppe kommt es auf die der Mehrzahl der vergleichbaren ArbN gezahlten gleichen Entgelterhöhung an; lässt sich eine solche Mehrzahl nicht ermitteln, kann zur Vermeidung einer unzulässigen Begünstigung oder Benachteiligung nach § 78 S. 2 der Durchschnitt der den Angehörigen der Vergleichsgruppe gewährten Gehaltserhöhungen maßgebend sein (BAG 19.1.2005 – 7 AZR 208/04, AuA 2005, 436; 18.1.2017 – 7 AZR 205/15, NZA 2017, 935; 21.2.2018 – 7 AZR 496/16, NZA 2018, 1012; *Lipp* Honorierung S. 87; **aA** *Annuß* NZA 2018, 134, 136 und NZA 2018, 976, 978 sowie *Thüsing/Denzer* BR-Vergütung Rn. 168ff., die unter Herausnahme von Sonderkarrieren in der Vergleichsgruppe nicht auf den Durchschnitt sondern auf den dann zu ermittelnden Median-ArbN abstellen).

125 Der Begriff Arbeitsentgelt iSv Abs. 4 ist nicht iSd effektiven Wochen- oder Monatsverdienstes, sondern iSd **maßgebenden Arbeitsentgelteinheit** zu verstehen (DKKW/*Wedde* Rn. 95; ErfK/*Koch* Rn. 10; HWGNRH/*Glock* Rn. 123; BAG 17.5.1977 – 1 AZR 458/74, AP BetrVG 1972 § 37 Nr. 28; 21.4.1983 – 6 AZR 407/80, AP BetrVG 1972 § 37 Nr. 43). Das BRMitgl. darf keinen geringeren Stundenlohn, Akkordlohn, Prämiensatz usw erhalten als vergleichbare ArbN mit betriebsüblicher Entwicklung. Ein unterschiedlicher Arbeitsverdienst wegen vorübergehender unterschiedlicher Arbeitszeit wird durch Abs. 4 nicht ausgeglichen. Erhalten zB vergleichbare ArbN wegen vorübergehend anfallender Mehrarbeit, die das BRMitgl. nicht leistet, vorübergehend insgesamt einen etwas höheren Arbeitsverdienst als üblich, so kommen diese Überstunden dem BRMitgl. nicht zugute. Entsprechendes gilt für eine vorübergehende Verkürzung der Arbeitszeit vergleichbarer ArbN, an der das BRMitgl. nicht teilnimmt (BAG 17.5.1977 – 1 AZR 458/74, AP BetrVG 1972 § 37 Nr. 28; 7.2.1985 – 6 AZR 72/82, AP BPersVG § 46 Nr. 3; DKKW/*Wedde* Rn. 95; GK-BetrVG/*Weber* Rn. 144; Richardi BetrVG/*Thüsing* Rn. 79; Schaub/*Koch* § 221 Rn. 56; **aA** *Lipp* Honorierung S. 111). Dies gilt allerdings nicht, wenn das BRMitgl. ohne die Arbeitsbefreiung ebenfalls Überstunden oder Kurzarbeit geleistet hätte (→ Rn. 63, 69; → § 38 Rn. 88; BAG 7.2.1985 – 6 AZR 72/82, AP BPersVG § 46 Nr. 3; GK-BetrVG/*Weber* Rn. 144).

126 Es besteht **kein Anspruch** des BRMitgl. auf eine unveränderte Beibehaltung eines bestimmten **Lohnabstands** zum Entgelt anderer ArbN, wenn sich die Voraussetzungen hierfür nachträglich geändert haben. Ist zB dem BRMitgl. wegen seiner besonderen Eingangsqualifikation (etwa ein Zweitstudium) eine besondere übertarifliche Zulage gezahlt worden, die andere vergleichbare ArbN wegen Fehlens dieser Qualifikation nicht erhalten haben, so kann das BRMitgl. sich nicht gegen eine Verringerung oder Aufzehrung des bisher bestehenden Lohnabstands wehren, wenn die anderen ArbN zwischenzeitlich die oder eine vergleichbare Qualifikation erworben haben und deshalb ebenfalls eine entsprechende Zulage erhalten (LAG Köln 3.8.1995 – 10 Sa 411/95, NZA-RR 1996, 379; *Lipp* Honorierung S. 98).

127 Zu dem Arbeitsentgelt zählen auch **allgemeine Zuwendungen** des ArbGeb. (BAG 19.1.2005 – 7 AZR 208/04, AuA 2005, 436; 4.11.2015 – 7 AZR 972/13, NZA 2016, 1339; DKKW/*Wedde* Rn. 96; ErfK/*Koch* Rn. 10; GK-BetrVG/*Weber* Rn. 145). Auch insoweit werden die BRMitgl. den vergleichbaren ArbN mit betriebsüblicher Entwicklung gleichgestellt. Allgemeine Zuwendungen sind solche, die der ArbGeb. entweder allen ArbN oder jedenfalls den oder dem einzigen vergleichbaren ArbN gewährt (BAG 21.4.1983 – 6 AZR 407/80, AP BetrVG 1972 § 37

Nr. 43; LAG RhPf 3.6.1980 – 3 Sa 134/80; ArbG Berlin 12.8.2015 – 28 Ca 18725/14, BeckRS 2015, 71758; *Hennecke* RdA 1986, 246). Hierbei ist unerheblich, ob die Zuwendungen auf Grund einer rechtlichen Verpflichtung gezahlt werden oder ob es sich um freiwillige widerrufliche Zulagen handelt (BAG 21.4.1983 – 6 AZR 407/80, AP BetrVG 1972 § 37 Nr. 43; GK-BetrVG/*Weber* Rn. 145; HWGNRH/*Glock* Rn. 125). Als solche allgemeine Zulagen kommen insbes. in Betracht Sozialzulagen wie zB Familien-, Kinder-, Hausstands-, Wohnungszulagen, besondere Leistungszulagen und Leistungsprämien, Gewinnbeteiligung, Gratifikationen, vermögenswirksame Leistungen, Vertretungszulagen (die Pauschalierung einer Vertretungszulage schließt eine Nachforderung für zusätzliche Vertretungstage nicht aus, LAG Köln 13.9.1984 – 10 Sa 583/84, DB 1985, 394) aber auch etwaige Erschwernis – oder Zeitzuschläge (BAG 29.8.2018 – 7 AZR 206/17, NZA 2019, 253). Hierzu kann grds. auch die Gewährung eines Dienstwagens zur privaten Nutzung gehören, wenn dies auch den dem BRMitgl. vergleichbaren ArbN gewährt wird (so auch *Joussen* NZA 2018, 139 (143); *Oltmanns/Fuhlrott* DB 2018, 1086; *Thüsing/Denzer* BR-Vergütung Rn. 337; ohne weitere Differenzierung: DKKW/*Wedde* Rn 97; **aA** VGH München 17.6.2009 – 15 ZB 08.2243, ZBVR online 2010, Nr. 2, 17; Richardi BetrVG/*Thüsing* Rn. 80). Erfolgt eine (teilweise) Anrechnung freiwillig gezahlter Zulagen der vergleichbaren ArbN auf Tariflohnerhöhungen, so ist eine derartige Anrechnung auch beim Entgelt des BRMitgl. zulässig (BAG 11.5.1988 – 5 AZR 334/87, NZA 1989, 854; GK-BetrVG/*Weber* Rn. 145). Auch die Gewährung von **Aktienoptionen** an ein BRMitgl. durch eine andere Konzerngesellschaft kann Arbeitsentgelt iSd Abs. 4 sein, wenn die Konzerngesellschaft sie nach Vereinbarung der Arbeitsvertragsparteien anstelle oder neben dem vereinbarten Arbeitsentgelt erbringen soll (BAG 16.1.2008 – 7 AZR 887/06, NZA 2008, 836; WPK/*Kreft* Rn. 40; DKKW/*Buschmann* § 78 Rn. 26; Richardi BetrVG/*Thüsing* Rn. 80a; *Byers* NZA 2014, 65 [67]; *Sturm,* freigestellte BR-Mitgl., S. 82f.; **aA** wohl *Lipp* Honorierung S. 101). Erfasst sind nicht nur während des Arbeitsverhältnisses gezahlte Zuwendungen sondern auch zugesagte Leistungen der **betrieblichen Altersversorgung** (BAG 10.11.2015 – 3 AZR 574/14, NJOZ 2016, 509). Sehen betriebliche Regelungen für Leistungen aus der betrieblichen Altersversorgung nach der Stellung der ArbN differenzierende Steigerungssätze vor, sind auch diese bei freigestellten BRMitgl. nach Abs. 4 an die Steigerungssätze vergleichbarer ArbN anzupassen (HessLAG 6.9.2000 – 8 Sa 999/99, NZA-RR 2001, 539).

Dem BRMitgl. steht gegen den ArbGeb. nach §§ 611a Abs. 2, 242 BGB iVm § 37 Abs 4 BetrVG grds. ein **Auskunftsanspruch** über das Arbeitsentgelt (einschließlich sonstiger Zuwendungen) vergleichbarer ArbN mit betriebsüblicher beruflicher Entwicklung zu (BAG 19.1.2005 – 7 AZR 208/04, AuA 2005, 436; 4.11.2015 – 7 AZR 972/13, NZA 2016, 1339; ErfK/*Koch* Rn. 10; *Lipp* Honorierung S. 29ff.; *Jacobs/Frieling* ZfA 2015, 241 [252]; *Hennecke* RdA 1986, 246; *Thannheiser* AiB 2007, 529). Rein abstrakte Angaben ins „Blaue" reichen dafür nicht aus; das BRMitgl. muss dartun, mit welchen ArbN es aus seiner Sicht vergleichbar ist und aus welchen Umständen sich ergibt, dass die Mehrzahl der vergleichbaren ArbN die Beförderung erhalten haben (BAG 4.11.2015 – 7 AZR 972/13, NZA 2016, 1339). Kann das BRMitgl. aufgrund der Größe des Betriebs diese Angaben aus eigener Erkenntnis nicht machen, reicht es aus, Referenzfälle darzulegen, aus denen sich eine hinreichende Wahrscheinlichkeit für eine betriebsübliche Beförderungspraxis ergeben kann (BAG 4.11.2015 – 7 AZR 972/13, NZA 2016, 1339). Ebenso wie Ansprüche aus Abs. 2 (→ Rn. 58) beruhen auch aus Abs. 4 resultierende Ansprüche auf § 611a Abs. 2 BGB und dem Arbeitsvertrag mit der Konsequenz, dass, soweit sie von einem tarifvertraglich ausgestalten Anspruch abhängig sind, diese den **tarifvertraglichen Ausschlussfristen** unterliegen (BAG 8.9.2010 – 7 AZR 513/09, NZA 2011, 159). 128

Das Verbot der geringeren Bemessung des Arbeitsentgelts eines BRMitgl. besteht nicht nur für die Zeit der Mitglschaft des ArbN im BR, sondern auch innerhalb eines Zeitraums von **einem Jahr nach Beendigung der Amtszeit** des BR. bzw. der 129

Beendigung der Mitglschaft im BR. Das BetrVG unterscheidet zwar terminologisch zwischen „Beendigung der Amtszeit" und „Erlöschen der Mitgliedschaft". Dennoch greift entsprechend der Rspr. des BAG zum nachwirkenden Kündigungsschutz von BRMitgl. (→ § 24 Rn. 47; → § 25 Rn. 10) der nachwirkende Schutzzeitraum von einem Jahr nicht nur bei Beendigung der Amtszeit des BR als Kollektivorgan, sondern auch dann Platz, wenn die Mitglschaft eines einzelnen BRMitgl. bei Fortbestand des BR als solchem (zB bei vorzeitigem Rücktritt des BRMitglieds oder dem Verlust der Wählbarkeit) endet (GK-BetrVG/*Weber* Rn. 147; Richardi BetrVG/*Thüsing* Rn. 81; *Thüsing/Denzer* BR-Vergütung Rn. 178). Der Schutz des Abs. 4 setzt im Gegensatz zu § 38 Abs. 3 keine bestimmte Dauer der Zugehörigkeit zum BR voraus. Deshalb steht der Schutz auch einem im Laufe der Amtszeit nachgerückten **ErsMitgl.** zu (s. auch BAG 21.2.2018 – 7 AZR 496/16, NZA 2018, 1012; GK-BetrVG/*Weber* Rn. 146; *Thüsing/Denzer* BR-Vergütung Rn. 186; zum Zeitpunkt s. Rn 119). Der nachwirkende Schutz gilt auch, wenn die Mitglschaft auf Grund einer Wahlanfechtung nach § 19, einer Auflösung des BR oder einem Ausschluss aus dem BR nach § 23 oder einer nachträglichen Feststellung der Nichtwählbarkeit nach § 24 Abs. 1 Nr. 6 endet; denn die Einschränkungen des § 15 Abs. 1 S. 2 KSchG für den Fall, dass die Beendigung der Mitglschaft auf einer gerichtlichen Entscheidung beruht, ist auf die außerordentliche Kündigung beschränkt (DKKW/*Wedde* Rn. 98; ErfK/*Koch* Rn. 10; HaKo-BetrVG/*Wolmerath* Rn. 27; *Lipp* Honorierung S. 16; *Thüsing/Denzer* BR-Vergütung Rn. 182 ff.; **aA** GK-BetrVG/*Weber* Rn. 148, bei einer Beendigung nach § 23; HWGNRH/*Glock* Rn. 128 f.; Richardi BetrVG/*Thüsing* Rn. 81; SWS Rn. 29). Im Falle einer nichtigen BRWahl ist Abs. 4 jedenfalls so lange anwendbar, als die Nichtigkeit nicht geltend geworden ist (→ § 19 Rn. 8; weitergehend DKKW/*Wedde* Rn. 98; **aA** ErfK/*Koch* Rn. 10; *Lipp* Honorierung S. 16; *Thüsing/Denzer* BR-Vergütung Rn. 185). Über die Verlängerung dieser nachwirkenden Schutzfrist auf zwei Jahre für BRMitgl., die drei Amtszeiten freigestellt waren, vgl. § 38 Abs. 3; → § 38 Rn. 92 ff.

2. Beruflicher Tätigkeitsschutz

130 Während Abs. 4 der Entgeltsicherung des BRMitgl. dient, sichert Abs. 5 das BRMitgl. gegen die Zuweisung von **unterwertigen beruflichen Tätigkeiten.** Diese Regelung trägt der Erkenntnis Rechnung, dass aus Gründen des Persönlichkeitsschutzes das BRMitgl. nicht nur gegen Benachteiligung in finanzieller Hinsicht, sondern auch gegen eine Diskriminierung in der beruflichen Tätigkeit ausreichend geschützt werden muss (HessLAG 14.8.1986 – 12 Sa 1225/85, DB 1987, 442; ArbG Berlin 12.8.2015 – 28 Ca 18725/14, BeckRS 2015, 71758; DKKW/*Wedde* Rn. 99; GK-BetrVG/*Weber* Rn. 150; HWGNRH/*Glock* Rn. 130). Die Vorschrift ist für völlig freigestellte BRMitgl. (anders bei nur teilweiser Freistellung sa DKKW/*Wedde* Rn. 99) während der Dauer der Freistellung nicht von Bedeutung, wohl jedoch, wenn sie nach Beendigung der Freistellung wieder eine berufliche Tätigkeit aufnehmen (→ § 38 Rn. 91 ff.).

131 Grds. dürfen BRMitgl. nur mit Tätigkeiten beschäftigt werden, die den Arbeiten, die vergleichbare ArbN mit betriebsüblicher Entwicklung verrichten, gleichwertig sind. Zum Begriff **„vergleichbare ArbN"** → Rn. 118 ff., zum Begriff **„betriebsübliche Entwicklung"** → Rn. 121 ff.

132 Unter dem Begriff „Tätigkeit" ist die **konkrete berufliche Tätigkeit** zu verstehen, die das BRMitgl. ausübt (ErfK/*Koch* Rn. 11; GK-BetrVG/*Weber* Rn. 152; Richardi BetrVG/*Thüsing* Rn. 85). Das BRMitgl. hat keinen Anspruch auf Beschäftigung mit einer gleichen, sondern mit einer **gleichwertigen Tätigkeit.** Ob eine Tätigkeit gleichwertig ist, ist unter Berücksichtigung aller Umstände des Einzelfalls, insbes. unter Berücksichtigung der Auffassung der in der betreffenden Berufssparte Tätigen zu beurteilen (HessLAG 14.8.1986 – 12 Sa 1225/85, DB 1987, 442; DKKW/*Wedde* Rn. 100; ErfK/*Koch* Rn. 11; WPK/*Kreft* Rn. 43; *Lipp* Honorierung

S. 149f.; **aA** GK-BetrVG/*Weber* Rn. 152; HWGNRH/*Glock* Rn. 134, die lediglich auf die Auffassung der im Betrieb Tätigen abstellen; ebenso Richardi BetrVG/*Thüsing* Rn. 85, wenn die Auffassung der im Betrieb Tätigen strenger ist als die in der Berufssparte maßgebende).

Die Regelung des Abs. 5 bedeutet zum einen, dass ein BRMitgl. grds. nicht mit einer Tätigkeit beschäftigt werden darf, die nicht mindestens derjenigen, die es vor Antritt des BRAmtes ausgeübt hat, gleichwertig ist (HessLAG 14.8.1986 – 12 Sa 1225/85, DB 1987, 442). Darüber hinaus ergibt sich aus dieser Vorschrift auch ein Anspruch auf **Zuweisung einer höherwertigen Tätigkeit,** sofern vergleichbare ArbN unter Berücksichtigung der betriebsüblichen Entwicklung inzwischen eine entsprechende höherwertige Tätigkeit ausüben (ArbG Berlin 12.8.2015 – 28 Ca 18725/14, BeckRS 2015, 71758; DKKW/*Wedde* Rn. 103; ErfK/*Koch* Rn. 11; GK-BetrVG/*Weber* Rn. 153; HWGNRH/*Glock* Rn. 135; Richardi BetrVG/*Thüsing* Rn. 86). Voraussetzung hierfür ist allerdings, dass das BRMitgl. die für die Ausübung der beruflichen Tätigkeit **erforderliche berufliche Qualifikation** besitzt. War ihm infolge der Inanspruchnahme durch die BRTätigkeit die Teilnahme an beruflichen Fortbildungsmaßnahmen, die Voraussetzung für die Übertragung der neuen Aufgabe sind, nicht möglich, so hat es auch keinen Anspruch auf die Zuweisung einer entsprechenden beruflichen Tätigkeit ohne Durchführung entsprechender beruflicher Fortbildungsmaßnahmen (GK-BetrVG/*Weber* Rn. 153; DKKW/*Wedde* Rn. 102; HaKo-BetrVG/*Wolmerath* Rn. 28; Richardi BetrVG/*Thüsing* Rn. 86). Wohl hat es gemäß der Arbeitsentgeltgarantie des Abs. 4 Anspruch auf das Arbeitsentgelt der vergleichbaren ArbN mit der höherwertigen Tätigkeit (→ Rn. 123; HWGNRH/*Glock* Rn. 136; Richardi BetrVG/*Thüsing* Rn. 85; *Cox/Kölbach* AiB 2010, 731). Auch sind freigestellte BRMitgl bei weiteren Maßnahmen der beruflichen Fortbildung bevorzugt zu berücksichtigen (vgl. § 38 Abs. 4; → § 38 Rn. 97ff.). 133

Ein Anspruch auf Zuweisung einer gleichen oder gleichwertigen Beschäftigung besteht nicht, wenn dem **zwingende betriebliche Notwendigkeiten** entgegenstehen. Als Ausnahmeregelung ist diese Voraussetzung **eng auszulegen** (DKKW/*Wedde* Rn. 101; GK-BetrVG/*Weber* Rn. 154; HWGNRH/*Glock* Rn. 136; Richardi BetrVG/*Thüsing* Rn. 87). Zwingende betriebliche Notwendigkeiten sind solche, die im Interesse eines ordnungsgemäßen Betriebsablaufs die Zuweisung einer gleichwertigen Tätigkeit an das BRMitgl. ausschließen. So liegt zB eine zwingende betriebliche Notwendigkeit vor, wenn ein entsprechender **Arbeitsplatz fehlt** (auf Grund des Abs. 5 kann nicht die Schaffung eines weiteren, nicht notwendigen Arbeitsplatzes verlangt werden), ferner, wenn das BRMitgl. nicht an beruflichen Fortbildungsmaßnahmen teilgenommen hat, die für die Ausübung der Tätigkeit unbedingt erforderlich sind (DKKW/*Wedde* Rn. 102; ErfK/*Koch* Rn. 11; HaKo-BetrVG/*Wolmerath* Rn. 28; GK-BetrVG/*eber* Rn. 155; HWGNRH/*Glock* Rn. 136; Richardi BetrVG/*Thüsing* Rn. 86). Wird vor Ablauf der Frist des Abs. 5 ein gleichwertiger Arbeitsplatz frei, ist dieser bei entsprechender Qualifikation mit dem BRMitgl. zu besetzen (HessLAG 14.8.1986 – 12 Sa 1225/85, DB 1987, 442; GK-BetrVG/*Weber* Rn. 154). 134

Das Verbot einer Beschäftigung mit nicht mindestens gleichwertigen Arbeiten besteht nicht nur für die Dauer der Amtszeit, sondern ebenso wie die Entgeltgarantie des Abs. 4 für einen Zeitraum von **einem Jahr nach Beendigung der Mitgliedschaft** im BR (→ Rn. 129; ErfK/*Koch* Rn. 11; Richardi BetrVG/*Thüsing* Rn. 88). 135

VI. Schulung und Bildung der Betriebsratsmitglieder (Abs. 6 u. 7)

1. Allgemeines

Ausgehend von der Erkenntnis, dass die Aufgaben des BR so vielgestaltig und jedenfalls zT so schwierig sind, dass ohne eine entsprechende Schulung seiner Mitglieder eine sachgerechte Erfüllung dieser Aufgaben nicht möglich ist, enthält das Betr- 136

VG 1972 ausdrückliche Regelungen über die Arbeitsbefreiung von BRMitgl. zum Zwecke der Teilnahme an Schulungs- und Bildungsveranstaltungen. Hierbei sind **zwei Arten der Arbeitsbefreiung** zu unterscheiden. Die BRMitgl. sind von ihrer beruflichen Tätigkeit ohne Minderung des Arbeitsentgelts für die Teilnahme an solchen Schulungs- und Bildungsveranstaltungen zu befreien, die für die BRArbeit **erforderliche Kenntnisse** vermitteln (Abs. 6; → Rn. 138 ff.). Darüber hinaus hat jedes BRMitgl. während seiner regelmäßigen Amtszeit Anspruch auf bezahlte Arbeitsbefreiung für die Dauer von drei Wochen zur Teilnahme an solchen Schulungs- und Bildungsveranstaltungen, die von der zuständigen obersten Arbeitsbehörde des Landes nach Beratung mit den Spitzenorganisationen der Gewerkschaften und ArbGebVereinigungen **als geeignet anerkannt** sind (Abs. 7; → Rn. 195 ff.). Beide Ansprüche stehen selbständig nebeneinander (→ Rn. 229 f.). Das Verfahren über die Gewährung der Ansprüche auf Arbeitsbefreiung zu Schulungs- und Bildungszwecken ist in beiden Fällen gleich (Abs. 6 S. 2–5 und Abs. 7 S. 3; → Rn. 231 ff.). Wegen der Verpflichtung des ArbGeb. zur Tragung der Schulungskosten → § 40 Rn. 66 ff.

137 Die Übernahme des BRAmtes verpflichtet die BRMitgl. zur ordnungsgemäßen Wahrnehmung der ihnen obliegenden Amtspflichten. Soweit hierzu der Erwerb besonderer Kenntnisse erforderlich ist, sind die BRMitgl. zur Teilnahme an entsprechenden Schulungsveranstaltungen **verpflichtet.** Denn die den BRMitgl. obliegenden Aufgaben, Rechte und Pflichten sind ihnen nicht um ihrer selbst willen, sondern zur Wahrnehmung der Interessen der ArbN des Betriebs zuerkannt (GK-BetrVG/*Weber* Rn. 158; DKKW/*Wedde* Rn. 106; BAG 29.1.1974 – 1 ABR 41/73, AP BetrVG 1972 § 40 Nr. 5). Lehnt ein BRMitgl. die Teilnahme an erforderlichen Schulungsmaßnahmen ab, kann dies ggf. eine grobe Verletzung der ihm obliegenden Pflichten darstellen (DKKW/*Wedde* Rn. 108).

2. Schulungs- und Bildungsveranstaltungen nach Abs. 6

a) Zulässiger Schulungsinhalt

138 Der Anspruch auf Arbeitsbefreiung zu Schulungs- und Bildungszwecken nach Abs. 6 besteht hinsichtlich solcher Veranstaltungen, die **Kenntnisse** vermitteln, die für die **BRArbeit erforderlich** sind.

139 Die Kenntnisvermittlung muss sich auf die BRArbeit, dh auf Gegenstände beziehen, die zu den **Aufgaben des BR gehören** (GK-BetrVG/*Weber* Rn. 160; ErfK/*Koch* Rn. 14; Richardi BetrVG/*Thüsing* Rn. 96; Däubler Schulung Rn. 160 ff.). Was nicht zu den Aufgaben des BR gehört, kann auch nicht Gegenstand einer Schulungs- und Bildungsveranstaltung iSv Abs. 6 mit der Folge eines Freistellungsanspruchs sein. Deshalb fallen Veranstaltungen, die einer rein gewerkschaftlichen Funktionärsschulung oder einer politischen, parteipolitischen, künstlerischen oder kirchlichen Schulung dienen, nicht unter die Regelung des Abs. 6. Unter der weiteren Voraussetzung, dass die Kenntnisvermittlung für die BRArbeit erforderlich ist (→ Rn. 140 ff.), kann jedoch Gegenstand einer Schulungsveranstaltung nach Abs. 6 alles sein, was zum Aufgabenbereich des BR gehört und damit die BRTätigkeit betrifft. Hierunter fällt im Hinblick auf die sehr weitgehenden Aufgaben des BR nicht nur die Vermittlung von **Kenntnissen rechtlicher Art** im engeren Sinne (zB Kenntnisse über das BetrVG oder das allgemeine Arbeitsrecht), sondern auch **spezieller Sachmaterien,** zB des Akkord- und Prämienlohns oder anderer leistungsbezogener Entgelte, der Arbeitswissenschaften, des Arbeitsschutzes, der Personalplanung, der Betriebs- und Finanzwirtschaft, der Betriebsorganisation oder des Gesellschaftsrechts. Auch die organisatorische und methodische **Gestaltung der BRArbeit** gehört zu den Aufgaben des BR (→ Rn. 152 f.).

140 Eine Arbeitsbefreiung zur Teilnahme an Schulungs- und Bildungsveranstaltungen setzt ferner voraus, dass die vermittelten Kenntnisse für die BRArbeit **erforderlich** sind.

Nach der Rspr. des BAG ist die Vermittlung von Kenntnissen erforderlich, wenn diese **unter Berücksichtigung der konkreten Verhältnisse** im Betrieb und im BR notwendig sind, damit der BR seine gegenwärtigen oder in naher Zukunft anstehenden Aufgaben sach- und fachgerecht erfüllen kann (BAG 9.10.1973 – 1 ABR 6/73, AP BetrVG 1972 § 37 Nr. 4; 6.11.1973 – 1 ABR 26/73, AP BetrVG 1972 § 37 Nr. 6; 27.9.1974 – 1 ABR 71/73, AP BetrVG 1972 § 37 Nr. 18; 8.2.1977 – 1 ABR 124/74, AP BetrVG 1972 § 37 Nr. 26; 21.11.1978 – 6 ABR 10/77, AP BetrVG 1972 § 37 Nr. 35; 15.5.1986 – 6 ABR 74/83, AP BetrVG 1972 § 37 Nr. 54; 15.2.1995 – 7 AZR 670/94, AP BetrVG 1972 § 37 Nr. 106; 19.7.1995 – 7 ABR 49/94, AP BetrVG 1972 § 37 Nr. 110; 29.1.1974 – 1 ABR 41/73, AP BetrVG 1972 § 40 Nr. 5; 8.10.1974 – 1 ABR 72/73, AP BetrVG 1972 § 40 Nr. 7; 27.11.1973 – 1 ABR 5/73, AP ArbGG 1953 § 89 Nr. 9; ErfK/*Koch* Rn. 13; GK-BetrVG/*Weber* Rn. 183ff.; Richardi BetrVG/*Thüsing* Rn. 97f.). Das einzelne BRMitgl. kann nicht auf ein Selbststudium oder eine Unterrichtung durch bereits geschulte BRMitgl. verwiesen werden (BAG 21.11.1978 – 6 ABR 10/77, AP BetrVG 1972 § 37 Nr. 35; 16.10.1986 – 6 ABR 14/84, AP BetrVG 1972 § 37 Nr. 58; 20.12.1995 – 7 ABR 14/95, NZA 1996, 895; 19.3.2008 – 7 ABR 2/07, EzB Nr. 17 zu § 37 BetrVG; DKKW/*Wedde* Rn. 110; HWGNRH/*Glock* Rn. 154 mit weiteren Angaben; einschränkend für das Eigenstudium GK-BetrVG/*Weber* Rn. 203f.). **141**

Wenn auch dieser Umschreibung der „erforderlichen Kenntnisse“ iSd Abs. 6 grds. zuzustimmen ist, so ist andererseits nicht zu verkennen, dass die vom BAG aufgestellten Kriterien ihrerseits interpretationsbedürftig sind und deshalb bei ihrer Anwendung im konkreten Einzelfall durchaus unterschiedlichen Bewertungen unterliegen können. Hier ist vor einer **restriktiven Interpretation zu warnen.** Vielmehr muss man sich bei der Anwendung dieser Grundsätze stets des Grundanliegens, das hinter dem gesetzlichen Bildungsanspruch der BRMitgl. steht, und des inneren Zusammenhangs dieses Bildungsanspruchs mit den gesetzlichen Beteiligungsrechten des BR bewusst bleiben. Die Einräumung von Mitwirkungs- und Mitbestimmungsrechten des BR bei Entscheidungen des ArbGeb. bzw. des Unternehmers ist nur zu rechtfertigen, wenn der BR die notwendigen Voraussetzungen für eine **sach- und fachgerechte Ausübung** seiner Rechte und Befugnisse besitzt. Insofern ist die Grundthese, der Normzweck der Abs. 6 u. 7 liege in der Herstellung einer intellektuellen Waffengleichheit von ArbGeb. und BR, durchaus zutreffend (DKKW/*Wedde* Rn. 105ff.; *Hoffmann* ArbuR 1974, 266; *Kopp* ArbuR 1976, 333; trotz iÜ starker Kritik insoweit zust. *Eich* BB 1973, 1032; *Streckel* DB 1974, 335; iErg ebenso *Weiß/Weyand* BetrVG Rn. 23f.; Kramer IT und Arbeitsrecht/*Tiedemann* C Rn. 288; krit. zu dem Begriff Waffengleichheit Richardi BetrVG/*Thüsing* Rn. 92f.; *Wank/Maties* NZA 2005, 1033 [1034]; **aA** BAG 11.8.1993 – 7 ABR 52/92, AP BetrVG 1972 § 37 Nr. 92; LAG Bln 11.12.1989 – 9 TaBV 2/89, DB 1990, 696; LAG Köln 25.1.1993 – 3 Ta BV 90/92, DB 1993, 789; GK-BetrVG/*Weber* Rn. 161; HWGNRH/*Glock* Rn. 139). Hierbei ist allerdings zu berücksichtigen, dass trotz der Beteiligungsrechte des BR zwischen ihm und dem ArbGeb. **funktionale Unterschiede** bestehen. Aufgabe des BR ist nicht eine gleichberechtigte Mitleitung des Betriebs oder die Ausübung eines Mitdirektionsrechts gegenüber den ArbN. Seine Funktion liegt vielmehr darin, durch die Ausübung seiner Beteiligungsrechte die sonst gegebene alleinige Entscheidungsbefugnis des ArbGeb. zu binden und damit eine **sachgerechte Berücksichtigung der berechtigten Interessen der ArbN** bei diesen Entscheidungen sicherzustellen (insoweit zust. Richardi BetrVG/*Thüsing* Rn. 92; abstellend auf die Aufgabenerfüllung *Wank/Maties* NZA 2005, 1033 [1034]). Soweit diese **Schutzfunktion** des BR allerdings reicht und der BR nicht bereits entsprechende Kenntnisse besitzt oder in zumutbarer sonstiger Weise erlangen kann, ist die Vermittlung von Kenntnissen, ohne die der BR die ihm konkret obliegenden Aufgaben nicht sach- und fachgerecht erfüllen kann, als erforderlich iSv Abs. 6 anzusehen. **142**

Die Vermittlung **allgemeiner Grundkenntnisse des Betriebsverfassungsrechts** gehört auf jeden Fall zu dem nach Abs. 6 zulässigen Schulungsinhalt. Ein **143**

Nachweis des von der Rspr. geforderten konkreten betriebsbezogenen Anlasses erübrigt sich hier. Denn die Kenntnisse des – keineswegs einfachen – BetrVG als der gesetzlichen Grundlage für die Tätigkeit des BR ist unabdingbare Voraussetzung für eine ordnungsgemäße BRArbeit (BAG 20.8.2014 – 7 ABR 64/12, NZA 2014, 1349; 18.1.2012 – 7 ABR 73/10, NZA 2012, 813; 6.11.1973 – 1 ABR 8/73, AP BetrVG 1972 § 37 Nr. 5; 27.9.1974 – 1 ABR 71/73, AP BetrVG 1972 § 37 Nr. 18; 29.1.1974 – 1 ABR 41/73, AP BetrVG 1972 § 40 Nr. 5; 8.10.1974 – 1 ABR 72/73, AP BetrVG 1972 § 40 Nr. 7; DKKW/*Wedde* Rn. 112; ErfK/*Koch* Rn. 14; GK-BetrVG/*Weber* Rn. 191 HWGNRH/*Glock* Rn. 147; Richardi BetrVG/*Thüsing* Rn. 100; Däubler Schulung Rn. 162ff.). Dies gilt nicht nur für eine gewisse Übergangszeit nach Inkrafttreten des G (so jedoch GK-BetrVG/*Weber* Rn. 191), sondern auch nach einer längeren Zeit der Geltung des G jedenfalls für die ArbN, die erstmals in den BR gewählt werden (so ausdrücklich BAG 21.11.1978 – 6 ABR 10/77, AP BetrVG 1972 § 37 Nr. 35; 7.6.1989 – 7 ABR 26/88, AP BetrVG 1972 § 37 Nr. 67; HWGNRH/*Glock* Rn. 156; Richardi BetrVG/*Thüsing* Rn. 101; insoweit zust. GK-BetrVG/*Weber* Rn. 192). Schon die gesetzliche Verpflichtung eines jeden BRMitgl., sein Amt in eigener Verantwortung auszuüben, macht es unerlässlich, dass ihm jedenfalls die Grundlagen des Betriebsverfassungsrechts bekannt sind. Wird das BetrVerfRecht in wesentlichen Punkten novelliert, gehört auch eine Schulung über die Neuerungen stets zu einer erforderlichen Schulung. Das gilt insbes. für eine Schulung über das **BetrVerf-ReformG** v. 23.7.2001 (LAG Hamm 17.10.2003 – 10 TaBV 83/03, ArbuR 2005, 37; ArbG Berlin 17.10.2001 – 30 BV 24702/01, AiB 2002, 566; GK-BetrVG/*Weber* Rn. 191; DKKW/*Wedde* Rn. 112). In Betrieben, die der Schwelle des § 38 unterfallen gehören auch die rechtlichen **Rahmenbedingungen der Freistellungen nach § 38** zu den erforderlichen Grundkenntnissen der BR-Arbeit (LAG Köln 6.8.2008 – 7 TaBV 11/08, NZA-RR 2009, 423ff.). Dagegen gehört die aktuelle Rspr. des BAG oder Verfahren zur Gefährdungsbeurteilung nicht zum unverzichtbaren Grundwissen, sondern muss vom BR gesondert dargelegt werden (BAG 18.1.2012 – 7 ABR 73/10, NZA 2012, 813; 20.8.2014 – 7 ABR 64/12, NZA 2014, 1349).

144 Auch die Vermittlung von Grundkenntnissen des **allgemeinen Arbeitsrechts,** insbes. auch des Arbeitsschutzrechts, ist stets als eine erforderliche Kenntnisvermittlung iSv Abs. 6 anzusehen. Dies ergibt sich zum einen aus der Einbettung des Betriebsverfassungsrechts in das allgemeine Arbeitsrecht, zum anderen aus der allgemeinen Überwachungspflicht des BR nach § 80 Abs. 1 (BAG 14.1.2015 – 7 ABR 95/12, NZA 2015, 632; 19.3.2008 – 7 ABR 2/07, EzB Nr. 17 zu 37 BetrVG; 15.5.1986 – 6 ABR 74/83, AP BetrVG 1972 § 37 Nr. 54; 16.10.1986 – 6 ABR 14/84, AP BetrVG 1972 § 37 Nr. 58; DKKW/*Wedde* Rn. 113; ErfK/*Koch* Rn. 14; GK-BetrVG/*Weber* Rn. 193; Richardi BetrVG/*Thüsing* Rn. 103; Däubler Schulung Rn. 168; **aA** HWGNRH/*Glock* Rn. 159; einschränkend hinsichtlich des Arbeitsschutzrechts BAG 29.4.1992 – 7 ABR 61/91, NZA 1993, 375). Hierzu gehören auch Schulungen zum AGG (*Besgen* BB 2007, 213; *Nollert-Borasio/Perreng* AGG 2006, AGG § 17 Rn. 7; *Rust/Falke* AGG § 17 Rn. 34; *Schwering* AGG S. 213). Die Regelungen des AGG gehören zu den Grundlagen der Arbeitsrechtsordnung (*Thüsing* Diskriminierungsschutz Rn. 159; WPK/*Kreft* Rn. 50; *Wisskirchen* DB 2006, 1491 [1499]; *Hayen* AiB 2006, 730 [734f.]). Dieser Anspruch besteht unabhängig von der allg. Schulungsverpflichtung des ArbGeb. nach § 12 AGG (*Besgen* BB 2007, 213; *Schwering* AGG S. 214f.; **aA** *Hanau* ZIP 2006, 2189 [2199] wonach ein Schulungsanspr. der BR-Mitgl. erst dann gegeben sein soll, wenn tatsächliche Diskriminierungsfälle im Betrieb auftauchen). Vor dem Hintergrund der zunehmenden **Digitalisierung** der Arbeitswelt dürften hiermit zusammenhängende Fragen bereits zum erforderlichen Grundwissen gehören (aber auch → Rn. 149 u. 152).

145 Soweit es um eine besondere **Vertiefung der Kenntnisse** des Betriebsverfassungsrechts oder des allgemeinen Arbeitsrechts oder um die Vermittlung von **speziellem Fachwissen** in den Bereichen geht, in denen dem BR Beteiligungsrechte zustehen,

ist bei der Prüfung der Notwendigkeit der Schulung auf die **konkreten Aufgaben des jeweiligen BR** abzustellen (ErfK/*Koch* Rn. 14). Diese hängen nicht zuletzt von der Art und Struktur des jeweiligen Betriebs ab, so dass nicht generell für alle BR die Frage, ob eine Schulung erforderlich ist oder nicht, beantwortet werden kann.

Bei der Prüfung der Frage, ob die konkreten Aufgaben eines BR eine Schulung notwendig erscheinen lassen, ist darauf abzustellen, ob nach den **Verhältnissen des konkreten einzelnen Betriebes** Fragen und Probleme anstehen oder in naher Zukunft anstehen werden, die der Beteiligung des BR unterliegen und bei denen im Hinblick auf den Wissensstand des konkreten BR eine Schulung von BRMitgl. erforderlich erscheint, damit der BR seine Beteiligungsrechte sach- und fachgerecht ausüben kann (hM; BAG 20.8.2014 – 7 ABR 64/12, NZA 2014, 1349; 18.1.2012 – 7 ABR 73/10, NZA 2012, 813; 12.1.2011 – 7 ABR 94/09, NZA 2011, 813; Richardi BetrVG/*Thüsing* Rn. 98; *Wank/Maties* NZA 2005, 1033 [1035]). Die rein theoretische Möglichkeit, dass eine bestimmte Frage einmal im Betrieb auftreten könnte, reicht nicht aus, die Notwendigkeit einer Schulung zu begründen (sa BAG 14.1.2015 – 7 ABR 95/12, NZA 2015, 632). Vielmehr muss sich das vermittelte Wissen unmittelbar auf die BRTätigkeit auswirken. Es muss eine **Aktualität** für die Notwendigkeit einer Schulung in dem Sinne bestehen, dass die vermittelten Kenntnisse, wenn auch nicht sofort, so doch voraussichtlich in absehbarer Zeit benötigt werden (BAG 20.8.2014 – 7 ABR 64/12, NZA 2014, 1349; 9.10.1973 – 1 ABR 6/73, AP BetrVG 1972 § 37 Nr. 4; 15.2.1995 – 7 AZR 670/94, AP BetrVG 1972 § 37 Nr. 106; LAG Köln 12.4.1996 – 11 (13) TaBV 83/95, NZA-RR 1997, 136; GK-BetrVG/*Weber* Rn. 186; Richardi BetrVG/*Thüsing* Rn. 98, 106; SWS Rn. 43; **weitergehend** *Weiß/Weyand* BetrVG Rn. 24, keine konkrete Aktualität erforderlich). 146

Allerdings liegt eine Aktualität für die Notwendigkeit einer Schulung nicht nur dann vor, wenn der ArbGeb. bestimmte der Beteiligung des BR unterliegende Maßnahmen beabsichtigt. Vielmehr kann sich diese Aktualität auch im Hinblick auf eine **beabsichtigte Initiative des BR** ergeben (sa BAG 14.1.2015 – 7 ABR 95/12, NZA 2015, 632; *Kittner* in Anm. zu BAG 6.11.1973 – 1 ABR 8/73, AP BetrVG 1972 § 37 Nr. 5; DKKW/*Wedde* Rn. 120; GK-BetrVG/*Weber* Rn. 188). Eine solche Initiativmöglichkeit besteht stets in den Angelegenheiten, in denen dem BR echte Mitbestimmungsrechte (zB § 87) oder ausdrückliche Vorschlagsrechte (zB § 92 Abs. 2, § 92a) eingeräumt sind. Sie ist jedoch keineswegs auf diese Fälle beschränkt. Im Hinblick auf das allgemeine Initiativrecht des BR nach § 80 Abs. 1 Nr. 2 (→ § 80 Rn. 19f.) können auch sonstige, in den Aufgabenbereich des BR fallenden Angelegenheiten (zB Maßnahmen nach § 88) eine Aktualität für die Notwendigkeit einer Schulung begründen (insoweit **aA** HWGNRH/*Glock* Rn. 164). 147

Soweit die **Beteiligungsrechte** des BR durch TV oder freiwillige BV zulässigerweise **erweitert** worden sind (zur Zulässigkeit einer solchen Erweiterung → § 1 Rn. 338ff.), können auch die neuen Sachbereiche und Rechte Gegenstand einer erforderlichen Schulung sein. Abs. 6 spricht allgemein von der für die Arbeit des BR erforderlichen Kenntnisvermittlung. Auch der in Abs. 6 bezogene Abs. 2 nennt generell die zur Erfüllung der Aufgaben des BR notwendige Arbeitsbefreiung. Es wird nicht auf die BRArbeit und Aufgaben „nach diesem Gesetz" abgestellt. Wenn es die Rechtsordnung gestattet, dem BR weitergehende Beteiligungsrecht einzuräumen, gehört auch die Wahrnehmung dieser Rechte zur BRArbeit, die einer Schulung zugänglich sind (**aA** *Loritz* NZA 1993, 8ff.). 148

Unter Berücksichtigung der konkreten Verhältnisse des Betriebs und des BR kommen für eine Schulung iSd Abs. 6 **insbes.** die folgenden Schulungsthemen in Betracht (zur Teilnehmerzahl → Rn. 161ff., zur Dauer der Schulung → Rn. 171ff.): 149

- **Aids** in der Arbeitswelt (HessLAG 7.3.1991 – 12 TaBV 172/90, LAGE § 37 BetrVG 1972 Nr. 37);
- **Akkord-** und **Prämienlohn** (vgl. § 87 Abs. 1 Nr. 11; BAG 9.10.1973 – 1 ABR 6/73, AP BetrVG 1972 § 37 Nr. 4; LAG Düsseldorf 31.10.1974 – 14 (5) Ta BV

100/73, DB 1975, 795; LAG Hamm 14.5.1976 – 3 TaBV 26/76, EzA § 37 BetrVG 1972 Nr. 47); hierbei schließt eine praktische Erfahrung des für Akkordfragen zuständigen BRMitgl. auf diesem Gebiet die Notwendigkeit einer theoretischen und systematischen Untermauerung seines Wissens jedenfalls dann nicht aus, wenn ohne eine gewisse theoretische Schulung eine sachgerechte Aufgabenerfüllung nicht gewährleistet ist (BAG 29.1.1974 – 1 ABR 39/73, AP BetrVG 1972 § 37 Nr. 9;);

- **Alkohol**(-sucht) am Arbeitsplatz (LAG Düsseldorf 9.8.1995 – 4 TaBV 38/95, BB 1995, 2531);
- Rechte und Pflichten des BR im **Arbeitskampf,** wobei im Zeitpunkt der Beschlussfassung vorhersehbar sein muss (→ Rn. 146; BAG 16.3.1988 – 7 AZR 557/87, AP BetrVG 1972 § 37 Nr. 63), dass das Gebiet, in dem der Betrieb liegt, zum Streikgebiet erklärt wird bzw. der Betrieb von Fernwirkungen im Zusammenhang mit Arbeitskampfmaßnahmen aus Anlass der tariflichen Auseinandersetzung betroffen sein wird (LAG Düsseldorf 12.6.2003 – 11 Sa 281/03, ArbuR 2003, 398 u. LAG Hamm 11.8.2003 – 10 Sa 141/03, NZA-RR 2004, 82; DKKW/*Wedde* Rn. 131). Nach LAG Düsseldorf 12.6.2003 – 11 Sa 281/03, ArbuR 2003, 398 reicht für die Frage der Vorhersehbarkeit der Ablauf der Friedenspflicht im Zeitpkt. der Beschlussfassung nicht aus.
- **Arbeitnehmererfinderrecht** (vgl. § 87 Abs. 1 Nr. 12);
- Fragen des Arbeitsmarkts, der Teilzeitarbeit und anderer Probleme, die mit einer etwa **drohenden Arbeitslosigkeit** der ArbN des Betriebs zusammenhängen;
- allgemeines **Arbeitsrecht,** Grundlagen (→ Rn. 144) und vertiefte Kenntnisse (→ Rn. 145);
- Arbeitsrecht, **Sonderprobleme,** insbes. wenn sie die Zuständigkeit und die Beteiligungsrechte des BR berühren, wie zB das Problem der sog **Scheinselbständigkeit;**
- **Arbeitsschutz** und **Arbeitssicherheit** (BAG 15.5.1986 – 6 ABR 74/83, AP BetrVG 1972 § 37 Nr. 54; LAG Hamm 25.6.1980 – 3 TaBV 20/80, BB 1980, 1374); hierbei hängt wegen der besonderen Bedeutung des Arbeitsschutzes die Notwendigkeit einer Schulung im Hinblick auf die konkreten betrieblichen Gegebenheiten nicht davon ab, dass im Betrieb eine übermäßige Unfallhäufigkeit besteht; Themen der Arbeitssicherheit sind ständig im Fluss und deshalb im Regelfall aktuell;
- **Arbeitswissenschaftliche Erkenntnisse** über die menschengerechte Gestaltung der Arbeit (vgl. §§ 90 f.; BAG 29.1.1974 – 1 ABR 39/73, AP BetrVG 1972 § 37 Nr. 9; LAG Düsseldorf 31.10.1974 – 14 (5) Ta BV 100/73, DB 1975, 795; BAG 14.6.1977 – 1 ABR 92/74, AP BetrVG 1972 § 37 Nr. 30, das allerdings eine dezidierte Darlegung von konkret anstehenden Änderungen oder Planungen im Betrieb verlangt);
- **Arbeitsstudien** und **Arbeitsbewertung** (BAG 6.11.1973 – 1 ABR 15/73, AP ArbGG 1953 § 89 Nr. 8);
- **Arbeitszeitfragen** (vgl. § 87 Abs. 2 u. 3; ArbG Passau 8.10.1992 – 4 BV 7/92, BB 1992, 2431);
- **Beamtenrecht** in privatisierten Postunternehmen (→ Rn. 154);
- Fragen der **Berufsbildung** (ArbG Kassel 21.3.1974 – 1 Ca 127/73, DB 1974, 924);
- arbeitsrechtliches **Beschäftigungsförderungsgesetz** (ArbG Detmold 30.10.1997 – 3 Ca 915/97, AiB 1998, 42);
- Betriebliche **Altersversorgung,** (LAG Düsseldorf 22.3.1989 – 4 TaBV 196/88, LAGE § 37 BetrVG 1972 Nr. 28);
- Betriebliches Vorschlagswesen (vgl. § 87 Abs. 1 Nr. 12);
- Betriebliches Eingliederungsmanagement nach § 167 Abs. 2 SGB IX (BAG 28.9.2016 – 7 AZR 699/14, NZA 2017, 69 – zu § 84 Abs. 2 SGB IX aF; *Litzig* AiB 2012, 397);
- Betriebsratsmanagement (→ Rn. 152 f.);

- **Betriebsverfassungsrecht,** Grundkenntnisse (→ Rn. 143) und vertiefte Kenntnisse (→ Rn. 145);
- **Betriebsversammlung** (LAG Hamm 1.3.1973 – 8 TaBV 41/72, BB 1973, 610);
- **betriebswirtschaftliche** oder **betriebsorganisatorische Fragen,** wenn hierfür ein konkreter betriebsbezogener Anlass – etwa eine beabsichtigte Rationalisierungsmaßnahme – besteht;
- Grundkenntnisse **der Betriebswirtschaftslehre** und der **Bilanzanalyse,** jedenfalls für Mitgl. des WiAusschusses (BAG 6.11.1973 – 1 ABR 8/73, AP BetrVG 1972 § 37 Nr. 5; LAG Köln 18.1.2002 – 11 (2) TaBV 66/01, NZA-RR 2003, 141; → Rn. 180); das gilt hinsichtlich einer Schulung über den Jahresabschluss auch für den BR eines Unternehmens, das zwar nicht zur Bildung eines WiAusschusses verpflichtet ist, das dem BR jedoch freiwillig eine vierteljährliche gemeinsame Bilanzlesung und Beratung der wirtschaftlichen Situation des Unternehmens zugestanden hat (LAG Nds 27.9.2000 – 1 Sa 227/00, AiB 2001, 228);
- **Bildschirmarbeit** (ArbG Stuttgart 16.3.1983 – 2 BV 1/82, DB 1983, 1718);
- **Burnout,** wenn eine diesbezügliche betriebliche Gefahrenlage dargelegt wird und der BR das auf der Schulung vermittelte Wissen benötigt, um im Rahmen seiner gesetzlichen Aufgaben sich dieses Problems annehmen zu können (ArbG Essen 30.6.2011 – 3 BV 29/11, AuA 2013, 618; *Horcher* ArbRAktuell 2012, 86; *Klapp* AiB 2015, 49);
- **Datenschutz im Betrieb,** insbes. eine Unterrichtung über die DSGVO sowie das BDSG und seine Bedeutung für die BRArbeit (LAG Nds 28.9.1979 – 3 TaBV 3/79, EzA § 37 BetrVG 1972 Nr. 64; ArbG Stuttgart 16.3.1983 – 2 BV 1/82, DB 1983, 1718; *Wohlgemuth* BlStR 1980, 211; Kramer IT und Arbeitsrecht/*Tiedemann* C Rn. 290;
- **EDV-Systeme,** insbes. Personalinformationssysteme (LAG Bln 10.3.1987 – 3 TaBV 8/86, CR 1987, 699; ArbG Stuttgart 16.3.1983 – 2 BV 1/82, DB 1983, 1718) und sonstige computergestützter betriebliche Informationssysteme. Hierbei ist die Erforderlichkeit der Schulung über derartige Informationssysteme bereits dann zu bejahen, wenn die Eigenart des Betriebs die Einführung bzw. Erweiterung bereits vorhandener computergestützter Technologien latent mit sich bringt (LAG Düsseldorf 7.3.1990 – 4 Sa 1455/8, RDV 1990, 265; Kramer IT und Arbeitsrecht/*Tiedemann* C Rn. 292);
- Schulung eines in die **Einigungsstelle entsandten BRMitgl.** Zwar begründet allein die Tätigkeit eines BRMitgl. in der E-Stelle keine Erforderlichkeit für eine Schulung, da die Tätigkeit in einer E-Stelle selbst nicht zu den BR-Aufgaben gehört (BAG 20.8.2014 – 7 ABR 64/12, NZA 2014, 1349). Aber es gehört zu den Aufgaben des BR, die Verhandlungen in der E-Stelle zu begleiten und sich mit den Vorschlägen der E-Stelle krit. auseinanderzusetzen (BAG 20.8.2014 – 7 ABR 64/12, NZA 2014, 1349). Diese muss er aus eigener Kompetenz wahrnehmen können. An dem Erfordernis der Vermittlung von Kenntnissen, die eine kritische Prüfung der Vorschläge der E-Stelle gewährleisten fehlt es jedoch, wenn die Schulung durch einen vom BR in die E-Stelle entsandten externen Beisitzer erfolgt (BAG 20.8.2014 – 7 ABR 64/12, NZA 2014, 1349);
- **Europäische Betriebsräte-Gesetz** (→ Rn. 150 f.);
- **Förderung der Gleichstellung von Frauen und Männern** sowie **Förderung** der **Vereinbarkeit von Familie und Erwerbstätigkeit** (§ 80 Abs. 1 Nr. 2a, 2b; § 92 Abs. 3);
- **Gesetze** und Verordnungen, insbes. neu erlassene, soweit dem BR hierbei Überwachungsaufgaben nach § 80 Abs. 1 Nr. 1 zukommen oder seine Beteiligungsrechte berührt werden (BAG 31.10.1973 – 1 ABR 7/72, AP BetrVG 1972 § 40 Nr. 2; LAG Hamm 11.3.1981 – 3 TaBV 125/80, DB 1981, 1678);
- **gesellschaftsrechtliche Fragen,** insbes. über wesentliche Änderungen des Gesellschaftsrechts, zB über das neue Umwandlungsgesetz, wenn dies für bevorstehende betriebliche Änderungen von Bedeutung ist;

- **Gesprächs-, Diskussions- und Verhandlungsführung** in der BRArbeit (→ Rn. 153);
- **Gestaltung** von Arbeitsplatz, Arbeitsablauf und Arbeitsumgebung bei anstehenden Änderungen (vgl. §§ 90f.);
- Verfahren zur Gefährdungsbeurteilung – grds. auch für ein in die Einigungsstelle entsandtes BRMitgl. (BAG 20.8.2014 – 7 ABR 64/12, NZA 2014, 1349);
- **Gruppenarbeit,** jedenfalls wenn ihre Einführung geplant wird (so auch Däubler Schulung Rn. 232);
- Fragen der **Jugend- und AuszubildendenVertr.** (*Däubler* Schulung Rn. 234);
- Schriftliche **Kommunikation** im Betrieb (→ Rn. 153);
- **Aufgaben und Rechte des KBR** bei einem Strukturwandel des Unternehmens, auch wenn der KBR sich noch nicht konstituiert hat, seine Bildung jedoch verbindlich beschlossen ist (LAG Brem 3.11.2000 - 4 TaBV 10/00, NZA-RR 2001, 310);
- Aufgaben und Rechte des BR beim geplanten Einsatz **künstlicher Intelligenz (KI)/Algorithmen** einschließlich der damit verbundenen praktischen Auswirkungen auf die ArbN, auf die Arbeitsverfahren und – abläufe, einschließlich der mit dem Einsatz von KI verbundenen datenschutzrechtlichen Fragen;
- Leistungslohn (s. unter Akkordlohn);
- **Lohngestaltung** (vgl. § 87 Abs. Nr. 10; BAG 29.1.1974 – 1 ABR 39/73, AP BetrVG 1972 § 37 Nr. 9; LAG Düsseldorf, LAGE § 37 BetrVG 1972 Nr. 72);
- **Mobbing,** wenn eine diesbezügliche betriebliche Konfliktlage dargelegt wird und der BR das auf der Schulung vermittelte Wissen benötigt, um im Rahmen seiner gesetzlichen Aufgaben sich dieses Problems annehmen zu können (BAG 14.1.2015 – 7 ABR 95/12, NZA 2015, 632; 15.1.1997 – 7 ABR 14/96, AP BetrVG 1972 § 37 Nr. 118; ausreichend sind erste Anzeichen eines Konfliktfalls (BAG 14.1.2015 – 7 ABR 95/12, NZA 2015, 632; LAG Hamm 7.7.2006 – 10 Sa 1283/05, NZA-RR 2007, 202; LAG RhPf 13.10.2004 – 10 TaBV 19/04, NZA-RR 2005, 376; ArbG Kiel 27.2.1997 – H 5d BV 41/96, NZA-RR 1998, 212); Däubler Schulung Rn. 239; weitergehend ArbG Bremen 17.12.2003 – 9 BV 81/03, NZA-RR 2004, 538ff., das auch ohne Vorliegen einer konkreten Konfliktlage im Betrieb einen begrenzten Anspruch auf Schulung von zwei BRMitgl. unter Verweis auf die neueste Repräsentativstudie der BAuA aus dem Jahr 2003 „Der Mobbing-Report", die insbs. auf das Erfordernis der Prävention und erforderliche Schulungen im Umgang mit Mobbing hinweist, anerkennt;
- Lehrveranstaltungen in der **Muttersprache** ausländischer BRMitgl. (ArbG Berlin 3.3.2011 – 24 BV 15046/10, ArbuR 2011, 313);
- **Nachweisgesetz** (ArbG Frankfurt a.M. 29.4.1998 – 9 BV 233/97, AiB 1998, 703);
- **Personalcomputer** (→ Rn. 152);
- **Personalinformationssysteme** (ArbG Stuttgart 16.3.1983 – 2 BV 1/82, DB 1983, 1718); Wird sog. Workforce Management (WFM) Software eingesetzt, die zB Personaleinsatzplanung, Personalbedarfsermittlung und Fragen des Zeitmanagements umfasst, kann eine Schulung des BR erforderlich sein, soweit die Einführung nicht unternehmensweit erfolgt und damit in die originäre Zuständigkeit des GesBR fällt (LAG RhPf 17.11.2016 – 7 TaBV 24/16, juris; LAG Bln-Bbg 20.4.2016 – 15 TaBV 52/16, juris; Kramer IT und Arbeitsrecht/*Kramer* C Rn. 292).
- **Personalplanung** (§ 92; im Hinblick auf das Vorschlagsrecht des BR nach § 92 Abs. 2 zu eng LAG Berlin 11.12.1989 – 9 TaBV 2/89, DB 1990, 696);
- **Personelle Mitbestimmung** (vgl. §§ 99ff.; LAG Hamm 1.3.1973 – 8 TaBV 41/72, BB 1973, 610);
- Sonderfragen in privatisierten **Postunternehmen** (→ Rn. 154);
- **Qualitätssicherungssystem ISO 9000–9004** und seine praktischen Auswirkungen, wenn die Einführung dieses Systems den gesamten Produktionsprozess erfasst und damit Auswirkungen sowohl auf die dort beschäftigten ArbN als auch auf Be-

teiligungsrechte des BR haben kann (LAG RhPf 19.11.1996 – 3 TaBV 23/96, BB 1997, 996);

- Erforderlichkeit **Rspr.** des BAG und der LAGs zum BetrVG und deren Umsetzung in die betriebliche Praxis, ist in jedem Einzelfall konkret darzulegen und hängt von den jeweiligen Umständen ab wie zB konkreter Inhalt des Seminars, thematische Spezialisierung einzelner BRMitgl., letzte Aktualisierung des vorhandenen Wissens etc (s. dazu ausführlich BAG 18.1.2012 – 7 ABR 73/10, NZA 2012, 813; BAG 20.12.1995 – 7 ABR 14/95, NZA 1996, 895 bei besonderen betriebsrelevanten Problemen des Mitbestimmungsrechts bei personellen Einzelmaßnahmen; GK-BetrVG/*Weber* Rn. 197; Däubler Schulung Rn. 165; *Teichmüller* DB 1975, 446) der BR muss sich nicht generell darauf verweisen lassen, sich die Kenntnisse durch Selbststudium zu erarbeiten (BAG 18.1.2012 – 7 ABR 73/10, NZA 2012, 813; **aA** Richardi BetrVG/*Thüsing* Rn. 109). Das gilt insbes. auch bei einem **Wandel der Rspr.** zu einem für die BRArbeit wichtigem G oder TV (BAG 22.1.1965 – 1 AZR 289/64, AP BetrVG § 37 Nr. 10);
- **Rhetorikschulung** (→ Rn. 153);
- **Schwerbehindertenrecht,** falls im Betrieb Schwerbehinderte beschäftigt werden. Die Erforderlichkeit der Schulung ist auch dann nicht ausgeschlossen, wenn der Vertrauensmann der Schwerbehinderten dem BR angehört (vgl. zum Hessischen PersVG HessVGH 15.11.1989 – HPV TL 2960/87, DB 1990, 1243);
- **Sexuelle Belästigung am Arbeitsplatz** (ArbG Wesel 31.3.1993 – 3 BV 35/92, DB 1993, 1096);
- Erstellung eines **Sozialplans,** wenn im Unternehmen umfangreiche Betriebsänderungen anstehen bzw. iR eines Interessenausgleichs mit dem GesBR verhandelt wird aber noch nicht klar ist, ob die sich anschließenden Verhandlungen über einen Sozialplan Aufgabe des GesBR oder des jeweils örtlichen BR ist (LAG Nds 10.9.2004 – 16 Sa 142/04, ArbuR 2005, 37);
- **sozialversicherungsrechtliche Fragen,** sofern diese für betriebliche Fragen von Bedeutung sind, zB für die Einrichtung oder Ausgestaltung einer betrieblichen Altersversorgung (**aA** LAG Berlin 24.9.1973 – 5 TaBV 4/73, BB 1974, 786; GK-BetrVG/*Weber* Rn. 185) oder über Eingliederungszuschüsse nach §§ 88 ff. SGB III, Zuschüsse zu Transfermaßnahmen nach § 110 SGB III oder Gewährung von Transferkurzarbeitergeld nach § 111 SGB III; nicht dagegen eine allgemeine Schulung über Grundzüge des Sozialrechts oder der sozialen Sicherung (BAG 4.6.2003 – 7 ABR 42/02, AP BetrVG 1972 § 37 Nr. 136; LAG Köln 30.6.2000 – 11 (12) TaBV 18/00, NZA-RR 2001, 255; ArbG Kiel 8.7.1997 – 1 BV 15a/97, NZA RR 1998, 169; **aA** ArbG Essen 23.12.1997 – 2 BV 62/97, ArbuR 1999, 75; *Peter* Anm. zu BAG 4.6.2003 – 7 ABR 42/02, AiB 2005, 250; Däubler Schulung Rn. 253);
- **Strafrechtliche Fragen** der Betriebsratstätigkeit gehören als Teil des BetrVG zum Grundlagenwissen (LAG Köln 21.1.2008 – 14 TaBV 44/07, AuA 2008, 561);
- **Suchtkrankheiten** am Arbeitsplatz (LAG Düsseldorf 9.8.1995 – 4 TaBV 38/95, BB 1995, 2531);
- **Tarifverträge,** die für den Betrieb maßgebend sind (BAG 9.10.1973 – 1 ABR 6/73, AP BetrVG 1972 § 37 Nr. 4; LAG Hamm 11.3.1981 – 3 TaBV 125/80, DB 1981, 1678);
- Fragen der Ein- und Durchführung der **Telearbeit** bzw. Home-Office (DKKW/*Wedde* Rn. 131) sowie **mobile Arbeit;**
- Fragen des betrieblichen **Umweltschutzes,** wenn im Betrieb umweltschutzbelastende Verhältnisse bestehen oder drohen; dies war bisher umstritten (s. dazu Fitting, 21. Aufl. 2002, Rn. 149) ist aber im Hinblick auf die durch das Betr.-Verf.-ReformG eingefügten neuen Beteiligungsrechte des BR beim betrieblichen Umweltschutz (→ § 89 Rn. 4 ff.) nunmehr eindeutig zu bejahen (GK-BetrVG/*Weber* Rn. 197; DKKW/*Wedde* Rn. 131; einengend HWGNRH/*Glock* Rn. 164: Erforderlichkeit kann durch Möglichkeit, sachkundige ArbN nach § 80 Abs. 2 S. 3 hinzuziehen zu können beschränkt sein);

– **Umweltmanagementsysteme,** wenn diese im Betrieb eingeführt werden sollen (→ § 89 Rn. 6 f.; Däubler Schulung Rn. 260; **aA** HWGNRH/*Glock* Rn. 168);
– Fragen der **Vermögensbildung** (§ 88 Nr. 3);
– **wirtschaftliche Rahmenbedingungen** und Unternehmensstrategien, wenn hierfür ein betriebs- bzw. unternehmensbezogener Anlass besteht (LAG Bad.-Württemberg NZA-RR 1997, 345);
– Aufgaben des **WiAusschusses** (→ Rn. 180).

150 In Unternehmen, für die die Bildung eines **Europäischen BR** (EBR) in Betracht kommt oder in denen ein EBR gebildet ist, gehört auch die Schulung über das EBRG stets zur erforderlichen Schulung. Das ergibt sich nicht nur aus der Beteiligung der nationalen ArbNVertr. bei der Bildung des gesetzlichen EBR, sondern insbes. aus der Zusammenarbeit mit ihm. Erforderlich ist stets auch eine Schulung über die nach §§ 17 ff. EBRG bestehende Möglichkeit, statt der Bildung des gesetzlichen EBR vorrangige anderweitige Vereinbarungen über eine grenzüberschreitende Unterrichtung und Anhörung der ArbN zu treffen sowie über den möglichen Inhalt derartiger Vereinbarungen. Denn die nationalen ArbNVertr. sind nicht nur an der Bildung des Besonderen Verhandlungsgremiums, dem nach §§ 8 ff. EBRG auf ArbN-Seite der Abschluss einer derartigen Vereinbarung obliegt, beteiligt, sondern werden durch eine anderweitige Vereinbarung stets unmittelbar berührt (vgl. auch DKKW/*Wedde* Rn. 128, 129; GK-BetrVG/*Weber* Rn. 197; **aA** HWGNRH/*Glock* Rn. 165).

151 Zum Schulungsanspruch von **EBR- und BVG-Mitgl. → Rn. 194b.**

152 Dem BR obliegt eine Fülle von Aufgaben in allgemeinen, sozialen, personellen und wirtschaftlichen Angelegenheiten, die zudem nicht selten durch eine komplexe und schwierige Sachproblematik gekennzeichnet sind. Will der BR all diese Aufgaben ordnungsgemäß und verantwortungsbewusst wahrnehmen, ist nicht nur eine **rationelle BRArbeit** erforderlich, vielmehr muss der BR auch **inhaltlich und methodisch** in der Lage sein, anstehende Fragen oder Probleme sachgerecht und zielbewusst einer Lösung zuzuführen. Aus diesem Grunde können je nach den betrieblichen Verhältnissen auch Schulungsveranstaltungen über ein **effektives BRManagement,** dh über eine sinnvolle Organisation der BRArbeit und über mögliche Methoden zur Analyse und Lösung anstehender beteiligungspflichtiger Fragen oder Probleme, und zwar sowohl in verfahrensmäßiger als auch inhaltlicher Hinsicht, erforderlich iSv § 37 Abs. 6 sein (ErfK/*Koch* Rn. 14; **aA** wohl BAG 14.9.1994 – 7 ABR 27/94, AP BetrVG 1972 § 37 Nr. 99). Aus diesem Grunde ist auch eine Schulung über den **Einsatz eines PC** für die Erledigung von BRAufgaben erforderlich, wenn aktuelle oder absehbare betriebliche bzw. betriebsratsbezogene Anlässe – zB die Anschaffung eines PC für die BRArbeit (→ § 40 Rn. 131) – die Schulung von BRMitgl. erfordern (BAG 19.7.1995 – 7 ABR 49/94, AP BetrVG 1972 § 37 Nr. 110; *Lelley* Internet Rn. 121). Dies gilt gleichermaßen zu Fragen der mit der Digitalisierung der Arbeitswelt verbundenen Auswirkungen auf die ArbN (ArbG Bochum 27.4.2017 – 4 Ca 1577/16 juris; Kramer IT und Arbeitsrecht/*Kramer* C Rn. 294), insb. auch im Hinblick auf die Beteiligungsrechte des BR nach § 87 Abs. 1 Nr. 6.

153 Das Gleiche gilt für Schulungen über **Gesprächs-, Diskussions-** und **Verhandlungsführung** in der BRArbeit (BAG 24.5.1995 – 7 ABR 54/94, AP BetrVG 1972 § 37 Nr. 109 bei Vorliegen besonderer Gründe; LAG SchlH 4.12.1990 – 1 Ta BV 21/90, BB 1991, 139; ArbG Dortmund 17.6.1999 – 6 BV 53/99, AiB 2000, 628; Däubler Schulung Rn. 229; **aA** noch BAG 6.11.1973 – 1 ABR 26/73, AP BetrVG 1972 § 37 Nr. 6; 14.9.1994 – 7 ABR 27/94, AP BetrVG 1972 § 37 Nr. 99; ferner LAG Köln 25.1.1993 – 3 TaBV 90/92, LAGE § 37 BetrVG 1972 Nr. 39; LAG SchlH 21.1.1999 – 4 TaBV 29/98, NZA-RR 1999, 643, NZA-RR 2000, 366; *Schiefer* NZA 1993, 824) oder über die **Sprech- und Argumentationstechnik** von solchen BRMitgl., die hauptsächlich die Verhandlungen mit der ArbGebSeite führen, zB der Vors. und stellvertr. Vors. des BR oder besonders wichtiger Ausschüsse des BR (BAG

15.2.1995 – 7 AZR 670/94, AP BetrVG 1972 § 37 Nr. 106 bei Vorliegen besonderer Gründe; Kenntnisse der **Rhetorik** sind kein Grundwissen im Betriebsverfassungsrecht, dementsprechend sind die Gründe für das Erfordernis einer solchen Schulung konkret darzulegen (BAG 12.1.2011 – 7 ABR 94/09, NZA 2011, 813; *Bell* AiB 2011, 417). In diesem Kontext kann auch eine Schulung zu dem Thema Rhetorik und Verhandlungsführung für Frauen erforderlich sein (SächsLAG 22.11.2002 – 9 TaBV 17/02, NZA-RR 2003, 420 – stellvertretende BRVorsitzende). Eine Schulungsnotwendigkeit in Gesprächs-, Diskussions- und Verhandlungsführung kann sich insbes. dann ergeben, wenn die Vorbereitung oder gar Entscheidung von wichtigen Angelegenheiten einem gemeinsamen Ausschuss von BR und ArbGeb. übertragen worden ist und die ArbGebSeite in dem Ausschuss durch besonders qualifiziertes Personal vertreten ist. Auch eine Schulung über die effektive **schriftliche Kommunikation** im Betrieb kann erforderlich sein, wenn der BR seine gesetzliche Aufgaben ohne eine Schulung gerade des entsandten BRMitgl. nicht sachgerecht wahrnehmen kann (BAG 15.2.1995 – 7 AZR 670/94, AP BetrVG 1972 § 37 Nr. 106).

In Betrieben der **privatisierten Postunternehmen** gehört im Hinblick darauf, 154 dass bei bestimmten Personalangelegenheiten der diesen Unternehmen zugewiesenen Beamten sich sowohl die materiellen Beteiligungsrechte des BR als auch das Mitbestimmungsverfahren nach den entsprechenden Vorschriften des BPersVG bestimmen (vgl. §§ 28f. PostPersRG; Näheres → § 99 Rn. 316ff.; → § 102 Rn. 137; → § 76 Rn. 12, 98), auch die Schulung über diese einschlägigen Regelungen des BPersVG zu einer erforderlichen Schulung. Da die den Postunternehmen zugewiesenen Beamten weiterhin in einem öffentlich-rechtlichen Beamtenverhältnis stehen, das der BR bei der Ausübung seiner Beteiligungsrechte zu beachten hat, ist auch eine Schulung jedenfalls über die Grundzüge des Beamtenrechts als erforderlich anzusehen.

Nicht als erforderlich angesehen worden sind Schulungsveranstaltungen über 155
- **Lohnsteuerrichtlinien,** da es weder zu den dem BR in § 80 Abs. 1 Nr. 1 zugewiesenen Aufgaben gehört, darüber zu wachen, dass der ArbGeb. bei der Berechnung des Lohns die Vorschriften des Lohnsteuerrechts beachtet, noch ihm die Aufgabe obliegt, einzelne ArbN in steuerrechtlichen Fragen zu beraten (BAG 11.12.1973 – 1 ABR 37/73, AP BetrVG 1972 § 80 Nr. 5; in Zweifel ziehend Däubler Schulung Rn. 193);
- allgemeine Grundkenntnisse des **Sozial- und Sozialversicherungsrechts** ohne konkreten betriebsbezogenen Anlass (BAG 4.6.2003 – 7 ABR 42/02, AP BetrVG 1972 § 37 Nr. 136 mit abl. Anm. *Peter* AiB 2005, 250f.). Die Beratung von ArbN in sozialversicherungsrechtl. Fragen gehört nicht zu den Aufgaben des BR. Die Überwachungspflicht nach § 80 Abs. 1 Nr. 1 erstreckt sich allenfalls auf die Einhaltung sozialversicherungsrechtl. Melde- und Abführungspflichten des ArbGeb. Die abstrakte Möglichkeit der Verwertung der dort vermittelten Kenntnisse reicht zur Begründung der Erforderlichkeit nicht aus;
- Ziele **gewerkschaftlicher Bildung** (BAG 28.1.1975 – 1 ABR 92/73, AP BetrVG 1972 § 37 Nr. 20);
- **Gesetzentwürfe,** wenn nach dem Stand des Gesetzgebungsverfahrens nicht zu erwarten ist, dass diese ohne wesentliche Änderungen verabschiedet werden (BAG 16.3.1988 – 7 AZR 557/87, AP BetrVG 1972 § 37 Nr. 63); etwas anderes gilt allerdings, wenn mit dem alsbaldigen Inkrafttreten der geplanten gesetzlichen Regelung zuverlässig gerechnet werden kann;
- Durchführung der **BRWahlen,** da dies Aufgabe des Wahlvorst. ist (zur Schulung des Wahlvorst. → § 20 Rn. 39ff.);
- Rechte des **KBR,** wenn seine Bildung streitig ist (BAG 24.7.1991 – 7 ABR 76/89, DB 1992, 482);
- Änderungen des Staatsangehörigkeitsrechts **für ausländische BRMitgl.** (ArbG Marburg 8.9.1999 – 1 Ca 322/99, NZA-RR 2000, 248).

Schulungen über für die BRArbeit erforderliches **spezielles Fachwissen** sind 156 nicht auf die Vermittlung gewisser Grundkenntnisse beschränkt. Vielmehr kann und wird in der Regel unter Berücksichtigung der konkreten Verhältnisse des einzelnen Betriebs durchaus eine die Grundkenntnis **vertiefende Schulung notwendig** sein; das gilt jedenfalls für die BRMitgl., die sich im Rahmen der BRArbeit besonders mit den entsprechenden Sachbereichen befassen (→ Rn. 134; BAG 15.6.1976 – 1 ABR 81/74, AP BetrVG 1972 § 40 Nr. 12; GK-BetrVG/*Weber* Rn. 218; DKKW/*Wedde* Rn. 116; *Weiß/Weyand* BetrVG Rn. 27; stark einschränkend hinsichtlich einer vertiefenden Schulung über das BetrVG unter Hinweis auf das Gebot des Selbststudiums und der Schulungsmöglichkeit nach Abs. 7 Richardi BetrVG/*Thüsing* Rn. 110). Auch kann – etwa nach einer gewissen Zeit – eine **Wiederholungsschulung** zur Auffrischung und Erweiterung der bisherigen Kenntnisse notwendig sein. Dies gilt insbes. in den Bereichen, die durch eine schnelle Entwicklung gekennzeichnet sind (zB die Computertechnik), Änderung von Gesetzen oder der Rspr., aber auch wenn im Betrieb neue oder besondere Konflikte auftreten (DKKW/*Wedde* Rn. 125; ErfK/*Koch* Rn. 16; GK-BetrVG/*Weber* Rn. 223; MHdB ArbR/*Krois* § 295 Rn. 62). Der BR muss jedoch konkret darlegen, warum eine Schulung zu einem ähnlichen Thema erneut erforderlich ist (LAG Nürnberg 1.9.2009 – 6 TaBV 18/09, AuA 2009, 672).

157 Schulungsveranstaltungen für BR werden durchweg allgemein angeboten und nicht speziell für BRMitgl. eines bestimmten Betriebes durchgeführt. Die Allgemeinheit des Angebotes kann zur Folge haben, dass nicht alle auf der Schulungsveranstaltung behandelten Themen für jedes teilnehmende BRMitgl. als erforderlich in vorstehend erläuterten Sinne anzusehen sind. Dies kann jedoch nicht dazu führen, dass für diese BRMitgl. der Besuch der Veranstaltung damit unzulässig würde. Vielmehr ist, soweit auf einer Schulungsveranstaltung **teils erforderliche, teils** jedoch auch **nicht erforderliche Kenntnisse** in engerem Sinne vermittelt werden, nach der Rspr. des BAG wie folgt zu unterscheiden:

158 Werden nicht erforderliche Kenntnisse nur ganz **geringfügig** gestreift, so berührt dies die Erforderlichkeit der ganzen Schulung nicht (BAG 29.1.1974 – 1 ABR 41/73, AP BetrVG 1972 § 40 Nr. 5; DKKW/*Wedde* Rn. 133; *Wank/Maties* NZA 2005, 1033 [1035]). Für einen Richtwert von 20% Däubler Schulung Rn. 270 und *Wank/Maties* NZA 2005, 1033 [1035].

159 Nimmt die Behandlung nicht erforderlicher Themen einen **größeren Umfang** ein, ist der erforderliche und nicht erforderliche Teil der Schulungsveranstaltung jedoch sowohl in thematischer Hinsicht als auch hinsichtlich der zeitlichen Behandlung der einzelnen Themen so klar voneinander abgrenzbar, dass ein **zeitweiser Besuch** der Veranstaltungen möglich und sinnvoll ist, so beschränkt sich – abweichend von dem an sich maßgebenden Grundsatz, dass die Erforderlichkeit einer Veranstaltung einheitlich zu bewerten ist – die Erforderlichkeit auf den Teil, auf den für die BRArbeit erforderliche Kenntnisse vermittelt werden (BAG 10.5.1974 – 1 ABR 60/73, AP BetrVG 1972 § 65 Nr. 4, 28.5.1976 – 1 AZR 116/74, AP BetrVG 1972 § 37 Nr. 24, 21.7.1978 – 6 AZR 561/75, AP BetrVG 1972 § 38 Nr. 4; GK-BetrVG/*Weber* Rn. 198; HWGNRH/*Glock* Rn. 171; *Wank/Maties* NZA 2005, 1033 [1035]). Bei der Beurteilung der Frage, ob ein zeitweiser Besuch der Veranstaltung möglich ist, kommt es auch darauf an, ob die Veranstaltung nur als einheitliches Ganzes angeboten wird (BAG 28.9.2016 – 7 AZR 699/14, NZA 2017, 69; **aA** GK-BetrVG/*Weber* Rn. 198). Ist sie nur als Ganzes buchbar, muss sich die Erforderlichkeitsprüfung auf die ganze Veranstaltung beziehen (BAG 28.9.2016 – 7 AZR 699/14, NZA 2017, 69) → Rn. 160.

159a Hat der BR einen **Seminarplan** aufgestellt, der einzelne Schulungsmaßnahmen enthält, die nicht als erforderlich erscheinen, führt dies bezogen auf die Entsendung von BRMitgl. zu für sich betrachtet erforderlichen Schulungen nicht zu deren Unwirksamkeit (LAG Nürnberg 28.5.2002 – 6 (5) TaBV 29/01, NZA-RR 2002, 641).

160 Ist ein zeitweiser Besuch einer solchen Schulungsveranstaltung praktisch nicht möglich oder sinnvoll, so kommt es darauf an, ob die **Schulungszeit der erforderlichen Themen mit mehr als 50 vH überwiegt.** Ist dies der Fall, ist die gesamte

Veranstaltung als erforderlich anzusehen (BAG 28.5.1976 – 1 AZR 116/74, AP BetrVG 1972 § 37 Nr. 24 unter Aufgabe der vorher vertretenen Geprägetheorie [BAG 10.5.1974 – 1 ABR 60/73, AP BetrVG 1972 § 65 Nr. 4; 27.9.1974 – 1 ABR 71/73, AP BetrVG 1972 § 37 Nr. 18], da diese keine klaren Abgrenzungsmöglichkeiten zulasse; ferner BAG 21.7.1978 – 6 AZR 561/75, AP BetrVG 1972 § 38 Nr. 4; 4.6.2003 – 7 ABR 42/02, AP BetrVG 1972 § 37 Nr. 136; 7.5.2008 – 7 AZR 90/07, AP BetrVG 1972 § 37 Nr. 145; BAG 28.9.2016 – 7 AZR 699/14, NZA 2017, 69; ebenso DKKW/*Wedde* Rn. 133; ErfK/*Koch* Rn. 14; *Wank/Maties* NZA 2005, 1033 [1035]; für die Geprägetheorie jedoch Richardi BetrVG/*Thüsing* Rn. 112; HWGNRH/*Glock* Rn. 172; **krit.** zur neuen BAG-Rspr. GK-BetrVG/*Weber* Rn. 199f., der ihr nur zustimmt, wenn die erforderlichen Kenntnisse nicht auf einer anderen Schulung erworben werden können; ferner *Hanau* FS Müller, 176, der sie auf das einzelne BRMitgl. bezogen akzeptiert, nicht jedoch, wenn Teile der Veranstaltung generell als nicht erforderlich anzusehen sind; **aA** *Loritz* NZA 1993, 3ff.). Das BAG bezieht das 50%-Quorum ausdrücklich nur auf die Anzahl der erforderlichen Schulungsthemen, jedoch muss dieses Quorum auch hinsichtlich der Schulungszeit erfüllt sein. Ansonsten bestünde zu leicht die Möglichkeit, durch eine Atomisierung der Schulungsthemen das erforderliche Quorum zu erfüllen, obwohl die zeitliche Behandlung dieser Themen von untergeordneter Bedeutung ist (DKKW/*Wedde* Rn. 133; GK-BetrVG/*Weber* Rn. 199; Richardi BetrVG/*Thüsing* Rn. 110; SWS Rn. 48). Bei Würdigung dieser sicherlich großzügigen Rspr. des BAG zu Veranstaltungen mit nur teilweise erforderlichen Themen ist jedoch zu berücksichtigen, dass das BAG auf der anderen Seite selbst bei einer erforderlichen Kenntnisvermittlung sowohl die Dauer der Schulung (→ Rn. 171f.) als auch die Pflicht des ArbGeb., die Schulungskosten zu tragen (→ § 40 Rn. 72f.), unter dem Gesichtspunkt der Verhältnismäßigkeit bewertet und ggf. begrenzt. So auch BAG 28.9.2016 – 7 AZR 699/14, NZA 2017, 69 iR seiner Zurückverweisung an das LAG.

b) Teilnehmerzahl

Im Gegensatz zur Regelung des Abs. 7, die jedem BRMitgl. einen individual- 161
rechtlichen Anspruch auf Teilnahme an den dort genannten Schulungsveranstaltungen einräumt, stellt Abs. 6 mit dem Erfordernis, dass die vermittelten Kenntnisse für die BRArbeit notwendig sein müssen, auf das **Kollektivorgan BR** als solchen ab (BAG 19.9.2001 – 7 ABR 32/00, AP BetrVG 1972 § 25 Nr. 9; 6.11.1973 – 1 ABR 8/73, AP BetrVG 1972 § 37 Nr. 5). Der BR muss in die Lage versetzt werden, seine gesetzlichen Aufgaben ordnungsgemäß zu erfüllen. Deshalb ist Träger des Schulungsanspruchs nach Abs. 6 zunächst der BR und nicht von vornherein das einzelne BRMitgl. (GK-BetrVG/*Weber* Rn. 168; DKKW/*Wedde* Rn. 137; HWGNRH/*Glock* Rn. 175). Erst wenn der BR durch **Beschluss** ein bestimmtes Mitgl. für eine Schulungsteilnahme bestimmt hat, erwirbt dieses einen aus dem Kollektivbeschluss **abgeleiteten Individualanspruch** (BAG 6.11.1973 – 1 ABR 8/73, AP BetrVG 1972 § 37 Nr. 5; 27.9.1974 – 1 ABR 71/73, AP BetrVG 1972 § 37 Nr. 18; 5.4.1984 – 6 AZR 495/81, AP BetrVG 1972 § 37 Nr. 46; 16.10.1986 – 6 ABR 14/84, AP BetrVG 1972 § 37 Nr. 58; GK-BetrVG/*Weber* Rn. 169; HWGNRH/*Glock* Rn. 175; **weitergehend** Richardi BetrVG/*Thüsing* Rn. 122f.; *Schwegler* BlStR 1972, 307, die generell auch das einzelne BRMitgl. als anspruchsberechtigt ansehen).

Dass der BR als Kollektivorgan in der Lage sein muss, seine konkreten Aufgaben 162
ordnungsgemäß zu erfüllen, ist auch der entscheidende Gesichtspunkt für die Beantwortung der Frage, ob der BR berechtigt ist, stets alle seine Mitgl. zu einer bestimmten Schulungsveranstaltung zu entsenden, oder ob insoweit gewisse Einschränkungen bestehen.

Für eine ordnungsgemäße BRArbeit ist es unerlässlich, dass **jedes BRMitgl.** 163
Grundkenntnisse über das BetrVG als Basis jeder BRArbeit hat. Denn nur dann, wenn es diese Kenntnisse besitzt, ist es in der Lage, seiner Pflicht zur eigenverant-

wortlichen Erfüllung der mit diesem Amt verbundenen Aufgaben zu genügen. Deshalb kann jedes BRMitgl., das solches Grundwissen noch nicht hat, zulässigerweise zu einer Schulungsveranstaltung über das BetrVG entsandt werden, ohne dass die Erforderlichkeit der Schulung näher dargelegt werden müsste (BAG 19.9.2001 – 7 ABR 32/00, AP BetrVG 1972 § 25 Nr. 9; 7.6.1989 – 7 ABR 26/88, AP BetrVG 1972 § 37 Nr. 67; 25.8.1999 – 7 AZR 713/97, AP BetrVG 1972 § 37 Nr. 130; BVerwG 27.4.1979 – 6 P 45.78, ZBR 1979, 310; DKKW/*Wedde* Rn. 109, 112, 116; GK-BetrVG/*Weber* Rn. 215; Richardi BetrVG/*Thüsing* Rn. 100, 114; **aA** LAG Hamm 28.3.1979 – 12 Sa 22/79, DB 1979, 1365, für den Fall, dass genügend andere BRMitgl. mit ausreichenden Kenntnissen vorhanden sind). Erfolgt die Schulung kurz vor Ende der Amtszeit, ist allerdings näher darzulegen, warum die Schulung des BRMitgl. im Hinblick auf die konkrete Situation des Betriebs und die auf den BR für den Rest seiner Amtszeit noch zukommenden Aufgaben erforderlich ist (BAG 7.6.1989 – 7 ABR 26/88, AP BetrVG 1972 § 37 Nr. 67; GK-BetrVG/*Weber* Rn. 180; **aA** LAG RhPf 23.11.1994 – 2 TaBV 33/94, BB 1995, 1593; im Falle des Rücktritts des BR: DKKW/*Wedde* Rn. 135, 148). An dieser Rspr. hält das BAG nicht mehr fest, soweit es sich um die Vermittlung von Grundkenntnissen handelt (BAG 7.5.2008 – 7 AZR 90/07, AP BetrVG 1972 § 37 Nr. 145). Kann der BR Art und Umfang der beteiligungspflichtigen Angelegenheiten, die voraussichtlich bis zum Amtsende eines erstmalig in den BR gewählten BRMitgls. noch anfallen werden, nicht beurteilen, kann die Teilnahme – von Missbrauchsfällen abgesehen – als erforderlich iSd Abs. 6 angesehen werden (BAG 7.5.2008 – 7 AZR 90/07, AP BetrVG 1972 § 37 Nr. 145; WPK/*Kreft* Rn. 48; *Markowski* AiB 2009, 59 ff.; *Schiefer* DB 2008, 2649 ff. gdstzl. zustimmend, sieht aber Missbrauchsgefahr). An der Erforderlichkeit der Schulung fehlt es jedoch, wenn absehbar ist, dass das BRMitgl. die zu vermittelnden Grundkenntnisse in seiner verbleibenden Amtszeit nicht mehr einsetzen kann (BAG 17.11.2010 – 7 ABR 113/09, NZA 2011, 816; SWS Rn. 47). Der BR hat ein anderes seiner Mitgl. für die Schulungsteilnahme zu benennen. Gleiches gilt, wenn das BRMitgl. lediglich befristet beschäftigt ist und demnächst ausscheidet (BAG 17.11.2010 – 7 ABR 113/09, NZA 2011, 816).

164 Ebenfalls muss jedes BRMitgl. über gewisse **Grundkenntnisse des allgemeinen Arbeitsrechts** verfügen. Das ergibt sich nicht nur aus der allgemeinen Überwachungspflicht des BR nach § 80 Abs. 1 Nr. 1, sondern insbes. aus den vielfältigen Verflechtungen des Betriebsverfassungsrechts und der Beteiligungsrechte des BR mit anderen Bereichen des Arbeitsrechts, insbes. des Individualarbeitsrechts und des Tarifvertragsrechts (GK-BetrVG/*Weber* Rn. 216; DKKW/*Wedde* Rn. 113; Richardi BetrVG/*Thüsing* Rn. 103, 114; *Kittner* BlStR 1979, 257; *Wank/Maties* NZA 2005, 1033 [1034]; ebenso BAG 16.10.1986 – 6 ABR 14/84, AP BetrVG 1972 § 37 Nr. 58 unter ausdrücklicher Aufgabe seiner einschränkenden Rspr. in BAG 25.4.1978 – 6 ABR 22/75, AP BetrVG 1972 § 37 Nr. 33; das BAG betont jedoch, dass Grundkenntnisse des Arbeitsrechts auch durch langjährige BRTätigkeit erworben werden können und es der Darlegung besonderer Umstände bedarf, falls dies im Einzelfall nicht zutrifft (BAG 19.3.2008 – 7 ABR 2/07, EzB Nr. 17 zu § 37 BetrVG; **aA** LAG Hmb 13.3.2008 – 8 TaBV 14/07, AiB 2009, 303, wonach auch eine mehrjährige Mitgliedschaft im BR bzw. GBR die Erforderlichkeit nicht entfallen lässt; HWGNRH/*Glock* Rn. 151).

165 Eine sachgerechte BRArbeit erfordert ferner von jedem BRMitgl. ausreichende Kenntnisse über den für den Betrieb geltenden **Manteltarifvertrag** – MTV – (LAG Hamm 11.3.1981 – 3 TaBV 125/80, DB 1981, 1678; HWGNRH/*Glock* Rn. 181 bei neuem MTV) sowie einen **gewissen Standard an allgemeinen rechtlichen, wirtschaftlichen und technischen Kenntnissen** (vgl. DKKW/*Wedde* Rn. 116; ErfK/*Koch* Rn. 14; GK-BetrVG/*Weber* Rn. 217; weitergehend Däubler Schulung Rn. 174; **aA** HWGNRH/*Glock* Rn. 164).

166 Angesichts der Vielfältigkeit und Vielgestaltigkeit der dem BR obliegenden Aufgaben ist zu ihrer sachgemäßen Erfüllung oft eine gewisse **Aufgabenverteilung** inner-

halb des BR und damit verbunden eine gewisse Spezialisierung einzelner BRMitgl. unumgänglich. Dabei ist der BR nicht auf das Wissen einer Person beschränkt; ob und inwieweit eines oder mehrere BRMitgl. über Spezialwissen verfügen müssen, hängt ua von der Größe und personellen Zusammensetzung sowie der Geschäftsverteilung des BR ab (BAG 14.1.2015 – 7 ABR 95/12, NZA 2015, 632; 28.9.2016 – 7 AZR 699/14, NZA 2017, 69). Nimmt der BR eine Aufgabenverteilung vor, so ist es nicht erforderlich, allen BRMitgl. auf den entsprechenden Sachgebieten eine besondere Schulung zukommen zu lassen. Vielmehr kommt in diesen Fällen eine **intensivierende und vertiefende Vermittlung besonderer Spezialkenntnisse** nur für solche BRMitgl. in Betracht, die vom BR gerade mit der Wahrnehmung dieser Aufgaben betraut worden sind (BAG 14.1.2015 – 7 ABR 95/12, NZA 2015, 632; 20.12.1995 – 7 ABR 14/95, NZA 1996, 895; 29.4.1992 – 7 ABR 61/91, NZA 1993, 375; GK-BetrVG/*Weber* Rn. 218, 223; DKKW/*Wedde* Rn. 121; HWGNRH/*Glock* Rn. 181f.; Richardi BetrVG/*Thüsing* Rn. 109, 114; *Schiefer* DB 2008, 2649ff.). Dies ist insbes. in den Fällen von Bedeutung, in denen dem BetrAusschuss oder weiteren Ausschüssen des BR besondere Aufgaben zur selbständigen Erledigung übertragen worden sind (LAG Bln-Bbg 28.2.2017 – 11 TaBV 1626/16, juris; LAG Hamm 16.5.2012 – 10 TaBV 11/12, juris; vgl. § 27 Abs. 3 und § 28). So ist zB eine besondere Schulung von BRMitgl. auf dem Gebiet der Akkord- und Leistungsentgelte im Allgemeinen auf die Mitgl., die der **Akkordkommission** angehören oder die sich im Rahmen der BRArbeit besonders mit Akkordfragen befassen, zu beschränken; für diese ist eine Schulung jedoch auf jeden Fall erforderlich (LAG Hamm EzA § 37 BetrVG 1972 Nr. 67; ferner LAG Düsseldorf 12.10.1981 – 20 TaBV 44/81, LAGE BetrVG 1972 § 37 Nr. 16; DKKW/*Wedde* Rn. 122; HWGNRH/*Glock* Rn. 182; Däubler Schulung Rn. 183). Das Gleiche gilt hinsichtlich der Schulung auf dem Gebiet der Personalplanung für BRMitgl., die sich im Rahmen der BRArbeit besonders mit diesen Fragen befassen. Im Einzelfall kommt es darauf an, welche Aufgaben das jeweilige BRMitgl. im Rahmen der BRArbeit zu erfüllen hat. Bei der Übertragung von Aufgaben und Besetzung von Posten innerhalb des BR und seiner Ausschüsse ist **der BR autonom;** diese Autonomie ist nicht im Rahmen der Erforderlichkeit der Schulung überprüfbar (einschränkend GK-BetrVG/*Weber* Rn. 218; Richardi BetrVG/*Thüsing* Rn. 109).

Da der **Vors. des BR** und sein **Stellvertr.** sowie die freigestellten BRMitgl. in einem weit stärkeren Maße und intensiverem Umfang in mit betriebsverfassungsrechtlichen Fragen befasst sind, ist es vielfach notwendig, ihnen eine **intensivere Schulung** über das Betriebsverfassungsrecht und solche Sachkomplexe, bei denen Beteiligungsrechte des BR zu beachten sind, zukommen zu lassen (BAG 27.9.1974 – 1 ABR 71/73, AP BetrVG 1972 § 37 Nr. 18; 8.2.1977 – 1 ABR 124/74, AP BetrVG 1972 § 37 Nr. 26; DKKW/*Wedde* Rn. 121; GK-BetrVG/*Weber* Rn. 223; ErfK/*Koch* Rn. 16). Insofern kommen für eine intensivere Schulung sie vielfach in erster Linie in Betracht. 167

In BR der Betriebe der **privatisierten Postunternehmen** kommen für eine notwendige Schulung über die bei den Beamten maßgeblichen Beteiligungsrechte und über die Grundzüge des Beamtenrechts (→ Rn. 154) insbes. die Vertr. der Beamten im BR in Betracht, da bei bestimmten Personalangelegenheiten der Beamten die Beschlussfassungsbefugnis allein der Beamtengruppe im BR zusteht (vgl. § 28 PostPersRG). Haben die Beamten gem. § 26 Nr. 2 PostPersRG auf eine eigene Gruppe im BR verzichtet (→ § 14 Rn. 72, 85b), ist eine notwendige Schulung den Mitgl. des BR zukommen zu lassen, die sich innerhalb des BR besonders mit den Personalangelegenheiten der zugewiesenen Beamten befassen. 168

c) Träger der Schulung

Wer **Träger der Schulungs- und Bildungsveranstaltung** ist, ist grds. unerheblich (DKKW/*Wedde* Rn. 142; GK-BetrVG/*Weber* Rn. 173; HWGNRH/*Glock* 169

Rn. 145; Richardi BetrVG/*Thüsing* Rn. 118; im Grundsatz auch Däubler Schulung Rn. 330ff., die jedoch im Hinblick auf die verfassungsrechtliche gewährleistete Betätigungsfreiheit der Gewerkschaften durch Art. 9 Abs. 3 GG ihren Schulungen einen gewissen Sonderschutz zuerkennen; krit. hierzu *Streckel* DB 1974, 337). Entscheidend ist, dass auf ihr für die BRArbeit erforderliche Kenntnisse vermittelt werden. Wegen der gleichgerichteten Interessen von Gewerkschaften und BR, die Interessen der ArbN zu vertreten, und der gewerkschaftlichen Unterstützungsfunktion im Rahmen der Betriebsverfassung kommen insbes. Schulungs- und Bildungsveranstaltungen der **Gewerkschaften** in Betracht. Veranstaltungen der ArbGebSeite sind jedoch keineswegs ausgeschlossen. Ferner ist zu denken an Schulungsveranstaltungen kirchlicher Träger oder von Arbeitskammern, von Volkshochschulen und Universitäten sowie von privaten Veranstaltern, die auch die Schulung von Personalleitern durchführen. Zum Recht des BR, die konkrete Schulungsveranstaltung auszuwählen, → Rn. 234. Der BR eines staatlich beherrschten oder finanzierten Unternehmens ist mangels Anwendbarkeit des GWB nicht an das Vergaberecht gebunden; das BetrVG geht als abschließende Regelung dem Vergaberecht vor (*Legerlotz/Hettich* arbrb, 2016, 285 [287]).

170 Unerheblich ist, ob an der Schulungsveranstaltung außer BRMitgl. noch **andere Personen teilnehmen.** Denn das ist für die Frage, ob die Veranstaltung für die BR-Arbeit erforderliche Kenntnisse vermittelt, nicht von Bedeutung (Däubler Schulung Rn. 340; DKKW/*Wedde* Rn. 143; GK-BetrVG/*Weber* Rn. 176; HWGNRH/*Glock* Rn. 145; Richardi BetrVG/*Thüsing* Rn. 121).

d) Dauer der Schulung

171 Die Dauer der Schulung bestimmt sich ausschließlich nach ihrer **Erforderlichkeit.** Denn „soweit" BRMitgl. erforderliche Kenntnisse vermittelt werden, besteht ein Anspruch auf Arbeitsbefreiung nach dem in Abs. 6 für entsprechend anwendbar erklärten Abs. 2 (DKKW/*Wedde* Rn. 140; GK-BetrVG/*Weber* Rn. 221; HWGNRH/*Glock* Rn. 170; Däubler Schulung Rn. 286ff.; *Weiß/Weyand* BetrVG Rn. 29; BAG 9.10.1973 – 1 ABR 6/73, AP BetrVG 1972 § 37 Nr. 4). In seinen Beschlüssen v. 27.9.1974 und 28.5.1976 (BAG 27.9.1974 – 1 ABR 71/73, AP BetrVG 1972 § 37 Nr. 18; 28.5.1976 – 1 AZR 116/74, AP BetrVG 1972 § 37 Nr. 24) bezieht das **BAG** das Merkmal der Erforderlichkeit allerdings ausschließlich auf die vermittelten Kenntnisse und bestimmt die Dauer der Schulung nach dem zu § 40 entwickelten **Grundsatz der Verhältnismäßigkeit.** Diese Ansicht begegnet **Bedenken.** Zum einen wird ignoriert, dass Abs. 6 auf Abs. 2 verweist und dort die Dauer der Arbeitsbefreiung durch das Merkmal der Erforderlichkeit bestimmt wird (→ Rn. 35ff.). Zum anderen ist es bedenklich, dass mit dem Grundsatz der Verhältnismäßigkeit generell (und nicht etwa auf besondere Ausnahmefälle beschränkt) ein im G **nicht enthaltenes zusätzliches Begrenzungskriterium** eingeführt wird, das wegen seiner Unbestimmtheit für die Praxis zudem auch kaum klare Aussagen zulässt (HWGNRH/*Glock* Rn. 170; **krit.** GK-BetrVG/*Weber* Rn. 213, der zur Begrenzung der Dauer die Grundsätze des Rechtsmissbrauchs und der Zumutbarkeit heranzieht; ErfK/*Koch* Rn. 17; iErg wie das BAG Richardi BetrVG/*Thüsing* Rn. 116; SWS Rn. 48).

172 Die Erforderlichkeit der Schulung kann nur unter Berücksichtigung der konkreten Verhältnisse des einzelnen Betriebs beurteilt werden. Eine generelle Aussage über die zulässige Dauer der Veranstaltungen ist nicht möglich. Die Beurteilung der Frage nach der zulässigen Dauer von Schulungsveranstaltungen ist abhängig vom jeweiligen Einzelfall. Zu berücksichtigen sind der jeweilige Inhalt der konkreten Schulung, insbes. der Umfang und die Schwierigkeit der auf ihr behandelten Themen, die jeweiligen Besonderheiten und Probleme des konkreten Betriebes sowie der Wissensstand innerhalb des BR. Generelle Zeitangaben sind deshalb nicht möglich (GK-BetrVG/*Weber* Rn. 221; ErfK/*Koch* Rn. 16; Richardi BetrVG/*Thüsing* Rn. 116; **aA** SWS

Rn. 52; ähnlich *Gaul,* Bd. II, 447, im allg. höchstens eine Woche; HWGNRH/*Glock* Rn. 157, 168f., auch bei Schulung von Neumitgl. über das BetrVG nur drei Tage, für exponierte Funktionsträger höchstens acht Tage). Das G gibt **keinerlei Anhaltspunkte** für die Annahme, Abs. 6 betreffe **nur kurzfristige Schulungen** bis höchstens drei Tagen aus aktuellem Anlass, während längere Schulungen mit Seminarcharakter nur nach Abs. 7 durchgeführt werden könnten (GK-BetrVG/*Weber* Rn. 221; Richardi BetrVG/*Thüsing* Rn. 116). Anders als Abs. 7 sieht **Abs. 6 keine Begrenzung der Gesamtdauer** der Schulung vor (ebenso WPK/*Kreft* Rn. 59; Peter AiB 2006, 284; einschränkend Richardi BetrVG/*Thüsing* Rn. 117, wonach Abs. 7 nicht die grenzziehende Bedeutung durch Abs. 6 genommen werden dürfe; so iErg wohl auch GK-BetrVG/*Weber* Rn. 221) sondern richtet sich ausschließlich nach deren Erforderlichkeit.

Fälle aus der Rspr.: Bei einer Schulung über das BetrVG hat das BAG eine fünf- **173** bzw. sechstägige Schulung als erforderlich anerkannt (BAG 6.11.1973 – 1 ABR 8/73, AP BetrVG 1972 § 37 Nr. 5; 27.11.1973 – 1 ABR 5/73, AP ArbGG 1953 § 89 Nr. 9). Bei einer Schulung des BRVors. über das BetrVG ist eine vierzehntägige Schulung anerkannt worden (BAG 8.2.1977 – 1 ABR 124/74, AP BetrVG 1972 § 37 Nr. 26; 27.9.1974 – 1 ABR 71/73, AP BetrVG 1972 § 37 Nr. 18). Eine vierzehntägige Schulungsdauer ist auch für andere freigestellte BRMitgl. anerkannt worden (ArbG Kiel 22.5.1973 – 1b BV 5/73, BB 1973, 848; ArbG Ulm 30.5.1973 – 2 BV 6/73, BB 1973, 1027; LAG Hamm 5.12.1974 – 8 Ta BV 40/74, DB 1975, 109 [bei Vorliegen besonderer Umstände]; LAG Brem 30.11.1973 – 1 Ta BV 25/73, BB 1974, 184). Bei einem Mitgl. der Akkordkommission ist eine vierzehntägige Schulung über „Lohngestaltung und Mitbestimmung" nicht ausgeschlossen worden (BAG 29.1.1974 – 1 ABR 39/73, AP BetrVG 1972 § 37 Nr. 9). Dagegen hat das LAG Düsseldorf (12.10.1981 – 20 TaBV 44/81, EzA § 37 BetrVG 1972 Nr. 72) von einer insgesamt dreiwöchigen Schulung über Probleme der Lohngestaltung trotz Bejahung der Erforderlichkeit lediglich die Kosten für zwei Wochen als dem Gebot der Verhältnismäßigkeit entsprechend anerkannt. Im gleichen Sinne hält das LAG Köln (12.4.1996 – 11 (13) TaBV 83/95, LAGE § 37 BetrVG 1972 Nr. 48) von einer vierwöchigen Grundschulung über das BetrVG ohne konkreten Nachweis der Erforderlichkeit nur zwei Wochen für erforderlich und verhältnismäßig. Das LAG Nürnberg hält dagegen für neu gewählte BRMitgl. insg. vier Wochenschulungen ohne besonderen Nachweis iSd § 37 Abs. 6 für erforderlich, insbes. dann, wenn diese Schulungen zugleich auch Grundkenntnisse des Arbeitsrechts vermitteln, so dass Schulungen zu diesem Thema überflüssig werden (LAG Nürnberg 28.5.2002 – 6 (5) TaBV 29/01, NZA-RR 2002, 641).

e) Beurteilungsspielraum des Betriebsrats

Bei der Beurteilung der Frage, ob die Entsendung eines BRMitgl. zu einer Schu- **174** lung erforderlich ist, handelt es sich um die Anwendung eines unbestimmten Rechtsbegriffs, der dem BR einen gewissen **Beurteilungsspielraum** offen lässt. Das gilt sowohl für den Inhalt der Veranstaltung als auch für deren Dauer und die Teilnehmerzahl (BAG 9.10.1973 – 1 ABR 6/73, AP BetrVG 1972 § 37 Nr. 4; 6.11.1973 – 1 ABR 8/73, AP BetrVG 1972 § 37 Nr. 5; 27.9.1974 – 1 ABR 71/73, AP BetrVG 1972 § 37 Nr. 18; 16.10.1986 – 6 ABR 14/84, AP BetrVG 1972 § 37 Nr. 58; 7.6.1989 – 7 ABR 26/88, AP BetrVG 1972 § 37 Nr. 67; DKKW/Wedde Rn. 147; ErfK/*Koch* Rn. 13; GK-BetrVG/*Weber* Rn. 224f.; Richardi BetrVG/*Thüsing* Rn. 131; SWS Rn. 37; iErg ebenso *Esser* RdA 1976, 229, der sich jedoch gegen die Verwendung des Begriffes „Beurteilungsspielraum" wendet; einen Beurteilungsspielraum grds. abl. HWGNRH/*Glock* Rn. 186; *Zitscher* DB 1984, 1399; *Nipperdey* DB 1985, 1093). Der BR darf die Entsendung nicht allein nach seinem subjektiven Ermessen treffen, sondern muss vom Standpunkt eines vernünftigen Dritten aus, der die Interessen der Beteiligten (Betrieb, BR, ArbNschaft) gegeneinander abwägt, fragen, ob unter Berücksichtigung der konkreten Situation im Betrieb und im BR die Schulung nach dem mitgeteilten Lehrplan geeignet erscheint, die Kenntnisse zu vermitteln, die der BR zur ordnungsgemäßen Durchführung der ihm obliegenden Aufgaben benötigt. Nicht entscheidend ist, dass in einer Rückschau die Teilnahme an einer Schulungsveranstaltung sich **nachträglich als nicht erforderlich** herausstellt. Zur Frage des Bestreitens der Erforderlichkeit durch den ArbGeb. → Rn. 250. Zum Beurteilungsspielraum der Tatsacheninstanzen → Rn. 262.

175 Unterliegt das BRMitgl. bei der Bewertung der Erforderlichkeit einer **entschuldbaren Fehleinschätzung,** ist der ArbGeb. nicht berechtigt, das BRMitgl. wegen unberechtigter Arbeitsversäumnis arbeitsvertraglich **abzumahnen** (BAG 10.11.1993 – 7 AZR 682/92, AP BetrVG 1972 § 78 Nr. 4; **weitergehend** im Sinne eines Ausschlusses jeder Abmahnung DKKW/*Wedde* Rn. 32; Däubler Schulung Rn. 342; → Rn. 34). Bei der Frage, ob die Fehleinschätzung des BRMitgl. entschuldbar ist, ist mit zu berücksichtigen, dass die Schulungsteilnahme auf einem entsprechenden Beschluss des BR beruht.

176 Trotz des dem BR zustehenden Beurteilungsspielraumes kommt es in der Praxis zwischen den Betriebspartnern immer wieder zu Streitigkeiten über die Teilnahme von BRMitgl. an Schulungsveranstaltungen nach § 37 Abs. 6. Ursache hierfür sind insbes. Meinungsverschiedenheiten über die Erforderlichkeit der Schulungsinhalte, die Dauer der Schulung und die Teilnehmerzahl. Derartige Meinungsverschiedenheiten und Gerichtsverfahren wirken sich über den konkreten Fall hinaus vielfach negativ auf die allgemeine Zusammenarbeit zwischen ArbGeb. und BR aus, was weder im Interesse des Betriebs noch der ArbN liegt. Um derartige Streitigkeiten mit ihren allgemeinen negativen Auswirkungen zu vermeiden, sollten sich ArbGeb. und BR überlegen, ob es nicht zweckmäßig ist, unter Berücksichtigung der jeweiligen betrieblichen Gegebenheiten und Notwendigkeiten im Rahmen des Beurteilungsspielraums konkretisierende und pauschalierende Regelungen über die Schulung von BRMitgl. zu vereinbaren, zB dadurch, dass näher festgelegt wird, welche Schulungsthemen für den BR des jeweiligen Betriebs als erforderlich anzusehen sind, und dass dem BR ein gewisses Kontingent von Schulungstagen pro Amtszeit zur Verfügung gestellt wird, über das er eigenverantwortlich verfügen kann (zust. DKKW/*Wedde* Rn. 155; Däubler Schulung Rn. 345 ff.; *Wichert* DB 1997, 2330; *Cox/Fischer* AiB 2005, 650). In der Praxis sind solche Vereinbarungen zT bereits getroffen worden. In ihnen werden zB Informationsveranstaltungen über arbeitsrechtliche und sozialrechtliche Gesetze, über die einschlägigen TV, über die höchstrichterliche Rspr., über Personalplanung, Arbeitssicherheit, Entgeltfragen und arbeitswissenschaftliche Themen als für die konkrete BRArbeit des betreffenden Unternehmens erforderlich anerkannt. Das in derartigen Vereinbarungen dem BR zur Verfügung gestellte Kontingent an Schulungstagen steigt mit der Größe des BR – allerdings im Allgemeinen degressiv gestaffelt – an; so wird zB in der Vereinbarung eines Unternehmens dem Betriebsobmann ein Kontingent von 21 Schulungstagen, dem 31-köpfigen BR ein Kontingent von 396 Schulungstagen pro Amtszeit (das bedeutet auf das einzelne BRMitgl. bezogen ein Kontingent von 12,8 Schulungstagen) zuerkannt. Ähnliche Vereinbarungen könnten auch für die Schulung von Mitgl. der JAV, des Wahlvorst. und des WiAusschusses abgeschlossen werden.

177 Eine derartige Vereinbarung stellt einen Rahmen dar. Eine darüber hinausgehende erforderliche Schulung, zB über nicht voraussehbare, nunmehr jedoch aktuelle Themen, wird dadurch nicht ausgeschlossen (DKKW/*Wedde* Rn. 155; Däubler Schulung n. 347; *Künzl* ZfA 1993, 353).

f) Anspruchsberechtigte

178 Die Schulungsmöglichkeit nach Abs. 6 ist auf **BRMitgl.** sowie nach § 65 Abs. 1 auf Mitgl. der JAV beschränkt. Für **ErsMitgl.** gilt sie grds. nicht, solange sie nicht in den BR nachgerückt sind. Ist dies der Fall, so sind sie als vollwertige BRMitgl. eben-

falls berechtigt, an Schulungsveranstaltungen nach Abs. 6 teilzunehmen, soweit dies für die BRArbeit erforderlich ist. Dies dürfte im Allgemeinen bei einem nur kurzfristig für ein vorübergehend verhindertes Mitgl. in den BR nachrückendes ErsMitgl. jedoch kaum der Fall sein. Anders ist es, wenn ein ErsMitgl. für ein ausgeschiedenes BRMitgl. endgültig in den BR nachrückt.

Eine **Besonderheit** besteht überdies dann, wenn ein bestimmtes **ErsMitgl. sehr häufig** für vorübergehend verhinderte BRMitgl. in den BR **nachrückt.** Das kann insbes. dann praktisch werden, wenn in größeren Betrieben eine Liste im BR sehr stark vertreten ist und deshalb für jedes zeitweilige verhinderte BRMitgl. aus dieser Liste der Erste nicht mehr gewählte Bewerber für die Dauer der Verhinderung in den BR eintritt (→ § 25 Rn. 26ff.). Entsprechendes gilt im Fall der Mehrheitswahl für den ersten nicht mehr gewählten Bewerber (→ § 25 Rn. 30f.). In diesen Fällen ist dem ErsMitgl., das zwar nur vorübergehend, jedoch in ständiger und häufiger Wiederholung in den BR eintritt, die Teilnahme an einer Schulungsveranstaltung nach Abs. 6 auch dann zu ermöglichen, wenn es im Zeitpunkt der Schulung einmal nicht für ein verhindertes Mitgl. in den BR nachgerückt ist, der Erwerb der auf der Schulungsveranstaltung vermittelten Kenntnisse unter Berücksichtigung der ErsMitgliedschaft für die Gewährleistung der aktuellen Arbeitsfähigkeit des BR jedoch erforderlich ist (BAG 19.9.2001 – 7 ABR 32/00, AP BetrVG 1972 § 25 Nr. 9; 15.5.1986 – 6 ABR 64/83, AP BetrVG 1972 § 37 Nr. 53; 10.5.1974 – 1 ABR 47/73, AP BetrVG 1972 § 65 Nr. 2 für den Stellvertr. des einzigen JAV; LAG SchlH 26.4.2016 – 1 TaBV 63/15, LAGE § 37 BetrVG 2001 Nr. 13 für das dritte ErsMitgl., wenn dies zu mehr als 40% zu BRSitzungen hinzugezogen wird; LAG Köln 10.2.2000 – 5 TaBV 63/99, NZA-RR 2001, 142 bei einem ErsMitgl., das über längere Zeit zu etwa der Hälfte der BRSitzungen herangezogen worden und damit auch künftig zu rechnen ist; ArbG Bremen-Bremerhaven 14.9.2006 – 5 BVGa 28/06, NZA-RR 2007, 22 für ErsMitgl. im **einköpfigen BR;** ArbG Mannheim 19.1.2000 – 8 BV 18/99, AiB 2000, 506 bei einem ErsMitgl., das in den vergangenen fünf Jahren regelmäßig an mehr als einem Viertel der BRSitzungen teilgenommen hat; ArbG Kassel 13.1.1983 – 1 Ca 663/82, DB 1983, 1876; DKKW/*Wedde* Rn. 145f.; ErfK/*Koch* Rn. 15; GK-BetrVG/*Weber* Rn. 178; HWGNRH/*Glock* Rn. 176; vgl. ferner die ausdrückliche Regelung in § 179 Abs. 4 S. 3 SGB IX für den ersten Stellvertr. der Vertrauensperson der Schwbeh.). Bei der Prüfung der Erforderlichkeit der Teilnahme eines ErsMitgl. an einer Schulungsveranstaltung ist neben der Vermittlung sachbezogenen Wissens auch die im Zeitpunkt der Beschlussfassung zu erwartende Tätigkeit künftiger Vertretungsfälle und die noch verbleibende Amtszeit des BR zu berücksichtigen; bei dieser Entscheidung steht dem BR ein Beurteilungsspielraum zu (BAG 15.5.1986 – 6 ABR 64/83, AP BetrVG 1972 § 37 Nr. 53). Bei seiner Entscheidung hat der BR nicht nur eine Prognose über die künftige Häufigkeit und Dauer der Heranziehung des ErsMitgl. und die durch die Heranziehung eines ungeschulten ErsMitgl. entstehenden Belastungen für eine sachgerechte BRArbeit zu erstellen, sondern auch Erwägungen darüber anzustellen, ob andere, den Arbeitgeber weniger belastende Maßnahmen ergriffen werden können, wie zB Verlegung der BRSitzung etc (BAG 19.9.2001 – 7 ABR 32/00, AP BetrVG 1972 § 25 Nr. 9). Nach BAG 15.5.1986 – 6 ABR 64/83, AP BetrVG 1972 § 37 Nr. 53 ist ein angefallener Vertretungsbedarf in einem Zeitraum von drei Monaten ohne weitere Erläuterungen im obigen Sinne nicht ausreichend, um eine Schulung von ErsMitgl. für grds. erforderlich zu halten. 179

Das Gesetz sieht zwar nicht ausdrücklich eine Schulungsmöglichkeit für **Mitgl. des WiAusschusses** vor. Jedoch ist eine entsprechende Anwendung der Regelung des § 37 Abs. 6 zu bejahen und zwar nicht nur für die Mitgl. des WiAusschusses, die zugleich BRMitgl. sind sondern für alle Mitgl. des WiAusschusses (DKKW/*Wedde* Rn. 149; Richardi BetrVG/*Thüsing* Rn. 127; *Küttner* Personalbuch/*Kreitner* Betriebsratsschulung Rn. 13; Däubler Schulung Rn. 368ff.; *Wichert* DB 1997, 2328; offengelassen von LAG Hamm 16.7.2010 – 10 Sa 291/10, EzB BetrVG § 37 Nr. 23b; **aA** 180 nur für BRMitgl. des WiAusschusses: BAG 6.11.1973 – 1 ABR 8/73, AP BetrVG 1972 § 37 Nr. 5 mit insoweit krit. Anm. von *Kittner;* BAG 20.1.1976 – 1 ABR 44/75, AP ArbGG 1953 § 89 Nr. 10; 28.4.1988 – 6 AZR 39/86, NZA 1989, 221; 11.11.1998 – 7 AZR 491/97, AP BetrVG 1972 § 37 Nr. 129; LAG Hamm 13.10.1999 – 3 TaBV 44/99, NZA-RR 2000, 641; LAG Köln 1.12.2008 – 5 TaBV 45/08, BeckRS 2009, 52083; ErfK/*Koch* Rn. 15; GK-BetrVG/*Oetker* § 107 Rn. 38; Schulungsmöglichkeit grds. für Mitgl. des WiAusschusses abl. HWGNRH/*Glock* Rn. 176). Dies ergibt sich daraus, dass die Mitgl. des WiAusschusses vom BR bestellt werden und er darüber hinaus die Aufgaben des WiAusschusses auch einem seiner Ausschüsse übertragen kann (vgl. § 107 Abs. 3; → § 107 Rn. 13 ff., 29 ff.). Im Hinblick darauf, dass nach § 107 Abs. 1 S. 3 die Mitgl. des WiAusschusses die zur Erfüllung ihrer Aufgaben erforderliche fachliche Eignung besitzen sollen, bedarf die Notwendigkeit ihrer Schulung allerdings einer besonderen Darlegung (so auch LAG Köln 1.12.2008 – 5 TaBV 45/08, BeckRS 2009, 52083).

181 Die Regelung des Abs. 6 findet keine Anwendung auf die Schulung von gewerkschaftlichen Vertrauensleuten im Betrieb. Zur Frage der Schulung von Mitgl. des Wahlvorst. → § 20 Rn. 39 ff., zur Schulung von JAVMitgl. → § 65 Rn. 14 ff. Für die Schulung des Vertrauensmanns bzw. der Vertrauensfrau der Schwbeh. enthält § 179 Abs. 4 S. 3 SGB IX eine Sonderregelung.

g) Entgeltfortzahlung

182 Liegt die Erforderlichkeit der Schulung iSv Abs. 6 vor, so darf für die an der Schulung teilnehmenden BRMitgl. **keine Minderung des Arbeitsentgelts** eintreten. Sie haben vielmehr Anspruch auf das Arbeitsentgelt, das ihnen zustünde, wenn sie – statt an der Schulung teilzunehmen – im Betrieb weitergearbeitet hätten. Die Regelung des Abs. 6 iVm Abs. 2 begründet nicht etwa einen gesetzlichen Vergütungsanspruch, vielmehr gilt das **Lohnausfallprinzip.**

183 Fortzuzahlen ist das vereinbarte Arbeitsentgelt einschließlich etwaiger Nebenbezüge und Zuschläge (iE → Rn. 57 ff.). Ein Mehrarbeitszuschlag ist auch dann fortzuzahlen, wenn die Schulungszeit kürzer als maßgebende Arbeitszeit am Schulungstage ist. Ist das BRMitgl. vor der Schulung regelmäßig über die vertraglich geschuldete Arbeitsleistung hinaus zu **zusätzlichen Arbeitseinsätzen** herangezogen worden, ist ihm während der Schulungsteilnahme das Entgelt auch für die ausgefallenen zusätzlichen Arbeitseinsätze fortzuzahlen, wenn davon auszugehen ist, dass der Arbeitseinsatz während der Schulungszeit nur wegen der Teilnahme des BRMitgl. an der Schulung unterblieben ist (BAG 3.12.1997 – 7 AZR 490/93, AP BetrVG 1972 § 37 Nr. 124). Ferner sind **vermögenswirksame Leistungen** auch dann weiterzugewähren, wenn eine tarifliche Regelung hierfür auf die tatsächliche Arbeitsleistung abstellt (LAG Düsseldorf DB 1974, 1966). Auch eine sog **„Antrittsgebühr"** im Druckereiwesen gehört zum fortzuzahlenden Arbeitsentgelt (BAG 13.7.1994 – 7 AZR 477/93, AP BetrVG 1972 § 37 Nr. 97). Ferner darf die Arbeitsversäumnis wegen Teilnahme an einer Schulungsveranstaltung nicht zu einer Minderung einer **Jahressonderzahlung** führen. Sie ist auch keine Fehlzeit iS einer Anwesenheitsprämienregelung Etwas anderes kann bei der Teilnahme an einer nicht erforderlichen Schulung nach Abs. 6 gelten (LAG Hamm 20.4.1988 – 3 Sa 1827/87, DB 1988, 2058; GK-BetrVG/*Weber* Rn. 73).

184 Findet während der Zeit der Schulung im Betrieb ein **(Warn-)Streik** statt, so behält das an der Schulung teilnehmende BRMitgl. seinen Lohnanspruch jedenfalls dann, wenn die Teilnahme an der Schulungsveranstaltung bereits vor dem Streik in Aussicht genommen war. Denn ein ArbN verliert nur dann den Lohnanspruch während eines Streiks, wenn er sich an ihm beteiligt. Bleibt das BRMitgl. aus einem anderen, dem ArbGeb. bekannten Grunde berechtigterweise von der Arbeit fern, so beteiligt es sich nicht am Streik (BAG 15.1.1991 – 1 AZR 178/90, AP GG Art. 9 Arbeitskampf Nr. 114; GK-BetrVG/*Weber* Rn. 69; HWGNRH/*Glock* Rn. 213; **aA**

LAG Hamm 31.1.1990 – 3 Sa 1539/89, DB 1990, 2274). Etwas anders gilt, wenn der ArbGeb. zulässigerweise eine Aussperrung erklärt oder während der Zeit der Bestreikung seines Betriebs oder Betriebsteils den Betrieb vorübergehend schließt (vgl. zum Letzteren BAG 22.3.1994 – 1 AZR 622/93, AP GG Art. 9 Arbeitskampf Nr. 130; Däubler Schulung Rn. 4326).

185 Zur Frage des Anspruchs auf Arbeitsentgelt bei Teilnahme an Schulungsveranstaltungen, die zT auch nicht erforderliche Kenntnisse iSv Abs. 6 vermitteln, → Rn. 157 ff. Zur Frage der Erstattung der dem BRMitgl. durch die Teilnahme an Schulungsveranstaltungen nach Abs. 6 entstehenden **Kosten** → § 40 Rn. 66 ff.

186 Während der Zeit der Teilnahme an einer Schulungs- und Bildungsveranstaltung unterliegt das BRMitgl. dem **gesetzlichen Unfallversicherungsschutz** nach §§ 2 ff. SGB VII; das Gleiche gilt während der An- und Abreise zu bzw. von einer Schulungsveranstaltung (LSG BW 12.5.2016 – L 6 U 836/16, NZS 2016, 552; GK-BetrVG/*Weber* Rn. 226; Richardi BetrVG/*Thüsing* Rn. 157, 199; *Wolber* Soziale Sicherheit 74, 170 ff.; → Rn. 14). Unfälle, die bei Teilnahme von Schulungsveranstaltungen iR der Freizeitgestaltung passieren, sind nicht von der gesetzlichen Unfallversicherung abgedeckt (LSG BW 12.5.2016 – L 6 U 836/16, NZS 2016, 552). Dagegen abgedeckt sein können Unfälle, die innerhalb des Geländes des Tagungsortes iRd spezifischen Betriebsgefahr geschehen (LSG BW 12.5.2016 – L 6 U 836/16, NZS 2016, 552; SG Heilbronn 28.5.2014 – S U 1404/13, NZS 2014, 709).

h) Freizeitausgleich

187 Nach Abs. 6 S. 1 u. 2 in der durch das BetrVerf-ReformG geänderten Fassung haben an einer Schulungsveranstaltung teilnehmenden BRMitgl. einen Anspruch auf **Freizeitausgleich** bzw. hilfsweise auf **Abgeltung** nach Abs. 3, wenn sie aus betriebsbedingten Gründen außerhalb ihrer Arbeitszeit an einer Schulungsveranstaltung teilnehmen. Wegen der früher fehlenden Verweisung auf Abs. 3, des fehlenden Einflusses des ArbGeb. auf die Schulungszeit und der Ehrenamtlichkeit der BRTätigkeit wurde bisher ein solcher Anspruch überwiegend, insbes. von der Rspr. des BAG (BAG 18.9.1973 – 1 AZR 102/73, AP BetrVG 1972 § 37 Nr. 3, 19.7.1977 – 1 AZR 302/74, AP BetrVG 1972 § 37 Nr. 31; 27.6.1990 – 7 AZR 292/89, AP BetrVG 1972 § 37 Nr. 76; 20.10.1993 – 7 AZR 581/92, AP BetrVG 1972 § 37 Nr. 90 und 5.3.1997 – 7 AZR 581/92, AP BetrVG 1972 § 37 Nr. 123), verneint (Näheres zum bisherigen Meinungsstand vgl. Fitting, 20. Aufl. 2000, Rn. 71 f., 147). Der Gesetzgeber des BetrVerf-ReformG hat es im Hinblick auf die immer stärkere Flexibilisierung der betrieblichen Arbeitszeiten und ihre Auswirkungen auf die Arbeit des BR und seiner Mitgl. – und hier insbes. der teilzeitbeschäftigten Mitgl. – nicht mehr für sachgerecht angesehen, ihnen bei einer Schulungsteilnahme ein erhöhtes Freizeitopfer abzuverlangen und generell einen Ausgleichsanspruch zu versagen (vgl. BT-Drs. 14/5741, 40 f.).

188 Ebenso wie bei der allgemeinen BRTätigkeit löst nicht jede Schulungsteilnahme eines BRMitgl. außerhalb seiner Arbeitszeit einen Ausgleichsanspruch aus, sondern nur eine solche, die aus betriebsbedingten Gründen außerhalb der Arbeitszeit erfolgt. Zum Begriff der betriebsbedingten Gründen → Rn. 79 ff. Diese liegen zB vor, wenn die Schulungsteilnahme auf Wunsch oder Veranlassung des ArbGeb. außerhalb der Arbeitszeit des BRMitgl. erfolgt (GK-BetrVG/*Weber* Rn. 240; Däubler Schulung Rn. 446). Letzteres ist zB der Fall, wenn der ArbGeb. der Schulungsteilnahme nach Abs. 6 S. 5 widerspricht und die E-Stelle eine entsprechende Regelung trifft. Betriebsbedingte Gründe liegen ferner vor, wenn ein in einer Schlüsselstellung beschäftigtes BRMitgl. mit Rücksicht auf seine Unabkömmlichkeit an einer außerhalb seiner Arbeitszeit liegenden Schulungsveranstaltung teilnimmt (*Löwisch* BB 2001, 1742).

189 Nach Abs. 6 S. 2 sind **Besonderheiten der betrieblichen Arbeitszeitgestaltung,** die eine Schulung außerhalb der Arbeitszeit des BRMitgl. zur Folge haben, stets als betriebsbedingt anzusehen. Die Besonderheiten können sowohl die Lage der

Arbeitszeit als auch ihren Umfang betreffen (BAG 10.11.2004 – 7 AZR 131/04, AP BetrVG 1972 § 37 Nr. 140; 16.2.2005 – 7 AZR 330/04, AP BetrVG 1972 § 37 Nr. 141). Das Gesetz nennt für die Bewertung, ob Besonderheiten der betrieblichen Arbeitszeitgestaltung vorliegen, keinen Bezugspunkt. Sie sind deshalb an dem Üblichen zu messen. Dieses Übliche kann zum einen das **Betriebsübliche** sein (nur in diesem Sinne wohl *Löwisch* BB 2001, 1742; übliche Normalarbeitstag im Betrieb: *Löwisch/Kaiser* Rn. 107). Ist in einem Betrieb die **Lage** der **täglichen Arbeitszeit** allgemein festgelegt, so stellt eine Abweichung hiervon eine Besonderheit iSd Abs. 6 S. 2 dar. Daher liegt ein betriebsbedingter Grund vor, wenn der an sich in die Arbeitszeit fallende Schulungstag auf Grund einer BV unter gleichzeitiger Anordnung entsprechender Vor- und Nacharbeit arbeitsfrei ist oder wenn im Rahmen eines betrieblichen arbeitszeitlichen Rolliersystems der Schulungstag auf einen Tag fällt, an dem das BRMitgl. arbeitsfrei hat (HaKo-BetrVG/*Wolmerath* Rn. 46; Richardi BetrVG/*Thüsing* Rn. 155; GK-BetrVG/*Weber* Rn. 234; ErfK/*Koch* Rn. 19; Däubler Schulung Rn. 448). Was die **Dauer der Arbeitszeit** anbelangt, ist für die Annahme einer Besonderheit der betrieblichen Arbeitszeitgestaltung von der betriebsüblichen Arbeitszeit eines vollzeitbeschäftigten ArbN auszugehen. Die Beschäftigung von ArbN in **Teilzeitarbeit** ist deshalb eine Besonderheit (BAG 10.11.2004 – 7 AZR 131/04, AP BetrVG 1972 § 37 Nr. 140; 16.2.2005 – 7 AZR 330/04, AP BetrVG 1972 § 37 Nr. 141; *Greßlin* BR-Mitglieder S. 142; ErfK/*Koch* Rn. 19; GK-BetrVG/*Weber* Rn. 241; *Engels/Trebinger/Löhr-Steinhaus* DB 2001, 532 [537]). Ist die betriebsübliche Arbeitszeit in einem Betrieb für unterschiedliche Arbeitsbereiche oder ArbNGruppen unterschiedlich festgelegt, ist auf die betriebsübliche Arbeitszeit des Arbeitsbereichs bzw. der ArbNGruppe abzustellen, dem/der das BRMitgl. angehört (BAG 10.11.2004 – 7 AZR 131/04, AP BetrVG 1972 § 37 Nr. 140; 16.2.2005 – 7 AZR 330/04, AP BetrVG 1972 § 37 Nr. 141). Einem in Teilzeit beschäftigten BRMitgl. steht damit grds. ein Ausgleichsanspruch zu, wenn es außerhalb seiner Arbeitszeit, aber innerhalb der Arbeitszeit des vergleichbaren vollzeitbeschäftigten ArbN an einer Schulungsveranstaltung teilnimmt. Ohne Einfluss ist hierbei, aus welchem Grunde das BRMitgl. in Teilzeit arbeitet, dh ob sie aus arbeitgeber- oder arbeitnehmerseitigem Interesse vereinbart worden ist (→ Rn. 83; HaKo-BetrVG/*Wolmerath* Rn. 47; GK-BetrVG/*Weber* Rn. 241; *Greßlin* BR-Mitglieder S. 149; Däubler Schulung Rn. 449; **aA** *Löwisch* BB 2001, 1742).

190 Besonderheiten der betrieblichen Arbeitszeitgestaltung liegen auch vor, wenn die betriebliche **Arbeitszeitgestaltung als solche** von sonst allgemein üblichen Formen abweicht. Das gilt zB für Betriebe mit Schichtarbeit. Das gilt ferner für Betriebe, deren ArbN wenn nicht sogar alle so doch jedenfalls überwiegend zu außergewöhnlichen Zeiten arbeiten (ErfK/*Koch* Rn. 19; GK-BetrVG/*Weber* Rn. 241). Zu denken ist an solche Betriebe der Gastronomie- oder Vergnügungsbranche, die nur abends und/oder nachts geöffnet haben, oder an Betriebe des Zeitungszustellungsbereichs mit ausschließlichen Arbeitszeiten in den frühen Morgenstunden. Auch dies sind Besonderheiten der betrieblichen Arbeitszeitgestaltung, die eine Anspruch auf Freizeitausgleich und Abgeltung auslösen, wenn BRMitgl. ihretwegen an Schulungen außerhalb ihrer Arbeitszeit teilnehmen.

191 Auch die **Gleitzeitarbeit** ist eine Besonderheit der betrieblichen Arbeitszeitgestaltung. Sie ist dadurch gekennzeichnet, dass sie den ArbN des Betriebs einen weiten Gestaltungsspielraum in Bezug auf tägliche Lage und Umfang der Arbeitszeit einräumt, zu der sie vertraglich verpflichtet sind (→ Rn. 60, 92a).

192 **Kein Ausgleichsanspruch** besteht, wenn für eine Schulung außerhalb der Arbeitszeit des BRMitgl. keine Gründe iSd → Rn. 188 ff. vorliegen. Das gilt zB für die Teilnahme eines vollzeitbeschäftigten BRMitgl. an einer Schulungsveranstaltung, die während seiner Arbeitszeit stattfindet, jedoch länger als diese dauert. Auch eine Schulung an einem arbeitsfreien Samstag oder nach Dienstschluss am Abend lässt in einem von montags bis freitags arbeitenden Betrieb mit einer täglichen Arbeitszeit von 8 bis 16 Uhr keinen Anspruch auf Freizeitausgleich entstehen (Richardi BetrVG/*Thüsing*

Rn. 155; ErfK/*Koch* Rn. 19; GK-BetrVG/*Weber* Rn. 244; Schaub/*Koch* § 221 Rn. 46).

Im Gegensatz zur allgemeinen Regelung des Abs. 3 ist der **Umfang** des Anspruchs auf Freizeitausgleich aus Anlass einer Schulungsteilnahme eingeschränkt. Nach der ausdrücklichen Anordnung in Abs. 6 S. 2 Hs. 2 ist er zum einen generell auf die **Arbeitszeit eines vollzeitbeschäftigten ArbN begrenzt.** Außerdem ist auf diese Arbeitszeit eine wirksam gewordene Arbeitsbefreiung nach Abs. 2 anzurechnen (BAG 10.11.2004 – 7 AZR 131/04, AP BetrVG 1972 § 37 Nr. 140; 16.2.2005 – 7 AZR 330/04, AP BetrVG 1972 § 37 Nr. 141; DKKW/*Wedde* Rn. 167; ErfK/*Koch* Rn. 19; *Löwisch/Kaiser* Rn. 112). Nimmt zB aus einem Betrieb mit einer um 8 Uhr beginnenden Regelarbeitszeit von 8 Stunden ein teilzeitbeschäftigtes BRMitgl. mit einer Arbeitszeit von 14 bis 18 Uhr an einer von 9 bis 18 Uhr dauernden auswärtigen Schulungsveranstaltung teil, so steht ihm ein Ausgleichsanspruch von 4 Stunden zu. Auf das höchstens zur Verfügung stehende Ausgleichsvolumen von 8 Stunden (Arbeitszeit des vollzeitbeschäftigten ArbN) sind die 4 Stunden der Arbeitszeit des teilzeitbeschäftigten BRMitgl. anzurechnen, in denen es nach Abs. 2 von der Arbeit befreit war. Die in Abs. 6 S. 2 Hs. 2 vorgesehene Begrenzung des Umfangs des Ausgleichsanspruchs erklärt sich insbes. aus dem Bestreben, eine Besserstellung der teilzeitbeschäftigten BRMitgl. gegenüber den Vollzeitbeschäftigten zu verhindern (BT-Drs. 14/5741, 41). Ohne diese Begrenzung stünde in dem vorstehenden Beispiel einem vollzeitbeschäftigten BRMitgl. für die Schulungsteilnahme einschließlich einer unterstellten Anreisezeit von einer Stunde eine bezahlte Arbeitsbefreiung von 8 Stunden zu, während das teilzeitbeschäftigte BRMitgl. einen Anspruch auf bezahlten Freizeitausgleich für 5 Stunden (9 bis 14 Uhr) und auf bezahlte Arbeitsbefreiung von 4 Stunden (14 bis 18 Uhr), insgesamt also einen Anspruch für 9 Stunden, erwürbe. **193**

Für die Begrenzung des Anspruchs auf die Arbeitszeit eines vollzeitbeschäftigten ArbN kommt es auf dessen jeweils am Schulungstag maßgebende Arbeitszeit und nicht auf dessen durchschnittliche tägliche Arbeitszeit an (BAG 10.11.2004 – 7 AZR 131/04, AP BetrVG 1972 § 37 Nr. 140; 16.2.2005 – 7 AZR 330/04, AP BetrVG 1972 § 37 Nr. 141). Sieht zB die im Betrieb übliche Verteilung der Arbeitszeit auf die einzelnen Wochentage vor, dass Freitags nicht 8 sondern 6 Stunden gearbeitet wird und liegt der Schulungstag auf diesem Tag, so begrenzt sich der Ausgleichsanspruch unter Anrechnung einer gewährten Arbeitsbefreiung auf 6 Stunden, auch wenn die Schulung nebst Reisezeit an diesem Tag mehr als 6 Stunden Zeit in Anspruch nimmt (BAG 10.11.2004 – 7 AZR 131/04, AP BetrVG 1972 § 37 Nr. 140). **193a**

Der zum Vergleich heranzuziehende vollzeitbeschäftigte ArbN ist gesetzlich nicht definiert; auszugehen ist von einer Arbeitszeit, deren Dauer sich im Rahmen der für vollzeitbeschäftigte ArbN allgemein üblichen regelmäßigen Arbeitszeit bewegt. Zur Orientierung können insbes. die in einschlägigen Tarifverträgen festgelegten regelmäßigen Arbeitszeiten herangezogen werden (BAG 16.2.2005 – 7 AZR 330/04, AP BetrVG 1972 § 37 Nr. 141). Sind die betrieblichen Arbeitszeiten wesentlich geringer als die tarifvertraglichen, können diese nicht als Arbeitszeit eines VollzeitArbN angesehen werden (BAG 16.2.2005 – 7 AZR 330/04, AP BetrVG 1972 § 37 Nr. 141). Als vergleichbare vollzeitbeschäftigte ArbN sind auch nicht per se diejenigen anzusehen, die mit der durchschnittlichen oder längsten Arbeitszeit beschäftigt sind (BAG 16.2.2005 – 7 AZR 330/04, AP BetrVG 1972 § 37 Nr. 141). Bestehen im Betrieb unterschiedliche Arbeitszeitregelungen für vollzeitbeschäftigte ArbN kommt es für den Ausgleichsanspruch auf die Arbeitszeit vollzeitbeschäftigter ArbN der Abteilung bzw. der ArbNGruppe an, dem das BRMitgl. angehört (BAG 10.11.2004 – 7 AZR 131/04, AP BetrVG 1972 § 37 Nr. 140; 16.2.2005 – 7 AZR 330/04, AP BetrVG 1972 § 37 Nr. 141). Das BAG hat für die Ermittlung des vergleichbaren **Vollzeit-ArbN** eine **vierstufige Prüfungskette** aufgestellt: 1. Vollzeitbeschäftigte ArbN innerhalb der Abteilung bzw. ArbNGruppe des betroffenen BRMitgl. 2. Sind in diesem Bereich keine vollzeitbeschäftigten ArbN beschäftigt, Prüfung, ob anhand der dortigen Arbeitszeitregelung bestimmt werden kann, mit welcher Arbeitszeit ein voll- **193b** zeitbeschäftigter ArbN dort tätig wäre. 3. Ist auch das nicht möglich, ist entspr. § 2 Abs. 1 S. 3 TzBfG auf die Arbeitszeit eines vollzeitbeschäftigten ArbN des Betriebs, der gleiche oder ähnliche Tätigkeiten ausübt wie das BRMitgl., abzustellen. 4. Fehlt auch ein solcher ArbN, ist die Arbeitszeit eines vollzeitbeschäftigten ArbN entspr. § 2 Abs. 1 S. 4 TzBfG nach dem für den Betrieb fachlich geltenden Tarifvertrag bzw. der Branchenüblichkeit zu bestimmen (BAG 16.2.2005 – 7 AZR 330/04, AP BetrVG 1972 § 37 Nr. 141).

193c Der Ausgleichsanspruch für die Teilnahme an einer Schulungsveranstaltung für teilzeitbeschäftigte BRMitgl. umfasst neben den reinen Schulungszeiten auch die während der Schulungsveranstaltung anfallenden **Pausenzeiten** (BAG 16.2.2005 – 7 AZR 330/04, AP BetrVG 1972 § 37 Nr. 141). Damit erfolgt keine Besserstellung gegenüber vollzeitbeschäftigten ArbN, da der Ausgleichsanspruch generell auf die Arbeitszeit eines VollzeitArbN pro Schulungstag beschränkt ist (BAG 16.2.2005 – 7 AZR 330/04, AP BetrVG 1972 § 37 Nr. 141).

193d Die aufgewendeten **Wege-, Fahrt- und Reisezeiten** sind grds. auch bei Teilnahme an einer Schulungs- oder Bildungsveranstaltung gem. Abs. 6 iVm Abs. 3 zu erstatten, wenn die dazu erforderlichen Voraussetzungen erfüllt sind und im Betrieb nicht tarifvertragliche oder betriebliche Regelungen über Dienstreisezeiten bestehen, die auch für Reisezeiten gelten, die ein BRMitgl. zur Wahrnehmung von BR-Tätigkeiten aufwendet (BAG 10.11.2004 – 7 AZR 131/04, AP BetrVG 1972 § 37 Nr. 140; 16.2.2005 – 7 AZR 330/04, AP BetrVG 1972 § 37 Nr. 141; s. grds. zu Reisezeit auch → Rn. 77, 91).

194 Die Begrenzung des Anspruchs auf Freizeitausgleich auf die Arbeitszeit eines vollzeitbeschäftigten ArbN besteht nur in den Fällen des in Abs. 6 S. 1 bezogenen Abs. 3, dh in denen die Teilnahme an der Schulung außerhalb der persönlichen Arbeitszeit des BRMitgl. erfolgt. Das folgt aus der Stellung dieser Regelung in Abs. 6 S. 2 Hs. 2. Soweit sich die Entgeltansprüche des BRMitgl. aus dem in Abs. 6 S. 1 bezogenen Abs. 2 ergeben, gilt das Lohnausfallprinzip. Ein BRMitgl., das zB allgemein Mehrarbeit leistet, hat auch während der Schulungszeit Anspruch auf die Mehrarbeitszuschläge, wenn die Schulung in seine Arbeitszeit fällt (ErfK/*Koch* Rn. 18; Schaub/*Koch* § 221 Rn. 45). Etwas anderes gilt allerdings, wenn ein solches BRMitgl. aus betriebsbedingten Gründen an einer Schulung außerhalb seiner Arbeitszeit teilnimmt.

194a Die Ausführungen zu Abs. 3 zur Gewährung des Ausgleichsanspruchs sind auch hier maßgebend (→ Rn. 93 ff., 106 ff.), insbes. gilt der Vorrang des Freizeitausgleichs vor einem Anspruch auf Abgeltung (GK-BetrVG/*Weber* Rn. 242).

i) Schulung und Bildung der Mitglieder des EBR und des BVG

194b Das **EBRG** selbst enthielt bisher **keine Regelung** über eine erforderliche Schulung der Mitgl. des EBR und BVG. Mit Art. 10 Abs. 4 der Neufassung der EBR-RL 2009/38/EG v. 6.5.2009 ist jetzt ein Anspruch auf Schulung ohne Minderung des Arbeitsentgelts anerkannt und mit § 38 und § 40 Abs. 1 des 2. EBRG-ÄndG in nationales Recht umgesetzt worden (zur Umsetzung der neuen EBR-RL insgesamt → Anh. 2 Rn. 4, 7 ff.). Nach § 38 Abs. 1 S. 1 EBRG kann der EBR, und nach § 38 Abs. 2 EBRG auch das BVG, seine Mitgl. zur Teilnahme an Schulungs- und Bildungsveranstaltungen bestimmen, soweit diese Kenntnisse vermitteln, die für die Arbeit des EBR bzw. des BVG erforderlich sind. Die Vorschrift ist insoweit Abs. 6 S. 1 des § 37 nachgebildet, so dass für die Frage der Erforderlichkeit auf die grundsätzlichen Ausführungen unter → Rn. 138 ff. verwiesen werden kann. Auch hier ist zwischen der Vermittlung von Grundkenntnissen, die generell zu gewähren sind und der Vermittlung besonderer Kenntnisse, die auf die konkreten Verhältnisse abstellen, zu unterscheiden. Zu den allgemeinen Grundkenntnissen gehört zweifellos das EBRG, europäisches Arbeitsrecht, die unterschiedlichen ArbNVertr. Strukturen und ihre Wirkungsweise in den MS, in denen das grenzüberschreitend tätige Unternehmen bzw. die Unternehmensgruppe vertreten ist sowie Sprachkurse in der Sprache, die unternehmensweit bzw. in der Unternehmensgruppe zur Verständigung untereinander gesprochen wird. Siehe zur Fortbildung des EBR auch → Anh. 2 Rn. 105. § 38 EBRG begründet einen kollektiven Anspruch des EBR bzw. BVG. Das einzelne EBR- bzw. BVG-Mitgl. erwirbt den Anspruch auf Schulungsteilnahme nur aufgrund eines Entsendebeschlusses des EBR bzw. BVG (so auch LHT/*Oetker* zum insoweit inhaltsgleichen SEBG § 31 Rn. 1) oder des Ausschusses nach § 26 EBRG (→ Rn. 194d).

Entsprechend § 37 Abs. 6 S. 3 u. 4 hat der EBR bzw. das BVG die Teilnahme und die zeitliche Lage rechtzeitig der zL mitzuteilen, wobei die betrieblichen Notwendigkeiten bei der Festlegung der zeitlichen Lage zu berücksichtigen sind (§ 38 Abs. 1 S. 2 u. 3, Abs. 2 EBRG). Hinsichtlich der Berücksichtigung betrieblicher Notwendigkeiten kann auf die Ausführungen unter → Rn. 238 ff. verwiesen werden. Da die Teilnahme der EBR- bzw. BVG-Mitgl. an Schulungs- und Bildungsveranstaltungen den konkreten Betrieb bzw. das Unternehmen betrifft, in dem das Mitgl. beschäftigt ist, ist es sinnvoll, wenn der EBR bzw. das BVG neben der zL auch den hiervon unmittelbar betroffenen ArbGeb. informiert (sa BT-Drs. 17/4808, 12 zu § 38). Dieser hat dadurch die Möglichkeit, evtl. Probleme sowohl mit dem EBR bzw. BVG als auch mit der zL, gegenüber der der Schulungsanspruch des EBR bzw. des BVG für seine Mitgl. besteht, zu erörtern. Sind nach Auffassung der zL die betrieblichen Notwendigkeiten nicht ausreichend berücksichtigt worden, kann dies im arbeitsgerichtl. Beschlussverfahren geklärt werden (so schon *Hennings* in *Manz/Mayer/Schröder* zu § 31 SEBG; BHKC-EBRG/*Blanke/Hayen* § 38 Rn. 23). Auch wenn die Anrufung einer E-Stelle wie in § 37 Abs. 6 S. 5 u. 6 BetrVG in § 38 iVm § 40 Abs. 1 S. 2 EBRG nicht vorgesehen ist, ist es zL und EBR bzw. BVG unbenommen zu vereinbaren, dass im Konfliktfall zunächst eine E-Stelle angerufen wird, bevor ein arbeitsgerichtl. Verfahren angestrengt wird. Zulässig ist auch gemeinsam festzulegen, dass die E-Stelle abschließend entscheidet. **194c**

Der EBR kann seine Aufgabe nach § 38 EBRG auch dem nach § 26 EBRG zu bildenden Ausschuss übertragen. Dies bietet sich insbes. dann an, wenn der EBR sich nach den Regelungen seiner EBR-Vereinbarung nur einmal im Jahr trifft (s. auch BHKC-EBRG/*Blanke/Hayen* § 38 Rn. 18). Die Aufgabe kann i. R. einer Vereinbarung auch dem nach § 18 Abs. 1 Nr. 5 EBRG gebildeten Ausschuss übertragen werden. **194d**

Der Anspruch auf Entgeltfortzahlung bestimmt sich gem. § 40 Abs. 1 S. 2 EBRG nach den Vorschriften des § 37 Abs. 6 S. 1 u. 2 BetrVG. Insoweit kann auf die dortigen Ausführungen unter → Rn. 182 ff. u. 187 ff. verwiesen werden. Zum Schulungsanspruch allgem. → Anh. 2 Rn. 105 ff. Die Kostentragung der Schulung selbst richtet sich nach § 39 EBRG. Da es sich um erforderliche Schulungen für die EBR- bzw. BVG-Mitgl. handeln muss, kann insoweit auf die Ausführungen in → § 40 Rn. 66 ff. zu Schulungskosten im allgem. verwiesen werden. Gem. § 39 Abs. 1 S. 4 iVm § 16 Abs. 2 EBRG haftet der ArbGeb. eines aus Deutschland entsandten Mitgl. des EBR bzw. BVG neben der zL für dessen Anspruch auf Kostenerstattung als Gesamtschuldner. **194e**

3. Schulungs- und Bildungsveranstaltungen nach Abs. 7

a) Rechtsnatur des Anspruchs

Im Gegensatz zu dem Schulungsanspruch nach Abs. 6, der ein Kollektivanspruch des BR ist (→ Rn. 130), handelt es sich bei dem Anspruch nach Abs. 7 um einen **Individualanspruch des einzelnen BRMitgl.** (BAG 6.11.1973 – 1 ABR 8/73, AP BetrVG 1972 § 37 Nr. 5; 18.12.1973 – 1 ABR 35/73, AP BetrVG 1972 § 37 Nr. 7; DKKW/*Wedde* Rn. 171; GK-BetrVG/*Weber* Rn. 245; HWGNRH/*Glock* Rn. 217; Richardi BetrVG/*Thüsing* Rn. 160). Der Anspruch richtet sich gegen den ArbGeb. Jedoch erfolgt die Festlegung der Zeit der Teilnahme an den Schulungs- **195** und Bildungsveranstaltungen – ebenso wie bei denjenigen nach Abs. 6 – durch den BR (vgl. Abs. 7 S. 3 iVm Abs. 6 S. 2–4), der hierbei auf die Berücksichtigung der betrieblichen Notwendigkeiten zu achten hat (→ Rn. 231 ff.).

b) Geeignete Schulungsveranstaltungen

196 Während für die Arbeitsbefreiung zur Teilnahme an einer Schulungs- und Bildungsveranstaltung nach Abs. 6 jeweils geprüft werden muss, ob die Veranstaltung Kenntnisse vermittelt, die für die konkrete Arbeit des einzelnen BR erforderlich sind (→ Rn. 140 ff.), ist eine solche Prüfung für die Teilnahme an Schulungs- und Bildungsveranstaltungen nach Abs. 7 entbehrlich. Hier reicht es aus, wenn die betreffende Veranstaltung von der zuständigen obersten Arbeitsbehörde des Landes als **geeignet anerkannt** ist (DKKW/*Wedde* Rn. 172; Richardi BetrVG/*Thüsing* Rn. 162). Der Anerkennungsbescheid braucht nicht rechtskräftig zu sein (→ Rn. 224).

197 Die oberste Arbeitsbehörde des Landes darf nur **geeignete Schulungs- und Bildungsveranstaltungen** anerkennen. Der Begriff der Geeignetheit ist ebenso wie der der Erforderlichkeit iSv Abs. 6 ein unbestimmter Rechtsbegriff. Er hat gegenüber diesem einen weiteren Inhalt, umfasst diesen andererseits jedoch. Obwohl das Gesetz keinen ausdrücklichen Bezugspunkt der Eignung der Veranstaltung nennt, fallen nur solche Veranstaltungen unter die Regelung des Abs. 7, die Kenntnisse vermitteln, die **einen betriebsverfassungsrechtlichen Bezug** haben. Die vermittelten Kenntnisse müssen – allgemein gesehen – im Zusammenhang mit der BRArbeit stehen und dieser **im weiten Sinne dienlich und förderlich** sein, ohne dass es darauf ankommt, dass die vermittelten Kenntnisse für die konkrete Arbeit im einzelnen Betrieb benötigt werden (BAG 6.11.1973 – 1 ABR 8/73, AP BetrVG 1972 § 37 Nr. 5; 18.12.1973 – 1 ABR 35/73, AP BetrVG 1972 § 37 Nr. 7; 6.4.1976 – 1 ABR 96/74, AP BetrVG 1972 § 37 Nr. 23; 11.8.1993 – 7 ABR 52/92, AP BetrVG 1972 § 37 Nr. 92). Dies ergibt sich nicht nur aus der systematischen Stellung des Abs. 7 im Rahmen des Abschnittes über die Geschäftsführung des BR und der Erhöhung des Freistellungsanspruchs für solche Mitgl., die erstmals ein BRAmt übernommen haben, sondern insbes. aus dem Gesichtspunkt, dass die BRMitgl. in einer gegen § 78 BetrVG verstoßenden Weise gegenüber anderen ArbN begünstigt würden, wenn sie an allgemeinen, nicht im Zusammenhang mit ihrem Amt stehenden Schulungsmaßnahmen teilnehmen dürften (BAG 6.11.1973 – 1 ABR 8/73, AP BetrVG 1972 § 37 Nr. 5; 18.12.1973 – 1 ABR 35/73, AP BetrVG 1972 § 37 Nr. 7; 6.4.1976 – 1 ABR 96/74, AP BetrVG 1972 § 37 Nr. 23; 11.8.1993 – 7 ABR 52/92, AP BetrVG 1972 § 37 Nr. 92; ErfK/*Koch* Rn. 22; GK-BetrVG/*Weber* Rn. 247 f.; HWGNRH/*Glock* Rn. 220 ff.; Richardi BetrVG/*Thüsing* Rn. 163 f.; SWS Rn. 63; *Kraft* DB 1973, 2520; *Liebers* DB 1980, 640). Schulungsveranstaltungen, die der Allgemeinbildung der BRMitgl. dienen, sind nicht als geeignet iSv Abs. 7 anzusehen (**aA** Däubler Schulung Rn. 123, 279; DKKW/*Wedde* Rn. 173 f.; *Weiß/Weyand* BetrVG Rn. 41). Aus diesem Grunde sind nach den Bildungsurlaubsgesetzen einzelner Länder zulässige Bildungsthemen nicht ohne weiteres auch geeignete Schulungsthemen nach Abs. 7 (BAG 6.4.1976 – 1 ABR 96/74, AP BetrVG 1972 § 37 Nr. 23; GK-BetrVG/*Weber* Rn. 249).

198 Allerdings reicht für die Annahme eines betriebsverfassungsrechtlichen Bezuges ein **weiter Zusammenhang** der vermittelten Kenntnisse mit der BRArbeit aus (im Grundsatz zust. GK-BetrVG/*Weber* Rn. 250; SWS Rn. 63). Für die Abgrenzung der geeigneten Themen von der nicht von Abs. 7 erfassten Allgemeinbildung der BR-Mitgl. ist entscheidend, ob die Kenntnisvermittlung wegen der Eigenschaft als BR-Mitgl. erfolgt und damit keine unzulässige Begünstigung darstellt. Hierbei ist jedoch auch zu berücksichtigen, dass das BRMitgl. eine besondere Funktion ausübt und für eine sachgerechte Ausübung dieser Funktion – anders als bei einem anderen AN – gewisse Kenntnisse allgemeiner Art nützlich sein können. Aus diesem Grunde kann zB auch die Vermittlung gewisser Grundkenntnisse **gesellschaftspolitischer** Art (etwa zur Stellung der Frau und der Ausländer in unserer Gesellschaft), **sozialpolitischer** Art (etwa über die geltenden Sozialleistungssysteme), **wirtschaftlicher** Art (etwa zur Stellung des AN in der sozialen Marktwirtschaft oder im europäischen Binnenmarkt) oder **staatsbürgerlicher** Art (etwa zum Demokratie- und Sozialstaatsprinzip des GG) jedenfalls dann einer sachgerechten BRArbeit dienlich und damit geeignet iSv Abs. 7 sein, wenn diese Themen auch in den Betrieb hinein- oder auf die BRArbeit ausstrahlen (**aA;** HWGNRH/*Glock* Rn. 222; *Schiefer* DB 1991, 1455ff.; *Loritz* NZA 1993, 5ff. wohl auch BAG 6.4.1976 – 1 ABR 96/74, AP BetrVG 1972 § 37 Nr. 23; 11.8.1993 – 7 ABR 52/92, AP BetrVG 1972 § 37 Nr. 92, nach dem die vermittelten Kenntnisse auf die im geltenden Recht vorgesehene BRTätigkeit bezogen und nach Zielsetzung und Inhalt darauf angelegt sein müssen, für eine sach- und fachgerechte Ausübung dieser Tätigkeit zu sorgen; ähnlich Richardi BetrVG/*Thüsing* Rn. 165). Die Vermittlung allgemeiner Grundkenntnisse vorstehender Art ist insbes. dann als geeignet anzusehen, wenn diese Kenntnisse Grundlage dafür sein sollen, um Entwicklung, Hintergrund, Stellenwert und Gesamtzusammenhang der geltenden betriebsverfassungsrechtlichen Regelungen zu verdeutlichen und in einen größeren Zusammenhang zu stellen. Aus diesem Grunde ist auch eine Schulung über die Geschichte der (betrieblichen) Interessenvertr. der AN als geeignet anzusehen (**aA** hinsichtlich einer Schulung über die Geschichte der Arbeiterbewegung BAG 11.8.1993 – 7 ABR 52/92, AP BetrVG 1972 § 37 Nr. 92).

Geeignet sind hiernach auf jeden Fall Schulungen, die Fragen der Organisation und Geschäftsführung des BR sowie seine gesetzlichen Aufgaben zum Gegenstand haben; denn hier ist die BRTätigkeit unmittelbar Gegenstand der Schulung. Hierunter fallen insbes. alle Sachbereiche, bei denen dem BR Beteiligungsrechte zustehen. Geeignet sind deshalb zB Schulungen über **199**

- Arbeitsschutz,
- Arbeitsbewertung,
- arbeitswissenschaftliche Erkenntnisse über die Gestaltung der Arbeit,
- das Personalwesen einschließlich der Personalplanung und Berufsbildung,
- Fragen der Teilzeitarbeit,
- wirtschaftliche und betriebswirtschaftliche Fragen,
- betriebsbezogene Fragen des Umweltschutzes,
- Versammlungspraxis und Versammlungsleitung,
- Diskussions- und Verhandlungstechnik (BAG 6.11.1973 – 1 ABR 26/73, AP BetrVG 1972 § 37 Nr. 6; LAG SchlH 4.12.1990 – 1 Ta BV 21/90, BB 1991, 139).

Ein **ausreichender Bezug zur BRTätigkeit** besteht ferner bei Schulungen über **200**

- verfassungsrechtliche Grundlagen des Arbeitsrechts und seine Einbettung in das allgemeine Rechtssystem,
- Mitbestimmungs- und Gesellschaftsrecht,
- allgemeines Sozialrecht und Sozialleistungsrecht,
- Fragen des Arbeitsmarktes,
- Ursachen, Vermeidung und Behebung von Arbeitslosigkeit,
- Stellung der Frauen und der Ausländer in Gesellschaft und Beruf,
- internationale Zusammenarbeit von Konzernunternehmen,
- Auswirkung der Tätigkeit der Europäischen Union auf das nationale Arbeits- und Wirtschaftsrecht, insbes. über hier einschlägige Harmonisierungsrichtlinien und Verordnungen,
- den Europäischen Betriebsrat und die nationalen Interessenvertr. der AN in den MitglStaaten der Europäischen Union (**aA** HWGNRH/*Glock* Rn. 223),
- Vermögensbildung der ArbN,
- Fragen der Internationalisierung der Wirtschaft.

Je nach der konkreten betrieblichen Situation kann das eine oder andere der vorstehend genannten Themen für den einzelnen BR **durchaus als** eine **erforderliche Schulung** iSv Abs. 6 anzusehen sein. Ist dies der Fall, sind die BRMitgl. nicht ge- **201** zwungen, vorrangig entsprechende Schulungsveranstaltungen nach Abs. 7 in Anspruch zu nehmen (→ Rn. 229).

202 **Nicht als geeignet** iSv Abs. 7 sind dagegen Veranstaltungen anzusehen, die der rein gewerkschaftlichen Funktionärsschulung oder der allgemein politischen, parteipolitischen oder kirchlichen Schulungen dienen. Auch die ausschließliche Vermittlung von Allgemeinwissen staatsbürgerlicher Art ohne jeglichen Bezug zur BRArbeit fällt nicht unter Abs. 7 (BAG 18.12.1973 – 1 ABR 35/73, AP BetrVG 1972 § 37 Nr. 7; 6.4.1976 – 1 ABR 96/74, AP BetrVG 1972 § 37 Nr. 23; GK-BetrVG/*Weber* Rn. 252; Richardi BetrVG/*Thüsing* Rn. 168; SWS Rn. 63; *Loritz* NZA 1993, 5 ff.; **weitergehend** DKKW/*Wedde* Rn. 173 f.; Däubler Schulung Rn. 279 ff.). Desgleichen nicht allgemeine wirtschaftspolitische oder gesellschaftspolitische Themen ohne jeglichen Bezug zur BRArbeit.

203 Enthält eine Schulungsveranstaltung **teilweise nicht geeignete Themen,** so darf die Anerkennungsbehörde insoweit keine Anerkennung aussprechen. Sie muss entweder die nicht geeigneten Themen von der Anerkennung ausnehmen oder, wenn dies zB wegen der organisatorischen Gestaltung der gesamten Veranstaltung nicht möglich oder nicht zweckmäßig ist, die Anerkennung insgesamt versagen oder durch entsprechende Bedingungen oder Auflagen sicherstellen, dass die Schulung insgesamt geeignet ist (BAG 11.8.1993 – 7 ABR 52/92, AP BetrVG 1972 § 37 Nr. 92; ErfK/*Koch* Rn. 22; GK-BetrVG/*Weber* Rn. 253; HWGNRH/*Glock* Rn. 224 f.; Richardi BetrVG/*Thüsing* Rn. 169, 181; *Hanau* FS Müller, 183 ff.; *Schiefer* DB 1991, 1457; *Loritz* NZA 1993, 5 ff.; **aA** DKKW/*Wedde* Rn. 176: ausreichend sind überwiegend geeignete Themen; LAG BW 14.5.1973 – 4 TaBV 1/73, EzA § 37 BetrVG 1972 Nr. 6: Gesamtgepräge muss geeignet sein). Im Gegensatz zur Schulung nach Abs. 6, bei der die Erforderlichkeit nach den konkreten Verhältnissen im einzelnen Betrieb und BR (zB Aktualität des Schulungsthemas, Wissensstand des BR) abhängt und deshalb ein für alle Schulungsteilnehmer passender Schulungsplan nur schwer zu erstellen ist, kommt es bei der Schulung nach Abs. 7 auf die abstrakte Geeignetheit der Themen an. Diese hat die Anerkennungsbehörde im Voraus festzustellen. Es widerspräche dem Grundsatz der Gesetzmäßigkeit der Verwaltung, wenn die Behörde nicht geeignete Themen gleichwohl als geeignet anerkennen würde (so zu Recht BAG 11.8.1993 – 7 ABR 52/92, AP BetrVG 1972 § 37 Nr. 92; GK-BetrVG/*Weber* Rn. 253; *Hanau* FS Müller, 183 ff.).

204 Der Charakter der Schulungs- und Bildungsveranstaltungen nach Abs. 7 ist dadurch geprägt, dass sie weniger der Vermittlung von Kenntnissen dienen, die für die konkrete BRArbeit erforderlich im engeren Sinne sind, sondern dass bei ihnen die Vermittlung von zwar **auf die BRArbeit bezogenen,** jedoch mehr als **„Allgemeinwissen"** zu bewertenden Kenntnissen im Vordergrund steht. Im Hinblick hierauf dürfte es sich bei diesen Veranstaltungen in erster Linie um solche handeln, die in Form eines **Blockunterrichts** über einen nicht zu kurzen Zeitraum durchgeführt werden (GK-BetrVG/*Weber* Rn. 254). Allerdings ist dies keine Voraussetzung für den Anspruch.

205 Es muss die **jeweilige Schulungs- und Bildungsveranstaltung** als geeignet anerkannt sein (BAG 11.8.1993 – 7 ABR 52/92, AP BetrVG 1972 § 37 Nr. 92; GK-BetrVG/*Weber* Rn. 242; HWGNRH/*Glock* Rn. 231; Richardi BetrVG/*Thüsing* Rn. 162). Nicht ausreichend ist die Anerkennung des Veranstalters. Bei der Prüfung der Eignung der Veranstaltung ist die Person des Veranstalters mit zu berücksichtigen. Denn die Frage, ob eine Schulungs- und Bildungsveranstaltung geeignet ist, lässt sich nicht losgelöst von der Frage beurteilen, wer die Veranstaltung durchführt (GK-BetrVG/*Weber* Rn. 242).

206 Ob eine Veranstaltung geeignet ist, hängt insbes. von **ihrem Inhalt** ab. Anerkannt werden muss deshalb der Inhalt, dh das Programm der Veranstaltung (BAG 11.8.1993 – 7 ABR 52/92, AP BetrVG 1972 § 37 Nr. 92). Hierzu gehören grds. auch die in Aussicht genommenen Referenten oder mindestens deren Qualifikation (DKKW/*Wedde* Rn. 177; GK-BetrVG/*Weber* Rn. 256). Allerdings ist dies nicht dahin zu ver-

stehen, als müsste der Ablauf des Programms bis in die kleinsten Einzelheiten festgelegt sein. Schon aus Gründen der Praktikabilität muss eine gewisse Beweglichkeit in der Durchführung der Veranstaltung gestattet sein. Aus diesem Grunde ist es zulässig, dass die **Anerkennung für einen bestimmten Veranstaltungstyp,** dessen Inhalt im Wesentlichen festliegt, sowie für mehrere Referenten, deren Auswahl iE dem Veranstalter überlassen bleibt, ausgesprochen wird (GK-BetrVG/*Weber* Rn. 264; HWGNRH/*Glock* Rn. 231; Richardi BetrVG/*Thüsing* Rn. 182; Däubler Schulung Rn. 534 ff.). Für die Frage der Eignung einer Veranstaltung ist dagegen unerheblich, ob auch andere Personen als BRMitgl. an ihr teilnehmen (GK-BetrVG/*Weber* Rn. 255; HWGNRH/*Glock* Rn. 226; Richardi BetrVG/*Thüsing* Rn. 183; so BAG 21.7.2015 – 9 AZR 418/14, ArbR 2016, 40 im Fall der ArbNWeiterbildung, die auch als Veranstaltung iS § 37 Abs. 7 anerkannt war).

Ist eine Veranstaltung genehmigt, so ist zu ihrer **Wiederholung** keine erneute Genehmigung erforderlich (GK-BetrVG/*Weber* Rn. 264; DKKW/*Wedde* Rn. 178; HWGNRH/*Glock* Rn. 231), es sei denn, dies ist in der Genehmigung ausdrücklich ausgesprochen. 207

In den Betrieben der **privatisierten Postunternehmen** werden in großem Umfang zugewiesene Beamte beschäftigt. Die dem BR hinsichtlich dieser Beamten zugewiesenen Beteiligungsrechte in Personalangelegenheiten bestimmen sich in wesentlichem Umfang nach den Vorschriften des BPersVG. Das gilt auch für das Mitbestimmungsverfahren (vgl. §§ 28 f. PostPersRG). Bei der Ausübung dieser Beteiligungsrechte hat der BR auch stets den weiter bestehenden Beamtenstatus der zugewiesenen Beamten zu beachten. Wegen dieses starken inhaltlichen Bezuges der BRTätigkeit zum öffentlichen Recht und der in einem wesentlichen Bereich inhaltlich der PersRTätigkeit entsprechenden Aufgaben kommen insoweit auch Themen die nach § 46 Abs. 7 BPersVG von der Bundeszentrale für politische Bildung als geeignet anerkannt worden sind, als geeignete Schulungsthemen in Betracht (DKKW/*Wedde* Rn. 175; GK-BetrVG/*Weber* Rn. 247). 208

c) Träger der Veranstaltung

Das Gesetz sieht **keinerlei Einschränkung** hinsichtlich des Trägers der Veranstaltung vor. Deshalb kann Träger einer Schulungs- und Bildungsveranstaltung iSv Abs. 7 grds. jeder sein, sofern nur die Veranstaltung als solche geeignet ist (HWGNRH/*Glock* Rn. 227; Däubler Schulung Rn. 330 ff.). Von der Natur der Sache her dürften sich in erster Linie die **Gewerkschaften** zur Durchführung von Schulungs- und Bildungsveranstaltungen angesprochen fühlen. Jedoch kommen auch andere Institutionen in Betracht wie zB ArbGebVerbände, Arbeitskammern, Kirchen, Volkshochschulen, Universitäten oder auch private Schulungsträger (zur Frage, inwieweit die Schulung durch die Gewerkschaften einen durch Art. 9 Abs. 3 GG verfassungsrechtlich garantierten Schutz genießt, vgl. Däubler Schulung Rn. 332 ff.; GK-BetrVG/*Weber* Rn. 174; krit. hierzu *Streckel* DB 1974, 337). 209

d) Anerkennungsverfahren

Die Anerkennung einer Veranstaltung setzt einen **Antrag des Trägers** voraus. Der Antrag muss alle Angaben enthalten, die für die Beurteilung der Eignung der Schulungs- und Bildungsveranstaltung erforderlich sind. Deshalb werden in dem Antrag in aller Regel Angaben zu machen sein über den Träger der Veranstaltung, über Zeit und Ort der Veranstaltung, über das Programm nach Inhalt und zeitlichem Ablauf sowie über den Teilnehmerkreis und die in Aussicht genommenen Lehrkräfte (GK-BetrVG/*Weber* Rn. 259; HWGNRH/*Glock* Rn. 228; Richardi BetrVG/*Thüsing* Rn. 173). 210

Der Antrag ist zwar von Gesetzes wegen an **keine Form** gebunden, im Hinblick auf seinen für die Einigungsprüfung notwendigen Inhalt dürften in der Praxis allerdings nur schriftliche Anträge in Betracht kommen. Für den Antrag ist auch **keine** 211

Frist vorgeschrieben. Die obersten Arbeitsbehörden der Länder benötigen jedoch für eine ordnungsgemäße Prüfung der Eignung der Veranstaltung eine ausreichende Zeit. Deshalb dürfte es im Allgemeinen angebracht sein, den Antrag mindestens acht Wochen vor Beginn der Veranstaltung oder der Veranstaltungsreihe bei der zuständigen Behörde zu stellen (BAG 11.10.1995 – 7 ABR 42/94, AP BetrVG 1972 § 37 Nr. 115; DKKW/*Wedde* Rn. 179; HWGNRH/*Glock* Rn. 229; ähnlich GK-BetrVG/*Weber* Rn. 260).

212 **Zuständig** für die Anerkennung ist die oberste Arbeitsbehörde des Landes. Aus dem Gesetz ist nicht eindeutig zu entnehmen, ob dies die oberste Arbeitsbehörde desjenigen Landes ist, in dem die Veranstaltung durchgeführt wird (Ortsprinzip) oder in dem der Veranstalter seinen Sitz hat (Trägerprinzip). Der Gesetzeswortlaut lässt beide Auslegungen zu. Insbesondere aus Gründen der Zweckmäßigkeit ist die Zuständigkeit nach dem **Trägerprinzip** zu bestimmen (BAG 18.12.1973 – 1 ABR 35/73, AP BetrVG 1972 § 37 Nr. 7; 5.11.1974 – 1 ABR 146/73, AP BetrVG 1972 § 37 Nr. 19; 30.8.1989 – 7 ABR 65/87, AP BetrVG 1972 § 37 Nr. 73; GK-BetrVG/*Weber* Rn. 261; DKKW/*Wedde* Rn. 180; HWGNRH/*Glock* Rn. 228; Däubler Schulung Rn. 530; trotz Bedenken wohl auch Richardi BetrVG/*Thüsing* Rn. 171 f.; **aA** *Frauenkron,* Rn. 41; *Wölfel* ArbSozR 1972, 208; *Gaul,* Bd. II, 445).

213 Die oberste Arbeitsbehörde entscheidet nach **Beratung** mit den Spitzenorganisationen der Gewerkschaften und ArbGebVerbände. Zum Begriff der Spitzenorganisation vgl. § 2 Abs. 2, § 12 TVG. Spitzenorganisation der Gewerkschaften ist insbes. der DGB. Da die Prüfung der Geeignetheit einer Schulungs- und Bildungsveranstaltung den obersten Arbeitsbehörden der einzelnen Länder, nicht dem Bundesarbeitsministerium, übertragen ist, sind grds. die **Spitzenverbände der Koalition auf Landesebene** zu beteiligen, soweit hier selbständige Spitzenorganisationen bestehen (BAG 18.12.1973 – 1 ABR 35/73, AP BetrVG 1972 § 37 Nr. 7; 5.11.1974 – 1 ABR 146/73, AP BetrVG 1972 § 37 Nr. 19; GK-BetrVG/*Weber* Rn. 262; HWGNRH/*Glock* Rn. 230; Richardi BetrVG/*Thüsing* Rn. 175; *Wölfel* ArbSozR 1972, 208; *Weber* BlStR 1973, 340). Soweit eine Spitzenorganisation nur auf Bundesebene besteht (vgl. für den DGB § 11 der Satzung des DGB), kann sich diese bei der Beratung durch die entsprechende **Landesorganisation vertreten** lassen (BAG 18.12.1973 – 1 ABR 35/73, AP BetrVG 1972 § 37 Nr. 7; 5.11.1974 – 1 ABR 146/73, AP BetrVG 1972 § 37 Nr. 19; GK-BetrVG/*Weber* Rn. 262; HWGNRH/*Glock* Rn. 230; Richardi BetrVG/*Thüsing* Rn. 175). Auf ArbGebSeite sind im Hinblick auf die andere Organisationsstruktur Spitzenverbände in der Regel die Vereinigungen der ArbGebVerbände auf Landesebene. Zu beteiligen sind nur die Spitzenorganisationen des Landes, dessen oberste Arbeitsbehörde die Entscheidung über die Anerkennung trifft, nicht die Spitzenorganisationen anderer Länder (BAG 5.11.1974 – 1 ABR 146/73, AP BetrVG 1972 § 37 Nr. 19; 6.4.1976 – 1 ABR 96/74, AP BetrVG 1972 § 37 Nr. 23).

214 Erforderlich ist im Allgemeinen eine **Beratung,** dh eine **mündliche Erörterung** des Antrags; im Einverständnis aller Beteiligten kann jedoch hierauf verzichtet werden (DKKW/*Wedde* Rn. 180; GK-BetrVG/*Weber* Rn. 263; HWGNRH/*Glock* Rn. 230; Richardi BetrVG/*Thüsing* Rn. 176). Eine Beratung ist mehr als eine bloße Anhörung. Deshalb muss sich die Anerkennungsbehörde auch bei einem Verzicht auf eine mündliche Erörterung mit allen vorgetragenen Argumenten auseinandersetzen und ggf. den Beteiligten nochmals Gelegenheit geben, zu schriftlich vorgebrachten Einwendungen Stellung zu nehmen (Däubler Schulung Rn. 533).

215 Über einen **rechtzeitig** gestellten Antrag ist wegen der Frage der Entgeltzahlungspflicht des ArbGeb. auch dann noch zu entscheiden, wenn die Veranstaltung zwischenzeitlich **durchgeführt** worden ist (BAG 11.10.1995 – 7 ABR 42/94, AP BetrVG 1972 § 37 Nr. 115; **aA** GK-BetrVG/*Weber* Rn. 260: vorherige Entscheidung notwendig, da im Falle der Ablehnung des Antrags die Freistellung nicht nachträglich aufgehoben werden könne; → Rn. 224).

e) Anspruchsberechtigte, Dauer, Entgeltfortzahlung, Freizeitausgleich

Anspruchsberechtigt für die Teilnahme an Schulungs- und Bildungsveranstaltungen nach Abs. 7 sind nur **BRMitgl.** (und gem. § 65 Abs. 1 die JAV). Anderen betriebsverfassungsrechtlichen Funktionsträgern, etwa Mitgl. des Wahlvorst. oder des WiAusschusses, steht dieser Anspruch nicht zu (GK-BetrVG/*Weber* Rn. 245; Richardi BetrVG/*Thüsing* Rn. 183). Desgleichen nicht **ErsMitgl.,** solange sie nicht in den BR nachgerückt sind (BAG 14.12.1994 – 7 ABR 31/94, AP BetrVG 1972 § 37 Nr. 100; DKKW/*Wedde* Rn. 189; HWGNRH/*Glock* Rn. 218; Richardi BetrVG/*Thüsing* Rn. 184; SWS Rn. 67; Schaub/*Koch* § 221 Rn. 48; **weitergehend** *Wenning-Morgenthaler* BB 1985, 1339). Doch steht es dem ArbGeb. selbstverständlich frei, auch anderen Personen zum Zwecke der Teilnahme Arbeitsbefreiung zu gewähren. 216

Der Anspruch des einzelnen BRMitgl. auf Teilnahme an Veranstaltungen nach Abs. 7 besteht während der **gesamten Amtszeit.** Deshalb ist auch eine Teilnahme gegen oder am Ende der Amtszeit noch zulässig (DKKW/*Wedde* Rn. 188; **aA** BAG 9.9.1992 – 7 AZR 492/91, AP BetrVG 1972 § 37 Nr. 86; 28.8.1996 – 7 AZR 840/95, AP BetrVG 1972 § 37 Nr. 117, wenn nicht dargelegt wird, auf Grund welcher besonderen Umstände eine solche Festlegung des Zeitpunktes der Schulungsteilnahme durch Beschluss des BR noch pflichtgemäßem Ermessen entsprochen hat. Das BAG verkennt den individualrechtlichen Charakter des Schulungsanspruchs nach Abs. 7 und die Bedeutung des BRBeschlusses nach Abs. 6 S. 2, der jedenfalls bei Schulungen nach Abs. 7 nur die Berücksichtigung der betrieblichen Notwendigkeiten bei der Festlegung der zeitlichen Lage der Schulung, nicht jedoch die materiellen Voraussetzungen des Schulungsanspruchs zum Gegenstand hat. Der Hinweis des BAG auf seinen Beschluss v. 7.6.1989 – 7 ABR 26/88, AP BetrVG 1972 § 37 Nr. 67 geht fehl, weil hier ein kollektiver Schulungsanspruch nach Abs. 6 im Streit stand; wie BAG: GK-BetrVG/*Weber* Rn. 274; ErfK/*Koch* Rn. 20; HWGNRH/*Glock* Rn. 240; *Schiefer* NZA 1993, 822; diff. Däubler Schulung Rn. 313). Auch nach der abweichenden Ansicht des BAG (28.8.1996 – 7 AZR 840/95, AP BetrVG 1972 § 37 Nr. 117) ist eine Zeitspanne zwischen Ende der Veranstaltung und Ende der Amtszeit von mehr als drei Wochen als ausreichend anzusehen, um das vermittelte Wissen noch während der Amtszeit nutzen zu können (ebenso Däubler Schulung Rn. 313). 217

Scheidet ein BRMitgl. während der Amtszeit **aus dem BR aus** und hat es seinen Anspruch nach Abs. 7 noch nicht verbraucht, so kann es den Anspruch nicht mehr geltend machen. Denn dieser Anspruch steht ihm nur als BRMitgl. zu (ErfK/*Koch* Rn. 20; GK-BetrVG/*Weber* Rn. 271, 274; Richardi BetrVG/*Thüsing* Rn. 189; Schaub/*Koch* § 221 Rn. 48). Dem endgültig nachrückenden **ErsMitgl.** steht der Anspruch nach Abs. 7 **anteilig** für die verbleibende Amtszeit zu (DKKW/*Wedde* Rn. 189; GK-BetrVG/*Weber* Rn. 275; HWGNRH/*Glock* Rn. 236; Richardi BetrVG/*Thüsing* Rn. 188; SWS Rn. 67; Däubler Schulung Rn. 305, 354; *Brill* BlStR 1983, 178). Das gilt unabhängig davon, ob das ausgeschiedene BRMitgl. seinen Anspruch schon voll ausgeschöpft hat (GK-BetrVG/*Weber* Rn. 275). Sofern das ErsMitgl. vorher noch nicht Mitgl. eines BR oder einer JAV gewesen ist, erhöht sich der ihm als endgültig nachgerücktem Mitgl. zustehende Anspruch im Hinblick auf Abs. 7 S. 2 um eine Woche (BAG 19.4.1989 – 7 AZR 128/88, AP BetrVG 1972 § 37 Nr. 68; DKKW/*Wedde* Rn. 1586; Däubler Schulung Rn. 305; GK-BetrVG/*Weber* Rn. 275). Einem nur zeitweise für ein vorübergehend verhindertes BRMitgl. in den BR eintretenden ErsMitgl. steht ein Anspruch nach Abs. 7 nicht zu (BAG 14.12.1994 – 7 ABR 31/94, AP BetrVG 1972 § 37 Nr. 100; GK-BetrVG/*Weber* Rn. 275; HWGNRH/*Glock* Rn. 218; Richardi BetrVG/*Thüsing* Rn. 184; **aA** DKKW/*Wedde* Rn. 189). 218

Jedes BRMitgl. hat bei Schulungsveranstaltungen nach Abs. 7 Anspruch auf bezahlte Freistellung für die **Dauer von drei Wochen,** dh 21 Tage einschl. der Sonn- und Feiertage bzw. 18 Werktage, wenn man die Sonn- und Feiertage unberücksichtigt lässt (GK-BetrVG/*Weber* Rn. 267; DKKW/*Wedde* Rn. 183; ErfK/*Koch* Rn. 21; 219

HWGNRH/*Glock* Rn. 234). Für BRMitgl., die erstmals einen BR angehören und vorher auch nicht Mitgl. der JAV waren, **erhöht sich der Anspruch auf vier Wochen,** dh 28 Tage einschl. der Sonn- und Feiertage bzw. 24 Werktage. Eine Mitgliedschaft in einem Personalrat ist insoweit einer Mitgliedschaft im BR gleichzustellen, so dass einem BRMitgl., das bereits einmal Mitgl. eines Personalrats war, nur ein dreiwöchiger Anspruch zusteht (NK-TVG/*Peter* Rn. 215; GK-BetrVG/*Weber* Rn. 267; Richardi BetrVG/*Thüsing* Rn. 185). Demgegenüber bewirkt eine Mitgliedschaft in einer ausländischen betrieblichen ArbNVertr. keine Verkürzung des vierwöchigen Schulungsanspruches; dies folgt aus der in der Regel bestehenden völligen Andersartigkeit ausländischer BetrVertr. (DKKW/*Wedde* Rn. 183; GK-BetrVG/*Weber* Rn. 267; HWGNRH/*Glock* Rn. 234).

220 **Arbeitet ein Betrieb in Fünf-Tage-Woche,** so rechnet man zweckmäßigerweise den drei- bzw. vierwöchigen Anspruch gem. Abs. 7 auf Arbeitstage um, dh den BRMitgl. steht in diesen Betrieben ein Freistellungsanspruch nach Abs. 7 in Höhe von 15 bzw. 20 Arbeitstagen zu (*Ebert* BB 1974, 466; *Kopp* ArbuR 1976, 335; GK-BetrVG/*Weber* Rn. 267; Schaub/*Koch* § 221 Rn. 48; BAG 8.3.1984 – 6 AZR 442/83, AP BUrlG § 13 Nr. 15; 27.1.1987 – 8 AZR 579/84, AP BUrlG § 13 Nr. 30). In diesem Falle sind Schulungstage, an denen für das betreffende BRMitgl. aus einem anderen Grund keine Arbeitspflicht besteht (zB im Falle der Schichtarbeit ein freier Tag bei Schichtwechsel) nicht auf den Freistellungsanspruch nach Abs. 7 anzurechnen (GK-BetrVG/*Weber* Rn. 268; HWGNRH/*Glock* Rn. 237). Erkrankt ein ArbN während des Bildungsurlaubs, so ist der durch Krankheit bedingte Ausfall entsprechend § 9 BUrlG ebenfalls nicht auf die Dauer des Bildungsurlaubs anzurechnen (DKKW/*Wedde* Rn. 184; Däubler Schulung Rn. 514).

221 Der Anspruch besteht während der **regelmäßigen Amtszeit** des BR. Die regelmäßige Amtszeit beträgt vier Jahre (→ § 21 Rn. 1, 5). **Verkürzt** oder **verlängert sich die Amtszeit** eines BR wegen einer außerhalb des regelmäßigen Wahlzeitraums durchgeführten Wahl (vgl. hierzu § 13 Abs. 2 u. 3 iVm § 21 S. 3 u. 4), so verkürzt oder verlängert sich der dreiwöchige Freistellungsanspruch nach Abs. 7 S. 1 entsprechend (ErfK/*Koch* Rn. 21; GK-BetrVG/*Weber* Rn. 270f.; HWGNRH/*Glock* Rn. 235; Richardi BetrVG/*Thüsing* Rn. 186; **aA** DKKW/*Wedde* Rn. 185; Däubler Schulung Rn. 305). Dies ergibt sich daraus, dass Abs. 7 für die Dauer des dreiwöchigen Freistellungsanspruchs auf die „regelmäßige Amtszeit" abstellt. Aus Gründen der praktischen Handhabung sollte man allerdings den Freistellungsanspruch nur verkürzen, wenn die Amtszeit des BR um mindestens ein Jahr kürzer als die regelmäßige Amtszeit ist. Für jedes volle fehlende Jahr Amtszeit wäre der Freistellungsanspruch danach um ein Viertel zu kürzen (Richardi BetrVG/*Thüsing* Rn. 186; Däubler Schulung Rn. 305; **aA** GK-BetrVG/*Weber* Rn. 272). Bei einem BRMitgl., das erstmalig einer ArbNVertretung angehört, ist im Falle einer Verkürzung der Amtszeit der von dem dreiwöchigen Regelanspruch nach Abs. 7 S. 1 berechnete verkürzte Anspruch jedoch stets um 1 Woche zu erhöhen, da nach Abs. 7 S. 2 den erstmaligen BRMitgl. gegenüber dem Regelanspruch nach Abs. 7 S. 1 ein um 1 Woche erhöhter Anspruch zusteht (BAG 19.4.1989 – 7 AZR 128/88, AP BetrVG 1972 § 37 Nr. 68; ErfK/*Koch* Rn. 21; GK-BetrVG/*Weber* Rn. 272; HWGNRH/*Glock* Rn. 235; Richardi BetrVG/*Thüsing* Rn. 187; Däubler Schulung Rn. 306; SWS Rn. 62). Entsprechendes gilt im Falle der Verlängerung der Amtszeit des BR gem. § 21 S. 4 iVm § 13 Abs. 3 S. 2. Ein zu viel gewährter Bildungsurlaub kann nicht zurückgefordert werden (DKKW/*Wedde* Rn. 188; GK-BetrVG/*Weber* Rn. 271).

222 Es bestehen keine Vorschriften darüber, in welcher Weise der Freistellungsanspruch nach Abs. 7 gewährt werden muss. Er kann sowohl **zusammenhängend** genommen als auch **geteilt** werden (GK-BetrVG/*Weber* Rn. 273; HWGNRH/*Glock* Rn. 239; Richardi BetrVG/*Thüsing* Rn. 190).

223 Wird der Freistellungsanspruch nicht in Anspruch genommen, so **verfällt** er mit Ablauf der Amtszeit. Eine Übertragung auf die neue Amtszeit ist nicht vorgesehen (GK-BetrVG/*Weber* Rn. 274; HWGNRH/*Glock* Rn. 240; Richardi BetrVG/*Thüsing*

Rn. 189; HaKo-BetrVG/*Wolmerath* Rn. 53; *Weiß/Weyand* BetrVG Rn. 39; WPK/*Kreft* Rn. 84; **aA** DKKW/*Wedde* Rn. 188; Däubler Schulung Rn. 300 bei dringenden betrieblichen oder persönlichen Gründen).

Die BRMitgl. haben bei Teilnahme an als geeignet anerkannten Schulungsveranstaltungen Anspruch auf bezahlte Freistellung. Anspruchsbegründendes Merkmal ist **allein** die **staatliche Anerkennung** als solche, nicht die möglicherweise umstrittene Eignung der Veranstaltung (BAG 11.8.1993 – 7 ABR 52/92, AP BetrVG 1972 § 37 Nr. 92). Nicht erforderlich ist die Unanfechtbarkeit des Anerkennungsbescheids (GK-BetrVG/*Weber* Rn. 265). Denn dann könnte die Teilnahme von BRMitgl. an Schulungsveranstaltungen nach Abs. 7 weitgehend blockiert werden (BAG 11.10.1995 – 7 ABR 42/94, AP BetrVG 1972 § 37 Nr. 115, das eine Entscheidung über einen rechtzeitig gestellten Anerkennungsantrag sogar noch nach Durchführung der Veranstaltung zulässt; Däubler Schulung Rn. 547; **aA** nur bei Anordnung der sofortigen Vollziehung des Bescheids GK-BetrVG/*Weber* Rn. 339; Richardi BetrVG/*Thüsing* Rn. 224). 224

Den teilnehmenden BRMitgl. ist das **Arbeitsentgelt** fortzuzahlen, das sie erhalten hätten, wenn sie – statt an der Schulung teilzunehmen – im Betrieb weitergearbeitet hätten. Es gelten dieselben Grundsätze wie bei der Teilnahme an Schulungsveranstaltungen nach Abs. 6 bzw. bei der allgemeinen Freistellung nach Abs. 2 (→ Rn. 57 ff., 182 ff.; Richardi BetrVG/*Thüsing* Rn. 198; HWGNRH/*Glock* Rn. 246). 225

Auch bei einer Schulungsveranstaltung nach Abs. 7 besteht ein Anspruch auf **Freizeitausgleich** bzw. **Abgeltung,** wenn ein BRMitgl. aus betriebsbedingten Gründen an einer nach Abs. 7 anerkannten Schulungsveranstaltung außerhalb seiner Arbeitszeit teilnimmt. Das folgt aus der Bezugnahme in Abs. 7 S. 3 auf Abs. 6 S. 2, der seinerseits auf Abs. 3 verweist, und daraus, dass die sachliche Begründung für die Gewährung des Ausgleichsanspruchs bei Schulungsveranstaltungen (fortschreitende Flexibilisierung der Arbeitszeit, gebotene Gleichbehandlung von vollzeit- und teilzeitbeschäftigten BRMitgl.) für alle Schulungsveranstaltungen zutrifft (DKKW/*Wedde* Rn. 190; ErfK/*Koch* Rn. 21; Richardi BetrVG/*Thüsing* Rn. 198; HaKo-BetrVG/*Wolmerath* Rn. 56; Däubler Schulung Rn. 442; **aA** *Löwisch/Kaiser* Rn. 129; GK-BetrVG/*Weber* Rn. 2773 f.; HWGNRH/*Glock* Rn. 237; *Greßlin* BR-Mitglieder S. 159; *Löwisch* BB 2001, 1742, die wegen der fehlenden Bezugnahme des Abs. 7 S. 3 auf Abs. 6 S. 1 einen derartigen Anspruch verneinen und die Bezugnahme des Abs. 6 S. 2 als ein Redaktionsversehen ansehen). 226

Nimmt ein BRMitgl. während der Betriebsferien an einer Schulungsveranstaltung nach Abs. 7 teil, hat es Anspruch auf entsprechende Nachgewährung des Urlaubs (HessLAG 12.7.1989 – 11 Sa 285/89, LAGE § 37 BetrVG 1972 Nr. 31; LAG Nds 14.8.1987 – 3 Sa 538/86, ArbuR 1989, 60; GK-BetrVG/*Weber* Rn. 280). 227

Bei Schulungsveranstaltungen nach Abs. 7 besteht im Allgemeinen keine über die Entgeltfortzahlung hinausgehende **Kostentragungspflicht** des ArbGeb. Etwas anderes gilt, wenn auf einer solchen Bildungsveranstaltung erforderliche Kenntnisse iSd Abs. 6 vermittelt werden (→ § 40 Rn. 70). 228

f) Verhältnis zum Anspruch nach Abs. 6

Die **Ansprüche** auf Freistellung zur Teilnahme an Schulungs- und Bildungsveranstaltungen **nach Abs. 6 u. 7 stehen nebeneinander** (BAG 6.11.1973 – 1 ABR 8/73, AP BetrVG 1972 § 37 Nr. 5; 5.4.1984 – 6 AZR 495/81, AP BetrVG 1972 § 37 Nr. 46; HaKo-BetrVG/*Wolmerath* Rn. 49; GK-BetrVG/*Weber* Rn. 209; Richardi BetrVG/*Thüsing* Rn. 191). Eine Anrechnung einer Freistellung nach Abs. 6 auf die Schulungsveranstaltungen nach Abs. 7 kommt deshalb nicht in Betracht (BAG 5.4.1984 – 6 AZR 495/81, AP BetrVG 1972 § 37 Nr. 46; GK-BetrVG/*Weber* Rn. 246; *Löwisch/Kaiser* Rn. 127). Soweit allerdings „erforderliche Kenntnisse" iSv Abs. 6 bereits auf einer Veranstaltung nach Abs. 7 vermittelt worden sind, ist die Teilnahme an einer Veranstaltung nach Abs. 6 nicht mehr erforderlich. Das bedeutet auf 229 der anderen Seite jedoch nicht, dass die BRMitgl. verpflichtet wären, zunächst die Schulungs- und Bildungsveranstaltungen nach Abs. 7 in Anspruch zu nehmen (HWGNRH/*Glock* Rn. 238; Richardi BetrVG/*Thüsing* Rn. 191; *Kraft* DB 1973, 2522; so jetzt auch GK-BetrVG/*Weber* Rn. 209, 246).

230 Macht der BR für eines seiner Mitgl. einen Freistellungsanspruch gem. § 37 Abs. 6 geltend, obwohl die Veranstaltung auch nach § 37 Abs. 7 anerkannt ist, und zahlt der ArbGeb. den Lohn für die Schulungsveranstaltung weiter, so erfüllt er damit nicht den Freistellungsanspruch nach Abs. 7, so dass auch keine Anrechnung auf diesen Anspruch erfolgt (BAG 5.4.1984 – 6 AZR 495/81, AP BetrVG 1972 § 37 Nr. 46; HWGNRH/*Glock* Rn. 238; SWS Rn. 65a; so jetzt auch GK-BetrVG/*Weber* Rn. 209, 246).

4. Festlegung der Teilnahme an den Schulungs- und Bildungsveranstaltungen

a) Entscheidungskompetenz des Betriebsrats

231 Die Teilnahme an einer Schulungsveranstaltung setzt stets einen **vorherigen Beschluss** des BR voraus (grds. ist Übertragung der Entscheidungsbefugnis auf den Betriebsausschuss gem. § 27 Abs. 2 S. 2 zulässig vgl. ArbG Essen 29.7.2003 – 2 BV 38/03, NZA-RR 2004, 361 ff.). Hierbei hat der BR zum einen zu entscheiden, welche BRMitgl. an welchen Schulungs- und Bildungsveranstaltungen teilnehmen, und zum anderen, zu welchem Zeitpunkt BRMitgl. an solchen Veranstaltungen teilnehmen.

232 Die **Festlegung der zeitlichen Lage** der Teilnahme an Schulungs- und Bildungsveranstaltungen obliegt allein dem BR (vgl. Abs. 6 S. 2 und Abs. 7 S. 3; GK-BetrVG/*Weber* Rn. 294; Richardi BetrVG/*Thüsing* Rn. 132 ff., 192). Das gilt sowohl für die Teilnahme an Schulungs- und Bildungsveranstaltungen nach Abs. 6 als auch nach Abs. 7. Die Willensbildung des BR erfolgt durch Beschluss (vgl. § 33). Ohne einen ordnungsgemäßen Beschluss über die Teilnahme ist ein BRMitgl. nicht berechtigt, Schulungs- und Bildungsveranstaltungen zu besuchen (BAG 20.11.1973 – 1 AZR 331/73, AP BetrVG 1972 § 65 Nr. 1; 10.5.1974 – 1 ABR 57/73, AP BetrVG 1972 § 65 Nr. 3; ErfK/*Koch* Rn. 23). Nimmt es trotzdem teil, hat es keinen Anspruch auf Entgeltfortzahlung und Kostenerstattung (BAG 20.11.1973 – 1 AZR 331/73, AP BetrVG 1972 § 65 Nr. 1; 10.5.1974 – 1 ABR 57/73, AP BetrVG 1972 § 65 Nr. 3; vgl. hinsichtlich der Kostentragungspflicht des ArbGeb. BAG 8.3.2000 – 7 ABR 11/98, AP BetrVG 1972 § 40 Nr. 68 unter Aufgabe seiner Ansicht in BAG 28.10.1992 – 7 ABR 14/92, AP BetrVG 1972 § 29 Nr. 4).

233 Demgegenüber ist bei der Frage, ob dem BR eine Entscheidungsbefugnis dahingehend zusteht, **welche seiner Mitgl.** an Schulungs- und Bildungsveranstaltungen teilnehmen, zwischen den Veranstaltungen nach Abs. 6 und Abs. 7 zu unterscheiden. Bei Bildungsveranstaltungen **nach Abs. 7** steht dem einzelnen BRMitgl. ein **individualrechtlicher Anspruch** auf Teilnahme an diesen Veranstaltungen zu. Deshalb beschränkt sich hier die Entscheidungskompetenz des BR auf die Festlegung der zeitlichen Lage des Bildungsurlaubs, wobei er allerdings seine Geschäftsbedürfnisse berücksichtigen darf und die betrieblichen Notwendigkeiten zu beachten hat (zum Letzteren → Rn. 238). Weitergehende Befugnisse, etwa dahingehend, an welchen Schulungsveranstaltungen das BRMitgl. teilnimmt, hat der BR nicht (BAG 28.8.1996 – 7 AZR 840/95, AP BetrVG 1972 § 37 Nr. 117; ErfK/*Koch* Rn. 23; GK-BetrVG/*Weber* Rn. 293; Richardi BetrVG/*Thüsing* Rn. 192; *Kopp* ArbuR 1976, 336).

234 Bei Schulungs- und Bildungsveranstaltungen **nach Abs. 6** ist der BR als solcher Träger des Anspruchs auf Schulung seiner Mitgl. und nicht von vornherein das einzelne BRMitgl. (→ Rn. 161). Deshalb ist bei diesen Veranstaltungen grds. der BR berechtigt festzulegen, welche seiner Mitgl. an welchen Schulungen teilnehmen (GK-

BetrVG/*Weber* Rn. 286f.; DKKW/*Wedde* Rn. 150; iErg ebenso Richardi BetrVG/*Thüsing* Rn. 137). Stehen allerdings mehrere gleichartige und gleichwertige Schulungsveranstaltungen zur Auswahl, hat das BRMitgl. ein vom BR zu beachtendes Auswahlrecht (GK-BetrVG/*Weber* Rn. 287). An der Beschlussfassung über die Auswahl darf sich das betroffene BRMitgl. beteiligen (→ § 25 Rn. 19, → § 33 Rn. 37a; ebenso Richardi BetrVG/*Thüsing* Rn. 139). Die Gewerkschaften haben kein Mitwirkungsrecht bei der Beschlussfassung des BR, welche Mitgl. er zu einer Schulungsveranstaltung entsendet (BAG 28.1.1975 – 1 ABR 92/73, AP BetrVG 1972 § 37 Nr. 20).

Allerdings ist der BR bei seiner ihm zustehenden Entscheidungskompetenz nicht völlig frei, vielmehr hat er diese nach **pflichtgemäßem Ermessen** auszuüben (GK-BetrVG/*Weber* Rn. 286; DKKW/*Wedde* Rn. 150). Hierbei sind für ihn insbes. folgende Entscheidungskriterien verbindlich: Zum einen hat er darauf zu achten, dass die in der Schulungsveranstaltung vermittelten Kenntnisse in **möglichst optimaler Weise für die BRArbeit** fruchtbar werden. Aus diesem Grunde ist der BR nicht nur berechtigt, sondern sogar gehalten, die Auswahl danach zu treffen, welche Aufgaben und Funktionen die einzelnen Mitgl. im BR ausüben (GK-BetrVG/*Weber* Rn. 286; Richardi BetrVG/*Thüsing* Rn. 137). In diesem Rahmen hat er zum anderen bei seiner Auswahlentscheidung die **Grundsätze des § 75 Abs. 1 BetrVG** zu beachten, dh ihm ist insoweit eine unterschiedliche Behandlung der BRMitgl. aus Gründen ihrer Rasse oder wegen ihrer ethnischen Herkunft, ihrer Abstammung oder sonstigen Herkunft, ihrer Nationalität, Religion oder Weltanschauung, ihrer Behinderung, ihres Alters, politischen oder gewerkschaftlichen Betätigung oder Einstellung oder ihres Geschlechts bzw. ihrer sexuellen Identität untersagt. Dieses Verbot gilt generell, dh ihm ist jede Benachteiligung, aber auch jede Bevorzugung von BRMitgl. aus einem der vorstehenden Gründe untersagt (ErfK/*Koch* Rn. 23; GK-BetrVG/*Weber* Rn. 288; Richardi BetrVG/*Thüsing* Rn. 138; Däubler Schulung Rn. 326). In diesem Rahmen hat der BR auch spezielle Wünsche des einzelnen BRMitgl., zB hinsichtlich bestimmter Schulungsveranstaltungen, zu berücksichtigen (DKKW/*Wedde* Rn. 150). 235

Däubler (→ Rn. 327) halten den BR darüber hinaus für verpflichtet, bei seiner Entscheidung auch soziale Gesichtspunkte (etwa einen besonders großen Nachholbedarf in bildungsmäßiger Hinsicht, wie er zB bei Gastarbeitern häufig anzutreffen ist) zu berücksichtigen. Dem ist unter der Einschränkung zuzustimmen, dass man sich bewusst bleibt, dass die Schulungsveranstaltungen nach Abs. 6 und Abs. 7 keine Allgemeinbildung der BRMitgl. bezwecken, sondern darauf bezogen sind, die für die BRArbeit erforderlichen bzw. mit ihr in Zusammenhang stehenden Kenntnisse zu vermitteln (GK-BetrVG/*Weber* Rn. 273; Richardi BetrVG/*Thüsing* Rn. 138). 236

Konkretisiert man den Gesichtspunkt, durch die Schulung in möglichst optimaler Weise die BRArbeit zu fördern, so ist davon auszugehen, dass der BR **jedem seiner Mitgl.** die Möglichkeit bieten muss, die **Grundkenntnisse,** die für jede BRArbeit unabdingbare Voraussetzungen sind (→ Rn. 163f.), durch eine entsprechende Schulung zu erlangen. Soweit die Schulung der Vermittlung bestimmter **Spezialkenntnisse** dient, ist er demgegenüber gehalten, in erster Linie solche BRMitgl. zu entsprechenden Schulungsveranstaltungen zu entsenden, die sich im Rahmen der BRArbeit besonders mit derartigen Angelegenheiten beschäftigen (→ Rn. 166; Däubler Schulung Rn. 324; GK-BetrVG/*Weber* Rn. 290, bejaht in diesen Fällen uU einen Anspruch des BRMitgl. gegen den BR auf Einteilung für eine entsprechende Schulung). 237

Bei der Festlegung der zeitlichen Lage der Teilnahme an Schulungs- und Bildungsveranstaltungen ist der BR verpflichtet, **auf die betrieblichen Notwendigkeiten Rücksicht zu nehmen.** Dies ist im Allgemeinen nur hinsichtlich der BRMitgl. von Bedeutung, die nicht freigestellt sind. Das Gesetz spricht von der Berücksichtigung betrieblicher Notwendigkeiten, nicht der Berücksichtigung betrieblicher Interessen oder Bedürfnissen. An das Vorliegen betrieblicher Notwendigkeiten sind deshalb 238

strenge Anforderungen zu stellen Nur wenn die betrieblichen Gegebenheiten den zwingenden Vorrang vor einer Arbeitsbefreiung von BRMitgl. zu Schulungszwecken haben, liegen dringende betriebliche Notwendigkeiten vor, die eine zeitweise Rückstellung von BRMitgl. an Schulungsmaßnahmen rechtfertigen (DKKW/*Wedde* Rn. 153; ErfK/*Koch* Rn. 23; GK-BetrVG/*Weber* Rn. 296; Kramer IT und Arbeitsrecht/*Tiedemann* C Rn. 300; weitergehend dagegen Richardi BetrVG/*Thüsing* Rn. 132, nach dem der Betriebsablauf nicht beeinträchtigt werden darf; ähnlich HWGNRH/*Glock* Rn. 187). Ein Fall dringender betrieblicher Notwendigkeiten kann zB angenommen werden, wenn eine für den ordnungsgemäßen Betriebsablauf unabkömmliche Vertretung nicht sichergestellt ist oder wenn ein besonderer Arbeitsanfall, dessen Erledigung nicht hinausgeschoben werden kann (Saisonspitze), vorliegt. Die Rücksichtnahme auf betriebliche Notwendigkeiten kann uU der gleichzeitigen Teilnahme mehrerer BRMitgl. an derselben Schulungsveranstaltung entgegenstehen (Richardi BetrVG/*Thüsing* Rn. 133).

239 Bei der Berücksichtigung der betrieblichen Notwendigkeiten handelt es sich nur um eine Modalität hinsichtlich der Festlegung des Zeitpunktes der Schulungsteilnahme von BRMitgl. Sie darf **nicht** dazu führen, dass die Teilnahme an einer **Schulung** nach Abs. 6 oder Abs. 7 völlig **unterbleibt.** Ist eine Beeinträchtigung betrieblicher Notwendigkeiten nicht zu umgehen, so hat die Schulungsteilnahme der BRMitgl. letztlich den Vorrang (ErfK/*Koch* Rn. 23; GK-BetrVG/*Weber* Rn. 296; HWGNRH/*Glock* Rn. 190; Richardi BetrVG/*Thüsing* Rn. 133; Däubler Schulung Rn. 310; *Kopp* ArbuR 1976, 336).

b) Unterrichtungs- und Einspruchsrecht des Arbeitgebers

240 **Der ArbGeb.** ist von der beabsichtigten Teilnahme des betreffenden BRMitgl. und der zeitlichen Lage der Schulungs- und Bildungsveranstaltungen **rechtzeitig zu unterrichten.** Das gilt auch bei der Teilnahme freigestellter BRMitgl. (BAG 21.7.1978 – 6 AZR 561/75, AP BetrVG 1972 § 38 Nr. 4). Rechtzeitig ist eine Unterrichtung, die dem ArbGeb. die Prüfung ermöglicht, ob die Voraussetzungen für die Gewährung einer bezahlten Freistellung vorliegen, und die es ihm, falls er die betrieblichen Notwendigkeiten für nicht ausreichend berücksichtigt hält, ferner gestattet, die E-Stelle anzurufen (BAG 18.3.1977 – 1 ABR 54/74, AP BetrVG 1972 § 37 Nr. 27; ErfK/*Koch* Rn. 23; GK-BetrVG/*Weber* Rn. 298; HWGNRH/*Glock* Rn. 192; Richardi BetrVG/*Thüsing* Rn. 140). Die Unterrichtung sollte deshalb in der Regel jedenfalls zwei bis drei Wochen vor der Veranstaltung erfolgen.

241 Im Hinblick darauf, dass der ArbGeb. nur dann verpflichtet ist, BRMitgl. unter Fortzahlung des Arbeitsentgelts von ihrer beruflichen Tätigkeit freizustellen, wenn es sich um eine Schulungs- oder Bildungsveranstaltung nach Abs. 6 oder 7 handelt, ist der BR verpflichtet, dem ArbGeb. auch die **näheren Einzelheiten der Schulung,** dh Ort, Zeit, Dauer, Themenplan der Veranstaltung, Genehmigung durch die zuständige Behörde mitzuteilen (HessLAG? 27.1.1994 – 12 TaBV 83/93, AiB 1994, 756; DKKW/*Wedde* Rn. 156; GK-BetrVG/*Weber* Rn. 299; Richardi BetrVG/*Thüsing* Rn. 141; Däubler Schulung Rn. 569). Zweckmäßigerweise wird der BR im Falle des Abs. 6 ferner mitteilen, aus welchen Gründen er die Teilnahme des betreffenden BRMitgl. für erforderlich hält (nach GK-BetrVG/*Weber* Rn. 299, Richardi BetrVG/*Thüsing* Rn. 141 ist dies stets erforderlich).

242 Unterlässt der BR die Unterrichtung des ArbGeb. und nimmt das BRMitgl. an der Schulungsveranstaltung teil, so hat es im Allgemeinen **dennoch Anspruch** auf entsprechende **Fortzahlung des Arbeitsentgelts,** wenn iÜ dessen Voraussetzungen vorliegen. Denn die vorherige Unterrichtung des ArbGeb. ist keine zusätzliche anspruchsbegründende Voraussetzung des Entgeltfortzahlungsanspruchs, sondern lediglich eine Regelung formalen Charakters (LAG BW 17.12.1987 – 11 Sa 94/87, 11 Ta BV 3/87, AiB 1988, 282; DKKW/*Wedde* Rn. 157; ErfK/*Koch* Rn. 23; GK-BetrVG/*Weber* Rn. 300; Schaub/*Koch* § 221 Rn. 43; Däubler Schulung Rn. 573; **aA**

HWGNRH/*Glock* Rn. 194; Richardi BetrVG/*Thüsing* Rn. 143; MHdB ArbR/*Krois* § 295 Rn. 105; *Wichert* DB 1997, 2325). Die Unterlassung der Unterrichtung kann insbes. im Wiederholungsfall eine grobe Amtspflichtverletzung des BR iSv § 23 Abs. 1 darstellen (DKKW/*Wedde* Rn. 157; GK-BetrVG/*Weber* Rn. 300; MHdB ArbR/*Krois* § 295 Rn. 105).

Der ArbGeb. kann, falls er die betrieblichen Notwendigkeiten für nicht ausreichend berücksichtigt hält, zur Klärung dieser Frage die **E-Stelle** gem. § 76 Abs. 5 anrufen. Die E-Stelle hat nur über die Frage der Berücksichtigung der betrieblichen Notwendigkeiten zu entscheiden (GK-BetrVG/*Weber* Rn. 301; HWGNRH/*Glock* Rn. 198; Richardi BetrVG/*Thüsing* Rn. 145). Spricht sich der ArbGeb. gegen die Teilnahme von BRMitgl. an einer Bildungsveranstaltung aus, weil nach seiner Ansicht die Veranstaltung keine für die BRArbeit erforderliche Kenntnisse vermittelt, so obliegt die Entscheidung dieser Frage dem ArbG nach § 2a ArbGG. Allerdings ist auch in diesem Falle das freiwillige E-Stellenverfahren nach § 76 Abs. 6 möglich (GK-BetrVG/*Weber* Rn. 301; HWGNRH/*Glock* Rn. 198; Richardi BetrVG/*Thüsing* Rn. 145; → § 76 Rn. 106ff.). Im Falle einer Schulung nach Abs. 7 kann sich der ArbGeb. nicht auf die Rechtswidrigkeit der Entscheidung der obersten Arbeitsbehörde des Landes über die Eignung der Veranstaltung berufen. Zur Frage, ob der ArbGeb. die Entscheidung der obersten Arbeitsbehörde gerichtlich nachprüfen lassen kann, → Rn. 265. 243

Das Gesetz hat **keine Frist** festgelegt, binnen derer der ArbGeb. seine Bedenken gegen die mangelnde Berücksichtigung der betrieblichen Notwendigkeiten durch Anrufung der E-Stelle geltend machen muss. Da jedoch sein Schweigen nicht dazu führen darf, dass die Teilnahme von BRMitgl. an der Veranstaltung auf unbegrenzte Zeit hinausgeschoben wird, ist der ArbGeb. verpflichtet, in entsprechender Anwendung des § 38 Abs. 2 S. 6 jedenfalls spätestens innerhalb von 14 Tagen, nach Mitteilung des BR die E-Stelle anzurufen (ArbG Hamm 26.9.1973 – 2 Ca 936/73, DB 1973, 2249; DKKW/*Wedde* Rn. 159; Däubler Schulung Rn. 574; *Künzl* ZfA 1993, 361; insoweit strenger Richardi BetrVG/*Thüsing* Rn. 146 – unverzüglich; weitergehend GK-BetrVG/*Weber* Rn. 302, HWGNRH/*Glock* Rn. 201, angemessene Zeit). **Anderenfalls** ist davon auszugehen, dass er gegen die beabsichtigte Teilnahme des BRMitgl. **keine Bedenken** erhebt (DKKW/*Wedde* Rn. 159; ErfK/*Koch* Rn. 24; Richardi BetrVG/*Thüsing* Rn. 147, 197; *Kopp* ArbuR 1976, 336). 244

Da sich der von der E-Stelle von Gesetzes wegen zu entscheidende Streit auf die Frage der Berücksichtigung der betriebliche Notwendigkeiten beschränkt, hat die Nichtanrufung der E-Stelle im Allgemeinen auch nur die Bedeutung, dass der ArbGeb. **in dieser Hinsicht** keine Bedenken erhebt. Daraus kann für sich allein nicht geschlossen werden, dass er die weiteren Anspruchsvoraussetzungen, zB die Erforderlichkeit der Schulung mit der Kostenfolge des § 40 anerkennt (BAG 24.5.1995 – 7 ABR 54/94, AP BetrVG 1972 § 37 Nr. 109; GK-BetrVG/*Weber* Rn. 303). Etwas anderes gilt, wenn sich aus besonderen Umständen ergibt, dass der ArbGeb. die Teilnahme des BRMitgl. an der Schulungsveranstaltung **vorbehaltlos,** dh auch unter dem Gesichtspunkt der Erforderlichkeit der Schulung und der grundsätzlichen Kostentragungspflicht akzeptiert (ArbG Regensburg 6.5.1987 – 6 BV 53/86 S, BB 1987, 1460; GK-BetrVG/*Weber* Rn. 310; SWS Rn. 53a). Das ist zB anzunehmen wenn der BR den ArbGeb. ausdrücklich und mit detaillierten Angaben über die Schulungsveranstaltung um eine fristgebundene Rückäußerung gebeten hat, ob er gegen die beabsichtigte Teilnahme Bedenken erhebt (insoweit wohl **aA** BAG 24.5.1995 – 7 ABR 54/94, AP BetrVG 1972 § 37 Nr. 109). IÜ ist das BRMitgl., auch wenn der ArbGeb. die Erforderlichkeit bestreitet, berechtigt, an der Schulung teilzunehmen (→ Rn. 250). 245

Die E-Stelle kann den Beschluss des BR bestätigen, wenn sie der Ansicht ist, die betrieblichen Notwendigkeiten seien ausreichend berücksichtigt. In diesem Falle trifft sie, da der Begriff der betrieblichen Notwendigkeiten ein unbestimmter Rechtsbegriff – wenn auch mit weitem Beurteilungsspielraum – ist, eine Rechtsentscheidung. Hält 246 die E-Stelle die betrieblichen Notwendigkeiten **nicht für ausreichend berücksichtigt,** so kann sie sich nicht damit begnügen, den Beschluss des BR aufzuheben, sie hat vielmehr selbst einen oder mehrere geeignete Zeitpunkte festzusetzen (DKKW/*Wedde* Rn. 160; ErfK/*Koch* Rn. 24; HWGNRH/*Glock* Rn. 204; Richardi BetrVG/*Thüsing* Rn. 148). Hierbei ist sie nicht nur an die Entscheidungskriterien nach § 76 Abs. 5 S. 3 gebunden, sondern auch an die Beachtung des unbestimmten Rechtsbegriffs der „Berücksichtigung der betrieblichen Notwendigkeiten" (GK-BetrVG/*Weber* Rn. 306; Richardi BetrVG/*Thüsing* Rn. 148). Der Spruch der E-Stelle ist **gerichtlich überprüfbar** (→ Rn. 261). Die Überprüfung muss in entsprechender Anwendung des § 76 Abs. 5 S. 4 binnen einer Frist von zwei Wochen beantragt werden (GK-BetrVG/*Weber* Rn. 305).

247 Umstritten ist, ob ein BRMitgl. die **Teilnahme** an einer Schulungs- und Bildungsveranstaltung zurückstellen muss, weil ihr der ArbGeb. widersprochen hat, sei es, dass er die betrieblichen Notwendigkeiten nicht für ausreichend berücksichtigt erachtet, sei es, weil er der Ansicht ist, die Veranstaltung sei nicht als erforderlich iSv Abs. 6 anzusehen oder eine Eignungsanerkennung der obersten Arbeitsbehörde des Landes liege nicht vor. Hier ist wie folgt zu unterscheiden:

248 **Widerspricht der ArbGeb.** der Teilnahme eines BRMitgl. an einer Schulungs- und Bildungsveranstaltung, weil der BR bei der Festlegung der zeitlichen Lage die betrieblichen Notwendigkeiten nicht berücksichtigt habe, so ist die Teilnahme grds. solange **zurückzustellen,** bis ein Spruch der E-Stelle vorliegt (BAG 18.3.1977 – 1 ABR 54/74, AP BetrVG 1972 § 37 Nr. 27; LAG Düsseldorf 19.6.1975 – 14 Sa 310/75, BB 1975, 1388; DKKW/*Wedde* Rn. 158; ErfK/*Koch* Rn. 24; GK-BetrVG/*Weber* Rn. 304; HWGNRH/*Glock* Rn. 202f.; Richardi BetrVG/*Thüsing* Rn. 149; *Weiß/Weyand* BetrVG Rn. 32; MHdB ArbR/*Krois* § 295 Rn. 107; **aA** Däubler Schulung Rn. 580f., 612: nur bei einer entsprechenden arbeitsgerichtlichen einstweiligen Verfügung). Das folgt aus der gesetzlich angeordneten Entscheidungskompetenz der E-Stelle. Denn stets, wenn das Gesetz bei Meinungsverschiedenheiten zwischen ArbGeb. und BR die E-Stelle einschaltet und vorschreibt, dass ihre Entscheidung die Einigung zwischen ArbGeb. und BR ersetzt, bedeutet dies, dass ohne eine entsprechende Entscheidung der E-Stelle die in Aussicht genommene Maßnahme nicht durchgeführt werden darf. Ebenso wie dies zB im Rahmen der MBR des BR in sozialen Angelegenheiten nach § 87 der Fall ist (→ § 87 Rn. 595ff.), gilt dies auch bei § 37 Abs. 6 S. 4 u. 5.

249 In besonderen **Ausnahmefällen** – etwa wenn die E-Stelle nicht rechtzeitig zusammentreten kann und eine einmalige Schulungsveranstaltung unmittelbar bevorsteht – wird der BR die Erlaubnis zur Teilnahme auch durch eine **einstweilige Verfügung des ArbG** erwirken können, zumal Meinungsverschiedenheiten über die Frage, ob die betrieblichen Belange ausreichend berücksichtigt worden sind, letztlich keine Regelungs- sondern eine Rechtsstreitigkeit zum Gegenstand haben (DKKW/*Wedde* Rn. 161; ErfK/*Koch* Rn. 24; GK-BetrVG/*Weber* Rn. 307; Richardi BetrVG/*Thüsing* Rn. 149; *Dütz/Säcker* DB 1972 Beil. 17, 14f.; **aA** HWGNRH/*Glock* Rn. 203; *Heinze* RdA 1986, 287).

250 Anderes gilt, wenn der ArbGeb. der Teilnahme eines BRMitgl. an einer Schulungs- und Bildungsveranstaltung deshalb widerspricht, weil auf ihr **keine für die BRArbeit erforderlichen Kenntnisse** vermittelt würden. Abs. 6 nimmt, was die Frage der Arbeitsbefreiung anbelangt, die Regelung des Abs. 2 in Bezug. Deshalb sind die zu Abs. 2 entwickelten Grundsätze, nach denen der ArbGeb. der konkreten Arbeitsversäumnis im Einzelfall nicht zuzustimmen braucht, sondern dass es genügt, dass sich das BRMitgl. bei seinem Vorgesetzten ordnungsgemäß abmeldet, grds. auch im Falle des Abs. 6 anzuwenden (→ Rn. 49f.; LAG Hamm 24.10.1974 – 8 Ta BV 42/74, DB 1974, 2486; LAG Düsseldorf 6.9.1995 – 12 TaBV 69/95, LAGE § 37 BetrVG 1972 Nr. 44; LAG BW 17.12.1987 – 11 Sa 94/87, 11 Ta BV 3/87, AiB 1988, 282; BAG 6.5.1975 – 1 ABR 135/73, AP BetrVG 1972 § 65 Nr. 5; ErfK/*Koch* Rn. 24; Richardi BetrVG/*Thüsing* Rn. 150; SWS Rn. 53a; **aA** GK-BetrVG/*Weber*

Rn. 310; HWGNRH/*Glock* Rn. 184; *Streckel* DB 1974, 388; *Dütz* DB 1976, 1432, der dies nur für kurzfristig angesetzte Schulungsveranstaltungen anerkennt).

Bestehen zwischen ArbGeb. und BR sowie dem einzelnen BRMitgl. **Meinungsverschiedenheiten über die Erforderlichkeit** einer Schulung, können sowohl der ArbGeb. als auch der BR oder das einzelne BRMitgl. ein arbeitsrechtliches BeschlVerf. zur Klärung dieser Frage einleiten (HWGNRH/*Glock* Rn. 196; Richardi BetrVG/*Thüsing* Rn. 150; **aA** *Dütz* DB 1976, 1433: nur der ArbGeb., wenn Abmeldung des BRMitgl. genügt). Hat der ArbGeb. ein arbeitsgerichtliches Verfahren zum Zwecke der Feststellung, die beabsichtigte Schulungsteilnahme sei nicht erforderlich, eingeleitet, so hat dieser Umstand für sich allein nicht zur Folge, dass das BRMitgl. den Besuch der Schulungsveranstaltung zurückstellen muss (LAG Hamm 24.10.1974 – 8 Ta BV 42/74, DB 1974, 2486; ErfK/*Koch* Rn. 24; Richardi BetrVG/*Thüsing* Rn. 150). In keinem Falle ist dies erforderlich, wenn der BR ein BeschlVerf. eingeleitet und vor Beginn der Schulung einen obsiegenden Beschluss der ersten Instanz erwirkt hat (BAG 6.5.1975 – 1 ABR 135/73, AP BetrVG 1972 § 65 Nr. 5; ErfK/*Koch* Rn. 24; Richardi BetrVG/*Thüsing* Rn. 150; **aA** GK-BetrVG/*Weber* Rn. 311; *Dütz* DB 1976, 1433). 251

Das ArbG kann dem BRMitgl. durch **einstweilige Verfügung** die Teilnahme an einer Schulungsveranstaltung gestatten bzw. (auf Antrag des ArbGeb.) untersagen. Ebenso kann der BR die Teilnahme iR einstw. Vfg. geltend machen. Dass durch eine die Teilnahme gestattende einstw. Verfg. endgültige Tatsachen geschaffen werden, steht dem nicht entgegen, jedenfalls dann nicht, wenn die Regelung dringend geboten ist (VGH München 6.7.2017 – 17 PC 17.1238, NZA-RR 2017, 509: wenn Entscheidung in der Hauptsache nicht in angemessener Zeit vor der Schulung erreicht werden kann; HessLAG 5.8.2013 – 16 TaBVGa 120/13, BeckRS 2013, 68540; HessLAG 19.8.2004 – 9 TaBVGa 114/04, BeckRS 2004 30451032; ArbG Heilbronn 14.3.2001 – 7 BVGa 3/01, AiB 2002, 108; LAG Hamm 23.11.1972 – 8 BV Ta 37/72, DB 1972, 2489; ErfK/*Koch* Rn. 24; GK-BetrVG/*Weber* Rn. 312; Richardi BetrVG/*Thüsing* Rn. 149 f.; SWS Rn. 53a; *Fischer* AiB 2005, 88 [90]; **aA** ArbG Lörrach 23.3.2016 – 5 BVGa 1/16, ZBVR online 11/2016, 12; LAG Hamm 21.5.2008 – 10 TaBVGa 7/08; LAG Hamm 10.5.2004 – 10 TaBV 41/04, BeckRS 2004, 31042519; LAG Köln 20.11.2003 – 5 Ta BV 69/03, DB 2004, 551; LAG Düsseldorf 6.9.1995 – 12 TaBV 69/95, NZA-RR 1996, 12; Schaub/*Koch* § 221 Rn. 44; *Küttner* Personalbuch/*Kreitner* Betriebsratsschulung Rn. 33; *Dütz* DB 1976, 1433; *Heinze* RdA 1986, 287). Dies gilt auch dann, wenn mehrere Schulungsveranstaltungen über einen längeren Zeitraum hinweg zur Verfügung stehen (insoweit **aA** GK-BetrVG/*Weber* Rn. 312; HWGNRH/*Glock* Rn. 203). 252

VII. Streitigkeiten

Streitigkeiten zwischen einem BRMitgl. und dem ArbGeb. über 253

- die **Fortzahlung des Arbeitsentgelts** oder die Höhe des fortzuzahlenden Arbeitsentgelts bei Arbeitsbefreiung zur Durchführung von BRAufgaben (Abs. 2) oder bei Teilnahme an Schulungs- und Bildungsveranstaltungen nach Abs. 6 u. 7,
- die **Gewährung von Freizeitausgleich** bzw. die Zahlung von Mehrarbeitsvergütung bei Durchführung notwendiger BRAufgaben außerhalb der Arbeitszeit (Abs. 3),
- die Frage, ob das **Arbeitsentgelt** des BRMitgl. demjenigen **vergleichbarer ArbN** mit betriebsüblicher beruflicher Entwicklung entspricht (Abs. 4) sowie
- die **Zuweisung eines unterwertigen Arbeitsplatzes** aus zwingenden betrieblichen Gründen (Abs. 5)

sind **individualrechtliche Streitigkeiten,** die im **Urteilsverfahren** zu entscheiden sind (so stRspr, BAG 12.6.2018 – 9 AZB, NZA 2018, 1423; 18.6.1974 – 1 ABR 119/73, AP BetrVG 1972 § 37 Nr. 16; 17.9.1974 – 1 AZR 574/73, AP BetrVG

1972 § 37 Nr. 17; 15.2.1989 – 7 AZR 193/88, NZA 1990, 447; ErfK/*Koch* Rn. 25; GK-BetrVG/*Weber* Rn. 314ff.; HWGNRH/*Glock* Rn. 248ff.; Richardi BetrVG/*Thüsing* Rn. 202ff.; **aA** LAG Brem 2.4.1985 – 4 Sa 255/84, LAGE § 37 BetrVG 1972 Nr. 17; *Söllner* ArbuR 1973, 384; *Leinemann* ArbuR 1974, 32 (de lege ferenda); *Bulla* RdA 1978, 209). Als Vorfrage sind hierbei die betriebsverfassungsrechtlichen Voraussetzungen dieser Ansprüche mitzuentscheiden. Die notwendige Klärung betriebsverfassungsrechtlicher Vorfragen berechtigt nicht, den individualrechtl. Anspruch im Beschlussverfahren geltend zu machen (BAG 12.6.2018 – 9 AZB, NZA 2018, 1423; **aA** LAG Nds 7.11.2017 – 3 Ta 166/17, AiB 2018, 62). Ist über diese Vorfragen bereits in einem Beschlussverfahren (→ Rn. 257) **rechtskräftig** entschieden worden, so hat diese Entscheidung insoweit für das Urteilsverfahren **präjudizielle Wirkung** (BAG 6.5.1975 – 1 ABR 135/73, AP BetrVG 1972 § 65 Nr. 5; ErfK/*Koch* Rn. 25; HaKo-BetrVG/*Wolmerath* Rn. 58; GK-BetrVG/*Weber* Rn. 322; HWGNRH/*Glock* Rn. 249; Richardi BetrVG/*Thüsing* Rn. 204, 211). Bei gleichzeitiger Einleitung eines Urteils- und eines BeschlVerf. (zB Geltendmachung von Auslagen und Lohnansprüchen anlässlich einer Schulungsteilnahme) ist es zum Zwecke der Vermeidung unterschiedlicher Entscheidungen zulässig, das Urteilsverfahren bis zum rechtskräftigen Abschluss des BeschlVerf. auszusetzen (*Dütz* Anm. zu BAG 17.9.1974 – 1 AZR 574/73, AP BetrVG 1972 § 37 Nr. 17). Eine Verbindung beider Verfahren ist nicht zulässig (DKKW/*Wedde* Rn. 194; GK-BetrVG/*Weber* Rn. 323; HWGNRH/*Glock* Rn. 253; Richardi BetrVG/*Thüsing* Rn. 210; *Dütz* ArbuR 1973, 370; *Bulla* RdA 1978, 211; **aA** SWS Rn. 68; *Söllner* ArbuR 1973, 384; *Etzel* RdA 1974, 221).

254 Die Ansprüche sind im Streitfall vom **einzelnen BRMitgl. einzuklagen.** Sie können ohne eine entsprechende Abtretung nicht von der Gewerkschaft geltend gemacht werden (BAG 27.11.1973 – 1 ABR 11/73, AP BetrVG 1972 § 40 Nr. 4). Das BRMitgl. muss die Voraussetzungen für seinen Anspruch darlegen und ggf. beweisen (GK-BetrVG/*Weber* Rn. 320; *Däubler* SR 2017, 85 [97]). Hierbei gilt hinsichtlich des Entgeltfortzahlungsanspruches wegen erforderlicher BRTätigkeit nach Abs. 2 allerdings ein abgestuftes Verfahren: Zunächst genügt es, wenn das BRMitgl. stichwortartige Angaben zu Art und Dauer der BRTätigkeit macht. Erst wenn der ArbGeb. unter Angabe konkreter Gründe seinerseits darlegt, dass sich in Bezug auf die stichwortartigen Angaben des BRMitgl. berechtigte Zweifel an der Erforderlichkeit der Arbeitsbefreiung oder ihrem Umfang ergeben, trifft das BRMitgl. die substantiierte Darlegungs- und Beweislast (BAG 15.3.1995 – 7 AZR 643/94, AP BetrVG 1972 § 37 Nr. 105; zust. *Küttner* Personalbuch/*Kreitner* Betriebsratsfreistellung Rn. 22; *Leege* DB 1995, 1512; grds. krit. zur zivilrechtsorientierten Beweislastverteilung *Hamm* ArbuR 1996, 18; *Nielebock* AiB 1995, 737; DKKW/*Wedde* Rn. 46; zur Darlegung von Zweifeln des ArbGeb. LAG Bln 20.2.1997 – 10 Sa 73, 97/96, NZA-RR 1998, 20).

255 Bei Entgeltansprüchen nach den Abs. 2 u. 6 erstreckt sich die **Darlegungs-** und **Beweislast** darauf, dass bei gewissenhafter Überlegung und vernünftiger Würdigung aller Umstände die Voraussetzungen für eine Arbeitsbefreiung als gegeben angesehen werden durften (→ Rn. 38). Ohne Bedeutung für den Anspruch auf Arbeitsentgelt ist es, wenn sich im Nachhinein diese Erwartung als unzutreffend erweist, zB eine Schulungsveranstaltung nachträglich die in sie gestellten Erwartungen nicht erfüllt hat. Hat die oberste Arbeitsbehörde eines Landes eine Schulungsveranstaltung nach Abs. 7 als geeignet anerkannt, beschränkt sich die Nachweispflicht des BRMitgl. insoweit auf diese Anerkennung.

256 Die in → Rn. 253 genannten Ansprüche unterfallen, da sie arbeitsvertragliche Hauptpflichten betreffen, einer etwaigen **Ausschlussfrist** (BAG 26.2.1992 – 7 AZR 201/91, AP BPersVG § 46 Nr. 18 hinsichtlich § 70 BAT; BAG 19.1.2005 – 7 AZR 208/04, AuA 2005, 436).

257 Hat dagegen der Streit zwischen ArbGeb. und BR bzw. dem einzelnen BRMitgl. allein die betriebsverfassungsrechtliche Frage zum Inhalt,

- ob nach Art und Umfang des Betriebs eine entsprechende **Arbeitsbefreiung** zur ordnungsgemäßen Durchführung der BRAufgaben **erforderlich** ist (Abs. 2),
- ob **betriebsbedingte Gründe** für die Durchführung von BRAufgaben **außerhalb der Arbeitszeit** vorliegen (Abs. 3),
- ob eine **Bildungsveranstaltung** für die BRTätigkeit **erforderliche Kenntnisse** vermittelt (Abs. 6),
- ob eine **Genehmigung der obersten Arbeitsbehörde eines Landes** für eine bestimmte Schulung und Bildungsveranstaltung vorliegt (Abs. 7),
- in welchem **Umfang einem BRMitgl. ein Anspruch auf bezahlte Freistellung** für die Teilnahme an Schulungs- und Bildungsveranstaltungen zusteht,
- ob und inwieweit der ArbGeb. **Schulungskosten** zu tragen bzw. zu erstatten hat (→ § 40 Rn. 66ff., 138ff.),

ohne daraus vergütungsmäßige Folgerungen zu ziehen, so ist dieser Streit vom ArbG im **BeschlVerf.** zu entscheiden (vgl. §§ 2a, 80ff. ArbGG; BAG 13.11.1964 – 1 ABR 7/64, AP BetrVG § 37 Nr. 9; 3.6.1969 – 1 ABR 1/69, AP BetrVG § 37 Nr. 11; DKKW/*Wedde* Rn. 195; WPK/*Kreft* Rn. 93; GK-BetrVG/*Weber* Rn. 325ff.; HWGNRH/*Glock* Rn. 254; Richardi BetrVG/*Thüsing* Rn. 210; *Dütz/Säcker* DB 1972 Beil. 17, 12; *Etzel* RdA 1974, 220; *Bulla* RdA 1978, 213). Das Gleiche gilt für Streitigkeiten zwischen dem **einzelnen BRMitgl.** und dem **BR** zB über die Teilnahme an Schulungs- und Bildungsveranstaltungen (→ Rn. 233ff.).

Antragsberechtigt sind der **BR,** da es sich bei diesen Streitigkeiten um Fragen seiner Geschäftsführung handelt (BAG 9.10.1973 – 1 ABR 6/73, AP BetrVG 1972 § 37 Nr. 4), sowie der **ArbGeb.** Daneben kommt im Einzelfall eine Antragsberechtigung des **einzelnen BRMitgl.** in Betracht, zB wenn nach einem Beschluss des BR über seine Schulungsteilnahme vom ArbGeb. die Erforderlichkeit der Schulung bestritten wird (→ Rn. 161; BAG 6.11.1973 – 1 ABR 8/73, AP BetrVG 1972 § 37 Nr. 5; 6.11.1973 – 1 ABR 26/73, AP BetrVG 1972 § 37 Nr. 6; GK-BetrVG/*Weber* Rn. 345). Die Gewerkschaften sind bei Streitigkeiten zwischen ArbGeb. und BR über die Erforderlichkeit einer Schulung auch dann nicht antragsberechtigt und an dem Verfahren zu beteiligen, wenn sie Träger der Schulungsveranstaltung sind (BAG 28.1.1975 – 1 ABR 92/73, AP BetrVG 1972 § 37 Nr. 20; DKKW/*Wedde* Rn. 195; ErfK/*Koch* Rn. 24). 258

Das **Rechtsschutzinteresse** an der Feststellung der Erforderlichkeit einer Schulung entfällt nicht schon deshalb, weil die Schulungsveranstaltung inzwischen stattgefunden hat, sofern dieselbe Rechtsfrage auch in Zukunft zwischen den Beteiligten wieder streitig werden kann (BAG 10.6.1974 – 1 ABR 136/73, AP BetrVG 1972 § 37 Nr. 15; 16.3.1976 – 1 ABR 43/74, AP BetrVG 1972 § 37 Nr. 22; GK-BetrVG/*Weber* Rn. 331; Richardi BetrVG/*Thüsing* Rn. 213). 259

Die verfahrensrechtliche Konsequenz der Geltendmachung des Anspruch in der **falschen Verfahrensart** richtet sich nach § 48 ArbGG iVm § 17a GVG: Für das LAG und BAG ist die gewählte – unzulässige – Verfahrensart dann bindend, wenn das ArbG die Verfahrensart für zulässig erachtet hat und keine Seite die Zulässigkeit der Verfahrensart rügt – auch wenn dies ohne Zwischenbeschluss nach § 17 Abs. 3 S. 1 GVG erfolgt ist – § 65, § 73 Abs. 2 ArbGG, § 17a Abs. 5 GVG (so insoweit überzeugend WPK/*Kreft* Rn. 94; Schwab/Weth/*Walker* ArbGG § 48 Rn. 96; GMP/*Müller-Glöge* § 48 ArbGG § 73 Rn. 31; Aufgabe der Auffassung in Fitting, 24. Aufl. 2008, Rn. 260; noch **aA** GK-BetrVG/*Weber* Rn. 324; HWGNRH/*Glock* Rn. 252; Richardi BetrVG/*Thüsing* Rn. 208). Hat das ArbG jedoch trotz Rüge der gewählten Verfahrensart nicht nach § 17a Abs. 3 S. 2 GVG hierüber vorab entschieden und ist die Rüge berechtigt, kann in diesem Fall auf Antrag die Sache noch in der Revisions- oder Rechtsbeschwerdeinstanz an das im ersten Rechtszug zuständige Arbeitsgericht zur Entscheidung in der richtigen Verfahrensart abgegeben werden (WPK/*Kreft* Rn. 94). 260

Meinungsverschiedenheiten zwischen ArbGeb. und BR darüber, ob der BR bei der Festlegung der zeitlichen Lage der Teilnahme an Schulungs- und Bildungsveran- 261 staltungen die **betrieblichen Notwendigkeiten ausreichend berücksichtigt** hat, sind zwar zunächst durch eine Entscheidung der E-Stelle beizulegen. Da es sich jedoch bei dem Begriff „Berücksichtigung der betrieblichen Notwendigkeiten" um einen Rechtsbegriff, wenn auch mit weitem Beurteilungsspielraum, handelt, kann die Verkennung dieses Rechtsbegriffs durch die E-Stelle gem. § 76 Abs. 7 im **arbeitsgerichtlichen Beschlussverfahren** geltend gemacht werden (*Dütz/Säcker* DB 1972 Beil. 17, 11 f.; GK-BetrVG/*Weber* Rn. 313, 332; HWGNRH/*Glock* Rn. 262; *Henssler* RdA 1991, 268 [273]; für den Fall, dass die E-Stelle den Beschluss des BR ersetzt, bejaht Richardi BetrVG/*Thüsing* Rn. 216 nur eine Ermessensüberprüfung nach § 76 Abs. 5). Für das Vorliegen zwingender betrieblicher Notwendigkeiten iSv Abs. 5 u. 6 ist der ArbGeb. darlegungs- und beweispflichtig (GK-BetrVG/*Weber* Rn. 332).

262 Die Begriffe „Umfang und Art des Betriebs", „ordnungsgemäße Durchführung der BRAufgaben", „betriebsbedingte Gründe", „zwingende betriebliche Notwendigkeiten", „für die Arbeit des BR erforderlich" sind **unbestimmte Rechtsbegriffe,** bei deren Beurteilung den Gerichten der Tatsacheninstanz ein **Beurteilungsspielraum** zusteht (BAG 6.11.1973 – 1 ABR 8/73, AP BetrVG 1972 § 37 Nr. 5; 6.8.1981 – 6 AZR 505/78, AP BetrVG 1972 § 37 Nr. 39; 16.3.1988 – 7 AZR 557/87, AP BetrVG 1972 § 37 Nr. 63; GK-BetrVG/*Weber* Rn. 347; iErg ebenso Richardi BetrVG/*Thüsing* Rn. 214, der dies jedoch für eine Frage der freien Beweiswürdigung der Tatsachengerichte hält). Das Revisions-(Rechtsbeschwerde-)gericht kann daher in materiellrechtlicher Hinsicht nur prüfen, ob das Tatsachengericht die Rechtsbegriffe verkannt oder gegen Denkgesetze oder allgemeine Erfahrungssätze verstoßen hat. Aber auch das Tatsachengericht ist hinsichtlich der für die Erfüllung von BRAufgaben erforderlichen Zeitdauer auf Schätzungen angewiesen, weshalb auf Fälle dieser Art § 287 ZPO über seinen Wortlaut hinaus anzuwenden ist (hierzu ausf. BAG 1.3.1963 – 1 ABR 3/62, AP BetrVG § 37 Nr. 8; 17.2.1993 – 7 ABR 19/92, AP BetrVG 1972 § 40 Nr. 37). Zum Beurteilungsspielraum des BR → Rn. 174.

263 Auch Streitigkeiten über die **Anerkennung** oder Nichtanerkennung **von Schulungs- und Bildungsveranstaltungen** durch die oberste Arbeitsbehörde des Landes nach Abs. 7 sind von den ArbG im BeschlVerf. zu entscheiden. Zwar handelt es sich bei der Entscheidung der obersten Arbeitsbehörde der Sache nach um einen Verwaltungsakt (vgl. hierzu *Finkelnburg* DB 1973, 968), jedoch ist dessen gerichtliche Überprüfung durch § 2a ArbGG den ArbG zugewiesen (BAG 18.12.1973 – 1 ABR 35/73, AP BetrVG 1972 § 37 Nr. 7, 6.4.1976 – 1 ABR 96/74, AP BetrVG 1972 § 37 Nr. 23; 30.8.1989 – 7 ABR 65/87, AP BetrVG 1972 § 37 Nr. 73; 11.8.1993 – 7 ABR 52/92, AP BetrVG 1972 § 37 Nr. 92; DKKW/*Wedde* Rn. 196; GK-BetrVG/*Weber* Rn. 334; HWGNRH/*Glock* Rn. 257; *Weiß/Weyand* BetrVG Rn. 45; Däubler Schulung Rn. 539; demgegenüber halten die VerwG für zuständig Richardi BetrVG/*Thüsing* Rn. 217; *Finkelnburg* DB 1973, 969; *Berger-Delhey* BB 1990, 1559 f.; *Schiefer* DB 1991, 1458 ff.). Der Antrag ist auf Aufhebung des Anerkennungsbescheides, nicht auf Feststellung seiner Rechtswidrigkeit zu richten (BAG 6.4.1976 – 1 ABR 96/74, AP BetrVG 1972 § 37 Nr. 23; 11.8.1993 – 7 ABR 52/92, AP BetrVG 1972 § 37 Nr. 92; GK-BetrVG/*Weber* Rn. 338).

264 **Antragsberechtigt** sind die in § 37 Abs. 7 genannten Personen und Organisationen, dh der Antragsteller sowie die am Anerkennungsverfahren beteiligten Spitzenorganisationen der Gewerkschaft und der ArbGebVerbände (BAG 30.8.1989 – 7 ABR 65/87, AP BetrVG 1972 § 37 Nr. 73; 11.8.1993 – 7 ABR 52/92, AP BetrVG 1972 § 37 Nr. 92; GK-BetrVG/*Weber* Rn. 339; Richardi BetrVG/*Thüsing* Rn. 217 f.; Däubler Schulung Rn. 540; **aA** *Mauer* BB 1991, 475), nicht jedoch der ArbGebVerband, der unter Berücksichtigung des Trägerprinzips nicht zu beteiligen war und auch nicht beteiligt worden ist (BAG 5.11.1974 – 1 ABR 146/73, AP BetrVG 1972 § 37 Nr. 19).

265 **Umstritten** ist, ob auch der **einzelne ArbGeb.** antragsberechtigt ist. Das BAG (Beschluss 6.4.1976 – 1 ABR 96/74, AP BetrVG 1972 § 37 Nr. 23) hatte zunächst zwar ein allgemeines Antragsrecht des einzelnen ArbGeb. verneint, dieses jedoch für den Fall zugestanden, dass ein BRMitgl. aus seinem Betrieb an einer anerkannten

Veranstaltung teilnimmt (ebenso HWGNRH/*Glock* Rn. 258; *Loritz* BB 1982, 1386; **weitergehend** *Finkelnburg* DB 1973, 968; Richardi BetrVG/*Thüsing* Rn. 179, 220; **aA** Däubler Schulung Rn. 542f.). Später hat das BAG jedoch auch dieses Antragsrecht verneint, da der Anerkennungsbescheid der obersten Arbeitsbehörde gegenüber dem einzelnen ArbGeb. wegen fehlender unmittelbarer Betroffenheit keinen Verwaltungsakt, sondern lediglich ein Tatbestandsmerkmal der auf § 37 Abs. 7 beruhenden Lohnfortzahlungsverpflichtung des ArbGeb. darstelle (BAG 25.6.1981 – 6 ABR 92/79, AP BetrVG 1972 § 37 Nr. 38; hiergegen *Müller* DB 1985, 704; *Richardi/Thüsing* SAE 1984, 8; neuerdings jedoch wieder offen gelassen von BAG 30.8.1989 – 7 ABR 65/87, AP BetrVG 1972 § 37 Nr. 73). Auch eine Inzidentkontrolle des Anerkennungsbescheids im Rahmen einer Lohnklage des BRMitgl. ist nach BAG unzulässig (BAG 17.12.1981 – 6 AZR 546/78, AP BetrVG 1972 § 37 Nr. 41). Nach dieser Rspr. hat der einzelne ArbGeb. keinerlei Möglichkeit, die Rechtmäßigkeit des Anerkennungsbescheides in Frage zu stellen, und dies, obwohl letztlich allein er durch die Anerkennung belastet wird. Es erscheint zweifelhaft, ob diese Rspr. mit der grundgesetzlich gewährleisteten Rechtsweggarantie vereinbar ist, zumal der einzelne ArbGeb. im Anerkennungsverfahren nicht beteiligt wird (krit. in dieser Hinsicht ebenfalls ErfK/*Koch* Rn. 25; GK-BetrVG/*Weber* Rn. 337; HWGNRH/*Glock* Rn. 258; *Richardi/Thüsing* SAE 1984, 8; *Loritz* BB 1982, 1386; *Müller* DB 1985, 704; *Grunsky* Anm. zu BAG 25.6.1981 – 6 ABR 92/79, AP BetrVG 1972 § 37 Nr. 38; Nr. 41; *Dütz* AR-Blattei, Betriebsverfassung VIII A Anm. zu Entscheidung 53a; *Richardi/Thüsing* SAE 1984, 8; MHdB ArbR/*Krois* § 295 Rn. 113; *Schiefer* DB 1991, 1463f.; vgl. in diesem Zusammenhang auch die verfassungsrechtlichen Ausführungen in BAG 9.2.1993 – 9 AZR 648/90, AP BildungsurlaubsG Hessen § 9 Nr. 1 zur gerichtlichen Überprüfungsmöglichkeit der ministeriellen Anerkennung von Bildungsveranstaltungen nach § 9 Abs. 7 Hess. BildungsurlaubsG).

Der Antrag auf Aufhebung des Anerkennungsbescheids hat **keine aufschiebende** 266 **Wirkung** (Däubler Schulung Rn. 547; **aA** bei Fehlen der Anordnung der sofortigen Vollziehung: GK-BetrVG/*Weber* Rn. 339; HWGNRH/*Glock* Rn. 261; Richardi BetrVG/*Thüsing* Rn. 224).

Auch wenn die Veranstaltung schon durchgeführt ist, besteht das **Rechtsschutzin-** 267 **teresse** für einen Antrag auf Aufhebung des Anerkennungsbescheids fort, da dieser Voraussetzung für den Vergütungsanspruch des BRMitgl. ist und letzterer erst durch die Aufhebung des Bescheids entfällt (BAG 11.8.1993 – 7 ABR 52/92, AP BetrVG 1972 § 37 Nr. 92; 11.10.1995 – 7 ABR 42/94, AP BetrVG 1972 § 37 Nr. 115).

§ 38 Freistellungen

(1) [1] **Von ihrer beruflichen Tätigkeit sind mindestens freizustellen in Betrieben mit in der Regel**

200 bis	**500 Arbeitnehmern**	**ein Betriebsratsmitglied,**
501 bis	**900 Arbeitnehmern**	**2 Betriebsratsmitglieder,**
901 bis	**1 500 Arbeitnehmern**	**3 Betriebsratsmitglieder,**
1501 bis	**2 000 Arbeitnehmern**	**4 Betriebsratsmitglieder,**
2001 bis	**3 000 Arbeitnehmern**	**5 Betriebsratsmitglieder,**
3001 bis	**4 000 Arbeitnehmern**	**6 Betriebsratsmitglieder,**
4001 bis	**5 000 Arbeitnehmern**	**7 Betriebsratsmitglieder,**
5001 bis	**6 000 Arbeitnehmern**	**8 Betriebsratsmitglieder,**
6001 bis	**7 000 Arbeitnehmern**	**9 Betriebsratsmitglieder,**
7001 bis	**8 000 Arbeitnehmern**	**10 Betriebsratsmitglieder,**
8001 bis	**9 000 Arbeitnehmern**	**11 Betriebsratsmitglieder,**
9001 bis	**10 000 Arbeitnehmern**	**12 Betriebsratsmitglieder.**

[2] **In Betrieben mit über 10 000 Arbeitnehmern ist für je angefangene weitere 2000 Arbeitnehmer ein weiteres Betriebsratsmitglied freizustellen.** [3] **Freistellun-**

gen können auch in Form von Teilfreistellungen erfolgen. [4]Diese dürfen zusammengenommen nicht den Umfang der Freistellungen nach den Sätzen 1 und 2 überschreiten. [5]Durch Tarifvertrag oder Betriebsvereinbarung können anderweitige Regelungen über die Freistellung vereinbart werden.

(2) **[1]Die freizustellenden Betriebsratsmitglieder werden nach Beratung mit dem Arbeitgeber vom Betriebsrat aus seiner Mitte in geheimer Wahl und nach den Grundsätzen der Verhältniswahl gewählt. [2]Wird nur ein Wahlvorschlag gemacht, so erfolgt die Wahl nach den Grundsätzen der Mehrheitswahl; ist nur ein Betriebsratsmitglied freizustellen, so wird dieses mit einfacher Stimmenmehrheit gewählt. [3]Der Betriebsrat hat die Namen der Freizustellenden dem Arbeitgeber bekannt zu geben. [4]Hält der Arbeitgeber eine Freistellung für sachlich nicht vertretbar, so kann er innerhalb einer Frist von zwei Wochen nach der Bekanntgabe die Einigungsstelle anrufen. [5]Der Spruch der Einigungsstelle ersetzt die Einigung zwischen Arbeitgeber und Betriebsrat. [6]Bestätigt die Einigungsstelle die Bedenken des Arbeitgebers, so hat sie bei der Bestimmung eines anderen freizustellenden Betriebsratsmitglieds auch den Minderheitenschutz im Sinne des Satzes 1 zu beachten. [7]Ruft der Arbeitgeber die Einigungsstelle nicht an, so gilt sein Einverständnis mit den Freistellungen nach Ablauf der zweiwöchigen Frist als erteilt. [8]Für die Abberufung gilt § 27 Abs. 1 Satz 5 entsprechend.**

(3) **Der Zeitraum für die Weiterzahlung des nach § 37 Abs. 4 zu bemessenden Arbeitsentgelts und für die Beschäftigung nach § 37 Abs. 5 erhöht sich für Mitglieder des Betriebsrats, die drei volle aufeinander folgende Amtszeiten freigestellt waren, auf zwei Jahre nach Ablauf der Amtszeit.**

(4) **[1]Freigestellte Betriebsratsmitglieder dürfen von inner- und außerbetrieblichen Maßnahmen der Berufsbildung nicht ausgeschlossen werden. [2]Innerhalb eines Jahres nach Beendigung der Freistellung eines Betriebsratsmitglieds ist diesem im Rahmen der Möglichkeiten des Betriebs Gelegenheit zu geben, eine wegen der Freistellung unterbliebene betriebsübliche berufliche Entwicklung nachzuholen. [3]Für Mitglieder des Betriebsrats, die drei volle aufeinander folgende Amtszeiten freigestellt waren, erhöht sich der Zeitraum nach Satz 2 auf zwei Jahre.**

Inhaltsübersicht

I. Vorbemerkung

1 Im Interesse einer möglichst **wirksamen BRArbeit** sieht § 38 Abs. 1 als generalisierende Konkretisierung der allgemeinen Vorschrift des § 37 Abs. 2 ab einer be-

stimmten Betriebsgröße die **völlige Freistellung** von BRMitgl. von der Arbeit vor (so auch BAG 18.1.2017 – 7 ABR 60/15, NZA 2017, 865). Die Anzahl der freizustellenden BRMitgl. ist nach der Betriebsgröße gestaffelt. Die gesetzliche Staffel enthält Mindestzahlen. Die Freistellung kann auch in Form von Teilfreistellungen erfolgen, wobei das Gesamtvolumen der Freistellungszeit nach Abs. 1 nicht überschritten werden darf. Durch TV oder BV können von den Regelungen des Abs. 1 abweichende Regelungen getroffen werden. Während Abs. 2 das bei der Freistellung iE zu beachtende Verfahren regelt, bezwecken Abs. 3 u. 4 die finanzielle und berufliche Absicherung der freigestellten BRMitgl., insbes. nach Beendigung ihrer Freistellung.

Das **BetrVerf-ReformG** hat die Vorschrift in mehreren Punkten geändert. Zum einen ist die Schwelle, ab der eine Freistellung vorgesehen ist, in Anlehnung an die Absenkung der Schwelle für einen neunköpfigen BR in § 9 von bisher 300 im Betrieb beschäftigten ArbN auf 200 Beschäftigte abgesenkt worden. Außerdem sind die Staffelung für die Freistellungen geändert, die Zahl der Freistellungen geringfügig erhöht und die Zulässigkeit von Teilfreistellungen ausdrücklich geregelt worden. Ferner sind als Konsequenz aus der generellen Aufhebung des betriebsverfassungsrechtlichen Gruppenprinzips (→ § 5 Rn. 4) die bisher bestehende Verpflichtung zur Berücksichtigung der Gruppen bei der Freistellung und ihr Recht, bei einer gewissen Gruppenstärke ihre freizustellenden BRMitgl. selbst zu bestimmen, entfallen. Die durch das Änderungsgesetz 1989 eingeführte Regelung, dass die Freizustellenden in geheimer Wahl und bei mehreren Freistellungen nach den Grundsätzen der Verhältniswahl zu bestimmen sind sowie die Abberufung der in Verhältniswahl gewählten Freigestellten einer geheimen Wahl und einer qualifizierten Mehrheit von drei Viertel der BRStimmen bedarf; ist entgegen dem Vorschlag im Regierungsentwurf aufrecht erhalten worden (vgl. BT-Drs. 14/6352, 16, 58; zu verfassungsrechtlichen Bedenken gegen den Wegfall der Verhältniswahl vgl. *Löwisch* BB 2001, 726). Zur Anwendung der Neuregelungen auf die bei In-Kraft-Treten des BetrVerf-ReformG bestehenden Freistellungen → Rn. 76a ff. 2

Die Vorschrift gilt nicht für den **GesBR** und **KBR.** Deren Mitgl. sind, soweit sie nicht ohnehin von ihrem BR gem. § 38 freigestellt sind, für die Erfüllung der Aufgaben dieser ArbNVertr. nach § 37 Abs. 2 iVm § 51 Abs. 1 und § 59 Abs. 1 von ihrer beruflichen Tätigkeit zu befreien (s. ausf. für den GesBR: BAG 26.9.2018 – 7 ABR 77/16, NZA 2019, 117; für den KBR: BAG 23.5.2018 – 7 ABR 14/17, NZA 2018, 1281). Auch auf die JAV, die GesJAV und die KJAV findet § 38 keine Anwendung (vgl. §§ 65, 73 Abs. 2 und § 73b Abs. 2). Für ihre Mitgl. gilt allein die Regelung der Arbeitsbefreiung nach § 37 Abs. 2. Allerdings ist es zulässig, dass ArbGeb. und BR eine Vereinbarung auch über eine Freistellung der JAV treffen (→ § 65 Rn. 25; GK-BetrVG/*Weber* Rn. 3). Auf die Mitgl. der Bordvertr. und von ArbGruppen nach § 28a findet § 38 ebenfalls keine Anwendung (vgl. § 115 Abs. 4; → § 28a Rn. 39), wohl gilt er für den SeeBR (§ 116 Abs. 3). 3

Die Vorschrift gilt ferner für die nach § 3 Abs. 1 Nr. 2 u. 3 gebildeten Vertr. der ArbN, da diese an die Stelle des BR treten (vgl. § 3 Abs. 5). Für ArbNVertr. nach § 3 Abs. 1 Nr. 5 bleibt eine Freistellungsregelung dem TV oder der BV überlassen. 4

Die Regelungen über das Freistellungsverfahren des Abs. 2 und die Schutzbestimmungen der Abs. 3 u. 4 sind **zwingendes Recht** und können weder durch TV noch durch BV abgeändert werden (GK-BetrVG/*Weber* Rn. 6). Von den Regelungen des Abs. 1 kann TV und BV abgewichen werden (vgl. Abs. 1 S. 5). 5

Entsprechende Vorschrift: § 46 Abs. 4 BPersVG; keine im SprAuG und EBRG. 6

II. Freistellung von Betriebsratsmitgliedern

Obwohl § 38 lediglich ein **Unterfall der Generalnorm des § 37 Abs. 2** ist (→ § 37 Rn. 17), sind die Begriffe „Freistellung" (§ 38) und „Befreiung von der beruflichen Tätigkeit" (§ 37 Abs. 2) zu unterscheiden. Während unter letzterem die 7

Entbindung von der Arbeitspflicht zu verstehen ist, die aus einem konkreten Anlass zur Durchführung von Aufgaben des BR erforderlich ist, versteht man unter **„Freistellung"** die allgemeine Entbindung der BRMitgl. von ihrer Verpflichtung zur Arbeitsleistung zum Zwecke der Erfüllung von BRAufgaben, ohne dass es jeweils eines konkreten Nachweises bedarf; dass die Arbeitsversäumnis wegen der Durchführung der dem BR obliegenden Aufgaben erforderlich ist (BAG 26.7.1989 – 7 ABR 64/88, AP BetrVG 1972 § 38 Nr. 10; GK-BetrVG/*Weber* Rn. 8; HWGNRH/*Glock* Rn. 7; Richardi BetrVG/*Thüsing* Rn. 5; *Jülicher* ArbuR 1973, 161; zur Rechtsstellung freigestellter BRMitgl. → Rn. 77 ff.). Der Anspruch auf Freistellung steht dem BR, nicht von vornherein dem einzelnen BRMitgl. zu (DKKW/*Wedde* Rn. 5; ErfK/*Koch* Rn. 1; GK-BetrVG/*Weber* Rn. 10). Dieses erwirbt erst nach seiner Wahl gem. Abs. 2 einen hieraus abgeleiteten Individualanspruch auf Freistellung.

1. Zahl der freizustellenden Mitglieder

8 Abs. 1 S. 1 sieht eine nach der Betriebsgröße gestaffelte Zahl von mindestens freizustellenden BRMitgl. vor. Diese **Mindestfreistellungen** knüpfen an die „in der Regel" im Betrieb beschäftigten ArbN an. Zu dem Begriff „in der Regel" → § 1 Rn. 360 ff. Maßgebend ist der Zeitpunkt der Wahl der Freizustellenden, nicht des Erlasses des Wahlausschreibens für die BRWahl, da Zweck der Freistellung die ordnungsgemäße Erfüllung der BRAufgaben ist, die von der Zahl der zu betreuenden ArbN abhängt (BAG 26.7.1989 – 7 ABR 64/88, AP BetrVG 1972 § 38 Nr. 10; 5.12.2012 – 7 ABR 17/11, NZA 2013, 690; 18.1.2017 – 7 ABR 60/15, NZA 2017, 865; GK-BetrVG/*Weber* Rn. 20; DKKW/*Wedde* Rn. 10; ErfK/*Koch* Rn. 1; HWGNRH/*Glock* Rn. 12; Richardi BetrVG/*Thüsing* Rn. 11).

9 Maßgebend ist die **Zahl der im Betrieb beschäftigten ArbN.** Im Betrieb beschäftigt sind auch die ArbN, die nach § 4 in zum Betrieb gehörenden Betriebsteilen oder Kleinstbetrieben arbeiten. Bei Bildung eines BR auf Unternehmensebene oder der Zusammenfassung mehrerer Betriebe nach § 3 Abs. 1 Nr. 1 kommt es auf die Zahl der im Unternehmen bzw. in den zusammengefassten Betrieben beschäftigten ArbN an (vgl. zur Zulässigkeit auch LAG SchlH 9.7.2008 – 3 Ta BV 4/08, DB 2009, 71). Als ArbN sind die in § 5 Abs. 1 genannten Personen zu verstehen und damit auch die Beamten, Soldaten und ArbN des öffentl. Dienstes (BAG 15.12.2011 – 7 ABR 65/10, NZA 2012, 519; ausdrücklich nun auch für § 38 BetrVG: BAG 5.12.2012 – 7 ABR 17/11, NZA 2013, 690; → § 1 Rn. 39; → § 9 Rn. 27; *Hayen* AiB 2009, 384 [387]). Auch die in Heimarbeit Beschäftigten, die in der Hauptsache für den Betrieb arbeiten, sind zu berücksichtigen. Desgleichen zählen TeilzeitArbN mit, und zwar nach Köpfen und nicht nur nach Quoten entsprechend ihrer Arbeitszeit (DKKW/*Wedde* Rn. 9; ErfK/*Koch* Rn. 1; GK-BetrVG/*Weber* Rn. 26; Richardi BetrVG/*Thüsing* Rn. 10; MHdB ArbR/*Krois* § 295 Rn. 119). Werden jedoch zwei Teilzeitkräfte als vorübergehender Ersatz für eine Vollzeitkraft befristet eingestellt, zählt nur die vertretene Vollzeitkraft; gleiches gilt, wenn iR der Inanspruchnahme einer Brückenteilzeit nach § 9a TzBfG eine Ersatzkraft befristet beschäftigt wird (→ § 9 Rn. 18; BT-Drs. 19/5097 S. 16 zu Ziff. 3; *Bayreuther* NZA 2018, 1577, 1580; *Löwisch* BB 2018, 3061, 3067). Es kommt nicht darauf an, dass die ArbN zum BR wahlberechtigt sind. Deshalb zählen auch die im Betrieb beschäftigten jugendlichen ArbN mit. Unberücksichtigt bleiben die in der Freistellungsphase befindlichen ArbN eines **Blockaltersteilzeitmodells** (→ § 9 Rn. 19 mwN; BAG 16.4.2003 – 7 ABR 53/02, AP BetrVG 2002 § 9 Nr. 1; HaKo-BetrVG/*Wolmerath* Rn. 5; *Gillen/Vahle* BB 2006, 2749; *Sturm* freigestellte BRMitgl. S. 18; **aA** DKKW/*Wedde* Rn. 9; *Greßlin* BR-Mitglieder S. 46). Ebenfalls nicht mitzurechnen sind die in § 5 Abs. 2 genannten Personen sowie die in § 5 Abs. 3 aus dem Geltungsbereich des G ausgenommenen leitenden Ang. (Richardi BetrVG/*Thüsing* Rn. 8). Erwerbsfähige Leistungsberechtigte, die Arbeitsgelegenheiten mit Mehraufwandsentschädigung (sog **Ein-Euro-Jobs**) nach § 16d SGB II ausüben, zählen ebenfalls nicht mit (zur Vorgängerregelung § 16

Abs. 3 S. 2 SGB II s. HessLAG 23.5.2006 – 9 TaBVGa 81/06, BeckRS 2006, 43684 mwN; *Rixen* Soziale Sicherheit S. 152, 155; WPK/*Kreft* Rn. 7; → § 5 Rn. 155 mwN; *Eicher* SGB II § 16d Rn. 7 ff.; *Sturm* freigestellte BRMitgl. S. 11; **aA** *Schulze* NZA 2005, 1332; zur Mehrbelastung des BR durch diese Personengruppe → Rn. 23). Nehmen sie dagegen die Arbeitsgelegenheit in einem sozialversicherungspflichtigen Beschäftigungsverhältnis nach § 16e SGB II wahr, sind sie mitzurechnen (→ § 5 Rn. 154 mwN).

Mit dem neuen § 14 Abs. 2 S. 4 AÜG (Art. 1 des Gesetzes zur Änderung des AÜG und anderer Gesetze vom 21.2.2017 BGBl. I S. 258) ist endgültig klargestellt, dass grds. auch die im Betrieb beschäftigten **LeihArbN** bei der Ermittlung der Anzahl freizustellender BRMitgl. zu berücksichtigen sind (BAG 2.8.2017 – 7 ABR 51/15, NZA 2017, 1343). Einer gesonderten Normzweckbestimmung bedarf es mit der gesetzl. Klarstellung nicht mehr (S. 29 BT-Drs. 18/9232 zu Art. 1 Nr. 10 [§ 14 Abs. 2 S. 4 AÜG neu]; ebenso *Deinert* RdA 2017, 65 [81]; **aA** *Wank* RdA 2017, 100 [115]; unzutreffend *Urban-Grell* DB 2017, 2678). Ob sie tatsächlich mitzählen richtet sich danach, ob die weiteren Vors. – hier des § 38 – im konkreten Fall erfüllt sind (s. dazu grundlegend S. 29 BT-Drs. 18/9232 zu Art. 1 Nr. 10 [§ 14 Abs. 2 S. 4 AÜG neu], wonach es für das konkrete Mitzählen der LeihArbN auf die weiteren Voraussetzungen der jeweiligen Schwellenwertnorm ankommt; ebenso BAG 2.8.2017 – 7 ABR 51/15, NZA 2017, 1343; *Löwisch/Wegmann* BB 2017, 373; *Deinert* RdA 2017, 65 [81]). Für die Ermittlung der Anzahl der Freistellungen sind LeihArbN dann zu berücksichtigen, wenn sie in der Regel beschäftigt werden. Dies ist insb. der Fall, wenn ein Regelarbeitsplatz des Betriebs dauernd mit LeihArbN, seien es auch wechselnde LeihArbN, besetzt wird (BAG 18.1.2017 – 7 ABR 60/15, NZA 2017, 865; 2.8.2017 – 7 ABR 51/15, NZA 2017, 1343; HessLAG 12.8.2013 – 16 TaBV 25/13, BeckRS 2013, 74895; *Talkenberg* NZA 2017, 473 [477]; ErfK/*Koch* Rn. 1; ErfK/*Koch* § 9 Rn. 2; *Linsenmaier/Kiel* RdA 2014, 135 [145]; *Zimmermann* DB 2014, 2591 [2592]; *Reichold* NZA 2001, 857 [861]). Da § 38 nicht auf die Wahlberechtigung abstellt, sind bei der Ermittlung der Anzahl der Freistellungen auch LeihArbN mit einer Verweildauer von weniger als drei Monaten zu berücksichtigen, wenn sie auf einem regelmäßig mit LeihArbN besetzten Arbeitsplatz eingesetzt werden (so schon LAG BW 27.2.2015 – 9 TaBV 8/14, NZA 2015, 353). Setzt also zB der ArbGeb. auf 25 Arbeitsplätzen regelmäßig LeihArbN mit unterschiedlichen Verweildauern ein, ist der Einsatz der LeihArbN mit einem Zählwert von 25 bei der Ermittlung der Freistellungen zu berücksichtigen (s. zu den verschiedenen Fallvarianten auch → § 9 Rn. 32, 33). Dagegen zählen LeihArbN grds. nicht mit, wenn sie lediglich zur Vertretung zeitweilig verhinderter Stelleninhaber eingesetzt werden (BAG 18.1.2017 – 7 ABR 60/15, NZA 2017, 865), soweit andere Rechtsvorschriften nichts anderes bestimmen (Vertretung wegen Mutterschafts- oder Erziehungsurlaub § 21 Abs. 7 S. 1 BEEG). **9a**

Die **Zahl der mindestens freizustellenden ArbN** ist für Betriebe mit bis 10 000 ArbN unmittelbar aus dem Gesetz abzulesen. Darüber hinaus ist für je angefangene weitere 2000 ArbN mindestens ein weiteres BRMitgl. freizustellen, so zB in Betrieben mit **10**

10 001 bis 12 000 ArbN 13 BRMitgl.
12 001 bis 14 000 ArbN 14 BRMitgl.
14 001 bis 16 000 ArbN 15 BRMitgl.
usw.

Für Freistellungen in Höhe der gesetzlichen Staffel bestehen außer der erforderlichen ArbNZahl keine weiteren Voraussetzungen. Die Erforderlichkeit dieser Freistellungen wird von Gesetzes wegen unwiderleglich vermutet. **10a**

Das **BetrVerf-ReformG** hat die Freistellungsstaffel in zweierlei Hinsicht geändert. Zum einen setzen in Betrieben bis zu 2000 ArbN die maßgebenden Grenzzahlen, ab denen die vorgesehene Anzahl von Freistellungen vorzunehmen ist, früher als nach dem bisherigen Recht ein. So ist die Freistellung von ein BRMitgl. bereits in Betrie- **10b** ben mit in der Regel 200 ArbN (bisher 300 ArbN) vorgesehen, die Freistellung von 2 BRMitgl. in Betrieben mit 501 (bisher 601) ArbN, die Freistellung von drei BRMitgl. in Betrieben mit 901 (bisher 1001) ArbN und die Freistellung von vier BRMitgl. in Betrieben mit 1501 (bisher 2001) ArbN. Zum anderen ist in Betrieben mit mehr als 2000 ArbN unter Beibehaltung der bisherigen Staffelung, die Zahl der freizustellenden BRMitgl. jeweils um ein BRMitgl. erhöht. Zu den Auswirkungen dieser Neuregelung auf die bei Inkrafttreten des BetrVerf-ReformG bestehenden Freistellungen vgl. Fitting, 21. Aufl. 2002, Rn. 76a ff.

11 Stellt ein ArbGeb. ein BRMitgl. von der Arbeit frei, damit es die sonst von einer Bürokraft zu erledigenden Aufgaben wahrnimmt (vgl. § 40 Abs. 2), ist dieses BRMitgl. nicht auf die Anzahl der nach § 38 freizustellenden BRMitgl. anzurechnen (BAG 12.2.1997 – 7 ABR 40/96, AP BetrVG 1972 § 38 Nr. 19). Hilfspersonen des BR iSd § 40 Abs. 2 sind generell nicht anzurechnen (BAG 29.4.2015 – 7 ABR 102/12, NZA 2015, 1397).

12 Die Freistellungen können statt in Vollfreistellungen auch in **Teilfreistellungen** erfolgen. Das BetrVerf-ReformG hat diese bisher umstrittene Frage (vgl. zu dieser Streitfrage Fitting, 20. Aufl. 2000, Rn. 11) im Sinne der Zulässigkeit von Teilfreistellungen entschieden (vgl. Abs. 1 S. 3). Mit der ausdrücklichen Zulassung von Teilfreistellungen wird zum einen die Möglichkeit von teilzeitbeschäftigten BRMitgl. verbessert, sich in die BRArbeit einzubringen. Sie kommt auch denjenigen vollzeitbeschäftigten BRMitgl. entgegen, die während der Freistellung ihre berufliche Tätigkeit nicht völlig aufgeben wollen. Auch bietet die Möglichkeit der Teilfreistellung dem BR die Chance, insbes. in Organisationseinheiten nach § 3 Abs. 1 Nr. 1–3 mit räumlich weit auseinander liegenden Betriebsstätten effiziente BRArbeit sicherzustellen (BT Drs. 14/4571, 41; DKKW/*Wedde* Rn. 20).

12a Ausdrücklich klargestellt ist, dass im Falle von Teilfreistellungen das sich aus Abs. 1 S. 1 u. 2 ergebende, auf die Freistellung von vollzeitbeschäftigten BRMitgl. abgestellte Gesamtfreistellungsvolumen nicht überschritten werden darf (vgl. Abs. 1 S. 4). Bei dieser Bewertung ist von einer konkreten Betrachtungsweise auszugehen, dh die Summe der einzelnen Frei- bzw. Teilfreistellungen darf die Summe der sich aus der gesetzlichen Regelung ergebenden Vollfreistellungen nicht überschreiten (*Löwisch* BB 2001, 1743).

12b Grundlage für die Berechnung des Freistellungsumfangs für Teilfreistellungen ist damit die Arbeitszeit eines vollzeitbeschäftigten ArbN (DKKW/*Wedde* Rn. 19; Richardi BetrVG/*Thüsing* Rn. 14; ErfK/*Koch* Rn. 4; GK-BetrVG/*Weber* Rn. 26, 41; WPK/*Kreft* Rn. 11; *Sturm* freigestellte BRMitgl. S. 26; *Windeln* S. 190; *Greßlin* BR-Mitglieder S. 170 ff.; *Niklas* AuA 2019, 16; *Gillen/Vahle* BB 2006, 2749; *Peter* AiB 2002, 282 [283]; **aA** *Löwisch/Kaiser* Rn. 12, wonach sich die Obergrenze des Umfangs der Freistellung nach der Arbeitszeit des konkret freizustellenden BRMitgl. richtet mit der Folge, dass nach dem dort gebildeten Beispielsfall bei einer hälftigen Freistellung eines teilzeitbeschäftigten BRMitgl. von seiner Arbeitszeit ein vollzeitbeschäftigtes BRMitgl. nur noch zu einem Viertel seiner Arbeitszeit freigestellt werden könnte; ebenfalls **aA** SWS Rn. 15; *Hornung* DB 2002, 94 [95], die dagegen von einer prozentualen Verteilung der Arbeitszeitvolumina ausgehen, so dass zB bei einer Freistellung eines BRMitgl. zu 50% von seiner Arbeitszeit ein weiteres BRMitgl. ebenfalls zu 50% freigestellt werden kann, unabhängig davon, ob das BRMitgl. teilzeit- oder vollzeitbeschäftigt ist). Bei der Ermittlung, ob der Freistellungsumfang nach Abs. 1 S. 1 bereits erschöpft ist, ist ausschließlich auf den Umfang der Arbeitszeit, für die das BRMitgl. freigestellt wird, abzustellen (vgl. BT-Drs. 14/5741, 41). Diese ist sodann mit der Arbeitszeit eines Vollzeitbeschäftigten in Verhältnis zu stellen. Daraus ergibt sich zweifelsfrei der Anteil des ggf. noch auf andere BRMitgl. zu verteilenden Freistellungsvolumens. Gesichert ist mit dieser Vorgehensweise, dass dem BR immer das gleiche Freistellungsvolumen zur Verfügung steht, unabhängig davon, ob die Teilfreistellung ein vollzeitbeschäftigtes oder teilzeitbeschäftigtes BRMitgl. betrifft (so auch GK-BetrVG/*Weber* Rn. 38, 41). Auch nur so kann der Intention des Gesetzgebers Rechnung getragen werden, dass ab einer bestimmten Betriebsgrößenklasse für den BR ein bestimmtes Freistellungsvolumen zur Erfüllung seiner Aufgaben unwiderleglich erforderlich ist. Der Umfang bestimmt sich nach der betrieblichen Vollarbeitszeit; bestehen im Betrieb verschiedene Arbeitszeitmodelle und damit ggf. auch mehrere Vollarbeitszeiten, kommt es auf das mehrheitlich angewandte Vollzeitmodell an (*Greßlin* BR-Mitglieder S. 173f.; *Gillen/Vahle* BB 2006, 2749).

Beispiel:

BRMitgl. A (vollzeitbeschäftigt mit 37 Stunden) möchte lediglich für 17 Std. freigestellt werden, um den Anschluss an seinen Job nicht zu verlieren. Die restlichen 20 Std. will der BR auf die beiden teilzeitbeschäftigten BRMitgl. B und C (jeweils 20 Stunden) mit je 10 Std. verteilen. Das Freistellungsvolumen eines Vollzeitbeschäftigten wird nicht überschritten, da die Teilfreistellungen insgesamt nicht den Umfang einer Vollfreistellung iSd Abs. 1 S. 1 (hier 37 Stunden) überschreiten. Anstelle der Teilfreistellungen von B und C, könnte der BR auch beschließen, A mit 17 Stunden und B mit 20 Stunden von seiner Arbeit freizustellen. Auch in diesem Fall wird durch die Teilfreistellung des A mit 17 Stunden und der Freistellung von B mit 20 Stunden der Umfang der Freistellung nach Abs. 1 S. 1 mit 37 Stunden nicht überschritten (ebenso *Greßlin* BR-Mitglieder S. 172; **aA;** *Hornung* DB 2002, 94, die im Fall der Freistellung des teilzeitbeschäftigten BRMitgl. B im Umfang seines vollen Arbeitszeitvolumens bereits von einer Vollfreistellung iSd Abs. 1 S. 1 u. 2 ausgehen, so dass für eine weitere Teilfreistellung kein Raum mehr sei).

Dagegen gewähren die Lösungsansätze, die allein auf die Arbeitszeitvolumina der **12c** freizustellenden BRMitgl. bzw. von einer prozentualen Verteilung ausgehen → Rn. 12b), kein einheitliches Freistellungsvolumen für den BR. Ausgehend vom obigen Beispielsfall könnte bei einer rein prozentualen Verteilung der Freistellung der BR bei einer Teilfreistellung von A mit 17 Stunden (46% von 37 Stunden) lediglich noch 54% auf andere BRMitgl. verteilen. Will er B und C eine Teilfreistellung gewähren, könnten diese nur noch zu je 27%, dh mit je 5,4 Stunden freigestellt werden. Insgesamt ergibt dies prozentual zwar 100% aber stundenmäßig nur ein Freistellungsvolumen von insgesamt 27,8 Stunden. Wollen stattdessen B und C aber je zur Hälfte freigestellt werden, dh mit je zehn Stunden, könnte A nach dieser Lösung keine Teilfreistellung mehr erhalten, da die beiden Teilfreistellungen von B und C bereits 100% ausmachen, auch wenn erst 20 Stunden verbraucht sind. Diese Rechnung trifft iErg auch auf den Lösungsansatz von *Löwisch/Kaiser* (Rn. 12b) zu. Auch nach deren Berechnungsmethode stehen dem BR je nach Ausgangslage unterschiedliche Freistellungsvolumina zur Verfügung: Wird A zu $^3/_4$ von seiner Arbeit freigestellt (= 27,75 Std.) verbleibt für B noch $^1/_4$ (= fünf Std.). Dies macht insgesamt ein Freistellungsvolumen von 32,75 Std. Soll umgekehrt B zu $^3/_4$ von seiner Arbeit freigestellt werden (= 15 Std.) bleibt für A nur noch $^1/_4$ (= 9,25 Std.) übrig. Dies macht ein Freistellungsvolumen von insgesamt nur 24,25 Stunden aus. Die Ergebnisse dieser Lösungsansätze zeigen, dass diese mit Sinn und Zweck der Regelung nicht vereinbar sind. Sie bringen weder für den Arbeitgeber noch für den BR Planungssicherheit, da sich je nach Ausgangsfall ein unterschiedliches Zeitvolumen für die „Gesamtfreistellung“ als Vollfreistellung ergibt.

Die Entscheidung darüber, **ob** und **in welchem Umfang** statt Vollfreistellungen **13** **Teilfreistellungen** vorgenommen werden sollen, trifft der BR nach Beratung mit dem ArbGeb. (→ Rn. 45f.) durch Beschluss. Das ergibt sich nicht nur daraus, dass der Anspruch auf Freistellung zunächst ausschließlich dem BR zusteht (→ Rn. 7), sondern auch aus der alleinigen Verantwortung des BR darüber, in welcher Art und Weise er die ihm obliegenden Aufgaben zu erfüllen gedenkt (GK-BetrVG/*Weber* Rn. 40; *Greßlin* BR-Mitglieder S. 176f.). Bei seiner Entscheidung kann der BR im Interesse der Vermeidung einer Verzettelung der BRArbeit auch festlegen, dass Teilfreistellungen einen bestimmten zeitlichen Mindestumfang haben müssen. Ihre Grenze findet die Möglichkeit der Aufteilung in Teilfreistellungen, wenn sie eine ordnungsgemäße Erfüllung der BRAufgaben nicht mehr gewährleistet („Atomisierung“

des Freistellungsanspruchs – so auch Richardi BetrVG/*Thüsing* Rn. 14; DKKW/*Wedde* Rn. 22; SWS Rn. 16; Grenze vertrauensvolle Zusammenarbeit ErfK/*Koch* Rn. 4). Die Entscheidung, ob, wie viele und in welchem zeitlichen Umfang Teilfreistellungen vorgesehen werden sollen, hat der BR vor Durchführung der Wahl der Freizustellenden zu treffen (LAG Bbg 4.3.2003 – 2 TaBV 22/02, BeckRS 2003, 30798175; LAG BW 18.1.2012 – 20 TaBV 1/11, juris; *Greßlin* BR-Mitglieder S. 210, 212). Hierbei kann er selbstverständlich die Zahl der teilzeitbeschäftigten BR-Mitgl. ebenso berücksichtigen wie den Umstand, dass vollzeitbeschäftigte BRMitgl. nur zu einer Teilfreistellung bereit sind. Zur Verteilung der beschlossenen Freistellungsplätze auf die gewählten Bewerber → Rn. 41 ff.

14 Aus seiner Verantwortung für eine sachgerechte Erfüllung der ihm obliegenden Aufgaben kann der BR auch nähere Regelungen über die **zeitliche Lage der Teilfreistellungen** treffen. Hierbei sind unterschiedliche Regelungen denkbar. So kann zB die Teilfreistellung vollzeitbeschäftigter BRMitgl. in der Weise erfolgen, dass sie an jedem Arbeitstag für bestimmte Stunden oder an bestimmten Arbeitstagen in vollem Umfang von der Arbeit freizustellen sind. Ferner ist es zulässig, die Lage der Teilfreistellung flexibel dahingehend zu gestalten, dass sie an die jeweiligen Erfordernisse sowohl der BRArbeit, aber auch der beruflichen Tätigkeit des BRMitgl. angepasst werden kann (ErfK/*Koch* Rn. 4). Zu denken ist zB an eine Regelung, die es einem vollzeitbeschäftigtem, jedoch nur teilweise freigestelltem BRMitgl., das aus beruflichen Gründen an einer dringenden Fortbildung oder wichtigen Dienstreise teilnehmen will, gestattet, die in dieser Zeit liegenden Freistellungszeit zu einem anderen Zeitpunkt zu verwirklichen. Bei Abwägung der jeweiligen Erfordernisse haben im Streitfall die Erfordernisse der BRArbeit Vorrang (ErfK/*Koch* Rn. 4). Die Teilfreistellung ist ein Unterfall der Vollfreistellung, so dass der BR auch im Fall der Teilfreistellung nicht die Erforderlichkeit von Umfang und Dauer der Freistellung darlegen muss, soweit er sich im Rahmen der zulässigen Gesamtfreistellung nach Abs. 1 S. 4 hält (GK-BetrVG/*Weber* Rn. 40; ErfK/*Koch* Rn. 4; *Gillen/Vahle* BB 2006, 2749). Da es grds. der freien Organisationsentscheidung des BR obliegt, in welcher Weise er die Teilfreistellungen umsetzt, muss der BR auch nicht die Notwendigkeit der Aufteilung der Freistellung in Teilfreistellungen dem ArbGeb darlegen (DKKW/*Wedde* Rn. 19, 22; GK-BetrVG/*Weber* Rn. 40; *Greßlin* BR-Mitglieder S. 189 ff., 201 f.; **aA** ErfK/*Koch* Rn. 4). Der ArbGeb. kann jedoch die Einigungsstelle nach Abs. 2 S. 4 anrufen, wenn er die Teilfreistellung eines BRMitgl. für sachlich nicht vertretbar hält (GK-BetrVG/*Weber* Rn. 40; SWS Rn. 16; DKKW/*Wedde* Rn. 22; *Löwisch/Kaiser* Rn. 11, 22; *Greßlin* BR-Mitglieder S. 196; → Rn. 60 ff.; **aA** *Gillen/Vahle* BB 2006, 2749: Beschlussverf. oder einstw. Vfg.).

15 **Erhöht sich die Zahl der regelmäßig beschäftigten ArbN** während der Amtszeit des BR nicht nur vorübergehend, so ist dieser berechtigt, die Zahl der freizustellenden BRMitgl. entsprechend zu erhöhen; entsprechendes gilt im umgekehrten Fall (LAG RhPf 14.5.2013 – 6 SaGa 2/13, ZTR 2013, 587; GK-BetrVG/*Weber* Rn. 21; DKKW/*Wedde* Rn. 10; HWGNRH/*Glock* Rn. 13; Richardi BetrVG/*Thüsing* Rn. 11). Sinkt die Belegschaftsstärke nicht nur vorübergehend, so ist die Zahl der Freigestellten entsprechend zu verringern, es sei denn, die Aufgaben des BR haben sich nicht entsprechend verringert (LAG RhPf 14.5.2013 – 6 SaGa 2/13, ZTR 2013, 587; DKKW/*Wedde* Rn. 10; ErfK/*Koch* Rn. 1; **enger** iS einer zwingenden Reduzierung der Zahl der Freigestellten GK-BetrVG/*Weber* Rn. 22; WPK/*Kreft* Rn. 10; Richardi BetrVG/*Thüsing* Rn. 11; *Gillen/Vahle* BB 2006, 2749; für das Personalvertretungsrecht BVerwG 9.7.2008 – 6 PB 12/08, PersR 2008, 415).

16 Bei einer **Erhöhung** der Anzahl der Freigestellten kann der BR beschließen, dass die zusätzliche Freistellung in Form von Teilfreistellungen durchzuführen ist. Bei der zusätzlichen Freistellung findet § 25, der nur für den Fall des Ausscheidens oder einer vorübergehenden Verhinderung eines BRMitgl. gilt, keine Anwendung (BAG 20.4.2005 – 7 ABR 47/04, AP BetrVG 1972 § 38 Nr. 29; 16.3.2005 – 7 ABR 43/04, AP BetrVG 1972 § 28 Nr. 6); es ist vielmehr neu zu wählen. Ist die bisherige

Wahl in Form der Mehrheitswahl erfolgt, kann hinsichtlich der zusätzlichen Freistellung eine isolierte Neuwahl nach den Grundsätzen der Mehrheitswahl erfolgen (so wohl auch BAG 20.4.2005 – 7 ABR 47/04, AP BetrVG 1972 § 38 Nr. 29; 16.3.2005 – 7 ABR 43/04, AP BetrVG 1972 § 28 Nr. 6; GK-BetrVG/*Weber* Rn. 87; **aA** Richardi BetrVG/*Thüsing* Rn. 12, wonach der Erste der bei der Wahl der Freizustellenden nicht mehr zum Zuge gekommene Bewerber nunmehr ebenfalls freizustellen ist). Ist dagegen die Wahl als Verhältniswahl durchgeführt worden, hat eine Neuwahl aller freizustellenden BRMitgl. zu erfolgen (BAG 20.4.2005 – 7 ABR 47/04, AP BetrVG 1972 § 38 Nr. 29; 16.3.2005 – 7 ABR 43/04, AP BetrVG 1972 § 28 Nr. 6; Richardi BetrVG/*Thüsing* Rn. 12; GK-BetrVG/*Weber* Rn. 87; WPK/*Kreft* Rn. 24; **aA** DKKW/*Wedde* Rn. 62 isolierte Nachwahl in Mehrheitswahl, wenn Listen unter Anwendung des § 25 erschöpft sind). Eine vorherige **Abberufung** der bisher freigestellten BRMitgl. ist im Fall der Erhöhung der Freistellungen nicht erforderlich (BAG 20.4.2005 – 7 ABR 47/04, AP BetrVG 1972 § 38 Nr. 29). Eine isolierte Wahl des zusätzlich freizustellenden BRMitgl. in Form der Mehrheitswahl ist dagegen zulässig, wenn alle BRMitgl. dies beschließen (WPK/*Kreft* Rn. 24; → Rn. 55).

Dagegen kann im Falle der **Verringerung** der Anzahl der Freizustellenden die Anpassung in der Weise erfolgen, dass die Freistellung des letzten bei der Freistellungswahl noch berücksichtigten Bewerbers aufgehoben wird (**aA** Neuwahl aller Freizustellenden notwendig DKKW/*Wedde* Rn. 60; HWGNRH/*Glock* Rn. 13; *Sturm* freigestellte BRMitgl. S. 23). Die Anpassung kann auch durch die Abberufung eines der bisher Freigestellten erfolgen (Richardi BetrVG/*Thüsing* Rn. 12), wobei allerdings das hier uU notwendige qualifizierte Quorum von drei Viertel der Stimmen (→ Rn. 73) zu beachten ist (GK-BetrVG/*Weber* Rn. 23 hält nur dies für zulässig). 17

Die Zahl der freizustellenden BRMitgl. ist als **Mindestzahl** bezeichnet. Die sich nach der Tabelle ergebenden Freistellungen werden im Einzelfall je nach den Verhältnissen des Betriebs, insbes. in Großbetrieben mit ihren vielfältigen Problemen, uU nicht ausreichen. Die Zahl der Freistellungen kann deshalb auch erhöht werden. Dass eine solche Erhöhung durch TV oder durch eine freiwillige, nicht durch Anrufen der E-Stelle erzwingbare BV erfolgen kann, ist in Abs. 1 S. 5 ausdrücklich gesagt (→ Rn. 28 ff.). 18

Darüber hinaus hat der BR aber auch ohne eine derartige Vereinbarung Anspruch auf eine entsprechende Erhöhung der Zahl der freizustellenden BRMitgl., wenn dies zur **ordnungsgemäßen Durchführung seiner Aufgaben erforderlich** ist. Das ergibt sich daraus, dass die Freistellungsstaffel des Abs. 1 ausdrücklich als Mindestzahl bezeichnet und lediglich eine generalisierende Konkretisierung der allgemeinen Regelung des § 37 Abs. 2 ist, die durch § 38 Abs. 1 nicht verdrängt wird (BAG 22.5.1973 – 1 ABR 26/72, AP BetrVG 1972 § 38 Nr. 1; 22.5.1973 – 1 ABR 2/73, AP BetrVG 1972 § 38 Nr. 2; 26.7.1989 – 7 ABR 64/88, AP BetrVG 1972 § 38 Nr. 10; 22.5.1973 – 1 ABR 10/73, AP BetrVG 1972 § 37 Nr. 2; 13.11.1991 – 7 ABR 5/91, AP BetrVG 1972 § 37 Nr. 80; GK-BetrVG/*Weber* Rn. 27; DKKW/*Wedde* Rn. 11; Richardi BetrVG/*Thüsing* Rn. 17; *Gillen/Vahle* BB 2006, 2749; **aA** HWGNRH/*Glock* Rn. 17). 19

Bestehen zwischen ArbGeb. und BR Meinungsverschiedenheiten über die Frage, ob eine Erhöhung der Zahl der freizustellenden BRMitgl. zur ordnungsgemäßen Erfüllung der Aufgaben des BR erforderlich ist, so ist dieser nicht berechtigt, eine entsprechende Erhöhung der Zahl der Freistellungen einseitig zu beschließen. Die Frage der Erforderlichkeit weitergehender Freistellungen ist vielmehr **zunächst in einem arbeitsgerichtlichen Beschlussverfahren** zu klären (BAG 22.5.1973 – 1 ABR 2/73, AP BetrVG 1972 § 38 Nr. 2; 9.10.1973 – 1 ABR 29/73, AP BetrVG 1972 § 38 Nr. 3; 16.1.1979 – 6 AZR 683/76, AP BetrVG 1972 § 38 Nr. 5; 26.7.1989 – 7 ABR 64/88, AP BetrVG 1972 § 38 Nr. 10; ErfK/Koch Rn. 2; GK-BetrVG/*Weber* Rn. 32; Richardi BetrVG/*Thüsing* Rn. 17; *Jülicher* ArbuR 1973, 164; 20

aA DKKW/*Wedde* Rn. 12, der auch die Anrufung der Einigungsstelle für zulässig erachtet; *Auffarth* ArbuR 1972, 35). Eine über die gesetzliche Staffel hinausgehende Freistellung kann deshalb auch nicht lediglich in der Geschäftsordnung des BR festgelegt werden, ohne das hierüber vorher mit dem ArbGeb. eine Vereinbarung getroffen oder ein entsprechender rechtskräftiger arbeitsgerichtlicher Beschluss erlassen worden ist (BAG 16.1.1979 – 6 AZR 683/76, AP BetrVG 1972 § 38 Nr. 5). Eine vorläufige Regelung durch eine einstweilige Verfügung ist zulässig (GK-BetrVG/*Weber* Rn. 32; DKKW/*Wedde* Rn. 12; *Dütz* DB 1976, 1433).

21 Über die gesetzliche Staffel hinausgehende Freistellungen sind zulässig, soweit diese zur **ordnungsmäßigen Durchführung der Aufgaben des BR** erforderlich sind (BAG 22.5.1973 – 1 ABR 26/72, AP BetrVG 1972 § 38 Nr. 1; 26.7.1989 – Nr. 2; u. 22.5.1973Nr. 10; GK-BetrVG/*Weber* Rn. 31; DKKW/*Wedde* Rn. 13; ErfK/*Koch* Rn. 2; Richardi BetrVG/*Thüsing* Rn. 16). Es gelten die Grundsätze für die Arbeitsbefreiung nach § 37 Abs. 2 (*Gillen/Vahle* BB 2006, 2749; → § 37 Rn. 35 ff.). Eine Freistellung, die nicht zur Erfüllung der Aufgaben des BR erforderlich ist, ist eine nicht gerechtfertigte Begünstigung des betreffenden BRMitgl. und wegen Verstoßes gegen § 78 Abs. 1 nichtig (*Jülicher* ArbuR 1973, 162; *Bayreuther* NZA 2013, 758 und NZA 2019, 430; LAG Köln 6.3.1998 – 11 (9) Sa 383/97, NZA-RR 1999, 247 bzgl. Vereinbarung einer Vergütung von „betriebsratsbedingter" Mehrarbeit; → § 78 Rn. 22 f.).

22 Über die gesetzliche Staffel hinausgehende Freistellungen sind dann zur ordnungsmäßigen Durchführung der Aufgaben des BR erforderlich, wenn es den entsprechend der gesetzlichen Staffel freigestellten BRMitgl. auch unter Berücksichtigung der Arbeitsbefreiung der übrigen BRMitgl. nach § 37 Abs. 2 nicht möglich ist, die Aufgaben des BR ordnungsgemäß **innerhalb der betriebsüblichen Arbeitszeit** zu erfüllen (BAG 21.5.1974 – 1 AZR 477/73, AP BetrVG 1972 § 37 Nr. 14; 12.2.1997 – 7 ABR 40/96, AP BetrVG 1972 § 38 Nr. 19). Die Erforderlichkeit muss sich aus den Verhältnissen des betreffenden Betriebs ergeben und ist vom BR durch konkrete Tatsachen darzulegen (BAG 22.5.1973 – 1 ABR 10/73, AP BetrVG 1972 § 37 Nr. 2; 12.2.1997 – 7 ABR 40/96, AP BetrVG 1972 § 38 Nr. 19). Hierbei sind an die Darlegungslast bei einer erhöhten Freistellung für die gesamte Dauer der Amtsperiode höhere Anforderungen zu stellen, als wenn es lediglich um eine vorübergehende zusätzliche Freistellung für eine nur temporär begrenzte Erweiterung notwendiger BRAufgaben oder um eine Ersatzfreistellung für ein oder mehrere auf längere Zeit verhinderte freigestellte BRMitgl. geht (BAG 22.5.1973 – 1 ABR 26/72, AP BetrVG 1972 § 38 Nr. 1; 26.7.1989 – 7 ABR 64/88, AP BetrVG 1972 § 38 Nr. 10). Die Tatsachengerichte haben bei der Prüfung der Erforderlichkeit einen Beurteilungsspielraum, der vom BAG nur eingeschränkt überprüft werden kann (BAG 9.10.1973 – 1 ABR 29/73, AP BetrVG 1972 § 38 Nr. 3). Vgl. zu einer nur in Einzelfällen über die Zeit der Teilfreistellung hinaus geleisteten BR-Arbeit nach § 37 Abs. 2 HessLAG 28.11.2006 – 15 Sa 1343/06, NZA-RR 2007, 296.

23 Als Umstände, die eine erhöhte Zahl von freizustellenden BRMitgl. rechtfertigen können, kommen zB in Betracht: Besonderheiten der betrieblichen Organisation, zahlreiche und verstreut liegende betriebliche Außenstellen, durchgehender Dreischichtenbetrieb, längerfristige Beurlaubung eines freigestellten BRMitgl. sowie erwerbsfähige Hilfebedürftige nach § 16 Abs. 3 S. 2 SGB II (Ein-Euro-Job; sa *Rixen* Soziale Sicherheit S. 152, 155). Ferner kann die zeitweise Verhinderung eines freigestellten BRMitgl. durch seine Tätigkeit als Vors. des GesBR eine teilweise Freistellung eines weiteren BRMitgl. bzw. eine Vollfreistellung eines BRMitgl. unterhalb der Schwelle von 200 ArbN dann rechtfertigen, wenn die Aufgaben des BR auch nach einer zumutbaren betriebsratsinternen Umverteilung durch die anderen BRMitgl. nicht erledigt werden können und feststeht, dass eine Arbeitsbefreiung einzelner BRMitgl. nach § 37 Abs. 2 aus konkretem Anlass nicht ausreicht (BAG 12.2.1997 – 7 ABR 40/96, AP BetrVG 1972 § 38 Nr. 19; 23.5.2018 – 7 ABR 14/17, NZA 2018, 1281; LAG RhPf 16.7.2015 – 5 TaBV 5/15, ArbR 2015, 588). Der BR ist

nicht verpflichtet, ihm zustehende Freistellungen ganz oder teilweise für die Erledigung von Aufgaben des GesBR bzw. KBR zu verwenden; nimmt ein freigestelltes BRMitgl. zugleich auch Aufgaben im GesBR bzw. KBR wahr, kann dies den BR berechtigen, weitere Freistellungen nach § 37 Abs. 2 geltend zu machen (BAG 26.9.2018 – 7 ABR 77/16, NZA 2019, 117; 23.5.2018 – 7 ABR 14/17, NZA 2018, 1281). Freistellungsansprüche des GesBR und KBR richten sich nach § 51 Abs. 1 bzw. § 59 Abs. 1 iVm § 37 Abs. 2 (BAG 26.9.2018 – 7 ABR 77/16, NZA 2019, 117; 23.5.2018 – 7 ABR 14/17, NZA 2018, 1281; → § 51 Rn 44, § 59 Rn 23).

Für die **Auswahl** der zusätzlich freizustellenden BRMitgl. gelten die Regelungen des Abs. 2, so dass zusätzliche Freistellungen grds. zusammen mit den Mindestfreistellungen nach Abs. 1 vorzunehmen sind (GK-BetrVG/*Weber* Rn. 33; → Rn. 29; zu Ersatzfreistellungen → Rn. 26f., 47ff.). 24

Durch das BetrVerf-ReformG ist die Schwelle, ab der ein BRMitgl. freizustellen ist, von 300 auf 200 im Betrieb beschäftigte ArbN abgesenkt worden. Damit ist eine wesentliche Erleichterung für die BRArbeit geschaffen worden. Obwohl damit die Frage, ob auch BR in Betrieben mit **weniger als 200 ArbN** einen Freistellungsanspruch haben können, an Bedeutung verloren hat, ist sie mit der Herabsetzung des untersten Schwellenwertes auf 200 Beschäftigte nicht abschließend beantwortet. Nach wie vor ist nicht auszuschließen, dass auch in kleineren Betrieben in einem Maße BRArbeit anfällt, die mit der Möglichkeit konkreter Arbeitsbefreiungen nach § 37 Abs. 2 nur unzureichend erledigt werden kann. Deshalb ist auch weiterhin in Fällen, in denen regelmäßig erforderliche Mehrarbeit des BR in einem bestimmten, einer Pauschalierung zugänglichen Mindestumfang anfällt, die Zulässigkeit jedenfalls einer pauschalierten Teilfreistellung, ggf. auch einer Vollfreistellung zu bejahen (vgl. zum bisherigen Recht BAG 2.4.1974 – 1 ABR 43/73, AP BetrVG 1972 § 37 Nr. 10; 13.11.1991 – 7 ABR 5/91, AP BetrVG 1972 § 37 Nr. 80; zust. DKKW/*Wedde* Rn. 15; ErfK/*Koch* Rn. 2; Richardi BetrVG/*Thüsing* Rn. 16; *Sturm* freigestellte BRMitgl. S. 46f.; *Gillen/Vahle* BB 2006, 2749; vgl. auch *Ottow* DB 1975, 646; **aA** HWGNRH/*Glock* Rn. 19f.). Da es auf die konkreten Umstände des einzelnen Betriebs ankommt, lassen sich Richtwerte nicht aufstellen (BAG 21.11.1978 972 § 37 Nr. 34). Die Einrichtung und Durchführung von Sprechstunden des BR nach § 39 oder die Wahrnehmung von Aufgaben im GesBR und oder EBR rechtfertigen für sich allein keine pauschale Teil- bzw. Vollfreistellung eines BRMitgl. (BAG 13.11.1991 – 7 ABR 5/91, AP BetrVG 1972 § 37 Nr. 80; LAG RhPf 16.7.2015 – 5 TaBV 5/15, ArbR 2015, 588). Zu den Anforderungen dazu → Rn. 22 und 23. 25

Ist ein freigestelltes BRMitgl. zeitweilig verhindert, so hat der BR, wenn dies für die ordnungsmäßige Durchführung seiner Aufgaben erforderlich ist, auf Grund der allgemeinen Regelung des § 37 Abs. 2 Anspruch auf **Ersatzfreistellung** eines anderen BRMitgl. (BAG 22.5.1973 – 1 ABR 26/72, AP BetrVG 1972 § 38 Nr. 1; 9.7.1997 – 7 ABR 18/96, AP BetrVG 1972 § 38 Nr. 23; DKKW/*Wedde* Rn. 23f.; GK-BetrVG/*Weber* Rn. 49; Richardi BetrVG/*Thüsing* Rn. 20; *Schneider* AiB 1999, 308, der den Anspruch unmittelbar auf § 38 Abs. 1 stützt; **aA** HWGNRH/*Glock* Rn. 17). Der BR ist in diesem Falle nicht darauf beschränkt, sich lediglich mit Arbeitsbefreiungen aus konkretem Anlass nach § 37 Abs. 2 zu begnügen. Die Notwendigkeit einer Ersatzfreistellung ist durch konkrete Gründe näher darzulegen (BAG 9.7.1997 – 7 ABR 18/96, AP BetrVG 1972 § 38 Nr. 23). Zur Wahl der ersatzweise Freizustellenden → Rn. 47ff. 26

Ob in jedem Falle sofort eine völlige Ersatzfreistellung eines anderen BRMitgl. notwendig ist, lässt sich nicht generell, sondern nur unter Berücksichtigung der konkreten Gegebenheiten des Einzelfalles beurteilen. Zu berücksichtigen sind hierbei insbes. die Dauer der Verhinderung des freigestellten BRMitgl., die Anzahl der freigestellten BRMitgl. sowie Art, Organisation und räumliche Lage der einzelnen Betriebsstätten sowie die Arbeitszeit des Betriebs (zB Schichtbetrieb). Im Allgemeinen dürfte jedenfalls in größeren Betrieben, in denen mehrere BRMitgl. freigestellt sind, nicht bereits jede kurzfristige Verhinderung eines freigestellten BRMitgl. den BR 27 berechtigen, für die Dauer der Verhinderung ein anderes seiner Mitgl. völlig von der Arbeit freizustellen. Vielmehr ist davon auszugehen, dass der Gesetzgeber bei der Aufstellung der Mindeststaffel des Abs. 1 solche üblichen kurzfristigen Fehlzeiten, die bei jedem ArbN einmal vorkommen, mit berücksichtigt hat (BAG 22.5.1973 – 1 ABR 10/73, AP BetrVG 1972 § 37 Nr. 2; 9.7.1997 – 7 ABR 18/96, AP BetrVG 1972 § 38 Nr. 23; ErfK/*Koch* Rn. 3; GK-BetrVG/*Weber* Rn. 48; Richardi BetrVG/*Thüsing* Rn. 20f., SWS Rn. 34; **aA** DKKW/*Wedde* Rn. 23; *Schneider* AiB 1999, 308). Etwas anderes kann jedoch in kleineren Betrieben gelten, in denen nur ein oder zwei BRMitgl. freigestellt sind, oder wenn mehrere Freigestellte gleichzeitig verhindert sind (insoweit zutr. DKKW/*Wedde* Rn. 23f.). In jedem Fall besteht stets die Möglichkeit einer vorübergehenden, aus konkretem Anlass notwendig werdenden Arbeitsbefreiung eines BRMitgl. nach § 37 Abs. 2.

2. Anderweitige Regelungen durch Tarifvertrag oder Betriebsvereinbarung

28 Durch Abs. 1 S. 5, nach dem durch TV oder BV **anderweitige Regelungen** über die Freistellung vereinbart werden können, wird die Möglichkeit eröffnet, anstelle der gesetzlichen eine anderweitige pauschalierte Regelung der Freistellung festzulegen. Wie sich aus der Stellung des S. 5 ergibt, können die anderweitigen Regelungen sowohl die Zahlen und Schwellenwerte der S. 1 u. 2 als auch die Voraussetzungen und Modalitäten von Teilfreistellungen betreffen. So ist es zB möglich, auch für Betriebe unter 200 ArbN eine pauschalierte völlige oder teilweise Freistellung von BRMitgl. zu vereinbaren oder für die Anzahl der Freizustellenden andere Anknüpfungspunkte als die ArbNZahl des Betriebes festzulegen, zB die Zahl der BRMitgl. oder der Betriebsbereiche bei zersplitterter Betriebsstruktur (DKKW/*Wedde* Rn. 25f.; GK-BetrVG/*Weber* Rn. 43; Richardi BetrVG/*Thüsing* Rn. 23f.). Ferner kann eine Höchstzahl der zulässigen Teilfreistellungen oder festgelegt werden, dass Teilfreistellungen auf jeden Fall einen bestimmten zeitlichen Umfang haben müssen. Auch können nähere Regelungen über die Lage von Teilfreistellungen getroffen werden (→ Rn. 14). Dazu gehört auch, die Möglichkeit der teilweisen Freistellung grds. einzuschränken (LAG Bbg 4.3.2003 – 2 TaBV 22/02, BeckRS 2003, 30798175, in dem zu entscheidenden Fall war nach einem TV nur die vollständige Freistellung eines teilzeitbeschäftigten BRMitgl. als Teilfreistellung zulässig; **aA** *Greßlin* BR-Mitglieder S. 206f., soweit die vollständige Freistellung eines teilzeitbeschäftigten BRMitgl. ausgeschlossen wird).

29 Die anderweitige Regelungsbefugnis durch TV oder BV bezieht sich – wie sich aus ihrer Stellung in Abs. 1 ergibt – nur auf die in den vorherigen Sätzen des Abs. 1 angesprochenen Angelegenheiten, **nicht** jedoch auf eine **abweichende Regelung des Freistellungsverfahrens** nach Abs. 2 und des dort geregelten Minderheitenschutzes. Das gesetzliche Freistellungsverfahren bleibt vielmehr auch bei Vereinbarung einer über das Gesetz hinausgehenden Anzahl von Freistellungen maßgebend mit der Folge, dass die zusätzlichen Freistellungen zusammen mit den Mindestfreistellungen vorzunehmen sind (LAG Nds 10.10.2011 – 9 TaBV 32/11, BeckRS 2011, 78638 mit zust. Anm. *Wolmerath;* DKKW/*Wedde* Rn. 29; ErfK/*Koch* Rn. 5; *Engels/Natter* BB 1989 Beil. 8, 23).

30 Im Hinblick auf den allgemeinen Begriff „anderweitig" (nicht „weitergehend") können TV oder BV auch **eine geringere Zahl von Freistellungen** als die Staffel des G festlegen (BAG 11.6.1997 – 7 ABR 5/96, AP BetrVG 1972 § 38 Nr. 22; LAG BW 14.12.2016 – 4 TaBV 10/16, AiB 2017, 46; GK-BetrVG/*Weber* Rn. 44; ErfK/*Koch* Rn. 5; Richardi BetrVG/*Thüsing* Rn. 23; Schaub/*Koch* § 221 Rn. 24; *Zimmermann* DB 2014, 2591 [2593]; *Busch* DB 1996, 326; **aA** *Weiß/Weyand* BetrVG Rn. 5; DKKW/*Wedde* Rn. 28). Allerdings darf sich der BR mit einer geringeren Zahl von Freistellungen als der gesetzlichen Regelung dann nicht einverstanden erklären, wenn damit die ordnungsgemäße Durchführung seiner Aufgaben nicht mehr

gewährleistet ist (so auch LAG BW 14.12.2016 – 4 TaBV 10/16, AiB 2017, 46). Dies würde eine Verletzung seiner gesetzlichen Pflichten darstellen. Nicht zulässig ist es, eine Freistellung von BRMitgl. ganz auszuschließen; denn dies stellt keine anderweitige Regelung der Freistellung dar (DKKW/*Wedde* Rn. 29; GK-BetrVG/*Weber* Rn. 45; Richardi BetrVG/*Thüsing* Rn. 23; WPK/*Kreft* Rn. 13; HWGNRH Rn. 26; *Zimmermann* DB 2014, 2591 [2593]). Eine Verringerung der Zahl der Freizustellenden ist zulässig in den Grenzen des Rechtsmissbrauchs. Rechtsmissbräuchlich ist sie insb. dann, wenn sie dazu dienen soll, die im BR vertretene Minderheit von mögl. Freistellungen auszuschließen (LAG BW 14.12.2016 – 4 TaBV 10/16, AiB 2017, 46; BAG 11.6.1997 – 7 ABR 5/96, NZA 1997, 1301; WPK/*Kreft* Rn. 13).

Die BV über eine anderweitige Regelung der Freistellung kann nur **freiwillig** abgeschlossen und nicht über die E-Stelle gegen den Willen eines der Betriebspartner erzwungen werden (ErfK/*Koch* Rn. 5; HWGNRH/*Glock* Rn. 27; Richardi BetrVG/*Thüsing* Rn. 22). Eine anderweitige Regelung durch TV kann dagegen zulässigerweise Gegenstand eines Arbeitskampfes sein, da es sich um eine nach § 4 Abs. 1 TVG zulässige normative betriebsverfassungsrechtliche Regelung handelt (DKKW/*Wedde* Rn. 27; WPK/*Kreft* Rn. 13; HWGNRH/*Glock* Rn. 26; **aA** ErfK/*Koch* 5; GK-BetrVG/*Weber* Rn. 42; Richardi BetrVG/*Thüsing* Rn. 22; *Gillen/Vahle* BB 2006, 2749). 31

Besteht eine anderweitige tarifvertragliche Regelung über die Freistellung, so ist eine BV insoweit zulässig, als sie eine **weitergehende Freistellungsregelung** als der Tarifvertrag enthält. § 77 Abs. 3 findet keine Anwendung, da es sich bei der Freistellung nicht um die Regelung von Arbeitsbedingungen, sondern um eine betriebsverfassungsrechtliche Regelung handelt (DKKW/*Wedde* Rn. 30; ErfK/*Koch* Rn. 5; GK-BetrVG/*Weber* Rn. 45; Richardi BetrVG/*Thüsing* Rn. 25). Eine BV mit einer ungünstigeren Freistellungsregelung, als der TV sie vorsieht, ist nicht zulässig, da der TV gegenüber der BV die höherrangige Norm ist. Etwas anderes gilt nur, wenn der TV eine diesbezügliche Öffnungsklausel enthält. 32

Besteht eine anderweitige Regelung der Freistellung durch TV oder BV, so ist davon auszugehen, dass der BR an die in der entsprechenden Vereinbarung getroffene Regelung **gebunden** ist. In diesem Falle hat er grds. keinen Anspruch auf weitergehende Freistellungen (DKKW/*Wedde* Rn. 31; ErfK/*Koch* Rn. 5; GK-BetrVG/*Weber* Rn. 46; Richardi BetrVG/*Thüsing* Rn. 26). Dies gilt in den Grenzen des Rechtsmissbrauchs auch für den neuen BR (LAG BW 14.12.2016 – 4 TaBV 10/16, AiB 2017, 46). Der Anspruch auf Arbeitsbefreiung aus konkretem Anlass nach § 37 Abs. 2 bleibt jedoch unberührt. 33

3. Wahl der freizustellenden Betriebsratsmitglieder

a) Allgemeines

Die Wahl erfolgt durch die BRMitgl. auf einer ordnungsgemäß einberufenen BR-Sitzung. Ist ein BRMitgl. verhindert, nimmt das nachrückende ErsMitgl. an der Wahl teil. 34

Freigestellt werden können **nur BRMitgl.** Die Freistellung anderer ArbN des Betriebs ist nicht zulässig. Auch bei **ErsMitgl.** kommt eine Freistellung erst in Betracht, wenn sie gem. § 25 für ein BRMitgl. in den BR **nachgerückt** sind (DKKW/*Wedde* Rn. 4; ErfK/*Koch* Rn. 6; HWGNRH/*Glock* Rn. 9). 35

IÜ bestehen – im Gegensatz zum bisherigen Recht, das zwingend die Berücksichtigung der im BR vertretenen Gruppen vorsah – keine gesetzlichen Vorgaben über die freizustellenden BRMitgl. Auch eine Berücksichtigung der im BR vertretenen Geschlechter ist nicht vorgeschrieben (so auch *Greßlin* BR-Mitglieder S. 223). Derartige Gesichtspunkte zu berücksichtigen, bleibt denjenigen vorbehalten, die Wahlvorschläge unterbreiten. Gleiches gilt für die Wahl der freizustellenden BRMitgl. in den Postnachfolgeunternehmen, soweit Beamte im BR vertreten sind. Anders als für die 36

Wahl des BR sieht § 26 PostPersRG keine für die Gruppe der Beamten vergleichbare Sonderregelung für die Wahl der freizustellenden BRMitgl. vor; eine analoge Anwendung des § 26 Nr. 1 PostPersRG kommt mangels Regelungslücke nicht in Betracht (so auch – BAG 20.6.2018 – 7 ABR 48/16, NZA 2018, 1633). Den im BR vertretenen Beamten ist es unbenommen iRd Verhältniswahl eine eigenständige Liste aufzustellen.

37 Die Wahl erfolgt auf Grund von **Wahlvorschlägen.** Das Recht, Wahlvorschläge einzureichen, steht nur den BRMitgl. zu, nicht den ErsMitgl. des BR, solange sie noch nicht in den BR nachgerückt sind. Ein bestimmtes Mindestquorum für einen gültigen Wahlvorschlag ist nicht vorgeschrieben, so dass auch ein einziges Mitgl. einen Wahlvorschlag unterbreiten und sich selbst vorschlagen kann. Ein gültiger Wahlvorschlag liegt auch vor, wenn er weniger Bewerber enthält, als Freistellungen vorzunehmen sind. Die BRMitgl. sind in ihrem Vorschlagsrecht frei. Es besteht insbes. keinerlei Bindung in Bezug auf eine listenmäßige Zusammengehörigkeit bei der BRWahl. Vielmehr können sich für die Wahl der Freizustellenden andere „Koalitionen" oder Verbindungen zu einem oder mehreren Wahlvorschlägen zusammen tun (DKKW/*Wedde* Rn. 43; *Greßlin* BR-Mitglieder S. 208, 219f.). Bei jedem Wahlvorschlag ist klarzustellen, ob es sich um einen gesonderten Wahlvorschlag oder um die Ergänzung eines bereits vorliegenden anderen Wahlvorschlags (Wahlvorschlagsliste) handelt. Denn im ersteren Falle erfolgt die Wahl als Verhältniswahl, im zweiten Falle als Mehrheitswahl, wenn die Vorschlagsliste der einzige Wahlvorschlag bleibt. Im Zweifelsfall ist von einem gesonderten Wahlvorschlag auszugehen (ArbG Hamburg 15.9.1998 – 3 BV 5/98, AiB 1999, 42).

38 Die Kandidatur zur Freistellung setzt ebenso wie die Freistellung selbst (→ Rn. 70) das **Einverständnis** des vorgeschlagenen BRMitgl. voraus (BAG 11.3.1992 – 7 ABR 50/91, AP BetrVG 1972 § 38 Nr. 11; Richardi BetrVG/*Thüsing* Rn. 33; *Greßlin* BR-Mitglieder S. 208; *Sturm* freigestellte BRMitgl. S. 29; **aA** GK-BetrVG/*Weber* Rn. 54; DKKW/*Wedde* Rn. 4, wonach die Einverständniserklärung auch noch nach der Wahl erfolgen kann). Denn die BRMitgl. dürfen nicht im Unklaren darüber gelassen werden, ob sie jemandem ihre Stimme geben, der überhaupt nicht für eine Kandidatur zur Verfügung steht. Der BRVors. hat deshalb die Bereitschaft der vorgeschlagenen Bewerber zur Freistellung festzustellen. Ist ein vollzeitbeschäftigtes BRMitgl. nur zur Teilfreistellung bereit, hat er dies klarzustellen; Entsprechendes gilt für ein teilzeitbeschäftigtes BRMitgl. Zur Möglichkeit eines nachträglichen Widerrufs des Einverständnisses → Rn. 70.

39 Die freizustellenden BRMitgl. werden in **geheimer Wahl** bestimmt. Das gilt sowohl im Fall der Verhältniswahl als auch der Mehrheitswahl, da Abs. 2 S. 2 nur eine Abweichung von der Verhältniswahl, nicht jedoch von dem Grundsatz der geheimen Wahl zum Inhalt hat (GK-BetrVG/*Weber* Rn. 62). Nähere Regelungen über die Durchführung der Wahl enthält das Gesetz nicht. Insoweit gelten die allgemeinen Grundsätze einer geheimen Abstimmung. Erforderlich ist stets die Verwendung von Stimmzetteln, die so gestaltet sein müssen, dass sie keine Identifizierung des Wählers zulassen. Mangels näherer Regelungen über die Gestaltung des Stimmzettels ist im Interesse, einen zu großen Formalismus zu vermeiden, eine den jeweiligen Umständen gerecht werdende Regelungsfreiheit anzuerkennen. Hierbei muss allerdings die Wahrung des Wahlgeheimnisses gesichert bleiben. Dies ist anzunehmen, wenn die Kennzeichnung des Stimmzettels in einer einfachen Weise erfolgt, die keinen Rückschluss auf den Wähler zulässt. So dürften zB gegen die Durchführung der Wahl in der Weise, dass drei eingereichte Vorschlagslisten mit I, II und III bezeichnet werden und jedes BRMitgl. auf einem leeren Stimmzettel die Nr. der Liste aufschreibt, die es wählen will, keine Bedenken bestehen. In diesem Falle dürfte die Möglichkeit eines Rückschlusses auf den Wähler aus dem Schriftbild und damit eine Verletzung des Grundsatzes der geheimen Wahl ausgeschlossen sein. Der Vors. des BR, dem die Leitung der Wahl obliegt, hat dafür zu sorgen, dass den BRMitgl. eine geheime Abstimmung möglich ist.

Die Durchführung der Wahl und ihr Ergebnis sind mit Angabe der erreichten Stimmenzahlen in der Sitzungsniederschrift festzuhalten. 40

b) Wahlgrundsätze

Die Wahl erfolgt grds. in einem einheitlichen Wahlgang. Dies gilt auch dann, wenn der BR sich sowohl für Voll- als auch Teilfreistellungen entschieden hat (so auch *Greßlin* BR-Mitglieder S. 216). Unzulässig ist auch, zunächst die Freistellung des Vors. und seines Vertr. und danach in einem weiteren Wahlgang die anderen freizustellenden BRMitgl. zu wählen (LAG Düsseldorf 7.6.2016 – 14 TaBV 17/16, ZTR 2016, 666 – anhängig BAG 7 ABR 48/16; LAG Nürnberg 17.12.1990 – 7 TaBV 16/90, LAGE § 38 BetrVG 1972 Nr. 5; aber → Rn. 44). Für eine wirksame Wahl ist erforderlich, dass mindestens die Hälfte der BRMitgl. an der Wahl teilnimmt; denn nur dann ist der BR beschlussfähig. Das Erfordernis der Beschlussfähigkeit muss auch bei organisatorischen Akten des BR erfüllt sein, für die eine förmliche Wahl vorgeschrieben ist (→ § 33 Rn. 16; GK-BetrVG/*Weber* Rn. 61). 41

Die Wahl erfolgt, wenn mehrere Wahlvorschläge (Listen) zur Abstimmung stehen, nach den Grundsätzen der **Verhältniswahl.** Die Verhältniswahl ist eine Listenwahl. Bei ihr kann der Wähler nur eine der zur Wahl stehenden Liste als solche wählen (zur Verhältniswahl allgemein → § 14 Rn. 22ff.). Ob nur eine Liste oder mehrere Listen zur Wahl stehen, hängt davon ab, ob sich die BRMitgl. auf die Vorlage nur eines Wahlvorschlages verständigen bzw. die Vorlage nur einer Liste akzeptieren, oder ob sie mehrere konkurrierende Wahlvorschläge zur Wahl stellen. Das G enthält über die Durchführung der Verhältniswahl bei Freistellungen keine näheren Regelungen. Entsprechend den Regelungen in den §§ 5 u. 15 der WO, die bei der Verteilung der BRSitze auf die Geschlechter und die Verteilung der in Verhältniswahl gewählten BRMitgl. das **d'Hondtsche Höchstzahlensystem** vorschreiben, ist dieses System auch bei der Wahl der in Verhältniswahl freizustellenden BRMitgl. anzuwenden (BAG 11.3.1992 – 7 ABR 50/91, AP BetrVG 1972 § 38 Nr. 11; DKKW/*Wedde* Rn. 43; *Löwisch/Kaiser* Rn. 15). IÜ ist der BR bei der Ausgestaltung des Wahlverfahrens frei und kann im Rahmen seiner Geschäftsordnung nähere Regelungen über die Wahl der freizustellenden BRMitgl. treffen (→ § 36 Rn. 7; so auch GK-BetrVG/*Weber* Rn. 60). Dies bietet sich hinsichtlich der Wahl von Voll- und Teilfreistellungen an. 42

Nach dem d'Hondtschen System bestimmen sich die gewählten Freizustellenden nach den **Höchstzahlen,** die auf die einzelnen Listen entfallen (→ § 14 Rn. 25f.). Der BRVors. hat als Leiter der Wahl auf Grund der Höchstzahlen festzustellen, welche Bewerber der einzelnen Listen gewählt sind (vgl. § 15 WO). Maßgebend ist hierbei die Reihenfolge, in der die Bewerber auf den Listen stehen (→ § 14 Rn. 24f.). Die Geschlechterzugehörigkeit ist unbeachtlich, da diese bei der Freistellung keine Rolle spielt. Weist eine Liste weniger Bewerber auf; als ihr nach den erreichten Höchstzahlen Freistellungen zustehen, sind die überschüssigen Freistellungen entsprechend den folgenden Höchstzahlen aus den anderen Listen zu bestimmen. Hat der BR sowohl **Voll- als auch Teilfreistellungen** beschlossen (→ Rn. 13) und in der Geschäftsordnung keine näheren Regelungen über die Wahl getroffen (→ Rn. 42), so richten sich die auf die Listen zu verteilenden Höchstzahlen nach der Anzahl der tatsächlich freizustellenden Personen (Beispiel: dem BR stehen nach Abs. 1 drei Vollfreistellungen zu; entscheidet er sich stattdessen zu zwei Voll- und zwei Teilfreistellungen, so sind danach insg. vier Höchstzahlen zu verteilen; so auch WPK/*Kreft* Rn. 18; **aA** LAG Bbg 4.3.2003 – 2 TaBV 22/02, BeckRS 2003, 30798175; LAG BW 25.4.2013 – 21 TaBV 7/12, wonach bei Aufteilung einer Vollfreistellung auf mehrere Teilfreistellungen derjenigen Liste die Teilfreistellungen zusteht, der auch die Vollfreistellung zugestanden hätte; iErg ebenso HaKo-BetrVG/*Wolmerath* Rn. 8; KRHS Rn. 4; DKKW/*Wedde* Rn. 21; *Ratayczak* AiB 2010, 296 [298]; GK-BetrVG/*Weber* Rn. 60; *Greßlin* BR-Mitglieder S. 216f., 220 der die Verteilung nicht anhand der tatsächlich freizustellenden Personenzahl vornimmt, sondern davon ausgeht, dass 43 die Teilfreistellungen einheitlich der Wahlliste zustehen, welche ansonsten die aufgeteilte Vollfreistellung erhalten hätte, dementsprechend seien die Teilfreizustellenden in der Wahlliste unmittelbar hintereinander zu platzieren). Die Verteilung der Freistellungen auf den einzelnen Listen kann mangels anderweitiger Regelungen im Grundsatz in Anlehnung an § 15 WO erfolgen. Da die zur Wahl stehenden BRMitgl. bereits vor der Wahl entschieden haben sollen, ob sie nur für eine Teilfreistellung zur Verfügung stehen (→ Rn. 38), sollte dies auf den Listen entspr. vermerkt werden. Soweit das LAG BW (25.4.2013 – 21 TaBV 7/12) dabei mit dem Minderheitenschutz argumentiert, ist dies nicht zwingend stringent. Ob die Minderheit im BR tatsächlich eine Freistellung – auch in Bezug auf eine Vollfreistellung – erhalten kann, hängt von den konkreten Verhältnissen im BR ab. Die Aufteilung in Teilfreistellungen und Verteilung der sich daraus ergebenden Anzahl an Freistellungen (im obigen Beispiel sind statt zwei vier Höchstzahlen zu verteilen) kann für die Minderheit auch eine Chance bieten, eine oder ggf. mehrere Freistellungen zu erhalten, die sie nicht erhalten würde, wenn die Verteilung der Höchstzahlen auf die Listen ausschließlich anhand der dem BR zustehenden Anzahl von Vollfreistellungen vorzunehmen wäre.

Beispiel:

Einem 15-köpfigen BR stehen nach Abs. 1 drei Freistellungen zu. Er beschließt stattdessen zwei BRMitgl. vollfreizustellen sowie zwei weitere teilfreizustellen. Wie bereits in → Rn. 43 ausgeführt sind nicht drei sondern insgs. vier Höchstzahlen auf die Listen zu verteilen. Es sind zwei Listen aufgestellt worden. Die Liste I hat 9 Stimmen und die Liste II 6 Stimmen erhalten.

Liste I	Höchstz.	Liste II	Höchstz.
A Vollfreist.	**9**	E Vollfreist.	**6**
B Teilfreist.	**4,5**	F Vollfreist.	**3 (Los)**
C Vollfreist.	**3 (Los)**	G Teilfreist.	2
D Vollfreist.	2,25		

Gewählt sind von Liste I A (Vollfreist.) und B (Teilfreist.). Von Liste II ist E (Vollfreist.) gewählt. Über die zweite noch offene Teilfreist. entscheidet das Los, da beide Listen die gleiche Höchstzahl (3) besitzen. Fällt das Los auf die Liste II ist zunächst F zu fragen, ob er auch bereit ist anstelle einer Vollfreistellung eine Teilfreist. anzunehmen. Lehnt dieser eine Teilfreist. ab, geht diese auf den nächsten nach ihm aufgeführten Bewerber G, der sich ausschließlich für eine Teilfreist. beworben hat, über. Das Losverfahren entfällt nicht bereits deshalb, weil die Liste I keinen Kandidaten mehr für eine Teilfreist. aufweist. Wenn nicht bereits vorher definitiv feststeht, dass die Kandidaten ausschließlich für eine Vollfreistellung kandidieren, besteht die Möglichkeit, dass sie auch eine Teilfreistellung annehmen. Erst wenn diese eine Teilfreistellung ablehnen, ginge, wenn das Los auf die Liste I gefallen wäre, die Freistellung auf die Liste II über. Folgte man dem Lösungsansatz von LAG Bbg und *Greßlin* BR-Mitglieder S. 216 f., 220, wären im Beispielsfall nur drei Höchstzahlen zu vergeben mit der Folge, dass zwei auf die Liste I und eine auf die Liste II entfielen. Aber welche Liste bekommt danach nun die eigentlich gewollten zwei Teilfreistellungen anstelle der Vollfreistellung? Nach *Greßlin* (BR-Mitglieder S. 220) wohl diejenige Liste, auf die entsprechend dem d'Hondtschen Höchstzahlensystem die gedanklich zu vergebende Vollfreistellung auf den ersten der in der Liste platzierten Teilfreizustellenden entfällt (bereitet praktische Probleme, wenn auf den zu vergebenden Plätzen nach d'Hondt nur „Vollzeitbewerber" stehen – diese könnten jedoch nach Befragung reduzieren). Geht man von dem Grundsatz aus, die zuletzt vergebene Höchstzahl gibt den Ausschlag, bekäme die Liste I die beiden Teilfreistellungen mit der Konsequenz, dass die Liste I insgesamt drei Personen freistellen kann und die Liste II nur eine.

44 Wird nur eine Vorschlagsliste eingereicht, so erfolgt die Wahl als **Mehrheitswahl.** Gleiches gilt, wenn nur ein BRMitgl. freizustellen ist (Abs. 2 S. 2). Gewählt sind der bzw. die Bewerber, die die meisten Stimmen erhalten haben. Da das Gesetz keine Regelung enthält, in welcher Weise die Mehrheitswahl zu erfolgen hat, steht es dem BR frei, die Wahl in Form von getrennten Wahlgängen oder in einem gemeinsamen Wahlgang durchzuführen (DKKW/*Wedde* Rn. 44; **aA** *Greßlin* BR-Mitglieder S. 216). Hier gilt das Gleiche wie bei der Wahl der weiteren Mitgl. des BetrAusschus-

ses (→ § 27 Rn. 25 ff.; die dortigen Ausführungen gelten entsprechend). Insbes. kann die Wahl in Form getrennter Wahlgänge stattfinden (→ § 27 Rn. 26). Im unter → Rn. 43 gebildeten Beispielsfall wären das maximal vier Wahlgänge.

c) Beratung mit dem Arbeitgeber

Der Wahl der freizustellenden BRMitgl. hat eine **Beratung** mit dem ArbGeb. vorauszugehen. Die Beratung hat mit dem **gesamten BR** zu erfolgen. Eine Beratung nur einzelner BRMitgl. mit dem ArbGeb. genügt nicht (BAG 29.4.1992 – 7 ABR 74/91, AP BetrVG 1972 § 38 Nr. 15; GK-BetrVG/*Weber* Rn. 55; HWGNRH/*Glock* Rn. 32; DKKW/*Wedde* Rn. 39; Richardi BetrVG/*Thüsing* Rn. 29). Die Beratung hat in einer ordnungsgemäß einberufenen BRSitzung stattzufinden, weil nur so Vollzähligkeit und angemessene Vorbereitung gewährleistet ist (DKKW/*Wedde* Rn. 38; GK-BetrVG/*Weber* Rn. 55; ErfK/*Koch* Rn. 7; WPK/*Kreft* Rn. 15; Richardi BetrVG/*Thüsing* Rn. 29). Die Beratung dient dem Zweck, dem ArbGeb. vor der Wahl Gelegenheit zu geben, etwaige aus betrieblichen Gründen bestehende Bedenken gegen die Freistellung bestimmter BRMitgl. erheben zu können (so auch BAG 22.11.2017 – 7 ABR 26/16, NZA 2018, 523; 21.2.2018 – 7 ABR 54/16, NZA 2018, 951). Da der BR gültig eingereichte Wahlvorschläge von sich aus nicht ändern kann, richtet sich die Beratung in erster Linie an diejenigen, die Wahlvorschläge einreichen. Die Vorschlagsberechtigten sind zwar aus dem Gesichtspunkt der vertrauensvollen Zusammenarbeit gehalten, die Bedenken des Arbeitgebers zu würdigen. Letztlich sind die BRMitgl. jedoch sowohl hinsichtlich ihres Wahlvorschlagsrechts als auch ihrer Wahlentscheidung frei (so auch BAG 22.11.2017 – 7 ABR 26/16, NZA 2018, 523; 21.2.2018 – 7 ABR 54/16, NZA 2018, 951; DKKW/*Wedde* Rn. 34, 38; ErfK/*Koch* Rn. 7; HWGNRH/*Glock* Rn. 32). Allerdings ist je nach der Gewichtigkeit der Einwände nicht auszuschließen, dass der ArbGeb. die E-Stelle anruft, wenn seine Einwände unberücksichtigt bleiben (→ Rn. 61 f.). Abzulehnen ist daher die Auffassung von *Greßlin* BR-Mitglieder S. 219, der eine der Wahl vorausgehende Beratung mit dem ArbGeb. für sinnlos und damit nicht erforderlich erachtet, da das Ob und der Umfang von Teilfreistellungen erst nach der Wahl feststünden. 45

Unterbleibt die Beratung mit dem ArbGeb., so führt dies **nicht zur Unwirksamkeit der Freistellungswahl** (BAG 22.11.2017 – 7 ABR 26/16, NZA 2018, 523; 21.2.2018 – 7 ABR 54/16, NZA 2018, 951; LAG Nürnberg 19.11.1997 – 4 TaBV 15/96, BB 1998, 427; GK-BetrVG/*Weber* Rn. 57; DKKW/*Wedde* Rn. 40; ErfK/*Koch* Rn. 7; *Weiß/Weyand* BetrVG Rn. 12; MHdB ArbR/*Krois* § 295 Rn. 135; HWGNRH/*Glock* Rn. 34; **aA** SWS Rn. 22; *Böhm* DB 1974, 725; *Becker/Schaffner* BB 1982, 500; *Busch* DB 1996, 327;). Sie führt auch nicht zur **Anfechtbarkeit** der Wahl (BAG 22.11.2017 – 7 ABR 26/16, NZA 2018, 523; 21.2.2018 – 7 ABR 54/16, NZA 2018, 951; WPK/*Kreft* Rn. 15; **aA** LAG Bln 19.6.1995 – 9 TaBV 1/95, BB 1995, 2328; DKKW/*Wedde* 40; Schaub/*Koch* § 221 Rn. 27; *Sturm* freigestellte BRMitgl. S. 29). Die Beratungspflicht dient allein dem Schutz der Arbeitgeberbelange; diese sind durch die Möglichkeit der Anrufung der Einigungsstelle nach Abs. 2 S 4 in ausreichendem Maß geschützt (BAG 22.11.2017 – 7 ABR 26/16, NZA 2018, 523; 21.2.2018 – 7 ABR 54/16, NZA 2018, 951; WPK/*Kreft* Rn. 15; Aufgabe der Auffassung in der 29. Aufl.). Ein grundsätzlich anfechtungsberechtigtes BRMitgl. kann sich daher hierauf nicht berufen. Eine offensichtlich grundlose oder böswillige Unterlassung der Beratung kann jedoch als ein grober Verstoß gegen die dem BR obliegenden gesetzlichen Verpflichtungen iSd § 23 Abs. 1 angesehen werden (DKKW/*Wedde* Rn. 40; GK-BetrVG/*Weber* Rn. 57; WPK/*Kreft* Rn. 16). 46

4. Ersatzfreistellungen

Der BR hat im Falle der Verhinderung eines freigestellten BRMitgl. im allgemeinen Anspruch auf **Ersatzfreistellung** eines anderen BRMitgl. (→ Rn. 26 f.). Das 47

Gleiche gilt für den Fall, dass ein freigestelltes BRMitgl. diese Funktion niederlegt oder aus dieser Funktion abberufen wird (→ Rn. 70 ff.). Die frühzeitige Wahl von BRMitgl., die anstelle des verhinderten oder aus der Funktion eines freigestellten ausgeschiedenen BRMitgl. freizustellen sind, ist deshalb nicht nur zulässig, sondern vielfach zweckmäßig, um stets die volle Zahl der Freizustellenden zur Erfüllung der BRArbeit zur Verfügung zu haben (DKKW/*Wedde* Rn. 60; GK-BetrVG/*Weber* Rn. 847 f.; WPK/*Kreft* Rn. 21; **aA** LAG Nürnberg 19.11.1997 – 4 TaBV 15/96, BB 1998, 427; Richardi BetrVG/*Thüsing* Rn. 49). Dies dürfte auch im Interesse des ArbGeb. sein, von vornherein zu wissen, welche BRMitgl. für eine Ersatzfreistellung vorgesehen sind.

48 Die Entscheidung, ob vorsorglich Ersatzfreistellungen vorgenommen werden sollen, trifft der BR durch Beschluss. Im Falle eines positiven Beschlusses gelten für die Wahl der hilfsweise Freizustellenden **dieselben Grundsätze** wie für die Wahl der ErsMitgl. des BetrAusschusses (→ § 27 Rn. 28 ff.). Denn ihre Wahl ist einerseits ebenso wenig wie deren Wahl ausdrücklich geregelt, andererseits stimmen die Grundsätze der Wahl der Mitgl. des BetrAusschusses mit den Wahlgrundsätzen für freizustellende BRMitgl. überein. Im Einzelnen gilt Folgendes:

49 Die Wahl von ErsMitgl. für Freizustellende ist **geheim.** Sie erfolgt durch den BR (→ § 27 Rn. 15, 30). Sind die Freizustellenden in **Mehrheitswahl** gewählt worden, erfolgt die Bestimmung der ErsMitgl. für Freigestellte in entsprechender Anwendung des § 25 Abs. 2 S. 3 (→ § 27 Rn. 31 ff. iVm → § 25 Rn. 30). Hierbei bleibt allerdings die dort vorgeschriebene Berücksichtigung der Geschlechter unbeachtet, da diese im Gegensatz zu BRWahl bei der Freistellung nicht vorgeschrieben ist. Im Falle der Mehrheitswahl der Freigestellten können die ersatzweise Freizustellenden auch durch eine gesonderte Mehrheitswahl bestimmt werden (→ § 27 Rn. 32). Auch hier ist auf die Frage Voll- oder Teilfreistellung zu achten.

50 Sind die Freizustellenden in **Verhältniswahl** gewählt worden, so sind ErsMitgl. in entspr. Anwendung des § 25 Abs. 2 S. 1 der Reihe nach die nicht gewählten Bewerber derjenigen Vorschlagslisten, denen das verhinderte oder aus der Freistellungsfunktion ausgeschiedene BRMitgl. angehört (BAG 14.11.2001 – 7 ABR 31/00, AP BetrVG 1972 § 38 Nr. 24; 25.4.2001 – 7 ABR 26/00, AP BetrVG 1972 § 25 Nr. 8; 16.3.2005 – 7 ABR 43/04, AP BetrVG 1972 § 28 Nr. 6; 20.4.2005 – 7 ABR 47/04, AP BetrVG 1972 § 38 Nr. 29; 21.2.2018 – 7 ABR 54/16, NZA 2018, 951; DKKW/*Wedde* Rn. 61; *Löwisch/Kaiser* Rn. 27; GK-BetrVG/*Weber* Rn. 86; WPK/*Kreft* Rn. 23; SWS Rn. 23a; *Greßlin* BR-Mitglieder S. 231 f.; **aA** LAG Bln 12.5.1995 – 16 TaBV 8/94, LAGE § 38 BetrVG 1972 Nr. 7; Richardi BetrVG/*Thüsing* Rn. 50). Auch hier bleibt allerdings die in § 25 Abs. 2 S. 1 vorgeschriebene Berücksichtigung der Geschlechter unberücksichtigt. Soll für ein aus der Freistellungsfunktion ausgeschiedenes BRMitgl. ein Ersatzmitgl. ermittelt werden, ist zu berücksichtigen, ob es sich bei dem ausgeschiedenen BRMitgl. um ein voll- oder teilfreigestelltes Mitgl. handelt.

51 Eine **gesonderte Wahl** der ErsMitgl. dh die Wahl einzelner BRMitgl. in Mehrheitswahl, ist bei einer Verhältniswahl grds. **nicht zulässig,** da sie den bei dieser Wahl bestehenden Listenschutz unterlaufen würde (so jetzt auch BAG 25.4.2001 – 7 ABR 26/00, AP BetrVG 1972 § 25 Nr. 8; 14.11.2001 – 7 ABR 31/00, AP BetrVG 1972 § 38 Nr. 24; 16.3.2005 – 7 ABR 43/04, AP BetrVG 1972 § 28 Nr. 6; 21.2.2018 – 7 ABR 54/16, NZA 2018, 951 jedoch begrenzt auf die Liste, dem das ausscheidende BRMitgl. angehört; ErfK/*Koch* Rn. 6; HWGNRH/*Glock* Rn. 42; **aA** LAG Bln 12.5.1995 – 16 TaBV 8/94, LAGE § 38 BetrVG 1972 Nr. 7; LAG Nürnberg 19.11.1997 – 4 TaBV 15/96, BB 1998, 427; *Weiß/Weyand* BetrVG Rn. 16; *Dänzer-Vanotti* ArbuR 1989, 209; → § 27 Rn. 37 f.). Die Gründe der Gegenmeinung **überzeugen nicht.** § 38 Abs. 2 S. 2 zweiter Halbsatz betrifft erkennbar nur den Fall, dass dem BR das Recht auf Freistellung nur eines Mitgl. zusteht. Eine entsprechende Anwendung dieser Vorschrift auf den hier zu erörternden Fall, in dem der BR Anspruch auf Freistellung mehrerer BRMitgl. hat, von denen jedoch nur eine vakant

und nachzubesetzen ist, verbietet sich, da dann die gesetzlichen Regelungen in sich unstimmig wären. Denn dann könnte der Minderheitenschutz des Verhältniswahlrechts ohne Änderung der bei der Freistellungswahl bestehenden Mehrheitsverhältnisse unterlaufen werden, wie folgendes **Beispiel** zeigt:

In einem 19-köpfigen BR werden für die 5 Freistellungen 2 Wahlvorschläge eingereicht. Der erste erhält 15 Stimmen, der zweite 4 Stimmen. Nach den d'Hondtschen Höchstzahlen (Liste 1: 15; 7,5; 5; 3,75; Liste 2: 4) entfallen auf die Liste 1 vier und auf die Liste 2 eine Freistellung. Die 15 Wähler der Liste 1 könnten jedoch das über die Liste 2 freigestellte BRMitgl. mit 15 zu 4 Stimmen, dh mit der erforderlichen qualifizierten Mehrheit, sofort abberufen, wozu keine Begründung erforderlich ist, und anschließend mehrheitlich einen Bewerber der Liste 1 als weiter freizustellendes BRMitgl. bestimmen.

Es kann dem Gesetzgeber schlechterdings nicht unterstellt werden, dass er den Minderheitenschutz auf der einen Seite durch Einführung der Verhältniswahl verstärken, auf der anderen Seite jedoch eine Regelung zulassen wollte, die bei gleich bleibenden Mehrheitsverhältnisse den neu geschaffenen Minderheitenschutz konterkariert. **51a**

Diese **Widersprüchlichkeit verschärft** sich, wenn man bedenkt, dass die Nachwahl eines Freizustellenden mit einfacher Stimmenmehrheit nicht nur bei der Abberufung eines Freigestellten gelten soll, sondern in allen anderen und sicherlich häufigeren Fällen, in denen die Freistellung eines BRMitgl. vorzeitig endet (zB Widerruf des Einverständnisses oder Ausscheiden aus dem BR). In diesen Fällen kommt dem Argument, der Minderheitenschutz werde durch die qualifizierte Mehrheit bei der Abberufung gewährleistet, keinerlei Bedeutung zu. Hier findet vielmehr überhaupt kein Minderheitenschutz mehr statt. Auch eine nur geringfügig schwächere Vorschlagsliste kann nach und nach leerlaufen, wenn die Freistellungen der über sie gewählten BRMitgl. zeitlich versetzt vorzeitig endet, und dies auch dann, wenn die sie tragenden BRMitgl. nach wie vor hinter dieser Liste stehen. So könnten in dem obigen Beispiel die Mehrheitsgruppe die nachträglichen Ersatzfreistellungen selbst dann mit einfacher Stimmenmehrheit jeweils für sich entscheiden, wenn die Liste 1 zehn Stimmen und die Liste 2 neun Stimmen erhalten hätten. Dies macht deutlich, dass eine Verquickung der verschiedenen Wahlsysteme Verhältniswahl und Mehrheitswahl bei der Wahl von Ersatzfreistellungen nicht zulässig ist. **52**

Ist die **Vorschlagsliste,** der das ausgeschiedene BRMitgl. bei der Freistellungswahl angehörte, **erschöpft,** ist in entsprechender Anwendung des § 25 Abs. 2 S. 2 der nunmehr Freizustellende aus der Vorschlagsliste zu entnehmen, auf die nach dem d'Hondtschen System die **nächste Höchstzahl** entfallen ist (ebenso DKKW/*Wedde* Rn. 61; *Sturm* freigestellte BRMitgl. S. 42 f.; *Wolff* SAE 2002, 98 [102ff.]; *Wolff* EWiR 2002, 649f.; **aA** BAG 21.2.2018 – 7 ABR 54/16, NZA 2018, 951; 14.11.2001 – 7 ABR 31/00, AP BetrVG 1972 § 38 Nr. 24; 25.4.2001 – 7 ABR 26/00, AP BetrVG 1972 § 25 Nr. 8; 16.3.2005 – 7 ABR 43/04, AP BetrVG 1972 § 28 Nr. 6, das den in der Verhältniswahl liegenden Listenschutz auf die einzelne Liste beschränkt mit der Folge, dass bei Erschöpfung der Liste die Wahl des ersatzweise Freizustellenden in Mehrheitswahl zu erfolgen hat; ebenso *Löwisch* BB 2001, 1743; *Löwisch/Kaiser* Rn. 27; GK-BetrVG/*Weber* Rn. 86; HWGNRH/*Glock* Rn. 42; ErfK/*Koch* Rn. 6; *Greßlin* BR-Mitglieder S. 232). Das BAG lehnt im Fall der Freistellungswahl nach § 38 die Anwendbarkeit des § 25 Abs. 2 S. 2 mit dem Hinweis ab, dass § 25 Abs. 2 S. 2 nicht dem Minderheitenschutz diene sondern ihn gerade aufgebe. Die diesbezüglichen Ausführungen des BAG überzeugen nicht. Es dürfte wohl keinem Zweifel unterliegen, dass in dem Fall, dass ein neugewählter BR die Freizustellenden in Verhältniswahl bestimmt und bei dieser Wahl eine Liste weniger Kandidaten enthält, als ihr nach dem Wahlergebnis Freistellungen zustehen, die überschüssigen Freistellungen aus den Listen vorzunehmen sind, auf die die folgenden Höchstzahlen entfallen (vgl. für die BRWahl § 15 Abs. 3 WO). Es sind keine Gründe ersichtlich, dass dies in entsprechender Anwendung des § 25 Abs. 2 S. 2 nicht auch **53** gelten soll, wenn eine Liste im Laufe der Amtszeit des BR nicht mehr die ausreichende Zahl von Kandidaten für eine ErsFreistellung aufweist. Eine Beeinträchtigung des Minderheitenschutzes ist nicht erkennbar: Ist die Liste der Mehrheitskoalition erschöpft geht die Freistellung auf die Minderheitsliste über, ist dagegen die Liste der Minderheitskoalition erschöpft geht die Freistellung auf die Mehrheitsliste über. Der vom BAG eingeschlagene Weg der isolierten Nachwahl in Form der Mehrheitswahl führt ebenfalls zu dem Ergebnis, dass bei Erschöpfung der Liste der Minderheitskoalition die Freistellung auf die Mehrheitskoalition übergeht. Die dazu verwandte Begründung, dass der Minderheitenschutz nur so weit reicht wie der Wahlvorschlag, trifft auch auf die Anwendung des § 25 Abs. 2 S. 2 zu, wobei die Anwendung des § 25 Abs. 2 S. 2 den Vorteil für die Minderheit hat, eine weitere Freistellung zu erhalten (→ § 27 Rn. 35, 35a zum Nachrücken von AusschussMitgl.).

54 Erst wenn auf keiner Liste mehr ein ErsKandidat für die offene Freistellung vorhanden ist, kann eine **isolierte Nachwahl** des ersatzweise freizustellenden BRMitgl. nach den Grundsätzen der **Mehrheitswahl** erfolgen (Aufgabe der gegenteiligen Auffassung in Fitting, 22. Aufl. 2004; ebenfalls für isolierte Nachwahl DKKW/*Wedde* Rn. 62; für isolierte Nachwahl aber bereits nach Erschöpfung der entspr. Vorschlagsliste BAG 28.10.1992 – 7 ABR 2/92, AP BetrVG 1972 § 38 Nr. 16; 25.4.2001 – 7 ABR 26/00, AP BetrVG 1972 § 25 Nr. 8; 14.11.2001 – 7 ABR 31/00, AP BetrVG 1972 § 38 Nr. 24; 16.3.2005 – 7 ABR 43/04, AP BetrVG 1972 § 28 Nr. 6; GK-BetrVG/*Weber* Rn. 86; *Löwisch/Kaiser* Rn. 27; *Greßlin* BR-Mitglieder S. 232f.; SWS Rn. 32f.; **aA** WPK/*Kreft* Rn. 23; *Wolff* SAE 2002, 98 [102ff.]; *Wolff* EWiR 2002, 649f., wonach in entspr. Anwendung des § 13 Abs. 2 Nr. 2 eine Neuwahl aller Freizustellenden vorzunehmen ist; dagegen hat nach Richardi BetrVG/*Thüsing* Rn. 50 im Fall der Verhältniswahl immer – ohne Zulassung der Möglichkeit des Nachrückens – Neuwahl aller freizustellender BRMitgl. zu erfolgen).

55 Eine **Ausnahme** von den Ausführungen in den → Rn. 51–53 ist allerdings für den Fall zu machen, dass **alle BRMitgl.** mit der Nachbesetzung einer vakanten Freistellung durch eine gesonderte Mehrheitswahl **einverstanden** sind (GK-BetrVG/*Weber* Rn. 80; Richardi BetrVG/*Thüsing* Rn. 50). Denn ein Verzicht auf den Minderheitenschutz der Verhältniswahl ist zulässig, was sich schon daraus ergibt, dass sich die BRMitgl. auf die Vorlage nur einer Vorschlagsliste und damit auf die Mehrheitswahl verständigen können.

55a Die unter den → Rn. 50–55 gemachten Ausführungen gelten in gleicher Weise für das Ausscheiden eines BRMitgl., welches eine **Teilfreistellung** inne hatte. Dieses jedoch mit der Besonderheit, dass nur ein BRMitgl. iSd § 25 Abs. 2 S. 1 u. 2 nachrücken kann, welches zur Übernahme einer Teilfreistellung bereit ist (sa Ausführungen unter → Rn. 45 zur Bestimmung des gewählten BRMitgl. für eine Teilfreistellung). Erst wenn kein BRMitgl. auf den Listen für eine Teilfreistellung mehr in Betracht kommt, kann eine isolierte Nachwahl dieser Freistellung in Form der Mehrheitswahl erfolgen (**aA** *Greßlin* BR-Mitglieder S. 234 der das Nachrücken auf die Liste begrenzt und bei Erschöpfung derselben bereits isolierte Nachwahl der Teilfreistellung für erforderlich hält). Stellt sich kein BRMitgl. für eine solche Teilfreistellung zur Verfügung kann der BR die Neuwahl aller Freistellungen beschließen.

56 Auch die Wahl der ErsMitgl. für freigestellte BRMitgl. ist mit dem ArbGeb. vor der Wahl zu beraten (→ Rn. 45f.).

5. Unterrichtung des Arbeitgebers, Einigungsstelle

57 Obwohl der BR durch Wahl bestimmt, welche BRMitgl. freigestellt werden sollen, erfolgt die **Freistellung selbst durch den ArbGeb.** (BAG 15.12.2011 – 7 ABR 65/10, NZA 2012, 519; BAG 23.5.2018 – 7 ABR 14/17, NZA 2018, 1281) Dies ergibt sich daraus, dass der ArbGeb. als Gläubiger des Anspruchs auf Arbeitsleistung allein befugt ist, generell auf die Erfüllung dieses Anspruchs zu verzichten (DKKW/*Wedde* Rn. 46; ErfK/*Koch* Rn. 8; GK-BetrVG/*Weber* Rn. 64; HWGNRH/

Glock Rn. 31; Richardi BetrVG/*Thüsing* Rn. 34). Vor Einverständniserklärung des ArbGeb. mit den beschlossenen Freistellungen dürfen die gewählten BRMitgl. ihrer beruflichen Tätigkeit nicht generell fernbleiben. Die Möglichkeit der Arbeitsbefreiung nach § 37 Abs. 2 besteht jedoch in jedem Fall.

Der ArbGeb. ist bei Vorliegen der gesetzlichen Voraussetzungen **verpflichtet,** die gewählten BRMitgl. freizustellen. Der Freistellungsanspruch kann ggf. durch eine **einstweilige Verfügung des ArbG** vorläufig gesichert werden. Handelt der ArbGeb. bewusst seiner Verpflichtung zur Freistellung zuwider, so kann dies eine grobe Pflichtverletzung iSv § 23 Abs. 3 darstellen; auch kann hierin eine nach § 119 Abs. 1 Nr. 2 strafbare Behinderung der BRArbeit liegen (DKKW/*Wedde* Rn. 46; GK-BetrVG/*Weber* Rn. 59; HWGNRH/*Glock* Rn. 31). 58

Der BR hat dem ArbGeb. **die Namen** der für die Freistellung vorgesehenen BRMitgl. **mitzuteilen.** Die Mitteilung erfolgt durch den BRVors. Stimmt der ArbGeb. ihrer Freistellung zu (was auch durch schlüssiges Verhalten geschehen kann), so sind die BRMitgl. nunmehr von ihrer beruflichen Tätigkeit freigestellt. Das Gleiche gilt, falls der ArbGeb. sich über zwei Wochen nach Bekanntgabe der Namen der Freizustellenden verschweigt (vgl. Abs. 2 S. 7). Nach widerspruchslosem Ablauf der Frist sind die betreffenden BRMitgl. berechtigt, ihrer Arbeit fernzubleiben und sich nur der BRArbeit zu widmen (DKKW/*Wedde* Rn. 45; HWGNRH/*Glock* Rn. 48; Richardi BetrVG/*Thüsing* Rn. 42; GK-BetrVG/*Weber* Rn. 67; MHdB ArbR/*Krois* § 295 Rn. 142; *Sturm* freigestellte BRMitgl. S. 31; **aA** *Dütz* DB 1976, 1434: ausdrückliche Freistellung durch ArbGeb. erforderlich). 59

Hält der ArbGeb. das Ergebnis der Wahl der Freizustellenden ganz oder teilweise für **sachlich nicht vertretbar,** so kann er binnen zwei Wochen, nachdem ihm die Namen der gewählten Freizustellenden mitgeteilt worden sind, die **E-Stelle** anrufen. Da der Umfang der Freistellung bzw. des Gesamtfreistellungsvolumens durch die gesetzliche Freistellungsstaffel, durch eine anderweitige tarifliche oder betriebliche Vereinbarung oder durch eine gerichtliche Entscheidung (→ Rn. 20, 28 ff.) verbindlich festliegt, kann sich die „sachliche Nichtvertretbarkeit" der Freistellungsentscheidung des BR zum einen auf die **Auswahl der freizustellenden BRMitgl.** beziehen (BAG 21.2.2018 – 7 ABR 54/16, NZA 2018, 951; 22.11.2017 – 7 ABR 26/16, NZA 2018, 523; 9.10.1973 – 1 ABR 29/73, AP BetrVG 1972 § 38 Nr. 3; GK-BetrVG/*Weber* Rn. 71; HWGNRH/*Glock* Rn. 50; Richardi BetrVG/*Thüsing* Rn. 36), zum anderen aber auch darauf, dass der ArbGeb. durch die **Art der Vornahme von Teilfreistellungen** in einer seiner Ansicht nach unvertretbaren Weise belastet wird (WPK/*Kreft* Rn. 11; GK-BetrVG/*Weber* Rn. 71; *Löwisch* BB 2001, 1743; *Greßlin* BR-Mitglieder S. 196 ff.; *Sturm* freigestellte BRMitgl. S. 32 f.; **aA** *Gillen/Vahle* BB 2006, 2749: hiergegen soll sich ArbGeb. nur i. R. des Beschlussverf. oder einstw. Vfg. wenden können). 60

Der BR bestimmt zwar durch autonome Wahl, welche seiner Mitgl. freigestellt werden sollen. Bei dieser Entscheidung ist jedoch gem. § 2 Abs. 1 auf die betrieblichen Belange Rücksicht zu nehmen. Stehen **zwingende betriebliche Notwendigkeiten** der Freistellung eines oder mehrerer BRMitgl. entgegen, so ist von deren Freistellung abzusehen, wenn andere für eine Freistellung geeignete BRMitgl. vorhanden sind. Dies kann zB der Fall sein, wenn eine für den ordnungsgemäßen Betriebsablauf notwendige, besonders qualifizierte Fachkraft freigestellt werden soll, für die ein Ersatz nicht gefunden werden kann, oder wenn mehrere BRMitgl. aus einer Arbeitsgruppe freigestellt werden sollen und die Arbeitsgruppe dadurch, da keine Ersatzleute vorhanden und zu beschaffen sind, nicht mehr arbeitsfähig ist (GK-BetrVG/*Weber* Rn. 72; ErfK/*Koch* Rn. 8; *Greßlin* BR-Mitglieder S. 198). Dies gilt uneingeschränkt auch für die Teilfreistellung als Unterfall der Freistellung (so auch *Greßlin* BR-Mitglieder S. 197 ff.; *Sturm* freigestellte BRMitgl. S. 33). Nur wirklich **zwingende Gründe** können die Aufhebung der Wahlentscheidung des BR durch die E-Stelle rechtfertigen, nicht jede Erschwerung des Betriebsablaufs oder bloße Unannehmlichkeiten für den ArbGeb. (DKKW/*Wedde* Rn. 48; GK-BetrVG/*Weber* 61

Rn. 72; HWGNRH/*Glock* Rn. 50; WPK/*Kreft* Rn. 29). Diese Einschränkung der Entscheidungskompetenz der E-Stelle auf wirklich zwingende Gründe wird auch darin deutlich, dass das Änderungsgesetz 1989 in Abs. 2 S. 4 die Worte „sachlich nicht begründet" durch die Worte „sachlich nicht vertretbar" ersetzt hat; mit diesen, jedenfalls in der Tendenz engeren Worten wird die eigentliche Interpretation des G zutreffender eingefangen. Letztlich dürfte bei der Abwägung der iE zu bedenkenden Umstände der Sicherung einer ordnungsgemäßen BRArbeit das ausschlaggebende Gewicht beizumessen sein. Allein die Geltendmachung betrieblicher Gründe iSd § 8 Abs. 4 und § 9a Abs. 2 TzBfG gegen Teilfreistellungen erfüllt nicht die Vors. des Abs. 2 S. 4 (*Greßlin* BR-Mitglieder S. 200; **aA** SWS Rn. 16 – jeweils zu § 8 Abs. 4 TzBfG).

62 Die Anrufung der E-Stelle ist binnen einer **Frist von 2 Wochen** zulässig, nachdem dem ArbGeb. die freizustellenden BRMitgl. bekannt gegeben worden sind, dh diesem oder der hierfür vertretungsberechtigten Person die entsprechende Mitteilung zugegangen ist. Dass der ArbGeb. von der Mitteilung Kenntnis genommen hat, ist nicht erforderlich. Die Zwei-Wochen-Frist ist eine **Ausschlussfrist** (GK-BetrVG/*Weber* Rn. 69; HWGNRH/*Glock* Rn. 48). Die Berechnung der Frist bestimmt sich nach den §§ 187 ff. BGB. Da der Tag der Bekanntgabe bei der Berechnung nicht mitzählt, endet die Frist mit Ablauf des Tages der zweiten Woche, der demjenigen entspricht, an dem die Namen der freizustellenden BRMitgl. dem ArbGeb. mitgeteilt worden sind. Fällt der letzte Tag der Frist auf einen Samstag, Sonntag oder gesetzlichen Feiertag, so endet die Frist mit dem nächstfolgenden Werktag.

63 Die E-Stelle muss vor Ablauf der Frist **angerufen** sein. Besteht eine ständige betriebliche E-Stelle (vgl. § 76 Abs. 1 S. 2), so muss vor Ablauf der Frist der Antrag des ArbGeb. auf Überprüfung der vom BR beschlossenen Freistellungen beim Vors. der E-Stelle eingegangen sein. Muss die E-Stelle jedoch erst gebildet werden, so ist die Frist gewahrt, wenn der ArbGeb. innerhalb der Frist beim BR den Antrag stellt, eine E-Stelle zum Zwecke der Überprüfung der Freistellung zu bilden (GK-BetrVG/*Weber* Rn. 70; HWGNRH/*Glock* Rn. 48; Richardi BetrVG/*Thüsing* Rn. 35; nach DKKW/*Wedde* Rn. 50 muss der Antrag auch einen Vorschlag für den E-Stellenvorsitz enthalten).

64 Der ArbGeb. kann die Geltendmachung der sachlichen Nichtvertretbarkeit auf **einzelne der freizustellenden BRMitgl. beschränken,** so zB wenn er nur die Freistellung eines bestimmten BRMitgl. wegen dessen besonderer Bedeutung für einen ordnungsgemäßen Betriebsablauf für sachlich nicht vertretbar hält (BAG 21.2.2018 – 7 ABR 54/16, NZA 2018, 951; 22.11.2017 – 7 ABR 26/16, NZA 2018, 523; LAG Hamm 23.11.1972 – 8 BV Ta 29/72, DB 1973, 142; DKKW/*Wedde* Rn. 49; GK-BetrVG/*Weber* Rn. 74; HWGNRH/*Glock* Rn. 49; Richardi BetrVG/*Thüsing* Rn. 36).

65 Ruft der ArbGeb. die E-Stelle nicht innerhalb der Frist von 2 Wochen an, so gilt sein **Einverständnis** mit der Freistellung als erteilt (Abs. 2 S. 7). Ein späteres Anrufen der E-Stelle, um die beschlossenen Freistellungen auf ihre sachliche Vertretbarkeit zu überprüfen, ist unzulässig. Auch im arbeitsgerichtlichen Beschlussverfahren kann der ArbGeb. die sachliche Nichtvertretbarkeit der Freistellung nicht mehr mit Erfolg geltend machen (GK-BetrVG/*Weber* Rn. 118; auch → Rn. 46).

66 Hat der ArbGeb. die E-Stelle rechtzeitig angerufen und teilt diese seine Bedenken, dass die Freistellung eines oder mehrerer gewählter BRMitgl. sachlich nicht vertretbar ist, so darf sie sich nicht damit begnügen, insoweit die vom BR bzw. den Gruppen getroffene Wahlentscheidung lediglich aufzuheben. Sie muss vielmehr **selbst** ein oder mehrere **neue freizustellende BRMitgl. bestimmen** (GK-BetrVG/*Weber* Rn. 75; DKKW/*Wedde* Rn. 51 f.; ErfK/*Koch* Rn. 9; Richardi BetrVG/*Thüsing* Rn. 47; einschränkend HWGNRH/*Glock* Rn. 52, wonach die E-Stelle, falls der betreffende Wahlvorschlag keine weiteren Kandidaten enthält, in einem Zwischenspruch nur die Berechtigung der Bedenken des ArbGeb. festzustellen und eine Ersatzfreistellung nur auf Grund einer zuvor vorzunehmenden Nachwahl durch den BR zu treffen hat).

Bei ihrer Entscheidung hat die E-Stelle zum einen die allgemeinen Entscheidungskriterien des § 76 Abs. 5 S. 3 (angemessene Berücksichtigung der Belange des Betriebs und der betroffenen ArbN bzw. des BR) zu berücksichtigen. Zum andern hat sie jedoch auch dem in der Verhältniswahl liegenden Minderheitenschutz nach Abs. 2 S. 1 Rechnung zu tragen (BAG 21.2.2018 – 7 ABR 54/16, NZA 2018, 951; 22.11.2017 – 7 ABR 26/16, NZA 2018, 523; 25.4.2001 – 7 ABR 26/00, AP BetrVG 1972 § 25 Nr. 8; GK-BetrVG/*Weber* Rn. 76; DKKW/*Wedde* Rn. 53; HaKo-BetrVG/*Wolmerath* Rn. 12). Dass dieser Minderheitenschutz keine die Entscheidungskriterien des § 76 Abs. 5 S. 3 verdrängende Bedeutung hat und damit die E-Stelle nicht nur den ersten der bei der Wahl nicht mehr berücksichtigten Wahlbewerber der betreffenden Vorschlagsliste als Freizustellenden bestimmen kann, ergibt sich aus dem Wortlaut des Abs. 2 S. 6 (vgl. „auch").

Durch die Notwendigkeit der Berücksichtigung einer **Vielzahl von Kriterien** wird die personelle Auswahlentscheidung der E-Stelle erheblich eingeschränkt. Diese Kriterien können im Einzelfall auch durchaus in Widerspruch zueinander stehen. Keines dieser Kriterien kann für sich eine absolute Priorität in dem Sinne beanspruchen, dass es auf jeden Fall uneingeschränkt berücksichtigt werden muss (GK-BetrVG/*Weber* Rn. 77; DKKW/*Wedde* Rn. 52 f.; Richardi BetrVG/*Thüsing* Rn. 40; **aA** hinsichtlich Minderheitenschutzes: HWGNRH/*Glock* Rn. 52; *Löwisch/Kaiser* Rn. 21; *Buchner* NZA 1989 Beil. 1, 4). Die E-Stelle hat vielmehr in jedem Einzelfall unter sorgfältiger Abwägung der zu beachtenden Aspekte zu entscheiden. Sie darf sich einer Entscheidung nicht etwa deshalb versagen, weil sie glaubt, eines der Kriterien nicht berücksichtigen zu können (GK-BetrVG/*Weber* Rn. 77; DKKW/*Wedde* Rn. 53; *Heither* NZA 1990 Beil. 1, 16; **aA** *Richardi/Thüsing* ArbuR 1986, 38 wonach eine Entscheidung der E-Stelle nicht getroffen werden kann, wenn auf der Vorschlagsliste kein weiterer Bewerber als „Ersatz" vorhanden ist). In einem solchen Falle reicht es aus, wenn die E-Stelle den Grundanliegen, die hinter den ihr gesetzten Entscheidungskriterien stehen, soweit wie möglich und vertretbar Rechnung trägt. 67

Die E-Stelle hat bei ihrer Entscheidung über die Freistellung insbes. **folgende Aspekte zu beachten:** 68

- Die Freistellung muss inhaltlich rechtmäßig sein, zB kann nur ein BRMitgl. und nicht ein ErsMitgl. freigestellt werden. Auch darf die Freistellung ihrerseits nicht sachlich unvertretbar iSd Abs. 2 S. 4 sein.
- Die Freistellung muss eine sachgerechte Erfüllung der mit ihr verbundenen Aufgaben und Funktionen erwarten lassen.
- Hinsichtlich der Beachtung des in der Verhältniswahl liegenden Minderheitenschutzes sollte die E-Stelle in erster Linie prüfen, ob nicht ein BRMitgl. aus derselben Liste freizustellen ist, der das zu ersetzende BRMitgl. angehört. Ist dies nicht möglich oder vertretbar, etwa weil kein weiterer Kandidat auf der Liste steht oder der einzige folgende Bewerber für diese Aufgabe ungeeignet ist, sollte sie prüfen, ob nicht ein geeigneter ErsKandidat auf der Liste steht, auf die nach den Grundsätzen der Verhältniswahl die nächste Freistellung entfallen wäre (→ § 25 Rn. 26 f.; GK-BetrVG/*Weber* Rn. 77; *Engels/Natter* BB 1989 Beil. 8, 23). Im Falle der Mehrheitswahl der Freizustellenden kann bei Abwägung der verschiedenen Aspekte auch der Stimmenabstand der möglichen ErsKandidaten bedeutsam sein.

Die Entscheidung der E-Stelle korrigiert nicht nur das Wahlergebnis des BR, sondern ersetzt auch die Einigung zwischen ArbGeb. und BR über die Freistellung. Zur Frage einer gerichtlichen Überprüfung der Entscheidung der E-Stelle → Rn. 107. 69

6. Amtsniederlegung, Abberufung

Die Freistellung setzt in allen Phasen das **Einverständnis** des betreffenden BRMitgl. voraus. Ebenso wie dies für die Kandidatur zur Freistellung erforderlich ist (→ Rn. 38), gilt dies für die Freistellung als solche (GK-BetrVG/*Weber* Rn. 80; DKKW/*Wedde* Rn. 55; Richardi BetrVG/*Thüsing* Rn. 33). Auch kann das freige- 70 stellte BRMitgl. sein Einverständnis zur Freistellung jederzeit **widerrufen** und erklären, wieder seine berufliche Tätigkeit aufnehmen zu wollen (DKKW/*Wedde* Rn. 55; ErfK/*Koch* Rn. 10; GK-BetrVG/*Weber* Rn. 80; Richardi BetrVG/*Thüsing* Rn. 46). Dass er je nach den Umständen des Einzelfalles, zB Fehlen eines geeigneten Ers-Mitgl., ggf. verpflichtet sein kann, die Freistellung noch für eine gewisse Übergangszeit weiter zu übernehmen (so zutr. DKKW/*Wedde* Rn. 55; GK-BetrVG/*Weber* Rn. 80; Richardi BetrVG/*Thüsing* Rn. 46; *Sturm* freigestellte BRMitgl. S. 35), ändert nichts an der generellen Möglichkeit einer jederzeitigen Rücknahme des Einverständnisses mit der Freistellung.

71 Die Freistellung erfolgt im Allgemeinen für die Amtsperiode des BR (DKKW/*Wedde* Rn. 54; Richardi BetrVG/*Thüsing* Rn. 45). Das ist jedoch nicht im Sinne eines festen, nicht abänderbaren Zeitraums zu verstehen. Vielmehr können die Freigestellten jederzeit vom BR aus dieser Funktion **abberufen** werden (ArbG Weiden 1.6.2010 – 6 BVGa 8/10).

72 Die Erfordernisse für eine Abberufung sind unterschiedlich, je nachdem ob die Wahl des abzuberufenden Freigestellten in Mehrheitswahl oder in Verhältniswahl erfolgt ist. Sind sie in **Mehrheitswahl** gewählt worden, reicht für ihre Abberufung die **einfache Mehrheit** des beschlussfähigen BR aus (→ § 27 Rn. 48). Diese Beschlussfassung braucht von Gesetzes wegen nicht durch geheime Stimmabgabe zu erfolgen. Allerdings kann der BR eine geheime Stimmabgabe beschließen; dies kann auch in der Geschäftsordnung vorgesehen werden (DKKW/*Wedde* Rn. 58; GK-BetrVG/*Weber* Rn. 81). Im Interesse der Absicherung der Wahlfreiheit des einzelnen BRMitgl. reicht es aus, wenn ein BRMitgl. die geheime Stimmabgabe verlangt.

73 Sind die Freigestellten in **Verhältniswahl** gewählt worden, bedarf ihre Abberufung einer **qualifizierten Mehrheit** von drei Vierteln der Stimmen des BR. Außerdem muss der Beschluss **geheim** durchgeführt werden (Abs. 2 S. 8 iVm § 27 Abs. 1 S. 5; → § 27 Rn. 46f.; BAG 20.4.2005 – 7 ABR 44/04, AP BetrVG 1972 § 38 Nr. 30; GK-BetrVG/*Weber* Rn. 81). Die verschärften Anforderungen an die Abberufung im Falle der Verhältniswahl erklären sich aus dem mit ihr verbundenen besonderen Minderheitenschutz, der unterlaufen würde, wenn ein in Verhältniswahl bestimmtes freizustellendes BRMitgl. später mit einfacher Stimmenmehrheit des BR wieder abberufen werden könnte (BAG 29.4.1992 – 7 ABR 74/91, AP BetrVG 1972 § 38 Nr. 15; WPK/*Kreft* Rn. 32).

74 Die Zulässigkeit einer Abberufung ist nicht vom Vorliegen besonderer Gründe abhängig. Über sie entscheidet der BR nach freiem Ermessen (LAG Hmb 7.8.2012 – 2 TaBV 2/12, ZBVR online 2012 Nr. 10, S. 5; ArbG Weiden 1.6.2010 – 6 BVGa 8/10; enger GK-BetrVG/*Weber* Rn. 82, der bei Vorliegen besonderer Gründe dem ArbGeb. einen aus § 2 Abs. 1 folgenden Rechtsanspruch auf Abberufung zuerkennt; ähnlich WPK/*Kreft* Rn. 33).

75 Eine Neuwahl der Freizustellenden **ohne vorherige Abberufung** der bisher Freigestellten ist grds. **unzulässig** (vgl. für den gleichgelagerten Fall der Neuwahl der Mitgl. des BetrAusschusses BAG 13.11.1991 – 7 ABR 18/91, AP BetrVG 1972 § 27 Nr. 3; GK-BetrVG/*Weber* Rn. 81; **aA** und im Widerspruch zu dieser Entscheidung BAG 29.4.1992 – 7 ABR 74/91, AP BetrVG 1972 § 38 Nr. 15, wonach bei Neuwahl aller Freizustellenden der Minderheitenschutz durch die erneute Verhältniswahl ausreichend gewährleistet sei und es deshalb nicht des besonderen Minderheitenschutzes bei der Abberufung bedürfe. Diese Entscheidung setzt sich jedoch in unzulässiger Weise über die ausdrückliche gesetzliche Abberufungsregelung in § 38 Abs. 2 S. 8 iVm § 27 Abs. 1 S. 5 hinweg; wie BAG Richardi BetrVG/*Thüsing* Rn. 48; WPK/*Kreft* Rn. 34; HaKo-BetrVG/*Wolmerath* Rn. 13; → § 27 Rn. 51). Erfolgt die Neuwahl dagegen mit der nach § 27 Abs. 1 S. 5 erforderlichen Mehrheit, liegt darin eine Abberufung der bisher Gewählten mit der Folge, dass die neu Gewählten an deren Stelle treten (BAG 20.4.2005 – 7 ABR 44/04, AP BetrVG 1972 § 38 Nr. 30).

76 Lassen sich freigestellte BRMitgl. **grobe Pflichtverletzungen** zuschulden kommen, so können sie deswegen uU im arbeitsgerichtlichen Verfahren nach § 23 aus dem BR ausgeschlossen werden, wodurch sie zugleich ihre Funktion als freigestellte BRMitgl. verlieren. Eine Abberufung der Freigestellten aus dieser Funktion durch das ArbG, etwa in entsprechender Anwendung des § 23, ist nicht zulässig (DKKW/*Wedde* Rn. 54).

III. Rechtsstellung der freigestellten Betriebsratsmitglieder

1. Allgemeines

Die freigestellten BRMitgl. sind grds. von ihrer arbeitsvertraglichen Verpflichtung zur Arbeitsleistung entbunden; im Fall der Teilfreistellung anteilmäßig. Im Rahmen ihrer Freistellung widmen sie sich nur noch der Erfüllung ihrer betriebsverfassungsrechtlichen Aufgaben. Deshalb unterliegen sie insoweit auch nicht mehr dem **Direktionsrecht des ArbGeb.** (BAG 23.9.2014 – 9 AZR 1100/12, NZA 2015, 179; LAG RhPf 14.5.2013 – 6 SaGa 2/13, ZTR 2013, 587; LAG Hamm 20.3.2009 – 10 Sa 1407/08, ZBVR online 2010 Nr. 5, 17; *Schönhöft/Oelze* NZA 2017, 284; GK-BetrVG/*Weber* Rn. 88; DKKW/*Wedde* Rn. 66; ErfK/*Koch* Rn. 10; HWGNRH/*Glock* Rn. 58; Richardi BetrVG/*Thüsing* Rn. 51). IÜ gelten allerdings die nicht unmittelbar mit der Arbeitsleistung zusammenhängenden Pflichten aus dem Arbeitsverhältnis sowie allgemeine Regelungen über das Verhalten der ArbN und die Ordnung im Betrieb auch für die freigestellten BRMitgl. weiter. Deshalb haben auch freigestellte BRMitgl. grds. die **betriebsübliche Arbeitszeit** einzuhalten und etwaige diesbezügliche Kontrolleinrichtungen, zB Arbeitszeitkontrollgeräte zu benutzen (BAG 10.7.2013 – 7 ABR 22/12, NZA 2013, 1221; DKKW/*Wedde* Rn. 66; GK-BetrVG/*Weber* Rn. 89; Richardi BetrVG/*Thüsing* Rn. 52; *Natzel* NZA 2000, 77). Besteht im Betrieb die Möglichkeit der freiwilligen Vertrauensarbeitszeit, kann der ArbGeb. nicht einseitig auf die Nutzung des Arbeitszeiterfassungssystems bei freigestellten BRMitgl. verzichten (BAG 10.7.2013 – 7 ABR 22/12, NZA 2013, 1221). Besteht im Betrieb eine Regelung über **gleitende Arbeitszeit,** so sind die freigestellten BRMitgl. berechtigt, ihre BRTätigkeit innerhalb der Gleitarbeitszeit so wahrzunehmen, wie es ihnen zur sachgerechten Aufgabenerfüllung am zweckdienlichsten erscheint (LAG Düsseldorf 26.5.1993 – 18 Sa 303/93, NZA 1994, 720; ErfK/*Koch* Rn. 10; WPK/*Kreft* Rn. 36). 77

Das freigestellte BRMitgl. hat sich, sofern die Erfüllung konkreter BRAufgaben nichts anderes verlangt, grds. am **Sitz des BR** im Betrieb zur Wahrnehmung von BRAufgaben bereitzuhalten (BAG 24.2.2016 – 7 ABR 20/14, NZA 2016, 831 mwN; 22.9.2016 – 7 AZR 248/14, NZA 2017, 335) und zwar im Umfang seiner vertraglichen Arbeitszeit (BAG 25.10.2017 – 7 AZR 731/15, NZA 2018, 538). Dies gilt auch für BRMitgl., die vor ihrer Freistellung außerhalb des Betriebs, zB im Außendienst oder auf Montage, oder in einer anderen Betriebsstätte tätig waren. Bei ihnen führt die Freistellung zu einer Änderung des Leistungsorts (BAG 28.8.1991 – 7 ABR 46/90, AP BetrVG 1972 § 40 Nr. 39; 13.6.2007 – 7 ABR 62/06, AP BetrVG 1972 § 38 Nr. 31; 10.7.2013 – 7 ABR 22/12, NZA 2013, 1221; DKKW/*Wedde* Rn. 68; ErfK/*Koch* Rn. 10; HWGNRH/*Glock* Rn. 57; WPK/*Kreft* Rn. 42). Die Möglichkeit einer anderen Organisation der BRArbeit durch den BR (→ Rn. 83) bleibt allerdings unberührt. Arbeitet ein Betrieb in Wechselschicht, so sind die freigestellten BRMitgl. vorbehaltlich einer anderen Organisation der BRArbeit durch den BR ebenfalls nicht verpflichtet, ihre frühere Schichteinteilung beizubehalten. Sie können ihre BRTätigkeit vielmehr so einteilen, wie es ihrer Ansicht nach zur ordnungsgemäßen Durchführung ihrer Aufgaben am besten erscheint (LAG Hamm 20.3.2009 – 10 Sa 1407/08, ZBVR online 2010 Nr. 5, 17; *Schönhöft/Oelze* NZA 2017, 284; DKKW/*Wedde* Rn. 67; ErfK/*Koch* Rn. 10; WPK/*Kreft* Rn. 38). 78

Die Freistellung hat der **Erfüllung betriebsverfassungsrechtlicher Aufgaben** zu dienen. Das freigestellte BRMitgl. hat sich allein diesen Aufgaben zu widmen 79

(BAG 17.10.1990 – 7 ABR 69/89, AP BetrVG 1972 § 108 Nr. 8). Hiervon ist, ohne dass dies jeweils iE nachgewiesen werden müsste, grds. auszugehen (BAG 19.5.1983 – 6 AZR 290/81, AP BetrVG 1972 § 37 Nr. 44; 24.2.2016 – 7 ABR 20/14, NZA 2016, 831; GK-BetrVG/*Weber* Rn. 88; → Rn. 82). Führt das BRMitgl. während der Freistellung nicht mit der BRArbeit zusammenhängenden Aufgaben aus (wobei allerdings ein auch nur mittelbarer Zusammenhang ausreicht), besteht insoweit kein Anspruch auf Zahlung des Arbeitsentgelts (BAG 19.5.1983 – 6 AZR 290/81, AP BetrVG 1972 § 37 Nr. 44; 22.9.2016 – 7 AZR 248/14, NZA 2017, 335; GK-BetrVG/*Weber* Rn. 92, 95; ErfK/*Koch* Rn. 11; Richardi BetrVG/*Thüsing* Rn. 59; MHdB ArbR/*Krois* § 295 Rn. 152; **aA** HWGNRH/*Glock* Rn. 62 wegen unzulässiger Vermengung von arbeitsvertraglichen und betriebsverfassungsrechtlichen Pflichten: das freigestellte BRMitgl. sei durch die Freistellung von der Arbeitspflicht entbunden und der ArbGeb. habe keinen vertraglichen Anspruch darauf, dass das BRMitgl. BRAufgaben erfülle. Diese Argumentation verkennt, dass die Freistellung zweckgebunden ist und eine Verpflichtung des ArbGeb., das Arbeitsentgelt trotz Nichtleistung der Arbeit weiterzuzahlen, nur besteht, wenn der Freistellungszweck eingehalten wird. Etwas anderes würde auch eine nicht zu rechtfertigende Begünstigung von freigestellten BRMitgl. darstellen; GK-BetrVG/*Weber* Rn. 95).

80 Aus diesem Grunde ist die Teilnahme eines freigestellten BRMitgl. an einer Gerichtsverhandlung nur unter denselben Voraussetzungen wie bei einem nicht freigestellten BRMitgl. zulässig (BAG 31.5.1989 – 7 AZR 277/88, AP BetrVG 1972 § 38 Nr. 9; → § 37 Rn. 28). Ferner gelten auch für die Teilnahme freigestellter BRMitgl. an Schulungs- und Bildungsveranstaltungen nach § 37 Abs. 6 u. 7 dieselben Voraussetzungen wie für die anderen BRMitgl.; nimmt ein freigestelltes BRMitgl. an einer Schulungsveranstaltung teil, die weder nach § 37 Abs. 7 als geeignet anerkannt ist noch erforderliche Kenntnisse iSv § 37 Abs. 6 vermittelt, so hat es weder Anspruch auf Kostenerstattung noch auf Fortzahlung des Arbeitsentgelts (BAG 21.7.1978 – 6 AZR 561/75, AP BetrVG 1972 § 38 Nr. 4; Richardi BetrVG/*Thüsing* Rn. 58). Übernimmt ein freigestelltes BRMitgl., ohne vom ArbGeb. zu diesem Zweck beurlaubt worden zu sein, das auf mehrere Jahre befristete Vollzeitamt als gewerkschaftlicher Landesvorsitzender und nimmt es im Betrieb keine betriebsverfassungsrechtlichen Aufgaben mehr wahr, rechtfertigt dies eine außerordentliche Kündigung durch den ArbGeb. (LAG Bln 16.10.1995 – 9 TaBV 5/95, NZA-RR 1996, 368).

81 Soweit ein freigestelltes BRMitgl. aus betriebsbedingten Gründen BRAufgaben **außerhalb der Arbeitszeit** durchführt, hat es Anspruch auf entsprechenden Freizeitausgleich nach § 37 Abs. 3 (BAG 21.5.1974 – 1 AZR 477/73, AP BetrVG 1972 § 37 Nr. 14; GK-BetrVG/*Weber* Rn. 100; *Greßlin* BR-Mitglieder S. 237 f.; *Schönhöft/Oelze* NZA 2017, 284; weitergehend Richardi BetrVG/*Thüsing* Rn. 54, der auch betriebsratsbedingte Gründe ausreichen lässt, damit aber eine unterschiedliche Behandlung von freigestellten und nicht freigestellten BRMitgl. akzeptiert; ebenso DKKW/*Wedde* Rn. 69; zum Begriff der betriebsbedingten Gründe → § 37 Rn. 79 ff.). Da ein freigestelltes BRMitgl. nicht in den Betriebsablauf eingegliedert ist, ist es grds. befugt, selbst zu bestimmen, wann es den ihm zustehenden Freizeitausgleich nehmen will (GK-BetrVG/*Weber* Rn. 101; DKKW/*Wedde* Rn. 69; WPK/*Kreft* Rn. 39; *Schönhöft/Oelze* NZA 2017, 284; **aA** *Greßlin* BR-Mitglieder S. 241). Nimmt ein freigestelltes BRMitgl. an flexiblen Arbeitszeitmodellen teil, wie zB an einem **Gleitzeitsystem,** und überschreitet iRd Erfüllung seiner BRTätigkeit seine persönliche Arbeitszeit, kann es hinsichtlich des Anspruchs auf Ausgleich innerhalb des Gleitzeitrahmens erbrachte BRTätigkeit ausgleichen, ohne dass es einer besonderen Geltendmachung des Ausgleichsanspruchs bedarf (BAG 28.9.2016 – 7 AZR 248/14, NZA 2017, 335; *Schönhöft/Oelze* NZA 2017, *Schulze/Pfeiffer* AiB 2017, 45; 284; → § 37 Rn. 92a). Erst wenn innerhalb dieses Zeitraums kein vollständiger Ausgleich erfolgen kann, handelt es sich hinsichtlich dieser Stunden um außerhalb der Arbeitszeit erbrachte BRTätigkeit, die nach § 37 Abs. 3 auszugleichen ist, wenn die BRTätigkeit aus betriebsbedingten Gründen außerhalb der Arbeitszeit erbracht wurde

(BAG 28.9.2016 – 7 AZR 248/14, NZA 2017, 335; *Schönhöft/Oelze* NZA 2017, 284; *Schulze/Pfeiffer* AiB 2017, 45). Dies hat das BRMitgl. darzulegen (BAG 28.9.2016 – 7 AZR 248/14, NZA 2017, 335; *Schönhöft/Oelze* NZA 2017, 284). Lässt die Belastung mit erforderlichen BRAufgaben es nicht zu, den Freizeitausgleich innerhalb eines Monats in Anspruch zu nehmen, steht dem BRMitgl. ein Abgeltungsanspruch zu (Richardi BetrVG/*Thüsing* Rn. 55; DKKW/*Wedde* Rn. 69; **aA** GK-BetrVG/*Weber* Rn. 101; *Greßlin* BR-Mitglieder S. 241 f.).

Wenn auch ein freigestelltes BRMitgl. hinsichtlich der Erfüllung der betriebsverfassungsrechtlichen Aufgaben nicht dem Direktionsrecht des ArbGeb. unterliegt, so ist es doch verpflichtet, auf Verlangen des ArbGeb. in allgemeiner Form darzulegen, dass es sich der Erfüllung betriebsverfassungsrechtlicher Aufgaben gewidmet hat, wenn es diese Aufgaben außerhalb der betriebsüblichen Arbeitszeit oder außerhalb des Betriebs durchgeführt hat (ErfK/*Koch* Rn. 11; Richardi BetrVG/*Thüsing* Rn. 53; *Schönhöft/Oelze* NZA 2017, 284; **aA** DKKW/*Wedde* Rn. 70; HWGNRH/*Glock* Rn. 62). Erfolgt die BRTätigkeit außerhalb des Betriebs, ist das BRMitgl. als Folge seiner vertraglichen Nebenpflichten nach § 241 Abs. 2 BGB sowie der Pflicht zur vertrauensvollen Zusammenarbeit zur Ab- und Rückmeldung beim ArbGeb. verpflichtet, damit dieser weiß, wann ihm das BRMitgl. nicht als Ansprechpartner zur Verfügung steht (BAG 24.2.2016 – 7 ABR 20/14, NZA 2016, 831). Nicht anzugeben ist der Ort der vorgesehenen BRTätigkeit (BAG 24.2.2016 – 7 ABR 20/14, NZA 2016, 831). Diese Angaben werden erst iRd Erforderlichkeitsprüfung zur Erstattung der notwendigen Kosten relevant (BAG 24.2.2016 – 7 ABR 20/14, NZA 2016, 831). In keinem Falle kann der ArbGeb. von einem freigestellten BRMitgl. einen laufenden Tätigkeitsbericht verlangen (GK-BetrVG/*Weber* Rn. 96; DKKW/*Wedde* Rn. 70; *Schönhöft/Oelze* NZA 2017, 284). Das verbietet schon das grundlegende Gebot der vertrauensvollen Zusammenarbeit von ArbGeb. und BR. Dieses Gebot hat, falls keine konkreten gegenteiligen Verdachtsmomente vorliegen, auch zum Inhalt, dass der ArbGeb. grds. davon ausgehen kann und muss, dass die BRMitgl. die ihnen durch das Gesetz eingeräumten Rechte und Befugnisse im Rahmen und zur Erfüllung der dem BR obliegenden Aufgaben wahrnehmen (BAG 19.5.1983 – 6 AZR 290/81, AP BetrVG 1972 § 37 Nr. 44; GK-BetrVG/*Weber* Rn. 95). 82

Das freigestellte BRMitgl. unterliegt auch nicht den **Weisungen des BRVors.** (GK-BetrVG/*Weber* Rn. 88; DKKW/*Wedde* Rn. 72; ErfK/*Koch* Rn. 10). Allerdings ist folgendes zu beachten: Die Freistellung dient ebenso wie die Arbeitsbefreiung nach § 37 Abs. 2 allein dem Zweck, eine ordnungsgemäße Erfüllung der Aufgaben des BR zu ermöglichen. Wie diese ordnungsgemäße Aufgabenerfüllung zu **organisieren** ist, obliegt, soweit das Gesetz nicht bereits entsprechende Regelungen enthält (zB § 26 Abs. 2; § 27 Abs. 2 S. 1 u. Abs. 3), grds. dem BR (*Heither* NZA 1990 Beil. 1, 16). Ebenso wie dieser Ausschüsse bilden und ihnen bestimmte Aufgabengebiete zur Vorberatung oder sogar selbständigen Entscheidung zuweisen kann (→ § 27 Rn. 70 ff.; → § 28 Rn. 5 ff.), ist er auch befugt, den einzelnen freigestellten BR-Mitgl. bestimmte, iE umschriebene **Aufgabengebiete zu übertragen,** die diese in erster Linie zu betreuen haben. Diese Aufgabengebiete können nach fachlichen Aspekten festgelegt werden (zB Akkordangelegenheiten, betriebliche Sozialeinrichtungen, Angelegenheiten ausländischer oder weiblicher ArbN), jedoch kommen auch andere Gesichtspunkte in Betracht, etwa räumlicher Art zB Betreuung bestimmter Betriebsteile. Soweit das Gesetz dem einzelnen ArbN das Recht zugesteht, sich der Hilfe eines BRMitgl. seines Vertrauens zu bedienen (vgl. zB § 82 Abs. 2 S. 2, § 83 Abs. 1 S. 2, § 84 Abs. 1 S. 2), kann dieses Recht durch einen anderweitigen Organisationsbeschluss des BR jedoch nicht beseitigt oder eingeschränkt werden. 83

Das freigestellte BRMitgl. ist **verpflichtet,** sich den betriebsverfassungsrechtlichen Aufgaben zu widmen, insbes. den ihm durch BRBeschluss etwa besonders übertragenen Angelegenheiten. Widmet sich ein freigestelltes BRMitgl. während der Arbeitszeit anderen als seinen betriebsverfassungsrechtlichen Aufgaben, so kann dies uU eine grobe Amtspflichtverletzung iSv § 23 Abs. 1 darstellen (WPK/*Kreft* Rn. 40; 84

Moll/Roebers NZA 2012, 61; *Schönhöft/Oelze* NZA 2017, 284). Außerdem kann hierin eine Verletzung der Pflichten aus dem Arbeitsvertrag liegen, da die Freistellung zweckgebunden zur Erfüllung betriebsverfassungsrechtlicher Aufgaben erfolgt (GK-BetrVG/*Weber* Rn. 92; Richardi BetrVG/*Thüsing* Rn. 59; **aA** HWGNRH/*Glock* Rn. 62).

2. Entgeltfortzahlung

85 Das freigestellte BRMitgl. hat **Anspruch auf das Arbeitsentgelt,** das es erhalten hätte, wenn es nicht freigestellt worden wäre, sondern weiter seine berufliche Tätigkeit ausgeübt hätte. Insoweit gilt für die Frage der Fortzahlung des Arbeitsentgelts an freigestellte BRMitgl. im Grundsatz nichts anderes als bei lediglich vorübergehend von der Arbeit befreiten BRMitgl. (BAG 18.9.1991 – 7 AZR 41/90, AP BetrVG 1972 § 37 Nr. 82; LAG Hamm 30.1.2015 – 13 Sa 933/14, BeckRS 2015, 66656; GK-BetrVG/*Weber* Rn. 97; Richardi BetrVG/*Thüsing* Rn. 56; *Göpfert/Fellenberg/Klarmann* DB 1009, 2041 ff.; *Sturm* freigestellte BRMitgl. S. 57; *Esser* Die Begünstigung von BRMitgl. S. 34; **aA** HWGNRH/*Glock* Rn. 65; ferner *Aden* RdA 1980, 256, der bei einem Freigestellten die BRTätigkeit als Beruf ansieht, in dem sich die Höhe des „Betriebsratsgehalt" nach dem gem. § 37 Abs. 4 anzupassenden Arbeitsvertrag ergebe; ähnlich de lege ferenda *Farthmann* FS Stahlhacke, 1995, 115 ff.; Näheres zum nach § 37 Abs. 2 fortzuzahlenden Arbeitsentgelt → § 37 Rn. 57 ff.). Zu beachten ist allerdings, dass sich durch die Freistellung die Aufgaben des BRMitgl. und nicht selten auch der Ort seiner Tätigkeit ändern (→ Rn. 78 ff.). Deshalb hat ein freigestelltes BRMitgl., das weiterhin während der Arbeitszeit BRAufgaben wahrnimmt, auch dann Anspruch auf Fortzahlung des Arbeitsentgelts, wenn in seinem früheren Arbeitsbereich wegen vorübergehenden unbezahlten Urlaubs kein Entgelt gezahlt wird (LAG Hamm 2.7.1997 – 3 Sa 903/97, AiB 1998, 404).

86 Da die freigestellten BRMitgl. nicht in den Arbeitsprozess eingegliedert sind, kann allerdings die Feststellung ihres individuellen Lohnes Schwierigkeiten bereiten. Das gilt insbes. für solche freigestellten BRMitgl., die im **Leistungslohn** gestanden haben. Da wegen der Freistellung die persönliche Arbeitsleistung als Bezugspunkt ausscheidet, auf der anderen Seite die BRMitgl. wegen ihrer Freistellung insbes. auch in finanzieller Hinsicht nicht benachteiligt werden dürfen, ist ihr Arbeitsentgelt nach demjenigen **vergleichbarer ArbN mit betriebsüblicher Entwicklung** zu bemessen (LAG SchlH 18.6.2009 – 3 Sa 414/08, BeckRS 2011, 66388; DKKW/*Wedde* Rn. 73; GK-BetrVG/*Weber* Rn. 97; Richardi BetrVG/*Thüsing* Rn. 56; *Schneider* NZA 1984, 23; **aA** *Lipp* Honorierung S. 116 f.: Vergütung anhand der auf dem bisherigen Leistungsverhalten beruhenden Prognose; *Schweibert/Buse* NZA 2007, 1080 [1082], variabler Anteil anhand des Durchschnitts der letzten 12 Monate, ansonsten Prognose und erst wenn dies nicht möglich ist, soll auf den durchschnittlichen Leistungsstandard vergleichbarer ArbN zurückgegriffen werden; HWGNRH/*Glock* Rn. 65). Das gilt auch für den Fall, dass der Arbeitsplatz des freigestellten BRMitgl. ersatzlos weggefallen ist (BAG 17.5.1977 – 1 AZR 458/74, AP BetrVG 1972 § 37 Nr. 28; ErfK/*Koch* Rn. 11). Für teilfreigestellte BRMitgl. differenzieren *Göpfert/Fellenberg/Klarmann* DB 2009, 2041 [2044] danach, ob die Erreichung der Zielvorgaben allein vom ArbN abhängt oder nicht: ist sie allein von der Leistungsfähigkeit des ArbN abhängig, ist auf die erbrachte Leistung abzustellen, die an die anteilige Arbeitszeit anzupassen ist; ist sie von anderen Faktoren abhängig, soll der von vergleichbaren ArbN erzielte Durchschnitt als Maßstab gelten.

87 Der Anspruch des freigestellten BRMitgl. umfasst **alle Entgeltbestandteile,** die den vergleichbaren ArbN zufließen und die auch das freigestellte BRMitgl. erhalten hätte, wäre es nicht freigestellt. Zu denken ist hier insbes. an Mehrarbeitszulagen, Überstundenzuschläge, Nachtarbeitszuschläge (BAG 18.2.2014 – 3 AZR 568/12, AE 2014, 245; 29.8.2018 – 7 AZR 206/17, NZA 2019, 253; LAG SchlH 18.6.2009 – 3 Sa 414/08, BeckRS 2011, 66388; LAG Nds 1.8.1979 – 4 Sa 29/79, EzA § 37

BetrVG 1972 Nr. 68) oder Sozialzulagen. Auch Leistungen aus einem bestehenden Entgeltpool sind weiterzuzahlen (so für den sog Liquidationspool nach dem rheinl.-pfälz. KrankenhausG hinsichtlich freigestellter Personalratsmitgl. BAG 17.2.1993 – 7 AZR 373/92, AP LPVG Rheinland-Pfalz § 42 Nr. 2). Das Gleiche gilt für die an Lokomotivführer und Zugbegleiter der Deutschen Bahn gewährte Fahrentschädigung (BAG 5.4.2000 – 7 AZR 213/99, AP BetrVG 1972 § 37 Nr. 131). Auszunehmen sind lediglich solche Leistungen, die reinen Aufwendungsersatzcharakter haben, sofern dem freigestellten BRMitgl. entsprechende Aufwendungen nicht mehr entstehen (Näheres → § 37 Rn. 66ff.).

Da das freigestellte BRMitgl. durch die Freistellung keinen finanziellen Nachteil 88 erleiden soll, hat es auch dann Anspruch auf **Mehrarbeitszuschläge,** wenn zwar die vergleichbaren ArbN Mehrarbeit leisten, im Rahmen der BRTätigkeit Mehrarbeit jedoch nicht anfällt (DKKW/*Wedde* Rn. 74; ErfK/*Koch* Rn. 11; WPK/*Kreft* Rn. 41; GK-BetrVG/*Weber* Rn. 98; Richardi BetrVG/*Thüsing* Rn. 57; LAG SchlH 18.6.2009 – 3 Sa 414/08, BeckRS 2011, 66388; LAG Hmb 24.1.1977 – 2 Sa 119/76, DB 1977, 1097; BAG 29.6.1988 – 7 AZR 651/87, AP BPersVG § 24 Nr. 1; 12.12.2000 – 9 AZR 508/99, AP TVG § 1 Tarifverträge: Textilindustrie Nr. 27; einschränkend *Aden* RdA 1980, 259). Macht in diesem Falle ein BRMitgl. im Rahmen seiner BRTätigkeit aus betriebsbedingten Gründen Überstunden, so steht ihm allerdings nicht außerdem ein Anspruch auf Freizeitausgleich oder gar auf Mehrarbeitsvergütung nach § 37 Abs. 3 zu. Denn dann wäre das BRMitgl. insofern begünstigt, als es Überstunden trotz Freizeitausgleichs oder gar die Überstunden doppelt vergütet erhielte (DKKW/*Wedde* Rn. 76; ErfK/*Koch* Rn. 11; GK-BetrVG/*Weber* Rn. 98; Richardi BetrVG/*Thüsing* Rn. 57; *Greßlin* BR-Mitglieder S. 240f.). Zum Anspruch freigestellter BRMitgl. auf Freizeitausgleich und Abgeltung nach § 37 Abs. 3 → § 37 Rn. 90, 97, 109. Müssen ArbN der Betriebsabteilung, der das BRMitgl. bis zu seiner Freistellung angehört hat, kurzarbeiten, so muss das freigestellte BRMitgl. nur dann eine entsprechende Minderung des Arbeitsentgelts hinnehmen, wenn sich auch die BRTätigkeit entsprechend verringert, was in der Regel nicht anzunehmen ist (*Schneider* NZA 1984, 21 [23]; **aA** *Lipp* Honorierung S. 134).

Wie jeder ArbN haben auch freigestellte BRMitgl. uneingeschränkten Anspruch 89 auf **Erholungsurlaub.** Die Befreiung von der Pflicht zur Arbeitsleistung wird bei freigestellten BRMitgl. durch die Befreiung von der Pflicht, sich innerhalb der betriebsüblichen Arbeitszeit den Aufgaben eines BR zu widmen, ersetzt (BAG 20.8.2002 – 9 AZR 261/01, AP BetrVG 1972 § 38 Nr. 27). Unter Beachtung des Begünstigungs- und Benachteiligungsverbots des § 78 S. 2 BetrVG ist das freigestellte BRMitgl. urlaubsrechtlich so zu behandeln, als ob es nicht freigestellt worden wäre. Bestehen in einem Betrieb unterschiedliche Arbeitszeitmodelle sind für die Ermittlung der Höhe des tatsächlichen Urlaubsanspruchs des freigestellten BRMitgl. die Urlaubsansprüche vergleichbarer ArbN maßgeblich (BAG 20.8.2002 – 9 AZR 261/01, AP BetrVG 1972 § 38 Nr. 27). Ist die Arbeitszeit nicht innerhalb der Woche gleichmäßig auf Arbeitstage verteilt, so muss die für die betroffenen ArbN maßgebliche Anzahl von Urlaubstagen durch Umrechnung ermittelt werden. Dies erfolgt im Wege einer sog Verhältnismäßigkeitsrechnung, wonach die unterschiedliche Anzahl der Tage mit Arbeitspflicht mit der Anzahl der Urlaubstage zueinander ins Verhältnis gesetzt wird. Ist beispielsweise in einem TV der Urlaubsanspruch nach Werk- und Arbeitstagen festgelegt und arbeitet ein mit dem freigestellten BRMitgl. vergleichbarer vollbeschäftigter ArbN nicht in einer regelmäßigen 5-Tage-Woche, errechnet sich bei einer auf das Jahr bezogenen Verhältnismäßigkeitsrechnung der Urlaubsanspruch in Arbeitstagen wie folgt: Werktage Urlaub/Jahr 3 Arbeitstage/Jahr geteilt durch Werktage/Jahr (BAG 20.8.2002 – 9 AZR 261/01, AP BetrVG 1972 § 38 Nr. 27). Hatte das freigestellte BRMitgl. vor seiner Freistellung wegen besonderer Arbeitsbedingungen Anspruch auf **Zusatzurlaub,** so behält es diesen Anspruch auch während der Freistellung (BAG 8.10.1981 – 6 AZR 81/79, AP BAT § 49 Nr. 2; **aA** *Natzel* NZA 2000, 80).

90 Freigestellte BRMitgl. ändern ihre **sozialversicherungsrechtliche Stellung** nicht (GK-BetrVG/*Weber* Rn. 99; WPK/*Kreft* Rn. 41). Die bisherige Unterscheidung zwischen Arb. und Ang. in der Rentenversicherung ist mit dem G zur Organisationsreform in der gesetzlichen Rentenversicherung (RVOrgG) v. 9.12.2004 (BGBl. I S. 3242) zugunsten eines einheitlichen Arbeitnehmerbegriffs aufgehoben worden. Die Arbeiterrentenversicherung und die Angestelltenversicherung sind unter den Namen „Deutsche Rentenversicherung" zur allgemeinen Rentenversicherung zusammengefasst worden (vgl. BT-Drs. 15/3654 und 15/3824).

3. Besonderer Schutz freigestellter Betriebsratsmitglieder

91 Freigestellte BRMitgl. widmen sich nur noch der BRArbeit. Sie verlieren deshalb nicht selten **berufliche Fertigkeiten und Kenntnisse,** insbes. in solchen Berufen, die einem starken technologischen Wandel unterliegen. Außerdem kann es im Interesse eines ordnungsgemäßen Arbeitsablaufs erforderlich sein, den durch die Freistellung frei werdenden Arbeitsplatz mit einem anderen ArbN zu besetzen. Aus diesem Grund haben BRMitgl., die über einen längeren Zeitraum freigestellt waren, nach Beendigung der Freistellung nicht selten Schwierigkeiten, wieder einen angemessenen Arbeitsplatz im Betrieb zu finden. Sie bedürfen eines besonderen Schutzes.

a) Verlängerung der Schutzfristen des § 37 Abs. 4 u. 5

92 Nach § 37 Abs. 4 darf das Arbeitsentgelt von BRMitgl. während der Dauer ihrer Amtstätigkeit sowie eines Zeitraumes von einem Jahr nach Beendigung der Amtszeit nicht geringer bemessen werden, als das Arbeitsentgelt vergleichbarer ArbN mit betriebsüblicher beruflicher Entwicklung (→ § 37 Rn. 116ff.). Nach § 37 Abs. 5 gilt Entsprechendes für die berufliche Tätigkeit von BRMitgl. Diese nachwirkenden **Schutzfristen** von einem Jahr nach Beendigung der Amtszeit werden für solche BRMitgl., die drei volle aufeinander folgende Amtszeiten hintereinander freigestellt waren, gem. Abs. 3 jeweils auf zwei Jahre verlängert. Hierdurch wird sichergestellt, dass längerfristig freigestellten BRMitgl. ein ausreichender Zeitraum zur Verfügung steht, in dem sie ohne Sorge in finanzieller Hinsicht und in Bezug auf ihre berufliche Tätigkeit eine infolge der Freistellung etwa unterbliebene berufliche Entwicklung nachholen können.

93 Die Erhöhung der nachwirkenden Schutzfrist auf zwei Jahre setzt eine Freistellung über **drei aufeinander folgende Amtszeiten** voraus. Unter **Freistellung** iSd Abs. 3 ist entsprechend dem Normzweck nur eine völlige Freistellung von der Arbeit zu verstehen, da eine nur teilweise (etwa stunden- oder tageweise) Freistellung in aller Regel weder die Aufgabe des bisherigen Arbeitsplatzes noch eine Berufsentfremdung nach sich zieht (DKKW/*Wedde* Rn. 81; ErfK/*Koch* Rn. 12; GK-BetrVG/*Weber* Rn. 104; Richardi BetrVG/*Thüsing* Rn. 56). Jedoch kommt es hier auf die Umstände des Einzelfalls an, zB auf den Umfang der Freistellung oder die Art der beruflichen Tätigkeit, bei der uU nur eine Vollzeitbeschäftigung gewährleistet, auf dem erforderlichen Wissens- und Erkenntnisstand zu bleiben (für eine analoge Anwendung der Abs. 3 u. 4 im Fall einer nur teilweisen Freistellung von der Arbeit insoweit DKKW/*Wedde* Rn. 79f.; WPK/*Kreft* Rn. 43; **aA** ErfK/*Koch* Rn. 12; Richardi BetrVG/*Thüsing* Rn. 61; GK-BetrVG/*Weber* Rn. 104; *Greßlin* BR-Mitglieder S. 242; *Lipp* Honorierung S. 18). Die Freistellung eines Teilzeitbeschäftigten im Umfang der vereinbarten Arbeitszeit ist eine Freistellung iSd Abs. 3 (ErfK/*Koch* Rn. 12; *Greßlin* BR-Mitglieder S. 242; so wohl auch *Lipp* Honorierung S. 18).

94 Das BRMitgl. muss über drei volle aufeinander folgende Amtszeiten freigestellt gewesen sein. Die **volle Amtszeit** iSv § 21 beträgt vier Jahre (→ § 21 Rn. 5). Keine volle Amtszeit ist die verkürzte Amtszeit wegen der Notwendigkeit einer vorzeitigen Neuwahl gem. § 13 Abs. 2 Nr. 1–3 oder die vorzeitige Beendigung der Amtszeit des BR auf Grund einer gerichtlichen Entscheidung gem. § 19 oder § 23. Auch die **ver-**

kürzte Amtszeit wegen der Wiedereingliederung eines außerhalb des regelmäßigen Wahlzeitraum nach § 13 Abs. 3 S. 1 iVm § 21 S. 3 ist keine volle Amtszeit, da ein solcher BR weniger als vier Jahre im Amt ist (GK-BetrVG/*Weber* Rn. 105; DKKW/*Wedde* Rn. 81; HWGNRH/*Glock* Rn. 71; *Lipp* Honorierung S. 19; **aA** Richardi BetrVG/*Thüsing* Rn. 62, der jedoch nicht beachtet, dass das Gesetz von „vollen" Amtszeiten spricht; WPK/*Kreft* Rn. 44). Etwas anderes gilt allerdings für den Fall, dass der BR gem. § 13 Abs. 3 S. 2 iVm § 21 S. 4 erst in dem übernächsten regelmäßigen Wahlzeitraum neu zu wählen ist. Denn ein solcher BR ist länger als vier Jahre im Amt (→ § 13 Rn. 51; → § 21 Rn. 22). Hatte der BR infolge einer vorzeitigen Neuwahl eine verkürzte Amtszeit, war die Amtszeit des folgenden BR jedoch gem. § 21 S. 4 iVm § 13 Abs. 3 S. 2 über vier Jahre hinaus verlängert, so sind beide Amtszeiten mit zusammen acht Jahre als zwei volle Amtszeiten anzuerkennen (DKKW/*Wedde* Rn. 813; GK-BetrVG/*Weber* Rn. 8; HWGNRH/*Glock* Rn. 71; Richardi BetrVG/*Thüsing* Rn. 62).

Die Freistellung muss sich über **drei aufeinander folgende Amtszeiten** erstreckt haben. Es darf keine Amtszeit eines BR dazwischen liegen, in der das BRMitgl. nicht freigestellt gewesen ist. Auf der anderen Seite ist es jedoch nicht erforderlich, dass sich die Amtszeiten der BR nahtlos aneinander anschließen. Ein kurzer Zwischenraum zwischen den Amtszeiten der BR – etwa wegen einer geringfügigen Verzögerung der Wahl – ist unerheblich, da in dieser Zeit das freigestellte BRMitgl. nicht wieder in das Berufsleben eingegliedert werden konnte (DKKW/*Wedde* Rn. 82; GK-BetrVG/*Weber* Rn. 107; HWGNRH/*Glock* Rn. 72; Richardi BetrVG/*Thüsing* Rn. 63; WPK/*Kreft* Rn. 45). 95

Die Erhöhung der nachwirkenden Schutzfrist auf zwei Jahre setzt voraus, dass das BRMitgl. **auch in der letzten Amtszeit** vor seinem Ausscheiden freigestellt gewesen ist. Denn berücksichtigt man den Normzweck des Abs. 3 (→ Rn. 91) und seinen inneren Zusammenhang mit dem ebenfalls auf zwei Jahre nach Beendigung der Freistellung (→ Rn. 101) erhöhten Schulungsgebot des Abs. 4 S. 2 für langjährig freigestellte BRMitgl., so ist es auch im Verhältnis zu den übrigen BRMitgl. nicht gerechtfertigt, einem BRMitgl., das in der letzten Amtszeit vor seinem Ausscheiden dem BR als normales nicht freigestelltes Mitgl. angehört hat, gleichwohl die erhöhte nachwirkende Schutzfrist von zwei Jahren zuzuerkennen. Denn dieses BRMitgl. steht seit vier Jahren wieder im Arbeitsprozess und hatte in den ersten beiden dieser vier Jahre nach Abs. 4 S. 2 Anspruch auf eine bevorzugte Teilnahme an Schulungs- und Bildungsveranstaltungen, um eine durch die Freistellung unterbliebene berufliche Entwicklung nachzuholen (wie hier ErfK/*Koch* Rn. 12; HWGNRH/*Glock* Rn. 72; Richardi BetrVG/*Thüsing* Rn. 64; *Sturm* freigestellte BRMitgl. S. 104; **aA** GK-BetrVG/*Weber* Rn. 108; HaKo-BetrVG/*Wolmerath* Rn. 16; DKKW/*Wedde* Rn. 83). Etwas anderes gilt, wenn die Amtszeit dieses BR vorzeitig endet und das BRMitgl. deshalb nicht wenigstens 2 Jahre nach Beendigung der Freistellung wieder im Arbeitsprozess gestanden hat (so auch WPK/*Kreft* Rn. 46). Zur Frage, dass der nachwirkende Schutz auch bei Beendigung der persönlichen Mitgliedschaft im BR bei Fortbestand von dessen Amtszeit und ferner bei einer Wahlanfechtung nach § 19, einer Auflösung des BR oder einem Ausschluss aus dem BR nach § 23 Abs. 1 sowie einer nachträglichen Feststellung der Nichtwählbarkeit nach § 24 Abs. 1 Nr. 6 eingreift, → § 37 Rn. 129. 96

b) Berufliche Weiterbildung

Die Vorschrift des Abs. 4, die eine besondere Ausprägung des allgemeinen Benachteiligungsverbots von BRMitgl. (§ 78) darstellt, will freigestellten BRMitgl. eine möglichst schnelle und an die betriebsübliche Entwicklung vergleichbarer ArbN angepasste Wiedereingliederung in das Berufsleben nach Beendigung der Freistellung ermöglichen. Aus diesem Grunde dürfen freigestellte BRMitgl., obwohl sie von ihrer beruflichen Tätigkeit entbunden sind, auch während der Zeit ihrer Freistellung **von** 97

inner- und außerbetrieblichen Maßnahmen der Berufsbildung nicht ausgeschlossen werden (ErfK/*Koch* Rn. 13; GK-BetrVG/*Weber* Rn. 109; HWGNRH/*Glock* Rn. 77; Richardi BetrVG/*Thüsing* Rn. 65). Unter außerbetrieblichen Maßnahmen der Berufsbildung sind solche Bildungsmaßnahmen zu verstehen, die der Betrieb üblicherweise zur Berufsbildung seiner ArbN nutzt (→ § 96 Rn. 29; → § 98 Rn. 30).

98 Die BRMitgl. dürfen von den Berufsbildungsmaßnahmen **nicht ausgeschlossen** werden. Diese Regelung bedeutet nicht, dass freigestellte BRMitgl. einen Anspruch auf bevorzugte Berücksichtigung bei der Teilnahme an solchen Veranstaltungen hätten. Sie dürfen jedoch nicht übergangen werden, sondern sind in gleicher Weise zu berücksichtigen, wie es der Fall wäre, wenn sie anstatt freigestellt zu sein, ihre berufliche Tätigkeit weiter ausgeübt hätten (DKKW/*Wedde* Rn. 84; GK-BetrVG/*Weber* Rn. 110; HWGNRH/*Glock* Rn. 77; Richardi BetrVG/*Thüsing* Rn. 65; *Weiß/Weyand* BetrVG Rn. 19). Der BR kann im Rahmen seiner MBR nach § 98 Abs. 3 u. 4 auf eine angemessene Berücksichtigung freigestellter BRMitgl. an betrieblichen oder außerbetrieblichen Fortbildungsveranstaltungen hinwirken (WPK/*Kreft* Rn. 47; *Lipp* Honorierung S. 157; *Wurzberger* AiB 2017, 38 [40]; → § 98 Rn. 28 ff.).

99 Etwas anderes gilt, wenn freigestellte BRMitgl. nicht an angebotenen Fortbildungsveranstaltungen haben teilnehmen können, etwa weil dies wegen der Inanspruchnahme durch die BRAufgaben nicht möglich war. In diesem Falle ist ihnen innerhalb eines Jahres nach Beendigung der Freistellung **bevorzugt** die Möglichkeit zu geben, an betrieblichen und außerbetrieblichen Berufsbildungsmaßnahmen teilzunehmen, um eine wegen der Freistellung unterbliebene berufliche Entwicklung nachzuholen. Die unterbliebene berufliche Entwicklung muss durch die Freistellung bedingt sein. Hat sie in anderen Umständen ihre Ursache, besteht der Anspruch nicht (LAG RhPf 14.5.2013 – 6 SaGa 2/13; DKKW/*Wedde* Rn. 85; GK-BetrVG/*Weber* Rn. 111; HWGNRH/*Glock* Rn. 79; Richardi BetrVG/*Thüsing* Rn. 66; *Wurzberger* AiB 2017, 38 [39]). Der Anspruch dient nur der **Nachholung** einer betriebsüblichen beruflichen Entwicklung (→ § 37 Rn. 130 ff.). Abzustellen ist auch hier auf die betriebsübliche berufliche Entwicklung vergleichbarer ArbN (zu diesem Begriff → § 37 Rn. 118 f.). Ein Anspruch auf eine besonders bevorzugte berufliche Stellung besteht nicht (GK-BetrVG/*Weber* Rn. 110; Richardi BetrVG/*Thüsing* Rn. 65).

100 Die Verpflichtung des ArbGeb., einem freigestellten BRMitgl. bevorzugt die Möglichkeit zu geben, eine unterbliebene betriebsübliche berufliche Entwicklung nachzuholen, besteht **innerhalb eines Jahres nach Beendigung der Freistellung,** nicht erst nach Beendigung der Amtszeit des BR (GK-BetrVG/*Weber* Rn. 114; DKKW/*Wedde* Rn. 85; Richardi BetrVG/*Thüsing* Rn. 67). Dieser Anspruch besteht ohne Rücksicht auf die Dauer der Freistellung (Richardi BetrVG/*Thüsing* Rn. 67). Allerdings dürfte eine nur kurzfristige Freistellung in aller Regel keine Nachteile in der beruflichen Entwicklung zur Folge haben.

101 Ist das BRMitgl. über drei volle aufeinander folgende Amtszeiten (→ Rn. 94) freigestellt gewesen, **erhöht** sich der Zeitraum, innerhalb dessen dem BRMitgl. bevorzugt Gelegenheit zu geben ist, eine infolge der Freistellung unterbliebene berufliche Entwicklung nachzuholen, **auf zwei Jahre.** Die nachwirkende zweijährige Schutzfrist des Abs. 4 S. 3 beginnt nicht erst mit Ablauf der Amtszeit des BR, sondern mit der Beendigung der Freistellung (DKKW/*Wedde* Rn. 87; GK-BetrVG/*Weber* Rn. 114; Richardi BetrVG/*Thüsing* Rn. 67).

102 Die Verpflichtung des ArbGeb., einem freigestellten BRMitgl. die Möglichkeit zu geben, eine wegen der Freistellung unterbliebene betriebsübliche berufliche Entwicklung nachzuholen, besteht im **Rahmen der Möglichkeiten des Betriebs.** Die entsprechende Schulung des BRMitgl. darf für den ArbGeb. nicht unzumutbar sein (GK-BetrVG/*Weber* Rn. 113; DKKW/*Wedde* Rn. 86; Richardi BetrVG/*Thüsing* Rn. 66). Allerdings kann eine entsprechende Schulung nicht bereits mit dem Hinweis auf eine fehlende innerbetriebliche Schulungsmöglichkeit abgelehnt werden. Bestehen entsprechende über- oder außerbetriebliche Fortbildungsmöglichkeiten, so hat das BRMitgl. Anspruch auf Teilnahme an diesen Veranstaltungen auf Kosten des ArbGeb. (DKKW/*Wedde* Rn. 86; ErfK/*Koch* Rn. 13; HWGNRH/*Glock* Rn. 81 *Lipp* Honorierung S. 158; *Schneider* NZA 1984, 24).

103 Nach Durchführung einer entsprechenden Schulung hat das BRMitgl. im Rahmen der betrieblichen Möglichkeiten gem. § 37 Abs. 5, **Anspruch auf Zuweisung** einer der Schulung entsprechenden Tätigkeit (ErfK/*Koch* Rn. 13; GK-BetrVG/*Weber* Rn. 115; WPK/*Kreft* Rn. 48; Richardi BetrVG/*Thüsing* Rn. 68).

IV. Streitigkeiten

104 Streitigkeiten auf Grund der Abs. 1 u. 2, etwa über den Umfang der Freistellungen bzw. über die Wahl der freizustellenden BRMitgl. entscheiden die ArbG im **Beschlussverfahren** (§§ 2a, 80ff. ArbGG).

105 Bei der **Wahl** der freizustellenden BRMitgl. handelt es sich um Geschäftsführungsakte des BR. Diese sind jedoch für die Funktionsfähigkeit des BR von so wesentlicher Bedeutung, dass es nicht hinnehmbar ist, bei jedem Rechtsverstoß stets die Nichtigkeit der Wahl anzunehmen oder die Rechtswirksamkeit der Wahl über einen längeren Zeitraum im Ungewissen zu lassen. Aus denselben Gründen wie bei der Wahl des BRVors. und seines Stellvertr. sowie der Wahl der weiteren Mitgl. des BetrAusschusses ist es deshalb aus Gründen der Rechtssicherheit geboten, in entsprechender Anwendung des § 19 grds. nur eine **befristete Wahlanfechtung** zuzulassen und die Nichtigkeit der Wahl auf ganz besondere Ausnahmefälle zu beschränken (BAG 15.1.1992 – 7 ABR 24/91, AP BetrVG 1972 § 26 Nr. 10; 11.3.1992 – 7 ABR 50/91, AP BetrVG 1972 § 38 Nr. 11; 20.4.1005 – 7 ABR 44/04, AP BetrVG 1972 § 38 Nr. 30; DKKW/*Wedde* Rn. 88; GK-BetrVG/*Weber* Rn. 63; *Greßlin* BR-Mitglieder S. 209; *Kamphausen* NZA 1991, 882). Für die Geltendmachung der Rechtsunwirksamkeit der Wahl der freizustellenden BRMitgl. gelten dieselben Grundsätze wie bei der Wahl des BRVors. und seines Stellvertr. und der Wahl der weiteren Mitgl. des BetrAusschusses (iE → § 26 Rn. 52ff.; → § 27 Rn. 96ff.; die dortigen Ausführungen gelten bei der Wahl der Freizustellenden entsprechend). Weder die unterlassene Ladung eines Ersatzmitgl. für das nicht erschienene geladene Ersatzmitgl. noch die inhaltl. mangelhafte Ladung betreffend die Neuwahl der freizustellenden BRMitgl. sind so schwerwiegende Verfahrensmängel, als dass sie die Nichtigkeit der Wahl zur Folge hätten (BAG 20.4.2005 – 7 ABR 44/04, AP BetrVG 1972 § 38 Nr. 30).

106 **Anfechtungsberechtigt** ist auch ein einzelnes BRMitgl. (BAG 15.1.1992 – 7 ABR 24/91, AP BetrVG 1972 § 26 Nr. 10; 21.7.2004 – 7 ABR 62/03, AP BetrVG 1972 § 51 Nr. 4; 16.3.2005 – 7 ABR 43/04, AP BetrVG 1972 § 28 Nr. 6; 20.4.2005 – 7 ABR 44/04, AP BetrVG 1972 § 38 Nr. 30). Auf die persönliche Betroffenheit des anfechtenden BRMitgl. kommt es nicht an (BAG 20.4.2005 – 7 ABR 47/04, AP BetrVG 1972 § 38 Nr. 29; 22.11.2017 – 7 ABR 26/16, NZA 2018, 523; 21.2.2018 – 7 ABR 54/16, NZA 2018, 951). Die Anfechtungsfrist beginnt mit der Feststellung des Wahlergebnisses durch den BR (BAG 20.4.2005 – 7 ABR 44/04, AP BetrVG 1972 § 38 Nr. 30; 21.2.2018 – 7 ABR 54/16, NZA 2018, 951). Etwas anderes gilt nur, wenn ein anfechtungsberechtigtes BRMitgl. an der Teilnahme der BRSitzung verhindert war; in diesem Fall beginnt die Anfechtungsfrist für dieses BRMitgl. mit dessen Kenntniserlangung von der Wahl und dem Wahlergebnis – andere BRMitgl. können sich auf die verspätete Kenntniserlangung dieses BRMitgl. nicht berufen (BAG 20.4.2005 – 7 ABR 44/04, AP BetrVG 1972 § 38 Nr. 30). Die Anfechtungsbefugnis erlischt mit Ausscheiden des BRMitgl. aus dem BR (BAG 15.8.2001 – 7 ABR 2/99, AP BetrVG 1972 § 47 Nr. 10) bzw. mit Ende der Amtszeit der freizustellenden BRMitgl. (BAG 20.6.2018 – 7 ABR 48/16, NZA 2018, 1633). Nicht antragsberechtigt ist dagegen die im Betrieb vertretene Gewerkschaft (BAG 12.10.1976 – 1 ABR 17/76, AP BetrVG 1972 § 26 Nr. 2; GK-BetrVG/*Weber*

Rn. 117; Richardi BetrVG/*Thüsing* Rn. 70; *Kamphausen* NZA 1991, 882; **aA** WPK/*Kreft* Rn. 49, Geltendmachung Verletzung des Minderheitenschutzes). Hat der BR mehr BRMitgl. freigestellt, als der gesetzlichen Freistellungsstaffel oder einer anderweitigen Regelung durch TV oder BV oder einer gerichtlichen Entscheidung entspricht, ist auch der ArbGeb. anfechtungsbefugt, da er durch eine erhöhte Zahl Freizustellender unmittelbar betroffen wird. Das Gleiche gilt, wenn im Falle von Teilfreistellungen das zulässige Freistellungsvolumen überschritten wird.

107 Soweit der ArbGeb. die sachliche Unvertretbarkeit der Freistellung geltend macht, hat er vor Anrufung des ArbG das Verfahren vor der **E-Stelle** durchzuführen. Eine unmittelbare Anrufung des ArbG ist nicht zulässig (ErfK/*Koch* Rn. 14; GK-BetrVG/*Weber* Rn. 118; HaKo-BetrVG/*Wolmerath* Rn. 20; **aA** LAG Düsseldorf 2.2.1973 – 9 BV Ta 45/72, DB 1973, 626). Der Spruch der E-Stelle kann nach § 76 Abs. 7 vom ArbG daraufhin überprüft werden, ob er sachlich nicht vertretbar ist; denn der Begriff „sachlich nicht vertretbar" ist ein unbestimmter Rechtsbegriff; wenn auch mit weitem Beurteilungsspielraum (GK-BetrVG/*Weber* Rn. 78; HWGNRH/*Glock* Rn. 85; *Henssler* RdA 1991, 268 [272]).

108 Da es nicht hinnehmbar ist, die Frage der Unwirksamkeit der Freistellung wegen sachlicher Unvertretbarkeit über einen längeren Zeitraum im Ungewissen zu lassen, kann ebenso wie die Anrufung der E-Stelle selbst (→ Rn. 64), die Anfechtung der Freistellungswahlen (→ Rn. 105) und die Anfechtung des Spruches der E-Stelle wegen Ermessensüberschreitung nach § 76 Abs. 5 S. 4 auch die Anrufung des Arbeitsgerichts zur Überprüfung des unbestimmten Rechtsbegriffs der sachlichen Unvertretbarkeit der Freistellung nur innerhalb einer **Frist von zwei Wochen** erfolgen (GK-BetrVG/*Weber* Rn. 78; Richardi BetrVG/*Thüsing* Rn. 41, **aA** HWGNRH/*Glock* Rn. 85).

109 Bei Streitigkeiten über die Notwendigkeit von weiteren, über die Staffel des Abs. 1 hinausgehenden Freistellungen (→ Rn. 20) ist es Sache des BR, iE darzulegen, aus welchen Gründen weitere Freistellungen für eine ordnungsgemäße Erfüllung seiner Aufgaben erforderlich sind (BAG 22.5.1973 – 1 ABR 10/73, AP BetrVG 1972 § 37 Nr. 2; GK-BetrVG/*Weber* Rn. 32). Diese **Darlegungspflicht** ist in dem Fall, in dem lediglich eine zusätzliche Freistellung für ein zeitweilig verhindertes BRMitgl. als notwendig behauptet wird, im Allgemeinen geringer, als wenn auf Dauer über die gesetzliche Staffel des Abs. 1 hinaus weitere BRMitgl. freigestellt werden sollen (BAG 22.5.1973 – 1 ABR 26/72, AP BetrVG 1972 § 38 Nr. 1; 26.7.1989 – 7 ABR 64/88, AP BetrVG 1972 § 38 Nr. 10).

110 Streitigkeiten zwischen freigestellten BRMitgl. und dem ArbGeb., die sich aus einer Arbeitsentgeltminderung oder -vorenthaltung oder der Zuweisung eines minderwertigen Arbeitsplatzes ergeben (vgl. Abs. 3 iVm § 37 Abs. 4 u. 5), sind individualrechtliche Streitigkeiten, die im **Urteilsverfahren** zu entscheiden sind (→ § 37 Rn. 253). Das Gleiche gilt für Streitigkeiten von freigestellten BRMitgl. hinsichtlich der Teilnahme an Berufsbildungsmaßnahmen nach Abs. 4 (WPK/*Kreft* Rn. 50; GK-BetrVG/*Weber* Rn. 119; Richardi BetrVG/*Thüsing* Rn. 71).

§ 39 Sprechstunden

(1) [1]**Der Betriebsrat kann während der Arbeitszeit Sprechstunden einrichten.** [2]**Zeit und Ort sind mit dem Arbeitgeber zu vereinbaren.** [3]**Kommt eine Einigung nicht zustande, so entscheidet die Einigungsstelle.** [4]**Der Spruch der Einigungsstelle ersetzt die Einigung zwischen Arbeitgeber und Betriebsrat.**

(2) **Führt die Jugend- und Auszubildendenvertretung keine eigenen Sprechstunden durch, so kann an den Sprechstunden des Betriebsrats ein Mitglied der Jugend- und Auszubildendenvertretung zur Beratung der in § 60 Abs. 1 genannten Arbeitnehmer teilnehmen.**

(3) **Versäumnis von Arbeitszeit, die zum Besuch der Sprechstunden oder durch sonstige Inanspruchnahme des Betriebsrats erforderlich ist, berechtigt den Arbeitgeber nicht zur Minderung des Arbeitsentgelts des Arbeitnehmers.**

Inhaltsübersicht

I. Vorbemerkung

1 Die Vorschrift bietet die Möglichkeit, in allen Betrieben unabhängig von ihrer Größe Sprechstunden des BR durchzuführen. Durch die Einrichtung von Sprechstunden soll es dem einzelnen ArbN des Betriebs ermöglicht werden, während der Arbeitszeit dem BR seine Beschwerden, Wünsche oder Anregungen vorzubringen und von diesem einen Rat hinsichtlich der vorgetragenen Angelegenheit zu erhalten. Die Einrichtung von Sprechstunden bietet den **Vorteil einer geordneten Verfahrensweise,** indem das Vorbringen von Einzelanliegen der ArbN zeitlich zusammengefasst wird, worauf sich sowohl der BR als auch die ArbN des Betriebs einstellen können. Sprechstunden können auch im Interesse des ArbGeb. liegen, weil bei ihrer zeitlichen Festlegung auf betriebliche Notwendigkeiten Rücksicht genommen werden kann. (Zum Für und Wider von Sprechstunden vgl. *Brill* BB 1979, 1247; ferner BAG 23.6.1983 – 6 ABR 65/80, AP BetrVG 1972 § 37 Nr. 45.)

2 Die Vorschrift gilt nicht für den GesBR, den KBR, die GesJAV und die KJAV (vgl. § 51 Abs. 1, § 59 Abs. 1, § 73 Abs. 2 und § 73b Abs. 2). Über eigene Sprechstunden der JAV vgl. § 69. Für die Bordvertr. und den SeeBR gilt § 39 entsprechend (vgl. § 115 Abs. 4 und § 116 Abs. 3 Nr. 6). Das Gleiche gilt für eine Vertr. der ArbN iSv § 3 Abs. 1 Nr. 2 u. 3, da diese an die Stelle des BR treten. Für ArbNVertr. nach § 3 Abs. 1 Nr. 5 bleibt die Einrichtung von Sprechstunden dem TV oder der BV vorbehalten (GK-BetrVG/*Weber* Rn. 5).

3 Die Vorschrift ist insoweit **zwingend,** als sie weder durch TV noch durch BV zuungunsten des BR oder der ArbN abgedungen werden kann. Die Festlegung näherer Einzelheiten über die Durchführung der Sprechstunden ist zulässig (GK-BetrVG/*Weber* Rn. 6).

4 Entsprechende Vorschrift: § 43 BPersVG; keine im SprAuG und EBRG.

II. Einrichtungen der Sprechstunden

5 Die Entscheidung über die Einrichtung von Sprechstunden während der Arbeitszeit **obliegt allein dem BR.** Er entscheidet nach pflichtgemäßem Ermessen darüber, ob und in welcher Weise er Sprechstunden durchführen will (DKKW/*Wedde* Rn. 3; ErfK/*Koch* Rn. 2; GK-BetrVG/*Weber* Rn. 11; HWGNRH/*Glock* Rn. 5; Richardi BetrVG/*Thüsing* Rn. 3; *Brill* BB 1979, 1247). Eine **Zustimmung des ArbGeb.** ist **nicht** erforderlich. Andererseits ist diesem der Beschluss mitzuteilen. Bei seiner Entscheidung hat der BR die betrieblichen Verhältnisse, insbes. auch die Zahl der im Betrieb beschäftigten ArbN, zu berücksichtigen.

6 Der BR **kann** Sprechstunden einrichten. Eine gesetzliche Verpflichtung dazu besteht nicht (DKKW/*Wedde* Rn. 4; HWGNRH/*Glock* Rn. 5; Richardi BetrVG/

Thüsing Rn. 3). Im Allgemeinen dürfte sich die Einrichtung einer festen Sprechstunde allerdings empfehlen (→ Rn. 1). Die Möglichkeit des BR, die ArbN am Arbeitsplatz aufzusuchen (→ Rn. 31), ist nicht geeignet, die Sprechstunde zu ersetzen; denn zum einen besteht diese Möglichkeit nicht uneingeschränkt, zum anderen liegt dann – im Gegensatz zur Sprechstunde – die Initiative für ein Gespräch beim BR und nicht beim einzelnen ArbN (GK-BetrVG/*Weber* Rn. 37; Richardi BetrVG/*Thüsing* Rn. 30). Da keine ausdrückliche Verpflichtung zur Einrichtung einer Sprechstunde besteht, stellt es jedenfalls im Allgemeinen keine Pflichtverletzung des BR dar, wenn er von ihrer Einrichtung Abstand nimmt (DKKW/*Wedde* Rn. 5; **aA** für BR in Großbetrieben: GK-BetrVG/*Weber* Rn. 11).

7 Die Einführung von Sprechstunden bedarf eines ordnungsgemäßen **Beschlusses** des BR nach § 33 (GK-BetrVG/*Weber* Rn. 12; Richardi BetrVG/*Thüsing* Rn. 4). Für den Beschluss genügt die einfache Mehrheit.

8 Der BR entscheidet auch darüber, **in welcher Form** er die Sprechstunden durchführen will, insbes. darüber, welches oder welche seiner Mitgl. er mit der **Durchführung der Sprechstunden** beauftragt (Richardi BetrVG/*Thüsing* Rn. 11; *Brill* BB 1979, 1248). Wenn dies für eine ordnungsgemäße Beratung der ArbN erforderlich ist, hat der BR mehrere seiner Mitgl. mit der Wahrnehmung der Sprechstunden zu beauftragen (DKKW/*Wedde* Rn. 3; GK-BetrVG/*Weber* Rn. 18). Trifft der BR keine anderweitige Entscheidung, ist der **BRVors.,** im Verhinderungsfall sein Stellvertr., berechtigt, die Sprechstunden abzuhalten (DKKW/*Wedde* Rn. 6). Die Durchführung der Sprechstunden gehört zur laufenden Geschäftsführung des BR, so dass bei Bestehen eines BetrAusschusses dieser über die Modalitäten der Durchführung befindet (GK-BetrVG/*Weber* Rn. 18; Richardi BetrVG/*Thüsing* Rn. 11). Die Mitgl. des BR, die mit der Durchführung der Sprechstunden beauftragt werden, sind, sofern sie nicht ohnehin freigestellt sind, nach § 37 Abs. 2 für die Dauer der Durchführung der Sprechstunden von ihrer beruflichen Tätigkeit befreit. Die Einrichtung und Durchführung von Sprechstunden rechtfertigt in Betrieben ohne freigestellte BRMitgl. (→ § 38 Rn. 8 ff.) für sich allein keine pauschale Teilfreistellung eines BRMitgl. (BAG 13.11.1991 – 7 ABR 5/91, AP BetrVG § 37 Nr. 80; DKKW/*Wedde* Rn. 15).

9 Soweit dies für eine ordnungsgemäße Beratung der ArbN erforderlich ist, kann der BR unter Beachtung der in § 80 Abs. 3 u. 4 geregelten Modalitäten auch **sachkundige** ArbN des Betriebs oder **Sachverständige** zu der Sprechstunde hinzuziehen (HaKo-BetrVG/*Wolmerath* Rn. 5; GK-BetrVG/*Weber* Rn. 20, 21; ErfK/*Koch* Rn. 3; HWGNRH/*Glock* Rn. 18; Richardi BetrVG/*Thüsing* Rn. 12). Sachverständige können auch Gewerkschaftsbeauftragte sein, deren Hinzuziehung als „Sachverständige" allerdings der Zustimmung des ArbGeb. bedarf (DKKW/*Wedde* Rn. 9; GK-BetrVG/*Weber* Rn. 20; **aA** HWGNRH/*Glock* Rn. 18, nach denen Gewerkschaftsbeauftragte wegen einseitiger Interessenbindung keine Sachverständige sein können). **Vertreter der Gewerkschaften** können auf Ersuchen des BR jedoch auch im Rahmen der allgemeinen Unterstützungsfunktion der im Betrieb vertretenen Gewerkschaften (vgl. § 2 Abs. 1, → § 2 Rn. 45 ff.) an der Sprechstunde teilnehmen; dies gilt insbes., wenn dies zur sachkundigen Beratung der ArbN, zB in Tariffragen, erforderlich erscheint. In diesem Falle ist eine Vereinbarung mit dem ArbGeb. nicht erforderlich; dieser ist vielmehr lediglich gem. § 2 Abs. 2 zu unterrichten (LAG BW 25.6.1974 – 7 TaBV 3/74, BB 1974, 1206; DKKW/*Wedde* Rn. 9; ErfK/*Koch* Rn. 4; GK-BetrVG/*Weber* Rn. 20; HWGNRH/*Glock* Rn. 18; Richardi BetrVG/*Thüsing* Rn. 12; *Weiß/Weyand* BetrVG Rn. 3).

10 Die Sprechstunden finden grds. **während der Arbeitszeit** statt. Zur Arbeitszeit zählen nicht die Pausen. Arbeitet der Betrieb in mehreren Schichten, dürfte es sich empfehlen, die Sprechstunden so zu legen, dass den ArbN jeder Schicht der Besuch der Sprechstunden während der Arbeitszeit möglich ist.

11 Während die Frage, ob Sprechstunden eingerichtet werden sollen, der alleinigen Entscheidungskompetenz des BR unterliegt, ist für die **Festlegung von Zeit und**

Ort der Sprechstunden während der Arbeitszeit eine Vereinbarung mit dem ArbGeb. erforderlich. Zweckmäßigerweise sollte dies in einer förmlichen BV erfolgen, ausreichend ist jedoch auch eine formlose Absprache (DKKW/*Wedde* Rn. 10; GK-BetrVG/*Weber* Rn. 15; HWGNRH/*Glock* Rn. 7; Richardi BetrVG/*Thüsing* Rn. 7). Führt der BR die Sprechstunde außerhalb der Arbeitszeit und außerhalb des Betriebs durch, bedarf es keiner Vereinbarung mit dem ArbGeb. (ErfK/*Koch* Rn. 2; GK-BetrVG/*Weber* Rn. 14; Richardi BetrVG/*Thüsing* Rn. 6).

Unter Festlegung der **Zeit** der Sprechstunden ist die Bestimmung der zeitlichen Dauer der Sprechstunden (so auch WPK/*Kreft* Rn. 3; **aA** DKKW/*Wedde* Rn. 11; Richardi BetrVG/*Thüsing* Rn. 5; HaKo-BetrVG/*Wolmerath* Rn. 4), die Festlegung ihrer zeitlichen Lage während der Arbeitszeit sowie die Frage ihrer Häufigkeit (zB täglich, an bestimmten Tagen in der Woche oder im Monat) zu verstehen (ErfK/*Koch* Rn. 2; GK-BetrVG/*Weber* Rn. 15; HWGNRH/*Glock* Rn. 8; SWS, Rn. 1). Dauer und Häufigkeit der Sprechstunden werden insbes. von Art und Größe des Betriebes abhängen. 12

Unter **Ort** der Sprechstunden ist der Raum zu verstehen, in dem die ArbN des Betriebs den BR aufsuchen können, dh, der Raum, in dem die Sprechstunde durchgeführt wird. 13

Kommt es über die Festlegung von Zeit und Ort der Sprechstunden nicht zu einer Verständigung zwischen ArbGeb. und BR, so entscheidet hierüber die **E-Stelle** nach § 76 Abs. 5. Sie hat ihre Entscheidung unter angemessener Berücksichtigung der Belange des Betriebs und der betroffenen ArbN nach billigem Ermessen zu treffen. Hinsichtlich der Belange der ArbN ist insbes. zu berücksichtigen, dass den ArbN ein ordnungsgemäßes Aufsuchen der Sprechstunden des BR ermöglicht wird (DKKW/*Wedde* Rn. 13; GK-BetrVG/*Weber* Rn. 16; HWGNRH/*Glock* Rn. 10). 14

Der Spruch der E-Stelle ersetzt die **Einigung** zwischen BR und ArbGeb. über Zeit und Ort der Sprechstunden. Diese Vereinbarung bleibt solange maßgebend, bis sie durch eine andere Vereinbarung zwischen ArbGeb. und BR ersetzt wird. Da es sich bei der Festlegung von Zeit und Ort der Sprechstunden – auch soweit sie auf einem Spruch der E-Stelle beruht – zwar nicht zwingend, jedoch in der Regel um eine Betriebsvereinbarung handelt (GK-BetrVG/*Weber* Rn. 15; Richardi BetrVG/*Thüsing* Rn. 7), ist eine Kündigung dieser Vereinbarung nach § 77 Abs. 5 möglich (WPK/*Kreft* Rn. 5). 15

Dem ArbGeb. ist in § 40 Abs. 2 die Verpflichtung auferlegt, den **sachlichen Aufwand** für die Sprechstunden zu tragen (DKKW/*Wedde* Rn. 16; GK-BetrVG/*Weber* Rn. 27; Richardi BetrVG/*Thüsing* Rn. 13). Er hat die für die Abhaltung der Sprechstunden erforderlichen Räumlichkeiten, Licht, Heizung, Schreibmaterial usw zur Verfügung zu stellen (vgl. § 40 Abs. 2; → § 40 Rn. 104 ff.). Dies gilt auch für den Fall, dass der BR aus bestimmten Gründen die Sprechstunde außerhalb der Arbeitszeit durchführt. Muss die Sprechstunde aus betriebsbedingten Gründen außerhalb der Arbeitszeit durchgeführt werden, so hat das die Sprechstunde abhaltende BRMitgl. gem. § 37 Abs. 3 Anspruch auf entsprechenden Freizeitausgleich bzw. auf Abgeltung dieser Zeit (→ § 37 Rn. 73 ff.). Besuchen der deutschen Sprache nicht mächtige ausländische ArbN die Sprechstunde, hat der ArbGeb. auch die Kosten zu tragen, die notwendig sind, um eine Verständigung zu ermöglichen zB Hinzuziehung eines anderen ArbN als Übersetzer (DKKW/*Wedde* Rn. 16; WPK/*Kreft* Rn. 11). Gehören zum Betrieb auch außerhalb beschäftigte TeleArbN (→ § 5 Rn. 193 ff.), ist bei Bestehen einer entsprechenden betrieblichen Infrastruktur dem BR die Möglichkeit einzuräumen, dass er für diese ArbN über die im Betrieb genutzten elektronischen Netze erreichbar ist (DKKW/*Wedde* Rn. 16). Diese Möglichkeit schließt jedoch nicht aus, dass ein TeleArbN erforderlichenfalls auch persönlich die Sprechstunde des BR aufsucht (→ Rn. 26). 16

III. Teilnahme eines Vertreters der Jugend- und Auszubildendenvertretung

17 Soweit die JAV keine eigenen Sprechstunden durchführt, kann **eines ihrer Mitgl.** an den Sprechstunden des BR zur Beratung jugendl. oder zu ihrer Berufsausbildung beschäftigter ArbN teilnehmen. Zu den Voraussetzungen eigener Sprechstunden der JAV → § 69 Rn. 4f. Die Teilnahme eines Mitgl. der JAV dient dem Zweck der Beratung jugendl. oder zu ihrer Berufsausbildung beschäftigter ArbN. Ihnen soll durch die Teilnahme eines von ihnen gewählten Vertr. eine etwaige Befangenheit beim Vorbringen ihrer Anliegen genommen werden. Ferner soll das Mitgl. der JAV, die sich gem. § 70 insbes. mit den Belangen der jugendl. und der zu ihrer Berufsausbildung beschäftigten ArbN zu befassen hat, diese bei dem Vorbringen ihrer Anliegen unterstützen und beraten. Die Teilnahme eines Mitgl. der JAV hat außerdem zur Folge, dass sie über die von jugendl. ArbN in den Sprechstunden vorgebrachten Wünschen und Anliegen unterrichtet wird und so Ansatzpunkte für die eigene Arbeit gewinnt.

18 Das Teilnahmerecht eines Mitgl. der JAV an den Sprechstunden des BR besteht stets, aber auch nur dann, wenn sie **keine eigenen Sprechstunden** abhält. Hierbei ist es unerheblich, ob die Voraussetzungen für die Durchführung eigener Sprechstunden nicht vorliegen oder ob die JAV trotz bestehender Möglichkeit von eigenen Sprechstunden Abstand nimmt (HaKo-BetrVG/*Wolmerath* Rn. 9; GK-BetrVG/*Weber* Rn. 22; Richardi BetrVG/*Thüsing* Rn. 15).

19 An den Sprechstunden **„kann"** ein Mitgl. der JAV teilnehmen. Eine Verpflichtung hierzu besteht nicht. Ob von der Möglichkeit der Teilnahme Gebrauch gemacht wird, ist ihrer Entscheidung überlassen (DKKW/*Wedde* Rn. 21; ErfK/*Koch* Rn. 4; HWGNRH/*Glock* Rn. 14; Richardi BetrVG/*Thüsing* Rn. 16; schärfer GK-BetrVG/*Weber* Rn. 25, der in der Nichtteilnahme ggf. eine grobe Pflichtverletzung iSv § 23 Abs. 1 sieht). Auch die Entscheidung, **welches ihrer Mitgl.** an den Sprechstunden des BR teilnimmt, obliegt allein der JAV (GK-BetrVG/*Weber* Rn. 24; Richardi BetrVG/*Thüsing* Rn. 17). Trifft sie hierüber keine ausdrückliche Regelung, ist ihr Vors., im Verhinderungsfall sein Stellvertr. teilnahmeberechtigt (DKKW/*Wedde* Rn. 21; WPK/*Kreft* Rn. 8; **aA** HWGNRH/*Glock* Rn. 14, keine Teilnahme). Für die Zeit der Teilnahme ist das Mitgl. der JAV von der Verpflichtung zur Arbeitsleistung befreit (§ 65 Abs. 1 iVm § 37 Abs. 2).

20 Da die Teilnahme eines Mitgl. der JAV dem Zwecke der Beratung jugendl. und zu ihrer Berufsausbildung beschäftigter ArbN dient, besteht ein **Teilnahmerecht** nur insoweit, als diese die Sprechstunden aufsuchen, nicht dagegen beim Besuch sonstiger erwachsener ArbN (ErfK/*Koch* Rn. 4; Richardi BetrVG/*Thüsing* Rn. 18; HWGNRH/*Glock* Rn. 12 einschränkend WPK/*Kreft* Rn. 8; GK-BetrVG/*Weber* Rn. 26, nur wenn der erwachsene ArbN die Abwesenheit des JAV verlangt; **aA** *Weiß/Weyand* BetrVG Rn. 4). Im Hinblick hierauf kann es im Interesse einer ordnungsgemäßen Durchführung der Sprechstunden zweckmäßig sein, wenn der BR getrennte Sprechstunden für jugendl. und zu ihrer Berufsausbildung beschäftigte sowie für die übrigen ArbN einrichtet (DKKW/*Wedde* Rn. 22; GK-BetrVG/*Weber* Rn. 26; HWGNRH/*Glock* Rn. 13; Richardi BetrVG/*Thüsing* Rn. 18).

21 Auch soweit ein jugendl. oder zu seiner Berufsausbildung beschäftigter ArbN die Sprechstunde aufsucht, ist er nicht gehalten, sich der Unterstützung des JAV zu bedienen; vielmehr steht es ihm frei, sich allein mit dem BRMitgl. zu beraten (GK-BetrVG/*Weber* Rn. 23; HWGNRH/*Glock* Rn. 15).

IV. Zulässiger Gegenstand der Sprechstunde

22 Die ArbN des Betriebs sind **berechtigt,** die Sprechstunden des BR in allen Angelegenheiten aufzusuchen, die mit ihrer Stellung als ArbN des Betriebs zusammenhän-

gen und in den Aufgabenbereich des BR fallen (GK-BetrVG/*Weber* Rn. 8; Richardi BetrVG/*Thüsing* Rn. 2). Hierzu zählen zB die Erhebung und Erörterung von Beschwerden über das Verhalten von Vorgesetzten oder anderer ArbN oder über sonstige betriebliche Angelegenheiten. Nicht erforderlich ist, dass der ArbN sich vorher beim ArbGeb. beschwert hat (GK-BetrVG/*Weber* Rn. 8; HWGNRH/*Glock* Rn. 4; **aA** SWS Rn. 3). Die ArbN können dem BR auch Anregungen für seine Arbeit geben (§ 80 Abs. 1 Nr. 3). In diesem Zusammenhang können auch Vorschläge nach § 86a Gegenstand einer Sprechstunde sein (GK-BetrVG/*Weber* Rn. 8). Sucht eine ArbN die Sprechstunde in vertraulichen Angelegenheiten auf (zB drohende Pfändungen, Schwangerschaft, drohende Auswirkungen eines Strafverfahrens auf das Arbeitsverhältnis) hat der BR die notwendige Diskretion sicherzustellen (DKKW/*Wedde* Rn. 7; GK-BetrVG/*Weber* Rn. 19).

Angesichts der allgemeinen Überwachungsfunktion des BR in Bezug auf die zugunsten der ArbN geltenden Gesetze und sonstigen kollektiven Regelungen (§ 80 Abs. Nr. 1) ist auch eine **Erörterung** der mit dem Arbeitsverhältnis zusammenhängenden Fragen zulässig (Richardi BetrVG/*Thüsing* Rn. 2; DKKW/*Wedde* Rn. 18; GK-BetrVG/*Weber* Rn. 8; HWGNRH/*Glock* Rn. 4; WPK/*Kreft* Rn. 10). Es handelt sich nicht um eine Rechtsdienstleistung (vgl. § 2 Abs. 3 Nr. 3 RDG). Zur Frage der Haftung bei falscher Auskunft → Rn. 34. Eine falsche Auskunft über die Klagefrist nach § 4 KSchG rechtfertigt keine nachträgliche Klageerhebung nach § 5 KSchG (DKKW/*Wedde* Rn. 18). 23

Kein zulässiger Gegenstand für die Erörterung in der Sprechstunde sind rein persönliche Angelegenheiten, die in keinen Zusammenhang mit dem Arbeitsverhältnis oder dem betrieblichen Geschehen stehen wie zB Nachbarschaftsstreitigkeiten des ArbN oder Fragen eines privaten Verkehrsunfalls. Auch rein gewerkschaftliche Fragen wie zB Fragen der Mitgliederwerbung oder die Vorbereitung gewerkschaftlicher Veranstaltungen ohne jeden Betriebsbezug sind, da nicht zu den Aufgaben des BR gehörend, nicht in der Sprechstunde zu erörtern (GK-BetrVG/*Weber* Rn. 9; HWGNRH/*Glock* Rn. 4). 24

Unzulässig ist ferner, da nicht dem Sinn der Sprechstunde entsprechend, in ihr die Belegschaft über die Tätigkeit oder beabsichtigte **kollektive Maßnahmen des BR** zu unterrichten oder diese mit der Belegschaft zu erörtern. Das Gleiche gilt für die Unterrichtung über den Stand laufender Tarifverhandlungen. Hierfür stehen dem BR andere Mittel (zB Schwarzes Brett, ordentliche oder ggf. außerordentliche BetrVerslg., schriftliche Information) zur Verfügung (LAG Nds 1.7.1986 – 6 Sa 122/86, NZA 1987, 33; ArbG Kassel 12.11.1986 – 6 Ca 163/86, NZA 1987, 534; ArbG Mannheim 20.12.1978 – 2 BV 11/78, BB 1979, 833; ArbG Osnabrück 17.1.1995 – 3 Ca 720/94, NZA 1995, 1013; GK-BetrVG/*Weber* Rn. 9, 30; Richardi BetrVG/*Thüsing* Rn. 24). 25

V. Besuch der Sprechstunde und Entgeltfortzahlung

Berechtigt, die Sprechstunde aufzusuchen, sind **alle ArbN** des Betriebs. Dies gilt auch für die im Betrieb tätigen **LeiharbN,** gleichgültig ob es sich um gewerbsmäßig oder nicht gewerbsmäßig überlassene LeihArbN handelt (vgl. § 14 Abs. 2 S. 2 AÜG; BAG 18.1.1989 – 7 ABR 62/87, AP AÜG § 14 Nr. 2; DKKW/*Wedde* Rn. 26; GK-BetrVG/*Weber* Rn. 10, 29; HWGNRH/*Glock* Rn. 27). sowie für die dem Betrieb zugeordneten TeleArbN (DKKW/*Wedde* Rn. 27; Näheres zu den **TeleArbN** → § 5 Rn. 193 ff.). Auch wenn die JAV eigene Sprechstunden eingerichtet hat, sind die jugendlichen ArbN und die in Ausbildung Beschäftigten nicht auf diese Sprechstunde beschränkt, sondern können (auch) die des BR aufsuchen. Es können wegen einer Angelegenheit auch mehrere ArbN gemeinsam die Sprechstunde aufsuchen, wenn dies aus besonderen Gründen geboten ist (ArbG Hamburg 18.12.1981 – 10 Ca 204/81, AiB 1982, 158; DKKW/*Wedde* Rn. 24; HaKo-BetrVG/*Wolmerath* Rn. 12; 26

einschränkend GK-BetrVG/*Weber* Rn. 30). Der ArbN braucht dem ArbGeb. den Anlass seines Besuchs der Sprechstunde nicht mitzuteilen (DKKW/*Wedde* Rn. 23; GK-BetrVG/*Weber* Rn. 32; Richardi BetrVG/*Thüsing* Rn. 23).

27 Dem ArbN entsteht durch den Besuch von Sprechstunden zur Erörterung zulässiger Themen **kein Verlust an Arbeitsentgelt.** Die durch den Besuch bedingte Arbeitsversäumnis ist ihm einschließlich etwa erforderlicher Wegezeiten wie Arbeitszeit zu vergüten. Auch etwaige Zuschläge sind weiterzuzahlen (DKKW/*Wedde* Rn. 25; ErfK/*Koch* Rn. 5; GK-BetrVG/*Weber* Rn. 34). Bei LeihArbN richtet sich der Entgeltanspruch gegen den Verleiher; der Entleiher hat ggf. Anspruch auf Minderung des Überlassungsgeldes (vgl. ErfK/*Wank* AÜG § 14 Rn. 9).

28 Der Anspruch auf Fortzahlung des Arbeitsentgelts setzt **keine Arbeitsbefreiung** durch den ArbGeb. voraus (DKKW/*Wedde* Rn. 23; HaKo-BetrVG/*Wolmerath* Rn. 13; **aA** GK-BetrVG/*Weber* Rn. 31; HWGNRH/*Glock* Rn. 20; Richardi BetrVG/*Thüsing* Rn. 23; MHdB ArbR/*Krois* § 294 Rn. 134). Allerdings hat der ArbN bei dem Besuch der Sprechstunde auf betriebliche Notwendigkeiten Rücksicht zu nehmen und sich vorher stets bei seinem Vorgesetzten **ordnungsgemäß abzumelden** und nach Rückkehr wieder zurückzumelden (BAG 23.6.1983 – 6 ABR 65/80, AP BetrVG 1972 § 37 Nr. 45; 17.5.2017 – 7 ABR 21/15, NZA 2017, 1282; LAG Düsseldorf 9.8.1985 – 2 TaBV 40/85, DB 1985, 2463; HaKoBetrVG/*Wolmerath* Rn. 13; DKKW/*Wedde* Rn. 23; Richardi BetrVG/*Thüsing* Rn. 23; → § 37 Rn. 50ff.). Verweigert der ArbGeb. ohne triftigen Grund den Besuch der Sprechstunde, so kann der ArbN auch gegen den Widerspruch des ArbGeb. die Sprechstunde aufsuchen (DKKW/*Wedde* Rn. 23; ErfK/*Koch* Rn. 5; HaKoBetrVG/*Wolmerath* Rn. 13; GK-BetrVG/*Weber* Rn. 33; MHdB ArbR/*Krois* § 294 Rn. 134; **aA** HWGNRH/*Glock* Rn. 20; SWS Rn. 7a; *Dütz* DB 1976, 1481: vorherige gerichtliche Entscheidung – ggf. eine einstweilige Verfügung – notwendig).

29 Die Pflicht zur Fortzahlung des Arbeitsentgelts besteht allerdings nur insoweit, als der **Besuch der Sprechstunde** oder die sonstige Inanspruchnahme des BR **erforderlich ist.** Dies ist nicht der Fall, wenn ein Querulant ständig die Sprechstunde aufsucht. Es muss ein sachlicher Grund für die Inanspruchnahme des BR gegeben sein (DKKW/*Wedde* Rn. 23; GK-BetrVG/*Weber* Rn. 29; Richardi BetrVG/*Thüsing* Rn. 24; *Brill* BB 1979, 1248; **aA** *Weiß/Weyand* BetrVG Rn. 7).

30 Es bleibt dem einzelnen ArbN unbenommen, soweit dies erforderlich ist, auch **außerhalb der Sprechstunden** den BR in Anspruch zu nehmen (BAG 17.5.2017 – 7 ABR 21/15, NZA 2017, 1282; 30.6.1993 – 7 ABR 64/92, BetrR 1994, 99; GK-BetrVG/*Weber* Rn. 35; DKKW/*Wedde* Rn. 28; ErfK/*Koch* Rn. 2; Richardi BetrVG/*Thüsing* Rn. 25). Zu denken ist zB an die Erhebung einer Beschwerde beim BR gem. § 85, zumal dann, wenn das mit der Wahrnehmung der Sprechstunde beauftragte BRMitgl. zur Entgegennahme von Beschwerden nicht befugt ist. Ein BRMitgl., das von einem ArbN im Betrieb angesprochen wird, ist nicht verpflichtet, diesen auf die Sprechstunde zu verweisen (BAG 23.6.1983 – 6 ABR 65/80, AP BetrVG 1972 § 37 Nr. 45; Richardi BetrVG/*Thüsing* Rn. 25; **aA** SWS Rn. 6). Auch ist ein BRMitgl. berechtigt, einen ArbN auf dessen Bitte hin am Arbeitsplatz aufzusuchen, um mit ihm eine arbeitsplatzbezogene Angelegenheit zu besprechen (LAG Bln 3.11.1980 – 9 Sa 52/80, EzA § 39 BetrVG 1972 Nr. 1; DKKW/*Wedde* Rn. 29).

31 Darüber hinaus verlangt eine sonstige Inanspruchnahme des BR nicht, dass der ArbN den BR aufsucht. Es kann die Initiative zur Wahrnehmung der Interessen des ArbN auch vom BR ausgehen, indem dieser den **ArbN am Arbeitsplatz aufsucht** (BAG 21.1.1982 – 6 ABR 17/79, AP BetrVG 1972 § 70 Nr. 1; DKKW/*Wedde* Rn. 29). Die gilt jedenfalls dann, wenn konkrete Umstände dies erforderlich erscheinen lassen (LAG Bln 3.11.1980 – 9 Sa 52/80, EzA § 39 BetrVG 1972 Nr. 1; nur unter diesen Voraussetzungen: GK-BetrVG/*Weber* Rn. 36ff.; Richardi BetrVG/*Thüsing* Rn. 30; SWS Rn. 2; zum Zugangsrecht des BR zu den Arbeitsplätzen → § 80 Rn. 80). Dabei ist das BRMitgl. nicht verpflichtet, die Namen der ArbN anzugeben, die es im Betrieb aufsuchen will (BAG 23.6.1983 – 6 ABR 65/80, AP

BetrVG 1972 § 37 Nr. 45). Sofern es bei diesem Besuch zu einer nicht nur ganz kurzfristigen Arbeitsunterbrechung kommt, können die einzelnen ArbN verpflichtete sein, sich bei ihrem Vorgesetzten abzumelden (DKKW/*Wedde* Rn. 29). Das Aufsuchen der ArbN am Arbeitsplatz darf aber nicht in einer Art und Weise sowie Häufigkeit erfolgen, dass damit ein Aufsuchen der Sprechstunden durch die ArbN – weil überflüssig – unterlaufen wird. Das würde dem Sinn der Sprechstunde (→ Rn. 1), den auch der BR als Veranstalter zu beachten hat, konterkarieren (vgl. auch GK-BetrVG/*Weber* Rn. 37).

In allen Fällen einer zulässigen und erforderlichen Inanspruchnahme des BR außerhalb der Sprechstunde haben der ArbN nach Abs. 3 und das BRMitgl. nach § 37 Abs. 2 (→ § 37 Rn. 57 ff.). Anspruch auf Fortzahlung des Arbeitsentgelts (LAG Bln 3.11.1980 – 9 Sa 52/80, EzA § 39 BetrVG 1972 Nr. 1; ErfK/*Koch* Rn. 5; GK-BetrVG/*Weber* Rn. 35; Richardi BetrVG/*Thüsing* Rn. 27). 32

Während des Besuches der Sprechstunde oder einer sonstigen Inanspruchnahme des BR untersteht der ArbN weiter dem gesetzlichen **Unfallversicherungsschutz** (Richardi BetrVG/*Thüsing* Rn. 28). 33

VI. Haftung für Auskünfte

Die BRMitgl. haften für die Auskünfte, die sie in den von ihnen abgehaltenen Sprechstunden erteilen, nur **bei unerlaubter Handlung** nach den §§ 823 ff. BGB und zwar, da bei falscher Auskunftserteilung wohl allenfalls ein Vermögensschaden in Betracht kommt, nach § 826 BGB bei einer vorsätzlichen sittenwidrigen Schädigung (→ § 1 Rn. 319; DKKW/*Wedde* Rn. 18; ErfK/*Koch* Rn. 6; GK-BetrVG/*Weber* Rn. 39; HWGNRH/*Glock* Rn. 28; Richardi BetrVG/*Thüsing* Rn. 29; MHdB ArbR/*Krois* § 294 Rn. 136; eing. *Belling* BR-Haftung S. 132 ff.). Eine Haftung des BR als Kollektivorgan kommt nicht in Betracht (→ § 1 Rn. 306 ff.). Auch eine Haftung des ArbGeb. scheidet aus, weil die BRMitgl. nicht als dessen Erfüllungsgehilfen im Rahmen des Arbeitsverhältnisses tätig werden, sondern in eigener Verantwortung als Amtsträger handeln (ErfK/*Koch* Rn. 6; GK-BetrVG/*Weber* Rn. 39; HWGNRH/*Glock* Rn. 28; Richardi BetrVG/*Thüsing* Rn. 29). 34

VII. Streitigkeiten

Streitigkeiten über die Einrichtung und Abhaltung von Sprechstunden sind von den ArbG im **BeschlVerf.** zu entscheiden (§§ 2a, 80 ff. ArbGG). Betrifft die Meinungsverschiedenheit Zeit und Ort der Sprechstunde, ist die **E-Stelle** zur Streitentscheidung berufen, deren Entscheidung iRd § 76 Abs. 5 gerichtlich überprüfbar ist. 35

Ansprüche auf vorenthaltenes Arbeitsentgelt wegen Teilnahme an der Sprechstunde sind von den ArbG im **Urteilsverfahren** zu entscheiden (GK-BetrVG/*Weber* Rn. 40; WPK/*Kreft* Rn. 14; Richardi BetrVG/*Thüsing* Rn. 32). 36

§ 40 Kosten und Sachaufwand des Betriebsrats

(1) **Die durch die Tätigkeit des Betriebsrats entstehenden Kosten trägt der Arbeitgeber.**

(2) **Für die Sitzungen, die Sprechstunden und die laufende Geschäftsführung hat der Arbeitgeber in erforderlichem Umfang Räume, sachliche Mittel, Informations- und Kommunikationstechnik sowie Büropersonal zur Verfügung zu stellen.**

Inhaltsübersicht

I. Vorbemerkung

1 Die Vorschrift verpflichtet den ArbGeb., die durch die Tätigkeit des BR entstehenden und zur Durchführung seiner Aufgaben erforderlichen **Kosten** zu tragen sowie dem BR den für seine Arbeit erforderlichen Sachaufwand sowie das erforderliche Büropersonal zur Verfügung zu stellen. Das **BetrVerf-ReformG** hat die dem BR zu überlassenden Mittel ausdrücklich auf Mittel der Informations- und Kommunikationstechnik erstreckt.

2 Die Bestimmung gilt für den GesBR (§ 51 Abs. 1), den KBR (§ 59 Abs. 1), die JAV (§ 65 Abs. 1), die GesJAV (§ 73 Abs. 2), die KJAV (§ 73b Abs. 2), die Bordvertr. (§ 115 Abs. 4) und den SeeBR (§ 116 Abs. 3) entsprechend. Obwohl dies nicht ausdrücklich bestimmt ist, gilt sie auch für den WiAusschuss entsprechend (BAG 17.10.1990 – 7 ABR 69/89, AP BetrVG 1972 § 108 Nr. 8). Sie gilt ferner für Vertr. der ArbN iSv § 3 Abs. 1 Nr. 2 u. 3, da diese an die Stelle des BR treten. Das Gleiche gilt für die Kosten, die einer ArbGruppe nach § 28a bei der Wahrnehmung darauf sie übertragenden betriebsverfassungsrechtlichen Aufgaben entstehen (→ § 28a Rn. 38; WPK/*Kreft* Rn. 2; **aA** HWGNRH/*Glock* Rn. 155). Für ArbNVertr. nach § 3 Abs. 1 Nr. 4 u. 5 können TV oder BV nähere Regelungen treffen, zB Festsetzung eines bestimmten Budgets für die Kosten dieser Gremien (*Hanau* NJW 2001, 2514; WPK/*Kreft* Rn. 2). Fehlen nähere kollektivrechtliche Regelungen, gilt § 40 entsprechend (*Löwisch* BB 2001, 1735; DKKW/*Wedde* Rn. 2; GK-BetrVG/*Weber* Rn. 2f.; **aA** *Reichold* NZA 2001, 859; HWGNRH/*Glock* Rn. 10). Für Ausschüsse des BR gilt § 40 unmittelbar, da die Tätigkeit der Ausschüsse eine Tätigkeit des BR ist. Zu den Kosten der E-Stelle vgl. § 76a.

3 Die Vorschrift ist **zwingendes Recht.** Sie kann weder durch TV noch durch BV abgedungen oder inhaltlich eingeschränkt werden (BAG 9.6.1999 – 7 ABR 66/97, AP BetrVG 1972 § 40 Nr. 66). Allerdings wird man eine gewisse pauschalierende Regelung der Kosten durch TV oder BV aus Gründen der Praktikabilität zulassen können, sofern damit keine Umgehung der Vorschrift verbunden ist (BAG 9.11.1955 – 1 AZR 329/54, AP KRG Nr. 22 Art. IX Betriebsrätegesetz Nr. 1; WPK/*Kreft* Rn. 2; GK-BetrVG/*Weber* Rn. 21; *Weiß/Weyand* BetrVG Rn. 4; *Löwisch/Kaiser* Rn. 2; einschränkend HWGNRH/*Glock* Rn. 105; Richardi BetrVG/*Thüsing* Rn. 48; SWS Rn. 25; weitergehend im Sinne einer großzügigeren Pauschalierungsmöglichkeit *Kehrmann* FS Wlotzke, 1996, 374ff.). Ferner ist es zulässig, nähere Vereinbarungen über die Form des Nachweises und über die Abrechnung der BRKosten zu treffen.

Entsprechende Vorschriften: § 44 BPersVG, § 14 Abs. 2 SprAuG und §§ 16, 39 EBRG. 4

II. Kosten der Betriebsratstätigkeit

1. Allgemeines

Der ArbGeb. hat sowohl die **sachlichen** als auch die **persönlichen Kosten der Tätigkeit des BR** und **seiner Mitgl.** zu tragen. Das ist die notwendige Konsequenz der Ausgestaltung des BRAmtes als unentgeltliches Ehrenamt (§ 37 Abs. 1) und des Umlage- und Benachteiligungsverbots nach §§ 41 u. 78 S. 2. Weder das einzelne BRMitgl. noch die ArbNschaft in ihrer Gesamtheit sollen durch die im gesetzlichen Rahmen durchgeführte BRTätigkeit (→ § 37 Rn. 23 ff.) finanziell belastet werden. Da die Vergütung für im Rahmen der BRTätigkeit aufgewendete Arbeitszeit in § 37 eine Sonderregelung erfahren hat, betrifft die Regelung des § 40 die über die Entgeltfortzahlung hinausgehenden Kosten und Aufwendungen des BR bzw. seiner Mitgl. Hierbei enthält Abs. 1 die Grundnorm für die Kostentragungspflicht des ArbGeb. Hinsichtlich der für die BRArbeit erforderlichen Sach- und Personalmittel sieht Abs. 2 eine Naturalleistungspflicht des ArbGeb. vor. Die ArbGeb. eines gemeinsamen Betriebs haften für die Kosten des BR als Gesamtschuldner nach § 421 BGB (BAG 19.4.1989 – 7 ABR 6/88, AP BetrVG 1972 § 40 Nr. 29; GK-BetrVG/*Weber* Rn. 6; WPK/*Kreft* Rn. 4; → Rn. 7). 5

Die **Unterrichtung der ArbN** des Betriebs über die Kosten der BRTätigkeit durch den ArbGeb. ist nur zulässig, wenn dies unter Beachtung des Grundsatzes der vertrauensvollen Zusammenarbeit und in objektiver Weise erfolgt, die die Gefahr einer Beeinträchtigung der BRTätigkeit ausschließt (BAG 19.7.1995 – 7 ABR 60/94, AP BetrVG 1972 § 23 Nr. 25; 12.11.1997 – 7 ABR 14/97, AP BetrVG 1972 § 23 Nr. 27; GK-BetrVG/*Weber* Rn. 37; HWGNRH/*Worzalla* § 45 Rn. 18; WPK/Kreft Rn. 7; weitergehend im Sinne eines generellen Mitteilungsverbots: ArbG Verden 25.4.1990 – 1 BV 1/90, BB 1990, 1626; DKKW/*Wedde* Rn. 14; dagegen halten eine Bekanntgabe der tatsächlich entstandenen Kosten – insbes. auch im Hinblick auf die durch Art. 5 Abs. 1 GG garantierte Meinungs- und Äußerungsfreiheit des ArbGeb. – grds. für zulässig: *Hunold* BB 1999, 1492; *Bengelsdorf* Anm. zu EzA § 43 BetrVG 1972 Nr. 3; *Bengelsdorf* AuA 1998, 149; *Bengelsdorf* FS Hanau, 1999, 359 ff.; → § 78 Rn. 10). Dies ist nicht der Fall, wenn der ArbGeb. die das Betriebsergebnis negativ beeinflussenden Umstände nur allgemein und ausschließlich die BRKosten gesondert darstellt (BAG 19.7.1995 – 7 ABR 60/94, AP BetrVG 1972 § 23 Nr. 25) oder wenn der ArbGeb. die Teilnahme von ArbN an gewünschten Fortbildungsveranstaltungen oder ursprünglich erwogene zusätzliche Leistungen an die ArbN oder die Kürzung von zusätzlichen Leistungen mit dem Hinweis auf die Kosten der BRArbeit ablehnt bzw. rechtfertigt (BAG 12.11.1997 – 7 ABR 14/97, AP BetrVG 1972 § 23 Nr. 27; ArbG Rosenheim 22.6.1988 – 3 BV 4/88, BB 1989, 147). Gleiches gilt, wenn der ArbGeb. den Lohn- und Gehaltsabrechnungen eine monatliche Aufstellung der Betriebsratskosten unter namentlicher Nennung der BRMitgl. beifügt (ArbG Darmstadt 20.11.1986 – 1 BVGa 9/86, AiB 1987, 140). Steht die Mitteilung des ArbGeb. über die Kosten der BRArbeit nicht im Einklang mit den Grundsätzen des BetrVG, steht dem BR ein Unterlassungsanspruch zu (BAG 12.11.1997 – 7 ABR 14/97, AP BetrVG 1972 § 23 Nr. 27). Dementsprechend zutreffend einen Unterlassungsanspruch bejahend ArbG Leipzig 5.9.2002 – 7 BVGa 54/02, NZA-RR 2003, 142, im Fall der Drohung des ArbGeb., den Betrieb aufgrund der durch den BR entstandenen Kosten schließen und ins Ausland verlagern zu müssen. 6

Die Kostentragungspflicht des ArbGeb. gilt auch für einen BR, der nur noch ein **Rest-** oder **Übergangsmandat** nach den §§ 21a u. 21b wahrnimmt (HessLAG 13.7.2015 – 16 TaBVGa 165/14, DB 2016, 717; LAG Hamm 5.1.1979 – 3 TaBV 7

118/78, EzA § 40 BetrVG 1972 Nr. 42; DKKW/*Wedde* Rn. 3; ErfK/*Koch* Rn. 1; GK-BetrVG/*Weber* Rn. 8, 9; HWGNRH/*Glock* Rn. 3; WPK/*Kreft* Rn. 3). Besteht ein Übergangsmandat wegen einer Betriebsspaltung, bei welcher der BR für eine gewisse Zeit für mehrere Betriebe unterschiedlicher ArbGeb. zuständig sein kann, haften diese ArbGeb. dem BR gegenüber grds. als Gesamtschuldner (ArbG Leipzig 5.5.2006 – 10 BV 57/05, NZA-RR 2007, 24; *Gragert* NZA 2004, 289; → § 21a Rn. 27). Etwas anderes gilt, wenn Kosten eindeutig und ausschließlich dem Betrieb nur eines ArbGeb. zuzuordnen sind, zB Kosten der Einigungsstelle, die wegen Meinungsverschiedenheiten im Betrieb nur eines ArbGeb. gebildet worden ist. In diesem Falle besteht nur eine Haftung dieses ArbGeb. (vgl. HWGNRH/*Glock* Rn. 3). Im Falle der gesamtschuldnerischen Haftung mehrerer ArbGeb. ist eine Aufteilung der Kosten im Innenverhältnis nach der Kostenverursachung (so auch ArbG Leipzig 5.5.2006 – 10 BV 57/05, NZA-RR 2007, 24) oder, falls dies nicht möglich ist, nach der ArbNZahl der vom Übergangsmandat betroffenen Betriebe vorzunehmen (vgl. auch HWGNRH/*Glock* Rn. 3, bei denen jedoch unklar ist, ob diese Kostenaufteilung nur im Innenverhältnis der ArbGeb. oder auch im Außenverhältnis zum BR gelten soll).

8 Der ArbGeb. hat auch die Kosten des BR zu tragen, dessen Wahl **angefochten** worden ist (DKKW/*Wedde* Rn. 4; ErfK/*Koch* Rn. 1; GK-BetrVG/*Weber* Rn. 7; HWGNRH/*Glock* Rn. 5; *Schiefer/Borchard* DB 2016, 770). Auch im Falle der **Nichtigkeit** der Wahl des BR besteht eine Kostentragungspflicht, es sei denn, die Mitgl. des ScheinBR kannten die Nichtigkeit der Wahl (BAG 29.4.1998 – 7 ABR 42/97, AP BetrVG 1972 § 40 Nr. 58 für den Fall der nicht offenkundigen Verkennung des Geltungsbereichs des BetrVG nach § 118 Abs. 2; LAG Düsseldorf 9.4.1979 – 20 TaBV 11/79, DB 1979, 2140; ErfK/*Koch* Rn. 1; HWGNRH/*Glock* Rn. 5; GK-BetrVG/*Weber* Rn. 7; SWS Rn. 3; WPK/*Kreft* Rn. 3; *Schiefer/Borchard* DB 2016, 770; enger Richardi BetrVG/*Thüsing* Rn. 4, Kostentragungspflicht nur, wenn BRMitgl. nach Treu und Glauben von der Rechtmäßigkeit ihres Tuns überzeugt sein konnten). Ist ein KBR unwirksam errichtet worden, gelten die gleichen Grundsätze wie für die Kostenerstattungsansprüche nichtig gewählter BRMitgl. (vgl. ausf. BAG 23.8.2006 – 7 ABR 51/05, AP BetrVG 1972 § 54 Nr. 12).

9 Die Kostentragungspflicht des ArbGeb. besteht, obwohl dies nicht ausdrücklich im Gesetzeswortlaut ausgesprochen ist, nur insoweit, als die entstehenden Kosten für die **Durchführung der BRArbeit erforderlich** sind (BAG 19.4.1989 – 7 ABR 87/87, AP BetrVG 1972 § 80 Nr. 35; 27.9.1974 – 1 ABR 67/73, AP BetrVG 1972 § 40 Nr. 8; GK-BetrVG/*Weber* Rn. 10; Richardi BetrVG/*Thüsing* Rn. 6). Ob dies der Fall ist, ist weder nach der subjektiven Sicht des BR noch unter rückblickender Betrachtung von einem rein objektiven Standpunkt aus zu beurteilen. Entscheidend ist vielmehr, dass die Kosten im Zeitpunkt ihrer Verursachung bei gewissenhafter Abwägung aller Umstände für erforderlich gehalten werden durften, damit der BR seine Aufgaben sachgerecht erfüllen kann (BAG 18.4.1967 – 1 ABR 11/66, AP BetrVG § 39 Nr. 7; 24.6.1969 – 1 ABR 6/69, AP BetrVG § 39 Nr. 8; BGH 25.10.2012 – III ZR 266/11, NZA 2012, 1382; DKKW/*Wedde* Rn. 5; GK-BetrVG/*Weber* Rn. 13; ErfK/*Koch* Rn. 1; Richardi BetrVG/*Thüsing* Rn. 8; WPK/*Kreft* Rn. 9). Bei der Bewertung der die Kosten auslösenden Umstände hat der BR einen Beurteilungsspielraum (BAG 16.10.1986 – 6 ABR 14/84, AP BetrVG 1972 § 37 Nr. 58; 3.12.1987 – 6 ABR 79/85, AP BetrVG 1972 § 20 Nr. 13; BGH 25.10.2012 – III ZR 266/11, NZA 2012, 1382; GK-BetrVG/*Weber* Rn. 13, 139 f.). Der Begriff der Erforderlichkeit ist als unbestimmter Rechtsbegriff in der Rechtsbeschwerdeinstanz nur begrenzt daraufhin überprüfbar, ob das Tatsachengericht den Rechtsbegriff verkannt, Denkgesetze oder allgemeine Erfahrungssätze verletzt oder wesentliche Umstände bei der Würdigung übersehen hat (BAG 17.2.1993 – 7 ABR 19/92, AP BetrVG 1972 § 40 Nr. 37; 1.12.2004 – 7 ABR 18/04, AP BetrVG 1972 § 40 Nr. 82; 14.12.2016 – 7 ABR 8/15, NZA 2017, 514).

10 Im Rahmen seiner Rspr. zu den Schulungskosten (→ Rn. 66 ff.) hat das BAG neben dem Merkmal der Erforderlichkeit als weitere allgemeine Voraussetzung der Kostentragungspflicht des ArbGeb. die Beachtung des **Grundsatzes der Verhältnismäßigkeit** aufgestellt (BAG 31.10.1972 – 1 ABR 7/72, AP BetrVG 1972 § 40 Nr. 2; 8.10.1974 – 1 ABR 72/73, AP BetrVG 1972 § 40 Nr. 7; 29.1.1974 – 1 ABR 34/73, AP BetrVG 1972 § 37 Nr. 8; 27.9.1974 – 1 ABR 71/73, AP BetrVG 1972 § 37 Nr. 18; 28.5.1976 – 1 AZR 116/74, AP BetrVG 1972 § 37 Nr. 24; zust. WPK/*Kreft* Rn. 10; HWGNRH/*Glock* Rn. 12; Richardi BetrVG/*Thüsing* Rn. 7; MHdB ArbR/*Krois* § 296 Rn. 4; *Blomeyer* FS 50 Jahre BAG, 2004, 33; *Blomeyer,* Finanzierung der Mitbestimmung, S. 90 ff.; *Pahlen,* Grundsatz der Verhältnismäßigkeit, 1979, 24 ff., 119 f.; krit. GK-BetrVG/*Weber* Rn. 14, 83, der zutreffend von der Berücksichtigung der Grundsätze des Rechtsmissbrauchs und der Unzumutbarkeit spricht; abl. DKKW/*Wedde* Rn. 5; *Weiß/Weyand* BetrVG Rn. 2). Hiergegen bestehen keine Bedenken, wenn durch dieses Merkmal eine unverhältnismäßige Kostenbelastung des ArbGeb. ausgeschlossen werden soll, wohl aber, wenn dieses zusätzliche und in seiner Abgrenzung äußerst unbestimmte Kriterium dazu verwandt wird, die Kostentragungspflicht des ArbGeb. und damit auch die Aktivität des BR auf ein unteres Niveau festzuschreiben (ErfK/*Koch* Rn. 1; → Rn. 72).

Soweit der BR Aufwendungen für erforderlich halten darf, bedarf er **nicht** der **11** **Zustimmung des ArbGeb.** Bei außergewöhnlichen Aufwendungen ist es entsprechend dem Grundsatz der vertrauensvollen Zusammenarbeit geboten, sich vorher mit dem ArbGeb. ins Benehmen zu setzen, um ihm Gelegenheit zur Stellungnahme zu geben (BAG 18.4.1967 – 1 ABR 11/66, AP BetrVG § 39 Nr. 7; 10.8.1994 – 7 ABR 35/93, NZA 1995, 796; HessLAG 11.4.2016 – 16 TaBV 162/15, NZA-RR 2016, 533; GK-BetrVG/*Weber* Rn. 17; DKKW/*Wedde* Rn. 6; HWGNRH/*Glock* Rn. 13; Richardi BetrVG/*Thüsing* Rn. 9). Wird dem ArbGeb. keine Gelegenheit zur Stellungnahme gegeben, kann dies eine Pflichtverletzung des BR sein, berührt jedoch nicht die Kostentragungspflicht des ArbGeb., wenn deren Voraussetzungen vorliegen (GK-BetrVG/*Weber* Rn. 17).

2. Kosten des Betriebsrats

a) Geschäftsführungskosten

Bei den **sachlichen Kosten des BR** handelt es sich in erster Linie um die sog **12** **Geschäftsführungskosten.** Das sind alle Kosten, die zu einer sachgerechten und ordnungsgemäßen Durchführung der Aufgaben des BR erforderlich sind. Hierzu zählt der gesamte Sachaufwand, den der BR zur Durchführung seiner Aufgaben benötigt. Zur Pflicht des ArbGeb., dem BR die erforderlichen Räume und sonstigen Sachmittel sowie das notwendige Büropersonal zur Verfügung zu stellen, → Rn. 104 ff.

Zu den Geschäftsführungskosten zählen auch Aufwendungen für eine notwendige **13** Hinzuziehung von **Sachverständigen** nach § 80 Abs. 3 (GK-BetrVG/*Weber* Rn. 44; DKKW/*Wedde* Rn. 44; ErfK/*Koch* Rn. 2; HWGNRH/*Glock* Rn. 17). Voraussetzung ist allerdings, dass vorher ArbGeb. und BR über die Hinzuziehung des Sachverständigen eine Vereinbarung getroffen haben oder diese durch eine arbeitsgerichtliche Entscheidung ersetzt worden ist; insoweit ist § 80 Abs. 3 eine Sonderregelung gegenüber § 40 (BAG 25.4.1978 – 6 ABR 9/75, AP BetrVG 1972 § 80 Nr. 11; 26.2.1992 – 7 ABR 51/90, NZA 1993, 86; HessLAG 17.6.1993 – 12 TaBV 197/92, NZA 1994, 379; Näheres über die Hinzuziehung von Sachverständigen → § 80 Rn. 86 ff.).

Wird ein **Rechtsanwalt** im Rahmen einer Prozessvertretung zur Wahrnehmung **14** von Rechten des BR tätig, wozu auch die vorbereitende Beratung des Gerichtsverfahrens und der Versuch gehört, vor Einleitung des Verfahrens noch eine gütliche Einigung zu erreichen, handelt es sich um nach § 40 zu erstattende Kosten (BAG 14.12.2016 – 7 ABR 8/15, NZA 2017, 514; 25.6.2014 – 7 ABR 70/12, NZA 2015, 629; 15.11.2000 – 7 ABR 24/00, EzA § 40 BetrVG 1972 Nr. 92; GK-BetrVG/*Weber* Rn. 47; Näheres → Rn. 24). Wird er vom BR zur **gutachtlichen Beratung** über eine abzuschließende BV hinzugezogen, so ist er Sachverständiger iSv § 80 Abs. 3, so dass eine Kostentragungspflicht des ArbGeb. nur bei Vorliegen der Voraussetzungen dieser Vorschrift besteht (BAG 25.4.1978 – 6 ABR 9/75, AP BetrVG 1972 § 80 Nr. 11; DKKW/*Wedde* Rn. 3445; GK-BetrVG/*Weber* Rn. 45; Richardi BetrVG/*Thüsing* Rn. 25). Ob sich die Kostentragungspflicht für die Hinzuziehung eines RA nach § 40 oder § 80 Abs. 3 BetrVG richtet, bestimmt sich danach, ob es sich um einen bereits konkret bestehenden Konflikt mit dem ArbGeb. handelt oder ob es um die Vermittlung zur Interessenwahrnehmung erforderlicher Kenntnisse geht (ausf. BAG 25.6.2014 – 7 ABR 70/12, NZA 2015, 629; → § 80 Rn. 87). Geht es also darum, den BR bei der Durchsetzung oder Ausübung seiner Mitbestimmungsrechte im arbeitsgerichtlichen Beschlussverfahren oder im E-Stellenverfahren bzw. in deren Vorfeld zu vertreten, handelt es sich um Kosten nach § 40 (BAG 14.12.2016 – 7 ABR 8/15, NZA 2017, 514). Um Kosten iSd § 80 Abs. 3 handelt es sich, wenn es allein darum geht, die fehlende Sachkunde des BR zu ersetzen und ihn in die Lage zu versetzen, die Verhandlungen mit dem ArbGeb. zu führen (BAG 14.12.2016 – 7 ABR 8/15, NZA 2017, 514).

15 Bei der Bereitstellung von **sachkundigen ArbN** als Auskunftspersonen nach § 80 Abs. 2 S. 3 (→ § 80 Rn. 81 ff.) entstehen grds. keine besonderen Kostenerstattungsansprüche. Denn deren Auskunftstätigkeit erfolgt im Rahmen des Arbeitsverhältnisses und ist mit dem fortzuzahlenden Arbeitsentgelt abgegolten (*Natzel* NZA 2001, 873; *Löwisch* BB 2001, 1798 für einen betriebsinternen Berater nach § 111 S. 2). Etwaige im Rahmen der Beratungstätigkeit entstehende besondere Auslagen, zB zusätzliche Fahrtkosten, hat der ArbGeb. nach den allgemeinen für das Arbeitsverhältnis maßgebenden Grundsätzen zu tragen.

16 Dagegen gehören die Kosten eines vom BR nach **§ 111 S. 2 hinzugezogenen Beraters** (→ § 111 Rn. 117 ff.) zu den vom ArbGeb. nach § 40 zu tragenden Kosten. In Unternehmen mit mehr als 300 ArbN kann der BR ohne Vereinbarung mit dem ArbGeb. im Rahmen der Wahrnehmung seiner Beteiligungsrechte bei Betriebsänderungen einen Berater hinzuziehen (WPK/*Kreft* Rn. 11; *Däubler* AuR 2001, 286; *Löwisch* BB 2001, 1798; *Annuß* NZA 2001, 369; *Hinrichs/Plitt* NZA 2011, 1006). Die Erforderlichkeit der Hinzuziehung wird von Gesetzeswegen grds. unterstellt (HessLAG 19.2.2004 – 9 TaBV 95/03, LAGE § 40 BetrVG 2001 Nr. 5; ErfK/*Kania* § 111 Rn. 25; DKKW/*Däubler* § 111 Rn. 135g; offen gelassen LAG Hamm 26.8.2005 – 10 TaBV 152/04, ZIP 2005, 2269; **aA** Richardi BetrVG/*Annuß* § 111 Rn. 52; ArbG Hannover 16.1.2009 – 1 BVGa1/09, NZA-RR 2009, 309; nicht eindeutig: *Jaeger/Steinbrück* NZA 2013, 401 [403]). Auch kommt es nicht darauf an, ob dem BR ausreichender betriebsinterner Sachverstand zur Verfügung steht (*Annuß* NZA 2001, 369; *Däubler* AuR 2001, 286; *Löwisch* BB 2001, 1798; **aA** *Bauer* NZA 2001, 376; *Natzel* NZA 2001, 874). Die Hinzuziehung eines Beraters soll nicht von möglicherweise zeitaufwändigen gerichtlichen Vorklärungen abhängig sein. Seine Hinzuziehung liegt im **pflichtgemäßen Ermessen** des BR. Da sich die Kostentragungspflicht des ArbGeb. hinsichtlich der Hinzuziehung eines Beraters nach § 111 nach § 40 richtet, muss die Hinzuziehung – beurteilt nach der ex-ante-Betrachtung ihrem Umfang nach erforderlich und verhältnismäßig sein (s. dazu auch BGH 25.10.2012 – III ZR 266/11, NZA 2012, 1382).

17 Die **Höhe** der vom ArbGeb. zu tragende **Beratergebühr** bestimmt sich in erster Linie nach dem marktüblichen Honorar nach § 612 Abs. 2 BGB (DKKW/*Wedde* Rn. 53; GK-BetrVG/*Weber* Rn. 46). Soweit für beratende Berufe entsprechende Gebührenordnungen bestehen, sind diese maßgebend (*Löwisch* BB 2001, 1298; *Jaeger/Steinbrück* NZA 2013, 401 [403]; **aA** *Hinrichs/Plitt* NZA 2011, 1006 [1008] ausschließlich § 612 Abs. 2 BGB). Als marktüblich angesehen werden für betriebswirtschaftliche Berater zB 1650 EUR bzw. 1700 EUR (LAG Hamm 26.8.2005 – 10 TaBV 152/04, ZIP 2005, 2269; LAG RhPf 7.11.2011 – 7 TaBV 29/11, BeckRS 2005, 43238). Lässt sich ein marktübliches Honorar nicht ermitteln, kann der Berater die Vergütung nach §§ 316, 315 Abs. 1 BGB nach billigem Ermessen selbst festsetzen

(SWS Rn. 22a; GK-BetrVG/*Weber* Rn. 46; *Natzel* NZA 2001, 874; *Oetker* NZA 2002, 465 [472]). Die Einhaltung des billigen Ermessens ist gerichtlich überprüfbar. Der Anspruch des Beraters richtet sich gegen den BR. Dieser hat gegenüber dem ArbGeb. Anspruch auf Freistellung von dieser Verbindlichkeit. Nach Abtretung des Freistellungsanspruchs an den Berater kann dieser seinen Vergütungsanspruch gegen den ArbGeb. geltend machen (BAG 13.5.1998 – 7 ABR 65/96, NZA 1998, 900 zum Vergütungsanspruch gegen einen Sachverständigen nach § 80 Abs. 3; BGH 25.10.2012 – III ZR 266/11, NZA 2012, 1382; *Däubler* AuR 1991, 286; **aA** *Löwisch* BB 2001, 1798, *Löwisch/Kaiser* § 111 Rn. 50, der unter Hinweis auf die Rspr. des BAG zur Bestellung der Mitgl. der E-Stelle vor der Geltung des § 76a – BAG 15.12.1978 – 6 ABR 93/77, AP BetrVG 1972 § 76 Nr. 6 – einen unmittelbaren Anspruch des Beraters gegen den ArbGeb. bejaht; hierbei wird jedoch verkannt, dass es sich bei der Hinzuziehung eines Beraters – im Gegensatz zu den Kosten der E-Stelle und ihrer Mitgl. – um nach § 40 zu behandelnde Kosten aus einer unmittelbaren BRTätigkeit handelt).

Bei einem umfangreichen **Tätigkeitsbericht** des BR nach § 43 Abs. 1 S. 1 kann es, um eine sachgerechte Diskussion des Berichts auf der BetrVerslg. zu ermöglichen, uU erforderlich sein, den Bericht den ArbN vor der Verslg. auch **schriftlich** vorzulegen. Das Gleiche gilt, wenn ein nicht unerheblicher Teil der Belegschaft, aus welchen Gründen auch immer, nicht an der BetrVerslg. teilnehmen kann (LAG BW 10.2.1983 – 7 TaBV 5/82, ArbuR 1984, 54; DKKW/*Wedde* Rn. 19; ErfK/*Koch* Rn. 2). Zur Herausgabe von Rundschreiben des BR → Rn. 118. Die vom BR veranlasste Bewirtung der ArbN auf einer BetrVerslg. nach § 43 BetrVG gehört nicht zu den vom ArbGeb. zu erstattenden Kosten (LAG Nürnberg 25.4.2012 – 4 TaBV 58/11, NZA-RR 2012, 524). **18**

In Betrieben mit zahlreichen ausländischen ArbN können auch die Kosten für die Hinzuziehung eines **Dolmetschers** (zB in der BetrVerslg. oder der Sprechstunde des BR) oder die **Übersetzung** von Verlautbarungen des BR (zB des Tätigkeitsberichtes nach § 43 oder von erforderlichen Rundschreiben) erforderliche Kosten sein (LAG Düsseldorf 28.10.1968 – 12 Sa 391/68, BB 1969, 1086; ArbG München 14.3.1974 – 20 BV 57/73, DB 1974, 1118; ArbG Frankfurt 5.3.1997 – 14 BV 170/96, AiB 1998, 524; WPK/*Kreft* Rn. 11; DKKW/*Wedde* Rn. 16 ff.; ErfK/*Koch* Rn. 2; *Löwisch/Kaiser* Rn. 43; GK-BetrVG/*Weber* Rn. 40; HWGNRH/*Glock* Rn. 16; *Aigner* BB 1992, 2357; enger nur Dolmetscher-, keine Übersetzungskosten: *Diller/Powietzka* DB 2000, 721; ebenso für Klein- und Mittelbetriebe LAG Düsseldorf 30.1.1981 – 16 TaBV 21/80, DB 1981, 1093). Ferner können Dolmetscher- oder Übersetzungskosten, um den BR eines in Deutschland tätigen ausländischen Unternehmens ordnungsgemäß in deutscher Sprache zu unterrichten, erforderliche Kosten sein, wenn nicht alle BRMitgl. die Unterrichtung in fremder Sprache für ausreichend halten und der BR die Unterrichtung nach Prüfung der Erforderlichkeit der Übersetzung in deutscher Sprache verlangt (HessLAG 19.8.1993 – 12 Ta BV 9/93, NZA 1995, 285; stark einschränkend *Diller/Powietzka* DB 2000, 721 und für den Fall, dass einzelne BRMitgl. über ausreichende Fremdsprachenkenntnisse verfügen und die Unterrichtung der anderen BRMitgl. übernehmen können). Auch kommt die Übernahme von Dolmetscherkosten in Betracht, wenn der ArbGeb. eines deutschen Betriebs die erforderliche Unterrichtung des BR in deutscher Sprache vorgenommen hat und ein oder mehrere BRMitgl. jedoch der deutschen Sprache nicht mächtig sind; iRd Verhältnismäßigkeit hat der ArbGeb. für die Durchführung der BRArbeit, zB für die BR- oder Ausschusssitzungen, einen Dolmetscher zur Verfügung zu stellen (ArbG Frankfurt 5.3.1997 – 14 BV 170/96, AiB 1998, 524; DKKW/*Wedde* Rn. 18; *Löwisch/Kaiser* Rn. 43; *Herbert/Oberrath* NZA 2012, 1260 [1264]; *Hunold* NZA-RR 1999, 113 [116]; **aA** *Diller/Powietzka* DB 2000, 721; *Vogt/Oltmanns* NZA 2014, 181 [183] allenfalls in engen Ausnahmefällen wie Übergangszeit bei Einführung einer einheitlichen Betriebssprache). Erstattungspflichtige Dolmetscherkosten können sich bei international verflochtenen Unternehmen oder Konzernen auch aus einer sachlich **19** erforderlichen Zusammenarbeit der in verschiedenen Ländern bestehenden ArbN-Vertretungen ergeben. Dass gilt zB für den Fall, dass ein ArbNVertr. einer ausländischen Schwestergesellschaft auf Einladung des BR auf einer BetrVerslg. gemeinsame Probleme der durch personenidentische Geschäftsführungen sowie durch sonstige personelle, technische und auftragsbezogene Verknüpfungen eng verbundenen Betriebe darstellt (LAG BW 16.1.1998 – 5 TaBV 14/96, NZA-RR 1998, 306). Dolmetscherkosten kommen auch bei sonstigen notwendigen Auslandskontakten des BR in Betracht (→ Rn. 49; **aA** HWGNRH/*Glock* Rn. 16).

20 **Nicht erforderlich** ist ein MitglBeitrag von BRMitgl. zum **Mieterbund,** da die auf Dauer angelegte Mitgliedschaft im Hinblick auf die allgemeine sozialpolitische Zielsetzung des Mieterbundes nicht das adäquate Mittel für den BR zur sachgerechten Durchführung seiner gesetzlichen Beteiligungsrechte bei Werkswohnungen ist (BAG 27.9.1974 – 1 ABR 67/73, AP BetrVG 1972 § 40 Nr. 8; DKKW/*Wedde* Rn. 9; GK-BetrVG/*Weber* Rn. 43). Dagegen kann die Hinzuziehung eines **Moderators** erforderlich sein, wenn dies den Zweck hat, die im BR-Gremium festgefahrene Situation wieder aufzulösen und den BR wieder handlungsfähig zu machen (HessLAG 11.6.2012 – 16 TaBV 237/11, BeckRS 2012, 72136; DKKW/*Wedde* Rn. 15a).

b) Kosten bei Rechtsstreitigkeiten

21 Zu den Geschäftsführungskosten des BR gehören auch Kosten, die der **gerichtlichen Verfolgung oder Verteidigung von Rechten** des BR oder seiner Mitgl. dienen. Denn zur Tätigkeit des BR gehört auch die Wahrnehmung seiner Rechte sowie die seiner Mitgl. Der BR kann deshalb betriebsverfassungsrechtliche Streitfragen auf Kosten des ArbGeb. gerichtlich klären lassen, wenn eine gütliche Einigung nicht möglich ist. Gleichgültig ist, zwischen wem das gerichtliche Streitverfahren schwebt, ob zwischen dem BR und dem ArbGeb., zwischen dem BR oder einem anderen betriebsverfassungsrechtlichen Organ (zB GesBR oder KBR), zwischen dem BR und einer im Betrieb vertretenen Gewerkschaft (zB bei einer Wahlanfechtung oder bei einem Antrag auf Auflösung des BR) oder zwischen dem BR und einem seiner Mitgl. (→ Rn. 60 ff.). Des Weiteren können auch Rechtsstreitigkeiten des BR bzw. eines BRMitgl. mit betriebsfremden Dritten die Kostentragungspflicht des ArbGeb. auslösen, wenn sich die Rechtsstreitigkeit aus der BRTätigkeit ergibt oder sich auf sie bezieht (LAG Hmb 13.3.1984 – 1 TaBV 7/83, LAGE § 40 BetrVG 1972 Nr. 17 hinsichtlich einer presserechtlichen Gegendarstellung zu einer falschen Berichterstattung über eine BetrVerslg; ErfK/*Koch* Rn. 3; **aA** HWGNRH/*Glock* Rn. 37; SWS Rn. 21). Auch reicht es aus, wenn der BR lediglich Beteiligter iSv § 83 ArbGG ist (WPK/*Kreft* Rn. 12). Zur BRTätigkeit iSv § 40 gehört auch die Durchführung eines gerichtlichen Statusverfahrens nach § 98 AktG über die Zusammensetzung des Aufsichtsrats (LAG SchlH 8.1.1997 – 2 TaBV 42/96, LAGE § 40 BetrVG 1972 Nr. 53). Ebenfalls nach § 40 zu erstatten sind die Kosten eines Beschlussverfahrens nach § 17 Abs. 2 AGG iVm § 23 Abs. 3 BetrVG, da auch die Wahrnehmung der nach dem AGG gewährten Rechte unmittelbare BRTätigkeit ist (*Besgen* BB 2007, 213 [215]). Der ArbGeb. hat in all diesen Fällen die Kosten zu tragen, die dem BR durch seine Beteiligung an dem Verfahren entstehen, und zwar unabhängig davon, ob der BR in dem Gerichtsverfahren obsiegt oder nicht (ErfK/*Koch* Rn. 3; GK-BetrVG/*Weber* Rn. 105 f.; Richardi BetrVG/*Thüsing* Rn. 16 ff.; **aA** im Fall des Unterliegens des BR *Platz* ZfA 1993, 373 [380 ff.]). Bei seiner Entscheidung hat der BR immer auch das Interesse des ArbGeb. an der Begrenzung seiner Kostentragungspflicht zu beachten (BAG 22.11.2017 – 7 ABR 34/16, NZA 2018, 461; 18.3.2015 – 7 ABR 4/13, NZA 2015, 954; 29.7.2009 – 7 ABR 95/07, NZA 2009, 1223 ff.; 16.4.2003 – 7 ABR 29/02, AP BetrVG 1972 § 20 Nr. 21).

22 Entsprechend dem allgemeinen Grundsatz, dass der ArbGeb. nur die notwendigen Kosten des BR zu tragen hat, besteht **keine Kostentragungspflicht,** wenn die Einleitung eines gerichtlichen Verfahrens durch den BR zur Klärung der Streitfrage

nicht erforderlich ist, etwa weil eine anderweitige Klärung möglich ist, zB einvernehmliches Abwarten eines Parallelverfahrens oder eines Musterprozesses (DKKW/*Wedde* Rn. 28; ErfK/*Koch* Rn. 3; GK-BetrVG/*Weber* Rn. 108; weitergehend LAG Bln 7.3.1983 – 9 Ta 5/82, AP BetrVG 1972 § 40 Nr. 21, Richardi BetrVG/*Thüsing* Rn. 22; *Hanau* SAE 1979, 220, die auch ohne eine Anerkennungserklärung des ArbGeb. zur Gleichbehandlung der vergleichbaren Fälle stets verlangen, das Parallelverfahren oder den Musterprozess abzuwarten). Keine Kostentragungspflicht besteht ferner, wenn die Rechtsverfolgung oder Verteidigung von vornherein **offensichtlich aussichtslos oder mutwillig** ist (BAG 22.11.2017 – 7 ABR 34/16, NZA 2018, 461; 18.3.2015 – 7 ABR 4/13, NZA 2015, 954; 29.7.2009 – 7 ABR 95/07, NZA 2009, 1223 ff.; 3.10.1978 – 6 ABR 102/76, AP BetrVG 1972 § 40 Nr. 14; 19.3.2003 – 7 ABR 15/02, AP BetrVG 1972 § 40 Nr. 77; 19.4.1989 – 7 ABR 6/88, AP BetrVG 1972 § 40 Nr. 29; LAG Hamm 7.8.2015 – 13 TaBV 18/15, NZA 2015, 1507; GK-BetrVG/*Weber* Rn. 106; Richardi BetrVG/*Thüsing* Rn. 22, 25). Nicht erforderlich kann ein Gerichtsverfahren auch sein, weil die zu entscheidende Frage bereits höchstrichterlich entschieden ist und keine Gesichtspunkte und Umstände vorgetragen werden, die zu einer Überprüfung dieser Rspr. Anlass geben (LAG Hamm 4.12.1985 – 3 Ta BV 119/85, BB 1986, 323; GK-BetrVG/*Weber* Rn. 106; **aA** DKKW/*Wedde* Rn. 32) Dagegen ist die Rechtsverfolgung dann nicht offensichtlich aussichtslos, wenn es sich um eine bisher ungeklärte Rechtsfrage handelt und die Rechtsauffassung des BR vertretbar ist (BAG 19.3.2003 – 7 ABR 15/02, AP BetrVG 1972 § 40 Nr. 77). Offensichtlich aussichtslos kann zB der Antrag auf Erlass einer einstweiligen Verfügung sein, wenn dieser so spät und zudem noch mit unvollständigen Unterlagen gestellt wird, dass – auch bei Verzicht auf eine mündliche Verhandlung – mit einer rechtzeitigen Gerichtsentscheidung nicht gerechnet werden kann (BAG 28.8.1991 – 7 ABR 72/90, AP ArbGG 1979 § 85 Nr. 2 für den Fall einer Antragseinreichung um 9.00 Uhr und Entscheidungsbedarf durch die vollbesetzte Kammer bis 11.00 Uhr; HessLAG 15.10.1992 – 12 TaBV 28/92, DB 1993, 1096). Dagegen ist der Antrag auf Erlass einer einstweiligen Verfügung nicht bereits bei Verneinung eines Verfügungsanspruchs offensichtlich aussichtslos (so jedoch BAG 28.8.1991 – 7 ABR 72/90, AP ArbGG 1979 § 85 Nr. 2); das gilt nur dann, wenn das Fehlen eines Verfügungsanspruches offensichtlich ist (DKKW/*Wedde* Rn. 32). Mutwilligkeit kann vorliegen, wenn zB der BR bei der Wahl der Rechtsdurchsetzung unter mehreren gleich geeigneten Möglichkeiten nicht die für den ArbGeb. kostengünstigere Lösung wählt (BAG 29.7.2009 – 7 ABR 95/07, NZA 2009, 1223 ff.) aber auch, wenn der BR Rechtsmittel einlegt, bei dem von vorneherein feststeht, dass es unzweifelhaft zurückzuweisen ist (BAG 22.11.2017 – 7 ABR 34/16, NZA 2018, 461 zur Einlegung einer aussichtslosen Nichtzulassungsbeschwerde zur Vermeidung einer BR-losen Zeit). Als mutwillig kann die Einleitung eines gerichtlichen Verfahrens anzusehen sein, wenn vorher kein Einigungsversuch stattgefunden hat (LAG SchlH 15.9.1988 – 4 TaBV 22/88, LAGE § 40 BetrVG 1972 Nr. 24; vgl. auch LAG Köln 8.3.2000 – 3 TaBV 61/99, NZA-RR 2000, 640; LAG Hamm 2.10.2009 – 10 TaBV 189/08, AuA 2010, 179); das gilt allerdings nicht, wenn der ArbGeb. seine abweichende Einstellung zu der Streitfrage bereits mehrfach geäußert oder dokumentiert hat.

Da im arbeitsgerichtlichen BeschlVerf. keine Gebühren und Auslagen erhoben **23** werden (vgl. § 12 Abs. 5 ArbGG), beschränkt sich die Kostentragungspflicht des ArbGeb. auf die außergerichtlichen Kosten. Der BR kann im Urteilsverfahren auf die Erstattung der außergerichtlichen Kosten im Rahmen eines Vergleichs mit dem ArbGeb. wirksam verzichten (BAG 20.1.2010 – 7 ABR 68/08, NZA 2010, 777; → § 78 Rn. 17).

Zu den vom ArbGeb. im Rahmen von Rechtsstreitigkeiten zu tragenden Auslagen **24** des BR zählen auch die Kosten einer **Prozessvertretung des BR durch einen Rechtsanwalt,** wenn der BR bei pflichtgemäßer und verständiger Abwägung der zu berücksichtigenden Umstände die Zuziehung eines Rechtsanwalts für notwendig erachten konnte (BAG 29.7.2009 – 7 ABR 95/07, NZA 2009, 1223; 12.2.1965 – 1 ABR 12/64, AP BetrVG § 39 Nr. 1; 18.4.1967 – 1 ABR 11/66, AP BetrVG § 39 Nr. 7; 26.11.1974 – 1 ABR 16/74, AP BetrVG 1972 § 20 Nr. 6; 3.10.1978 – 6 ABR 102/76, AP BetrVG 1972 § 40 Nr. 14; 4.12.1979 – 6 ABR 37/76, AP BetrVG 1972 § 40 Nr. 18; GK-BetrVG/*Weber* Rn. 11 ff.; DKKW/*Wedde* Rn. 28; Richardi BetrVG/*Thüsing* Rn. 23; *Weiß/Weyand* BetrVG Rn. 8; **aA** für den Fall, dass Streitigkeiten zwischen BR und ArbGeb. in ausschließlichem Verbandsinteresse geführt werden HWGNRH/*Glock* Rn. 30; SWS Rn. 12). Dies ist insb. dann der Fall, wenn der Regelungsgegenstand schwierige Rechtsfragen aufwirft, die zwischen den Parteien umstritten sind und es dem BR an dem dazu notwendigen juristischen Sachverstand fehlt (BAG 14.12.2016 – 7 ABR 8/15, NZA 2017, 514). Wird der ArbGeb. von einem RA vertreten, spricht dies dafür, dass es sich um rechtlich schwierige Fragestellungen handelt (BAG 14.12.2016 – 7 ABR 8/15, NZA 2017, 514). Im Fall des § 99 Abs. 4 ist die Hinzuziehung eines RA erst dann als erforderlich anzusehen, wenn das Zustimmungsersetzungsverfahren rechtshängig ist (BAG 29.7.2009 – 7 ABR 95/07, NZA 2009, 1223). Sieht ein TV vor, dass vor Einleitung eines Zustimmungsersetzungsverfahrens ein innerbetriebliches Schlichtungsverfahren durchzuführen ist, muss auch dieses im Zeitpunkt der Beschlussfassung durch den BR abgeschlossen sein (BAG 29.7.2009 – 7 ABR 95/07, NZA 2009, 1223). Die Beauftragung eines RA zur **gesonderten Vertretung der JAV** in einem Verfahren nach § 78a Abs. 4 darf der BR regelmäßig nicht für erforderlich halten (BAG 18.1.2012 – 7 ABR 83/10, NZA 2012, 683).

25 **Notwendig** ist die Hinzuziehung eines Rechtsanwalts stets in der Rechtsbeschwerdeinstanz, dh in Verfahren vor dem BAG, da im Rechtsbeschwerdeverfahren die Vertretung durch einen Anwalt zwingend vorgeschrieben ist (bestätigend BAG 22.11.2017 – 7 ABR 34/16, NZA 2018, 461). Aber auch in **Gerichtsverfahren vor dem ArbG und dem LAG** kommt die Hinzuziehung eines Anwalts dann in Betracht, wenn der BR sie aus seiner Sicht aus sachlichen, in der Natur des Rechtsstreits liegenden Gründen für erforderlich halten darf; zB wegen der (wahrscheinlich) bestehenden Schwierigkeit der Sach- oder Rechtslage oder wenn zur Beurteilung der Sach- oder Rechtslage bestimmte, dem Anwalt in besonderem Maße bekannte Verhältnisse von Bedeutung sind. Bei der Beurteilung der Frage, ob die Sach- oder Rechtslage Schwierigkeiten aufweist, ist zu berücksichtigen, dass sich dies nicht selten erst im Laufe des Prozesses herausstellt und sich deshalb einer exakten vorausschauenden Beurteilung des juristisch oft nicht oder nur wenig geschulten BR entzieht. Für die Berechtigung des BR, auf Kosten des ArbGeb. einen Rechtsanwalt hinzuzuziehen, muss eine bestehende Unsicherheit des BR hinsichtlich der Beurteilung der Schwierigkeit der Sach- oder Rechtslage ausreichen, da dies auch sonst ein wesentlicher Gesichtspunkt für die Beauftragung eines Anwalts ist (ErfK/*Koch* Rn. 4; iErg ebenso GK-BetrVG/*Weber* Rn. 118; HaKo-BetrVG/*Wolmerath* Rn. 6; HWGNRH/*Glock* Rn. 33; BAG 3.10.1978 – 6 ABR 102/76, AP BetrVG 1972 § 40 Nr. 14). Die Absicht, einen bestimmten Anwalt mit der Prozessvertretung vor dem BAG zu beauftragen, reicht allerdings allein nicht aus, um die Notwendigkeit einer Vertretung in der unteren Instanz zu begründen.

26 Der Hinzuziehung eines Rechtsanwalts in Verfahren vor dem ArbG und dem LAG steht grdstzl. **nicht entgegen,** dass in diesen Instanzen nach § 11 ArbGG auch eine Vertretung durch einen **Gewerkschaftsvertreter** möglich ist (BAG 4.12.1979 – 6 ABR 37/76, AP BetrVG 1972 § 40 Nr. 18; 20.10.1999 – 7 ABR 25/98, AP BetrVG 1972 § 40 Nr. 67; DKKW/*Wedde* Rn. 36; WPK/*Kreft* Rn. 14; Richardi BetrVG/*Thüsing* Rn. 24; *Maiß* FA 2010, 164 [166]; *Jaeger/Steinbrück* NZA 2013, 401 [402]; **einschränkend** BAG 26.11.1974 – 1 ABR 16/74, AP BetrVG 1972 § 20 Nr. 6; HWGNRH/*Glock* Rn. 35, vorrangig Hinzuziehung Gewerkschaftsvertreter, wenn zumutbar und kostengünstiger, es sei denn, Gewerkschaft lehnt Vertretung ab; ebenso: *Stege* DB 1974, 2204; **aA** für die 1. Instanz: *Hanau* SAE 1979, 220; LAG Hamm 15.6.1977 – 3 TaBV 24/77, EzA § 40 BetrVG 1972 Nr. 34). Diese Möglichkeit steht in keinem Falle der Beauftragung eines Rechtsanwalts entgegen, wenn die Gewerkschaft die Übernahme einer Prozessvertretung ablehnt, zumal diese zur Übernahme einer derartigen Prozessvertretung nicht verpflichtet ist, und zwar weder nach ihren Rechtsschutzrichtlinien (hiernach ist die Rechtsschutzgewährung eine im Allgemeinen freiwillige Leistung nur gegenüber den Mitgl., nicht gegenüber dem BR als Institution) noch aus der betriebsverfassungsrechtlichen Hilfsfunktion der Gewerkschaften nach § 2 Abs. 1 BetrVG; denn diese Vorschrift beinhaltet keine Rechtsverpflichtung der Gewerkschaft zur Zusammenarbeit mit dem BR (→ § 2 Rn. 54; BAG 3.10.1978 – 6 ABR 102/76, AP BetrVG 1972 § 40 Nr. 14; 4.12.1979 – 6 ABR 37/76, AP BetrVG 1972 § 40 Nr. 18; GK-BetrVG/*Weber* Rn. 130; HWGNRH/*Glock* Rn. 35; SWS Rn. 12; *Klinkhammer* ArbuR 1977, 144; **aA** LAG Düsseldorf 3.5.1976 – 16 TaBV 41/75, EzA § 40 BetrVG 1972 Nr. 28; LAG SchlH 24.10.1975 – 4 Ta BV 23/75, BB 1975, 1636; generell die diesbezügliche Rspr. des BAG abl. *Schumann* DB 1984, 1395 ff.).

Aber auch wenn die Gewerkschaft zur Übernahme der Prozessvertretung bereit ist, 27
ist der BR nicht gehalten, von der Beauftragung eines Rechtsanwalts Abstand zu nehmen. Denn in der **Wahl seines Prozessvertreters** ist der BR grds. **frei;** er kann denjenigen Verfahrensvertreter wählen, zu dem er im Hinblick auf die zu vertretende Angelegenheit das größte Vertrauen hat (Richardi BetrVG/*Thüsing* Rn. 24; **aA** *Gerauer* NZA 1988 Beil. 4, 19, wenn die Gewerkschaft den BR bereits vorprozessual vertreten hat). Allerdings hat der BR bei seiner Wahl auch auf die finanziellen Belange des ArbGeb. Rücksicht zu nehmen. Ist im konkreten Fall die Vertretung durch einen Gewerkschaftssekretär oder die anwaltliche Vertretung als **gleichwertig** anzusehen und ist die Gewerkschaft auch zur Prozessvertretung bereit, ist der BR verpflichtet, die für den ArbGeb. kostengünstigere zu wählen (BAG 26.11.1974 – 1 ABR 16/74, AP BetrVG 1972 § 20 Nr. 6; ErfK/*Koch* Rn. 4; HWGNRH/*Glock* Rn. 35; GK-BetrVG/*Weber* Rn. 129; *Klinkhammer* ArbuR 1977, 144; **aA** DKKW/*Wedde* Rn. 34).

Der Grundsatz, bei Gleichwertigkeit die kostengünstigere Lösung zu wählen, gilt 28
auch für die **Beauftragung des Anwalts selbst.** Beauftragt der BR ein nicht am Gerichtsort ansässiges Anwaltsbüro mit der Prozessvertretung, obwohl am Gerichtsort gleichqualifizierte Anwälte ansässig und zur Mandatsübernahme bereit sind, sind Fahrtkosten des beauftragten Anwalts zum Gerichtsort nur zu erstatten, wenn das beauftragte Anwaltsbüro besondere, über das normale Maß hinausgehende Sachkompetenz in den für den Rechtsstreit maßgeblichen Rechtsfragen hat (BAG 16.10.1986 – 6 ABR 2/85, AP BetrVG 1972 § 40 Nr. 31; 15.11.2000 – 7 ABR 24/00, EzA § 40 BetrVG 1972 Nr. 92; Richardi BetrVG/*Thüsing* Rn. 28; aber kein grundsätzliches Erfordernis, den erst- und zweitinstanzl. RA zu wechseln, wenn Rechtsstreit vor das BAG geht und bisheriger RA dort nicht ansässig ist, vgl. allgem. LAG Köln 23.1.2004 – 6 (11) Ta 426/03, NZA-RR 2004, 552). Das hat der BR näher darzulegen. Der BR hat ferner die Beauftragung eines Rechtsanwalts zur Prozessvertretung auf der Grundlage der gesetzlichen Vergütung vorzunehmen, die sich nach dem nach dem RVG festzusetzenden Gegenstandswert berechnet. Eine **Honorarzusage,** die zu einer höheren Vergütung führt, zB die Vereinbarung eines Zeithonorars, darf der BR in der Regel nicht für erforderlich halten (so zu § 10 BRAGO – alt BAG 20.10.1999 – 7 ABR 25/98, AP BetrVG 1972 § 40 Nr. 67; ebenso zum neuen Recht: BAG 14.12.2016 – 7 ABR 8/15, NZA 2017, 514; HessLAG 23.5.2013 – 9 TaBV 17/13, BeckRS 2013, 70451; *Maiß* FA 2010, 164 [167]; **krit.** dazu *Jaeger/Steinbrück* NZA 2013, 401 [403]; *Althoff* NZA 2014, 74). Dies gilt sowohl für vermögens- als auch nicht vermögensrechtliche Streitigkeiten (BAG 14.12.2016 – 7 ABR 8/15, NZA 2017, 514). Eine Honorarzusage kommt jedoch dann in Betracht, wenn der ArbGeb. damit einverstanden ist bzw. dies in der Vergangenheit akzeptiert hat oder die Rechtsmaterie Spezialkenntnisse erfordert und der darauf spezialisierte RA nur bei Vereinbarung eine Zeithonorars tätig werden will und sich kein vergleichbarer RA zu günstigeren Bedingungen findet (BAG 14.12.2016 – 7 ABR 8/15, NZA 2017, 514).

Für eine außergerichtliche Beratung und Vertretung bestimmt § 34 RVG seit 1.7.2006, dass für einen mündl. oder schriftl. Rat oder eine Auskunft (Beratung), die nicht mit einer anderen gebührenpflichtigen Tätigkeit zusammenhängen, sowie für die Ausarbeitung eines schriftl. Gutachtens und für die Tätigkeit als Mediator, der RA auf eine Gebührenvereinbarung hinwirken soll, soweit in Teil 2 Abschnitt 1 des Vergütungsverzeichnisses keine Gebühren bestimmt sind. Für den BR bedeutet dies beim Fehlen gesetzlicher Vergütungsregelungen – und soweit es sich nicht um einen Auftrag handelt, nach dem der RA als Sachverständiger tätig wird (→ Rn. 14) – dass ihm zumindest die Beauftragung eines Fachanwalts für Arbeitsrecht zugebilligt werden muss, dessen Vergütung sich iRd Üblichen bewegt (vgl. dazu *Kilian* RdA 2006, 120 [122]; *Maiß* FA 2010, 164 [167]; *Althoff* NZA 2014, 74).

29 Auch der beauftragte **Anwalt** hat den Grundsatz der **Kostenschonung** des ArbGeb. zu beachten. Verständigen sich zB ArbGeb. und BR bei gleich gelagerten Streitfällen nicht auf die Führung eines Musterprozesses (etwa weil der ArbGeb. sich nicht verbindlich bereit erklärt, den Ausgang des Verfahrens auch für die anderen Streitfälle anzuerkennen), hat der beauftragte Rechtsanwalt im Interesse der Kostensenkung anstelle von Einzelverfahren ein Gruppenverfahren durchzuführen. Unterlässt er dies, hat der ArbGeb. die durch die Einzelverfahren entstandenen Mehrkosten nicht zu tragen (BAG 29.7.2009 – 7 ABR 95/07, NZA 2009, 1223; ErfK/*Koch* Rn. 4; HWGNRH/*Glock* Rn. 39; DKKW/*Wedde* Rn. 40). Eine Pflicht des ArbGeb. zur Tragung der Kosten eines vom BR mit der Prozessvertretung beauftragten Anwalts besteht nur dann nicht, wenn die Übernahme der Vertretung durch den Anwalt aus Gründen der Interessenkollision nichtig ist; ein Fall des Verbots der Vertretung widerstreitender Interessen nach § 43a Abs. 4 BRAO liegt nicht schon dann vor, wenn ein Anwalt die Vertretung des BR einerseits und des BRMitgl. anderseits in einem Zustimmungsverfahren nach § 103 Abs. 2 übernommen hat (BAG 25.8.2004 – 7 ABR 60/03, AP BRAO § 43a Nr. 1; LAG Nds 1.7.2003 – 13 Ta BV 6/03, NZA-RR 2004, 22; *Kilian* RdA 2006, 120 ff.; **aA** noch LAG Köln 15.11.2000 – 3 TaBV 55/00, NZA-RR 2001, 253; Fitting, 22. Aufl. 2004, Rn. 29). Widerstreitende Interessen können jedoch entstehen, wenn der BR im Laufe des Verfahrens nicht mehr an seiner Zustimmungsverweigerung festhält – in diesem Fall hat der Anwalt nach Auffassung des BAG beide Mandate niederzulegen (BAG 25.8.2004 – 7 ABR 60/03, AP BRAO § 43a Nr. 1; zust. *Kilian*).

30 Bei der Stellung eines **Strafantrags** nach § 119 Abs. 2 wegen Behinderung der BRTätigkeit kann je nach den Umständen des Einzelfalles ebenfalls die Hinzuziehung eines Rechtsanwalts erforderlich sein (LAG Düsseldorf 12.8.1993 – 14 TaBV 54/93, NZA 1994, 1052; GK-BetrVG/*Weber* Rn. 124; **aA** HWGNRH/*Glock* Rn. 37). Dem steht nicht entgegen, dass der BR gleichzeitig einen Unterlassungsantrag gegen den ArbGeb. nach § 23 Abs. 3 gestellt hat (LAG Düsseldorf 12.8.1993 – 14 TaBV 54/93, NZA 1994, 1052). Ebenso kann je nach den Umständen des Einzelfalls die Hinzuziehung eines Rechtsanwalts zur Erstattung einer Ordnungswidrigkeitsanzeige nach § 121 erforderlich sein (so bei unvollständiger Unterrichtung des WiAusschusses LAG SchlH 14.11.2000 – 1 TaBV 22a/00, NZA-RR 2001, 592).

31 Eine Kostentragungspflicht des ArbGeb. aus der Beauftragung eines Rechtsanwalts kann auch in Betracht kommen, wenn diese erfolgte, um Rechte des BR gegenüber dem ArbGeb. wahrzunehmen und der BR davon ausgehen konnte, dass sich durch die Einschaltung eines Rechtsanwalts eine gütliche Regelung ohne gerichtliches Verfahren erreichen lassen würde (LAG SchlH 20.7.1999 – 3 TaBV 16/99, AiB 2000, 162; → Rn. 14; ferner BAG 15.11.2000 – 7 ABR 24/00, EzA § 40 BetrVG 1972 Nr. 92 für einen gütlichen Einigungsversuch eines Anwalts nach Beauftragung zur Prozessführung).

32 Die Hinzuziehung eines Rechtsanwalts erfordert einen **ordnungsgemäßen Beschluss des BR** (BAG 14.2.1996 – 7 ABR 25/95, AP BetrVG 1972 § 76a Nr. 5; 8.3.2000 – 7 ABR 11/98, AP BetrVG 1972 § 40 Nr. 68; 19.1.2005 – 7 ABR 24/04, ZBVR 2005, 110) und zwar im Allgemeinen gesondert für jede Instanz (BAG

22.11.2017 – 7 ABR 34/16, NZA 2018, 461; 18.3.2015 – 7 ABR 4/13, NZA 2015, 954; LAG SchlH 19.4.1983 – 1 TaBV 19/82, BB 1984, 533; LAG Bln 26.1.1987 – 9 TaBV 7/86, AP BetrVG 1972 § 40 Nr. 25; GK-BetrVG/*Weber* Rn. 114f.). Letzteres gilt nicht, wenn zB wegen der besonderen Bedeutung des Rechtsstreits die Prozessvertretung von vornherein für mehrere Instanzen ausgesprochen wird oder wenn gegen eine zugunsten des BR ergangene Entscheidung vom Prozessgegner Rechtsmittel eingelegt wird (BAG 18.3.2015 – 7 ABR 4/13, NZA 2015, 954; DKKW/*Wedde* Rn. 37). Da eine Prozessvollmacht im Außenverhältnis zum Gericht gem. § 81 ZPO zu allen den Rechtsstreit betreffenden Prozesshandlungen berechtigt, wozu auch die Einlegung von Rechtsmitteln gehört (BAG 18.2.2003 – 1 ABR 17/02, AP BetrVG 1972 § 77 Betriebsvereinbarung Nr. 11; 9.12.2003 – 1 ABR 44/02, AP BetrVG 1972 § 33 Nr. 1; 20.4.2005 – 7 ABR 44/04, AP BetrVG 1972 § 38 Nr. 30; 23.8.2006 – 7 ABR 51/05, AP BetrVG 1972 § 54 Nr. 12; 6.11.2013 – 7 ABR 84/11, NZA-RR 2014, 196), kann eine im Innenverhältnis etwa notwendige Beauftragung des Rechtsanwalts für die nächste Instanz auch noch nach Ablauf der Rechtsmittelfrist erfolgen (BAG 6.11.2013 – 7 ABR 84/11, NZA-RR 2014, 196; 11.3.1992 – 7 ABR 50/91, AP BetrVG 1972 § 38 Nr. 11). Die Beauftragung eines Rechtsanwalts kann, wenn eine vorherige Beschlussfassung des BR nicht möglich oder zumutbar ist, durch den BRVors. erfolgen und nachträglich durch den BR genehmigt werden (BAG 18.2.2003 – 1 ABR 17/02, AP BetrVG 1972 § 77 Betriebsvereinbarung Nr. 11; 6.12.2006 – 7 ABR 62/05, AP BetrVG 1972 § 21b Nr. 5; LAG Köln 14.7.1995 – 4 TaBV 40/95, LAGE § 40 BetrVG 1972 Nr. 47 im Falle einer vom ArbGeb. gegen den GesBR angestrengten einstweiligen Verfügung; GK-BetrVG/*Weber* Rn. 115; WPK/*Kreft* Rn. 15). Eine stillschweigende Genehmigung durch konkludentes Gewährenlassen reicht dazu nicht; der BR muss einen ordnungsgemäßen Beschluss fassen (BAG 18.3.2015 – 7 ABR 4/13, NZA 2015, 954; 19.1.2005 – 7 ABR 24/04, ZBVR 2005, 110 mit zust. Anm. *Wolmerath* jurisPR-ArbR 26/2005 Anm. 6). Ist zweifelhaft, ob ein BRBeschluss auch die Einleitung und Durchführung eines Beschlussverfahrens durch einen Rechtsanwalt umfasst, ist ein nachträglicher genehmigender Beschluss des BR zulässig (BAG 6.11.2013 – 7 ABR 84/11, NZA-RR 2014, 196; LAG Hamm 2.7.1997 – 3 TaBV 5/97, LAGE § 29 BetrVG 1972 Nr. 3). Die Heilung des Mangels muss zeitlich vor der Prozessentscheidung erfolgen (BAG 6.12.2006 – 7 ABR 62/05, AP BetrVG 1972 § 21b Nr. 5), in der Rechtsmittelinstanz kann nur noch der Nachweis der rechtzeitigen Beschlussfassung geführt werden (BAG 6.12.2006 – 7 ABR 62/05, AP BetrVG 1972 § 21b Nr. 5). Hierauf hat das ArbG den BR hinzuweisen (BAG 6.12.2006 – 7 ABR 62/05, AP BetrVG 1972 § 21b Nr. 5; 16.11.2005 – 7 ABR 12/05, AP BetrVG 1972 § 80 Nr. 64). Ist jedoch der Verfahrensfehler in der Vorinstanz unentdeckt geblieben, ist eine Genehmigung auch noch in der Rechtsmittelinstanz möglich; sie kann in diesen Fällen auch noch nach Rechtskraft wirksam erteilt werden (vgl. § 579 Abs. 1 Nr. 4 ZPO; BAG 6.11.2013 – 7 ABR 84/11, NZA-RR 2014, 196; *Linsenmaier* FS Wißmann, 2005, 378 [391]). Der BR muss neben der Beauftragung des Rechtsanwalts auch den Gegenstand der Beauftragung beschließen; im Beschluss muss der Name des zu beauftragenden Rechtsanwalts nicht benannt sein, die Auswahl des Rechtsanwalts kann auf den BRVorsitzenden übertragen werden (LAG SchlH 10.6.2002 – 11 W 3/02, AiB 2003, 632 mit zust. Anm. *Komposch* AiB 2003, 632). Ist der Beschluss hinsichtlich des zu beauftragenden RA zu unbestimmt, ist der tatsächliche Wille im Wege der Auslegung zu ermitteln, hierzu können auch nachträgliche Umstände herangezogen werden (LAG München 10.8.2016 – 11 TaBV 51/16, ArbR 2017, 127). Auch bei einem namentlich benannten RA ist regelmäßig die Sozietät mitumfasst (LAG München 10.8.2016 – 11 TaBV 51/16, ArbR 2017, 127).

Ist die Hinzuziehung eines Rechtsanwalts erforderlich, hat der ArbGeb. auf Ver- **33**
langen des Anwalts **Vorschüsse auf dessen Honorar** zu zahlen (vgl. § 9 RVG; GK-BetrVG/*Weber* Rn. 131; SWS Rn. 16). Die Höhe der Vergütung des Rechtsanwalts richtet sich nach dem RVG.

34 Ist der ArbGeb., zB wegen drohender oder eingetretener Insolvenz, nicht in der Lage, die entstehenden Prozesskosten aufzubringen, so steht dem BR bei hinreichender Erfolgsaussicht seines Begehrens ein Anspruch auf **Prozesskostenhilfe** zu (vgl. §§ 114ff., 116 Abs. 1 Nr. 2 ZPO; LAG Köln 15.11.2000 – 3 TaBV 55/00, NZA-RR 2001, 253; LAG RhPf 4.5.1990 – 5 TaBVGa 171/89, NZA 1991, 32).

c) Kosten bei Regelungsstreitigkeiten

35 Zu den Kosten, die durch die BRTätigkeit entstehen, gehören auch die **Kosten der E-Stelle** (hM; BAG 14.12.2016 – 7 ABR 8/15, NZA 2017, 514; 27.3.1979 – 6 ABR 39/76, AP BetrVG 1972 § 76 Nr. 7; GK-BetrVG/*Weber* Rn. 133; Richardi BetrVG/*Thüsing* Rn. 29). Durch das Änderungsgesetz 1989 haben die Kosten der E-Stelle in dem neu eingefügten § 76a eine eigenständige Regelung erfahren (→ § 76a Rn. 4ff.). Wird ein Rechtsanwalt als **Vors. oder Beisitzer einer E-Stelle** tätig, so findet, die Rechtsanwaltsgebührenordnung keine Anwendung. Die Frage der Vergütung richtet sich nach den allgemeinen Honorargrundsätzen für Mitgl. der E-Stelle (→ § 76a Rn. 17).

36 § 76a betrifft allerdings nur die Kosten der E-Stelle selbst und die an ihre Mitgl. zu zahlende Vergütung. Hierzu gehören nicht Kosten, die durch die Beauftragung eines Rechtsanwalts zur **Vertretung des BR vor der E-Stelle** entstehen. Derartige Kosten gehören zur Tätigkeit des BR. Ihre Erstattungspflicht bestimmt sich nach § 40 (BAG 14.2.1996 – 7 ABR 25/95, AP BetrVG 1972 § 76a Nr. 5; 21.6.1989 – 7 ABR 78/87, AP BetrVG 1972 § 76 Nr. 34; GK-BetrVG/*Weber* Rn. 133; HaKo-BetrVG/*Wolmerath* Rn. 6; *Kamphausen* NZA 1994, 51; *Ziege* NZA 1990, 929; **aA** *Bengelsdorf* NZA 1989, 497, der § 76a als eine abschließende Regelung sämtlicher mit der E-Stelle zusammenhängenden Kosten ansieht; *Sowka* NZA 1990, 91). Gleiches gilt, wenn die Beauftragung des RA dazu dient, im Vorfeld die Durchführung einer E-Stelle entbehrlich zu machen (BAG 14.12.2016 – 7 ABR 8/15, NZA 2017, 514).

37 Der ArbGeb. hat die Kosten eines vom BR zu seiner Vertretung vor der E-Stelle beauftragten Rechtsanwalts zu tragen, wenn eine derartige Vertretung bei pflichtgemäßer und verständiger Würdigung aller Umstände **erforderlich** ist (GK-BetrVG/*Wiese/Weber* Rn. 112; DKKW/*Berg* § 76a Rn. 12; **aA** *Bengelsdorf* NZA 1989, 497; *Herschel* DB 1982, 1984). Insoweit gelten dieselben Grundsätze wie bei der anwaltlichen Vertretung des BR in Rechtsstreitigkeiten vor den ArbG. (→ Rn. 24ff.). Eine anwaltliche Vertretung kann zum einen erforderlich sein, wenn der Regelungsgegenstand der E-Stelle **schwierige Rechtsfragen** aufwirft und weder der BR selbst noch die von ihm bestellten Beisitzer über den zu einer sachgerechten Interessenwahrnehmung notwendigen juristischen Sachverstand verfügen (BAG 5.11.1981 – 6 ABR 24/78, AP BetrVG 1972 § 76 Nr. 9; 21.6.1989 – 7 ABR 78/87, AP BetrVG 1972 § 76 Nr. 34; 14.2.1996 – 7 ABR 25/95, AP BetrVG 1972 § 76a Nr. 5; 14.12.2016 – 7 ABR 8/15, NZA 2017, 514; DKKW/*Berg* § 76a Rn. 12; nach *Kamphausen* NZA 1994, 52f., ist bei der Bewertung der Erforderlichkeit ein strenger Maßstab anzulegen, wenn die Honorarforderung des Anwalts erheblich über die Vergütung der Beisitzer oder gar des Vors. der E-Stelle hinausgeht). Auch bei **schwierigen Fragen tatsächlicher Art,** insbes. bei komplexen Sachverhalten, kann eine anwaltliche Vertretung vor der E-Stelle erforderlich sein, wenn dem BR der zur Analyse und Bewertung notwendige Sachverstand fehlt, was insbes. in Klein- und Mittelbetrieben der Fall sein kann, und es dem BR nicht möglich ist, diesen Sachverstand durch entsprechende Beisitzer seines Vertrauens sicherzustellen (ErfK/*Koch* Rn. 5; ähnlich DKKW/*Berg* § 76a Rn. 12). Schließlich kommt eine anwaltliche Vertretung auch in Betracht, wenn der **ArbGeb.** seinerseits vor der E-Stelle **anwaltlich vertreten** ist. Dies spricht zum einen dafür, dass schwierige Rechts- und Sachfragen zu bewerten sind, und folgt zum anderen aus dem Grundsatz der Waffengleichheit (DKKW/*Berg* § 76a Rn. 12; ErfK/*Koch* Rn. 5; *Kamphausen* NZA 1994, 52f.; insoweit einschränkend BAG 21.6.1989 – 7 ABR 78/87, AP BetrVG 1972 § 76 Nr. 34; 14.2.1996 –

7 ABR 25/95, AP BetrVG 1972 § 76a Nr. 5, BAG 14.12.2016 – 7 ABR 8/15, NZA 2017, 514 das in einer anwaltlichen Vertretung des ArbGeb. nur ein Indiz für die Schwierigkeit des Streitgegenstandes sieht; ähnlich GK-BetrVG/*Kreutz* § 76a Rn. 14). Das Gebühreninteresse des Rechtsanwalts ist kein seine Hinzuziehung vor der E-Stelle rechtfertigender Grund, auch wenn der Anwalt den BR vor Durchführung des E-Stellenverfahrens beraten hat (BAG 14.2.1996 – 7 ABR 25/95, AP BetrVG 1972 § 76a Nr. 5; *Kamphausen* NZA 1994, 52).

Aus dem Grundsatz, dass der ArbGeb. nur die erforderlichen Kosten zu tragen hat, 38
ergibt sich für den BR die Verpflichtung, vor der Hinzuziehung eines Anwalts zur Vertretung vor der E-Stelle stets zu prüfen, ob der fehlende Sachverstand nicht durch die **Berufung eines entsprechend sachkundigen Beisitzers** seines Vertrauens sichergestellt werden kann (vgl. hierzu auch *Kamphausen* NZA 1994, 50 ff.). Allerdings kann je nach Streitgegenstand ein besonderer Sachverstand der Mitgl. der E-Stelle verschiedenster Art gefordert sein. Ist dies der Fall, ist der BR nicht verpflichtet, die Sicherstellung des notwendigen Sachverstandes in anderen Bereichen zugunsten des besonderen Sachverstandes eines Rechtsanwalts zurückzustellen. Hat der BR einen Rechtsanwalt als Beisitzer benannt, dürfte die Beauftragung eines Anwalts zum Verfahrensbevollmächtigten vor der E-Stelle im Allgemeinen nicht erforderlich sein (LAG Hamm 11.12.1990 – 13 TaBV 140/90, LAGE § 76a BetrVG 1972 Nr. 2; DKKW/*Berg* § 76a Rn. 12; ErfK/*Koch* Rn. 5; *Kamphausen* NZA 1992, 61; **aA** BAG 14.2.1996 – 7 ABR 25/95, AP BetrVG 1972 § 76a Nr. 5, mit dem Argument der unterschiedlichen Stellung des weisungsungebundenen Mitgl. der E-Stelle und des weisungsgebundenen und nur dem Interesse des Auftraggebers verpflichteten anwaltlichen Vertreters vor der E-Stelle; im Hinblick auf die Entscheidungskriterien für die E-Stelle nach § 76 Abs. 5 S. 3 (billiges Ermessen unter angemessener Berücksichtigung der Belange des Betriebs und der betroffenen ArbN) und die Verpflichtung von ArbGeb. und BR nach § 2 Abs. 1 zur vertrauensvollen Zusammenarbeit zum Wohl des Betriebs und seiner ArbN dürfte der behauptete Gegensatz in dieser Form wohl überzogen sein). Jedoch kann etwas anderes unter dem Gesichtspunkt der Waffengleichheit gelten, wenn der ArbGeb. sich trotz des juristischen Sachverstands seiner Beisitzer noch durch einen Rechtsanwalt vor der E-Stelle vertreten lässt.

Die **Höhe der Gebühr** einer anwaltlichen Vertretung vor der E-Stelle ist nicht 39
auf die Höhe des Honoraranspruchs eines außerbetrieblichen Beisitzers nach § 76a Abs. 3 begrenzt (BAG 14.2.1996 – 7 ABR 25/95, AP BetrVG 1972 § 76a Nr. 5; WPK/*Kreft* Rn. 20; **aA** *Kamphausen* NZA 1994, 51 f. für den Fall, dass es sich beim Regelungsgegenstand der E-Stelle um einen solchen mit unbezifferbaren Gegenstandswert handelt). Auf jeden Fall kann der BR dem Anwalt, wenn der Gegenstandswert ohnehin nach billigem Ermessen festzusetzen ist, ein Honorar in Höhe der Vergütung eines Beisitzers der E-Stelle zusagen (BAG 21.6.1989 – 7 ABR 78/87, AP BetrVG 1972 § 76 Nr. 34; **aA** *Ziege* NZA 1990, 929; *Kamphausen* NZA 1992, 91; *Maiß* FA 2010, 164 [167]). Zu den Gebührenansprüchen des Anwalts allgemein vgl. *Bauer/Röder* DB 1989, 226.

3. Aufwendungen der Betriebsratsmitglieder

a) Allgemeines

Zu den Kosten, die durch die Tätigkeit des BR entstehen, gehören auch **Aufwen-** 40
dungen einzelner BRMitgl., die diese im Rahmen und in Erfüllung ihrer BRAufgaben machen (BAG 6.11.1973 – 1 ABR 26/73, AP BetrVG 1972 § 37 Nr. 6; 3.4.1979 – 6 ABR 64/76, AP BetrVG 1972 § 13 Nr. 1; 18.1.1989 – 7 ABR 89/87, AP BetrVG 1972 § 40 Nr. 28; WPK/*Kreft* Rn. 22; DKKW/*Wedde* Rn. 57; HWGNRH/*Glock* Rn. 54) oder die ihnen nur wegen ihrer BRMitglschaft entstehen, zB Kosten eines Anfechtungs- oder Amtsenthebungsverfahrens (Richardi BetrVG/*Thüsing* Rn. 10). Der ArbGeb. hat deshalb auch derartige dem einzelnen

BRMitgl. entstehenden Kosten zu tragen, soweit diese zur ordnungsmäßigen Erfüllung der BRAufgaben notwendig sind. Dies gilt auch für Aufwendungen, die einem BRMitgl. bei der Erfüllung seiner Aufgaben iRd **Restmandats** entstehen (→ Rn. 7).

41 Im Gegensatz zu § 46 Abs. 5 BPersVG 74, der für freigestellte und teilweise freigestellte Mitgl. des Personalrats eine durch VO (vgl. BGBl. 1974 I S. 1499) festzusetzende monatliche Aufwandsentschädigung vorsieht, enthält das BetrVG keine entsprechende Regelung. Wird in einer BV ein **Pauschbetrag für Aufwendungen** der BRMitgl. vorgesehen, was aus Praktikabilitätsgründen zulässig ist, so muss sich dieser Betrag im Rahmen der üblichen und notwendigen Aufwendungen halten und darf keine versteckte Vergütung umfassen (BAG 9.11.1955 – 1 AZR 329/54, AP KRG Nr. 22 Art. IX Betriebsrätegesetz Nr. 1; ArbG Stuttgart 13.12.2012 – 24 Ca 5430/12, NZA-RR 2013, 140; DKKW/*Wedde* Rn. 57; ErfK/*Koch* Rn. 7; GK-BetrVG/*Weber* Rn. 33; *Franzen* FS Adomeit, 2008, 173 [178]; einschränkend Richardi BetrVG/*Thüsing* Rn. 48; WPK/*Kreft* Rn. 23; weitergehend im Sinne einer großzügigeren Pauschalierungsmöglichkeit *Kehrmann* FS Wlotzke, 1996, 374 ff.; ablehnend *Esser* Die Begünstigung von BRMitgl. S. 72). Notwendige, über den Pauschbetrag hinausgehende Auslagen sind vom ArbGeb. zu erstatten (LAG Köln 13.9.1984 – 10 Sa 583/84, DB 1985, 394).

42 Zur BRTätigkeit gehören **alle Tätigkeiten eines BRMitgl.,** die es gerade im Hinblick auf seine Mitgliedschaft im BR und zur Erfüllung seiner Aufgaben im BR durchführt (→ § 37 Rn. 23 ff.). Entscheidend ist, dass das BRMitgl. die Tätigkeit nur deshalb übernimmt, weil es Mitgl. des BR ist und die damit verbundenen Aufwendungen im Interesse einer ordnungsgemäßen Durchführung notwendiger BRAufgaben unter Anlegung eines verständigen Maßstabs für erforderlich halten darf (→ Rn. 9; → § 37 Rn. 38). Hierbei ist auch zu berücksichtigen, welche **Funktionen** das einzelne Mitgl. im BR ausübt. Nicht zur BRTätigkeit gehört die Teilnahme eines BRMitgl. an den Sitzungen des Aufsichtsrats, dem es angehört (GK-BetrVG/*Weber* Rn. 49; HWGNRH/*Glock* Rn. 55; WPK/*Kreft* Rn. 24).

43 Zu den vom ArbGeb. zu tragenden Kosten zählen **alle Aufwendungen** des BRMitgl., die notwendig sind, um seine BRAufgaben ordnungsgemäß zu erfüllen. Insoweit gelten dieselben Grundsätze wie für die Kosten des BR (→ Rn. 9 f.). Es muss sich um Aufwendungen handeln, die gerade durch die BR-Tätigkeit entstanden sind und nicht auch schon bei Erfüllung der arbeitsvertraglichen Pflichten entstanden wären (BAG 18.1.1989 – 7 ABR 89/87, AP BetrVG 1972 § 40 Nr. 28; 16.1.2008 – 7 ABR 71/06, NZA 2008, 546; 23.6.2010 – 7 ABR 103/08, NZA 2010, 1298). Zu diesen Aufwendungen gehören zB notwendige Telefon- oder Briefportokosten in BRAngelegenheiten (GK-BetrVG/*Weber* Rn. 93; DKKW/*Wedde* Rn. 58) oder Reise- und Fahrtkosten (→ Rn. 46 ff.). **Kosten** der **persönlichen Lebensführung** gehören grds. nicht zu den erstattungsfähigen Aufwendungen (BAG 28.8.1991 – 7 ABR 46/90, AP BetrVG 1972 § 40 Nr. 39; 23.6.2010 – 7 ABR 103/08, NZA 2010, 1298). Dennoch können zu den vom ArbGeb. zu tragenden Aufwendungen. auch solche gehören, die dem BRMitgl. im Rahmen einer **Pflichtenkollision** entstehen, wenn diese zB mit einer grundgesetzlich verankerten Pflicht zur Pflege und Erziehung minderjähriger Kinder kollidiert (BAG 23.6.2010 – 7 ABR 103/08, NZA 2010, 1298 zur Erstattung von **Kinderbetreuungskosten** im Fall eines allein erziehenden BRMitgl.; zust. *Wietfeld* SAE 2912, 45 ff.; krit. dazu *Hunold* NZA-RR 2011, 57 [63]; *Wiebauer* BB 2011, 2104; *Esser* Die Begünstigung von BRMitgl. S. 65 ff.). So kann ein Anspruch auf Erstattung von Kinderbetreuungskosten eines teilzeitbeschäftigten BRMitgl. bestehen, wenn eine notwendige BRArbeit die Anwesenheit des BRMitgl. über seine persönliche Arbeitszeit hinaus erfordert und die notwendige Betreuung von Kindern nicht auf andere Weise sichergestellt werden kann (HessLAG 22.7.1997 – 4/12 TaBV 146/96, NZA-RR 1998, 121 für die Teilnahme eines teilzeitbeschäftigten Mitgl. des GesBR an dessen auswärtigen Sitzungen; *Löwisch/Kaiser* Rn. 54; DKKW/*Wedde* Rn. 61; WPK/*Kreft* Rn. 24; *Däubler* AiB 2004, 621 [625];

Hunold NZA-RR 1999, 113 [116]; **aA** SWS Rn. 24a). Die Kostentragungspflicht kann nicht mit Hinweis auf eine mögliche Verhinderung des BRMitgl. nach § 25 Abs. 1 S. 2 abgelehnt werden; die Erfüllung der BRAufgaben steht nicht im Belieben des einzelnen BRMitgl. und kann bei groben Verletzungen seiner Pflicht zum Ausschluss aus dem BR führen (BAG 23.6.2010 – 7 ABR 103/08, NZA 2010, 1298; krit. hinsichtlich der nach BAG daraus resultierenden Kostentragungspflicht *Wiebauer* BB 2011, 2104).

Zu den vom ArbGeb. zu erstattenden Aufwendungen zählen nicht nur solche in Geld, sondern **jede Aufopferung von Vermögenswerten.** Beschmutzt oder beschädigt ein BRMitgl. anlässlich der Durchführung von BRAufgaben seine Kleidung, so hat es Anspruch auf Erstattung der Kosten, die zur Behebung dieser Schäden notwendig sind (DKKW/*Wedde* Rn. 58; SWS Rn. 24a; GK-BetrVG/*Weber* Rn. 97f.; HWGNRH/*Glock* Rn. 57f.). Benutzt ein BRMitgl. zur Erledigung von BRAufgaben den eigenen Pkw und erleidet es hierbei einen Verkehrsunfall, so kann es die Reparaturkosten unter denselben Voraussetzungen vom ArbGeb. erstattet verlangen, unter denen einem ArbN bei einem Unfall mit dem eigenen Pkw auf einer Dienstfahrt ein derartiger Erstattungsanspruch zusteht (ErfK/*Koch* Rn. 7; vgl. zum letzteren BAG 8.5.1980 – 3 AZR 82/79, AP BGB § 611 Gefährdungshaftung des Arbeitgebers Nr. 6). Das ist insbes. der Fall, wenn der ArbGeb. die Benutzung ausdrücklich gewünscht hat oder weil diese zur rechtzeitigen und ordnungsgemäßen Erledigung von BRAufgaben erforderlich war und der ArbGeb. kein Fahrzeug zur Verfügung gestellt hat (BAG 3.3.1983 – 6 ABR 4/80, AP BetrVG 1972 § 20 Nr. 8; GK-BetrVG/*Weber* Rn. 97; WPK/*Kreft* Rn. 26; Richardi BetrVG/*Thüsing* Rn. 57; MHdB ArbR/*Krois* § 296 Rn. 42 → § 20 Rn. 37). Falls nichts Anderweitiges vereinbart ist, umfasst die Ersatzpflicht in der Regel auch den Nutzungsausfallschaden (BAG 7.9.1995 – 8 AZR 515/94, NJW 1996, 476). 44

Erleidet ein BRMitgl. im Rahmen seiner Tätigkeit einen **Unfall,** so hat es Anspruch auf Erstattung der unfallbedingten Heil- und Kurkosten. Allerdings greift auch hier hinsichtlich der Personenschäden das sozialversicherungsrechtliche Haftungsprivileg nach § 104 Abs. 1 SGB VII ein, dh ein Unfall eines BRMitgl. im Rahmen seiner BRTätigkeit ist ein **Arbeitsunfall** iSv § 8 Abs. 1 iVm § 2 Abs. 1 Nr. 1 SGB VII, so dass nur ein Anspruch auf Leistungen aus der gesetzlichen Unfallversicherung besteht (SG Heilbronn 28.5.2014 – S 6 U 1404/13, NZS 2014, 709; ErfK/*Koch* Rn. 7; GK-BetrVG/*Weber* Rn. 99; Richardi BetrVG/*Thüsing* Rn. 56; *Hanau* RdA 1979, 326). 45

b) Reisekosten

Zu den vom ArbGeb. zu tragenden Aufwendungen zählen insbes. **Reisekosten,** die dem BRMitgl. im Rahmen seiner BRTätigkeit entstehen, zB durch die Teilnahme an Sitzungen des GesBR, KBR oder der BRVerslg, durch die Teilnahme an auswärtigen Gerichtsverhandlungen (→ § 37 Rn. 28) oder Behördenterminen oder durch den Besuch eines abgelegenen, jedoch zum Betrieb gehörenden Betriebsteils oder Nebenbetriebs. Dazu gehört auch das Aufsuchen von räumlich weit entfernten Betriebsteilen, um eine Abstimmung über die Frage der Mitwahl des BR im Hauptbetrieb nach § 4 Abs. 2 S. 3 zu veranlassen (ArbG Wiesbaden 14.9.2004 – 1 BV 3/04, AiB 2005, 306f. mit zust. Anm. *Fischer*). Befinden sich BRBüro und Arbeitsplatz des BRMitgl. nicht am selben Ort, so sind auch die notwendigen Fahrten zwischen Arbeitsplatz und BRBüro zu erstatten (ArbG Wiesbaden 14.9.2004 – 1 BV 3/04, AiB 2005, 306). Die Reisekosten müssen stets durch die Wahrnehmung von Angelegenheiten bedingt sein, die in die Zuständigkeit des BR fallen (→ Rn. 42). Der kollegiale Besuch eines erkrankten ArbN im Krankenhaus fällt im Allgemeinen nicht hierunter (GK-BetrVG/*Weber* Rn. 53; Richardi BetrVG/*Thüsing* Rn. 5; wohl auch DKKW/*Wedde* Rn. 67). Etwas anderes gilt, wenn die Erkrankung auf einem Arbeitsunfall beruht und der BR die näheren Umstände des Unfalls in Erfahrung 46 bringen will oder wenn sich im Betrieb im Einvernehmen mit dem ArbGeb. eine allgemeine Übung dahingehend entwickelt hat, Langzeiterkrankten nach einer gewissen Zeit einen Besuch abzustatten. Auch Reisekosten anlässlich der Teilnahme an Schulungs- und Bildungsveranstaltungen, die für die BRArbeit erforderliche Kenntnisse vermitteln, sind vom ArbGeb. zu tragen (DKKW/*Wedde* Rn. 63; GK-BetrVG/*Weber* Rn. 49, 70; HWGNRH/*Glock* Rn. 59ff.; → Rn. 66ff.).

47 Die Erstattung der erforderlichen **Fahrtkosten** hat der ArbGeb. nicht nur für Reisekosten des BRMitgl. in BRAngelegenheiten sondern auch für sonstige Fahrkosten, die ihm durch die BRTätigkeit zusätzlich entstehen zu tragen . Fährt zB ein BRMitgl. gesondert zu einer BRSitzung, die außerhalb seiner Arbeitszeit liegt, sind ihm die zusätzlich aufgewendeten Fahrtkosten zu erstatten (BAG 18.1.1989 – 7 ABR 89/87, AP BetrVG 1972 § 40 Nr. 28; 16.1.2008 – 7 ABR 71/06, NZA 2008, 546; 27.7.2016 – 7 AZR 255/14, NZA 2016, 1418; *Wulff* AiB 2009, 91 [94]). Entscheidend für die Erstattungsfähigkeit von Fahrten zwischen der Wohnung und dem Betrieb als Aufwendung für BRTätigkeit ist, dass die Reisekosten ausschließlich wegen der Wahrnehmung erforderlicher BRTätigkeit und nicht auch zugleich zur Erfüllung der Arbeitspflicht des BRMitgl. entstanden sind (BAG 16.1.2008 – 7 ABR 71/06, NZA 2008, 546). Sitzungen des BR oder des Betriebsausschusses, die außerhalb der persönlichen Arbeitszeit eines BRMitgl. stattfinden und damit eine Anfahrt von der Wohnung erfordern, begründen keinen Verhinderungsfall iSv § 25 Abs. 1 S. 2 (BAG 16.1.2008 – 7 ABR 71/06, NZA 2008, 546). Fahrtkosten, die zB zur Teilnahme an einer BR- oder Betriebsausschusssitzung entstanden sind, sind nach § 40 unabhängig davon zu erstatten, ob für die außerhalb der persönlichen Arbeitszeit erbrachte BRTätigkeit die Voraussetzungen des § 37 Abs. 3 erfüllt sind; für die Erstattungsfähigkeit nach § 40 kommt es allein darauf an, dass das BRMitgl. zur Teilnahme an der Sitzung verpflichtet war (BAG 16.1.2008 – 7 ABR 71/06, NZA 2008, 546). Auch ein BRMitgl., das wegen seiner Amtstätigkeit nicht mehr die kostenlose Beförderung mit Bussen des ArbGeb. in Anspruch nehmen kann, kann nach § 78 S. 2 die Erstattung der notwendigen Beförderungskosten verlangen, die ihm durch die Benutzung des eigenen Pkw oder der öffentlichen Verkehrsmittel entstehen (HWGNRH/*Glock* Rn. 58; Richardi BetrVG/*Thüsing* Rn. 12). Zur privaten Nutzung von Dienstwagen und lohnsteuerrechtl. Fragen → § 37 Rn. 66a, 66b.

48 Dagegen sind Kosten eines **freigestellten BRMitgl.** für **Fahrten** zwischen seiner **Wohnung und dem Betrieb** keine nach § 40 Abs. 1 zu erstattenden Aufwendungen (BAG 28.8.1991 – 7 ABR 46/90, AP BetrVG 1972 § 40 Nr. 39; 13.6.2007 – 7 ABR 62/06, AP BetrVG 1972 § 38 Nr. 31). Dies gilt selbst dann, wenn das BRMitgl. vor seiner Freistellung im Außendienst tätig war und für die Fahrten von der Wohnung zu den Außenstellen Anspruch auf Fahrtkostenerstattung hatte, nunmehr infolge seiner Freistellung jedoch seine BRAufgaben am Sitz des BR im Betrieb erfüllt. Denn als gesetzliche Folge der Freistellung verlagert sich für das freigestellte, bisher im Außendienst tätige BRMitgl. der Ort seiner Leistungserfüllung grds. an den Sitz des BR im Betrieb (→ § 38 Rn. 78). Ebenso wie die Fahrtkosten der übrigen ArbN zwischen Wohnung und Betrieb zu den persönlichen Lebensführungskosten zählen, gilt dies für freigestellte BRMitgl., die zur Erfüllung ihrer BRTätigkeit an den Sitz des BR fahren. Es verstieße gegen den Grundsatz der Unentgeltlichkeit der BRTätigkeit (§ 37 Abs. 1) und gegen das gesetzliche Begünstigungsverbot des § 78 S. 2, wenn der ArbGeb. den freigestellten BRMitgl. im Gegensatz zu den übrigen ArbN die Fahrtkosten zwischen Wohnung und Betrieb als Kosten der BRTätigkeit erstatten müsste (BAG 28.8.1991 – 7 ABR 46/90, AP BetrVG 1972 § 40 Nr. 39; 13.6.2007 – 7 ABR 62/06, AP BetrVG 1972 § 38 Nr. 31; ErfK/*Koch* Rn. 7). Gleiches gilt, wenn sich aufgrund der Freistellung der **Leistungsort** (Sitz des BR) von dem bisherigen Leistungsort (Erbringung der Arbeitsleistung) **ändert** und hierdurch höhere Fahrtkosten entstehen: die Pflicht seine Aufgaben am Sitz des BR durchzuführen ist gesetzliche Folge der Freistellung nach § 38, die insoweit an die Stelle der vertraglichen Arbeitspflicht tritt – wie auch jeder ArbN beim Wechsel des Leistung-

sorts mit seinem Einverständnis die damit verbundenen höheren Kosten zu tragen hat, obliegt dies auch dem mit seinem Einverständnis nach § 38 freigestellten BRMitgl. (BAG 13.6.2007 – 7 ABR 62/06, AP BetrVG 1972 § 38 Nr. 31; → § 38 Rn. 78). Hieran dürfte sich auch in Anwendung des ab dem 1.1.2014 geltenden neuen steuerlichen Reisekostenrechts nichts ändern. Für ein vollfreigestelltes BRMitgl. dürfte sich dann die „erste Tätigkeitsstätte" in entsprechender Anwendung des § 9 Abs. 4 S. 3 EStG bestimmen (→ § 37 Rn. 66c). Anders verhält es sich bei einem in **Elternzeit** befindlichen BRMitgl.; hier sind die für die Teilnahme an den BR-Sitzungen erforderlich werdenden Fahrtkosten von der Wohnung zum Betrieb zu ersetzen, da es sich mangels Arbeitspflicht während der Elternzeit allein um durch die BRTätigkeit entstandene Aufwendungen handelt (BAG 25.5.2005 – 7 ABR 45/04, AP BetrVG 1972 § 24 Nr. 13). Etwas anderes dürfte gelten, wenn das BRMitgl. während der Elternzeit eine Teilzeittätigkeit ausübt und BR-Sitzungen in dieser Zeit anfallen; dann besteht auch hier kein gesonderter Fahrtkostenerstattungsanspruch.

Für ein **teilfreigestelltes BRMitgl.** bestimmt sich die Frage der Erstattung von **48a** Reisekosten zum BRBüro, das örtlich nicht identisch ist, mit der Arbeitsstätte, an der das BRMitgl. seine Arbeitsleistung zu erbringen hat, bis zum 31.12.2013 unter Berücksichtigung der BFH-Rspr. zur regelmäßigen Arbeitsstätte (s. dazu die hier übertragbaren Ausführungen in → § 37 Rn. 66b; ebenso *Flüs* AiB 2013, 86 [89]; **aA** SächsLAG 15.5.2012 – 7 TaBV 22/11, – juris, das hier die BAG-Rspr. zum vollfreigestellten BRMitgl. übertragen wissen will; ebenso *Schiefer/Borchard* DB 2016, 770). Für teilfreigestellte BRMitgl. dürfte sich die neue Rechtslage zum steuerrechtl. Reisekostenrecht **ab dem 1.1.2014** klarstellend auswirken. Da das teilfreigestellte BRMitgl. neben seiner BRTätigkeit weiterhin seine arbeitsrechtlichen Verpflichtungen zu erbringen hat, bestimmt sich die nach § 9 Abs. 4 EStG maßgebliche „erste Tätigkeitsstätte" nach den dortigen Regeln (→ § 37 Rn. 66c aE).

Macht die sachgerechte Erfüllung notwendiger BRAufgaben Reisen ins **Ausland** **49** erforderlich, hat der ArbGeb. die hierfür notwendigen Aufwendungen ebenfalls zu tragen (DKKW/*Wedde* Rn. 24f.; ErfK/*Koch* Rn. 8; GK-BetrVG/*Weber* Rn. 51; WPK/*Kreft* Rn. 25; *Klebe* FS Gnade, 1992, 669ff.). Das kann zB der Fall sein, wenn der ArbGeb. grenzüberschreitend eine mitbestimmungspflichtige Maßnahme durchführen will und zur Bewertung einer sachgerechten Regelung der grenzüberschreitenden Maßnahme für den oder die inländischen Betriebe nähere Kenntnisse etwa bestehender Besonderheiten in den ausländischen Betrieben oder Betriebsteilen erforderlich sind. Insbes. kann eine ausländische Dienstreise erforderlich sein, wenn die von einem Unternehmen oder Konzern geplante grenzüberschreitende Maßnahme (zB ein grenzüberschreitender EDV-Einsatz) sowohl nach inländischem als auch nach ausländischem Recht der Beteiligung der jeweiligen ArbNVertr. unterliegt und diese ihre Haltungen zu der beabsichtigten Maßnahme abstimmen wollen (ArbG München 29.8.1991 – 12 BV 53/91, CR 1992, 477; ErfK/*Koch* Rn. 8; **aA** SWS Rn. 6). Das Gleiche gilt für die Reise von BRMitgl. eines Unternehmens, das mit einem anderen (ausländischem) Unternehmen einen Zusammenschluss plant, zur EG-Kommission nach Brüssel, um dieser die Haltung der ArbN zu dem Zusammenschluss vorzutragen. Art. 18 Abs. 4 der EG-Verordnung Nr. 4064/89 v. 21.12.1989 über die Kontrolle von Unternehmenszusammenschlüssen sieht die Möglichkeit einer Anhörung der rechtlich anerkannten ArbNVertr. der beteiligten Unternehmen ausdrücklich vor (LAG Nds 10.6.1992 – 5 TaBV 3/92, DB 1993, 1043; HWGNRH/*Glock* Rn. 59).

Reisekosten können auch im Zusammenhang mit der **Tätigkeit des EBR** entstehen (ErfK/*Koch* Rn. 8). Zwar haben die Kosten des EBR selbst und seiner Mitgl. **50** in § 39 EBRG eine eigenständige Regelung erfahren, neben der § 40 nicht anwendbar ist. Das schließt jedoch nicht aus, dass bei den inländischen ArbNVertr. von dieser Regelung nicht erfasste Kosten im Zusammenhang mit der EBR-Tätigkeit entstehen. So ist zB daran zu denken, dass vor Sitzungen des EBR oder seines Ausschusses, in Bezug auf Tagesordnungspunkte, die in besonderem Maße deutsche Betriebe oder Unternehmen betreffen, zuvor eine Erörterung dieser Punkte in und zwischen den inländischen ArbNVertr. erforderlich ist, um auf diese Weise das EBRMitgl. umfassend mit den inländischen Aspekten der Angelegenheit vertraut zu machen. Die hierdurch entstehenden Kosten werden nicht von § 39 EBRG, sondern von § 40 BetrVG erfasst (GK-BetrVG/*Weber* Rn. 52). Zur Kostentragungspflicht des ArbGeb. für die Auslandsreise eines Mitgl. des KBR, das im Auftrag des KBR mit der ArbN-Vertr. einer ausländischen Tochtergesellschaft Fragen eines gemeinsamen Antrags zur Bildung des besonderen Verhandlungsgremiums gem. §§ 8 ff. EBRG besprechen soll (vgl. ArbG Hamburg 17.4.1997 – 4 BV 1/97, AiB 1998, 164; KRHS Rn. 7).

51 Hat ein grenzüberschreitend tätiges Unternehmen, das nicht dem EBRG unterliegt, auf Grund **freiwilliger Absprachen** eine grenzüberschreitende Zusammenarbeit der jeweiligen nationalen ArbNVertr. verabredet oder gar eine grenzüberschreitende Interessenvertr. der ArbN institutionalisiert, gehören auch die in diesem Zusammenhang anfallenden notwendigen Reisekosten zu den erforderlichen Kosten iSv § 40.

52 Die Kostentragungspflicht der ArbGeb. besteht für **notwendige Kosten.** Die Kosten einer nicht erforderlichen Dienstreise hat er ebenso wenig zu tragen, wie nicht erforderliche Kosten einer notwendigen Dienstreise. Nicht erforderlich sind zB Reisekosten eines BRMitgl., das von seinem Urlaubsort an den Betriebsrat zu konstituierenden Sitzungen des BR anreist, weil er sich durch ein ErsMitgl. vertreten lassen kann (BAG 24.6.1969 – 1 ABR 6/69, AP BetrVG § 39 Nr. 8; DKKW/*Wedde* Rn. 65). Das Gleiche gilt für eine Anreise am Vortag einer Schulungsveranstaltung, wenn die Anreise zu der erst um 11 Uhr beginnenden Veranstaltung am Schulungstag möglich und zumutbar ist (LAG SchlH 14.3.1996 – 4 TaV 15/95, NZA-RR 1997, 91). Nicht erforderlich sind ferner Übernachtungskosten, wenn dem BRMitgl. bei einer mehrtägigen Schulung die tägliche An- und Abreise zum bzw. vom Schulungsort zumutbar ist; etwas anderes gilt allerdings für den Fall, dass die Übernachtungskosten wegen Pauschalhonorars des Veranstalters ohne anderweitige Absprachemöglichkeit vom BR nicht beeinflussbar sind (BAG 7.6.1984 – 6 ABR 66/81, AP BetrVG 1972 § 40 Nr. 24). Nach ArbG Düsseldorf 3.9.2004 – 12 BV 56/04, AiB 2004, 757 mit zust. Anm. *Malottke* ist eine tägliche An- und Abreise bei einer Entfernung von 74 km bzw. eine Mindestfahrtzeit von 1 Std. – unter Hinweis auf den Nutzen des abendlichen Austauschs mit Referenten und Kollegen über fachliche Fragen – nicht zumutbar (so auch *Däubler* AiB 2004, 621 [624]; **aA** LAG Köln 11.4.2002 – 10 TaBV 50/01, AiB 2003, 487, welches eine Wegzeit von 70 bis 80 Min. noch für zumutbar hält). Zur notwendigen Übernachtung und verbindlicher Reisekostenregelungen → Rn. 54.

53 Die vom ArbGeb. zu tragenden Dienstreisekosten umfassen insbes. die notwendigen **Fahrtkosten** sowie die Kosten für **Verpflegung, Unterkunft** und evtl. notwendiger zusätzlicher Auslagen (zB notwendige Telefonate). Nicht zu erstatten sind die Kosten der persönlichen Lebensführung, wie zB Aufwendungen für Getränke oder Tabakwaren (BAG 29.1.1974 – 1 ABR 41/73, AP BetrVG 1972 § 40 Nr. 5; 15.6.1976 – 1 ABR 81/74, AP BetrVG 1972 § 40 Nr. 12, 28.3.2007 – 7 ABR 33/06, FA 2007, 317; DKKW/*Wedde* Rn. 70; ErfK/*Koch* Rn. 8, 12; Däubler Schulung Rn. 482).

54 Besteht eine für die ArbN verbindliche **betriebliche Reisekostenregelung,** so ist diese grds. auch für Reisen von BRMitgl. im Rahmen ihrer BRTätigkeit maßgebend. Dies gilt jedenfalls insoweit, als die entstehenden Kosten vom BRMitgl. beeinflusst werden können (BAG 17.9.1974 – 1 ABR 98/73, AP BetrVG 1972 § 40 Nr. 6; 23.6.1975 – 1 ABR 104/73, AP BetrVG 1972 § 40 Nr. 10; 28.3.2007 – 7 ABR 33/06, FA 2007, 317; DKKW/*Wedde* Rn. 69; GK-BetrVG/*Weber* Rn. 56; Richardi BetrVG/*Thüsing* Rn. 51; Däubler Schulung Rn. 478 ff.). Sind sie beeinflussbar und gehen über die geltende Reisekostenregelung hinaus, ist zB eine **Übernachtung** im Tagungshotel – auch unter Berücksichtigung des Nutzens des abendlichen Zusammentreffens mit Referenten und Kollegen – nur dann erforderlich, wenn eine andere fußläufige bzw. mit öffentl. Verkehrsmitteln erreichbare Unterkunft im Rahmen der

Zumutbarkeit nicht zur Verfügung stand (BAG 28.3.2007 – 7 ABR 33/06, FA 2007, 317; 17.11.2010 – 7 ABR 113/09, NZA 2011, 816; 27.5.2015 – 7 ABR 26/13, NZA 2015, 1141). Ist aufgrund eingetretener **Wetterbedingungen** eine tägliche Heimfahrt nicht mehr zumutbar, können Übernachtungskosten unter dem Gesichtspunkt der überholenden Kausalität erforderlich werden (BAG 27.5.2015 – 7 ABR 26/13, NZA 2015, 1141). Sind dagegen zB bei einer Schulungsveranstaltung die Tagessätze des Veranstalters höher als die der betrieblichen Reisekostenregelung und vom BRMitgl. nicht beeinflussbar, so hat der ArbGeb. die höheren Tagessätze des Veranstalters zu erstatten (BAG 29.1.1974 – 1 ABR 39/73, AP BetrVG 1972 § 37 Nr. 9; 7.6.1984 – 6 ABR 66/81, AP BetrVG 1972 § 40 Nr. 24 hinsichtlich der Übernachtungsgebühr eines in der Nähe des Schulungsorts wohnenden BRMitgl.). Schreibt eine Dienstreiseordnung vor, dass nur Flüge der eigenen Linie benutzt werden dürfen, hat der BR grds. keinen Anspruch auf bevorzugte Buchung auf der eigenen Linie bzw. Benutzung einer fremden Fluglinie im Fall der Überbuchung, soweit er in diesem Zusammenhang auftretende Verspätungsprobleme der BRMitgl. durch eine ihm zumutbare Anpassung der Terminierungspraxis beseitigen kann (LAG Köln 17.4.2002 – 7 TaBV 13/01, BB 2002, 2680).

Wird im Betrieb bei Dienstreisen üblicherweise die zweite Wagenklasse benutzt, so **55** haben BRMitgl. im Hinblick auf das Begünstigungsverbot des § 78 keinen Anspruch auf die Benutzung der ersten Wagenklasse (*Dzida/Mehrens* NZA 2013, 753 [756]). Enthält die betriebliche Reisekostenregelung nach der betrieblichen Stellung der ArbN **abgestufte Regelungen** über die zu benutzende Wagenklasse und abgestufte Pauschbeträge für das Tage- und Übernachtungsgeld, so ist – jedenfalls wenn mehrere BRMitgl. gemeinsam reisen – nicht darauf abzustellen, in welcher Stufe das einzelne BRMitgl. einzustufen wäre, wenn es als ArbN des Betriebs eine Dienstreise macht. Denn dann würden BRMitgl., obwohl sie alle in gleicher Funktion – nämlich als BRMitgl. – reisen, uU im selben Zug in unterschiedlichen Klassen fahren und infolge der unterschiedlichen Pauschbeträge in verschiedenen Hotels absteigen müssen. In diesen Fällen ist vielmehr auf ihre **Funktionstätigkeit als BRMitgl.** abzustellen. Deshalb ist es zulässig und stellt keinen Verstoß gegen das Begünstigungsverbot gegen § 78 dar, wenn eine betriebliche Reisekostenregelung für Reisen von BRMitgl. eine besondere Stufe vorsieht und alle BRMitgl. dieser Stufe zuordnet (GK-BetrVG/*Weber* Rn. 58; WPK/*Kreft* Rn. 26; *Dzida/Mehrens* NZA 2013, 753 [756]; **aA** HWGNRH/*Glock* Rn. 66; *Sturm* freigestellte BRMitgl. S. 130; *Esser* Die Begünstigung von BRMitgl. S. 118; *Schweibert/Buse* NZA 2007, 1080 [1083]; vgl. auch die Regelung des § 44 Abs. 1 S. 2 BPersVG, die die bei Reisen von PRMitgl. die Reisekostenvergütung nach den für Beamte der Besoldungsgruppe A 15 – Regierungsdirektoren – maßgebenden Bestimmungen bemisst). Wenn die betriebliche Reisekostenregelung keine besondere Stufe für reisende BRMitgl. enthält, ist diese durch eine an der Bedeutung der BRTätigkeit zu messende vergleichende Wertung zu ermitteln (*Weiß/Weyand* BetrVG Rn. 10; DKKW/*Wedde* Rn. 72; *Däubler* AiB 2004, 621 [623]; ähnlich Richardi BetrVG/*Thüsing* Rn. 52; nur bei einer ausdrücklichen entsprechenden Regelung auf einen Mittelwert GK-BetrVG/*Weber* Rn. 58; *Dzida/Mehrens* NZA 2013, 753 [756]; nach Schaub/*Koch* § 222 Rn. 10a ist eine Vereinbarung mit dem ArbGeb. erforderlich; ebenso wohl *Sturm* freigestellte BRMitgl. S. 130, wenn Vereinbarung auch für gemeinsame Reisen anderer ArbN gilt; nach Däubler Schulung Rn. 479 ist stets die höhere Stufe maßgebend; demgegenüber stellt ausschließlich auf die Stellung und Lebensweise des einzelnen BRMitgl. ab: BAG 29.4.1975 – 1 ABR 40/74, AP BetrVG 1972 § 40 Nr. 9; HWGNRH/*Glock* Rn. 66; *Esser* Die Begünstigung von BRMitgl. S. 118).

Werden in einem Betrieb üblicherweise die Aufwendungen anlässlich einer Dienst- **56** reise nach steuerlichen **Pauschbeträgen der Lohnsteuerrichtlinien** abgerechnet, so gilt dies auch für die Dienstreise von BRMitgl. (BAG 29.1.1974 – 1 ABR 34/73, AP BetrVG 1972 § 37 Nr. 8; LAG Köln 18.3.2015 – 11 TaBV 44/14, NZA-RR 2015, 581; Richardi BetrVG/*Thüsing* Rn. 51; WPK/*Kreft* Rn. 26). Über die Pauschsätze hinausgehende notwendige Aufwendungen kann das BRMitgl. gesondert geltend machen (→ Rn. 54, LAG Köln 18.3.2015 – 11 TaBV 44/14, NZA-RR 2015, 581; **aA** HWGNRH/*Glock* Rn. 63 für nach Inkrafttreten des Jahressteuergesetzes 1996 entstandene Kosten; das hier in § 4 Abs. 5 Nr. 5 EStG vorgesehene Verbot der Abzugsfähigkeit der Reisekosten, die über die dort vorgesehenen Pauschalierungsgrenzen hinausgehen, hat jedoch nur steuerrechtliche Bedeutung und berührt nicht die Kostentragungspflicht des ArbGeb. nach § 40). Soweit eine Pauschalierung nicht erfolgt oder die geltend gemachten Aufwendungen darüber hinaus wachsen, hat das BRMitgl. die Aufwendungen iE nachzuweisen (LAG Köln 18.3.2015 – 11 TaBV 44/14, NZA-RR 2015, 581; DKKW/*Wedde* Rn. 57; GK-BetrVG/*Weber* Rn. 44; Richardi BetrVG/*Thüsing* Rn. 53; Däubler Schulung Rn. 480f.).

57 Hängt nach dem angewandten Reisekostenabrechnungssystem die (unterschiedliche) Höhe des Tages- und Übernachtungsgeldes von der Höhe des Jahresarbeitsverdienstes ab, so ist bei einem **teilzeitbeschäftigten BRMitgl.** nicht auf sein tatsächliches Jahresarbeitsentgelt abzustellen, sondern auf den Jahresverdienst, den es bei Vollzeitarbeit erzielt hätte (DKKW/*Wedde* Rn. 71; **aA** HessLAG 6.10.1988 – 12 TaBV 12/88, DB 1989, 2132, das das BRMitgl. auf den Einzelnachweis erhöhter Aufwendungen verweist; ebenso GK-BetrVG/*Weber* Rn. 59; ErfK/*Koch* Rn. 8).

58 Machen mehrere BRMitgl. eine erforderliche Reise und benutzt eines von ihnen hierbei den **eigenen PKW,** so sind die übrigen Mitgl. wegen nicht auszuschließender Gefahren und Risiken (Fahrstil, Haftung) grds. nicht verpflichtet, in diesem PKW mitzufahren (ArbG Marburg 24.1.1992 – 2 BV 13/91, ArbuR 1993, 61; DKKW/*Wedde* Rn. 68; *Peter* AiB 2004, 279 [282]) und betriebliche Reisekostenregelungen nicht etwas anderes bestimmen oder der ArbGeb. ein Dienstfahrzeug zur Verfügung stellt (GK-BetrVG/*Weber* Rn. 61; DKKW/*Wedde* Rn. 68; ArbG Nürnberg 16.5.1995 – 12 BV 20/95, AiB 1996, 248, wenn Entfernung mehr als 500 km); **aA** BAG 24.10.2018 – 7 ABR 23/17, NZA 2019, 407; 28.10.1992 – 7 ABR 10/92 unter Hinweis darauf, dass die Bildung einer Fahrgemeinschaft dem BRMitgl. grds. zumutbar ist, soweit nicht die begründete Besorgnis besteht, dass der Mitfahrende sich damit in eine besondere Gefahr begibt – allgemeine Unfall-, Verletzungs- und Haftungsrisiken begründen nach Auffassung des BAG keine Unzumutbarkeit; HWGNRH/*Glock* Rn. 61; SWS Rn. 5; *Däubler* AiB 2004, 621 [623]).

59 Hat ein BRMitgl. durch eine längere Dienstreise eigene **Aufwendungen erspart** (zB häusliche Verpflegung, Fahrten zwischen Arbeitsstätte und Wohnung), so können diese abgezogen werden (BAG 29.1.1974 – 1 ABR 34/73, AP BetrVG 1972 § 37 Nr. 8; 29.4.1975 – 1 ABR 40/74, AP BetrVG 1972 § 40 Nr. 9; ErfK/*Koch* Rn. 8, 12; Richardi BetrVG/*Thüsing* Rn. 53; SWS § 37 Rn. 58; Däubler Schulung Rn. 484, **aA** DKKW/*Wedde* Rn. 74). Hinsichtlich des wirtschaftlichen Werts einer Beköstigung des ArbN ist nicht mehr auf die frühere 20%-Regelung in den Lohnsteuerrichtlinien zurückzugreifen, sondern unter Zugrundelegung generell abstrakter Maßstäbe auf die Werte in § 2 Abs. 1 u. 3 der Sozialversicherungsentgeltverordnung abzustellen (LAG Nürnberg, AuA 2004, 57; LAG Hamm 13.1.2006 – 10 TaBV 65/05, NZA-RR 2006, 249 [251f.], beide noch zu der inhaltlichen Regelung in § 1 Abs. 1 und Abs. 3 Sachbezugsverordnung, die zum 1.1.2007 durch die Sozialversicherungsentgeltverordnung aufgehoben worden ist). Bei Anwendung einer betrieblichen Reisekostenregelung oder der Abrechnung nach den steuerlichen Pauschbeträgen kommt eine Anrechnung allerdings nicht in Betracht, weil bei diesen ersparte Aufwendungen bereits berücksichtigt sind (BAG 29.4.1975 – 1 ABR 40/74, AP BetrVG 1972 § 40 Nr. 9; 30.3.1994 – 7 ABR 45/93, AP BetrVG 1972 § 40 Nr. 42; GK-BetrVG/*Weber* Rn. 60; HWGNRH/*Glock* Rn. 64).

c) Kosten bei Rechtsstreitigkeiten

60 Durch die BRTätigkeit bedingt sind auch die Kosten, die einem BRMitgl. durch die **Führung von Rechtsstreitigkeiten in betriebsverfassungsrechtlichen An-**

gelegenheiten entstehen, und zwar auch dann, wenn die Rechtsstreitigkeit ausschließlich das Verhältnis des einzelnen BRMitgl. zum BR betrifft (DKKW/*Wedde* Rn. 76f.; ErfK/*Koch* Rn. 6; GK-BetrVG/*Weber* Rn. 109f.; HWGNRH/*Glock* Rn. 69ff.; Richardi BetrVG/*Thüsing* Rn. 13, 16ff.; BAG 14.10.1982 – 6 ABR 37/79, AP BetrVG 1972 § 40 Nr. 19). Dies gilt jedenfalls dann, wenn die gesetzliche Rechtsstellung des einzelnen BRMitgl. Streitgegenstand ist oder durch den Rechtsstreit berührt wird. Das ist zB der Fall bei Rechtsstreitigkeiten über die Anfechtung der Wahl eines BRMitgl., über den Ausschluss eines Mitgl. aus dem BR (BAG 19.4.1989 – 7 ABR 6/88, AP BetrVG 1972 § 40 Nr. 29; HessLAG 23.5.2013 – 9 TaBV 17/13, BeckRS 2013, 70451), über die Feststellung des nachträglichen Verlustes seiner Wählbarkeit, über die Wirksamkeit eines Rücktrittsbeschlusses des BR (BAG 3.4.1979 – 6 ABR 64/76, AP BetrVG 1972 § 13 Nr. 1), über die Rechtmäßigkeit von BRBeschlüssen oder internen Wahlen des BR, über die Teilnahme an Schulungsveranstaltungen oder über das Einblicksrecht eines Mitgl. in die BRUnterlagen. Auch wenn ein BRMitgl. im Rahmen seiner Amtstätigkeit von einem Dritten verklagt wird, zB der BRVors. durch die BRSekretärin, sind die Kosten eines derartigen Rechtsstreits durch die BRTätigkeit bedingt (LAG Düsseldorf 21.2.1997 – 10 TaBV 95/96, NZA-RR 1997, 383). Falls die Rechtsverfolgung oder -verteidigung nicht von vornherein aussichtslos oder mutwillig ist, hat der ArbGeb. deshalb auch die Kosten zu tragen, die dem einzelnen BRMitgl. durch seine Beteiligung an derartigen Rechtsstreitigkeiten entstehen. Für die Erstattungsfähigkeit der Kosten eines vom BRMitgl. hinzugezogenen Rechtsanwalts gelten die Ausführungen in → Rn. 24ff. entsprechend.

Im Falle eines gegen ein BRMitgl. eingeleiteten Verfahrens auf **Ausschluss aus** 61
dem BR ist die Erforderlichkeit einer Hinzuziehung eines Anwalts nicht danach zu beurteilen, ob das BRMitgl. in dem Ausschlussverfahren obsiegt oder, wenn in dem Verfahren keine Sachentscheidung ergangen ist, bei hypothetischer Betrachtungsweise obsiegt hätte. Vielmehr kommt es darauf an, ob das BRMitgl. zzt. der Beauftragung eine anwaltliche Verteidigung bei vernünftiger Betrachtung für erforderlich halten durfte oder ob diese offensichtlich aussichtslos erschien. Als offensichtlich aussichtslos ist die Verteidigung gegen den Ausschlussantrag anzusehen, wenn das dem BRMitgl. vorgeworfene Verhalten von ihm ernsthaft nicht bestritten werden kann und die rechtliche Würdigung dieses Verhaltens ohne Zweifel als eine grobe Pflichtverletzung iSd § 23 Abs. 1 anzusehen ist (BAG 19.4.1989 – 7 ABR 6/88, AP BetrVG 1972 § 40 Nr. 29; HessLAG 23.5.2013 – 9 TaBV 17/13, BeckRS 2013, 70451; GK-BetrVG/*Weber* Rn. 111; ErfK/*Koch* Rn. 6). Die Geltendmachung eines Erstattungsanspruchs von Rechtsanwaltskosten wegen eines Ausschlussverfahrens kann jedoch im Einzelfall rechtsmissbräuchlich sein. Ein Rechtsmissbrauch ist jedoch nicht schon dann zu bejahen, wenn das BRMitgl. rechtskräftig aus dem BR ausgeschlossen worden ist. Vielmehr müssen gegen die Geltendmachung des auch in diesem Falle grds. bestehenden Erstattungsanspruchs Umstände hinzukommen, nach denen die Rechtsausübung grob unbillig erscheint und zu einem schlechthin unzumutbaren Ergebnis führt (BAG 19.4.1989 – 7 ABR 6/88, AP BetrVG 1972 § 40 Nr. 29; **aA** *Krichel* SAE 1990, 301).

Hat das BRMitgl. im Rahmen seiner Beteiligung im Verfahren nach § 103 Abs. 2 62
zur Ersetzung der Zustimmung des BR zu seiner beabsichtigten **außerordentlichen Kündigung** einen Rechtsanwalt zugezogen, ist hinsichtlich der Verpflichtung des ArbGeb. zur Tragung dieser Anwaltskosten zu unterscheiden. Wird dem Zustimmungsersetzungsantrag stattgegeben, hat der ArbGeb. die Anwaltskosten des BR-Mitgl. grds. nicht zu tragen. Denn die Beteiligung des BRMitgl. an dem Zustimmungsersetzungsverfahren erfolgt nicht in Erfüllung betriebsverfassungsrechtlicher Aufgaben des BRMitgl., sondern wegen des besonders ausgestalteten Kündigungsschutzes von BRMitgl., bei denen das Vorliegen eines wichtigen Grundes als Voraussetzung einer außerordentlichen Kündigung bereits vor Ausspruch der Kündigung im arbeitsgerichtlichen BeschlVerf. und nicht erst in einem nachträglichen Kündigungs-

schutzverfahren gerichtlich geprüft wird (BAG 3.4.1979 – 6 ABR 63/76, AP BetrVG 1972 § 40 Nr. 16; 21.1.1990 – 7 ABR 39/89, AP BetrVG § 103 Nr. 28; LAG Hamm 28.11.2008 – 10 Sa 1921/07, NZA-RR 2009, 476 ff.; GK-BetrVG/*Weber* Rn. 112; Richardi BetrVG/*Thüsing* Rn. 20; Schaub/*Koch* § 222 Rn. 8; **aA** DKKW/*Wedde* Rn. 79). Das gilt auch, wenn der BR nur aus einem Mitgl. besteht und diesem außerordentlich gekündigt werden soll (ArbG Hamburg 24.1.1997 – 2 BV 16/96, EzA § 40 BetrVG 1972 Nr. 78). Wird dagegen der Antrag des ArbGeb. auf Ersetzung der Zustimmung des BR zur außerordentlichen Kündigung des BRMitgl. rechtskräftig abgewiesen, so hat der ArbG dem an dem Beschlussverfahren beteiligten BR-Mitgl. die entstandenen Rechtsanwaltskosten in gleicher Weise zu erstatten, wie wenn das BRMitgl. in einem entsprechenden Kündigungsschutzprozess obsiegt hätte; dies folgt aus dem Benachteiligungsverbot des § 78 S. 2 (BAG 21.1.1990 – 7 ABR 39/89, AP BetrVG § 103 Nr. 28; WPK/*Kreft* Rn. 35; GK-BetrVG/*Weber* Rn. 112; ErfK/*Koch* Rn. 6; **aA** HWGNRH/*Glock* Rn. 68). Zur Zulässigkeit einer außerordentlichen Kündigung eines BRMitgl., insbes. wenn zwischen dem vertragswidrigen Verhalten, das die außerordentliche Kündigung des BRMitgl. rechtfertigen soll, und der BRTätigkeit ein Zusammenhang besteht, → § 103 Rn. 30. Die Kosten eines **vom BR** in dem Verfahren nach § 103 Abs. 2 hinzugezogenen Anwalts hat der ArbG nach § 40 Abs. 1 zu tragen, wenn dessen Hinzuziehung erforderlich war (→ Rn. 21 ff.). Zur Erstattung von Anwaltskosten, wenn im Zustimmungsersetzungsverfahren nach § 103 Abs. 2 sowohl der BR als auch das zu kündigende BRMitgl. vom Anwalt vertreten worden ist → Rn. 29 aE.

63 Die vorstehenden Ausführungen gelten entsprechend für die Hinzuziehung eines Rechtsanwalts in einem Rechtsstreit über die **Weiterbeschäftigung** eines betriebsverfassungsrechtlichen Funktionsträgers nach Abschluss seiner Ausbildung gem. **§ 78a,** gleichgültig ob die Voraussetzungen des Weiterbeschäftigungsanspruchs (§ 78a Abs. 2 u. 3; BAG 5.4.2000 – 7 ABR 6/99, AP BetrVG 1972 § 78a Nr. 33; zum Personalvertretungsrecht BVerwG 12.11.2012 – 6 P 1.12, Der Personalrat 2013, 30) oder die Unzumutbarkeit der Weiterbeschäftigung für den ArbGeb. (§ 78a Abs. 4) umstritten sind. Denn Gegenstand dieser Verfahren ist ebenfalls keine BRTätigkeit iSv § 40 sondern allein die individualrechtliche Frage des (Fort-)Bestands des durch das Weiterbeschäftigungsverlangen des Azubi begründeten Arbeitsverhältnisses. Die Kosten eines Rechtsstreits über diese individualrechtliche Frage hat der ArbGeb. jedoch ebenso wenig nach § 40 zu tragen wie im Falle der Beteiligung eines BRMitgl. im Verfahren nach § 103 Abs. 2 oder in anderen Fällen, in denen der Bestand des Arbeitsverhältnisses eines BRMitgl. in Streit steht (BAG 5.4.2000 – 7 ABR 6/99, AP BetrVG 1972 § 78a Nr. 33; WPK/*Kreft* Rn. 35). Auch wenn die Wirksamkeit einer Befristung des Arbeitsverhältnisses oder eines Aufhebungsvertrags oder im Falle des § 15 Abs. 4 u. 5 KSchG der zulässige Zeitpunkt der Kündigung oder die Möglichkeit der Übernahme in eine andere, nicht von einer Stilllegung betroffenen Betriebsabteilung umstritten sind, trägt der ArbGeb. die Kosten des Rechtsstreits nicht nach § 40, sondern nur nach den allgemeinen Grundsätzen im Falle seines Unterliegens.

64 Im Hinblick darauf; dass jedes BRMitgl. sein Amt in eigener Verantwortung ausübt (BAG 1.6.1976 – 1 ABR 99/74, AP BetrVG 1972 § 28 Nr. 1; 21.11.1978 – 6 ABR 10/77, AP BetrVG 1972 § 37 Nr. 35), ist das einzelne BRMitgl. berechtigt, ein gerichtliches Verfahren zur **Überprüfung von Beschlüssen** und internen **Wahlen** des BR einzuleiten, wenn Zweifel an ihrer formellen oder materiellen Rechtmäßigkeit bestehen. Dem ArbG steht allerdings keine Zweckmäßigkeits- oder Billigkeitskontrolle hinsichtlich der Beschlüsse des BR zu. Kosten eines arbeitsgerichtlichen BeschlVerf., mit dem ein BRMitgl. die Aufhebung eines BRBeschlusses anstrebt, weil es lediglich mit dem Inhalt der Entscheidung nicht einverstanden ist, hat der ArbGeb. nicht zu tragen, da ein Verfahren mit diesem Ziel als von vornherein aussichtslos anzusehen ist (BAG 3.4.1979 – 6 ABR 64/76, AP BetrVG 1972 § 13 Nr. 1 hinsichtlich eines Rücktrittsbeschlusses des BR; GK-BetrVG/*Weber* Rn. 109; HWGNRH/*Glock* Rn. 69 ff.).

Ferner hat der ArbGeb. die Kosten zu tragen, die einem BRMitgl. durch eine notwendig werdende **Lohnklage ausschließlich aus Anlass betriebsratsbedingter Arbeitsversäumnis** entstehen, es sei denn, die umstrittene betriebsverfassungsrechtliche (Vor-)Frage hätte in dem billigeren arbeitsgerichtlichen BeschlVerf. verbindlich geklärt werden können. Denn auch diese Kosten sind durch BRTätigkeit bedingt und es kann für ihre Erstattungsfähigkeit nicht darauf ankommen, ob ihre Geltendmachung im Beschlussverfahren oder im Urteilsverfahren zu erfolgen hat (DKKW/*Wedde* Rn. 78; KRHS Rn. 10; *Blomeyer,* Finanzierung der Mitbestimmung, S. 88; **aA** die hM, die die Kostentragungspflicht auf gerichtliche Verfahren zur Klärung betriebsverfassungsrechtlicher Rechte oder Rechtsverhältnisse beschränkt: BAG 14.10.1982 – 6 ABR 37/79, AP BetrVG 1972 § 40 Nr. 19 mit abl. Anm. von *Otto;* BAG 30.6.1993 – 7 ABR 45/92, NZA 1994, 284 in Bezug auf die nach § 12a Abs. 1 S. 1 ArbGG nicht erstattungsfähigen erstinstanzlichen Anwaltskosten eines Urteilsverfahrens; ErfK/*Koch* Rn. 6; HWGNRH/*Glock* Rn. 68; GK-BetrVG/*Weber* Rn. 113; Richardi BetrVG/*Thüsing* Rn. 14; WPK/*Kreft* Rn. 35; *v. Hoyningen-Huene* BetrVerfR § 9 VI). Dies gilt allerdings nicht, wenn die Lohnklage durch andere als betriebsverfassungsrechtliche Meinungsverschiedenheiten bedingt ist. In diesem Fall hat das BRMitgl. keine andere Stellung wie jeder andere ArbN. 65

d) Schulungskosten

Der ArbGeb. hat auch die Kosten zu tragen, die durch die Teilnahme von BR-Mitgl. an solchen **Schulungs- und Bildungsveranstaltungen** entstehen, die für die BRArbeit **erforderliche** Kenntnisse vermitteln. Denn das Wissen der BRMitgl. um ihre gesetzlichen Aufgaben und die praktische Durchführung dieser Aufgaben im Betrieb sind derartig eng miteinander verbunden, dass sie nicht getrennt werden können. Deshalb gehört auch die Erlangung der Kenntnisse, die zur Durchführung des G und zur ordnungsgemäßen Wahrnehmung der Aufgaben des BR erforderlich sind, zur BRTätigkeit, für die der ArbGeb. gem. § 40 die notwendigen Kosten zu tragen hat (BAG 31.10.1972 – 1 ABR 7/72, AP BetrVG 1972 § 40 Nr. 2; 29.1.1974 – 1 ABR 41/73, AP BetrVG 1972 § 40 Nr. 5; 8.10.1974 – 1 ABR 72/73, AP BetrVG 1972 § 40 Nr. 7; 28.5.1976 – 1 ABR 44/74, AP BetrVG 1972 § 40 Nr. 11; 3.4.1979 – 6 ABR 70/76, AP BetrVG 1972 § 40 Nr. 17; 15.1.1992 – 7 ABR 23/90, AP BetrVG 1972 § 40 Nr. 41; 25.4.1978 – 6 ABR 22/75, AP BetrVG 1972 § 37 Nr. 33; 21.11.1978 – 6 ABR 10/77, AP BetrVG 1972 § 37 Nr. 35; DKKW/*Wedde* Rn. 81 ff.; ErfK/*Koch* Rn. 9; GK-BetrVG/*Weber* Rn. 619 ff.; Richardi BetrVG/*Thüsing* Rn. 30 ff.). Die Kostentragungspflicht des ArbGeb. bei einer notwendigen Schulung der BRMitgl. besteht auch, wenn diese durch eine Gewerkschaft durchgeführt wird. Das folgt schon aus der gesetzlich anerkannten Hilfsfunktion der Gewerkschaften im Rahmen des Betriebsverfassungsrechts (→ § 2 Rn. 45 ff.). 66

Das BVerwG hat für den Bereich des Bundespersonalvertretungsrechts ebenfalls eine Pflicht des Dienstherren bejaht, die Kosten der Schulung von Mitgl. des **Personalrats** zu tragen, die für eine ordnungsgemäße Amtsführung erforderliche Kenntnisse vermittelt (BVerwG 27.4.1979 – 6 P 45.78, ZBR 1979, 310). 67

Das BVerfG hat die Rspr. des BAG zur Kostentragungspflicht des ArbGeb. bei der Schulung von BRMitgl., auch wenn diese von einer Gewerkschaft durchgeführt werden, als **verfassungsgemäß** anerkannt (BVerfG 14.2.1978 – 1 BvR 466/75, AP BetrVG 1972 § 40 Nr. 13). 68

Die Kosten der Teilnahme von BRMitgl. an **Schulungs- und Bildungsveranstaltungen nach § 37 Abs. 6** hat der ArbGeb. stets zu tragen, da diese Schulungs- und Bildungsveranstaltungen eine für die BRArbeit erforderliche Kenntnisvermittlung voraussetzen (iE → § 37 Rn. 138 ff.). Werden auf einer Schulungsveranstaltung **nur teilweise erforderliche Kenntnisse** vermittelt, so gelten für die Kostentragungspflicht des ArbGeb. dieselben Grundsätze wie für die Entgeltfortzahlung in diesen Fällen (→ § 37 Rn. 157 ff.). Nehmen die erforderlichen Themen mehr als 50 vH der 69

Schulungszeit in Anspruch und lässt sich die Teilnahme sinnvoll nicht auf die erforderlichen Themen beschränken, besteht grds. eine Kostentragungspflicht des ArbGeb. für die gesamte Veranstaltung (GK-BetrVG/*Weber* Rn. 74; Richardi BetrVG/*Thüsing* Rn. 42). Ist eine Beschränkung auf die erforderlichen Themen möglich und sind die Kosten teilbar, hat der ArbGeb. die Schulungskosten nur insoweit zu tragen.

70 Demgegenüber reicht bei **Schulungsveranstaltungen iSv § 37 Abs. 7** ihre Anerkennung durch die zuständige oberste Arbeitsbehörde als „geeignet" für sich allein nicht aus, um eine Kostentragungspflicht des ArbGeb. zu begründen. Eine Kostentragungspflicht besteht jedoch, wenn auf einer Veranstaltung nach § 37 Abs. 7 Kenntnisse vermittelt werden, die für die BRArbeit als erforderlich iSv § 37 Abs. 6 anzusehen sind (BAG 6.11.1973 – 1 ABR 26/73, AP BetrVG 1972 § 37 Nr. 6, 8.2.1977 – 1 ABR 124/74, AP BetrVG 1972 § 37 Nr. 26; 25.4.1978 – 6 ABR 22/75, AP BetrVG 1972 § 37 Nr. 33; ErfK/*Koch* Rn. 9; WPK/*Kreft* Rn. 28; GK-BetrVG/*Weber* Rn. 89ff.; HWGNRH/*Glock* Rn. 78f.; **weitergehend** DKKW/*Wedde* Rn. 83; Richardi BetrVG/*Thüsing* Rn. 33; *Weiß/Weyand* BetrVG Rn. 16; Däubler Schulung Rn. 501f., generelle Kostentragungspflicht auch bei Veranstaltungen nach Abs. 7). Letzteres ergibt sich schon daraus, dass anderenfalls BRMitgl. unterschiedlich behandelt würden, je nachdem ob sie erforderliche Kenntnisse auf einer Veranstaltung nach § 37 Abs. 6 oder nach Abs. 7 erlangen. Werden Kosten für eine Schulungsveranstaltung nach § 37 Abs. 7 geltend gemacht, so sind die Umstände, die eine Erforderlichkeit der Schulung in engerem Sinne ergeben, iE darzulegen (BAG 26.8.1975 – 1 ABR 12/74, AP BetrVG 1972 § 37 Nr. 21).

71 In formeller Hinsicht setzt eine Kostentragungspflicht des ArbGeb. für entstandene Schulungskosten voraus, dass der BR die Teilnahme des BRMitgl. an der von ihm besuchten Schulungsveranstaltung **vorher beschlossen** hat. Ein vorausgegangener Beschluss des BR über die Teilnahme an einem anderen Seminar genügt ebenso wenig wie ein nachträglicher Beschluss, mit dem die Teilnahme des BRMitgl. an der durchgeführten Schulungsveranstaltung gebilligt wird (BAG 8.3.2000 – 7 ABR 11/98, AP BetrVG 1972 § 40 Nr. 68 unter ausdrücklicher Aufgabe von BAG 28.10.1992 – 7 ABR 14/92, AP BetrVG 1972 § 29 Nr. 4).

72 Die Kostentragungspflicht des ArbGeb. bei Teilnahme von BRMitgl. an Schulungs- und Bildungsveranstaltungen beschränkt sich auf die Erstattung der **erforderlichen Kosten.** Kosten einer nicht erforderlichen Schulung oder nicht erforderliche Kosten einer notwendigen Schulung hat der ArbGeb. nicht zu tragen. Das BAG hat darüber hinaus als zusätzliches Kriterium einer Kostentragungspflicht des ArbGeb. den **Grundsatz der Verhältnismäßigkeit** eingeführt (BAG 31.10.1972 – 1 ABR 7/72, AP BetrVG 1972 § 40 Nr. 2; 29.1.1974 – 1 ABR 41/73, AP BetrVG 1972 § 40 Nr. 5; 8.10.1974 – 1 ABR 72/73, AP BetrVG 1972 § 40 Nr. 7; 15.1.1992 – 7 ABR 23/90, AP BetrVG 1972 § 40 Nr. 41; 30.3.1994 – 7 ABR 45/93, AP BetrVG 1972 § 40 Nr. 42; 28.6.1995 – 7 ABR 47/94, AP BetrVG 1972 § 40 Nr. 47; 28.6.1995 – 7 ABR 55/94, AP BetrVG 1972 § 40 Nr. 48; 29.1.1974 – 1 ABR 34/73 AP BetrVG 1972 § 37 Nr. 8; 27.9.1974 – 1 ABR 71/73, AP BetrVG 1972 § 37 Nr. 18; 28.5.1976 – 1 AZR 116/74, AP BetrVG 1972 § 37 Nr. 24; 8.2.1977 – 1 ABR 124/74, AP BetrVG 1972 § 37 Nr. 26; zust. HWGNRH/*Glock* Rn. 88; Richardi BetrVG/*Thüsing* Rn. 39; *Blomeyer* FS 50 Jahre BAG, 2004, 33; ausf. *Pahlen,* Grundsatz der Verhältnismäßigkeit, 1979, 24ff., 119f.; krit. DKKW/*Wedde* Rn. 5, 85; GK-BetrVG/*Weber* Rn. 14, 83; *Weiß/Weyand* BetrVG Rn. 2). Dieser Grundsatz verpflichtet den BR zu prüfen, ob die Schulungskosten unter Berücksichtigung des Inhalts und des Umfangs des vermittelten Wissens mit der Größe und Leistungsfähigkeit des Betriebs zu vereinbaren sind. Überschreitet der Kostenaufwand einer Schulung den Rahmen des nach den Verhältnissen Zumutbaren, so ist der ArbGeb. nur in diesem Rahmen zu Erstattung entstandener Kosten verpflichtet (BAG 27.9.1974 – 1 ABR 71/73, AP BetrVG 1972 § 37 Nr. 18; GK-BetrVG/*Weber* Rn. 83).

73 Gegen die Berücksichtigung des Grundsatzes der Verhältnismäßigkeit bei der Kostentragungspflicht des ArbGeb. ist insofern nichts einzuwenden, als er dazu dient, eine im Verhältnis zur Größe und Leistungsfähigkeit des Betriebs **unverhältnismäßige Kostenbelastung** des ArbGeb. durch die Schulung von BRMitgl. auszuschließen; denn eine unverhältnismäßige Inanspruchnahme von Befugnissen und Rechten entspricht weder allgemeinen Rechtsgrundsätzen noch denen des BetrVG, das in besonderem Maße durch den Grundsatz der vertrauensvollen Zusammenarbeit von ArbGeb. und BR zum Wohle der ArbN und des Betriebs geprägt ist (vgl. § 2 Abs. 1). Nicht angewandt werden kann der Grundsatz der Verhältnismäßigkeit allerdings, soweit mit seiner Hilfe die Kostentragungspflicht des ArbGeb. von vornherein auf ein allgemeines und durchschnittliches Niveau „festgeschrieben" werden sollte. Das wäre eine unzulässige Einschränkung der Rechte und Befugnisse des BR in Bezug auf die Schulung seiner Mitgl. auf Kosten des ArbGeb. (ErfK/*Koch* Rn. 1; GK-BetrVG/*Weber* Rn. 104; Däubler Schulung Rn. 461 ff.). Die Einschränkung der Kostentragungspflicht des ArbGeb. durch den Grundsatz der Verhältnismäßigkeit (besser wohl der Unverhältnismäßigkeit) bedarf deshalb stets einer konkret betriebsbezogenen Begründung (vgl. hierzu auch DKKW/*Wedde* Rn. 85, Däubler Schulung Rn. 467 ff., der zutreffend auf die Notwendigkeit eines Vergleiches mit der Managementschulung des Betriebs hinweist; ähnlich ErfK/*Koch* Rn. 10).

Aus dem Grundsatz, dass der ArbGeb. nur die erforderlichen Kosten zu tragen hat, 74
ergibt sich keine Verpflichtung des BR, das BRMitgl. bei mehreren gleichartigen Schulungsveranstaltungen an der kostengünstigeren teilnehmen zu lassen, wenn diese seiner Ansicht nach im Verhältnis zu anderen als qualitativ geringwertiger anzusehen ist. Bei der Wahl zwischen einer qualitativ höherwertigen Schulungsveranstaltung mit erhöhten Kosten und einer weniger guten mit geringeren Kosten ist im Interesse einer sachgerechten Schulung im Zweifel der **qualitativ höherwertigen Schulung** der Vorzug zu geben, vorausgesetzt, dass sich deren Kosten nicht in einem unangemessenen Rahmen bewegen (BAG 29.1.1974 – 1 ABR 39/73, AP BetrVG 1972 § 37 Nr. 9; GK-BetrVG/*Weber* Rn. 77; WPK/*Kreft* Rn. 29; DKKW/*Wedde* Rn. 86; Richardi BetrVG/*Thüsing* Rn. 40). Nur wenn mehrere gleichzeitig angebotene Veranstaltungen auch nach Ansicht des BR im Rahmen des ihm zustehenden Beurteilungsspielraums als **qualitativ gleichwertig** anzusehen sind, kann eine Beschränkung der Kostentragungspflicht des ArbGeb. auf die Kosten der preiswerteren in Betracht kommen (BAG 14.1.2015 – 7 ABR 95/12, NZA 2015, 632; HessLAG 11.3.2019 – 16 TabV 201/18, NZA-RR 2019, 537; ArbG Trier 20.11.2014 – 3 BV 11/14, BB 2015, 435; LAG SchlH 23.9.1987 – 5 Sa 409/87, BB 1988, 1389; GK-BetrVG/*Weber* Rn. 75; Richardi BetrVG/*Thüsing* Rn. 40; Däubler Schulung Rn. 465; *Däubler* AiB 2004, 621 [622]). Bei der Beurteilung der Gleichwertigkeit von Schulungsveranstaltungen darf der BR im Rahmen des ihm zustehenden Beurteilungsspielraums berücksichtigen, wer Träger der Veranstaltung ist und inwieweit die angebotene Schulung eine an der ArbNSicht orientierte und praxisbezogene Schulung erwarten lässt (LAG Köln 11.4.2002 – 10 TaBV 50/01, AiB 2003, 487 zur Bevorzugung eines privaten Schulungsträgers gegenüber einer günstigeren Gewerkschaftsschulung; ArbG Düsseldorf 3.9.2004 – 12 BV 56/04, AiB 2004, 757 f. keine Pflicht zur Entsendung auf kostenlose Schulung des ArbGeb., wenn Inhalte nicht identisch; HessLAG 14.5.2012 – 16 TaBV 226/11, NZA-RR 2012, 475 Grundschulung in zwei aufeinander folgenden Unterrichtseinheiten). Ferner darf er auf in der Person des Schulungsteilnehmers liegende und für den Schulungserfolg nicht unwesentliche Umstände Rücksicht nehmen. Deshalb ist der BR zB nicht verpflichtet, ein einer bestimmten Gewerkschaft angehörendes BRMitgl. statt zu der Schulungsveranstaltung der eigenen Gewerkschaft zu der etwas preisgünstigeren einer Konkurrenzgewerkschaft oder des ArbGeb. oder einer von ArbGebSeite getragenen Bildungseinrichtungen zu entsenden, wenn die Schulungskosten der eigenen Gewerkschaft sich ebenfalls in einem angemessenen Rahmen bewegen (BAG 19.9.2001 – 7 ABR 32/00, AP BetrVG 1972 § 25 Nr. 9; 28.6.1995 – 7 ABR 55/94, AP BetrVG 1972 § 40 Nr. 48; ErfK/*Koch* Rn. 10; keine Verpflichtung zur Marktanalyse BAG 28.9.2016 – 7 AZR 699/14, NZA 2017, 69; BAG 14.1.2015 – 7 ABR 95/12, NZA

2015, 632; BAG 17.11.2010 – 7 ABR 113/09, NZA 2011, 816; ebenso HessLAG 14.5.2012 – 16 TaBV 226/11, NZA-RR 2012, 475 GK-BetrVG/*Weber* Rn. 75; **aA** HWGNRH/*Glock* Rn. 86). Die Angemessenheit in Zweifel ziehend BAG, wenn die vom BR ausgewählte Veranstaltung in den aufzuwendenden Kosten 50 Prozent über der vom ArbGeb. als Alternative genannten liegt und dies allein mit dem dem BR bekannten Referenten begründet wird (BAG 19.3.2008 – 7 ABR 2/07, EzB Nr. 17 zu § 37 BetrVG) sowie HessLAG bei einer Differenz von über 30% (HessLAG 4.11.2013 – 16 TaBVGa 179/13, BeckRS 2014, 70908).

75 Entsprechendes gilt in Bezug auf den **Ort der Schulungsveranstaltung.** Aus diesem Grunde sind Reisekosten zu einer weiter entfernt liegenden Schulungsstätte zu erstatten, wenn hier die Schulung – etwa im Hinblick auf den Einsatz entsprechender Lehrkräfte oder die Verwendung besonderer pädagogischer Hilfsmittel – eine effektivere Ausbildung ermöglicht (BAG 29.4.1975 – 1 ABR 40/74, AP BetrVG 1972 § 40 Nr. 9; 24.8.1976 – 1 ABR 109/74, AP ArbGG 1953 § 95 Nr. 2; GK-BetrVG/*Weber* Rn. 79; *Peter* AiB 2004, 279 [281]). Das Gleiche gilt, wenn eine nahe gelegene Schulungsstätte für längere Zeit ausgebucht ist (LAG Hamm 17.10.2003 – 10 TaBV 83/03, ArbuR 2005, 37; *Däubler* AiB 2004, 621 [622]; GK-BetrVG/*Weber* Rn. 79; WPK/*Kreft* Rn. 29; LAG Köln 11.4.2002 – 10 TaBV 50/01, AiB 2003, 487 für den Fall, dass an der zeitl. späteren Schulung die dafür vorgesehenen BRMitgl. nachweislich nicht teilnehmen können und die Schulung terminlich zu nah an dem Ende der Amtszeit des BR liegt).

76 Zu den vom ArbGeb. im Zusammenhang mit einer erforderlichen Schulung zu tragenden Kosten gehören neben den Seminargebühren insbes. die notwendigen **Reisekosten, Übernachtungs- und Verpflegungskosten** (BAG 14.1.2015 – 7 ABR 95/12, NZA 2015, 632; 17.11.2010 – 7 ABR 113/09, NZA 2011, 816; 19.3.2008 – 7 ABR 2/07, EzB Nr. 17 zu § 37 BetrVG; → Rn. 48 ff.). Ferner zählen hierzu etwaige **Teilnehmergebühren** des Veranstalters, vorausgesetzt, die in einer globalen Teilnehmergebühr enthaltenen Einzelpositionen sind ihrerseits erstattungsfähig. Das ist zB der Fall, wenn in der Teilnehmergebühr, Übernachtungs- und Verpflegungskosten, Referentenhonorare, angemessene Tagungsunterlagen enthalten sind. Das gilt allerdings nicht für in der Tagungsgebühr enthaltene Aufwendungen der persönlichen Lebensführung, wie etwa Aufwendungen für Getränke oder Tabakware (BAG 28.6.1995 – 7 ABR 47/94, AP BetrVG 1972 § 40 Nr. 47; → Rn. 53). Hinsichtlich der Verpflegungskosten kann ggf. ein Abschlag für ersparte eigene Haushaltsaufwendungen in Abzug gebracht werden (→ Rn. 59). Aus einem einheitlichen Gesamtbetrag für Übernachtungs- und Verpflegungskosten sind grds. die Verpflegungskosten herauszurechnen; die Verpflegungskosten sind nur insoweit zu erstatten, als in ihnen keine Lohnbestandteile enthalten sind. Als Maßstab können hierbei die einkommenssteuergesetzlichen Verpflegungspauschbeträge herangezogen werden; eine Erstattung darüberhinausgehender Beträge kommt nur dann in Betracht, wenn sich dies aus einer Reisekostenrichtlinie des Arbeitgebers ergibt (LAG Köln 11.4.2002 – 10 TaBV 50/01, AiB 2003, 487; → Rn. 59).

77 Die Kostentragungspflicht des ArbGeb. besteht auch, wenn erforderliche betriebsverfassungsrechtliche Schulungsveranstaltungen von den **Gewerkschaften durchgeführt** werden (BAG 28.5.1976 – 1 ABR 44/74, AP BetrVG 1972 § 40 Nr. 11; 3.4.1979 – 6 ABR 70/76, AP BetrVG 1972 § 40 Nr. 17; 15.1.1992 – 7 ABR 23/90, AP BetrVG 1972 § 40 Nr. 41; 30.3.1994 – 7 ABR 45/93, AP BetrVG 1972 § 40 Nr. 42; 28.6.1995 – 7 ABR 47/94, AP BetrVG 1972 § 40 Nr. 47; 28.6.1995 – 7 ABR 55/94, AP BetrVG 1972 § 40 Nr. 48; BVerwG 27.4.1979 – 6 P 45.78, ZBR 1979, 310; DKKW/*Wedde* Rn. 87; ErfK/*Koch* Rn. 12; GK-BetrVG/*Weber* Rn. 65 ff.; HWGNRH/*Glock* Rn. 75; Richardi BetrVG/*Thüsing* Rn. 35; Weiß/Weyand BetrVG Rn. 14; **aA** *Ohlgardt* BB 1974, 1029; *Eich* DB 1974, 91). Die Gewerkschaften werden bei der Durchführung von betriebsverfassungsrechtlichen Schulungsveranstaltungen nicht als sozialer Gegenspieler der ArbGebSeite, sondern im Rahmen ihrer betriebsverfassungsrechtlichen Unterstützungsfunktion tätig. Ebenso wie anderen Schulungsträgern sind ihnen die Kosten einer BRSchulung zu erstatten. Ihnen dies zu verwehren und sie diese Kosten selbst tragen zu lassen, wäre eine einseitige und verfassungsrechtlich unzulässige Benachteiligung der Gewerkschaften (Däubler Schulung Rn. 332ff.; vgl. auch GK-BetrVG/*Weber* Rn. 66). Die Verpflichtung der ArbGeb, die Kosten der gewerkschaftlichen BRSchulung zu tragen, verletzt auch nicht das Grundrecht der Koalitionsfreiheit (BVerfG 14.2.1978 – 1 BvR 466/75, AP BetrVG 1972 § 40 Nr. 13). Die Kostentragungspflicht des ArbGeb. ist auf die Kosten der Schulung betriebsverfassungsrechtlicher Funktionsträger beschränkt.

Die Kostentragungspflicht der ArbGeb. erstreckt sich auf **alle erforderlichen Aufwendungen,** die den Gewerkschaften infolge der Durchführung der BRSchulung entstehen. Die Gewerkschaften brauchen hierzu aus ihrem eigenen Vermögen keinerlei eigenen Beitrag zu leisten. Auf der anderen Seite ist die Kostentragungspflicht des ArbGeb. auf die durch die Schulung betriebsverfassungsrechtlicher Funktionsträger verursachten erforderlichen Kosten **begrenzt.** Darüber hinausgehende Leistungen, die dazu führen können, dass den Gewerkschaften über die Erstattung der durch die BRSchulung verursachten Aufwendungen Mittel zuließen und sie damit aus der BRSchulung einen Gewinn erzielen, brauchen die ArbGeb. nicht zu erbringen. Das **widerspräche** dem koalitionsrechtlichen Grundsatz, dass kein sozialer Gegenspieler verpflichtet ist, zur **Finanzierung des gegnerischen Verbandes** beizutragen. Insofern ist bei der BRSchulung durch die Gewerkschaften eine aus koalitionsrechtlichen Grundsätzen sich ergebende Einschränkung der Kostentragungspflicht der ArbGeb. zu beachten (BAG 15.1.1992 – 7 ABR 23/90, AP BetrVG 1972 § 40 Nr. 41; 30.3.1994 – 7 ABR 45/93, AP BetrVG 1972 § 40 Nr. 42; 28.6.1995 – 7 ABR 47/94, AP BetrVG 1972 § 40 Nr. 47; 28.6.1995 – 7 ABR 55/94, AP BetrVG 1972 § 40 Nr. 48; 17.6.1998 – 7 ABR 25/97, AP BetrVG 1972 § 40 Nr. 63; GK-BetrVG/*Weber* Rn. 67; HWGNRH/*Glock* Rn. 90; Richardi BetrVG/*Thüsing* Rn. 36; **aA** DKKW/*Wedde* Rn. 94; Däubler Schulung Rn. 497ff. mit dem Hinweis auf die fehlende Beeinflussbarkeit der Kosten durch das BRMitgl.). 78

Zu den vom ArbGeb. nach den vorstehenden Grundsätzen zu tragenden Kosten zählen zum einen die durch die **konkrete Schulungsveranstaltung unmittelbar verursachten** besonderen Kosten, wie zB Übernachtungs- und Verpflegungskosten, Fahrtkosten und Spesen für auswärtige Referenten, erforderliche Tagungsunterlagen, Kosten angemieteter Tagungs- oder Unterrichtsräume (hM). Hinsichtlich der Übernachtungs- und Verpflegungskosten erscheint es im Hinblick auf das Gewinnerzielungsverbot nicht zulässig, als Kosten für Unterbringung und Verpflegung ohne nähere Aufschlüsselung die steuerlichen Pauschbeträge zugrunde zu legen, da sich diese an den Preisen des Beherbergungsgewerbes orientieren, in denen stets ein Gewinnanteil enthalten ist (BAG 15.1.1992 – 7 ABR 23/90, AP BetrVG 1972 § 40 Nr. 41; ErfK/*Koch* Rn. 12; GK-BetrVG/*Weber* Rn. 70). 79

Darüber hinaus kann die Gewerkschaft bei derartigen Schulungen in gewerkschaftseigenen Einrichtungen auch eine **anteilige Beteiligung an allgemeinen Unkosten** wie zB Kosten für Strom, Heizung, Wasser, Reinigung, Mobiliar oder für allgemeine Lehrmittel wie Videogerät oder Projektor insoweit in Rechnung stellen, als diese Kosten durch die BRSchulung bedingt oder diese Sach- und Lehrmittel auch für die BRSchulung genutzt werden (BAG 28.6.1995 – 7 ABR 55/94, AP BetrVG 1972 § 40 Nr. 48; DKKW/*Wedde* Rn. 93; Richardi BetrVG/*Thüsing* Rn. 37; Däubler Schulung Rn. 495f.; **enger** noch BAG 28.5.1976 – 1 ABR 44/74, AP BetrVG 1972 § 40 Nr. 11; 3.4.1979 – 6 ABR 70/76, AP BetrVG 1972 § 40 Nr. 17, wonach bei einer gewerkschaftlichen Schulung sog Vorhaltekosten generell von der Erstattungspflicht ausgenommen sein sollten; ebenso ErfK/*Koch* Rn. 12; GK-BetrVG/*Weber* Rn. 71; HWGNRH/*Glock* Rn. 90f.; SWS § 37 Rn. 60). 80

Entsprechendes gilt für **Personal- und Personalnebenkosten.** So sind zB Honorare an gewerkschaftseigene Referenten nicht nur dann erstattungsfähig, wenn die Lehrtätigkeit nicht zu den Haupt- oder Nebenpflichten aus dem Arbeitsverhältnis mit der Gewerkschaft gehört (so noch BAG 28.5.1976 – 1 ABR 44/74, AP BetrVG 1972 81

§ 40 Nr. 11; 3.4.1979 – 6 ABR 70/76, AP BetrVG 1972 § 40 Nr. 17; ebenso ErfK/*Koch* Rn. 12; GK-BetrVG/*Weber* Rn. 73). Vielmehr können auch Personalkosten einer hauptamtlichen Lehrkraft der Gewerkschaft erstattungsfähig sein. Wird eine solche Lehrkraft ausschließlich für BRSchulungen eingesetzt, sind ihre Personalkosten in vollem Umfang erstattungsfähig (BAG 28.6.1995 – 7 ABR 55/94, AP BetrVG 1972 § 40 Nr. 48 für die hauptamtliche Lehrkraft einer gewerkschaftsnahen selbständigen Bildungseinrichtung; diese Grundsätze gelten jedoch auch für eine gewerkschaftsunmittelbare Schulung; DKKW/*Wedde* Rn. 96; insoweit **aA** HWGNRH/*Glock* Rn. 92f.). Soweit diese Lehrkraft nur zeitweilig auch BRSchulungen durchführt, sind die Personalkosten insoweit als erstattungsfähig anzusehen. Das Gleiche gilt in Bezug auf sonstige Personalkosten des im Rahmen von BRSchulungen eingesetzten Personals (zB Reinigungskräfte).

82 Die Einschränkung der Kostentragungspflicht des ArbGeb. bei BRSchulungen durch die Gewerkschaften aus dem koalitionsrechtlichen Grundsatz, dass sie nicht auf Kosten des ArbGeb. aus der BRSchulung einen Gewinn erzielen dürfen, findet auch Anwendung, wenn rechtlich selbständige, jedoch **gewerkschaftsnahe Schulungseinrichtungen** die BRSchulung durchführen. Allerdings gilt dies nur dann, wenn die Gewerkschaften über die Gesellschafts- oder Vereinsorgane oder in sonstiger Weise den Inhalt, die Durchführung und die Finanzierung der durchzuführenden Schulungen maßgeblich bestimmen können (BAG 30.3.1994 – 7 ABR 45/93, AP BetrVG 1972 § 40 Nr. 42; 28.6.1995 – 7 ABR 55/94, AP BetrVG 1972 § 40 Nr. 48; ErfK/*Koch* Rn. 12; GK-BetrVG/*Weber* Rn. 68; Richardi BetrVG/*Thüsing* Rn. 38; **aA** LAG Bln 2.12.1994 – 6 TaBV 4/94, ArbuR 1995, 282; DKKW/*Wedde* Rn. 106ff.; Däubler Schulung Rn. 497ff.; *Wedde* ArbuR 1994; *Wedde* DB 1994, 732). Diese Möglichkeit ist zum einen bei Bestehen einer **rechtlich gesicherten Beherrschungsmöglichkeit** des Schulungsträgers durch die Gewerkschaften gegeben, zB wenn eine Gewerkschaft einzige Gesellschafterin eines in der Rechtsform einer GmbH bestehenden Schulungsträger ist (BAG 30.3.1994 – 7 ABR 45/93, AP BetrVG 1972 § 40 Nr. 42). Das Gleiche gilt, wenn der Schulungsträger zwar keiner unmittelbaren, jedoch einer mittelbaren Beherrschungsmöglichkeit durch die Gewerkschaft unterliegt, zB dadurch, dass eine von der Gewerkschaft beherrschte Gesellschaft ihrerseits als alleiniger Gesellschafter des Schulungsträgers maßgebenden Einfluss auf diesen nehmen kann (BAG 17.6.1998 – 7 ABR 25/97, AP BetrVG 1972 § 40 Nr. 63), oder wenn durch eine entsprechende Ausgestaltung der Satzung eines von mehreren Trägern getragenen Vereins der maßgebliche Einfluss der Gewerkschaften gesichert ist (BAG 28.6.1995 – 7 ABR 55/94, AP BetrVG 1972 § 40 Nr. 48). Ausreichend ist auch, wenn durch eine rein **tatsächliche personelle Verflechtung** des maßgebenden Vereinsorgans mit den Gewerkschaften (zB Stellung des Vereinsvorstands durch Gewerkschaftsvertreter) deren maßgeblicher Einfluss auf die Schulungsarbeit des Schulungsträgers gesichert ist (BAG 28.6.1995 – 7 ABR 47/94, AP BetrVG 1972 § 40 Nr. 47; GK-BetrVG/*Weber* Rn. 69; vgl. auch die letztlich allerdings nicht entscheidungserhebliche Fallgestaltung in BAG 17.6.1998 – 7 ABR 22/97, AP BetrVG 1972 § 40 Nr. 62). Dagegen ist ein maßgebender Einfluss auf den Schulungsträger und die Gefahr einer Gegnerfinanzierung im Allgemeinen zu verneinen, wenn die für die Programmgestaltung und Durchführung der Schulungsveranstaltungen maßgebenden Vereinsorgane nur zur Hälfte mit Gewerkschaftsvertretern und zu anderen Hälfte mit nicht gewerkschaftsnahen Personen besetzt sind (BAG 17.6.1998 – 7 ABR 20/97, AP BetrVG 1972 § 40 Nr. 61).

83 Dass ein rechtlich selbständiger gewerkschaftsnaher Schulungsträger **gemeinnützigen Zwecken** dient und deshalb nach den einschlägigen steuerrechtlichen Vorschriften keine eigenwirtschaftliche Zwecke seiner Mitgl. verfolgen darf; reicht für sich allein nicht aus, um die Möglichkeit einer unzulässigen Gegnerfinanzierung zu verneinen. Denn damit ist nicht ausgeschlossen, dass etwaige Überschüsse aus der BRSchulung zur Kostendeckung anderweitiger gewerkschaftlicher Bildungsarbeit, für die aus koalitionsrechtlichen Grundsätzen keine Kostentragungspflicht der ArbGeb.

besteht, verwendet werden (BAG 28.6.1995 – 7 ABR 55/94, AP BetrVG 1972 § 40 Nr. 48; 17.6.1998 – 7 ABR 22/97, AP BetrVG 1972 § 40 Nr. 62). Die rechtlich selbständigen gewerkschaftsnahen Schulungsträger können durch eine organisatorische, personelle und finanzielle Trennung der Schulung betriebsverfassungsrechtlicher Funktionsträger von der übrigen gewerkschaftlichen oder sonstigen Schulung eine genaue, der Erstattungsfähigkeit dienende Kostenzuordnung und insoweit auch eine Mischkalkulation innerhalb der BRSchulung erreichen (BAG 28.6.1995 – 7 ABR 55/94, AP BetrVG 1972 § 40 Nr. 48; → Rn. 86).

Der koalitionsrechtliche Grundsatz, dass die Gewerkschaften aus Schulungsveranstaltungen, deren Kosten der Arbeitgeber zu tragen hat, keinen Gewinn erzielen dürfen, dient nur dazu, dem ArbGeb. die Nachprüfung zu ermöglichen, ob er für die Selbstkosten des Schulungsträgers in Anspruch genommen wird. Er ist kein selbständiges Korrektiv zur Verringerung der arbeitgeberseitigen Kostentragungspflicht. Dem Schutz des ArbGeb. vor einer unangemessenen Kostenbelastung dient der Grundsatz der Verhältnismäßigkeit, der auch bei Schulungsveranstaltungen kommerzieller Schulungsträger zu beachten ist (BAG 17.6.1998 – 7 ABR 25/97, AP BetrVG 1972 § 40 Nr. 63). **84**

Da im Falle einer Schulung von betriebsverfassungsrechtlichen Funktionsträgern durch die Gewerkschaften selbst oder durch gewerkschaftsabhängige selbständige Einrichtungen die Kostentragungspflicht des ArbGeb. durch den koalitionsrechtlichen Grundsatz eingeschränkt ist, wonach die Gewerkschaften aus diesen Schulungen keinen Gewinn erzielen dürfen, hat der ArbGeb. Anspruch auf eine nähere Erläuterung bzw. **Aufschlüsselung** der geltend gemachten Aufwendungen nach Grund und Höhe, aus der ihm ersichtlich wird, dass es sich bei diesen Aufwendungen um betriebsratsbezogene Schulungskosten handelt, für die er kostentragungspflichtig ist. Das gilt insbes., wenn die erbrachten Leistungen nicht als Einzelabrechnung, sondern ganz oder teilweise in Form eines Pauschalhonorars abgerechnet werden (BAG 15.1.1992 – 7 ABR 23/90, AP BetrVG 1972 § 40 Nr. 41; 30.3.1994 – 7 ABR 45/93, AP BetrVG 1972 § 40 Nr. 42; 28.6.1995 – 7 ABR 47/94, AP BetrVG 1972 § 40 Nr. 47; 28.6.1995 – 7 ABR 55/94, AP BetrVG 1972 § 40 Nr. 48; 17.6.1998 – 7 ABR 20/97, AP BetrVG 1972 § 40 Nr. 61; 17.6.1998 – 7 ABR 25/97, AP BetrVG 1972 § 40 Nr. 63; GK-BetrVG/*Weber* Rn. 84; WPK/*Kreft* Rn. 32; SWS § 37 Rn. 60a; *Schiefer* DB 2008, 2649 ff.; **aA** DKKW/*Wedde* Rn. 104 ff.; *Wedde* ArbuR 1994, 51). **85**

Für die Ermittlung der erstattungspflichtigen Selbstkosten der Gewerkschaft oder ihres Schulungsträgers können die allgemeinen betriebswirtschaftlichen Grundsätze angewandt werden. Es ist deshalb eine **Mischkalkulation** in der Weise zulässig, dass die Selbstkosten des Schulungsträgers, für die eine Kostentragungspflicht des ArbGeb. besteht, kalkulatorisch auf der Grundlage des Vorjahres ermittelt werden und auf dieser Grundlage der auf die jeweilige Schulungsveranstaltung entfallende teilnehmerbezogene Betrag festgelegt wird (BAG 28.6.1995 – 7 ABR 55/94, AP BetrVG 1972 § 40 Nr. 48; 17.6.1998 – 7 ABR 25/97, AP BetrVG 1972 § 40 Nr. 63; ErfK/*Koch* Rn. 12). Diese Mischkalkulation muss sich auf die durch die betriebsverfassungsrechtlichen Schulungen bedingten Kosten beschränken. Führt der Schulungsträger auch anderweitige nicht erstattungspflichtige Schulungen oder sonstige Aktivitäten durch, sind die erstattungspflichtigen Schulungskosten vorher von den anderen Kosten des Schulungsträgers abzugrenzen (BAG 28.6.1995 – 7 ABR 55/94, AP BetrVG 1972 § 40 Nr. 48). **86**

Beschränkt sich ein in der Rechtsform eines gemeinnützigen Vereins geführter gewerkschaftsnaher Schulungsveranstalter auf die **Durchführung betriebsverfassungsrechtlicher Schulungen,** für die eine Kostentragungspflicht des ArbGeb. besteht, ist wegen des für die Gemeinnützigkeit wesentlichen Verbots der Gewinnerzielung eine Aufschlüsselung pauschaler Schulungsgebühren im Allgemeinen nicht erforderlich (BAG 17.6.1998 – 7 ABR 22/97, AP BetrVG 1972 § 40 Nr. 62; Nr. 63). Etwas anderes gilt, wenn konkrete Anhaltspunkte für eine versteckte Geg- **87**

nerfinanzierung vorliegen, etwa nach der Gewerkschaftszugehörigkeit gestaffelte Teilnehmerpreise oder ein erhöhtes Entgelt für die Nutzung gewerkschaftlicher Einrichtungen, das deren Selbstkosten übersteigt, oder eine unzulässige Gewinnabführung an die Vereinsmitglieder. Derartige Anhaltspunkte sind vom ArbGeb. vorzutragen (BAG 17.6.1998 – 7 ABR 22/97, AP BetrVG 1972 § 40 Nr. 62).

88 Der BR bzw. das an der Schulung teilnehmende BRMitgl. haben bei der Geltendmachung ihres Anspruchs gegen den ArbGeb. auf Tragung der Schulungskosten im Streitfall deren Erstattungsfähigkeit **nachzuweisen.** Solange dies nicht geschieht, steht dem ArbGeb. ein Leistungsverweigerungsrecht zu (BAG 28.6.1995 – 7 ABR 55/94, AP BetrVG 1972 § 40 Nr. 48; 17.6.1998 – 7 ABR 22/97, AP BetrVG 1972 § 40 Nr. 62; 17.6.1998 – 7 ABR 25/97, AP BetrVG 1972 § 40 Nr. 63; ErfK/*Koch* Rn. 13). Insbes. im Falle einer globalen Teilnehmergebühr ist eine nähere **Aufschlüsselung** der Einzelnen in ihr enthaltenen Kosten erforderlich. Diese Pflicht des BR bzw. des BRMitgl zur näheren Aufschlüsselung ergibt sich aus dem Rechtsgedanken des § 666 BGB und dem aus § 242 BGB folgenden Grundsatz, wonach jeder, der fremde Geschäfte besorgt (mögen sie zugleich auch eigene sein), auskunfts- und rechenschaftspflichtig ist. Mit der ordnungsgemäßen Teilnahme an erforderlichen Schulungsveranstaltungen werden Kostentragungspflichten des ArbGeb. begründet. Da der ArbGeb. nur betriebsratsbezogene Schulungskosten zu tragen hat, kann er vom Anspruchsinhaber eine nähere Aufschlüsselung verlangen, aus der ihm die Erstattungsfähigkeit der einzelnen Kostenpositionen erkennbar wird (BAG 30.3.1994 – 7 ABR 45/93, AP BetrVG 1972 § 40 Nr. 42; 28.6.1995 – 7 ABR 47/94, AP BetrVG 1972 § 40 Nr. 47; 28.6.1995 – 7 ABR 55/94, AP BetrVG 1972 § 40 Nr. 48; GK-BetrVG/*Weber* Rn. 84; HWGNRH/*Glock* Rn. 100; Richardi BetrVG/*Thüsing* Rn. 37; gegen eine Aufschlüsselungspflicht jedenfalls gewerkschaftsnaher rechtlich selbständiger Schulungsträger DKKW/*Wedde* Rn. 110 ff.; Däubler Schulung Rn. 497 ff.; *Wedde* DB 1994, 730). Er kann auch verlangen, das von ihm vorgegebene Abrechnungssystem zu nutzen (LAG RhPf 23.10.2018 – 8 TaBV 2/18, ZBVR online 2019, Nr. 9, 14).

89 Das BRMitgl. hat gegen den Schulungsträger Anspruch auf Ausstellung einer nach den vorstehenden Gesichtspunkten **aufgeschlüsselten Rechnung,** damit es seinen Anspruch gegen den ArbGeb. auf Tragung der erstattungsfähigen Schulungskosten erfolgreich durchsetzen kann. Diese Pflicht des Schulungsträgers ergibt sich als Nebenpflicht aus dem Schulungsvertrag (BAG 30.3.1994 – 7 ABR 45/93, AP BetrVG 1972 Nr. 42; 28.6.1995 – 7 ABR 47/94, AP BetrVG 1972 § 40 Nr. 47; 28.6.1995 – 7 ABR 55/94, AP BetrVG 1972 § 40 Nr. 48; HWGNRH/*Glock* Rn. 103; **aA** DKKW/*Wedde* Rn. 111).

4. Inhalt und Erfüllung des Anspruchs

90 Im Gegensatz zum Entgeltfortzahlungsanspruch bei Arbeitsversäumnis wegen notwendiger BRArbeit nach § 37 Abs. 2, der einen vertraglichen Anspruch darstellt, ist der Anspruch auf Kostentragung ein Anspruch aus einem durch § 40 begründeten **gesetzlichen Schuldverhältnis** (BAG 24.10.2001 – 7 ABR 20/00, AP BetrVG 1972 § 40 Nr. 71; ErfK/*Koch* Rn. 14; HWGNRH/*Glock* Rn. 94; Richardi BetrVG/*Thüsing* Rn. 43). IE ergeben sich aus ihm folgende Einzelansprüche:

91 Entstehen dem BR Aufwendungen oder Auslagen, so kann er vom ArbGeb. die Zahlung eines **angemessenen Vorschusses** verlangen (DKKW/*Wedde* Rn. 14; ErfK/*Koch* Rn. 14; GK-BetrVG/*Weber* Rn. 35; HWGNRH/*Glock* Rn. 95; Richardi BetrVG/*Thüsing* Rn. 44; *Weiß/Weyand* BetrVG Rn. 4; *Dütz/Säcker* DB 1972 Beil. 17, 7; *Bulla* DB 1974; 1623). Dieser Anspruch kann ggf. im Wege einer einstweiligen Verfügung durchgesetzt werden (einschränkend HessLAG 4.11.2013 – 16 TaBVGa 179/13, BeckRS 2014, 70908, nur bei Glaubhaftmachung, dass BRMitgl. Schulungskosten nicht selbst verauslagen kann). In größeren Betrieben empfiehlt es sich, dem BR für dessen Geschäftsbedürfnisse von vornherein einen

entsprechenden **Dispositionsfonds** zur Verfügung zu stellen, aus dem er die ihm oder seinen Mitgl. entstehenden Kosten bezahlen kann (DKKW/*Wedde* Rn. 13; GK-BetrVG/*Weber* Rn. 36; HWGNRH/*Glock* Rn. 96; Richardi BetrVG/*Thüsing* Rn. 44; WPK/*Kreft* Rn. 36; MHdB ArbR/*Krois* § 296 Rn. 49noch offen lassend, aber mit Hinweis, Fonds müsse der Geschäftsvereinfachung dienen BAG 29.9.2004 – 1 ABR 30/03, AP BetrVG 1972 § 40 Nr. 81). Über den Fonds ist nach einer gewissen Zeit abzurechnen. Der ArbGeb. kann dem BR zur Bestreitung notwendiger Auslagen auch eine Kreditkarte zur Verfügung stellen (DKKW/*Wedde* Rn. 13). Auch das einzelne BRMitgl. kann auf die voraussichtlich entstehenden Kosten einen angemessenen Vorschuss verlangen (Richardi BetrVG/*Thüsing* Rn. 44). Hat der ArbGeb. dem BR einen Fonds zur Verfügung gestellt, ist der Vorschuss vorrangig aus diesem zu bezahlen. Unzulässig ist, den Fonds aus zwischen dem ArbGeb. und BR vereinbarten Vertragsstrafeabreden zu speisen (BAG 29.9.2004 – 1 ABR 30/03, AP BetrVG 1972 § 40 Nr. 81; s. dort auch generell zur Unzulässigkeit einer Vertragsstrafenabrede mit dem BR). Auch kann kein **Sondervermögen,** über das nur der BR verfügungsbefugt ist, außerhalb der durch § 40 gesetzten Grenzen gebildet werden (BAG 29.9.2004 – 1 ABR 30/03, AP BetrVG 1972 § 40 Nr. 81).

Der Anspruch des BR bzw. des BRMitgl. auf Kostentragung kann iE einen **verschiedenen Inhalt** haben. Der BR ist grds. nicht rechts- und damit nicht vermögensfähig, er kann jedoch Inhaber vermögensmäßiger Rechtspositionen sein, soweit er innerhalb des ihm zugewiesenen Wirkungskreises tätig wird (→ § 1 Rn. 291 ff., partielle Vermögensfähigkeit nur soweit das BetrVG vermögensrechtliche Ansprüche zuerkennt BAG 24.10.2001 – 7 ABR 20/00, AP BetrVG 1972 § 40 Nr. 71; 29.9.2004 – 1 ABR 30/03, AP BetrVG 1972 § 40 Nr. 81; BGH 25.10.2012 – III ZR 266/11, NZA 2012, 1382; dies ablehnend *Weng* NZA 2019, 1246). Im Rahmen dessen kann er selbst Verträge schließen und Verbindlichkeiten eingehen (BGH 25.10.2012 – III ZR 266/11, NZA 2012, 1382; → § 1 Rn. 294 ff., 304); außerhalb dieses Rahmens geschlossene Verträge sind dagegen unwirksam (BAG 24.4.1986 – 6 AZR 607/83, NZA 1987, 100; BGH 25.10.2012 – III ZR 266/11, NZA 2012, 1382; zu entsprechenden Haftungsfragen → § 1 Rn. 306 ff.). Die Vermögensfähigkeit des BR reicht soweit, wie ihm gegenüber dem ArbGeb. ein Anspruch auf Erstattung der durch seine Tätigkeit entstehenden erforderlichen Kosten zusteht (BGH 25.10.2012 – III ZR 266/11, NZA 2012, 1382; → § 1 Rn. 304). Insoweit hat der BR gegen den ArbGeb. einen Anspruch auf Übernahme der Kosten dahingehend, dass er gegenüber dem ArbGeb. über einen gesetzlichen Freistellungsanspruch verfügt (BAG 17.8.2005 – 7 ABR 56/04, NZA 2006, 109; GK-BetrVG/*Weber* Rn. 21; Richardi BetrVG/*Thüsing* Rn. 45). Gegenüber einem begründeten Freistellungsanspruch des BR kann der ArbGeb. nicht mit behaupteten Schadensersatzansprüchen aufrechnen (LAG Hamm 15.6.2005 – 10 TaBV 32/05, AuR 2006, 74). Der BR kann den Freistellungsanspruch schuldbefreiend an den Gläubiger der Verpflichtung abtreten; mit der Abtretung wandelt sich dieser in einen Zahlungsanspruch des Gläubigers gegen den ArbGeb. um (BAG 13.5.1998 – 7 ABR 65/96, NZA 1998, 900; 29.7.2009 – 7 ABR 95/07, NZA 2009, 1223; 9.12.2009 – 7 ABR 90/07, NZA 2010, 461; → Rn. 147; aber auch BGH 25.10.2012 – III ZR 266/11, NZA 2012, 1382, der zugesteht, dass sich der Zahlungsanspr. des Gläubigers nur durch Zugriff auf den Freistellungsanspr. realisieren lässt; **aA** *Weng* NZA 2019, 1246, 1252ff, wonach ein RA unmittelbar seinen Zahlungsanspruch gegenüber dem ArbGeb. geltend machen kann). 92

Auch der Anspruch des **einzelnen BRMitgl.** auf Kostentragung geht in erster Linie auf eine Kostenübernahme im vorstehend genannten Sinne mit der Folge, dass das BRMitgl. nicht aus der einzugehenden Verbindlichkeit haftet. Ist das BRMitgl. allerdings eine Verbindlichkeit eingegangen (zB verbindliche Anmeldung zu einer Schulungsveranstaltung), hat es gegen den ArbGeb. Anspruch auf **Freistellung** von dieser Verbindlichkeit (ErfK/*Koch* Rn. 14; GK-BetrVG/*Weber* Rn. 21; **aA** HWGNRH/*Glock* Rn. 97: unmittelbare Haftung des ArbGeb.). Der Anspruch auf 93

Freistellung des BRMitgl. kann auch vom BR selbst geltend gemacht werden (BAG 27.5.2015 – 7 ABR 26/13, NZA 2015, 1141; 28.6.1995 – 7 ABR 55/94, NZA 1995, 1216). Der Freistellungsanspruch kann ggf. auch entstandene **Stornokosten** für eine von einem angemeldeten BRMitgl. wieder abgesagten Schulungsveranstaltung umfassen, wenn die Schulungskosten im Fall der tatsächlichen Teilnahme nach §§ 40, 37 Abs. 6 erstattungspflichtig gewesen wären (LAG Köln 18.1.2002 – 11 (2) TaBV 66/01, NZA-RR 2003, 141; ausdrücklich den Ersatz von Stornokosten bejahend ArbG Berlin 24.10.2007 – 75 BV 9105/07, AiB 2008, 613ff. mit zust. Anm. Meissner; ArbG Frankfurt a.M. 10.2.2004 – 8 BV 307/03, AiB 2004, 377ff. mit zust. Anm. *Burgmer* AiB 2004, 378; Erstattung ablehnend bei Versäumung kostenfreier Stornierung LAG Köln 31.1.2018 – 11 TaBV 50/17, juris; LAG Hamm 19.9.2009 – 13 TaBV 174/08 juris). Hat es die Verbindlichkeit bereits erfüllt, steht ihm ein entsprechender Erstattungs-(Zahlungs-)Anspruch zu (BAG 27.3.1979 – 6 ABR 15/77, AP ArbGG 1953 § 80 Nr. 7).

94 Im letzten Falle können **Zinsansprüche** des BRMitgl. aus dem Gesichtspunkt des Verzuges (§ 288 BGB) oder der Rechtshängigkeit (§ 291 BGB) in Betracht kommen (BAG 18.1.1989 – 7 ABR 89/87, AP BetrVG 1972 § 40 Nr. 28 unter ausdrücklicher Aufgabe seiner früheren Rspr. [vgl. hierzu BAG 21.11.1978 – 6 ABR 10/77, AP BetrVG 1972 § 37 Nr. 35; 24.7.1979 – 6 ABR 96/77, AP BetrVG 1972 § 51 Nr. 1]; 25.5.2005 – 7 ABR 45/04, AP BetrVG 1972 § 24 Nr. 13; ErfK/*Koch* Rn. 14; GK-BetrVG/*Weber* Rn. 31; Richardi BetrVG/*Thüsing* Rn. 60). Dies gilt nicht im Falle eines Freistellungsanspruchs, da dieser keine Geld-, sondern eine Handlungsschuld zum Gegenstand hat (BAG 21.11.1978 – 6 ABR 10/77, AP BetrVG 1972 § 37 Nr. 35). Ist das BRMitgl. allerdings seinerseits dem Gläubiger gegenüber in Verzug, so umfasst der Freistellungsanspruch auch die diesem zustehenden Verzugszinsen (BAG 3.10.1978 – 6 ABR 102/76, AP BetrVG 1972 § 40 Nr. 14). Gleiches gilt, falls der Gläubiger das BRMitgl. verklagt hat, für die ihm zustehenden Zinsen ab Rechtshängigkeit (GK-BetrVG/*Weber* Rn. 31; Richardi BetrVG/*Thüsing* Rn. 60).

95 Im Falle eines **Betriebsübergangs** auf Grund des § 613a oder einer gesamtschuldnerischen Rechtsnachfolge bestehen die Kostenerstattungsansprüche gegen den Betriebserwerber (BAG 13.7.1994 – 7 ABR 50/93, AP KO § 61 Nr. 28; DKKW/*Wedde* Rn. 3). Der neue Betriebsinhaber tritt materiell-rechtlich in die betriebsverfassungsrechtliche Stellung des bisherigen Betriebsinhabers ein (BAG 20.8.2014 – 7 ABR 60/12, NZA 2014, 1530; 9.12.2009 – 7 ABR 90/07, NZA 2010, 461; 28.9.1988 – 1 ABR 37/87, DB 1989, 386). Der bisherige Betriebsinhaber haftet nicht neben dem neuen Betriebsinhaber (BAG 20.8.2014 – 7 ABR 60/12, NZA 2014, 1530). Zum Schuldnerwechsel im Rahmen der Insolvenz des Betriebsveräußerers → Rn. 101.

96 Der Anspruch auf Kostenerstattung ist gem. § 850a Nr. 3 ZPO **nicht pfändbar.** Obwohl im Allgemeinen nicht pfändbare Forderungen nach § 400 BGB nicht abtretbar sind, gilt dies nicht, wenn der Empfänger der Abtretung dem bisherigen Inhaber der Forderung einen dem Erstattungsanspruch entsprechenden Barbetrag zahlt (BAG 30.1.1973 – 1 ABR 1/73, AP BetrVG 1972 § 40 Nr. 3; 29.1.1974 – 1 ABR 41/73, AP BetrVG 1972 § 40 Nr. 5; 15.1.1992 – 7 ABR 23/90, AP BetrVG 1972 § 40 Nr. 41; LAG Hamm 15.5.2005 – 10 TaBV 32/05; GK-BetrVG/*Weber* Rn. 88; HWGNRH/*Glock* Rn. 98; Richardi BetrVG/*Thüsing* Rn. 59; **aA** BGH 8.11.2017 – VII ZB 9/15, NZA 2018, 126, wonach sich die grundsätzliche Unpfändbarkeit des Anspruchs des BR nach § 40 nicht nach § 850a Nr. 3 ZPO sondern nach § 851 Abs. 1 ZPO iVm § 399 1. Fall BGB bestimmt – mangels Entscheidungserheblichkeit hat der BGH von der eigentlich notwendigen Vorlage an GmS-OGB abgesehen, da auch unter Anwendung der Rspr. des BAG der Anspruch pfändbar war). Das Gleiche gilt, wenn ein BRMitgl. seinen Anspruch auf Freistellung von den Kosten einer Prozessvertretung schuldbefreiend an den Rechtsanwalt abtritt (LAG Bln 26.1.1987 – 9 TaBV 7/86, AP BetrVG 1972 § 40 Nr. 25). In diesen Fällen wandelt sich der Freistellungsanspruch des BRMitgl. beim Zessionar in einen Zahlungsanspruch um (BAG 25.8.2004 – 7 ABR 60/03, AP BRAO § 43a Nr. 1; ErfK/*Koch* Rn. 14). Zur prozessualen Geltendmachung → Rn. 146.

Der BR bzw. das BRMitgl. hat die entstehenden bzw. **entstandenen Aufwendungen** iE **nachzuweisen** und abzurechnen (BAG 29.4.1975 – 1 ABR 40/74, AP BetrVG 1972 § 40 Nr. 9, GK-BetrVG/*Weber* Rn. 20; HWGNRH/*Glock* Rn. 100). Soweit die Aufwendungen nicht ausreichend nachgewiesen werden, kann der ArbGeb. die Erstattung verweigern (BAG 30.3.1994 – 7 ABR 45/93, AP BetrVG 1972 § 40 Nr. 42). **97**

Da der Erstattungsanspruch des einzelnen BRMitgl. nicht im Arbeitsverhältnis wurzelt, sondern sich aus seiner BRTätigkeit ergibt, unterliegt er keiner tariflichen **Ausschlussklausel.** Er **verjährt** nach §§ 195, 199 BGB in der ab 1.1.2002 geltenden Fassung mit Ablauf von drei Jahren, gerechnet vom Schluss des Jahres an, in dem er entstanden ist. Für am 1.1.2002 bestehende Ansprüche vgl. die Übergangsvorschrift des Art. 229 § 6 EGBGB. Auch eine umfassende Erledigungserklärung in einem Vertrag, mit dem das Arbeitsverhältnis aufgehoben wird, erfasst nicht die gesetzlichen Ansprüche des BRMitgl. aus § 40 (LAG Nds 3.11.199 – 8 Sa 67/99, NZA-RR 2000, 305). Jedoch können Freistellungs- oder Erstattungsansprüche des BR oder seiner Mitgl. **verwirken,** wenn ihre verspätete Geltendmachung gegen Treu und Glauben verstößt (BAG 14.11.1978 – 6 ABR 11/77, AP BGB § 242 Verwirkung Nr. 39; LAG SchlH 31.5.1976 – 3 Ta BV 5/76, BB 1976, 1418; DKKW/*Wedde* Rn. 113; GK-BetrVG/*Weber* Rn. 101; HWGNRH/*Glock* Rn. 107). **98**

Ist eine vom BR oder einem BRMitgl. begründete Verpflichtung **ihrerseits verjährt,** dürfte in aller Regel kein Freistellungsanspruch gegenüber dem ArbGeb. bestehen, da der BR bzw. das BRMitgl. der Geltendmachung der von ihnen begründeten Forderung die Einrede der Verjährung entgegenhalten können und der ArbGeb. nicht zu mehr verpflichtet ist, als der BR bzw. das BRMitgl. leisten müssen (LAG SchlH 4.7.2000 – 3 TaBV 15/00, NZA-RR 2000, 590 bezüglich verjährter Anwaltsforderungen). **99**

Im Falle der **Insolvenz des ArbGeb.** ist folgendes zu beachten: Am 1.1.1999 ist die neue Insolvenzordnung in Kraft getreten, die die bisher in den alten Bundesländern geltende Konkursordnung und Vergleichsordnung sowie die in den neuen Bundesländern geltende Gesamtvollstreckungsordnung ersetzt. Die neue Insolvenzordnung kennt keine bevorrechtigten Konkursforderungen iSd § 61 KO mehr, sondern nur noch Massegläubiger (§ 53 InsO) und Insolvenzgläubiger (§ 38 InsO). Sie unterscheidet drei Arten von Verbindlichkeiten, nämlich die aus der Masse vorweg zu befriedigenden Kosten des Insolvenzverfahrens (§ 54 InsO), die sonstigen Masseverbindlichkeiten, die auf Vorgänge nach der Insolvenzeröffnung zurückgehen (§ 55 InsO), sowie die zurzeit der Eröffnung des Insolvenzverfahrens bestehenden und nachrangig zu befriedigenden Ansprüche der Insolvenzgläubiger (vgl. *Lakies* BB 1998, 2638). Für den Rang der Kostenerstattungsansprüche nach § 40 gegen den ArbGeb. ist im Falle seiner Insolvenz wie folgt zu unterscheiden: **100**

Vor Eröffnung des Insolvenzverfahrens begründete Kostenerstattungsansprüche sind keine Masse- sondern einfache Insolvenzverbindlichkeiten (so auch zur bisherigen KO: BAG 14.11.1978 – 6 ABR 85/75, AP KO § 59 Nr. 6; 25.8.1983 – 6 ABR 52/80, AP KO § 59 Nr. 14 hinsichtlich des Honoraranspruchs des Vors. der E-Stelle; DKKW/*Wedde* Rn. 114; GK-BetrVG/*Weber* Rn. 231; HWGNRH/*Glock* Rn. 108). Für diese haftet ein ArbGeb., der den Betrieb nach Insolvenzeröffnung gem. § 613a BGB übernommen hat, nicht (vgl. zur bisherigen KO BAG 13.7.1994 – 7 ABR 50/93, AP KO § 61 Nr. 28; 9.12.2009 – 7 ABR 90/07, NZA 2010, 461; 20.8.2014 – 7 ABR 60/12, AP BetrVG 1972 § 40 Nr. 111). Der Betriebserwerber haftet ausschließlich für die nach Eröffnung entstandenen Kostenerstattungsansprüche als Masseverbindlichkeiten iSd § 55 InsO; dies gilt auch für Verbindlichkeiten nach § 40 Abs. 1 – unabhängig davon, ob der künftige Betriebserwerber bereits vor Eröffnung des Insolvenzverfahrens an Verhandlungen zwischen dem späteren Insolvenz- **101**

verwalter, dem vorläufigen Insolvenzverwalter und BR beteiligt war (BAG 9.12.2009 – 7 ABR 90/07, NZA 2010, 461). Die Begründung von Masseverbindlichkeiten iSv § 55 InsO setzt voraus, dass es sich um eine vom Insolvenzverwalter nach Eröffnung des Insolvenzverfahrens eingegangenes Schuldverhältnis handelt (BAG 9.12.2009 – 7 ABR 90/07, NZA 2010, 461). In Bezug auf Honoraransprüche eines RA aus Beratungsvertrag ist grds. streng danach zu trennen, welche Beratungsleistungen vor und welche nach Insolvenzeröffnung erbracht worden sind (teilbare Leistung iSv § 105 InsO s. dazu ausf. BAG 9.12.2009 – 7 ABR 90/07, NZA 2010, 461). Zu Gebührenansprüchen eines RA aus arbeitsgerichtlichen Beschlussverfahren → Rn. 102. Bei der Geltendmachung seiner Forderung ist der BR bzw. das BRMitgl. an das Verfahrensrecht der InsO gebunden, dh die behauptete Forderung muss – wie nach dem bisherigen Konkursrecht (BAG 14.11.1978 – 6 ABR 85/75, AP KO § 59 Nr. 6) – innerhalb einer vom Insolvenzgericht bestimmten Frist beim Insolvenzverwalter schriftlich zur Tabelle angemeldet werden (vgl. §§ 28, 174f. InsO). Bleibt die behauptete Forderung in Streit, ist hierüber, da sich ihre Rechtsnatur durch die Insolvenz des ArbGeb. nicht ändert, im arbeitsgerichtlichen Beschlussverfahren zu entscheiden. Zu Verfahrenskosten eines vor Eröffnung des Insolvenzverfahrens begonnenen aber erst unter Fortführung durch den Insolvenzverwalter abgeschlossenen Beschlussverfahrens → Rn. 102.

102 **Nach Eröffnung des Insolvenzverfahrens** begründete Kostenerstattungsansprüche sind Masseschulden iSv § 55 InsO und aus der Masse vorab zu befriedigen (vgl. zur bisherigen KO BAG 27.3.1979 – 6 ABR 39/76, AP BetrVG 1972 § 76 Nr. 7 bezüglich Kosten der E. Stelle, die, obwohl vor Konkurseröffnung errichtet, erst nach Konkurseröffnung einen Spruch gefällt hat; LAG Hamm 5.1.1979 – 3 TaBV 118/78, EzA § 40 BetrVG 1972 Nr. 42; DKKW/*Wedde* Rn. 115; GK-BetrVG/*Weber* Rn. 232; Richardi BetrVG/*Thüsing* Rn. 61). Das Gleiche gilt für Verbindlichkeiten, die von einem vorläufigen Insolvenzverwalter mit alleiniger Verfügungsbefugnis über das Vermögen des ArbGeb. begründet worden sind (vgl. § 55 Abs. 2 InsO). Hat der Insolvenzverwalter ein vom ArbGeb. vor Eröffnung des Insolvenzverfahrens begonnenes Beschlussverfahren zur Feststellung der Nichtigkeit einer BRWahl fortgesetzt, so handelt es sich bei den dem RA des BR entstandenen Verfahrenskosten um Masseschulden iSd § 55 Abs. 1 Nr. 1 InsO – auch dann, wenn sämtl. Gebühren vor Eröffnung des Insolvenzverfahrens entstanden sind (BAG 17.8.2005 – 7 ABR 56/04, AP InsO § 55 Nr. 10; 9.12.2009 – 7 ABR 90/07, NZA 2010, 461).

103 Da bei Insolvenz des ArbGeb. bestehende Forderungen vielfach nicht und fast nie in voller Höhe befriedigt werden, sollten sich der BR und seine Mitgl. durch eine **rechtzeitige Vorschusszahlung** absichern (MHdB ArbR/*Krois* § 296 Rn. 49).

III. Sachaufwand und Büropersonal

104 Während Abs. 1 dem ArbGeb. allgemein die mit der BRTätigkeit verbundenen Kosten auferlegt, verpflichtet ihn die Sonderregelung des Abs. 2 zur Bereitstellung des für eine ordnungsmäßige Erledigung der BRAufgaben erforderlichen **Sachaufwands** und des notwendigen **Büropersonals.** Diese Verpflichtung besteht in dem Rahmen, wie es nach Art und Beschaffenheit des Betriebs zur ordnungsmäßigen Durchführung der Aufgaben des BR erforderlich ist (DKKW/*Wedde* Rn. 116; GK-*Wiese/Weber* Rn. 110; HWGNRH/*Glock* Rn. 110). Der Begriff der laufenden Geschäftsführung in § 40 Abs. ist weiter als der in § 27 Abs. 3 genannte gleich lautende Begriff. Dieser hat lediglich eine zuständigkeitsabgrenzende Funktion. Jener steht im Zusammenhang mit der allgemeinen Kostentragungspflicht des ArbGeb. und will die ordnungsgemäße Erfüllung der Aufgaben des BR gewährleisten (*Klebe/Kunz* NZA 1990, 257; *Richardi/Annuß* Anm. zu BAG 11.3.1998 – 7 ABR 59/96, AP BetrVG 1972 § 40 Nr. 57; **aA** LAG Nds 13.12.1988 – 1 TaBV 60/88, NZA 1989, 442; *Kraft* SAE 1999, 70).

Der ArbGeb. hat die erforderlichen Sachmittel und das notwendige Büropersonal **zur Verfügung zu stellen.** Diese Verpflichtung besteht auch soweit der BR noch ein **Restmandat** nach § 21b ausübt (LAG Brem 9.12.2004 – 3 Ta BV 15/04, DB 2005, 1527). Der BR hat einen Überlassungsanspruch. Er ist grds. nicht berechtigt, sich die Sachmittel oder das Büropersonal selbst zu beschaffen (BAG 21.4.1983 – 6 ABR 70/82, AP BetrVG 1972 § 40 Nr. 20; DKKW/*Wedde* Rn. 118; ErfK/*Koch* Rn. 15; GK-BetrVG/*Weber* Rn. 136; Richardi BetrVG/*Thüsing* Rn. 49, 64; WPK/*Kreft* Rn. 42). Der Anspruch ist ggf. im Wege der einstweiligen Verfügung gerichtlich durchzusetzen. In besonderen Ausnahmefällen, etwa wenn der Arbeitgeber sich entgegen einer gerichtlichen Entscheidung weigert, die erforderlichen Sachmittel zu überlassen oder die Erfüllung dieser Pflicht so verzögert, dass hierdurch eine ordnungsmäßige BRArbeit unmöglich oder erheblich beeinträchtigt wird, ist der BR berechtigt, die erforderlichen Sachmittel auf Kosten des ArbGeb. selbst anzuschaffen (DKKW/*Wedde* Rn. 118; Richardi BetrVG/*Thüsing* Rn. 49, 65; WPK/Kreft Rn. 42; GK-BetrVG/*Weber* Rn. 136; **aA** *Kramer* IT-Arbeitsrecht/*Kramer* C Rn. 263). Anspruchsberechtigt ist der BR, nicht einzelne BRMitgl. bzw. Vorschlagslisten zur BRWahl; eine evtl. Klage ist bereits mangels Antragsbefugnis unzulässig (LAG Bln-Bbg 19.7.2011 – 7 TaBV 764/11, BB 2011, 2484). Auch steht einzelnen BRMitgl bzw. einer Vorschlagsliste kein Anspruch gegen den BR auf Überlassung eines Büroraums zur alleinigen Nutzung der Vorschlagsliste zu; die vom ArbGeb. zur Verfügung gestellten Mittel sind vom BR so zu verteilen, wie sie zur Erbringung der BRArbeit erforderlich ist (LAG Bln-Bbg 19.7.2011 – 7 TaBV 764/11, BB 2011, 2484). 105

Dass § 40 Abs. 2 dem BR einen Überlassungsanspruch, dh einen Anspruch auf Naturalleistung, gewährt, und dem ArbGeb. ein Auswahlrecht bei der Beschaffung von Sachmitteln und der Gestellung von Büropersonal einräumt (BAG 9.6.1999 – 7 ABR 66/97, AP BetrVG 1972 § 40 Nr. 66), bedeutet nicht, dass der ArbGeb. auch über die Frage der Erforderlichkeit des Sachmittels oder des zur Verfügung zustellenden Büropersonals zu befinden hätte. Dies ist vielmehr Sache des BR, der seine Entscheidung nach pflichtgemäßem Ermessen unter Berücksichtigung seiner Bedürfnisse und den Belangen des ArbGeb. zu treffen hat. Hierbei steht dem BR ein Beurteilungsspielraum zu (BAG 12.5.1999 – 7 ABR 36/97, AP BetrVG 1972 § 40 Nr. 65; 9.6.1999 – 7 ABR 66/97, AP BetrVG 1972 § 40 Nr. 66; *Klebe/Wedde* DB 1999, 1955). Da der Begriff der Erforderlichkeit ein unbestimmter Rechtsbegriff ist, unterliegt die Entscheidung des BR der gerichtlichen Kontrolle. 106

Während die **Nutzung** der vom ArbGeb. zur Verfügung gestellten Sachmittel, wie zB Mobiliar, Schreibmaschine, Literatur, dem BR zusteht, behält der ArbGeb. das **Eigentum** an diesen Sachen (WPK/*Kreft* Rn. 43; GK-BetrVG/*Weber* Rn. 212; HWGNRH/*Glock* Rn. 149; Richardi BetrVG/*Thüsing* Rn. 82). Das gilt nicht für verbrauchbare Sachen, wie Papier, sonstige Schreibmaterialien usw. Der ArbGeb. verliert vielmehr das Eigentum an dem durch das Beschreiben zu Geschäftspapieren und Akten des BR gewordenen Schreibpapier (§ 950 BGB; DKKW/*Wedde* Rn. 119; Schaub/*Koch* § 222 Rn. 23; **aA** GK-BetrVG/*Weber* Rn. 214; Richardi BetrVG/*Thüsing* Rn. 82, die dem BR nur das Besitzrecht einräumen; nach HWGNRH/*Glock* Rn. 149, hat der BR nur ein Gebrauchsrecht; ähnlich MHdB ArbR/*Krois* § 296 Rn. 69 ff.; vgl. auch *Böhm* RdA 1974, 88). Das Eigentum geht aber nicht auf den BR als solchen, wohl aber auf die Gesamtheit der BRMitgl. über, wie diese auch Eigentümer der für den BR eingehenden Schriftstücke und der dem BR von dritter Seite überlassenen Bücher, Akten usw werden. Die Geschäftspapiere und Akten können daher vom ArbGeb. auch nach Ablauf der Amtszeit des BR nicht herausverlangt werden (GK-BetrVG/*Weber* Rn. 216). Dieser hat dann vielmehr die Akten, soweit sie nicht mehr von Interesse sind, zu vernichten und ansonsten dem neu gewählten BR zu übergeben (vgl. HWGNRH/*Glock* Rn. 149; enger: GK-BetrVG/*Weber* Rn. 216). 107

1. Räume

108 Der BR hat Anspruch auf Überlassung der erforderlichen Räume. Hierzu gehört auf jeden Fall ein **Büroraum,** in größeren Betrieben mit mehreren freigestellten BRMitgl. auch mehrere Büroräume. Wenn die Büroräume zur Abhaltung von BR-Sitzungen nicht geeignet sind, ist auch ein **Sitzungszimmer** zu Verfügung zu stellen. Ob die Räume dem BR zur ständigen Benutzung überlassen werden oder ihm nur zu bestimmten Zeiten zur Verfügung stehen, bestimmt sich ebenso wie die Frage nach Zahl und Größe der bereitzustellenden Räume nach den Geschäftsbedürfnissen des BR, die ihrerseits wieder von Art, Größe und Umfang des Betriebes abhängen (GK-BetrVG/*Weber* Rn. 146; DKKW/*Wedde* Rn. 120; HWGNRH/*Glock* Rn. 111; Richardi BetrVG/*Thüsing* Rn. 66; WPK/*Kreft* Rn. 44). Ein fünfköpfiger BR dürfte im allgemeinen Anspruch auf ein eigenes BRZimmer haben (ArbG Frankfurt a. M. 17.2.1999 – 2 BV 454/98, NZA-RR 1999, 420). Der Anspruch steht dem BR als Organ zu, nicht einzelnen BRMitgl. oder (Minderheits-)Listen (LAG Bln-Bbg 19.7.2011 – 7 TaBV 764/11, AiB 2012, 474 mit zust. Anm. *Rudolph*). Im Falle einer ständigen Benutzung hat der BR Anspruch auf ein abschließbares BRZimmer (LAG Köln 19.1.2001 – 11 TaBV 75/00, AuR 2002, 150; ArbG Heilbronn 17.2.1984 – 4 BV 10/83, BB 1984, 982; GK-BetrVG/*Weber* Rn. 146). Hierbei steht die Verwaltung des Schlüssels des Zimmers dem BR zu (LAG Nürnberg 1.4.1999 – 6 Ta 6/99, NZA 2000, 335; ArbG Mannheim 20.10.1999 – 12 BV 4/99, AiB 2001, 48). Steht dem BR ein Büroraum nicht zur ständigen Benutzung zur Verfügung, hat er auf jeden Fall Anspruch auf einen verschließbaren Aktenschrank zur alleinigen Nutzung (LAG Brem 9.12.2004 – 3 Ta BV 15/04, DB 2005, 1527; LAG SchlH 19.9.2007 – 6 TaBV 14/07, NZA-RR 2008, 187 ff.; GK-BetrVG/*Weber* Rn. 146; HWGNRH/*Glock* Rn. 111). Der zur Verfügung zu stellende Raum muss optisch und akustisch hinreichend abgeschirmt sein und – auch bei nur vorübergehender Nutzung – vom BR in dieser Zeit abschließbar sein (LAG SchlH 19.9.2007 – 6 TaBV 14/07, NZA-RR 2008, 187 ff.).

109 Die überlassenen Räume müssen **funktionsgerecht** sein, dh beheizbar, beleuchtbar und mit dem erforderlichen Mobiliar (zB Schreibtisch, Stühle, Sitzungstisch, Schränke) in einer Weise ausgestattet sein, wie es dem vergleichbaren betrieblichen Standard entspricht (Richardi BetrVG/*Thüsing* Rn. 68). Räume, die nicht den Vorschriften der ArbStättV entsprechen, sind nicht geeignet (LAG Köln 19.1.2001 – 11 TaBV75/00, NZA-RR 2001, 482; LAG SchlH 19.9.2007 – 6 TaBV 14/07, NZA-RR 2008, 187 ff.).

110 Die dem BR zu überlassenen Räume müssen grds. **im Betrieb** liegen (ArbG Wiesbaden 21.12.1999 – 8 BV 29/99, NZA-RR 2000, 195; GK-BetrVG/*Weber* Rn. 147; HWGNRH/*Glock* Rn. 114). Nur in ganz besonders gelagerten Fällen werden für dauernd (zB Privatbahnbereich, wenn die BRMitgl. ihren Arbeitsplatz an verschiedenen Stellen der Strecke haben) oder vorübergehend (zB bei Umbau des Gebäudes, in dem das Sitzungszimmer liegt) auch Räume außerhalb des Betriebes, die allerdings betriebsnah gelegen sein müssen, zur Verfügung gestellt werden können, sei es, dass der ArbGeb. Räume anmietet oder sonst Räume in nicht zum Betrieb gehörenden Gebäuden bereitstellt (LAG SchlH 31.5.2017 – 1 TaBV 48/16, NZA-RR 2017, 596; GK-BetrVG/*Weber* Rn. 147; HWGNRH/*Glock* Rn. 114).

111 Der ArbGeb. ist berechtigt, dem BR andere Räume als die bisher benutzten zur Verfügung zu stellen, sofern diese ebenfalls den konkreten Erfordernissen des BR genügen (LAG SchlH 19.9.2007 – 6 TaBV 14/07, NZA-RR 2008, 187 ff.; ArbG Hamburg 11.6.1987 – 8 Ga BV 4/87, DB 1987, 2658; GK-BetrVG/*Weber* Rn. 148; Richardi BetrVG/*Thüsing* Rn. 69). Er darf die bisherigen Räume jedoch nicht eigenmächtig ausräumen (LAG Frankfurt 14.1.2019 – 16 TaBVGa 6/19, AuA 2019, 610; SWS Rn. 30; WPK/*Kreft* Rn. 45). In diesem Falle hat der BR gegen den ArbGeb. einen Herausgabeanspruch (ArbG Freiburg 5.11.1996 – 7 BV 2/96, AiB 1997, 413).

In den Räumen des BR, die zu Sitzungen, Sprechstunden oder zur Abwicklung des Geschäftsbetriebes dienen, hat der BR das **Hausrecht** (BAG 18.9.1991 – 7 ABR 63/90, AP BetrVG 1972 § 40 Nr. 40; DKKW/*Wedde* Rn. 123; WPK/*Kreft* Rn. 45; GK-BetrVG/*Weber* Rn. 149; HWGNRH/*Glock* Rn. 115; Richardi BetrVG/*Thüsing* Rn. 69; MHdB ArbR/*Krois* § 296 Rn. 60). Dieses hat auch der ArbGeb. zu beachten, der nicht gegen den Willen des BR BRRäume öffnen und betreten darf (LAG Nürnberg 1.4.1999 – 6 Ta 6/99, NZA 2000, 335; ArbG Mannheim 20.10.1999 – 12 BV 4/99, AiB 2001, 48). Das Hausrecht besteht im Rahmen und zur Erfüllung der ihm obliegenden Aufgaben. Hieraus folgt, dass dem BR kein allgemeines und unbeschränktes Recht zusteht, vom ArbGeb. zu verlangen, den Zutritt eines jeden Dritten zu dem auf dem Betriebsgelände liegenden BRBüro zu gestatten (BAG 18.9.1991 – 7 ABR 63/90, AP BetrVG 1972 § 40 Nr. 40). Etwas anderes gilt, wenn der Anlass hierfür im Rahmen seiner Aufgaben liegt und der Zutritt von Dritten zur Erfüllung dieser Aufgaben geboten ist (ErfK/*Koch* Rn. 15). Deshalb kann der BR zB einen Rechtsanwalt, der in einem Betriebsverfassungsstreit mit der Prozessführung betraut werden soll oder betraut ist, zur Besprechung des Streitfalls im BRBüro empfangen (BAG 20.10.1999 – 7 ABR 37/98, BeckRS 2009, 56460; LAG SchlH 23.6.1998 – 1 TaBV 15/98, DB 1999, 392). Der BR kann ferner Vertreter der Medien zur Unterrichtung über seine Einstellung zu in der Öffentlichkeit bekannten betrieblichen Vorfällen in das BRBüro einladen, wenn der ArbGeb. seinerseits an die Öffentlichkeit getreten ist und auch eine Stellungnahme des BR geboten ist (HWGNRH/*Glock* Rn. 115; → § 74 Rn. 34). Die Ausübung des Hausrechts des BR ist erforderlichenfalls durch einstweilige Verfügung sicherzustellen. 112

Für die Durchführung von **BRVerslg.** und von **Betr.-** und **AbtVerslg.** hat der ArbGeb. ebenfalls die erforderlichen Räumlichkeiten einschließlich der sonstigen erforderlichen Sachmittel (zB Bestuhlung, Lautsprecheranlage) zur Verfügung zu stellen. Wenn dies im Betrieb nicht möglich ist, hat er entsprechende Räume anzumieten. 113

2. Sachmittel

Zu den **sächlichen Mitteln,** die der ArbGeb. für die Sitzungen, Sprechstunden und die laufende Geschäftsführung zur Verfügung stellen muss, gehören zunächst alle für eine büromäßige Erledigung dieser Aufgaben erforderlichen Utensilien, wie zB Schreibmaterialien, Diktiergerät, Schreibmaschinen, Aktenordner, verschließbare Aktenschränke, Briefpapier und Briefmarken. Hierzu kann auch ein Tischrechner mit Additionsrolle gehören (ArbG Münster 26.1.1989 – 2 BV 82/88, CR 1989, 825). Der BR hat ferner Anspruch auf Mitbenutzung von betrieblichen Kopiergeräten (Richardi BetrVG/*Thüsing* Rn. 73), in größeren Betrieben auch auf ein eigenes **Kopiergerät** (DKKW/*Wedde* Rn. 129; ErfK/*Koch* Rn. 16; GK-BetrVG/*Weber* Rn. 153; SWS Rn. 28). Die erforderlichen Sachmittel müssen dem betriebsüblichen Standard entsprechen. Zur Überlassung von Mitteln der modernen Informations- und Kommunikationstechnik → Rn. 127 ff. Der BR ist berechtigt, für seinen Schriftverkehr Briefpapier mit dem Kopf des Unternehmens und dem Zusatz „Der Betriebsrat" zu verwenden (HessLAG 28.3.1973 – 5 TaBV 66/73, DB 1973, 2451; GK-BetrVG/*Weber* Rn. 152). 114

Der BR hat ferner Anspruch auf die Bereitstellung von Sachmittel, die ihm eine ordnungsgemäße und angemessene Unterrichtung der AN des Betriebs gestatten. Hierzu gehört in erster Linie ein sog **„schwarzes Brett",** auf dem der BR seine Bekanntmachungen und Mitteilungen anbringen kann. Das Schwarze Brett ist an einer geeigneten, allen ArbN des Betriebs zugänglichen Stelle aufzuhängen. In größeren Betrieben kommen mehrere Schwarze Bretter in Betracht. Zur Informationsmöglichkeit mit Mitteln der modernen Informations- und Kommunikationstechnik → Rn. 133 ff. 115

Die Entscheidung darüber, was am Schwarzen Brett anzuschlagen ist, liegt beim BR, der aber nur Anschläge anbringen darf; die sich im Rahmen seiner Aufgaben 116 und seiner Zuständigkeit bewegen (LAG Hmb 6.6.1977 – 2 Ta BV 7/76, DB 1978, 118; LAG BW 10.11.1977 – 2 Ta BV 2/77, DB 1978, 799; GK-BetrVG/*Weber* Rn. 167; DKKW/*Wedde* Rn. 146; HWGNRH/*Glock* Rn. 141; Richardi BetrVG/*Thüsing* Rn. 86). Hierzu zählt auch die Unterrichtung der Belegschaft über die Rechtsansicht der Gewerkschaft zu einer bestimmten aktuellen betriebsverfassungsrechtlichen Frage; das ergibt sich aus der Unterstützungsfunktion der Gewerkschaft nach § 2 Abs. 1 (GK-BetrVG/*Weber* Rn. 1693; HWGNRH/*Glock* Rn. 141; **aA** LAG BW 10.11.1977 – 2 Ta BV 2/77, DB 1978, 799). Wegen Plakatwerbung der Gewerkschaften → § 74 Rn. 71. Der BR ist ferner nicht gehindert, in sachlicher Form seine von der des ArbGeb. abweichende Ansicht in einer bestimmten Frage am Schwarzen Brett bekannt zu geben.

117 **Unzulässig** sind jedoch Anschläge, durch die der Frieden des Betriebs beeinträchtigt wird (LAG Düsseldorf 25.5.1976 – 15 Ta BV 10/76, BB 1977, 294 für die Bekanntmachung der Korrespondenz zwischen ArbGeb. und BR in einer umstrittenen Frage) oder die offensichtlich Beleidigungen und Ehrenkränkungen des ArbGeb. enthalten (DKKW/*Wedde* Rn. 147). Letztere dürfen, wenn der BR sich weigert, den Anschlag zurückzunehmen und die Voraussetzungen der Notwehr oder der Nothilfe vorliegen, vom ArbGeb. entfernt werden (GK-BetrVG/*Weber* Rn. 170; HWGNRH/*Glock* Rn. 146; Richardi BetrVG/*Thüsing* Rn. 87; LAG Hamm 12.3.2004 – 10 TaBV 161/03, RDV 2004, 223 f.; **aA** DKKW/*Wedde* Rn. 148 nur über den Gerichtsweg). IÜ muss der ArbGeb. jedoch zur Beseitigung unzulässiger Aushänge den Rechtsweg beschreiten.

118 Die Unterrichtung der ArbN durch den BR ist jedoch nicht auf das schwarze Brett und die regelmäßigen BetrVerslg. (→ § 42 Rn. 7 ff.; → § 43 Rn. 5 ff.) beschränkt (BAG 8.2.1977 – 1 ABR 82/74, AP BetrVG 1972 § 80 Nr. 10; 27.11.2002 – 7 ABR 36/01, AP BetrVG 1972 § 40 Nr. 75; **aA** *Eich* DB 1978, 398). Jedenfalls bei Vorliegen besonderer Umstände (zB Dringlichkeit einer Unterrichtung vor der nächsten BetrVerslg. und Unzugänglichkeit anderer Informationsmittel, keine überhöhten Kosten) können auch **Rundschreiben des BR aus konkretem Anlass** erforderlich sein (BAG 21.11.1978 – 6 ABR 85/76, AP BetrVG 1972 § 40 Nr. 15; LAG Hmb 6.6.1977 – 2 Ta BV 7/76, DB 1978, 118; vgl. auch LAG BW 10.11.1977 – 2 Ta BV 2/77, DB 1978, 799; GK-BetrVG/*Weber* Rn. 172; Richardi BetrVG/*Thüsing* Rn. 88; SWS Rn. 23; *Löwisch* FS Hilger/Stumpf, 1983, 431 ff.). Dieser konkrete Anlass kann sich auch aus der Tätigkeit des GesBR ergeben, da Informationen an die ArbN aus seinem Bereich durch die BR erfolgt und der GesBR nach Ansicht des BAG (21.11.1978 – 6 ABR 55/76, AP BetrVG 1972 § 50 Nr. 4) zur Herausgabe eines eigenen Informationsblattes auf Kosten des ArbGeb. nicht berechtigt ist. Letzterem ist nicht zuzustimmen. Bei Vorliegen besonderer Umstände kann auch ein Rundschreiben des GesBR in Angelegenheiten seiner originären Zuständigkeit (→ § 50 Rn. 15 ff.) auf Kosten des ArbGeb. in Betracht kommen, insbes. wenn in einer wichtigen und dringenden Angelegenheit eine schnelle Information durch die einzelnen BR nicht gewährleistet ist (**aA** GK-BetrVG/*Weber* Rn. 174; Richardi BetrVG/*Thüsing* Rn. 89). Wo die Möglichkeit eines Rundschreibens des BR aus konkretem Anlass nicht nur ein seltener Ausnahmefall ist, sollten die Betriebspartner zur Vermeidung von Streitigkeiten im Einzelfall eine nähere Vereinbarung über die Modalitäten von Rundschreiben des BR treffen.

3. Fachliteratur

119 Zu den dem BR zur Verfügung zu stellenden sächlichen Mitteln gehört insbes. die einschlägige **Fachliteratur,** die der BR zur Erfüllung seiner Aufgaben benötigt. Hierzu zählen zum einen die wichtigsten **arbeits-** und **sozialrechtlichen Gesetzestexte.** Hierzu gehören insbes. BetrVG, ArbGG, KSchG, SGB IX, BUrlG, JArbSchG, ArbNErfG, EntgeltfortzahlungsG, ArbZG, ASiG, SGB III – Arbeitsförderung, ArbPlSchG, ArbStättV, BBiG, BetrAVG, TVG, arbeitsrechtliche Vorschriften

des BGB, der GewO und des HGB, HAG, MuSchG, TzBfG, VermbG, AÜG (zur Überlassung der Gesetzessammlung Nipperdey I Arbeitsrecht vgl. VGH BW 27.11.1984 – 15 S 2665/83, NZA 1986, 105). Die wichtigsten arbeitsrechtlichen Gesetzestexte, wie sie in den gängigen Taschenbuchausgaben enthalten sind, sind jedem BRMitgl zu überlassen (BAG 24.1.1996 – 7 ABR 22/95, AP BetrVG 1972 § 40 Nr. 52; LAG Brem 3.5.1996 – 4 TaBV 46/95, LAGE § 40 BetrVG 1972 Nr. 50; LAG Düsseldorf 12.4.1988 – 11 Ta BV 147/87, DB 1988, 1072; LAG SchlH 11.4.1995 – 1 TaBV 4/95, BB 1995, 1188; DKKW/*Wedde* Rn. 184; ErfK/*Koch* Rn. 17; GK-BetrVG/*Weber* Rn. 154; HWGNRH/*Glock* Rn. 129f; einschränkend LAG Bln 10.10.1988 – 9 TaBV 6/88, DB 1989, 683; 5.10.1992 – 9 TaBV 3/92, 9 TaBV 5/92, BB 1993, 725; vgl. auch LAG Hamm 21.2.1990 – 3 TaBV 103/89, BB 1990, 1062; SWS Rn. 36). Dagegen dürfte es bei der umfassenden arbeitsrechtlichen Gesetzessammlung von „Nipperdey I, Arbeitsrecht" ausreichen, wenn sie in einer Zahl zur Verfügung stehen, die im Bedarfsfall dem einzelnen BRMitgl. eine jederzeitige Einsichtnahme ermöglicht. Außerdem sind dem BR die für den Betrieb maßgebenden TV und Unfallverhütungsvorschriften zu überlassen. Zur Frage der Informationsbeschaffung über das Internet → Rn. 134.

Jedem BR – auch in einem Kleinbetrieb – ist stets ein **aktueller Kommentar zum Betriebsverfassungsgesetz,** das die Grundlage seiner gesamten Tätigkeit bildet, zu überlassen (BAG 26.10.1994 – 7 ABR 15/94, AP BetrVG 1972 § 40 Nr. 43; DKKW/*Wedde* Rn. 188; GK-BetrVG/*Weber* Rn. 160; Richardi BetrVG/*Thüsing* Rn. 78; *Bulla* DB 1974; 1623). In mittleren und großen BR können auch mehrere aktuelle Kommentare erforderlich sein, damit der BR unterschiedliche Sichtweisen zu anstehenden Fragen kennen lernen und sich mit ihnen auseinandersetzen kann (ArbG Halberstadt 17.6.1998 – 3 BV 3/98, AiB 1998, 585; enger HessLAG 2.12.1993 – 12 TaBV 75/93, DB 1994, 1044). Bei der Auswahl der Kommentare darf der BR bestimmte Werke bevorzugen (BAG 26.10.1994 – 7 ABR 15/94, AP BetrVG 1972 § 40 Nr. 43; LAG SchlH 11.4.1995 – 1 TaBV 4/95, BB 1995, 1188; DKKW/*Wedde* Rn. 188; GK-BetrVG/*Weber* Rn. 160; Richardi BetrVG/*Thüsing* Rn. 78; **aA** HWGNRH/*Glock* Rn. 134). Bei BRMitgl., die als Außendienstmitarbeiter tätig sind, kann es erforderlich sein, zusätzlich ein persönliches Exemplar eines (preisgünstigen) Basiskommentars zur Verfügung zu stellen (ArbG Düsseldorf 18.11.2003 – 3 BV 131/03, NZA-RR 2004, 311ff.). 120

Jedenfalls in mittleren und Großbetrieben sind dem BR auch **kommentierte Ausgaben** der wichtigsten arbeitsrechtlichen Gesetze zur Verfügung zu stellen (LAG RhPf 18.11.1999 – 4 TaBV 22/99, NZA-RR 2000, 534 bzgl. MuSchG für fünfköpfigen BR; *Kort* NZA 1990, 599; **enger** HWGNRH/*Glock* Rn. 139, Richardi BetrVG/*Thüsing* Rn. 78, im Allgemeinen nur Mitbenutzung; *Bulla* DB 1974, 1624; **weitergehend** DKKW/*Wedde* Rn. 188ff.; *Sandvoss,* MitbGespr., 1979, 31, die jedem BR einen Anspruch auf einen Kommentar zu allen wichtigen arbeits- und sozialrechtlichen Gesetzen zuerkennen). Das Gleiche gilt für ein aktuelles arbeitsrechtliches Handbuch (LAG Brem 3.5.1996 – 4 TaBV 46/95, LAGE § 40 BetrVG 1972 Nr. 50; **aA** SWS Rn. 36). In kleineren Betrieben kann es ausreichen, wenn Gesetzestexte und geeignete Kommentare des ArbGeb. zur jederzeitigen Mitbenutzung des BR an einer stets zugänglichen Stelle zur Verfügung stehen (GK-BetrVG/*Weber* Rn. 157; HWGNRH/*Glock* Rn. 139; **aA** DKKW/*Wedde* Rn. 189, 194). In Betrieben der privatisierten Bahn- und Postunternehmen, in denen auch weiterhin Beamte beschäftigt werden, sind auch ein Kommentar des BPersVG und des Beamtenrechts zur Verfügung zu stellen (DKKW/*Wedde* Rn. 187). Gleiches gilt in Betrieben der Kooperationsunternehmen der Bundeswehr, in denen Beamte beschäftigt sind; soweit dort auch Soldaten beschäftigt werden, kann auch ein Kommentar zum Soldatenrecht erforderlich sein. 121

Außerdem hat der BR uU Anspruch auf Überlassung von **Spezialliteratur** zu bestimmten Sachbereichen, in denen ihm wesentliche Beteiligungsrechte zustehen. Zu denken ist hier zB an die Bereiche Personalplanung, Akkord- und Prämienwesen, 122

Unfallverhütung, Gestaltung von Arbeitsplatz und Arbeitsmitteln, menschengerechte Gestaltung der Arbeit, gefahrengeneigte Arbeit, Gleichbehandlung (DKKW/*Wedde* Rn. 186; ErfK/*Koch* Rn. 17).

123 Dem BR ist ferner eine arbeits- und sozialrechtliche **Fachzeitschrift** zur Verfügung zu stellen, in mittleren und größeren Betrieben ggf. auch eine arbeitsrechtliche Entscheidungssammlung (DKKW/*Wedde* Rn. 191; ErfK/*Koch* Rn. 17; HWGNRH/*Glock* Rn. 129, 135; *Sandvoss,* MitbGespr., 1979, 33; Schaub/*Koch* § 222 Rn. 19; einschränkend *Kort* NZA 1990, 599; Richardi BetrVG/*Thüsing* Rn. 78; **aA** bzgl. einer Entscheidungssammlung *Bulla* DB 1974, 1624; LAG Düsseldorf 27.6.1978 – 5 Ta BV 32/78, BB 1978, 1413). Der BR hat bei der Auswahl, welche Zeitschrift für seine Tätigkeit erforderlich ist, einen Ermessensspielraum, der nicht dadurch verletzt ist, dass die Zeitschrift – wie zB die Zeitschrift „Arbeitsrecht im Betrieb" – in einem gewerkschaftseigenen Verlag erscheint (BAG 21.4.1983 – 6 ABR 70/82, AP BetrVG 1972 § 40 Nr. 20; LAG Nds 15.2.1989 – 4 TaV 117/88, ArbuR 1989, 289; GK-BetrVG/*Weber* Rn. 161; DKKW/*Wedde* Rn. 193; **aA** SWS Rn. 38; *Schwerdtner* DB 1981, 988). Die gegen die Entscheidung des BAG 21.4.1983 (6 ABR 70/82, AP BetrVG 1972 § 40 Nr. 20) eingelegte Verfassungsbeschwerde wurde vom BVerfG nicht zur Entscheidung angenommen (BVerfG 10.12.1985 – 6 ABR 70/82, AP BetrVG 1972 § 40 Nr. 20a).

124 Allgemein dürfte die Überlassung einer Fachzeitschrift ausreichen (LAG Bln, ArbuR 1993, 346). Im Hinblick auf die bes. Bedeutung des Arbeits- und Gesundheitsschutzes für die Arbeitnehmer und die dem BR in diesem Bereich eingeräumten Beteiligungsrechte (→ § 87 Rn. 257 ff.; → § 88 Rn. 15 ff.; → § 89 Rn. 11 ff.) können in Betrieben mit besonderen Gesundheitsgefährdungen (zB durch gefährliche Stoffe) auch **spezielle Fachzeitschriften** auf diesem Gebiet zu den erforderlichen Sachmitteln gehören. Die Erforderlichkeit des Bezuges spezieller Fachzeitschriften ist vom BR konkret darzulegen (BAG 25.1.1995 – 7 ABR 37/94, AP BetrVG 1972 § 40 Nr. 46, das wegen der bereits vorhandenen Fachliteratur des BR den Bezug der „Arbeit & Ökologie-Briefe" als nicht erforderlich angesehen hat; ebenso GK-BetrVG/*Weber* Rn. 162; ErfK/*Koch* Rn. 17; zum Letzteren **aA** HessLAG 21.3.1991 – 12 TaBV 191/90, BB 1991, 1712; DKKW/*Wedde* Rn. 193). Letzteres gilt auch für die Zeitschrift „Computer-Fachwissen für Betriebs- und Personalräte", wobei zur Begründung der Erforderlichkeit ein allgemeiner Hinweis auf die Bedeutung der neuen Medien und die technische Ausstattung des Betriebs mit Personalcomputern und rechnergestützten CNC Bearbeitungszentren für sich allein nicht ausreicht (LAG Düsseldorf 30.9.1997 – 8 TaBV 44/97, LAGE § 40 BetrVG 1972 Nr. 60).

125 In Betrieben mit vielen ausländischen ArbN gehört auch ein fremdsprachliches **Wörterbuch** zu den erforderlichen Sachmitteln (*Brill* BB 1978, 1575; GK-BetrVG/*Weber* Rn. 164; WPK/*Kreft* Rn. 48; ErfK/*Koch* Rn. 17; *Kort* NZA 1990, 599). Unter besonderen Umständen kann dies auch für die **Tagespresse** gelten (vgl. ArbG Darmstadt 30.10.1986 – 2 BV 5/86, DB 1987, 746 hinsichtlich des „Handelsblatts" für einen BR in der Automobilbranche; DKKW/*Wedde* Rn. 195; **aA** BAG 29.11.1989 – 7 ABR 42/89, AP BetrVG 1972 § 40 Nr. 32; GK-BetrVG/*Weber* Rn. 164; Richardi BetrVG/*Thüsing* Rn. 78; WPK/*Kreft* Rn. 48; *Brill* DB 1977, 2143).

126 Ein Anspruch auf Überlassung einer Lohnabzugstabelle besteht nicht, da der BR auf dem Gebiet der Lohnsteuer keine Zuständigkeit hat (LAG Düsseldorf 22.8.1968 – 7 BV Ta 4/68, BB 1970, 79; BAG 11.12.1973 – 1 ABR 37/73, AP BetrVG 1972 § 80 Nr. 5; WPK/*Kreft* Rn. 48).

4. Informations- und Kommunikationstechnik

127 Das BetrVerf-ReformG hat durch die Ergänzung des Abs. 2 ausdrücklich klargestellt, dass auch die **Informations- und Kommunikationstechnik** zu den dem BR zur Verfügung zu stellenden Sachmitteln gehört. Ursache für diese Ergänzung des

Abs. 2 waren zT erhebliche Meinungsverschiedenheiten in Rspr. und Rechtslehre darüber, ob und in welchem Umfang der BR Anspruch auf die Geräte und Möglichkeiten der modernen Informations- und Kommunikationstechnik hat und welcher Darlegungslast er zur Begründung ihrer Notwendigkeit unterliegt (vgl. zu dieser Streitfrage iE Fitting, 20. Aufl. 2000, Rn. 91, 104). Durch die neue gesetzliche Regelung ist nunmehr klargestellt, dass auch die Mittel der modernen Informations- und Kommunikationstechnik grds. zum normalen Geschäftsbedarf des BR gehören, wenn und soweit sie der Erfüllung der BRArbeit dienen (*Däubler* AuR 2001, 285; *Löwisch* BB 2001, 1744). Bei einer im Betrieb und hier insbes. in den der BRArbeit ähnlichen Verwaltungsbereichen benutzten Informations- und Kommunikationstechnik bedarf es keiner näheren Darlegung dafür, dass diese Technik auch dem BR zur Verfügung zustellen ist. Der betriebsübliche Standard steht auch dem BR zu (WPK/*Kreft* Rn. 49; *Däubler* AuR 2001, 285; *Hanau* RdA 2001, 71; *Konzen* RdA 2001, 84; *Löwisch* BB 2001, 1744 spricht zutreffend vom Prinzip der adäquaten Mittel; einschränkend *Beckschulze/Henkel* DB 2001, 1499; *Besgen* NZA 2006, 959; **aA** GK-BetrVG/*Weber* Rn. 177; *Weber* NZA 2008, 280 ff.). Soweit der BR eine über den betrieblichen Standard hinausgehende Technik verlangt, hat er im Zweifelsfalle ihre Erforderlichkeit näher darzulegen. Nach BAG ist mit der Einfügung der Kommunikations- und Informationstechnik als Sachmittel für den BR die Prüfung der Erforderlichkeit grds. nicht entbehrlich geworden (BAG 3.9.2003 – 7 ABR 12/03, AP BetrVG 1972 § 40 Nr. 78; 1.12.2004 – 7 ABR 18/04, AP BetrVG 1972 § 40 Nr. 82; 20.1.2010 – 7 ABR 79/08, NZA 2010, 709; 17.2.2010 – 7 ABR 81/09, NZA-RR 2010, 413). Bei der Beurteilung des erforderlichen Umfangs spielen aber insbes. das betriebsübliche Ausstattungsniveau und der Einsatz moderner Kommunikationsmittel auf Seiten des ArbGeb. eine wesentliche Rolle (BAG 1.12.2004 – 7 ABR 18/04, AP BetrVG 1972 § 40 Nr. 82). Dem BR steht bei der Bewertung der Erforderlichkeit ein Beurteilungsspielraum zu (so schon zum bisherigen Recht BAG 11.11.1998 – 7 ABR 57/97, AP BetrVG 1972 § 40 Nr. 64; 12.5.1999 – 7 ABR 36/97, AP BetrVG 1972 § 40 Nr. 65). Dabei hat er die Interessen der Belegschaft an einer sachgerechten Ausübung des BRAmts einerseits und berechtigte Interessen des ArbGeb., auch hinsichtl. der Begrenzung der Kostentragungspflicht, gegeneinander abzuwägen (BAG 3.9.2003 – 7 ABR 12/03, AP BetrVG 1972 § 40 Nr. 78; 1.12.2004 – 7 ABR 18/04, AP BetrVG 1972 § 40 Nr. 82: 20.4.2016 – 7 ABR 50/14, ZA 2016, 1033).

Zu den erforderlichen Informations- und Kommunikationsmitteln gehört ein dem **128** betrieblichen Standard entsprechendes **Telefon** (unstr.). Der BR hat Anspruch auf einen eigenen Nebenanschluss, von dem er ungestört und unkontrolliert interne und externe Gespräche führen kann (GK-BetrVG/*Weber* Rn. 183; DKKW/*Wedde* Rn. 131 f.; HWGNRH/*Glock* Rn. 116; Richardi BetrVG/*Thüsing* Rn. 72). In großen Betrieben kommt uU auch ein eigener Amtsanschluss in Betracht (DKKW/*Wedde* Rn. 131 f., insoweit **aA** BAG 20.4.2016 – 7 ABR 50/14, NZA 2016, 1033, wenn keine konkreten Anhaltspunkte für eine Überwachung bestehen und ArbGeb. in Vereinbarung festschreibt, dass die Aufzeichnung der Verkehrsdaten für den Nebenanschluss des BR unterdrückt werden; BAG 1.8.1990 – 7 ABR 99/88, ArbuR 1991, 188; HessLAG 18.3.1986 – 5 Ta BV 108/85, NZA 1986, 650; GK-BetrVG/*Weber* Rn. 183; Richardi BetrVG/*Thüsing* Rn. 72; HWGNRH/*Glock* Rn. 116; *Besgen/Prinz* Arbeiten 4.0 § 2 Rn. 72; *Kort* NZA 1990, 598). In kleinen Betrieben kann uU die Mitbenutzung des betrieblichen Fernsprechers ausreichen, wobei jedoch die Vertraulichkeit des Gesprächs gewährleistet sein muss (LAG RhPf 9.12.1991 – 7 TaBV 38/91, NZA 1993, 426; ErfK/*Koch* Rn. 16; WPK/*Kreft* Rn. 51; → Rn. 129). Da das Telefon auch der innerbetrieblichen Kontaktaufnahme und Kommunikation des BR mit den von ihm vertretenen ArbN dient, reicht es in einem Betrieb mit weit zerstreut liegenden Verkaufsstellen nicht aus, dass auf Grund entspr. fernmeldetechnischer Schaltungen nur die ArbN der Verkaufsstellen den BR anrufen können; vielmehr ist auch dem BR die Anrufbarkeit der ArbN der Verkaufsstellen zu ermöglichen (BAG 9.6.1999 – 7 ABR 66/97, AP BetrVG 1972 § 40 Nr. 66). Die telefonische Erreichbarkeit des BR durch die ArbN muss für jedes einzelne BRMitgl. gewährleistet sein; ein Verweis auf die Erreichbarkeit des BRVors. und dessen Stellvertr. bzw. des BRBüros einmal die Woche ist nicht ausreichend (BAG 27.11.2002 – 7 ABR 36/01, AP BetrVG 1972 § 40 Nr. 75). Zur Gewährleistung des innerbetriebl. Dialogs des BR mit den ArbN und zwischen den BRMitgl. ist es grds. erforderlich, dass die BRMitgl. jederzeit telefonieren können und telefonisch erreichbar sind. Je nach Sachlage kann hierzu auch die Freischaltung einer Amtsleitung gehören (BAG 19.1.2005 – 7 ABR 24/04, ZBVR 2005, 110). Dazu gehört auch, das ArbN in Verkaufsstellen, in denen kein BRMitgl. beschäftigt ist, die Möglichkeit haben, den BR telefonisch zu erreichen; sie können dazu nicht auf ihren Privatanschluss, Mobiltelefon oder öffentlichen Fernsprecher verwiesen werden (BAG 9.12.2009 – 7 ABR 46/08, NZA 2010, 662 unter Aufgabe seiner Rspr. v. 27.11.2002 – 7 ABR 33/01, AP BetrVG 1972 § 40 Nr. 76). Gleichermaßen hat der GesBR Anspruch auf Freischaltung der betriebsratslosen Verkaufstellen sowie auf eine vollständige Liste der vom ArbGeb. freigeschalteten Telefone in den nicht von einem BR repräsentierten Verkaufsstellen, um seine gesetzlichen Aufgaben erfüllen zu können (BAG 9.12.2009 – 7 ABR 46/08, NZA 2010, 662). Um die stetige Erreichbarkeit des BR zu ermöglichen, hat der BR auch Anspruch auf einen Anrufbeantworter (*Löwisch* BB 2001, 1744; *Besgen* NZA 2006, 959). Zum Erlass einer einstweiligen Verfügung LAG BW 3.3.2006 – 5 TaBV 9/05, LAGE Nr. 6 zu § 40 BetrVG 2001.

128a Bei Vorliegen besonderer Umstände kann es für die sachgerechte Erledigung von BRAufgaben erforderlich sein, dem BR auch ein oder mehrere **Handys** zu Verfügung zu stellen (vgl. ArbG Frankfurt AIB 1998, 233 für freigestellte BRMitgl. eines Betriebs mit zahlreichen weit auseinander liegenden Betriebstätten; LAG BW 3.3.2006 – 5 TaBV 9/05, LAGE Nr. 6 zu § 40 BetrVG 2001 Handy auch für stellvertretenden BRVors. möglich; LAG München 20.12.2005 – 8 TaBV 57/05, jurisPR-ArbR 35/2006 Anm. 5 grdstzl. bejahend aber im konkreten Fall unter Hinweis auf Stellvertretung abl. auch wenn BR-Vors. aufgrund weit auseinander liegender Betriebsstätten viel unterwegs sein muss; LAG Hamm 14.5.2010 – 10 TaBV 97/09, NZA-RR 2010, 522; LAG LSA – 4 TaBV 4/10, ArbR 2010, 664, wenn die Betriebsstätten weit auseinander liegen und das führen abhörsicherer Gespräche (Telefon im Kundenraum) nicht gewährleistet ist; HessLAG 28.11.2011 – 16 TaBV 129/11, NZA-RR 2012, 307: Kostenbelastung für 16 zusätzliche Handys iHv 352 EUR/montl. im Verhältnis zu 704 000 EUR/montl. für 32 000 Handys konzernweit hält sich iRd dem BR zustehenden Beurteilungsspielraum; HessLAG 13.3.2017 – 16 TaBV 212/16, ArbR 2017, 313 insb. wenn Betrieb diverse Außenstellen hat; DKKW/*Wedde* Rn. 137 ff.; vgl. auch WPK/*Kreft* Rn. 50; SWS Rn. 31; *Besgen/Prinz* Arbeiten 4.0 § 2 Rn. 77; *Kliemt/Panzer* AuA-Personal-Profi 2003, 8 [10 f.]; *Wedde* AiB 2002, 209 [212]; *Besgen* NZA 2006, 959; einschränkend *Beckschulze* DB 1998, 1817; GK-BetrVG/*Weber* Rn. 186; Richardi BetrVG/*Thüsing* Rn. 73; Kramer IT und Arbeitsrecht/*Kramer* C Rn. 275).

129 Ein **Abhören** der Gespräche von BRMitgl. ist sowohl aus persönlichkeitsrechtlichen (→ § 75 Rn. 145) als auch betriebsverfassungsrechtlichen Gründen (Verbot der Störung und Behinderung der BRArbeit, § 78 S. 1) **unzulässig.** Dagegen ist der Anschluss des BRTelefons an einen automatischen Gebührenzähler, der Zeitpunkt, Dauer und Anzahl der Gebühreneinheiten von Telefongesprächen von BRMitgl. aufzeichnet, jedenfalls dann nicht unzulässig, wenn eine derartige Aufzeichnung im Betrieb allgemein üblich ist und hierin keine Störung oder Behinderung der BRArbeit liegt (BAG 27.5.1986 – 1 ABR 48/84, AP BetrVG 1972 § 87 Überwachung Nr. 15; ErfK/*Koch* Rn. 16; GK-BetrVG/*Weber* Rn. 189; HWGNRH/*Glock* Rn. 116; Richardi BetrVG/*Thüsing* Rn. 72; **aA** ArbG Hamburg 19.12.1984 – 6 BV 14/83, DB 1985, 601; DKKW/*Wedde* Rn. 135; *Wohlgemuth/Mostert* ArbuR 1986, 146). Nicht zulässig ist dagegen die Aufzeichnung der Zielnummer (*Besgen* NZA 2006, 959; **aA** bei Ferngesprächen BAG 1.8.1990 – 7 ABR 99/88, ArbuR 1991, 188 mit abl. Anm. von *Wohlgemuth;* GK-BetrVG/*Weber* Rn. 189).

130 Der BR hat grds. auch Anspruch auf ein eigenes **Telefaxgerät.** Die gilt jedenfalls bei einem entsprechenden betrieblichen Standard oder, falls ein solcher nicht besteht, wenn dies wegen besonderer Umstände erforderlich ist, etwa wenn in den vom BR zu betreuenden weit auseinander liegenden Betriebsstätten gesonderte BRBüros eingerichtet sind und eine anderweitige Kommunikation zwischen diesen in einem zeitlich vertretbaren Rahmen sonst nicht durchführbar ist oder wenn zur ordnungsmäßigen Erledigung von BRAufgaben in einem erheblichen Umfang eine schnelle Verbindung zu außerbetrieblichen Stellen, etwa dem GesBR oder KBR, erforderlich ist (so bereits zum bisherigen Recht LAG Hamm 14.5.1997 – 3 TaBV 2/97, LAGE § 40 BetrVG 1972 Nr. 59; DKKW/*Wedde* Rn. 130; ErfK/*Koch* Rn. 16; *Kort* NZA 1990, 598; LAG Düsseldorf 24.6.1993 – 8 TaBV 33/93, NZA 1993, 1143, das allerdings im konkreten Fall die Erforderlichkeit verneint hat, da arbeitgeberseitig zwischen den ca. 40 km entfernt liegenden Betriebsstätten ein mindestens dreimal täglich verkehrender Kurierdienst eingerichtet war und dem BR die Mitbenutzung des betrieblichen Faxgerätes gestattet war; **aA** HWGNRH/*Glock* Rn. 118; LAG RhPf 2.2.1996 – 3 TaBV 37/95, BB 1996, 2465; 8.10.1997 – 8 TaBV 17/97, NZA-RR 1998, 403, wenn dem BR die Mitbenutzung der betriebseigenen Telefaxanschlüsse gestattet ist und der Inhalt ein- und ausgehender Faxe nicht gespeichert werden kann). In kleinen Betrieben kann uU die Mitbenutzung eines betrieblichen Faxgerätes ausreichen. Weitergehend LAG Nds 27.5.2002 – 5 TaBV 21/02, NZA-RR 2003, 250, wonach die Möglichkeit der Mitbenutzung regelmäßig hinter den berechtigten Geheimhaltungsinteressen des BR in den Hintergrund tritt – insbes. dann, wenn sich die Betriebsparteien regelmäßig in Rechts- und Regelungsstreitigkeiten auseinandersetzen.

131 Da **Personalcomputer** (PC) mit der dazu gehörenden **Peripherie** (Bildschirm, Drucker) und **Software** heute zu einer normalen Büroausstattung gehören, ist dieser nach dem neuen Abs. 2 grds. auch dem BR zur Verfügung zu stellen (*Däubler* AuR 2001, 285; *Konzen* RdA 2001, 84; *Löwisch* BB 2001, 1744; HaKo-BetrVG/*Wolmerath* Rn. 20f.; Richardi BetrVG/*Thüsing* Rn. 74; WPK/*Kreft* Rn. 53; JRH BetrVR-HdB/*Schuster* Kap. 4 Rn. 132; Kramer IT-Arbeitsrecht/*Kramer* C Rn. 253; so auch schon nach dem bisherigen Recht jedenfalls für mittlere und größere Betriebe: LAG Brem 4.6.2009 – 3 TaBV 4/09, NZA-RR 2009, 485; LAG Düsseldorf 6.1.1995 – 10 TaBV 103/97, LAGE § 40 BetrVG 1972 Nr. 45; LAG Hamm 12.2.1997 – 3 TaBV 57/96, LAGE § 40 BetrVG 1972 Nr. 55; LAG BW 19.9.1995 – 7 TaBV 4/95, NZA-RR 1996, 252; *Weiß/Weyand* BetrVG Rn. 18; wohl auch Richardi BetrVG/*Thüsing* Rn. 74; *Besgen* NZA 2006, 959 [961]; **aA** BAG 16.5.2007 – 7 ABR 45/06, AP BetrVG 1972 § 40 Nr. 90). Zum Drucker und ggf. Farbdrucker s. LAG Hamm 18.6.2010 – 10 TaBV 11/10, NZA-RR 2010, 521). Einer näheren Darlegung der Erforderlichkeit, so wie dies bisher zT gefordert wurde (BAG 11.3.1998 – 7 ABR 59/96, AP BetrVG 1972 § 40 Nr. 57; 11.11.1998 – 7 ABR 57/97, AP BetrVG 1972 § 40 Nr. 64; 12.5.1999 – 7 ABR 36/97, AP BetrVG 1972 § 40 Nr. 65; LAG Nds 13.12.1988 – 1 TaBV 60/88, NZA 1989, 442; LAG Köln 21.8.1997 – 5 TaBV 30/97, LAGE § 40 BetrVG 1972 Nr. 57) bedarf es nicht (so wohl auch WPK/*Kreft* Rn. 49, 53; LAG Brem 4.6.2009 – 3 TaBV 4/09, NZA-RR 2009, 485 – Ausnahme Kleinbetriebe; ebenso LAG Hamm 14.5.2010 – 10 TaBV 97/09, NZA-RR 2010, 522; LAG Nürnberg 4.11.2009 – 4 TaBV 44/09, ArbuR 2010, 272; **aA** BAG 16.5.2007 – 7 ABR 45/06, AP BetrVG 1972 § 40 Nr. 90; 20.1.2010 – 7 ABR 79/08, NZA 2010, 709; 17.2.2010 – 7 ABR 81/09, NZA-RR 2010, 413; 20.4.2016 – 7 ABR 50/14, NZA 2016, 1033; GK-BetrVG/*Weber* Rn. 177; HWGNRH/*Glock* Rn. 120f.; SWS Rn. 34a; *Weber* NZA 2008, 280ff.; *Kliemt/Panzer* AuA-Personal-Profi 2003, 8f. [13]; LAG Köln 29.4.2002 – 2 TaBV 31/01, NZA-RR 2003, 372; LAG Düsseldorf 21.11.2002 – 5 (10) TaBV 46/02, FA 2003, 151 aber unter Hinweis darauf, dass die Benutzung des PC auch die Möglichkeit dem ArbGeb. bietet ggf. weitergehende Freistellungen nach § 37 Abs. 2 zu sparen; LAG Düsseldorf 23.8.2005 – 12 TaBV 23/05, NZA-RR 2006, 139 unter Hin-

weis darauf, dass mit der Betriebsgröße die Arbeitsbelastung des BR zunimmt, was regelmäßig zur Erleichterung bei der Darlegung der Erforderlichkeit führt – zutreffend wertet das LAG den Verweis des BR ausschließlich auf hand- und maschinenschriftliche Schreibarbeiten als eine Herabwürdigung des BR gegenüber ArbGeb, Belegschaft und Dritten; dem zust. WPK/*Kreft* Rn. 50; ebenso LAG SchlH 27.1.2010 – 3 TaBV 31/09, BB 2010, 436). Auch unter Berücksichtigung der Rspr. des BAG zur Darlegung der Erforderlichkeit kommen die unterinstanzlichen Gerichte vermehrt dazu, festzustellen, dass die Versagung eines PC im heutigen Zeitalter und der rasanten Entwicklung der IuK-Technik und deren Nutzen mit dem Anliegen des Betriebsverfassungsgesetzes nicht mehr vereinbar ist, da hierdurch die Wahrnehmung und Erledigung der dem BR mit dem BetrVG übertragenen Aufgaben signifikant beeinträchtigt wird. BRAufgaben können nicht mehr in verantwortungsvollem Maß wahrgenommen werden; betriebsratsinterne Entscheidungs- und Meinungsbildungsprozesse werden im Vergleich zum ArbGeb. qualitativ eingeschränkt (vgl. dazu insbes. LAG München 19.12.2007 – 11 TaBV 45/07, AiB 2008, 545 ff.; LAG Köln 9.1.2008 – 7 TaBV 25/07, AuA 2008, 495; HessLAG 7.2.2008 – 9 TaBV 247/07, BeckRS 2011, 71716; so auch WPK/*Kreft* Rn. 53; *Braun* jurisPR-ITR 10/2008 Anm. 5; ebenso LAG Brem 4.6.2009 – 3 TaBV 4/09, NZA-RR 2009, 485 [488], es sei denn, es ist ein Kleinstbetrieb und ArbGeb. nutzt selbst keine IuK-Technik **aA** Weber NZA 2008, 280 ff.).

131a Der PC muss mit einer den Bedürfnissen des BR entsprechenden Hardware ausgestattet sein. Hierzu gehören auch ein Disketten-- und CD-Rom-Laufwerk, letzteres schon deshalb, weil in zunehmendem Maße auch für die BRArbeit erforderliches Wissen, zB arbeitsrechtliche Gesetze, Gerichtsentscheidungen und Fachliteratur auf CD-Rom zur Verfügung gestellt werden. Auch hier ist vom betriebsüblichen Standard in den Tätigkeitsbereichen auszugehen, die mit der BRArbeit vergleichbar sind. Das Gleiche gilt für Software-Programme. Stets zur Verfügung zu stellen sind Programme für Textverarbeitung und Tabellenkalkulation. Bei Bestehen eines betrieblichen Intranet ist auch ein Programm zu dessen Nutzung zu überlassen. Dem BR kann nicht veraltete Hard- und Software zur Verfügung gestellt werden; sie muss vielmehr mittlerer Art und Güte sein (BAG 19.5.1999 – 7 ABR 36/97, AP BetrVG 1972 § 40 Nr. 65; *Kliemt/Panzer* AuA-Personal-Profi 2003, 8 f.; *Besgen* NZA 2006, 959 [961]). Hält der BR eine Ausstattung für erforderlich, die das übliche Niveau übersteigt, hat er dies gesondert darzulegen (BAG 19.5.1999 – 7 ABR 36/97, AP BetrVG 1972 § 40 Nr. 65; *Kliemt/Panzer* AuA-Personal-Profi 2003, 8 f.; **aA** *Löwisch/Kaiser* Rn. 33, der den Anspruch auf das Niveau des ArbGeb. beschränkt). Dies kann insbes. für die Art des Zugangs zB über Modem oder DSL gelten (*Besgen* NZA 2006, 959 [962]; *Beckschulze* DB 2007, 1526 [1533]). Bei der Diskussion um die Überlassung eines PC und dessen Ausstattung wird auch die Entscheidung des BAG zu berücksichtigen sein, wonach der Einsatz moderner Kommunikationsmittel auf Seiten des ArbGeb. durchaus die Beurteilung der Frage des erforderlichen Umfangs der dem BR zur Verfügung zu stellenden Sachmittel beeinflusst (BAG 1.12.2004 – 7 ABR 18/04, AP BetrVG 1972 § 40 Nr. 82 zur Nutzung eines unternehmensweiten Intranets). Dies gilt auch für die Frage der Erforderlichkeit einer bestimmten Software, die ein höheres Sicherheitsniveau als die im Unternehmen verwendete hat (LAG Köln 9.7.2010 – 4 TaBV 25/10, NZA-RR 2011, 24). Bei Letzterem wird es darauf ankommen, ob das vom ArbGeb. gewählte Sicherheitsniveau den Anforderungen der DSGVO standhält. Nur wenn das Sicherheitsniveau des ArbGeb. nicht ausreichend ist, kann der BR für sich – aber auch iR seiner Überwachungsrechte nach § 80 – ein höheres Sicherheitsniveau verlangen. Des Weiteren können auch externe Speichermedien wie USB-Sticks oder externe Festplatten zur erforderlichen Ausstattung gehören (DKKW/*Wedde* § 40 Rn. 173; Kramer IT und Arbeitsrecht/*Kramer* C Rn. 273).

132 Ob dem BR auch ein **tragbarer PC** (Laptop, Tablet) zu überlassen ist, dürfte sich neben dem betrieblichen Standard insbes. nach den konkreten Bedürfnissen des BR und seiner Mitgl. bestimmen (JRH BetrVR-HdB/*Schuster* Kap. 4 Rn. 132; ErfK/*Koch* Rn. 16; Kramer IT und Arbeitsrecht/*Kramer* C Rn. 275). Ist ein BRMitgl. im Außendienst tätig oder obliegt ihm die Betreuung zahlreicher Filialen oder auswärtiger Betriebsteile, so dass ihm die Nutzung der technischen Infrastruktur des BRBüros nicht möglich ist, kann die Überlassung eines tragbaren PC/Tablet durchaus erforderlich sein (LAG Köln 13.12.2011 – 11 TaBV 59/11; *Däubler* Internet Rn. 469; *Besgen* NZA 2006, 959 [962]; einschränkend GK-BetrVG/*Weber* Rn. 181; Richardi BetrVG/*Thüsing* Rn. 74; HessLAG 25.7.2016 – 16 TaBV 219/15, ArbR 2016, 614; LAG Köln 17.10.1997 – 11 TaBV 15/97, NZA-RR 1998, 163 für Mitgl. des GesBR, wenn diese die technische Infrastruktur der BR in den einzelnen Betrieben nutzen können).

Besteht im Betrieb ein innerbetriebliches Informations- und Kommunikationssystem **(Intranet),** hat der BR Anspruch auf Nutzung dieses Systems. Das gilt sowohl für Informationen des BR an die ArbN des Betriebs als auch umgekehrt für die Kommunikation der ArbN mit dem BR (BAG 3.9.2003 – 7 ABR 12/03, AP BetrVG 1972 § 40 Nr. 78; 1.12.2004 – 7 ABR 18/04, AP BetrVG 1972 § 40 Nr. 82; ErfK/*Koch* Rn. 16). Das Recht des BR, im Rahmen seiner Aufgaben ein derartige betrieblichen System zu nutzen, ist nach der klarstellenden Ergänzung des Abs. 2 nicht mehr zu bestreiten (HaKo-BetrVG/*Wolmerath* Rn. 20f.; *Däubler* AuR 2001, 285; *Konzen* RdA 2001, 84; *Löwisch* BB 2001, 1744; *Beckschulze/Henkel* DB 2001, 1491; JRH BetrVR-HdB/*Schuster* Rn. 132; BAG 3.9.2003 – 7 ABR 12/03, AP BetrVG 1972 § 40 Nr. 78; 1.12.2004 – 7 ABR 18/04, AP BetrVG 1972 § 40 Nr. 82; einschränkend noch BAG 17.2.1993 – 7 ABR 19/92, AP BetrVG 1972 § 40 Nr. 37 hinsichtlich der Nutzung eines Verteilerschlüssels „an alle", mit dem eine Mitteilung an alle ArbN des Betriebs möglich ist; **aA** *Jansen* BB 2003, 1726, wonach die Entscheidung über die betriebliche Nutzung des Intranets ausschließlich dem ArbGeb. zusteht). Hierzu gehört auch das Recht, im Rahmen eines Intranets eine eigene **Homepage** des BR mit zu seinen Aufgaben gehörenden Informationen einzurichten, ohne das hierauf der ArbGeb Einfluss nehmen darf (BAG 3.9.2003 – 7 ABR 12/03, AP BetrVG 1972 § 40 Nr. 78; 1.12.2004 – 7 ABR 18/04, AP BetrVG 1972 § 40 Nr. 82; LAG Köln 27.9.2001 – 10 TaBV 38/01, NZA-RR 2002, 251; ArbG Paderborn 29.1.1998 – 1 BV 35/97, DB 1998, 678, *Besgen/Prinz* Arbeiten 4.0 § 2 Rn. 95; *Däubler* Internet Rn. 487ff.; *Wedde* AuR 2003, 313 Anm. zu LAG SchlH ebenda; *Beckschulze* DB 2003, 2777 [2784]; WPK/*Kreft* Rn. 54; HaKo-BetrVG/*Wolmerath* Rn. 23; DKKW/*Wedde* Rn. 102; GK-BetrVG/*Weber* Rn. 194; *Weber* NZA 2008, 280ff.; Schaub/*Koch* § 222 Rn. 22; *Beckschulze/Henkel* DB 2001, 1491; enger Richardi BetrVG/*Thüsing* Rn. 90; **aA** *Lelley* Internet Rn. 117; *Günther/Lenz* NZA 2019, 1241, 1244). Die Einrichtung einer Homepage ist grds. auch dann zu gewähren, wenn das Intranet betriebsübergreifend eingerichtet ist und damit auch ArbN anderer Betriebe hierauf Zugriff haben; Letzteres kann der ArbGeb. durch technische Beschränkungen oder entsprechende Anweisungen verhindern (BAG 1.12.2004 – 7 ABR 18/04, AP BetrVG 1972 § 40 Nr. 82; HaKo-BetrVG/*Wolmerath* Rn. 23; enger *Beckschulze* DB 2007, 1526 [1533], nur wenn auch ArbGeb. Intranet zur Information der ArbN nutzt; **aA** LAG RhPf 14.5.2003 – 2 TaBV 40/03, NZA-RR 2004, 310f.). Hinsichtlich des Inhalts gelten die Ausführungen zum schwarzen Brett uneingeschränkt (BAG 3.9.2003 – 7 ABR 12/03, AP BetrVG 1972 § 40 Nr. 78; LAG Hamm 12.3.2004 – 10 TaBV 161/03, RDV 2004, 223f.; *Däubler* Internet Rn. 492ff. → Rn. 116f.). Dem BR steht ein Unterlassungsanspruch nach § 78 S. 1 zu, wenn der ArbGeb. eigenmächtig vom BR ins Intranet eingestellte Informationen entfernt (BAG 3.9.2003 – 7 ABR 12/03, AP BetrVG 1972 § 40 Nr. 78; LAG Hamm 12.3.2004 – 10 TaBV 161/03, RDV 2004, 223; **aA** *Beckschulze* DB 2007, 1526 [1533], wenn ArbGeb. rechtswidrige Seiten entfernt). Nicht zulässig ist dagegen die Nutzung des Intranets zu **Streikaufrufen,** auch wenn dies vom BRMitgl. nicht in seiner Eigenschaft als BRMitgl. erfolgt: insoweit hat der ArbGeb. einen Unterlassungsanspruch nach § 1004 Abs. 1 BGB (BAG 15.10.2013 – 1 ABR 31/12, NZA **133**

2014, 319). Davon unabhängig kann der BR seinen E-Mail-Account nutzen, wenn sich ArbN an ihn in seiner Funktion als BR während des Arbeitskampfes wenden (BAG 15.10.2013 – 1 ABR 31/12, NZA 2014, 319).

133a Hat der ArbGeb. zur **innerbetrieblichen Kommunikation** ein **E-Mail-System** eingerichtet, kann der BR verlangen, dies ebenfalls zur Unterrichtung der ArbN nutzen zu können (GK-BetrVG/*Weber* Rn. 192; WPK/*Kreft* Rn. 55; *Wedde* AiB 2002, 209 [211]; *Besgen* NZA 2006, 959; *Priebe* AiB 2010, 317 [318]; nur in High-Tech- und anderen Unternehmen mit überwiegend elektronischem Schriftverkehr: Richardi BetrVG/*Thüsing* Rn. 90; *Kliemt/Panzer* AuA-Personal-Profi 2003, 8 [15 f.]; weiter einschränkend Schaub/*Koch* § 222 Rn. 22 nur wenn Information der ArbN über BetriebsVerslg. oder Informationsblätter wegen Kürze der Zeit untunlich ist). Anders als es in der Entscheidung des ArbG Frankfurt (NZA-RR 2002, 252) zum Ausdruck kommt, gibt es nicht nur die Wahl zwischen Zugang zum Intranet und Einrichtung einer eigenen Homepage oder Nutzung des betriebsinternen E-Mail-Systems. Vielmehr können dem BR beide Kommunikationsmittel zur Verfügung gestellt werden. Für die Übermittlung von Informationen kann der BR nicht ausschließlich auf das E-Mail-System verwiesen werden (BAG 3.9.2003 – 7 ABR 12/03, AP BetrVG 1972 § 40 Nr. 78; *Besgen* NZA 2006, 959 [961]; **aA** noch LAG RhPf 14.5.2003 – 2 TaBV 40/03, NZA-RR 2004, 310 f.). Bei der Nutzung des E-Mail-Systems kann der BR die Einrichtung eines eigenen **Funktionspostfachs** verlangen; er muss sich zur Kommunikation und Information der ArbN nicht auf seinen im Intranet eingerichteten Blog verweisen lassen (LAG SchlH 8.10.2015 – 5 TaBV 23/15, NZA-RR 2016, 195; Kramer IT und Arbeitsrecht/*Kramer* C Rn. 273 S. 477). Werden zur internen Kommunikation auch **soziale Medien,** wie zB Facebook, Twitter oder eigene interne soziale Netzwerke genutzt, kann die Nutzung und Einrichtung derselben für die Arbeit des BR erforderlich sein (DKKW/*Wedde* § 40 Rn. 150; *Günther/Lenz* NZA 2019, 1241; zurückhaltend *Besgen/Prinz* Arbeiten 4.0 § 2 Rn. 98; KRHS Rn. 28; ablehnend Kramer IT und Arbeitsrecht/*Kramer* C Rn. 273). Dagegen dürfte ein eigener Social-Media-Account zum Zwecke externer Kommunikation nicht als erforderlich angesehen werden können (ebenso *Günther/Lenz* NZA 2019, 1241, 1244; Kramer IT und Arbeitsrecht/*Kramer* C Rn. 273; **aA** wohl DKKW/*Wedde* Rn. 157).

134 Je nach dem betrieblichen Standard und den Erfordernissen des BR kann zu den ihm zu überlassenen Mitteln der modernen Informations- und Kommunikationstechnik auch der Zugang zum **Internet** gehören (BAG 3.9.2003 – 7 ABR 8/03, AP BetrVG 1972 § 40 Nr. 79; 23.8.2006 – 7 ABR 55/05, AP BetrVG 1972 § 40 Nr. 88; 17.2.2010 – 7 ABR 81/09, NZA-RR 2010, 413; 14.7.2010 – 7 ABR 80/08, DB 2010, 2731; 20.4.2016 – 7 ABR 50/14, NZA 2016, 1033; ErfK/*Koch* Rn. 16; HaKo-BetrVG/*Wolmerath* Rn. 26; *Wedde* AiB 2002, 209 [211]; *Wedde* AiB 2004, 694; Schaub/*Koch* § 222 Rn. 17; krit. Richardi BetrVG/*Thüsing* Rn. 91; **aA** LAG Köln 27.9.2001 – 10 TaBV 38/01, NZA-RR 2002, 251; *Kliemt/Panzer* AuA-Personal-Profi 2003, 8 [15]; *Beckschulze* DB 2003, 2777 [2783]; *Hunold* NZA 2004, 370 ff. bei objektiver Erforderlichkeit einschränkend auf die einschlägigen Internetseiten, kein generelles Zugangsrecht). Der Zugang zum Internet kann ein erforderliches Sachmittel des BR zur Erfüllung der ihm obliegenden Aufgaben sein, da sich der BR mit dessen Hilfe umfassend und schnell über aktuelle arbeits- und betriebsverfassungsrechtliche Fragen informieren kann; dies jedenfalls grdstzl. dann, wenn dem ArbGeb. auf Grund der technischen Ausstattung des Betriebs keine bzw. keine ins Gewicht fallenden zusätzlichen Kosten entstehen und andere entgegenstehende Interessen nicht bestehen (BAG 3.9.2003 – 7 ABR 8/03, AP BetrVG 1972 § 40 Nr. 79; 20.1.2010 – 7 ABR 79/08, NZA 2010, 709; 17.2.2010 – 7 ABR 81/09, NZA-RR 2010, 413; 17.2.2010 – 7 ABR 54/10, AP BetrVG 1972 § 40 Nr. 103; WPK/*Kreft* Rn. 55; die Entscheidung abl. *Beckschulze* DB 2003, 2777 [2784]). Die offenkundige Dienlichkeit des Internets zur Aufgabenerfüllung des BR wird in der neuesten Rspr. des BAG mittlerweile uneingeschränkt anerkannt; anders als noch bisher muss der

BR nicht mehr konkret darlegen, für welche der anstehenden BRAufgaben Informationen aus dem Internet erforderlich sind (BAG 20.1.2010 – 7 ABR 79/08, NZA 2010, 709; 17.2.2010 – 7 ABR 81/09, NZA-RR 2010, 413 unter Aufgabe der dazu ergangenen Rspr. in BAG 23.8.2006 – 7 ABR 55/05, AP BetrVG 1972 § 40 Nr. 88) oder welche ihm obliegenden Rechte und Pflichten ansonsten vernachlässigt werden müssten (ausdrückliche Abgrenzung zur früheren Entscheidung 16.5.2007 – 7 ABR 45/06, AP BetrVG 1972 § 40 Nr. 90); anders dazu noch *Hunold* NZA 2007, 314; *Weber* NZA 2008, 280 ff.; nach *Beckschulze* DB 2007, 1526 [1532 f.]: BR muss Positivliste der erforderlichen Internetseiten aufstellen; für eine Beschränkung des Internetzugangs auf die für die Arbeit des BR notwendigen Seiten: *Lelley* Internet Rn. 110 f.; *Besgen* NZA 2006, 959 [962]; *Gola* MMR 2005, 17 [19]). Verfügt der ArbGeb. in diesem Zusammenhang beispielsweise auch über einen Anschluss an eine juristische Datenbank (zB Juris) ist dem BR grds. ebenfalls ein Zugang zu erlauben, soweit dies keine unverhältnismäßigen Kosten verursacht (GK-BetrVG/*Weber* Rn. 200; WPK/*Kreft* Rn. 55; Kramer IT und Arbeitsrecht/*Kramer* C Rn. 2273 S. 478; *Weber* NZA 2008, 280 ff.). Der Zugang zum Internet beschränkt sich nicht allein auf Rechtsfragen; auch Informationen von privaten oder staatlichen Institutionen, soweit sie für die Wahrnehmung von BRAufgaben relevant sind, können eingeholt und genutzt werden (BAG 20.1.2010 – 7 ABR 79/08, NZA 2010, 709; 17.2.2010 – 7 ABR 81/09, NZA-RR 2010, 413). Der Umstand, dass zwar der ArbGeb. aber nicht die Filialleitungen über einen Internetanschluss verfügen, lassen den Anspruch nicht per se entfallen (BAG 17.2.2010 – 7 ABR 81/09, NZA-RR 2010, 413; 17.2.2010 – 7 ABR 54/10, AP BetrVG 1972 § 40 Nr. 103; **aA** wohl aber LAG Hamm 14.5.2010 – 10 TaBV 97/09, NZA-RR 2010, 522). Auch die nur eingeschränkte Nutzung des Internets durch den ArbGeb. rechtfertigt nicht per se die Ablehnung eines Internetzugangs für den BR (LAG Nds 27.10.2010 – 2 TaBV 55/10, BB 2011, 768). Im Rahmen der **Berücksichtigung betrieblicher Belange** kann nach BAG – je nach Einzelfall und der konkreten betrieblichen Situation – die konkrete Möglichkeit der Gefährdung besonderer Geheimhaltungsinteressen gegen einen Internetzugang sprechen. Auch soll nach den og BAG-Entscheidungen die konkrete Gefahr des Missbrauchs des Sachmittels ggf. zur Ablehnung desselben führen können. Dies ist abzulehnen: Um eine missbräuchliche Nutzung des Internets auszuschließen, reicht es aus, die Zugriffsrechte durch entsprechende Konfiguration der Firewall bzw. von Filtersoftware auf solche Bereiche zu beschränken, die einem generellen betrieblichen Nutzungsverbot unterliegen (*Gola* MMR 2005, 17 [19]). Störungen durch Viren oder Hackerangriffen kann der ArbGeb. in gleicher Weise vorbeugen, wie bei anderen mit Internetzugang ausgestatten PCs (BAG 17.2.2010 – 7 ABR 81/09, NZA-RR 2010, 413; 14.7.2010 – 7 ABR 80/08, DB 2010, 2731). Stellt der ArbGeb. dem BR einen Internetzugang über das betriebliche Intranet zur Verfügung, hat der BR keinen Anspr. auf einen Internetzugang über einen kostenverursachenden externen Provider (LAG BW 23.1.2013 – 13 TaBV 8/12, ArbuR 2013, 98). Die Zurverfügungstellung eines **eigenen,** vom ArbGeb. unabhängigen **Internetzugangs** hat das BAG ohne Vorliegen konkreter Anhaltspunkte für eine unzulässige Überwachung des BR durch den ArbGeb. zurecht abgelehnt (BAG 20.4.2016 – 7 ABR 50/14, NZA 2016, 1033; Kramer IT und Arbeitsrecht/*Kramer* C Rn. 273, S. 476; **aA** *Däubler* Internet Rn. 473). Soweit durch die Zwischenschaltung eines Proxy-Servers für den BR notwendige Internetseiten nicht erreichbar sind, kann der BR die Freischaltung nach Abs. 2 verlangen (BAG 20.4.2016 – 7 ABR 50/14, NZA 2016, 1033). Benutzt der BR bzw. ein BRMitgl eine **Domain-Adresse** in der der Name des ArbGeb. Bestandteil ist wie zB „xxx-br.de", verstößt dies mangels Verwechslungsgefahr grundsätzlich weder gegen das Namensrecht des ArbGeb. nach § 12 BGB noch gegen das Gebot der Rücksichtnahme gem. § 241 Abs. 2 BGB als arbeitsvertragliche Nebenpflicht (BAG 9.9.2015 – 7 AZR 668/13, NZA 2016, 435).

Die Eröffnung von Internetanschlüssen ist grds. nicht auf das Gremium BR beschränkt; der BR kann im Rahmen seines Beurteilungsspielraums auch die **Inter-** **134a**

netöffnung für die einzelnen BRMitgl. zur Erfüllung von BRAufgaben für erforderlich halten, soweit dem berechtigte Belange des ArbGeb. nicht entgegenstehen (BAG 14.7.2010 – 7 ABR 80/08, DB 2010, 2731; krit. *Hunold* NZA-RR 2011, 57 [61]). Die ggf. mit der Freischaltung von Internetanschlüssen verbundene Gebührenpflicht steht dem nicht entgegen (BAG 17.2.2010 – 7 ABR 92/09, AP BetrVG 1972 § 40 Nr. 104). Zu weitgehend *Däubler* Internet Rn. 468 und *Schomaker,* der auch für vorübergehende ErsatzMitgl. einen eigenen Internetzugang für erforderlich hält (Anm. zu BAG 14.7.2010 in AiB 2011, 54 [57]; wie hier Kramer IT Arbeitsrecht/*Kramer* C Rn. 273, S. 476). Auch kann der BR die Einrichtung eines **nicht personalisierten Internetzugangs,** zB über einen Gruppenaccount verlangen, soweit nicht berechtigte Interessen des ArbGeb. dem entgegenstehen (BAG 18.7.2012 – 7 ABR 23/11, NZA 2012, 49). Datenschutzrechtliche Bestimmungen stehen dem nicht entgegen. Recherchen im Internet sind für sich genommen keine Verarbeitung oder Nutzung personenbezogener Daten (BAG 18.7.2012 – 7 ABR 23/11, NZA 2012, 49). Soweit auf dem Rechner des BR personenbezogene Daten automatisiert verarbeitet oder genutzt werden, ist der BR selbst dem Datenschutz verpflichtet und hat eigenständig für die **Einhaltung des Datenschutzes** Sorge zu tragen (BAG 18.7.2012 – 7 ABR 23/11, NZA 2012, 49; 7.5.2019 – 1 ABR 53/47, NZA 2019, 1218 Rn. 45). Dazu gehört ua zu gewährleisten, dass nachträglich überprüft und festgestellt werden kann, ob und von wem personenbezogene Daten in das Datenverarbeitungssystem eingegeben, verändert oder entfernt worden sind; eine geeignete Eingabekontrolle kann zB die Bezeichnung BR 1, BR 2 etc sein (BAG 18.7.2012 – 7 ABR 23/11, NZA 2012, 49). Wird der Zugang zum Internet von einzelnen BRMitgl. zur **Unterrichtung der Öffentlichkeit** über betriebs- und betriebsratsinterne Vorgänge und Auseinandersetzungen genutzt, verstößt dies gegen den Grundsatz der vertrauensvollen Zusammenarbeit; dem ArbGeb. steht insoweit ein Unterlassungsanspruch zu (HessLAG 16.2.2005 – S 35 SO 28/05 ER, DB 2005, 617; *Beckschulze* DB 2007, 1526 [1533 f.]; *Günther/Lenz* NZA 2019, 1241, 1243). Zu den sonstigen Nutzungsmöglichkeiten zur Informationsbeschaffung vgl. ua *Däubler* Internet Rn. 503 ff.; *Lelley* Internet Rn. 99 ff.).

134b Ebenfalls zu den erforderlichen Sachmittel der Informations- und Kommunikationstechnik kann die Möglichkeit der **außerbetrieblichen e-mail-Nutzung** gehören, soweit berechtigte Belange des ArbGeb. dem nicht entgegenstehen (BAG 14.7.2010 – 7 ABR 80/08, DB 2010, 2731; *Konzen* RdA 2001, 84; *Däubler* AuR 2001, 286; *Wedde* AiB 2002, 209 [211]; Kramer IT und Arbeitsrecht/*Kramer* C Rn. 273; DKKW/*Wedde* Rn. 140 ff., 155; WPK/*Kreft* Rn. 55; einschr. *Beckschulze/Henkel* DB 2001, 1491; **aA** HWGNRH/*Glock* Rn. 140; *Kliemt/Panzer* AuA-Personal-Profi 2003, 8 [16]).

5. Büropersonal

135 Außerdem hat der ArbGeb. das zur Durchführung der Aufgaben des BR erforderliche **Büropersonal zur Verfügung zu stellen.** Hierbei wird es sich in erster Linie um Schreibkräfte handeln, die die anfallende Schreibarbeit des BR erledigen; jedoch kommen auch Kräfte für andere Hilfstätigkeiten in Betracht, sofern diese nicht von den Schreibkräften mit erledigt werden können (BAG 29.4.2015 – 7 ABR 102/12, NZA 2015, 1397; LAG BW 25.11.1987 – 2 TaBV 3/87, ArbuR 1989, 93; ErfK/*Koch* Rn. 18; Richardi BetrVG/*Thüsing* Rn. 79; MHdB ArbR/*Krois* § 296 Rn. 60). Der Anspruch auf eine Schreibkraft besteht grds. auch dann, wenn ein freigestelltes BRMitgl. selbst über schreibtechnische Kenntnisse verfügt (GK-BetrVG/*Weber* Rn. 202; HWGNRH/*Glock* Rn. 150). Der BR ist nicht verpflichtet, sämtliche Bürotätigkeiten selbst zu erledigen (BAG 20.4.2005 – 7 ABR 14/04, AP BetrVG 1972 § 40 Nr. 84). Dem Anspruch auf Überlassung von Büropersonal steht auch nicht entgegen, dass das BRBüro mit PC ausgestattet ist; die Ansprüche auf Überlassung von IuK-Technik und Büropersonal bestehen nicht wahlweise sondern sowohl als auch (BAG 20.4.2005 – 7 ABR 14/04, AP BetrVG 1972 § 40 Nr. 84). Bei seiner Entscheidung hat der BR – wie auch beim Sachmittelanspruch – die Interessen der Belegschaft an einer sachgerechten Ausübung des BRAmtes einerseits und den berechtigten Interessen des ArbGeb. andererseits, auch soweit sie auf die Begrenzung seiner Kostentragungspflicht gerichtet sind, zu berücksichtigen (BAG 20.4.2005 – 7 ABR 14/04, AP BetrVG 1972 § 40 Nr. 84). Je nach der Größe und Art des Betriebs wird es ausreichen, wenn der ArbGeb. eine Schreibkraft teilweise – sei es jeweils auf Anforderung, sei es stundenweise oder für bestimmte Tage in der Woche – für die BRArbeit zur Verfügung stellt. In größeren Betrieben dürfte es im Allgemeinen erforderlich sein, eine oder ggf. auch mehrere Schreibkräfte ausschließlich für die BRArbeit einzustellen. Entscheidend ist der tatsächliche Arbeitsanfall (BAG 20.4.2005 – 7 ABR 14/04, AP BetrVG 1972 § 40 Nr. 84; HaKo-BetrVG/*Wolmerath* Rn. 28; GK-BetrVG/*Weber* Rn. 202; DKKW/*Wedde* Rn. 198). Nach BAG 20.4.2005 – 7 ABR 14/04, AP BetrVG 1972 § 40 Nr. 84 hat der BR dabei darzulegen, welche bei ihm anfallenden Bürotätigkeiten einer Bürokraft übertragen werden sollen und welchen zeitlichen Aufwand diese Tätigkeit erfordert; ein Abstellen allein auf die BRGröße und Zugehörigkeit zu verschiedenen Ausschüssen und Gremien reicht danach nicht. Ist die Bürokraft selbst BRMitgl., ist sie nicht auf die nach § 38 Abs. 1 vorgeschriebene Anzahl freizustellender BRMitgl. anzurechnen (BAG 12.2.1997 – 7 ABR 40/96, AP BetrVG 1972 § 38 Nr. 19; DKKW/*Wedde* Rn. 196; GK-BetrVG/*Weber* Rn. 173; Richardi BetrVG/*Thüsing* Rn. 79; *Bayreuther* NZA 2013, 758). Von dem Anspruch auf Überlassung von Büropersonal werden auch solche Hilfspersonen erfasst, die der BR für die Vorbereitung und Abwicklung von Entscheidungen über die Wahrnehmung seiner Beteiligungsrechte benötigt (BAG 19.6.2012 – 1 ABR 19/11, NZA 2012, 1237 und dort Rn. 27; BAG 29.4.2015 – 7 ABR 102/12, NZA 2015, 1397; wissenschaftliche Mitarbeiter DKKW/*Wedde* Rn. 197; *Reichold/Rein* RdA 2016, 369; *Giertz* AiB 2018, 34; **aA** wohl *Bayreuther* NZA 2013, 758 [761], Hilfstätigkeiten nur im engeren Sinne, der aber die Überlassung wissenschaftlicher Mitarbeiter im Einzelfall mangels Begünstigung iSv § 78 BetrVG nicht grds. ablehnt), aber auch Personen, die der BR iRd Meinungs- und Informationsaustauschs mit den ArbN zur Informationsvermittlung heranzieht (BAG 29.4.2015 – 7 ABR 102/12, NZA 2015, 1397). Hierzu kann auch die Zurverfügungstellung **technischen Personals** gehören, wenn es um die Herstellung von IT-Sicherheit geht (ebenso GK-BetrVG/*Weber* Rn. 202; DKKW/*Wedde* Rn. 197), insb. im Zusammenhang des durch den BR zu gewährleistenden Schutzes der von ihm verarbeiteten personenbezogenen Daten.

Der BR hat einen Anspruch auf **Überlassung** des erforderlichen Büropersonals. 136
Er kann es schon mangels eigener Rechtspersönlichkeit nicht selbst einstellen. Bei der Auswahl des dem BR zur Verfügung zu stellenden Büropersonals ist diesem allerdings ein **Mitspracherecht** einzuräumen. Dies ergibt sich schon daraus, dass diese Tätigkeit ein gewisses Vertrauensverhältnis zum BR voraussetzt (BAG 5.3.1997 – 7 ABR 3/96, AP BetrVG 1972 § 40 Nr. 56; DKKW/*Wedde* Rn. 199; ErfK/*Koch* Rn. 18; *Weiß/Weyand* BetrVG Rn. 21; *Zumkeller/Lüber* BB 2008, 2067 ff.; **aA** GK-BetrVG/*Weber* Rn. 203; Richardi BetrVG/*Thüsing* Rn. 80; MHdB ArbR/*Krois* § 296 Rn. 68; offen gelassen von BAG 17.10.1990 – 7 ABR 69/89, AP BetrVG 1972 § 108 Nr. 8). Das Büropersonal tritt, auch wenn es ausschließlich für den BR tätig wird, nicht zu diesem in ein Arbeitsverhältnis. Partner des Arbeitsvertrages ist allein der ArbGeb. Der ArbGeb. hat gegen den BR keinen Anspruch auf tatsächliche Beschäftigung des ihm als Bürokraft zugewiesenen ArbN, wenn der BR die weitere Zusammenarbeit mit der Bürokraft wegen angeblichen Vertrauensbruchs ablehnt (BAG 5.3.1997 – 7 ABR 3/96, AP BetrVG 1972 § 40 Nr. 56).

Die **Rechtsstellung des Büropersonals** wird gesetzlich nicht näher umschrie- 137
ben. Das Direktionsrecht des ArbGeb. erstreckt sich nicht auf die Art und Weise der Durchführung der BRArbeit. Insoweit ist der BR berechtigt, **Arbeitsanweisungen** zu geben (HessLAG 19.2.2008 – 4 TaBV 147/07, BeckRS 2008, 54677; DKKW/

Wedde Rn. 200; ErfK/*Koch* Rn. 18; GK-BetrVG/*Weber* Rn. 204; HWGNRH/*Glock* Rn. 152; Richardi BetrVG/*Thüsing* Rn. 81; *Zumkeller/Lüber* BB 2008, 2067 ff.). Hinsichtlich der Frage der Eingruppierung ist zwischen der Tätigkeit als überlassene Bürokraft und der Amtstätigkeit als BRMitgl. zu unterscheiden (HessLAG 19.2.2008 – 4 TaBV 147/07, BeckRS 2008, 54677). Ebenfalls nicht eingruppierungsrelevant sind Tätigkeiten, die der BR unter Überschreitung seiner ihm übertragenen Direktionsbefugnis zuweist (HessLAG 19.2.2008 – 4 TaBV 147/07, BeckRS 2008, 54677; zust. *Zumkeller/Lüber* BB 2008, 2067 ff.). Das Büropersonal erlangt ebenso wie BRMitgl. durch seine Tätigkeit Kenntnis von Betriebs- und Geschäftsgeheimnissen (zur Teilnahme einer Schreibkraft an BRSitzungen → § 34 Rn. 11). Hierüber hat es Stillschweigen zu bewahren. Obwohl sich in der Regel eine entsprechende **Verschwiegenheitspflicht** bereits aus dem Arbeitsvertrag ergeben dürfte (so GK-BetrVG/*Weber* Rn. 205, HWGNRH/*Glock* Rn. 152; Richardi BetrVG/*Thüsing* Rn. 81), erscheint es im Interesse der Rechtsklarheit geboten, im Anstellungsvertrag ausdrücklich festzulegen, dass es derselben Verschwiegenheitspflicht unterliegt wie BRMitgl. (HaKo-BetrVG/*Wolmerath* Rn. 30). Die Schweigepflicht des Büropersonals hat allerdings nur vertragliche und keine strafrechtliche Bedeutung, so dass ihre Verletzung keine Bestrafung nach § 120 ermöglicht.

IV. Streitigkeiten

138 Streitigkeiten über die Geschäftsführungskosten des BR, insbes. auch über deren Notwendigkeit, sowie Streitigkeiten über die Bereitstellung der erforderlichen Sach- und Personalmittel des BR sind gem. §§ 2a, 80 ff. ArbGG im **arbeitsgerichtlichen Beschlussverfahren** zu entscheiden (BAG 12.2.1965 – 1 ABR 12/64, AP BetrVG § 39 Nr. 1; 18.4.1967 – 1 ABR 11/66, AP BetrVG § 39 Nr. 7; GK-BetrVG/*Weber* Rn. 220; Richardi BetrVG/*Thüsing* Rn. 94; *Dütz/Säcker* DB 1972, Beil. 17, 12). Das Gleiche gilt für Streitigkeiten über Fragen des Besitzrechts an BRAkten (BAG 3.4.1957 – 1 AZR 289/55, AP ArbGG 1953 § 2 Nr. 46). Da der BR selbst nicht vermögensfähig ist, geht bei Streitigkeiten über Geschäftsführungskosten sein Anspruch gegen den ArbGeb. auf **Übernahme der Kosten** oder für den Fall, dass eine Verbindlichkeit bereits begründet worden ist, auf **Freistellung von dieser Verbindlichkeit** (→ Rn. 92 ff.). Ein Antrag des BR auf generelle Feststellung der Erforderlichkeit bestimmter Kosten der BRTätigkeit ist im Allgemeinen unzulässig (BAG 16.10.1986 – 6 ABR 4/84, DB 1987, 1439; *Reitzke* ZBVR online 2015/6, 31 [33]).

139 Auch der Anspruch des **einzelnen BRMitgl.** gegen den ArbGeb. auf Kostentragung ist im **arbeitsgerichtlichen BeschlVerf.** geltend zu machen. Denn maßgebend ist, dass der Anspruch nicht wie der im Urteilsverfahren geltend zu machende Anspruch auf Fortzahlung des Arbeitsentgelts (→ § 37 Rn. 253) im Arbeitsverhältnis, sondern im BRAmt wurzelt (BAG 24.6.1969 – 1 ABR 6/69, AP BetrVG § 39 Nr. 8; 6.11.1973 – 1 ABR 8/73, AP BetrVG 1972 § 37 Nr. 5; 6.11.1973 – 1 ABR 26/73, AP BetrVG 1972 § 37 Nr. 6; 21.11.1978 – 6 ABR 10/77, AP BetrVG 1972 § 37 Nr. 35; 31.10.1972 – 1 ABR 7/72, AP BetrVG 1972 § 40 Nr. 2; 18.1.1989 – 7 ABR 89/87, AP BetrVG 1972 § 40 Nr. 28; 16.1.2008 – 7 ABR 71/06, NZA 2008, 546; 23.6.2010 – 7 ABR 103/08, NZA 2010, 1298; GK-BetrVG/*Weber* Rn. 221; HWGNRH/*Glock* Rn. 159; Richardi BetrVG/*Thüsing* Rn. 95). Das Gleiche gilt für Ansprüche eines BRMitgl. gegen den BR, zB wenn der ArbGeb. dem BR für seine Sachkosten einen Fonds zur Verfügung gestellt hat (→ Rn. 91) und das BRMitgl. die Erstattung von Aufwendungen aus diesem Fonds verlangt Richardi BetrVG/*Thüsing* Rn. 96; *Dütz* ArbuR 1973, 371). Auch Ansprüche inzwischen aus dem BR ausgeschiedener ArbN sind weiterhin im arbeitsgerichtlichen BeschlVerf. geltend zu machen (BAG 10.10.1969 – 1 AZR 5/69, AP ArbGG 1953 § 8 Nr. 1; GK-BetrVG/*Weber* Rn. 221; WPK/*Kreft* Rn. 59).

Der **Antrag** des BRMitgl. ist, wenn die konkret anstehende Verpflichtung noch nicht begründet worden ist, auf Übernahme dieser konkret zu bezeichnenden Kosten zu richten. Ist das BRMitgl. bereits eine Verpflichtung eingegangen und hat es die noch nicht erfüllt, ist der prozessuale Anspruch darauf zu richten, von der Verbindlichkeit freigestellt zu werden. Hat es die Verbindlichkeit bereits erfüllt, so ist der Antrag auf Zahlung des Erstattungsbetrages zu stellen (BAG 27.3.1979 – 6 ABR 15/77, AP ArbGG 1953 § 80 Nr. 7; → Rn. 92ff.). Die Rechtskraft einer früheren Entscheidung steht einem neuen Antrag nicht entgegen, wenn insbes. zwischenzeitl. eine neue reguläre BRWahl stattgefunden hat bzw. sich die tatsächlichen Verhältnisse maßgeblich geändert haben (LAG Köln 9.1.2008 – 7 TaBV 25/07, AuA 2008, 495). 140

Auch der **BR** ist befugt, **in eigenem Namen** Freistellungs- oder Erstattungsansprüche von BRMitgl. im BeschlVerf. geltend zu machen, und zwar mit dem Ziel der Freistellung seiner Mitgl. von der betreffenden Verbindlichkeit bzw. der Zahlung der betreffenden Geldschuld an diese Mitgl., nicht an sich selbst (BAG 27.5.2015 – 7 ABR 26/13, NZA 2015, 1141; 15.1.1992 – 7 ABR 23/90, AP BetrVG 1972 § 40 Nr. 41; 28.6.1995 – 7 ABR 47/94, AP BetrVG 1972 § 40 Nr. 47; 27.3.1979 – 6 ABR 15/77, AP ArbGG 1953 § 80 Nr. 7; 10.6.1975 – 1 ABR 140/73, AP BetrVG 1972 § 73 Nr. 1; WPK/*Kreft* Rn. 60; ErfK/*Koch* Rn. 19; GK-BetrVG/*Weber* Rn. 222; Richardi BetrVG/*Thüsing* Rn. 96). In diesem Verfahren sind die betroffenen BRMitgl. (auch eventuell betroffene Mitgl. der JAV) Beteiligte (BAG 27.5.2015 – 7 ABR 26/13, NZA 2015, 1141; BAG 15.1.1992 – 7 ABR 23/90, AP BetrVG 1972 § 40 Nr. 41). 141

Das BeschlVerf. ist auch die richtige Verfahrensart, wenn bei **Insolvenz** des ArbGeb. eine (angemeldete) Kostenerstattungsforderung im Insolvenzverfahren in Streit bleibt (→ Rn. 100ff.). 142

Rechtskräftige Beschlüsse über die Verpflichtung des ArbGeb. zur Tragung von Kosten oder des Sachaufwands des BR nach § 40 sind nach Maßgabe der Zwangsvollstreckungsvorschriften der ZPO **vollstreckbar** (vgl. § 85 ArbGG). Aufgrund der grdsätzl. Verpflichtung des ArbGeb, eine Ausstattung „mittlerer Art und Güte" zur Verfügung zu stellen (BAG 12.5.1999 – 7 ABR 36/97, NZA 1999, 1290), erfolgt die Vollstreckung einer arbeitsgerichtlichen Entscheidung zur Sachmittelausstattung des BR analog der §§ 262ff. BGB (LAG Nürnberg 10.12.2002 – 2 TaBV 20/02, NZA-RR 2003, 418). 143

Macht ein einzelnes BRMitgl. Freistellungs- oder Erstattungsansprüche geltend, ist der **BR notwendiger Beteiligter** iSv § 83 ArbGG (BAG 13.7.1977 – 1 ABR 19/75, AP ArbGG 1953 § 83 Nr. 8; ErfK/*Koch* Rn. 19; WPK/*Kreft* Rn. 59; HWGNRH/*Glock* Rn. 158). Dies gilt auch, wenn inzwischen ein neuer BR gewählt worden ist, da dieser Funktionsnachfolger des früheren BR ist (BAG 25.4.1978 – 6 ABR 9/75, AP BetrVG 1972 § 80 Nr. 11; 3.4.1979 – 6 ABR 64/76, AP BetrVG 1972 § 13 Nr. 1; 24.8.2011 – 7 ABR 8/10, NZA 2011, 1431; BAG 13.2.2013 – 7 ABR 36/11, NZA-RR 2013, 521; GK-BetrVG/*Weber* Rn. 221; Richardi BetrVG/*Thüsing* Rn. 97). Dies gilt auch beim Übergang von den gesetzlichen zu gewillkürten Betriebsverfassungsstrukturen, bei der Änderung eines TV nach § 3 BetrVG sowie bei deren Rückkehr zur gesetzlichen Struktur (BAG 24.8.2011 – 7 ABR 8/10, NZA 2011, 1431; 13.2.2013 – 7 ABR 36/11, NZA-RR 2013, 521; 9.4.2019 – 1 ABR 30/17, NZA 2019, 1061). 144

Ein vom BR oder einem einzelnen BRMitgl. in einem arbeitsgerichtlichen Beschlussverfahren als Verfahrensbevollmächtigter hinzugezogener **Rechtsanwalt** ist in einem BeschlVerf., das wegen der Freistellung von seinen Honoraransprüchen bzw. deren Erstattung eingeleitet wird, **kein Beteiligter** iSv § 83 ArbGG, da er nur in einem vertraglich begründeten, nicht jedoch in einem betriebsverfassungsrechtlichen Rechtsverhältnis zum BR bzw. zum ArbGeb. steht und das BeschlVerf. nur der Klärung betriebsverfassungsrechtlicher Rechtsbeziehungen dient (BAG 3.10.1978 – 6 ABR 102/76, AP BetrVG 1972 § 40 Nr. 14). Das Gleiche gilt in Bezug auf einen 145 von BR nach § 80 Abs. 3 hinzugezogenen Sachverständigen (BAG 25.4.1978 – 6 ABR 9/75, AP BetrVG 1972 § 80 Nr. 11; HWGNRH/*Glock* Rn. 159).

146 Hat eine **Gewerkschaft** erforderliche Geschäftsführungskosten des BR oder einzelner BRMitgl. verauslagt und sich deren Ansprüche abtreten lassen, so kann sie die abgetretenen Ansprüche ebenfalls im arbeitsgerichtlichen BeschlVerf. geltend machen; denn Anspruchsgrundlage und Rechtscharakter der Forderung ändern sich durch die Abtretung nicht (BAG 30.1.1973 – 1 ABR 1/73, AP BetrVG 1972 § 40 Nr. 3; 29.1.1974 – 1 ABR 41/73, AP BetrVG 1972 § 40 Nr. 5; 15.1.1992 – 7 ABR 23/90, AP BetrVG 1972 § 40 Nr. 41; 25.4.1978 – 6 ABR 22/75, AP BetrVG 1972 § 37 Nr. 33; ErfK/*Koch* Rn. 19; GK-BetrVG/*Weber* Rn. 223; Richardi BetrVG/*Thüsing* Rn. 59). Aus eigenem Recht, dh ohne Abtretung, ist sie nicht antragsberechtigt (DKKW/*Wedde* Rn. 205; Richardi BetrVG/*Thüsing* Rn. 98). Das Gleiche gilt für die Abtretung eines Freistellungsanspruchs des BR hinsichtlich erforderlicher Anwaltsgebühren an den **Rechtsanwalt,** der ihn in einem arbeitsgerichtlichen Beschlussverfahren vertreten hat (LAG Bln 26.1.1987 – 9 TaBV 7/86, AP BetrVG 1972 § 40 Nr. 25; ErfK/*Koch* Rn. 19); nicht zu den vom ArbGeb. nach § 40 zu tragenden Kosten gehört ein dem RA bei der gerichtlichen Durchsetzung seiner anwaltlichen Gebühren und Kosten entstandener Verzugsschaden (s. ausführlich BAG 1.8.2018 – 7 ABR 41/17, NZA 2018, 1574). Die Abtretung bedarf eines ordnungsmäßigen BRBeschlusses (BAG 13.5.1998 – 7 ABR 65/96, AP BetrVG 1972 § 80 Nr. 55). Sind alle BRMitgl. aus dem Betrieb und damit aus dem BR ausgeschieden und sind auch keine ErsMitgl. vorhanden, können trotz **Amtsende** die ausgeschiedenen BRMitgl. noch einen Beschluss über die Abtretung eines Freistellungsanspruches fassen (LAG Nds 24.1.2000 – 5 TaBV 25/99, NZA-RR 2000, 309). Nach dem Prinzip der Funktionsnachfolge und in entspr. Anwendung des § 22 BetrVG, § 49 S. 2 BGB, gehen mit Amtsende des BR dessen Rechtspositionen nicht ersatzlos unter (BAG 24.10.2001 – 7 ABR 20/00, AP BetrVG 1972 § 40 Nr. 71; 19.12.2018 – 7 ABR 79/16, NZA 2019, 940; 23.8.2006 – 7 ABR 51/05, AP BetrVG 1972 § 54 Nr. 12 auch für KBR; HessLAG 11.3.2019 – 16 TaBV 201/18, NZA-RR 2019, 537; Richardi BetrVG/*Thüsing* Rn. 59). Vielmehr gilt der BR hinsichtlich seiner noch nicht erfüllten Kostenerstattungs- und Freistellungsansprüche als fortbestehend mit der Folge, dass er auch nach Amtsende diese noch gegenüber dem ArbGeb. geltend machen oder an Dritte abtreten kann (BAG 24.10.2001 – 7 ABR 20/00, AP BetrVG 1972 § 40 Nr. 71; 23.8.2006 – 7 ABR 51/05, AP BetrVG 1972 § 54 Nr. 12 mit zust. Anm. *Wiese;* BAG 9.12.2009 – 7 ABR 90/07, NZA 2010, 461; BAG 17.11.2010 – 7 ABR 113/09, NZA 2011, 816; 19.12.2018 – 7 ABR 79/16, NZA 2019, 940; WPK/*Kreft* Rn. 40). Dies gilt grds. auch im Fall der Nichtigkeit des gewählten Organs → Rn. 8; BAG 23.8.2006 – 7 ABR 51/05, AP BetrVG 1972 § 54 Nr. 12.

147 Haben der BR oder einzelne BRMitgl. einen Freistellungsanspruch schuldbefreiend an den Gläubiger der Verpflichtung, auf den sich der Freistellungsanspruch bezieht, **abgetreten,** wandelt sich dieser mit der Abtretung in einen Zahlungsanspruch um (BAG 13.5.1998 – 7 ABR 65/96, AP BetrVG 1972 § 80 Nr. 55; 25.8.2004 – 7 ABR 60/03, AP BRAO § 43a Nr. 1; LAG Bln 10.10.1988 – 9 TaBV 6/88, DB 1989, 683). Weder der BR noch das BRMitgl. sind nach Abtretung des Kostenerstattungsanspruchs an den RA mangels eigener Rechtsbetroffenheit Beteiligte im Beschlussverfahren (BAG 22.11.2017 – 7 ABR 34/16, NZA 2018, 461). Gleiches gilt im Fall der Abtretung des Kostenerstattungsanspruchs aus Anlass einer Schulungsveranstaltung an die Gewerkschaft an einem von dieser eingeleiteten Beschlussverfahren, wenn das teilnehmende BRMitgl. keinen Ansprüchen mehr ausgesetzt ist, über die Kostentragung im Grunde keine Meinungsverschiedenheit besteht und sich der Streit über die Höhe der Kostenerstattung auf die Frage beschränkt, ob die Kostenrechnung aus koalitionsrechtlichen Gründen zu beanstanden ist (BAG 15.1.1992 – 7 ABR 23/90, AP BetrVG 1972 § 40 Nr. 41; DKKW/*Wedde* Rn. 205; HWGNRH/*Glock* Rn. 158). Ist der BR nicht mehr im Amt, ist dieser im Rahmen eines vom Forde-

rungsgläubiger angestrengten Beschlussverfahren nicht mehr zu beteiligen, da die Entscheidung nicht mehr die betriebsverfassungsrechtliche Stellung des BR berühren kann (BAG 9.12.2009 – 7 ABR 90/07, NZA 2010, 461).

Führen Streitigkeiten über die Tragung der Kosten zu einer wesentlichen Erschwerung der BRArbeit, kann der BR im **BeschlVerf.** eine **einstweilige Verfügung** beantragen (vgl. § 85 Abs. 2 ArbGG iVm § 940 ZPO; DKKW/*Wedde* Rn. 210; ErfK/*Koch* Rn. 19; GK-BetrVG/*Weber* Rn. 233; HWGNRH/*Glock* Rn. 161; Richardi BetrVG/*Thüsing* Rn. 100). Das gilt auch für die Zahlung von Kostenvorschüssen zB für Reise- oder Schulungskosten (ebenso Kramer IT und Arbeitsrecht/*Tiedemann* C Rn. 322). 148

Führt die Weigerung des ArbGeb., die ihm nach § 40 obliegende Pflichten zu erfüllen, zu einer Behinderung der BRArbeit, so kann dies den Straftatbestand des § 119 Abs. 1 Nr. 2 erfüllen (GK-BetrVG/*Weber* Rn. 234; Richardi BetrVG/*Thüsing* Rn. 101). In diesen Fällen kommt auch ein Verfahren nach § 23 Abs. 3 in Betracht. 149

§ 41 Umlageverbot

Die Erhebung und Leistung von Beiträgen der Arbeitnehmer für Zwecke des Betriebsrats ist unzulässig.

Inhaltsübersicht

I. Vorbemerkung

1 Die Vorschrift verbietet jede Umlage unter den ArbN für Zwecke des BR. Die Vorschrift gilt auch für den GesBR (§ 51 Abs. 1) und den KBR (§ 59 Abs. 1). Sie gilt ferner für die JAV (§ 65 Abs. 1), die GesJAV (§ 73 Abs. 2), die KJAV (§ 73b Abs. 2) die Bordvertr. (§ 115 Abs. 4) und den SeeBR (§ 116 Abs. 3). Auf die ArbNVertretungen nach § 3 Abs. 1 ist sie entsprechend anzuwenden. Die Vorschrift ist **zwingendes Recht.**

2 Entsprechende Vorschrift: § 45 BPersVG. Das SprAuG und EBRG enthalten keine entsprechende Vorschrift, jedoch ergibt sich das Umlageverbot mittelbar aus der allgemeinen Kostentragungspflicht des ArbGeb. nach § 14 Abs. 2 SprAuG und § 30 EBRG (GK-BetrVG/*Weber* Rn. 3).

II. Beitragsverbot für Zwecke des Betriebsrats

3 Das BRAmt ist ein Ehrenamt (vgl. § 37 Abs. 1). Die Kosten des BR hat der ArbGeb. zu tragen (§ 40). Deshalb verbietet § 41 es dem BR, die ArbN zu **Beiträgen** für Zwecke des BR zu veranlassen oder solche Beiträge entgegenzunehmen, oder Sammlungen für seine Tätigkeit durchzuführen. Das gilt sowohl für laufende Beitragsannahmen als auch für einmalige Sammlungen (DKKW/*Wedde* Rn. 2; ErfK/*Koch* Rn. 1; GK-BetrVG/*Weber* Rn. 4; HWGNRH/*Glock* Rn. 2; Richardi BetrVG/*Thüsing* Rn. 1 f.).

4 Eine Leistung von Beiträgen liegt nur vor, wenn diese aus dem **Vermögen des ArbN** stammen, sei es, dass sie die Beiträge abführen, sei es, dass ihnen zustehende

Ansprüche gekürzt werden (GK-BetrVG/*Weber* Rn. 4). Dies ist nicht der Fall, wenn eine Spielbank aus dem Tronc auch Personalaufwendungen bestreitet, die ihr durch die BRTätigkeit ihrer BRMitgl. entstehen. Denn nach dem SpielbankenG NRW steht den ArbN weder Eigentum an dem Tronc zu, noch haben sie Anspruch darauf; dass aus dem Tronc, der von Gesetzes wegen der Bestreitung von Personalaufwendungen der Spielbank dient, nicht auch die auf § 37 BetrVG beruhenden Personalaufwendungen abgedeckt werden dürfen (BAG 24.7.1991 – 7 ABR 76/89, AP BetrVG 1972 § 41 Nr. 1; vgl. auch LAG Köln, LAGE § 611 BGB Croupier Nr. 1; DKKW/*Wedde* Rn. 3; GK-BetrVG/*Weber* Rn. 4; Richardi BetrVG/*Thüsing* Rn. 4). Unzulässig ist es dagegen, Mittel aus dem Tronc für Sachmittelkosten des BR aufzuwenden. Anders als die Personalkosten der in den BR gewählten ArbN gehören Sachmittelkosten des BR nicht zu den Aufwendungen für das Personal iSd Spielbankgesetze der Länder (ausdrücklich zum SpielbankG SchlH BAG 14.8.2002 – 7 ABR 29/01, AP BetrVG 1972 § 41 Nr. 2 mit zust. Anm. *Wedde* AuR 2003, 272), da sie weder das Vermögen der ArbN erhöhen noch eigene Aufwendungen der ArbN ersparen. Die in den SpielbankG geregelte Verwendung des Troncaufkommens kann auch nicht im Wege der Vereinbarung mit den Arbeitnehmern einer anderen Verwendung zugänglich gemacht werden; die Regelungen sind abschließend und zwingend (BAG 14.8.2002 – 7 ABR 29/01, AP BetrVG 1972 § 41 Nr. 2).

5 Das Verbot der Leistung von Beiträgen für Zwecke des BR gilt auch für **Zuwendungen Dritter,** etwa der Gewerkschaften oder politischer Parteien (WPK/*Kreft* Rn. 4; GK-BetrVG/*Weber* Rn. 7; ErfK/*Koch* Rn. 1; HWGNRH/*Glock* Rn. 3; Richardi BetrVG/*Thüsing* Rn. 6; *Weiß/Weyand* BetrVG Rn. 2; MHdB ArbR/*Krois* § 296 Rn. 75). Auch Zuwendungen des ArbGeb., die über seine Kostentragungspflicht nach § 40 hinausgehen, sind unzulässig, da sie den Grundsatz der unentgeltlichen Ehrenamtes der BRMitgl. gefährden (DKKW/*Wedde* Rn. 2; Richardi BetrVG/*Thüsing* Rn. 5; GK-BetrVG/*Weber* Rn. 8; noch offen gelassen von BAG 29.9.2004 – 1 ABR 30/03, AP BetrVG 1972 § 40 Nr. 81).

6 Hat der BR **rechtswidrig** Leistungen oder sonstige Zuwendungen der ArbN oder Dritter für BRZwecke entgegengenommen, so können diese Leistungen gem. § 817 BGB **nicht zurückgefordert** werden, da sich das Verbot des § 41 auch gegen den Leistenden richtet (DKKW/*Wedde* Rn. 2; **aA** ErfK/*Koch* Rn. 1; GK-BetrVG/*Weber* Rn. 9; HaKo-BetrVG/*Wolmerath* Rn. 6; Wlotzke/Preis/Kreft/*Kreft* Rn. 5; HWGNRH/*Glock* Rn. 4; Richardi BetrVG/*Thüsing* Rn. 3; MHdB ArbR/*Krois* § 296 Rn. 74; *Esser,* Die Begünstigung von BRMitgl., S. 153). Hat der ArbGeb. rechtswidrig Leistungen aus dem Tronc für Sachmittelkosten des BR verwendet, so kann der BR vom ArbGeb. die Rückführung der Gelder an den Tronc in entsprechender Anwendung des § 1004 Abs. 1 S. 1 BGB verlangen (BAG 14.8.2002 – 7 ABR 29/01, AP BetrVG 1972 § 41 Nr. 2). Das Umlageverbot des § 41 zum Schutz der Unabhängigkeit des BR ist Schutzgesetz iSd § 823 Abs. 2 BGB und gehört damit zu den rechtlich geschützten Interessen im Sinne des § 1004 BGB (BAG 14.8.2002 – 7 ABR 29/01, AP BetrVG 1972 § 41 Nr. 2; zust. *Wedde* AuR 2003, 272; HaKo-BetrVG/*Wolmerath* Rn. 6; WPK/*Kreft* Rn. 3).

7 Ein Beschluss des BR oder der BetrVerslg., der dem Verbot des § 41 zuwiderläuft, ist nach § 134 BGB **nichtig** (GK-BetrVG/*Weber* Rn. 9; HaKo-BetrVG/*Wolmerath* Rn. 6; Richardi BetrVG/*Thüsing* Rn. 3).

III. Sammlungen und Spenden für andere Zwecke

8 § 41 verbietet nur Beiträge und sonstige Zuwendungen für Zwecke des BR, dh für Zwecke, die mit den Aufgaben des BR zusammenhängen. Geldsammlungen oder Zuwendungen für **andere Zwecke** werden von der Vorschrift unmittelbar nicht erfasst. Da § 41 neben anderen Vorschriften (zB §§ 37, 40, 78) der Absicherung der ehrenamtlichen Tätigkeit und der Unabhängigkeit des BR dient (GK-BetrVG/*Weber*

Rn. 1; BAG 14.8.2002 – 7 ABR 29/01, AP BetrVG 1972 § 41 Nr. 2), ist sie auf Leistungen und Zuwendungen an den BR zu anderen Zwecken jedoch jedenfalls dann **entsprechend anwendbar,** wenn hierdurch dem BR in größerem Umfang und auf Dauer Mittel zur eigenen Verwaltung zur Verfügung stehen. Das Ehrenamt und die Unabhängigkeit des BR wird jedoch nicht durch gelegentliche Sammlungen für betriebliche Zwecke gefährdet, die nicht mit den Aufgaben des BR zusammenhängen und mit denen lediglich einer sittlichen Pflicht oder einem allgemeinen Anstandsgebot entsprochen werden soll. Zulässig sind deshalb zB Sammlungen für ein Jubiläums- oder Geburtstagsgeschenk, für eine Kranzspende, für ein gemeinsames Fest der ArbN oder für die Opfer einer besonderen Katastrophe, auch wenn derartige Sammlungen vom BR ausgehen (*Löwisch/Kaiser* Rn. 4; Richardi BetrVG/*Thüsing* Rn. 8; **aA** MHdB ArbR/*Krois* § 296 Rn. 76) oder von einzelnen BRMitgl. in die Hand genommen werden (DKKW/*Wedde* Rn. 5; ErfK/*Koch* Rn. 1; GK-BetrVG/*Weber* Rn. 5; HWGNRH/*Glock* Rn. 5; SWS Rn. 1; *Weiß/Weyand* BetrVG Rn. 2). Da solche Sammlungen nicht zu den Aufgaben des BR und der Amtstätigkeit der BRMitgl. gehören, bedarf ihre Durchführung während der Arbeitszeit des Einverständnisses des ArbGeb (HaKo-BetrVG/*Wolmerath* Rn. 7). Dieses kann stillschweigend gegeben werden und ist stets anzunehmen, wenn der ArbGeb. trotz Kenntnis derartigen Sammlungen nicht widerspricht.

Nicht als zulässig anzusehen ist dagegen die Verwaltung von (Dauer-)**Kassen,** in die zB Aufsichtsratsvergütungen der ArbNVertr., Überschüsse aus der Kantinenverwaltung oder aus dem Betrieb von Getränke- und Zigarettenautomaten fließen und aus denen ua Zuwendungen an die ArbN aus besonderem Anlass finanziert oder Zuschüsse an den ArbN des Betriebs dienenden Veranstaltungen gewährt werden, zB Jubiläumsgeschenke, Aufmerksamkeiten anlässlich von Krankheits- oder Unglücksfällen, Zuschüsse zu Betriebsfeiern. Bei der Verwaltung derartiger Kassen hat der BR ständig Verfügungsgewalt über zT nicht unbeträchtliche Mittel. Das ist sowohl unter dem Gesichtspunkt seines Ehrenamtes als auch seiner Neutralität bedenklich (LAG BW 22.9.1959 – VI Ta 12/59 BV, AP BetrVG § 82 Nr. 2; GK-BetrVG/*Weber* Rn. 6; HWGNRH/*Glock* Rn. 7; Richardi BetrVG/*Thüsing* Rn. 8; BAG 22.4.1960 – 1 ABR 14/59, AP ArbGG 1953 § 2 Betriebsverfassungsstreit Nr. 1; **aA** DKKW/*Wedde* Rn. 4, falls Einverständnis des ArbGeb. vorliegt). Es bestehen allerdings keine Bedenken, wenn einzelne BRMitgl. eine solche Kasse – allerdings außerhalb ihrer Amtseigenschaft – verwalten (ErfK/*Koch* Rn. 1; GK-BetrVG/*Weber* Rn. 6; HaKo-BetrVG/*Wolmerath* Rn. 8; HWGNRH/*Glock* Rn. 7). 9

Auch die Einziehung von **Gewerkschaftsbeiträgen** gehört **nicht** zu den Aufgaben des BR. Allerdings sind die BRMitgl. nicht daran gehindert, außerhalb ihrer Amtstätigkeit für ihre Gewerkschaft die Aufgabe des Beitragsinkassos zu übernehmen (GK-BetrVG/*Weber* Rn. 7; HWGNRH/*Glock* Rn. 6; Richardi BetrVG/*Thüsing* Rn. 7; → § 74 Rn. 64 ff.). 10

IV. Streitigkeiten

Verstöße gegen § 41 können, wenn es sich um eine grobe Verletzung der gesetzlichen Pflichten des BR handelt, uU zu seiner Auflösung im arbeitsgerichtlichen Beschlussverfahren nach § 23 Abs. 1 führen. 11

Auch sonstige Streitigkeiten, die sich aus der Anwendung des § 41 ergeben, entscheiden die ArbG im **Beschlussverfahren** (§§ 2a, 80 ff. ArbGG). 12

Vierter Abschnitt. Betriebsversammlung

§ 42 Zusammensetzung, Teilversammlung, Abteilungsversammlung

(1) [1] Die Betriebsversammlung besteht aus den Arbeitnehmern des Betriebs; sie wird von dem Vorsitzenden des Betriebsrats geleitet. [2] Sie ist nicht öffentlich. [3] Kann wegen der Eigenart des Betriebs eine Versammlung aller Arbeitnehmer zum gleichen Zeitpunkt nicht stattfinden, so sind Teilversammlungen durchzuführen.

(2) [1] Arbeitnehmer organisatorisch oder räumlich abgegrenzter Betriebsteile sind vom Betriebsrat zu Abteilungsversammlungen zusammenzufassen, wenn dies für die Erörterung der besonderen Belange der Arbeitnehmer erforderlich ist. [2] Die Abteilungsversammlung wird von einem Mitglied des Betriebsrats geleitet, das möglichst einem beteiligten Betriebsteil als Arbeitnehmer angehört. [3] Absatz 1 Satz 2 und 3 gilt entsprechend.

Inhaltsübersicht

I. Vorbemerkung

1 Die Rechtsfragen im Zusammenhang mit BetrVerslg. sind im G nicht systematisch und teilweise auch überschneidend behandelt. Während § 42 BetrVG Aufgaben, Einberufung, Teilnehmer, Ablauf und Kostentragung regelt, bestimmt § 43 BetrVG die Anzahl der einzuberufenden Verslg., § 44 BetrVG verhält sich zur Fortzahlung von Entgelt sowie Erstattung von Fahrkosten und § 45 BetrVG schreibt die zulässigen Themen vor.

1a § 42 enthält die **Begriffsbestimmungen** der Verslg. der ArbN des Betriebs, nämlich der BetrVerslg. (Abs. 1 S. 1), der Teilverslg. (Abs. 1 S. 3) und der AbtVerslg.

(Abs. 2). Außerdem regelt diese Vorschrift die Leitung dieser Verslg. (Abs. 1 S. 1, Abs. 2 S. 2) und schreibt ihre Nichtöffentlichkeit vor. **Virtuelle BetrVerslg.** lässt das Gesetz nicht zu. Hierfür bedürfte es einer gesonderten Rechtsgrundlage die sicherstellt, dass das Gebot der Nichtöffentlichkeit sowie das Persönlichkeitsrecht aktiv teilnehmender ArbN gewahrt werden (*Fündling/Sorber* NZA 2017, 552).

Die Vorschrift gilt nicht für den GesBR, den KBR, die GesJAV und die KJAV Auf Unternehmens- und Konzernebene finden von G wegen keine Verslg. der ArbN statt. Deshalb ist der GesBR auch nicht berechtigt, in betriebsratslosen Betrieben BetrVerslg. durchzuführen. Das gilt auch dann, wenn es sich um eine Informationsveranstaltung zur Vorbereitung einer BRWahl handelt (BAG 16.11.2011 – 7 ABR 28/10, NZA 2012, 404). 2

Zur Durchführung einer betrieblicher JAVVerslg. vgl. § 71. 3

Auf die BordVertr. findet § 42 entspr. Anwendung (vgl. § 115 Abs. 5), nicht jedoch auf den SeeBR (vgl. § 116 Abs. 4). Allerdings kann der SeeBR auf den einzelnen Schiffen der Reederei Bordverslg. durchführen (vgl. § 116 Abs. 3 Nr. 6 ff.). 4

Die Vorschrift ist **zwingend** und kann weder durch TV noch durch BV abbedungen werden. Zulässig sind lediglich Vereinbarungen über die nähere Ausgestaltung der BetrVerslg. oder die Durchführung von Teil- und AbtVerslg. 5

Entspr. Vorschriften: § 48 BPersVG; § 15 SprAuG; § 178 Abs. 6 SGB IX zur Verslg. der schwerbehinderten Menschen. 6

II. Betriebsversammlung

1. Allgemeines

a) Aufgaben

Die BetrVerslg. ist das **Forum der Aussprache** zwischen BR und der Belegschaft des Betriebs und der **Unterrichtung der ArbN** über sie interessierende wesentliche Fragen (zu eng BAG 27.6.1989 – 1 ABR 28/88, NZA 1990, 113, weil der Unterrichtungsanspruch nach § 43 Abs. 2 S. 3 unberücksichtigt blieb). Der BR hat in der BetrVerslg. Rechenschaft über seine Tätigkeit zu geben (§ 43 Abs. 1 S. 1). Die BetrVerslg. selbst kann dem BR Anträge unterbreiten und zu seinen Beschlüssen Stellung nehmen (§ 45 S. 2). Zudem hat der ArbGeb. mindestens einmal im Kalenderjahr in einer BetrVerslg. einen Bericht über das Personal- und Sozialwesen und die wirtschaftliche Lage und Entwicklung des Betriebs zu geben (§ 43 Abs. 2 S. 3). Nach der Ergänzung des § 43 Abs. 2 S. 2 durch das BetrVerf-ReformG erstreckt sich die Berichtspflicht des ArbGeb. auch auf den Stand der Gleichstellung von Frauen und Männern im Betrieb, die Integration der im Betrieb beschäftigten ausländischen ArbN sowie den betrieblichen Umweltschutz. 7

Der BR ist **verpflichtet,** regelmäßig BetrVerslg. abzuhalten (→ § 43 Rn. 5). Hartnäckige und anhaltende Verstöße gegen die Verpflichtung können die Auflösung des BR zur Folge haben (HessLAG 12.8.1993 – 12 TaBV 203/92 , AiB 2001, 707). 7a

Eine BetrVerslg. kann während eines **Arbeitskampfes** stattfinden. Sie ist kein Instrument des Arbeitskampfes, sondern dient der innerbetrieblichen Aussprache. Die Schranken des § 74 Abs. 2 sind zu beachten (BAG 5.5.1987 – 1 AZR 292/85, NZA 1987, 853). Die ArbN behalten für die Zeit der Teilnahme ihren Vergütungsanspruch unabhängig davon, ob sie sich am Streik beteiligen oder nicht. Entspr. gilt für eine BetrVerslg. während Kurzarbeit (BAG 5.5.1987 – 1 AZR 666/85, NZA 1987, 714). 7b

b) Betriebsratslose Betriebe

In Betrieben, in denen kein BR besteht, können keine BetrVerslg. iSv §§ 42 ff. stattfinden. Möglich sind jedoch BetrVerslg. nach § 17 zur Bestellung des Wahlvorstandes und zur Durchführung des vereinfachten Wahlverfahrens nach § 14a Abs. 1. 8

c) Organ der Betriebsverfassung

9 Die BetrVerslg. wird häufig als **Organ oder Institution der BetrVerf.** bezeichnet (DKKW/*Berg* Rn. 1; HWGNRH/*Worzalla* Rn. 5). Aus diesen Bezeichnungen leiten sich allerdings keine konkreten Rechtsfolgen ab (GK-BetrVG/*Weber* Rn. 8). Diese bestimmen sich vielmehr aus ihrer Funktion, der Kommunikation zwischen BR und Belegschaft zu dienen (BAG 5.12.2012 – 7 ABR 48/11, NZA 2013, 793).

10 Die BetrVerslg. hat keine Außenfunktion, also auch **keine Vertretungskompetenz.** Sie kann keine rechtsgeschäftlichen Erklärungen mit Wirkung für die ArbN des Betriebs abgeben, insbes. kann sie keine BV mit dem ArbGeb. abschließen (→ Rn. 42). Sie hat keine rechtliche Einflussmöglichkeit auf die Tätigkeit des BR, der **kein imperatives Mandat** ausübt. Der BetrVerslg. steht kein Weisungsrecht gegenüber dem BR zu; sie ist dem BR nicht übergeordnet (→ § 45 Rn. 29; DKKW/*Berg* Rn. 2). Die BetrVerslg. kann dem BR lediglich Anregungen geben; die Teilnehmer können innerhalb des in § 45 festgelegten Zuständigkeitsbereichs Anträge stellen. Durch Beschluss der BetrVerslg. kann kein rechtserhebliches Misstrauensvotum gegenüber dem BR oder einem seiner Mitgl. ausgesprochen werden (BVerfG 27.3.1979 – 2 BvR 1011/78, NJW 1979, 1875). Eine solche Misstrauensäußerung kann allenfalls dazu führen, dass der BR oder das betreffende Mitgl. von sich aus zurücktritt. Dennoch ist sie als Forum der Aussprache und Meinungsbildung der ArbN unentbehrlich, schon weil sie der Vereinzelung der ArbN am jeweiligen Arbeitsplatz entgegenwirkt.

d) Andere Versammlungen und Informationsmöglichkeiten

11 Die gesetzliche Regelung der BetrVerslg. nach den §§ 42 ff. ist keine ausschließliche in dem Sinne, dass andere Verslg. der ArbN des Betriebs unzulässig wären.

11a So ist es dem ArbGeb. zB nicht verwehrt, die ArbN des Betriebes oder bestimmter Betriebsteile oder Betriebsabteilungen oder die ArbN mit bestimmten Funktionen (zB die Vorgesetzten) zu einer Verslg. zu laden und mit ihnen betriebsbezogene Fragen zu besprechen (BAG 27.6.1989 – 1 ABR 28/88, NZA 1990, 113). Solche **Mitarbeiterverslg.** dürfen jedoch nicht zu „Gegenveranstaltungen“ gegenüber BetrVerslg. missbraucht werden (ArbG Osnabrück 25.6.1997 – 4 BVGa 3/97, AiB 1998, 109; ArbG Darmstadt 6.5.1996 – 4 BVGa 14/96, AiB 1996, 609; ArbG Duisburg 15.12.1993 – 1 BV 32/93, AuR 1994, 276; DKKW/*Berg* Rn. 50). Für unzulässige Gegenveranstaltung sprechen: zeitnahe Terminierung zu BetrVerslg., Weigerung des ArbGeb. auf BetrVerslg. zu erscheinen oder zu berichten. Missbraucht der ArbGeb. solche Mitarbeiterverslg., kann dies eine außerordentliche BetrVerslg. rechtfertigen (§ 43 Abs. 3). Die ArbN sind zum Besuch einer solchen Verslg. nur verpflichtet, wenn der ArbGeb. die Teilnahme kraft seines Direktionsrechts anordnen kann (GK-BetrVG/*Weber* Rn. 12). Aus diesem Grund kommt bei der Festlegung der zeitlichen Lage einer solchen MitarbeiterVerslg. außerhalb der betriebsüblichen Arbeitszeit ein Mitbestimmungsrecht des BR nach § 87 Abs. 1 Nr. 3 in Betracht (BAG 13.3.2001 – 1 ABR 33/00, NZA 2001, 976).

11b Die **Befugnisse und Aufgaben der BetrVerslg.** iSd G bleiben davon jedoch unberührt. In diese darf der ArbGeb. nicht eingreifen. ArbN, die an vom ArbGeb. einberufenen Verslg. teilnehmen oder – bei Nichtteilnahme – infolge einer durch die Verslg. eintretenden Betriebsstörung nicht arbeiten können, behalten ihren Anspruch auf Arbeitsentgelt (GK-BetrVG/*Weber* Rn. 13).

12 Auch eine **Selbstversammlung** der betriebsangehörigen ArbN ist – außer im Falle des § 14a und des § 17 – keine BetrVerslg. iSd §§ 42 ff. Ebenso gibt es kein Selbsteinberufungsrecht der BetrVerslg. (Richardi BetrVG/*Annuß* Rn. 11; GK-BetrVG/*Weber* Rn. 11). Auch wer die Durchführung einer BetrVerslg. verlangen kann (→ § 43 Rn. 40 ff.), darf die Verslg. nicht selbst einberufen.

13 Die BetrVerslg. ist das wichtigste Forum für den Dialog zwischen BR und ArbNschaft, jedoch nicht die einzige Möglichkeit der **Information und der Öffentlich-**

keitsarbeit.. In Betracht kommt etwa eine **Fragebogenaktion,** sofern sich die Fragen iRd gesetzlichen Aufgaben des BR halten (BAG 8.2.1977 – 1 ABR 82/74, AP BetrVG 1972 § 80 Nr. 10; ArbG Berlin 24.10.2007 – 77 BVGa 16633/07, AiB 2008, 424). Jedoch kann es dem Gebot der vertrauensvollen Zusammenarbeit widersprechen, wenn die Fragebogenaktion des BR sich als Konkurrenzerhebung einer auf das gleiche Erkenntnisziel richtenden Informationserhebung des ArbGeb. darstellt (BVerwG 8.8.2012 – 6 PB 8/12, NZA-RR 2013, 53). Ferner ist es zulässig, dass der BR ein **Informationsblatt** – etwa für neu eingestellte ArbN – herausgibt; zur Verpflichtung des ArbGeb., die Kosten dieses Informationsblatts zu tragen, → § 40 Rn. 113. Der BR kann auch über das **„Schwarze Brett"** informieren oder per **E-Mail** bzw. **im Intranet,** etwa in Form eines **Newsletters.** Die Mitgl. des BR können die ArbN auch am **Arbeitsplatz aufsuchen.** Auch die **Sprechstunde** (§ 39) kann der Information dienen. Die Art der Information und Kommunikation kann der ArbGeb. dem BR nicht vorschreiben (BAG 9.6.1999 – 7 ABR 66/97, AP BetrVG 1972 § 40 Nr. 66).

2. Teilnehmer

a) Arbeitnehmer des Betriebes

Die BetrVerslg. besteht aus den ArbN des Betriebs. Zum Betrieb gehören auch Betriebsteile nach § 4 Abs. 1 S. 2, die an der Wahl des BR des Hauptbetriebs teilnehmen, sowie Kleinstbetriebe nach § 4 Abs. 2. Betriebszugehörig sind auch die ArbN solcher Einheiten, für die nach § 3 Abs. 1 Nr. 1–3 ArbNVertretungen auf Grund einer Kollektivvereinbarung gebildet sind und damit nach der gesetzl. Fiktion des § 3 Abs. 5 als Betrieb anzusehen sind. Das gilt auch für eine nach § 3 Abs. 3 gebildete Einheit (DKKW/*Berg* Rn. 12; GK-BetrVG/*Weber* Rn. 14; **aA** HaKo-BetrVG/*Tautphäus* Rn. 3). Eine Verslg. der ArbN mehrerer Betriebe (auch desselben Unternehmens) ist keine BetrVerslg. iSd § 42 (Richardi BetrVG/*Annuß* Rn. 3). **14**

Die Teilnahmeberechtigung ist im G nicht näher konkretisiert. Zu deren Bestimmung ist daher auf allgemeine gesetzl. Regelungen und die hierzu von der Rspr. entwickelten Grundsätze abzustellen (BAG 5.12.2012 – 7 ABR 48/11, NZA 2013, 793). Dabei kommt es maßgebend auf den Zweck der BetrVerslg. an, also darauf, dass sie der Information der Belegschaft sowie der Aussprache zwischen BR und denjenigen Beschäftigten dient, deren Interessen der BR vertritt oder deren Arbeits- und Einsatzbedingungen er gemeinsam mit dem ArbGeb. beeinflusst (BAG 24.8.2011 – 7 ABR 8/10, NZA 2012, 223). Dazu zählen zunächst alle im Betrieb beschäftigten ArbN iSd § 5 Abs. 1 dh Arb., Ang., befristet Beschäftigte, Teilzeitbeschäftigte, ArbN auf ausgelagerten Arbeitsplätzen/Telearbeitsplätzen und AbrufArbN (Kapovaz), die zu ihrer Berufsausbildung Beschäftigten, die in Telearbeit Beschäftigten sowie die Heimarb., die in der Hauptsache für den Betrieb arbeiten (HWGNRH/*Worzalla* Rn. 13). Unerheblich ist, ob diese ArbN wahlberechtigt, ständig oder nichtständig Beschäftigte, Jugendliche oder Erwachsene sind oder sog Ein-Euro-Jobber (*Engels* NZA 2007, 8). Betriebszugehörigkeit setzt regelmäßig Arbeits- oder Ausbildungsverhältnis, jedenfalls aber tatsächliche Eingliederung voraus (→ § 7 Rn. 16 ff.; DKKW/*Berg* Rn. 15a). ArbN in **Elternzeit/Pflegezeit** bleiben ArbN des Betriebs und sind deshalb auch teilnahmeberechtigt (BAG 31.5.1989 – 7 AZR 574/88, NZA 1990, 449). Für ArbN, die sich in der Freistellungsphase der **Altersteilzeit** nach dem **Blockmodell** befinden, gelten diese Erwägungen nicht. Zwar ruht auch bei ihnen das Arbeitsverhältnis bis zum Beginn der gesetzlichen Rente (→ § 7 Rn. 32 ff.). Doch im Gegensatz zu den ArbN in Elternzeit/Pflegezeit oder Wehrdienst steht bei ihnen bereits im Zeitpunkt des Eintretens in die Freistellungsphase fest, dass sie nicht mehr als aktive ArbN in den Betrieb zurückkehren werden. Bei minderjährigen ArbN ist nur der Minderjährige selbst, nicht der gesetzliche Vertr. teilnahmeberechtigt. Auch im Betrieb beschäftigte **LeihArbN** sind teilnahmeberechtigt (BAG **14a**

5.12.2012 – 7 ABR 48/11, NZA 2013, 793) unabhängig davon, ob sie auf Grund einer mehr als 3 Monate währenden Verweildauer im Entleiherbetrieb nach § 7 dort auch wahlberechtigt sind (GK-BetrVG/*Weber* Rn. 17). In vergleichbarer Lage befinden sich **Auszubildende in reinen Ausbildungsbetrieben,** die zwar mit dem Betriebsinhaber in einem Vertragsverhältnis stehen, aber ihre praktische Ausbildung in einem anderen Betrieb absolvieren. Sie sind aufgrund dieses Einsatzes auch von den Themen betroffen, die dort von Bedeutung sind. Das BAG hat daher im Wege der Rechtsfortbildung ein Teilnahmerecht an den BetrVerslg. des Einsatzbetriebes anerkannt (BAG 24.8.2011 – 7 ABR 8/10, NZA 2012, 223). Teilnahmeberechtigt sind auch Betriebsangehörige **im Außendienst** (DKKW/*Berg* Rn. 16) oder betriebszugehörige, aber vorübergehend im **Ausland** eingesetzte ArbN (→ Rn. 55). Teilnahmeberechtigt sind ferner ArbN des Betriebs, die am Tage der BetrVerslg. nicht zu arbeiten brauchen, zB weil sie eine Freischicht haben oder an diesem Tage geleistete Überstunden abfeiern. Auch im **Urlaub oder Kurzarbeit** befindlichen ArbN ist die Teilnahme an der BetrVerslg. nicht verwehrt (BAG 5.5.1987 – 1 AZR 665/85, NZA 1987, 712). ArbN sind auch während eines **Arbeitskampfes** zur Teilnahme berechtigt (BAG 5.5.1987 – 1 AZR 292/85, NZA 1987, 853). Zu den teilnahmeberechtigten ArbN zählen nunmehr auch **Beamte und Soldaten** sowie die **ArbN des öffentl. Dienstes,** die in den Betrieben der Privatwirtschaft zum Einsatz kommen (→ § 5 Rn. 316). Im Bereich der früheren Post gelten die bei den Aktiengesellschaften beschäftigten **Beamten** für die Anwendung des BetrVG als AN (§ 24 Abs. 2 S. 1 PostPersRG). Wird ihnen gem. § 4 Abs. 4 S. 1 und S. 2 PostPersRG eine Tätigkeit bei einem Unternehmen zugewiesen, gelten sie nach § 24 Abs. 3 S. 1 PostPersRG als dessen ArbN. Nach dieser Konzeption gelten sie als ArbN des Betriebs, in den sie eingegliedert sind. Sie sind daher auch nur berechtigt, an BetrVerslg. des Einsatzbetriebes und nicht auch an denen des Stammbetriebes (zB Vivento) teilzunehmen (BAG 5.12.2012 – 7 ABR 48/11, NZA 2013, 793).

b) Sonstige Personen

15 Die **leitenden Ang.** nach § 5 Abs. 3 sind nicht von G wegen als ArbN teilnahmeberechtigt, da das G auf sie keine Anwendung findet (Richardi BetrVG/*Annuß* Rn. 6; DKKW/*Berg* Rn. 8; HWGNRH/*Worzalla* Rn. 13). Sie können zu eigenen Verslg. zusammenkommen, wenn ein Sprecherausschuss besteht (§ 15 SprAuG) oder gebildet werden soll (§ 7 Abs. 2 SprAuG). An BetrVerslg. können sie **als Gäste** teilnehmen, wenn weder der ArbGeb. noch der BR ihrer Teilnahme widersprechen. Soweit leitende Ang. als **Vertr. des ArbGeb.** anzusehen sind, steht ihnen unter dieser Voraussetzung ein Teilnahmerecht zu. Das Gleiche gilt für die in § 5 Abs. 2 genannten Personen. Eine Teilnahme dieser Personen ist ferner zulässig, wenn sie den ArbGeb. als **Sachverständige** oder **Auskunftsperson** begleiten.

16 **Personen,** die **keine ArbN des Betriebs** sind, haben im Allgemeinen kein Recht, an der BetrVerslg. teilzunehmen. Das G selbst kennt indessen **Ausnahmen** von diesem Grundsatz. Es gestattet auf Einladung des BR die Teilnahme an der BetrVerslg. ausdrücklich

- dem ArbGeb. nach Maßgabe des § 43 Abs. 2 u. 3 (→ § 43 Rn. 28 ff.),
- Beauftragten der im Betrieb vertretenen Gewerkschaften nach Maßgabe des § 46 Abs. 1 S. 1 (→ § 46 Rn. 5 ff.) und
- Beauftragten der ArbGebVereinigung, der der ArbGeb. angehört, nach Maßgabe des § 46 Abs. 1 S. 2 (→ § 46 Rn. 17 ff.).

17 Diese gesetzlichen Ausnahmen sind **keine abschließende Regelung** in dem Sinne, dass nicht auch die Teilnahme anderer Personen an der BetrVerslg. zugelassen werden könnte. Gegen die Teilnahme anderer Personen bestehen keine Bedenken, wenn der BR einlädt und hierfür im Rahmen der Zuständigkeit der BetrVerslg. (→ § 45 Rn. 5 ff.) ein **sachlicher Grund** vorliegt, dh wenn ihre Teilnahme für eine ordnungsgemäße Erfüllung der Aufgaben der BetrVerslg. sachdienlich ist (so jedenfalls

im Grundsatz, wenn auch in der Ausgestaltung unterschiedlich, die hM). Deshalb können auch Personen teilnehmen, die im Rahmen des Bundesfreiwilligendienstes oder des Jugendfreiwilligendienstes zur Ableistung ihres Dienstes in die Betriebsorganisation eingegliedert sind (*Leube* ZTR 2012, 207). Zur Nichtöffentlichkeit der BetrVerslg. → Rn. 43ff.

Die Teilnahme von betriebsfremden Mitgl. des **GesBR,** des **KBR,** des **WiAusschusses,** von **Vertr. der ArbN im AR** sowie von Mitgl. des **EBR** an der BetrVerslg. ist stets als sachdienlich anzusehen (BAG 19.4.1989 – 7 ABR 87/87, NZA 1989, 936; Richardi BetrVG/*Annuß* Rn. 35; **aA** HWGNRH/*Worzalla* Rn. 23 unter Hinweis auf das Gebot der Nichtöffentlichkeit). Das ergibt sich schon allein aus der Tatsache, dass in diesen Fällen der Betrieb Teil der größeren Einheit des Unternehmens bzw. des Konzerns mit den sich daraus ergebenden Abhängigkeiten und Berührungspunkten ist. Die ArbN des Betriebs haben ein berechtigtes Interesse daran, von ihren Vertr. auf der Unternehmens- und Konzernebene Informationen über ihren Betrieb betreffende Fragen und Angelegenheiten zu erhalten. Sie müssen auch diese Vertr. mit den ihren Betrieb betreffenden Fragen und Problemen bekannt machen können (BAG 28.11.1978 – 6 ABR 101/77, AP BetrVG 1972 § 42 Nr. 2). 18

Ferner ist es zulässig, dass der BR zur Behandlung eines oder mehrerer Tagesordnungspunkte gem. § 80 Abs. 3 und mit dem dort vorgesehenen Einverständnis des ArbGeb. einen oder mehrere **Sachverständige** zur BetrVerslg. hinzuzieht (hM). 19

Darüber hinaus können auch andere Personen als **Gäste** an der BetrVerslg. teilnehmen, wenn ihre Teilnahme sachdienlich ist, zB wenn sie zu einem im Rahmen der Zuständigkeit der BetrVerslg. liegenden Thema ein Referat halten oder als Auskunftsperson zur Verfügung stehen bzw. als ArbN eines grenzüberschreitenden Unternehmens über gemeinsame, unternehmensinterne Probleme berichten (BAG 13.9.1977 – 1 ABR 67/75, AP BetrVG 1972 § 42 Nr. 1; LAG BW 16.1.1998 – 5 TaBV 14/96, NZA-RR 1998, 306; GK-BetrVG/*Weber* Rn. 51; DKKW/*Berg* Rn. 10; Richardi BetrVG/*Annuß* Rn. 36; **aA** HWGNRH/*Worzalla* Rn. 24). In dieser Funktion kann auch der Anwalt des BR auftreten. Für den Anwalt des ArbGeb. oder eines einzelnen ArbN gilt das regelmäßig nicht wegen des Grundsatzes der Nichtöffentlichkeit von BetrVerslg. (*Henssler* RdA 1999, 47). Ihre Teilnahme erfordert eine Einladung des BR. 20

Schließlich ist über den vorstehend genannten Personenkreis hinaus auch die Teilnahme anderer Personen als Gäste jedenfalls dann als zulässig anzusehen, wenn der **ArbGeb. gegen die Einladung des BR keine Einwände** erhebt oder die Einladung vom BR und ArbGeb. gemeinsam ausgesprochen wird (**aA** GK-BetrVG/*Weber* Rn. 49; HWGNRH/*Worzalla* Rn. 24). Zu denken ist hier zB an Wissenschaftler oder ausländische ArbN oder ArbGeb., die die Praxis der BetrVerslg. oder das deutsche System der ArbNBeteiligung näher kennen lernen wollen (wegen parteipolitischer Betätigung → § 45 Rn. 25). 21

Für eine ordnungsgemäße Durchführung der BetrVerslg. kann auch die Teilnahme von **Hilfskräften** notwendig werden. Zu denken ist hier etwa an die Teilnahme von **Dolmetschern** in Betrieben mit einem erheblichen Anteil ausländischer ArbN (Richardi BetrVG/*Annuß* Rn. 37; GK-BetrVG/*Weber* Rn. 32, 51; DKKW/*Berg* Rn. 9). 22

Die genannten Personen haben im Gegensatz zu den ArbN des Betriebes und den in → Rn. 16ff. genannten Personen **kein originäres Teilnahmerecht;** ihre Teilnahme setzt eine entspr. Einladung des BR und in den Fällen der → Rn. 19, 21 zusätzlich das Einverständnis des ArbGeb. voraus. Wird die Teilnahme von **Mitgl. des GesBR, KBR** oder des **WiAusschusses** gewünscht, ist die Einladung an diese Institutionen zu richten; die Auswahl der an der BetrVerslg. teilnehmenden Mitgl. haben diese Gremien durch Beschluss vorzunehmen (BAG 28.11.1978 – 6 ABR 101/77, AP BetrVG 1972 § 42 Nr. 2). 23

c) Teilnahme- und Stimmrecht

24 Für die betriebsangehörigen ArbN besteht **kein Teilnahmezwang.** Sie sind zur Teilnahme an der BetrVerslg. berechtigt, aber nicht verpflichtet (Richardi BetrVG/*Annuß* Rn. 4; DKKW/*Berg* Rn. 11; GK-BetrVG/*Weber* Rn. 15). Dies gilt auch, wenn BetrVerslg. während der Arbeitszeit stattfinden.

25 Wenn **teilnahmeberechtigte ArbN** von einer BetrVerslg. **ausgeschlossen** werden, sind gefasste Beschlüsse rechtsunwirksam, sofern es bei der Abstimmung auf die Stimmen der ausgeschlossenen ArbN ankommen konnte. Dies gilt jedoch nicht, wenn zB ArbN wegen ungebührlichen Verhaltens zu Recht ausgeschlossen wurden.

26 **Nimmt der ArbN** an einer BetrVerslg. **nicht teil,** hat er weiterzuarbeiten, sofern dies arbeitsorganisatorisch möglich ist. Zur Frage der Fortzahlung des Arbeitsentgelts an diese ArbN → § 44 Rn. 35. Erleidet ein ArbN während der Teilnahme an einer BetrVerslg. oder auf dem Wege zu oder von ihr einen Unfall, kann es sich um einen Arbeitsunfall handeln.

27 **Stimmberechtigt** in der BetrVerslg. sind nur die teilnahmeberechtigten ArbN des Betriebs (→ Rn. 14), nicht dagegen die sonstigen Teilnehmer.

3. Einberufung

a) Zuständigkeit des Betriebsrats

28 Eine BetrVerslg. (sei es eine regelmäßige, zusätzliche oder außerordentliche, sei es eine in Form von Teil- oder AbtVerslg. durchgeführte) kann nur stattfinden, wenn **der BR** sie **einberuft.** Über die Einberufung und Tagesordnung beschließt der BR als Gremium (DKKW/*Berg* Rn. 18; GK-BetrVG/*Weber* Rn. 22; **aA** Richardi BetrVG/*Annuß* Rn. 10; *Vogt* KonzernArbR S. 32, die die Einberufung der BetrVerslg. zu den laufenden Geschäften zählen und deshalb den BetrAusschuss für zuständig halten). Der BRVors. führt den Einberufungsbeschluss lediglich aus. Andere Stellen sind nicht berechtigt eine BetrVerslg. einzuberufen. Von ihnen veranstaltete Verslg. der ArbN des Betriebs sind keine BetrVerslg. iSd §§ 42 ff., zB eine vom ArbGeb. einberufene Verslg. der ArbN (→ Rn. 11). Das Gleiche gilt grds. für eine Einberufung durch die Gewerkschaft. Eine Ausnahme besteht in diesem Falle nur insoweit, als durch die **BetrVerslg. ein Wahlvorstand** gewählt werden soll. Zu dieser Verslg. können auch eine im Betrieb vertretene Gewerkschaft oder drei wahlberechtigte ArbN einladen (vgl. § 17 Abs. 3 und § 17a Nr. 3).

b) Tagesordnung

29 Der BR bestimmt und beschließt die **Tagesordnung** (DKKW/*Berg* Rn. 18). In der Gestaltung der Tagesordnung ist der BR grds. frei. Im Falle des § 43 Abs. 1 muss sie aber die Erstattung des Vierteljahresberichts und im Falle des § 43 Abs. 2 den beantragten Beratungsgegenstand enthalten. Außerdem muss einmal im Kalenderjahr der Bericht des ArbGeb. auf die Tagesordnung gesetzt werden. Dieser Tagesordnungspunkt ist im Einvernehmen mit dem ArbGeb. festzulegen. Die Tagesordnung muss sich im Rahmen der Zuständigkeit der BetrVerslg. nach § 45 halten (GK-BetrVG/*Weber* Rn. 27; → § 45 Rn. 5 ff.).

30 Im Hinblick darauf, dass der ArbGeb. oder ein Viertel der ArbN des Betriebs die Abhaltung einer besonderen BetrVerslg. beantragen können (vgl. § 43 Abs. 3), ist ihnen auch das Recht zuzugestehen, die **Ergänzung der Tagesordnung** einer regelmäßigen BetrVerslg. zu beantragen, wenn hierdurch die ordnungsgemäße Abwicklung der übrigen Tagesordnungspunkte nicht beeinträchtigt wird. Die BetrVerslg. kann im Nachhinein beschließen, auch solche Themen zu behandeln, die nicht auf der Tagesordnung stehen.

c) Ort

31 Vorschriften über den Ort der BetrVerslg. enthält das G nicht. Im Allgemeinen hat die BetrVerslg. **im Betrieb stattzufinden.** Der BR wird den Ort im Einvernehmen mit dem ArbGeb. von Fall zu Fall festzulegen haben (HWGNRH/*Worzalla* Rn. 32; **aA** Richardi BetrVG/*Annuß* Rn. 16; *Vogt* KonzernArbR S. 50, die das Recht der Bestimmung des Ortes der BetrVerslg. allein dem ArbGeb. zugestehen), sofern nicht ein geeigneter Raum für die Abhaltung der BetrVerslg. ein für allemal vorgesehen ist. Der ArbGeb. ist zu beteiligen, weil er in entspr. Anwendung der für den BR geltenden Vorschriften des § 40 verpflichtet ist, den zur Abhaltung der BetrVerslg. geeigneten Raum zur Verfügung zu stellen. Dort ist die Verslg. durchzuführen, auch wenn der BR einen anderen Raum favorisieren würde (HessLAG 10.10.2013 – 5 TaBV 323/12, BeckRS 2015, 70500; 12.6.2012 – 16 TaBVGa 149/12, ArbR 12, 437). Bei der Auswahl des Raumes ist das Gebot der vertrauensvollen Zusammenarbeit zu beachten (GK-BetrVG/*Weber* Rn. 23).

31a Ist im Betrieb kein geeigneter Raum vorhanden oder sind die angebotenen Räume ungeeignet, spricht vieles dafür, dass der **BR Räume außerhalb des Betriebs anmieten kann** (DKKW/*Berg* Rn. 20; **aA** HWGNRH/*Worzalla* Rn. 32 nur ArbGeb.; Richardi BetrVG/*Annuß* Rn. 18; GK-BetrVG/*Weber* Rn. 24, 31, wonach dem BR nur ein gerichtlich durchsetzbarer Überlassungsanspruch zustehen soll). Die Sonderregel des § 40 Abs. 2, auf dessen entspr. Anwendung sich die gen. Autoren berufen, gilt aber nur für die laufende Geschäftsführung des BR. Dazu dürfte nicht die Organisation einer BetrVerslg. außerhalb des Betriebs zählen. Dafür gilt die allgemeine Regelung des § 40 Abs. 1, die wie bei Schulungen eine Eigenbeschaffung des BR im Rahmen des Erforderlichen gestattet. Allerdings sollte der vertragsschließende BR zur Vermeidung einer Haftung für anfallende Kosten als Gegenleistung nur die Abtretung des Kostenfreistellungsanspruchs aus § 40 Abs. 1 versprechen oder eine Haftung aus § 179 BGB ganz ausschließen (zu Haftungsfragen → § 1 Rn. 304; BGH 25.10.2012 – III ZR 266/11, NZA 2012, 1382; *Preis/Ulber* JZ 2013, 579; *Kleinebrink* FA 2013, 98).

d) Form und Frist

32 Nähere Vorschriften über Form und Frist der Einberufung enthält das G nicht. Der BR kann deshalb die Einberufung nach pflichtgemäßem Ermessen durchführen, wobei allerdings in betriebsüblicher Weise gewährleistet sein muss, dass den ArbN des Betriebs die **rechtzeitige Kenntnisnahme** von der BetrVerslg. möglich ist. Bei teilnahmeberechtigten ArbN, die aufgrund Abwesenheit im Betrieb von der Einladung keine Kenntnis erlangen können, hat der ArbGeb die Privatanschriften zur Verfügung zu stellen (ArbG Berlin 29.1.2004 – 75 BVGa 1964/04, NZA-RR 2004, 642). Die ArbN müssen sich vorbereiten können (vgl. Antragsrecht nach § 45 Abs. 2; LAG Düsseldorf 11.4.1989 – 12 Ta BV 9/89, DB 1989, 2284). Dasselbe gilt für den ArbGeb. und die Beauftragten der Gewerkschaften.

32a Für die Einberufung ist **keine Form** vorgeschrieben. Es genügt die betriebsübliche Bekanntmachung. In Betracht kommen zB Rundschreiben, Werkzeitung, Schwarzes Brett, E-Mail oÄ. Außer der **Bekanntgabe von Zeit und Ort** der BetrVerslg. ist auch deren **Tagesordnung** bekannt zu machen (Richardi BetrVG/*Annuß* Rn. 14; GK-BetrVG/*Weber* Rn. 29; DKKW/*Berg* Rn. 19).

33 Der **ArbGeb.** ist zur BetrVerslg. unter Mitteilung der Tagesordnung einzuladen (§ 43 Abs. 2 S. 1). Den im BR vertretenen **Gewerkschaften** sind Zeitpunkt, Ort und Tagesordnung rechtzeitig schriftlich mitzuteilen (§ 46 Abs. 2).

4. Durchführung

a) Leitung und Hausrecht

34 Zu praktischen Fragen der Durchführung von BetrVerslg. vgl. *Bösche/Grimberg* AiB 1990, 272. Die **Leitung** der BetrVerslg. obliegt dem Vors. des BR, bei dessen Ver-

hinderung dem stellvertr. BRVors., nicht etwa, wenn der ArbGeb. anwesend ist, diesem oder einem anwesenden Gewerkschaftsbeauftragten (Richardi BetrVG/*Annuß* Rn. 19). Ist der BRVors. und sein Stellvertr. verhindert, kann der BR ein anderes seiner Mitgl. mit der Leitung beauftragen (BAG 19.5.1978 – 6 ABR 41/75, AP BetrVG 1972 § 43 Nr. 3; GK-BetrVG/*Weber* Rn. 33).

35 Über die **Befugnisse** des Vors. des BR als Leiter der BetrVerslg. trifft das G keine Bestimmungen. Für die Durchführung der BetrVerslg. wie auch für die Befugnisse ihres Leiters werden die allgemeingültigen parlamentarischen Grundsätze und Gepflogenheiten herangezogen werden können (hM vgl. eingehend zum Ablauf einer BetrVerslg. nach parlamentarischem Brauch *Mußler* NZA 1985, 445). Der Vors. des BR hat daher die **Rednerliste zu führen,** das **Wort zu erteilen** und **zu entziehen,** er kann die Redezeit beschränken und Ordnungsrufe erteilen. Er hat die **Abstimmungen** zu leiten und ihr Ergebnis bekanntzugeben. Zu seinen Aufgaben als VerslgLeiter zählt es auch, den Charakter der BetrVerslg. zu wahren und darum alle Versuche zu unterbinden, Themen zu erörtern, die nicht auf eine BetrVerslg. gehören (→ § 45 Rn. 24 ff.).

36 Der Vors. des BR hat in der BetrVerslg. **das Hausrecht** (BAG 18.3.1964 – 1 ABR 12/63, AP BetrVG § 45 Nr. 1; 13.9.1977 – 1 ABR 67/75, AP BetrVG 1972 § 42 Nr. 1; Richardi BetrVG/*Annuß* Rn. 23; DKKW/*Berg* Rn. 22). Es soll ihn die Lage versetzen, die BetrVerslg. ordnungsgemäß durchführen zu können. Das Recht ist deshalb betriebsverfassungsrechtlicher Natur (BAG 22.5.2012 – 1 ABR 11/11, NZA 2012, 1176). Es verdrängt nicht die sachenrechtlichen Eigentums- und Besitzschutzrechte des ArbGeb. (GK-BetrVG/*Weber* Rn. 38). Falls die BetrVerslg. durch nachhaltige grobe Verstöße gegen die Befugnisse ihren Charakter als BetrVerslg. verliert und der BRVors. als Leiter der Verslg. den **gesetzmäßigen Ablauf** der Verslg. nicht mehr sicherstellen kann, wächst das Hausrecht wieder dem ArbGeb. zu.

36a Das Hausrecht des BR erstreckt sich auch auf die **Zugangswege** zum Verslg-Raum, nicht hingegen auf andere Räumlichkeiten (BAG 22.5.2012 – 1 ABR 11/11, NZA 2012, 1176; **aA** GK-BetrVG/*Weber* Rn. 40; Richardi BetrVG/*Annuß* Rn. 29). Der ArbGeb. hat jedem Berechtigten Zugang zu gewähren. Das Zugangsrecht folgt aus dem Recht des BR an der Nutzung der ihm überlassenen Räume zur Durchführung der BetrVerslg. (BAG 20.10.1999 – 7 ABR 37/98, BeckRS 2009, 56460 zum Zugangsrecht eines bevollm. Rechtsanwalts zum BRBüro). Begehrt eine im Betrieb vertretene Arbeitnehmervereinigung im Zusammenhang mit einer BetrVerslg. Zutritt, um vor dem Versammlungsraum Mitgliederwerbung zu betreiben, ist hierfür nicht der BR, sondern der ArbGeb. der richtige Ansprechpartner (BAG 22.5.2012 – 1 ABR 11/11, NZA 2012, 1176).

b) Beschlüsse

37 Nähere Vorschriften über die **Gestaltung und den Ablauf der BetrVerslg.,** insbes. über die Beschlussfassung, bestehen nicht. Die Verslg. kann diese Fragen in einer **Geschäftsordnung** regeln. Es kann auch nach parlamentarischem Brauch verfahren werden (GK-BetrVG/*Weber* Rn. 44). Zweckmäßigerweise wird der BR, auch wenn keine Geschäftsordnung besteht oder entsprechende Regeln fehlen, über den Verlauf der BetrVerslg. **eine Niederschrift** fertigen. Darin sind vor allem die Beschlüsse zu dokumentieren.

38 Die **Beschlüsse** der BetrVerslg. werden mit **einfacher Mehrheit** gefasst (WPK/*Kreft* Rn. 11; GK-BetrVG/*Weber* Rn. 46). **Antragsberechtigt** ist der BR und jeder teilnahmeberechtigte ArbN, nicht dagegen der ArbGeb. (vgl. zum Letzteren → § 43 Rn. 32; Richardi BetrVG/*Annuß* § 45 Rn. 28). **Stimmberechtigt** sind nur die ArbN des Betriebs (→ Rn. 27). Auch die Mitgl. des BR sind stimmberechtigt, und zwar auch dann, wenn die BetrVerslg. dem BR Anregungen gibt oder zu seinen Beschlüssen oder seiner Tätigkeit Stellung nimmt (Richardi BetrVG/*Annuß* § 45 Rn. 26).

Für die **Beschlussfähigkeit** ist eine Mindestanzahl von Teilnehmern nicht vorgeschrieben. Die BetrVerslg. ist daher, sofern sie ordnungsmäßig einberufen ist, auch dann beschlussfähig, wenn nur wenige ArbN des Betriebs teilnehmen (Richardi BetrVG/*Annuß* § 45 Rn. 30). Es muss aber für die überwiegende Mehrheit der dem Betrieb angehörenden ArbN wenigstens die Möglichkeit bestehen, an der BetrVerslg. teilzunehmen und ihre Rechte darin auszuüben. Bei der Feststellung, ob sich für einen Beschluss eine Mehrheit ergibt, sind Stimmenthaltungen nicht zu berücksichtigen (Richardi BetrVG/*Annuß* § 45 Rn. 29). 39

In der BetrVerslg. hat jeder teilnehmende ArbN des Betriebs im Rahmen der Tagesordnung **das Recht, zur Sache zu sprechen und Fragen zu stellen.** Er hat sich dabei in angemessener Form zu Wort zu melden. Dieses Recht kann den ArbN nicht beschränkt oder entzogen werden; jedoch sind Beschlüsse zur Geschäftsordnung auf Schluss der Debatte zulässig. 40

Stellungnahmen und **Willensäußerungen der BetrVerslg.** erfolgen durch Beschluss. Das gilt auch dann, wenn die BetrVerslg. dem BR Anträge unterbreitet oder Anregungen und Wünsche vorbringt. **Der BR ist an sie nicht gebunden** und braucht ihnen nicht zu entsprechen. Gleichwohl dürften sie faktisch nicht unbeachtlich sein. Der BR sollte ihre Berechtigung sorgfältig prüfen und ihnen, soweit sie seine gesetzlichen Pflichten berühren, berücksichtigen. Entspricht er offenbar berechtigten Beschlüssen nicht, so kann hierin eine Vernachlässigung seiner gesetzlichen Pflichten liegen, die uU ein Vorgehen gegen ihn nach § 23 Abs. 1 rechtfertigen kann, zB wenn er willkürlich berechtigten Beschwerden über Missstände im Betrieb, die ihm durch Beschluss der BetrVerslg. unterbreitet werden, nicht einmal prüft. 41

Die **BetrVerslg. kann keine BV abschließen** oder eine BV aufheben oder kündigen. Das ist ausschließlich Sache des BR (§ 77 Abs. 2), der die BetrVerslg. auch nicht vor dem Abschluss der BV zu hören braucht. Eine Anhörung dürfte sich bei grundlegenden und besonders wichtigen BV allerdings empfehlen. 42

c) Nichtöffentlichkeit

Die Vorschrift des Abs. 1 S. 2, nach der die BetrVerslg. nicht öffentlich ist, unterstreicht den **innerbetrieblichen Charakter der BetrVerslg.** Sie ist ein Ort des Gedankenaustausches zwischen BR und den ArbN des Betriebs sowie der Unterrichtung der Belegschaft über sie unmittelbar interessierende Fragen (vgl. § 43 Abs. 2 S. 3, § 45 S. 1). Die Erörterung derartiger Angelegenheiten soll grds. unter Ausschluss der Öffentlichkeit erfolgen. Das soll dazu beitragen, betriebsfremde Einflüsse von der BetrVerslg. fernzuhalten. 43

Das schließt es nicht aus, dass aus sachdienlichen Gründen und im Rahmen ihrer Zuständigkeit im Einzelfall auch **andere Personen** als die ArbN des Betriebs, der ArbGeb. und die in Betracht kommenden Verbandsvertreter zB **als Sachverständige oder als Gäste** an ihr teilnehmen (→ Rn. 17 ff.). Dadurch wird die BetrVerslg. nicht zu einer öffentlichen Verslg. (→ § 30 Rn. 13 ff.). Voraussetzung für die Teilnahme anderer Personen ist, dass ihnen die Teilnahme ausdrücklich gestattet und ihre Teilnahme mit den Aufgaben der konkreten BetrVerslg. vereinbar ist (BAG 28.11.1978 – 6 ABR 101/77, AP BetrVG 1972 § 42 Nr. 2; hM; einschränkend HSWGNR/*Worzalla* Rn. 19, Teilnahme unerlässlich). 43a

Nach dem Gebot der Nichtöffentlichkeit ist eine generelle Hinzuziehung von Reportern der **Presse,** des **Rundfunks oder** des **Fernsehens** zum Zwecke der Berichterstattung über den Verlauf der BetrVerslg. grds. **nicht zulässig** (Richardi BetrVG/*Annuß* Rn. 38; GK-BetrVG/*Weber* Rn. 49; weitergehend DKKW/*Berg* Rn. 27, der die Teilnahme nur von der Zustimmung des BR abhängig macht, jedoch auf das betriebsverfassungsfremde Informationsinteresse der Öffentlichkeit verweist). *Simitis/Kreuder* (NZA 1992, 1011) wollen Reporter zulassen, wobei nur die Übertragung der Verslg. durch Rundfunk und Fernsehen verboten sein soll. Das aber hieße „Öffentliche BetriebsVerslg.“, die Bestimmung hätte weitgehend ihren Sinn – Wah- 44 rung der betriebl. Sphäre – verloren. Der BR kann seine Öffentlichkeitsarbeit außerhalb der BetrVerslg. betreiben.

45 **Tonaufnahmen** (zB. mittels Smartphone) oder **bildliche Aufzeichnungen** über den Verlauf der BetrVerslg. sind nur ausnahmsweise mit Zustimmung des VerslgLeiters zulässig (GK-BetrVG/*Weber* Rn. 54). Das muss vorab bekannt gegeben werden (LAG München 15.11.1977 – 5 TaBV 34/77, DB 1978, 895; Richardi BetrVG/*Annuß* Rn. 40; HWGNRH/*Worzalla* Rn. 44; nach *Gaul* DB 1975, 980 soll die vorherige Zustimmung eines jeden VerslgTeilnehmers – nicht nur des Redners – notwendig sein). Das Verbot solcher Aufzeichnungen ohne vorherige Zustimmung der Betroffenen dient dem **Schutz des Persönlichkeitsrechts** des jeweiligen Sprechers. Er kann verlangen, dass für seinen Redebeitrag die Tonaufzeichnung unterbleibt (*Loritz* FS Wiese, 1998, 281). Wird dagegen verstoßen, ist die Aufnahme unbefugt iSd § 201 StGB und damit strafbar (Richardi BetrVG/*Annuß* Rn. 40). Sie darf weder von der BetrVerslg. noch vom ArbGeb., dem BR, den Gerichten oder Behörden verwertet werden.

46 Eine **Lautsprecherübertragung** in andere Räume des Betriebs, in denen sich in der Regel nur ArbN aufhalten, ist zulässig (GK-BetrVG/*Weber* Rn. 56). Dementsprechend könnte die BetrVerslg. auch in Form einer **Videokonferenz** durchgeführt werden, soweit eine heimliche und unbefugte Beteilung betriebsfremder Personen vermieden wird. Von praktischer Relevanz ist hingegen die Zuschaltung einzelner ArbN oder ortsferner BRMitgl. Eine isolierte Zuschaltung widerspricht nicht dem Zweck des Nichtöffentlichkeitsgebots (*Thüsing/Beden* BB 2019, 372).

47 Das Gebot der Nichtöffentlichkeit der BetrVerslg. verbietet es nicht, sich während der Verslg. Notizen zu machen. Das Erstellen eines vollständigen **Wortprotokolls** durch den ArbGeb. widerspricht sowohl dem Grundsatz der vertrauensvollen Zusammenarbeit als auch dem Sinn dessen Teilnahmerechts und ist unzulässig (Richardi BetrVG/*Annuß* Rn. 42; LAG Hamm 9.7.1986 – 3 Ta BV 31/86, NZA 1986, 842; **aA** LAG BW 27.10.1978 – 9 TaBV 3/78, DB 1979, 316; HWGNRH/*Worzalla* Rn. 46; GK-BetrVG/*Weber* Rn. 55; Schaub/*Koch* § 223 Rn. 13 nur mit Einverständnis des jeweiligen Redners). Der ArbGeb. kann demnach vom BR auch nicht das Anfertigen eines Wortprotokolls verlangen (**aA** *Loritz* FS Wiese, 1998, 290 nach entsprechender Anwendung des § 43 Abs. 2 iVm § 2 Abs. 1, die jedoch allenfalls den Zweck verfolgen, im Interesse der Rechtssicherheit das rechtmäßige Zustandekommen von BR-Beschlüssen zu dokumentieren).

48 Der **Leiter der Verslg.** ist verpflichtet auf die **Nichtöffentlichkeit** zu achten und allen Personen, die nicht teilnahmeberechtigt sind, den Zutritt zu der BetrVerslg. und die Teilnahme an ihr zu verwehren. Zu diesem Zweck hat er notfalls von seinem Hausrecht Gebrauch zu machen, soweit ihm das zugemutet werden kann. Werden außenstehende Personen, die nicht befugt sind, an der BetrVerslg. teilzunehmen, in größerer Zahl zugelassen, handelt es sich nicht mehr um eine BetrVerslg. iSd §§ 42 ff. (hM).

49 Die Anwesenheit nicht teilnahmeberechtigter Personen lässt den Lohnanspruch der teilnehmenden ArbN unberührt (→ § 44 Rn. 34a).

50 Etwas anderes gilt nur, wenn es sich um eine **„öffentliche Verslg."** handelt (→ § 44 Rn. 34a).

d) Verschwiegenheitspflichten

51 Erfährt der ArbN in der BetrVerslg., etwa durch den nach § 110 regelmäßig zu erstattenden Lagebericht oder durch den Bericht des ArbGeb. nach § 43 Abs. 2 S. 2, **Geschäfts- und Betriebsgeheimnisse,** so hat er über diese auf Grund seiner arbeitsvertraglichen Treuepflicht Stillschweigen zu bewahren, wenn der ArbGeb. auf die Geheimhaltungsbedürftigkeit ausdrücklich hingewiesen hat (GK-BetrVG/*Weber* Rn. 57; DKKW/*Berg* Rn. 29). IÜ besteht keine Verschwiegenheitspflicht über Inhalt und Ablauf der BetrVerslg.

5. Kosten

Erforderliche Kosten, die bei der Vorbereitung und der Durchführung der BetrVerslg. entstehen, fallen dem **ArbGeb.** zur Last. Dies ergibt sich aus seiner Kostentragungspflicht nach § 40. Ist es erforderlich, die BetrVerslg. außerhalb des Betriebs abzuhalten, sind die dadurch entstehenden Kosten, insbes. für die Anmietung der Räume, für Heizung, Licht usw, vom ArbGeb. zu tragen (LAG Hamm 2.11.1956 – 5 Sa 244/56, AP BGB § 618 Nr. 5; dort auch zur Haftung des ArbGeb. für die Unterbringung von Fahrrädern der teilnehmenden ArbN für die Dauer der BetrVerslg.). Zu den erstattungsfähigen Kosten können auch die für Dolmetscher gehören (→ Rn. 22). Dagegen hat der ArbGeb. nicht diejenigen Kosten zu tragen, die auf eine Bewirtung der Teilnehmer entfallen (LAG Nürnberg 25.4.2012 – 4 TaBV 58/11, NZA-RR 2012, 524). 52

III. Teilversammlungen

1. Voraussetzungen

Grds. ist die BetrVerslg. als Vollverslg. durchzuführen. Die Durchführung von **Teilverslg.** lässt Abs. 1 S. 3 **als Ausnahme** zu, wenn wegen der Eigenart des Betriebs eine Vollverslg. aller ArbN des Betriebs nicht durchgeführt werden kann. Sie sind von AbtVerslg. zu unterscheiden (→ Rn. 64 ff.; *Rieble* AuR 1995, 245). 53

Es steht **nicht im freien Ermessen** des BR oder seines Vors., ob die BetrVerslg. als Vollverslg. durchzuführen ist oder ob an deren Stelle Teilverslg. treten. Teilverslg. sind vielmehr nur zulässig, wenn infolge der **Eigenart des Betriebes** eine gleichzeitige Verslg. aller ArbN des Betriebs nicht möglich ist (Richardi BetrVG/*Annuß* Rn. 53; DKKW/*Berg* Rn. 31). Bei der Beurteilung der Voraussetzungen des § 42 Abs. 1 S. 3 steht dem BR ein Bewertungsspielraum zu (GK-BetrVG/*Weber* Rn. 63; WPK/*Kreft* Rn. 13). Liegen diese Voraussetzungen vor, ist der BR zur Durchführung von Teilversammlungen verpflichtet (HWGNRH/*Worzalla* Rn. 49). 54

Die Vorschrift stellt allgemein auf die Eigenart des Betriebs ab. In erster Linie kommt es auf **organisatorisch-technische Besonderheiten** an (BAG 9.3.1976 – 1 ABR 74/74, AP BetrVG 1972 § 44 Nr. 3; GK-BetrVG/*Weber* Rn. 59), nicht auf wirtschaftliche Interessen. Die zu Teilverslg. zwingende Eigenart des Betriebs dürfte meist durch dessen **Größe** bedingt sein, weil eine übergroße ArbNZahl erfahrungsgemäß eine angemessene Durchführung der BetrVerslg., insbes. auch eine sachliche Aussprache nicht zulässt (ArbG Wuppertal 9.7.1996 – 8 BVGa 12/96, AiB 1997, 347; Richardi BetrVG/*Annuß* Rn. 48; DKKW/*Berg* Rn. 34). Aber auch die Tatsache, dass **in mehreren Schichten** gearbeitet wird, kann zu Teilverslg. zwingen, insbes. dann, wenn der Betrieb vollkontinuierlich arbeitet (Richardi BetrVG/*Annuß* Rn. 50; DKKW/*Berg* Rn. 35; HSWGNRH/*Worzalla* Rn. 50). 54a

Das Gleiche gilt, wenn im Betrieb **kein genügend großer Raum** für eine Vollverslg. zur Verfügung steht und auch die Anmietung eines außerhalb des Betriebs gelegenen Raumes nicht möglich oder nicht zumutbar ist (Richardi BetrVG/*Annuß* Rn. 48; HWGNRH/*Worzalla* Rn. 50; GK-BetrVG/*Weber* Rn. 62; → Rn. 52). 54b

Dagegen ist der Umstand, dass **Betriebsstätten räumlich auseinander liegen,** an sich noch kein Grund für die Durchführung von Teilverslg. Sind die räumlichen Entfernungen aber so groß, dass den ArbN die An- und Abreise an einem Tag nicht mehr zumutbar ist, besteht die Gefahr, dass sie wg. der damit verbundenen Erschwernisse von einer Teilnahme absehen. Das widerspricht dem Zweckgedanken der BetrVerslg., die in solchen Fällen als TeilsVerslg. abzuhalten ist (Richardi BetrVG/*Annuß* Rn. 49). 54c

Kein Grund für Teilverslg. sind **Ladenöffnungszeiten** in Verkaufsgeschäften, weil das Geschäft geschlossen werden kann (GK-BetrVG/*Weber* Rn. 60; **aA** HWGNRH/ 54d

Worzalla § 44 Rn. 12; Richardi BetrVG/*Annuß* § 44 Rn. 12 mit Einschränkungen; → § 44 Rn. 10). Zum Einfluss des Infrastrukturauftrags nach Art. 87f. GG bei der Post LAG SchlH 28.10.1996 – 1 TaBV 38/96, LAGE § 44 BetrVG 1972 Nr. 9.

55 Andererseits kommt in Betrieben mit vielen im **Außendienst** tätigen ArbN, die wegen der Art ihrer Tätigkeit vielfach nicht an den üblichen BetrVerslg. teilnehmen können, die Abhaltung von Teilverslg. für diese Mitarbeiter in Betracht.

55a Für ArbN, die vorübergehend im **Ausland** (zB auf einer dortigen Baustelle) tätig sind, aber nach den Grundsätzen der „Ausstrahlungstheorie" noch zum Betrieb gehören (→ § 1 Rn. 23; LAG München 7.7.2010 – 5 TaBV 18/09, BeckRS 2010, 32441), kann auch im Ausland eine Teilverslg. durchgeführt werden, jedenfalls soweit nicht zwingende Vorschriften des betreffenden Staates entgegenstehen (GK-BetrVG/*Weber* Rn. 25). Denn es ist zweckmäßig, diesen ArbN, die noch zum Betrieb gehören und auf die sich die Zuständigkeit des BR erstreckt, auch ein Forum der Aussprache zu eröffnen (→ Rn. 7), ohne dass sie auf eine evtl. kostspielige Teilnahme an der BetrVerslg. des Heimatbetriebs angewiesen sind. Das sog **Territorialitätsprinzip** steht zwar der Abhaltung der BetrVerslg. im ausländischen Betrieb entgegen, wenn der dortige Betriebsinhaber nicht zustimmt. Das hat seinen Grund darin, dass der Normbefehl des BetrVG nicht über die Bundesrepublik Deutschland hinausgeht. Dennoch bleibt die Durchführung einer BetrVerslg. im Ausland, zumindest an einem Ort außerhalb des dortigen Betriebs, zulässig (**aA** BAG 27.5.1982 – 6 ABR 28/80, NJW 1983, 413, das wegen des auf die Bundesrepublik Deutschland beschränkten Geltungsbereichs einen Rechtsanspruch des BR oder anderer betriebsverfassungsrechtlicher Institutionen auf ein Tätigwerden im Ausland ausschließt; ebenso HWGNRH/*Worzalla* Rn. 3; vgl. aber die neueren Entwicklungen der Rspr. bei → § 1 Rn. 23). Allerdings könnte dieses Durchführungsrecht **einer teleologischen Reduktion** bedürfen. Die Vorschriften über die Teilnahme an BetrVerslg. und die daran knüpfende Kostentragungspflicht des ArbGeb. sind an den Verhältnissen inländischer Betriebe und der dort Beschäftigten ausgerichtet. Mit Rücksicht auf diese Konzeption läge es nahe, vor einer Durchführung einer BetrVerslg. im Ausland zunächst die sonstigen Kommunikationsmöglichkeiten auszuschöpfen, mittels derer der BR mit den ArbN in Kontakt treten und sie über betriebl. Vorgänge informieren kann.

56 Kann wegen der Eigenart des Betriebs eine Vollverslg. nur außerhalb der Arbeitszeit durchgeführt werden, steht es im **Ermessen des BR** stattdessen Teilverslg. durchzuführen, wenn diese während der Arbeitszeit stattfinden können (Richardi BetrVG/*Annuß* Rn. 51).

57 Mit einer **Ermessensentscheidung** – etwa abwechselnd Voll- und Teilverslg. durchzuführen – kann der BR beiden Grundsätzen, Vollverslg. vor Teilverslg. und Verslg. während der Arbeitszeit am ehesten gerecht werden. Der BR bestimmt auch den Teil der Belegschaft, der einer Teilverslg. zuzuordnen ist.

58 **Keine Teilverslg.** ist gegeben, wenn gleichartige ArbNGruppen des Betriebs, etwa nur die Arb., die Ang., die im Leistungslohn beschäftigten ArbN, die weiblichen oder ausländischen ArbN versammelt werden. Derartige Verslg. sind keine BetrVerslg. iSd §§ 42ff. (Richardi BetrVG/*Annuß* Rn. 52; DKKW/*Berg* Rn. 37). Eine Ausnahme besteht insoweit nur hinsichtlich der JugAzubiVerslg. (Näheres vgl. § 71) sowie der in § 178 Abs. 6 SGB IX vorgesehenen Verslg. der Schwbeh. des Betriebs.

2. Durchführung

59 Die Entscheidung des BR zur Durchführung von Teilverslg. ist durch **Beschluss** (§ 33) zu treffen.

60 Soweit Teilverslg. durchgeführt werden, sollten sie in einem engen **zeitlichen Zusammenhang** abgehalten werden, damit sie die Wirkung einer Vollverslg. erzielen (Richardi BetrVG/*Annuß* Rn. 53; DKKW/*Berg* Rn. 36; HWGNRH/*Worzalla* Rn. 56).

Den **Vorsitz in der Teilverslg.** führt der BRVors. Werden mehrere Teilverslg. gleichzeitig abgehalten, kann der BR neben dem Vors. und dem stellvertr. Vors. weitere BRMitgl. mit der Leitung beauftragen (Richardi BetrVG/*Annuß* Rn. 54). 61

Teilnahme- und **stimmberechtigt** an Teilverslg. sind die ArbN, die in den vom BR zur Teilverslg. zusammengefassten Bereichen des Betriebs beschäftigt sind. Ferner ist der gesamte BR teilnahmeberechtigt. Es können die in → Rn. 15 ff. genannten Personen unter den dort genannten Voraussetzungen auch an Teilverslg. teilnehmen. Die Teilnahme von ArbN anderer Bereiche des Betriebs verletzt nicht den Grundsatz der Nichtöffentlichkeit. 62

Für Gestaltung und Ablauf der Teilverslg. gelten die für die Vollverslg. geltenden Vorschriften entspr. (→ Rn. 34 ff.). 63

IV. Abteilungsversammlungen

1. Voraussetzungen

Das G sieht die Möglichkeit vor, anstelle der BetrVerslg. **AbtVerslg.** durchzuführen. Die AbtVerslg. dienen dem **Zweck,** den ArbN in den einzelnen Betriebsabteilungen die Erörterungen ihrer speziellen gemeinsamen Belange zu ermöglichen, die in der Vollverslg. aller ArbN des Betriebs vielfach nicht angesprochen werden können. Die AbtVerslg. ist eine besondere Form der BetrVerslg. Sie sind vorgesehen für die vom BR zusammengefassten ArbN organisatorisch oder räumlich abgegrenzter Betriebsteile, deren spezielle Belange eine gesonderte Erörterung außerhalb der Vollverslg. der ArbN erforderlich machen. 64

Zu AbtVerslg. zusammengefasst werden können nur **ArbN von Betriebsteilen,** die entweder organisatorisch oder räumlich abgegrenzt sind. Es reicht aus, wenn eine dieser Voraussetzungen vorliegt. Der Begriff Betriebsteil in § 42 Abs. 2 deckt sich nicht mit demjenigen in § 4; er ist weitergehend (GK-BetrVG/*Weber* Rn. 73; DKKW/*Berg* Rn. 41). 65

Die **organisatorische Abgrenzung** bestimmt sich nach der jeweiligen betrieblichen Organisationsstruktur. Diese richtet sich nach den verschiedenen Aufgaben, die der Betrieb zu erfüllen hat. Maßnahmen des ArbGeb. können zB nur Interessen der ArbN einzelner Abteilungen berühren. So stellen zB **Produktionsbetrieb** und **Verwaltung** im Allgemeinen organisatorisch abgegrenzte Betriebsteile dar. Innerhalb des Produktionsbetriebs sind weitere Abgrenzungen möglich, sei es, dass der Betrieb verschiedenartige Produkte in organisatorisch selbständigen Einheiten herstellt (zB in einem chemischen Betrieb die Erzeugung von Medikamenten, Kunststoffprodukten, Düngemitteln), sei es, dass der Betrieb zwar nur ein Erzeugnis herstellt, die für das Gesamtprodukt notwendigen Einzelfertigungen jedoch in organisatorisch abgegrenzten Betriebsteilen hergestellt werden (zB in der Automobilindustrie Motorenwerkstatt und Karosseriebau). Die organisatorische Abgrenzung setzt außer einer gewissen Eigenständigkeit in der Aufgabenstellung auch ein bestimmtes Maß an Eigenständigkeit der Leitung voraus (DKKW/*Berg* Rn. 43; HWGNRH/*Worzalla* Rn. 60; GK-BetrVG/*Weber* Rn. 71, die auch eine Zusammenfassung bestimmter Kategorien von ArbN unter Hinweis auf Besonderheiten von Konzernstrukturen für zulässig halten). 66

Räumlich abgegrenzte Betriebsteile sind solche, die entweder durch ihre örtliche Lage oder ihre jeweilige bauliche Situation besondere betriebliche Einheitenbilden. So sind zB Zweigstellen, sofern sie nicht selbständige Betriebe sind, im Allgemeinen als räumlich abgegrenzte Betriebsteile anzusehen. Das Gleiche gilt für besondere Betriebsstätten. Auch können einzelne Gebäude auf einem größeren Betriebsgelände räumlich abgegrenzte Betriebsteile darstellen. 67

Die ArbN von organisatorisch oder räumlich abgegrenzten Betriebsteilen bilden nicht von sich aus die AbtVerslg. Sie müssen **vom BR zu diesem Zweck zusam-** 68

mengefasst worden sein. Hierbei ist der BR nicht darauf beschränkt, lediglich die ArbN der einzelnen organisatorisch oder räumlich abgegrenzten Betriebsteile zu jeweils getrennten AbtVerslg. zusammenzufassen. Vielmehr kann er auch mehrere organisatorische oder räumlich abgegrenzte Betriebsteile zu einer AbtVerslg. zusammenziehen, wenn das für die Erörterung der besonderen Belange der beteiligten ArbN geboten ist (DKKW/*Berg* Rn. 44).

69 Die Durchführung von AbtVerslg. muss für die Erörterung der besonderen Belange der ArbN erforderlich sein (Richardi BetrVG/*Annuß* Rn. 64; GK-BetrVG/*Weber* Rn. 73). Die **besonderen Belange der einzelnen Abteilungen** müssen nicht durch strukturelle, dh ihrem Wesen nach auf Dauer angelegten Merkmalen bedingt sein. Auch ein einmaliger Anlass kann die Notwendigkeit von AbtVerslg. rechtfertigen (Richardi BetrVG/*Annuß* Rn. 65; GK-BetrVG/*Weber* Rn. 76; HWGNRH/*Worzalla* Rn. 66).

70 Da die AbtVerslg. im Rahmen der Regelung des § 43 Abs. 1 S. 2 die BetrVerslg. ersetzen, muss zumindest für **die überwiegende Zahl der Betriebsteile** die Durchführung von AbtVerslg. zur Erörterung der besonderen Belange der ArbN der einzelnen Betriebsteile erforderlich sein. Lediglich die besonderen Belange der ArbN eines einzigen oder nur weniger Betriebsteile rechtfertigen es nicht, auch den anderen Betriebsteilen anstelle der allgemeinen BetrVerslg. eine AbtVerslg. aufzuzwingen (DKKW/*Berg* Rn. 45). Insoweit kann ein besonderer Grund für eine zusätzliche AbtVerslg. gem. § 43 Abs. 1 S. 4 oder Abs. 3 vorliegen (Richardi BetrVG/*Annuß* Rn. 65). Für ArbN, für die keine AbtVerslg. durchgeführt werden, ist eine TeilsVerslg. anzuberaumen, wenn anderenfalls der mit § 43 Abs. 1 S. 1 verfolgte Zweck, allen ArbN viermal jährlich die Möglichkeit der Information durch den BR und des Gesprächs mit dem BR zu geben, nicht gewährleistet ist.

2. Durchführung

71 Liegen die Voraussetzungen für die Durchführung von AbtVerslg. vor, ist der BR verpflichtet, in jedem **Kalenderhalbjahr** eine BetrVerslg. in Form von AbtVerslg. abzuhalten. Bei der Beantwortung der Frage, ob diese Voraussetzungen vorliegen, hat der BR einen Beurteilungsspielraum (Richardi BetrVG/*Annuß* Rn. 66). Die Entscheidung über die Durchführung von AbtVerslg. trifft der BR durch Beschluss. AbtVerslg. können ggf. als **Teilverslg.** durchgeführt werden, wie sich aus der Verweisung in Abs. 2 S. 3 auf Abs. 1 ergibt (GK-BetrVG/*Weber* Rn. 78). Zu denken ist hier zB an Betriebsabteilungen, die in Schicht arbeiten (ErfK/*Koch* Rn. 12).

72 AbtVerslg. unterstehen der **Leitung des BR.** Um jedoch eine möglichst sachkundige Leitung und Durchführung der AbtVerslg. zu erreichen, sollte sie von einem Mitgl. des BR geleitet werden, das dem jeweiligen Betriebsteil als ArbN angehört; hiervon kann aus besonderen sachlichen Gründen abgewichen werden. Jedoch muss stets ein BRMitgl. die AbtVerslg. leiten, anderenfalls ist sie keine AbtVerslg. iSd G (Richardi BetrVG/*Annuß* Rn. 69). Der BR beschließt, welches BRMitgl. die jeweilige AbtVerslg. leitet.

73 Für die **Leitung und Durchführung** der AbtVerslg. gelten iÜ dieselben Grundsätze wie für die BetrVerslg. (→ Rn. 28 ff.). Das Gleiche gilt für den Grundsatz der Nichtöffentlichkeit der AbtVerslg. (→ Rn. 43 ff.). Die Teilnahme von ArbN anderer Abteilungen verstößt zwar nicht gegen das Gebot der Nichtöffentlichkeit, ist aber mit Sinn und Zweck der AbtVerslg. nicht vereinbar. Stimmberechtigt sind nur die ArbN der zu der AbtVerslg. zusammengefassten Betriebsteile.

74 Auf AbtVerslg. können neben den abteilungsspezifischen Angelegenheiten auch Belange des gesamten Betriebes und aller ArbN erörtert werden. Das ergibt sich schon daraus, dass nach § 43 Abs. 1 S. 2 die AbtVerslg. eine die BetrVerslg. ersetzende Funktion haben.

V. Streitigkeiten

Über die Teilnahmeberechtigung an Betr.- und AbtVerslg. befindet zunächst der Vors. des BR als Leiter der BetrVerslg. 75

IÜ sind Streitigkeiten im Zusammenhang mit der Abhaltung von Betr.- oder AbtVerslg., insbes. auch Streitigkeiten über die Teilnahme an diesen Verslg., über ihre Zuständigkeit, über die Kostentragungspflicht des ArbGeb. und über die Zulässigkeit von Teilverslg. und AbtVerslg. von den ArbG **im BeschlVerf.** zu entscheiden (→ ArbGG Rn. 5 ff.). 76

Wird durch die Meinungsverschiedenheit die Durchführung einer BetrVerslg. verhindert oder wesentlich erschwert oder geht es um die Durchsetzung von Zugangsrechten für bestimmte Teilnehmer, kann der BR eine **einstw. Vfg.** erwirken (§ 85 Abs. 2 ArbGG; *Bertelsmann* AiB 1998, 686; Richardi BetrVG/*Annuß* Rn. 77). Der Anspruch des an der Verslg. teilnehmenden einzelnen ArbN auf Zahlung des Arbeitsentgelts ist dagegen im **UrteilsVerf.** geltend zu machen. Dies gilt auch für die Erstattung etwaiger Fahrkosten, die dem ArbN infolge der Teilnahme an der BetrVerslg. entstanden sind (→ § 44 Rn. 24 ff.). Zwar handelt es sich um einen im BetrVG geregelten Anspruch. Dieser betrifft aber keine, das betriebsverfassungsrechtliche Rechtsverhältnis zwischen ArbGeb. und BR berührende, Angelegenheit iSd § 2a Abs. 1 Nr. 1 ArbGG (Richardi BetrVG/*Annuß* Rn. 78). Begehrt eine Arbeitnehmervereinigung zu Zwecken der Mitgliederwerbung Zutritt zu Vorräumen einer BetrVerslg. ist der auf Art. 9 Abs. 3 GG zu stützende Anspruch nicht gegenüber dem BR, sondern gegenüber dem ArbGeb. im UrteilsVerf. geltend zu machen (BAG 22.5.2012 – 1 ABR 11/11, NZA 2012, 1176). 76a

§ 43 Regelmäßige Betriebs- und Abteilungsversammlungen

(1) [1] **Der Betriebsrat hat einmal in jedem Kalendervierteljahr eine Betriebsversammlung einzuberufen und in ihr einen Tätigkeitsbericht zu erstatten.** [2] **Liegen die Voraussetzungen des § 42 Abs. 2 Satz 1 vor, so hat der Betriebsrat in jedem Kalenderjahr zwei der in Satz 1 genannten Betriebsversammlungen als Abteilungsversammlungen durchzuführen.** [3] **Die Abteilungsversammlungen sollen möglichst gleichzeitig stattfinden.** [4] **Der Betriebsrat kann in jedem Kalenderhalbjahr eine weitere Betriebsversammlung oder, wenn die Voraussetzungen des § 42 Abs. 2 Satz 1 vorliegen, einmal weitere Abteilungsversammlungen durchführen, wenn dies aus besonderen Gründen zweckmäßig erscheint.**

(2) [1] **Der Arbeitgeber ist zu den Betriebs- und Abteilungsversammlungen unter Mitteilung der Tagesordnung einzuladen.** [2] **Er ist berechtigt, in den Versammlungen zu sprechen.** [3] **Der Arbeitgeber oder sein Vertreter hat mindestens einmal in jedem Kalenderjahr in einer Betriebsversammlung über das Personal- und Sozialwesen einschließlich des Stands der Gleichstellung von Frauen und Männern im Betrieb sowie der Integration der im Betrieb beschäftigten ausländischen Arbeitnehmer, über die wirtschaftliche Lage und Entwicklung des Betriebs sowie über den betrieblichen Umweltschutz zu berichten, soweit dadurch nicht Betriebs- oder Geschäftsgeheimnisse gefährdet werden.**

(3) [1] **Der Betriebsrat ist berechtigt und auf Wunsch des Arbeitgebers oder von mindestens einem Viertel der wahlberechtigten Arbeitnehmer verpflichtet, eine Betriebsversammlung einzuberufen und den beantragten Beratungsgegenstand auf die Tagesordnung zu setzen.** [2] **Vom Zeitpunkt der Versammlungen, die auf Wunsch des Arbeitgebers stattfinden, ist dieser rechtzeitig zu verständigen.**

(4) **Auf Antrag einer im Betrieb vertretenen Gewerkschaft muss der Betriebsrat vor Ablauf von zwei Wochen nach Eingang des Antrags eine Betriebsver-**

sammlung nach Absatz 1 Satz 1 einberufen, wenn im vorhergegangenen Kalenderhalbjahr keine Betriebsversammlung und keine Abteilungsversammlungen durchgeführt worden sind.

Inhaltsübersicht

I. Vorbemerkung

1 Die Vorschrift regelt den **Zeitraum,** in dem die regelmäßigen Betr.- bzw. AbtVerslg. durchzuführen sind (Abs. 1 S. 1 bis S. 3), die Voraussetzungen **zusätzlicher oder außerordentlicher Betr.- oder AbtVerslg.** (Abs. 1 S. 4 und Abs. 3) und das **Recht der Gewerkschaften,** die Durchführung einer unterbliebenen BetrVerslg. zu beantragen (Abs. 4). Sie normiert darüber hinaus auch das **Teilnahmerecht des ArbGeb.** (Abs. 2 S. 1) und dessen Berichtspflicht.

2 Die Vorschrift gilt nicht für den GesBR, den KBR, die GesJAV, die KJAV und den SeeBR. Auf die BordVertr. findet sie dagegen Anwendung. Über ihre entspr. Anwendung auf die JugAzubiVerslg. vgl. § 71. Wegen der BRVerslg. vgl. § 53.

3 Die Vorschrift ist **zwingend.** Weder TV noch BV können die gesetzliche Mindestzahl von BetrVerslg. herabsetzen oder die Voraussetzungen für zusätzliche oder außerordentliche BetrVerslg. sowie für Teil- oder AbtVerslg. abweichend vom G regeln. Dagegen ist es zulässig, den im Rahmen der §§ 42 ff. bestehenden Beurteilungsspielraum des BR durch eine kollektivrechtliche Vereinbarung zu konkretisieren.

4 Entspr. Vorschriften: § 49 BPersVG; § 15 SprAuG.

II. Regelmäßige Betriebs- und Abteilungsversammlungen

1. Anzahl und Art der Versammlungen

5 Der BR hat in jedem **Kalendervierteljahr** – nicht innerhalb von drei Monaten – eine Verslg. der ArbN des Betriebs durchzuführen. Dies ist im Regelfall eine Vollverslg. aller ArbN des Betriebs. Soweit die Eigenart des Betriebs einer Vollverslg. aller ArbN entgegensteht (→ § 42 Rn. 53 ff.), sind Teilverslg. durchzuführen.

6 Sind in dem Betrieb gem. § 42 Abs. 2 **AbtVerslg.** durchzuführen, so sind von den vier jährlichen Verslg. der ArbN zwei als BetrVerslg. aller ArbN (ggf. in Teilverslg.) und die restlichen zwei in Form von AbtVerslg. (ggf. in Form von Teilverslg.) abzuhalten. Die **Festlegung der Reihenfolge** dieser Verslg. ist dem BR überlassen. Er kann zwischen einer Vollverslg. der ArbN des Betriebs und AbtVerslg. abwechseln,

oder eine andere Reihenfolge festlegen. Sofern sich nur einmal im Jahr die Notwendigkeit ergibt, die besonderen Belange der ArbN in AbtVerslg. zu erörtern (→ § 42 Rn. 64ff.), ist nur eine der vierteljährlichen BetrVerslg. in Form von AbtVerslg. durchzuführen.

Um stärkere Störungen des Arbeitsablaufs gegenüber einer Vollverslg. zu vermeiden, schreibt Abs. 1 S. 3 vor, dass die **AbtVerslg. möglichst gleichzeitig stattfinden** sollen. Ist allerdings die Durchführung einer AbtVerslg. in einem Betriebsteil ohne Einfluss auf den Arbeitsablauf in den übrigen Betriebsteilen, dürfte gegen eine zeitlich gesonderte Durchführung der AbtVerslg. in diesem Betriebsteil keine Einwände zu erheben sein. Das Gleiche gilt, wenn besondere Umstände eine gleichzeitige Durchführung der AbtVerslg. nicht sachgerecht erscheinen lassen. Hierüber entscheidet der BR durch Beschluss, wobei er auch etwaige negative Auswirkungen auf den Betriebsablauf in seine Überlegungen einbeziehen muss. Die Notwendigkeit einer Zustimmung des ArbGeb. besteht jedoch nicht. 7

2. Zeitpunkt

Der BR bestimmt nach pflichtgemäßem Ermessen **den Zeitpunkt** der BetrVerslg. bzw. der AbtVerslg. innerhalb des jeweiligen Kalendervierteljahres. Der ArbGeb. braucht nicht zuzustimmen. Die Einhaltung eines zeitlichen Abstands von drei Monaten ist nicht geboten, aber empfehlenswert. Besondere Umstände (etwa bedeutsame Hauptversammlung, wichtige Entscheidungen der Geschäftsleitung oder des Aufsichtsrats) können ein Abgehen von dem gleichmäßigen Rhythmus rechtfertigen (Richardi BetrVG/*Annuß* Rn. 3; GK-BetrVG/*Weber* Rn. 2). 8

Grds. finden die regelmäßigen Betriebs- und AbtVerslg. **während der Arbeitszeit** statt (vgl. § 44 Abs. 1; → § 44 Rn. 5ff.). Bei der Festlegung der zeitlichen Lage hat der BR auf die betrieblichen Notwendigkeiten Rücksicht zu nehmen. 9

Unterlässt es der BR, die regelmäßigen Betriebs- bzw. AbtVerslg. nach Abs. 1 S. 1 u. 2 einzuberufen, handelt er pflichtwidrig (LAG BW 13.3.2014 – 6 TaBV 5/13, BeckRS 2014, 69674). Das gilt auch, wenn der ArbGeb. für die Nichtdurchführung der BetrVerslg. den ArbN besondere Leistungen gewährt. Das grundlose Unterlassen kann im Wiederholungsfall eine grobe Verletzung der gesetzlichen Pflichten des BR iSv § 23 Abs. 1 sein (Richardi BetrVG/*Annuß* Rn. 22; DKKW/*Berg* Rn. 4; GK-BetrVG/*Weber* Rn. 31). Das gilt nicht, wenn betriebsorganisatorische Gegebenheiten vorübergehend der regelmäßigen Durchführung entgegenstehen. Leistet der BR einem zulässigen Antrag der Gewerkschaften nach Abs. 4 nicht Folge (→ Rn. 52ff.), dürfte ebenfalls eine grobe Pflichtverletzung des BR iSv § 23 Abs. 1 vorliegen. 10

Die Durchführung der BetrVerslg. oder AbtVerslg. kann **nicht ersetzt** werden durch eine via Lautsprecher übertragene Ansprache des BRVors an die an ihren Arbeitsplätzen verbleibenden ArbN oder das Verteilen einer Informationsschrift. 11

3. Ablauf der Versammlungen

a) Tagesordnung

Die jeweilige Tagesordnung bestimmt den Ablauf der BetrVerslg. bzw. der AbtVerslg. Sie muss auf jeden Fall den **vierteljährlichen Tätigkeitsbericht des BR** enthalten. Darüber hinaus können auch andere die ArbN oder den Betrieb unmittelbar betreffende Angelegenheiten auf die Tagesordnung gesetzt werden (vgl. § 45). Hierüber entscheidet der BR durch Beschluss. 12

b) Tätigkeitsbericht des Betriebsrats

Der Tätigkeitsbericht ist **vom BR zu erstatten.** Dazu hat der BR den Berichtsinhalt festzulegen und nach § 33 zu beschließen (Richardi BetrVG/*Annuß* Rn. 8; GK- 13

BetrVG/*Weber* Rn. 3). Der Bericht hat die im Berichtszeitraum eingetretenen Ereignisse zu dokumentieren und über Tatsachen, die für ArbN bedeutsam sind, Auskunft zu geben.

13a Der Bericht des BR erfasst auch die Tätigkeit seiner **Ausschüsse** sowie des **GesBR** und des **WiAusschusses,** soweit sie den Betrieb betrifft oder für ihn von Bedeutung ist (DKKW/*Berg* Rn. 8; **aA** hinsichtlich des WiAusschusses Richardi BetrVG/*Annuß* Rn. 10; GK-BetrVG/*Weber* Rn. 6 mit der Begründung, der WiAusschuss sei funktionell selbständig und die Unterrichtung der ArbN über die wirtschaftliche Lage und Entwicklung des Unternehmens gem. § 110 obliege dem ArbGeb. Diese Unterrichtungspflicht des Unternehmers ist jedoch nicht deckungsgleich mit der über die Tätigkeit des WiAusschusses).

13b Der BR ist nicht auf die Darstellung von Tatsachen beschränkt. Er kann auch Wertungen äußern und die Überlegungen und Erwägungen angeben, von er sich bei seinen Beschlüssen, Maßnahmen und Stellungnahmen hat leiten lassen. Hierbei hat er auf seine Verschwiegenheitspflicht, insbes. nach §§ 79, 99 Abs. 1 S. 3 und § 102 Abs. 2 S. 4 zu achten (HWGNRH/*Worzalla* Rn. 17). Darüber hinaus soll der Bericht über die Geschäftsführung des BR ein allgemeines Bild über das betriebliche Geschehen geben, soweit dies für die ArbN von Interesse ist.

14 Die **Tätigkeit der Aufsichtsratsmitglieder der ArbN** ist nach Ansicht des BAG nicht Gegenstand des Berichts des BR (BAG 1.3.1966 – 1 ABR 14/65, AP BetrVG § 69 Nr. 1; GK-BetrVG/*Weber* Rn. 6; HWGNRH/*Worzalla* Rn. 16; Richardi BetrVG/*Annuß* Rn. 10). Jedenfalls ist es den BRMitgl. oder ArbN des Betriebs, die Mitgl. des AR sind, oder den zur BRVerslg. eingeladenen Aufsichtsratsmitglieder nicht verwehrt, Informationen, die für die Belegschaft von Interesse sind, weiter zu geben, soweit nicht die Schweigepflicht nach § 93 Abs. 1 S. 2 AktG entgegensteht.

15 In **TeilVerslg.** ist der vollständige Bericht zu erstatten. In **AbtVerslg.** kann der Tätigkeitsbericht des BR auf die besonderen Belange der Abteilung und der in ihr beschäftigten ArbN zugeschnitten werden. Jedoch ist er nicht auf bloße Abteilungsangelegenheiten zu beschränken. Allgemein interessierende Fragen sind stets auch in den Tätigkeitsbericht auf AbtVerslg. aufzunehmen, soweit die AbtVerslg. eine BetrVerslg. ersetzen.

16 Der Bericht ist **vom BRVors. vorzutragen.** Der BR kann durch Beschluss ein anderes seiner Mitgl. mit der Berichterstattung beauftragen (Richardi BetrVG/*Annuß* Rn. 12; HWGNRH/*Worzalla* Rn. 13). Umfasst der Bericht verschiedene Sachgebiete – was in Großbetrieben vielfach der Fall sein dürfte –, kann er von verschiedenen BRMitgl. erstattet werden (DKKW/*Berg* Rn. 9). Die Teilnehmer der BetrVerslg. müssen Gelegenheit haben, zum Bericht Stellung zu nehmen und darüber zu diskutieren.

17 Die **schriftliche Vorlage des Berichts** ist zwar zulässig, kann jedoch nicht erzwungen werden (*Löwisch* FS Hilger/Stumpf, 1983, 429). Bei umfangreichen Berichten kann eine schriftliche Vorlage geboten sein, um eine sachgerechte Information und innerbetriebliche Diskussion über die Tätigkeit des BR zu ermöglichen. Dazu besteht vor allem Veranlassung, wenn ein größerer Teil der ArbN verhindert ist (DKKW/*Berg* Rn. 11) oder der Bericht ausländischen ArbN übersetzt werden muss. Die Kosten eines solchen Berichts sind als erforderliche Kosten des BR vom ArbGeb. zu tragen (→ § 40 Rn. 18).

18 In einer **AbtVerslg.** obliegt die **Berichterstattung** dem versammlungsleitenden BRMitgl., sofern der BR keine abweichende Festlegung getroffen hat. Berichtsergänzungen müssen von einem Beschluss des BR gedeckt sein.

c) Berichte des Arbeitgebers

19 Einmal in jedem Kalenderjahr ist der **ArbGeb.** verpflichtet, auf einer BetrVerslg. – und zwar **auf einer Vollverslg.** der ArbN, nicht auf einer BetrVerslg. in Form von AbtVerslg. (Richardi BetrVG/*Annuß* Rn. 15) – über die in § 43 Abs. 2 S. 3 geregelten Themen zu berichten. Auf welcher der vier BetrVerslg. im Jahr der ArbGeb. diesen Bericht erstattet, obliegt seiner Entscheidung. Die Berichtspflicht besteht auch in einem von öffentlichen Arbeitgebern in der Rechtsform einer Gesellschaft des bürgerlichen Rechts betriebenen Tendenzunternehmen (BAG 8.3.1977 – 1 ABR 18/75, AP BetrVG 1972 § 43 Nr. 1). In einem **Gemeinschaftsbetrieb** muss jeder Unternehmer in seiner Eigenschaft als ArbGeb. den Bericht erstatten (LAG Hmb 15.12.1988 – 2 TaBV 13/88, BB 1989, 628).

Der Bericht ist **„im" Kalenderjahr** zu erstatten, nicht „für" ein Kalenderjahr. Den Bericht hat der ArbGeb. selbst oder sein unmittelbarer Vertr. vorzutragen; eine weitergehende Delegation ist nicht zulässig (→ § 43 Rn. 28). **19a**

Die Unterrichtung hat **mündlich** zu erfolgen, um eine Aussprache mit den ArbN zu erleichtern. Das schließt eine zusätzliche schriftliche Berichtsvorlage nicht aus (Richardi BetrVG/*Annuß* Rn. 17). Die Berichtspflicht des ArbGeb. besteht nicht, soweit durch die Mitteilung von Tatsachen auf der BetrVerslg. **Betriebs- oder Geschäftsgeheimnisse gefährdet** werden (Richardi BetrVG/*Annuß* Rn. 17; DKKW/*Berg* Rn. 29). Zum Begriff des Betriebs- oder Geschäftsgeheimnisses → § 79 Rn. 3 ff. Die Gefährdung muss objektiv vorliegen, auf die subjektive Einschätzung des ArbGeb. kommt es nicht an (GK-BetrVG/*Weber* Rn. 18). **20**

Der **Bericht über das Personalwesen** erstreckt sich auf die betriebliche Personalplanung (→ § 92 Rn. 2 ff.) und sich daraus eventuell ergebende Maßnahmen der betrieblichen Berufsbildung. Ferner zählt hierzu eine Darstellung der Struktur der Belegschaft (Alter, Geschlecht, Nationalität), der voraussichtlichen Entwicklung der Belegschaftsstärke und -struktur sowie der Fluktuation der ArbN des Betriebs. In dem Bericht kann ferner eingegangen werden auf den Stand der innerbetrieblichen Aus- und Weiterbildung, auf Engpässe in bestimmten Berufsgruppen und auf die Nachwuchsförderung zur Entwicklung eines qualifizierten Stammpersonals (vgl. GK-BetrVG/*Weber* Rn. 9 ff.). Unter das **Sozialwesen** fällt insbes. der Bericht über die betrieblichen Sozialeinrichtungen (vgl. § 87 Abs. 1 Nr. 8) sowie sonstige Sozialleistungen des Betriebs (vgl. hierzu auch GK-BetrVG/*Weber* Rn. 11). **21**

Das BetrVerf-ReformG hat die Berichtspflicht des ArbGeb. im Bereich des Personal- und Sozialwesens um zwei weitere Themenschwerpunkte ergänzt. Hinzugekommen sind die Themen der betrieblichen Gleichstellung von Frauen und Männern sowie der betrieblichen Integration ausländischer ArbN. Mit der Pflicht, über den **Stand der Gleichstellung** zu unterrichten, wird die Bedeutung dieses Themas erstmals auch für den ArbGeb. der Privatwirtschaft unterstrichen. Das soll die Bereitschaft fördern, sich den im Betrieb konkret stellenden Fragen der Gleichstellung der Geschlechter gezielt anzunehmen, Maßnahmen der Frauenförderung zu ergreifen und den Fragen der Vereinbarkeit familiärer Aufgaben mit beruflichen Anforderungen verstärkte Aufmerksamkeit zu schenken (BT-Drs. 14/5741, 41 [30]). Mit in Kraft treten des EntgTranspG vom 30. Juni 2017 (BGBl. I S. 2152) wurde der ArbGeb., der ein betriebliches Prüfverfahren iSd § 17 EntgTranspG durchführt (→ § 80 Rn. 114), mittels dessen die Einhaltung des geschlechtsbezogenen Lohngleichheitsgebot überprüft werden soll, durch § 20 Abs. 2 S. 1 EntgTranspG verpflichtet, hierüber und über dessen Ergebnisse auf Betr- und AbtVerslg. zu berichten. Zu Einzelheiten der Gleichstellung → § 80 Rn. 34 ff. **22**

Die Berichtspflicht zur **betrieblichen Integration ausländischer ArbN** soll fremdenfeindlichen Tendenzen nicht nur in der Gesellschaft, sondern gerade in den Betrieben entgegenwirken. Sie soll den einzelnen ArbGeb. dazu anhalten, auf alltägliche und strukturelle Formen der Diskriminierung ausländischer ArbN in seinem Betrieb zu achten, sie innerhalb der Belegschaft zu thematisieren und geeignete Gegenmaßnahmen zu ergreifen (GK-BetrVG/*Weber* Rn. 14). Zugleich soll verdeutlicht werden, dass die zu erwartende Zuwanderung ausländischer ArbN und deren Eingliederung in die Gesellschaft auch einer Unterstützung durch betriebliche Maßnahmen bedarf (BT-Drs. 14/5741, 26, 31, 42). Zu Einzelheiten der Integration ausländischer ArbN → § 80 Rn. 32. **23**

24 Im Gegensatz zu der Unterrichtungspflicht des Unternehmers über die wirtschaftliche Lage und Entwicklung des Unternehmens nach § 110 bezieht sich der Bericht des ArbGeb. nach § 43 Abs. 2 S. 3 auf die **wirtschaftliche Lage und Entwicklung des Betriebs.** In vielen Fällen wird der Bericht des ArbGeb. nach § 43 Abs. 2 nur verständlich sein durch Einbeziehung der den Betrieb berührenden Entwicklung des Unternehmens. Insoweit kommt dem Bericht des ArbGeb. auch die Funktion einer Erläuterung des nach § 110 zu erstattenden Berichts aus betrieblicher Sicht zu, zu dem der ArbGeb. in allen Unternehmen mit mehr als 20 ArbN ohnehin gehalten ist. Der Bericht des ArbGeb. soll den ArbN in groben Zügen einen Überblick geben über die wirtschaftliche Situation des Betriebs und seine voraussichtliche Entwicklung, über bestehende Schwierigkeiten, über die Absatz- und Marktlage, über Produktions- und Investitionsvorhaben, über Rationalisierungsmaßnahmen und durchgeführte oder bevorstehende Betriebsänderungen gem. § 111 sowie über sonstige Umstände, die für die wirtschaftliche Lage und Entwicklung des Betriebs von Bedeutung sind. Seine Berichtspflicht darf der ArbGeb. nicht dazu nutzen, die Kosten der Tätigkeit des BR ohne jeden Anlass oder in missverständlicher Art und Weise bekanntzugeben (BAG 19.7.1995 – 7 ABR 60/94, NZA 1996, 332; 12.11.1997 – 7 ABR 14/97, NZA 1998, 559; *Weidenfels* FA 1999, 220; **aA** *Bengelsdorf* AuA 1998, 145).

25 In unmittelbaren Zusammenhang mit den wirtschaftlichen Themen erfasst die Berichtspflicht des ArbGeb. auch den **betrieblichen Umweltschutz.** Damit unterstreicht das G die Bedeutung dieses Themas nicht nur für den Arbeitsschutz und damit die Gesundheit der ArbN, sondern auch für die wirtschaftliche Ertragskraft des Betriebs (GK-BetrVG/*Weber* Rn. 17; HWGNRH/*Worzalla* Rn. 27). Umweltschutzauflagen können die wirtschaftliche Ertragskraft eines Unternehmens mindern. Die Berichtspflicht soll den ArbGeb. dazu anhalten, betrieblich veranlasste Umweltbelastungen gezielt zu vermeiden oder umwelt- und energieschonende Produktionsmethoden zu entwickeln. Diese Ziele sollen durch den Bericht auf der BetrVerslg. in das Bewusstsein der Belegschaft gerückt werden. Zugleich soll es ein Ansporn für die Belegschaft sein, ihr Erfahrungswissen zur Verbesserung des betrieblichen Umweltschutzes und damit auch zur Kostenersparung für den Betrieb zu nutzen. Zu Einzelheiten des betrieblichen Umweltschutzes → § 80 Rn. 45; zur Begriffsbestimmung vgl. § 89 Abs. 3.

d) Diskussion der Berichte

26 Den Teilnehmern der BetrVerslg. bzw. der AbtVerslg. ist ausreichend Gelegenheit zu geben, zum Bericht des BR **Stellung zu nehmen** und dem BR Anregungen und Hinweise zu geben.

27 Der **Bericht des ArbGeb.** kann in der BetrVerslg. **erörtert werden.** Der ArbGeb. ist in diesem Falle verpflichtet, sich einer Diskussion zu stellen und ggf. ergänzende und erläuternde Angaben zu machen, soweit dadurch Betriebs- oder Geschäftsgeheimnisse nicht gefährdet werden. Die Weigerung des ArbGeb., seiner gesetzlichen Berichtspflicht zu genügen, kann eine grobe Pflichtverletzung iSv § 23 Abs. 3 darstellen (Richardi BetrVG/*Annuß* Rn. 20). Gleiches gilt, wenn der Bericht bewusst lückenhaft gegeben wird (DKKW/*Berg* Rn. 30).

4. Teilnahmerecht des Arbeitgebers

28 Der ArbGeb. als Betriebspartei ist berechtigt, an den **regelmäßigen Betriebs- oder AbtVerslg.** teilzunehmen. Ist er verhindert, kann er einen oder mehrere Vertr. zu den BetrVerslg. entsenden. Diese sollen betriebs- jedenfalls aber unternehmenszugehörig sein. Durch betriebsfremde Personen, auch nicht durch Rechtsanwälte, kann er sich nicht **vertreten** lassen. Auch die Teilnahme eines Rechtsanwalts als Beistand des ArbGeb. kommt nicht in Betracht. Das gilt auch bei einem nicht organisierten

ArbGeb., der keinen Verbandsbeauftragten mitbringen kann. Der betriebsverfassungsrechtliche Vertr. des ArbGeb. muss „kompetent“ sein. Dazu muss er ArbGebFunktion wahrnehmen und den gleichen Überblick über Betrieb und Unternehmen haben wie der ArbGeb. selbst (GK-BetrVG/*Weber* Rn. 53). Bei der Durchführung von AbtVerslg. ist eine Vertr. des ArbGeb. im Allgemeinen unumgänglich. Eine Vertretung durch betriebs- oder unternehmensfremde Personen ist nicht zulässig.

Der ArbGeb. ist wegen seines gesetzlichen Teilnahmerechts vom BR zu den regelmäßigen Betr.- und AbtVerslg. **unter Mitteilung der Tagesordnung** einzuladen. Eine Teilnahmepflicht besteht im Allgemeinen nicht (Richardi BetrVG/*Annuß* Rn. 53; GK-BetrVG/*Weber* Rn. 48). Allerdings muss er einmal im Jahr an einer BetrVerslg. teilnehmen, um seiner Berichtspflicht nach Abs. 2 S. 3 nachzukommen. Ferner ist seine Anwesenheit erforderlich, wenn er den mündlichen Vierteljahresbericht über die wirtschaftliche Lage und Entwicklung des Unternehmens nach § 110 Abs. 2 auf der BetrVerslg. abgibt. Durch die Einladung wird der ArbGeb. zugleich über den Zeitpunkt der BetrVerslg. unterrichtet und darüber, dass die ArbN des Betriebs den Arbeitsplatz verlassen werden und der für die Verslg. vorgesehene Raum in Anspruch genommen wird. Das Teilnahmerecht kann der BR nicht beschränken. Er ist nicht berechtigt, den ArbGeb. von der Erörterung einzelner Tagesordnungspunkte auszuschließen (HessLAG 27.2.2017 – 16/TaBV 76/16). 29

Nimmt der ArbGeb. an der Betr.- bzw. den AbtVerslg. teil, kann er zu seiner Unterstützung (das ist kein Fall der Vertr., → Rn. 28) sowohl andere ArbN des Betriebs, insbes. auch leitende Ang., als auch einen **Beauftragten der ArbGebVereinigung,** der er angehört, hinzuziehen (vgl. § 46 Abs. 1 S. 2). 30

Sein Teilnahmerecht berechtigt ihn, zu den einzelnen Punkten der Tagesordnung **das Wort zu ergreifen** (vgl. Abs. 2 S. 2) oder zum Tätigkeitsbericht des BR Stellung nehmen (Richardi BetrVG/*Annuß* Rn. 54). Andererseits können die Teilnehmer an ihn Fragen richten, zu deren Beantwortung er – soweit nicht besondere Umstände, insbes. die Gefährdung von Betriebs- oder Geschäftsgeheimnissen entgegenstehen – verpflichtet ist (GK-BetrVG/*Weber* Rn. 51; **aA** Richardi BetrVG/*Annuß* Rn. 54). 31

Der ArbGeb. kann **keine Anträge stellen.** Zwar kann er die Durchführung einer BetrVerslg. zu einer bestimmten Frage verlangen. Das berechtigt ihn nicht dazu, auf der BetrVerslg. Anträge zu Beschlussfassung zu stellen. Die Willensbildung in der BetrVerslg., wozu auch das Recht der Antragstellung gehört, ist ausschließlich Angelegenheit der ArbN (DKKW/*Berg* Rn. 24; HWGNRH/*Worzalla* Rn. 53; **aA** Richardi BetrVG/*Annuß* Rn. 55; GK-BetrVG/*Weber* Rn. 51). Der ArbGeb. hat **kein Stimmrecht** (hM). 32

III. Zusätzliche und außerordentliche Betriebs- und Abteilungsversammlungen

Neben den in § 43 Abs. 1 S. 1 u. 2 genannten regelmäßigen Betr.- bzw. AbtVerslg. können folgende **zusätzliche** und **außerordentliche** BetrVerslg. bzw. AbtVerslg. durchgeführt werden 33

- die BetrVerslg. nach § 17 und nach § 17a **zur Bestellung des Wahlvorst.** auch zur Durchführung des **vereinfachten Wahlverfahrens** (→ § 17 Rn. 4 ff.; → § 17a Rn. 9 ff.);
- in jedem Kalenderhalbjahr **eine zusätzliche BetrVerslg.** oder, wenn die Voraussetzungen des § 42 Abs. 2 für die Durchführung von AbtVerslg. vorliegen, stattdessen **eine weitere AbtVerslg.,** wenn dies aus besonderen Gründen zweckmäßig erscheint (Abs. 1 S. 4);
- weitere **außerordentliche BetrVerslg.** (Abs. 3), wenn entweder der BR dies für erforderlich hält, oder ein Viertel der wahlberechtigten ArbN des Betriebs oder der ArbGeb. eine außerordentliche BetrVerslg. beantragen. In den zuletzt genannten

Fällen ist der BR verpflichtet, eine BetrVerslg. einzuberufen und den beantragten Beratungsgegenstand auf die Tagesordnung zu setzen.

1. Zusätzliche Betriebsversammlungen

34 Eine **zusätzliche BetrVerslg.** je Kalenderhalbjahr bzw. AbtVerslg. nach Abs. 1 S. 4 ist zulässig, wenn dem BR ihre Durchführung aus besonderen Gründen **zweckmäßig** erscheint. Damit kommt es auf die Bewertung des BR an. Der BR hat bei dieser Entscheidung einen erheblichen Ermessensspielraum (BAG 23.10.1991 – 7 AZR 249/90, NZA 1992, 557). Gleichwohl darf er betriebliche Belange nicht vernachlässigen. Er muss daher „besondere Gründe" haben. Die Möglichkeit, die Angelegenheit auf der nächsten ordentlichen BetrVerslg. zu behandeln, schließt die Zulässigkeit einer zusätzlichen BetrVerslg. nicht aus. Dies gilt jedenfalls dann, wenn die Angelegenheit für die ArbN von unmittelbarem aktuellem Interesse ist (BAG 23.10.1991 – 7 AZR 249/90, NZA 1992, 557; hM; **aA** *Bischof* BB 1993, 1940: Erst müssten andere Informationsmöglichkeiten (Rundschreiben, Aushänge, etc) geprüft werden. Das ist kein angemessener Ersatz. Den ArbN würde die Chance zur Aussprache mit dem BR und den übrigen ArbN genommen).

35 Ein **besonderer Grund** liegt zB vor, wenn bestimmte Angelegenheiten auf der regelmäßigen BetrVerslg. aus Zeitnot oder aus sonstigen Gründen nicht ordnungsgemäß behandelt werden konnten oder wenn die ArbN des Betriebs über einen besonderen betrieblichen Vorgang (etwa eine bevorstehende Betriebsänderung wie zB Umstellung der Produktion, Stilllegung oder Verlegung von Betriebsteilen, Liquidations- oder Absatzschwierigkeiten, drohende Kurzarbeit, Betriebsinhaberwechsel) informiert werden sollen; ferner, wenn der BR die Auffassung der ArbN zu bestimmten aktuellen und bedeutsamen Fragen, etwa dem bevorstehenden Abschluss einer wichtigen BV, in Erfahrung bringen oder diese mit ihnen besprechen will. Kein besonderer Grund soll nach Ansicht des BAG vorliegen, wenn zwar Betriebsänderungen in Aussicht stehen, aber noch keine Konzepte vorliegen, über die diskutiert werden könnte (BAG 23.10.1991 – 7 AZR 249/90, NZA 1992, 557). Anders ist die Lage, wenn der ArbGeb. in der Werkszeitung Maßnahmen ankündigt und der Bundesagentur für Arbeit schon vorsorglich Massenentlassungen anzeigt.

36 Die zusätzliche BetrVerslg. kann **in Form von AbtVerslg.** durchgeführt werden, wenn die Voraussetzungen des § 42 Abs. 2 vorliegen. Liegen nur für bestimmte organisatorisch oder räumlich abgegrenzte Betriebsteile besondere Gründe vor, die die Durchführung von AbtVerslg. zweckmäßig erscheinen lassen, so sind die zusätzlichen AbtVerslg. auf diese Abteilungen zu beschränken. Soweit die ArbN in den Abt., in denen keine AbtVerslg. durchgeführt werden, infolge des Arbeitsausfalls in den anderen Abt. ebenfalls nicht arbeiten können, behalten sie ihren Anspruch auf Arbeitsentgelt.

37 Die Abhaltung einer **zusätzlichen BetrVerslg.** (bzw. zusätzliche AbtVerslg.) ist nicht unbegrenzt möglich. Eine solche Verslg. kann einmal in jedem Kalenderhalbjahr, dh in dem Zeitraum v. 1.1. bis 30.6. sowie v. 1.7. bis 31.12. stattfinden.

2. Außerordentliche Betriebsversammlungen

38 Der BR ist berechtigt, über die in Abs. 1 S. 1 u. 4 genannten regelmäßigen und zusätzlichen BetrVerslg. hinaus noch außerordentliche BetrVerslg. durchzuführen, wenn er dies für **notwendig** erachtet (Abs. 3). Dieses zusätzliche Erfordernis wird zwar im G nicht ausdrücklich genannt. Doch sollen regelmäßige und zusätzliche Verslg. im Regelfall ausreichen. Für außerordentliche Verslg. bedarf es des Vorliegens besondere Gründe (Richardi BetrVG/*Annuß* Rn. 28; DKKW/*Berg* Rn. 33). Die Notwendigkeit einer außerordentlichen BetrVerslg. ist insbes. dann zu bejahen, wenn in einer Frage von besonderer Bedeutung die unverzügliche Abhaltung einer BetrVerslg. sachlich dringend geboten ist (weitergehend GK-BetrVG/*Weber* Rn. 45, sachliche Gründe genügen).

Die außerordentliche BetrVerslg. kann sowohl als **Vollverslg.** als auch in Form von **Teilverslg.** als auch, soweit die Voraussetzungen des § 42 Abs. 2 vorliegen, in Form von **AbtVerslg.** (→ Rn. 45) durchgeführt werden. Die Entscheidung über die Einberufung einer weiteren BetrVerslg. erfolgt durch Beschluss des BR gem. § 33. Bei Teilnahme an einer außerordentlichen BetrVerslg. besteht im Allgemeinen kein Lohnanspruch (→ § 44 Rn. 47f.). 39

Der BR ist verpflichtet, eine außerordentliche BetrVerslg. einzuberufen, wenn dies ein **Viertel der wahlberechtigten ArbN** beantragt. Zum Begriff „wahlberechtigte ArbN" vgl. § 7. Für die Errechnung des erforderlichen Quorums der wahlberechtigten ArbN ist die Zahl der im Zeitpunkt des Antrags im Betrieb tätigen wahlberechtigten ArbN zugrunde zu legen (Richardi BetrVG/*Annuß* Rn. 29). Der Antrag ist an keine besondere Form gebunden. Allerdings muss feststehen, dass er von der erforderlichen ArbNZahl gestellt wird. Die Unterschriftensammlung für eine außerordentliche BetrVerslg. kann ohne Minderung des Arbeitsentgelts während der Arbeitszeit durchgeführt werden (GK-BetrVG/*Weber* Rn. 42; Richardi BetrVG/*Annuß* Rn. 30; **aA** HWGNRH/*Worzalla* Rn. 36). 40

Der BR ist auf **Antrag des ArbGeb.** verpflichtet, eine außerordentliche BetrVerslg. einzuberufen. Der Antrag kann formlos gestellt werden. 41

Beantragen der ArbGeb. oder ein Viertel der wahlberechtigten ArbN des Betriebs eine außerordentliche BetrVerslg., müssen sie zugleich den **Beratungsgegenstand** angeben, den sie erörtert wissen wollen. Anderenfalls ist der BR nicht verpflichtet, die BetrVerslg. einzuberufen (Richardi BetrVG/*Annuß* Rn. 31; DKKW/*Berg* Rn. 34; GK-BetrVG/*Weber* Rn. 42). Allerdings hat der BR nur zu prüfen, ob die BetrVerslg. zur Erörterung und Behandlung des beantragten Gegenstandes zuständig ist, nicht aber, ob die Durchführung der BetrVerslg. von seinem Standpunkt aus zweckmäßig ist (Richardi BetrVG/*Annuß* Rn. 29; HWGNRH/*Worzalla* Rn. 37). Wird eine außerordentliche BetrVerslg. wegen eines unzulässigen Tagesordnungspunktes einberufen, kann sie der ArbGeb. durch eine einstw. Vfg. des ArbG untersagen lassen. 42

Verweigert der BR ohne zureichenden Grund die Einberufung einer außerordentlichen BetrVerslg., kann dies – insbes. im Wiederholungsfall – zu seiner Auflösung nach § 23 führen (Richardi BetrVG/*Annuß* Rn. 41; weitergehend GK-BetrVG/*Weber* Rn. 42, nach dem jede nicht fristangemessene Einberufung Auflösungsgrund iSd § 23 Abs. 1 sein soll). 43

Der ArbGeb. oder ein Viertel der wahlberechtigten ArbN des Betriebs können nachträglich **die Ergänzung der Tagesordnung** verlangen. Der BR kann die Ergänzung der Tagesordnung einer außerordentlichen BetrVerslg. beschließen (Richardi BetrVG/*Annuß* Rn. 35). 44

Die Regelung des Abs. 3 gilt, obwohl dies nicht ausdrücklich ausgesprochen ist, auch für **AbtVerslg.** iSd § 42 Abs. 2; dies folgt aus § 44 Abs. 2 (Richardi BetrVG/*Annuß* Rn. 32; HWGNRH/*Worzalla* Rn. 35). Bei der Bestimmung des Viertels der wahlberechtigten ArbN für den Antrag ist in diesem Fall von der Zahl der wahlberechtigten ArbN der betroffenen Organisationseinheit auszugehen (GK-BetrVG/*Weber* Rn. 44). 45

3. Zeitpunkt und Ablauf der Versammlungen

Die zusätzlichen Betr.- oder AbtVerslg. nach Abs. 1 S. 4 (→ Rn. 34ff.) sowie die auf Antrag des ArbGeb. durchzuführenden außerordentlichen Betr.- oder AbtVerslg. finden grds. **während der Arbeitszeit** statt. Etwas anderes gilt nur, wenn die Eigenart des Betriebs eine andere Regelung zwingend erfordert (vgl. § 44 Abs. 1; → § 44 Rn. 7ff.). Das gleiche gilt für die BetrVerslg. nach § 17 bzw. § 17a. Die Zeit der Teilnahme der ArbN an diesen Verslg. einschließlich zusätzlicher Wegezeiten ist den ArbN wie Arbeitszeit zu vergüten (Näheres → § 44 Rn. 24ff.). 46

Die übrigen außerordentlichen Betr.- und AbtVerslg. finden nur dann während der Arbeitszeit statt, wenn der **ArbGeb. hiermit einverstanden** ist (vgl. § 44 47

Abs. 2). Selbstverständlich kann der BR, sofern die vierteljährliche BetrVerslg. nach Abs. 1 S. 1 oder die zusätzliche BetrVerslg. nach Abs. 1 S. 4 noch nicht durchgeführt worden ist, beschließen, die beantragte außerordentliche BetrVerslg. als regelmäßige nach Abs. 1 S. 1 oder zusätzliche nach Abs. 1 S. 4 durchzuführen (Richardi BetrVG/*Annuß* Rn. 40). In diesem Fall führt die Teilnahme an dieser Verslg. nicht zu einer Minderung des Arbeitsentgelts (→ § 44 Rn. 24ff.).

48 Der Ablauf der außerordentlichen und zusätzlichen Verslg. folgt den Regeln, die für die regelmäßigen Verslg. gelten (→ Rn. 12ff.).

4. Teilnahme des Arbeitgebers

49 Ein **Teilnahmerecht des ArbGeb.** besteht nur bei der zusätzlichen Betr.- bzw. AbtVerslg. gem. Abs. 1 S. 4 sowie bei der auf seinen Antrag anberaumten außerordentlichen Betr.- bzw. AbtVerslg. (Richardi BetrVG/*Annuß* Rn. 45; GK-BetrVG/*Weber* Rn. 49; DKKW/*Berg* Rn. 20) für deren gesamten Dauer (HessLAG 27.2.2017 – 16 TaBV 76/16). Zu diesen Verslg. ist er einzuladen; die Tagesordnung ist ihm mitzuteilen. IÜ gilt für die Teilnahme des ArbGeb. das oben in → Rn. 28ff. Gesagte entspr.

50 Hat der BR gem. Abs. 3 von sich aus oder auf Antrag von einem Viertel der wahlberechtigten ArbN eine außerordentliche BetrVerslg. einberufen, ist der **ArbGeb. nicht berechtigt,** an dieser Verslg. teilzunehmen. Es steht dem BR selbstverständlich frei, den ArbGeb. einzuladen, wenn er dies für zweckmäßig erachtet (Richardi BetrVG/*Annuß* Rn. 49; DKKW/*Berg* Rn. 20; GK-BetrVG/*Weber* Rn. 50). In diesem Falle hat der ArbGeb. dieselben Rechte und Befugnisse wie bei einer regelmäßigen BetrVerslg. (→ Rn. 28ff.).

51 Es empfiehlt sich, den **ArbGeb.** über den Zeitpunkt und die Tagesordnung auch solcher außerordentlicher BetrVerslg. **zu unterrichten,** zu denen er nicht eingeladen wird. Das gilt jedenfalls dann, wenn die Verslg. im Einvernehmen mit dem ArbGeb. während der Arbeitszeit oder außerhalb der Arbeitszeit, aber in Räumen des Betriebs stattfindet.

IV. Betriebsversammlungen auf Antrag der Gewerkschaften

52 Um zu verhindern, dass die BetrVerslg. bzw. AbtVerslg. nicht oder nur in unverhältnismäßig großen Zeitabständen stattfinden, gibt Abs. 4 den **im Betrieb vertretenen Gewerkschaften** das Recht, beim BR die Einberufung einer BetrVerslg. zu beantragen. Das Antragsrecht setzt voraus, dass im vorangegangenen Kalenderhalbjahr keine BetrVerslg. und auch keine AbtVerslg. durchgeführt worden sind.

53 Maßgebend ist das der Antragstellung vorangehende **Kalenderhalbjahr.** Kalenderhalbjahr ist der Zeitraum v. 1.1. bis 30.6. sowie v. 1.7. bis 31.12. (DKKW/*Berg* Rn. 40). Nicht ausreichend ist, dass sechs Monate vor Antragstellung keine Betr.- oder AbtVerslg. durchgeführt worden sind. Hat zB die letzte BetrVerslg. im März stattgefunden, so verpflichtet ein im Dezember gestellter Antrag der im Betrieb vertretenen Gewerkschaften den BR nicht zur Einberufung einer BetrVerslg. Die Möglichkeit der Gewerkschaften, uU die Auflösung des BR wegen grober Verletzung seiner Pflichten nach § 23 Abs. 1 zu beantragen besteht aber auch in solchen Fällen.

54 In dem vorangegangenen Kalenderhalbjahr **dürfen weder Betr.- noch AbtVerslg. durchgeführt worden sein.** Es braucht sich hierbei nicht um eine regelmäßige BetrVerslg. oder um die regelmäßigen AbtVerslg. zu handeln. Auch soweit im vorangegangenen Kalenderhalbjahr eine außerordentliche BetrVerslg. – sei es auch eine auf Antrag des ArbGeb. durchgeführte – stattgefunden hat, steht dies dem Antragsrecht der Gewerkschaften nach Abs. 4 entgegen, wenn auf dieser Verslg. ein Tätigkeitsbericht des BR erstattet worden ist (Richardi BetrVG/*Annuß* Rn. 56; GK-BetrVG/*Weber* Rn. 26). Sind im vorangegangenen Kalenderjahr AbtVerslg. durchge-

führt worden, müssen sie für die ganz überwiegende Zahl der ArbN des Betriebs AbtVerslg. stattgefunden haben (DKKW/*Berg* Rn. 41; weitergehend GK-BetrVG/*Weber* Rn. 26 und HWGNRH/*Worzalla* Rn. 42: für alle ArbN muss eine Verslg. stattgefunden haben; → § 42 Rn. 70).

Der Antrag kann nur von einer **im Betrieb vertretenen Gewerkschaft** gestellt werden. Er ist an den BR zu richten. Eine besondere Form ist für den Antrag nicht vorgeschrieben. Er kann auch mündlich gestellt werden. Die im Betrieb vertretene Gewerkschaft kann die BetrVerslg. nicht einberufen (DKKW/*Berg* Rn. 42). Das ist ihr selbst dann verwehrt, wenn der BR dem Antrag nicht Folge leistet. Sie hat jedoch die Möglichkeit, im BeschlVerf. eine einstw. Vfg. zu beantragen (Richardi BetrVG/*Annuß* Rn. 61). Keine Rechte stehen ihr hinsichtlich der Gestaltung der Tagesordnung dieser BetrVerslg. zu. Da es sich bei dieser BetrVerslg. stets um eine regelmäßige iSv Abs. 1 S. 1 handelt, muss der BR auf ihr auf jeden Fall seinen Tätigkeitsbericht erstatten. 55

Der BR ist verpflichtet, vor **Ablauf von zwei Wochen** nach Eingang des Antrags eine BetrVerslg. einzuberufen. Dazu muss er innerhalb dieses Zeitraumes zu der BetrVerslg. einladen. Die Verslg. selbst kann zu einem späteren Zeitpunkt stattfinden. In Großbetrieben kann die Zweiwochenfrist für eine ordnungsgemäße organisatorische Vorbereitung zu kurz sein. Allerdings darf der BR den Zeitpunkt der Verslg. nicht unverhältnismäßig hinausschieben. Die Verslg. ist so bald wie möglich durchzuführen. 56

Der BR muss eine **Vollverslg.** aller ArbN des Betriebs – ggf. in Form von Teilverslg. – einberufen. Die Einberufung von AbtVerslg. ist in diesem Falle nicht zulässig (Richardi BetrVG/*Annuß* Rn. 60; DKKW/*Berg* Rn. 44). 57

Die **Frist von zwei Wochen** berechnet sich nach §§ 187 ff. BGB (HWGNRH/*Worzalla* Rn. 45). Der Tag des Eingangs des Antrags beim BR zählt bei der Berechnung der Frist nicht mit. Der Antrag ist beim BR eingegangen, wenn er dem BRVors., im Falle seiner Verhinderung dem stellvertr. Vors., zugegangen ist (vgl. § 26 Abs. 3 S. 2). 58

V. Streitigkeiten

Unterlässt es der BR die beantragten BetrVerslg. fristgerecht einzuberufen, handelt er in der Regel **grob pflichtwidrig** Das kann seine Auflösung nach § 23 Abs. 1 rechtfertigen (LAG BW 13.3.2014 – 6 TaBV 5/13, BeckRS 2014, 69674; Richardi BetrVG/*Annuß* Rn. 62; DKKW/*Berg* Rn. 43; HWGNRH/*Worzalla* Rn. 47). Etwas anderes kann nur dann angenommen werden, wenn zwingende Gründe einer rechtzeitigen Einberufung entgegenstehen. In diesem Falle muss die Einberufung so bald wie möglich erfolgen. 59

Streitigkeiten im Zusammenhang mit der Einberufung von BetrVerslg. oder AbtVerslg. und der Teilnahme an ihnen sowie über die Zuständigkeit und die Kosten dieser Verslg. sind **im BeschlVerf.** zu entscheiden. Das gleiche gilt für die Verpflichtung des BR zur Einberufung einer BetrVerslg. nach Abs. 4. Die Gewerkschaft kann im letzteren Fall uU auch eine **einstw. Vfg.** gegen den BR zum Zwecke der Durchführung der BetrVerslg. erwirken (→ ArbGG Rn. 65 ff.). 60

§ 44 Zeitpunkt und Verdienstausfall

(1) [1]**Die in den §§ 14a, 17 und 43 Abs. 1 bezeichneten und die auf Wunsch des Arbeitgebers einberufenen Versammlungen finden während der Arbeitszeit statt, soweit nicht die Eigenart des Betriebs eine andere Regelung zwingend erfordert.** [2]**Die Zeit der Teilnahme an diesen Versammlungen einschließlich der zusätzlichen Wegezeiten ist den Arbeitnehmern wie Arbeitszeit zu vergüten.**

[3]Dies gilt auch dann, wenn die Versammlungen wegen der Eigenart des Betriebs außerhalb der Arbeitszeit stattfinden; Fahrkosten, die den Arbeitnehmern durch die Teilnahme an diesen Versammlungen entstehen, sind vom Arbeitgeber zu erstatten.

(2) **[1]Sonstige Betriebs- oder Abteilungsversammlungen finden außerhalb der Arbeitszeit statt. [2]Hiervon kann im Einvernehmen mit dem Arbeitgeber abgewichen werden; im Einvernehmen mit dem Arbeitgeber während der Arbeitszeit durchgeführte Versammlungen berechtigen den Arbeitgeber nicht, das Arbeitsentgelt der Arbeitnehmer zu mindern.**

Inhaltsübersicht

I. Vorbemerkung

1 Die Vorschrift bestimmt, welche Betriebs- und AbtVerslg. **während** und welche **außerhalb der Arbeitszeit** stattfinden. Ferner stellt sie sicher, dass den ArbN durch die Teilnahme an den Betr.- und AbtVerslg., die während der Arbeitszeit stattfinden bzw. an sich stattfinden müssten und nur wegen zwingender betrieblicher Erfordernisse außerhalb der Arbeitszeit durchgeführt werden, **keine finanzieller Nachteile** entstehen. Das gilt nicht nur hinsichtlich der Fortzahlung des Arbeitsentgelts, sondern im Allgemeinen auch hinsichtlich der Erstattung notwendiger Fahrkosten (Abs. 1 S. 2 u. 3 und Abs. 2 S. 2 Hs. 2). Ergänzungen sind durch das BetrVerf-ReformG erfolgt. Mit der Einfügung des § 14a im ersten Satz des Abs. 1 wurde klargestellt, dass sich der Zeitpunkt für WahlVerslg., die im Zusammenhang mit dem vereinfachten Wahlverfahren nach § 14a Abs. 1 und Abs. 5 durchgeführt werden und die Vergütung für die Teilnahme an diesen Veranstaltungen nach den Grundsätzen des § 44 Abs. 1 richtet (BT-Drs. 14/5741, 42).

2 Die Vorschrift gilt für die JAV (vgl. § 71) und die Bordverslg. (vgl. § 115 Abs. 5 und § 116 Abs. 3 Nr. 5 ff.) entspr. Wegen der BRVerslg. → § 53 Rn. 39 ff.

3 Die Bestimmung ist **zwingend** und kann weder durch TV noch durch BV zuungunsten der ArbN abbedungen werden (→ Rn. 14).

4 Entspr. Vorschriften: § 50 BPersVG; § 15 Abs. 2 SprAuG.

II. Zeitpunkt der Betriebs- und Abteilungsversammlungen

1. Grundsätze

Während der Arbeitszeit finden folgende Verslg. der ArbN statt: 5
- die vierteljährlich abzuhaltenden regelmäßigen Betr.- bzw. AbtVerslg. nach § 43 Abs. 1 S. 1 u. 2,
- die in jedem Kalenderjahr mögliche zusätzliche BetrVerslg. bzw. zusätzliche AbtVerslg. nach § 43 Abs. 1 S. 4,
- die BetrVerslg. zur Bestellung des Wahlvorst. nach § 17 Abs. 1,
- die erste und zweite WahlVerslg. zur Wahl eines BR im vereinfachten Wahlverfahren nach § 14a und
- die auf Antrag des ArbGeb. einzuberufende außerordentliche Betr.- oder AbtVerslg. nach § 43 Abs. 3.

Außerhalb der Arbeitszeit finden statt: 6
- die außerordentlichen BetrVerslg., die der BR auf Antrag eines Viertels der Wahlberechtigten einberuft (§ 43),
- die außerordentlichen BetrVerslg., die der BR auf Grund eigener Entschließung einberuft (vgl. § 43).

2. Versammlungen während der Arbeitszeit

Die in Abs. 1 genannten Verslg. finden regelmäßig **während der Arbeitszeit** statt. Eine Ausnahme ist nur statthaft, wenn die Eigenart des Betriebs eine andere Regelung zwingend erfordert (→ Rn. 17 ff.). 7

Arbeitszeit iSv Abs. 1 S. 1 meint die **betriebliche Arbeitszeit,** dh die Zeit, während der jedenfalls ein erheblicher Teil der Belegschaft arbeitet (BAG 27.11.1987 – 7 AZR 29/87, NZA 1988, 169). Arbeitet der Betrieb in **gleitender Arbeitszeit,** so ist der BR berechtigt, die BetrVerslg. in die **Kernarbeitszeit** zu legen (Richardi BetrVG/*Annuß* Rn. 6; HWGNRH/*Worzalla* Rn. 7). Sind **TeilzeitArbN** oder **ArbN mit Kapovaz** beschäftigt, soll die BetrVerslg. zeitlich so gelegt werden, dass möglichst viele dieser ArbN an der Verslg. während ihrer Arbeitszeit teilnehmen können. Zweck der Vorschrift ist es, möglichst vielen ArbN die Teilnahme ohne weitere Mühen und Kosten zu ermöglichen (BAG 27.11.1987 – 7 AZR 29/87, NZA 1988, 169). Der BR muss die benötigte Zeit abschätzen (→ Rn. 12). Eine Teilnahmepflicht der ArbN besteht nicht. 8

Den Zeitpunkt (Tag und Stunde) der BetrVerslg. bestimmt der BR durch Beschluss. Einer **Zustimmung des ArbGeb.** bedarf es nicht. 9

Der BR darf die während der Arbeitszeit stattfindenden BetrVerslg. nicht willkürlich ansetzen. Er ist gehalten, die **betrieblichen Notwendigkeiten** zu berücksichtigen, auch wenn dies nicht ausdrücklich gesetzlich angeordnet ist (HWGNRH/*Worzalla* Rn. 5; einschränkend *Bischof* BB 1993, 1938: die BetrVerslg. dürfe in der Regel nur gegen Ende der Arbeitszeit stattfinden, damit der ArbGeb. den Zeitausfall besser kalkulieren könne). Diese Rücksichtnahme gebietet schon § 2 Abs. 1. Jedoch kommt nicht nur ein Zeitpunkt in Betracht, von dem die geringstmögliche Störung für den Betriebsablauf ausgeht. Es geht auch um Interessen der ArbN. Auch ist die Dauer der BetrVerslg. nicht auf 1 Arbeitstag beschränkt; eine **Fortsetzung** am 2. Arbeitstag ist zulässig, soweit dies zur Behandlung der noch offenen Tagesordnungspunkte sachdienlich ist (LAG BW 12.12.1985 – 14 TaBV 22/85, AiB 1986, 67; GK-BetrVG/*Weber* Rn. 16; DKKW/*Berg* Rn. 5; krit. *Ludwig/Forschner* DB 2019, 907; abl. *Lunk* Betriebsversammlung S. 172; weil der ArbGeb. sich nicht darauf einrichten kann). 10

Eine besondere Lage ist gegeben, wenn ein Betrieb in **Schichten arbeitet.** Die BetrVerslg. fällt dann für die eine Schicht in die Arbeitszeit, für die andere findet sie 11 außerhalb der Arbeitszeit statt. Es entspricht dem Gebot der vertrauensvollen Zusammenarbeit, wenn der BR bei der Ansetzung der BetrVerslg. diese Fälle berücksichtigt und die nächste BetrVerslg. so anberaumt, dass sie in der Schicht derjenigen ArbN fällt, in deren Freizeit die letzte BetrVerslg. abgehalten wurde (Richardi BetrVG/*Annuß* Rn. 19; DKKW/*Berg* Rn. 16; GK-BetrVG/*Weber* Rn. 12; **aA** HWGNRH/*Worzalla* Rn. 18). Ferner ist es als zulässig anzusehen, dass der BR die BetrVerslg. zeitlich so festlegt, dass sie in etwa gleichem Umfang am Ende der einen und am Anfang der nächsten Schicht liegt, damit möglichst viele ArbN teilnehmen können (zu weitgehend LAG Nds 30.8.1982 – 11 TaBV 8/81, DB 1983, 1312; LAG SchlH 30.5.1991 – 4 Ta BV 12/91, DB 1991, 2247, die in einem Zweischichtenbetrieb nur diese zeitliche Lage der BetrVerslg. für zulässig halten). In diesem Falle liegt für die ArbN beider Schichten die BetrVerslg. teils in und teils außerhalb der Arbeitszeit.

11a In Schichtbetrieben dürfte die **Durchführung von Teilverslg.** gem. § 42 Abs. 1 empfehlenswert sein (→ § 42 Rn. 54; GK-BetrVG/*Weber* Rn. 12).

12 Wird nur in einer Schicht gearbeitet, wird die Verslg. zweckmäßigerweise entweder auf den Beginn oder den letzten Teil der Arbeitszeit anberaumt, so dass ihr mutmaßliches Ende mit dem der Arbeitszeit zusammenfällt (Richardi BetrVG/*Annuß* Rn. 18; HWGNRH/*Worzalla* Rn. 18) Ein bestimmter Zeitabstand ist nicht zwingend vorgegeben. Der BR ist berechtigt, die für eine ordnungsgemäße Abwicklung der Tagesordnung der BetrVerslg. erforderliche Zeit in Anspruch zu nehmen. Dehnt sich die Betr.-Verslg. **über das Ende der normalen Arbeitszeit hinaus** aus, steht den ArbN auch insoweit ein Lohnanspruch zu, als die Überschreitung aus sachlichen Gründen gerechtfertigt ist (→ Rn. 26f.). Eine Vereinbarung zur zeitlichen Begrenzung der BetrVerslg. auf die Höchstdauer von einer Stunde ist bei den von G wegen während der Arbeitszeit stattfindenden BetrVerslg. unzulässig (Richardi BetrVG/*Annuß* Rn. 21).

13 Bei der **Festlegung des Zeitpunkts** der während der Arbeitszeit abzuhaltenden BetrVerslg. soll der BR mit dem ArbGeb. Kontakt aufnehmen und diesen unbeschadet der formellen Einladung nach § 43 Abs. 2 S. 1 oder der Benachrichtigung nach § 43 Abs. 3 S. 2 über den Zeitpunkt der Verslg. frühzeitig unterrichten, damit er die in Bezug auf den Arbeitsausfall erforderlichen Vorkehrungen treffen kann (Richardi BetrVG/*Annuß* Rn. 18; HWGNRH/*Worzalla* Rn. 5). Setzt der BR einen mit den betrieblichen Notwendigkeiten unvereinbaren Termin fest, kann dieser ggf. vom ArbG durch einstw. Verfg. aufgehoben werden.

14 Die Vorschrift, wonach die in § 44 Abs. 1 genannten BetrVerslg. während der Arbeitszeit stattfinden, ist **zwingend.** Von ihr kann weder durch TV noch durch BV abgewichen werden (hM). Eine **BV über die Dauer der BetrVerslg.** ist unstatthaft (GK-BetrVG/*Weber* Rn. 16). Sie könnte zudem weder verhindern, dass die BetrVerslg. über die vereinbarte Dauer fortgesetzt wird, um die ordnungsgemäße Erledigung der Tagesordnung zu gewährleisten, noch den ArbN in solchen Fällen den Lohnanspruch nehmen.

15 **Meinungsverschiedenheiten** zwischen BR und ArbGeb. darüber, ob die Eigenart des Betriebs eine andere Regelung des Zeitpunktes der BetrVerslg. zwingend erfordert, können zu erheblichen Spannungen im Betrieb und zur Störung des Arbeitsfriedens führen, wenn der BR bei ungeklärter Rechtslage eine BetrVerslg. während der Arbeitszeit einberuft, der ArbGeb. aber widerspricht und die ArbN darauf hinweist, dass er einen Lohnanspruch nicht anerkennt. Es kann sich in solchen Fällen empfehlen, die Frage von dem dafür zuständigen ArbG im Voraus **im BeschlVerf.** – ggf. im Wege der einstw. Verfg. – klären zu lassen.

3. Versammlungen außerhalb der Arbeitszeit

16 **Verslg. nach Abs. 1** können **in Ausnahmefällen** – wenn die Eigenart des Betriebes eine andere Regelung zwingend erfordert – außerhalb der Arbeitszeit abgehal-

ten werden. **Außerordentliche Verslg. nach Abs. 2** (→ Rn. 20ff.) finden kraft Gesetzes außerhalb der Arbeitszeit statt. Legt sie der BR dennoch in die Arbeitszeit, kann das ArbG deren Durchführung im Wege einer einstw. Verfg. untersagen (ArbG Eberswalde 14.11.1995 – 1 BVGa 4/95, AuA 1996, 68).

a) Eigenart des Betriebes

17 Die Durchführung der BetrVerslg. außerhalb der Arbeitszeit ist **nur ausnahmsweise zulässig,** wenn zwingende, durch die Eigenart des konkreten Betriebs bedingte Gründe vorliegen. § 44 ist **Schutzbestimmung** zugunsten der ArbN (→ Rn. 8; BAG 27.11.1987 – 7 AZR 29/87, NZA 1988, 169). Es darf sich nicht nur um das übliche wirtschaftliche Interesse des ArbGeb. an der Vermeidbarkeit des Arbeitsausfalls oder um eine bloße Unbequemlichkeit handeln, die es angezeigt erscheinen lässt, die BetrVerslg. in die Zeit außerhalb der Arbeitszeit zu verlegen (Richardi BetrVG/*Annuß* Rn. 11; DKKW/*Berg* Rn. 10; weitergehend HWGNRH/*Worzalla* Rn. 13). Vielmehr muss eine besondere Eigenart des Betriebs bestehen, die es praktisch unmöglich macht, die BetrVerslg. während der Arbeitszeit durchzuführen. Das braucht nicht schlechthin eine technische Unmöglichkeit zu bedeuten, wohl aber eine **technisch untragbare Störung eines eingespielten Betriebsablaufs** (BAG 26.10.1956 – 1 ABR 26/54, AP BetrVG § 43 Nr. 1 für den Fall, dass der Betrieb für einen ganzen Arbeitstag stillgelegt werden müsste; DKKW/*Berg* Rn. 12; GK-BetrVG/*Weber* Rn. 18). Weicht die persönliche Arbeitszeit einer ArbNGruppe (zB Teilzeitbeschäftigte) von der Arbeitszeit der übrigen Belegschaft ab, besteht kein ausreichender Grund für eine Verlegung außerhalb der betrieblichen Arbeitszeit. Es muss ein Zeitpunkt innerhalb der betriebsüblichen Arbeitszeit gefunden werden (BAG 27.11.1987 – 7 AZR 29/87, NZA 1988, 661). Rein wirtschaftliche Erwägungen allein können nur in besonderen Ausnahmefällen, etwa bei **absoluter wirtschaftlicher Unzumutbarkeit,** die Durchführung der BetrVerslg. außerhalb der Arbeitszeit notwendig machen (BAG 9.3.1976 – 7 AZR 29/87, NZA 1988, 661; hM).

18 In **Warenhäusern und Ladengeschäften,** in denen die Arbeitszeit im Wesentlichen mit den Öffnungszeiten zusammenfällt, wird die Abhaltung der BetrVerslg. während der Arbeitszeit zwar zur Schließung des Geschäftsbetriebs führen; das ist in umsatzschwächeren Geschäftszeiten tragbar, allerdings kaum in Hauptgeschäftszeiten oder während der „Saison", etwa freitags oder samstags oder während des Weihnachts- oder Ostergeschäfts oder der Schlussverkäufe (BAG 9.3.1976 – 7 AZR 29/87, NZA 1988, 661; GK-BetrVG/*Weber* Rn. 20; hierzu auch BAG 31.8.1982 – 1 ABR 27/80, NJW 1983, 953; Richardi BetrVG/*Annuß* Rn. 12, in umsatzschwache Zeiten der betrieblichen Öffnungszeiten legen; **aA** im Sinne nur außerhalb der Ladenöffnungszeiten: HWGNRH/*Worzalla* Rn. 17). Auf die ArbN darf der ArbGeb. keinen Druck ausüben, um sie am Arbeitsplatz zu halten, etwa durch Versprechungen oder durch Offenhalten der Geschäftsräume in der Erwartung, es würden nicht alle ArbN an der BetrVerslg. teilnehmen.

19 **Umstritten** ist, ob eine Vollverslg. außerhalb der Arbeitszeit nur durchgeführt werden kann, wenn auch die Durchführung von Teilverslg. während der Arbeitszeit wegen der Eigenart des Betriebs unmöglich ist oder ob umgekehrt die Durchführung von Teilverslg. nur zulässig ist, wenn eine Vollverslg. aller ArbN des Betriebs außerhalb der Arbeitszeit nicht durchgeführt werden kann (zum Meinungsstand GK-BetrVG/*Weber* Rn. 22). Das G verlangt sowohl für die Durchführung von Teilverslg. anstelle der Vollverslg. während der Arbeitszeit als auch für die Verlegung der BetrVerslg. außerhalb der Arbeitszeit, dass dies durch die Eigenart des Betriebs bedingt ist. Beide Regelungen sind grds. als gleichwertig anzusehen; denn dem Gesichtspunkt der Teilnahme aller ArbN des Betriebs an einer Vollverslg. dürfte kein höherer Rang beizumessen sein als dem Interesse der ArbN, ihre persönliche Freizeit nicht zum Besuch einer BetrVerslg. außerhalb der Arbeitszeit opfern zu müssen. Im Hinblick auf die grundsätzliche Gleichwertigkeit der Regelungen des § 42 Abs. 1 S. 3 und

§ 44 Abs. 1 S. 1 wird man dem BR insoweit einen **Ermessensspielraum** einräumen müssen, der es ihm gestattet, unter Berücksichtigung der konkreten Umstände des Einzelfalls von der einen oder der anderen Regelung Gebrauch zu machen (Richardi BetrVG/*Annuß* Rn. 13; DKKW/*Berg* Rn. 15; GK-BetrVG/*Weber* Rn. 22; **aA** HWGNRH/*Worzalla* Rn. 20). Wenn der BR die für die eine oder andere Regelung sprechenden Gründe als gleichwertig ansieht, kann er auch die Verslg. jeweils abwechselnd einmal als VollVerslg. außerhalb der Arbeitszeit und das nächste Mal als Teilverslg. während der Arbeitszeit abhalten.

b) Außerordentliche Versammlungen

20 Die in Abs. 2 angeführten BetrVerslg. (dh diejenigen **außerordentlichen BetrVerslg.**, die der BR entweder auf Antrag eines Viertels der Wahlberechtigten oder auf Grund eigener Entschließung einberuft) sind **außerhalb der Arbeitszeit** abzuhalten. Das gilt nicht, wenn der ArbGeb. der Durchführung während der Arbeitszeit zustimmt. Die Zustimmung steht im Ermessen des ArbGeb. Er kann dazu nicht gezwungen werden. Sein Einverständnis kann weder durch das ArbG noch durch die durch die E-Stelle ersetzt werden. Das Einverständnis kann in einer BV geregelt, jedoch auch formlos erklärt werden (Richardi BetrVG/*Annuß* Rn. 17).

20a Setzt der BR **ohne Einverständnis des ArbGeb.** die BetrVerslg. während der Arbeitszeit an, so kann dies – etwa bei bewusstem Verstoß gegen die Vorschrift des Abs. 2 – als eine iSd § 23 grobe Pflichtverletzung anzusehen sein, die seine Auflösung rechtfertigen kann (GK-BetrVG/*Weber* Rn. 27). Eine entgegen § 44 Abs. 2 während der Arbeitszeit abgehaltene BetrVerslg. behält ihren Charakter als BetrVerslg. (Richardi BetrVG/*Annuß* Rn. 48) und stellt, wenn sie sich im Rahmen zulässiger Themen bewegt, keine unzulässige Kampfmaßnahme dar (BAG 14.10.1960 – 1 AZR 255/58, RdA 1961, 93). Der ArbGeb. kann die Abhaltung einer derartigen BetrVerslg. während der Arbeitszeit durch eine einstw. Verfg. untersagen lassen.

21 Da es dem ArbGeb. bei den in Abs. 2 genannten Betr.- und AbtVerslg. frei steht, ihre Durchführung während der Arbeitszeit zu gestatten, kann er seine Zustimmung auf eine **bestimmte Höchstdauer** der Verslg. beschränken (Richardi BetrVG/*Annuß* Rn. 21, 46).

22 Einem ArbN, der an einer entgegen der Vorschrift des Abs. 2 während der Arbeitszeit angesetzten BetrVerslg. teilgenommen hat, kann im Allgemeinen **nicht außerordentlich gekündigt werden.** Dieser einmalige Vorgang dürfte kaum die Voraussetzungen des § 626 BGB erfüllen. Ob überhaupt ein vorwerfbarer Verstoß gegen Pflichten aus dem Arbeitsverhältnis vorliegt, hängt davon ab, ob der ArbN den Verstoß erkannt hat. Dafür genügt es nicht, wenn der ArbGeb. der Abhaltung der BetrVerslg. während der Arbeitszeit widersprochen und die ArbN auf die etwaigen Folgen einer Teilnahme an der in unzulässiger Weise während der Arbeitszeit angesetzten BetrVerslg. hingewiesen hat, soweit der ArbN die Mitteilungen des ArbGeb. für dessen subjektive und unrichtige Rechtsauffassung halten kann. Widerspricht der ArbGeb. der Einberufung der BetrVerslg. nur dem BRVors. gegenüber, reicht dieser Widerspruch zur Begründung einer individualrechtlichen Maßnahme im Verhältnis zum ArbN nicht aus. Bei ArbN, die die Rechtslage nicht kannten, ist eine außerordentliche Kündigung nicht gerechtfertigt, da sie sich auf die Rechtmäßigkeit der Einladung durch den BRVors. verlassen konnten (BAG 27.11.1987 – 7 AZR 29/87, NZA 1988, 169). Zum Anspruch auf Arbeitsentgelt in diesen Fällen → Rn. 48.

23 Findet eine außerordentliche BetrVerslg. nach Abs. 2 außerhalb der Arbeitszeit statt, haben aber einzelne ArbN eine **abweichende Arbeitszeit** derart, dass die BetrVerslg. in ihre Arbeitszeit fällt, so können sie an der Verslg. nur teilnehmen, wenn der ArbGeb. gem. Abs. 2 zustimmt. Der verständige ArbGeb. wird das sicher tun, wenn dem keine wichtigen betrieblichen Gründe entgegenstehen. Sofern sich die Teilnahme aller ArbN nicht auf diese Weise ermöglichen lässt, ist die außerordentliche BetrVerslg. ggf. in Teilverslg. aufzuteilen.

4. Betriebsversammlungen während eines Arbeitskampfes

BetrVerslgen können während eines **Arbeitskampfes** durchgeführt werden, auch wenn ArbN des Betriebs beteiligt sind. Allgemeine arbeitskampfrechtliche Grundsätze schränken das Einberufungsrecht des BR nicht ein, soweit die Themen durch § 45 BetrVG gedeckt sind (BAG 5.5.1987 – 1 AZR 292/85, NZA 1987, 853; GK-BetrVG/*Weber* Rn. 15; Richardi BetrVG/*Annuß* Rn. 23). 23a

III. Fortzahlung des Arbeitsentgelts, Fahrkostenerstattung, Kinderbetreuungskosten

Die Teilnahme der ArbN an den regelmäßigen Verslg. löst **Vergütungsansprüche** aus. Dadurch werden Anreize zur Teilnahme geschaffen. Zugleich wird sichergestellt, dass die ArbN durch die Teilnahme an den Betr.- und AbtVerslg. keine finanziellen Einbußen in Form von Lohnminderungen oder zusätzliche Wegekosten erleiden. Dem dienen die Regelungen des Abs. 1 S. 2 u. 3 und des Abs. 2 S. 2 Hs. 2, die allerdings keinen Anspruch auf Aufwendungsersatz iSd 670 BGB regeln (**aA** Richardi BetrVG/*Annuß* Rn. 43). Auch handelt es sich nicht um eine dem § 40 BetrVG vergleichbare Lage. ArbN haben ein Teilnahmerecht sind aber nicht teilnahmeverpflichtet. Sie befinden sich nicht in einer BRen vergleichbaren Pflichtenlage. Zusätzliche **Kinderbetreuungskosten** alleinerziehender ArbN können daher nicht nach den vom BAG für BR entwickelten Grundsätzen (BAG 23.6.2010 – 7 ABR 103/08, NZA 2010, 1298) verlangt werden. Die von G wegen zu erfolgende finanzielle Absicherung der ArbN besteht allerdings nicht bei jeder Betr.- bzw. AbtVerslg. Sie ist, soweit sie Platz greift, auch umfangmäßig nicht in allen Fällen gleich. Bewirtungs- oder **Verpflegungskosten** hat der ArbGeb. nicht zu tragen (DKKW/*Berg* Rn. 25a; GK-BetrVG *Weber* Rn. 12; LAG Nürnberg 25.4.2012 – 4 TaBV 58/11, NZA-RR 2012, 524). 24

1. Vergütungs- und fahrkostenerstattungspflichtige Versammlungen

a) Art der Versammlungen

Die Zeit der Teilnahme an 25

- der BetrVerslg. zur Bestellung des Wahlvorst nach § 17,
- zur Durchführung der Wahl im vereinfachten Wahlverfahren nach § 14a,
- den regelmäßigen Betr.- oder AbtVerslg. nach § 43 Abs. 1 S. 1 u. 2,
- den in jedem Kalenderhalbjahr möglichen zusätzlichen Betr.- oder AbtVerslg. nach § 43 Abs. 1 S. 4 sowie
- den auf Antrag des ArbGeb. einberufenen außerordentlichen Betr.- oder AbtVerslg. nach § 43 Abs. 3

ist den ArbN einschl. zusätzlicher Wegezeiten (→ Rn. 36) wie Arbeitszeit zu vergüten.

b) Dauer der Lohnzahlungspflicht

Der Anspruch auf Vergütung nach § 44 Abs. 1 S. 2 u. 3 für die Zeit der Teilnahme einschließlich der zusätzlichen Wegezeiten ist ein **eigenständiger Anspruch.** Er ist abhängig von der Teilnahme des ArbN an der in S. 1 genannten BetrVerslg. Es kommt nicht darauf an, ob und in welchem Umfang der ArbN in dieser Zeit einen Lohnanspruch erworben hätte (**kein Lohnausfallprinzip,** BAG 5.5.1987 – 1 AZR 292/85, NZA 1987, 853; Richardi BetrVG/*Annuß* Rn. 27; WPK/*Kreft* Rn. 1; DKKW/*Berg* Rn. 18; GK-BetrVG/*Weber* Rn. 33). *Kraft/Raab* (Anm. AP BetrVG 1972 § 44 Nr. 6) nehmen einen vertraglichen Lohnanspruch an, der dem Ausgleich 26 von Nachteilen dient. Ansprüche bei Auseinanderfallen von betrieblicher und persönlicher Arbeitszeit seien nicht geregelt. Die Auslegung des BAG verdient den Vorzug. Die angebliche Lücke wird künstlich geschaffen, während die Norm ersichtlich alle Fallgestaltungen erfassen will. Fällt die BetrVerslg. in die betriebliche Arbeitszeit, entstehen Ansprüche nach S. 2, außerhalb der betrieblichen Arbeitszeit richten sich die Ansprüche nach S. 3.

26a Der Anspruch ist **nicht auf die Zeit begrenzt,** in der die Betr.- oder AbtVerslg. während der persönlichen Arbeitszeit des betreffenden ArbN stattfindet, sondern erstreckt sich auf die gesamte Dauer der BetrVerslg. Das hat Folgen für die Fälle, in denen kein Lohnanspruch entstehen konnte, zB bei BetrVerslg. außerhalb der persönlichen Arbeitszeit eines ArbN, während eines Arbeitskampfes (BAG 5.5.1987 – 1 AZR 292/85, NZA 1987, 853) und während Kurzarbeit (BAG 5.5.1987 – 1 AZR 666/85, NZA 1987, 714).

27 Die Verpflichtung des ArbGeb., die Zeit der Teilnahme an einer Betr.- oder AbtVerslg., die **außerhalb der betrieblichen Arbeitszeit** stattfindet, wie Arbeitszeit zu vergüten, setzt voraus, dass ein sachlicher Grund dafür vorhanden ist, die Verslg. außerhalb der Arbeitszeit durchzuführen (→ Rn. 17). Soweit diese Verslg. generell außerhalb der Arbeitszeit stattfinden, ergibt sich dies unmittelbar aus Abs. 1 S. 3.

27a Auch die **Fortsetzung einer Verslg.** über die Arbeitszeit hinaus bedarf eines sachlichen Grundes. Dies folgt daraus, dass der ArbGeb. infolge der Entgeltfortzahlungsverpflichtung zusätzlich finanziell belastet wird und eine solche Belastung nur bei Vorliegen eines sachlichen Grundes gerechtfertigt ist. Ein Vergütungsanspruch entsteht jedenfalls dann nicht, wenn der ArbGeb. der Einberufung der BetrVerslg. außerhalb der betrieblichen Arbeitszeit ausdrücklich den ArbN gegenüber widersprochen hatte (BAG 27.11.1987 – 7 AZR 29/87, NZA 1988, 661); ohne einen solchen Hinweis können Ansprüche aus Vertrauenshaftung oder Schadenersatz entstehen (BAG 23.10.1993 – 1 AZR 665/85, NZA 1987, 712). Ein sachlicher Grund, der die Abhaltung der Betr.- oder AbtVerslg. über die normale Arbeitszeit hinaus rechtfertigt, liegt zB vor, wenn andernfalls die Tagesordnung nicht ordnungsgemäß abgewickelt werden kann (Richardi BetrVG/*Annuß* Rn. 31; enger GK-BetrVG/*Weber* Rn. 41, nur bei Vorliegen der Voraussetzungen des Abs. 1 S. 1 Hs. 2).

27b Die Vergütungspflicht besteht auch für **zusätzliche BetrVerslg.** (→ § 43 Rn. 34). Über deren Einberufung entscheidet der BR. Ihm steht ein weiter Beurteilungsspielraum zu, der nur einer eingeschränkten gerichtlichen Kontrolle unterliegt. Der ArbN darf deshalb darauf vertrauen, dass die Verslg. berechtigt ist. Er braucht das Risiko der Fehleinschätzung nicht zu tragen, zumal der ArbGeb. durch einstw. Verfg. die Durchführung einer solchen Verslg. stoppen lassen kann (**aA** BAG 23.10.1991 – 7 AZR 249/90, NZA 1992, 557). Vertrauensschutz ist aber zu gewähren, wenn der ArbGeb. der Durchführung der Verslg. nicht widerspricht oder seine Weigerung zur Zahlung einer Vergütung für die Zeit der Teilnahme nicht offenbart.

28 Einen Lohnanspruch haben alle **Teilzeitbeschäftigten** und **ArbN mit Kapovaz,** gleichgültig, ob die BetrVerslg. in deren persönliche Arbeitszeit fällt oder nicht. Das gilt auch für **ArbN auf ausgelagerten Arbeitsplätzen** (zB Telearbeitsplatz). Kein ArbN darf wegen der Teilnahme an der BetrVerslg. einen finanziellen Nachteil erleiden. Ein Betrieb, der seine Arbeit so organisiert, dass diese Formen der Arbeitsleistung anfallen, muss die damit verbundenen Mehrkosten – Vergütung für zusätzliche Wegezeiten (→ Rn. 36 ff.) und Fahrkostenersatz (→ Rn. 39 ff.) – aufbringen (*Lipke* NZA 1990, 763). Gleiches gilt für die an BetrVerslg. teilnehmenden Heimarbeiter (GK-BetrVG/*Weber* Rn. 37; HSWGNR/*Worzalla* Rn. 38, die ein durchschnittliches Entgelt zuerkennen).

29 ArbN, die während ihres **Urlaubs** an einer BetrVerslg. teilnehmen, haben Anspruch auf die Vergütung wegen des eigenständigen Charakters der Regelung (BAG 5.5.1987 – 1 AZR 665/85, NZA 1987, 712), unabhängig davon, ob die BetrVerslg. außerhalb der üblichen für diese ArbN maßgebenden Arbeitszeit stattfindet (BAG 5.5.1987 – 1 AZR 292/85, NZA 1987, 853; hM; **aA** HWGNRH/*Worzalla* Rn. 27).

Auch ArbN während einer Elternzeit/Pflegezeit können an BetrVerslg. teilnehmen. Sie haben Anspruch auf Vergütung (BAG 31.5.1989 – 7 AZR 574/88, NZA 1990, 449). Das gilt nicht für ArbN in **Altersteilzeit** nach dem Blockmodell, die sich in der Freistellungsphase befinden. Sie sind nicht teilnahmeberechtigt (→ § 42 Rn. 14).

Findet eine BetrVerslg. während eines **Arbeitskampfes** statt (→ Rn. 23a; → § 42 Rn. 7b), ist den Teilnehmern die Zeit der Teilnahme wie Arbeitszeit zu vergüten (BAG 5.5.1987 – 1 AZR 292/85, NZA 1987, 853; **aA** *Lunk* Betriebsversammlung S. 152, aber nicht folgerichtig im Vergleich zu anderen Tatbeständen und nur auf Kampfparität abstellend). Die notwendige Aussprache zwischen Belegschaft und BR hat sachlich nichts mit dem Arbeitskampf zu tun. Es können auch Auswirkungen des Arbeitskampfes auf den Betrieb besprochen werden. Die Kampfparität wird durch diese Lohnzahlungspflichten nicht beeinträchtigt. Entspr. gilt für BetrVerslg. während einer **Kurzarbeitsperiode,** auch wenn wegen arbeitskampfbedingter Störungen nicht gearbeitet werden kann (BAG 5.5.1987 – 1 AZR 666/85, NZA 1987, 714; GK-BetrVG/*Weber* Rn. 39; **aA** HWGNRH/*Worzalla* Rn. 27). Etwas anderes dürfte gelten, wenn der ArbGeb. dem Streik mit einer suspendierenden Betriebsstilllegung begegnet (zu diesem Kampfmittel BAG 22.3.1994 – 1 AZR 622/93, NZA 1994, 1097). Die damit verbundene Suspendierung aller Arbeitsverhältnisse lässt auch die Voraussetzungen des § 44 entfallen. 30

c) Höhe des Lohnes

Die Zeit der Teilnahme an den Verslg. ist den ArbN **wie Arbeitszeit** zu vergüten. Sie erhalten daher für die Zeit der Teilnahme an diesen Verslg. ihren **individuellen Lohn** weiter. Das gilt etwa für vermögenswirksame Leistungen, die von der Erbringung einer Arbeitsleistung abhängig sind oder für normalerweise gezahlte besondere **Zulagen** wie etwa Schmutzzulagen, Erschwerniszulagen, ferner für Sonn- und Feiertagszuschläge, sofern eine BetrVerslg. an einem Sonn- oder Feiertag durchgeführt wird (DKKW/*Berg* Rn. 19; Richardi BetrVG/*Annuß* Rn. 37; **aA** BAG 1.10.1974 – 1 AZR 394/73, AP BetrVG 1972 § 44 Nr. 2, das den ArbN, für die die BetrVerslg. in ihre Freizeit fällt, keinen Anspruch auf sog zeitabhängige Lohnzuschläge wie zB Sonn- und Feiertagszuschläge zuerkennt; HWGNRH/*Worzalla* Rn. 37). Bei **Akkordlohn** ist der Durchschnitt des zuletzt erzielten Akkordlohnes zugrunde zu legen (BAG 23.9.1960 – 1 AZR 508/59, NJW 1961, 45). Ist eine vermögenswirksame Leistung oder ihre Höhe von der Zahl der tatsächlichen geleisteten Arbeitsstunden abhängig, ist die Zeit der BetrVerslg. mitzurechnen. Das für die Zeit der Teilnahme an der BetrVerslg. gezahlte Entgelt gehört zum lohn- und sozialversicherungspflichtigen Arbeitsentgelt (*Benner* BB 2007 Beil. 2, 1 ff.). 31

Die Zeit der Teilnahme an den Betr.- und AbtVerslg. ist **keine Arbeitszeit** im betriebsverfassungsrechtl. Sinn (BAG 14.11.2006 – 1 ABR 5/06, NZA 2007, 458). Sie ist lediglich „wie Arbeitszeit" zu vergüten. Es handelt sich um einen eigenständigen Vergütungsanspruch. Deshalb steht er den ArbN des Baugewerbes innerhalb der Schlechtwetterperiode auch dann zu, wenn die Arbeit wg. Schlechtwetter ausfällt. Die Zeit der Teilnahme ist auch keine iSd § 2 Abs. 1 ArbSchG. Weder erbringt der ArbN eine Arbeitsleistung (**aA** *Tonikidis* ArbuR 2018, 284) noch hält er sich hierfür bereit (GK-BetrVG/*Weber* Rn. 31 mwN). 32

Auf der anderen Seite ergibt sich hieraus, dass für die Betr.- und AbtVerslg. auch nicht die Arbeitszeitvorschriften, insbes. nicht diejenigen über die höchstzulässige Mehrarbeitszeit gelten. Demzufolge ist die Zeit der Teilnahme an den Verslg., auch soweit sie über die normale Arbeitszeit hinausgeht, **keine „Mehrarbeit",** also auch nicht als Mehrarbeitszeit zu vergüten. Ein Anspruch auf Mehrarbeitszuschlag besteht deshalb nicht (BAG 18.9.1973 – 1 AZR 116/73, AP BetrVG 1972 § 44 Nr. 1; Richardi BetrVG/*Annuß* Rn. 38; HWGNRH/*Worzalla* Rn. 37; GK-BetrVG/*Weber* Rn. 45; **aA** DKKW/*Berg* Rn. 20). Allerdings steht denjenigen ArbN ein Anspruch auf Mehrarbeitszuschlag zu, die normalerweise während der Zeit der BetrVerslg. 33

Mehrarbeit geleistet hätten (BAG 18.9.1973 – 1 AZR 116/73, AP BetrVG 1972 § 44 Nr. 1; HWGNRH/*Worzalla* Rn. 37; **aA** Richardi BetrVG/*Annuß* Rn. 38).

d) Wegfall des Lohnanspruchs in besonderen Fällen

34 Die **Lohnzahlungspflicht des ArbGeb.** für die Zeit der Teilnahme an den Betr.- und AbtVerslg. **entfällt** jedoch insoweit, als der gesetzliche Rahmen einer BetrVerslg. durch die Erörterung unzulässiger Themen erheblich überschritten wird und der an der BetrVerslg. teilnehmende ArbGeb. auf die Unzulässigkeit der Erörterung derartiger Themen und die sich daraus ergebenden Folgen hingewiesen hat (ArbG Hamburg 5.11.1997 – 6 BV 6/97, NZA-RR 1998, 214). Unterbleibt ein Hinweis, ist der ArbGeb. mit der Erörterung solcher Themen stillschweigend einverstanden; damit bleibt seine Zahlungspflicht erhalten (LAG BW 17.2.1987 – 8 (14) Sa 106/86, DB 1987, 1441; LAG Brem 5.3.1982 – 1 Sa 374/378/81, DB 1982, 1573; Richardi BetrVG/*Annuß* Rn. 51; HWGNRH/*Worzalla* Rn. 32, einschränkungslose Zahlungspflicht). Die Behandlung nicht auf der Tagesordnung stehender, jedoch zulässiger Fragen lässt die Lohnzahlungspflicht des ArbGeb. unberührt. Wird durch ein nur unwesentliches Überschreiten des gesetzlich zulässigen Themenkreises einer BetrVerslg. der Arbeitsfrieden nicht gestört, so kann für eine insgesamt geringfügige Zeit ein Lohnabzug nicht vorgenommen werden. Es ist als geringfügige, nicht zum Lohnabzug berechtigende Abweichung anzusehen, wenn auf einer BetrVerslg. von drei Stunden Dauer nur etwa eine Viertelstunde Erörterungen außerhalb des zulässigen Themenkreises erfolgen.

34a Der ArbN verliert wegen der **Anwesenheit nichtteilnahmeberechtigter Personen** an der BetrVerslg. im Allgemeinen nicht seinen Lohnanspruch. Ein Verstoß gegen das Gebot der Nichtöffentlichkeit einer BetrVerslg. kann nur dann zum Verlust des Vergütungsanspruchs führen, wenn durch eine große Zahl nicht teilnahmeberechtigter Personen die Verslg. ihren Charakter als BetrVerslg. verliert und der ArbGeb. darauf auch hingewiesen hat. Schließlich darf nicht übersehen werden, dass nicht nur Betriebsfremde von der Teilnahme ausgeschlossen sind, sondern grds. auch die in § 5 Abs. 2 u. 3 genannten Personen, soweit sie nicht als Vertr. oder Begleiter des ArbGeb. anwesend sind (iErg ebenso GK-BetrVG/*Weber* Rn. 63).

e) Ansprüche fernbleibender Arbeitnehmer

35 Abs. 1 S. 2 gibt allen Teilnehmern an der BetrVerslg. eine Lohnzahlungsgarantie. ArbN, die nicht an einer BetrVerslg. teilnehmen, müssen arbeiten. Für diese Arbeit erhalten sie ihren Lohn. Nimmt der ArbGeb. die Arbeit nicht an, kommt er in **Annahmeverzug** (§ 615 BGB) und muss den vereinbarten Lohn zahlen. Das gilt auch dann, wenn der ArbGeb. wegen der Teilnahme anderer ArbN an der BetrVerslg. den leistungsbereiten ArbN nicht beschäftigen kann; der ArbGeb. kann sich weder auf **Unmöglichkeit** noch auf die Lehre vom **Betriebsrisiko** berufen (Richardi BetrVG/*Annuß* Rn. 54; **aA** GK-BetrVG/*Weber* Rn. 68; WPK/*Kreft* Rn. 16). Verlässt ein ArbN während der Verslg. Arbeitsplatz und Betrieb, hat er ohne besondere Absprache keinen Lohnanspruch (GK-BetrVG/*Weber* Rn. 69). Auch wenn in einem Betriebsteil nicht gearbeitet werden kann, weil in anderen Teilen des Betriebs Teil- oder AbtVerslg. stattfinden, muss an die betroffenen ArbN Lohn weitergezahlt werden.

f) Vergütung für Wegezeiten

36 Außer der eigentlichen Zeit der Teilnahme an den Verslg. sind den ArbN auch **zusätzliche Wegezeiten,** die sie aufbringen müssen, um an der Betr.- bzw. AbtVerslg. teilnehmen zu können, **wie Arbeitszeit zu vergüten.** Für die Beurteilung der Frage, ob eine zusätzliche Wegezeit gegeben ist, ist jeweils auf den einzelnen ArbN abzustellen. „Zusätzlich" sind die Zeiten, die der ArbN über die Wegezeit hinaus auf-

wenden muss, die er zur Erfüllung seiner Arbeitspflicht benötigt (BAG 5.5.1987 – 1 AZR 292/85, NZA 1987, 853). Soweit die Betr.- und AbtVerslg. während der Arbeitszeit im Betrieb stattfinden, dürfte diese Regelung nicht von praktischer Bedeutung sein, da hier zusätzliche Wegezeiten kaum anfallen. Etwas anderes gilt, wenn die Betr.- und AbtVerslg. außerhalb der Arbeitszeit stattfinden, so dass der ArbN eine zusätzliche Fahrt von seiner Wohnung zum Betrieb machen muss, oder wenn die BetrVerslg. außerhalb der Betriebsstätte durchgeführt wird und den ArbN ein längerer Anfahrtsweg entsteht (Richardi BetrVG/*Annuß* Rn. 41; DKKW/*Berg* Rn. 22).

Auch bei Betrieben mit weit verstreuten Betriebsteilen **(Filialen)** können für die dort beschäftigten ArbN bei Teilnahme an einer BetrVerslg. im Hauptbetrieb vergütungspflichtige zusätzliche Wegezeiten entstehen. In diesen Fällen sind – abweichend von dem allgemeinen Grundsatz, dass die Fahrt zu und von der Arbeit nicht als Arbeitszeit zu vergüten ist – die notwendigen An- und Abfahrtszeiten den ArbN ebenfalls wie Arbeitszeit abzugelten. Kommen teilzeitbeschäftigte ArbN außerhalb ihrer persönlichen Arbeitszeit oder ArbN auf ausgelagerten Arbeitsplätzen oder Heimarbeiter zur BetrVerslg., muss ihre Wegezeit wie Arbeitszeit vergütet werden (→ Rn. 28). 37

Die Vergütungspflicht besteht jedoch nur hinsichtlich der **zusätzlichen Wegezeiten,** die zur Teilnahme an der BetrVerslg. erforderlich sind. Es ist deshalb die Zeit zugrunde zu legen, die der ArbN auch sonst für den Weg zu und von der Arbeit benötigt. Die Vergütung für zusätzliche Wegezeiten gehört zum lohn- und sozialversicherungspflichtigen Arbeitseinkommen. 38

g) Fahrkostenersatz

In den Fällen, in denen die in → Rn. 17 genannten Betr.- und AbtVerslg. wegen der Eigenart des Betriebs ausnahmsweise außerhalb der Arbeitszeit stattfinden, sind den ArbN außerdem die **Fahrkosten,** die ihnen durch die Teilnahme an diesen Verslg. entstehen, zu erstatten. Außerhalb der Arbeitszeit bedeutet hier außerhalb der persönlichen Arbeitszeit des einzelnen ArbN (DKKW/*Berg* Rn. 24; iErg ebenso Richardi BetrVG/*Annuß* Rn. 41). Wird also in einem Betrieb, der in Schichten arbeitet, eine allgemeine BetrVerslg. durchgeführt, kann ein Anspruch auf Fahrkostenerstattung nur denjenigen ArbN zustehen, für die die Verslg. nicht in ihre Schicht fällt. 39

Nicht ausdrücklich geregelt ist die Frage, ob den ArbN notwendige Fahrkosten zur Teilnahme an den Betr.- und AbtVerslg. zu erstatten sind, die zwar während der Arbeitszeit, jedoch **außerhalb des Betriebs** oder bei einem weit verzweigten Betrieb mit zahlreichen Betriebsstätten oder Betriebsteilen an einem zentralen Ort oder im Hauptbetrieb stattfinden. Da das G im Allgemeinen davon ausgeht, dass die ArbN durch die Inanspruchnahme betriebsverfassungsrechtlicher Rechte und Befugnisse keine finanziellen Nachteile erleiden sollen, ist insoweit die Regelung des § 44 Abs. 1 S. 3 entspr. anzuwenden (Richardi BetrVG/*Annuß* Rn. 42; GK-BetrVG/*Weber* Rn. 49; HWGNRH/*Worzalla* Rn. 49; DKKW/*Berg* Rn. 25). 40

Die Verpflichtung zur Fahrkostenerstattung besteht nur insoweit, als den ArbN tatsächlich zusätzliche Fahrkosten entstehen. Eine **Pauschalierung** dürfte zulässig sein (etwa bei Benutzung des eigenen Pkws oder Motorrads die steuerlich anerkannten Werbungskosten; GK-BetrVG/*Weber* Rn. 50; Richardi BetrVG/*Annuß* Rn. 43). Die Erstattung der Fahrkosten unterliegt, da es sich um einen Aufwendungsersatz handelt, nicht der Lohnsteuerpflicht. Haben auswärtige ArbN ein Recht auf Teilnahme (→ § 42 Rn. 14, 55), haben sie auch Anspruch auf Fahrkostenersatz. Der Anspruch ist nicht auf Ersatz der Inlandsreisekosten beschränkt (**aA** *Lunk* Betriebsversammlung S. 212). Dafür gibt das G nach Wortlaut und Zweck nichts her (GK-BetrVG/*Weber* Rn. 47). Etwas anderes gilt, sofern ArbN aus dem **Urlaub anreisen.** Eine urlaubsbedingt längere Wegstrecke und dadurch verursachte Kosten beruhen auf einer Entscheidung des ArbN, die allein seiner privaten Lebensführung zuzurechnen ist (GK-BetrVG/*Weber* Rn. 49). 41

42 Die Vorschrift des § 44 Abs. 1 ist **zwingend.** Regelungen in einer BV oder einem TV, die eine pauschale Abgeltung der Zeit der Teilnahme an Betr.- bzw. AbtVerslg., zusätzlicher Wegezeiten oder von Fahrkosten vorsehen, können einen weitergehenden Anspruch nach § 44 nicht ausschließen (DKKW/*Berg* Rn. 28; HWGNRH/*Worzalla* Rn. 48).

2. Versammlungen mit Anspruch auf Arbeitsentgelt

43 Die vom BR
– auf Grund eines eigenen Entschlusses oder
– auf Antrag von einem Viertel der wahlberechtigten ArbN einberufenen

außerordentlichen BetrVerslg. nach § 43 Abs. 3 können mit **Zustimmung des ArbGeb. während der Arbeitszeit** durchgeführt werden (vgl. Abs. 2 S. 2). In diesem Falle führt der durch die Teilnahme bedingte Arbeitsausfall nicht zu einer Minderung des Arbeitsentgelts der an der Verslg. teilnehmenden ArbN. Der ArbGeb. kann sein Einverständnis nicht auf die Abhaltung der BetrVerslg. während der Arbeitszeit beschränken, eine Lohnzahlungsverpflichtung jedoch ablehnen (Richardi BetrVG/*Annuß* Rn. 47). Die Zustimmung des ArbGeb. kann auch in der Duldung der BetrVerslg. liegen; ein Schweigen auf die Einladung des BR kann als Einverständnis gewertet werden (BAG 27.11.1987 – 7 AZR 29/87, NZA 1988, 661).

44 Bei diesen Verslg. besteht kein Anspruch auf **Vergütung von zusätzlichen Wegezeiten.** Jedoch sind in der Arbeitszeit liegende Wegezeiten zu vergüten, die der ArbN benötigt, um zum Verslg. Ort zu gelangen; ansonsten würde für die Zeit der Anfahrt zur Verslg. eine Minderung des Arbeitsentgelts eintreten. Ein Anspruch auf **Fahrkostenerstattung** ist nicht gegeben.

45 Die durch die Teilnahme an diesen Verslg. versäumte Arbeitszeit ist so zu vergüten, als hätten die ArbN ihre Arbeit nicht unterbrochen. Sie erhalten ihren Lohn einschließlich etwaiger Zulagen weiter.

46 Die **Lohnzahlungspflicht** des ArbGeb. besteht nur insoweit, als die BetrVerslg. während der Arbeitszeit durchgeführt wird. Auch hier kommt es auf die persönliche Arbeitszeit des einzelnen ArbN an. Wird die BetrVerslg. über das Ende der Arbeitszeit hinaus fortgesetzt, so ist der ArbGeb. nicht verpflichtet, diese Zeit zu vergüten. Denn Abs. 2 S. 2 Hs. 2 verbietet lediglich eine Minderung des Arbeitsentgelts. Dieses Verbot kann sich nur auf die Arbeitszeit beziehen, nicht auf Zeiten, für die ein Lohnanspruch ohnehin nicht besteht (Richardi BetrVG/*Annuß* Rn. 45; DKKW/*Berg* Rn. 32). Für BRMitgl. gilt in diesem Fall die Sonderregelung des § 37 Abs. 3 (→ § 37 Rn. 57 f.). Hat der ArbGeb. sein Einverständnis zur Abhaltung der BetrVerslg. während der Arbeitszeit nur für eine bestimmte Zeit erteilt, beschränkt sich seine Verpflichtung zur Fortzahlung des Arbeitsentgelts auf diese Zeit, vorausgesetzt, den ArbN ist die zeitliche Beschränkung des Einverständnisses des ArbGeb. bekannt (Richardi BetrVG/*Annuß* Rn. 47).

3. Versammlungen ohne Anspruch auf Arbeitsentgelt und Fahrkostenerstattung

47 Die auf Antrag eines Viertels der wahlberechtigten ArbN oder aus eigenem Entschluss des BR einberufenen **außerordentlichen BetrVerslg.** sind **außerhalb der betrieblichen Arbeitszeit** abzuhalten, wenn der ArbGeb. einer Abhaltung während der Arbeitszeit nicht zustimmt. In diesem Falle steht den ArbN weder ein Anspruch auf Zahlung von Arbeitsentgelt für die Zeit der Teilnahme und etwaiger Wegezeiten noch ein Anspruch auf Fahrkostenerstattung zu. In Betrieben mit gleitender Arbeitszeit kann zwar die nur außerhalb der Arbeitszeit durchzuführende BetrVerslg. während der Gleitzeit abgehalten werden, jedoch darf die Zeit der Teilnahme nicht als Arbeitszeit gutgeschrieben werden.

48 Führt der BR ohne Einverständnis des ArbGeb. eine **außerordentliche BetrVerslg. während der Arbeitszeit** durch, so verlieren die teilnehmenden ArbN ihren Anspruch auf Fortzahlung des Arbeitsentgelts. Dies gilt allerdings dann nicht, wenn entweder dem ArbGeb. die Durchführung der Verslg. bekannt ist und er ihr nicht widersprochen hat oder den ArbN das Fehlen des Einverständnisses des ArbGeb. und die Unzulässigkeit der Abhaltung der BetrVerslg. während der Arbeitszeit nicht bekannt ist. In einem derartigen Falle besteht eine Haftung des ArbGeb. aus Rechtsscheingrundsätzen (Richardi BetrVG/*Annuß* Rn. 48). Falls man eine derartige Haftung verneint, kann sie auch aus einer Verletzung der Fürsorgepflicht folgen, da der ArbGeb. verpflichtet ist, die ArbN über sein fehlendes Einverständnis zur Abhaltung der BetrVerslg. während der Arbeitszeit zu unterrichten.

IV. Streitigkeiten

49 Streitigkeiten über die Abhaltung von BetrVerslg. während der Arbeitszeit und über ihre Kosten werden im **arbeitsgerichtl. BeschlVerf.** entschieden. Das gilt auch für Streitigkeiten über den Zeitpunkt der BetrVerslg. (→ ArbGG 3 Rn. 7 ff.).

50 Über Ansprüche der ArbN auf Zahlung des Arbeitsentgelts für die Zeit der Teilnahme an der BetrVerslg. und die zusätzlichen Wegezeiten sowie auf Erstattung der Fahrkosten entscheiden die ArbG im **UrteilsVerf.** (BAG 1.10.1974 – 1 AZR 394/73, AP BetrVG 1972 § 44 Nr. 2). Auch wenn es sich nicht um arbeitsvertragliche Ansprüche handelt, sondern um solche aus dem BetrVG, betrifft der Streitgegenstand einer solchen Zahlungsklage kein betriebsverfassungsrechtliches Rechtsverhältnis. Es ist daher keine dem Beschlussverfahren nach § 2a Abs. 1 Nr. 1 ArbGG zugewiesene betriebsverfassungsrechtliche Angelegenheit.

§ 45 Themen der Betriebs- und Abteilungsversammlungen

[1]Die Betriebs- und Abteilungsversammlungen können Angelegenheiten einschließlich solcher tarifpolitischer, sozialpolitischer, umweltpolitischer und wirtschaftlicher Art sowie Fragen der Förderung der Gleichstellung von Frauen und Männern und der Vereinbarkeit von Familie und Erwerbstätigkeit sowie der Integration der im Betrieb beschäftigten ausländischen Arbeitnehmer behandeln, die den Betrieb oder seine Arbeitnehmer unmittelbar betreffen; die Grundsätze des § 74 Abs. 2 finden Anwendung. [2]Die Betriebs- und Abteilungsversammlungen können dem Betriebsrat Anträge unterbreiten und zu seinen Beschlüssen Stellung nehmen.

Inhaltsübersicht

I. Vorbemerkung

1 Die Vorschrift befasst sich mit den **Rechten, Befugnissen** und **Zuständigkeiten** der BetrVerslg. Die Zuständigkeiten der BetrVerslg. sind durch das BetrVerf-ReformG neu gefasst worden. S. 1 stellt nunmehr klar, dass auf der BetrVerslg. auch Angelegenheiten umweltpolitischer Art behandelt werden können. Darüber hinaus wurde die Integration der im Betrieb beschäftigten ArbN neu in den Themenkatalog des § 45 aufgenommen. Dagegen dient die Umbenennung der bisher in dieser Vorschrift geregelten frauen- und familienpolitischen Themen der sprachlichen Anpassung an das Bundesgleichstellungsgesetz idF v. 24.4.2015 (BGBl. I S. 642). Die Vorschrift regelt Aufgaben und Zuständigkeiten der BetrVerslg. nicht abschließend. Weitere Aufgaben ergeben sich aus § 43 Abs. 1 S. 1 und Abs. 2 S. 3 (Tätigkeitsbericht des BR, Personal- und Sozialbericht des ArbGeb.). Ferner hat die BetrVerslg. unter den Voraussetzungen des § 17 die Aufgabe, einen Wahlvorstand (vgl. § 17, § 14a Abs. 1) bzw. einen BR im vereinfachten Wahlverfahren nach § 14a Abs. 1 S. 2 zu wählen.

2 Auf die JAV, die Bordverslg. und die BRVerslg. findet die Vorschrift entspr. Anwendung (vgl. §§ 53, 71 und § 115 Abs. 5 sowie § 116 Abs. 3 Nr. 5).

3 Die Regelung ist **zwingend.** Sie kann weder durch TV noch BV abbedungen werden.

4 Entspr. Vorschriften: § 51 BPersVG; (zu S. 2) § 15 Abs. 2 SprAuG.

II. Themen der Betriebs- und Abteilungsversammlungen

1. Grundsatz

5 Die Betriebs- und AbtVerslg. können alle Fragen behandeln, die **den Betrieb** oder **seine ArbN unmittelbar betreffen.** Das schließt auch Fragen ein, die zum Aufgabenbereich des BR gehören (BAG 4.5.1955 – 1 ABR 4/53, AP BetrVG § 44 Nr. 1; Richardi BetrVG/*Annuß* Rn. 7) oder die das Verhältnis zwischen ArbGeb. und den ArbN des Betriebs zum Gegenstand haben (DKKW/*Berg* Rn. 3).

6 Damit ist der Kreis der zulässigen Themen einer BetrVerslg. **nicht abschließend** umschrieben. Das G stellt nicht auf den Aufgabenbereich des BR oder die Beziehungen zwischen ArbGeb. und ArbN ab, sondern auf die den **Betrieb oder seine ArbN unmittelbar betreffenden Angelegenheiten** (GK-BetrVG/*Weber* Rn. 4). Die Vorschrift zieht nur zwei Grenzen: Unmittelbare Betroffenheit der ArbN (→ Rn. 7) und Friedenspflicht (→ Rn. 23ff.).

7 Auf einer BetrVerslg. können zB die beabsichtigte Stilllegung einer für den Betrieb wichtigen Verkehrsverbindung und deren Auswirkungen auf den Betrieb erörtert, ggf. auch eine Resolution zu dieser Frage beschlossen werden. Erforderlich ist stets, dass ein **konkreter Bezugspunkt** zwischen der betreffenden Angelegenheit und entweder dem Betrieb oder seinen ArbN besteht. Die ArbN müssen in ihrer Eigenschaft als ArbN dieses Betriebs angesprochen sein. Die jeweilige Angelegenheit muss nicht ausschließlich diesen Betrieb oder seine ArbN betreffen (GK-BetrVG/*Weber* Rn. 11; HWGNRH/*Worzalla* Rn. 5; DKKW/*Berg* Rn. 3). Unter dieser Voraussetzung können auch Gründe und Folgen der Internationalisierung von Unternehmensfunktionen **(Globalisierung der Wirtschaft)** oder substantielle Finanzkrisen und der damit verbundene Druck auf Arbeitsbedingungen oder negative Einflüsse auf MBR erörtert werden. Ausgenommen sind nur solche Angelegenheiten, die ArbN ausschließlich in ihrer Eigenschaft als Staatsbürger berühren.

2. Tarifpolitische und sozialpolitische Angelegenheiten

Das G stellt ausdrücklich klar, dass bei Vorliegen eines konkreten betrieblichen Bezugspunktes auch die Behandlung von **Angelegenheiten tarifpolitischer und sozialpolitischer Art** auf der BetrVerslg. zulässig ist (→ § 74 Rn. 54ff.). 8

Als eine zulässige **tarifpolitische Angelegenheit** ist es zB anzusehen, wenn die ArbN über die für den Betrieb maßgebenden TV oder über grundsätzliche Urteile über die für den Betrieb maßgebenden TV unterrichtet werden. Das Gleiche gilt hinsichtlich der Unterrichtung über den Stand der Tarifverhandlung oder über die Vorstellung einer künftigen Gestaltung des für den Betrieb maßgebenden TV (vgl. Richardi BetrVG/*Annuß* Rn. 12; GK-BetrVG/*Weber* Rn. 13; HWGNRH/*Worzalla* Rn. 9; DKKW/*Berg* Rn. 4). Auch tarifpolitische Stellungnahmen sind möglich (**aA** Richardi BetrVG/*Annuß* Rn. 12); § 74 Abs. 2 schließt Tarifpolitik nicht aus. Zulässig ist auch eine Information über mögliche Auswirkungen von Arbeitskämpfen in Zulieferbetrieben. Dabei ist das Gebot der betrieblichen Friedenspflicht und insbes. das Verbot von Arbeitskampfmaßnahmen zu beachten (→ Rn. 23ff.). 9

Der **Begriff „sozialpolitisch"** ist im weiten Sinne zu verstehen. Er umfasst alle gesetzlichen Maßnahmen oder sonstigen Regelungen, die den Schutz oder eine Veränderung der Rechtsstellung der ArbN bezwecken oder damit im Zusammenhang stehen (Richardi BetrVG/*Annuß* Rn. 13). Zur Sozialpolitik gehören insbes. Fragen der Sozialversicherung (ArbG Paderborn 24.10.1996 – 2 BVGa 4/96, NZA-RR 1998, 23), der Arbeitsmarktpolitik, des Arbeits- und des Unfallschutzes, der beruflichen Bildung, der Vermögensbildung, der flexiblen Altersgrenze sowie der Altersteilzeit, der sozialen und gesellschaftlichen Eingliederung ausländischer, älterer oder arbeitsloser ArbN, der Arbeitsmedizin, usw. 10

Sozialpolitische Angelegenheiten dürfen auch dann auf einer BetrVerslg. erörtert werden, wenn sie **nicht ausschließlich den Betrieb,** sondern eine ganze Branche oder einen größeren Wirtschaftszweig angehen (BAG 14.2.1967 – 1 ABR 7/66, NJW 1967, 1295). Unerlässlich ist jedoch ein konkreter Bezugspunkt zum Betrieb oder seinen ArbN. Zulässig ist zB die Unterrichtung über gesetzliche Neuregelungen und deren Erörterung auf dem Gebiet des Arbeitsschutzes, die gerade für den Betrieb von besonderem Interesse sind (HWGNRH/*Worzalla* Rn. 10). Das Gleiche gilt zB für Fragen des Ladenschlusses, soweit die Arbeitszeit der Beschäftigten damit in einem Zusammenhang steht. Zum Thema Wahlfreiheit in der gesetzlichen Krankenversicherung ArbG Paderborn 24.10.1996 – 2 BVGa 4/96, NZA-RR 1998, 23. 11

Auch darf die BetrVerslg. die Notwendigkeit der Verbesserung der Gesetzgebung über eine bestimmte sozialpolitische oder arbeitsrechtliche Frage behandeln, wenn aus einem **konkreten Anlass** heraus die bestehende Regelung gerade für den Betrieb als lückenhaft oder verbesserungsbedürftig empfunden wird (DKKW/*Berg* Rn. 8). § 45 S. 1 stellt jedoch nicht hierauf ab, sondern allein darauf, dass die Angelegenheiten den Betrieb oder die ArbN unmittelbar betreffen müssen). Zulässig ist die Erörterung von Bestimmungen über die Neutralität der BA im Arbeitskampf und ihre Auswirkung auf den Betrieb und die ArbN oder die Erörterung arbeitsrechtlicher Gesetzgebung (ArbG Minden 2.7.1996 – 2 BVGa 2/96, AiB 1996, 555). 12

Parteipolitische Betätigungen haben auf einer BetrVerslg. zu unterbleiben (→ Rn. 22f.). Die Behandlung von sozialpolitischen Angelegenheiten darf deshalb nicht zu einer parteipolitischen Betätigung, insbes. einer einseitigen parteipolitischen Stellungnahme führen. 13

3. Umweltpolitische und wirtschaftliche Angelegenheiten

Durch das BetrVerf-ReformG wurden die umweltpolitischen Angelegenheiten gesondert in den Themenkatalog des S. 1 aufgenommen. Wie die tarif- und sozialpolitischen Angelegenheiten ist auch dieses Thema einer weiten Auslegung zugänglich (GK-BetrVG/*Weber* Rn. 16). Es muss aber einen Bezug zum Betrieb oder den dort 14 beschäftigten ArbN aufweisen (HWGNRH/*Worzalla* Rn. 11). Das folgt aus dem Wortlaut und der Systematik der Vorschrift. Die Ergänzung des Themenkatalogs hat nur klarstellenden Charakter. **Betrieblicher Umweltschutz** (BAG 11.10.1995 – 7 ABR 42/94, NZA 1996, 934) konnte bereits nach früherem Recht in einer BetrVerslg. erörtert werden. Das galt für die Situation im Betrieb, das Verhalten der ArbN (Abfallvermeidung) ebenso wie für die Erörterung betriebspolitischer Ziele bei der Entwicklung umweltfreundlicher Produkte und umweltfreundlicher Verfahren. Über die mit der Klarstellung verbundene Schaffung von Rechtssicherheit soll die Erweiterung des Themenkatalogs die gewachsene Bedeutung des Umweltschutzes gerade für die wirtschaftlichen Belange des Betriebs betonen (*Wiese* BB 2002, 624). Darüber hinaus soll das Thema eine Diskussion innerhalb der Belegschaft anstoßen mit dem Ziel, sie für die Belange des Umweltschutzes zu sensibilisieren und das Wissen der ArbN für die Entwicklung umweltschonender Produktionsverfahren und den Abbau von Umweltbelastungen zu nutzen (BT-Drs. 14/5741, 26 [42]).

15 Als **wirtschaftliche Angelegenheiten** sind sowohl solche auf dem Gebiet der Gesetzgebung oder der allgemeinen Wirtschaftspolitik als auch konkrete wirtschaftliche Maßnahmen des ArbGeb. zu verstehen. Letztere können schon deswegen erörtert werden, weil der ArbGeb. ohnehin verpflichtet ist, einmal im Kalenderjahr der BetrVerslg. einen Bericht über die wirtschaftliche Lage und Entwicklung des Betriebs zu geben. Bei der Behandlung von wirtschaftlichen Fragen auf dem Gebiet der Gesetzgebung oder der allgemeinen Wirtschaftspolitik muss ein konkreter betrieblicher Bezugspunkt bestehen (Richardi BetrVG/*Annuß* Rn. 15; GK-BetrVG/*Weber* Rn. 17; DKKW/*Berg* Rn. 12). Dieser liegt zB vor, wenn in einem stark exportorientierten Betrieb aktuelle Fragen der internationalen Währungspolitik (zB die Frage des Wechselkurses) oder der Rohstoff- und Energieversorgung erörtert werden. Ferner ist hier zu denken an strukturpolitische Maßnahmen, an Subventionen für spezielle Wirtschaftsbereiche, an Neuregelungen einzelner Wirtschaftszweige, an Auswirkungen ‚der Steuergesetzgebung auf den Betrieb. Zu den wirtschaftlichen Angelegenheiten zählen ferner ein bevorstehender Betriebsinhaberwechsel, etwa durch Verpachtung oder Veräußerung des Betriebs, sowie Fragen einer etwaigen Unternehmenskonzentration oder multinationaler Zusammenschlüsse, von denen der Betrieb betroffen ist.

4. Gleichstellungsangelegenheiten

16 Die betriebsbezogene Erörterung von **Gleichstellungsfragen** und solchen der Vereinbarkeit von Familie und Berufstätigkeit waren stets zulässige Themen einer BetrVerslg. Der BR konnte auf diese Weise Wünsche und Bedarf nach entsprechenden Maßnahmen direkt erfahren und sie anschließend mit dem ArbGeb. erörtern. Durch das BGleiG v. 24.9.1994 wurden diese Themen erstmals gesondert in den Katalog des S. 1 aufgenommen (GK-BetrVG/*Weber* Rn. 18; *Pfarr* RdA 1995, 204). Klarstellend ist auch die Neufassung dieser Themen durch Art. 1 Nr. 34 BetrVerf-ReformG. Mit dem Ersetzen der Begriffs „Frauenförderung" durch den der „Förderung der Gleichstellung von Frauen und Männern" sowie dem Austausch des Begriffspaares „Vereinbarkeit von Familie und Beruf" durch „Vereinbarkeit von Familie und Erwerbsleben" sollte lediglich der Sprachgebrauch des G dem des BGleiG angepasst werden (vgl. BT-Drs. 14/5741, 42). Nach der Einbeziehung des BR in das Verfahren zur Auskunftserteilung nach dem EntgTranspG können auch Fragen der Entgeltgleichheit und diskriminierungsfreier Entgeltsysteme Gegenstand von BetrVerslg. sein.

5. Integrationsangelegenheiten

17 Auch die Integration der im Betrieb beschäftigten **ausländischen ArbN** gehörte bislang bereits zu den erörterungsfähigen Themen einer BetrVerslg. (HWGNRH/*Worzalla* Rn. 16). Durch die gesonderte Aufnahme dieses Themas in den gesetzlichen Katalog des S. 1 wird die besondere Verantwortung der Betriebsparteien für die ausländischen

ArbN des Betriebs und die der Gesamtbelegschaft herausgestellt. Das hat seinen Grund darin, dass ausländische ArbN von nachteiligen betrieblichen Maßnahmen nach wie vor stärker betroffen sind und auf Grund ihrer besonderen Situation (Sprache, Kultur, Bräuche etc) Problemen ausgesetzt sind, die bei den inländischen ArbN nicht oder nicht in gleichem Maße auftreten. Darüber hinaus soll durch die BetrVerslg. eine innerbetriebliche Diskussion angestoßen werden, die zum Abbau von Fremdenfeindlichkeit und Rassismus in der Gesellschaft beitragen soll (vgl. BT-Drs. 14/5741, 42, 25 ff.; DKKW/*Berg* Rn. 14; GK-BetrVG/*Weber* Rn. 19).

6. Weitere Themen

Die in S. 1 aufgeführten Angelegenheiten enthalten **keine abschließende Aufzählung.** Das ergibt sich aus dem Wort „einschließlich" (GK-BetrVG/*Weber* Rn. 20). Auch andere Angelegenheiten können auf der BetrVerslg. diskutiert und behandelt werden, soweit sie den Betrieb oder seine ArbN unmittelbar betreffen. Das gilt auch für einen Erfahrungsaustausch von ArbN grenzüberschreitender Unternehmen oder Unternehmensverflechtungen (LAG BW 16.1.1998 – 5 TaBV 14/96, NZA-RR 1998, 306). 18

Aus diesem Grunde ist auch die Behandlung **gewerkschaftlicher Angelegenheiten** nicht ausgeschlossen (**aA** HWGNRH/*Worzalla* Rn. 7). So kann zB die Betr.- oder AbtVerslg. gewerkschaftliche Fragen und Anregungen, die für den Betrieb von Bedeutung sind (etwa die Einrichtung oder Durchführung von Ausbildungskursen durch die Gewerkschaft), erörtern und hierzu Stellung nehmen (DKKW/*Berg* Rn. 10; GK-BetrVG/*Weber* Rn. 22). Zur Frage der Unterrichtung über einen TV oder über die Tarifverhandlungen → Rn. 9. 19

Ferner kann über die gesetzlich vorgesehene **Zusammenarbeit zwischen BR und** im Betrieb vertretenen **Gewerkschaften** (vgl. zB § 2 Abs. 1) gesprochen werden (HWGNRH/*Worzalla* Rn. 7; vgl. auch LAG Düsseldorf 10.3.1981 – 11 Sa 1453/80, DB 1981, 1729, das ein Referat über „Vertrauensleutearbeit im Betrieb" als zulässig angesehen hat; ebenso LAG Hamm 3.12.1986 – 3 Sa 1229/86, DB 1987, 2659, soweit der Bericht keine Werbung für die Gewerkschaft enthält). Koalitionspolitische Gegensätze ohne konkreten Bezug zum Betrieb oder seinen ArbN dürfen nicht zum Gegenstand einer BetrVerslg. gemacht werden (Richardi BetrVG/*Annuß* Rn. 19). Zur Frage der Werbung für die Gewerkschaften und der gewerkschaftlichen Betätigung der BRMitgl. → § 74 Rn. 64 ff. 20

Die **Vereinbarung von Arbeitsbedingungen** ist nicht Aufgabe der BetrVerslg. Wohl aber kann sie sich mit der Durchführung der im Betrieb geltenden TV und BV befassen. Darüber hinaus ist die BetrVerslg. generell befugt, dem BR Anregungen zum Abschluss oder zur inhaltlichen Gestaltung von BV zu geben. Der BR ist an diese Anregungen allerdings nicht gebunden (→ § 42 Rn. 41). Die BetrVerslg. kann weder mehrheitlich noch einstimmig gegenüber dem ArbGeb. wirksam auf Lohnansprüche verzichten. Das gilt auch, soweit die Ansprüche abdingbar sind. Die BetrVerslg. hat **keine Vertretungsmacht** (GK-BetrVG/*Weber* Rn. 34). 21

7. Meinungsfreiheit der Teilnehmer

Die an der BetrVerslg. teilnehmenden ArbN haben das Recht, im Rahmen der Behandlung der anstehenden Themen ihre Meinung zu allen betrieblichen Angelegenheiten frei zu äußern. Hierfür können sie sich auf das **Grundrecht der Meinungsfreiheit** aus Art. 5 Abs. 1 GG berufen. Sie können an vorhandenen Missständen im Betrieb Kritik üben, ebenso an Personen, die hierfür verantwortlich sind. Die Kritik darf sich auch gegen den ArbGeb. oder leitende Ang. des Betriebs richten. Sie darf nicht in unsachlicher Form oder in ehrverletzender Weise vorgetragen werden (DKKW/*Berg* Rn. 18; Richardi BetrVG/*Annuß* Rn. 23; BVerfG 19.5.1992 – 1 BvR 126/85, NJW 1992, 2409). 22

III. Friedenspflicht

23 Das G unterwirft BR und ArbGeb. dem **Gebot der betrieblichen Friedenspflicht** (→ § 74 Rn. 11 ff.). Für andere Teilnehmer gelten die Pflichten nicht unmittelbar; sie sind mittelbar dadurch gebunden, dass der BR die Erfüllung dieser Verpflichtung mit Hilfe seiner Leitungsgewalt (Hausrecht) sicherstellen muss (**aA** GK-BetrVG/*Weber* Rn. 25 unmittelbare Geltung). Diese Bestimmung setzt der Freiheit der Meinungsäußerung Grenzen. Bei ihrer Auslegung muss die Bedeutung, die das Grundrecht der Meinungsäußerungsfreiheit (Art. 5 GG) für Staat und Gesellschaft hat, berücksichtigt werden (stRspr ErfK/*Schmidt* GG Art. 5 Rn. 28 ff.).

23a Andererseits können **Arbeitskampfmaßnahmen** (insbes. Abstimmungen über Streiks) nicht Gegenstand der Erörterung oder von Beschlüssen der BetrVerslg. sein. Hierbei ist nicht nur die Durchführung der Urabstimmung selbst, sondern auch die Erörterung möglicher Kampfmaßnahmen unzulässig (Richardi BetrVG/*Annuß* Rn. 8; GK-BetrVG/*Weber* Rn. 26). Zum Verbot von Arbeitskampfmaßnahmen → § 74 Rn. 12 ff. Die Erörterung und Durchführung von arbeitsrechtlichen Kampfmaßnahmen ist nicht Aufgabe der BetrVerslg., sondern den Gewerkschaften vorbehalten.

24 Ferner darf sich die BetrVerslg. nicht mit Themen befassen, deren Behandlung den **Arbeitsablauf oder den Frieden des Betriebs beeinträchtigen** (zu diesen Begriffen → § 74 Rn. 27 ff.). Das schließt eine scharfe sachliche Kritik an betrieblichen Vorgängen nicht aus (DKKW/*Berg* Rn. 18). Außerdem ist die Behandlung einer Angelegenheit nicht bereits dann unzulässig, wenn hierdurch möglicherweise der Betriebsfrieden gefährdet werden könnte. Vielmehr muss auf Grund objektiver Anhaltspunkte mit hoher Wahrscheinlichkeit eine Beeinträchtigung des Betriebsfriedens zu erwarten sein.

25 Der BR hat in der BetrVerslg. jede parteipolitische Betätigung zu unterlassen und zu unterbinden (→ § 74 Rn. 37 ff.). Das **Verbot der parteipolitischen Betätigung** gilt absolut. Es kommt nicht darauf an, ob durch diese Betätigung eine konkrete Gefährdung des Betriebsfriedens zu besorgen ist (BAG 13.9.1977 – 1 ABR 67/75, AP BetrVG 1972 § 42 Nr. 1). Der Sinn dieses Verbots liegt nicht nur darin, den Betriebsfrieden zu wahren, sondern auch darin, die ArbN des Betriebes in ihrer Meinungs- und Wahlfreiheit als Staatsbürger nicht zu beeinflussen (GK-BetrVG/*Weber* Rn. 28). Auf der BetrVerslg. darf deshalb keine Werbung oder Propaganda für eine bestimmte Partei betrieben oder Beschlüsse mit einer einseitig parteipolitischen Färbung gefasst werden. Das schließt Erörterungen und Stellungnahmen, die sich inhaltlich mit Vorstellungen einer Partei decken, nicht aus (HWGNRH/*Worzalla* Rn. 21).

26 „Parteipolitik" ist nicht gleichbedeutend mit „Politik". Die Behandlung **politischer Themen,** sofern diese den Betrieb oder seine ArbN in ihrer Eigenschaft als ArbN des Betriebes unmittelbar betreffen, ist zulässig. Die sachliche Erörterung betriebsbezogener Fragen ist keine parteipolitische Betätigung. Es verletzt nicht das Verbot parteipolitischer Betätigung, wenn sich die BetrVerslg. zB mit bestimmten, den Betrieb oder seine ArbN unmittelbar betreffenden sozialpolitischen oder wirtschaftlichen Angelegenheiten sachlich befasst, auch wenn diese Angelegenheiten im Meinungsstreit der politischen Parteien eine Rolle spielen (BAG 13.9.1977 – 6 ABR 67/75, AP BetrVG 1972 § 42 Nr. 1; Richardi BetrVG/*Annuß* Rn. 18; DKKW/*Berg* Rn. 19; HWGNRH/*Worzalla* Rn. 21; GK-BetrVG/*Weber* Rn. 29). Aus dem gleichen Grunde ist ein sachliches Referat über ein den Betrieb oder seine ArbN unmittelbar betreffendes Thema durch einen Politiker kein Verstoß gegen das parteipolitische Betätigungsverbot (DKKW/*Berg* Rn. 20). Etwas anderes gilt für Auftritte von Politikern in Wahlkampfzeiten, wenn die Betriebsauftritte ein Teil der Wahlkampfstrategie darstellen und sie außerhalb des Wahlkampfes nicht oder kaum BetrVerslg. besuchen. In diesen Fällen tritt das Sachthema gegenüber dem parteipolitischen Auftritt in den Hintergrund.

IV. Unterbindung unzulässiger Themen

Die **Verbote des § 74 Abs. 2** gelten unmittelbar für den BR, mittelbar für alle Beteiligten der BetrVerslg. (Richardi BetrVG/*Annuß* Rn. 20; HWGNRH/*Worzalla* Rn. 17; GK-BetrVG/*Weber* Rn. 25 für eine unmittelbare Geltung des § 74 Abs. 2 für alle Versammlungsteilnehmer). Der BR darf Fragen, die in der BetrVerslg. nicht erörtert werden dürfen, nicht auf die Tagesordnung der BetrVerslg. setzen oder ihre Behandlung in der Verslg. zulassen. 27

Der **Vors. des BR** hat darüber zu wachen, dass keine unzulässigen Themen erörtert werden (DKKW/*Berg* Rn. 23). Dazu kann er ggf. von seinem **Hausrecht** Gebrauch machen (→ § 42 Rn. 36). Unterbindet er die Behandlung unzulässiger Themen nicht, oder regt er selbst deren Behandlung an, kann dies eine grobe Verletzung seiner gesetzlichen Pflichten nach § 23 sein. Das kommt vor allem in Betracht, wenn der Vors. trotz berechtigten Widerspruchs von Teilnehmern auf der Erörterung unzulässiger Themen beharrt und dadurch Unruhe in der Verslg. und im Betrieb entsteht (BAG 4.5.1955 – 1 ABR 4/53, AP BetrVG § 44 Nr. 1). Entspr. gilt für andere BRMitgl., die an der BetrVerslg. teilnehmen. 28

Die BetrVerslg. verliert den Charakter einer BetrVerslg. iSd §§ 42 ff., wenn die **Behandlung unzulässiger Themen** deutlich überwiegt. Beiläufige Verstöße gegen § 45, etwa Anfragen einzelner Teilnehmer, beeinflussen den Charakter der BetrVerslg. nicht. In einem solchen Fall bleibt der Anspruch auf Arbeitsentgelt erhalten (→ § 44 Rn. 34; Richardi BetrVG/*Annuß* Rn. 33; DKKW/*Berg* Rn. 24). 29

Bei **groben Pflichtverstößen des Versammlungsleiters** fällt das Hausrecht an den ArbGeb. zurück (→ § 42 Rn. 36). Insbes. darf ein BRMitgl. nicht die ArbNschaft zu gemeinsamen Maßnahmen gegen den ArbGeb. aufrufen, um diesen durch Androhung wirtschaftl. Nachteile (zB Dienst nach Vorschrift) unter Druck zu setzen und für eine Verbesserung der Lohnbedingungen gefügig zu machen. Wenn ArbGeb. und BR mit der Behandlung unzulässiger Themen einverstanden sind, entstehen für die ArbN keine nachteiligen Folgen hinsichtlich ihrer Lohnansprüche (DKKW/*Berg* Rn. 24; → § 44 Rn. 34). Hier gilt Ähnliches wie bei Verstößen gegen das Gebot der Nichtöffentlichkeit (→ § 44 Rn. 34a). 30

Der ArbGeb. kann einen ArbN, der sich mit einem Diskussionsbeitrag nicht im Rahmen der nach Abs. 1 S. 1 zulässigen Themen hält, deswegen nicht kündigen, wenn der BR als VerslgLeiter die Fortsetzung des Diskussionsbeitrags nicht verhindert hat. 31

V. Verhältnis Betriebsversammlung – Betriebsrat

Die BetrVerslg. steht in wechselseitigen Beziehungen zum BR. Dieser beschließt die Abhaltung der BetrVerslg. Die BetrVerslg. ihrerseits bleibt stets dem **BR zugeordnet,** ohne diesem jedoch übergeordnet zu sein. § 45 S. 2 beschränkt die Befugnisse der BetrVerslg. gegenüber dem BR ausdrücklich ein: Sie kann dem BR Anträge unterbreiten und zu seinen Beschlüssen Stellung nehmen (gleich lautend auch § 15 Abs. 4 SprAuG). Antrag ist die Aufforderung zu einem bestimmten Verhalten. Stellungnahme ist die Äußerung zu Tatsachen und Verhalten des BR. Beide Meinungsäußerungen geschehen in Form eines Beschlusses (GK-BetrVG/*Weber* Rn. 32). 32

Ein Antrag auf Abberufung des BR ist unzulässig. Die BetrVerslg. kann keine BV abschließen. Ihr stehen nur **Informations- und Diskussionsrechte** zu (hM). Sie ist ein legitimes Forum für die freie Meinungsäußerung der ArbN über die betrieblichen Angelegenheiten. In diesem Sinne kann sie auch zur Tätigkeit des BR Stellung nehmen. Auch scharfe sachliche Kritik an der Geschäftsführung des BR ist zulässig. Ferner kann die BetrVerslg. dem BR **Anregungen** für seine Tätigkeit geben, der jedoch nicht verpflichtet ist, diesen Anregungen nachzukommen. Der BR übt **kein impe-** 32a

ratives Mandat aus. Er trifft seine Entscheidungen eigenverantwortlich (→ § 42 Rn. 10). Wohl ist der BR gehalten, Vorschläge und Anregungen aus der BetrVerslg. in seine Überlegungen einzubeziehen und zu prüfen. Er darf sie nicht grundlos ignorieren (→ § 42 Rn. 41).

33 Beschlossen wird über **Anträge** des BR oder einzelner ArbN des Betriebs. Andere Teilnehmer (→ § 42 Rn. 15 ff.) und der ArbGeb. sowie die Gewerkschaftsbeauftragten (vgl. § 46) sind nicht antragsberechtigt. **Stimmberechtigt** ist jeder ArbN des Betriebs (→ § 42 Rn. 38). Ein Antrag ist angenommen, wenn die Mehrheit dafür stimmt. Stimmenthaltung ist möglich. Die Anwesenheit einer Mindestzahl von ArbN ist nicht erforderlich (→ § 42 Rn. 38 ff.).

VI. Streitigkeiten

34 Streitigkeiten über Aufgaben, Zuständigkeiten und Befugnisse sowie über die Wirksamkeit von Beschlüssen der BetrVerslg. sind von den ArbG im **BeschlVerf.** zu entscheiden (→ ArbGG Rn. 7 ff.).

§ 46 Beauftragte der Verbände

(1) [1] **An den Betriebs- oder Abteilungsversammlungen können Beauftragte der im Betrieb vertretenen Gewerkschaften beratend teilnehmen.** [2] **Nimmt der Arbeitgeber an Betriebs- oder Abteilungsversammlungen teil, so kann er einen Beauftragten der Vereinigung der Arbeitgeber, der er angehört, hinzuziehen.**

(2) **Der Zeitpunkt und die Tagesordnung der Betriebs- oder Abteilungsversammlungen sind den im Betriebsrat vertretenen Gewerkschaften rechtzeitig schriftlich mitzuteilen.**

Inhaltsübersicht

I. Vorbemerkung

1 Die Vorschrift regelt das **Teilnahmerecht der Beauftragten** von Gewerkschaften und ArbGebVereinigungen. Das Recht der Gewerkschaft dient der Unterstützung von BR und ArbN durch Beratung. Es ist Ausdruck der Verbundenheit bei gemeinsamer Interessenvertretung. Durch Abs. 2 soll sichergestellt werden, dass die im BR vertretenen Gewerkschaften rechtzeitig über Zeitpunkt und Tagesordnung der Betr.- bzw. AbtVerslg. unterrichtet werden. Während die Beauftragten der im Betrieb vertretenen Gewerkschaften aus eigenem Recht beratend teilnehmen, ist die Teilnahme eines Beauftragten der ArbGebVereinigung an die des ArbGeb. geknüpft.

2 Die Vorschrift gilt für die BRVerslg. (§ 53), die JAVVerslg. (§ 71) und die BRVerslg. (§ 115 Abs. 4, § 116 Abs. 3 Nr. 5) entspr. Auf andere betriebliche Verslg. oder Zusammenkünfte (→ § 42 Rn. 11) ist sie nicht anzuwenden; dort ist eine Teilnahme von Gewerkschaftsbeauftragten oder Vertr. der ArbGebVereinigung zulässig, wenn die Beteiligten hiermit einverstanden sind.

3 Die Vorschrift ist **zwingend** und kann weder durch TV noch durch BV abbedungen werden.

4 Entspr. Vorschrift: BPersVG § 52; SprAuG: keine.

II. Teilnahme von Gewerkschaftsvertretern

5 Die Beauftragten der im Betrieb vertretenen Gewerkschaften nehmen kraft **eigenen Rechts dieser Gewerkschaften** an sämtlichen (regelmäßigen, zusätzlichen und außerordentlichen) Betr.- und AbtVerslg. teil (hM). Das Gleiche gilt für die BetrVerslg. zur Bestellung des Wahlvorstands nach § 17 und zur Durchführung des vereinfachten Wahlverfahrens nach § 14a. Gewerkschaftsbeauftragte bedürfen **keiner Zulassung.** Das Zugangsrecht wird für den Arbeitskampf nicht eingeschränkt (Einzelheiten → § 2 Rn. 76ff.). Es kann auch nicht in TV iSv. § 3 oder § 117 auf die tarifvertragsschließende Gewerkschaft begrenzt werden (LAG Bln-Bbg 19.9.2017 – 7 TaBV 91/17, NZA-RR 2018, 147). Das betriebsverfassungsrechtl. Teilnahmerecht vermittelt einer Gewerkschaft aber nicht die Befugnis, innerhalb oder außerhalb der Betriebsversammlung durch das Verteilen von Broschüren oder Ansprechen von ArbN ua gezielte **Mitgliederwerbung** zu betreiben. Ein derartiger Anspruch folgt nur aus Art. 9 Abs. 3 GG und unterliegt den dafür von der Rspr. entwickelten Grundsätzen (BAG 22.5.2012 – 1 ABR 11/11, NZA 2012, 1176).

6 Die Gewerkschaft muss im Betrieb vertreten sein (→ § 2 Rn. 42ff.). Dann kann sie auch zu allen AbtVerslg. Beauftragte entsenden, auch wenn keiner der in der betreffenden Abteilung beschäftigten ArbN bei ihr organisiert ist (Richardi BetrVG/*Annuß* Rn. 4; GK-BetrVG/*Weber* Rn. 4). Den Gewerkschaften stehen deren **Spitzenverbände** (DGB) gleich. Für das BetrVG gilt ein einheitlicher Gewerkschaftsbegriff (→ § 2 Rn. 42ff.). Gemeint sind stets tariffähige Arbeitnehmervereinigungen (BAG 19.9.2006 – 1 ABR 53/05, NZA 2007, 518). Auch nach dem Zweck des Teilnahmerechts und mit Blick auf den Grundsatz der Nichtöffentlichkeit (§ 42 Abs. 1 S. 2) kommt eine Erstreckung des Teilnahmerechts auf nicht tariffähige ArbN-Vereinigungen nicht in Betracht (BAG 22.5.2012 – 1 ABR 11/11, NZA 2012, 1176). Das Teilnahmerecht dient nicht Zwecken der Mitgliederwerbung. Deshalb kann sich eine nicht tariffähige Arbeitnehmerorganisation auch nicht auf Art. 9 Abs. 3 GG berufen, um ein Teilnahmerecht durchzusetzen (*Schönhöft/Klafki* NZA-RR 2012, 393).

7 Die **Gewerkschaft wählt** den an der Verslg. teilnehmenden Beauftragten aus (hM). Weder dem ArbGeb. noch dem BR oder dem VerslgLeiter steht insoweit ein Mitspracherecht zu. Es dürfte jedoch zweckmäßig sein, auf Wünsche des BR Rücksicht zu nehmen. Bei den Beauftragten der Gewerkschaft braucht es sich nicht um deren ArbN zu handeln. Die Gewerkschaften können nicht nur hauptamtliche Kräfte, sondern auch ehrenamtliche Funktionäre oder ArbN anderer Betriebe als Beauftragte bestimmen (DKKW/*Berg* Rn. 6; HWGNRH/*Worzalla* Rn. 11). Sie können auch **mehrere Beauftragte** entsenden (GK-BetrVG/*Weber* Rn. 6; einschränkend HWGNRH/*Worzalla* Rn. 10). Die Zahl der Beauftragten muss dem Zweck der Entsendung angemessen sein. Beauftragte müssen sich auf Verlangen über ihre Person und ihren Auftrag ausweisen und sich vor Betreten des Betriebs anmelden.

8 **Der ArbGeb. kann** der Teilnahme von Vertr. der im Betrieb vertretenen Gewerkschaften grds. **nicht widersprechen** oder **sie verhindern** (DKKW/*Berg* Rn. 5). Für die Gewerkschaftsvertreter. ist die Teilnahme an den Betr.- und AbtVerslg. eine eigenständige gesetzliche Aufgabe. Sie dürfen deshalb den Betrieb zum Zwecke der Teilnahme an der Betr.- und AbtVerslg. auch ohne ausdrückliche Genehmigung des ArbGeb. betreten (ErfK/*Koch* Rn. 2; GK-BetrVG/*Weber* Rn. 8). Eine **Unterrichtungspflicht** gem. § 2 Abs. 2 gegenüber dem ArbGeb. besteht für die Teilnahme an BetrVerslg. nicht. § 46 ist gegenüber § 2 Abs. 2 eine Sonderregelung (GK-BetrVG/*Weber* Rn. 8; **aA** Richardi BetrVG/*Annuß* Rn. 14). Es besteht deshalb auch keine Möglichkeit, den Gewerkschaftsbeauftragten die Teilnahme an der Betr.- oder AbtVerslg. aus den in § 2 Abs. 2 letzter S. genannten Gründen zu untersagen.

9 Eine andere Frage ist, ob der ArbGeb. der **Teilnahme eines bestimmten Beauftragten widersprechen** kann. Ein Widerspruchsrecht besteht, wenn objektiv wegen der Teilnahme eines bestimmten Gewerkschaftsbeauftragten mit einer Störung des betrieblichen Geschehens ernsthaft zu rechnen ist (Richardi BetrVG/*Annuß* Rn. 14; HWGNRH/*Worzalla* Rn. 11; GK-BetrVG/*Weber* Rn. 9; → § 2 Rn. 69). Eine Gewerkschaft darf ihr Teilnahmerecht nicht rechtsmissbräuchlich ausüben (vgl. § 2 Abs. 1 und § 74 Abs. 1). Sie verliert ansonsten ihr Recht auf Entsendung eines bestimmten Beauftragten zur Teilnahme an der BetrVerslg. (BAG 14.2.1967 – 1 ABR 7/66, NJW 1967, 1295; LAG Hamm 17.11.2000 – 10 TaBV 55/00, BeckRS 2000 30459682; ähnlich HWGNRH/*Worzalla* Rn. 11). In diesem Fall kann die Gewerkschaft einen **anderen Beauftragten** entsenden. Das rechtsmissbräuchliche Verhalten eines ihrer Beauftragten lässt das Teilnahmerecht der Gewerkschaft unberührt. Ein Gewerkschaftsbeauftragter darf nicht deshalb ausgeschlossen werden, weil er ArbN eines Konkurrenzunternehmens ist. Gefragt ist die Sachkunde der Beauftragten. Betriebsgeheimnisse werden nach § 79 Abs. 2 geschützt (LAG Hmb 28.11.1986 – 8 TaBv 5/86, DB 1987, 1595; **aA** Richardi BetrVG/*Annuß* Rn. 15, soweit die für eine Entsendung sprechenden Gründe nicht überwiegen; *Brötzmann* BB 1990, 1055). Die Vorbereitung eines Streiks durch eine Gewerkschaft verstößt nicht gegen ihre Pflicht, auf die vertrauensvolle Zusammenarbeit der Betriebspartner hinzuwirken (Richardi BetrVG/*Annuß* Rn. 15). Auch sachliche Kritik des entsandten Gewerkschaftsvertreters ist zulässig (BAG 14.2.1967 – 1 ABR 7/66, NJW 1967, 1295).

10 Der BR kann die **Teilnahme** eines **Gewerkschaftsbeauftragten** nicht verhindern (Richardi BetrVG/*Annuß* Rn. 13). Lehnt der Vors. des BR die Teilnahme eines Beauftragten einer im Betrieb vertretenen Gewerkschaft ab, handelt er pflichtwidrig. Er läuft Gefahr, nach § 23 aus dem BR ausgeschlossen zu werden (LAG BW 13.3.2014 – 6 TaBV 5/13, BeckRS 2014, 69674).

11 Da die Gewerkschaft die Interessen ihrer Mitgl. (und in gewissem Umfang auch der ArbN schlechthin) wahrzunehmen hat, wird ihrem Beauftragten in der BetrVerslg. eine **beratende Stimme** zuerkannt. Der Beauftragte hat deshalb ebenso wie die ArbN das Recht, sich zu Wort zu melden, das Wort zu ergreifen, Fragen zu stellen und zur Sache zu sprechen (LAG Bln-Bbg 19.9.2017 – 7 TaBV 91/17, NZA-RR 2018, 147). Er hat **kein Stimmrecht** und kann **keine Anträge stellen** (DKKW/*Berg* Rn. 7; GK-BetrVG/*Weber* Rn. 10). Die Redebeiträge der Gewerkschaftsbeauftragten müssen sich im Rahmen der Tagesordnung und des Aufgabenbereichs der Betr.- und AbtVerslg. halten. Sie haben die für die Durchführung der Betr.- und AbtVerslg. maßgebenden Grundsätze des § 74 Abs. 2 zu beachten (GK-BetrVG/*Weber* Rn. 11). Der Gewerkschaftsbeauftragte darf nicht in der BetrVerslg. oder im Zusammenhang mit ihr zu einem Warnstreik aufrufen (LAG Brem 14.1.1983 – 1 Sa 117, 232/82, DB 1983, 778). Die Gewerkschaftsbeauftragten unterliegen der Verschwiegenheitspflicht nach § 79 (→ § 79 Rn. 7).

III. Unterrichtung der Gewerkschaften

12 Der BR hat den in ihm vertretenen Gewerkschaften **Zeitpunkt** und **Tagesordnung** der Betr.- und AbtVerslg. rechtzeitig und schriftlich mitzuteilen (Abs. 2).

13 Die Unterrichtungspflicht besteht nur für die **im BR vertretenen Gewerkschaften.** Im BR vertreten ist eine Gewerkschaft, wenn wenigstens ein BRMitgl. bei ihr organisiert ist. Die Einschränkung soll die Ausübung der Unterrichtungspflicht erleichtern (GK-BetrVG/*Weber* Rn. 14; Richardi BetrVG/*Annuß* Rn. 7). Die Unterrichtungspflicht besteht hinsichtlich aller Betr.- und AbtVerslg., gleichgültig, ob es sich um regelmäßige, zusätzliche oder außerordentliche Verslg. handelt, auch soweit sie in Form von Teilverslg. durchgeführt werden (HWGNRH/*Worzalla* Rn. 4; DKKW/*Berg* Rn. 8). Unterlässt der BRVors. trotz positiver Kenntnis die Unterrichtung einer im BR vertretenen Gewerkschaft, verstößt er gegen seine gesetzlichen Pflichten.

Die Unterrichtung erstreckt sich nach dem Gesetzeswortlaut lediglich auf den **Zeitpunkt** und die **Tagesordnung** der Betr.- und AbtVerslg. Jedoch ist der BR auch verpflichtet, den Gewerkschaften den **Ort der Verslg.** mitzuteilen (DKKW/*Berg* Rn. 9). Änderungen sind unverzüglich bekanntzugeben. 14

Die Unterrichtung muss **schriftlich** und **rechtzeitig** erfolgen. Schriftlich meint Textform. Dem Formgebot wird genügt, wenn der Gewerkschaft die Sitzungsniederschrift über den Beschluss des BR über Zeit, Ort und Tagesordnung der BetrVerslg. nach § 34 Abs. 2 übersandt wird. Ein Telefax wahrt die Schriftform (BAG 11.6.2002 – 1 ABR 43/01, NZA 2003, 226). Rechtzeitig ist die Unterrichtung, wenn den Gewerkschaften noch genügend Zeit für eine sachgerechte Vorbereitung der Teilnahme ihres Beauftragten bleibt (HWGNRH/*Worzalla* Rn. 6). Bei kurzfristig einberufenen Betr.- oder AbtVerslg. muss die Unterrichtung der Gewerkschaften unverzüglich (vgl. § 121 BGB) erfolgen. 15

Der BRVors. ist nicht verpflichtet, einen **ArbGebVerband,** dem der ArbGeb. angehört, von der Betr.- oder AbtVerslg. zu unterrichten. Das ist Sache des ArbGeb. 16

IV. Teilnahme eines Vertreters des Arbeitgeberverbandes

Voraussetzung für die Hinzuziehung eines Beauftragten der ArbGebVereinigung ist, dass der ArbGeb. einem **ArbGebVereinigung angehört.** Eine OT-Mitgliedschaft genügt dafür nicht (→ § 2 Rn. 32; Richardi BetrVG/*Annuß* Rn. 17; **aA** HWGNRH/*Worzalla* Rn. 19), weil das Teilnahmerecht der ArbGebVereinigung an deren Funktion als Tarifvertragspartei knüpft (**aA** WPK/*Kreft* Rn. 4). Ferner muss der ArbGeb. oder sein Vertreter an der BetrVerslg. **tatsächlich teilnehmen** (wegen Teilnahme des Arb-Geb. → § 43 Rn. 28 ff.). Der Beauftragte hat – anders als der Gewerkschaftsbeauftragte – **kein eigenständiges Teilnahmerecht** (hM). Er ist nur dann teilnahmeberechtigt, wenn der ArbGeb. dies ausdrücklich veranlasst. Zweckmäßigerweise teilt der ArbGeb. seine Absicht, den Beauftragten hinzuzuziehen, dem Vors. des BR, der nach § 42 Abs. 1 S. 1 die BetrVerslg. zu leiten hat, vorher mit. Der nicht organisierte ArbGeb. kann keinen Rechtsanwalt anstelle eines Verbandsbeauftragten hinzuziehen (DKKW/*Berg* Rn. 12; *Henssler* RdA 1999, 47). Der Ausschluss von Anwälten ist kein Verstoß gegen die negative Koalitionsfreiheit des ArbGeb. Dieser muss auf die Unterstützung der Tarifpartei verzichten, wenn er ihr nicht angehören will (*Lunk* Betriebsversammlung *S.* 204; **aA** *Bauer* NJW 1988, 1130). Der ArbGeb. kann nur einen Beauftragten hinzuziehen, auch wenn er mehreren Vereinigungen angehört (Richardi BetrVG/*Annuß* Rn. 20). 17

Der Vors. des BR kann, wenn die gesetzlichen Voraussetzungen vorliegen, **die Teilnahme** des Beauftragten der ArbGebVereinigung **nicht ablehnen.** Er handelt ansonsten pflichtwidrig. Der Beauftragte der ArbGebVereinigung muss sich auf Verlangen über seine Person ausweisen. Ein Nachweis seines Auftrags erübrigt sich, da er nicht aus eigenem Recht erscheint, sondern von dem ohnehin anwesenden ArbGeb. hinzugezogen wird. 18

Im Gegensatz zu dem Beauftragten der Gewerkschaft hat der Beauftragte der ArbGebVereinigung **keine beratende Stimme** (GK-BetrVG/*Weber* Rn. 18; DKKW/*Berg* Rn. 13; **aA** Richardi BetrVG/*Annuß* Rn. 22). Ein solches Recht hätte einer gesetzlichen Regelung bedurft. Es besteht daher hier die gleiche Rechtslage wie bei der Teilnahme an der BRSitzung. Auch dort hat der nach § 31 hinzugezogene Gewerkschaftsbeauftragte ein Beratungsrecht, während § 29 Abs. 4 dieses Recht einem vom ArbGeb. hinzugezogenen Beauftragten einer ArbGebVereinigung nicht zubilligt (→ § 29 Rn. 60). Diese Differenzierung hat ihren Grund darin, dass die BetrVerslg. eine Angelegenheit der ArbN ist. Allerdings kann der BRVors. als Leiter der BetrVerslg. dem Beauftragten des ArbGebVerbandes gestatten, das Wort zu ergreifen. 19

Der VerslgLeiter ist **auf Verlangen des ArbGeb.** diesem gegenüber verpflichtet, ebenso wie dem ArbGeb. selbst auch dem Beauftragten das Wort zu erteilen (BAG 19a

19.5.1978 – 6 ABR 41/75, AP BetrVG 1972 § 43 Nr. 3). Dem Vertr. des ArbGeb-Verbandes obliegt es, den ArbGeb. dadurch zu unterstützen, dass er ihm beratend zur Seite steht (→ § 29 Rn. 60). Ebenso wenig wie der ArbGeb. hat er das Recht, an Abstimmungen teilzunehmen oder Anträge zu stellen (hM).

V. Streitigkeiten

20 Streitigkeiten über die Teilnahme und Befugnisse der Beauftragten der im Betrieb vertretenen Gewerkschaften und der ArbGebVereinigung, der der ArbGeb. angehört, sind im arbeitsgerichtl. **BeschlVerf.** zu entscheiden (→ ArbGG Rn. 7 ff.).

21 **Beteiligte** können sein: BR, ArbGeb., eine im Betrieb vertretene Gewerkschaft, nicht dagegen der ArbGebVerband (BAG 19.5.1978 – 6 ABR 41/75, AP BetrVG 1972 § 43 Nr. 3). Die im Betrieb vertretenen Gewerkschaften sind in einem solchen Verf. von Amts wegen zu beteiligen, wenn es um ihr Teilnahmerecht oder um die Entsendung eines bestimmten Gewerkschaftsbeauftragten geht (BAG 14.2.1967 – 1 ABR 7/66, NJW 1967, 1295). Das gilt auch bei einem Streit darüber, ob eine im Betrieb vertretene ArbN-Vereinigung, die nicht tariffähig ist, ein Teilnahmerecht hat. Ist aber die Tariffähigkeit dieser Arbeitnehmervereinigung umstritten, ist das Verfahren nach § 97 Abs. 5 ArbGG auszusetzen (BAG 19.9.2006 – 1 ABR 53/05, NZA 2007, 518). Sind die Einzelheiten des Zutrittsrechts umstritten, kann wegen der typischen Eilbedürftigkeit der Erlass einer einstw. Verfg. (vgl. § 85 Abs. 2 ArbGG) in Betracht kommen.

Fünfter Abschnitt. Gesamtbetriebsrat

§ 47[1] Voraussetzungen der Errichtung, Mitgliederzahl, Stimmengewicht

(1) **Bestehen in einem Unternehmen mehrere Betriebsräte, so ist ein Gesamtbetriebsrat zu errichten.**

(2) **[1]In den Gesamtbetriebsrat entsendet jeder Betriebsrat mit bis zu drei Mitgliedern eines seiner Mitglieder; jeder Betriebsrat mit mehr als drei Mitgliedern entsendet zwei seiner Mitglieder. [2]Die Geschlechter sollen angemessen berücksichtigt werden.**

(3) **Der Betriebsrat hat für jedes Mitglied des Gesamtbetriebsrats mindestens ein Ersatzmitglied zu bestellen und die Reihenfolge des Nachrückens festzulegen.**

(4) **Durch Tarifvertrag oder Betriebsvereinbarung kann die Mitgliederzahl des Gesamtbetriebsrats abweichend von Absatz 2 Satz 1 geregelt werden.**

(5) **Gehören nach Absatz 2 Satz 1 dem Gesamtbetriebsrat mehr als vierzig Mitglieder an und besteht keine tarifliche Regelung nach Absatz 4, so ist zwischen Gesamtbetriebsrat und Arbeitgeber eine Betriebsvereinbarung über die Mitgliederzahl des Gesamtbetriebsrats abzuschließen, in der bestimmt wird, dass Betriebsräte mehrerer Betriebe eines Unternehmens, die regional oder durch gleichartige Interessen miteinander verbunden sind, gemeinsam Mitglieder in den Gesamtbetriebsrat entsenden.**

[1] **Amtl. Anm.:** Gemäß Artikel 14 Satz 2 des Gesetzes zur Reform des Betriebsverfassungsgesetzes (BetrVerf-Reformgesetz) vom 23. Juli 2001 (BGBl. I S. 1852) gilt § 47 Abs. 2 (Artikel 1 Nr. 35 Buchstabe a des BetrVerf-Reformgesetzes) für im Zeitpunkt des Inkrafttretens bestehende Betriebsräte erst bei deren Neuwahl.

(6) [1]**Kommt im Fall des Absatzes 5 eine Einigung nicht zustande, so entscheidet eine für das Gesamtunternehmen zu bildende Einigungsstelle.** [2]**Der Spruch der Einigungsstelle ersetzt die Einigung zwischen Arbeitgeber und Gesamtbetriebsrat.**

(7) [1]**Jedes Mitglied des Gesamtbetriebsrats hat so viele Stimmen, wie in dem Betrieb, in dem es gewählt wurde, wahlberechtigte Arbeitnehmer in der Wählerliste eingetragen sind.** [2]**Entsendet der Betriebsrat mehrere Mitglieder, so stehen ihnen die Stimmen nach Satz 1 anteilig zu.**

(8) **Ist ein Mitglied des Gesamtbetriebsrats für mehrere Betriebe entsandt worden, so hat es so viele Stimmen, wie in den Betrieben, für die es entsandt ist, wahlberechtigte Arbeitnehmer in den Wählerlisten eingetragen sind; sind mehrere Mitglieder entsandt worden, gilt Absatz 7 Satz 2 entsprechend.**

(9) **Für Mitglieder des Gesamtbetriebsrats, die aus einem gemeinsamen Betrieb mehrerer Unternehmen entsandt worden sind, können durch Tarifvertrag oder Betriebsvereinbarung von den Absätzen 7 und 8 abweichende Regelungen getroffen werden.**

Inhaltsübersicht

I. Vorbemerkung

In Unternehmen mit mehreren Betrieben werden wichtige Entscheidungen auf der Unternehmensebene getroffen. Deshalb muss eine wirksame InteressenVertr. der ArbN auch auf dieser Ebene bestehen. Das ist der GesBR. Die §§ 47ff. regeln die **Errichtung,** die **MitglZahl,** die **Zusammensetzung des GesBR** und die **Stimmengewichtung** in ihm. Zu seinen **Aufgaben** und zu seiner **Zuständigkeit,** insbes. zum **Verhältnis von GesBR zu den BR** der Betriebe des Unternehmens vgl. § 50, zu seiner **Geschäftsführung** vgl. § 51. Nach der Aufgabe des Gruppenprinzips durch das BetrVerf-ReformG (vgl. zur Übergangsregelung des Art. 14 S. 2 iVm Art. 1 Nr. 35a BetrVerf-ReformG BAG 16.3.2005 – 7 ABR 33/04, NJOZ 2005, 3721; vgl. zur Pattsituation bei der Wahl des GruppenVertr. nach § 47 Abs. 2 S. 3 aF BAG 15.8.2001 – 7 ABR 2/99, NZA 2002, 569) entsendet nun jeder BR mit bis zu drei Mitgl. – also in Betrieben bis zu 50 wahlberechtigten ArbN, vgl. § 9 – nur noch einen Vertr. in den GesBR. Größere BR entsenden zwei Mitgl. 1

2 Zur Errichtung der **GesJAV.** vgl. § 72. Zur Errichtung eines **KBR** vgl. § 54.

3 Die Vorschrift ist **zwingendes Recht.** Gem. Abs. 4 kann aber durch TV oder BV eine abweichende MitglZahl des GesBR vorgesehen werden (→ Rn. 45 ff.). Auch für die Vertr. von Gemeinschaftsbetrieben im GesBR sind nach Abs. 9 abweichende Regelungen in TV oder BV zum Stimmengewicht möglich (→ Rn. 80 ff.).

4 Liegen die Voraussetzungen des Abs. 1 vor, **muss** ein GesBR gebildet werden; seine **Bildung liegt nicht im Ermessen der BR.** Das schließt nicht aus, dass sich mehrere BR eines Unternehmens oder auch mehrerer Unternehmen eines Konzerns zur Behandlung spezieller Einzelfragen auf freiwilliger Basis zu einer Arbeitsgemeinschaft zusammenschließen; diese hat allerdings keinerlei rechtliche Kompetenz, kann keine bindenden Beschl. fassen und nicht in die gesetzl. Zuständigkeit des GesBR eingreifen. Zusätzliche betriebsverfassungsrechtliche Gremien zur unternehmensübergreifenden Zusammenarbeit von ArbNVertr. können nach § 3 Abs. 1 Nr. 4 durch TV oder BV geschaffen werden (→ § 3 Rn. 53 ff.).

5 Vergleichbare Vorschriften des **BPersVG: § 55.** Danach ist bei Aufsplitterung einer Dienststelle in Nebenstellen und Dienststellenteile (§ 6 Abs. 3 BPersVG) ein **GesPersRat** zu bilden. Dieser steht unabhängig neben den in mehrstufigen Verwaltungen nach § 53 BPersVG zu errichtenden Stufenvertretungen (Dienststellenpersonalrat; Bezirkspersonalrat; Hauptpersonalrat).

6 Nach § 16 Abs. 1 SprAuG ist ein **Gesamtsprecherausschuss** zu errichten, wenn in einem Unternehmen mehrere Sprecherausschüsse bestehen. Nach § 16 Abs. 2 SprAuG entsendet jeder Sprecherausschuss eines seiner Mitgl. § 16 Abs. 4 sieht eine § 47 Abs. 7 entspr. Stimmengewichtung vor.

II. Voraussetzungen für die Bildung des Gesamtbetriebsrats (Abs. 1)

7 Die **Errichtung** des GesBR ist gem. Abs. 1 **zwingend** vorgeschrieben, **wenn ein Unternehmen mehrere BR hat.** Für ein Unternehmen kann nur ein GesBR gebildet werden. Er besteht neben den BR der einzelnen Betriebe (→ § 50 Rn. 5 ff.).

8 Bei Vorliegen der gesetzlichen Voraussetzungen ist die Errichtung des GesBR eine **Rechtspflicht der einzelnen BR.** Daher ist es unerheblich, wenn einzelne BR oder gar deren Mehrheit gegen die Errichtung des GesBR Einwendungen haben. Auch ist für die Errichtung des GesBR eine **übereinstimmende Beschlussfassung einer Mehrheit der BR nicht erforderlich.** Kommen die einzelnen BR ihre Verpflichtung zur Entsendung von Mitgliedern in den GesBR nicht nach, so stellt dies in aller Regel eine grobe Pflichtverletzung iSd § 23 Abs. 1 dar (Richardi BetrVG/*Annuß* Rn. 40; GK-BetrVG/*Kreutz/Franzen* Rn. 30; DKKW/*Trittin* Rn. 8; HWGNRH/*Glock* Rn. 24; ErfK/*Koch* Rn. 2).

1. Unternehmen

9 Die Bildung des GesBR setzt ein Unternehmen voraus. Das BetrVG kennt keinen eigenständigen Unternehmensbegriff, sondern geht von dem **allgemeinen Unternehmensbegriff** aus, wie er von der Rspr. und Rechtslehre entwickelt worden ist (→ § 1 Rn. 226 ff.; BAG 17.3.2010 – 7 AZR 706/08, NJOZ 2010, 1831 Rn. 15).

10 Die mehreren Betriebe müssen alle von demselben Unternehmen – im Falle des gemeinsamen Betriebs zumindest mit – betrieben werden. Es muss eine **rechtliche Identität des betreibenden Unternehmers** bestehen (BAG 9.8.2000 – 7 ABR 56/98, NZA 2001, 116; 13.2.2007 – 1 AZR 184/06, NZA 2007, 825; 17.3.2010 – 7 AZR 706/08, NJOZ 2010, 1831 Rn. 15; Richardi BetrVG/*Annuß* Rn. 6; GK-BetrVG/*Kreutz/Franzen* Rn. 13; DKKW/*Trittin* Rn. 21; MHdB ArbR/*Joost* § 225 Rn. 8; HWGNRH/*Glock* Rn. 10; ErfK/*Koch* Rn. 3). Für Betriebe verschiedener

Unternehmen kann **kein gemeinsamer GesBR** errichtet werden (BAG 13.2.2007 – 1 AZR 184/06, NZA 2007, 825; 23.1.2008 – 1 AZR 988/06, NZA 2008, 709; 17.3.2010 – 7 AZR 706/08, NJOZ 2010, 1831; 17.4.2012 – 3 AZR 400/10, BB 2012, 57). Dies gilt auch für Gemeinschaftsbetriebe iSv § 1 Abs. 2 (BAG 13.2.2007 – 1 AZR 184/06, NZA 2007, 825; 17.3.2010 – 7 AZR 706/08, NJOZ 2010, 1831 Rn. 15; *Schmidt* FS Küttner, 2006, 499 [503]). Ein gleichwohl errichteter „GesBR" ist rechtlich nicht existent. Sein Handeln ist unbeachtlich: Mit ihm geschlossene BV und Sozialpläne sind unwirksam (BAG 17.3.2010 – 7 AZR 706/08, NJOZ 2010, 1831; vgl. zu einem unter Verkennung des Konzernbegriffs errichteten KBR BAG 23.8.2006 – 7 ABR 51/05, NJOZ 2007, 2862). Unternehmensüberschreitend kann gesetzlich nur ein KBR nach § 54 errichtet werden. Außerdem können durch TV unternehmensübergreifend nach § 3 Abs. 1 Nr. 2 SpartenBR gebildet (→ § 3 Rn. 44) oder nach § 3 Abs. 1 Nr. 3 andere ArbNVertrStrukturen vorgesehen werden (→ § 3 Rn. 27, 50; *Schmidt* FS Küttner, 2006, 499 [503]). Die Unwirksamkeit eines derartigen TV dürfte meist nur zur Anfechtbarkeit der Wahl der auf seiner Grundlage errichteten ArbNVertretung führen. Der betreibende Unternehmer kann eine **natürliche Person,** eine **Personengesamtheit** (zB OHG, KG) oder eine **juristische Person** (zB AG, GmbH, Genossenschaft, eV) sein. Mehrere natürliche oder/und juristische Personen können sich in einer **Rechtsform ohne Rechtspersönlichkeit** (zB Gesellschaft des bürgerlichen Rechts, nicht rechtsfähiger Verein) vertraglich zur Verfolgung bestimmter (Teil-)Aufgaben (etwa zu Forschungszwecken oder zur Erstellung eines gemeinsamen Großprojekts) zu einem Unternehmen zusammenschließen. Im Umfang der gemeinsam verfolgten Zwecke besteht dann ein eigenes Unternehmen iSv Abs. 1. Gibt es in diesem mehrere Betriebe mit BR, ist von diesen ein GesBR zu bilden (DKKW/*Trittin* Rn. 23). IÜ bleiben die beteiligten Unternehmen jedoch selbständig. Bei der **GmbH & Co. KG** kommt die Bildung eines KBR (§ 54) in Betracht, wenn die GmbH und die KG jeweils selbständige Betriebe führen (HWGNRH/*Glock* Rn. 18; DKKW/*Trittin* Rn. 25). Die einzelnen Bezirke und Landesverbände der SPD sind rechtlich selbständige Zweigvereine; sie sind ihrerseits Unternehmen. Die Bildung eines GesBR auf Bundesebene ist nicht möglich (BAG 9.8.2000 – 7 ABR 56/98, NZA 2001, 116).

Eine rechtliche Identität des betreibenden Unternehmers liegt dagegen **nicht** vor 11 **bei einer bloß wirtschaftlichen** oder **finanziellen Beteiligung,** etwa im Verhältnis zwischen einer juristischen Person und ihren Mitgl., zwischen einer AG und ihren Aktionären, zwischen einer GmbH und ihren Gesellschaftern (BAG 11.12.1987 – 7 ABR 49/87, AP BetrVG 1972 § 47 Nr. 7). Dies gilt auch dann, wenn alle Aktien oder Geschäftsanteile einer oder denselben mehreren Personen zustehen (Richardi BetrVG/*Annuß* Rn. 6). Auch zwischen Mutter- und Tochtergesellschaften besteht, da sie rechtlich selbständige Unternehmen sind, keine Identität des betreibenden Unternehmers. Gleiches gilt bei der Zusammenfassung rechtlich selbständiger Unternehmen unter **einheitlicher Leitung,** und zwar selbst dann, wenn ein **Beherrschungsvertrag** abgeschlossen oder eine Gesellschaft in die andere eingegliedert ist (BAG 11.12.1987 – 7 ABR 49/87, AP BetrVG 1972 § 47 Nr. 7; Richardi BetrVG/*Annuß* Rn. 6). Andernfalls wären die Bestimmungen über die Einrichtung eines KBR überflüssig. In **Franchise-Systemen** kommt die Bildung von GesBR nicht in Betracht, da es an einem einheitlichen Rechtsträger fehlt (DKKW/*Trittin* Rn. 29; GK-BetrVG/*Kreutz*/*Franzen* Rn. 25; Richardi BetrVG/*Annuß* Rn. 12; HWGNRH/*Glock* Rn. 18). **Soweit** die Bildung eines **GesBR** wegen fehlender rechtlicher Identität des betreibenden Unternehmens **nicht möglich** ist, kommt gem. § 54 die Bildung eines **KBR in Betracht** (→ § 54 Rn. 8 ff.).

Eine **juristische Person** stellt nach einhelliger Auffassung **stets ein Unternehmen** iSv Abs. 1 dar. Sie kann nicht mehrere Unternehmen betreiben. Bestehen mehrere Betriebe, ist daher stets ein GesBR zu bilden (DKKW/*Trittin* Rn. 24; GK-BetrVG/*Kreutz*/*Franzen* Rn. 18; Richardi BetrVG/*Annuß* Rn. 8). Unerheblich ist, 12 ob die Betriebe des Unternehmens gleiche oder unterschiedliche Betriebszwecke haben (HWGNRH/*Glock* Rn. 11).

13 Nach zutreffender Auffassung kann auch ein **Einzelunternehmer** (Einzelkaufmann) **betriebsverfassungsrechtlich nur ein Unternehmen** betreiben. Das BetrVG enthält keinen Anhaltspunkt dafür, dass die betriebsverfassungsrechtliche Organisation und Repräsentation von der Rechtsform des Unternehmensträgers abhängen soll. Auch bei einem Einzelunternehmer, der seine Betriebe nicht zu einer einheitlichen und selbständigen Organisation zusammengefasst hat, ist daher ein GesBR und nicht etwa ein KBR zu bilden (GK-BetrVG/*Kreutz/Franzen* Rn. 19; MHdB ArbR/*Joost* § 225 Rn. 8; Richardi BetrVG/*Annuß* Rn. 9; ErfK/*Koch* Rn. 2; DKKW/*Trittin* Rn. 24).

14 Die Frage, ob bei einer sog **Betriebsführungsgesellschaft,** die von mehreren Unternehmen zum Zwecke der gemeinsamen Führung ihrer Betriebe errichtet wird, ein GesBR für diese Betriebe zu bilden ist, ist je nach der vertraglichen Ausgestaltung unterschiedlich zu beantworten: Führt die Betriebsführungsgesellschaft die Betriebe der beteiligten Unternehmen in deren und nicht im eigenen Namen, so bleiben die Betriebe weiterhin rechtlich jeweils ihrem Unternehmen zugeordnet. Die Bildung eines GesBR bei der Betriebsführungsgesellschaft scheidet wegen Unterschiedlichkeit der Unternehmen aus (vgl. Richardi BetrVG/*Annuß* Rn. 10; GK-BetrVG/*Kreutz/Franzen* Rn. 24; DKKW/*Trittin* Rn. 28; *Schwab* NZA-RR 2007, 505 [506]). Anders ist dies, wenn die Betriebsführungsgesellschaft die Betriebe im eigenen Namen führt und damit auch ArbGeb. der in den Betrieben beschäftigten ArbN wird; dann ist bei ihr ein GesBR zu bilden (BAG 29.11.1989 – 7 ABR 64/87, NZA 1990, 615; Richardi BetrVG/*Annuß* Rn. 10 mwN; DKKW/*Trittin* Rn. 28; *Schwab* NZA-RR 2007, 505 [506]).

15 Von einer Betriebsführungsgesellschaft ist der **Gemeinschaftsbetrieb** mehrerer Unternehmen iSv § 1 Abs. 1 S. 2 zu unterscheiden (→ § 1 Rn. 108 ff.). Der BR eines Gemeinschaftsbetriebs kann Mitgl. in den GesBR eines jeden Trägerunternehmens entsenden (→ Rn. 80).

16 Ein **Spitzenverband der freien Wohlfahrtspflege** führt ein Unternehmen, wenn er sich nicht auf die Wahrnehmung verbandlicher Aufgaben, dh der Koordination und der Führung des Verbandes beschränkt, sondern parallel und ergänzend hierzu weitere Tätigkeiten in Einrichtungen sozialfürsorgerischer und heilender Art durch die Beschäftigung von ArbN wahrnimmt. Sind in diesen Einrichtungen BR gebildet, ist ein GesBR zu errichten (BAG 23.9.1980 – 6 ABR 8/78, AP BetrVG 1972 § 47 Nr. 4).

17 Ein **Betriebsübergang** lässt die Rechtsstellung des für den Betrieb gewählten BR jedenfalls so lange unberührt, wie die Betriebsidentität beim neuen Inhaber fortbesteht (BAG 5.6.2002 – 7 ABR 17/01, NZA 2003, 336; 16.3.2005 – 7 ABR 37/04, NZA 2005, 1069). Der bisherige BR bleibt im Amt. Besteht bei dem übernehmenden Unternehmen ein GesBR, kann der BR Mitgl. in diesen entsenden (MHdB ArbR/*Nebendahl* § 300 Rn. 21). Dadurch erhöht sich die MitglZahl im GesBR (BAG 16.3.2005 – 7 ABR 37/04, NZA 2005, 1069). Werden mehrere – jedoch nicht sämtliche – Betriebe auf ein anderes Unternehmen übertragen und besteht in diesem noch kein GesBR, so ist ein solcher nach Maßgabe des § 47 neu zu bilden (BAG 5.6.2002 – 7 ABR 17/01, NZA 2003, 336; 18.9.2002 – 1 ABR 54/01, NZA 2003, 670; ErfK/*Koch* Rn. 5). Werden sämtliche Betriebe eines Unternehmens unverändert auf ein anderes Unternehmen übertragen, das bisher nicht über eigene Betriebe verfügt, bleibt der GesBR ausnahmsweise im Amt (ebenso ErfK/*Koch* Rn. 5; *Fuhlrott/Oltmanns* BB 2015, 1013 [1017]; *Brune/Schmitz-Scholemann* FS Willemsen 2018, S. 65 [68]; offen gelassen in BAG 5.6.2002 – 7 ABR 17/01, NZA 2003, 336). Sofern der alte Inhaber weiterhin noch mehrere Betriebe führt, bleibt der bisherige GesBR – ohne die von dem BR des übergegangenen Betriebs entsandten Mitgl. – bestehen (→ Rn. 26).

18 Der Bestand des GesBR ist vom Bestand des Unternehmens abhängig. Ein GesBR endet daher grds. mit dem rechtlichen Untergang des Unternehmens. Bei einer

formwechselnden Umwandlung (zu den Formen der Umwandlung → § 1 Rn. 240ff.) bleibt der GesBR jedoch bestehen. Werden zwei Unternehmen im Wege der **Verschmelzung zur Neugründung** aufgelöst (vgl. § 2 Nr. 2 UmwG), gehen mit den sich vereinigenden Unternehmen auch die dort gebildeten GesBR unter (HWGNRH/*Glock* Rn. 86). Bei dem neu entstehenden Unternehmen ist ein neuer GesBR zu bilden. Bei einer **Verschmelzung zur Aufnahme** (vgl. § 2 Nr. 1 UmwG) geht der GesBR des übertragenden Unternehmens unter; der GesBR des aufnehmenden Unternehmens bleibt bestehen (HWGNRH/*Glock* Rn. 86). Er ist auch für die hinzugekommenen Betriebe zuständig. Die BR der hinzugekommenen Betriebe entsenden Mitgl. in diesen GesBR. Bei einer **Aufspaltung** (§ 123 Abs. 1 UmwG) geht des aufgespaltene Unternehmen und der dort gebildete GesBR unter. Bei den aus der Spaltung hervorgehenden Unternehmen sind jeweils neue GesBR zu errichten. Bei einer **Abspaltung** (§ 123 Abs. 2 UmwG) oder **Ausgliederung** (§ 123 Abs. 3 UmwG) bleibt der GesBR im übertragenden Unternehmen bestehen, soweit die Voraussetzungen des Abs. 1 weiterhin vorliegen. Bei Übertragung auf ein neues Unternehmen ist dort ein neuer GesBR zu bilden. Bei Übertragung auf einen bereits existierenden Rechtsträger, können die BR der übergegangenen Betriebe Vertr. in den GesBR entsenden (vgl. dazu *Röder/Haußmann* DB 1999, 1754).

GesBV gelten im Falle eines **Betriebsübergangs** bei Wahrung der Betriebsidentität in diesen Betrieben jedenfalls dann normativ fort, wenn es in dem übernehmenden Unternehmen zu dem Regelungsgegenstand keine GesBV gibt (→ § 50 Rn. 77; → § 77 Rn. 169f.; BAG 18.9.2002 – 1 ABR 54/01, NZA 2003, 670; 5.5.2015 – 1 AZR 763/13, NZA 2015, 1331). Dies findet seine Rechtfertigung vor allem darin, dass eine GesBV keine Angelegenheit „des Unternehmens" als solchem regelt, sondern ihr Bezugsobjekt weiterhin in den einzelnen Betrieben hat und in diesen gilt (BAG 18.9.2002 – 1 ABR 54/01, NZA 2003, 670). Eine Fortgeltung der GesBV kann allerdings im Einzelfall daran scheitern, dass die betreffende Regelung nach ihrem Inhalt die Zugehörigkeit zum bisherigen Unternehmen zwingend voraussetzt (BAG 18.9.2002 – 1 ABR 54/01, NZA 2003, 670; vgl. aber auch 5.5.2015 – 1 AZR 763/13, NZA 2015, 1331). Die normative Wirkung von GesBV endet grds. auch nicht bei Unternehmensumwandlungen (differenzierend *Trappehl/Nussbaum* BB 2011, 2869). 19

2. Mehrere Betriebsräte

Die Errichtung des GesBR setzt weiter voraus, dass in dem Unternehmen **mehrere BR bestehen.** Nicht notwendig ist, dass es sich um mehrköpfige BR handelt. Auch der aus einer Person bestehende BR (früher Betriebsobmann) ist BR iSd § 47. Nicht erforderlich ist, dass in allen Betrieben eines Unternehmens ein BR besteht. Jedoch müssen mindestens in zwei Betrieben BR gebildet sein. Dabei ist unerheblich, ob es sich um selbständige Betriebe iSv § 1 oder um nach § 4 Abs. 1 oder gemäß einer entspr. tarifvertraglichen Regelung nach § 3 Abs. 5 als selbständig geltende Betriebe handelt (Richardi BetrVG/*Annuß* Rn. 16; HWGNRH/*Glock* Rn. 19). Besteht dagegen nur in einem Betrieb des Unternehmens ein BR, so kann ein GesBR nicht gebildet werden (GK-BetrVG/*Kreutz/Franzen* Rn. 5; ErfK/*Koch* Rn. 5; *Däubler* FS Kreutz S. 69 [77]; **aA** DKKW/*Trittin* Rn. 35; DKKW/*Trümner* § 3 Rn. 180). In diesem Fall „ist" der BR auch nicht etwa zugleich GesBR (so aber *Bobisz/Manstetten* ArbuR 2018, 565). 20

Wird durch TV oder BV für Unternehmen mit mehreren Betrieben die Bildung eines unternehmenseinheitlichen BR vereinbart (§ 3 Abs. 1 Nr. 1) oder beschließen die ArbN eines Unternehmens nach § 3 Abs. 3 die Wahl eines unternehmenseinheitlichen BR, ist kein GesBR zu bilden. Der **unternehmenseinheitliche BR tritt an die Stelle des GesBR** (HWGNRH/*Glock* Rn. 20). 21

Im **Ausland gelegene Betriebe** eines inländischen Unternehmens nehmen an der Bildung des GesBR nicht teil, da sich der Geltungsbereich des BetrVG nicht auf 22 sie erstreckt (Richardi BetrVG/*Annuß* Rn. 19; GK-BetrVG/*Kreutz/Franzen* Rn. 8; HWGNRH/*Glock* Rn. 21; MHdB ArbR/*Joost* § 225 Rn. 14; **aA** *Birk* FS Schnorr von Carolsfeld, 1972, 83; *Däubler* RabelsZ Bd. 39, 462ff.). Der inländische BR kann sich aber mit den ausländischen InteressenVertr. zu Arbeitsgemeinschaften auf freiwilliger Grundlage zusammenschließen (vgl. DKKW/*Trittin* Rn. 42).

23 Hat ein **ausländisches Unternehmen mehrere Betriebe im Geltungsbereich des BetrVG,** so ist von den dort gebildeten BR ein GesBR zu bilden. Die Bildung des GesBR setzt nicht voraus, dass der Sitz des Unternehmens innerhalb der Bundesrepublik liegt (HWGNRH/*Glock* Rn. 22; GK-BetrVG/*Kreutz/Franzen* Rn. 9; MHdB ArbR/*Nebendahl* § 300 Rn. 13; ErfK/*Koch* Rn. 5; *Schwab* NZA-RR 2007, 505; *Buchner* FS Birk, 2008, 11 [13]; vgl. hinsichtlich der Bildung eines WiAusschusses BAG 1.10.1974 – 1 ABR 77/73, NJW 1975, 1091; 31.10.1975 – 1 ABR 4/74, AP BetrVG 1972 § 106 Nr. 2). Die Möglichkeit der Errichtung eines KBR bei ausländischer Konzernspitze hat das BAG für Fälle, in denen es keine inländische Teilkonzernspitze gibt, allerdings abgelehnt (BAG 14.2.2007 – 7 ABR 26/06, NZA 2007, 999; 16.5.2007 – 7 ABR 63/06, NJOZ 2008, 726; 23.5.2018 – 7 ABR 60/16, NZA 2018, 1562). Unter Berufung hierauf meint *Schubert* (Anm. zu EzA BetrVG 2001 § 54 Nr. 3), auch die Bildung eines GesBR sei davon abhängig, dass die in Deutschland belegenen Betriebe einer einheitlichen inländischen Leitung mit betriebsverfassungsrechtlichen Entscheidungsbefugnissen unterstehen (ähnlich Richardi BetrVG/*Annuß* Rn. 21; *Röder/Powietzka* DB 2004, 542 [544]; WHSS-Umstrukturierung/*Hohenstatt* D Rn. 148; *Mückl* EWiR 2018, 729; *Salamon* NZA 2019, 283 [286]). Dem ist nicht zu folgen (MHdB ArbR/*Nebendahl* § 300 Rn. 13). Die Schlussfolgerung zeigt allerdings umgekehrt die Problematik der Rspr. des BAG zur (Un-)Möglichkeit der Errichtung eines KBR bei ausländischer Konzernspitze (**vgl. dazu → § 54 Rn. 34ff.;** *Linsenmaier* FS 100 Jahre BetrVR 2020, 409 [420ff.]). Konsequent zu Ende gedacht würde das Erfordernis eines inländischen Ansprechpartners auf Arbeitgeberseite bedeuten, dass nicht einmal ein BR errichtet werden könnte, wenn es an einer inländischen Betriebsleitung fehlt und ein Betrieb – etwa im Wege elektronischer Kommunikation – aus dem Ausland geleitet wird. Damit würde es möglich, die Betriebsverfassung für in Deutschland gelegene Betriebe zu suspendieren. Dies wäre mit dem territorialen Geltungsanspruch des BetrVG nicht vereinbar. Außerdem wäre dies unionsrechtlich bedenklich (→ § 1 Rn. 13). Daher kommt es nach der Rspr. des BAG hinsichtlich der Bildung eines Wirtschaftsausschusses zu Recht nicht darauf an, ob die Unternehmensleitung vom Inland oder Ausland erfolgt (BAG 1.10.1974 – 1 ABR 77/73, NJW 1975, 1091; 31.10.1975 – 1 ABR 4/74, AP BetrVG 1972 § 106 Nr. 2).

24 Die **BRlosen Betriebe** bleiben für die Errichtung eines GesBR außer Betracht und werden bei dessen Zusammensetzung nicht berücksichtigt (DKKW/*Trittin* Rn. 38). Die originäre Zuständigkeit des GesBR erstreckt sich aber gem. § 50 Abs. 1 S. 1 Hs. 2 auch auf diese Betriebe (→ § 50 Rn. 29ff.).

25 Der GesBR ist **einheitlich für alle Betriebe** des Unternehmens zu errichten. Seine Bildung wird durch die Anfechtung der Wahl einzelner BR nicht berührt (vgl. MHdB ArbR/*Joost* § 225 Rn. 14).

III. „Amtszeit"

26 Der GesBR hat – anders als der BR – als solcher **keine Amtszeit.** Er ist eine **Dauereinrichtung** und besteht **über die Wahlperioden der einzelnen BR hinaus** (BAG 5.6.2002 – 7 ABR 17/01, NZA 2003, 336; 16.3.2005 – 7 ABR 37/04, NZA 2005, 1069; 23.8.2006 – 7 ABR 51/05, NJOZ 2007, 2862; 9.2.2011 – 7 ABR 11/10, NZA 2011, 866; 15.10.2014 – 7 ABR 53/12, NZA 2015, 1014; Richardi BetrVG/*Annuß* Rn. 26; HWGNRH/*Glock* Rn. 83; DKKW/*Trittin* Rn. 11; GK-BetrVG/*Kreutz/Franzen* § 49 Rn. 5; ErfK/*Koch* Rn. 11; *Thüsing* FA 2012, 322). Die

von den BR nach jeder regelmäßigen Neuwahl erneut vorzunehmende Entsendung von Mitgliedern in den GesBR ändert nichts an dessen kontinuierlichem Fortbestand (BAG 9.2.2011 – 7 ABR 11/10, NZA 2011, 866). Allerdings wird der GesBR wegen der regelmäßig gleichzeitig stattfindenden BRWahlen häufig vorübergehend handlungsunfähig (GK-BetrVG/*Kreutz/Franzen* Rn. 50). Der Wegfall einzelner BR ist auf den rechtlichen Bestand des GesBR ohne Einfluss. Dasselbe gilt für Amtsniederlegungen einzelner GesBRMitgl. Das Bestehen des GesBR wird grds. nur **dadurch beendet, dass die Voraussetzungen für seine Errichtung entfallen** (BAG 5.6.2002 – 7 ABR 17/01, NZA 2003, 336; 7.4.2004 – 7 ABR 41/03, NZA 2005, 311; 16.3.2005 – 7 ABR 37/04, NZA 2005, 1069; 15.10.2014 – 7 ABR 53/12, NZA 2015, 1014; GK-BetrVG/*Kreutz/Franzen* Rn. 51; Richardi BetrVG/*Annuß* Rn. 27; MHdB ArbR/*Nebendahl* § 300 Rn. 20; vgl. zum KBR BAG 23.8.2006 – 7 ABR 51/05, NJOZ 2007, 2862). Dies kann zB der Fall sein, wenn die Betriebe eines Unternehmens zu einem Betrieb zusammengelegt werden oder wenn Betriebe aus einem Unternehmen ausgegliedert werden, so dass dieses nur noch aus einem Betrieb besteht. Der Fortbestand des GesBR endet auch, wenn sämtliche Betriebe auf mehrere übernehmende Unternehmen übertragen werden oder wenn ein übernehmendes Unternehmen bereits einen oder mehrere Betriebe hat und sich die betrieblichen Strukturen im übernehmenden Unternehmen durch Integration der neuen Betriebe entspr. ändern (BAG 5.6.2002 – 7 ABR 17/01, NZA 2003, 336). Gleiches gilt, wenn ein Unternehmen durch Aufspaltung untergeht (*Schmidt* FS Küttner, 2006, 499 [504]).

Der nur **kurzfristige, vorübergehende Wegfall eines** zur Errichtung eines 27 GesBR erforderlichen **BR** hat auf den Bestand des GesBR keinen Einfluss (BAG 15.10.2014 – 7 ABR 53/12, NZA 2015, 1014; MHdB ArbR/*Nebendahl* § 300 Rn. 20 **aA** GK-BetrVG/*Kreutz/Franzen* Rn. 50). Wegen des Erlöschens der Mitgliedschaft der in den GesBR entsandten einzelnen Mitgl. vgl. § 49.

IV. Regelmäßige Zusammensetzung

1. Entsendung (Abs. 2)

Die Mitgl. des GesBR werden nicht in Urwahl durch die ArbN des Unterneh- 28 mens, sondern durch **Entsendung von BRMitgl. durch die einzelnen BR des Unternehmens** bestimmt. Eine Beauftragung des BetrAusschusses ist nicht zulässig (Richardi BetrVG/*Annuß* Rn. 29; DKKW/*Trittin* Rn. 82; MHdB ArbR/*Nebendahl* § 300 Rn. 17; **aA** GK-BetrVG/*Kreutz/Franzen* Rn. 39).

Die **BR** der einzelnen Betriebe des Unternehmens **entsenden** gem. Abs. 2 S. 1 29 entspr. ihrer Größe entweder **ein oder zwei Mitgl.** in den GesBR. Besteht der entsendende BR aus bis zu drei Mitgl., entsendet er ein Mitgl. in den GesBR. Besteht er aus mehr Mitgl., entsendet er zwei Mitglieder.

Der BR kann die ihm im GesBR zustehenden Sitze **nur mit seinen Mitgl.** be- 30 setzen. Andere Personen als BRMitgl. können nicht in den GesBR entsandt werden. Dies gilt auch für ErsatzMitgl., die noch nicht in den BR nachgerückt sind (GK-BetrVG/*Kreutz/Franzen* Rn. 40; DKKW/*Trittin* Rn. 86). Der BR kann jedes seiner Mitgl. in den GesBR entsenden (GK-BetrVG/*Kreutz/Franzen* Rn. 41).

Bei den **privatisierten Postunternehmen** (→ § 1 Rn. 54ff.) bestehen **Sonder-** 31 **regelungen** (§ 32 PostPersRG). Wenn in den GesBR nicht nur ein Mitgl. des BR zu entsenden ist und dem entsendenden BR auch Vertr. der Beamten angehören, muss eines der entsandten Mitgl. ein Vertr. der Beamten sein. Dieser Vertr. der Beamten kann nicht gegen die Mehrheit der Vertr. der Beamten im entsendenden BR bestimmt werden (DKKW/*Trittin* Rn. 85; Richardi BetrVG/*Annuß* Rn. 33).

In den ausdrücklich aufgeführten **Angelegenheiten der Beamten** (§ 76 Abs. 1, 32 § 78 Abs. 1 Nr. 3–5 und § 79 Abs. 3 BPersVG) hat der Vertr. der Beamten im GesBR so viele Stimmen, wie in dem Betrieb, in dem er gewählt wurde, wahlberechtigte Beamte in der Wählerliste eingetragen sind. Über besondere Rechte des Beamtenvertr. im GesBR (→ § 50 Rn. 57).

33 Der **BR entscheidet** als Gremium über die Entsendung von BRMitgl. in den GesBR **durch Geschäftsführungsbeschluss mit einfacher Stimmenmehrheit** nach § 33 Abs. 1 (BAG 21.7.2004 – 7 ABR 58/03, NZA 2005, 170; GK-BetrVG/*Kreutz/Franzen* Rn. 38; Richardi BetrVG/*Annuß* Rn. 29; HWGNRH/*Glock* Rn. 57; DKKW/*Trittin* Rn. 87). Werden mehrere Mitgl. in den GesBR entsandt, so ist für jedes eine gesonderte Beschlussfassung erforderlich (ErfK/*Koch* Rn. 6; GK-BetrVG/*Kreutz/Franzen* Rn. 38; DKKW/*Trittin* Rn. 89). Auch Gründe des Minderheitenschutzes gebieten keine Verhältniswahl (BAG 21.7.2004 – 7 ABR 58/03, NZA 2005, 170). Umstritten ist, ob der BR beschließen kann, die zu entsendenden BRMitgl. durch eine Wahl zu bestimmen, bei der die relative Mehrheit der Stimmen ausreicht (bejahend DKKW/*Trittin* Rn. 89; Richardi BetrVG/*Annuß* Rn. 29; *Löwisch* BB 2002, 1366 ff.; *Löwisch/Kaiser* Rn. 17 verlangen für den Fall, dass im BR mehrere Listen vertreten sind, eine Verhältniswahl; **aA** wegen § 33 Abs. 1 GK-BetrVG/*Kreutz/Franzen* Rn. 38; HWGNRH/*Glock* Rn. 57) Das BAG hat sich insoweit nicht festgelegt, allerdings ausgeführt, der Gesetzeswortlaut spreche dafür, dass der Gesetzgeber die Entsendung von BRMitgl. in den GesBR „im Regelfall" nicht durch eine Wahl entschieden wissen wollte, sondern durch Mehrheitsbeschluss nach § 33 (BAG 21.7.2004 – 7 ABR 58/03, NZA 2005, 170).

34 Bei der Entsendung der einzelnen Mitgl. sollen gem. Abs. 2 S. 2 die **Geschlechter angemessen berücksichtigt** werden. Der GesBR soll mit seinen Beschlüssen und Maßnahmen zur tatsächlichen Durchsetzung der Gleichstellung von Frauen und Männern (Art. 3 Abs. 2 GG) beitragen. Das gilt etwa für Fördermaßnahmen für Frauen, Berücksichtigung der Frauen bei der Personalentwicklung und beruflichen Aus- und Weiterbildung. Abs. 2 S. 2 ist ausdrücklich als Soll-Bestimmung formuliert. Sie unterscheidet sich von § 15 Abs. 2, wo ein Minderheitenschutz zwingend vorgeschrieben ist. Ihre Nichtbeachtung hat daher keinen Einfluss auf die Wirksamkeit der Entsendung (GK-BetrVG/*Kreutz/Franzen* Rn. 41; Richardi BetrVG/*Annuß* Rn. 31, 32; ErfK/*Koch* Rn. 6; MHdB ArbR/*Nebendahl* § 300 Rn. 24).

35 Bei **Neuwahl eines BR –** sei es die regelmäßige, sei es eine vorzeitige – hat dieser die von ihm **zu entsendenden Mitgl.** des GesBR **neu zu bestimmen** (ErfK/*Koch* Rn. 11).

36 Die **Bestellung** der Mitgl. des GesBR sowie der ErsatzMitgl. erfolgt im Allgemeinen **für die Dauer der Amtszeit des entsendenden BR** (Richardi BetrVG/*Annuß* Rn. 36).

37 Der **Beschluss über die Entsendung** des Mitgl., bzw. der Mitgl. in den GesBR **kann** als betriebsratsinterne Wahl **in entspr. Anwendung des § 19 Abs. 1 angefochten werden** (→ Rn. 83; → § 26 Rn. 45 ff.).

2. Vollzug der Errichtung

38 Die **Voraussetzungen für die Konstituierung** des GesBR liegen vor, wenn mindestens zwei BR die Entsendung von Mitgl. in den GesBR beschlossen haben (GK-BetrVG/*Kreutz/Franzen* Rn. 48; Richardi BetrVG/*Annuß* Rn. 25).

39 Vollzogen wird die Errichtung des GesBR in der **konstituierenden Sitzung,** zu welcher gem. § 51 Abs. 2 S. 1 der BR der Hauptverwaltung des Unternehmens, bzw. der BR des größten Betriebs einzuladen hat (→ § 51 Rn. 7 ff.; BAG 15.10.2014 – 7 ABR 53/121, NZA 2015, 1014; GK-BetrVG/*Kreutz/Franzen* Rn. 46). Der GesBR ist **errichtet, wenn** der **GesBRVors. und** sein **Stellvertr.** in der konstituierenden Sitzung **gewählt** sind (GK-BetrVG/*Kreutz/Franzen* Rn. 46).

40 Die Konstituierung ist **auch** dann **wirksam, wenn nicht alle BR ihrer Verpflichtung zur Entsendung** von Mitgl. in den GesBR **nachgekommen** sind (GK-BetrVG/*Kreutz/Franzen* Rn. 48; HWGNRH/*Glock* Rn. 25; Richardi BetrVG/*Annuß* Rn. 25).

Ist die Wirksamkeit der Errichtung des GesBR insgesamt streitig, kann beim ArbG die Feststellung der **Unwirksamkeit der Errichtung** beantragt werden (→ Rn. 83). 41

3. Ersatzmitglieder (Abs. 3)

In derselben Weise, in der die einzelnen BR die in den GesBR zu entsendenden Mitgl. bestimmen (→ Rn. 28ff.), ist für jedes Mitgl. des GesBR gem. Abs. 3 **mindestens ein ErsatzMitgl.** zu bestellen. Das ErsatzMitgl. tritt gem. § 51 Abs. 1 S. 1, 25 Abs. 1 S. 1 u. 2 für das ordentliche Mitgl. in den GesBR ein, wenn dieses zeitweilig verhindert ist oder aus dem GesBR ausscheidet. Werden mehrere ErsatzMitgl. bestimmt, muss die Reihenfolge des Nachrückens festgelegt werden (GK-BetrVG/*Kreutz/Franzen* Rn. 59). Der BR kann die ordentlichen und die ErsatzMitgl. jederzeit neu bestimmen. 42

Der BR kann die **ErsatzMitgl. nur aus seiner Mitte** bestimmen. Er kann nicht von vornherein auf ErsatzMitgl. nach § 25 Abs. 1 zurückgreifen, solange diese nicht in den BR nachgerückt sind (Richardi BetrVG/*Annuß* Rn. 38; GK-BetrVG/*Kreutz/Franzen* Rn. 58; DKKW/*Trittin* Rn. 86). 43

Bei einem **einköpfigen BR** rückt das ErsatzMitgl. (§ 25 Abs. 2 S. 3) automatisch sowohl in den BR als auch in den GesBR nach. Einer besonderen Bestellung bedarf es nicht (GK-BetrVG/*Kreutz/Franzen* Rn. 60). 44

V. Abweichende Regelungen durch Tarifvertrag oder Betriebsvereinbarung (Abs. 4)

1. Gegenstand der Regelung

Da nach Abs. 2 S. 1 die Zahl der Mitgl. des GesBR von der Zahl der im Unternehmen bestehenden BR abhängt, kann in Unternehmen mit sehr vielen kleinen Betrieben ein **unverhältnismäßig großer GesBR** entstehen. Andererseits kann ein Unternehmen, das aus wenigen sehr großen Betrieben besteht, einen **sehr kleinen GesBR** erhalten (zB bei nur 3 Großbetrieben ein GesBR mit 6 Mitgl.). Um solche Missverhältnisse zu vermeiden, gestattet Abs. 4, durch TV oder BV eine **abweichende Regelung der MitglZahl.** vorzusehen. Diese kann sowohl eine Erhöhung als auch eine Reduzierung der gesetzlichen Mitgliederzahl zum Inhalt haben. Insbes. kann vereinbart werden, dass für mehrere BR (Betriebe) gemeinsame Vertr., aber auch, dass für einen BR (Betrieb) mehr als die gesetzlich vorgesehenen Vertr. entsandt werden. 45

Das G gestattet nur eine abweichende Regelung von der gesetzlichen MitglZahl des GesBR. Daher können durch TV oder BV die **Voraussetzungen der Errichtung** oder die **Zuständigkeit** des GesBR **nicht abweichend vom G** geregelt werden (BAG 15.8.1978 – 6 ABR 56/77 – AP BetrVG 1972 § 47 Nr. 3; 25.5.2005 – 7 ABR 10/04, NZA 2006, 215; *Thüsing* FA 2012, 322 [323]). 46

Durch TV oder BV kann auch **nicht** geregelt werden, dass die Bestellung der Mitgl. des GesBR **anders als im Wege der Entsendung** durch die BR erfolgen soll (BAG 15.8.1978 – 6 ABR 56/77, AP BetrVG 1972 § 47 Nr. 3; Richardi BetrVG/*Annuß* Rn. 45; ErfK/*Koch* Rn. 8) oder Personen in den GesBR entsandt werden, die nicht BRMitgl. sind (Richardi BetrVG/*Annuß* Rn. 45; ErfK/*Koch* Rn. 8; *Thüsing* FA 2012, 322 [323]). 47

2. Gestaltungsmittel

Die abweichende Regelung kann durch **TV oder BV** erfolgen. Hierbei hat die **tarifvertragliche Regelung Vorrang** vor einer BV (GK-BetrVG/*Kreutz/Franzen* Rn. 90; Richardi BetrVG/*Annuß* Rn. 52). Dies gilt auch für die nach Abs. 5 er- 48 zwingbare BV (ErfK/*Koch* Rn. 10). Eine spätere tarifliche Regelung löst eine BV ab (GK-BetrVG/*Kreutz/Franzen* Rn. 90). In Betracht kommen sowohl FirmenTV als auch firmenbezogene VerbandsTV (GK-BetrVG/*Kreutz/Franzen* Rn. 82; DKKW/*Trittin* Rn. 119f.).

49 Die vom G abweichende tarifvertragliche Regelung setzt voraus, **dass alle Betriebe** des Unternehmens **von dem TV erfasst** werden (Richardi BetrVG/*Annuß* Rn. 48; WPK/*Roloff* Rn. 14). Das setzt grds. die Tarifzuständigkeit der vertragsschließenden Gewerkschaft für sämtliche Betriebe voraus. Fallen die Betriebe unter mehrere fachliche tarifliche Geltungsbereiche, für die unterschiedliche Gewerkschaften zuständig sind, kommt ein mit den mehreren Gewerkschaften geschlossener **mehrgliedriger TV** in Betracht (vgl. WPK/*Roloff* Rn. 14; HaKo-BetrVG/*Tautphäus* Rn. 32).

50 Ein TV, der nur einen Teil der Betriebe erfasst, kann keinerlei Wirkung entfalten. Eine **„Ausdehnung" des TV durch BV** ist **nicht möglich** (ErfK/*Koch* Rn. 10; **aA** WPK/*Roloff* Rn. 14). Da der TV jedoch keine Wirkung entfaltet, kann der GesBR mit dem ArbGeb. eine für alle Betriebe geltende BV schließen (→ Rn. 53; iErg so auch Richardi BetrVG/*Annuß* Rn. 49; HWGNRH/*Glock* Rn. 40).

51 Die abweichende Regelung der Mitgliederzahl des GesBR betrifft eine betriebsverfassungsrechtliche Frage. Daher genügt für die Geltung des TV **§ 3 Abs. 2 TVG** die **Tarifbindung des ArbGeb.** (BAG 25.5.2005 – 7 ABR 10/04, NZA 2006, 215; ErfK/*Koch* Rn. 10; Richardi BetrVG/*Annuß* Rn. 48; GK-BetrVG/*Kreutz/Franzen* Rn. 82; HWGNRH/*Glock* Rn. 41). Nicht näher erörtert wurde von der Rspr. bislang die Frage, wer auf Gewerkschaftsseite zum Abschluss eines TV über eine abweichende Mitgliederzahl befugt ist, wenn in dem Unternehmen **mehrere tarifzuständige Gewerkschaften** vertreten sind. Die Frage stellt sich **ähnlich wie bei TVen nach § 3 Abs. 1 (iE → § 3 Rn. 16–16f.**; vgl. ferner zur ähnlichen Problematik bei TV nach § 55 Abs. 4 die Kommentierung zu → § 55 Rn. 20). Im Beschluss v. 25.5.2005 (7 ABR 10/04, NZA 2006, 215) hat es das BAG für unschädlich erachtet, dass der nach Abs. 4 geschlossene TV nicht von allen, sondern nur von der im Unternehmen mehrheitlich vertretenen Gewerkschaft abgeschlossen war. Aus dem durch das **Tarifeinheitsgesetz** v. 3.7.2015 (BGBl. I S. 1130; vgl. zur Verfassungsmäßigkeit BVerfG 11.7.2017 – 1 BvR 1571/15, NZA 2017, 915 mit abw. Meinung *Baer/Paulus*) eingefügten § 4a Abs. 2 S. 1 TVG dürfte sich nun ergeben, dass ein ArbGeb. grds. nicht gehindert ist, mit mehreren Gewerkschaften unterschiedliche TV nach Abs. 4 abzuschließen. Die Gewerkschaft muss aber wohl in allen Betrieben vertreten und für alle Arbeitnehmer tarifzuständig sein (vgl. zu § 3 BAG 29.7.2009 – 7 ABR 27/08, NZA 2009, 1424; 14.1.2014 – 1 ABR 66/12, NZA 2014, 910; **aA** MHdB ArbR/*Nebendahl* § 300 Rn. 28). Die beim Abschluss unterschiedlicher TV eintretende Tarifkonkurrenz dürfte ebenso wie bei TV nach § 3 Abs. 1 Nr. 1–3 gem. § 4a Abs. 2 S. 2 TVG nach dem **Mehrheitsprinzip** aufzulösen sein (→ § 3 Rn. 16e; zu den Schwierigkeiten der Mehrheitsfeststellung → § 3 Rn. 16f.). Voraussetzung ist aber nach **§ 99 Abs. 3 ArbGG** ein rechtskräftiger Beschluss über die Anwendbarkeit des TV. Die Auffassung, wonach die Auflösung einer Tarifkonkurrenz nicht erst mit der Rechtskraft einer Entscheidung nach § 99 Abs. 3 ArbGG, sondern bereits mit Vorliegen der Tarifkonkurrenz ipso iure eintrete (zu der Streitfrage → § 3 Rn. 16f. mwN), stößt hier auf praktisch kaum zu überwindende Schwierigkeiten (auch → § 55 Rn. 20). Dann ist aber der TV über eine andere Mitgliederzahl des GesBR sofort umzusetzen. Eine Fortgeltung des zuerst geschlossenen TV kommt anders als möglicherweise bei einem TV nach § 3 (→ § 3 Rn. 16f.) schon deshalb nicht in Betracht, weil der GesBR keine Amtszeit hat. Fraglich erscheint, ob § 4a Abs. 2 S. 2 TVG auch zur Anwendung kommt, wenn mit der Mehrheitsgewerkschaft ein TV mit gleichem Geltungsbereich, aber anderem Regelungsgegenstand geschlossen wurde. Dies ist deshalb problematisch, weil § 4a Abs. 3 TVG TV nach § 47 Abs. 4 nicht erwähnt. Es spricht einiges dafür, dass es sich insoweit um ein Redaktionsversehen oder eine unbeabsichtigte Regelungslücke handelt, die durch die entspr. Anwendung

von § 4a Abs. 3 TVG zu füllen ist. Die Gefahr von „GefälligkeitsTV" ist nicht auszuschließen, zumal Abs. 4 den Abschluss des TV an keine inhaltlichen Voraussetzungen knüpft.

TV über eine abweichende Zahl der Mitgl. des GesBR können nur freiwillig geschlossen und sind **nicht durch Arbeitskämpfe erzwingbar**(GK-BetrVG/*Kreutz*/*Franzen* Rn. 85; HWK/*Hohenstatt*/*Dzida* BetrVG § 47 Rn. 20; **aA** 29. Aufl.; DKKW/*Trittin* Rn. 117; HWGNRH/*Glock* Rn. 43; *Brox*/*Rüthers* § 8 Rn. 261, 269; ErfK/*Koch* Rn. 12; Richardi BetrVG/*Annuß* Rn. 50; HaKo-BetrVG/*Tautphäus* Rn. 32). Allerdings ist die rechtliche Ausgangslage insoweit etwas anders als bei TV nach § 3 Abs. 1 (→ § 3 Rn. 20), als hier der Gesetzgeber anders als dort die Tarifsetzungsbefugnis nicht an bestimmte inhaltliche Vorgaben knüpft. Gleichwohl eröffnet auch hier der Gesetzgeber den TVParteien die Regelungsbefugnis nur zur sachgerechten Ordnung betriebsverfassungsrechtlicher Mitbestimmung und nicht zur tarifautonomen Optimierung der Mitgliederinteressen (GK-BetrVG/*Kreutz*/*Franzen* Rn. 85). Art. 9 Abs. 3 GG gebietet kein anderes Ergebnis. Der Gesetzgeber hat durch das gesamte BetrVG die Gestaltungsfreiheit der TVParteien im Bereich der betrieblichen Mitbestimmung in zulässiger Weise – mit den gebotenen Maßgaben (vgl. insb. § 77 Abs. 3) - beschränkt (vgl. zur Beschränkung durch das MitbestG BVerfG 1.3.1979 – 1 BvR 532/77, NJW 1979, 699 zu C IV 2). Wenn er daher, wie durch Abs. 4 den TVParteien partiell Gestaltungsmöglichkeiten eröffnet, ist das nicht notwendig mit der Konsequenz verbunden, um derartige TV Arbeitskämpfe führen zu können (vgl. auch → Rn. 82, § 3 Rn. 20, § 55 Rn. 20; § 117 Rn. 29 f.). Die Streitfrage erscheint allerdings eher theoretisch, weil es wenig wahrscheinlich ist, dass es einer Gewerkschaft gelingt, die ArbN zu einem Streik für einen TV nach Abs. 4 zu bewegen. 52

Bei Fehlen eines TV kommt eine **BV** in Betracht. BV nach Abs. 4 u. 5 können nur zwischen dem ArbGeb. und dem ordnungsgemäß gebildeten **GesBR** geschlossen werden (Oberthür/Seitz Betriebsvereinbarungen/*Frahm* B. I Rn. 133). Dieser **muss** daher **zunächst nach § 51 Abs. 2 konstituiert** und für den Abschluss der BV in beschlussfähiger Zusammensetzung zusammengetreten **sein** (BAG 15.8.1978 – 6 ABR 56/77, AP BetrVG 1972 § 47 Nr. 3; DKKW/*Trittin* Rn. 113 HWGNRH/*Glock* Rn. 46). Die durch die BV getroffene Regelung gilt auch für diejenigen BR, die sich an der Beschlussfassung nicht beteiligt haben. BV über eine abweichende Regelung der MitglZahl des GesBR sind **regelmäßig freiwillige BV.** Im Falle des Abs. 5 (→ Rn. 71 ff.) kann aber die E-Stelle auch gegen den Willen eines der Betriebspartner eine derartige BV beschließen (HWGNRH/*Glock* Rn. 47). Mustervereinbarungen einer GesBV nach Abs. 4 u. 5 bei Oberthür/Seitz Betriebsvereinbarungen/*Frahm* B. I Rn. 145, 155. 53

Tritt ein TV oder eine BV nach Abs. 4 oder 5 in Kraft, so ist der bereits konstituierte GesBR personell-zahlenmäßig nicht mehr richtig besetzt. Dennoch endet sein Amt nicht mit sofortiger Wirkung. Vielmehr ist entspr. § 51 Abs. 2 S. 1 die **Konstituierung eines neuen GesBR erforderlich** (GK-BetrVG/*Kreutz*/*Franzen* Rn. 91; Oberthür/Seitz Betriebsvereinbarungen/*Frahm* B. I Rn. 142 ff.). Die **abweichende Regelung** durch TV oder BV bleibt **so lange maßgebend, wie der TV oder die BV gilt.** Ist deren Geltung nicht von vornherein befristet (etwa auf die regelmäßige Amtszeit der derzeitigen BR), so gilt sie bis der TV oder die BV ordnungsgemäß gekündigt oder einverständlich aufgehoben worden ist. Danach bestimmt sich die MitglZahl des GesBR wieder nach dem G. Ein TV wirkt nicht gem. § 4 Abs. 5 TVG nach (GK-BetrVG/*Kreutz*/*Franzen* Rn. 85; DKKW/*Trittin* Rn. 118; HaKo-BetrVG/*Tautphäus* Rn. 32 **aA** 29. Aufl.; HWGNRH/*Glock* Rn. 44). Anders als der durch das QualifizierungschancenG in § 117 Abs. 2 angefügte Abs. 3 enthält § 47 Abs. 4 keine entsprechende Regelung. Eine Nachwirkung ist auch nicht erforderlich, denn es tritt kein ungeregelter Zustand ein. Eine nicht erzwingbare freiwillige BV entfaltet nach § 77 Abs. 6 ohnehin keine Nachwirkung (GK-BetrVG/*Kreutz*/*Franzen* Rn. 89; DKKW/*Trittin* Rn. 114). TV oder BV gelten regelmäßig weiter, wenn sich die Un- 54 ternehmensstruktur ändert oder weitere Betrieb hinzukommen (BAG 16.3.2005 – 7 ABR 37/04, NZA 2005, 1069). Sie können jedoch gegenstandslos werden, wenn ihre Anwendung keinen Sinn mehr ergibt (BAG 16.3.2005 – 7 ABR 37/04, NZA 2005, 1069; vgl. auch *Klasen* BB 1993, 2187).

3. Inhalt der Regelung

55 Der **GesBR** kann über die gesetzlich vorgeschriebene MitglZahl hinaus **vergrößert** werden. Eine Höchstgrenze ist gesetzlich nicht vorgeschrieben. Deshalb kann **auch** eine **über 40 Mitgl.** hinausgehende MitglZahl festgelegt werden (DKKW/*Trittin* Rn. 134; ErfK/*Koch* Rn. 9; GK-BetrVG/*Kreutz/Franzen* Rn. 76; MHdB ArbR/*Nebendahl* § 300 Rn. 30; **aA** Richardi BetrVG/*Annuß* Rn. 55). Dies ist sowohl durch TV als auch durch BV möglich.

56 Das G enthält keine Vorgaben, wie eine Vergrößerung zu erfolgen hat. Dies liegt vielmehr im **Ermessen der TV- oder Betriebsparteien** (DKKW/*Trittin* Rn. 105; ErfK/*Koch* Rn. 9). So können sie zB für größere BR die Zahl der zu entsendenden Mitgl. erhöhen (vgl. DKKW/*Trittin* Rn. 105).

57 Der GesBR kann gegenüber der gesetzlichen MitglZahl **verkleinert** werden (Richardi BetrVG/*Annuß* Rn. 56; GK-BetrVG/*Kreutz/Franzen* Rn. 71 f.).

58 Die Verkleinerung kann zum einen dadurch erfolgen, dass auch die BR, die nach Abs. 2 S. 1 Hs. 2 zwei Mitgl. zu entsenden hätten, **nur ein Mitgl.** in den GesBR **entsenden** (vgl. GK-BetrVG/*Kreutz/Franzen* Rn. 74; ErfK/*Koch* Rn. 9).

59 Zum andern ist es möglich, **mehrere Betriebe zur gemeinsamen Entsendung** eines oder mehrerer Mitgl. in den GesBR **zusammenzufassen** (GK-BetrVG/*Kreutz/Franzen* Rn. 73). Diese ausdrücklich in Abs. 5 vorgesehene Ausgestaltung gehört auch zu den Möglichkeiten, die den TV- und Betriebsparteien nach Abs. 4 zur Verfügung stehen (BAG 25.5.2005 – 7 ABR 10/04, NZA 2006, 215; GK-BetrVG/*Kreutz/Franzen* Rn. 73). In diesem Fall muss wie bei einer Regelungsnotwendigkeit nach Abs. 5 festgelegt werden, welche BR gemeinsam Mitgl. in den verkleinerten GesBR entsenden und wie viele Mitgl. von ihnen gemeinsam zu bestimmen sind (BAG 25.5.2005 – 7 ABR 10/04, NZA 2006, 215). Der TV muss nicht sicherstellen, dass jeder BR mit zumindest einem Mitglied im GesBR vertreten ist. Ausreichend, aber auch erforderlich ist, dass jeder BR bei der Bestimmung der Mitglieder des GesBR mitwirken kann (BAG 25.5.2005 – 7 ABR 10/04, NZA 2006, 215; ErfK/*Koch* Rn. 9).

60 Möglich ist schließlich auch eine **Kombination** der Gestaltungsmittel HWGNRH/*Glock* Rn. 30). Insbes. können mehrere BR zu einem „Entsendungskörper" (→ Rn. 63) zusammengefasst und zugleich die auf diese Entsendeeinheit entfallende MitglZahl – auf mehr als zwei – erhöht werden (GK-BetrVG/*Kreutz/Franzen* Rn. 75).

61 Werden durch TV oder BV mehrere BR zur gemeinsamen Entsendung von GesBRMitgl. zusammengefasst, ist es **sinnvoll, Abs. 5 zu beachten,** wonach unter den dort genannten Voraussetzungen die Betriebe regional oder durch gleichartige Interessen miteinander verbunden sein müssen (vgl. ErfK/*Koch* Rn. 9). Zwingend ist dies – anders als im Falle des Abs. 5 (→ Rn. 69; BAG 15.8.1978 – 6 ABR 56/77, AP BetrVG 1972 § 47 Nr. 3) – aber iRd Abs. 4 nicht (BAG 25.5.2005 – 7 ABR 10/04, NZA 2006, 215; ErfK/*Koch* Rn. 9; HWGNRH/*Glock* Rn. 32; **aA** GK-BetrVG/*Kreutz/Franzen* Rn. 73; wohl auch Richardi BetrVG/*Annuß* Rn. 56; MHdB ArbR/*Joost* § 225 Rn. 26). Eine von dem Grundsatz abweichende kollektivvertragliche Regelung nach Abs. 4 ist daher nicht unwirksam.

62 Eine kollektivvertragliche Regelung über die Zusammenfassung mehrerer BR zur gemeinsamen Entsendung von GesBRMitgl. sollte **Verfahrensregeln** über die Bestimmung der zu entsendenden GesBRMitgl. enthalten. Dabei ist umstritten, welche Verfahrensregeln zulässig sind (vgl. insbes. GK-BetrVG/*Kreutz/Franzen* Rn. 105 f.; HWGNRH/*Glock* Rn. 60 ff.; DKKW/*Trittin* Rn. 138).

Enthält der TV oder die BV keine Verfahrensregelung, bilden die im TV oder der BV zusammengefassten BR jeweils ein Gremium **(„Entsendungskörper“),** das aus ihren sämtlichen BRMitgliedern besteht (BAG 25.5.2005 – 7 ABR 10/04, NZA 2006, 215; vgl. auch schon 15.8.1978 – 6 ABR 56/77, AP BetrVG 1972 § 47 Nr. 3; ferner DKKW/*Trittin* Rn. 138; GK-BetrVG/*Kreutz/Franzen* Rn. 105). In der gemeinsamen Sitzung hat grds. jedes BRMitglied die gleiche Stimme (BAG 25.5.2005 – 7 ABR 10/04, NZA 2006, 215; DKKW/*Trittin* Rn. 136). Die Kollektivvereinbarung kann aber eine abweichende, insbes. an Abs. 7 ausgerichtete Stimmengewichtung vorsehen (vgl. GK-BetrVG/*Kreutz/Franzen* Rn. 106; DKKW/*Trittin* Rn. 136). TV oder BV können bestimmen, dass die Entsendung der BRMitglieder in den verkleinerten GesBR im Weg der Mehrheitswahl erfolgt. Die Verhältniswahl ist – ebenso wie bei der Entsendung nach Abs. 2 (→ Rn. 33 mwN) – auch bei einer Entsendung durch einen Entsendungskörper iSv Abs. 4 u. 5 weder gesetzlich vorgeschrieben noch verfassungsrechtlich geboten (BAG 25.5.2005 – 7 ABR 10/04, NZA 2006, 215). 63

Fraglich erscheint, ob ein TV oder eine BV Abstimmungen der einzelnen BR in **getrennten Sitzungen** vorsehen kann (vgl. dazu *Gaul* DB 1981, 214; *Klasen* DB 1993, 2183; GK-BetrVG/*Kreutz/Franzen* Rn. 105; abl. DKKW/*Trittin* Rn. 138). Voraussetzung für eine solche Vorgehensweise dürfte auf jeden Fall sein, dass die einzelnen BR zum Zeitpunkt ihrer Beratung und Beschlussfassung die Abstimmungsergebnisse der anderen BR noch nicht kennen. Die Entsendung von Wahlmännern durch die BR in ein **Wahlmännergremium** kann ein TV oder eine BV wohl vorsehen, wenn sie zugleich die Stimmengewichtung entspr. Abs. 7 gewährleistet (GK-BetrVG/*Kreutz/Franzen* Rn. 105; **aA** DKKW/*Trittin* Rn. 138; BAG 15.8.1978 – 6 ABR 56/77, AP BetrVG 1972 § 47 Nr. 3). 64

Ist die **Wirksamkeit** eines **TV** oder einer **BV** über eine abweichende Mitgliederzahl **umstritten,** kann die auf dieser Grundlage erfolgte Entsendung von Mitgliedern in den GesBR in entsprechender Anwendung des § 19 Abs. 1 unter Einhaltung der Frist des § 19 Abs. 2 S. 2 beim ArbG angefochten werden (→ Rn. 83). 65

VI. Notwendige Verkleinerung durch Betriebsvereinbarung (Abs. 5 u. 6)

1. Voraussetzungen

Nach Abs. 5 ist die **Zusammenfassung von BR** zur gemeinsamen Entsendung von GesBRMitgl. durch BV dann **zwingend** vorgeschrieben, **wenn** dem GesBR nach Abs. 2 S. 1 **mehr als 40 Mitgl.** angehören und keine tarifliche Regelung nach Abs. 4 besteht. Entscheidend ist nicht die abstrakt-rechnerische Möglichkeit der Überschreitung des Schwellenwerts von 40 Mitgl.; erforderlich ist vielmehr, dass dem errichteten GesBR tatsächlich mehr als 40 Mitgl. angehören (GK-BetrVG/*Kreutz/Franzen* Rn. 94; DKKW/*Trittin* Rn. 124). Abs. 5 kommt auch dann zur Anwendung, wenn die MitglZahl erst später auf über 40 ansteigt, etwa weil ein BR erst später seiner Entsendepflicht nach Abs. 2 S. 1 nachkommt oder neue BR hinzukommen (vgl. GK-BetrVG/*Kreutz/Franzen* Rn. 95; DKKW/*Trittin* Rn. 124; HWGNRH/*Glock* Rn. 48). 66

Voraussetzung ist ferner, dass **keine tarifliche Regelung nach Abs. 4** besteht. Andernfalls ist für eine BV kein Raum. Dies gilt auch dann, wenn der GesBR nach der tariflichen Regelung mehr als 40 Mitgl. hat (DKKW/*Trittin* Rn. 126; GK-BetrVG/*Kreutz/Franzen* Rn. 96; Richardi BetrVG/*Annuß* Rn. 61). 67

2. Regelungsinhalt

Abs. 5 schreibt den Betriebsparteien zwingend (vgl. GK-BetrVG/*Kreutz/Franzen* Rn. 93) den Abschluss einer BV über die MitglZahl des GesBR vor. Die BV muss 68 entspr. dem Sinn und Zweck, die **Arbeitsfähigkeit des GesBR** zu **verbessern,** auf die Verringerung der MitglZahl gerichtet sein (BAG 15.8.1978 – 6 ABR 56/77, AP BetrVG 1972 § 47 Nr. 3; GK-BetrVG/*Kreutz/Franzen* Rn. 97). Nicht zwingend vorgeschrieben ist aber, dass die MitglZahl auf 40 oder weniger Mitgl. abgesenkt wird (GK-BetrVG/*Kreutz/Franzen* Rn. 100; MHdB ArbR/*Nebendahl* § 300 Rn. 30; **aA** HWGNRH/*Glock* Rn. 49; für den Spruch der E-Stelle nach Abs. 6 Richardi BetrVG/*Annuß* Rn. 66; **offen gelassen** in BAG 15.8.1978 – 6 ABR 56/77, AP BetrVG 1972 § 47 Nr. 3).

69 Die Verringerung der Zahl der GesBRMitgl. hat durch die Zusammenfassung von BR zur gemeinsamen Entsendung von Mitgl. in den GesBR (→ Rn. 61 ff.) zu erfolgen. Die Betriebe müssen regional oder durch gleichartige Interessen miteinander verbunden sein. Eine **regionale Verbundenheit** ist gegeben, wenn die Betriebe räumlich nicht weit voneinander entfernt liegen (→ § 4 Rn. 16 f.). Eine Verbundenheit durch **gleichartige Interessen** ist zB anzunehmen bei gleichen oder verwandten Betriebszwecken, gleicher Struktur der Belegschaft, gleicher Stellung der Betriebe innerhalb der Unternehmensorganisation, wie zB Produktion, Vertrieb (vgl. Richardi BetrVG/*Annuß* Rn. 67). Bei der Ausfüllung der unbestimmte Rechtsbegriffe der „regionalen Verbundenheit" sowie der „Verbundenheit infolge gleichartiger Interessen" haben die Betriebsparteien einen **Beurteilungsspielraum** (GK-BetrVG/*Kreutz/Franzen* Rn. 102; DKKW/*Trittin* Rn. 133; Richardi BetrVG/*Annuß* Rn. 67; MHdB ArbR/*Nebendahl* § 300 Rn. 35).

70 Die BV sollte **Verfahrensregeln** über die Bestimmung der gemeinsam zu entsendenden GesBRMitgl. enthalten (→ Rn. 62–65). In der BV sollte ferner klar gestellt werden, dass der gesetzliche GesBR bis zur Konstituierung des verkleinerten GesBR im Amt bleibt (vgl. HWGNRH/*Glock* Rn. 52).

3. Verfahren

71 **Partner der BV** sind der ArbGeb. und der GesBR. Der GesBR muss daher zunächst einmal errichtet sein (BAG 15.8.1978 – 6 ABR 56/77, AP BetrVG 1972 § 47 Nr. 3). Er bleibt auch im Amt, bis der entsprechend der BV verkleinerte GesBR errichtet ist.

72 Kommt eine Einigung zwischen ArbGeb. und GesBR nicht zustande, entscheidet nach Abs. 6 S. 1 eine für das Gesamtunternehmen zu bildende **E-Stelle.** Diese tritt auf Antrag des ArbGeb. oder des GesBR zusammen. Die Beisitzer der ArbNSeite benennt der GesBR. Der Spruch der E-Stelle ersetzt gem. Abs. 6 S. 2 die Einigung zwischen ArbGeb. und GesBR.

73 Die GesBV über eine Verkleinerung des GesBR bleibt, sofern sie nicht zB auf die regelmäßige Amtszeit der entsendenden BR befristet ist, solange maßgebend, wie die ihr zugrundeliegenden Voraussetzungen unverändert bleiben. Sie kann jederzeit durch eine andere (tarifliche oder betriebliche) Regelung ersetzt und auch gekündigt werden. Anders als im Falle einer freiwilligen BV nach Abs. 4 (→ Rn. 54) **wirkt eine GesBV nach Abs. 5 gem. § 77 Abs. 6 nach,** da nach Abs. 6 S. 2 der Spruch der E-Stelle die Einigung zwischen ArbGeb. und GesBR ersetzt (Richardi BetrVG/*Annuß* Rn. 69; HWGNRH/*Glock* Rn. 55; GK-BetrVG/*Kreutz/Franzen* Rn. 108; MHdB ArbR/*Nebendahl* § 300 Rn. 36).

VII. Stimmengewichtung im Gesamtbetriebsrat (Abs. 7–9)

1. Stimmengewichtung bei gesetzlicher Größe (Abs. 7)

74 Um eine **gerechte Gewichtung der einzelnen Betriebe** im GesBR zu gewährleisten, richtet sich das Stimmengewicht der Vertr. eines Betriebs gem. Abs. 7 nach der Zahl der wahlberechtigten ArbN im entsendenden Betrieb. Dadurch wird den ggf. sehr unterschiedlichen Belegschaftsstärken der einzelnen Betriebe Rechnung getragen (GK-BetrVG/*Kreutz/Franzen* Rn. 61). Entsendet ein BR nur ein Mitgl. in den GesBR, so bestimmt sich dessen **Stimmengewicht** gem. Abs. 7 S. 1 **nach der Zahl aller wahlberechtigten ArbN im entsendenden Betrieb.** Entsendet der BR mehrere Mitgl., stehen den Vertr. gem. Abs. 7 S. 2 die Stimmen anteilig zu. Ein einzelnes Mitgl. des GesBR kann die ihm zustehenden Stimmen stets nur einheitlich abgeben (Richardi BetrVG/*Annuß* Rn. 74; GK-BetrVG/*Kreutz/Franzen* Rn. 65; HWGNRH/*Glock* Rn. 81). Fehlt von zwei entsandten Mitgl. eines unentschuldigt, stehen dem anwesenden Mitgl. gleichwohl nur die Hälfte der Stimmen zu (GK-BetrVG/*Kreutz/Franzen/Franzen* Rn. 63; DKKW/*Trittin* Rn. 152).

Für das Stimmengewicht **maßgebend** ist die Zahl der wahlberechtigten ArbN, die bei der letzten Wahl des BR in die **Wählerliste** eingetragen waren. Nachträgliche Veränderungen der Belegschaftsstärke der Betriebe bleiben unberücksichtigt. Dagegen ist eine nachträgliche Berichtigung der Wählerliste durch das ArbG zu beachten (DKKW/*Trittin* Rn. 142 HWGNRH/*Glock* Rn. 77). 75

In ihrer Stimmabgabe sind die Mitgl. des GesBR frei und an keine Aufträge oder Weisungen des entsendenden BR gebunden. Es besteht **kein imperatives Mandat** (Richardi BetrVG/*Annuß* Rn. 73; HWGNRH/*Glock* Rn. 82; GK-BetrVG/*Kreutz/Franzen* Rn. 65). Doch ist das Mitgl. des GesBR schon aus seiner Loyalitätspflicht gegenüber dem entsendenden BR gehalten, das Ergebnis einer Vorberatung des BR jedenfalls in die Beratung des GesBR einzubringen. Außerdem besteht eine tatsächliche Abhängigkeit der Mitgl. des GesBR von dem sie entsendenden BR, denn dieser kann sie ohne besondere Begründung jederzeit abberufen. 76

Soweit der GesBR nach § 28 S. 1 **PostPersRG** für die Beamten zuständig ist, sind – nach gemeinsamer Beratung – nur die Vertr. der Beamten zur Beschlussfassung berufen. Der Vertr. der Beamten hat so viele Stimmen wie in dem Betrieb, in dem er gewählt wurde, wahlberechtigte Beamte in die Wählerliste eingetragen sind (§ 32 Abs. 1 PostPersRG, → § 1 Rn. 54 ff.). 77

2. Stimmengewichtung bei gemeinsamer Entsendung (Abs. 8)

Ist ein **GesBRMitgl. für mehrere Betriebe** entsandt, hat es gem. Abs. 8 Hs. 1 im GesBR so viele Stimmen, wie in diesen Betrieben wahlberechtigte ArbN in der Wählerliste eingetragen sind. Sind an der gemeinsamen Entsendung mehrere Betriebe ein oder mehrere gemeinsame Betriebe mehrerer Unternehmen beteiligt, so sind für die Stimmengewichtung grds. alle in dem jeweiligen Gemeinschaftsbetrieb eingetragenen Wahlberechtigten maßgeblich. Dies folgt im Umkehrschluss aus Abs. 9 (vgl. GK-BetrVG/*Kreutz/Franzen* Rn. 111). 78

Sind **für einzelne Betriebe gemeinsam mehrere GesBRMitgl.** entsandt, so stehen diesen die auf diese Betriebe entfallenden Stimmen gem. Abs. 8 Hs. 2 iVm Abs. 7 S. 2 anteilig zu. Die Summe der Stimmen wird zu gleichen Teilen auf die mehreren Vertr. verteilt (GK-BetrVG/*Kreutz/Franzen* Rn. 112). 79

3. Stimmengewichtung bei Entsendung aus einem gemeinsamen Betrieb (Abs. 9)

Der **BR eines Gemeinschaftsbetriebs mehrerer Unternehmen** (→ § 1 Rn. 108 ff.) **entsendet Vertr. in den GesBR jedes der beteiligten Unternehmen.** Das ergibt sich zwingend aus Abs. 9 (BAG 13.2.2007 – 1 AZR 184/06, NZA 2007, 825; GK-BetrVG/*Kreutz/Franzen* Rn. 115; Richardi BetrVG/*Annuß* Rn. 77; *Schmidt* FS Küttner, 2006, 499 [502]; *Schönhöft/Schönleber* BB 2013, 2485 [2488]). Auch in Fällen, in denen die Trägerunternehmen ausschließlich gemeinsame Betriebe führen, ist nicht etwa nur ein GesBR zu bilden (BAG 17.3.2010 – 7 AZR 706/08, NJOZ 2010, 1831 Rn. 15, 18; MHdB ArbR/*Nebendahl* § 300 Rn. 12; vgl. aber auch 80

→ § 106 Rn. 18a). Allerdings kann es durch die Errichtung mehrerer GesBRe insbes. dann zu Kollisionsfällen kommen, wenn Adressat der MBR nicht der Vertragsarbeitgeber, sondern der „Betriebsarbeitgeber", also die Gemeinschaft der Trägerunternehmen ist. Vgl. zur Zuständigkeit in diesem Fall → § 50 Rn. 34.

81 Der BR des Gemeinschaftsbetriebs entscheidet, welche Mitgl. er in die GesBR der beteiligten Unternehmen entsendet. Er kann **auch solche Mitgl.** in den Ges-BR eines beteiligten Unternehmens entsenden, **die in keinem Arbeitsverhältnis zu diesem Unternehmen stehen** (GK-BetrVG/*Kreutz/Franzen* Rn. 111; **aA** Richardi BetrVG/*Annuß* Rn. 77).

82 Das **Stimmengewicht** der aus einem gemeinsamen Betrieb entsandten GesBR-Mitgl. richtet sich grds. nach der Zahl aller in dem gemeinsamen Betrieb in die Wählerliste eingetragenen ArbN (GK-BetrVG/*Kreutz/Franzen* Rn. 115; Richardi BetrVG/*Annuß* Rn. 78). Um hierdurch mögliche Verzerrungen zu vermeiden, eröffnet Abs. 9 die **Möglichkeit, durch TV oder BV von Abs. 7 u. 8 abweichende Regelungen zu treffen** (*Schmidt* FS Küttner, 2006, 499 [504]). So kann zB die Stimmengewichtung generell dahingehend geregelt werden, dass für sie nur die wahlberechtigten ArbN des jeweiligen VertragsArbGeb. im gemeinsamen Betrieb maßgeblich sind (GK-BetrVG/*Kreutz/Franzen* Rn. 118). Ebenso kann eine Reduzierung des Stimmengewichts für bestimmte Angelegenheiten vorgesehen werden (GK-BetrVG/*Kreutz/Franzen* Rn. 118). Zur Problematik einer möglichen Tarifkonkurrenz → Rn. 51. Ein solcher TV kann nicht mit Mitteln des Arbeitskampfs erzwungen werden (→ Rn. 52).

VIII. Streitigkeiten

83 **Streitigkeiten** über die Errichtung, MitglZahl und Zusammensetzung des GesBR sowie die Stimmengewichtung sind von den ArbG im Beschlussverf. zu entscheiden (§§ 2a, 80 ff. ArbGG). **BR-interne Wahlen können** in entsprechender Anwendung des **§ 19 Abs. 1** beim ArbG **angefochten werden** (→ Rn. 37, 65; → § 26 Rn. 45 ff.; BAG 15.8.2001 – 7 ABR 2/99, NZA 2002, 569; 21.7.2004 – 7 ABR 58/03, NZA 2005, 170; 16.3.2005 – 7 ABR 33/04, AP BetrVG 1972 § 47 Nr. 14; 25.5.2005 – 7 ABR 10/04, NZA 2006, 215; 16.11.2005 – 7 ABR 11/05, NZA 2006, 445; GK-BetrVG/*Kreutz/Franzen* Rn. 126). Dies gilt auch für die Fälle, in denen die Wirksamkeit eines TV oder einer BV nach Abs. 4 oder 5 streitig ist (→ Rn. 65; BAG 25.5.2005 – 7 ABR 10/04, NZA 2006, 215). Die Zwei-Wochen-Frist des § 19 Abs. 2 S. 2 ist entsprechend anwendbar (BAG 15.8.2001 – 7 ABR 2/99, NZA 2002, 569; 16.11.2005 – 7 ABR 11/05, NZA 2006, 445; MHdB ArbR/*Nebendahl* § 300 Rn. 23; **aA** *Reitze* ZBVR 2005, 39 [42 f.]). Die Frist beginnt regelmäßig mit der Feststellung des Wahl-, bzw. Abstimmungsergebnisses durch den BR (vgl. zur Freistellungswahl BAG 20.4.2005 – 7 ABR 44/04, NZA 2005, 1426). War ein anfechtungsberechtigtes BRMitglied an der Sitzungsteilnahme verhindert, beginnt für dieses die Anfechtungsfrist erst mit der Kenntniserlangung von Wahl, bzw. der Abstimmung (BAG 20.4.2005 – 7 ABR 44/04, NZA 2005, 1426). Der Antrag ist regelmäßig nicht auf die Nichtigkeit der Wahl, sondern auf deren für die Zukunft wirkende Ungültigerklärung gerichtet (BAG 15.8.2001 – 7 ABR 2/99, NZA 2002, 569). Nur in ganz besonderen Ausnahmefällen, in denen nicht einmal der Anschein einer dem G entsprechenden Wahl oder Abstimmung vorliegt, kommt deren **Nichtigkeit** in Betracht (vgl. zur Freistellungswahl BAG 20.4.2005 – 7 ABR 44/04, NZA 2005, 1426). Dementsprechend bleiben die vom GesBR bis zu einer rechtskräftigen, die Wahl für ungültig erklärenden, rechtsgestaltenden gerichtlichen Entscheidung gefassten Beschlüsse und abgeschlossenen BV wirksam (vgl. GK-BetrVG/*Kreutz/Franzen* Rn. 125). Etwas anderes gilt im Falle offensichtlicher Nichtigkeit.

84 Ist die **Wirksamkeit der Errichtung des GesBR insgesamt** streitig (→ Rn. 41), findet die Zwei-Wochen-Frist des § 19 Abs. 2 S. 2 keine Anwendung (BAG 15.8.1978 – 6 ABR 56/77, AP BetrVG 1972 § 47 Nr. 3; vgl. zum KBR BAG

23.8.2006 – 7 ABR 51/05, NJOZ 2007, 2862; GK-BetrVG/*Kreutz/Franzen* Rn. 130; Richardi BetrVG/*Annuß* Rn. 83; **aA** DKKW/*Trittin* Rn. 165). Auch ein die Unwirksamkeit der Konstituierung feststellender rechtskräftiger Beschluss wirkt aber – wie bei der Anfechtung einer BRWahl – wegen der Bedeutung der Arbeit des GesBR sowie aus Gründen der Rechtssicherheit grds. – mit Ausnahme der Fälle offensichtlicher Nichtigkeit – nur für die Zukunft (GK-BetrVG/*Kreutz/Franzen* Rn. 132; MHdB ArbR/*Nebendahl* § 300 Rn. 19). Ein für verschiedene Unternehmen errichteter „GesBR" ist aber vom BetrVG nicht vorgesehen und daher rechtlich nicht existent (→ Rn. 10). Mit ihm abgeschlossene BV sind unwirksam (BAG 17.3.2010 – 7 AZR 706/08, NJOZ 2010, 1831).

Antragsbefugt ist bei der Anfechtung betriebsratsinterner Wahlen jedes BR- 85 Mitgl., das geltend macht, in seiner Rechtsstellung als BRMitgl. oder einer Schutz genießenden Minderheit verletzt zu sein (BAG 15.8.2001 – 7 ABR 2/99, NZA 2002, 569; 21.7.2004 – 7 ABR 58/03, NZA 2005, 170; 16.11.2005 – 7 ABR 11/05, NZA 2006, 445). Insoweit findet § 19 Abs. 2 S. 1, der zur Anfechtung drei Wahlberechtigte verlangt, keine entsprechende Anwendung. Auf die persönliche Betroffenheit des BRMitglieds von der BRinternen Wahl kommt es nicht an (vgl. zur Freistellungswahl BAG 20.4.2005 – 7 ABR 47/04, NZA 2005, 1013). Den Gewerkschaften steht keine eigene Befugnis zu, Mängel bei der Konstituierung des GesBR geltend zu machen (BAG 30.10.1986 – 6 ABR 52/83, NZA 1988, 27). **Beteiligte** an dem Beschlussverf. sind gem. § 83 Abs. 3 ArbGG regelmäßig der ArbGeb. und der GesBR. Soweit es um die betriebsverfassungsrechtlichen Rechte der Mitgl. des GesBR, der einzelnen BR oder deren Mitgl. geht, sind auch diese zu beteiligen (BAG 15.8.1978 – 6 ABR 56/77, AP BetrVG 1972 § 47 Nr. 3; 25.5.2005 – 7 ABR 10/04, NZA 2006, 215).

Örtlich Zuständig ist nach § 82 Abs. 1 S. 2 ArbGG das ArbG, in dessen Bezirk 86 das Unternehmen seinen Sitz hat. Hat das Unternehmen seinen Sitz im Ausland (→ Rn. 23), ist das ArbG zuständig, in dessen Bezirk der Betrieb des ausländischen Unternehmens liegt, dem innerhalb der Bundesrepublik die zentrale Bedeutung zukommt (BAG 31.10.1975 – 1 ABR 4/74, AP BetrVG 1972 § 106 Nr. 2). Maßgeblich wird regelmäßig der nach der Zahl der wahlberechtigten ArbN größte Betrieb sein (vgl. zum EBR BAG 18.4.2007 – 7 ABR 30/06, NZA 2007, 1375). Vgl. ferner zum arbeitsgerichtlichen Beschlussverfahren **Anh. 3.**

§ 48 Ausschluss von Gesamtbetriebsratsmitgliedern

Mindestens ein Viertel der wahlberechtigten Arbeitnehmer des Unternehmens, der Arbeitgeber, der Gesamtbetriebsrat oder eine im Unternehmen vertretene Gewerkschaft können beim Arbeitsgericht den Ausschluss eines Mitglieds aus dem Gesamtbetriebsrat wegen grober Verletzung seiner gesetzlichen Pflichten beantragen.

Inhaltsübersicht

I. Vorbemerkung

Die Vorschrift eröffnet die Möglichkeit, ein **Mitgl. des GesBR** bei groben Pflicht- 1 verletzungen durch gerichtliche Entscheidung aus dem GesBR **auszuschließen.** Der

Ausschluss aus dem entsendenden BR ist damit nicht verbunden. Dazu bedarf es eines Verf. nach § 23 Abs. 1. Umgekehrt führt der Verlust der Mitgliedschaft in einem BR zum Amtsverlust im GesBR (§ 49). Die Regelung ist § 23 Abs. 1 nachgebildet. Zu sonstigen Beendigungsgründen der Mitgliedschaft im GesBR vgl. § 49.

2 Für die **GesJAV** gilt § 48 entspr. (vgl. § 73 Abs. 2). Für den **KBR** enthält § 56 eine Sonderregelung.

3 Die Vorschrift ist **zwingendes Recht.** Von ihr kann weder durch TV noch durch BV abgewichen werden (GK-BetrVG/*Kreutz/Franzen* Rn. 3).

4 Entspr. Vorschrift des **BPersVG:** §§ 54, 56 iVm § 28, des **SprAuG:** § 17.

II. Voraussetzungen

5 Das G gestattet im Unterschied zu § 23 Abs. 1 nur den Ausschluss von einzelnen Mitgl. aus dem GesBR, **nicht dagegen die Auflösung des GesBR** als solchen (*Löwisch/Kaiser* Rn. 4). Denn der GesBR ist eine Dauereinrichtung (→ § 47 Rn. 26) und im Unterschied zum BR nicht durch Wahl, sondern durch Entsendung seiner Mitgl. durch die einzelnen BR gebildet worden (Richardi BetrVG/*Annuß* Rn. 1; HWGNRH/*Glock* Rn. 1; GK-BetrVG/*Kreutz/Franzen* Rn. 2).

6 Der Antrag auf Ausschluss muss sich nicht auf ein Mitgl. beschränken, sondern kann gegen **mehrere oder alle Mitgl.** des GesBR gerichtet sein, insbes. wenn diese sich gemeinschaftlich einer groben Pflichtverletzung schuldig gemacht haben (Richardi BetrVG/*Annuß* Rn. 1). Ein ErsMitgl. kann ausgeschlossen werden, wenn es endgültig oder zeitweilig in den GesBR nachgerückt ist (→ § 23 Rn. 34).

7 Auch wenn alle Mitgl. des GesBR ausgeschlossen werden, ist der **GesBR nicht aufgelöst.** Die ErsMitgl. rücken nach (Richardi BetrVG/*Annuß* Rn. 1; HWGNRH/*Glock* Rn. 11; ErfK/*Koch* Rn. 1).

8 Ein Ausschluss aus dem GesBR setzt voraus:
- eine **grobe Verletzung der** dem Mitgl. des GesBR obliegenden **gesetzlichen Pflichten** (→ Rn. 9).
- einen **Antrag** von mindestens einem **Viertel der wahlberechtigten ArbN des Unternehmens,** des **ArbGeb.,** des **GesBR** oder einer **im Unternehmen vertretenen Gewerkschaft** (→ Rn. 10 ff.) sowie
- eine **rechtskräftige Entscheidung des ArbG** über den Ausschluss aus dem GesBR (→ Rn. 18 ff.).

9 Der Begriff der **„groben Verletzung der gesetzlichen Pflichten"** entspricht materiell demjenigen des § 23 Abs. 1 (→ § 23 Rn. 14 ff.). Allerdings muss das Mitgl. des GesBR die grobe Pflichtverletzung **in seiner Eigenschaft als Mitgl. des GesBR** begangen haben. Sie muss auf die Tätigkeit im GesBR bezogen sein (Richardi BetrVG/*Annuß* Rn. 3; HWGNRH/*Glock* Rn. 4; GK-BetrVG/*Kreutz/Franzen* Rn. 18; DKKW/*Trittin* Rn. 5; ErfK/*Koch* Rn. 1). BR und GesBR sind zwei selbständige und unabhängige betriebsverfassungsrechtliche Organe mit unterschiedlichen Zuständigkeiten sind. Die Pflichten der Mitgl. des GesBR sind selbständige Pflichten und nicht nur solche, die sich aus ihrer Stellung als BRMitgl. ergeben (Richardi BetrVG/*Annuß* Rn. 3; HWGNRH/*Glock* Rn. 4; DKKW/*Trittin* Rn. 5). Daher reicht eine grobe Pflichtverletzung, die ein Mitgl. des GesBR nicht in dieser Eigenschaft, sondern in seiner Eigenschaft als Mitgl. des entsendenden BR begangen hat, für einen Ausschluss aus dem GesBR für sich allein nicht aus MHdB ArbR/*Nebendahl* § 300 Rn. 120). Wird allerdings das Mitgl. des GesBR wegen einer Pflichtverletzung gem. § 23 Abs. 1 aus dem BR ausgeschlossen, so endet auch seine Mitgliedschaft im GesBR, da diese an die Mitgliedschaft im BR gebunden ist (vgl. § 49). Andererseits rechtfertigt eine grobe Pflichtverletzung eines Mitgl. des GesBR in dieser Eigenschaft nicht ohne Weiteres den Ausschluss des Mitgl. auch aus dem BR; dies kommt nur in Betracht, wenn die Verletzung gleichzeitig eine Pflicht betrifft, die ihm auch als BRMitgl. obliegt.

III. Verfahren

1. Antrag

10 Das gerichtliche Ausschlussverf. setzt einen entspr. **Antrag** beim zuständigen ArbG voraus. Dieser ist an keine Frist gebunden. Entschieden wird im **BeschlVerf.** (§ 2a Abs. 1 Nr. 1, §§ 80ff. ArbGG).

11 **Antragsberechtigt** ist ein **Viertel der wahlberechtigten ArbN des Unternehmens.** Maßgebend ist die Zahl der wahlberechtigten ArbN im Zeitpunkt der Antragstellung, nicht diejenige im Zeitpunkt der Bildung des GesBR (Richardi BetrVG/*Annuß* Rn. 7; GK-BetrVG/*Kreutz/Franzen* Rn. 11; ErfK/*Koch* Rn. 2; → § 23 Rn. 7). Erforderlich ist ein Viertel der wahlberechtigten ArbN des Unternehmens; ArbN von BRlosen und nicht BRfähigen Unternehmen zählen mit (Richardi BetrVG/*Annuß* Rn. 7; DKKW/*Trittin* Rn. 7; HWGNRH/*Glock* Rn. 6; ErfK/*Koch* Rn. 2; GK-BetrVG/*Kreutz/Franzen* Rn. 11). Der GesBR wird auch in ihrem Interesse tätig (vgl. § 50 Abs. 1 S. 2). Ein Viertel der ArbN eines Betriebs des Unternehmens reicht nicht aus.

12 **Nicht erforderlich** ist, dass der Antrag von der **Mehrheit der ArbN des Betriebs,** aus dessen BR das auszuschließende Mitgl. in den GesBR entsandt worden ist, unterstützt wird (HWGNRH/*Glock* Rn. 6).

13 Die erforderliche Mindestzahl der Antragsteller ist zwingend und muss **während des gesamten Verf.** gewahrt sein (Richardi BetrVG/*Annuß* Rn. 7; DKKW/*Trittin* Rn. 8; ErfK/*Koch* Rn. 2; HWGNRH/*Glock* Rn. 6; diff. GK-BetrVG/*Kreutz/Franzen* Rn. 13). Es gelten die gleichen Grundsätze wie bei einem Antrag auf Ausschluss aus dem BR (→ § 23 Rn. 9). Scheidet ein ArbN während des Verf. aus dem Betrieb aus, zählt er bei der Berechnung der notwendigen Mindestzahl der Antragsteller nicht mehr mit. Andere Wahlberechtigte können sich nachträglich beteiligen (DKKW/*Trittin* Rn. 8; HWGNRH/*Glock* Rn. 6; GK-BetrVG/*Kreutz/Franzen* Rn. 13). Der Antrag ist an keine Frist gebunden (GK-BetrVG/*Kreutz/Franzen* Rn. 13; ErfK/*Koch* Rn. 2).

14 Antragsberechtigt ist auch der **ArbGeb.** Dies ist der Unternehmer, in dessen Unternehmen der GesBR errichtet ist (GK-BetrVG/*Kreutz/Franzen* Rn. 14; ErfK/*Koch* Rn. 2; DKKW/*Trittin* Rn. 12).

15 Schließlich kann auch der **GesBR** den Ausschluss eines Mitgl. betreiben. Der Antrag des GesBR bedarf eines förmlichen Beschl. nach § 51 Abs. 4 (→ § 51 Rn. 59f.). An diesem Beschluss wirkt das Mitgl. des GesBR, das ausgeschlossen werden soll, nicht mit (Richardi BetrVG/*Annuß* Rn. 9; GK-BetrVG/*Kreutz/Franzen* Rn. 15; ErfK/*Koch* Rn. 2). Es ist iSd § 51 Abs. 1 iVm § 25 Abs. 1 S. 2 zeitweilig verhindert (vgl. zur Verhinderung aufgrund Interessenkollision BAG 3.8.1999 – 1 ABR 30/98, NZA 2000, 440; 10.11.2009 – 1 ABR 64/08, NZA-RR 2010, 416; 6.11.2013 – 7 ABR 84/11, NZA-RR 2014, 196). Es wird durch das gem. § 47 Abs. 3 bestellte ErsMitgl. vertreten (DKKW/*Trittin* Rn. 9; ErfK/*Koch* Rn. 2; HWGNRH/*Glock* Rn. 7; Richardi BetrVG/*Annuß* Rn. 9; WPK/*Roloff* Rn. 3; skeptisch, aber letztlich ebenso GK-BetrVG/*Kreutz/Franzen* Rn. 15). Dem betroffenen Mitglied ist vor der Beschlussfassung rechtliches Gehör zu geben (GK-BetrVG/*Kreutz/Franzen* Rn. 15; ErfK/*Koch* Rn. 2; Richardi BetrVG/*Annuß* Rn. 9; DKKW/*Trittin* Rn. 9; WPK/*Roloff* Rn. 3).

16 Die **einzelnen BR** haben **kein Antragsrecht** auf Ausschluss eines Mitgl. aus dem GesBR. Sie können die von ihnen entsandten Mitgl. jederzeit und ohne Begründung aus dem GesBR abberufen können (→ § 49 Rn. 16f.). Hinsichtlich der von anderen BR entsandten Mitgl. des GesBR fehlt dem BR für ein Antragsrecht auf Ausschluss aus dem GesBR die sachliche Legitimation (Richardi BetrVG/*Annuß* Rn. 11; GK-BetrVG/*Kreutz/Franzen* Rn. 16; ErfK/*Koch* Rn. 2; WPK/*Roloff* Rn. 4).

17 Antragsberechtigt ist jede **im Unternehmen vertretene Gewerkschaft.** Im Unternehmen ist eine Gewerkschaft vertreten, wenn mindestens ein ArbN eines Betriebs

des Unternehmens bei ihr organisiert ist (→ § 2 Rn. 43). Das Antragsrecht der Gewerkschaft besteht ohne Rücksicht darauf, ob das auszuschließende Mitgl. des GesBR bei der antragstellenden Gewerkschaft organisiert ist. Auch ist es nicht erforderlich, dass die Gewerkschaft gerade in dem Betrieb vertreten ist, von dessen BR das auszuschließende Mitgl. des GesBR entsandt worden ist (Richardi BetrVG/*Annuß* Rn. 10; DKKW/*Trittin* Rn. 11; HWGNRH/*Glock* Rn. 9).

2. Rechtskräftige Entscheidung des Arbeitsgerichts

18 Der Ausschluss aus dem GesBR tritt erst mit **Rechtskraft der gerichtlichen Entscheidung** ein (Richardi BetrVG/*Annuß* Rn. 12; HWGNRH/*Glock* Rn. 10; GK-BetrVG/*Kreutz/Franzen* Rn. 22; ErfK/*Koch* Rn. 2). Bis dahin bleibt die Mitgliedschaft im GesBR bestehen, es sei denn, das betreffende Mitgl. würde von dem entsendenden BR abberufen oder seine Mitgliedschaft würde aus einem sonstigen Grunde zu einem früheren Zeitpunkt enden (vgl. hierzu § 49). Endet die Mitgliedschaft vor der Entscheidung des ArbG über den Ausschluss aus dem GesBR aus einem anderen Grunde, so wird der Antrag auf Ausschluss mangels Rechtsschutzinteresses unzulässig; das BeschlVerf. kann nach Erledigterklärung eingestellt werden (→ Anh. 3 Rn. 39 f.).

19 Für das ausgeschlossene Mitgl. rückt das gem. § 47 Abs. 3 bestellte **ErsMitgl.** in der vom entsendenden BR festgelegten Reihenfolge nach (Richardi BetrVG/*Annuß* Rn. 14; DKKW/*Trittin* Rn. 16; *Löwisch/Kaiser* Rn. 1). Ist kein ErsMitgl. bestellt worden oder ein ErsMitgl. nicht mehr vorhanden, hat der entsendende BR unverzüglich ein anderes Mitgl. zum Mitgl. des GesBR zu bestellen (HWGNRH/*Glock* Rn. 11; DKKW/*Trittin* Rn. 16).

20 Gehörte das aus dem GesBR ausgeschlossene Mitgl. gleichzeitig dem KBR an, so endet mit dem Verlust der Mitgliedschaft im GesBR auch die **Mitgliedschaft im KBR,** da diese gem. § 57 an die im GesBR gebunden ist (GK-BetrVG/*Kreutz/Franzen* Rn. 23; Richardi BetrVG/*Annuß* Rn. 13). Dagegen hat der Ausschluss aus dem GesBR keine Auswirkungen auf die **Mitgliedschaft im BR** (GK-BetrVG/*Kreutz/Franzen* Rn. 23; Richardi BetrVG/*Annuß* Rn. 13; DKKW/*Trittin* Rn. 17). Das ArbG kann auch nicht ohne einen entspr. Antrag von Amts wegen entscheiden. Sofern für beide Anträge dasselbe ArbG örtlich zuständig ist, können aber die Anträge auf Ausschluss aus dem GesBR und auf Ausschluss aus dem BR prozessual verbunden werden (GK-BetrVG/*Kreutz/Franzen* Rn. 21; WPK/*Roloff* Rn. 9). Allerdings sind die Antragsberechtigten und die Beteiligten nicht vollständig identisch.

21 Die grobe Pflichtverletzung des Mitgl. des GesBR kann zugleich einen wichtigen Grund zu einer **außerordentlichen Kündigung** gem. § 626 BGB darstellen (WPK/*Roloff* Rn. 8). Da das Mitgl. des GesBR stets auch Mitgl. eines BR ist, kann seine außerordentliche Kündigung gem. § 103 nur mit Zustimmung dieses BR oder auf Grund eines diese Zustimmung ersetzenden arbeitsgerichtlichen Beschl. erfolgen. Der GesBR kann die Zustimmung zur außerordentlichen Kündigung nicht erteilen. Hierfür ist ausschließlich der entsendende BR zuständig.

22 Das gerichtliche AusschlussVerf. und das Verf. auf Ersetzung der Zustimmung des BR zur außerordentlichen Kündigung können ebenfalls prozessual miteinander verbunden werden, sofern für beide Anträge dasselbe ArbG örtlich zuständig ist (→ § 23 Rn. 21 f.; WPK/*Roloff* Rn. 8).

23 Ist ein BRMitgl. rechtskräftig aus dem GesBR ausgeschlossen, kann es **während seiner Amtszeit nicht erneut zum Mitgl. des GesBR** bestellt werden. Vielmehr würde dies zu einer Umgehung der gerichtlichen Entscheidung führen (Richardi BetrVG/*Annuß* Rn. 15; GK-BetrVG/*Kreutz/Franzen* Rn. 24; DKKW/*Trittin* Rn. 18; HWGNRH/*Glock* Rn. 12; *Löwisch/Kaiser* Rn. 1).

24 Nach einer Neuwahl des BR ist aber die **erneute Entsendung** des ausgeschlossenen Mitgl. in den GesBR zulässig (Richardi BetrVG/*Annuß* Rn. 15; HWGNRH/*Glock* Rn. 12; GK-BetrVG/*Kreutz/Franzen* Rn. 24; DKKW/*Trittin* Rn. 18; MHdB

ArbR/*Nebendahl* § 300 Rn. 121; **aA** WPK/*Roloff* Rn. 7). Das er-neut gewählte Mitgl. ist dadurch wieder demokratisch legitimiert (→ § 23 Rn. 28).

§ 49 Erlöschen der Mitgliedschaft

Die Mitgliedschaft im Gesamtbetriebsrat endet mit dem Erlöschen der Mitgliedschaft im Betriebsrat, durch Amtsniederlegung, durch Ausschluss aus dem Gesamtbetriebsrat aufgrund einer gerichtlichen Entscheidung oder Abberufung durch den Betriebsrat.

Inhaltsübersicht

I. Vorbemerkung

Die Vorschrift regelt das **Erlöschen der Mitgliedschaft der einzelnen Mitgl. im GesBR** in Anlehnung an die Gründe für das Erlöschen der Mitgliedschaft im BR nach § 24 Abs. 1. 1

Die Bestimmung gilt gem. § 73 Abs. 2 für die **GesJAV** entspr. Für das Erlöschen der Mitgliedschaft im **KBR** enthält § 57 eine Sonderregelung. 2

Die Vorschrift ist **zwingendes Recht.** Weder durch TV noch durch BV kann von ihr abgewichen werden (GK-BetrVG/*Kreutz/Franzen* Rn. 2). 3

Entspr. Vorschrift des **BPersVG:** §§ 54, 56 iVm § 29, des **SprAuG:** § 16 Abs. 2. 4

II. Kollektive Beendigungsgründe

Eine Beendigung des GesBR als Kollektivorgan ist gesetzlich nicht vorgesehen. Er ist vielmehr eine **Dauereinrichtung** (→ § 47 Rn. 26). Allerdings erhält er im Anschluss an die regelmäßigen BRWahlen und die dadurch bedingte Neuentsendung von BRMitgl. in den GesBR vielfach eine neue personelle Zusammensetzung. Da die Mitgliedschaft im GesBR mit Ablauf der Amtszeit im BR endet, sind der Vors. und der stellvertr. Vors. auch dann neu zu wählen, wenn sie erneut in den GesBR entsandt wurden (→ § 51 Rn. 17). Eine kollektive Beendigung der Amtszeit oder der Beginn einer neuen Amtszeit des GesBR ist damit aber nicht verbunden. 5

Anders als gem. § 23 Abs. 1 für den BR (→ § 23 Rn. 35 ff.) sieht das G **keine gerichtliche Auflösung des GesBR** vor. 6

Auch ein **kollektiver Rücktritt** des GesBR mit der Folge seines völligen Wegfalls ist **nicht möglich** (Richardi BetrVG/*Annuß* Rn. 3; DKKW/*Trittin* Rn. 8). Erklären die Mitgl. des GesBR geschlossen ihren „Rücktritt", so handelt es sich um Amtsniederlegungen der einzelnen Mitgl. (→ Rn. 11 ff.). Der GesBR entfällt dadurch nicht. Vielmehr rücken die gem. § 47 Abs. 3 bestellten ErsMitgl. entspr. der festgelegten Reihenfolge in den GesBR nach (HWGNRH/*Glock* Rn. 9). Sind in den einzelnen BR keine ErsMitgl. mehr vorhanden, so müssen die BR unverzüglich die von ihnen in den GesBR zu entsendenden Mitgl. neu bestellen. 7

8 Eine Beendigung des GesBR tritt dann ein, wenn die **Voraussetzungen für seine Errichtung entfallen** (→ § 47 Rn. 26).

III. Ausscheiden einzelner Mitglieder

1. Erlöschen der Mitgliedschaft im Betriebsrat

9 Die **Beendigung der Mitgliedschaft im BR** hat stets das Erlöschen der Mitgliedschaft im GesBR zur Folge, da der BR nach § 47 Abs. 2 nur eigene Mitgl. in den GesBR entsenden kann (→ § 47 Rn. 28 ff.).

10 Die **Tatbestände,** die ein Erlöschen der Mitgliedschaft im BR zur Folge haben, sind iE in **§ 24** geregelt.

2. Amtsniederlegung

11 Ebenso wie gem. § 24 Nr. 2 ein BRMitgl. (→ § 24 Rn. 9 ff.; BAG 12.1.2000 – 7 ABR 61/98, NZA 2000, 669) kann auch ein GesBRMitgl. sein Amt niederlegen (BAG 4.11.2015 – 7 ABR 61/13, NZA-RR 2016, 256 Rn. 35). Die **Amtsniederlegung** kann **jederzeit** erklärt werden und ist an **keine Form** gebunden (BAG 4.11.2015 – 7 ABR 61/13, NZA-RR 2016, 256 Rn. 35; HWGNRH/*Glock* Rn. 6; Richardi BetrVG/*Annuß* Rn. 6). Sie muss aber eindeutig sein (GK-BetrVG/*Kreutz/Franzen* Rn. 12). Insbes. muss sich aus ihr zweifelsfrei ergeben, ob nur das Amt als GesBRMitgl. oder auch das Amt als BRMitgl. niedergelegt werden soll (vgl. GK-BetrVG/*Kreutz/Franzen* Rn. 9). Die Erklärung ist gegenüber dem Vors. des GesBR abzugeben (BAG 4.11.2015 – 7 ABR 61/13, NZA-RR 2016, 256 Rn. 35; Richardi BetrVG/*Annuß* Rn. 6; HWGNRH/*Glock* Rn. 6; vgl. zur Amtsniederlegung eines BRMitgl. BAG 12.1.2000 – 7 ABR 61/98, NZA 2000, 669). Dieser hat den entsendenden BR unverzüglich zu unterrichten (DKKW/*Trittin* Rn. 7). Mit dem Zugang der Erklärung der Amtsniederlegung beim Vors. des GesBR ist die Mitgliedschaft im GesBR beendet (vgl. BAG 4.11.2015 – 7 ABR 61/13, NZA-RR 2016, 256 Rn. 35), sofern nicht das Mitgl. des GesBR einen späteren Zeitpunkt für die Beendigung seines Amts festgelegt hat. Die Erklärung der Amtsniederlegung kann **nicht zurückgenommen, widerrufen oder angefochten** werden (Richardi BetrVG/*Annuß* Rn. 6; HWGNRH/*Glock* Rn. 7; DKKW/*Trittin* Rn. 7; ErfK/*Koch* Rn. 1; WPK/*Roloff* Rn. 3; diff. GK-BetrVG/*Kreutz/Franzen* Rn. 11).

12 Die Amtsniederlegung steht einer **erneuten Entsendung** in den GesBR nicht entgegen, auch wenn sie nach kurzer Zeit erfolgt (Richardi BetrVG/*Annuß* Rn. 6; HWGNRH/*Glock* Rn. 8; DKKW/*Trittin* Rn. 7; WPK/*Roloff* Rn. 3).

13 Auch der **einzige BR eines Betriebs** mit bis zu 20 wahlberechtigten ArbN, der dem GesBR ohne einen förmlichen Entsendungsakt angehört (→ § 47 Rn. 33), kann sein Amt im GesBR niederlegen (DKKW/*Trittin* Rn. 7; HWGNRH/*Glock* Rn. 10; GK-BetrVG/*Kreutz/Franzen* Rn. 14). Niemand kann zur Beibehaltung eines betriebsverfassungsrechtlichen Amts gezwungen werden. Legt das einzige Mitgl. eines einköpfigen BR neben seinem Amt als GesBRMitglied aber nicht auch zugleich sein Amt als BRMitglied nieder, dürfte die isolierte Niederlegung des GesBRAmts regelmäßig eine grobe Pflichtverletzung iSv § 23 Abs. 1 darstellen, die eine Amtsenthebung als BR rechtfertigt (Richardi BetrVG/*Annuß* Rn. 7; HWGNRH/*Glock* Rn. 10; GK-BetrVG/*Kreutz/Franzen* Rn. 14; **aA** DKKW/*Trittin* Rn. 7).

14 Die Amtsniederlegung des einzelnen Mitgl. des GesBR lässt die **Mitgliedschaft im BR** unberührt (Richardi BetrVG/*Annuß* Rn. 6). Die **Mitgliedschaft im KBR** endet gem. § 57 automatisch. Legt ein Mitgl. das BRAmt nieder, so endet damit auch seine Mitgliedschaft im GesBR.

3. Ausschluss auf Grund einer gerichtlichen Entscheidung

Die Mitgliedschaft im GesBR endet ferner, wenn ein GesBRMitglied **wegen grober Verletzung der** ihm obliegenden **gesetzlichen Verpflichtungen** durch rechtskräftige gerichtliche Entscheidung gem. § 48 aus dem GesBR ausgeschlossen wird (→ § 48 Rn. 5 ff.). 15

4. Abberufung durch den Betriebsrat

Der entsendende BR kann die in den GesBR entsandten Mitgl. jederzeit **abberufen.** Zwar ist durch das BetrVerf-ReformG § 47 Abs. 2 S. 4, in dem die Abberufung ausdrücklich geregelt war, weggefallen. Die Möglichkeit der jederzeitigen Abberufung folgt aber aus dem unverändert gebliebenen § 49 (GK-BetrVG/*Kreutz/Franzen* Rn. 16). Die Abberufung erfolgt in demselben Verfahren wie die Entsendung nach § 47 (BAG 16.3.2005 – 7 ABR 33/04, NJOZ 2005, 3721). **Besondere Gründe** sind für die Abberufung **nicht erforderlich.** Insbes. muss nicht etwa eine Pflichtverletzung des GesBRMitgl. vorliegen (GK-BetrVG/*Kreutz/Franzen* Rn. 19; DKKW/*Trittin* § 47 Rn. 93; WPK/*Roloff* Rn. 4). 16

Die Abberufung bedarf eines **Beschlusses des BR.** Hierfür ist die einfache Mehrheit ausreichend (BAG 16.3.2005 – 7 ABR 33/04, NJOZ 2005, 3721; GK-BetrVG/*Kreutz/Franzen* Rn. 17). Anders als nach früherem Recht (BAG 15.8.2001 – 7 ABR 2/99, NZA 2002, 569) findet eine gruppeninterne Entscheidung über die Abberufung nicht mehr statt (BAG 16.3.2005 – 7 ABR 33/04, NJOZ 2005, 3721). Das betroffene Mitgl. kann wohl an der Abstimmung teilnehmen (GK-BetrVG/*Kreutz/Franzen* Rn. 17; WPK/*Roloff* Rn. 4). Ist das GesBRMitgl. gem. § 47 Abs. 8 für mehrere Betriebe entsandt (→ § 47 Rn. 78 f.), bedarf es eines Mehrheitsbeschlusses des gesamten Entsendungsgremiums (GK-BetrVG/*Kreutz/Franzen* Rn. 20). 17

Die Abberufung wird mit **Mitteilung der Abberufung** durch den Vors. des BR an den Abberufenen wirksam (GK-BetrVG/*Kreutz/Franzen* Rn. 18; ErfK/*Koch* Rn. 1; Richardi BetrVG/*Annuß* Rn. 9; MHdB ArbR/*Nebendahl* § 300 Rn. 115; **aA** HWGNRH/*Glock* Rn. 13; DKKW/*Trittin* Rn. 9: mit Zugang beim GesBRVors.; WPK/*Roloff* Rn. 4; HWK/*Hohenstatt/Dzidda* § 49 Rn. 2, bereits mit Beschlussfassung). Die Abberufung ist ferner dem GesBRVors. mitzuteilen. 18

5. Nachrücken von Ersatzmitgliedern

Für das aus dem GesBR ausscheidende Mitgl. rückt das gem. § 47 Abs. 3 bestellte **ErsMitgl.** entspr. der festgelegten Reihenfolge nach, wenn nicht der BR eine Neubestellung des in den GesBR zu entsendenden Mitgl. und des ErsMitgl. vornimmt (vgl. GK-BetrVG/*Kreutz/Franzen* Rn. 18; Richardi BetrVG/*Annuß* Rn. 11; ErfK/*Koch* Rn. 1). 19

IV. Streitigkeiten

Streitigkeiten über den Fortbestand der Mitgliedschaft im GesBR, über die Wirksamkeit einer Amtsniederlegung oder Abberufung sowie über das Nachrücken von ErsMitgl. entscheiden die **ArbG im BeschlVerf.** (§§ 2a, 80 ff. ArbGG). **Örtlich zuständig** ist gem. § 82 Abs. 1 S. 2 ArbGG das für den Sitz des Unternehmens zuständige ArbG. Dies gilt auch bei Streitigkeiten über die Wirksamkeit eines Abberufungsbeschl. des entsendenden BR (GK-BetrVG/*Kreutz/Franzen* Rn. 25; WPK/*Roloff* Rn. 5; **aA** DKKW/*Trittin* Rn. 13). Maßgeblich ist für § 82 Abs. 1 S. 2 ArbGG nicht, wer Beteiligter ist, sondern der materiellrechtliche Gegenstand des Verfahrens (vgl. GK-ArbGG/*Ahrendt* § 82 Rn. 11). Dies ist die Mitgliedschaft im GesBR. Die 20

Wirksamkeit des Abberufungsbeschl. ist lediglich eine Vorfrage (WPK/*Roloff* Rn. 5). Die **Abberufungsentscheidung kann** – ebenso wie andere BRinterne Wahlen – in entsprechender Anwendung des § 19 innerhalb der Zwei-Wochen-Frist des § 19 Abs. 2 S. 2 **gerichtlich angefochten werden** (→ § 47 Rn. 83 ff.; BAG 16.3.2005 – 7 ABR 33/04, NJOZ 2005, 3721). Zur Anfechtung berechtigt ist grds. jedes einzelne BRMitglied. Auf seine persönliche Betroffenheit von der Abberufungsentscheidung kommt es nicht an (vgl. zur Freistellungswahl BAG 20.4.2005 – 7 ABR 47/04, NZA 2005, 1013). Zum arbeitsgerichtlichen Beschlussverfahren s. **Anh. 3.**

§ 50 Zuständigkeit

(1) [1]**Der Gesamtbetriebsrat ist zuständig für die Behandlung von Angelegenheiten, die das Gesamtunternehmen oder mehrere Betriebe betreffen und nicht durch die einzelnen Betriebsräte innerhalb ihrer Betriebe geregelt werden können; seine Zuständigkeit erstreckt sich insoweit auch auf Betriebe ohne Betriebsrat.** [2]**Er ist den einzelnen Betriebsräten nicht übergeordnet.**

(2) [1]**Der Betriebsrat kann mit der Mehrheit der Stimmen seiner Mitglieder den Gesamtbetriebsrat beauftragen, eine Angelegenheit für ihn zu behandeln.** [2]**Der Betriebsrat kann sich dabei die Entscheidungsbefugnis vorbehalten.** [3]**§ 27 Abs. 2 Satz 3 und 4 gilt entsprechend.**

Inhaltsübersicht

I. Vorbemerkung

1 Die Vorschrift regelt die **Rechtsstellung des GesBR,** sein **Verhältnis zu den einzelnen BR** und seine **Zuständigkeit.** Durch Abs. 1 S. 1 Hs. 2 (eingefügt durch das BetrVerf-ReformG) wird klargestellt, dass der GesBR im Rahmen seiner originären Zuständigkeit auch für Betriebe zuständig ist, in denen kein BR besteht.

2 Nach § 73 Abs. 2 gilt § 50 für die **GesJAV** Zur Zuständigkeit des **KBR** vgl. § 58.

3 Die Vorschrift ist **zwingend** und kann weder durch TV noch BV abgedungen werden (→ Rn. 10). Allerdings können dem GesBR für Bereiche, die im G nicht abschließend geregelt sind, durch TV Zuständigkeiten übertragen werden (GK-BetrVG/*Kreutz/Franzen* Rn. 6).

4 Entspr. Vorschrift des **BPersVG:** § 82, des **SprAuG:** § 18 Abs. 1 u. 2.

II. Rechtsstellung des Gesamtbetriebsrats

5 Der GesBR ist ein **neben den einzelnen BR stehendes selbständiges betriebsverfassungsrechtliches Organ.** Er ist gem. Abs. 1 S. 2 den einzelnen BR **nicht übergeordnet.** Er kann diesen also weder im Einzelfall Weisungen erteilen noch generell verbindliche Richtlinien für BV oder die Behandlung von Angelegenheiten durch die BR festlegen (Richardi BetrVG/*Annuß* Rn. 44; GK-BetrVG/*Kreutz/Franzen* Rn. 13; DKKW/*Trittin* Rn. 7; ErfK/*Koch* Rn. 1). Er kann allerdings versuchen, etwaige gleichartige Regelungen der EinzelBR zu koordinieren (Richardi BetrVG/*Annuß* Rn. 44; ErfK/*Koch* Rn. 1; GK-BetrVG/*Kreutz/Franzen* Rn. 13; HWGNRH/*Glock* Rn. 5). Rechtliche Durchsetzungsmöglichkeiten besitzt er aber insoweit nicht (GK-BetrVG/*Kreutz/Franzen* Rn. 13).

6 Der GesBR ist den einzelnen BR auch **nicht untergeordnet** (GK-BetrVG/*Kreutz/Franzen* Rn. 14; Richardi BetrVG/*Annuß* Rn. 45; DKKW/*Trittin* Rn. 7; ErfK/*Koch* Rn. 1; HWGNRH/*Glock* Rn. 5). Diese können dem GesBR keine verbindlichen Vorgaben machen. Auch haben die in den GesBR entsandten Mitgl. kein imperatives Mandat. Die BR können daher keine Weisungen für ihr Abstimmungsverhalten im GesBR erteilen (→ § 47 Rn. 48; DKKW/*Trittin* Rn. 8; ErfK/*Koch* Rn. 1). Eine faktische Abhängigkeit entsteht allerdings dadurch, dass der einzelne BR seine in den GesBR entsandten Mitgl. ohne besonderen Grund abberufen kann (MHdB ArbR/*Nebendahl* § 300 Rn. 37; → § 49 Rn. 16 ff.).

7 GesBR und einzelne BR stehen im Rahmen ihrer Zuständigkeiten **gleichberechtigt nebeneinander** (GK-BetrVG/*Kreutz/Franzen* Rn. 13). Sie haben gem. § 51 Abs. 5 grds. die gleichen betriebsverfassungsrechtlichen Rechte und Pflichten (→ § 51 Rn. 62 ff.). Auch wächst weder dem GesBR noch den einzelnen BR eine Regelungskompetenz dadurch zu, dass das zuständige Organ seine originäre Regelungsbefugnis nicht ausübt (→ Rn. 10).

8 Die Zuständigkeit des GesBR hat **keine Ausweitung von gesetzlichen MBR** zur Folge. Diese sind grds. nicht von der Zuständigkeit von BR oder GesBR, sondern von den gesetzlichen Tatbeständen, insbes. den für die Ermittlung der Schwellenwerte maßgeblichen Bezugsgrößen (Betrieb, Unternehmen) abhängig. Zu § 111 (aF) hat das BAG allerdings entschieden, dass für eine Betriebsänderung in Kleinbetrieben, die einem größeren Unternehmen angehören, trotz Nichterreichen des Schwellenwerts in den Kleinbetrieben ein MBR nach §§ 111 ff. besteht, wenn sich die wirtschaftliche Maßnahme betriebsübergreifend auf mehrere Betriebe des Unternehmens erstreckt und in die Zuständigkeit des GesBR fällt (BAG 8.6.1999 – 1 AZR 831/98, NZA 1999, 1168; BAG 23.9.2003 – 1 AZR 576/02, NZA 2004, 440).

III. Verhältnis der Zuständigkeiten von Gesamtbetriebsrat und Betriebsräten

9 Für das **Verhältnis der originären Zuständigkeit von BR, GesBR und KBR** gilt der **Grundsatz der Zuständigkeitstrennung** (BAG 14.11.2006 – 1 ABR 4/06, NZA 2007, 399; 8.6.2004 – 1 ABR4/03, NZA 2005, 227; 19.6.2007 – 1 AZR 454/06, NZA 2007, 1184; GK-BetrVG/*Kreutz/Franzen* Rn. 17 ff.; ErfK/*Koch* Rn. 2; HWGNRH/*Glock* Rn. 5; Richardi BetrVG/*Annuß* Rn. 46; *Werner* NZA-RR 2019, 1; **aA** DKKW/*Trittin* Rn. 15: „Auffangzuständigkeit" des BR, falls GesBR nicht errichtet wurde oder von seinen Rechten keinen Gebrauch macht). Es handelt sich nicht etwa um eine Kollisions-, sondern um eine **Kompetenznorm.** Die originären **Zuständigkeiten** der betriebsverfassungsrechtlichen Organe **schließen sich wechselseitig aus** (BAG 6.4.1976 – 1 ABR 27/74, AP BetrVG 1972 § 50 Nr. 2; 20.12.1995 – 7 ABR 8/95, NZA 1996, 945; ErfK/*Koch* Rn. 2; *Schmitt/Rolfes* FS 50 Jahre BAG, 2004, 1081 [1084]; *Rieble* in Giesen/Junker/Rieble (Hrsg.) ZAAR

Schriftenreihe Bd. 44, 2018, S. 97). Es ist im Rahmen originärer Zuständigkeit nur entweder der BR oder der GesBR oder der KBR zuständig. Es gibt auch **keine Auffangzuständigkeit der BR** (BAG 17.5.2011 – 1 ABR 121/09, AP BetrVG 1972 § 80 Nr. 73) und **keine Rahmenkompetenz des GesBR oder des KBR** (→ Rn. 28; BAG 14.11.2006 – 1 ABR 4/06, NZA 2007, 399; 18.7.2018 – 1 ABR 59/15, NZA 2017, 1615 Rn 21; ErfK/*Koch* Rn. 2; **aA** DKKW/*Trittin* Rn. 15). Dies gilt grds. sowohl für die Gegenstände der notwendigen Mitbestimmung als auch für freiwillige BV. Bei freiwilligen Leistungen, über deren Gewährung der ArbGeb. mitbestimmungsfrei entscheidet, kann er durch die Festlegung des Adressatenkreises und der Regelungsebene zugleich das zuständige betriebsverfassungsrechtliche Organ bestimmen („subjektive Unmöglichkeit“, → Rn. 24). Der Grundsatz strikter Zuständigkeitstrennung erfährt eine Modifikation durch die – allerdings lediglich in eine Richtung vorgesehenen – **Delegationsmöglichkeiten nach §§ 50 Abs. 2, 58 Abs. 2** (→ Rn. 62 ff.; → § 58 Rn. 25 ff.). Die massive Kritik *Trittins* (DKKW/*Trittin* Rn. 40) an dem vom BAG vertretenen Konzept der strikten Zuständigkeitstrennung ist unberechtigt. „Primärzuständigkeiten“, „Auffangzuständigkeiten“, „Rahmenzuständigkeiten“, „Parallelzuständigkeiten“, „Annexzuständigkeiten“ etc sind insbes. mit den Erfordernissen der Rechtssicherheit und der normativen Wirkung von BV unvereinbar. Das zeigt sich spätestens, wenn es zu Zuständigkeitskonflikten zwischen BRen, GesBR(en) und KBR kommt oder wenn es um Konkurrenzen sich widersprechender BV, GBV und KBV (→ Rn. 74) oder um deren Ablösung oder Abänderung geht.

10 Die **gesetzliche Zuständigkeitsverteilung** ist **zwingend** und kann weder durch TV noch durch BV abgeändert werden (BAG 9.12.2003 – 1 ABR 49/02, NZA 2005, 234; 14.11.2006 – 1 ABR 4/06, NZA 2007, 399; MHdB ArbR/*Nebendahl* § 300 Rn. 38; *Werner* NZA-RR 2019, 1). **Daher können GesBR und ArbGeb. die Zuständigkeit der einzelnen BR nicht abbedingen** (BAG 9.12.2003 – 1 ABR 49/02, NZA 2005, 234). Ebenso können die einzelnen BR in Angelegenheiten, in denen nach Abs. 1 der GesBR zuständig ist, auch dann keine Vereinbarungen mit dem ArbGeb. treffen, wenn ein GesBR – gesetzwidrig – nicht errichtet ist oder aber untätig bleibt. Sie haben insoweit keine „Auffangzuständigkeit“ (MHdB ArbR/*Nebendahl* § 300 Rn. 38; Richardi BetrVG/*Annuß* Rn. 46; *Schmitt/Rolfes* FS 50 Jahre BAG, 2004, 1081 [1086]; ErfK/*Koch* Rn. 2; **aA** DKKW/*Trittin* Rn. 15; vgl. zum Wegfall von MBR bei Fehlen eines möglichen KBR BAG 14.12.1993 – 3 AZR 618/93, NZA 1994, 554; *Reinecke* ArbuR 2004, 328 [336]; vgl. aber dazu, dass die nach der Rspr. bestehende Unmöglichkeit der Errichtung eines KBR im Konzern mit Konzernspitze im Ausland nicht den Wegfall von MBR zur Folge habe, → Rn. 11a; → § 54 Rn. 34–34j). Die Betriebsparteien haben es nicht in der Hand, die gesetzlichen Zuständigkeitsregelungen durch den Abschluss freiwilliger Vereinbarungen aufzuheben. Sie können daher der Regelung einer Angelegenheit der zwingenden Mitbestimmung, für deren Ausübung kraft Gesetzes der GesBR zuständig ist, nicht durch freiwillige Vereinbarungen auf der betrieblichen Ebene vorgreifen (BAG 11.12.2001 – 1 AZR 193/01, NZA 2002, 688; 21.1.2003 – 3 ABR 26/02, NJOZ 2003, 2274). Andererseits können GesBR und ArbGeb. auch keine – sei es auch nur nachwirkende – vom zuständigen BR geschlossene BV wirksam ablösen (BAG 15.1.2002 – 1 ABR 10/01, NZA 2002, 988). Auch kann der GesBR – anders als gem. Abs. 2 die einzelnen BR in umgekehrter Richtung – seine Kompetenzen nicht auf die EinzelBR delegieren (BAG 21.1.2003 – 3 ABR 26/02, NJOZ 2003, 2274).

11 Der Grundsatz der Zuständigkeitstrennung und der nicht zur Disposition der Betriebsparteien stehenden originären Zuständigkeiten von BR, GesBR und KBR gilt im Prinzip auch in **Angelegenheiten, die nicht der zwingenden Mitbestimmung unterliegen** (vgl. insbes. § 88). Er erfährt allerdings insofern eine erhebliche Einschränkung, als hier der ArbGeb. unabhängig von der gesetzlichen Zuständigkeitsverteilung die Zuständigkeit des GesBR (oder des KBR) herbeiführen kann, indem er sich – nur – zu einer freiwilligen BV auf unternehmenseinheitlicher oder jedenfalls betriebsübergreifender (oder gar nur auf unternehmensübergreifender) Ebene bereit erklärt. Wenn der ArbGeb. mitbestimmungsfrei darüber entscheiden kann, ob er eine Leistung überhaupt erbringt, kann er sie von einer überbetrieblichen Regelung abhängig machen und so die Zuständigkeit des GesBR für den Abschluss der entspr. BV begründen (→ Rn. 24; BAG 9.12.2003 – 1 ABR 49/02, NZA 2005, 234; 26.4.2005 – 1 AZR 76/04, NZA 2005, 892; 10.10.2006 – 1 ABR 59/05, NZA 2007, 523; 23.3.2010 – 1 ABR 82/08, NZA 2011, 642; MHdB ArbR/*Nebendahl* § 300 Rn. 39; zum KBR BAG 13.12.2016 – 1 AZR 148/15, BeckRS 2016, 117544 Rn. 25). Begründet der ArbGeb. auf diese Weise die Zuständigkeit des betriebsverfassungsrechtlichen Organs für eine freiwillige BV, bedarf er zu deren Abänderung oder Ablösung der Mitwirkung dieses Organs (BAG 11.12.2001 – 1 AZR 193/01, NZA 2002, 688; 17.4.2012 – 1 AZR 119/11, NZA 2012, 1240). Allerdings ist es ihm wohl grds. unbenommen, die BV fristgerecht zu kündigen und anschließend auf anderer Regelungsebene mit einem anderen Organ eine neue freiwillige BV zu schließen.

11a Der Grundsatz der Zuständigkeitstrennung und der zwingenden gesetzl. Zuständigkeitsverteilung hat zur **Folge,** dass in Fällen, in denen ein gesetzl. zuständiger GesBR (pflichtwidrig) oder in denen ein – fakultativ – möglicher KBR nicht gebildet ist, die diesem zustehenden **MBR entfallen** und der ArbGeb. die an sich mitbestimmungspflichtigen Maßnahmen mitbestimmungsfrei durchführen kann (vgl. ErfK/*Koch* Rn. 2; GK-BetrVG/*Kreutz/Franzen* Rn. 19; Richardi BetrVG/*Annuß* Rn. 46; *Salamon* NZA 2019, 283, 285; *Trebeck* NZA 2018, 836 [838]; vgl. zum mögl., aber nicht errichteten KBR BAG 14.12.1993 – 3 AZR 613/93, NZA 1994, 554; **aA** DKKW/*Trittin* Rn. 15). In Fällen, in denen ein KBR wegen fehlender inländischer Konzernspitze nach der Rspr. des BAG nicht errichtet werden kann, sollen nach dessen Rspr. aber die MBR von den GesBR und den BR wahrgenommen werden können (zuletzt BAG 23.5.2018 – 7 ABR 60/16, NZA 2018, 1562 Rn. Rn. 26; dazu ausf. → **§ 54 Rn. 34a bis j**).

12 Nach der Kompetenzzuweisung des BetrVG ist für die Wahrnehmung von MBR **in erster Linie** der von den ArbN **unmittelbar durch Wahl legitimierte BR zuständig** (BAG 8.6.2004 – 1 ABR 4/03, NZA 2005, 227; 19.6.2007 – 1 AZR 454/06, NZA 2007, 2377; 18.7.2017 – 1 ABR 59/15, NZA 2017, 1615 Rn. 19). Er hat die Interessen der Belegschaften der einzelnen Betriebe gegenüber dem Unternehmer wahrzunehmen.

13 Bei **Zweifeln über die originäre Zuständigkeit** von GesBR oder EinzelBR obliegt es dem ArbGeb., der MBR zu beachten hat oder BV abschließen will, die in Betracht kommenden ArbNVertr. zur Klärung der Zuständigkeitsfrage aufzufordern. Andernfalls trägt er – insbes. zB bei dem von ihm nach § 112 Abs. 2 zu unternehmenden Versuch eines Interessenausgleichs – das Risiko, dass sein Verhandlungsversuch als unzureichend gewertet wird und er gem. § 113 Abs. 3 zum Nachteilsausgleich verpflichtet wird (BAG 24.1.1996 – 1 AZR 542/95, NZA 1996, 1107; Richardi BetrVG/*Annuß* Rn. 48; *Schmitt/Rolfes* FS 50 Jahre BAG, 2004, 1081 [1090]; *Wißmann* FS 25 Jahre ARGE Arbeitsrecht im DAV, 2006, 1037 [1042]).

14 Als **Verhandlungspartner des GesBR** wird in den dem GesBR nach Abs. 1 originär zustehenden Angelegenheiten regelmäßig die „Unternehmensleitung" angesehen (GK-BetrVG/*Kreutz/Franzen* Rn. 80; ErfK/*Koch* Rn. 1). Im Rechtssinne ist allerdings zunächst der Rechtsträger des Unternehmens zuständig (MHdB ArbR/*Nebendahl* § 300 Rn. 40). Dieser kann kraft seiner Organisationsgewalt grds. den tatsächlichen Verhandlungspartner des GesBR bestimmen. Er muss diesem aber ausreichende Entscheidungsbefugnisse übertragen (MHdB ArbR/*Nebendahl* § 300 Rn. 40; GK-BetrVG/*Kreutz/Franzen* Rn. 80; HWGNRH/*Glock* Rn. 7). Handelt der GesBR gem. Abs. 2 auf Grund einer Beauftragung durch einen oder mehrere BR, können Verhandlungspartner sowohl die Unternehmensleitung als auch die Betriebsleitungen sein. Der GesBR hat keinen Anspruch auf Verhandlungen mit einer bestimmten Per-

son. Der ArbGeb. muss aber bereits wegen des Grundsatzes der vertrauensvollen Zusammenarbeit dem GesBR mit einem Verhandlungspartner begegnen, der über die erforderlichen Informationen und Entscheidungsbefugnisse verfügt (vgl. ErfK/*Koch* Rn. 1). Auch muss er die Leitungsstruktur seines Unternehmens so organisieren, dass dem GesBR ein kompetenter Verhandlungspartner gegenübersteht (BAG 18.10.1994 – 1 ABR 17/94, NZA 1995, 390).

IV. Zuständigkeit des Gesamtbetriebsrats kraft Gesetzes

1. Allgemeines

15 Die **originäre Zuständigkeit des GesBR** ist gem. Abs. 1 von **zwei Voraussetzungen** abhängig:

– Einmal muss die Angelegenheit entweder **das Gesamtunternehmen oder zumindest mehrere Betriebe des Unternehmens** betreffen (→ Rn. 18 f.).
– Zum anderen darf diese Angelegenheit **nicht durch die einzelnen BR innerhalb ihrer Betriebe geregelt werden können** (→ Rn. 20 ff.).

16 Beide **Voraussetzungen müssen kumulativ vorliegen** (BAG 3.5.2006 – 1 ABR 15/05, NZA 2007, 1245; 14.11.2006 – 1 ABR 4/06, NZA 2007, 399; *Lunk* NZA 2013, 233 [234]).

17 Fehlt es an einer der beider Voraussetzungen, sind die örtlichen BR zuständig (BAG 3.5.2006 – 1 ABR 15/05, NZA 2007, 1245; 8.6.2004 – 1 ABR 4/03, NZA 2005, 227; 19.6.2007 – 1 AZR 454/06, NZA 2007, 1184). Eine Zuständigkeit des GesBR kommt nicht in Betracht, wenn keine Regelungsmöglichkeit besteht. Für die Wahrnehmung des Überwachungsrechts nach § 80 Abs. 1 Nr. 1 ist daher allein der BR zuständig (BAG 16.8.2011 – 1 ABR 22/10, NZA 2012, 342).

a) Überbetriebliche Angelegenheiten

18 Nach Abs. 1 S. 1 Hs. 1 ist der GesBR originär nur zuständig für **überbetriebliche Angelegenheiten** (Richardi BetrVG/*Annuß* Rn. 6; GK-BetrVG/*Kreutz/Franzen* Rn. 23). Nicht erforderlich ist, dass sämtliche Betriebe des Unternehmens betroffen sind. Die zu regelnde Angelegenheit muss aber mindestens zwei Betriebe betreffen (BAG 3.5.2006 – 1 ABR 15/05, NZA 2007, 1245). Der überbetriebliche Bezug bedeutet nicht, dass durch vom GesBR geschlossene Vereinbarungen Angelegenheiten „des Unternehmens" geregelt würden. **Bezugsobjekt bleiben** vielmehr **die einzelnen Betriebe** (BAG 18.9.2002 – 1 ABR 54/01, NZA 2003, 670). Dies ist insbes. für die normative Fortgeltung von GesBV im Falle des Betriebsübergangs von Bedeutung (→ Rn. 77; → § 77 Rn. 169).

19 Angelegenheiten, die nur einen Betrieb betreffen, gehören ausschließlich zur Zuständigkeit des BR dieses Betriebs. Gleichwohl getroffene **Vereinbarungen zwischen GesBR und ArbGeb.** sind nach dem strikten Grundsatz der Zuständigkeitstrennung (→ Rn. 9 ff.) mangels Zuständigkeit des GesBR **unwirksam** (Richardi BetrVG/*Annuß* Rn. 6). Sofern der GesBR aufgrund zu Unrecht angemaßter originärer Zuständigkeit gehandelt hat, ist eine **nachträgliche Genehmigung** durch den an sich zuständigen EinzelBR nicht möglich (Richardi BetrVG/*Annuß* Rn. 6; GK-BetrVG *Kreutz/Franzen* Rn. 65, die allerdings nicht ausreichend zwischen zu Unrecht angemaßter eigener Zuständigkeit des GesBR und den Fällen einer zu Unrecht angenommenen Beauftragung nach Abs. 2 S. 1 unterscheiden; insoweit nicht ausreichend differenzierend auch 29. Aufl.). Handelt der GesBR gegenüber dem ArbGeb. aufgrund einer nicht wirksam zustande gekommenen Beauftragung nach Abs. 2 S. 1, so steht einer rückwirkenden Genehmigung durch den zuständigen BR in zumindest entspr. Anwendung der §§ 177 Abs. 1, 184 Abs. 1 BGB nichts entgegen (vgl. auch → Rn. 62–62c, 63; **aA** insoweit GK-BetrVG *Kreutz/Franzen* Rn. 65).

b) Keine betriebliche Regelungsmöglichkeit

Erforderlich für die Zuständigkeit des GesBR ist weiter, dass die **Angelegenheit nicht durch die einzelnen BR** innerhalb ihrer Betriebe **geregelt werden kann.** In diesem Sinne liegt die Primärzuständigkeit beim BR (→ Rn. 17). 20

Der Begriff des „Nichtregelnkönnens“ setzt nicht notwendig eine objektive Unmöglichkeit voraus. Ausreichend, aber regelmäßig auch zu verlangen ist jedoch, dass ein **zwingendes Erfordernis für eine betriebsübergreifende Regelung** besteht (BAG 16.6.1998 – 1 ABR 68/97, NZA 1999, 42; 15.1.2002 – 1 ABR 10/01, NZA 2002, 988; 14.11.2006 – 1 ABR 4/06, NZA 2007, 399; 19.6.2012 – 1 ABR 19/11, NZA 2012, 1237; MHdB ArbR/*Nebendahl* § 300 Rn. 47; Richardi BetrVG/*Annuß* Rn. 13; Versuche, den Begriff des zwingenden Erfordernisses zu konkretisieren bei GK-BetrVG/*Kreutz*/*Franzen* Rn. 37 ff.; – zu Unrecht – abl. gegenüber der Rspr. des BAG DKKW/*Trittin* Rn. 40 ff.). 21

Ein zwingendes Erfordernis kann sich aus **technischen oder rechtlichen Gründen** ergeben (BAG 9.12.2003 – 1 ABR 49/02, NZA 2005, 234; 26.4.2005 – 1 AZR 76/04, NZA 2005, 892; 14.11.2006 – 1 ABR 4/06, NZA 2007, 399; 23.3.2010 – 1 ABR 82/08, NZA 2011, 642). Eine produktionstechnische Notwendigkeit liegt insbes. dann vor, wenn ohne einheitliche Regelung eine technisch untragbare Störung eintreten würde, die zu unangemessenen betrieblichen oder wirtschaftlichen Auswirkungen führen könnte (BAG 9.12.2003 – 1 ABR 49/02, NZA 2005, 234). Abstrakte Kriterien lassen sich hierfür nicht aufstellen. **Maßgeblich** sind vielmehr die **Umstände des Einzelfalls** (BAG 19.6.2012 – 1 ABR 19/11, NZA 2012, 1237; 18.7.2017 – 1 ABR 59/15, NZA 2017, 1615 Rn. 19; ErfK/*Koch* Rn. 3; Richardi BetrVG/*Annuß* Rn. 19; vgl. zu Fällen technischer Notwendigkeit → Rn. 41). Eine betriebsübergreifende Spartenorganisation, in der der ArbGeb. Entscheidungen notwendig sparteneinheitl. trifft, führt insoweit zur Zuständigkeit des GesBR (vgl. *Salamon* NZA 2018, 143 [144]). 22

Die **bloße Zweckmäßigkeit** einer unternehmenseinheitlichen Regelung oder ein **Kosteninteresse** des ArbGeb begründen in den Angelegenheiten der zwingenden Mitbestimmung die Zuständigkeit des GesBR nicht (BAG 9.12.2003 – 1 ABR 49/02, NZA 2005, 234; 8.6.2004 – 1 ABR 4/03, NZA 2005, 227; 3.5.2006 – 1 ABR 15/05, NZA 2007, 1245; 14.11.2006 – 1 ABR 4/06, NZA 2007, 399; 23.3.2010 – 1 ABR 82/08, NZA 2011, 642; 19.6.2012 – 1 ABR 19/11, NZA 2012, 1237; MHdB ArbR/*Nebendahl* § 300 Rn. 46; *Thüsing* ZfA 2010, 195). Ebenso wenig genügen das **Koordinierungsinteresse** des ArbGeb. oder sein **Wunsch** nach einer möglichst unternehmenseinheitlichen Regelung (BAG 23.3.2010 – 1 ABR 82/08, NZA 2011, 642; 19.6.2012 – 1 ABR 19/11, NZA 2012, 1237; 18.7.2017 – 1 ABR 59/15, NZA 2017, 1615 Rn. 19; MHdB ArbR/*Nebendahl* § 300 Rn. 46; Richardi BetrVG/*Annuß* Rn. 13; HWGNRH/*Glock* Rn. 15; ErfK/*Koch* Rn. 3; *Thüsing* ZfA 2010, 195). 23

Dagegen erfasst Abs. 1 die Fälle der **subjektiven Unmöglichkeit** (BAG 18.10.1994 – 1 ABR 17/94, NZA 1995, 390; 26.4.2005 – 1 AZR 76/04, NZA 2005, 892; 10.10.2006 – 1 ABR 59/05, NZA 2007, 523; HWGNRH/*Glock* Rn. 12; *Thüsing* ZfA 2010, 195; krit. gegenüber der Unterscheidung von objektiver und subjektiver Unmöglichkeit *Lunk* NZA 2013, 232 [234]). Subjektiv unmöglich ist den EinzelBR insbes. eine Regelung freiwilliger Leistungen in den Fällen, in denen der ArbGeb. den Zweck der Leistung so definiert, dass dieser nur mit einer überbetrieblichen Regelung erreichbar ist (BAG 18.10.1994 – 1 ABR 17/94, NZA 1995, 390). Das Verlangen des ArbGeb. macht eine einheitliche Regelung dann notwendig, wenn der ArbGeb. nur unter dieser Voraussetzung überhaupt zu der regelungsbedürftigen Maßnahme bereit ist und über das „Ob“ der Maßnahme – wie **insbes. bei freiwilligen Leistungen** – mitbestimmungsfrei entscheiden kann (→ Rn. 11; BAG 9.12.2003 – 1 ABR 49/02, NZA 2005, 234; 26.4.2005 – 1 AZR 76/04, NZA 2005, 892; 10.10.2006 – 1 ABR 59/05, NZA 2007, 523; 23.3.2010 – 1 ABR 82/08, NZA 2011, 642; 23.8.2016 – 1 ABR 43/14, NZA 2016, 1483; zum KBR BAG 24

13.12.2016 – 1 AZR 148/15, BeckRS 2016, 117544 Rn. 25; Richardi BetrVG/*Annuß* Rn. 16 HWGNRH/*Glock* Rn. 12; *Thüsing* ZfA 2010, 195). Dies gilt nicht nur bei der Gewährung freiwilliger Zulagen, sondern auch bei anderen Gegenständen, die der nicht erzwingbaren Mitbestimmung unterfallen (BAG 13.3.2001 – 1 ABR 7/00, NJOZ 2002, 335; 21.1.2003 – 3 ABR 26/02, NJOZ 2003, 2274; 9.12.2003 – 1 ABR 49/02, NZA 2005, 234). Die Vergütung sog AT-Angestellter, für die keine tarifvertragliche Vergütungspflicht besteht, ist allerdings keine „freiwillige" Leistung, bei welcher der ArbGeb. die Zuständigkeit des GesBR durch sein Verlangen nach einer betriebsübergreifenden, unternehmenseinheitlichen Regelung herbeiführen kann (BAG 23.3.2010 – 1 ABR 82/08, NZA 2011, 642; ebenso *Lunk/Leder* NZA 2011, 249). Der ArbGeb. schuldet eine solche Vergütung jedenfalls nach § 612 Abs. 1 BGB und kann nicht mitbestimmungsfrei darüber entscheiden, ob er die Leistung überhaupt erbringt (BAG 23.3.2010 – 1 ABR 82/08, NZA 2011, 642). Die Zuständigkeit des GesBR wird auch nicht dadurch begründet, dass ein TV über eine mitbestimmungspflichtige Angelegenheit eine freiwillige abweichende BV zulässt und der ArbGeb. nur zum Abschluss einer unternehmenseinheitlichen oder betriebsübergreifenden BV mit dem GesBR bereit ist. Ebenso wenig wie ein TV unmittelbar die betriebsverfassungsgesetzliche Zuständigkeit zu ändern vermag, kann eine **auf freiwillige BV beschränkte Öffnungsklausel** mittelbar zu einer Änderung der Zuständigkeit führen (BAG 9.12.2003 – 1 ABR 49/02, NZA 2005, 234; *Thüsing* ZfA 2010, 195). Gleiches gilt, wenn ein TV die Möglichkeit vorsieht, eine tarifliche Sonderzahlung durch „freiwillige BV" zu kürzen. Auch hier kann der ArbGeb. über das zuständige Betriebsverfassungsorgan nicht disponieren. Die Theorie der „subjektiven Unmöglichkeit" ist nicht anwendbar, wenn der ArbGeb. zur Reduzierung einer den ArbN zustehenden Leistung oder zu einer diese belastenden Regelung der Mitbestimmung des BR bedarf. In einem solchen Fall gibt es keine mitbestimmungsfreie Vorgabe des ArbGeb., durch welche die Ebene der Mitbestimmung und damit das für diese zuständige Gremium festgelegt wird (BAG 19.6.2007 – 1 AZR 454/06, NZA 2007, 1184). Ebenso wenig kann der ArbGeb. mitbestimmungsfrei darüber entscheiden, ob er von der durch § 5 Abs. 1 S. 3 EFZG eröffneten Möglichkeit gegenüber allen ArbN Gebrauch macht (BAG 23.8.2016 – 1 ABR 43/14, NZA 2016, 1483 Rn. 20). Bestreitet der ArbGeb. in einem Streit mit dem BR das Vorliegen eines mitbestimmungspflichtigen Tatbestands überhaupt, kann er nicht hilfsweise einwenden, er sei nur zu einer mit dem GesBR zu treffenden Regelung bereit (BAG 18.10.1994 – 1 ABR 17/04, NZA 1995, 390).

25 Maßgeblich für die Beurteilung der zwingenden Erforderlichkeit einer betriebsübergreifenden Regelung ist vor allem der **Gegenstand des Beteiligungsrechts** (BAG 11.12.2001 – 1 AZR 193/01, NZA 2002, 688; 15.1.2002 – 1 ABR 10/01, NZA 2002, 988; 19.6.2012 – 1 ABR 19/11, NZA 2012, 1237; 18.7.2017 – 1 ABR 59/15, NZA 2017, 1615 Rn. 19; *Fischer* RdA 2003, 114 [116]). Die Reichweite der Regelungszuständigkeit kann dabei davon abhängen, ob es sich um ein und dieselbe **Angelegenheit iSv § 50 Abs. 1 S. 1** oder um mehrere Angelegenheiten handelt (BAG 18.7.2017 – 1 ABR 59/15, NZA 2017, 1615 Rn. 21). Liegt nur eine Angelegenheit vor, so führt die Notwendigkeit, jedenfalls einen Teil davon betriebsübergreifend zu regeln, zur Zuständigkeit des GesBR für die gesamte Angelegenheit. Die Aufspaltung ein und derselben mitbestimmungspflichtigen Angelegenheit ist ebenso wenig möglich wie die Aufteilung in eine dem GesBR zukommende Rahmenzuständigkeit und eine den einzelnen BR zustehende Ausfüllungskompetenz (→ Rn. 28, 60 mwN). Dabei beurteilt sich das Vorliegen von ein und derselben Angelegenheit nicht allein nach dem in Betracht kommenden Mitbestimmungstatbestand (so allerdings wohl BAG 18.7.2017 – 1 ABR 59/15, NZA 2017, 1615 Rn. 21), sondern zugleich nach dem zu regelnden Lebenssachverhalt (so zu Recht *Salamon* NZA 2018, 832 [834 ff.]).

26 Besonderheiten bestehen, wenn eine **Gewerkschaft ArbGeb.** ist. Gewerkschaften können mangels eines Tarifpartners keine TV über die Arbeitsbedingungen ihrer

Beschäftigten schließen (BAG 17.2.1998 – 1 AZR 364/97, NZA 1998, 754). Auch sie müssen aber die Möglichkeit haben, einheitliche Arbeitsbedingungen zu schaffen. Damit entspr. Regelungen tarifersetzende Funktion entfalten können, müssen sie unternehmenseinheitlich Geltung erlangen. Dies eröffnet die Zuständigkeit des GesBR nicht nur für Angelegenheiten der freiwilligen Mitbestimmung, sondern auch insoweit, als mitbestimmungspflichtige Tatbestände berührt sind (BAG 14.12.1999 – 1 ABR 27/98, NZA 2000, 783; 15.11.2000 – 5 AZR 310/99, NZA 2001, 900).

In Unternehmen, in denen die maßgebenden ArbGebEntscheidungen der Unternehmensleitung vorbehalten sind, dürfte das Bestreben nach einheitlichen Regelungen von Angelegenheiten eher gegeben sein als in Unternehmen, die derartige Entscheidungen weitgehend den einzelnen Betriebsleitungen überlassen. Doch kann die Unternehmensleitung durch **Konzentration der Entscheidungsgewalt** die an sich gegebene Zuständigkeit des BR für Fragen der Einzelbetriebe nicht ausschalten (BAG 18.10.1994 – 1 ABR 17/04, NZA 1995, 390; DKKW/*Trittin* Rn. 33; GK-BetrVG/*Kreutz/Franzen* Rn. 41; Richardi BetrVG/*Annuß* Rn. 13; HWGNRH/*Glock* Rn. 12). Der Letztentscheidungsvorbehalt **begründet nicht die Notwendigkeit einer betriebsübergreifenden Regelung.** 27

Eine Beschränkung der originären Zuständigkeit des GesBR auf eine **bloße Rahmenkompetenz** ist **mit** dem Grundsatz der **Zuständigkeitstrennung nicht vereinbar** (BAG 14.11.2006 – 1 ABR 4/06, NZA 2007, 399; 18.7.2018 – 1 ABR 59/15, NZA 2017, 1615 Rn 21; *Ohlendorf/Salamon* NZA 2006, 131 [135]; *Salamon* NZA 2013, 708 [711] und *Salamon* NZA 2018, 832 [835], allerdings jeweils mit dem unzutr. Hinweis in Fn. 35, bzw. Rn. 42, in dieser Kommentierung werde die gegenteilige Auffassung vertreten; ErfK/*Koch* Rn. 2; GK-BetrVG/*Kreutz/Franzen* Rn. 17f.; Richardi BetrVG/*Annuß* Rn. 47; HWGNRH/*Glock* Rn. 17; überholt wohl BAG 31.1.1989 – 1 ABR 60/87, NZA 1989, 606). Sofern der GesBR für die Behandlung einer Angelegenheit nach § 50 Abs. 1 S. 1 originär zuständig ist, hat er diese Angelegenheit insgesamt mit dem Arbeitgeber zu regeln. **Innerhalb eines Mitbestimmungstatbestands** ist eine **Aufspaltung der Zuständigkeit auf mehrere betriebsverfassungsrechtliche Organe nicht möglich** (BAG 14.11.2006 – 1 ABR 4/06, NZA 2007, 399; 16.11.2011 – 7 ABR 28/10, NZA 2012, 404; 18.7.2017 – 1 ABR 59/15, NZA 2017, 1615 Rn. 21; *Ohlendorf/Salamon* NZA 2006, 131 [135]; *Thüsing* ZfA 2010, 195; **aA** DKKW/*Trittin* Rn. 68). Die Abgrenzung unterschiedlicher Zuständigkeiten innerhalb eines Mitbestimmungstatbestands wäre häufig zuverlässig kaum möglich und mit den Erfordernissen der Rechtssicherheit und Rechtsklarheit nicht vereinbar (BAG 14.11.2006 – 1 ABR 4/06, NZA 2007, 399). Auch wenn der GesBR im Bereich seiner originären Zuständigkeit mit dem ArbGeb. noch keine abschließende Regelung getroffen hat, verbleibt die Regelungskompetenz bei ihm (BAG 14.11.2006 – 1 ABR 4/06, NZA 2007, 399). Er kann diese grds. auch nicht auf die örtlichen BR delegieren (BAG 21.1.2003 – 3 ABR 26/02, NJOZ 2003, 2274; 14.11.2006 – 1 ABR 4/06, NZA 2007, 399). Angesichts dieser Rspr. begegnen die in der Praxis häufig mit dem GesBR geschlossenen Rahmen-GesBV – etwa über den Einsatz von Bildschirmgeräten, elektronisch gesteuerten Datenverarbeitungssystemen oder integrierten Personalinformationssystemen – nicht unerheblichen Bedenken. Betreffen Regelungsmaterien allerdings unterschiedliche Mitbestimmungstatbestände, kommen durchaus unterschiedliche Zuständigkeiten in Betracht; in einem solchen Fall folgt aus der Zuständigkeit des GesBR für die eine Regelungsmaterie keine solche auch für die andere (BAG 18.7.2017 – 1 ABR 59/15, NZA 2017, 1615 Rn. 21). 28

c) Zuständigkeit für Betriebe ohne Betriebsrat

Ist die **Zuständigkeit des GesBR** nach Abs. 1 begründet, nimmt er gem. Abs. 1 S. 1 Hs. 2 die Rechte eines BR auch **für solche Betriebe** wahr, **in denen kein BR besteht** (BAG 9.12.2009 – 7 ABR 46/08, NZA 2010, 662). Da in diesen Betrieben 29 keine Wahl stattgefunden hat, besteht für deren Belegschaft ein **gewisses Legitimationsdefizit** des GesBR (vgl. GK-BetrVG/*Kreutz/Franzen* Rn. 57). Dies führt jedoch nicht zur Verfassungswidrigkeit der Regelung (GK-BetrVG/*Kreutz/Franzen* Rn. 58; *Löwisch* BB 2001, 1734 [1745]). Es ist den ArbN BRloser Betriebe unbenommen, einen BR zu wählen. Um das Legitimationsdefizit zu beseitigen, sollte ein GesBR von seiner Möglichkeit nach § 17 Abs. 1 S. 1 Gebrauch machen, in einem BRlosen Betrieb einen Wahlvorstand für eine BRWahl zu bestellen (BAG 16.11.2011 – 7 ABR 28/10, NZA 2012, 404). Die in BRlosen Betrieben beschäftigten ArbN können in überbetrieblichen Angelegenheiten mit ArbN aus Betrieben mit einem BR gleichbehandelt werden (GK-BetrVG/*Kreutz/Franzen* Rn. 56). Betriebe ohne BR iSv Abs. 1 S. 1 Hs. 2 sind die BRfähigen Betriebe, die keinen BR gewählt haben. Dagegen werden die **Kleinstbetriebe,** die mangels Erreichens der Beschäftigtenzahl des § 1 Abs. 1 S. 1 nicht BRfähig sind, **von Abs. 1 S. 1 Hs. 2 nicht erfasst** (MHdB ArbR/*Nebendahl* § 300 Rn. 42). Sie sind vielmehr nach § 4 Abs. 2 dem Hauptbetrieb zuzuordnen und werden von dessen BR vertreten. Sie sind nur dann BRlos, wenn es auch im Hauptbetrieb keinen BR gibt (GK-BetrVG/*Kreutz/Franzen* Rn. 59; *Salamon* RdA 2008, 24 [27]; **aA** *Däubler* DB 2001, 1670). Nur dann findet Abs. 1 S. 1 Hs. 2 Anwendung.

30 Die im Rahmen seiner originären Zuständigkeit bestehenden Beteiligungs- und Mitbestimmungsrechte des GesBR nach Abs. 1 S. 1 Hs. 2 begründen die Erforderlichkeit, mit den von ihm repräsentierten ArbN in BRlosen Betrieben zu kommunizieren (BAG 9.12.2009 – 7 ABR 46/08, NZA 2010, 662; 16.11.2011 – 7 ABR 28/10, NZA 2012, 404; *Weber* Anm. I zu AP BetrVG § 40 Nr. 97). Der GesBR kann im Rahmen seiner originären Zuständigkeit auch **GesBV für die BRlosen Betriebe** abschließen (BAG 14.11.2006 – 1 ABR 4/06, NZA 2007, 399; 9.12.2009 – 7 ABR 46/08, NZA 2010, 662; vgl. auch *Bieder* SAE 2010, 257: GK-BetrVG/*Kreutz/Franzen* Rn. 60; zur GesBV → Rn. 73ff.). Er hat insoweit auch ein Initiativrecht (BAG 21.7.2009 – 1 ABR 42/08, NZA 2009, 1049; 9.12.2009 – 7 ABR 46/08, NZA 2010, 662). Er kann auch BV schließen, welche die ArbN belasten. Eine in einem Interessenausgleich mit dem GesBR vereinbarte Namensliste entfaltet die individualrechtlichen Wirkungen des § 1 Abs. 5 KSchG und des § 125 InsO auch für die ArbN BRloser Betriebe. Dies gilt selbst dann, wenn GesBR für den Abschluss eines Sozialplans nicht zuständig ist und daher mangels EinzelBR ein solcher nicht erzwungen werden kann. In Unternehmen mit GesBR liegt es daher im noch gesteigerten Interesse der ArbN eines Betriebs, einen eigenen BR zu wählen.

31 **GesBV, die vor dem Inkrafttreten des BetrVerf-ReformG geschlossen wurden,** gelten nach dessen Inkrafttreten nicht ohne weiteres automatisch in allen BRlosen Betrieben des Unternehmens (*Löwisch* BB 2001, 1734; ErfK/*Koch* Rn. 8; GK-BetrVG/*Kreutz/Franzen* Rn. 62; **aA** *Däubler* DB 2001, 1670). Es ist vielmehr nach dem Geltungsbereich der GesBV zu **differenzieren** (GK-BetrVG/*Kreutz/Franzen* Rn. 62). Bezog sich die bisherige GesBV nicht auf sämtliche, sondern **lediglich** auf **einzelne Betriebe** des Unternehmens, wird eine automatische Geltungserstreckung auf die BRlosen Betriebe im Zweifel nicht in Betracht kommen (GK-BetrVG/*Kreutz/Franzen* Rn. 62). Falls die bisherige GesBV **unterschiedslos** für alle Betriebe des Unternehmens **abgeschlossen** war, gilt sie nach dem Inkrafttreten des BetrVerf-ReformG auch für BRlose Betriebe (GK-BetrVG/*Kreutz/Franzen* Rn. 62). Die damit für den ArbGeb. – insbes. bei freiwilligen Sozialleistungen – unerwartet entstehenden Kostenbelastungen führen nicht etwa zur Nichtanwendung oder Beendigung der GesBV. Sie können aber – unter dem Gesichtspunkt des Wegfalls der Geschäftsgrundlage – Anlass für eine ggf. auch über die E-Stelle erzwingbare Abänderung der GesBV sein (GK-BetrVG/*Kreutz/Franzen* Rn. 62).

32 Die Zuständigkeit des GesBR für BRlose Betriebe gilt **nur im Rahmen der** dem GesBR nach Abs. 1 S. 1 zustehenden **originären Zuständigkeit** (BAG 16.11.2011 – 7 ABR 28/10, NZA 2012, 404; 23.8.2016 – 1 ABR 43/14, NZA 2016, 1483 Rn. 23). Der GesBR ist daher nicht berechtigt, in BRlosen Betrieben die Rechte des örtlichen BR zu übernehmen und rein betriebsbezogene Angelegenheiten zu regeln (BT-Drs. 14/5741, 43; MHdB ArbR/*Nebendahl* § 300 Rn. 42; Richardi BetrVG/*Annuß* Rn. 51; GK-BetrVG/*Kreutz/Franzen* Rn. 60). Auch ist er nicht befugt, in BRlosen Betrieben zum Zwecke der Einleitung einer BRWahl zu BetrVerslg. einzuladen (MHdB ArbR/*Nebendahl* § 300 Rn. 42). Eine entsprechende Befugnis folgt auch nicht etwa als „Annexkompetenz“ aus § 17 Abs. 1 S. (BAG 16.11.2011 – 7 ABR 28/10, NZA 2012, 404).

d) Zuständigkeit im gemeinsamen Betrieb mehrerer Unternehmen

Der für einen **gemeinsamen Betrieb mehrerer Unternehmen** errichtete BR entsendet Vertr. in den GesBR jedes der beteiligten Unternehmen (→ § 47 Rn. 80 mwN). Für die Frage, ob und ggf. **welcher** dieser **GesBRe** für Angelegenheiten zuständig ist, die – auch – den Gemeinschaftsbetrieb betreffen, kommt es auf den Regelungsgegenstand an. Nach Abs. 1 S. 1 ist einer dieser GesBR überhaupt nur dann zuständig, wenn die Angelegenheit auch andere Betriebe als den Gemeinschaftsbetrieb betrifft, und innerhalb des Gemeinschaftsbetriebs mit dem dortigen BR nicht geregelt werden kann. Liegt diese Voraussetzung vor, ist derjenige GesBR zuständig, der die ArbN der weiteren von der Angelegenheit betroffenen Betriebe repräsentiert. Geht es etwa um unternehmenseinheitliche freiwillige Leistungen oder um eine für alle VertragsArbN vorgesehene Altersversorgung, ist der GesBR zuständig, der im Unternehmen des VertragsArbGeb. gebildet ist. Eine mit diesem geschlossene BV wirkt normativ im gemeinsamen Betrieb dann jedoch auch nur für die VertragsArbN dieses VertragsArbGeb. (Richardi BetrVG/*Annuß* Rn. 72; GK-BetrVG/*Kreutz/Franzen* Rn. 88; *Schmidt* FS Küttner, 2006, 499 [505 ff.]; *Salamon* RdA 2008, 24 [31]). 33

Geht es um eine **betriebsorganisationsbezogene Angelegenheit,** die – wie etwa die Einführung einer betriebsübergreifenden elektronischen Datenverarbeitung oder Telefonanlage – mehrere Betriebe betrifft, ist der GesBR zuständig, der die ArbN der Betriebe repräsentiert, die von der betriebsübergreifenden Anlage erfasst werden. Soll die technische Anlage **unternehmensübergreifend Betriebe beider am Gemeinschaftsbetrieb beteiligter Unternehmen** erfassen, ist, sofern die Unternehmen zu einem Konzern gehören, der KBR zuständig. Andernfalls bietet das G unmittelbar keine Lösung an. Ein Teil des Schrifttums vertritt die Auffassung, in Anwendung des Zuordnungsprinzips des § 21a Abs. 2 S. 1 den GesBR bei dem Trägerunternehmen für zuständig zu erachten, das in dem Gemeinschaftsbetrieb die meisten ArbN beschäftigt (so *Schmidt* FS Küttner, 2006, 499 [507]; *Däubler* FS Zeuner, 1994, 18 [29]). Ein anderer Teil des Schrifttums verneint die Zuständigkeit beider GesBRe (so Richardi BetrVG/*Annuß* Rn. 72) und nimmt ersichtlich – wenngleich bestritten - eine Mitbestimmungslücke in Kauf. Andere meinen, es könnten mehrere BVen nebeneinander bestehen, von denen jede normativ nur für die ArbN gelte, die in einem ArbVerh. zum Trägerunternehmen stehen (so wohl GK-BetrVG/*Kreutz/Franzen* Rn. 88, *Salamon,* RdA 2008, 24 [31]). Damit wird aber das Problem der notwendig einheitlich zu regelnden betriebsorganisatorischen Angelegenheit nicht gelöst. Teilweise wird die Auffassung vertreten, dass in einem solchen Fall beide GesBR zuständig sind (so MHdB ArbR/*Nebendahl* § 300 Rn. 43). Sofern mit diesen keine Einigung möglich ist, könne die E-Stelle angerufen werden (so MHdB ArbR/*Nebendahl* § 300 Rn. 43). § 76 Abs. 2 S. 1 wäre dann wohl ergänzend dahin auszulegen, dass von den GesBRen zusammen so viele Beisitzer zu bestellen sind wie von dem Betriebsarbeitgeber. Durch eine solche Lösung könnte zwar wohl systemkonform sowohl der unternehmerischen Entscheidungsfreiheit als auch der gesetzlichen Mitbestimmung Rechnung getragen werden. Ob sie ohne gesetzliche Regelung im Wege richterlicher Rechtsfortbildung möglich wäre, erscheint allerdings fraglich. 34

2. Einzelheiten

a) Organisatorische Angelegenheiten (§§ 3 Abs. 2, 47 Abs. 4–6) und allgemeine Aufgaben (§ 80)

35 Für den Abschluss einer BV nach § 3 Abs. 2 iVm Abs. 1 Nr. 1 über die Bildung eines **unternehmenseinheitlichen BR** oder die **Zusammenfassung mehrerer Betriebe** ist der GesBR zuständig (BAG 24.4.2013 – 7 ABR 71/11, AP BetrVG 1972 § 3 Nr. 11). BV über eine vom G abweichende **Anzahl der Mitglieder des GesBR** nach § 47 Abs. 4–6 sind ebenfalls mit dem GesBR abzuschließen. Die in **§ 80 Abs. 1** genannten **allgemeinen Aufgaben** fallen grds. in die Zuständigkeit des BR und nicht des GesBR. So ist der BR ua Träger des Überwachungsrechts nach § 80 Abs. 1 Nr. 1; eine Zuständigkeit des GesBR kommt insoweit grds. nicht in Betracht (BAG 16.11.2011 – 7 ABR 28/10, NZA 2012, 404).

b) Soziale Angelegenheiten (§ 87)

36 Im Bereich der **sozialen Angelegenheiten (§ 87)** ist in der Regel der BR und nicht der GesBR zuständig, da diese Angelegenheiten meist konkret betriebsbezogen sind und eine objektive sachliche Notwendigkeit für eine gemeinsame Regelung nur in Ausnahmefällen gegeben sein dürfte (BAG 23.9.1975 – 1 ABR 122/73, AP BetrVG 1972 § 50 Nr. 1; 18.10.1994 – 1 ABR 17/94, NZA 1995, 390; MHdB ArbR/*Nebendahl* § 300 Rn. 49; Richardi BetrVG/*Annuß* Rn. 20; DKKW/*Trittin* Rn. 100 ff.; ErfK/*Koch* Rn. 4; HWGNRH/*Glock* Rn. 22). Eine informative Übersicht gibt *Werner* NZA-RR 2019, 1 (9 ff.).

37 Nicht in die Zuständigkeit des GesBR, sondern des BR fallen regelmäßig Regelungen über **Torkontrollen** oder **Betriebsbußen** bei Verletzung der Betriebsordnung (DKKW/*Trittin* Rn. 101; ErfK/*Koch* Rn. 4; Richardi BetrVG/*Annuß* Rn. 22; HWGNRH/*Glock* Rn. 23). Für die Regelung einer **einheitlichen Dienstkleidung** des Bodenpersonals eines deutschlandweit tätigen Luftfahrtunternehmens ist dagegen des GesBR zuständig. Das hiermit verfolgte Ziel, das Bodenpersonal des ArbGeb. auf den verschiedenen Flughäfen besonders kenntlich zu machen, kann nur durch eine unternehmenseinheitliche Regelung erreicht werden (BAG 17.1.2012 – 1 ABR 45/10, NZA 2012, 687; vgl. auch 18.7.2017 – 1 ABR 59/15, NZA 2017, 1615 Rn. 21; iErg zust. *Lunk* NZA 2013, 232 [235]).

38 Bei Regelungen über **Beginn und des Ende der Arbeitszeit** ist regelmäßig der BR zuständig BAG 9.12.2003 – 1 ABR 49/02, NZA 2005, 234; 19.6.2012 – 1 ABR 19/11, NZA 2012, 1237). Eine Zuständigkeit des GesBR kommt in Betracht, wenn alle oder doch mehrere Betriebe produktionstechnisch oder in den Arbeitsabläufen derart miteinander verbunden sind, dass nur eine einheitliche Regelung sachlich zu rechtfertigen ist (BAG 23.9.1975 – 1 ABR 122/73, AP BetrVG 1972 § 50 Nr. 1; Richardi BetrVG/*Annuß* Rn. 21; GK-BetrVG/*Kreutz/Franzen* Rn. 51; ErfK/*Koch* Rn. 4; HWGNRH/*Glock* Rn. 25; DKKW/*Trittin* Rn. 103; *Thüsing* ZfA 2010, 195). Dies gilt auch, wenn die Arbeitsabläufe in den Betrieben auf Grund einer betriebsübergreifenden Arbeitsteilung in zeitlicher Hinsicht wechselseitig derart voneinander abhängig sind, dass ohne eine überbetriebliche Koordinierung untragbare Störungen eintreten (BAG 9.12.2003 – 1 ABR 49/02, NZA 2005, 234; 19.6.2012 – 1 ABR 19/11, NZA 2012, 1237). Der GesBR kann daher für einen Schichtrahmenplan zuständig sein, wenn der ArbGeb. in mehreren Betrieben eine Dienstleistung erbringt, deren Arbeitsabläufe technisch-organisatorisch miteinander verknüpft sind (BAG 19.6.2012 – 1 ABR 19/11, NZA 2012, 1237). Die Einführung von **Kurzarbeit** fällt grds. in die Zuständigkeit der BR. Die Notwendigkeit der Kurzarbeit ist regelmäßig nach der konkreten Beschäftigungslage im Betrieb zu beurteilen (Richardi BetrVG/*Annuß* Rn. 21; GK-BetrVG/*Kreutz/Franzen* Rn. 51). Der GesBR kann ausnahmsweise dann zuständig sein, wenn mehrere Betriebe produktionstechnisch so eng miteinander verbunden sind,

dass die Kurzarbeit in einem Betrieb notwendigerweise eine Produktionseinschränkung in anderen Betrieben zur Folge hat (HWGNRH/*Glock* Rn. 26; ErfK/*Koch* Rn. 4; BAG 29.11.1978 – 4 AZR 276/77, AP BGB § 611 Bergbau Nr. 18).

Bei Fragen der **Auszahlung des Arbeitsentgelts** besteht grds. eine Zuständigkeit des einzelnen BR (Richardi BetrVG/*Annuß* Rn. 23; HWGNRH/*Glock* Rn. 27; ErfK/*Koch* Rn. 4). Das gilt auch bei Regelungen über die Erstattung von **Kontoführungsgebühren** (BAG 15.1.2002 – 1 ABR 10/01, NZA 2002, 988; GK-BetrVG/*Kreutz/Franzen* Rn. 51) oder die Gewährung von Freizeit zum Aufsuchen der Kreditinstitute (BAG 20.4.1982 – 1 ABR 22/80, BeckRS 1982, 04904). Etwas anderes kann uU bei Einführung einer für das gesamte Unternehmen **zentralen computergesteuerten Entgeltabrechnung** gelten (HWGNRH/*Glock* Rn. 27; **aA** wohl DKKW/*Trittin* Rn. 105). **39**

Der GesBR kann in Ausnahmefällen auch bei der **Aufstellung des Urlaubsplans** zuständig sein, wenn Betriebe eines Unternehmens in ihrer Zusammenarbeit derart miteinander verflochten sind, dass – etwa wegen notwendiger Abstimmung allgemeiner Betriebsferien – eine Regelung einheitlich erfolgen muss (Richardi BetrVG/*Annuß* Rn. 24; ErfK/*Koch* Rn. 4; HWGNRH/*Glock* Rn. 28; **aA** DKKW/*Trittin* Rn. 106). **40**

Bei der **Einführung und Anwendung technischer Kontrolleinrichtungen** (§ 87 Abs. 1 Nr. 6) kommt es darauf an, ob diese wegen des mit ihnen verfolgten Zwecks unternehmenseinheitlich oder überbetrieblich eingerichtet werden müssen (vgl. ErfK/*Koch* Rn. 4; HWGNRH/*Glock* Rn. 29; DKKW/*Trittin* Rn. 107 ff.). Eine technische Notwendigkeit zu einer betriebsübergreifenden Regelung kann bestehen, wenn im Wege **elektronischer Datenverarbeitung** in mehreren Betrieben Daten erhoben und verarbeitet werden, die auch zur Weiterverwendung in anderen Betrieben bestimmt sind (BAG 14.11.2006 – 1 ABR 4/06, NZA 2007, 399; vgl. zur unternehmenseinheitlichen Einführung eines **computergesteuerten Technikerberichtssystems** BAG 14.9.1984 – 1 ABR 23/82, NZA 1985, 28; zur **unternehmenseinheitlichen Telefonanlage** BAG 30.8.1995 – 1 ABR 4/95, NZA 1996, 218; 11.11.1998 – 7 ABR 47/97, NZA 1999, 947; vgl. ferner zur Zuständigkeit des KBR beim **Austausch von Mitarbeiterdaten zwischen Konzernunternehmen** BAG 20.12.1995 – 7 ABR 8/95, NZA 1996, 945). **41**

Im Bereich des **§ 87 Abs. 1 Nr. 7** sind regelmäßig die BR und nicht der GesBR zuständig (BAG 18.7.2017 – 1 ABR 59/15, NZA 2017, 1615 Rn. 20). Für die Mitbestimmung bei der Analyse möglicher Gesundheitsgefährdungen am einzelnen Arbeitsplatz (§ 5 ArbSchG und § 3 Bildschirmarbeitsverordnung) und bei der Unterweisung in gefahrvermeidendes Verhalten am Arbeitsplatz (§ 12 ArbSchG) gilt dies auch dann, wenn die Arbeitsplätze nach konzern- und unternehmenseinheitlichen Standards eingerichtet sind (BAG 8.6.2004 – 1 ABR 4/03, NZA 2005, 227; DKKW/*Trittin* Rn. 113 f.; HWGNRH/*Glock* Rn. 31; GK-BetrVG/*Kreutz/Franzen* Rn. 51). Für die Mitbestimmung bei unternehmensweit einheitlichen Arbeits- und Sicherheitsanweisungen für Montagearbeiten im Außendienst ist dagegen der GesBR zuständig (BAG 16.6.1998 – 1 ABR 68/97, NZA 1999, 49; HWGNRH/*Glock* Rn. 31). **42**

Die Wahrnehmung der Beteiligungsrechte bei unternehmensbezogenen Sozialleistungen und bei der Errichtung, Form, Ausgestaltung und Verwaltung von **Sozialeinrichtungen, deren Wirkungsbereich sich auf das Unternehmen** erstreckt (vgl. § 87 Abs. 1 Nr. 8, § 88 Nr. 2), gehört zur Zuständigkeit des GesBR, so etwa bei einer unternehmenseinheitlichen Altersversorgung (BAG 19.3.1981 – 3 ABR 38/80, AP BetrVG 1972 § 80 Nr. 14; 8.12.1981 – 3 ABR 53/80, AP BetrAVG § 1 Ablösung Nr. 1; 21.1.2003 – 3 ABR 26/02, NJOZ 2003, 2274; Richardi BetrVG/*Annuß* Rn. 28; DKKW/*Trittin* Rn. 115 ff.; HWGNRH/*Glock* Rn. 32; GK-BetrVG/*Kreutz/Franzen* Rn. 51; ErfK/*Koch* Rn. 4). **43**

Hinsichtlich der MBR bei der **Aufstellung von Entlohnungsgrundsätzen** und der Einführung und Anwendung von **neuen Entlohnungsmethoden** ist der GesBR zuständig, wenn eine sachliche Notwendigkeit für eine einheitliche Regelung auf Un- **44** ternehmensebene besteht (ErfK/*Koch* Rn. 4; Richardi BetrVG/*Annuß* Rn. 28, 29). Eine solche dürfte allerdings nur dann zu bejahen sein, wenn wegen der völlig oder doch weitgehenden Gleichartigkeit der Struktur, Aufgaben und Tätigkeit von einzelnen Betrieben des Unternehmens unter dem Gesichtspunkt der Vermeidung einer nicht gerechtfertigten Ungleichbehandlung der ArbN der einzelnen Betriebe eine einheitliche Regelung geboten ist (BAG 6.12.1988 – 1 ABR 44/87, NZA 1989, 479; 18.10.1994 – 1 ABR 17/94, NZA 1995, 390; → **Rn. 46;** HWGNRH/*Glock* Rn. 34). Der Wunsch des ArbGeb. nach unternehmenseinheitlicher Gestaltung kann die Zuständigkeit des GesBR nur begründen, wenn der ArbGeb. mitbestimmungsfrei über das „Ob" einer Maßnahme entscheiden kann (zB Zahlung freiwilliger Zulagen) und zu dieser Maßnahme nur bei einer betriebsübergreifenden Regelung bereit ist (→ Rn. 24).

45 Die Ausgestaltung eines **Systems erfolgsabhängiger Vergütung** für sämtliche Vertriebsbeauftragte eines Unternehmens fällt in die Zuständigkeit des GesBR. Das Gleiche gilt, wenn die Vergütungen der Außendienstangestellte einheitlich für den Unternehmensbereich geregelt werden (BAG 29.3.1977 – 1 ABR 123/74, AP BetrVG 1972 § 87 Provision Nr. 1; 6.12.1988 – 1 ABR 44/87, NZA 1989, 479; Richardi BetrVG/*Annuß* Rn. 29; HWGNRH/*Glock* Rn. 37; DKKW/*Trittin* Rn. 122).

46 Bei der **Gewährung freiwilliger Leistungen (Weihnachtsgratifikationen, Jahresleistungen, Prämien)** und der Festlegung der näheren Einzelheiten bestimmt regelmäßig der ArbGeb durch seine mitbestimmungsfreie Vorgabe, die Leistung nur für einzelne Betriebe oder nur unternehmensweit, bzw. betriebsübergreifend einheitlich zu gewähren, die Zuständigkeit des betriebsverfassungsrechtlichen Organs, das bei der Ausgestaltung nach § 87 Abs. 1 Nr. 10 mitzubestimmen hat (→ Rn. 11; → Rn. 24; BAG 13.3.2001 – 1 ABR 7/00, NJOZ 2002, 335; 9.12.2003 – 1 ABR 49/02, NZA 2005, 234; 26.4.2005 –1 AZR 76/04, NZA 2005, 892; 10.10.2006 – 1 ABR 59/05, NZA 2007, 523; MHdB ArbR/*Nebendahl* § 300 Rn. 55; ErfK/*Koch* Rn. 4). Entschließt sich der ArbGeb. zu betriebsüberschreitenden Leistungen, ist er an den **Gleichbehandlungsgrundsatz** gebunden. Dieser findet betriebsübergreifend Anwendung. Eine Unterscheidung zwischen den einzelnen Betrieben ist nur zulässig, wenn es dafür sachliche Gründe gibt (BAG 3.12.2008 – 5 AZR 74/08, NZA 2009, 367). Nach zwei Beschlüssen des Ersten Senats des BAG v. 23.3.2010 (1 ABR 82/08, NZA 2011, 642) und v. 18.5.2010 (1 ABR 96/08, NZA 2011, 171) gilt der betriebsverfassungsrechtliche Gleichbehandlungsgrundsatz für GesBR und ArbGeb. zwar überbetrieblich. Er wirkt aber nicht zuständigkeitsbegründend. Er begrenze zwar die Regelungsmacht der Betriebsparteien bei der Ausübung der Mitbestimmungsrechte, habe jedoch keinen Einfluss auf die gesetzliche Zuständigkeitsverteilung zwischen den Betriebsverfassungsorganen. Die Verpflichtung sei gleichsam kompetenzakzessorisch. Erst die jeweiligen BV seien am Maßstab des Gleichbehandlungsgrundsatzes zu messen (BAG 23.3.2010 – 1 ABR 82/08, NZA 2011, 642; 18.5.2010 – 1 ABR 96/08, NZA 2011, 171). Dies darf nicht dahingehend (miss-)verstanden werden, dass sich auch die mit den einzelnen BR geschlossenen BV am überbetrieblichen Gleichbehandlungsgrundsatz messen lassen müssen. Der betriebsverfassungsrechtliche Gleichbehandlungsgrundsatz als Ausdruck des allgemeinen Gleichheitssatzes verpflichtet einen Normgeber grds. nur zur Gleichbehandlung der seiner Normsetzung unterfallenden Normadressaten. Eine Verpflichtung der einzelnen BR, bei den mit dem ArbGeb. zu treffenden Regelungen den überbetrieblichen Gleichbehandlungsgrundsatz zu beachten, begegnete daher dogmatischen Schwierigkeiten. Auch erschiene nicht ohne Weiteres klar, wie dem überbetrieblichen Gleichbehandlungsgrundsatz in – parallel oder nacheinander geführten – Verhandlungen mit mehreren BR – und erforderlichenfalls in unterschiedlichen E-Stellen – Genüge getan werden könnte. Die beiden Entscheidungen des Ersten Senats des BAG v. 23.3.2010 (1 ABR 82/08, NZA 2011, 642) und v. 18.5.2010 (1 ABR 96/08, NZA 2011, 171) können aber zwanglos dahin verstanden werden, dass die gesetzlich angeordnete Zuständigkeit des BR für die Wahrnehmung der Mitbestimmung in einer bestimmten Angelegenheit – etwa nach § 87 Abs. 1 Nr. 10 – der Anwendung des überbetrieblichen Gleichbehandlungsgrundsatzes vorgeht – und letztlich entgegensteht – und die – zuständigen – Betriebsparteien bei ihrer Normsetzung nur dem Gebot des betrieblichen Gleichbehandlungsgrundsatzes unterfallen. Bei diesem Verständnis setzt der überbetriebliche Gleichbehandlungsrundsatz zu seiner Anwendung die Zuständigkeit des GesBR voraus und begründet diese nicht. So verstanden ist das Konzept des BAG durchaus stimmig (vgl. zu der Problematik auch *Lunk* NZA 2013, 232 [236]). Der betriebsübergreifende Gleichbehandlungsgrundsatz begründet daher die Zuständigkeit des GesBR nicht (MHdB ArbR/*Nebendahl* § 300 Rn. 54).

Die **betriebliche Altersversorgung** gehört zu dem Bereich, in dem der Arbeitgeber regelmäßig mitbestimmungsfrei über den Dotierungsrahmen und den Adressatenkreis (Betrieb oder Unternehmen) entscheidet. Der ArbGeb. gibt daher durch seine Entscheidung für eine betriebs-, unternehmens- oder konzernweite Regelung zugleich die betriebsverfassungsrechtliche Regelungsebene vor (BAG 21.1.2003 – 3 ABR 26/02, NJOZ 2203, 2274; *Reinecke* ArbuR 2004, 328 [335]). Das durch diese Vorgabe des ArbGeb. zuständige betriebsverfassungsrechtliche Organ ist dann aber auch für eine Aufhebung oder Abänderung der BV zuständig. Der ArbGeb. kann seinen „Vertragspartner" nicht auswechseln (BAG 11.12.2001 – 1 AZR 193/01, NZA 2002, 688). BV, die ein ArbGeb. über die betriebliche Altersversorgung mit einem durch seine Vorgabe bestimmten Organ geschlossen hat, kann er daher durch eine mit einem anderen Organ geschlossene BV nicht wirksam ablösen oder abändern. Wurde die BV über eine betriebliche Altersversorgung mit dem GesBR geschlossen, ist dieser auch für abändernde Übergangsregelungen zuständig, die nur einzelne Betriebe betreffen (*Reinecke* ArbuR 2004, 328 [335]). Entscheidet sich der ArbGeb. für eine konzernweite Altersversorgung, ist für die Mitbestimmung bei der Ausgestaltung der – etwa errichtete – KBR zuständig (→ § 58 Rn. 12; BAG 14.12.1993 – 3 AZR 618/93, NZA 1994, 554; *Reinecke* ArbuR 2004, 328 [335]). Ist ein KBR – trotz der Möglichkeit seiner Errichtung (!) – nicht gebildet, entfällt die Mitbestimmung (BAG 14.12.1993 – 3 AZR 618/93, NZA 1994, 554; *Reinecke* ArbuR 2004, 328 [336]). Ist die Errichtung eines KBR nicht möglich, sollen die MBR von den GesBR oder den BR der konzernangehörigen Unternehmen wahrgenommen werden können (so zum Konzern mit Konzernspitze im Ausland BAG 14.2.2007 – 7 ABR 26/06, NZA 2007, 999; 23.5.2018 – 7 ABR 60/16, NZA 2018, 1562; → § 54 Rn. 34; zu den Bedenken → § 54 Rn. 34g). 47

Für betriebsübergreifende Vereinbarungen über die **Nutzung von Werkswohnungen** (§ 87 Abs. 1 Nr. 9) ist regelmäßig der GesBR zuständig. Die Mitbestimmung bei der konkreten Zuweisung und Kündigung von Wohnräumen ist aber den EinzelBR vorbehalten (HWGNRH/*Glock* Rn. 33; DKKW/*Trittin* Rn. 119). 48

c) Gestaltung von Arbeitsplätzen (§§ 90 f.)

Die Errichtung **neuer Arbeitsstätten** (§ 90 Nr. 1) fällt in die Zuständigkeit des BR. Die Einführung **neuer Technologien** nach § 90 Nr. 2–4 (zB zentrale EDV-Systeme) kann ausnahmsweise in die Zuständigkeit des GesBR fallen, wenn ihre zentrale Einführung zwingend eine einheitliche Regelung erfordert. Sofern die neuen Technologien Differenzierungen nach den einzelnen Betrieben zulassen – was regelmäßig der Fall sein dürfte –, verbleibt es insoweit bei der Zuständigkeit des BR der einzelnen Betriebe. Insbes. das **korrigierende MBR** nach § 91 steht in erster Linie dem BR zu, der das Vorliegen besonderer Belastungen auf Grund seiner Sachnähe besser beurteilen kann (HWGNRH/*Glock* Rn. 39; DKKW/*Trittin* Rn. 127; Richardi BetrVG/*Annuß* Rn. 30). 49

d) Personelle Angelegenheiten (§§ 92 ff.)

In personellen Angelegenheiten ist zu **unterscheiden** zwischen den allgemeinen personellen Angelegenheiten (§§ 92 ff.) und den personellen Einzelmaßnahmen (§§ 99, 102). 50

51 Die Frage der **Personalplanung auf Unternehmensebene** (§ 92) dürfte in die Zuständigkeit des GesBR fallen, soweit der Personalbedarf für das gesamte Unternehmen geplant wird, bzw. eine integrierte Gesamtplanung für das Unternehmen (sei es generell, sei es für bestimmte Gruppen von ArbN) betrieben wird. In solchen Fällen ist die sachliche Notwendigkeit einer einheitlichen Regelung für das Gesamtunternehmen grds. zu bejahen (vgl. MHdB ArbR/*Nebendahl* § 300 Rn. 59; Richardi BetrVG/*Annuß* Rn. 32; DKKW/*Trittin* Rn. 130; HWGNRH/*Glock* Rn. 41; ErfK/*Koch* Rn. 5). IÜ ist für die Personalplanung auf der betrieblichen Ebene der BR zuständig.

52 Hinsichtlich der Beteiligungsrechte der ArbN bei der Aufstellung von **Personalfragebögen, Formulararbeitsverträgen** und **Beurteilungsgrundsätzen** (vgl. § 94) dürfte der GesBR dann zuständig sein, wenn im Hinblick auf die Gleichartigkeit der Betriebe eine unterschiedliche Regelung dieser Angelegenheiten sachlich nicht vertretbar ist oder wenn die Regelungen Instrumente einer auf das Unternehmen bezogenen Personalplanung sind. Das Gleiche gilt auch hinsichtlich der Beteiligungsrechte bei der **Aufstellung von Auswahlrichtlinien** gem. § 95 (Richardi BetrVG/*Annuß* Rn. 33; GK-BetrVG/*Kreutz/Franzen* Rn. 53; HWGNRH/*Glock* Rn. 41; ErfK/*Koch* Rn. 5; diff. DKKW/*Trittin* Rn. 133; BAG 31.5.1983 – 1 ABR 6/80, NZA 1984, 49 zur Aufstellung unternehmenseinheitlicher Anforderungsprofile für bestimmte Arbeitsplätze).

53 Das aus § 93 folgende Recht, „innerhalb des Betriebs" eine **Ausschreibung von Arbeitsplätzen** zu verlangen, steht dem einzelnen BR zu. Dies gilt auch, wenn es um die innerbetriebliche Ausschreibung unternehmensintern zu besetzender Arbeitsplätze geht. Da das Initiativrecht des **§ 93** ausschließlich auf das Verlangen nach der Ausschreibung beschränkt ist und die Art und Weise der Ausschreibung nicht erfasst (BAG 27.10.1992 – 1 ABR 4/92, NZA 1993, 607; 1.2.2011 – 1 ABR 79/09, NZA 2011, 703; ErfK/*Koch* Rn. 5; **aA** DKKW/*Buschmann* § 93 Rn. 10), kommt eine Zuständigkeit des GesBR regelmäßig nicht in Betracht (BAG 1.2.2011 – 1 ABR 79/09, NZA 2011, 703).

54 Im Bereich der **Berufsbildung** der ArbN dürfte der GesBR für solche Angelegenheiten zuständig sein, die von der Unternehmensleitung **zentral durchgeführt werden.** Dies gilt insbes. für generelle Regelungen über Berufsbildungsmaßnahmen, wenn diese Ausfluss einer unternehmensweiten Personalplanung sind (BAG 12.11.1991 – 1 ABR 21/91, NZA 1992, 657). Demgegenüber fällt die Mitbestimmung bei der Durchführung einzelner Berufsbildungsmaßnahmen im Betrieb in die Zuständigkeit der BR (HWGNRH/*Glock* Rn. 43; DKKW/*Trittin* Rn. 136).

55 Bei **personellen Einzelmaßnahmen** ist grds. nicht der GesBR, sondern der BR zuständig. Einstellungen, Eingruppierungen, Umgruppierungen und Kündigungen betreffen regelmäßig nur den einzelnen Betrieb (BAG 26.1.1993 – 1 AZR 303/92, NZA 1993, 714; Richardi BetrVG/*Annuß* Rn. 35; DKKW/*Trittin* Rn. 137). Dies gilt auch bei der Versetzung eines ArbN von einem Betrieb des Unternehmens in einen anderen (BAG 26.1.1993 – 1 AZR 303/92, NZA 1993, 714; GK-BetrVG/*Kreutz/Franzen* Rn. 53; Richardi BetrVG/*Annuß* Rn. 35; ErfK/*Koch* Rn. 5; HWGNRH/*Glock* Rn. 44). Eine solche ist für den aufnehmenden Betrieb eine Einstellung, für den abgebenden Betrieb eine Versetzung iSv § 95 Abs. 3. Das gilt auch, wenn auf Grund einer sog Personalrunde mehrere Betriebe von Versetzungen betroffen sind (BAG 26.1.1993 – 1 AZR 303/92, NZA 1993, 714). Die Zuständigkeit des GesBR bei personellen Einzelmaßnahmen kommt ausnahmsweise dann in Betracht, wenn ein ArbVerh. mehreren Betrieben zuzuordnen ist (BAG 21.3.1996 – 2 AZR 559/95, NZA 1996, 974; HWGNRH/*Glock* Rn. 44).

56 Vor einer **Kündigung** ist immer der BR des Betriebes zu hören, in dem der ArbN beschäftigt war; eine Zuständigkeit des GesBR kommt nicht in Betracht (BAG 21.3.1996 – 2 AZR 559/95, NZA 1996, 974; ErfK/*Koch* Rn. 5).

57 In den **privatisierten Postunternehmen** gelten Sonderregelungen für die Wahrnehmung von Aufgaben in Angelegenheiten, die einzelne Beamte betreffen (→ § 1

Rn. 57, 66). Nach § 28 PostPersRG ist der BR bei personellen Einzelmaßnahmen, die Beamte betreffen (Einstellung, Beförderung, Abordnung, Versetzung, Einleitung von Disziplinarverf., Entlassungen, vgl. § 76 Abs. 1, § 78 Abs. 1 Nr. 3–5 und § 79 Abs. 3 BPersVG), zu beteiligen. Diese Bestimmung gilt nach § 32 Abs. 2 PostPersRG für die Beteiligung des GesBR entspr. Sie geht mithin von einer möglichen Zuständigkeit der GesBR für die Wahrnehmung von Beteiligungsrechten bei diesen personellen Einzelmaßnahmen aus. Allerdings kommt eine solche nach den Ausführungen in → Rn. 55 nur ganz ausnahmsweise in Betracht; in diesen Fällen ist die personelle Einzelmaßnahme im GesBR zu beraten. An der **Beschlussfassung** dürfen sich dann **nur die Vertr. der Beamten** beteiligen, die Mitgl. des GesBR sind. Nach § 32 Abs. 1 Nr. 2 PostPersRG hat in diesem Fall jeder Vertr. der Beamten so viele Stimmen, wie in dem Betrieb, in dem er gewählt wurde, wahlberechtigte Beamte in der Wählerliste eingetragen sind. Ist das Mitgl. (BeamtenVertr.) für mehrere Betriebe entsandt worden (§ 47 Abs. 8), hat es so viele Stimmen, wie in den Betrieben, für die es entsandt ist, Beamte in die Wählerlisten eingetragen sind.

e) Wirtschaftliche Angelegenheiten (§§ 106 ff.)

In wirtschaftlichen Angelegenheiten ist ein bestehender GesBR nach der ausdrücklichen Regelung in § 107 Abs. 2 S. 2 für die **Bestimmung der Mitgl. des WiAusschusses** sowie nach §§ 108 Abs. 6, 109 S. 4 für den Beschluss über eine anderweitige Wahrnehmung der **Aufgaben des WiAusschusses** zuständig (Richardi BetrVG/*Annuß* Rn. 36; HWGNRH/*Glock* Rn. 46). Besteht kein GesBR, obwohl ein solcher gebildet werden könnte, kann der WiAusschuss nicht gebildet werden (→ § 107 Rn. 20 mwN). Auch wenn der GesBR in den insoweit maßgeblichen Bestimmungen nicht ausdrücklich neben dem BR genannt wird, ist er auch zuständig für die Beilegung von Streitigkeiten über die Auskunftserteilung des Unternehmens an den WiAusschuss gem. § 109 S. 1, für die Teilnahme an der Erläuterung des Jahresabschlusses nach § 108 Abs. 5 sowie für die vorherige Abstimmung des vom Unternehmen nach § 110 zu erstattenden Berichts über die wirtschaftliche Lage und Entwicklung des Unternehmens. Umstritten ist, ob der WiAusschuss die **Unterrichtung** nach § 106 Abs. 1 S. 2 und § 108 Abs. 4 bei Bestehen eines GesBR stets diesem gegenüber vorzunehmen hat (so GK-BetrVG/*Oetker* § 108 Rn. 58 mwN; DKKW/*Däubler* § 108 Rn. 29; WPK/*Preis* § 108 Rn. 6; aber auch → § 106 Rn. 5) oder ob der Adressat der Unterrichtung davon abhängt, um welche Angelegenheit es sich handelt und ob der BR im WiAusschuss oder im unterrichteten GesBR vertreten ist für dessen Unterrichtung zu sorgen, insbes. wenn der BR des betroffenen Betriebs durch kein Mitgl. im WiAusschuss vertreten ist (→ § 106 Rn. 20; → § 108 Rn. 26). 58

Die Wahrnehmung der **MBR bei Betriebsänderungen** obliegt dem GesBR, sofern es sich um Maßnahmen handelt, die das ganze Unternehmen oder mehrere Betriebe des Unternehmens betreffen und notwendigerweise nur einheitlich geregelt werden können (BAG 8.6.1999 – 1 AZR 831/98, NZA 1999, 1168; 11.12.2001 – 1 AZR 193/01, NZA 2002, 688; 23.10.2002 – 7 ABR 55/01, AP BetrVG 1972 § 50 Nr. 26; 3.5.2006 – 1 ABR 15/05, NZA 2007, 1245; 7.7.2011 – 6 AZR 248/10, NZA 2011, 1108; 20.9.2012 – 6 AZR 155/11, NZA 2013, 32; Richardi BetrVG/*Annuß* Rn. 37; GK-BetrVG/*Kreutz/Franzen* Rn. 54; *Schmitt/Rolfes* FS 50 Jahre BAG, 2004, 1081 [1083]; *Stamer* FS Willemsen 2018, S. 541). Dies ist zB der Fall bei der **Zusammenlegung mehrerer Betriebe** (BAG 24.1.1996 – 1 AZR 542/95, NZA 1996, 1107; 11.12.2001 – 1 AZR 193/01, NZA 2002, 688; 3.5.2006 – 1 ABR 15/05, NZA 2007, 1245; GK-BetrVG/*Kreutz/Franzen* Rn. 54). Maßgebend für die Zuständigkeit des GesBR oder des BR ist der Inhalt der geplanten Betriebsänderungen. Liegt den geplanten Maßnahmen ein unternehmenseinheitliches Konzept zugrunde, ist es Aufgabe des GesBR, darüber zu befinden, ob dieses unternehmenseinheitliche Konzept gebilligt wird oder ob nicht ein anderes Konzept bes- 59 ser, sinnvoller oder interessengerechter wäre (BAG 24.1.1996 – 1 AZR 542/95, NZA 1996, 1107; 11.12.2001 – 1 AZR 193/01, NZA 2002, 688; 19.7.2012 – 2 AZR 386/11, NZA 2013, 333). Bei einem **unternehmenseinheitlichen Konzept einer mehrere Betriebe betreffenden Betriebsänderung** geht es immer auch um die Frage, in welchem Umfang und in welcher Weise die einzelnen Betriebe in Anspruch zu nehmen sind. Dieses Verteilungsproblem kann nur auf der Ebene des GesBR gelöst werden (BAG 20.9.2012 – 6 AZR 155/11, NZA 2013, 32; *Wißmann* FS 25 Jahre ARGE Arbeitsrecht im DAV, 2006, 1037 [1042]). Entsprechendes gilt bei **Strukturentscheidungen,** die das ganze Unternehmen erfassen (BAG 8.6.1999 – 1 AZR 831/98, NZA 1999, 1168). Bei der **Stilllegung aller Betriebe** eines Unternehmens liegt die Notwendigkeit eines unternehmenseinheitlichen oder betriebsübergreifenden Interessenausgleichs nicht derart auf der Hand; die Zuständigkeit des GesBR erscheint daher nicht selbstverständlich (vgl. aber – allerdings für den Fall des Konkurses – BAG 17.2.1981 – 1 AZR 290/78, AP BetrVG 1972 § 112 Nr. 11). Geht die für die Zuständigkeit des BR oder des GesBR maßgebliche Planung des ArbGeb. (BAG 11.12.2001 – 1 AZR 193/01, NZA 2002, 688) von vorneherein dahin, unterschiedslos alle Betriebe stillzulegen, ist nicht ohne weiteres erkennbar, warum über das Ob und Wie der Betriebsstilllegungen sinnvoll nur mit dem GesBR und nicht mit den einzelnen BR verhandelt werden kann; zur Begründung der Zuständigkeit des GesBR dürfte in solchen Fällen eine betriebsübergreifende „Verzahnung" und „Interdependenz" der mitzubestimmenden Maßnahmen erforderlich sein. Für den KBR hat das BAG die Frage ausdrücklich offen gelassen (BAG 18.7.2017 – 1 AZR 546/15, NZA 2017, 1618 Rn. 32). Bei **Zweifeln über den zuständigen Verhandlungspartner** für einen Interessenausgleich muss der ArbGeb., der die Initiativlast trägt, die in Betracht kommenden ArbNVertr. zur Klärung der Zuständigkeitsfrage auffordern. Weist er einen möglichen Verhandlungspartner zurück, trägt er das Risiko, dass der Interessenausgleich nicht ausreichend „versucht" wurde iSv § 113 Abs. 3 (BAG 24.1.1996 – 1 AZR 542/95, NZA 1996, 1107; vgl. auch *Schmitt/Rolfes* FS 50 Jahre BAG, 2004, 1081 [1090]; *Wißmann* FS 25 Jahre ARGE Arbeitsrecht im DAV, 2006, 1037 [1042]). Ein für den Interessenausgleich zuständiger GesBR ist regelmäßig auch zuständig für das Konsultationsverfahren nach **§ 17 KSchG** (BAG 13.12.2012 – 6 AZR 772/11, BeckRS 2013, 68147; *Salamon* BB 2015, 1653 [1656]). Ist der GesBR für die Verhandlungen und die Einigung über einen Interessenausgleich zuständig, so gilt dies auch für die in einem Interessenausgleich enthaltene **Namensliste iSv § 1 Abs. 5 KSchG, 125 Abs. 1 S. 1 InsO** (→ §§ 112, 112a Rn. 25; BAG 12.5.2010 – 2 AZR 551/08, NZA 2011, 114; 10.6.2010 – 2 AZR 420/09, NZA 2010, 1352; 7.7.2011 – 6 AZR 248/10, NZA 2011, 1108; 19.7.2012 – 2 AZR 386/11, NZA 2013, 333; *Ohlendorf/Salamon* NZA 2006, 131 ErfK/*Koch* Rn. 6; *Zimmer/Rupp* FA 2005, 259; *Gaul* BB 2004, 2686 [2687]; *Stamer* FS Willemsen 2018, 541 [545]; **aA** *Fischer* BB 2004, 1101; APS/*Kiel* KSchG § 1 Rn. 795). Es handelt sich dabei um ein und dieselbe Angelegenheit iSv § 50 Abs. 1 S. 1. Dies folgt bereits aus dem Wortlaut der Bestimmungen („in" einem Interessenausgleich) und entspricht dem regelmäßig vorhandenen notwendigen Zusammenhang zwischen der Ausgestaltung der Betriebsänderung und den dadurch bedingten Entlassungen. (vgl. *Ohlendorf/Salamon* NZA 2006, 131). Besonders deutlich wird dies dann, wenn die Namensliste auch der Erhaltung oder der Schaffung einer ausgewogenen Alters- oder Personalstruktur dient.

60 **Aus** der **Zuständigkeit des GesBR für einen Interessenausgleich folgt nicht** ohne weiteres seine **Zuständigkeit** auch **für den Abschluss eines Sozialplans** (BAG 11.12.2001 – 1 AZR 193/01, NZA 2002, 688; 23.10.2002 – 7 ABR 55/01, AP BetrVG 1972 § 50 Nr. 26; 3.5.2006 – 1 ABR 15/05, NZA 2007, 1245; *Wißmann* FS 25 Jahre ARGE Arbeitsrecht im DAV, 2006, 1037 [1043 ff.]; *Joussen* RdA 2007, 114; GK-BetrVG/*Kreutz/Franzen* Rn. 54; HWGNRH/*Glock* Rn. 50; ErfK/*Koch* Rn. 6; *Lunk* NZA 2013, 232 [237]; **aA** *Schmitt/Rolfes* FS 50 Jahre BAG, 2004, 1081 [1088 ff.]). Interessenausgleich und Sozialplan sind nicht dieselbe Angele-

genheit iSv § 50 Abs. 1 S. 1 BetrVG. Zwar stellt die von einem ArbGeb. geplante Betriebsänderung, welche die MBR nach §§ 111 ff. auslöst, regelmäßig einen einheitlichen Lebenssachverhalt dar, gleichwohl sind Interessenausgleich und Sozialplan Rechtsinstitute, die sich nach Inhalt und Ausmaß wesentlich unterscheiden (→ §§ 112, 112a Rn. 2 ff.; BAG 3.5.2006 – 1 ABR 15/05, NZA 2007, 1245; *Wißmann* FS 25 Jahre ARGE Arbeitsrecht im DAV, 2006, 1037 [1039 f.]). Daher ist auch in den Fällen der Zuständigkeit des GesBR für den Interessenausgleich stets gesondert zu prüfen, ob die Regelung des Ausgleichs oder der Milderung der durch die Betriebsänderung entstehenden Nachteile ebenfalls zwingend unternehmenseinheitlich oder betriebsübergreifend erfolgen muss. Hierfür ist allein der Umstand, dass die erforderlichen finanziellen Mittel von ein und demselben ArbGeb. zur Verfügung gestellt werden müssen, nicht ausreichend (BAG 3.5.2006 – 1 ABR 15/05, NZA 2007, 1245; ErfK/*Koch* Rn. 6). Auch der betriebsverfassungsrechtliche Gleichbehandlungsgrundsatz begründet allein nicht die Zuständigkeit des GesBR (BAG 3.5.2006 – 1 ABR 15/05, NZA 2007, 1245; *Wißmann* FS 25 Jahre ARGE Arbeitsrecht im DAV, 2006, 1037 [1043]). Dieser ist aber zuständig, wenn ein im Interessenausgleich vorgesehenes unternehmenseinheitliches Sanierungskonzept nur auf der Grundlage eines bestimmten unternehmensbezogenen Sozialplanvolumens realisiert werden kann (BAG 11.12.2001 – 1 AZR 193/01, NZA 2002, 688; 23.10.2002 – 7 ABR 55/01, NJOZ 2003, 3369; 3.5.2006 – 1 ABR 15/05, NZA 2007, 1245; ErfK/*Koch* Rn. 6).

Der wirtschaftliche Zwang zur Sanierung eines Unternehmens und die Zuständigkeit des GesBR für einen Interessenausgleich und einen Sozialplan begründet nicht zugleich die Zuständigkeit für die Aufhebung einer BV über eine Kontoführungspauschale, die der BR eines einzelnen Betriebs – gem. § 87 Abs. 1 Nr. 4 – mit dem ArbGeb. geschlossen hat (BAG 15.1.2002 – 1 ABR 10/01, NZA 2002, 988; *Fischer* RdA 2003, 114 ff.; *Löwisch/Robrecht* SAE 2003, 4 ff.). Es handelt sich dabei um zwei Angelegenheiten. 60a

f) Sonstige Aufgaben

Kraft **ausdrücklicher gesetzlicher Anordnung** sind dem GesBR ferner übertragen: 61

- die **Bestellung des Wahlvorstands** nach § 16 Abs. 3 und § 17 Abs. 1 (BAG 15.10.2014 – 7 ABR 53/12, NZA 2015, 1014). Der GesBR hat diese Aufgabe in eigener Verantwortung wahrzunehmen. Hinsichtlich der die Wahlvorstandsbestellung vorbereitenden Maßnahmen hat er einen Beurteilungsspielraum (BAG 16.11.2011 – 7 ABR 28/10, NZA 2012, 404). Wie er die erforderlichen Informationen – etwa zur Bereitschaft von ArbN zur Übernahme des Amts im Wahlvorstand, einholt, obliegt seiner Einschätzung. Allerdings muss er die Konzeption des BetrVG beachten und die Interessen des ArbGeb., auch an einer Begrenzung der Kosten, berücksichtigen (BAG 16.11.2011 – 7 ABR 28/10, NZA 2012, 404). Er ist nicht berechtigt, in BRlosen Betrieben zum Zwecke der Bestellung eines Wahlvorstands Belegschaftsversammlungen durchzuführen; er hat insoweit auch nicht etwa eine Annexkompetenz (BAG 16.11.2011 – 7 ABR 28/10, NZA 2012, 404; iErg zust., aber in der Begründung radikaler – überhaupt keine Annexkompetenz im Betriebsverfassungsrecht – *Kreutz* RdA 2013, 176),
- die Aufgaben im Zusammenhang mit der **Errichtung eines KBR** (vgl. §§ 54 ff.),
- die Mitwirkung bei der **Bestellung des Wahlvorstands für die Wahl der ARMitgl. der ArbN** nach dem DrittelbG, und dem MitbestG (vgl. § 26 Abs. 2 WO DrittelbG; § 4 Abs. 4 der 2. WO MitbestG; § 4 Abs. 4 der 3. WO MitbestG; vgl. Richardi BetrVG/*Annuß* Rn. 41),
- die Stellung eines Antrags auf gerichtliche Feststellung über die Zusammensetzung des Aufsichtsrats (§ 98 Abs. 2 Nr. 4 u. 6 AktG; vgl. Richardi BetrVG/*Annuß* Rn. 42),

– die **Anfechtung** der **Wahl der ARMitgl. der ArbN** (vgl. § 22 Abs. 2 MitbestG, § 101 Abs. 2 Nr. 2 u. 4 MitbestErgG),
– die Befugnis zur Bestellung von **Europäischen Betriebsräten** (§ 11 Abs. 1 EBRG; → Anh. 3 Rn. 33; → Rn. 54; Richardi BetrVG/*Annuß* Rn. 40),
– die Bildung des Wahlgremiums nach § 8 Abs. 2 oder 3 **SEBG** (→ § 1 Rn. 271 ff.),
– die Bildung des Wahlgremiums nach § 10 Abs. 2 oder 3 **MgVG** (→ § 1 Rn. 276).

V. Zuständigkeit des Gesamtbetriebsrats kraft Auftrags

62 **Abs. 2** ermöglicht es den BR, **durch Beauftragung die Zuständigkeit des GesBR** in Angelegenheiten zu **begründen,** die an sich in die Zuständigkeit des einzelnen BR fallen. Zum einen kommen dadurch den einzelnen BR die unmittelbaren Kontakte zugute, die der GesBR zur Unternehmensleitung hat. Zum anderen kann durch die **Delegation** auf den GesBR eine betriebsübergreifende oder unternehmenseinheitliche Regelung in Angelegenheiten geschaffen werden, in denen dies zwar sachlich nicht unbedingt erforderlich, jedoch **zweckmäßig** erscheint (GK-BetrVG/*Kreutz/Franzen* Rn. 63; Richardi BetrVG/*Annuß* Rn. 53; DKKW/*Trittin* Rn. 173; HWGNRH/*Glock* Rn. 54). Durch die Delegation auf den GesBR können sich die BR dessen Sachkunde, Erfahrung und Verhandlungsgewicht zunutze machen. Auch können dadurch Zweifel hinsichtlich der Zuständigkeit vermieden oder ausgeräumt werden (vgl. *Rieble* RdA 2005, 26 [28]).

62a Die **Rechtsnatur der Beauftragung nach Abs. 2** ist umstritten (vgl. *Kliemt/Teusch* FS 100 Jahre BetrVR 2020, 323 [325 ff.]; *Rieble* RdA 2005, 26 [27]; GK-BetrVG/*Kreutz/Franzen* Rn. 65; DKKW/*Trittin* Rn. 195; WPK/*Roloff* Rn. 22). Überwiegend wird die Auffassung vertreten, im Innenverhältnis zwischen BR und GesBR handele es sich bei der Beauftragung um einen Auftrag iSv. §§ 662 ff BGB, im Außenverhältnis um einen Fall der rechtsgeschäftlichen Stellvertretung iSv. §§ 164 ff. BGB (vgl. GK-BetrVG/*Kreutz/Franzen* Rn. 65; *Kliemt/Teusch* FS 100 Jahre BetrVR 2020, 323 [326 ff.]). Das BAG hat formuliert, der GesBR werde im Falle der Beauftragung nach § 50 Abs. 2 „rechtlich als Vertreter der beauftragenden EinzelBR tätig", der vom GesBR beauftragte KBR erhalte mit der Beauftragung „lediglich die Befugnis, anstelle des GesBR tätig zu werden" (BAG 18.5.2010 – 1 ABR 6/09, NZA 2010, 1433 Rn. 19); es hat sich aber mit der Rechtsnatur der Beauftragung nicht näher auseinandergesetzt.

62b Die an den Rechtsinstituten des BGB (§§ 662 ff., 164 ff.) orientierte Betrachtung überzeugt nicht. Sie wird weder der Gesetzessystematik noch der eigenständigen Stellung der Betriebsverfassungsorgane gerecht. Geboten ist vielmehr eine spezifisch **betriebsverfassungsrechtliche Betrachtung.** Das bedeutet nicht, dass für bestimmte Fragestellungen die entsprechende Heranziehung der Vorschriften des BGB – etwa des § 184 BGB (vgl. dazu → Rn. 19) - ausgeschlossen wäre. Die formelle Betriebsverfassung ist u. a. gekennzeichnet durch den Grundsatz der Zuständigkeitstrennung zwischen BR, GesBR und KBR (vgl. → Rn. 9). Diese sind eigenständige Organe mit getrennten Zuständigkeiten, die gleichberechtigt nebeneinander bestehen und einander weder über- noch untergeordnet sind. Mit dieser Gleichrangigkeit vertragen sich die Abhängigkeiten und Weisungsbefugnisse, die mit einem rechtsgeschäftlichen Auftrags- und Stellvertretungsverhältnis verbunden sind (vgl. §§ 166 Abs. 2 S. 1, 665 BGB), nicht. Vielmehr ist der nach Abs. 2 beauftragte GesBR nach zutreffender Auffassung an Weisungen des BR nicht gebunden, sondern handelt in eigener Verantwortung (vgl. → Rn. 68; Richardi BetrVG/*Annuß* Rn. 58; ErfK/*Koch* Rn. 9; DKKW/*Trittin* Rn. 199; HWGNRH/*Glock* Rn. 58; **aA** GK-BetrVG/*Kreutz/Franzen* Rn. 76). Andererseits – und dies unterscheidet ihn ebenfalls vom rechtsgeschäftlich bevollmächtigten Auftragnehmer – ist der GesBR nach ganz hM (vgl. → Rn. 70 mwN) grds. verpflichtet, der Beauftragung nach Abs. 2 nachzukommen. In deren Rahmen handelt er dann aber eben auch im eigenen Namen eigenverantwortlich. Damit ist auch die mit der Konstruktion der Stellvertretung verbundene „Doppelung" der legitimierten Verhandlungspartner des ArbGeb. auf BRSeite (vgl. *Kliemt/Teusch* FS 100 Jahre BetrVR 2020, 323 [329]) schwerlich vereinbar.

Daher ist es konsequent, die Beauftragung nach Abs. 2 als einen Akt anzusehen, durch den die **Zuständigkeit des GesBR und die damit verbundene Kompetenz begründet** wird (ebenso *Rieble* RdA 2005, 26 [27]). Dem entspricht auch die systematische Stellung des Abs. 2 im G, findet sie sich doch in der mit „Zuständigkeit" überschriebenen Vorschrift des § 50. Im Übrigen sprechen auch die Teile des Schrifttums, die die Beauftragung nach Abs. 2 als einen Fall der Stellvertretung verstehen, – etwas überraschend – von der „Zuständigkeit des GesBR kraft Auftrags" (vgl. etwa GK-BetrVG/*Kreutz/Franzen* Rn. 63; DKKW/*Trittin* Rn. 170; WPK/*Roloff* Rn. 21). Der nach Abs. 2 beauftragte GesBR wird also nicht „in Vertretung" des BR, sondern „anstelle" (so auch BAG 18.5.2010 – 1 ABR 6/09, NZA 2010, 1433 Rn. 19) des BR im Interesse der von diesem repräsentierten Belegschaft tätig. Er handelt nicht „im Namen" des delegierenden BR, sondern in eigenem Namen kraft eigener, wenn auch durch die Delegation verliehener Zuständigkeit (vgl. *Rieble* RdA 2005, 26 [27]). Dies ändert nichts daran, dass Bezugsobjekt der Tätigkeit der einzelne Betrieb bleibt und es sich bei der vom GesBR aufgrund einer Delegation nach Abs. 2 mit dem ArbGeb. geschlossenen Vereinbarung um eine (Einzel-)BV handelt (vgl. → Rn. 73a; BAG 18.5.2010 – 1 ABR 6/09, NZA 2010, 1433 Rn. 19). 62c

Die Beauftragung des GesBR muss bestimmte **Voraussetzungen** erfüllen. Eine unwirksame Delegation begründet keine Zuständigkeit des GesBR. Dessen Rechtshandlungen sind unbeachtlich, von ihm geschlossene BV unwirksam (GK-BetrVG/*Kreutz/Franzen* Rn. 65). Allerdings kann der Mangel in den Fällen, in denen es lediglich an einer ordnungsgemäßen Beschlussfassung des delegierenden BR fehlte, wohl durch dessen Genehmigung nachträglich geheilt werden (→ Rn. 19; vgl. auch *Rieble* RdA 2005, 26 [30]; **aA** GK-BetrVG/*Kreutz/Franzen* Rn. 65). Eine wirksame Delegation setzt einen formell wirksamen Übertragungsakt (→ Rn. 64) und die Übertragbarkeit der Angelegenheit (→ Rn. 65 f.) voraus (vgl. *Rieble* RdA 2005, 26 [27 ff.]). Dagegen ist die Wirksamkeit der Delegation als solche grds. unabhängig vom tatsächlichen Bestehen eines MBR des delegierenden BR (→ Rn. 67). 63

Zu ihrer formellen Wirksamkeit erfordert die Delegation gem. Abs. 2 S. 1 einen mit der **qualifizierten Mehrheit** seiner Mitglieder (→ § 33 Rn. 36) gefassten **Beschluss** des BR. Gem. Abs. 2 S. 3 iVm § 27 Abs. 2 S. 3 bedarf die Übertragung der **Schriftform.** Der Beschluss muss vom BRVors. eigenhändig unterzeichnet sein (Richardi BetrVG/*Annuß* Rn. 60; GK-BetrVG/*Kreutz/Franzen* Rn. 69). Anders als bei der internen Zuständigkeitsverteilung zwischen BR und BetrAusschuss genügt die Aufnahme in die Sitzungsniederschrift nicht. Der GesBR ist ein eigenständiges Organ, dem die schriftliche Urkunde zugehen muss (GK-BetrVG/*Kreutz/Franzen* Rn. 69; Richardi BetrVG/*Annuß* Rn. 60; ErfK/*Koch* Rn. 10; HWGNRH/*Glock* Rn. 55). Mit dem **Zugang der schriftlichen Mitteilung an den Vors. des GesBR** wird die Übertragung wirksam (vgl. *Rieble* RdA 2005, 26 [29]). Von diesem Zeitpunkt an obliegt, sofern sich der BR nicht die Entscheidungsbefugnis vorbehalten hat, die Behandlung der Angelegenheit allein dem GesBR. Die **Unterrichtung des ArbGeb.** über die Beauftragung des GesBR oder. den Widerruf ist keine Voraussetzung für deren Wirksamkeit (vgl. *Rieble* RdA 2005, 26 [29]). Sie entspricht aber dem Gebot der vertrauensvollen Zusammenarbeit HWGNRH/*Glock* Rn. 62). 64

Die Übertragung auf den GesBR kann grds. **nur für eine bestimmte Angelegenheit** beschlossen werden. Eine Übertragung ganzer Sachbereiche auf den GesBR, wie sie beim BetrAusschuss möglich ist (→ § 27 Rn. 74 f.), ist unzulässig (BAG 26.1.1993 – 1 AZR 303/92, NZA 1993, 714 *Rieble* RdA 2005, 26 [29]; Richardi BetrVG/*Annuß* Rn. 54; GK-BetrVG/*Kreutz/Franzen* Rn. 75; HWGNRH/*Glock* Rn. 56; DKKW/*Trittin* Rn. 192; ErfK/*Koch* Rn. 9). Das G spricht nur von „einer" Angelegenheit, nicht wie in § 27 Abs. 3 und § 38 Abs. 1 von Aufgaben, die den Ausschüssen zur selbständigen Erledigung übertragen werden können. Die gesetzliche 65

Zuständigkeit darf nicht generell im Voraus zugunsten des GesBR verschoben werden. Doch ist der Begriff „Angelegenheit" nicht zu eng zu verstehen. So kann der GesBR ermächtigt werden, eine komplexe und vielschichtige Angelegenheit, die gesonderter Verhandlung und Beschlussfassung bedarf, in mehreren Stufen zu erledigen. Auch ist die Übertragung mehrerer gleicher oder ähnlich liegender Fälle zulässig. Im Interesse der klaren Abgrenzung der Zuständigkeit von GesBR und BR muss die übertragene Angelegenheit **möglichst konkret umschrieben** sein (HWGNRH/*Glock* Rn. 56).

66 Die **Angelegenheiten,** deren Übertragung auf den GesBR nach Abs. 2 möglich ist, sind grds. **nach ihrem Gegenstand nicht beschränkt** (GK-BetrVG/*Kreutz/Franzen* Rn. 72). Die den materiellen Beteiligungsrechten des BR unterliegenden Angelegenheiten können auf den GesBR übertragen werden. Dies gilt auch für die allgemeinen Aufgaben nach § 80. Die interne Arbeitsorganisation des BR (Geschäftsführung) und die damit verbundenen Aufgaben können aber wohl nicht auf den GesBR delegiert werden (vgl. *Rieble* RdA 2005, 26 [29]).

67 Die **Wirksamkeit des Delegationsakts** ist **grds. unabhängig davon, ob** dem übertragenden BR in der übertragenen Angelegenheit ein **MBR** tatsächlich zusteht oder ob dieses etwa bereits durch seine Ausübung verbraucht ist (etwas **aA** insoweit wohl *Rieble* RdA 2005, 26 [27 f.]). Besteht in der übertragenen Angelegenheit kein auszuübendes MBR (mehr), lässt dies die Wirksamkeit des Delegationsakts unberührt. Dementsprechend sind vom GesBR abgeschlossene GesBV – als freiwillige oder ablösende – BV wirksam; gegen den GesBR ergehende gerichtliche Entscheidungen entfalten Wirkung auch gegen den delegierenden BR (→ Rn. 71). Deshalb kann der BR den GesBR auch in Angelegenheiten (fürsorglich) beauftragen, in denen die Zuständigkeit zwischen BR und GesBR zweifelhaft erscheint (vgl. *Rieble* RdA 2005, 26 [28]); die Zuständigkeitsfrage muss in einem solchen Fall erst entschieden werden, wenn es um die Kündigung einer vom GesBR abgeschlossenen BV geht (→ Rn. 73). Allerdings werden durch die Delegation keine neuen MBR begründet. Falls der BR in der übertragenen Angelegenheit kein MBR besaß, kann der GesBR durch die Delegation auch kein solches erhalten (BAG 12.11.1997 – 7 ABR 78/96, NZA 1998, 497). Auch im **Gemeinschaftsbetrieb,** dessen BR Mitglieder in mehrere GesBR entsendet (vgl. § 47 Abs. 9), ist eine Delegation an einen der GesBR nicht ausgeschlossen, soweit es um mitbestimmungspflichtige Angelegenheiten geht, in denen der VertragsArbGeb. Adressat des MBR ist (→ § 1 Rn. 146 ff.; **aA** *Rieble* RdA 2005, 26 [28, 31]).

68 Der BR kann die Behandlung der Angelegenheit in vollem Umfang, dh **einschließlich der materiellen Entscheidungsbefugnis** auf den GesBR übertragen. In diesem Falle ist der GesBR in der betreffenden Angelegenheit in vollem Umfang sachlegitimiert (Richardi BetrVG/*Annuß* Rn. 56; ErfK/*Koch* Rn. 9). Der BR kann dem GesBR nicht verbindlich bestimmte Richtlinien für die Behandlung der Angelegenheit vorschreiben. Vielmehr ist der GesBR ein selbständiges Organ und im Rahmen der Übertragung allein und in vollem Umfang zur Behandlung der Angelegenheit ermächtigt (Richardi BetrVG/*Annuß* Rn. 58; ErfK/*Koch* Rn. 9; HWGNRH/*Glock* Rn. 58; *Salamon* NZA 2013, 708 [712]; **aA** GK-BetrVG/*Kreutz/Franzen* Rn. 76).

69 Der BR kann nach Abs. 2 S. 2 den GesBR lediglich mit der Verhandlung der Angelegenheit beauftragen und sich selbst die **Entscheidungsbefugnis** – etwa den Abschluss der BV – **vorbehalten** (vgl. GK-BetrVG/*Kreutz/Franzen* Rn. 76; DKKW/*Trittin* Rn. 197; Richardi BetrVG/*Annuß* Rn. 57; *Rieble* RdA 2005, 26 [30]). Der Vorbehalt muss deutlich erklärt werden. Der GesBR hat dann nur ein Verhandlungsmandat. Schließt er gleichwohl eine BV mit dem ArbGeb., kann der BR diese nachträglich genehmigen. Im Zweifel erfolgt die Beauftragung ohne Vorbehalt (ErfK/*Koch* Rn. 9).

70 Der **GesBR ist grds. verpflichtet, den Auftrag zu übernehmen** (GK-BetrVG/*Kreutz/Franzen* Rn. 67; Richardi BetrVG/*Annuß* Rn. 63; HWGNRH/

Glock Rn. 60; MHdB ArbR/*Nebendahl* § 300 Rn. 73; **aA** wohl *Rieble* RdA 2005, 26, der annimmt, den GesBR treffe keine Pflicht, in der ihm übertragenen Angelegenheit tätig zu werden). Er kann und muss aber die Wirksamkeit der Delegation prüfen (*Rieble* RdA 2005, 26 [27, 31]; MHdB ArbR/*Nebendahl* § 300 Rn. 73). Er kann den Auftrag ablehnen, wenn dieser nicht wirksam zustande gekommen, unbestimmt oder mit unzulässigen Direktiven verbunden ist oder ein MBR des übertragenden BR in der übertragenen Angelegenheit offensichtlich nicht besteht (vgl. DKKW/*Trittin* Rn. 196; GK-BetrVG/*Kreutz/Franzen* Rn. 67; HWGNRH/*Glock* Rn. 60). Er ist nicht befugt, die Angelegenheit ohne Zustimmung des delegierenden BR an den KBR weiter zu delegieren (MHdB ArbR/*Nebendahl* § 300 Rn. 73)

Trotz der Beauftragung **bleibt der BR Träger des MBR.** Die Beauftragung ist 71
aber bei der verfahrensrechtlichen Geltendmachung dann zu berücksichtigen, wenn sie sich auch auf diese erstreckt. In diesem Fall ist nur der beauftragte GesBR am Verf. beteiligt. Er macht die Rechte des BR im Sinne einer **gewillkürten Prozessstandschaft** im eigenen Namen geltend (BAG 6.4.1976 – 1 ABR 27/74, AP BetrVG 1972 § 50 Nr. 2; 27.6.2000 – 1 ABR 31/99, NZA 2001, 334 mwN; vgl. auch 1.3.1966 – 1 ABR 14/65, AP BetrVG § 69 BetrVG Nr. 1; Richardi BetrVG/*Annuß* Rn. 55; *Rieble* RdA 2005, 26 [27]).

Gemäß Abs. 2 S. 3 iVm § 27 Abs. 3 S. 4 kann der BR die Beauftragung des 72
GesBR jederzeit widerrufen. Erforderlich ist ein **Widerrufsbeschluss,** der ebenfalls der absoluten Mehrheit der Stimmen der BRMitgl. bedarf (Richardi BetrVG/*Annuß* Rn. 62; HWGNRH/*Glock* Rn. 61; DKKW/*Trittin* Rn. 187; GK-BetrVG/*Kreutz/Franzen* Rn. 71). Auch der Widerruf wird erst wirksam, wenn er schriftlich dem Vors. des GesBR zugegangen ist. Der Widerruf ist **ohne Vorliegen besonderer Gründe** möglich; er braucht nicht begründet zu werden (DKKW/*Trittin* Rn. 187; GK-BetrVG/*Kreutz/Franzen* Rn. 71; Richardi BetrVG/*Annuß* Rn. 62; *Kliemt/Teusch* FS 100 Jahre BetrVR 2020, 323 [328]; **aA** *Behrens/Kramer* DB 1994, 95). Liefen zum Zeitpunkt des Widerrufs der Beauftragung Verhandlungen zwischen dem GesBR und dem ArbGeb., so tritt der BR in den Verfahrensstand ein, in dem sich die Verhandlungen befanden (*Kliemt/Teusch* FS 100 Jahre BetrVR 2020, 323 [330 f.]).

VI. Gesamtbetriebsvereinbarung

Die im Rahmen der **originären gesetzlichen Zuständigkeit des GesBR nach** 73
Abs. 1 abgeschlossenen Vereinbarungen bezeichnet man meist als **Gesamtbetriebsvereinbarungen** (GK-BetrVG/*Kreutz/Franzen* Rn. 78; MHdB ArbR/*Nebendahl* § 300 Rn. 95; Richardi BetrVG/*Annuß* Rn. 69; HWGNRH/*Glock* Rn. 63; DKKW/*Trittin* Rn. 204). Der daran nicht beteiligte örtliche BR hat grds. keinen eigenen Anspruch auf Durchführung der GesBV (BAG 18.5.2010 – 1 ABR 6/09, NZA 2010, 1433; MHdB ArbR/*Nebendahl* § 300 Rn. 95). Der Durchführungsanspruch steht vielmehr dem GesBR zu (BAG 18.5.2010 – 1 ABR 6/09, NZA 2010, 1433). Erst wenn der ArbGeb. seine Pflichten aus der GesBV grob verletzt, kann der örtliche BR unabhängig von seiner materiellrechtlichen Position im Wege der gesetzlichen Prozessstandschaft nach § 23 Abs. 3 die Beachtung der GesBV durchsetzen (BAG 18.5.2010 – 1 ABR 6/09, NZA 2010, 1433).

Demgegenüber handelt es sich bei Vereinbarungen, die der GesBR auf Grund einer 73a
Delegation nach Abs. 2 mit dem ArbGeb. abschließt, um (Einzel-)**BV** (BAG 18.5.2010 – 1 ABR 6/09, NZA 2010, 1433; DKKW/*Trittin* Rn. 204). Denn bei ihnen handelt der GesBR nicht aus originärem, sondern aus einem vom EinzelBR abgeleiteten Recht. In beiden Fällen verliert die Vereinbarung jedoch nicht ihren betrieblichen Charakter. Auch eine GesBV regelt keine Angelegenheit „des Unternehmens". Ihr Bezugsobjekt sind vielmehr allein die einzelnen Betriebe (BAG 18.9.2002 – 1 ABR 54/01, NZA 2003, 670; *Kreft* FS Wißmann, 2005, 347 [357 ff.]; *Salamon* RdA 2007,

103; DKKW/*Trittin* Rn. 204). Eine BV, die der GesBR im Rahmen seines Auftrags nach Abs. 2 abschließt, gilt unmittelbar für den beauftragenden BR und die ArbN dieses Betriebs. Zur Kündigung dieser BV ist nur der BR berechtigt, es sei denn, die Ermächtigung des GesBR ist ausdrücklich auf die Kündigung erstreckt worden (ErfK/*Koch* Rn. 11; GK-BetrVG/*Kreutz/Franzen* Rn. 78; DKKW/*Trittin* Rn. 206). In diesem Fall steht der Durchführungsanspruch dem örtlichen BR zu (BAG 18.5.2010 – 1 ABR 6/09, NZA 2010, 1433; MHdB ArbR/*Nebendahl* § 300 Rn. 96).

74 Schließen BR und GesBR über denselben Gegenstand eine BV, richtet sich deren **Konkurrenz** nach **der gesetzlich vorgeschriebenen Zuständigkeit** (→ Rn. 9ff.). Im Bereich der **zwingenden Mitbestimmung** schließen sich die Zuständigkeit der einzelnen BR und die originäre Zuständigkeit des GesBR nach Abs. 1 S. 1 wechselseitig aus (→ Rn. 10). Maßgebend ist daher die von dem zuständigen betriebsverfassungsrechtlichen Organ abgeschlossene BV. Die andere BV – sei sie nun günstiger oder ungünstiger, früher oder später – ist unwirksam (Richardi BetrVG/*Annuß* Rn. 71; HWGNRH/*Glock* Rn. 64; GK-BetrVG/*Kreutz/Franzen* Rn. 82f.). Soweit der ArbGeb. aber aufgrund einer infolge mangelnder Zuständigkeit des BR bzw. des GesBR unwirksamen BV Leistungen an ArbN erbracht hat, kann er diese jedenfalls dann grds. nicht zurückverlangen, wenn der ArbN auf die Wirksamkeit der vom Arbeitgeber abgeschlossenen BV vertrauen durfte. Das unzuständige Organ kann dem kraft Gesetzes zuständigen Organ auch dann nicht durch Abschluss „freiwilliger" Vereinbarungen vorgreifen, wenn das zuständige Organ sein MBR noch nicht ausgeübt hat (BAG 11.12.2001 – 1 AZR 193/01, NZA 2002, 688).

75 **Im Bereich der freiwilligen Mitbestimmung** kann der ArbGeb. durch seine Vorgaben die Regelungsebene und damit das Gremium auf BRSeite bestimmen (→ Rn. 11, 24). Eine mit diesem geschlossene BV kann er nur durch Vereinbarung mit diesem abändern oder einvernehmlich beenden. Er kann sie nicht unmittelbar durch die mit einem anderen Gremium geschlossene BV ablösen. Nach fristgerechter Kündigung der freiwilligen BV kann er aber mit einem anderen Gremium auf einer anderen Regelungsebene eine neue freiwillige BV schließen; er kann durch seine Vorgabe die Regelungsebene bestimmen (→ Rn. 11).

76 Eine vom GesBR nach Abs. 1 für alle Betriebe geschlossene GesBV erfasst grds. auch **Betriebe, die das Unternehmen neu errichtet oder nach § 613a BGB erwirbt** (→ Rn. 32; *Brune/Schmitz-Scholemann* FS Willemsen 2018, 65 [70]). Dies gilt aber nicht ohne weiteres, wenn die GesBV nur für einzelne Betriebe geschlossen wurde (→ Rn. 33). Dann erfasst sie im Zweifel nicht die neu hinzukommenden Betriebe. Zur Geltung von GesBV in BRlosen Betrieben → Rn. 30ff.

77 Für die Frage der **normativen Fortgeltung einer GesBV** nach einem Betriebsübergang (→ **§ 77 Rn. 169;** BAG 18.9.2002 – 1 ABR 54/01, NZA 2003, 670; 5.5.2015 – 7 AZR 763/13, NZA 2015, 1331; *Bachner* NJW 2003, 2861ff.; *Mues* DB 2003, 1273ff.; *C. Meyer* SAE 2003, 310ff.; *Hohenstatt/Müller-Bonanni* NZA 2003, 766ff.; *Rieble* Sonderbeilage zu NZA Heft 16/2003, 62 [69f.]; *Salamon* RdA 2007, 103; DKKW/*Trittin* Rn. 216ff.; zur Auseinandersetzung mit der Kritik an der Rspr. des BAG vgl. insbes. *Kreft* FS Wißmann, 2005, 347 [357ff.]) kommt es nicht auf den Fortbestand oder die fortbestehende Zuständigkeit des GesBR an. Entscheidend ist vielmehr grds. die **Wahrung der jeweiligen Identität der übernommenen Betriebe** (BAG 18.9.2002 – 1 ABR 54/01, NZA 2003, 670; *Salamon* RdA 2007, 103). Geht ein einzelner Betrieb des abgebenden Unternehmens auf ein anderes Unternehmen über, das bis dahin keinen Betrieb führte, so bleiben die in ihm geltenden GesBV als EinzelBV bestehen. Gehen alle oder mehrere Betriebe des abgebenden Unternehmens auf ein solches Unternehmen über, so bleiben die in ihnen geltenden GesBV als solche bestehen. Dies gilt auch, wenn nur Teile von Betrieben des abgebenden Unternehmens erworben, aber vom Erwerber als eigene Betriebe geführt werden (BAG 18.9.2002 – 1 ABR 54/01, NZA 2003, 670). Sobald im Erwerberunternehmen nach § 47 ein neuer GesBR errichtet worden ist, ist dieser Adressat für eine Kündigung der fortgeltenden GesBV.

VII. Streitigkeiten

Streitigkeiten über die Zuständigkeit des GesBR entscheiden die ArbG **grds. im BeschlVerf.** (§§ 2a, 80ff. ArbGG). Besteht zwischen BR, ArbGeb. und GesBR Streit darüber, ob der GesBR zum Abschluss der BV mit dem ArbGeb. zuständig war, kann ein BR die Unanwendbarkeit der BV in dem von ihm repräsentierten Betrieb im BeschlVerf. feststellen lassen (BAG 9.12.2003 – 1 ABR 49/02, NZA 2005, 234). Die Frage der Zuständigkeit kann sich auch als Vorfrage in einem Urteilsverf. zwischen ArbN und ArbGeb. stellen, etwa wenn es darin auf die Wirksamkeit einer BV ankommt. Anders als in dem vom eingeschränkten Amtsermittlungsgrundsatz beherrschten BeschlVerf. ist die **Zuständigkeit im Urteilsverf. nur** dann **zu prüfen, wenn** sie von einer Partei **bestritten** wird **oder** auf Grund des tatsächlichen Vorbringens der Partei **zweifelhaft** erscheint (BAG 20.2.2001 – 1 AZR 233/00, NZA 2001, 903; 29.10.2002 – 1 AZR 573/01, NZA 2003, 393; 23.1.2008 – 1 AZR 988/06, NZA 2008, 709; 23.6.2009 – 1 AZR 214/08, NZA 2009, 1159). Örtlich zuständig ist gem. § 82 Abs. 1 S. 2 ArbGG das ArbG, in dessen Bezirk das Unternehmen seinen Sitz hat. Zu den Besonderheiten des BeschlVerf. vgl. **Anh. 3.** 78

Das für den Sitz des Betriebes zuständige ArbG ist in den Fällen örtlich zuständig, in denen im Rahmen der Behandlung einer von einem BR gem. Abs. 2 auf den GesBR übertragenen Angelegenheit das ArbG angerufen wird (zB nach §§ 99 Abs. 4 oder 100 Abs. 2 oder zur Bestellung des Vors. der E-Stelle nach § 76 Abs. 2 S. 2). Denn die **Abgrenzung der örtlichen Zuständigkeit** zwischen dem ArbG am Sitz des Betriebes und dem am Sitz des Unternehmens gem. § 82 ArbGG erfolgt nicht nach den VerfBeteiligten, sondern **nach materiellen Kriterien,** dh danach, ob es sich um eine betriebliche Angelegenheit oder um eine solche auf Unternehmensebene handelt (vgl. GK-ArbGG/*Ahrendt* ArbGG § 82 Rn. 11). Die von einem BR nach Abs. 2 übertragene Angelegenheit bleibt eine betriebliche, auch wenn sie vom GesBR behandelt wird. 79

Wird in einem Verf. über das Bestehen oder Nichtbestehen des MBR eines BR gestritten, ist nach **§ 83 Abs. 3 ArbGG** der GesBR zu beteiligen, wenn dieser als Inhaber des streitigen MBR materiell-rechtlich ernsthaft in Betracht kommt. Gleiches gilt im umgekehrten Fall für die einzelnen BR, wenn über ein MBR des GesBR gestritten wird (→ Anh. 3 Rn. 43; BAG 28.3.2006 – 1 ABR 59/04, NZA 2006, 1367; vgl. auch 18.7.2017 – 1 ABR 59/15, NZA 2017, 1615 Rn. 10). 80

§ 51 Geschäftsführung

(1) [1]**Für den Gesamtbetriebsrat gelten § 25 Abs. 1, die §§ 26, 27 Abs. 2 und 3, § 28 Abs. 1 Satz 1 und 3, Abs. 2, die §§ 30, 31, 34, 35, 36, 37 Abs. 1 bis 3 sowie die §§ 40 und 41 entsprechend.** [2]**§ 27 Abs. 1 gilt entsprechend mit der Maßgabe, dass der Gesamtbetriebsausschuss aus dem Vorsitzenden des Gesamtbetriebsrats, dessen Stellvertreter und bei Gesamtbetriebsräten mit**

9 bis 16 Mitgliedern	**aus 3 weiteren Ausschussmitgliedern,**
17 bis 24 Mitgliedern	**aus 5 weiteren Ausschussmitgliedern,**
25 bis 36 Mitgliedern	**aus 7 weiteren Ausschussmitgliedern,**
mehr als 36 Mitgliedern	**aus 9 weiteren Ausschussmitgliedern.**

besteht.

(2) [1]**Ist ein Gesamtbetriebsrat zu errichten, so hat der Betriebsrat der Hauptverwaltung des Unternehmens oder, soweit ein solcher Betriebsrat nicht besteht, der Betriebsrat des nach der Zahl der wahlberechtigten Arbeitnehmer größten Betriebs zu der Wahl des Vorsitzenden und des stellvertretenden Vorsitzenden des Gesamtbetriebsrats einzuladen.** [2]**Der Vorsitzende des einladenden Betriebs-**

rats hat die Sitzung zu leiten, bis der Gesamtbetriebsrat aus seiner Mitte einen Wahlleiter bestellt hat. [3] § 29 Abs. 2 bis 4 gilt entsprechend.

(3) [1] **Die Beschlüsse des Gesamtbetriebsrats werden, soweit nichts anderes bestimmt ist, mit Mehrheit der Stimmen der anwesenden Mitglieder gefasst. [2] Bei Stimmengleichheit ist ein Antrag abgelehnt. [3] Der Gesamtbetriebsrat ist nur beschlussfähig, wenn mindestens die Hälfte seiner Mitglieder an der Beschlussfassung teilnimmt und die Teilnehmenden mindestens die Hälfte aller Stimmen vertreten; Stellvertretung durch Ersatzmitglieder ist zulässig. [4] § 33 Abs. 3 gilt entsprechend.**

(4) **Auf die Beschlussfassung des Gesamtbetriebsausschusses und weiterer Ausschüsse des Gesamtbetriebsrats ist § 33 Abs. 1 und 2 anzuwenden.**

(5) **Die Vorschriften über die Rechte und Pflichten des Betriebsrats gelten entsprechend für den Gesamtbetriebsrat, soweit dieses Gesetz keine besonderen Vorschriften enthält.**

Inhaltsübersicht

I. Vorbemerkung

1 Die Vorschrift regelt die **innere Organisation und die Geschäftsführung des GesBR.** Die Regelungen entsprechen weitgehend denjenigen, die für den BR gelten. Gewisse Abweichungen ergeben sich daraus, dass der GesBR eine Dauereinrichtung ist und seine Mitgl. von den einzelnen BR entsandt werden. Abs. 5 stellt klar, dass dem GesBR im Rahmen seiner Zuständigkeit grds. dieselben Rechte und Pflichten obliegen wie dem einzelnen BR.

2 Die Änderungen durch das BetrVerf-ReformG berücksichtigen den Wegfall des Gruppenprinzips und gestatten die Bildung von Ausschüssen auch dann, wenn kein GesBetrAusschuss gebildet wurde. Die Mitgl. dieser Ausschüsse werden nach den Grundsätzen des Mehrheitswahlrechts gewählt; auf § 28 Abs. 1 S. 2 wird nicht verwiesen.

3 Abs. 1 S. 2 und Abs. 2, 4–6 gelten für den **KBR** entspr. (vgl. § 59 Abs. 1).

4 Auf die **GesJAV** findet § 51 Abs. 2–5 entspr. Anwendung (vgl. § 73 Abs. 2). Auf die **KJAV** findet § 51 Abs. 3–5 entspr. Anwendung, vgl. § 73b Abs. 2.

5 Die Vorschrift ist **zwingend** und weder durch TV noch durch BV abdingbar (GK-BetrVG/*Kreutz/Franzen* Rn. 3).

6 Entspr. Vorschrift des **BPersVG:** §§ 54, 56, des **SprAuG:** § 19.

II. Konstituierung des Gesamtbetriebsrats

7 Der GesBR hat **keine Amtszeit,** da er eine **Dauereinrichtung** ist (→ § 47 Rn. 26). Demgemäß kommt grds. nur eine einmalige Konstituierung dieses Gremi-

ums nach Abs. 2 in Betracht. Die Vorschrift ist aber – zumindest entsprechend – auch anzuwenden, wenn der GesBR vorübergehend keine Mitglieder mehr hat. Dies ist nach § 49 ua insbes. dann der Fall, wenn die Mitgliedschaft sämtlicher in den GesBR entsandten BRMitglieder in dem sie entsendenden BR durch den Ablauf der regelmäßigen Amtszeit nach § 24 Nr. 1 endet (vgl. Richardi BetrVG/*Annuß* Rn. 27; ErfK/*Koch* Rn. 1; GK-BetrVG/*Kreutz/Franzen* Rn. 16). In diesem Fall sind sowohl der Vors. und der Stellvertr. als auch die Mitglieder des GesBRAusschusses neu zu wählen (→ Rn. 17, 18 ff.).

Zuständig für die **Einladung zur konstituierenden Sitzung des GesBR,** dh zur Vornahme der Wahl des Vors. des GesBR und seines Stellvertr. ist nach Abs. 2 S. 1 in erster Linie der **BR der Hauptverwaltung** des Unternehmens. Dies gilt auch, wenn die Hauptverwaltung betriebsverfassungsrechtlich nur unselbständiger Betriebsteil eines Produktionsbetriebes ist (Richardi BetrVG/*Annuß* Rn. 25; GK-BetrVG/*Kreutz/Franzen* Rn. 9; ErfK/*Koch* Rn. 1; HWGNRH/*Glock* Rn. 15; DKKW/*Trittin* Rn. 6). 8

Besteht für die Hauptverwaltung kein eigener BR, so ist zur Einladung der **BR des nach der Zahl der wahlberechtigten ArbN größten Betriebs** des Unternehmens zuständig (BAG 15.10.2014 – 7 ABR 53/12, NZA 2015, 1014). Maßgebend für die Feststellung dieser Zahl sind (wie bei der Stimmengewichtung nach § 47 Abs. 7 u. 8) die Eintragungen in die Wählerlisten bei der letzten BRWahl (Richardi BetrVG/*Annuß* Rn. 24; GK-BetrVG/*Kreutz/Franzen* Rn. 8; ErfK/*Koch* Rn. 1). 9

Der nach Abs. 2 S. 1 **zuständige BR ist verpflichtet,** zur konstituierenden Sitzung des GesBR einzuladen, sobald die Voraussetzungen für die Bildung eines GesBR vorliegen. Die Einladung ergeht an alle BR des Unternehmens und enthält die Aufforderung zur Bestellung der Mitgl. des GesBR. Die Unterlassung der Einladung wird in aller Regel eine **grobe Pflichtverletzung** iSd § 23 Abs. 1 darstellen (Richardi BetrVG/*Annuß* Rn. 28; GK-BetrVG/*Kreutz/Franzen* Rn. 15; DKKW/*Trittin* Rn. 9). 10

Unterbleibt die Einladung zur konstituierenden Sitzung, können die von den einzelnen BR in den GesBR entsandten Mitgl. von **sich aus zusammentreten,** um die Wahlen nach Abs. 1 u. 2 vorzunehmen (Richardi BetrVG/*Annuß* Rn. 28; GK-BetrVG/*Kreutz/Franzen* Rn. 15; ErfK/*Koch* Rn. 1; DKKW/*Trittin* Rn. 9; **aA** HWGNRH/*Glock* Rn. 20). Dementsprechend führt auch eine fehlende oder fehlerhafte Beschlussfassung über die Einladung zur konstituierenden Sitzung nicht zur Unwirksamkeit der Errichtung des GesBR (BAG 15.10.2014 – 7 ABR 53/12, NZA 2015, 1014). Nach Abs. 2 S. 3 findet bereits auf die Einladung zur konstituierenden Sitzung § 29 Abs. 2 S. 3 entspr. Anwendung (BAG 15.10.2014 – 7 ABR 53/12, NZA 2015, 1014; MHdB ArbR/*Nebendahl* § 300 Rn. 81; **aA** wohl GK-BetrVG/*Kreutz/Franzen* Rn. 13). Die Einladung muss daher eine Tagesordnung enthalten. Der Verfahrensmangel kann aber geheilt werden, wenn die in den GesBR entsandten Personen in der konstituierenden Sitzung eine Tagesordnung einstimmig beschließen (BAG 15.10.2014 – 7 ABR 53/12, NZA 2015, 1014). 11

Der **Vors. des einladenden BR** hat für die Konstituierung dieselbe Stellung wie der Vors. des Wahlvorstand nach § 29 Abs. 1 S. 2. Er leitet gem. Abs. 2 S. 2 die Sitzung nur, bis der GesBR aus seiner Mitte einen Wahlleiter bestellt hat. Falls er selbst nicht in den GesBR entsandt wurde, endet seine Teilnahme an der Sitzung mit der Bestellung des Wahlleiters (Richardi BetrVG/*Annuß* Rn. 26; GK-BetrVG/*Kreutz/Franzen* Rn. 14). Nach der Entscheidung des BAG v. 15.10.2014 (7 ABR 53/12, NZA 2015, 1014) kann bereits an der konstituierenden Sitzung nach Abs. 1 iVm § 31 auf Wunsch eines Viertels der Mitgl. des GesBR ein Beauftragter einer im Betrieb vertretenen Gewerkschaft teilnehmen (MHdB ArbR/*Nebendahl* § 300 Rn. 81; vgl. auch → Rn. 37). 12

Für die **Einberufung der weiteren Sitzungen** gelten nach Abs. 2 S. 3 die Regelungen in § 29 Abs. 2–4 entspr. 13

III. Vorsitzender

14 Durch die Verweisung in Abs. 1 S. 1 gilt auch für den GesBR § 26 Abs. 1. Danach sind **der Vors. und sein Stellvertr. von den Mitgl. des GesBR aus ihrer Mitte** in getrennten Wahlgängen zu wählen (→ § 26 Rn. 12; GK-BetrVG/*Kreutz/Franzen* Rn. 21). Die Wahl erfolgt in der konstituierenden Sitzung. Erforderlich ist nach Abs. 3 ein vom beschlussfähigen GesBR mit einfacher Stimmenmehrheit der anwesenden Mitgl. gefasster Beschluss.

15 Der GesBR ist nach Abs. 3 S. 2 nur **beschlussfähig,** wenn mindestens die Hälfte seiner Mitgl. an der Beschlussfassung teilnimmt und die Teilnehmenden mindestens die Hälfte aller Stimmen vertreten.

16 Die Wahl des Vors. und seines Stellvertr. erfolgt regelmäßig **für die Dauer ihrer Amtszeit als BRMitgl.** Jedoch kann der Vorsitz jederzeit **niedergelegt** werden. Auch kann durch Mehrheitsbeschluss des GesBR der Vors. oder sein Stellvertr. jederzeit **abberufen** werden (Richardi BetrVG/*Annuß* Rn. 9; GK-BetrVG/*Kreutz/Franzen* Rn. 23). Ferner kann der entsendende BR das zum Vors. oder stellvertr. Vors. gewählte Mitgl. des GesBR jederzeit nach § 49 abberufen (→ § 49 Rn. 16; GK-BetrVG/*Kreutz/Franzen* Rn. 24).

17 Mit Ablauf der Amtszeit der BR, die den Vors. und stellvertr. Vors. des GesBR entsandt haben, endet nach § 24 Nr. 1 deren Mitgliedschaft im BR und daher nach § 49 auch ihre Mitgliedschaft im GesBR (BAG 9.2.2011 – 7 ABR 11/10, NZA 2011, 866). Der **Vors. und sein Stellvertr. sind daher neu zu wählen.** Dies gilt auch, wenn der bisherige GesBRVors. und der stellvertr. Vors. bei den regelmäßigen Wahlen nach § 13 Abs. 1 erneut in den EinzelBR gewählt und von diesem in den GesBR entsandt werden (Richardi BetrVG/*Annuß* Rn. 8; GK-BetrVG/*Kreutz/Franzen* Rn. 24; DKKW/*Trittin* Rn. 4; **aA** wohl *Thüsing* FA 2012, 322 [323]).

IV. Gesamtbetriebsausschuss und weitere Ausschüsse

1. Errichtung

18 Nach Abs. 1 S. 2 ist für GesBR mit 9 oder mehr Mitgl. ein **GesBetrAusschuss** zu bilden. Das gehört zu den gesetzlichen Pflichten des GesBR (Richardi BetrVG/*Annuß* Rn. 10; GK-BetrVG/*Kreutz/Franzen* Rn. 27). Die Stellung des GesBetrAusschusses entspricht nach Abs. 1 S. 1 iVm § 27 Abs. 2 der des BetrAusschusses.

19 Der GesBetrAusschuss besteht aus dem **Vors.,** seinem **Stellvertr.** sowie aus den **weiteren AusschussMitgl.** in der in Abs. 1 S. 2 genannten Zahl. Die Tabelle in Abs. 1 S. 2 weicht geringfügig von der Tabelle des § 27 Abs. 1 S. 2 ab, da ein GesBR anders als ein BR auch aus einer geraden Zahl von Mitgl. bestehen kann. Gehen nach Errichtung des GesBetrAusschusses weitere Betriebe gem. § 613a BGB auf den ArbGeb. über, so entsenden deren BR nach § 47 Abs. 2 Mitglieder in den GesBR. Damit vergrößert sich dieser entsprechend. Dies kann dazu führen, dass sich auch die in Abs. 1 S. 2 vorgesehene **Zahl der weiteren Mitglieder des GesBetrAusschusses erhöht** (BAG 16.3.2005 – 7 ABR 37/04, NZA 2005, 1069). In diesem Fall sind sämtliche Ausschussmitglieder durch den erweiterten GesBR neu zu wählen. Ein **Nachrücken von Ersatzmitgliedern oder eine Nachwahl** für die zusätzlichen Sitze im GesBetrAusschuss ist **nicht zulässig** (BAG 16.3.2005 – 7 ABR 37/04, NZA 2005, 1069; vgl. auch für BRinterne Ausschüsse BAG 16.3.2005 – 7 ABR 43/04, NZA 2005, 1072). Das Amt des GesBetrAusschusses endet, wenn die Mitgliederzahl des GesBR nicht nur vorübergehend unter neun absinkt (BAG 16.3.2005 – 7 ABR 37/04, NZA 2005, 1069).

20 Die weiteren Mitgl. des GesBetrAusschusses werden gem. Abs. 1 S. 2 iVm § 27 Abs. 1 S. 3 aus der Mitte des GesBR in **geheimer Wahl** nach den Grundsätzen der

Verhältniswahl gewählt (BAG 21.7.2004 – 7 ABR 62/03, NZA 2005, 173; 16.3.2005 – 7 ABR 37/04, NZA 2005, 1069; GK-BetrVG/*Kreutz/Franzen* Rn. 31; Richardi BetrVG/*Annuß* Rn. 13; DKKW/*Trittin* Rn. 25, 27 ErfK/*Koch* Rn. 5). Wird nur ein Wahlvorschlag gemacht, erfolgt die Wahl nach Abs. 1 S. 2 iVm § 27 Abs. 1 S. 4 nach den Grundsätzen der Mehrheitswahl (BAG 16.3.2005 – 7 ABR 37/04, NZA 2005, 1069; GK-BetrVG/*Kreutz/Franzen* Rn. 31; Richardi BetrVG/*Annuß* Rn. 13). Der durch Abs. 1 S. 2 iVm § 27 Abs. 1 S. 3 vorgesehene Grundsatz der geheimen Wahl lässt sich wegen der sich aus § 47 Abs. 7 u. 8 ergebenden unterschiedlichen Stimmengewichte der GesBRMitglieder praktisch nicht umsetzen. Vielmehr ist bei der Stimmauszählung regelmäßig feststellbar, welches GesBRMitglied wie gewählt hat. Da das einzelne GesBRMitglied die ihm zustehenden Stimmen nur einheitlich abgeben kann (→ § 47 Rn. 74), können ihm auch nicht etwa so viele Stimmzettel zur Verfügung gestellt werden, wie er Stimmen hat. Der **Grundsatz der geheimen Wahl muss** daher **zurücktreten** (so auch GK-BetrVG/*Kreutz/Franzen* Rn. 32). Es genügt, dass eine schriftliche Stimmabgabe unter Verwendung von Stimmzetteln erfolgt, auf denen das jeweilige Stimmengewicht vermerkt ist (GK-BetrVG/*Kreutz/Franzen* Rn. 32).

Die **Mitgliedschaft im GesBetrAusschuss endet,** wenn ein Mitglied sein Amt 21 niederlegt (vgl. Richardi BetrVG/*Annuß* Rn. 17), sein Amt als GesBRMitglied verliert (vgl. Richardi BetrVG/*Annuß* Rn. 18) oder abberufen wird (vgl. Richardi BetrVG/*Annuß* Rn. 19). Die Abberufung bedarf gem. Abs. 1 S. 2 iVm § 27 Abs. 1 S. 5 einer Mehrheit von drei Vierteln der Stimmen der Mitglieder des GesBR (vgl. Richardi BetrVG/*Annuß* Rn. 19). Scheidet ein weiteres Ausschussmitglied endgültig aus oder ist es zeitweilig verhindert, so **rückt in entsprechender Anwendung des § 25 Abs. 2 S. 1 ein Ersatzmitglied nach,** das derjenigen Vorschlagsliste zu entnehmen ist, der das zu ersetzende Mitglied angehörte. Ist diese Vorschlagsliste erschöpft, so ist das Ersatzmitglied nach den Grundsätzen der Mehrheitswahl nachzuwählen (ErfK/*Koch* Rn. 5). Dies hat das BAG für BRinterne Ausschüsse ausdrücklich entschieden (BAG 16.3.2005 – 7 ABR 43/04, NZA 2005, 1072). Für die weiteren Mitglieder des GesBRAusschusses kann nichts Anderes gelten. Eine vom Grundsatz des Nachrückens (§ 25 Abs. 2 S. 1) abweichende vorsorgliche (gesonderte) Wahl von Ersatzmitgliedern ist gesetzlich nicht vorgesehen. Das BAG geht allerdings wohl von der Möglichkeit einer solchen vorsorglichen Wahl aus (BAG 21.7.2004 – 7 ABR 62/03, NZA 2005, 173 zu B III 2 der Gründe; ebenso DKKW/*Trittin* Rn. 23; Richardi BetrVG/*Annuß* Rn. 15; GK-BetrVG/*Kreutz/Franzen* Rn. 33; **aA** HWGNRH/*Glock* Rn. 42). Kein Nachrücken findet statt, wenn sich die Zahl der Ausschussmitglieder erhöht (→ Rn. 19).

Nach Abs. 1 S. 1 iVm § 28 Abs. 1 S. 1 u. 3 können vom GesBR **weitere Aus-** 22 **schüsse** gebildet und diesen bestimmte Aufgaben übertragen werden. Voraussetzung ist, dass in dem Unternehmen, für das der GesBR errichtet ist, mehr als 100 ArbN beschäftigt sind und dem GesBR mindestens 7 Mitglieder (vgl. § 9) angehören (vgl. GK-BetrVG/*Kreutz/Franzen* Rn. 47; Richardi BetrVG/*Annuß* Rn. 22). Keine Voraussetzung für die Errichtung der weiteren Ausschüsse ist das Bestehen eines GesBetrAusschusses (GK-BetrVG/*Kreutz/Franzen* Rn. 47).

Den weiteren Ausschüssen können **bestimmte Aufgaben übertragen** werden. 23 Zur selbständigen Erledigung können aber die Aufgaben nur übertragen werden, wenn ein GesBetrAusschuss gebildet ist. Dies folgt aus der entspr. Anwendung des § 28 Abs. 1 S. 3 (GK-BetrVG/*Kreutz/Franzen* Rn. 47 MHdB ArbR/*Nebendahl* § 300 Rn. 91). GesBV können die weiteren Ausschüsse gem. § 28 Abs. 1 S. 3 iVm § 27 Abs. 2 S. 2 Hs. 2 nicht abschließen.

Da Abs. 1 nicht auf § 28 Abs. 1 S. 2 verweist, ist für die **Bestellung und Abbe-** 24 **rufung** der Mitglieder der weiteren Ausschüsse ein bestimmtes Verf. nicht ausdrücklich vorgesehen. Diese erfolgen daher nach Abs. 3 S. 1 durch Mehrheitsbeschluss des GesBR (GK-BetrVG/*Kreutz/Franzen* Rn. 46; ErfK/*Koch* Rn. 5). Alle Mitglieder der weiteren Ausschüsse sind zu wählen. In einer Geschäftsordnung können keine geborenen Mitglieder festgelegt werden (BAG 16.11.2005 – 7 ABR 11/05, NZA 2006, 445).

2. Geschäftsführung

25 Der GesBetrAusschuss führt gem. Abs. 1 S. 1 iVm § 27 Abs. 2 S. 1 die laufenden Geschäfte des GesBR (GK-BetrVG/*Kreutz/Franzen* Rn. 45).

26 Für die Beschlussfassung des GesBetrAusschusses und weiterer Ausschüsse gelten § 33 Abs. 1 u. 2 unmittelbar. Anders als nach § 47 Abs. 7–9 im GesBR gibt es daher keine Stimmengewichtung (→ Rn. 59; DKKW/*Trittin* Rn. 47; GK-BetrVG/*Kreutz/Franzen* Rn. 77). Der GesBetrAusschuss ist nur beschlussfähig, wenn mindestens die Hälfte der Mitgl. an der Beschlussfassung teilnimmt. Stellvertretung durch ErsMitgl. ist nach § 33 Abs. 2 Hs. 2 zulässig.

V. Anwendung von Vorschriften über die Geschäftsführung des Betriebsrats

27 Auf die Geschäftsführung des GesBR sind weitgehend die für den BR geltenden Vorschriften anzuwenden. Die Verweisungen in Abs. 1–4 sind **insoweit erschöpfend** und können nicht durch die Generalklausel des Abs. 5 erweitert werden (BAG 26.9.2018 – 7 ABR 77/16, NZA 2019, 117 Rn. 29). Diese Bestimmung bezieht sich auf die Rechte und Pflichten des GesBR, nicht auf seine Errichtung und Geschäftsführung (→ Rn. 63). Abs. 5 regelt die Geschäftsführung des GesBR. Die Regelung begründet nicht selbständig besondere Rechts des GesBR; der GesBR wird nur Träger der dem BR zustehenden Rechte und Pflichten, wenn er nach § 50 oder nach anderen Vorschriften für die Behandlung der Angelegenheit zuständig ist (BAG 16.11.2011 – 7 ABR 28/10, NZA 2012, 404).

28 Durch die Verweisung auf den nicht zur Geschäftsführung im engeren Sinne gehörenden **§ 25 Abs. 1** wird das Nachrücken der **ErsMitgl.** im Verhinderungsfalle oder bei Ausscheiden eines Mitgl. des GesBR sichergestellt (→ § 47 Rn. 42 ff.; → § 25 Rn. 10 ff.).

29 Wegen der **Wahl des Vors.** und seines Stellvertr. wird auf § 26 Abs. 1 verwiesen (→ § 26 Rn. 6 ff.). Wegen der **Stellung des Vors.** und seines Stellvertr. wird auf § 26 Abs. 2 verwiesen (→ § 26 Rn. 21 ff., 38 ff.). Die Vorschriften über die **VertrBefugnis des Vors.** des BR (§ 26 Abs. 2) und seines Stellvertr. sind nach Abs. 1 S. 1 ebenfalls entspr. auf den GesBR anzuwenden (→ § 26 Rn. 22 ff.).

30 Besteht ein GesBetrAusschuss, führt dieser die **laufenden Geschäfte** (Abs. 1 S. 1 iVm § 27 Abs. 2 S. 1).

31 Der GesBR kann gem. Abs. 1 S. 1 iVm § 27 Abs. 2 S. 2 Hs. 1 mit der Mehrheit der Stimmen seiner Mitgl., dh mit absoluter Mehrheit dem GesBetrAusschuss **Aufgaben zur selbständigen Erledigung übertragen.** Dies gilt nach § 27 Abs. 2 S. 2 Hs. 2nicht für den Abschluss von BV. Auch der Widerruf der Übertragung bedarf der absoluten Mehrheit der Stimmen des GesBR.

32 Zu der Möglichkeit der **Bildung weiterer** – auch gemeinsamer – **Ausschüsse** → Rn. 22 ff.

33 § 29 Abs. 1 ist nicht in Bezug genommen. Für die **Konstituierung** des GesBR gelten nicht nur Abs. 2 S. 1 und S 2, sondern nach S. 3 auch § 29 Abs. 2–4 entspr. (vgl. BAG 15.10.2014 – 7 ABR 53/12, NZA 2015, 1014; 4.11.2015 – 7 ABR 61/13, NZA-RR 2016, 256 Rn. 32). Gleiches gilt für die **Einberufung der weiteren Sitzungen** des GesBR. Dabei sind die Vorschriften über die Beteiligung der GesJugAzubiVertr. nach § 73 Abs. 2 iVm § 67 und der GesSchwbehVertr. nach § 52 zu beachten. Über **Dauer** und **Häufigkeit** der Sitzungen entscheidet allein der GesBR.

Nach dem gem. Abs. 2 S. 3 entspr. anzuwendenden § 29 Abs. 3 hat der Vors. des BR eine Sitzung einzuberufen und eine bestimmte Angelegenheit auf die Tagesordnung zu setzen, wenn dies der **ArbGeb.** oder ein **Viertel der Mitgl. beantragt.** Dabei ist das Stimmengewicht nach § 47 Abs. 7 zu berücksichtigen. Dem EinzelBR steht dieses Antragsrecht nicht zu (Richardi BetrVG/*Annuß* Rn. 29). 34

Die Vorschrift des § 30 über die **BRSitzungen** bedarf bei ihrer entspr. Anwendung keiner besonderen Modifizierung. Das gilt auch für die Möglichkeit, nicht teilnahmeberechtigte Personen zur Beratung bestimmter Angelegenheiten heranzuziehen (→ § 30 Rn. 17 ff.). Da der GesBR im Rahmen seiner Zuständigkeiten der Gesprächs- und Verhandlungspartner der Unternehmensleitung ist, werden im Allgemeinen die Sitzungen des GesBR aus Zweckmäßigkeitsgründen am **Sitz der Hauptverwaltung** abgehalten werden. Zwingend vorgeschrieben ist dies jedoch nicht. Der GesBR kann vielmehr beschließen, eine oder mehrere seiner Sitzungen **auch in einem anderen Betrieb** des Unternehmens abzuhalten (BAG 24.7.1979 – 6 ABR 96/77, AP BetrVG 1972 § 51 Nr. 1; 29.4.1998 – 7 ABR 42/97, NZA 1998, 1133; GK-BetrVG/*Kreutz/Franzen* Rn. 50; DKKW/*Trittin* Rn. 54). Dies erscheint insbes. dann angebracht, wenn besondere Probleme gerade dieses Betriebes zur Beratung anstehen oder wenn in Abständen der Kontakt zu einzelnen BR gepflegt werden soll. Grds. hat nach Abs. 1 S. 1 iVm § 30 S. 2 auch der GesBR bei der Anberaumung seiner Sitzungen auf betriebliche Notwendigkeiten Rücksicht zu nehmen (→ § 30 Rn. 10 ff.). Angesichts des Umstands, dass in jedem Betrieb jeweils nur ein oder zwei ArbN ausfallen, wird dieser Gesichtspunkt nur ganz ausnahmsweise einem bestimmten Sitzungstermin entgegenstehen. Gleiches gilt für die Sitzungen des GesBRAusschusses und der weiteren Ausschüsse. 35

Nach Maßgabe des entspr. anwendbaren § 31 können **Beauftragte einer Gewerkschaft** an Sitzungen des GesBR teilnehmen, wenn ein Viertel der Mitglieder des GesBR dies beantragt. Erforderlich aber auch ausreichend für das Quorum des § 31 ist, dass auf den Antrag nach Maßgabe des § 47 Abs. 7 und 8 mindestens ein Viertel der Gesamtzahl der Stimmen aller – nicht nur der anwesenden (vgl. → § 31 Rn. 12 mwN) – Mitgl. des GesBR entfällt (GK-BetrVG/*Kreutz/Franzen* Rn. 59; MHdB ArbR/*Nebendahl* § 300 Rn. 93; Richardi BetrVG/*Annuß* Rn. 31). 36

Umstritten ist, ob teilnahmeberechtigt nur Vertr. von Gewerkschaften, die im GesBR vertreten sind (so GK-BetrVG/*Kreutz/Franzen* Rn. 59; ErfK/*Koch* Rn. 3; HaKo-BetrVG *Tautphäus* Rn. 18) oder ob es genügt, dass die Gewerkschaft in einem BR des Unternehmens vertreten ist (so Richardi BetrVG/*Annuß* Rn. 31; DKKW/*Trittin* Rn. 57; MHdB ArbR/*Nebendahl* § 300 Rn. 81, 93). Da bei Erfüllung des Quorums von einem Viertel der Mitglieder des GesBR idR. davon auszugehen sein dürfte, dass die entspr. Gewerkschaft im Unternehmen ausreichend verankert ist, erscheint es gerechtfertigt, das Vertretensein in einem BR genügen zu lassen. Im Beschluss des BAG v. 15.10.2014 (7 ABR 53/12, NZA 2015, 1014) ist ohne nähere Begründung von einer „im Betrieb vertretenen Gewerkschaft" die Rede. Möglicherweise handelt es sich insoweit um ein Redaktionsversehen, hat doch das BAG in dieser Entscheidung die ausf. begründete bisherige Rspr., wonach für § 31 ein Vetretensein im Betrieb nicht ausreicht, sondern ein Vertretensein im BR erforderlich ist (BAG 28.2.1990 – 7 ABR 22/89, NZA 1990, 660; → § 31 Rn. 15), wohl nicht aufgeben wollen. 37

Abs. 1 S. 1 verweist nicht auf § 32. Die Teilnahme der **GesSchwbehVertr.** ist in § 52 eigenständig geregelt. 38

Für die **Sitzungsniederschrift des GesBR,** ihre Erfordernisse und Behandlung sowie für das Einsichtsrecht der Mitgl. des GesBR in die Unterlagen des GesBR und seiner Ausschüsse gilt § 34 entspr. Ein Einsichtsrecht der übrigen Mitgl. des entsendenden BR besteht nicht (ErfK/*Koch* Rn. 4). 39

Der **Antrag auf Aussetzung eines Beschl. des GesBR** (§ 35 entspr.) steht nur der Mehrheit der GesJAV. sowie der GesSchwbehVertr. (§ 52) zu. 40

41 Bei entspr. Anwendung der Vorschriften über die **GO** (§ 36) sind die Besonderheiten der Beschlussfassung mit absoluter Mehrheit im GesBR (→ Rn. 53) zu beachten.

42 Die Vorschriften des § 37 Abs. 1–3 über die **ehrenamtliche Tätigkeit,** die **Arbeitsbefreiung** und den **Ausgleich** von amtsbedingter Tätigkeit außerhalb der Arbeitszeit durch **Freizeitgewährung oder Vergütung wie Mehrarbeit** sind ebenfalls auf die Mitgl. des GesBR anzuwenden (Richardi BetrVG/*Annuß* Rn. 48 ff.; DKKW/*Trittin* Rn. 59 ff.).

43 § 37 Abs. 4–7 über die Ermittlung des **Arbeitsentgelts** der BRMitgl., über die Art ihrer **Beschäftigung** und ihre Teilnahme an **Bildungsveranstaltungen** finden keine Anwendung auf die Mitgl. des GesBR, da für sie diese Vorschriften bereits in ihrer Eigenschaft als BRMitgl. gelten (ErfK/*Koch* Rn. 4; HWGNRH/*Glock* Rn. 60; DKKW/*Trittin* Rn. 61; GK-BetrVG/*Kreutz/Franzen* Rn. 54). Der Umfang der im GesBR übernommenen Aufgaben kann Auswirkungen auf die Beurteilung der Erforderlichkeit der Teilnahme an Schulungs- und Bildungsveranstaltungen nach § 37 Abs. 6 haben. Diese Erforderlichkeit kann nicht allein nach der im entsendenden BR ausgeübten Tätigkeit beurteilt werden; vielmehr muss hierbei auch die Tätigkeit im GesBR, die letztlich eine aus der BRFunktion fließende Betätigung ist, berücksichtigt werden (BAG 10.6.1975 – 1 ABR 140/73, AP BetrVG 1972 § 73 Nr. 1; GK-BetrVG/*Kreutz/Franzen* Rn. 54; ErfK/*Koch* Rn. 4). **Zuständig** für die Entsendung von Mitgl. des GesBR zu Schulungsveranstaltungen ist nicht der GesBR, sondern der **entsendende BR** (BAG 10.6.1975 – 1 ABR 140/73, AP BetrVG 1972 § 73 Nr. 1).

44 Für die Freistellung von Mitgl. des GesBR gilt **nicht § 38 Abs. 1;** es gibt **keine Mindestfreistellungen** (BAG 26.9.2018 – 7 ABR 77/16, NZA 2019, 117 Rn. 29). Über die auch für die GesBRMitgl. geltende Generalklausel des **§ 37 Abs. 2** kann der GesBR jedoch die **(Teil-)Freistellung** eines oder mehrerer seiner Mitgl. beanspruchen, wenn und soweit dies zur ordnungsmäßigen Wahrnehmung der dem GesBR obliegenden Aufgaben erforderlich ist (BAG 26.9.2018 – 7 ABR 77/16, NZA 2019, 117 Rn. 30 ff.; ErfK/*Koch* Rn. 4; DKKW/*Trittin* Rn. 63; GK-BetrVG/*Kreutz/Franzen* Rn. 55; MHdB ArbR/*Nebendahl* § 300 Rn. 107; → § 38 Rn. 25 ff.). Die Entscheidung über die Person der Freizustellenden obliegt dem GesBR (BAG 26.9.2018 – 7 ABR 77/16, NZA 2019, 117 Rn. 32 ff.; GK-BetrVG/*Kreutz/Franzen* Rn. 55; Richardi BetrVG/*Annuß* Rn. 51; DKKW/*Trittin* Rn. 64; → zum KBR § 59 Rn. 23). Der GesBR trifft die Auswahlentscheidung über die freizustellenden Mitgl. nach Abs. 3 S. 1 und 2 durch Mehrheitsbeschluss; § 38 Abs. 2 findet keine entspr. Anwendung (BAG 26.9.2018 – 7 ABR 77/16, NZA 2019, 117 Rn. 35 ff.; GK-BetrVG/*Kreutz/Franzen* Rn. 55; HWGNRH/*Glock* Rn. 63; MHdB ArbR/*Nebendahl* § 300 Rn. 107; Richardi BetrVG/*Annuß* Rn. 51; DKKW/*Trittin* Rn. 64). Freiwillige Vereinbarungen zwischen ArbGeb. und GesBR über Freistellungen von Mitgl. des GesBR sind zulässig (GK-BetrVG/*Kreutz/Franzen* Rn. 55).

45 **Sprechstunden** des GesBR während der Arbeitszeit sind **nicht** vorgesehen. § 39 ist nicht entspr. anwendbar. ArbGeb. und GesBR können aber freiwillig die Durchführung von Sprechstunden auch des GesBR vereinbaren (HWGNRH/*Glock* Rn. 65; Richardi BetrVG/*Annuß* Rn. 38).

46 Die Vorschriften über **Kosten und Sachaufwand (§ 40)** und über das **Umlageverbot (§ 41)** finden auf den GesBR Anwendung (BAG 9.12.2009 – 7 ABR 46/08, NZA 2010, 662). Die Kosten für die Teilnahme der Mitgl. des GesBR an dessen Sitzungen hat der ArbGeb. im Rahmen des Grundsatzes der Verhältnismäßigkeit auch dann zu tragen, wenn die Sitzungen nicht am Sitz der Hauptverwaltung, sondern in einem anderen Betrieb des Unternehmens stattfinden (BAG 24.7.1979 – 6 ABR 96/77, AP BetrVG 1972 § 51 Nr. 1; → Rn. 35; zu den Kosten eines vom GesBR für die Verhandlungen vor der E-Stelle hinzugezogenen Rechtsanwalts BAG 5.11.1981 – 6 ABR 24/78, AP BetrVG 1972 § 76 Nr. 9).

47 Der GesBR hat das Recht, die ArbN des Unternehmens über seine Tätigkeit zu **unterrichten.** Er ist ein eigenständiges Organ mit eigener originärer Zuständigkeit.

Daher kann auch die Herausgabe eines Informationsblatts durch den GesBR erforderlich sein (ErfK/*Koch* Rn. 4; DKKW/*Trittin* Rn. 74; **aA** BAG 21.11.1978 – 6 ABR 55/76, AP BetrVG 1972 § 50 Nr. 4; GK-BetrVG/*Kreutz/Franzen* Rn. 57; Richardi BetrVG/*Annuß* Rn. 39; HWGNRH/*Glock* Rn. 68).

Für die Tätigkeit im GesBR sind den Mitgl. **Büropersonal, Räume, Fachliteratur und Sachmittel** zur Verfügung zu stellen, soweit die den BR zur Verfügung gestellten Mittel nicht ausreichen (BAG 9.12.2009 – 7 ABR 46/08, NZA 2010, 662; ErfK/*Koch* Rn. 4; HWGNRH/*Glock* Rn. 69). Zum Zwecke der wechselseitigen Erreichbarkeit kann der GesBR die **Freischaltung** der in seinem Büro und der in BRlosen Verkaufsstellen eines filialisierten Einzelhandelsunternehmen vorhandenen **Telefone** verlangen (BAG 9.12.2009 – 7 ABR 46/08, NZA 2010, 662; *Weber* Anm. I und *Wedde* Anm. II AP BetrVG 1972 § 40 Nr. 97; *Bieder* SAE 2010, 257). Maßgeblich ist, ob er die Nutzung der im Betrieb vorhandenen **Kommunikationstechnik** unter Berücksichtigung auch der Interessen des ArbGeb. für erforderlich halten darf (BAG 9.12.2009 – 7 ABR 46/08, NZA 2010, 662). 48

VI. Beschlüsse des Gesamtbetriebsrats und seiner Ausschüsse

1. Beschlüsse des Gesamtbetriebsrats

Abs. 3 modifiziert die Grundsätze des § 33 über die **Beschlussfassung** des GesBR unter Berücksichtigung des Prinzips der Stimmengewichtung (→ § 47 Rn. 33 ff.). 49

Nach Abs. 3 S. 3 ist der GesBR **beschlussfähig,** wenn die Hälfte der Mitgl. des GesBR an der Beschlussfassung teilnimmt und die teilnehmenden Mitgl. mindestens die Hälfte des Stimmengewichts aller GesBRMitgl. repräsentieren. 50

Beispiel:

Der GesBR hat 20 Mitgl., die ein Gesamtvolumen an Stimmengewicht von 18 000 repräsentieren. Der GesBR ist beschlussfähig, wenn mindestens zehn Mitgl. an der Beschlussfassung teilnehmen und diese Mitgl. mindestens 9000 Stimmen vertreten.

Nach Abs. 3 S. 1 werden die Beschlüsse des GesBR, soweit nichts anderes bestimmt ist (→ Rn. 53), mit der **Mehrheit der Stimmen der anwesenden Mitgl.** gefasst. Maßgeblich ist dabei nicht die Zahl der Mitgl., sondern die Anzahl der **nach § 47 Abs. 7–9 gewichteten Stimmen** (ErfK/*Koch* Rn. 2; Richardi BetrVG/*Annuß* Rn. 42; DKKW/*Trittin* Rn. 42). 51

Beispiel:

Ein an der Beschlussfassung teilnehmendes Mitgl. vertritt 4800 Stimmen, die anderen neun Mitgl. zusammen 4200 Stimmen. Das erstgenannte Mitgl. kann die übrigen Mitgl. überstimmen und damit den Beschluss herbeiführen.

Nach Abs. 3 S. 2 ist ebenso wie bei der Beschlussfassung des BR nach § 33 Abs. 1 S. 2 ein Antrag bei **Stimmengleichheit** abgelehnt. Da auch insoweit die gewichteten Stimmen maßgeblich sind, ist der Fall sehr unwahrscheinlich. 52

Bestimmte Beschlüsse des GesBR bedürfen der **absoluten Mehrheit** (vgl. Richardi BetrVG/*Annuß* Rn. 43; ErfK/*Koch* Rn. 2). Absolute Mehrheit ist die Mehrheit aller im GesBR vertretenen Stimmen. Die absolute Mehrheit ist erforderlich bei 53

- **Übertragung von Aufgaben zur selbständigen Erledigung auf den GesBetrAusschuss** (Abs. 1 S. 1 iVm § 27 Abs. 2) sowie auf andere Ausschüsse oder einzelne Mitgl. (Abs. 1 S. 1 iVm § 28);
- der Erlass einer **GO** (Abs. 1 S. 1 iVm § 36);
- die **Beauftragung des KBR** mit der Wahrnehmung einer Angelegenheit für den GesBR (§ 58 Abs. 2);

– die **Übertragung der Aufgaben des WiAusschusses** auf einen Ausschuss des GesBR (§ 107 Abs. 3).

54 Ist für die Beschlussfassung die **absolute Mehrheit** erforderlich, müssen dem Beschluss so viele Mitgl. des GesBR zustimmen, dass deren Stimmengewicht mehr als die Hälfte aller im GesBR vertretenen Stimmengewichte beträgt (ErfK/*Koch* Rn. 2; Richardi BetrVG/*Annuß* Rn. 43; DKKW/*Trittin* Rn. 43). Werden zB 20 000 wahlberechtigte ArbN vertreten (vgl. § 47 Abs. 7), so ist zur Annahme eines Beschlusses etwa über die GO des GesBR (Abs. 1 S. 1 iVm § 36) erforderlich, dass die ihm zustimmenden GesBRMitgl. mindestens 10 001 ArbN repräsentieren.

55 Bei der Beschlussfassung des GesBR ist gem. Abs. 3 S. 3 Hs. 2 **Stellvertr. durch ErsMitgl.** zulässig. Zur Bestellung von ErsMitgl. → § 47 Rn. 42 ff., zum Nachrücken → Rn. 28).

56 Nach § 73 Abs. 2 iVm § 67 Abs. 2 hat die **GesJAV Stimmrecht** im GesBR, soweit der zu fassende Beschluss überwiegend jugendliche oder auszubildende ArbN des Unternehmens betrifft (→ § 67 Rn. 20 ff.). In diesen Fällen werden nach Abs. 3 S. 4 iVm § 33 Abs. 3 die Stimmen der GesJAV bei der Feststellung der **Stimmenmehrheit** mitgezählt, **nicht** dagegen bei der Frage der **Beschlussfähigkeit** des GesBR (Richardi BetrVG/*Annuß* Rn. 44; GK-BetrVG/*Kreutz/Franzen* Rn. 76; HWGNRH/*Glock* Rn. 12; DKKW/*Trittin* Rn. 44; ErfK/*Koch* Rn. 2) oder bei der Feststellung, ob eine gesetzlich vorgeschriebene **absolute Mehrheit** der Stimmen der Mitgl. des GesBR zustande gekommen ist (GK-BetrVG/*Kreutz/Franzen* Rn. 76; → § 33 Rn. 39 ff.).

57 Soweit die Stimmen mitgezählt werden, ist auf die Stimmengewichte der Mitgl. des GesBR und der GesJAV abzustellen, nicht auf die Zahl der Personen, dh die Mitgl. der GesJAV bringen die von ihnen vertretenen Stimmen in die Beschlussfassung ein. Dabei kann jedes Mitgl. der GesJAV nur die Stimmen abgeben, die ihm nach § 72 Abs. 7 zustehen. Die GesJAV gibt die Gesamtheit ihres Stimmengewichts nicht geschlossen ab.

1. Beispiel:

Gegenstand der Beschlussfassung ist ein mit einfacher Mehrheit zu fassender Beschluss, der überwiegend jugendliche und auszubildende ArbN (§ 60 Abs. 1) des Unternehmens betrifft.

Der GesBR ist in einer Besetzung mit zehn Mitgl., die insges. 12 000 Stimmen vertreten, beschlussfähig zusammengetreten. Von der GesJAV nehmen fünf Mitgl. mit insges. 700 Stimmen an der Beschlussfassung teil.

Die Abstimmung ergibt:

für den Beschluss haben gestimmt sieben Mitgl. des GesBR mit insges.	5900 Stimmen
drei Mitgl. der GesJAV mit insges.	500 Stimmen
	6400 Stimmen
Gegen den Beschluss haben gestimmt drei Mitgl. des GesBR mit insges.	6100 Stimmen
zwei Mitgl. der GesJAV mit insges.	200 Stimmen
	6300 Stimmen

Der Beschluss, bei dem die Stimmen der GesJAV den Ausschlag gegeben haben, ist als Beschluss des GesBR mit einfacher Mehrheit zustande gekommen.

2. Beispiel:

Ein Beschluss bedarf der absoluten Mehrheit im GesBR. Er betrifft überwiegend die jug. und auszubildenden ArbN (§ 60 Abs. 1) des Unternehmens.

Der GesBR besteht aus 20 Mitgl. Das Gesamtvolumen der Stimmengewichte beträgt 19 500. An der Beschlussfassung nimmt die JAV mit fünf Mitgl. und einem Gesamtvolumen von 700 Stimmen teil.

a) Für den Beschluss haben gestimmt:

acht Mitgl. des GesBR mit insges.	10 000 Stimmen
fünf Mitgl. der GesJAV mit insges.	700 Stimmen
	10 700 Stimmen

Gegen den Beschluss haben gestimmt:
12 Mitgl. des Ges BR mit insges. 9 500 Stimmen
Der Beschluss ist mit absoluter Mehrheit gefasst.

b) Für den Beschluss haben gestimmt:
12 Mitgl. des GesBR mit insges. 9 500 Stimmen
fünf Mitgl. des GesJAV mit insges. 700 Stimmen
10 200 Stimmen
Gegen den Beschluss haben gestimmt:
acht Mitgl. des GesBR mit insges. 10 000 Stimmen
Der Antrag ist abgelehnt. Zwar entfallen auf ihn mehr als die Hälfte der insges. abzugebenden Stimmen. Das Erfordernis der absoluten Mehrheit der Stimmen der Mitgl. des GesBR ist aber nicht erfüllt. Die Stimmen der GesJAV sind insoweit unbeachtlich.

c) Für den Beschluss haben gestimmt:
acht Mitgl. des GesBR mit insges. 10 000 Stimmen
gegen den Beschluss haben gestimmt:
12 Mitgl. des GesBR mit insges. 9 500 Stimmen
fünf Mitgl. der GesJAV mit insges. 700 Stimmen
10 200 Stimmen

Der Antrag ist abgelehnt. Zwar ist das Erfordernis der absoluten Mehrheit der Stimmen der Mitgl. des GesBR erfüllt. Die im Hinblick auf das Stimmrecht der GesJAV erforderliche Stimmenmehrheit liegt aber nicht vor.

Soweit bei der **Post-AG** (→ § 1 Rn. 54 ff.) Beteiligungsrechte in Personalangele- 58
genheiten der Beamten ausnahmsweise vom GesBR wahrgenommen werden (→ § 50 Rn. 57), sind nur die **Beamtenvertr.** nach gemeinsamer Beratung zur Beschlussfassung berufen (§ 32 Abs. 2 iVm § 28 S. 2 PostPersRG). Ein Vertr. der Beamten im GesBR hat nach § 32 Abs. 1 Nr. 2 S. 2 PostPersRG so viele Stimmen, wie wahlberechtigte Beamte in der Wählerliste seines Betriebes eingetragen sind (Richardi BetrVG/*Annuß* Rn. 45).

2. Beschlüsse der Ausschüsse des Gesamtbetriebsrats

Das **Prinzip der Stimmengewichtung** findet gem. Abs. 4 iVm § 33 Abs. 1 u. 2 59
keine Anwendung auf Beschlüsse von Ausschüssen des GesBR (→ Rn. 26). Das in einen solchen Ausschuss gewählte Mitgl. des GesBR vertritt nicht mehr die Stimmen der wahlberechtigten ArbN des entsendenden Betriebes, sondern seine Aufgaben sind ihm unmittelbar vom GesBR übertragen worden. In den Ausschüssen wird daher ebenso wie in den Ausschüssen des BR nach Personen abgestimmt. Nach § 33 Abs. 1 hat daher **jedes Mitgl. des Ausschusses** nur **eine Stimme** (Richardi BetrVG/*Annuß* Rn. 47; GK-BetrVG/*Kreutz/Franzen* Rn. 77). Bei Stimmengleichheit ist ein Antrag nach Abs. 4 iVm § 33 Abs. 1 S. 2 abgelehnt.

Auch für die **Beschlussfähigkeit** kommt es nach Abs. 4 iVm § 33 Abs. 2 nicht 60
auf die gewichteten Stimmen an. Der Ausschuss ist vielmehr dann beschlussfähig, wenn mindestens die Hälfte seiner Mitgl. an der Beschlussfassung teilnimmt.

Wegen **Teilnahme von Mitgl. der GesJAV** an den Sitzungen des GesBetrAuss- 61
chusses oder weiterer Ausschüsse des GesBR → § 27 Rn. 58.

VII. Rechte und Pflichten des Gesamtbetriebsrats

Abs. 5 stellt durch eine **Generalklausel** klar, dass der GesBR grds. **dieselben** 62
Rechte und Pflichten wie der BR hat. Dies gilt zum einen für die allgemeinen Grundsätze des G., wie zB für die Gebote zur vertrauensvollen Zusammenarbeit nach § 2 Abs. 1 oder zur Beachtung des Gleichbehandlungsgrundsatzes nach § 75 Abs. 1 (BAG 16.8.2011 – 1 ABR 22/10, NZA 2012, 342; HWGNRH/*Glock* Rn. 70; DKKW/*Trittin* Rn. 82; GK-BetrVG/*Kreutz/Franzen* Rn. 80; ErfK/*Koch* Rn. 4).

63 Der GesBR hat ferner, soweit er zuständig ist (→ § 50 Rn. 15 ff.), die **gleichen materiellen Beteiligungsrechte wie der BR** (BAG 20.1.2004 – 9 AZR 23/03, BeckRS 2004, 30800613; DKKW/*Trittin* Rn. 82; HWGNRH/*Glock* Rn. 71; GK-BetrVG/*Kreutz/Franzen* Rn. 80; ErfK/*Koch* Rn. 4). Er hat das Recht, unter den Voraussetzungen des § 80 Abs. 3 Sachverständige hinzuzuziehen (HWGNRH/*Glock* Rn. 71; GK-BetrVG/*Kreutz/Franzen* Rn. 80). Eine materielle Ausweitung der MBR ist mit der Zuständigkeit des GesBR aber nicht verbunden (GK-BetrVG/*Kreutz/Franzen* Rn. 81). Über die generelle Zuständigkeit des GesBR nach § 50 hinaus ergeben sich besondere gesetzlich ausdrücklich geregelte Zuständigkeiten insbes. aus § 16 Abs. 3, § 17 Abs. 1, §§ 17a, 54 ff. und § 107 Abs. 2 S. 2, im Bereich der Unternehmensmitbestimmung (vgl. GK-BetrVG/*Kreutz/Franzen* Rn. 84), bei der Errichtung des EBR (vgl. GK-BetrVG/*Kreutz/Franzen* Rn. 85), des SE-BR (→ § 1 Rn. 271 ff.) sowie in bestimmten Fällen der Umwandlung (vgl. GK-BetrVG/*Kreutz/Franzen* Rn. 86) und der grenzüberschreitenden Verschmelzung (→ § 1 Rn. 276).

64 Abs. 5 bezieht sich nicht auf **Fragen der Errichtung und Geschäftsführung** des GesBR, dh auf die eigentlichen Organisationsvorschriften, da diese Fragen in den entspr. Vorschriften über den GesBR oder durch ausdrückliche Verweisung auf die für den BR geltenden Vorschriften geregelt sind (ErfK/*Koch* Rn. 4; GK-BetrVG/*Kreutz/Franzen* Rn. 79; HWGNRH/*Glock* Rn. 71; **aA** DKKW/*Trittin* Rn. 81).

65 **Besondere ausdrückliche Vorschriften** zur Rechtsstellung des GesBR enthält das G in § 76 Abs. 1 S. 1, § 78 S. 1, § 79 Abs. 1 S. 4, Abs. 2, § 107 Abs. 2 S. 2, Abs. 3 S. 6, § 108 Abs. 6, § 109 S. 4. Diese Bestimmungen haben klarstellende Funktion. Aus ihnen kann nicht der (Umkehr-)Schluss gezogen werden, dass die Rechtsstellung des GesBR auf die dort genannten Rechte beschränkt wäre (HWGNRH/*Glock* Rn. 71; GK-BetrVG/*Kreutz/Franzen* Rn. 82).

VIII. Streitigkeiten

66 Streitigkeiten in Bezug auf die **Geschäftsführung** des GesBR entscheiden die **ArbG im BeschlVerf.** (§§ 2a, 80 ff. ArbGG). Örtlich zuständig ist gem. § 82 Abs. 1 S. 2 ArbGG das ArbG, in dessen Bezirk das Unternehmen seinen Sitz hat (→ § 47 Rn. 86). Zu den Besonderheiten des BeschlVerf. vgl. **Anh. 3.**

67 Streitigkeiten über das **Arbeitsentgelt** von Mitgl. des GesBR sind im **Urteilsverf.** auszutragen. Örtlich zuständig ist gem. § 46 Abs. 2 ArbGG iVm § 29 ZPO regelmäßig das ArbG, in dessen Bezirk der Beschäftigungsbetrieb liegt.

§ 52 Teilnahme der Gesamtschwerbehindertenvertretung

Die Gesamtschwerbehindertenvertretung (§ 180 Abs. 1 des Neunten Buches Sozialgesetzbuch) kann an allen Sitzungen des Gesamtbetriebsrats beratend teilnehmen.

Inhaltsübersicht

I. Vorbemerkung

Die Bestimmung **entspricht** dem für den BR geltenden **§ 32.** Sie korrespondiert außerdem mit der nach **§ 180 Abs. 7 SGB IX** entspr. anwendbaren Regelung des **§ 178 Abs. 4 S. 1 SGB IX.** 1

Die Regelung ist **zwingend** und kann weder durch TV noch durch BV abbedungen werden (GK-BetrVG/*Kreutz/Franzen* Rn. 4). 2

Entspr. Vorschriften des **BPersVG:** §§ 54, 56 iVm § 40. 3

II. Die Gesamtschwerbehindertenvertretung

1. Wahl und Amtszeit

Bildung und Aufgaben der GesSchwbVertr. sind in **§ 180 Abs. 1, 5–8 SGB IX** geregelt. Ist für mehrere Betriebe ein GesBR errichtet, wählen die SchwbVertr. der einzelnen Betriebe gem. § 180 Abs. 1 S. 1 SGB IX eine GesSchwbVertr. Ist eine SchwbVertr. nur in einem der Betriebe des Unternehmens gewählt, nimmt diese nach § 180 Abs. 1 S. 2 SGB IX die Rechte und Pflichten der GesSchwbVertr. wahr. 4

Zu wählen ist eine **Vertrauensperson** und nach § 180 Abs. 5 SGB IX wenigstens ein stellvertretendes Mitgl. Die **regelmäßigen Wahlen** zur GesSchwbVertr. finden nach § 180 Abs. 7 iVm § 177 Abs. 5 SGB IX alle vier Jahre in der Zeit v. 1.12. bis 31.1. statt und schließen sich an die Wahlen der SchwbVertr. an, die in der Zeit v. 1.10. bis 30.11. durchgeführt werden. 5

Einzelheiten des **Wahlverf.** sind in dem nach § 180 Abs. 7 SGB IX entspr. anwendbaren § 177 Abs. 6 SGB IX geregelt. **Wahlberechtigt** sind nach § 180 Abs. 1 S. 1 SGB IX (nur) die SchwbVertr. der einzelnen Betriebe (BAG 24.5.2006 – 7 ABR 40/05, NJOZ 2006, 3905). **Wählbar** sind nach § 177 Abs. 3 S. 1 SGB IX iVm § 180 Abs. 7 SGB IX alle im Unternehmen nicht nur vorübergehend Beschäftigten, die am Wahltag das 18. Lebensjahr vollendet haben und dem Unternehmen seit 6 Monaten angehören. Der Gewählte braucht kein schwerbehinderter Mensch zu sein. Nicht wählbar ist, wer kraft Gesetzes nicht dem BR angehören kann, zB leitende Ang. (GK-BetrVG/*Kreutz/Franzen* Rn. 10). 6

Die Wahl erfolgt nach § 180 Abs. 7 iVm **§ 177 Abs. 6 S. 1 SGB IX geheim** und **unmittelbar** nach den Grundsätzen der **Mehrheitswahl.** IÜ sind gem. § 180 Abs. 7 iVm § 177 Abs. 6 S. 2 SGB IX die Vorschriften über die Wahlanfechtung, Wahlschutz und Wahlkosten bei der BRWahl sinngemäß anzuwenden (BAG 24.5.2006 – 7 ABR 40/05, NJOZ 2006, 3905; GK-BetrVG/*Kreutz/Franzen* Rn. 12; Richardi BetrVG/*Annuß* Rn. 5; vgl. zur Anfechtung der Wahl der SchwbVertr. BAG 16.11.2005 – 7 ABR 9/05, NZA 2006, 340; 23.7.2014 – 7 ABR 23/12, NZA 2014, 1288). 7

Die **Amtszeit** der GesSchwbVertr. beträgt gem. § 180 Abs. 7 iVm § 177 Abs. 7 S. 1 SGB IX vier Jahre. Das Amt erlischt vorzeitig, wenn die Vertrauensperson es niederlegt, aus dem ArbVerh. ausscheidet, ihre Wählbarkeit verliert oder der Widerspruchsausschuss bei dem Integrationsamt (§ 202 SGB IX) auf Antrag eines Viertels der wahlberechtigten schwerbehinderten Menschen des Unternehmens das Erlöschen des Amtes einer Vertrauensperson wegen gröblicher Verletzung ihrer Pflichten beschließt. 8

2. Aufgaben und Rechtsstellung

Die GesSchwbVertr. ist ein **gesetzliches Organ der Betriebsverfassung mit eigenen Rechten und Pflichten** (BAG 21.9.1989 – 1 AZR 465/88, NZA 1990, 362; DKKW/*Trittin* Rn. 3; GK-BetrVG/*Kreutz/Franzen* Rn. 16). Sie ist weder Or- 9 gan noch Mitgl. des GesBR (GK-BetrVG/*Kreutz/Franzen* Rn. 16). Sie **vertritt** nach **§ 180 Abs. 6 S. 1 Hs. 1 SGB IX** die **Interessen der schwerbehinderten Menschen** in allen Angelegenheiten, **die das Gesamtunternehmen oder mehrere Betriebe** des ArbGeb. **betreffen und von den SchwbVertr. der einzelnen Betriebe nicht geregelt werden können.** Die Zuständigkeit erstreckt sich auch auf die Wahrnehmung von Interessen der schwerbehinderten Menschen, die in einem Betrieb ohne SchwbVertr. tätig sind. Die Regelung ist der Vorschrift des § 50 Abs. 1 über das Verhältnis von GesBR und BR nachgebildet. Die Zuständigkeitsabgrenzung erfolgt nach den gleichen Grundsätzen (→ § 50 Rn. 15 ff.; GK-BetrVG/*Kreutz/Franzen* Rn. 13; Richardi BetrVG/*Annuß* Rn. 6). Daher ist die Zuständigkeit der GesSchwbVertr ebenso wie diejenige des GesBR auf die Angelegenheiten beschränkt, deren Regelung den SchwbVertr. der einzelnen Betriebe nicht möglich ist (BAG 24.5.2006 – 7 ABR 40/05, NJOZ 2006, 3905). Nach der durch das „Gesetz zur Förderung der Ausbildung und Beschäftigung schwerbehinderter Menschen" v. 23.4.2004 (BGBl. I S. 606) erfolgten Erweiterung des früheren § 97 Abs. 6 S. 1 SGB IX umfasst die Interessenvertretung jetzt gem. § 180 Abs. 6 S. 1 Hs. 2 SGB IX auch **„Verhandlungen und den Abschluss entsprechender Inklusionsvereinbarungen"** (vgl. *Braun* MDR 2005, 62 [65]).

10 Die betriebsverfassungsrechtliche **Rechtsstellung** der auf Unternehmensebene gebildeten GesSchwbVertr. **entspricht,** wie die Verweisung in § 180 Abs. 7 SGB IX zeigt, derjenigen der **SchwbVertr. auf der betrieblichen Ebene.** Zwischen beiden besteht weder ein Über- noch ein Unterordnungsverhältnis (GK-BetrVG/*Kreutz/Franzen* Rn. 13).

11 Im Rahmen ihrer Zuständigkeit ist die GesSchwbVertr. vom ArbGeb. in **allen Angelegenheiten zu beteiligen,** die einen einzelnen **schwerbehinderten Menschen** oder die schwerbehinderten Menschen als Gruppe **berühren.** Der **ArbGeb. muss** gem. § 180 Abs. 7 iVm § 178 Abs. 2 S. 1 SGB IX die GesSchwbVertr. umfassend und rechtzeitig **unterrichten,** sie vor einer Entscheidung **anhören** und ihr die getroffene **Entscheidung unverzüglich mitteilen.** Ist die Beteiligung unterblieben, so ist nach § 180 Abs. 7 iVm § 178 Abs. 2 S. 2 SGB IX die Durchführung oder Vollziehung einer Entscheidung auszusetzen und die Beteiligung innerhalb von sieben Tagen nachzuholen. Sodann muss der ArbGeb. endgültig entscheiden. Die unterbliebene Beteiligung hat nicht die Unwirksamkeit der Maßnahme zur Folge (→ § 32 Rn. 11). Daran hat sich auch mit dem „Gesetz zur Förderung der Ausbildung und Beschäftigung schwerbehinderter Menschen" v. 23.4.2004 (BGBl. I S. 606) nichts geändert (dies kritisieren *Feldes/Kossack* AiB 2004, 453 [456]).

12 Nach § 180 Abs. 7 iVm § 178 Abs. 5 SGB IX wird die GesSchwbVertr. zu den **monatlichen Besprechungen** zwischen ArbGeb. und GesBR (§ 51 Abs. 5 iVm § 74 Abs. 1) hinzugezogen. Das Teilnahmerecht setzt nicht voraus, dass Angelegenheiten beraten werden, die Schwerbehinderte besonders betreffen (BT-Drs. 10/5701, 11; GK-BetrVG/*Kreutz/Franzen* Rn. 20). Eine Entsprechung für das Teilnahme- und Rederecht der SchwbVertr. auf Betriebsvers. gem. § 178 Abs. 8 SGB IX (vgl. dazu *Kossens* ZBVR 2004, 211 [212]) gibt es auf der Ebene der GesSchwbVertr. nicht (vgl. zu §§ 95 Abs. 8, 97 Abs. 7 SGB IX a. F. BAG 11.9.2013 – 7 ABR 18/11, NZA 2014, 323).

13 Die GesSchwbVertr. hat das Recht, mindestens einmal im Kalenderjahr eine **Verslg. der Vertrauensmänner und Vertrauensfrauen** durchzuführen. Auf diese Verslg. finden die für BetrVerslg. geltenden Vorschriften entspr. Anwendung (§ 180 Abs. 8 iVm § 178 Abs. 6 SGB IX).

3. Persönliche Rechtsstellung

14 Für die **persönliche Rechtsstellung** der GesSchwbVertr. gelten gem. § 180 Abs. 7 iVm § 179 SGB IX die Bestimmungen über die persönlichen Rechte und Pflichten der Vertrauensperson entspr. (→ § 32 Rn. 17 ff.; ferner *Düwell* BB 2001, 2581).

III. Teilnahme an den Sitzungen des Gesamtbetriebsrats und seiner Ausschüsse

15 Die Vertrauensperson ist **berechtigt,** jedoch nicht verpflichtet, an allen **Sitzungen des GesBR** und seiner Ausschüsse beratend, also ohne Stimmrecht, **teilzunehmen.** Die etwas unterschiedlichen Formulierungen in § 52 einerseits („kann … teilnehmen") und § 178 Abs. 4 S. 1 SGB IX andererseits („hat das Recht … teilzunehmen") machen der Sache nach keinen Unterschied. Das Teilnahmerecht besteht unabhängig davon, ob auf der Sitzung Fragen der schwerbehinderten Menschen behandelt werden (GK-BetrVG/*Kreutz/Franzen* Rn. 17). Der Vors. des GesBR hat deshalb die GesSchwbVertr. unter Mitteilung der Tagesordnung rechtzeitig zu allen Sitzungen zu laden (§ 51 Abs. 2 S. 3 iVm § 29 Abs. 2). Ist die Vertrauensperson verhindert, ist ihr Stellvertr. berechtigt, an den Sitzungen teilzunehmen (→ § 32 Rn. 21). Ist die Ladung unterblieben, hat dies keine Bedeutung für die Rechtswirksamkeit der Beschlüsse des GesBR (DKKW/*Trittin* Rn. 17).

16 Die GesSchwbVertr. hat nicht das Recht, die Einberufung einer GesBRSitzung zu beantragen. Sie kann aber gem. § 180 Abs. 7 iVm § 178 Abs. 4 S. 1 Hs. 2 SGB IX beim GesBR beantragen, **Angelegenheiten,** die einzelne schwerbehinderte Menschen oder die schwerbehinderten Menschen als Gruppe bes. betreffen, **auf** die **Tagesordnung** der nächsten Sitzung zu **setzen.**

17 Die GesSchwbVertr. kann gem. § 180 Abs. 7 iVm § 178 Abs. 4 S. 2 SGB IX die **Aussetzung von Beschlüssen** des GesBR verlangen, wenn sie der Auffassung ist, dass der Beschluss des GesBR wichtige Interessen der schwerbehinderten Menschen erheblich beeinträchtigt.

18 Das **Verfahren bei der Aussetzung** von Beschlüssen ist für den GesBR in § 51 Abs. 1 iVm § 35 geregelt. Auf diese Bestimmungen verweist § 178 Abs. 4 S. 2 Hs. 2 SGB IX.

IV. Streitigkeiten

19 Streitigkeiten über das Teilnahmerecht der Vertrauensperson an den Sitzungen des GesBR und seiner Ausschüsse sowie über die Befugnisse der GesSchwbVertr. innerhalb des BetrVG entscheiden die ArbG im BeschlVerf. (§§ 2a, 80 ff. ArbGG). Die Wahl der GesSchwbVertr. kann gem. §§ 180 Abs. 7, 177 Abs. 6 S. 2 SGB IX iVm § 19 angefochten werden (BAG 16.11.2005 – 7 ABR 9/05, NZA 2006, 340; 24.5.2006 – 7 ABR 40/05, NJOZ 2006, 3905; 22.3.2012 – 7 AZB 51/11, NZA 2012, 690). Zu den Kosten der Schwerbehindertenvertretung BAG 2.6.2010 – 7 ABR 24/09, NJOZ 2010, 2696; 27.7.2011 – 7 AZR 412/10, NZA 2012, 169. Zum arbeitsgerichtlichen Beschlussverfahren vgl. **Anh. 3.**

§ 53 Betriebsräteversammlung

(1) [1] **Mindestens einmal in jedem Kalenderjahr hat der Gesamtbetriebsrat die Vorsitzenden und die stellvertretenden Vorsitzenden der Betriebsräte sowie die weiteren Mitglieder der Betriebsausschüsse zu einer Versammlung einzuberufen.** [2] **Zu dieser Versammlung kann der Betriebsrat abweichend von Satz 1 aus seiner Mitte andere Mitglieder entsenden, soweit dadurch die Gesamtzahl der sich für ihn nach Satz 1 ergebenden Teilnehmer nicht überschritten wird.**

(2) **In der Betriebsräteversammlung hat**

1. **der Gesamtbetriebsrat einen Tätigkeitsbericht,**
2. **der Unternehmer einen Bericht über das Personal- und Sozialwesen einschließlich des Stands der Gleichstellung von Frauen und Männern im Un-**

ternehmen, der Integration der im Unternehmen beschäftigten ausländischen Arbeitnehmer, über die wirtschaftliche Lage und Entwicklung des Unternehmens sowie über Fragen des Umweltschutzes im Unternehmen, soweit dadurch nicht Betriebs- und Geschäftsgeheimnisse gefährdet werden,
zu erstatten.

(3) [1] **Der Gesamtbetriebsrat kann die Betriebsräteversammlung in Form von Teilversammlungen durchführen.** [2] **Im Übrigen gelten § 42 Abs. 1 Satz 1 zweiter Halbsatz und Satz 2, § 43 Abs. 2 Satz 1 und 2 sowie die §§ 45 und 46 entsprechend.**

Inhaltsübersicht

I. Vorbemerkung

1 Die durch das BetrVG 1972 eingeführte BRVerslg. ist eine Art „**Parlament der BR** des Unternehmens" (Richardi BetrVG/*Annuß* Rn. 1). Zwar nehmen an ihr nicht – wie ursprünglich im RE vorgesehen (BT-Drs. VI/1786, 12, 43) – alle BRMitgl., sondern nur eine beschränkte Anzahl teil. Gleichwohl entspricht die BRVerslg. ihrer Funktion nach der BetrVerslg. auf Betriebsebene (vgl. *Brill* ArbuR 1979, 138 [139]).

2 **Zweck** der BRVerslg. ist, einer größeren Zahl von BRMitgl., die nicht dem GesBR angehören, aus erster Hand **Informationen** über dessen Tätigkeit sowie durch einen Bericht des Unternehmers über das Personal- und Sozialwesen und die wirtschaftliche Lage und Entwicklung des Unternehmens **zu vermitteln** (GK-BetrVG/*Kreutz/Franzen* Rn. 1; Richardi BetrVG/*Annuß* Rn. 1). Die BRVerslg. bietet außerdem die Gelegenheit zum **Gedankenaustausch** der BRMitgl. des Unternehmens und dient damit auch einer stärkeren Bindung innerhalb der ArbNschaft (vgl. BR-Drs. 715/70, 43; GK-BetrVG/*Kreutz/Franzen* Rn. 1). Durch das BetrVerf-ReformG wurde die Berichtspflicht erstreckt auf Fragen der Gleichstellung von Frauen und Männern, auf die Integration der ausländischen ArbN sowie auf Fragen des Umweltschutzes im Unternehmen.

3 Im **Konzernbereich** findet die Vorschrift keine Anwendung; es gibt kraft Gesetzes keine Verslg. aller BR eines Konzerns (vgl. § 59 Abs. 1). Auch ist gesetzlich keine Verslg. aller **JAV** des Unternehmens vorgesehen (vgl. § 73 Abs. 2). Beide Verslg. können aber mit Zustimmung des ArbGeb. durchgeführt werden (HWGNRH/*Glock* Rn. 3; DKKW/*Trittin* Rn. 5). Im Bereich der **Seeschifffahrt** sind Verslg. der Bordvertr. nicht durchzuführen (vgl. § 116 Abs. 4 u. 5).

4 Die Vorschrift ist **zwingend** und kann weder durch TV noch durch BV abbedungen werden. Zulässig ist es aber, nähere Einzelheiten für die Durchführung der BRVerslg. in einer zwischen dem GesBR und dem ArbGeb. abzuschließenden ergänzenden BV festzulegen (*Brill* ArbuR 1979, 138 [139]; HWGNRH/*Glock* Rn. 2; GK-BetrVG/*Kreutz/Franzen* Rn. 4). Die Gesamtzahl der Teilnehmer kann durch BV oder TV nicht erweitert werden (HWGNRH/*Glock* Rn. 2; GK-BetrVG/*Kreutz/Franzen* Rn. 4; ErfK/*Koch* Rn. 1; **aA** DKKW/*Trittin* Rn. 3).

5 Entspr. Vorschrift im **BPersVG:** keine, im **SprAuG:** keine.

II. Teilnehmer

1. Betriebsräte

6 Die BRVerslg. besteht nach Abs. 1 S. 1 aus den Mitgl. des GesBR und Mitgl. der einzelnen BR. Von den BR sind **teilnahmeberechtigt** der **Vors.** und **stellvertr. Vors.** (§ 26) sowie die **weiteren Mitgl. der BetrAusschüsse** (§ 27), soweit die einzelnen BR keine abweichende Regelung treffen.

7 Es ist **dem einzelnen BR freigestellt,** statt der gesetzlich vorgesehenen Teilnehmer **andere seiner Mitgl. zu entsenden.** Das wird praktisch vor allem dann bedeutsam, wenn diese Personen schon in ihrer Eigenschaft als Mitgl. des GesBR an der Verslg. teilnehmen. Hierdurch wird die Möglichkeit geschaffen, zum einen den Kreis der Teilnehmer im Interesse einer möglichst großen Informationsbreite zu erweitern, zum anderen zu speziellen Tagesordnungspunkten der BRVerslg. besonders sachkundige BRMitgl. zu entsenden (vgl. GK-BetrVG/*Kreutz/Franzen* Rn. 11; HWGNRH/*Glock* Rn. 5).

8 Die dem **GesBR angehörenden BRMitgl.** sind auf die Gesamtzahl der nach § 53 teilnahmeberechtigten BRMitgl. **nicht anzurechnen** (Richardi BetrVG/*Annuß* Rn. 8; GK-BetrVG/*Kreutz/Franzen* Rn. 14; HWGNRH/*Glock* Rn. 5; ErfK/*Koch* Rn. 1; MHdB ArbR/*Nebendahl* § 301 Rn. 8). IÜ haben jedoch aus den einzelnen Betrieben nicht mehr BRMitgl. Anspruch auf Teilnahme an der BRVerslg., als der gesetzlichen Zahl der Mitgl. des jeweiligen BetrAusschusses entspricht. Die Höchstzahl der auf die einzelnen BR entfallenden Mitgl. ergibt sich daher aus der Staffel des § 27 Abs. 1 S. 2 (vgl. GK-BetrVG/*Kreutz/Franzen* Rn. 13; DKKW/*Trittin* Rn. 9).

9 Der BR kann nach Abs. 1 S. 2 nur **Mitgl. „aus seiner Mitte"** in die BRVerslg. entsenden. Die Teilnahme von ErsatzMitgl. ist daher nur zulässig, wenn sie endgültig oder im Zeitraum der BRVerslg. in den BR nachgerückt sind (vgl. *Brill* ArbuR 1979, 138 [140]; Richardi BetrVG/*Annuß* Rn. 7; GK-BetrVG/*Kreutz/Franzen* Rn. 12; HWGNRH/*Glock* Rn. 6; DKKW/*Trittin* Rn. 8).

10 Die Entsendung anderer als der gesetzlich vorgesehenen Mitgl. erfolgt durch **Beschluss des BR,** der mit **einfacher Stimmenmehrheit** gefasst wird (GK-BetrVG/*Kreutz/Franzen* Rn. 15; DKKW/*Trittin* Rn. 9).

2. Weitere Teilnehmer

11 Der **Unternehmer** ist zur Teilnahme an der jährlichen BRVerslg. berechtigt und wegen seiner nach Abs. 2 Nr. 2 bestehenden Berichtspflicht auch verpflichtet. Er ist deshalb unter Mitteilung der Tagesordnung zu der Verslg. zu laden (GK-BetrVG/*Kreutz/Franzen* Rn. 34; Richardi BetrVG/*Annuß* Rn. 9; HWGNRH/*Glock* Rn. 7). Bei zusätzlichen BRVerslg. (→ Rn. 30) besteht grds. weder eine Pflicht noch ein Anspruch des ArbGeb. auf Teilnahme. Er ist aber vorab unter Mitteilung der Tagesordnung zu informieren (vgl. GK-BetrVG/*Kreutz/Franzen* Rn. 34, 51).

12 Nimmt der Unternehmer an der Verslg. teil, kann er nach Abs. 3 S. 2 iVm § 46 Abs. 1 S. 2 einen **Beauftragten der ArbGebVereinigung** hinzuziehen, der er angehört (Richardi BetrVG/*Annuß* Rn. 9; HWGNRH/*Glock* Rn. 8).

13 Teilnahmeberechtigt sind nach Abs. 3 S. 2 iVm § 46 Abs. 1 S. 1 auch die Beauftragten aller in einem Betrieb des Unternehmens vertretenen **Gewerkschaften** (ErfK/*Koch* Rn. 1; Richardi BetrVG/*Annuß* Rn. 10; HWGNRH/*Glock* Rn. 9; GK-BetrVG/*Kreutz/Franzen* Rn. 53). Die sich aus Abs. 3 S. 2 iVm § 46 Abs. 2 ergebende Verpflichtung des GesBR, den Gewerkschaften Zeitpunkt, Tagesordnung und Ort der BRVerslg. rechtzeitig und schriftlich mitzuteilen, beschränkt sich auf die im GesBR vertretenen Gewerkschaften (DKKW/*Trittin* Rn. 25; HWGNRH/*Glock* Rn. 30; MHdB ArbR/*Nebendahl* § 301 Rn. 10); sie erstreckt sich nicht auf alle in den einzelnen BR vertretenen Gewerkschaften (so aber Richardi BetrVG/*Annuß*

Rn. 29; GK-BetrVG/*Kreutz/Franzen* Rn. 36). Der GesBR muss nicht von sich aus nachforschen; welche Gewerkschaften in den einzelnen BR vertreten sind. Legen die einzelnen BR Wert auf die Teilnahme der in ihnen vertretenen Gewerkschaften, ist es ihnen unbenommen, diese von der BRVerslg. zu informieren.

14 Auch die **GesSchwbVertr.** hat ein Teilnahmerecht (GK-BetrVG/*Kreutz/Franzen* Rn. 41; DKKW/*Trittin* Rn. 24; **aA** Richardi BetrVG/*Annuß* Rn. 11; HWGNRH/*Glock* Rn. 10; MHdB ArbR/*Nebendahl* § 301 Rn. 11). Dieses ist zwar auch im G zur Förderung und Beschäftigung schwerbehinderter Menschen v. 23.4.2004 (BGBl. I S. 606) nicht ausdrücklich geregelt, folgt aber aus der Aufgabenstellung der GesSchwbVertr. (vgl. § 97 Abs. 6 SGB IX) und korrespondiert mit deren sich aus § 52 sowie aus § 97 Abs. 7 iVm § 95 Abs. 4 S. 1 SGB IX) ergebenden Teilnahmerecht an den Sitzungen des GesBR.

15 Die Teilnahme von Mitgl. der **GesJAV,** des **KBR,** des **WiAusschusses** und von **ArbNVertr. im AR** ist nicht vorgeschrieben, jedoch nicht unzulässig und kann im Einzelfall je nach Tagesordnung zweckmäßig sein. So ist zB die Teilnahme eines Mitgl. der GesJAV sinnvoll, wenn es in der BRVerslg um Angelegenheiten geht, die jug. und auszubildende ArbN betreffende (*Brill* ArbuR 1979, 138 [143]; ErfK/*Koch* Rn. 1; Richardi BetrVG/*Annuß* Rn. 11). Ebenso wie bei BetrVerslg. (→ § 42 Rn. 18, 43) steht der Teilnahme von Mitgl. dieser Gremien an der BRVerslg. nicht entgegen, dass diese nach Abs. 3 S. 2 iVm § 42 Abs. 1 S. 2 nicht öffentlich ist (→ Rn. 42; GK-BetrVG/*Kreutz/Franzen* Rn. 41). Diese Gremien haben aber kein eigenes originäres Teilnahmerecht; Voraussetzung der Teilnahme ist daher eine Einladung durch den Vors. des GesBR.

III. Aufgaben

16 Die BRVerslg. hat auf der Ebene des Unternehmens eine **ähnliche Funktion wie die BetrVerslg.** auf der Betriebsebene. Sie hat keine rechtlichen unmittelbaren Einflussmöglichkeiten auf die Tätigkeit des GesBR. Insbes. steht ihr diesem gegenüber **kein Weisungsrecht** zu. Sie kann aber nach Abs. 3 S. 2 iVm § 45 S. 3 dem GesBR Anträge unterbreiten und zu seinen Beschlüssen Stellung nehmen (GK-BetrVG/*Kreutz/Franzen* Rn. 55; MHdB ArbR/*Nebendahl* § 301 Rn. 16). Die von der BRVerslg. gefassten Beschlüsse binden den GesBR nicht (MHdB ArbR/*Nebendahl* § 301 Rn. 16). Gleichwohl sind sie faktisch nicht ohne Bedeutung, kann doch die BRVerslg. über die einzelnen BR mittelbar Einfluss auf die Zusammensetzung des GesBR nehmen (GK-BetrVG/*Kreutz/Franzen* Rn. 55).

17 Hauptaufgabe der BRVerslg. ist die Entgegennahme des **Tätigkeitsberichts des GesBR** (Abs. 2 Nr. 1) und des **Berichts des Unternehmers** über das Personal- und Sozialwesen sowie über die wirtschaftliche Lage und Entwicklung des Unternehmens (Abs. 2 Nr. 2).

18 Den **Tätigkeitsbericht** hat der GesBR zu erstatten. Deshalb ist der Bericht vom GesBR in seinem Inhalt festzulegen und nach § 51 Abs. 3 zu beschließen (Richardi BetrVG/*Annuß* Rn. 13; HWGNRH/*Glock* Rn. 14; GK-BetrVG/*Kreutz/Franzen* Rn. 19). Für den Tätigkeitsbericht des GesBR gelten iÜ dieselben Grundsätze wie für den vom BR auf der BetrVerslg. zu erstattenden Bericht (→ § 43 Rn. 13ff.).

19 Die **Berichtspflicht des Unternehmers** gegenüber der BRVerslg. betrifft das Personal- und Sozialwesen und die wirtschaftliche Lage und Entwicklung des Unternehmens. Sie geht über die Berichtspflicht des ArbGeb. nach § 43 Abs. 2 S. 2 hinaus; diese bezieht sich nur auf den jeweiligen Betrieb. Dagegen ist Gegenstand der Berichtspflicht nach Abs. 2 Nr. 2 das gesamte Unternehmen.

20 Der **Unternehmer** muss den Bericht grds. **selbst** erstatten. Unternehmer ist dabei die natürliche Person oder bei juristischen Personen oder Personengesellschaften der nach der Satzung oder dem Gesellschaftsvertrag vertretungsbefugte Vertreter (vgl. GK-BetrVG/*Kreutz/Franzen* Rn. 49). Eine Delegation auf andere Personen ist – anders als

nach § 43 Abs. 2 S. 3 für die BetrVerslg. sowie nach § 108 Abs. 2 S. 1 für den WiAusschuss – nicht vorgesehen (GK-BetrVG/*Kreutz/Franzen* Rn. 50; DKKW/*Trittin* Rn. 20).

Der Bericht des Unternehmers über das Personal- und Sozialwesen muss entspr. der durch das BetrVerf-ReformG erfolgten klarstellenden Neufassung des Abs. 2 Nr. 2 (vgl. dazu BT-Drs. 14/5741, 43) auch auf Fragen der **Gleichstellung von Frauen und Männern** im Unternehmen eingehen. Die Verpflichtung entspricht den Aufgaben des BR nach § 80 Abs. 1 Nr. 2a. Zu berichten ist über den tatsächlichen Stand der Gleichstellung. Die Gleichstellung bezieht sich, wie in § 80 Abs. 1 Nr. 2a beschrieben, auf die Einstellung, auf die Beschäftigung, den beruflichen Aufstieg, auf Fragen der Aus-, Fort- und Weiterbildung. Dabei ist ein Vergleich zwischen der Ausgangssituation im Berichtszeitraum mit dem Ergebnis am Ende des Berichtszeitraums anzustellen. 21

Der Bericht des Unternehmers hat sich ferner auf Fragen der **Integration** der im Unternehmen beschäftigten **ausländischen ArbN** zu erstrecken. Die Integration ist auch eine Aufgabe des Unternehmens; sie betrifft nicht nur einzelne Betriebe. 22

Die Berichtspflicht des Unternehmers zur **wirtschaftlichen Lage und Entwicklung** entspricht der Berichtspflicht des ArbGeb. in der BetrVerslg. (§ 43 Abs. 2; → § 43 Rn. 19 ff.). Der Bericht ist jedoch umfassender; er bezieht sich auf das gesamte Unternehmen. 23

Der Bericht zur wirtschaftlichen Lage muss sich auf Fragen des **Umweltschutzes** im Unternehmen erstrecken. Regelungen zum betrieblichen Umweltschutz finden sich in § 89. Der Bericht in der BRVerslg. betrifft betriebsübergreifend das gesamte Unternehmen. 24

Eine Berichtspflicht besteht nicht, soweit dadurch **Betriebs- oder Geschäftsgeheimnisse gefährdet** werden (→ § 43 Rn. 20). Dabei ist zu berücksichtigen, dass sich der Teilnehmerkreis der BRVerslg. auf Personen beschränkt, die der Verschwiegenheitspflicht des § 79 unterliegen (*Brill* ArbuR 1979, 138 [144]; GK-BetrVG/*Kreutz/Franzen* Rn. 23; **aA** Richardi BetrVG/*Annuß* Rn. 16). 25

Der **Bericht des Unternehmers** ist **mündlich** zu erstatten. Die Teilnehmer haben keinen Anspruch auf schriftliche Aushändigung des Berichts. Als Grundlage kann in größeren Unternehmen der schriftliche Bericht nach § 110 Abs. 1 dienen. Zur Berichterstattung gehört auch, dass der Unternehmer Fragen zum Bericht beantwortet (DKKW/*Trittin* Rn. 21). 26

Durch die Bezugnahme auf § 45 ist klargestellt, dass die BRVerslg. **alle Angelegenheiten einschließlich solcher tarifpolitischer, sozialpolitischer und wirtschaftlicher Art** behandeln darf, die das Unternehmen oder seine ArbN unmittelbar betreffen. Entspr. dem Charakter der BRVerslg. als einer Institution auf Unternehmensebene wird es sich bei diesen Angelegenheiten in erster Linie um solche handeln, die über den betrieblichen Bereich eines einzelnen Betriebes hinausgehen und entweder das Unternehmen bzw. seine ArbN insgesamt oder doch mehrere Betriebe des Unternehmens bzw. deren ArbN betreffen (Richardi BetrVG/*Annuß* Rn. 15). Dies schließt nicht aus, dass sich die BRVerslg. auch mit Angelegenheiten befasst, die ausschließlich einen Betrieb des Unternehmens oder dessen ArbN betreffen (GK-BetrVG/*Kreutz/Franzen* Rn. 25). 27

Zu den Begriffen „tarifpolitische, sozialpolitische und wirtschaftliche Angelegenheiten“ → § 45 Rn. 8 ff.; → § 74 Rn. 54 ff. 28

Auch die BRVerslg. unterliegt dem **Gebot der betrieblichen Friedenspflicht.** Sie darf nicht zu einem Instrument des Arbeitskampfes gemacht werden (→ § 45 Rn. 23 ff.). Auch ist auf ihr **jede parteipolitische Betätigung untersagt** (→ § 45 Rn. 25 f.; ErfK/*Koch* Rn. 2; GK-BetrVG/*Kreutz/Franzen* Rn. 26). 29

IV. Anzahl, Einberufung und Durchführung

Die BRVerslg. ist nach Abs. 1 S. 1 **mindestens einmal im Kalenderjahr** durchzuführen. Wie sich aus dem Wort „mindestens“ ergibt, sind **weitere BRVerslg.** 30

während eines Kalenderjahres **zulässig.** Stimmt der Unternehmer weiteren BR-Verslg. nicht zu, so sind diese gleichwohl dann zulässig, wenn ihre Durchführung für die Tätigkeit des GesBR oder der BR **sachlich erforderlich** ist (Richardi BetrVG/*Annuß* Rn. 18; HWGNRH/*Glock* Rn. 23; GK-BetrVG/*Kreutz/Franzen* Rn. 27). Hierüber entscheidet der GesBR durch Beschluss. Ihm steht hinsichtlich der Erforderlichkeit ein nur beschränkt gerichtlich überprüfbarer Beurteilungsspielraum zu (vgl. zur Teilnahme von BRMitgl. an überbetrieblichen Informationsgesprächen mit anderen BR BAG 10.8.1994 – 7 ABR 35/93, NZA 1995, 796).

31 Nach Abs. 3 S. 1 kann der GesBR die BRVerslg. in Teilverslg. durchführen. Der Normalfall sollte aber die Vollverslg. sein (GK-BetrVG/*Kreutz/Franzen* Rn. 28). Durch sie wird dem Zweck (→ Rn. 2) am besten Rechnung getragen (Richardi BetrVG/*Annuß* Rn. 23). Anders als nach § 42 Abs. 1 S. 3 für die BetrVerslg. (→ § 42 Rn. 54) ist nicht Voraussetzung, dass eine gleichzeitige Verslg. aller Mitgl. der BetrVerslg. nicht möglich ist. Der GesBR trifft die Entscheidung, ob er eine **Voll- oder Teilverslg.** durchführt, nach pflichtgemäßem Ermessen (DKKW/*Trittin* Rn. 15; GK-BetrVG/*Kreutz/Franzen* Rn. 28). Eine Teilverslg. kann insbes. wegen der Zahl der Teilnehmer zweckmäßig sein, wenn ein Gedankenaustausch der Teilnehmer sonst nicht mehr sinnvoll möglich ist. Dagegen ist die Teilverslg. nicht schon deshalb zweckmäßig, weil die Betriebe räumlich weit auseinander liegen (→ § 42 Rn. 54). Der wegen der Entfernung häufig erschwerte Gedankenaustausch sollte mindestens einmal im Jahr möglich sein. IÜ können neben einer jährlichen Vollverslg. weitere Teilverslg. durchgeführt werden.

32 Den **Zeitpunkt der BRVerslg.** legt der GesBR durch Beschluss fest. Er entscheidet nach pflichtgemäßem Ermessen (GK-BetrVG/*Kreutz/Franzen* Rn. 29). Der Zustimmung des ArbGeb. bedarf es nicht. Eine vorherige Abstimmung mit dem Unternehmer ist aber schon deshalb erforderlich, weil dieser auf der Verslg. den Bericht nach Abs. 2 Nr. 2 erstatten muss, und entspricht iÜ dem Gebot der vertrauensvollen Zusammenarbeit.

33 Die **Einberufung** der BRVerslg. **durch eine andere Stelle** als den GesBR ist **nicht zulässig.** Anders als nach § 43 Abs. 3 u. 4 bei der BetrVerslg. steht auch weder dem ArbGeb. noch den Gewerkschaften ein durchsetzbares Antragsrecht auf ein Einberufung einer BRVerslg. zu (GK-BetrVG/*Kreutz/Franzen* Rn. 37).

34 Unterlässt der GesBR die Einberufung der BRVerslg., so handelt er pflichtwidrig. Die **beharrliche Nichteinberufung** kann eine **grobe Verletzung der** den Mitgl. des GesBR obliegenden **Pflichten** darstellen, die auf Antrag nach § 48 den Ausschluss aus dem GesBR rechtfertigen kann (Richardi BetrVG/*Annuß* Rn. 20; GK-BetrVG/*Kreutz/Franzen* Rn. 37).

35 Die **Einladung** zu der BRVerslg. ist gem. § 26 Abs. 2 S. 2 **an die Vors. der EinzelBR** zu richten. Eine Einladung der teilnehmenden BRMitgl. ist weder erforderlich noch sinnvoll, da der BR darüber entscheidet, wen er entsenden will (Richardi BetrVG/*Annuß* Rn. 25).

36 Die Einladung hat so **rechtzeitig** zu erfolgen, dass den einzelnen BR eine ordnungsgemäße Vorbereitung der Teilnahme möglich ist (Richardi BetrVG/*Annuß* Rn. 26; GK-BetrVG/*Kreutz/Franzen* Rn. 32).

37 Die **Tagesordnung** für die BRVerslg. wird vom GesBR beschlossen. Außer den nach Abs. 2 obligatorischen Berichten des GesBR und des Unternehmers können auch andere Punkte auf die Tagesordnung gesetzt werden. Allerdings müssen sie sich im Rahmen des zulässigen Themenbereichs des entspr. anwendbaren § 45 halten (GK-BetrVG/*Kreutz/Franzen* Rn. 33). Obwohl das G dies nicht ausdrücklich vorschreibt, ist den einzelnen BR die Tagesordnung rechtzeitig bekannt zu machen.

38 Die vom GesBR festgelegte Tagesordnung ist nicht abschließend. Die BRVerslg. kann vielmehr mit einfacher Mehrheit die **Erörterung weiterer Themen** beschließen (GK-BetrVG/*Kreutz/Franzen* Rn. 33). Dies ist unproblematisch, weil die Beschlüsse der BRVerslg. keine den GesBR bindende Wirkung haben (Richardi BetrVG/*Annuß* Rn. 27).

Die BRVerslg. findet grds. **während der Arbeitszeit** statt (ErfK/*Koch* Rn. 2; DKKW/*Trittin* Rn. 28; HWGNRH/*Glock* Rn. 36; GK-BetrVG/*Kreutz/Franzen* Rn. 29; MHdB ArbR/*Nebendahl* § 301 Rn. 14). Ein ausdrücklicher Verweis auf § 44 Abs. 1 ist entbehrlich, da die Teilnahme der BRMitgl. an der BRVerslg. BRTätigkeit iSv § 37 Abs. 2 ist (DKKW/*Trittin* Rn. 28). 39

Soweit für einzelne BRMitgl. die Teilnahme an der BRVerslg. außerhalb ihrer Arbeitszeit liegt, haben sie unter den Voraussetzungen des § 37 Abs. 3 Anspruch auf entspr. **Freizeitausgleich,** bzw. auf **Vergütung** dieser Zeit wie Mehrarbeit (→ § 37 Rn. 73 ff.; Richardi BetrVG/*Annuß* Rn. 40; GK-BetrVG/*Kreutz/Franzen* Rn. 60; HWGNRH/*Glock* Rn. 36; DKKW/*Trittin* Rn. 29). Dies gilt auch für die Zeit der Reise zur BRVerslg., wenn diese aus betriebsbedingten Gründen außerhalb der Arbeitszeit durchgeführt werden muss (BAG 11.7.1978 – 6 AZR 387/75, AP BetrVG 1972 § 37 Nr. 57). 40

Die durch die Teilnahme an der BRVerslg. den BRMitgl. entstehenden **Kosten,** zB für Übernachtung, Verpflegung, An- und Abreise, sind Kosten der BRTätigkeit iSd § 40 und vom ArbGeb. zu tragen. Das gleiche gilt für die sonstigen durch die Verslg. entstehenden Kosten (GK-BetrVG/*Kreutz/Franzen* Rn. 61; vgl. zu den Kosten eines BRMitgl. an einer überbetrieblichen, keine BRVerslg. darstellenden Informationsveranstaltung von BR BAG 10.8.1994 – 7 ABR 35/93, NZA 1995, 796). 41

Die BRVerslg. ist nach Abs. 3 S. 2 iVm § 42 Abs. 1 S. 2 **nicht öffentlich.** Andere als die gesetzlich vorgesehenen Personen (→ Rn. 11–15) dürfen daher an ihr grds. nicht teilnehmen. Jedoch kann auf Grund eines Beschlusses des GesBR die Teilnahme von Sachverständigen und geladenen Gästen im Rahmen der Zuständigkeit des BRVerslg. ebenso wie bei einer BetrVerslg. zulässig sein (→ § 42 Rn. 19, 43 ff.). Der Vors. des GesBR hat als Leiter der Verslg. auf die Wahrung der Nichtöffentlichkeit zu achten (→ § 42 Rn. 43 ff.). 42

Die BRVerslg. wird nach Abs. 3 S. 2 iVm § 42 Abs. 1 S. 1 Hs. 2 vom Vors. des GesBR geleitet. Ist dieser verhindert, obliegt die Leitung dem stellvertr. Vors. des GesBR (Richardi BetrVG/*Annuß* Rn. 31). Die sich aus der **VerslgLeitung** ergebenden Rechte und Befugnisse entsprechen denjenigen des BRVors. als Leiter der BetrVerslg. (→ § 42 Rn. 34 ff.). 43

Die BRVerslg. kann **Beschlüsse** fassen. Sie kann dem GesBR Anträge unterbreiten und zu dessen Beschlüssen Stellung nehmen (→ Rn. 16; Richardi BetrVG/*Annuß* Rn. 39; GK-BetrVG/*Kreutz/Franzen* Rn. 55; HWGNRH/*Glock* Rn. 35). Jedes an der Verslg. teilnehmende BRMitgl. hat eine Stimme (GK-BetrVG/*Kreutz/Franzen* Rn. 57; Richardi BetrVG/*Annuß* Rn. 39). Die Regelung des § 47 Abs. 7 u. 8 über die Stimmengewichtung ist nicht anwendbar (GK-BetrVG/*Kreutz/Franzen* Rn. 57). Die **Beschlussfähigkeit** bestimmt sich entspr. § 33 Abs. 2; die Hälfte der gesetzlichen Mitgl. müssen an der Abstimmung teilnehmen (GK-BetrVG/*Kreutz/Franzen* Rn. 58). Eine bestimmte Form ist für die Beschlüsse der BRVerslg. nicht vorgeschrieben. Eine Protokollierung entspr. § 34 Abs. 1 ist aber zu empfehlen. Die Beschlüsse der BRVerslg. binden den GesBR nicht (→ Rn. 16). 44

Der **Unternehmer** kann bei der jährlichen BRVerslg. nach Abs. 3 S. 2 iVm § 43 Abs. 2 S. 2 zu allen Punkten der Tagesordnung das **Wort** ergreifen und Stellung nehmen. Insoweit hat er die gleichen Befugnisse wie bei der Teilnahme an der BetrVerslg. (→ § 43 Rn. 28 ff.). 45

V. Streitigkeiten

Streitigkeiten über die Abhaltung und Durchführung der BRVerslg. entscheiden die **ArbG** im **BeschlVerf.** (§§ 2a, 80 ff. ArbGG). Zuständig ist das ArbG, in dessen Bezirk das Unternehmen seinen Sitz hat. Für Streitigkeiten, die zwischen dem einzelnen BR oder einem seiner Mitgl. und dem ArbGeb. über das Recht zur Teilnahme an der Verslg. entstehen, ist gem. § 82 Abs. 1 S. 2 ArbGG das ArbG örtlich zu- 46 ständig, in dessen Bezirk der Betrieb liegt. Ansprüche auf Arbeitsentgelt für die Zeit der Teilnahme an der BRVerslg. sind im **Urteilsverf.** einzuklagen (→ § 37 Rn. 253 ff.). Vgl. zu den Besonderheiten des BeschlVerf. **Anh. 3.**

Sechster Abschnitt. Konzernbetriebsrat

§ 54 Errichtung des Konzernbetriebsrats

(1) [1] **Für einen Konzern (§ 18 Abs. 1 des Aktiengesetzes) kann durch Beschlüsse der einzelnen Gesamtbetriebsräte ein Konzernbetriebsrat errichtet werden.** [2] **Die Errichtung erfordert die Zustimmung der Gesamtbetriebsräte der Konzernunternehmen, in denen insgesamt mehr als 50 vom Hundert der Arbeitnehmer der Konzernunternehmen beschäftigt sind.**

(2) **Besteht in einem Konzernunternehmen nur ein Betriebsrat, so nimmt dieser die Aufgaben eines Gesamtbetriebsrats nach den Vorschriften dieses Abschnitts wahr.**

Inhaltsübersicht

I. Vorbemerkung

1 In Konzernen fallen häufig wesentliche Entscheidungen nicht auf der Unternehmens-, sondern auf der Konzernebene. Der Gesetzgeber hat daher für Konzerne fakultativ die Möglichkeit eröffnet, als **Repräsentation aller im Konzern beschäftigten ArbN** einen KBR zu bilden (vgl. Richardi BetrVG/*Annuß* Vor § 54 Rn. 1; HWGNRH/*Glock* Rn. 1). Der KBR wird auf der dritten Repräsentationsebene errichtet und tritt neben BR und GesBR (GK-BetrVG/*Franzen* Rn. 3). Seine praktische Bedeutung nimmt angesichts immer komplexerer Unternehmensverflechtungen ständig zu (GK-BetrVG/*Franzen* Rn. 1; MHdB ArbR/*Nebendahl* § 302 Rn. 4). Der Referentenentwurf eines BetrVerf-ReformG vom Dezember 2000 hatte den darauf gestützten Vorschlag des DGB, auch die Errichtung von KBR verbindlich vorzuschreiben, aufgegriffen. Der RE des BetrVerf-ReformG hat den Änderungsvorschlag nicht übernommen, aber das Quorum des Abs. 1 S. 2 von bis dahin 75% auf 50% gesenkt (vgl. GK-BetrVG/*Franzen* Rn. 2).

2 **Abs. 1** legt die **Voraussetzungen** fest, unter denen für einen Konzern ein KBR gebildet werden kann (→ Rn. 21–48). Wegen der Bestellung der Mitgl. und der Zusammensetzung des KBR vgl. § 55, wegen seiner Aufgaben und seiner Geschäftsführung vgl. §§ 58 u. 59.

Die Bestimmung **bezweckt,** die Beteiligung der ArbN an den die einzelnen Unternehmen bindenden Leitungsentscheidungen in sozialen, personellen und wirtschaftlichen Angelegenheiten sicher zu stellen (BAG 21.10.1980 – 6 ABR 41/78, AP BetrVG 1972 Nr. 1; 22.11.1995 – 7 ABR 9/95, NZA 1996, 706; ErfK/*Koch* Rn. 1; Habersack/*Henssler* SEBG; *Trittin* Rn. 2; HWGNRH/*Glock* Rn. 3). Es soll dort eine InteressenVertr. der ArbN errichtet werden, wo unternehmerische Leitungsmacht konkret entfaltet und ausgeübt wird (BAG 21.10.1980 – 6 ABR 41/78, AP BetrVG 1972 Nr. 1; 13.10.2004 – 7 ABR 56/03, NZA 2005, 647). Damit soll auch einer Aushöhlung betriebsverfassungsrechtlicher Beteiligungsrechte auf Unternehmensebene entgegengewirkt werden (GK-BetrVG/*Franzen* Rn. 4). Mit der Errichtung des KBR ist aber keine Erweiterung der MBR und Beteiligungsrechte verbunden (GK-BetrVG/*Franzen* Rn. 4). 3

Wenngleich die praktische Bedeutung des KBR beträchtlich ist, ist seine **Errichtung** nicht obligatorisch, sondern **fakultativ.** Die Entscheidung ist einer **qualifizierten Mehrheit** der GesBR (bzw. im Falle des Abs. 2 der BR) der Konzernunternehmen vorbehalten. Die Bildung von KBR wurde durch das BetrVerf-ReformG nur insofern erleichtert, als die GesBR, bzw. BR, welche die Errichtung des KBR beschließen, nicht mehr wie früher mehr als 75%, sondern nur noch mehr als 50% der in den Konzernunternehmen beschäftigten ArbN repräsentieren müssen. 4

Nach dem durch das BetrVerf-ReformG neu eingefügten § 73a ist nun auch die Bildung einer **KJAV** vorgesehen (vgl. die Erläuterungen zu § 73a). Das Repräsentationsquorum beträgt dort allerdings nach § 73a Abs. 1 S. 2 75% (→ § 73a Rn. 13). 5

Die Vorschrift ist **zwingend** und kann weder durch TV noch durch BV abbedungen oder abgeändert werden. Durch TV nach § 3 Abs. 2 Nr. 2 u. 3 oder durch BV nach § 3 Abs. 2 Nr. 2 können aber auch andere unternehmensübergreifende ArbN-VertrStrukturen geschaffen werden (→ § 3 Rn. 44, 46ff.). 6

Entspr. Vorschrift des **BPersVG:** keine. Die Vorschriften über die Stufenvertr. (§§ 53ff. BPersVG) sind nicht vergleichbar. Das **SprAuG** sieht in §§ 21–24 SprAuG fakultativ einen Konzernsprecherausschuss vor. 7

II. Konzern

Voraussetzung für die Errichtung eines KBR ist das **Bestehen eines Konzerns.** 8
Das BetrVG enthält keine eigene Begriffsbestimmung des Konzerns, sondern verweist in Abs. 1 auf den **Konzernbegriff des § 18 Abs. 1 AktG** (BAG 14.2.2007 – 7 ABR 26/06, NZA 2007, 999; 16.5.2007 – 7 ABR 63/06, NJOZ 2008, 726; 27.10.2010 – 7 ABR 85/09, NZA 2011, 524; 9.2.2011 – 7 ABR 11/10, NZA 2011, 866; 11.2.2015 – 7 ABR 98/12, BeckRS 2015, 69307; vgl. zu § 2 Abs. 1 DrittelbG BAG 15.12.2011 – 7 ABR 56/10, NZA 2012, 633). Es handelt sich dabei um eine „definitorische Verweisung" (GK-BetrVG/*Franzen* Rn. 13; DKKW/*Trittin* Vor § 54 Rn. 5; MHdB ArbR/*Nebendahl* § 302 Rn. 5; *Seitz* FS Moll 2019, 615 [621]). Auch für den **betriebsverfassungsrechtlichen Konzernbegriff** sind daher grds. die Merkmale maßgebend, durch die in § 18 AktG der Konzern beschrieben wird (BAG 13.10.2004 – 7 ABR 56/03, NZA 2005, 647, 14.2.2007 – 7 ABR 26/06, NZA 2007, 999; 16.5.2007 – 7 ABR 63/06, NJOZ 2008, 726; 27.10.2010 – 7 ABR 85/09, NZA 2011, 524; 9.2.2011 – 7 ABR 11/10, NZA 2011, 866; 11.2.2015 – 7 ABR 98/12, BeckRS 2015, 69307; vgl. zu § 2 Abs. 1 DrittelbG BAG 15.12.2011 – 7 ABR 56/10, NZA 2012, 633). Dagegen enthält das EBRG in § 6 Abs. 1 eine eigenständige, ausschließlich für den Bereich des EBRG geltende Legaldefinition des herrschenden Unternehmens sowie in § 6 Abs. 2 besondere Vermutungstatbestände für einen beherrschenden Einfluss (BAG 30.3.2004 – 1 ABR 61/01, NZA 2004, 863). Aber auch bei der Anwendung des § 54 kann es wegen der unterschiedlichen Zielsetzungen von Gesellschaftsrecht und BetrVG zu Abweichungen zwischen gesellschaftsrechtlichem und betriebsverfassungsrechtlichem Konzernbegriff kommen

(DKKW/*Trittin* Vor § 54 Rn. 6; MHdB ArbR/*Nebendahl* § 302 Rn. 14; *Seitz* FS Moll 2019, 615 [621]; **aA** aber wohl BAG 14.2.2007 – 7 ABR 26/06, NZA 2007, 999; 16.5.2007 – 7 ABR 63/06, NJOZ 2008, 726). Diese haben **unterschiedliche Zwecke.** Während die gesellschaftsrechtlichen Regelungen dem Gläubigerschutz und dem Schutz der Minderheitsgesellschafter dienen, will das BetrVG eine effektive Vertretung der ArbNInteressen bei unternehmensübergreifenden Mitbestimmungsfragen durch den KBR sicherstellen und die Mitbestimmung dort verorten, wo die entspr. Entscheidungen getroffen werden (MHdB ArbR/*Nebendahl* § 302 Rn. 14). Das BAG hat zuletzt ausdrücklich offen gelassen, ob die für einen Konzern erforderliche Abhängigkeit des beherrschten vom herrschenden Unternehmen ausnahmsweise auch anders als gesellschaftsrechtlich vermittelt sein kann (BAG 9.2.2011 – 7 ABR 11/10, NZA 2011, 866; 11.2.2015 – 7 ABR 98/12, BeckRS 2015, 69307). Während der gesellschaftsrechtliche Konzernbegriff des Aktienrechts vor allem auf den Gläubiger- und Minderheitenschutz abstellt, steht bei der betriebsverfassungsrechtlichen Mitbestimmung im Konzern der Interessenausgleich zwischen der ArbGebSeite und den Belegschaften der zum Konzern gehörenden Unternehmen und Betriebe im Vordergrund (BAG 21.10.1980 – 6 ABR 41/78, AP BetrVG 1972 § 54 Nr. 1). Daher besteht zB die Möglichkeit, einen KBR auch bei einem Tochterunternehmen eines mehrstufigen Unterordnungskonzerns, dem sog „Konzern im Konzern" zu errichten (BAG 21.10.1980 – 6 ABR 41/78, AP BetrVG 1972 § 54 Nr. 1, 14.2.2007 – 7 ABR 26/06, NZA 2007, 999; 16.5.2007 – 7 ABR 63/06, NJOZ 2008, 726; → Rn. 32f.); in den neueren Entscheidungen stellt das BAG hierfür aber nicht mehr auf die Unterschiede zwischen Gesellschafts- und Betriebsverfassungsrecht ab (BAG 14.2.2007 – 7 ABR 26/06, NZA 2007, 999; 16.5.2007 – 7 ABR 63/06, NJOZ 2008, 726).

1. Allgemeines

9 Abs. 1 bezieht sich ausdrücklich auf den Konzern iSv § 18 Abs. 1 AktG. Zu dessen Verständnis bedarf es auch des § 17 AktG. **§§ 17 und 18 AktG** lauten:

§ 17 Abhängige und herrschende Unternehmen

(1) Abhängige Unternehmen sind rechtlich selbständige Unternehmen, auf die ein anderes Unternehmen (herrschendes Unternehmen) unmittelbar oder mittelbar einen beherrschenden Einfluss ausüben kann.

(2) Von einem in Mehrheitsbesitz stehenden Unternehmen wird vermutet, dass es von dem an ihm mit Mehrheit beteiligten Unternehmen abhängig ist.

§ 18 Konzern und Konzernunternehmen

(1) [1] Sind ein herrschendes und ein oder mehrere abhängige Unternehmen unter der einheitlichen Leitung des herrschenden Unternehmens zusammengefasst, so bilden sie einen Konzern; die einzelnen Unternehmen sind Konzernunternehmen. [2] Unternehmen, zwischen denen ein Beherrschungsvertrag (§ 291) besteht oder von denen das eine in das andere eingegliedert ist (§ 319), sind als unter einheitlicher Leitung zusammengefasst anzusehen. [3] Von einem abhängigen Unternehmen wird vermutet, dass es mit dem herrschenden Unternehmen einen Konzern bildet.

(2) Sind rechtlich selbständige Unternehmen, ohne dass das eine Unternehmen von dem anderen abhängig ist, unter einheitlicher Leitung zusammengefasst, so bilden sie auch einen Konzern; die einzelnen Unternehmen sind Konzernunternehmen.

9a Abs. 1 verweist nur auf § 18 Abs. 1 AktG und nicht auf § 18 Abs. 2 AktG. Daher kann ein KBR **nur** in einem sog **Unterordnungskonzern, nicht** dagegen in einem **Gleichordnungskonzern** gebildet werden (BAG 22.11.1995 – 7 ABR 9/95, NZA 1996, 706, 23.8.2006 – 7 ABR 51/05, NJOZ 2007, 2862; 9.2.2011 – 7 ABR 11/10, NZA 2011, 866; 11.2.2015 – 7 ABR 98/12, BeckRS 2015, 69307; DKKW/*Trittin* Rn. 15; ErfK/*Koch* Rn. 2; GK-BetrVG/*Franzen* Rn. 8).

10 Ein **Unterordnungskonzern** iSv § 18 Abs. 1 AktG setzt ein **Abhängigkeitsverhältnis** und tatsächliche Beherrschung der abhängigen Unternehmen durch **einheit-**

liche Leitung des herrschenden Unternehmens voraus (BAG 16.8.1995 – 7 ABR 57/94, NZA 1996, 274; 22.11.1995 – 7 ABR 9/95, NZA 1996, 706; ErfK/*Koch* Rn. 3). Von einem abhängigen Unternehmen wird gem. § 18 Abs. 1 S. 3 AktG vermutet, dass es mit dem herrschenden Unternehmen einen Konzern bildet. Nach § 17 Abs. 2 AktG wird von einem in Mehrheitsbesitz stehenden Unternehmen vermutet, dass es von dem an ihm mit Mehrheit beteiligten Unternehmen abhängig ist (BAG 23.8.2006 – 7 ABR 51/05, NJOZ 2007, 2862, 14.2.2007 – 7 ABR 26/06, NZA 2007, 999; 27.10.2010 – 7 ABR 85/09, NZA 2011, 524; 9.2.2011 – 7 ABR 11/10, NZA 2011, 866; 11.2.2015 – 7 ABR 98/12, BeckRS 2015, 69307). Die durch den Mehrheitsbesitz und die sich daraus gem. §§ 18 Abs. 1 S. 3, 17 Abs. 2 AktG ergebende begründete Konzernvermutung kann aber wiederum durch die unwiderlegbare Konzernvermutung des § 18 Abs. 1 S. 2 AktG beseitigt werden (BAG 14.2.2007 – 7 ABR 26/06, NZA 2007, 999). Nach dieser sind Unternehmen, zwischen denen ein Beherrschungsvertrag iSv § 291 Abs. 1 AktG besteht, als unter einheitlicher Leitung zusammengefasst anzusehen. Dies gilt auch für ausländische Muttergesellschaften (BAG 14.2.2007 – 7 ABR 26/06, NZA 2007, 999). Für einen Unterordnungskonzern kann **grds. nur ein einziger – beim herrschenden Unternehmen angesiedelter – KBR** errichtet werden; die Bildung mehrerer nebeneinander bestehender KBR sieht das G ebenso wenig vor wie einen KBR für einen Teil des Konzerns. Die gesetzliche Betriebsverfassung kennt auch keinen „Sparten-KBR" (BAG 9.2.2011 – 7 ABR 11/10, NZA 2011, 866; vgl. aber zum „Mehrmütterkonzern" → Rn. 31 und zum „Konzern im Konzern" → Rn. 32 f.).

11 Für die Annahme eines Konzerns iSd § 54 ist es **unerheblich,** in welcher **Rechtsform** das herrschende oder die abhängigen Unternehmen geführt werden. Der Unternehmensbegriff wird in den §§ 15 ff. AktG rechtsformenneutral verwendet (BAG 13.10.2004 – 7 ABR 56/03, NZA 2005, 647, 23.8.2006 – 7 ABR 51/05, NJOZ 2007, 2862; 14.2.2007 – 7 ABR 26/06, NZA 2007, 999; 16.5.2007 – 7 ABR 63/06, NJOZ 2008, 726; 27.10.2010 – 7 ABR 85/09, NZA 2011, 524; 9.2.2011 – 7 ABR 11/10, NZA 2011, 866; 11.2.2015 – 7 ABR 98/12, BeckRS 2015, 69307; BGH 23.9.1991 – II ZR 135/90, NJW 1991, 3142; vgl. zu § 2 Abs. 1 DrittelbG BAG 15.12.2011 – 7 ABR 56/10, NZA 2012, 633; GK-BetrVG/*Franzen* Rn. 23). Die Möglichkeit der Errichtung von KBR ist daher nicht auf die dem AktG unterfallenden Unternehmen beschränkt. Ein KBR kann vielmehr auch gebildet werden, wenn die einzelnen Konzernunternehmen nicht in Form einer AG oder KG aA, sondern als GmbH oder als Personengesellschaften (OHG, KG, Gesellschaft des bürgerlichen Rechts) geführt werden oder wenn es sich um natürliche Personen (Einzelkaufleute) handelt (BAG 22.11.1995 – 7 ABR 9/95, NZA 1996, 706, 13.10.2004 – 7 ABR 56/03, NZA 2005, 647; Richardi BetrVG/*Annuß* Rn. 6; GK-BetrVG/*Franzen* Rn. 24; DKKW/*Trittin* Vor § 54 Rn. 9; HWGNRH/*Glock* Rn. 10; *Oetker* ZfA 1986, 194 f.). Für einen Unterordnungskonzern genügt es, wenn eine **natürliche Person** ihre unternehmerischen Interessen bei mehreren selbständigen Unternehmen als Allein- oder Mehrheitsgesellschafter verfolgen kann (BAG 8.3.1994 – 9 AZR 197/92, NZA 1994, 931; 22.11.1995 – 7 ABR 9/95, NZA 1996, 706, 23.8.2006 – 7 ABR 51/05, NJOZ 2007, 2862; HWGNRH/*Glock* Rn. 10). Ein Konzern kommt ebenfalls in Betracht, wenn sich der Allein- oder Mehrheitsgesellschafter einer GmbH zugleich als Einzelkaufmann unternehmerisch betätigt (BGH 23.9.1991 – II ZR 135/90, NJW 1991, 3142).

12 In sog **öffentlich-privatrechtlichen Mischkonzernen** kann trotz der öffentlich-rechtlichen Organisation des herrschenden Unternehmens für die privatrechtlich organisierten beherrschten Unternehmen ein KBR errichtet werden (BAG 27.10.2010 – 7 ABR 85/09, NZA 2011, 524; *Junker* EWiR § 54 BetrVG 1/11). Öffentlich-rechtliche Körperschaften, wie die Bundesrepublik, die Länder oder Gemeinden, können herrschende Unternehmen iSd Konzernrechts sein, wenn sie in privater Rechtsform organisierte Unternehmen beherrschen (BAG 27.10.2010 – 7 ABR 85/09, NZA 2011, 524; BGH 13.10.1977– II ZR 123/76, NJW 1978, 104;

17.3.1997 – II ZB 3/96, NJW 1997, 1855; DKKW/*Trittin* Vor § 54 Rn. 17; WPK/*Roloff* Rn. 3; MHdB ArbR/*Nebendahl* § 302 Rn. 8; GK-BetrVG/*Franzen* § 54 Rn. 24). Wegen **§ 130** kommt aber die Errichtung eines KBR nur für die beherrschten Unternehmen in Betracht, die privatrechtlich organisiert sind. Das öffentlich-rechtlich organisierte herrschende, dem Personalvertretungsrecht unterfallende Unternehmen wird nicht in die Errichtung des KBR einbezogen (BAG 27.10.2010 – 7 ABR 85/09, NZA 2011, 524; Richardi BetrVG/*Annuß* Rn. 7).

2. Abhängigkeitsverhältnis

13 Für das Abhängigkeitsverhältnis genügt nach § 17 Abs. 1 AktG die **Möglichkeit** des herrschenden Unternehmens, unmittelbar oder mittelbar einen **beherrschenden Einfluss** auf das beherrschte Unternehmen **auszuüben.** Die tatsächliche Ausübung ist keine Voraussetzung (BAG 16.8.1995 – 7 ABR 57/94, NZA 1996, 274; 22.11.1995 – 7 ABR 9/95, NZA 1996, 706; GK-BetrVG/*Franzen* Rn. 18; ErfK/*Koch* Rn. 3).

14 Auf die **Mittel der Beherrschung** kommt es – jedenfalls solange sie gesellschaftsrechtlich vermittelt sind – nicht an (BAG 13.10.2004 – 7 ABR 56/03, NZA 2005, 647). In Betracht kommen **Stimmrechte, Entsenderechte** sowie insbes. ein – die unwiderlegliche Konzernvermutung des § 18 Abs. 1 S. 2 AktG auslösender – **Beherrschungsvertrag iSv § 291 AktG** (BAG 14.2.2007 – 7 ABR 26/06, NZA 2007, 999) oder eine **Eingliederung** (§ 319 AktG). Das Abhängigkeitsverhältnis wird meist gesellschaftsrechtlich vermittelt sein. Nicht abschließend geklärt ist, ob das zwingend der Fall sein muss oder ob die Abhängigkeit ausnahmsweise auch anders vermittelt sein kann (→ Rn. 26).

15 Der nach § 17 Abs. 1 ausreichende mittelbare Einfluss ist auch im Falle **mehrstufiger Abhängigkeit** gegeben (GK-BetrVG/*Franzen* Rn. 22).

16 Die Möglichkeit der beherrschenden Einflussnahme muss sich auf die **zentralen Geschäftsbereiche,** wie Produktion, Personalpolitik, Finanzen, Organisation, Einkauf, Vertrieb, Forschung und Entwicklung beziehen (DKKW/*Trittin* Vor § 54 Rn. 21; ErfK/*Koch* Rn. 3).

17 Besitzt ein Unternehmen an einem anderen die Mehrheit (vgl. § 16 Abs. 1 AktG), so wird **nach § 17 Abs. 2 AktG** die **Abhängigkeit** dieses anderen Unternehmens widerlegbar **vermutet** (→ Rn. 10, 26). Die Mehrheitsbeteiligung sichert die Möglichkeit, die Organe des im Mehrheitsbesitz stehenden Unternehmens mit Personen zu besetzen, die den Direktiven des die Mehrheit besitzenden Unternehmens Folge leisten (DKKW/*Trittin* Vor § 54 Rn. 35).

3. Einheitliche Leitung

18 Das oder die abhängigen Unternehmen müssen **unter einheitlicher Leitung zusammengefasst** sein (vgl. GK-BetrVG/*Franzen* Rn. 28 ff.; ErfK/*Koch* Rn. 3; DKKW/*Trittin* Vor § 54 Rn. 39 ff.).

19 Die einheitliche Leitung kann sich aus Mehrheitsbeteiligung, Beherrschungsvertrag oder Eingliederung ergeben (zum Vertrags- und Eingliederungskonzern → Rn. 21 ff.) oder auf faktischer Abhängigkeit beruhen (zum faktischen Konzern → Rn. 25 ff.).

20 Die **einheitliche Leitungsmacht muss tatsächlich ausgeübt werden.** Allein die Möglichkeit der Ausübung genügt nicht (BAG 22.11.1995 – 7 ABR 9/95, NZA 1996, 706; 30.3.2004 – 1 ABR 61/01, NZA 2004, 863; ErfK/*Koch* Rn. 3; DKKW/*Trittin* Vor § 54 Rn. 39; GK-BetrVG/*Franzen* Rn. 28; HWGNRH/*Glock* Rn. 12). Die Art der Ausübung der einheitlichen Leitung ist unerheblich. Erforderlich ist aber, dass die Geschäftspolitik des abhängigen Unternehmens durch die Planung des herrschenden Unternehmens gesteuert wird (DKKW/*Trittin* Vor § 54 Rn. 39).

a) Vertrags- und Eingliederungskonzern

21 Ein sog **Vertragskonzern** entsteht, wenn eine Gesellschaft ihre Leitung gem. **§ 291 Abs. 1 S. 1 AktG** durch **Beherrschungsvertrag** einem anderen Unternehmen unterstellt (vgl. zum grenzüberschreitenden Beherrschungsvertrag BAG 14.2.2007 – 7 ABR 26/06, NZA 2007, 999; *Mayer* ArbuR 2006, 303). Besteht ein Beherrschungsvertrag, so ist nach **§ 308 Abs. 1 S. 1 AktG** das herrschende Unternehmen berechtigt, dem Vorstand der beherrschten Gesellschaft hinsichtlich deren Leitung Weisungen zu erteilen (MHdB ArbR/*Nebendahl* § 302 Rn. 22). Soweit nichts anderes vereinbart ist, können diese Weisungen nach § 308 Abs. 1 S. 2 AktG für die beherrschte Gesellschaft auch nachteilig sein.

22 Die **Eingliederung** ist ein besonderes Rechtsinstitut des Aktienrechts, das anders als der Beherrschungsvertrag nur auf AG Anwendung findet (MHdB ArbR/*Nebendahl* § 302 Rn. 23). Nach § 319 AktG erfolgt die Eingliederung durch Beschluss der Hauptversammlung der einzugliedernden AG unter Zustimmung der Hauptgesellschaft. Die Hauptgesellschaft ist danach gem. § 323 Abs. 1 AktG berechtigt, dem Vorstand der eingegliederten AG Weisungen auch nachteiliger Art zu erteilen.

23 Liegt ein Beherrschungsvertrag oder eine Eingliederung vor, so sind die beherrschten oder eingegliederten Unternehmen nach **§ 18 Abs. 1 S. 2 AktG** als unter einheitlicher Leitung zusammengefasst anzusehen. Nach dem Gesetzeswortlaut handelt es sich dabei um eine gesetzliche Fiktion. Rspr. und Schrifttum gehen aber von einer **unwiderleglichen Vermutung** aus (BAG 14.2.2007 – 7 ABR 26/06, NZA 2007, 999; ErfK/*Koch* Rn. 3; GK-BetrVG/*Franzen* Rn. 30; DKKW/*Trittin* Vor § 54 Rn. 42; HWGNRH/*Glock* Rn. 13; Richardi BetrVG/*Annuß* Rn. 8; *Röder/Powietzka* DB 2004, 542 [543]). Für die Praxis ist die dogmatische Unterscheidung ohne Bedeutung.

24 Auf **andere Unternehmensverträge** nach § 292 AktG oder **sonstige schuldrechtliche Verträge** zwischen Unternehmen ist § 18 Abs. 1 S. 2 AktG nicht anwendbar. Sie können aber zu einer faktischen Beherrschung führen oder mit einer solchen verbunden sein.

b) Faktischer Konzern

25 Ein sog **faktischer Konzern** liegt vor, wenn die einheitliche Leitung nicht auf einem Beherrschungsvertrag oder Eingliederung beruht, sondern durch andere Mittel gesichert ist (ErfK/*Koch* Rn. 4; *Röder/Powietzka* DB 2004, 542 (543)). Entscheidend ist, ob das herrschende Unternehmen in der Lage ist, im abhängigen Unternehmen seinen Willen durchzusetzen (BAG 30.10.1986 – 6 ABR 19/85, AP BetrVG 1972 § 55 Nr. 1; MHdB ArbR/*Nebendahl* § 302 Rn. 24). Auf die Mittel der Einflussnahme kommt es nicht an (BAG 30.10.1986 – 6 ABR 19/85, AP BetrVG 1972 § 55 Nr. 1; 13.10.2004 – 7 ABR 56/03, NZA 2005, 647).

26 Die Beherrschung kann sich aus **Mehrheitsbeteiligungen** am beherrschten Unternehmen ergeben. Bei Personengesellschaften (OHG, KG) wird allerdings allgemein die Auffassung vertreten, wegen des Einstimmigkeitsprinzips des § 119 Abs. 1 HGB könne allein wegen des Mehrheitsbesitzes oder der Stimmenmehrheit nicht von einer Abhängigkeit ausgegangen werden (BAG 22.11.1995 – 7 ABR 9/95, NZA 1996, 706 mwN; *Röder/Powietzka* DB 2004, 542; vgl. aber auch BAG 30.3.2004 – 1 ABR 61/01, NZA 2004, 863 unter Hinweis auf die entgegengesetzte Wertung in § 4 Abs. 1 S. 1 MitbestG). Bei einer KG ist die Geschäftsführung aber allein Angelegenheit der persönlich haftenden Gesellschafter. Wird die KG in der Rechtsform einer GmbH & Co. KG geführt, die nur einen einzigen Komplementär hat, genügt für die Abhängigkeit die mehrheitliche Beteiligung an der Komplementär-GmbH (BAG 22.11.1995 – 7 ABR 9/95, NZA 1996, 708; 15.12.2011 – 7 ABR 56/10, NZA 2012, 633). Mittel der Beherrschung können ferner **Stimmrechte** oder **Stimmbindungsverträge** (BAG 23.8.2006 – 7 ABR 51/05, NJOZ 2007, 2862; 11.2.2015 – 7 ABR 98/12, BeckRS 2015, 69307; ErfK/*Koch* Rn. 4) oder die **personenidentische Besetzung von Leitungsorganen** sein (MHdB ArbR/*Nebendahl*

§ 302 Rn. 24). Nicht abschließend geklärt ist, ob die Abhängigkeit zwingend gesellschaftsrechtlicher Art sein muss (so MHdB ArbR/*Nebendahl* § 302 Rn. 17; GK-BetrVG/*Franzen* Rn. 20; wohl auch BGH 26.3.1984 – II ZR 171/83, NJW 1984, 1893) oder ob sich ausnahmsweise auch aus **schuldrechtlichen Verträge** oder gar nur aus langfristigen Liefer-, Abnahme- oder Lizenzverträgen ergeben kann (so DKKW/*Trittin* Vor § 54 Rn. 31; HWGNRH/*Glock* Rn. 14). Das **BAG** hat zuletzt ausdrücklich **offen** gelassen, **ob das Abhängigkeitsverhältnis ausnahmsweise auch anders als gesellschaftsrechtlich begründet sein kann** (BAG 9.2.2011 – 7 ABR 11/10, NZA 2011, 866; 11.2.2015 – 7 ABR 98/12, BeckRS 2015, 69307; vgl. auch *Ratayczak* AiB 2011, 698). Für das Erfordernis einer gesellschaftsrechtlich vermittelten Abhängigkeit sprechen insbes. Gründe der Rechtssicherheit (vgl. zum „beherrschenden Unternehmen" iSv. Art. 2 Abs. 4 UAbs. 1 RL 98/59/EG EuGH 7.8.2018 – C-61/17, NZA 2018, 1051 – Bichat, Rn. 42). Das Gebot einer wirksamen Mitbestimmung kann dagegen dafür sprechen, auch eine anders vermittelte Abhängigkeit genügen zu lassen. Eine solche müsste allerdings mit der gesellschaftsrechtlich vermittelten zumindest gleichwertig sein. Hierzu müsste das herrschende Unternehmen über die rechtlich verstetigte Möglichkeit verfügen, grds. alle unternehmensrelevanten Entscheidungen des abhängigen Unternehmens zu steuern. Die Möglichkeit, Teilbereiche des anderen Unternehmens zu beeinflussen, würde nicht ausreichen (BAG 9.2.2011 – 7 ABR 11/10, NZA 2011, 866). Das BAG hat daher zu Recht einen DRK-Landesverband und seine Untergliederungen nicht als Konzern erachtet (BAG 9.2.2011 – 7 ABR 11/10, NZA 2011, 866). Die auf Grund der Beherrschung mögliche einheitliche Leitung muss tatsächlich ausgeübt werden. Allein die Möglichkeit genügt nicht (BAG 22.11.1995 – 7 ABR 9/95, NZA 1996, 706).

27 Eine erhebliche Erleichterung zur Darlegung und zum Beweis eines Konzerns bilden die **widerleglichen Vermutungen** des **§ 18 Abs. 1 S. 3 AktG** und des **§ 17 Abs. 2 AktG.** Nach § 18 Abs. 1 S. 3 AktG wird von einem abhängigen Unternehmen vermutet, dass es mit dem herrschenden Unternehmen einen Konzern bildet. Nach § 17 Abs. 2 AktG wird von einem im Mehrheitsbesitz stehenden Unternehmen vermutet, dass es von dem an ihm mit Mehrheit beteiligten Unternehmen abhängig ist. Die Kombination der beiden Bestimmungen führt daher **in Fällen des Mehrheitsbesitzes** zur **Konzernvermutung.** Die Frage, wann ein „Mehrheitsbesitz" in diesem Sinne vorliegt, ist in § 16 AktG näher geregelt. Die Vermutungen des § 17 Abs. 2 AktG und des § 18 Abs. 1 S. 3 AktG sind – unter allerdings strengen Voraussetzungen – widerlegbar (BAG 22.11.1995 – 7 ABR 9/95, NZA 1996, 708; 15.12.2011 – 7 ABR 56/10, NZA 2012, 633). Hierzu muss dargelegt und bewiesen werden, dass beherrschtes und abhängiges Unternehmen tatsächlich nicht einheitlich geleitet werden (GK-BetrVG/*Franzen* Rn. 31). Erforderlich ist, dass die vorhandene Leitungsmacht in keinem Bereich ausgeübt wird (BAG 22.11.1995 – 7 ABR 9/95, NZA 1996, 708; 15.12.2011 – 7 ABR 56/10, NZA 2012, 633). Das kann bei Matrix-Strukturen der Fall sein (vgl. *Kort* NZA 2013, 1318 (1323)).

28 Von einem **qualifiziert faktischen** Konzern spricht man, wenn das herrschende Unternehmen die Geschäfte des abhängigen dauernd und umfassend praktisch wie eine eigene Betriebsabteilung führt (BAG 15.1.1991 – 1 AZR 94/90, NZA 1991, 681; 6.10.1992 – 3 AZR 242/91, NZA 1993, 316). Die Unterscheidung zwischen faktischem und qualifiziert faktischem Konzern hat **nur haftungsrechtliche,** aber keine betriebsverfassungsrechtliche **Bedeutung.** Ein KBR kann in beiden Fällen errichtet werden.

4. Sonderfälle

a) Gemeinschaftsunternehmen

29 Ein Unternehmen kann von mehreren anderen Unternehmen iSd § 17 Abs. 1 AktG abhängig sein („Mehrmütterherrschaft"). Ein derartiges **Gemeinschaftsun-**

ternehmen setzt voraus, dass die anderen Unternehmen die Möglichkeit gemeinsamer Herrschaftsausübung vereinbart haben (BAG 30.10.1986 – 6 ABR 19/85, AP BetrVG 1972 § 55 Nr. 1; 13.10.2004 – 7 ABR 56/03, NZA 2005, 647 mit zust. Anm. *Joost* AP BetrVG 1972 § 54 Nr. 9; 11.2.2015 – 7 ABR 98/12, BeckRS 2015, 69307; GK-BetrVG/*Franzen* Rn. 40). In diesem Fall kann das Gemeinschaftsunternehmen entweder von nur einem der anderen oder aber auch von mehreren anderen Unternehmen beherrscht werden (GK-BetrVG/*Franzen* Rn. 41; ErfK/*Koch* Rn. 5; HWGNRH/*Glock* Rn. 16, 17; *Dörner* FS Leinemann, 2006, 487 [494]). Entscheidend hierfür ist, wer tatsächlich die Leitungsmacht über das abhängige Unternehmen ausübt (GK-BetrVG/*Franzen* Rn. 42). Wird die einheitliche Leitung nur von einer der „Mütter" ausgeübt, besteht nur zwischen dieser und dem abhängigen Unternehmen ein Konzern (ErfK/*Koch* Rn. 4; HWGNRH/*Glock* Rn. 18). Wenn dagegen die „Mütter" die Leitungsmacht an dem Gemeinschaftsunternehmen tatsächlich gemeinsam ausüben, bildet das abhängige Unternehmen mit jedem der herrschenden Unternehmen einen Konzern (BAG 30.10.1986 – 6 ABR 19/85, AP BetrVG 1972 § 55 Nr. 1; 13.10.2004 – 7 ABR 56/03, NZA 2005, 647; GK-BetrVG/*Franzen* Rn. 42; HWGNRH/*Glock* Rn. 16; ErfK/*Koch* Rn. 5; WPK/*Roloff* Rn. 8; **aA** Richardi BetrVG/*Annuß* Rn. 18 ff.). Eine einheitliche gemeinsame Leitung liegt insbes. im Falle eines Konsortial- oder Stimmbindungsvertrags vor, der die gemeinsame Herrschaft sicherstellt (DKKW/*Trittin* Vor § 54 Rn. 28). Eine gesicherte Herrschaftsgewalt ist auch ohne organisatorische oder vertragliche Bande möglich, wenn sich die herrschenden Unternehmen zu einer gemeinsamen Willensausübung zusammengefunden haben. Das ist typischerweise dann anzunehmen, wenn gleich gerichtete Interessen eine gemeinsame Unternehmenspolitik gewährleisten (BAG 13.10.2004 – 7 ABR 56/03, NZA 2005, 647; 11.2.2015 – 7 ABR 98/12, BeckRS 2015, 69307). Nicht ausreichend für die konzernrechtliche Zurechnung eines Gemeinschaftsunternehmens zu mehreren „Müttern" ist aber, wenn diese nur gem. ihrer Kapitalanteile Aktionärsrechte ausüben, ohne dass eine Koordination stattfindet (HWGNRH/*Glock* Rn. 16; vgl. aber auch WKS/*Wißmann* § 5 Rn. 47).

Für den Regelungsbereich der §§ 54 ff. gilt bei mehrfacher Abhängigkeit die widerlegbare Vermutung des § 18 Abs. 1 S. 3 AktG (BAG 30.10.1986 – 6 ABR 19/85, AP BetrVG 1972 § 55 Nr. 1; ErfK/*Koch* Rn. 5; MHdB ArbR/*Nebendahl* § 302 Rn. 25; HWGNRH/*Glock* Rn. 18). Diese Vermutung greift insbes. auch im Falle der **gleichberechtigten 50 : 50-Unternehmen** (BAG 30.10.1986 – 6 ABR 19/85, AP BetrVG 1972 § 55 Nr. 1; DKKW/*Trittin* Rn. 33). 30

Aus der mehrfachen Konzernzugehörigkeit des Gemeinschaftsunternehmen folgt nach hM, dass **bei jedem der herrschenden Unternehmen** (Mütter) unter Beteiligung des GesBR, bzw. im Falle des Abs. 2 des BR, ein **KBR zu bilden** ist (BAG 30.10.1986 – 6 ABR 19/85, AP BetrVG 1972 § 55 Nr. 1; 13.10.2004 – 7 ABR 56/03, NZA 2005, 647; LAG München 27.2.2009 – 9 TaBV 86/08, BeckRS 2009, 63546; *Dörner* FS Leinemann, 2006, 487 [496, 499]; GK-BetrVG/*Franzen* Rn. 43; WPK/*Roloff* Rn. 8; HaKo-BetrVG/*Tautphäus* Rn. 12; *Reichold* SAE 2007, 286; *Müller/Schulz* BB 2010, 1923; **aA** *Windbichler* Arbeitsrecht im Konzern S. 317). Die Errichtung eines KBR bei jeder der beiden Mütter kann allerdings zu **Zuständigkeits- und Konkurrenzproblemen** beim Abschluss von KBV führen (vgl. GK-BetrVG/*Franzen* Rn. 43 mwN). Auch steht eine für alle möglichen Fälle dogmatisch und praktisch befriedigende Lösung noch aus (vgl. zu möglichen Kollisionsregeln *Dörner* FS Leinemann, 2006, 487 (501 ff.)). Die mitbestimmungsrechtlichen Schwierigkeiten rechtfertigen jedoch letztlich nicht den Schluss, es sei nur ein KBR zu errichten. Vor allem die Fallkonstellationen, in denen die mehreren Mütter nicht nur Gemeinschaftsunternehmen, sondern darüber hinaus noch andere Unternehmen beherrschen, zeigen, dass die Errichtung nur eines KBR nicht genügt, sondern bei jeder Mutter ein solcher zu errichten ist (vgl. *Joost* Anm. AP BetrVG 1972 § 54 Nr. 9). Auch wenn die Mutterunternehmen zur Leitung eine **BGB-Gesellschaft** nach den **§§ 705 ff. BGB** gegründet haben, ist diese – jedenfalls solange sie nur als Innenge- 31 sellschaft tätig wird – nach hM nicht als herrschendes Unternehmen anzusehen und bei ihr kein KBR zu bilden; vielmehr erfolgt auch hier die Errichtung jeweils bei den mehreren Mutterunternehmen (BAG 13.10.2004 – 7 ABR 56/03, NZA 2005, 647 mwN; *Dörner* FS Leinemann, 2006, 487 [498]; *Reichold* SAE 2007, 286; DKKW/*Trittin* Rn. 33; GK-BetrVG/*Franzen* Rn. 43; **aA** *Windbichler* S. 317; *Dzida/Hohenstatt* NZA 2007, 945 (949); *Hanau* ZGR 1984, 469 (479f.)). Dies erscheint zumindest in den Fällen, in denen alle betriebsverfassungsrechtlichen Entscheidungen einschließlich derjenigen zum Abschluss von KBV von der BGB-Gesellschaft getroffen werden, nicht zwingend. Das Argument, die BGB-Gesellschaft trete nicht als Außengesellschaft auf und beschäftige selbst keine ArbN, überzeugt nicht ohne Weiteres. Für das Vorliegen eines herrschenden Unternehmens – auch im betriebsverfassungsrechtlichen Sinn – ist nicht erforderlich, dass dieses einen eigenen Geschäftsbetrieb hat und selbst ArbN beschäftigt (BAG 30.3.2004 – 1 ABR 61/01, NZA 2004, 863 mwN).

b) Konzern im Konzern

32 Bei einem mehrstufigen Konzern besteht ein sog „**Konzern im Konzern**" wenn das herrschende Unternehmen („Mutter") von seiner Leitungsmacht zwar im wesentlichen Umfang, aber doch nur teilweise (zB als Richtlinienkompetenz) Gebrauch macht und einem abhängigen Unternehmen („Tochter") noch wesentliche Leitungsaufgaben zur eigenständigen Ausübung gegenüber den diesem nachgeordneten Unternehmen („Enkel") belässt (BAG 21.10.1980 – 6 ABR 41/78, AP BetrVG 1972 § 54 Nr. 1, 14.2.2007 – 7 ABR 26/06, NZA 2007, 999; 16.5.2007 – 7 ABR 63/06, NJOZ 2008, 726; DKKW/*Trittin* Rn. 18; HWGNRH/*Glock* Rn. 19; ErfK/*Koch* Rn. 5; GK-BetrVG/*Franzen* Rn. 34; MHdB ArbR/*Nebendahl* § 302 Rn. 13; WKS/*Wißmann* § 5 Rn. 36ff.; *Röder/Powietzka* DB 2004, 542 [543]; *Kort* NZA 2009, 464 [467f.]; *Pflüger* NZA 2009, 130; *Seitz* FS Moll 2019, 615 [620ff.]; **aA** Richardi BetrVG/*Annuß* Rn. 12ff.; *Meik* BB 1991, 2441). Da sich der betriebsverfassungsrechtliche Konzernbegriff an der effektiven Verwirklichung der betriebsverfassungsrechtlichen Beteiligungsrechte zu orientieren hat (→ Rn. 8), ist für den Bereich des BetrVG die Möglichkeit eines Konzerns im Konzern zu bejahen. Denn Sinn und Zweck der Möglichkeit der Errichtung eines KBR ist es, die Beteiligung der KonzernArbNschaft an den Entscheidungen der Konzernleitung sicher zu stellen. Dieser gesetzgeberische Zweck würde nicht erreicht, wenn bei einer Tochtergesellschaft, der ein wesentlich eigener Entscheidungsspielraum zur Verfügung steht, kein KBR errichtet werden könnte (BAG 14.2.2007 – 7 ABR 26/06, NZA 2007, 999; 16.5.2007 – 7 ABR 63/06, NJOZ 2008, 726). Beschränkt sich zB die bis zu den Enkeln durchgreifende Leitung der Mutter im Wesentlichen auf den finanziellen und kaufmännischen Bereich, während in personellen und sozialen Angelegenheiten der Tochter eine weitgehende eigene Entscheidungsbefugnis zusteht, so würde die Errichtung eines KBR nur bei der Mutter zu einer Verkürzung der Beteiligungsrechte der ArbN führen. Die MBR des bei der Mutter errichteten KBR würden im personellen und sozialen Bereich leer laufen, da insoweit die Tochter die für die Enkel relevanten Entscheidungen trifft (BAG 14.2.2007 – 7 ABR 26/06, NZA 2007, 999; 16.5.2007 – 7 ABR 63/06, NJOZ 2008, 726).

33 Deshalb ist bei einem mehrstufigen Konzern **auch bei der Konzernspitze des Unterkonzerns ein KBR** zu errichten, wenn dieser bei beteiligungspflichtigen Angelegenheiten eine originäre, nicht durch konkrete Weisungen der Mutter gebundene Entscheidungskompetenz zusteht und sie auch tatsächlich Gebrauch davon macht (BAG 21.10.1980 – 6 ABR 41/78, AP BetrVG 1972 § 54 Nr. 1, 14.2.2007 – 7 ABR 26/06, NZA 2007, 999; 16.5.2007 – 7 ABR 63/06, NJOZ 2008, 726; vgl. ferner die Nachw. in → Rn. 32).

c) Konzerne mit Auslandsbeziehung

34 Umstr. ist, ob ein KBR gebildet werden kann, wenn das **herrschende Unternehmen** seinen **Sitz im Ausland** hat und es in Deutschland keine „Unterkonzern-

spitze" gibt. Ein Teil des Schrifttums bejaht diese Möglichkeit (vgl. insbes. mit eing. Begründung *Buchner* FS Birk, 2008, 11 [14ff.]; vgl. ferner *Birk* FS Schnorr v. Carolsfeld, 1972, 61 [85]; *Simitis* FS Kegel, 1987, 153 [179]; *Gaumann/Liebermann* DB 2006, 1157; MHdB ArbR/*Joost* 3. Aufl. § 227 Rn. 30; DKKW/*Trittin* Rn. 50ff.; *Löwisch/Kaiser* Rn. 14; *Trittin/Gilles* ArbuR 2008, 136; *Linsenmaier* FS 100 Jahre BetrVR 2020, 409 [420ff.]; wohl auch *Mayer* ArbuR 2006, 303 [306];), ein größerer Teil verneint sie (GK-BetrVG/*Franzen* Rn. 45; Richardi BetrVG/*Annuß* Rn. 35; ErfK/*Koch* Rn. 7; HWGNRH/*Glock* Rn. 21; *Freckmann* BB 2007, 2408; *Henssler* ZfA 2005, 289 [310ff.]; *Junker* SAE 2008, 41; *Kort* NJW 2009, 129 [130]; *Kort* NZA 2009, 464 [468f.]: *Mückl* EWiR 2018, 729; *Röder/Powietzka* DB 2004, 542 [546f.]; MHdB ArbR/*Nebendahl* § 302 Rn. 31; *Salamon* NZA 2019, 283, [285f.]; *Schubert* Anm. zu EzA BetrVG 2001 § 54 Nr. 3; *Seitz* FS Moll 2019, 615; *Ullrich* DB 2007, 2710).

Nach der **Rspr. des BAG** kann ein KBR grds. nicht errichtet werden, wenn die **34a** Konzernobergesellschaft ihren Sitz im Ausland hat; etwas Anderes gilt danach nur, wenn bei einem mehrstufigen Konzern einem im Inland ansässigen abhängigen Unternehmen als inländischer Teilkonzernspitze noch wesentliche Leitungsaufgaben in personellen, sozialen und wirtschaftlichen Angelegenheiten zur eigenständigen Ausübung gegenüber den diesen nachgeordneten Unternehmen verblieben (BAG 14.2. 2007 – 7 ABR 26/06, NZA 2007, 999; 16.5.2007 – 7 ABR 63/06, NJOZ 2008, 726; zust. *Dzida/Hohenstatt* NZA 2007, 945; *Junker* SAE 2008, 41; *Schubert* Anm. zu EzA BetrVG 2001 § 54 Nr. 3; *Seitz* FS Moll 2019, 615 [620ff.]; *Ullrich* DB 2007, 2710; abl. *Buchner* FS Birk, 2008, 11 [14ff.]; *Trittin/Gilles* ArbuR 2008, 136; krit. gegenüber der dogmatischen Begründung *Bachmann* RdA 2008, 108). Am 27.10.2010 (7 ABR 85/09, NZA 2011, 524) hatte das BAG zwar die Frage ausdrücklich offen gelassen (BAG 27.10.2010 – 7 ABR 85/09, NZA 2011, 524 Rn. 39), im Beschl. v. 23.5.2018 (7 ABR 60/16, NZA 2018, 1562) hat es aber „nach erneuter Prüfung" an seiner Rspr. festgehalten (BAG 23.5.2018 – 7 ABR 60/16, NZA 2018, 1562 Rn. 23ff.).

Das BAG begründet seine Auffassung maßgeblich mit der Erwägung, § 54 Abs. 1 **34b** S. 1 knüpfe an den Konzerntatbestand des § 18 Abs. 1 AktG an; das **AktG** erstrecke sich nicht auf Konzerne, deren Obergesellschaft ihren Sitz im Ausland habe; damit komme die Errichtung eines KBR nur in Betracht, wenn nicht nur die unter einer einheitlichen Leitung zusammengefassten Unternehmen, sondern auch eine Konzernobergesellschaft ihren Sitz im Inland habe (BAG 23.5.2018 – 7 ABR 60/16, NZA 2018, 1562 Rn. 24). Eine „Durchbrechung des Territorialitätsprinzips in der Betriebsverfassung", das in § 54 Abs. 1 S. 1 für die Bildung eines KBR durch die Bezugnahme auf § 18 Abs. 1 S. 1 AktG ausdrücklich angeordnet werde, sei auch nicht durch eine am **Sinn und Zweck der betriebsverfassungsrechtlichen Mitbestimmung** im Konzern ausgerichteten Auslegung geboten (BAG 23.5.2018 – 7 ABR 60/16, NZA 2018, 1562 Rn. 25). Zwar seien die originären Zuständigkeiten der betriebsverfassungsrechtlichen Organe durch das zwingende Prinzip der Zuständigkeitstrennung von KBR, GesBR und BR bestimmt. Die gesetzlich zwingende und unabdingbare Zuständigkeitsverteilung setze aber voraus, dass die Errichtung eines KBR überhaupt rechtlich möglich sei; könne ein KBR nicht errichtet werden, weil die Konzerngesellschaft ihren Sitz im Ausland habe, gingen die an sich dem KBR zustehenden Beteiligungsrechte nicht ersatzlos unter, sondern würden von den GesBR und BR der konzernangehörigen Unternehmen wahrgenommen (BAG 23.5.2018 – 7 ABR 60/16, NZA 2018, 1562 Rn. 26). Betriebsverfassungsrechtliche Beteiligungsrechte ergäben zudem nur dort einen Sinn, wo wesentliche Entscheidungen in sozialen, personellen und wirtschaftlichen Angelegenheiten getroffen werden und wo die gesetzlichen Mitbestimmungsrechte ggf. auch vollstreckt werden können. Daran fehle es bei einem Konzern mit einer im Ausland ansässigen Obergesellschaft. Ein im Inland gebildeter KBR hätte keinen „Gegenspieler", gegen den Rechte der gesetzlichen Mitbestimmung durchgesetzt und ggf. vollstreckt werden könnten (BAG 23.5.2018 – 7 ABR 60/16, NZA 2018, 1562 Rn. 27). Schließl. könne die Errichtung eines KBR für die inländischen Tochtergesellschaften einer im Ausland ansässigen Konzernobergesellschaft auch nicht mit einer analogen Anwendung des § 5 Abs. 3 MitbestG begründet werden (BAG 23.5.2018 – 7 ABR 60/16, NZA 2018, 1562 Rn. 29).

34c Diese **Rspr.** des BAG **überzeugt nicht.** § 54 Abs. 1 S. 1 lässt durchaus auch eine andere Auslegung zu. Bereits die Prämisse, wonach die Errichtung eines KBR bei Fehlen einer inländischen (Teil-)Konzernspitze eine Durchbrechung des in § 54 Abs. 1 S. 1 durch die Bezugnahme auf § 18 Abs. 1 AktG ausdrücklich angeordneten **Territorialitätsprinzips** darstellen würde (BAG 23.5.2018 – 7 ABR 60/16, NZA 2018, 1562 Rn. 24, 25), trifft nicht zu. Zwar erstreckt sich das AktG nicht auf Konzerne, deren Obergesellschaft ihren Sitz im Ausland hat. Die Anwendung des § 54 auf die inländischen Betriebe ausländischer Muttergesellschaften verstößt aber nicht gegen das betriebsverfassungsrechtliche Territorialitätsprinzip. Nach diesem kommt das deutsche BetrVG unabhängig von der Staatsangehörigkeit des ArbGeb. auf sämtliche inländische Betriebe zur Anwendung (BAG 22.3.2000 – 7 ABR 34/98, NZA 2000, 1119 zu II. 2. a) ee); 24.5.2018 – 2 AZR 54/18, NZA 2018, 1396 Rn. 13; GK-BetrVG/*Franzen* § 1 Rn. 4, 5; → § 1 Rn. 12). Es steht daher der Errichtung eines KBR nicht entgegen. Die Auslegung des Abs. 1 S. 1 muss sich vielmehr - ebenso wie bei der Rspr. des BAG zum „Konzern im Konzern" geschehen (vgl. BAG 21.10.1980 – 6 ABR 41/78, AP BetrVG 1972 § 54 Nr. 1, 14.2.2007 – 7 ABR 26/06, NZA 2007, 999; 16.5.2007 – 7 ABR 63/06, NJOZ 2008, 726) – entscheidend an dem **mit der Errichtung eines KBR verfolgten gesetzgeberischen Zweck** orientieren. Dieser besteht, wie sich bereits aus § 58 Abs. 1 S. 1 BetrVG ergibt, darin, eine effektive Mitbestimmung in Angelegenheiten zu ermöglichen, die den Konzern oder mehrere Konzernunternehmen betreffen und nicht durch die einzelnen GesBR innerhalb ihrer Unternehmen geregelt werden können. Hiervon geht auch das BAG im Beschluss vom 23.5.2018 aus (vgl. BAG 23.5.2018 – 7 ABR 60/16, NZA 2018, 1562 Rn. 26). Dieser Zweck entfällt nicht etwa deshalb, weil sich die Konzernspitze im Ausland befindet.

34d Das Argument, bei fehlender inländischer Leitungsmacht habe der KBR keinen **Ansprechpartner auf ArbGebSeite** und sei daher funktionslos (so BAG 14.2.2007 – 7 ABR 26/06, NZA 2007, 999, Rn. 63; ebenso *Dzida/Hohenstatt* NZA 2007, 945 (947); *Junker* SAE 2008, 41 (42); **aA** GK-BetrVG/Franzen Rn. 45; *Buchner* FS Birk, 2008, 11 (20); *Trittin/Gilles* ArbuR 2008, 136 (140); *Bachmann* RdA 2008, 108 (110)), ist nicht zwingend. Es wurde vom BAG im Beschl. v. 23.5.2018 (7 ABR 60/16, NZA 2018, 1562) auch nicht mehr angeführt. Ein ArbGeb. kann hinsichtlich seiner im Geltungsbereich des BetrVG liegenden Betriebe der betriebsverfassungsrechtlichen Mitbestimmung nicht dadurch entziehen, dass er seinen Sitz ins Ausland verlegt (vgl. dazu auch unter unionsrechtlichen Aspekten → § 1 Rn. 13). Er muss vielmehr nicht zuletzt im eigenen Interesse die Kommunikation mit einem ordnungsgemäß errichteten betriebsverfassungsrechtlichen Organ ermöglichen. Wie er dies bewerkstelligt, obliegt seiner Entscheidung (*Buchner* FS Birk, 2008, 11 (21)). Auch das vom BAG im Beschluss vom 23.5.2018 in den Mittelpunkt gestellte Argument, ein KBR hätte keinen **„Gegenspieler"**, gegen den Rechte der gesetzlichen Mitbestimmung durchgesetzt und ggf. vollstreckt werden könnten (BAG 23.5.2018 – 7 ABR 60/16, NZA 2018, 1562 Rn. 27), überzeugt letztlich nicht. Zwar mögen betriebsverfassungsrechtliche Rechte gegenüber ausländischen Schuldnern schwieriger durchzusetzen sein (vgl. zur prozessualen Behandlung grenzüberschreitender betriebsverfassunsgrechtlicher Sachverhalte EuArbR/*Krebber* VO 1215/201/EU Art. 1 Rn. 6). Das entzieht dem Träger dieser Rechte aber nicht seine Existenzberechtigung. Prozessuale Durchsetzungsschwierigkeiten rechtfertigen keine Einschränkungen materiellrechtlicher Rechtspositionen (ähnlich GK-BetrVG/*Franzen* Rn. 45). Im Übrigen ist ein KBR ebenso wenig wie ein BR oder GesBR auch gegenüber einem im Ausland ansässigen Unternehmen nicht gehindert, zur Durchsetzung seiner Rechte deutsche ArbG anzurufen oder erforderlichenfalls nach § 76 Abs. 2 S. 2 u. 3 BetrVG eine E-Stelle errichten zu lassen, die bei Ausbleiben des ArbGeb. durch

Spruch entscheidet. Auch Bestimmungen wie § 113 Abs. 3 zeigen, dass sich ein ArbGeb. betrieblicher Mitbestimmung nicht sanktionslos entziehen kann. Dies gilt auch, wenn das herrschende Unternehmen eines Konzerns seinen Sitz nicht im Geltungsbereich des BetrVG hat. Der KBR wird nicht „für" dieses herrschende Unternehmen, sondern wegen der unternehmensübergreifenden Konzernstruktur errichtet. Auch bleiben Substrat betriebsverfassungsrechtlicher Mitbestimmung, auch wenn diese von GesBR oder KBR wahrgenommen wird, immer die Betriebe (*Buchner* FS Birk, 2008, 11 [19]). Liegen die Betriebe mehrerer abhängiger Unternehmen im Inland, so befinden sich jedenfalls ein Teil des Konzerns und die darin beschäftigten Belegschaften im Geltungsbereich des BetrVG. Dies rechtfertigt die Errichtung eines KBR für diesen Teil.

Im Übrigen könnte der Einwand, es fehle an einem Ansprechpartner oder Gegenspieler auch gegen die **Errichtung eines GesBR** oder gar eines BR erhoben werden, wenn der Arbeitgeber im Ausland ansässig ist und im Inland keine ausdifferenzierte Leitungsmacht vorhält. Dass in einem solchen Fall BR und GesBR errichtet werden können und müssen, entspricht aber zu Recht der (noch) ganz überwiegenden Auffassung (vgl. die Nachw. in → § 47 Rn. 23). Das BAG hat dies im Beschl. v. 23.5.2018 (7 ABR 60/16, NZA 2018, 1562 nicht in Zweifel gezogen, aber auch nicht etwa bestätigt. Allerdings mehren sich mittlerweile im Schrifttum die Stimmen, die auch die Möglichkeit der Errichtung eines GesBR verneinen, wenn es bei einem ausländischen Unternehmen an einer in Deutschland bestehenden überbetrieblichen Organisation fehlt (vgl. etwa WHSS-Umstrukturierung/*Hohenstatt* D Rn. 148; *Mückl* EWiR 2018, 729; Richardi BetrVG/*Annuß* § 47 Rn. 21; *Salamon* NZA 2019, 283 [286]). Damit würde allerdings die Axt an die Wurzel einer wirksamen betriebsverfassungsrechtlichen Mitbestimmung gelegt. **34e**

Die fehlende Möglichkeit der Errichtung eines KBR **führt** nach Auffassung des BAG **nicht zum Wegfall der Beteiligungsrechte** der ArbN, sondern nur zu ihrer Verlagerung auf eine andere Ebene in den verbundenen Unternehmen. Die Beteiligungsrechte sollen in diesem Fall von den GesBR und BR der konzernangehörigen Unternehmen wahrgenommen werden können (BAG 14.2.2007 – 7 ABR 26/06, NZA 2007, 999 Rn. 62; 23.5.2018 – 7 ABR 60/16, NZA 2018, 1562 Rn. 26; ebenso ErfK/*Koch* Rn. 7; *Seitz* FS Moll 2019, 615 [629]; **aA** *Kort* NZA 2009, 464 [(465]; *Mückl* EWiR 2018, 729; *Dzida* NZA 2008, 1265, 1267; *Salamon* NZA 2019, 283 [286]). Dies divergiert nicht zwingend zur Entscheidung des Dritten Senats des BAG v. 14.12.1993 (3 AZR 618/93, NZA 1994, 554). Nach dieser entfällt allerdings ein dem KBR zustehendes MBR, wenn ein solcher nicht errichtet ist. Die Entscheidung betraf aber einen Fall, in dem die Errichtung eines KBR rechtlich möglich war. Das Fehlen eines MBR beruhte daher auf der Entscheidung der GesBR, von der Möglichkeit der Errichtung eines KBR abzusehen. Darin liegt ein wesentlicher Unterschied zu einer Situation, in der nach der Rspr. des Siebten Senats die Errichtung eines KBR wegen Fehlens einer inländischen Konzernspitze gar nicht möglich sein soll. **34f**

Gleichwohl vermag die Erwägung, die MBR würden, wenn ein KBR nicht errichtet werden könne, eben von den GesBR und BR der konzernangehörigen Unternehmen wahrgenommen (BAG 14.2.2007 – 7 ABR 26/06, NZA 2007, 999 Rn. 62; 23.5.2018 – 7 ABR 60/16, NZA 2018, 1562 Rn. 26; ErfK/*Koch* Rn. 7), nicht zu überzeugen (vgl. *Salamon* NZA 2019, 283 [286]; *Linsenmaier* FS 100 Jahre BetrVR 2020, 409 [420ff.]; abl. auch – allerdings mit der Schlussfolgerung der Mitbestimmungsfreiheit - *Rieble* in Giesen/Junker/Rieble (Hrsg.) ZAAR Schriftenreihe Bd. 44, 2018, S. 97 [102]). Nach der stRspr des Ersten Senats des BAG gilt im Bereich der zwingenden Mitbestimmung für das Verhältnis der betriebsverfassungsrechtlichen Organe der Grundsatz der **Zuständigkeitstrennung** (BAG 14.11.2006 – 1 ABR 4/06, NZA 2007, 399 Rn. 34 mwN; auch → § 50 Rn. 9 ff.; → § 58 Rn. 8). Die originären Zuständigkeiten der betriebsverfassungsrechtlichen Organe schließen sich wechselseitig aus (vgl. schon BAG 6.4.1976 – 1 ABR 27/74, AP BetrVG 1972 § 50 Nr. 2; ErfK/*Koch* § 50 Rn. 2). Die **gesetzliche Zuständigkeitsverteilung** ist **34g**

zwingend und **unabdingbar** (BAG 14.11.2006 – 1 ABR 4/06, NZA 2007, 399 Rn. 34 mwN).

34h Auch der Siebte Senat geht von diesen Grundsätzen aus (BAG 23.5.2018 – 7 ABR 60/16, NZA 2018, 1562 Rn. 26), meint aber, diese seien nicht anwendbar, wenn die Errichtung eines KBR rechtlich nicht möglich sei (vgl. BAG 23.5.2018 – 7 ABR 60/16, NZA 2018, 1562 Rn. 26). Hieraus schließt er, dass die „an sich dem KBR zustehenden Beteiligungsrechte" von den GesBR und BR wahrgenommen werden (BAG 23.5.2018 – 7 ABR 60/16, NZA 2018, 1562 Rn. 26). Dies überzeugt nicht. Die durch § 58 Abs. 1 S. 1 **ausschließlich dem KBR zugewiesene Zuständigkeit** kann schon deshalb nicht im Wege einer Auffangzuständigkeit von den GesBR oder BR wahrgenommen werden, weil sie **Ausdruck einer sachlogischen Notwendigkeit** ist. § 58 Abs. 1 S. 1 setzt gerade voraus, dass eine Regelung durch die einzelnen GesBR nicht möglich ist. Daher ist es perplex, wenn die GesBR bei Fehlen eines KBR MBR wahrnehmen sollen, die sie nicht wahrnehmen können. Unternehmensübergreifende einheitliche Regelungen unter Beteiligung der ArbN lassen sich ohne ein einheitliches Vertretungsorgan für die Belegschaften der mehreren Konzernunternehmen nicht sinnvoll verwirklichen (so auch BAG 27.10.2010 – 7 ABR 85/09, NZA 2011, 524 Rn. 36). Auch zeigen weder der Siebte Senat noch das ihn unterstützende Schrifttum nur ansatzweise auf, wie in den konzerndimensionalen Angelegenheiten die MBR durch GesBR oder BR wahrgenommen werden sollen. Es bleibt völlig unklar, ob die GesBR oder BR einzeln oder nur gemeinsam auftreten, ob und auf welche Weise sie sich abstimmen, welche Kollisionsregeln greifen, wenn sie sich nicht einig sind, wer ggf. BV abschließt (Rechtsquellenklarheit!), wie eine etwa erforderliche E- Stelle gebildet wird, usw.. So hat denn auch der Erste Senat des BAG ein MBR des BR eines konzernangehörigen ArbGeb bei der **Zuteilung von Aktienoptionen durch eine amerikanische Muttergesellschaft** zutreffend mit der Begründung verneint, es gebe keine Handlung des ArbGeb., an die das MBR des BR anknüpfen könnte (BAG 12.6.2019 – 1 ABR 57/17, BeckRS 2019, 18930 Rn. 20 unter Verweis auf BAG 21.11.2017 – 1 ABR 47/16, NZA 2018, 380 Rn. 24; vgl. dazu *Zaumseil* NZA 2019, 1331). Er hat, obwohl dies nahegelegen hätte, die Rspr. des Siebten Senats, wonach im Falle der Unmöglichkeit der Errichtung eines KBR, dessen MBR von den GesBR und BR wahrgenommen würden, nicht erwähnt und sich demzufolge auch nicht dazu verhalten.

34i Wenn sich daher, wofür viel spricht, die These des Siebten Senats des BAG, bei Fehlen eines KBR würden die GesBR und BR die MBR wahrnehmen, nicht umsetzen lassen sollte, ist in Konzernen mit ausländischer Konzernspitze die **Verwirklichung einer effektiven Mitbestimmung gefährdet.** Es wird den herrschenden Unternehmen die Möglichkeit eröffnet durch organisatorische Maßnahmen die Mitbestimmung der ArbNVertr. zu vermeiden. So wird denn auch im Schrifttum unter dem Motto „Chancen für ausländische ArbGeb." unverhohlen damit geworben, in einem internationalen Konzern könne „die Bildung eines KBR verhindert oder diesem nachträglich die Legitimationsgrundlage entzogen werden, wenn durch Umstrukturierung die Errichtungsvoraussetzungen für einen solchen beseitigt werden"; auf diese Weise könne der Arbeitgeber „eine Mitbestimmung auf Konzernebene ausschließen" (*Schmid/Martin* AuA 2016, 599 [602]; vgl. auch *Zaumseil* NZA 2019, 1331).

34j Die Auslegung des Abs. 1 S. 1 sollte sich daher an den Bedürfnissen der materiellen Betriebsverfassung orientieren und dahingehend erfolgen dass auch bei Fehlen einer inländischen (Teil-)Konzernspitze ein KBR für die Betriebe der im Inland gelegenen Unternehmen, die das Substrat der Mitbestimmung bilden, errichtet werden kann. Hierfür spricht auch das Gebot einer möglichst **richtlinienkonformen Auslegung,** wird doch dadurch bei konzerndimensionalen Sachverhalten der nationalen Verpflichtung, für eine Unterrichtung und Anhörung der Arbeitnehmer „auf der geeigneten Ebene" (Art. 4 Abs. 1 RL 2002/14/EG; Art. 27 GRC) in effektiver Weise (vgl. Art. 8 Abs. 1 und 2 RL 2002/14/EG; Art 6 RL 98/59/EG) zu sorgen, hinreichend Rechnung getragen.

Vgl. zur Frage des Fortbestandes eines KBR im Falle einer **grenzüberschreitenden Verschmelzung** auch § 29 MgVG (→ § 1 Rn. 276). 34k

Wäre entgegen der Rspr. des BAG in einem Konzern mit Konzernspitze im Ausland trotz fehlender Teilkonzernspitze im Inland ein KBR zu errichten, so wäre er in entspr. Anwendung des § 59 Abs. 2 beim größten inländischen Unternehmen **anzusiedeln** (DKKW/*Trittin* Rn. 100). 35

Weitgehende Einigkeit besteht, dass jedenfalls dann ein inländischer KBR errichtet werden kann, wenn ein ausländisches Unternehmen im Wege eines **grenzüberschreitenden Konzerns im Konzern** einen Überordnungskonzern im Inland beherrscht. In diesem Fall kann bei der inländischen Tochter ein KBR für diese und für die Enkel errichtet werden, wenn die Tochter in einem wesentlichen Bereich über eine eigene originäre Leitungsmacht verfügt (BAG 14.2.2007 – 7 ABR 26/06, NZA 2007, 999; 16.5.2007 – 7 ABR 63/06, AP ArbGG 1979 § 96a Nr. 3; GK-BetrVG/*Franzen* Rn. 46; Richardi BetrVG/*Annuß* Rn. 35; ErfK/*Koch* Rn. 7; HWGNRH/*Glock* Rn. 21; *Röder/Powietzka* DB 2004, 542 (545f.)). 36

Liegen **abhängige Unternehmen im Ausland,** so nehmen die ArbNVertr. dieser Unternehmen nicht an der Bildung des KBR für das innerhalb der Bundesrepublik liegende herrschende Unternehmen teil (Richardi BetrVG/*Annuß* Rn. 34; HWGNRH/*Glock* Rn. 22; GK-BetrVG/*Franzen* Rn. 42). 37

III. Errichtung des Konzernbetriebsrats

1. Allgemeines

Die **Errichtung** eines KBR ist **fakultativ.** Er kann nicht errichtet werden, wenn die Voraussetzungen nicht vorliegen. Ein dennoch errichtetes Gremium hat nicht die dem KBR gesetzlich zugewiesenen Rechte, Befugnisse und Zuständigkeiten (BAG 14.2.2007 – 7 ABR 26/06, NZA 2007, 999; 16.5.2007 – 7 ABR 63/06, NJOZ 2008, 726). Wird ein KBR nicht errichtet, obwohl die gesetzlichen Voraussetzungen für seine Errichtung erfüllt sind, können die auf der Konzernebene bestehenden MBR nicht ausgeübt werden; sie wachsen nicht etwa den GesBR zu (BAG 14.12.1993 – 3 AZR 618/93, NZA 1994, 554; MHdB ArbR/*Nebendahl* § 302 Rn. 35; vgl. aber zum Konzern mit ausländischer Konzernspitze → Rn. 34f bis 34j). 38

Die Errichtung des KBR setzt **nicht notwendig** das Bestehen von mindestens **zwei GesBR** in den Konzernunternehmen voraus; vielmehr genügt der Beschluss eines GesBR – oder BR iSv Abs. 2 –, wenn dieser gem. Abs. 1 S. 2 mehr als 50% der ArbN der Konzernunternehmen repräsentiert (so mit eingehender Begründung *Kreutz* NZA 2008, 259; GK-BetrVG/*Franzen* Rn. 50; ErfK/*Koch* Rn. 6; DKKW/*Trittin* Rn. 112; *Däubler* FS Kreutz, 2010, 69 [80]; **aA** wenngleich wohl nicht tragend BAG 13.10.2004 – 7 ABR 56/03, NZA 2005, 647; Richardi BetrVG/*Annuß* Rn. 32, 41; WPK/*Roloff* Rn. 12; *Wollwert* NZA 2011, 437). Zwar spricht der Wortlaut von Abs. 1 S. 1 u. 2 eher für das Erfordernis von mindestens zwei ArbNVertr. im Konzern. Zwingend ist dies aber nicht (*Kreutz* NZA 2008, 259 [261]). Dafür, dass bereits eine ArbNVertr. mit der nach Abs. 1 S. 2 erforderlichen Repräsentanz ausreicht, spricht insbes. die durch das BetrVerf-ReformG eingefügte, klarstellende Regelung des § 58 Abs. 1 S. 1 Hs. 2, wonach sich die – originäre – Zuständigkeit des KBR auch auf die Betriebe der Konzernunternehmen ohne BR erstreckt (→ § 58 Rn. 28ff.). Für dieses Verständnis spricht auch, dass andernfalls eine Mitbestimmung bei unternehmensüberschreitenden Angelegenheiten wohl nicht möglich wäre (vgl. zu der Problematik unter „anderen Vorzeichen" auch → Rn. 34). Das Problem des „Legitimationsdefizits" stellt sich nicht anders dar als in den sonstigen Fällen des § 58 Abs. 1 S. 1 Hs. 2 (*Kreutz* NZA 2008, 259 [263]). Immerhin ist durch Abs. 1 S. 2 eine erhebliche Repräsentativität gewährleistet. Hat ein Konzernunternehmen nur einen betriebsratsfähigen Betrieb, so tritt nach Abs. 2 an die Stelle des GesBR der BR dieses Unternehmens. Es können also 39 dann auch zwei BR die Bildung eines KBR beschließen, wenn zwei Konzernunternehmen jeweils nur einen Betrieb haben und in ihnen mehr als 50 vH der ArbN des Konzerns beschäftigt sind (DKKW/*Trittin* Rn. 112; GK-BetrVG/*Franzen* Rn. 50).

40 Die **Initiative** zur Errichtung eines KBR kann jeder GesBR eines der zum Konzern gehörenden Unternehmen ergreifen, dh sowohl der GesBR des herrschenden, als auch der eines jeden abhängigen Unternehmens (GK-BetrVG/*Franzen* Rn. 51; DKKW/*Trittin* Rn. 114; HWGNRH/*Glock* Rn. 27; ErfK/*Koch* Rn. 6). Der GesBR, der die Errichtung anstrebt, wird zweckmäßigerweise die übrigen GesBR auffordern, ebenfalls einen Beschluss über die Bildung des KBR herbeizuführen. Die Initiative ist jederzeit möglich (DKKW/*Trittin* Rn. 117).

2. Beschlüsse der Gesamtbetriebsräte

41 Die Errichtung des KBR erfolgt durch selbständige **Beschlüsse der einzelnen GesBR** der Konzernunternehmen (→ § 51 Rn. 49 ff.). Nicht erforderlich ist, dass die GesBR aller Konzernunternehmen zustimmen. Ausreichend aber auch notwendig ist vielmehr nach Abs. 1 S. 2 die Zustimmung von GesBR, die mehr als 50% der ArbN des Konzerns repräsentieren. Im BeschlussVerf. muss das ArbG das Vorliegen der Voraussetzungen des Abs. 1 S. 2 erforderlichenfalls von Amts wegen aufklären (BAG 16.5.2007 – 7 ABR 63/06, NJOZ 2008, 726).

42 Wird in einem **mehrstufigen Konzern** auch für eine Tochter ein KBR gebildet (→ Rn. 30), so sind für die Errichtung des KBR bei der Mutter dennoch die GesBR der einzelnen Konzernunternehmen (Mutter, Tochter und Enkel) und nicht etwa der KBR bei der Tochter zuständig.

43 Entgegen dem Wortlaut des Abs. 1 S. 2 („Gesamtbetriebsräte") reicht für die Bildung eines KBR auch der **Beschluss des GesBR eines der Konzernunternehmen** aus, wenn dieser mehr als 50 vH der ArbN der Konzernunternehmen vertritt (DKKW/*Trittin* Rn. 112; GK-BetrVG/*Franzen* Rn. 54; HWGNRH/*Glock* Rn. 28; ErfK/*Koch* Rn. 8).

44 **Spricht sich ein GesBR** (oder im Falle des Abs. 2 ein BR) **gegen** die **Errichtung** eines KBR **aus,** so handelt er nicht pflichtwidrig (Richardi BetrVG/*Annuß* Rn. 42). Der Vors. eines GesBR verstößt aber gegen seine Pflichten, wenn er eine Aufforderung, die Errichtung eines KBR zu beschließen, dem GesBR nicht zur Beschlussfassung vorlegt (Richardi BetrVG/*Annuß* Rn. 42).

45 Der KBR ist errichtet, sobald die GesBR, bzw. BR der Konzernunternehmen, die zusammen mehr als 50 vH der ArbN des Konzerns beschäftigen, entspr. **übereinstimmende Beschlüsse** gefasst haben (Richardi BetrVG/*Annuß* Rn. 43; HWGNRH/*Glock* Rn. 29; DKKW/*Trittin* Rn. 121; GK-BetrVG/*Franzen* Rn. 57). Damit steht aber nur die Bildung des KBR und nicht dessen Zusammensetzung fest.

46 Bei der Ermittlung der **maßgebenden Beschäftigtenzahl** zählen alle ArbN (→ § 5 Rn. 15 ff.) der im Inland gelegenen Betriebe (vgl. MHdB ArbR/*Nebendahl* § 302 Rn. 42; GK-BetrVG/*Franzen* Rn. 56) des Konzernunternehmens mit. Auf die Wahlberechtigung kommt es nicht an. Leitende Ang. nach § 5 Abs. 3 zählen nicht mit (MHdB ArbR/*Nebendahl* § 302 Rn. 42). Maßgebend ist die Zahl der zzt. der Beschlussfassung beschäftigten ArbN, nicht etwa – wie nach § 9 Abs. 1 – die Zahl der im Betrieb regelmäßig tätigen ArbN (Richardi BetrVG/*Annuß* Rn. 39; GK-BetrVG/*Franzen* Rn. 55; HWGNRH/*Glock* Rn. 26).

47 Bei der **Ermittlung des Quorums** kommt es nicht darauf an, ob in den Konzernunternehmen GesBR bzw. BR bestehen. Daher zählen auch die ArbN in BRlosen Betrieben mit (BAG 11.8.1993 – 7 ABR 34/92, NZA 1994, 326; Richardi BetrVG/*Annuß* Rn. 40; DKKW/*Trittin* Rn. 108; HWGNRH/*Glock* Rn. 26; GK-BetrVG/*Franzen* Rn. 56; MHdB ArbR/*Nebendahl* § 302 Rn. 42).

48 Ist der KBR durch entspr. Beschlüsse der GesBR errichtet, so sind nach § 55 Abs. 1 S. 1 die **GesBR** aller Konzernunternehmen **verpflichtet, Mitgl. in den KBR zu entsenden.** Die Pflicht trifft auch die GesBR oder BR, die keinen Beschluss über die Bildung des KBR gefasst oder sich gegen seine Errichtung ausgesprochen haben (HWGNRH/*Glock* Rn. 30; GK-BetrVG/*Franzen* Rn. 58). Zur Einberufung des KBR zur konstituierenden Sitzung → § 59 Rn. 14ff.

Die **Zuständigkeit des KBR** erstreckt sich auf alle Konzernunternehmen, also auch auf solche, deren GesBR sich gegen die Errichtung eines KBR ausgesprochen, die Beschlussfassung unterlassen oder keine Mitgl. in den KBR entsandt haben. Sie erstreckt sich nach § 58 Abs. 1 S. 1 Hs. 2 auch auf Konzernunternehmen ohne GesBR und auf Betriebe ohne BR (→ § 58 Rn. 28ff.). 49

3. Bestand und Beendigung des Konzernbetriebsrats

Der ordnungsgemäß gebildete KBR ist – ebenso wie der GesBR – eine **Dauereinrichtung** (BAG 23.8.2006 – 7 ABR 51/05, NJOZ 2007, 2862; Richardi BetrVG/*Annuß* Rn. 45; DKKW/*Trittin* Rn. 124; HWGNRH/*Glock* Rn. 33; GK-BetrVG/*Franzen* Rn. 60; *Thüsing* FA 2012, 322). Er hat **keine feste Amtszeit.** 50

Das **Amt** des **KBR endet, wenn** die **Voraussetzungen** für seine Errichtung **dauerhaft entfallen** (BAG 23.8.2006 – 7 ABR 51/05, NJOZ 2007, 2862; Richardi BetrVG/*Annuß* Rn. 49; HWGNRH/*Glock* Rn. 36; *Thüsing* FA 2012, 322). Dies ist insbes. der Fall, wenn das Konzernverhältnis endet (BAG 23.8.2006 – 7 ABR 51/05, NJOZ 2007, 2862; GK-BetrVG/*Franzen* Rn. 64; *Thüsing* FA 2012, 322). Das kann der Fall sein, wenn eine Mehrheitsbeteiligung zu einer Minderheitsbeteiligung wird; dann greift die Vermutung des § 17 Abs. 2 AktG nicht mehr (BAG 23.8.2006 – 7 ABR 51/05, NJOZ 2007, 2862). Nach der Rspr. des BAG kann ein KBR nur gebildet werden, wenn das herrschende Unternehmen seinen Sitz im Inland hat oder eine Teilkonzernspitze im Inland besteht (vgl. BAG 23.5.2018 – 7 ABR 6/16, NZA 2018, 1562; vgl. dazu aber → Rn. 34a bis j). Hiernach hätte es das herrschende Unternehmen in der Hand, die Fortexistenz eines KBR zu beenden, indem es seinen Sitz ins Ausland verlegt oder die Teilkonzernspitze im Inland abschafft. Nach bislang hM führt die **Insolvenz des herrschenden Unternehmens** - auch wenn sie in Eigenverwaltung nach §§ 270ff. InsO erfolgt - stets zur „Entkonzernierung" und beendet damit die Existenz eines KBR (vgl. LAG Baden-Württemberg 23.6.2015 – 10 Sa 59/14, BeckRS 2016, 69656 Rn. 85ff.; WHSS Umstrukturieruung/*Seibt* F Rn. 143f. mwN; ausdrücklich offen gelassen aber von BAG 18.7.2017 – 1 AZR 546/15, NZA 2017, 1618 Rn. 36). Dies erscheint aber nicht zwingend. Zumindest in Fällen, in denen ein Verfahrenskoordinator nach §§ 269d, 269e InsO bestellt ist, dürfte die für einen Konzern erforderl. Leitungsmacht gegeben und die Fortexistenz des KBR auch sinnvoll sein (vgl. *Wernicke/Schneider* BB 2018, 948 [952]; *Zwanziger* Einführung Rn. 144a). **Änderungen in der Zusammensetzung des Konzerns** lassen den Bestand des KBR grds. unberührt (BAG 23.8.2006 – 7 ABR 51/05, NJOZ 2007, 2862; Richardi BetrVG/*Annuß* Rn. 51). Der KBR endet daher grds. nicht deshalb, weil ein Unternehmen in den Konzern eintritt oder diesen verlässt (BAG 23.8.2006 – 7 ABR 51/05, NJOZ 2007, 2862). Die **Insolvenz eines beherrschten Unternehmens** führt zu dessen Ausscheiden aus dem Konzernverbund (WHSS Umstrukturierung/*Seibt* F Rn. 143). Das Ausscheiden eines Unternehmens führt nur dann zum Ende des KBR, wenn nach dem Ausscheiden kein Konzern mehr besteht (Richardi BetrVG/*Annuß* Rn. 51). Das Ausscheiden aus einem Konzern beendet aber das Entsenderecht des GesBR des ausscheidenden Unternehmens (BAG 14.2.2007 – 7 ABR 26/06, NZA 2007, 999). 51

Ferner kann der KBR jederzeit **durch** entspr. übereinstimmende **Beschlüsse der GesBR** der Konzernunternehmen wieder **aufgelöst** werden (Richardi BetrVG/*Annuß* Rn. 47; HWGNRH/*Glock* Rn. 39; GK-BetrVG/*Franzen* Rn. 63; ErfK/*Koch* Rn. 9). Es reicht aus, wenn die GesBR der Konzernunternehmen, in denen mehr als die Hälfte der ArbN des Konzerns beschäftigt sind, für die Auflösung des KBR stimmen (Richardi BetrVG/*Annuß* Rn. 48; GK-BetrVG/*Franzen* Rn. 63; HWGNRH/*Glock* Rn. 39; ErfK/*Koch* Rn. 9). 52

53 Der KBR kann sich **nicht selbst durch Beschluss auflösen.** Er kann **nicht** seinen **kollektiven Rücktritt** erklären (Richardi BetrVG/*Annuß* Rn. 46; HWGNRH/*Glock* Rn. 34; GK-BetrVG/*Franzen* Rn. 62). Die einzelnen Mitgl. des KBR können allerdings ihr Amt niederlegen (vgl. § 57). In diesem Fall rücken aber die bestellten ErsMitgl. nach (ErfK/*Koch* Rn. 9). Der KBR kann auch **nicht durch Beschluss** des **ArbG** aufgelöst werden (DKKW/*Trittin* Rn. 128). Lediglich einzelne Mitgl. des KBR können aus ihm durch Beschluss des ArbG ausgeschlossen werden (vgl. § 57).

54 Wird ein KBR zu Unrecht und unter **Verkennung der Voraussetzungen des § 54** errichtet, so stehen diesem Gremium von vorneherein keine betriebsverfassungsrechtlichen Befugnisse zu (BAG 23.8.2006 – 7 ABR 51/05, NJOZ 2007, 2862). Hierauf kann sich grds. jedermann und jederzeit berufen, der hieran ein rechtliches Interesse hat. § 19 ist auf die Errichtung des KBR ebenso wenig anwendbar wie auf die Errichtung des GesBR (BAG 23.8.2006 – 7 ABR 51/05, NJOZ 2007, 2862; differenzierend je nach dem Maß der Verkennung des Vorliegens einer inländischen Konzernspitze *Dzida/Hohenstatt* NZA 2007, 945 (948)). Ein unter Verkennung des Konzernbegriffs errichteter KBR kann aber gleichwohl von dem herrschenden Unternehmen nach §§ 59 Abs. 1, 40 Abs. 1 Erstattung der oder Freistellung von den **Kosten** verlangen, die er zur Wahrnehmung betriebsverfassungsrechtlicher Aufgaben für erforderlich halten durfte. Etwas Anderes gilt nur, wenn der KBR unter offensichtlicher Verkennung des Konzernbegriffs oder unter Missachtung der sonstigen für die Errichtung eines KBR bestehenden gesetzlichen Voraussetzungen errichtet wurde (BAG 23.8.2006 – 7 ABR 51/05, NJOZ 2007, 2862).

IV. Konzernunternehmen mit nur einem Betriebsrat (Abs. 2)

55 Die §§ 54, 55, 57, 58 u. 59 berücksichtigen in ihrem Wortlaut nur den **Regelfall,** dass der KBR durch die GesBR von Konzernunternehmen gebildet wird. Damit wird unterstellt, dass sämtliche Konzernunternehmen in der Regel aus mehreren Betrieben bestehen und einen GesBR haben.

56 Da dies nicht immer so ist, regelt **Abs. 2** den Fall, dass **in einem Konzernunternehmen kein GesBR, sondern nur ein BR** besteht. Er bestimmt, dass dann sämtliche Vorschriften über Rechte, Pflichten und Zuständigkeit der GesBR der Konzernunternehmen im Zusammenhang mit der Bildung und Zusammensetzung des KBR für diesen BR gelten. Die Regelung betrifft in erster Linie den Fall, dass das Konzernunternehmen nur aus einem BRfähigen Betrieb besteht (Richardi BetrVG/*Annuß* Rn. 55; HWGNRH/*Glock* Rn. 41; DKKW/*Trittin* Rn. 135; GK-BetrVG/*Franzen* Rn. 67; ErfK/*Koch* Rn. 10).

57 Umstritten ist, ob und in welcher Weise Abs. 2 anzuwenden ist, wenn ein Konzernunternehmen aus **mehreren BRfähigen Betrieben** besteht, jedoch **nur in einem** dieser Betriebe **ein BR gebildet** worden ist und deshalb die Errichtung eines GesBR nicht möglich ist. Zum Teil wird die Anwendung des Abs. 2 abgelehnt, weil dieser ein einheitlich-zentralistisch organisiertes Unternehmen voraussetze, dessen sämtliche ArbN durch den GesBR repräsentiert werden müssten (so Richardi BetrVG/*Annuß* Rn. 55; WPK/*Roloff* Rn. 13); zum Teil wird dem bestehenden BR im Zusammenhang mit der Bildung und Zusammensetzung des KBR in vollem Umfang die Funktion des GesBR zuerkannt, und zwar auch insoweit, als es auf die Zahl der in den einzelnen Betrieben des betr. Konzernunternehmens beschäftigten ArbN ankommt (so DKKW/*Trittin* Rn. 137 ff.).

58 Zutreffend dürfte sein, den in dem mehrbetrieblichen Konzernunternehmen bestehenden **einzigen BR** im Rahmen der Bildung und Zusammensetzung des KBR zu **beteiligen.** Dies entspricht dem Wortlaut sowie dem Sinn und Zweck des G (GK-BetrVG/*Franzen* Rn. 68; HWGNRH/*Glock* Rn. 41). Der BR ist **aber nur Repräsentant der in seinem Betrieb beschäftigten ArbN.** Für die ArbN der

anderen Betriebe des Unternehmens hat er keine Legitimation (GK-BetrVG/*Franzen* Rn. 68). Soweit es bei der Bildung des KBR auf das Stimmengewicht ankommt (wie insbes. für Abs. 1 S. 2), ist daher auf die Belegschaft in dem von dem BR repräsentierten Betrieb abzustellen (GK-BetrVG/*Franzen* Rn. 68; ErfK/*Koch* Rn. 10; HaKo-BetrVG/*Tautphäus* Rn. 28; *Däubler* FS Kreutz, 2010, 69 [79, 80]).

Bestehen in einem mehrbetrieblichen Konzernunternehmen **mehrere BR,** haben diese jedoch entgegen der gesetzlichen Regelung des § 47 **keinen GesBR gebildet,** findet **Abs. 2 keine Anwendung** (GK-BetrVG/*Franzen* Rn. 69; HWGNRH/*Glock* Rn. 42; DKKW/*Trittin* Rn. 142; Richardi BetrVG/*Annuß* Rn. 55; ErfK/*Koch* Rn. 10; *Däubler* FS Kreutz, 2010, 69 [79]). Diese BR sind an der Bildung des KBR nicht beteiligt. Sie müssen zunächst einen GesBR bilden. Anders als in den Fällen der → Rn. 58 haben die BR dies in der Hand. 59

Aufgrund der Regelung des Abs. 2 nimmt der einzige BR eines Konzernunternehmens in gleicher Weise wie der GesBR an der **Beschlussfassung über die Bildung eines KBR** (§ 54) und an der **Entsendung und Abberufung** von Mitgl. in den KBR (§§ 55, 57) teil. Dieser BR hat ferner, falls auf ihn die Voraussetzung des § 59 Abs. 2 zutrifft, zur konstituierenden Sitzung des KBR einzuladen. Auch kann er mit der absoluten Mehrheit der Stimmen seiner Mitgl. den KBR mit der Behandlung einer Angelegenheit beauftragen (§ 58 Abs. 2). 60

V. Streitigkeiten

Streitigkeiten über die Errichtung eines KBR sind von den **ArbG im BeschlVerf.** zu entscheiden (§§ 2a, 80ff. ArbGG). Zuständig ist das ArbG, in dessen Bezirk das herrschende Unternehmen seinen Sitz hat (§ 82 Abs. 1 S. 2 ArbGG). Zu Antragsbefugnis, Beteiligung, Feststellungsinteresse und Kosten bei einem Streit über die wirksame Errichtung eines KBR vgl. insbes. BAG 23.8.2006 – 7 ABR 51/05, NJOZ 2007, 2862 (vgl. auch BAG 16.5.2007 – 7 ABR 63/06, NJOZ 2008, 726; 11.2.2015 – 7 ABR 98/12, BeckRS 2015, 69307). Zu den Besonderheiten des BeschlVerf. vgl. **Anh. 3.** 61

§ 55 Zusammensetzung des Konzernbetriebsrats, Stimmengewicht

(1) [1]**In den Konzernbetriebsrat entsendet jeder Gesamtbetriebsrat zwei seiner Mitglieder.** [2]**Die Geschlechter sollen angemessen berücksichtigt werden.**

(2) **Der Gesamtbetriebsrat hat für jedes Mitglied des Konzernbetriebsrats mindestens ein Ersatzmitglied zu bestellen und die Reihenfolge des Nachrückens festzulegen.**

(3) **Jedem Mitglied des Konzernbetriebsrats stehen die Stimmen der Mitglieder des entsendenden Gesamtbetriebsrats je zur Hälfte zu.**

(4) [1]**Durch Tarifvertrag oder Betriebsvereinbarung kann die Mitgliederzahl des Konzernbetriebsrats abweichend von Absatz 1 Satz 1 geregelt werden.** [2]**§ 47 Abs. 5 bis 9 gilt entsprechend.**

Inhaltsübersicht

I. Vorbemerkung

1 Die Vorschrift regelt in Anlehnung an § 47 Abs. 2–9 die **MitglZahl und Zusammensetzung** des KBR, die Verpflichtung, **ErsatzMitgl.** zu bestellen und die Reihenfolge ihres Nachrückens festzulegen (Abs. 2), die **Stimmengewichtung** im KBR (Abs. 3 u. 4 iVm § 47 Abs. 7 u. 8) sowie die Möglichkeit der **abweichenden Festlegung der MitglZahl** des KBR durch TV oder BV (Abs. 4 iVm § 47 Abs. 5 u. 6).

2 Abgesehen von der Möglichkeit einer abweichenden Festlegung der MitglZahldes KBR durch TV oder BV ist die Vorschrift **zwingendes Recht** (GK-BetrVG/*Franzen* Rn. 3).

3 Entspr. Vorschrift des **BPersVG:** keine, des **SprAuG:** § 21 Abs. 2–4.

II. Regelmäßige Zusammensetzung

1. Entsendung

4 Die GesBR der Konzernunternehmen (dh des herrschenden Unternehmens und der abhängigen Unternehmen, → § 54 Rn. 8ff.) entsenden jeweils **zwei** ihrer **Mitgl.** in den KBR. Ist dieser wirksam errichtet, ist jeder GesBR, auch wenn er der Errichtung des KBR widersprochen hatte, **verpflichtet,** die auf ihn entfallenden Vertr. zu entsenden (Richardi BetrVG/*Annuß* Rn. 13; HWGNRH/*Glock* Rn. 2). Kommen in einem Konzern weitere Unternehmen mit GesBR dazu, so entsenden diese ebenfalls Mitglieder in den KBR; dieser vergrößert sich entsprechend (vgl. zum GesBR → § 47 Rn. 17; BAG 16.3.2005 – 7 ABR 37/04, NZA 2005, 1069).

5 Bei den **privatisierten Postunternehmen** muss nach **§ 33 PostPersRG** eines der beiden in den KBR der Aktiengesellschaft zu entsendenden GesBRMitgl. **ein Vertr. der Beamten** sein (→ § 1 Rn. 68). Welches Mitgl. entsandt wird, bestimmt der GesBR. Er ist grds. in der Entscheidung frei, kann allerdings den Vertr. der Beamten nicht gegen die Mehrheit der Vertr. der Beamten bestimmen. Zu den besonderen Rechten des BeamtenVertr. im KBR → § 58 Rn. 17.

6 Entsandt werden können **nur Mitgl. des GesBR** (bzw. im Falle des § 54 Abs. 2 des betreffenden BR). Da die Mitgliedschaft im GesBR von der Mitgliedschaft im BR abhängt (→ § 47 Rn. 30), endet sie spätestens mit Ablauf der Amtszeit des BR (GK-BetrVG/*Franzen* Rn. 13; DKKW/*Trittin* Rn. 4). Zur Möglichkeit vorzeitiger Abberufung → Rn. 10ff., zum Verlust der Mitgliedschaft aus sonstigen Gründen vgl. § 57.

7 Die Vorschrift des § 55 Abs. 1 S. 1 u. 2 über die Entsendung der Mitgl. des KBR stimmt mit § 47 Abs. 2 S. 1 Hs. 2 und S. 2 überein. Insoweit wird auf die sinngemäß geltenden → **Rn. 28ff. zu § 47 verwiesen.**

8 Besteht für ein Konzernunternehmen kein GesBR, sondern **nur ein BR,** so ist dieser nach § 54 Abs. 2 zur Entsendung verpflichtet (→ § 54 Rn. 55ff.). Besteht der BR nur aus einer Person, ist diese kraft Amtes Mitgl. des KBR (Richardi BetrVG/*Annuß* Rn. 4).

9 Grds. werden die von den GesBR (bzw. im Falle des § 54 Abs. 2 dem BR) zu entsendenden Mitgl. des KBR durch **Beschluss des GesBR** (bzw. des BR) bestimmt. Wegen der Beschlussfassung im GesBR → § 51 Rn. 49ff.; wegen der Beschlussfassung im BR → § 33 Rn. 26ff.

2. Abberufung

Die Mitgl. des KBR können jederzeit ohne besonderen Grund **abberufen** werden (GK-BetrVG/*Franzen* Rn. 14). § 55 Abs. 1 S. 4 (aF), der die Abberufung ausdrücklich vorsah, ist zwar durch das BetrVerf-ReformG aufgehoben worden. Die Möglichkeit der Abberufung folgt aber weiterhin aus § 57. 10

Die Abberufung erfolgt nach denselben Regeln wie die Entsendung. Erforderlich ist also ein Beschluss des entsendenden GesBR, bzw. BR (→ § 57 Rn. 12; → **§ 49 Rn. 16ff.**). Wegen sonstiger Gründe des **Erlöschens der Mitgliedschaft** im KBR vgl. § 57. 11

Für das abberufene Mitgl. **rückt** nach § 59 Abs. 1 iVm § 25 Abs. 1 das nach Abs. 2 bestellte **ErsMitgl. nach,** sofern der GesBR, bzw. BR nichts anderes beschließen (GK-BetrVG/*Franzen* Rn. 15). 12

3. Ersatzmitglieder

Nach Abs. 2 hat der GesBR für jedes Mitgl. mindestens ein ErsMitgl. zu bestellen, das für das ordentliche Mitgl. in den KBR eintritt, wenn dieses zeitweilig verhindert ist oder aus dem KBR ausscheidet. Dabei kann der GesBR die **ErsMitgl. nur aus seiner Mitte** bestimmen und nicht von vornherein auf ErsMitgl. nach § 47 Abs. 3 zurückgreifen (GK-BetrVG/*Franzen* Rn. 15). 13

Werden mehrere ErsMitgl. für ein entsandtes GesBRMitgl. bestellt, so hat der GesBR die **Reihenfolge des Nachrückens** festzulegen. 14

Diese Regeln gelten nach § 54 Abs. 2 entspr. für den **einzigen BR eines Konzernunternehmens.** Besteht der BR nur aus einer Person, so ist dieser die „Bestellung“ eines ErsMitgl. nicht möglich. Im Falle seiner endgültigen oder zeitweiligen Verhinderung rückt als ErsMitgl. der Kandidat nach, auf den bei der BRWahl die nächst höchste Stimmenzahl entfiel (MHdB ArbR/*Nebendahl* § 302 Rn. 49). 15

III. Stimmengewichtung

Im KBR findet – wie im GesBR – eine **Stimmengewichtung** statt. Nach Abs. 3 stehen jedem Mitgl. des KBR die Stimmen der Mitgl. des entsendenden GesBR je zur Hälfte zu. Im Falle des § 54 Abs. 2 haben die von dem einzigen BR des Konzernunternehmens in den KBR entsandten Mitgl. das sich aus der entspr. Anwendung des § 47 Abs. 7 ergebende Stimmengewicht (Richardi BetrVG/*Annuß* Rn. 23; GK-BetrVG/*Franzen* Rn. 22; HWGNRH/*Glock* Rn. 16). Fehlt von zwei entsandten Mitgl. eines unentschuldigt, steht dem anwesenden Mitgl. nur die Hälfte der Stimmen zu (→ § 47 Rn. 74). 16

Jedes Mitgl. des KBR kann seine **Stimme nur einheitlich abgeben;** eine Aufsplitterung der Stimmen ist nicht zulässig (Richardi BetrVG/*Annuß* Rn. 29; GK-BetrVG/*Franzen* Rn. 23; ErfK/*Koch* Rn. 1; DKKW/*Trittin* Rn. 15). 17

In ihrer Stimmabgabe sind die Mitgl. des KBR frei und an keine Aufträge oder Weisungen des entsendenden GesBR gebunden. Es besteht **kein imperatives Mandat** (Richardi BetrVG/*Annuß* Rn. 28; GK-BetrVG/*Franzen* Rn. 23; DKKW/*Trittin* Rn. 16; ErfK/*Koch* Rn. 1). Eine tatsächliche Bindung entsteht aber dadurch, dass der entsendende GesBR oder BR das KBRMitgl. jederzeit ohne besondere Gründe abberufen kann. 18

IV. Abweichende Regelungen durch Tarifvertrag oder Betriebsvereinbarung

Da sich einerseits bei einer Vielzahl von Konzernunternehmen mit jeweils wenigen Beschäftigten ein unverhältnismäßig großer KBR, anderseits bei wenigen Kon- 19 zernunternehmen mit einer sehr großen Belegschaft ein unverhältnismäßig kleiner KBR ergeben kann, gestattet das G in Abs. 4 – ähnlich wie beim GesBR – für den KBR eine **von der gesetzlichen MitglZahl abweichende Regelung durch TV oder BV.**

20 **Parteien des TV** sind nach überwiegender Auffassung das herrschende Unternehmen und die für dieses tarifzuständige Gewerkschaft (Richardi BetrVG/*Annuß* Rn. 16; ErfK/*Koch* Rn. 1; DKKW/*Trittin* Rn. 20; WPK/*Roloff* Rn. 3; HaKo BetrVG/*Tautphäus* Rn. 13; HWGNRH/*Glock* Rn. 5; GK-BetrVG/*Franzen* Rn. 29). Das herrschende Unternehmen ist „Konzernarbeitgeber" iSd BetrVG (→ § 58 Rn. 6, 34). Ein von ihm abgeschlossener TV nach Abs. 4 wirkt betriebsverfassungsrechtlich zugunsten und zulasten der beherrschten Unternehmen. Der Konzernarbeitgeber kann wohl **mit jeder tarifzuständigen Gewerkschaft** einen TV nach Abs. 4 schließen. Das folgt spätestens aus § 4a Abs. 2 S. 1 TVG (zur ähnlichen Problematik → § 47 Rn. 51; → § 3 Rn. 16–16f.) und entsprach bereits zuvor der Rspr. des BAG zu § 3 (BAG 29.7.2009 – 7 ABR 27/08, NZA 2009, 1424; 9.12.2009 – 4 AZR 190/08, NZA 2010, 712; 14.1.2014 – 1 ABR 66/12, NZA 2014, 910). Die Gewerkschaft muss aber wohl in allen Betrieben vertreten und für alle ArbN zuständig sein (vgl. zu § 3 BAG 29.7.2009 – 7 ABR 27/08, NZA 2009, 1424; 14.1.2014 – 1 ABR 66/12, NZA 2014, 910). Eine durch den Abschluss unterschiedlicher TV eintretende **Tarifkonkurrenz** ist gem. § 4a Abs. 2 S. 2 TVG nach dem Mehrheitsprinzip aufzulösen (ErfK/*Koch* Rn. 1; DKKW/*Trittin* Rn. 20; MHdB ArbR/*Nebendahl* § 302 Rn. 48). Voraussetzung ist allerdings nach **§ 99 Abs. 3 ArbGG** ein rechtskräftiger Beschluss über den anwendbaren TV. Die Auffassung, wonach die Auflösung einer Tarifkonkurrenz nicht erst mit der Rechtskraft einer Entscheidung nach § 99 Abs. 3 ArbGG, sondern bereits mit Vorliegen der Tarifkonkurrenz ipso iure eintrete (zu der Streitfrage → § 3 Rn. 16f. mwN), stößt hier auf praktisch kaum zu überwindende Schwierigkeiten. Anders als möglicherweise bei § 3 (→ § 3 Rn. 16f.) ist der Änderung der Mitgliederzahl des KBR dann sofort Rechnung zu tragen. Eine mögliche Weiterwirkung des zuerst geschlossenen TV kommt schon deshalb nicht in Betracht, weil der KBR keine Amtszeit hat. Ebenso wie ein TV nach § 47 Abs. 4 (vgl. dazu → § 47 Rn. 52) kann auch ein TV nach Abs. 4 S. 1 nicht mit Mitteln des Arbeitskampfs erzwungen werden.

21 Liegt kein TV vor, kann nach Abs. 4 S. 1 eine **BV zwischen dem herrschenden Unternehmen und** dem nach § 55 Abs. 1 bereits gebildeten **KBR** geschlossen werden (Richardi BetrVG/*Annuß* Rn. 18; DKKW/*Trittin* Rn. 21; GK-BetrVG/*Franzen* Rn. 31; → § 47 Rn. 53).

22 Wegen der **Gestaltungsmöglichkeiten** des TV oder der BV vgl. die Erläuterungen zu dem nach § 55 Abs. 4 S. 2 entspr. anzuwendenden § 47 Abs. 5–9 (→ § 47 Rn. 66ff.). Muster eine GesBV bei Oberthür/Seitz Betriebsvereinbarungen/*Frahm* B. I Rn. 169.

23 Die Verkleinerung des regelmäßig zusammengesetzten KBR erfolgt durch **Zusammenfassung der GesBR** (oder im Falle des § 54 Abs. 2 der BR) von Konzernunternehmen, die entweder regional oder durch gleichartige Interessen miteinander verbunden sind, zur gemeinsamen Entsendung.

24 Das **Stimmengewicht** der von zusammengefassten GesBR entsandten Mitgl. bestimmt sich nach dem Gesamtvolumen der Stimmengewichte dieser GesBR (Richardi BetrVG/*Annuß* Rn. 36).

25 Soweit bei den **Post-AG** (→ § 1 Rn. 54ff.) der KBR ausnahmsweise für Angelegenheiten der Beamten (§ 28 S. 1 PostPersRG) zuständig ist, sind nach gemeinsamer Beratung im KBR nur die Vertr. der Beamten zur Beschlussfassung berufen (§ 33 Abs. 2 PostPersRG). Jeder Vertr. der Beamten hat so viele Stimmen wie die Vertr. der Beamten im GesBR insgesamt Stimmen haben (§ 33 Abs. 1 Nr. 2 PostPersRG).

V. Erzwingbare Betriebsvereinbarung

Besteht bei regelmäßiger Zusammensetzung nach § 55 Abs. 1 der KBR aus **mehr als 40 Mitgl.** und besteht auch kein TV über eine abweichende Zusammensetzung, so können der ArbGeb. (dh der Unternehmer des herrschenden Unternehmens) und der nach den gesetzlichen Bestimmungen gebildete KBR den Abschluss einer BV über die MitglZahl des KBR verlangen (Abs. 4 S. 2 iVm § 47 Abs. 5, 6). Kommt diese BV nicht freiwillig zustande, entscheidet über sie die für das herrschende Unternehmen zu bildende **E-Stelle.** 26

Wegen des weiteren Verf. wird auf die Erläuterungen zu den sinngemäß geltenden § 47 Abs. 5 u. 6 verwiesen (→ § 47 Rn. 66 ff.). 27

VI. Gemeinschaftsbetrieb und KBR

Die **Verweisung in Abs. 4 S. 2** – ua – **auf** die entspr. Anwendung des **§ 47 Abs. 9** bereitet Auslegungsschwierigkeiten (vgl. Richardi BetrVG/*Annuß* Rn. 25; GK-BetrVG/*Franzen* Rn. 39 ff.). Sie bedeutet nicht, dass für Gemeinschaftsunternehmen, also für von mehreren herrschenden Unternehmen abhängige Unternehmen (→ § 47 Rn. 29 ff.) die Bestimmung des § 47 Abs. 9 entspr. anwendbar wäre (Richardi BetrVG/*Annuß* Rn. 27). 28

Die Verweisung betrifft vielmehr – ebenso wie § 47 Abs. 9 selbst – nur **Gemeinschaftsbetriebe** iSv § 1 Abs. 1 S. 2 (Richardi BetrVG/*Annuß* Rn. 25; GK-BetrVG/*Franzen* Rn. 40 f.). Wenn in diesen gemeinsamen Betrieben ArbN konzernfremder Unternehmen beschäftigt sind, kann es zur Vermeidung von Stimmgewichtsverzerrungen sinnvoll sein, durch TV oder BV Stimmengewichtungen zu vereinbaren, die von der andernfalls maßgeblichen Stimmengewichtung nach Abs. 3, Abs. 4 S. 2 iVm § 47 Abs. 7 abweichen (GK-BetrVG/*Franzen* Rn. 40 f.; Richardi BetrVG/*Annuß* Rn. 25). 29

Für eine solche entspr. Anwendung ist aber dann kein Raum, wenn das **Stimmengewicht** der aus einem gemeinsamen Betrieb in den GesBR entsandten Mitgl. **bereits** in unmittelbarer Anwendung des § 47 Abs. 9 **beschränkt** worden ist (GK-BetrVG/*Franzen* Rn. 41). 30

VII. Streitigkeiten

Streitigkeiten über **Zusammensetzung** und **MitglZahl** des KBR sowie über die **Stimmengewichtung** sind vom ArbG im BeschlVerf. zu entscheiden (§§ 2a, 80 ff. ArbGG). Örtlich zuständig ist das ArbG, in dem das herrschende Unternehmen seinen Sitz hat und der KBR gebildet ist (§ 82 Abs. 1 S. 2 ArbGG). Zu den Besonderheiten des BeschlVerf. vgl. **Anh. 3.** 31

§ 56 Ausschluss von Konzernbetriebsratsmitgliedern

Mindestens ein Viertel der wahlberechtigten Arbeitnehmer der Konzernunternehmen, der Arbeitgeber, der Konzernbetriebsrat oder eine im Konzern vertretene Gewerkschaft können beim Arbeitsgericht den Ausschluss eines Mitglieds aus dem Konzernbetriebsrat wegen grober Verletzung seiner gesetzlichen Pflichten beantragen.

Inhaltsübersicht

I. Vorbemerkung

1 Die Vorschrift regelt in Anlehnung an die entspr. Bestimmung des § 48 die **Möglichkeit des Ausschlusses** von Mitgl. aus dem KBR.

2 Die Regelung ist **zwingend** und kann weder durch TV noch durch BV abbedungen werden (GK-BetrVG/*Franzen* Rn. 2).

3 Entspr. Vorschrift des **BPersVG:** keine, des **SprAuG:** § 22 Abs. 1.

II. Ausschluss aus dem Konzernbetriebsrat

4 Ebenso wie der GesBR kann auch der **KBR nicht** durch das ArbG **insgesamt aufgelöst** werden. Vielmehr besteht nur die Möglichkeit, **einzelne Mitgl.** durch gerichtliche Entscheidung aus dem KBR **auszuschließen.** Zur **Abberufung** von Mitgl. aus dem KBR durch den GesBR → § 55 Rn. 10; → § 57 Rn. 12; → **§ 49 Rn. 16 ff.**

5 Die **Voraussetzungen für den Ausschluss** eines Mitgl. aus dem KBR entsprechen weitgehend denjenigen für einen Ausschluss aus dem GesBR (→ § 48 Rn. 5 ff.). Die **grobe Pflichtverletzung** muss eine Pflicht betreffen, die dem auszuschließenden Mitgl. in **seiner Eigenschaft als Mitgl. des KBR** obliegt (Richardi BetrVG/*Annuß* Rn. 3; GK-BetrVG/*Franzen* Rn. 12; DKKW/*Trittin* Rn. 3; ErfK/*Koch* Rn. 1). Die Verletzung von Pflichten, die es in seiner Eigenschaft als Mitgl. des BR oder des GesBR zu beachten hat, rechtfertigen für sich allein nicht den Ausschluss aus dem KBR. Ein Ausschluss aus dem GesBR oder dem BR hat aber zugleich den Verlust der Mitgliedschaft im KBR zur Folge, da sie an die Mitgliedschaft im GesBR (vgl. § 57) und diese wiederum an die Mitgliedschaft im BR (vgl. § 49) gebunden ist. Der Ausschluss eines Mitgl. aus dem KBR hat dagegen keinen Einfluss auf seine Mitgliedschaft im GesBR oder BR (Richardi BetrVG/*Annuß* Rn. 10; DKKW/*Trittin* Rn. 3).

6 Die Regelung der **Antragsberechtigung** lehnt sich an § 48 an (→ § 48 Rn. 10 ff.). Wird der Ausschlussantrag von ArbN gestellt, so bedarf er der Unterstützung von mindestens einem Viertel der wahlberechtigten ArbN der Konzernunternehmen (HWGNRH/*Glock* Rn. 5; Richardi BetrVG/*Annuß* Rn. 5; GK-BetrVG/*Franzen* Rn. 6; WPK/*Roloff* Rn. 2; **aA** DKKW/*Trittin* Rn. 4, nur ArbN der Konzernbetriebe, in denen BR bestehen; dabei wird übersehen, dass nach dem durch das BetrVerf-ReformG neu eingefügten § 58 Abs. 1 S. 1 Hs. 2 der KBR nun auch für gesamtbetriebsratslose Unternehmen und betriebsratslose Betriebe des Konzerns zuständig ist).

7 Den Antrag auf Ausschluss kann auch eine **Gewerkschaft** stellen, die im Konzern vertreten ist, dh die mindestens einen ArbN eines Konzernunternehmens zu ihrem Mitgl. zählt (ErfK/*Koch* Rn. 1; GK-BetrVG/*Franzen* Rn. 10).

8 **ArbGeb.** iSv § 56 ist **nur die Konzernleitung,** nicht die Leitung der abhängigen Konzernunternehmen (GK-BetrVG/*Franzen* Rn. 7).

9 Antragsberechtigt ist ferner der **KBR,** jedoch nicht der GesBR eines Konzernunternehmens (Richardi BetrVG/*Annuß* Rn. 7; HWGNRH/*Glock* Rn. 7; GK-BetrVG/*Franzen* Rn. 9; ErfK/*Koch* Rn. 1). Dieser kann aber die von ihm entsandten Mitgl. aus dem KBR abberufen (→ § 55 Rn. 10; → § 57 Rn. 12).

10 Die Entscheidung ergeht im arbeitsgerichtlichen BeschlVerf. **Zuständig** ist nach § 82 Abs. 1 S. 2 ArbGG das ArbG, in dessen Bezirk das herrschende Unternehmen

seinen Sitz hat. Zu den **Rechtsfolgen** einer rechtskräftigen arbeitsgerichtlichen Entscheidung über den Ausschluss eines Mitgl. aus dem KBR vgl. die Erl. zum GesBR, → **§ 48 Rn. 18 ff.** Zu den Besonderheiten des BeschlVerf. s. Anh. 3.

§ 57 Erlöschen der Mitgliedschaft

Die Mitgliedschaft im Konzernbetriebsrat endet mit dem Erlöschen der Mitgliedschaft im Gesamtbetriebsrat, durch Amtsniederlegung, durch Ausschluss aus dem Konzernbetriebsrat aufgrund einer gerichtlichen Entscheidung oder Abberufung durch den Gesamtbetriebsrat.

Inhaltsübersicht

I. Vorbemerkung

Die Vorschrift regelt in Anlehnung an die entspr. Bestimmung des § 49 für den GesBR das **Erlöschen der Mitgliedschaft** im KBR. 1

Die Vorschrift ist **zwingend** und weder durch TV noch durch BV abdingbar (GK-BetrVG/*Franzen* Rn. 2). 2

Entspr. Vorschrift des **BPersVG:** keine, des **SprAuG:** § 22 Abs. 2. 3

II. Erlöschen der Mitgliedschaft

Die Bestimmung regelt – wie § 49 – nur die Beendigung der Mitgliedschaft des **einzelnen Mitgl. des KBR, nicht** die **Beendigung des KBR als Kollektivorgan.** Da der KBR eine Dauereinrichtung ist und keine feste Amtszeit hat (→ § 54 Rn. 50 ff.), kann ihn das ArbG bei einem groben Pflichtenverstoß nicht auflösen, sondern nur einzelne seiner Mitgl. ausschließen (vgl. § 56). Auch ein kollektiver Rücktritt des KBR ist ebenso wie beim GesBR nicht möglich (→ § 49 Rn. 7; Richardi BetrVG/*Annuß* Rn. 2; ErfK/*Koch* Rn. 1; DKKW/*Trittin* Rn. 4; WPK/*Roloff* Rn. 1). 4

Allerdings **endet der KBR,** wenn die **Voraussetzungen für seine Errichtung** nachträglich **wegfallen** (→ § 54 Rn. 51 f.; BAG 23.8.2006 – 7 ABR 51/05, NJOZ 2007, 2862; vgl. zum GesBR → § 47 Rn. 26 mwN und BAG 16.3.2005 – 7 ABR 37/04, NZA 2005, 1069). Dies ist der Fall, wenn die GesBR der Konzernunternehmen die Auflösung des KBR beschließen (→ § 54 Rn. 52 f.) oder wenn die Voraussetzungen für das Bestehen eines Konzerns nach § 18 Abs. 1 AktG nachträglich entfallen (zB durch Veränderung der Beteiligungs- oder Beherrschungsverhältnisse). 5

Anders als bei dem gesetzlich zwingend vorgeschriebenen GesBR besteht bei dem nach § 54 Abs. 1 fakultativen KBR die **Möglichkeit der kollektiven Auflösung** (GK-BetrVG/*Franzen* Rn. 5; Richardi BetrVG/*Annuß* Rn. 3). Erforderlich ist dazu in entspr. Anwendung des § 54 Abs. 1 S. 2, dass GesBR, bzw. im Fall des § 54 Abs. 2 BR, die mehr als 50% der im Konzern beschäftigten ArbN repräsentieren, die Auflösung des KBR beschließen (GK-BetrVG/*Franzen* Rn. 5; Richardi BetrVG/*Annuß* Rn. 3). Allein die unterbliebene Neuentsendung von KBRMitgl. durch die GesBR stellt aber regelmäßig noch keinen konkludenten Auflösungsbeschluss dar (ErfK/*Koch* Rn. 1; DKKW/*Trittin* Rn. 6; **aA** GK-BetrVG/*Franzen* Rn. 5; Richardi BetrVG/*Annuß* Rn. 3). 6

Änderungen in der Konzernzusammensetzung (Ausscheiden bisheriger Konzernunternehmen aus dem Konzern, Einbeziehung neuer Unternehmen in den Kon- 7 zernverband) **berühren den Bestand des KBR** als solchen **nicht** (→ § 54 Rn. 52). Allerdings scheiden die Mitgl. des KBR, die von den ausgeschiedenen Konzernunternehmen entsandt worden sind, aus dem KBR aus. Die GesBR, bzw. im Falle des § 54 Abs. 2 BR von neu in den Konzern einbezogenen Unternehmen entsenden ihrerseits neue Mitgl. (Richardi BetrVG/*Annuß* § 54 Rn. 51; vgl. zum GesBR BAG 16.3.2005 – 7 ABR 37/04, NZA 2005, 1069).

8 Die Gründe für das **Erlöschen der Mitgliedschaft** im KBR entsprechen weitehend denjenigen für das Erlöschen der Mitgliedschaft im GesBR (→ § **49** Rn. **9 ff.**).

9 Die Beendigung der Mitgliedschaft im GesBR hat stets das Erlöschen der Mitgliedschaft im KBR zur Folge, da der GesBR nach § 55 Abs. 1 S. 1 nur eigene Mitgl. in den KBR entsenden kann (→ § 55 Rn. 6). Auch die Beendigung der Mitgliedschaft im BR führt zum Erlöschen der Mitgliedschaft im KBR, da mit ihr die Mitgliedschaft im GesBR endet (→ § 49 Rn. 9).

10 Ebenso wie ein Mitgl. des GesBR kann auch ein Mitgl. des KBR sein **Amt jederzeit formlos niederlegen** (→ § 49 Rn. 11).

11 Die Mitgliedschaft im KBR endet ferner, wenn ein KBRMitgl. wegen grober Verletzung der ihm obliegenden Pflichten gem. § 56 **aus dem KBR ausgeschlossen** wird (→ § 56 Rn. 4 ff.).

12 Der entsendende GesBR, bzw. BR kann die in den KBR entsandten Mitgl. jederzeit abberufen (→ § 55 Rn. 10; vgl. zum GesBR → § 49 Rn. 16 ff.). Zwar ist durch das BetrVerf-ReformG § 55 Abs. 1 S. 4 (aF), in dem die **Abberufung** ausdrücklich geregelt war, weggefallen. Die Möglichkeit der Abberufung folgt aber aus dem unverändert gebliebenen § 57 (GK-BetrVG/*Franzen* Rn. 12). Besondere Gründe für die Abberufung sind nicht erforderlich. Sie bedarf eines Beschlusses des GesBR bzw. im Falle des § 54 Abs. 2 des BR und wird mit Zugang an den Abberufenen wirksam (→ § 49 Rn. 18 mwN).

13 Die Mitgliedschaft im KBR endet ferner, wenn dieser durch Beschluss der GesBR aufgelöst wird (→ Rn. 6), die **Voraussetzungen für seine Errichtung nachträglich entfallen** (→ § 54 Rn. 51 f.) oder das Unternehmen, zu dem das KBRMitgl. gehört, aus dem Konzernverband ausscheidet (→ Rn. 7).

14 Mit dem Erlöschen der Mitgliedschaft im KBR enden auch **Ämter und Funktionen,** die die Mitgliedschaft im KBR voraussetzen, zB Mitgliedschaft im KonzernBetrAusschuss (vgl. Richardi BetrVG/*Annuß* Rn. 8; HWGNRH/*Glock* Rn. 8).

15 Für die aus dem KBR ausgeschiedenen Mitgl. rücken die gem. § 55 Abs. 2 bestellten **ErsMitgl.** der einzelnen GesBR entspr. der festgelegten Reihenfolge in den KBR nach. Der GesBR kann jedoch unter Abberufung des zunächst nachgerückten ErsMitgl auch ein anderes seiner Mitgl. in den KBR entsenden (GK-BetrVG/*Franzen* Rn. 14; DKKW/*Trittin* Rn. 11).

III. Streitigkeiten

16 Streitigkeiten über das Erlöschen der Mitgliedschaft im KBR entscheiden die **ArbG im BeschlVerf.** (§§ 2a, 80 ff. ArbGG). Zuständig ist gem. § 82 Abs. 1 S. 2 ArbGG das ArbG, in dessen Bezirk das herrschende Unternehmen seinen Sitz hat. Zu den Besonderheiten des BeschlVerf. vgl. Anh. 3.

17 Dies gilt wohl auch, wenn streitig ist, ob die Mitgliedschaft im GesBR – und damit auch die Mitgliedschaft im KBR – beendet ist (→ § 49 Rn. 20).

§ 58 Zuständigkeit

(1) [1] **Der Konzernbetriebsrat ist zuständig für die Behandlung von Angelegenheiten, die den Konzern oder mehrere Konzernunternehmen betreffen und nicht durch die einzelnen Gesamtbetriebsräte innerhalb ihrer Unternehmen**

geregelt werden können; seine Zuständigkeit erstreckt sich insoweit auch auf Unternehmen, die einen Gesamtbetriebsrat nicht gebildet haben, sowie auf Betriebe der Konzernunternehmen ohne Betriebsrat. [2]Er ist den einzelnen Gesamtbetriebsräten nicht übergeordnet.

(2) [1]**Der Gesamtbetriebsrat kann mit der Mehrheit der Stimmen seiner Mitglieder den Konzernbetriebsrat beauftragen, eine Angelegenheit für ihn zu behandeln. [2]Der Gesamtbetriebsrat kann sich dabei die Entscheidungsbefugnis vorbehalten. [3]§ 27 Abs. 2 Satz 3 und 4 gilt entsprechend.**

Inhaltsübersicht

I. Vorbemerkung

Die Vorschrift regelt die **Rechtsstellung** des KBR, sein **Verhältnis zu den GesBR** und seine **Zuständigkeit.** Durch Abs. 1 S. 1 Hs. 2 (eingefügt durch das BetrVerf-ReformG) wird klargestellt, dass der KBR im Rahmen seiner originären Zuständigkeit auch für Unternehmen ohne GesBR und für BRlose Unternehmen zuständig ist. 1

Die Vorschrift ist **zwingendes Recht** und weder durch TV noch durch BV abdingbar oder abänderbar (GK-BetrVG/*Franzen* Rn. 4). 2

Entspr. Vorschrift des **BPersVG:** keine; des **SprAuG:** § 23. 3

II. Rechtsstellung des Konzernbetriebsrats, Verhältnis zum Gesamtbetriebsrat und „Konzernarbeitgeber“

Der KBR ist ein **selbständiges Organ der Betriebsverfassung** (BAG 12.11.1997 – 7 ABR 78/96, NZA 1998, 497; ErfK/*Koch* Rn. 1; MHdB ArbR/*Nebendahl* § 302 Rn. 52). Er hat nach § 59 Abs. 1 iVm § 51 Abs. 5 im Rahmen seiner originären Zuständigkeit nach Abs. 1 dieselben Rechte und Pflichten wie ein BR (BAG 20.12.1995 – 7 ABR 8/95, NZA 1996, 945; 12.11.1997 – 7 ABR 78/96, NZA 1998, 497; GK-BetrVG/*Franzen* Rn. 6; ErfK/*Koch* Rn. 1; DKKW/*Trittin* Rn. 3). KBR, GesBR und BR sind eigenständige Organe mit unterschiedlich abgegrenzten Zuständigkeitsbereichen und können sich – mit Ausnahme der gesetzlich vorgesehenen Fälle der Delegation (§ 50 Abs. 2, § 58 Abs. 2) – wechselseitig nicht vertreten (BAG 12.11.1997 – 7 ABR 78/96, NZA 1998, 497). 4

Der KBR ist **weder dem GesBR noch den EinzelBR** der Konzernunternehmen **übergeordnet** (BAG 12.11.1997 – 7 ABR 78/96, NZA 1998, 497). Er besitzt diesen gegenüber weder Weisungsbefugnisse noch Richtlinienkompetenzen (GK-BetrVG/*Franzen* Rn. 7). Er kann aber versuchen, etwaige gleichartige Regelungen der GesBR zu koordinieren (GK-BetrVG/*Franzen* Rn. 7; DKKW/*Trittin* Rn. 3; ErfK/*Koch* Rn. 1). Der KBR ist den GesBR aber **auch nicht untergeordnet** (BAG 12.11.1997 – 7 ABR 78/96, NZA 1998, 497). Diese können dem KBR keine Wei- 5 sungen erteilen (GK-BetrVG/*Franzen* Rn. 7; DKKW/*Trittin* Rn. 3). Die in den KBR entsandten Mitgl. haben kein imperatives Mandat. Eine faktische Abhängigkeit entsteht aber dadurch, dass die GesBR, bzw. BR (§ 54 Abs. 2) ihre in den KBR entsandten Mitgl. jederzeit ohne besonderen Grund abberufen können (→ § 57 Rn. 12).

6 Das BetrVG enthält keine Regelung, wer im Verhältnis zum KBR „Arbeitgeber" ist (vgl. GK-BetrVG/*Franzen* Rn. 9 ff.). Der Konzern selbst ist weder eine Rechtsperson noch (Vertrags-)ArbGeb. der vom KBR repräsentierten ArbN (HWGNRH/*Glock* Rn. 3). Gleichwohl setzt das BetrVG einen **„Konzernarbeitgeber"** voraus (DKKW/*Trittin* Rn. 111; HWGNRH/*Glock* Rn. 3). Der KBR benötigt zumindest im Bereich der originären Zuständigkeit nach Abs. 1 S. 1 einen Ansprech-, Verhandlungs- und Vertragspartner auf der Ebene der Konzernleitung. Es entspricht daher zu Recht allgemeiner Auffassung, dass dem KBR jedenfalls im Bereich seiner originären Zuständigkeit als Verhandlungs- und Vertragspartner das herrschende Konzernunternehmen gegenübersteht, das durch sein jeweiliges Leitungsorgan handelt und mit dem KBR sog KBV (→ Rn. 34 ff.) abschließen kann (BAG 12.11.1997 – 7 ABR 78/96, NZA 1998, 497; GK-BetrVG/*Franzen* Rn. 11 ff., 14; ErfK/*Koch* Rn. 1; DKKW/*Trittin* Rn. 110; *Kort* NZA 2009, 464 [470]; Richardi BetrVG/*Annuß* Rn. 34; MHdB ArbR/*Nebendahl* § 302 Rn. 53). Anders ist dies, wenn der KBR nicht nach Abs. 1 in eigener Zuständigkeit tätig wird, sondern von einem GesBR nach Abs. 2 beauftragt wird (→ Rn. 25 ff.). In diesem Fall muss er mit der Leitung des betroffenen Unternehmens verhandeln und mit diesem eine BV abschließen (BAG 12.11.1997 – 7 ABR 78/96, NZA 1998, 497; 17.3.2015 – 1 ABR 49/13, NJOZ 2015, 1061).

III. Zuständigkeit des Konzernbetriebsrats

1. Allgemeines

7 Der Gesetzgeber hat die **Zuständigkeitsregelung** des § 58 derjenigen zwischen GesBR und einzelnen BR (§ 50) nachgebildet (BR-Drs. 715/70, 44; vgl. auch BAG 26.1.2016 – 1 ABR 68/13, NZA 2016, 498 Rn. 24). Zu unterscheiden ist demnach zwischen der originären Zuständigkeit des KBR nach der Generalklausel des Abs. 1 S. 1 (→ Rn. 8 ff.), der besonderen dem KBR gesetzlich ausdrücklich zugewiesenen Zuständigkeit (→ Rn. 21 ff.) und der nach Abs. 2 auf den KBR delegierten Zuständigkeit (→ Rn. 25 ff.). Die originäre Zuständigkeit des KBR erstreckt sich nach Abs. 1 S. 2 auch auf Unternehmen ohne GesBR sowie auf BRlose Betriebe (→ Rn. 28 ff.).

8 Für das **Verhältnis der originären Zuständigkeit von BR, GesBR und KBR** gilt der **Grundsatz der Zuständigkeitstrennung** (iE → § 50 Rn. 9 ff.; BAG 14.11.2006 – 1 ABR 4/06, NZA 2007, 399) Die gesetzlichen Zuständigkeiten von KBR, GesBR und BR schließen sich gegenseitig aus (→ § 50 Rn. 9; BAG 20.12.1995 – 7 ABR 8/95, NZA 1996, 945). Die **gesetzliche Zuständigkeitsverteilung ist zwingend** und kann weder durch TV noch durch BV abgeändert werden (→ § 50 Rn. 10 mwN; BAG 9.12.2003 – 1 ABR 49/02, NZA 2005, 234; 14.11.2006 – 1 ABR 4/06, NZA 2007, 399; *Besgen/Apelt* SAE 2013, 74 [75]). Delegationen sind nur nach Maßgabe von § 50 Abs. 2, § 58 Abs. 2 möglich. In Angelegenheiten, die nicht der erzwingbaren Mitbestimmung unterliegen, kann der ArbGeb. durch seine Vorgaben die Zuständigkeit steuern (→ § 50 Rn. 11).

2. Originäre Zuständigkeit

9 Nach der Kompetenzzuweisung des BetrVG ist für die Wahrnehmung von MBR in erster Linie der BR zuständig (BAG 25.9.2012 – 1 ABR 45/11, NZA 2013, 275).

Nach Abs. 1 S. 1 ist die – originäre – Zuständigkeit des KBR nur unter **zwei Voraussetzungen** gegeben: Zum einen muss es sich um eine Angelegenheit handeln, die alle oder doch mehrere Konzernunternehmen betrifft; zum anderen dürfen die Angelegenheiten nicht durch die GesBR der Konzernunternehmen geregelt werden können. Beide Voraussetzungen müssen **kumulativ** vorliegen.

Da der Gesetzgeber Abs. 1 S. 1 der Regelung des § 50 Abs. 1 S. 1 nachgebildet hat 10 (→ Rn. 7), sind bei der Auslegung die von der Rspr. **zu § 50 Abs. 1 S. 1 entwickelten Grundsätze** heranzuziehen. Die Zuständigkeit des KBR ist also nach denselben Kriterien abzugrenzen, nach denen § 50 Abs. 1 S. 1 die Zuständigkeit des GesBR bestimmt (BAG 20.12.1995 – 7 ABR 8/95, NZA 1996, 945; 19.6.2007 – 1 AZR 454/06, NZA 2007, 1184; 22.7.2008 – 1 ABR 40/07, NZA 2008, 1248; 25.9.2012 – 1 ABR 45/11, NZA 2013, 275; 26.1.2016 – 1 ABR 68/13, NZA 2016, 498 Rn. 24; GK-BetrVG/*Franzen* Rn. 8, der allerdings - zumindest - missverständlich von „Kollisionsnorm", statt von Kompetenznorm spricht; DKKW/*Trittin* Rn. 8 ff.; für die Zuständigkeit des Konzernsprecherausschusses nach § 23 Abs. 1 S. 1 SprAuG BAG 11.12.2018 – 3 AZR 380/17, NZA 2019, 1082 Rn. 39). Auf die **Erläuterungen zu § 50** (→ **Rn. 9–60**) wird verwiesen.

Die Übertragung der zu § 50 Abs. 1 entwickelten Grundsätze bedeutet insbes., 11 dass der **Begriff des „Nichtregelnkönnens"** keine objektive Unmöglichkeit der Regelung durch die einzelnen BR, bzw. GesBR voraussetzt. Voraussetzung ist vielmehr nur, dass ein **zwingendes Erfordernis für eine konzerneinheitliche oder** zumindest **unternehmensübergreifende Regelung** besteht (→ **§ 50 Rn. 21 mwN;** BAG 19.6.2007 – 1 AZR 454/06, NZA 2007, 1184; 22.7.2008 – 1 ABR 40/07, NZA 2008, 1248). Dabei ist auf die Verhältnisse des jeweiligen Konzerns, seiner Unternehmen und Betriebe abzustellen (BAG 22.7.2008 – 1 ABR 40/07, NZA 2008, 1248; 25.9.2012 – 1 ABR 45/11, NZA 2013, 275). Die Zuständigkeit kann sich aus objektiv zwingenden Gründen oder aus der „subjektiven Unmöglichkeit" einer Regelung auf Betriebs- oder Unternehmensebene ergeben (BAG 19.6.2007 – 1 AZR 454/06, NZA 2007, 1184; 22.7.2008 – 1 ABR 40/07, NZA 2008, 1248). Ein objektiv zwingendes Erfordernis für eine konzerneinheitliche oder unternehmensübergreifende Regelung kann sich aus **technischen oder rechtlichen Umständen** ergeben (BAG 22.7.2008 – 1 ABR 40/07, NZA 2008, 1248). Eine **unternehmensübergreifende Spartenorganisation,** bei Entscheidungen notwendig sparteneinheitl. getroffen werden, begründet insoweit die Zuständigkeit des KBR (vgl. *Salamon* NZA 2018, 143 [144]). Allein der **Wunsch des ArbGeb., reine Zweckmäßigkeitsgründe, Kostengesichtspunkte** oder das **Koordinierungsinteresse** der Konzernleitung genügen nicht, um die Zuständigkeit des KBR zu begründen (→ **§ 50 Rn. 23 mwN;** BAG 25.9.2012 – 1 ABR 45/11, NZA 2013, 275; 26.1.2016 – 1 ABR 68/13, NZA 2016, 498 Rn. 24). Entscheidend ist vielmehr, ob sich das Ziel der geplanten Regelung nur durch eine einheitliche Regelung auf Konzernebene erreichen lässt (BAG 20.12.1995 – 7 ABR 8/95, NZA 1996, 945). Der KBR ist nicht bereits deshalb zuständig, weil die Initiative zu einer regelungsbedürftigen Angelegenheit von der Konzernleitung ausgeht. Geht es aber um die **Regelung freiwilliger Leistungen,** ist die Zuständigkeit des KBR gegeben, wenn die Konzernleitung sie nur konzerneinheitlich oder unternehmensübergreifend gewähren will (→ **§ 50 Rn. 11, 24 mwN;** BAG 13.12.2016 – 1 AZR 148/15, BeckRS 2016, 117544 Rn. 25; für die Zuständigkeit des Konzernsprecherausschusses nach § 23 Abs. 1 S. 1 SprAuG BAG 11.12.2018 – 3 AZR 380/17, NZA 2019, 1082 Rn. 39; *Christoffer* BB 2008, 951 [952]; *Besgen/Apelt* SAE 2013, 74 [75]).

In **sozialen Angelegenheiten (§ 87 Abs. 1)** ist der KBR ua zuständig für Rege- 12 lungen über die Errichtung und Verwaltung von **Sozialeinrichtungen,** deren Wirkungsbereich sich auf den Konzern erstreckt (BAG 21.6.1979 – 3 ABR 3/78, AP BetrVG 1972 § 87 Sozialeinrichtung Nr. 1; 14.12.1993 – 3 AZR 618/93, NZA 1994, 554; → § 50 Rn. 43; → § 87 Rn. 331 ff.; → § 88 Rn. 20 ff.). Der KBR ist für die Wahrnehmung des MBR nach § 87 Abs. 1 Nr. 1 zuständig, wenn durch einen

Verhaltenskodex („codes of conduct") für den gesamten Konzern eine konzerneinheitliche „Unternehmensphilosophie" umgesetzt und für ein „ethisch-moralisch einheitliches Erscheinungsbild" und eine konzernweite Identität gesorgt werden soll (BAG 22.7.2008 – 1 ABR 40/07, NZA 2008, 1248; 17.5.2011 – 1 ABR 121/09, NJOZ 2011, 2093; ebenso *Dzida* NZA 2008, 1265 [1266]; *Besgen/Apelt* SAE 2013, 74 [76]). Die Mitbestimmung für die konzernweite Einführung von **Personalinformationssystemen** nach § 87 Abs. 1 Nr. 6 fällt dann in die Zuständigkeit des KBR, wenn sich der Zweck nur durch eine einheitliche Regelung auf Konzernebene erreichen lässt (*Christoffer* BB 2008, 951 [952]; *Besgen/Apelt* SAE 2013, 74 [76]; vgl. zur Zuständigkeit des GesBR bei betriebsübergreifender elektronischer Datenverarbeitung BAG 14.11.2006 – 1 ABR 4/06, NZA 2007, 399; zur Mitbestimmung bei der Nutzung einer Personalverwaltungssoftware BAG 25.9.2012 – 1 ABR 45/11, NZA 2013, 275; vgl. zur originären Zuständigkeit des KBR bei Einführung technischer Einrichtungen auch *Bachner/Rupp* NZA 2016, 207). Für das MBR nach § 87 Abs. 1 Nr. 6 bei der Einführung einer **Videoüberwachung** in einem Klinikum, in dem auch ArbN anderer Konzernunternehmen Werk- oder Dienstleistungen erbringen, ist der BR des Klinikums und nicht der KBR zuständig (BAG 26.1.2016 – 1 ABR 68/13, NZA 2016, 498 Rn. 24). Für die im Rahmen von Werk- oder Dienstverträgen zu einem Fremdarbeitgeber entsandten ArbN, die einer in dessen Betrieb eingerichteten Überwachungseinrichtung unterliegen, sind – auch im Konzernverbund – deren VertragsArbGeb. und dessen BR zuständig (BAG 26.1.2016 – 1 ABR 68/13, NZA 2016, 498 Rn. 29). Gegenstand dieses MBR ist dann freilich (nur), ob überhaupt und ggf. nach welchen Grundsätzen welche ArbN für welche Dauer sich der bei dem Dritten installierten Überwachungseinrichtung unterziehen müssen (BAG 26.1.2016 – 1 ABR 68/13, NZA 2016, 498 Rn. 30; vgl. auch schon 27.1.2004 – 1 ABR 7/03, NZA 2004, 556). Wenn der ArbGeb. durch eine unternehmerische Vermarktungsentscheidung mitbestimmungsfrei vorgibt, eine **Facebookseite als konzernweite Maßnahme** der Öffentlichkeitsarbeit und des Marketings mit einer einheitlichen Ausgestaltung einzurichten, die es den Besuchern ermöglicht, Postings zum Verhalten und der Leistung der ArbN einzustellen, ist für das dabei bestehende MBR nach § 87 Abs. 1 Nr. 6 der KBR zuständig (BAG 13.12.2016 – 1 ABR 7/15, NZA 2017, 657 Rn. 14). In Angelegenheiten der **betrieblichen Altersversorgung** macht der ArbGeb. regelmäßig die entscheidende Vorgabe, da er durch seine mitbestimmungsfreie Entscheidung für eine betriebs-, unternehmens- oder konzernweite Regelung zugleich die betriebsverfassungsrechtliche Regelungsebene bestimmt (→ **§ 50 Rn. 47 mwN;** *Christoffer* BB 2008, 951 [952]). Der KBR ist regelmäßig zuständig, wenn eine Unterstützungskasse mit konzernweitem Wirkungskreis besteht (vgl. *Reinecke* ArbuR 2004, 328 [336]). Erhalten jedoch nur ArbN eines Konzernunternehmens neben Leistungen aus einer konzerneinheitlichen Versorgungsordnung zusätzliche Versorgungsleistungen, so ist hierfür nicht der KBR, sondern der GesBR des betreffenden Unternehmens zuständig (BAG 19.3.1981 – 3 ABR 38/80, AP BetrVG 1972 § 80 Nr. 14). Für Fälle, in denen die Zuständigkeit zweifelhaft erscheint, empfiehlt *Reinecke,* „den sicheren Weg zu gehen" und gleich lautende BV, GesBV und KonzernBV abzuschließen (*Reinecke* ArbuR 2004, 328 [335]; so auch der Sachverhalt in BAG 17.6.2003 – 3 ABR 43/02, NZA 2004, 1110). In solchen Fällen kommt auch eine fürsorgliche Beauftragung des KBR nach Abs. 2 in Betracht (→ Rn. 25 ff.; → § 50 Rn. 67). Fehlt es an dem – gesetzlich zuständigen – KBR, haben die ArbGeb. bei der Gestaltung der betrieblichen Altersversorgung „freie Hand" (*Reinecke* ArbuR 2004, 328 [336]; BAG 14.12.1993 – 3 AZR 618/93, NZA 1994, 554). Eine Zuständigkeit des KBR kann auch für das **Werkwohnungswesen** (§ 87 Abs. 1 Nr. 9) in Betracht kommen (→ § 50 Rn. 48). Der KBR ist ferner zuständig, wenn **Mitarbeiterdaten** zwischen den einzelnen Konzernunternehmen ausgetauscht werden sollen und durch eine KBV eine Rechtsgrundlage nach § 4 Abs. 1 BDSG geschaffen werden soll (BAG 20.12.1995 – 7 ABR 8/95, NZA 1996, 945; offen gelassen in BAG 25.9.2012 – 1 ABR 45/11, NZA

2013, 275; vgl. dazu auch *Hummel/Hilbrans* ArbuR 2005, 207; → § 50 Rn. 41). Für die Mitbestimmung bei einer **konzernweiten Mitarbeiterbefragung** ist, sofern es sich überhaupt um eine mitbestimmungspflichtige Maßnahme handelt, der KBR zuständig (BAG 24.11.2017 1 ABR 47/16, NZA 2018, 380 Rn. 24; 11.12.2018 – 1 ABR 13/17, BeckRS 2018, 40730 Rn. 21).

In Ausnahmefällen können auch **Fragen der allgemeinen Personalpolitik** (§§ 92, 94, 95, 96, 98) in die Zuständigkeit des KBR fallen (DKKW/*Trittin* Rn. 68; Richardi BetrVG/*Annuß* Rn. 11; *Christoffer* BB 2008, 951 [953]; → § 50 Rn. 51–53). Zuständig kann der KBR sein, wenn es um die unternehmensübergreifende Ausschreibung von Arbeitsplätzen nach § 93 geht (Richardi BetrVG/*Annuß* Rn. 11). 13

Bei **personellen Einzelmaßnahmen** kommt eine Zuständigkeit des KBR grds. nicht in Betracht (→ § 50 Rn. 55). Dies gilt auch, wenn das herrschende Unternehmen ArbN einstellt, die nach dem Arbeitsvertrag im gesamten Konzernbereich eingesetzt werden können (HWGNRH/*Glock* Rn. 18; Richardi BetrVG/*Annuß* Rn. 13; DKKW/*Trittin* Rn. 73). Der konkrete Einsatz eines solchen ArbN in einem anderen Konzernunternehmen unterliegt dem personellen Beteiligungsrecht des dort bestehenden BR. Dies gilt auch für die Versetzung von einem Konzernunternehmen in ein anderes (BAG 30.4.1981 – 6 ABR 59/78, AP BetrVG 1972 § 99 Nr. 12; 19.2.1991 – 1 ABR 36/90, NZA 1991, 565; ErfK/*Koch* Rn. 3; *Christoffer* BB 2008, 953). 14

In **wirtschaftlichen Angelegenheiten** sind regelmäßig die BR oder GesBR zuständig (→ **§ 50 Rn. 58 ff.;** MHdB ArbR/*Nebendahl* § 302 Rn. 61). Eine originäre Zuständigkeit des KBR kommt in Betracht, wenn eine geplante Betriebsänderung Betriebe verschiedener Konzernunternehmen betrifft, wie zB die unternehmensüberschreitende Zusammenlegung von Betrieben (Richardi BetrVG/*Annuß* Rn. 15), ein konzernweiter Personalabbau, der mit der unternehmensübergreifenden Übernahme von ArbN verbunden ist (*Christoffer* BB 2008, 951 [953]) oder die Einführung unternehmensübergreifender Matrix-Strukturen (*Kort* NZA 2013, 1318 [1323]). Bei der vollständigen Stilllegung einzelner Betriebe dürfte idR der örtl. BR zuständig sein (vgl. zum GesBR → § 50 Rn. 59). Die Frage, ob in einem solchen Fall eine originäre Zuständigkeit des KBR überhaupt in Betracht kommt, hat das BAG ausdrücklich offen gelassen (BAG 18.7.2017 – 1 AZR 546/15, NZA 2017, 1618 Rn. 32; vgl. auch *Wernicke/Schneider* BB 2018, 948 [952]). Entscheidend ist, ob den geplanten Maßnahmen ein unternehmensübergreifendes Konzept zugrunde liegt. In einem solchen Fall liegt die Initiativlast für einen **Interessenausgleich** auf ArbGebSeite zunächst beim herrschenden Unternehmen (*Schmitt/Rolfes* FS 50 Jahre BAG, 2004, 1081 [1095]). Neben diesem trifft die Pflicht zum Versuch eines Interessenausgleichs aber auch die betroffenen Konzernunternehmen (vgl. auch Art. 2 Abs. 4 Massenentlassungsrichtlinie). Eine Haftung aus **§ 113 Abs. 3** trifft in einem solchen Fall gesamtschuldnerisch sowohl das herrschende Unternehmen als auch die beherrschten Gesellschaften (*Schmitt/Rolfes* FS 50 Jahre BAG, 2004, 1081 [1096]; *Wißmann* FS 25 Jahre ARGE Arbeitsrecht im DAV, 2006, 1037 [1046 f.]; vgl. aber auch BAG 15.7.2017 – 1 AZR 546/15, NZA 2017, 1618 Rn. 35, das wohl nur die Konzernspitze für verantwortlich hält). Aus der Zuständigkeit des KBR für einen Interessenausgleich folgt nicht ohne Weiteres seine Zuständigkeit für den Abschluss eines Sozialplans. Er ist hierfür nur dann zuständig, wenn auch insoweit eine unternehmensübergreifende Regelung erforderlich ist. Dies kann der Fall sein, wenn die im Interessenausgleich vereinbarten Betriebsänderungen mehrere Betriebe verschiedener Konzernunternehmen erfassen und die Durchführung des Interessenausgleichs von betriebsübergreifenden, einheitlichen Kompensationsregelungen in dem abzuschließenden Sozialplan abhängen (*Christoffer* BB 2008, 951 [954]; vgl. zum GesBR BAG 23.10.2002 – 7 ABR 55/01, NJOZ 2003, 3369). Vertragspartner des KBR für einen **Sozialplan** ist das herrschende Unternehmen (*Wißmann* FS 25 Jahre ARGE Arbeitsrecht im DAV, 2006, 1037 [1048]). 15

Wenn **in einem Interessenausgleich oder Sozialplan unternehmensübergreifende Regelungen** getroffen werden sollen, kann die Beauftragung des KBR 16 durch die betroffenen GesBR oder BR – eventuell nach § 50 Abs. 2 vermittelt über den GesBR – nach Abs. 2 sinnvoll sein. Eine unternehmensübergreifende Versetzungspflicht kann aber nicht über die E-Stelle erzwungen werden (BAG 17.9.1991 – 1 ABR 23/91, NZA 1992, 227).

17 Der KBR kann **keinen WiAusschuss** errichten (→ § 106 Rn. 4). Der WiAusschuss ist auf das Unternehmen als Rechtsträger bezogen (BAG 23.8.1989 – 7 ABR 39/88, NZA 1990, 863; ErfK/*Koch* Rn. 3; **aA** DKKW/*Trittin* Rn. 77). Der KBR kann jedoch in Konzernen mit mehr als 100 ArbN einen Ausschuss errichten. Dieser hat allerdings nicht die Stellung und Befugnisse eines Wirtschaftsausschusses (GK-BetrVG/*Franzen* Rn. 32; MHdB ArbR/*Nebendahl* § 302 Rn. 62).

18 Der **KBR selbst oder einer seiner Ausschüsse kann sich der Angelegenheiten annehmen,** die auf Unternehmensebene in die Zuständigkeit des WiAusschusses fallen. Denn die Erörterung und Beratung derartiger Angelegenheiten ist auf Konzernebene ebenso wichtig wie auf Unternehmensebene. Nur weil §§ 106 ff. auf das Unternehmen abstellen, ist die Erörterung derartiger Angelegenheiten auf Konzernebene nicht unzulässig (GK-BetrVG/*Franzen* Rn. 32; DKKW/*Trittin* Rn. 77; **aA** HWGNRH/*Glock* Rn. 21).

19 In den **privatisierten Postunternehmen** gelten Sonderregelungen für die Wahrnehmung von Aufgaben in Angelegenheiten, die einzelne Beamte betreffen (→ § 1 Rn. 57, 66). Nach **§ 28 PostPersRG** ist der BR bei personellen Einzelmaßnahmen, die Beamte betreffen (Einstellung, Beförderung, Abordnung, Versetzung, Einleitung von Disziplinarverf., Entlassungen usw, vgl. § 76 Abs. 1, § 78 Abs. 1 Nr. 3–5 und § 79 Abs. 3 BPersVG) zu beteiligen. Diese Bestimmung gilt nach **§ 33 Abs. 2** PostPersRG für die Beteiligung des KBR entsprechend. § 33 PostPersRG geht mithin davon aus, dass der **KBR** für die Wahrnehmung von Beteiligungsrechten bei diesen **personellen Einzelmaßnahmen** zuständig sein kann. Das kann jedoch allenfalls ausnahmsweise der Fall sein (→ Rn. 14).

20 Im Rahmen seiner Zuständigkeiten hat der KBR nach § 59 Abs. 1 iVm § 51 Abs. 5 auch die **Überwachungsaufgaben** nach § 80 Abs. 1 Nr. 1, die **Auskunftsansprüche** nach § 80 Abs. 2 S. 1 und den Anspruch auf Hinzuziehung eines **Sachverständigen** nach § 80 Abs. 3.

3. Besondere Zuständigkeiten

21 Kraft besonderer gesetzlicher Zuweisung ist der KBR in zahlreichen Fällen an der **Organisation der Unternehmensmitbestimmung** beteiligt (vgl. GK-BetrVG/*Franzen* Rn. 34; Richardi BetrVG/*Annuß* Rn. 17 ff.).

22 Dem KBR obliegt insbes.

– die Bestellung des Hauptwahlvorstands für die Wahl der ARMitglieder der ArbN des herrschenden Unternehmens nach **§ 26 Abs. 3 WODrittelbG** und nach **§ 4 Abs. 4 3. WOMitbestG,**
– das Recht zur Anfechtung der Wahl der ArbNVertr. im AR nach **§ 22 Abs. 2 Nr. 2 MitbestG** und nach **§ 10l Abs. 2 Nr. 2 MitbestGErgG,**
– die Entgegennahme des Antrags auf Abstimmung über die Abberufung eines ARMitgl. nach **§ 88 3. WOMitbestG** und nach **§ 39 Abs. 1 Nr. 2 WODrittelbG**
– und gem. **§ 1 Abs. 4 S. 1 u. 2 MontanMitbestG** die Bildung des Wahlkörpers nach **§ 6 Ab. 1 S. 2 MontanMitbestG.**

23 Im Rahmen der grenzüberschreitenden Unternehmensmitbestimmung obliegt dem KBR insbes.

– die Bestellung der inländischen ArbNVertr. des besonderen Verhandlungsgremiums (bVG) nach **§ 11 Abs. 2 EBRG,**
– die Bestellung und Abberufung der auf das Inland entfallenden ArbNVertr. für einen EBR bei gemeinschaftsweit tätiger Unternehmensgruppe nach **§§ 18 Abs. 2, 23 Abs. 2 u. 4 EBRG,**

- die Bildung des Wahlgremiums nach **§ 8 Abs. 2 SEBG** (→ § 1 Rn. 271 ff.),
- die Bildung des Wahlgremiums nach **§ 8 Abs. 2 SCEBG** (→ § 1 Rn. 271 ff.) und
- die Bildung des Wahlgremiums nach **§ 10 Abs. 2 MgVG** (→ § 1 Rn. 276).

Nach den durch das **BetrVerf-ReformG** angefügten **§ 16 Abs. 3** und dem geänderten **§ 17 Abs. 1** hat der KBR bei Fehlen eines GesBR in Betrieben ohne BR sowie in Betrieben mit BR, in denen ein Wahlvorstand nicht rechtzeitig gebildet wird, den **Wahlvorstand** für die Wahl eines BR zu bestellen. Dadurch soll in allen BRfähigen Betrieben die BRWahl sichergestellt werden. 24

4. Zuständigkeit kraft Auftrags

Nach Abs. 2 S. 1 kann ein GesBR oder im Fall des § 54 Abs. 2 auch ein BR den KBR beauftragen, eine Angelegenheit für ihn zu behandeln (BAG 19.6.2007 – 1 AZR 454/06, NZA 2007, 1184). Sofern dies von der Ermächtigung nach § 50 Abs. 2 gedeckt ist, kann ein GesBR die **Beauftragung** durch einen BR im Wege der „Durchgangsdelegation" auch an den KBR weiter delegieren (ErfK/*Koch* Rn. 5; DKKW/*Trittin* Rn. 104; HWGNRH/*Glock* Rn. 29; *Besgen/Apelt* SAE 2013, 74 [76]; *Rieble* RdA 2005, 26 [28]). Abs. 2 S. 1 ist § 50 Abs. 2 S. 1 (→ **§ 50 Rn. 62 ff.;** dort auch zur **Rechtsnatur der Beauftragung**) nachgebildet. Voraussetzung für eine wirksame Delegation ist ein mit qualifizierter Mehrheit, dh der Hälfte der nach § 47 Abs. 7 gewichteten Stimmen des GesBR gefasster Beschluss (GK-BetrVG/*Franzen* Rn. 45). Dieser bedarf der Schriftform. Die Beauftragung kann nach Abs. 2 S. 2 auf die Verhandlungsbefugnis beschränkt (→ § 50 Rn. 70) und jederzeit ohne besonderen Grund widerrufen werden (→ § 50 Rn. 65). Der beauftragte KBR ist grds. verpflichtet, die übertragene Angelegenheit zu erledigen (Richardi BetrVG/*Annuß* Rn. 29; *Besgen/Apelt* SAE 2013, 74 [75]; → § 50 Rn. 70). 25

Die Wirksamkeit des Delegationsaktes selbst hängt nicht davon ab, ob dem übertragenden GesBR oder BR in der Angelegenheit ein MBR tatsächlich zusteht (→ § 50 Rn. 67). Gleichwohl werden **durch die Delegation keine MBR begründet;** GesBR und BR können keine Rechte übertragen, die sie nicht haben (BAG 12.11.1997 – 7 ABR 78/96, NZA 1998, 497; 17.3.2015 – 1 ABR 49/13, NJOZ 2015, 1061). 26

Durch die Delegation der Angelegenheit vom GesBR bzw. EinzelBR auf den KBR findet **auf Seiten des ArbGeb. keine Verlagerung der Zuständigkeit** auf die Konzernleitung statt. Verhandlungspartner des KBR bleibt vielmehr das Konzernunternehmen, zu dem der delegierende GesBR, bzw. BR gehört (BAG 12.11.1997 – 7 ABR 78/96, NZA 1998, 497; 17.3.2015 – 1 ABR 49/13, NJOZ 2015, 1061; ErfK/*Koch* Rn. 5; MHdB ArbR/*Nebendahl* § 302 Rn. 64; *Rieble* RdA 2005, 26 [28]; **aA** GK-BetrVG/*Franzen* Rn. 50 – Konzernleitung; DKKW/*Trittin* Rn. 110, Wahlrecht des KBR). 27

5. Zuständigkeit für Unternehmen ohne Gesamtbetriebsrat und Betriebe ohne Betriebsrat

Nach der durch das BetrVerf-ReformG eingefügten, klarstellenden Regelung des Abs. 1 S. 1 Hs. 2 ist der KBR **zuständig auch für Unternehmen, die** einen **GesBR nicht gebildet** haben, sowie auf Betriebe der Konzernunternehmen ohne BR. Dies ermöglicht – allerdings nur im Rahmen der originären Zuständigkeit des KBR – eine Gleichbehandlung der ArbN des Konzerns in mitbestimmungspflichtigen Angelegenheiten. 28

Die Zuständigkeit des KBR nach Abs. 1 S. 1 Hs. 2 erstreckt sich zum einen auf die Unternehmen, in denen ein GesBR gebildet werden könnte, die **EinzelBR** aber ihrer **Verpflichtung** hierzu **nicht nachgekommen** sind (GK-BetrVG/*Franzen* Rn. 38). Sie erfasst zum anderen alle **BRlosen Betriebe** im Konzern (GK- 29

BetrVG/*Franzen* Rn. 39). Dazu gehören auch BRlose Betriebe in Unternehmen, in denen ein GesBR besteht und nach § 50 Abs. 1 S. 1 Hs. 2 im Rahmen seiner originären Zuständigkeit für diese Betriebe zuständig ist. Kleinstbetriebe, die nach § 4 Abs. 2 dem Hauptbetrieb zuzuordnen sind, sind nicht BRlos iSv Abs. 1 S. 1 Hs. 2, sondern werden – sofern es einen solchen gibt – vom BR des Hauptbetriebs vertreten (→ § 50 Rn. 29; GK-BetrVG/*Franzen* Rn. 40). Gibt es im Unternehmen keinen Hauptbetrieb, dem der Kleinstbetrieb nach § 4 Abs. 2 zugeordnet werden kann, ist der KBR für BRlose Betriebe nicht zuständig (GK-BetrVG/*Franzen* Rn. 40). Abs. 1 S. 1 Hs. 2 regelt die Zuständigkeit des KBR, begründet aber keine Mitbestimmung in Unternehmen, deren Betriebe wegen zu geringer Größe nicht BRfähig sind.

30 Die Zuständigkeit des KBR für GesBRlose Unternehmen oder BRlose Betriebe besteht **nur im Rahmen der** dem KBR nach Abs. 1 S. 1 zustehenden **originären Zuständigkeit.** Der KBR kann daher keine Angelegenheiten regeln, die in die gesetzliche Zuständigkeit – pflichtwidrig – nicht errichteter GesBR oder BRloser Betriebe fallen (GK-BetrVG/*Franzen* Rn. 41; → § 50 Rn. 34).

31 **KBV** (→ Rn. 34 ff.), die **vor** dem Inkrafttreten des **BetrVerf-ReformG geschlossen** wurden, gelten nicht ohne weiteres in GesBRlosen Unternehmen oder BRlosen Betrieben. Es ist vielmehr, ebenso wie bei GesBV (→ § 50 Rn. 31 ff.), nach dem Geltungsbereich der KBV zu **differenzieren** (GK-BetrVG/*Franzen* Rn. 42).

32 Falls die KBV **unterschiedslos** für alle – zuvor im KBR repräsentierten – Unternehmens-, bzw. Betriebsbelegschaften **abgeschlossen** war, dürfte sie auch die nach Abs. 1 S. 1 Hs. 2 in die Zuständigkeit des KBR fallenden Unternehmen und Betriebe erfassen (→ § 50 Rn. 32). Bei dadurch unerwartet für den Konzern entstehenden Mehrbelastungen kommt eine Anpassung nach den Grundsätzen des Wegfalls der Geschäftsgrundlage in Betracht.

33 **Bezog sich** die **KBV** nicht auf sämtliche, sondern **lediglich auf einzelne Konzernunternehmen,** wird eine automatische Geltungserstreckung auf gesamtbetriebsratslose Unternehmen und betriebsratslose Betriebe im Zweifel nicht in Betracht kommen (→ § 50 Rn. 34).

IV. Konzernbetriebsvereinbarung

34 Der KBR kann im Rahmen seiner **originären Zuständigkeit nach Abs. 1 S. 1** sog. **KBV mit dem herrschenden Konzernunternehmen** abschließen (BAG 12.11.1997 – 7 ABR 78/96, NZA 1998, 497; GK-BetrVG/*Franzen* Rn. 11 ff., 14; ErfK/*Koch* Rn. 6; DKKW/*Trittin* Rn. 119; HWGNRH/*Glock* Rn. 3, 30; WPK/*Roloff* Rn. 12; Richardi BetrVG/*Annuß* Rn. 43; MHdB ArbR/*Nebendahl* § 302 Rn. 70; *Kort* NZA 2009, 464 [470]). Das BetrVG setzt einen „Konzernarbeitgeber" nicht nur als Verhandlungs-, sondern auch als Vertragspartner voraus (→ Rn. 6). Schließt der KBR in originärer Zuständigkeit mit dem ArbGeb. eine KBV ab, hat der nicht beteiligte örtliche BR aus eigenem Recht grds. keinen Anspruch auf Durchführung der KBV (BAG 18.5.2010 – 1 ABR 6/09, NZA 2010, 1433). Der örtliche BR kann die Beachtung der KBV nur nach Maßgabe des § 23 Abs. 3 durchsetzen (BAG 18.5.2010 – 1 ABR 6/09, NZA 2010, 1433). War der KBR gem. Abs. 2 kraft Beauftragung durch den GesBR tätig, steht der Durchführungsanspruch dem GesBR zu (BAG 18.5.2010 – 1 ABR 6/09, NZA 2010, 1433). Das gilt entsprechend in Fällen der Delegation nach § 50 Abs. 2 iVm § 54 Abs. 2 (BAG 18.5.2010 – 1 ABR 6/09, NZA 2010, 1433).

35 Die zwischen KBR und Konzernleitung abgeschlossenen **KBV gelten nach § 77 Abs. 4 unmittelbar und zwingend** für die Arbeitsverhältnisse der in den Konzernunternehmen beschäftigten ArbN (BAG 22.1.2002 – 3 AZR 554/00, NZA 2002, 1224; ErfK/*Koch* Rn. 6; DKKW/*Trittin* Rn. 119; HWGNRH/*Glock* Rn. 31; GK-BetrVG/*Franzen* Rn. 53; *Kort* NZA 2009, 464 [470]). Es ist nicht erforderlich, dass die abhängigen Unternehmen die BV selbst abschließen oder dem herrschenden

Unternehmen eine Abschlussvollmacht erteilen (WPK/*Roloff* Rn. 12; MHdB ArbR/*Nebendahl* § 302 Rn. 74; **aA** Richardi BetrVG/*Annuß* Rn. 43; MHdB ArbR/*Joost* 3. Aufl. § 227 Rn. 65).

Die unmittelbare und zwingende Geltung der KBV in den abhängigen, aber gleichwohl rechtlich selbständigen Unternehmen rechtfertigt sich – trotz dogmatischer Schwierigkeiten (vgl. dazu Richardi BetrVG/*Annuß* Rn. 33 ff.; MHdB ArbR/*Nebendahl* § 302 Rn. 74) – im Anwendungsbereich des BetrVG aus dem **Vorrang des BetrVG vor dem Gesellschaftsrecht** (vgl. GK-BetrVG/*Franzen* Rn. 14; DKKW/*Trittin* Rn. 117 f. MHdB ArbR/*Nebendahl* § 302 Rn. 74). Wenn das G den „Konzernarbeitgeber" voraussetzt, ihm betriebsverfassungsrechtliche Rechte und Pflichten verleiht und ihn zum Vertragspartner des eigens gesetzlich vorgesehenen KBR macht, legitimiert es die konzerndimensionale Geltung der vom KBR und „Konzernarbeitgeber" im Rahmen der gesetzlichen Zuständigkeit geschlossenen BV. 36

Für die unmittelbare Wirkung der KBV in den abhängigen Konzernunternehmen kommt es nicht darauf an, ob es sich um einen **Vertragskonzern** oder einen **faktischen Konzern** handelt (GK-BetrVG/*Franzen* Rn. 15). 37

Auch zu einer Differenzierung zwischen sog **horizontaler und vertikaler KBV** besteht kein Anlass (GK-BetrVG/*Franzen* Rn. 16). 38

Für die **normative Fortgeltung einer KBV** nach einem Betriebsübergang gelten dieselben Grundsätze wie bei der GesBV (→ § **50** Rn. **77;** → **§ 77 Rn. 169, 170;** grdl. BAG 18.9.2002 – 1 ABR 54/01, NZA 2003, 670; vgl. auch *C. Meyer* BB Spezial 14/2005, 5 ff.; *Salamon* NZA 2009, 471; *Wernicke/Schneider* BB 2018, 948 [952 f.]). Regelungssubstrat einer KBV ist wie bei einer GesBV der einzelne Betrieb. Solange dessen Identität erhalten bleibt, steht der normativen Fortgeltung einer KBV als BV grds. nichts im Wege (→ § 77 Rn. 170). Gibt es beim Betriebserwerber allerdings schon eine GesBV oder eine KBV über denselben Regelungsgegenstand, so verdrängt diese regelmäßig die bisher anwendbare KBV (→ § 77 Rn. 169 wwN). 39

Für das **Verhältnis von KBV, GesBV und BV** gelten dieselben Grundsätze wie zwischen GesBV und BV (→ § 50 Rn. 74 f.). 40

Die **Zuständigkeit von KBR, GesBR und BR schließen sich wechselseitig aus** (BAG 20.12.1995 – 7 ABR 8/95, NZA 1996, 945; 14.11.2006 – 1 ABR 4/06, NZA 2007, 399). 41

Überträgt ein GesBR eine **Angelegenheit nach Abs. 2** dem KBR zur selbständigen Erledigung, so vereinbart dieser eine **BV nicht mit der Konzernspitze, sondern mit dem Konzernunternehmen,** dessen GesBR ihn beauftragt hat (BAG 12.11.1997 – 7 ABR 78/96, NZA 1998, 497; 17.3.2015 – 1 ABR 49/13, NJOZ 2015, 1061; HWGNRH/*Glock* Rn. 30; *Konzen* RdA 1984, 77; ErfK/*Koch* Rn. 6; **aA** DKKW/*Trittin* Rn. 110 – Wahlrecht; GK-BetrVG/*Franzen* Rn. 50 – Konzernleitung). 42

V. Streitigkeiten

Streitigkeiten über die Zuständigkeit des KBR entscheiden die **ArbG im BeschlVerf.** (§§ 2a, 80 ff. ArbGG). Bei einem Streit über die originäre Zuständigkeit des KBR ist das ArbG am Sitz des herrschenden Unternehmens zuständig; bei einem Streit aus abgeleiteter Zuständigkeit dasjenige am Sitz des jeweiligen Konzernunternehmens (GK-BetrVG/*Franzen* Rn. 61). Beteiligt am Verfahren sind neben dem in Anspruch genommenen ArbGeb nach § 83 Abs. 3 ArbGG die **Betriebsverfassungsorgane,** die **als Inhaber des streitigen Rechts materiellrechtlich ernsthaft in Frage kommen** (BAG 28.3.2006 – 1 ABR 59/04, NZA 2006, 1367; 18.7.2017 – 1 ABR 59/15, BeckRS 2017, 128317 Rn. 10). Zu den Besonderheiten des BeschlVerf. vgl. **Anh. 3.** 43

§ 59 Geschäftsführung

(1) **Für den Konzernbetriebsrat gelten § 25 Abs. 1, die §§ 26, 27 Abs. 2 und 3, § 28 Abs. 1 Satz 1 und 3, Abs. 2, die §§ 30, 31, 34, 35, 36, 37 Abs. 1 bis 3 sowie die §§ 40, 41 und 51 Abs. 1 Satz 2 und Abs. 3 bis 5 entsprechend.**

(2) [1] **Ist ein Konzernbetriebsrat zu errichten, so hat der Gesamtbetriebsrat des herrschenden Unternehmens oder, soweit ein solcher Gesamtbetriebsrat nicht besteht, der Gesamtbetriebsrat des nach der Zahl der wahlberechtigten Arbeitnehmer größten Konzernunternehmens zu der Wahl des Vorsitzenden und des stellvertretenden Vorsitzenden des Konzernbetriebsrats einzuladen.** [2] **Der Vorsitzende des einladenden Gesamtbetriebsrats hat die Sitzung zu leiten, bis der Konzernbetriebsrat aus seiner Mitte einen Wahlleiter bestellt hat.** [3] **§ 29 Abs. 2 bis 4 gilt entsprechend.**

Inhaltsübersicht

I. Vorbemerkung

1 Abs. 1 regelt in Anlehnung an § 51 die innere **Organisation und Geschäftsführung** des KBR durch Verweisung auf die für BR und GesBR geltenden Bestimmungen. Durch Abs. 2 werden Einzelheiten der konstituierenden Sitzung und durch Verweisung auf § 29 der weiteren Sitzungen des KBR festgelegt.

2 Die Vorschrift ist **zwingendes** Recht und weder durch TV noch BV abdingbar (GK-BetrVG/*Franzen* Rn. 4).

3 Entspr. Vorschrift des **BPersVG:** keine; des **SprAuG:** § 24.

II. Vorsitzender

4 Für die **Bestellung des Vors. des KBR** und **seines Stellvertr.** gelten durch Verweisung in § 59 Abs. 1 auf § 26 Abs. 1 dieselben Regelungen wie für die Bestellung des Vors. des GesBR und dessen Stellvertr.

5 Da der KBR **keine feste Amtszeit** hat, verlieren der Vors. und sein Stellvertr. ihr Amt nur durch Erlöschen der Mitgliedschaft im KBR (§ 57), durch Niederlegung ihres Amtes oder Absetzung durch den KBR (Richardi BetrVG/*Annuß* Rn. 8). Ein Ausscheiden aus dem KBR erfolgt aber mit Ablauf der Amtszeit des BR, dem sie angehören (vgl. BAG 9.2.2011 – 7 ABR 11/10, NZA 2011, 866). Wenn sie in diesen wiedergewählt werden, kann sie dieser erneut in den GesBR (→ § 47 Rn. 36 f.) und dieser in den KBR entsenden. In diesem Fall müssen der Vors. und sein Stellvertr. neu gewählt werden.

6 Die **Befugnisse** des Vors. und seines Stellvertr. entsprechen denjenigen des BRVors. und dessen Stellvertr. (Abs. 1 iVm § 26 Abs. 2, § 27 Abs. 3). Der Vors. (oder im Falle seiner Verhinderung sein Stellvertr.) vertritt den KBR im Rahmen der von diesem gefassten Beschlüsse. Er ist zur Entgegennahme von Erklärungen befugt, die dem KBR gegenüber abzugeben sind (§ 26 Abs. 2). Im KBR mit weniger als

9 Mitgl. kann ihm – oder einem andern Mitgl. des KBR – die Führung der laufenden Geschäfte übertragen werden.

III. Konzernbetriebsausschuss

Der KBR hat einen **KBetrAusschuss** zu bilden, wenn er mehr als acht Mitgl. hat. Dieser hat die **laufenden Geschäfte** des KBR zu führen. Die MitglZahl des KBetrAusschusses entspricht nach Abs. 1 iVm § 51 Abs. 1 S. 2 derjenigen des GesBetrAusschusses (→ § 51 Rn. 18 ff.). Sie kann sich erhöhen, wenn im Konzern neue Unternehmen hinzukommen (→ § 51 Rn. 19; BAG 16.3.2005 – 7 ABR 37/04, NZA 2005, 1069). 7

Von Gesetzes wegen gehören dem KBetrAusschuss der **Vors.** sowie der **stellvertr. Vors.** des KBR an. Die Bestimmung der **weiteren Mitgl.** des KBetrAusschusses entspricht durch die Verweisung auf § 51 Abs. 1 S. 2 der Regelung für den GesBetrAusschuss (→ § 51 Rn. 19 f.). 8

Die **weiteren Mitgl.** des KBR werden gem. Abs. 1 iVm § 51 Abs. 1 S. 2 iVm § 27 Abs. 1 S. 3 aus der Mitte des KBR in geheimer Wahl nach den Grundsätzen der Verhältniswahl gewählt (→ § 51 Rn. 20 mwN; dort auch zu der sich aus der Stimmengewichtung ergebenden praktischen Unmöglichkeit einer geheimen Wahl). Wird nur ein Wahlvorschlag gemacht, findet Mehrheitswahl statt. Erhöht sich durch Hinzukommen weiterer KBRMitglieder die gesetzlich vorgeschriebene Zahl der Mitglieder des KBetrAusschusses, so sind sämtliche Ausschussmitglieder neu zu wählen (→ § 51 Rn. 19; BAG 16.3.2005 – 7 ABR 37/04, NZA 2005, 1069). 9

Auch der KBR kann – wie sich aus der Verweisung auf § 28 Abs. 1 S. 1 u. 3 ergibt – neben dem KBetrAusschuss zur Vorbereitung oder zur selbständigen Erledigung bestimmter Aufgaben **weitere Ausschüsse** bilden. Voraussetzung für deren Bildung ist, dass im Konzern mehr als 100 ArbN beschäftigt sind und der KBR aus mindestens sieben Mitgliedern besteht (Richardi BetrVG/*Annuß* Rn. 16). Ist ein KBetrAusschuss gebildet, können den weiteren Ausschüssen auch Aufgaben zur selbständigen Erledigung übertragen werden. KBV können diese Ausschüsse nicht abschließen (§ 28 Abs. 1 S. 3 iVm § 27 Abs. 2 S. 1). 10

Für die **Zusammensetzung** und die **Bestellung der Mitgl.** dieser Ausschüsse gelten dieselben Grundsätze wie beim KBetrAusschuss. 11

Auch die Errichtung von **gemeinsamen Ausschüssen** nach § 28 Abs. 3 (→ § 28 Rn. 38 ff.) ist zulässig. 12

Auf die Beschlüsse der Ausschüsse des KBR findet – ebenso wie für die Ausschüsse des GesBR – das Prinzip der Stimmengewichtung keine Anwendung; vielmehr hat **jedes Mitgl. im Ausschuss nur eine Stimme** (→ § 51 Rn. 59 f.; Richardi BetrVG/*Annuß* Rn. 15; DKKW/*Trittin* Rn. 30). 13

IV. Konstituierung des Konzernbetriebsrats

Abs. 2 S. 1 u. 2 regelt die **Einberufung der konstituierenden Sitzung** des KBR (vgl. dazu die Erläuterungen zu → § 51 Rn. 7 ff.). Wenn die Voraussetzungen für die Errichtung des KBR (§ 54 Abs. 1) vorliegen, erfolgt die Einladung zur konstituierenden Sitzung entweder 14

- durch den **GesBR des herrschenden Unternehmens**
- oder wenn ein solcher nicht besteht, durch den **GesBR des nach der Zahl der wahlberechtigten ArbN größten Konzernunternehmens.** Maßgebend für die Ermittlung der **höchsten ArbNZahl** sind die Eintragungen in die Wählerlisten bei der letzten Wahl zu den einzelnen BR. Besteht in einem Betrieb kein BR, so ist auf die gegenwärtige Zahl der wahlberechtigten ArbN abzustellen (Richardi

BetrVG/*Annuß* Rn. 18; GK-BetrVG/*Franzen* Rn. 8; **aA** HWGNRH/*Glock* Rn. 7: ArbN dieses Betriebs zählen nicht mit).

15 Der einberufende GesBR hat **auch** diejenigen **GesBR** zur Entsendung von Mitgl. in den KBR aufzufordern, **die sich gegen die Bildung des KBR ausgesprochen haben** (ErfK/*Koch* Rn. 1; DKKW/*Trittin* Rn. 42; → § 54 Rn. 48f.). Ist für das herrschende Unternehmen **nur ein BR** gebildet, so ist dieser nach Abs. 2 S. 1 iVm § 54 Abs. 2 für die Einladung zuständig (→ § 54 Rn. 60).

16 Für die **weiteren Sitzungen** gelten nach Abs. 2 S. 3 § 29 Abs. 2–4 entspr.

17 Der KBR ist **nicht verpflichtet,** seine Sitzungen **am Sitz des herrschenden Unternehmens** einzuberufen (BAG 23.8.2006 – 7 ABR 51/05, NJOZ 2007, 2862).

V. Geschäftsführung des Konzernbetriebsrats

18 Auf die **Geschäftsführung** des KBR sind nach Abs. 1 weitgehend die für den BR geltenden Vorschriften anzuwenden. Die Verweisung deckt sich mit derjenigen für den GesBR nach § 51 Abs. 1 S. 1 (→ **§ 51 Rn. 25 f.**). Außerdem gelten einige Sonderregelungen über die Geschäftsführung des GesBR entspr.

19 Für das **Teilnahmerecht von Gewerkschaftsbeauftragten** an den Sitzungen des KBR gilt § 31 entsprechend. Es genügt, wenn die Gewerkschaft in einem BR oder GesBR vertreten ist (→ § 51 Rn. 37; Richardi BetrVG/*Annuß* Rn. 23; DKKW/*Trittin* Rn. 27; MHdB ArbR/*Nebendahl* § 302 Rn. 79; **aA** HWGNRH/*Glock* Rn. 24; GK-BetrVG/*Franzen* Rn. 26; ErfK/*Koch* Rn. 2). Das **Teilnahmerecht des ArbGeb.** richtet sich gem. Abs. 2 S. 3 nach § 29 Abs. 4.

20 Nach Abs. 1 iVm § 35 kann unter den dort genannten Voraussetzungen die Mehrheit der **KJAV** (§ 73b) oder der **KSchwerbVertr.** (§ 97 Abs. 2 SGB IX) eine Aussetzung von Beschlüssen des KBR verlangen.

21 Nach Abs. 1 iVm § 40 hat das herrschende Unternehmen die durch die Tätigkeit des KBR entstehenden erforderlichen **Kosten** zu tragen. Voraussetzung ist ein ordnungsgemäßer Beschluss des KBR (BAG 23.8.2006 – 7 ABR 51/05, NJOZ 2007, 2862). Ein solcher Beschluss kann uU auch noch im Nachhinein gefasst und das Handeln des Vors. genehmigt werden (BAG 23.8.2006 – 7 ABR 51/05, NJOZ 2007, 2862).

22 Die **Aufzählung** der auf den KBR entspr. anzuwendenden Geschäftsführungsvorschriften des BR und GesBR in § 59 ist **abschließend.** Sie kann nicht über den nach Abs. 1 entspr. anzuwendenden § 51 Abs. 5 erweitert werden (→ § 51 Rn. 63; GK-BetrVG/*Franzen* Rn. 4; **aA** DKKW/*Trittin* Rn. 32). § 51 Abs. 5 bezieht sich nicht auf Fragen der Geschäftsführung; er betrifft nur die Rechte und Pflichten des KBR gegenüber dem ArbGeb.

23 Das G sieht **keine Sprechstunden** des KBR während der Arbeitszeit vor. Auch eine BRVerslg. iSd § 53 ist auf der Ebene des Konzerns nicht vorgeschrieben. Sie ist aber mit Zustimmung der ArbGeb. möglich. Wegen der Teilnahme von Mitgl. des KBR an **Schulungs- und Bildungsveranstaltungen** → § 51 Rn. 43. Nach Abs. 1 iVm. § 37 Abs. 2 kann der KBR vom Vertragsarbeitgeber seines Mitgl. dessen generelle **(Teil-)Freistellung** verlangen, wenn dies zur ordnungsgemäßen Durchführung der dem KBR obliegenden Aufgaben erforderlich ist (BAG 23.5.2018 – 7 ABR 147/17, NZA 2018, 1281; → § 51 Rn. 44).

24 Der KBR hat nach Abs. 1 iVm § 51 Abs. 5 das Recht, nach Maßgabe des § 80 Abs. 2 S. 3 sachkundige ArbN als **Auskunftspersonen** heranzuziehen. Unter den Voraussetzungen des § 80 Abs. 3 kann er **Sachverständige** zur Erfüllung seiner Aufgaben (Richardi BetrVG/*Annuß* Rn. 26; HWGNRH/*Glock* Rn. 41; DKKW/*Trittin* Rn. 33).

VI. Beschlüsse des Konzernbetriebsrats und seiner Ausschüsse

Für die **Beschlussfassung des KBR** gelten durch die Verweisung auf § 51 Abs. 3 die für die Beschlussfassung des GesBR maßgebenden Grundsätze. Die Beschlüsse werden unter Berücksichtigung des Stimmengewichts gefasst (→ § 51 Rn. 53ff.). Voraussetzung für die Beschlussfassung ist eine ordnungsgemäß nach Abs. 2 S. 3 iVm § 29 Abs. 2–4 unter Angabe der Tagesordnung einberufene Sitzung (BAG 23.8.2006 – 7 ABR 51/05, NJOZ 2007, 2862). 25

Der KBR ist nur **beschlussfähig,** wenn mindestens die Hälfte seiner Mitgl. anwesend ist, an der Beschlussfassung teilnimmt und wenn die teilnehmenden Mitgl. mindestens die Hälfte des Gesamtstimmengewichts im KBR vertreten 26

Für die Beschlussfassung des beschlussfähigen KBR kommt es sowohl bei den mit einfacher, als auch bei den mit absoluter Mehrheit zu fassenden Beschlüssen (→ § 51 Rn. 51ff.) auf die **Stimmengewichte** an. Etwas anderes gilt für die Beschlussfassung in den Ausschüssen (→ § 51 Rn. 59f.). 27

Die **KJAV** kann zu allen Sitzungen des KBR einen Vertr. entsenden (§ 73b Abs. 2 iVm § 67). Deshalb ist sie einzuladen. Werden in der Sitzung des KBR Angelegenheiten behandelt, die besonders die Jugendlichen und Auszubildenden (§ 60) betreffen, hat zu diesen Tagesordnungspunkten die gesamte KJAV ein Teilnahmerecht. Soweit die vom KBR zu fassenden Beschlüsse überwiegend die in § 60 Abs. 1 genannten Personen betreffen, haben die JAV auch Stimmrecht (§ 73b Abs. 2 iVm § 67 Abs. 1 u. 2). IÜ hat die KJAV nach Maßgabe des § 67 Abs. 3 ein Antragsrecht. 28

Die nach § 97 Abs. 2 SGB IX zu bildende **KSchwbVertretung** hat nach § 59a das Recht, an allen Sitzungen des KBR beratend teilzunehmen. 29

VII. Rechte und Pflichten des Konzernbetriebsrats

Die Generalklausel des § 51 Abs. 5 findet durch Verweisung in Abs. 1 entspr. Anwendung auf die Rechte und Pflichten des KBR. Demgemäß hat der KBR im Rahmen seiner Zuständigkeit **grds. dieselben Rechte und Pflichten wie ein BR** (→ § 51 Rn. 62ff.). 30

Aus der ausdrücklichen Erwähnung des KBR in einigen Vorschriften (zB § 76 Abs. 1 S. 1, § 78 S. 1, § 79 Abs. 1 S. 4, Abs. 2) kann nicht der (Umkehr-)Schluss gezogen werden, dass die Rechtsstellung des KBR auf die dort genannten Rechte beschränkt wäre (HWGNRH/*Glock* Rn. 44). 31

VIII. Streitigkeiten

Die sich aus § 59 ergebenden Streitigkeiten entscheiden die **ArbG im BeschlVerf.** (§§ 2a, 80ff. ArbGG). Zuständig ist nach § 82 Abs. 1 S. 2 ArbGG das ArbG, in dessen Bezirk das (herrschende) Konzernunternehmen seinen Sitz hat. Zu den Besonderheiten des BeschlVerf. vgl. Anh. 3. 32

Das einem Mitgl. des KBR **vorenthaltene Arbeitsentgelt** ist im **Urteilsverf.** einzuklagen. Örtliche zuständig ist gem. § 29 Abs. 1 ZPO das ArbG, in dessen Bezirk der Beschäftigungsbetrieb liegt. 33

§ 59a Teilnahme der Konzernschwerbehindertenvertretung

Die Konzernschwerbehindertenvertretung (§ 180 Abs. 2 des Neunten Buches Sozialgesetzbuch) kann an allen Sitzungen des Konzernbetriebsrats beratend teilnehmen.

1 Die Bestimmung wurde eingefügt durch das BetrVerf-ReformG. Sie **entspricht § 180 Abs. 7 iVm § 178 Abs. 4 S. 1 SGB IX.** Auch auf der Konzernebene kann die Vertr. schwerbehinderter Menschen deren Eingliederung in die Betriebe und Unternehmen fördern und ihre Interessen wahrnehmen.

2 Die Vorschrift ist **zwingend** und kann durch TV oder BV weder abbedungen noch geändert werden. Wegen der Einzelheiten wird auf die Kommentierung zu dem für die GesSchwbVertr. maßgeblichen § 52 verwiesen.

Dritter Teil. Jugend- und Auszubildendenvertretung

Erster Abschnitt. Betriebliche Jugend- und Auszubildendenvertretung

§ 60 Errichtung und Aufgabe

(1) **In Betrieben mit in der Regel mindestens fünf Arbeitnehmern, die das 18. Lebensjahr noch nicht vollendet haben (jugendliche Arbeitnehmer) oder die zu ihrer Berufsausbildung beschäftigt sind und das 25. Lebensjahr noch nicht vollendet haben, werden Jugend- und Auszubildendenvertretungen gewählt.**

(2) **Die Jugend- und Auszubildendenvertretung nimmt nach Maßgabe der folgenden Vorschriften die besonderen Belange der in Absatz 1 genannten Arbeitnehmer wahr.**

Inhaltsübersicht

I. Vorbemerkung

1. Entwicklung

1 Die im BetrVG 1952 nur in Grundzügen und unsystematisch geregelten Vorschriften über eine JugVertr. wurden durch das **BetrVG 1972** zusammengefasst und erweitert. Dabei wurden Organisation, Aufgaben, Stellung und Rechte der JugVertr. wesentlich ausgebaut.

2 Durch das **G zur Bildung von Jug.- und AzubiVertr. in den Betrieben (JAVG)** v. 13.7.1988 (BGBl. I S. 1034) sowie das Änderungsgesetz 1989 (BGBl. I S. 2312) wurde die frühere JugVertr. zu einer JAV. Neben den jug. ArbN wurden die über 18 Jahre alten Azubi in die InteressenVertr. einbezogen. Die (Höchst-)Altersgrenze von 25 Jahren soll den Charakter einer Vertretung junger ArbN wahren (vgl. BT-Drs. 11/2474, 9 ff.; *Engels/Natter* DB 1988, 229). Die beiden Altersgrenzen dürften rechtlich nicht zu beanstanden sein. Es gibt für sie und die damit verbundene Gruppenbildung sachliche Gründe, die wohl einer Prüfung nach Maßgabe des Art. 3 Abs. 1 GG standhalten. Die JAV ist auch nicht etwa eine „Arbeitnehmerorganisation" iSv Art. 3 Abs. 1 Buchst. d der RL 2000/78/EG (vgl. *Bertelsmann* NZA-RR 2017, 57). Dahinstehen kann in vorliegendem Zusammenhang die Frage, ob das Recht, eine ArbNVertr. zu wählen oder in diese gewählt zu werden, eine „Beschäftigungs- und Arbeitsbedingung" iSv Art. 3 Abs. 1 Buchst. c der RL 2000/78/EG darstellt (so *Bertelsmann* NZA-RR 2017, 57). Jedenfalls ist die Gruppenbildung gerechtfertigt.

3 Die Änderungen durch das **BetrVerf-ReformG** dienten insbes. dem Ziel, das Amt der betrieblichen InteressenVertr. der jungen ArbN attraktiv zu machen und die

Effizienz der Arbeit der JAV zu steigern (BT-Drs. 14/5741, 31). Deshalb wird in Betrieben mit 5–50, bzw. 51–100 jug. ArbN im vereinfachten Wahlverfahren die Bildung einer JAV erleichtert (§ 63 Abs. 4 u. 5). Durch die Absenkung der Grenzzahlen des § 62 erhöht sich die Zahl der Mitgl. der JAV. Das dient ebenso der Entlastung der Mitgl. der JAV wie die ihr erstmals eingeräumte Möglichkeit, Ausschüsse zu bilden. Die erweiterte Zuständigkeit der GesJAV für Betriebe ohne JAV verfolgt das Ziel, eine einheitliche Vertretung aller jug. ArbN zu erreichen (BT-Drs. 14/5741, 31; vgl. § 73 Abs. 2 iVm § 50 Abs. 1 S. 1). Durch die mögliche Bildung einer KJAV sollen die Interessen jug. ArbN bei einheitlichen Entscheidungen zur Berufsbildung auf der Ebene des Konzerns wahrgenommen werden (BT-Drs. 14/5741, 45).

2. Betriebsverfassungsrechtliche Stellung

4 Trotz des Ausbaus der JugVertr. zu einer JAV und ihrer eingehenden Regelung in einem eigenen Teil des G ist die JAV **kein selbständiges und gleichberechtigt neben dem BR stehendes Organ der BetrVerf.** Die Interessen der jug. ArbN und der zu ihrer Berufsausbildung Beschäftigten unter 25 Jahren werden ebenso wie die aller übrigen ArbN des Betriebs gegenüber dem ArbGeb. allein vom BR wahrgenommen (BAG 13.3.1991 – 7 ABR 89/89, NZA 1992, 223; GK-BetrVG/*Oetker* Vor § 60 Rn. 27, 28 mwN; DKKW/*Trittin* Rn. 6). Diese Aufgabenzuweisung wurde weder durch das JAVG (BAG 13.3.1991 – 7 ABR 89/89, NZA 1992, 223; *Engels/Natter* BB 1988, 1454) noch durch das BetrVerf-ReformG geändert.

5 **Aufgabe** der JAV ist es, die speziellen Interessen der jug. und der zu ihrer Ausbildung beschäftigten ArbN gegenüber dem BR zum Ausdruck zu bringen und so dafür zu sorgen, dass ihre Belange im Rahmen der BRArbeit angemessen und sachgerecht berücksichtigt werden (vgl. dazu ausführlich *Rotermund*).

6 Außer in den §§ 60–73 werden die JAV bzw. ihre Mitgl. angesprochen in § 29 Abs. 2, § 33 Abs. 3, § 35 Abs. 1, § 37 Abs. 7, § 39 Abs. 2, §§ 78, 78a, 79 Abs. 2, 80 Abs. 1, §§ 103, 114, 119, 120, 125, 126 sowie in § 15 KSchG, § 29a HAG, § 14 AÜG und § 82 ArbGG.

7 Zur **GesJAV** s. §§ 72ff. Mit dem BetrVerf-ReformG wurde durch die Einfügung der §§ 73af. erstmals die Bildung einer **KJAV** auf Konzernebene ermöglicht. In **Seeschifffahrtsunternehmen** sind nach § 114 Abs. 5 JAV nur für die Landbetriebe zu bilden.

8 Die §§ 60ff. sind **zwingend.** Von ihnen kann weder durch TV (aber → Rn. 11) noch durch BV abgewichen werden (GK-BetrVG/*Oetker* Vor § 60 Rn. 34ff.; HWGNRH/*Rose* Rn. 21; DKKW/*Trittin* Rn. 10). Die Bildung einer JAV kann nicht ausgeschlossen werden.

9 Entspr. Vorschrift: **§ 57 BPersVG.**

II. Voraussetzungen

1. Betriebsbezogene Voraussetzungen

10 Eine JAV ist zu wählen, wenn in einem Betrieb idR mindestens fünf ArbN beschäftigt werden, die das 18. Lebensjahr noch nicht vollendet haben oder die zu ihrer Berufsausbildung beschäftigt werden und das 25. Lebensjahr noch nicht vollendet haben (Richardi BetrVG/*Annuß* Rn. 3). Ferner muss in dem Betrieb ein BR gebildet sein (→ Rn. 22). Die Wahl ist **gesetzl. vorgeschrieben.** Der BR ist deshalb verpflichtet, den Wahlvorstand zur Durchführung der Wahl der JAV zu bestellen (vgl. § 80 Abs. 1 Nr. 5).

11 Zum Begriff **Betrieb** → § 1 Rn. 89ff. Auch in einer durch Vereinbarung nach § 3 Abs. 1 Nr. 1–3 gebildete Organisationseinheit, die nach § 3 Abs. 5 als Betrieb gilt, ist eine JAV zu bilden (Richardi BetrVG/*Annuß* Rn. 7). Da die JAV ein Hilfsorgan des

BR ist, ist es konsequent und notwendig, einen „Gleichlauf der Organisationseinheiten" (GK-*Oetker* vor § 60 Rn. 39) herzustellen und sie in der Einheit zu errichten, für die ein BR gebildet ist (vgl. GK-*Oetker* vor § 60 Rn. 39; **aA** ArbG Köln 27.4.2015 – 15 BV 315/14, BeckRS 2015, 71354)

Zum Begriff **„in der Regel"** → § 1 Rn. 360ff. Für die Bildung einer JAV müssen im Betrieb üblicherweise 5 oder mehr jug. oder auszubildende ArbN beschäftigt werden. Unerheblich ist, ob die Zahl gerade im Zeitpunkt der Einleitung der Wahl oder am Wahltag erreicht wird (Richardi BetrVG/*Annuß* Rn. 6). 12

Sinkt die Zahl der jug. oder auszubildenden ArbN dauerhaft unter 5, so **endet** das **Amt der JAV,** da eine Voraussetzung für ihre Errichtung nicht mehr vorliegt. 13

2. Personenkreis

Jug. ArbN sind die ArbN, die das 18. Lebensjahr noch nicht vollendet haben und deshalb wegen ihres Alters noch nicht zum BR wahlberechtigt sind. Zum Begriff des ArbN → § 5 Rn. 15ff. 14

Außerdem sind die zu ihrer **Berufsausbildung Beschäftigten** zu berücksichtigen, die noch keine 25 Jahre alt sind (→ § 5 Rn. 289ff.; BAG 6.11.2013 – 7 ABR 76/11, NZA 2014, 678). 15

3. Außerbetriebliche, betriebs- und unternehmensübergreifende Ausbildung

Sofern die Ausbildung ausschließlich in einem Betrieb des Ausbildenden stattfindet, ist die betriebsverfassungsrechtliche Zuordnung regelmäßig unproblematisch. Besteht in diesem Betrieb ein BR, so ist dort auch die JAV zu bilden. Schwierigkeiten bereiten dagegen die Fälle, in denen die Ausbildung gem. § 2 Abs. 1 Nr. 3 BBiG außerhalb der betrieblichen Berufsbildung in **sonstigen Berufsbildungseinrichtungen** erfolgt (→ Rn. 17), in denen sie abschnittsweise in **verschiedenen Betrieben desselben Ausbildungsunternehmens** durchgeführt wird (→ Rn. 18) oder in denen die Ausbildung **unternehmensübergreifend** stattfindet (→ Rn. 19; vgl. zu den Besonderheiten über- und außerbetrieblichen Ausbildungsstätten auch → § 5 Rn. 297ff.). Welcher BR in derartigen Fällen mitbestimmungsrechtlich für die Azubi zuständig ist, hängt entscheidend von der Art des MBR und den Umständen des Einzelfalls ab. Generalisierend lässt sich allenfalls sagen, dass **wohl regelmäßig der BR desjenigen Betriebs zuständig** sein wird, **dessen Leitung die mitbestimmungspflichtige Entscheidung trifft.** So werden zB die Beteiligungsrechte nach § 96 beim BR des Betriebs liegen, dessen Leitung über die Maßnahmen der Berufsbildung entscheidet. Für eine Anhörung nach § 102 wird der BR des Betriebs zuständig sein, in dem die (Gesamt-)Ausbildung im Wesentlichen organisiert und überwacht wird und die für das Ausbildungsverhältnis grundlegenden Entscheidungen getroffen werden (BAG 12.5.2005 – 2 AZR 149/04, NZA 2005, 1358). 16

Nach der Rspr. sind die in **reinen Ausbildungsbetrieben** zu ihrer Berufsausbildung Beschäftigten keine ArbN iSd BetrVG (BAG 21.7.1993 – 7 ABR 35/92, NZA 1994, 713; 20.3.1996 – 7 ABR 34/95, NZA 1997, 107; 24.8.2004 – 1 ABR 28/03, NZA 2005, 371; 13.6.2007 – 7 ABR 44/06, NZA-RR 2008, 19; 30.9.2008 – 1 ABR 81/07, NJOZ 2009, 288; 24.8.2011 – 7 ABR 8/10, NZA 2012, 223). Es fehlt an der erforderlichen Eingliederung. Diese setzt voraus, dass die Azubi Tätigkeiten erlernen, die auch zu den beruflichen Aufgaben der ArbN des Betriebs gehören (BAG 26.1.1994 – 7 ABR 13/92, NZA 1995, 120; 13.6.2007 – 7 ABR 44/06, NZA-RR 2008, 19). Dementsprechend verneint das BAG eine Eingliederung der Azubi auch dann, wenn es sich zwar nicht um reine Ausbildungsbetriebe iSv § 2 Abs. 1 Nr. 3 BBiG handelt, aber die **Berufsausbildung selbst** den **Gegenstand des Betriebszwecks einer „betriebsverfassungsrechtlichen Einheit"** bildet (BAG 13.6.2007 – 7 ABR 44/06, NZA-RR 2008, 19). Mangels Eingliederung sind 17 in diesen Fällen die Azubi bei der BRWahl im reinen Ausbildungsbetrieb nicht wahlberechtigt. Auch kann für sie keine JAV nach § 60 errichtet werden. Um die Vertretungslosigkeit zu beseitigen, sah der am 15.8.2002 in Kraft getretene **§ 18a BBiG (aF)** erstmals für Azubi in außerbetrieblichen Ausbildungseinrichtungen eine **besondere InteressenVertr.** vor (vgl. dazu *Moderegger* ArbRB 02, 339 [342]; ErfK/*Schlachter* 5. Aufl. BBiG §§ 18a, 18b Rn. 1–3). Die Bestimmung wurde mit dem G zur Reform der beruflichen Bildung vom 20.3.2005 (BGBl. I S. 931) im Wesentlichen unverändert zu **§ 51 BBiG.** Sie lautet:

§ 51 Interessenvertretung

(1) **Auszubildende, deren praktische Berufsbildung in einer sonstigen Berufsbildungseinrichtung außerhalb der schulischen oder betrieblichen Berufsbildung (§ 2 Abs. 1 Nr. 3) mit in der Regel mindestens fünf Auszubildenden stattfindet und die nicht wahlberechtigt zum Betriebsrat nach § 7 des Betriebsverfassungsgesetzes, zur Jugend- und Auszubildendenvertretung nach § 60 des Betriebsverfassungsgesetzes oder zur Mitwirkungsvertretung nach § 36 des Neunten Buches Sozialgesetzbuch sind (außerbetriebliche Auszubildende), wählen eine besondere Interessenvertretung.**

(2) **Absatz 1 findet keine Anwendung auf Berufsbildungseinrichtungen von Religionsgemeinschaften sowie auf andere Berufsbildungseinrichtungen, soweit sie eigene gleichwertige Regelungen getroffen haben.**

17a Azubi, die andere Mitwirkungsgremien wählen können, sind bei der Wahl dieser besonderen InteressenVertr. nicht wahlberechtigt. § 51 Abs. 2 BBiG nimmt wegen des kirchlichen Selbstbestimmungsrechts (Art. 140 GG iVm Art. 137 Abs. 3 WRV) Berufsbildungseinrichtungen von Religionsgemeinschaften aus (vgl. auch § 118 Abs. 2). Ausgenommen sind ferner andere Berufsbildungseinrichtungen, die schon ohne Rechtspflicht gleichwertige Vertr. geschaffen haben. Um eine solche Vertr. handelt es sich zB bei der durch den **TV über die Mitbestimmung im Telekom Training Center (TTC, jetzt TT; TV Nr. 122)** vorgesehenen reinen AzubiVertr. (BAG 24.8.2004 – 1 ABR 28/03, NZA 2005, 371; 30.9.2008 – 1 ABR 81/07, NJOZ 2009, 288; 24.8.2011 – 7 ABR 8/10, NZA 2012, 223; vgl. auch *Klinkhammer* FS 50 Jahre BAG, 2004, 963 ff.). Da insoweit ein gesetzlich ungeregelter Bereich vorliegt, hat das BAG angenommen, dass die TVParteien insoweit wirksam eigene Vertretungsstrukturen und Kompetenzen schaffen und der tariflichen InteressenVertr. Beteiligungsrechte – zB bei der Festlegung der Dauer der Ausbildungszeit – zuerkennen können, welche die gesetzl. JAV nicht hat (BAG 24.8.2004 – 1 ABR 28/03, NZA 2005, 371). Der TV Nr. 122 regelt die Mitbestimmungsstrukturen im Betrieb TT (vormals: TTC). Er beseitigt jedoch nicht die MBR der BR in den Einsatzbetrieben. Werden Azubi eines reinen Ausbildungsbetriebs zum Zwecke ihrer praktischen Ausbildung vorübergehend in einem anderen Betrieb eingesetzt, handelt es sich für diesen Betrieb um eine Einstellung iSv § 99 Abs. 1 S. 1, bei welcher der BR des Einsatzbetriebs mitzubestimmen hat (BAG 30.9.2008 – 1 ABR 81/07, NJOZ 2009, 288). Die Azubi sind berechtigt, an den Betriebsversammlungen im Ausbildungsbetrieb teilzunehmen (BAG 24.8.2011 – 7 ABR 8/10, NZA 2012, 223).

17b Nach der Rspr. des BAG findet § 51 Abs. 1 BBiG trotz des dagegen sprechenden Wortlauts wegen des Zwecks der Regelung und zur Vermeidung einer Schutzlücke **nicht nur** auf **reine Ausbildungsbetriebe iSv § 2 Abs. 1 Nr. 3 BBiG** Anwendung (BAG 13.6.2007 – 7 ABR 44/06, NZA-RR 2008, 19). Eine besondere Interessenvertr. kann danach vielmehr auch in Betrieben gebildet werden, deren Betriebszweck nicht ausschließlich oder überwiegend in der Vermittlung einer Berufsausbildung besteht. Voraussetzung ist lediglich, dass die Berufsausbildung selbst Gegenstand des Betriebszwecks einer „betriebsverfassungsrechtlichen Einheit" ist und in dieser mindestens fünf Azubi beschäftigt sind (BAG 13.6.2007 – 7 ABR 44/06, NZA-RR 2008, 19).

17c § 18b BBiG (aF) enthielt eine Ermächtigung des Bundesministeriums für Bildung und Forschung (BMBF), durch **Rechtsverordnung** mit Zustimmung des Bundesrats die besonderen InteressenVertr. insbes. hinsichtlich ihrer **Zusammensetzung, Amtszeit,** der **Durchführung der Wahl** sowie der **Art** und dem **Umfang der**

Beteiligung näher auszugestalten. Die hierzu vom BMBF vorgelegte VO (BT-Drs. 14/6352, 5) wurde vom Bundesrat abgelehnt (BR-Drs. 339/02, 1 ff.). Nach dem neuen **§ 52 BBiG** bedarf die Rechtsverordnung nicht mehr der Zustimmung des Bundesrats. Sie ist jedoch noch immer nicht erlassen. Sie ist nicht etwa entbehrlich, sondern zur Wahl der besonderen InteressenVertr. erforderlich (BAG 24.8.2004 – 1 ABR 28/03, NZA 2005, 371). Soll die Schutzlücke, deren Beseitigung §§ 51, 52 BBiG dienen, nicht fortbestehen, besteht daher zumal nach dem Beschluss des BAG v. 13.6.2007 (7 ABR 44/06, NZA-RR 2008, 19) durchaus Handlungsbedarf (ebenso DKKW/*Trittin* Rn. 20).

Wird die **Berufsausbildung abschnittsweise in verschiedenen Betrieben** des Ausbildungsunternehmens durchgeführt, jedoch von einem der Betriebe des Ausbildungsunternehmens derart mit zentral bindender Wirkung auch für die anderen Betriebe geleitet, dass die wesentlichen der Beteiligung des BR unterliegenden, die Ausbildungsverhältnisse berührenden Entscheidungen dort getroffen werden, so gehört der Azubi während der gesamten Ausbildungszeit dem die Ausbildung leitenden **Stammbetrieb** an und ist dort wahlberechtigt zum BR und zur JAV Dagegen begründet die vorübergehende Beschäftigung in den anderen Betrieben keine Wahlberechtigung zu deren ArbNVertr. (BAG 13.3.1991 – 7 ABR 89/89, NZA 1992, 223; 13.3.1991 – 7 ABR 9/90, BeckRS 1991, 30736945; LAG Köln 1.4.2010 – 13 TaBV 79/09, BeckRS 2010, 71474; HWGNRH/*Rose* Rn. 32; Richardi BetrVG/*Annuß* Rn. 9; **aA** wohl DKKW/*Trittin* Rn. 21). 18

Schließen sich mehrere Ausbildende gem. **§ 10 Abs. 5 BBiG** zu einem **Ausbildungsverbund** zusammen (vgl. dazu Beschlussempfehlung BT-Drs. 15/4752 zu § 10; *Taubert* NZA 2005, 503 [506]; *Taubert* FS *Leinemann,* 2006, 135; *Opolony* BB 2005, 1050 [1051]; *Hänlein* NZA 2006, 348; *Stück/Mühlhausen* NZA-RR 2006, 169) und führen sie die Ausbildung der Azubi **unternehmensübergreifend** in der Weise durch, dass verschiedene Ausbildungsabschnitte in mehreren Unternehmen stattfinden, so ist der Auszubildende grds. dem Ausbildungsbetrieb, hilfsweise der Hauptverwaltung desjenigen Unternehmens zuzurechnen, mit dem er den **Berufsausbildungsvertrag** geschlossen hat (BAG 13.3.1991 – 7 ABR 89/89, NZA 1992, 223). In diesem ist er zum BR und zur JAV wahlberechtigt. Auch wenn die Ausbildungsabschnitte in den Betrieben der anderen Unternehmen länger als drei Monate dauern, findet § 7 S. 2 auf Azubi – etwas Anderes gilt für jugendliche ArbN. – weder unmittelbar noch entsprechend Anwendung (*Opolony* BB 2001, 2055 [2056]; wohl auch *Hänlein* NZA 2006, 348 [349]). Die Azubi werden nicht „zur Arbeitsleistung" überlassen. Führen die mehreren Unternehmen die Ausbildung allerdings in einem **gemeinsamen Betrieb** durch (vgl. GK-BetrVG/*Oetker* Rn. 13; *Opolony* BB 2005, 1050 [1051]) und handelt es sich dabei nicht um einen reinen Ausbildungsbetrieb (→ Rn. 18), so ist, sofern in dem Betrieb ein BR besteht, dort eine JAV zu bilden. Überlässt der Betriebsinhaber einem Dritten vertraglich Einrichtungen seines Betriebs, damit dieser mit eigenen Ausbildern die Berufsausbildung seiner Auszubildenden durchführen kann, die nicht dem Weisungsrecht des Betriebsinhabers unterliegen, werden die Auszubildenden des Dritten nicht zu Angehörigen dieses Betriebs (BAG 4.4.1990 – 7 ABR 91/89, AP BetrVG 1972 § 60 Nr. 1). 19

4. Altersbegrenzung

Zu berücksichtigen sind nur die zu ihrer Berufsausbildung Beschäftigten, die das 25. Lebensjahr noch nicht vollendet haben. Durch diese **Altersgrenze** soll der Charakter der Interessenvertretung junge ArbN gewährleistet werden. Sie dürfte rechtlich nicht zu beanstanden sein (→ Rn. 2). 20

Ältere ArbN, die zB im Rahmen von Förderungsmaßnahmen der BA in einen anderen Beruf umgeschult werden, zählen nicht mit. 21

5. Bestehen eines Betriebsrats

22 Für die Errichtung einer JAV ist ferner Voraussetzung, dass in dem Betrieb ein **BR gebildet** ist (GK-BetrVG/*Oetker* Rn. 38ff.; HWGNRH/*Rose* Rn. 35; Richardi BetrVG/*Annuß* Rn. 11; WPK/*Roloff* Rn. 10; MHdB ArbR/*Stamer* § 303 Rn. 7; *Rotermund* Interessenwahrnehmung S. 32ff.; **aA** DKKW/*Trittin* Rn. 35; wohl auch Däubler, Das Arbeitsrecht Band 1, Rn. 1161, die eine analoge Anwendung des § 63 Abs. 3 befürworten). Zum einen ist die JAV kein eigenständiges, neben dem BR stehendes Organ der BetrVerf., das losgelöst und unabhängig vom BR Beteiligungsrechte ausüben kann (→ Rn. 4). Zum anderen obliegt dem BR die Bestellung des Wahlvorstands für die Wahl der JAV (vgl. § 63 Abs. 2). Der GesBR (§ 63 Abs. 3 iVm § 16 Abs. 2) bzw. der KBR oder das ArbG können einen Wahlvorstand nur bestellen, wenn der BR säumig ist. Besteht kein BR, ist eine JAV auch dann nicht zu bilden, wenn in dem Betrieb idR mehr als fünf jug. oder auszubildende ArbN beschäftigt sind. Die Wahl einer JAV in einem BRlosen Betrieb ist nichtig (HWGNRH/*Rose* Rn. 35; Richardi BetrVG/*Annuß* Rn. 11).

23 Ein nur **kurzfristiger Wegfall des BR** (etwa bei einer erfolgreichen Wahlanfechtung oder bei einer verzögerten Neuwahl des BR) führt nicht zum Wegfall einer bestehenden JAV (Richardi BetrVG/*Annuß* Rn. 11; GK-BetrVG/*Oetker* Rn. 43; HWGNRH/*Rose* Rn. 39: Begrenzung der BRlosen Zeit auf sechs Monate entspr. § 21a Abs. 1 S. 3). Sie ist allerdings bis zur Neuwahl des BR in der Erfüllung ihrer Aufgaben weitgehend beschränkt, da sie nur über den BR die Interessen der jug. und zu ihrer Berufsausbildung beschäftigten ArbN wahrnehmen kann (vgl. §§ 65ff.; → Rn. 4). Ein kurzfristiger Wegfall des BR beeinflusst auch nicht die weitere Durchführung einer bereits eingeleiteten Wahl der JAV

III. Rechtsstellung und Aufgaben

24 Die JAV hat die **Aufgabe,** die bes. Interessen der jug. ArbN und der zu ihrer Berufsausbildung Beschäftigten unter 25 Jahren wahrzunehmen, und zwar zum einen gegenüber dem BR (vgl. § 70), zum anderen zusammen mit dem BR gegenüber dem ArbGeb. (vgl. §§ 67, 68). Ein Recht der JAV, unabhängig vom BR die Interessen der jug. oder zu ihrer Berufsausbildung beschäftigten ArbN gegenüber dem ArbGeb. wahrzunehmen, besteht nicht. Denn die **JAV** ist **kein selbständiges,** neben dem BR bestehendes **Organ** mit eigenen Vertretungsrechten (BAG 20.11.1973 – 1 AZR 331/73, NJW 1974, 879; 8.2.1977 – 1 ABR 82/74, AP BetrVG 1972 § 80 Nr. 10; 13.3.1991 – 7 ABR 89/89, NZA 1992, 223; → Rn. 4). Auch in Ausnahmefällen tritt die JAV nicht an die Stelle des BR (**aA** DKKW/*Trittin* Rn. 39).

25 Die **JAV** sind **keine Mitgl. des BR.** Sie haben nur die Befugnis, mit abgestuften Rechten (vgl. § 67) an den Sitzungen des BR teilzunehmen. Die JAV kann **keine BV** mit dem ArbGeb. abschließen. Auch die Ausübung von MBR und Mitwirkungsrechten für die jug. und der zu ihrer Berufsausbildung Beschäftigten steht nicht der JAV, sondern allein dem BR zu (DKKW/*Trittin* Rn. 38; GK-BetrVG/*Oetker* Vor § 60 Rn. 18ff.; HWGNRH/*Rose* Rn. 42; Richardi BetrVG/*Annuß* Rn. 14). Allerdings ist der BR verpflichtet, die JAV in Angelegenheiten, die **besonders** oder **überwiegend** die jug. oder auszubildende ArbN betreffen, gem. § 67 bei der **Beratung** bzw. **Beschlussfassung zu beteiligen** (→ § 67 Rn. 11ff.). IÜ kann sich die JAV aller Angelegenheiten annehmen, die für die jug. ArbN und die zu ihrer Berufsausbildung Beschäftigten des Betriebs von Belang sind. Sie kann diese innerhalb der JAV, mit dem BR und zusammen mit diesem auch mit dem ArbGeb. erörtern. Sie hat den **Kontakt mit den jug. ArbN** und den zu ihrer Berufsausbildung Beschäftigten zu pflegen, ohne den BR hiervon auszuschließen.

IV. Streitigkeiten

Streitigkeiten über die Bildung einer JAV sowie über ihre Zuständigkeit sind gem. §§ 2a, 80ff. ArbGG von den **ArbG im BeschlVerf.** zu entscheiden. Das gilt auch für Streitigkeiten zwischen BR und JAV Die JAV ist in einem solchen Verfahren eine nach § 10 Hs. 2 ArbGG beteiligungsfähige Stelle (GK-BetrVG/*Oetker* Rn. 65). Nach § 2a Abs. 1 Nr. 3c ArbGG erstreckt sich die Zuständigkeit der ArbG im BeschlVerf. auch auf Streitigkeiten aus § 51 BBiG (→ Rn. 17). Daher ist auch eine nach § 51 Abs. 1 BBiG errichtete InteressenVertr. – derzeit fehlt es allerdings noch an der RechtsVO nach § 52 BBiG (→ Rn. 17) – nach § 10 Hs. 2 ArbGG beteiligtenfähig (BAG 24.8.2004 – 1 ABR 28/03, NZA 2005, 371). Gleiches gilt für eine tarifliche InteressenVertr. iSv § 51 Abs. 2 BBiG (BAG 24.8.2004 – 1 ABR 28/03, NZA 2005, 371). Zu den Besonderheiten des BeschlVerf. vgl. Anh. 3. 26

§ 61 Wahlberechtigung und Wählbarkeit

(1) **Wahlberechtigt sind alle in § 60 Abs. 1 genannten Arbeitnehmer des Betriebs.**

(2) [1]**Wählbar sind alle Arbeitnehmer des Betriebs, die das 25. Lebensjahr noch nicht vollendet haben; § 8 Abs. 1 Satz 3 findet Anwendung.** [2]**Mitglieder des Betriebsrats können nicht zu Jugend- und Auszubildendenvertretern gewählt werden.**

Inhaltsübersicht

I. Vorbemerkung

Die Vorschrift regelt das **aktive und passive Wahlrecht** zur JAV Zur Bestellung der Mitgl. der GesJAV → § 72 Rn. 12ff. 1

Das JAVG (→ § 60 Rn. 2) hat wegen des Ausbaus der JugVertr. zu einer JAV die **Wahlberechtigung** auf die zu ihrer Berufsausbildung Beschäftigten unter 25 Jahren ausgeweitet (Abs. 1) und diese Altersgrenze auch für die Wählbarkeit zur JAV festgelegt (Abs. 2). 2

Die Vorschrift ist **zwingend** und weder durch TV noch durch BV abdingbar oder abänderbar (GK-BetrVG/*Oetker* Rn. 1). 3

Entspr. Vorschrift: § 58 BPersVG. 4

II. Wahlberechtigung

Wahlberechtigt sind alle **jug. ArbN unter 18 Jahren.** Das sind alle Beschäftigten des Betriebs, die wegen fehlender Volljährigkeit noch nicht zum BR wahlberechtigt sind. Unerheblich ist, ob der jug. ArbN unbefristet oder befristet, in Voll- oder Teilzeit beschäftigt ist. Maßgebend ist das **Alter am Wahltag.** Erstreckt sich die Wahl über mehrere Tage, ist maßgebend das Alter am letzten Wahltag. Die jug. ArbN 5 müssen ArbN des **Betriebs** sein, dh in einem Arbeits- oder Ausbildungsverhältnis zum Betriebsinhaber stehen und zur Belegschaft des Betriebs gehören. Weitere Voraussetzungen bestehen nicht. Ohne Einfluss auf die Wahlberechtigung ist, ob ein jug. ArbN wegen seines Alters unter **Vormundschaft** steht (§ 1773 BGB). Einer bes. Ermächtigung des Erziehungsberechtigten bedarf es zur Ausübung des Wahlrechts nicht (GK-BetrVG/*Oetker* Rn. 9ff., 13; *Rotermund* Interessenwahrnehmung S. 51ff.).

6 **Ferner** sind **wahlberechtigt** die zu ihrer **Berufsausbildung Beschäftigten** (vgl. zu diesem Begriff iE → § **5** Rn. **289ff.**) des Betriebs (vgl. zur außerbetrieblichen, betriebs- und unternehmensübergreifenden Ausbildung → § 60 Rn. 16ff.), die das 25. Lebensjahr noch nicht vollendet haben. Maßgebender Zeitpunkt ist der **Wahltag.** Erstreckt sich die Wahl über mehrere Tage, ist der letzte Wahltag maßgebend. Das Wahlrecht der über 18 Jahre alten zu ihrer Berufsausbildung beschäftigten ArbN zum BR wird durch ihre Wahlberechtigung auch zur JAV nicht berührt. Sie sind auch zum BR wahlberechtigt (→ § 7 Rn. 42; DKKW/*Trittin* § 60 Rn. 9).

7 Zur Ausübung des Wahlrechts ist in formeller Hinsicht erforderlich, dass der jug. oder in der Berufsausbildung stehende ArbN des Betriebs in die **Wählerliste** eingetragen ist. Anderenfalls kann er sein Wahlrecht nicht wahrnehmen (vgl. §§ 38, 2 Abs. 3 WO, MHdB ArbR/*Stamer* § 303 Rn. 15).

III. Wählbarkeit

8 **Wählbar** zur JAV sind nach Abs. 2 alle ArbN, die das 25. Lebensjahr noch nicht vollendet haben (→ Rn. 9ff.), nicht infolge strafgerichtlicher Verurteilung die Fähigkeit, Rechte aus öffentlichen Wahlen zu erlangen, verloren haben (→ Rn. 13) und nicht Mitglied des BR sind (→ Rn. 14). In **formeller Hinsicht** ist für die Wählbarkeit der jug. und zu ihrer Berufsausbildung beschäftigten Wahlbewerber die Eintragung in die **Wählerliste** notwendig (§§ 38, 2 Abs. 3 WO). Dies gilt nicht für ArbN, die zwar wählbar, jedoch nicht wahlberechtigt sind. ArbN des Betriebs im Alter von 18 bis 25 Jahren, die nicht zu ihrer Berufsausbildung, sondern als normale ArbN beschäftigt werden, sind deshalb auch ohne Eintragung in die Wählerliste wählbar (MHdB ArbR/*Stamer* § 303 Rn. 15).

1. Altersgrenze

9 Die Altersgrenzen in § 61 Abs. 1 iVm § 60 Abs. 1, Abs. 2 dürften rechtlich nicht zu beanstanden sein (→ § 60 Rn. 2). Alle ArbN des Betriebs, die das **25. Lebensjahr** noch nicht vollendet haben, sind zur JAV wählbar. Ein Mindestalter ist nicht erforderlich (ErfK/*Koch* § 70 Rn. 2). Bei ArbN unter 18 Jahren, ist eine Zustimmung des gesetzl. Vertreters zur Kandidatur nicht erforderlich (HWGNRH/*Rose* Rn. 12; Richardi BetrVG/*Annuß* Rn. 7; DKKW/*Trittin* Rn. 8; GK-BetrVG/*Oetker* Rn. 29; *Rotermund* Interessenwahrnehmung S. 53ff.).

10 Die Wählbarkeit ist nicht auf die zur JAV wahlberechtigten ArbN beschränkt. Vielmehr sind auch ArbN des Betriebs, die über 18 Jahre alt sind und nicht zu ihrer Berufsausbildung beschäftigt werden, wählbar, sofern sie das 25. Lebensjahr noch nicht vollendet haben. Die **ArbN zwischen 18 u. 25 Jahren** sind damit **sowohl zur JAV als auch zum BR wählbar. Allerdings** ist eine **Doppelmitgliedschaft** in beiden ArbNVertr. **nicht zulässig** (→ Rn. 14).

11 Maßgebender **Zeitpunkt** für die **Höchstaltersgrenze** ist der Tag des Beginns der Amtszeit der JAV, nicht der Tag der Wahl (zum Beginn der Amtszeit → § 64 Rn. 12). Das folgt aus § 64 Abs. 3 (GK-BetrVG/*Oetker* Rn. 26). Der Wahlbewerber darf, um wählbar zu sein, an diesem Tage das 25. Lebensjahr noch nicht vollendet haben (MHdB ArbR/*Stamer* § 303 Rn. 12). Vollendet ein JAV während der Amtszeit das 25. Lebensjahr, beeinflusst das nicht seine Mitgliedschaft in der JAV (→ § 64 Rn. 14).

2. Dauer der Betriebszugehörigkeit

12 Die Wählbarkeit zur JAV ist anders als zum BR von **keiner** bestimmten **Betriebszugehörigkeit** abhängig (DKKW/*Trittin* Rn. 10; Richardi BetrVG/*Annuß* Rn. 8). Der Beschäftigte muss aber ArbN des Betriebs sein (vgl. zur außerbetrieblichen und zur betriebsübergreifenden Ausbildung → § 60 Rn. 16ff.). Zur Möglichkeit der Wahl von zum Wehrdienst einberufenen ArbN sowie zur Möglichkeit der Rückstellung von Wahlbewerbern und gewählten JAV vom Wehrdienst → § 8 Rn. 14ff.

12a **Ausländische ArbN** des Betriebs sind wählbar, sofern sie die übrigen Voraussetzungen der Wählbarkeit erfüllen (DKKW/*Trittin* Rn. 11; GK-BetrVG/*Oetker* Rn. 34).

3. Ausschluss der Wählbarkeit

13 Die Wählbarkeit ist ebenso wie die zum BR ausgeschlossen, wenn der Wahlbewerber infolge **strafgerichtlicher Verurteilung** die Fähigkeit, Rechte aus öffentlichen Wahlen zu erlangen, nicht besitzt (→ § 8 Rn. 52ff.).

14 Zur JAV ist nach Abs. 2 S. 2 **nicht wählbar,** wer bereits **Mitgl. des BR** ist. **ErsMitgl. des BR** sind wählbar, solange sie nicht für ein verhindertes oder ausgeschiedenes BRMitgl. in den BR nachgerückt sind (DKKW/*Trittin* Rn. 15; GK-BetrVG/*Oetker* Rn. 38; HWGNRH/*Rose* Rn. 19; Richardi BetrVG/*Annuß* Rn. 11). Rückt ein ErsMitgl. nach, so scheidet es gem. § 65 iVm § 24 Abs. 1 Nr. 4 wegen nachträglichen Verlustes der Wählbarkeit aus der JAV aus, da es als nunmehriges Mitgl. des BR nicht mehr zur JAV wählbar ist. Das gilt auch, wenn es nur vorübergehend für ein zeitweilig verhindertes BRMitgl. in den BR nachrückt. Scheidet das ErsMitgl. nach Beendigung der zeitweiligen Verhinderung des BRMitgl. wieder aus dem BR aus, so tritt es nicht wieder in die JAV ein. Das Ausscheiden aus der JAV ist vielmehr **endgültig** (BAG 21.8.1979 – 6 AZR 789/77, AP BetrVG 1972 § 78a Nr. 6; ErfK/*Koch* § 70 Rn. 2; HWGNRH/*Rose* Rn. 20; GK-BetrVG/*Oetker* Rn. 41; *Rotermund* Interessenwahrnehmung S. 58ff.; **aA** DKKW/*Trittin* Rn. 16; Richardi BetrVG/*Annuß* Rn. 11, die bei nur vorübergehendem Nachrücken eines JAV in den BR diesen im Verhältnis zur JAV lediglich als zeitweilig verhindert ansehen, so dass er nach Beendigung der zeitweiligen Verhinderung wieder in die JAV eintritt; diese Ansicht lässt außer Acht, dass bei – auch nur vorübergehendem – Eintritt in den BR die Wählbarkeit erlischt). Daher sollte es sich ein Mitgl. der JAV, das zugleich ErsMitgl. für den BR ist, überlegen, ob es bei nur einer Vertretung für einen vorübergehenden Verhinderungsfall die ErsMitglschaft (dann allerdings endgültig) niederlegt. Eine andere Möglichkeit besteht darin, das ErsMitgl. als verhindert anzusehen und so den Verlust der Mitgliedschaft in der JugAzubiVertr zu vermeiden (GK-BetrVG/*Oetker* Rn. 41; *Rotermund* Interessenwahrnehmung S. 60).

15 Da ein Mitgl. des BR zur JAV nicht wählbar ist, kann es auch nicht zur JAV **kandidieren,** es sei denn, es legt vorher die Mitgliedschaft im BR nieder. Umgekehrt schließt die Mitgliedschaft in der JAV eine Kandidatur für den BR nicht aus (DKKW/*Trittin* Rn. 17; Richardi BetrVG/*Annuß* Rn. 12). Wird das Mitgl. der JAV in den BR gewählt und nimmt es die Wahl an, so verliert es die Wählbarkeit zur JAV und scheidet aus ihr aus (vgl. § 65 iVm § 24 Abs. 1 Nr. 4).

IV. Streitigkeiten

16 Über die Wahlberechtigung und Wählbarkeit entscheidet zunächst der Wahlvorstand. Streitigkeiten über dessen Entscheidung sind ebenso wie bei der BRWahl im **arbeitsgerichtlichen BeschlVerf.** zu entscheiden (§§ 2a, 80ff. ArbGG). IE → § 7 Rn. 96, → § 8 Rn. 64ff., → § 18 Rn. 65ff. Zu den Besonderheiten des BeschlVerf. vgl. Anh. 3.

§ 62 Zahl der Jugend- und Auszubildendenvertreter, Zusammensetzung der Jugend- und Auszubildendenvertretung

(1) **Die Jugend- und Auszubildendenvertretung besteht in Betrieben mit in der Regel**

5 bis	**20**	**der in § 60 Abs. 1 genannten Arbeitnehmer aus einer Person,**
21 bis	**50**	**der in § 60 Abs. 1 genannten Arbeitnehmer aus 3 Mitgliedern,**
51 bis	**150**	**der in § 60 Abs. 1 genannten Arbeitnehmer aus 5 Mitgliedern,**
151 bis	**300**	**der in § 60 Abs. 1 genannten Arbeitnehmer aus 7 Mitgliedern,**
301 bis	**500**	**der in § 60 Abs. 1 genannten Arbeitnehmer aus 9 Mitgliedern,**
501 bis	**700**	**der in § 60 Abs. 1 genannten Arbeitnehmer aus 11 Mitgliedern,**
701 bis	**1000**	**der in § 60 Abs. 1 genannten Arbeitnehmer aus 13 Mitgliedern,**
mehr als	**1000**	**der in § 60 Abs. 1 genannten Arbeitnehmer aus 15 Mitgliedern.**

(2) **Die Jugend- und Auszubildendenvertretung soll sich möglichst aus Vertretern der verschiedenen Beschäftigungsarten und Ausbildungsberufe der im Betrieb tätigen in § 60 Abs. 1 genannten Arbeitnehmer zusammensetzen.**

(3) **Das Geschlecht, das unter den in § 60 Abs. 1 genannten Arbeitnehmern in der Minderheit ist, muss mindestens entsprechend seinem zahlenmäßigen Verhältnis in der Jugend- und Auszubildendenvertretung vertreten sein, wenn diese aus mindestens drei Mitgliedern besteht.**

Inhaltsübersicht

I. Vorbemerkung

1 Die Vorschrift regelt **Größe** und **Zusammensetzung** der JAV Das **BetrVerf-ReformG** hat die für die Größe der JAV maßgebenden Grenzzahlen erheblich verändert.

2 Durch das **BetrVerf-ReformG** wurde ferner mit § 62 Abs. 3 für eine aus mindestens drei Mitgl. bestehende JAV eine **zwingende Geschlechterquote** eingeführt. Das Minderheitengeschlecht muss in der JAV mindestens entsprechend dem zahlenmäßigen Verhältnis der nach § 60 Abs. 1 wahlberechtigten Beschäftigten vertreten sein.

3 Die Regelung ist **zwingend** und kann weder durch TV noch durch BV abgedungen werden. Abs. 2 ist allerdings nur eine Sollvorschrift (→ Rn. 8).

4 Entspr. Vorschrift: **§ 59 BPersVG.**

II. Zahl der Mitglieder

5 Die **Größe der JAV** ergibt sich aus der Tabelle des Abs. 1. Die maßgebliche Beschäftigtenzahl ist vom Wahlvorstand festzustellen. Zu berücksichtigen sind nur jug. ArbN, dh ArbN des Betriebes unter 18 Jahren, sowie die zu ihrer Berufsausbildung Beschäftigten unter 25 Jahren. Zum Betrieb gehören auch die **nicht betriebsratsfähigen Kleinstbetriebe (vgl. § 4 Abs. 2)** sowie die **Betriebsteile,** deren AN sich an der Wahl des BR im Hauptbetrieb beteiligen (§ 4 Abs. 1 S. 2). Eine durch kollektivrechtliche Vereinbarung geschaffene **Einheit nach § 3 Abs. 1 Nr. 1–3** ist auch

für die Wahl der **JAV maßgebend** (vgl. für die SchwbVertr. BAG 10.11.2004 – 7 ABR 17/04, NJOZ 2005, 3038). Zur Bestimmung der Betriebszugehörigkeit von Auszubildenden bei außerbetrieblicher sowie bei betriebs- oder unternehmensübergreifender Ausbildung → § 60 Rn. 16ff. Erklären sich nicht genügend ArbN zur Übernahme des Amtes eines JAV bereit, ist die nächstniedrigere Größe der JAV zugrunde zu legen. § 11 findet entspr. Anwendung (DKKW/*Trittin* Rn. 4; GK-BetrVG/*Oetker* Rn. 15; Richardi BetrVG/*Annuß* Rn. 6; Einzelheiten → § 11 Rn. 6ff.).

Maßgebend ist die Zahl der am Tage des **Erlasses des Wahlausschreibens** „in 6
der Regel" im Betrieb beschäftigten jug. und zu ihrer Berufsausbildung beschäftigten ArbN (MHdB ArbR/*Stamer* § 303 Rn. 17; zum Begriff „in der Regel" → § 1 Rn. 360ff.). **Ändert** sich in der Zeit zwischen Erlass des Wahlausschreibens und Wahl die Zahl der wahlberechtigten ArbN so nehmen inzwischen hinzugekommene ArbN an der Wahl teil, ausgeschiedene ArbN wählen nicht mehr mit. Für die Größe der JAV ist jedoch unverändert die Zahl der im Zeitpunkt des Erlasses des Wahlausschreibens idR beschäftigten ArbN maßgeblich (DKKW/*Trittin* Rn. 6; GK-BetrVG/*Oetker* Rn. 13; HWGNRH/*Rose* Rn. 4; Richardi BetrVG/*Annuß* Rn. 5). Im Falle einer vorzeitigen Neuwahl der JAV bestimmt sich ihre Größe nach der Zahl der bei Erlass des Wahlausschreibens zu dieser Wahl idR beschäftigten jug. oder auszubildenden ArbN, nicht nach der Zahl der ArbN bei der Wahl der JAV, deren Amtszeit vorzeitig endet (BAG 22.11.1984 – 6 ABR 9/84, NZA 1985, 715).

Ohne Bedeutung ist es, wenn sich die **Zahl der nach § 60 Abs. 1 wahlberech- 7
tigten ArbN nach der Wahl ändert.** Selbst bei einer erheblichen Änderung ist keine Neuwahl durchzuführen. § 13 Abs. 2 Nr. 1, der bei erheblicher Veränderung der Belegschaftsstärke eine Neuwahl des BR vorschreibt, findet auf die JAV keine Anwendung (vgl. § 64 Abs. 1 S. 2; DKKW/*Trittin* Rn. 8). Etwas anderes gilt nur, wenn die Zahl der im Betrieb idR beschäftigten jug. oder auszubildenden ArbN nicht nur vorübergehend unter 5 sinkt. In diesem Falle entfällt eine Voraussetzung für die Bildung der JAV Eine bestehende JAV verliert ihr Amt (Richardi BetrVG/*Annuß* Rn. 7).

III. Berücksichtigung der Beschäftigungsarten und Geschlechter

1. Beschäftigungsarten

Abs. 2 ist § 15 Abs. 1 nachgebildet (→ § 15 Rn. 6ff.). Er soll die JAV befähigen, ihre 8
Arbeit möglichst sachkundig unter Berücksichtigung der im Betrieb ausgeübten Beschäftigungsarten und Ausbildungsberufe durchzuführen. Die **Sollvorschrift** richtet sich an diejenigen, die **Wahlvorschläge einreichen.** Sie sollen diese so gestalten, dass die JAV eine der Struktur der jug. und der zu ihrer Berufsausbildung beschäftigten ArbN und ihrer betrieblichen Tätigkeit entsprechende Zusammensetzung erhält. Hierauf soll im Wahlausschreiben ausdrücklich hingewiesen werden (§§ 38 S. 1, 3 Abs. 3 WO). Kommen die Wahlberechtigten der Aufforderung nicht nach, so hat dies auf die **Gültigkeit der Wahl keinen Einfluss** (DKKW/*Trittin* Rn. 11; GK-BetrVG/*Oetker* Rn. 25; HWGNRH/*Rose* Rn. 9; Richardi BetrVG/*Annuß* Rn. 8; → § 15 Rn. 2).

2. Geschlechterrepräsentanz

In dem durch das BetrVerf-ReformG geänderten Abs. 3 ist eine **Geschlechter- 9
quote** zwingend vorgeschrieben. Damit wird dem **Gleichberechtigungsgrundsatz** des Art. 3 Abs. 2 GG Rechnung getragen. Das bei den jug. und den zur Berufsausbildung Beschäftigten AN in der Minderheit befindliche Geschlecht muss seinem zahlenmäßigen Verhältnis entsprechend in der JAV vertreten sein. Das in der Minderheit befindliche Geschlecht soll Gelegenheit erhalten, geschlechtsspezifische Themen

und Problemstellungen in die Arbeit der JAV einzubringen (vgl. BT-Drs. 14/5741, 37, 44). Das sog. „Dritte Geschlecht" ist nicht Minderheitengeschlecht iSv Abs. 3 (vgl. ausführlich → § 15 Rn. 11b). Die Geschlechterquote des Abs. 3 basiert ebenso wie die des § 15 Abs. 2 auf Art. 3 Abs. 2 S. 2 GG und dient ausschließlich der Förderung der tatsächlichen Durchsetzung der Gleichberechtigung von Frauen und Männern (vgl. → § 15 Rn. 11, 11a). Für die GesJAV (§ 72) und die KJAV (§ 73a) gilt die Quote des Abs. 3 nicht.

10 Die **Verteilung der Sitze** in der JAV **auf die Geschlechter** ist in der WO geregelt. Für die Wahl gelten die Vorschriften der §§ 38 ff. WO. Hinsichtlich der Berücksichtigung der Geschlechter bei der Sitzverteilung vgl. die Kommentierung zu § 15 und zu § 3 WO.

IV. Streitigkeiten

11 Die Zahl der zu wählenden JAV sowie die auf das Minderheitsgeschlecht entfallende Anzahl der Sitze stellt der Wahlvorstand fest. Streitigkeiten über seine Entscheidung sind im **arbeitsgerichtlichen BeschlVerf.** zu entscheiden (§§ 2a, 80 ff. ArbGG). Zu dessen Besonderheiten vgl. Anh. 3. Verstöße gegen Abs. 1 und Abs. 3 berechtigen zur **Anfechtung der Wahl** (Einzelheiten bei § 19). In dem Wahlanfechtungsverfahren ist der BR zu beteiligen (BAG 20.2.1986 – 6 ABR 25/85, AP BetrVG 1972 § 63 Nr. 1). Erfolgt keine Wahlanfechtung, bleibt es für die Dauer der Amtsperiode bei der vom Wahlvorstand festgelegten Zahl (BAG 14.1.1972 – 1 ABR 6/71, AP BetrVG § 20 Jugendvertreter Nr. 2; DKKW/*Trittin* Rn. 14; HWGNRH/*Rose* Rn. 15; Richardi BetrVG/*Annuß* Rn. 11). Bei einem Verstoß gegen Abs. 3 kann das Gericht das Wahlergebnis berichtigen (→ § 19 Rn. 28).

§ 63 Wahlvorschriften

(1) **Die Jugend- und Auszubildendenvertretung wird in geheimer und unmittelbarer Wahl gewählt.**

(2) [1] **Spätestens acht Wochen vor Ablauf der Amtszeit der Jugend- und Auszubildendenvertretung bestellt der Betriebsrat den Wahlvorstand und seinen Vorsitzenden.** [2] **Für die Wahl der Jugend- und Auszubildendenvertreter gelten § 14 Abs. 2 bis 5, § 16 Abs. 1 Satz 4 bis 6, § 18 Abs. 1 Satz 1 und Abs. 3 sowie die §§ 19 und 20 entsprechend.**

(3) **Bestellt der Betriebsrat den Wahlvorstand nicht oder nicht spätestens sechs Wochen vor Ablauf der Amtszeit der Jugend- und Auszubildendenvertretung oder kommt der Wahlvorstand seiner Verpflichtung nach § 18 Abs. 1 Satz 1 nicht nach, so gelten § 16 Abs. 2 Satz 1 und 2, Abs. 3 Satz 1 und § 18 Abs. 1 Satz 2 entsprechend; der Antrag beim Arbeitsgericht kann auch von jugendlichen Arbeitnehmern gestellt werden.**

(4) [1] **In Betrieben mit in der Regel fünf bis fünfzig der in § 60 Abs. 1 genannten Arbeitnehmer gilt auch § 14a entsprechend.** [2] **Die Frist zur Bestellung des Wahlvorstands wird im Fall des Absatzes 2 Satz 1 auf vier Wochen und im Fall des Absatzes 3 Satz 1 auf drei Wochen verkürzt.**

(5) **In Betrieben mit in der Regel 51 bis 100 der in § 60 Abs. 1 genannten Arbeitnehmer gilt § 14a Abs. 5 entsprechend.**

Inhaltsübersicht

I. Vorbemerkung

1 Die Vorschrift legt – weitgehend durch Verweisungen auf Vorschriften zur BRWahl – die Grundsätze für die Wahl der JAV fest und regelt ferner Bestellung und Aufgaben des Wahlvorstands. Sie wird ergänzt durch §§ 38 ff. WO.

2 Die Novellierung der Vorschrift durch das **BetrVerf-ReformG** betraf Änderungen und Ergänzungen, die sich aus der Aufgabe des Gruppenprinzips, der erweiterten Zuständigkeit des GesBR und des KBR für die Bestellung von Wahlvorständen und der Durchführung von BRWahlen in einem vereinfachten Wahlverfahren ergaben.

3 Die Vorschrift ist **zwingendes Recht** und weder durch TV noch durch BV abdingbar (GK-BetrVG/*Oetker* Rn. 5).

4 Entspr. Vorschrift: **§ 60 Abs. 1 BPersVG.**

II. Wahlgrundsätze

5 Die Bildung der JAV erfolgt durch **geheime** und **unmittelbare Wahl.** Es gelten auch die ungeschriebenen Wahlgrundsätze der **freien** und **gleichen Wahl** (BAG 6.12.2000 – 7 ABR 34/99, AP BetrVG 1972 § 19 Nr. 48; Einzelheiten bei § 14). Zum Wahlverfahren vgl. etwa *Heilmann* AiB 2005, 517 ff.; *Maschmann* Personal 2002, 40 ff.; *Sieg/Duffing* AuA 2002, 394 ff.

1. Verhältniswahl

6 Nach Abs. 2 S. 2 iVm § 14 Abs. 2 S. 1 wird die Wahl grds. als **Verhältniswahl** durchgeführt (→ § 14 Rn. 22 ff.). Eine **Mehrheitswahl** findet nach Abs. 2 S. 2, Abs. 4 S. 1, Abs. 5 iVm § 14 Abs. 2 S. 2 statt, wenn entweder nur ein Wahlvorschlag eingereicht worden ist oder die JAV im vereinfachten Wahlverfahren zu wählen ist. Es gelten dieselben Grundsätze wie bei der BRWahl (vgl. dazu § 14 und § 14a).

7 Bei der **Verhältniswahl** kann der wahlberechtigte jug. oder zu seiner Berufsausbildung beschäftigte ArbN nur eine **Liste** wählen. Er kann keine auf der Liste stehenden Bewerber streichen oder nicht auf ihr stehende Bewerber hinzufügen. Anderenfalls ist seine Stimmabgabe ungültig. Die Verteilung der Sitze auf die einzelnen Listen erfolgt nach dem sog **d'Hondt'schen Höchstzahlensystem** (vgl. hierzu § 15 WO und → § 14 Rn. 24 ff.). Entsprechend den erreichten Höchstzahlen sind aus den einzelnen Listen die Bewerber in der Reihenfolge gewählt, in der sie auf der Liste aufgeführt sind. Dabei ist sicherzustellen, dass das in der Minderheit befindliche Geschlecht entspr. § 62 Abs. 3 repräsentiert wird. Es gelten die Grundsätze des § 15 Abs. 2 und die hierzu ergangenen Vorschriften der WO (zu Einzelheiten vgl. die Kommentierung zu § 15 sowie §§ 5, 15, 38 WO).

2. Mehrheitswahl

8 Ist nur ein gültiger Wahlvorschlag eingereicht worden und findet deshalb nach Abs. 2 S. 2 iVm § 14 Abs. 2 S. 2 eine **Mehrheitswahl** statt, kann jeder Wahlberechtigte auf dem Stimmzettel so viele Kandidaten ankreuzen, wie Mitgl. der JAV zu wählen sind (vgl. § 39 Abs. 3 WO). Werden mehr Kandidaten angekreuzt, ist die Stimme ungültig. Werden weniger angekreuzt, hat das auf die Gültigkeit der abgegebenen Stimmen keinen Einfluss. Die zu besetzenden Sitze der JAV werden nach den **erreichten Stimmenzahlen** verteilt. Dabei ist gleichfalls sicherzustellen, dass das in der Minderheit befindliche Geschlecht gem. § 62 Abs. 3 repräsentiert wird (Einzelheiten bei § 15).

9 Die Wahl findet stets in Mehrheitswahl statt, wenn nach Abs. 4 oder 5, § 10 WO die **JAV im vereinfachten Wahlverfahren nach § 14a gewählt wird.** Bei einer nur aus einer Person bestehenden JAV ist die Geschlechterquote des § 62 Abs. 3 nicht zu beachten.

3. Vorschlagsrecht

10 Die Wahl erfolgt auf Grund von **Wahlvorschlägen** (vgl. § 39 WO). Vorschlagsberechtigt sind nur die jug. und die zu ihrer Berufsausbildung beschäftigten ArbN des Betriebs (vgl. § 61 Abs. 1 iVm § 14 Abs. 3). Jeder Wahlvorschlag muss nach Abs. 2 S. 2 iVm § 14 Abs. 4 S. 1 u. 2 von einem Zwanzigstel der wahlberechtigten ArbN, mindestens jedoch von drei Wahlberechtigten unterzeichnet sein. In Betrieben mit in der Regel bis zu 20 zur JAV wahlberechtigten ArbN genügt die Unterzeichnung durch 2 Wahlberechtigte. In jedem Falle genügt die Unterzeichnung durch 50 Wahlberechtigte. In den Vorschlagslisten sind Familienname, Vorname, Geburtsdatum, Art der Beschäftigung sowie der Ausbildungsberuf aufzuführen (§§ 39 Abs. 1 S. 3, 6 Abs. 3 S. 1 WO).

11 Auch die im Betrieb vertretenen **Gewerkschaften** sind berechtigt, zu der Wahl der JAV einen Wahlvorschlag einzureichen (Abs. 2 iVm § 14 Abs. 3 u. 5). Dieser Wahlvorschlag bedarf keiner Unterzeichnung durch wahlberechtigte ArbN des Betriebs; er muss jedoch von zwei Beauftragten der Gewerkschaft unterzeichnet sein (vgl. hierzu iE § 14). Das Wahlvorschlagsrecht der Gewerkschaften setzt voraus, dass ein Wahlvorstand gebildet ist, der das Wahlverfahren durch das Wahlausschreiben eingeleitet hat. Da für die Bildung des Wahlvorstand das Bestehen eines BR notwendige Voraussetzung ist (→ Rn. 14), können die Gewerkschaften in einem BRlosen Betrieb keine Wahlvorschläge für die Wahl der JAV machen (HWGNRH/*Rose* Rn. 7).

4. Wahl im vereinfachten Wahlverfahren

12 In Betrieben mit 5 bis 50 der zur JAV Wahlberechtigten ist nach Abs. 4 der Vorschrift die Wahl im **vereinfachten Wahlverfahren nach § 14a** durchzuführen. Damit soll die Bildung einer Interessenvertretung der jug. und der zur Ausbildung beschäftigten ArbN erleichtert und gefördert werden (BT-Drs. 14/5741, 37, 44). Aufgrund der Beratungen im Ausschuss für Arbeit und Sozialordnung wurde auch für Betriebe mit 51 bis 100 der zur JAV Wahlberechtigten die Möglichkeit geschaffen, die JAV im vereinfachten Wahlverfahren durchzuführen, soweit sich der ArbGeb. und der Wahlvorstand darüber verständigen (BT-Drs. 14/6352, 58).

a) Vereinfachtes Wahlverfahren kraft Gesetzes

13 In **Betrieben mit 5 bis 50 der zur JAV wahlberechtigten ArbN** erfolgt die Wahl stets im vereinfachten Wahlverfahren. Es gilt § 14a Abs. 3, da der Wahlvorstand für die Wahl der JAV nicht in einer ersten Wahlversammlung, sondern durch den BR

oder die Berechtigten nach Abs. 3 bestellt wird. Es findet deshalb nur eine Wahlversammlung statt, auf der die JAV gewählt wird. Es gelten die allgemeinen Wahlgrundsätze. Die Wahl erfolgt als Mehrheitswahl. Wahlvorschläge können eine Woche vor der Wahlversammlung zur Durchführung der Wahl eingereicht werden (§ 14a Abs. 3 S. 2). Wahlberechtigte, die an dieser Wahlversammlung nicht teilnehmen können, ist Gelegenheit zur Briefwahl zu geben (vgl. § 14a Abs. 4). Einzelheiten der Durchführung der Wahl im vereinfachten Wahlverfahren bei § 14a.

b) Vereinfachtes Wahlverfahren kraft Vereinbarung

14 In Betrieben mit bis zu 100 der zur JAV Wahlberechtigten können der Wahlvorstand und der ArbGeb. die Durchführung der Wahl im vereinfachten Wahlverfahren **vereinbaren.** Zur Rechtssicherheit und Beweisbarkeit empfiehlt sich eine schriftliche Vereinbarung. Kommt keine Vereinbarung zustande, richtet sich die Wahl nach den allgemeinen Grundsätzen. Einzelheiten bei § 14a.

5. Wahlanfechtung

15 Die Wahl der JAV kann nach Abs. 2 S. 2 iVm § 19 ebenso wie eine BRWahl **angefochten** werden, wenn gegen wesentliche Vorschriften des Wahlrechts, der Wählbarkeit und des Wahlverfahrens verstoßen worden ist (vgl. die Erläuterungen zu § 19). **Anfechtungsberechtigt** sind – außer dem ArbGeb. und den im Betrieb vertretenen Gewerkschaften – drei jug. oder zur Berufsausbildung beschäftigte ArbN (DKKW/*Trittin* Rn. 10; GK-BetrVG/*Oetker* Rn. 77; Richardi BetrVG/*Annuß* Rn. 31). Im Wahlanfechtungsverfahren ist der BR Beteiligter (BAG 20.2.1986 – 6 ABR 25/85, AP BetrVG 1972 § 63 Nr. 1). Ebenso wie die BRWahl kann die Wahl der JAV **nichtig** sein, wenn gegen allgemeine Grundsätze einer jeden Wahl in so hohem Maße verstoßen worden ist, dass nicht einmal der Anschein einer dem G entsprechenden Wahl vorliegt (BAG 22.3.2000 – 7 ABR 34/98, NZA 2000, 1119; 19.11.2003 – 7 ABR 25/03, AP BetrVG 1972 § 19 Nr. 55; 21.9.2011 – 7 ABR 54/10, NZA-RR 2012, 186; Einzelheiten bei → § 19 Rn. 4–9). Ein Abbruch der Wahl ist nur in Fällen der offenkundigen Nichtigkeit und nicht bereits in den Fällen der voraussichtlichen Anfechtbarkeit zulässig (vgl. zur BRWahl BAG 27.7.2011 – 7 ABR 61/10, NZA 2012, 345).

6. Wahlschutz und Wahlkosten

16 Für den **Schutz** und die **Kosten der Wahl** der JAV gilt nach Abs. 2 die Vorschrift des § 20 entsprechend. Danach trägt der ArbGeb. die Kosten der Wahl. Versäumnis von Arbeitszeit, die zur Ausübung des Wahlrechts oder zur Betätigung im Wahlvorstand erforderlich ist, berechtigt nach Abs. 2 iVm § 20 Abs. 3 S. 2 nicht zur Minderung des Arbeitsentgelts (→ § 20 Rn. 35 ff.). Zur Schulung von Mitgl. des Wahlvorstands → § 20 Rn. 39 f.

17 Die Wahlbewerber für die JAV sowie die WahlvorstandsMitgl. genießen den gleichen **Sonderkündigungsschutz** wie die Wahlbewerber und die WahlvorstandsMitgl. für die BRWahl. § 103 und § 15 Abs. 2 KSchG beschränken den KSchutz nicht auf die BRWahl (→ § 103 Rn. 3; DKKW/*Trittin* Rn. 12; GK-BetrVG/*Oetker* Rn. 71; HWGNRH/*Rose* Rn. 20; Richardi BetrVG/*Annuß* Rn. 30). Das gilt auch für den Versetzungsschutz nach § 103 Abs. 3. § 78a gilt dagegen nicht für Wahlbewerber und Mitgl. des Wahlvorstand (→ § 78a Rn. 1); insoweit ist aber uU die Schutzvorschrift des § 20 zu beachten (→ § 20 Rn. 9 ff.). Hat ein Wahlbewerber für einen Sitz in der JAV eine ausreichende Zahl von Stimmen erhalten, so genießt er den Schutz des § 78a bereits mit der Feststellung des Wahlergebnisses nach § 16 WO, nicht erst mit Beginn der Amtszeit der JAV (BAG 22.9.1983 – 6 AZR 323/81, NZA 1984, 45).

III. Wahlvorstand

1. Bestellung durch den Betriebsrat

18 Die **Bestellung** des Wahlvorstands **obliegt** gem. Abs. 2 S. 1 dem **BR.** Der Wahlvorstand kann weder durch die noch im Amt befindliche JAV noch durch die JugAzubiVerslg. bestellt werden (DKKW/*Trittin* Rn. 15; GK-BetrVG/*Oetker* Rn. 9ff.; HWGNRH/*Rose* Rn. 29). Da es sich bei der Bestellung des Wahlvorstands um eine Angelegenheit handelt, die überwiegend die jug. und zu ihrer Berufsausbildung beschäftigte ArbN betrifft, hat die JAV bei der Bestellung des Wahlvorstand gem. § 67 Abs. 2 **Stimmrecht im BR.** Auch kann die JAV die Frage der Besetzung des Wahlvorstand gem. § 67 Abs. 3 vorberaten und ihre Ansicht dem BR zuleiten. Der BR ist verpflichtet, spätestens 8 Wochen vor Ablauf der Amtszeit der JAV den Wahlvorstand für die Durchführung der Neuwahl zu bestellen. Zum Ablauf der Amtszeit vgl. § 64 Abs. 2. Eine frühere Bestellung als 8 Wochen vor Ablauf der Amtszeit ist zulässig. Endet die Amtszeit der JAV vor Ablauf der regulären Wahlperiode und ist deshalb vorzeitig eine Neuwahl durchzuführen (→ § 64 Rn. 13), so muss die Bestellung des Wahlvorstand unverzüglich nach Eintritt des die vorzeitige Neuwahl bedingenden Ereignisses erfolgen (→ § 16 Rn. 7).

19 Die Bestellung des Wahlvorstand für die Wahl der JAV gehört zu den **gesetzl. Aufgaben des BR** (vgl. § 80 Abs. 1 Nr. 5). Unterlässt er die Bestellung, verstößt er gegen seine gesetzl. Pflichten. Das kann einen groben Verstoß iSd § 23 Abs. 1 darstellen, der zur Auflösung des BR berechtigt (HWGNRH/*Rose* Rn. 31; Richardi BetrVG/*Annuß* Rn. 5).

20 Die **Größe des Wahlvorstandes** ist nicht ausdrücklich geregelt. Der BR bestimmt die Anzahl der WahlvorstandsMitgl. nach pflichtgemäßem Ermessen. Ziel muss sein, eine ordnungsgemäße Durchführung der Wahl zu gewährleisten. Aus § 63 Abs. 2 S. 1 folgt, dass zum Wahlvorstand jedenfalls ein Vorsitzender gehört. Es fehlt zwar an einem Verweis auf § 16 Abs. 1 S. 3. Dennoch entspricht es allgemeiner Auffassung, dass dem Wahlvorstand auch Beisitzer angehören und er aus einer ungeraden Zahl von Mitgl. bestehen muss (GK-BetrVG/*Oetker* Rn. 19; DKKW/*Trittin* Rn. 18; Richardi BetrVG/*Annuß* Rn. 6; HWGNRH/*Rose* Rn. 38; MHdB ArbR/*Stamer* § 303 Rn. 23). Regelmäßig wird ein drei-köpfiger Wahlvorstand ausreichen. In besonderen Fällen kann aber auch ein größerer Wahlvorstand erforderlich sein (vgl. GK-BetrVG/*Oetker* Rn. 20). Der BR kann sowohl jug. und auszubildende ArbN als auch sonstige ArbN des Betriebs zu Mitgl. des Wahlvorstand bestellen (Richardi BetrVG/*Annuß* Rn. 7). Mindestens ein Mitgl. des Wahlvorstands muss jedoch das passive Wahlrecht zum BR besitzen (vgl. § 38 S. 2 WO; MHdB ArbR/*Stamer* § 303 Rn. 24). In Betrieben mit weiblichen und männlichen jug. ArbN oder Auszubildenden sollen dem Wahlvorstand gem. Abs. 2 S. 2 iVm § 16 Abs. 1 S. 5 Frauen und Männer angehören. Der BR kann **ErsMitgl.** bestellen. Der Wahlvorstand kann aus dem Kreis der nach § 61 Abs. 1 wahlberechtigten ArbN **Wahlhelfer** bestellen (GK-BetrVG/*Oetker* Rn. 21).

21 Nach Abs. 2 S. 2 iVm § 16 Abs. 1 S. 6 hat jede im Betrieb vertretene **Gewerkschaft,** die nicht durch ein ordentl. Mitgl. im Wahlvorstand vertreten ist, das Recht, einen dem Betrieb angehörigen **Beauftragten** als nicht stimmberechtigtes Mitgl. in den Wahlvorstand zu **entsenden** (→ § 16 Rn. 41ff.). Das Entsenderecht setzt nicht voraus, dass die Gewerkschaft unter den zur JAV Wahlberechtigten vertreten ist. Ausreichend ist, dass ihr ein ArbN des Betriebs als Mitgl. angehört (→ § 2 Rn. 43).

22 Der BR hat nach Abs. 2 S. 1 eines der Mitgl. zum **Vors. des Wahlvorstands** zu bestellen. Andernfalls kann der Wahlvorstand mit Stimmenmehrheit aus seiner Mitte ein Mitgl. zum Vors. zu wählen (DKKW/*Trittin* Rn. 17; GK-BetrVG/*Oetker* Rn. 26).

2. Bestellung durch den GesBR oder den KBR

23 Für die Bestellung des Wahlvorstands ist der **BR originär zuständig.** Bleibt dieser untätig, kann nach Abs. 3 iVm § 16 Abs. 3 S. 1 der GesBR oder, falls ein solcher nicht besteht, der KBR den Wahlvorstand bestellen. Diesen Gremien steht das **Bestellungsrecht** zu, wenn 6 Wochen vor Ablauf der Amtszeit der JAV noch kein Wahlvorstand bestellt ist. In den Fällen einer vorzeitigen Wahl beträgt die Frist 2 Wochen gerechnet ab dem Zeitpunkt, an dem der BR bei unverzüglichem Handeln die Wahl hätte einleiten müssen (vgl. § 16).

24 Die mit dem BetrVerf-ReformG eingefügte **Bestellungskompetenz** des GesBR bzw. des KBR ist eine Alternative zur arbeitsgerichtlichen Bestellung eines Wahlvorstands. Dadurch wird die Bestellung von Wahlvorständen für die Wahl der JAV insgesamt erleichtert (BT-Drs. 14/5741, 38, 44). Eine Bestellung durch den GesBR oder den KBR kommt aber nicht in Betracht, wenn in dem Betrieb kein BR besteht (GK-BetrVG/*Oetker* Rn. 39).

3. Bestellung durch das Arbeitsgericht

25 Bestellt der BR den Wahlvorstand nicht oder nicht rechtzeitig, kann seine **Bestellung** nicht nur durch den GesBR bzw. KBR, sondern alternativ auch **durch das ArbG** erfolgen. Als nicht rechtzeitig ist die Bestellung unter entspr. Anwendung des § 16 Abs. 2 jedenfalls dann anzusehen, wenn 6 Wochen vor Ablauf der Amtszeit der JAV der Wahlvorstand noch nicht bestellt ist. Ist eine vorzeitige Neuwahl der JAV notwendig (→ § 64 Rn. 10), so ist die Bestellung des Wahlvorstands nicht rechtzeitig, wenn sie nicht innerhalb von 2 Wochen nach dem die Neuwahl bedingenden Ereignis erfolgt ist (→ § 16 Rn. 56). Der BR kann die Bestellung des Wahlvorstands nachholen, solange das ArbG eine Bestellung noch nicht vorgenommen hat. Eine gerichtliche Bestellung des Wahlvorstands kommt nicht in Betracht, wenn im Betrieb kein BR besteht (→ § 60 Rn. 22; Richardi BetrVG/*Annuß* Rn. 11; **aA** DKKW/*Trittin* Rn. 23).

26 Für die Bestellung des Wahlvorstands durch das ArbG gelten im Wesentlichen die gleichen Grundsätze wie für die gerichtliche Bestellung des Wahlvorstands für die BRWahl (→ § 16 Rn. 56 ff.). Allerdings kann das ArbG in den Wahlvorstand für die Wahl der JAV **nur ArbN des Betriebs,** nicht externe Gewerkschaftsmitgl. berufen, da § 63 Abs. 3 nur § 16 Abs. 2 S. 1 u. 2, dagegen nicht S. 3 für entspr. anwendbar erklärt (DKKW/*Trittin* Rn. 27; GK-BetrVG/*Oetker* Rn. 37; Richardi BetrVG/*Annuß* Rn. 13).

27 **Antragsberechtigt** für die Einleitung des gerichtlichen Verfahrens zur Bestellung des Wahlvorstands sind außer den im Betrieb vertretenen Gewerkschaften oder mindestens drei zum BR wahlberechtigten ArbN des Betriebs nach Abs. 3 Hs. 2 **auch jug. ArbN** (DKKW/*Trittin* Rn. 28; HWGNRH/*Rose* Rn. 34; Richardi BetrVG/*Annuß* Rn. 12; **aA** GK-BetrVG/*Oetker* Rn. 31, der die zum BR wahlberechtigten ArbN ausschließt). Es können also auch drei zur JAV wahlberechtigte ArbN unter 18 Jahren – ggf. zusammen mit zum BR wahlberechtigten ArbN – das arbeitsgerichtliche Verfahren zur Bildung des Wahlvorstands einleiten. Mit dem Antrag können gem. Abs. 3 iVm § 16 Abs. 2 S. 2 Vorschläge für die Zusammensetzung des Wahlvorstands gemacht werden. Das ArbG ist an diese nicht gebunden (→ § 16 Rn. 61).

28 Die Antragsberechtigten können bei **Säumnis des Wahlvorstands** gem. Abs. 3 iVm § 18 Abs. 1 S. 2 das gerichtliche Verfahren zum Zwecke einer Ersetzung durch einen neuen Wahlvorstand einleiten (→ § 18 Rn. 44 ff.).

4. Bestellung für das vereinfachte Wahlverfahren

29 Keine Besonderheiten gelten für das vereinfachte Wahlverfahren. Es **verkürzen** sich lediglich die **Fristen** für die Bestellung des Wahlvorstands. Abs. 4 S. 2 verkürzt

die für den BR geltende Bestellungsfrist von acht auf vier Wochen. Bei Untätigbleiben des BR wird die Frist für die Bestellung durch den GesBR bzw. KBR oder das ArbG von sechs auf drei Wochen halbiert.

5. Aufgaben des Wahlvorstands

30 Der Wahlvorstand hat nach Abs. 2 S. 2 iVm § 18 Abs. 1 S. 1 die Wahl der JAV unverzüglich **einzuleiten, durchzuführen** und das **Wahlergebnis festzustellen.** Er kann mit dem ArbGeb. eine Vereinbarung über die Durchführung einer Wahl im vereinfachten Wahlverfahren treffen. Er hat gem. Abs. 2 S. 2 iVm § 18 Abs. 3 die Auszählung der Stimmen und die Feststellung des Wahlergebnisses öffentlich durchzuführen und eine Abschrift der Wahlniederschrift sowohl den im Betrieb vertretenen Gewerkschaften als auch dem ArbGeb. zu übersenden. Er hat außerdem die gewählten JAV zur konstituierenden Sitzung der JAV einzuberufen (§ 65 Abs. 2 iVm § 29 Abs. 1).

31 Die diesbezüglichen Pflichten des Wahlvorstands für die Wahl der JAV decken sich mit denen des Wahlvorstands bei der BRWahl. Die Ausführungen in → § 18 Rn. 6ff. gelten sinngemäß.

IV. Streitigkeiten

32 Streitigkeiten im Zusammenhang mit der Wahl sowie der Bestellung und der Zuständigkeit des Wahlvorstands sind von den ArbG im **BeschlVerf.** zu entscheiden (§§ 2a, 80ff. ArbGG). Zu den Besonderheiten des BeschlVerf. vgl. Anh. 3.

§ 64 Zeitpunkt der Wahlen und Amtszeit

(1) [1] **Die regelmäßigen Wahlen der Jugend- und Auszubildendenvertretung finden alle zwei Jahre in der Zeit vom 1. Oktober bis 30. November statt.** [2] **Für die Wahl der Jugend- und Auszubildendenvertretung außerhalb dieser Zeit gilt § 13 Abs. 2 Nr. 2 bis 6 und Abs. 3 entsprechend.**

(2) [1] **Die regelmäßige Amtszeit der Jugend- und Auszubildendenvertretung beträgt zwei Jahre.** [2] **Die Amtszeit beginnt mit der Bekanntgabe des Wahlergebnisses oder, wenn zu diesem Zeitpunkt noch eine Jugend- und Auszubildendenvertretung besteht, mit Ablauf von deren Amtszeit.** [3] **Die Amtszeit endet spätestens am 30. November des Jahres, in dem nach Absatz 1 Satz 1 die regelmäßigen Wahlen stattfinden.** [4] **In dem Fall des § 13 Abs. 3 Satz 2 endet die Amtszeit spätestens am 30. November des Jahres, in dem die Jugend- und Auszubildendenvertretung neu zu wählen ist.** [5] **In dem Fall des § 13 Abs. 2 Nr. 2 endet die Amtszeit mit der Bekanntgabe des Wahlergebnisses der neu gewählten Jugend- und Auszubildendenvertretung.**

(3) **Ein Mitglied der Jugend- und Auszubildendenvertretung, das im Laufe der Amtszeit das 25. Lebensjahr vollendet, bleibt bis zum Ende der Amtszeit Mitglied der Jugend- und Auszubildendenvertretung.**

Inhaltsübersicht

I. Vorbemerkung

Die Vorschrift regelt den **Zeitpunkt der Wahlen** zur JAV (Abs. 1), ihre Amtszeit (Abs. 2) sowie den Fortbestand der Mitgliedschaft eines ArbN in der JAV, der während der Amtszeit das 25. Lebensjahr vollendet (Abs. 3). 1

Durch das JAVG ist der Zeitraum für die regelmäßigen Wahlen der JAV vom Frühjahr (1.5. bis 30.6.) auf den Herbst (1. Okt. bis 30. Nov.) des jeweils maßgebenden Wahljahres verschoben worden. 2

Die Vorschrift ist **zwingend** und kann weder durch TV noch durch BV abgedungen werden (GK-BetrVG/*Oetker* Rn. 5). 3

Entspr. Vorschrift: **§ 60 Abs. 2 BPersVG.** 4

II. Regelmäßige Wahlen

Ebenso wie für die BRWahl (vgl. § 13 Abs. 1) wird für die Wahl der JAV ein fester **regelmäßiger Wahlzeitraum** vorgeschrieben. Da die regelmäßige Amtszeit der JAV zwei Jahre beträgt (→ Rn. 12f.), finden ihre regelmäßigen Wahlen (beginnend im Jahre 1988, vgl. § 125 Abs. 2) alle zwei Jahre statt. 5

Der **gesetzl. festgelegte Zeitraum** vom 1.10. bis zum 30.11. bezieht sich auf den **Wahltag** (DKKW/*Trittin* Rn. 4; Richardi BetrVG/*Annuß* Rn. 5). Während dieses Zeitraums hat die Stimmabgabe für die Wahl der JAV zu erfolgen. Die Bestellung des Wahlvorstand ist schon vorher möglich und regelmäßig angebracht. Vor Ablauf des 30.11. sollte nicht nur die Stimmabgabe, sondern auch die Stimmauszählung durchgeführt und das **endgültige Wahlergebnis** bekanntgemacht sein, da spätestens mit Ablauf des 30.11. die Amtszeit der bisherigen JAV endet. 6

IÜ gelten die Bemerkungen zu § 13 Abs. 1 über die regelmäßige BRWahl für die Wahl der JAV sinngemäß (→ § 13 Rn. 4ff.). 7

III. Wahl außerhalb des regelmäßigen Wahlzeitraums

Unter denselben Voraussetzungen, unter denen der BR außerhalb des regelmäßigen Wahlzeitraums gewählt werden kann (vgl. § 13 Abs. 2), ist auch die Wahl der JugAzubiVertr. **außerhalb** des für sie **maßgebenden Wahlzeitraums** möglich. Eine Ausnahme besteht wegen der kürzeren Amtszeit der JAV nur insofern, als eine wesentliche Veränderung der Zahl der im Betrieb beschäftigten jug. oder zu ihrer Berufsausbildung beschäftigten ArbN keine Neuwahl der JAV auslöst (§ 13 Abs. 1 Nr. 1 ist in § 64 Abs. 1 nicht für entspr. anwendbar erklärt). 8

Die JAV ist außerhalb des regelmäßigen Wahlzeitraums neu zu wählen, wenn 9

- die **Gesamtzahl** ihrer Mitgl. auch nach Eintreten sämtlicher ErsMitgl. unter die gesetzl. vorgeschriebene Zahl (vgl. § 62 Abs. 1) gesunken ist (Abs. 1 S. 2 iVm § 13 Abs. 2 Nr. 2; → § 13 Rn. 33ff.),
- die JAV mit der Mehrheit ihrer Stimmen den **Rücktritt** beschlossen hat (Abs. 1 S. 2 iVm § 13 Abs. 2 Nr. 3; → § 13 Rn. 39ff.),
- die **Wahl** mit Erfolg **angefochten** worden ist (Abs. 1 S. 2 iVm § 13 Abs. 2 Nr. 4; → § 13 Rn. 43; → § 63 Rn. 15),
- die JAV durch eine **gerichtliche Entscheidung aufgelöst** ist (Abs. 1 S. 2 iVm § 13 Abs. 2 Nr. 5; → § 13 Rn. 46; → § 65 Rn. 4),
- im Betrieb eine **JAV bisher nicht besteht,** obwohl die Voraussetzungen für ihre Bildung vorliegen (Abs. 1 S. 2 iVm § 13 Abs. 2 Nr. 6; → § 13 Rn. 47; → § 60 Rn. 10ff.).

Ist eine JAV außerhalb des regelmäßigen Wahlzeitraums gewählt worden, so wird durch die Bezugnahme in Abs. 1 auf § 13 Abs. 3 die **Wiedereingliederung in den** 10

regelmäßigen Wahlzeitraum sichergestellt (vgl. Richardi BetrVG/*Annuß* Rn. 14; GK-BetrVG/*Oetker* Rn. 16). Die Neuwahl der JAV findet in diesem Falle

- bereits im **nächstfolgenden regelmäßigen Wahlzeitraum** statt, wenn sie am 1. Okt. des nächsten regelmäßigen Wahljahres bereits 1 Jahr oder länger im Amt gewesen ist, dh wenn die Amtszeit der JAV mit dem 1. Okt. des dem regelmäßigen Wahljahr voraufgehenden Jahres oder früher begonnen hat (vgl. § 13 Abs. 3 S. 1), oder
- erst im **übernächsten regelmäßigen Wahlzeitraum** statt, wenn die JAV am 1. Okt. des nächstfolgenden regelmäßigen Wahlzeitraums noch nicht 1 Jahr im Amt gewesen ist. dh wenn die Amtszeit der JAV im Laufe des 1. Okt. des Jahres, das dem nächstfolgenden regelmäßigen Wahljahr vorausgeht, oder später begonnen hat. Näheres über die Wiedereingliederung in den regelmäßigen Wahlzeitraum → § 13 Rn. 50ff., die für die Wahl der JAV sinngemäß gelten.

IV. Amtszeit der Jugend- und Auszubildendenvertretung

11 Die Amtszeit der JAV beträgt nach Abs. 2 S. 1 im Regelfall **zwei Jahre.** Durch die gegenüber der Amtszeit des BR verkürzte Amtszeit der JAV von zwei Jahren soll erreicht werden, dass die jug. und zu ihrer Berufsausbildung beschäftigten ArbN. wenigstens einmal vor Vollendung des 18. Lebensjahres bzw. vor Abschluss ihrer Ausbildung Gelegenheit haben, an der Wahl der JAV teilzunehmen.

12 Für **Beginn** und **Ende der Amtszeit** der JAV (Abs. 2 S. 2–5) bestehen gegenüber der Amtszeit des BR keine Besonderheiten. Die Ausführungen zu → § 21 Rn. 5ff. gelten deshalb sinngemäß. Das Gleiche gilt für Beginn und Ende der Amtszeit in den Sonderfällen einer außerhalb des regelmäßigen Wahlzeitraums durchgeführten Wahl der JAV (→ § 21 Rn. 20ff.). Nach Abs. 2 S. 5 endet im Falle des § 13 Abs. 2 Nr. 2 die Amtszeit der JAV mit der Bekanntgabe des Wahlergebnisses der neu gewählten JAV. Dagegen sieht das G im Falle des Rücktritts der JAV (Abs. 1 S. 2 iVm § 13 Abs. 2 Nr. 3) eine Fortführung der Geschäfte entsprechend § 22 nicht vor. Angesichts der ausdrücklichen Regelung des Abs. 2 S. 5 ist für eine analoge Anwendung des § 22 kein Raum (Richardi BetrVG/*Annuß* Rn. 22; WPK/*Roloff* Rn. 12; *Rotermund* Interessenwahrnehmung S. 61ff.; GK-BetrVG/*Oetker* Rn. 22 unter überholter Abgrenzung zu diesem Kommentar, der mit der 22. Aufl. 2004 die Beurteilung in diesem Punkt ausdrücklich geändert hat; **aA** DKKW/*Trittin* Rn. 10 unter unzutreffender Berufung auf vorliegende Kommentierung).

13 Die Amtszeit der JAV endet, wenn der Betrieb untergeht (vgl. Richardi BetrVG/*Annuß* Rn. 25). Beim Betriebsübergang bleibt die JAV bestehen. Die Spaltung eines Betriebs lässt die JAV hinsichtlich des verbleibenden Restbetriebs unberührt (GK-BetrVG/*Oetker* Rn. 26). Hinsichtlich der in einem abgespaltenen Teil beschäftigten ArbN verliert die JAV ihr Mandat (GK-BetrVG/*Oetker* Rn. 27). Für ein **Übergangsmandat** der JAV nach § 21a oder ein **Restmandat** nach § 21b ist nach allgemeiner Auffassung kein Raum (Richardi BetrVG/*Annuß* Rn. 25; GK-BetrVG/*Oetker* Rn. 27; HaKo-BetrVG/*Düwell* § 21a Rn. 20, § 21b Rn. 4; *Rotermund* Interessenwahrnehmung S. 63ff.).

V. Vollendung des 25. Lebensjahres

14 Nach Abs. 3 verliert ein Mitgl. der JAV seine Mitgliedschaft nicht dadurch, dass es **im Laufe der Amtszeit das 25. Lebensjahr vollendet** (DKKW/*Trittin* Rn. 12). Abs. 3 ist insoweit eine Sonderregelung gegenüber § 24 Abs. 1 Nr. 4 und dient der **Kontinuität des Amtes.** Unberührt bleibt die Beendigung der Mitgliedschaft in der JAV aus anderen Gründen (vgl. hierzu § 65 iVm § 24). Abs. 3 greift nur ein, wenn das Mitgl. der JAV während der Amtszeit das 25. Lebensjahr vollendet. War es schon

vor Beginn der Amtszeit 25 Jahre alt, so war es nicht wählbar und die Wahl anfechtbar. Auch ohne Wahlanfechtung kann der Mangel der Wählbarkeit gem. § 65 Abs. 1 iVm § 24 Abs. 1 Nr. 6 in einem gesonderten Verfahren festgestellt werden. Dieser Antrag ist nicht an die Anfechtungsfrist des § 19 gebunden (Richardi BetrVG/*Annuß* Rn. 26). Das Amt des Mitgl. endet mit der Rechtskraft der gerichtlichen Entscheidung. Ein ErsMitgl., das nach der Wahl, aber vor Amtsbeginn das 25. Lebensjahr vollendet hat, kann nicht nach mehr nachrücken (Richardi BetrVG/*Annuß* Rn. 27; LAG Düsseldorf 13.10.1992 – 8 TaBV 119/92, NZA 1993, 474).

VI. Streitigkeiten

Streitigkeiten über den Zeitpunkt der Wahlen zur JAV, über vorzeitige Neuwahlen sowie über die Amtszeit der JAV entscheiden die ArbG im **BeschlVerf.** (§§ 2a, 80ff. ArbGG). Zu den Besonderheiten des BeschlVerf. vgl. Anh. 3. 15

§ 65 Geschäftsführung

(1) **Für die Jugend- und Auszubildendenvertretung gelten § 23 Abs. 1, die §§ 24, 25, 26, 28 Abs. 1 Satz 1 und 2, die §§ 30, 31, 33 Abs. 1 und 2 sowie die §§ 34, 36, 37, 40 und 41 entsprechend.**

(2) [1] **Die Jugend- und Auszubildendenvertretung kann nach Verständigung des Betriebsrats Sitzungen abhalten; § 29 gilt entsprechend.** [2] **An diesen Sitzungen kann der Betriebsratsvorsitzende oder ein beauftragtes Betriebsratsmitglied teilnehmen.**

Inhaltsübersicht

I. Vorbemerkung

Die Vorschrift regelt Fragen der **Organisation** und der **Geschäftsführung** der JAV Dazu erklärt sie eine Reihe der für den BR geltenden Bestimmungen auf die JAV für entspr. anwendbar. Ferner billigt sie der JAV ausdrücklich das Recht auf eigene Sitzungen zu. Durch das BetrVerf-ReformG wurde für JAV die Möglichkeit eröffnet **Ausschüsse** zu bilden (→ Rn. 7). 1

Entspr. Vorschriften: **§ 60 Abs. 2 u. 3, § 61 Abs. 5, § 62 BPersVG.** 2

II. Entsprechend anwendbare Vorschriften

3 Durch Abs. 1 werden eine Reihe der die Organisation und die Geschäftsführung des BR regelnden Bestimmungen für die JAV für entspr. anwendbar erklärt. Dabei handelt es sich um folgende Angelegenheiten:

1. Auflösung und Beendigung der Mitgliedschaft

4 **Auflösung und Ausschluss:** Bei einem Verstoß gegen gesetzliche Pflichten besteht nach § 23 Abs. 1 (→ § 23 Rn. 7 ff.) die Möglichkeit, die JAV aufzulösen oder einzelne Mitgl. aus ihr auszuschließen.

4a **Antragsberechtigt** sind der ArbGeb., eine im Betrieb vertretene Gewerkschaft, ein Viertel der wahlberechtigten jug. und zu ihrer Ausbildung beschäftigten ArbN sowie – für den Ausschluss eines Mitgl. aus der JAV – auch die JAV selbst. Obwohl im G nicht ausdrücklich geregelt, ist auch der BR sowohl für die Auflösung der JAV als auch für den Ausschluss eines ihrer Mitgl. antragsberechtigt (GK-BetrVG/*Oetker* Rn. 9; HWGNRH/*Rose* Rn. 8; Richardi BetrVG/*Annuß* Rn. 5; WPK/*Roloff* Rn. 2; HaKo-BetrVG/*Kloppenburg* Rn. 17; MHdB ArbR/*Stamer* § 303 Rn. 67a; **aA** DKKW/*Trittin* Rn. 3; *Rotermund* Interessenwahrnehmung S. 70 ff.). Dies folgt aus der Pflicht des BR, in Jugend- und Ausbildungsfragen eng mit der JAV zusammenzuarbeiten (vgl. § 67). IÜ nimmt Abs. 1 den gesamten § 23 Abs. 1, also auch dessen S. 2 in Bezug.

4b Das ArbG hat bei einer Auflösung der JAV nicht von Amts wegen einen Wahlvorstand zu bestellen, wie es der nicht für entspr. anwendbar erklärte § 23 Abs. 2 bei einer Auflösung des BR vorsieht. Die **Bestellung des Wahlvorstands** ist Aufgabe des BR. Erst wenn er untätig bleibt, kann der GesBR bzw. der KBR nach § 63 Abs. 3 oder alternativ dazu das ArbG auf Antrag einer im Betrieb vertretenen Gewerkschaft oder von 3 ArbN des Betriebs (ohne Rücksicht auf ihr Lebensalter) einen Wahlvorstand bestellen (→ § 63 Rn. 18 ff., → § 16 Rn. 56 ff.; *Rotermund* Interessenwahrnehmung S. 72 f.).

4c Hinsichtlich der **Beendigung der Mitgliedschaft** verweist Abs. 1 auf § 24 (→ § 24 Rn. 8 ff.). Der Verlust der Wählbarkeit infolge der Vollendung des 25. Lebensjahres führt nicht zu einem Erlöschen der Mitgliedschaft in der JAV (→ § 64 Rn. 15), wohl jedoch die nachträgliche Mitgliedschaft im BR (→ § 61 Rn. 14).

2. Ersatzmitglieder

5 Scheidet ein Mitgl. der JAV aus, rückt nach Abs. 1 iVm § 25 ein **ErsMitgl.** nach. Dabei ist zu unterscheiden, ob die JAV in **Verhältniswahl** oder in **Mehrheitswahl** gewählt worden ist. Im Fall der Verhältniswahl rückt grds. ein Bewerber aus der Liste nach, der das verhinderte oder ausgeschiedene Mitgl. angehört (→ § 25 Rn. 24). Im Fall der Mehrheitswahl rückt als ErsMitgl. der nicht gewählte Bewerber mit der nächsthöchsten Stimmenzahl nach (Näheres → § 25 Rn. 30). In beiden Fällen ist aber die Geschlechterquote des § 62 Abs. 3 zu berücksichtigen (Einzelheiten bei → § 25 Rn. 24 ff.). Das Ausscheiden eines Mitgl. und das Nachrücken eines ErsMitgl. darf grds. nicht dazu führen, dass das Minderheitengeschlecht nicht mehr gem. § 62 Abs. 3, § 15 Abs. 2 entspr. seinem zahlenmäßigen Verhältnis in der JAV vertreten ist. Dies gilt aber nur, wenn die JAV aus mindestens drei Mitgl. besteht. Bei einer einköpfigen JugAzubiVertr rückt der mit der nächst höchsten Stimmenzahl gewählte Bewerber nach. Die gesonderte Wahl eines ErsMitgl., die nach früherem Recht bei der aus einer Person bestehenden JAV vorgeschrieben war, ist entfallen. Zum Kündigungsschutz von ErsMitgl. → § 25 Rn. 8 ff., § 103.

3. Vorsitz und Stellvertretung

Die **Wahl** des **Vors.** und **stellvertr. Vors.** der JAV sowie deren **Aufgaben** richten sich gem. Abs. 3 nach § 26 (→ § 26 Rn. 6ff., 38ff.). Dementsprechend vertreten sie die JAV im Rahmen der gesetzlichen Zuständigkeit dieses Gremiums und der von ihm gefassten Beschlüsse und sind zur Entgegennahme von Erklärungen berechtigt, die für die JAV bestimmt sind. Die Vertretungsbefugnis besteht aber nur im Verhältnis zum BR und nicht gegenüber dem ArbGeb. (→ § 60 Rn. 4; GK-BetrVG/*Oetker* Rn. 26; HWGNRH/*Rose* Rn. 25). Darüber hinaus haben sie die Sitzungen der JAV Einzuberufen und zu leiten und den BR hiervon zu unterrichten. 6

4. Ausschüsse

Mit der durch das **BetrVerf-ReformG** eingefügten Verweisung auf § 28 Abs. 1 S. 1 u. 2 wurde für Betriebe mit mehr als 100 jug. oder zur Ausbildung beschäftigten ArbN die Möglichkeit geschaffen, **Ausschüsse** zu bilden. Damit soll eine größere Effektivität der Arbeit der JAV ermöglicht werden (BT-Drs. 14/5741, 44; GK-BetrVG/*Oetker* Rn. 29). Die JAV kann den Ausschüssen lediglich vorbereitende Aufgaben übertragen. Zur selbständigen Erledigung können Aufgaben nicht übertragen werden. Abs. 1 verweist nur auf § 28 Abs. 1 S. 1 u. 2, nicht dagegen auf § 28 Abs. 1 S. 3 (GK-BetrVG/*Oetker* Rn. 29; HWGNRH/*Rose* Rn. 29; WPK/*Roloff* Rn. 6; *Rotermund* Interessenwahrnehmung S. 73ff.). Die Errichtung ist von der JAV mit einfacher Mehrheit zu beschließen. Bei der Besetzung der Ausschüsse muss keine Rücksicht auf die Beschäftigungsarten oder die Geschlechtszugehörigkeit genommen werden. Die Ausschüsse werden im Allgemeinen für die Dauer der Amtszeit der JAV gebildet. Die JAV kann den Vors. des Ausschusses bestimmen. Für die Geschäftsführung des Ausschusses sind die für die JAV geltenden Bestimmungen anzuwenden. Weitere Einzelheiten bei § 28. Die Errichtung eines Betriebsausschusses ist mangels Verweises auf § 27 nicht zulässig (→ Rn. 22). 7

5. Sitzungen

Die JAV hat nach Abs. 2 S. 1 Hs. 1 das Recht, nach Verständigung des BR **eigene Sitzungen** abzuhalten (→ Rn. 26ff.). Hinsichtlich der Einberufung verweist Abs. 2 S. 1 Hs. 2 auf § 29 (→ Rn. 27ff.). IÜ verweist bereits Abs. 1 – etwas unsystematisch – auf die §§ 30, 31, 33 Abs. 1 u. 2, §§ 34, 36. Nach Abs. 1 iVm § 30 S. 1 finden die Sitzungen in der Regel **während der Arbeitszeit** statt. Nach § 30 S. 2 ist auf **betriebliche Notwendigkeiten** Rücksicht zu nehmen. Nach § 30 S. 3 ist der **ArbGeb.** vom Zeitpunkt der Sitzung vorher zu **verständigen.** Nach § 30 S. 4 sind die Sitzungen **nicht öffentlich.** Der ArbGeb. ist verpflichtet, an Sitzungen der JugAzubiVertr teilzunehmen, die auf sein Verlangen anberaumt sind und zu denen er eingeladen wurde (*Rotermund* Interessenwahrnehmung S. 91ff.; DKKW/*Trittin* Rn. 41). Nach § 29 Abs. 4 S. 2 kann er einen Vertreter der Arbeitgebervereinigung, der er angehört, hinzuziehen. 8

Nach Abs. 1 iVm § 31 kann ein **Beauftragter einer Gewerkschaft** auf einen entspr. Antrag von mindestens einem Viertel der Mitgl. der JAV **beratend an der Sitzung der JAV teilnehmen.** Umstritten ist, ob die Gewerkschaft in der JAV vertreten sein muss oder ob es ausreicht, wenn sie im BR vertreten ist (vgl. DKKW/*Trittin* Rn. 10; GK-BetrVG/*Oetker* Rn. 78ff.; HWGNRH/*Rose* Rn. 44; Richardi BetrVG/*Annuß* Rn. 25; HaKo-BetrVG/*Kloppenburg* Rn. 6; *Rotermund* Interessenwahrnehmung S. 98f). Da das erforderliche Quorum von einem Viertel der Mitgl. der JAV idR dafür sorgen wird, dass ein Beauftragter einer Gewerkschaft nur bei deren ernst zu nehmender Repräsentanz hinzugezogen wird, erscheint es ausreichend, wenn die Gewerkschaft in der JAV oder dem BR vertreten ist. An der bislang vertretenen differen- 9 zierenden Auffassung (vgl. 29. Aufl. Rn. 9) wird nicht festgehalten. Der Vors. der JAV hat bei Teilnahme eines Gewerkschaftsbeauftragten der betreffenden Gewerkschaft Zeitpunkt, Ort und Tagesordnung der Sitzung rechtzeitig mitzuteilen (→ Rn. 30).

10 Hinsichtlich **Beschlussfassung** und **Beschlussfähigkeit** der JAV ist § 33 Abs. 1 u. 2 entspr. anwendbar. **Stimmberechtigt** sind nur die Mitgl. der JAV, nicht das an ihren Sitzungen teilnehmende BRMitgl.

10a Im Allgemeinen werden Beschlüsse der JAV mit der Mehrheit der Stimmen der anwesenden Mitgl. gefasst. Der **absoluten Mehrheit** der Stimmen der JAV bedürfen Beschlüsse über

- ihren **Rücktritt** (vgl. § 64 Abs. 1 iVm § 13 Abs. 2 Nr. 3),
- ihre **Geschäftsordnung** (vgl. § 36),
- die **Beauftragung der GesJAV,** eine Angelegenheit für sie mit dem GesBR zu behandeln (vgl. § 73 Abs. 2 iVm § 50 Abs. 2),
- den Antrag auf **Aussetzung eines Beschlusses des BR** gem. § 35 (→ § 66 Rn. 3).

10b Beschlussfähig ist die JAV, wenn mehr als die Hälfte ihrer Mitgl. an der Beschlussfassung teilnimmt. Näheres zur Beschlussfassung und Beschlussfähigkeit → § 33 Rn. 9 ff.

11 **Sitzungsniederschrift** (§ 34): Die JAV ist verpflichtet, über jede Verhandlung eine Niederschrift aufzunehmen, die mindestens den Wortlaut der Beschlüsse und die Stimmenmehrheit, mit der sie gefasst sind, enthält. Dies ist insbes. von Bedeutung in Angelegenheiten, die die JAV gem. § 67 Abs. 3 S. 1 vorzuberaten hat oder in denen sie die Aussetzung eines Beschlusses des BR beantragt (vgl. § 66). Jedes Mitgl. der JAV hat das Recht, in die Unterlagen **Einsicht zu nehmen** (→ § 34 Rn. 33 ff.).

12 **Geschäftsordnung** der JAV (§ 36): Die JAV kann sich mit der Mehrheit der Stimmen ihrer Mitgl. eine Geschäftsordnung geben. Zur Geschäftsordnung iE → § 36 Rn. 5 ff.

6. Rechtsstellung der einzelnen Mitglieder

13 **Ehrenamtliche Tätigkeit** der JAV (vgl. § 37 Abs. 1; → § 37 Rn. 6 ff.).

13a **Arbeitsbefreiung** und **Entgeltschutz:** Die Mitgl. der JAV werden von ihrer Arbeitspflicht befreit, soweit dies für die Aufgabenerfüllung der JAV erforderlich ist (vgl. § 37 Abs. 2; → § 37 Rn. 16 ff.).

13b Der **Freizeitausgleich** und ggf. der **Entgeltausgleich** für erforderliche Tätigkeit der Mitgl. der JAV außerhalb ihrer Arbeitszeit bestimmt sich nach § 37 Abs. 3 (→ § 37 Rn. 73 ff.). Der ehrenamtlichen Tätigkeit steht das JugArbSchG nicht entgegen. Die Erledigung ehrenamtlicher Aufgaben der JAV ist keine Beschäftigung durch den ArbGeb. iSd ArbZG. Aus Gesundheitsgründen ist den jug. ArbN in erster Linie der Freizeitausgleich zu gewähren. Ist das aus Gründen der Berufsausbildung, nicht möglich, ist eine Mehrarbeitsvergütung entspr. § 37 Abs. 3 S. 3 zu zahlen.

13c Zur **finanziellen und beruflichen Gleichstellung** der Mitgl. der JAV mit vergleichbaren ArbN des Betriebs mit betriebsüblicher Entwicklung vgl. § 37 Abs. 4 u. 5; → § 37 Rn. 114 ff.

13d **Bestandsschutz:** Zum Kündigungsschutz der Mitgl. der JAV → § 103 Rn. 3 ff.; zum Versetzungsschutz → § 103 Rn. 64 ff.; zum Anspruch auf Übernahme in ein Dauerarbeitsverhältnis nach Abschluss der Berufsausbildung vgl. § 78a.

13e **Benachteiligungs- und Begünstigungsverbot** kraft ausdrücklicher Regelung des § 78; **Geheimhaltungspflicht** nach § 79 Abs. 2.

7. Schulungs- und Bildungsveranstaltungen

14 Nach Abs. 1 ist auch § 37 entspr. anwendbar. Das Mitgl. der JAV hat daher wie ein Mitgl. des BR Anspruch darauf, anlässlich der Teilnahme an einer erforderlichen **Schulungs- und Bildungsveranstaltung** bei Fortzahlung des Entgelts von seiner

Arbeitspflicht freigestellt zu werden (Einzelheiten bei → § 37 Rn. 136; vgl. *Rudolph/Dannenberg* AiB 1997, 213).

14a Bei der Beurteilung der **Erforderlichkeit einer Schulung** nach § 37 Abs. 6 ist einerseits zu berücksichtigen, dass die Aufgaben der JAV im Verhältnis zu denjenigen des BR begrenzter sind und einen anderen Zuschnitt haben. Dabei besteht wegen der allgemein geringeren betrieblichen Erfahrungen der Mitgl. der JAV für ihr Aufgabengebiet aber eher ein erhöhter Schulungs- und Bildungsbedarf (DKKW/*Trittin* Rn. 21, 22; ErfK/*Koch* § 70 Rn. 3; **aA** HWGNRH/*Rose* Rn. 52, Richardi BetrVG/*Annuß* Rn. 41; GK-BetrVG/*Oetker* Rn. 49; MHdB ArbR/*Stamer* § 303 Rn. 78).

15 Darüber, **welche Schulungen** für Mitgl. der JAV **erforderlich** sind, besteht im einzelnen Streit (vgl. etwa BAG 10.5.1974 – 1 ABR 60/73, AP BetrVG 1972 § 65 Nr. 4; 6.5.1975 – 1 ABR 135/73, AP BetrVG 1972 § 65 Nr. 5; Richardi BetrVG/*Annuß* Rn. 41 ff.; GK-BetrVG/*Oetker* Rn. 49 ff.; HWGNRH/*Rose* Rn. 52 ff.; DKKW/*Trittin* Rn. 21, 22; ErfK/*Koch* § 70 Rn. 2; MHdB ArbR/*Stamer* § 303 Rn. 78; *Rotermund* Interessenwahrnehmung S. 79 ff.). Maßgeblich ist grds., ob die Schulung für die Arbeit der JAV notwendig ist. Erforderlich sind daher jedenfalls **Schulungen über die Aufgaben, Pflichten und Rechte der JAV und ihrer Mitgl.** (BAG 10.5.1974 – 1 ABR 60/73, AP BetrVG 1972 § 65 Nr. 4; Richardi BetrVG/*Annuß* Rn. 42; *Rotermund* Interessenwahrnehmung S. 81). Grds. erforderlich sind aber auch **allgemeine Grundkenntnisse des BetrVG** (DKKW/*Trittin* Rn. 22). Die Teilnahme- und Stimmrechte nach § 67 Abs. 1 S. 2, Abs. 2 können unterschiedliche Angelegenheiten aus dem BetrVG betreffen. Die Mitgl. der JAV müssen daher über entspr. Kenntnisse verfügen. Grds. erforderlich sind auch Schulungen über spezielle, die jug. oder auszubildenden ArbN betreffende Regelungen, wie insbes. das **JugArbSchutzG** und das **BBiG** (DKKW/*Trittin* Rn. 22; **aA** aber BAG 10.5.1974 – 1 ABR 60/73, AP BetrVG 1972 § 65 Nr. 4; 6.5.1975 – 1 ABR 135/73, AP BetrVG 1972 § 65 Nr. 5; GK-BetrVG/*Oetker* Rn. 52, 53; *Rotermund* Interessenwahrnehmung S. 81 f.). Die JAV hat gerade insoweit nach § 70 Abs. 1 Nr. 2 besondere Überwachungsaufgaben (→ § 70 Rn. 13). Dann muss sie auch über die hierzu erforderlichen Kenntnisse verfügen. Eher fraglich erscheint dagegen, ob die Mitgl. der JAV auch **allgemeine Kenntnisse des Arbeitsrechts** benötigen (bej. DKKW/*Trittin* Rn. 22; verneinend GK-BetrVG/*Oetker* Rn. 51; WPK/*Roloff* Rn. 14). Eine Veranstaltung zum Thema Gesundheitsschutz im Betrieb erscheint allenfalls dann als erforderlich, wenn das Thema Jugendschutz im Mittelpunkt steht (BAG 10.6.1975 – 1 ABR 139/73, AP BetrVG 1972 § 65 Nr. 6; GK-BetrVG/*Oetker* Rn. 54). Der Erforderlichkeit kann nicht etwa generell die relativ kurze Amtszeit von zwei Jahren entgegengehalten werden. **Schulungen kurz vor Ende der Amtszeit** sind allerdings dann nicht mehr erforderlich, wenn absehbar ist, dass das erworbene Wissen bis zum Ende der Amtszeit voraussichtlich nicht mehr eingesetzt werden kann (vgl. zu § 37 Abs. 6 BAG 17.11.2010 – 7 ABR 113/09, NZA 2011, 816; 7.5.2008 – 7 AZR 90/07, NZA-RR 2009, 195).

16 Zur **Dauer der Schulung** und Erforderlichkeit der **Schulung von ErsMitgl.** → § 37 Rn. 171 ff., 176, die sinngemäß gelten (s. a. *Rudolph/Dannenberg* AiB 1997, 213). Die Teilnahme des nicht endgültig nachgerückten ErsMitgl. einer mehrköpfigen JAV an einer Schulungsveranstaltung ist im Regelfall für ihre Arbeit nicht erforderlich (BAG 10.5.1974 – 1 ABR 47/73, AP BetrVG 1972 § 65 Nr. 2; 19.9.2001 – 7 ABR 32/00, AP BetrVG 1972 § 25 Nr. 9; jedoch auch BAG 15.5.1986 – 6 ABR 64/83, NZA 1986, 803; **aA** DKKW/*Trittin* Rn. 24).

17 Über die **Teilnahme** eines Mitgl. der JAV an einer Schulungsveranstaltung **entscheidet der BR** und nicht die JAV (*Rotermund* Interessenwahrnehmung S. 77). Die JAV hat keine selbständigen Mitwirkungs- und MBR, sondern kann nur durch und über den BR tätig werden (BAG 20.11.1973 – 1 AZR 331/73, NJW 1974, 879; 10.5.1974 – 1 ABR 57/73, AP BetrVG 1972 § 65 Nr. 3; 15.1.1992 – 7 ABR 23/90, NZA 1993, 189; DKKW/*Trittin* Rn. 25; HWGNRH/*Rose* Rn. 56; WPK/*Roloff*

Rn. 18; Richardi BetrVG/*Annuß* Rn. 45). Bei seiner Entscheidung hat der BR gem. § 67 Abs. 2 die **JAV mit vollem Stimmrecht** zu beteiligen. Gleiches gilt bei Schulungs- und Bildungsveranstaltungen nach § 37 Abs. 6 für die Frage, welche Mitgl. der JAV an der Veranstaltung teilnehmen. Auch wenn ein Mitgl. der GesJAV an einer Schulung teilnehmen soll, entscheidet nicht etwa die GesJAV, sondern der BR unter Hinzuziehung der JAV des Betriebs, dem der zu schulende JAV angehört (BAG 10.6.1975 – 1 ABR 140/73, AP BetrVG 1972 § 73 Nr. 1).

18 Entspr. Anwendung findet auch § 37 Abs. 7. Daher hat jedes Mitgl. der JAV einen Anspruch auf bezahlte Freistellung für geeignete Schulungsveranstaltungen. Obwohl die regelmäßige Amtszeit der JAV gegenüber derjenigen des BR zwei Jahre kürzer ist, haben ihre Mitgl. gleichwohl den **vollen Freistellungsanspruch** von drei bzw. vier Wochen nach § 37 Abs. 7 (DKKW/*Trittin* Rn. 26; GK-BetrVG/*Oetker* Rn. 57; Richardi BetrVG/*Annuß* Rn. 47, WPK/*Roloff* Rn. 15; *Rotermund* Interessenwahrnehmung S. 84f.). Gerade bei den Mitgl. der JAV wird vielfach ein vierwöchiger Anspruch auf Bildungsurlaub in Betracht kommen, da sie vorher idR nicht Mitgl. einer anderen ArbNVertr. iSd BetrVG waren.

8. Kosten und Sachaufwand

19 Nach dem gem. Abs. 1 ebenfalls für entspr. anwendbar erklärten § 40 hat der ArbGeb. die durch die Tätigkeit der JAV entstehenden **Kosten** zu tragen und die erforderlichen **Sachmittel** zur Verfügung zu stellen (vgl. zu Einzelheiten → § 40 Rn. 5ff.). Im Streitfall ist es Sache des BR, die Ansprüche gegenüber dem ArbGeb. gelten zu machen (BAG 30.3.1994 – 7 ABR 45/93, NZA 1995, 283; GK-BetrVG/*Oetker* Rn. 58; HWGNRH/*Rose* Rn. 59; *Rotermund* Interessenwahrnehmung S. 86). Voraussetzung ist ein entspr. Beschl. des BR. Zu den erstattungsfähigen Kosten gehören auch diejenigen in Rechtsstreitigkeiten, die durch die Tätigkeit der JAV oder deren Mitgl. entstehen (GK-BetrVG/*Oetker* Rn. 61). Ebenso können Aufwendungen erstattungsfähig sein, die einem Mitgl. der JAV durch die Hinzuziehung eines Rechtsanwalts in einem vom BR eingeleiteten Ausschlussverfahren entstanden sind (BAG 29.7.1982 – 6 ABR 41/79, BeckRS 1982, 05095). Der ArbGeb. hat aber nicht die Kosten eines Rechtsanwalts zu tragen, die einem Mitgl. der JAV in einem Verfahren nach § 78a Abs. 4 (Auflösung eines durch Übernahmeverlagen zustande gekommen Arbeitsverhältnisses) entstehen (BAG 5.4.2000 – 7 ABR 6/99, NZA 2000, 2280; WPK/*Roloff* Rn. 16). Geht ein Mitgl. der JAV zur Erfüllung seiner gesetzlichen Aufgaben Zahlungspflichten ein, hat der ArbGeb. diese nach Maßgabe des § 40 zu erstatten (BAG 5.4.2000 – 7 ABR 6/99, NZA 2000, 2280). Die JAV ist in einem Verfahren, in dem über die Höhe der vom ArbGeb. zu tragenden Schulungskosten gestritten wird, nicht zu beteiligen (BAG 30.3.1994 – 7 ABR 45/93, NZA 1995, 283).

20 Auch das **Umlageverbot** des § 41 ist entspr. anwendbar. Es dürfen daher für die Arbeit der JAV keine Leistungen oder Beiträge erhoben werden (GK-BetrVG/*Oetker* Rn. 62; WPK/*Roloff* Rn. 16).

9. Zusammenarbeit mit dem Betriebsrat

21 Für die Zusammenarbeit zwischen BR und der JAV sind außer den in diesem Abschnitt genannten Vorschriften (vgl. §§ 66–70) folgende Regelungen maßgebend:

- § 29 Abs. 2 S. 4 über die **Ladung der JAV** zu den BRSitzungen, soweit sie ein Recht auf Teilnahme an diesen Sitzungen haben (vgl. § 67),
- § 35 über die **Aussetzung von Beschlüssen des BR** auf Antrag der JAV,
- § 39 Abs. 2 über das Teilnahmerecht eines Mitgl. der JAV an den **Sprechstunden des BR,** sofern sie keine eigenen Sprechstunden durchführt (vgl. § 69),
- § 80 Abs. 1 Nr. 3 u. 5 über die **Zusammenarbeit** zwischen JAV und dem BR und dessen Pflicht, Anregungen der JAV entgegenzunehmen und ggf. von ihr Stellungnahmen und Vorschläge anzufordern.

III. Nicht anwendbare Vorschriften

Keine Anwendung auf die JAV finden die Vorschriften über folgende Angelegenheiten: 22

1. Betriebsausschuss

Die JAV kann keinen BetrAusschuss mit selbständigen Entscheidungsbefugnissen bilden. Abs. 1 verweist nicht auf § 27. Größere JAV können allerdings vorbereitende Aufgaben an Ausschüsse delegieren (→ Rn. 7). Die JAV kann die Führung der laufenden Geschäfte mangels Bezugnahme auf § 27 Abs. 3 nicht generell auf ihren Vors. oder ein anderes Mitgl. übertragen (DKKW/*Trittin* Rn. 31; GK-BetrVG/*Oetker* Rn. 27). Zur **Teilnahme** von Mitgl. der JAV an Sitzungen von Ausschüssen des BR → § 27 Rn. 58f.; → § 67 Rn. 11. 22a

2. Sitzungsteilnahme Dritter

§ 32 ist nicht in Bezug genommen. Daher besteht **kein Teilnahmerecht der Schwerbehindertenvertretung** nach § 94 SGB IX (WPK/*Roloff* Rn. 7; Richardi BetrVG/*Annuß* Rn. 26). Gleiches gilt für den Vertrauensmann der Zivildienstleistenden (§ 3 Abs. 1 ZDVG). 23

3. Aussetzen von Beschlüssen

Nicht für anwendbar erklärt ist auch § 35. Eine **Aussetzung von Beschlüssen** der JAV ist daher nicht vorgesehen (vgl. zur Aussetzung von BRBeschl. § 66). 24

4. Freistellungsstaffel

Keine Anwendung findet die **Freistellungsstaffel** des § 38. Das erklärt sich aus der besonderen beruflichen Situation der JAV Sie befinden sich vielfach noch in der Berufsausbildung. Deren erfolgreicher Abschluss soll durch eine völlige Freistellung nicht gefährdet werden. Die Mitgl. der JAV sind jedoch iRd **§ 37 Abs. 2** von ihrer **beruflichen Tätigkeit zu befreien,** soweit dies nach Umfang und Art des Betriebs zur ordnungsgemäßen Durchführung ihrer Aufgaben erforderlich ist. Dies kann in Großbetrieben mit vielen jug. oder auszubildenden ArbN faktisch zu einer völligen Freistellung führen. Ferner ist es zulässig, dass unter den Voraussetzungen des § 37 Abs. 2 insbes. durch Vereinbarungen zwischen ArbGeb. und BR Mitgl. der JAV ständig von der Arbeit freigestellt werden (DKKW/*Trittin* Rn. 34; GK-BetrVG/*Oetker* Rn. 36). Die Freistellung darf aber nicht zu einer Beeinträchtigung der Berufsausbildung führen, so dass in der Berufsausbildung stehende JAV nicht völlig freigestellt werden dürfen (Richardi BetrVG/*Annuß* Rn. 39). 25

IV. Eigene Sitzungen

1. Sitzungen

Nach Abs. 2 S. 1 hat die JAV das Recht, nach Verständigung des BR **eigene Sitzungen** durchzuführen. Sie bedarf zur Durchführung eigener Sitzungen **keines Einverständnisses des BR.** Sie hat den BR lediglich vorher zu verständigen. Die Verständigung des BR ist keine Wirksamkeitsvoraussetzung für die Rechtmäßigkeit der Sitzungen der JAV Es handelt sich insoweit um eine Ordnungsvorschrift. Sie dient dem Zweck, dem BR als dem maßgebenden betriebsverfassungsrechtlichen Organ 26

Kenntnis von den Sitzungen der JAV zu geben und ihm die Teilnahme zu ermöglichen (DKKW/*Trittin* Rn. 36; ErfK/*Koch* § 70 Rn. 4; GK-BetrVG/*Oetker* Rn. 64; HWGNRH/*Rose* Rn. 34; Richardi BetrVG/*Annuß* Rn. 13). Die Thematik der Sitzungen der JAV muss sich innerhalb ihrer gesetzlichen Zuständigkeit halten.

2. Einberufung

27 Bereits Abs. 1 enthält mehrere die Sitzungen betreffende Verweisungen, insbes. auf §§ 30, 31, 33 Abs. 1 u. 2, 34. Insoweit wird auf die → Rn. 8 ff. Bezug genommen. IÜ verweist Abs. 2 S. 1 Hs. 2 hinsichtlich der Einberufung der Sitzungen auf § 29. Die dortigen Anm. gelten daher entspr.

28 Die **konstituierende Sitzung** der JAV hat nach § 29 Abs. 1 S. 1 der Wahlvorstand einzuberufen. Sie wird nach § 29 Abs. 1 S. 2 bis zur Wahl eines Wahlleiters aus der Mitte der JAV von dem Vors. des Wahlvorstand geleitet. Die **weiteren Sitzungen** ruft nach § 29 Abs. 2 S. 1 der Vors. der JAV ein. Er setzt nach § 29 Abs. 2 S. 2 auch die Tagesordnung fest. Die Mitgl. der JAV sind nach § 29 Abs. 2 S. 3 zu den Sitzungen rechtzeitig und unter Mitteilung der Tagesordnung zu laden (vgl. zur „Heilung" einer fehlerhaften Tagesordnung BAG 15.4.2014 – 1 ABR 2/13, NZA 2014, 551). Mitgl. der JAV, die an der Sitzung nicht teilnehmen können, haben dies nach § 29 Abs. 2 S. 5 dem Vors. unverzüglich mitzuteilen. In diesem Fall hat der Vors. nach § 29 Abs. 2 S. 6 ErsMitgl. zu laden.

29 Nach § 29 Abs. 3 können sowohl der ArbGeb. als auch ein Viertel der JAV die **Einberufung** einer Sitzung der JAV **beantragen.** Der Vors. der JAV ist verpflichtet, dem Antrag stattzugeben und den beantragten Gegenstand auf die Tagesordnung zu setzen. Der BR hat kein die JAV bindendes Recht, eine Sitzung der JAV zu beantragen (DKKW/*Trittin* Rn. 40; HWGNRH/*Rose* Rn. 37; GK-BetrVG/*Oetker* Rn. 71; *Rotermund* Interessenwahrnehmung S. 89 f.; **aA** unter Verweis auf § 67 Abs. 3 S. 2 Richardi BetrVG/*Annuß* Rn. 16, MHdB ArbR/*Stamer* § 303 Rn. 69). Ein solches Recht ist nicht geboten, da der BR die zu behandelnde Angelegenheit der Jug. auf die Tagesordnung setzen kann und hierzu die JAV hinzuziehen muss. Der ArbGeb. hat iRd § 29 Abs. 4 das Recht, an den Sitzungen der JAV, die auf seinen Antrag hin stattfinden oder zu denen er eingeladen ist, teilzunehmen und ggf. einen Vertr. der ArbGebVereinigung, der er angehört, hinzuzuziehen.

3. Teilnahmerecht des Betriebsrats

30 Der BRVors. oder ein anderes hiermit beauftragtes BRMitgl. haben nach Abs. 2 S. 2 das Recht, an allen **Sitzungen der JAV** teilzunehmen (zum Recht des BR, hierbei einen Beauftragten der in ihm vertretenen Gewerkschaften hinzuzuziehen, → Rn. 9). Dieses Recht dient sowohl dem **Zweck,** die JAV in allen Fragen sachkundig zu beraten, als auch dazu, dem BR Kenntnis über die Belange und Probleme der JAV zu verschaffen. Eine Verpflichtung des BRVors. oder des beauftragten BRMitgl. zur Teilnahme an den Sitzungen der Jug-AzubiVertr. besteht nicht. Jedoch kann ein ständiges oder wiederholtes Fernbleiben von den Sitzungen der JAV uU eine Vernachlässigung der vom G vorgesehenen Zusammenarbeit darstellen. Der BRVors. bzw. das beauftragte BRMitgl. haben **kein Stimmrecht** in der JAV (DKKW/*Trittin* Rn. 42; GK-BetrVG/*Oetker* Rn. 77).

31 Der BRVors. bzw. das beauftragte BRMitgl. sind vom Vors. der JAV zu allen Sitzungen **unter Mitteilung der Tagesordnung zu laden.** § 29 Abs. 2 S. 3 gilt sinngemäß. Die Verletzung dieser Pflicht kann, insbes. im Wiederholungsfall, eine **grobe Verletzung** gesetzl. Pflichten iSd § 23 Abs. 1 darstellen und ggf. zur Auflösung der JAV bzw. zum Ausschluss des Vors. aus der JAV führen.

V. Streitigkeiten

Streitigkeiten über die Organisation und Geschäftsführung der JAV – auch im Verhältnis zum BR – sind von den ArbG im **BeschlVerf.** zu entscheiden (§§ 2a, 80 ff. ArbGG). Da über die Teilnahme von JAV an Schulungs- und Bildungsveranstaltungen nach § 37 Abs. 6 u. 7 der BR zu beschließen hat (→ Rn. 17), ist bei Streitigkeiten mit dem ArbGeb. über die Teilnahme neben der beteiligten JAV auch der BR antrags- und beteiligungsbefugt, soweit die Rechtmäßigkeit der von ihm gefassten Beschlüsse streitig ist (BAG 6.5.1975 – 1 ABR 135/73, AP BetrVG 1972 § 65 Nr. 5). Die JAV ist in einem Verfahren, in dem über die Höhe der vom ArbGeb. zu tragenden Schulungskosten gestritten wird, nicht zu beteiligen (BAG 30.3.1994 – 7 ABR 45/93, NZA 1995, 382). Ein minderjähriger JAV braucht für eine Beteiligung an arbeitsgerichtlichen Streitverfahren nicht die Zustimmung des gesetzl. Vertreters (ArbG Bielefeld 16.5.1973 – 3 BV 26/72, DB 1973, 1754). Lohnansprüche von JAV und Ansprüche auf Freizeitausgleich gem. § 37 Abs. 3 sind im **Urteilsverf.** geltend zu machen (§ 2 Abs. 1 Nr. 3 ArbGG). Zu den Besonderheiten des BeschlVerf. vgl. **Anh. 3.** 32

§ 66 Aussetzung von Beschlüssen des Betriebsrats

(1) **Erachtet die Mehrheit der Jugend- und Auszubildendenvertreter einen Beschluss des Betriebsrats als eine erhebliche Beeinträchtigung wichtiger Interessen der in § 60 Abs. 1 genannten Arbeitnehmer, so ist auf ihren Antrag der Beschluss auf die Dauer von einer Woche auszusetzen, damit in dieser Frist eine Verständigung, gegebenenfalls mit Hilfe der im Betrieb vertretenen Gewerkschaften, versucht werden kann.**

(2) **Wird der erste Beschluss bestätigt, so kann der Antrag auf Aussetzung nicht wiederholt werden; dies gilt auch, wenn der erste Beschluss nur unerheblich geändert wird.**

Inhaltsübersicht

I. Vorbemerkung

Die Vorschrift wiederholt inhaltlich weitgehend § 35, soweit in ihm die JAV angesprochen ist (**aA** WPK/*Roloff* Rn. 1, der aber zu keinen abweichenden Ergebnissen gelangt, da er eine an dem „umfassenderen" § 35 ausgerichtete Auslegung der Bestimmung befürwortet). Sie regelt nur die **Aussetzung von Beschlüssen des BR.** Eine gesetzliche Möglichkeit, eigene Beschlüsse der JAV auszusetzen, besteht nicht. Die JAV kann aber einen von ihr gefassten Beschluss aufheben, sofern er noch nicht nach außen (insbes. gegenüber dem BR) wirksam geworden ist. Die Vorschrift gilt für die GesJAV und die KJAV entspr. (vgl. § 73 Abs. 2 und § 73b Abs. 2). 1

Entspr. Vorschrift: **§ 61 Abs. 2 iVm § 39 BPersVG.** 2

II. Aussetzungsantrag

Die Vorschrift regelt die Aussetzung nicht abweichend von **§ 35;** auf dessen Kommentierung wird daher verwiesen. Der Aussetzungsantrag bedarf eines **Be-** 3

schlusses der JAV als Organ. (DKKW/*Trittin* Rn. 2; GK-BetrVG/*Oetker* Rn. 6; WPK/*Roloff* Rn. 6; Richardi BetrVG/*Annuß* Rn. 4; MHdB ArbR/*Stamer* § 303 Rn. 60f.). Dies folgt aus § 35; dort ist ausdrücklich von der Mehrheit der „Jugend- und Auszubildendenvertretung" – nicht, wie in Abs. 1, von derjenigen der „Jugend- und Auszubildendenvertreter" – die Rede. Der Beschluss bedarf der **absoluten Mehrheit** der Stimmen der JAV (DKKW/*Trittin* Rn. 3; GK-BetrVG/*Oetker* Rn. 6; WPK/*Roloff* Rn. 6).

4 Der Antrag der JAV setzt nicht voraus, dass objektiv eine erhebliche Beeinträchtigung wichtiger Interessen der jug. oder der zu ihrer Berufsausbildung beschäftigten ArbN vorliegt. Ausreichend ist, dass dies nach der subjektiven Ansicht der Mehrheit der JAV der Fall ist (DKKW/*Trittin* Rn. 4; GK-BetrVG/*Oetker* Rn. 9; WPK/*Roloff* Rn. 4; *Opolony* BB 2001, 2055 [2056]). In aller Regel wird allerdings ein Aussetzungsantrag nur in den Fällen in Betracht kommen, in denen die JAV gem. § 67 Abs. 1 S. 2 und Abs. 2 in ihrer Gesamtheit ein **Teilnahmerecht** an den Sitzungen des BR oder **Stimmrecht** bei den Beschlüssen des BR hat (DKKW/*Trittin* Rn. 5; HWGNRH/*Rose* Rn. 11; Richardi BetrVG/*Annuß* Rn. 5). Das Recht, die Aussetzung eines BRBeschlusses zu verlangen, besteht nicht, wenn sich die JAV bei der Beschlussfassung im BR mehrheitlich für den Beschluss ausgesprochen haben (DKKW/*Trittin* Rn. 5; GK-BetrVG/*Oetker* Rn. 13; HWGNRH/*Rose* Rn. 9; Richardi BetrVG/*Annuß* Rn. 6).

5 Der Aussetzungsantrag kann auch gestellt werden, wenn die Mitgl. der JAV entgegen § 67 Abs. 1 S. 2 und Abs. 2 vom BR **nicht** zur Behandlung der die jug. oder zu ihrer Berufsausbildung beschäftigten ArbN „besonders" oder „überwiegend" betr. **Angelegenheiten hinzugezogen** worden sind. In diesem Fall dürfte der Aussetzungsantrag stets berechtigt sein und zwar auch dann, wenn nach dem Abstimmungsergebnis die Stimmen der Mitgl. der JAV rechnerisch keine anderweitige Entscheidung hätten herbeiführen können (DKKW/*Trittin* Rn. 6; Richardi BetrVG/*Annuß* Rn. 6).

6 Damit für den BR ersichtlich ist, worin die JAV die Beeinträchtigung wichtiger Interessen der jug. oder auszubildenden ArbN sieht, sollte der Antrag begründet werden. Wirksamkeitsvoraussetzung ist dies aber nicht (Richardi BetrVG/*Annuß* Rn. 5; DKKW/*Trittin* Rn. 7; **aA** GK-BetrVG/*Oetker* Rn. 10). Zur Frist für den Aussetzungsantrag → § 35 Rn. 14.

III. Erneute Beschlussfassung

7 Ist der Aussetzungsantrag rechtzeitig und ordnungsgemäß gestellt, ist der **Beschluss auszusetzen.** Nach Ablauf der **Verständigungsfrist** (→ § 35 Rn. 20) ist über die Angelegenheiten erneut zu beschließen. Bei Bestätigung des ersten Beschlusses kann nach Abs. 2 kein erneuter Aussetzungsantrag gestellt werden; das gilt auch bei einer nur unerheblichen Änderung des ursprünglichen Beschlusses (iE → § 35 Rn. 24ff.). Wegen der Rechtswirkung des Aussetzungsantrages, insbes. soweit er Beschlüsse betrifft, die innerhalb einer Ausschlussfrist gefasst werden müssen, → § 35 Rn. 29ff.

IV. Streitigkeiten

8 Streitigkeiten über die Voraussetzungen sowie die Wirkungen des Aussetzungsantrags entscheiden die ArbG im **BeschlVerf.** (§§ 2a, 80ff. ArbGG). Zu den Besonderheiten des BeschlVerf. vgl. Anh. 3.

§ 67 Teilnahme an Betriebsratssitzungen

(1) [1] **Die Jugend- und Auszubildendenvertretung kann zu allen Betriebsratssitzungen einen Vertreter entsenden.** [2] **Werden Angelegenheiten behandelt, die besonders die in § 60 Abs. 1 genannten Arbeitnehmer betreffen, so hat zu diesen Tagesordnungspunkten die gesamte Jugend- und Auszubildendenvertretung ein Teilnahmerecht.**

(2) **Die Jugend- und Auszubildendenvertreter haben Stimmrecht, soweit die zu fassenden Beschlüsse des Betriebsrats überwiegend die in § 60 Abs. 1 genannten Arbeitnehmer betreffen.**

(3) [1] **Die Jugend- und Auszubildendenvertretung kann beim Betriebsrat beantragen, Angelegenheiten, die besonders die in § 60 Abs. 1 genannten Arbeitnehmer betreffen und über die sie beraten hat, auf die nächste Tagesordnung zu setzen.** [2] **Der Betriebsrat soll Angelegenheiten, die besonders die in § 60 Abs. 1 genannten Arbeitnehmer betreffen, der Jugend- und Auszubildendenvertretung zur Beratung zuleiten.**

Inhaltsübersicht

I. Vorbemerkung

Auch soweit jug. oder zu ihrer Berufsausbildung beschäftigte ArbN betroffen sind, obliegt die Wahrnehmung ihrer Interessen gegenüber dem ArbGeb. dem BR (→ § 60 Rn. 4, 24). § 67 stellt durch verschiedenartige und unterschiedlich stark ausgestaltete Befugnisse sicher, dass die JAV in angemessener Weise an den Entscheidungen des BR beteiligt wird. Sie sieht ein der Intensität nach gestaffeltes **Teilnahme- und Stimmrecht** der JAV für BRSitzungen (Abs. 1 u. 2) sowie ein bes. **Antrags-** und **Informationsrecht** in JugAzubi-Angelegenheiten (Abs. 3) vor. Für die GesJAV und die KJAV gilt § 67 entspr. (vgl. § 73 Abs. 2 und § 73b Abs. 2). 1

Die Vorschrift ist **zwingend** und kann weder durch TV noch durch BV abgedungen werden. 2

Entspr. Vorschrift: § 40 BPersVG. 3

II. Teilnahmerecht an den Betriebsratssitzungen

Die JAV ist nicht zur Ausübung von Mitwirkungs- und MBR befugt. Dieses Recht steht vielmehr allein dem BR zu (BAG 24.8.2004 – 1 ABR 28/03, NZA 2005, 371, dort auch zur Möglichkeit, eine tarifliche außerbetriebliche Interessen-Vertr. mit Beteiligungsrechten auszustatten; → § 60 Rn. 17). Die JAV nehmen aber mit abgestuften Beteiligungsrechten an den Entscheidungen des BR teil. Abs. 1 S. 1 begründet ein **Recht auf Teilnahme** eines Vertreters der JAV **an** allen **BRSitzungen** (→ Rn. 5 ff.), Abs. 1 S. 2 ein Teilnahmerecht der gesamten JAV in bestimmten Angelegenheiten (→ Rn. 11 ff.). Die JAV sind keine Mitgl. des BR. Sie treten lediglich im Rahmen der Regelungen dieser Vorschrift zu den Sitzungen des BR hinzu, 4 teils nur durch ein Mitgl., teils durch alle Mitgl., teils nur mit beratender Stimme, teils mit vollem Stimmrecht.

1. Teilnahmerecht eines Mitglieds

5 Die JAV hat das Recht, zu **allen Sitzungen des BR einen** Vertr. zu entsenden **(allgemeines Teilnahmerecht).** Eine Verpflichtung zur Teilnahme besteht nicht (DKKW/*Trittin* Rn. 2; Richardi BetrVG/*Annuß* Rn. 6). Grds. darf keine BRSitzung unter Ausschluss der JAV stattfinden. Ausnahmen sind zulässig, wenn aus bes. Anlass das Verhältnis zwischen BR und JAV oder ein bestimmtes Verhalten der JAV erörtert werden soll. In diesem Falle hat der BR zumindest das Recht, die betr. Angelegenheit ohne Teilnahme eines Mitgl. der JAV vorzuberaten (GK-BetrVG/*Oetker* Rn. 10f.; HWGNRH/*Rose* Rn. 19; Richardi BetrVG/*Annuß* Rn. 5; *Gillerke* AuA 1993, 52; HaKo-BetrVG/*Kloppenburg* Rn. 2; noch weitergehend *Rotermund* Interessenwahrnehmung S. 107ff.; **aA** DKKW/*Trittin* Rn. 3; WPK/*Roloff* Rn. 2). Die JAV ist jedoch sowohl über die Tatsache einer gesonderten Behandlung der Angelegenheit im BR als auch über deren Ergebnis zu unterrichten (HaKo-BetrVG/*Kloppenburg* Rn. 2). Das gebietet der Grundsatz der vertrauensvollen Zusammenarbeit, der in bes. Maße im Verhältnis zwischen BR und JAV gilt.

6 Das **allgemeine Teilnahmerecht** besteht nach dem Wortlaut des § 67 Abs. 1 nur für die **Plenarsitzungen** des BR. Ein Recht auf Teilnahme auch an den Sitzungen des BetrAusschusses (vgl. § 27) oder weiterer Ausschüsse des BR (vgl. § 28) folgt aus dem Zweck dieser Vorschrift jedenfalls dann, wenn diesen Ausschüssen bestimmte Angelegenheiten zur selbständigen Erledigung übertragen worden sind und sie insoweit an die Stelle des BR treten (DKKW/*Trittin* Rn. 7; ErfK/*Koch* § 70 Rn. 4; GK-BetrVG/*Oetker* Rn. 7; Richardi BetrVG/*Annuß* Rn. 10; *Opolony* BB 2001, 2055 [2058]; **aA** HWGNRH/*Rose* Rn. 18). Zum Teilnahmerecht von Mitgl. der JAV, soweit dem **BetrAusschuss** oder weiteren **Ausschüssen** des BR Angelegenheiten zur selbständigen Erledigung übertragen sind, die „besonders" oder „überwiegend" jug. oder auszubildende ArbN betreffen, → § 27 Rn. 58; → Rn. 15, 20.

7 Die JAV hat das Recht auf **Entsendung eines Vertr.** Der Vertr. muss Mitgl. der JAV sein. Die Entsendung einer anderen Person ist nicht zulässig. Ein ErsMitgl. kann nur entsandt werden, wenn es bereits in die JAV nachgerückt ist (DKKW/*Trittin* Rn. 4; GK-BetrVG/*Oetker* Rn. 13; HWGNRH/*Rose* Rn. 10).

8 Die **Bestimmung, welches ihrer Mitgl.** an den BRSitzungen **teilnimmt,** trifft die JAV durch Beschluss (Richardi BetrVG/*Annuß* Rn. 7). Dafür ist die einfache Stimmenmehrheit ausreichend. Der BR hat kein Recht, einem von der JAV entsandten Mitgl. die Teilnahme zu verwehren oder sich ein Mitgl. der Jug-AzubiVertr. „auszusuchen". Die Bestimmung, welches Mitgl. der JAV an den Sitzungen des BR teilnimmt, kann generell im Voraus getroffen werden, etwa in der Form, dass stets ihr Vors. an den Sitzungen des BR teilnimmt (WPK/*Roloff* Rn. 3). Sie kann aber auch von Fall zu Fall getroffen werden, was zweckmäßig sein dürfte, wenn sich einzelne Mitgl. der JAV auf bestimmte Sachgebiete spezialisiert haben und diese schwerpunktmäßig auf der BRSitzung behandelt werden (GK-BetrVG/*Oetker* Rn. 14f.; HWGNRH/*Rose* Rn. 9). Wegen der Einladung des Mitgl. der JAV zu den BRSitzungen durch den BRVors. → § 29 Rn. 37ff.

9 Das Recht der Teilnahme des Mitgl. der JAV nach Abs. 1 S. 1 beschränkt sich auf eine **beratende Teilnahme.** Das entsandte Mitgl. hat kein Stimmrecht im BR. Es ist jedoch berechtigt, zu allen Tagesordnungspunkten der BRSitzung das Wort zu ergreifen und Stellung zu nehmen (DKKW/*Trittin* Rn. 9; GK-BetrVG/*Oetker* Rn. 21; Richardi BetrVG/*Annuß* Rn. 9). Der BRVors. darf ihm das Wort nur unter denselben Voraussetzungen wie einem BRMitgl. entziehen (→ § 29 Rn. 49ff.).

10 Das Mitgl. der JAV hat über **Betriebs- und Geschäftsgeheimnisse,** die ihm durch die Teilnahme an der BRSitzung bekannt werden, Stillschweigen zu bewahren (→ § 79 Rn. 2ff.).

2. Teilnahmerecht der gesamten Vertretung

Die **gesamte JAV** ist berechtigt, an den Sitzungen des BR teilzunehmen, wenn Angelegenheiten behandelt werden, die besonders jug. ArbN oder zu ihrer Berufsausbildung Beschäftigte betreffen **(besonderes Teilnahmerecht).** 11

Der Begriff **„besonders"** ist nicht im Gegensatz zu dem in Abs. 2 verwandten Begriff „überwiegend" zu verstehen (DKKW/*Trittin* Rn. 12; GK-BetrVG/*Oetker* Rn. 25, 26; **aA** HWGNRH/*Rose* Rn. 23). Er ist weit auszulegen und umfasst alle Angelegenheiten, die für jug. ArbN oder zu ihrer Berufsausbildung Beschäftigte qualitativ oder quantitativ von gesteigerter Bedeutung sind (WPK/*Roloff* Rn. 4; *Rotermund* Interessenwahrnehmung S. 115 ff.). Das weite Verständnis ist mit dem Wortlaut vereinbar, entspricht Sinn und Zweck der Regelung und der Entstehungsgeschichte (GK-BetrVG/*Oetker* Rn. 26; *Rotermund* Interessenwahrnehmung S. 115 ff.). Der Wechsel in Abs. 1 S. 2 von „überwiegend" zu „besonders" war von der Absicht getragen, das Teilnahmerecht der JAV zu erweitern (vgl. BT-Drs. VI/1786, 63). Die Verwendung des Begriffs „besonders" in Abs. 1 S. 2 bedeutete daher nur, dass eine Angelegenheit selbst dann dem Teilnahmerecht der JAV unterliegen soll, wenn von ihr zwar nicht überwiegend der Personenkreis des § 60 Abs. 1 erfasst wird, dieser aber in besonderer Weise betroffen ist (vgl. Richardi BetrVG/*Annuß* Rn. 12). 12

Eine besondere Betroffenheit liegt vor bei Angelegenheiten, die für jug. oder auszubildende ArbN des Betriebs **in dieser ihrer Eigenschaft** von spezieller Bedeutung sind. Dies kann der Fall sein, weil der Beratungsgegenstand Vorschriften oder Maßnahmen auf Grund von Vorschriften betrifft, die gerade den **Schutz der jug. oder auszubildenden ArbN** bezwecken (etwa das JArbSchG, Vorschriften über die Berufsausbildung; vgl. zum grdl. novellierten BBiG → § 70 Rn. 6), Bestimmungen über die Wahl und Tätigkeit der JAV im Rahmen ihrer Aufgaben – vgl. hierzu zB § 70, § 80 Abs. 1 Nr. 3 u. 5). Dies kann aber auch deswegen der Fall sein, weil die Angelegenheit wegen ihrer altersspezifischen Bedeutung für die jug. oder auszubildenden ArbN von bes. Interesse ist (zB die Berücksichtigung der Berufsschulferien bei der Festlegung des Urlaubsplans oder die Errichtung einer Jugendsportabteilung im Betrieb). 13

Nicht erforderlich ist, dass die Angelegenheit ausschließlich oder doch überwiegend jug. oder auszubildende ArbN betrifft. Auch die Behandlung von Angelegenheiten, die ebenfalls für die erwachsenen ArbN von Bedeutung sind, rechtfertigen eine Teilnahme der JAV, sofern die Angelegenheiten in ihrem Schwerpunkt ArbN iSd § 60 Abs. 1 in dieser ihrer Eigenschaft betreffen (DKKW/*Trittin* Rn. 10). Bei **personellen Einzelmaßnahmen** gegenüber jug. oder auszubildende ArbN ist idR davon auszugehen, dass bes. jug.- oder ausbildungsspezifische Gesichtspunkte eine Rolle spielen. Daher ist hier die gesamte JAV hinzuzuziehen (DKKW/*Trittin* Rn. 15, Richardi BetrVG/*Annuß* Rn. 13, HaKo-BetrVG/*Kloppenburg* Rn. 4; WPK/*Roloff* Rn. 4; MHdB ArbR/*Stamer* § 303 Rn. 51; **aA** HWGNRH/*Rose* Rn. 24 und wohl auch GK-BetrVG/*Oetker* Rn. 27). Zum Stimmrecht in diesen Fällen → Rn. 21. 14

Die gesamte JAV hat das Recht auf Teilnahme nur bei den **speziellen Tagesordnungspunkten,** die bes. die Belange der jug. oder auszubildenden ArbN betreffen. Nur soweit und solange diese Tagesordnungspunkte behandelt werden, sind alle Mitgl. der JAV zur Teilnahme berechtigt (DKKW/*Trittin* Rn. 18; HWGNRH/*Rose* Rn. 21; Richardi BetrVG/*Annuß* Rn. 15). Das Teilnahmerecht beschränkt sich auch hier auf eine **beratende Teilnahme** (*Opolony* BB 2001, 2055 [2058]). Volles Stimmrecht haben die Mitgl. der JAV nur unter der zusätzlichen Voraussetzung des Abs. 2 (→ Rn. 20 ff.). Die beratende Teilnahme umfasst das Recht, das Wort zu ergreifen und zu der Angelegenheit Stellung zu nehmen. Dieses Recht hat jedes einzelne an der Sitzung teilnehmende Mitgl. der JAV, nicht nur der Vors. (HaKo-BetrVG/*Kloppenburg* Rn. 5). Das Wort darf nur ergreifen, wem es vom BRVors., der die Sitzung leitet, erteilt worden ist. Der BRVors. darf den Mitgl. der JAV das Wort nicht willkürlich abschneiden oder entziehen (vgl. iE → § 29 Rn. 49 f.). 15

16 **Teilnahmeberechtigt** ist im Fall des Abs. 1 S. 2 die gesamte JAV – dh alle Mitgl. der JAV –, auch wenn sie in Ausnahmefällen mehr Mitgl. als der BR haben sollte (s. dazu *Gillerke* AuA 1993, 52 [54]; HaKo-BetrVG/*Kloppenburg* Rn. 4). Ein Ausschluss einzelner Mitgl. ist unzulässig. Der BRVors. hat die **einzelnen Mitgl.** der JAV unter Mitteilung der Tagesordnung einzuladen (vgl. § 29 Abs. 2 S. 3 u. 4). Ist ein Mitgl. an der Teilnahme verhindert, so hat es dies dem BRVors. unverzüglich mitzuteilen. Der BRVors. hat sodann das nächstfolgende ErsMitgl. unter Berücksichtigung der Quote des § 62 Abs. 3 zu laden. Die Ladung der einzelnen Mitgl. der JAV muss durch den BRVors. oder dessen Stellvertr. erfolgen. Sie kann nicht auf den Vors. der JAV delegiert werden (Richardi BetrVG/*Annuß* Rn. 16). Unterbleibt die Einladung der JAV, ist ein ohne ihre Anwesenheit gefasster **Beschluss nicht unwirksam** (*Opolony* BB 2001, 2055 [2058]). Die Mitgl. der JAV dürfen im Falle des Abs. 1 S. 2 nur mit beratender Stimme teilnehmen. Ihre Nichtteilnahme hat deshalb keinen unmittelbaren Einfluss auf das Abstimmungsergebnis (DKKW/*Trittin* Rn. 16; GK-BetrVG/*Oetker* Rn. 34; HWGNRH/*Rose* Rn. 28; Richardi BetrVG/*Annuß* Rn. 19; BAG 6.5.1975 – 1 ABR 135/73, AP BetrVG 1972 § 65 Nr. 5). Die JAV kann in einem solchen Fall aber einen Aussetzungsantrag nach § 66 Abs. 1 stellen (→ § 66 Rn. 5).

17 Der BRVors., der die JAV nicht zur BRSitzung einlädt, handelt pflichtwidrig und verstößt gegen die ihm gesetzl. obliegenden Pflichten. Sofern die Nichteinladung als ein **grober Pflichtverstoß** anzusehen ist, kann er gem. § 23 Abs. 1 aus dem BR ausgeschlossen werden. Lehnt der BR in seiner Gesamtheit die Hinzuziehung der JAV ab, obwohl die Voraussetzungen für ihre Teilnahme an der Sitzung gegeben sind, so verstößt der BR als solcher gegen die ihm obliegenden Pflichten und kann uU nach § 23 Abs. 1 aufgelöst werden.

18 Das Teilnahmerecht der gesamten JAV nach Abs. 1 S. 2 bezieht sich nur auf die **Plenarsitzung des BR.** Gesetzl. nicht geregelt ist das Teilnahmerecht in den Fällen, in denen bes. jug. oder auszubildende ArbN betr. Angelegenheiten nicht im BR selbst, sondern in einem seiner **Ausschüsse** behandelt werden. Zweifellos bedarf die Übertragung der Behandlung einer derartigen Angelegenheit auf den BetrAusschuss oder einen anderen Ausschuss des BR der beratenden Teilnahme der Mitgl. der JAV gem. Abs. 1 S. 2. Bei der Teilnahme an Ausschussberatungen selbst ist entspr. dem Grundgedanken des Abs. 1 S. 2 davon auszugehen, dass an den Ausschussberatungen so viele Mitgl. der JAV beratend teilnehmen können, dass im Ausschuss in etwa dasselbe zahlenmäßige Verhältnis zwischen BRMitgl. und Mitgl. der JAV wie im BR besteht (ebenso DKKW/*Trittin* Rn. 20; GK-BetrVG/*Oetker* Rn. 32; *Gillerke* AuA 1993, 54; Richardi BetrVG/*Annuß* Rn. 18; *Rotermund* Interessenwahrnehmung S. 123 ff.; *Opolony* BB 2001, 2055 [2058]; nach HWGNRH/*Rose* Rn. 17 steht den Mitgl. der JAV kein Teilnahmerecht an Sitzungen von Ausschüssen des BR zu). Das gilt sowohl dann, wenn dem Ausschuss lediglich eine vorberatende Funktion zukommt (DKKW/*Trittin* Rn. 20; *Gillerke* AuA 1993, 54), als auch dann, wenn ihm bestimmte jug. oder auszubildende ArbN betr. Angelegenheiten zur selbständigen Erledigung übertragen worden sind.

19 Die **Auswahl** der an den Ausschusssitzungen teilnehmenden Mitgl. hat die JAV zu treffen (Richardi BetrVG/*Annuß* Rn. 19). Sie kann aus ihrer Mitte auch ErsMitgl. bestellen, die für den Fall an den Ausschusssitzungen teilnehmen, dass ein in erster Linie bestelltes Mitgl. der JAV verhindert ist. Hat die JAV für die Teilnahme an Ausschusssitzungen bestimmte Mitgl. ausgewählt und dem Ausschussvors. mitgeteilt, so hat dieser die betr. Mitgl. der JAV unter **Mitteilung der Tagesordnungspunkte** unmittelbar zu den Ausschusssitzungen zu laden (→ Rn. 16). Falls eine Auswahl nicht getroffen ist, sind der JAV Zeitpunkt und Tagesordnung der betr. Ausschusssitzung mitzuteilen mit der Aufforderung, die entspr. Anzahl von Mitgl. der JAV zu den Ausschusssitzungen zu entsenden.

III. Stimmrecht im Betriebsrat

20 Nach Abs. 2 haben die Mitgl. der JAV im BR **Stimmrecht,** soweit die zu fassenden Beschlüsse des BR **„überwiegend"** jug. oder zu ihrer Berufsausbildung beschäftigte ArbN betreffen. Das gilt auch, wenn die JAV mehr Mitgl. haben sollte als der BR (*Gillerke* AuA 1993, 52 [54]). Der Begriff „überwiegend" ist **quantitativ** zu verstehen (ErfK/*Koch* § 70 Rn. 4; GK-BetrVG/*Oetker* Rn. 38; HWGNRH/*Rose* Rn. 32; Richardi BetrVG/*Annuß* Rn. 20; DKKW/*Trittin* Rn. 21; *Opolony* BB 2001, 2055 [2058]). Das bedeutet, dass der Beschluss zahlenmäßig mehr jug. oder auszubildende ArbN als andere ArbN betreffen muss. Das dürfte zB der Fall sein beim Abschluss einer BV über die „Ordnung in der betrieblichen Ausbildungswerkstatt", die neben den mit der Berufungsausbildung betrauten ArbN idR zahlenmäßig überwiegend die auszubildenden ArbN betreffen wird.

21 Der Begriff „überwiegend" hat **kollektiven Charakter.** Deshalb besteht ein Stimmrecht der JAV im BR bei einer Einzelmaßnahme nur dann, wenn diese einen kollektiven Bezug hat. Das ist zB der Fall bei einer **personellen Einzelmaßnahme** gegenüber einem Ausbilder oder bei der Entscheidung des BR über die Zustimmung zu einer außerordentlichen Kündigung eines Mitgl. der JAV oder der Teilnahme eines JAV an Schulungsveranstaltungen (BAG 6.5.1975 – 1 ABR 135/73, AP BetrVG 1972 § 65 Nr. 5), idR jedoch nicht bei einer personellen Einzelmaßnahme gegenüber einem jug. oder auszubildenden ArbN (GK-BetrVG/*Oetker* Rn. 41; HWGNRH/*Rose* Rn. 33; *Opolony* BB 2001, 2055 [2058]; **aA** MHdB ArbR/*Stamer* § 303 Rn. 56).

22 Umfasst ein Beschluss des BR sowohl Angelegenheiten, die jug. oder auszubildende ArbN „überwiegend" betreffen, als auch Angelegenheiten, bei denen dies nicht der Fall ist, so ist, soweit dies möglich ist, eine **getrennte Beschlussfassung** durchzuführen. In den Angelegenheiten, die die jug. oder auszubildende ArbN überwiegend betreffen, ist die JAV bei der Beschlussfassung zu beteiligen. In den übrigen Angelegenheiten beschließen die Mitgl. des BR allein (DKKW/*Trittin* Rn. 22; GK-BetrVG/*Oetker* Rn. 42; HWGNRH/*Rose* Rn. 36). Ist eine Aufteilung des Beschlusses von seinem Inhalt her nicht möglich, ist darauf abzustellen, ob der Beschluss insgesamt mehr die jug. oder auszubildende ArbN betrifft oder nicht. Im ersten Fall sind die JAV stimmberechtigt.

23 Soweit der **BetrAusschuss** oder ein **anderer Ausschuss** des BR über eine Angelegenheit, die jug. oder auszubildende ArbN überwiegend betrifft, zu beschließen hat, haben die teilnahmeberechtigten Mitgl. der JAV in diesen Ausschüssen **volles Stimmrecht.** Wegen der Reduzierung der teilnahmeberechtigten JAV → Rn. 18; → § 27 Rn. 59.

24 Die **Stimmen der Mitgl. der JAV** sind nur zu berücksichtigen, soweit es um die Feststellung geht, ob ein Beschluss des BR bzw. des Ausschusses des BR die erforderliche Mehrheit gefunden hat oder nicht. Zur Frage der erforderlichen Mehrheit, wenn ein Beschluss des BR der absoluten Mehrheit bedarf, → § 33 Rn. 41. Für die Ermittlung der Beschlussfähigkeit zählen die Stimmen der JAV nicht mit (→ § 33 Rn. 12; DKKW/*Trittin* Rn. 23; HWGNRH/*Rose* Rn. 37). Das Stimmrecht steht dem einzelnen JAV zu. Dieser ist nicht an einen etwa vorausgegangenen Beschluss der JAV gebunden.

25 Hat der BR die Mitgl. der JAV an der Beschlussfassung nicht beteiligt, obwohl sie hätten beteiligt werden müssen, so ist im Allgemeinen **kein rechtswirksamer Beschluss** zustande gekommen (DKKW/*Trittin* Rn. 24; *Matusche* AiB 1996, 535 [537]; Richardi BetrVG/*Annuß* Rn. 25; einschränkend HWGNRH/*Rose* Rn. 38). Etwas anderes kann gelten, wenn die unterbliebene Beteiligung der JAV auf das Ergebnis der Beschlussfassung keinen Einfluss haben konnte, weil etwa der Beschluss einem Antrag der JAV entsprach oder die Teilnahme der JAV nicht zu einem anderen Beschluss hätte führen können, da die Differenz zwischen den dem Beschluss zustim-

menden und ihn ablehnenden Stimmen größer ist als die MitglZahl der JAV (BAG 6.5.1975 – 1 ABR 135/73, AP BetrVG 1972 § 65 Nr. 5; GK-BetrVG/*Oetker* Rn. 44; WPK/*Roloff* Rn. 10; **aA** DKKW/*Trittin* Rn. 24, *Matusche* AiB 1996, 535 [537]; wohl auch *Gillerke* AuA 1993, 55). Zur Frage des Aussetzungsantrags in diesen Fällen → § 66 Rn. 5.

IV. Antragsrecht der Vertretung

26 Die JAV hat kein Recht, eine Sitzung des BR zu beantragen. Sie ist jedoch nach Abs. 3 befugt, die Aufnahme einer bes., die jug. oder zu ihrer Berufsausbildung beschäftigten ArbN betr. Angelegenheit in die **Tagesordnung der nächsten BRSitzung** zu verlangen. Voraussetzung hierfür ist, dass es sich um eine betriebliche Angelegenheit handelt, bei deren Beratung die gesamte JAV ein Teilnahmerecht hat, weil sie jug. oder auszubildende ArbN **besonders** oder gar überwiegend betrifft (→ Rn. 11 ff.), und die JAV diese Angelegenheit bereits vorberaten hat.

27 Das Erfordernis der **Vorberatung** der Angelegenheit **in der JAV** soll sicherstellen, dass diese sich mit der betr. JugAzubiAngelegenheit bereits befasst hat (WPK/*Roloff* Rn. 11). Nicht erforderlich ist, dass die JAV hierbei schon zu einer abschließenden Meinungsbildung gekommen ist (DKKW/*Trittin* Rn. 27; GK-BetrVG/*Oetker* Rn. 57; HWGNRH/*Rose* Rn. 41; Richardi BetrVG/*Annuß* Rn. 28). Sie muss die Angelegenheit jedoch beraten, dh eingehend erörtert haben, um eine sachkundige Diskussion in der BRSitzung zu ermöglichen. Hat die Erörterung in der JAV bereits zu einem bestimmten Ergebnis geführt, wird dies zweckmäßigerweise bereits zusammen mit dem Antrag dem BR mitgeteilt. Die Vorberatung der Angelegenheit ist dem BRVors. mit dem Antrag bekanntzumachen. Sie wird zweckmäßigerweise in der Sitzungsniederschrift festgehalten.

28 Der BRVors. ist verpflichtet, den beantragten Beratungsgegenstand auf die **Tagesordnung der nächsten BRSitzung** zu setzen, wenn die Voraussetzungen des Abs. 3 S. 1 vorliegen. Unterlässt er dies, verstößt er gegen seine gesetzl. Pflichten, was uU – etwa bei ständiger Weigerung – als ein grober Verstoß iSd § 23 Abs. 1 anzusehen ist (DKKW/*Trittin* Rn. 29). Allerdings besteht die Verpflichtung nur, wenn der Antrag beim BRVors. so **rechtzeitig** eingeht, dass seine Aufnahme in die Tagesordnung der nächsten BRSitzung noch möglich und zumutbar ist. Andernfalls ist die Angelegenheit auf die Tagesordnung der nächstfolgenden Sitzung zu setzen (WPK/*Roloff* Rn. 11). Zu der Sitzung hat der BRVors., da in diesem Falle stets die Voraussetzungen des Abs. 1 S. 2 vorliegen, alle Mitgl. der JAV einzuladen (→ Rn. 11 ff.). Der BR muss sich auf der **nächsten Sitzung** mit der **Angelegenheit befassen.** Er ist allerdings nicht verpflichtet, die Sache abschließend oder gar iSd Vorbeschlusses der JAV zu behandeln. Vielmehr steht ihm bei diesem Tagesordnungspunkt – abgesehen von der Beratungspflicht als solcher – dieselbe Freiheit zu wie bei anderen Tagesordnungspunkten (DKKW/*Trittin* Rn. 30; GK-BetrVG/*Oetker* Rn. 60; HWGNRH/*Rose* Rn. 45). Der BR kann die Angelegenheit einem **Ausschuss** zur weiteren Behandlung zuweisen (WPK/*Roloff* Rn. 11). Er kann auch der JAV anheim geben, die Angelegenheit nochmals unter Berücksichtigung etwaiger neuer Gesichtspunkte zu beraten.

29 Ist die Behandlung von Angelegenheiten der von der JAV beantragten Art einem Ausschuss des BR zur selbständigen Entscheidung übertragen worden, so kann die JAV ihren Antrag **unmittelbar bei diesem Ausschuss** anbringen (GK-BetrVG/*Oetker* Rn. 63; Richardi BetrVG/*Annuß* Rn. 33). Wird der Antrag beim BR eingebracht, hat dieser den Antrag dem zuständigen Ausschuss zu überweisen. Über das Teilnahmerecht der Mitgl. der JAV in diesem Falle → Rn. 18; → § 27 Rn. 59.

V. Informationspflicht des Betriebsrats

Behandelt der BR von sich aus eine Angelegenheit, die bes. jug. oder zu ihrer Berufsausbildung beschäftigte ArbN betrifft, soll er diese Angelegenheit nach Abs. 2 S. 2 zuvor der **JAV zur Beratung** zuleiten. Diese soll die Angelegenheit vor der Erörterung im BR vorberaten können, um in der Lage zu sein, ihre Ansichten in der BRSitzung angemessen zu vertreten. Der BR kann der JAV für die Vorberatung eine **Äußerungsfrist** setzen. Die vorherige Beratung in der JAV ist keine Wirksamkeitsvoraussetzung für eine abschließende Beschlussfassung im BR (DKKW/*Trittin* Rn. 28; GK-BetrVG/*Oetker* Rn. 70; HWGNRH/*Rose* Rn. 48; Richardi BetrVG/*Annuß* Rn. 34). Jedoch darf der BR die Vorberatung in der JAV nicht ohne sachlichen Grund verhindern. Dies kann – jedenfalls im Wiederholungsfall – eine grobe Amtspflichtverletzung darstellen (Richardi BetrVG/*Annuß* Rn. 34). In jedem Falle haben bei der Behandlung der Angelegenheit im BR die Mitgl. der JAV gem. Abs. 2 S. 1 ein beratendes Teilnahmerecht und sind zu diesem Tagesordnungspunkt zu der BRSitzung zu laden (→ Rn. 11 ff.). 30

Die Zuleitung der Angelegenheit an die JAV braucht nicht durch den BR auf Grund eines Beschlusses zu erfolgen. Vielmehr kann der BRVors. im Rahmen der ordnungsgemäßen **Vorbereitung der BRSitzung** die Angelegenheit der JAV zur Vorberatung zuleiten (DKKW/*Trittin* Rn. 32; GK-BetrVG/*Oetker* Rn. 67; Richardi BetrVG/*Annuß* Rn. 32). Werden bes. jug. oder zu ihrer Berufsausbildung beschäftigte ArbN betr. Angelegenheiten von einem Ausschuss des BR wahrgenommen, hat der Vors. des Ausschusses die JAV zu informieren. 31

VI. Streitigkeiten

Streitigkeiten über das Recht zur Teilnahme der JAV an den Sitzungen des BR und seiner Ausschüsse und deren Stimmrecht, sowie solche über die Wirksamkeit von gemeinsamen Beschlüssen des BR und der JAV entscheiden die **ArbG im BeschlVerf.** (§§ 2a, 80 ff. ArbGG). Das gilt auch bei Streitigkeiten über die Aufnahme von Angelegenheiten in die Tagesordnung des BR nach Abs. 3 S. 1. Zu den Besonderheiten des BeschlVerf. vgl. Anh. 3. 32

§ 68 Teilnahme an gemeinsamen Besprechungen

Der Betriebsrat hat die Jugend- und Auszubildendenvertretung zu Besprechungen zwischen Arbeitgeber und Betriebsrat beizuziehen, wenn Angelegenheiten behandelt werden, die besonders die in § 60 Abs. 1 genannten Arbeitnehmer betreffen.

Inhaltsübersicht

I. Vorbemerkung

Die Vorschrift dient der **Zusammenarbeit von BR und JAV** in Jugend- und Ausbildungsfragen. Auf die GesJAV und die KJAV findet sie entspr. Anwendung (vgl. § 73 Abs. 2 und § 73b Abs. 2). 1

2 Die Vorschrift ist **zwingend** und kann weder durch TV noch durch BV abgedungen werden (GK-BetrVG/*Oetker* Rn. 2).

3 Entspr. Vorschrift: **§ 61 Abs. 4 BPersVG.**

II. Teilnahmerecht an gemeinsamen Besprechungen

4 Das Recht der JAV, zu den gemeinsamen Besprechungen zwischen ArbGeb. und BR zugezogen zu werden, besteht bei der Behandlung von **Angelegenheiten,** die **„besonders"** (vgl. zur Bedeutung des Begriffs → § 67 Rn. 12) die jug. oder zu ihrer Berufsausbildung beschäftigten ArbN des Betriebs betreffen. Das Recht auf Teilnahme an den gemeinsamen Besprechungen richtet sich nach den Voraussetzungen, unter denen die gesamte JAV berechtigt ist, an den Sitzungen des BR gem. § 67 Abs. 1 S. 2 teilzunehmen (→ § 67 Rn. 11 ff.; GK-BetrVG/*Oetker* Rn. 4).

5 Ein Teilnahmerecht besteht bei **Besprechungen zwischen BR und dem ArbGeb.,** nicht dagegen bei gelegentlichen Einzelbesprechungen des BRVors. oder eines anderen BRMitgl. mit dem ArbGeb., die auf deren eigener Amtsführung beruhen (HWGNRH/*Rose* Rn. 7; Richardi BetrVG/*Annuß* Rn. 5; WPK/*Roloff* Rn. 2; **aA** DKKW/*Trittin* Rn. 2; GK-BetrVG/*Oetker* Rn. 7; → Rn. 9). Das **Teilnahmerecht der JAV** beschränkt sich nicht auf die monatlichen Besprechungen zwischen ArbGeb. und BR gem. § 74 Abs. 1, sondern betrifft alle Besprechungen zwischen ArbGeb. und BR, sofern auf ihnen bes. JugAzubiFragen behandelt werden (GK-BetrVG/*Oetker* Rn. 6; Richardi BetrVG/*Annuß* Rn. 5; WPK/*Roloff* Rn. 2; **aA** wohl HWGNRH/*Rose* Rn. 7). Es besteht nur hinsichtlich der bes. JugAzubiAngelegenheiten. Bei anderer Besprechungspunkten ist die JAV zur Teilnahme nicht berechtigt (GK-BetrVG/*Oetker* Rn. 5; Richardi BetrVG/*Annuß* Rn. 5).

6 Der BR ist verpflichtet, die JAV zu den Besprechungen derartiger Angelegenheiten hinzuzuziehen. Eine Verletzung dieser Verpflichtung kann uU – insbes. im Wiederholungsfalle – als ein **grober Verstoß** iSd § 23 Abs. 1 angesehen werden, der zur Auflösung des BR berechtigen kann (DKKW/*Trittin* Rn. 5). Die Hinzuziehung der JAV obliegt dem BRVors.

7 Hinzuzuziehen ist die JAV. Soweit die gemeinsame Besprechung nicht im Rahmen einer BRSitzung erfolgt, zu der die einzelnen Mitgl. der JAV gesondert zu laden sind (→ § 29 Rn. 38), kann die **JAV geladen** werden. Da es sich nicht um eine BRSitzung handelt, findet § 29 Abs. 2 S. 4 keine Anwendung. Es genügt, wenn der Vors. der JAV über den Zeitpunkt der Besprechung und die bes. die jug. oder auszubildenden ArbN betr. Besprechungspunkte unterrichtet wird (§ 65 Abs. 1 iVm § 26 Abs. 2 S. 2). Eine schriftliche Unterrichtung ist nicht erforderlich, wenn auch vielfach zweckmäßig. Der Vors. der JAV ist verpflichtet, seinerseits alle Mitgl. der JAV über Ort, Zeit und Inhalt der gemeinsamen Besprechung zu informieren (DKKW/*Trittin* Rn. 6; GK-BetrVG/*Oetker* Rn. 9; HWGNRH/*Rose* Rn. 10; Richardi BetrVG/*Annuß* Rn. 7).

8 **Teilnahmeberechtigt** sind alle Mitgl. der JAV. Eine Beschränkung der Teilnahme nur auf den Vors. oder stellvertr. Vors. ist unzulässig (DKKW/*Trittin* Rn. 7; GK-BetrVG/*Oetker* Rn. 11 ff.; HWGNRH/*Rose* Rn. 9; Richardi BetrVG/*Annuß* Rn. 6). Andererseits besteht keine Pflicht der Mitgl. der JAV zur Teilnahme an diesen Besprechungen. Ein Mitgl. der JAV kann der Besprechung fernbleiben. Es liegt dann jedoch kein Verhinderungsfall vor. Deshalb kann nicht das ErsMitgl. zu der Besprechung hinzugezogen werden (DKKW/*Trittin* Rn. 7; GK-BetrVG/*Oetker* Rn. 15; → § 25 Rn. 21). Die Mitgl. der JAV haben das Recht, sich aktiv an der Erörterung beteiligen (HaKo-BetrVG/*Kloppenburg* Rn. 4).

9 Das Teilnahmerecht der JAV besteht auch, wenn die Besprechung nicht mit dem gesamten BR, sondern dem **BetrAusschuss** (vgl. § 27) oder einem **anderen Ausschuss** (§ 28) geführt wird, dem diese Aufgabe zur selbständigen Erledigung übertragen ist (DKKW/*Trittin* Rn. 3; GK-BetrVG/*Oetker* Rn. 7; WPK/*Roloff* Rn. 2; Ri-

chardi BetrVG/*Annuß* Rn. 8): Anders als in den Fällen des § 67 Abs. 1 S. 2 (→ § 67 Rn. 18) ist eine Reduzierung der Teilnehmer der JAV nicht geboten (DKKW/*Trittin* Rn. 3; *Rotermund* Interessenwahrnehmung S. 135 f.; wohl auch WPK/*Roloff* Rn. 2, 3; HaKo-BetrVG/*Kloppenburg* Rn. 3 u. 4; **aA** Richardi BetrVG/*Annuß* Rn. 8).

III. Streitigkeiten

Streitigkeiten über das Teilnahmerecht der JAV an den gemeinsamen Besprechungen zwischen BR und ArbGeb. entscheiden die ArbG im **BeschlVerf.** (§§ 2a, 80 ff. ArbGG). Das ArbG kann im Eilfall die Teilnahme der Mitgl. der JAV durch den Erlass einer einstw. Vfg. gem. § 85 Abs. 2 ArbGG sicherstellen (GK-BetrVG/*Oetker* Rn. 18; DKKW/*Trittin* Rn. 9; HWGNRH/*Rose* Rn. 14). Zu den Besonderheiten des BeschlVerf. vgl. Anh. 3. 10

§ 69 Sprechstunden

[1] In Betrieben, die in der Regel mehr als fünfzig der in § 60 Abs. 1 genannten Arbeitnehmer beschäftigen, kann die Jugend- und Auszubildendenvertretung Sprechstunden während der Arbeitszeit einrichten. [2] Zeit und Ort sind durch Betriebsrat und Arbeitgeber zu vereinbaren. [3] § 39 Abs. 1 Satz 3 und 4 und Abs. 3 gilt entsprechend. [4] An den Sprechstunden der Jugend- und Auszubildendenvertretung kann der Betriebsratsvorsitzende oder ein beauftragtes Betriebsratsmitglied beratend teilnehmen.

Inhaltsübersicht

I. Vorbemerkung

Die Vorschrift eröffnet in Betrieben mit über 50 jug. oder zu ihrer Berufsausbildung beschäftigten ArbN die Möglichkeit, **eigene Sprechstunden der JAV** einzurichten. Wird davon kein Gebrauch gemacht, kann nach § 39 Abs. 2 ein Mitgl. der JAV an den Sprechstunden des BR zur Beratung jug. oder auszubildender ArbN teilnehmen (→ § 39 Rn. 17 ff.). 1

Die Vorschrift ist **zwingend** und kann zum Nachteil der JAV weder durch TV noch durch BV abbedungen werden. Die Einführung eigener Sprechstunden der JAV in Betrieben mit weniger als 51 jug. oder auszubildenden ArbN ist mit Zustimmung des ArbGeb. und des BR zulässig (DKKW/*Trittin* Rn. 2; GK-BetrVG/*Oetker* Rn. 2, 6). 2

Entspr. Vorschrift: **§ 62 iVm § 43 BPersVG.** 3

II. Eigene Sprechstunden

1. Voraussetzungen

Die Einrichtung eigener Sprechstunden der JAV setzt das Erreichen des **Schwellenwerts** von mehr als 50 jug. oder zu ihrer Berufsausbildung Beschäftigte und einen 4

Beschluss der JAV voraus. Zum Begriff der jug. und der zu ihrer Berufsausbildung Beschäftigten → § 60 Rn. 14ff.; → § 5 Rn. 289ff.; zum „Betrieb" → § 4 Rn. 5ff.; zum Begriff „in der Regel" → § 1 Rn. 271ff. Ein **vorübergehendes Unterschreiten** des Schwellenwerts – etwa bei einem allgemeinen Ausbildungsabschluss – ist unschädlich, sofern davon ausgegangen werden kann, dass in absehbarer Zeit wieder mehr als 50 dieser ArbN im Betrieb beschäftigt werden (DKKW/*Trittin* Rn. 4). Sinkt allerdings die Zahl der jug. oder auszubildenden ArbN nicht nur vorübergehend unter 51, so darf die JAV etwaige Sprechstunden nicht weiter durchführen, sofern hierüber nicht zwischen ArbGeb., BR und der JAV Einverständnis erzielt wird (DKKW/*Trittin* Rn. 4; GK-BetrVG/*Oetker* Rn. 5; HWGNRH/*Rose* Rn. 4).

5 Die Einführung eigener Sprechstunden liegt **im Ermessen** der JAV. Sie ist hierzu berechtigt, aber nicht verpflichtet (DKKW/*Trittin* Rn. 5; GK-BetrVG/*Oetker* Rn. 7; HWGNRH/*Rose* Rn. 9; Richardi BetrVG/*Annuß* Rn. 4). Erforderlich ist ein **einfacher Mehrheitsbeschluss** der JAV (WPK/*Roloff* Rn. 2). An diesen Beschluss sind ArbGeb. und BR gebunden (GK-BetrVG/*Oetker* Rn. 9). Zeit und Ort der Sprechstunden sind sodann nach S. 2 vom BR und ArbGeb. zu vereinbaren (→ Rn. 7f.).

6 Die **Sprechstunde** der JAV ist nur für die jug. oder zu ihrer Berufsausbildung Beschäftigten **zuständig.** Diese können ihre Anliegen und Wünsche aber auch in der Sprechstunde des BR vorbringen. Dieser darf sie nicht abweisen (DKKW/*Trittin* Rn. 12; GK-BetrVG/*Oetker* Rn. 19).

2. Zeit und Ort

7 **Zeit und Ort** der Sprechstunde sind nach S. 2 zwischen **ArbGeb. und BR** zu vereinbaren. Die JAV kann nicht unmittelbar mit dem ArbGeb. verhandeln (→ § 60 Rn. 4, 24). Die Sprechstunden finden nach S. 1 grds. **während der Arbeitszeit** statt. Bei der Festlegung von Zeit und Ort der Sprechstunden haben BR und ArbGeb. sowohl die betrieblichen Notwendigkeiten zu berücksichtigen als auch darauf zu achten, dass die Sprechstunden ordnungsgemäß abgewickelt werden können. Die Vereinbarung zwischen ArbGeb. und BR ist für die JAV bindend (HWGNRH/*Rose* Rn. 12). An der Besprechung sowie der Beschlussfassung über die Festlegung von Zeit und Ort der Sprechstunden nimmt die JAV gem. § 68 und § 67 Abs. 2 (dh mit Stimmrecht) teil. Einigen sich BR und ArbGeb. nicht, so werden Zeit und Ort der Sprechstunden gem. S. 3 iVm § 39 Abs. 1 S. 3 u. 4 durch die **E-Stelle** festgelegt. Die E-Stelle kann nur vom ArbGeb. oder BR, nicht von der JAV angerufen werden (DKKW/*Trittin* Rn. 8; GK-BetrVG/*Oetker* Rn. 16; HWGNRH/*Rose* Rn. 13). Sie sollte die JAV vor der Entscheidung anhören.

8 Die Festlegung von Zeit und Ort der von der JAV beschlossenen Sprechstunden gehört zu den **gesetzl. Pflichten von ArbGeb. und BR.** Die beharrliche Weigerung, Zeit und Ort der Sprechstunden festzulegen, kann uU als grober Verstoß iSd § 23 angesehen werden und die dort geregelten Rechtsfolgen auslösen.

3. Kosten und Arbeitsversäumnis

9 Der ArbGeb. hat die durch die Sprechstunden entstehenden notwendigen **Kosten** zu tragen (HWGNRH/*Rose* Rn. 15). Er hat nach § 65 Abs. 1 iVm § 40 die zur ordnungsgemäßen Durchführung der Sprechstunden erforderlichen **Räume** und andere sachliche Mittel zur Verfügung zu stellen.

10 Ist die Sprechstunde wirksam beschlossen, so gehört ihre Durchführung zu den **Amtsobliegenheiten** der JAV. Die Mitgl. der JAV behalten für die Zeit, in der sie die Sprechstunde abhalten, gem. § 65 Abs. 1 iVm § 37 Abs. 2 ihren **Anspruch auf Arbeitsentgelt.**

11 Die jug. oder zu ihrer Berufsausbildung beschäftigten ArbN dürfen nach S. 3 iVm § 39 Abs. 3 durch den Besuch der Sprechstunden oder die sonstige Inanspruchnahme

der JAV während der Arbeitszeit **keinen Ausfall an Arbeitsentgelt** erleiden (→ § 39 Rn. 26 ff.). Sie sind verpflichtet, sich bei ihrem Vorgesetzten vor dem Besuch der Sprechstunde von der Arbeit ab- und anschließend wieder zurückzumelden (GK-BetrVG/*Oetker* Rn. 28, 29). Die Unterlassung kann eine Verletzung des Arbeitsvertrages darstellen (GK-BetrVG/*Oetker* Rn. 29).

III. Teilnahmerecht des Betriebsratsvorsitzenden

Der **BRVors.** oder ein anderes hiermit beauftragtes BRMitgl. ist nach S. 4 berechtigt, an den Sprechstunden der JAV **beratend teilzunehmen.** Zweck der Regelung ist es, eine sachkundige Beratung der jug. oder zu ihrer Berufsausbildung beschäftigten ArbN zu ermöglichen und dem BR Gelegenheit zu geben, sich Kenntnis von den Anliegen dieser ArbN zu verschaffen. Eine Verpflichtung zur Teilnahme eines BRMitgl. an den Sprechstunden besteht nicht (GK-BetrVG/*Oetker* Rn. 24; HWGNRH/*Rose* Rn. 23; DKKW/*Trittin* Rn. 13). 12

Die JAV muss die **Anwesenheit des BRVors.** oder eines anderen beauftragten BRMitgl. während der Sprechstunden **dulden** (Richardi BetrVG/*Annuß* Rn. 11). Die Beauftragung eines anderen BRMitgl. erfolgt durch Mehrheitsbeschluss des BR (DKKW/*Trittin* Rn. 14; GK-BetrVG/*Oetker* Rn. 23, 25; Richardi BetrVG/*Annuß* Rn. 10). Von diesem sollte die JAV unterrichtet werden. Der Beschluss bedarf nicht der Zustimmung der JAV. Diese hat kein Stimmrecht nach § 67 Abs. 2, da die Beauftragung des BRMitgl. die Belange der in § 60 Abs. 1 genannten ArbN nicht berührt (GK-BetrVG/*Oetker* Rn. 23; **aA** DKKW/*Trittin* Rn. 14). Die Teilnahme des BRVors. bzw. des beauftragten anderen BRMitgl. beschränkt sich auf eine Beratung sowohl der JAV als auch der die Sprechstunden aufsuchenden jug. oder auszubildenden ArbN in anstehenden Sach- und Rechtsfragen. 13

IV. Streitigkeiten

Streitigkeiten über die Voraussetzung für die Einrichtung eigener Sprechstunden der JAV sind von den ArbG im **BeschlVerf.** zu entscheiden (§§ 2a, 80 ff. ArbGG). Das Gleiche gilt für die Frage der Berechtigung der jug. oder zu ihrer Berufsausbildung beschäftigten ArbN, die Sprechstunden der JAV zu besuchen, sowie das Teilnahmerecht des BRVors. oder des beauftragten anderen BRMitgl. an den Sprechstunden. Auch der Spruch der E-Stelle über Zeit und Ort der Sprechstunden kann iRd § 76 Abs. 5 vom ArbG im BeschlVerf. überprüft werden; das BeschlVerf. kann jedoch in diesem Falle nur vom BR oder dem ArbGeb., nicht von der JAV eingeleitet werden (Richardi BetrVG/*Annuß* Rn. 12; DKKW/*Trittin* Rn. 18). Die JAV ist aber zu beteiligen (BAG 8.2.1977 – 1 ABR 82/74, AP BetrVG 1972 § 80 Nr. 10). Zu den Besonderheiten des BeschlVerf. vgl. Anh. 3. 14

Über Klagen von jug. oder auszubildenden ArbN auf wegen des Besuchs der Sprechstunden vorenthaltenem Lohn haben die ArbG im **Urteilsverfahren** zu entscheiden (Richardi BetrVG/*Annuß* Rn. 13; GK-BetrVG/*Oetker* Rn. 33). 15

§ 70 Allgemeine Aufgaben

(1) **Die Jugend- und Auszubildendenvertretung hat folgende allgemeine Aufgaben:**

1. Maßnahmen, die den in § 60 Abs. 1 genannten Arbeitnehmern dienen, insbesondere in Fragen der Berufsbildung und der Übernahme der zu ihrer Berufsausbildung Beschäftigten in ein Arbeitsverhältnis, beim Betriebsrat zu beantragen;

1a. Maßnahmen zur Durchsetzung der tatsächlichen Gleichstellung der in § 60 Abs. 1 genannten Arbeitnehmer entsprechend § 80 Abs. 1 Nr. 2a und 2b beim Betriebsrat zu beantragen;
2. darüber zu wachen, dass die zugunsten der in § 60 Abs. 1 genannten Arbeitnehmer geltenden Gesetze, Verordnungen, Unfallverhütungsvorschriften, Tarifverträge und Betriebsvereinbarungen durchgeführt werden;
3. Anregungen von in § 60 Abs. 1 genannten Arbeitnehmern, insbesondere in Fragen der Berufsbildung, entgegenzunehmen und, falls sie berechtigt erscheinen, beim Betriebsrat auf eine Erledigung hinzuwirken. Die Jugend- und Auszubildendenvertretung hat die betroffenen in § 60 Abs. 1 genannten Arbeitnehmer über den Stand und das Ergebnis der Verhandlungen zu informieren;
4. die Integration ausländischer, in § 60 Abs. 1 genannter Arbeitnehmer im Betrieb zu fördern und entsprechende Maßnahmen beim Betriebsrat zu beantragen.

(2) [1] **Zur Durchführung ihrer Aufgaben ist die Jugend- und Auszubildendenvertretung durch den Betriebsrat rechtzeitig und umfassend zu unterrichten.** [2] **Die Jugend- und Auszubildendenvertretung kann verlangen, dass ihr der Betriebsrat die zur Durchführung ihrer Aufgaben erforderlichen Unterlagen zur Verfügung stellt.**

Inhaltsübersicht

I. Vorbemerkung

1 Die Vorschrift weist der JAV in Anlehnung an den für den BR maßgebenden § 80 **allgemeine Aufgaben** zu. Ebenso wie für den BR hat das **BetrVerf-ReformG** die allgemeinen Aufgaben der JAV erweitert. Neben der Aufgabe, Maßnahmen zur tatsächlichen Gleichstellung der Geschlechter und zur Integration von ausländischen jug. oder zu ihrer Berufsausbildung beschäftigten ArbN zu beantragen, fällt ihr die weitere wichtige Aufgabe zu, Maßnahmen zu verlangen, die auf eine Übernahme der Auszubildenden in ein Arbeitsverhältnis nach Abschluss ihrer Ausbildung abzielen. Diese Aufgaben dienen bedeutsamen gesellschafts- und arbeitsmarktpolitischen Zwecken (vgl. BT-Drs. 14/5741, 44 [45]). Die allgemeinen Aufgaben beziehen sich iÜ auf sämtliche Tätigkeitsbereiche, die für die jug. oder zu ihrer Berufsausbildung beschäftigten ArbN von Bedeutung sind. Das betrifft vor allem Fragen der Berufsbildung (vgl. Abs. 1 Nr. 1 u. 3). Die **Durchführung** der allgemeinen Aufgaben erfolgt über den BR, nicht durch unmittelbare Verhandlung der JAV mit dem ArbGeb. (→ § 60 Rn. 4, 24). Aus diesem Grunde weist Abs. 2 ausschließlich dem BR und nicht dem ArbGeb. die Pflicht zu, die JAV über die zur Durchführung ihrer Aufgaben erforderlichen Umstände und Tatsachen zu unterrichten und ihr die erforderlichen Unterlagen zur Verfügung zu stellen.

2 Die Vorschrift ist nach § 51 Abs. 6 iVm § 73 Abs. 2 auf die GesJAV entspr. anzuwenden, obwohl sie in § 73 Abs. 2 nicht ausdrücklich aufgeführt ist (DKKW/*Trittin* Rn. 3; HWGNRH/*Rose* Rn. 5). Das gilt auch für die KJAV. Auch dort fehlt in § 73b eine Verweisung auf § 70.

3 Entspr. Vorschrift: **§ 61 Abs. 1 u. 3 BPersVG.**

II. Allgemeine Aufgaben

Die allgemeinen Aufgaben der JAV sind **überwachender und beratender Art.** 4
Sie beziehen sich auf alle sozialen, personellen und wirtschaftlichen Fragen, die jug. oder die zu ihrer Berufsausbildung beschäftigten ArbN unmittelbar oder mittelbar betreffen. Die Wahrnehmung und Erfüllung der allgemeinen Aufgaben erfolgt über den BR. Dazu dient auch das Teilnahmerecht an BRSitzungen nach § 67 Abs. 1 (→ § 67 Rn. 11ff.) und das Antragsrecht nach § 67 Abs. 3 (→ § 67 Rn. 26ff.). Im Rahmen ihrer gesetzl. Aufgaben können BR und JAV gemeinsam die Durchführung einer Fragebogenaktion unter den jug. oder auszubildenden ArbN beschließen, soweit dadurch Betriebsablauf oder Betriebsfriede nicht gestört werden (BAG 8.2.1977 – 1 ABR 82/74, AP BetrVG 1972 § 80 Nr. 10; Richardi BetrVG/*Annuß* Rn. 33; vgl. auch DKKW/*Trittin* Rn. 9).

1. Antragsrecht

Abs. 1 Nr. 1, Nr. 1a und Nr. 4 gewähren der JAV ein **allgemeines Initiativrecht.** 5
Sie kann beim BR – nicht beim ArbGeb. (GK-BetrVG/*Oetker* Rn. 6; Richardi BetrVG/*Annuß* Rn. 5) – alle Maßnahmen beantragen, die den **jug. oder zu ihrer Berufsausbildung beschäftigten ArbN des Betriebs dienen.** Es muss sich nicht um Maßnahmen handeln, bei denen der BR ein Mitwirkungs- oder MBR hat. Auch sonstige Angelegenheiten, die für die jug. oder auszubildenden ArbN von Bedeutung sind, kann die JAV beim BR anregen. Allerdings muss es sich um Angelegenheiten im Bereich des Betriebs handeln, zu deren Behandlung der **BR zuständig** ist (GK-BetrVG/*Oetker* Rn. 13; HWGNRH/*Rose* Rn. 10).

Als Angelegenheiten iSd Nr. 1 kommen zB in Betracht: Fragen der **Arbeitszeit** 6
der jug. oder auszubildenden ArbN (vgl. §§ 8ff. JugArbSchG), bes. **Sozialleistungen oder Sozialeinrichtungen** für diese ArbN – etwa die Einrichtung von besonderen Aufenthaltsräumen, einer Jugendbibliothek, eines Ferienhauses, einer betrieblichen Sportabteilung oder Musikgruppe –, Fragen der **Urlaubsregelung** für jug. ArbN (vgl. § 19 JugArbSchG) und der **menschengerechten Gestaltung der Arbeits- und Ausbildungsplätze** der jug. ArbN. Von bes. Bedeutung sind Angelegenheiten der **betrieblichen Berufsausbildung.** Die Berufsausbildung ist wesentlicher Teil der Berufsbildung, bei welcher der BR nach Maßgabe der §§ 96ff. mitzubestimmen hat (vgl. zum MBR des BR nach § 98 bei der generellen Verkürzung der Ausbildungszeit nach § 29 BBiG aF BAG 24.8.2004 – 1 ABR 28/03, NZA 2005, 371). Zur Berufsbildung gehören alle Maßnahmen, die ArbN in systematischer, lehrplanartiger Weise Kenntnisse und Erfahrungen vermitteln, die diese zu ihrer beruflichen Tätigkeit im Allgemeinen befähigen (BAG 24.8.2004 – 1 ABR 28/03, NZA 2005, 371; → § 98 Rn. 5 mwN). Die Berufsausbildung ist weitgehend durch das BBiG staatlich geregelt (BAG 24.8.2004 – 1 ABR 28/03, NZA 2005, 371). Dieses ist durch das G zur Reform der beruflichen Bildung (**Berufsbildungsreformgesetz – BerBiRefG** v. 22.3.2005 (BGBl. II S. 931) grdl. novelliert worden (vgl. zu den Änderungen etwa *Taubert* NZA 2005, 503; *Wohlgemuth* ArbuR 2005, 241; *Opolony* BB 2005, 1050; *Nehls* AiB 2005, 332). Die wesentlichen arbeitsrechtlichen Bestimmungen finden sich in §§ 10–26 BBiG. Regelungen über die Eignung von Ausbildungsstätte und Ausbildungspersonal enthalten die §§ 27–33 BBiG. Inhalt, Struktur und Dauer der Ausbildung werden maßgeblich bestimmt durch die jeweilige Ausbildungsordnung, die nach § 5 Abs. 1 BBiG ua die Ausbildungsdauer, das Ausbildungsberufsbild und den Ausbildungsrahmenplan festzulegen hat und nach § 5 Abs. 2 BBiG weitere Regelungen etwa über die Stufenausbildung (vgl. dazu *Nehls* AiB 2005, 332 [333f.]; *Wohlgemuth* ArbuR 2005, 241 [242]), die überbetriebliche Ausbildung und die Anrechnung einer anderweitigen Berufsausbildung enthalten kann. In dem dadurch öffentlich-rechtlich vorgegebenen Rahmen kommen Maßnahmen in

Betracht, die die JAV beim BR beantragen kann, wie etwa die Gestaltung des **Ausbildungsplans,** die Verbesserung der **Ausbildungsmethoden** oder die Erstellung von **Beurteilungsbogen** für die Auszubildenden. Auch Fragen, die die **Person der Ausbilder** oder die Beschaffung zusätzlicher oder bes. **Ausbildungsmittel** betreffen, können Gegenstand des Antragsrechts nach Nr. 1 sein (GK-BetrVG/*Oetker* Rn. 8). Ferner kann sich die JAV dem BR gegenüber für die **Schaffung von Ausbildungsplätzen** einsetzen, ist dieser doch für Fragen der Personalplanung (§ 92) und der Berufsbildung (§§ 96 ff.) zuständig. Die JAV kann auch gezielte Maßnahme beantragen, die eine **Übernahme der Auszubildenden** im Anschluss an ihre Ausbildung ermöglichen (vgl. GK-BetrVG/*Oetker* Rn. 9). Dazu gehören Vorschläge, auf welchen Arbeitsplätzen und für welche Dauer eine solche Übernahme stattfinden soll. **Zweck dieses Antragsrechts** ist, es den Auszubildenden nach Abschluss ihrer Berufsausbildung zu ermöglichen, erste Berufserfahrungen zu sammeln und dadurch ihre Vermittlungschancen auf dem allgemeinen Arbeitsmarkt zu verbessern. Darüber hinaus kann eine Übernahme – ggf. auch auf einen nicht ausbildungsgerechten Arbeitsplatz – zumindest deswegen angeregt werden, um die sozialrechtliche Situation der Betroffenen zu verbessern.

7 In gleicher Weise hat sich die JAV nach dem durch das BetrVerf-ReformG neu eingefügten Abs. 1 Nr. 1a für Maßnahmen einzusetzen, die auf eine tatsächliche **Gleichstellung** der Geschlechter bei den jug. und den zu ihrer Ausbildung beschäftigten ArbN hinwirken (→ § 80 Rn. 34 ff.; *Rotermund* Interessenwahrnehmung S. 143). Nach Abs. 1 Nr. 4 hat die JAV außerdem die Aufgabe, die **Integration** der im Betrieb beschäftigten jug. und zu ihrer Berufsausbildung tätigen ausländischen ArbN zu unterstützen und darauf gerichtete Maßnahmen zu beantragen. Das soll aktiv dazu beitragen, wechselseitige Vorurteile abzubauen und das Verständnis junger ArbN gegenüber anderen Kulturen und Weltanschauungen zu fördern (vgl. BT-Drs. 14/5741, 44 ff.). Einzelheiten bei → § 80 Rn. 32.

8 Die Maßnahmen nach Abs. 1 Nr. 1, Nr. 1a sowie nach Nr. 4 sind von der JAV **beim BR zu beantragen** (DKKW/*Trittin* Rn. 10; Richardi BetrVG/*Annuß* Rn. 5). Das setzt einen Beschluss der JAV voraus, die zuvor die Angelegenheit beraten haben muss. Der Vors. der JAV führt den Beschluss der JAV durch, indem er diesen an den BR weiterleitet.

9 Der BR ist verpflichtet, diese Anträge entgegenzunehmen und sich mit ihnen zu befassen. Eine Nichtbeachtung von Anträgen der JAV kann uU – insbes. im Wiederholungsfall – ein **grober Verstoß** gegen die dem BR obliegenden gesetzl. Pflichten nach § 23 Abs. 1 sein. Vielfach wird bei der Behandlung der beantragten Maßnahmen die JAV gem. § 67 Abs. 1 S. 2 zu beteiligen sein. Soweit der Antrag eine Angelegenheit zum Gegenstand hat, die bes. die jug. oder auszubildenden ArbN betrifft, hat der BR gem. § 67 Abs. 3 S. 1 diese Angelegenheit auf die Tagesordnung seiner nächsten Sitzung zu setzen.

10 Der BR ist **nicht verpflichtet,** die von der JAV beantragten Maßnahmen gegenüber dem ArbGeb. weiter zu verfolgen. Unbegründete, unzweckmäßige oder unsachliche Anträge der JAV kann er zurückweisen (DKKW/*Trittin* Rn. 15; HWGNRH/*Rose* Rn. 13; Richardi BetrVG/*Annuß* Rn. 10). Wie er den Antrag in der Sache behandelt, unterliegt seinem Ermessen. Jedoch muss er die JAV stets über die weitere Behandlung der Angelegenheit **informieren** (vgl. § 80 Abs. 1 Nr. 3), soweit nicht die JAV ohnehin an der BRSitzung bzw. der Beschlussfassung gem. § 67 teilgenommen hat.

11 Sofern der BR den Antrag der JAV als sachdienlich oder berechtigt anerkennt, ist er im Rahmen seines Ermessens verpflichtet, die **Angelegenheit mit dem ArbGeb. zu erörtern.** Vielfach wird bei dieser Erörterung die JAV gem. § 68 teilnahmeberechtigt sein. Soweit ein **Teilnahmerecht** der gesamten JAV nicht in Betracht kommt, weil die Angelegenheit die jug. ArbN nicht bes. betrifft, dürfte es sich empfehlen, wenigstens den Vors. der JAV oder ein anderes ihrer Mitgl. zu der Erörterung der von der JAV beantragten Angelegenheit hinzuzuziehen.

2. Überwachungsrecht

Die Regelung des Abs. 1 Nr. 2 enthält nicht nur ein Überwachungsrecht der JAV, sondern normiert gleichzeitig eine **Überwachungspflicht** (Richardi BetrVG/*Annuß* Rn. 13). Die Überwachung bezieht sich auf sämtliche Rechtsnormen, die für die jug. oder auszubildenden ArbN des Betriebs von Bedeutung sind. Erfasst werden sowohl gesetzl. als auch tarifliche oder betriebliche Rechtsnormen. Nicht erforderlich ist, dass die Rechtsnormen ausschließlich oder überwiegend die jug. oder auszubildende ArbN betreffen. Das **Überwachungsrecht** besteht vielmehr hinsichtlich aller Normen, die **„auch“** für diese ArbN von Bedeutung sind (DKKW/*Trittin* Rn. 16; GK-BetrVG/*Oetker* Rn. 27; HWGNRH/*Rose* Rn. 27; Richardi BetrVG/*Annuß* Rn. 12). Hierunter fallen auch die Bestimmungen, die den Aushang derartiger Vorschriften im Betrieb vorschreiben. In erster Linie werden allerdings solche Vorschriften in Betracht kommen, die speziell jug. oder auszubildende ArbN ansprechen. Hierbei beschränkt sich das Überwachungsrecht nicht auf Vorschriften über den arbeitstechnischen Schutz für ArbN, sondern umfasst alle sonstigen Vorschriften im arbeitsrechtlichen Bereich. 12

Gesetzl. Vorschriften sind insbes. das **BBiG,** die – ebenfalls durch das BerBiRefG (→ Rn. 6) novellierte – **Handwerksordnung,** das **JugArbSchG** einschl. seiner Beschäftigungsverbote, seiner Arbeitszeitvorschriften und seiner Bestimmungen über die gesundheitliche Betreuung der jug. ArbN. Zu den VO gehören insbes. die auf Grund des BBiG, des JugArbSchG sowie der **GewO** erlassenen VO. Zahlreiche **Unfallverhütungsvorschriften** der **Berufsgenossenschaften** enthalten ebenfalls Sonderregelungen über die Beschäftigung jug. oder auszubildender ArbN. Auch **TV** und **BV** sehen häufig Sonderregelungen vor. 13

Die JAV hat darauf zu achten, dass die jug. oder auszubildenden ArbN entspr. den bestehenden Normen behandelt werden bzw. ihre Arbeit ausüben. Stellt sie Missstände fest, hat sie beim BR auf deren Abstellung hinzuwirken. Die JAV wird damit nicht zu einem dem ArbGeb. übergeordneten **Kontrollorgan** (GK-BetrVG/*Oetker* Rn. 28; HWGNRH/*Rose* Rn. 29; Richardi BetrVG/*Annuß* Rn. 13). Sie kann aber von sich aus und ohne konkrete Verdachtsmomente von ihrer Überwachungsbefugnis Gebrauch machen und stichprobenartig die Einhaltung der gesetzlichen Vorschriften prüfen (BAG 21.1.1982 – 6 ABR 17/79, AP BetrVG 1972 § 70 Nr. 1; DKKW/*Trittin* Rn. 18; GK-BetrVG/*Oetker* Rn. 36; *Rotermund* Interessenwahrnehmung S. 151f.; **aA** HWGNRH/*Rose* Rn. 29; *Schlochauer* FS *Müller,* S. 476; → § 80 Rn. 5ff.). Zu diesem Zweck kann sie mit Zustimmung des BR (insoweit **aA** DKKW/*Trittin* Rn. 19) die jug. oder auszubildenden ArbN auch an ihrem Arbeitsplatz aufsuchen (BAG 21.1.1982 – 6 ABR 17/79, AP BetrVG 1972 § 70 Nr. 1; GK-BetrVG/*Oetker* Rn. 37; Richardi BetrVG/*Annuß* Rn. 13). Die Überwachungspflicht erstreckt sich nicht auf die **Durchsetzung von Ansprüchen** jug. oder auszubildender ArbN. Eine Vertretung vor den ArbG gehört nicht zu den Aufgaben der JAV (→ § 80 Rn. 13ff.). 14

3. Anregungsrecht

Zweck der Regelung des Abs. 1 Nr. 3, die § 80 Abs. 1 Nr. 3 entspricht, ist es, eine möglichst **enge Kommunikation** zwischen den jug. oder auszubildenden ArbN und ihrer Vertr. sicherzustellen und eine Verbindung zum BR herzustellen. Hierzu hat die JAV **Anregungen** der jug. oder auszubildenden ArbN entgegenzunehmen. Der Begriff Anregungen ist weit zu verstehen und umfasst auch **Beschwerden** (DKKW/*Trittin* Rn. 22; GK-BetrVG/*Oetker* Rn. 45; Richardi BetrVG/*Annuß* Rn. 14). Die Anregung braucht sich nicht notwendigerweise auf Angelegenheiten zu beziehen, die ausschließlich oder bes. jug. oder auszubildende ArbN betreffen. Vielmehr können diese ArbN in allen betrieblichen Fragen ihre Anregungen, auch soweit sie alle ArbN des Betriebs berühren, der JAV unterbreiten. Andererseits sind sie nicht verpflichtet, 15 ihre Anregungen nur bei der JAV anzubringen. Sie können sie auch gem. § 80 Abs. 1 Nr. 3 unmittelbar beim BR vorbringen (HWGNRH/*Rose* Rn. 40; Richardi BetrVG/*Annuß* Rn. 17). Dies gilt insbes. für Beschwerden, für deren Behandlung gegenüber dem ArbGeb. der BR allein zuständig ist.

16 Die JAV hat die **Pflicht,** die **Anregungen** jug. oder zu ihrer Berufsausbildung beschäftigter ArbN **entgegenzunehmen.** Sie muss sich mit ihnen auf einer Sitzung der JAV befassen und hierbei ihre Berechtigung prüfen. Hält sie die Anregung für nicht berechtigt, etwa weil sie unzweckmäßig oder nicht durchführbar erscheint, so hat sie dies in einem Beschluss festzustellen und die betr. jug. oder auszubildenden ArbN hierüber zu unterrichten (DKKW/*Trittin* Rn. 24; GK-BetrVG/*Oetker* Rn. 49).

17 Hält die JAV die Anregung für berechtigt, so hat sie beim BR auf eine **Erledigung hinzuwirken.** Sie ist nicht befugt, unmittelbar mit dem ArbGeb. zu verhandeln (GK-BetrVG/*Oetker* Rn. 50). Dieses Recht hat ausschließlich der BR. Dieser hat allerdings die JAV iRd § 68 zu den Besprechungen hinzuzuziehen hat, wenn die Angelegenheit besonders jug. oder auszubildende ArbN betrifft.

18 Um auf die Erledigung hinzuwirken, muss die JAV die **Angelegenheit dem BR mit ihrer Stellungnahme zuleiten.** Der BR ist an den Beschluss der JAV nicht gebunden. Er hat die Berechtigung der Anregung selbständig zu prüfen (GK-BetrVG/*Oetker* Rn. 51; HWGNRH/*Rose* Rn. 38). Betrifft die Anregung bes. oder überwiegend jug. oder auszubildende ArbN, so ist die gesamte JAV bei der Behandlung dieses Tagesordnungspunktes gem. § 67 Abs. 1 S. 2 und Abs. 2 an der BRSitzung teilnahmeberechtigt, ggf. auch stimmberechtigt (→ § 67 Rn. 11 ff., 20 ff.).

19 Die JAV hat den bzw. die jug. oder auszubildenden ArbN über die Behandlung der Anregung zu unterrichten. Die **Unterrichtung** umfasst zum einen die Behandlung der Angelegenheit in der JAV selbst. Die JAV hat also auch mitzuteilen, dass sie die Anregung nicht für berechtigt erachtet und sie deshalb nicht weiter verfolgt. Hat sie die Anregung an den BR weitergeleitet, so muss sie den bzw. die jug. oder auszubildenden ArbN über die Behandlung im BR unterrichten. Insbes. sind die jug. oder auszubildenden ArbN über das Ergebnis von Verhandlungen des BR mit dem ArbGeb. zu informieren (GK-BetrVG/*Oetker* Rn. 54; HWGNRH/*Rose* Rn. 41). Die Unterrichtung erfolgt in erster Linie durch die JAV. Will der BR in Fällen, in denen jug. oder auszubildende ArbN Anregungen an die JAV gerichtet haben, von sich aus diese ArbN über den Stand und das Ergebnis der Verhandlungen unterrichten, so hat er die JAV zu beteiligen.

III. Unterrichtungsrecht

1. Rechtzeitige und umfassende Unterrichtung

20 Damit die JAV ihre Aufgaben sachgerecht ausüben kann, ist sie gem. Abs. 2 S. 1 vom BR in dem hierfür erforderlichen Umfang **rechtzeitig und umfassend zu unterrichten.** Die Unterrichtung obliegt allein dem BR. Ein Anspruch auf Unterrichtung durch den ArbGeb. besteht nicht (DKKW/*Trittin* Rn. 29; GK-BetrVG/*Oetker* Rn. 56; HWGNRH/*Rose* Rn. 45; Richardi BetrVG/*Annuß* Rn. 18). Die Unterrichtung soll der JAV die ordnungsgemäße Durchführung ihrer Aufgaben ermöglichen. Aus diesem Zweck ergeben sich Inhalt und Grenzen der Unterrichtungspflicht. Zu den Aufgaben gehören insbes. die allgemeinen Aufgaben nach § 70 Abs. 1 sowie alle Angelegenheiten, die bes. oder überwiegend die Belange der jug. oder zu ihrer Berufsausbildung beschäftigten ArbN berühren und bei denen die JAV ein Teilnahmerecht an den Sitzungen des BR hat. Maßgeblich sind die Umstände des Einzelfalls. Die Unterrichtungspflicht beschränkt sich nicht auf Tatsachen, sondern kann auch Rechtsauskünfte zum Inhalt haben (HWGNRH/*Rose* Rn. 46; Richardi BetrVG/*Annuß* Rn. 19; GK-BetrVG/*Oetker* Rn. 61).

Die Unterrichtung muss der **BR von sich aus** vornehmen. Sie setzt keinen Antrag der JAV voraus (GK-BetrVG/*Oetker* Rn. 57). Eine bes. Form der Unterrichtung ist nicht vorgeschrieben. Sie kann auch mündlich erfolgen. **Rechtzeitig** ist die Unterrichtung, wenn die JAV die erforderlichen Mitteilungen bei der Durchführung ihrer Aufgaben, insbes. bei ihren Beschlüssen, berücksichtigen kann (GK-BetrVG/*Oetker* Rn. 60). 21

Über **Betriebs- oder Geschäftsgeheimnisse** darf der BR die JAV nicht unterrichten. Dies gilt selbst dann, wenn gerade diese Informationen für die jug. oder auszubildenden ArbN von bes. Bedeutung sind. Die JAV gehört nicht zu den in § 79 Abs. 1 S. 4 ausdrücklich genannten Stellen (→ § 79 Rn. 64; DKKW/*Trittin* Rn. 32; GK-BetrVG/*Oetker* Rn. 64; HWGNRH/*Rose* Rn. 56; skeptisch dagegen Richardi BetrVG/*Annuß* Rn. 29 unter Hinweis auf die originäre Geheimhaltungspflicht der Mitgl. der JAV nach § 79 Abs. 2). Das Gleiche gilt für persönliche Angaben iSv § 99 Abs. 1 S. 3 Hs. 1; § 99 Abs. 1 S. 3 Hs. 2 verweist auf § 79 Abs. 1 S. 4. Erfahren Mitgl. der JAV gleichwohl Betriebs- oder Geschäftsgeheimnisse, so sind sie gem. § 79 Abs. 2 zur **Geheimhaltung** verpflichtet; das gilt auch für persönliche Angaben iSv § 99 Abs. 1 S. 3 (DKKW/*Trittin* Rn. 33; Richardi BetrVG/*Annuß* Rn. 30). 22

2. Vorlage von Unterlagen

Auf Verlangen der JAV hat der BR gem. Abs. 2 S. 2 seine Unterrichtung durch die **Vorlage der erforderlichen Unterlagen** zu ergänzen. Die Verpflichtung zur Vorlage solcher Unterlagen besteht für sämtliche Aufgaben, die der JAV obliegen. Allerdings müssen die Unterlagen zur Erfüllung dieser Aufgaben erforderlich sein (GK-BetrVG/*Oetker* Rn. 66). Die Vorlagepflicht beschränkt sich auf solche Unterlagen, die dem BR gem. § 80 Abs. 2 S. 1 zur Verfügung gestellt worden sind bzw. deren Zurverfügungstellung er iRd § 80 Abs. 2 S. 2 verlangen kann (DKKW/*Trittin* Rn. 35; GK-BetrVG/*Oetker* Rn. 67; Richardi BetrVG/*Annuß* Rn. 24). Keine Vorlageverpflichtung besteht hinsichtlich solcher Unterlagen, die ein Betriebs- oder Geschäftsgeheimnis oder persönliche Angaben iSv § 99 Abs. 1 S. 3 enthalten (→ Rn. 22). 23

Zu den vorzulegenden Unterlagen zählen zB die für die Arbeit der JAV erforderlichen **Rechtsvorschriften** (Abs. 1 Nr. 2), einschlägige Berichte der zuständigen Behörden, Ausbildungspläne sowie sonstige beim BR vorhandene Unterlagen, die für die Bearbeitung einer konkreten Aufgabe der JAV erforderlich sind. Sie hat keinen Anspruch auf Vorlage der **Lohn- und Gehaltslisten** der jug. oder auszubildenden ArbN (GK-BetrVG/*Oetker* Rn. 68). Auch dem BetrAusschuss steht nach § 80 Abs. 2 S. 2 lediglich ein Einsichtsrecht zu. Die JAV kann jedoch beim BR anregen, Einsicht in die Bruttolohn- und Gehaltslisten der jug. und auszubildenden ArbN. zu nehmen und ihr das Ergebnis dieser Einsichtnahme mitzuteilen (vgl. DKKW/*Trittin* Rn. 37; GK-BetrVG/*Oetker* Rn. 68; Richardi BetrVG/*Annuß* Rn. 26). 24

Der BR hat die **Unterlagen** der JAV zur Verfügung zu stellen, dh ggf. auf Zeit zu überlassen. Eine bloße Vorlage reicht nicht aus (DKKW/*Trittin* Rn. 38; GK-BetrVG/*Oetker* Rn. 70; HWGNRH/*Rose* Rn. 55; Richardi BetrVG/*Annuß* Rn. 27). Anders als nach Abs. 2 S. 2 ist der BR nicht verpflichtet, der JAV die Unterlagen unaufgefordert zu überlassen. Die JAV muss diese vielmehr ausdrücklich verlangen. 25

Eine Verletzung der Unterrichtungs- und Überlassungspflicht nach Abs. 2 kann uU – insbes. im Wiederholungsfall – ein **grober Verstoß** gegen die dem BR obliegenden gesetzl. Pflichten nach § 23 Abs. 1 sein (GK-BetrVG/*Oetker* Rn. 72; DKKW/*Trittin* Rn. 39; Richardi BetrVG/*Annuß* Rn. 31). 26

IV. Streitigkeiten

Streitigkeiten über Inhalt, Umfang und Grenzen der Aufgaben der JAV sowie des Anspruchs auf Unterrichtung und auf Vorlage von Unterlagen nach Abs. 2 entschei- 27 den die ArbG im **BeschlVerf.** (§§ 2a, 80ff. ArbGG). Beteiligt ist auch die JAV (BAG 8.2.1977 – 1 ABR 82/74, AP BetrVG 1972 § 80 Nr. 10). Zu den Besonderheiten des BeschlVerf. vgl. Anh. 3.

§ 71 Jugend- und Auszubildendenversammlung

[1]Die Jugend- und Auszubildendenvertretung kann vor oder nach jeder Betriebsversammlung im Einvernehmen mit dem Betriebsrat eine betriebliche Jugend- und Auszubildendenversammlung einberufen. [2]Im Einvernehmen mit Betriebsrat und Arbeitgeber kann die betriebliche Jugend- und Auszubildendenversammlung auch zu einem anderen Zeitpunkt einberufen werden. [3]§ 43 Abs. 2 Satz 1 und 2, die §§ 44 bis 46 und § 65 Abs. 2 Satz 2 gelten entsprechend.

Inhaltsübersicht

I. Vorbemerkung

1 Die JugAzubiVerslg. soll den jug. ArbN und Auszubildenden **Gelegenheit** geben, die sie betreffenden **Angelegenheiten unter sich erörtern** zu können.

2 Die Vorschrift gilt weder für die GesJAV (vgl. § 73 Abs. 2) noch für die KJAV (vgl. § 73b Abs. 2).

3 Die Regelung ist **zwingendes** Recht und kann weder durch BV noch durch TV abbedungen werden.

4 Entspr. Vorschrift des BPersVG: **§ 63.**

II. Teilnehmerkreis und Art der Versammlungen

5 Die JugAzubiVerslg. ist **nicht öffentlich.** Obwohl es an einer Verweisung fehlt, ist auf sie § 42 Abs. 1 S. 2 entspr. anzuwenden (DKKW/*Trittin* Rn. 19; GK-BetrVG/*Oetker* Rn. 45; HWGNRH/*Rose* Rn. 11; Richardi BetrVG/*Annuß* Rn. 19; *Rotermund* Interessenwahrnehmung S. 164). Die jug. ArbN und die Auszubildenden sind durch die Teilnahme an der JugAzubiVerslg. nicht gehindert, auch an der BetrVerslg. teilzunehmen.

6 Wie sich aus dem Zweck der JugAzubiVerslg. ergibt, sind teilnahmeberechtigt alle **in § 60 Abs. 1 genannten ArbN.** (GK-BetrVG/*Oetker* Rn. 8). Teilnahmeberechtigt ist außerdem die gesamte **JAV** (GK-BetrVG/*Oetker* Rn. 13). Nach S. 3 iVm § 65 Abs. 2 S. 2 Hs. 2 kann ferner der **BRVors.** oder ein **beauftragtes BRMitglied** teilnehmen (GK-BetrVG/*Oetker* Rn. 14). Aus S. 3 iVm § 43 Abs. 2 S. 1 folgt das Teilnahmerecht des **ArbGeb.** Nach S. 3 iVm § 46 Abs. 1 S. 2 kann er einen **Beauftragten seines ArbGebVerbands** hinzuziehen. Gem. S. 3 iVm § 46 Abs. 1 S. 1 sind Beauftragte der im Betrieb vertretenen **Gewerkschaften** teilnahmeberechtigt (Richardi BetrVG/*Annuß* Rn. 16; GK-BetrVG/*Oetker* Rn. 14, 55, aber auch → Rn. 42).

Die Nicht-Öffentlichkeit der JugAzubiVerslg bedeutet ebenso wie bei der BetrVerslg. nicht, dass nicht weitere Personen als **Gäste, Sachverständige** oder **Auskunftspersonen** teilnehmen könnten (→ § 42 Rn. 15 ff., 43 ff.; vgl. für die BetrVerslg. BAG 13.9.1977 – 1 ABR 67/75, AP BetrVG 1972 § 42 Nr. 1; 28.11.1978 – 6 ABR 101/77, AP BetrVG 1972 § 42 Nr. 2; DKKW/*Trittin* Rn. 9). Voraussetzung ist allerdings ein entspr. Beschluss der JAV und die Zustimmung des BR. Diese müssen hierzu prüfen, ob die Teilnahme Dritter sachdienlich ist (vgl. DKKW/*Trittin* Rn. 9). Dies gilt auch für die Teilnahme von Azubi, die das 25. Lebensjahr vollendet haben. Da die JugAzubiVerslg. regelmäßig während der Arbeitszeit stattfindet, bedürfen diese auch der Zustimmung des ArbGeb. 7

Die JugAzubiVerslg. kann **nicht in Form von AbtVerslg.** durchgeführt werden; § 42 Abs. 2 und § 43 Abs. 1 S. 1 sind in § 71 nicht in Bezug genommen (GK-BetrVG/*Oetker* Rn. 18; *Lunk* NZA 1992, 540; HWGNRH/*Rose* Rn. 15; Richardi BetrVG/*Annuß* Rn. 9; *Rotermund* Interessenwahrnehmung S. 157 ff.; **aA** DKKW/*Trittin* Rn. 7). Der Zweck der AbtVerslg., die sich mit besonderen Problemen der Abteilung befasst, ist auf die JugAzubiVerslg. nicht übertragbar. Zulässig ist es aber, die BetrJugAzubiVerslg. in **Teilverslg.** durchzuführen, wenn wegen der Eigenart des Betriebs eine Verslg. aller jug. ArbN und der Auszubildenden zum gleichen Zeitpunkt nicht stattfinden kann (GK-BetrVG/*Oetker* Rn. 15 f.; Richardi BetrVG/*Annuß* Rn. 8; *Rotermund* Interessenwahrnehmung S. 155 ff.; **aA** MHdB ArbR/*Stamer* § 304 Rn. 12). Zwar wird § 42 Abs. 1 S. 3 in § 71 nicht ausdrücklich erwähnt; gleichwohl ist diese Bestimmung entspr. anzuwenden. Denn auf eine Verslg. der jug. ArbN des Betriebs darf nicht verzichtet werden, nur weil wegen der Eigenart des Betriebs eine Vollverslg. der jug. ArbN nicht möglich ist (Richardi BetrVG/*Annuß* Rn. 8; GK-BetrVG/*Oetker* Rn. 16; DKKW/*Trittin* Rn. 6; *Lunk* NZA 1992, 540; **aA** HWGNRH/*Rose* Rn. 17). Der in S. 1 geforderte zeitliche Zusammenhang zwischen BetrVerslg. und JugAzubiVerslg. kann dadurch gewahrt werden, dass die BetrJugAzubiTeilVerslg. vor oder nach einer BetrTeilVerslg. abgehalten wird. 8

III. Einberufung und Durchführung

1. Einberufung

Die Einberufung einer JugAzubiVerslg. erfordert einen entspr. **Beschluss der JAV** sowie das **Einvernehmen des BR.** Für den Beschluss reicht die einfache Stimmenmehrheit der beschlussfähigen JAV aus. 9

Ob die JAV eine JugAzubiVerslg. durchführen will, liegt in ihrem **Ermessen** (Richardi BetrVG/*Annuß* Rn. 10; GK-BetrVG/*Oetker* Rn. 25; DKKW/*Trittin* Rn. 2; HWGNRH/*Rose* Rn. 28). Sie ist dazu nicht verpflichtet. Auch ein Anspruch der Gewerkschaften oder des BR auf Einberufung einer JugAzubiVerslg. besteht nicht. 10

Die Einberufung einer JugAzubiVerslg. bedarf der **Zustimmung des BR** (Richardi BetrVG/*Annuß* Rn. 11; GK-BetrVG/*Oetker* Rn. 29). Dieser entscheidet nach pflichtgemäßem Ermessen. An der Beschlussfassung ist die JAV gem. § 67 Abs. 2 teilnahme- und stimmberechtigt. Die Zustimmung des BR bezieht sich auf die **Durchführung** der JugAzubiVerslg., auf deren **zeitliche Lage** und auf die **Tagesordnung** (DKKW/*Trittin* Rn. 4; GK-BetrVG/*Oetker* Rn. 31; Richardi BetrVG/*Annuß* Rn. 11). Ihre entsprechenden Wünsche muss die JAV dem BR mitteilen. Eine nachträgliche Änderung oder Ergänzung der Tagesordnung in wesentlichen Punkten bedarf ebenfalls der Zustimmung des BR (Richardi BetrVG/*Annuß* Rn. 11). 11

Den im Betrieb vertretenen **Gewerkschaften** sind gem. S. 3 iVm § 46 Abs. 2 Zeitpunkt und Tagesordnung der JugAzubiVerslg. rechtzeitig schriftlich **mitzuteilen** (Richardi BetrVG/*Annuß* Rn. 16; GK-BetrVG/*Oetker* Rn. 42). 12

2. Anzahl und Zeitpunkt

13 Die JugAzubiVerslg. ist **vor oder nach einer BetrVerslg.** durchzuführen. Die BetrVerslg. kann gem. § 42 iVm § 43 Abs. 1 S. 2 auch in Form von AbtVerslg. durchgeführt werden (DKKW/*Trittin* Rn. 13; *Rotermund* Interessenwahrnehmung S. 160ff.). Wenngleich im Prinzip so viele JugAzubiVerslg. wie BetrVerslg. durchgeführt werden können, müssen JAV und BR dennoch nach pflichtgemäßem Ermessen prüfen, ob ein berechtigtes Bedürfnis für die Abhaltung einer JugAzubiVerslg. besteht (GK-BetrVG/*Oetker* Rn. 33).

14 Bei der BetrVerslg., mit der die JugAzubiVerslg in zeitlichem Zusammenhang stehen muss, kann es sich auch um eine zusätzliche oder außerordentliche BetrVerslg. handeln. Soweit die Durchführung einer zusätzlichen oder außerordentlichen BetrVerslg. nur unter besonderen Voraussetzungen zulässig ist (→ § 43 Rn. 33ff.), müssen diese Voraussetzungen auch für die Durchführung einer **außerordentlichen JugAzubiVerslg.** vorliegen (GK-BetrVG/*Oetker* Rn. 21; *Rotermund* Interessenwahrnehmung S. 163).

15 Die JugAzubiVerslg. darf ohne **Einverständnis des ArbGeb.** nur vor oder nach einer BetrVerslg. stattfinden. Sie ist also grds. im unmittelbaren zeitlichen Zusammenhang mit der BetrVerslg. am selben Tage abzuhalten (BAG 15.8.1978 – 6 ABR 10/76, AP BetrVG 1972 § 23 Nr. 1). Sinn der Regelung ist, die **Störung des Betriebsablaufs** in möglichst engen Grenzen zu halten. Der Besuch von zwei Verslg. an einem Tag ist nicht unzumutbar. Dies gilt jedenfalls dann, wenn diese Verslg. durch eine Pause (etwa die Mittagspause) getrennt sind. Liegen besondere betriebliche Umstände oder persönliche Gründe der jug. ArbN vor, die die Abhaltung der JugAzubiVerslg. am Tage der BetrVerslg. unmöglich machen oder zumindest erheblich erschweren, so kann die JugAzubiVerslg. auch an einem Arbeitstag vor oder nach der BetrVerslg. einberufen werden (BAG 15.8.1978 – 6 ABR 10/76, AP BetrVG 1972 § 23 Nr. 1).

16 Im **Einverständnis** mit BR, JAV und ArbGeb. kann die JugAzubiVerslg. gem. S. 2 auch zu einem **anderen Zeitpunkt** stattfinden.

17 Im Allgemeinen findet die JugAzubiVerslg. gem. S. 3 iVm § 44 Abs. 1 S. 1 **während der Arbeitszeit** statt (→ Rn. 24f.).

3. Leitung

18 Wenngleich § 42 Abs. 1 S. 1 Hs. 2 nicht ausdrücklich für entspr. anwendbar erklärt ist, obliegt die **Leitung** der JugAzubiVerslg. dem **Vors. der JAV** (DKKW/*Trittin* Rn. 17; GK-BetrVG/*Oetker* Rn. 43; HWGNRH/*Rose* Rn. 32; Richardi BetrVG/*Annuß* Rn. 18). Er hat insoweit dieselben Befugnisse wie der BRVors. bei der Leitung der BetrVerslg. (→ § 42 Rn. 34ff.). Er hat dafür zu sorgen, dass die JugAzubiVerslg. ordnungsgemäß abläuft und keine unzulässigen Themen erörtert werden (→ Rn. 21; → § 45 Rn. 5ff., 23ff.).

19 Dem Vors. der JAV steht nach allgemeiner Auffassung während der Versammlung das **Hausrecht** zu (GK-BetrVG/*Oetker* Rn. 44; Richardi BetrVG/*Annuß* Rn. 18; DKKW/*Trittin* Rn. 18).

20 Kommt der Vors. der JAV seiner Verpflichtung, die JugAzubiVerslg ordnungsgemäß durchzuführen, nicht nach, ist der BRVors. bzw. das beauftragte Mitgl. des BR berechtigt und auch verpflichtet, auf einen **ordnungsgemäßen Verlauf** hinzuwirken (DKKW/*Trittin* Rn. 18). Falls auch dieser den ordnungsgemäßen Verlauf nicht sicherstellen kann, wächst das Hausrecht wieder dem ArbGeb. zu (→ § 42 Rn. 36).

4. Themen, Anträge, Stimm- und Rederecht

21 § 71 regelt nicht die **Themen** der JugAzubiVerslg., sondern verweist auf § 45. Daher können die dort genannten Angelegenheiten erörtert werden, sofern ein unmittelbarer Bezug zu den jug. ArbN oder den im Betrieb beschäftigten Auszubildenden besteht (→ § 45 Rn. 5ff., Richardi BetrVG/*Annuß* Rn. 20f.; HWGNRH/*Rose* Rn. 39; GK-BetrVG/*Oetker* Rn. 46; DKKW/*Trittin* Rn. 28; *Rotermund* Interessenwahrnehmung S. 165ff.). Themen der JugAzubiVerslg können daher **tarifpolitische, sozialpolitische und wirtschaftliche** und solche Fragen sein, die sich auf die Aufgaben nach § 70 beziehen (zB Fragen des Jugendarbeitsschutzes im Betrieb oder der Bereitstellung von Ausbildungsplätzen im Betrieb). Nicht erforderlich ist, dass die Angelegenheiten besonders oder überwiegend die Auszubildenden oder jug. ArbN betreffen. Es genügt, wenn sie diesen Personenkreis „auch" betreffen (DKKW/*Trittin* Rn. 28; *Rotermund* Interessenwahrnehmung S. 165ff.; **aA** GK-BetrVG/*Oetker* Rn. 46; MHdB ArbR/*Stamer* § 304 Rn. 15). Auch die JugAzubiVerslg. hat das Gebot der **betrieblichen Friedenspflicht,** das **Arbeitskampfverbot** und das **Verbot parteipolitischer Betätigung** zu beachten (Richardi BetrVG/*Annuß* Rn. 22; GK-BetrVG/*Oetker* Rn. 47; HWGNRH/*Rose* Rn. 41; → § 45 Rn. 23ff.).

Die JugAzubiVerslg. steht nach S. 3 iVm § 45 S. 2 das Recht zu, **Anträge** an die JAV richten sowie zu ihren Beschlüssen Stellung nehmen (→ § 45 Rn. 32ff.; GK-BetrVG/*Oetker* Rn. 48). 22

Stimmrecht haben auf der JugAzubiVerslg die in § 60 Abs. 1 genannten ArbN (GK-BetrVG/*Oetker* Rn. 56; DKKW/*Trittin* Rn. 29). Abstimmungen haben allerdings nur Empfehlungscharakter und entfalten für die JAV keine bindende Wirkung (→ § 45 Rn. 32). **Rederecht** haben grds. alle kraft Gesetzes zur Teilnahme berechtigten Personen (→ Rn. 6; GK-BetrVG/*Oetker* Rn. 55). 23

5. Verdienstausfall und Kosten

Für den Verdienstausfall ist nach S. 3 die Regelung des § 44 maßgeblich. Demgemäß werden nach § 44 Abs. 1 S. 1 die JugAzubiVerslg., die im Zusammenhang mit den in § 43 Abs. 1 genannten BetrVerslg. stattfinden, grds. **während der Arbeitszeit** durchgeführt. 24

JugAzubiVerslg., die im Zusammenhang mit **außerordentlichen BetrVerslg.** durchgeführt werden, finden nach S. 3 iVm § 44 Abs. 2 S. 1 **außerhalb der Arbeitszeit** statt. Hiervon kann nach S. 3 iVm § 44 Abs. 2 S. 2 Hs. 1 im Einvernehmen mit dem ArbGeb. abgewichen werden. 25

Hinsichtlich der Fortzahlung des **Arbeitsentgelts** und der **Auslagenerstattung** gelten dieselben Regeln wie bei der BetrVerslg. (→ § 44 Rn. 24ff.). Findet die JugAzubiVerslg. im Zusammenhang mit einer **BetrVerslg. nach § 43 Abs. 1** oder mit einer auf Wunsch des ArbGeb. einberufenen BetrVerslg. statt, so ist die Zeit der Teilnahme an der JugAzubiVerslg. einschließlich zusätzlicher Wegezeiten **wie Arbeitszeit** zu vergüten. Das gilt auch, wenn wegen der Eigenart des Betriebes die JugAzubiVerslg. außerhalb der Arbeitszeit durchgeführt wird. Außerdem sind etwa entstehende zusätzliche Fahrkosten zu erstatten (HWGNRH/*Rose* Rn. 37). Gleiches gilt auch, wenn die JugAzubiVerslg. gem. S. 2 mit Einverständnis des ArbGeb. zu einem anderen Zeitpunkt als unmittelbar vor oder nach einer BetrVerslg. stattfindet (→ Rn. 16). 26

Findet die JugAzubiVerslg. im Zusammenhang mit einer einvernehmlich mit dem ArbGeb. während der Arbeitszeit durchgeführten **außerordentlichen BetrVerslg.** statt, so darf die Vergütung der an der JugAzubiVerslg. teilnehmenden jug. und auszubildenden ArbN gem. S. 3 iVm § 44 Abs. 2 S. 2 Hs. 2 nicht gemindert werden. Ein Anspruch auf Erstattung etwa entstehender zusätzlicher Fahrkosten besteht nicht (→ § 44 Rn. 43ff.). 27

Findet die JugAzubiVerslg. in Zusammenhang mit einer außerhalb der Arbeitszeit durchgeführten **außerordentlichen BetrVerslg.** statt, besteht weder ein Anspruch auf Arbeitsentgelt noch auf Fahrkostenerstattung (→ § 44 Rn. 47ff.). 28

29 Gem. § 40 hat der ArbGeb. die **Kosten** für die Durchführung der JugAzubiVerslg. zu tragen (vgl. zur BetrVerslg. → § 42 Rn. 52).

IV. Streitigkeiten

30 Streitigkeiten über die Zulässigkeit und die Durchführung einer JugAzubiVerslg. sowie über das Teilnahmerecht an ihr entscheiden die ArbG im **BeschlVerf.** (§§ 2a, 80 ff. ArbGG). Ansprüche auf vorenthaltenen Lohn oder auf Fahrkostenerstattung wegen der Teilnahme an einer JugAzubiVerslg. sind im arbeitsgerichtlichen **Urteilsverf.** einzuklagen (vgl. § 2 Abs. 1 Nr. 3 ArbGG). Zu den Besonderheiten des BeschlVerf. vgl. Anh. 3.

Zweiter Abschnitt. Gesamt-Jugend- und Auszubildendenvertretung

§ 72 Voraussetzungen der Errichtung, Mitgliederzahl, Stimmengewicht

(1) **Bestehen in einem Unternehmen mehrere Jugend- und Auszubildendenvertretungen, so ist eine Gesamt-Jugend- und Auszubildendenvertretung zu errichten.**

(2) **In die Gesamt-Jugend- und Auszubildendenvertretung entsendet jede Jugend- und Auszubildendenvertretung ein Mitglied.**

(3) **Die Jugend- und Auszubildendenvertretung hat für das Mitglied der Gesamt-Jugend- und Auszubildendenvertretung mindestens ein Ersatzmitglied zu bestellen und die Reihenfolge des Nachrückens festzulegen.**

(4) **Durch Tarifvertrag oder Betriebsvereinbarung kann die Mitgliederzahl der Gesamt-Jugend- und Auszubildendenvertretung abweichend von Absatz 2 geregelt werden.**

(5) **Gehören nach Absatz 2 der Gesamt-Jugend- und Auszubildendenvertretung mehr als zwanzig Mitglieder an und besteht keine tarifliche Regelung nach Absatz 4, so ist zwischen Gesamtbetriebsrat und Arbeitgeber eine Betriebsvereinbarung über die Mitgliederzahl der Gesamt-Jugend- und Auszubildendenvertretung abzuschließen, in der bestimmt wird, dass Jugend- und Auszubildendenvertretungen mehrerer Betriebe eines Unternehmens, die regional oder durch gleichartige Interessen miteinander verbunden sind, gemeinsam Mitglieder in die Gesamt-Jugend- und Auszubildendenvertretung entsenden.**

(6) [1] **Kommt im Fall des Absatzes 5 eine Einigung nicht zustande, so entscheidet eine für das Gesamtunternehmen zu bildende Einigungsstelle.** [2] **Der Spruch der Einigungsstelle ersetzt die Einigung zwischen Arbeitgeber und Gesamtbetriebsrat.**

(7) [1] **Jedes Mitglied der Gesamt-Jugend- und Auszubildendenvertretung hat so viele Stimmen, wie in dem Betrieb, in dem es gewählt wurde, in § 60 Abs. 1 genannte Arbeitnehmer in der Wählerliste eingetragen sind.** [2] **Ist ein Mitglied der Gesamt-Jugend- und Auszubildendenvertretung für mehrere Betriebe entsandt worden, so hat es so viele Stimmen, wie in den Betrieben, für die es entsandt ist, in § 60 Abs. 1 genannte Arbeitnehmer in den Wählerlisten eingetragen sind.** [3] **Sind mehrere Mitglieder der Jugend- und Auszubildendenvertretung entsandt worden, so stehen diesen die Stimmen nach Satz 1 anteilig zu.**

(8) **Für Mitglieder der Gesamt-Jugend- und Auszubildendenvertretung, die aus einem gemeinsamen Betrieb mehrerer Unternehmen entsandt worden sind, können durch Tarifvertrag oder Betriebsvereinbarung von Absatz 7 abweichende Regelungen getroffen werden.**

Inhaltsübersicht

I. Vorbemerkung

Durch die Institution der GesJAV soll erreicht werden, dass auch **auf Unternehmensebene ein betriebsverfassungsrechtliches Organ** besteht, das sich speziell der Belange der Auszubildenden und der jugendlichen ArbN des Unternehmens annimmt. Das G schreibt die Bildung einer GesJAV vor, wenn in einem Unternehmen mehrere JAV gewählt sind. 1

§ 72 regelt in Anlehnung an die Bestimmung des § 47 über die Bildung des GesBR die Voraussetzungen für die **Errichtung** einer GesJAV (Abs. 1), ihre regelmäßige **MitglZahl** (Abs. 2), die Verpflichtung zur Bestellung von ErsMitgl. und die Festlegung der Reihenfolge ihres Nachrückens (Abs. 3), die Möglichkeit, durch TV oder BV die MitglZahl abweichend von der gesetzlichen Regelung zu gestalten (Abs. 4–6), die **Stimmengewichtung** in der GesJAV (Abs. 7) und Regelungen zur Einbeziehung der Jugendlichen und Auszubildenden, die in Gemeinschaftsbetrieben beschäftigt werden, in die Vertr. auf der Unternehmensebene (Abs. 8). Daher wird insbes. auf die Kommentierung zu § 47 verwiesen. 2

Die Vorschrift ist – abgesehen von der Möglichkeit, durch TV oder BV die MitglZahl abweichend vom G zu regeln – **zwingendes Recht** (GK-BetrVG/*Oetker* Rn. 8). 3

Im Bereich der **außerbetrieblichen Berufsausbildung** (→ § 60 Rn. 17; § 51 BBiG) können aber **abweichende InteressenVertr.** für Azubi errichtet werden. Dies ist für die Berufsausbildung bei der Deutschen Telekom AG durch den zwischen dieser und der Gewerkschaft ver.di geschlossenen TV über die Mitbestimmung im Telekom Training Center – TV Nr. 122 – vom 12.10.2001 geschehen (insbes. BAG 24.8.2004 – 1 ABR 28/03, NZA 2005, 371; 24.8.2011 – 7 ABR 8/10, NZA 2012, 223; *Klinkhammer* FS 50 Jahre BAG, 2004, 963 ff.). 4

Entspr. Vorschrift des BPersVG: **§ 64.** 5

II. Stellung der Gesamt-Jugend- und Auszubildendenvertretung

Die Stellung der GesJAV ist zum einen **gegenüber den JAV,** zum anderen **gegenüber dem GesBR** des Unternehmens abzugrenzen. 6

Die GesJAV steht neben den einzelnen JAV des Unternehmens und ist diesen **weder über- noch untergeordnet** (GK-BetrVG/*Oetker* Rn. 6; DKKW/*Trittin* Rn. 4; HWGNRH/*Rose* Rn. 6). Es gilt dasselbe wie im Verhältnis zwischen GesBR und den einzelnen BR (→ § 50 Rn. 5 ff.). 7

Auch die **Zuständigkeit**sabgrenzung zwischen GesJAV und den einzelnen JAV entspricht derjenigen zwischen GesBR und den einzelnen BR (→ § 50 Rn. 9 ff.). 8

9 Im **Verhältnis zum GesBR** hat die GesJAV die gleiche Stellung wie die JAV zum BR. Die GesJAV ist kein selbständiges, neben dem GesBR bestehendes betriebsverfassungsrechtliches Organ mit selbständigen und von diesem unabhängigen Vertretungsrechten gegenüber dem ArbGeb. Insbes. stehen ihr keine eigenen Mitwirkungs- und MBR zu. Vielmehr kann sie die ihr übertragenen Aufgaben, die Interessen der Auszubildenden und der jug. ArbN auf der Unternehmensebene wahrzunehmen (vgl. § 73 Abs. 2 iVm § 50), nur durch und über den GesBR erfüllen (GK-BetrVG/*Oetker* Rn. 5; DKKW/*Trittin* Rn. 3). Insoweit gelten die Ausführungen zu → § 60 Rn. 1 über das Verhältnis zwischen der JAV und dem BR sinngemäß.

III. Voraussetzungen für die Bildung einer Gesamt-Jugend- und Auszubildendenvertretung

10 Die GesJAV ist in einem **Unternehmen** zu errichten, in dem **mehrere JAV bestehen.** Die Voraussetzungen für die Errichtung einer GesJAV entsprechen denjenigen für die Bildung eines GesBR (→ § 47 Rn. 9 ff.).

11 Die Errichtung einer GesJAV hängt nach dem Wortlaut des G nicht davon ab, dass in dem Unternehmen auch ein GesBR besteht. Da jedoch eine JAV nur in Betrieben gebildet werden kann, in denen ein BR besteht (→ § 60 Rn. 22), ist die Errichtung einer GesJAV **nur in** solchen **Unternehmen** zulässig, **in denen** nach § 47 Abs. 1 auch **ein GesBR gebildet werden muss** (Richardi BetrVG/*Annuß* Rn. 5; GK-BetrVG/*Oetker* Rn. 10; **aA** DKKW/*Trittin* Rn. 6, der die Errichtung selbst dann für zulässig hält, wenn mangels mehrerer BR kein GesBR gebildet werden muss). Nicht zwingend notwendig ist, dass ein GesBR tatsächlich errichtet ist (GK-BetrVG/*Oetker* Rn. 11; **aA** HWGNRH/*Rose* Rn. 9; MHdB ArbR/*Stamer* § 305 Rn. 3). Unterbleibt entgegen der gesetzlichen Verpflichtung die Konstituierung des GesBR, so ist die GesJAV in ihrer Tätigkeit allerdings weitgehend beschränkt, kann sie doch ihre Aufgaben nur durch und über den GesBR erfüllen (vgl. GK-BetrVG/*Oetker* Rn. 11; Richardi BetrVG/*Annuß* Rn. 5). Es verbleiben ihr aber Kommunikations- und Koordinationsaufgaben für die betrieblichen JAV (GK-BetrVG/*Oetker* Rn. 11).

12 Bei Vorliegen der gesetzlichen Voraussetzungen ist die Bildung einer GesJAV **zwingend vorgeschrieben.** Die JAV haben die **Rechtspflicht,** die GesJAV zu bilden. Ein besonderer Errichtungsbeschluss der einzelnen JAV ist nicht erforderlich (Richardi BetrVG/*Annuß* Rn. 6; HWGNRH/*Rose* Rn. 11; GK-BetrVG/*Oetker* Rn. 12; DKKW/*Trittin* Rn. 7). Sie haben vielmehr jeweils nur das in die GesJAV zu entsendende Mitgl. zu bestimmen. Wegen der Einladung zur konstituierenden Sitzung → § 73 Rn. 13.

13 Die GesJAV hat ebenso wie der GesBR keine feste Amtszeit, da sie eine **Dauereinrichtung** ist (DKKW/*Trittin* Rn. 10; HWGNRH/*Rose* Rn. 12; GK-BetrVG/*Oetker* Rn. 15; zum GesBR → § 47 Rn. 26 mwN). Auflösungsbeschlüsse der einzelnen JAV oder eine Selbstauflösung der GesJAV sind für ihren rechtlichen Bestand ohne Bedeutung (MHdB ArbR/*Stamer* § 305 Rn. 35). Die GesJAV endet nur, wenn die Voraussetzungen für ihre Errichtung entfallen. Wegen des Erlöschens der Mitgliedschaft einzelner Mitgl. der GesJAV vgl. § 73 Abs. 2 iVm § 49.

IV. Regelmäßige Zusammensetzung

1. Entsendung

14 Ebenso wie der GesBR wird die GesJAV nicht durch Wahl, sondern durch **Entsendung von Mitgl. der einzelnen JAV** gebildet. Jede JAV entsendet gem. Abs. 2 ein Mitgl. in die GesJAV (zum GesBR → § 47 Rn. 28 ff.).

Auch die in einem Gemeinschaftsbetrieb mehrerer Unternehmen bestehende JAV entsendet ein Mitgl. in die GesJAV. Das folgt aus Abs. 8, der eine solche Entsendung voraussetzt. Die Vorschrift entspricht § 47 Abs. 9 (→ § 47 Rn. 80ff.). Durch TV oder BV können abweichende Regelungen zur Entsendung und zum Stimmrecht vereinbart werden (vgl. zum GesBR → § 47 Rn. 33). 15

Die Bestimmung des zu entsendenden Mitgl. der JAV erfolgt durch einfachen **Mehrheitsbeschluss** der nach § 65 Abs. 1 iVm § 33 beschlussfähigen JAV Die Entsendung anderer Personen, auch von ErsMitgl. der JAV, ist nicht zulässig (GK-BetrVG/*Oetker* Rn. 22). 16

Besteht eine JAV nur aus einem Mitgl., so ist dieses Mitgl. ohne weiteres auch Mitgl. der GesJAV (GK-BetrVG/*Oetker* Rn. 24; HWGNRH/*Rose* Rn. 16). 17

Unterlässt die JAV die Entsendung eines Mitgl., so kann dies eine **grobe Pflichtverletzung** darstellen, die gem. § 65 Abs. 1 iVm § 23 Abs. 1 die Auflösung der JAV rechtfertigen kann (DKKW/*Trittin* Rn. 8; GK-BetrVG/*Oetker* Rn. 14). 18

2. Ersatzmitglieder

Die JAV ist nach Abs. 3 verpflichtet, für das entsandte Mitgl. **mindestens ein ErsMitgl. zu bestellen,** das in die GesJAV nachrückt, wenn das ordentliche Mitgl. zeitweilig verhindert ist oder aus der GesJAV ausscheidet. Auch die Bestellung des ErsMitgl. erfolgt durch einfachen Mehrheitsbeschluss der beschlussfähigen JAV. Das oder die ErsMitgl. müssen ebenfalls Mitgl. der JAV sein (→ § 47 Rn. 43). 19

Besteht die JAV nur aus 1 Mitgl., so ist die Bestellung eines ErsMitgl. in einem gesonderten Wahlgang nicht erforderlich. ErsMitgl. ist vielmehr automatisch der Kandidat, der bei der (Mehrheits-)Wahl der JAV (vgl. § 63 Abs. 2 S. 2, § 14 Abs. 2 S. 2; § 14a Abs. 1 S. 1) die nächst höchste Stimmenzahl erreicht hat (vgl. GK-BetrVG/*Oetker* Rn. 24; HWGNRH/*Rose* Rn. 19). Der im Schrifttum (DKKW/*Trittin* Rn. 12) noch immer anzutreffende Hinweis auf § 14 Abs. 4 (aF) ist überholt. 20

Bestellt die JAV mehrere ErsMitgl., so hat sie nach Abs. 3 gleichzeitig durch einfachen Mehrheitsbeschluss die Reihenfolge ihres Nachrückens in die GesJAV festzulegen. 21

3. Abberufung

Das in die GesJAV entsandte Mitgl. kann von der JAV **jederzeit** und **ohne Angabe von Gründen** durch **einfachen Mehrheitsbeschluss** wieder **abberufen** werden (Richardi BetrVG/*Annuß* Rn. 12; GK-BetrVG/*Oetker* Rn. 25; HWGNRH/*Rose* Rn. 18; vgl. zum GesBR → § 49 Rn. 16ff.). Dies folgt aus § 49 iVm § 73 Abs. 2. Die Abberufung ist das Gegenstück zur Entsendung. Die JAV kann jederzeit ein anderes Mitgl. in die GesJAV entsenden. Darin liegt zugleich die Abberufung des bisherigen Mitgl. 22

Für das abberufene Mitgl. rückt das nach Abs. 3 bestellte ErsMitgl. entspr. der festgelegten Reihenfolge in die GesJAV nach, sofern nicht die JAV durch Mehrheitsbeschluss eine andere Bestimmung trifft (vgl. zum GesBR → § 49 Rn. 19). 23

Wegen sonstiger Gründe des Erlöschens der Mitgliedschaft in der GesJAV → § 49 Rn. 9ff. 24

V. Konstituierende Sitzung

Zur **konstituierenden Sitzung** der GesJAV hat gem. Abs. 2 iVm § 51 Abs. 2 S. 1 die JAV einzuladen, die bei der Hauptverwaltung des Unternehmens gebildet ist (→ § 51 Rn. 8). Besteht dort keine JAV, so ist zur Einladung die JAV des nach der Zahl der wahlberechtigten auszubildenden und jug. ArbN (§ 60 Abs. 1) größten Be- 25 triebs des Unternehmens zuständig (DKKW/*Trittin* Rn. 9; GK-BetrVG/*Oetker* Rn. 13; Richardi BetrVG/*Annuß* Rn. 6). Maßgebend für die Feststellung dieser Zahl sind die Eintragungen in den Wählerlisten bei der letzten Wahl der JAV.

26 Die zur konstituierenden Sitzung einladungsberechtigte JAV hat **den GesBR** vorher von dieser Sitzung **zu unterrichten** (vgl. § 73 Abs. 1 S. 1; DKKW/*Trittin* Rn. 9; HWGNRH/*Rose* Rn. 15). Das Teilnahmerecht des Vors. des GesBR bzw. des beauftragten Mitgl. des GesBR besteht auch für die konstituierende Sitzung. IÜ gelten für die Konstituierung der GesJAV die Ausführungen in → § 51 Rn. 7 ff. über die Konstituierung des GesBR sinngemäß.

VI. Stimmengewichtung

27 In Anlehnung an den für die Mitgl. des GesBR geltenden § 47 Abs. 7 (→ § 47 Rn. 74 ff.) bestimmt sich gem. Abs. 7 das Stimmengewicht der Mitgl. der GesJAV jeweils nach der **Zahl der unter 25 Jahre alten Auszubildenden und der jug. ArbN des entsendenden Betriebs.** Maßgebend ist die Zahl der ArbN, die bei der letzten Wahl der JAV in die Wählerliste eingetragen waren, nicht die Zahl der gegenwärtig beschäftigten ArbN (Richardi BetrVG/*Annuß* Rn. 21; HWGNRH/*Rose* Rn. 28; GK-BetrVG/*Oetker* Rn. 44; DKKW/*Trittin* Rn. 22).

28 Das Stimmengewicht der Vertr., die aus Gemeinschaftsbetrieben mehrerer Unternehmen entsandt werden (→ Rn. 15) kann gem. Abs. 8 durch TV oder BV abweichend geregelt werden (vgl. GK-BetrVG/*Oetker* Rn. 50; DKKW/*Trittin* Rn. 25a; vgl. zum GesBR → § 47 Rn. 82).

29 Zur Stimmengewichtung bei einer Vergrößerung oder Verkleinerung der GesJAV → Rn. 34 ff.

30 Das einzelne Mitgl. der GesJAV kann die ihm zustehenden Stimmen **nur einheitlich abgeben** (GK-BetrVG/*Oetker* Rn. 47; HWGNRH/*Rose* Rn. 30; vgl. zum GesBR → § 47 Rn. 74). Eine Aufspaltung der Stimmen ist nicht zulässig. In seiner Stimmabgabe ist es frei und **nicht an Aufträge oder Weisungen der entsendenden JAV gebunden** (Richardi BetrVG/*Annuß* Rn. 25; GK-BetrVG/*Oetker* Rn. 48; HWGNRH/*Rose* Rn. 31; zum GesBR → § 47 Rn. 76).

VII. Abweichende Regelungen durch Tarifvertrag oder Betriebsvereinbarung

31 Ebenso wie beim GesBR hängt die Größe der GesJAV gem. Abs. 2 von der Zahl der innerhalb eines Unternehmens bestehenden JAV ab. Insoweit können ähnliche Probleme wie beim GesBR entstehen (→ § 47 Rn. 45). Ein Unternehmen mit vielen Betrieben würde nach der gesetzlichen Zusammensetzung eine **unverhältnismäßig große GesJAV,** ein Unternehmen mit nur einigen, aber größeren Betrieben mit vielen Auszubildenden und jug. ArbN eine im Verhältnis zur Gesamtzahl der betreffenden ArbN **unverhältnismäßig kleine GesJAV** erhalten.

32 Aus diesem Grunde sieht Abs. 4 die Möglichkeit vor, durch **TV** oder **BV** eine von Abs. 2 **abweichende MitglZahl der GesJAV** festzulegen, die an die jeweiligen praktischen Bedürfnisse angepasst werden kann (GK-BetrVG/*Oetker* Rn. 30 ff.; Richardi BetrVG/*Annuß* Rn. 15 f.; vgl. zum GesBR → § 47 Rn. 45 ff.).

33 Hierbei kann eine **Verringerung** der gesetzlichen MitglZahl nur in der Weise erfolgen, dass mehrere JAV zusammengefasst werden, die dann gemeinsam eines oder mehrere ihrer Mitgl. in die GesJAV entsenden (vgl. auch Abs. 5; → § 47 Rn. 59). Auch eine **Erhöhung** der MitglZahl ist möglich. Es kann vorgesehen werden, dass eine JAV mehrere Mitgl. in die GesJAV entsendet (GK-BetrVG/*Oetker* Rn. 30; vgl. zum GesBR → § 47 Rn. 56).

Die abweichende Festsetzung der MitglZahl kann **durch TV** (vgl. zum GesBR → § 47 Rn. 49ff., dort auch zum Problem der Tarifkonkurrenz) **oder BV** erfolgen. Der **TV** hat hierbei **Vorrang** vor einer BV (Richardi BetrVG/*Annuß* Rn. 16; DKKW/*Trittin* Rn. 15; **aA** GK-BetrVG/*Oetker* Rn. 36 – Prioritätsprinzip). Besteht keine tarifliche Regelung und gehören der GesJAV mehr als 20 Mitgl. an, ist zwischen ArbGeb. und GesBR eine GesBV zum Zweck der Verringerung der MitglZahl abzuschließen (Abs. 5, → Rn. 40ff.). 34

Zuständig für den **Abschluss der BV sind** der **GesBR des Unternehmens** und **der ArbGeb.** (Richardi BetrVG/*Annuß* Rn. 16; GK-BetrVG/*Oetker* Rn. 33; DKKW/*Trittin* Rn. 17; HWGNRH/*Rose* Rn. 24; vgl. zum GesBR → § 47 Rn. 53). Die GesJAV kann ebenso wenig wie die JAV eine BV abschließen (→ § 60 Rn. 11). Die nach der gesetzlichen Regelung zusammengesetzte GesJAV wirkt bei den Verhandlungen über die BV sowie bei der Beschlussfassung des GesBR gem. § 73 Abs. 2 iVm § 67 Abs. 1 u. 2 und § 68 mit. Die **Mitgl. der GesJAV** haben hierbei **volles Stimmrecht,** da es sich um eine Angelegenheit handelt, die überwiegend die Auszubildenden und jug. ArbN betrifft (GK-BetrVG/*Oetker* Rn. 34; DKKW/*Trittin* Rn. 17). 35

Für die **Stimmengewichtung** in der GesJAV mit einer von der gesetzlichen Regelung abweichenden MitglZahl ist danach zu unterscheiden, ob die GesJAV vergrößert oder verkleinert wird: 36

Wird die MitglZahl der GesJAV **vergrößert,** so teilen sich gem. Abs. 7 S. 3 die mehreren von der einzelnen JAV entsandten Mitgl. das Stimmengewicht, das bei einer regelmäßigen Zusammensetzung der GesJAV dem einzigen zu entsendenden Mitgl. der JAV zugekommen wäre, **zu gleichen Teilen** (Richardi BetrVG/*Annuß* Rn. 23; GK-BetrVG/*Oetker* Rn. 46; HWGNRH/*Rose* Rn. 29). Ein Mitgl. der GesJAV kann die ihm zustehenden Stimmen nur einheitlich abgeben (vgl. zum GesBR → § 47 Rn. 74). 37

Wird die MitglZahl der GesJAV durch eine Zusammenfassung mehrerer JAV zur gemeinsamen Entsendung eines Vertr. in die GesJAV **verkleinert,** so stehen diesem gem. Abs. 7 S. 2 so viele Stimmen zu, wie **in den zusammengefassten Betrieben** bei der letzten Wahl der JAV **ArbN iSv § 60 Abs. 1 in die Wählerlisten** eingetragen waren (Richardi BetrVG/*Annuß* Rn. 22; GK-BetrVG/*Oetker* Rn. 45; → § 47 Rn. 78). 38

Abs. 5 S. 2 aF wurde durch das BetrVerf-ReformG als „überflüssig" gestrichen (vgl. BT-Drs. 14/5741, 45; GK-BetrVG/*Oetker* Rn. 41). 39

VIII. Notwendige Betriebsvereinbarung

Besteht keine abweichende tarifvertragliche Regelung über eine anderweitige Festsetzung der MitglZahl der GesJAV, so ist gem. Abs. 5 der Abschluss einer die MitglZahl der GesJAV verkleinernden BV **zwingend vorgeschrieben,** wenn **der GesJAV** bei einer regelmäßigen Zusammensetzung **mehr als 20 Mitgl.** angehören. Hierzu bedarf es einer Initiative des ArbGeb. oder des GesBR. Es ist jedoch nicht erforderlich, dass eine Herabsetzung der MitglZahl der JAV unbedingt auf die Zahl 20 oder gar darunter erfolgen muss (DKKW/*Trittin* Rn. 21). Die Ausführungen zu der gleichgelagerten Problematik beim GesBR (→ § 47 Rn. 68) gelten sinngemäß. 40

Partner der BV sind der ArbGeb. und der GesBR (→ Rn. 35). Kommt eine Einigung zwischen GesBR und ArbGeb. nicht zustande, so entscheidet gem. Abs. 6 die **E-Stelle.** Die E-Stelle kann nur vom GesBR und dem ArbGeb., nicht dagegen von der GesJAV angerufen werden (DKKW/*Trittin* Rn. 21). Sie sollte die GesJAV vor ihrer Entscheidung hören. 41

Wegen des Inhalts der BV und weiterer Einzelheiten → § 47 Rn. 68ff. 42

IX. Streitigkeiten

43 Streitigkeiten, die sich aus der Anwendung des § 72 ergeben (zB Errichtung, Mitgliedschaft, Stimmengewicht), entscheiden die **ArbG im BeschlVerf.** (§§ 2a, 80 ff. ArbGG). Zuständig ist das ArbG, in dessen Bezirk das Unternehmen seinen Sitz hat (§ 82 S. 2 ArbGG). Zu den Besonderheiten des BeschlVerf. vgl. Anh. 3.

§ 73 Geschäftsführung und Geltung sonstiger Vorschriften

(1) [1] **Die Gesamt-Jugend- und Auszubildendenvertretung kann nach Verständigung des Gesamtbetriebsrats Sitzungen abhalten.** [2] **An den Sitzungen kann der Vorsitzende des Gesamtbetriebsrats oder ein beauftragtes Mitglied des Gesamtbetriebsrats teilnehmen.**

(2) **Für die Gesamt-Jugend- und Auszubildendenvertretung gelten § 25 Abs. 1, die §§ 26, 28 Abs. 1 Satz 1, die §§ 30, 31, 34, 36, 37 Abs. 1 bis 3, die §§ 40, 41, 48, 49, 50, 51 Abs. 2 bis 5 sowie die §§ 66 bis 68 entsprechend.**

Inhaltsübersicht

I. Vorbemerkung

1 Die Vorschrift regelt durch Verweisung auf die für den BR, den GesBR und die JAV geltenden Vorschriften die innere Organisation, die Geschäftsführung, die Zuständigkeit sowie die Rechtsstellung der GesJAV (vgl. GK-BetrVG/*Oetker* Rn. 3 ff.; MHdB ArbR/*Stamer* § 305 Rn. 15 ff.).

2 Die Vorschrift ist **zwingend** und weder durch TV noch durch BV abdingbar (GK-BetrVG/*Oetker* Rn. 2).

3 Entspr. Vorschriften des BPersVG: **§ 64.**

II. Sitzungen der Gesamt-Jugend- und Auszubildendenvertretung

4 Die **GesJAV** hat wie die JAV (vgl. § 65 Abs. 2) **das Recht,** nach Verständigung des GesBR **eigene Sitzungen abzuhalten.** Die Sitzungen beruft der Vors. ein (zur konstituierenden Sitzung → Rn. 8). Die Voraussetzungen für die Sitzungen der GesJAV entsprechen denjenigen für die Sitzungen der JAV (→ § 65 Rn. 27 ff.). Zum Teilnahmerecht des Vors. oder eines anderen beauftragten Mitgl. des GesBR → § 65 Rn. 30 f.

5 Die Sitzungen der GesJAV finden gem. Abs. 2 iVm § 30 Abs. 1 grds. **während der Arbeitszeit** statt. Sie sind **nicht öffentlich.** Bei der Festlegung ist auf die betrieblichen Notwendigkeiten Rücksicht zu nehmen. Neben dem GesBR ist nach Abs. 2 iVm § 30 S. 3 auch der ArbGeb. von den Sitzungen zu verständigen.

6 Für die **Ladung zu den Sitzungen** gilt gem. Abs. 2 iVm § 51 Abs. 2 S. 3 die Regelung des § 29 Abs. 2 entspr. Eine Ladung der GesSchwbVertr. kommt nicht in Betracht. Diese hat kein Recht, an Sitzungen der GesJAV teilzunehmen. Der Vors. der GesJAV ist gem. Abs. 2 iVm § 51 Abs. 2 S. 3, § 29 Abs. 3 **verpflichtet, eine Sitzung einzuberufen** und den beantragten Gegenstand auf die Tagesordnung zu

setzen, wenn dies ein Viertel ihrer Mitgl. oder der ArbGeb. beantragen. Dabei ist die Stimmengewichtung nach § 72 Abs. 7 zu beachten (→ § 51 Rn. 34).

Der **Vorsitzende des GesBR** (oder ein vom GesBR beauftragtes Mitgl.) kann an den Sitzungen der GesJAV teilnehmen. Die Teilnahme des **ArbGeb.** richtet sich gem. Abs. 2 iVm § 51 Abs. 2 S. 3 nach § 29 Abs. 4. Zur Teilnahme von **Gewerkschaftsbeauftragten** → Rn. 11. 7

Zur **konstituierenden Sitzung** der GesJAV hat gem. Abs. 2 iVm § 51 Abs. 2 S. 1 die JugAzubiVertr einzuladen, die bei der Hauptverwaltung des Unternehmens gebildet ist (→ § 51 Rn. 8). Besteht dort keine JAV, so ist zur Einladung die JAV des nach der Zahl der wahlberechtigten auszubildenden und jug. ArbN (§ 60 Abs. 1) größten Betriebs des Unternehmens zuständig. Maßgebend für die Feststellung dieser Zahl sind die Eintragungen in den Wählerlisten bei der letzten Wahl der JAV (Richardi BetrVG/*Annuß* Rn. 4). 8

Die zur konstituierenden Sitzung einladungsberechtigte JAV hat gem. Abs. 1 S. 1 **den GesBR** vorher von dieser Sitzung **zu unterrichten** (Richardi BetrVG/*Annuß* Rn. 3; HWGNRH/*Rose* Rn. 7). Für die Konstituierung der GesJAV gelten die Ausführungen in → § 51 Rn. 7 ff. über die Konstituierung des GesBR sinngemäß. 9

III. Entsprechend anwendbare Vorschriften

Abs. 2 erklärt etliche für die **Organisation,** die **Geschäftsführung,** die **Zuständigkeit** und die **Rechtsstellung der GesJAV** wesentliche, den BR, GesBR und die JAV betreffende Bestimmungen für entspr. anwendbar. 10

Die für **den BR maßgebenden Vorschriften,** die für die GesJAV entspr. gelten, betreffen folgende Angelegenheiten: 11

- § 25 Abs. 1: Das **Nachrücken von ErsMitgl.** im Falle der Verhinderung oder des Wegfalls der ordentlichen Mitgl. Zur Frage der Bestellung der ErsMitgl. und der Feststellung der Reihenfolge ihres Nachrückens → § 72 Rn. 19 ff.
- § 26: Die **Wahl des Vors.** und stellvertr. Vors. der GesJAV sowie deren **VertrBefugnis.**
- § 28 Abs. 1 S. 1: GesJAV kann **Ausschüsse** bilden und ihnen bestimmte Aufgaben übertragen, wenn mehr als 100 ArbN iSv § 60 Abs. 1 im Unternehmen beschäftigt werden (Richardi BetrVG/*Annuß* Rn. 18). Eine Übertragung von Aufgaben zur selbständigen Erledigung ist nicht vorgesehen.
- § 30: **Sitzungen der GesJAV** (→ Rn. 4 ff.).
- § 31: Das **Teilnahmerecht der Gewerkschaften an den Sitzungen der GesJAV.** Ebenso wie bei der JAV (→ § 65 Rn. 9) wird auch hier die Frage, in welchem Gremium die betreffende Gewerkschaft vertreten sein muss, um beratend hinzugezogen werden zu können, unterschiedlich beurteilt (vgl. DKKW/*Trittin* Rn. 10; HWGNRH/*Rose* Rn. 20; GK-BetrVG/*Oetker* Rn. 28; Richardi BetrVG/*Annuß* Rn. 6; HaKo-BetrVG/*Kloppenburg* Rn. 3; MHdB ArbR/*Stamer* § 305 Rn. 28). Da auch hier durch das erforderliche Quorum von einem Viertel der – nach Abs. 2 iVm § 67 Abs. 7 gewichteten – Stimmen der Mitgl. der GesJAV idR dafür gesorgt sein dürfte, dass nur eine im Betrieb repräsentative Gewerkschaft hinzugezogen wird, erscheint es ausreichend, wenn die Gewerkschaft der GesJAV, einer JAV oder einem BR des Unternehmens vertreten ist.
- § 34: Die **Sitzungsniederschrift** über jede Sitzung der GesJAV sowie das Einsichtsrecht der Mitgl. in die Unterlagen der GesJAV.
- § 36: Die Möglichkeit der GesJAV, mit der Mehrheit der Stimmen ihrer Mitgl. **eine Geschäftsordnung** zu beschließen.
- § 37 Abs. 1–3: **Die ehrenamtliche Tätigkeit** der Mitgl. der GesJAV, das Recht auf **Arbeitsbefreiung,** soweit dies zur Aufgabenerfüllung der GesJAV erforderlich ist, und auf **Freizeitausgleich,** ggf. auf **Entgeltausgleich** für notwendige Tätigkeiten der Mitgl. der GesJAV außerhalb ihrer Arbeitszeit.

- § 40: Die Verpflichtung des ArbGeb., die **Kosten** und den **Sachaufwand der GesJAV** und seiner Mitgl. zu tragen.
- § 41: Das **Verbot** der Erhebung und Leistung von **Beiträgen** der ArbN für die GesJAV.

12 **§ 37 Abs. 4–7** finden auf die Mitgl. der GesJAV bereits in ihrer Eigenschaft als Mitgl. der JAV Anwendung (→ § 65 Rn. 13). Daher erübrigt sich eine besondere Bezugnahme (→ § 51 Rn. 43). Die in die GesJAV entsandten Mitgl. der JAV benötigen Kenntnisse über Aufgaben und Befugnisse der GesJAV Eine diese vermittelnde **Schulung** ist daher erforderlich iSv § 37 Abs. 6 S. 1. Über die Teilnahme eines Mitgl. der GesJAV an Schulungsveranstaltungen entscheidet nicht die GesJAV, sondern der BR unter Hinzuziehung der JAV des Betriebes, dem der Vertr. angehört (BAG 10.6.1975 – 1 ABR 140/73, AP BetrVG 1972 § 73 Nr. 1).

13 Die **für den GesBR maßgebenden Vorschriften,** die für die GesJAV entspr. Anwendung finden, betreffen folgende Regelungen:

- § 48: Die Möglichkeit des **Ausschlusses von Mitgl. aus der GesJAV** Antragsberechtigt sind der ArbGeb., jede im Unternehmen vertretene Gewerkschaft, ein Viertel der auszubildenden und jug. ArbN (§ 60 Abs. 1; nicht ein Viertel der zum BR wahlberechtigten ArbN) des Unternehmens sowie die GesJAV Auch der GesBR ist antragsberechtigt (→ § 65 Rn. 4; Richardi BetrVG/*Annuß* Rn. 13; HWGNRH/*Rose* 28).
- § 49: Das **Erlöschen der Mitgliedschaft** in der GesJAV.
- § 50: Die Regelung der **Zuständigkeit der GesJAV** im Verhältnis zur JAV (→ § 72 Rn. 8). Auch die JAV kann mit der Mehrheit der Stimmen ihrer Mitgl. die GesJAV beauftragen, eine Angelegenheit für sie zu behandeln (§ 50 Abs. 2). Dies ist jedoch nur sinnvoll, wenn auch der GesBR von dem betr. BR entspr. beauftragt wird, da die GesJAV nicht unmittelbar mit dem ArbGeb. verhandeln kann (HWGNRH/*Rose* Rn. 31; → § 72 Rn. 9). IÜ folgt die Zuständigkeit der GesJAV der des GesBR. Ist dieser im Verhältnis zu den BR für eine Angelegenheit zuständig, so ergibt sich daraus auch die Zuständigkeit der GesJAV (Richardi BetrVG/*Annuß* Rn. 21; DKKW/*Trittin* Rn. 20).
- Die GesJAV ist gem. Abs. 2 iVm § 50 Abs. 1 S. 1 Hs. 1 in betriebsübergreifenden Angelegenheiten auch zuständig für die **Betriebe, in denen keine JAV** besteht.
- § 51 Abs. 2: Die **Konstituierung der GesJAV** und ihre **weiteren Sitzungen** (→ Rn. 4 ff.).
- § 51 Abs. 3 u. 4: Die **Beschlussfähigkeit** der GesJAV und ihre **Beschlussfassung** (→ § 51 Rn. 49 ff.).
- § 51 Abs. 5: Die **allgemeinen Rechte und Pflichten** der GesJAV (→ § 51 Rn. 62 ff.). Zu beachten ist, dass diese Bezugnahme nur im Rahmen der Zuständigkeit der GesJAV Platz greift (→ § 72 Rn. 8).

14 Die entspr. anwendbaren Bestimmungen **über die JAV** betreffen folgende Angelegenheiten:

- § 66: Die Möglichkeit der GesJAV, die **Aussetzung von Beschlüssen des GesBR** zu beantragen.
- § 67: Das **Teilnahmerecht an den Sitzungen des GesBR** und das **Stimmrecht der Mitgl. der GesJAV im GesBR** (→ § 51 Rn. 56). Hat der GesBR die Behandlung von Angelegenheiten, die besonders oder überwiegend auszubildende und jug. ArbN iSv § 60 Abs. 1 betreffen, auf den GesBetrAusschuss oder einen anderen Ausschuss des GesBR delegiert, so gelten für das Teilnahmerecht von Mitgl. der GesJAV bei der Behandlung dieser Angelegenheiten in dem betreffenden Ausschuss des GesBR dieselben Grundsätze, die für das Teilnahmerecht der JAV an den Sitzungen von Ausschüssen des BR maßgebend sind (→ § 27 Rn. 23; → § 67 Rn. 18, 20; Richardi BetrVG/*Annuß* Rn. 26; **aA** HWGNRH/*Rose* Rn. 38, der ein Teilnahmerecht der GesJAV an den Sitzungen von Ausschüssen des GesBR verneint).

– § 68: Das Teilnahmerecht der GesJAV an den **Besprechungen zwischen dem ArbGeb. und dem GesBR.**

Bei den in Abs. 2 für entspr. anwendbar erklärten Organisationsvorschriften handelt es sich um eine **abschließende Regelung** (HWGNRH/*Rose* Rn. 42; GK-BetrVG/*Oetker* Rn. 57). Insbes. finden auf die GesJAV **keine Anwendung** die Vorschriften über die Bildung des **BetrAusschusses,** über die **Freistellung** (vgl. § 38), über das Teilnahmerecht der GesSchwbVertr. an den Sitzungen des GesBR (vgl. § 52) sowie über die **BRVerslg.** (vgl. § 53). Wegen Teilnahme von Mitgl. der GesJAV an der BRVerslg. → § 53 Rn. 15. 15

Für die allgemeinen Aufgaben (Beteiligungsrechte) der GesJAV gilt über § 51 Abs. 6 auch § 70. Bei § 51 Abs. 6 handelt es sich nicht um eine Organisationsnorm. 16

IV. Streitigkeiten

Streitigkeiten, die sich aus der Anwendung des § 73 und der in ihm in Bezug genommenen Vorschriften ergeben, entscheiden die ArbG im **BeschlVerf.** (§§ 2a, 80 ff. ArbGG). Zuständig ist das ArbG, in dessen Bezirk das Unternehmen seinen Sitz hat (§ 82 S. 2 ArbGG). Zu den Besonderheiten des BeschlVerf. vgl. Anh. 3. 17

Streitigkeiten, die sich aus der Vorenthaltung oder Minderung von Arbeitsentgelt (vgl. § 37 Abs. 2) oder der Verweigerung der Gewährung von Freizeitausgleich gem. § 37 Abs. 3 ergeben, sind im arbeitsgerichtlichen **Urteilsverf.** zu entscheiden (Richardi BetrVG/*Annuß* Rn. 29; GK-BetrVG/*Oetker* Rn. 60; HWGNRH/*Rose* Rn. 47; → § 37 Rn. 253 f.). Die örtliche Zuständigkeit des ArbG bestimmt sich in diesen Fällen nach den allgemeinen Grundsätzen des ArbGG; im Allgemeinen ist gem. § 46 Abs. 2 ArbGG iVm § 29 ZPO das ArbG örtlich zuständig, in dessen Bezirk der Beschäftigungsbetrieb liegt (Gerichtsstand des Erfüllungsortes). 18

Dritter Abschnitt. Konzern-Jugend- und Auszubildendenvertretung

§ 73a Voraussetzung der Errichtung, Mitgliederzahl, Stimmengewicht

(1) [1]**Bestehen in einem Konzern (§ 18 Abs. 1 des Aktiengesetzes) mehrere Gesamt-Jugend- und Auszubildendenvertretungen, kann durch Beschlüsse der einzelnen Gesamt-Jugend- und Auszubildendenvertretungen eine Konzern-Jugend- und Auszubildendenvertretung errichtet werden.** [2]**Die Errichtung erfordert die Zustimmung der Gesamt-Jugend- und Auszubildendenvertretungen der Konzernunternehmen, in denen insgesamt mindestens 75 vom Hundert der in § 60 Abs. 1 genannten Arbeitnehmer beschäftigt sind.** [3]**Besteht in einem Konzernunternehmen nur eine Jugend- und Auszubildendenvertretung, so nimmt diese die Aufgaben einer Gesamt-Jugend- und Auszubildendenvertretung nach den Vorschriften dieses Abschnitts wahr.**

(2) [1]**In die Konzern-Jugend- und Auszubildendenvertretung entsendet jede Gesamt-Jugend- und Auszubildendenvertretung eines ihrer Mitglieder.** [2]**Sie hat für jedes Mitglied mindestens ein Ersatzmitglied zu bestellen und die Reihenfolge des Nachrückens festzulegen.**

(3) **Jedes Mitglied der Konzern-Jugend- und Auszubildendenvertretung hat so viele Stimmen, wie die Mitglieder der entsendenden Gesamt-Jugend- und Auszubildendenvertretung insgesamt Stimmen haben.**

(4) **§ 72 Abs. 4 bis 8 gilt entsprechend.**

Inhaltsübersicht

I. Vorbemerkung

1 Die Bildung einer **KJAV** wurde **durch** das **BetrVerf-ReformG ermöglicht.** Auch auf der Konzernebene soll ein betriebsverfassungsrechtliches Organ errichtet werden können, das sich speziell der Belange der Auszubildenden und der jugendlichen ArbN des Konzerns annimmt. Die Bildung einer solchen InteressenVertr. ist **freiwillig.**

2 § 73a regelt die Voraussetzungen für die Errichtung einer KJAV (Abs. 1), ihre regelmäßige Mitgliederzahl einschl. der Bestellung von Ersatzmitgl. (Abs. 2) und das Stimmengewicht der entsandten Mitgl. (Abs. 3). Sie **entspricht weitgehend** den Bestimmungen über die **Bildung eines KBR.** Auf die Kommentierung zu den §§ 54, 55 wird daher verwiesen. Durch die Verweisung auf § 72 Abs. 4–8 (Abs. 4) gelten die Vorschriften über abweichende Regelungen durch TV oder BV sinngemäß (→ § 72 Rn. 31 ff.).

3 Die Vorschrift ist, abgesehen von der Möglichkeit durch TV oder BV die Mitgl-Zahl und die Stimmengewichtung zu regeln, **zwingendes Recht.** Im Bereich der **außerbetrieblichen Berufsausbildung** (**→ § 60 Rn. 17; § 51 BBiG**) können aber **abweichende InteressenVertr.** für Azubi errichtet werden. Dies ist für die Berufsausbildung bei der Deutschen Telekom AG durch den zwischen dieser und der Gewerkschaft ver.di geschlossenen TV über die Mitbestimmung im Telekom Training Center (TTC, jetzt: TT) – TV Nr. 122 – geschehen (→ § **60** Rn. **17**).

II. Stellung der Konzern-Jugend- und Auszubildendenvertretung

4 Die Rechtsstellung und Zuständigkeit der KJAV ist zum einen gegenüber den GesJAV im Konzern, zum anderen gegenüber dem KBR **abzugrenzen.**

5 Die KJAV steht **neben** den **GesJAV** in den einzelnen zum Konzern gehörenden Unternehmen. Sie ist diesen gegenüber weder über- noch untergeordnet. Insoweit gilt dasselbe wie im Verhältnis zwischen KBR und GesBR (→ Rn. 58 Rn. 4 ff.).

6 Auch die **Zuständigkeitsabgrenzung** zwischen **KJugAzubiVertr und GesJAV** entspricht der Abgrenzung zwischen KBR und GesBR (vgl. § 73b iVm § 58).

7 Das **Verhältnis der KJAV zum KBR** entspricht dem der GesJAV zum GesBR. Die KJAV ist somit kein neben dem KBR bestehendes selbständiges betriebsverfassungsrechtliches Organ mit eigenen Vertretungsrechten gegenüber dem ArbGeb. (*Oetker* DB 2005, 1165). Insbes. stehen ihr keine eigenen Mitwirkungs- und MBR zu. Vielmehr kann sie die ihr übertragene Interessenwahrnehmung für die Azubi und die jug. ArbN auf der Konzernebene nur durch und über den KBR erfüllen (*Oetker* DB 2005, 1165). Sie kann zwar auch ohne Bestehen eines KBR errichtet werden, ist

dann aber weitgehend funktionslos (→ § 72 Rn. 11; GK-BetrVG/*Oetker* Rn. 16f.; *Oetker* DB 2005, 1165; Richardi BetrVG/*Annuß* Rn. 7).

III. Voraussetzungen für die Bildung einer Konzern-Jugend- und Auszubildendenvertretung

Die Bildung einer KJAV ist **fakultativ.** Die Vertr. kann, muss aber nicht gebildet werden (Richardi BetrVG/*Annuß* Rn. 8; *Oetker* DB 2005, 1165). 8

Die Voraussetzungen sind ähnlich ausgestaltet wie für die Bildung des KBR. Die Bildung einer KJAV liegt insbes. dann nahe, wenn ein KBR gebildet wurde, im Konzern eine größere Zahl jug. ArbN und Azubi beschäftigt werden und konzernweite Beschäftigungsmöglichkeiten bestehen oder geschaffen werden sollen. 9

Die Bildung einer KJAV kommt nur in Betracht, wenn im Konzern **mindestens zwei GesJAV** bestehen. Hat ein Konzernunternehmen nur einen betriebsratsfähigen Betrieb, so dass kein GesBR gebildet werden kann, so tritt nach Abs. 1 S. 3 an die Stelle der GesJAV die JAV dieses Betriebs. Es können also auch zwei JAV eine KJAV bilden (*Oetker* DB 2005, 1165). Besteht nur in einem Unternehmen eine GesJAV, kann keine KJAV gebildet werden. 10

Die **Initiative** zur Bildung einer KJAV kann jede GesJAV ergreifen, also sowohl die GesJAV des herrschenden Unternehmens als auch die GesJAV des oder der abhängigen Unternehmen (GK-BetrVG/*Oetker* Rn. 12). Die GesJAV, die die Bildung einer KJAV anstrebt, wird zweckmäßigerweise zunächst die übrigen GesJAV im Konzern informieren und dazu auffordern, ebenfalls einen Beschl. über die Bildung der KJAV herbeizuführen. Die Initiative ist jederzeit möglich. 11

Die Errichtung der KJAV erfolgt durch selbständige **Beschl. der einzelnen GesJAV** im Konzern (Richardi BetrVG/*Annuß* Rn. 9; DKKW/*Trittin* Rn. 19). Nach § 73 Abs. 2 iVm § 51 Abs. 3 S. 1 werden die Beschlüsse der GesJug-AzubiVertr. mit einfacher Mehrheit der anwesenden Mitglieder gefasst. Das Stimmengewicht richtet sich nach § 72 Abs. 7 (→ § 72 Rn. 27ff.). 12

Die Errichtung erfordert gem. Abs. 1 S. 2 die Zustimmung der GesJAV, in denen insgesamt mindestens **75 %** der in § 60 Abs. 1 genannten ArbN beschäftigt sind. Dieses **Quorum** kann schon durch die Zustimmung einer GesJAV erreicht sein, wenn diese die erforderliche Anzahl von ArbN iSd § 60 repräsentiert (→ § 54 Rn. 43; GK-BetrVG/*Oetker* Rn. 14). 13

Spricht sich eine GesJAV gegen die Bildung einer KJAV aus, handelt sie nicht pflichtwidrig. Die **Errichtung** ist **freiwillig.** Die GesJAV muss sich jedoch an der Abstimmung beteiligen, wenn eine entspr. Aufforderung vorliegt. Ist die KJAV gebildet, muss auch die GesJAV, die sich gegen die Bildung einer KJAV ausgesprochen hatte, einen Vertr. in die KJAV entsenden (→ Rn. 17). 14

Bei der **Ermittlung der maßgebenden Beschäftigtenzahl** zählen alle jug. und zu ihrer Berufsausbildung im Konzern Beschäftigten iSd § 60 mit. Bei dieser Ermittlung kommt es nicht darauf an, ob in den Konzernunternehmen eine GesJAV oder eine JAV besteht. Daher zählen auch die ArbN nach § 60 mit, die nicht durch eine JAV oder eine GesJAV vertreten sind (GK-BetrVG/*Oetker* Rn. 15). Maßgeblich für die Feststellung des Quorums ist die tatsächliche Zahl zum Zeitpunkt der Beschlussfassung; anders als für das Stimmengewicht (§ 72 Abs. 7) ist die Zahl der in die Wählerlisten eingetragenen ArbN unerheblich (*Oetker* DB 2005, 1165 [1166]). 15

Bei diesen zahlenmäßigen Feststellungen zählen auch die ArbN nach § 60 Abs. 1 mit, die in einem **Gemeinschaftsbetrieb** eines am Konzern beteiligten Unternehmens beschäftigt werden. Dies folgt aus Abs. 4, der auf § 72 Abs. 8 verweist. Nach dieser Bestimmung entsenden auch die in solchen Gemeinschaftsbetrieben gewählten JAV einen Vertr. in die GesJAV. 16

Ist die KJAV durch entspr. Beschl. der GesJAV errichtet, sind alle GesJAV verpflichtet, Vertr. in die KJAV zu entsenden, auch die, die sich gegen die Errichtung 17 ausgesprochen haben (Richardi BetrVG/*Annuß* Rn. 18; *Oetker* DB 2005, 1165 [1166]). Die entsandten Mitgl. treten zu einer konstituierenden Sitzung zusammen (→ Rn. 24 ff.). Erst mit der Wahl eines Vors. in dieser Sitzung ist die KJAV handlungsfähig (*Oetker* DB 2005, 1165 [1166]).

IV. Regelmäßige Zusammensetzung

1. Entsendung

18 Nach Abs. 2 S. 1 entsendet jede GesJAV eines ihrer Mitgl. in die KJAV Besteht in einem Konzernunternehmen nur eine JAV, entsendet diese ein Mitglied.

19 Die Bestimmung des zu entsendenden Mitgl. erfolgt gem. § 73b Abs. 2 iVm § 51 Abs. 3 durch **einfachen Mehrheitsbeschl.** der GesJAV (GK-BetrVG/*Oetker* Rn. 23; Richardi BetrVG/*Annuß* Rn. 15).

20 Die **Verpflichtung zur Entsendung** eines Mitgl. besteht **auch** dann, **wenn** sich die GesJAV **gegen** die Errichtung einer KJAV **ausgesprochen** hatte (*Oetker* DB 2005, 1165 [1166]). Unterlässt die GesJAV die Entsendung in eine ordnungsgemäß gebildete KJAV, kann dies eine grobe Pflichtverletzung sein (*Oetker* DB 2005, 1165 [1166]). Sie kann die Auflösung der GesJAV (§ 73b iVm § 56) zur Folge haben.

2. Ersatzmitglieder

21 Die GesJAV hat gem. Abs. 2 S. 2 für jedes entsandte Mitgl. mindestens ein **Ersatzmitgl.** zu **bestellen** und für den Fall, dass mehrere Ersatzmitgl. gewählt werden, die Reihenfolge des Nachrückens festzulegen (*Oetker* DB 2005, 1165 [1166]). Die Bestellung und der Beschluss über die Reihenfolge erfolgen durch einfachen Mehrheitsbeschluss der beschlussfähigen GesJAV (→ Rn. 19). Die Ersatzmitgl. müssen Mitgl. der GesJAV sein.

22 Das Ersatzmitgl. wird tätig, wenn das ordentliche Mitgl. der KJAV zeitweilig verhindert ist oder aus der KJAV ausscheidet.

3. Amtszeit, Auflösung und Erlöschen der Mitgliedschaft

23 Die KJAV ist, ebenso wie der KBR, eine kontinuierliche, vom Wechsel der jeweiligen Mitglieder unabhängige **Dauereinrichtung** (*Oetker* DB 2005, 1165 [1166]). Sie hat daher **keine Amtszeit.** Ihre **Existenz endet, wenn** die **Voraussetzungen für** ihre **Errichtung entfallen** (zB durch Auflösung des Konzernverbunds) oder sämtliche GesJAV die Auflösung der KJAV (pflichtwidrig) keine Mitglieder mehr entsenden (*Oetker* DB 2005, 1165 [1166]). Die KJAV kann **selbst** wirksam **keinen Auflösungsbeschluss** fassen (*Oetker* DB 2005, 1165 [1166]). Dagegen können die **entsendenden GesJAV** die **Auflösung der KJAV beschließen. Fraglich ist,** welches **Quorum** (25 %, 50 % oder 75 %) dafür erforderlich ist (vgl. *Oetker* DB 2005, 1165 [1166]). Auch wenn für die Errichtung – anders als nach § 54 Abs. 1 S. 2 – ein Quorum von 75 % notwendig ist, dürfte für die gesetzlich nicht ausdrücklich geregelte Auflösung ein Quorum von 25 % nicht genügen, sondern im in Interesse einer konzernweiten Interessenvertretung ein Quorum von 50 % erforderlich sein (so wohl auch *Oetker* DB 2005, 1165 [1166]). Die Mitgliedschaft in der KJAV erlischt ua durch **Abberufung.** Diese kann von der entsendenden GesJAV jederzeit und ohne Angabe von Gründen durch einfachen Mehrheitsbeschluss erfolgen (→ § 72 Rn. 22). Sie ist das Gegenstück zur Entsendung. IÜ verweist § 73b Abs. 2 auf die für den KBR in §§ 56, 57 geregelten **Erlöschenstatbestände** (vgl. die dortige Kommentierung; ferner *Oetker* DB 2005, 1165 [1168]).

V. Konstituierende Sitzung

24 Zur **konstituierenden Sitzung** der KJAV hat gem. § 73b Abs. 2 iVm § 59 Abs. 2 die GesJAV einzuladen, die bei dem herrschenden Unternehmen gebildet wurde. Die Zuständigkeit folgt insoweit der Zuständigkeit des GesBR der Hauptverwaltung.

25 Besteht in diesem Unternehmen kein GesBR und deshalb auch keine GesJAV, ist die GesJAV des Unternehmens zur **Einladung** berechtigt und verpflichtet, in dem die meisten Auszubildenden und jug. ArbN beschäftigt sind. Maßgebend für die Feststellung dieser Zahl sind die Eintragungen in den Wählerlisten bei der letzten Wahl der JAV (→ § 73 Rn. 8).

26 Der Vorsitzende der einladenden GesJAV hat die konstituierende Sitzung zu leiten, bis die KJAV aus ihrer Mitte einen Wahlleiter für die Wahl des Vorsetzenden der KJAV bestellt hat. Der Wahlleiter hat dann die Wahl des Vorsitzenden der KJAV durchzuführen.

VI. Stimmengewichtung

27 Nach Abs. 3 hat jedes Mitgl. der KJAV so viele Stimmen, wie die Mitgl. der entsendenden GesJAV insgesamt Stimmen haben. **Maßgebend** ist daher gem. § 72 Abs. 7 S. 1 iVm § 60 Abs. 1 die Zahl der Auszubildenden (bis 25 J.) und der jug. ArbN. des Konzernunternehmens, die bei der letzten Wahl in den einzelnen Betrieben des jeweils entsendenden Unternehmens in die **Wählerliste** eingetragen waren (iE ebenso MHdB ArbR/*Stamer* § 306 Rn. 11; Richardi BetrVG/*Annuß* Rn. 25; GK-BetrVG/*Oetker* Rn. 37). Es kommt nicht auf die Zahl der im Zeitpunkt der Entsendung beschäftigten Auszubildenden und jug. ArbN an (→ § 72 Rn. 25).

28 Bei einer Vergrößerung oder Verkleinerung der KJAV gem. Abs. 4 iVm § 72 Abs. 4 (→ Rn. 31, 32) richtet sich das Stimmengewicht der entsandten Mitgl. gem. Abs. 4 iVm § 72 Abs. 7 S. 1 und § 60 Abs. 1 ebenfalls nach der jeweiligen Zahl der Auszubildenden (bis 25 J.) und der jug. ArbN. in den Betrieben.

29 Ist gem. Abs. 2 S. 1 jeweils nur ein Mitgl. der GesJAV in die KJAV entsandt, kann es dort die ihm zustehenden **Stimmen nur einheitlich abgeben.** Eine Aufspaltung der Stimmen ist nicht zulässig. Entsendet dagegen eine GesJAV aufgrund eines TV oder einer BV nach Abs. 4 iVm § 72 Abs. 4 mehrere Mitgl. in die KJAV, stehen diesen die Stimmen gem. Abs. 4 iVm. § 72 Abs. 7 S. 3 anteilig zu (MHdB ArbR/*Stamer* § 306 Rn. 12; Richardi BetrVG/*Annuß* Rn. 28).

30 Bei der Stimmabgabe sind die Mitgl. der KJAV **nicht an Aufträge oder Weisungen** der entsendenden GesJAV **gebunden.**

VII. Abweichende Regelungen durch Tarifvertrag oder Betriebsvereinbarung

31 Die **Größe der KJAV** hängt von der Zahl der GesJAV ab. Insoweit können ähnliche Probleme wie beim KBR entstehen (→ § 55 Rn. 19 ff.). Ein größeres Unternehmen mit vielen Personen nach § 60 Abs. 1 entsendet kraft Gesetzes ebenso nur ein Mitgl. wie ein Unternehmen mit wenigen Personen nach § 60 Abs. 1. Das ist nicht immer sachgerecht. Deshalb sieht Abs. 4 iVm mit § 72 Abs. 4 die Möglichkeit vor, durch TV oder BV eine **von der gesetzlichen Regelung abweichende Zahl der Mitgl.** einer KJAV festzulegen. Damit kann praktischen Bedürfnissen Rechnung getragen werden.

32 Bei der anderweitigen Regelung kann die Zahl der Mitgl. in der KJAV **erhöht oder verringert** werden (*Oetker* DB 2005, 1165 [1167]). Die Verringerung der ge-

setzl. MitglZahl ist nur in der Weise möglich, dass mehrere GesJAV nur ein Mitgl. in die KJAV entsenden. Eine Erhöhung ist dadurch möglich, dass einzelne GesJAV mehrere Mitgl. in die KJAV entsenden (→ § 72 Rn. 31 ff.).

33 Die abweichende Festsetzung der MitglZahl kann nur **durch TV oder BV** erfolgen. Zur Problematik einer möglichen Tarifkonkurrenz → § 55 Rn. 20). Der TV hat Vorrang vor einer BV (Richardi BetrVG/*Annuß* Rn. 20; HWGNRH/*Rose* Rn. 22; DKKW/*Trittin* Rn. 51; **aA** GK-BetrVG/*Oetker* Rn. 32; *Oetker* DB 2005, 1165 [1166] – Prioritätsprinzip).

34 **Zuständig** für den Abschluss einer solchen BV sind der KBR und der Konzern-ArbGeb. (→ § 58 Rn. 6; *Oetker* DB 2005, 1165 [1166]). Die KJAV kann keine solche BV abschließen. Sie wirkt aber bei den Verhandlungen über die BV sowie bei der Beschlussfassung des KBR gem. § 73b iVm § 67 mit. Die Mitgl. der KJAV haben hierbei volles Stimmrecht, da es sich um eine Angelegenheit handelt, die überwiegend den Personenkreis nach § 60 Abs. 1 betrifft (→ § 67 Rn. 20 ff.; *Oetker* DB 2005, 1165 [1166]).

35 Bei der **Stimmengewichtung** in der KJAV, die eine von der gesetzlichen Regelung abweichende MitglZahl hat, ist danach zu unterscheiden, ob die KJAV vergrößert oder verkleinert wird: Wird die Mitgl. Zahl vergrößert, so teilen sich gem. Abs. 4 iVm § 72 Abs. 7 S. 3 die mehreren von den einzelnen GesJAV entsandten Mitgl. das Stimmengewicht, das bei einer regelmäßigen Zusammensetzung dem einzigen zu entsenden Mitgl. der GesJAV zustehen würde, zu gleichen Teilen. Sie müssen in diesem Fall ihre Stimmen nicht einheitlich abgeben. Wird die MitglZahl verkleinert, so stehen gem. Abs. 4 iVm § 72 Abs. 7 S. 2 dem gemeinsam entsandten Mitgl. der mehreren GesJAV so viele Stimmen zu, wie in den zusammengefassten Unternehmen bei der letzten Wahl der JAV Personen nach § 60 in die Wählerlisten eingetragen waren (→ § 72 Rn. 37 f. entspr.). Das gemeinsam entsandte Mitglied kann in diesem Fall die ihm zustehenden Stimmen wohl nur einheitlich abgeben.

VIII. Notwendige Betriebsvereinbarung

36 Besteht keine abweichende tarifvertragliche Regelung über eine anderweitige Festsetzung der MitglZahl der KJAV, so ist eine die MitglZahl verkleinernde BV abzuschließen, wenn bei einer regelmäßigen Zusammensetzung die KJAV aus **mehr als 20 Mitgl.** bestünde (Abs. 4 iVm § 72 Abs. 5). Die Ausführungen zur Verkleinerung der GesJAV (→ § 72 Rn. 38) und des GesBR (→ § 47 Rn. 68 ff.) gelten entspr. (vgl. ferner *Oetker* DB 2005, 1165 [1168]).

37 **Parteien der BV** sind der (Konzern-)ArbGeb. (vgl. zu dem Begriff → § 58 Rn. 6) und der KBR. Dabei ist nicht erforderlich, dass die MitglZahl genau auf 20 herabgesetzt wird oder unter dieser Zahl liegen muss (DKKW/*Trittin* Rn. 57; **aA** *Oetker* DB 2005, 1165 [1168]; vgl. zur GesJAV → § 72 Rn. 40; zum GesBR → § 47 Rn. 68). Kommt eine Einigung zwischen ArbGeb. und KBR nicht zustande, hat gem. Abs. 4 iVm § 72 Abs. 6 die **E-Stelle** eine bindende Entscheidung zu treffen (MHdB ArbR/*Stamer* § 306 Rn. 7). Die E-Stelle kann nur vom ArbGeb. und KBR angerufen werden, nicht dagegen von der KJAV

38 Wegen des Inhalts der BV und weiterer Einzelheiten (→ § 47 Rn. 50 ff.).

IX. Streitigkeiten

39 Streitigkeiten, die sich aus der Anwendung des § 73a ergeben, zB über Errichtung, Mitgliedschaft, Stimmengewicht, Wirksamkeit von BV über die Verkleinerung der Vertr., entscheiden die ArbG im **BeschlVerf** (§§ 2a, 80 ff. ArbGG). Zuständig ist das ArbG, in dessen Bezirk das herrschende Unternehmen seinen Sitz hat (§ 82 S. 2 ArbGG). Zu den Besonderheiten des BeschlVerf. vgl. Anh. 3.

§ 73b Geschäftsführung und Geltung sonstiger Vorschriften

(1) [1]**Die Konzern-Jugend- und Auszubildendenvertretung kann nach Verständigung des Konzernbetriebsrats Sitzungen abhalten.** [2]**An den Sitzungen kann der Vorsitzende oder ein beauftragtes Mitglied des Konzernbetriebsrats teilnehmen.**

(2) **Für die Konzern-Jugend- und Auszubildendenvertretung gelten § 25 Abs. 1, die §§ 26, 28 Abs. 1 Satz 1, die §§ 30, 31, 34, 36, 37 Abs. 1 bis 3, die §§ 40, 41, 51 Abs. 3 bis 5, die §§ 56, 57, 58, 59 Abs. 2 und die §§ 66 bis 68 entsprechend.**

Inhaltsübersicht

I. Vorbemerkung

Die Vorschrift regelt in Abs. 1 die **Tätigkeit** der KJAV in Form von Sitzungen. In Abs. 2 wird die **innere Organisation,** die **Geschäftsführung,** die **Zuständigkeit** sowie die **Rechtsstellung** der KJAV durch Verweis auf Bestimmungen für den BR, den GesBR und den KBR geregelt. 1

Die Vorschrift ist **zwingend** und weder durch TV noch durch BV abdingbar (GK-BetrVG/*Oetker* Rn. 2). 2

II. Sitzungen der Konzern-Jugend- und Auszubildendenvertretung

Die KJAV hat nach Abs. 1 S. 1 das Recht, **nach Verständigung des KBR eigene Sitzungen** abzuhalten. Hierzu muss die KJAV den KBR vorher unterrichten; ein Einverständnis ist nicht erforderlich (GK-BetrVG/*Oetker* Rn. 26; *Oetker* DB 2005, 1165 [1169]). Die Verständigung ist auch keine Wirksamkeitsvoraussetzung für die Rechtmäßigkeit der Sitzungen der JAV und deren Beschlüsse. Sie soll dem KBR als dem maßgebenden betriebsverfassungsrechtlichen Organ (→ § 73a Rn. 7) Kenntnis von den Sitzungen geben und ihm die Teilnahme ermöglichen. 3

Abgesehen von der konstituierenden Sitzung (→ § 73a Rn. 24ff.) beruft die **Sitzungen** der Vorsitzende ein (Abs. 2 iVm § 59 Abs. 2 iVm § 29 Abs. 2 S. 1). Er setzt auch die Tagesordnung fest (Abs. 2 iVm § 59 Abs. 2 iVm § 29 Abs. 2 S. 2). Die Mitgl. sind zu den Sitzungen rechtzeitig und unter Mitteilung der Tagesordnung zu laden (Abs. 2 iVm § 59 Abs. 2 iVm § 29 Abs. 2 S. 3). Mitgl., die an der Teilnahme verhindert sind, haben dies dem Vorsitzenden rechtzeitig anzuzeigen (Abs. 2 iVm § 59 Abs. 2 iVm § 29 Abs. 2 S. 5). Der Vorsitzende muss dann die Ersatzmitgl. laden (Abs. 2 iVm § 59 Abs. 2 iVm § 29 Abs. 2 S. 6). 4

Der (Konzern-)ArbGeb. und ein Viertel der Mitgl. können gem. Abs. 2 iVm § 59 Abs. 2 iVm § 29 Abs. 3 die **Einberufung** einer Sitzung der KJAV beantragen. Dabei ist die Stimmengewichtung nach § 73a Abs. 4 iVm § 72 Abs. 7 zu beachten (vgl. Richardi BetrVG/*Annuß* Rn. 6). Der Vors. ist verpflichtet, dem Antrag stattzugeben und den beantragten Gegenstand auf die Tagesordnung zu setzen. Der KBR hat dagegen kein Recht, eine Sitzung zu beantragen (GK-BetrVG/*Oetker* Rn. 25; **aA** Richardi BetrVG/*Annuß* Rn. 6). Er kann die Angelegenheit auf seiner Sitzung beraten und hierzu die KJAV hinzuziehen. 5

6 An den Sitzungen der KJAV kann nach Abs. 1 S. 2 der **Vorsitzende des KBR** oder ein vom KBR beauftragtes Mitgl. des KBR teilnehmen.

7 Der (Konzern-)**ArbGeb.** kann an den Sitzungen der KJAV beratend teilnehmen, wenn sie auf seinen Antrag hin stattfinden oder wenn er eingeladen wird. Er kann einen Vertr. der ArbGebVereinigung, der er angehört, hinzuziehen (Abs. 2 iVm § 59 Abs. 2 S. 3 iVm § 29 Abs. 4).

8 Für die Hinzuziehung eines **Beauftragten der Gewerkschaft** gilt nach Abs. 2 die Regelung des § 31 entspr. Ebenso wie bei der JAV (vgl. → § 65 Rn. 9) und der GesJAV (vgl. → § 73 Rn. 11) ist auch hier nicht abschließend geklärt, in welchem Gremium die Gewerkschaft vertreten sein muss, um zu einer Sitzung der KJAV herangezogen werden zu können (vgl. GK-BetrVG/*Oetker* Rn. 30; Richardi BetrVG/*Annuß* Rn. 7; HWGNRH/*Rose* Rn. 6; MHdB ArbR/*Stamer* § 306 Rn. 26; DKKW/*Trittin* Rn. 11). Es dürfte ausreichen, wenn die Gewerkschaft in der KJAV, einer GesJAV, der JAV oder in einem BR vertreten ist (vgl. → § 73 Rn. 11).

9 Die **Themen,** die auf den Sitzungen der KJAV behandelt werden sollen, müssen sich aus der Zuständigkeit dieser Vertr. ergeben. Für den **Ablauf** der Sitzungen gelten die allgemeinen Bestimmungen.

III. Entsprechend anwendbare Vorschriften zur Geschäftsführung

10 Durch Abs. 2 werden einige Vorschriften über die Organisation, die Geschäftsführung, die Zuständigkeit und die Rechtsstellung der KJAV für entspr. anwendbar erklärt. Dabei handelt es sich um Vorschriften, die für den BR, für den GesBR, den KBR und die JAV gelten. IE:

11 Als Vorschriften, die für den **BR** gelten, sind in Bezug genommen:

– § 25 Abs. 1 regelt das Nachrücken von ErsMitgl. im Fall der Verhinderung oder des Wegfalls eines ordentlichen Mitgl.
– § 26 regelt die Wahl des Vors. und des Stellvertr. sowie dessen Rechtsstellung.
– § 28 Abs. 1 S. 1 ermöglicht die Übertragung von Aufgaben auf einen Ausschuss, wenn im Konzern mehr als 100 ArbN iSv § 60 beschäftigt werden und die KJAV aus mind. 7 Mitgliedern besteht (*Oetker* DB 2005, 1165 [1169]). Eine Übertragung von Aufgaben auf Ausschüsse zur selbständigen Erledigung ist nicht vorgesehen.
– § 30 betrifft die Sitzungen der KJAV (→ Rn. 3).
– § 31 regelt die Teilnahme von Beauftragten einer Gewerkschaft (→ Rn. 8).
– § 34 betrifft die Sitzungsniederschrift und das Einsichtsrecht aller Mitgl. in die Unterlagen der KJAV.
– § 36 ermöglicht den Erlass einer Geschäftsordnung.
– § 37 Abs. 1–3 erklärt die Grundsätze über die ehrenamtliche Tätigkeit, die Vorschriften über die Arbeitsbefreiung und den Anspruch auf Freizeitausgleich für anwendbar (*Oetker* DB 2005, 1165 [1170]).
– § 40 betrifft die Verpflichtung des ArbGeb., die Kosten der KJAV zu tragen.
– § 41 verbietet die Erhebung von Umlagen und Beiträgen.

12 Als Vorschriften, die für den **GesBR** gelten, sind in Bezug genommen:

– § 51 Abs. 3 u. 4 regeln die Beschlussfähigkeit und die Beschlussfassung.
– § 51 Abs. 5 betrifft die allgemeinen Rechte und Pflichten der KJAV.

13 Die für entspr. anwendbar erklärten Vorschriften für den **KBR** betreffen folgende Fragen:

– § 56 Ausschluss von Mitgl. der KJAV.
– § 57 Erlöschen der Mitgliedschaft der Mitgl. der KJAV.
– § 58 Zuständigkeit der KJAV (vgl. dazu *Oetker* DB 2005, 1165 [1170]). Die KJAV ist – allerdings nur im Rahmen ihrer originären Zuständigkeit – auch zuständig für die jug. ArbN und Azubi in Unternehmen, die keine GesJAV gebildet haben (→ § 50 Rn. 29 ff.; → § 58 Rn. 7).

- § 59 Abs. 2 betrifft die Einladung zur konstituierenden Sitzung der KJAV (→ § 73a Rn. 24).

Auf folgende Bestimmungen, die für die **JAV** gelten, wird ebenfalls verwiesen: 14

- § 66 gibt der KJAV die Möglichkeit, die Aussetzung von Beschlüssen des KBR zu erreichen (*Oetker* DB 2005, 1165 [1171]).
- § 67 gibt der KJAV das Recht, an den Sitzungen des KBR teilzunehmen (*Oetker* DB 2005, 1165 [1171]). Diese Bestimmung regelt auch das Stimmrecht der KJAV im KBR. Hat der KBR die Behandlung von Angelegenheiten, die besonders oder überwiegend die ArbN nach § 60 Abs. 1 betreffen, einem Ausschuss übertragen, gelten für Teilnahmerecht und Stimmrecht die Vorschriften entspr. (→ § 73 Rn. 14).
- § 68 regelt das Teilnahmerecht der KJAV an Besprechungen zwischen dem (Konzern-)ArbGeb. und dem KBR.

Bei den in Abs. 2 für entspr. anwendbar erklärten Organisationsvorschriften handelt es sich um eine **abschließende Regelung** (*Oetker* DB 2005, 1165 [1171]). Sie kann nicht über den für entspr. anwendbar erklärten § 51 Abs. 5 erweitert werden. Insbes. finden die Vorschriften über Freistellungen und über die Teilnahme an **Schulungen** keine Anwendung. Anspruch auf Schulung haben die Mitgl. der KJAV bereits als Mitgl. der JAV. Sie haben Anspruch auf Schulung über die besonderen Aufgaben der GesJAV und der KJAV, wenn sie in diese Gremien entsandt werden. Über die Teilnahme an Schulungen eines Mitgl. der KJAV entscheidet der BR des Betriebs, dem der ArbN angehört. Er hat die JAV seines Betriebs hinzuzuziehen (→ § 73 Rn. 15). 15

IV. Streitigkeiten

Streitigkeiten, die sich aus der Anwendung des § 73b und der in ihm in Bezug genommenen Vorschriften ergeben, entscheiden die ArbG im **BeschlVerf.** Zuständig ist das ArbG, in dessen Bezirk das herrschende Unternehmen seinen Sitz hat (§ 82 ArbGG). Zu den Besonderheiten des Beschl.Verf. vgl. Anh. 3. 16

Geht es um Vorenthaltung oder Minderung von Arbeitsentgelt wegen der Tätigkeit in der KJAV, ist der Streit im **Urteilsverf.** auszutragen. Entspr. gilt für den Anspruch auf Freizeitausgleich nach § 37 Abs. 3. Die Zuständigkeit des ArbG bestimmt sich in diesen Fällen nach den allgemeinen Grundsätzen des ArbGG iVm § 29 ZPO. Zuständig wird im Allgemeinen das Gericht sein, in dessen Bezirk der Beschäftigungsbetrieb des ArbN liegt (Gerichtsstand des Erfüllungsorts). 17

Vierter Teil. Mitwirkung und Mitbestimmung der Arbeitnehmer

Erster Abschnitt. Allgemeines

§ 74 Grundsätze für die Zusammenarbeit

(1) [1] **Arbeitgeber und Betriebsrat sollen mindestens einmal im Monat zu einer Besprechung zusammentreten.** [2] **Sie haben über strittige Fragen mit dem ernsten Willen zur Einigung zu verhandeln und Vorschläge für die Beilegung von Meinungsverschiedenheiten zu machen.**

(2) [1] **Maßnahmen des Arbeitskampfes zwischen Arbeitgeber und Betriebsrat sind unzulässig; Arbeitskämpfe tariffähiger Parteien werden hierdurch nicht berührt.** [2] **Arbeitgeber und Betriebsrat haben Betätigungen zu unterlassen, durch die der Arbeitsablauf oder der Frieden des Betriebs beeinträchtigt werden.** [3] **Sie haben jede parteipolitische Betätigung im Betrieb zu unterlassen; die Behandlung von Angelegenheiten tarifpolitischer, sozialpolitischer, umweltpolitischer und wirtschaftlicher Art, die den Betrieb oder seine Arbeitnehmer unmittelbar betreffen, wird hierdurch nicht berührt.**

(3) **Arbeitnehmer, die im Rahmen dieses Gesetzes Aufgaben übernehmen, werden hierdurch in der Betätigung für ihre Gewerkschaft auch im Betrieb nicht beschränkt.**

Inhaltsübersicht

I. Vorbemerkung

1 Die Vorschrift trifft Regelungen über die **allgemeine Zusammenarbeit zwischen ArbGeb. und BR** und die **Friedenspflicht.** Sie enthält neben § 2 (und diese Bestimmung teilweise ergänzend) die grundlegenden Gesichtspunkte der Zusammenarbeit der Betriebspartner. Abs. 1 S. 1 institutionalisiert die monatliche Besprechung; S. 2 konkretisiert die vertrauensvolle Zusammenarbeit. Abs. 2 regelt die Sicherung von Arbeitsablauf und Betriebsfrieden. Abs. 3 ergänzt § 2 Abs. 3 hinsichtlich der Koalitionsfreiheit der BRMitgl. Er stellt ausdrücklich klar, dass die Wahrnehmung betriebsverfassungsrechtlicher Funktionen das Recht zur **Betätigung für die Gewerkschaft auch im Betrieb** nicht ausschließt.

2 Die Bestimmungen gelten **entspr.** für GesBR und KBR im Verhältnis zum jeweils zuständigen ArbGeb./Unternehmer (vgl. § 51 Abs. 6 iVm § 59 Abs. 1). Die Vorschriften gelten ferner entspr. für den BetrAusschuss und andere Ausschüsse des BR,

die JAV, die GesJAV, die KJAV und den WiAusschuss. Ebenso gilt sie entspr. für die ArbNVertr. nach § 3 Abs. 1 Nr. 2–5 sowie für ArbGruppen, denen nach § 28a die Wahrnehmung betriebsverfassungsrechtlicher Aufgaben übertragen worden ist.

Entsprechende Vorschriften: § 66, § 67 Abs. 1 S. 3, Abs. 2 u. 3 BPersVG, § 2 Abs. 4 SprAuG. **3**

II. Monatliche Besprechungen

Durch die Sollvorschrift des Abs. 1 S. 1 wird den Beteiligten nahegelegt, sich **monatlich mindestens einmal zur Besprechung** der den Betrieb und die ArbNschaft betreffenden Fragen zusammenzufinden (*Thannheiser* AiB 2005, 348). Sowohl der BR als auch der ArbGeb. sind verpflichtet, für die Durchführung dieser monatlichen Besprechungen Sorge zu tragen (GK-BetrVG/*Kreutz/Jacobs* Rn. 11; ErfK/*Kania* Rn. 3). Eine ständige, uU auch eine nur wiederholte Weigerung an der monatlichen Besprechung teilzunehmen, kann eine grobe Pflichtverletzung iSd § 23 Abs. 1 oder 3 sein (DKKW/*Berg* Rn. 5; HaKo-BetrVG/*Lorenz* Rn. 5; HWGNRH/*Worzalla* Rn. 9). Andererseits können ArbGeb. und BR im Einzelfall einvernehmlich davon absehen, eine monatliche Besprechung durchzuführen, insbes. weil zzt. keine erörterungsbedürftigen Punkte ersichtlich sind (ErfK/*Kania* Rn. 3; HWGNRH/*Worzalla* Rn. 7; WPK/*Preis* Rn. 1; **aA** GK-BetrVG/*Kreutz/Jacobs* Rn. 10 f.; *Löwisch/Kaiser* Rn. 1 f.; Richardi BetrVG/*Richardi/Maschmann* Rn. 8). Dies ergibt sich aus dem Charakter der Vorschrift als Sollvorschrift. **4**

Der BR kann den BetrAusschuss oder einen anderen Ausschuss (§§ 27, 28) mit der Wahrnehmung der Besprechung beauftragen (→ § 27 Rn. 74; BAG 15.8.2012 – 7 ABR 16/11, NZA 2013, 284; DKKW/*Berg* Rn. 7; ErfK/*Kania* Rn. 5; HWGNRH/*Worzalla* Rn. 4; WPK/*Preis* Rn. 3; **aA** GK-BetrVG/*Kreutz/Jacobs* Rn. 14; Richardi BetrVG/*Richardi/Maschmann* Rn. 7). Die monatlichen Besprechungen gehören aber nicht zu den laufenden Geschäften, die ohne Weiteres dem BetrAusschuss zufallen (BAG 15.8.2012 – 7 ABR 16/11, NZA 2013, 284; DKKW/*Berg* Rn. 7). **5**

Formvorschriften für Einberufung und Durchführung bestehen nicht. Die Besprechung kann mit einer BRSitzung verbunden werden (GK-BetrVG/*Kreutz/Jacobs* Rn. 23; Richardi BetrVG/*Richardi/Maschmann* Rn. 9). Erforderlich ist dies aber nicht. Ein Gespräch zwischen ArbGeb. u. BRVors. „unter vier Augen" ersetzt ebenso wenig die monatliche Besprechung mit dem BR wie die Teilnahme des ArbGeb. an einer üblichen BRSitzung. **6**

An der monatlichen Besprechung haben der **ArbGeb.** sowie **alle BRMitgl.** teilzunehmen. Im Falle der Übertragung der Besprechung auf einen Ausschuss haben dessen Mitgl. teilzunehmen. Sind BRMitgl. oder Ausschussmitgl. verhindert, hat das jeweils in Betracht kommende ErsMitgl. teilzunehmen (→ § 25 Rn. 24 ff.; → § 27 Rn. 28 ff.). Der ArbGeb. hat entweder persönlich teilzunehmen oder sich durch eine in der betrieblichen Organisation maßgeblich verantwortliche Person mit der für das Gespräch erforderlichen Sachkompetenz vertreten zu lassen (BAG 11.12.1991 – 7 ABR 16/91, AP BetrVG 1972 § 90 Nr. 2; DKKW/*Berg* Rn. 6; ErfK/*Kania* Rn. 4; GK-BetrVG/*Kreutz/Jacobs* Rn. 15; → § 1 Rn. 240). Der ArbGeb. kann erforderlichenfalls zu speziellen Fragen sachkundige Betriebsangehörige hinzuziehen (GK-BetrVG/*Kreutz/Jacobs* Rn. 15). **7**

Die **SchwbVertr.** ist stets berechtigt, an den Besprechungen teilzunehmen (→ § 32 Rn. 19), nicht dagegen an nur informellen, vorbereitenden oder vorklärenden Gesprächen zwischen BR oder BRMitgl. und ArbGeb. (LAG SchlH 10.9.2008 – 3 TaBV 26/08, BeckRS 2008, 57950). Die **JAV** ist zu der Besprechung hinzuzuziehen, wenn bes. die jug. ArbN oder die Azubi betreffende Angelegenheiten erörtert werden sollen (ErfK/*Kania* Rn. 6). Der Sprecherausschuss für leit. Ang. hat kein Recht auf Teilnahme, bei Einverständnis aller Beteiligten ist jedoch seine Hinzuziehung durch beide Betriebspartner zulässig (GK-BetrVG/*Kreutz/Jacobs* Rn. 19; **7a**

HWGNRH Rn. 5; WPK/*Preis* Rn. 4). Falls erforderlich ist die Hinzuziehung eines **Dolmetschers** zulässig, etwa wenn der in Deutschland gelegene Betrieb eines internationalen Unternehmens von einem Manager geleitet wird, der die deutsche Sprache nicht oder nur unvollkommen beherrscht (BAG 14.4.1988 – 6 ABR 28/86, AP BPersVG § 66 Nr. 1).

8 Über die **Hinzuziehung von Verbandsvertr.** zu den monatlichen Besprechungen besteht keine gesetzliche Regelung. § 31 findet auf gemeinsame Besprechungen, soweit sie nicht im Rahmen von BRSitzungen stattfinden, keine Anwendung (Richardi BetrVG/*Richardi/Maschmann* Rn. 11). Bei Einverständnis von ArbGeb. und BR können Vertr. der Gewerkschaften und/oder der ArbGebVereinigung an den Besprechungen teilnehmen (hM). Darüber hinaus besteht auch bei fehlendem Einverständnis eines der Betriebspartner das Recht auf Hinzuziehung eines Verbandsvertr., wenn bes. Umstände dessen Teilnahme als sachlich geboten erscheinen lassen und anerkennenswerte Gründe des anderen Betriebspartners für eine Ablehnung der Teilnahme nicht ersichtlich sind (ErfK/*Kania* Rn. 7; GK-BetrVG/*Kreutz* Rn. 18; Richardi BetrVG/*Richardi/Maschmann* Rn. 11; weitergehend: einseitiger Wunsch eines Betriebspartners ausreichend, DKKW/*Berg* Rn. 9; HaKo-BetrVG/*Lorenz* Rn. 3). Aus dem Grundsatz des Zusammenwirkens mit den Koalitionen nach § 2 Abs. 1 kann sich eine Verpflichtung der Betriebspartner zur Einladung von Verbandsvertretern ergeben (→ § 2 Rn. 53 ff.; HWGNRH/*Worzalla* Rn. 5; wohl auch Richardi BetrVG/*Richardi/Maschmann* Rn. 11; **aA** GK-BetrVG/*Kreutz/Jacobs* Rn. 18). ArbGebVerband und Gewerkschaften haben keinen eigenständigen Anspruch auf Teilnahme an der monatlichen Besprechung (GK-BetrVG/*Kreutz/Jacobs* Rn. 18). Sollen außer den Verbandsvertr. und sachkundigen Betriebsangehörigen noch weitere Personen an der monatlichen Besprechung teilnehmen, ist hierzu stets das Einverständnis beider Betriebspartner erforderlich.

III. Verhandlungspflicht bei strittigen Fragen

9 Nicht nur bei den monatlichen Besprechungen, sondern **auch** bei **sonstigen Verhandlungen** (Abs. 1 S. 2 bezieht sich auch auf diese!), ist über streitige Fragen mit dem **ernsthaften Willen zur Einigung** zu verhandeln . Grundlegender Gedanke ist die Verpflichtung, im Betrieb bei strittigen Fragen eine Verständigung herbeizuführen und sich gegenseitig nicht durch negative Kritik oder gar Verweigerung zu lähmen. Vielmehr sind die gemeinsam zu beachtenden Belange durch positive Vorschläge zu fördern. Eine „Anhörung" in dem Sinn, dass die Äußerung der Gegenseite nur entgegengenommen, nicht jedoch auf sie eingegangen wird, ist mit der Vorschrift nicht zu vereinbaren. Sie erfordert vielmehr, nicht nur über die strittigen Fragen „zu verhandeln", sondern auch, Vorschläge für die Beilegung von Meinungsverschiedenheiten zu machen (s. BAG 12.3.2019 – 1 ABR 42/17, NZA 2019, 843; *Steinau-Steinrück/Burmann* NZA 2019, 209, 212; krit. *Seebacher/Helm* AiB 2019 H. 9 S. 47 ff.).

9a Es besteht eine gegenseitige **Einlassungs- und Erörterungspflicht** (DKKW/*Berg* Rn. 13; ErfK/*Kania* Rn. 8; GK-BetrVG/*Kreutz/Jacobs* Rn. 24 ff.; Richardi BetrVG/*Richardi/Maschmann* Rn. 12). Das gilt in allen streitigen Angelegenheiten, also auch in Angelegenheiten, die nicht dem MBR des BR unterliegen, sondern nur im Wege einer freiwilligen Vereinbarung mit dem ArbGeb. geregelt werden können (BAG 13.10.1987 – 1 ABR 10/86, AP BetrVG 1972 § 87 Arbeitszeit Nr. 24; *Schwipper,* Öffentliche Meinungsäußerung des BR, S. 166). ArbGeb. und BR sind deshalb nicht nur verpflichtet, ihre jeweilige Position zu Streitfragen darzulegen und zu begründen, sondern auch zu der Haltung der anderen Seite Stellung zu nehmen. Es widerspricht grds. der Einlassungs- und Erörterungspflicht, wenn ein Betriebspartner ohne jeglichen vorherigen Einigungsversuch die E-Stelle anruft.

9b Allerdings ist die Einhaltung dieser Pflicht keine Verfahrensvoraussetzung für ein Verfahren vor der **E-Stelle** (LAG Nds 25.10.2005 – 1 TaBV 48/05, NZA-RR 2006,

142; DKKW/*Berg* Rn. 14; GK-BetrVG/*Kreutz/Jacobs* Rn. 28; HWGNRH/*Worzalla* Rn. 10; einschr. Richardi BetrVG/*Richardi/Maschmann* Rn. 14 in Bezug auf das gerichtliche Bestellungsverfahren wegen fehlenden Rechtsschutzinteresses). Die (ständige) Verweigerung der Einlassungs- und Erörterungspflicht kann eine grobe Pflichtverletzung iSd § 23 sein (ErfK/*Kania* Rn. 8; GK-BetrVG/*Kreutz/Jacobs* Rn. 27; Richardi BetrVG/*Richardi/Maschmann* Rn. 13). Bei einer derartigen Weigerung seitens des ArbGeb. kann auch eine strafbare Behinderung der BRArbeit iSv § 119 Abs. Nr. 2 vorliegen.

Nach einer neuesten – überraschenden und wohl einem bes. gelagerten Fall im Gesundheitswesen geschuldeten – Entscheidung des BAG (12.3.2019 – 1 ABR 42/17, NZA 2019, 843) soll es auch unvereinbar mit der Einlassungs- und Erörterungspflicht sein, wenn sich der BR bei der MB nach § 87 Abs. 1 Nr. 2 über Dienstpläne dem Versuch, in einer E-Stelle eine einvernehmliche Lösung des Konflikts zu erreichen, von vornherein mit dem pauschalen Hinweis entzieht, diese sei wegen der Komplexität des Problems nicht in der Lage, eine sachgerechte Entscheidung zu treffen. Wegen dieses groben Verstoßes gegen Abs. 1 S. 2 iVm § 2 Abs. 1 sei ein Unterlassungsbegehren des BR aus § 87 Abs. 1 und § 23 Abs. 3 (ausnahmsweise) **rechtsmissbräuchlich** (**aA** *Heuschmid/Kummert* NZA 2019, 1258; *Seebacher/Helm* AiB 2019 H. 9 S. 47 ff.). 9c

Es besteht allerdings nur eine Einlassungs- und Erörterungspflicht, **keine Rechtspflicht zum Kompromiss,** dh keine Pflicht zum gegenseitigen Nachgeben. Vielfach wird zwar eine Einigung nur im Wege des gegenseitigen Nachgebens erreichbar sein. Wenn jedoch ein Betriebspartner an seiner Vorstellung festhält, weil er sie auch nach Erörterung der Argumente der Gegenseite für die allein sachgerecht hält, ist ihm dies nicht verwehrt (BAG 27.11.1973 – 1 ABR 11/73, AP BetrVG 1972 § 40 Nr. 4; 1.3.1966 – 1 ABR 14/65, AP BetrVG § 69 Nr. 1; DKKW/*Berg* Rn. 13 mwN). Insbes. stellt ein derartiges Verhalten keine grobe Pflichtverletzung iSd § 23 Abs. 1 oder 3 dar. 10

IV. Friedenspflicht

Das Gebot des § 2 Abs. 2 zur vertrauensvollen Zusammenarbeit von ArbGeb. und BR (→ § 2 Rn. 16 ff.) ergänzt 74 Abs. 2 durch den Grundsatz der betrieblichen Friedenspflicht. Diese sichert das G. durch **drei Verbote:** Zum einen sind Arbeitskämpfe zwischen ArbGeb. und BR untersagt (Abs. 2 S. 1). Zum anderen sind darüber hinaus alle Maßnahmen verboten, durch die der Arbeitsablauf oder der Betriebsfrieden beeinträchtigt werden kann (Abs. 2 S. 2). Die Gefahr einer Beeinträchtigung des Betriebsfriedens kann insbes. durch eine parteipolitische Betätigung von ArbGeb. u. BR gefährdet werden. Deshalb ist ihnen diese generell untersagt (Abs. 2 S. 3); hiervon bleibt allerdings die Behandlung von bestimmten den Betrieb oder seine ArbN unmittelbar betreffenden Angelegenheiten unberührt (→ Rn. 54 ff.). 11

1. Verbot des Arbeitskampfes

Der wichtigste Fall der Gefährdung des Betriebsfriedens ist die Durchführung **wirtschaftlicher Kampfmaßnahmen** wie Streik, Sitzstreik, Arbeitsverlangsamung, Betriebsbesetzung, Aussperrung, Boykott. Derartige Maßnahmen sind ArbGeb. und BR als Betriebsverfassungsorgane – Abs. 2 ist eine betriebsverfassungsrechtliche, keine arbeitskampfrechtliche Vorschrift – generell untersagt. Es besteht zwischen beiden Teilen **völlige Friedenspflicht.** Weder darf der ArbGeb. wegen Meinungsverschiedenheiten über das MBR aussperren, noch darf der BR als Institution die Belegschaft zum Streik oder einer Betriebsbesetzung aufrufen. Weder der BR noch der ArbGeb. dürfen also Kampfmaßnahmen durchführen, um den anderen Teil zu irgendeinem betriebsverfassungsrechtlichen Verhalten oder zum Abschluss einer BV zu zwingen. 12

Alle Meinungsverschiedenheiten auf der Ebene des Betriebes müssen vielmehr auf friedlichem Wege, notfalls unter Inanspruchnahme der im BetrVG vorgesehenen E-Stelle oder des ArbG ausgetragen werden (BAG 17.12.1976 – 1 AZR 772/75, AP GG Art. 9 Arbeitskampf Nr. 52; DKKW/*Berg* Rn. 16; ErfK/*Kania* Rn. 9; GK-BetrVG/*Kreutz/Jacobs* Rn. 36 ff.; Richardi BetrVG/*Richardi/Maschmann* Rn. 17; *Krummel* BB 2002, 1418; *Rieble* RdA 2005, 200 [211]). Arbeitskämpfe zur Regelung betriebsverfassungsrechtlicher Streitigkeiten sind rechtswidrig, gleichgültig wer sie organisiert, und verpflichten zum Schadensersatz (BAG 7.6.1988 – 1 AZR 372/86, AP GG Art. 9 Arbeitskampf Nr. 106).

13 **Arbeitskämpfe tariffähiger Parteien** (Gewerkschaften einerseits, ArbGebVereinigungen oder einzelne ArbGeb. andererseits) werden – wie Abs. 2 S. 1 zweiter Halbsatz ausdrücklich klarstellt – durch das betriebsverfassungsrechtliche Arbeitskampfverbot **nicht berührt.** Ihre Zulässigkeit bestimmt sich ausschließlich nach den von der Rspr. entwickelten allgemeinen arbeitskampfrechtlichen Grundsätzen (GK-BetrVG/*Kreutz/Jacobs* Rn. 41 ff. mit ausführlichen Hinweisen zur BAG-Rspr.). Das gilt auch, wenn der Abschluss eines FirmenTV oder eines firmenbezogenen VerbandsTV umkämpft ist (so zum TV-Sozialplan BAG 24.4.2007 – 1 AZR 252/06, NZA 2007, 987 ff.; Näheres → §§ 112, 112a Rn. 182 ff.) oder wenn der Arbeitskampf um eine betriebsverfassungsrechtliche Regelung geführt wird (DKKW/*Berg* Rn. 19 f.; ErfK/*Kania* Rn. 10; GK-BetrVG/*Kreutz/Jacobs* Rn. 43; zur Erweiterung der Beteiligungsrechte des BR durch TV → § 1 Rn. 344 ff.).

14 Führen tariffähige Parteien wirtschaftliche Kampfmaßnahmen (Streik, Aussperrung) gegeneinander durch, so hat sich der **BR als Organ** jeder Tätigkeit im Arbeitskampf zu enthalten; er bleibt **neutral** (BAG 22.12.1980 – 1 ABR 76/79, AP GG Art. 9 Arbeitskampf Nr. 71; 10.12.2002 – 1 ABR 7/02, AP BetrVG 1972 § 80 Nr. 59; Richardi BetrVG/*Richardi/Maschmann* Rn. 24; MHdB ArbR/*Boemke* § 288 Rn. 17; *Rieble/Wiebauer* ZfA 2010, 63 [108]; *Steinau-Steinrück/Burmann* NZA 2019, 209, 211; einschr. DKKW/*Berg* Rn. 21 ff.; GK-BetrVG/*Kreutz/Jacobs* Rn. 67). Insbes. darf er einen Streik nicht unterstützen, andererseits darf er nicht die Belegschaft auffordern, sich an einem von den Gewerkschaften ausgerufenen Streik nicht zu beteiligen (DKKW/*Berg* Rn. 26; ErfK/*Kania* Rn. 11; Richardi BetrVG/*Richard/Maschmann* Rn. 24; *Kempen* NZA 2005, 185 [189]; *Rieble/Wiebauer* ZfA 2010, 63 [109]; **aA** GK-BetrVG/*Kreutz/Jacobs* Rn. 84) oder auf arbeitswillige ArbN Einfluss zu nehmen (BAG 10.12.2002 – 1 ABR 7/02, AP BetrVG 1972 § 80 Nr. 59). Auch die Sammlung von Geld zugunsten der streikenden ArbN durch den BR ist unzulässig (hM).

14a Bei einem **wilden Streik** besteht keine Rechtspflicht des BR, auf die ArbN einzuwirken, um sie zum Abbruch des Streiks zu veranlassen (BAG 5.12.1978 – 6 AZR 485/76, nv, mAnm *Däubler* AiB 2011, 473; DKKW/*Berg* Rn. 27; GK-BetrVG/*Kreutz/Jacobs* Rn. 85; Richardi BetrVG/*Richardi/Maschmann* Rn. 25; MHdB ArbR/*Boemke* § 288 Rn. 13; *Kempen* NZA 2005, 185 [189]). Denn Abs. 2 S. 1 enthält lediglich eine Unterlassungspflicht und kein Gebot zu aktivem Handeln. Der BR hat auch keine Garantenstellung für ein rechtmäßiges Verhalten der ArbN. Andererseits ist es ihm nicht verwehrt, bei einem wilden Streik der ArbN mit dem ArbGeb. zu verhandeln, um den Streik zu beenden (BAG 5.12.1978 – 6 AZR 485/76, nv, mAnm *Däubler* AiB 2011, 473; DKKW/*Berg* Rn. 27; ErfK/*Kania* Rn. 11; GK-BetrVG/*Kreutz/Jacobs* Rn. 86; Richardi BetrVG/*Richardi/Maschmann* Rn. 25). Hierbei darf der BR durchaus auch die Interessen der streikenden ArbN vertreten (GK-BetrVG/*Kreutz/Jacobs* Rn. 86).

15 Das Arbeitskampfverbot untersagt es auch dem **einzelnen BRMitgl.,** sich in seiner **Eigenschaft als BRMitgl.** an Arbeitskämpfen zu beteiligen (BAG 5.12.1975 – 1 AZR 94/74, AP BetrVG 1972 § 87 Betriebsbuße Nr. 1; 21.2.1978 – 1 ABR 54/76, AP BetrVG 1972 § 74 Nr. 1; DKKW/*Berg* Rn. 17; ErfK/*Kania* Rn. 12; GK-BetrVG/*Kreutz/Jacobs* Rn. 65 f.; Richardi BetrVG/*Richardi/Maschmann* Rn. 26; *Wiese* NZA 2012, 1 [6]). Sie dürfen sich deshalb nicht der Mittel, die dem BR gem. § 40

Abs. 2 zur Verfügung gestellt sind (Räume oder sachliche Mittel) zu Streikzwecken bedienen (BAG 15.10.2013 – 1 ABR 31/12, NZA 2014, 319) oder Streikaufrufe und Verlautbarungen unter ausdrücklicher Erwähnung der BRMitglschaft unterzeichnen; dies ist auch bei der Öffentlichkeitsarbeit des BR zu beachten (GK-BetrVG/*Kreutz/Jacobs* Rn. 66; HWGNRH/*Worzalla* Rn. 26; Richardi BetrVG/*Richardi/Maschmann* Rn. 24; *Kempen* NZA 2005, 185 [190]; *Krummel* BB 2002, 1421; *Steinau-Steinrück/Burmann* NZA 2019, 209, 212; **aA** in Bezug auf Unterzeichnung von Aufrufen DKKW/*Berg* Rn. 29, anders nur bei missbräuchlicher Ausnutzung des BRAmtes).

Als ArbN und **als Gewerkschaftsmitgl.** können die einzelnen BRMitgl. – auch die freigestellten (LAG Düsseldorf, ArbuR 1995, 107) – wie jeder andere ArbN des Betriebs zu gewerkschaftlichen Kampfmaßnahmen Stellung nehmen und sich an ihrer Durchführung **beteiligen** (hM; vgl. Abs. 3). Dies gilt auch, wenn der Arbeitskampf den Abschluss eines FirmenTV bezweckt oder er zur Regelung einer betrieblichen oder betriebsverfassungsrechtlichen Frage geführt wird (DKKW/*Berg* Rn. 28; GK-BetrVG/*Kreutz/Jacobs* Rn. 43, 64 f.; Richardi BetrVG/*Richardi/Maschmann* Rn. 26; *Kempen* NZA 2005, 185 [190]). Insofern unterliegen sie keinen weitergehenden Schranken als die übrigen ArbN des Betriebes, gegen die sich das Arbeitskampfverbot des Abs. 2 S. 1 nicht richtet (ErfK/*Kania* Rn. 12). Auch BRMitgl. können deshalb innerhalb des Betriebes für die **Durchführung einer Kampfmaßnahme** tätig werden, zB bei Urabstimmungen oder bei der Organisation oder der Leitung des Streiks oder als Mitgl. der Tarifkommission (DKKW/*Berg* Rn. 28 f.; HaKo-BetrVG/*Lorenz* Rn. 10; GK-BetrVG/*Kreutz/Jacobs* Rn. 65; Richardi BetrVG/*Richardi/Maschmann* Rn. 26; *Steinau-Steinrück/Burmann* NZA 2019, 209, 212; **aA** *Rolfs/Bütefisch* NZA 1996, 20). Eines bes. Hinweises darauf, dass Handlungen in der Eigenschaft als ArbN oder als BRMitgl. erfolgen, bedarf es nicht (DKKW/*Berg* Rn. 29; GK-BetrVG/*Kreutz/Jacobs* Rn. 66; *Rieble/Wiebauer* ZfA 2010, 63 [108]). 16

Als ArbN ist ein einzelnes BRMitgl. dagegen **nicht berechtigt,** einen vom ArbGeb. für dienstliche Zwecke zur Verfügung gestellten personenbezogenen **E-Mail-Account** (Vorname.Name@Arbeitgeber.de) für die betriebsinterne Verbreitung eines Streikaufrufs seiner Gewerkschaft an die Belegschaft zu nutzen. Hiergegen kann sich der ArbGeb. mittels des Unterlassungsanspruchs gem. § 1004 Abs. 1 S. 2 BGB wehren. Dabei ist unerheblich, ob dem ArbN der dienstlichen Zwecken vorbehaltene Intranetzugang in seiner Funktion als BRMitgl. oder unabhängig davon zur Verfügung gestellt wurde (BAG 15.10.2013 – 1 ABR 31/12, NZA 2014, 319). 16a

Das **Amt des BR** und seiner Mitgl. wird durch einen Arbeitskampf **nicht berührt.** Es besteht vielmehr grds. mit allen Rechten und Pflichten fort. Dies gilt unabhängig davon, ob sich die Mitgl. des BR am Arbeitskampf beteiligen oder nicht (BAG 13.12.2011 – 1 ABR 2/10, NZA 2012, 571; 25.10.1988 – 1 AZR 368/87, AP GG Art. 9 Arbeitskampf Nr. 110; DKKW/*Berg* Rn. 30; ErfK/*Kania* Rn. 13; GK-BetrVG/*Kreutz/Jacobs* Rn. 57 ff.; Richardi BetrVG/*Richardi/Maschmann* Rn. 23 ff.). Auch die aktive Teilnahme eines BRMitgl. am Arbeitskampf hat auf seine Mitglschaft im BR keine Auswirkungen, da die ArbVerh. von BRMitgl. auch durch eine Aussperrung seitens des ArbGeb. nur suspendiert, aber nicht gelöst werden können (BAG GS 21.4.1971 – GS 1/68, AP GG Art. 9 Arbeitskampf Nr. 43, Teil III C 5 der Gründe; bestätigt durch BVerfG 19.2.1975 – 1 BvR 418/71, AP GG Art. 9 Arbeitskampf Nr. 50; Richardi BetrVG/*Richardi/Maschmann* Rn. 28). 17

Der BR ist infolge des Arbeitskampfes auch **keineswegs funktionsunfähig.** Jedenfalls soweit Maßnahmen des ArbGeb. oder Initiativen des BR keinen Arbeitskampfbezug haben, bleiben die Beteiligungsrechte des BR ungeschmälert bestehen (hM; BVerfG 19.5.1975 – 1 BvR 418/71, AP GG Art. 9 Arbeitskampf Nr. 50; BAG 14.2.1978 – 1 AZR 54/76, AP GG Art. 9 Arbeitskampf Nr. 57; 10.12.2002 – 1 ABR 7/02, AP BetrVG 1972 § 80 Nr. 59; ErfK/*Kania* Rn. 14; GK-BetrVG/*Kreutz/Jacobs* Rn. 59; MHdB ArbR/*Boemke* § 288 Rn. 15). Das gilt zB grds. für die Beteiligungsrechte des BR bei betrieblichen Sozialeinrichtungen, bei Werkswohnun- 18 gen, beim betrieblichen Vorschlagswesen, bei der Aufstellung von Personalfragebogen, Beurteilungsgrundsätzen oder Auswahlrichtlinien. Auch personelle Einzelmaßnahmen, die nicht durch den Arbeitskampf bedingt sind, unterliegen weiterhin den Beteiligungsrechten des BR (zB die Einstellung einer seit langem gesuchten Fachkraft oder die Kündigung eines ArbN aus anderen als arbeitskampfbedingten Gründen; vgl. zum Letzteren BAG 14.2.1978 – 1 AZR 154/76, AP GG Art. 9 Arbeitskampf Nr. 60; 6.3.1979 – 1 AZR 866/77, AP BetrVG 1972 § 102 Nr. 20; 13.12.2011 – 1 ABR 2/10, NZA 2012, 571). Auch werden die Beteiligungsrechte des BR bei einer beabsichtigten Betriebsänderung nicht deshalb geschmälert, weil zwischenzeitlich ein Arbeitskampf wegen Lohnerhöhungen ausgebrochen ist. Wird ein Betrieb nur teilweise bestreikt, bleiben die Rechte und Befugnisse des BR in Bezug auf die weiterarbeitenden Beschäftigten bestehen, es sei denn, es handelt sich um mittelbar auf das Kampfgeschehen bezogene Maßnahmen des ArbGeb.

19 **Umstritten** sind, ob und ggf. unter welchen Voraussetzungen und in welchem Umfang infolge eines Arbeitskampfes die Beteiligungsrechte des BR hinsichtlich solcher Maßnahmen des ArbGeb. **eingeschränkt** sind, die **arbeitskampfbedingt** bzw. mittelbar auf das Kampfgeschehen bezogen sind. ZT wird eine solche Einschränkung generell abgelehnt (LAG Hamm 3.11.1978 – 3 TaBV 96/78, DB 1979, 216; LAG Brem 9.2.1989 – Sa 238–239/86, AiB 1989, 316; DKKW/*Berg* Rn. 31 ff.; HaKo-BetrVG/*Lorenz* Rn. 11). Überwiegend wird eine solche Einschränkung jedoch bejaht, wobei allerdings wiederum sowohl ihre dogmatische Begründung als auch ihr Umfang iE umstritten sind. ZT wird die Einschränkung aus einer arbeitskampfkonformen Auslegung der einzelnen Beteiligungsrechte hergeleitet, um so die für die grundgesetzlich garantierte Tarifautonomie erforderliche **Kampfparität** zu gewährleisten (stRspr, BAG 14.8.2018 – 1 AZR 287/17, NZA 2019, 100; 20.3.2018 – 1 ABR 70/16, NZA 2018, 1081; 13.12.2011 – 1 ABR 2/10, NZA 2012, 571; 10.12.2002 – 1 ABR 7/02, AP BetrVG 1972 § 80 Nr. 59; HWGNRH/*Worzalla* Rn. 29; Richardi BetrVG/*Richardi/Maschmann* Rn. 32 ff.; MHdB ArbR/*Boemke* § 288 Rn. 16 ff.). Andere leiten aus dem sich aus § 74 Abs. 2 S. 1 ergebenden Neutralitätsgebot eine Schranke für die Ausübung solcher Beteiligungsrechte des BR her, wenn und soweit diese Ausübung sich als konkrete Kampfmaßnahme gegenüber dem ArbGeb. darstellt (so insbes. GK-BetrVG/*Kreutz/Jacobs* Rn. 72 ff. mwN).

20 Der **letzteren Ansicht** ist der Vorzug zu geben. Hierfür spricht nicht nur die Entstehungsgeschichte des G sondern auch der Umstand, dass diese Auffassung zu **klareren und eindeutigeren Abgrenzungen** der in Betracht kommenden Fälle führt. Die Problematik von Arbeitskampf und betriebsverfassungsrechtlichen Beteiligungsrechten war bei Erlass des G bekannt. Gleichwohl hat der Gesetzgeber keine Regelung über das generelle Zurücktreten betriebsverfassungsrechtlicher Beteiligungsrechte bei arbeitskampfrelevanten Maßnahmen des ArbGeb. statuiert. Es erscheint deshalb nicht angängig, trotz des Schweigens des Gesetzgebers im Wege einer arbeitskampfkonformen Auslegung die Beteiligungsrechte des BR bei arbeitskampfrelevanten Maßnahmen generell einzuschränken. Der Gesetzgeber hat sich in Bezug auf Arbeitskampfmaßnahmen mit der Regelung des § 74 Abs. 2 S. 1 begnügt. Deshalb ist allein aus dieser Bestimmung die Frage zu beantworten, ob und inwieweit sie der Ausübung von Beteiligungsrechten des BR Schranken setzt (so zu Recht GK-BetrVG/*Kreutz/Jacobs* Rn. 72 ff.).

21 Das generelle Arbeitskampfverbot des Abs. 2 S. 1 zwischen ArbGeb. und BR beinhaltet auch die Pflicht, dass der **BR als Organ** sich in Arbeitskämpfen der TVParteien **neutral** verhält (→ Rn. 14 f.). Dem BR ist es deshalb nicht gestattet, in Arbeitskämpfe der TVParteien durch die Ausübung von Beteiligungsrechten in einer Weise einzugreifen, die sich gegenüber dem ArbGeb. als eine zusätzliche Kampfmaßnahme darstellt, die das Kampfziel der streikenden Gewerkschaft unterstützt. Von einer „Kampfmaßnahme" in diesem Sinne kann man allerdings nur sprechen, wenn durch die Maßnahme ein **zusätzlicher Druck** auf den ArbGeb. ausgeübt wird (BAG 20.3.2018 – 1 ABR 70/16, NZA 2018, 1081; 10.12.2002 – 1 ABR 7/02, AP

BetrVG 1972 § 80 Nr. 59). Dies wiederum kommt nur in Fällen in Betracht, in denen der ArbGeb. an der Durchführung einer beabsichtigten kampfbedingten Maßnahme zumindest vorübergehend gehindert ist und so zusätzlich Druck auf ihn ausgeübt wird. Diese Anforderungen sind nach BAG erfüllt, wenn die MBR die Rechtmäßigkeit des vom ArbGeb. beabsichtigten Handelns an die Einhaltung einer Frist oder an ein positives Votum des BR und ggf. dessen Ersetzung durch die E-Stelle knüpfen (BAG 20.3.2018 – 1 ABR 70/16, NZA 2018, 1081; 10.12.2002 – 1 ABR 7/02, NZA 2004, 223; 13.12.2011 – 1 ABR 2/10, NZA 2012, 571). Ist dies nicht der Fall, ist der ArbGeb. in seiner Entscheidung ohnehin frei.

Hieraus ergibt sich zum einen, dass im Allgemeinen Beteiligungsrechte des BR, die sich in einer **Unterrichtung, Anhörung** oder **Beratung** erschöpfen, auch **während** des **Arbeitskampfes** zu beachten sind, selbst wenn sie angesichts der Kurzzeitigkeit arbeitskampfrechtl. Vorgänge und der jeweiligen Reaktionen Auswirkungen auf die Arbeitskampftaktik haben können (so ausdrückl. zum Unterrichtungsanspruch gem. § 80 Abs. 2 S. 1 BAG 10.12.2002 – 1 ABR 7/02, AP BetrVG 1972 § 80 Nr. 59; 13.12.2011 – 1 ABR 2/10, NZA 2012, 571; GK-BetrVG/*Kreutz/Jacobs* Rn. 76; *Klocke* HSI Bd. 29 S. 76ff.; *Berg* AiB 2019 H. 2, S. 41; diff. *Krummel* BB 2002; 1421; **aA** *Reichold* NZA 2004, 247 [250]). Etwas **Anderes** kann allerdings in Fällen gelten, in denen eine schnelle Entscheidung des ArbGeb. erforderlich ist und der durch eine (verzögernde) Beratung oder Anhörung auf den ArbGeb. ausgeübte Druck sich als eine unzulässige Kampfmaßnahme darstellt. Zum anderen folgt in Bezug auf **Zustimmungs-** und **MBTatbestände** hieraus, dass nur der in dem an sich notwendigen Zustimmungserfordernis liegende Druck als unzulässige zusätzliche Kampfmaßnahme angesehen werden kann. Nur das Zustimmungserfordernis ist deshalb ggf. unzulässig, nicht jedoch die bloße Unterrichtung des BR über die beabsichtigte Maßnahme (LAG Köln 22.6.1992 – 14 Ta BV 17/92, DB 1993, 838). **21a**

Ob und inwieweit die Ausübung eines MBR des BR als eine **zusätzliche,** den Druck der streikenden ArbN verstärkende eigene **Kampfmaßnahme** des BR anzusehen ist, hängt von den konkreten Umständen des Einzelfalles ab. In Betracht kommen kann dies zB bei der Einstellung von sog Streikbrechern. So unterfällt zB die arbeitskampfbedingte Versetzung arbeitswilliger ArbN in einen bestreikten Betrieb des ArbGeb. nicht der MB des BR des abgebenden Betriebs nach § 99 (vgl. BAG 13.12.2011 – ABR 2/10, NZA 1012, 571; *Berg* AiB 2019 H. 2 S. 41, 42; → § 99 Rn. 23ff.) oder bei sog arbeitskampfbedingten Kündigungen von ArbN in Bezug auf die Weiterbeschäftigungspflicht iSv § 102 Abs. 3. **22**

Ebenso bedarf der ArbGeb. während Arbeitsniederlegungen in seinem Betrieb keiner Zustimmung des BR nach § 87 Abs. Nr. 3, wenn er für arbeitswillige, einen gewerkschaftlichen Kampfaufruf nicht befolgende ArbN aus streikbedingten Gründen vorübergehend die betriebsübliche **Arbeitszeit verlängern** will. Gleiches gilt, wenn der ArbGeb. beabsichtigt, zum Streik aufgerufene ArbN mit dem Versprechen einer finanziellen Leistung in Form einer **„Streikbruchprämie"** von der Teilnahme am Streik abzuhalten und seinen Betrieb fortzuführen (vgl. BAG 14.8.2018 – 1 AZR 287/17, NZA 2019, 100 m. Anm. *Spielberger* NZA-RR 2019, 126; → § 75 Rn. 34a, 46); hierzu benötigt er keine Zustimmung des BR etwa nach § 87 Abs. 1 Nr. 10 BetrVG. **22a**

Von **Streikabwehrmaßnahmen** sind jedoch Maßnahmen abzugrenzen, die der ArbGeb. zwar während des Kampfgeschehens trifft, die aber mit der Kampfabwehr nicht zusammenhängen und sich nicht auf das Kampfgeschehen auswirken (sog. **Streikfolgenbeseitigung**) und folglich der MB unterliegen. Im Einzelnen gilt: Will der ArbGeb. mit einer an sich mitbestimmungspflichtigen Maßnahme den Auswirkungen eines Streiks begegnen oder ihnen vorbeugen, bedarf es zur Suspendierung der MB des BR eines konkreten Bezugs zu einer laufenden oder unmittelbar bevorstehenden Arbeitsniederlegung. Die Maßnahme muss als von Art. 9 Abs. 3 GG geschützte Maßnahme des ArbGeb. qualifiziert werden können. Erst dann ist sie geeignet, eine Einschränkung von MBR des BR zu rechtfertige. Gleiches gilt bei **22b**

Warnstreikmaßnahmen (BAG 20.3.2018 – 1 ABR 70/16, NZA 2018, 1081; *Kleinmann/Fündling* NZA 2018, 1386, 1388 f.).

22c Ordnet der ArbGeb. gegenüber allen dienstplanmäßig eingesetzten ArbN Mehrarbeit zur **Aufarbeitung** von **Arbeitsrückständen** nach Beendigung einer streikbedingten Arbeitsniederlegung **(Streikfolgenbeseitigung)** an, ist die MB des BR nach § 87 Abs. 1 Nr. 3 nicht suspendiert. Gleiches gilt, wenn mit der Mehrarbeitsanordnung in einer von Warnstreiks begleiteten Verhandlungsphase der TVParteien dem Streikdruck vorbeugend begegnet werden soll und der ArbGeb. nicht deutlich macht, dass er die Maßnahme nur gegenüber arbeitswilligen, einem gewerkschaftlichen Kampfaufruf nicht Folge leistenden ArbN trifft (BAG 20.3.2018 – 1 ABR 70/16, NZA 2018, 1081; *Kleinmann/Fündling* NZA 2018, 1386, 1388 f.).

22d Ohne diese Beschränkung handelt es sich um eine Arbeitskampfmaßnahme des ArbGeb. Er würde mitbestimmen wollen über den Einsatz der vom **Kampfaufruf erfassten** und ihn befolgenden **ArbN** und würde damit den von der Gewerkschaft getragenen Arbeitskampf schwächen. Eine solche Maßnahme des ArbGeb. unterfiele nicht dem Schutz des Art. 9 Abs. 3 GG. Sie wäre **nicht** tauglich, **MBR** des BR **einzuschränken** (BAG 20.3.2018 – 1 ABR 70/16, NZA 2018, 1081; *Kleinmann/Fündling* NZA 2018, 1386, 1388 f.).

22e Auch die Inanspruchnahme des MBR nach § 87 Abs. 1 Nr. 1 bei der Kennzeichnung von **Werksausweisen** nicht ausgesperrter ArbN kann uU eine zusätzliche Kampfmaßnahme darstellen (BAG 16.12.1986 – 1 ABR 35/85, AP BetrVG 1972 § 87 Ordnung des Betriebs Nr. 13; Richardi BetrVG/*Richardi/Maschmann* Rn. 38). Das Gleiche gilt für die Ausgabe besonderer bzw. besonders gekennzeichneter Werksausweise an ArbN, die während eines Arbeitskampfes zur Leistung von Erhaltungsarbeiten verpflichtet sind (*Gaumann* NZA 2001, 245).

22f Keine zusätzliche Kampfmaßnahme liegt vor, wenn eine BV vorsieht, dass Zeiten der Teilnahme an einem Arbeitskampf nicht zu einer Kürzung des Arbeitsentgelts, sondern zur Belastung des Gleitzeitkontos führen (BAG 30.8.1994 – 1 ABR 10/94, AP GG Art. 9 Arbeitskampf Nr. 132). Allerdings ist hierfür eine ausdrückliche Regelung erforderlich, da die Teilnahme an einem rechtmäßigen Arbeitskampf die Hauptpflichten aus dem ArbVerh. suspendiert und wegen der fehlenden Arbeitspflicht auch kein Anspruch auf Arbeitsentgelt besteht (BAG 30.8.1994 – 1 ABR 10/94, AP GG Art. 9 Arbeitskampf Nr. 132; 30.8.1994 – 1 AZR 765/93, AP GG Art. 9 Arbeitskampf Nr. 131).

23 Eine derartige Einschränkung der Beteiligungsrechte des BR besteht **nur für die Dauer des Arbeitskampfes.** Will der ArbGeb. nach dessen Beendigung eine mitbestimmungspflichtige Maßnahme weiterführen (zB Aufrechterhaltung angeordneter Mehrarbeit), hat er nunmehr das MBR des BR voll zu beachten (MHdB ArbR/*Boemke* § 288 Rn. 19; *Berg* FS Klebe S. 46, 49). Bei einer nicht auf die Zeit des Arbeitskampfes befristeten Einstellung, sog Streikbrecher, hat der ArbGeb. nach Kampfende die Zustimmung des BR nach §§ 99, 100 einzuholen (→ § 99 Rn. 28).

24 **Umstritten** ist, ob der BR mit dem ArbGeb. während des Arbeitskampfes im Rahmen von freiwilligen BV Regelungen über Art und Umfang eines **Notdienstes** vereinbaren kann (bejahend GK-BetrVG/*Kreutz/Jacobs* Rn. 81 ff.; *Schmidt* DB 1978, 1278, der aus § 2 Abs. 1 insoweit sogar eine Verpflichtung des BR annimmt; *Brox/Rüthers* ArbeitskampfR Rn. 467, 293; *Wiese* NZA 1984, 382; offen gelassen von BAG 30.3.1982 – 1 AZR 265/80, AP GG Art. 9 Arbeitskampf Nr. 74; **aA** HessLAG 22.4.1969 – 5 Sa 627/68, AP GG Art. 9 Arbeitskampf Nr. 40; LAG Nds 1.2.1980 – 10 Sa 110/79, AP GG Art. 9 Arbeitskampf Nr. 69; DKKW/*Berg* Rn. 43; *Bauer/Haußmann* DB 1996, 881; *Kempen* NZA 2005, 185 [189]).

24a Die Regelung eines Notdienstes obliegt als **Teilkomplex des Arbeitskampfes** den kampfführenden Parteien selbst (BAG 21.4.1971 – GS 1/68, AP GG Art. 9 Arbeitskampf Nr. 43; 31.1.1995 – 1 AZR 142/94, AP GG Art. 9 Arbeitskampf Nr. 135; *Löwisch/Kaiser* Rn. 16). Dies ergibt sich schon daraus, dass das Fehlen eines Notdienstes den Arbeitskampf uU rechtswidrig sein lässt. Soweit die Arbeitskampfparteien Notdienstregelungen treffen, können ArbGeb. und BR keine anderweitigen Regelungen vereinbaren, da dies eine Verletzung ihrer Neutralitätspflicht in Bezug auf die Entscheidung der kampfführenden Parteien darstellen würde. Die Kampfparteien können allerdings – uU auch durch konkludentes Handeln – die Regelung des Notdienstes den Betriebspartnern überlassen (s. *Kempen* NZA 2005, 185 [189]). Hierbei können sie diesen auch einzuhaltende Vorgaben machen.

Soweit die von den Arbeitskampfparteien vorgesehenen Notdienstregelungen dem ArbGeb. bei der konkreten Ausgestaltung Entscheidungen überlassen, die ihrerseits der **Beteiligung des BR** unterliegen, sind insoweit die diesbezüglichen Beteiligungsrechte des BR zu beachten (vgl. GK-BetrVG/*Kreutz/Jacobs* Rn. 83; *Wiese* NZA 1984, 383). Das kann zB bei der konkreten personellen oder zeitlichen Ausgestaltung von Schichtplänen für den Notdienst der Fall sein. Bei der konkreten Ausübung dieser Beteiligungsrechte hat der BR das Neutralitätsgebot des Abs. 2 S. 1 zu beachten (→ Rn. 14f.). 25

Da das Amt des BR und grds. auch seine Aufgaben und Befugnisse während des Arbeitskampfes weiterbestehen (→ Rn. 17ff.), haben streikende oder ausgesperrte BRMitgl. **Zutrittsrecht zum Betrieb,** soweit dies zur Ausübung ihrer betriebsverfassungsrechtlichen Tätigkeit erforderlich ist (HessLAG, LAGE Art. 9 GG Arbeitskampf; DKKW/*Berg* Rn. 39; GK-BetrVG/*Kreutz/Jacobs* Rn. 60; HWGNRH/*Worzalla* Rn. 28). Zur Frage eines Vergütungsanspruchs der BRMitgl., die während einer Abwehraussperrung notwendige BRAufgaben wahrnehmen → § 37 Rn. 61f. 26

2. Verbot der Beeinträchtigung von Arbeitsablauf oder des Betriebsfriedens

Über das Verbot des Arbeitskampfes nach Abs. 2 S. 1 hinaus untersagt Abs. 2 S. 2 alle Betätigungen von ArbGeb. und BR, durch die der geordnete Arbeitsablauf oder der Friede des Betriebs beeinträchtigt werden. **Verbotszweck** ist der Schutz des **ungestörten Arbeitsablaufs** und des **Betriebsfriedens.** Das Verbot richtet sich sowohl gegen ArbGeb. und BR als auch gegen die einzelnen Mitgl. des BR in dieser Eigenschaft (GK-BetrVG/*Kreutz/Jacobs* Rn. 134f.; DKKW/*Berg* Rn. 45; ErfK/*Kania* Rn. 16). Abs. 2 S. 2 begründet keine Verpflichtung für den einzelnen ArbN (DKKW/*Berg* Rn. 45; GK-BetrVG/*Kreutz/Jacobs* Rn. 135; Richardi BetrVG/*Richardi/Maschmann* Rn. 51; *Rieble/Wiebauer* ZfA 2010, 63 [117]). Seine Pflicht zur Beachtung des ungestörten Ablaufs und des Betriebsfriedens ergibt sich ausschließlich aus dem Arbeitsvertrag (BAG 26.5.1977 – 2 AZR 632/76, AP BGB § 611 BeschäftigungspflichtNr. 5). Zum Recht des BR, der Einstellung eines ArbN zu widersprechen oder dessen Entlassung zu verlangen, der den Betriebsfrieden durch gesetzwidriges Verhalten oder durch die Verletzung der Grundsätze des § 75 Abs. 1, insbes. durch rassistische oder fremdenfeindliche Betätigung zu gefährden droht bzw. wiederholt gestört hat, → § 99 Rn. 253ff.; → § 104 Rn. 3ff. 27

Verboten sind Betätigungen, durch die der Arbeitsablauf oder der Betriebsfrieden beeinträchtigt werden. Erforderlich ist ein **aktives störendes Verhalten.** Es besteht keine Verpflichtung auf die Wahrung des Betriebsfriedens zB gegenüber störenden ArbN aktiv hinzuwirken (ErfK/*Kania* Rn. 17; GK-BetrVG/*Kreutz/Jacobs* Rn. 135; Richardi BetrVG/*Richardi/Maschmann* Rn. 49; **aA** HWGNRH/*Worzalla* Rn. 36). Das gilt für den BR auch dann, wenn eines seiner Mitgl. den Arbeitsablauf oder den Betriebsfrieden stört, da ihm keine Garantenstellung für seine Mitgl. zukommt. Andererseits ist dem BR nicht untersagt, bei einem (rechtswidrigen) wilden Streik der Belegschaft mit dem ArbGeb. über dessen Beendigung zu verhandeln (BAG 17.12.1976 – 1 AZR 772/75, AP GG Art. 9 Arbeitskampf Nr. 52; GK-BetrVG/*Kreutz/Jacobs* Rn. 86; Richardi BetrVG/*Richardi/Maschmann* Rn. 25; weitergehend *Wiese* NZA 1984, 382, der eine Rechtspflicht des BR bejaht, auf Wunsch des ArbGeb. Verhandlungen aufzunehmen). 28

29 Verboten sind Betätigungen, die zu einer **Beeinträchtigung des Arbeitsablaufs** oder des **Betriebsfriedens** führen. Nicht erforderlich ist, dass eine Störung des Arbeitsablaufs oder des Betriebsfriedens bereits eingetreten ist (so jedoch DKKW/*Berg* Rn. 44; *Däubler* ArbR I Rn. 784; *Otto* ArbuR 1980, 295). Da das G eine derartige Störung gerade verhindern will, sind auch solche Betätigungen untersagt, die **mit hoher Wahrscheinlichkeit** zu einer Beeinträchtigung führen werden (ErfK/*Kania* Rn. 18; GK-BetrVG/*Kreutz/Jacobs* Rn. 137; MHdB ArbR/*Boemke* § 288 Rn. 21; Richardi BetrVG/*Richardi/Maschmann* Rn. 46; *Schwipper* Öffentliche Meinungsäußerung des BR, S. 154; *Rieble/Wiebauer* ZfA 2010, 63 [114]). Es muss auf Grund **konkreter Anhaltspunkte** eine Störung des Arbeitsablaufs oder des Betriebsfriedens zu erwarten sein. Das kann insbes. der Fall sein, wenn eine vergleichbare Betätigung bereits einmal zu einer solchen Störung geführt hat. Nicht ausreichend ist dagegen die bloß abstrakte Möglichkeit einer Beeinträchtigung.

30 Geschützt wird zum einen der **ungestörte Arbeitsablauf.** Unter Arbeitsablauf ist die organisatorische, räumliche und zeitliche Gestaltung des Arbeitsprozesses im Zusammenwirken von Menschen und Betriebsmitteln zu verstehen (→ § 90 Rn. 23 ff.). Verboten sind deshalb alle Handlungen, die unzulässigerweise in die Gestaltung des Arbeitsprozesses eingreifen, zB durch die Aufforderung des BR, bestimmte Weisungen des ArbGeb. nicht zu befolgen oder bestimmte Arbeiten nicht mehr zu verrichten; denn der BR hat gegenüber den ArbN kein Weisungsrecht (vgl. § 77 Abs. 1).

30a Dem BR ist es allerdings **nicht verwehrt,** auf die Notwendigkeit der Einhaltung bestehender Arbeitsschutzvorschriften hinzuweisen. Auch wenn der ArbGeb. gegenüber den ArbN rechtswidrige Maßnahmen anordnet (zB wegen Nichtbeachtung des MBR), stellt es keinen unzulässigen Eingriff in den Arbeitsablauf dar, wenn der BR auf deren Rechtswidrigkeit aufmerksam macht. Störungen des Arbeitsablaufs, die auf rechtmäßigen Maßnahmen des BR im Rahmen seiner Aufgabenerfüllung beruhen (zB Durchführung der BetrVerslg. nach §§ 42 ff.), sind selbstverständlich stets zulässig (ErfK/*Kania* Rn. 19; GK-BetrVG/*Kreutz/Jacobs* Rn. 138).

31 Unter **Friede des Betriebs** (zum Begriff *Rieble/Wiebauer* ZfA 2010, 63 [115 f.]) ist das störungsfreie Zusammenleben sowohl zwischen ArbGeb. einerseits und BR sowie den ArbN des Betriebs andererseits als auch der ArbN untereinander zu verstehen (ErfK/*Kania* Rn. 20; Schaub ArbR-HdB/*Arendt* § 230 Rn. 13). Im Verhältnis zwischen ArbGeb. und BR kann der Betriebsfriede dadurch beeinträchtigt werden, dass sie nicht ihre gegenseitige Rechte und Befugnisse anerkennen, nicht die zur Lösung bestehender Interessenkonflikte vorgesehenen Verfahren einhalten oder in einer Weise miteinander umgehen, die trotz Anerkennung bestehender Interessengegensätze schlechterdings nicht mit dem Gebot der vertrauensvollen Zusammenarbeit zu vereinbaren ist (DKKW/*Berg* Rn. 47 ff.; GK-BetrVG/*Kreutz/Jacobs* Rn. 140 ff.; Richardi BetrVG/*Richardi/Maschmann* Rn. 48; *Steinau-Steinrück/Burmann* NZA 2019, 209, 212). So kann zB die wiederholte Missachtung der Beteiligungsrechte des BR, insbes. seiner MBR, einen Verstoß gegen den Betriebsfrieden darstellen.

31a Ferner dürfen **weder ArbGeb. noch BR** in die **Kompetenz des anderen eingreifen,** etwa dadurch, dass der BR in die Leitung des Betriebs eingreift oder dass der ArbGeb. ihm nicht genehme Bekanntmachungen des BR am Schwarzen Brett eigenmächtig entfernt (DKKW/*Berg* Rn. 48; ErfK/*Kania* Rn. 20; GK-BetrVG/*Kreutz/Jacobs* Rn. 142). Insbes. kann die Verbreitung **wahrheitswidriger,** insbes. ehrverletzender **Behauptungen** über den anderen Betriebspartner eine Störung des Betriebsfriedens sein, insbes. wenn dies durch öffentliche Bekanntmachungen am Schwarzen Brett oder durch sonstige betriebliche Informationsmittel (Werkszeitung, Flugblätter, Intranet) geschieht (LAG Köln 16.11.1990, DB 1991, 1191). Ob die Veröffentlichung der Korrespondenz zwischen ArbGeb. und BR zu einer bestimmten Frage als eine Störung des Betriebsfriedens anzusehen ist (so LAG Düsseldorf 25.5.1976, BB 1977, 294), dürfte von den Umständen des Einzelfalles abhängen. Unzulässig ist allerdings die Veröffentlichung einer willkürlichen und einseitigen Auswahl des Schriftverkehrs (ArbG Trier 14.6.1989, AiB 1989, 353; DKKW/*Berg*

Rn. 48) und wohl auch die Bekanntmachung der BRKosten (GK-BetrVG/*Kreutz/Jacobs* Rn. 140; → § 78 Rn. 10).

32 Das Verbot der Beeinträchtigung des Betriebsfriedens (und auch das Gebot der vertrauensvollen Zusammenarbeit von ArbGeb. und BR nach § 2 Abs. 1) sind grds. auch für Abhandlungen, Darstellungen und sonstigen Veröffentlichungen in **Werkszeitungen** zu beachten. Allerdings genießen nach der Rspr. des BVerfG auch Werkszeitungen den Schutz der Pressefreiheit nach Art. 5 Abs. 1 S. 2 GG (BVerfG 8.10.1996 – 1 BvR 1183/90, AP GG Art. 5 Abs. 1 Pressefreiheit Nr. 3). Insofern hat eine Einschränkung ihrer Gestaltung oder der in ihr veröffentlichten Beiträge durch gesetzliche Vorschriften oder ihre Anwendung der Bedeutung und der Tragweite dieses Grundrechts Rechnung zu tragen. Die die Pressefreiheit einschränkende Norm ist ihrerseits unter Berücksichtigung der wertsetzenden Bedeutung des Grundrechts der Pressefreiheit auszulegen und so in ihrer das Grundrecht begrenzenden Wirkung wieder einzuschränken. Es gilt insoweit dieselbe Wechselwirkung wie zwischen dem Grundrecht der Meinungsfreiheit und dem Verbot der parteipolitischen Betätigung nach Abs. 2 S. 3 (→ Rn. 38). Das gilt auch für Beiträge des BR in einer Werkszeitung. Eine Zensur dieser Beiträge ist unzulässig.

33 Die vorstehend genannten Grundsätze gelten im Hinblick auf die ebenfalls nach Art. 5 Abs. 1 S. 1 GG verfassungsrechtlich gewährleistete **Meinungsfreiheit** auch bei der Bewertung der Frage, ob durch Meinungsäußerungen der BRMitgl. oder des ArbGeb. der Betriebsfriede gestört wird (zur Meinungsfreiheit im Arbeitsrecht BAG 31.7.2014 – 2 AZR 505/13, NZA 2015, 246; *Buchner* ZfA 1982, 49 ff.; *Kissel* NZA 1988, 145; *Bengelsdorf* Anm. zu BAG 19.7.1995 – 7 ABR 60/94, AP BetrVG 1972 § 23 Nr. 25; *Howald* ArbRAktuell 2013, 344725; *Wiese* NZA 2012, 1 ff.; → Rn. 38).

34 Mit dem Gebot, Konflikte möglichst innerbetrieblich auszutragen, nicht vereinbar und deshalb unzulässig dürfte auch sein, die Auseinandersetzung zwischen ArbGeb. und BR ohne bes. Veranlassung **gezielt in die Medien zu verlagern,** um so auf die andere Seite einen zusätzlichen Druck auszuüben (BAG 22.7.1980 – 6 ABR 5/78, AP BetrVG 1972 § 74 Nr. 3; ErfK/*Kania* Rn. 20; GK-BetrVG/*Kreutz/Jacobs* Rn. 140; *Schwipper,* Öffentliche Meinungsäußerung des BR, S. 156; *Rieble/Wiebauer* ZfA 2010, 63 [116]; *Steinau-Steinrück/Burmann* NZA 2019, 209, 213; *Wiese* NZA 2012, 1 [7]; → § 2 Rn. 27; zu Social Media-Auftritt des BR *Günther/Lenz* NZA 2019, 1241; einschr. DKKW/*Berg* Rn. 49; *Simitis/Kreuder* NZA 1992, 1009; *Plander* ArbuR 1993, 161; *Müller-Borutau* NZA 1996, 1071). Unberührt bleibt selbstverständlich die Möglichkeit, bestehende Meinungsverschiedenheiten in einer sachlichen Weise auch in den Medien, zB in Interviews, darzulegen (*Schwipper,* Öffentliche Meinungsäußerung des BR, S. 157); das gilt jedenfalls dann, wenn die zwischen ArbGeb. und BR umstrittene Angelegenheit bereits Gegenstand der öffentlichen Erörterung ist (**enger** BAG 18.9.1991 – 7 ABR 63/90, AP BetrVG 1972 § 40 Nr. 40, nur wenn der ArbGeb. hierzu Veranlassung gegeben hat, zB durch entspr. Verlautbarungen seinerseits: ebenso *Wiese* NZA 2012, 1 [7 f.]); **aA** *Steinau-Steinrück/Burmann* NZA 2019, 209, 213). Demgegenüber ist eine grundsätzliche Infragestellung des BetrVG und seine Bezeichnung als „Unterdrückungsinstrument" gegen die Arbeiterklasse als eine Störung des Betriebsfriedens anzusehen (BAG 15.12.1977 – 3 AZR 184/76, AP BGB § 626 Nr. 69).

35 Der Betriebsfriede kann auch dadurch gestört werden, dass sich die unterschiedlichen **Gruppen** oder Fraktionen im BR oder auf ihre Veranlassung die jeweilige Wählerschaft in wahrheitswidriger und ehrverletzender Weise **bekämpfen.**

36 **Keine unzulässige Störung** des Betriebsfriedens liegt dagegen vor, wenn der BR – sei es auch in extensiver und pointierter Weise – im Rahmen seiner Aufgaben tätig wird und seine Beteiligungsrechte wahrnimmt (ErfK/*Kania* Rn. 20; *Wiese* NZA 2012, 1 [7]). Deshalb ist es dem BR nicht verwehrt, im Rahmen seiner allgemeinen Aufgaben und Kontrollrechte nach § 80 eine Fragebogenaktion unter den ArbN des Betriebs durchzuführen, wenn sich die Fragen im Rahmen seiner Zuständigkeit halten und die Persönlichkeitssphäre der ArbN nicht verletzen (BAG 8.2.1977 – 1 ABR

82/74, AP BetrVG 1972 § 80 Nr. 10; DKKW/*Berg* Rn. 49). Das Gleiche gilt für eine Fragebogenaktion des ArbGeb. (HessLAG 28.6.1977 – 5 TaBVGa 29/77, DB 1977, 2053). Ferner darf der BR die ArbN auf rechtswidrige Maßnahmen des ArbGeb., zB Anordnung von Überstunden ohne Beachtung des MBR des BR, aufmerksam machen; dies gilt insbes., wenn diesbezügliche Vorhaltungen des BR beim ArbGeb. ohne Erfolg geblieben sind. Zur grundsätzlichen Zulässigkeit der Verteilung eines Flugblatts zu einer konkreten mitbestimmungspflichtigen Angelegenheit durch ein einzelnes, mit der Mehrheitsmeinung des BR nicht übereinstimmendes BRMitgl. HessLAG 17.2.1997 – 11 Sa 1776/96, NZA-RR 1998, 17.

3. Verbot der parteipolitischen Betätigung

37 Da durch eine parteipolitische Betätigung im Betrieb der Betriebsfrieden im bes. Maße gefährdet werden kann, hat der Gesetzgeber ArbGeb. und BR eine parteipolitische Betätigung im Betrieb **generell untersagt.** Das Verbot gilt nicht erst, wenn eine konkrete Gefährdung des Betriebsfriedens zu befürchten ist. Es besteht vielmehr wegen der in einer parteipolitischen Betätigung liegenden **abstrakten Gefährdung des Betriebsfriedens** (BAG 13.9.1977 – 1 ABR 67/75, AP BetrVG 1972 § 42 Nr. 1; 21.2.1978 – 1 ABR 54/76, AP BetrVG 1972 § 74 Nr. 1; 17.3.2010 – 7 ABR 95/08, NZA 2010, 1133; ErfK/*Kania* Rn. 21; GK-BetrVG/*Kreutz/Jacobs* Rn. 96, 98, 107; WPK/*Preis* Rn. 18; **aA** DKKW/*Berg* Rn. 50; HaKo-BetrVG/*Lorenz* Rn. 17; *Däubler* ArbR I Rn. 781 ff.). Verbotszweck ist der Schutz des Betriebsfriedens und des Arbeitsablaufs (DKKW/*Berg* Rn. 54; GK-BetrVG/*Kreutz/Jacobs* Rn. 97 ff.; MHdB ArbR/*Boemke* § 288 Rn. 24; **weitergehend** Richardi BetrVG/*Richardi/Maschmann* Rn. 58).

38 Die Vorschrift beschränkt im Rahmen ihres Geltungsbereichs zwar das Recht auf freie Meinungsäußerung nach Art. 5 GG. **Verfassungsrechtlich** bestehen hiergegen jedoch **keine Bedenken,** da das Verbot sich nicht gegen die Meinungsäußerung als solche richtet, sondern der Wahrung des Betriebsfriedens dient, dh einem Rechtsgut, dem der Gesetzgeber den Vorrang vor einer uneingeschränkten Meinungsäußerung zuerkennen kann (BVerfG 28.4.1976 – 1 BvR 71/73, AP BetrVG 1972 § 74 Nr. 2; BAG 13.9.1977 – 1 ABR 67/75, AP BetrVG 1972 § 42 Nr. 1; 21.2.1978 – 1 ABR 54/76, AP BetrVG 1972 § 74 Nr. 1; 17.3.2010 – 7 ABR 95/08, NZA 2010, 1133; ErfK/*Kania* Rn. 21; GK-BetrVG/*Kreutz/Jacobs* Rn. 97; Richardi BetrVG/*Richardi/Maschmann* Rn. 71). Allerdings muss der **Wertgehalt des Art. 5 GG** grds. im Auge behalten werden. Das die Meinungsfreiheit einschränkende Verbot der parteipolitischen Betätigung des Abs. 2 S. 3 muss seinerseits aus der Erkenntnis der wertsetzenden Bedeutung des Grundrechts der freien Meinungsäußerung ausgelegt und so in seiner das Grundrecht begrenzenden Wirkung selbst wieder eingeschränkt werden (zu dieser Theorie der Wechselwirkung beider Vorschriften BVerfG 28.4.1976 – 1 BvR 71/73, AP BetrVG 1972 § 74 Nr. 2; 19.5.1992 – 1 BvR 126/85, AP GG Art. 5 Abs. 1 Meinungsfreiheit Nr. 12; BAG 2.3.1982 – 1 AZR 694/79, AP GG Art. 5 Abs. 1 Meinungsfreiheit Nr. 8; 17.3.2010 – 7 ABR 95/08, NZA 2010, 1133; GK-BetrVG/*Kreutz/Jacobs* Rn. 97).

38a Die Vorschrift ist deshalb enger auszulegen und anzuwenden (so jetzt auch BAG 17.3.2010 – 7 ABR 95/08, NZA 2010, 1133; DKKW/*Berg* Rn. 51 ff., ErfK/*Kania* Rn. 21; **aA** *Bauer/Willemsen* NZA 2010, 1090 f.). Der an die ArbN des Betriebs gerichtete Aufruf, sich an bevorstehenden politischen Wahlen und Abstimmungen zu beteiligen, ist keine unzulässige parteipolitische Betätigung (BAG 17.3.2010 – 7 ABR 95/08, NZA 2010, 1133). So berücksichtigt auch der Ausschluss eines langjährigen Mitgl. aus dem BR wegen einmaliger Verteilung eines sachlich gehaltenen Wahlaufrufs, der zu keiner Unruhe im Betrieb geführt hat, nicht ausreichend die aus Art. 5 GG gebotene einschränkende Auslegung und Anwendung des Abs. 2 S. 3 und ist deshalb nicht verfassungsgemäß (BVerfG 28.4.1976 – 1 BvR 71/73, AP BetrVG 1972 § 74 Nr. 2).

Das Verbot richtet sich gegen **ArbGeb. und BR.** Von ihm erfasst werden auch die **Mitgl. des BR,** wenn sie in dieser Eigenschaft handeln, da der BR nur durch seine Mitgl. handeln kann und anderenfalls das Verbot leerlaufen würde (BAG 5.12.1975 – 1 AZR 94/74, AP BetrVG 1972 § 87 Betriebsbuße Nr. 1; 21.2.1978 – 1 ABR 54/76, AP BetrVG 1972 § 74 Nr. 1; 12.6.1986 – 6 AZR 559/84, NZA 1987, 153; ErfK/*Kania* Rn. 22; GK-BetrVG/*Kreutz/Jacobs* Rn. 101; Richardi BetrVG/*Richardi/Maschmann* Rn. 68). Sofern sie lediglich als ArbN des Betriebs handeln, gelten für sie nur die allgemeinen arbeitsvertraglichen Grenzen einer politischen Betätigung im Betrieb. 39

Das Verbot gilt auch für **andere betriebsverfassungsrechtliche Funktionsträger** und ihre Mitgl., wie zB Vertr. der ArbN gem. § 3 Abs. 1 Nr. 2–5, den GesBR und KBR. Gleiches gilt auch für die JAV, die GesJugAzuVertr. und KJAV (GK-BetrVG/*Kreutz/Jacobs* Rn. 103; Richardi BetrVG/*Richardi/Maschmann* Rn. 68; *Niklas* DB 2013, 1665 [1667]; **aA** hinsichtlich der JAV DKKW/*Berg* Rn. 64; insoweit offen gelassen von BAG 11.12.1975 – 2 AZR 426/74, AP KSchG 1969 § 15 Nr. 1). 40

Dagegen gilt das generelle Verbot einer parteipolitischen Betätigung **nicht für die ArbN des Betriebs** (hM; BVerfG 28.4.1976 – 1 BvR 71/73, AP BetrVG 1972 § 74 Nr. 2; BAG 12.6.1986 – 6 AZR 559/84, NZA 1987, 153; DKKW/*Berg* Rn. 65; ErfK/*Kania* Rn. 22; GK-BetrVG/*Kreutz* Rn. 105 mwN; HWGNRH/*Worzalla* Rn. 49). Für sie greift lediglich die allgemeine arbeitsvertragliche Verpflichtung ein, den Betriebsfrieden und Arbeitsablauf nicht zu beeinträchtigen. Eine Pflichtverletzung in diesem Sinne setzt jedoch stets eine **konkrete Gefährdung** des Betriebsfriedens oder des ungestörten Arbeitsablaufs voraus; die bloße abstrakte Gefährdung reicht nicht aus. Mangels konkreter Gefährdung des Betriebsfriedens ist es deshalb den ArbN des Betriebs nicht verwehrt, auch im Betrieb Gespräche politischen oder parteipolitischen Inhalts zu führen. Denn der einzelne ArbN soll als mündiger Staatsbürger in der Freiheit seiner Meinungsäußerung nicht weiter eingeschränkt werden, als dies für den ungestörten Arbeitsablauf und die Wahrung des Betriebsfriedens erforderlich ist (BAG 15.7.1971 – 2 AZR 232/70, AP KSchG § 1 Nr. 83). 41

Auch die Frage der Zulässigkeit des **Tragens von Plaketten** (partei-)politischen Inhalts durch ArbN im Betrieb bestimmt sich grds. allein danach, ob hierdurch der ungestörte Arbeitsablauf oder der Betriebsfriede konkret beeinträchtigt werden (wegen bes. konkreter Begleitumstände bejaht von BAG 9.12.1982 – 2 AZR 620/80, AP BGB § 626 Nr. 73; krit. zu dieser Entscheidung *Kothe* ArbuR 1984, 125; *Zachert* AiB 1984, 27; für eine generelle Zulässigkeit DKKW/*Berg* Rn. 67). Etwas Anderes kann für ArbN gelten, die im Rahmen ihrer Tätigkeit in Kontakt zu Betriebsfremden, zB zu Kunden, stehen oder die auf Veranlassung der ArbGeb. aus Werbe- oder sonstigen Gründen eine bes. Arbeitskleidung tragen. Der Erlass einer derartigen Kleiderordnung unterliegt nach § 87 Abs. 1 Nr. 1 dem MBR des BR, in dessen Rahmen auch die Frage des Tragens von Plaketten näher geregelt werden kann. 42

Werden **BRMitgl.** nicht in ihrer Amtseigenschaft, sondern **als ArbN im Betrieb tätig,** gelten die Ausführungen in → Rn. 41, 42 auch für sie (DKKW/*Berg* Rn. 65; ErfK/*Kania* Rn. 22; *Wiebauer* BB 2010, 3091 [3094]). Für die Beantwortung der Frage, ob ein BRMitgl. in dieser Eigenschaft oder als ArbN tätig wird, ist ua darauf abzustellen, ob eine parteipolitische Betätigung in unmittelbarem Zusammenhang mit der Amtstätigkeit des BR steht, zB Leitung der BetrVerslg., Wahrnehmung der Sprechstunde des BR, Arbeitsplatzbesuche zur Wahrnehmung betriebsverfassungsrechtlicher Aufgaben, oder ob dies nicht der Fall ist, zB Verteilung von parteipolitischem Prospektmaterial zusammen mit anderen ArbN vor dem Betriebsgelände (ErfK/*Kania* Rn. 22; GK-BetrVG/*Kreutz/Jacobs* Rn. 102). Wegen einer parteipolitischen Betätigung außerhalb des Betriebs darf kein ArbN unterschiedlich behandelt werden (→ § 75 Rn. 97). In sog Tendenzunternehmen, die eine bestimmte politische Richtung vertreten, kann die arbeitsvertragliche Pflicht zur Unterstützung dieser Ziele bestehen (→ § 75 Rn. 135). 43

44 Das Verbot der parteipolitischen Betätigung richtet sich auch **nicht** an die im Betrieb vertr. **Gewerkschaften** (ErfK/*Kania* Rn. 23; GK-BetrVG/*Kreutz/Jacobs* Rn. 104; MHdB ArbR/*Boemke* § 288 Rn. 25). Allerdings ist im Rahmen der betriebsverfassungsrechtlichen Unterstützungsfunktion der Gewerkschaften nach § 2 Abs. 2 kein zulässiger Ansatzpunkt für eine parteipolitische Betätigung der Gewerkschaft im Betrieb erkennbar. Das Gleiche dürfte gelten, soweit die Gewerkschaften in dieser Eigenschaft im Betrieb zu Informations- und Werbezwecken tätig werden, da ihre durch Art. 9 Abs. 3 GG gewährleistete Bestandsgarantie auf die Regelung der Arbeits- und Wirtschaftsbedingungen beschränkt ist (GK-BetrVG/*Kreutz/Jacobs* Rn. 104).

45 ArbGeb. und BR ist **jede Betätigung** parteipolitischen Inhalts untersagt. Eine Betätigung erfordert grds. ein **aktives Handeln.** Es liegt kein Verstoß gegen Abs. 2 S. 3 vor, wenn ArbGeb. oder BR nicht gegen eine parteipolitische Betätigung von ArbN des Betriebes einschreiten, diese vielmehr dulden. Denn die Vorschrift enthält lediglich eine Unterlassungspflicht, nicht jedoch eine Einwirkungspflicht oder ein Handlungsgebot. Die Betriebspartner haben keine Garantenstellung für die Einhaltung des Verbots der parteipolitischen Betätigung (DKKW/*Berg* Rn. 68; ErfK/*Kania* Rn. 24; GK-BetrVG/*Kreutz/Jacobs* Rn. 115; MHdB ArbR/*Boemke* § 288 Rn. 27; *Niklas* DB 2013, 1665 [1666 f.]; **aA** HWGNRH/*Worzalla* Rn. 50). Allerdings dürfen sie eine parteipolitische Betätigung der ArbN des Betriebs nicht aktiv unterstützen oder eindeutig billigen. Denn dann würden sie sich deren Verhalten zu eigen machen (ErfK/*Kania* Rn. 24; Richardi BetrVG/*Richardi/Maschmann* Rn. 67; WPK/*Preis* Rn. 22).

46 Verboten ist eine **parteipolitische** Betätigung, dh eine Tätigkeit für oder gegen eine politische Partei. Unter den Begriff Partei fallen jedenfalls Parteien iSd Art. 21 GG und des § 2 Abs. 1 Parteiengesetz (hM). Jedoch würde eine Beschränkung des Verbots auf die (zulässigen) Parteien als solche dem Normzweck nicht gerecht. Denn dann würde das Verbot zB in Bezug auf verfassungswidrige und vom BVerfG sogar verbotene (rechts- oder linksradikale) Parteien nicht greifen (*Bauer/E. M. Willemsen* NZA 2010, 1089 [1092]). Desgleichen würden politische Organisationen, denen das Parteiengesetz aus anderen Gründen den Status einer (zulässigen) Partei versagt oder entzieht, von dem Verbot nicht erfasst. Es wäre jedoch nicht nur eine nicht zu rechtfertigende Benachteiligung der (zulässigen) Parteien, sondern auch sachlich nicht zu rechtfertigen, dass die Tätigkeit dieser Organisationen im Betrieb im Gegensatz zu der generellen Unzulässigkeit der Tätigkeit der zulässigen Parteien gestattet wäre. Aus dem gleichen Grunde ist es auch nicht einzusehen, wenn sog Rathausparteien, Wählergemeinschaften oder -vereinigungen, die sich an den Wahlen auf kommunaler Ebene (Gemeinde-, Stadtrat, Kreistag) beteiligen, im Betrieb freier agieren können sollen als die normalen Parteien (ErfK/*Kania* Rn. 25; GK-BetrVG/*Kreutz/Jacobs* Rn. 109 f.; Richardi BetrVG/*Richardi/Maschmann* Rn. 61 ff.; MHdB ArbR/*Boemke* § 288 Rn. 26; **aA** DKKW/*Berg* Rn. 59 f.; *Hofmann,* Das Verbot der parteipolitischen Betätigung im Betrieb, S. 62 ff.; *Schwipper,* Öffentliche Meinungsäußerung des BR, S. 145 ff.). Deshalb werden auch sonstige politische Gruppierungen von dem Verbot des Abs. 2 S. 3 erfasst.

47 Allerdings wird man von ihnen ebenso wie bei den eigentlichen politischen Parteien fordern müssen, dass sie über eine auf eine gewisse Dauer angelegte Organisation verfügen und sie nach ihrem Selbstverständnis allgemein auf die **politische Willensbildung der Bevölkerung Einfluss** nehmen wollen. Von letzteren ist stets auszugehen, wenn sich die Organisation an politischen Wahlen beteiligt. Dagegen dürfte die Tätigkeit solcher Gruppierungen, die sich lediglich aus Anlass bestimmter politischer Einzelfragen – insbes. wenn diese „parteiübergreifend" diskutiert werden – bilden und die nur einem losen organisatorischen Verbund (zB in Form von Arbeitsgemeinschaften anderer Organisationen) stehen, nicht als eine unzulässige parteipolitische Betätigung an iSv Abs. 2 S. 3 anzusehen sein.

48 Aus diesen Gründen dürften zB **Bürgerinitiativen,** die sich lediglich aus Anlass bestimmter konkreter Vorgänge bilden, nicht vom Verbot des Abs. 2 S. 3 erfasst sein.

Gleiches dürfte gelten für die sog Anti-Atom-Bewegung (DKKW/*Berg* Rn. 57; HaKo-BetrVG/*Lorenz* Rn. 17; ErfK/*Kania* Rn. 25; *Derleder* ArbuR 1988, 24; *v. Hoyningen-Huene/Hofmann* BB 1984, 1051; *Zachert* ArbuR 1984, 292; **aA** BAG 2.3.1982 – 1 AZR 694/79, AP GG Art. 5 Abs. 1 Meinungsfreiheit Nr. 8; GK-BetrVG/*Kreutz/Jacobs* Rn. 110; HWGNRH/*Worzalla* Rn. 44; *Mummenhoff* DB 1981, 2540; *Oetker* BlStR 1983, 325; *Rieble/Wiebauer* ZfA 2010, 63 [112]), für die **Friedensbewegung** und die Bewegung **gegen** die **Nachrüstung** (LAG BW 24.9.1984 – 14 TaBV 5/84, DB 1985, 46 (aufgehoben durch BAG 12.6.1986 – 6 ABR 67/84, AP BetrVG 1972 § 74 Nr. 5); LAG Hmb 21.4.1986, DB 1986, 475; ArbG München 29.11.1983 – 15 Ca 10770/83, DB 1984, 512; ArbG Köln 28.3.1984 – 3 BV 3/84, BB 1985, 663; DKKW/*Berg* Rn. 57; *Derleder* ArbuR 1988, 24; *Zachert* ArbuR 1984, 292; *Hofmann* Das Verbot der parteipolitischen Betätigung im Betrieb S. 79; **aA** BAG 12.6.1986 – 6 ABR 67/84, AP BetrVG 1972 § 74 Nr. 5; 12.6.1986 – 6 AZR 559/84, NZA 1987, 153; LAG Köln EZA § 74 BetrVG 1972 Nr. 6; ErfK/*Kania* Rn. 25; GK-BetrVG/*Kreutz/Jacobs* Rn. 110; HWGNRH/*Worzalla* Rn. 44; *Oetker* BlStR 1983, 325).

Die **Zulässigkeit,** derartige Initiativen im Betrieb zu erörtern oder hierzu, zB **48a** durch das Tragen entspr. Plaketten, offen Stellung zu beziehen, ist in diesen Fällen nur **eingeschränkt,** wenn hierdurch der ungestörte **Betriebsablauf** oder der Betriebsfriede **konkret beeinträchtigt** werden (→ Rn. 27 ff.). Für Lehrer im öffentlichen Dienst hat das BAG das Tragen von Anti-Atom-Plaketten nach § 8 BAT für unzulässig angesehen, da sie eine politische Werbung darstelle (BAG 2.3.1982 – 1 AZR 694/79, AP GG Art. 5 Abs. 1 Meinungsfreiheit Nr. 8).

Als eine **unzulässige parteipolitische Betätigung** im Betrieb sind insbes. anzu- **49** sehen: jede parteipolitische Werbung, Propaganda, Veranlassung von Resolutionen, Sammlungen von Unterschriften oder von Geldspenden. Darüber hinaus ist hierunter alles zu verstehen, was ArbN oder ArbGeb. zu einer Stellungnahme in parteipolitischen Fragen veranlassen soll, die mit dem betrieblichen Geschehen nichts zu tun haben (ErfK/*Kania* Rn. 25). Dies gilt auch für Maßnahmen, die ohne Nennung einer Partei offenbar deren Interessen dienen.

Verboten ist **nur eine parteipolitische, nicht** jedoch jegliche **allgemeine poli- 50 tische Betätigung** (so jetzt BAG 17.3.2010 – 7 ABR 95/08, NZA 2010, 1133, das damit seine bisherige Rspr. – vgl. zB 12.6.1986 – 6 AZR 559/84, NZA 1987, 153 [154] – aufgibt; GK-BetrVG/*Kreutz/Jacobs* Rn. 111 f.; DKKW/*Berg* Rn. 51; HaKo-BetrVG/*Lorenz* Rn. 17; *Schwipper,* Öffentliche Meinungsäußerung des BR, S. 149; *Wiebauer* BB 2010, 3091 f.; **aA** Richardi BetrVG/*Richardi/Maschmann* Rn. 62; MHdB ArbR/*Boemke* § 288 Rn. 26). Das G spricht in Abs. 2 S. 3 im Gegensatz zu § 75 Abs. 1 und § 118 Abs. 1 Nr. 1 (wo der allgemeine Begriff der „politischen" Betätigung, Einstellung bzw. Bestimmung verwandt wird) bewusst von „parteipolitischer" Betätigung. Schon die unterschiedliche Wortwahl im selben G, aber auch im Verhältnis zu anderen G (vgl. § 35 Abs. 2 BRRG, § 53 BBG) verbietet eine Ausdehnung des Verbots auf eine allgemeine politische Betätigung (BAG 17.3.2010 – 7 ABR 95/08, NZA 2010, 1133).

Hinzu kommt, dass die Vorschrift wegen ihres das Grundrecht der Meinungsfrei- **50a** heit einschränkenden Charakters ihrerseits im Lichte des Grundrechts des **Art. 5 Abs. 1 GG einschränkend** auszulegen und anzuwenden ist (→ Rn. 38). IÜ ist es auch lebensfremd, ArbGeb. und BR bzw. seinen Mitgl. jegliche politische Meinungsäußerung zu untersagen. Der Betrieb ist keine isolierte und politikfreie Institution in unserer Gesellschaft. Wenn deshalb der Gesetzgeber das absolute Verbot des Abs. 2 S. 3 wegen der im Allgemeinen stark polarisierenden Wirkung einer parteipolitischen Tätigkeit auf diese beschränkt, so hat dies seinen inneren Grund. Dem Argument, eine Abgrenzung zwischen parteipolitischer und politischer Tätigkeit sei nicht oder kaum möglich (so BAG 21.2.1978 – 1 ABR 54/76, AP BetrVG 1972 § 74 Nr. 1, 12.6.1986 – 6 ABR 67/84, AP BetrVG 1972 § 74 Nr. 5; 17.3.2010 – 7 ABR 95/08, NZA 2010, 1133 offen gelassen), kann angesichts des klaren Wortlauts des G keine entscheidende Bedeutung zukommen. Allerdings unterliegt eine allgemeine politische Betätigung von ArbGeb. und BR im Betrieb der allgemeinen Friedenspflicht nach Abs. 2 S. 2 (→ Rn. 27ff.).

51 Das Verbot des Abs. 2 S. 3 beschränkt sich **räumlich auf den Betrieb.** Zum Betrieb gehören auch unselbständige Betriebsteile iSd § 4 Abs. 1 S. 2 oder ihm nach § 4 Abs. 2 zugeordnete Kleinbetriebe. Im Falle des § 3 Abs. Nr. 1b beschränkt sich das Verbot auf die für die Wahl des BR zusammengefassten Betriebe. Ist nach § 3 Abs. 1 Nr. 1a ein unternehmenseinheitlicher BR gewählt worden, erstreckt sich das Verbot auf alle Betriebe des Unternehmens. Das Verbot gilt auch für die auf dem Betriebsgelände liegenden sonstigen Einrichtungen, zB eine Betriebskantine (*Niklas* DB 2013, 1665 [1667]). Nach der Rspr. des BAG erfasst das Verbot auch eine parteipolitische Betätigung in unmittelbarer Nähe des Betriebs, sofern diese Tätigkeit objektiv in den Betrieb hineinwirkt (bejaht für das Verteilen von parteipolitischen Flugblättern vor den Werkstoren von BAG 21.2.1978 – 1 ABR 54/76, AP BetrVG 1972 § 74 Nr. 1; ErfK/*Kania* Rn. 26; GK-BetrVG/*Kreutz/Jacobs* Rn. 116; HWGNRH/*Worzalla* Rn. 51; MHdB ArbR/*Boemke* § 288 Rn. 28; Richardi BetrVG/*Richardi/Maschmann* Rn. 65f.; **aA** DKKW/*Berg* Rn. 62). Andererseits ergibt sich aus dem Normzweck der Vorschrift, dass eine unzulässige parteipolitische Betätigung eine gewisse Öffentlichkeit innerhalb des Betriebes erfordert; denn nur dann ist der Betriebsfriede abstrakt gefährdet (so mit Recht GK-BetrVG/*Kreutz/Jacobs* Rn. 117). Gelegentliche parteipolitische Gespräche zwischen ArbGeb. und BRMitgl. fallen deshalb ebenso wenig unter das Verbot wie gelegentliche diesbezügliche Gespräche zwischen BR-Mitgl. untereinander oder mit einzelnen ArbN (DKKW/*Berg* Rn. 60; GK-BetrVG/*Kreutz/Jacobs* Rn. 117; WPK/*Preis* Rn. 19).

52 Da sich das Verbot der parteipolitischen Betätigung an den BR als Institution und die BRMitgl. in ihrer Amtseigenschaft richtet, beschränkt sich das Verbot auf den Bereich, für den der BR gewählt ist. Mitgl. des BR unterliegen in **anderen Betrieben** des ArbGeb. nicht dem Verbot. Sie können zB vor Werkstoren anderer Betriebe zulässigerweise parteipolitische Flugblätter verteilen. Hier bestehen für sie wie für die übrigen ArbN nur die aus dem Arbeitsvertrag sich ergebenen Beschränkungen (→ Rn. 41). Für den GesBR und den KBR bzw. für ihre Mitgl. ist entspr. der Zuständigkeit dieser Gremien eine parteipolitische Betätigung in allen Betrieben des Unternehmens bzw. der Konzernunternehmen untersagt (DKKW/*Berg* Rn. 62; ErfK/*Kania* Rn. 28; GK-BetrVG/*Kreutz/Jacobs* Rn. 119; Richardi BetrVG/*Richardi/Maschmann* Rn. 66).

53 **Außerhalb des Betriebes** können ArbGeb. und BRMitgl. **uneingeschränkt** parteipolitischen Aktivitäten nachgehen. Hierbei ist es auch zulässig, dass sich der ArbGeb. als Betriebsinhaber oder die Mitgl. des BR als solche bzw. als Inhaber bes. betriebsverfassungsrechtlicher Funktionen (etwa BRVors. oder Mitgl. des GesBR) zu erkennen geben (LAG Frankfurt 2.1.1967, DB 1967, 431; DKKW/*Berg* Rn. 63; ErfK/*Kania* Rn. 27; GK-BetrVG/*Kreutz/Jacobs* Rn. 118; Richardi BetrVG/*Richardi/Maschmann* Rn. 66).

4. Zulässigkeit der Behandlung betriebsbezogener Angelegenheiten (Abs. 2 S. 3 Hs. 2)

54 Abs. 2 S. 3 Hs. 2 bestimmt ausdrücklich, dass durch das grundsätzliche Verbot der parteipolitischen Betätigung die Behandlung von Angelegenheiten, die den Betrieb und seine ArbN unmittelbar betreffen, **unberührt bleibt.** Das gilt über den Gesetzeswortlaut hinaus nicht nur für Angelegenheiten tarifpolitischer, sozialpolitischer umweltpolitischer und wirtschaftlicher Art, sondern für **alle Angelegenheiten,** die den Betrieb und seine ArbN unmittelbar betreffen, insbes. zB für betriebsverfassungsrechtliche Angelegenheiten (vgl. insoweit die klarer gefasste Vorschrift des § 45 S. 1; ErfK/*Kania* Rn. 29).

Mit dieser Regelung stellt das G klar, dass die Behandlung von Angelegenheiten, die den Betrieb und seine ArbN unmittelbar betreffen, nicht mit dem Hinweis einer unzulässigen parteipolitischen Betätigung untersagt werden dürfen. Derartige Angelegenheiten können ArbGeb. sowie BR und seine Mitgl. **selbst dann zulässigerweise** im Betrieb behandeln, wenn die Angelegenheit Gegenstand parteipolitischer Erörterung oder Programme ist (DKKW/*Berg* Rn. 70; ErfK/*Kania* Rn. 30; GK-BetrVG/*Kreutz/Jacobs* Rn. 124; Richardi BetrVG/*Richardi/Maschmann* Rn. 63f.; *Schwipper*, Öffentliche Meinungsäußerung des BR, S. 150; *Niklas* DB 2013, 1665 [1667]). Allerdings haben sich die Betriebspartner auch in diesem Falle einer einseitigen Propaganda für oder gegen eine Partei zu enthalten. Denn wenn auch Abs. 2 S. 3 Hs. 2 die Behandlung solcher Angelegenheiten gestattet, so bedeutet dies nicht, dass insoweit das grundsätzliche Verbot der parteipolitischen Betätigung partiell aufgehoben wäre. Es wird vielmehr lediglich die Behandlung dieser Fragen gestattet, was eine eindeutige und klare Stellungnahme in der Sache einschließt (GK-BetrVG/*Kreutz/Jacobs* Rn. 124; DKKW/*Berg* Rn. 70; Richardi BetrVG/*Richardi/Maschmann* Rn. 63f.). Die Behandlung dieser Themen darf iÜ nicht zu einer konkreten Gefährdung des Betriebsfriedens oder des ungestörten Arbeitsablaufs führen (ErfK/*Kania* Rn. 30). 55

Da sich nach der hier vertretenen Auffassung das Verbot des Abs. 2 S. 3 auf eine parteipolitische Betätigung beschränkt und nicht auf eine allgemeine politische Betätigung erstreckt (→ Rn. 50), berührt der **allgemein politische Charakter** einer Angelegenheit die Zulässigkeit ihrer Behandlung im Betrieb erst recht nicht, vorausgesetzt, die betreffende Angelegenheit betrifft den Betrieb oder seine ArbN unmittelbar und führt nicht zu einer konkreten Gefährdung des Betriebsfriedens oder des Arbeitsablaufs (*Schwipper*, Öffentliche Meinungsäußerung des BR, S. 151). Aus diesem Grunde ist auch der Besuch von Spitzenpolitikern im Betrieb und ihre Rede zu den ArbN zu Themen, die auch den Betrieb und die ArbN berühren, grds. zulässig (BAG 13.9.1977 – 1 ABR 67/75, AP BetrVG 1972 § 42 Nr. 1; GK-BetrVG/*Kreutz/Jacobs* Rn. 122f.; zu möglichen Einschränkungen in Wahlkampfzeiten → § 45 Rn. 26). Unabhängig davon ist der Besuch von Spitzenpolitikern im Betrieb jedenfalls dann als zulässig anzusehen, wenn die Einladung gemeinsam von ArbGeb. und BR ausgesprochen wird (DKKW/*Berg* Rn. 61; einschr. nur auf Politiker in Regierungsverantwortung GK-BetrVG/*Kreutz/Jacobs* Rn. 124). 56

Die Angelegenheit muss den Betrieb oder seine ArbN **unmittelbar betreffen,** dh der ArbGeb. muss in seiner Eigenschaft als Betriebsinhaber bzw. die ArbN als Beschäftigte des Betriebs berührt sein. Nicht erforderlich ist, dass die betreffende Angelegenheit ausschließlich den Betrieb oder seine ArbN betrifft. Ausreichend ist, dass auch sie betroffen sind. Deshalb können auch Angelegenheiten, die den ganzen Wirtschaftszweig, dem der Betrieb angehört, oder gar alle ArbN in Deutschland betreffen, zulässigerweise Gegenstand der Erörterung im Betrieb sein (BAG 14.2.1967 – 1 ABR 7/66, AP BetrVG § 45 Nr. 2; *Schwipper*, Öffentliche Meinungsäußerung des BR, S. 149f.). Nicht zulässig ist dagegen die Behandlung von Angelegenheiten ohne jeden Berührungspunkt mit dem Betrieb, zB Kriegsereignisse oder Rassenprobleme in anderen Ländern oder innenpolitische Verhältnisse anderer Staaten. 57

Das G hebt die Zulässigkeit der Behandlung von Angelegenheiten tarif-, sozial-, umweltpolitischer und wirtschaftlicher Art hervor, so wie dies ua auch für die Aufzählung der zulässigen Themen der BetrVerslg. in § 45 der Fall ist. **Tarifpolitische Fragen** sind solche, die mit den durch TV geregelten oder zu regelnden Arbeitsbedingungen oder deren Verhältnis zu betrieblichen Leistungen oder Regelungen, wie zB zu Lohnzuschlägen oder Lohngruppeneinteilungen, zusammenhängen. 58

Das Gebiet der **Sozialpolitik** ist sehr **weit** (BAG 13.9.1977 – 1 ABR 67/75, AP BetrVG 1972 § 42 Nr. 1). Es umfasst alle gesetzlichen und sonstigen Regelungen auf dem Gebiet der Sozialversicherung, des Arbeitsschutzes, des Unfallschutzes, des Bildungswesens sowie der die ArbN und den Betrieb berührenden Steuerfragen (→ § 45 59

Rn. 10ff.). Die Diskussion braucht sich nicht auf den gegenwärtigen Zustand und dessen Auswirkungen auf den Betrieb oder die ArbN zu beschränken, sondern kann auch wünschenswerte Verbesserungen der geltenden Bestimmungen zum Inhalt haben (ErfK/*Kania* Rn. 32). Der Anschein eines Drucks auf den Gesetzgeber muss aber vermieden werden.

60 **Umweltpolitische Angelegenheiten** betreffen zum einen gesetzliche oder behördliche Maßnahmen des Umweltschutzes, die sich auf den Betrieb und/oder seine ArbN auswirken. Darunter fallen aber auch sonstige umweltschutzrelevante Auswirkungen, die von außen auf den Betrieb und seine ArbN einwirken, zB umweltschädliche Einflüsse von Nachbarbetrieben oder Zulieferprodukten. Ferner gehören hierzu umweltschutzrelevante Fragen, die betriebsinterne Anlagen, Arbeitsverfahren, Arbeitsabläufe oder Arbeitsplätze betreffen oder sich aus der eigenen Betriebsorganisation ergeben (→ § 45 Rn. 14; zu den durch das BetrVerf-ReformG iÜ eingeführten Regelungen zum betrieblichen Umweltschutz vgl. § 43 Abs. 2 S. 3, § 53 Abs. 2 Nr. 2, § 80 Abs. 1 Nr. 9, § 88 Nr. 1a, § 89 und § 106 Abs. 3 Nr. 5a).

61 **Wirtschaftliche Fragen** sind sowohl solche der Auswirkung von gesetzlichen oder wirtschaftspolitischen Maßnahmen auf Betrieb und seine ArbN, als auch beabsichtigte konkrete wirtschaftliche Maßnahmen des ArbGeb. (wegen insoweit bestehender Beteiligungsrechte des BR vgl. §§ 90ff., 106ff. u. 111ff.). Ferner gehören hierzu auch Fragen der Auswirkung der Wirtschaftsmaßnahmen anderer Ländern auf den deutschen Export. → § 45 Rn. 15.

62 Auch die Behandlung allgemeiner **gewerkschaftlicher Fragen** ist keineswegs ausgeschlossen, zB die Durchführung von Bildungsmaßnahmen durch die Gewerkschaften oder der Stand von Tarifverhandlungen (iE → § 45 Rn. 19ff.).

63 Vom Verbot der parteipolitischen Betätigung wird ferner nicht berührt die Behandlung von Angelegenheiten, die den Betriebspartnern als gesetzliche Aufgabe zugewiesen ist. Das BetrVerf-ReformG hat in mehreren Vorschriften Regelungen vorgesehen, die ausdrücklich die **Bekämpfung von Rassismus und Fremdenfeindlichkeit im Betrieb** ansprechen (vgl. § 80 Abs. 1 – Nr. 7, § 88 Nr. 4; § 99 Abs. 2 Nr. 6 und § 104 S. 1; Näheres → § 80 Rn. 21ff.; → § 88 Rn. 26ff.; → § 99 Rn. 256f.; → § 104 Rn. 6; sa das AGG, insbes. dessen §§ 1, 7, 12, 15). Der BR kann sich deshalb im Rahmen dieser Vorschriften mit Maßnahmen zur Bekämpfung von Rassismus und Fremdenfeindlichkeit im Betrieb befassen, ohne befürchten zu müssen, mit dem Verbot der parteipolitischen Betätigung in Konflikt zu geraten.

63a Der BR hat allerdings **kein allgemeines** und **unbegrenztes Mandat** zur Bekämpfung von Rassismus und Fremdenfeindlichkeit, sondern nur insoweit, als der Betrieb mit diesem Problem konfrontiert ist. Dies kann allerdings auch durch ein außerdienstliches Verhalten des ArbN, das in den Betrieb hineinwirkt, der Fall sein (vgl. hierzu *Polzer/Powietzka* NZA 2000, 970; ferner die bei *Däubler* NJW 2000, 3691 genannten Fallgestaltungen). Das Erfordernis des **unmittelbaren Betroffenseins** mit diesem Problem folgt nicht nur aus dem Wortlaut des Abs. 2 S. 3 Hs. 2 (→ Rn. 57), sondern auch aus den gesetzlichen Vorschriften, die die Bekämpfung von Rassismus und Fremdenfeindlichkeit zum Gegenstand haben. Bei § 80 Abs. 1 Nr. 7, § 99 Abs. 2 Nr. 6 und § 104 S. 1 ergibt sich dies unmittelbar aus dem Wortlaut dieser Vorschriften und bei § 88 Nr. 4 aus den einer BV gesetzten Zuständigkeitsgrenzen (→ § 77 Rn. 34ff., 55ff., iErg ebenso *Engels/Trebinger/Löhr-Steinhaus* DB 2001, 542; *Konzen* RdA 2001, 90; *Wendeling-Schröder* NZA 2001, 358; *dies.* NZA-Sonderheft 2001, 31, wohl auch *Däubler* AuR 2001, 7; *Däubler* AuR 2001, 290). Angesichts dieser Rechtslage sind Befürchtungen, es könne zu einer unbeschränkten außerdienstlichen Überwachung oder Gesinnungsschnüffelei kommen (so *Picker* RdA 2001, 273f.; *Rieble* ZIP 2001, 141), nicht nachvollziehbar.

V. Gewerkschaftsbetätigung von betriebsverfassungsrechtlichen Funktionsträgern

64 Soweit die Gewerkschaften (zum Begriff → § 2 Rn. 32ff.) betriebsverfassungsrechtliche Aufgaben wahrnehmen (→ § 2 Rn. 60ff.), sind die BR ohnehin zur Zusammenarbeit mit ihnen verpflichtet (§ 2 Abs. 1). Aber auch hinsichtlich der **allgemeinen Koalitionsaufgaben** der Gewerkschaften (→ § 2 Rn. 80ff.), die unabhängig vom BetrVG wahrzunehmen sind (§ 2 Abs. 3), unterliegen ArbN des Betriebes in ihrer Eigenschaft als Gewerkschaftsmitgl. – vorbehaltlich der sich aus dem ArbVerh. ergebenden Pflichten – keinen Beschränkungen. Dieses gilt, wie Abs. 3 ausdrücklich klarstellt, **auch für ArbN,** die **Aufgaben nach dem BetrVG** wahrnehmen, insbes. also für BRMitgl., aber auch für Mitgl. der JAV, der E-Stelle, des Wi-Ausschusses oder des Wahlvorst. (DKKW/*Berg* Rn. 76; GK-BetrVG/*Kreutz/Jacobs* Rn. 147; Richardi BetrVG/*Richardi/Maschmann* Rn. 78). Damit trägt das G nicht nur dem Dualismus der gewerkschaftlichen Aufgaben (Koalitionsbetätigung und betriebsverfassungsrechtliche Unterstützungsfunktion) und der Stellung des BR, sondern auch den betrieblichen Gegebenheiten Rechnung. Denn vielfach sind aktive ArbN zugleich BRMitgl. und ehrenamtliche Funktionäre der Gewerkschaft.

65 Nach geltendem Recht können BRMitgl. ebenso **wie die übrigen ArbN** für ihre Gewerkschaft tätig werden (zB über die Arbeit der Gewerkschaft informieren oder für sie werben) und gewerkschaftliche Funktionen (zB als gewerkschaftlicher Vertrauensmann) übernehmen (BAG 12.6.1986 – 6 AZR 559/84, NZA 1987, 154; DKKW/*Berg* Rn. 80; → § 2 Rn. 87ff.). Die BRMitgl. und sonstigen Funktionsträger brauchen sich in ihrer Gewerkschaftstätigkeit keine bes. Zurückhaltung aufzuerlegen. Sie brauchen nicht „mit schizophren gespaltenem Bewusstsein" ihr Amt zu verleugnen. Das gilt auch für BRMitgl. in herausgehobenen Funktionen, zB den BRVors. oder freigestellte BRMitgl. (DKKW/*Berg* Rn. 78; HaKo-BetrVG/*Lorenz* Rn. 23; GK-BetrVG/*Kreutz/Jacobs* Rn. 150f.; HWGNRH/*Worzalla* Rn. 58; **aA** Richardi BetrVG/*Richardi/Maschmann* Rn. 80).

66 Die Grundsätze des **§ 75 Abs. 1** bleiben **unberührt,** dh die Amtsträger müssen sich **in ihrem Amt neutral** verhalten, dürfen zB keinen Druck zum Eintritt in eine bestimmte Gewerkschaft ausüben (LAG Köln 15.12.2000 – 11 TaBV 63/00, NZA-RR 2001, 371) oder ArbN wegen Nichtzugehörigkeit zu ihrer Gewerkschaft benachteiligen. Sie sind Repräsentanten aller ArbN (BVerfG 27.3.1979 – 2 BvR 1011/78, NJW 1979, 1875; ErfK/*Kania* Rn. 34; HWGNRH/*Worzalla* Rn. 57; WPK/*Preis* Rn. 32; → § 75 Rn. 98ff.).

67 Als **zulässige gewerkschaftliche Betätigung** sind alle Handlungen und Maßnahmen anzusehen, die vom Koalitionsrecht des Art. 9 Abs. GG erfasst werden. Nach der Rspr. des BVerfG schützt Art. 9 Abs. 3 GG nicht nur einen Kernbereich der Koalitionsbetätigung, sondern grds. alle koalitionsspezifischen Verhaltensweisen (BVerfG 14.11.1995 – 1 BvR 601/92, AP GG Art. 9 Nr. 80; 24.2.1999 – 1 BvR 123/93, AP BetrVG 1972 § 20 Nr. 18; vgl. hierzu *Wank* JZ 1996, 629; *Schulte* NJW 1997, 375; vgl. auch das von der Bundesrepublik ratifizierte Übereinkommen Nr. 135 der IAO, Art. 5 – abgedruckt als Anh. 6 –, das aber keine unmittelbare Anspruchsgrundlage bildet, BAG 19.1.1982 – 1 AZR 279/81, AP GG Art. 140 Nr. 10). Eine Grenze der gewerkschaftlichen Betätigung ergibt sich nur aus kollidierenden Rechten, insbes. Grundrechten, Dritter (ErfK/*Kania* Rn. 36).

68 Zur zulässigen durch Art. 9 Abs. 3 GG geschützten gewerkschaftlichen Betätigung gehört insbes. die **Gewerkschaftswerbung** im Betrieb (→ § 2 Rn. 85f.), in dem sich das Arbeitsleben praktisch abspielt. Das gilt nicht nur hinsichtlich gewerkschaftlicher Listen bei BRWahlen (→ § 20 Rn. 24ff.), sondern allgemein. Die Gewerkschaften haben das eigenständige Recht, im Betrieb für ihre Ziele zu werben, die ArbN zu informieren und zum Beitritt aufzufordern (BVerfG 14.11.1995 – 1 BvR 601/92, AP GG Art. 9 Nr. 80; BAG 28.2.2006 – 1 AZR 460/04, AP GG Art. 9 Nr. 127 mwN;

und dazu *Dieterich* RdA 2007, 110ff.; zur Gewerkschaftswerbung im Betrieb vgl. eing. *Däubler* Gewerkschaftsrechte §§ 10ff.; *Beyer/Gussone* AiB 2009, 207ff.). In erster Linie kommen dafür gewerkschaftsangehörige ArbN des Betriebs in Frage, aber auch betriebsfremde Beauftragte sind nicht grds. ausgeschlossen (BAG 28.2.2006 – 1 AZR 460/04, AP GG Art. 9 Nr. 127; 22.6.2010 – 1 AZR 179/09, NZA 2010, 1365; → **§ 2** Rn. **86;** zur MitglWerbung nicht tariffähiger ArbNVereinigungen *Schönhöft/Klafki* NZA-RR 2012, 393ff.).

69 Der ArbGeb. kann die Werbung in seinem Betrieb auch **nicht** unter Berufung auf Art. 13 oder Art. 14 GG **unterbinden.** Art. 13 GG bezieht sich in erster Linie auf die Unverletzlichkeit der Wohnung. Hier geht es aber um den konstitutionalisierten Betrieb. Das Eigentum des ArbGeb. iSd Art. 14 GG wird mangels wirtschaftlicher Nachteile überhaupt nicht berührt. Jedenfalls liegt eine zulässige Sozialbindung des Eigentums vor (BAG 14.2.1967 u. 14.2.1978 – 1 AZR 494/65, AP GG Art. 9 Nr. 10; Nr. 11; Nr. 26; BVerfG 30.11.1965 – 2 BvR 54/62, AP GG Art. 9 Nr. 7; 26.5.1970 – 2 BvR 664/65, AP GG Art. 9 Nr. 16 betr. Propaganda für Personalratswahlen).

70 In erster Linie kommen für die **Werbung im Betrieb** dessen ArbN in Frage. Auch BRMitgl., nicht jedoch der BR als Organ, können deshalb Werbung für die Gewerkschaft betreiben und zwar ohne ihre BRMitgliedschaft, die ja ohnehin im Betrieb bekannt ist, leugnen zu müssen. Es besteht auch keine Vermutung dafür, dass ein Gewerkschaftsmitgl. als BRMitgl. wirbt (BAG 14.2.1967 – 1 AZR 494/65, AP GG Art. 9 Nr. 10; ErfK/*Kania* Rn. 34; Richardi BetrVG/*Richardi/Maschmann* Rn. 79; GK-BetrVG/*Kreutz/Jacobs* Rn. 152; *Däubler/Hege,* Koalitionsfreiheit, 1979, 118). Auf der anderen Seite dürfen BRMitgl. ihre Tätigkeit für die Gewerkschaft nicht mit ihrer Amtstätigkeit verquicken. So ist eine Werbetätigkeit für die Gewerkschaft im Rahmen der Sprechstunden des BR ebenso unzulässig wie gegenüber einem ArbN, der das BRMitgl. in seiner Amtseigenschaft aufsucht, um zB eine Beschwerde zu erheben. Ferner ist es nicht zulässig, dass dem BR zur Erfüllung seiner Aufgaben zur Verfügung gestellte Mittel (→ § 40 Rn. 104ff.) für gewerkschaftliche Werbezwecke verwandt werden (vgl. BVerwG 22.8.1991 – 6 P 10/90, NJW 1992, 385 bei Verwendung des Briefkopfs des PersR bei Werbebrief; GK-BetrVG/*Kreutz* Rn. 152).

71 Zur Gewerkschaftsbewegung gehört insbes. die **Plakatwerbung** (BAG 30.8.1983 – 1 AZR 121/81, AP GG Art. 9 Nr. 38). Sie darf aber nicht an beliebiger Stelle im Betrieb, sondern nur nach Rücksprache mit dem ArbGeb. vorgenommen werden. Zweckmäßig ist die Benutzung des Schwarzen Bretts oder anderer betrieblicher Anschlagflächen. Stellt der ArbGeb. diese der Gewerkschaft zur Verfügung, so ist die einseitige Entfernung von Anschlägen durch den ArbGeb. unzulässig (HessLAG 16.4.1971 – 5 Sa 72/71, DB 1972, 1027). Nach BAG (23.2.1979 – 1 AZR 172/78, AP GG Art. 9 Nr. 30) soll der ArbGeb. unter Berufung auf sein Eigentum das Aufkleben von Gewerkschaftsemblemen auf den von ihm gestellten Schutzhelmen verbieten können. Die Gewerkschaft sei auf diese Art der Werbung nicht angewiesen (krit. dazu *Zachert* ArbuR 1979, 358). Diese Entscheidung lässt eine Darlegung darüber vermissen, worin die Beeinträchtigung des Eigentums des ArbGeb. besteht.

71a Eine tarifzuständige Gewerkschaft darf sich an ArbN über deren **betriebliche E-Mail-Adressen** mit Werbung und Informationen wenden, selbst wenn der ArbGeb. den Gebrauch der E-Mail-Adressen zu privaten Zwecken verboten hat. Ein entspr. Unterlassungsanspruch steht ihm nicht zu (BAG 20.1.2009 – 1 AZR 515/08, AP GG Art. 9 Nr. 137; *Rieble/Wiebauer* ZfA 2010, 63 [138]; krit. *Beckschulze* DB 2009, 2097 [2102]; **aA** *Arnold/Wiese* NZA 2009, 716 [718ff.]; *Dumke* RdA 2009, 77 [82]). Dies folgt aus der durch Art. 9 Abs. 3 S. 1 GG geschützten Betätigungsfreiheit, hinter der das durch Art. 14 Abs. 1 GG geschützte Eigentumsrecht des ArbGeb. und sein von Art. 2 Abs. 1 GG erfasstes Recht am eingerichteten und ausgeübten Gewerbebetrieb zurückzutreten haben (→ Rn. 72), solange der E-Mail-Versand nicht zu nennenswerten oder spürbaren, der Gewerkschaft zuzurechnenden wirtschaftlichen Belastungen führt (vgl. *Schwarze* RdA 2010, 115 [117]). Auch kann sich der ArbGeb. zur Begründung eines eigenen Unterlassungsanspruchs gegen die Gewerkschaft nicht auf die mögliche Verletzung von Persönlichkeitsrechten der ArbN berufen (BAG 20.1.2009 – 1 AZR 515/08, AP GG Art. 9 Nr. 137; in Anbetracht dieser Rspr. ist zweifelhaft, ob das BAG seine damals ablehnende Haltung zur gewerkschaftlichen Nutzung eines hausinternen **Postverteilungssystems** (BAG 23.9.1986 – 1 AZR 597/85, AP GG Art. 9 Nr. 45) heute noch aufrechterhalten würde).

Da die Werbung der und für die Gewerkschaft zu den von **Art. 9 Abs. 3 GG** er- 72 fassten **koalitionsspezifischen Tätigkeiten** gehört, kommt ihr ein hoher Stellenwert zu (ebenso *Schwarze* RdA 2010, 115 [117]). Das bedeutet jedoch nicht die Zulässigkeit einer schrankenlosen Werbung. Sie hat vielmehr bestehende gesetzliche Grenzen zu beachten. So darf sie nicht zu einer Störung des Arbeitsablaufs oder des Betriebsfriedens führen. Das gewaltsame Eindringen einzelner Gewerkschaftsmitgl. in Räumlichkeiten, in denen ArbN ihrer arbeitsvertragl. geschuldeten Tätigkeit nachgehen, überschreitet die Grenzen zulässiger gewerkschaftlicher Betätigung und stellt einen Eingriff in den eingerichteten und ausgeübten Gewerbebetrieb des ArbGeb. dar (LAG Nds 17.11.2008 – 11 SaGa 1433/08, NZA-RR 2009, 209). Auch sind Werbemaßnahmen im Betrieb unzulässig, die den oder die ArbGeb. allgemein in beleidigender Weise angreifen, parteipolitische Fragen erörtern oder konkurrierende Gewerkschaften unter grober Entstellung der Wahrheit verunglimpfen (BAG 11.11.1968 – 1 AZR 16/68, AP GG Art. 9 Nr. 14). Grds. ist der ArbN auch nicht berechtigt, einseitig die Erfüllung seiner arbeitsvertraglichen Pflichten zugunsten der Gewerkschaftswerbung zurückzustellen.

Aber in demselben Rahmen, in dem eine **kurze Unterbrechung der Arbeit** im 72a Betrieb allgemein üblich ist, zB Zigarettenpause, ein kurzes nicht dienstliches Gespräch der ArbN etwa über persönliche, lokale, sportliche oder politische Ereignisse, ist auch eine gewerkschaftliche Werbung während der Arbeitszeit zulässig (vgl. hierzu BVerfG 14.11.1995 – 1 BvR 601/92, AP GG Art. 9 Nr. 80; *Däubler* DB 1998, 2014). Aus diesem Grunde ist ferner die Verteilung von gewerkschaftlichem Werbematerial an die ArbN des Betriebs während der Arbeitszeit jedenfalls dann als zulässig anzusehen, wenn hierdurch das von den ArbN zu erbringende Arbeitsergebnis nicht negativ beeinflusst wird (ErfK/*Kania* Rn. 36; *Däubler* DB 1998, 2015).

So ist auch die **Lektüre gewerkschaftlicher E-Mails** mit Werbe- und Informa- 72b tionsinhalten während der Arbeitszeit zulässig. Hierfür dürfte idR nicht mehr Arbeitszeit aufgewendet werden als wenn das Werbe- und Informationsmaterial im Betrieb in Papierform überreicht würde (BAG 20.1.2009 – 1 AZR 515/08, AP GG Art. 9 Nr. 137, krit. *Beckschulze* DB 2009, 2097 [2102]; *Schwarze* RdA 2010, 115 [118]; **aA** *Arnold/Wiese* NZA 2009, 716 [718 ff.]; *Dumke* RdA 2009, 77 [81]).

Auch die Verteilung einer **Gewerkschaftszeitung** im Betrieb gehört zur gewerk- 73 schaftlichen Betätigung und Werbung. Die Verteilung, sei es an Gewerkschaftsmitgl. oder an alle ArbN des Betriebs, ist ebenfalls durch das Grundrecht der Koalitionsbetätigung der Gewerkschaft als solcher und ihrer einzelnen Mitglieder geschützt (BVerfG 14.11.1995 – 1 BvR 601/92, AP GG Art. 9 Nr. 80; → Rn. 67); DKKW/*Berg* Rn. 84; ErfK/*Kania* Rn. 36; Der ArbGeb. darf das Verteilen der Gewerkschaftszeitung auch nicht deshalb untersagen, weil sie nach seiner Ansicht unzulässige (partei-)politische Beiträge enthält (BAG 23.2.1979 – 1 AZR 540/77, AP GG Art. 9 Nr. 29). Nicht durch Art. 9 Abs. 3 gedeckt ist aber die Wahlwerbung durch die Gewerkschaft im Betrieb zu allgemeinen politischen Wahlen (BVerfG 28.4.1976 – 1 BvR 71/73, AP BetrVG 1972 § 74 Nr. 2).

VI. Streitigkeiten

Der Unterlassungspflicht gem. § 74 Abs. 2 entspricht ein im **BeschlVerf.** nach 74 § 2a ArbGG (→ Anh. 3 Rn. 1 ff.) geltend zu machender **Unterlassungsanspruch,** der nach **neuester Rspr.** des BAG (15.10.2013 – 1 ABR 31/12, NZA 2014, 319; 17.3.2010 – 7 ABR 95/08, NZA 2010, 1133) nicht dem ArbGeb., sondern **nur** dem **BR** gegenüber dem ArbGeb. zusteht (→ Rn. 74a; **aA** GK-BetrVG/*Kreutz/Jacobs* Rn. 88f., 126ff., 143 mwN; *Bauer/E. M. Willemsen* NZA 2010, 1090 [1091, 1093]; *Reichold* RdA 2011, 58ff.; *Wiebauer* BB 2010, 3091 [3094]). Erforderlich ist eine Präzisierung der (zukünftig) zu unterlassenden Handlung des ArbGeb., die gegen § 74 Abs. 2 verstößt, damit bei Zuwiderhandlungen gegen die Entscheidung des ArbG die Zwangsvollstreckung gegen den ArbGeb. betrieben werden kann (→ Anh. 3 Rn. 62). Zur Sicherung des Anspruchs kann auch der Erlass einer einstw. Vfg. in Betracht kommen. Bei Wiederholungsgefahr ist auch ein entspr. Feststellungsantrag zulässig. Für den BR besteht keine Beschränkung auf das Verfahren nach § 23 Abs. 3 (→ § 23 Rn. 97ff.).

74a Dagegen begründet § 74 Abs. 2 **keinen** gerichtlich durchsetzbaren **Unterlassungsanspruch** des **ArbGeb.** gegen den BR. Das hat das BAG bei Verstößen des BR gegen das Verbot der parteipolitischen Betätigung ausdrücklich anerkannt (17.3.2010 – 7 ABR 95/08, NZA 2010, 1133) und für den Fall von Verstößen gegen das Arbeitskampfverbot bestätigt (15.10.2013 – 1 ABR 31/12, NZA 2014, 319). Schließlich hat es ausgeführt, dass diese Rspr. generell auch für andere in Betracht kommende betriebsverfassungsrechtliche Vorschriften gilt und ebenfalls eingreift, wenn sich Verpflichtungen des BR aus Abreden zwischen ihm und dem ArbGeb. ergeben (28.5.2014 – 7 ABR 36/12, NZA 2014, 1213). Es weist in diesem Zusammenhang auf die Konzeption des § 23 Abs. 1 hin, der für die grobe Verletzung gesetzlicher Pflichten durch den BR dem ArbGeb. keinen Unterlassungsanspruch, sondern das Recht einräume, die Auflösung des BR zu beantragen (→ Anh. 3 Rn. 62). Bei weniger schwerwiegenden Verstößen habe er die Möglichkeit, die Unzulässigkeit der Betätigung des BR gem. § 256 Abs. 1 ZPO feststellen zu lassen. Eine entspr. gerichtliche Feststellung sei im Falle einer späteren Pflichtverletzung des BR von entscheidender Bedeutung für einen Auflösungsantrag des ArbGeb. (**aA** *Bauer/Willemsen* NZA 2010; 1090 [1093]).

74b Grobe Verstöße gegen das Arbeitskampfverbot, die Friedenspflicht und das Verbot parteipolitischer Betätigung können darüber hinaus zum Ausschluss einzelner BR-Mitgl. führen (hM). UU kommt eine **Schadensersatzpflicht** einzelner BRMitgl. nach § 823 Abs. 1 BGB (Störung des eingerichteten und ausgeübten Gewerbebetriebs, zB bei Streik über Fragen aus dem BetrVG) in Betracht (ErfK/*Kania* Rn. 37f.; GK-BetrVG/*Kreutz/Jacobs* Rn. 93f.). Stellt der Verstoß gleichzeitig eine Vertragsverletzung dar, kommt uU auch eine **außerordentliche Kündigung** des BRMitgl. in Betracht, wobei allerdings an das Vorliegen eines wichtigen Grundes ein strenger Maßstab anzulegen ist (GK-BetrVG/*Kreutz/Jacobs* Rn. 95; → § 23 Rn. 23; → § 103 Rn. 30). Lässt sich der **ArbGeb.** solche Verstöße zuschulden kommen, so kann ihm vom ArbG ein gesetzmäßiges Verhalten aufgegeben und er im Fall der Zuwiderhandlung zu einem Ordnungsgeld verurteilt werden (DKKW/*Berg* Rn. 91ff.; GK-BetrVG/*Kreutz/Jacobs* Rn. 91, 129, 143; **aA** *Heinze* DB 1983 Beil. 9, 15). Aussperrungen des ArbGeb. wegen betriebsverfassungsrechtlicher Streitigkeiten sind nach § 134 BGB nichtig; die ArbN haben nach § 615 BGB Anspruch auf Weiterzahlung des Arbeitsentgelts (GK-BetrVG/*Kreutz/Jacobs* Rn. 93).

75 Streitfragen über die gewerkschaftliche Tätigkeit von BRMitgl. und anderen Amtsträgern, insbes. auch über deren MitglWerbung für die Gewerkschaft, entscheiden die ArbG im **BeschlVerf.** nach § 2a ArbGG (DKKW/*Berg* Rn. 95; WPK/*Preis* Rn. 38). Über **Fragen der Koalitionsfreiheit** der Gewerkschaften und deren Werbetätigkeit im Betrieb ist gem. § 2 Abs. 1 Nr. 2 ArbGG im **Urteilsverfahren** zu entscheiden (→ § 2 Rn. 96; BAG 14.2.1978 – 1 AZR 280/77, AP GG Art. 9 Nr. 26; 26.1.1982 – 1 AZR 610/80, AP GG Art. 9 Nr. 35; ErfK/*Kania* Rn. 39).

§ 75 Grundsätze für die Behandlung der Betriebsangehörigen

(1) **Arbeitgeber und Betriebsrat haben darüber zu wachen, dass alle im Betrieb tätigen Personen nach den Grundsätzen von Recht und Billigkeit behandelt werden, insbesondere, dass jede Benachteiligung von Personen aus Gründen ihrer Rasse oder wegen ihrer ethnischen Herkunft, ihrer Abstammung oder sonstigen Herkunft, ihrer Nationalität, ihrer Religion oder Weltanschauung, ihrer Behinderung, ihres Alters, ihrer politischen oder gewerkschaftlichen Betätigung oder Einstellung oder wegen ihres Geschlechts oder ihrer sexuellen Identität unterbleibt.**

(2) [1] **Arbeitgeber und Betriebsrat haben die freie Entfaltung der Persönlichkeit der im Betrieb beschäftigten Arbeitnehmer zu schützen und zu fördern.** [2] **Sie haben die Selbständigkeit und Eigeninitiative der Arbeitnehmer und Arbeitsgruppen zu fördern.**

Inhaltsübersicht

I. Vorbemerkung

Die Vorschrift des Abs. 1 soll eine Behandlung der Betriebsangehörigen nach den Grundsätzen von Recht und Billigkeit und insbes. der Gleichbehandlung sicherstellen. Damit werden ua die **grundrechtlichen Wertentscheidungen** der Art. 3 u. 9 Abs. 3 GG als **verbindliche Leitlinie** für die Tätigkeit von ArbGeb. und BR im Betrieb festgeschrieben. Die Insbesondere-Aufzählung der unzulässigen Differenzierungsmerkmale ist durch die Einfügung der Benachteiligungsverbote aus Gründen der Rasse oder wegen der ethnischen Herkunft, Weltanschauung, Behinderung und des Alters an die Terminologie des in Umsetzung der RL 2000/43/EG, 2000/78/EG 1

u. 2002/73/EG erlassenen **AGG** angepasst. Der BR hat insbes. darauf zu achten, dass jede Benachteiligung wegen des Alters unterbleibt. Der Begriff der Benachteiligung und die Zulässigkeit einer unterschiedlichen Behandlung richten sich nach den Vorschriften des AGG (BT-Drs. 16/1780, 56).

2 Eine Abs. 1 entspr., aber weniger konkrete Verpflichtung nennt **§ 17 Abs. 1 AGG.** Er fordert ua ArbGeb. und BR auf, im Rahmen ihrer Aufgaben und Handlungsmöglichkeiten an der Verwirklichung des in § 1 AGG genannten Ziels, die dort erwähnten Benachteiligungen zu verhindern oder zu beseitigen, mitzuwirken. So sollen Personalprozesse in Unternehmen und Betrieben unter dem Gesichtspunkt des Benachteiligungsschutzes überprüft und ggf. neu definiert oder Verhaltenskodizes vereinbart werden (BT-Drs. 16/1780, 39). Zu § 17 Abs. 2 AGG → § 23 Rn. 111 ff.

3 Mit dem ausdrücklichen Gebot des Abs. 2 S. 1, die freie **Persönlichkeitsentfaltung** der Betriebsangehörigen zu schützen und zu fördern, wird ua der Grundsatz des Art. 2 Abs. 1 GG auch für die Gestaltung des betrieblichen Lebens verbindlich gemacht. Darüber hinaus hat das **BetrVerf-ReformG** ArbGeb. und BR zur Förderung der Selbständigkeit und Eigeninitiative der ArbN und ArbGruppen verpflichtet (Abs. 2 S. 2).

4 Die Vorschrift hat **unmittelbare materielle Bedeutung** und enthält nicht etwa nur einen unverbindlichen Programmsatz. ArbGeb. und BR haben vielmehr diese elementaren Grundsätze für die Behandlung der Betriebsangehörigen bei ihrer gesamten betrieblichen Tätigkeit, insbes. bei der Wahrnehmung der Beteiligungsrechte und -pflichten zu beachten. Darüber hinaus enthält die Vorschrift eine wichtige gesetzliche **Auslegungsregel,** insbes. auch für die inhaltliche und umfangmäßige Ausgestaltung der Beteiligungsrechte des BR (ErfK/*Kania* Rn. 1; Richardi BetrVG/*Maschmann* Rn. 1; WPK/*Preis* Rn. 4). Das Gleiche gilt für die Rechte des einzelnen ArbN nach §§ 81 ff. Aus der Vorschrift können zwar weder MBR, die das G nicht kennt, noch über die §§ 81 ff. sowie die Anwendung des allgemeinen Gleichbehandlungsgrundsatzes hinausgehende individualrechtliche Rechtsansprüche des einzelnen ArbN hergeleitet werden (BAG 8.12.1981 – 1 ABR 91/79, AP BetrVG 1972 § 87 Lohngestaltung Nr. 6; 3.12.1985 – 4 ABR 60/85, AP BAT § 74 Nr. 2; MHdB ArbR/*Boemke* Rn. 33); die gesetzlichen Regelungen sind aber stets so auszulegen und anzuwenden, dass sie in möglichst hohem Maße den Grundsätzen des § 75 gerecht werden.

5 **Individuelle Rechtsansprüche** auf Freiheit von den in der Insbesondere-Aufzählung des Abs. 1 genannten Diskriminierungen begründet das neue **AGG,** das außer der gerichtlichen Durchsetzbarkeit dieser Ansprüche ein Beschwerde- und Leistungsverweigerungsrecht (§§ 13, 14 AGG), Erleichterung der Beweislast (§ 22 AGG; → Rn. 125 ff.), Entschädigungs- und Schadensersatzansprüche der Beschäftigten (§ 15 AGG; ausführlich hierzu BAG 18.5.2017 – 8 AZR 74/16, NZA 2017, 1530) sowie nach Maßgabe des § 17 Abs. 2 AGG (→ Rn. 17) ein eigenes Klagerecht des BR oder einer im Betrieb vertr. Gewerkschaft vorsieht. Diese können den ArbGeb bei einem groben Verstoß gegen seine Verpflichtungen aus dem AGG zur Vornahme/Duldung einer nach dem AGG gebotenen Handlung oder zur Unterlassung einer verbotenen Handlung in einem arbeitsgerichtl. BeschlVerf. zwingen (→ § 23 Rn. 111 ff.).

6 Die Vorschrift gilt **entspr.** für den GesBR und KBR (§ 51 Abs. 5 iVm § 59 Abs. 1). Das Gleiche gilt für den WiAusschuss, die JAV, GesJAV und KJAV Sie gilt ferner für die ArbNVertr. nach § 3 Abs. 1 Nr. 2 u. 3, da diese an die Stelle des BR treten. Aber auch die ArbNVertr. nach § 3 Abs. 1 Nr. 4 u. 5 haben die Grundsätze des § 75 wegen ihrer generellen Bedeutung zu beachten. Die Vorschrift gilt ferner entspr. für ArbGruppen, denen nach § 28a die Wahrnehmung betriebsverfassungsrechtlicher Aufgaben übertragen worden ist.

7 Die Vorschrift ist **zwingendes Recht** und weder durch TV noch durch BV abdingbar.

8 Entsprechende Vorschriften: § 67 Abs. 1 S. 1 BPersVG und § 27 SprAuG.

II. Überwachungsgebot des Abs. 1

1. Verpflichteter und geschützter Personenkreis

Die Pflichten aus § 75 zur Behandlung der Betriebsangehörigen treffen **ArbGeb. und BR** in ihrer Eigenschaft als Betriebsverfassungsorgane. Auch soweit der ArbGeb. im G als Unternehmer angesprochen wird (vgl. §§ 106ff.) hat er diese Verpflichtungen zu beachten (zB bei der Vereinbarung eines Interessenausgleichs oder bei der Aufstellung eines Sozialplans nach § 112). Überträgt der ArbGeb. die Wahrnehmung bestimmter betriebsverfassungsrechtlicher Aufgaben oder Funktionen auf spezielle Mitarbeiter (zB Personalchef, Abteilungsleiter), haben diese im Rahmen der getroffenen Delegation die Erfüllung der Grundsätze des § 75 sicherzustellen (ErfK/*Kania* Rn. 2; MHdB ArbR/*Boemke* Rn. 32; *Wiese* NZA 2006, 1 [4]). 9

Der BR ist zum einen **als Organ** an § 75 gebunden. Das Gleiche gilt für die Ausschüsse des BR, insbes. wenn ihnen nach § 27 Abs. 3 Aufgaben zur selbständigen Erledigung übertragen werden. Darüber hinaus gelten die Pflichten auch für die **einzelnen BRMitgl.,** wenn und soweit sie betriebsverfassungsrechtliche Aufgaben wahrnehmen (DKKW/*Berg* Rn. 8; ErfK/*Kania* Rn. 2; GK-BetrVG/*Kreutz/Jacobs* Rn. 10). 10

Für die **einzelnen ArbN** des Betriebs gelten die Verpflichtungen aus § 75 dagegen angesichts des eindeutigen Wortlautes **nicht unmittelbar** (s. aber zum AGG → Rn. 1, 2, 24). Mittelbar ist die Vorschrift jedoch auch für die ArbN von Bedeutung. Denn die Beachtung jedenfalls der Grundsätze des Abs. 1 gehört zu den sich aus dem Arbeitsvertrag ergebenden allgemeinen Pflichten des ArbN. Dies zeigt auch das Widerspruchsrecht des BR nach § 99 Abs. 2 Nr. 6 und sein Recht nach § 104, die Entlassung oder Versetzung eines ArbN zu verlangen, der die Grundsätze des § 75 Abs. 1 wiederholt grob verletzt hat. Diese Rechte wären ohne Annahme einer (potenziellen) Vertragsverletzung des betreffenden ArbN nicht zu begründen (iErg ebenso GK-BetrVG/*Kreutz/Jacobs* Rn. 12; Richardi BetrVG//*Maschmann* Rn. 6, 11f.; weitergehend DKKW/*Berg* Rn. 8, der eine unmittelbare Verpflichtung der ArbN aus § 75 bejaht). 11

Die Überwachung des Abs. 1 bezieht sich (anders als Abs. 2: nur ArbN) auf die Behandlung **aller im Betrieb tätigen Personen.** Hierzu zählen die ArbN des Betriebs iSv § 5 Abs. 1, gleichgültig ob sie als Voll- oder Teilzeitkräfte, als Auszubildende oder als Aushilfskräfte beschäftigt sind (vgl. § 4 TzBfG; BAG 25.1.1989 – 5 AZR 161/88, AP BeschFG 1985 § 2 Nr. 2; 29.8.1989 – 3 AZR 370/88, AP BeschFG 1985 § 2 Nr. 6; 20.11.1990 – 3 AZR 613/89, AP BetrAVG § 1 Gleichberechtigung Nr. 8). Erfasst werden auch im Betrieb tätige **LeihArbN** (→ § 5 Rn. 231ff., 241ff.; GK-BetrVG/*Kreutz/Jacobs* Rn. 16; HWGNRH/*Worzalla* Rn. 4; Richardi BetrVG/*Maschmann* Rn. 7; Ulber/*Ulber* AÜG Basis § 14 Rn. 125), **erwerbsfähige Leistungsberechtigte** iSd § 16e SGB II mit ArbVerh. (→ § 5 Rn. 154), **Beamte** in privatisierten Unternehmen (→ § 5 Rn. 316ff.) sowie ArbN, deren ArbVerh. einem ausländischen Arbeitsvertragsstatut unterliegt (→ § 1 Rn. 15). 12

Die Vorschrift beschränkt sich jedoch nicht auf ArbN iSd § 5 Abs. 1, sondern erfasst **alle** in abhängiger Tätigkeit **im Betrieb beschäftigten Personen.** Wegen der hohen Bedeutung der Grundsätze des Abs. 1, denen überwiegend ein grundrechtskonkretisierender Charakter zukommt (GK-BetrVG/*Kreutz/Jacobs* Rn. 29ff.; *Löwisch/Kaiser* Rn. 1), hat die weite Formulierung des G durchaus einen inneren Grund. Die Überwachung soll allen im Betrieb tätigen Schutzbedürftigen zugutekommen. Zu diesen Schutzbedürftigen zählen die in § 5 Abs. 2 Nr. 3–5 genannten Personen, die zwar wegen bestimmter Besonderheiten nicht generell zu der vom BR vertr. Belegschaft gehören, bei denen aber die Notwendigkeit der Beachtung der Grundsätze des § 75 Abs. 1 nicht in Frage gestellt werden kann (DKKW/*Berg* Rn. 11; ErfK/*Kania* Rn. 3; Richardi BetrVG/*Maschmann* Rn. 7; **aA** GK-BetrVG/ 13

Kreutz/Jacobs Rn. 13). Erfasst werden zB auch **Volontäre,** Praktikanten, Umschüler (→ § 5 Rn. 291 f.), Schüler (→ § 5 Rn. 307), **arbeitnehmerähnliche** Personen (→ § 5 Rn. 92 f.), Personen, die iRd **freiwilligen sozialen** oder **ökologischen Jahres** (s. §§ 3, 4 JFDG) oder iRd **BFDG** tätig sind (s. §§ 1, 8, 10, 13 BFDG) und **Entwicklungshelfer** (→ § 5 Rn. 314).

14 Aus dem gleichen Grunde erstreckt sich das Überwachungsrecht auf sog **FremdfirmenArbN,** dh auf im Betrieb zB als Bau- oder MontageArbN oder Programmierer tätige Mitarbeiter anderer Unternehmen (DKKW/*Berg* Rn. 10; HaKo-BetrVG/*Lorenz* Rn. 2; HWGNRH/*Worzalla* Rn. 4; WPK/*Preis* Rn. 6; Arnold/Günther ArbR 4.0-HdB/*Benecke* Kap. 7 Rn. 60; **aA** ErfK/*Kania* Rn. 3; GK-BetrVG/*Kreutz/Jacobs* Rn. 16; MHdB ArbR/*Boemke* Rn. 33). Denn auch in Bezug auf diese ist eine Verletzung der Grundsätze des Abs. 1 im Beschäftigungsbetrieb keinesfalls ausgeschlossen (zB eine Diskriminierung wegen des Geschlechts, der Abstammung oder der Nationalität). Die Vorschrift gilt auch für **Ein-Euro-Jobber** (*Engels* NZA 2007, 8 [9]; → § 5 Rn. 155; **aA** *Löwisch/Kaiser* Rn. 8).

15 **Keine Überwachungsbefugnis** von ArbGeb. und BR besteht hinsichtlich solcher Personen, die keine abhängige Tätigkeit ausüben. Das gilt zB für selbständig Tätige wie Wirtschaftsprüfer, Steuerberater, selbständige Handelsvertreter, mögen sie auch ihre Tätigkeit vorübergehend im Betrieb ausüben. Dasselbe gilt für Steuerprüfer des Finanzamts (GK-BetrVG/*Kreutz/Jacobs* Rn. 15; Arnold/Günther ArbR 4.0-HdB/*Benecke* Kap. 7 Rn. 61). Der Schutz des § 75 erstreckt sich auch nicht auf die in § 5 Abs. 2 Nr. 1 u. 2 genannten Organmitgl. von juristischen Personen und die geschäftsführungs- oder vertretungsberechtigten Gesellschafter von Personengesellschaften. Sie repräsentieren vielmehr den ArbGeb., dem die Überwachungspflicht der Vorschrift obliegt (DKKW/*Berg* Rn. 11). § 27 SprAuG enthält für die **leitenden Ang.** eine dem § 75 entspr. Überwachungspflicht von ArbGeb. und Sprecherausschuss. Wegen dieser spezielleren Regelung gilt § 75 nicht für diesen Personenkreis (DKKW/*Berg* Rn. 11; ErfK/*Kania* Rn. 3; GK-BetrVG/*Kreutz/Jacobs* Rn. 14; MHdB ArbR/*Boemke* Rn. 33; Richardi BetrVG/*Maschmann* Rn. 7; so schon vor Erlass des SprAuG BAG 19.2.1975 – 1 ABR 55/73, AP BetrVG 1972 § 5 Nr. 9).

16 Dem Wortlaut nach erstreckt sich der Schutz des § 75 nicht auf die noch nicht und die nicht mehr dem Betrieb angehörenden Beschäftigten, zB **Arbeitsplatzbewerber, Pensionäre.** Soweit jedoch im Rahmen betriebsverfassungsrechtlicher Aufgaben Regelungen getroffen werden, die auch oder gerade diesen Personenkreis ansprechen, sind die Grundsätze des § 75 zu beachten. Zu denken ist zB an Personalauswahlrichtlinien bei Einstellungen nach § 95 oder Regelungen über die betriebliche Altersversorgung oder andere Sozialleistungen an Ruheständler (DKKW/*Berg* Rn. 12; GK-BetrVG/*Kreutz/Jacobs* Rn. 17; Richardi BetrVG/*Maschmann* Rn. 8; **aA** bzgl. Arbeitsplatzbewerber MHdB ArbR/*Boemke* Rn. 33). Allerdings kann eine rechtliche Verpflichtung zur Einstellung eines Bewerbers aus dieser Vorschrift nicht abgeleitet werden (GK-BetrVG/*Kreutz/Jacobs* Rn. 24; Richardi BetrVG/*Maschmann* Rn. 9). Bestehen aber gesetzliche Sonderregelungen, wie zB die Diskriminierungsverbote des neuen **AGG** (→ Rn. 1, 2, 4; → Rn. 58 ff.), die sich auch auf Arbeitsplatzbewerber erstrecken (§ 6 Abs. 1 S. 2 AGG), so sind diese Diskriminierungsverbote unter dem Gesichtspunkt der Beachtung der Grundsätze von Recht und Billigkeit in die Überwachungspflicht des § 75 einzubeziehen (*Thüsing* Diskriminierungsschutz Rn. 162; *Schwering* AGG und BR S. 250).

2. Überwachungspflicht/Überwachungsrecht

17 Abs. 1 begründet nicht nur eine **Überwachungspflicht** von ArbGeb. und BR, darauf zu achten, dass die Grundsätze der Vorschrift im Betrieb beachtet werden (hM). Vielmehr besteht für beide auch ein **Überwachungsrecht,** dh das Recht, bei konkreten Verstößen gegen diese Grundsätze durch den anderen Betriebspartner deren Unterlassung bzw. Beseitigung zu verlangen (BAG 12.6.1975 – 3 ABR 13/74,

AP BetrVG 1972 § 87 Altersversorgung Nr. 1; DKKW/*Berg* Rn. 15; ErfK/*Kania* Rn. 4; GK-BetrVG/*Kreutz/Jacobs* Rn. 18, 26f.). Dieses Recht ist im arbeitsgerichtlichen BeschlVerf. durchzusetzen (→ Rn. 178). Soweit es um Verstöße gegen Diskriminierungsverbote des AGG geht, ergeben sich Rechte und Pflichten von ArbGeb. und BR auch aus § 17 AGG (→ Rn. 2, 5).

Die Pflicht zur Überwachung der Einhaltung der Grundsätze der Vorschrift gilt sowohl **im Verhältnis zwischen BR und ArbGeb.** als auch im **Verhältnis beider zu den ArbN** (ähnlich Richardi BetrVG/*Maschmann* Rn. 6; HWGNRH/*Worzalla* Rn. 2; WPK/*Preis* Rn. 11; Oberthür/Seitz Betriebsvereinbarungen S. 62; *Wiese* NZA 2006, 1 [4]). ArbGeb. und BR haben gemeinsam, aber auch jeder für sich auf die Einhaltung und Durchführung der Grundsätze des § 75 hinzuwirken. Sie haben **aktiv** und nicht erst nach einer Beschwerde des ArbN für die Beachtung und Verwirklichung dieser Grundsätze einzutreten. Sie haben sich gegenseitig auf Mängel und Verstöße aufmerksam zu machen und sich um deren Beseitigung zu bemühen. 18

So kann der BR vom ArbGeb. nicht nur verlangen, eigene Verstöße zu unterlassen, sondern auch **Verletzungen** der Grundsätze **durch Belegschaftsangehörige** durch die ihm im Rahmen seines Direktionsrechts und seiner Organisationsgewalt über das betriebliche Geschehen zur Verfügung stehenden Mittel zu unterbinden (zB Abmahnung, Verhängung einer Betriebsbuße, Versetzung an einen anderen Arbeitsplatz, ggf. auch Kündigung). Der BR hat seinerseits im Rahmen seiner Einflussmöglichkeiten auf die Belegschaft einzuwirken, dass solche Verstöße unterbleiben, zB durch Aufklärung in der BetrVerslg., im Intranet oder Anschläge am Schwarzen Brett. In bes. Fällen kann er die Entlassung eines ArbN nach § 104 verlangen (→ § 104 Rn. 3ff.). 19

Aus der Überwachungspflicht ergibt sich auch, dass **ArbGeb. und BR selbst keine Verstöße gegen die in § 75 genannten Grundsätze** verüben dürfen (hM). Das gilt selbst dann, wenn der ArbN damit einverstanden sein sollte. Beide haben sich in ihrem Verhalten von Rechts- und Billigkeitsgründen und der Achtung der Persönlichkeit leiten zu lassen, der BR in seinem Gesamtverhalten und bei allen Entscheidungen, zu denen er befugt ist (zB auch hinsichtlich des Einblicksrechts in die Lohn- und Gehaltslisten, BAG 12.2.1990 – 6 ABR 2/78, AP BetrVG 1972 § 80 Nr. 12), der ArbGeb. bei allen Maßnahmen iRd ArbVerh., insbes. bei Ausübung seines Weisungsrechts, sowie bei der Organisation des betrieblichen Geschehens. Konkretisierungen dieser Vorschriften enthalten zB § 87 Abs. 1 Nr. 1 u. 6 und §§ 90, 91. 20

§ 75 Abs. 1 dient dem Schutz der im Betrieb tätigen Personen in ihrer Eigenschaft als ArbN im weiten Sinne (→ Rn. 12ff.). Die Vorschrift betrifft **nicht** interne **Organisationsakte des BR,** insbes. wenn diese durch Wahlen erfolgen, wie zB die Wahl des BRVors. und seines Stellvertr., die Wahl der Mitgl. des BetrAusschusses und anderer Ausschüsse oder die Wahl der freizustellenden BRMitgl. Diese Organisationsentscheidungen trifft der BR in **autonomer Kompetenz.** Sie fallen auch nicht in den Anwendungsbereich des AGG (s. § 2 AGG). 21

Die Grundsätze des § 75, insbes. seine Diskriminierungsverbote haben ArbGeb. und BR auch bei **Erlass von BV** zu beachten (BAG 20. 9. 2017 – 10 AZR 610/15, NZA 2018, 670; 26.4.2016 – 1 AZR 435/14, NZA 2016, 1160; 12.4.2011 – 1 AZR 412/09, NZA 2011, 989; *Preis/D. Ulber* RdA 2013, 211 [213]; zur Billigkeitskontrolle von BV → § 77 Rn. 231ff.; ErfK/*Kania* Rn. 4); ihnen steht dabei ein Beurteilungsspielraum und eine Einschätzungsprärogative hinsichtlich der tatsächlichen Voraussetzungen und Folgen der von ihnen gesetzten Regeln zu (BAG 22.3.2005 – 1 AZR 49/04, AP BetrVG 1972 § 75 Nr. 48). Regelungen, die die Grundsätze des § 75 verletzen, sind insoweit nach § 134 BGB nichtig (GK-BetrVG/*Kreutz/Jacobs* Rn. 157; *Kreutz* FS Schmidt-Jortzig, 2011, 759f.). Gleiches gilt, wenn durch Betriebsabsprachen oder sonstige betriebliche Einigungen zwischen ArbGeb. und BR einheitliche Arbeitsbedingungen geschaffen werden (BAG 9.11.1972 – 5 AZR 224/72, AP BGB § 242 Gleichbehandlung Nr. 36). Bestimmungen in Kollektivvereinbarungen (TV, BV, Regelungsabreden, ES-Stellensprüche: BKG AGG § 7 Rn. 21; 22

Hayen AiB 2006, 731), die gegen Diskriminierungsverbote des **AGG** verstoßen, werden ausdrücklich für unwirksam erklärt (§ 7 Abs. 2 AGG; sa § 2 Abs. 1 Nr. 2 AGG).

23 Aus der Überwachungspflicht des § 75 Abs. 1 ergibt sich ferner die Pflicht von ArbGeb. und BR, eine Verletzung dieser Grundsätze **im Einzelfall** zu verhindern **(Prävention).** Deshalb ist zB der BR im Rahmen seiner Beteiligungsrechte nach §§ 99 u. 102 verpflichtet, seine Zustimmung zu einer personellen Maßnahme (Versetzung oder Kündigung), die gegen die Grundsätze des § 75 verstößt, zu verweigern bzw. im Falle der Kündigung Widerspruch einzulegen (DKKW/*Berg* Rn. 15; HaKo-BetrVG/*Lorenz* Rn. 2; GK-BetrVG/*Kreutz/Jacobs* Rn. 21).

24 § 75 ist eine **kollektivrechtliche Vorschrift.** Sie normiert Amtspflichten von ArbGeb. und BR. Sie begründet **keine subjektiven Rechte,** dh Ansprüche der im Betrieb Tätigen gegen den BR oder ArbGeb. auf Einhaltung und Beachtung dieser Grundsätze (BAG 3.12.1985 – 4 ABR 60/85, AP BAT § 74 Nr. 2; 14.1.1986 – 3 AZR 456/84, AP BetrAVG § 1 Gleichbehandlung Nr. 5; ErfK/*Kania* Rn. 1; GK-BetrVG/*Kreutz/Jacobs* Rn. 23f.; Richardi BetrVG/*Maschmaann* Rn. 9; **aA** DKKW/*Berg* Rn. 19). So hat zB ein ArbN keinen Anspruch gegen den BR darauf, dass dieser wegen angeblicher Verletzung des § 75 seine Zustimmung zu einer beabsichtigten personellen Maßnahme des ArbGeb. verweigert. Ebenso wenig kann vom ArbGeb. verlangt werden, dass er ein Zustimmungsersetzungsverfahren nach § 99 Abs. 4 einleitet, wenn der BR seine Zustimmung zu einer personellen Maßnahme wegen angeblichen Verstoßes gegen § 75 verweigert. Unberührt bleiben allerdings Ansprüche des ArbN, die sich aus der Fürsorgepflicht des ArbGeb. und seiner arbeitsvertraglichen Pflicht zur Beachtung des Gleichbehandlungsgrundsatzes oder aus dem neuen AGG auf Freiheit von Diskriminierungen ergeben. Inhaltlich werden die arbeitsvertraglichen Pflichten von den Grundsätzen des § 75 (und des AGG, s. § 7 Abs. 3 AGG) mitgeprägt (GK-BetrVG/*Kreutz/Jacobs* Rn. 25; Richardi BetrVG/*Maschmann* Rn. 9).

3. Grundsätze von Recht und Billigkeit

25 Die Überwachungspflicht erstreckt sich allgemein auf die Beachtung der Grundsätze von Recht und Billigkeit. Unter **Grundsätzen des Rechts** ist die geltende Rechtsordnung zu verstehen, wie sie das ArbVerh. gestaltet und auf dieses einwirkt (BAG 12.4.2011 – 1 AZR 412/09, NZA 2011, 989; DKKW/*Berg* Rn. 7; ErfK/*Kania* Rn. 5; GK-BetrVG/*Kreutz/Jacobs* Rn. 29; *Kreutz* FS Schmidt-Jortzig, 2011, 760ff.). So sind die Betriebsparteien beim Abschluss von **BV** zur Wahrung vor allem der **grundrechtlich** geschützten **Freiheitsrechte,** insbes. der durch Art. 12 Abs. 1 GG geschützten Berufsfreiheit der ArbN verpflichtet (stRspr, BAG 5.3.2013 – 1 AZR 417/12, NZA 2013, 916 mwN; *Preis/D. Ulber* RdA 2013, 211 [213]).

25a Zu den Grundsätzen des Rechts gehören nicht nur das positive durch G oder VO gestaltete Recht, sondern auch das arbeitsrechtliche **Gewohnheitsrecht,** das **Richterrecht** und der Vertrauensschutz (HessLAG 18.5.2001 – 9/2 Sa 1130/00, NZA-RR 2002, 363). Ferner zählen hierzu die maßgebenden **TV** und **BV** (Kramer IT-ArbR/*Raif* C Rn. 214f.). Es ist deshalb ein Verhalten gefordert, das in jeder Beziehung dem geltenden Recht entspricht. Hierzu gehören insbes. die Anerkennung und Erfüllung der Rechtsansprüche der ArbN des Betriebs. Aber auch die sonstigen Arbeitsbedingungen und die betriebliche Ordnung müssen dem geltenden Recht entspr. gestaltet sein. Das ist zB nicht der Fall, wenn der ArbGeb. bestehende Beteiligungsrechte des BR nicht beachtet hat.

26 Die Beachtung der **Grundsätze der Billigkeit** dient der Verwirklichung der Einzelfallgerechtigkeit (ErfK/*Kania* Rn. 5; GK-BetrVG/*Kreutz/Jacobs* Rn. 32; MHdB ArbR/*Boemke* Rn. 35; *v. Hoyningen-Huene,* Die Billigkeit im Arbeitsrecht, S. 17ff., 48ff.). Durch sie soll erreicht werden, dass etwa bestehende Besonderheiten des Einzelfalls iRd bestehenden ArbVerh. in sachgerechter Weise geregelt werden. Dabei ist auf die berechtigten menschlichen, sozialen und wirtschaftlichen Belange des einzel-

nen ArbN Rücksicht zu nehmen, soweit dies im Rahmen der geltenden Rechtsordnung möglich ist, insbes. soweit nicht die Ordnung des Betriebes, sein Arbeitsablauf oder die Interessen anderer ArbN entgegenstehen.

Um die Billigkeit geht es zB, wenn einem Vertragspartner das Recht zur **einseitigen Leistungsbestimmung** „nach billigem Ermessen" zusteht (vgl. §§ 315 ff. BGB). Auch die Ausübung des Direktions- und **Weisungsrechts** des ArbGeb. stellt einen Fall der einseitigen Leistungsbestimmung im Sinne dieser Vorschriften dar (BAG 20.12.1984 – 2 AZR 436/83, AP BGB § 611 Direktionsrecht Nr. 27; *v. Hoyningen-Huene* Die Billigkeit im Arbeitsrecht, S. 141 ff.; GK-BetrVG/*Kreutz*/*Jacobs* Rn. 34). Der Beachtung des Billigkeitsgrundsatzes kommt insbes. auch im Rahmen der **menschengerechten Gestaltung der Arbeit** eine bes. Bedeutung zu (→ § 87 Rn. 296 f.; → § 90 Rn. 38 ff.). Soweit dem BR Beteiligungsrechte zustehen, hat auch er bei ihrer Ausübung den Grundsatz der Billigkeit zu berücksichtigen (Wegen der Billigkeitskontrolle von BV → § 77 Rn. 231 f.). 27

4. Verfassungsrechtliches Gleichbehandlungsgebot

Wegen seiner bes. Bedeutung wird in Abs. 1 der Grundsatz der Gleichbehandlung der ArbN in Form eines Diskriminierungsverbots bes. hervorgehoben. Der Grundsatz der Gleichheit und der Gleichbehandlung ist ein tragender Grundsatz unserer (Verfassungs-)Rechtsordnung. Der Gleichheitssatz des Art. 3 Abs. 1 GG, nach dem alle Menschen vor dem G gleich sind, verbietet jegliche Ungleichbehandlung gleichliegender Fälle. Nach ihm ist Gleiches gleich und Ungleiches seiner Eigenart entspr. verschieden zu behandeln (vgl. zB BVerfGE 3, 135; BVerfGE 4, 155; BVerfGE 50, 161; BVerfGE 51, 23; BVerfGE 78, 121). Der Gleichberechtigungsgrundsatz des Art. 3 Abs. 2 GG verbietet nicht nur eine ungleiche Behandlung von Männern und Frauen, sondern enthält auch ein auf die Veränderung der gesellschaftlichen Wirklichkeit gerichtetes Gleichberechtigungsgebot (vgl. Art. 3 Abs. 2 S. 2 GG; BVerfG, ArbuR 1994, 110). Das Benachteiligungsverbot des Art. 3 Abs. 3 GG verbietet jede Benachteiligung oder Bevorzugung wegen des Geschlechts, der Abstammung, der Rasse, der Sprache, der Heimat, der Herkunft, des Glaubens oder der religiösen oder politischen Anschauung. 28

Abs. 1 macht diese **verfassungsrechtliche Gleichberechtigungs- und Gleichbehandlungsgrundsätze,** deren unmittelbare Wirkung im Privatrechtsverkehr umstritten ist und überwiegend abgelehnt wird, für die Behandlung der Betriebsangehörigen **verbindlich** (zur mittelbaren Grundrechtsbindung nach § 75 *Kreutz* FS Schmidt-Jortzig, 2011, 757 ff.; zur unmittelbaren oder zumindest mittelbaren Grundrechtsbindung der TVParteien BAG 4.4.2000 – 3 AZR 729/98, AP TVG § 1 Gleichbehandlung Nr. 2; einschr. BAG 30.8.2000 – 4 AZR 563/99, AP TVG § 4 Geltungsbereich Nr. 25; vgl. hierzu *Dieterich* RdA 2001, 112; *Wiedemann* RdA 2005, 193 [195]; jedenfalls kommt den TVParteien aufgrund des Art. 9 Abs. 3 GG ein weiter Gestaltungsspielraum bei der Regelung unterschiedl. Entgelte für ArbNGruppen zu, BAG 25.1.2012 – 4 AZR 147/10, NZA-RR 2012, 530). Die Vorschrift ist jedoch nicht nur eine Wiederholung der Regelungen des GG, die überwiegend einen mehr abwehrenden Charakter haben. Sie verlangt vielmehr von ArbGeb. und BR ein **positives Eintreten** für diese Grundsätze (vgl. WPK/*Preis* Rn. 13). 29

5. Allgemeiner arbeitsrechtlicher Gleichbehandlungsgrundsatz

a) Grundsätzliches

Die Überwachungspflicht von ArbGeb. und BR beschränkt sich nicht auf die Beachtung der in § 75 ausdrücklich genannten Diskriminierungsverbote. Schon das Wort „insbesondere" zeigt, dass die Aufzählung **nicht erschöpfend** ist. Zu beachten ist vielmehr auch der von Rspr. und Rechtslehre allgemein anerkannte **arbeitsrecht-** 30

liche Grundsatz der Gleichbehandlung (vgl. zB BAG 20.3.2018 – 1 ABR 15/17, NZA 2018, 1017; 14.11.2017 – 3 AZR 515/16, NZA 1018, 367; 21.5.2014 – 4 AZR 50/13, NZA 2015, 115). Inhaltlich wird der arbeitsrechtliche Gleichbehandlungsgrundsatz von den verfassungsrechtlichen Regelungen mitgeprägt, geht aber zT über diese und auch über das AGG hinaus. Folglich gilt er **neben** dem **AGG** und kommt immer dann zur Anwendung, wenn die spezielleren Diskriminierungsverbote des AGG nicht greifen (s. § 2 Abs. 3 AGG; BT-Drs. 16/1780, 30; HK-AGG*Zimmer* AGG § 2 Rn. 201, 229ff.; Küttner Personalbuch/*Kania* Kap. 208 Rn. 2; Oberthür/Seitz Betriebsvereinbarungen S. 62f.; *Hinrichs/Zwanziger* DB 2007, 574ff.; wohl auch *Maier/Mehlich* DB 2007, 110ff.).

30a Der arbeitsrechtliche Gleichbehandlungsgrundsatz ist **nicht anwendbar,** wenn Leistungen oder Vergünstigungen **individuell** vereinbart werden. Insoweit hat die Vertragsfreiheit Vorrang vor dem Gleichbehandlungsgrundsatz (stRspr, BAG 17.12.2009 – 6 AZR 242/09, NZA 2010, 273). Folglich hat ein ArbN idR keinen Anspruch auf Abschluss eines Aufhebungsvertrags unter Zahlung einer Abfindung, wenn der ArbGeb. mit anderen ArbN die Aufhebung des ArbVerh. individuell vereinbart und ihnen eine Abfindung zahlt, deren Höhe er in einem von ihm aufgestellten Regelungsplan festgelegt hat (BAG 25.2.2010 – 6 AZR 911/08, NZA 2010, 561).

31 Der arbeitsrechtliche Gleichbehandlungsgrundsatz gilt **grds.** für **sämtliche Arbeitsbedingungen** einschließlich Arbeitsentgelt, sofern diesen ein erkennbares und generalisierendes Prinzip zugrunde liegt (stRspr, BAG 14.11.2017 – 3 AZR 515/16, NZA 1018, 367; 3.9.2014 – 5 AZR 6/13, BeckRS 2014, 74405; 21.5.2014 – 4 AZR 50/13, NZA 2015, 115; HK-AGG/*Zimmer* AGG § 2 Rn. 230; *Thüsing* Diskriminierungsschutz Rn. 931). Er gebietet, Gleiches gleich und Ungleiches entspr. seiner Eigenart ungleich zu behandeln (ErfK/*Preis* BGB § 611a Rn. 574). Der Gleichbehandlungsgrundsatz beschränkt die Gestaltungsmacht des ArbGeb. Wird er verletzt, muss der ArbGeb. die von ihm gesetzte Regel entspr. korrigieren. Der benachteiligte ArbN hat Anspruch auf die vorenthaltene Leistung (BAG 3.9.2014 – 5 AZR 6/13, BeckRS 2014, 74405 mwN).

31a Er verbietet sowohl **jede unsachliche Differenzierung** zum Nachteil einzelner ArbN oder ArbNGruppen als auch eine sachfremde Gruppenbildung (BAG 14.11.2017 – 3 AZR 515/16, NZA 1018, 367; 26.4.2016 – 1 AZR 435/14, NZA 2016, 1160; 14.3.2007 – 5 AZR 420/06, AP BGB § 242 Gleichbehandlung Nr. 204). **Unsachlich** ist eine unterschiedliche Behandlung, die nicht aus vernünftigen und einleuchtenden Gründen erfolgt, die auch die anerkannten Wertungen des Arbeitsrechts bei der kollektiven Behandlung der ArbN beachten (BAG 28.7.1992 – 3 AZR 173/92, AP BetrAVG § 1 Gleichbehandlung Nr. 18; GK-BetrVG/*Kreutz/Jacobs* Rn. 38). So rechtfertigt der bloße Statusunterschied zwischen gewerblichen und kaufmännischen ArbN keine Ungleichbehandlung beider ArbNGruppen (LAG Bln-Bbg 3.2.2017 – 2 Sa1294/16, BeckRS 2017, 114989).

31b Der arbeitsrechtliche Gleichbehandlungsgrundsatz findet nicht nur bei einseitig vom ArbGeb. gesetzten Anspruchsbedingungen Anwendung, sondern auch bei Vereinbarungen zwischen ArbGeb. und einem oder mehreren ArbN, soweit diese auf der für das einzelne ArbVerh. charakteristischen strukturellen Ungleichheit der Verhandlungsmacht beruht. Dagegen findet der arbeitsrechtliche Gleichbehandlungsgrundsatz **auf TV** sowie sonstige **schuldrechtliche Vereinbarungen** (Erholungsbeihilfen für Gewerkschaftsmitgl.) von **TVParteien** keine Anwendung, da zwischen diesen eine Verhandlungsparität besteht (BAG 15.4.2015 – 4 AZR 796/13, NZA 2015, 1388; 21.5.2014 – 4 AZR 50/13, NZA 2015, 115 mAnm *Siegfanz-Strauß* RdA 2015, 266ff.).

31c Soweit es um die Anwendung von **TV-Normen** geht, ist der Unterschied zwischen tarifgebundenen und nicht tarifgebundenen ArbN nach den grundlegenden Regelungen der §§ 3 Abs. 1, 4 Abs. 1 TVG so wesentlich, dass die unterschiedliche Behandlung von Außenseitern damit sachlich gerechtfertigt ist (*Thüsing* Diskriminierungsschutz Rn. 907 mwN). So sind zB **einfache Differenzierungsklauseln** in TV, die bestimmte Leistungen für tarifgebundene ArbN vorsehen und den ArbGeb. nicht verpflichten, diese Leistungen nur für tarifgebundene ArbN vorzusehen, zulässig und wirksam (BVerfG 14.11.2018 – 1 BvR 1278/16, NZA 2019, 112; BAG 23.3.2011 – 4 AZR 366/09, NZA 2011, 920; LAG München 14.11.2014 – 6 Sa 691/13, BeckRS 2015, 03773; 19.2.2014 – 5 Sa 839/13, BeckRS 2014, 71909; *Höpfner* RdA 2019, 146 ff.; *Lunk/Leder/Seidler* RdA 2015, 399 ff.; → Rn. 102, 102a). Dem ArbGeb. ist es unter dem Gesichtspunkt der Gleichbehandlung aber auch nicht verwehrt, Außenseiter wie Gewerkschaftsmitgl. zu behandeln und ihnen ebenfalls die tariflich vereinbarten Leistungen zu gewähren (BAG 25.1.2012 – 4 AZR 147/10, NZA-RR 2012, 530; zur Unzulässigkeit sog Spannenklauseln s. BAG 23.3.2011 – 4 AZR 366/09, NZA 2011, 920; hierzu krit. *Däubler/Heuschmid* RdA 2013, 1 [6 ff.]; *Höpfner* RdA 2019, 146 ff.).

Hierbei ist insbes. der mit der Leistung des ArbGeb. erkennbar verfolgte **Zweck** **31d** zu berücksichtigen. Die Zweckbestimmung einer Leistung ergibt sich vorrangig aus den tatsächlichen und rechtlichen Voraussetzungen, von deren Vorliegen und Erfüllung die Leistung abhängig gemacht wird (BAG 20. 9. 2017 – 10 AZR 610/15, NZA 2018, 670; 26.4.2016 – 1 AZR 435/14, NZA 2016, 1160; 13.4.2011 – 10 AZR 88/10, NZA 2011, 1047). Wird – zB im Arbeitsvertrag – eindeutig festgelegt, unter welchen Voraussetzungen der Anspruch auf eine Sonderzahlung entsteht und aus welchen Gründen die Leistung wieder zurückzuzahlen ist, ist damit abschließend auch der Zweck der Leistung definiert. Es können dann nicht im Nachhinein weitere Anspruchsvoraussetzungen aufgestellt werden, die auf weitere Zwecke schließen lassen (BAG 10.12.2008 – 10 AZR 35/08, AP BGB § 611 Gratifikation Nr. 281; → Rn. 34 f.). Ist nur die rechtliche Beendigung des ArbVerh. bis zu einem bestimmten Datum für die Sonderzahlung schädlich, steht dem ein Ruhen wegen Elternzeit nicht gleich (BAG 10.12.2008 – 10 AZR 35/08, AP BGB § 611 Gratifikation Nr. 281).

Bezweckt der ArbGeb. mit der Zahlung eines **Weihnachtsgeldes (Sonderzahlung)** die **Honorierung eines Verhaltens,** das von allen ArbN erwünscht wird **31e** (geringe Fehlzeiten, gutes Arbeitsverhalten, Betriebstreue), und nicht den Ausgleich von im Betrieb bestehenden Vergütungsunterschieden, **verletzt** er dann den arbeitsrechtlichen **Gleichbehandlungsgrundsatz,** wenn er **nur** solchen ArbN ein vertragliches Weihnachtsgeld anbietet, die zuvor einer **Entgeltreduzierung** und Arbeitszeitverlängerung zugestimmt haben (BAG 26.9.2007 – 10 AZR 569/06, AP BGB § 242 Gleichbehandlung Nr. 205 mAnm *Seitz/Trebeck* RdA 2009, 255 ff.; 5.8.2009 – 10 AZR 666/08 NZA 2009, 1135; → Rn. 34).

Das BAG (13.8.2008 – 7 AZR 513/07, NZA 2009, 27) hat offen gelassen, ob der **31f** arbeitsrechtliche **Gleichbehandlungsgrundsatz Anspruchsgrundlage** für den Abschluss eines – erstmaligen oder weiteren befristeten oder unbefristeten – **Arbeitsvertrags** sein kann. Jedenfalls ergibt sich aus ihm kein Anspruch auf Verlängerung eines sachgrundlos befristeten Arbeitsvertrags nach § 14 Abs. 2 TzBfG. Andernfalls würde der Gesetzeszweck, dass sich der ArbGeb. ohne einen sachlichen Grund von einem ArbN nach Ablauf der Befristung trennen können soll, unterlaufen.

Im Bereich der **Vergütung** findet der Gleichbehandlungsgrundsatz trotz des Vor- **32** rangs der Vertragsfreiheit Anwendung, wenn Arbeitsentgelte nach einem bestimmten erkennbaren **generalisierten Prinzip** gewährt werden, wie zB die Anhebung der Arbeitsentgelte durch eine betriebliche Einheitsregelung (BAG 21.5.2014 – 4 AZR 50/13, NZA 2015, 115; 3.9.2014 – 5 AZR 6/13, BeckRS 2014, 74405). Dem ArbGeb. ist es verwehrt, einzelne ArbN oder ArbNGruppen aus unsachlichen Gründen von einer Erhöhung der Arbeitsentgelte auszuschließen (BAG 14.8.2018 – 1 AZR 287/17, NZA 2019, 100). Nach dem mit der Entgeltanhebung verfolgten Zweck ist zu beurteilen, ob ein von ihr ausgeschlossener Personenkreis zu Recht ausgenommen wird (BAG 17.3.2010 – 5 AZR 168/09, NZA 2010, 696). Gewährt der ArbGeb. solchen ArbN, die in der Vergangenheit eine Gehaltsminderung hingenommen haben, eine Entgelterhöhung, so kann eine Ungleichbehandlung nur dann vorliegen, wenn entweder vor der Entgelterhöhung keine Gehaltsunterschiede bestanden oder nach der Erhöhung zuvor bestehende Unterschiede **überkompensiert** werden (BAG 20. 9. 2017 – 10 AZR 610/15, NZA 2018, 670; 13.4.2011 – 10 AZR 88/10, NZA 2011, 1047; 17.3.2010 – 5 AZR 168/09, NZA 2010, 696; → Rn. 33a).

32a Eine **Überkompensation** tritt erst und mit dem Zeitpunk ein, zu dem die finanziellen Nachteile, die die begünstigten ArbN bis zu einer Entgelthöhe erlitten haben oder danach noch erleiden werden, vollständig ausgeglichen sind. Dazu ist ein Gesamtvergleich erforderlich: Gegenüberzustellen ist das Arbeitsentgelt, das der auf Gleichbehandlung klagende ArbN im maßgeblichen Zeitraum aufgrund der für ihn geltenden arbeitsvertraglichen Regelungen tatsächlich verdient hat, und dasjenige Arbeitsentgelt, das er erhalten hätte, wenn er zu den Konditionen der begünstigten ArbN gearbeitet hätte (BAG 3.9.2014 – 5 AZR 6/13, BeckRS 2014, 74405).

32b Lehnt ein ArbN eine allen anderen ArbN gemachte **ArbVertragsänderung** ab, so hat er aufgrund des Gleichbehandlungsgrundsatzes keinen Anspruch auf Gewährung der Vorteile, die der ArbGeb. den das Änderungsangebot angenommenen ArbN vertraglich schuldet (BAG 21.5.2014 – 4 AZR 50/13, NZA 2015, 115; 14.12.2011 – 5 AZR 675/10, NZA 2012, 618; aber → Rn. 32).

32c Steht eine **Gruppenbildung** fest, hat der ArbGeb. die Gründe für die Differenzierung so substantiiert darzutun (zum Zeitpunkt, der nicht vorprozessual sein muss, BAG 23.2.2011 – 5 AZR 84/10, NZA 2011, 693), dass die Beurteilung möglich ist, ob die Gruppenbildung sachlichen Kriterien entspricht. Tut der ArbGeb. dies nicht oder ist die unterschiedliche Behandlung nach dem Zweck der Leistung nicht gerechtfertigt, kann die benachteiligte ArbNGruppe die Gleichbehandlung mit der begünstigten ArbNGruppe verlangen (BAG 14.8.2018 – 1 AZR 287/17, NZA 2019, 100; 20. 9. 2017 – 10 AZR 610/15, NZA 2018, 670; 26.4.2016 – 1 AZR 435/14, NZA 2016, 1160; 15.7.2009 – 5 AZR 486/08, NZA 2009, 1202; 27.7.2010 – 1 AZR 874/08, NZA 2010, 1369), es sei denn, die Zahl der begünstigten ArbN ist im Verhältnis zur Gesamtzahl der betroffenen ArbN sehr gering (BAG 14.6.2006 – 5 AZR 584/05, AP BGB § 242 Gleichbehandlung Nr. 200: unter 5%). Ein sachlicher Grund für die Differenzierung kann in der Anpassung unterschiedlicher Arbeitsbedingungen der Stammbelegschaft und der durch § 613a Abs. 1 S. 2 BGB begünstigten ArbN liegen (BAG 14.3.2007 – 5 AZR 420/06, AP BGB § 242 Gleichbehandlung Nr. 204).

32d Eine **Gruppenbildung** kann dadurch erfolgen, dass für eine ArbNGruppe („normale ArbN") eine Regelung getroffen wird und für eine andere (beurlaubte Beamte) unterbleibt. Diese **Differenzierung** muss sachlich gerechtfertigt sein. Sieht eine BV nach § 88 aus Gründen der Planungssicherheit für den ArbGeb. eine Sonderprämie als Anreiz für eine streitlose Beendigung der ArbVerh. vor, verstößt ein **Ausschluss beurlaubter Beamter** aus dem Geltungsbereich der BV gegen den betriebsverfassungsrechtlichen Gleichbehandlungsgrundsatz (aber zulässige Differenzierung im Sozialplan; BAG 8.12.2015 – 1 AZR 595/14, NZA 2016, 767). Wird in einer BV über eine Sonderzahlung, die die zusätzliche Honorierung der Arbeitsleistung und der Betriebstreue bezweckt, bei deren Höhe (bestimmter Prozentsatz des Vorjahresbruttoeinkommens) zwischen einer Personengruppe und allen anderen Mitarbeiter unterschieden, ist die Differenzierung nicht gerechtfertigt (BAG 26.4.2016 – 1 AZR 435/14, NZA 2016, 1160).

32e Differenziert ein TV zwischen ArbNGruppen, die **Nachtarbeit** im Rahmen von **Schichtarbeit** leisten, und ArbNGruppen, die sie **außerhalb** von **Schichtsystemen** leisten, und erkennt er diesen einen höheren Nachtarbeitszuschlag als jenen zu, ist der Gleichbehandlungsgrundsatz verletzt; jenen steht ein entspr. Nachzahlungsanspruch zu (BAG 21.3.2018 – 10 AZR 34/17, NZA 2019, 622).

32f ArbGeb. und BR haben bei Regelungen über eine einheitliche **Dienstkleidung** den Gleichbehandlungsgrundsatz zu beachten. Die unterschiedliche Ausgestaltung der Tragepflicht verschiedener Personengruppen ist nur dann gerechtfertigt, wenn für diese ein sachlicher Grund besteht; andernfalls ist die BV unwirksam (BAG 30.9.2014 – 1 AZR 1083/12, NZA 2015, 121 – Cockpit-Mütze; *Brose/Greiner/Preis* NZA 2011, 369 [377 f.]; *Fischer* NZA-RR 2015, 169 [177]; *Klinkhammer/Schlicht* ArbRAktuell 2015, 68; → Rn. 160, 160a).

Sieht eine BV für die Gruppen der **aktiven ArbN** und der **Betriebsrentner** gleiche **Beihilfeleistungen** im Krankheitsfall vor, so können die begünstigten ArbN nach ihrem Ausscheiden nicht damit rechnen, besser als die Aktiven gestellt zu werden, wohl aber darauf vertrauen, auch nicht schlechter gestellt zu werden (BAG 10.2.2009 – 3 AZR 653/07, AP BetrAVG § 1 Nr. 57). **32g**

Der arbeitsrechtliche Gleichbehandlungsgrundsatz fordert **keine schematische Gleichbehandlung** der ArbN. Der einzelne ArbN soll vielmehr soweit wie möglich nach seiner persönlichen Eigenart behandelt werden. Das gebietet auch die Achtung vor seiner Persönlichkeit. Sachgemäße Unterscheidungen, die in den unterschiedlichen Verhältnissen der ArbN oder durch bes. Umstände beim ArbGeb. begründet sind, sind zulässig. Das gilt sowohl bei Abschluss des Arbeitsvertrages (Vertragsfreiheit!; BAG 1.7.1999 – 2 AZR 826/98, AP KSchG 1969 § 2 Nr. 53) als auch bei der rechtlichen und tatsächlichen inhaltlichen Ausgestaltung des Einzelarbeitsverhältnisses, zB bei individuellen freiwilligen sozialen Zuwendungen (BAG 15.11.1994 – 5 AZR 682/93, AP BGB § 242 Gleichbehandlung Nr. 121). Eine sachverhaltsbezogene Ungleichbehandlung verstößt erst dann gegen den Grundsatz der Gleichbehandlung, wenn sie willkürlich ist, weil sich ein vernünftiger Grund für die Differenzierung nicht finden lässt (BAG 21.8.2012 – 3 AZR 81/10, BeckRS 2012, 75178). **33**

Der arbeitsrechtliche Gleichbehandlungsgrundsatz wird nicht allein dadurch verletzt, dass der ArbGeb. ein Vergütungssystem mit unterschiedlichen Komponenten und Faktoren einführt und für einzelne ArbNGruppen unter bestimmten Voraussetzungen zusätzliche Leistungen – auch abhängig von seiner wirtschaftlichen Leistungsfähigkeit – gewährt **(Bonuszahlung),** um bestehende erhebliche Vergütungsunterschiede abzumildern oder auszugleichen (BAG 12.10.2011 – 10 AZR 510/10, NZA 2012, 680; → Rn. 32). **33a**

So kann der ArbGeb. mit einer **freiwilligen Sonderzahlung** die Belohnung bisheriger Dienste und den Anreiz für künftige Betriebstreue bezwecken und ohne Verstoß gegen den Gleichbehandlungsgrundsatz den Anspruch auf die Sonderzahlung daran knüpfen, dass das ArbVerh. über den Auszahlungszeitpunkt hinaus innerhalb eines bestimmten Zeitraums fortbesteht (s. aber BAG 14.8.2007 – 9 AZR 943/06, AP AGG § 33 Nr. 1: ArbGeb. kann abwanderungsgefährdeten Frauen Abschluss eines verbesserten Vertrages nicht verweigern, wenn er zuvor abwanderungsgefährdeten Männern einen verbesserten Vertrag angeboten hat; BAG 30.7.2008 – 10 AZR 497/07, NZA 2008, 1412, 5.8.2009 – 10 AZR 666/08, NZA 2009, 1135: Sonderzahlung an schlechtere ArbBedingungen akzeptierende ArbN; ebenso LAG Nürnberg 12.3.2008 – 4 Sa 172/07, NZA-RR 2009, 13; *Grau/Sittard* NZA 2009, 1396 ff.; → Rn. 31d). Auch ist die Gewährung einer **höheren Vergütung** an einzelne neu eintretende ArbN dann zulässig, wenn sonst für wichtige Arbeitsplätze keine ArbN zu gewinnen sind (BAG 21.3.2001 – 10 AZR 444/00, AP BAT § 33a Nr. 17; 23.8.1995 – 5 AZR 293/94, AP BGB § 242 Gleichbehandlung Nr. 134). **34**

Ein ArbGeb., dem ein Streik droht, kann versuchen, zum Streik aufgerufene ArbN mit dem Versprechen einer finanziellen Leistung in Form einer **„Streikbruchprämie"** von der Teilnahme am Streik abzuhalten und seinen Betrieb fortzuführen. Die mit einer solchen Streikbruchprämie verbundene Ungleichbehandlung von streikenden und nichtstreikenden ArbN ist aus arbeitskampfrechtlichen Gründen gerechtfertigt. Es geht um ein zulässiges Kampfmittel der Arbgeb.-Seite, deren konkreter Einsatz am Grundsatz der Verhältnismäßigkeit zumessen ist (vgl. BAG 14.8.2018 – 1 AZR 287/17, NZA 2019, 100 m. Anm. *Spielberger* NZA-RR 2019, 126; → § 74 Rn. 22a). **34a**

Auch wenn der ArbGeb. aufgrund eines Freiwilligkeitsvorbehalts in seiner Entscheidung frei ist, ob und unter welchen Voraussetzungen er eine zusätzliche Leistung **34b** gewährt, ist er an den arbeitsrechtlichen Gleichbehandlungsgrundsatz gebunden, wenn er nach von ihm aufgestellten **allgemeinen Regeln** freiwillige **Sonderzahlungen** leistet (BAG 10.12.2008 – 10 AZR 35/08, AP BGB § 611 Gratifikation Nr. 281; 5.8.2009 – 10 AZR 666/08, NZA 2009, 1135; *Salamon* NZA 2009, 656 ff.; → Rn. 31b). Soll eine Sonderzahlung als Ausgleich für die Vereinbarung schlechterer Arbeitsbedingungen nur dann geleistet werden, wenn bestimmte Unternehmensziele erreicht werden, wird damit kein zusätzlicher Leistungszweck begründet, bei dessen Eintritt auch die ArbN einen Anspruch auf die Sonderzahlung haben, die den schlechteren Arbeitsbedingungen nicht zugestimmt haben (BAG 13.4.2011 – 10 AZR 88/10, NZA 2011, 1047).

34c Führt der **ArbGeb.** ein Vergütungssystem mit unterschiedlichen Komponenten und Faktoren oder freiwillige Sonderleistungen ein, ist er aufgrund des arbeitsrechtlichen Gleichbehandlungsgrundsatzes verpflichtet, die **Gründe** für die **Differenzierung offen** zu **legen** und substantiiert die sachlichen Unterscheidungskriterien **darzutun** (BAG 12.10.2011 – 10 AZR 510/10, NZA 2012, 680; → Rn. 32). Die Benennung einzelner Leistungsgesichtspunkte reicht nicht; der ArbGeb. muss zudem die Bewertungskriterien für die Erfüllung der geforderten Leistungsmerkmale offen legen. Er hat folglich Größe, Zusammensetzung und Abgrenzung des begünstigten Personenkreises sowie darzulegen, warum der betr. ArbN nicht dazugehört (LAG SchlH 12.12.2013 – 5 Sa 173/13, BeckRS 2014, 66600). Kommt er dem nicht nach, können die benachteiligten ArbN Gleichbehandlung mit den begünstigten ArbN verlangen (BAG 12.10.2011 – 10 AZR 510/10, NZA 2012, 680).

34d Schließt der ArbGeb. mit ArbN **Altersteilzeitarbeitsverträge,** obwohl er wegen Überschreitens der **Überlastquote** (§ 3 Abs. 1 Nr. 3 Alt. 1 AltTZG) hierzu tariflich nicht verpflichtet ist, erbringt er eine freiwillige Leistung. Deshalb hat er bei der Entscheidung über eine entspr. Antragstellung eines ArbN den arbeitsrechtlichen Gleichbehandlungsgrundsatz zu beachten (BAG 18.10.2011 – 9 AZR 225/10, BeckRS 2012, 65541).

35 Der Grundsatz der Gleichbehandlung gilt auch im Bereich der **betrieblichen Altersversorgung** (BAG 14.11.2017 – 3 AZR 515/16, NZA 1018, 367; 21.8.2012 – 3 AZR 81/10, BeckRS 2012, 75178; HK-AGG/*Schrader/Schubert* AGG § 2 Rn. 178; s. diesbzgl. Bereichsausnahme in § 2 Abs. 2 S. 2 AGG, die nach BAG 11.12.2007 – 3 AZR 249/06, AP AGG § 2 Nr. 1 – nur eine Kollisionsregel für das Verhältnis AGG zur betriebl. Altersversorgung ist). Eine kollektive Versorgungsordnung muss den Gleichbehandlungsgrundsatz beachten (zur Gleichbehandlung von Arb. und Ang. in der Betriebsrente BAG 16.2.2010 – 3 AZR 216/09, NZA 2010, 701; zur gerechtfertigten Ungleichbehandlung von gewerbl. ArbN und Ang. BAG 10.11.2015 – 3 AZR 575/14, NZA-RR 2016, 204; 17.6.2014 – 3 AZR 757/12, BeckRS 2014, 12548). Damit Leistungen der betrieblichen Altersversorgung idR Betriebstreue gefördert und belohnt werden soll (BAG 19.4.2016 – 3 AZR 526/14, NZA 2016, 820 mwN), ist es zB nicht zulässig, ArbN im Außendienst von derartigen Leistungen deshalb auszuschließen, weil diese ein aus Fixum und Provision bestehendes höheres Entgelt als die ArbN im Innendienst erhalten (BAG 20.7.1993 – 3 AZR 52/93, AP BetrAVG § 1 Gleichbehandlung Nr. 11; 9.12.1997 – 3 AZR 661/96, AP BetrAVG § 1 Gleichbehandlung Nr. 40).

35a Allerdings können Vergütungssysteme dann den **Ausschluss von Versorgungsleistungen** rechtfertigen, wenn die ausgeschlossene ArbNGruppe durchschnittlich eine erheblich höhere Vergütung als die begünstigte ArbNGruppe erhält (BAG 21.8.2007 – 3 AZR 269/06, AP BetrAVG § 1 Gleichbehandlung Nr. 60). Jedenfalls muss der ArbGeb. in einer **allgemeinen Ordnung** die Voraussetzungen für eine Herausnahme einzelner ArbN aus dem Kreis der Begünstigten festlegen. Dabei müssen die Kriterien nach sachgerechten und objektiven Merkmalen bestimmt und abgestuft werden, andernfalls sind sie wegen Verstoßes gegen den Gleichbehandlungsgrundsatz unverbindlich (BAG 19.8.2008 – 3 AZR 194/07, AP BGB § 242 Betriebliche Übung Nr. 82). So ist die Herausnahme von ArbN, deren **ArbVerh.**

durch einen **Betriebs-** oder Betriebsteil**übergang** auf den ArbGeb. **übergeht,** aus einer Vergütungsordnung gerechtfertigt; sie erleichtert eine sachgerechte und angemessene Regelung der Übergangssituation, in der nicht von vornherein absehbar ist, welche Arbeits- und insbes. Versorgungsbedingungen in den übergehenden ArbVerh. gelten und welche Unterschiede zu den anderen ArbN bestehen (BAG 19.1.2010 – 3 ABR 19/08, NZA-RR 2010, 356).

Zu **unterschiedlichen Altersgrenzen** für **Männer** und **Frauen** in betrieblichen Versorgungssystemen → Rn. 92. **35b**

Nicht gleichbehandlungswidrig ist, wenn der ArbGeb. freiwillig eine **Betriebsrente** zahlt, bei deren Berücksichtigung er auch Beschäftigungszeiten zugrunde legt, auf deren Berücksichtigung nach seiner Auffassung kein Rechtsanspruch besteht, diese Begünstigung stichtagsbezogen nur den Versorgungsempfängern, nicht aber den Versorgungsanwärtern gewährt (BAG 14.11.2017 – 3 AZR 515/16, NZA 1018, 367). **35c**

Nicht gleichbehandlungswidrig ist die **Beschränkung** der **Altersversorgung** auf solche ArbN, die der ArbGeb. aus einleuchtenden Gründen enger an das Unternehmen binden will (BAG 17.2.1998 – 3 AZR 783/96, AP BetrAVG § 1 Gleichbehandlung Nr. 37). Der Grundsatz der Gleichbehandlung gilt zwar auch für die Ermittlung der für die Berechnung der Betriebsrente maßgebenden Bemessungsgrundlagen (rentenfähiger Arbeitsverdienst); es ist jedoch zulässig, nur das Festgehalt, nicht jedoch variable Lohnbestandteile wie zB Provisionen als rentenfähiges Arbeitsentgelt anzuerkennen, vorausgesetzt, dass dies nicht dazu führt, dass bestimmte ArbN keine oder keine angemessene Betriebsrente erhalten (BAG 17.2.1998 – 3 AZR 578/96, AP BetrAVG § 1 Gleichbehandlung Nr. 38). Zu **Spätehenklauseln** → Rn. 91a; zur Berücksichtigung von **TeilzeitArbN** → Rn. 56f.; zur **MB** → § 87 Rn. 455ff. **36**

Nicht gleichbehandlungswidrig sind idR **Stichtagsregelungen** für **Sonderleistungen,** die **keinerlei Entgeltcharakter** haben, sondern ausschließlich vergangene oder künftige Betriebstreue honorieren. Stichtagsregelungen sind zB als Anreiz- oder Steuerungsmittel insbes. bei längerfristigen Personalmaßnahmen sachlich vertretbar, auch wenn sie im Einzelfall zu Härten führen können (stRspr, BAG 22.7.2014 – 9 AZR 981/12, BeckRS 2014, 72360; 23.11.2004 – 9 AZR 639/03, NZA 2005, 833 mwN). TVParteien, ArbGeb. und BR steht zwar ein weiter Ermessensspielraum zu, die Wahl des Zeitpunkts muss sich jedoch am zu regelnden Sachverhalt orientieren und die Interessenlage der Betroffenen angemessen erfassen (BAG 25.4.2007 – 6 AZR 746/06, AP TzBfG § 4 Nr. 14 mwN; 18.5.2010 – 1 AZR 187/09, NZA 2010, 1304; → Rn. 54). **37**

Bei einem pro genommenen Urlaubstag vereinbarten **Urlaubsgeld** handelt es sich nicht um eine durch Arbeitsleistung verdiente Sonderzahlung. Sie kann davon abhängig gemacht werden, dass das ArbVerh. im Zahlungszeitpunkt **(Stichtag)** ungekündigt besteht (BAG 22.7.2014 – 9 AZR 981/12, BeckRS 2014, 72360). Mit Hilfe einer Stichtagsregelung kann eine unterschiedliche Behandlung von **Ruheständlern** durch verschiedene Pensionierungsdaten erfolgen (BAG 11.9.1980 – 3 AZR 606/79, AP BGB § 242 Ruhegehalt Nr. 187; → Rn. 34, 34a). Das Gleiche gilt für Betriebsrentner und Betriebsrentenanwärter (BAG 14.11.2017 – 3 AZR 515/16, NZA 1018, 367). **37a**

Dagegen sind **Stichtagsregelungen** für **Sonderzahlungen** sowohl mit **reinem Entgeltcharakter** als auch mit **Mischcharakter** (Anknüpfen an Unternehmenserfolg oder Honorierung der Betriebstreue) nach neuerer Rspr. (BAG 13.11.2013 – 10 AZR 848/12, AP BGB § 611 Gratifikation Nr. 303; 18.1.2012 – 10 AZR 612/10, NZA 2012, 561; dazu *Heins/Leder* NZA 2014, 520ff., *Preis/D. Ulber* RdA 2013, 211 [220], *Spielberger* ArbRAktuell 2014, 373) generell, also unabhängig davon, ob der Stichtag innerhalb oder außerhalb des Bezugszeitraums liegt, eine unzulässige Benachteiligung des ArbN gem. § 307 Abs. 1 BGB. Dabei ist der Begriff des Entgelts weit zu verstehen. Er ist immer dann gegeben, wenn die Sonderzuwendung auf das Erreichen quantitativer oder qualitativer Ziele abstellt, gleich, ob diese Ziele an die persönliche Leistung des ArbN oder an das Betriebsergebnis anknüpfen. Daher **37b** verbleibt nur noch ein enger Anwendungsbereich für Stichtagsklauseln (*Lingemann* FD.ArbR 2013, 352758). Zu Stichtagsregelungen in **Sozialplänen** → §§ 112, 112a Rn. 164f.; BAG 12.4.2011 – 1 AZR 505/09, NZA 2011, 1302.

38 Der arbeitsrechtliche Gleichbehandlungsgrundsatz gilt nur bei einem **gestaltenden Verhalten** in Form einer verteilenden Entscheidung des ArbGeb., **nicht** beim bloßen – sei es auch nur vermeintlichen – **Normenvollzug** aufgrund von G, TV oder BV oder bei Erfüllung vertraglicher Verplichtungen (stRspr, vgl. zB BAG 11.7.2017 – 3 AZR 691/16, NZA 2017, 1388; 21.5.2014 – 4 AZR 50/13, NZA 2015, 115 mAnm *Siegfanz-Strauß* RdA 2015, 266ff.; 14.12.2011 – 5 AZR 675/10, NZA 2012, 618). Deshalb gibt es keinen Anspruch auf „**Gleichbehandlung im Rechtsirrtum**" (BAG 26.4.2005 – 1 AZR 76/04, AP BetrVG 1972 § 87 Nr. 12; 23.1.2008 – AZR 988/06, AP BetrVG 1972 § 77 Betriebsvereinbarung Nr. 40). Das gilt jedenfalls dann, wenn der ArbGeb., nachdem er die Rechtsgrundlosigkeit seiner Leistungen erkannt hat, diese einstellt und erbrachte Leistungen, soweit möglich, zurückfordert.

38a **Kein Normenvollzug** liegt vor, wenn der ArbGeb. weiß, dass er nicht zur Anwendung eines TV verpflichtet ist und ihn dennoch anwendet. Ab diesem Zeitpunkt erbringt er bewusst eine zusätzliche freiwillige Leistung, die ihrerseits dem arbeitsrechtlichen Gleichbehandlungsgrundsatz genügen muss (stRspr, BAG 21.5.2014 – 4 AZR 50/13, NZA 2015, 115; 6.7.2011 – 4 AZR 596/09, BeckRS 2011, 77933).

39 Deshalb ist der ArbGeb. **nicht** verpflichtet, eine irrtümlich auf Grund einer unwirksamen BV gezahlte **Zulage** nach Kenntnis der Rechtslage aus Gründen der Gleichbehandlung **allen ArbN** zu gewähren (BAG 13.8.1980 – 5 AZR 325/78, AP BetrVG 1972 § 77 Nr. 2; *Thüsing* Diskriminierungsschutz Rn. 963). Das gilt selbst dann, wenn die begünstigten ArbN die zu Unrecht erhaltenen Leistungen aus rechtlichen oder tatsächlichen Gründen nicht zurückerstatten. Ein **Gleichbehandlungsanspruch** kann sich jedoch dann ergeben, wenn der **ArbGeb.** in Kenntnis der Unwirksamkeit der BV **weiterhin Leistungen erbringt** – dann handelt es sich nicht mehr um bloßen Normenvollzug – oder die ihm möglichen und zumutbaren Korrekturmaßnahmen nicht ergreift (BAG 11.7.2017 – 3 AZR 691/16, NZA 2017, 1388; 26.4.2005 – 1 AZR 76/04, AP BetrVG 1972 § 87 Nr. 12; 15.4.2008 – 1 AZR 65/07, AP BetrVG 1972 § 87 Lohngestaltung Nr. 133; HK-AGG*Zimmer* AGG § 2 Rn. 230).

40 Der Gleichbehandlungsgrundsatz ist nach BAG **grds. betriebsübergreifend** auf das ganze Unternehmen zu beziehen, wenn die verteilende Entscheidung des ArbGeb. nicht auf einen einzelnen Betrieb beschränkt ist, sondern sich auf alle oder mehrere Betriebe des Unternehmens bezieht (BAG 3.12.2008 – 5 AZR 74/08, NZA 2009, 367; zum Einsichtsrecht des BR in Bruttolohn- und Gehaltslisten aller ArbN des Unternehmens LAG SchlH 9.2.2016 – 1 TaBV 43/15, BeckRS 2016, 69027). Dies folgt daraus, dass der Gleichbehandlungsgrundsatz inhaltlich durch den allgemeinen Gleichheitssatz des Art. 3 Abs. 1 GG bestimmt wird, dieser jedoch seinem Wesen nach **kompetenzbezogen** ist, dh sich auf den Bereich bezieht, auf den sich die Regelungskompetenz erstreckt (aber → Rn. 41a). Dies ist beim ArbGeb. als Unternehmensinhaber grds. das gesamte Unternehmen (BAG 17.11.1998 – 1 AZR 147/98, AP BGB § 242 Gleichbehandlung Nr. 162).

41 Eine **Unterscheidung** zwischen den **einzelnen Betrieben (betriebsbezogene Gruppenbildung)** ist nur dann zulässig, wenn es hierfür sachliche Günde gibt. Dabei sind die Besonderheiten des Unternehmens und der Betriebe zu beachten (BAG 3.12.2008 – 5 AZR 74/08, NZA 2009, 367mwN). So darf der ArbGeb. bei freiwilligen Lohnerhöhungen zwischen den Betrieben nach deren wirtschaftlicher Leistung und dem bereits bestehenden Lohnniveau differenzieren. Sachgerechte Kriterien sind zB die Arbeitsanforderungen an die ArbN, die Ertragssituation der Betriebe allgemein oder in bestimmter Hinsicht (BAG 17.11.1998 – 1 AZR 147/98, AP BGB § 242 Gleichbehandlung Nr. 162, ganzer bzw. teilweiser Wegfall des 13. u. 14. Monatsgehalts nur in einem Betrieb), die Lohnentwicklung in der Vergangenheit und die absolute Lohnhöhe. Die sich aus erhöhten Flexibilitäts- und damit Arbeitsanforderungen ergebende eingeschränkte Dispositionsfreiheit von ArbN kann zusätzliche Gegenleistungen begründen und den Ausschluss nicht entspr. belasteter ArbN rechtfertigen. Derartige vernünftige Gesichtspunkte darf der ArbGeb. bis zur Grenze der Willkür selbst einschätzen. Ein bes. weiter Beurteilungsspielraum steht dem ArbGeb. bei Betrieben unterschiedlicher Branchen oder verschiedener Tarifgebiete zu (BAG 3.12.2008 – 5 AZR 74/08, NZA 2009, 367).

Auch ist das Aushandeln unterschiedlicher Regelungen, zB in mitbestimmten BV, mit örtlichen BR als Rechtfertigungsgrund ausreichend. Der Gleichbehandlungsgrundsatz hat keinen Einfluss auf die gesetzliche Zuständigkeitsverteilung zwischen den Betriebsverfassungsorganen. Die Verpflichtung zur Gleichbehandlung ist **kompetenzakzessorisch.** Erst die jeweiligen BVen sind am Gleichbehandlungsgrundsatz des § 75 Abs. 1 zu messen (BAG 23.3.2010 – 1 ABR 82/08, NZA 2011, 642). **41a**

Innerhalb eines **Konzerns** gilt der idR nur den Vertrags-ArbGeb. bindende Gleichbehandlungsgrundsatz wegen der rechtlichen Selbständigkeit der einzelnen Konzernunternehmen grds. **nicht** (BAG 20.8.1986 – 4 AZR 272/85, AP TVG § 1 TV-Seniorität Nr. 6). Deshalb ist der Vertrags-ArbGeb. ohne besondere Anhaltspunkte nicht verpflichtet, darüber zu wachen, dass der Gleichbehandlungsgrundsatz auch im Rahmen und bei der Durchführung anderer Vertragsverhältnisse seiner ArbN mit Dritten (Zuteilung von Aktienoptionen durch Konzernmutter) beachtet wird (BAG 20.3.2018 – 1 ABR 15/17, NZA 2018, 1017; s. kr. Anm. *Fischer* ArbRAktuell 2017, 182). Wenn jedoch die Konzernspitze eine Verteilungskompetenz beansprucht und konzernweit geltende Weisungen und Regelungen trifft, ist auch hier eine Gleichbehandlungspflicht gegeben (BAG 17.6.2009 – 7 AZR 112/08 (A), NZA 2009, 1355; *Thüsing* Diskriminierungsschutz Rn. 945 mwN). **42**

Aus dem gleichen Grund können in einem von **zwei Unternehmen geführten Betrieb** die ArbN des einen Unternehmens nicht unter dem Gesichtspunkt der Gleichbehandlung dieselbe Vergütung oder sonstige vertragliche Leistungen verlangen, wie sie die ArbN des anderen Unternehmens erhalten (BAG 12.12.2006 – 1 ABR 38/05, AP BetrVG 1972 § 1 Gemeinsamer Betrieb Nr. 27). Denn in Bezug auf derartige Leistungen bleiben ausschließlich die beteiligten Unternehmen – und zwar jedes für sich – Vertragspartner und Erfüllungsschuldner gegenüber seinen in den gemeinsamen Betrieb entsandten ArbN. Der ArbGeb. des gemeinsam geführten Betriebs (idR eine BGB-Gesellschaft der beteiligten Unternehmen) hat insoweit keine Kompetenz. Etwas anderes gilt in Bezug auf Entscheidungen, die dieser ArbGeb. im Rahmen der Betriebsführung, dh insbes. im Rahmen seines Direktionsrechts, trifft. Insoweit ist der Gleichbehandlungsgrundsatz zu beachten, und es dürfen keine unsachlichen Differenzierungen erfolgen. So darf zB eine für den gemeinsamen Betrieb erlassene Betriebsordnung nur bei Vorliegen sachlicher Gründe unterschiedliche Regelungen für die ArbN der beteiligten Unternehmen treffen. **43**

b) Einzelfälle sachgerechter Differenzierungen

Die Frage, ob eine unterschiedliche Behandlung von ArbN sachlich gerechtfertigt ist oder nicht, ist insbes. im Bereich des Arbeitsentgelts von Bedeutung. Als **sachlich gerechtfertigte Differenzierung** sind ua anzusehen: **44**

- die Unterscheidung zwischen Zeitlohn- und Akkordarbeiten bei der Gewährung einer Zulage (BAG 4.5.1962 – 1 AZR 250/61, AP BGB § 242 Gleichbehandlung Nr. 32);
- die Gewährung einer übertariflichen Bezahlung nur an einen Teil der ArbN einer bestimmten tariflichen Vergütungsgruppe, weil anderenfalls die Arbeitsplätze der begünstigten Gruppe nicht besetzt werden können (BAG 23.8.1995 – 5 AZR 293/94, AP BGB § 242 Gleichbehandlung Nr. 134);
- die Zahlung einer bes. Vergütung, die Anreiz bieten soll, um für solche Arbeitsplätze Arbeitskräfte zu gewinnen oder zu halten, die wegen der Arbeitsmarktsitua-

tion nicht oder nur schwer zu besetzen sind (BAG 21.3.2001 – 10 AZR 444/00, AP BAT § 33a Nr. 17). Entspannt sich die Situation auf dem Arbeitsmarkt, ist der ArbGeb. nicht verpflichtet, den danach eingetretenen ArbN eine derartige Zulage zu gewähren (BAG 21.3.2001 – 10 AZR 444/00, AP BAT § 33a Nr. 17);
- Zahlung einer freiwilligen Zulage nur an ArbN mit einer bes. qualifizierten Ausbildung, die sich in einer bes. schwierigen Personalwettbewerbssituation befinden (BAG 27.5.2015 – 5 AZR 724/13, BeckRS 2015, 71030);
- unterschiedliche Entgelte im Fall der Verschmelzung (§ 324 UmwG, § 613a BGB) für die aus unterschiedlichen Betrieben stammenden ArbN (BAG 31.8.2005 – 5 AZR 517/04, AP BGB § 613a Nr. 288);
- Herausnahme von ArbN, deren ArbVerh. durch einen Betriebs- oder Betriebsteilübergang auf den ArbGeb. **übergeht,** aus einer Vergütungsordnung zur Erleichterung einer sachgerechten und angemessenen Regelung der Übergangssituation (BAG 19.1.2010 – 3 ABR 19/08, NZA-RR 2010, 356; → Rn. 35a).
- die Unterscheidung zwischen Betriebsarbeitern und Heimarbeitern im Entgeltbereich (BAG 19.6.1957 – 2 AZR 84/55, AP BGB § 242 Gleichbehandlung Nr. 12);
- die Anwendung unterschiedlicher Vergütungsgrundsätze auf sachgerecht gebildete Gruppen von ArbN (BAG 20.11.1996 – 5 AZR 401/95, AP BGB § 242 Gleichbehandlung Nr. 133; 22.3.2005 – 1 AZR 49/04, AP BetrVG 1972 § 75 Nr. 48);
- die Beschränkung einer Kürzung des 13. Monatsgehalts auf Arbeiter wegen des bei ihnen erheblich höheren Krankenstandes (BAG 19.4.1995 – 10 AZR 136/94, AP BGB § 611 Gratifikation Nr. 172; 6.12.1995 Nr. 186); dies gilt allerdings nicht, wenn nicht ausgeschlossen ist, dass der überproportionale Krankenstand bei Arbeitern auf die Gesundheit negativ beeinträchtigenden Bedingungen im Verantwortungsbereich des ArbGeb. beruht (BVerfG 1.9.1997 – 1 BvR 1929/95, DB 1997, 2438);
- die Beschränkung der Zahlung eines Weihnachtsgelds auf die im Innendienst beschäftigten ArbN eines Zeitungsverlags, da diese keine Möglichkeit haben, die den Zeitungsträgern üblicherweise zum Jahresende von den Abonnenten gewährten nicht unerheblichen Trinkgelder zu erhalten (BAG 19.4.1995 – 10 AZR 344/94, AP BGB § 242 Gleichbehandlung Nr. 124);
- die Herausnahme von ArbN, deren ArbVerh. wegen Elternurlaubs ruht, aus der freiwilligen Gewährung einer Weihnachtsgratifikation, wenn deren Zweck in der zusätzlichen Honorierung tatsächlich erbrachter und zu erbringender Arbeitsleistung besteht (BAG 12.1.2000 – 10 AZR 840/98, AP BGB § 611 Gratifikation Nr. 223; s. *Salamon* NZA 2009, 656 ff.);
- Anknüpfen von Sonderzahlungen zur Honorierung von Betriebstreue und Arbeitsleistung an den Bestand des ArbVerh. an einem bestimmten Stichtag in einem TV (BAG 12.12.2012 – 10 AZR 718/11, BeckRS 2013, 67117 zu § 20 TVöD; aber → Rn. 37 f.).
- die Beschränkung der Gewährung zusätzlicher Leistungen auf ArbN in ungekündigter Stellung (BAG 25.4.1991 – 6 AZR 532/89, AP BGB § 611 Gratifikation Nr. 137; 21.3.1968 – 5 AZR 299/67, AP BGB § 242 Gleichbehandlung Nr. 33), es sei denn, es handelt sich um Leistungen für die Vergangenheit (BAG 10.3.1982 – 4 AZR 540/79, AP BGB § 242 Gleichbehandlung Nr. 47);
- die Gewährung einer höheren Weihnachtsgratifikation an Ang., wenn damit der Zweck verfolgt wird, die Benachteiligung der Ang. bei der Zahlung übertariflicher Zulagen auszugleichen (BAG 15.1.1984 – 5 AZR 251/82, AP BGB § 242 Gleichbehandlung Nr. 68; 30.3.1994 – 10 AZR 681/92, AP BGB § 242 Gleichbehandlung Nr. 113; sachgerechter wäre es aber sicherlich, die Gleichbehandlung beider ArbNGruppen in den einzelnen Sachbereichen sicherzustellen);
- Bonuszahlung im Vorfeld einer Betriebsabspaltung nur für die beim ArbGeb. verbleibenden ArbN (BAG 14.2.2007 – 10 AZR 181/06, AP BGB § 611 Gratifikation Nr. 264)

- die Gewährung einer Sonderleistung in einer zusätzlichen BV zu Interessenausgleich/Sozialplan als Anreiz für die ArbN, die bis zur Betriebsteilverlegung und Schließung des Restbetriebs tatsächlich arbeiten (BAG 22.3.2005 – 1 AZR 49/04, AP BetrVG 1972 § 75 Nr. 48) oder
- sog „Turboprämien" außerhalb von Sozialplänen für ArbN, die keine Kündigungsschutzklage erheben (BAG 3.5.2006 – 4 AZR 189/05, AP BGB § 612a Nr. 17, 31.5.2005 – 1 AZR 254/04, AP BetrVG 1972 § 112 Nr. 175 und Anm. *Annuß* RdA 2006, 378ff.; *Thüsing/Wege* DB 2005, 2634ff.);
- die Gewährung einer Sonderleistung in einer zusätzlichen BV zu einem Sozialplan als Anreiz für ArbN, keine Kündigungsschutzklage zu erheben oder nach Abschluss der BV einen Aufhebungsvertrag zu schließen (BAG 9.12.2014 – 1 AZR 146/13, NZA 2015, 438);
- der Ausschluss von ArbN, die bereits eine höhere Vergütung als vergleichbare ArbN beziehen und in einem Betrieb arbeiten, der stillgelegt werden soll, von einer aus Anlass einer Umstrukturierungsmaßnahme als Motivationszulage gewährten zusätzlichen Leistung (BAG 10.3.1998 – 1 AZR 509/97, AP BGB § 611 Gratifikation Nr. 207);
- der Ausschluss solcher ArbN aus einer freiwillig gewährten Sonderzahlung, deren ArbVerhältnis ruht (BAG 6.12.1995 – 10 AZR 198/95, AP BGB § 611 Gratifikation Nr. 187);
- Einbeziehung nur solcher ArbN in den Geltungsbereich eines Sozialplans, die zum Zeitpunkt seines Inkrafttretens in einem ArbVerh. zum ArbGeb. stehen (BAG 14.12.2010 – 1 AZR 279/09, NZA-RR 2011, 182);
- eine geringere Abfindung für ArbN, die anlässlich eines zunächst nur geplanten Personalabbaus einen Aufhebungsvertrag abgeschlossen haben, gegenüber Abfindungsleistungen in einem Sozialplan, der wegen der dann doch notwendigen Betriebsstilllegung abgeschlossen wird (BAG 24.11.1993 – 10 AZR 311/93, AP BetrVG 1972 § 112 Nr. 72);
- eine Unterscheidung zwischen ArbN, deren ArbVerhältnisse auf Grund des § 613a BGB auf den Betriebserwerber überführt werden (keine Sozialplanleistung) und solchen ArbN, die anderweit weiterbeschäftigt werden (verminderte Sozialplanleistung), selbst für den Fall, dass letztere auf Grund eines später abgeschlossenen Arbeitvertrags vom Betriebserwerber ebenfalls beschäftigt werden (BAG 17.4.1996 – 10 AZR 606/95, AP BetrVG 1972 § 112 Nr. 101);
- bei Abfindungszahlungen wegen einer Betriebsschließung, wenn der hierfür zur Verfügung stehende Gesamtbetrag gering ist und die Chancen der ArbN auf einen neuen Arbeitsplatz ungünstig sind, der Ausschluss derjenigen ArbN, die das ArbVerh. vorzeitig durch Aufhebungsvertrag aufgelöst haben, nachdem sie eine neue Beschäftigung gefunden haben (BAG 25.11.1993 – 2 AZR 324/93, AP BGB § 242 Gleichbehandlung Nr. 114);
- der Ausschluss solcher ArbN von Sozialplanleistungen, die ihr ArbVerh. vor Scheitern des Interessenausgleichs oder vor Abschluss des Sozialplans im Hinblick auf eine angekündigte Betriebsstilllegung bzw. Betriebsverlegung selbst gekündigt haben (BAG 30.11.1994 – 10 AZR 578/93, AP BetrVG 1972 § 112 Nr. 89; 24.1.1996 – 10 AZR 155/95, AP BetrVG 1972 § 112 Nr. 98, BAG 8.3.1995 – 5 AZR 869/93, AP BGB § 242 Gleichbehandlung Nr. 123), es sei denn, die Eigenkündigung ist vom ArbGeb. veranlasst (BAG 19.7.1995 – 10 AZR 885/94, AP BetrVG 1972 § 112 Nr. 96);
- der Ausschluss von ArbN von Sozialplanleistungen, die ihr ArbVerh. vor einer Betriebsstilllegung selbst kündigen, wenn der ArbGeb. ein berechtigtes Interesse an der geordneten Weiterführung des (Hotel-)Betriebs bis zu dessen Schließung hat und auf das Verbleiben seiner Mitarbeiter angewiesen ist (BAG 9.11.1994 – 10 AZR 281/94, AP BetrVG 1972 § 112 Nr. 85; für eine Abfindungszahlung auf vertraglicher Grundlage ebenso BAG 8.3.1995 – 5 AZR 869/93, AP BGB § 242 Gleichbehandlung Nr. 123);

– die Vereinbarung einer höheren Abfindung bei freiwilligem Ausscheiden aus dem ArbVerh. auf Grund einer späteren Protokollnotiz zu einem Sozialplan als in dem Sozialplan selbst vorgesehen, wenn auf Grund der zwischenzeitlichen Entwicklung ein weiterer Personalabbau erforderlich ist und für die auf Grund der Protokollnotiz ausscheidenden ArbN ein erheblich kürzerer Zeitraum zur Lösung des ArbVerh. zur Verfügung steht als beim Ausscheiden auf Grund der Sozialplanregelung (BAG 11.2.1998 – 10 AZR 22/97, AP BetrVG 1972 § 112 Nr. 121);
– getrennte Sozialpläne mit zT unterschiedlichen Regelungen für den Produktions- und den Verwaltungsbereich (LAG Düsseldorf 5.5.1998 – 3 Sa 167/98, NZA-RR 1998, 404);
– gegenüber einem bereits abgeschlossenen Sozialplan erhöhte Leistungen in einem nachfolgenden für ArbN, die in einem bestimmten Zeitraum auf Grund von Aufhebungsverträgen ausscheiden, um dadurch einen schnelleren Abbau der Belegschaft zu erreichen (LAG RhPf 19.9.1997 – 3 Sa 348/97, NZA-RR 1998, 547);
– der Ausschluss solcher ArbN von Sozialplanleistungen, die im Zeitpunkt der Auflösung ihres ArbVerh. die Voraussetzungen für einen übergangslosen Rentenbezug im Anschluss an den Anspruch auf Arbeitslosengeld erfüllen (BAG 31.7.1996 – 10 AZR 45/96, AP BetrVG 1972 § 112 Nr. 103);
– Ausschluss beurlaubter Beamter mit Rückkehrrecht in ihr Beamtenverhältnis von Sozialplanleistungen (LAG Düsseldorf 2.7.2014 – 4 Sa 321/14, NZA-RR 2014, 587; LAG Hamm 6.6.2014 – 18 Sa 1700/13, BeckRS 2014, 73950);
– In Sozialplänen bzw. ergänzenden BV können für die Begründung von Altersteilzeitarbeitsverträgen im Zuge einer Betriebsänderung besondere Leistungen als Anreiz gewährt werden, die ArbN, die sich schon vor der geplanten Betriebsänderung in Altersteilzeit befanden, nicht zu Teil werden (BAG 15.4.2008 – 9 AZR 26/07, NZA-RR 2008, 580).

44a **Näheres** zu **Differenzierungen** bei **Sozialplänen** → §§ 112, 112a Rn. 144ff.

44b Auch der Umstand, dass ein ArbN des Betriebs einem ausländischen Arbeitsvertragsstatut unterliegt, kann – je nach Sachverhalt – eine unterschiedliche Behandlung rechtfertigen (vgl. hierzu *Bittner* NZA 1993, 166). Es verstößt ferner nicht gegen den Gleichbehandlungsgrundsatz, wenn eine Sozialeinrichtung der Post nur ehemaligen Postbeamten, um sie als ArbN zu gewinnen, zusätzlich zum Arbeitsentgelt als Ausgleich für den Verlust von Pensionsansprüchen die Prämien für eine Direktversicherung zahlt, anderen ArbN jedoch nicht (BAG 20.11.1996 – 5 AZR 645/95, AP BetrAVG § 1 Gleichbehandlung Nr. 31).

c) Einzelfälle nicht sachgerechter Differenzierungen

45 Als nicht sachgerechte Differenzierung sind anzusehen:
– die Herausnahme derjenigen ArbN aus einer rückwirkenden Gehaltserhöhung, die vor dem Wirksamwerden der Regelung aus dem Betrieb ausgeschieden, jedoch in dem Rückwirkungszeitraum gearbeitet haben (BAG 4.2.1976 – 5 AZR 83/75, AP BGB § 242 Gleichbehandlung Nr. 40);
– der völlige Ausschluss einer bestimmten Gruppe von Arbeitern von der Zahlung eines Weihnachts- und Urlaubsgelds, das den übrigen Arbeitern zur Abdeckung des erhöhten saisonalen Bedarfs gezahlt wird (BAG 27.10.1998 – 9 AZR 299/97, AP BGB § 611 Gratifikation Nr. 211);
– Differenzierung bei Kürzung des Weihnachtsgeldes danach, ob Abwesenheitszeiten in einem bestimmten Umfang mit oder ohne Unterbrechungen angefallen sind (LAG MV 10.5.2016 – Sa 205/15, NZA-RR 2016, 567);
– Ausschluss beurlaubter Beamter von Sonderprämie als Anreiz für streitlose Beendigung der ArbVerh. (LAG Düsseldorf 2.7.2014 – 4 Sa 321/14, NZA-RR 2014, 587; **aA** LAG Hamm 6.6.2014 – 18 Sa 1700/13, BeckRS 2014, 73950);
– die Unterscheidung zwischen Arb. und Ang. bei der Gewährung einer Sozialleistung, hier: Weihnachtsgratifikation nur an Ang. (BAG 5.3.1980 – 5 AZR 881/78,

AP BGB § 242 Gleichbehandlung Nr. 44) oder bei der Gewährung eines tarifvertraglich vereinbarten Zuschusses zum Kurzarbeitergeld (BAG 28.5.1996 – 3 AZR 752/95, AP TVG § 1 TV Metallindustrie Nr. 143, hier auch Näheres zur Rückwirkung von Ansprüchen benachteiligter ArbN);
- der Ausschluss eines einzelnen ArbN von einer Höhergruppierung ohne Vorliegen bes. Umstände, wenn alle anderen ArbN höhergruppiert worden sind (BAG 10.4.1973 – 4 AZR 180/72, AP BGB § 242 Gleichbehandlung Nr. 38);
- der Ausschluss eines ArbN von einer im Betrieb freiwillig gewährten Zulage auf Grund einer sachwidrigen Differenzierung bei der Zahlung der Zulage (BAG 11.9.1974 – 5 AZR 667/73, AP BGB § 242 Gleichbehandlung Nr. 39);
- der völlige Ausschluss der außertariflichen Ang. von einer betriebseinheitlichen Erhöhung der Gehälter, wenn diese auch den Ausgleich der Verteuerung der Lebenshaltungskosten bezweckt (BAG 17.5.1978 – 5 AZR 132/77, AP BGB § 242 Gleichbehandlung Nr. 42);
- der Ausschluss einer ArbNGruppe von der Zahlung einer Abfindung, wenn die rechtlichen und wirtschaftlichen Folgen einer Betriebsschließung für verschiedene ArbNGruppen gleich oder vergleichbar sind (BAG 25.11.1993 – 2 AZR 324/93, AP BGB § 242 Gleichbehandlung Nr. 114);
- Ausschluss von ArbN, die von einer Betriebsänderung betroffen sind, von einer Treueprämie, weil sie nur in einem befristeten ArbVerh. stehen, das nicht vorzeitig auf Veranlassung des ArbGeb. betriebsbedingt beendet wird (BAG 9.12.2014 – 1 AZR 406/13, NZA 2015, 557);
- der Ausschluss derjenigen ArbN von Leistungen aus einem Sozialplan, die das ArbVerh. zwar selbst gekündigt haben, aber veranlasst durch die Mitteilung des ArbGeb., nach der Betriebsänderung bestehe keine Beschäftigungsmöglichkeit mehr (BAG 15.1.1991 – 1 AZR 80/90, AP BetrVG 1972 § 112 Nr. 57; 6.5.2003 – 1 ABR 11/02, AP BetrVG 1972 § 112 Nr. 161);
- bei Aufstellung von zwei Sozialplänen der Ausschluss der vom ersten Sozialplan erfassten ArbN von den wesentlich höheren Leistungen des zweiten Sozialplans (BAG 9.12.1981 – 5 AZR 549/79, AP BetrVG 1972 § 112 Nr. 14).

Näheres zu **Differenzierungen** bei **Sozialplänen** → §§ 112, 112a Rn. 144ff.

d) Gleichbehandlungsgrundsatz und Arbeitskampf

Zahlt der ArbGeb. während oder nach einem **Arbeitskampf** an nicht streikende ArbN eine sog **„Streikbruchprämie"** und vereinbaren die TVParteien nach Abschluss des Arbeitskampfes ein **tarifvertragliches Maßregelungsverbot,** so steht den streikenden ArbN unter dem Gesichtspunkt der Gleichbehandlung ein Anspruch in Höhe der Streikbruchprämie zu (BAG 4.8.1987 – 1 AZR 486/85, AP GG Art. 9 Arbeitskampf Nr. 88; 13.7.1993 – 1 AZR 676/92, AP GG Art. 9 Arbeitskampf Nr. 127). Das Gleiche gilt für die Kürzung einer Jahresprämie bei streikenden ArbN, jedenfalls wenn diese allein vom rechtlichen Bestand des ArbVerh. abhängig ist (BAG 4.8.1987 – 1 AZR 488/86, AP GG Art. 9 Arbeitskampf Nr. 89; 20.12.1995 – 10 AZR 742/94, AP GG Art. 9 Arbeitskampf Nr. 141; **aA** für den Fall einer freiwillig gewährten Anwesenheitsprämie LAG Köln 18.12.1986 – 8 Sa 880/86, NZA 1987, 746). 46

Dagegen stellt eine betriebliche Regelung, nach der eine **Anwesenheitsprämie** nur für Monate gezahlt wird, in denen der ArbN keinerlei unbezahlte Ausfallzeiten aufweist und die deshalb auch bei Streikteilnahme zum Prämienverlust führt, weder einen Verstoß gegen das Gleichbehandlungsgebot noch eine verbotene Maßregelung iSv § 612a BGB dar (BAG 31.10.1995 – 1 AZR 217/95, AP GG Art. 9 Arbeitskampf Nr. 140). Auch wenn ein TV die anteilige Kürzung einer **Jahressonderzahlung** für Zeiten vorsieht, in denen das ArbVerh. ruht, hat die Streikteilnahme eine entspr. Kürzung zur Folge (BAG 3.8.1999 – 1 AZR 735/98, AP GG Art. 9 Arbeitskampf Nr. 156). 47

48 Ist **kein entspr. Maßregelungsverbot** vereinbart, neigt das BAG (13.7.1993 – 1 AZR 676/92, AP GG Art. 9 Arbeitskampf Nr. 127) dazu, in der während des Arbeitskampfes gezahlte Prämien an ArbN, die sich nicht an dem Streik beteiligen, ein zulässiges Arbeitskampfmittel zu sehen und damit eine Differenzierung zwischen streikenden und nicht streikenden ArbN als zulässig anzusehen (so generell *v. Hoyningen-Huene* DB 1989, 1469; *Konzen* SAE 1989, 22; *Löwisch* RdA 1987, 223; *Belling* NZA 1990, 214; **aA** Däubler/*Wolter* Arbeitskampf Rn. 280 ff.).

49 Die Gewährung einer Sonderzahlung **nach Abschluss** des **Arbeitskampfes** an ArbN, die sich nicht am Streik beteiligt haben, stellt dagegen keine Kampfmaßnahme und nur dann keinen Vorstoß gegen den Gleichbehandlungsgrundsatz dar, wenn mit der Sonderzahlung Belastungen ausgeglichen werden sollen, die erheblich über das normale Maß der mit jeder Streikarbeit verbundenen Erschwernisse hinaus gehen (BAG 28.7.1992 – 1 AZR 87/92, AP GG Art. 9 Arbeitskampf Nr. 123; *Schwarze* NZA 1993, 967; weitergehend *Belling/Steinau-Steinrück* DB 1993, 534). Ein Verstoß gegen den Gleichbehandlungsgrundsatz liegt dagegen vor, wenn der ArbGeb. dem ArbN wegen seiner Teilnahme an einer gewerkschaftlichen Protestveranstaltung während der Arbeitszeit eine übertarifliche Zulage streicht (LAG RhPf 10.4.1987 – 6 Sa 1098/86, DB 1987, 1543).

6. Besonderer Diskriminierungsschutz bei Teilzeitarbeit und Befristungen

50 Bei **Teilzeitarbeit** verbietet § 4 Abs. 1 S. 1 TzBfG ausdrücklich eine unterschiedliche Behandlung von TeilzeitArbN gegenüber VollzeitArbN. Eine solche ist gegeben, wenn die Dauer der Arbeitszeit das Kriterium ist, an das die Differenzierung hinsichtlich der Arbeitsbedingungen anknüpft (BAG 19.12.2018 – 10 AZR 231/18, BeckRS 2018, 33789; 19.1.2016 – 9 AZR 564/14, NZA 2016, 776 mwN; → Rn. 52). Das gesetzliche Benachteiligungsverbot erfasst alle Arbeitsbedingungen. So ist es auch unzulässig, TeilzeitArbN an jeweils 2 Wochenendtagen im Monat mit derselben Stundenzahl einzusetzen wie VollzeitArbN. Bezogen auf ihre Gesamtarbeitszeit bedeutet dies eine deutlich überproportionale Heranziehung der TeilzeitArbN an Wochenenden (LAG Bln-Bbg 20.8.2015 – 26 Sa 2340/14, BeckRS 2015, 73250). Ein TV, der Ansprüche auf Mehrarbeitszuschläge erst begründet, wenn die für Vollzeittätigkeit maßgebliche Stundenzahl überschritten wird, verletzt § 4 Abs. 1 TzBfG (BAG 19.12.2018 – 10 AZR 231/18, BeckRS 2018, 33789).

50a Die Vorschrift gilt auch dann, wenn TeilzeitArb untereinander unterschiedlich behandelt werden, sofern eine Gruppe der TeilzeitArbN wie VollzeitArbN behandelt und die andere Gruppe der TeilzeitArbN von einzelnen Leistungen ausgeschlossen werden (BAG 25.4.2007 – 6 AZR 746/06, AP TzBfG § 4 Nr. 14 mwN; 5.8.2009 – 10 AZR 634/08, BeckRS 2009, 72269; **aA** Laux/Schlachter/*Laux* TzBfG § 4 Rn. 17 mwN). Das Diskriminierungsverbot schützt alle Formen der Teilzeitarbeit, also auch geringfügig Beschäftigte iSv § 8 Abs. 1 Nr. 1 SGB IV (§ 2 Abs. 2 TzBfG; Laux/Schlachter/*Laux* TzBfG § 4 Rn. 203 ff.).

51 Einem TeilzeitArbN ist **Arbeitsentgelt** oder eine andere teilbare geldwerte Leistung mindestens in dem Umfang zu gewähren, der dem Anteil seiner Arbeitszeit an der Arbeitszeit eines vergleichbaren VollzeitArbN entspricht (§ 4 Abs. 1 S. 2 TzBfG: **pro rata temporis;** BAG 19.12.2018 – 10 AZR 231/18, BeckRS 2018, 33789; 19.4.2016 – 3 AZR 526/14, NZA 2016, 820; Laux/Schlachter/*Laux* TzBfG § 4 Rn. 44 ff.). Das gilt auch für die Höhe von **Schichtzulagen** bei Teilzeitarbeit (BAG 24.9.2008 – 10 AZR 634/07, AP TVöD § 24 Nr. 1). Diese darf grds. nur quantitativ, nicht aber qualitativ anders abgegolten werden (BAG 19.12.2018 – 10 AZR 231/18, BeckRS 2018, 33789; 24.9.2008 – 10 AZR 634/07, AP TVöD § 24 Nr. 1). Ebenso steht TeilzeitArbN eine tarifliche **Funktionszulage** (Vergütung für herausgehobene, aber noch nicht der nächsthöheren Vergütungsgruppe entspr. Tätigkeit) zu, wenn der

Anteil der herausgehobenen Tätigkeit dem bei einem VollzeitArbN erforderlichen Anteil entspricht (BAG 18.3.2009 – 10 AZR 338/08, AP TzBfG § 4 Nr. 20).

Der pro-rata-temporis-Grundsatz gilt auch zur Berechnung der Leistungen für Teilzeitbeschäftigte aus der **betrieblichen Altersversorgung.** Sie erhalten Leistungen mindestens in der Höhe, die dem Umfang ihrer Arbeitszeit an der Arbeitszeit eines vergleichbaren Vollzeitbeschäftigten entspricht. Vergleichbar sind dabei nur Beschäftigte mit einer gleich langen Betriebszugehörigkeit (BAG 19.4.2016 – 3 AZR 526/14, NZA 2016, 820). **51a**

Eine Gleichbehandlung von TeilzeitArbN bei der **Vergütung** entspr. dem pro-rata-temporis-Prinzip schließt eine **sonstige Benachteiligung** iSd § 4 Abs. 1 S. 1 TzBfG nicht aus. Droht einem TeilzeitArbN im Laufe des Vertragsverh. aufgrund unterschiedlicher Vertragsgestaltung des ArbGeb. bei Voll- und Teilzeitbeschäftigten eine schlechtere Behandlung, muss der ArbGeb. nach § 4 Abs. 1 S. 1 TzBfG den TeilzeitArbN so stellen, dass eine schlechtere Behandlung unterbleibt (BAG 14.12.2011 – 5 AZR 457/10, NZA 2012, 663). **51b**

Bei ungleicher Entlohnung liegt oft auch ein Verstoß gegen Art. 157 AEUV in Form **mittelbarer Geschlechtsdiskriminierung** wegen der überwiegenden Beschäftigung von Frauen in Teilzeitarbeit vor (ErfK/*Preis* TzBfG § 4 Rn. 14; EuGH 6.12.2007 – C-300/06, AP EG Art. 141 Nr. 17); dem insoweit ebenfalls einschlägigen AGG (s. § 3 Abs. 2) geht § 4 TzBfG vor (ErfK/*Preis* TzBfG § 4 Rn. 18). **51c**

Eine unterschiedliche Behandlung **allein wegen** der **Teilzeit** ist **unzulässig.** Das gilt sowohl für einseitige Maßnahmen des ArbGeb. als auch für vertragliche Regelungen (BAG 25.1.1989 – 5 AZR 161/88, AP BeschFG 1985 § 2 Nr. 2; 24.10.1989 – 8 AZR 5/89, AP BurlG § 11 Nr. 29; 30.7.2008 – 10 AZR 497/07, NZA 2008, 1412; Laux/Schlachter/*Laux* TzBfG § 4 Rn. 33 ff.; *Wiedemann* RdA 2005, 193 [197]). Auch die **TVParteien** sind an § 4 TzBfG gebunden, der gem. § 22 TzBfG nicht zu ihrer Disposition steht, so dass ein TV als solcher noch kein sachlicher Grund für eine Ungleichbehandlung von TeilzeitArbN ist (BAG 19.1.2016 – 9 AZR 564/14, NZA 2016, 776; 25.4.2007 – 6 AZR 746/06, AP TzBfG § 4 Nr. 14 mwN). Eine unterschiedliche Behandlung von Teilzeitkräften kann nur aus anderen sachlichen Gründen gerechtfertigt sein, zB Arbeitsleistung, Qualifikation, Berufserfahrung, unterschiedliche Arbeitsplatzanforderungen (Laux/Schlachter/*Laux* TzBfG § 4 Rn. 62). **52**

So verstößt ein **TV,** der TeilzeitArbN aus dem persönlichen Anwendungsbereich ausschließt und damit für diese zum **Wegfall** von **Ausgleichszulagen** für die Absenkung der jährlichen Zuwendung führt, gegen das Benachteiligungsverbot des § 4 Abs. 1 S. 2, da sich dadurch ein geringeres Entgelt pro rata temporis (→ Rn. 51) ergibt (BAG 28.5.2009 – 8 AZR 536/08, NZA 2009, 1016). **52a**

Führt eine Verminderung der regelmäßigen tariflichen Arbeitszeit ohne entspr. Herabsetzung der laufenden Vergütung in einem TV dazu, dass sich das Arbeitsentgelt der VollzeitArbN pro Arbeitsstunde erhöht, und wird einem Teil der **TeilzeitArbN** diese **Erhöhung vorenthalten,** verstößt die Regelung gegen das Diskriminierungsverbot des § 4 Abs. 1 TzBfG, wenn nicht sachliche Gründe die Benachteiligung rechtfertigen (BAG 22.10.2008 – 10 AZR 734/07, AP BAT § 22 Zuwendungs-TV Nr. 31 s. aber → Rn. 81b). **52b**

Die vorstehenden Grundsätze gelten auch für nur **befristet beschäftigte ArbN.** **53** § 4 Abs. 2 TzBfG verbietet in gleicher Weise wie bei Teilzeitbeschäftigten eine unterschiedliche Behandlung von befristet beschäftigten ArbN wegen der Befristung gegenüber den unbefristet beschäftigten ArbN, sofern nicht sachliche Gründe eine unterschiedliche Behandlung rechtfertigen (Laux/Schlachter/*Laux* TzBfG § 4 Rn. 240 ff.). So können sie grds. das **gleiche Entgelt** oder andere geldwerte Leistungen beanspruchen wie vergleichbare unbefristet beschäftigte ArbN; im Zweifel erfolgt eine **„Anpassung nach oben“.** Ein solcher Ausgleich materieller Nachteile umfasst keinen Anspruch auf Ersatz des immateriellen Schadens, also Schmerzensgeld- oder

Entschädigungszahlung (BAG 21.2.2013 – 8 AZR 68/12, NZA 2013, 955). Nach EuGH (13.3.2014 – C-38/13, NZA 2014, 421) verbietet sich eine **verkürzte Kündigungsfrist** im befristeten ArbVerh. gegenüber einer solchen im unbefristeten ArbVerh. als eine Diskriminierung.

53a Das Diskriminierungsverbot des § 4 Abs. 2 TzBfG gilt nicht nur während der Dauer der Befristung, sondern auch dann, wenn sich an ein befristetes ArbVerh. ein unbefristetes anschließt (so unter Aufgabe der bisherigen Rspr. BAG 21.2.2013 – 6 AZR 524/11, NZA 2013, 625).

54 Eine unterschiedliche Behandlung ist nicht gerechtfertigt, wenn ein TV alle ArbN, die an einem bestimmten **Stichtag** (→ Rn. 37b, 61a, 102a) in einem **befristeten ArbVerh.** stehen, künftig von **Besitzstandszulagen ausschließt** und diese Zulagen allen ArbN, die an diesem Stichtag in einem unbefristeten ArbVerh. stehen, weiter gewährt, ohne damit einen zulässigen Sachgrund wie längerfristige Bindung an den Betrieb zu verfolgen. Hier ist das Vertrauen der befristet beschäftigten ArbN auf Fortbestand der bisherigen Arbeitsbedingungen für die Dauer der Befristung nicht geringer zu bewerten als das eines unbefristet beschäftigten ArbN. Der TV ist insoweit wegen Verstoßes gegen das Diskriminierungsverbot nichtig mit der Folge, dass die befristet beschäftigten ArbN ebenfalls Anspruch auf die Besitzstandszulagen haben (BAG 11.12.2003 – 6 AZR 64/03, AP TzBfG § 4 Nr. 7; so auch EuGH 13.9.2007 – C-307/05, NZA 2007, 1223 zu **Dienstalterszulagen**).

55 § 4 TzBfG ist ein Schutzgesetz iSv § 823 Abs. 2 BGB, so dass seine schuldhafte Verletzung zu Schadensersatzansprüchen führen kann (BAG 14.12.2011 – 5 AZR 457/10, NZA 2012, 663). Schadensersatzansprüche werden idR nicht von tariflichen Ausschlussfristen erfasst (BAG 12.6.1996 – 5 AZR 960/94, AP BGB § 611 Werkstudent Nr. 4).

56 Als **zulässige Differenzierungen** sind anzusehen:

- eine Differenzierung aus Gründen des Gesundheitsschutzes, etwa wenn die Arbeitszeit an Bildschirmgeräten auf die Hälfte der Vollzeitarbeit reduziert wird; in diesem Falle besteht keine Verpflichtung, auch bei Teilzeitarbeitskräften eine Reduzierung auf die Hälfte ihrer persönlichen Arbeitszeit vorzusehen (BAG 9.2.1989 – 6 AZR 174/87, AP BeschFG 1985 § 2 Nr. 4);
- eine Regelung, die die Zahlung von Überstundenzuschlägen erst bei Überschreitung der Arbeitszeit der vollzeitbeschäftigten ArbN vorsieht und die Arbeitszeit, die ein Teilzeitbeschäftigter über seine persönliche Arbeitszeit hinaus leistet, bis zur Arbeitszeit eines Vollzeitbeschäftigten nur mit dem normalen Arbeitsentgelt (ohne Überstundenzuschläge) vergütet (BAG 25.7.1996 – 6 AZR 138/94, AP BAT § 35 Nr. 6; EuGH 15.12.1994 – C 399/92, AP BGB § 611 Teilzeit Nr. 7);
- Ausschluss von AltersteilzeitArbN im Blockmodell von in der Freistellungsphase wirksam werdenden tariflichen Vergütungsänderungen (BAG 19.1.2016 – 9 AZR 564/14, NZA 2016, 776);
- bei der Berechnung von Sozialplanleistungen die Anknüpfung an die persönliche Arbeitszeit der ArbN bei Beendigung des ArbVerh. im Verhältnis zur tariflichen Arbeitszeit (BAG 28.10.1992 – 10 AZR 129/92, AP BetrVG 1972 § 112 Nr. 66);
- Berechnung der Abfindung eines Teilzeitbeschäftigten nach dem Grundsatz „pro rata temporis" gem. § 4 Abs. 1 S. 2 TzBfG (BAG 13.2.2007 – 9 AZR 729/06, AP TzBfG § 4 Nr. 13);
- eine Regelung, die Teilzeitbeschäftigte, deren tägliche Arbeitszeit um 12.00 Uhr endet, von einer bezahlten Freistellung ausnimmt, die der ArbGeb. an bestimmten Tagen (zB Heiligabend, Silvester) den Vollzeitbeschäftigten ab 12.00 Uhr gewährt (BAG 26.5.1993 – 5 AZR 184/92, AP EWG-Vertrag Art. 119 Nr. 42);
- bei Leistungen der betrieblichen Altersversorgung über eine Lebensversicherung (Direktversicherung) die Unterscheidung sowohl der Höhe der Prämienleistung als auch der sich daraus ergebenden Versicherungsleistungen nach einer Einteilung der ArbN in vollzeit-, überhalbzeitig- und unterhalbzeitig Beschäftigte (BAG 5.10.1993 – 3 AZR 695/92, AP BetrAVG § 1 Lebensversicherung Nr. 20);

- dem Umfang der Teilzeitbeschäftigung entspr. geringere Leistungen aus einer betriebl. Altersversorgung (BAG 25.10.1994 – 3 AZR 149/94, AP BeschFG 1985 § 2 Nr. 40);
- bei der Bemessung einer Sozialplanabfindung Zeiten der Teilzeit- und Vollzeitbeschäftigung anteilig zu berücksichtigen (BAG 14.8.2001 – 1 AZR 760/00, AP BetrVG 1972 § 112 Nr. 142).

Unzulässige Differenzierungen sind: 57

- die Nichtgewährung einer Lohnerhöhung an teilzeitbeschäftigte ArbN, auf die vollzeitbeschäftigte ArbN nach Vollendung eines bestimmten Lebensalters und einer bestimmten Betriebszugehörigkeit Anspruch haben (BAG 5.11.1992 – 6 AZR 420/91, AP TV Arb Bundespost § 10 Nr. 5);
- Die Reduzierung der regelmäßigen wöchentlichen Arbeitszeit unter Fortzahlung des bisher gezahlten Entgelts muss auch für TeilzeitArbN gelten und deren Arbeitsentgelt muss mindestens dem anteiligen Vollzeitentgelt entsprechen, das dem Umfang der Teilzeitarbeit im Vergleich zur Vollzeitarbeit entspricht (BAG 22.10.2015 – 8 AZR 168/14, NZA 2016, 1081).
- die generelle Herausnahme der Teilzeitbeschäftigten aus der betrieblichen Altersversorgung allein wegen der Teilzeitarbeit (BAG. 7.3.1995 – 3 AZR 282/94, AP BetrAVG § 1 Gleichbehandlung Nr. 26; 16.1.1996 – 3 AZR 767/94, AP GG Art. 3 Nr. 222) oder eine 15-jährige Wartezeit, die Teilzeitbeschäftigte nicht erfüllen können (BAG 14.10.1986 – 3 AZR 66/83, AP EWG-Vertrag Art. 119 Nr. 11 bestätigt durch BVerfG 28.9.1992 – 1 BvR 496/87, AP EWG-Vertrag Art. 119 Nr. 32. Die Zuerkennung eines Versorgungsanspruchs gleichheitswidrig ausgeschlossener Teilzeitbeschäftigter auch für zurückliegende Jahre ist nicht verfassungswidrig (BVerfG 19.5.1999 – 1 BvR 263/98, NZA 1999, 815); sie kann vielmehr europarechtlich geboten sein (EuGH 11.12.1997 – Rs. C-246/96, NZA 1998, 361). Zum Ausschluss von nur geringfügig und deshalb nicht rentenversicherungspflichtigen Beschäftigten BAG 27.2.1996 – 3 AZR 886/94, AP BetrAVG § 1 Gleichbehandlung Nr. 28;
- eine geringere Jubiläumszuwendung als die den Vollzeitbeschäftigten gezahlte (BAG 22.5.1996 – 10 AZR 618/95, AP BAT § 39 Nr. 1);
- Ausschluss geringfügig beschäftigter weiblicher ArbN von einer tariflichen Jahressonderzuwendung (EuGH 9.9.1999 – C-281/97, AP EG-Vertrag Art. 119 Nr. 11 – Krüger);
- Ausschluss der TeilzeitArbN von einer tariflichen **Funktionszulage** (Vergütung für herausgehobene, aber noch nicht der nächsthöheren Vergütungsgruppe entspr. Tätigkeit), obwohl der Anteil der herausgehobenen Tätigkeit dem bei einem VollzeitArbN erforderlichen Anteil entspricht (BAG 18.3.2009 – 10 AZR 338/08, AP TzBfG § 4 Nr. 20; → Rn. 51);
- der Ausschluss von Teilzeitbeschäftigten einer Sparkasse von der Gewährung von Sonderkonditionen für ein Darlehen zum Erwerb von Immobilien, wenn sie die für Vollzeitbeschäftigte vorgesehenen Voraussetzungen erfüllen (BAG 27.7.1994 – 10 AZR 538/93, AP BeschFG 1985 § 2 Nr. 37);
- die geringere Bezahlung von TeilzeitArbN oder ihr Ausschluss von einer tarifvertraglichen Regelung, weil sie als Studenten sozialversicherungsfrei sind (BAG 28.3.1996 – 6 AZR 501/95, AP BeschFG 1985 § 2 Nr. 49; 12.6.1996 – 5 AZR 960/94, AP BGB § 611 Werkstudent Nr. 4) oder weil die Teilzeitbeschäftigung neben einem Hauptberuf erfolgt (BAG 1.11.1995 – 5 AZR 84/94, AP BeschFG 1985 § 2 Nr. 45) oder sie ein Altersruhegeld beziehen (BAG 1.11.1995 – 5 AZR 880/94, AP BeschFG 1985 § 2 Nr. 46);
- die generelle Festsetzung einer längeren Bewährungszeit für einen Bewährungsaufstieg bei Teilzeitbeschäftigten als bei Vollzeitbeschäftigten; eine längere Bewährungszeit ist jedoch dann gerechtfertigt, wenn mit dem Bewährungsaufstieg das wachsende Erfahrungswissen des ArbN honoriert werden soll und dieses Erfahrungswissen in der konkret ausgeübten Tätigkeit nach Ablauf der Bewährungszeit

bei Vollzeitbeschäftigten regelmäßig nicht nur unwesentlich größer ist als bei Teilzeitbeschäftigten nach Ablauf dieser Zeit (BAG 2.12.1992 – 4 AZR 152/92, AP BAT § 23a Nr. 28);

– der Ausschluss von Teilzeitbeschäftigten von Spät- und Nachtarbeitszuschlägen, die für einzelne Arbeitsstunden in einer bestimmten zeitlichen Lage gewährt werden (BAG 15.12.1998 – 3 AZR 239/97, AP BeschFG 1985 § 2 Nr. 71);
– der Ausschluss von Teilzeitbeschäftigten mit weniger als der Hälfte der regelmäßigen Arbeitszeit von tariflichen Beihilferegelungen in Krankheits-, Geburts- und Todesfällen (BAG 25.9.1997 – 3 AZR 370/88, AP BeschFG 1985 § 2 Nr. 63); eine Kürzung der Beihilfeleistungen in dem Umfang, der dem Verhältnis der Arbeitszeit des Teilzeitbeschäftigten zu der eines Vollzeitbeschäftigten entspricht, ist zulässig (BAG 12.2.1998 – 3 AZR 370/88, AP BeschFG 1985 § 2 Nr. 68 und BAT § 40 Nr. 12);
– der Ausschluss von Teilzeitbeschäftigten mit weniger als der Hälfte der regelmäßigen Arbeitszeit von dem Verbot der ordentlichen Kündigung, das anderen ArbN ab einer bestimmten Beschäftigungsdauer und einem bestimmten Lebensalter gewährt wird (BAG 18.9.1997 – 2 AZR 592/96, AP BAT § 53 Nr. 5);
– Nichtberücksichtigung von Zeiten geringfügiger Beschäftigung in einem TV, die vor einem bestimmten Stichtag zurückgelegt worden sind, bei der für den Ausschluss einer ordentlichen betriebsbedingten Kündigung maßgeblichen Beschäftigungszeit (BAG 25.4.2007 – 6 AZR 746/06, AP TzBfG § 4 Nr. 14; → Rn. 37, 51);
– undifferenzierte Weihnachtsgeldkürzung für Voll- und Teilzeitbeschäftigten ArbN um einen einheitlichen festen Betrag (BAG 24.5.2000 – 10 AZR 629/99, AP BeschFG 1985 § 2 Nr. 79);
– Ausschluss befristet beschäftigter ArbN von Besitzstandszulagen in einem TV ab einem bestimmten Stichtag (BAG 11.12.2003 – 6 AZR 64/03, AP TzBfG § 4 Nr. 7; → Rn. 54);
– Ausschluss befristet Beschäftigter von einer Dienstzulage (EuGH 13.9.2007 – C-307/05, NZA 2007, 1223);
– die Zahlung einer niedrigeren übertariflichen Prämienvergütung an befristet eingestellte ArbN als an unbefristet Beschäftigte (LAG Hamm 27.2.1997 – 17 Sa 1889/96, NZA-RR 1998, 71).

7. Diskriminierungsverbote

a) Allgemeines

58 Der an die Terminologie des AGG angepasste Insbesondere-Katalog (→ Rn. 1) des Abs. 1 zählt in Übernahme der Diskriminierungsverbote der Art. 13 EG-Vertrag, Art. 3 Abs. 3 u. 9 Abs. 3 S. 2 GG sowie des neuen AGG die Kriterien auf, die für sich allein niemals eine unterschiedliche Behandlung der Betriebsangehörigen rechtfertigen können **(absolute Differenzierungsverbote).** Folglich gelten die Diskriminierungsverbote der §§ 1, 7 AGG auch für „kollektivrechtliche Vereinbarungen" (§ 2 Abs. 1 Nr. 2 AGG). Trotz ihres weiten Gestaltungsspielraums und ihrer Einschätzungsprärogative bei der Gestaltung von TV findet die Regelungsbefugnis der TVParteien ihre Grenzen in entgegenstehendem zwingenden Gesetzesrecht, zu dem ua die einfachrechtlichen Diskriminierungsverbote zählen (BAG 23.7.2019 – 9 AZR 372/18, NZA 2019, 1588; 9.12.2015 – 4 AZR 684/12, NZA 2016, 897 mwN).

58a Erforderlich ist allerdings, dass eines der genannten Kriterien entweder die alleinige oder doch die entscheidende Ursache für die unterschiedliche Behandlung ist. Es muss ein **Kausalzusammenhang** zwischen der unterschiedlichen Behandlung und dem unzulässigen Differenzierungskriterium bestehen; ausreichend ist, dass ein in § 1 AGG genannter Grund Bestandteil eines **Motivbündels** ist, das die Entscheidung beeinflusst hat (BAG 21.11.2017 – 9 AZR 141/17, NZA 2018, 786; 10.8.2016 – 8

AZR 375/15, NZA 2017, 43; 23.7.2015 – 6 AZR 457/14, NZA 2015, 1380; 18.9.2014 – 8 AZR 759/13, BeckRS 2014, 73585; GK-BetrVG/*Kreutz/Jacobs* Rn. 46). Die Kausalität ist anzunehmen, wenn abgesehen von dem unzulässigen Kriterium iÜ gleiche Sachverhalte unterschiedlich geregelt werden.

Bestehen dagegen noch **andere sachlich relevante Unterschiede,** so können 59
diese das an sich unzulässige Kriterium in einer Weise zurückdrängen, dass es nicht mehr bestimmend für die unterschiedliche Behandlung ist. In diesem Fall ist es nicht nur gerechtfertigt, sondern im Interesse der **Gleichbehandlung** mit anderen ArbN vielfach sogar **geboten, an** das für sich genommene **unzulässige Kriterium** bei einer unterschiedlichen Behandlung eines ArbN **anzuknüpfen.** So kann zB bei der Besetzung eines Arbeitsplatzes, der bes. **deutsche Sprachkenntnisse** erfordert, ein ausländischer ArbN deshalb unberücksichtigt bleiben, weil er als Ausländer diese Kenntnisse nicht hat. Hier ist die **Ausländereigenschaft** zwar Ursache für die unzureichenden Sprachkenntnisse, jedoch sind allein diese der ausschlaggebende Grund für die Nichtberücksichtigung des betreffenden ausländischen ArbN. Die hiermit verbundene Benachteiligung nicht ausreichend sprachkundiger ArbN ist gem. § 3 Abs. 2 AGG gerechtfertigt, weil es dem ArbGeb. um eine möglichst optimale Erledigung der betrieblichen Aufgaben geht (BAG 23.11.2017 – 8 AZR 372/16, NZA-RR 2018, 287; 28.1.2010 – 2 AZR 764/08, NZA 2010, 625; *Schiefer* ZfA 2008, 493 [499]; → Rn. 64a; zur Sprache im ArbVerh. *Hinrichs/Stütze* NZA-RR 2011, 113 ff.; *Vogt/Oltmanns* NZA 2014, 181 ff.; zu BR und Sprache *Herbert/Oberrat* NZA 2012; 1260).

Soweit einzelne Merkmale des Insbesondere-Katalogs mit denen des § 1 AGG 60
(Rasse, ethnische Herkunft, Geschlecht, Religion/Weltanschauung, Behinderung, Alter, sexuelle Identität) übereinstimmen, richten sich der Begriff der **Benachteiligung** und die **Zulässigkeit** einer **unterschiedlichen Behandlung** nach den Bestimmungen des **AGG** (BT-Drs. 16/1780, 56). Danach liegt eine **unmittelbare Benachteiligung** (§ 3 Abs. 1 AGG) vor, wenn eine Person wegen eines in § 1 AGG genannten Grundes eine weniger günstige Behandlung erfährt, als eine andere Person in einer vergleichbaren Situation erfährt, erfahren hat oder erfahren würde, wobei die sich nachteilig auswirkende Maßnahme direkt an das verbotene Merkmal anknüpfen muss (BAG 20.3.2019 – 7 AZR 237/17, NZA 2019, 1492; 23.11.2017 – 8 AZR 372/16, NZA-RR 2018, 287; 11.8.2016 – 8 AZR 4/15, NZA 2017, 310; Palandt/*Ellenberger* AGG § 3 Rn. 2). Eine Benachteiligung kann auch in einem **Unterlassen** liegen (BT-Drs. 16/1780, 32), wobei nicht vorausgesetzt wird, dass eine Handlungspflicht besteht wie zB bei der Nichtverlängerung eines befristeten ArbVerh. wegen eines in § 1 AGG genannten Grundes (BAG 20.6.2013 – 8 AZR 482/12, BeckRS 2013, 70882; 21.6.2012 – 8 AZR 364/11, NZA 2012, 1345; LAG Köln 6.4.2009 – 5 Ta 89/09, NZA-RR 2009, 526, Nichtverlängerung eines befristeten Arbeitsvertrags nach Mitteilung der Schwangerschaft). Eine sog **verdeckte** unmittelbare Benachteiligung liegt vor, wenn die Ungleichbehandlung zwar an einem in § 1 AGG nicht enthaltenen Merkmal anknüpft, diese jedoch in untrennbarem Zusammenhang mit einem dort genannten Grund steht (BAG 7.6.2011 – 1 AZR 34/10, NZA 2011, 1370).

Das Diskriminierungsverbot gilt auch im Rahmen von **Bewerbungen** (§ 6 Abs. 1 60a
S. 2 Alt. 1 AGG). Diese Vorschrift enthält einen **formalen Bewerberbegriff.** Danach ist Bewerber, wer eine Bewerbung eingereicht hat. Es kommt weder auf die objektive Eignung des Bewerbers für die ausgeschriebene Stelle noch auf die subjektive Ernsthaftigkeit der Bewerbung an (so BAG 23.11.2017 – 8 AZR 372/16, NZA-RR 2018, 287; 10.8.2016 – 8 AZR 375/15, NZA 2017, 43; 19.5.2016 – 8 AZR 470/14, NZA 2016, 1394 unter Aufgabe seiner bisherigen Rspr.). Personen, die den formalen Status als Bewerber allein zur Geltendmachung von Entschädigungsansprüchen anstreben **(Scheinbewerbungen),** stehen weder nach Unionsrecht (EuGH 28.7.2016 – C-423/15, NZA 2016, 1014, dazu *Lingemann/Steinhauser* ArbAktuell 2016, 515) noch nach deutschem Recht (§ 242 BGB) Entschädigungsleistungen gem.

§ 15 AGG wegen Rechtsmissbrauchs zu (BAG 11.8.2016 – 8 AZR 4/15, NZA 2017, 310; 19.5.2016 – 8 AZR 470/14, NZA 2016, 1394; *Bauer/Krieger* NZA 2016, 1041 f.; *Schleusener* NZA Beil. 2/2016, 50, 52; *Schlewing* RdA 2019, 257, 268 f.; → Rn. 127).

60b Wird eine Bewerbung abgelehnt, **ohne** dass zu einem **Vorstellungsgespräch** eingeladen worden ist, so stellt diese Versagung einer Einstellungschance eine ungünstigere Behandlung dar, wobei es unerheblich ist, ob der ArbGeb. letztlich überhaupt einen Bewerber einstellt (BAG 18.9.2014 – 8 AZR 759/13, BeckRS 2014, 73585; 23.8.2012 – 8 AZR 285/11, NZA 2013, 37). Ein (derartiger) **Verfahrensfehler** kann im Bewerbungsverfahren nicht nachträglich „geheilt" oder „rückgängig" gemacht werden. Die Nichteinladung oder eine erste Ablehnung erfüllt einen Diskriminierungstatbestand, der nicht beseitigt werden kann (BAG 22.8.2013 – 8 AZR 563/12, NZA 2014, 82).

60c Desweiteren setzt eine Benachteiligung als Bewerber grds. voraus, dass im **Zeitpunkt** der Besetzungsentscheidung die Bewerbung bereits vorliegt. Das gilt jedenfalls, solange nicht bes. Anhaltspunkte für eine diskriminierende Gestaltung des Bewerbungsverfahrens ersichtlich sind (BAG 19.8.2010 – 8 AZR 370/09, NZA 2011, 200; → Rn. 73a).

60d **Fragen** des ArbGeb. **bez.** verbotener **Differenzierungsmerkmale** des § 1 AGG sind nicht nur Indizien für eine diskriminierende Auswahlentscheidung, sondern selbst Benachteiligungen iSv § 7 AGG, soweit sie nicht nach §§ 8–10 AGG gerechtfertigt sind (ErfK/*Preis* BGB § 611a Rn. 272 mwN; WHWS Arbeitnehmerdatenschutz/*Weth* B. I. Rn. 118; *Kort* NZA Beil. 2/2016, 62, 67 f.; *Künzl* ArbRAktuell 2012, 235; → Rn. 73b; **aA** BKG AGG § 2 Rn. 23a).

60e Abgelehnte Bewerber haben gegenüber dem ArbGeb. grds. keinen Anspruch auf eine **Begründung** der **Ablehnung** und auf Auskunft darüber, ob ein anderer Bewerber eingestellt worden ist; allerdings ist nicht auszuschließen, dass die Verweigerung jeglicher Information ein Indiz für eine Diskriminierung sein kann (so EuGH 21.7.2011 – C-104/10, BeckRS 2011, 81408; 19.4.2012 – C-415/10, NZA 2012, 493; BAG 25.4.2013 – 8 AZR 287/08, BeckRS 2013, 68457; *Picker* NZA 2012, 641; → Rn. 126).

60f Eine verbotene Benachteiligung nach § 7 AGG setzt nicht voraus, dass der Benachteiligungsgrund in der Person des benachteiligten ArbN selbst vorliegt. Es reicht aus, dass der ArbN benachteiligt wird, weil ein Angehöriger oder eine andere ihm nahe stehende Person wie Ehe- bzw. Lebenspartner, Kind, Vater, Mutter das jeweilige Merkmal aufweist (**drittbezogene Benachteiligung:** BKG AGG § 1 Rn. 59, HK-AGG/*Däubler* AGG § 1 Rn. 109 ff., Palandt/*Ellenberger* AGG § 1 Rn. 11 jeweils mit weiteren Beispielen; *Schlachter* RdA 2010, 104 ff.). Dies entspricht der Rspr. des EuGH (17.7.2008 – C-303/06, NZA 2008, 932: Diskriminierung einer ArbNin wegen Pflege eines behinderten Kindes, → Rn. 73a), der auch die öffentliche Erklärung des ArbGeb., er werde Personen bestimmter Herkunft nicht einstellen, als Diskriminierung wertet (EuGH 10.7.2008 – C-54/07, NZA 2008, 929, → Rn. 64a; zur EuGH-Rspr. *Bayreuther* NZA 2008, 986 ff.).

60g Eine verbotene Benachteiligung nach § 7 AGG ist auch dann gegeben, wenn die Person, die die Benachteiligung begeht, das Vorliegen eines **Diskriminierungsmerkmals nur annimmt;** es muss nicht tatsächlich gegeben sein (§ 7 Abs. 1 HS. 2; BAG 17.12.2009 – 8 AZR 670/08, NZA 2010, 383).

61 Eine **mittelbare Benachteiligung** (§ 3 Abs. 2 AGG) ist gegeben, wenn dem Anschein nach neutrale Vorschriften, Kriterien oder Verfahren Personen oder Personengruppen wegen eines der in § 1 AGG genannten Merkmale gegenüber anderen Personen oder Personengruppen in bes. Weise benachteiligen, bei denen die in § 1 AGG genannten Merkmale nicht vorliegen (Bildung von Vergleichsgruppen),es sei denn, die betreffenden Vorschriften, Kriterien oder Verfahren sind durch ein rechtmäßiges Ziel sachlich gerechtfertigt und die Mittel sind zur Zielerreichung angemessen und erforderlich; die Darlegungs- und Beweislast für die eine Rechtfertigung begründenden Tatsachen trägt der ArbGeb. (BAG 23.11.2017 – 8 AZR 372/16, NZA-RR 2018, 287; 15.12.2016 – 8 AZR 454/15, NZA 2017, 715; 11.8.2016 – 8 AZR 4/15, NZA 2017, 310; 19.4.2016 – 3 AZR 526/14, NZA 2016, 820; Palandt/*Ellenberger* AGG § 3 Rn. 3). Dann scheidet eine mittelbare Benachteiligung tatbestandlich aus (BT-Drs. 16/1780, 32f.). Wird eine bestimmte Körpergröße verlangt, können Menschen einer bestimmten ethnischen Herkunft, die statistisch bes. klein (zB Asiaten) sind, mittelbar benachteiligt sein. Die Vorgabe ist aber sachlich gerechtfertigt, wenn eine bestimmte Mindestgröße für das Bordpersonal in Flugzeugen erforderlich ist, um die Sicherheitsausrüstung bedienen zu können (BKG AGG § 3 Rn. 38). Hier liegt keine mittelbare Benachteiligung vor.

Bei der Frage, ob eine **TVR**egelung eine **mittelbare Benachteiligung** enthält **61a** oder sie durch ein rechtmäßiges Ziel sachlich gerechtfertigt ist und die Mittel zur Zielerreichung angemessen und erforderlich sind, ist der weite Gestaltungsspielraum der TVParteien zu berücksichtigen. Sie können TVAnsprüche differenzierend festlegen und zB **Stichtagsregelungen** jedenfalls dann wählen, wenn sich die Wahl des Stichtags am gegebenen Sachverhalt orientiert, vertretbar erscheint und nicht gegen gesetzliche Regelungen verstößt. Entscheidend ist die konkrete Fallgestaltung (BAG 23.7.2019 – 9 AZR 372/18, NZA 2019, 1588; 14.11.2017 – 3 AZR 515/16, NZA 1018, 367).

Eine **Belästigung** (§ 3 Abs. 3 AGG) ist eine Benachteiligung, wenn im Zusam- **62** menhang mit den in § 1 AGG genannten Gründen unerwünschte Verhaltensweisen bezwecken oder bewirken, dass die Würde der betreffenden Person verletzt und ein von Einschüchterungen, Anfeindungen, Erniedrigungen oder Beleidigungen gezeichnetes Umfeld geschaffen wird. Die Würdeverletzung und das sog feindliche Umfeld müssen kumulativ vorliegen. Ob ein feindliches Umfeld geschaffen ist, muss mittels einer wertenden Gesamtschau aller Faktoren beurteilt werden (BAG 24.9.2009 – 8 AZR 705/08, NZA 2010, 387; LAG RhPf 7.9.2012 – 6 Sa 703/11, BeckRS 2013, 66030; Palandt/*Ellenberger* AGG § 3 Rn. 4).

Damit umschreibt der Begriff der Belästigung weitgehend auch den Begriff des **62a** **Mobbing** (oder Bossing: Mobbing durch einen Vorgesetzten) am Arbeitsplatz, wie ihn die Rspr. versteht (BAG 25.10.2007 – 8 AZR 593/06, AP BGB § 611 Mobbing Nr. 6; 28.10.2010 – 8 AZR 546/09, NZA-RR 2011, 378; zum Mobbing s. *Pauken* ArbRAktuell 2013, 348224; *Schrader* AiB 2013, 44ff.; zu Ansätzen für die BRArbeit vgl. *Brede* AiB 2011, 106ff., *Wolmerath* ArbRAktuell 2015, 118; zu Mobbing von BRMitgl. AiB 2017 H. 1 S. 10ff., 17ff.). Spannungen im ArbVerh. oder eine andauernde Konfliktsituation zwischen ArbGeb. und ArbN allein reichen noch nicht für die Annahme von Mobbing (BAG 15.9.2016 – 8 AZR 351/15, BeckRS 2016, 113588; LAG RhPf 30.11.2015 – Sa 371/15, BeckRS 2016, 67330).

Nach § 7 Abs. 2 AGG führt ein Verstoß von Bestimmungen in Individual- oder **62b** Kollektivvereinbarungen gegen das Benachteiligungsverbot des Abs. 1 zur Unwirksamkeit der betr. Regelung mit der möglichen Folge, dass dem benachteiligten ArbN die ihm vorenthaltene Leistung (zB Entgelte, Urlaubstage) zuzuerkennen ist. Diese **„Anpassung nach oben"** (→ Rn. 86af.) gilt nicht einschränkungslos. Verstößt eine BV zur Dienstplangestaltung gegen das Verbot der Altersdiskriminierung, haben die benachteiligten jüngeren ArbN keinen Anspruch auf gleiche Behandlung wie die begünstigten älteren ArbN, wenn dadurch der Betrieb zum Erliegen käme (BAG 14.5.2013 – 1 AZR 44/12, NZA 2013, 1160).

b) Rasse, Herkunft, Abstammung

Eine Benachteiligung aus Gründen der **Rasse** setzt voraus, dass der Handelnde sich **63** **rassistisch** verhält, also sein Handeln auf rassistischen Theorien oder Begründungsansätzen basiert (BKG AGG § 1 Rn. 16). Das ist der Fall, wenn er aufgrund bestimmter lebenslänglicher und vererblicher äußerlicher Erscheinungsmerkmale von Menschen, wie zB Hautfarbe, Physiognomie (Gesichtsform, Augenzuschnitt) oder

Körperbau, das Vorhandensein von Rassenunterschieden annimmt (ErfK/*Schlachter* AGG § 1 Rn. 4; *Annuß* BB 2006, 1629 [1630]).

64 Der Begriff der **ethnischen Herkunft** ist weit zu verstehen, denn er soll einen möglichst lückenlosen Schutz vor ethnisch motivierten Benachteiligungen gewährleisten (BAG 15.12.2016 – 8 AZR 418/15, BeckRS 2016, 119064; 22.6.2011 – 8 AZR 48/10, NZA 2011, 1226; BT-Drs. 16/1780, 30). Er erfasst Menschen oder Gruppen von Menschen, die durch gemeinsame Herkunft, Geschichte, Kultur, Sprache, äußeres Erscheinungsbild oder Zusammengehörigkeitsgefühl verbunden sind (BAG 23.11.2017 – 8 AZR 372/16, NZA-RR 2018, 287; 21.6.2012 – 8 AZR 364/11, NZA 2012, 1345; ErfK/*Schlachter* AGG § 1 Rn. 4a; *Thüsing* Diskriminierungsschutz Rn. 180; *Schlewing* RdA 2019, 257, 261 ff.); äußerliche physische Merkmale, die vererblich sind wie zB Hautfarbe, scheiden aus, sie fallen unter den Begriff „Rasse" (HK-AGG/*Däubler*AGG § 1 Rn. 31; *Annuß* BB 2006, 1629 [1630]). Ethnische Gruppen sind zB Spätaussiedler aus der ehemaligen Sowjetunion, Juden, Sinti, Roma, Sorben, Kurden, aber auch Polen oder Türken, sofern bei ihrer Benachteiligung nicht die Staatsangehörigkeit ausschlaggebend ist (*Thüsing* Diskriminierungsschutz Rn. 181; HK-AGG/*Däubler* AGG § 1 Rn. 38 ff.).

64a Der Begriff **„muttersprachliche Kenntnisse"** steht herkömmlich nicht nur für eine perfekte Beherrschung der Sprache, sondern knüpft auch an die ethnische Herkunft an. Eine verpflichtend zu beantwortende entsprechende Nachfrage nach den Sprachkenntnissen ist aber kein Indiz für eine Benachteiligung wegen der ethnischen Herkunft, wenn im Bewerbungsformular auch andere Beherrschungsstufen zur Auswahl angeboten werden (BAG 23.11.2017 – 8 AZR 372/16, NZA-RR 2018, 287; 15.12.2016 – 8 AZR 418/15, BeckRS 2016, 119064; *Schlewing* RdA 2019, 257, 261 f.; **aA** *Köhlert* NZA 2018, 1172 ff.).

64b Die **Staatsangehörigkeit** fällt nicht unter den Begriff der ethnischen Herkunft. Jedoch liegt bei einer scheinbar allein auf die Staatsangehörigkeit bezogenen Differenzierung eine Benachteiligung wegen der Ethnie vor, wenn tatsächlich die Zugehörigkeit zur Volks- und Kulturgemeinschaft für die Benachteiligung tragend ist (BAG 23.11.2017 – 8 AZR 372/16, NZA-RR 2018, 287; 21.6.2012 – 8 AZR 364/11, NZA 2012, 1345).

64c Erfasst wird sowohl eine Benachteiligung, die eine bestimmte Herkunft betrifft, als auch eine solche, die allein daran anknüpft, dass der Betroffenen **nichtdeutscher Herkunft** ist. Angehörige eines fremden Volkes oder einer fremden Kultur sind vom Merkmal der ethnischen Herkunft erfasst, auch wenn diese Gruppe der in D lebenden Ausländer nicht durch gemeinsame einheitliche Merkmale geprägt ist (BAG 21.6.2012 – 8 AZR 364/11, NZA 2012, 1345).

64d Die Anforderung, die deutsche Sprache in Wort und Schrift in einem bestimmten Umfang zu beherrschen, kann ausländische ArbN in bes. Weise gegenüber deutschen ArbN benachteiligen. So kann die Forderung des ArbGeb. gegenüber einem ausländischen ArbN nach Teilnahme an Deutschsprachkursen eine mittelbare Diskriminierung von Ausländern sein, wenn die Forderung nach ausreichenden Deutschkenntnissen nicht aufgrund der zu verrichtenden Tätigkeit sachlich gerechtfertigt ist (BAG 22.6.2011 – 8 AZR 48/10, NZA 2011, 1226 mwN). Soll jedoch der ausländische ArbN **arbeitsnotwendige Sprachkenntnisse** für eine zulässigerweise angeordnete Tätigkeit erwerben, verstößt dieses Verlangen des ArbGeb. nicht gegen das AGG. Das gilt auch dann, wenn der Deutschkurs vertrags- oder tarifvertragswidrig außerhalb der Arbeitszeit und auf eigene Kosten des ArbN besucht werden soll (BAG 22.6.2011 – 8 AZR 48/10, NZA 2011, 1226; LAG Nürnberg 5.10.2011 – 2 Sa 171/11, BeckRS 2011, 77811; zur Sprache im ArbVerh. als Diskriminierungsgrund *Hinrichs/Stütze* NZA-RR 2011, 113 ff.).

64e Verlangt ein Unternehmen von Bewerbern für Programmierarbeiten sehr gute **Englischkenntnisse,** bleibt dies innerhalb der Grenzen eines legitimen unternehmerischen Ziels. Es wird nichts Unverhältnismäßiges gefordert, wenn Englisch in der Branche, in der das Unternehmen tätig ist, die vorherrschende Kommunikationssprache ist (BAG 23.11.2017 – 8 AZR 372/16, NZA-RR 2018, 287).

Die **öffentliche Äußerung** eines ArbGeb., er werde keine ArbN einer bestimmten ethnischen Herkunft oder Rasse einstellen, begründet eine unmittelbare Diskriminierung bei der Einstellung, unabhängig davon, ob sich eine Person tatsächlich bewirbt und aus den vorgenannten Gründen abgelehnt wird; derartige Äußerungen können bestimmte Bewerber ernsthaft davon abhalten, ihre Bewerbungen einzureichen und somit ihren Zugang zum Arbeitsmarkt behindern (EuGH 10.7.2008 – C-54/07, NZA 2008, 929). Ein Anspruch wegen unzulässiger Benachteiligung iSd AGG kommt aber nur dann in Betracht, wenn sich jemand subjektiv ernsthaft beworben hat und objektiv für die konkrete Stelle geeignet ist (LAG RhPf 11.1.2008 – 6 Sa 522/07, NZA-RR 2008, 343; → Rn. 127; zur Rspr. *Bissels/Lützeler* BB 2009, 774 [833f.]). 64f

Unter dem Begriff **„Abstammung"** ist die durch Eltern und Vorfahrten begründete Zugehörigkeit zu einer bestimmten Familie, Volksgruppe oder Rasse zu verstehen (Richardi BetrVG/*Maschmann* Rn. 23; WPK/*Preis* Rn. 20). Er überschneidet sich mit den Begriffen „Rasse" und „ethnische Herkunft". 65

Mit **„sonstiger Herkunft"** ist die örtliche, regionale oder soziale Herkunft einer Person gemeint. Hier reicht das Benachteiligungsverbot des § 75 weiter als das des AGG (ArbG Stuttgart 15.4.2010 – 17 Ca 8907/09, NZA 2010, 344; BKG AGG § 1 Rn. 20). Folglich dürfen „Wessis" oder „Ossis", Bayern oder „Preußen", Flüchtlinge, Heimatvertriebene, Asylanten und heimatlose Ausländer ebenso wenig diskriminiert werden wie aus einer bestimmten sozialen oder gesellschaftlichen Schicht stammende Personen (vgl. BVerfG 22.1.1959 – 1 BvR 154/55, AP GG Art. 3 Nr. 44; DKKW/*Berg* Rn. 38; s. auch *J. Schubert* NZA Editoral H. 8/2019). Es darf auch keine Unterscheidung nach ehelicher oder unehelicher Geburt vorgenommen werden (GK-BetrVG/*Kreutz/Jakobs* Rn. 59). 66

c) Nationalität

Unter **„Nationalität"** ist die Staatsangehörigkeit zu verstehen (GK-BetrVG/*Kreutz/Jakobs* Rn. 61; Richardi BetrVG/*Maschmann* Rn. 24). Ausländische ArbN dürfen im Betrieb wegen ihrer Nationalität nicht anders behandelt werden als Deutsche (aber → Rn. 59). So sind sie zB zum BR aktiv und passiv wahlberechtigt (→ § 7 Rn. 88; → § 8 Rn. 51). Unberührt bleiben bestehende öffentlich-rechtliche Bestimmungen über die Aufenthaltserlaubnis oder Aufenthaltsberechtigung. Letzteres gilt aber nicht für die ArbN aus den EU-Staaten, die auch insoweit den inländischen ArbN gleichgestellt sind (vgl. Art. 39 EG-Vertrag; Art. 7 EWG-VO 1612/68). Diskriminierungsverbote wegen Staatsangehörigkeit enthalten ferner das ratifizierte Übereinkommen Nr. 111 der IAO. Es gehört zur allgemeinen Aufgabe des BR, die Integration der ausländischen ArbN im Betrieb zu fördern (→ § 80 Rn. 32). 67

d) Religion, Weltanschauung

Die Begriffe **„Religion" und „Weltanschauung"** stehen für eine mit der Person des Menschen verbundene Gewissheit über bestimmte Aussagen zum Weltganzen sowie zur Herkunft und zum Ziel des menschlichen Lebens (BAG 22.3.1995 – 5 AZB 21/94, AP ArbGG 1979 § 5 Nr. 21). Eine genaue Unterscheidung der Begriffe ist nicht möglich, aber auch nicht erforderlich, da die Rechtsfolgen einer Benachteiligung wegen der Religion oder der Weltanschauung sowie die Voraussetzungen für eine zulässige unterschiedliche Behandlung (s. §§ 8, 9 AGG) dieselben sind (*Thüsing* Diskriminierungsschutz Rn. 195; *Hunold* NZA-RR 2009, 113 [116]). Zur Frage, ob in Tendenzunternehmen mit bestimmter konfessioneller Zielsetzung nach § 118 Abs. 1 zulässigerweise verlangt werden kann, dass die ArbN der betreffenden Konfession angehören, hat der EuGH (17.4.2018 – C-414/16, NZA 2018, 569) auf Vorlage des BAG (17.3.2016 – 8 AZR 501/14, BeckRS 2016, 71139 u. EuGH 11.9.2018 – C-68/17 IR/JQ, NZA 2018, 1187) entschieden, dass dies nur unter engen Voraussetzungen zulässig ist. Dies hat das BAG in seinen Urteilen v. 25.10. 68

2018 – 8 AZR 562/16, NZA 2019, 527 u. 20.2.2019 – 2 AZR 746/14, NZA 2019, 901 berücksichtigt (→ Rn. 135 ff.). Zur Bereichsausnahme für Religionsgemeinschaften → § 118 Rn. 54 f.).

69 **Religion** legt eine den Menschen überschreitende und umgreifende (transzendente) Wirklichkeit zugrunde (BAG 22.3.1995 – 5 AZB 21/94, AP ArbGG 1979 § 5 Nr. 21). Dieser **transzendente Bezug** macht eine Religion aus, also die Erklärung der Welt und der menschlichen Existenz mit Gründen, die aus einem mit wissenschaftlichen Methoden nicht erschließbaren Zusammenhang stammen (HK-AGG/*Däubler* AGG § 1 Rn. 58 mwN). Die Religion ist ein Bekenntnis zu einem spezifischen Glauben und den sich daraus ergebenden Handlungsgeboten; geschützt ist die Freiheit des Glaubens und die Freiheit, diesen Glauben zu leben. Das Bekenntnis zu einem Gott ist nicht erforderlich (*Thüsing* Diskriminierungsschutz Rn. 189 ff.).

69a Das Tragen eines **Kopftuchs** in der Öffentlichkeit ist Teil des religiösen Bekenntnisses einer muslimischen Frau. Wird sie aus dem Kreis von Bewerbern ausgeschlossen, weil sie das Kopftuch auch während der Arbeitszeit nicht ablegen will, so wird sie wegen ihrer muslimischen Religionszugehörigkeit diskriminiert (ArbG Berlin 28.3.2012 – 55 Ca 2426/12, NZA-RR 2012, 627; LAG Nürnberg 27.3.2018 – 7 Sa 304/17, NZA-RR 2018, 356 u. Revision beim BAG. s. u.; *Jansen* AiB 2019 H. 7–8 S. 38 ff.). Das **BVerfG** (18.10.2016 – 1 BvR 354/11, NZA 2016, 1522) hat entschieden, dass Musliminnen, die ein in der für ihren Glauben typischen Weise gebundenes Kopftuch tragen, sich dafür auch bei der Ausübung ihres Berufs auf den Schutz der Glaubens- und Bekenntnisfreiheit aus Art. 4 Abs. 1 und 2 GG berufen können und das sogar in einer öffentlichen Kindertagesstätte (s. auch BVerfG 27.1.2015 – 1 BvR 471/10, 1 BvR 1181/10, NJW 2015, 1359, das die individuelle Religionsfreiheit bes. hervorhebt und als schützenswert anerkennt; → Rn. 135). Der **EuGH** (Gr. Kammer, 14.3.2017 – C-157/15, NZA 2017, 373; 14.3.2017 – C-188/15, NZA 2017, 375; dazu kr. *Stein* NZA 2017, 828) hat dagegen die interne Regelung eines Unternehmens, die das sichtbare Tragen jedes politischen, philosophischen und religiösen Zeichens und damit das Tragen eines islamischen Kopftuches verbietet, nicht als unmittelbare Benachteiligung iSd Art. 2 Abs. 2a RL 2000/78/EG angesehen und auch eine mittelbare Diskriminierung verneint, wenn ein rechtmäßiges Ziel, wie die Verfolgung einer Politik der politischen, philosophischen und religiösen Neutralität durch den ArbGeb. gegenüber seinen Kunden, sachlich gerechtfertigt und die Mittel angemessen und erforderlich sind (s. auch **EGMR** 26.11.2015 – 64846/11, NZA-RR 2017, 62). Das **BAG** (30.1.2019 – 10 AZR 299/18 (A), NZA 2019, 693) hat ein **Vorabentscheidungsersuchen** an den **EuGH** zur Wirksamkeit eines Kopftuchverbots in einem Unternehmen der Privatwirtschaft gerichtet mit Darstellung der unterschiedl. Rechtpositionen.

70 Erfasst sind die **großen Weltreligionen** Christentum, jüdische Religion, Islam, Buddhismus, Hinduismus und Shintoismus sowie deren Untergliederungen (Katholiken u. Protestanten, Schiiten u. Sunniten). Da die Zahl der Anhänger und die soziale Bedeutung der Organisation irrelevant sind, werden auch kleinere Gemeinschaften geschützt, jedenfalls wenn sie in Deutschland eine Körperschaft des öffentlichen Rechts sind wie zB Neuapostolische Kirche, Zeugen Jehovas, Mormonen, Heilsarmee (HK-AGG/*Däubler* AGG § 1 Rn. 56 f. mwN).

71 Der **Weltanschauung fehlt** die **Transzendenz.** Sie beschränkt sich auf innerweltliche (immanente) Bezüge (BAG 22.3.1995 – 5 AZB 21/94, AP ArbGG 1979 § 5 Nr. 21). Das Verständnis vom Sinn des Weltgeschehens wird aus rein irdischen Erkenntnissen gewonnen. Aber auch hier wird eine wertende Stellungnahme zum Ganzen der Welt und zum Woher und Wohin der menschlichen Existenz vorausgesetzt. Dem entsprechen zB Marxismus (ArbG Berlin 30.7.2009 – 33 Ca 5772/09, NZA-RR 2010, 70) und Rudolf Steiners Anthroposophie. Beschäftigt sich eine Lehre nur mit Teilaspekten des Lebens, handelt es sich allenfalls um säkulare Lebensgrundsätze oder Überzeugungen, nicht um Weltanschauung (HK-AGG/*Däubler* AGG § 1 Rn. 62, 64 mwN; ErfK/*Schlachter* AGG § 1 Rn. 8; *Thüsing* Diskriminierungsschutz Rn. 196).

Wird einer Redakteurin „Sympathie" für ein bestimmtes Land und zu regierungsfreundliche Berichte über dieses Land vorgehalten, so kann von diesen Tatsachen nicht darauf geschlossen werden, sie habe sich einer Weltanschauung angeschlossen. **Sympathien** für ein Land, seine Regierung oder sie tragende Partei sind keine durch § 1 AGG geschützte Weltanschauung (BAG 20.6.2013 – 8 AZR 482/12, BeckRS 2013, 70882). 71a

e) Behinderung

Bei dem entspr. § 1 AGG neu aufgenommenen Begriff der **Behinderung,** der weiter ist als der des schwerbehinderten Menschen in § 2 Abs. 2 SGB IX, ist von § 2 Abs. 1 S. 1 SGB IX auszugehen (BAG 19.12.2013 – 6 AZR 190/12, NZA 2014, 372; 16.2.2012 – 8 AZR 697/10, NZA 2012, 667; BT-Drs. 16/1780, 31; *Grimme* AiB 2012, 513). Danach sind Menschen behindert, wenn ihre körperliche Funktion, geistige Fähigkeit oder seelische Gesundheit mit hoher Wahrscheinlichkeit länger als sechs Monate von dem für das Lebensalter typischen Zustand abweichen und daher ihre **Teilhabe am Leben** in der Gesellschaft **beeinträchtigt** ist (BAG 18.12.2014 – 7 AZR 1002/12, BeckRS 2015, 68086; 7.6.2011 – 1 AZR 34/10, NZA 2011, 1370, ArbN mit Bezug voller Erwerbsminderungsrente; HK-AGG/*Däubler* AGG § 1 Rn. 78 ff., 80; Palandt/*Ellenberger* AGG § 1 Rn. 6; *Lingemann/Müller* BB 2007, 2006 [2009]). 72

Bei diesem **bio-psycho-sozialen Behindertenbegriff** wird Behinderung nicht durch die individuelle Funktionsstörung, sondern durch eine **substantielle Beeinträchtigung** der **Teilhabe** an der Gesellschaft definiert, zu der auch die Teilhabe am Berufsleben gehört. Eine Behinderung liegt vor, wenn sich die Beeinträchtigung auf die Partizipation in einem oder mehreren Lebensbereichen auswirkt. Ob eine Beeinträchtigung relevant ist, ergibt sich folglich erst aus dem Zusammenwirken von behindernden sozialen Kontextfaktoren (Barrieren) und individueller Gesundheitsstörung. Eine solche kann auch darin liegen, dass die (gesellschaftliche) Teilhabe durch das **Verhalten anderer** beeinträchtigt **sein kann.** Behinderung ist demnach sowohl persönliche Eigenschaft als auch soziales Verhältnis. Folglich kann eine Behinderung auch durch das „Behindern" eines Menschen durch seine Umwelt sein. Auf einen bestimmten Grad der Behinderung kommt es nicht an (BAG 19.12.2013 – 6 AZR 190/12, NZA 2014, 372 mwN; *Fuhlrott/Wesemann* ArbRAktuell 2014, 307; *Günther/Frey* NZA 2014, 584 [586 ff.]). IE gilt Folgendes: 72a

Für die Annahme einer arbeitsrechtlich relevanten Behinderung genügt es, wenn eine der vorgenannten Einschränkungen vorliegt, diese zwar allein nicht beeinträchtigend wirkt, aber durch die **Gestaltung der Arbeit** zu einem Hindernis für die betreffende Person wird (HK-AGG/*Däubler* AGG § 1 Rn. 79 f.; *Thüsing* Diskriminierungsschutz Rn. 205). Beispiele: Beeinträchtigungen des Stütz- und Bewegungsapparates, Verschleißerscheinungen der Wirbelsäule, Atemwegserkrankungen, Fettleibigkeit, psychische Beeinträchtigungen (*Thüsing* Diskriminierungsschutz Rn. 206 ff.; BKG AGG § 1 Rn. 44). 72b

Eine Adipositas **(Fettleibigkeit)** stellt eine Behinderung dar, wenn sie eine Einschränkung mit sich bringt, die ua auf physische, geistige oder psychische Beeinträchtigungen von Dauer zurückzuführen ist, die den ArbN in Wechselwirkung mit verschiedenen Barrieren an der vollen und wirksamen Teilhabe am Berufsleben, gleichberechtigt mit den anderen ArbN, hindern können. Nicht nur die Unmöglichkeit, sondern auch eine Beeinträchtigung der Ausübung einer beruflichen Tätigkeit reicht aus. Unerheblich ist, ob der ArbN selbst zum Auftreten der Behinderung beigetragen habe (EuGH 18.1.2018 – C-270/16, NZA 2018, 159; 18.12.2014 – C-354/13, BeckRS 2014, 82641; BKG AGG § 1 Rn. 44; *Lingscheid* NZA 2015, 147 ff.). 72c

Eine symptomlose **HIV-Infektion** ist eine Behinderung. Sie führt zu einer chronischen Erkrankung, die sich auf die Teilhabe des ArbN an der Gesellschaft auswirkt. Das gilt solange, wie das gegenwärtig auf eine solche Infektion zurückzuführende 72d soziale Vermeidungsverhalten und die darauf beruhenden Stigmatisierungen andauern (BAG 19.12.2013 – 6 AZR 190/12, NZA 2014, 372; LAG SchlH 12.4.2018 – 5 Sa 438/17, NZA-RR 2018, 466 m.Anm. *Arnold/Zeh; Günther/Frey* NZA 2014, 584 [587]).

72e **Krankheit** und Behinderung sind idR nicht gleichzusetzen (EuGH 18.1.2018 – C-270/16, NZA 2018, 159; BAG 19.12.2013 – 6 AZR 190/12, NZA 2014, 372; zur Abgrenzung von Krankheit s. EuGH 11.7.2006 – C-13/05, AP Richtlinie 2000/78/EG Nr. 3 – Chacon Navas; *Düwell* BB 2006, 1741 [1742]; zur EuGH-Rspr. *Colneric* NZA 2008 Beil. 2, 66 [72f.]; *Busch* AiB 2014, 40ff.; zur BAG-Rspr. *Günther/Frey* NZA 2014, 584ff.). Jedoch kann auch eine heilbare oder unheilbare Krankheit **(chronische Krankheit),** die eine physische, geistige oder psychische Einschränkung mit sich bringt und zu einer Beeinträchtigung der Teilhabe am Berufsleben führt, einer Behinderung gleichzustellen sein; auf die Verwendung bes. Hilfsmittel kommt es für die Feststellung einer Behinderung nicht an (EuGH 18.1.2018 – C-270/16, NZA 2018, 159; 11.4.2013 – C-335/11, C-337/11, NZA 2013, 553). Auf die Schutzvorschriften für schwerbehinderte Menschen nach dem SGB IX kann sich nur berufen, wer unter den Anwendungsbereich dieses G fällt (BAG 27.1.2011 – 8 AZR 580/09, NZA 2011, 737).

73 Für die Annahme einer behinderungsbezogenen Benachteiligung genügt es, dass die benachteiligende Maßnahme (zB Nichteinladung zum Vorstellungsgespräch, Nichteinbeziehung in Auswahl) objektiv geeignet ist, (schwer)behinderten Bewerbern keine oder schlechtere Chancen einzuräumen; auf ein **Verschulden** oder eine Benachteiligungsabsicht des ArbGeb. oder der für ihn handelnden Personen kommt es **nicht** an (BAG 18.9.2014 – 8 AZR 759/13, BeckRS 2014, 73585; 26.9.2013 – 8 AZR 650/12, NZA 2014, 258). Verletzt der ArbGeb. bei Besetzung freier Stellen Verfahrens- und/oder Förderpflichten zugunsten schwerbeh. Menschen, insbes. seine Prüfpflicht nach § 164 Abs. 1 SGB IX, so stellt dies ein **Indiz** dafür dar, dass er einen abgelehnten schwbeh. Menschen wegen der Behinderung benachteiligt hat (BAG 16.5.2019 – 8 AZR 315/18, NZA 2019, 1419; 28.9.2017 – 8 AZR 492/16, NZA 2018, 519; 21.2.2013 – 8 AZR 180/12, NZA 2013, 840; *Schleusener* NZA Beil. 2/2016, 50f.). Das Gleiche gilt bei Nichtbeteiligung der **SchwbVertr.** am Bewerbungsverfahren, auch wenn diese selbst sich auf eine freie Stelle bewirbt (BAG 28.9.2017 – 8 AZR 492/16, NZA 2018, 519; 22.8.2013 – 8 AZR 574/12, BeckRS 2014, 65162; *Schlewing* RdA 2019, 257, 263).

73a Voraussetzung ist aber, dass dem ArbGeb. die Schwerbehinderteneigenschaft des Bewerbers **bekannt** war oder er sie hätte kennen müssen (BAG 18.9.2014 – 8 AZR 759/13, BeckRS 2014, 73585; 15.3.2012 – 8 AZR 37/11, NZA 2012, 910; *Schlewing* RdA 2019, 257, 264). Soweit sie dem ArbGeb. nicht nachweislich schon bekannt ist oder eine körperliche Behinderung nicht offensichtlich bekannt wird (Vorstellungsgespräch), muss der Bewerber den ArbGeb. über seine Schwerbehinderteneigenschaft im **Bewerbungsschreiben** informieren. Eine Information im **Lebenslauf** reicht nur dann, wenn sie an hervorgehobener Stelle und deutlich (zB bes. Überschrift) erfolgt, andernfalls liegt keine ordnungsgemäße Information des ArbGeb. vor (BAG 26.9.2013 – 8 AZR 650/12, NZA 2014, 258).

73b Die **Frage** nach einer Behinderung oder Schwerbehinderung ist, wenn diese für die Verrichtung der vorgesehenen Tätigkeit ohne Belang ist, grds. unzulässig (LAG Hamm 19.10.2006 – 15 Sa 740/06, BeckRS 2007, 40902; *Künzl* ArbRAktuell 2012, 235; → Rn. 60b). Das ist nur anders **in einem** bereits bestehenden **ArbVerh.** nach Ablauf der 6monatigen Frist des § 173 Abs. 1 Nr. 1 SGB IX und Erwerb des **Sonderkündigungsschutzes** für schwerbeh. Menschen (BAG 16.2.2012 – 6 AZR 553/10, NZA 2012, 555; ErfK/*Preis* BGB § 611a Rn. 274a).

73c Stützt ein ArbGeb. eine **Nichteinstellung** darauf, dass der ArbN **wegen** seiner **Behinderung** nicht eingestellt werden könne, kann er sich nur dann auf § 8 Abs. 1 AGG berufen, wenn auch angemessene Vorkehrungen iSv Art. 5 der RL 2000/78/EG iVm Art. 27 Abs. 1 S. 2 Buchst. i, Art. 2 Unterabs. 4 des ÜK der VN v. 13.12.

2006 über die Rechte von Menschen mit Behinderungen ergriffen werden. Unterlässt der ArbGeb. erforderliche Vorkehrungen, die keine unverhältnismäßige oder unbillige Belastung bedeuten, ist dies in die gerichtliche Beurteilung mit einzubeziehen (BAG 22.5.2014 – 8 AZR 662/13, NZA 2014, 924).

73d Eine **TV**Regelung, nach der ein **ArbVerh.** bei Gewährung einer Rente auf unbestimmte Dauer wegen voller Erwerbsminderung **endet,** bewirkt weder eine unmittelbare noch eine mittelbare Diskriminierung wegen einer Behinderung (BAG 18.12.2014 – 7 AZR 1002/12, NZA-RR 2016, 83).

73e Eine verbotene Benachteiligung liegt auch dann vor, wenn ein ArbN, der selbst nicht behindert ist, wegen der Behinderung seines Kindes benachteiligt wird, für das er im Wesentlichen die Pflegeleistungen erbringt (EuGH 17.7.2008 – C-303/06, NZA 2008, 932; CFHR/*Ritz/F. Dopka* AGG § 3 Rn. 3; zur **drittbezogenen Benachteiligung** → Rn. 60f; zur Rspr. vgl. *Bissels/Lützeler* BB 2009, 774 [779 f.]; *Hunold* NZA-RR 2009, 113; *Schlacher* RdA 2010, 104 ff.). Dagegen liegt grds. keine behinderungsbezogene Benachteiligung bei einer Bewerbung vor, wenn die Bewerbung erst nach dem Zeitpunkt der Besetzungsentscheidung vorlag (BAG 19.8.2010 – 8 AZR 370/09, NZA 2011, 200; → Rn. 60a). Das ist allerdings dann anders, wenn die Bewerbung eines Behinderten durch eine vorzeitige Stellenbesetzung vereitelt wird (BAG 17.8.2010 – 9 AZR 839/08, NZA 2011, 153; LAG Bln-Bbg 11.10.2018 – 26 Sa 681/18, BeckRS 2018, 34009). Eine Regelung über die Einstellung von **Überbrückungsbeihilfen** bei Rentenanspruch des ArbN benachteiligt behinderte ArbN, denen ein vorgezogenes Altersruhegeld zusteht, weder mittelbar noch unmittelbar wegen ihrer Behinderung oder ihres Alters (BAG 6.10.2011 – 6 AZN 815/11, NZA 2011, 1431).

73f Eine Regelung, die die Laufzeit eines Ruhestandsverhältnisses mit einem Anspruch auf vorzeitige **Altersrente** für **schwerbeh. Menschen** verknüpft, benachteiligt diese ArbN unmittelbar gegenüber nicht schwerbeh. ArbN in vergleichbarer Situation, die erst mit höherem Lebensalter Leistungen der gesetzlichen Rentenversicherung beanspruchen können (BAG 21.11.2017 – 9 AZR 141/17, NZA 2018, 786).

f) Alter

74 **„Alter"** meint Lebensalter (BT-Drs. 16/1780, 31; sa *Linsenmaier* RdA 2003, Heft 5 Sonderbeil., 22 [24]). Das hat zur Folge, dass nicht nur vor einer Benachteiligung der Älteren gegenüber den Jüngeren, sondern auch vor einer der Jüngeren gegenüber den Älteren geschützt werden soll (Palandt/*Ellenberger* AGG § 1 Rn. 9). Alter ist ein **ambivalentes, relatives Differenzierungsmerkmal.** Eine weniger günstige Behandlung iSv § 3 Abs. 1 AGG ist daher nicht schon dann gegeben, wenn ein ArbN objektiv anders als ein älterer oder jüngerer ArbN behandelt wird; **erforderlich** ist vielmehr, dass sich die **Differenzierung** zwischen unterschiedlich alten ArbN **für** eine **bestimmte Altersgruppe negativ** auswirkt und diese zurücksetzt. Das ist zB nicht der Fall, wenn ältere ArbN aus einem Personalabbau herausgenommen werden und nicht wie jüngere ArbN bei freiwilligem Ausscheiden eine Abfindung erhalten und sich neue Erwerbschancen suchen können; denn Zweck des Diskriminierungsverbots wegen des Alters ist vor allem die Verwirklichung des weiteren Verbleibs älterer ArbN im ArbVerh. (BAG 25.2.2010 – 6 AZR 911/08, NZA 2010, 561; zum komplizierten Verhältnis KSchG/AGG *Temming* RdA 2019, 102, 104 ff.). Dagegen ist eine TVRegelung, die bei der Anrechnung von Einkommenserhöhungen auf eine Einkommenszulage nach dem Lebensalter (55 Jahre) differenziert, altersdiskriminierend und unwirksam (BAG 18.2.2016 – 6 AZR 700/14, NZA 2016, 709). Das Gleiche gilt für eine TVRegelung, die ArbN, die ein ArbVerh. vor einem bestimmten Stichtag begonnen haben, von tariflichen Leistungen ohne ein erkennbares legitimes Ziel der differenzierenden Regelung ausschließt und damit eine mittelbare Altersdiskriminierung ist (BAG 23.7.2019 – 9 AZR 372/18, NZA 2019, 1588; 9.12.2015 – 4 AZR 684/12, NZA 2016, 897).

74a Eine bes. hohe Benachteiligungswirkung haben altersabhängige Entscheidungen bei Einstellungen, Eingruppierungen, Teilnahme an Weiterbildungsmaßnahmen, Beendigung des ArbVerh. und Eintritt in den Ruhestand (ErfK/*Schlachter* AGG § 1 Rn. 12). Hier werden ArbGeb. und BR nicht nur im Rahmen ihrer Überwachungsaufgaben nach Abs. 1 (→ Rn. 9ff., 17ff.), sondern bereits im Vorfeld bei der Ausübung ihrer **Gestaltungsbefugnisse,** insbes. bei BV, stärker als bisher gefordert. Sie müssen das Spannungsverhältnis zwischen der notwendigen Förderung der Beschäftigungsmöglichkeiten älterer ArbN und der nicht unverhältnismäßigen Beeinträchtigung jüngerer ArbN sachgerecht lösen (*Amthauer* AGG-Auswirkungen S. 72).

75 Trotz des neutralen Merkmals „Alter" wird auch weiterhin der **Schutz älterer Personen** ein **Schwerpunkt** bleiben. Aufgrund der ungünstigen Situation Älterer auf dem Arbeitsmarkt kommt ihrem Schutz und ihrer Förderung bes. Bedeutung zu (so BT-Drs. 16/1780, 31, 36). So gehört es zur allgemeinen Aufgabe des BR, die Beschäftigung älterer ArbN im Betrieb zu fördern (§ 80 Abs. 1 Nr. 6; → § 80 Rn. 31) und ihre Belange bei der Durchführung von Berufsbildungsmaßnahmen zu berücksichtigen (§ 96 Abs. 2 S. 2; → § 96 Rn. 30). Es soll verhindert werden, dass ArbN wegen eines höheren Alters als Mitarbeiter minderen Rechts behandelt werden (BAG 14.1.1986 – 3 AZR 456/84, AP BetrAVG § 1 Gleichbehandlung Nr. 5).

76 Unter bestimmten Voraussetzungen, die das AGG nennt, kann eine **Benachteiligung wegen des Alters zulässig** sein. Der allgemeine Rechtfertigungsgrund des § 8 AGG spielt bei der Altersdiskriminierung wegen der speziellen Rechtfertigungsgründe des § 10 AGG praktisch ebenso wenig eine Rolle wie § 5 AGG über positive Maßnahmen (vgl. MHH/*Heyn* AGG § 10 Rn. 4). Nach der **Generalklausel** des **§ 10** S. 1 u. 2 **AGG** ist eine Benachteiligung wegen des Alters zulässig, wenn sie objektiv und angemessen und durch ein **legitimes Ziel** (zB Beschäftigungspolitik, Arbeitsmarkt, berufliche Bildung) gerechtfertigt ist (BAG 11.7.2017 – 3 AZR 691/16, NZA 2017, 1388 mwN; Palandt/*Weidenkaff* AGG § 10 Rn. 2). Aber auch andere von der Rechtsordnung anerkannte Gründe reichen aus, wenn es sich um ein objektives Ziel handelt, das seinerseits nicht diskriminierend und auch ansonsten legal ist. Wird ein wirtschaftlicher Grund als objektives Ziel angeführt, kommt nur ein **objektiv gerechtfertigter wirtschaftlicher Grund** in Frage, der einem wirklichen Bedürfnis des Unternehmens entspricht (BAG 15.12.2016 – 8 AZR 454/15, NZA 2017, 715).

76a Ferner muss zur Zielerreichung das angewandte **Mittel angemessen** und **erforderlich** sein (ebenso EuGH 16.10.2007 – C-411/05, NZA 2007, 1219 u. dazu *Temming* NZA 2007, 1193ff.; 5.3.2009 – C-388/07, NZA 2009, 305; BAG 15.12.2016 – 8 AZR 454/15, NZA 2017, 715; 18.2.2016 – 6 AZR 700/14, NZA 2016, 709; 22.10.2015 – 8 AZR 168/14, NZA 2016, 1081). Das ist nur dann der Fall, wenn das Mittel es erlaubt, das mit der unterschiedlichen Behandlung verfolgte Ziel zu erreichen, ohne zu einer übermäßigen Beeinträchtigung der legitimen Interessen der wegen ihres Alters benachteiligten Personen zu führen (BAG 19.5.2016 – 8 AZR 470/14, NZA 2016, 1394). Dies muss im Streitfall substantiiert vorgetragen werden, allgemeine Behauptungen reichen nicht (BAG 15.11.2016 – 9 AZR 534/15, NZA 2017, 339; 22.10.2015 – 8 AZR 168/14, NZA 2016, 1081).

76b Nach der Gesetzesbegründung ist „die Legitimität eines Zieles" unter Berücksichtigung der fachlich-beruflichen Zusammenhänge **aus Sicht** des **ArbGeb.** oder der **TVParteien** zu beurteilen; es können aber auch Ziele sein, die über die Situation eines einzelnen Unternehmens oder einer Branche hinausgehen und von allgemeinem Interesse sind, wie zB Beschäftigungspolitik, Arbeitsmarkt oder berufliche Bildung (BT-Drs. 16/1780, 36; EuGH 16.10.2007 – C-411/05, NZA 2007, 1219; BAG 20.6.2013 – 2 AZR 295/12, NZA 2014, 208; 5.11.2009 – 2 AZR 676/08, NZA 2010, 457); *Wendeling-Schröder* NZA 2007, 1399 [1400f.]).

76c So hat das BAG (6.11.2008 – 2 AZR 701/07, BeckRS 2009, 58467; 6.11.2008 – 2 AZR 523/07, AP KSchG 1969 § 1 Betriebsbedingte Kündigung Nr. 182; zum komplizierten Verhältnis KSchG/AGG *Temming* RdA 2019, 102, 104ff.) iRd **Kün-**

digungsschutzes entschieden, dass die einem **Interessenausgleich** mit Namensliste (Näheres → § 112, 112a Rn. 49ff.) zugrundeliegende **Punktetabelle,** die Sozialpunkte nach dem Lebensalter zuteilt und eine **Altersgruppenbildung** vorsieht, zwar eine an das Alter anknüpfende unterschiedliche Behandlung darstellt, aber iSd § 10 S. 1 AGG gerechtfertigt ist (*Gaul/Niklas* NZA-RR 2009, 457ff.; *Lingemann/Beck* NZA 2009, 577ff.; **aA** *Kaiser/Dahm* NZA 2010, 473ff.).

Das gilt auch für eine **„lineare"** Berücksichtigung des Lebensalters (BAG 5.11.2009 – 2 AZR 676/08, NZA 2010, 457). Durch die von § 1 Abs. 3 S. 2 KSchG zur Sicherung einer **ausgewogenen Personalstruktur** ermöglichte Altersgruppenbildung bei der Sozialauswahl (s. hierzu *Lingemann/Otte* NZA 2016, 65ff.) wird sogar die andernfalls linear ansteigende Gewichtung des Lebensalters unterbrochen und zugunsten jüngerer ArbN relativiert. Damit wird ein angemessener Ausgleich zwischen den Zielen eines Schutzes älterer ArbN und der beruflichen Eingliederung jüngerer ArbN erreicht (BAG 15.12.2011 – 2 AZR 42/10, NZA 2012, 1044; 22.3.2012 – 2 AZR 167/11, BeckRS 2012, 72245; *Berg/Natzel* ZfA 2012, 65 [70]; *Lunk/Seidler* NZA 2014, 455ff.). Dagegen ist im Rahmen der Sozialauswahl der Ausschluss ordentlicher Kündigungen für ältere ArbN dann nicht mehr iSd § 10 S. 1 AGG gerechtfertigt, wenn er ein gem. § 1 Abs. 3 KSchG grob fehlerhaftes Auswahlergebnis zur Folge hätte (BAG 20.6.2013 – 2 AZR 295/12, NZA 2014, 208). 76d

Die Zuteilung von **Alterspunkten** führt mit einer hinnehmbaren Unschärfe zur Berücksichtigung von Chancen auf dem Arbeitsmarkt und im Zusammenspiel mit den übrigen sozialen Gesichtspunkten (Betriebszugehörigkeit, Unterhalt, Schwerbehinderungen) nicht zu einer Überbewertung des Lebensalters. Die Bildung von Altersgruppen wirkt der Überalterung des Betriebs entgegen und relativiert so zugleich die Bevorzugung älterer ArbN (BAG 6.9.2007 – 2 AZR 304/06, AP KSchG 1969 § 1 Betriebsbedingte Kündigung Nr. 169; 19.6.2007 – 2 AZR 304/06, AP KSchG 1969 § 1 Namensliste Nr. 16; zum komplizierten Verhältnis KSchG/AGG *Temming* RdA 2019, 102, 104ff.). Von legitimen Zielen einer Altersgruppenbildung ist idR bei Massenkündigungen aufgrund einer Betriebsänderung auszugehen, da in diesen Fällen die Erhaltung einer auch altersmäßig ausgewogenen Personalstruktur gefährdet ist (BAG 12.3.2009 – 2 AZR 418/07, AP KSchG 1969 § 1 soziale Auswahl Nr. 97). 76e

Die zur Sicherung einer **ausgewogenen Personalstruktur** im Betrieb erfolgte **Altersgruppenbildung** muss, um zulässig zu sein, auch **geeignet** sein, die bestehende Struktur zu bewahren. Das ist, wenn mehrere Gruppen vergleichbarer ArbN von Entlassungen betroffen sind, nur dann der Fall, wenn auch innerhalb der jeweiligen Vergleichsgruppe eine proportionale Berücksichtigung der Altersgruppen an den Entlassungen sichergestellt ist. Eine Verletzung des Proporzes macht die Altersgruppenbildung insgesamt unwirksam (zu Einzelheiten s. BAG 26.3.2015 – 2 AZR 478/13, NZA 2015, 1122; 19.7.2012 – 2 AZR 352/11, NZA 2013, 86; zur Altersgruppenbildung *Lingemann/Pohlmann* RdA 2014, 374ff.; *Lunk/Seidler* NZA 2014, 455ff.). 76f

Eine Benachteiligung älterer ArbN durch eine **Altersgruppenbildung** kann auch durch ein im Allgemeininteresse liegendes **legitimes Ziel** aus der Sozialpolitik gerechtfertigt sein. Hierzu zählt die durch § 125 Abs. 1 Nr. 1 Hs. 2 InsO im Insolvenzverfahren eröffnete Möglichkeit der Schaffung einer ausgewogenen Altersstruktur; sie ist durch das legitime Ziel der Sanierung eines insolventen Unternehmens gerechtfertigt (BAG 19.12.2013 – 6 AZR 790/12, NZA-RR 2014, 185; *Göpfert/Stark* ZIP 4/2015, 155 [157f.]). Gleiches gilt, wenn die Sozialauswahl nach Altersgruppenbildung (s. hierzu *Lingemann/Otte* NZA 2016, 65ff.) dazu dienen soll, den **Betrieb** aus der Insolvenz heraus **verkaufsfähig** zu machen (BAG 28.6.2012 – 6 AZR 682/10, NZA 2012, 1090). 76g

Die ausfüllungsbedürftige Generalklausel in § 10 S. 1 u. 2 AGG gilt für alle **individual- u. kollektivvertraglichen Regelungen,** also für arbeitsvertragliche Bestimmungen, TV, BV, Regelungsabreden und sonstige Maßnahmen. In Ausfüllung der Generalklausel können die Rechtsanwender, die TVParteien, **ArbGeb. und** 77

BR, selbst **festlegen,** ob, für welche Bereiche und in welchem Umfang sie Ausnahmen vom Verbot der Altersdiskriminierung regeln (*Wendeling-Schröder* NZA 2007, 1399 [1400f.]; krit. BKG AGG § 10 Rn. 11; *Löwisch* DB 2006, 1729 [1730]). Dabei haben sie einen weiten Ermessens- und Gestaltungsspielraum (EuGH 16.10.2007 – C-411/05, NZA 2007, 1219; BAG 22.10.2015 – 8 AZR 168/14, NZA 2016, 1081; 25.2.2010 – 6 AZR 911/08, NZA 2010, 561). So können Betriebsparteien vorsehen, dass nach Entlassungen ältere ArbN bevorzugt **wiedereinzustellen** sind (LAG Köln 11.5.2012 – 5 Sa 1009/10, BeckRS 2012, 72669).

78 Als Regulativ ist eine **Verhältnismäßigkeitsprüfung** nach § 10 S. 2 AGG vorzunehmen, ob die eingesetzten Mittel das angestrebte Ziel auch tatsächlich fördern können und die Belange der benachteiligten Altersgruppen nicht unverhältnismäßig stark vernachlässigen (ErfK/*Schlachter* AGG § 10 Rn. 3; *Annuß* BB 2006, 1629 [1633]). Die Ungleichbehandlung muss letztlich durch das verfolgte Ziel sachlich gerechtfertigt sein; außerdem müssen die eingesetzten Mittel zur Zielerreichung verhältnismäßig sein (BAG 9.12.2014 – 1 AZR 102/13, NZA 2015, 365; 6.4.2011 – 7 AZR 524/09, NZA 2011, 970). Entscheidend sind die Umstände des Einzelfalles.

78a So benachteiligt eine an das **Lebensalter** anknüpfende Vereinbarung über die **Dauer** eines **befristeten ArbVerh.** des ArbN diesen iSv § 3 Abs. 1 S. 1 AGG in unverhältnismäßiger Weise, wenn mit einem jüngeren ArbN in vergleichbarer Situation eine längere Befristungsdauer vereinbart worden wäre; die Befristungsabrede ist gem. § 7 Abs. 2 AGG unwirksam (BAG 6.4.2011 – 7 AZR 524/09, NZA 2011, 970). Zur Zulässigkeit der Regelung in § 14 Abs. 3 TzBfG über sachgrundlose Befristungen mit **52-jährigen ArbN** → § 5 Rn. 116.

78b Die **Regelbeispiele** in § 10 S. 3 AGG („insbesondere") sind nicht abschließend (BAG 11.7.2017 – 3 AZR 691/16, NZA 2017, 1388; 13.10.2009 – 9 AZR 722/08, NZA 2010, 327; 6.4.2011 – 7 AZR 524/09, NZA 2011, 970). Sie geben wichtige Hinweise für zulässige Ungleichbehandlungen wegen des Alters, allerdings bleibt auch dann eine Verhältnismäßigkeitsprüfung in jedem Einzelfall erforderlich (BKG AGG § 10 Rn. 12; *Amthauer* AGG-Auswirkungen S. 89, 116).

79 **§ 10 S. 3 Nr. 1 AGG** konkretisiert eines der nach S. 1 (→ Rn. 76) genannten legitimen Ziele, die **Förderung der beruflichen Eingliederung** sowie den Schutz von jug. und älteren Beschäftigten. Danach ist es zur leichteren Eingliederung von Problemgruppen in das Arbeitsleben zulässig, bes. Bedingungen nicht nur für den Zugang zu Beschäftigung und beruflicher Bildung, sondern auch bes. Beschäftigungs- und Arbeitsbedingungen einschließlich Entlohnungs- und Entlassungsbedingungen vorzusehen. Unzulässig ist aber, Personen, die ihre **Berufserfahrung vor** Vollendung des **18. Lebensjahres** erworben haben, ungünstiger zu behandeln als Personen, die nach Vollendung des 18. Lebensjahres eine gleichartige Berufserfahrung vergleichbarer Länge erworben haben; dies ist eine Ungleichbehandlung aus Gründen des Alters (vgl. EuGH 18.6.2009 – C-88/08, NZA 2009, 891).

80 Zur Verwirklichung arbeitsmarktpolitischer Ziele ist die Einführung von **Lohnabschlägen** für Berufseinsteiger oder Langzeitarbeitslosen zulässig (ErfK/*Schlachter* AGG § 10 Rn. 6). Die Erhaltung oder Schaffung einer **ausgewogenen betrieblichen Altersstruktur** kann Ungleichbehandlungen bei Auswahlentscheidungen im Rahmen von Einstellungen und Entlassungen rechtfertigen (BKG AGG § 10 Rn. 4, 5, 45m; *Thüsing* Diskriminierungsschutz Rn. 459; *Schiefer* ZfA 2008, 493 [517ff.]; *Wendeling-Schröder* NZA 2007, 1399 [1401]; unklar HK-AGG/*Brors* AGG § 10 Rn. 13ff.; *Waltermann* ZfA 2006, 305 [318]). Eine ausgewogene Altersstruktur kommt nicht nur dem Betrieb, sondern auch dem allgemeinen Arbeitsmarkt zugute, denn sie wirkt der Entstehung von Problemgruppen entgegen (*Linsenmaier* RdA 2003, Heft 5 Sonderbeil., 22 [29]).

81 **Arbeitszeitverkürzungen** und **Zusatzurlaub** können wegen eines möglichen größeren Erholungsbedürfnis älterer ArbN deren Schutz dienen und die Erhaltung ihrer Leistungsfähigkeit bezwecken (BAG 21.10.2014 – 9 AZR 956/12, NZA 2015, 297; *Lingemann/Gotham* NZA 2007, 663 [666]; *Lingemann/Müller* BB 2007, 2006

[2008]; *Linsenmaier* RdA 2003, Heft 5 Sonderbeil., 22 [29]; *Waltermann* ZfA 2006, 305 [322]). Da es aber auch „fitte Alte" und weniger fitte Jüngere gibt und derartige Regelungen je nach Ausgestaltung jüngere ArbN erheblich benachteiligen können, muss hier eine Verhältnismäßigkeitsprüfung im Einzelfall erfolgen. Dabei ist an die konkrete tätigkeitsbezogene Belastung anzuknüpfen, um den notwendigen Zusammenhang zwischen der Ungleichbehandlung bei der Arbeitszeitgestaltung und der Urlaubsbemessung und dem erstrebten Schutz älterer ArbN darlegen zu können (vgl. BAG 15.11.2016 – 9 AZR 534/15, NZA 2017, 339; *Amthauer* AGG-Auswirkungen S. 125).

So hat das BAG (22.10.2015 – 8 AZR 168/14, NZA 2016, 1081) eine **Staffelung** 81a der regelmäßigen wöchentlichen **Arbeitszeit** nach Lebensalter (ab **40 J.** 36,5 Std., ab **50 J.** 35 Std.) unter Fortzahlung des bisherigen Entgelts als ungerechtfertigte Benachteiligung der jüngeren ArbN angesehen und diesen einen Anspruch auf Herabsetzung der Arbeitszeit auf 35 Std. zuerkannt. Es hat das behauptete erhöhte Ruhe- und Erholungsbedürfnis ab 40 bzw. 50 J. nicht akzeptiert (sa BAG 27.4.2017 – 6 AZR 119/16, NZA 2017, 1116 zu altersabhängigen **Schichtfreizeittage** u. BAG 23.7. 2019 – 9 AZR 372/18; NZA 2019, 1588 zu Diskriminierung Teilzeiter bei TV Altersfreizeit).

Dagegen ist ein TVModell einer **Arbeitszeitverkürzung** im **Alter,** das für Voll- 81b zeitArbN mit einer Wochenarbeitszeit von 40 Stunden eine gestaffelte Verkürzung der Arbeitszeit ab dem **50. Lebensjahr** – in Form von Zeitgutschriften auf das tarifliche Langzeitkonto bei Beibehaltung der bisherigen Arbeitszeit, auf Wunsch des ArbN in Form einer tatsächlichen Reduzierung der Arbeitszeit – vorsieht, nach LAG B-W (29.1.2016 – 17 Sa 84/15, BeckRS 2016, 67717) rechtlich nicht zu beanstanden. Die damit verbundene Ungleichbehandlung jüngerer VollzeitArbN wegen des Alters ist gem. § 10 Satz 3 Nr. 1 AGG gerechtfertigt; TeilzeitArbN ab dem 50. Lebensjahr, für die die Wahl einer anteiligen tatsächlichen Reduzierung der Arbeitszeit tariflich ausgeschlossen ist, erhalten keine kompensierende Vergütungserhöhung (→ Rn. 52b), sondern einen Anspruch auf anteilige Zeitgutschriften auf das tarifliche Langzeitkonto.

Bei der Prüfung, ob eine vom ArbGeb. freiwillig begründete **Urlaubsregelung** 81c dem Schutz älterer ArbN dient und geeignet, erforderlich und angemessen iSv § 10 S. 2 AGG ist, steht dem ArbGeb. eine auf die konkrete Situation in seinem Unternehmen bezogene **Einschätzungsprärogative** zu (BAG 21.10.2014 – 9 AZR 956/12, NZA 2015, 297). Bei einer geringeren Vergünstigung ist ein nicht so strenger Prüfungsmaßstab wie bei einer erheblichen Vergünstigung anzulegen (Küttner Personalbuch/*Kania* Kap. 144 Rn. 91).

Eine **Urlaubsstaffelung** nach Altersstufen, die nach Vollendung des 40. Lebens- 81d jahres einen Anspruch auf 30 Arbeitstage Urlaub und vorher nur auf 26 bzw. 29 Arbeitstage Urlaub vorsieht, ist eine nicht gerechtfertigte Diskriminierung jüngerer ArbN und deshalb unwirksam. Das Gleiche gilt für eine Staffelung, nach der ArbN unter 50 ein um mindestens 3 Tage kürzerer Urlaub zusteht als älteren ArbN. Für die Vergangenheit haben die jüngeren ArbN einen Anspruch auf Anpassung „nach oben" (BAG 18.10.2016 – 9 AZR 123/16, NZA 2017, 267; 12.4.2016 – 9 AZR 659/14, NZA-RR 2016, 438). Ebenso verhält es sich mit einer TVRegelung, die generell für ArbN ab 50 einen höheren Urlaubsanspruch vorsehen (BAG 11.12.2018 – 9 AZR 161/18, NZA 2019, 634; 15.11.2016 – 9 AZR 534/15, NZA 2017, 339).

Verdienstsicherungsklauseln wollen verhindern, dass ältere ArbN aufgrund 82 nachlassender Leistungsfähigkeit finanzielle Nachteile erleiden. Sie sind als bes. Entlohnungsbedingungen für ältere ArbN ein legitimes Ziel der Beschäftigungspolitik (BAG 7.2.1995 – 3 AZR 402/94, AP TVG § 4 Verdienstsicherung Nr. 6; HK-AGG/*Brors* AGG § 10 Rn. 48; *Berg/Natzel* ZfA 2012, 65 [78]; *Lingemann/Gotham* NZA 2007, 663 [666]). Eine allgemeine Absenkung von Prämienobergrenzen müssen so gesicherte ArbN allerdings ebenso gegen sich gelten lassen wie arbeitsrechtlich zulässige allgemeine Lohnkürzungen, die nicht im Zusammenhang mit der altersbedingten Leistungsabnahme stehen (BAG 7.2.1995 – 3 AZR 402/94, AP TVG § 4

Verdienstsicherung Nr. 6; 16.5.1995 – 3 AZR 627/94, AP TVG § 4 Verdienstsicherung Nr. 8). Das Gleiche gilt für eine allgemeine Kürzung einer übertariflichen Ausgleichszulage (BAG 15.10.1997, 28.7.1999 – 3 AZR 443/96, AP TVG § 4 Verdienstsicherung Nr. 10; 28.7.1999 – 4 AZR 295/97, AP TVG § 4 Verdienstsicherung Nr. 14).

83 Die in § 622 Abs. 2 BGB und TV vorgesehenen **verlängerten Kündigungsfristen** in Abhängigkeit der Beschäftigungsdauer sollen ein idR höheres Kündigungsrisiko und die geringeren Chancen älterer ArbN auf eine Wiedereingliederung in den Arbeitsmarkt ausgleichen und sind insoweit zulässig (BAG 18.9.2014 – 6 AZR 636/13, NZA 2014, 1400; *Thüsing* Diskriminierungsschutz Rn. 450; *Lingemann/Müller* BB 2007, 2006 [2008]). Unzulässig ist dagegen die Berechnung der Beschäftigungszeiten erst ab Vollendung des 25. Lebensjahrs (EuGH 19.1.2010 – C-555/07, NZA 2010, 85; BAG 9.9.2010 – 2 AZR 714/08, NZA 2011, 343; 29.9.2011 – 2 AZR 177/10, NZA 2012, 754). Deshalb ist § 622 Abs. 2 S. 2 BGB mit Wirkung vom 1.1.2019 aufgehoben worden (G v. 18.12.2018 BGBl. I S. 2651, 2655). Knüpfen Regelungen zur **Unkündbarkeit** an die Dauer der Betriebszugehörigkeit an, wird damit vor allem die Betriebstreue eines ArbN durch erhöhte Arbeitsplatzsicherheit honoriert. Das ist ein legitimes Ziel. Ob das Mittel, die Unkündbarkeit, noch angemessen und erforderlich ist, muss eine Verhältnismäßigkeitsprüfung im Einzelfall ergeben (BKG AGG § 10 Rn. 19; MHH/*Heyn* AGG § 10 Rn. 34; *Amthauer* AGG-Auswirkungen S. 90f., 116; *Berg/Natzel* ZfA 2012, 65 [74f.]; *Körner* NZA 2008, 497 [501f.]; *Rieble/Zedler* ZfA 2006, 273 [299]; *Lingemann/Gotham* NZA 2007, 663 [665]; *Wendeling-Schröder* NZA 2007, 1399 [1404]).

84 **§ 10 S. 3 Nr. 2 AGG** gestattet die Festlegung von **Mindestanforderungen** an das **Alter,** die Berufserfahrung oder das Dienstalter für den Zugang zur Beschäftigung oder für bestimmte mit der Beschäftigung verbundene Vorteile. Ein legitimes Ziel nennt Nr. 2 nicht, es ist aus der Generalklausel (→ Rn. 76) zu gewinnen. Danach ist als legitimes Ziel für ein Mindestalter für einen Zugang zur Beschäftigung die Gesundheit und Sicherheit Dritter sowie das Gemeinwesen anzuerkennen (Küttner Personalbuch/*Kania* Kap. 144 Rn. 88, 91; *Thüsing* Diskriminierungsschutz Rn. 423; HK-AGG/*Brors* AGG § 10 Rn. 71f. lassen nur arbeitsmarktpol. Gründe gelten). Hier ist zB an Piloten, Fluglotsen, Kapitäne, Zugführer, Busfahrer zu denken. Auch dürfte es zulässig sein, ein angemessenes Mindestalter für Führungskräfte, die über Lebenserfahrung verfügen sollten, vorzusehen (BKG AGG § 10 Rn. 31; *Linsenmaier* RdA 2003, Heft 5 Sonderbeil., 22 [28]).

85 Eine **generelle Festlegung** von **Mindestaltersgrenzen** bei Einstellungen ist – soweit es nicht um bes. berufliche Anforderungen (→ Rn. 84) oder arbeitsmarktpolitische Gesichtspunkte geht (→ Rn. 75ff., 79) – **unzulässig** (vgl. HK-AGG/*Brors* AGG § 10 Rn. 74f.; *Linsenmaier* RdA 2003, Heft 5 Sonderbeil., 22 [28]). Folglich dürfen grds. AuswahlRL (s. § 95) über Einstellungsvoraussetzungen, Personalfragebogen (s. § 94) und Stellenausschreibungen (s. § 11 AGG; *Kania/Merten* ZIP 2007, 8 [9ff.]; s. § 93) nicht mehr auf ein bestimmtes Alter abstellen, Bewerber nicht wegen des Alters abgelehnt werden, bei einer Auswahl zwischen mehreren Bewerbern das Alter idR keine Rolle mehr spielen (*Kania/Merten* ZIP 2007, 8 [13f.]).

85a Die Begrenzung einer innerbetrieblichen **Stellenausschreibung** auf ArbN im **1. Berufsjahr** kann nach BAG (18.8.2009 – 1 ABR 47/08, NZA 2010, 222) eine nach § 3 Abs. 2 AGG unzulässige mittelbare Benachteiligung wegen des Alters sein, da ArbN mit mehreren Berufsjahren typischerweise älter sind als die im 1. Berufsjahr. Eine derartige Begrenzung kann aber dann gerechtfertigt sein, wenn der ArbGeb. damit ein rechtmäßiges Ziel verfolgt und sie zur Zielerreichung angemessen und erforderlich ist. Das ist nicht der Fall, wenn mit der Begrenzung Kosten gespart werden sollen; dann liegt ein Verstoß gegen § 11 AGG vor.

85b Wird in einer Stellenanzeige ein **„junger" Bewerber** oder eine „junge" Bewerberin gesucht und wird eine deutlich jüngere Person eingestellt, so ist dies ein Indiz für eine Diskriminierung des abgelehnten Bewerbers wegen dessen hohen Alters

(BAG 15.12.2016 – 8 AZR 418/15, BeckRS 2016, 119064: Korrektur der in 19.8.2010 – 8 AZR 530/09, NZA 2010, 1412 vertretenen Ansicht; *Fuhlrott* ArbRAktuell 2017, 287 ff.). Bei einer an **„Berufsanfänger"** gerichtete Stellenanzeige besteht die Vermutung für eine Altersdiskriminierung (BAG 24.1.2013 – 8 AZR 429/11, NZA 2013, 498 – Young-Professionals-Entscheidung; und dazu *Mohr* NZA 2014, 459; s. aber HessLAG 16.1.2012 – 7 Sa 615/11, NZA-RR 2012, 464 zur Ausschreibung eines Trainee-Programms). Werden Begriffe wie **„erste Berufserfahrung"** und **„Berufsanfänger"** gewählt, ohne dass nur Personen eines bestimmten Lebensalters angesprochen und andere ausgeschlossen werden sollen, liegt kein Verstoß gegen § 11 AGG vor (BAG 26.1.2017 – 8 AZR 73/16, NZA-RR 2017, 342).

Bei Anforderungen wie **„gerade frisch gebacken aus einer kaufmännischen Ausbildung"** und **„ohne nennenswerte Berufserfahrung"** ist eine Altersdiskriminierung zu vermuten (BAG 15.12.2016 – 8 AZR 454/15, NZA 2017, 715). Die Ausschreibung eines **„Junior Consultant"** ist nicht diskriminierend (LAG RhPf 10.2.2014 – 3 Sa 27/13, BeckRS 2014, 69594),wohl aber das Angebot einer Mitarbeit in einem **„jungen und dynamischen Team"** (BAG 11.8.2016 – 8 AZR 406/14, BeckRS 2016, 112116; 19.5.2016 – 8 AZR 470/14, NZA 2016, 1394; LAG Hamm 13.6.2017 – 14 Sa 1427/16, BeckRS 2017, 128031). Die Stellenausschreibung als ein **„junges, dynamisches Unternehmen"** enthält keine altersbezogenen Besetzungskriterien und ist nicht altersdiskriminierend (BAG 23.11.2017 – 8 AZR 604/16, NZA 2018, 584; → auch LAG Bln-Bbg 11.10.2018 – 26 Sa 681/18, BeckRS 2018, 34009 zu **„lockeres und junges 14-köpfiges Team"**). Keine Diskriminierung „Berufseinsteiger" (HessLAG 28.5.2019 – 15 Sa 116/19 BeckRS 2019, 23348). **85c**

Allein an das **Lebensalter** anknüpfende **Vergütungsstaffeln** oder **Jahressonderzahlungen** sind als unmittelbare Diskriminierung jüngerer ArbN unzulässig. Das hat der **EuGH** (8.9.2011 – C-297/10, C-298/10, NZA 2011, 1100) für die (im alten BAT vorgesehene) **Vergütung** nach **Lebensaltersstufen** entschieden (sa BAG 25.4.2017 – 1 AZR 427/15, NZA 2017, 1346; 10.11.2011 – 6 AZR 148/09, NZA 2012, 161: Gehaltsanpassung **„nach oben"**; aber → Rn. 86a). Diese Altersdiskriminierung ist aber für einen befristeten Übergangszeitraum hinzunehmen, wenn das altersdiskriminierende Vergütungssystem durch ein auf objekive Kriterien wie **Berufserfahrung** und **Leistung** gestütztes tarifliches Vergütungssystem (s. TVöD) ersetzt wird und die zeitlich begrenzten diskriminierenden Auswirkungen der Vorgängerregelung deshalb erforderlich sind, um den ArbN den Übergang zum neuen System ohne Einkommensverluste zu gewährleisten (dazu *Wendeling-Schröder* NZA 2011, Heft 19, III). Fortführend hat das BAG (8.12.2011 – 6 AZR 319/09, NZA 2012, 275) erkannt, dass wegen der Komplexität der Zusammenführung verschiedener VergütungsTV im TVöD die Schaffung einer Entgeltstruktur ohne Nachteile für einzelne Beschäftigte(ngruppen) unmöglich war und deshalb – auch aufgrund der autonomen Entgeltfindungsbefugnis der TVParteien – nicht zu beanstanden ist (*Berg/Natzel* ZfA 2012, 65 [72 ff.]; krit. *Franzen* RdA 2013, 180 ff.). **86**

Nunmehr hat der EuGH (19.6.2014 – C-501/12, C-502/12, C-503/12, C-504/12, C-505/12, C-506/12, C-540/12, C-541/12, NZA 2014, 831) entschieden, dass – abweichend von der bisher vorherrschenden Ansicht – eine Benachteiligung des Alters in kollektiven Entgeltsystemen **nicht** mehr **zwingend** eine **Anpassung nach oben** nach sich zieht. Damit haben die TV- und die Betriebsparteien bei Umstellungen von Entgeltsystemen größeren Gestaltungsspielraum und das BAG mehr Spielraum als bisher für eine Anpassung (*Lingemann* NZA 2014, 827 [829]). **86a**

Dagegen sind Vergütungsstaffeln nach **Berufs- und Beschäftigungsdauer** idR zulässig; sie wirken sich zwar diskriminierend für jüngere ArbN aus, das sie legitimierende Ziel ist jedoch die Honorierung des Zuwachses an Qualifikation (BAG 5.11.2012 – 6 AZR 359/11, NZA 2013, 629; MHH/*Heyn* AGG § 10 Rn. 47). Ob eine derartige Differenzierung der Vergütung generell und damit auch für einfache **87** mechanische Tätigkeiten zulässig ist, wird zT in Frage gestellt (dafür BKG AGG § 10 Rn. 30; dagegen Küttner Personalbuch/*Kania* Kap. 144 Rn. 92; *Linsenmaier* RdA 2003, Heft 5 Sonderbeil., 22 [29]). Hier könnte als weiteres legitimes Ziel für eine nach Betriebszugehörigkeit/Dienstalter differenzierende Vergütungsregelung die Honorierung der **Betriebstreue** und die **Bindung** eingearbeiteter und erfahrener ArbN an den Betrieb gelten (str.; so MHH/*Heyn* AGG § 10 Rn. 48; BKG AGG § 10 Rn. 30; *Thüsing* Diskriminierungsschutz Rn. 424, 462; BAG 11.4.2006 – 9 AZR 528/05, NZA 2006, 1217; krit. *Körner* NZA 2008, 497 [500 f.]).

88 Nach **§ 10 S. 3 Nr. 3 AGG** sind **Höchstaltersgrenzen** für die **Einstellung** aufgrund spezifischer **Ausbildungsanforderungen** eines bestimmten Arbeitsplatzes oder aufgrund der Notwendigkeit einer angemessenen Beschäftigungszeit vor Eintritt in den Ruhestand zulässig. Die Anerkennung eines Höchstalters bei der Einstellung basiert auf der Überlegung, dass bei älteren ArbN, deren Rentenalter bereits absehbar ist, einer aufwendigen Einarbeitung auch eine betriebswirtschaftlich sinnvolle Mindestdauer einer produktiven Arbeitsleistung gegenüberstehen muss (BT-Drs. 16/1780, 36; *Lingemann/Müller* BB 2007, 2006 [2009]). Ein tarifvertragl. Höchstalter von 32 Jahren und 364 Tagen für Einstellungen von **Piloten** verstößt jedoch gegen das Verbot der Altersdiskriminierung des § 7 Abs. 1 AGG und ist unwirksam (BAG 8.12.2010 – 7 ABR 98/09, NZA 2011, 751).

89 Die für eine legitime Höchstaltersgrenze relevante **Mindestproduktivitätsdauer** kann in Anlehnung an die BAG-Rspr. (31.7.2002 – 7 AZR 140/01, AP TVG § 1 Tarifverträge Luftfahrt Nr. 14; 19.2.2004 – 6 AZR 552/02, AP BGB § 611 Ausbildungsbeihilfe Nr. 33) zur Rückzahlung von Fort- und Ausbildungskosten bestimmt werden. Sie kann idR bis zu dreimal so lang wie die Ausbildungs-/Einarbeitungszeit sein (BKG AGG § 10 Rn. 34; MHH/*Heyn* AGG § 10 Rn. 54; *Thüsing* Diskriminierungsschutz Rn. 427). Ein so festgelegtes Höchstalter darf jedoch nicht zu einer mittelbaren **Geschlechtsdiskriminierung** führen und Bewerberinnen aufgrund von Kindererziehungszeiten ausschließen (HK-AGG/*Brors* AGG § 10 Rn. 87).

90 **§ 10 S. 3 Nr. 4 AGG** stellt klar, dass die Festsetzung von **Altersgrenzen** bei den betrieblichen Systemen der sozialen Sicherheit, insbes. der **betrieblichen Altersversorgung,** regelmäßig keine unzulässige Benachteiligung des Alters darstellt (BAG 11.8.2009 – 3 AZR 23/08, NZA 2010, 408; 17.9.2013 – 3 AZR 686/11, NZA 2014, 33: Altersgrenze bei Überführung in geändertes Versorgungssystem). So ist die Gewährung von Versorgungsbeiträgen nur bis zur Vollendung des **60. Lebensjahres** von einem legitimen Ziel getragen: Es wird ein bestimmter Dotierungsrahmen für die Leistungen der betrieblichen Altersversorgung sichergestellt und die Versorgungslast des ArbGeb. überschaubar und kalkulierbar gehalten (BAG 17.10. 2017 – 3 AZR 199/16, NZA 2018, 367; 11.7.2017 – 3 AZR 691/16, NZA 2017, 1388 mwN).

90a Eine **Mindestbetriebszugehörigkeit** von 15 Jahren bis zur Regelaltersgrenze in der gesetzlichen Rentenversicherung als Voraussetzung für Leistungen der betrieblichen Altersversorgung ist angemessen iSv § 10 S. 2 AGG (BAG 12.2.2013 – 3 AZR 100/11, NZA 2013, 733). Die Begrenzung der **anrechenbaren Dienstzeit** auf 40 Jahre bis zur Vollendung des 65. Lebensjahres bewirkt keine mittelbare Diskriminierung wegen des Alters (BAG 11.12.2012 – 3 AZR 634/10, NZA 2013, 564). Der Leistungsplan einer Unterstützungskasse, nach der ein Anspruch auf eine betriebliche Altersversorgung nicht mehr erworben werden kann, wenn der ArbN bei Eintritt in das ArbVerhältnis das 50. Lebensjahr vollendet hat, verstößt nicht gegen das Verbot der Diskriminierung wegen des Alters oder wegen des Geschlechts und ist wirksam (BAG 12.11.2013 – 3 AZR 356/12, NZA 2014, 848; bestätigt v. BVerfG 23.7.2019 – 1 BvR 684/14, NZA 2019, 1270). Dagegen verstößt eine Regelung, die eine betriebliche Altersrente ausschließt, wenn der ArbN bei Erfüllen einer vorgesehenen **zehnjährigen Wartezeit** das 55. Lebensjahr vollendet hat, gegen das Verbot der Altersdiskriminierung und ist unwirksam (BAG 18.3.2014 – 3 AZR 69/12, NZA 2014, 606; *Natzel* RdA 2014, 365 [367]). Für einen Anspruch auf **Invalidenrente** bei Berufsunfähigkeit ist eine Altersgrenze von 50 Jahren in einer Versorgungszusage sachgerecht, weil die Wahrscheinlichkeit der Invalidität ab 50 Jahren steigt (BAG 10.12.2013 – 3 AZR 796/11, NZA 2015, 50).

Zulässig sind auch unterschiedliche Altersgrenzen für bestimmte Beschäftigte oder Gruppen von Beschäftigten und die Verwendung von Alterskriterien im Rahmen dieser Systeme für versicherungsmathematische Berechnungen (BT-Drs. 16/1780, 369, BKG AGG § 10 Rn. 36). So sind die altersrelevanten Regelungen zur **Unverfallbarkeit von Anwartschaften** in § 1b Abs. 1 S. 1 BetrAVG (Mindestalter 25 Jahre, mindestens fünfjährige Betriebszugehörigkeit) und ihre ratierliche Kürzung in § 2 BetrAVG nicht zu beanstanden (BVerfG 29.5.2012 – 1 BvR 3201/11, NZA 2013, 164; BAG 15.10.2013 – 3 AZR 10/12, BeckRS 2013, 73980; 19.7.2011 – 3 AZR 434/09, NZA 2012, 155; *Thüsing* Diskriminierungsschutz Rn. 464f.; *Diller* NZA 2011, 725; krit. MHH/*Heyn* AGG § 10 Rn. 65; zum Verhältnis AGG u. BetrAVG BAG 11.12.2007 – 3 AZR 249/06, AP AGG § 2 Nr. 1; zur Zulässigkeit nachvertraglicher Rentenbausteine für Cockpitpersonal bei Ausscheiden zwischen dem 55. u. 60. Lebensjahr, deren Zahl sich pro Jahr einer längeren Beschäftigung über das 55. Lebensjahr hinaus verringert BAG 17.4.2012 – 3 AZR 481/10, BeckRS 2012, 70576). **90b**

Bei **Altersabstandsklauseln** (Versorgungsausschluss von erheblich – zB 15 Jahre – jüngeren Hinterbliebenen liegt keine unmittelbare Altersdiskriminierung vor, da sie nicht an das Alter des ArbN anknüpfen (*Thüsing* Diskriminierungsschutz Rn. 466). Es kann je nach Gestaltung des Versorgungswerks allenfalls eine mittelbare Diskriminierung in Frage kommen, für die aber idR als sachlicher Grund ausreichen dürfte, dass Versorgungsehen zu verhindern sind und jüngere Hinterbliebene noch selbst arbeiten können (EuGH 23.9.2008 – C-427/06, BB 2008, 2553: Keine Altersdiskriminierung nach EU-Recht; BAG 20.2.2018 – 3 AZR 543/17, NZA 2018, 712). **91**

Spätehenklauseln, die den Anspruch auf Hinterbliebenenversorgung ausschließen, wenn die Ehe nach Vollendung des **60. Lebensjahres** des versorgungsberechtigten ArbN geschlossen wurde, verstoßen gegen das Verbot der Altersdiskriminierung und sind deshalb unwirksam (BAG 4.8.2015 – 3 AZR 137/13, NZA 2015, 1447; Palandt/*Weidenkaff* AGG § 10 Rn. 3; *Bauer/Krieger* NZA 2016, 22ff.). Das gilt auch bei einem Stichtag **„63. Lebensjahr“,** wenn die zwar unter § 10 S. 3 Nr. 4 AGG fallende Klausel aber nicht nach § 10 S. 2 AGG angemessen und erforderlich ist (BAG 19.2.2019 – 3 AZR 198/18, NJOZ 2019, 993; vgl. auch BAG 19.2.2019 – 3 AZR 215/18, NZA 2019, 997; →Rn. 92a). **91a**

Die Festsetzung von Altersgrenzen darf aber **nicht** zu einer **Diskriminierung** wegen anderer Gründe, vor allem **wegen des Geschlechts** führen (BT-Drs. 16/1780, 36). Das ist der Fall, wenn ein betriebliches Versorgungssystem für Männer und Frauen unterschiedliche Altersgrenzen festlegt, ab denen ungeschmälerte Versorgungsansprüche entstehen, zB für Frauen ab 60 Jahren und für Männer ab 65 Jahren (s. EuGH 17.5.1990 – C 262/88, AP EWG-Vertrag Art. 119 Nr. 20). Unzulässig ist auch eine Versorgungszusage, die zwischen Männern und Frauen bez. der Anrechnung von Dienstjahren und der Festsetzung des Alters für die Aufnahme in ein Versorgungswerk unterscheidet (BAG 6.4.1982 – 3 AZR 134/79, AP BetrAVG § 1 Gleichbehandlung Nr. 1; Küttner Personalbuch/*Kania* Kap. 144 Rn. 94). Gleiches gilt, wenn einer ArbNin eine Witwerversorgung nur unter der Voraussetzung zugesagt wird, dass sie die Familie überwiegend ernährt hat (**„Haupternährerklausel“:** BAG 11.12.2007 – 3 AZR 249/06, AP AGG § 2 Nr. 1). **92**

Eine Versorgungszusage kann den Anspruch auf Witwen-/Witwerversorgung davon abhängig machen, dass die **Ehe vor** dem (vorzeitigen) **Ausscheiden** aus dem ArbVerh. geschlossen worden ist. Die als neutrales Kriterium formulierte einschränkende Voraussetzung der Eheschließung vor dem Ausscheiden stellt keine mittelbare Benachteiligung wegen des Alters (oder des Geschlechts) dar (BAG 15.10.2013 – 3 AZR 653/11, NZA 2014, 308; 20.4.2010 – 3 AZR 509/08, NZA 2011, 1092). Auch kann die Zusage davon abhängig gemacht werden, dass die Ehe des versorgungsberechtigten ArbN zur Zeit seines Todes mindestens 2 Jahre bestanden hat **92a**

(BAG 11.8.1987 – 3 AZR 6/86, NZA 1988, 158; LAG SchlH 10.9.2019 – 1 Sa 86/19, BeckRS 2019, 24392).

93 **§ 10 S. 3 Nr. 5 AGG** lässt Vereinbarungen zu, die die **Beendigung des Arb-Verh. ohne Kündigung** zu einem Zeitpunkt vorsehen, zu dem der ArbN eine Altersrente beantragen kann. Damit sind weiterhin Arbeitsverträge, TV und BV, die eine Altersgrenze von 65 (67) Jahren vorsehen **(Pensionsgrenzen, Rentenalter)** jedenfalls dann zulässig, wenn die betr. ArbN eine gesetzliche Altersrente wegen Vollendung des 65. (gem. § 35 S. 2 SGB VI 67.) Lebensjahres, bzw. des für den Bezug einer Regelaltersgrenze erforderlichen Lebensjahres (BAG 23.11.2017 – 8 AZR 604/16, NZA 2018, 584; 13.10.2015 – 1 AZR 853/13, NZA 2016, 54; zum komplizierten Verhältnis KSchG/AGG *Temming* RdA 2019, 102, 104ff.) beziehen können; auf die konkrete Höhe der Altersrente kommt es nicht an (so zuletzt EuGH 5.7.2012 – C-141/11, NZA 2012, 785 mwN; zur EuGH-Rspr. s. *Bauer/Medem* NZA 2012, 945ff., *Bayreuther* NZA 2015 Beil. 3, 84ff.; *Bayreuther* NZA 2011 Beil. 1, 27ff., *Berg/Natzel* ZfA 2012, 65 [80ff.]; BAG 23.11.2017 – 8 AZR 604/16, NZA 2018, 584; 18.1.2017 – 7 AZR 236/15, NZA 2017, 849; 9.12.2015 – 7 AZR 68/14, NZA 2016, 695; 13.10.2015 – 1 AZR 853/13, NZA 2016, 54; zur BAG-Rspr. s. *Linsenmaier* RdA 2012, 193 [202ff.]; RdA 2014, 336ff.; *Meinel/Kiehn* NZA 2014, 509ff.; *Preis/D. Ulber* NZA 2014, 6ff.; **aA** HK-AGG/*Brors* AGG § 10 Rn. 92ff.; ErfK/*Schlachter* AGG § 10 Rn. 11f.).

93a Dies entspricht stRspr des BAG zur Kontrolle von auf das **gesetzliche Rentenalter** bezogenen Befristungsabreden (BAG 21.2.2017 – 1 AZR 292/15, NZA 2017, 738; 9.12.2015 – 7 AZR 68/14, NZA 2016, 695); das gilt auch für eine Regelaltersgrenze von einem **Versorgungswerk** iSv § 6 Abs. 1 SGB VI (BAG 25.10.2017 – 7 AZR 632/15, NZA 2018, 507). Als legitimes Ziel ist hier das Interesse des ArbGeb. an einer ausgewogenen Altersstruktur sowie einer geordneten und kontinuierlichen Personal- und Nachwuchsplanung anzuerkennen (*Linsenmaier* RdA 2003, Heft 5 Sonderbeil., 22 [31]). Wird erstmals eine auf das Erreichen der Regelaltersgrenze in der gesetzlichen Rentenversicherung abstellende Altersgrenze durch BV eingeführt, so muss die BV aus Gründen des Vertrauensschutzes Übergangsregelungen für die bei Inkrafttreten der BV bereits rentennahen ArbN vorsehen (BAG 21.2.2017 – 1 AZR 292/15, NZA 2017, 738).

94 Die Zulässigkeit von Altersbefristungen **unterhalb** der **Regelarbeitsgrenze** bestimmt sich nach der Generalklausel des § 10 S. 1 u. 2 AGG (→ Rn. 76f.), insbes. einer Verhältnismäßigkeitsprüfung im Einzelfall (BKG AGG § 10 Rn. 40; MHH/*Heyn* AGG § 10 Rn. 80ff.). Nur zum Schutz vor **berufsspezifischen Gefahren** wichtiger Güter wie **Leben** und **Gesundheit Dritter** kommen Vereinbarungen über die vorzeitige Beendigung des ArbVerh. in Frage (*Thüsing* Diskriminierungsschutz Rn. 440). Die ursprünglich vorgesehene tariflichen **Altersgrenze** von **60** Jahren für **Piloten** hat der **EuGH** (13.9.2011 – C-447/09, NZA 2011, 1039) für europarechtswidrig gehalten. Dem ist das BAG gefolgt (BAG 18.1.2012 – 7 AZR 112/08, NZA 2012, 575; 15.2.2012 – 7 AZR 946/07, NZA 2012, 866; *Bauer/Medem* NZA 2012, 945 [949]; s. *Linsenmaier* RdA 2012, 193 [203]). Nach EuGH (5.7.2017 – C-190/16, NZA 2017, 897) können einem Piloten mit **65** Jahren Leer- oder Überführungsflüge sowie die Tätigkeit als Ausbilder/Prüfer nicht untersagt werden. Eine tarifvertragliche Altersgrenze von 60 Jahren für **Kabinenpersonal** (Flugbegleiter) ist erst recht unwirksam (EuGH 10.3.2011 – C-109/09, NZA 2011, 397; BAG 23.6.2010 – 7 AZR 1021/08, NZA 2010, 1248). Eine für **Fluglotsen** tariflich bestimmte Altersgrenze von 55 Jahren ist ebenfalls unwirksam (LAG Düsseldorf 9.3.2011 – 12 TaBV 81/10, NZA-RR 2011, 474).

95 Den Ausführungen in → Rn. 94 steht nicht entgegen, dass nach § 10 S. 3 Nr. 5 AGG **§ 41 SGB VI** unberührt bleibt. Danach gilt zwar eine Vereinbarung, die die Beendigung des ArbVerh. ohne Kündigung zu einem Zeitpunkt vorsieht, in dem der ArbN vor Vollendung des 65./67. Lebensjahres eine Altersrente beantragen kann, gegenüber dem ArbN als auf die Vollendung des 65./67. Lebensjahres abgeschlossen, es sei denn, dass die

Vereinbarung innerhalb der letzten drei Jahre vor dem vereinbarten Zeitpunkt des Ausscheidens geschlossen oder von dem ArbN bestätigt worden ist. Die Vorschrift soll sicherstellen, dass ein vorzeitiger Rentenanspruch nicht zur Auflösung des ArbVerh. führt, wenn der ArbN einer solchen nicht im rentennahen Alter zugestimmt hat. Sie gilt nur für einzelvertraglich vereinbarte Altersgrenzen vor Vollendung des Regelrentenalters (BAG 4.11.2015 – 7 AZR 851/13, NZA 2016, 634; → § 5 Rn. 120b). § 41 SGB VI erfasst jedoch keine Beendigungsregelungen, die nichts mit einem Anspruch auf eine sozialversicherungsrechtliche Rente wegen des Alters zu tun haben, weil sie etwa auf bes. Anforderungen der beruflichen Tätigkeit oder andere Umstände abstellen (BAG 11.3.1998 – 7 AZR 700/96, AP TVG § 1 Tarifverträge: Luftfahrt Nr. 12).

Eine bei oder nach Erreichen des Renteneintrittsalters getroffene Vereinbarung über die **befristete Fortsetzung** des ArbVerh. (→ § 5 Rn. 120b, 130b), um zB eine Übergangsregelung bis zur Nachbesetzung zu schaffen oder den Abschluss laufender Projekte sicherzustellen, ist sachlich gerechtfertigt und keine Altersdiskriminierung (BAG 11.2.2015 – 7 AZR 17/13, NZA 2015, 1066). Nicht zu beanstanden ist, dass bei ArbN, die die Regelarbeitszeit erreicht haben, das Hinausschieben des Zeitpunkts der Beendigung des ArbVerh. von einer befristet erteilten Zustimmung des ArbGeb. abhängig ist (EuGH 28.2.2018 – C-46/17, NZA 2018, 355). **95a**

§ 10 S. 3 Nr. 6 AGG lässt **Differenzierungen** von **Sozialplanleistungen** nach Alter und Betriebszugehörigkeit zu (BAG 2.10.2007 – 1 AZN 793/07, AP BetrVG 1972 § 75 Nr. 52 zur Zulässigkeit von Höchstbegrenzungsklauseln; Palandt/*Weidenkaff* AGG § 10 Rn. 3). Sozialplanabfindung nach Altersgruppen oder die Zahlung eines Alterszuschlags ist ebenso wenig eine Altersdiskriminierung (BAG 12.4.2011 – 1 AZR 764/09, NZA 2011, 988; 12.4.2011 – 1 AZR 743/09, NZA 2011, 985) wie eine geminderte Entlassungsabfindung für ArbN kurz vor Renteneintritt; hier liegt aber eine verbotene Diskriminierung dann vor, wenn bei Berechnung dieser Minderung die Möglichkeit einer vorzeitigen Altersrente wegen einer **Behinderung** berücksichtigt wird (EuGH 6.12.2012 – C-152/11, NZA 2012, 1435; und hierzu *Göpfert/Dombusch/Rottmeier* NZA 2015, 1172; BAG 17.11.2015 – 1 AZR 938/13, NZA 2016, 501). **96**

Zulässig ist auch der **Ausschluss** von älteren ArbN, die wirtschaftlich abgesichert sind, weil sie, ggf. nach Bezug von Arbeitslosengeld, **rentenberechtigt** sind (BAG 9.12.2014 – 1 AZR 102/13, NZA 2015, 365; 7.6.2011 – 1 AZR 34/10, NZA 2011, 1370; *Amthauer* AGG-Auswirkungen S. 107 ff., 117; *Krieger/Arnold* NZA 2008, 1153 ff.; EuGH 12.10.2010 – C-499/08, NZA 2010, 1341 steht dem nicht entgegen, so LAG Düsseldorf 14.6.2011 – 16 Sa 401/11, BeckRS 2011, 75358; *T. Wißmann* RdA 2011, 181 ff.; **aA** wohl EuGH 19.4.2016 – C-441/14, NZA 2016, 537; *Oberberg* RdA 2011, 314). § 10 S. 3 Nr. 6 AGG ist auch anwendbar, wenn die betroffenen ArbN zwar nicht unmittelbar nach Bezug von Arbeitslosengeld I rentenberechtigt sind, aber eine Abfindung erhalten, die so bemessen ist, dass sie die wirtschaftlichen Nachteile ausgleichen kann, welche die ArbN in der Zeit nach Erfüllung ihres Arbeitslosengeldanspruchs bis zum frühestmöglichen Bezug einer Altersrente erleiden (BAG 23.4.2013 – 1 AZR 916/11, NZA 2013, 980; 23.3.2010 – 1 AZR 832/08, NZA 2010, 774). Derartige Differenzierungen dürften auch für nicht den §§ 111 ff. unterfallenden Sozialplänen wie zB tarifliche Sozialpläne zulässig sein (BKG AGG § 10 Rn. 51; MHH/*Heyn* AGG § 10 Rn. 86). Zu **Einzelheiten** s. Kommentierung zu → **§§ 112, 112a Rn. 150 ff.**). **96a**

g) Politische Betätigung und Einstellung

Die **(partei-)politische Betätigung oder Einstellung** von einem Betriebsangehörigen hat grds. mit seiner Tätigkeit im Betrieb nichts zu tun und darf deshalb kein Kriterium für eine unterschiedliche Behandlung der ArbN im Betrieb sein. Dabei ist es unerheblich, ob die Betätigung rechtlich erlaubt ist oder nicht. Denn es ist nicht Aufgabe von ArbGeb. und BR, mit arbeitsrechtlichen Mitteln eine etwa unzulässige politische Betätigung zu unterbinden (DKKW/*Berg* Rn. 88; GK-BetrVG/*Kreutz*/ **97**

Jakobs Rn. 76). Allerdings findet eine (partei-)politische Betätigung im Betrieb ihre Grenzen in bestehenden arbeitsrechtlichen Pflichten, insbes. auch in der zur Einhaltung des Betriebsfriedens (→ § 74 Rn. 41 f.; vgl. auch das Widerspruchsrecht des BR nach § 99 Abs. 2 Nr. 6 bei drohender Störung des Betriebsfriedens und sein Antragsrecht auf Entfernung betriebsstörender ArbN nach § 104; Näheres → § 99 Rn. 253 ff.; → § 104 Rn. 3 ff.). In Tendenzunternehmen können insoweit allerdings Ausnahmen bestehen (→ Rn. 135).

h) Gewerkschaftliche Betätigung und Einstellung

98 Das Verbot einer Differenzierung wegen **gewerkschaftlicher Betätigung oder Einstellung** ergibt sich bereits aus Art. 9 Abs. 3 GG (zum Gewerkschaftsbegriff → § 2 Rn. 32 ff.). Diese Vorschrift enthält nicht nur die verfassungsrechtliche Gewährleistung der individuellen **Koalitionsfreiheit,** dh das Recht, einer Koalition beizutreten und sich in ihr zu betätigen, sondern garantiert auch den Bestand und die Tätigkeit der Koalition als solche (vgl. BVerfGE 50, 353 ff.; BVerfG 14.11.1995 – 1 BvR 601/92, AP GG Art. 9 Nr. 80; BAG GS 29.11.1967 – GS 1/67, AP GG Art. 9 Nr. 13; → § 2 Rn. 81 ff.; → § 74 Rn. 67 ff.). Darüber hinaus erklärt Art. 9 Abs. 3 S. 2 ausdrücklich alle Abreden, die dieses Koalitionsrecht einschränken oder behindern, für **nichtig** und hierauf gerichtete Maßnahmen für rechtswidrig. Gegen eine rechtswidrige Beeinträchtigung der kollektiven Koalitionsfreiheit kann sich eine Koalition mit einer Unterlassungsklage (§§ 1004 Abs. 1 S. 2, 823 Abs. 1 BGB iVm Art. 9 Abs. 3 GG) wehren; das ist zB dann der Fall, wenn der ArbGeb. im Zusammenhang mit TV-Verhandlungen und bevorstehenden Arbeitskampfmaßnahmen die ArbN nach ihrer **Gewerkschaftszugehörigkeit befragt** (BAG 18.11.2014 – 1 AZR 257/13, NZA 2015, 306).

99 Es ist umstritten, ob Art. 9 Abs. 3 auch die **negative Koalitionsfreiheit,** dh das Recht einer Gewerkschaft fernzubleiben, verfassungsrechtlich garantiert (bejaht vom BVerfGE 50, 353 ff.; BAG GS 29.11.1967 – GS 1/67, AP GG Art. 9 Nr. 13; **aA** DKKW/*Berg* Rn. 95 mwN; zu dieser Streitfrage vgl. die umfangreiche Literaturangabe bei GK-BetrVG/*Kreutz/Jakobs* Rn. 77). Diese Streitfrage ist für § 75 jedenfalls positiv zu beantworten. Denn das Verbot unterschiedlicher Behandlung auch wegen gewerkschaftlicher „Einstellung" erfasst auch den Schutz der negativen Koalitionsfreiheit, weil dieser Begriff auch die negative Einstellung zu Gewerkschaften umfasst (GK-BetrVG/*Kreutz/Jakobs* Rn. 77 f.; HWGNRH/*Worzalla* Rn. 27; Richardi BetrVG/*Maschmann* Rn. 29; WPK/*Preis* Rn. 25; *Franzen* RdA 2006, 1 [8]; **aA** DKKW/*Berg* Rn. 95; *Däubler* Gewerkschaftsrechte Rn. 458 ff.). So ist ein Interessenausgleich, bei dem der BR die Herausnahme der Gewerkschaftsmitgl. aus der Namensliste der zu kündigenden ArbN zur Voraussetzung macht, unwirksam (LAG Köln, ArbuR 2004, 437 – Ls.).

100 Das Diskriminierungsverbot des Art. 9 Abs. 3 S. 2 GG geht über das des § 75 insofern hinaus, als es sich **nicht** auf die **im Betrieb Tätigen beschränkt** (→ Rn. 12 ff.), sondern auch bei der Einstellung eines ArbN jede Differenzierung nach der Gewerkschaftszugehörigkeit untersagt. Es ist deshalb wegen Verstoßes gegen Art. 9 Abs. 3 S. 2 unzulässig, wenn ein ArbGeb. die Einstellung eines ArbN davon abhängig macht, dass er aus der Gewerkschaft austritt (BAG 2.6.1987 – 1 AZR 651/85, AP GG Art. 9 Nr. 49; GK-BetrVG/*Kreutz/Jakobs* Rn. 80), oder von vornherein klarstellt, dass er nur Nichtgewerkschaftsmitgl. einstellt (BAG 28.3.2000 – 1 ABR 16/99, AP BetrVG 1972 § 99 Einstellung Nr. 27). Die Gewerkschaft kann hiergegen mit einer Unterlassungsklage vorgehen.

101 Der **ArbGeb. verletzt** das Diskriminierungsverbot wegen gewerkschaftlicher Einstellung oder Betätigung, wenn er im Arbeitskampf gezielt nur organisierte ArbN aussperrt (BAG 10.6.1980 – 1 AZR 331/79, AP GG Art. 9 Arbeitskampf Nr. 66) oder ArbN wegen ihrer Gewerkschaftszugehörigkeit einen beruflichen Aufstieg verwehrt. Das Gleiche gilt, wenn er ArbN Nachteile zufügt oder androht, die sich zuläs-

sigerweise im Betrieb für ihre Gewerkschaft betätigen zB Werbematerial oder die Gewerkschaftszeitung verteilen (GK-BetrVG/*Kreutz/Jakobs* Rn. 85; DKKW/*Berg* Rn. 94; → § 74 Rn. 64ff.).

Kein Verstoß gegen das Diskriminierungsverbot liegt vor, wenn der ArbGeb. nur den tarifgebundenen ArbN den Tariflohn, den **nichttarifgebundenen** jedoch einen **niedrigeren Lohn** zahlt (zu TVRegelungen und Gleichbehandlungsgrundsatz BAG 21.5.2014 – 4 AZR 50/13, NZA 2015, 115 mAnm *Siegfanz-Strauß* RdA 2015, 266ff.; → Rn. 30ff., 38f.). Dies benachteiligt die nichttarifgebundenen ArbN nicht etwa wegen ihrer gewerkschaftlichen „Einstellung" (die sich durch Nichtbeitritt geäußert hat), sondern ergibt sich aus der Wirkung des TV (BAG 21.1.1987 – 4 AZR 547/86, AP GG Art. 9 Nr. 47; LAG München 14.11.2014 – 6 Sa 98/14 ua, BeckRS 2015, 03773; DKKW/*Berg* Rn. 42; GK-BetrVG/*Kreutz/Jakobs* Rn. 82; zu Vorteilsregelungen für GewerkschaftsMitgl. s. *Franzen* RdA 2006, 1ff.; zu derartigen Differenzierungsklauseln → BVerfG 14.11.2018 – 1 BvR 1278/16, NZA 2019, 112 u. Rn. 31c). Andernfalls käme man zu einer Art Allgemeinverbindlichkeit des TV für den Betrieb, was mit den Rechtsnormen des TVG (§ 1 Abs. 1 TVG) nicht vereinbar wäre und auch dem Grundsatz des 77 Abs. 3 nicht entspräche (→ § 77 Rn. 98). Zahlt allerdings der ArbGeb. ständig auch den Außenseitern den Tariflohn, so kann er nicht ohne bes. Grund einzelne ArbN des Betriebs hiervon ausschließen (hM). Das wäre ein Verstoß gegen den Gleichbehandlungsgrundsatz (→ Rn. 30ff., insbes. → Rn. 31a). 102

TV, die zur Lösung von Demographie bedingten Herausforderungen für Unternehmen/Betrieben beitragen wollen (s. insbes. TV Lebensarbeitszeit und Demografie der BAVC und IG BCE), enthalten zT Bestimmungen, die unmittelbar geltende Individualansprüchen für tarifgebundene ArbN, wie zB höhere als im G vorgesehene Aufstockungszahlungen bei AltersTZ, begründen; sie sind grundsätzlich unproblematisch (→ Rn. 31c, 102). Es gibt aber auch Vorschriften. die Handlungsfelder, Maßnahmen und Ziele nennen und nur abstrakt regeln, die **konkrete Umsetzung** jedoch den jeweiligen Betriebsparteien überlassen, damit diese entspr. den von Betrieb zu Betrieb unterschiedlichen Gegebenheiten passgenaue Lösungen finden können. So sollen sie in **freiwilligen BV** ua die jeweiligen betriebsspezifischen Anspruchsvoraussetzungen für die Sonderleistungen regeln und den Kreis der anspruchsberechtigten ArbN oder ArbN-Gruppen (bez. Fortbildungs- und Weiterbildungsmaßnahmen, Unterstützung aus Demographiefonds) festlegen. Eine solche BV ist unproblematisch, wenn die Betriebsparteien für tarifgebundene und – abweichend vom TV – nichttarifgebundene ArbN die gleichen Leistungen vorsehen: Der Gleichbehandlungsgrundsatz des § 75 Abs. 1 ist gewahrt und die BV ist als eine nach § 77 Abs. 3 S. 2 zulässige „ergänzende" BV anzusehen, auch wenn sie – anders als der TV – nichttarifgebundene ArbN einbezieht (→ § 77 Rn. 120; GK-BetrVG/Kreutz § 77 Rn. 174). 102a

Ob dies auch für eine BV gilt, die entspr. dem TV die Leistungen **nur** für **tarifgebundene ArbN** vorsieht, ist bez. § 75 Abs. 1 zweifelhaft. Hier könnte die Argumentation der Rspr. zur Anerkennung einfacher tarifvertraglicher Differenzierungsklauseln (→ Rn 31c, 102a) herangezogen werden. Hiernach erfolgt die Benachteiligung der nichttarifgebundenen ArbN nicht etwa wegen ihrer gewerkschaftlichen „Einstellung", die sich durch Nichtbeitritt zu einer Gewerkschaft äußert; vielmehr ergibt sie sich aus der Wirkung des TV. Diese im TV vorgegebene zulässige Ungleichbehandlung wird in der den TV nach § 77 Abs. 3 S. 2 zulässig konkretisierenden BV lediglich übernommen, so dass sie nicht durch die Transformation der Rechtsnormen verloren gehen dürfte („Fernwirkung" des TV). Argumentativ nutzbar kann auch ein BAG-Urteil v. 30.11.1973 (AP BGB § 242 Ruhegehalt Nr. 164) gemacht werden; danach können aufgrund tarifvertraglicher Zulassungsnormen abgeschlossene BV ihrerseits auf den TV Bezug nehmen (ebenso Wiedemann/*Oetker* TVG § 3 Rn. 476). Dann dürfte es zulässig sein, stattdessen in der BV selbst die tarifgebundenen ArbN als Anspruchsberechtigte zu nennen. Allerdings müsste für die Wirksamkeit der BV in diesem Punkt – wie bei Differenzierungsklausel im TV – hinzukommen, dass die BV 102b den ArbGeb. nicht verpflichtet, die Leistungen nur für tarifgebundene ArbN vorzusehen, er also freibleibt, sie auch den nichttarifgebundenen ArbN zu gewähren (*Alt.: zumindest die von ihm nach dem TV zu erbringenden Leistungen (zB nicht auch die von der Gewerkschaft aufgebrachten und in den Demofonds eingezahlten Beträge) auch für Nichtorganisierte vorzusehen*). Ob die Rspr. eine derartige Fernwirkung des TV anerkennt, bleibt abzuwarten.

102c Ein TV kann für Sonderleistungen an tarifgebundene ArbN eine **Stichtagsregelung** vorsehen, nach der ein Anspruch nur für diejenigen Mitgl. besteht, die zum Zeitpunkt des Stichtags Gewerkschaftsmitgl. sind. Es handelt sich hier nicht um eine sog einfache Differenzierungsklausel, die zwischen Gewerkschaftsmitgl. einerseits und nicht und anders tarifgebundene ArbN – sog, Außenseiter – andererseits unterscheidet. Es geht vielmehr um eine **Binnendifferenzierung** zwischen verschiedenen **Gruppen** von **Gewerkschaftsmitgl.,** die weder die Handlungs-/Vertragsfreiheit des ArbGeb. noch die von Außenseitern einschränkt. Ein solcher Stichtag ist grds. zulässig, insbes. wenn er nicht willkürlich gewählt wird (BVerfG 14.11.2018 – 1 BvR 1278/16, NZA 2019, 112; BAG 17.5.2017 – 4 AZR 74/15, BeckRS 2017, 125077; 15.4.2015 – 4 AZR 796/13, NZA 2015, 1388 mAnm *Siegfanz-Strauß* RdA 2015, 266 ff. u. *Helm* NZA 2015, 1437 ff.; *Höpfner* RdA 2019, 146 ff; 21.8.2013 – 4 AZR 861/11, NZA-RR 2014, 201; 5.9.2012 – 4 AZR 696/10, BeckRS 2013, 66928; zu Stichtagsregelungen → Rn. 37 f.). Ein am gegebenen Sachverhalt orientierter und vertretbarer **Stichtag** bedeutet keinen gegen die **negative Koalitionsfreiheit** verstoßender Druck auf Außenseiter, der Gewerkschaft beizutreten (BVerfG 14.11.2018 – 1 BvR 1278/16, NZA 2019, 112; BAG 17.5.2017 – 4 AZR 74/15, BeckRS 2017, 125077; 15.4.2015 – 4 AZR 796/13, NZA 2015, 1388; LAG München 19.2.2014 – 5 Sa 839/13, BeckRS 2014, 71909).

103 Auch für den **BR und seine Mitgl.** besteht die Verpflichtung, sich im Rahmen ihrer **Amtstätigkeit,** insbes. bei der Wahrnehmung der Beteiligungsrechte, nicht nach der gewerkschaftlichen Einstellung der ArbN zu differenzieren. Sein BRAmt hat er gewerkschaftsneutral auszuüben (→ § 74 Rn. 66). Es ist deshalb unzulässig, wenn der BR seine Zustimmung zu einer Einstellung davon abhängig macht, dass der ArbN einer Gewerkschaft beitritt, oder wenn ein einer bestimmten Gewerkschaft angehörendes BRMitgl. seine Tätigkeit für einen anderweit gewerkschaftsgebundenen ArbN davon abhängig macht, dass dieser seiner Gewerkschaft beitritt (LAG Köln 15.12.2000 – 11 TaBV 63/00, NZA-RR 2001, 371; *Franzen* RdA 2006, 1 [8]; zu Ausnahmen in Tendenzunternehmen → Rn. 135).

i) Geschlecht

104 **Verboten** ist ferner jede unterschiedliche Behandlung der Betriebsangehörigen **wegen** ihres **Geschlechts.** Der Grundsatz der Gleichbehandlung von Mann und Frau und das Verbot der Diskriminierung wegen des Geschlechts sind verfassungsrechtlich nicht nur für **Mann** und **Frau,** sondern auch für **Menschen,** die sich dauerhaft **weder** dem **männlichen noch dem weiblichen Geschlecht** zuordnen lassen, gewährleistet (so BVerfG 10.10.2017 – 1 BvR 2019 – NJW 2017, 3643 zu Art. 2 Abs. 1, Art. 3 Abs. 3 GG). Auch in internationalen Verträgen sind diese Grundsätze – allerdings nur für Mann und Frau – verankert (vgl. zB Art. 21, 23 GRC; Art. 19, 157 AEUV, Übereinkommen Nr. 100 der IAO und Art. 4 Nr. 3 der Europäischen Sozialcharta; zur EuGH-Rspr. *v.Roetteken* NZA-RR 2019, 177 ff.); dies gilt ebenfalls für die Gleichbehandlungsrichtlinien der EG, RL 2000/78/EG v. 27.11.2000 (ABl. 2000 L 303, S. 16) und RL 2002/73/EG v. 23.9.2002 zur Änderung der RL 76/207/EWG (ABl. 2002 L 269, S. 15) – neu- und zusammengefasst durch RL 2006/54/EG v. 5.7.2006 – die durch das **AGG** umgesetzt worden sind. Bei der Anwendung des AGG ist jedoch die Anerkennung eines **dritten Geschlechts** durch das BVerfG (10.10.2017 – 1 BvR 2019, NJW 2017, 3643) zu berücksichtigen (*Körlings* NZA 2018, 282 ff.).

Für den Bereich der Bundesverwaltung und der Bundesgerichte ist durch das Bundesgleichstellungsgesetz (BGleiG) v. 24.5.2015 (BGBl. I S. 643) die Durchsetzung der Gleichberechtigung von Männern und Frauen detailliert geregelt. Für den Bereich der **Privatwirtschaft** haben Bundesregierung und die Spitzenverbände der deutschen Wirtschaft eine **Vereinbarung** zur Förderung der Chancengleichheit von Frauen und Männern in der Privatwirtschaft abgeschlossen (abgedruckt in: Edition der Hans-Böckler-Stiftung Nr. 57 S. 145; zur gleichberechtigten Teilhabe von Frauen u. Männern an Führungspositionen s. G v. 24.4.2015 – BGBl. I S. 642 [654ff.]). In dieser Vereinbarung verpflichten sich die Spitzenverbände, durch eine Vielzahl von Maßnahmen für eine Verbesserung der Chancengleichheit einzusetzen. Die Umsetzung der Vereinbarung wird durch eine gemeinsame, paritätisch und hochgradig besetzte ArbGruppe begleitet, die alle zwei Jahre einen Bericht über die Umsetzung der Vereinbarung und die erzielten Fortschritte erstellt. Die Bundesregierung verpflichtet sich, solange die Vereinbarung erfolgreich umgesetzt wird, keine G Initiative zur Förderung der Chancengleichheit von Frauen und Männern in der Privatwirtschaft zu ergreifen. 105

Neben seiner Pflicht zur Überwachung des Verbots der Geschlechtsdiskriminierung nach § 75 hat der BR nach § 80 Abs. 1 Nr. 2a u. 2b sich aktiv für die **Durchsetzung der tatsächlichen Gleichstellung** von Frauen und Männern einzusetzen sowie Maßnahmen zur besseren Vereinbarkeit von Familie und Erwerbstätigkeit zu fördern (→ § 80 Rn. 34ff.) und diese Ziele auch im Rahmen der betrieblichen Personalplanung und Berufsbildung (§§ 96ff.) zu verfolgen. Ferner hat er nach § 92 Abs. 2 u. 3 das Recht, eigene Vorschläge für die Aufstellung und Durchführung von Maßnahmen zur Förderung der Gleichstellung von Frauen und Männern zu machen. Der ArbGeb. ist seinerseits nach § 92 Abs. 1 u. 3 verpflichtet, den BR im Rahmen seiner Personalplanung über Maßnahmen über diese Gleichstellung zu unterrichten und diese mit ihm zu beraten (→ § 92 Rn. 39ff.). Zur Berichtspflicht des ArbGeb. über den Stand der Gleichstellung von Frauen und Männern im Betrieb → § 43 Rn. 22; → § 53 Rn. 21. 106

Mit dem **AGG** gibt es nunmehr unmittelbar geltende, **individualrechtliche Ansprüche,** die die Gleichbehandlung der Geschlechter sicherstellen und Geschlechtsdiskriminierungen verhindern oder beseitigen sollen. Nach §§ 7, 1 AGG dürfen Beschäftigte nicht wegen ihres Geschlechts benachteiligt werden (zur Rspr. *Bissels/Lützeler* BB 2009, 774 [776ff.]; *Hunold* NZA-RR 2009, 113ff.). Das Verbot bezieht sich auf alle Regelungen und Maßnahmen **iRd ArbVerh.** und bei seiner **Anbahnung** (s. § 6 Abs. 1 S. 2 AGG: Arbeitsplatzbewerber). Sowohl seine rechtliche als auch seine tatsächliche Ausgestaltung (zB Ausübung des Direktionsrechts) dürfen nicht geschlechtsdiskriminierend sein. So sind insbes. Benachteiligungen in Bezug auf Auswahlkriterien (BAG 14.8.2007 – 9 AZR 943/06, AP AGG § 33 Nr. 1), Einstellungsbedingungen, Beschäftigungs- und Arbeitsbedingungen und Berufsbildung unzulässig (§ 2 AGG). Bestimmungen in Vereinbarungen, die hiergegen verstoßen, sind unwirksam. 107

Über § 75 werden die Vorschriften des **AGG** gegen Diskriminierung wegen des Geschlechts auch für den BR im Rahmen seiner Überwachungsfunktion unmittelbar **verbindlich** (vgl. BT-Drs. 16/1780, 56). IE gilt Folgendes: 108

Das Verbot der unterschiedlichen Behandlung wegen des Geschlechts bezieht sich auf **Männer, Frauen** und Menschen eines **dritten Geschlechts** (→ Rn. 104). Auch die Benachteiligung einer **transsexuellen** Person nach einer Geschlechtsumwandlung ist unzulässig (MHH/*Herms* AGG § 1 Rn. 15; EuGH 30.4.1996 – C-13/94, NJW 1996, 2421). Zum Verbot der Diskriminierung wegen sexueller Identität der im Betrieb tätigen Personen → Rn. 124. 109

Freie Arbeitsplätze müssen **geschlechtsneutral ausgeschrieben** werden (§§ 11, 7 AGG); bei Verstoß hiergegen haftet der ArbGeb. auch für den für ihn handelnden Dritten (BAG 5.2.2004 – 8 AZR 112/03, AP BGB § 611a Nr. 23; BKG AGG § 11 Rn. 7; *Thüsing* Diskriminierungsschutz Rn. 678; diff. *Diller* NZA 2007, 649ff.; 110

BVerfG 21.9.2006 – 1 BvR 308/03, AP BGB § 611a Nr. 24). Der hervorgehobene Klammerzusatz **„m/w"** in einer Stellenanzeige, in der für die Tätigkeit nur die männliche Form der Berufsbezeichnung verwendet wird (s. BAG 15.12.2016 – 8 AZR 418/15, BeckRS 2016, 119064; *Fuhlrott* ArbRAktuell 2017, 287 ff.), reicht angesichts der Anerkennung eines dritten Geschlechts durch das BVerfG (10.10.2017 – 1 BvR 2019 – NJW 2017, 3643; → Rn. 104, 109) nicht mehr für eine geschlechtsneutrale Ausschreibung aus. Vielmehr ist zur Berücksichtigung auch des dritten Geschlechts ein Zusatz wie **„m/w/i/t"** oder **„m/w/d"** angezeigt (*Körlings* NZA2018, 282, 285).

111 Eine unmittelbare Benachteiligung wegen des Geschlechts ist eine ungünstigere Behandlung einer Frau wegen **Schwangerschaft** oder **Mutterschaft** zB bei Einstellungen, Arbeitsbedingungen und Berufsbildung (§ 3 Abs. 1 S. 2 AGG; BAG 12.12.2013 – 8 AZR 838/12, BeckRS 2014, 66001; EuGH 6.3.2013 – C-595/12, NZA 2014, 717; zur Rspr. *Pauken* ArbRAktuell 2015, 297). So ist auch die **Frage** nach der Schwangerschaft bei einem Einstellungsgespräch grds. unzulässig, und zwar unabhängig davon, ob sich nur Frauen oder auch Männer beworben haben oder ob die Bewerberin Tätigkeiten verrichten soll, für die ein Beschäftigungsverbot für Schwangere besteht (EuGH 8.11.1990 – Rs C-177/88, AP EWG-Vertrag Art. 119 Nr. 23; BAG 15.10.1992 – 2 AZR 227/92, AP BGB § 611a Nr. 8; *Künzl* ArbRAktuell 2012, 235; → § 94 Rn. 22; sa *Pallasch* NZA 2007, 306 ff., der über § 8 Abs. 1 AGG Ausnahmen zulässt) oder ob sie befristet als Schwangerschaftsvertr. beschäftigt werden soll (LAG Köln 11.10.2012 – 6 Sa 641/12, NZA-RR 2013, 232). Wird einer ArbN gekündigt, ohne dass Kenntnis von ihrer Schwangerschaft bei Zugang der **Kündigung** besteht, so ist weder die Kündigung selbst noch ein „Festhalten" an ihr ein Indiz für eine Benachteiligung wegen des Geschlechts (BAG 17.10.2013 – 8 AZR 742/12, NZA 2014, 303). Die Kündigung Schwangerer ohne Zustimmung der Arbeitsschutzbehörde kann eine zu entschädigende Diskriminierung sein (LAG Bln-Bbg 16.9.2015 – 23 Sa 1045/15, BeckRS 2015, 71755).

112 Eine unmittelbare Benachteiligung einer Frau wegen ihres Geschlechts kann auch dann vorliegen, wenn der ArbGeb. bei der Beurteilung einer Bewerbung (Frau mit 7jährigem Kind) von **tradierten Rollenmuster** ausgeht und die Frau hauptsächlich für die Kinderbetreuung zuständig und als Arbeitskraft deshalb weniger flexibel hält (BAG 18.9.2014 – 8 AZR 753/13, BeckRS 2014, 73584).

113 Männer, Frauen und Menschen eines dritten Geschlechts (s. BVerfG 10.10.2017 – 1 BvR 2019, NJW 2017, 3643; Rn. 104, 109) müssen für gleiche oder gleichwertige Arbeit (zu den Begriffen vgl. *Thüsing* Diskriminierungsschutz Rn. 359 ff.) das **gleiche Arbeitsentgelt** (zum Problem Entgeltgleichheit *Rieble* RdA 2011, 36 ff.; *Tondorf* AiB 2011, 25 ff.; *Tondorf/Nitsche* AiB 2010, 79) erhalten, gleichgültig, ob das Entgelt individuell oder kollektivrechtlich vereinbart ist (stRspr, BAG vgl. 9.9.1981 – 5 AZR 1182/79, AP GG Art. 3 Nr. 117; 25.8.1982 – 5 AZR 107/80, AP BGB § 242 Gleichbehandlung Nr. 53; 23.1.1990 – 3 AZR 58/88, AP BetrAVG § 1 Gleichberechtigung Nr. 7; 14.8.2007 – 9 AZR 943/06, AP AGG § 33 Nr. 1: ArbGeb. kann abwanderungsgefährdeten Frauen Abschluss eines verbesserten Vertrages nicht verweigern, wenn er zuvor abwanderungsgefährdeten Männern einen verbesserten Vertrag angeboten hat; ausf. zur EuGH-Rspr. *Colneric* NZA 2008 Beil. 2, 66 [68 ff.]). Im Fall von Lohndiskriminierung besteht – neben dem Anspruch auf eine Entschädigungszahlung nach § 15 AGG – ein vertraglicher Erfüllungsanspruch der ArbNin in Form der Nachzahlung des Differenzbetrags (LAG RhPf 13.1.2016 – 4 Sa 616/14, NZA-RR 2016, 347; 13.5.2015 – 5 Sa 436/13, NZA-RR 2015, 517; 14.8.2014 – 5 Sa 509/13, NZA-RR 2015, 14; 13.8.2014 – 4 Sa 519/13, NZA-RR 2015, 236; → Rn. 130).

113a Eine Rechtfertigung für eine **geringere Entlohnung** folgt nicht daraus, dass kostenwirksame Schutzvorschriften zB für werdende Mütter (§§ 3, 4, 6 MuSchG: Beschäftigungsverbot; § 8 MuSchG: Verbot v. Mehr-, Nacht- u. Sonntagsarbeit; § 9 MuSchG: Kündigungsschutz; § 11 MuSchG: Entgeltfortzahlung) bestehen (so § 8 Abs. 2 AGG). Sie ist nur dann gerechtfertigt, wenn sie durch objektive Faktoren wie

Art der Arbeit, Ausbildungsanforderungen und Arbeitsbedingungen bedingt ist, die nichts mit einer Diskriminierung aufgrund des Geschlechts zu tun haben und mit dem Verhältnismäßigkeitsgrundsatz im Einklang stehen (EuGH 28.2.2013 – C-427/11, NZA 2013, 315).

114 Der Grundsatz gilt nicht nur für den Lohn selbst, sondern auch für **alle Lohnbestandteile.** Werden bestimmte Zulagen wegen bes. Erschwernisse nur an Männer, aber an alle gezahlt, obwohl diese bes. Erschwernisse nur bei einem Teil der Männer vorliegen, sind diese Zulagen auch an die weiblichen ArbN mit der entspr. Tätigkeit zu zahlen (BAG 11.9.1974 – 5 AZR 667/73, AP BGB § 242 Gleichbehandlung Nr. 39). Eine unterschiedliche Altersgrenze für einen tarifvertraglichen Anspruch auf Übergangsgeld bei Ausscheiden aus dem ArbVerh. (bei Frauen 60 Jahre, bei Männern 65 Jahre) verstößt jedenfalls insoweit gegen das Verbot der Geschlechtsdiskriminierung, als sie auch Männer vom Bezug des Übergangsgeldes ausschließt, die mit Vollendung des 62. Lebensjahres in Rente gehen (BAG 7.11.1995 – 3 AZR 1064/94, AP EWG-Vertrag Art. 119 Nr. 71; 7.9.2004 – 3 AZR 550/03, DB 2005, 507 zum Verstoß der Leistungsordnung einer Pensionskasse gegen Art. 141 EG-Vertrag, jetzt 157 AEUV).

115 Eine Diskriminierung ist auch eine **sexuelle Belästigung** (§ 3 Abs. 4 AGG). Das ist der Fall, wenn ein unerwünschtes, sexuell bestimmtes Verhalten bezweckt oder bewirkt, dass die Würde der betreffenden Person verletzt wird und ein von Einschüchterungen, Anfeindungen, Erniedrigungen, Entwürdigungen oder Beleidigungen gekennzeichnetes Umfeld geschaffen wird; beide Voraussetzungen müssen kumulativ vorliegen (BAG 17.10.2013 – 8 AZR 742/12, NZA 2014, 303; *Krieger/Deckers* NZA 2018, 1161 ff.). Bereits eine einmalige sexuell bestimmte Verhaltensweise kann den Tatbestand der sexuellen Belästigung erfüllen (BAG 20.11.2014 – 2 AZR 651/13, NZA 2015, 294). Zu derartigen unerwünschten sexuell bestimmten Verhaltensweisen gehören zB sexuelle Handlungen und Aufforderungen zu diesen, sexuell bestimmte körperliche Berührungen, Bemerkungen sexuellen Inhalts sowie unerwünschtes Zeigen und sichtbares Anbringen von pornographischen Darstellungen. Für das **„Bewirken“** genügt der bloße Eintritt der Belästigung – auf vorsätzliches Handeln kommt es nicht an –, für die **Unerwünschtheit** die objektive Erkennbarkeit (BAG 29.6.2017 – 2 AZR 302/16, BeckRS 2017, 121650: 20.11.2014 – 2 AZR 651/13, NZA 2015, 294; 9.6.2011 – 2 AZR 323/10, NZA 2011, 1342; *Martini* AiB 2013, 224 ff.; zur Rspr. *Schrader/Thoms* ArbRAktuell 2017, 31 ff., 60 ff.).

115a Der ArbGeb. hat bei Verstößen gegen das Verbot der sexuellen Belästigung im Einzelfall die **geeigneten,** erforderlichen und angemessenen **arbeitsrechtlichen Maßnahmen** wie Abmahnung, Umsetzung, Versetzung oder Kündigung zu ergreifen (*Krieger/Deckers* NZA 2018, 1161 ff.). Geeignet iSd Verhältnismäßigkeit sind nur solche Maßnahmen, von denen der ArbGeb. annehmen darf, dass sie eine Wiederholung ausschließen (BAG 20.11.2014 – 2 AZR 651/13, NZA 2015, 294; zur Rspr. *Schrader/Thoms* ArbRAktuell 2017, 31 ff., 60 ff.).

116 **Unzulässig** ist nicht nur eine unmittelbare Diskriminierung, bei der das Geschlecht selbst das maßgebende Entscheidungskriterium ist. Auch eine **mittelbare Geschlechtsdiskriminierung** ist verboten. Eine solche liegt vor, wenn Vorschriften, Kriterien oder Verfahren dem Anschein nach geschlechtsneutral (formuliert) sind, von ihnen jedoch tatsächlich wesentlich mehr Frauen als Männer (oder umgekehrt) in bes. Weise nachteilig betroffen werden und diese nachteilige Wirkung nicht anders als mit dem Geschlecht begründet werden kann; in diesem Fall sind die betreffenden Vorschriften, Kriterien oder Verfahren nur zulässig, wenn sie durch ein rechtmäßiges Ziel sachlich gerechtfertigt und die Mittel zur Erreichung dieses Ziels angemessen und erforderlich sind (vgl. **§ 3 Abs. 2 AGG;** EuGH 6.12.2007 – C-300/06, NZA 2008, 31; BAG 18.9.2014 – 8 AZR 753/13, BeckRS 2014, 73584).

116a Eine mittelbare Diskriminierung soll nach Ansicht des 9. Senats des BAG (15.2.2011 – 9 AZR 750/09, NZA 2011, 740) eine Vereinbarung zulasten von Frauen begründen, nach welcher der Anspruch auf **Vorruhestandsleistungen** mit dem

Zeitpunkt des frühestmöglichen Renteneintritts (Frauen ab 60 Jahre, Männer ab 63 Jahre) endet, für Männer also eine drei Jahre längere Bezugszeit vorsieht (s. hierzu die berechtigte Kritik von *Diller* ArbRAktuell 2011, 354). Sie liegt dann nicht vor, wenn ein TV vorsieht, dass die finanziellen Nachteile, die Frauen infolge der für sie geltenden tariflichen Altersgrenze erleiden, durch eine jährlich zu berechnende Zahlung des ArbGeb. ausgeglichen werden (BAG 15.2.2011 – 9 AZR 584/09, BeckRS 2011, 74222). Zur **Hinterbliebenenversorgung** → Rn. 91 ff.

117 Im Falle einer mittelbaren Diskriminierung haben die wegen ihres Geschlechts benachteiligten ArbN grds. Anspruch auf die Leistungen, die der bevorzugten Gruppe gewährt werden (BAG 14.8.2007 – 9 AZR 943/06, AP AGG § 33 Nr. 1 mwN; EuGH 13.12.1989 – Rs C – 102/88, NZA 1991, 59). Zur Teilzeit → Rn. 50 ff.

Beispiele:

Eine mittelbare Diskriminierung ist anzunehmen, wenn ein ArbGeb. Männer und Frauen mit der gleichen Arbeit beschäftigt, fast die Hälfte der Männer, jedoch nur ein Zehntel der Frauen über Tarif entlohnt und die höhere Entlohnung von mehr Männern als Frauen nicht durch andere als geschlechtsbezogene Gründe gerechtfertigt ist. (BAG 23.9.1992 – 4 AZR 30/92, AP BGB § 612 Diskriminierung Nr. 1). Gleiches gilt, wenn eine Regelung vorsieht, dass bei gleicher Arbeit und gleicher Anzahl Stunden, die aufgrund eines ArbVerh. geleistet werden, die Vollzeitbeschäftigten gezahlte Vergütung höher ist als die Teilzeitbeschäftigten gezahlte und Teilzeitbeschäftigte überwiegend Frauen sind (EuGH 6.12.2007 – Rs C-300/06, AP EG Art. 141 Nr. 17) oder ein TV die Berechtigung zur Altersteilzeit nur bis zu dem Zeitpunkt vorsieht, in dem erstmals eine ungekürzte Rente aus der gesetzl. Altersversorgung beansprucht werden kann, und wenn die Gruppe der Personen, die eine solche Rente bereits mit 60 Jahren beziehen können, fast ausschließlich aus Frauen besteht (EuGH 20.3.2003 – C-187/00, AP EWG-Richtlinie Nr. 76/207 Nr. 32). Dagegen liegt keine mittelbare Diskriminierung vor, wenn die Zeit eines Elternurlaubs auf eine tarifvertragliche Bewährungszeit nicht angerechnet wird (BAG 9.11.1994 – 10 AZR 3/94, AP BAT § 23a Nr. 33) oder wenn ArbN im Elternurlaub von der Zahlung einer Jahressonderzahlung, die nur ArbN in einem aktiven Beschäftigungsverhältnis gewährt wird, ausgenommen werden (EuGH 21.10.1999 – Rs C 333/97, AP EG-Vertrag Art. 119 Nr. 14).

118 Eine **unterschiedliche Behandlung wegen des Geschlechts** ist zulässig, wenn das **Geschlecht** wegen der Art der auszuübenden Tätigkeit oder der Bedingungen ihrer Ausübung eine **wesentliche** und **entscheidende berufliche Anforderung** darstellt, sofern der Zweck rechtmäßig und die Anforderung angemessen ist **(§ 8 Abs. 1 AGG).** Das Merkmal „Geschlecht" ist eine wesentliche und entscheidende berufliche **Anforderung, wenn die Tätigkeit ohne dieses Merkmal bzw. ohne Fehlen** dieses Merkmals entweder gar nicht oder nicht ordnungsgemäß durchgeführt werden kann und bezogen auf das Merkmal „Geschlecht" dieser Qualifikationsnachteil auf biologischen Gründen beruht (BAG 28.5.2009 – 8 AZR 536/08, NZA 2009, 1016).

118a Das ist immer dann der Fall, wenn die Berufsausübung dem anderen Geschlecht, zB Männern, **unmöglich** ist: Amme, Schauspielerin und Tänzerin für weibliche Rolle, Mannequin (LAG München 10.4.1992 – 3 Sa 800/91, NZA 1992, 982). Es ist aber auch dann der Fall, wenn ein Angehöriger eines bestimmten Geschlechts die Arbeitsleistung zwar erbringen kann, jedoch **schlechter** oder **weniger ordnungsgemäß** als der eines anderen Geschlechts; so kann eine mit Nachtdiensten in einem Mädcheninternat verbundene Stelle nur mit einer Frau besetzt und entspr. ausgeschrieben werden (BAG 28.5.2009 – 8 AZR 536/08, NZA 2009, 1016). Ebenso kann aufgrund der erforderliche **Authentizität** der Leistungserbringung die Besetzung der Stelle einer Frauenreferentin in einer politischen Partei (LAG Bln 14.1.1998 – 8 Sa 118/97, NZA 1998, 312) und die einer Geschäftsführerin bei einem Frauenverband (ArbG München 14.2.2001 – 38 Ca 8663/00, NZA-RR 2001, 365) Frauen vorbehalten werden.

119 Aus Gründen des **Schamgefühls** seiner Kundinnen kann ein ArbGeb. in der Abteilung Damenmoden oder Dessous nur Frauen beschäftigen (s. Beispiele bei BKG AGG § 8 Rn. 42; krit. HK-AGG/*Brors* AGG § 8 Rn. 18 ff.).

Eine **unterschiedliche Behandlung wegen des Geschlechts** ist auch nach **§ 5 AGG zulässig,** wenn durch geeignete und angemessene Maßnahmen bestehende Nachteile eines Geschlechts verhindert oder ausgeglichen werden sollen **(positive Maßnahmen).** Als positive Maßnahmen, die auch in BV geregelt werden können (→ § 80 Rn. 34ff.; → § 92 Rn. 39ff.; → § 95 Rn. 22), kommen in Betracht: 120

Leistungsabhängige, flexible Quotenregelungen zugunsten von **Frauen** bei Einstellungen und Beförderungen in Bereichen, in denen Frauen unterrepräsentiert sind. Diese Regelungen sind nur zulässig, wenn sie bei gleicher oder fast gleicher Qualifikation keine automatische Bevorzugung der Frau vorsehen, sondern auch eine andere Entscheidung zulassen, etwa wenn in der Person des männlichen Mitbewerbers liegende Gründe überwiegen (EuGH 17.10.1995 – C-450/93, AP EWG-Richtlinie Nr. 76/207 Nr. 6 – Kalanke; 6.7.2000 – C-407/98, AP EWG-Richtlinie Nr. 76/207 Nr. 22 – Abrahamson; BAG 5.3.1996 – 1 AZR 590/92 (A), AP GG Art. 3 Nr. 226; MHH/*Herms* AGG § 5 Rn. 12; *Prehm/Hellenkemper* NZA 2012, 960ff.). 121

Starre Quotenregelungen, die bei einer ausreichenden Bewerberzahl einen bestimmten Mindestprozentsatz an **Frauen** vorsehen, dürften bei Einladungen zu Vorstellungsgesprächen, der Vergabe von Ausbildungsplätzen und befristeten Qualifizierungsstellen sowie im Bereich von Fort- und Weiterbildung zulässig sein, weil es hier noch nicht unmittelbar um Arbeitsplätze, sondern nur darum geht, qualifizierten Frauen zusätzliche Chancen bei der Bewerbung um Arbeitsplätze zu geben (EuGH 28.3.2000 – C-158/97, NZA 2000, 473 – Badeck mit Aussagewert wohl auch für privatrechtl. Bereich; HK-AGG/*Hinrichs/Zimmer* AGG § 5 Rn. 37ff.; sa *Olbrich/Krois* NZA 2015, 1288ff.). 122

Im Rahmen von Maßnahmen zur Förderung der Vereinbarkeit von Beruf und Familie können betriebliche **Kindertagesstättenplätze** nur für **Kinder** von **weiblichen ArbN** vorgesehen werden, da das unzureichende Angebot von Kinderbetreuungseinrichtungen berufstätige Frauen zur Aufgabe ihrer Beschäftigung veranlassen könnte (EuGH 19.3.2002 – C-476/99, AP EWG-Richtlinie Nr. 76/207 Nr. 29 – Lommers; krit. HK-AGG/*Hinrichs/Zimmer* AGG § 5 Rn. 44). Allerdings müssen **alleinerziehende männliche ArbN** das gleiche Zugangsrecht für ihre Kinder haben (EuGH 19.3.2002 – C-476/99, AP EWG-Richtlinie Nr. 76/207 Nr. 29 – Lommers). 123

j) Sexuelle Identität

Verboten ist ferner eine Diskriminierung der im Betrieb Beschäftigten wegen ihrer **sexuellen Identität** (vgl. auch §§ 7, 1 AGG; zur Rspr. *Bissels/Lützeler* BB 2009, 774 [776ff.]; *Hunold* NZA-RR 2009, 113 [121]; *Mallmann* AiB 2010, 237ff.). Unzulässig ist deshalb eine unterschiedliche Behandlung von homosexuellen Männern und Frauen, von bisexuellen, transsexuellen und zwischengeschlechtlichen (s. Rn. 104, 109) Menschen (BT-Drs. 16/1780, 31; BAG 17.12.2015 – 8 AZR 421/14, NZA 2016, 888; Palandt/*Ellenberger* AGG § 1 Rn. 10). So verstößt der Ausschluss gleichgeschlechtlicher Lebenspartner von einer Hinterbliebenenversorgung gegen das Diskriminierungsverbot (EuGH 10.5.2011 – C-147/08, DB 2011, 1169, dazu *Bauer/Kaufmann* ZESAR 2004/12, 180ff.; BAG 14.1.2009 – 3 AZR 20/07, AP GG Art. 3 Nr. 315, das die Gleichbehandlung bei der betriebl. Altersversorgung auf das LPartG stützt). Transsexuelle Menschen können sowohl vom Merkmal „Geschlecht“ (EuGH 30.4.1996 – C-13/94, NZA 1996, 695) als auch vom Merkmal „sexuelle Identität“ erfasst werden (BAG 17.12.2015 – 8 AZR 421/14, NZA 2016, 888). Eine Benachteiligung kann nicht wegen der Transsexualität eines Bewerbers/einer Bewerberin erfolgen, wenn diese dem ArbGeb. nicht bekannt ist (LAG RhPf 9.4.2014 – 7 Sa 501/13, BeckRS 2014, 70013). Das Diskriminierungsverbot bezieht sich nicht nur auf die materiellen Arbeitsbedingungen, sondern ganz allgemein auf die Behandlung der geschützten Personen im Betrieb. Der Schutz gilt nur innerhalb der strafrechtlich relevanten Grenzen (MHH/*Herms* AGG § 1 Rn. 30). 124

k) Durchsetzung des Diskriminierungsschutzes nach dem AGG

125 Abgelehnten Bewerbern und benachteiligten ArbN ist es nicht möglich, den vollen Beweis einer erlittenen Diskriminierung zu erbringen. Deshalb will **§ 22 AGG** einen besseren Schutz vor Benachteiligungen durch eine **abgestufte Darlegungs- und Beweislast** sicherstellen (BAG 11.8.2016 – 8 AZR 4/15, NZA 2017, 310; 10.8.2016 – 8 AZR 375/15, NZA 2017, 43; *Schlewing* RdA 2019, 257, 260ff.). Diese Erleichterung der Beweislast gilt **nur für** Ansprüche unmittelbar aus dem **AGG,** die die Diskriminierungsmerkmale in § 1 AGG betreffen, also Rasse, ethnische Herkunft, Geschlecht, Religion/Weltanschauung, Behinderung, Alter und sexuelle Identität; sie gilt nicht für andere konkurrierende arbeitsrechtliche Ansprüche (BKG AGG § 22 Rn. 5; MHH/*Herms* AGG § 22 Rn. 8; *Windel* RdA 2011, 193ff.).

126 Der ArbN muss darlegen, dass er objektiv benachteiligt worden ist. Bestreitet dies der ArbGeb., muss der ArbN den **vollen Beweis** der **Ungleichbehandlung** erbringen. Dies ist für abgelehnte Bewerber oft nicht leicht, da sie grds. keinen Anspruch gegenüber dem ArbGeb. auf eine **Begründung** der **Ablehnung** und auf Auskunft darüber haben, ob ein anderer Bewerber eingestellt worden ist (EuGH 19.4.2012 – C-415/10, NZA 2012, 493; BAG 11.8.2016 – 8 AZR 4/15, NZA 2017, 310; 11.8.2016 – 8 AZR 406/14, BeckRS 2016, 112116; 25.4.2013 – 8 AZR 287/08, BeckRS 2013, 68457; → Rn. 60e; zu sog Testing-Verfahren zur Erleichterung des Diskriminierungsnachweises *Krieger/Günther* NZA 2015, 262ff. mwN). Eine Ausnahme von diesem Grundsatz ist nur dann zu machen, wenn eine Auskunftsverweigerung durch den ArbGeb. die Verwirklichung des Rechts des abgelehnten Bewerbers auf Schutz vor einer nach dem AGG verbotenen Benachteiligung zu beeinträchtigen droht (Näheres BAG 25.4.2013 – 8 AZR 287/08, BeckRS 2013, 68457).

126a Der ArbN hat des Weiteren die **Darlegungs**- und **Beweislast** für die Kausalität zwischen einem Merkmal des § 1 AGG und dem eingetretenen Nachteil. Er braucht nur **Indizien** (Hilfstatsachen) vortragen und beweisen, die die **Kausalität** vermuten lassen (BAG 11.8.2016 – 8 AZR 4/15, NZA 2017, 310; 23.7.2015 – 6 AZR 457/14, NZA 2015, 1380; Palandt/*Grüneberg* AGG § 22 Rn. 1f.; sa *Weigert* NZA 2018, 1166ff.). Solche Vermutungstatsachen können zB in Äußerungen, Fragen oder widersprüchlichem Verhalten des ArbGeb. (BAG 17.12.2009 – 8 AZR 670/08, NZA 2010, 383; 21.6.2012 – 8 AZR 364/11, NZA 2012, 1345), in Verstößen gegen Verfahrensvorschriften zur Förderung eines bestimmten Personenkreises (BAG 17.8.2010 – 9 AZR 839/08, NZA 2011, 153; 22.8.2013 – 8 AZR 563/12, NZA 2014, 82, keine „Heilung" eines Verfahrensfehlers durch Nachholen der unterlassenen Bewerbereinladung; → Rn. 60b; s. aber 26.6.2014 – 8 AZR 547/13, NZA 2015, 896), in sonstigen Verfahrenshandlungen wie Stellenausschreibung unter Verstoß gegen § 11 AGG (BAG 23.11.2017 – 8 AZR 372/16, NZA-RR 2018, 287; 26.1.2017 – 8 AZR 73/16, NZA-RR 2017, 342; 11.8.2016 – 8 AZR 4/15, NZA 2017, 310; 11.8.2016 – 8 AZR 406/14, BeckRS 2016, 112116; 19.5.2016 – 8 AZR 470/14, NZA 2016, 1394;; *Schleusener* NZA Beil. 2/2016, 50; *Schlewing* RdA 2019, 257, 261f.), im Einzelfall auch in statistischen Daten (BAG 22.7.2010 – 8 AZR 1012/08, NZA 2011, 93; → Rn. 126b) begründet sein (→ Rn. 60a, 60b; BKG AGG § 22 Rn. 10ff.).

126b An die **Vermutungsvoraussetzungen** ist kein zu strenger Maßstab anzulegen; eine überwiegende Wahrscheinlichkeit für eine Verknüpfung der Benachteiligung mit einem Benachteiligungsmerkmal, nicht dagegen eine bloße Möglichkeit (BAG 26.1.2017 – 8 AZR 736/15, BeckRS 2017, 110781), reicht aus. Dann trägt der ArbGeb. die Beweislast (iS des sog. Vollbeweises) dafür, dass kein Verstoß gegen ein Benachteiligungsverbot vorliegt (BAG 10.8.2016 – 8 AZR 375/15, NZA 2017, 43; 21.6.2012 – 8 AZR 364/11, NZA 2012, 1345; *Windel* RdA 2011, 193 [196ff.]). Gelingt ihm dies zB in einem Fall, in dem er in einer Kündigungserklärung die Pensionsberechtigung des betroffenen ArbN erwähnt, nicht, ist die Kündigung wegen Altersdiskriminierung auch im Kleinbetrieb unwirksam (BAG 23.7.2015 – 6 AZR

457/14, NZA 2015, 1380; zum komplizierten Verhältnis KSchG/AGG *Temming* RdA 2019, 102, 104 ff.).

Für die **Vermutungswirkung** des § 22 AGG reichen solche Indizien aus, die aus einem regelhaft einem Merkmalsträger gegenüber geübten Verhalten auf eine solchermaßen (mit) motivierte Entscheidung schließen lassen. Ein derartig regelhaftes Verhalten kann sich aus Quoten und **Statistiken** (BAG 21.6.2012 – 8 AZR 364/11, NZA 2012, 1345; MHH/*Herms* AGG § 22 Rn. 29 ff.) ergeben, wenn deren Daten sich konkret auf den betreffenden ArbGeb. beziehen und hinsichtlich dessen Verhalten aussagekräftig sind, was sein Verhalten gegenüber Merkmalsträgergruppen angeht (BAG 22.7.2010 – 8 AZR 1012/08, NZA 2011, 93; 21.6.2012 – 8 AZR 364/11, NZA 2012, 1345). Deshalb begründet die Tatsache, dass in derselben Branche auf der vergleichbaren Hierarchieebene der Frauenanteil höher ist als bei dem betroffenen ArbGeb. keine Indizwirkung für eine **geschlechtsbezogene Diskriminierung** von Frauen bei Beförderungsentscheidungen. Gleiches gilt für den Umstand, dass es auf den oberen Hierarchieebenen des ArbGeb. einen deutlich geringeren Frauenanteil („gläserne Decke") gibt als im Gesamtunternehmen. Hier bedarf es über die bloßen Statistiken hinaus weiterer Anhaltspunkte für die Annahme einer geschlechtsbezogenen Benachteiligung (BAG 22.7.2010 – 8 AZR 1012/08, NZA 2011, 93; 27.1.2011 – 8 AZR 483/09, NZA 2011, 689). **126c**

Die bloße Unterrepräsentation einer Gruppe ist nicht zwingend ein Indiz für eine diskriminierende Personalpolitik. Dies gilt insbes. für **Beschäftigungsquoten** von ArbN unterschiedlicher **ethnischer Herkunft.** Deren Unter- oder Überrepräsentation kann auch auf einer individuellen Präferenz der Gruppenmitgl. für eine bestimmte Branche beruhen (BAG 21.6.2012 – 8 AZR 364/11, NZA 2012, 1345). **126d**

Bei einem **Verstoß** gegen ein Benachteiligungsverbot des § 7 Abs. 1 AGG besteht zwar **kein Anspruch** der Benachteiligten auf **Abschluss eines Arbeitsvertrags,** Berufsausbildungsverhältnisses oder einen beruflichen Aufstieg, es sei denn, ein solcher ergibt sich aus einem anderen Rechtsgrund (§ 15 Abs. 6 AGG), zB aus TV in Form eines Bewährungsaufstiegs (BT-Drs. 16/1780, 38) oder aus vertraglichen Zusagen. Jedoch stehen den Benachteiligten **Schadensersatz-** und **Entschädigungsansprüche** zu (§ 15 Abs. 1, 2 AGG). Bei Bewerbern kommen derartige Ansprüche nur in Betracht, wenn sie sich subjektiv ernsthaft mit dem Ziel einer Anstellung beworben haben. Im Fall von **Scheinbewerbungen** scheiden derartige Ansprüche unter dem Gesichtspunkt des Rechtsmissbrauchs aus (BAG 11.8.2016 – 8 AZR 4/15, NZA 2017, 310; 19.5.2016 – 8 AZR 470/14, NZA 2016, 1394; s. Rn. 60a). **127**

Ein Anspruch auf Ersatz des **materiellen Schadens** besteht nur, wenn der ArbGeb. die Pflichtverletzung zu vertreten hat (§ 15 Abs. 1 AGG; ausf. *Stoffels* RdA 2009, 204 ff.; *Windel* RdA 2011, 193 [195]; sa BAG 20.3.2018 – 1 ABR 15/17, NZA 2018, 1017). Damit gelten insbes. die §§ 276–278 BGB (s. BT-Drs. 16/1780, 38) mit der Folge, dass der ArbGeb. für eigenes Verschulden (Vorsatz, Fahrlässigkeit), für das seines gesetzlichen Vertreters und das seiner Erfüllungsgehilfen haftet (Einzelheiten s. MHH/*Meinel* AGG § 15 Rn. 11 ff.). Aufgrund der Umkehr der Beweislast (s. § 15 Abs. 1 S. 2 AGG) hat der ArbGeb. darzulegen und zu beweisen, dass er die Pflichtverletzung nicht zu vertreten hat, er insbes. seine Handlungspflichten nach **§ 12 AGG** zur Vorsorge gegen Diskriminierungen in seinem Organisationsbereich erfüllt hat (BKG AGG § 15 Rn. 22). **128**

§ 12 AGG verpflichtet den ArbGeb. zur Schaffung eines **diskriminierungsfreien Arbeitsumfeldes** (s. BT-Drs. 16/1780, 25, 37). Er hat konkrete geeignete Maßnahmen zum Schutz seiner ArbN vor Benachteiligungen iSv § 1 AGG durch Arbeitskollegen oder Dritte, wie zB Kunden oder Lieferanten, zu treffen. Das können sowohl **präventive Maßnahmen** zur Vermeidung von Diskriminierungen in der Belegschaft als auch **repressive arbeitsrechtliche Einzelmaßnahmen** wie Abmahnung, Umsetzung, Versetzung oder Kündigung des oder der diskriminierenden ArbN sein. Welche Maßnahmen im Einzelfall erforderlich und angemessen sind, beurteilt sich nach objektiven Gesichtspunkten, nicht nach der subjektiven Einschät- **129**

zung des ArbGeb. oder der ArbN, und danach, wie das Arbeitsumfeld organisiert ist. Die Verpflichtung des ArbGeb. kann immer nur so weit gehen, wie er rechtlich und tatsächlich zur Pflichterfüllung in der Lage ist (BT-Drs. 16/1780, 37; MHH/*Heyn* AGG § 12 Rn. 3ff.; *Grobys* NJW 2006, 2950ff.; sa das „Mobbing"-Urteil des BAG 25.10.2007 – 8 AZR 593/06, AP BGB § 611 Mobbing Nr. 6; dazu *Gehlhaar* NZA 2009, 825ff.; *Brede* AiB 2011, 106ff.; zu EthikRL und § 12 AGG *Schneider/Sittard* NZA 2007, 654ff.).

130 Der **Umfang** des (materiellen) Schadensersatzanspruchs bemisst sich nach §§ 249ff. BGB mit der Besonderheit, dass es in den Fällen des § 15 Abs. 6 AGG (→ Rn. 127) keine Naturalrestitution, sondern nur Geldleistungen gibt. Unter Beachtung dieser Einschränkung ist der benachteiligte ArbN vom ArbGeb. so zu stellen wie er stehen würde, wenn die Diskriminierung nicht erfolgt wäre **(positives Interesse).** So hat zB bei einer **diskriminierenden Nichteinstellung** der Bewerber, der sich unter Beachtung seiner Schadensminderungspflicht (§ 254 Abs. 2 S. 1 BGB) vergeblich um eine anderweitige Beschäftigung bemüht hat, Anspruch auf eine Geldsumme in Höhe des Arbeitsentgelts, das er bis zum ersten hypothetischen Kündigungstermin verdient hätte (vgl. BKG AGG § 15 Rn. 25ff.; *Thüsing* Diskriminierungsschutz Rn. 543; *Bauer/Krieger* NZA 2016, 1041; **aA** MHH/*Meinel* AGG § 15 Rn. 41ff.). Bei einem **Verstoß** gegen das **Gebot des gleichen Entgelts** haben die benachteiligten ArbN grds. Anspruch auf die Leistungen, die den bevorzugten ArbN gewährt werden, also einen Erfüllungsanspruch, der nicht der Frist des § 15 Abs. 4 AGG unterliegt (LAG RhPf 13.1.2016 – 4 Sa 616/14, NZA-RR 2016, 347; 13.5.2015 – 5 Sa 436/13, NZA-RR 2015, 517; 14.8.2014 – 5 Sa 509/13, NZA-RR 2015, 14; *Thüsing* Diskriminierungsschutz Rn. 547 mwN).

131 Der diskriminierte ArbN kann auch wegen eines **immateriellen Schadens** vom ArbGeb. eine Entschädigung in Geld verlangen (§ 15 Abs. 2 AGG; ausf. *Jakobs* RdA 2004, 193ff.; *Windel* RdA 2011, 193 [195f.]); eine abstrakte Diskriminierung, zB durch eine öffentliche Äußerung (→ Rn. 60b), ohne konkrete eigene Benachteiligung löst keinen Entschädigungsanspruch aus (BAG 19.8.2010 – 8 AZR 370/09, NZA 2011, 200). Dieser Anspruch setzt grds. **keine Persönlichkeitsverletzung** und **kein Verschulden** des ArbGeb. voraus (BT-Drs. 16/1780, 38; BAG 21.2.2013 – 8 AZR 180/12, NZA 2013, 840; 22.1.2009 – 8 AZR 73/08, NZA 2009, 945). Handelt ein **Dritter** für den ArbGeb., so bedarf es für die Zurechnung keines schuldhaften Fehlverhaltens des Dritten nach § 278 BGB oder einer Zurechnung nach § 831 BGB; hier geht es ausschließlich um die **Zurechnung objektiver Handlungsbeiträge** oder Pflichtverletzungen des für den ArbGeb. handelnden Dritten (BAG 22.8.2013 – 8 AZR 563/12, NZA 2014, 82; → Rn. 134a).

131a Anders verhält es sich jedoch dann, wenn Diskriminierungen durch die Anwendung kollektivrechtlicher Vereinbarungen **(TV, BV, Regelungsabreden)** erfolgen; dann trifft den ArbGeb. eine Entschädigungspflicht nur, wenn er **vorsätzlich** oder **grob fahrlässig** gehandelt hat (§ 15 Abs. 3 AGG), er also bei der Anwendung der Kollektivvereinbarung deren Unwirksamkeit (s. § 7 Abs. 2 AGG) kannte oder leichtfertig davor die Augen verschlossen hat (*Thüsing* Diskriminierungsschutz Rn. 551). Das kann vor allem bei AuswahlRL nach § 95 bedeutsam werden, wenn ihre Kriterien oder das Auswahlverfahren diskriminierend geregelt sind (*Kania/Merten* ZIP 2007, 8 [15]).

132 Die **Haftungsbeschränkung** des ArbGeb. besteht auch dann, wenn – mangels Tarifbindung – die Geltung des TV im Arbeitsvertrag vereinbart oder der TV für allgemeinverbindlich erklärt ist (BT-Drs. 16/1780, 38). Die Haftungsbeschränkung gilt nicht für den Ersatz des materiellen Schadens (HK-AGG/*Deinert* AGG § 15 Rn. 107; *Thüsing* Diskriminierungsschutz Rn. 555; **aA** BKG AGG § 15 Rn. 45).

133 Die **Entschädigungshöhe** muss **angemessen** sein. Dies bestimmt sich nach Art und Schwere der Beeinträchtigung, ihrer Nachhaltigkeit und Fortwirkung sowie den Motiven für die Diskriminierung (BAG 14.3.1989 – 8 AZR 447/87, AP BGB § 611a Nr. 5). Eine **Höchstgrenze** von drei Monatsgehältern ist nur im Fall der Nichtein-

stellung für Bewerber vorgesehen, die auch bei benachteiligungsfreier Auswahl nicht eingestellt worden wären (BAG 19.8.2010 – 8 AZR 530/09, NZA 2010, 1412). Diese Höchstgrenze dürfte auch für Diskriminierungen beim beruflichen Aufstieg gelten (HK-AGG/*Deinert* AGG § 15 Rn. 77; MHH/*Meinel* AGG § 15 Rn. 72). Der Anspruch desjenigen Bewerbers, der bei diskriminierungsfreier Auswahl die Arbeits- oder Beförderungsstelle erhalten hätte (Bestqualifizierter), ist in der Höhe nicht begrenzt.

Für die Durchsetzung von Schadensersatz- und Entschädigungsansprüchen nach § 15 Abs. 1 u. 2 AGG gilt eine **zweistufige Ausschlussfrist.** Die Ansprüche müssen innerhalb einer Frist von **zwei Monaten** schriftlich (Klage reicht: BAG 22.5.2014 – 8 AZR 662/13, NZA 2014, 924) beim ArbGeb. geltend gemacht werden (BAG 15.3.2012 – 8 AZR 160/11, BeckRS 2012, 72176), es sei denn, die TVParteien haben etwas anderes vereinbart (§ 15 Abs. 4 AGG); die Frist beginnt mit Kenntniserlangung des diskriminierten ArbN von der Benachteiligung, im Fall einer Bewerbung oder eines beruflichen Aufstiegs mit Zugang der Ablehnung (BAG 15.3.2012 – 8 AZR 37/11, NZA 2012, 910). Eine anschließende **Klage** muss innerhalb von **drei Monaten** nach der schriftlichen Geltendmachung der Ansprüche erhoben werden (§ 61b Abs. 1 ArbGG). Beide Fristen sind materiell-rechtliche Ausschlussfristen: Der Anspruch verfällt, wenn die Fristen nicht eingehalten worden sind (BAG 26.9.2013 – 8 AZR 650/12, NZA 2014, 258). **134**

Ansprüche nach § 15 Abs. 1 u. 2 AGG sind gegen den ArbGeb. zu richten. Das gilt auch dann, wenn ein Personalvermittler eines **Personalberatungsunternehmen** die endgültige Auswahl unter den Bewerbern in alleiniger Verantwortung durchführt (BAG 23.1.2014 – 8 AZR 118/13, BeckRS 2014, 66478; → Rn. 131). **134a**

l) Tendenzunternehmen

In **Tendenzunternehmen** (§ 118 Abs. 1) können sich bei einigen der vorstehend genannten Differenzierungsverboten Einschränkungen ergeben, wenn und soweit (dh nur in diesen Grenzen) dies die Tendenz des Unternehmens erfordert (Richardi BetrVG/*Maschmann* Rn. 43). Eine derartige Einschränkung kann insbes. bei Unternehmen mit (partei-)politischer, koalitionspolitischer oder konfessioneller Zielsetzung in Betracht kommen. So kann zB die Geschäftsstelle einer Partei die Einstellung von ArbN von der Parteizugehörigkeit abhängig machen. Auch kann eine Gewerkschaft als ArbGeb. die Mitglschaft ihrer ArbN verlangen. **135**

Die Frage, ob **Religionsgemeinschaften** von den ihnen zugeordneten Einrichtungen und Vereinigungen, die sich die Pflege oder Förderung eines religiösen Bekenntnisses zur Aufgabe gemacht haben, nach Maßgabe des § 9 AGG von ihren ArbN die betreffende Konfessionszugehörigkeit und die Beachtung der wesentlichen Glaubensgrundsätze verlangen können, hat das BAG (17.3.2016 – 8 AZR 501/14, BeckRS 2016, 71139) dem EuGH zur Entscheidung vorgelegt; → § 118 Rn. 54 ff.). Der **EuGH (17.4.2018** – C-414/16, NZA 2018, 569) hat derartige Anforderungen von Kirchen oder anderen Organisationen, deren Ethos auf religiösen Grundsätzen oder Weltanschauungen beruht, an ArbN nur dann für zulässig erachtet, wenn es sich um eine „wesentliche, rechtmäßige und gerechtfertigte berufliche Anforderung" handelt und sie mit dem Grundsatz der Verhältnismäßigkeit in Einklang steht; diese Prüfung durch staatliche Gericht muss gewährleistet sein, da andernfalls „die Kontrolle der Einhaltung dieser Kriterien völlig ins Leere" ginge (s. Anm. *Fuhlrott* NZA 2018, 573 ff.; *Reichold/Beer* NZA 2018, 681 ff.). **135a**

Diesen Vorgaben des EuGH entspr. hat das **BAG** (25.10.2018 – 8 AZR 562/16, NZA 2019, 527) **§ 9 Abs. 1 Alt. 1 AGG** wegen Verstoßes gegen europäisches Recht für unanwendbar erklärt. Die Rechtfertigung einer Benachteiligung wegen der Religion oder Weltanschauung allein durch Ausübung des Selbstbestimmungsrechts der Kirche oder Organisation ohne Bezug zur konkreten Tätigkeit sieht Art. 4 Abs. 2 RL 2000/78/EG nicht vor. Er verlangt vielmehr eine **Abwägung** der Gerich- **135b** te, ob die Ungleichbehandlung wegen der Religion oder Weltanschauung nach der Art der Tätigkeit oder den Umständen ihrer Ausübung **eine wesentliche, rechtmäßige und gerechtfertigte berufliche Anforderung** angesichts des Ethos der Organisation darstellt (ebenso BAG 25.10.2018 – 8 AZR 501/14, NZA 2019, 455 m. Anm. *Wienbracke* NZA-RR 2019, 186 ff.).

135c Im Anschluss an **EuGH** vom **11.9.2018** (C- 68/17 (IR/JQ, NZA 2018, 1187; *Greiner* NZA 2018, 1289 ff.) hat das **BAG** (20.2.2019 – 2 AZR 746/14, NZA 2019, 901; *Heinlein* AiB 2019 H. 6 S. 42 ff.) **§ 9 Abs. 2 AGG** aufgrund EU-Rechts dahin ausgelegt, dass eine der Kirche zugeordnete Einrichtung unabhängig von deren Rechtsform nicht befugt ist, bei einem Verlangen an das loyale und aufrichtige Verhalten iS ihres jeweiligen Selbstverständnisses **Beschäftigte** in **leitender Stellung** je nach deren Konfession oder Konfessionslosigkeit unterschiedlich zu behandeln, es sei denn, dessen Tätigkeit entspricht den in → Rn. 135a,b genannten Anforderungen.

135d Das Tragen eines islamischen Kopftuchs in einer **kirchlichen Einrichtung** kann gegen Loyalitätspflichten ihr gegenüber verstoßen (BAG 24.9.2014 – 5 AZR 611/12, NZA 2014, 1407; LAG Hamm 8.11.2018 – 18 Sa 639/18, BeckRS 2018, 37145: 8.5.2015 – 18 Sa 1727/14, BeckRS 2015, 71285).

III. Freie Entfaltung der Persönlichkeit (Abs. 2 S. 1)

1. Allgemeines

136 In Abs. 2 werden ArbGeb. und BR verpflichtet, anknüpfend an Art. 2 Abs. 1 GG die **Persönlichkeit der einzelnen ArbN** sowie deren **freie Entfaltung** im Rahmen der betrieblichen Möglichkeiten zu schützen und zur fördern. Schutz und Verwirklichung der Persönlichkeit des ArbN wird damit als eine Aufgabe des Arbeitsrechts gesetzlich statuiert (BAG 11.12.2018 – 1 ABR 12/17, NZA 2019, 480; 15.4. 2014 – 1 ABR 2/13, NZA 2014, 551; 9.7.2013 – 1 ABR 2/13 (A), NZA 2013, 1433; GK-BetrVG/*Kreutz/Jacobs* Rn. 101; Kramer IT-ArbR/*Raif* C Rn. 218 ff.; WHWS Arbeitnehmerdatenschutz/*Kramer* A. X. Rn. 15; *Kreutz* FS Schmidt-Jortzig, 2011, 761 ff.; *Wybitul* NZA 2014, 225 [228 ff.]). Die Vorschrift hat nicht nur (abwehrenden) Schutzcharakter, sondern enthält darüber hinaus die Verpflichtung, auf eine positive Gestaltung der Arbeitsbedingungen im Interesse der freien Persönlichkeitsentfaltung hinzuwirken (ErfK/*Kania* Rn. 9; GK-BetrVG/*Kreutz/Jacobs* Rn. 107 f.; Richardi BetrVG/*Maschmann* Rn. 44; Kramer IT-ArbR/*Raif* C Rn. 3). Eine Reihe weiterer Vorschriften des G dienen der Konkretisierung dieses allgemein geltenden Grundsatzes (vgl. §§ 80, 83–86, 90–91, 96–98). Zur Bedeutung des § 75 Abs. 2 als gesicherte arbeitswissenschaftliche Erkenntnis iSv §§ 90, 91 → § 90 Rn. 39.

137 Die Bestimmung des § 75 Abs. 2 ist bei der Ausübung der MBR sowie bei der Entscheidung der E-Stelle zu beachten (BAG 25.4.2017 – 1 ABR 46/15, NZA 2017, 1205; 26.8.2008 – 1 ABR 16/07, AP BetrVG 1972 § 75 Nr. 54, *Kort* NZA 2018, 1097, 1102). Unzulässige Eingriffe in Persönlichkeitsrechte des ArbN werden durch eine Beteiligung des BR nicht zulässig (BAG 21.6.2012 – 2 AZR 153/11, NZA 2012, 1025). Andererseits begründet ein Verstoß des ArbGeb. gegen seine Pflicht, die freie Entfaltung der Persönlichkeit der ArbN zu schützen und zu fördern, **kein MBR** des **BR** (BAG 8.6.1999 – 1 ABR 67/98, AP BetrVG 1972 § 87 Ordnung des Betriebes Nr. 31).

138 Eine betriebliche Regelung, die die Handlungsfreiheit des ArbN einschränkt, muss den **Grundsatz der Verhältnismäßigkeit** beachten, dh die Regelung muss geeignet, erforderlich und unter Berücksichtigung der grundsätzlichen Handlungsfreiheit des ArbN angemessen sein, um den erstrebten Zweck zu erreichen (BAG 11.12.2018 – 1 ABR 12/17, NZA 2019, 480; 15.4.2014 – 1 ABR 2/13, NZA 2014, 551; 9.7.2013 – 1 ABR 2/13 (A), NZA 2013, 1433; *Eich* NZA 2010, 1389 [1392]; *Wybitul* NZA 2014, 225 [228 ff.]; iErg auch *Kreutz* FS Schmidt-Jortzig, 2011, 766 ff.).

Geeignet ist die Regelung, wenn durch sie der erstrebte Erfolg gefördert werden kann. Dabei steht den Betriebsparteien und der E-Stelle ein gewisser Beurteilungsspielraum zu (BAG 26.8.2008 – 1 ABR 16/07, AP BetrVG 1972 § 75 Nr. 54). **Erforderlich** ist sie, wenn kein anderes, gleich wirksames, aber die Handlungsfreiheit weniger einschränkendes Mittel verfügbar ist. Auch insoweit besteht ein gewisser Beurteilungsspielraum des ArbGeb. und BR sowie der E-Stelle. **Angemessen** ist sie, wenn bei einer Gesamtabwägung zwischen Intensität des Eingriffs und dem Gewicht der ihn rechtfertigenden Gründe die Grenze der Zumutbarkeit nicht überschritten wird (BAG 25.4.2017 – 1 ABR 46/15, NZA 2017, 1205; 26.8.2008 – 1 ABR 16/07, AP BetrVG 1972 § 75 Nr. 54 mwN).

139 Danach belastet zB eine BV, nach der ArbN **Annahmeverzugsansprüche,** die vom Ausgang eines Kündigungsschutzprozesses abhängen, bereits während dieses Prozesses einklagen müssen, die ArbN unverhältnismäßig und ist unwirksam, (BAG 12.12.2006 – 1 AZR 96/06, AP BetrVG 1972 § 77 Nr. 94). Das Gleiche gilt für eine BV, die einen Erstattungsanspruch des ArbGeb. für die anfallenden **Kosten** einer **Lohn-** oder **Gehaltspfändung** vorsieht und damit eine unzulässige, allein den ArbN belastende Lohnverwendungsbestimmung darstellt (BAG 18.7.2006 – 1 AZR 578/05, AP ZPO § 850 Nr. 15; *Eich* NZA 2010, 1389 [1392]). Unwirksam sind auch **Abtretungsverbote** in BV, weil sie gegen die Handlungsfreiheit des ArbN verstoßen, seine Vermögensangelegenheiten selbst zu gestalten und zu entscheiden, ob er Gehaltsansprüche abtreten will (ArbG Hamburg 31.8.2010 – 21 Ca 176/10, DB 2010, 2111).

139a Die Bestimmung in einer BV, nach der ein ArbGeb. zu einem **Personalgespräch** zur Vorbereitung einer **disziplinarischen Maßnahme** gegenüber einem ArbN zeitgleich den BR einladen muss, verletzt das Persönlichkeitsrecht des ArbN, grundsätzlich selbst zu entscheiden, wann und innerhalb welcher Grenzen persönliche Lebenssachverhalte offenbart werden; sie ist wegen Verstoßes gegen § 75 Abs. 2 unwirksam. Das gilt auch, soweit der ArbN die Gesprächsteilnahme eines vom BR auszuwählenden Mitgl. ablehnen kann (BAG 11.12.2018 – 1 ABR 12/17, NZA 2019, 480 m. Anm. *Weller/Reuther* BB 2019, 1268, 1273).

140 Abs. 2 begründet **Schutz- und Förderpflichten** für ArbGeb. und BR sowie die Mitgl. des BR, nicht für die einzelnen ArbN des Betriebs. Das allgemeine Persönlichkeitsrecht ist jedoch ein sonstiges Recht iSd § 823 Abs. 2 BGB (hM vgl. BGHZ 50, 136; DKKW/*Berg* Rn. 114, 147; HaKo-BetrVG/*Lorenz* Rn. 58; **aA** GK-BetrVG/*Kreutz/Jacobs* Rn. 156). Dem einzelnen ArbN ist es deshalb aus diesem Grunde untersagt, die Persönlichkeitsrechte der Arbeitskollegen rechtswidrig zu verletzen. Das Verbot der Verletzung des Persönlichkeitsrechtes des ArbGeb. ergibt sich zusätzlich aus der arbeitsvertraglichen Treuepflicht des ArbN.

141 Wie Abs. 1 begründet Abs. 2 **Amtspflichten** des ArbGeb., BR und seiner Mitgl. (*Wiese* NZA 2006, 1 [5]). Ihre Verletzung kann ggf. Maßnahmen nach § 23 Abs. 1 oder 3 zur Folge haben. Die Vorschrift gewährt **keinen Individualanspruch des einzelnen ArbN** gegen den ArbGeb. oder BR auf Schutz und Förderung der Persönlichkeitsrechte. Der einzelne ArbN hat deshalb kein Recht, vom BR ein bestimmtes Handeln oder Unterlassen iSd Abs. 2 zu verlangen (GK-BetrVG/Kreutz/*Jacobs* Rn. 105; *Kreutz* FS Schmidt-Jortzig, 2011, 762). In Bezug auf den ArbGeb. kann sich ein Anspruch des ArbN auf Schutz und ggf. auch auf Förderung seiner Persönlichkeit aus der arbeitsvertraglichen Fürsorgepflicht des ArbGeb. ergeben.

2. Schutzpflicht

142 Abs. 2 verpflichtet ArbGeb. und BR zunächst zum Schutz der **freien Entfaltung der Persönlichkeit** der ArbN. Diese Verpflichtung stellt eine Schranke für ihre Regelungsbefugnis und den Inhalt der von ihnen getroffenen Regelungen dar (BAG 11.12.2018 – 1 ABR 12/17, NZA 2019, 480; 25.4.2017 – 1 ABR 46/15, NZA 2017, 1205; 15.4.2014 – 1 ABR 2/13, NZA 2014, 551; 26.8.2008 – 1 ABR 16/07,

AP BetrVG 1972 § 75 Nr. 54; *Kort* NZA 2018, 1097, 1102). Sie beinhaltet zum einen, selbst alles zu unterlassen, was Persönlichkeitsrechte der ArbN verletzt (BAG 28.5.2002 – 1 ABR 32/01, AP BetrVG 1972 § 87 Ordnung des Betriebs Nr. 39). So ist es einem BRMitgl. untersagt, ohne Zustimmung des ArbN Einblick in dessen elektronisch geführte Personalakte zu nehmen; dies beeinträchtigt den ArbN in seinem Persönlichkeitsrecht, die eigenen personenbezogenen Daten geheim zu halten (LAG Bln-Bbg 12.11.2012 – 17 TaBV 1318/12, NZA-RR 2013, 293). Zum anderen ergibt sich aus der Schutzpflicht auch, Persönlichkeitsrechtsverletzungen der ArbN durch andere mit den bestehenden Mitteln entgegenzutreten. Das gilt unabhängig davon, ob die unzulässige Beeinträchtigung des Persönlichkeitsrechts durch den anderen Betriebspartner, durch andere ArbN oder sonstige im Betrieb befindliche Personen erfolgt.

143 Die Schutzpflicht des Abs. 2 hat insbes. zum Inhalt, **rechtswidrige Verletzung des Persönlichkeitsrechts** des ArbN zu **unterbinden;** hier sind insbes. die Regelungen des neuen Datenschutzrechts der DS-GVO und des BDSG nF zu beachten (→ § 83 Rn. 16ff.; *Byers* NZA 2017, 1086, 1090f.; *Gola* BB 2017, 1462, 1467; *Kort* NZA 2018, 1097ff.; *Lücke* NZA 2019, 658). Das allgemeine Persönlichkeitsrecht hat wegen seiner generalklauselartigen Weite keinen eindeutigen und konkret umrissenen Inhalt. Zu ihm gehören jedoch ua das Recht am gesprochenen Wort und am eigenen (Charakter-)Bild, das Recht auf informationelle Selbstbestimmung, das Recht an der eigenen Ehre sowie das Recht auf Achtung des Privatlebens und der Intimsphäre (BAG 26.8.2008 – 1 ABR 16/07, AP BetrVG 1972 § 75 Nr. 54; ErfK/*Kania* Rn. 10; GK-BetrVG/*Kreutz/Jacobs* Rn. 108ff.; zur Veröffentlichung von Videoaufnahmen BAG 11.12.2014 – 8 AZR 1010/13, NZA 2015, 604). Die Bestimmung des Inhalts und der Grenzen dieser Rechte iE und insbes. die Frage ihrer rechtswidrigen Verletzung kann nur durch eine im Einzelfall vorzunehmende Güter- und Interessenabwägung erfolgen (BAG 19.1.1999 – 1 AZR 499/98, AP BetrVG 1972 § 87 Ordnung des Betriebs Nr. 28; GK-BetrVG/*Kreutz/Jacobs* Rn. 108 mwN). Ist die Datenverarbeitung gegenüber dem betroffenen ArbN nach dem **BDSG** zulässig, liegt insoweit keine Verletzung des Rechts auf informationelle Selbstbestimmung und am eigenen Bild vor (BAG 28.3.2019 – 8 AZR 421/17, NZA 2019, 1212; 23.8.2018 – 2 AZR 133/18, NZA 2018, 1329; 27.7.2017 – 2 AZR 681/16, NZA 2017, 1327; 29.6.2017 – 2 AZR 597/16, NZA 2017, 1179; *Fuhlrott* NZA 2017, 1308, 1310f.; *Kort* NZA-RR 2018, 449, 450f.).

144 In seiner grundlegenden Entscheidung zur **Videoüberwachung** hat das BAG (29.6.2004 – 1 ABR 21/03, AP BetrVG 1972 § 87 Überwachung Nr. 41; und dazu *Bayreuther* NZA 2005, 1038; LAG Nds 20.1.2005 – 7 TaBV 40/04, AiB 2005, 687 mAnm *Dammann; Joussen* NZA 2011 Beil. 1, 35 [38]; *Wilke* RDV 2005, 96ff.) folgende, auch bei Anwendung **anderer Kontrollgeräte** (zB Keylogger BAG 27.7.2017 – 2 AZR 681/16, NZA 2017, 1327 u. → Rn. 144i; *Fuhlrott* NZA 2017, 1308, 1309; *Kort* NZA-RR 2018, 449, 452f.; *Kort* NZA 2018, 1097, 1100; zum **Tracking** s. WHWS Arbeitnehmerdatenschutz/*Wächter* A. VII. Rn. 6, 183f.) zu beachtende Grundsätze zur **Einschränkung des allgemeinen Persönlichkeitsrechts** der ArbN aufgestellt: Der Eingriff in das allgemeine Persönlichkeitsrecht des ArbN muss, falls nicht durch G ausdrücklich zugelassen, durch schutzwürdige Belange des ArbGeb. gerechtfertigt sein. Bei einer Kollision beider Rechtspositionen ist eine **umfassende Güterabwägung** unter Berücksichtigung der Umstände des Einzelfalles erforderlich. Das zulässige Maß des Eingriffs bestimmt sich nach dem Grundsatz der **Verhältnismäßigkeit** (→ Rn. 138; BAG 25.4.2017 – 1 ABR 46/15, NZA 2017, 1205; ErfK/*Kania* Rn. 9; GK-BetrVG/*Kreutz/Jacobs* Rn. 108, Richardi BetrVG/*Maschmann* Rn. 47; Kramer IT-ArbR/*Oberthür* B Rn. 469f., *Bongers* B Rn. 674ff., 723ff.; *Kempter/Steinat* DB 2016, 2415, 2516; *Lücke* NZA 2019, 658ff.). Diese Grundsätze, die auch nach Inkrafttreten der **DS-GVO** und des **BDSG nF** fortgelten (*Byers* NZA 2017, 1086, 1090f.; *Gola* BB 2017, 1462, 1467). sind auch bei der Ausübung von MBR zu beachten. Hiernach gilt iE folgendes:

In einer **BV** kann bestimmt werden, dass über einen Zufallsgenerator ausgewählte ArbN beim Verlassen des Betriebsgeländes kontrolliert werden **(Torkontrolle).** Das zulässige Maß der damit verbundenen Beschränkung des allgemeinen Persönlichkeitsrechts der ArbN zugunsten schützenswerter Interessen des ArbGeb. entsprach nach BAG (15.4.2014 – 1 ABR 2/13, NZA 2014, 551; 9.7.2013 – 1 ABR 2/13 (A), NZA 2013, 1433; s. dazu *Wybitul* NZA 2014, 225 [228 ff.]) dem Grundsatz der Verhältnismäßigkeit; diese BV ist auch eine **Rechtsvorschrift** iSd § 4 Abs. 1 BDSG bzw. § 26 Abs. 4, 7 BDSG nF, die sowohl die automatisierte als auch die nicht automatisierte **Verarbeitung** der **personenbezogenen Daten** von ArbN erlaubt. **144a**

Für die Zulässigkeit einer **IT-Kontrolle** des ArbN bei einem **Privatnutzungsverbots** seitens des ArbGeb. muss außer der Beachtung der in → Rn. 144 genannten Voraussetzungen nach der Rspr. des **EGMR** (5.9.2017 – 61496/08, NZA 2017, 1443; *Heuschmid* NZA 2018 Beil. 3, 68, 72; *Kort* NZA-RR 2018, 449 f.; *Kramer* NZA 2018, 637 ff.) die transparente vorherige Information des ArbN über die IT-Kontrolle hinzukommen. **144b**

Dagegen ist eine **heimliche Schrankkontrolle,** die ohne Einverständnis des ArbN vorgenommen wird, ein schwerwiegender Eingriff in das Persönlichkeitsrecht des ArbN. Eine **prozessuale Verwertung** von Beweismitteln, die der ArbGeb. durch die heimliche Schrankdurchsuchung erlangt hat, ist ausgeschlossen (BAG 20.6.2013 – 2 AZR 546/12, NZA 2014, 143; *Däubler* NZA 2017, 1481, 1482; Kramer IT-ArbR/*Tiedemann* B Rn. 569; *Kempter/Steinat* DB 2016, 2415, 2518; zum Verwertungsverbot → Rn. 151 a f.). **144c**

Eine (verdeckte) Überwachungsmaßnahme **(Detektiv)** zur Aufklärung eines auf Tatsachen beruhenden konkreten Verdachts einer schwerwiegenden Pflichtverletzung des ArbN kann nach § 32 Abs. 1 S. 1 BDSG (§ 26 Abs. 1 S. 1 BDSG nF) zulässig sein, auch wenn es nicht um ein Straftat iSd § 32 Abs. 1 S. 2 (§ 26 Abs. 1 S. 2 BDSG nF) geht (BAG 23.8.2018 – 2 AZR 133/18, NZA 2018, 1329; 27.7.2017 – 2 AZR 681/16, NZA 2017, 1327; 29.6.2017 – 2 AZR 597/16, NZA 2017, 1179; *Fuhlrott* NZA 2017, 1308, 1309; *Kort* NZA-RR 2018, 449, 450 f.; *Kort* NZA 2018, 1097, 1098; **aA** *Däubler* NZA 2017, 1481, 1485). **144d**

Problematisch sind sog. **Social Engineering Audits.** Hierbei geht es um vom ArbGeb. eingeschaltete externe Dienstleister, die testen sollen, ob (IT-)Sicherheitsanweisungen von den ArbN befolgt werden oder das Sicherheitskonzept zur Verhinderung unbefugter Zutritte in Betriebsgebäude funktioniert. Zu diesem Zweck simuliert der Dienstleister Angriffe mit dem Ziel, technische Schutzvorkehrungen des Unternehmens zu überwinden und externe Hacking-Attacken durchzuführen oder Zugangskontrollen zu Betriebsstätten zu unterlaufen, um Zugriff auf das IT-Netzwerk des Unternehmens zu erlangen. Im Vorfeld informiert der ArbGeb. den Dienstleister über mögliche Schwachstellen des Sicherheitssystems und stellt ihm bestimmte Daten der in sicherheitsrelevanten Bereichen tätigen ArbN zur Verfügung, um diese auf ihre Zuverlässigkeit zu testen. Die Ergebnisse der simulierten Angriffe durch den Dienstleister werden durch Foto-, Video- und Audioaufnahmen dokumentiert (s. zum Ganzen *Kuhn/A. Willemsen* DB 2016, 111 ff.). Diese Art einer **verdeckten Zuverlässigkeitsüberprüfung** von ArbN ist, wenn überhaupt, nur unter sehr engen Voraussetzungen zulässig: 1.) Sie darf nur in sicherheitsrelevanten Branchen (zB Atomkraftwerke, Rüstungsunternehmen) und in Unternehmen beschränkt auf solche Bereiche, Arbeitsplätze und ArbN (zB Forschungs-, Entwicklungsabteilungen) durchgeführt werden, wo Lecks im Sicherheitssystem zu großen Schäden für das Unternehmen führen würden (*Kuhn/A. Willemsen* DB 2016, 111, 113). 2.) Die rechtlichen Grenzen der Dokumentierung ergeben sich aus den eingesetzten Mitteln; bei Audioaufnahmen → Rn. 145 ff., bei Video-/Fernsehaufnahmen → Rn. 149 ff., bei Fotos → Rn. 143. 3.) Eine verdeckte Zuverlässigkeitsprüfung ist nur im Ausnahmefall einer Notwehrsituation des ArbGeb. gerechtfertigt (→ Rn. 151). **144e**

Äußern sich ArbN in sozialen Netzwerken **(Social Media)** zu ihrem ArbVerh. oder zum betrieblichen Geschehen, so müssen sie hierbei ihre Treue- und Loyalitäts- **144f** pflichten gegenüber dem ArbGeb. beachten (BAG 24.11.2005 – 2 AZR 584/04, NZA 2006, 650; *Byers* Mitarbeiterkontrollen Rn. 263ff.; Kramer IT-ArbR/*Oberthür* B Rn. 922; zu Social Medial zwecks unternehmensinterner Kommunikation Arnold/Günther ArbR 4.0-HdB/*Hamann* Kap. 6 Rn. 79ff.; zu Social Media- Auftritt des BR *Günther/Lenz* NZA 2019, 1241). Derartige Pflichtverletzungen im Bereich Social Media werden teilweise in der Freizeit, jedenfalls aber auf privaten Accounts in sozialen Netzwerken begangen. Auf die hat der ArbGeb. keinen Zugriff (*Fuhlrott/Oltmanns* NZA 2016, 785, 787). Ergreift der ArbGeb. dennoch Ermittlungsmaßnahmen, müssen diese durch schutzwürdige Belange des ArbGeb. gerechtfertigt und erforderlich sowie verhältnismäßig sein (→ Rn. 138, 144). Das ist nicht mehr der Fall, wenn der ArbGeb. in dem jeweiligen Netzwerk unter Verwendung eines fremden oder in Wirklichkeit nicht existierenden Profils nicht nur heimlich (→ Rn. 151), sondern sogar täuschend unter Nutzung eines Fake-Accounts ermittelt (vgl. *Dzida* NZA 2017, 541, 545). Dieses Vorgehen stellt in aller Regel einen unzulässigen Eingriff in das Persönlichkeitsrecht des ArbN dar und kann zu einem Beweisverwertungsverbot führen (*Fuhlrott/Oltmanns* NZA 2016, 785, 788; *Kort* NZA 2012, 1321, 1325; → Rn. 151, 151a). Zum **E-Recruiting** (Bewerberauswahl über soziale Netzwerke Kramer IT-ArbR/*Oberthür* B Rn. 872ff.; *Forst* NZA 2010, 427ff.; *Göpfert/Koops* ArbRAktuell 2017, 185ff.; sa *Dzida* NZA 2017, 541, 545; zu **IT-Recruiting** Kramer IT-ArbR/*Geißler* B Rn. 1075ff.).

144g Betreiben Unternehmen **Business-Netzwerke** unter Einbeziehung von ArbN, so ist deren Persönlichkeitsrecht zu beachten. Es umfasst die Befugnis des Einzelnen, grundsätzlich selbst zu entscheiden, wann und innerhalb welcher Grenzen persönliche Lebenssachverhalte offenbart werden, und daher grundsätzlich selbst über die Preisgabe und Verwendung persönlicher Daten gegenüber Dritten und der Öffentlichkeit zu bestimmen (s. BAG 13.12.2016 – 1 ABR 7/15, BeckRS 2016, 113654; Kramer IT-ArbR/*Oberthür* B Rn. 873; *Fuhlrott* AuA 2017, 406, 407f.; *Fuhlrott* EwiR 11/2017, 349f.; Göpfert/*Wilke* NZA 2010, 1329, 1333; *Greif* NZA 2015, 1106, 1108; *Wiese* NZA 2012, 1, 2). Unterhält ein Unternehmen ein **Facebookprofil,** das eine **Bewertung** seiner ArbN ermöglicht, so führt schon die bloße Möglichkeit, zum Gegenstand einer öffentlichen Bewertung und Anprangerung zu werden, dazu, dass die bei dem Unternehmen Beschäftigten einer psychischen Drucksituation ausgesetzt werden, vor der das Persönlichkeitsrecht schützen soll (sa BAG 25.4.2017 – 1 ABR 46/15, NZA 2017, 1205; zur MB s. BAG 13.12.2016 – 1 ABR 7/15, NZA 2017, 657; *Kort* NZA-RR 2018, 449, 456). Zu einem **Twitter-Account** s. LAG Hmb 13.9.2018 2 TaBV 5/18, NZA-RR 2018, 655 nr.

144h Die mit **Industrie/Arbeit 4.0** einhergehende Digitalisierung der Unternehmen erleichtert flexible Arbeitsorganisationen wie Verlagerung der Arbeit aus dem Betrieb ins Home Office und Mobile Office oder die Bildung autonomer Teams in agilen hierarchiearmen oder -losen Arbeitseinheiten (vgl. *Günther/Böglmüller* NZA 2019, 273ff., 417ff.; *Hirsch-Kreinsen* RdA 2019, 88ff.; *Spengler/Ettlinger* AiB 2019 H.4 S. 10ff.). Den damit bei diesen sog. **Remote-Teams** verbundenen (partiellen) Kontrollverlust bez. der Arbeitsleistung durch **verdeckte Überwachung** zB mittels Ortung des Handys oder direkten Zugriff auf Smartphone, Tablet, Laptop usw. des ArbN auszugleichen, ist ein massiver Eingriff in dessen Recht auf informationelle Selbstbestimmung und eine Verletzung seines Persönlichkeitsrechts (Kramer IT-ArbR/*Tiedemann* B Rn. 553; WHWS Arbeitnehmerdatenschutz/*Byers* B. VII. Rn. 36f.; *Günther/Böglmüller* NZA 2017, 546, 549f.; → Rn. 143f., 151fff.).

144i So hat das BAG (27.7.2017 – 2 AZR 681/16, NZA 2017, 1327; s. dazu *Brink* AiB exrta 2018, 28ff.; *Fuhlrott* NZA 2017, 1308ff.; *Kort* NZA 2018, 1097, 1100f.) für die heimliche Installation eines sog. **Keyloggers** (Tasten-Protokollierers) auf dem Computer, der alle Tastatureingaben des ArbN protokolliert und ihn damit überwacht, festgestellt, dass derartige Kontrollmaßnahmen hinsichtlich der Intensität des durch sie bewirkten Eingriffs in das allgemeine Persönlichkeitsrecht des ArbN mit einer (verdeckten) Videoüberwachung (→ Rn. 144, 150ff.) vergleichbar sind. Sie sind nur dann erlaubt (§ 32 Abs. 1 S. 1 u. 2 BDSG, § 26 Abs. 1 S. 1 u. 2 BDSG nF), wenn gegen den Betroffenen der durch konkrete Tatsachen begründete „einfache" Verdacht (Anfangsverdacht) einer Straftat oder einer anderen schweren Pflichtverletzung besteht. Ergreift der ArbGeb solche Maßnahmen „ins Blaue hinein", sind sie nicht verhältnismäßig und daher unzulässig (ebenso HessLAG 21.9.2018 – 10 Sa 601/18, NZA-RR 2019, 130; *Fuhlrott/Oltmanns* NZA 2019, 1105, 1108). Das gilt auch für die Verwertung so gewonnener Daten zu Beweiszwecken (Kramer IT-ArbR/*Tiedemann* B Rn. 570; *Fuhlrott* NZA 2017, 1308, 1310).

Eine **akustische Überwachung** des ArbN durch Abhörgeräte oder Tonbandaufnahmen ist stets als **unzulässig** anzusehen (vgl. auch § 201 StGB). Das Gleiche gilt grds. auch für das **Abhören von Telefongesprächen** des ArbN, gleichgültig ob es sich um dienstliche oder private Gespräche handelt (BVerfG 19.12.1991 – 1 BvR 382/85, AP BGB § 611 Persönlichkeitsrecht Nr. 24; BAG 1.3.1973 – 5 AZR 453/72, AP BGB § 611 Persönlichkeitsrecht Nr. 1; WHWS Arbeitnehmerdatenschutz/*Kramer* A. X. Rn. 16; **aA** bei Dienstgesprächen: LAG BW 29.4.1976 – 7 Sa 16/76, AP BGB § 611 Persönlichkeitsrecht Nr. 2). Dagegen ist eine sog **Aufschaltanlage,** mit der Telefongespräche aus dienstlichen Gründen unterbrochen werden, unter der Voraussetzung als zulässig anzusehen, dass die Aufschaltung durch ein deutlich wahrnehmbares Zeichen angekündigt wird (BAG 1.3.1973 – 5 AZR 453/72, AP BGB § 611 Persönlichkeitsrecht Nr. 1; LAG Köln, EzA § 611 BBG Persönlichkeitsrecht Nr. 1; GK-BetrVG/*Kreutz/Jacobs* Rn. 116). Auch das **Mithören** von externen Dienstgesprächen eines ArbN in dessen Gegenwart zu **Ausbildungszwecken** ist zulässig (BAG 30.8.1995 – 1 ABR 4/95, AP BetrVG 1972 § 87 Überwachung Nr. 29). **145**

Die **Erfassung** von **Telefondaten** (zB Datum, Uhrzeit, Zielnummer, Kosten; zur Telekommunikationsüberwachung WHWS Arbeitnehmerdatenschutz/*Baumgartner* B. IX Rn. 1 ff.) hat das BAG bei Dienst- oder dienstlich veranlassten Privatgesprächen, nicht bei Privatgesprächen, für zulässig angesehen (BAG 27.5.1986 – 1 ABR 48/84, AP BetrVG 1972 § 87 Überwachung Nr. 15; ebenso GK-BetrVG/*Kreutz/Jacobs* Rn. 117; *Schrader/Mahler* NZA-RR 2016, 57, 61; → § 87 Rn. 244). Unzulässig ist dagegen die Erfassung der Zielnummer bei den Telefonaten eines angestellten Psychologen wegen dessen Schweigepflicht nach § 203 Abs. 1 Nr. 2 u. 4 StGB (BAG 13.1.1987 – 1 AZR 267/85, AP BDSG § 23 Nr. 3). **146**

Beim **Mithören** bzw. **Mithörenlassen** von **Telefongesprächen** ist zu unterscheiden: Das Persönlichkeitsrecht des Gesprächspartners wird nicht verletzt, wenn er **einwilligt** oder **positiv weiß,** dass sein Gespräch mitgehört wird. Der Schutz des gesprochenen Wortes wird aber nicht durch die bloße Kenntnis vom Vorhandensein einer Mithöreinrichtung beseitigt; der Gesprächsteilnehmer muss nicht mit einem Gebrauchmachen von dieser Möglichkeit rechnen (BAG 23.4.2009 – 6 AZR 189/08, NZA 2009, 974 mwN; *Schrader/Mahler* NZA-RR 2016, 57, 61). Ein aktives zielgerichtetes heimliches Mithörenlassen von Telefongesprächen durch Dritte verletzt das Persönlichkeitsrecht des Gesprächspartners, der vom Mithören keine Kenntnis hat. Der Dritte darf in diesem Fall nicht als Zeuge zum Inhalt der Äußerungen des Gesprächspartners vernommen werden; durch derart unzulässiges Mithören erlangte **Beweismittel** dürfen im Rechtsstreit nicht verwertet werden (BAG 23.4.2009 – 6 AZR 189/08, NZA 2009, 974 mwN; zur Beweismittelverwertung *Dzida/Grau* NZA 2010, 1201 ff.; → Rn. 144b, 151, 151a). Konnte ein Dritter zufällig, ohne dass der Beweispflichtige etwas dazu beigetragen hat, den Inhalt des Telefonats mithören, liegt keine rechtswidrige Persönlichkeitsverletzung vor und der Dritte kann zum Inhalt des Telefonats als Zeuge vernommen werden (BAG 23.4.2009 – 6 AZR 189/08, NZA 2009, 974; *Kempter/Steinat* DB 2016, 2415, 2518). **147**

Kein Eingriff in das Persönlichkeitsrecht des Gesprächspartners liegt dagegen vor, wenn jemand in **Anwesenheit eines Dritten** telefoniert und diesem seine Ausführungen (nicht jedoch die des Gesprächspartners) zur Kenntnis gelangen. Denn man kann nicht davon ausgehen, dass Telefonate stets in Abwesenheit eines Dritten geführt **148** werden. Insoweit besteht auch kein Beweisverwertungsverbot (LAG Düsseldorf 24.4.1998 – 10 Sa 157/98, DB 1998, 1522). Zur Kontrolle von E-Mails und Internetnutzung vgl. *Beckschulze/Henkel* DB 2001, 1491.

149 Stets als **unzulässig** anzusehen ist die Verwendung sog **Einwegscheiben,** dh von Glasscheiben, die nur von einer Seite einen Durchblick gestatten. Denn diese Art und Weise der Kontrolle der ArbN ist menschenunwürdig (DKKW/*Berg* Rn. 119; Kramer IT-ArbR/*Raif* C Rn. 225; *Wiese* ZfA 1971, 283). Das Gleiche gilt für eine Überwachung der ArbN durch **Fernsehkameras,** wenn hierdurch ausschließlich die ArbN kontrolliert werden sollen (BAG 27.3.2003 – 2 AZR 51/02, AP BetrVG 1972 § 87 Überwachung Nr. 36). Etwas anderes kann gelten, wenn durch die Kameras in erster Linie überwachungsbedürftige Anlagen oder Arbeitsvorgänge (zB Hochöfen, Walzstraßen) beobachtet werden sollen oder eine derartige Kontrolle aus bes. Sicherheitsgründen (zB in kerntechnischen Anlagen, Bankschalter, Warenhäuser) oder aus sonstigen überwiegenden schutzwürdigen Interessen des ArbGeb. geboten erscheint.

150 Bei **Videoüberwachung** (s. hierzu WHWS Arbeitnehmerdatenschutz/*Byers* B. VIII. Rn. 1 ff.; zu BV Oberthür/Seitz Betriebsvereinbarungen/*Panzer-Heermeier* S. 329 ff.) im Betrieb gilt nach BAG (vgl. BAG 26.8.2008 – 1 ABR 16/07, AP BetrVG 1972 § 75 Nr. 54 mwN; ausf. zur Rspr. *Grimm/Schiefer* RdA 2009, 329 ff.; *Joussen* NZA 2011 Beil. 1, 35 [38]; *Pötters/Traut* RDV 2013, 132 ff.; *Thüsing/Schmidt* NZA 2017, 1027; *Wybitul* NZA 2014, 225 [230 ff.] mit Checkliste für BV; zur MB des BR → § 87 Rn. 224 ff.) iE folgendes:

ArbGeb. und BR sind zur Einführung einer Videoüberwachung berechtigt, wenn die damit verbundenen Eingriffe in das Persönlichkeitsrecht der ArbN (Recht am eigenen Bild, informationelles Selbstbestimmungsrecht) durch schutzwürdige Belange des ArbGeb. oder anderer Grundrechtsträger gerechtfertigt sind. Es gilt der Grundsatz der **Verhältnismäßigkeit:** Die Eingriffe in das Persönlichkeitsrecht verursachende Regelung muss geeignet, erforderlich und unter Berücksichtigung der gewährleisteten Freiheitsrechte der ArbN angemessen sein, um den erstrebten Zweck zu erreichen. Die Geeignetheit und Erforderlichkeit bemisst sich nach den Ausführungen in → Rn. 138, 144. Ist die Datenverarbeitung gegenüber dem betroffenen ArbN nach dem **BDSG** zulässig, liegt insoweit keine Verletzung des Rechts auf informationelle Selbstbestimmung und am eigenen Bild vor (BAG 28.3.2019 – 8 AZR 421/17, NZA 2019, 1212; 23.8.2018 – 2 AZR 133/18, NZA 2018, 1329; 27.7.2017 – 2 AZR 681/16, NZA 2017, 1327; 29.6.2017 – 2 AZR 597/16, NZA 2017, 1179, *Kort* NZA-RR 2018, 449; 450 f.; *Fuhlrott* NZA 2017, 1308, 1310; **aA** *Däubler* NZA 2017, 1481, 1485).

150a Die **Angemessenheit** von **Videoüberwachungsmaßnahmen** richtet sich maßgeblich nach deren Eingriffsintensität, die davon abhängt, wie viele Personen überwacht werden, ob sie als Personen anonym bleiben, welche Umstände und Inhalte der Kommunikation erfasst werden, welche Nachteile die überwachten Personen zu befürchten haben, Dauer und Art der Überwachungsmaßnahme, also wo (räumlich beschränkter Bereich oder ganzer Betrieb), wie lange und intensiv und mit welcher Technik die Überwachung erfolgt ist (BAG 29.6.2004 – 1 ABR 21/03, AP BetrVG 1972 § 87 Überwachung Nr. 41: Videoaufzeichnung während der gesamten Arbeitszeit und von weit überwiegend nicht verdächtigten ArbN unzulässig; WHWS Arbeitnehmerdatenschutz/*Byers* B. VIII. Rn. 42; *Joussen* NZA 2011 Beil. 1, 35 [38]; krit. *Hunold* BB 2005, 108), ob die Überwachten einen ihnen zurechenbaren Anlass für die Datenerhebung gegeben haben – zB durch eine Rechtsverletzung, insbes. Straftat – oder diese anlasslos erfolgte (s. *Preis/D. Ulber* RdA 2013, 211 [219]) und ob die Überwachungsmaßnahme heimlich durchgeführt wurde (sa HessLAG 25.10.2010 – 7 Sa 1586/09, BeckRS 2011, 68499, **Geldentschädigung** wegen permanenter Videoüberwachung).

150b Ein bloßes **Monitoring** von **Standbildern** ohne Zoomfunktion, die alle 30 Sekunden „überschrieben" und nicht gespeichert werden, beeinträchtigt die Persönlichkeitsrechte der rein zufällig abgebildeten ArbN nur sehr gering (*Byers* Mitarbeiterkontrollen Rn. 130); hier **überwiegt** das **Interesse des ArbGeb.** an der operativen **Steuerung der Betriebsabläufe,** die mit Hilfe der Kameras verbessert wird. Eine solche Kameraüberwachung ist nicht zu beanstanden (LAG SchlH 29.8.2013 – 5 TaBV 6/13, NZA-RR 2013, 577).

Es entspricht auch einem legitimen Interesse des ArbGeb., eine unterschiedliche Belastungssituation der ArbN und deren Ursachen zu erfahren, um eine sach- und mitarbeitergerechte **Arbeitssteuerung** sicherzustellen sowie die Effizienz der Arbeitsorganisation zu verbessern. Es bedeutet aber einen schwerwiegenden, nicht gerechtfertigten Eingriff in das allgemeine Persönlichkeitsrecht der ArbN, wenn **ohne zeitliche Begrenzung sämtliche Arbeitsschritte** ihrer wesentlichen Arbeitsleistung durch eine technische Überwachungseinrichtung iSd § 87 Abs. 1 Nr. 6 erfasst, gespeichert und nach quantitativen Kennzeichen ausgewertet werden (BAG 25.4.2017 – 1 ABR 46/15, NZA 2017, 1205; *Kort* NZA 2018, 1097, 1101 f.). **150c**

Der ArbGeb. kann sich bei einer Videoüberwachung an einem nicht öffentlich zugänglichen Arbeitsplatz **nicht** auf **§ 4 BDSG nF (§ 6b BDSG aF)** berufen (Kramer IT-ArbR/*Bongers* B Rn. 745; *Däubler* NZA 2017, 1481, 1484). Auch rechtfertigt sein **Hausrecht** allein keine Videoüberwachung während der Arbeitszeit. Dagegen kann sie in einer Notwehrsituation oder einer notwehrähnlichen Lage gerechtfertigt sein, wenn sie sich gegen einen konkreten Angreifer richtet (BAG 29.6.2004 – 1 ABR 21/03, AP BetrVG 1972 § 87 Überwachung Nr. 41; → Rn. 151, 151a). **150d**

Grds. müssen die betroffenen ArbN über Kontrolleinrichtungen **unterrichtet** werden (BAG 7.10.1987 – 5 AZR 453/72, AP BGB § 611 Persönlichkeitsrecht Nr. 15 hinsichtlich der Überwachung der Arbeitsplätze durch Videokameras in Kaufhäusern; DKKW/*Berg* Rn. 119; GK-BetrVG/*Kreutz/Jacobs* Rn. 112; *Kramer* NZA 2018, 637 ff.). **Ausnahmen** bilden **Notwehrsituationen,** wenn der konkrete Verdacht einer strafbaren Handlung oder einer anderen schweren Verfehlung zu Lasten des ArbGeb. gegen einen zumindest räumlich und funktional abgrenzbaren Kreis von ArbN besteht, weniger einschneidende Mittel zur Aufklärung ergebnislos ausgeschöpft sind, die verdeckte Videoüberwachung praktisch das einzig verbleibende Mittel darstellt und insgesamt nicht unverhältnismäßig ist; allein das Interesse, sich ein Beweismittel zu sichern, reicht nicht aus. Erst recht ist eine entspr. verdeckte Ermittlung „ins Blaue hinein" unzulässig (BAG 27.7.2017 – 2 AZR 681/16, NZA 2017, 1327; 29.6.2017 – 2 AZR 597/16, NZA 2017, 1179; 10.2016 – 2 AZR 395/15, NZA 2017, 443; sa EGMR 5.9.2017 – 61496/08, NZA 2017, 1443; *Heuschmid* NZA 2018 Beil. 3, 68, 72; *Kort* NZA-RR 2018, 449 f.; *Kort* NZA 2018, 1097, 1099; *Kramer* NZA 2018, 637 ff.; *Byers* Mitarbeiterkontrollen Rn. 167; *Bayreuther* DB 2012, 2222 ff.; *Bergwitz* NZA 2012, 1205 ff.; *Fuhlrott* NZA 2017, 1308, 1309 f.; *Ganz* ArbRAktuell 2015, 565; zur **Fortgeltung** dieser Grundsätze auch unter Geltung der **DS-GVO** und des **BDSG nF** WHWS Arbeitnehmerdatenschutz/*Byers* B. VIII. Rn. 27 ff.; *Byers* NZA 2017, 1086, 1090 f.; *Fuhlrott/Oltmanns* NZA 2019, 1105, 1108; *Gola* BB 2017, 1462, 1467; *Kort* NZA 2018, 1097 ff.; *Lücke* NZA 2019, 658 ff.). **151**

Eine unter Verletzung der Persönlichkeitsrechte des ArbN, des Datenschutzrechts (§ 26 BDSG, § 32 BDSG aF, Art. 88 DS-GVO; s. hierzu *Gola* DS-GVO Art. 88 Rn. 28 ff.; *Paal/Pauly* DS-GVO Art. 88 Rn. 1 ff. und → § 83 Rn. 16 ff.) oder des BetrVG (§ 87 Abs. 1 Nr. 6) durch eine verdeckte Videokamera erlangte Kenntnis des ArbGeb. von Beweismitteln begründet nicht automatisch ein **Sachvortrags-** und **Beweisverwertungsverbot** (BAG 28.3.2019 – 8 AZR 421/17, NZA 2019, 1212; 23.8.2018 – 2 AZR 133/18, NZA 2018, 1329; 29.6.2017 – 2 AZR 597/16, NZA 2017, 1179; 10.2016 – 2 AZR 395/15, NZA 2017, 443; 22.9.2016 – 2 AZR 848/15, NZA 2017, 112; WHWS Arbeitnehmerdatenschutz/*Byers* B. VIII. Rn. 47 f.; *Fuhlrott/Oltmanns* NZA 2019, 1105, 1106 ff.; *Fuhlrott/Schröder* NZA 2017, 278 ff.; *Kort* NZA-RR 2018, 449, 450 f.; *Kort* NZA 2018, 1097, 1104 f.). Hinzukommen muss, dass nicht nur bei zielgerichteter Videoüberwachung, sondern **auch** bei sog **„Zufallsfunden"** das Beweisinteresse des ArbGeb. höher zu gewichten ist als das **151a**

Interesse des ArbN an der Achtung seines allgemeinen Persönlichkeitsrechts. Das ist nur anzunehmen, wenn das mittels Videodokumentation zu beweisende Verhalten eine strafbare oder eine schwerwiegende Pflichtverletzung zum Gegenstand hat und die verdeckte Videoüberwachung nicht selbst dann noch unverhältnismäßig ist, weil ein milderes Beweismittel ausgereicht hätte. Erreicht das betreffende Verhalten diesen Erheblichkeitsgrad nicht, muss die Verwertung des Videomaterials unterbleiben (BAG 28.3.2019 – 8 AZR 421/17, NZA 2019, 1212; 21.11.2013 – 2 AZR 797/11, NZA 2014, 243; 20.6.2013 – 2 AZR 546/12, NZA 2014, 143; Kramer IT-ArbR/*Tiedemann* B Rn. 540 ff., insb. 549, 579; *Däubler* NZA 2017, 1481, 1484 f.; *Dzida/Grau* NZA 2010, 1201 ff.; *Fuhlrott/Oltmanns* NZA 2019, 1105, 1106; *Fuhlrott/Schröder* NZA 2017, 278 ff.; *Gola* BB 2017, 1462, 1467; → Rn. 144b, 147; → § 87 Rn. 256, 607).

151b Für ein **Verwertungsverbot** ist also eine gravierende **Verletzung** des Persönlichkeitsrechts des ArbN erforderlich. Das setzt idR voraus, dass bereits durch die Informations- oder Beweisbeschaffung das Persönlichkeitsrecht des ArbN verletzt worden ist, ohne dass dies durch überwiegende Belange des ArbGeb. gerechtfertigt gewesen wäre. Überdies müssen die betroffenen Schutzzwecke des bei der Gewinnung verletzten Grundrechts der Verwertung der Erkenntnis oder des Beweismittels im Rechtsstreit entgegenstehen. Die prozessuale Verwertung muss selbst einen Grundrechtsverstoß darstellen. Das ist der Fall, wenn das nach Art. 1 Abs. 3 GG unmittelbar an die Grundrechte gebundenen Gerichte ohne Rechtfertigung in eine verfassungsrechtliche geschützte Position einer Prozesspartei eingriffe, indem es eine Persönlichkeitsrechtsverletzung durch einen Privaten **„perpetuierte"** oder **„vertiefte"** (BAG 28.3.2019 – 8 AZR 421/17, NZA 2019, 1212). Das ist nicht der Fall, wenn der ArbGeb. (nur) gegen formelle datenschutzrechtliche Vorschriften wie zB zur Speicherungsdauer verstößt. So sind rechtmäßig gefilmte Videosequenzen, die einen ArbN bei einer Vorsatztat zeigen, zur Aufdeckung und Verfolgung seiner – materiell-rechtlich noch verfolgbaren Tat – auch bei Überschreiten der Speicherungsdauer weiterhin verwertbar – **„Datenschutz ist nicht Tatenschutz"** (BAG 23.8.2018 – 2 AZR 133/18, NZA 2018, 1329; HessLAG 21.9.2018 – 10 Sa 601/18, NZA-RR 2019, 130; *Fuhlrott* NZA-RR 2018, 597; *Fuhlrott/Oltmanns* NZA 2019, 1105, 1106 f.).

151c Das ist aber der Fall, wenn der ArbGeb. eine zwar nur **offene Videoüberwachung** einrichtet, diese aber unverhältnismäßig ausgestaltet und sie damit nach § 32 Abs. 1 S. 1 BDSG aF unzulässig ist, indem sie für den ArbN einen solchen psychischen Anpassungs- und Leistungsdruck erzeugt, dass sie als eine einer verdeckten Videoüberwachung vergleichbar eingriffsintensive Maßnahme anzusehen ist und kein durch konkrete Tatsachen begründeter Verdacht einer schwerwiegenden Pflichtverletzung des ArbN bestand (BAG 28.3.2019 – 8 AZR 421/17, NZA 2019, 1212). Gleiches gilt, wenn der ArbGeb. auf einen vagen Hinweis, ein ArbN habe sich geschäftsschädigend über ihn geäußert, den **privaten E-Mail-Verkehr** des ArbN in einem Zeitraum von 1 Jahr auswertet (HessLAG 21.9.2018 – 10 Sa 601/18, NZA-RR 2019, 130 m. Anm. *Böhm/Wybitul*).

151d Auf **öffentlich zugängliche Arbeitsplätze** ist **§ 4 BDSG nF (§ 6b BDSG aF)** anwendbar, unabhängig davon, ob Ziel der optisch-elektronischen Beobachtung die Allgemeinheit ist oder die dort beschäftigten ArbN (BAG 21.11.2013 – 2 AZR 797/11, NZA 2014, 243; Kramer IT-ArbR/*Bongers* B Rn. 772 ff.; *Bayreuther* NZA 2005, 1038; *Pötters/Traut* RDV 2013, 132). Hier muss nach dessen Abs. 2 eine Videoüberwachung durch geeignete Maßnahmen erkennbar gemacht werden. Ein Verstoß hiergegen macht eine **verdeckte Videoüberwachung** jedoch nicht ausnahmslos unzulässig. Ist sie das einzige Mittel zur Überführung von konkret einer Straftat verdächtigten ArbN, kann die heimliche Videoaufzeichnung nach § 6b Abs. 1 Nr. 3 BDSG (§ 4 Abs. 1 Nr. 3 BDSG nF) zulässig und als Beweismittel **verwertbar** sein (BAG 21.6.2012 – 2 AZR 153/11, NZA 2012, 1025; dazu *Byers* Mitarbeiterkontrollen Rn. 143 ff., *Bayreuther* DB 2012, 2222 ff., *Bergwitz* NZA 2012, 1205 ff.; sa *Bergwitz* NZA 2012, 353 ff.; *Däubler* NZA 2017, 1481, 1484; *Ganz* ArbRAktuell 2015, 565).

Eine Verletzung des allgemeinen Persönlichkeitsrechts durch eine rechtswidrige Überwachung eines ArbN einschl. heimlicher Videoaufnahmen kann einen **Geldentschädigungsanspruch** begründen (BAG 19.2.2015 – 8 AZR 1007/13, NZA 2015, 994: Observation durch **Detektiv;** LAG NV 24.5.2019 – 2 Sa 214/18, BeckRS 2019, 23355; *Ganz* ArbRAktuell 2015, 365; *Thüsing* NZA 2018, 1105 ff.). Das LAG RhPf (27.4.2017 – 5 Sa 449/16, BeckRS 2017, 113813) hat für eine ohne Anfangsverdacht heimlich und intensiv erfolgte Detektivüberwachung eines BRVors. eine Entschädigung von 10.000 EUR festgesetzt. **151e**

Die **Veröffentlichung** von **Videoaufnahmen** eines ArbN durch den ArbGeb. bedarf der schriftlichen Einwilligung des ArbN. Eine unbefristet erteilte Einwilligung erlischt nicht automatisch mit dem Ende des ArbVerh. Sie kann aber widerrufen werden, wenn hierfür ein plausibler Grund angegeben wird, warum der ArbN durch den Widerruf sein Recht auf informationelle Selbstbestimmung jetzt gegenläufig ausüben will (BAG 19.2.2015 – 8 AZR 1011/13, BeckRS 2015, 67598; 11.12.2014 – 8 AZR 1010/13, NZA 2015, 604; *Fuhlrott* AuA 2017, 406 f.; *Grau/Schaut* NZA 2015, 981). **151f**

Sog. **Wearables,** mit Sensoren ausgestattete, am Körper tragbare Mini-Computer, zB in Brillen, Schutzkleidung (Anzug, Helm, Schuhe), Bodycams, digitalisierte Uhren, Brillen oder ähnliche Geräte (*Böhm* AiB 2019 H. 12 S. 28 ff.; *Hirsch-Kreinsen,* RdA 2019, 88, 89 ff.; *Kopp/Sokoll* NZA 2015, 1352 ff.; *Niklas/Thurn* BB 2017, 1589 ff.) finden sich mittlerweile auch an Arbeitsplätzen von ArbN, die bei ihrer Tätigkeit nicht Gefahren für Leben und Gesundheit ausgesetzt sind (*Weichert* NZA 2017, 565). Der hohe Aussagegehalt der durch die Sensortechnik entstehenden und verarbeiteten Daten ermöglicht vielfältige Rückschlüsse auf Verhalten, Leistungsfähigkeit, Arbeitsweise und Gesundheitszustand der ArbN. Die grundsätzliche Möglichkeit, die Informationen in vielen verschiedenen, auch sachfremden Kontexten einzubeziehen, besitzt eine starke persönlichkeitsrelevante Komponente (Arnold/Günther ArbR 4.0-HdB/*Hamann* Kap. 6 Rn. 68 ff., 72, 78; *Roßnagel/Jandt/Skistims/Zirfass,* Zulässigkeit von Feuerwehr-Schutzanzügen, 2012, S. 24). Über Wearables, die laufend und regelmäßig Daten erheben und übertragen, kann – wenn sie personenbezogen sind – eine unzulässige Dauerüberwachung und Totalkontrolle stattfinden (Arnold/Günther ArbR 4.0-HdB/*Hamann* Kap. 6 Rn. 78; *Kopp/Sokoll* NZA 2015, 1352, 1355; *Niklas/Thurn* BB 2017, 1589, 1590 ff.; sa BAG 25.4.2017 – 1 ABR 46/15, NZA 2017, 1205), die durch technische, organisatorische oder prozessuale Vorkehrungen verhindert werden müssen (*Weichert* NZA 2017, 565, 567; → MB § 87 Rn. 214 ff.). Bei der Prüfung, ob eine rechtswidrige Verletzung des Persönlichkeitsrechts der ArbN vorliegt und wie sie durch eine BV unterbunden werden kann, ist unter Beachtung der in → Rn. 143 f. und 150 ff. genannten Kriterien zu beurteilen (s. *Kopp/Sokoll* NZA 2015, 1352, 1356). **151g**

Eine vergleichbare Problematik ergibt sich beim Einsatz von sog. **Cobots** (Collaborative Robots), die für eine enge Zusammenarbeit von Mensch und Roboter ausgelegt sind. Um Verletzungen der ArbN zu vermeiden, sind neben entspr. Sensorik auch Daten über Bewegung, Verhaltensweise und Standort der jeweiligen ArbN erforderlich. Je enger die physische Zusammenarbeit von Mensch und Roboter ausgestaltet ist, desto stärker werden ArbN lokalisierbar und ihre Leistung sowie ihr Arbeitsverhalten dokumentierbar (vgl. Weissbuch Arbeiten 4.0, S. 68, 72; *Hirsch-Kreinsen,* RdA 2019, 88, 89 ff.). Auch hier müssen eine unzulässige Dauerüberwachung und Totalkontrolle durch technische, organisatorische oder prozessuale Vorkehrungen verhindert und durch eine entspr. BV realisiert werden. **151h**

Eine besondere Ausgestaltung der Mensch-Roboter-Kollaboration stellen sog. **Exoskelette** dar (vgl. *Martini/Botta* NZA 2018, 625 ff.; sa *Hirsch-Kreinsen,* RdA 2019, 88, 89 ff.). Sie docken am menschlichen Körper an und unterstützen ihn bei der Erledigung von Arbeitsleistungen, entweder rein mechanisch (passives Exoskelett) oder – zusätzlich – durch digitale Datenauswertung (aktives Exoskelett). Sie können zur digitalen Schnittstelle zwischen Mensch und cyberphysischem System werden mit der **151i**

Folge, dass körperliche Verfassung sowie Verhalten ihrer Träger umfassend aufgezeichnet werden können und der ArbGeb. ein detailscharfes Persönlichkeitsbild der jeweiligen ArbN erstellen kann (*Martini/Botta* NZA 2018, 625, 627). Um einen persönlichkeitsverletzenden Einsatz von Exoskeletten zu verhindern, müssen entspr. technische, organisatorische oder prozessuale Vorkehrungen getroffen werden, die eine Persönlichkeitsausleuchtung von ArbN verhindern. Als Regelungsinstrument eignet sich eine BV, deren Regelungen den in → Rn. 143f., 150ff. genannten Kriterien entsprechen muss (zu den relevanten datenschutzrechtlichen Normen *Martini/Botta* NZA 2018, 625, 627ff.).

152 Für die Beurteilung **biometrischer Identifikationsverfahren** (automatisierte Identifikation anhand von hoch charakteristischen Merkmalen wie Gesicht, Iris, Stimme, Handgeometrie; s. hierzu Kramer IT-ArbR/*Bongers* B Rn. 840ff.) lassen sich wegen vergleichbarer Probleme die vom BAG zur Videoüberwachung aufgestellten Grundsätze (→ Rn. 149ff., 144), insbes. die der Verhältnismäßigkeit und Angemessenheit, heranziehen (Muster für eine BV s. WHWS Arbeitnehmerdatenschutz/*Kramer* B. VI. Rn. 26f.; *Hornung/Steidle* ArbuR 2005, 201 [205]; sa § 26 Abs. 3 BDSG nF, Art. 9 Abs. 1 DS-GVO u. dazu *Paal/Pauly* DS-GVO Art. 9 Rn. 6ff., 14; *Gola* BB 2017, 1462, 1468). Über die Identifikation hinausgehende Ermittlungen zB des Gemütszustands, der Gesundheit oder des Charakters von ArbN sind wegen Verstoßes gegen das Persönlichkeitsrecht unzulässig (DKKW/*Klebe* § 94 Rn. 47; WHWS Arbeitnehmerdatenschutz/*Kramer* B. VI. Rn. 21f.).

153 Die Anfertigung **graphologischer Gutachten** oder die Durchführung **psychologischer Tests** und Eignungsverfahren ist ohne Einwilligung des ArbN stets unzulässig (ErfK/*Kania* Rn. 9; GK-BetrVG/*Kreutz/Jacobs* Rn. 119; WHWS Arbeitnehmerdatenschutz/*Kramer* A. X. Rn. 16; *Franzen* NZA 2013, 1ff.). Aber auch bei dessen Einwilligung ist ihre Zulässigkeit nur dann anzuerkennen, wenn unter Berücksichtigung des Grundsatzes der Erforderlichkeit und der Verhältnismäßigkeit eine derartige Aufhellung des Charakterbildes des ArbN wegen des konkreten ArbVerh. oder des konkret zu besetzenden Arbeitsplatzes erforderlich erscheint (BAG 13.2.1964 – 2 AZR 286/63, AP GG Art. 1 Nr. 1; ErfK/*Preis* BGB § 611a Rn. 309; *Byers* Mitarbeiterkontrollen Rn. 235ff.; weitergehend *Wietfeld* ZfA 47. Jg. 2/2016, 215, 226ff.). Dasselbe gilt für **Genomanalysen** bei ArbN (GK-BetrVG/*Kreutz/Jacobs* Rn. 123; Kramer IT-ArbR/*Raif* C Rn. 225; WHWS Arbeitnehmerdatenschutz/*Kramer* A. X. Rn. 16).

153a Keinesfalls dürfen solche Tests und Untersuchungen zu einer umfassenden Persönlichkeitsanalyse des ArbN führen (WHWS Arbeitnehmerdatenschutz/*Weth* B. I. Rn. 119; *Löwisch/Kaiser* Rn. 36; *Byers* Mitarbeiterkontrollen Rn. 246ff.; → § 94 Rn. 26). Die Voraussetzungen für genetische Untersuchungen und in deren Rahmen durchgeführte genetische Analysen sowie die Verwendung genetischer Proben und Daten regelt das **GendiagnostikG.** Nach § 19 GenDG ist es dem ArbGeb. verboten, vor oder nach Begründung des ArbVerh. die Vornahme genetischer Untersuchungen oder Analysen oder die Mitteilung von Ergebnissen bereits vorgenommener genetischer Untersuchung oder Analysen zu verlangen, solche Ergebnisse entgegenzunehmen oder zu verwenden (WHWS Arbeitnehmerdatenschutz/*Weth* B. I. Rn. 119). Entspr. Verbote gelten nach § 20 Abs. 1 GenDG für **arbeitsmedizinische Vorsorgeuntersuchungen;** in deren Rahmen lässt § 20 Abs. 2 GenDG unter engen Voraussetzungen diagnostische Untersuchungen durch Genproduktanalyse (zu Begriffsbestimmungen s. § 3 GenDG) zu, soweit sie zur Feststellung genetischer Eigenschaften erforderlich sind, die für schwerwiegende Erkrankungen oder gesundheitliche Störungen, die an einem bestimmten Arbeitsplatz oder bei einer bestimmten Tätigkeit entstehen können, ursächlich oder mitursächlich sind (zu den arbeitsrechtl. Vorschriften des GenDG vgl. *Wiese* BB 2009, 2198ff.; *Fischinger* NZA 2010, 65ff.).

153b Im Zuge der Digitalisierung der Arbeitswelt setzen sich dank **Big Data** in der Personalarbeit neue Formen der Datenanalyse durch. Sog. **People Analytics** sind gefragt, also eine Datenanalyse, die Personal-, Unternehmens- und sonstige Daten miteinander verknüpft und zB mit Vorhersagemodellen Personalentscheidungen unterstützen soll (Arnold/Günther ArbR 4.0-HdB/*Hamann* Kap. 6 Rn. 49 ff., 62 ff.; Kramer IT-ArbR/*Geißler* B Rn. 1084 ff.; *Dzida* NZA 2017, 541, 542; *Niklas/Thurn* BB 2017, 1589, 1592 ff.). Soweit dabei auf berufsbezogene soziale Netzwerke zurückgegriffen wird, ist dies idR nicht zu beanstanden (*Dzida* NZA 2017, 541, 544). Falls aber die Analyse nicht nur Eignung, Erfahrung und Qualifikation zB eines Bewerbers feststellen, sondern auch dessen Wesen und Persönlichkeit analysieren will, ist dies ebenso unzulässig wie ihr Einsatz, Anhaltspunkte dafür herauszufinden, dass eine Bewerberin schwanger ist oder ein Bewerber einer Gewerkschaft oder einer politischen Partei angehört (Arnold/Günther ArbR 4.0-HdB/*Hamann* Kap. 6 Rn. 64; *Dzida* NZA 2017, 541,543 ff.). IÜ sind zur Beurteilung von **Big Data-Analytics** die in → Rn. 138, 144, 153, 153a erläuterten Grundsätze heranzuziehen (sa *Niklas/Thurn* BB 2017, 1589, 1592 ff.).

Die freie Entfaltung der Persönlichkeit des ArbN im Betrieb kann in bes. Weise durch den Einsatz der **elektronischen Datenverarbeitung (EDV)** gefährdet werden (DKKW/*Berg* Rn. 123 f.; GK-BetrVG/*Kreutz/Jacobs* Rn. 126). Zu nennen sind hier insbes. **Personalinformationssysteme** sowie der Einsatz der EDV zur **Steuerung und Unterstützung von Arbeitsabläufen** sowohl im Produktions- als auch im Dienstleistungsbereich (zu ERP-Systemen *Kübeck/Brandt* AiB 2009, 415 ff. mwN). Hier können der freien Entfaltung der Persönlichkeit der ArbN in dreifacher Hinsicht Gefahren drohen: Zum einen eröffnen die nahezu unbegrenzten Fähigkeiten der modernen EDV, Daten der ArbN zu speichern und nach den verschiedensten Gesichtspunkten in kürzester Zeit automatisch auszuwerten und damit über jeden ArbN ein mehr oder weniger umfassendes Persönlichkeitsbild zu erstellen, das weit über die Kenntnisse hinausgeht, die iRd konkreten ArbVerh. erforderlich und damit als zulässig anzusehen sind (zur Verfassungswidrigkeit einer umfassenden Registrierung und Katalogisierung eines Menschen BVerfG 16.7.1969 – 1 BvL 19/63, BVerfGE 27, 1 ff. – Mikrozensusbeschluss; BVerfG 15.12.1983 – 1 BvR 209/83 ua, NJW 1984, 419 – Volkszählungsentscheidung). 154

Zum Anderen kann der zunehmende Einsatz der EDV zur Steuerung und Unterstützung der Arbeitsabläufe und die damit gegebene umfassende **automatische Kontrolle** der einzelnen Arbeitsschritte auch zu einer umfassenden automatischen Kontrolle des ArbVerh. und der Arbeitsleistung des ArbN führen. Schließlich besteht die Möglichkeit, die über die ArbN in Datensystemen gespeicherten Personen-, Verhaltens- und Leistungsdaten mit anderen Datensystemen des Betriebs (Unternehmens) in einer Weise zu verknüpfen, dass **Personalentscheidungen** über die ArbN **„automatisiert“** durch das EDV-System selbst getroffen werden, ohne auf individuelle Gesichtspunkte oder auf Ausnahmesituationen Rücksicht zu nehmen (vgl. *Däubler* Belegschaften Rn. 19 ff.; *Wohlgemuth* Datenschutz für ArbN Rn. 6 ff.). 155

Weder die Erstellung eines **Gesamtpersönlichkeitsbildes** des einzelnen ArbN, noch eine **umfassende Kontrolle** seiner Leistung und seines Verhaltens, noch das Fällen von Personalentscheidungen durch den Computer sind vereinbar mit dem Gebot, die freie Entfaltung der Persönlichkeit des ArbN im Betrieb zu schützen und zu fördern. Für die Betriebspartner ergibt sich bei der Einführung derartiger neuer Technologien aus § 75 Abs. 2 die Verpflichtung, die von diesen Systemen her möglichen Auswirkungen auf die Persönlichkeitsrechte der ArbN sorgfältig zu prüfen und auf das Unumgängliche einzuschränken. Zu den in diesem Zusammenhang in Betracht kommenden MBRechten des BR → § 87 Rn. 214 ff.; → § 92 Rn. 24 ff.; → § 94 Rn. 6 ff.; → § 95 Rn. 6 ff. 156

Um diesen Gefahren zu begegnen, ordnet **§ 26 BDSG** (**§ 32 BDSG aF;** zum neuen § 26 s. *Gola* BB 2017, 1462 ff.; *Gola/Pötters* RDV 2017, 111 ff.; *Thüsing/Schmidt* NZA 2017, 1027; *Wilke* AiB extra August 2018, 6 ff.; *Wybitul* NZA 2017, 417 ff.; sa Art. 88 Abs. 1 DS-GVO – dazu *Gola* DS-GVO Art. 88 Rn. 11 ff.; *Paal/Pauly* DS-GVO Art. 88 Rn. 3 ff.; *Düwell/Brink* NZA 2017, 1081 ff.; → **§ 83** 156a

Rn. 16ff.) an, dass personenbezogene Daten eines Beschäftigten für Zwecke des Beschäftigungsverhältnisses nur verarbeitet werden dürfen, wenn dies für die Entscheidung über die Begründung eines Beschäftigungsverhältnisses oder für dessen Durchführung oder Beendigung **erforderlich** ist. In Anlehnung an die Rspr. des BVerfG und BAG (→ Rn. 142ff., 152ff.) ist die Erhebung, Verarbeitung oder Nutzung personenbezogener Daten zur Aufdeckung von **Straftaten** nur dann zulässig, wenn zu dokumentierende **tatsächliche Anhaltspunkte** den Verdacht begründen, dass der Betroffene im Beschäftigungsverhältnis eine Straftat begangen hat, die Erhebung, Verarbeitung oder Nutzung zur Aufdeckung erforderlich ist und das **schützwürdige Interesse des Beschäftigten** an dem Ausschluss der Erhebung, Verarbeitung oder Nutzung **nicht überwiegt,** insbes. Art und Ausmaß im Hinblick auf den Anlass **nicht unverhältnismäßig** sind (*Brandt* AiB 2009, 542ff.; → § 83 Rn. 16ff. Zu TV und BV als Kollektivregelungen iSd § 26 Abs. 4 BDSG *Gola* DS-GVO Art. 88 Rn. 66ff.; *Paal/Pauly* DS-GVO Art. 88 Rn. 5f.).

156b Persönlichkeitsverletzungen einzelner ArbN können sich auch aus der **Datenverarbeitung** durch den **BR** (GesBR, KBR) ergeben (*Gola* DS-GVO Art. 88 Rn. 38ff.). Um dies zu verhindern, gestattet § 26 Abs. 1 S. 1 BDSG nF dem BR die Verarbeitung personenbezogener Daten nur, wenn sie zur Ausübung oder Erfüllung der sich aus G (insb. BetrVG), TV oder BV ergebenden Rechte und Pflichten des BR erforderlich ist. Bei der Erforderlichkeitsprüfung ist eine am Verhältnismäßigkeitsprinzip auszurichtende Abwägung zwischen dem Interesse des BR an einer Datenverarbeitung und dem Persönlichkeitsrecht des einzelnen ArbN vorzunehmen (*Gola* ZBVR online 7–8 2017 S. 31, 34; *Gola* BB 2017, 1462, 1466; *Gola/Pötters* RDV 2017, 111, 115; *Wybitul* NZA 2017, 413, 414ff.; → Rn. 38, 143f; → § 83 Rn. 18ff.).

157 Das **Recht an der eigenen Ehre** kann durch die Kundgabe der Missachtung insbes. durch Beleidigung oder üble Nachrede verletzt werden (BAG 21.2.1979 – 5 AZR 568/77, AP BGB § 847 Nr. 13; *Wiese* ZfA 1971, 297ff.). Auch die Pressefreiheit kann keine ehrverletzenden Berichte über Tatsachen aus der Intimsphäre eines ArbN rechtfertigen (BAG 18.2.1999 – 8 AZR 735/97, AP BGB § 611 Persönlichkeitsrecht Nr. 31). Ferner stellt die **sexuelle Belästigung** einer Person eine Ehrverletzung dar (s. § 3 Abs. 4 AGG, → Rn. 115). Darüber hinaus kann eine Ehrverletzung auch in einer generellen Herabsetzung des Ansehens oder der sozialen Geltung des ArbN liegen (GK-BetrVG/*Kreutz/Jacobs* Rn. 120). Dasselbe gilt für das sog **Mobbing,** dh der bewussten und beabsichtigten Ausgrenzung, Geringschätzung und Diskriminierung von ArbN (→ Rn. 62 mwN).

158 Auch das Recht auf **Achtung der Privatsphäre** darf nur insoweit eingeschränkt werden, wie dies durch die bes. betrieblichen oder bes. Umstände des einzelnen ArbVerh. erforderlich ist. Dieses Recht begrenzt insbes. das **Fragerecht** des ArbGeb. (vgl. *Kort* NZA Beil. 2/2016, 62,67ff.). Fragen nach Umständen des Privatlebens des ArbN sind nur insoweit zulässig, als in Bezug auf das konkrete ArbVerh. ein berechtigtes Interesse des ArbGeb. an entspr. Aufklärung besteht (→ § 94 Rn. 6ff., 16ff.). Eine **ärztliche Untersuchung** des ArbN kann der ArbGeb. grds. nur verlangen, soweit dies gesetzlich oder in UVV vorgeschrieben ist oder dies zum Schutz anderer ArbN oder Dritter erforderlich ist (WPK/*Preis* Rn. 53).

158a Soweit **Ethik-Richtlinien, Compliance Systeme** und **Social Media-Guidelines** den außerbetrieblichen privaten Lebensbereich der ArbN regeln, sind sie unzulässig; die Betriebsparteien sind nicht berechtigt, in die private Lebensführung einzugreifen. Regelungen privater Verhaltensweisen der ArbN im Betrieb, insbes. wenn es um das Verhältnis von Vorgesetzten und Untergebenen geht, sind nicht generell unzulässig. Hier hat der BR im Rahmen seiner MB nach § 87 Abs. 1 Nr. 1 sicherzustellen, dass die Persönlichkeitsrechte der ArbN nicht verletzt werden (BAG 22.7.2008 – 1 ABR 40/07, AP BetrVG 1972 § 87 Nr. 14 mAnm *Deinert/Brummer* AiB 2008, 671; Hauschka/Moosmayer/Lösler Corporate Compliance § 39 *Pelz* Rn. 6 u. *Mengel* Rn. 9, 22; Kramer IT-ArbR/*Oberthür* B Rn. 891ff., Kramer IT-

ArbR/*Schulze Zumkley* B Rn. 1103ff.; *Mengel* Compliance Kap. 1 Rn. 51, 90, Kap. 2 Rn. 8; Thüsing/Wurth-*Thüsing* Social Media im Betrieb I.Rn. 46f., V. *Willemsen* Rn. 71 u.VI. *Wurth/Kuhn* Rn. 25; *Henssler/Schneider* RdA 2009, 318ff.; *Berger/Klimpe-Auerbach* Aib 2014, 28ff.; *Dzida* NZA 2008, 1265ff.; *Kempter/Steinat* NZA 2017, 1505; *Stück* ArbRAktuell 2015, 337; zur **MB** des BR bei Ethik-RL, Compliance Systeme, Verhaltenskodizes, Whistleblowing → § 87 Rn. 71; zum Datenschutz s. Kramer IT-ArbR/*Oberthür* B Rn. 900ff.; Thüsing/Wurth-*Thüsing* Social Media im Betrieb I. Rn. 9ff. u. III. *Hexel* Rn. 3ff.; *Brandt* AiB 2009, 288ff.). Zur Zulässigkeit und Grenzen von Whistleblowing s. EGMR 21.7.2011 – 28274/08, NZA 2011, 1269; *Groß/Platzer* NZA 2017, 1097; *Maume/Haffke* ZIP 5/2016, 199ff.; *D. Ulber* NZA 2011, 962ff.; *Scheicht/Loy* BB 2015, 803ff. *Thüsing/Fütterer/Jänsch* RDV 2018 H. 3, 133ff.).

Persönliche Beziehungen und insbes. Liebesbeziehungen zwischen ArbN des Be- 159
triebs sind ausschließlich Privatsache der Beteiligten. Ein entsprechendes Verbot **(Flirtverbot)** ist ein so schwerwiegender Eingriff in das Persönlichkeitsrecht und die Würde der ArbN, dass es in jedem Fall unverhältnismäßig und unwirksam ist (BAG 22.7.2008 – 1 ABR 40/07, AP BetrVG 1972 § 87 Nr. 14). Die Sorge des ArbGeb., dass es aufgrund der Beziehung zu Spannungen im Betrieb kommen kann, rechtfertigt ein solches Verbot nicht. Sollte es Störungen geben, kann der ArbGeb. eingreifen (LAG Düsseldorf 14.11.2005 – 10 TaBV 46/05, NZA-RR 2006, 81; *Kolle/Deinert* ArbuR 2006, 177ff.; *Wisskirchen/Jordan/Bissels* DB 2005, 2190 [2194]; *Mengel/Hagemeister* BB 2007, 1386 [1389f.]).

Das Recht auf Achtung der Privatsphäre sowie der Persönlichkeit und Handlungs- 160
freiheit der ArbN begrenzt auch die Möglichkeit der Aufstellung einer **betrieblichen Kleiderordnung** (ausf. hierzu *Brose/Greiner/Preis* NZA 2011, 369ff.; *Fischer* NZA-RR 2015, 169ff.). Das zulässige Ausmaß einer Beschränkung dieser Rechte bestimmt sich nach dem Grundsatz der Verhältnismäßigkeit. Die Kleiderordnung muss geeignet, erforderlich und unter Berücksichtigung der gewährleisteten Freiheitsrechte angemessen sein, um den erstrebten Zweck zu erreichen (s. zu diesen Kriterien → Rn. 138). Bei der hier erforderlichen Gesamtabwägung zwischen Intensität des Eingriffs und Gewicht der ihn rechtfertigenden Gründe darf die Grenze der Zumutbarkeit nicht überschritten werden (BAG 13.2.2007 – 1 ABR 18/06, NZA 2007, 640 mwN).

Bei der Gesamtabwägung sind die allgemeine **Verkehrsanschauung** und die 160a
Branchenüblichkeit zu beachten, etwa korrekte Kleidung im Bankgewerbe mit Publikumsverkehr. Insbes. aus zwingenden hygienischen Gründen, zB im Lebensmittelbereich, oder aus Gründen des Arbeitsschutzes, zB rutschfeste Schuhe, kann eine bes. Kleidung erforderlich sein (LAG Köln 8.6.1988 – 5 Ta BV 19/88, DB 1989, 684; DKKW/*Berg* Rn. 126ff.). Eine einheitliche Arbeitskleidung aller oder doch eines Teils der ArbN kann auch aus Gründen der **Werbung** (zB am Messestand), zur Verbesserung des Arbeitsablaufs, insbes. im Dienstleistungsbereich (zB einheitliche Kleidung des Verkaufspersonals im Kaufhaus, um schnelle Möglichkeit der Ansprache durch Kunden zu ermöglichen) oder aus berechtigtem betrieblichen Interesse an einem **einheitlichen Erscheinungsbild** (so für Spielcasino BAG 13.2.2007 – 1 ABR 18/06, AP BetrVG 1972 § 87 Ordnung des Betriebes Nr. 40; dazu gehört nach LAG Köln 18.8.2010 – 3 TaBV 15/10, NZA-RR 2011, 85 – rkr.: Nichtzulassungsbeschw. v. BAG 17.5.2011 – 1 ABN 2/11, zurückgewiesen – bei der Fluggastkontrolle nicht die Einfarbigkeit von Fingernägeln, bestimmte Haarfärbungen und Verbot künstlicher Haare, wohl aber – insofern zu weitgehend – Tragen von Unterwäsche, maximale Länge der Fingernägel; dazu *Utes* AiB 2011, 476ff. zur Pilotenkleidung → Rn. 32e) sachgerecht sein (DKKW/*Berg* Rn. 127). Die Festlegung einer betrieblichen Kleiderordnung unterliegt dem **MBR** des **BR** nach § 87 Abs. 1 Nr. 1 (→ § 87 Rn. 70f.).

Aus dem Recht auf Achtung der Privatsphäre folgt auch, dass der ArbGeb. über 161
ihm bekannte bes. persönliche Umstände des ArbN oder auch dienstliche Umstän-

de, die jedoch vertraulich zu behandeln sind, **Stillschweigen** zu wahren hat (ErfK/*Kania* Rn. 10). Das gilt zB für die Schwangerschaft einer ArbN, wenn diese die Bekanntgabe nicht wünscht (vgl. hierzu *Hey* RdA 1995, 298). Ferner darf ohne Einwilligung des ArbN der Inhalt seiner Personalakte, insbes. des Personalfragebogens oder der Beurteilungen keinem Unbefugten bekannt gegeben werden (BAG 18.12.1984 – 3 AZR 389/83, AP BGB § 611 Persönlichkeitsrecht Nr. 8; LAG Köln 26.5.1982 – 3 Sa 403/82, DB 1983, 1664). Aus dem gleichen Grunde ist auch die Bekanntgabe von Abmahnungen am Schwarzen Brett unzulässig (ArbG Regensburg 28.7.1989 – 3 BVGa 1/89 L, AiB 1989, 354). Dem Schutz des Persönlichkeitsrechts dient auch die Schweigepflicht des BR über private Geheimnisse der ArbN (→ § 79 Rn. 32ff.).

162 Aus der Verpflichtung, die freie Entfaltung der Persönlichkeit der im Betrieb beschäftigten ArbN zu schützen und zu fördern, ergibt sich für die Betriebspartner **keine** Verpflichtung, ein **allgemeines Rauchverbot** im Betrieb zu erlassen (DKKW/*Berg* Rn. 130ff.; ErfK/*Kania* Rn. 10; GK-BetrVG/*Kreutz/Jacobs* Rn. 131f.; BAG 19.1.1999 – 1 AZR 499/98, AP BetrVG 1972 § 87 Ordnung des Betriebs Nr. 28, das den Betriebspartnern bei der Festlegung des Inhalts und Umfangs eines betrieblichen Rauchverbots einen weiten Gestaltungsspielraum zugesteht; s. zum Ganzen *Bergwitz* NZA-RR 2004, 169ff.).

163 Im Verhältnis zwischen ArbGeb. und einzelnem ArbN besteht allerdings nach § 618 BGB und vor allem nach § 5 ArbStättV (Einzelheiten s. *Kollmer/Klindt* ArbStättV § 5 Rn. 1ff.; *Ginal/Pinetzki* ArbRAktuell 2012, 369) eine Pflicht des ArbGeb. zum **Schutz** des **ArbN vor Raucherluft,** die bis zur Zuweisung eines raucherfreien Arbeitsplatzes gehen kann (BAG 10.5.2016 – 9 AZR 347/15, NZA 2016, 1134; 17.2.1998 – 9 AZR 84/97, AP BGB § 618 Nr. 26; 19.5.2009 – 9 AZR 241/08, AP BGB § 618 Nr. 30). Das gilt insbes., wenn ein ArbN wegen seiner gesundheitlichen Konstitution (zB chronische Atembeschwerden) gegen Raucherluft bes. anfällig ist (so BAG 17.2.1998 – 9 AZR 84/97, AP BGB § 618 Nr. 26; nach BAG 8.5.1996 – 5 AZR 971/94, AP BGB § 618 Nr. 20 haben Flugbegleiter mangels einer gesetzlichen Regelung keinen Anspruch darauf, dass die Fluggesellschaft den Passagieren das Rauchen verbietet).

164 Auf der anderen Seite kann der **ArbGeb.** einem ArbN das **Rauchen nicht verbieten,** wenn dem weder der Schutz anderer Personen noch berechtigte Interessen des ArbGeb. (zB Schutz seines Eigentums oder seiner Geschäftsbeziehungen) entgegenstehen. Damit würde er dessen Persönlichkeitsrecht beeinträchtigen (vgl. *Ahrens* NZA 1999, 687). In Arbeitsstätten mit Publikumsverkehr hat der ArbGeb. nur insoweit Schutzmaßnahmen zu treffen, als die Natur des Betriebs und die Art der Beschäftigung es zulassen. Dies kann dazu führen, dass der ArbGeb. nur verpflichtet ist, die Belastung durch Passivrauchen zu minimieren, nicht sie aber ganz auszuschließen (BAG 10.5.2016 – 9 AZR 347/15, NZA 2016, 1134). Wegen Beschwerden des Rauchers oder Nichtrauchers bei Verneinung eines Rechtsanspruchs auf Abhilfe → § 84 Rn. 4ff.

165 Soll eine **betriebliche Regelung über ein Rauchverbot** getroffen werden, die der **MB** des **BR** nach § 87 Abs. 1 Nr. 1, uU auch nach Nr. 7, unterliegt (→ § 87 Rn. 71, 307; *Börgmann* RdA 1999, 401; *Ginal/Pinetzki* ArbRAktuell 2012, 369) und bei der auch der BR die Initiative ergreifen kann, geht es darum, nicht nur einen angemessenen Interessenausgleich zwischen ArbGeb. und ArbN, sondern auch zwischen rauchenden und nicht rauchenden ArbN zu finden (zB durch eine Durchlüftung der Räume, die eine nicht beeinträchtigende Luftqualität sicherstellt, durch die Trennung der Arbeitsplätze von Rauchern und Nichtrauchern oder die Einrichtung bes. Raucherzimmer für die Arbeitspausen). Es kann auch ein generelles betriebliches Rauchverbot in allen Gebäuden des Betriebs – idR jedoch nicht auch auf dem betrieblichen Freigelände – zulässig sein (BAG 19.1.1999 – 1 AZR 499/98, AP BetrVG 1972 § 87 Ordnung des Betriebs Nr. 28; *Künzl* BB 1999, 2187; krit. *Ahrens* NZA 1999, 687). Bei der näheren Ausgestaltung der betrieblichen Regelung haben die

Betriebspartner ihre Schutz- und Fürsorgepflicht nach Abs. 2 zu beachten. Insoweit ist ihr Ermessenspielraum eingeschränkt (Richardi BetrVG/*Maschmann* Rn. 46f.; Kramer IT-ArbR/*Raif* C Rn. 219ff.).

3. Förderpflicht

Über eine bloße Schutzpflicht hinausgehend begründet Abs. 2 ausdrücklich eine Verpflichtung von ArbGeb. und BR, die freie Entfaltung der Persönlichkeit der ArbN **zu fördern.** Die freie Entfaltung der Persönlichkeit ist immer in Bezug auf den einzelnen ArbN zu sehen. Durch § 75 Abs. 2 wird damit das allgemeine Zusammenarbeitsgebot des § 2 Abs. 1 insoweit näher konkretisiert, als bei der Zusammenarbeit zum Wohle der ArbN stets auch die freie Entfaltung der Persönlichkeit des einzelnen ArbN mit zu beachten ist. 166

Die Vorschrift verpflichtet damit die Betriebspartner, die Gestaltung der betrieblichen Ordnung nicht allein nach kollektiven Aspekten vorzunehmen, sondern, soweit dies mit einem ordnungsgemäßen Arbeitsablauf und einer geregelten Zusammenarbeit der ArbN vereinbar ist, eine Regelung anzustreben, die der **Persönlichkeitsentfaltung** des einzelnen ArbN gebührend Rechnung trägt (ErfK/*Kania* Rn. 10; Richardi BetrVG/*Maschmann* Rn. 46). Zu denken ist hierbei zB an eine betriebliche Arbeitszeitgestaltung, die es auch ArbN mit bes. Familienpflichten (Betreuung kleiner oder kranker Kinder oder pflegebedürftiger Angehöriger) erlaubt, diese Pflichten mit ihren Arbeitsvertragspflichten in Einklang zu bringen (vgl. hierzu auch § 80 Abs. 1 Nr. 2b; → § 80 Rn. 40). 167

Die Förderpflicht beschränkt sich nicht darauf, eine Verletzung der Persönlichkeitsrechte im Betrieb zu verhindern. Das ist Aufgabe der Schutzpflicht (so zu Recht GK-BetrVG/*Kreutz/Jacobs* Rn. 134f.). Der GWortlaut, der allgemein zur Förderung der freien Persönlichkeitsentfaltung verpflichtet, geht inhaltlich über den Begriff des allgemeinen Persönlichkeitsrechts hinaus. Die Worte „freie Entfaltung der Persönlichkeit“ haben keinen fest umrissenen und abgeschlossenen Inhalt, sondern zeigen den **dynamischen und offenen Charakter** der gesetzlichen Regelung an. Die freie Entfaltung der Persönlichkeit im Betrieb kann durch mannigfache Umstände beeinflusst werden, zB durch eigene Gestaltungs- und Entwicklungsfreiheit, durch die Möglichkeit des sozialen Kontaktes, durch einen den Kenntnissen und Fähigkeiten entspr. Arbeitseinsatz. ArbGeb. und BR haben im Rahmen ihrer gesamten Tätigkeit stets auch die Aspekte, die der Persönlichkeitsentfaltung des einzelnen ArbN dienen, im Auge zu behalten und soweit wie vertretbar zu berücksichtigen. 168

Aus der Förderpflicht des Abs. 2 können **keine neuen** über das G hinausgehenden **Mitwirkungs- und MBRechte** des BR hergeleitet werden (BAG 8.6.1999 – 1 ABR 67/98, AP BetrVG 1972 § 87 Ordnung des Betriebs Nr. 31; LAG Düsseldorf 29.5.2001 – 3 TaBV 14/01, NZA 2001, 1398; ErfK/*Kania* Rn. 10; GK-BetrVG/*Kreutz/Jacobs* Rn. 138). Allerdings ergibt sich aus ihr die Verpflichtung der Betriebspartner, bei der inhaltlichen Ausgestaltung der beteiligungspflichtigen Angelegenheiten stets eine Regelung anzustreben, die unter Berücksichtigung der Notwendigkeiten des zu regelnden Sachverhalts der freien Entfaltung der Persönlichkeit der ArbN am besten gerecht wird (GK-BetrVG/*Kreutz/Jacobs* Rn. 139f.; Richardi BetrVG/*Maschmann* Rn. 46f.). Darüber hinaus ergibt sich aus der gesetzlichen Förderpflicht eine tendenzielle Auslegungsregel dergestalt, dass die Vorschriften des G, insbes. die Mitwirkungs- und MBRegelungen, im Zweifelsfall in einer der Zielsetzung des Abs. 2 entspr. Weise auszulegen sind (ErfK/*Kania* Rn. 10; GK-BetrVG/*Kreutz/Jacobs* Rn. 140; Richardi BetrVG/*Maschmann* Rn. 46). 169

IV. Förderung der Selbständigkeit und Eigeninitiative (Abs. 2 S. 2)

Der durch das **BetrVerf-ReformG** eingefügte Abs. 2 S. 2 verpflichtet ArbGeb. und BR, die **Selbständigkeit** und **Eigeninitiative** der ArbN und ArbGruppen zu 170 fördern. Diese Regelung steht im Zusammenhang mit den ebenfalls eingefügten Vorschriften des § 28a (Übertragung von betriebsverfassungsrechtlichen Aufgaben auf ArbGruppen), § 86a (Vorschlagsrechte der ArbN gegenüber dem BR) und § 87 Abs. 1 Nr. 13 (MBR bei der Durchführung von Gruppenarbeit). Schon bisher ergab sich aus der Verpflichtung des Abs. 2 S. 1, die freie Entfaltung der Persönlichkeit der im Betrieb beschäftigten ArbN zu schützen und zu fördern, eine Verpflichtung der Betriebspartner, bei der Gestaltung der betrieblichen Ordnung und der ArbVerh. Regelungen anzustreben, die der Persönlichkeitsentfaltung der ArbN gebührend Rechnung tragen (→ Rn. 166 ff.). Abs. 2 S. 2 **konkretisiert** und **erweitert** diese Verpflichtung in zweierlei Hinsicht. Zum einen werden die Gesichtspunkte der Selbständigkeit und Eigeninitiative, die gerade bei einer abhängigen und weisungsgebundenen Arbeit eines ArbN leicht zu stark eingeengt werden können, bes. betont. Zum anderen wird die Förderpflicht auf ArbGruppen erstreckt (*Franz* ZfA 2001, 425; *Wiese* NZA 2006, 1 [6]).

171 Die Förderpflicht besteht zunächst in Bezug auf den **einzelnen ArbN.** Sie bezieht sich sowohl auf den Inhalt als auch auf die Durchführung des ArbVerh. Dem einzelnen ArbN soll, soweit es die arbeitsvertragliche Aufgabenerfüllung und das Zusammenleben mit anderen ArbN in einem Betriebsverbund gestatten, Raum für kreative, selbstgestaltete und eigenverantwortliche Arbeit belassen werden. Dem können sowohl eine zu enge inhaltliche Gestaltung des Arbeitsvertrages entgegenstehen als auch eine durch Weisungen oder sonstige Vorgaben eingeengte Durchführung und Erfüllung der arbeitsvertraglichen Pflichten. Eine derartige Gestaltung des ArbVerh. entspricht nicht dem gewandelten Selbstbewusstsein der heutigen ArbN, die in der beruflichen Tätigkeit nicht nur eine Erwerbsmöglichkeit sehen, sondern sich selbst verwirklichen wollen und eine Bestätigung ihres beruflichen Könnens suchen (vgl. *Blanke* RdA 2003, 145; *Blanke/Rose* RdA 2001, 93; *Wendeling-Schröder* NZA 2001, 359).

172 Die Verpflichtung zur Förderung der Selbständigkeit und der Eigeninitiative besteht ferner in Bezug auf **ArbGruppen.** Dass das G ArbGruppen nicht nur hier, sondern auch in anderen Vorschriften anspricht (vgl. §§ 28a, 87 Abs. 1 Nr. 13), ist dadurch veranlasst, dass ein wesentlicher Wandel der Unternehmens- und Betriebsstrukturen stattgefunden hat und sich noch weiter vollzieht. Dieser ist durch eine starke Dezentralisierung und Flexibilisierung der Entscheidungsstrukturen und Arbeitsablauforganisationen gekennzeichnet. Statt der bisher üblichen weitgehenden Arbeitsteilung, der Trennung von planender und ausführender Arbeit, von Führungsaufgaben und ausführenden Tätigkeiten sowie innerhalb der ausführenden Tätigkeiten die Aufteilung in einzelne kleine Arbeitsschritte wird nunmehr ein ganzheitlicher Arbeitszuschnitt angestrebt. Dieser Wandel erhält vor allem mit Realisierung von **Industrie/Arbeit 4.0** und den damit verbundenen Auswirkungen auf Arbeitsorganisation, Arbeitsabläufe, Arbeitsumgebung, Arbeitsplätze und Arbeitsinhalte (s. *Günther/Böglmüller* NZA 2015, 1025 ff.; *Krause* NZA 2017 Beil. 2 S. 53 ff.; *Krause* NZA 2016, 1004 ff.; *Schulze/Hofer* AiB 2016 H. 7–8 S. 27 ff.; *Schwarzbach* AiB 2016 H. 7–8 S. 21 ff.; *Steffan* NZA 2016, 1409 ff.; *Uffmann* NZA 2016, 977 ff.; s. a. *Hirsch-Kreinsen* RdA 2019, 88 ff.) einen neuen Schub.

173 Für Teilbereiche werden zB planende, ausführende und kontrollierende Arbeiten in kleineren Einheiten zusammengefasst und diesen Einheiten mehr oder weniger weitgehende **eigene Entscheidungskompetenzen** eingeräumt. IE sind die Formen von ArbGruppen sehr vielgestaltig (vgl. zum Ganzen → § 28a Rn. 6 mwN). Diese Verlagerung von (komplexen) Teilaufgaben auf ArbGruppen ist für ihre Mitgl. häufig mit einer größeren Entscheidungs-, Verantwortungs- und Gestaltungskompetenz verbunden. Man spricht hier von Arbeitserweiterung (Job Enlargement), Arbeitsbereicherung (Job Enrichment) und Arbeitswechsel (Job Rotation), die dazu dienen, den kollektiven Handlungsspielraum der ArbGruppe zu vergrößern. Die Gruppenarbeit hat deshalb in aller Regel eine größere Selbständigkeit und Eigenverantwortlichkeit des einzelnen Gruppenmitgl. zur Folge. Insofern ist es folgerichtig, in Abs. 2 S. 2 auch die Förderung der ArbGruppe vorzuschreiben.

Der **Begriff der ArbGruppe** iSv Abs. 2 S. 2 wird gesetzlich nicht näher umschrieben. Es ist nicht nur die Gruppenarbeit iSv § 87 Abs. 1 Nr. 13 hierunter zu verstehen, die durch eine wesentliche Eigenverantwortlichkeit der Gruppe bei der Erledigung der ihr übertragenen Gesamtaufgabe gekennzeichnet ist (→ § 87 Rn. 565 ff.). Entspr. der Zielsetzung des G, mit der Anerkennung der ArbGruppe nicht nur eine Entwicklung der betrieblichen Praxis einzufangen, die vielfach für den einzelnen ArbN zu einem Mehr an Selbständigkeit und Eigeninitiative führt, sondern in ihr auch eine Basis für eine stärkere Einbeziehung der einzelnen ArbN in die Betriebsverfassung – insbes. auch bei der Wahrnehmung betriebsverfassungsrechtlicher Rechte – zu sehen (vgl. Gesetzesbegründung BT-Drs. 14/5714, 29 f., 40, 45), ist der Begriff der ArbGruppe der des § 28a und **weit** zu verstehen (→ § 28a Rn. 11 ff.; GK-BetrVG/*Kreutz/Jacobs* Rn. 149; *Linde* Aufgaben BR S. 78; *Nill* Selbstbestimmung S. 104). ArbGruppe ist jede organisatorische Zusammenfassung von ArbN des Betriebs, die diesen Zielsetzungen dient. 174

Das Gebot, die Selbständigkeit und Eigeninitiative der ArbN und ArbGruppen zu fördern, richtet sich an **ArbGeb. und BR.** Beide haben im Rahmen ihrer Kompetenzen darauf hinzuwirken, dass diesem Gebot, das nicht nur eine unverbindliche und zu vernachlässigende Zielvorgabe umschreibt, soweit Rechnung getragen wird, wie dies die jeweiligen Umstände gestatten. Beim ArbGeb. betrifft dies insbes. die inhaltliche Ausgestaltung des ArbVertrags, die Ausübung seines Direktionsrechts sowie Fragen der Organisation des betrieblichen Arbeitsablaufs. Der BR hat das Gebot nicht nur bei der inhaltlichen Wahrnehmung seiner Mitwirkungs- und MBRechte zu beachten, sondern auch im Zusammenhang mit der neuen Möglichkeit zu prüfen, betriebsverfassungsrechtliche Aufgaben nach § 28a auf eine ArbGruppe zu übertragen. Denn auch die Wahrnehmung dieser Aufgaben erweitert die Selbständigkeit und Eigeninitiative der ArbGruppe und ihrer Mitgl. (vgl. GK-BetrVG/*Kreutz/Jacobs* Rn. 152; *Linde* Aufgaben BR S. 77 ff.; *Tüttenberg* Arbeitsgruppe S. 85; *Löwisch* BB 2001, 1740). Im Rahmen von **Industrie/Arbeit 4.0** sollten ArbGeb. und BR die Bildung von Arbeitsgruppen fördern, denen ArbN angehören, die die Einführung der Digitalisierung im Unternehmen mit planen, organisieren und begleiten, um ein kompetentes Gremium zu schaffen, das diesen schwierigen, komplexen und längerfristigen Prozess im Interesse beider Betriebsparteien zum Erfolg verhelfen kann. 175

Abs. 2 S. 2 gewährt weder dem einzelnen ArbN noch einer ArbGruppe oder ihren Mitgl. einen **einklagbaren Rechtsanspruch** auf eine ihre Selbständigkeit und Eigenverantwortlichkeit anerkennende Gestaltung ihrer Arbeitsbeziehungen und/oder der betrieblichen Organisation oder der Organisation der BRArbeit. Sie werden nur im Wege des Reflexes von dem an ArbGeb. und BR gerichteten Gebot zur Beachtung dieser Grundsätze betroffen. 176

V. Verstöße und Streitigkeiten

§ 75 ist ein **Verbotsgesetz** iSv § 134 BGB. Vereinbarungen zwischen BR und ArbGeb., die gegen diese Vorschrift verstoßen, sind **nichtig.** Entspr. Anordnungen des ArbGeb. sind rechtsunwirksam (DKKW/*Berg* Rn. 142; ErfK/*Kania* Rn. 12; GK-BetrVG/*Kreutz/Jacobs* Rn. 157). Insofern kommt auch ein Leistungsverweigerungsrecht des ArbN in Betracht (DKKW/*Berg* Rn. 142; ErfK/*Kania* Rn. 12; Richardi BetrVG/*Maschmann* Rn. 88; **aA** GK-BetrVG/*Kreutz/Jacobs* Rn. 155). § 75 ist ferner ein **Schutzgesetz** iSv § 823 Abs. 2 BGB. Deshalb können sich bei seiner schuldhaften Verletzung deliktische Schadensersatzansprüche ergeben (BAG 5.4.1984 – 2 AZR 513/82, AP BBiG § 17 Nr. 2; DKKW/*Berg* Rn. 147; HaKo-BetrVG/*Lorenz* Rn. 58; ErfK/*Kania* Rn. 12; **aA** GK-BetrVG/*Kreutz/Jacobs* Rn. 157; Richardi BetrVG/*Maschmann* Rn. 89). 177

Streitigkeiten zwischen ArbGeb. und BR über Inhalt und Beachtung der Rechte und Pflichten nach § 75 sind im **BeschlVerf.** (→ Anh. 3 Rn. 1 ff.) zu entscheiden. 178

Verstößt der ArbGeb. gegen seine Pflichten aus dieser Vorschrift, kann der BR **Feststellungs-, Unterlassungs- und Beseitigungsansprüche,** ggf. im Wege der einstw. Vfg., geltend machen (DKKW/*Berg* Rn. 143; GK-BetrVG/*Kreutz/Jacobs* Rn. 154 bez. Abs. 1; **aA** BAG 28.5.2002 – 1 ABR 32/01, AP BetrVG 1972 § 87 Ordnung des Betriebs Nr. 39; *Wiese* NZA 2006, 1 [4] nur bez. Abs. 1; LAG Nürnberg 31.8.2005 – 6 TaBV 41/05, NZA-RR 2006, 137). Nur der BR ist antragsberechtigt, nicht der einzelne ArbN. Soweit diesem wegen Verletzung des § 75 Ansprüche deliktischer oder vertraglicher Art gegen den ArbGeb. zustehen, sind diese im Urteilsverfahren einzuklagen. Bei groben Verstößen des ArbGeb. gegen § 75 können BR und die im Betrieb vertr. Gewerkschaften auch das Verfahren nach § 23 Abs. 3 einleiten (GK-BetrVG/*Kreutz/Jacobs* Rn. 154).

179 **Verstößt der BR** grob gegen § 75, so kann er nach § 23 Abs. 1 aufgelöst werden (GK-BetrVG/*Kreutz/Jacobs* Rn. 154). Bei einem groben Verstoß einzelner BRMitgl. kommt deren Ausschluss aus dem BR in Betracht (BAG 4.5.1955 – 1 ABR 4/53, AP BetrVG § 44 Nr. 1). UU kann im letzteren Fall auch eine fristlose Kündigung des BRMitgl. gerechtfertigt sein, wenn die Amtspflichtverletzung gleichzeitig eine grobe Verletzung seiner Pflichten aus dem ArbVerh. darstellt. Hierzu ist aber die Zustimmung des BR nach § 103 erforderlich.

§ 76 Einigungsstelle

(1) [1] **Zur Beilegung von Meinungsverschiedenheiten zwischen Arbeitgeber und Betriebsrat, Gesamtbetriebsrat oder Konzernbetriebsrat ist bei Bedarf eine Einigungsstelle zu bilden.** [2] **Durch Betriebsvereinbarung kann eine ständige Einigungsstelle errichtet werden.**

(2) [1] **Die Einigungsstelle besteht aus einer gleichen Anzahl von Beisitzern, die vom Arbeitgeber und Betriebsrat bestellt werden, und einem unparteiischen Vorsitzenden, auf dessen Person sich beide Seiten einigen müssen.** [2] **Kommt eine Einigung über die Person des Vorsitzenden nicht zustande, so bestellt ihn das Arbeitsgericht.** [3] **Dieses entscheidet auch, wenn kein Einverständnis über die Zahl der Beisitzer erzielt wird.**

(3) [1] **Die Einigungsstelle hat unverzüglich tätig zu werden.** [2] **Sie fasst ihre Beschlüsse nach mündlicher Beratung mit Stimmenmehrheit.** [3] **Bei der Beschlussfassung hat sich der Vorsitzende zunächst der Stimme zu enthalten; kommt eine Stimmenmehrheit nicht zustande, so nimmt der Vorsitzende nach weiterer Beratung an der erneuten Beschlussfassung teil.** [4] **Die Beschlüsse der Einigungsstelle sind schriftlich niederzulegen, vom Vorsitzenden zu unterschreiben und Arbeitgeber und Betriebsrat zuzuleiten.**

(4) **Durch Betriebsvereinbarung können weitere Einzelheiten des Verfahrens vor der Einigungsstelle geregelt werden.**

(5) [1] **In den Fällen, in denen der Spruch der Einigungsstelle die Einigung zwischen Arbeitgeber und Betriebsrat ersetzt, wird die Einigungsstelle auf Antrag einer Seite tätig.** [2] **Benennt eine Seite keine Mitglieder oder bleiben die von einer Seite genannten Mitglieder trotz rechtzeitiger Einladung der Sitzung fern, so entscheiden der Vorsitzende und die erschienenen Mitglieder nach Maßgabe des Absatzes 3 allein.** [3] **Die Einigungsstelle fasst ihre Beschlüsse unter angemessener Berücksichtigung der Belange des Betriebs und der betroffenen Arbeitnehmer nach billigem Ermessen.** [4] **Die Überschreitung der Grenzen des Ermessens kann durch den Arbeitgeber oder den Betriebsrat nur binnen einer Frist von zwei Wochen, vom Tage der Zuleitung des Beschlusses an gerechnet, beim Arbeitsgericht geltend gemacht werden.**

(6) [1] **Im Übrigen wird die Einigungsstelle nur tätig, wenn beide Seiten es beantragen oder mit ihrem Tätigwerden einverstanden sind.** [2] **In diesen Fällen er-**

setzt ihr Spruch die Einigung zwischen Arbeitgeber und Betriebsrat nur, wenn beide Seiten sich dem Spruch im Voraus unterworfen oder ihn nachträglich angenommen haben.

(7) **Soweit nach anderen Vorschriften der Rechtsweg gegeben ist, wird er durch den Spruch der Einigungsstelle nicht ausgeschlossen.**

(8) **Durch Tarifvertrag kann bestimmt werden, dass an die Stelle der in Absatz 1 bezeichneten Einigungsstelle eine tarifliche Schlichtungsstelle tritt.**

Inhaltsübersicht

I. Vorbemerkung

Zur Lösung von Meinungsverschiedenheiten zwischen ArbGeb. und BR, die nicht im (vorrangigen) Weg von Verhandlungen (§ 74 Abs. 1 S. 1) beigelegt werden können, sieht § 76 die Bildung einer **betrieblichen E-Stelle** vor. Diese Regelung ist die logische Konsequenz des Verbots von Arbeitskämpfen der Betriebspartner untereinander (§ 74 Abs. 1 S. 2). Andererseits ist eine schlichtende Instanz jedoch erforderlich, wenn man die Mitwirkung und MB des BR ernst nimmt, die ansonsten im Streitfall leerliefe. Die E-Stelle ist das letzte Glied der auf Zusammenarbeit der Betriebspartner angelegten Grundkonzeption des G (§§ 2 Abs. 1, 74, 76). 1

Gegen die Zuständigkeit und Entscheidungskompetenz der E-Stelle bestehen **keine verfassungsrechtlichen Bedenken.** Eine mit Art. 9 Abs. 3 unvereinbare **Zwangsschlichtung** von Streitigkeiten zwischen den TVParteien liegt zum einen schon tatbestandlich **nicht** vor, da die E-Stelle nur Streitigkeiten zwischen den Beriebspartnern zu entscheiden hat. IÜ ist gerade der Vorrang des TV im G ausdrücklich abgesichert (§ 77 Abs. 3, § 87 Eingangssatz). Es liegt auch weder zu Lasten des ArbGeb. (Unternehmers) noch des einzelnen ArbN ein Verstoß gegen **Art. 2, 12** oder **14 GG** vor. Vielmehr stellt die Regelung der MB und der Entscheidungskompetenz der E-Stelle im Streitfall eine zulässige, dem Sozialstaatsprinzip des Art. 20 Abs. 1 GG entspr. Einschränkung und Sozialbindung dieser Grundrechte dar. 2

Dadurch, dass die E-Stelle ihre Entscheidungen stets unter angemessener Berücksichtigung der Belange des Betriebs und der ArbN nach billigem Ermessen zu treffen hat und die Entscheidungen stets der gerichtlichen Kontrolle unterliegen, sind auch keine Verstöße gegen den Grundsatz der **Verhältnismäßigkeit** oder gegen das **Rechtsstaatsprinzip** gegeben. Ein angemessener Spielraum für Entfaltung der Unternehmensinitiativen bleibt gewahrt (BVerfG 18.10.1987 – 1 BvR 1426/83, AP BetrVG 1972 § 87 Auszahlung Nr. 7; BAG 31.8.1982 – 1 ABR 27/80, AP 3

BetrVG 1972 § 87 Arbeitszeit Nr. 8; 18.12.1985 – 1 BvR 143/83, AP BetrVG 1972 § 87 Arbeitszeit Nr. 15; 16.12.1986 – 1 ABR 26/85, AP BetrVG 1972 § 87 Prämie Nr. 8; ErfK/*Kania* Rn. 2; GK-BetrVG/*Jacobs* Rn. 7; Richardi BetrVG/*Richardi*/*Maschmann* Rn. 25; *Moll* Entgelt S. 180ff., 220ff.; einschr. HWGNRH/*Worzalla* § 87 Rn. 81ff., sofern in eigentlich „unternehmerische Entscheidungen" eingegriffen wird).

4 Die E-Stelle ist **kein Gericht und keine Behörde,** vielmehr ein von BR und ArbGeb. gemeinsam gebildetes **Organ der Betriebsverfassung** mit dem Zweck, die MB der ArbN bei der Gestaltung der betrieblichen Ordnung zu gewährleisten. Dazu sind ihr kraft Gesetzes gewisse Befugnisse zur Beilegung von Meinungsverschiedenheiten übertragen (vgl. GK-BetrVG/*Jacobs* Rn. 86ff.). Sie ist eine privatrechtliche innerbetriebliche Schlichtungs- u. Entscheidungsstelle, die ersatzweise Funktionen der Betriebspartner wahrnimmt (BAG 20.8.2014 – 7 ABR 64/12, NZA 2014, 1349; 22.1.1980 – 1 ABR 28/78, AP BetrVG 1972 § 111 Nr. 7; DKKW/*Berg* Rn. 2; GK-BetrVG/*Jacobs* Rn. 88; MHdB ArbR/*Reinhard* § 308 Rn. 4).

5 Dass im Falle des Abs. 2 S. 2 der Vors. durch das ArbG (→ Rn. 25) bestellt wird, spricht ebenso wenig gegen den **innerbetrieblichen Charakter der E-Stelle** wie die Tatsache, dass ihre Mitgl. nicht Angehörige des Betriebs zu sein brauchen (BAG 6.4.1973 – 1 ABR 20/72, AP BetrVG 1972 § 76 Nr. 1; **aA** Richardi BetrVG/*Richardi*/*Maschmann* Rn. 6). Das G behandelt die E-Stelle ganz offensichtlich als betriebliche Institution; deshalb auch ihre Einschaltung in § 109 im Hinblick auf die Eigenart der dort zu behandelnden betriebsvertraulichen Angelegenheiten.

6 Ist ein **GesBR** errichtet (§§ 47ff.), so gelten die Vorschriften des § 76 entspr. für die Bildung von E-Stellen für das Unternehmen, sofern der GesBR zuständig ist (§§ 50, 51 Abs. 6; LAG Düsseldorf 3.7.2002 – 12 TaBV 22/02, NZA-RR 2003, 83). Gleiches gilt für den **KBR** (§§ 58, 59 Abs. 1, 51 Abs. 6). Auch für die ArbNVertr. nach § 3 Abs. 1 Nr. 2 u. 3 gilt § 76 entspr., da sie an die Stelle des BR treten (vgl. § 3 Abs. 5). Die ArbNVertr. nach § 3 Abs. 1 Nr. 1 ist ein BR iSd Gesetzes; für ihn gilt § 76 unmittelbar.

7 Die Vorschrift gilt **nicht** für die JAV, die GesJAV und die KJAV, da diese nicht Träger von Beteiligungsrechten sind. Die Vorschrift gilt ferner nicht bei einer fehlenden Einigung zwischen ArbGeb. und einer ArbGruppe, der nach § 28a die Wahrnehmung betriebsverfassungsrechtlicher Aufgaben übertragen worden ist; in diesem Falle fällt die Regelung der konkreten umstrittenen Angelegenheit an den BR zurück (vgl. § 28a Abs. 2 S. 3 u. dortige Kommentierung). Zu gewissen **Besonderheiten** bei der Bildung und Zuständigkeit der E-Stelle in Betrieben der privatisierten Postunternehmen → Rn. 18, 27, 98, 182.

8 Entsprechende Vorschrift: § 71 BPersVG.

II. Bildung der Einigungsstelle

1. Errichtung

9 Die E-Stelle ist **keine** zwingend vorgeschriebene **Dauereinrichtung,** vielmehr braucht sie nur dann gebildet zu werden, wenn ein Bedürfnis für ein derartiges betriebliches Schlichtungsorgan besteht (*Wenning-Morgenthaler* Einigungsstelle Rn. 29). Vor der Anrufung der E-Stelle haben ArbGeb. und BR gem. § 74 Abs. 1 S. 1 über strittige Fragen mit dem ernsten Willen zur Einigung zu verhandeln und Vorschläge für die Beilegung des Streites zu machen (→ § 74 Rn. 9; LAG BW 4.10.1984 – 11 Ta BV 4/84, NZA 1985, 163; LAG Düsseldorf 22.2.1985 – 2 TaBV 1/85, DB 1985, 764; ErfK/*Kania* Rn. 3; weitergehend *Tschöpe* NZA 2004, 945, sofortige Anrufung der E-Stelle, wenn Verhandlungen für aussichtslos gehalten werden).

10 Durch eine freiwillige, nicht erzwingbare BV ist die Bildung einer **ständigen E-Stelle** möglich (DKKW/*Berg* Rn. 6f.; HWGNRH/*Worzalla* Rn. 29ff.); durch

Spruch der E-Stelle kann sie weder erzwungen (LAG Bln-Bbg 23.6.2008 – 10 TaBV 303/08, BeckRS 2008, 56541) noch ihre Besetzung gegen den Willen einer Betriebspartei festgelegt werden (BAG 26.8.2008 – 1 ABR 16/07, AP BetrVG 1972 § 75 Nr. 54; *Kühn* BB 2009, 2651). Die Zuständigkeit einer ständigen E-Stelle kann auf bestimmte Angelegenheiten beschränkt werden, etwa weil bei ihnen häufig Streitfälle auftreten oder weil sie bes. fachspezifische Kenntnisse erfordern, zB Einführung und Anwendung von komplexen EDV-Systemen (DKKW/*Berg* Rn. 7; ErfK/*Kania* Rn. 5). Auch wenn eine ständige E-Stelle gebildet worden ist, können sich die Betriebspartner vorbehalten, die Person der Beisitzer je nach dem zu regelnden Sachverhalt zu wechseln.

Eine ständige E-Stelle bietet zwar den Vorteil einer schnellen Entscheidung im Streitfall, birgt aber auch die Gefahr einer **voreiligen Verlagerung** der Entscheidung auf sie in sich, ohne dass die Betriebspartner selbst dem Gebot des § 74 Abs. 1 S. 2 entspr. alle Verhandlungsmöglichkeiten ausgeschöpft haben. In der Praxis kommen ständige E-Stellen äußerst selten vor (*Hase* Einigungsstellen-HdB S. 39ff.). Keine ständige E-Stelle ist eine durch BV errichtete Schiedsstelle, die nicht entspr. Abs. 2 S. 1 zusammengesetzt ist (BAG 19.5.1978 – 6 ABR 25/75, AP BetrVG 1972 § 88 Nr. 1). 11

2. Zusammensetzung

Die E-Stelle besteht aus einer **gleichen Zahl von Beisitzern,** die jeweils vom ArbGeb. und BR bestellt werden, und einem **unparteiischen Vors.** (Abs. 2 S. 1). Sie hat also stets eine ungerade Zahl von Mitgl. Obwohl mit dem in Abs. 5 S. 2 verwandten Begriff „Mitglieder“ nur die Beisitzer gemeint sind, gehört auch der Vors. zu den Mitgl. der E-Stelle (GK-BetrVG/*Jacobs* Rn. 36). Die §§ 78, 79 Abs. 2 u. 119 Abs. 1 Nr. 3 gelten auch für ihn. 12

a) Beisitzer

Die Beisitzer werden je zur Hälfte durch den BR und den ArbGeb. (in den Fällen der §§ 109 u. 112 durch den Unternehmer) bestellt. Die Bestellung der vom BR zu benennenden Beisitzer erfolgt durch **Beschluss,** der den allgemeinen Wirksamkeitsvoraussetzungen entsprechen muss (BAG 13.5.2015 – 2 ABR 38/14, NZA 2016, 116; 10.10.2007 – 7 ABR 51/06, NZA 2008, 369; GK-BetrVG/*Jacobs* Rn. 46; *Faulenbach* NZA 2012, 953 [954]). 13

Bes. **persönliche Voraussetzungen** stellt das G nicht auf. Insbes. brauchen die Beisitzer weder unparteiisch zu sein noch dem Betrieb anzugehören. Ihre Auswahl bleibt vielmehr dem ArbGeb. bzw. dem BR überlassen (LAG Düsseldorf, EzA § 76 BetrVG 1972 Nr. 30; *Ehrich/Fröhlich* Einigungsstelle S. 27). Es können daher **auch Verbandsvertr.** als Beisitzer bestellt werden (BAG. 14.12.1988 – 7 ABR 73/87, AP BetrVG 1972 § 76 Nr. 30; DKKW/*Berg* Rn. 30; GK-BetrVG/*Jacobs* Rn. 47f.; Richardi BetrVG/*Richardi/Maschmann* Rn. 45). 14

Maßgebend für die Auswahlentscheidung ist das **Vertrauen,** dass diese Personen als Beisitzer die Interessen der ArbN oder des ArbGeb. in Verhandlungen mit der anderen Seite wahren und durch das Erarbeiten von Kompromissen eine für beide Betriebsparteien annehmbare Konfliktlösung erarbeiten. Diesen ist es folglich **verwehrt,** Personen als Beisitzer von E-Stellen zu benennen, die mangels entspr. Kenntnisse und Erfahrungen und wegen fehlender Kompromissbereitschaft offensichtlich **ungeeignet** sind, über die der E-Stelle zugrunde liegende Regelungsmaterie zu entscheiden (BAG 13.5.2015 – 2 ABR 38/14, NZA 2016, 116; 20.8.2014 – 7 ABR 64/12, NZA 2014, 1349; 28.5.2014 – 7 ABR 36/12, NZA 2014, 1213). 14a

In seiner Auswahlentscheidung ist der BR frei und nicht auf einen bestimmten Personenkreis beschränkt. Er kann **betriebsfremde (externe)** Personen zu Beisitzern bestellen und nicht nur dann, wenn deren Benennung erforderlich ist (BAG 15

13.5.2015 – 2 ABR 38/14, NZA 2016, 116; 28.5.2014 – 7 ABR 36/12, NZA 2014, 1213). Über Externe können notwendige arbeitsrechtliche und betriebswirtschaftliche Spezialkenntnisse in die E-Stelle geholt werden (BAG 20.8.2014 – 7 ABR 64/12, NZA 2014, 1349; *Ehrich/Fröhlich* Einigungsstelle S. 29). ArbGeb. (im Insolvenzfall auch der Insolvenzverwalter) und der BR können sich auch selbst bzw. BRMitgl. zu Mitgl. der E-Stelle bestellen (hM; BAG 6.5.1986 – 1 AZR 553/84, AP HGB § 128 Nr. 8; *Faulenbach* NZA 2012, 953 [954]). Bei Bildung einer E-Stelle im Laufe des Insolvenzverfahrens besteht keine Verpflichtung, Vertreter der Gläubiger zu Mitgl. der E-Stelle zu bestellen (BAG 6.5.1986 – 1 AZR 553/84, AP HGB § 128 Nr. 8).

15a Der BR kann als **externe** Beisitzer **BRMitgl. anderer Betriebe** des ArbGeb. bestellen, ohne dass diese ihre arbeitsvertragliche Pflicht zur Rücksichtnahme nach § 241 Abs. 2 BGB verletzten. Denn die vom BR bestellten Beisitzer vertreten die Interessen der vom Regelungsgegenstand der E-Stelle betroffenen ArbN nicht mangels Loyalität gegenüber dem ArbGeb., sondern aufgrund der ihnen vom G zugewiesenen Rolle (BAG 13.5.2015 – 2 ABR 38/14, NZA 2016, 116).

16 Die Gegenseite kann die von einer Seite bestellten **Beisitzer nicht ablehnen** (BAG 13.5.2015 – 2 ABR 38/14, NZA 2016, 116 mwN; Richardi BetrVG/*Richardi/Maschmann* Rn. 49), auch nicht wegen angeblicher Befangenheit (BAG 6.4.1973 – 1 ABR 20/72, AP BetrVG 1972 § 76 Nr. 1; LAG BW 4.9.2001, ArbuR 2002, 151; DKKW/*Berg* Rn. 29, 33; ErfK/*Kania* Rn. 9; GK-BetrVG/*Jacobs* Rn. 49; SHP Einigungsstelle S. 52; einschr. dahingehend, dass nur solche Beisitzer bestellt werden dürfen, von denen zu erwarten ist, dass sie wichtige Interessen der anderen Seite nicht verletzen HWGNRH/*Worzalla* Rn. 50; MHdB ArbR/*Reinhard* § 308 Rn. 27). Die Bestellung eines ArbN des Betriebs zum Mitgl. der E-Stelle ist nicht deswegen unzulässig (wenn auch idR unzweckmäßig), weil er durch die umstrittene Angelegenheit in seinen persönlichen Interessen berührt wird, zB in den Fällen des § 38 Abs. 2 S. 4, § 87 Abs. 1 Nr. 9, § 98 Abs. 4 S. 1 oder § 102 Abs. 6 (LAG Düsseldorf 3.4.1981, EzA § 76 BetrVG 1972 Nr. 30; DKKW/*Berg* Rn. 33; ErfK/*Kania* Rn. 9; GK-BetrVG/*Jacobs* Rn. 47; *Wenning-Morgenthaler* Einigungsstelle Rn. 123).

17 Jede Seite kann die von ihr bestellten Beisitzer wieder **abberufen** und durch andere ersetzen, wenn sie nicht mehr ihr Vertrauen besitzen (ErfK/*Kania* Rn. 10; GK-BetrVG/*Jacobs* Rn. 53; *Hennige* Verfahrensrecht S. 238; SHP Einigungsstelle S. 90; *Faulenbach* NZA 2012, 953 [956]).

18 Soweit in **privatisierten PostAGn** bei Meinungsverschiedenheiten über bestimmte Personalangelegenheiten der bei ihnen selbst beschäftigten Beamten oder der ihren Tochter-, Enkel- und Beteiligungsgesellschaften zugewiesenen Beamten (→ § 14 Rn. 85 ff.; → § 27 Rn. 75; → § 99 Rn. 331) eine Einigungsstelle zu bilden ist (→ § 99 Rn. 316 ff.), werden ihre vom BR zu benennenden Mitgl. nur von den Beamtenvertr. im BR bestellt, wenn die Beamten im BR durch eine eigene Gruppe vertreten sind (→ § 14 Rn. 76 ff.). Ist letzteres nicht der Fall, muss von den vom BR zu bestellenden Mitgl. mindestens einer Beamter sein (vgl. § 30 PostPersRG). Diese Sonderregelung gilt nur für privatisierte PostAGn, nicht für die übrigen privatrechtlich organisierten Unternehmen und Betriebe, in denen Beamte eingesetzt sind (→ § 5 Rn. 316 ff.).

19 Über die **Zahl der Beisitzer** sagt das G (im Gegensatz zu § 71 Abs. 1 S. 2 BPersVG: je drei Beisitzer) nichts aus. Lediglich der Grundsatz der Parität ist in Abs. 2 S. 1 vorgeschrieben. Für die Festlegung der Zahl der Beisitzer wird es stets auf die **Besonderheit** des anstehenden Streitfalls ankommen. Insbes. bei schwierigen oder komplexen Streitfällen, bei denen bes. Fachkenntnisse gefordert werden oder bei Streitfällen mit weitreichenden Auswirkungen, kann eine höhere Beisitzerzahl geboten sein. Auch dürfte die Größe des Betriebs zu berücksichtigen sein. Das gilt allerdings nicht, wenn es um eine in ihren Auswirkungen relativ unbedeutende Angelegenheit geht (LAG Düsseldorf 8.5.2018 – 3 TaBV 15/18 – BeckRS 2018, 10882: Schulungsmaßnahme).

Im **Regelfall** (den gibt es nach *Wenning-Morgenthaler* Einigungsstelle Rn. 137 nicht) wird eine Besetzung mit **zwei** Beisitzern für **jede Seite** erforderlich, aber auch ausreichend sein (LAG Düsseldorf 8.5.2018 – 3 TaBV 15/18 – BeckRS 2018, 10882 Anm *Weller/Reuther* BB 2019, 1268f.; LAG Bln-Bbg 23.7.2015 – 26 TaBV 857/15, BeckRS 2015, 72882; LAG Nds 15.8.2006 – 1 TaBV 43/06, NZA-RR 2006, 644 mwN, NZA-RR 2006, 306; ErfK/*Kania* Rn. 8; GK-BetrVG/*Jacobs* Rn. 39; *Ehrich/Fröhlich* Einigungsstelle S. 27; **aA** nur je einen Beisitzer LAG SchlH 28.9.1983 – 5 TaBV 30/83, DB 1984, 1530; 13.9.1990 – 4 TaBV 19/90, DB 1991, 287; HessLAG 3.11.2009 – 4 TaBV 185/09, NZA-RR 2010, 359 bei Beschwerde gem. § 85 Abs. 2; MHdB ArbR/*Reinhard* § 308 Rn. 25, 43; **weitergehend** idR drei Beisitzer: DKKW/*Berg* Rn. 27f.; *Hennige* Verfahrensrecht S. 113; SHP Einigungsstelle S. 49; wohl auch *Friedemann* Einigungsstelle Einigungsstelle Rn. 126; für vier Beisitzer bei komplexem Sachverhalt LAG Hmb 13.1.1999 – 4 TaBV 9/98, AiB 1999, 221; s. Beispiele bei SHP Einigungsstelle S. 49f., 89f.). 20

Der Betriebspartner, der von der **Regelbesetzung abweichen** will, muss die hierfür erforderlichen Tatsachen (zB Komplexität des zu regelnden Sachverhalts, Anzahl der betr. ArbN oder ArbNGruppen, schwierige Rechtsfragen, Zumutbarkeit der E-Stellenkosten) anführen (LAG Nds 15.8.2006 – 1 TaBV 43/06, NZA-RR 2006, 644). Bestellt der BR neben einem Gewerkschaftsvertr. einen Rechtsanwalt und einen weiteren gleich qualifizierten Rechtsanwalt derselben Kanzlei, kann dies sachwidrig und unvereinbar mir dem Grundsatz der vertrauensvollen Zusammenarbeit nach § 2 Abs. 1 sein. 20a

Können sich die Betriebspartner über die Anzahl der Beisitzer **nicht einigen,** so wird diese auf Antrag vom ArbG festgelegt (vgl. § 100 ArbGG; Näheres zu diesem Verfahren → Rn. 25ff.). Dabei ist das ArbG an eine vorgeschlagene Zahl nicht gebunden (LAG BW 26.6.2002 – 9 TaBV 3/02, NZA-RR 2002, 523). Antragsberechtigt sind nur der ArbGeb. und der BR (bzw. im Rahmen ihrer Zuständigkeit der GesBR oder KBR). In den Fällen der erzwingbaren MB (→ Rn. 95ff.) reicht grds. der Antrag eines Antragsberechtigten aus (→ Rn. 100). Das ArbG hat nur die Zahl, nicht die Person der Beisitzer festzulegen (hM). Auch wenn die Zahl der Beisitzer vom ArbG festgelegt worden ist, steht es ArbGeb. und BR frei, sich nachträglich auf eine andere Beisitzerzahl zu verständigen (DKKW/*Berg* Rn. 86; GK-BetrVG/*Jacobs* Rn. 45; SHP Einigungsstelle S. 91). 21

Die Bestellung von **stellvertr. Beisitzern** regelt das G nicht. Bedenken hiergegen bestehen nicht, zumal es jeder Seite überlassen bleibt, ob sie als Ersatz für ausfallende Beisitzer Neubestellungen vornehmen oder durch Benennung von Stellvertr. für solche Fälle vorbeugen will (DKKW/*Berg* Rn. 34; GK-BetrVG/*Jacobs* Rn. 53; Richardi BetrVG/*Richardi/Maschmann* Rn. 80; *Ehrich/Fröhlich* Einigungsstelle S. 28; *Wenning-Morgenthaler* Einigungsstelle Rn. 130; einschr. *Tschöpe* NZA 2004, 945 [948]). Stellvertr. Beisitzer gehören bis zu ihrem Nachrücken nicht der E-Stelle an und dürfen deshalb auch nicht bei ihren Verhandlungen und Beratungen anwesend sein (GK-BetrVG/*Jacobs* Rn. 50; *Friedemann* Einigungsstelle Rn. 128, → Rn. 73f.). 22

b) Vorsitzender

Über die **Person des Vors.** sagt Abs. 2 S. 1 nur aus, dass er **unparteiisch** sein muss. Seine Unparteilichkeit ist die zentrale Anforderung an ihn (LAG Düsseldorf 25.8.2014 – 9 TaBV 39/14, NZA-RR 2014, 647). Sie festzustellen, ist in erster Linie Sache der Beteiligten. Haben sich ArbGeb. und BR auf die Person des Vors. verständigt, so ist von seiner Unabhängigkeit auszugehen (GK-BetrVG/*Jacobs* Rn. 52; Richardi BetrVG/*Richardi/Maschmann* Rn. 55; *Ehrich/Fröhlich* Einigungsstelle S. 18). In diesem Fall bestehen auch keine Bedenken dagegen, dass der Vors. dem Betrieb angehört, obwohl im Allgemeinen ein Außenstehender geeigneter und unbefangener sein dürfte (DKKW/*Berg* Rn. 19; GK-BetrVG/*Jacobs* Rn. 55; HWGNRH/*Worzalla* 23

Rn. 53; **aA** *Schack* Einigungsstellenvorsitzender S. 61; Schaub ArbR-HdB/*Koch* § 232 Rn. 11; *Heinze* RdA 1990, 268). ArbGeb. und BR brauchen die Bestellung nicht persönlich vorzunehmen, sondern können sie auf die von ihnen benannten Beisitzer der E-Stelle delegieren (Richardi BetrVG/*Richardi/Maschmann* Rn. 50; GK-BetrVG/*Jacobs* Rn. 54).

24 Dem Vors. kommt sowohl im Hinblick auf seine schlichtende als notfalls auch streitentscheidende Funktion (→ Rn. 79ff.) eine **Schlüsselrolle** iRd E-Stellenverfahrens zu. Neben seiner Unparteilichkeit sind deshalb seine Rechts- und Fachkenntnisse, seine Einsichtsfähigkeit, seine Unabhängigkeit und sein Verhandlungsgeschick von wesentlicher Bedeutung (vgl. *Ehrich/Fröhlich* Einigungsstelle S. 18; SHP Einigungsstelle S. 44; *Wenning-Morgenthaler* Einigungsstelle Rn. 86ff.; *Francken* NZA 2008, 750; *Sasse* DB 2015, 2817, 2820). Es bestehen keine Bedenken, unter den Voraussetzungen des § 40 DRiG auch Richter zum Vors. der E-Stelle zu bestellen (LAG Köln 21.8.1984 – 2 TaBV 27/84, DB 1985, 135; LAG Hmb 7.3.1985 – 1 TaBV 1/84, DB 1985, 1798; GK-BetrVG/*Jacobs* Rn. 64). Jedoch gilt dies nicht für Richter, bei denen auf Grund der Geschäftsverteilung nicht ausgeschlossen werden kann, dass sie mit der Auslegung, Überprüfung oder Anwendung des Spruches der E-Stelle befasst werden (so jetzt ausdrücklich § 100 Abs. 1 S. 5 ArbGG; *Schack* Einigungsstellenvorsitzender S. 14; SHP Einigungsstelle S. 46ff.). Richter bedürfen zur Übernahme dieser Nebentätigkeit ebenso wie Beamte der Genehmigung. Eine Verpflichtung zur Übernahme des Amtes besteht nicht (ErfK/*Kania* Rn. 7).

25 Können sich ArbGeb. und BR nicht auf die Person des Vors. verständigen, wird dieser **auf Antrag** durch das ArbG bestellt (vgl. Abs. 2. S. 2). Dies gilt sowohl im freiwilligen wie im erzwingbaren E-Stellenverfahren (→ Rn. 95ff.). Bei dieser Entscheidung des ArbG handelt es sich um einen richterlichen Akt, der in seinem materiellen Gehalt der Bestellung des Vereinsvorstands durch das Amtsgericht (§ 29 BGB) entspricht. Für die Bestellung des Vors. der E-Stelle kommt es nicht darauf an, ob der ArbGeb. oder BR seinen Vorschlag für den E-Stellenvorsitz zuerst gemacht oder bei Gericht eingebracht hat. Vielmehr ist auch dann, wenn keine konkreten Einwendungen gegen den Kandidaten der jeweiligen Gegenseite vorgebracht werden, regelmäßig ein Dritter zu bestellen, um eine Belastung des nachfolgenden ES-Verfahrens zu vermeiden (LAG Hamm 10.8.2015 – 7 TaBV 43/15, BeckRS 2015, 71472; LAG Düsseldorf 25.8.2014 – 9 TaBV 39/14, NZA-RR 2014, 647; *Sasse* DB 2015, 2817, 2820).

25a Zuständig für die Bestellung des E-StellenVors. ist das ArbG am Sitz des Betriebs, bei Zuständigkeit des GesBR das ArbG am Sitz des Unternehmens (§ 82 ArbGG). Die Entscheidung trifft der Vors. der nach der Geschäftsverteilung zuständigen Kammer allein (§ 100 Abs. 1 S. 1 ArbGG). Für das Verfahren gelten §§ 80–84 ArbGG über das BeschlVerf., → Anh. 3 Rn. 1ff.) entspr., jedoch sind die Einlassungs- und Ladungsfristen auf 48 Stunden abgekürzt (§ 100 Abs. 1 S. 3 ArbGG).

26 Dem beteiligten ArbGeb. und BR ist **rechtliches Gehör** zu gewähren. Mit ihrem Einverständnis kann eine Entscheidung ohne mündliche Verhandlung ergehen. Nicht zu beteiligen ist der vorgeschlagene oder in Aussicht genommene Vors. der E-Stelle (LAG Bln 22.6.1998 – 9 TaBV 3/98, NZA-RR 1999, 34). Der Vors. der Kammer hat seine Entscheidung den Beteiligten möglichst innerhalb von zwei Wochen, spätestens jedoch innerhalb von vier Wochen nach Eingang des Antrags zuzustellen (§ 100 Abs. 1 S. 6 ArbGG).

27 Kommt in den **privatisierten PostAGn** bei der Bildung der E-Stelle zur Beilegung von Meinungsverschiedenheiten in bestimmten Personalangelegenheiten der Beamten (→ Rn. 18; → § 99 Rn. 317ff., 327ff.) keine Einigung über die Person des Vors. zustande, wird dieser in Anlehnung an § 71 Abs. 1 S. 3 BPersVG vom Präsidenten des zuständigen Verwaltungsgerichts bestellt (§ 30 S. 2 PostPersRG).

28 Im E-**Stellenbestellungsverfahren** hat das ArbG nur die in Abs. 2 S. 2 u. 3 genannten Entscheidungen zu treffen, dh einen unparteiischen und geeigneten **Vors.** zu bestellen und/oder die **Anzahl** der **Beisitzer** festzulegen. Der Antragsteller muss überdies hinreichend konkret angeben, über welchen **Gegenstand** in der **E-Stelle** verhandelt werden soll, damit das ArbG prüfen kann, ob eine offensichtliche Unzuständigkeit der E-Stelle (→ Rn. 31 f.) besteht (LAG SchlH 21.1.2014 – 1 TaBV 47/13, BeckRS 2014, 67279; *Faulenbach* NZA 2012, 953; → Rn. 62, 65). Soweit sich weder aus dem Antrag noch aus seiner Begründung ableiten lässt, welche Regelungsgegenstände der Zuständigkeitsrahmen der E-Stelle umfassen soll, ist der Antrag wegen nicht hinreichender Bestimmtheit (§ 253 Abs. 2 Nr. 2 ZPO) unzulässig (HessLAG 11.9.2012 – 4 TaBV 192/12, BeckRS 2012, 75677; LAG RhPf 8.3.2012 – 11 TaBV 5/12, BeckRS 2012, 67726).

Der Beschluss des ArbG über die Errichtung und Zusammensetzung der E-Stelle **28a** legt deren **Kompetenzrahmen** fest, an den sie gebunden ist. Die E-Stelle kann darüber hinaus nur dann weitere Angelegenheiten verhandeln, wenn sich hierauf die beiden Betriebsparteien – nicht die Beisitzer der E-Stelle – verständigt haben (LAG SchlH 21.1.2014 – 1 TaBV 47/13, BeckRS 2014, 67279). Das gilt grds. auch dann, wenn hochrangige Funktionsträger beider Seiten (zB GmbH-Geschäftsführer und BRVors.) Beisitzer sind (BAG 15.5.2001 – 1 ABR 39/00, NZA 2001, 1154; *Faulenbach* NZA 2012, 953).

Auch muss ein **Rechtsschutzinteresse** vorliegen (LAG Düsseldorf 25.8.2014 – **28b** 9 TaBV 39/14, NZA-RR 2014, 647; LAG München 4.4.2007 – 8 TaBV 13/07, NZA-RR 2008, 71). Das kann zu verneinen sein, wenn in dem unterbreiteten Streitfall nicht einmal der **Versuch** einer gütlichen **Einigung** unternommen worden ist (BAG 18.3.2015 – 7 ABR 4/13, NZA 2015, 954; Richardi BetrVG/*Richardi/Maschmann* Rn. 64; SHP Einigungsstelle S. 67 f.; *Friedemann* Einigungsstelle Rn. 93 f.; JRH/*Trappehl/Wolff* Kap. 8 Rn. 14; weitergehend *Tschöpe* NZA 2004, 945, sofortige Anrufung der E-Stelle, wenn Verhandlungen für aussichtslos gehalten werden).

Die Anforderungen an einen solchen Versuch dürfen jedoch nicht überspannt **29** werden (LAG Bln-Bbg 23.7.2015 – 26 TaBV 857/15, BeckRS 2015, 72882; LAG RhPf 8.3.2012 – 11 TaBV 5/12, BeckRS 2012, 67726; *Sasse* DB 2015, 2817, 2818 f.). So ist **beharrliches Schweigen** auf Vorschläge einer Seite oder monatelanges **Hinhalten** ebenso als Scheitern der Verhandlung anzusehen wie eine pauschale Ablehnung von (Weiter-)Verhandlungen (LAG Düsseldorf 25.8.2014 – 9 TaBV 39/14, NZA-RR 2014, 647 mwN; LAG Bln-Bbg 9.4.2014 – 4 TaBV 638/14, BeckRS 2014, 71378). Lässt sich eine Seite auf (weitere) Verhandlungen nicht ein, entfällt das Rechtsschutzinteresse im Bestellungsverfahren nicht dadurch, dass sie nunmehr Verhandlungsbereitschaft signalisiert (LAG BW 16.10.1991 – 12 TaBV 10/91, NZA 1992, 186).

Ein ArbGeb., der eine **AuswahlRL** zur Sozialauswahl bei betriebsbedingten Kün- **29a** digungen anstrebt, ist nicht verpflichtet, von diesem begrenzten Regelungsgegenstand Abstand zu nehmen, wenn der BR im Gegenzug eine Verhandlung über eine umfassende AuswahlRL nach § 95 fordert. Er kann die Verhandlungen für gescheitert erklären (LAG RhPf 8.3.2012 – 11 TaBV 5/12, BeckRS 2012, 67726).

Das ArbG hat grds. **nicht** die Vorfrage zu prüfen, ob eine **Zuständigkeit der E-** **30** **Stelle** für die anstehende Streitfrage gegeben ist. Eine Prüfung dieser nicht selten schwierigen Frage wäre nicht mit dem Zweck des Bestellungsverfahrens, die schnelle Bildung der E-Stelle zu ermöglichen, vereinbar (BAG 24.11.1981 – 1 ABR 42/79, AP BetrVG 1972 § 76 Nr. 11; LAG Düsseldorf 25.8.2014 – 9 TaBV 39/14, NZA-RR 2014, 647; GK-BetrVG/*Jacobs* Rn. 68). Außerdem hat die E-Stelle ihre Zuständigkeit vor einer Sachentscheidung selbst zu prüfen (→ Rn. 113).

Das ArbG darf die Bestellung nur ablehnen, wenn eine **Zuständigkeit der E-** **31** **Stelle offensichtlich nicht** gegeben ist (vgl. § 100 Abs. 1 S. 2 ArbGG). Dies ist dann anzunehmen, wenn nach fachkundiger Beurteilung des vorgetragenen Sachverhalts durch das ArbG schon auf den ersten Blick eine Zuständigkeit der E-Stelle unter keinem denkbaren rechtlichen Gesichtspunkt als möglich erscheint, insbes. (aber nicht nur) wenn ein erzwingbares MBR des BR offensichtlich nicht besteht (LAG RhPf 27.4.2017 – 6 TaBV 26/16, BeckRS 2017, 123591; Düsseldorf 25.8.2014 –

9 TaBV 39/14, NZA-RR 2014, 647; GK-BetrVG/*Jacobs* Rn. 70ff.; HWGNRH/*Worzalla* Rn. 22; *Sasse* DB 2015, 2817, 1818; s. Beispiele bei SHP Einigungsstelle S. 76ff.). Für die Prüfung der offensichtlichen Unzuständigkeit der E-Stelle und für die Beurteilung des Scheiterns der Verhandlungen ist der Zeitpunkt des letzten Anhörungstermins maßgeblich (LAG Bln-Bbg 23.7.2015 – 26 TaBV 857/15, BeckRS 2015, 72882).

32 Dagegen ist die E-Stelle **nicht offensichtlich** unzuständig, wenn ein „bunter Strauß" möglicher Regelungen und Maßnahmen in Betracht kommt (LAG Hamm 18.12.2009 – 13 TaBV 52/09, BeckRS 2010, 66756). Gleiches gilt, wenn eine in der Instanz-Rspr. und Literatur strittige MBFrage noch nicht höchstrichterlich entschieden ist (LAG SchlH 19.12.2006 – 6 TaBV 14/06, DB 2007, 924; zu **§ 13 AGG** s. HessLAG 8.5.2007 – 4 TaBV 70/07, NZA-RR 2007, 637; LAG Hmb 17.4.2007 – 3 TaBV 6/07, NZA-RR 2007, 413; zum Spruch einer E-Stelle s. NZA 2008, 95; *Westhauser/Sediq* NZA 2008, 78ff.; aber → § 87 Rn. 75). Zum evt. Informationsdurchgriff des WiAusschusses gegenüber einer Konzernholding gem. § 109: LAG Nds 3.11.2009 – 1 TaBV 63/09, NZA-RR 2010, 142; → § 109 Rn. 2.

33 Bei der Beurteilung einer offensichtlichen Unzuständigkeit der E-Stelle ist zwischen **erzwingbaren** und **freiwilligen E-Stellenverfahren** (→ Rn. 67ff.) zu **unterscheiden:** Im ersteren Fall liegt eine offensichtliche Unzuständigkeit nur vor, wenn die Streitigkeit klar erkennbar unter keinen mitbestimmungspflichtigen Tatbestand subsumiert werden kann (LAG Bln 18.2.1980 – 9 TaBV 5/79, AP ArbGG 1979 § 98 Nr. 1; LAG BW 4.10.1984 – 11 Ta BV 4/84, NZA 1985, 163; LAG Düsseldorf 4.11.1988 – 17 (6) TaBV 114/88, NZA 1989, 146; LAG Hamm 19.9.1995 – 13 TaBV 101/95, LAGE § 98 ArbGG 1979 Nr. 28; GK-BetrVG/*Jacobs* Rn. 70) oder wenn bei einem mitbestimmungspflichtigen Tatbestand offensichtlich eine abschließende das MBR ausschließende tarifliche Regelung besteht (LAG Köln 17.8.2000 – 6 TaBV 46/00, NZA-RR 2001, 481).

33a Werden **verschiedene Regelungskomplexe,** für die **zum Teil** die E-Stelle **offensichtlich nicht zuständig** ist, unter einem Regelungsgegenstand im Antrag zusammengefasst, kommt die Einsetzung einer E-Stelle zu dem beantragten Regelungsgegenstand nicht in Betracht. Ob einzelne Regelungsgegenstände aus dem Antrag herausgelöst werden und zum Thema der E-Stelle gemacht werden können, hängt vom Einzelfall und insbes. dem erkennbaren oder artikulierten Willen des Antragstellers ab (LAG SchlH 21.1.2014 – 1 TaBV 47/13, BeckRS 2014, 67279).

33b Bei einem **freiwilligen E-Stellenverfahren** kommt eine offensichtliche Unzuständigkeit nur in Betracht, wenn das Einverständnis eines Betriebspartners zur Durchführung des Verfahrens fehlt oder die der E-Stelle zur Entscheidung unterbreitete Streitfrage außerhalb der Regelungskompetenz der Betriebspartner liegt (→ Rn. 108).

34 Um dem ArbG diese Prüfung zu ermöglichen, muss der **Antrag begründet,** dh ein konkreter Sachverhalt dargelegt werden, über den ein Regelungsstreit zwischen den Betriebspartnern besteht (LAG Düsseldorf 21.8.1987 – 9 Ta BV 132/86, NZA 1988, 211; HessLAG 31.1.2006, ArbuR 2006, 214; GK-BetrVG/*Jacobs* Rn. 62). Nur über diesen Sachverhalt darf die E-Stelle entscheiden, sofern nicht die Beteiligten mit einem weitergehenden Tätigwerden einverstanden sind (HessLAG 13.11.1984 – 4 TaBV 39/84, DB 1985, 1535; DKKW/*Berg* Rn. 111; *Bengelsdorf* BB 1991, 619).

35 Die Beschränkung der Prüfung der Unzuständigkeit der E-Stelle auf den Maßstab der Offensichtlichkeit bezieht sich nicht nur auf die Rechtsfrage, ob der E-Stelle in der umstrittenen Angelegenheit eine Entscheidungskompetenz zusteht, sondern auch auf **andere rechtliche Vorfragen** und maßgeblichen **Tatsachen,** die bei der Bildung der E-Stelle zu beachten sind (vgl. hierzu HessLAG 15.6.1984 – 14/5 TaBV 8/84, NZA 1985, 33; LAG Köln 24.10.1996 – 6 TaBV 59/96, ArbuR 1997, 168; HessLAG 15.7.2008 – 4 TaBV 128/08, BeckRS 2008, 57221; GK-BetrVG/*Jacobs*

Rn. 74; SHP Einigungsstelle S. 79; *Lerch/Weinbrenner* NZA 2015, 1228 [1229]; nach DKKW/*Berg* Rn. 65 soll dies für alle im Zusammenhang mit der Bildung der E-Stelle zu prüfenden Fragen gelten; **aA** LAG Nds 8.6.2007 – 1 TaBV 27/07, BeckRS 2007, 46077; LAG Düsseldorf 21.8.1987 – 9 Ta BV 132/86, NZA 1988, 211, NZA-RR 1998, 319; Richardi BetrVG/*Richardi/Maschmann* Rn. 65; *Hennige* Verfahrensrecht S. 90ff.). Es würde dem mit § 100 ArbGG verfolgten Zweck, eine schnelle Bildung der E-Stelle zu erreichen, nicht entsprechen, wenn nicht auch andere (schwierige) rechtliche Vorfragen an dem Maßstab der Offensichtlichkeit geprüft werden können. Deshalb sind zB an diesem Maßstab auch zu messen die Frage der Nichtigkeit der Wahl des antragstellenden BR (LAG Köln 24.10.1996 – 6 TaBV 59/96, ArbuR 1997, 168) oder die Frage der Kompetenzabgrenzung zwischen BR und GesBR (LAG HH 28.6.2017 – 5 TaBV 4/17, BeckRS 2017, 128141; HessLAG 13.4.1999 – 4 TaBV 41/99, NZA-RR 2000, 83; LAG Bln 22.6.1998 – 9 TaBV 3/98, NZA-RR 1999, 35) oder die Frage, ob Gegenstand einer Beschwerde nach § 85 ein Rechtsanspruch ist (LAG BW 13.3.2000 – 15 TaBV 4/99, AiB 2000, 760).

Das ArbG hat das **Bestellungsverfahren auch dann** durchzuführen, wenn – was 36 zulässig ist (→ Rn. 113ff., 182f.) – in einem anderen BeschlVerf. die **Streitfrage anhängig** ist, ob in der umstrittenen Angelegenheit eine Zuständigkeit der E-Stelle besteht. Das ArbG hat das Bestellungsverfahren nicht gem. § 148 ZPO bis zur Entscheidung der Streitfrage im anderen BeschlVerf. auszusetzen. Denn sonst würde der Zweck der gesetzlichen Regelung, eine schnelle Errichtung der E-Stelle und eine zügige Durchführung des E-Stellenverfahrens zu ermöglichen, vereitelt (BAG 24.11.1981 – 1 ABR 42/79, AP BetrVG 1972 § 76 Nr. 11; 16.8.1983 – 1 ABR 11/82, AP ArbGG 1979 § 81 Nr. 2; DKKW/*Berg* Rn. 82; ErfK/*Kania* Rn. 34; GK-BetrVG/*Jacobs* Rn. 76; Richardi BetrVG/*Richardi/Maschmann* Rn. 71; *Hennige* Verfahrensrecht S. 118; *Ehrich/Fröhlich* Einigungsstelle S. 24). Der Beschluss über die Errichtung der E-Stelle hat für das allgemeine BeschlVerf. keine präjudizielle Wirkung (BAG 25.4.1989 – 1 ABR 91/87, AP ArbGG 1979 § 98 Nr. 3; Richardi BetrVG/*Richardi/Maschmann* Rn. 72).

Das ArbG hat bei seiner Ermessensentscheidung auf die **Unparteilichkeit des** 37 **Vors.** der E-Stelle bes. zu achten. Es darf weder einen Vertr. des ArbGeb. noch der ArbN, aber auch keine Gewerkschaftsbeauftragten oder Vertr. von ArbGebVerbänden bestellen (DKKW/*Berg* Rn. 57; HWGNRH/*Worzalla* Rn. 57; Richardi BetrVG/*Richardi/Maschmann* Rn. 52; → Rn. 23f.). IÜ hat das ArbG auch darauf zu achten, dass der Vors. über ausreichende Rechts- und Fachkenntnisse verfügt, die einer Lösung des Streitfalles dienlich sind (*Friedemann* Einigungsstelle Rn. 114; *Hennige* Verfahrensrecht S. 108). Wenn auf diese Aspekte keine Rücksicht genommen wird, kann die Entscheidung des ArbG ermessensfehlerhaft sein.

Das ArbG ist bei seiner Entscheidung **nicht** auf die von den Beteiligten **benannten Personen beschränkt** (LAG Düsseldorf 25.8.2014 – 9 TaBV 39/14, NZA-RR 2014, 647; LAG BW 26.6.2002 – 9 TaBV 3/02, NZA-RR 2002, 523; GK-BetrVG/*Jacobs* Rn. 63; *Hennige* Verfahrensrecht S. 88; *Tschöpe* NZA 2004, 945 [946f.]). Es ist aber verpflichtet, nur eine solche Person zum Vors. zu bestellen, die das Vertrauen beider Betriebspartner genießt. Insoweit besteht ein weitreichender Ermessensspielraum des ArbG bei der Bestellung des Vors. (LAG Düsseldorf 25.8.2014 – 9 TaBV 39/14, NZA-RR 2014, 647; DKKW/*Berg* Rn. 56; GK-BetrVG/*Jacobs* Rn. 63; *Tschöpe* NZA 2004, 945 [946f.]). Jedoch ist den Betriebspartnern vor der Entscheidung Gelegenheit zur Stellungnahme zu den in Aussicht genommenen Personen zu geben (LAG München 31.1.1989 – 3 TaBV 62/88, DB 1989, 916; *Friedemann* Einigungsstelle Rn. 107). 38

Das Bestellungsverfahren ist **erst abgeschlossen,** wenn der vorgesehene Vors. das 39 **Amt angenommen** hat. Lehnt er die Übernahme des Amtes ab, ist das ArbG zur Bestellung eines anderen Vors. verpflichtet (DKKW/*Berg* 83; GK-BetrVG/*Jacobs* Rn. 79; **aA** ErfK/*Koch* ArbGG § 100 Rn. 5, SHP Einigungsstelle S. 89: neues Bestellungsverfahren). Zulässig ist die Bestellung eines oder mehrerer ErsVors., die im Falle der Verhinderung oder der Amtsniederlegung des Vors. an dessen Stelle die Leitung der E-Stelle übernehmen (Richardi BetrVG/*Richardi/Maschmann* Rn. 80).

40 Den Betriebspartnern ist es unbenommen, sowohl während des laufenden Bestellungsverfahrens als auch nach dessen Abschluss sich auf einen **anderen Vors. zu einigen** (*Ehrich/Fröhlich* Einigungsstelle S. 8, 20; *Schack* Einigungsstellenvorsitzender S. 11). Im ersteren Falle ist das Bestellungsverfahren einzustellen. Haben sich die Betriebspartner erst nach der gerichtlichen Bestellung des Vors. auf einen anderen Vors. der E-Stelle geeinigt, endet das Amt des gerichtlich bestellten Vors. auch ohne förmliche Abberufung (vgl. §§ 29 BGB, 85 Abs. 2, 104 Abs. 5 AktG; DKKW/*Berg* Rn. 83; GK-BetrVG/*Jacobs* Rn. 78; Richardi BetrVG/*Richardi/Maschmann* Rn. 70; *Ehrich/Fröhlich* Einigungsstelle S. 22).

41 Gegen die Entscheidungen des ArbG ist die **Beschwerde an das LAG** zulässig. Sie ist innerhalb von **zwei Wochen** einzulegen und zu begründen (§ 100 Abs. 2 S. 2 ArbGG) und hat aufschiebende Wirkung (s. § 87 Abs. 4 ArbGG, dessen Nichterwähnung in § 100 Abs. 2 ArbGG auf gesetzgeb. Versehen beruht; *Ehrich/Fröhlich* Einigungsstelle S. 8). Die Beschwerdeentscheidung wird ebenfalls vom Vors. der zuständigen Kammer des LAG getroffen (§ 100 Abs. 2 S. 3 ArbGG; → Rn. 25). Er ist nicht auf eine Rechtskontrolle oder Ermessensüberprüfung der Entscheidung des ArbG. beschränkt, sondern entscheidet unter Berücksichtigung neu vorgebrachter Tatsachen nach eigenem Ermessen (LAG Brem 1.7.1988 – 4 Ta BV 15/88, AiB 1988, 315; **aA** LAG Düsseldorf 25.8.2014 – 9 TaBV 39/14, NZA-RR 2014, 647; *Hennige* Verfahrensrecht S. 116). Seine Entscheidung ist **endgültig** (§ 100 Abs. 2 S. 4 ArbGG).

42 Im Bestellungsverfahren nach § 100 ArbGG sind **einstw. Vfg.** nicht zulässig, da die Vorschrift des § 85 Abs. 2 ArbGG nicht gilt (LAG Nds 29.9.1988, ArbuR 1989, 290; ArbG Düsseldorf 24.6.1992 – 4 BVGa 14/92, NZA 1992, 907; ArbG Siegburg 15.11.2001 – 5 BV Ga 6/01, DB 2002, 278; GK-BetrVG/*Jacobs* Rn. 67; *Ehrich/Fröhlich* Einigungsstelle S. 9; *Hennige* Verfahrensrecht S. 120; SHP Einigungsstelle S. 74f.; **aA** LAG Düsseldorf 8.2.1991, LAGE § 98 ArbGG 1979 Nr. 19).

43 Sowohl der einvernehmlich als auch der gerichtlich bestellte E-Stellenvors. kann in jedem Zeitpunkt des E-Stellenverfahrens wegen Besorgnis der **Befangenheit** entspr. §§ 1036ff. ZPO über das schiedsgerichtliche Verfahren (krit. hierzu *Bertelsmann* FS Wißmann, 2005, 230 [242ff.]) **abgelehnt** werden, wenn Umstände vorliegen, die berechtigte Zweifel an seiner Unparteilichkeit oder Unabhängigkeit aufkommen lassen (BAG 11.9.2001 – 1 ABR 5/01, AP BetrVG 1972 § 76 Einigungsstelle Nr. 15; 29.1.2002 – 1 ABR 18/01, AP BetrVG 1972 § 76 Einigungsstelle Nr. 19; 17.11.2010 – 7 ABR 100/09, NZA 2011, 940; DKKW/*Berg* Rn. 102; ErfK/*Kania* Rn. 16; *Friedemann* Einigungsstelle Rn. 190; *Schack* Einigungsstellenvorsitzender S. 77ff., 85; SHP Einigungsstelle S. 168f.; zum Verfahrensablauf s. *Bertelsmann* FS Wißmann, 2005, 230 [237ff.]).

44 Ein **Befangenheitsgesuch** kann nur von den **Betriebspartnern** selbst oder ihrem jeweiligen Verfahrensbevollmächtigten (→ Rn. 72), nicht von den Beisitzern innerhalb von **zwei Wochen** nach Bekanntwerden der Befangenheitsgründe gegenüber der E-Stelle **schriftlich** unter Darlegung der Gründe gestellt werden (BAG 11.9.2001 – 1 ABR 5/01, AP BetrVG 1972 § 76 Einigungsstelle Nr. 15; 29.1.2002 – 1 ABR 18/01, AP BetrVG 1972 § 76 Einigungsstelle Nr. 19; *Ehrich/Fröhlich* Einigungsstelle S. 53; *Schack* Einigungsstellenvorsitzender S. 87; *Bertelsmann* FS Wißmann, 2005, 230 [238]; SHP Einigungsstelle S. 170f.). Legt der für befangen gehaltene E-Stellenvors. sein Amt nicht von sich aus nieder, entscheidet die E-Stelle über den Ablehnungsantrag selbst in nur einem Abstimmungsgang, an dem der E-Stellenvors. nicht teilnimmt (BAG 17.11.2010 – 7 ABR 100/09, NZA 2011, 940; SHP Einigungsstelle S. 172). Findet der Ablehnungsantrag unter den Beisitzern keine Mehrheit, entscheidet die E-Stelle unter Beteiligung des für befangen gehaltenen E-Stellenvors. darüber, ob sie das Verfahren fortsetzt oder es ggf. bis zur gerichtlichen Entscheidung über die geltend gemachten Ablehnungsgründe gem. § 1037 Abs. 3

S. 1 u. 2 ZPO aussetzt (so jetzt BAG 17.11.2010 – 7 ABR 100/09, NZA 2011, 940). Die gerichtliche Überprüfung des Ablehnungsantrags wegen Befangenheit des E-StellenVors. erfolgt durch das ArbG in erster und letzter Instanz entspr. § 1037 Abs. 3 S. 1, § 1062 Abs. 1 Nr. 1 Var. 2, § 1065 Abs. 1 S. 2 ZPO in voller Kammerbesetzung der §§ 2a, 80ff. ArbGG (BAG 17.11.2010 – 7 ABR 100/09, NZA 2011, 940).

Zur Vermeidung unangemessener Verfahrensverzögerungen kann trotz Anrufung 45 des ArbG das **E-Stellenverfahren** entspr. § 1037 Abs. 3 S. 2 ZPO **fortgesetzt** und abgeschlossen werden, worüber die E-Stelle nach freiem Ermessen entscheidet (*Bertelsmann* FS Wißmann, 2005, 230 [238f.]; SHP Einigungsstelle S. 100f., 174f.). Ist das E-Stellenverfahren abgeschlossen und ist es deshalb nicht zu einer gerichtlichen Überprüfung des Ablehnungsgesuchs gekommen, ist über die geltend gemachten Befangenheitsgründe ausnahmsweise im Verfahren über die Anfechtung des E-Stellenspruchs zu entscheiden (BAG 11.9.2001 – 1 ABR 5/01, AP BetrVG 1972 § 76 Einigungsstelle Nr. 15; *Löwisch/Kaiser* Rn. 14). Entscheidet die E-Stelle ohne Rücksicht auf einen erhobenen Befangenheitsantrag, ist der Beschluss unwirksam. Die Nichtbescheidung eines Ablehnungsantrags durch die E-Stelle stellt einen elementaren, nicht heilbaren Verfahrensfehler dar (BAG 29.1.2002 – 1 ABR 18/01, AP BetrVG 1972 § 76 Einigungsstelle Nr. 19; SHP Einigungsstelle S. 172).

Die **Abberufung eines Beisitzers** wegen Befangenheit kommt dagegen nicht in 46 Betracht, da sie durchaus den Interessen der sie bestellenden Seite verbunden sein dürfen (→ Rn. 10; LAG Düsseldorf 3.4.1981, EzA § 76 BetrVG 1972 Nr. 30; DKKW/*Berg* Rn. 33; GK-BetrVG/*Jacobs* Rn. 52; *Friedemann* Einigungsstelle Rn. 192; **aA** bei schweren Pflichtverletzungen bereits vor Bestellung zum Beisitzer *Ehrich/Fröhlich* Einigungsstelle S. 56; *Hennige* Verfahrensrecht S. 234). Das gilt auch für den Fall, dass ein Beisitzer in der umstrittenen Angelegenheit bereits im BR in einem bestimmten Sinne abgestimmt hat (BVerwG E 66, 15).

3. Rechtsstellung der Mitglieder

Bis auf die Regelung des Vergütungsanspruchs in § 76a (→ § 76a Rn. 14ff.), bestehen keine bes. gesetzlichen Vorschriften über die Rechtsstellung der Mitgl. der E-Stelle. Eine **Pflicht zur Übernahme** des Amtes eines Beisitzers oder Vors. besteht **nicht** (ErfK/*Kania* Rn. 11; Richardi BetrVG/*Richardi/Maschmann* Rn. 141). Sie können ihr Amt auch jederzeit niederlegen (DKKW/*Berg* Rn. 37; GK-BetrVG/*Jacobs* Rn. 96). 47

Mit der Annahme der Bestellung zu Mitgl. der E-Stelle kommt zwischen diesen und 48 dem ArbGeb. kraft Gesetzes ein **betriebsverfassungsrechtliches Schuldverhältnis** zustande (BAG 27.7.1994 – 7 ABR 10/93, AP BetrVG 1972 § 76a Nr. 4; ErfK/*Kania* Rn. 11; SHP Einigungsstelle S. 87f.; ausf. *Schack* Einigungsstellenvorsitzender S. 22ff.). Dieses hat, soweit den Mitgl. ein Honoraranspruch zusteht, den Charakter eines entgeltlichen Geschäftsbesorgungsvertrages (§§ 675, 611 BGB), wobei die Honorarhöhe jedoch durch die gesetzliche Regelung des § 76a Abs. 2–5 bestimmt wird (→ § 76a Rn. 14ff.). Bei den betriebsangehörigen Mitgl. der E-Stelle, die keinen Anspruch auf Vergütung haben (→ § 76a Rn. 11ff.), hat das betriebsverfassungsrechtliche Schuldverhältnis den Charakter eines Auftragsverhältnisses nach § 662 BGB (vgl. DKKW/*Berg* Rn. 41; ErfK/*Kania* Rn. 11; GK-BetrVG/*Jacobs* Rn. 90).

Zwischen BR und dem von ihm bestellten Mitgl. der E-Stelle besteht **kein Ver-** 49 **tragsverhältnis** (BAG 15.12.1978 – 6 ABR 93/77, AP BetrVG 1972 § 76 Nr. 6). Verspricht der BR den Mitgl. ein über § 76a hinausgehendes Honorar, kommt insoweit eine persönliche Haftung der verantwortlichen BRMitgl. in Betracht (GK-BetrVG/BetrVG/*Jacobs* Rn. 91; sa BGH 25.10.2012 – III ZR 266/11, NZA 2012, 1382).

Das Amt des Vors. und der Beisitzer der E-Stelle ist ein **höchstpersönliches.** 50 Deshalb ist eine gewillkürte Stellvertretung durch von ihnen selbst bestimmte andere Personen ausgeschlossen (*Friedemann* Einigungsstelle Rn. 146).

51 Nicht nur der Vors., sondern auch die bestellten Beisitzer haben nach **bestem Wissen** und **Gewissen** zu entscheiden, **ohne** an **Weisungen** oder Aufträge **gebunden** zu sein (BAG 18.1.1994 – 1 ABR 43/93, AP BetrVG 1972 § 76 Nr. 51; 27.6.1995 – 1 ABR 3/95, AP BetrVG 1972 § 76 Einigungsstelle Nr. 1; ErfK/*Kania* Rn. 11). Die vom ArbGeb. und vom BR bestellten Beisitzer sind weder deren Vertr. noch deren verlängerter Arm; sie wirken bei der Schlichtung des Regelungsstreits frei von Weisungen mit einer gewissen **Unabhängigkeit** mit. Es gehört auch nicht zu den Amtspflichten der BRMitgl., als Beisitzer in einer E-Stelle tätig zu werden (BAG 20.8.2014 – 7 ABR 64/12, NZA 2014, 1349 mwN).

51a Die Beisitzer sind aber im Rahmen der auch von ihnen zu berücksichtigenden Abwägungsgesichtspunkte des Abs. 5 S. 3 nicht gehindert, bei ihrer Stellungnahme die **Interessen** zur Geltung zu bringen, denen sie sich verbunden fühlen (LAG Düsseldorf 3.4.1981 – 8 TaBV 11/81, BB 1981, 733; DKKW/*Berg* Rn. 39; *Ehrich/Fröhlich* Einigungsstelle S. 31). Sie können jedoch nicht Entscheidungen treffen, die ArbGeb. oder BR vorbehalten sind. So kann zB bei einem E-Stellenverfahren zu § 87 Abs. 1 Nr. 10 die Entscheidung des ArbGeb. über den mitbestimmungsfreien Dotierungsrahmen nicht auf die vom ArbGeb. benannten Beisitzer delegiert werden (BAG 15.5.2001 – 1 ABR 39/00, AP BetrVG 1972 § 87 Prämie Nr. 17).

52 Eine **Haftung von Mitgl. der E-Stelle** für eine Verletzung der Geheimhaltungspflicht oder einen fehlerhaften Spruch der E-Stelle auf Grund der bestehenden Rechtsbeziehungen ist grds. nicht ausgeschlossen. Wegen der bes. Natur der E-Stelle als betrieblichem Schlichtungsorgan, das einem Schiedsgericht vergleichbar ist, haften die Mitgl. der E-Stelle aber nicht für jedes Verschulden (§ 276 BGB), sondern **nur für Vorsatz oder grobe Fahrlässigkeit** (ErfK/*Kania* Rn. 12; *Ehrich/Fröhlich* Einigungsstelle S. 26; *Wenning-Morgenthaler* Einigungsstelle Rn. 153ff., 157; SHP Einigungsstelle S. 248; iErg auch *Schack* Einigungsstellenvorsitzender S. 45; **aA** *Friedemann* Einigungsstelle Rn. 355, 358; *Schipp* NZA 2011, 271 [273]). Nur bei Vorliegen eines derartigen Sachverhalts wird sich auch überhaupt feststellen lassen, dass die E-Stelle nicht nach billigem Ermessen entschieden hat (→ Rn. 121ff.).

53 Weiter bedarf es der Feststellung eines infolge der Pflichtverletzung eingetretenen **Schadens.** Dieser kann Mitgl. der E-Stelle nur insoweit zur Last gelegt werden, als die Benachteiligten selbst nicht die Überprüfung des Spruchs der E-Stelle durch das ArbG herbeiführen konnten (vgl. § 254 Abs. 2 S. 1 BGB; zur gerichtlichen Überprüfung → Rn. 138ff.).

54 Für die Mitgl. der E-Stelle gilt in gleicher Weise wie für den BR das strafrechtlich geschützte (§ 119 Abs. 1 Nr. 3) **Verbot der Begünstigung** oder **Benachteiligung** um ihrer Tätigkeit willen (vgl. § 78). Hieraus ergibt sich für betriebsangehörige Mitgl. der E-Stelle, für die der bes. Kündigungsschutz nach § 15 KSchG und § 103 BetrVG nicht gilt, ein relativer Kündigungsschutz. Eine Kündigung wegen der Tätigkeit in der E-Stelle ist wegen Gesetzesverstoßes nichtig (§ 134 BGB; ErfK/*Kania* Rn. 13; Richardi BetrVG/*Richardi/Maschmann* Rn. 145). Ferner ist jede Störung oder Behinderung der Arbeit der E-Stelle strafbar (§ 119 Abs. 1 Nr. 2).

55 Die Mitgl. der E-Stelle unterliegen der gleichen **Schweigepflicht** wie die BRMitgl. (§ 79 Abs. 2). Das Gleiche gilt für die Strafbarkeit einer Verletzung der Schweigepflicht (§ 120 Abs. 1 Nr. 1).

III. Verfahren vor der Einigungsstelle

1. Allgemeines

56 Das G enthält nur wenige Regelungen zum Verfahren der E-Stelle. Neben der in Abs. 3 S. 1 statuierten Pflicht, unverzüglich tätig zu werden (→ Rn. 42f.), werden in S. 2 einige, allerdings zwingende **Verfahrensregelungen** zur Beschlussfassung getroffen (SHP Einigungsstelle S. 103, 110ff.; → Rn. 79ff.). IÜ können

durch TV oder BV nähere Einzelheiten des Verfahrens geregelt werden. Soweit keine derartigen Regelungen bestehen oder diese Gestaltungsspielräume offen lassen, bestimmt die E-Stelle das Verfahren nach pflichtgemäßem Ermessen selbst (BAG 18.4.1989 – 1 ABR 2/88, AP BetrVG 1972 § 87 Arbeitszeit Nr. 34; 18.1.1994 – 1 ABR 43/93, AP BetrVG 1972 § 76 Nr. 51; differenzierend SHP Einigungsstelle S. 135 f.). Damit gewährt das E-Stellenverfahren der E-Stelle im Interesse einer effektiven Schlichtung einen weitgehenden Freiraum (BAG 17.9.2013 – 1 ABR 24/12, NZA 2014, 740). Allgemein anerkannte Verfahrensgrundsätze hat sie einzuhalten (SHP Einigungsstelle S. 113 f.; zur aktuellen Rspr. zum E-Stellenverfahren *Dusny* ArbRAktuell 2015, 447).

Der **Vors.** der **E-Stelle** hat seiner Funktion entspr. Termin und Ort der Sitzungen festzulegen, die Beisitzer und ggf. die Betriebspartner und sonstige Personen (Zeugen, Sachverständige) zu den **Sitzungen** einzuladen, diese zu leiten und sonstige verfahrensleitende Maßnahmen zu treffen (DKKW/*Berg* Rn. 98 ff.; GK-BetrVG/*Jacobs* Rn. 103; SHP Einigungsstelle S. 135 f.; zu den verfahrensleitenden Pflichten des Vors. der E-Stelle vgl. SHP Einigungsstelle S. 139 ff., 160 ff. und *Hunold* NZA 1999, 785; zu den Aufgaben eines Vors. allg. → § 26 Rn. 21 ff.; → § 29 Rn. 22 ff.). Werden die Sitzungstermine zwischen den Mitgl. der E-Stelle nicht abgesprochen, hat ihre Ladung durch den Vors. so rechtzeitig zu erfolgen, dass ihnen eine ordnungsmäßige Vorbereitung auf die Sitzung möglich ist (BAG 27.6.1995 – 1 ABR 3/95, AP BetrVG 1972 § 76 Einigungsstelle Nr. 1). 57

Wesentliche Verfahrensfragen sind von der E-Stelle als **Kollegialorgan** zu beschließen (LAG Köln 26.7.2005 – 9 TaBV 5/05, NZA-RR 2006, 197; DKKW/*Berg* Rn. 101; *Hennige* Verfahrensrecht S. 212; SHP Einigungsstelle S. 135 f.). Verstöße gegen wesentliche Verfahrensregeln machen den Spruch der E-Stelle unwirksam, zB wenn nicht alle Mitgl. der E-Stelle ordnungsgemäß geladen worden sind (BAG 27.6.1995 – 1 ABR 3/95, AP BetrVG 1972 § 76 Einigungsstelle Nr. 1, → Rn. 146) oder der Vors. über einen Antrag auf Vertagung allein entscheidet (LAG Köln 26.7.2005 – 9 TaBV 5/05, NZA-RR 2006, 197; SHP Einigungsstelle S. 161; → Rn. 76). 58

Die E-Stelle wird **nur auf Antrag** (zu evt. Inhalt s. SHP Einigungsstelle S. 138 f., zum Verfahren S. 234 ff.) tätig, nicht von Amts wegen. **Antragsberechtigt** sind **nur** die **Betriebsparteien** (SHP Einigungsstelle S. 136). Der BR kann, sofern er einem seiner Ausschüsse Angelegenheiten zur selbständigen Entscheidung übertragen und die zu treffende Regelung nicht die Wirkung einer BV hat, auf den Ausschuss auch das Recht zur Anrufung der E-Stelle delegieren (→ § 27 Rn. 73b). Eine ArbGruppe, auf die nach § 28a betriebsverfassungsrechtliche Aufgaben übertragen worden sind, ist nicht antragsberechtigt (vgl. § 28a Abs. 2 S. 3). Auch ArbN s ind selbst dann nicht antragsberechtigt, wenn sie von der Entscheidung unmittelbar betroffen werden (DKKW/*Berg* Rn. 91; GK-BetrVG/*Jacobs* Rn. 98; *Ehrich/Fröhlich* Einigungsstelle S. 11; *Wenning-Morgenthaler* Einigungsstelle Rn. 35 ff.). Der einzelne ArbN hat auch keinen Anspruch gegen den BR auf Einberufung der E-Stelle (SHP Einigungsstelle S. 136 f.; **aA** *Blomeyer* Gedächtnisschrift Dietz, 1973, 173). Bis auf die Fälle des § 38 Abs. 2 S. 4 sowie des § 37 Abs. 6 S. 5 (vgl. zum letzteren → § 37 Rn. 244) ist der Antrag an **keine Frist** gebunden (SHP Einigungsstelle S. 64, 137). 59

Der Antrag kann jederzeit **zurückgenommen** werden (zum Verfahren SHP Einigungsstelle S. 234 ff.). In den der erzwingbaren MB unterliegenden Angelegenheiten, in denen jede Betriebspartei die E-Stelle anrufen kann (→ Rn. 95 ff.), bedarf die Rücknahme des Antrags aus verfahrensökonomischen Gründen der **Zustimmung** der anderen Betriebspartei (SHP Einigungsstelle S. 148 f., 236 f.; *Faulenbach* NZA 2012, 953 [958]). Denn diese könnte anderenfalls sofort einen neuen Antrag auf Einsetzung der E-Stelle stellen (*Hennige* Verfahrensrecht S. 144 ff.; *Friedemann* Einigungsstelle Rn. 309). Das Gleiche gilt, wenn sich die Betriebsparteien in Streitigkeiten, die an sich nur einem freiwilligen E-Stellenverfahren unterliegen, im Falle der Nichteini- 60 gung verbindlich zur Anrufung der E-Stelle verpflichtet und sich ihrem Spruch im Voraus unterworfen haben (*Hennige* Verfahrensrecht S. 144).

61 Die E-Stelle ist zur Streitentscheidung aufgerufen, wenn eine gütliche **Einigung** der Betriebsparteien **erfolglos** geblieben ist. Diese muss allerdings versucht worden sein. Haben ernsthafte Verhandlungen stattgefunden, steht es jeder Seite frei, einseitig das Scheitern eines Einigungsversuchs festzustellen (HessLAG 22.11.1994 – 4 TaBV 112/94, NZA 1995, 1118; NZA 1992, 853; SHP Einigungsstelle S. 157). Hierfür reicht aus, dass nach subjektiver Einschätzung einer Seite eine Regelung nicht ohne Hilfe der E-Stelle möglich sein wird (LAG RhPf ArbuR 2006, 333). Ein erfolgloser Versuch einer Einigung liegt auch vor, wenn trotz Aufforderung eine der Betriebsparteien jede Verhandlung über den Streitgegenstand ablehnt oder auf ein Verhandlungsangebot schweigt (BAG 23.9.1997 – 3 ABR 85/96, AP BetrAVG § 1 Ablösung Nr. 26; LAG RhPf 2.11.2012 – 9 TaBV 34/12, BeckRS 2013, 65012; → Rn. 28).

62 Aus dem Antrag muss zu erkennen sein, über **welche Meinungsverschiedenheit** eine Entscheidung der E-Stelle gewünscht wird (→ Rn. 28 ff.). ArbGeb. und BR haben der E-Stelle alle zur Streitentscheidung erforderlichen Unterlagen zur Verfügung zu stellen und Auskünfte zu geben. Falls erforderlich kann der BR vom ArbGeb. gem. § 80 Abs. 2 die erforderlichen Auskünfte und Unterlagen verlangen und diese der E-Stelle übermitteln.

63 Die E-Stelle hat, sobald sie gebildet ist oder – im Falle einer ständigen E-Stelle – sobald ein Antrag auf Streitentscheidung bei ihr eingereicht worden ist, **unverzüglich,** dh ohne schuldhaftes Zögern (§ 121 Abs. 1 S. 1 BGB; SHP Einigungsstelle S. 103 f.; *Faulenbach* NZA 2012, 953 [954]) **tätig zu werden.** Diese Pflicht obliegt der E-Stelle, dh allen ihren Mitgl. Diese müssen sich baldmöglichst mit den tatsächlichen und rechtlichen Fragen des Streitfalles vertraut machen und für eine ggf. auch kurzfristige Sitzung bereitstehen. Dem Vors. der E-Stelle kommt wegen seiner verfahrensleitenden Stellung in diesem Zusammenhang eine bes. Rolle zu. Er hat nicht nur auf eine möglichst baldige Sitzungsterminierung, sondern auch darauf hinzuwirken, dass die Sitzung so vorbereitet ist, dass auf ihr einige zügige Sacharbeit möglich ist. Zu diesem Zweck hat er dafür zu sorgen, dass er und die Beisitzer so schnell und umfassend wie möglich über den Streitfall, seine Hintergründe und Komplikationen sowie die Haltung der Betriebspartner hierzu unterrichtet und ihnen alle für eine Streitentscheidung sachdienliche Unterlagen überlassen werden.

64 Nach dem Wortlaut des Abs. 3 S. 1 kann der Eindruck entstehen, der E-Stellenvors. habe nur eine schnelle Verfahrensaufnahme zum Ziel. Das wäre jedoch unzureichend. Die Pflicht zum unverzüglichen Handeln beinhaltet auch die Verpflichtung, das **weitere Verfahren** der E-Stelle so **zügig** und **konzentriert** abzuwickeln, wie es der jeweilige Streitfall zulässt (LAG Düsseldorf 8.5.2018 – 3 TaBV 15/18 – BeckRS 2018, 10882; *Wenning-Morgenthaler* Einigungsstelle Rn. 162; SHP Einigungsstelle S. 104; *Faulenbach* NZA 2012, 953 [954]). Diese Pflicht bezieht sich sowohl auf die gesamte Sachverhaltsaufklärung als auch auf die Erarbeitung von angemessenen Lösungen des Streitfalls. Ziel muss sein, in einer dem jeweiligen Streitfall entspr. angemessenen Zeit eine Entscheidung der E-Stelle herbeizuführen.

65 Die E-Stelle hat idR zu dem ihr unterbreiteten Streitgegenstand den für die Entscheidung erheblichen Sachverhalt **von Amts wegen aufzuklären** (DKKW/*Berg* Rn. 110; ErfK/*Kania* Rn. 17; MHdB ArbR/*Reinhard* § 308 Rn. 90; *Ehrich/Fröhlich* Einigungsstelle S. 37 f.; iErg ähnlich GK-BetrVG/*Jacobs* Rn. 107; Richardi BetrVG/*Richardi/Maschmann* Rn. 92; **aA** *Hennige* Verfahrensrecht S. 191; SHP Einigungsstelle S. 121 f.). Deshalb ist sie nach pflichtgemäßem Ermessen auch befugt, selbst Ermittlungen vorzunehmen und zu diesem Zweck zB Zeugen zu hören, Sachverständige hinzuzuziehen oder selbst Augenschein zu nehmen (GK-BetrVG/*Jacobs* Rn. 107; *Ehrich/Fröhlich* Einigungsstelle S. 49; *Wenning-Morgenthaler* Einigungsstelle Rn. 167 f.).

66 Die notwendige **Beweiserhebung** erfolgt auf Grund eines **verfahrensleitenden Beschlusses** der E-Stelle, bei dem der Vors. mitwirkt. Der Beweisbeschluss als sol-

cher ist nicht gerichtlich anfechtbar (BAG 4.7.1989 – 1 ABR 40/88, AP BetrVG 1972 § 87 Tarifvorrang Nr. 20; 22.1.2002 – 3 ABR 28/01, AP BetrVG 1972 § 76 Einigungsstelle Nr. 16; → Rn. 139). Für die Hinzuziehung von **Sachverständigen** bedarf es keiner Vereinbarung mit dem ArbGeb. nach § 80 Abs. 3 (BAG 13.11.1991 – 7 ABR 70/90, AP BetrVG 1972 § 76a Nr. 1; 4.7.1989 – 1 ABR 40/88, AP BetrVG 1972 § 87 Tarifvorrang Nr. 20; DKKW/*Berg* Rn. 109; HaKo-BetrVG/*Krasshöfer* Rn. 22; ErfK/*Kania* Rn. 17; **aA** *Hennige* Verfahrensrecht S. 162; MHdB ArbR/*Joost* § 232 Rn. 42; SHP Einigungsstelle S. 166f.). Die Betriebsparteien haben an der Sachverhaltsaufklärung mitzuwirken. Diese Pflicht ergibt sich aus § 2 Abs. 1 (DKKW/*Berg* Rn. 107; MHdB ArbR/*Reinhard* § 308 Rn. 90).

Zwangsmittel zur Aufklärung des Sachverhalts stehen der E-Stelle allerdings **nicht** zu. Es besteht auch keine Zeugnispflicht gegenüber der E-Stelle. Ebenso wenig kann die E-Stelle das ArbG um Zeugenvernehmung ersuchen. Sie hat auch kein Recht, erschienene Zeugen zu vereidigen (hM; *Ehrich/Fröhlich* Einigungsstelle S. 38; SHP Einigungsstelle S. 120, 164f.). Werden ArbN des Betriebs als Zeuge vernommen, sind sie vom ArbGeb. unter Fortzahlung des Entgelts von der Arbeit freizustellen (DKKW/*Berg* Rn. 109; *Wenning-Morgenthaler* Einigungsstelle Rn. 299; SHP Einigungsstelle S. 164f.). 67

Verweigert der ArbGeb. erforderliche **Informationen** oder die Vorlage erforderlicher Unterlagen, kann zwar wegen Fehlens einer entspr. Rechtsgrundlage die E-Stelle die Vorlage nicht gerichtlich erzwingen. Jedoch hat der BR nach § 80 Abs. 2 Anspruch auf Information und Überlassung der zur Erfüllung seiner Aufgaben erforderlichen Unterlagen, die er – ggf. nach Durchführung eines gerichtlichen Verfahrens – der E-Stelle zur Verfügung stellen kann (*Ehrich/Fröhlich* Einigungsstelle S. 50; *Friedemann* Einigungsstelle Rn. 295; nach ArbG Berlin 2.7.1999 – 24 BV 13410/99, AiB 2000, 436 kann der BR die Erfüllung dieser Ansprüche unmittelbar an die E-Stelle verlangen). 68

Die E-Stelle hat den Parteien **rechtliches Gehör** zu gewähren (hM: BAG 29.1.2002 – 1 ABR 18/01, AP BetrVG 1972 § 76 Einigungsstelle Nr. 19; DKKW/*Berg* Rn. 92; ErfK/*Kania* Rn. 18; GK-BetrVG/*Jacobs* Rn. 104; *Wenning-Morgenthaler* Einigungsstelle Rn. 169ff.; SHP Einigungsstelle S. 115f.). Das ergibt sich nicht nur aus allgemeinen rechtsstaatlichen Grundsätzen, sondern insbes. auch daraus, dass ihr die verpflichtende Berücksichtigung der Belange des Betriebs und der betroffenen ArbN (Abs. 5 S. 3) nur möglich ist, wenn sie die Stellungnahmen und Ansichten der streitenden Parteien kennt (*Faulenbach* NZA 2012, 953 [956]; stark einschr. BAG 11.2.1992 – 1 ABR 51/91, AP BetrVG 1972 § 76 Nr. 50, das das Gebot des rechtlichen Gehörs nur auf die Mitgl. der E-Stelle bezieht; so auch ErfK/*Kania* Rn. 18; *Friedemann* Einigungsstelle Rn. 178; die Mitgl. der E-Stelle sind jedoch nicht Vertr. der Betriebspartner, so zutr. BAG 27.6.1995 – 1 ABR 3/95, AP BetrVG 1972 § 76 Einigungsstelle Nr. 1; *Hennige* Verfahrensrecht S. 162). 69

Nicht erforderlich ist, zu **jedem Verfahrensschritt** rechtliches Gehör zu gewähren. So braucht zB ein nach Erläuterung und Erörterung des Streitfalls vom Vors. der E-Stelle unterbreiteter Einigungsvorschlag nicht den Betriebspartnern zur erneuten Stellungnahme zugeleitet werden (*Ehrich/Fröhlich* Einigungsstelle S. 45; *Wenning-Morgenthaler* Einigungsstelle Rn. 176; SHP Einigungsstelle S. 116). 70

Nicht zwingend vorgeschrieben ist eine **mündliche Verhandlung,** so dass dem Gebot des rechtlichen Gehörs auch durch die Gelegenheit einer schriftlichen Stellungnahme genügt wird (ErfK/*Kania* Rn. 18; GK-BetrVG/*Jacobs* Rn. 105; Richardi BetrVG/*Richardi/Maschmann* Rn. 86; *Hennige* Verfahrensrecht S. 159f.; *Friedemann* Einigungsstelle Rn. 215, 217; *Wenning-Morgenthaler* Einigungsstelle Rn. 179; SHP Einigungsstelle S. 107; **aA** DKKW/*Berg* Rn. 92f.). Allerdings erscheint in aller Regel eine mündliche Verhandlung geboten, und zwar nicht nur im Interesse einer umfassenden Erörterung der streitigen Angelegenheit, sondern auch im Hinblick auf die auch im E-Stellenverfahren stets noch anzustrebende einverständliche Regelung durch ArbGeb. und BR. 71

72 ArbGeb. und BR können sich im Verfahren **vor** der E-Stelle durch **Bevollmächtigte vertreten** lassen, zB durch Verbandsvertr., aber auch durch Rechtsanwälte, wenn der Regelungsgegenstand der E-Stelle schwierige tatsächliche oder rechtliche Fragen aufwirft (BAG 5.11.1981 – 6 ABR 24/78, AP BetrVG 1972 § 76 Nr. 9; 21.6.1989 – 7 ABR 78/87, AP BetrVG 1972 § 76 Nr. 34; DKKW/*Berg* Rn. 94; GK-BetrVG/*Jacobs* Rn. 106; HWGNRH/*Worzalla* Rn. 64; Richardi BetrVG/*Richardi/Maschmann* Rn. 87; *Hennige* Verfahrensrecht S. 224; JRH/*Trappehl/Wolff* Kap. 8 Rn. 32; *Ehrich/Fröhlich* Einigungsstelle S. 32; SHP Einigungsstelle S. 82 ff, 170; **aA** *Friedemann* Einigungsstelle Rn. 154 ff.; *Bengelsdorf* NZA 1989, 497 *Tschöpe* NZA 2004, 945 [948]). Für die Einlegung eines Rechtsmittels gegen eine den BR beschwerende Entscheidung und die Beauftragung des Verfahrensbeauftragten bedarf es keiner gesonderten Beschlussfassung durch den BR. Die ordnungsgemäße Beschussfassung und die hierzu erteilte Prozessvollmacht ist ausreichend (BAG 19.12.2017 – 1 ABR 33/16, NZA 2018, 678). Der E-Stelle steht nicht das Recht zu, den Bevollmächtigten zurückzuweisen (SHP Einigungsstelle S. 152). Zur Kostentragungspflicht des ArbGeb. für einen vom BR zur Vertretung **vor** der E-Stelle hinzugezogenen Rechtsanwalt → § 40 Rn. 36 ff.

73 Die **Sitzungen** der E-Stelle sind **nicht öffentlich** in dem Sinne, dass an ihnen außer ArbGeb. und BR kein anderer, auch kein Betriebsangehöriger teilnehmen kann (hM: ErfK/*Kania* Rn. 18; GK-BetrVG/*Jacobs* Rn. 110; *Ehrich/Fröhlich* Einigungsstelle S. 41; **aA** DKKW/*Berg* Rn. 95). Das schließt allerdings die Teilnahme anderer Personen als Zeuge oder Sachverständige oder sonstige Auskunftsperson nicht aus. Auch die (zeitweise) Teilnahme von Vertr. des ArbGeb. und des BR ist zulässig, was sich bereits aus dem Gebot der Gewährung des rechtlichen Gehörs ergibt. Denn dieses umfasst auch einen mündlichen Sachvortrag (DKKW/*Berg* Rn. 96; *Wenning-Morgenthaler* Einigungsstelle Rn. 172; SHP Einigungsstelle S. 117 f.).

74 Die **abschließende Beratung** und **Beschlussfassung** der E-Stelle muss jedoch in Abwesenheit anderer Personen als der E-Stellenmitgl., also auch ohne Betriebspartner, erfolgen. Das ergibt sich aus der Eigenständigkeit und der Schlichtungsfunktion der E-Stelle. Anderenfalls ist der Spruch der E-Stelle unwirksam (BAG 18.1.1994 – 1 ABR 43/93, AP BetrVG 1972 § 76 Nr. 51; Richardi BetrVG/*Richardi/Maschmann* Rn. 97; wohl auch DKKW/*Berg* Rn. 97). Der Grundsatz der Nichtöffentlichkeit der Sitzungen der E-Stelle wird durch die Anwesenheit eines Protokollführers (→ Rn. 93 f.) nicht verletzt (GK-BetrVG/*Jacobs* Rn. 110; *Faulenbach* NZA 2012, 953 [955]; *Heinze* RdA 1990, 273; **aA** MHdB ArbR/*Joost* § 232 Rn. 46; *Friedemann* Einigungsstelle Rn. 182, 255).

75 Die E-Stelle muss, bevor sie einen Beschluss fasst, eine **mündliche Beratung** durchführen. Diese Verpflichtung bezieht sich nur auf die Erörterung der Angelegenheit innerhalb der E-Stelle. Das Erfordernis der Mündlichkeit verbietet eine Beschlussfassung im schriftlichen Umlaufverfahren (GK-BetrVG/*Jacobs* Rn. 112; Richardi BetrVG/*Richardi/Maschmann* Rn. 96; MHdB ArbR/*Reinhard* § 308 Rn. 108; SHP Einigungsstelle S. 115).

76 Das G enthält keine ausdrückliche Regelung über die **Beschlussfähigkeit** der E-Stelle. Aus der Verpflichtung der paritätischen Besetzung der E-Stelle und der Beschlussregelung des Abs. 3 S. 2 folgt jedoch, dass die E-Stelle grds. nur beschlussfähig ist, wenn **alle Mitgl.** bei der Beschlussfassung anwesend sind (ErfK/*Kania* Rn. 19; GK-BetrVG/*Jacobs* Rn. 113; *Ehrich/Fröhlich* Einigungsstelle S. 43, 60; *Hennige* Verfahrensrecht S. 172; *Faulenbach* NZA 2012, 953 [958]; **aA** *Löwisch/Kaiser* Rn. 33; Richardi BetrVG/*Richardi/Maschmann* Rn. 99; *Friedemann* Einigungsstelle Rn. 264; SHP Einigungsstelle S. 151). Etwas anderes gilt, wenn in Fällen der erzwingbaren MB eine Seite die Mitarbeit in der E-Stelle verweigert (→ Rn. 102).

77 Etwas anderes kann ferner gelten, wenn aus unvorhersehbaren Gründen ein Mitgl. der E-Stelle **verhindert** ist, an der Sitzung teilzunehmen, und auch ein ErsMitgl nicht kurzfristig zur Verfügung steht. Stellt in diesem Fall die Seite, deren Mitgl. ver-

hindert ist, den Antrag auf Vertagung, muss hierüber die E-Stelle mit Mehrheit beschließen. Entscheidet der Vors. allein, liegt ein schwerwiegender Verfahrensfehler vor, der bei Fortführen des E-Stellenverfahrens zur Unwirksamkeit des Spruchs der E-Stelle führt (LAG Köln 26.7.2005 – 9 TaBV 5/05, NZA-RR 2006, 197; SHP Einigungsstelle S. 161; → Rn. 58).

Um einerseits eine Vertagung der Beschlussfassung zu verhindern, andererseits jedoch die paritätische Besetzung der E-Stelle zu gewährleisten, ist eine einvernehmliche sog **Pairing-Absprache** der anderen Mitgl. der E-Stelle als zulässig anzusehen (LAG Köln 26.7.2005 – 9 TaBV 5/05, NZA-RR 2006, 197; ErfK/*Kania* Rn. 19; SHP Einigungsstelle S. 219; *Faulenbach* NZA 2012, 953 [958]; **aA** *Hennige* Verfahrensrecht S. 182). Diese Absprache hat zum Inhalt, dass ein Beisitzer der Seite, der das verhinderte Mitgl. nicht angehört, sich der Stimme enthält. Dass dieser Beisitzer im Gegensatz zum verhinderten an der Beratung der E-Stelle teilnehmen kann, ist nicht als eine Beeinträchtigung des Paritätsgrundsatzes anzusehen, die eine solche Abrede unzulässig macht. Dies gilt umso mehr, als eine Pairing-Abrede der Zustimmung aller anderen Mitgl. der E-Stelle bedarf und deshalb von den Beisitzern der Seite, der das verhinderte Mitgl. zuzurechnen ist, verhindert werden kann. 78

Zur **Beschlussfassung** beschränkt sich Abs. 3 S. 2 u. 3 auf die Regelung, dass die E-Stelle ihre Beschlüsse mit Stimmenmehrheit fasst und dass sich der Vors. bei der ersten Abstimmung der Stimme zu enthalten hat und erst nach erneuter Beratung an einer etwa erforderlichen zweiten Abstimmung teilnimmt. Ohne dass dies ausdrücklich geregelt ist, hat die Stimmabgabe **persönlich** zu erfolgen. Eine Delegation auf ein anderes Mitgl. der E-Stelle ist unzulässig. Jede Stimme hat dasselbe Gewicht. Das gilt auch für die Stimme des Vors. Die Abstimmung erfolgt offen, meist durch Handheben. Jedoch können die Mitgl. der E-Stelle mit Stimmenmehrheit eine **geheime Abstimmung** beschließen (SHP Einigungsstelle S. 220f.; nach *Friedemann* Einigungsstelle Rn. 274 soll dieser Beschluss nur von den Beisitzern zu treffen sein). 79

Das G fordert für einen wirksamen Beschluss nicht die Stimmen der Mehrheit der Mitgl. der E-Stelle, wie dies für bes. wichtige Beschlüsse des BR der Fall ist (→ § 33 Rn. 36). Deshalb ist für einen wirksamen Beschluss der E-Stelle die **einfache Stimmenmehrheit,** dh die Mehrheit der abgegebenen Stimmen, erforderlich, aber auch ausreichend (BAG 17.9.1991 – 1 ABR 23/91, AP BetrVG 1972 § 112 Nr. 59; DKKW/*Berg* Rn. 120; HWGNRH/*Worzalla* Rn. 67; ErfK/*Kania* Rn. 20; MHdB ArbR/*Reinhard* § 308 Rn. 110; *Hennige* Verfahrensrecht S. 173; SHP Einigungsstelle S. 217; **aA** Richardi BetrVG/*Richardi*/*Maschmann* Rn. 99; GK-BetrVG/*Jacobs* Rn. 115). Das gilt sowohl für die erste als auch die zweite Abstimmung. Zur Berechnung der Stimmenmehrheit, wenn einer der Betriebspartner die Mitarbeit in der E-Stelle verweigert, → Rn. 102. 80

Die Teilnahme an der Abstimmung in der E-Stelle kann auch durch **konkludentes Verhalten** ihrer Mitgl. erfolgen. Stellt der E-Stellenvors. nacheinander sowohl den von der ArbNSeite als auch den von der ArbGebSeite eingebrachten Vorschlag zur Abstimmung und finden beide Vorschläge jeweils nur die Zustimmung der drei vom BR bzw. vom ArbGeb. benannten Beisitzer, hat keiner der Vorschläge eine Mehrheit gefunden, auch wenn bei den beiden Abstimmungen nicht ausdrücklich nach Gegenstimmen oder Stimmenthaltungen gefragt worden ist (BAG 11.11.1998 – 7 ABR 47/97, AP BetrVG 1972 § 50 Nr. 19; SHP Einigungsstelle S. 216; *Faulenbach* NZA 2012, 953 [959]). 81

Kraft ausdrücklicher Regelung hat sich der Vors. bei der **ersten Abstimmung** der Stimme zu enthalten. Durch diese Regelung wird angestrebt, dass die streitenden Parteien durch die Beisitzer als ihre Interessenvertreter in der E-Stelle noch zu einer einvernehmlichen Lösung des Streitfalls kommen. Da für einen positiven Beschluss der E-Stelle die einfache Stimmenmehrheit ausreicht, zB in einer mit jeweils drei Beisitzern besetzten E-Stelle bereits in der ersten Abstimmung ein positiver Beschluss zustande gekommen, wenn sich bei zwei Gegenstimmen und einer Enthaltung drei 82

Beisitzer für den Beschlussvorschlag ausgesprochen haben. Zur Zulässigkeit einer Stimmenthaltung → Rn. 86.

83 Ergibt die erste Abstimmung **keine Mehrheit,** hat vor der zweiten Abstimmung zunächst nochmals eine mündliche Beratung stattzufinden (Abs. 3 S. 3). Zweck dieser gesetzlichen Regelung ist, möglichst doch noch – etwa durch einen (neuen) vermittelnden Vorschlag des Vors. – einen auch für die Mehrheit der Beisitzer zustimmungsfähigen Kompromiss zu finden. Von einer erneuten Beratung kann abgesehen werden, wenn sämtliche Mitgl. der E-Stelle eine erneute Beratung nicht mehr für erforderlich halten (BAG 30.1.1990 – 1 ABR 2/89, AP BetrVG 1972 § 87 Lohngestaltung Nr. 41; GK-BetrVG/*Jacobs* Rn. 117; Richardi BetrVG/*Richardi/Maschmann* Rn. 102; SHP Einigungsstelle S. 215; **aA** *Friedemann* Einigungsstelle Rn. 263, *Hennige* Verfahrensrecht S. 167; *Hunold* NZA 1999, 790). Der zur zweiten Abstimmung zu stellende Vorschlag ist nochmals auf seine Spruchfähigkeit (Bestehen entspr. MBR des BR, keine Verletzung höherrangiger G, keine Ermessensüberschreitung) zu überprüfen (*Ehrich/Fröhlich* Einigungsstelle S. 61; SHP Einigungsstelle S. 215).

84 An der **zweiten Abstimmung** nimmt der **Vors. teil.** Das gilt auch dann, wenn in der ersten Abstimmung ein Vermittlungsvorschlag des Vors. einstimmig abgelehnt worden ist (LAG BW 8.10.1986 – 2 TaBV 3/86, NZA 1988, 214; SHP Einigungsstelle S. 216). Die zweite Abstimmung muss über **dieselbe Vorlage** wie die erste erfolgen; nur so wird sichergestellt, dass der vom G angestrebte Vorrang einer einvernehmlichen Einigung der Betriebsparteien erreicht werden kann. Wird die Vorlage geändert, hat der Vors. die modifizierte Vorlage erneut zur Abstimmung ohne seine Beteiligung zu stellen und erst bei Stimmengleichheit an der zweiten Abstimmung über die Vorlage teilzunehmen (BAG 14.9.2010 – 1 ABR 30/09, NZA-RR 2011, 526).

85 Mangels einer der Vorschrift des § 29 Abs. 2 MitbestG (zwei Stimmen des Vors.) entspr. Regelung gibt im Falle eines **Patts** bei der zweiten Abstimmung – etwa weil sich einer der Beisitzer der Stimme enthält – die **Stimme** des **Vors. nicht** den **Ausschlag** (ErfK/*Kania* Rn. 20; GK-BetrVG/*Jacobs* Rn. 117; SHP Einigungsstelle S. 218f.; nach MHdB ArbR/*Reinhard* § 308 Rn. 115 soll die Stimme des Vors. unberücksichtigt bleiben, so dass eine Mehrheitsentscheidung vorliegt). In diesem Falle ist keine das Verfahren beendende Sachentscheidung getroffen worden. Das Verfahren ist **fortzusetzen** (ErfK/*Kania* Rn. 20; GK-BetrVG/*Jacobs* Rn. 117).

86 Eine **Stimmenthaltung des Vors.** bei der zweiten Abstimmung ist **nicht zulässig.** Er soll ja gerade im Nichteinigungsfalle den Ausschlag geben (DKKW/*Berg* Rn. 126; ErfK/*Kania* Rn. 20; GK-BetrVG/*Jacobs* Rn. 117; *Ehrich/Fröhlich* Einigungsstelle S. 63; *Schack* Einigungsstellenvorsitzender S. 8; SHP Einigungsstelle S. 216). Dagegen ist – und zwar sowohl bei der ersten als auch der zweiten Abstimmung – eine **Stimmenthaltung der Beisitzer zulässig** (BAG 17.9.1991 – 1 ABR 23/91, AP BetrVG 1972 § 112 Nr. 59; DKKW/*Berg* Rn. 128, GK-BetrVG/*Jacobs* Rn. 114; *Wenning-Morgenthaler* Einigungsstelle Rn. 346; *Hennige* Verfahrensrecht S. 177; **aA** Richardi BetrVG/*Richardi/Maschmann* Rn. 103; *Schack* Einigungsstellenvorsitzender S. 8). Diese zählt nicht als „Neinstimme", sondern als nicht mit zu berücksichtigende Stimme (BAG 17.9.1991 – 1 ABR 23/91, AP BetrVG 1972 § 112 Nr. 59; HessLAG 25.9.1990 – 4 Ta BV 107/90, DB 1991, 1288; ErfK/*Kania* Rn. 20; *Wenning-Morgenthaler* Einigungsstelle Rn. 346; *Hennige* Verfahrensrecht S. 178; *Friedemann* Einigungsstelle Rn. 270f.; SHP Einigungsstelle S. 218; wohl auch MHdB ArbR/*Reinhard* § 308 Rn. 113; **aA** Richardi BetrVG/*Richardi/Maschmann* Rn. 103; GK-BetrVG/*Jacobs* Rn. 115).

87 Die Regelung über die Beteiligung des Vors. an den Beschlüssen der E-Stelle gilt nur für Beschlüsse in der Sache, **nicht** für Beschlüsse über **Verfahrensfragen** der E-Stelle. Bei ihnen stimmt der Vors. schon bei der ersten Abstimmung mit (hM: DKKW/*Berg* Rn. 130; GK-BetrVG/*Jacobs* Rn. 116; SHP Einigungsstelle S. 214; *Faulenbach* NZA 2012, 953 [957]).

88 Die E-Stelle ist bei ihrer Entscheidung **weder an die Anträge noch** an inhaltliche **Vorgaben** der Betriebsparteien (BAG 17.9.2013 – 1 ABR 24/12, NZA 2014, 740), wohl jedoch an den ihr **unterbreiteten Streitgegenstand gebunden** (DKKW/*Berg* Rn. 120; GK-BetrVG/*Jacobs* Rn. 118; Richardi BetrVG/*Richardi/Maschmann* Rn. 104; *Ehrich/Fröhlich* Einigungsstelle S. 39; *Hennige* Verfahrensrecht S. 158f., 170f.; **aA** *Heinze* RdA 1990, 274; *Behrens* NZA 1991 Beil. 2, 26). Sie kann und wird vielfach den ihr unterbreiteten Streit in einer Weise regeln, die einen Kompromiss zwischen den Ausgangsvorstellungen der Betriebsparteien darstellt. Sie hat den ihr unterbreiteten Konflikt vollständig zu lösen und darf nicht wesentliche Fragen offen lassen (BAG 28.3.2017 – 1 ABR 25/15, NZA 2017, 1132; 11.2.2014 – 1 ABR 72/12, NZA 2014, 989; LAG Bln-Bbg 7.7.2016 – 21 TaBV 195/16, NZA-RR 2016, 644 nr.; *Hennige* Verfahrensrecht S. 171; SHP Einigungsstelle S. 122f., 201ff.; → Rn. 118ff.). Sie darf andererseits aber nicht über den ihr unterbreiteten Streitgegenstand hinausgehen und andere Fragen in ihre Entscheidung einbeziehen (BAG 27.10.1992 – 1 ABR 4/92, AP BetrVG 1972 § 95 Nr. 29). Änderungen und Erweiterungen des Streitgegenstandes sind nur im Einverständnis der Betriebsparteien zulässig (BAG 9.11.2010 – 1 ABR 75/09, NZA-RR 2011, 354; LAG SchlH 25.4.2018 – 6 TaBV 21/17, NZA-RR 2018, 543 nr.; GK-BetrVG/*Jacobs* Rn. 100; *Behrens* NZA 1991 Beil. 2, 23).

89 Wird in einem **komplexen Sachverhalt** der Regelungsvorschlag der E-Stelle in einzelnen Abschnitten zur Abstimmung gestellt, so ist in einer **Schlussabstimmung** nochmals über den gesamten Streitstoff zu entscheiden, da dieser in seiner Gesamtheit von der Mehrheit der Mitgl. der E-Stelle getragen sein muss (BAG 18.4.1989 – 1 ABR 2/88, AP BetrVG 1972 § 87 Arbeitszeit Nr. 34; DKKW/*Berg* Rn. 129; SHP Einigungsstelle S. 221). Letzteres ist auch dann notwendig, wenn die vorausgegangenen Einzelabstimmungen nicht mit wechselnden Mehrheiten beschlossen worden sind. Eine unterbliebene Schlussabstimmung hat in diesem Falle jedoch keine Auswirkung auf die Rechtsgültigkeit des Beschlusses (BAG 6.11.1990 – 1 ABR 34/89, AP TVG § 1 TV Metallindustrie Nr. 94).

90 In **Eilfällen** kann die E-Stelle auch eine **vorläufige Regelung** bis zu ihrem endgültigen Spruch treffen (hM DKKW/*Berg* Rn. 118; GK-BetrVG/*Jacobs* Rn. 119; SHP Einigungsstelle S. 225f., 241).

91 Stellen die Betriebspartner übereinstimmend fest, dass die Meinungsverschiedenheit, die Anlass für die Bildung der E-Stelle war, nicht mehr besteht, hat die E-Stelle das Verfahren **einzustellen** (SHP Einigungsstelle S. 148). Hierzu reicht allerdings bei einem Streit über einen Interessenausgleich und Sozialplan die einseitige Erklärung des ArbGeb., doch keine Betriebsstilllegung vornehmen zu wollen, dann nicht aus, wenn diese Erklärung von ArbNSeite für unglaubwürdig angesehen wird (LAG Köln 23.8.2000 – 7 TaBV 35/00, NZA-RR 2001, 428).

92 Aus Gründen der Rechtssicherheit sind die Beschlüsse der E-Stelle **schriftlich niederzulegen,** vom Vors. zu unterschreiben sowie ArbGeb. und BR zuzuleiten (Abs. 3 S. 4; Näheres → Rn. 128f.).

93 Eine Rechtspflicht, über den Gang der Verhandlungen der E-Stelle ein **Protokoll** zu führen, besteht nicht (MHdB ArbR/*Reinhard* § 308 Rn. 86; *Hennige* Verfahrensrecht S. 226; *Friedemann* Einigungsstelle Rn. 343). Die Führung eines Protokolls über alle wesentlichen Verfahrensfragen, Anträge der Parteien sowie die sich auf die Sachentscheidung auswirkenden Feststellungen ist jedoch zulässig und vielfach zweckmäßig, insbes. um die Ordnungsmäßigkeit des Verfahrens zu dokumentieren (*Ehrich/Fröhlich* Einigungsstelle S. 66; SHP Einigungsstelle S. 154f.). Das Protokoll ist vom Vors. zu erstellen. Jedoch ist auch die Hinzuziehung eines bes. Protokollführers trotz grundsätzlicher Nichtöffentlichkeit der Sitzungen der E-Stelle zulässig (→ Rn. 73f.; nach *Hennige* Verfahrensrecht S. 227 nur im Einvernehmen mit den Betriebspartnern; **aA** *Friedemann* Einigungsstelle Rn. 182). In diesem Fall ist das Protokoll auch vom Vors. der E-Stelle zu unterzeichnen. Die Beisitzer der E-Stelle haben Anspruch auf Abschrift des Protokolls.

94 Das **Verfahren** der E-Stelle kann durch **BV näher geregelt** werden (Abs. 4). Allerdings darf dabei nicht von den gesetzlichen Vorschriften abgewichen werden (BAG 9.7.2013 – 1 ABR 19/12, NZA 2014, 99; DKKW/*Berg* Rn. 136; ErfK/*Kania* Rn. 14; SHP Einigungsstelle S. 110ff.). Als Regelungsgegenstände einer BV kommen insbes. in Betracht: Protokollführung, Festsetzung der Zahl der Beisitzer, Schriftlichkeit von Anträgen, zwingende mündliche Verhandlung, Ladungs- und Einlassungsfristen, nähere Regelungen über die Vernehmung von Zeugen oder Sachverständigen (weitere Beispiele s. SHP Einigungsstelle S. 110ff.). Hierzu können auch Regelungen über die Behandlung von Ablehnungsgesuchen gehören (BAG 17.11.2010 – 7 ABR 100/09, NZA 2011, 940). Auch durch **TV** können weitere Einzelheiten des E-Stellenverfahrens geregelt werden (GK-BetrVG/*Jacobs* Rn. 123f.; SHP Einigungsstelle S. 113). Soweit dies der Fall ist, gehen dessen Regelungen denen der BV vor.

2. Erzwingbares Einigungsstellenverfahren

95 In Fällen, in denen das G die Regelung einer Angelegenheit zwingend dem **MBR des BR** unterwirft, ist im Falle der Nichteinigung erforderlich, sowohl die Errichtung der E-Stelle als auch das Verfahren so auszugestalten, dass nicht durch die Blockade einer Seite eine Entscheidung der E-Stelle verhindert werden kann. Dem dienen die Regelungen in Abs. 5 S. 1 u. 2.

96 In folgenden Angelegenheiten besteht ein **erzwingbares E-Stellenverfahren:**

§ 37 Abs. 6, 7	Schulung von BRMitgl. (§ 65 Abs. 1 JAV);
§ 38 Abs. 2	Freistellung von BRMitgl.;
§ 39 Abs. 1	Sprechstunden des BR (§ 69 Abs. 1 JAV);
§ 47 Abs. 6	Herabsetzung der Zahl der Mitgl. des GesBR (§ 55 Abs. 4: des KBR; § 72 Abs. 6: der GesJAV);
§ 85 Abs. 2	Entscheidung über ArbNBeschwerden, die der BR für berechtigt hält;
§ 87 Abs. 2	Mitbestimmung in sozialen Angelegenheiten;
§ 91 S. 2	Ausgleichsmaßnahmen bei Änderung von Arbeitsablauf oder Arbeitsumgebung;
§ 94 Abs. 1 u. 2	Mitbestimmung über Personalfragebögen, persönliche Angaben in Formularverträgen und bei Beurteilungsgrundsätzen;
§ 95 Abs. 1 u. 2	Mitbestimmung über Richtlinien für Einstellung, Versetzung, Umgruppierung und Kündigung von ArbN;
§ 97 Abs. 2	Mitbestimmung bei der Einführung betrieblicher Berufsbildungsmaßnahmen;
§ 98 Abs. 3 u. 4	Mitbestimmung bei der Durchführung betrieblicher Bildungsmaßnahmen und bei der Auswahl von Teilnehmern;
§ 102 Abs. 6	Meinungsverschiedenheiten über den Ausspruch von Kündigungen, falls laut BV von der Zustimmung des BR abhängig;
§ 109	Auskunft an den WiAusschuss bzw. BR;
§ 112 Abs. 4	Aufstellung eines Sozialplanes bei Betriebsänderungen;
§ 116 Abs. 3	Arbeitsplatz und Unterkunft für Mitgl. der SeeBR;
Nr. 2, 4, 8	Sprechstunden und Bordverslg. in Liegehäfen außerhalb Europas;
§ 9 Abs. 3 ASiG	Bestellung u. Abberufung der Betriebsärzte u. Fachkräfte für Arbeitssicherheit sowie Erweiterung u. Beschränkung ihrer Aufgaben (→ § 87 Rn. 319ff.).

97 Auch das Verfahren des § 112 Abs. 2 S. 2 zur Erzielung einer Einigung über einen **Interessenausgleich** ist, was die Errichtung und die Tätigkeit der E-Stelle anbelangt, ein erzwingbares E-Stellenverfahren. Im Gegensatz zu den anderen Fällen tritt hier allerdings gem. Abs. 6 S. 2 eine Verbindlichkeit der Entscheidung der E-Stelle nur ein, wenn die Betriebspartner sich der Entscheidung im Voraus unterworfen oder sie nachträglich angenommen haben (→ Rn. 106).

Auch das in Betrieben der **privatisierten Postunternehmen** nach § 29 PostPersRG vorgesehene, sich an § 69 BPersVG anlehnende Verfahren, bei Meinungsverschiedenheiten über **Personalangelegenheiten** der bei ihnen tätigen Beamten nach § 76 Abs. 1 BPersVG die E-Stelle einzuschalten (→ § 99 Rn. 317ff.), ist nur in Bezug auf Errichtung und Tätigkeit der E-Stelle ein erzwingbares Verfahren. In der Sache kann die E-Stelle nur eine Empfehlung an den ArbGeb. aussprechen. Folgt dieser der Empfehlung nicht, hat er die umstrittene Personalangelegenheit mit der Empfehlung der E-Stelle dem BMF zur endgültigen Entscheidung vorzulegen (vgl. § 29 Abs. 3 PostPersRG). Bei Meinungsverschiedenheiten in anderen Angelegenheiten der Beamten gilt § 76 uneingeschränkt (s. zu § 85 BAG 22.11.2005 – 1 ABR 50/04, AP BetrVG 1972 § 85 Nr. 2). **98**

Werden die **erzwingbaren MBR** des BR zulässigerweise durch **TV erweitert** (→ § 1 Rn. 334ff.), unterliegen diese Angelegenheiten im Falle der Nichteinigung dem erzwingbaren E-Stellenverfahren (BAG 18.8.1987 – 1 ABR 30/86, AP BetrVG 1972 § 77 Nr. 23; 10.2.1988 – 1 ABR 70/86, AP BetrVG 1972 § 99 Nr. 53; 9.5.1995 – 1 ABR 56/94, AP BetrVG 1972 § 76 Einigungsstelle Nr. 2; DKKW/*Berg* Rn. 8; GK-BetrVG/*Jacobs* Rn. 17; MHdB ArbR/*Reinhard* § 308 Rn. 13). **99**

In den Fällen der → Rn. 96–99 genügt sowohl für die Errichtung der E-Stelle als auch für ihre Tätigkeit im Allgemeinen der **Antrag einer der Betriebspartner.** Im Falle des § 85 Abs. 2 ist jedoch nur der BR und in den Fällen der § 37 Abs. 6 S. 4, § 38 Abs. 2 S. 6 und § 95 Abs. 1 nur der ArbGeb. antragsberechtigt. **100**

Der Antrag muss der **Gegenseite zugehen** und ist zweckmäßigerweise schriftlich zu stellen. Mit ihm sollte zugleich der Vorschlag für die Anzahl der Beisitzer und die Person des Vors. verbunden werden. Akzeptiert der andere Betriebspartner die vorgeschlagene Zahl der Beisitzer und den Vorschlag für den Vors., so braucht jeder Betriebspartner nur noch seine Beisitzer zu benennen. Kommt dagegen über die Zahl der Beisitzer und die Person des Vors. kein Einvernehmen zustande, so werden diese auf Antrag (in aller Regel des das E-Stellenverfahren betreibenden Betriebspartners) durch das ArbG festgelegt bzw. bestellt (→ Rn. 21, 25). **101**

Stehen die Zahl der Beisitzer und die Person des Vors. fest, so ist die E-Stelle auch dann zur Verhandlung und Entscheidung befugt, wenn die andere Betriebspartei **keine Beisitzer benennt** oder diese trotz ordnungsmäßiger Einladung den Sitzungen der E-Stelle fernbleiben (BAG 16.8.2011 – 1 ABR 30/10, BeckRS 2011, 79052). Für die Frage der Beschlussfähigkeit und der Beschlussfassung (→ Rn. 76ff.) bleiben diese Beisitzer außer Betracht (LAG BW 7.11.1989 – 8 TaBV 2/89, DB 1990, 534; GK-BetrVG/*Jacobs* Rn. 113). Die E-Stelle entscheidet dann auch in der ersten Abstimmung nur mit den von der einigungswilligen Seite genannten Beisitzern und ggf. in der zweiten Abstimmung unter Einschluss des Vors. (das ArbG Mannheim 2.7.1987 – 5 BV 4/87, NZA 1987, 682 spricht hier von einem „Säumnisspruch"; DKKW/*Berg* Rn. 9; *Ehrich/Fröhlich* Einigungsstelle S. 64f.). Die für einen Beschluss der E-Stelle erforderliche Mehrheit errechnet sich in diesem Falle ebenfalls nach der Zahl der abgegebenen Stimmen, so dass Stimmenthaltungen nicht als Neinstimmen zählen (BAG 16.8.2011 – 1 ABR 30/10, BeckRS 2011, 79052; → Rn. 86; **aA** GK-BetrVG/*Jacobs* Rn. 115, die auf die Mehrheit der von der aktiven Betriebspartei benannten Beisitzer einschließlich des Vors. abstellen). Diese Regelung des Abs. 5 S. 2 begründet einen **mittelbaren Einlassungszwang.** **102**

Bei Verweigerung einer Betriebspartei besteht gleichwohl die Pflicht des Vors., auch diesen **rechtzeitig** und unter Mitteilung der **Tagesordnung** zu der Sitzung der E-Stelle **zu laden.** Das folgt nicht nur aus dem Gebot, der anderen Seite noch Benennung und Teilnahme ihrer Beisitzer zu ermöglichen, sondern insbes. auch aus dem in diesem Verfahren uneingeschränkt zu beachtenden Grundsatz, allen Beteiligten rechtliches Gehör zu gewähren (→ Rn. 69). **103**

Entscheidet die E-Stelle iRd erzwingbaren E-Stellenverfahrens nur mit den Beisitzern einer Seite, so hat sie darauf zu achten, dass sie **nur** eine Entscheidung zu der **umstrittenen mitbestimmungspflichtigen** Angelegenheit fällt, für die sie gebildet **104** worden ist. Andere Angelegenheiten, insbes. solche, die nur in einem freiwilligen E-Verfahren durch die E-Stelle geregelt werden können, können nicht Gegenstand ihrer Entscheidung sein (BAG 11.12.2018 – 1 ABR 17/17, NZA 2019, 714; *Faulenbach* NZA 2012, 953 [959]).

105 Die E-Stelle bleibt auch im **Insolvenzfall** bestehen (BAG 27.3.1979 – 6 ABR 39/76, AP BetrVG 1972 § 76 Nr. 7; LAG Hamm 23.10.1975 – 8 TaBV 66/74, DB 1976, 154), und zwar unabhängig vom Fortbestand der ArbVerh. betriebsangehöriger Beisitzer.

3. Freiwilliges Einigungsstellenverfahren

106 In Angelegenheiten, in denen das G im Streitfall keine verbindliche Entscheidung der E-Stelle vorsieht, wird sie nur tätig, wenn ArbGeb. und BR einvernehmlich mit ihrer Errichtung und ihrem Tätigwerden einverstanden sind (sog **freiwilliges E-Stellenverfahren, Abs. 6;** BAG 11.12.2018 – 1 ABR 17/17, NZA 2019, 714; → Rn 132). Das setzt idR einen gemeinsamen Antrag von ArbGeb. und BR voraus. Sind die Betriebsparteien über die Bildung einer (freiwilligen) E-Stelle zur Regelung der umstrittenen Angelegenheit einig, können sie sich jedoch nicht auf die Person des Vors. einigen, so ist dieser vom ArbG zu bestellen. Hierbei genügt der Antrag nur einer der Betriebsparteien (*Leinemann* ArbuR 1975, 20; **aA** DKKW/*Berg* Rn. 88; Richardi BetrVG/*Richardi/Maschmann* Rn. 55; GK-BetrVG/*Jacobs* Rn. 34; *Ehrich/Fröhlich* Einigungsstelle S. 14; *Hennige* Verfahrensrecht S. 82).

106a Ein **freiwilliges E-Stellenverfahren** liegt auch dann vor, wenn die E-Stelle nach dem ausdrücklich erklärten Willen der Betriebsparteien **„teilmitbestimmte"** Angelegenheiten regeln und damit die Kompetenz erhalten soll, sich bei der Erfüllung ihres Regelungsauftrags nicht an den gesetzlich mitbestimmungspflichtigen Rahmen halten zu müssen (BAG 11.12.2018 – 1 ABR 17/17, NZA 2019, 714).

106b Wird für eine freiwillige BV eine **Nachwirkung** entspr. § 77 Abs. 6 vereinbart, so ist diese Vereinbarung idR dahin auszulegen, dass die Nachwirkung auch gegen den Willen einer Seite beendet werden kann. Bei Scheitern einer einvernehmlichen Neuregelung kann jede Betriebspartei die E-Stelle anrufen, die dann verbindlich entscheidet (BAG 28.4.1998 – 1 ABR 43/97, NZA 1998, 1348; *Trebeck/v. Broich* NZA 2012, 1018; → § 77 Rn. 187).

107 Ist die E-Stelle bereits **gebildet,** kann das Einverständnis der anderen Seite auch nachträglich erklärt werden. Es gilt als erklärt, wenn sich beide Seiten auf die Verhandlung vor der E-Stelle eingelassen haben (BAG 11.12.2018 – 1 ABR 17/17, NZA 2019, 714; DKKW/*Berg* Rn. 10; HWGNRH/*Worzalla* Rn. 15). Das Einverständnis kann von beiden Seiten **jederzeit widerrufen** werden, zB durch Zurückziehung der benannten Beisitzer (BAG 11.12.2018 – 1 ABR 17/17, NZA 2019, 714; DKKW/*Berg* Rn. 88; GK-BetrVG/*Jacobs* Rn. 34; Richardi BetrVG/*Richardi/Maschmann* Rn. 39). Das Verfahren kommt dann zum Erliegen (SHP Einigungsstelle S. 237). Das Amt des Vors. und der Beisitzer erlischt. Ist allerdings in einer (nicht erzwingbaren) BV ein E-Stellenverfahren auch in nicht mitbestimmungspflichtigen Angelegenheiten verbindlich vorgesehen, ist ein einseitiger Widerruf des Einverständnisses solange unbeachtlich, als die BV gilt (GK-BetrVG/*Jacobs* Rn. 34).

108 Das freiwillige E-Stellenverfahren kann in **allen Angelegenheiten** durchgeführt werden, die in die **Zuständigkeit des BR** fallen und über die die Betriebsparteien verfügungsbefugt sind (*Ehrich/Fröhlich* Einigungsstelle S. 14). Deshalb kann zB ein freiwilliges E-Stellenverfahren vorgesehen werden zur Regelung von Meinungsverschiedenheiten im Rahmen der allgemeinen Aufgaben des BR (§ 80), zur Regelung des Beschwerdeverfahrens (§ 86) oder zur Erzielung einer freiwilligen BV in weiteren sozialen Angelegenheiten (§ 88), über die Gestaltung von Arbeitsplatz, Arbeitsablauf und Arbeitsumgebung (§ 90), die Einführung einer Personalplanung (§ 92 Abs. 2), zu Fragen der Beschäftigungssicherung (§ 92a), über die Gestaltung der Berufsausbildung (§ 96) oder über die MB bei Kündigungen (§ 102 Abs. 6).

109 Obwohl nach dem Wortlaut des Abs. 5 S. 3 die Verpflichtung der E-Stelle, ihre Entscheidung unter angemessener **Berücksichtigung** der **Belange** des **Betriebs** und der betroffenen **ArbN** nach billigem Ermessen zu treffen, nur für das erzwingbare MBVerfahren gilt, ist dieser Grundsatz auch für das freiwillige E-Stellenverfahren zu beachten. Das gilt jedenfalls, wenn sich die Parteien dem Spruch im Voraus unterworfen haben (Näheres → Rn. 126).

110 Zulässig ist ein freiwilliges E-Stellenverfahren auch zur Regelung von **Meinungsverschiedenheiten rechtlicher Art** (hM: BAG 20.11.1990 – 1 ABR 45/89, AP BetrVG 1972 § 76 Nr. 43 betr. Auslegung einer BV; LAG Köln 22.4.1994 – 13 TaBV 8/94, NZA 1995, 445; DKKW/*Berg* Rn. 12; GK-BetrVG/*Jacobs* Rn. 24; ErfK/*Kania* Rn. 23; → § 77 Rn. 228). Allerdings muss in diesem Falle die Möglichkeit der Überprüfung des Spruchs der E-Stelle durch die ArbG in vollem Umfang erhalten bleiben, weil anderenfalls die Errichtung der freiwilligen E-Stelle die unzulässige Vereinbarung eines Schiedsgerichts (vgl. §§ 4, 101 ff. ArbGG) darstellen würde (BAG 20.11.1990 – 1 ABR 45/89, DB 1991, 1025). Auch kann die Entscheidung der E-Stelle nicht Rechtsansprüche Dritter beeinträchtigen. Ein – zulässiges – freiwilliges E-Stellenverfahren im Falle des § 85 Abs. 2 S. 3 schließt deshalb zB die gerichtliche Geltendmachung der Rechtsansprüche durch den ArbN nicht aus (→ Rn. 167 ff.). Das Gleiche gilt für die Kündigungsschutzklage eines ArbN, wenn die E-Stelle bei Meinungsverschiedenheiten über die Kündigung eines ArbN gem. § 102 Abs. 6 entschieden hat.

110a ArbGeb. und BR können auch vereinbaren, dass für auftretende Meinungsunterschiede über die Anwendung und Auslegung einer BV zunächst ein (der E-Stelle vorgeschaltetes) **innerbetriebliches Schlichtungsverfahren** durchzuführen ist und erst nach dessen Scheitern ein arbeitsgerichtliches BeschlVerf. eingeleitet werden kann. Ein ohne Beachtung eines solchen obligatorischen Schlichtungsverfahrens gestellter Antrag ist von den ArbG als unzulässig abzuweisen; die Vorschriften zur zivilprozessualen Schiedsvereinbarung (§§ 1025 ff. ZPO) sind nicht anwendbar (BAG 11.2.2014 – 1 ABR 76/12, NZA-RR 2015, 26; 16.8.2011 – 1 ABR 22/10, NZA 2012, 342).

IV. Der Spruch der Einigungsstelle

1. Zulässiger Inhalt

111 Eine **Entscheidungskompetenz** der E-Stelle kommt in solchen Angelegenheiten in Betracht, die in die **funktionale Zuständigkeit** der Betriebspartner fallen, dh die ArbGeb. und BR auch freiwillig regeln könnten (→ Rn. 108). In aller Regel wird es sich bei den Meinungsverschiedenheiten um sog Regelungsstreitigkeiten handeln, dh um Streitigkeiten darüber, wie eine Angelegenheit am zweckmäßigsten und sachgerechtesten geregelt werden soll (zukünftige Rechtsgestaltung).

112 Die Entscheidung von **Rechtsstreitigkeiten,** dh die Feststellung, was rechtens ist, obliegt grds. den ArbG. Die E-Stelle ist hiervon jedoch nicht generell ausgeschlossen (vgl. *Rieble* BB 1991, 471). Selbst in den Fällen des erzwingbaren E-Stellenverfahrens sind zT Rechtsfragen Gegenstand des Streitverfahrens (vgl. zB die Fälle des § 37 Abs. 6 u. 7, → § 37 Rn. 246; § 38 Abs. 2, → § 38 Rn. 60, 66 f.; oder § 109, → § 109 Rn. 2 ff.). Zur Zuständigkeit der E-Stelle bei Entscheidungen über Rechtsfragen im freiwilligen E-Stellenverfahren → Rn. 110.

113 Die E-Stelle hat vor einer Sachentscheidung über die Frage ihrer **Zuständigkeit selbst zu befinden** (hM: BAG 22.10.1981 – 6 ABR 69/79, AP BetrVG 1972 § 76 Nr. 10; 24.11.1981 – 1 ABR 42/79, AP BetrVG 1972 § 76 Nr. 11; 28.5.2002 – 1 ABR 37/01, AP BetrVG 1972 § 87 Urlaub Nr. 10; LAG Düsseldorf 25.8.2014 – 9 TaBV 39/14, NZA-RR 2014, 647; DKKW/*Berg* Rn. 112). Das gilt auch für die Bewertung der Rechtsfrage, ob eine bestehende Regelung wegen behaupteten Weg-

falls der Geschäftsgrundlage nicht mehr gilt (BAG 23.9.1997 – 3 ABR 85/96, AP BetrAVG § 1 Ablösung Nr. 26). **Verneint** sie ihre Zuständigkeit, hat sie das Verfahren durch Beschluss **einzustellen.**

114 Da es sich bei der Zuständigkeitsfrage um eine Rechtsfrage handelt, unterliegt dieser Beschluss in vollem Umfang der nicht fristgebundenen **arbeitsgerichtlichen Rechtskontrolle** (→ Rn. 146 ff.). Wird in einem arbeitsgerichtlichen BeschlVerf. die Zuständigkeit der E-Stelle bejaht, ist die Unwirksamkeit des Einstellungsbeschlusses der E-Stelle festzustellen. Das Verfahren ist dann vor der E-Stelle **fortzusetzen,** ohne dass es einer Neuerrichtung bedarf (BAG 30.1.1990 – 1 ABR 2/89, AP BetrVG 1972 § 87 Lohngestaltung Nr. 41; LAG Düsseldorf 24.1.1978, EzA § 87 BetrVG 1972 Vorschlagswesen Nr. 1; DKKW/*Berg* Rn. 113; ErfK/*Kania* Rn. 22; GK-BetrVG/*Jacobs* Rn. 178; *Wenning-Morgenthaler* Einigungsstelle Rn. 447; → Rn. 118b). Auch eine erneute Anrufung der E-Stelle ist nicht erforderlich (GK-BetrVG/*Jacobs* Rn. 175; insoweit **aA** Richardi BetrVG/*Richardi/Maschmann* Rn. 138).

115 **Bejaht** die E-Stelle ihre Zuständigkeit, hat sie das Verfahren auch dann **fortzuführen,** wenn über die Frage ihrer Zuständigkeit ein arbeitsgerichtliches BeschlVerf. (was zulässig ist, → Rn. 183) eingeleitet worden ist. In diesem Falle ist das E-Stellenverfahren nicht etwa in entspr. Anwendung des § 148 ZPO auszusetzen (BAG 22.2.1983 – 1 ABR 27/81, AP BetrVG 1972 § 23 Nr. 2; 16.8.1983 – 1 ABR 11/82, AP ArbGG 1979 § 81 Nr. 2; **einschr.** im Sinne einer Ermessensentscheidung der E-Stelle: LAG Düsseldorf 21.2.1979, EzA § 76 BetrVG 1972 Nr. 29; GK-BetrVG/*Jacobs* Rn. 129; Richardi BetrVG/*Richardi/Maschmann* Rn. 105; *Friedemann* Einigungsstelle Rn. 316). Denn die E-Stelle ist dazu berufen, nach ihrer Errichtung alsbald eine Sachentscheidung zu treffen. Eine Vorabentscheidung im Allgemeinen arbeitsgerichtlichen BeschlVerf. (möglicherweise über 3 Instanzen), würde die effektive Ausübung der Beteiligungsrechte unangemessen verzögern (JRH/*Trappehl/Wolff* Kap. 8 Rn. 46). Etwas anderes gilt, wenn die Betriebspartner mit einer Aussetzung des Verfahrens einverstanden sind (DKKW/*Berg* Rn. 114; *Hennige* Verfahrensrecht S. 222; SHP Einigungsstelle S. 159; **aA** ErfK/*Kania* Rn. 22).

116 Der **Zwischenbeschluss,** mit der die E-Stelle ihre Zuständigkeit bejaht oder einen Antrag des ArbGeb. auf Einstellung des Verfahrens wegen Erledigung ablehnt, ist **nicht isoliert anfechtbar,** da er keine die Einigung der Betriebspartner ersetzende Regelung zum Gegenstand hat (BAG 22.11.2005 – 1 ABR 50/04, AP BetrVG 1972 § 85 Nr. 2 mwN; LAG Bln-Bbg 28.8.2012 – 20 TaBV 188/11, BeckRS 2012, 76071; GK-BetrVG/*Jacobs* Rn. 128; → Rn. 120, 139). Dies gilt nach BAG (22.1.2002 – 3 ABR 28/01, AP BetrVG 1972 § 76 Einigungsstelle Nr. 16) jedenfalls dann, wenn bereits vor der gerichtlichen Anhörung im Verfahren erster Instanz der abschließend regelnde Spruch der E-Stelle erfolgt ist. Zu einem derartigen Zwischenbeschluss ist die E-Stelle selbst bei einem entspr. Antrag der Betriebsparteien nicht verpflichtet (BAG 28.5.2002 – 1 ABR 37/01, AP BetrVG 1972 § 87 Urlaub Nr. 10).

117 Die E-Stelle ist bei ihrer Entscheidung an **zwingendes vorrangiges Recht gebunden** (BAG 29.6.2004 – 1 ABR 21/03, AP BetrVG 1972 § 87 Überwachung Nr. 41 mwN). Was die Betriebspartner zulässigerweise nicht regeln können, kann auch nicht Inhalt eines E-Stellenspruchs sein. So hat die E-Stelle zB §§ 75 oder 77 Abs. 3 zu beachten, ferner die zwingenden Vorschriften des gesetzlichen Arbeitszeitrechts, des BUrlG, des KSchG (BAG 11.3.1976 – 2 AZR 43/75, AP BetrVG 1972 § 95 Nr. 1). Durch Spruch der E-Stelle kann weder eine Ständige E-Stelle erzwungen (LAG Bln-Bbg 23.6.2008 – 10 TaBV 303/08, BeckRS 2008, 56541) noch ihre Besetzung gegen den Willen einer Betriebspartei festgelegt werden (BAG 9.7.2013 – 1 ABR 19/12, NZA 2014, 99; 26.8.2008 – 1 ABR 16/07, AP BetrVG 1972 § 75 Nr. 54). Zum vorrangigen Recht gehören auch geltende TV (LAG Brem 26.10.1998 – 4 TaBV 4/98, NZA-RR 1999, 86). Der Spruch der E-Stelle unterliegt insoweit in vollem Umfang der arbeitsgerichtlichen Kontrolle (ErfK/*Kania* Rn. 24).

118 Die E-Stelle, die in einer mitbestimmungspflichtigen Angelegenheit tätig wird, hat den ihr unterbreiteten Konflikt im Rahmen der gestellten Anträge grds. **vollständig zu lösen** (BAG 28.3.2017 – 1 ABR 25/15, NZA 2017, 1132; 11.2.2014 – 1 ABR 72/12, NZA 2014, 989). Deshalb ist ein Spruch der E-Stelle **unwirksam,** der den Streitgegenstand nicht selbst regelt, sondern dem ArbGeb. das Recht einräumt, den mitbestimmungspflichtigen Tatbestand im Wesentlichen allein zu gestalten (BAG 8.6.2004 – 1 ABR 4/03, NZA 2005, 227; LAG SchlH 25.4.2018 – 6 TaBV 21/17, NZA-RR 2018, 543 nr.; LAG SchlH 16.1.2018 – 1 TaBV 14/17, BeckRS 2018, 3695). Gleiches gilt, wenn die mitbestimmungspflichtige Erstellung eines **Dienstplans** (→ § 87 Rn. 127) allein dem ArbGeb. übertragen und die Beteiligung des BR auf ein Widerspruchsrecht mit anschließender Möglichkeit der Anrufung der E-Stelle beschränkt wird (LAG Nds 20.2.2012 – 9 TaBV 66/11, BeckRS 2012, 68033). Ein Spruch, der dem ArbGeb. aufgibt, dem BR eine BV vorzulegen, die bestimmte, von der E-Stelle für richtig gehaltene Grundsätze zu beachten hat, und der bei Nichteinigung über diese BV die Fortsetzung des E-Stellenverfahrens anordnet, ist ebenfalls unwirksam (BAG 22.1.2002 – 3 ABR 28/01, AP BetrVG 1972 § 76 Einigungsstelle Nr. 16). Sieht die E-Stelle davon ab, bei der Regelung einer **Dienstkleidungspflicht** deren persönlichen Geltungsbereich näher zu bestimmen, ist auch dieser Spruch unwirksam (BAG 17.1.2012 – 1 ABR 45/10, NZA 2012, 687).

118a Geht es um Regelungen nach § 87 Abs. 1 Nr. 7 iVm §§ 5, 12 ArbSchG, muss die E-Stelle selbst eine Entscheidung darüber treffen, an welchen konkreten Arbeitsplätzen welche **Gefährdungsursachen** anhand welcher Kriterien und Methoden zu beurteilen und welche Unterweisungen vorzunehmen sind (BAG 28.3.2017 – 1 ABR 25/15, NZA 2017, 1132; 11.2.2014 – 1 ABR 72/12, NZA 2014, 989; 8.6.2004 – 1 ABR 4/03, NZA 2005, 227; LAG SchlH 16.1.2018 – 1 TaBV 14/17 – BeckRS 2018, 3695; sa *Fieseler/Berger* NZA 2018, 1520; *Oberberg/Schoof* AiB 2012, 533 ff.). Sie muss unter Berücksichtigung der konkreten Gefahren am Arbeitsplatz konkrete arbeitsplatzbezogene Bestimmungen beschließen (BAG 11.1.2011 – 1 ABR 104/09, NZA 2011, 651). Sie kann sich nicht darauf beschränken, allgemeine Bestimmungen über die Unterweisung zu Gefahren am Arbeitsplatz aufzustellen; sie hat vielmehr die Erkenntnisse einer **Gefährdungsbeurteilung** zu berücksichtigen und die konkrete arbeitsplatz-/aufgabenbezogene Unterweisung daran auszurichten (BAG 8.11.2011 – 1 ABR 42/10, NJOZ 2012, 1519). Sie ist auch dann zur Regelung dieser Fragen zuständig, wenn der ArbGeb. seine Verpflichtungen aus dem ArbSchG (s. dessen § 13 Abs. 2) auf Dritte übertragen hat (LAG SchlH 8.2.2012 – 6 TaBV 47/11, BeckRS 2012, 66427).

118b Erkennt die E-Stelle nach Erlass des Spruchs, dass die getroffene Regelung der MB-Materie nicht vollständig erfolgt ist (→ Rn. 118), steht einer **Reaktivierung der E-Stelle** mit dem Ziel der Ergänzung des unvollständigen Spruchs in Anlehnung an die §§ 319 ff. und § 1058 ZPO nichts entgegen. Da der spätere Spruch den gleichen Regelungsgegenstand betrifft und ihn jetzt vollständig regelt, ist der frühere, fehlerhafte Spruch gegenstandslos geworden (LAG Hmb 15.1.2013 – 2 TaBV 13/11, BeckRS 2013, 69903).

118c Die E-Stelle kann die **Regelung** in **§ 87 Abs. 2** über die Ersetzung der Zustimmung des BR **nicht** durch das für personelle Einzelmaßnahmen geltende Verfahren (§ 99 Abs. 2–4, § 100 Abs. 1, 2) **ersetzen.** Eine **einseitige Regelungsbefugnis** des ArbGeb. oder dessen Möglichkeit zur **vorläufigen Durchführung** einer von § 87 Abs. 1 erfassten Maßnahme (zB Durchführung eines Schichtplans ohne Zustimmung des BR) sieht das G hier nicht vor, auch nicht für den **Eilfall.** Ein solcher Spruch ist unwirksam. Auf eine derartige Regelung können sich allenfalls die Betriebsparteien in der BV verständigen (BAG 8.12.2015 – 1 ABR 2/14, AP BetrVG 1972 § 87 Arbeitszeit Nr. 139; 9.7.2013 – 1 ABR 19/12, NZA 2014, 99).

118d Eine derartige **Verletzung der Spruchkompetenz** liegt auch dann vor, wenn die E-Stelle unter Verkennung der Tragweite des MBR des BR nach § 87 Abs. 1 Nr. 7 iVm § 3 ArbSchG eine **Mindestbesetzung** bei der Dienstplanung für Pflegekräfte regelt. Das ist ein unzulässiger **Eingriff** in die **Personalplanung** des ArbGeb., die nach § 92 nicht der MB des BR unterliegt (LAG SchlH 25.4.2018 – 6 TaBV 21/17, NZA-RR 2018, 543 nr; → § 92 Rn. 21).

119 Im Fall **komplexer Sachverhalte,** bei denen künftig auftretende Einzelfälle jeweils noch eine Würdigung der konkreten Umstände verlangen, kann die E-Stelle den Regelungsgegenstand zunächst **nur abstrakt-generell regeln,** Maßnahmen des ArbGeb. im konkreten Einzelfall aber an eine weitere Zustimmung des BR knüpfen und für den Fall der Nichterteilung der Zustimmung ein erneutes E-Stellenverfahren vorsehen. Ein derartiger Spruch der E-Stelle, der den Regelungsstreit grds. löst, aber Raum für eine Würdigung der konkreten Umstände erst künftig auftretender Einzelfälle gibt, ist sachgerecht (so BAG 26.8.2008 – 1 ABR 16/07, AP BetrVG 1972 § 75 Nr. 54 bei der Videoüberwachung im Betrieb).

120 Zulässig ist ein **Zwischenbeschluss, nach** dessen **Vollzug** durch den ArbGeb. die E-Stelle ihre Tätigkeit **fortsetzen** will, um auf der Grundlage des Regelungsentwurfs des ArbGeb. abschließend eine eigene Ermessensentscheidung zu treffen (BAG 8.6.2004 – 1 ABR 4/03, NZA 2005, 227). Unberührt bleibt auch die Möglichkeit, im Einverständnis aller Beteiligten das E-Stellenverfahren zu unterbrechen, um den Betriebspartnern unter Berücksichtigung der Diskussion in der E-Stelle eine einvernehmliche Regelung zu ermöglichen.

121 Sind in den Fällen des erzwingbaren E-Stellenverfahrens (→ Rn. 95 ff.) **Regelungsstreitigkeiten** Gegenstand des Verfahrens, hat die E-Stelle ihren Spruch unter angemessener Berücksichtigung der Belange des Betriebs und Unternehmens, nicht des ArbGeb. persönlich, und der betroffenen ArbN nach **billigem Ermessen** zu treffen (Abs. 5 S. 3), andernfalls liegt ein rechtlich erheblicher Fehler iSv Abs. 5 S. 4 vor (BAG 13.5.2015 – 2 ABR 38/14, NZA 2016, 116; 9.11.2010 – 1 ABR 75/09, NZA-RR 2011, 354). Im Falle der Aufstellung eines Sozialplans hat sie nach § 112 Abs. 5 im Rahmen ihres billigen Ermessens sowohl die bes. Belange der ArbN zu berücksichtigen als auch auf die wirtschaftliche Vertretbarkeit ihrer Entscheidung zu achten; hierbei soll sie insbes. auch im SGB III vorgesehenen Fördermöglichkeiten zur Vermeidung von Arbeitslosigkeit berücksichtigen (→ §§ 112, 112a Rn. 252 ff., 273 ff.).

122 In beiden vorgenannten Fällen verbindet das G **unbestimmte Rechtsbegriffe** mit dem Begriff des billigen Ermessens. Wie sich aus der in Abs. 5 S. 4 vorgesehenen Möglichkeit, die Überschreitung der Grenzen des Ermessens einer gerichtlichen Prüfung zu unterwerfen, ergibt, steht der E-Stelle bei der inhaltlichen Ausgestaltung ihres Spruchs ein Ermessensspielraum zu, der durch den Begriff der Billigkeit lediglich konkretisiert und eingeschränkt wird, jedoch weiterhin eine **Ermessensentscheidung** bleibt (BAG 11.3.1986 – 1 ABR 12/84, AP BetrVG 1972 § 87 Überwachung Nr. 14; 28.9.1988 – 1 ABR 23/87, AP BetrVG 1972 § 112 Nr. 47; DKKW/*Berg* Rn. 139 f.; *Ehrich/Fröhlich* Einigungsstelle S. 71; **aA** BAG 28.7.1981 – 1 ABR 79/79, AP BetrVG 1972 § 87 Urlaub Nr. 2; *v. Hoyningen-Huene,* Die Billigkeit im Arbeitsrecht, S. 50 ff.).

123 Die E-Stelle hat ihre Entscheidung **innerhalb** des ihr zustehenden **Ermessensspielraums** zu treffen. Sie hat eine Lösung zu suchen, auf die sich die Betriebspartner vernünftigerweise auch freiwillig hätten einigen können. Hierbei sind durchaus verschiedene Lösungsmöglichkeiten denkbar, vorausgesetzt, sie alle berücksichtigen noch in angemessener Weise die Belange des Betriebs und der ArbN, stehen auch noch mit dem Grundsatz der Billigkeit in Einklang und stellen insgesamt gesehen eine angemessene Regelung dar. Das ist zB nicht der Fall und damit ermessensfehlerhaft, wenn der Spruch der E-Stelle eine Verpflichtung der ArbN zum Tragen einer bes. auffälligen Dienstkleidung vorsieht, ohne zugleich eine Regelung über Umkleidemöglichkeiten im Betrieb zu treffen (BAG 17.1.2012 – 1 ABR 45/10, NZA 2012, 687).

124 Die E-Stelle muss stets eine **Interessenabwägung** vornehmen, wobei die hierbei zu berücksichtigenden Aspekte durchaus von unterschiedlichem Gewicht sein kön-

nen und vielfach sein werden (vgl. hierzu eing. *Fiebig* Einigungsstelle S. 86ff.; *Fiebig* DB 1995, 1279). Sie überschreitet zB ihr Ermessen, wenn sie eine freiwillige Zusatzleistung des ArbGeb., mit der er die Übernahme von Führungsverantwortung honorieren will, von einer zehnjährigen Konzernzugehörigkeit abhängig machen will (LAG Köln 13.7.2005 – 7 TaBV 74/04, NZA-RR 2006, 415). Zur gerichtlichen Überprüfung dieses Ermessensspielraums → Rn. 152ff.

Ist der Beschluss der E-Stelle von seinem Rechtscharakter her eine BV, kann die E-Stelle auch die Möglichkeit einer **Kündigung** vorsehen und eine **Kündigungsfrist** festlegen (BAG 8.3.1977 – 1 ABR 33/75, AP BetrVG 1972 § 87 Auszahlung Nr. 1; 28.7.1981 – 1 ABR 79/79, AP BetrVG 1972 § 87 Urlaub Nr. 2). Auch kann dem Beschluss **rückwirkende Kraft** beigemessen werden (BAG 8.3.1977 – 1 ABR 33/75, AP BetrVG 1972 § 87 Auszahlung Nr. 1). Das gilt auch für einen die ArbN belastenden Spruch, wenn die ArbN mit einer rückwirkenden Regelung rechnen mussten und sich hierauf einstellen konnten (BAG 19.9.1995 – 1 AZR 208/95, AP BetrVG 1972 § 77 Nr. 61). Insofern gilt nichts anderes wie bei rückwirkend belastenden Regelungen, die von den Betriebspartnern freiwillig vereinbart werden (→ § 77 Rn. 41ff.). 125

Die Verpflichtung der E-Stelle ihren Spruch nach billigem Ermessen zu fällen, gilt dem Wortlaut des Abs. 5 nach nur für die Regelungsstreitigkeiten in erzwingbaren E-Stellenverfahren. Jedoch sind diese Grundsätze **auch in freiwilligen E-Stellenverfahren** jedenfalls dann zu beachten, wenn sich die Parteien im Voraus dem Spruch der E-Stelle **unterworfen** haben (ErfK/*Kania* Rn. 25; GK-BetrVG/*Jacobs* Rn. 133; *Ehrich/Fröhlich* Einigungsstelle S. 72). Denn es ist davon auszugehen, dass ihre vorherige Unterwerfung unter der Voraussetzung erfolgt, dass die E-Stelle eine den beiderseitigen Interessen gerecht werdende Entscheidung trifft. Haben sich die Betriebspartner die Annahme der Entscheidung der E-Stelle vorbehalten, so hat sie sich bei ihrer Entscheidung jedenfalls von den auch von den Betriebspartnern zu beachtenden Grundsätzen des § 2 Abs. 1 (Wohl der ArbN und des Betriebs) leiten zu lassen. 126

Haben sich die Betriebsparteien dem Spruch der E-Stelle nicht im Voraus unterworfen und nehmen sie ihn **nachträglich an,** ist es ihnen verwehrt, die Überschreitung der Grenzen des „billigen Ermessens“ nach Abs. 5 S. 3 u. 4 geltend zu machen. Denn diese Grenzen brauchen sie auch bei einer einvernehmlichen Regelung – etwas anderes ist die nachträgliche Annahme des Spruches nicht – nicht einzuhalten. 127

2. Form des E-Stellenbeschlusses

Abs. 3 S. 4 enthält eine verbindliche Handlungsanleitung für den E-Stellenvors.: Die Bestimmung stellt klar, dass der E-Stellenspruch nur wirksam ist, wenn er **schriftlich** niedergelegt und mit der **Unterschrift** des Vors. versehen ArbGeb. und BR **zugeleitet** wird. Die Zuleitung eines zwar schriftlich niedergelegten, aber nicht unterzeichneten Spruchs genügt nicht den gesetzlichen Anforderungen, die vor allem der Rechtsklarheit geschuldet sind (aber → Rn. 128a). Für die Betriebsparteien und für die ArbN im Betrieb muss rechtssicher feststehen, dass das vom Vors. unterzeichnete Schriftstück das von der E-Stelle beschlossene Regelwerk enthält (BAG 10.12.2013 – 1 ABR 45/12, NZA 2014, 862; 14.9.2010 – 1 ABR 30/09, NZA-RR 2011, 526; 13.3.2012 – 1 ABR 78/10, NZA 2012, 748; s. dazu *Tschöpe/Geißler* NZA 2011, 545ff.; kr. *Poguntke/v. Villiez* NZA 2019, 1097, 1099). Beurkundung und Dokumentation sind erforderlich, weil der E-Stellenspruch die fehlende Einigung zwischen ArbGeb. und BR ersetzt (→ Rn. 134f.) und ihm daher die gleiche normative Wirkung zukommt wie einer von den Betriebsparteien geschlossenen BV (§ 77 Abs. 4 S. 1); er ist deshalb auch vom ArbGeb. an geeigneter Stelle im Betrieb zur Kenntnisnahme der ArbN auszulegen (§ 77 Abs. 2 S. 3). Ein schriftlicher Spruch **ohne Unterschrift** des Vors. ist **unwirksam** (BAG 13.3.2012 – 1 ABR 78/10, NZA 2012, 748). 128

128a Die Übermittlung eines **nicht unterzeichneten** E-Stellenspruchs steht einer **nachfolgenden formwirksamen Zuleitung** nicht entgegen, wenn der E-Stellenvors. bei der Übermittlung die Übersendung des unterzeichneten Spruchs angekündigt hat. Dann bewirkt erst diese Übersendung die Zuleitung iSv Abs. 3 S. 4 (BAG 11.12.2012 – 1 ABR 78/11, NZA 2013, 913).

129 Die Zuleitung eines E-Stellenspruchs als bloße **Textdatei** (pdf-Datei) genügt auch dann **nicht** den gesetzlichen Anforderungen, wenn sich darin die Unterschrift des E-Stellenvors. in eingescannter Form befindet (BAG 10.12.2013 – 1 ABR 45/12, NZA 2014, 862). Die Unterzeichnung des Spruchs durch den Vors. kann nach dem Rechtsgedanken des § 126 Abs. 3 BGB weder durch elektronische Form (§ 126a BGB) noch durch Textform (§ 126b) ersetzt werden. Abs. 3 S. 4 ist eine auf dem Normcharakter des E-Stellenspruchs beruhende Sonderregelung (BAG 5.10.2010 – 1 ABR 31/09, NZA 2011, 420; 13.3.2012 – 1 ABR 78/10, NZA 2012, 748; s. dazu *Tschöpe/Geißler* NZA 2011, 545 ff.; **aA** SHP Einigungsstelle S. 108).

129a Soweit der E-Stellenspruch auf **Anlagen** Bezug nimmt und die Einigung der Betriebsparteien über eine BV ersetzt, muss er insgesamt dem Schriftformerfordernis des § 126 BGB, § 77 Abs. 2 genügen. Das ist nicht der Fall, wenn in dem unterzeichneten Spruch auf umfangreiche Anlagen verwiesen wird, die mit dem Spruch weder körperlich verbunden noch ihrerseits unterzeichnet oder paraphiert sind und eine Rückbeziehung der Anlagen auf den Spruch nicht gegeben ist (LAG Nds 1.8.2012 – 2 TaBV 52/11, NZA-RR 2013, 23).

130 Für die Beurteilung der **Formwirksamkeit** des E-Stellenspruchs ist regelmäßig der **Zeitpunkt** maßgeblich, in dem der Vors. den Betriebsparteien den Spruch mit der Absicht der Zuleitung iSd Abs. 3 S. 4 übermittelt hat. Mit dem Eingang des Spruchs bei den Betriebsparteien ist das E-Stellenverfahren abgeschlossen (BAG 5.10.2010 – 1 ABR 31/09, NZA 2011, 420). Eine nachträgliche, rückwirkende Heilung der Verletzung der Formerfordernisse ist nicht möglich (BAG 14.9.2010 – 1 ABR 30/09, NZA-RR 2011, 526; 13.3.2012 – 1 ABR 78/10, NZA 2012, 748). So vermag die erstmalige Zuleitung eines unterzeichneten E-Stellenspruchs während des Rechtsbeschwerdeverfahrens den Formmangel nicht zu heilen (BAG 5.10.2010 – 1 ABR 31/09, NZA 2011, 420).

130a Der E-Stellenvors. kann einen den Betriebsparteien zugeleiteten E-Stellenspruch nicht durch eine von ihm inhaltlich veränderte Spruchfassung ersetzen. Das kann nur die E-Stelle als solche und nicht ihr Vors. allein (BAG 10.12.2013 – 1 ABR 45/12, NZA 2014, 862).

131 Die Unterzeichnung durch alle Mitgl. der E-Stelle ist nicht erforderlich, aber zulässig. Wegen der nur zeitlich begrenzten Überprüfungsfrist des Abs. 5 S. 4 sollte der Zeitpunkt der Zuleitung schriftlich festgehalten werden. Obwohl das G über eine (schriftliche) **Begründung** nichts sagt und diese aus Gründen der Rechtsstaatlichkeit auch nicht zwingend erforderlich ist (BVerfG 18.10.1987 – 1 BvR 1426/83, AP BetrVG 1972 § 87 Auszahlung Nr. 7), ist diese jedoch **zweckmäßig,** damit eine gerichtliche Überprüfung des Spruchs erleichtert wird (BAG 8.3.1977 – 1 ABR 33/75, AP BetrVG 1972 § 87 Auszahlung Nr. 1; 31.8.1982 – 1 ABR 27/80, AP BetrVG 1972 § 87 Arbeitszeit Nr. 8; ErfK/*Kania* Rn. 21; DKKW/*Berg* Rn. 133; HWGNRH/*Worzalla* Rn. 75). Im Einverständnis mit den Beteiligten kann von einer Begründung abgesehen werden. Im Hinblick auf Abs. 5 S. 4 kann die E-Stelle ihren Spruch mit einer **Rechtsmittelbelehrung** versehen, verpflichtet ist sie hierzu nicht (GK-BetrVG/*Jacobs* Rn. 122; SHP Einigungsstelle S. 109 f., 245 f.; *Faulenbach* NZA 2012, 953 [959]).

3. Rechtswirkungen des Spruchs

132 Im **freiwilligen E-Stellenverfahren** kommt dem Spruch der E-Stelle nicht von Gesetzeswegen eine die Betriebspartner bindende Wirkung zu. Diese tritt nur ein, wenn sich BR und ArbGeb. dem Spruch im **Voraus unterworfen** haben oder ihn

nachträglich annehmen (BAG 28.2.1984 – 1 ABR 37/82, AP BetrVG 1972 § 87 Tarifvorrang Nr. 4; 6.12.1988 – 1 ABR 47/87, AP BetrVG 1972 § 111 Nr. 26; DKKW/*Berg* Rn. 13; *Ehrich/Fröhlich* Einigungsstelle S. 73). Für die Unterwerfung reicht nicht aus, dass der BR einen Beschluss über die einvernehmliche Errichtung der E-Stelle oder die Entsendung seiner Beisitzer gefasst hat (→ Rn 106ff.). Das bloße Einverständnis mit dem Tätigwerden einer E-Stelle iSv. Abs. 6 begründet noch keine Verbindlichkeit ihres Spruchs. Erforderlich für die Unterwerfung ist vielmehr eine entspr. **Beschussfassung** des **BR** (BAG 11.12.2018 – 1 ABR 17/17, NZA 2019, 714).

Die Unterwerfung und die Annahme können **formlos,** dh mündlich erklärt werden. Die E-Stelle kann eine Frist für die Erklärung der Parteien über die Annahme setzen (SHP Einigungsstelle S. 245f.). Durch **BV** kann die Unterwerfung für bestimmte oder alle Fälle **im Voraus** erfolgen (ErfK/*Kania* Rn. 26; einschr. auf nur bestimmt genannte Fälle: GK-BetrVG/*Jacobs* Rn. 82; Richardi BetrVG/*Richardi/Maschmann* Rn. 40). Das G sieht dies in § 102 Abs. 6 ausdrücklich vor (→ § 102 Rn. 124ff.). Hat der Spruch der E-Stelle eine Rechtsfrage zum Gegenstand, so ist er nur bindend, wenn die Parteien über den Gegenstand verfügen können (GK-BetrVG/*Jacobs* Rn. 14, 154; Richardi BetrVG/*Richardi/Maschmann* Rn. 40; SHP Einigungsstelle S. 245). In diesen Fällen kann die Annahme des Spruchs durch die Betriebspartner die Wirkung eines außergerichtlichen Vergleichs haben (GK-BetrVG/*Jacobs* Rn. 138). **132a**

In den Fällen des **erzwingbaren E-Stellenverfahrens** ist der Spruch der E-Stelle für die Betriebspartner dagegen **verbindlich.** Eine Ausnahme besteht beim Interessenausgleich nach § 112 Abs. 3 (→ Rn. 97). Trotz der auch in diesem Falle bestehenden Möglichkeit, das E-Verfahren gegen den Willen eines Betriebsparteien durchzuführen, kann die E-Stelle über einen Interessenausgleich nur einen Einigungsvorschlag machen, den anzunehmen den Betriebsparteien freisteht. Aus diesem Grunde ist es unzulässig, mögliche Regelungsgegenstände eines (letztlich freiwilligen) Interessenausgleichs, zB Kündigungsverbote, Versetzungs- oder Umschulungspflichten, in den Spruch der E-Stelle über die Aufstellung eines Sozialplans nach § 112 Abs. 4 aufzunehmen. Denn eine verbindliche Entscheidung der E-Stelle auch gegen den Willen eines der Betriebsparteien muss sich auf Angelegenheiten beschränken, in denen dies gesetzlich ausdrücklich vorgesehen ist. Beachtet die E-Stelle diese Grenze nicht, ist ihr Spruch, wenn die Betriebspartner ihn nicht nachträglich akzeptieren, unwirksam (BAG 17.9.1991 – 1 ABR 23/91, AP BetrVG 1972 § 112 Nr. 59). **133**

Ist eine E-Stelle für das Unternehmen gebildet und der **GesBR** für eine Angelegenheit zuständig, gilt Folgendes: Ist der GesBR gem. § 50 Abs. 2 **beauftragt** worden, eine Angelegenheit für einzelne BR zu behandeln, wird er nur als deren Vertr. tätig und kann für sie nur EinzelBVen abschließen, wenn die Beauftragung mit Entscheidungsbefugnis erfolgt ist. Bei Entscheidungsbefugnis kann in einem erzwingbaren E-Stellenverfahren ein verbindlicher Spruch in der o. g. Ausgestaltung ergehen; bei fehlender Entscheidungsbefugnis kann der GesBR nur ein freiwilliges E-Stellenverfahren mit Zustimmung des ArbGeb. erreichen (*Wenning-Morgenthaler* Einigungsstelle Rn. 43, 365). **133a**

Welche **Rechtsnatur** der Spruch der E-Stelle hat, hängt von seinem Inhalt ab (SHP Einigungsstelle S. 238ff., 243ff.). Hat die Entscheidung einen **Regelungsstreit** zum Gegenstand, hat der Spruch dieselbe Rechtsnatur, die einer entspr. freiwilligen Einigung der Betriebsparteien über den Streitgegenstand beizumessen wäre. Vielfach wird der Spruch der E-Stelle den **Charakter einer BV** haben (vgl. § 77 Abs. 2 S. 2, § 112 Abs. 1 S. 3). Das ist nicht nur der Fall, wenn ausdrücklich über den Abschluss einer BV gestritten wird, sondern auch, wenn durch den Spruch Rechte und Pflichten der ArbN begründet oder geändert werden (ErfK/*Kania* Rn. 27; GK-BetrVG/*Jacobs* Rn. 140; Richardi BetrVG/*Richardi/Maschmann* Rn. 30, 111; *Ehrich/Fröhlich* Einigungsstelle S. 73f.; *Zeppenfeld/Fries* NZA 2015, 647 [648]). Zum Begriff und Inhalt einer BV → § 77 Rn. 11ff., 45ff. **134**

135 Entscheidet die E-Stelle über eine allgemeine Maßnahme iRd Direktionsrechts, so kommt ihr der Charakter einer **Regelungsabrede** zu (→ § 77 Rn. 216 ff.). In diesem Falle ist der ArbGeb. verpflichtet, sein Direktionsrecht entspr. dem Beschluss der E-Stelle auszuüben. Das Gleiche gilt, wenn der Spruch der E-Stelle nur einen Einzelfall betrifft (zB in den Fällen den §§ 87 Abs. 1 Nr. 5 u. 9 und § 102 Abs. 6).

136 Hat der Spruch der E-Stelle eine **Rechtsfrage** zum Gegenstand, hat er eine rechtsfeststellende Wirkung. Er ist jedoch weder den Entscheidungen von Schiedsgerichten oder den von Schiedsgutachtern iSd §§ 317 ff. BGB gleichzusetzen (vgl. GK-BetrVG/*Jacobs* Rn. 142; Richardi BetrVG/*Richardi/Maschmann* Rn. 112). Rechtswidrige Entscheidungen der E-Stelle sind rechtsunwirksam, was jederzeit und in jedem Verfahren geltend gemacht werden kann (→ Rn. 148 ff.).

137 Der Spruch der E-Stelle ist auch im erzwingbaren Verfahren **kein Vollstreckungstitel** (GK-BetrVG/*Jacobs* Rn. 143; Richardi BetrVG/*Richardi/Maschmann* Rn. 113; SHP Einigungsstelle S. 240 f., 247). Je nach dem Inhalt des Spruchs bedarf es noch eines Beschluss- oder Urteilsverfahrens (zB Klage eines ArbN zur Durchsetzung eines Anspruchs aus dem E-Stellenspruch), um die Entscheidung der E-Stelle zwangsmäßig durchsetzen zu können.

4. Gerichtliche Überprüfung des Spruchs

138 Der Spruch der E-Stelle unterliegt der **arbeitsgerichtlichen Rechtskontrolle.** Diese erstreckt sich sowohl auf die Zuständigkeit der E-Stelle (→ Rn. 183 ff.) und die Einhaltung der von ihr zu beachtenden Verfahrensgrundsätze (→ Rn. 146 f.) als auch auf die inhaltliche Rechtmäßigkeit ihres Spruchs. Zum letzteren ist zu unterscheiden, ob Gegenstand des Spruchs eine Rechtsfrage ist (→ Rn. 148 ff.) oder ob es sich hierbei um eine Regelungsfrage handelt. Bei dieser ist die Rechtskontrolle in den Fällen der erzwingbaren MB sowohl in inhaltlicher als auch zeitlicher Hinsicht eingeschränkt (→ Rn. 151 ff.). Vorstehende Grundsätze gelten auch, wenn die E-Stelle nur einen Teil ihres Regelungsauftrags mittels eines „Teilspruchs" erledigt (LAG Bln-Bbg 28.8.2012 – 20 TaBV 188/11, BeckRS 2012, 76071).

139 Der arbeitsgerichtlichen Rechtskontrolle unterliegen nicht verfahrensbegleitende **Zwischenbeschlüsse** der E-Stelle zB in Form von Hinweis- oder Auflagenbeschlüsse, die keine eigene Regelungen des Verfahrensgegenstandes treffen, sich eine solche Regelung aber vorbehalten und die Gestaltungsaufgabe der E-Stelle noch nicht als erledigt ansehen (BAG 22.1.2002 – 3 ABR 28/01, AP BetrVG 1972 § 76 Einigungsstelle Nr. 16; LAG Bln-Bbg 28.8.2012 – 20 TaBV 188/11, BeckRS 2012, 76071; SHP Einigungsstelle S. 251; einschr. bei Zwischenbeschlüssen zur Zuständigkeit der E-Stelle, → Rn. 116; → Rn. 120).

139a Der Beschluss einer E-Stelle, mit dem diese ihre **Zuständigkeit** bejaht oder verneint, kann nicht mit einem Antrag zur gerichtlichen Entscheidung gestellt werden, der auf die Feststellung der Unwirksamkeit dieses Beschlusses gerichtet ist (BAG 26.9.2017 – 1 ABR 57/15, NZA 2018, 194; 23.2.2016 – 1 ABR 18/14, NZA 2016, 838). Ein solcher (Zwischen-)Beschluss der E-Stelle stellt **keine Regelung** dar und begründet deshalb kein Rechtsverhältnis zwischen den Betriebsparteien. Der Antrag ist idR dahin auszulegen, dass das (Nicht-)Bestehen eines entspr. MBR des BR festgestellt werden soll (§ 256 ZPO; BAG 17.9.2013 – 1 ABR 21/12, NZA 2014, 96; 31.3.2005 – 1 ABR 22/04, NZA 2006, 56). Das setzt aber einen hinreichend bestimmten Feststellungsantrag gerichtet auf das Bestehen oder Nichtbestehen eines MBR für die betreffende betriebliche Angelegenheit voraus (BAG 26.9.2017 – 1 ABR 57/15, NZA 2018, 23.2.2016 – 1 ABR 18/14, NZA 2016, 838).

140 Die Überprüfung des Spruchs der E-Stelle erfolgt in erster Linie im arbeitsgerichtlichen **BeschlVerf.** (§ 2a Abs. 2, § 80 ArbGG, → Anh. 3 Rn. 1 ff.; *Ehrich/Fröhlich* Einigungsstelle S. 75). Für die Überprüfung der Frage, ob die E-Stelle das ihr zustehende Ermessen eingehalten hat, ist dies die ausschließliche Verfahrensart. Andere

Rechtsverstöße können auch inzidenter als Vorfrage in einem arbeitsgerichtlichen **Urteilsverfahren,** zB im Rahmen einer Zahlungsklage des ArbN, geltend gemacht werden. Ist ein BeschlVerf. zur Überprüfung der Rechtmäßigkeit des E-Stellenspruchs anhängig, ist ein Urteilsverfahren, in dem die Rechtmäßigkeit des Spruchs der E-Stelle entscheidungserheblich ist, bis zum rechtskräftigen Abschluss des BeschlVerf. auszusetzen, da die Frage der (Un-)Wirksamkeit des Spruches der E-Stelle in dem Urteilsverfahren nicht an der Rechtskraft teilnimmt, vielmehr nur im BeschlVerf. rechtsverbindlich geklärt werden kann (GK-BetrVG/*Jacobs* Rn. 140; HWGNRH/*Worzalla* Rn. 79; vgl. auch SHP Einigungsstelle S. 263).

141 **Antragsberechtigt** zur Überprüfung des Beschlusses im arbeitsgerichtlichen BeschlVerf. sind ArbGeb. und BR (GK-BetrVG/*Jacobs* Rn. 150; Richardi BetrVG/*Richardi/Maschmann* Rn. 117), nicht jedoch die E-Stelle selbst oder der Einzelne durch den Spruch betroffene ArbN (ErfK/*Kania* Rn. 29, 36; MHdB ArbR/*Reinhard* § 308 Rn. 75, 231; *Ehrich/Fröhlich* Einigungsstelle S. 75; SHP Einigungsstelle S. 251 f.; zum letzteren **aA** GK-BetrVG/*Jacobs* Rn. 153). TV-Parteien sind antragsberechtigt, sofern die Wirksamkeit des Spruches der E-Stelle im Verhältnis zum TV in Frage steht oder die Entscheidung in sonstiger Weise die Rechte der TV-Parteien beeinträchtigt (→ § 77 Rn. 234 ff.; **aA** *Ehrich/Fröhlich* Einigungsstelle S. 75; SHP Einigungsstelle S. 252).

142 Da es bei der Anfechtung eines E-Stellenspruchs um Rechtskontrolle (→ Rn. 138) geht, besteht an der Klärung der Frage, ob der betreffende Spruch eine wirksame betriebliche Regelung ist, für ArbGeb. und BR ein **rechtliches Interesse** (§ 256 ZPO) unabhängig davon, ob sie die betreffende Regelung hätten verhindern können oder durch sie beschwert sind (BAG 8.6.2004 – 1 ABR 4/03, NZA 2005, 227, 24.8.2004 – 1 ABR 23/03, AP BetrVG 1972 § 112 Nr. 174). Auch eine **Teilanfechtung** ist zulässig, wenn sie sich auf ein selbständig feststellbares Teilrechtsverhältnis bezieht und die Betriebspartner die übrigen Regelungen übereinstimmend gelten lassen wollen (BAG 8.12.2015 – 1 ABR 2/14, AP BetrVG 1972 § 87 Arbeitszeit Nr. 139; 24.1.2006 – 1 ABR 6/05, AP ArbZG § 3 Nr. 8; 30.5.2006 – 1 ABR 21/05, NJOZ 2006, 3898; LAG Schleswig-Holstein 16.1.2018 – 1 TaBV 14/17, BeckRS 2018, 3695).

143 Der **Antrag** ist auf **Feststellung** der **Unwirksamkeit** des E-Stellenspruchs zu richten, nicht auf seine Aufhebung. Denn die gerichtliche Entscheidung hat nur feststellende und keine rechtsgestaltende Wirkung (BAG 14.1.2014 – 1 ABR 49/12, NZA-RR 2014, 356).

144 Die E-Stelle ist **nicht Beteiligte** im BeschlVerf. (LAG Düsseldorf 25.8.2014 – 9 TaBV 39/14, NZA-RR 2014, 647). Sie ist nur Hilfsorgan der Betriebspartner und kann deshalb nicht in eigenen betriebsverfassungsrechtlichen Rechten verletzt sein (BAG 28.4.1981 – 1 ABR 53/79, AP BetrVG 1972 § 87 Vorschlagswesen Nr. 1; 28.7.1981 – 1 ABR 79/79, AP BetrVG 1972 § 87 Urlaub Nr. 2; 28.7.1981 – 1 ABR 65/79, AP BetrVG 1972 § 87 Arbeitssicherheit Nr. 3; DKKW/*Berg* Rn. 161; ErfK/*Kania* Rn. 29; *Ehrich/Fröhlich* Einigungsstelle S. 75; SHP Einigungsstelle S. 2512; **aA** BVerwGE 50, 176; LAG Düsseldorf 24.1.1978, EzA § 87 BetrVG 1972 Vorschlagswesen Nr. 1; LAG Hamm 21.10.1977, EzA § 76 BetrVG 1972 Nr. 19). Wohl aber ist die Anhörung von Mitgl. der E-Stelle als Zeuge möglich, insbes. zur Erläuterung des gefällten Spruchs (BAG 28.4.1981 – 1 ABR 53/79, AP BetrVG 1972 § 87 Vorschlagswesen Nr. 1).

145 **Beteiligungsbefugt** können dagegen **einzelne ArbN** des Betriebs sein, wenn sie durch die gerichtliche Entscheidung über die Wirksamkeit des Spruches unmittelbar betroffen werden, zB im Falle des § 37 Abs. 6 S. 5, § 38 Abs. 2 S. 5, § 87 Abs. 1 Nr. 5 oder 9 (GK-BetrVG/*Jacobs* Rn. 153; *Ehrich/Fröhlich* Einigungsstelle S. 76; **aA** in Bezug auf § 85 Abs. 2 BAG 28.6.1984 – 6 ABR 5/83, AP BetrVG 1972 § 85 Nr. 1).

145a Geht es im BeschlVerf. um die Zuständigkeit des **GesBR** in einer Regelungsangelegenheit, so sind außer ihm die **örtlichen BR** als Verfahrensbeteiligte anzuhören.

Deren betriebsverfassungsrechtliche Stellung ist betroffen, wenn es an der Zuständigkeit des GesBR fehlt (BAG 19.6.2012 – 1 ABR 19/11, NZA 2012, 1237).

146 Der Rechtskontrolle unterliegt zum einen die Einhaltung der von der E-Stelle bei der Verhandlung und Entscheidung zu beachtenden **Verfahrensgrundsätze** (SHP Einigungsstelle S. 256f.). Das gilt unabhängig davon, ob Gegenstand des Spruchs der E-Stelle eine Rechts- oder eine Regelungsfrage ist. Die Überprüfung dieser Fragen ist zeitlich nicht befristet.

147 Schwerwiegende Verfahrensfehler können die **Nichtigkeit** des Spruches der E-Stelle zur Folge haben. Das gilt zB für die Verletzung des Anspruchs auf rechtliches Gehör (BAG 11.2.1992 – 1 ABR 51/91, AP BetrVG 1972 § 76 Nr. 50; 4.7.1989 – 1 ABR 40/88, AP BetrVG 1972 § 87 Tarifvorrang Nr. 20), für die Nichteinhaltung der Abstimmungsregelung des Abs. 3 S. 3 (BAG 30.1.1990 – 1 ABR 2/89, AP BetrVG 1972 § 87 Lohngestaltung Nr. 41; 28.9.1988 – 1 ABR 23/87, AP BetrVG 1972 § 112 Nr. 47), für die nicht ordnungsgemäße Beschlussfassung mit Stimmenmehrheit (BAG 17.9.1991 – 1 ABR 23/91, AP BetrVG 1972 § 112 Nr. 59; 6.11.1990 – 1 ABR 34/89, AP TVG § 1 TV Metallindustrie Nr. 94), für die abschließende Beratung und Beschlussfassung in Anwesenheit der Betriebspartner (BAG 18.1.1994 – 1 ABR 43/93, AP BetrVG 1972 § 76 Nr. 51), für die nicht ordnungsgemäße Ladung der Beisitzer (BAG 27.6.1995 – 1 ABR 3/95, AP BetrVG 1972 § 76 Einigungsstelle Nr. 1), für die Nichtbescheidung eines gegen den E-Stellenvors. gerichteten Ablehnungsantrags wegen Befangenheit durch die E-Stelle (BAG 29.1.2002 – 1 ABR 18/01, AP BetrVG 1972 § 76 Einigungsstelle Nr. 19). Aus Gründen der Rechtssicherheit ist auch das Fehlen der vorgeschriebenen Schriftform des Spruches der E-Stelle als Nichtigkeitsgrund anzusehen.

148 Hat der Spruch eine **Rechtsfrage,** zB die Auslegung eines unbestimmten Rechtsbegriffs zum Gegenstand, unterliegt er **zeitlich unbefristet** und in **vollem Umfang** der gerichtlichen Rechtskontrolle (BAG 11.7.2000 – 1 ABR 43/99, AP BetrVG 1972 § 109 Nr. 2). Denn die zweiwöchige Ausschlussfrist des Abs. 5 S. 2 gilt nur für die Überprüfung von Ermessensentscheidungen der E-Stelle, nicht bei der Auslegung unbestimmter Rechtsbegriffe (hM: ErfK/*Kania* Rn. 28; GK-BetrVG/*Jacobs* Rn. 154). Außerdem wird die Entscheidung von Rechtsfragen den Gerichten nicht entzogen (vgl. Abs. 6).

149 Soweit der E-Stelle bei der Auslegung eines **unbestimmten Rechtsbegriffs** ein Beurteilungsspielraum zusteht, beschränkt sich die gerichtliche Kontrolle allerdings auf die Nachprüfung, ob bei der Auslegung die Grenzen des Beurteilungsspielraums eingehalten sind (BAG 8.8.1989 – 1 ABR 61/88, AP BetrVG 1972 § 106 Nr. 6; ErfK/*Kania* Rn. 30; SHP Einigungsstelle S. 258; *Henssler* RdA 1991, 269, *Rieble* BB 1991, 471; **aA** GK-BetrVG/*Jacobs* Rn. 155).

150 Das ArbG ist bei der Bewertung der Rechtsfrage **nicht** an die tatsächlichen Feststellungen der E-Stelle **gebunden.** Das E-Stellenverfahren ist lediglich ein **außergerichtliches Vorverfahren.** Bei unrichtiger Entscheidung von Rechtsfragen kann das ArbG jederzeit eine ersetzende Entscheidung treffen (Richardi BetrVG/*Richardi/Maschmann* Rn. 123), da es bei diesen nur eine richtige Entscheidung gibt, während bei Regelungsfragen oft mehrere Lösungsmöglichkeiten vertretbar sind.

151 Auch wenn der Spruch der E-Stelle eine **Regelungsfrage** zum Gegenstand hat, unterliegt er in **Teilbereichen** einer umfassenden und zeitlich **unbefristeten Rechtskontrolle.** Das gilt zum einen in Bezug auf die Einhaltung der von der E-Stelle zu beachtenden wesentlichen Verfahrensvorschriften (→ Rn. 146f.), zum anderen aber auch in Bezug auf die Überprüfung, ob der Inhalt des Spruches gegen höherrangiges Recht verstößt (→ Rn. 117). Der unbeschränkten Rechtskontrolle unterliegt ferner die Frage, ob sich die E-Stelle bei ihrem Spruch im Rahmen ihrer Zuständigkeit gehalten hat. Das ist insbes. in mitbestimmungspflichtigen Angelegenheiten von Bedeutung. Die E-Stelle kann gegen den Willen eines der Betriebspartner nur im Rahmen eines bestehenden MBR eine Entscheidung treffen. Haben die TV-Parteien den Betriebsparteien bei einem MBR (§ 87 Abs. 1 Nr. 2, 3) einen Gestaltungsspielraum vorgegeben, ist daran auch die E-Stelle nach § 87 Abs. 1 Eingangshalbs. gebunden (BAG 9.11.2010 – 1 ABR 75/09, NZA-RR 2011, 354). Verkennt die E-Stelle die Grenzen eines MBR oder geht sie zu Unrecht vom Bestehen eines MBR aus, hat dies die Unwirksamkeit ihres Spruches zur Folge (BAG 20.7.1999 – 1 ABR 66/98, AP BetrVG 1972 § 76 Einigungsstelle Nr. 8; 25.1.2000 – 1 ABR 1/99, AP BetrVG 1972 § 112 Nr. 137; 15.5.2001 – 1 ABR 39/00, AP BetrVG 1972 § 87 Prämie Nr. 17).

Hinsichtlich des der E-Stelle bei der Entscheidung von **Regelungsfragen** zustehenden **Ermessensspielraums** bestehen jedoch in zweierlei Hinsicht **Einschränkungen** der gerichtlichen Rechtskontrolle. Zum einen ist dieses Ermessen nur begrenzt überprüfbar, zum anderen kann diese Überprüfung nur innerhalb einer bestimmten Frist beantragt werden (BAG 21.9.1993 – 1 ABR 16/93, AP BetrVG 1972 § 87 Arbeitszeit Nr. 62; SHP Einigungsstelle S. 258 ff.). Diese Einschränkungen der gerichtlichen Überprüfbarkeit nach Abs. 5 S. 4 besteht in den Fällen der erzwingbaren MB, nicht dagegen in den freiwilligen E-Stellenverfahren nach Abs. 6 (GK-BetrVG/*Jacobs* Rn. 159). **152**

Das ArbG darf eine **Ermessensentscheidung** der E-Stelle nur daraufhin überprüfen, ob sie die **Grenzen** des ihr zustehenden Ermessens **überschritten** hat. Dabei hat es zu beurteilen, ob die von der E-Stelle getroffene Regelung im Verhältnis der Betriebsparteien untereinander einen billigen Ausgleich der Interessen von ArbGeb. und BR als Sachwalter der ArbN darstellt (BAG 14.1.2014 – 1 ABR 49/12, NZA-RR 2014, 356). Hält sich der Spruch der E-Stelle innerhalb des gesetzlichen Ermessensrahmens, hat das Gericht ihn hinzunehmen. Denn dem ArbG steht **keine** allgemeine **Zweckmäßigkeitskontrolle,** sondern nur eine Rechtskontrolle zu (DKKW/*Berg* Rn. 144; ErfK/*Kania* Rn. 31; *Ehrich/Fröhlich* Einigungsstelle S. 79). Das Recht ist bei Beachtung des Ermessensrahmens nicht verletzt. Insbes. darf das ArbG nicht sein eigenes Ermessen an die Stelle des Ermessens der E-Stelle setzen (BAG 22.1.1980 – 1 ABR 28/78, AP BetrVG 1972 § 111 Nr. 7; 27.5.1986 – 1 ABR 48/84, AP BetrVG 1972 § 87 Überwachung Nr. 15). **153**

Ob die E-Stelle uU **fehlerhafte Erwägungen** angestellt hat (sog Ermessensfehlgebrauch) ist **unerheblich.** Der Überprüfung durch das ArbG unterliegt allein das Ergebnis der Tätigkeit der E-Stelle, dh ihre durch Spruch getroffene Regelung. Dagegen ist ohne Bedeutung, ob die von der E-Stelle angenommenen tatsächlichen und rechtlichen Umstände zutreffen, ihre weiteren Überlegungen frei von Fehlern sind und eine erschöpfende Würdigung aller Umstände zum Inhalt haben (BAG 14.1.2014 – 1 ABR 49/12, NZA-RR 2014, 356; 22.1.2013 – 1 ABR 85/11, BeckRS 2013, 68701; 24.8.2004 – 1 ABR 23/03, NZA 2005, 302; DKKW/*Berg* Rn. 147; ErfK/*Kania* Rn. 32; GK-BetrVG/*Jacobs* Rn. 167; HaKo-BetrVG/*Krasshöfer* Rn. 35; MHdB ArbR/*Reinhard* § 308 Rn. 156; Richardi BetrVG/*Richardi/Maschmann* Rn. 137; **aA** *Fiebig* DB 1995, 1280; *Rieble* Ermessenskontrolle S. 23 ff.). **154**

Das in → Rn. 154 Gesagte gilt auch für das **E-Stellenverfahren** als solches, das idR (Ausnahmen → Rn. 146 f.) nicht Gegenstand der gerichtlichen Überprüfung ist, so dass zB weder die Nichtbescheidung von Aufklärungsanträgen der Betriebsparteien oder eines Beisitzers noch mangelnde Sachaufklärung isoliert angegriffen werden können (BAG 29.1.2002 – 1 ABR 18/01, AP BetrVG 1972 § 76 Einigungsstelle Nr. 19). **154a**

Eine **unzulässige Ermessensüberschreitung** kann zB vorliegen, wenn die E-Stelle von sachfremden Erwägungen ausgeht oder den ihr möglichen Regelungsspielraum verkannt hat, zB dadurch, dass sie die abzuwägenden Interessen nicht oder nicht vollständig erfasst (BAG 14.1.2014 – 1 ABR 49/12, NZA-RR 2014, 356; ErfK/*Kania* Rn. 32). Insbes. liegt eine unzulässige Ermessensüberschreitung vor, wenn die E-Stelle die als Richtpunkt des Ermessens ausdrücklich genannten Belange des Betriebs oder der ArbN überhaupt nicht berücksichtigt, freiwillige Zusatzleistungen des ArbGeb. an engere Voraussetzungen knüpft als von diesem gewollt (LAG Köln 13.7.2005 – 7 TaBV 74/04, NZA-RR 2006, 415) oder dem ArbGeb. eine Gestal- **155** tungsfreiheit einräumt, die einem „mitbestimmungsfreien Zustand“ nahekommt (BAG 28.10.1986 – 1 ABR 11/85, AP BetrVG 1972 § 87 Arbeitszeit Nr. 20; 17.10.1989 – 1 ABR 31/87 (B), AP BetrVG 1972 § 76 Nr. 39; DKKW/*Berg* Rn. 145 f.; GK-BetrVG/*Jacobs* Rn. 170 ff.). Räumt der Beschluss der E-Stelle unter Ausschöpfung des MBR dem ArbGeb. gewisse Entscheidungsspielräume ein, ist dies nicht ermessensfehlerhaft (BAG 17.10.1989 – 1 ABR 31/87 (B), AP BetrVG 1972 § 76 Nr. 39; 11.2.1992 – 1 ABR 51/91, AP BetrVG 1972 § 76 Nr. 50).

156 **Ermessensfehlerhaft** ist es dagegen, wenn die E-Stelle einen Antrag nur zurückweist, ohne selbst eine Regelung zu treffen (BAG 30.1.1990 – 1 ABR 2/89, AP BetrVG 1972 § 87 Lohngestaltung Nr. 41; DKKW/*Berg* Rn. 146; LAG Hamm 16.1.1990 – 13 TaBV 98/89, NZA 1990, 500). Eine unzulässige Ermessensüberschreitung liegt ferner vor, wenn nach dem Spruch der E-Stelle alle ArbN monatl. eine Stunde von der Arbeit freigestellt werden zum Ausgleich für die mit der bargeldlosen Lohnzahlung verbundene zeitliche Belastung, wenn der ArbGeb. die Teilnahme an der bargeldlosen Lohnzahlung freistellt und sich bereit erklärt, jederzeit Schecks im Betrieb einzulösen (BAG 10.8.1993 – 1 ABR 21/93, AP BetrVG 1972 § 87 Auszahlung Nr. 12). Desgleichen überschreitet die E-Stelle die Grenzen ihres durch § 112 Abs. 5 vorgegebenen Ermessensrahmens, nach dem beim Ausgleich oder der Milderung der durch die Betriebsänderung bedingten Nachteile den Gegebenheiten des Einzelfalles Rechnung getragen werden soll, wenn in einem Sozialplan allen ArbN unterschiedslos eine in gleicher Weise berechnete Abfindung gewährt wird ohne Rücksicht darauf, welche wirtschaftlichen Nachteile die betroffenen ArbN voraussichtlich erleiden (BAG 14.9.1994 – 10 ABR 7/94, AP BetrVG 1972 § 112 Nr. 87).

157 Die Rechtswidrigkeit des Spruches der E-Stelle wegen Ermessensüberschreitung können ArbGeb. oder BR nur binnen einer **Ausschlussfrist von zwei Wochen** nach Zugang des schriftlich abgefassten Spruches (der Tag des Zugangs wird gem. § 187 Abs. 1 BGB nicht mitgerechnet, so dass die Frist zwei Wochen später an demselben Wochentag wie dem Zugangstag abläuft) beim ArbG geltend machen (Abs. 5 S. 4; LAG Bln-Bbg 7.7.2016 – 21 TaBV 195/16, NZA-RR 2016, 644 nr). Das gilt auch für den Fall, dass die E-Stelle bei der Festlegung der Faktoren, die für die Berechnung der Höhe von Abfindungen in einem Sozialplan maßgebend sind, einem Rechtsirrtum unterlegen ist (BAG 1.4.1998 – 10 ABR 17/97, AP BetrVG 1972 § 112 Nr. 123). Nach Fristablauf dürfen die ArbG den Spruch der E-Stelle nur noch einer Rechtskontrolle unterziehen (*Ehrich/Fröhlich* Einigungsstelle S. 77 f.). Denn der Fristablauf heilt etwaige Ermessensüberschreitungen.

158 Der Antrag muss **begründet** werden. Denn nur durch die Begründung kann die vom G geforderte Geltendmachung der Ermessensüberschreitung dargelegt werden. Zur Fristwahrung ist deshalb nicht ausreichend, wenn die Begründung erst nach Ablauf der Zweiwochenfrist nachgereicht wird. Dies würde auf eine unzulässige Verlängerung der Ausschlussfrist hinauslaufen (BAG 26.5.1988 – 1 ABR 11/87, AP BetrVG 1972 § 76 Nr. 26; DKKW/*Berg* Rn. 143; GK-BetrVG/*Jacobs* Rn. 164; MHdB ArbR/*Reinhard* § 308 Rn. 164; SHP Einigungsstelle S. 252).

159 Sind Gründe für die Ermessensüberschreitung rechtzeitig vorgetragen, ist es zulässig, diese Gründe **später** zu **konkretisieren** oder zu **erweitern.** Das folgt aus dem Amtsermittlungsprinzip des ArbG (GK-BetrVG/*Jacobs* Rn. 164; *Ehrich/Fröhlich* Einigungsstelle S. 78; offen gelassen von BAG 14.5.1985 – 1 ABR 52/81, AP BetrVG 1972 § 76 Nr. 16). Die Möglichkeit einer Wiedereinsetzung in den vorigen Stand wegen Versäumung der Ausschlussfrist besteht nicht (GK-BetrVG/*Jacobs* Rn. 163; Richardi BetrVG/*Richardi* Rn. 128).

160 **Bejaht** das ArbG eine Überschreitung der Ermessensgrenzen oder einen sonstigen Rechtsverstoß des Spruchs, so hat es die **Unwirksamkeit** des Beschlusses **festzustellen** (BAG 27.5.1986 – 1 ABR 48/84, AP BetrVG 1972 § 87 Überwachung Nr. 15; DKKW/*Berg* Rn. 151; GK-BetrVG/*Kreutz*/Rn. 175). Besteht nur ein partieller Rechtsverstoß, ist die **teilweise** Unwirksamkeit des Spruches festzustellen, wenn die

restliche Regelung noch ein sinnvolles Ganzes darstellt (BAG 30.8.1995 – 1 ABR 4/95, AP BetrVG 1972 § 87 Überwachung Nr. 29; → Rn. 142; GK-BetrVG/*Kreutz/Jacobs* Rn. 179; MHdB ArbR/*Reinhard* § 308 Rn. 169; **aA** *Fischer* NZA 1997, 1019).

161 Das ArbG ist bei Regelungsstreitigkeiten **nicht befugt, an Stelle** der **E-Stelle** eine **Sachentscheidung** zu treffen (LAG Düsseldorf 4.7.1980 EzA § 76 BetrVG 1972 Nr. 2; 24.1.1978, EzA § 87 BetrVG Vorschlagswesen Nr. 1; DKKW/*Berg* Rn. 151; GK-BetrVG/*Jacobs* Rn. 177; Richardi BetrVG/*Richardi/Maschmann* Rn. 136). Denn das ArbG darf nicht sein Ermessen an die Stelle des Ermessens der E-Stelle setzen.

162 Hat die E-Stelle nach Feststellung des ArbG keinen rechtswirksamen Spruch gefällt, hat sie das Verfahren (außer bei Feststellung ihrer Unzuständigkeit) **wieder aufzugreifen** und **fortzusetzen** (BAG 30.1.1990 – 1 ABR 2/89, AP BetrVG 1972 § 87 Lohngestaltung Nr. 41; LAG Düsseldorf 24.1.1978, EzA § 87 BetrVG Vorschlagswesen Nr. 1; DKKW/*Berg* Rn. 152; GK-BetrVG/*Jacobs* Rn. 178; **aA** ErfK/*Kania* Rn. 22; Richardi BetrVG/*Richardi/Maschmann* Rn. 138; *Ehrich/Fröhlich* Einigungsstelle S. 81; *Wenning-Morgenthaler* Einigungsstelle Rn. 447; → Rn. 118b). ArbGeb. und BR können sich nach der Entscheidung des ArbG auch einvernehmlich einigen. Dann wird die E-Stelle funktionslos (BAG 30.10.1979 – 1 ABR 112/77, AP BetrVG 1972 § 112 Nr. 9).

163 **Nicht zulässig** ist, die Rechtsunwirksamkeit eines Spruchs der E-Stelle wegen eines Ermessensfehlers einerseits und der fehlenden Zuständigkeit der E-Stelle andererseits zeitgleich in **zwei verschiedenen BeschlVerf.** geltend zu machen. Da der Streitgegenstand (Unwirksamkeit des E-Stellenspruchs) in beiden Verfahren derselbe ist, steht derartigen Anträgen der Einwand der anderweitigen Rechtshängigkeit entgegen (BAG 16.7.1996 – 3 ABR 13/95, AP BetrVG 1972 § 76 Nr. 53).

164 Die Anrufung des ArbG hat **keine suspendierende Wirkung** in Bezug auf die Geltung des **Spruchs** der E-Stelle zur Folge (LAG BW 20.7.2016 – 21 TaBV 4/16, BeckRS 2016, 73644; MV 8.10.2009 – 2 TaBV 15/09, BeckRS 2010, 71577; LAG Köln 20.4.1999 – 13 Ta 243/98, NZA-RR 2000, 311; DKKW/*Berg* Rn. 150; *Ehrich/Fröhlich* Einigungsstelle S. 81; *Wenning-Morgenthaler* Einigungsstelle Rn. 445; *Zeppenfeld/Fries* NZA 2015, 647 ff.). Der Spruch ist vielmehr für ArbGeb. und BR verbindlich und **auszuführen** (LAG Bln 8.11.1990 – 14 Ta BV 5/90, DB 1991, 1288; HaKo-BetrVG/*Krasshöfer* Rn. 33; **aA** GK-BetrVG/*Jacobs* Rn. 181, die trotz Verneinung einer suspendierenden Wirkung keine verbindliche Verpflichtung zur Durchführung des Beschlusses annehmen; ebenso MHdB ArbR/*Reinhard* § 308 Rn. 141; *Zeppenfeld/Fries* NZA 2015, 647 ff., insbes. bei Sozialplänen).

165 Allerdings kann das ArbG bei bes. krassen und offensichtlichen Rechtsverstößen im Wege der **einstw. Vfg.** den Vollzug des Beschlusses einstweilig **aussetzen** (LAG Köln 20.4.1999 – 13 Ta 243/98, NZA-RR 2000, 311; HessLAG 24.9.1987 – 12 TaBV Ga 70/87, BB 1988, 347; LAG BW 7.11.1989 – 8 TaBV Ha 1/89, NZA 1990, 286; LAG Bln 8.11.1990 – 14 TaBV 5/90, BB 1991, 206; *Ehrich/Fröhlich* Einigungsstelle S. 81; SHP Einigungsstelle S. 254; **aA** *Gaul/Bartenbach* NZA 1985, 341). Ferner ist auch eine einstw. Vfg. zur **Vollziehung** des Beschlusses der E-Stelle durch den ArbGeb. (§ 77 Abs. 1) zulässig, wenn dieser sich weigert den Beschluss durchzuführen (LAG Bln 6.12.1984 – 4 TaBV 2/84, BB 1985, 1199; 8.11.1990 – 14 Ta BV 5/90, AiB 1991, 110; *Ehrich/Fröhlich* Einigungsstelle S. 82; einschr. LAG Köln 20.4.1999 – 13 Ta 243/98, NZA-RR 2000, 311, wenn der E-Stellenspruch die Verpflichtung zur Auskunftserteilung zum Gegenstand hat).

5. Rechtsweggarantie

166 Durch Abs. 7 wird zum einen klargestellt, dass der Spruch der E-Stelle selbst der gerichtlichen Kontrolle unterliegt (→ Rn. 138 ff.). Soweit die E-Stelle im Rahmen

der erzwingbaren MB Rechtsfragen entscheidet (→ Rn. 112), ist die Anrufung des ArbG im Allgemeinen nur **nach Durchführung des E-Stellenverfahrens** zulässig, vorbehaltlich allerdings der auch in diesen Fällen bestehenden Möglichkeit des Erlasses einer einstw. Vfg. (vgl. hierzu zB → § 37 Rn. 249, 252).

167 Insbes. steht für **individuelle Rechtsansprüche der ArbN** ungeachtet des Spruches der E-Stelle oder der Möglichkeit eines Spruches der E-Stelle stets der Rechtsweg vor den ArbG offen. Das entspricht rechtsstaatlichen Grundsätzen (DKKW/*Berg* Rn. 154; GK-BetrVG/*Jacobs* Rn. 183; Richardi BetrVG/*Richardi/Maschmann* Rn. 32; *Ehrich/Fröhlich* Einigungsstelle S. 82; SHP Einigungsstelle S. 263). Die E-Stelle ist kein Gericht iSd Art. 92 GG. Die Entscheidung der E-Stelle ersetzt nur die Willensbildung von ArbGeb. und BR. Die Rechtslage ist nicht anders, als wenn sich ArbGeb. und BR freiwillig geeinigt hätten.

168 Bei Rechtsansprüchen des einzelnen ArbN besteht keine bindende „Drittwirkung" des Spruches, das Verfahren vor der E-Stelle ist vielmehr nur ein **Vorverfahren,** mit dem sich der Einzelne zufrieden geben kann, aber nicht muss (vgl. insbes. die Fälle des § 87 Abs. 1 Nr. 5 betr. zeitliche Festlegung des Urlaubs, → § 87 Rn. 204ff.; § 87 Abs. 1 Nr. 9 betr. Kündigung von Werkswohnungen, → § 87 Rn. 379ff.; vgl. auch die Fälle der Ein- und Umgruppierung nach § 99 sowie der Zustimmung zu einer Kündigung gem. § 102 Abs. 6 und die Entscheidung der E-Stelle über die Berechtigung einer Beschwerde, die bei Rechtsansprüchen gem. § 85 Abs. 2 S. 3 nur in einem freiwilligen E-Verfahren möglich ist).

169 Da der Spruch der E-Stelle wie die BV kein Vollstreckungstitel ist, muss der ArbN ihn begünstigende Wirkungen des Spruches im Streitfall **einklagen** (*Gaul/Bartenbach* NZA 1985, 341). Ist eine BV (zB ein Sozialplan) durch Spruch der E-Stelle zustande gekommen, so kann die Entscheidung von Meinungsverschiedenheiten über das Bestehen von Ansprüchen aus dieser BV zwischen ArbGeb. und einzelnen ArbN nicht der E-Stelle übertragen werden. Das wäre eine nach § 101 ArbGG unzulässige Schiedsabrede (BAG 27.10.1987 – 1 AZR 80/86, AP BetrVG 1972 § 76 Nr. 22).

V. Tarifliche Schlichtungsstelle

170 Abs. 8 sieht die Möglichkeit vor, die E-Stelle durch eine tarifliche Schlichtungsstelle zu ersetzen (zu verfassungsrechtlichen Fragen der tariflichen Schlichtungsstelle in Bezug auf nichtorganisierte ArbN vgl. *Rieble* RdA 1993, 141ff.). Zulässig ist sowohl die Bildung einer **betrieblichen** als auch einer **überbetrieblichen Schlichtungsstelle.** Erforderlich ist, dass der Betrieb unter den Geltungsbereich des TV fällt. Tarifliche Regelungen über eine Schlichtungsstelle nach Abs. 8 sind Rechtsnormen über betriebsverfassungsrechtliche Fragen, so dass gem. § 3 Abs. 2 TVG für ihre betriebliche Geltung die **Tarifgebundenheit des ArbGeb.** ausreicht (BAG 14.9.2010 – 1 ABR 30/09, NZA-RR 2011, 526; DKKW/*Berg* Rn. 159; ErfK/*Kania* Rn. 33; GK-BetrVG/*Jacobs* Rn. 189; Richardi BetrVG/*Richardi/Maschmann* Rn. 148; **aA** *Rieble* RdA 1993, 145, der zusätzlich verlangt, dass mindestens ein ArbN des Betriebs der vertragsschließenden Gewerkschaft angehört).

171 Eine die E-Stelle ersetzende tarifliche Schlichtungsstelle auf **Unternehmensebene** setzt bei Meinungsverschiedenheiten mit dem GesBR voraus, dass alle Betriebe des Unternehmens vom Geltungsbereich des TV erfasst werden. Die Regelung einer tariflichen Schlichtungsstelle auf Konzernebene erfordert die Tarifgebundenheit aller Konzernunternehmen (*Rieble* RdA 1993, 145; → § 47 Rn. 53; → § 55 Rn. 20; die dort für die Bestimmung der Größe des GesBR bzw. KBR bejahte Möglichkeit, die Tarifregelung durch eine GesBV bzw. KBV auf die nicht gebundenen Betriebe bzw. Unternehmen zu erstrecken, scheidet hier aus, da eine tarifliche Schlichtungsstelle nicht durch BV errichtet werden kann).

172 Ein TV über eine tarifliche Schlichtungsstelle hat **unmittelbare** und **zwingende Wirkung.** Mit seinem Inkrafttreten besteht keine Zuständigkeit der E-Stelle mehr.

Das gilt grds. auch für laufende E-Stellenverfahren, es sei denn, der TV enthält eine Übergangsregelung, die die Abwicklung laufender Verfahren unberührt lässt. Das **Günstigkeitsprinzip** findet auf Tarifregelungen über eine tarifliche Schlichtungsstelle **keine Anwendung,** da derartige Regelungen grds. günstigkeitsneutral sind (**aA** *Rieble* RdA 1993, 147, dessen Beispielsfälle – Wunschbesetzung der E-Stelle oder aufwändiges laufendes Verfahren – jedoch mangels klarer Abgrenzung aus Rechtssicherheitsgründen nicht überzeugen).

173 Ein TV über eine tarifliche Schlichtungsstelle verdrängt die E-Stelle nur für die Zeit seiner zwingenden Geltung. Es findet **keine Nachwirkung** seiner Normen statt, da ein TV das zwingende Organisationsrecht des BetrVG nur für die Zeit seiner vollen Geltung zu verdrängen vermag (vgl. zB → § 47 Rn. 59; HWGNRH/*Worzalla* Rn. 34; JRH/*Trappehl/Wolff* Kap. 8 Rn. 62; **aA** *Rieble* RdA 1993, 147). Bei im Zeitpunkt des Endes des TV laufenden Schlichtungsverfahren haben die Betriebspartner die Möglichkeit, die tarifliche Schlichtungsstelle in ihrer personellen Zusammensetzung zu bestätigen und sie als E-Stelle weiter tätig sein zu lassen.

174 Die **Zuständigkeit** der tariflichen Schlichtungsstelle entspricht der der E-Stelle (BAG 14.9.2010 – 1 ABR 30/09, NZA-RR 2011, 526; ErfK/*Kania* Rn. 33; GK-BetrVG/*Jacobs* Rn. 185; HWGNRH/*Worzalla* Rn. 35; MHdB ArbR/*Reinhard* § 308 Rn. 217; Richardi BetrVG/*Richardi/Maschmann* Rn. 146). Auch soweit die Beteiligungsrechte des BR durch TV oder BV zulässigerweise erweitert worden sind, ist bei Streit in diesen Angelegenheiten die tarifliche Schlichtungsstelle zuständig (SHP Einigungsstelle S. 33, 112f.). Der TV kann die Zuständigkeit der Schlichtungsstelle zB in betrieblicher (nur Kleinbetriebe) oder fachlicher (nur Akkordangelegenheiten, Angelegenheiten der AT-Ang.) Hinsicht beschränken (BAG 18.8.1987 – 1 ABR 30/86, AP BetrVG 1972 § 77 Nr. 23; 14.9.2010 – 1 ABR 30/09, NZA-RR 2011, 526; DKKW/*Berg* Rn. 157). Ist dies der Fall, bleibt iÜ die E-Stelle zuständig. Denn der TV kann nur eine andere Schlichtungsinstanz vorsehen, nicht aber den potentiellen Zuständigkeitsbereich der E-Stelle ohne Ersatzregelung einschränken.

175 Im Interesse der Vermeidung unnötiger Kompetenzkonflikte ist eine **klare Abgrenzung** erforderlich (nach *Rieble* RdA 1993, 148 soll eine unklare Abgrenzung insoweit die Nichtigkeit des TV zur Folge haben). Sofern keine anderweitige tarifliche Regelung besteht, ist bei **Mischtatbeständen,** bei denen teils die E-Stelle, teils jedoch auch die Schlichtungsstelle zuständig ist und die wegen des engen Sachzusammenhangs nur einheitlich entschieden werden können, darauf abzustellen, wo der Schwerpunkt des Streits liegt (HWGNRH/*Worzalla* Rn. 36; MHdB ArbR/*Reinhard* § 308 Rn. 217).

176 Auch für die tarifliche Schlichtungsstelle sind **wesentliche Regelungen** des G über die Bildung der E-Stelle und das Verfahren vor ihr **zwingend** zu beachten (BAG 14.9.2010 – 1 ABR 30/09, NZA-RR 2011, 526; ErfK/*Kania* Rn. 33; GK-BetrVG/*Jacobs* Rn. 183; HWGNRH/*Worzalla* Rn. 34; MHdB ArbR/*Reinhard* § 308 Rn. 218; Richardi BetrVG/*Richardi/Maschmann* Rn. 147; *Ehrich/Fröhlich* Einigungsstelle S. 35; **aA** DKKW/*Berg* Rn. 156 bei Verfahrensfragen). So muss auch die Schlichtungsstelle **paritätisch** mit Beisitzern besetzt sein und einen unparteiischen **Vors.** haben (GK-BetrVG/*Jacobs* Rn. 188; Richardi BetrVG/*Richardi/Maschmann* Rn. 149). Diese werden von den TVParteien benannt. Kommt es über die Person des Vors. zu keiner Verständigung, ist dieser gem. Abs. 2 S. 2 iVm § 98 ArbGG durch das ArbG zu bestellen (GK-BetrVG/*Jacobs* Rn. 188; GMP/*Schlewing* ArbGG § 98 Rn. 4; MHdB ArbR/*Reinhard* § 308 Rn. 218; *Wenning-Morgenthaler* Einigungsstelle Rn. 478; *Rieble* RdA 1993, 149; Richardi BetrVG/*Richardi/Maschmann* Rn. 149, falls der TV das vorsieht).

177 Der TV muss sicherstellen, dass die Schlichtungsstelle **tatsächlich** mit der **erforderlichen Zahl der Beisitzer besetzt** ist. Die Regelung des Abs. 5 S. 2 ist bei einer tariflichen Schlichtungsstelle nicht anwendbar, da die Nichtbenennung der Beisitzer durch eine der TVParteien oder deren Nichterscheinen den Betriebspartnern

nicht zugerechnet werden kann. Ist die Schlichtungsstelle nicht ordnungsgemäß mit Beisitzern beider Seiten besetzt und enthält der TV keine Regelung, die ihre ordnungsgemäße Besetzung sicherstellt (wobei notfalls auch eine Benennung der Beisitzer durch die Betriebspartner zu erwägen ist), besteht insoweit wieder die Zuständigkeit der E-Stelle (GK-BetrVG/*Jacobs* Rn. 190; HWGNRH/*Worzalla* Rn. 38; Richardi BetrVG/*Richardi/Maschmann* Rn. 151; nach *Rieble* RdA 1993, 149 ist eine vorherige Fristsetzung durch das ArbG entspr. § 102 Abs. 2 Nr. 2 ArbGG erforderlich; **aA** MHdB ArbR/*Reinhard* § 308 Rn. 218).

178 Auch die Schlichtungsstelle wird nur auf **Antrag,** nicht von Amtswegen tätig. Da die Betriebspartner in ihr nicht durch eigene Beisitzer vertreten sind, muss eine **mündliche Verhandlung** stattfinden (MHdB ArbR/*Reinhard* § 308 Rn. 218; *Rieble* RdA 1993, 150). Der Beschluss der Schlichtungsstelle wird nach mündlicher Beratung (ein schriftliches Umlaufverfahren ist unzulässig) entspr. den Abstimmungsregelungen des Abs. 3 gefasst (→ Rn. 79 ff.). Hierbei muss grds. die Anwesenheit aller Beisitzer sichergestellt sein (aber auch → Rn. 76 f.). Die Beschlüsse der Schlichtungsstelle sind von ihrem Vors. zu unterschreiben und den Betriebspartnern zuzustellen. Mangels einer Vertretung der Betriebspartner in der Schlichtungsstelle sind ihre Beschlüsse zu begründen (*Rieble* RdA 1993, 151).

179 Für die tarifliche Schlichtungsstelle kann abweichend von der gesetzlichen Regelung für die E-Stelle eine **zusätzliche (zweite) Instanz** vorgesehen werden (GK-BetrVG/*Jacobs* Rn. 186; HWGNRH/*Worzalla* Rn. 34; Richardi BetrVG/*Richardi/Maschmann* Rn. 150; SHP Einigungsstelle S. 113; **aA** JRH/*Trappehl/Wolff* Kap. 8 Rn. 64; *Müller* FS Barz, 1974, 499). Auch kann sie verpflichtet werden, vor ihrer Entscheidung eine bes. Güteverhandlung durchzuführen. Ferner kann der TV eine von § 76a abweichende Regelung der Tragung der **Kosten** der Schlichtungsstelle vorsehen, zB Tragung der Kosten durch die TVParteien (MHdB ArbR/*Reinhard* § 308 Rn. 219). Eine Kostentragung durch die ArbN des Betriebs kommt allerdings nicht in Betracht (vgl. § 41; *Rieble* RdA 1993, 150).

180 Die Beschlüsse der tariflichen Schlichtungsstelle sind in demselben Umfang **gerichtlich überprüfbar** wie die der E-Stelle (BAG 18.8.1987 – 1 ABR 30/86, AP BetrVG 1972 § 77 Nr. 23; 22.10.1981 – 6 ABR 69/79, AP BetrVG 1972 § 76 Nr. 10; DKKW/*Berg* Rn. 158; → Rn. 138 ff.). Das gilt auch für die nur innerhalb einer Frist von zwei Wochen zulässige Ermessensüberprüfung. Die tarifliche Schlichtungsstelle muss allerdings nicht ausschließlich für betriebsverfassungsrechtliche Angelegenheiten errichtet sein; sie kann auf Grund des TV auch andere Aufgaben wahrnehmen. Insoweit haben ihre Entscheidungen die Vermutung der Richtigkeit für sich, so dass nur eine Nachprüfung auf offensichtliche Unbilligkeit oder sonstige Rechtswidrigkeit hin in Frage kommt (§ 319 Abs. 1 BGB; DKKW/*Berg* Rn. 158; **aA** SHP Einigungsstelle S. 112 f.).

VI. Streitigkeiten

181 Außer den Streitigkeiten über die Rechtswirksamkeit des Spruches der E-Stelle (→ Rn. 138 ff.) entscheiden die ArbG auch sonstige Rechtsstreitigkeiten aus der Anwendung dieser Vorschrift im arbeitsgerichtlichen **BeschlVerf.** (§§ 2a, 80 ff. ArbGG, → Anh. 3 Rn. 1 ff.). Das gilt insbes. bei Streitigkeiten über die Zuständigkeit der E-Stelle (BAG 22.1.1980 – 1 ABR 28/78, AP BetrVG 1972 § 111 Nr. 7; 22.1.1980 – 1 ABR 48/77, AP BetrVG 1972 § 87 Lohngestaltung Nr. 3; 8.3.1983 – 1 ABR 38/81, AP BetrVG 1972 § 87 Lohngestaltung Nr. 14), aber auch bei Streitigkeiten über die Zusammensetzung der E-Stelle sowie die Ordnungsmäßigkeit ihres Verfahrens. Das Gleiche gilt für das Verlangen des BR auf Durchführung des Spruches (BAG 28.11.1989 – 1 ABR 94/88, AP BetrVG 1972 § 77 Auslegung Nr. 5; → § 77 Rn. 227) sowie für die Frage, ob der Spruch bindende Wirkung hat (BAG 23.3.1962 – 1 ABR 7/60, AP BetrVG § 56 Akkord Nr. 1; 15.5.1964 – 1 ABR 15/63, AP

BetrVG § 56 Akkord Nr. 5). **Antragsberechtigt** sind auch in diesem Falle in aller Regel nur ArbGeb. und BR (→ Rn. 141). Wegen Rechtsansprüche einzelner ArbN → Rn. 167ff.

182 Die Entscheidung von Streitigkeiten über die Bildung, Geschäftsführung und Entscheidung der E-Stelle in **Personalangelegenheiten** der bei den **privatisierten PostAGn** beschäftigten Beamten oder der ihren Tochter-, Enkel- und Beteiligungsgesellschaften zugewiesenen Beamten (→ Rn. 18, 27, 98) obliegt den **Verwaltungsgerichten** (vgl. § 29 Abs. 9 PostPersRG). Für diese Verfahren gelten die Vorschriften des arbeitsgerichtlichen BeschlVerf. entspr. Ansonsten bleibt es bei der Zuständigkeit der ArbG (BAG 22.11.2005 – 1 ABR 50/04, AP BetrVG 1972 § 85 Nr. 2).

183 Die Frage der **Zuständigkeit der E-Stelle** kann in jedem Verfahrensstand, dh vor der Errichtung der E-Stelle, während des Bestellungsverfahrens, während des Verfahrens vor der E-Stelle, aber auch noch nach Erlass ihres Spruches zur arbeitsgerichtlichen Entscheidung gestellt werden (hM; BAG 26.8.1997 – 1 ABR 12/97, AP BetrVG 1972 § 112 Nr. 117; 22.10.1981 – 6 ABR 69/79, AP BetrVG 1972 § 76 Nr. 10; 24.11.1981 – 1 ABR 42/79, AP BetrVG 1972 § 76 Nr. 11; GK-BetrVG/*Jacobs* Rn. 75). Dass die E-Stelle in eigener Verantwortung über ihre Zuständigkeit zu befinden hat (→ Rn. 113ff.), berührt das Rechtsschutzinteresse für eine getrennte Klärung dieser Frage in einem gesonderten BeschlVerf. nicht. Auch eine Aussetzung des Gerichtsverfahrens bis zur Entscheidung der E-Stelle kommt nicht in Betracht.

184 Ein allgemeines BeschlVerf. zur Klärung der Frage, ob in einer bestimmten Angelegenheit ein MBR des BR und damit eine Zuständigkeit der E-Stelle besteht, erfordert das Vorliegen eines entspr. **Rechtsschutzinteresses** (eing. BAG 13.10.1987 – 1 ABR 53/86, AP ArbGG 1979 § 81 Nr. 7). Dieses entfällt nicht, wenn die E-Stelle inzwischen einen Spruch gefällt hat und dieser in einem weiteren allgemeinen BeschlVerf. angefochten wird. Denn der Streitgegenstand des letzteren Verfahrens beschränkt sich auf die Überprüfung der Wirksamkeit dieses Spruches. Die Rechtswirksamkeit dieses Beschlusses des ArbG erfasst nicht die generelle Frage des MBR des BR (BAG 20.4.1982 – 1 ABR 22/80, DB 1982, 1674; ErfK/*Kania* Rn. 35). Gleiches gilt, wenn die Bestellung eines Vors. der E-Stelle abgelehnt worden ist. Streitgegenstand dieses Verfahrens ist lediglich die Errichtung der E-Stelle. Wird in einem allgemeinen BeschlVerf. ein MBR bejaht, steht insoweit die Bestellung eines Vors. der E-Stelle außer Streit (BAG 25.4.1989 – 1 ABR 91/87, AP ArbGG 1979 § 98 Nr. 3). Zur Frage einer Aussetzung des BeschlVerf. nach § 99 ArbGG → Rn. 36.

185 Wird die Unwirksamkeit eines Beschlusses der E-Stelle aus **mehreren Gründen** geltend gemacht (zB wegen fehlender Zuständigkeit sowie Ermessensfehlerhaftigkeit ihres Spruchs), ist es nicht zulässig, die verschiedenen Unwirksamkeitsgründe in mehreren BeschlVerf. geltend zu machen. Dem steht der Einwand der anderweitigen Rechtshängigkeit entgegen. Das gilt auch, wenn die Verfahren gleichzeitig anhängig gemacht werden (BAG 16.7.1996 – 3 ABR 13/95, AP BetrVG 1972 § 76 Nr. 53).

186 In den der MB unterliegenden Angelegenheiten darf der ArbGeb. vor einer Einigung auch in **dringenden Eilfällen** grds. keine einseitigen vorläufigen Anordnungen treffen (→ § 87 Rn. 23ff., jedoch auch → § 87 Rn. 290). Auch das ArbG ist in diesen Fällen grds. **nicht berechtigt,** durch **einstw. Vfg.** eine vorläufige Zwischenregelung bis zur Entscheidung der E-Stelle zu treffen (ArbG Siegburg, DB 1975, 555; MHdB ArbR/*Reinhard* § 308 Rn. 240; *Bengelsdorf* BB 1991, 634; *Heinze* RdA 1990, 279; GMP/*Schlewing* ArbGG § 85 Rn. 40; **aA** HessLAG 3.4.1978 – 5 Ta BV Ga 27/78, NJW 1979, 783; Richardi BetrVG/*Richardi/Maschmann* Rn. 34; *Henssler* FS Hanau, 1999, 429ff.; SHP Einigungsstelle S. 227ff.).

187 Das ArbG hat **allein** die Aufgabe, die Sprüche der E-Stelle auf **Ermessens-** und **Rechtsfehler** hin zu überprüfen, aber nicht selbst „betriebliches Recht" zu schaffen. Das Recht des ArbG, sich mit Regelungsfragen inhaltlich zu befassen, kommt erst

nach der Entscheidung der E-Stelle in Betracht. Eine unmittelbare Anrufung des ArbG ist unzulässig (BAG 3.4.1979 – 6 ABR 29/77, AP BetrVG 1972 § 87 Nr. 2; *Leipold* FS Schnorr v. Carolsfeld, 1972, 286; *Simitis/Weiß* DB 1973, 1244). Wegen vorläufiger Regelungen durch die E-Stelle selbst → Rn. 90.

188 Wegen Streitigkeiten über Honoraransprüche der Mitgl. der E-Stelle → § 76a Rn. 14ff., 33ff.

§ 76a Kosten der Einigungsstelle

(1) **Die Kosten der Einigungsstelle trägt der Arbeitgeber.**

(2) **[1]Die Beisitzer der Einigungsstelle, die dem Betrieb angehören, erhalten für ihre Tätigkeit keine Vergütung; § 37 Abs. 2 und 3 gilt entsprechend. [2]Ist die Einigungsstelle zur Beilegung von Meinungsverschiedenheiten zwischen Arbeitgeber und Gesamtbetriebsrat oder Konzernbetriebsrat zu bilden, so gilt Satz 1 für die einem Betrieb des Unternehmens oder eines Konzernunternehmens angehörenden Beisitzer entsprechend.**

(3) **[1]Der Vorsitzende und die Beisitzer der Einigungsstelle, die nicht zu den in Absatz 2 genannten Personen zählen, haben gegenüber dem Arbeitgeber Anspruch auf Vergütung ihrer Tätigkeit. [2]Die Höhe der Vergütung richtet sich nach den Grundsätzen des Absatzes 4 Satz 3 bis 5.**

(4) **[1]Das Bundesministerium für Arbeit und Soziales kann durch Rechtsverordnung die Vergütung nach Absatz 3 regeln. [2]In der Vergütungsordnung sind Höchstsätze festzusetzen. [3]Dabei sind insbesondere der erforderliche Zeitaufwand, die Schwierigkeit der Streitigkeit sowie ein Verdienstausfall zu berücksichtigen. [4]Die Vergütung der Beisitzer ist niedriger zu bemessen als die des Vorsitzenden. [5]Bei der Festsetzung der Höchstsätze ist den berechtigten Interessen der Mitglieder der Einigungsstelle und des Arbeitgebers Rechnung zu tragen.**

(5) **Von Absatz 3 und einer Vergütungsordnung nach Absatz 4 kann durch Tarifvertrag oder in einer Betriebsvereinbarung, wenn ein Tarifvertrag dies zulässt oder eine tarifliche Regelung nicht besteht, abgewichen werden.**

Inhaltsübersicht

I. Vorbemerkung

1 Die Vorschrift enthält eine ausdrückliche Regelung der Pflicht des ArbGeb., die Kosten der E-Stelle zu tragen, und zwar in Abs. 1 den allgemeinen Grundsatz der Kostentragungspflicht und in den Abs. 2–5 nähere Regelungen über die den Mitgl. der E-Stelle zustehende Vergütung. Von der in Abs. 4 enthaltenen Verordnungsermächtigung ist bisher nicht Gebrauch gemacht worden.

2 Die Regelung zählt **eigenständige Bemessungskriterien** auf (Abs. 3–4), von denen gem. Abs. 5 durch TV, BV oder Einzelvereinbarung abgewichen werden kann.

3 Entsprechende Vorschrift im BPersVG: keine.

II. Kostentragung durch den Arbeitgeber

1. Kosten der Einigungsstelle (Abs. 1)

4 Abs. 1 enthält eine ausdrückliche und **eigenständige Verpflichtung** des ArbGeb., die Kosten der E-Stelle zu tragen. Sie ist **umfassend;** sie erstreckt sich auf alle Kosten der E-Stelle. Nur hinsichtlich der Vergütung ihrer Mitgl. enthalten Abs. 2 bis 5 Sonderregelungen.

5 Ebenso wie die Kosten des Wahlvorst. (→ § 20 Rn. 35ff.) und des BR (→ § 40 Rn. 9ff.) hat der ArbGeb. nur die Kosten zu tragen, die für die ordnungsgemäße Durchführung der Aufgaben der E-Stelle **erforderlich** und nicht unverhältnismäßig sind (DKKW/*Berg* Rn. 9; ErfK/*Kania* Rn. 2; GK-BetrVG/*Jacobs* Rn. 9f.; Richardi BetrVG/*Richardi/Maschmann* Rn. 7; *Bauer/Röder* FS 100 Jahre BetrVR S. 41, 46). Danach kann es erforderlich sein, an sich selbständige, aber parallel liegende und sachlich zusammenhängende mitbestimmungspflichtige Angelegenheiten nicht in vielen einzelnen E-Stellen, sondern in einer einheitlichen E-Stelle zu verhandeln (HessLAG 1.3.2016 – 4 TaBV 258/15, NZA-RR 2016, 535). Die Erforderlichkeit der Kosten ist nicht unter rückwirkender Betrachtung nach rein objektiven Gesichtspunkten zu beurteilen. Ausreichend ist, wenn die Kosten im Zeitpunkt ihrer Verursachung unter Anlegung eines verständigen Maßstabs für erforderlich gehalten werden konnten (→ § 40 Rn. 9; BAG 27.5.2015 – 7 ABR 26/13, NZA 2015, 1141; GK-BetrVG/*Jacobs* Rn. 10; *Ehrich/Fröhlich* Einigungsstelle S. 83; *Bauer/Röder* FS 100 Jahre BetrVR S. 41, 47).

6 Die Kostentragungspflicht bezieht sich zunächst auf die **Kosten der E-Stelle selbst,** dh den Aufwand, der infolge der Durchführung des E-Stellenverfahrens entsteht **(Geschäftsaufwand).** Hierzu zählen insbes. die Kosten für Räume, Büromaterial, Büropersonal (→ § 40 Rn. 104ff.; DKKW/*Berg* Rn. 10; ErfK/*Kania* Rn. 2; GK-BetrVG/*Jacobs* Rn. 12; *Bauer/Röder* FS 100 Jahre BetrVR S. 41, 45).

7 Zu den Kosten der E-Stelle gehören auch die Kosten, die durch die Hinzuziehung eines **Sachverständigen** (→ § 76 Rn. 65f.) entstehen, sofern diese Hinzuziehung erforderlich ist und die damit verbundenen Kosten erforderlich und verhältnismäßig sind (BAG 13.11.1991 – 7 ABR 70/90, AP BetrVG 1972 § 76a Nr. 1; DKKW/*Berg* Rn. 12; ErfK/*Kania* Rn. 2; GK-BetrVG/*Jacobs* Rn. 14; *Löwisch/Kaiser* Rn. 4; *Bauer/Röder* FS 100 Jahre BetrVR S. 41, 47). Als erforderlich ist die Hinzuziehung eines Sachverständigen anzusehen, wenn dies zur sachgerechten und vernünftigen Erledigung des E-Stellenverfahrens geboten ist, insbes. wenn die Mitgl. das für einen sachgerechten Spruch der E-Stelle erforderliche spezielle Fachwissen (zB arbeitsmedizinischer oder technischer Art) nicht besitzen. Hierbei setzt die Hinzuziehung eines Sachverständigen keine vorherige Vereinbarung mit dem ArbGeb. nach § 80 Abs. 3 voraus (BAG 13.11.1991 – 7 ABR 70/90, AP BetrVG 1972 § 76a Nr. 1; DKKW/*Berg* Rn. 12; GK-BetrVG/*Jacobs* Rn. 14; **aA** MHdB ArbR/*Joost* § 232 Rn. 102). Entspr. gilt für die Hinzuziehung einer **betrieblichen Auskunftsperson** gem. § 80 Abs. 2 S. 3 (JRH/*Trappehl/Wolff* Kap. 8 Rn. 69).

8 Die Kosten eines vom BR zu seiner Vertr. **vor** der E-Stelle hinzugezogenen **Rechtsanwalts** sind keine Kosten der E-Stelle selbst, sondern Kosten des BR iSv § 40 (BAG 14.2.1996 – 7 ABR 25/95, AP BetrVG 1972 § 76a Nr. 5; GK-BetrVG/*Jacobs* Rn. 16; Richardi BetrVG/*Richardi/Maschmann* Rn. 10; *Ehrich/Fröhlich* Einigungsstelle S. 85; SHP Einigungsstelle S. 272f.; *Bauer/Röder* FS 100 Jahre BetrVR S. 41, 45). Näheres → § 40 Rn. 35ff.

9 Auch die den Mitgl. der E-Stelle entstehenden **Aufwendungen** und **Auslagen,** die durch die Tätigkeit in der E-Stelle bedingt und erforderlich sind, gehören zu den Kosten der E-Stelle. Hierzu zählen insbes. Reisekosten, Übernachtungs- und Verpflegungskosten, Telefon-, Porto- oder Fotokopierkosten (BAG 22.11.2017 – 7 ABR 46/16 – NZA 2018, 732; 14.2.1996 – 7 ABR 24/95, AP BetrVG 1972 § 76a Nr. 6; DKKW/*Berg* Rn. 11; SHP Einigungsstelle S. 273 f.). Hierzu gehören nicht Kosten, die einem E-Stellenmitgl. zB durch eine gesonderte Beratung und Unterstützung des BR außerhalb des E-Stellenverfahrens entstehen (BAG 14.2.1996 – 7 ABR 24/95, AP BetrVG 1972 § 76a Nr. 6). Eine Pauschalierung der erstattungsfähigen Kosten oder eines Teils dieser Kosten (zB die Übernachtungs- und Verpflegungskosten) kann zulässigerweise vereinbart werden. Darüber hinausgehende notwendige Kosten sind iE nachzuweisen. Das Gleiche gilt, wenn eine Pauschalierung unterbleibt (DKKW/*Berg* Rn. 11; ErfK/*Kania* Rn. 2; GK-BetrVG/*Jacobs* Rn. 13; *Ehrich/Fröhlich* Einigungsstelle S. 86; *Bauer/Röder* FS 100 Jahre BetrVR S. 41, 47). Der Anspruch auf Erstattung der erforderlichen Aufwendungen und Auslagen steht, sofern nichts anderes vereinbart ist, neben dem Vergütungsanspruch nach Abs. 3 u. 4 (BAG 14.2.1996 – 7 ABR 24/95, AP BetrVG 1972 § 76a Nr. 6).

10 Das einzelne Mitgl. der E-Stelle hat Anspruch darauf, vom ArbGeb. von in diesem Rahmen eingegangenen **Verbindlichkeiten freigestellt** zu werden. Hat es die Verbindlichkeit bereits selbst erfüllt, steht ihm ein entspr. **Zahlungsanspruch** gegen den ArbGeb. zu (GK-BetrVG/*Jacobs* Rn. 7).

2. Fortzahlung des Arbeitsentgelts an betriebsangehörige Beisitzer (Abs. 2)

11 **Betriebsangehörige Beisitzer** haben keinen Anspruch auf eine bes. Vergütung (so schon zum früheren Recht BAG 11.5.1976 – 1 ABR 15/75, AP BetrVG 1972 § 76 Nr. 2). Das gilt unabhängig davon, ob die Beisitzer vom BR oder ArbGeb. bestellt worden sind oder ob es sich um BRMitgl. oder sonstige ArbN des Betriebs handelt. Die betriebsangehörigen Beisitzer üben – ähnlich wie die BRMitgl. gem. § 37 Abs. 1 – ein unentgeltliches Ehrenamt aus (DKKW/*Berg* Rn. 18; ErfK/*Kania* Rn. 3; Richardi BetrVG/*Richardi/Maschmann* Rn. 12). Es wäre eine gegenüber den Mitgl. des BR nicht zu rechtfertigende Begünstigung der betriebsangehörigen Mitgl. der E-Stelle, wenn sie für die im Interesse des eigenen Betriebs und seiner ArbN liegende Tätigkeit der E-Stelle eine bes. Vergütung erhielten, während dies den Mitgl. des BR untersagt ist (→ § 37 Rn. 6 ff.; GK-BetrVG/*Jacobs* Rn. 64). Die Regelung des Abs. 2 ist **zwingend** (DKKW/*Berg* Rn. 18). Eine dennoch getroffene Honorarvereinbarung ist nichtig (GK-BetrVG/*Jacobs* Rn. 22, 64: *Ehrich/Fröhlich* Einigungsstelle S. 95; SHP Einigungsstelle S. 256 f.). Scheidet ein Beisitzer während des E-Stellenverfahrens aus dem Betrieb aus, hat es für die danach erbrachte E-Stellentätigkeit Anspruch auf eine anteilige Vergütung (ArbG Düsseldorf 24.6.1992, EzA § 76a BetrVG 1972 Nr. 5; DKKW/*Berg* Rn. 20; ErfK/*Kania* Rn. 3; GK-BetrVG/*Jacobs* Rn. 24).

12 Ebenso wie BRMitgl. haben die betriebsangehörigen Mitgl. der E-Stelle jedoch Anspruch darauf, für die Zeit der Mitwirkung in der E-Stelle von ihrer beruflichen Tätigkeit **ohne Minderung des Arbeitsentgelts freigestellt** zu werden. Findet die Tätigkeit für die E-Stelle außerhalb ihrer persönlichen Arbeitszeit statt, steht ihnen ein Anspruch auf entspr. **Freizeitausgleich** oder hilfsweise auf Abgeltung zu, wenn der Freizeitausgleich nicht fristgerecht gewährt werden kann. Es gelten insoweit dieselben Grundsätze wie bei BRMitgl. (ErfK/*Kania* Rn. 3; *Bauer/Röder* FS 100 Jahre BetrVR S. 41, 48: → § 37 Rn. 74 ff.). Die Tätigkeit in der E-Stelle steht hinsichtlich der Vergütung der geschuldeten Arbeitsleistung gleich.

12a Auch kann die **Schulung** eines in die E-Stelle entsandten BRMitgl. erforderlich sein, da es zu den Aufgaben des BR gehört, die Verhandlungen in der E-Stelle zu begleiten und sich mit deren Vorschlägen krit. auseinanderzusetzen. Ungeeignet für den Zweck einer kritischen Begleitung und damit nicht erforderlich iSv § 37 Abs. 6 S. 1 ist eine Schulung durch die in die E-Stelle entsandten externen Beisitzer (BAG 20.8.2014 – 7 ABR 64/12, NZA 2014, 1349).

Wird eine E-Stelle auf **Unternehmens- oder Konzernebene** gebildet, so gelten die Ausführungen in den → Rn. 11, 12 für die Mitgl. der E-Stelle, die dem Unternehmen bzw. dem Konzern angehören, entspr. Auch mit ihnen kann zulässigerweise keine bes. Vergütung vereinbart werden. Andererseits stehen ihnen jedoch die Ansprüche auf bezahlte Freistellung, auf Freizeitausgleich und ggf. auf Abgeltung zu. Dies gilt aber nur für die Mitglschaft in einer E-Stelle auf Unternehmens- bzw. Konzernebene. Werden ArbN eines Unternehmens oder eines Konzernunternehmens in die E-Stelle eines anderen Betriebs als des eigenen Beschäftigungsbetriebs berufen, gelten insoweit für ihre Vergütung nicht Abs. 2, sondern die Abs. 3–5 (BAG 13.5.2015 – 2 ABR 38/14, NZA 2016, 116; DKKW/*Berg* Rn. 20; ErfK/*Kania* Rn. 3; GK-BetrVG/*Jacobs* Rn. 26; SHP Einigungsstelle S. 268; *Engels/Natter* BB 1989 Beil. 8, 26; **aA** HWGNRH/*Worzalla* Rn. 15; *Bauer/Röder* FS 100 Jahre BetrVR S. 41, 48 f.). Die Zulässigkeit einer bes. Vergütung stellt in diesen Fällen keine unzulässige Begünstigung der Mitgl. der E-Stelle dar, da sie nicht dem streitbefangenen Betrieb angehören und sie durch den Regelungsstreit in dem anderen Betrieb nicht unmittelbar betroffen sind. Es bestehen allerdings keine Bedenken, in diesen Fällen mit den unternehmens- bzw. konzernangehörigen Beisitzern statt der Honorarregelung nach den Abs. 3 u. 4 eine der Regelung des Abs. 2 S. 1 entspr. Vereinbarung zu treffen (Abs. 5; → Rn. 30 ff.). 13

3. Vergütung des Vorsitzenden und der außerbetrieblichen Beisitzer (Abs. 3 u. 4)

a) Gesetzlicher Anspruch

Abs. 3 S. 1 begründet einen unmittelbaren **gesetzlichen Anspruch** des Vors. und der betriebsfremden Beisitzer auf Vergütung ihrer Tätigkeit in der E-Stelle, ohne dass dies bes. vereinbart werden müsste (BAG 22.11.2017 – 7 ABR 46/16 – NZA 2018, 732). Sie gilt auch für die Beisitzer der E-Stelle (BAG 22.11.2017 – 7 ABR 46/16 – NZA 2018, 732; 12.2.1992 – 7 ABR 20/91, AP BetrVG 1972 § 76a Nr. 2; LAG SchlH 14.1.2016 – 5 TaBV 45/15, NZA-RR 2016, 304; DKKW/*Berg* Rn. 21; Richardi BetrVG/*Richardi/Maschmann* Rn. 15). Der **Anspruch entsteht** mit der Bestellung des Vors. und der betriebsfremden Beisitzer, ohne dass es auf eine entspr. Mitteilung an den ArbGeb. oder gar dessen Billigung ankommt (BAG 24.4.1996 – 7 ABR 40/95, AP BetrVG 1972 § 76 Einigungsstelle Nr. 5; ErfK/*Kania* Rn. 4; GK-BetrVG/*Jacobs* Rn. 28). Der Vors. der E-Stelle hat auch dann den gesetzlichen Vergütungsanspruch, wenn er dem Betrieb angehört; die Vorschrift des Abs. 2 gilt nur für Beisitzer der E-Stelle (GK-BetrVG/*Jacobs* Rn. 29; *Bauer/Röder* FS 100 Jahre BetrVR S. 41, 51; **aA** HWGNRH/*Worzalla* Rn. 15; *Ziege* NZA 1990, 928). Neben dem Vergütungsanspruch steht, sofern nichts Anderweitiges vereinbart ist, der Anspruch auf Ersatz etwaiger Aufwendungen oder Auslagen, die den Mitgl. der E-Stelle durch ihre Tätigkeit entstehen (BAG 14.2.1996 – 7 ABR 24/95, AP BetrVG 1972 § 76a Nr. 6; → Rn. 9). 14

Die Bestellung der E-Stellenmitgl. muss rechtswirksam erfolgt sein. Das setzt bei den vom BR bestellten Beisitzern einen **wirksamen BRBeschluss** voraus (BAG 22.11.2017 – 7 ABR 46/16 – NZA 2018, 732; 19.8.1992 – 7 ABR 58/91, AP BetrVG 1972 § 76a Nr. 3; LAG SchlH 14.1.2016 – 5 TaBV 45/15, NZA-RR 2016, 304; *Bauer/Röder* FS 100 Jahre BetrVR S. 41, 53). Eine mangels wirksamen Beschlusses zunächst schwebend **unwirksame Bestellung** kann der BR nachträglich **genehmigen,** selbst dann noch, wenn die Tätigkeit der E-Stelle zum Zeitpunkt des Genehmigungsbeschlusses bereits beendet war (BAG 22.11.2017 – 7 ABR 46/16 – NZA 2018, 732; 10.10.2007 – 7 ABR 51/06, AP BetrVG 1972 § 26 Nr. 17). 14a

15 **Alle** (wirksam bestellten) **betriebsfremden Beisitzer** (→ § 76 Rn. 15ff.) der E-Stelle haben grundsätzlich – auch bei einer sachwidrigen Bestellung – einen gesetzlichen Vergütungsanspruch. Ihr Anspruch ist nicht davon abhängig, dass der BR entspr. dem allgemeinen Grundsatz, den ArbGeb. nicht mit unnötigen Kosten zu belasten, von der Bestellung eines betriebsfremden Beisitzers zugunsten eines betriebsangehörigen Beisitzers hätte absehen können. Ganz abgesehen davon, dass die vom BR benannten Beisitzer nicht nur eine entspr. Qualifikation haben, sondern auch vom Vertrauen des BR getragen sein müssen (BAG 13.5.2015 – 2 ABR 38/14, NZA 2016, 116; 3.5.1984 – 6 ABR 60/80, AP BetrVG 1972 § 76 Nr. 15), gestattet die klare und eindeutige Regelung des Abs. 3 S. 1 nicht, den Vergütungsanspruch des wirksam bestellten Beisitzers davon abhängig zu machen, ob der BR intern im Verhältnis zum ArbGeb. verpflichtet gewesen wäre, einen betriebsangehörigen Beisitzer zu bestellen (BAG 13.5.2015 – 2 ABR 38/14, NZA 2016, 116; 24.4.1996 – 7 ABR 40/95, AP BetrVG 1972 § 76 Einigungsstelle Nr. 5; DKKW/*Berg* Rn. 23; ErfK/*Kania* Rn. 4; MHdB ArbR/*Joost* § 232 Rn. 107; *Ehrich/Fröhlich* Einigungsstelle S. 91; **aA** GK-BetrVG/*Jacobs* Rn. 30ff.; *Bauer/Röder* FS 100 Jahre BetrVR S. 41, 55f.).

15a Soweit die Gegenmeinung auf die früher hM hinweist, ist zu bemerken, dass diese von der Notwendigkeit einer entspr. Vereinbarung ausging, die naturgemäß in Bezug auf eine Verpflichtung des ArbGeb. inhaltlich durch das Kriterium der Erforderlichkeit beschränkt war. Jetzt besteht jedoch ein gesetzlicher Anspruch des wirksam bestellten betriebsfremden Beisitzers auf die Vergütung. Eine andere und wohl zu bejahende Frage ist, ob der ArbGeb. bei einem klaren Verstoß des BR gegen den Grundsatz, ihn nicht mit unnötigen Kosten zu belasten, bei den handelnden BRMitgl. Regress nehmen kann.

16 Auch einem vom BR als Beisitzer bestellten **hauptamtlichen Gewerkschaftsfunktionär** steht der Vergütungsanspruch zu (BAG 22.11.2017 – 7 ABR 46/16 – NZA 2018, 732; 14.2.1996 – 7 ABR 24/95, AP BetrVG 1972 § 76a Nr. 6; 24.4.1996 – 7 ABR 40/95, AP BetrVG 1972 § 76 Einigungsstelle Nr. 5; GK-BetrVG/*Jacobs* Rn. 35; *Ehrich/Fröhlich* Einigungsstelle S. 92; SHP Einigungsstelle S. 269; **aA** *Bauer/Röder* FS 100 Jahre BetrVR S. 41, 55f.). Das gilt auch dann, wenn dieser intern verpflichtet ist, die Vergütung ganz oder teilweise an eine Gewerkschaftsstiftung abzuführen (DKKW/*Berg* Rn. 24; ErfK/*Kania* Rn. 4; Richardi BetrVG/*Richardi/Maschmann* Rn. 16; MHdB ArbR/*Joost* § 232 Rn. 108; *Engels/Natter* BB 1989 Beil. 8, 26). Gegen den Vergütungsanspruch eines Gewerkschaftsfunktionärs bestehen keine verfassungsrechtlichen Bedenken unter dem Gesichtspunkt einer unzulässigen Finanzierung der gegnerischen Koalition (BAG 14.12.1988 – 7 ABR 73/87, AP BetrVG 1972 § 76 Nr. 30).

17 Auch einem in die E-Stelle berufenen **Rechtsanwalt** steht der Vergütungsanspruch nach Abs. 3 S. 1 zu. Die Höhe des Anspruchs richtet sich nicht nach der RVG, sondern nach den Kriterien des Abs. 3 S. 2. Denn als Vors. oder Beisitzer der E-Stelle wird auch ein Rechtsanwalt in dieser Eigenschaft und nicht in seiner Eigenschaft als Anwalt tätig (BAG 20.2.1991 – 7 ABR 6/90, AP BetrVG 1972 § 76 Nr. 44; 31.7.1986 – 6 ABR 79/83, AP BetrVG 1972 § 76 Nr. 19; LAG Köln 29.10.2014 – 11 TaBV 30/14, BeckRS 2015, 67351; LAG Hamm 20.1.2006 – 10 TaBV 131/05, NZA-RR 2006, 323; DKKW/*Berg* Rn. 28; ErfK/*Kania* Rn. 4; *Ehrich/Fröhlich* Einigungsstelle S. 92; SHP Einigungsstelle S. 271). Die Vergütung erfasst aber nur die Tätigkeit des Anwalts in der E-Stelle. Wird ein als Beisitzer tätiger Rechtsanwalt vom BR beauftragt, die Rechtsunwirksamkeit des E-Stellenspruchs, zB wegen Ermessensüberschreitung, gerichtlich feststellen zu lassen, ist dies eine andere Tätigkeit. Im Falle der Erforderlichkeit sind die hierdurch entstehenden Kosten als Prozessvertretungskosten zu erstatten (→ § 40 Rn. 24ff.; LAG RhPf 6.8.1992 – 9 Ta 163/92, NZA 1993, 93; DKKW/*Berg* Rn. 46; GK-BetrVG/*Jacobs* Rn. 39; SHP Einigungsstelle S. 272f.).

18 Bei lange dauernden E-Stellenverfahren haben die Mitgl. der E-Stelle Anspruch auf einen **Vorschuss** oder auf Abschlagszahlungen (MHdB ArbR/*Joost* § 232 Rn. 118).

b) Höhe des Anspruchs

Solange nicht von der VOErmächtigung des Abs. 4 S. 1 zur näheren Regelung der Vergütung Gebrauch gemacht worden ist, ist die Vergütung im Einzelfall festzulegen. Dies kann entweder durch eine vertragliche **Absprache** zwischen ArbGeb. und den E-Stellenmitgl. oder – wenn eine solche fehlt – durch **einseitige Bestimmung** der Höhe der Vergütung durch das einzelne Mitgl. der E-Stelle gem. §§ 315, 316 BGB nach **billigem Ermessen** und unter Berücksichtigung der **Grundsätze** des Abs. 4 S. 3–5 erfolgen (LAG SH 14.1.2016 – 5 TaBV 45/15, NZA-RR 2016, 304; LAG Köln 29.10.2014 – 11 TaBV 30/14, BeckRS 2015, 67351; *Bauer/Röder* FS 100 Jahre BetrVR S. 41, 51). Eine Absprache zwischen dem BR und den von ihm benannten Mitgl. der E-Stelle über die Honorarhöhe ist nach der gesetzlichen Neuregelung weder erforderlich noch zulässig (BAG 12.2.1992 – 7 ABR 20/91, AP BetrVG 1972 § 76a Nr. 2; GK-BetrVG/*Jacobs* Rn. 55f.; wohl auch *Kamphausen* NZA 1992, 57; **aA** hinsichtl. Zulässigkeit *Schäfer* NZA 1991, 838). Für die Bemessung der Höhe der Vergütung sind insbes. folgende Kriterien maßgebend: Erforderlicher Zeitaufwand, Schwierigkeit der Streitigkeit, etwaiger Verdienstausfall, allgemeine Berücksichtigung berechtigter Interessen der Mitgl. der E-Stelle und des ArbGeb., worunter insbes. die finanzielle und wirtschaftliche Vertretbarkeit der konkret festzusetzenden Vergütung zu verstehen ist. Die Aufzählung enthält die maßgebenden Berechnungskriterien für die Vergütung, sie ist jedoch (vgl. „insbesondere“) nicht abschließend (*Bauer/Röder* DB 1989, 223; **aA** GK-BetrVG/*Jacobs* Rn. 44). Das RVG kann allerdings nicht zugrunde gelegt werden (LAG Köln 29.10.2014 – 11 TaBV 30/14, BeckRS 2015, 67351; DKKW/*Berg* Rn. 28). 19

Das an erster Stelle genannte Vergütungskriterium des **„erforderlichen Zeitaufwands“** ist ein bes. wichtiges Kriterium für eine sachgerechte und angemessene Vergütung, weil dadurch nicht nur die zeitliche Belastung der Mitgl. der E-Stelle Berücksichtigung findet, sondern sich in ihr auch die Schwierigkeit des Streites widerspiegelt (GK-BetrVG/*Jacobs* Rn. 46; *Engels/Natter* BB 1989 Beil. 8, 26; *Bauer/Röder* FS 100 Jahre BetrVR S. 41, 50). Zum erforderlichen Zeitaufwand gehören nicht nur die Sitzungen der E-Stelle, sondern auch die Zeit für erforderliche Vor- und Nacharbeiten, zB Studium der Unterlagen, Vorbereitung der Sitzung, Abfassen des Protokolls und des Spruchs der E-Stelle einschl. seiner Begründung (GK-BetrVG/*Jacobs* Rn. 46; *Löwisch/Kaiser* Rn. 14; *Ehrich/Fröhlich* Einigungsstelle S. 87). Der erforderliche Zeitaufwand kann sowohl in Stunden als auch in Tagessätzen berechnet werden (krit. zu Stundensätzen *Friedemann* Einigungsstelle Rn. 637). Möglich ist auch eine Kombination dahingehend, dass die eigentlichen Sitzungen nach Tagessätzen berechnet werden, während die Zeit der Vor- und Nacharbeiten nach Stundensätzen vergütet wird (WPK/*Preis* Rn. 12; *Bauer/Röder* FS 100 Jahre BetrVR S. 41, 52). Im letzteren Falle ist eine angefangene Stunde voll zu vergüten (*Ehrich/Fröhlich* Einigungsstelle S. 87). Erfolgt die Vergütung nach Tagessätzen, kann deren Höhe für Sitzungstage und andere Tage unterschiedlich sein. Auch bei der Vereinbarung von Stundensätzen kann zwischen Zeiten der Vor- und Nacharbeit und der E-Stellensitzung unterschieden werden. 20

Obwohl die **Schwierigkeit der Streitigkeit** im Allgemeinen schon den erforderlichen Zeitaufwand unmittelbar beeinflusst und deshalb bereits in ihm jedenfalls zum Teil berücksichtigt ist (BAG 28.8.1996 – 7 ABR 42/95, AP BetrVG 1972 § 76a Nr. 7), kommt diesem Kriterium eine darüber hinausgehende selbständige Bedeutung zu (*Ehrich/Fröhlich* Einigungsstelle S. 87f.). Denn da es zwar zeitaufwändige, jedoch einfache Streitigkeiten gibt, wäre es nicht sachgerecht, wenn ebenso zeitaufwändige, jedoch erheblich schwierigere, insbes. komplexe Streitigkeiten mit derselben Vergütung abgegolten würden. Eine bes. Schwierigkeit des Streitgegenstandes rechtfertigt deshalb stets einen erhöhten Tages- oder Stundensatz. Die bes. Schwierigkeit muss sich idR aus dem Streitgegenstand selbst ergeben, zB schwierige Fragen der betrieblichen Altersversorgung oder komplexer Sachverhalt mit vielfältigen Auswirkungen. 21

UU können aber auch sonstige Umstände – wie starker Zeit- oder sonstiger psychischer Druck – die Tätigkeit der E-Stellenmitgl. stark belasten (*Ehrich/Fröhlich* Einigungsstelle S. 88; *Kamphausen* NZA 1992, 62; *Bauer/Röder* FS 100 Jahre BetrVR S. 41, 50; **aA** *Pünnel/Wenning-Morgenthaler* Einigungsstelle Rn. 460). Die bes. Schwierigkeit ist nach einem objektiven Maßstab zu beurteilen. Nicht entscheidend ist, welche Schwierigkeit der Verhandlungsgegenstand dem einzelnen E-Stellenmitgl. bereitet.

22 Das weitere Bemessungskriterium **„Verdienstausfall"** hat einen stark individuellen Charakter. Je nach Art der beruflichen Tätigkeit kann der Verdienst der einzelnen Mitgl. der E-Stelle stark differieren. Insbes. für freiberufliche Mitgl. der E-Stelle, zB Rechtsanwälte, kann der Verdienstausfall eine erhebliche Rolle spielen (vgl. *Bauer/Röder* DB 1989, 224; stark einschr. *Kamphausen* NZA 1992, 62 mit dem zutreffenden Hinweis auf das Erfordernis eines konkreten Nachweises dieses Verdienstausfalls und der Unterschiedlichkeit der Tätigkeit dieser Personen in der E-Stelle und in ihrem Hauptberuf). Ferner ist es durchaus möglich, dass bei einigen Mitgl. ein Verdienstausfall eintritt, bei anderen jedoch nicht, weil zB ihr Arbeitsentgelt fortgezahlt wird. So sehr aus Gründen der Parität und des Grundsatzes der gleichen Verantwortung die Festlegung eines gleich hohen Tages- oder Stundensatzes für alle Beisitzer geboten erscheint (LAG RhPf 24.5.1991 – 6 Ta BV 14/91, DB 1991, 1992; *Löwisch* DB 1989, 224; DKKW/*Berg* Rn. 35; *Pünnel/Wenning-Morgenthaler* Einigungsstelle Rn. 188; **aA** GK-BetrVG/*Jacobs* Rn. 52, 63; *Bauer/Röder* DB 1989, 226; *Lunk/Nebendahl* NZA 1990, 925), ist jedoch nicht zu verkennen, dass bei einer Berücksichtigung des Verdienstausfalls in Form eines bestimmten Mittelwertes die einzelnen Mitgl. der E-Stelle stark benachteiligt oder bevorzugt sein können, je nachdem ob sie einen hohen oder gar keinen Verdienstausfall haben (zum Ganze *Pünnel/Wenning-Morgenthaler* Einigungsstelle Rn. 461, 499ff.). Diesem Dilemma würde man entgehen, wenn man den Verdienstausfall jeweils individuell nach Abs. 1 als Aufwendungsersatz erstatten und diesen Aspekt bei der Bemessung des maßgebenden Tages- oder Stundensatzes unberücksichtigt lassen würde (vgl. hierzu auch DKKW/*Berg* Rn. 37; LAG Hamm 15.1.1991, ArbuR 1991, 220). IÜ ist nur ein eingetretener Verdienstausfall bei der Höhe der Vergütung zu beachten. Das Fehlen eines Verdienstausfalls kann bei der Festsetzung der Vergütung entspr. den übrigen Kriterien nicht vergütungsmindernd berücksichtigt werden (BAG 28.8.1996 – 7 ABR 42/95, AP BetrVG 1972 § 76a Nr. 7).

23 Die Verpflichtung des Abs. 4 S. 5, bei der Festsetzung der Höchstsätze den **berechtigten Interessen** der Mitgl. der E-Stelle und des ArbGeb. Rechnung zu tragen, gestattet es, die auf Grund der vorher genannten Bemessungskriterien ermittelte Vergütung in einer Art Gesamtschau nochmals daraufhin zu überprüfen, ob sie den Interessen beider Seiten gerecht wird. Im Rahmen dieser **Gesamtschau** können andere Aspekte, wie zB die wirtschaftliche Lage des ArbGeb., die wirtschaftliche Bedeutung des Spruchs der E-Stelle für den ArbGeb. und die ArbN, die bes. Fachkunde des Vors. oder der Beisitzer der E-Stelle eine Modifizierung der Vergütungshöhe rechtfertigen (WPK/*Preis* Rn. 15; *Bauer/Röder* FS 100 Jahre BetrVR S. 41, 50).

24 Da mangels Erlasses der Rechtsverordnung nach Abs. 4 S. 1 noch keine konkreten Vergütungssätze für die Mitgl. der E-Stelle festgelegt worden sind, bereitet die Bestimmung von **konkreten Tages- oder Stundensätzen** erhebliche Schwierigkeiten. Der Vorschlag, sich an den Stundensätzen des § 9 Justizvergütungs- u. entschädigungsG – JVEG (früher § 3 des G über die Entschädigung von Zeugen und Sachverständigen – GZSG) zu orientieren, ist abzulehnen (BAG 28.8.1996 – 7 ABR 42/95, AP BetrVG 1972 § 76a Nr. 7, das die Anwendung der Stundensätze des GZSG wegen Fehlens einer planwidrigen Gesetzeslücke ablehnt; LAG München 11.1.1991, LAGE § 76a BetrVG 1972 Nr. 1; DKKW/*Berg* Rn. 32; ErfK/*Kania* Rn. 5; MHdB ArbR/*Joost* § 232 Rn. 114; *Ehrich/Fröhlich* Einigungsstelle S. 88; *Pünnel/Wenning-Morgenthaler* Einigungsstelle Rn. 484; *Schack* Einigungsstellenvorsitzender

S. 109f.; SHP Einigungsstelle S. 266; jetzt wohl auch GK-BetrVG/*Jacobs* Rn. 47; **aA** *Löwisch/Kaiser* Rn. 14). Dafür sind die Aufgaben der Mitgl. der E-Stelle gegenüber denjenigen von Sachverständigen zu andersartig.

Der Sachverständige hat konkrete Sachverhalte oder Fragestellungen zu ermitteln und zu bewerten. Bei den **Mitgl.** der **E-Stelle** kommt neben dieser Funktion noch entscheidend ihre **gestalterische Aufgabe** hinzu, einen Regelungsstreit zu schlichten, und in der wohl überwiegenden Zahl der Fälle, wo der Spruch der E-Stelle den Charakter einer BV hat, künftiges betriebliches Recht zu setzen. Da der Spruch der E-Stelle die Belange des Betriebs und seiner ArbN angemessen berücksichtigen soll, hat diese Entscheidung sowohl eine soziale als auch eine unternehmerische Komponente (DKKW/*Berg* Rn. 6, 32; *Wlotzke* DB 1989, 117). 24a

Die Tätigkeit der Mitgl. der E-Stelle ist deshalb **erheblich komplexer und umfassender** als die eines Sachverständigen (DKWK/*Berg* Rn. 32; *Bauer/Röder* DB 1989, 224; *Bauer/Röder* FS 100 Jahre BetrVR S. 41, 50). Aus diesem Grunde erscheint bei den Mitgl. der E-Stelle eine Erhöhung der Vergütungssätze der Sachverständigen um das 3–5-fache angemessen (DKKW/*Berg* Rn. 31 halten Stundensätze zwischen 100 und 300 EUR für den Vors. für sachgerecht; BAG 28.8.1996 – 7 ABR 42/95, AP BetrVG 1972 § 76a Nr. 7, nach dem bei mittlerer Schwierigkeit ein Stundensatz von 300 DM, dh jetzt ca. 153 EUR, nicht unangemessen ist; weitere Beispiele bei *Pünnel/Wenning-Morgenthaler* Einigungsstelle Rn. 485; SHP Einigungsstelle S. 267 nennen als übliche Tagessätze 2000–4000 EUR für den ersten Sitzungstag (inklusive Vorbereitungszeit) und für jeden weiteren Tag einen Abschlag von ca. 25%). 24b

Die **Vergütung der Beisitzer** muss **niedriger** bemessen sein als die des Vors. (Abs. 4 S. 4). Diese Regelung ist **zwingend.** Die höhere Vergütung des Vors. rechtfertigt sich aus seiner Leitungsfunktion, seiner bes. Verantwortung und seiner bes. Vermittlerstellung (LAG Köln 29.10.2014 – 11 TaBV 30/14, BeckRS 2015, 67351; **aA** *Bauer/Röder* FS 100 Jahre BetrVR S. 41, 55). 25

Allerdings hat die gesetzliche Neuregelung **keinen bestimmten Prozentsatz** festgelegt, um den die Vergütung der Beisitzer unter der des Vors. liegen muss. Die Rspr. hat vor Schaffung des § 76a ein Beisitzerhonorar in Höhe von **70 vH** der Vergütung des Vors. im Allgemeinen als angemessen angesehen. Es bestehen keine Bedenken, jedenfalls bei Fehlen bes. (individueller) Umstände, auch nach der gesetzl. Neuregelung diesen Abstand weiterhin für sachgerecht und angemessen zu halten (BAG 14.2.1996 – 7 ABR 24/95, AP BetrVG 1972 § 76a Nr. 6; 27.7.1994 – 7 ABR 10/93, AP BetrVG 1972 § 76a Nr. 4; ; LAG SH 14.1.2016 – 5 TaBV 45/15, NZA-RR 2016, 304; LAG Köln 29.10.2014 – 11 TaBV 30/14, BeckRS 2015, 67351; HessLAG 26.9.1991 – 12 TaBV 73/91, NZA 1992, 469; LAG Düsseldorf 15.3.1990 – 13 (5) TaBV 129/89, NZA 1990, 946; DKKW/*Berg* Rn. 34; ErfK/*Kania* Rn. 6; Richardi BetrVG/*Richardi/Maschmann* Rn. 22; *Ehrich/Fröhlich* Einigungsstelle S. 93; **aA** GK-BetrVG/*Jacobs* Rn. 50; HWGNRH/Worzalla Rn. 38; *Schack* Einigungsstellenvorsitzender S. 106; *Bauer/Röder* FS 100 Jahre BetrVR S. 41, 56; MHdB ArbR/*Joost* § 232 Rn. 116 hinsichtlich des maßgebenden Stundensatzes; LAG SchlH 11.5.1995 – 4 TaBV 9/94, DB 1995, 1282, Mindestabstand zur VorsVergütung von einem Drittel, der sich bei Vorliegen bes. Umstände, zB wegen vorhergehender Beratung des BR in der umstrittenen Angelegenheit nicht erforderliche Einarbeitungszeit, auf zwei Drittel erhöhen kann; ArbG Regensburg 10.2.1997 – 5 BV 52/96 N, NZA-RR 1997, 256, die Hälfte des VorsHonorars). 25a

Das schließt nicht aus, dass **im Einzelfall** wegen Vorliegens bes. Umstände ein **anderer Prozentsatz** geboten ist (ErfK/*Kania* Rn. 6; JRH/*Trappehl/Wolff* Kap. 8 Rn. 78). Das kann zB der Fall sein, wenn wegen der Schwierigkeit des Streits auch als Beisitzer Personen mit bes. Qualifikation erforderlich sind. Etwas anderes kann ferner gelten, wenn bei der Bemessung der Höhe der Vergütung des Vors. sonstige bes. Umstände vorliegen, die es als nicht sachgerecht oder fraglich erscheinen lassen, die 25b

Vergütung des Vors., als Bezugsgröße für die Bemessung der Beisitzervergütung zugrunde zu legen, etwa wenn die Höhe der Vergütung des Vors. einen erheblichen Verdienstausfall berücksichtigt, während die Beisitzer keinen Verdienstausfall haben (BAG 14.2.1996 – 7 ABR 24/95, AP BetrVG 1972 § 76a Nr. 6). Auch kann im Einzelfall wegen bes. Umstände bei den oder einzelnen Beisitzern eine pauschalierende Vergütung in Höhe von 70 vH der Vergütung des Vors. als nicht den Grundsätzen des Abs. 4 S. 3–5 entspr. anzusehen und damit unbillig sein. Das kann zB der Fall sein, wenn die zwischen ArbGeb. und Vors. vereinbarte Vergütung extrem niedrig ist (LAG Köln 29.10.2014 – 11 TaBV 30/14, BeckRS 2015, 67351) oder wenn der Vors. bei der Bestimmung seiner Vergütung keinen bestehenden Verdienstausfall berücksichtigt hat, bei einem Beisitzer jedoch ein hoher Verdienstausfall eingetreten ist (*Ehrich/Fröhlich* Einigungsstelle S. 94). Entspricht nach Ansicht des ArbGeb. eine Vergütung der Beisitzer in Höhe von 70 vH der VorsVergütung nicht den Grundsätzen des Abs. 4 S. 3–5, hat er die Gründe hierfür iE darzulegen und ggf. zu beweisen. Will dagegen ein Beisitzer eine höhere Vergütung als 70 vH der Vors-Vergütung geltend machen, obliegt ihm die entspr. Darlegungs- und Beweislast (LAG Köln 29.10.2014 – 11 TaBV 30/14, BeckRS 2015, 67351; *Kamphausen* NZA 1992, 63).

26 Da alle Beisitzer der E-Stelle die gleiche Funktion und Aufgabe haben, müssen für ihre **Vergütung** grds. die **gleichen Maßstäbe** angelegt werden. Das gebietet der Grundsatz der Parität. Insbes. dürfen nicht mit den Beisitzern der einen Seite – etwa der ArbGebSeite – allgemein höhere Vergütungen vereinbart werden als mit den vom BR benannten Beisitzern (BAG 20.2.1991 – 7 ABR 6/90, AP BetrVG 1972 § 76 Nr. 44; 15.12.1978 – 6 ABR 93/77, AP BetrVG 1972 § 76 Nr. 6; LAG RhPf 24.5.1991 – 6 Ta BV 14/91, DB 1991, 1992; DKKW/*Berg* Rn. 35; ErfK/*Kania* Rn. 6; *Ehrich/Fröhlich* Einigungsstelle S. 94; *Pünnel/Wenning-Morgenthaler* Einigungsstelle Rn. 502; SHP Einigungsstelle S. 270; **aA** GK-BetrVG/*Jacobs* Rn. 52, 63; *Bauer/Röder* FS 100 Jahre BetrVR S. 41, 56f.; *Bauer/Röder* DB 1989, 224; *Lunk/Nebendahl* NZA 1990, 921; *Röder* NZA 1989 Beil. 4, 2 [9]). Das schließt nicht aus, dass gewisse bei einzelnen Beisitzern bestehende Unterschiede auch Auswirkungen auf die Höhe ihrer Gesamtvergütung haben können. So steht zB im Falle einer Vergütung auf Stundenlohn- oder Tagessatzbasis einem Beisitzer, der an einer Sitzung der E-Stelle nicht teilgenommen hat, für diese Sitzung keine Vergütung zu. Auch können sich bei den einzelnen Beisitzern Unterschiede hinsichtlich ihres Verdienstausfalles ergeben (DKKW/*Berg* Rn. 37). Abgesehen von diesen Ausnahmefällen darf keine unterschiedliche Bewertung der Tätigkeit der Beisitzer erfolgen.

27 Wie die nach den Grundsätzen der Abs. 3 u. 4 zu bemessende Vergütung **konkret zu bestimmen** ist, ist gesetzlich nicht geregelt. Zweckmäßigerweise sollten sich ArbGeb. und die Mitgl. der E-Stelle hierüber frühzeitig verständigen (GK-BetrVG/*Jacobs* Rn. 54). Da sich aber die genaue Höhe der Gesamtvergütung, wenn diese auf Stundenbasis abgerechnet wird, vielfach erst nach Durchführung des E-Stellenverfahrens ergibt, ist eine vorzeitige Vereinbarung der endgültigen Vergütung oft nicht möglich (*Wlotzke* DB 1989, 118). Der maßgebende Stunden- oder Tagessatz kann aber stets schon vorher vereinbart werden.

28 Verständigen sich ArbGeb. und die Mitgl. der E-Stelle nicht über die maßgebenden Aspekte der Vergütung, so sind nach §§ 315, 316 BGB die Anspruchsberechtigten, dh die einzelnen Mitgl. der E-Stelle, berechtigt, die Vergütungshöhe unter Berücksichtigung der Gesichtspunkte des Abs. 4 S. 3–5 nach billigem Ermessen **selbst festzulegen** (BAG 28.2.1996 – 7 ABR 42/95, AP BetrVG 1972 § 76a Nr. 7; 12.2.1992 – 7 ABR 20/91, AP BetrVG 1972 § 76a Nr. 2; DKKW/*Berg* Rn. 41; GK-BetrVG/*Jacobs* Rn. 56; ErfK/*Kania* Rn. 5). In diesem Falle liegt es nahe, dass sich die Mitgl. der E-Stelle über die für die Vergütungshöhe maßgebenden Gesichtspunkte absprechen. Ist der ArbGeb. mit der nach § 316 BGB bestimmten Vergütungshöhe nicht einverstanden und entspricht sie nicht billigem Ermessen, so wird

diese im Rahmen eines Rechtsstreits auf Zahlung der Vergütung vom ArbG festgesetzt (BAG 12.2.1992 – 7 ABR 20/91, AP BetrVG 1972 § 76a Nr. 2; GK-BetrVG/*Jacobs* Rn. 53). Die Billigkeit der Festsetzung der Vergütung ist unter Berücksichtigung der Besonderheiten des jeweiligen Einzelfalls zu beurteilen. Nicht zulässig ist ein Vergleich mit der Vergütung in einem anderen Streitfall, insbes. dann nicht, wenn in diesem die Höhe der zu zahlenden Vergütung vorher zwischen ArbGeb. und dem Vors. vereinbart worden ist (BAG 28.6.1996 – 7 ABR 42/95, AP BetrVG 1972 § 76a Nr. 7).

Sind Vors. oder Beisitzer ihrerseits **mehrwertsteuerpflichtig,** haben sie Anspruch 29
auf Erstattung der auf die Vergütung zu zahlenden Mehrwertsteuer. Hierzu bedarf es nach der Neuregelung des Vergütungsanspruchs in § 76a Abs. 3 u. 4 keiner vorherigen bes. Vereinbarung mit dem ArbGeb. mehr (BAG 14.2.1996 – 7 ABR 24/95, AP BetrVG 1972 § 76a Nr. 6; LAG Köln 29.10.2014 – 11 TaBV 30/14, BeckRS 2015, 67351; LAG Hamm 20.1.2006 – 10 TaBV 131/05, NZA-RR 2006, 323; GK-BetrVG/*Jacobs* Rn. 38 *Ehrich/Fröhlich* Einigungsstelle S. 90).

4. Abweichende Regelungen (Abs. 5)

Durch **TV** oder, wenn dieser eine entspr. Öffnungsklausel enthält oder wenn keine 30
tarifl. Regelung besteht (die bloße Tarifüblichkeit entfaltet keine Sperrwirkung), durch (freiwillige) **BV** kann von der gesetzl. Vergütungsregelung des Abs. 3 und einer nach Abs. 4 erlassenen Vergütungsordnung **abgewichen** werden. Keine Abweichungsmöglichkeit besteht hinsichtlich der Abs. 1 u. 2. Es kann also weder der Grundsatz der Kostentragungspflicht des ArbGeb. noch die Entgeltregelung der betriebsangehörigen Beisitzer der E-Stelle anderweitig gestaltet werden. Eine abweichende tariflich Regelung ist eine Betriebsverfassungsnorm iSv § 1 Abs. 1 TVG. Für ihre Geltung reicht gem. § 3 Abs. 2 TVG die Tarifbindung des ArbGeb. aus (Richardi BetrVG/*Richardi/Maschmann* Rn. 25).

Inhaltlich bestehen **keine Grenzen** für die anderweitige tarifl. oder betriebl. Ver- 31
gütungsregelung. Diese kann sowohl für die Mitgl. der E-Stelle günstiger als auch ungünstiger sein (ErfK/*Kania* Rn. 7). Sie kann die Vergütung nur des Vors. aber auch aller Mitgl. der E-Stelle betreffen; sie kann von den Berechnungskriterien des Abs. 4 S. 3 abweichend eigene Berechnungsgrundsätze aufstellen.

Obwohl Abs. 5 nur von TV u. BV spricht, sind auch **einzelvertragliche Ab-** 32
sprachen über eine anderweitige, insbes. für die E-Stellenmitgl. günstigere Vergütungsregelung zulässig (LAG Hamm 20.1.2006 – 10 TaBV 131/05, NZA-RR 2006, 323; LAG RhPf 24.5.1991, DB 1991, 1922; DKKW/*Berg* Rn. 49; GK-BetrVG/*Jacobs* Rn. 61; ErfK/*Kania* Rn. 7; MHdB ArbR/*Joost* § 232 Rn. 120; WPK/*Preis* Rn. 17; *Ehrich/Fröhlich* Einigungsstelle S. 90; *Bauer/Röder* FS 100 Jahre BetrVR S. 41, 52). Allerdings dürfen hierbei – abgesehen von speziellen Besonderheiten (→ Rn. 13, 26) – die Beisitzer **nicht unterschiedlich** behandelt werden. Das verbietet der Grundsatz der Parität der E-Stelle (DKKW/*Berg* Rn. 49; ErfK/*Kania* Rn. 7; *Löwisch/Kaiser* Rn. 18; **aA** GK-BetrVG/*Jacobs* Rn. 63, der zB eine höhere Vergütung für die Beisitzer der ArbGebSeite für zulässig hält; MHdB ArbR/*Joost* § 232 Rn. 120).

III. Streitigkeiten

Streitigkeiten über Honorare und Auslagenersatz sind dem Grund und der Höhe 33
nach gem. § 2a Abs. 1 Nr. 1 ArbGG im **BeschlVerf** (→ Anh. 3 Rn. 1 ff.) auszutragen. Das gilt auch für außerbetriebliche Mitgl. der E-Stelle (BAG 27.7.1994 – 7 ABR 10/93, AP BetrVG 1972 § 76a Nr. 4; 26.7.1989 – 7 ABR 72/88, AP ArbGG 1979 § 2a Nr. 4; SHP Einigungsstelle S. 275). Antragsberechtigt ist das einzelne Mitgl. der E-Stelle. Ist keine bestimmte Höhe der Vergütung der Mitgl. der E-Stelle

vereinbart und entspricht die von den Anspruchsberechtigten festgesetzte Höhe nicht dem billigen Ermessen (→ Rn. 19ff.), ist die Höhe vom ArbG unter Berücksichtigung der Grundsätze des Abs. 4 S. 3–5 festzusetzen. Der BR ist an einem Verfahren, in dem ein Mitgl. der E-Stelle seinen Anspruch auf Vergütung geltend macht, nicht zu beteiligen, da es sich um einen gesetzlichen Anspruch handelt (BAG 12.2.1992 – 7 ABR 20/91, AP BetrVG 1972 § 76a Nr. 2).

34 Sog **Honorardurchsetzungskosten,** dh Kosten, die einem betriebsfremden E-Stellenmitgl. bei der gerichtlichen Durchsetzung seines Honoraranspruchs entstehen, sind ebenfalls im BeschlVerf. zu entscheiden (BAG 27.7.1994 – 7 ABR 10/93, AP BetrVG 1972 § 76a Nr. 4). Derartige Kosten gehören zwar nicht zu den Kosten der E-Stelle nach Abs. 1, können sich jedoch aus dem Gesichtspunkt eines Verzugsschadens ergeben (GK-BetrVG/*Jacobs* Rn. 68; Richardi BetrVG/*Richardi/Maschmann* Rn. 24, 28; SHP Einigungsstelle S. 275f.). Das gilt auch für etwaige Anwaltskosten, da die Regelung des § 12 Abs. 1 S. 1 ArbGG auf Urteilsverf. beschränkt ist. Nach Ansicht des BAG sind derartige Anwaltskosten selbst dann zu ersetzen, wenn das betreffende E-Stellenmitgl. ein Rechtsanwalt ist und das BeschlVerf. selbst betreibt. Ist das Mitgl. der E-Stelle in dem Verfahren zur Durchsetzung seines Honoraranspruchs teilweise unterlegen, berechnen sich die erstattungsfähigen Honorardurchsetzungskosten nach der Höhe des zugesprochenen Beisitzerhonorars (ArbG Regensburg 23.9.1999 – 5 BV 17/99 N, AiB 2000, 690).

35 Betriebsangehörige Beisitzer der E-Stelle haben ihre Ansprüche auf Fortzahlung des Arbeitsentgelts, auf Freizeitausgleich oder auf Mehrarbeitsvergütung, auch soweit sie im Zusammenhang mit ihrer Tätigkeit in der E-Stelle stehen, im arbeitsgerichtlichen **Urteilsverf.** geltend zu machen (DKKW/*Berg* Rn. 52; ErfK/*Kania* Rn. 8; GK-BetrVG/*Jacobs* Rn. 67; MHdB ArbR/*Reinhard* § 308 Rn 239; *Ehrich/Fröhlich* Einigungsstelle S. 96; SHP Einigungsstelle S. 276).

36 Im Falle einer **Insolvenz** des ArbGeb. sind Vergütungsansprüche und die sonstigen Ansprüche der Mitgl. der E-Stelle nach Abs. 1 Masseverbindlichkeiten iSd § 55 InsO, wenn das E-Stellenverfahren erst nach Insolvenzeröffnung eingeleitet worden ist oder wenn es zwar schon vorher begonnen, aber danach vom Insolvenzverwalter weitergeführt worden ist (so zum früheren Konkursrecht ebenfalls BAG 27.3.1979 – 6 ABR 39/76, AP BetrVG 1972 § 76 Nr. 7; GK-BetrVG/*Jacobs* Rn. 40). Dagegen sind diese Ansprüche nur einfache Insolvenzforderungen iSv § 38 InsO, wenn das E-Stellenverfahren vor Insolvenzeröffnung bereits abgeschlossen war (zum früheren Konkursrecht ebenso LAG Nds 21.10.1981 – 4 TaBV 5/81, ZIP 1982, 488; DKKW/*Berg* Rn. 47; GK-BetrVG/*Jacobs* Rn. 40).

§ 77 Durchführung gemeinsamer Beschlüsse, Betriebsvereinbarungen

(1) [1]**Vereinbarungen zwischen Betriebsrat und Arbeitgeber, auch soweit sie auf einem Spruch der Einigungsstelle beruhen, führt der Arbeitgeber durch, es sei denn, dass im Einzelfall etwas anderes vereinbart ist.** [2]**Der Betriebsrat darf nicht durch einseitige Handlungen in die Leitung des Betriebs eingreifen.**

(2) [1]**Betriebsvereinbarungen sind von Betriebsrat und Arbeitgeber gemeinsam zu beschließen und schriftlich niederzulegen.** [2]**Sie sind von beiden Seiten zu unterzeichnen; dies gilt nicht, soweit Betriebsvereinbarungen auf einem Spruch der Einigungsstelle beruhen.** [3]**Der Arbeitgeber hat die Betriebsvereinbarungen an geeigneter Stelle im Betrieb auszulegen.**

(3) [1]**Arbeitsentgelte und sonstige Arbeitsbedingungen, die durch Tarifvertrag geregelt sind oder üblicherweise geregelt werden, können nicht Gegenstand einer Betriebsvereinbarung sein.** [2]**Dies gilt nicht, wenn ein Tarifvertrag den Abschluss ergänzender Betriebsvereinbarungen ausdrücklich zulässt.**

(4) [1] **Betriebsvereinbarungen gelten unmittelbar und zwingend.** [2] **Werden Arbeitnehmern durch die Betriebsvereinbarung Rechte eingeräumt, so ist ein Verzicht auf sie nur mit Zustimmung des Betriebsrats zulässig.** [3] **Die Verwirkung dieser Rechte ist ausgeschlossen.** [4] **Ausschlussfristen für ihre Geltendmachung sind nur insoweit zulässig, als sie in einem Tarifvertrag oder einer Betriebsvereinbarung vereinbart werden; dasselbe gilt für die Abkürzung der Verjährungsfristen.**

(5) **Betriebsvereinbarungen können, soweit nichts anderes vereinbart ist, mit einer Frist von drei Monaten gekündigt werden.**

(6) **Nach Ablauf einer Betriebsvereinbarung gelten ihre Regelungen in Angelegenheiten, in denen ein Spruch der Einigungsstelle die Einigung zwischen Arbeitgeber und Betriebsrat ersetzen kann, weiter, bis sie durch eine andere Abmachung ersetzt werden.**

Inhaltsübersicht

I. Vorbemerkung

Die Vorschrift regelt in Abs. 1 die grundsätzliche Alleinzuständigkeit des ArbGeb. für die **Durchführung der** mit dem BR geschlossenen **Vereinbarungen** sowie das generelle **Verbot** für den BR, einseitig in die Leitung des Betriebs einzugreifen. Die Abs. 2–6 enthalten Regelungen über **Zustandekommen, Inhalt, Rechtswirkun-** 1

gen und Beendigung von BV einschl. ihrer **Nachwirkung.** Der **Vorrang tarifvertraglicher Regelungen** ist durch Abs. 3 gewährleistet.

2 Die Bestimmung gilt für Vereinbarungen mit dem **GesBR** und dem **KBR** entsprechend (§ 51 Abs. 5, § 59 Abs. 1). Sie findet auch Anwendung im Verhältnis zwischen Bordvertretung und Kapitän (§ 115 Abs. 7 Nr. 3) sowie bei Vereinbarungen zwischen ArbGeb. und einer ArbGruppe, der nach § 28a die Wahrnehmung betriebsverfassungsrechtlicher Aufgaben übertragen worden ist (vgl. § 28a Abs. 2 S. 2). Sie gilt nicht für die JAV, die GesJAV und die KJAV. Diese schließen mit dem ArbGeb. keine Vereinbarungen, insbes. keine BV ab, sondern können gegenüber dem ArbGeb. nur über den BR (GesBR; KBR) handeln (→ § 60 Rn. 24f.). ArbNVertr. nach § 3 Abs. 1 Nr. 1–3 können BV schließen. Eine Integrationsvereinbarung zur Eingliederung schwerbehinderter Menschen nach § 83 SGB IX ist keine BV iSd § 77.

3 Entsprechende Vorschriften: **§§ 73, 74, 75 Abs. 5 BPersVG** und **§ 28 SprAuG.**

II. Durchführung von Vereinbarungen durch den Arbeitgeber (Abs. 1)

4 Die zwischen ArbGeb. und BR getroffenen **Vereinbarungen führt grds. der ArbGeb. durch** (Abs. 1 S. 1). Dies gilt für alle Vereinbarungen zwischen den Betriebspartnern, also für erzwingbare oder freiwillige BV, für Sprüche der E-Stelle und für sonstige Vereinbarungen (*Ahrendt* NZA 2011, 774). Die betriebliche **Organisations-** und **Leitungsmacht** liegt allein beim ArbGeb. Deshalb trägt er die Verantwortung für die zu treffenden Maßnahmen. Er muss dafür sorgen, dass sich auch die ArbN in seinem Betrieb an die BV halten (BAG 29.4.2004 – 1 ABR 30/02, NZA 2004, 670). Deshalb muss er zB verhindern, dass die ArbN von sich aus unzulässige Überstunden leisten. Der BR kann die Einhaltung dieser Verpflichtung in einem **arbeitsgerichtlichen BeschlussVerf.** erzwingen (WPK/*Preis* Rn. 2). Bestehen für den ArbGeb. zur Herbeiführung eines von ihm geschuldeten Erfolgs mehrere Handlungsmöglichkeiten, kann ein auf die Erfüllung dieser Verpflichtung gerichteter **Antrag** des BR weit gefasst sein. Er kann darauf gerichtet sein, dass dem **ArbGeb. untersagt** wird, den **Eintritt eines bestimmten Erfolgs** – wie etwa die Leistung BVwidriger Überstunden – bei Meidung eines Ordnungsgeldes **zu dulden.** Es bleibt dann dem ArbGeb. überlassen, wie er die titulierte Verpflichtung erfüllt. Erforderlichenfalls ist die Erfüllung im Vollstreckungsverfahren zu überprüfen und festzustellen, ob der ArbGeb. alles ihm Mögliche und Zumutbare getan hat, um den Eintritt des Erfolgs zu verhindern (BAG 29.4.2004 – 1 ABR 30/02, NZA 2004, 670; *Korinth* ArbRB 2005, 226 [227f.]; vgl. auch Oberthür/Seitz Betriebsvereinbarungen/*Oberthür* Teil *A*. Kap. VII. Rn. 2). Auch in mitbestimmungspflichtigen Angelegenheiten hat der BR kein Direktions- oder Mitdirektionsrecht (Richardi BetrVG/*Richardi* Rn. 8: GK-BetrVG/*Kreutz* Rn. 23; WPK/*Preis* Rn. 4; HWGNRH/*Worzalla* Rn. 214). Wenn der ArbGeb. sich nicht an die mit dem BR getroffene Vereinbarung hält, ist dieser auf den Rechtsweg angewiesen (ErfK/*Kania* Rn. 9). Im arbeitsgerichtlichen Beschlussverf. über die Durchführungspflicht kann auch die Wirksamkeit, die (Fort-)Geltung und die richtige Auslegung einer BV geklärt werden (BAG 18.1.2005 – 3 ABR 21/04, NZA 2006, 167). Auch eine im Betrieb vertretene **Gewerkschaft** kann den ArbGeb. bei groben Verstößen im arbeitsgerichtlichen Beschlussverfahren gem. § 23 Abs. 3 S. 1 auf die Einhaltung einer BV in Anspruch nehmen (BAG 29.4.2004 – 1 ABR 30/02, NZA 2004, 670).

5 Die Betriebspartner können „im Einzelfall“ – also nicht generell – die Durchführung einer Vereinbarung **dem BR übertragen.** Eine entsprechende Absprache muss klar und eindeutig sein. In Betracht kommt zB die Veranstaltung eines Betriebsausflugs, die Verteilung von Zuwendungen an die ArbN oder auch die Führung

einer Betriebskantine (BAG 24.4.1986 – 6 AZR 607/83, NZA 1987, 100; WPK/*Preis* Rn. 3). Der BR wird sorgfältig zu prüfen haben, ob die Durchführung von Vereinbarungen durch ihn im Rahmen seiner gesetzlichen Aufgaben liegt. Der ArbGeb. hat keinen Anspruch darauf, dass der BR die Durchführung von Vereinbarungen übernimmt (DKKW/*Berg* Rn. 10).

In einigen Fällen ist dem BR die Durchführung von Absprachen mit dem ArbGeb. 6
gesetzlich übertragen. Hierzu gehören die Durchführung von Sprechstunden des BR (§ 39 Abs. 1 S. 1) oder von mit dem ArbGeb. vereinbarter zusätzlicher Betriebs- und Abteilungsversammlungen während der Arbeitszeit (§ 44 Abs. 2). Auch die Entsendung von BRMitgl. zu Schulungs- und Bildungsveranstaltungen nach Einigung über Teilnahme und zeitliche Lage der Veranstaltung (§ 37 Abs. 6) oder die Entscheidung über die Freistellung von BRMitgl. nach Beratung mit dem ArbGeb. über die freizustellenden Personen (§ 38 Abs. 2 S. 5 ff.) trifft der BR.

Abs. 1 S. 1 enthält nicht nur das Recht des ArbGeb. auf Durchführung von gemein- 7
samen Vereinbarungen, sondern begründet auch eine entsprechende **Durchführungspflicht** (GK-BetrVG/*Kreutz* Rn. 24; DKKW/*Berg* Rn. 10; *Ahrendt* NZA 2011, 774). Der **BR** hat einen **Anspruch** gegen den ArbGeb. auf Durchführung der getroffenen Vereinbarung und auf **Unterlassung vereinbarungswidriger Maßnahmen** (BAG 21.1.2003 – 1 ABR 9/02, NZA 2003, 1097; 29.4.2004 – 1 ABR 30/02, NZA 2004, 670; 18.5.2010 – 1 ABR 6/09, NZA 2010, 1433; 16.11.2011 – 7 ABR 27/10, NZA-RR 2012, 579; 18.11.2014 – 1 ABR 21/13, NZA 2015, 694; DKKW/*Berg* Rn. 10; GK-BetrVG/*Kreutz* Rn. 28; WPK/*Preis* Rn. 4; HWGNRH/*Worzalla* Rn. 208 f.; ErfK/*Kania* Rn. 8; *Brune* AR-Blattei Rn. 422). Der Anspruch setzt keinen groben Pflichtenverstoß des ArbGeb. iSv § 23 Abs. 3 voraus (BAG 29.4.2004 – 1 ABR 30/02, NZA 2004, 670; 16.11.2011 – 7 ABR 27/10, NZA-RR 2012, 579).

Der BR kann den Anspruch ggf. im Wege einer **einstw. Vfg.** verfolgen 7a
(HWGNRH/*Worzalla* Rn. 209; WPK/*Preis* Rn. 2). Er verliert den Anspruch auf Durchführung der Vereinbarung nicht dadurch, dass er längere Zeit ein vereinbarungswidriges Verhalten des ArbGeb. nicht beanstandet hat (DKKW/*Berg* Rn. 10). Hat der ArbGeb. in der Vergangenheit grob gegen seine Pflicht verstoßen, eine BV korrekt durchzuführen, so beseitigt seine Zusicherung, in Zukunft ein betriebsvereinbarungswidriges Verhalten zu unterlassen, noch nicht die Wiederholungsgefahr (BAG 23.6.1992 – 1 ABR 11/92, NZA 1992, 1095). Der Anspruch des BR beschränkt sich auf die Einhaltung der getroffenen Vereinbarung ihm gegenüber. Werden durch die Vereinbarung Ansprüche der ArbN begründet, kann er diese nicht anstelle der ArbN geltend machen (BAG 17.10.1989 – 1 ABR 75/88, NZA 1990, 441; 18.1.2005 – 3 ABR 21/04, NZA 2006, 167; DKKW/*Berg* Rn. 13).

Schließt der GesBR oder der KBR in originärer Zuständigkeit eine **GesBV** oder 7b
eine **KBV,** so hat der hieran nicht beteiligte örtliche BR grds. keinen eigenen Anspruch auf Durchführung der GesBV oder der KBV. Der Durchführungsanspruch steht vielmehr dem GesBR oder dem KBR zu (BAG 18.5.2010 – 1 ABR 6/09, NZA 2010, 1433; LAG Berlin-Brandenburg 17.3.2017 – 2 TaBV 1564/16, BeckRS 2017, 115000; *Ahrendt* NZA 2011, 774; **aA** DKKW/*Berg* Rn. 10: vgl. zum Unterlassungsanspruch BAG 17.5.2011 – 1 ABR 121/09, NJOZ 2011, 2093). Im Falle grober Pflichtverletzungen des ArbGeb. kann der örtliche BR die Einhaltung der GesBV oder der KBV allerdings nach § 23 Abs. 3 erzwingen (BAG 18.5.2010 – 1 ABR 6/09, NZA 2010, 1433; *Ahrendt* NZA 2011, 774). In Fällen der Delegation nach § 50 Abs. 2 steht der Durchführungsanspruch dem BR zu (BAG 18.5.2010 – 1 ABR 6/09, NZA 2010, 1433).

Der Durchführungsanspruch besteht auch noch bei **BV, die gem. Abs. 6 nach-** 7c
wirken (so ohne nähere Begründung BAG 24.2.1987 – 1 ABR 18/85, NZA 1987, 639; 12.6.1996 – 4 ABR 1/95, NZA 1997, 565; GK-BetrVG/*Kreutz* Rn. 26; offen gelassen in BAG 27.10.1998 – 1 ABR 3/98, NZA 1999, 381; **aA** *Ahrendt* NZA 2011, 774; MHdB ArbR/*Arnold* § 316 Rn. 113). Dafür spricht vor allem der Zweck

des Durchführungsanspruchs, dem BR über § 23 Abs. 3 hinaus ein wirksames Mittel zur Beachtung seiner MBRe nach § 87 zur Verfügung zu stellen.

8 Abs. 1 S. 2 **untersagt dem BR,** durch einseitige Handlungen in die **Leitung des Betriebs einzugreifen.** Er darf Anordnungen des ArbGeb. nicht widerrufen oder an seiner Stelle den ArbN Weisungen erteilen (WPK/*Preis* Rn. 4; HWGNRH/*Worzalla* Rn. 214). Die Leitung des Betriebs obliegt allein dem ArbGeb. Das gilt sowohl für Entscheidungen, die er kraft Direktionsrechts oder Arbeitsvertrags ohne Beteiligung des BR trifft oder treffen kann, als auch für beteiligungspflichtige Maßnahmen oder Maßnahmen, die auf einem Spruch der E-Stelle beruhen. Die Beteiligungsrechte des BR begründen keinerlei Exekutivbefugnisse. Auch wenn der ArbGeb. bestehende Mitwirkungs- oder Mitbestimmungsrechte des BR missachtet, darf dieser keine einseitigen Anordnungen treffen (*Brune* AR-Blattei BV Rn. 413). Er ist vielmehr zur Wahrung seiner Rechte auf den **Rechtsweg** verwiesen. In Eilfällen kommt der Erlass einer einstw. Vfg. in Betracht (→ ArbGG Rn. 65 ff.; DKKW/*Berg* Rn. 10, 168 ff.; GK-BetrVG/*Kreutz* Rn. 27; HWGNRH/*Worzalla* Rn. 209; WPK/*Preis* Rn. 2). Außerdem stehen dem BR die **Sanktionsmöglichkeiten der §§ 23 Abs. 3, 98 Abs. 5, 101, 104** zur Verfügung. Maßnahmen des ArbGeb., die dieser ohne Beachtung der Mitbestimmungsrechte des BR in sozialen Angelegenheiten (§ 87) getroffen hat, sind – jedenfalls soweit sie den ArbN beschweren – nach der **Theorie der Wirksamkeitsvoraussetzung** (BAG 3.12.1991 – GS 2/90, NZA 1992, 749; 3.12.1991 – GS 1/90, AP BetrVG 1972 § 87 Lohngestaltung Nr. 52; 3.5.1994 – 1 ABR 24/93, NZA 1995, 40; 10.3.1998 – 1 AZR 658/97, NZA 1998, 1242; 11.6.2002 – 1 AZR 390/01, NZA 2003, 570; 21.1.2003 – 1 AZR 125/02, NJOZ 2003, 2499; 5.5.2015 – 1 AZR 435/13, NZA 2015, 1207) regelmäßig unwirksam (→ § 87 Rn. 599 ff.; DKKW/*Klebe* § 87 Rn. 4; WPK/*Preis* Rn. 4; krit. gegenüber den individualrechtlichen Schlussfolgerungen *Lobinger* RdA 2011, 76 [86 ff.]).

9 Der BR verstößt nicht gegen seine Verpflichtung, Eingriffe in die Betriebsleitung zu unterlassen, wenn er seiner **allgemeinen Überwachungspflicht** des § 80 Abs. 1 Nr. 1 nachkommt und hierbei die ArbN an ihren Arbeitsplätzen aufsucht (→ § 80 Rn. 5 ff., 80; WPK/*Preis* Rn. 4). Auch kann er eine BV im Betrieb bekannt machen, wenn der ArbGeb. seiner Auslegungspflicht nach Abs. 2 S. 3 nicht nachkommt. Entscheidungen des BR in organisatorischen Fragen, die ihm von Gesetzes wegen zugewiesen sind, stellen ebenfalls keine unzulässigen Eingriffe in die Betriebsleitung dar. Dies gilt auch, wenn dadurch Interessen des ArbGeb. berührt werden. Dazu gehören etwa die Entscheidung des BR über die Bildung von Ausschüssen, über die Einberufung von BRSitzungen und BetrVerslg. oder über die Bestellung des Wahlvorst. (GK-BetrVG/*Kreutz* Rn. 34; WPK/*Preis* Rn. 4; Richardi BetrVG/*Richardi* Rn. 7; HWGNRH/*Worzalla* Rn. 213). Bekanntmachungen des BR am Schwarzen Brett oder durch sonstige Informationsmittel sind selbst dann keine unzulässigen Eingriffe in die Betriebsleitung, wenn sie auf die Unwirksamkeit arbeitgeberseitiger Maßnahmen wegen Nichtbeachtung des MBR des BR hinweisen.

10 **Verstößt der BR grob** gegen das Verbot des Eingriffs in die Betriebsleitung, kann der ArbGeb. gem. § 23 Abs. 1 beim ArbG die Auflösung des BR oder die Amtsenthebung einzelner BRMitgl. beantragen (WPK/*Preis* Rn. 4; HWGNRH/*Worzalla* Rn. 215; ErfK/*Kania* Rn. 9). Eine außerordentliche Kündigung von BR-Mitgl. ist nur gerechtfertigt, wenn die Verstöße gegen arbeitsvertragliche Pflichten klar überwiegen (→ § 103 Rn. 30). Ob das einzelne BRMitgl. gegenüber dem ArbGeb. auch zum Schadenersatz verpflichtet ist, beurteilt sich nach allgemeinen zivilrechtlichen Vorschriften (§§ 823, 826 BGB: Eingriff in den ausgeübten Gewerbebetrieb; → § 1 Rn. 311 ff.). Abs. 1 ist kein Schutzgesetz iSv § 823 Abs. 2 (GK-BetrVG/*Kreutz* Rn. 32; Richardi BetrVG/*Richardi* Rn. 12; WPK/*Preis* Rn. 4).

III. Betriebsvereinbarungen (Abs. 2)

11 Die **BV** ist ein **eigenes Rechtsinstrument** der Betriebsverfassung (zur geschichtlichen Entwicklung vgl. *Brune* AR-Blattei BV Rn. 38ff.; *Reichold* FS 100 Jahre BetrVR 2020, 601; zur Verbreitung und Themen von BV und den dazu vorhandenen Datenquellen vgl. *Baumann/Mierich/Maschke* WSI-Mitt. 2018, 317). Sie ist die wichtigste Form der Einigung zwischen den Betriebspartnern. Daneben gibt es sonstige Vereinbarungen der Betriebspartner, auch **Regelungsabreden** oder Betriebsabsprachen genannt (→ Rn. 216ff.). Ihnen kommt anders als den BV keine normative Wirkung zu. Auch hängt ihre Wirksamkeit nicht von der Einhaltung der Schriftform ab.

12 Die **BV** ist das durch schriftliche Vereinbarung der Organe der Betriebsverfassung (ArbGeb. und BR) geschaffene **G des Betriebs.** Sie hat gem. Abs. 4 S. 1 **Normwirkung** (→ Rn. 124ff.). Die für die ArbN fremdbestimmende, heteronome Wirkung von BV ist mit dem GG vereinbar (BAG 12.12.2006 – 1 AZR 96/06, NZA 2007, 453; *Linsenmaier* RdA 2008, 1 [5ff.]). Sie dient der generellen Regelung der betrieblichen und betriebsverfassungsrechtlichen Ordnung sowie der Gestaltung der individuellen Rechtsbeziehungen zwischen ArbGeb. und ArbN. Sie ersetzt betriebliche Maßnahmen, die sonst der ArbGeb. kraft Direktionsrechts allein treffen könnte und die nun vor ihrer Durchführung der Beteiligung des BR unterliegen, und regelt materielle und formelle Arbeitsbedingungen, die bei Fehlen einer kollektiven Regelung einzelvertraglich vereinbart werden müssten.

1. Rechtsnatur

13 Das BetrVG enthält keine Definition der BV. Ihre Rechtsnatur ist umstr. Überwiegend wird sie als **privatrechtlicher kollektiver Normenvertrag** angesehen, der zwischen ArbGeb. und BR abgeschlossen wird und kraft staatlicher Ermächtigung unmittelbar und zwingend die betrieblichen Arbeitsverhältnisse normativ gestaltet (BAG 18.2.2003 – 1 ABR 17/02, NZA 2004, 336; 27.1.2004 – 1 ABR 5/03, NZA 2004, 941; 13.2.2007 – 1 AZR 184/06, NZA 2007, 825; 25.2.2015 – 5 AZR 481/13, BeckRS 2015, 68604; GK-BetrVG/*Kreutz* Rn. 35ff., 189ff.; HWGNRH/*Worzalla* Rn. 4; WPK/*Preis* Rn. 7; Richardi BetrVG/*Richardi* Rn. 26ff.; ErfK/*Kania* Rn. 17; *Brune* AR-Blattei BV Rn. 57ff.; *Waltermann* NZA 1995, 1179; *Kreutz* FS Schmidt-Jortzig, 2011, 753). Diese sog **Vertragstheorie** wird dem Wesen der BV und den gesetzlichen Regelungen am besten gerecht (vgl. etwa GK-BetrVG/*Kreutz* Rn. 41). Die BV kommt durch eine rechtsgeschäftliche Vereinbarung (Vertrag) zwischen ArbGeb. und BR zustande (HWGNRH/*Worzalla* Rn. 6; WPK/*Preis* Rn. 7). Sie kann ebenso wie andere privatrechtliche Dauerschuldverhältnisse durch Kündigung beendet werden. In ihrer normativen Wirkung ähnelt sie einem TV, der ebenfalls als privatrechtlicher kollektiver Normenvertrag angesehen wird (vgl. etwa NK-TVG/*Schiek* TVG Einl. Rn. 188ff.; Wiedemann/*Thüsing* TVG § 1 Rn. 42). Der Grundsatz der Rechtsquellenklarheit gebietet, dass sich Normurheberschaft und Rechtscharakter zweifelsfrei feststellen lassen (→ Rn. 23).

14 Nach der früher insbes. von *Herschel* (RdA 1948, 47; RdA 1956, 161) vertretenen sog **Satzungstheorie** stellt die BV eine durch übereinstimmende, parallele Beschlüsse der Organe der BetrVerf. zustande kommende Normenordnung, dh eine autonome Satzung für den Betrieb dar. Die Satzungstheorie berücksichtigt nicht hinreichend, dass das Instrument des Interessenausgleichs in der zweipolig strukturierten Betriebsverfassung weder die Satzung noch der Beschluss, sondern die rechtsgeschäftliche Vereinbarung zwischen ArbGeb und BR ist (vgl. GK-BetrVG/*Kreutz* Rn. 41, Richardi BetrVG/*Richardi* Rn. 24). Der Meinungsstreit über die Rechtsnatur der BV hat keine große praktische Bedeutung. Nach beiden Theorien hat die BV normative Wirkung und setzt objektives Recht. Lediglich die umstrittene Frage, ob die BV auch

bloß schuldrechtliche Regelungen treffen kann (→ Rn. 50), ist nach der Satzungstheorie eindeutig zu verneinen. Zur historischen Entwicklung von BV vgl. *Reichold* ZTR 2016, 295, 296 ff.

2. Auslegung

15 Die Auslegung von BV richtet sich wegen des sich aus Abs. 4 S. 1 ergebenden normativen Charakters – ebenso wie bei TV – nach den **Grundsätzen der Gesetzesauslegung** (BAG 17.11.1998 – 1 AZR 221/98, NZA 1999, 609; 12.11.2002 – 1 AZR 632/01, NZA 2003, 676; 13.3.2007 – 1 AZR 262/06, NZA 2008, 190; 27.7.2010 – 1 AZR 874/08, NZA 2010, 1369; 13.10.2015 – 1 AZR 853/13, NZA 2016, 54 Rn. 22; DKKW/*Berg* Rn. 52; GK-BetrVG/*Kreutz* Rn. 71; Richardi BetrVG/*Richardi* Rn. 129; WPK/*Preis* Rn. 30; MHdB ArbR/*Arnold* § 316 Rn. 8; HWGNRH/*Worzalla* Rn. 21; ErfK/*Kania* Rn. 30). Da es bei der Auslegung darum geht festzustellen, wie die Normunterworfenen und die Gerichte eine Regelung zu verstehen haben, sind BV **objektiv auszulegen;** der subjektive Regelungswille der Betriebsparteien ist nur zu berücksichtigen, soweit er in der Regelung erkennbaren Ausdruck gefunden hat (BAG 15.10.2013 – 1 AZR 544/12, NJOZ 2014, 1114). Auszugehen ist danach zunächst vom **Wortlaut** und dem durch ihn vermittelten Wortsinn. Über den reinen Wortlaut hinaus ist der wirkliche Wille der Betriebsparteien zu berücksichtigen, soweit er in den Vorschriften seinen Niederschlag gefunden hat. Dabei sind insbes. der **Gesamtzusammenhang** sowie der **Sinn und Zweck** der Regelung zu beachten. Bleiben hiernach noch Zweifel, so können ohne Bindung an eine Reihenfolge weitere Kriterien wie die **Entstehungsgeschichte** oder auch eine praktische Übung herangezogen werden. Auch die **Praktikabilität** denkbarer Auslegungsergebnisse ist zu berücksichtigen. Im Zweifel gebührt der Auslegung der Vorzug, die zu einer vernünftigen, sachgerechten, zweckorientierten und praktisch handhabbaren Regelung führt (BAG 12.11.2002 – 1 AZR 632/01, NZA 2003, 676; 21.1.2003 – 1 ABR 5/02, NZA 2003, 810; 22.7.2003 – 1 AZR 496/02, NJOZ 2004, 1925). Nur bei Vorliegen besonderer Umstände, die das von den Betriebspartnern Gewollte zweifelsfrei erkennen lassen, kann die BV durch Auslegung einen vom Wortlaut abweichenden Inhalt bekommen (BAG 31.10.1990 – 4 AZR 114/90, NZA 1991, 201). BV sind nach Möglichkeit **verfassungs- und gesetzeskonform** auszulegen (BAG 12.11.2002 – 1 AZR 632/01, NZA 2003, 676; 1.7.2003 – 1 ABR 22/02, NZA 2003, 1209; 13.2.2007 – 1 ABR 18/06, NZA 2007, 640; 5.5.2015 – 1 AZR 435/13, NZA 2015, 1207; 13.10.2015 – 1 AZR 853/13, NZA 2016, 54 Rn. 22; HWGNRH/*Worzalla* Rn. 24; für TV BAG 27.7.2010 – 1 AZR 874/08, NZA 2010, 1369). Wegen des Gebots der möglichst gesetzeskonformen Auslegung sind BV, nach denen das ArbVerh. mit Vollendung des 65. Lebensjahres enden soll, idR dahin auszulegen, dass die Beendigung erst mit der Vollendung des für den Bezug einer Regelaltersgrenze maßgeblichen Lebensalters erfolgt (BAG 13.10.2015 – 1 AZR 853/13, NZA 2016, 54). **Protokollnotizen** zu einer BV können unterschiedliche Bedeutung haben. Sie können eine eigenständige normative Ergänzung oder gar Änderung der BV sein, aber auch lediglich die Bedeutung einer authentischen Interpretation der BV haben oder gar nur einen Hinweis auf die Motive der Betriebsparteien darstellen. Wie es sich im Einzelfall verhält, ist erforderlichenfalls durch Auslegung der Protokollnotiz festzustellen (BAG 9.12.1997 – 1 AZR 330/97, NZA 1998, 609). Auch unionsrechtliche Vorgaben sind bei der Auslegung zu beachten. Die nationalen Gerichte sind verpflichtet, nicht nur innerstaatliche Gesetze, sondern auch den normativen Teil der von ihnen anzuwendende TV und BV nach Möglichkeit **unionsrechtskonform** und damit auch **richtlinienkonform** (str., wie hier EuArbRK/*Höpfner* AEUV Art. 288 Rn. 67; *Linsenmaier* RdA 2003, Heft 5 Sonderbeil., 22 [23]; MHdB ArbR/*Arnold* § 316 Rn. 9; ErfK/*Kania* Rn. 31; **aA** *Wißmann* FS Bepler, 2012, S. 649 [657 f.]; ErfK/*Wißmann* AEUV Vorb. Rn. 38). Zwar richtet sich Art. 288 Abs. 3 AEUV unmittelbar nur an die Mitgliedstaaten und nicht an die

TVParteien und die Betriebsparteien. Auch entfalten die RL der EU keine unmittelbare horizontale Wirkung zwischen Privaten. Gleichwohl müssen die Sozialpartner beim Erlass von Maßnahmen, die in den Anwendungsbereich einer RL fallen, diese beachten (EuGH 8.9.2011 – C-297/10, NZA 2011, 1101 – Hennigs und Mai Rn. 67f.; 19.9.2018 – C-312/17, NZA 2018, 1268 – Bedi, Rn. 70). Auch ist es Aufgabe der nationalen Gerichte, an der Umsetzung der RL mitzuwirken. Der Einwand, diese Verpflichtung bestehe nicht hinsichtlich TV und BV, da diese Normen die Pflichten aus Art. 288 Abs. 3 AEUV nicht erfüllen können (so ErfK/*Wißmann* AEUV Vorb. Rn. 42), überzeugt schon deshalb nicht, weil für die nationalen Gerichte als Teil der staatlichen Gewalt die Pflicht besteht, sich bei ihrer Tätigkeit unionsrechtsfreundlich zu verhalten. Der Streit ist allerdings von eher geringer praktischer Bedeutung, da die RL idR in nationale Gesetze umgesetzt sind, diese unionsrechtskonform und TV und BV wiederum gesetzeskonform auszulegen sind. Auf diesem Umweg wirken sich die RL unstreitig auf die Auslegung von TV und BV aus (vgl. ErfK/*Wißmann* AEUV Vorb. Rn. 42). Ebenso wie bei Gesetzen kommt auch bei einer BV im Falle einer unbewussten planwidrigen Regelungslücke eine gerichtliche **Lückenausfüllung** in Betracht (BAG 12.7.1989 – 5 AZR 494/88, BeckRS 1989, 30731521; 10.2.2009 – 3 AZR 653/07, NZA 2009, 796; GK-BetrVG/*Kreutz* Rn. 80). Hierbei ist aber Zurückhaltung geboten (HWGNRH/*Worzalla* Rn. 26). Die Schließung einer Regelungslücke durch die Gerichte kommt nur in Betracht, wenn nach zwingendem höherrangigen Recht, insbes. dem Gleichbehandlungsgrundsatz, nur eine Regelung zur Lückenfüllung in Betracht kommt oder wenn bei mehreren Lösungen zuverlässig feststellbar ist, welche Regelung die Betriebsparteien gewählt hätten, wenn sie die Lücke erkannt hätten (BAG 13.2.2003 – 6 AZR 537/01, NZA 2003, 984; vgl. für einen TV BAG 20.7.2000 – 6 AZR 347/99, NZA 2001, 559).

Die **Frage, ob** es sich bei einer Regelung ihrem Rechtscharakter nach **überhaupt** um eine **BV** handelt, ist ebenfalls im Wege der Auslegung zu beantworten. Auch insoweit sind die Grundsätze der Tarif- und Gesetzesauslegung maßgeblich (BAG 3.5.2006 – 1 ABR 2/05, NZA 2007, 47; 19.6.2007 – 1 AZR 541/06, BeckRS 2009, 66113; 11.12.2007 – 1 AZR 953/06, AP BetrVG 1972 § 77 BV Nr. 37; 24.5.2012 – 2 AZR 62/11, ZIP 2013, 330) und nicht etwa §§ 133, 157 BGB (**so aber** jedenfalls für die Frage ob eine Vereinbarung der TV-Parteien ein TV ist, BAG 14.4.2004 – 4 AZR 232/03, NZA 2005, 178; 7.6.2006 – 4 AZR 272/05, AP TVG § 1 Nr. 37; 15.4.2008 – 9 AZR 159/07, NZA-RR 2008, 586; 12.4.2017 – 7 AZR 446/15, NZA 2017, 1125 Rn. 34). Die Frage nach dem Inhalt und die Frage, ob und um welche Norm es sich handelt, lassen sich nicht trennen (BAG 24.5.2012 – 2 AZR 62/11, ZIP 2013, 330; MHdB ArbR/*Arnold* § 316 Rn. 9). In jedem Fall geht es darum, wie Dritte, Regelungsadressaten und Gerichte die jeweiligen Bestimmungen zu verstehen haben (BAG 11.12.2007 – 1 AZR 953/06, AP BetrVG 1972 § 77 BV Nr. 37). Dies gebietet eine objektive Methode der Auslegung. 16

Da die Bestimmungen der BV Rechtsnormen darstellen, ist ihre **Auslegung revisibel,** bzw. rechtsbeschwerdefähig (BAG 8.11.1988 – 1 AZR 721/87, NZA 1989, 401; GK-BetrVG/*Kreutz* Rn. 81; Richardi BetrVG/*Richardi* Rn. 239). Die Betriebsparteien können vereinbaren, dass über die Auslegung einer BV zunächst ein **innerbetriebliches Schlichtungsverfahren** durchzuführen ist und erst nach dessen Scheitern ein BeschlVerf. eingeleitet werden kann (BAG 11.2.2014 – 1 ABR 76/12, NZA-RR 2015, 26). 17

3. Zustandekommen

Entgegen dem Wortlaut des Abs. 2 S. 1 und der Überschrift von § 77 kommen BV nicht durch einen gemeinsamen Beschluss von ArbGeb. und BR zustande, sondern als privatrechtlicher Vertrag durch inhaltlich **übereinstimmende Willenserklärun-** 18

gen der Betriebspartner (DKKW/*Berg* Rn. 55; GK-BetrVG/*Kreutz* Rn. 40ff.; Richardi BetrVG/*Richardi* Rn. 30; HWGNRH/*Worzalla* Rn. 8; *Kreutz* FS Schmidt-Jortzig, 2011, 753). Die Willensbildung des BR erfolgt durch einen ordnungsgemäßen Beschluss (HWGNRH/*Worzalla* Rn. 8; WPK/*Preis* Rn. 7). Auf Seiten der ArbN obliegt dem GesBR der Abschluss einer BV, wenn er zur Regelung der Angelegenheit nach § 50 Abs. 1 zuständig (→ § 50 Rn. 15ff.) oder ihm diese nach § 50 Abs. 2 übertragen ist (→ § 50 Rn. 62ff.). Im Falle der Beauftragung ist aber Vertragspartner der BV der BR, nicht der GesBR (→ § 50 Rn. 73). Entsprechendes gilt für den KBR (§ 51 Abs. 5, § 59 Abs. 1). Die JAV, die GesJAV, die KJAV, der WiAusschuss, Ausschüsse des BR (§ 27 Abs. 3 S. 2, § 28 Abs. 1 S. 2) und die BetrVerslg. (→ § 42 Rn. 42) sind zum Abschluss von BV nicht befugt. Dagegen können Vereinbarungen zwischen ArbGeb. und einer Arbeitsgruppe nach § 28a je nach Regelungsinhalt die Wirkung einer BV haben (→ § 28a Rn. 32). Für einen BRlosen Betrieb kann der GesBR gem. § 50 Abs. 1 S. 1 Hs. 2 im Rahmen seiner originären Zuständigkeit BV schließen. Zu Vereinbarungen des ArbGeb. mit dem Sprecherausschuss für leit. Ang. → Rn. 27f.

19 BV können auch auf einem **Spruch der E-Stelle** beruhen (HWGNRH/*Worzalla* Rn. 8; ErfK/*Kania* Rn. 18). Das gilt sowohl in Angelegenheiten der erzwingbaren Mitbestimmung, in denen der Spruch der E-Stelle die Einigung der Betriebsparteien ersetzt (→ § 76 Rn. 111ff.), als auch bei freiwilligen Verfahren, wenn die Betriebspartner sich dem Spruch der E-Stelle im Voraus unterworfen haben oder ihn nachträglich annehmen (→ § 76 Rn. 106f.).

20 Auf ArbGebSeite ist Vertragspartner der BV der **Inhaber des Betriebs.** Wird ein Betrieb als **Gemeinschaftsbetrieb** von mehreren ArbGeb. geführt (→ § 1 Rn. 108f.), ist für den Abschluss einer BV der Adressat der Beteiligungsrechte des BR zuständig. Maßgeblich hierfür ist der Gegenstand des MBR (→ § 1 Rn. 146ff.; Oberthür/Seitz Betriebsvereinbarungen/*Oberthür* Teil A. Kap. III. Rn. 1; vgl. auch GK-BetrVG/*Kreutz* Rn. 46). Betrifft der Regelungsgegenstand den „Betriebsarbeitgeber", so wird die BV „mehrgliedrig" mit den durch eine gemeinsame Leitung vertretenen Trägerunternehmen geschlossen (GK-BetrVG/*Kreutz* Rn. 46). Betrifft der Regelungsgegenstand nur einen der am Gemeinschaftsbetrieb beteiligten ArbGeb., wird die BV (nur) mit ihm geschlossen (GK-BetrVG/*Kreutz* Rn. 46). Schließt ein **Betriebserwerber** vor dem Erwerb mit dem BR eine Vereinbarung ab, so handelt es sich wohl um eine aufschiebend bedingte BV, deren Wirkung eintritt, sobald der Betriebsübergang auf den Erwerber stattgefunden hat (*Seiter,* Betriebsinhaberwechsel S. 123; *Hanau/Vossen* FS Hilger/Stumpf, 1983, 285; **aA** GK-BetrVG/*Kreutz* Rn. 46, der von einem schuldrechtlichen (Vor-)Vertrag ausgeht). Zu einem **„mehrgliedrigen" Interessenausgleich** im Bereich der Luftfahrt (Boden-, Kabinen- und Cockpitpersonal) BAG 26.4.2007 – 8 AZR 695/05, NJOZ 2008, 108.

21 Die BV bedarf zwingend der **Schriftform** (vgl. zur „Schriftform in der Betriebsverfassung" eing. *Raab* FS Konzen, 2006, 719). Eine nur mündlich abgesprochene BV ist nichtig; § 125 S. 1 BGB ist – zumindest entsprechend – anzuwenden (*Raab* FS Konzen, 2006, 719 [736]). Nach Abs. 2 S. 2 Hs. 1 ist eine BV, soweit sie nicht auf einem Spruch der Einigungsstelle beruht (vgl. Abs. 2 S. 2 Hs. 2), von beiden Seiten zu unterzeichnen.

21a Erforderlich sind danach die **Unterschriften** beider Organe der BetrVerf. bzw. bevollmächtigter Vertr. **auf derselben Urkunde** (BAG 21.8.1990 – 3 AZR 422/89, NZA 1991, 507; DKKW/*Berg* Rn. 58; Richardi BetrVG/*Richardi* Rn. 35ff.; WPK/*Preis* Rn. 9; ErfK/*Kania* Rn. 19). Anders als nach § 126 Abs. 2 S. 2 BGB genügt der Austausch einseitig unterzeichneter Urkunden nicht (*Raab* FS Konzen, 2006, 719 [734]; WPK/*Preis* Rn. 9).

21b Bilden mehrere Blätter, die inhaltlich aufeinander Bezug nehmen und körperlich – zB durch eine Heftklammer – miteinander verbunden sind, eine **einheitliche Urkunde** (Gesamturkunde), muss nicht jedes Blatt einzeln unterschrieben sein (BAG 11.11.1986 – 3 ABR 74/85, NZA 1987, 449; DKKW/*Berg* Rn. 61; GK-BetrVG/

Kreutz Rn. 50; HWGNRH/*Worzalla* Rn. 12; Schaub ArbR-HdB/*Ahrendt* § 231 Rn. 7; MHdB ArbR/*Arnold* § 316 Rn. 20). Das Gleiche gilt, wenn sich – ohne körperliche Verbindung – die Einheit einer aus mehreren Blättern bestehende BV aus fortlaufender Paginierung, der Nummerierung der einzelnen Vorschriften, einheitlicher graphischer Gestaltung, einheitlichem Zusammenhang des Textes oder vergleichbaren Merkmalen zweifelsfrei ergibt (BGH 24.9.1997 – XII ZR 234/95, NJW 1998, 58; ErfK/*Kania* Rn. 19; WPK/*Preis* Rn. 9).

Das Formerfordernis dient dem **Gebot der Normenklarheit.** Die schriftliche Niederlegung soll zum einen die Betriebsparteien veranlassen, die getroffene Vereinbarung präzise niederzulegen, um spätere Zweifel und Streitigkeiten nach Möglichkeit zu vermeiden; zum andern sollen die normunterworfenen ArbN die sich aus der BV ergebenden Rechte und Pflichten zuverlässig erkennen können (*Raab* FS Konzen, 2006, 719 [734]). 21c

Die für zivilrechtliche Verträge geltenden **Anforderungen des § 126 BGB können für BV und Dienstvereinbarungen nicht ohne Weiteres übernommen werden** (BAG 3.6.1997 – 3 AZR 25/96, NZA 1998, 382, zu II 1b aa der Gründe; 18.3.2014 – 1 AZR 807/12, NZA 2014, 736 Rn. 17). Nach § 126 Abs. 2 S. 1 BGB muss bei einem Vertrag, für den gesetzlich die schriftliche Form vorgeschrieben ist, die Unterzeichnung durch die Parteien auf derselben Urkunde erfolgen. Bezugnahmen sind unzulässig, wenn sich Angaben, die für den Vertragsinhalt wesentlich sind, ausschließlich aus Umständen außerhalb der Urkunde ergeben (BAG 3.6.1997 – 3 AZR 25/96, NZA 1998, 382, zu II 1b aa der Gründe; 18.3.2014 – 1 AZR 807/12, NZA 2014, 736 Rn. 17). Dies dient jedenfalls auch dem Übereilungsschutz (BAG 3.6.1997 – 3 AZR 25/96, NZA 1998, 382, zu II 1b aa der Gründe; 18.3.2014 – 1 AZR 807/12, NZA 2014, 736 Rn. 17). Dieser spielt bei Normenverträgen wie BV oder TV und den für sie geltenden Schriftformgeboten des Abs. 2 und des § 1 Abs. 2 TVG keine Rolle (BAG 3.6.1997 – 3 AZR 25/96, NZA 1998, 382, zu II 1b aa der Gründe; 18.3.2014 – 1 AZR 807/12, NZA 2014, 736 Rn. 17). Hier soll das Schriftformerfordernis Zweifel über den Inhalt der vereinbarten Normen ausschließen (BAG 3.6.1997 – 3 AZR 25/96, NZA 1998, 382, zu II 1b aa der Gründe; 18.3.2014 – 1 AZR 807/12, NZA 2014, 736 Rn. 17). Im Falle einer Verweisung müssen die Normunterworfenen erkennen können, welchen Inhalt die abgeschlossene BV hat (BAG 18.3.2014 – 1 AZR 807/12, NZA 2014, 736 Rn. 17). Vgl. iÜ zur **statischen Bezugnahme** → Rn. 23, zur **dynamischen Verweisung** → Rn. 24. 21d

Die **elektronische Form gem. §§ 126 Abs. 3, 126a BGB** genügt nicht (*Raab* FS Konzen, 2006, 719 [735]; Richardi BetrVG/*Richardi* Rn. 35; ErfK/*Preis* §§ 125–127 BGB Rn. 25; **aA** 25. bis 28. Aufl.; DKKW/*Berg* Rn. 60; ErfK/*Kania* Rn. 19; GK-BetrVG/*Kreutz* Rn. 49; WPK/*Preis* Rn. 8; HWGNRH/*Worzalla* Rn. 11; MHdB ArbR/*Arnold* § 316 Rn. 19). Der Gesetzgeber bestimmt nicht nur in Abs. 2 S. 1, dass die BV „schriftlich niederzulegen" ist, sondern verlangt zugleich in Abs. 2 S. 2, dass sie „von beiden Seiten zu unterzeichnen" ist. Damit sollen Zweifel über den Inhalt der vereinbarten Norm ausgeschlossen werden (BAG 14.11.2006 – 1 AZR 40/06, NZA 2007, 339; 18.3.2014 – 1 AZR 807/12, NZA 2014, 736 Rn. 17). Das Formerfordernis dient damit demselben Zweck wie das in § 76 Abs. 3 S. 4 (vgl. auch BAG 13.8.2019 – 1 ABR 6/18, BeckRS 2019, 27005 Rn. 17), insbesondere wegen der normativen Wirkung einer BV und eines E-Stellenspruchs für die ArbN des Betriebs muss der Inhalt des Regelungswerks rechtssicher dokumentiert sein. Insoweit hat das in Abs. 2 S. 1 u. 2 geregelte Formerfordenis einen gegenüber § 126 BGB eigenständigen Inhalt (Richardi BetrVG/*Richardi* Rn. 35). Daher entspricht es zu Recht der überwiegenden Auffassung in Rspr. und Schrifttum, dass die nach § 76 Abs. 4 S. 4 erforderliche Unterzeichnung durch den Vorsitzenden der E-Stelle nicht durch die elektronische Form ersetzt werden kann (vgl. BAG 5.10.2010 – 1 ABR 31/09, NZA 2011, 420 Rn. 18; 13.3.2012 – 1 ABR 78/10, NZA 2012, 748 Rn. 18; 10.12.2013 – 1 ABR 45/12, NZA 2014, 862 Rn. 13; § 76 Rn. 129; Richardi BetrVG/*Maschmann* § 76 Rn. 108; GK-BetrVG/*Jacobs* § 76 Rn. 120; ErfK/*Kania* § 76 BetrVG Rn. 21). 21e

Für eine BV kann nach dem insoweit übereinstimmenden Gesetzeswortlaut und dem Normzweck nichts anderes gelten (ErfK/*Preis* §§ 125–127 BGB Rn. 25; vgl. auch BAG 13.8.2019 – 1 ABR 6/18, BeckRS 2019, 27005 Rn. 17). Zur Schriftform einer Namensliste in einem Interessenausgleich → Rn. 23, §§ 112, 112a Rn. 24, 55, zur Schriftform eines Sozialplans → §§ 112, 112a Rn. 129. Wegen Aufrechterhaltung mündlicher Absprachen als Regelungsabrede → Rn. 216 ff.

22 BV unterliegen dem für kollektive arbeitsrechtliche Normenverträge geltenden **Gebot der Rechtsquellenklarheit** (BAG 15.4.2008 – 1 AZR 86/07, NZA 2008, 1074; 12.4.2017 – 7 AZR 446/15, NZA 2017, 1125 Rn. 35; 26.9.2017 – 1 AZR 717/15, NZA 2018, 803 Rn. 40; 30.1.2019 – 5 AZR 450/17, NZA 2019, 1065 Rn. 90; MHdB ArbR/*Arnold* § 316 Rn. 24; ErfK/*Kania* Rn. 22; Oberthür/Seitz Betriebsvereinbarungen/*Oberthür* Teil A. Kap. I. Rn. 5; *Oberthür* Anm. zu AP BetrVG 1972 § 112 Nr. 237). Bei normativen Regelungen, durch welche der Inhalt von ArbVerh. unmittelbar und zwingend gestaltet werden soll, muss die **Normurheberschaft** eindeutig feststehen. Das folgt aus den Erfordernissen der **Rechtssicherheit,** die in den Formerfordernissen des Abs. 2 S. 1 u. 2 sowie des § 1 Abs. TVG ihren gesetzlichen Niederschlag gefunden haben (BAG 15.4.2008 – 1 AZR 86/07, NZA 2008, 1074; 12.4.2017 – 7 AZR 446/15, NZA 2017, 1125 Rn. 35; 26.9.2017 – 1 AZR 717/15, NZA 2018, 803 Rn. 40). Werden sog **gemischte mehrseitige Vereinbarungen** von ArbGeb., Gewerkschaft und BR gemeinsam unterzeichnet, muss ohne Weiteres und zweifelsfrei erkennbar sein, wer Urheber der einzelnen Regelungskomplexe ist und um welche Rechtsquellen es sich folglich handelt. Andernfalls ist die Vereinbarung ganz oder teilweise unwirksam (BAG 15.4.2008 – 1 AZR 86/07, NZA 2008, 1074). Zwischen TV und BV bestehen – insbes. bei der Überprüfung ihrer Vereinbarkeit mit höherrangigem Recht, der Zulässigkeit von Teilkündigungen, der Nachwirkung und der Rechtsfolgen bei einem Betriebsübergang – so gravierende Unterschiede, dass aus Gründen der Rechtssicherheit der Rechtscharakter und die Normurheberschaft ohne Weiteres zweifelsfrei bestimmbar sein müssen (BAG 15.4.2008 – 1 AZR 86/07, NZA 2008, 1074; 15.4.2008 – 9 AZR 159/07, NZA-RR 08, 586). Die Mitunterzeichnung eines von den hierfür zuständigen Personen oder Stellen geschlossenen Normenvertrags durch einen unzuständigen Dritten hat alleine nicht die Unwirksamkeit der Vereinbarung zur Folge (BAG 7.11.2000 – 1 AZR 175/00, NZA 2001, 727; 23.1.2008 – 4 AZR 602/06, AP TVG § 1 Bezugnahme auf TV Nr. 63; 15.4.2008 – 1 AZR 86/07, NZA 2008, 1074; 15.4.2008 – 9 AZR 159/07, NZA-RR 2008, 586). Bei mehrseitigen Vereinbarungen, die sich nicht zweifelsfrei insgesamt entweder als TV oder als BV qualifizieren lassen, sind allenfalls diejenigen Regelungskomplexe wirksam, die sich selbständig von den übrigen abgrenzen lassen und deren Urheber ohne Weiteres erkennbar sind (BAG 15.4.2008 – 1 AZR 86/07, NZA 2008, 1074). Das Gebot der Rechtsquellenklarheit gilt grundsätzlich auch im Verhältnis von BV, GesBV und KBV (BAG 26.9.2017 – 1 AZR 717/15, NZA 2018, 803 Rn. 40; 30.1.2019 – 5 AZR 450/17, NZA 2019, 1065 Rn. 90; zust. *Oberthür* Anm. zu AP BetrVG 1972 § 112 Nr. 237; krit. *Sura* ArbR 2018, 275). Auch hier muss klar sein, wer die Norm zu verantworten hat und von wem sowie wem gegenüber sie beendet werden kann.

23 Durch die – statische – **Bezugnahme auf einen bestimmten TV** eine **andere BV** oder ein **anderes Schriftstück** wird die Schriftform auch gewahrt, wenn diese nicht wörtlich wiedergegeben oder als Anlage beigefügt werden (vgl. BAG 23.6.1992 – 1 ABR 9/92, NZA 1993, 229; 3.6.1997 – 3 AZR 25/96, NZA 1998, 382, zu II 1b aa der Gründe; 18.3.2014 – 1 AZR 807/12, NZA 2014, 736 Rn. 17; → Rn. 21; 23.8.2016 – 1 ABR 22/14, NZA 2017, 194 Rn. 33; GK-BetrVG/*Kreutz* Rn. 52; Richardi BetrVG/*Richardi* Rn. 36; für TV vgl. Wiedemann/*Thüsing* TVG § 1 Rn. 314; ErfK/*Kania* Rn. 21; WPK/*Preis* Rn. 9; HWGNRH/*Worzalla* Rn. 14; Schaub ArbR-HdB/*Ahrendt* § 231 Rn. 9). Ausreichend, aber auch erforderlich ist nur, dass das Bezugsobjekt bei Abschluss derBV vorliegt und zweifelsfrei feststeht, auf welche Bestimmungen Bezug genommen wird (vgl. BAG 3.6.1997 – 3 AZR 25/96,

NZA 1998, 382; 3.5.2006 – 1 ABR 2/05, NZA 2007, 47; 22.8.2006 – 3 AZR 319/05, NZA 2007, 1187; 6.10.2010 – 7 ABR 80/09, NZA 2012, 50; 18.3.2014 – 1 AZR 807/12, NZA 2014, 736 Rn. 17; 23.8.2016 – 1 ABR 22/14, NZA 2017, 194 Rn. 33; 21.2.2017 – 3 AZR 542/15, NZA 2017, 944 Rn. 25; *Raab* FS Konzen, 2006, 719 [735]). Das ist erforderlichenfalls durch Auslegung zu ermitteln (BAG 23.8.2016 – 1 ABR 22/14, NZA 2017, 194 Rn. 33). Das gilt zB auch für eine Bezugnahme auf eine den ArbN schriftlich bekannt gemachte **Gesamtzusage des ArbGeb.** Der Text der Gesamtzusage muss weder in der BV wiederholt noch als Anlage angeheftet werden (BAG 3.6.1997 – 3 AZR 25/96, NZA 1998, 382, zu II 1b aa der Gründe). Die Rspr. des Zweiten Senats des BAG zu den Formerfordernissen eines **Interessenausgleichs mit Namensliste** iSv. § 1 Abs. 5 S. 1 KSchG, § 111 (→ §§ 112, 112a Rn. 55) divergiert hierzu insofern, als bei der Bezugnahme auf eine bereits erstellte, nicht selbst unterzeichnete Namensliste eine körperliche Verbindung verlangt wird (BAG 19.7.2012 – 2 AZR 352/11, NZA 2013, 86 Rn. 20). Wird die Namensliste erst später erstellt, verlangt der Zweite Senat des BAG, dass „im Interessenausgleich auf die zu erstellende Namensliste verwiesen wird, die erstellte Namensliste ebenso wie zuvor der Interessenausgleich unterschrieben worden ist und die Liste ihrerseits eindeutig auf den Interessenausgleich Bezug nimmt" (BAG 10.6.2010 – 2 AZR 420/09, NZA 2010, 1353 Rn. 16; ebenso 12.5.2010 – 2 AZR 551/08, NZA 2011, 114 Rn. 24; 19.7.2012 – 2 AZR 352/11, NZA 2013, 86 Rn. 20).

Unzulässig ist eine **dynamische Blankettverweisung,** dh die Verweisung auf 24 einen TV oder eine BV eines anderen Betriebs oder Unternehmens **„in der jeweils geltenden Fassung"** (BAG 23.6.1992 – 1 ABR 9/92, NZA 1993, 229; 22.8.2006 – 3 AZR 319/05, NZA 2007, 1187; 28.3.2007 – 10 AZR 719/05, NZA 2007, 1066; DKKW/*Berg* Rn. 68; GK-BetrVG/*Kreutz* Rn. 53; Richardi BetrVG/*Richardi* Rn. 37; WPK/*Preis* Rn. 9; ErfK/*Kania* Rn. 21; MHdB ArbR/*Arnold* § 316 Rn. 21; Schaub ArbR-HdB/*Ahrendt* § 231 Rn. 9; Oberthür/Seitz Betriebsvereinbarungen/*Oberthür* Teil A. Kap. IV. Rn. 5; **aA** HWGNRH/*Worzalla* Rn. 14). Die Betriebsparteien dürfen sich ihrer gesetzlichen Normsetzungsbefugnis nicht dadurch begeben, dass sie die Gestaltung der betrieblichen Rechtsverhältnisse andern überlassen. Anders als bei der dynamischen Verweisung in einem TV auf einen anderen, jeweils gültigen TV (BAG 29.8.2001 – 4 AZR 332/00, NZA 2002, 513; 22.2.2012 – 4 AZR 8/10, ZTR 2012, 436; Wiedemann/*Thüsing* TVG § 1 Rn. 237) vermag wohl auch ein „enger sachlicher Zusammenhang" die dynamische Blankettverweisung nicht zu rechtfertigen (BAG 28.3.2007 – 10 AZR 719/05, NZA 2007, 1066; *Rieble/Schul* RdA 2006, 339 [341] Fn. 13; **aA** WPK/*Preis* Rn. 9). Eine Blankettverweisung ist allerdings nur insoweit unwirksam, als sie auf künftige TV verweist. Die in ihr auch enthaltene Verweisung auf den bei Abschluss der BV geltenden TV ist wirksam, da den Betriebspartnern der Inhalt dieses TV bekannt war (BAG 23.6.1992 – 1 ABR 9/92, NZA 1993, 229; 28.3.2007 – 10 AZR 719/05, NZA 2007, 1066; 23.10.2018 – 1 ABR 26/17, NZA 2019, 483 Rn. 21; DKKW/*Berg* Rn. 68; Richardi BetrVG/*Richardi* Rn. 37; ErfK/*Kania* Rn. 21; Schaub ArbR-HdB/*Ahrendt* § 231 Rn. 9). Ob eine solche statische Bezugnahme überhaupt gewollt ist, ist durch Auslegung der Bezugnahmeklausel festzustellen (BAG 22.8.2006 – 3 AZR 319/05, NZA 2007, 1187). Falls keine anderweitigen Anhaltspunkte entgegenstehen, bleibt der Inhalt des in Bezug genommenen TV auch dann maßgebend, wenn dessen Geltung abgelaufen oder er durch einen neuen TV ersetzt ist (GK-BetrVG/*Kreutz* Rn. 52). IÜ ist die Regelungssperre des Abs. 3 S. 1 zu beachten (GK-BetrVG/*Kreutz* Rn. 52). Danach kommt die Übernahme tariflicher Regelungen in BV und damit ihre Erstreckung auf alle ArbN ohnehin nur ausnahmsweise dann in Betracht, wenn es sich nicht um Arbeitsentgelte oder sonstige Arbeitsbedingungen handelt oder wenn eine tarifliche Öffnungsklausel die Übernahme zulässt (→ Rn. 67 ff., 117 ff.). Zur dynamischen arbeitsvertraglichen Verweisung auf TV BAG 18.4.2007 – 4 AZR 652/05, NZA 2007, 965; 12.6.2013 – 4 AZR 970/11, NZA-RR 2014, 76.

25 Die **Pflicht des ArbGeb.** nach Abs. 2 S. 3 **zur Bekanntgabe** (Auslegung) der BV im Betrieb ähnelt der nach § 8 TVG. Die BV ist so auszulegen oder auszuhängen, dass alle ArbN des Betriebs in der Lage sind, sich ohne besondere Umstände mit dem Inhalt vertraut zu machen (Verteilung von Abschriften, Anschlag im Betrieb, Veröffentlichung in der Werkszeitung). Bei einer entsprechenden technischen Infrastruktur kann die Bekanntgabe auch in elektronischer Form erfolgen, wenn jedem ArbN die Einsichtnahme per Bildschirm möglich ist (*Beckschulze/Henkel* DB 2001, 1502; vgl. auch § 2 Abs. 4 S. 3 u. 4 WO). Nicht erforderlich ist die Aushändigung der BV an jeden ArbN. Es genügt die Auslegung einer oder mehrerer Abschriften. Bei umfangreichen BV ist es ausreichend, durch Aushang am „Schwarzen Brett" auf die BV hinzuweisen und anzugeben, wo sie eingesehen werden kann (DKKW/*Berg* Rn. 72; Richardi BetrVG/*Richardi* Rn. 42; HWGNRH/*Worzalla* Rn. 18; GK-BetrVG/*Kreutz* Rn. 56; MHdB ArbR/*Arnold* § 316 Rn. 25, BAG 5.1.1963 – 5 AZR 136/63, AP TVG § 1 Bezugnahme auf Tarifvertrag Nr. 1). Die Bekanntmachung der BV hat **keine konstitutive Wirkung.** Abs. 2 S. 3 ist nur eine Ordnungsvorschrift (DKKW/*Berg* Rn. 74; GK-BetrVG/*Kreutz* Rn. 55; Richardi BetrVG/*Richardi* Rn. 42; MHdB ArbR/*Arnold* § 316 Rn. 26;WPK/*Preis* Rn. 11; für TV BAG 23.1.2002 – 4 AZR 56/01, NZA 2002, 800; Oberthür/Seitz Betriebsvereinbarungen/Oberthür Teil *A.* Kap. V. Rn. 4; **aA** *Heinze* NZA 1994, 582; *F. W. Fischer* BB 2000, 360).

26 Die **Verletzung der Auslegungspflicht** begründet zwar keine Schadensersatzpflicht nach § 823 Abs. 2 BGB. Abs. 2 S. 3 konkretisiert aber die allgemeine **Fürsorgepflicht** des ArbGeb. Durch Unterlassung der Bekanntmachung kann er deshalb schadensersatzpflichtig werden. Dies kann zB der Fall sein, wenn ein ArbN eine in einer BV geregelte Ausschlussfrist versäumt, weil sie ihm aufgrund der unterbliebenen Bekanntmachung unbekannt geblieben ist (DKKW/*Berg* Rn. 74; **aA** GK-BetrVG/*Kreutz* Rn. 57f.; MHdB ArbR/*Arnold* § 316 Rn. 27; Richardi BetrVG/*Richardi* Rn. 43; WPK/*Preis* Rn. 11; für die Auslegungspflicht nach § 8 TVG BAG 23.1.2002 – 4 AZR 56/01, NZA 2002, 800). Darüber hinaus hat der ArbGeb. nach § 2 Abs. 1 Nr. 10 NachwG in der dem ArbN auszuhändigenden schriftlichen Niederschrift der wesentlichen Vertragsbedingungen auf die für das Arbeitsverhältnis maßgebenden BV hinzuweisen. Eine Verletzung dieser Pflicht kann ebenfalls Schadensersatzansprüche begründen (vgl. Richardi BetrVG/*Richardi* Rn. 44; GK-BetrVG/*Kreutz* Rn. 58; WPK/*Preis* Rn. 11; MHdB ArbR/*Arnold* § 316 Rn. 28; vgl. zum Verstoß gegen die Verpflichtung zum Hinweis auf TV BAG 29.5.2002 – 5 AZR 105/01, ZTR 2003, 87).

27 Keine BV sind Vereinbarungen zwischen ArbGeb. und dem **Sprecherausschuss für leitende Angestellte** nach § 28 Abs. 1 SprAuG. Diese Vereinbarungen haben – ohne zusätzliche Vereinbarung – nur schuldrechtlichen Charakter. Sprecherausschuss und ArbGeb. können aber durch eine Vereinbarung nach § 28 Abs. 2 S. 1 SprAuG die unmittelbare und zwingende Wirkung einer von ihnen gem. § 28 Abs. 1 SprAuG vereinbarten Richtlinie für die Arbeitsverhältnisse der leitenden Angestellten herbeiführen. Der hierauf gerichtete Wille muss sich aus der geschlossenen Vereinbarung deutlich und zweifelsfrei ergeben (BAG 10.2.2009 – 1 AZR 767/07, NZA 2009, 970). Das Günstigkeitsprinzip (→ Rn. 196ff.) gilt gem. § 28 Abs. 2 S. 2 SprAuG auch für diese Vereinbarungen (vgl. allg. zu Vereinbarungen des Sprecherausschusses *Kramer* DB 1996, 1082).

28 Nach § 2 Abs. 1 S. 2 SprAuG ist der ArbGeb. verpflichtet, den **Sprecherausschuss** rechtzeitig vor Abschluss einer BV oder einer Regelungsabrede oder sonstigen Vereinbarungen mit dem BR **anzuhören,** wenn „rechtliche Interessen" der leitenden Ang. berührt werden. Eine entsprechende Verpflichtung des ArbGeb. gegenüber dem Betriebsrat vor Abschluss einer Richtlinie mit dem Sprecherausschuss sieht das G nicht ausdrücklich vor. Sie kann sich aber aus dem Grundsatz der vertrauensvollen Zusammenarbeit zwischen ArbGeb. und BR nach § 2 Abs. 1 BetrVG ergeben (→ § 2 Rn. 6; *Wlotzke* DB 1989, 175). Die Vorschrift dürfte keine große praktische Bedeutung haben, weil rechtliche Interessen der leitenden Ang. durch eine BV

oder sonstige Vereinbarungen nur selten berührt sein werden. Unmittelbar gelten sie für leitende Ang. ohnehin nicht. Mittelbare Auswirkungen sind aber möglich. Zu denken ist zB an Arbeitszeitregelungen im Betrieb, den Urlaubsplan, die Nutzungsbedingungen für Sozialeinrichtungen oder eine Altersversorgung (*Buchner* NZA 1989 Beil. 1, 14). Eine Sanktion wegen fehlender, mangelhafter oder nicht rechtzeitiger Unterrichtung des Sprecherausschusses sieht das G nicht vor. Insbes. hat die unterlassene Anhörung keine Auswirkungen auf die Rechtswirksamkeit einer BV (DKKW/*Berg* Rn. 56; GK-BetrVG/*Kreutz* Rn. 60; Richardi BetrVG/*Richardi* Rn. 45; WPK/*Preis* Rn. 12).

In Betrieben der **privatisierten Post- und Bahnunternehmen** galten die vor der Privatisierung auf Grund und iRd BPersVG abgeschlossenen Dienstvereinbarungen bis zum Abschluss entsprechender BV fort, in Postunternehmen jedoch nicht länger als 24 Monate ab Eintragung der deutschen Post AG, der deutschen Postbank AG und der deutschen Telekom AG in das Handelsregister (vgl. § 14 Abs. 3 DBGrG und § 25 Abs. 3 PostPersRG). Nach **§ 8 BwKoopG** (→ § 1 Rn. 70 ff.), nach **§ 9 BWpVerwPG** (→ § 1 Rn. 75 ff.), nach **§ 9 S. 1 BfAIPG** (→ § 1 Rn. 79) und nach **§ 8 Abs. 9 S. 1 FernstrÜG** (→ § 1 Rn. 83) gelten die bisherigen Dienstvereinbarungen für längstens zwölf Monate als BV fort (vgl. ferner zur Fortgeltung von Dienstvereinbarungen bei Privatisierungen *Frohner* PR 1995, 99). 29

4. Rechtsunwirksamkeit

Eine BV kann aus verschiedenen Gründen **rechtsunwirksam** sein. Dabei kommt sowohl eine **anfängliche** als auch eine **nachträgliche Unwirksamkeit** in Betracht. In Fällen **schwebender Unwirksamkeit** kann der Mangel nachträglich geheilt werden. Eine BV ist unwirksam, wenn die **Schriftform nicht gewahrt** ist, sie wegen **Nichtigkeit der BRWahl** von einem nicht existenten BR geschlossen wurde oder ihr **kein ordnungsgemäßer BRBeschluss** zugrunde liegt. Letzterer **Mangel kann** durch einen ordnungsgemäßen Beschluss des BR **rückwirkend geheilt werden** (BAG 9.12.2014 – 1 ABR 19/13, NZA 2015, 368; GK-BetrVG/*Kreutz* Rn. 51; Richardi BetrVG/*Richardi* Rn. 32). Soweit dadurch Regelungen wirksam werden, welche die ArbN rückwirkend – normativ – belasten, kann sich die Frage der Zulässigkeit von unechter oder gar echter Rückwirkung stellen (→ Rn. 194). Allerdings wird es regelmäßig kein berechtigtes schützenswertes Vertrauen von ArbN dahin geben, dass eine BV unwirksam sei. Unwirksam ist eine BV auch, wenn das **BRGremium funktionell nicht zuständig** (→ Rn. 45) war; auch in diesem Fall kommt eine heilende Genehmigung durch das zuständige Gremium in Betracht. Zur unheilbaren Nichtigkeit führt ein **Verstoß gegen zwingendes höherrangiges Recht** (Verfassung, G oder TV). Eine Verletzung des **Tarifvorrangs nach Abs. 3** (→ Rn. 67 ff.) hat nur die schwebende Unwirksamkeit der BV zur Folge. Der Verstoß kann – ggf. auch rückwirkend – durch Genehmigung der TV-Parteien oder eine Tariföffnungsklausel nach Abs. 3 S. 2 geheilt werden (→ Rn. 100, 119). Zur Frage, ob ein E-Stellenverfahren vor Unterzeichnung einer BV zur Herbeiführung eines Beschlusses des BR unterbrochen werden muss, BAG 24.2.2000 – 8 AZR 180/99, NZA 2000, 785. 30

Eine nichtige BV erzeugt **keinerlei Rechtswirkung** (vgl. zu einem unwirksamen Sozialplan BAG 17.3.2010 – 7 AZR 706/08, AP BetrVG 1972 § 47 Nr. 18; WPK/*Preis* Rn. 14). Stellt sich nachträglich die Unwirksamkeit einer BV heraus, haben die ArbN, denen nach der BV keine Leistungen zustanden, nicht schon deshalb einen Anspruch, weil andere ArbN die Leistung erhalten haben. Ein Anspruch kann sich aber nach dem arbeitsrechtlichen **Gleichbehandlungsgrundsatz** dann ergeben, wenn der ArbGeb. in Kenntnis der Unwirksamkeit der BV weiterhin Leistungen erbringt. Dann handelt es sich nicht mehr um (vermeintlichen) Normenvollzug. Ein Anspruch kann auch in Betracht kommen, wenn der ArbGeb., nachdem er Kenntnis von seinem Irrtum erlangt hat, nicht die ihm möglichen und zumutbaren Maßnahmen zur Korrektur des Irrtums ergreift (BAG 26.10.1995 – 6 AZR 125/95, NZA 31

1996, 765; 26.11.1998 – 6 AZR 335/97, NZA 1999, 1108; 26.4.2005 – 1 AZR 76/04, NZA 2005, 892). Eine **Umdeutung** in individualrechtlich wirksame Rechtsgeschäfte (Gesamtzusage, Vertrag zugunsten Dritter, betriebliche Übung) ist regelmäßig nicht möglich und kommt nur dann in Betracht, wenn der ArbGeb. in Kenntnis der Unwirksamkeit der BV Leistungen an die ArbN erbringt (näher → Rn. **104 ff.**). Eine generelle **arbeitsvertragliche Bezugnahme** auf die im Betrieb geltenden BV hat regelmäßig nur die Betriebsvereinbarungsoffenheit des Arbeitsvertrags zur Folge. Sie führt in der Regel nicht dazu, dass die Regelungen einer unwirksamen BV Bestandteil des Arbeitsvertrags würden (→ Rn. 198; *Rieble/Schul* RdA 2006, 339 [349]). Die Auslegung des Arbeitsvertrags wird jedenfalls bei eine generellen Bezugnahme meist ergeben, dass sich diese nicht auf unwirksame BV erstrecken soll. Etwas anderes mag im Einzelfall gelten, wenn im Arbeitsvertrag ausdrücklich auf eine bestimmte, den ArbN begünstigende BV verwiesen wird und sich hernach deren Unwirksamkeit herausstellt. Durch eine arbeitsvertragliche Verweisung auf eine vermeintlich wirksame, aber gegen Abs. 3 S. 1 verstoßende BV wird kein eigenständiger individualvertraglicher Geltungsgrund geschaffen (*Kort* NZA 2005, 620 [621]). Bei einer derartigen Verweisung handelt es sich regelmäßig nur um einen deklaratorischen rechtlichen Hinweis, der keine eigenen Rechtswirkungen hat (BAG 18.11.2003 – 1 AZR 604/02, NZA 2004, 803; *Kort* NZA 2005, 620 [621]).

32 Sind nur einzelne Bestimmungen der BV nichtig **(Teilnichtigkeit),** bleibt der übrige Teil grds. wirksam, sofern er noch eine sinnvolle und in sich geschlossene Regelung enthält (→ **Rn. 103**). Die Weitergeltung der von der Teilnichtigkeit nicht betroffenen Regelungen folgt aus dem Normencharakter der BV (BAG 15.5.2001 – 1 ABR 39/00, NZA 2001, 1154; 21.1.2003 – 1 ABR 9/02, NZA 2003, 1097; 22.3.2005 – 1 ABR 64/03, NZA 2006, 383; 24.4.2013 – 7 ABR 71/11, AP BetrVG 1972 § 3 Nr. 11; 5.5.2015 – 1 AZR 435/13, NZA 2015, 1207; Richardi BetrVG/*Richardi* Rn. 50; MHdB ArbR/*Arnold* § 316 Rn. 121; Oberthür/Seitz Betriebsvereinbarungen/*Oberthür Teil* A. Kap. X. Rn. 2; WPK/*Preis* Rn. 15; **aA** GK-BetrVG/*Kreutz* Rn. 66, 68; *Kreutz* FS Säcker, 2012, 247; vgl. zur Teilnichtigkeit von Gesetzen BVerfG 16.12.2010 – 2 BvL 16/09, NVwZ-RR 2011, 387).

33 Die **Anfechtung einer BV wegen Willensmängeln** (Irrtum, Drohung, arglistige Täuschung) wirkt **nur für die Zukunft,** da eine bereits in Vollzug gesetzte und tatsächlich praktizierte Regelung nicht rückgängig gemacht werden kann. § 142 Abs. 1 BGB findet keine Anwendung (BAG 15.12.1961 – 1 AZR 207/59, AP BGB § 615 Kurzarbeit Nr. 1; GK-BetrVG/*Kreutz* Rn. 70; WPK/*Preis* Rn. 15; Richardi BetrVG/*Richardi* Rn. 50; MHdB ArbR/*Arnold* § 316 Rn. 84; Oberthür/Seitz Betriebsvereinbarungen/*Oberthür* Teil A. Kap. X. Rn. 8; *Brune* AR-Blattei BV Rn. 133). Bezieht sich der Willensmangel nur auf einen Teil der BV, ist eine Teilanfechtung zulässig, sofern – wie bei der Nichtigkeit – der verbleibende Teil noch eine sinnvolle geschlossene Regelung enthält (vgl. GK-BetrVG/*Kreutz* Rn. 70). Eine wirksam angefochtene BV wirkt nicht nach Abs. 6 nach (MHdB ArbR/*Arnold* § 316 Rn. 84; GK-BetrVG/*Kreutz* Rn. 70). Ob massebelastende BV nach **§§ 129 ff. InsO** – ggf. sogar mit der Rechtsfolge der Rückgabepflicht nach § 143 InsO – angefochten werden können (vgl. dazu ausf. *Mückl/Krings* ZIP 2015, 1714; vgl. auch HK-InsO/*Linck* § 129 Rn. 22), erscheint zweifelhaft. Manches spricht dafür, dass der Gesetzgeber mit § 120 InsO für BV (→ Rn. 154 ff.) sowie mit §§ 123, 124 InsO für Sozialpläne abschließende Regelungen treffen und nicht daneben noch die Möglichkeit der Anfechtung eröffnen wollte.

5. Geltungsbereich

34 Der **räumliche Geltungsbereich** einer **BV** erstreckt sich auf den Betrieb, dessen BR sie abgeschlossen hat (WPK/*Preis* Rn. 16; ErfK/*Kania* Rn. 32; HWGNRH/*Worzalla* Rn. 28). Dessen Rechtssetzungsbefugnis ist auf die Organisationseinheit beschränkt, für die er gewählt ist (BAG 28.6.2005 – 1 AZR 213/04, NJOZ 2005,

5080). Die Organisationsbegrenzung des BetrVG ist – abgesehen von den Ausnahmen der §§ 3, 4 Abs. 1 S. 2 – zwingend. Der Geltungsbereich einer BV kann daher nicht durch Vereinbarung der Betriebsparteien auf andere, betriebsratslose Betriebe erstreckt werden (BAG 19.2.2002 – 1 ABR 26/01, NZA 2002, 1300). Das gilt auch, wenn der **GesBR** kraft Auftrags durch den BR (§ 50 Abs. 2) die BV abgeschlossen hat (GK-BetrVG/*Kreutz* Rn. 213). Dagegen gelten BV, die der GesBR im Rahmen seiner originären Zuständigkeit (§ 50 Abs. 1) vereinbart hat, für alle Betriebe des Unternehmens, es sei denn, die BV nimmt einzelne Betriebe aus ihrem Geltungsbereich aus (HWGNRH/*Worzalla* Rn. 28). Auch ein Betrieb ohne BR wird gem. § 50 Abs. 1 S. 1 Hs. 2 von einer vom GesBR abgeschlossenen BV erfasst (Näheres → § 50 Rn. 29 ff.). Das Gleiche gilt grds. auch für Betriebe, die nach Abschluss der GesBV neu errichtet oder nach § 613a erworben worden sind (→ § 50 Rn. 76; HWGNRH/*Worzalla* Rn. 28; **aA** *Sowka/Weiss* DB 1991, 1518). Mit dem **KBR** im Rahmen seiner originären Zuständigkeit (§ 58 Abs. 1) abgeschlossene BV erfassen alle Konzernunternehmen, sofern die BV keinen eingeschränkten Geltungsbereich festlegt (→ § 58 Rn. 28 ff.). Der Streit darüber, ob eine vom GesBR geschlossene BV für einen Betrieb gilt oder ob dies – mangels Zuständigkeit des GesBR – nicht der Fall ist, kann in einem Beschlussverfahren zwischen BR, GesBR und ArbGeb. geklärt werden (BAG 9.12.2003 – 1 ABR 49/02, NZA 2005, 234).

Der **persönliche Geltungsbereich** einer BV (vgl. dazu *Kreutz* ZfA 2003, 361) 35
erstreckt sich grds. auf alle ArbN des Betriebs, einschl. der in Heimarbeit Beschäftigten, die in der Hauptsache für den Betrieb arbeiten (§ 5 Abs. 1, Näheres → § 5 Rn. 15 ff.). Die Gewerkschaftszugehörigkeit spielt keine Rolle. Das gilt auch dann, wenn die BV in Ausführung eines TV abgeschlossen wird (GK-BetrVG/*Kreutz* Rn. 193; HWGNRH/*Worzalla* Rn. 29). Die BV erfasst auch nach ihrem Abschluss neu in den Betrieb eingetretene ArbN (DKKW/*Berg* Rn. 78; HWGNRH/*Worzalla* Rn. 29; ErfK/*Kania* Rn. 32; *Brune* AR-Blattei BV Rn. 432). Der persönliche Geltungsbereich der BV kann – sofern dem nicht der betriebsverfassungsrechtliche Gleichbehandlungsgrundsatz entgegensteht – beschränkt werden, zB auf bestimmte Betriebsabteilungen oder bestimmte ArbNGruppen wie Akkordarbeiter, ArbN im Außen- oder Schichtdienst, Azubi, weibliche ArbN (BAG 1.2.1957 – 1 AZR 195/55, NJW 1957, 966; DKKW/*Berg* Rn. 78; GK-BetrVG/*Kreutz* Rn. 198; HWGNRH/*Worzalla* Rn. 34; ErfK/*Kania* Rn. 33; *Lange* NZA 2017, 288). Die BV erfasst im Betrieb beschäftigte LeihArbN, soweit sie Angelegenheiten regelt, bei denen die LeihArbN den Weisungen des Entleihers unterliegen, zB in Bezug auf die Ordnung des Betriebs oder die Lage der Arbeitszeit (Richardi BetrVG/*Richardi* Rn. 88). Da die normative Wirkung einer BV grds. räumlich und zeitlich auf den Betrieb begrenzt ist, dessen Belegschaft sie repräsentiert, endet sie regelmäßig für die ArbN, die aus dem Betrieb ausscheiden (BAG 28.6.2005 – 1 AZR 213/04, NJOZ 2005, 5080). Dies gilt allerdings nicht ausnahmslos. So können ua Regelungen in Sozialplänen in ihrer normativen Wirkung die Betriebszugehörigkeit überdauern (→ Rn. 163; BAG 28.6.2005 – 1 AZR 213/04, NJOZ 2005, 5080; GK-BetrVG/*Kreutz* Rn. 426; DKKW/*Berg* Rn. 80; HWGNRH/*Worzalla* Rn. 31). Werden etwa Teile der Belegschaft in einen anderen Betrieb desselben ArbGeb. übernommen, verliert ein Sozialplan für diese ArbN nicht seine normative Wirkung (BAG 21.1.2003 – 1 ABR 9/02, NZA 2003, 1097; 28.6.2005 – 1 AZR 213/04, NJOZ 2005, 5080).

Die **BV gilt nicht** für die in **§ 5 Abs. 2** bezeichneten Personen. Mangels einer 36
ausdrücklichen anderweitigen Regelung gilt sie ferner nicht für leit. Ang. (BAG 31.1.1979 – 5 AZR 454/77, NJW 1979, 1621; DKKW/*Berg* Rn. 78; WPK/*Preis* Rn. 16; GK-BetrVG/*Kreutz* Rn. 195; Richardi BetrVG/*Richardi* Rn. 80). Bezieht eine BV die leit. Ang. in ihre Regelungen ein, so ist hierin weder ein Vertrag zugunsten Dritter zu sehen (so aber BAG 31.1.1979 – 5 AZR 454/77, NJW 1979, 1621) noch ein Handeln des BR als Vertr. ohne Vertretungsmacht (so *Hanau* RdA 1979, 329). Das folgt aus dem Charakter der BV als Normenvertrag (GK-BetrVG/*Kreutz* Rn. 196; HWGNRH/*Worzalla* Rn. 35). In einer derartigen Regelung kann allenfalls

ein Vertragsangebot des ArbGeb. liegen, mit den leit. Ang. eine entsprechende vertragliche Vereinbarung zu treffen (GK-BetrVG/*Kreutz* Rn. 196; ErfK/*Kania* Rn. 32). Im Hinblick auf die durch § 28 SprAuG für den ArbGeb. und den Sprecherausschuss eröffnete Möglichkeit, mit unmittelbarer und zwingender Wirkung Richtlinien über den Inhalt, den Abschluss und die Beendigung der ArbVerh. der leit. Ang. zu vereinbaren, bedarf es auch keines Tätigwerdens des BR.

37 Die BV erstreckt sich grds. nicht auf ArbN, die bei ihrem Inkrafttreten bereits aus dem Betrieb **ausgeschieden** sind (Richardi BetrVG/*Richardi* Rn. 82). Das gilt allerdings nicht ausnahmslos. So können zB Sozialplanregelungen aus Anlass einer Betriebsänderung auch Leistungen für solche ArbN vorsehen, die bei Abschluss des Sozialplans bereits aus dem Betrieb ausgeschieden sind, deren Ausscheiden jedoch durch die Betriebsänderung veranlasst war (BAG 6.8.1997 – 10 AZR 66/97, NZA 1998, 155; 11.2.1998 – 10 AZR 22/97, NZA 1998, 895; *Kreutz* ZfA 2003, 361; HWGNRH/*Worzalla* Rn. 31; ErfK/*Preis* Rn. 17; WPK/*Preis* Rn. 17; Richardi BetrVG/*Richardi* Rn. 82; Schaub ArbR-HdB/*Ahrendt* § 231 Rn. 15; HaKo-BetrVG/*Lorenz* Rn. 20). Das Gleiche gilt bei einer nachträglichen Änderung eines Sozialplans für die bereits vor seinem Abschluss ausgeschiedenen ArbN (BAG 5.10.2000 – 1 AZR 48/00, NZA 2001, 849).

38 Umstritten ist, ob durch BV die Rechtspositionen von **ArbN,** die sich bereits **im Ruhestand** befinden oder mit unverfallbaren Versorgungsanwartschaften ausgeschieden sind, wirksam verändert werden können. Die frühere Rspr. des **BAG** und ein Teil des Schrifttums verneinten dies insbes. mit der Begründung, dem BR fehle die Legitimation, die Ruheständler zu vertreten (BAG GS 16.3.1956 – GS 1/55, NJW 1956, 1086; 25.10.1988 – 3 AZR 483/86, NZA 1989, 522; 13.5.1997 – 1 AZR 75/97, NZA 1998, 160; ErfK/*Kania* Rn. 34; *v. Hoyningen-Huene* RdA 1983, 226). Später hat das BAG die Frage immer wieder ausdrücklich offen gelassen, vgl. etwa BAG 28.7.1998 – 3 AZR 100/98, NZA 1999, 444; 12.10.2004 – 3 AZR 557/03, NZA 2005, 580; 12.12.2006 – 3 AZR 476/05, NZA-RR 2007, 653; 10.2.2009 – 3 AZR 653/07, NZA 2009, 769; 28.6.2011 – 3 AZR 282/09, NZA 2012, 1229 Rn. 23; 11.7.2017 – 3 AZR 513/16, NZA 2017, 1471 Rn. 35).

39 Nach zutreffender, im **Schrifttum** überwiegend vertretener Auffassung kann die **Regelungszuständigkeit** des BR für Ruheständler **nicht generell verneint** werden (vgl. insbes. *Ahrendt* FS 100 Jahre BetrVR 2020, 1; Schaub ArbR-HdB/*Ahrendt* § 231 Rn. 15; DKKW/*Berg* Rn. 80; *Brune* AR-Blattei BV Rn. 439ff.; *Dieterich* NZA 1984, 273 [278]; *Hanau* ZfA 1974, 89 [107f.]; *Herschel* FS Hilger/Stumpf, 1983, 311; *Konzen/Jacobs* FS Dieterich, 1999, 297; GK-BetrVG/*Kreutz* Rn. 199ff.; *Kreutz* ZfA 2003, 362; *Kreutz* FS Kraft, 1960, 326ff.; HaKo-BetrVG/*Lorenz* Rn. 20; *Schulin* NZA 1998, 505; *Schwerdtner* ZfA 1975, 171; *Waltermann* NZA 1996, 363; *Waltermann* NZA 1998, 505 [507]; HWGNRH/*Worzalla* Rn. 30). Allerdings ist die Legitimation des BR insofern geringer, als die Ruheständler an den BRWahlen nicht mehr teilnehmen. Gleichwohl steht dies seiner Regelungsbefugnis wohl nicht entgegen. Zum einen handelt es sich bei betrieblichen Ruhegeldleistungen und auch bei der (weiteren) Überlassung einer Werkmietwohnung stets um Leistungen des ArbGeb., die ihren Geltungsgrund in dem früheren Arbeitsverhältnis haben. Sie werden nur mit Rücksicht auf ein bestehendes bzw. früheres Arbeitsverhältnis gewährt (GK-BetrVG/*Kreutz* Rn. 206; HWGNRH/*Worzalla* Rn. 31; Richardi BetrVG/*Richardi* Rn. 84). Zum andern sind derartige Leistungen in aller Regel Teil einer die aktiven und bereits ausgeschiedenen ArbN umfassenden kollektiven Ordnung. Sie werden durch das Ausscheiden des ArbN – mangels einer § 613a Abs. 1 S. 2 BGB entsprechenden Regelung – nicht in einen schuldrechtlichen Anspruch transformiert (vgl. *Kreutz* ZfA 2003, 361 [368] mwN; **aA aber BAG** 13.5.1997 – 1 AZR 75/97, NZA 1998, 160). Da die Ruheständler weiterhin von der kollektiven Ordnung mit erfasst werden, unterfallen sie auch deren Änderungen. Als Gestalter einer solchen Änderung kommen nur die Betriebsparteien in Betracht (vgl. auch *Ahrendt* FS 100 Jahre BetrVR 2020, 1 [6ff.], die die Regelungsmacht der Betriebsparteien vor allem mitbestimmungsrechtlich mit § 87 Abs. 1 Nr. 10 begründet). Bei Änderungen, die für die Ruheständler günstig sind, ist dies ohnehin unproblematisch. Aber auch für verschlechternde Regelungen besteht die Regelungsbefugnis der Betriebsparteien fort. Insbes. wenn wegen der schwierigen Lage des Betriebs die Notwendigkeit besteht, Leistungen für die aktiven ArbN zu kürzen, erscheint es nicht sachgerecht, die Ruheständler hiervon vollständig auszunehmen (vgl. zum Abbau einer unangemessenen Überversorgung BAG 9.7.1985 – 3 AZR 546/82, NZA 1986, 517). Vor ungerechtfertigten oder zu weitreichenden Kürzungen der Ruhestandsbezüge sind die Betriebsrentner durch das Verbot der Rückwirkung, die Grundsätze der Gleichbehandlung, des Vertrauensschutzes und der Verhältnismäßigkeit sowie durch das vom Dritten Senat des BAG hierzu entwickelte dreistufige Prüfungsschema geschützt (→ Rn. 193; vgl auch (vgl. auch *Ahrendt* FS 100 Jahre BetrVR 2020, 1 [9 f.])).

39a Auch nach Ansicht des BAG (13.5.1997 – 1 AZR 75/97, NZA 1998, 160) ist bei einer BV, die gleiche Leistungen an aktive ArbN und Pensionäre vorsieht (hier: Zuschuss zu Leistungen der gesetzl. Krankenversicherung), der nach Beendigung des ArbVerhältnis entstehende Individualanspruch des Pensionärs auch ohne ausdrückliche Vereinbarung mit dem Vorbehalt einer späteren kollektivrechtlichen Regelung für die aktive Belegschaft belastet, der eine Besser- oder Schlechterstellung der Pensionäre einschließt (sog Jeweiligkeitsklausel; vgl. HWGNRH/*Worzalla* Rn. 31; ErfK/*Kania* Rn. 34; Schaub ArbR-HdB/*Ahrendt* § 231 Rn. 15).

40 Der **zeitliche Geltungsbereich** der BV wird grds. durch die Betriebspartner festgelegt (zur Beendigung einer BV → Rn. 142 ff.). Sofern die BV keine ausdrückliche Regelung über ihr Inkrafttreten enthält, gilt sie vom Tage ihres Abschlusses an. Maßgeblich ist das Vorliegen aller erforderlichen Unterschriften. Der Tag der Auslegung im Betrieb ist unerheblich. Das Inkrafttreten einer BV kann von einer für die Betriebspartner klar erkennbaren Bedingung abhängig gemacht werden (vgl. zu einem vorsorglichen Sozialplan BAG 1.4.1998 – 10 ABR 17/97, NZA 1998, 768; vgl. zur auflösenden Bedingung in einem Sozialplan BAG 22.7.2003 – 1 AZR 575/02, AP BetrVG 1972 § 112 Nr. 160). Beruht die BV auf einem Spruch der E-Stelle, gilt sie nicht bereits ab Beschlussfassung, sondern erst ab dem Zeitpunkt, in dem der Spruch beiden Betriebspartner nach § 76 Abs. 3 S. 2 zugestellt worden ist (GK-BetrVG/*Kreutz* Rn. 217). Haben sich die Betriebspartner im freiwilligen E-Stellenverfahren die Annahme des Spruches vorbehalten, gilt die BV, wenn beide die Annahme des Spruches erklärt haben.

41 Eine BV kann **rückwirkend** in Kraft gesetzt werden (BAG 19.9.1995 – 1 AZR 208/95, NZA 1996, 386; HWGNRH/*Worzalla* Rn. 44; Richardi BetrVG/*Richardi* Rn. 142 ff.; ErfK/*Kania* Rn. 35; zur Rückwirkung von TV BAG 17.5.2000 – 4 AZR 216/99, NZA 2000, 1297; MHdB ArbR/*Arnold* § 316 Rn. 35 f.; **aA** GK-BetrVG/*Kreutz* Rn. 217). Die Rückwirkung erfasst aber grds. nicht mehr die ArbN, die in dem Rückwirkungszeitraum aus dem Betrieb ausgeschieden sind (BAG 30.1.1970 – 3 AZR 44/68, NJW 1970, 1620; MHdB ArbR/*Arnold* § 316 Rn. 36; *v. Hoyningen-Huene* RdA 1983, 226). Das gilt auch bei Veräußerung eines Betriebsteils (vgl. für TV: BAG 13.9.1994 – 3 AZR 148/94, NZA 1995, 740).

42 Rückwirkende Regelungen sind **nicht unbeschränkt zulässig.** Sie sind nach den – letztlich verfassungsrechtlichen – für Normen entwickelten Regeln über die **echte** und **unechte Rückwirkung** zu beurteilen (→ **Rn. 193 ff.**). Sie sind nicht möglich, wenn Rechte und Pflichten nachträglich nicht mehr erfüllt werden können. Deshalb können sog Betriebsnormen, zB über die Ordnung des Betriebs oder das Verhalten der ArbN im Betrieb, nicht rückwirkend in Kraft gesetzt werden (GK-BetrVG/*Kreutz* Rn. 218; Richardi BetrVG/*Richardi* Rn. 143). Dasselbe gilt für sog Abschlussnormen; Vorschriften über die Begründung des Arbeitsverhältnisses können nicht bereits entstandene Arbeitsverhältnisse erfassen. Es wäre dies eine Fall unzulässiger echter Rückwirkung (→ Rn. 194).

43 Bei BV über materielle Arbeitsbedingungen, insbes. auch über Sozialleistungen sind rückwirkende Regelungen, die **den ArbN günstig** sind, problemlos zulässig

(BAG 6.3.1984 – 3 AZR 82/82, AP BetrAVG § 1 Nr. 10). Der ArbGeb. bedarf beim freiwilligen Abschluss einer BV keines (Vertrauens-)Schutzes (GK-BetrVG/*Kreutz* Rn. 224; Richardi BetrVG/*Richardi* Rn. 145). Falls allerdings die E-Stelle durch Spruch entscheidet, muss sie den Grundsatz des Vertrauensschutzes auch zugunsten des ArbGeb. beachten.

44 Die **rückwirkende Ablösung** einer BV durch eine für die **ArbN ungünstigere** ist nur zulässig, wenn die ArbN – unter Beachtung des Grundsatzes des Vertrauensschutzes – mit einer rückwirkenden Verschlechterung der bisherigen Regelung rechnen mussten (→ Rn. 192; BAG 19.9.1995 – 1 AZR 208/95, NZA 1996, 386; GK-BetrVG/*Kreutz* Rn. 220; *Linsenmaier* FS Kreutz, 2010, 285 [295]; MHdB ArbR/*Arnold* § 316 Rn. 36; Richardi BetrVG/*Richardi* Rn. 144; HWGNRH/*Worzalla* Rn. 46; vgl. für TV BAG 17.5.2000 – 4 AZR 216/99, NZA 2000, 1297; zur Zulässigkeit rückwirkender tariflicher Öffnungsklauseln BAG 20.4.1999 – 1 AZR 631/98, NZA 1999, 1059; 29.1.2002 – 1 AZR 267/01, NJOZ 2003, 1179; 29.10.2002 – 1 AZR 573/01, NZA 2003, 393; 22.5.2012 – 1 AZR 103/11, NZA 2012, 1110). Ein die Rückwirkung ausschließender Vertrauensschutz liegt nicht vor, wenn die bisher bestehende BV vom ArbGeb. gekündigt worden oder sonst abgelaufen ist und die neue erst nach langwierigen Verhandlungen abgeschlossen und ihr Rückwirkung auf den Zeitpunkt des Endes der bisherigen BV beigelegt wird (BAG 8.3.1977 – 1 ABR 33/75, AP BetrVG 1972 § 87 Auszahlung Nr. 1; zu TV BAG 8.9.1999 – 4 AZR 661/98, NZA 2000, 223). Das gilt insbes., wenn die ArbN über die Verhandlungen der Betriebspartner unterrichtet worden sind. Auch wenn die Rechtslage unklar und verworren ist und deshalb für die ArbN kein Vertrauenstatbestand entstehen konnte, kann ein rückwirkendes Inkrafttreten zulässig sein (Richardi BetrVG/*Richardi* Rn. 144; GK-BetrVG/*Kreutz* Rn. 220). Zur Frage, inwieweit durch BV Ansprüche der ArbN aus dem Arbeitsvertrag, aus betrieblichen Einheitsregelungen oder aus einer vorausgegangenen Betriebsvereinbarung gekürzt werden können **→ Rn. 192 ff.**

IV. Gegenstand der Betriebsvereinbarungen

45 Die Betriebsparteien haben aufgrund der ihnen verliehenen Betriebsautonomie eine grds. **umfassende Kompetenz zur Regelung betrieblicher und betriebsverfassungsrechtlicher Fragen** sowie **formeller und materieller Arbeitsbedingungen** (stRspr, BAG 16.3.1956 – GS 1/55, NJW 1956, 1086; 7.11.1989 – GS 3/85, NZA 1990, 816; 19.10.2005 – 7 AZR 32/05, NZA 2006, 393; 18.7.2006 – 1 AZR 578/05, NZA 2007, 462; 12.12.2006 – 1 AZR 96/06, NZA 2007, 453; 7.6.2011 – 1 AZR 807/09, NZA 2011, 1234; 5.3.2013 – 1 AZR 417/12, NZA 2013, 916; 25.2.2015 – 5 AZR 481/13, NZA 2015, 943; → § 88 Rn. 2; GK-BetrVG/*Kreutz* § 77 Rn. 93 ff.; *Kreutz* Betriebsautonomie S. 208 ff., 222; *Kreutz* FS Schmidt-Jortzig, 2011, 753 [754]; DKKW/*Berg* Rn. 81; ErfK/*Kania* Rn. 36; MHdB ArbR/*Arnold* § 316 Rn. 4, § 315 Rn. 52 ff.; *Hromadka* FS Wank, 2014, 175 ff. *Linsenmaier* RdA 2008, 1 [4 ff.]; *Linsenmaier* RdA 2014, 336 [337]; *Säcker* BB 2013, 2677; **aA** Richardi BetrVG/*Richardi* Rn. 74; *Veit* Zuständigkeit BR S. 207 ff.; *Benrath* TV-Öffnungsklauseln S. 55 ff., 93 f.; *Waltermann* RdA 2007, 257; *Waltermann* SAE 2014, 94 [95 ff.]; diff. *Preis/Ulber* RdA 2013, 211 [215 ff.]).

46 Gegenstand einer BV können grds. **alle materiellen und formellen Arbeitsbedingungen** sein (BAG 9.4.1991 – 1 AZR 406/90, NZA 1991, 734; 6.8.1991 – 1 AZR 4/90, NZA 1992, 177; 19.10.2005 – 7 AZR 32/05, NZA 2006, 393; 18.7.2006 – 1 AZR 578/05, NZA 2007, 462; 12.12.2006 – 1 AZR 96/06, NZA 2007, 453; 25.2.2015 – 5 AZR 481/13, NZA 2015, 943; DKKW/*Berg* Rn. 81; ErfK/*Kania* Rn. 36; GK-BetrVG/*Kreutz* Rn. 93 ff.; vgl. aber auch *Kreutz* Betriebsautonomie S. 239, 248; *Linsenmaier* RdA 2008, 1 [4 ff.]; *Linsenmaier* RdA 2014, 336 [337]; MHdB ArbR/*Arnold* § 315 Rn. 52; Oberthür/Seitz Betriebsvereinbarun-

gen/*Oberthür* Teil A. Kap. IV. Rn. 3; *Brune* AR-Blattei BV Rn. 183 ff.; **enger** Richardi BetrVG/*Richardi* Rn. 78; *Veit* Zuständigkeit BR S. 272 ff.; *Reichold* Betriebsverfassung S. 511 ff., 526 ff.; *Reichold* ZTR 2016, 295; *Säcker* Gruppenautonomie S. 450 ff.; skeptisch auch WPK/*Preis* Rn. 18; diff. *Preis/Ulber* RdA 2013, 211 [215 ff.]). Dies folgt im **Umkehrschluss aus Abs. 3 S. 1** (BAG 7.11.1989 – GS 3/85, NZA 1990, 816; 12.12.2006 – 1 AZR 96/06, NZA 2007, 453; 7.6.2011 – 1 AZR 807/09, NZA 2011, 1234; *Kreutz* FS Schmidt-Jortzig, 2011, 753 [754]). Der Schluss ist zwar aussagenlogisch nicht zwingend (*Veit* Zuständigkeit BR S. 209), drängt sich jedoch nach dem gesetzlichen Gesamtzusammenhang auf (*Linsenmaier* RdA 2008, 1 [4]). Für eine umfassende Regelungskompetenz spricht ferner, dass freiwillige BV nach **§ 88** nicht auf die dort genannten Gegenstände beschränkt sind, sondern, wie sich aus dem der Aufzählung vorangestellten Wort „insbesondere" ergibt, auch über andere Gegenstände möglich sind (BAG 12.12.2006 – 1 AZR 96/06, NZA 2007, 453). Die Annahme einer umfassenden Regelungskompetenz der Betriebsparteien steht in Übereinstimmung mit den Gesetzesmaterialien (vgl. BT-Drs. VI/1786, 47) und wird durch § 28 Abs. 1, Abs. 2 S. 1 SprAuG indirekt bestätigt (BAG 7.11.1989 – GS 3/85, NZA 1990, 816; 12.12.2006 – 1 AZR 96/06, NZA 2007, 453). Die Betriebsparteien haben auch die Befugnis, in freiwilligen BV **Regelungen** zu treffen, **welche die ArbN belasten** (BAG 12.12.2006 – 1 AZR 96/06, NZA 2007, 453; *Linsenmaier* RdA 2008, 1 [4]; Oberthür/Seitz Betriebsvereinbarungen/*Oberthür* Teil *A.* Kap. IV. Rn. 3). Ihre Kompetenz ist nicht auf solche Regelungen beschränkt, für die der ArbGeb. gegenüber dem ArbN die einseitige Regelungsbefugnis hat (BAG 12.12.2006 – 1 AZR 96/06, NZA 2007, 453; **aA** *Veit* Zuständigkeit BR *S.* 272 ff.; *Reichold* Betriebsverfassung S. 511 ff., 526 ff.; *Säcker* Gruppenautonomie S. 450 ff.). Die den Betriebsparteien eröffnete Möglichkeit, durch BV normativ in die durch **Art. 2 Abs. 1 GG** geschützte Handlungsfreiheit einzugreifen, ist mit dem GG vereinbar (BAG 12.12.2006 – 1 AZR 96/06, NZA 2007, 453; *Linsenmaier* RdA 2008, 1 [5 ff.]). Die durch das BetrVG den Betriebsparteien verliehene Betriebsautonomie genügt den Grundsätzen, die das **BVerfG** zur **Normsetzung in funktionaler Selbstverwaltung** entwickelt hat (BVerfG 9.5.1972 – 1 BvR 518/62, NJW 1972, 1504 „Facharztbeschluss"; 13.7.2004 – 1 BvR 1298/94, NJW 2005, 45 „Notarkassensatzung"; BAG 12.12.2006 – 1 AZR 96/06, NZA 2007, 453; *Linsenmaier* RdA 2008, 1 [6]).

Regelungen über **betriebliche Fragen** betreffen die Gesamtheit oder Gruppen der Arbeitnehmerschaft des Betriebs. Sie haben nur mittelbare Wirkung für das Einzelarbeitsverhältnis, gleichwohl aber normativen Charakter (Richardi BetrVG/*Richardi* Rn. 56; GK-BetrVG/*Kreutz* Rn. 231 ff.). Hierher gehören insbes. die in § 87 Abs. 1 Nr. 1, 6, 7, 8 u. 12 und die in § 88 Nr. 1 u. 2 genannten Angelegenheiten, soweit sie nicht unmittelbar den Inhalt des einzelnen Arbeitsverhältnisses, wohl aber das betriebliche Rechtsverhältnis der ArbN gestalten. Betriebliche Normen enthalten auch BV nach § 91 über Maßnahmen zur Abwendung besonderer Belastungen der ArbN oder nach § 98 über betriebliche Berufsbildungsmaßnahmen, soweit sie keine individualrechtlichen Ansprüche begründen. Entsprechendes gilt für freiwillige BV über Fragen der Personalplanung nach § 92 oder der Beschäftigungssicherung nach § 92 a. Betriebliche Normen regeln nicht die Arbeitsbedingungen iSv Abs. 3 S. 1. Dessen Sperrwirkung gilt daher nicht. 47

BV über **betriebsverfassungsrechtliche Fragen** betreffen die Rechtsstellung der Organe des Betriebs. Sie dürfen nicht gegen zwingende gesetzliche Vorschriften verstoßen (GK-BetrVG/*Kreutz* Rn. 234). Ausdrücklich sieht das BetrVG die Regelung betriebsverfassungsrechtlicher Fragen vor in §§ 3, 28a, 38 Abs. 1 S. 3, 47 Abs. 4, 5 u. 9, 55 Abs. 4, 72 Abs. 4 u. 5, 76 Abs. 1 u. 4 sowie in § 102 Abs. 6. 48

Nach **§ 325 Abs. 2 UmwG** kann in Fällen, in denen die umwandlungsrechtliche Spaltung oder Teilübertragung eines Unternehmens die Spaltung eines Betriebs zur Folge hat und dies zu einem Wegfall von (Beteiligungs-)Rechten des BR führt, durch BV oder TV die **Weitergeltung dieser Rechte** vereinbart werden. Diese 49

Möglichkeit der Aufrechterhaltung der bisherigen Rechte des BR ist insbes. von Bedeutung, soweit die Rechte von der Beschäftigung einer Mindestzahl (wahlberechtigter) ArbN abhängig sind und diese Mindestzahl infolge der Betriebsspaltung nicht mehr erreicht wird. Das gilt allerdings nicht in Bezug auf die Größe des BR und die Bildung und Größe des BetrAusschusses. Die Möglichkeit der Aufrechterhaltung des bisherigen Status besteht auch in Bezug auf Rechte, die dem BR über die gesetzliche Regelung hinausgehend durch TV oder BV eingeräumt worden sind (*Wlotzke* DB 1995, 46; *Däubler* RdA 1995, 145). Näheres zu § 325 Abs. 2 UmwG → § 1 Rn. 260 f.; Widmann/Mayer/*Wißmann* Umwandlungsrecht UmwG § 325 Rn. 53 ff.

50 Eine BV entfaltet wie jeder Normenvertrag auch **schuldrechtliche Wirkungen** zwischen ArbGeb. und BR (*Heinze* NZA 1994, 582; WPK/*Preis* Rn. 35; Richardi BetrVG/*Richardi* Rn. 205; ErfK/*Kania* Rn. 8; **aA** GK-BetrVG/*Kreutz* Rn. 209). Hierfür ist nicht erforderlich, dass der ArbGeb. dem BR die Durchführung der BV ausdrücklich verspricht. Dies wird besonders deutlich, wenn der ArbGeb. – als Verpflichteter – oder der BR – als Erklärungsempfänger – die zum Abschluss der BV erforderlichen Willenserklärungen nicht abgeben, sondern diese durch einen Spruch der E-Stelle ersetzt werden (vgl. Abs. 1, 6). Auch in diesem Fall „führt" der ArbGeb. gem. Abs. 1 die Vereinbarung durch. Dies ist keine Zustandsbeschreibung sondern die Beschreibung einer Pflicht des ArbGeb. Dabei entspricht der Durchführungspflicht nach zutreffender, ganz allgA ein Durchführungsanspruch des BR (→ Rn. 4; BAG 10.11.1987 – 1 ABR 55/86, NZA 1988, 255; 21.1.2003 – 1 ABR 9/02, NZA 2003, 1097; GK-BetrVG/*Kreutz* Rn. 24; ErfK/*Kania* Rn. 8). Zu dem durch die BV entstehenden betriebsverfassungsrechtliches Schuldverhältnis gehört auch die wechselseitige Verpflichtung, Maßnahmen zu unterlassen, die der Vereinbarung widersprechen (→ Rn. 7; BAG 10.11.1987 – 1 ABR 55/86, NZA 1988, 255; 21.1.2003 – 1 ABR 9/02, NZA 2003, 1097). Schon begrifflich liegt allerdings dann keine BV mehr vor, wenn die Vereinbarung keinerlei normative Regelungen enthält, sondern sich ausschließlich auf schuldrechtliche Verpflichtungen zwischen ArbGeb. und BR beschränkt. In diesem Fall handelt es sich unabhängig von der Bezeichnung durch die Betriebsparteien der Sache nach um eine Regelungsabrede (→ Rn. 216 ff.; ErfK/*Kania* Rn. 127; GK-BetrVG/*Kreutz* Rn. 209; **aA** *Heinze* NZA 1994, 582). Der Wirksamkeit und Durchsetzbarkeit dieser Abreden tut dies keinen Abbruch. Sie entfalten aber keine Nachwirkung nach Abs. 6.

51 Der Anspruch auf Erfüllung schuldrechtlicher Verpflichtungen ist im arbeitsgerichtlichen **BeschlVerf.** geltend zu machen. Bei einer groben Verletzung dieser Pflichten kommen Sanktionen nach § 23 in Betracht (Richardi BetrVG/*Richardi* Rn. 206).

V. Schranken der Regelungsmacht der Betriebspartner

52 Die grds. umfassende **Befugnis der Betriebspartner,** durch BV die Arbeitsverhältnisse sowie betriebliche und betriebsverfassungsrechtliche Fragen normativ zu gestalten, unterliegt **Binnenschranken** (BAG 12.12.2006 – 1 AZR 96/06, NZA 2007, 453; 7.6.2011 – 1 AZR 807/09, NZA 2011, 1234; 5.3.2013 – 1 AZR 417/12, NZA 2013, 916). Einschränkungen ergeben sich aus **vorrangigem staatlichen Recht** (→ Rn. 53 f.), aus den **Individualrechten der ArbN** und dem bei Eingriffen zu beachtenden **Verhältnismäßigkeitsgrundsatz** (→ Rn. 55 ff.) sowie dem in Abs. 3 normierten **Tarifvorrang** (→ Rn. 67 ff.). Bei ablösenden, verschlechternden BV sind das **Rückwirkungsverbot** sowie die Grundsätze der **Verhältnismäßigkeit und des Vertrauensschutzes** zu beachten (→ Rn. 194, 208). Keine Binnenschranke für die Normsetzungsbefugnis der Betriebsparteien ist das Günstigkeitsprinzip. Es beschränkt nicht die Regelungsbefugnis der Betriebsparteien, sondern ist eine Kollisionsregel für Fälle, in denen Arbeitsvertrag und BV denselben Gegenstand unterschiedlich regeln (→ Rn. 196 ff.; *Linsenmaier* RdA 2014, 336 [338]).

1. Vorrang des Gesetzes

Die Betriebsparteien haben **zwingendes staatliches Recht** zu beachten (BAG 21.2.2017 – 1 AZR 292/15, NZA 2017, 738; WPK/*Preis* Rn. 25; *Kreutz* FS Schmidt-Jortzig, 2011, 753 [755]; *Linsenmaier* RdA 2014, 336 [337 f.]). Hierzu zählen staatliche Gesetze und VO, die öffentlich-rechtlichen Unfallverhütungsvorschriften der Berufsgenossenschaften sowie die durch Richterrecht entwickelten Rechtsgrundsätze. Das durch staatliche Regelungen gestaltete Arbeitsrecht ist **meist** im Interesse der ArbN **einseitig zwingend.** Günstigere Regelungen für die ArbN sind daher zulässig. Das gilt allerdings nicht uneingeschränkt. So sind zB **§§ 134, 138 BGB** beidseitig zwingend. Daher ist eine BV nach § 138 BGB unwirksam, durch die Auszahlungs- und Fälligkeitszeitpunkt einer Jahressonderzahlung mit dem Ziel vorverlegt werden, diese zu Lasten der Umlageverpflichteten gem. § 183 Abs. 1 S. 1 Nr. 1 SGB III beim Insolvenzgeld zu berücksichtigen (BSG 18.3.2004 – B 11 AL 57/03 R, NZS 2005, 385; Niesel/*Roeder* SGB III § 183 Rn. 95). Der Gesetzgeber kann zwingendes Recht **betriebsvereinbarungsoffen** ausgestalten (vgl. dazu *Hanau* SR 2019, 102). Zwingend vorgeschrieben ist die Beachtung der in **§ 75** genannten Grundsätze, insbes. des **Gleichbehandlungsgrundsatzes** (insbes. → § 75 Rn. 30 ff.; BAG 14.5.2013 – 1 AZR 44/12, NZA 2013, 1160; 26.4.2016 – 1 AZR 435/14, NZA 2016, 1160 Rn. 21), des **Persönlichkeitsschutzes** (→ Rn. 55 ff.; → § 75 Rn. 136 ff.) und der über diese Vorschriften **transformierten Verpflichtung zur Beachtung** der **grundrechtlichen Wertentscheidungen** (→ § 75 Rn. 1, 25 ff.; GK-BetrVG/*Kreutz* Rn. 333; DKKW/*Berg* Rn. 17; WPK/*Preis* Rn. 26; *Kreutz* FS Schmidt-Jortzig, 2011, 753 [757 ff.]). Der in **§ 75 Abs. 1 S. 1** normierte betriebsverfassungsrechtliche **Gleichbehandlungsgrundsatz,** dem wiederum der allgemeine Gleichheitssatz des Art. 3 Abs. 1 GG zugrunde liegt, verbietet eine sachlich nicht gerechtfertigte Unterscheidung von ArbNGruppen (BAG 22.3.2005 – 1 AZR 49/04, NZA 2005, 773; 30.9.2014 – 1 AZR 1083/12, NZA 2015, 121; ob die Betriebsparteien ebenso wie der Gesetzgeber unmittelbar an den Gleichheitssatz gebunden sind, hat das BVerfG 25.3.2015 – 1 BvR 2803/11, NZA 2015, 1248 Rn. 7 offengelassen). Sind für verschiedene ArbNGruppen unterschiedliche Rechtsfolgen – insbes. unterschiedliche Leistungen – vorgesehen, verlangt der Gleichheitssatz, dass die Unterschiedlichkeit sachlich gerechtfertigt ist. Dabei sind an eine personenbezogene Ungleichbehandlung strengere Anforderungen zu stellen als an eine sachverhaltsbezogene (BAG 22.3.2005 – 1 AZR 49/04, NZA 2005, 773; 27.5.2004 – 6 AZR 129/03, NZA 2004, 1399). Maßgeblich für das Vorliegen eines Sachgrundes ist vor allem der mit der Regelung verfolgte Zweck (BAG 30.9.2014 – 1 AZR 1083/12, NZA 2015, 121; 20.9.2017 – 10 AZR 610/15, NZA 2018, 670 Rn. 19). Hinsichtlich der tatsächlichen Voraussetzungen und der Folgen der von ihnen gesetzten Regelungen haben die Betriebsparteien einen **Beurteilungsspielraum** und eine **Einschätzungsprärogative** (BAG 22.3.2005 – 1 AZR 49/04, NZA 2005, 773; vgl. auch BVerfG 25.3.2015 – 1 BvR 2803/11, NZA 2015, 1248 Rn. 11). Eine weitere Grenze setzt den Betriebsparteien ferner das verfassungsrechtliche **Gebot des Vetrauensschutzes** (Rn. 54d; BAG 21.2.2017 – 1 AZR 292/15, NZA 2017, 738 Rn. 19). Zum zwingenden staatlichen Recht gehört schließlich auch das **BetrVerfG.** Deshalb können BV nur insoweit von seinen Organisationsvorschriften abweichen, als dies gesetzlich gestattet ist (vgl. zB §§ 3, 28a, 38 Abs. 1 S. 5, § 47 Abs. 4, 5 u. 9; § 325 Abs. 2 UmwG, → Rn. 49). Ferner kann eine BV dem ArbGeb. die Befugnis zur einseitigen Gestaltung mitbestimmungspflichtiger Angelegenheiten nur einräumen, solange sie die **Substanz der Mitbestimmungsrechte** unberührt lässt (BAG 23.3.1999 – 1 ABR 33/98, NZA 1999, 1230; 3.6.2003 – 1 AZR 349/02, NZA 2003, 1155). Vorbehaltlich dieser Grenze kann eine BV allerdings vorsehen, dass der ArbGeb. unter bestimmten, in der BV geregelten Voraussetzungen beteiligungspflichtige Maßnahmen allein treffen kann. 53

54 Ob es zulässig ist, **in einer BV** eine **Altersgrenze** dahingehend vorzusehen, dass die ArbN mit **Vollendung des 65. Lebensjahres, bzw. bei Erreichung des gesetzlichen Rentenalters** oder gar zu einem **früheren Zeitpunkt** aus dem ArbVerh. ausscheiden, war seit jeher umstritten (grds. bejahend BAG 20.11.1987 – 2 AZR 284/86, NZA 1988, 617; 7.11.1989 – GS 3/85, NZA 1990, 816; 5.3.2013 – 1 AZR 417/12, NZA 2013, 916; 13.10.2015 – 1 AZR 853/13, NZA 2016, 54 Rn. 13; 21.2.2017 – 1 AZR 292/15, NZA 2017, 738; DKKW/*Berg* Rn. 84; HWGNRH/*Worzalla* Rn. 73; *Hanau* RdA 1976, 24; grds. verneinend *Boecken* Gutachten B 62. DJT, 1998, 32ff. [42ff.]; *Schlüter/Belling* NZA 1988, 297; *Stahlhacke* DB 1989, 2329; *Waltermann* NZA 1994, 826; *Waltermann* RdA 1993, 216; *Linnenkohl/Rauschenberg/Schmidt* BB 1984, 607; sorgfältig diff. GK-BetrVG/Kreutz Rn. 384ff.; krit. Richardi BetrVG/*Richardi* Rn. 120; zu **tarifvertraglichen Altersgrenzen** BAG 21.7.2004 – 7 AZR 589/03, ZTR 2005, 255; 18.6.2008 – 7 AZR 116/07, NZA 2008, 1302; 8.12.2010 – 7 AZR 438/09, NZA 2011, 586; Vorabentscheidungsersuchen 17.6.2009 – 7 AZR 112/08 (A), AP TzBfG § 14 Nr. 64, beantwortet durch EuGH 13.9.2011 – C-447/09, NZA 2011, 1039 – Prigge; umgesetzt in BAG 18.1.2012 – 7 AZR 112/08, NZA 2012, 575; zu einer Altersgrenze in einer **kirchlichen Arbeitsrechtsregelung** BAG 12.6.2013 – 7 AZR 917/11, NZA 2013, 1428; zu **einzelvertraglichen Altersgrenzen** BAG 19.11.2003 – 7 AZR 296/03, NZA 2004, 1336; 9.12.2015 – 7 AZR 68/14, NZA 2016, 695; zum gemeinschaftsrechtlichen Verbot der Altersdiskriminierung in der RL 2000/78/EG EuGH 16.10.2007 – C-411/05, NZA 2007, 1219 – Felix Palacios de la Villa; 5.3.2009 – C-388/07, NZA 2009, 305 – Age Concern England; 12.10.2010 – C-45/09, NZA 2010, 1167 – Rosenbladt; 18.11.2010 – C-250/09, NZA 2011, 29 – Georgiev; 5.7.2012 – C-141/11, NZA 2012, 785 – Hörnfeldt; *Berg/Natzel* BB 2010, 2885; *Linsenmaier* RdA 2003, Sonderbeil. Heft 5, 22 [30ff.]; *Preis* NZA 2006, 401; *Preis* NZA 2010, 1323; *Wank* SAE 2010, 123).

54a Dabei ist insbes. das **Allgemeine Gleichbehandlungsgesetz** (AGG) zu beachten (→ § 75 Rn. 58ff.; zur Begründung des AGG und zu Schrifttumsnachweisen vgl. NZA 2006 Beilage zu Heft 16; zur Bedeutung des AGG, insbes. des Verbots der Altersdiskriminierung für Sozialpläne → §§ 112, 112a Rn. 145ff.). Nach § 7 Abs. 1 AGG dürfen Beschäftigte nicht wegen eines in § 1 AGG genannten Grundes benachteiligt werden. Zu diesen Gründen gehört ua das Alter. Nach § 7 Abs. 2 AGG sind Bestimmungen in Vereinbarungen, die gegen das Benachteiligungsverbot des Abs. 1 verstoßen, unwirksam. Vereinbarungen iSv § 7 Abs. 2 AGG sind auch BV. Eine Beendigung des Arbeitsverhältnisses allein wegen des Erreichens eines bestimmten Alters stellt eine Benachteiligung wegen des Alters dar (EuGH 16.10.2007 – C-411/05, NZA 2007, 1219 – Felix Palacios de la Villa; 12.10.2010 – C-45/09, NZA 2010, 1167 – Rosenbladt; BAG 8.12.2010 – 7 AZR 438/09, NZA 2011, 586; 18.1.2012 – 7 AZR 112/08, NZA 2012, 575; 5.3.2013 – 1 AZR 417/12, NZA 2013, 916; 12.6.2013 – 7 AZR 917/11, NZA 2013, 1428; HK-AGG/*Brors* AGG § 10 Rn. 84). Nach § 10 S. 1 AGG ist eine unterschiedliche Behandlung wegen des Alters jedoch ua dann zulässig, wenn sie objektiv und angemessen und durch ein legitimes Ziel gerechtfertigt ist. Nach **§ 10 S. 3 Nr. 5 Hs. 1 AGG** können derartige unterschiedliche Behandlungen eine Vereinbarung einschließen, die die Beendigung des Beschäftigungsverhältnisses zu einem Zeitpunkt vorsieht, zu dem der oder die Beschäftigte eine Rente wegen Alters beantragen kann; § 41 SGB VI bleibt nach § 10 S. 3 Nr. 5 Hs. 2 AGG „unberührt". Diese gesetzliche Regelung ist gemeinschaftsrechtlich nicht zu beanstanden. Sie ist insbes. mit der RL 2000/78/EG vereinbar (EuGH 12.10.2010 – C-45/09, NZA 2010, 1167 – **Rosenbladt;** 5.7.2012 – C-141/11, NZA 2012, 785 – Hörnfeldt; BAG 8.12.2010 – 7 AZR 438/09, NZA 2011, 586; 5.3.2013 – 1 AZR 417/12, NZA 2013. 916; 12.6.2013 – 7 AZR 917/11, NZA 2013, 1428; *Berg/Natzel* BB 2010, 2885; *Linsenmaier* RdA 2003, Sonderbeil. Heft 5, 22 [31]; krit. unter Darlegung des nicht ganz einheitlichen Maßstabs des EuGH bei der Verhältnismäßigkeitsprüfung *Preis* NZA 2010, 1323; vgl. auch schon *Bertelsmann* ZESAR 2005, 242

[250]; *Waltermann* NZA 2005, 1265 [1270]). EuGH (12.10.2010 – C-45/09, NZA 2010, 1167 – **Rosenbladt**) und BAG (8.12.2010 – 7 AZR 438/09, NZA 2011, 586) haben in ihren zu tariflichen Altersgrenzen ergangenen Entscheidungen allerdings maßgeblich auch auf den weiten Ermessensspielraum der Tarifvertragsparteien abgestellt. Ferner gilt es zu berücksichtigen, dass tarifliche Inhaltsnormen, welche die ArbN belasten, – jedenfalls ohne einzelvertragliche Bezugnahme – nur die Gewerkschaftsmitglieder treffen und hierfür eine mitgliedschaftlich vermittelte, privatautonome Legitimationsgrundlage haben (BAG 8.12.2010 – 7 AZR 438/09, NZA 2011, 751; ErfK/*Schmidt* GG Einl. Rn. 47). Bei von den Betriebsparteien geschlossenen BV ist das nicht der Fall. Aus den Entscheidungen des EuGH (12.10.2010 – C-45/09, NZA 2010, 1167 – **Rosenbladt**) und des BAG (8.12.2010 – 7 AZR 438/09, NZA 2011, 586) lässt sich daher nicht ohne Weiteres der Schluss ziehen, dass auch BV, die eine Beendigung des Beschäftigungsverhältnisses zu einem Zeitpunkt vorsehen, zu dem der oder die Beschäftigte eine **Rente wegen Alters** beantragen kann, nach § 10 S. 3 Nr. 5 Hs. 1 AGG zulässig und mit der RL 2000/78/EG vereinbar sind. Gleichwohl ist eine solche **Altersgrenze auch in einer BV zulässig** (BAG 5.3.2013 – 1 AZR 417/12, NZA 2013, 916; 21.2.2017 – 1 AZR 292/15, NZA 2017, 738; DKKW/*Berg* § 75 Rn. 75; GK-BetrVG/*Kreutz* Rn. 387; HWGNRH/*Worzalla* Rn. 73; *Linsenmaier* RdA 2008, 1; *Linsenmaier* RdA 2003, Sonderbeilage Heft 5, 22 [30ff.]; krit. Richardi BetrVG/*Richardi* Rn. 120). Nach BAG 12.6.2013 (7 AZR 917/11, NZA 2013, 1428) genügt es, wenn die Altersgrenze einen kollektiven Bezug aufweist; das ist bei einer BV der Fall.

Allerdings stellt eine **Altersgrenze** nicht nur eine Benachteiligung wegen des Alters, sondern ebenso eine Beeinträchtigung des Rechts des ArbN auf freie Entfaltung seiner Persönlichkeit und seiner Berufsfreiheit dar. Sie **bedarf** daher auch im Verhältnis zwischen dem ArbGeb. und dem ArbN **der – befristungsrechtlichen – Rechtfertigung** (BAG 21.2.2017 – 1 AZR 292/15, NZA 2017, 738 Rn. 18;. Das vom Gesetzgeber mit § 10 S. 3 Nr. 5 Hs. 1 AGG jedenfalls auch verfolgte Gemeinwohlinteresse genügt hierfür wohl nicht (vgl. dazu, dass sog Drittinteressen allein die Befristung von ArbVerh. nicht rechtfertigen, BAG 11.6.1997 – 7 AZR 186/96, NZA 1997, 1290; 11.3.1998 – 7 AZR 700/96, NZA 1998, 716; vgl. dazu, dass die Flugsicherheit nicht zu den in Art. 6 Abs. 1 Unterabs. 1 der RL 2000/78/EG genannten Zielen gehört, EuGH 13.9.2011 – C-447/09, NZA 2011, 1039 – Prigge; BAG 18.1.2012 – 7 AZR 112/08, NZA 2012, 575). Befristungsrechtlich kann die Vereinbarung der Altersgrenze aber durch das **berechtigte Interesse des ArbGeb. an einer ausgewogenen Altersstruktur und an einer geordneten und kontinuierlichen Nachwuchs- und Personalplanung** gerechtfertigt sein (BAG 11.6.1997 – 7 AZR 186/96, NZA 1997, 1290; 5.3.2013 – 1 AZR 417/12, NZA 2013, 916; 12.6.2013 – 7 AZR 917/11, NZA 2013, 1428: *Brune* AR-Blattei BV Rn. 331; *Linsenmaier* RdA 2003, Sonderbeil. Heft 5, 22 [31]). IÜ hat es auch der EuGH nicht beanstandet, sondern positiv bewertet, wenn eine nationale Regelung den Sozialpartnern die Möglichkeit gibt, über TV nicht nur die Gesamtlage des betreffenden Arbeitsmarkts, sondern auch die speziellen Merkmale der jeweiligen Beschäftigungsverhältnisse gebührend zu berücksichtigen (EuGH 16.10.2007 – C-411/05, NZA 2007, 1219 – Felix Palacios de la Villa; 12.10.2010 – C 45/09, NZA 2010, 1167 – Rosenbladt). Für BV dürfte insoweit nichts anderes gelten. **54b**

Die Betriebsparteien haben ferner das **Maßregelungsverbot des § 612a BGB** zu beachten (BAG 18.9.2007 – 3 AZR 639/06, NZA 2008, 56). Das BAG hält es jedoch für zulässig, Leistungen der betrieblichen Altersversorgung von Regelungen zur Flexibilisierung der Arbeitszeit abhängig zu machen (BAG 18.9.2007 – 3 AZR 639/06, NZA 2008, 56). Sofern staatliches Recht abweichende Regelungen nur durch TV gestattet (sog tarifdispositives Gesetzesrecht: vgl. zB § 622 Abs. 4 BGB, § 4 Abs. 4 EFZG, § 13 BUrlG, § 23 TzBfG; §§ 21a, 21b JugArbSchG), kann nicht durch BV zuungunsten der ArbN von der gesetzlichen Regelung abgewichen werden (GK-BetrVG/*Kreutz* Rn. 339; DKKW/*Berg* Rn. 21; Richardi BetrVG/*Richardi* Rn. 100; **54c** vgl. aber auch die tarifdispositiven §§ 7, 12 ArbZG, die bei einer entsprechenden tariflichen Zulassung auch Abweichungen vom G durch BV gestatten). Das Gleiche gilt für Abweichungen von sog tarifdispositiven Richterrecht, etwa bei den Gratifikationsrückzahlungsklauseln (Richardi BetrVG/*Richardi* Rn. 101; eing. GK-BetrVG/*Kreutz* Rn. 340 mit Beispielen aus der Praxis). Tritt während des Laufs einer BV ein G in Kraft, das der BV entgegensteht, so endet deren Wirkung regelmäßig mit Wirkung ex nunc. Eine rückwirkende Unwirksamkeit der BV scheidet in der Regel aus. Dagegen unterliegen BV keiner Inhaltskontrolle nach §§ 305 ff. BGB (BAG 1.2.2006 – 5 AZR 187/05, NZA 2006, 563; 12.12.2006 – 1 AZR 96/06, NZA 2007, 453; *Albicker/Wiesenecker* BB 2008, 2631; *Linsenmaier* RdA 2008, 1 [9]). Diese Vorschriften finden gem. § 310 Abs. 4 S. 1 BGB keine Anwendung auf BV. Bei einer BV zur Einführung von Kurzarbeit hat das BAG allerdings eine Art Transparenzkontrolle durchgeführt (vgl. BAG 18.11.2015 – 5 AZR 491/14, NZA 2016, 565; dazu *Reichold* Anm. zu AP BGB § 615 Nr. 142).

54d Die Betriebsparteien haben schließlich auch bei der Einführung einer Altersgrenze das **Gebot des Vertrauensschutzes** zu beachten. Sie sind ebenso wie der Gesetzgeber an dieses grundrechtlich aus Art. 2 Abs. 1 GG iVm dem Rechtsstaatsprinzip folgende Gebot gebunden (BAG 21.2.2017 – 1 AZR 292/15, NZA 2017, 738 Rn. 19). Wenn sie erstmals eine Altersgrenze einführen, müssen sie insb. auf die Interessen der bereits rentennahen ArbN Rücksicht nehmen und für diese grundsätzlich Übergangsregelungen vorsehen (BAG 21.2.2017 – 1 AZR 292/15, NZA 2017, 738 Rn. 19).

54e BV, die eine Beendigung zu einem **früheren Zeitpunkt** vorsehen, dürften meist erheblichen Bedenken ausgesetzt sein. Sie kommen in Betracht, wenn mit der Tätigkeit bestimmter ArbN ein signifikantes Sicherheitsrisiko verbunden ist und die Gefahr besteht, dass durch altersbedingte Ausfallerscheinungen oder Fehlreaktionen des ArbN wichtige Rechtsgüter des ArbGeb., anderer ArbN oder Dritter gefährdet werden (vgl. DKKW/*Berg* § 75 Rn. 83; vgl. zur Unzulässigkeit einer tariflichen Altersgrenze von 60 Jahren für Piloten EuGH 13.9.2011 – C-447/09, NZA 2011, 1039 – Prigge; BAG 18.1.2012 – 7 AZR 112/08, NZA 2012, 575; zur Unzulässigkeit einer Altersgrenze von 60 Jahren für Flugbegleiter BAG 16.10.2008 – 7 AZR 253/07 (A), NZA 2009, 378; 23.6.2010 – 7 AZR 1021/08, NZA 2010, 1248). Eine für den ArbN günstigere einzelvertragliche Vereinbarung über eine Altersgrenze geht der Regelung in einer BV vor. Dies gilt auch, wenn die BV später geschlossen wurde vor. Es gilt das Günstigkeitsprinzip (BAG 6.11.1989 – GS 3/85, NZA 1990, 816; → Rn. 196 ff.). Allerdings ist genau zu prüfen, ob die Arbeitsvertragsparteien überhaupt eine Vereinbarung über eine Altersgrenze getroffen haben. Günstiger ist eine Regelung, wenn sie dem ArbN länger die Wahl zwischen Arbeit und Ruhestand ermöglicht. Zur Unwirksamkeit einer auf den „Eintritt der Erwerbsunfähigkeit" abstellenden BV mangels Bestimmbarkeit des Zeitpunktes der Beendigung des ArbVerh. BAG 27.10.1988 – 2 AZR 109/88, NZA 1989, 643. Zur grundsätzlichen Zulässigkeit tarifvertraglicher Regelungen, nach denen das Arbeitsverhältnis im Falle der Bewilligung einer Versorgungsrente endet, vgl. aber auch BAG 28.6.1995 – 7 AZR 555/94, NZA 1996, 374; 6.12.2000 – 7 AZR 302/99, NZA 2001, 792; 15.3.2006 – 7 AZR 332/05, AP BAT § 59 Nr. 14; 21.1.2009 – 7 AZR 843/07, AP TV § 1 Tarifverträge: Waldarbeiter Nr. 7.

2. Individualrechte der Arbeitnehmer

55 Bei der Ausübung ihrer Regelungskompetenz haben die Betriebsparteien die **Individualrechte der einzelnen ArbN** zu beachten. Vgl. zum Spannungsverhältnis von betrieblicher Normsetzung und Individualrechten der ArbN *Franzen* NZA 2006 Beil. 3, 107; *Hänlein* RdA 2003, 226; *Kreutz;* GK-BetrVG/*Kreutz* Rn. 350 ff.; *Linsenmaier* RdA 2008, 1 [5 ff.]; *Müller-Francken* Betriebsvereinbarungen; *Reichold* Betriebsverfassung; *Richardi* Kollektivgewalt; *Säcker* Gruppenautonomie; *Veit; Waltermann*

Der Bereich der privaten Lebensführung ist der Regelungsbefugnis der Betriebsparteien vollständig entzogen (→ Rn. 56). IÜ haben sie bei Eingriffen in das Persönlichkeitsrecht und die allgemeine Handlungsfreiheit des einzelnen ArbN den Grundsatz der Verhältnismäßigkeit zu beachten (→ Rn. 58f.).

Der Regelungskompetenz der Betriebspartner grds. entzogen ist insbes. die **außerbetriebliche, private Lebensgestaltung** des ArbN (BAG 19.1.1999 – 1 AZR 499/98, NZA 1999, 546; 11.7.2000 – 1 AZR 551/99, NZA 2001, 462; 28.5.2002 – 1 ABR 32/01, NZA 2003, 166; 27.1.2004 – 1 ABR 7/03, NZA 2004, 556; 18.7.2006 – 1 AZR 578/05, NZA 2007, 462; GK-BetrVG/*Kreutz* Rn. 375; *Linsenmaier* RdA 2008, 1 [6f.]; *Linsenmaier* RdA 2014, 336 [337]; Oberthür/Seitz Betriebsvereinbarungen/*Oberthür* Teil A. Kap. IV. Rn. 5). Daher können Regelungen über die Gestaltung der Freizeit der ArbN oder über ihre gesunde Lebensführung nicht Gegenstand einer BV sein. Zur außerbetrieblichen Lebensführung gehören grds. auch **Nebenbeschäftigungen.** Sie können daher nach überwiegender Auffassung idR durch BV nicht wirksam verboten werden (vgl. *Brune* AR-Blattei BV Rn. 372; GK-BetrVG/*Kreutz* Rn. 379; Richardi BetrVG/*Richardi* Rn. 114). Soweit allerdings die Nebentätigkeit zu einer Interessenkollision führen kann, die betriebliche Belange ernsthaft beeinträchtigt, ist eine Regelung der Kompetenz der Betriebsparteien wohl nicht von vorneherein entzogen (vgl. BAG 28.5.2002 – 1 ABR 32/01, NZA 2003, 166, zu B I 2c; MHdB ArbR/*Arnold* § 315 Rn. 61). So hat denn auch das BAG sog **Ethikregeln,** die für Redakteure einer Wirtschaftszeitung den Besitz von Wertpapieren und die Ausübung von Nebentätigkeiten mit dem Ziel einschränken, die Unabhängigkeit der Berichterstattung zu gewährleisten, nicht ausschließlich dem privaten Bereich, sondern auch dem betrieblichen Geschehen iSv § 87 Abs. 1 Nr. 1 zugeordnet (BAG 28.5.2002 – 1 ABR 32/01, NZA 2003, 166). Ein MBR des BR hat es freilich in diesem Fall wegen des Tendenzschutzes des § 118 Abs. 1 S. 1 verneint. Bei Ethikregeln muss daher stets sorgfältig geprüft werden, ob auch der betriebliche Bereich oder ausschließlich die private Lebensführung betroffen ist. Ein nachvertragliches **Wettbewerbsverbot** kann in einer BV nicht wirksam mit normativer Wirkung vereinbart werden. Es beschränkt den ArbN massiv in seiner durch Art. 12 Abs. 1 GG geschützten Freiheit und bedarf einer den Erfordernissen der §§ 74ff. HGB genügenden schriftlichen Vereinbarung zwischen dem ArbN und dem ArbGeb. (**aA** GK-BetrVG/*Kreutz* Rn. 380; HWGNRH/*Worzalla* Rn. 70). Durch BV kann weder eine Verpflichtung zur Teilnahme an **Betriebsfeiern oder -ausflügen** begründet, noch dürfen Nachteile für den Fall der Nichtteilnahme vorgesehen werden; dies gilt auch, wenn die Veranstaltungen während der Arbeitszeit stattfinden (*Brune* AR-Blattei BV Rn. 348; GK-BetrVG/*Kreutz* Rn. 381; BAG 4.12.1970 – 5 AZR 242/70, AP BUrlG § 7 Nr. 5). Zulässig ist es aber, bei einer Teilnahme an Betriebsveranstaltungen bes. Leistungen vorzusehen. Eine BV kann nicht den Beitritt zu bestimmten Verbänden oder Vereinen (zB Werkssportverein) vorschreiben oder Regelungen über den **Wohnsitz** oder die **Urlaubsgestaltung** des ArbN treffen (GK-BetrVG/*Kreutz* Rn. 378). 56

Da die außerbetriebliche, private Lebensführung der Regelungsbefugnis der Betriebsparteien entzogen ist, können durch BV **keine Lohnverwendungsabreden** getroffen werden (BAG 11.7.2000 – 1 AZR 551/99, NZA 2001, 462; *Linsenmaier* RdA 2014, 336 [337]; HWGNRH/*Worzalla* Rn. 64). Es ist allein die Entscheidung des ArbN, wozu er sein Arbeitsentgelt verwendet. BV über Lohnabzüge zugunsten kirchlicher oder politischer Organisationen sowie sozialer oder gemeinnütziger Zwecke sind deshalb unwirksam (BAG 20.12.1957 – 1 AZR 237/56, AP BGB § 399 Nr. 1). Das Gleiche gilt für die Festlegung bestimmter vom Arbeitsentgelt abzuführender Sparquoten. Allerdings bestehen gegen die Vereinbarung besonderer vermögenswirksamer Leistungen, die zu nutzen dem ArbN überlassen bleibt, keine Bedenken (GK-BetrVG/*Kreutz* Rn. 376; Richardi BetrVG/*Richardi* Rn. 116). Bestimmt ein TV oder eine BV, dass ein Teil einer Lohnerhöhung dem ArbN nur in der Form eines **Investivlohnes** zur Verfügung gestellt werden soll, liegt hierin keine unzulässi- 57 ge Lohnverwendungsabrede, da dieser Teil des Lohnanspruchs von vornherein nur mit diesem Inhalt entsteht. Ein **Lohnabtretungsverbot** kann in einer BV nicht vereinbart werden (GK-BetrVG/*Kreutz* Rn. 377 mwN; *Brune* AR-Blattei BV Rn. 369; **aA** BAG 20.12.1957 – 1 AZR 237/56, AP BGB § 399 Nr. 1; 2.6.1966 – 2 AZR 322/65, AP BGB § 399 Nr. 8; DKKW/*Berg* Rn. 83; Richardi BetrVG/*Richardi* Rn. 117 mwN; HWGNRH/*Worzalla* Rn. 64). Es handelt sich dabei um eine unzulässige Lohnverwendungsabrede. Es ist nicht Sache der Betriebsparteien, die ArbN vor unvernünftigen oder unbedachten Verfügungen über ihr Arbeitsentgelt zu schützen. Dies gilt umso mehr, als der Gesetzgeber durch § 400 BGB dafür gesorgt hat, dass dem ArbN nicht durch Abtretungen sein Arbeitseinkommen als Lebensgrundlage vollständig entzogen wird. Das Interesse des Arbeitgebers an einer Entlastung seines Lohnbüros genügt nicht, um ein Lohnabtretungsverbot als auch innerbetriebliche Angelegenheit zu erachten. Insoweit gilt nichts anderes als hinsichtlich der **Bearbeitungspauschalen für Lohnpfändungen.** Auch solche können in einer BV nicht wirksam vereinbart werden (BAG 18.7.2006 – 1 AZR 578/05, NZA 2007, 462; GK-BetrVG/*Kreutz* Rn. 376; *Linsenmaier* RdA 2008, 1 [9f.]; *Preis/Ulber* RdA 2013, 211 [222]). Lohn- und Gehaltspfändungen betreffen nicht das innerbetriebliche Verhalten des ArbN, sondern sind Folgen seiner privaten Lebensführung. IÜ weist die Rechtsordnung die durch den Einbezug in die Titelvollstreckung entstehenden Kosten dem ArbGeb. als Drittschuldner zu. Diese Grundentscheidung des Gesetzgebers darf nicht durch die Auferlegung einer Pfändungsgebühr umgekehrt werden (BAG 18.7.2006 – 1 AZR 578/05, NZA 2007, 462; vgl. zur Unwirksamkeit der AGB von Banken, die den Kunden eines Girovertrags die durch Forderungspfändungen entstehenden Kosten auferlegen, BGH 18.5.1999 – XI ZR 219-98, NJW 1999, 2276). Um eine unzulässige Lohnverwendungsabrede handelt es sich bei der Regelung in einer BV, nach der ArbN die **Kosten für das Kantinenessen** auch dann zu tragen haben, wenn sie dieses nicht in Anspruch nehmen (BAG 11.7.2000 – 1 AZR 551/99, NZA 2001, 462; iErg ebenso *Preis/Ulber* RdA 2013, 211 [218]). Auch hier ist der Bereich privater Lebensführung betroffen. Es ist nicht Sache der Betriebsparteien, die Essgewohnheiten der ArbN zu steuern.

58 Auch soweit es um **innerbetriebliche Regelungen** geht, sind die Betriebsparteien in der Ausgestaltung nicht frei. Sie müssen beim Abschluss von BV gem. § 75 Abs. 1, Abs. 2 S. 1 die grundrechtlich gewährleisteten **Freiheitsrechte** und damit auch die durch Art. 2 Abs. 1 iVm Art. 1 Abs. 1 GG geschützte allgemeine **Handlungsfreiheit** und das **allgemeine Persönlichkeitsrecht** (aPR) der ArbN beachten (BAG 19.1.1999 – 1 AZR 499/98, NZA 1999, 546; 11.7.2000 – 1 AZR 551/99, NZA 2001, 462; 29.6.2004 – 1 ABR 21/03, NZA 2004, 1278; 18.7.2006 – 1 AZR 578/05, NZA 2007, 462; 12.12.2006 – 1 AZR 96/06, NZA 2007, 453; 13.2.2007 – 1 ABR 18/06, NZA 2007, 640; 25.4.2017 – 1 ABR 46/15, NZA 2017, 1205 Rn. 19; *Eich* NZA 2010, 1389; *Kreutz* FS Schmidt-Jortzig, 2011, 753 [761ff.]). Dazu gehört auch die durch **Art. 12 Abs. 1 GG** geschützte Freiheit des ArbN, seinen Arbeitsplatz aufzugeben; diese darf nicht durch Stichtagsregelungen unzumutbar beschränkt werden (BAG 12.4.2011 – 1 AZR 412/09, NZA 2011, 989; 7.6.2011 – 1 AZR 807/09, NZA 2011, 1234). Allerdings wird die allgemeine Handlungsfreiheit, soweit sie über den Kernbereich der Persönlichkeit hinausgeht, ihrerseits durch die verfassungsmäßige Ordnung beschränkt, zu deren Gesamtheit auch die von den Betriebsparteien geschlossenen BV gehören. Die einzelnen Grundrechtsträger sind aber vor unverhältnismäßigen Grundrechtsbeschränkungen durch privatautonome Regelungen zu schützen. Nach dem daher zu beachtenden **Grundsatz der Verhältnismäßigkeit** muss die von den Betriebsparteien getroffene Regelung geeignet, erforderlich und unter Berücksichtigung der gewährleisteten Freiheitsrechte angemessen sein, um den erstrebten Zweck zu erreichen (BAG 25.4.2017 – 1 ABR 46/15, NZA 2017, 1205 Rn. 21). **Geeignet** ist sie, wenn mit ihrer Hilfe der erstrebte Erfolg gefördert werden kann. **Erforderlich** ist sie, wenn kein milderes, die Handlungsfreiheit weniger einschränkendes Mittel zur Verfügung steht. **Angemessen** (= propor-

tional) ist sie, wenn sie verhältnismäßig im engeren Sinn erscheint. Hierzu bedarf es einer Gesamtabwägung zwischen der Intensität des Eingriffs und dem Gewicht der ihn rechtfertigenden Gründe. Unter deren Berücksichtigung darf die Regelung für die betroffenen ArbN nicht mit unzumutbaren Belastungen verbunden sein (BAG 29.6.2004 – 1 ABR 21/03, NZA 2004, 1278; 12.12.2006 – 1 AZR 96/06, NZA 2007, 453; 12.4.2011 – 1 AZR 412/09, NZA 2011, 989; 25.4.2017 – 1 ABR 46/15, NZA 2017, 1205 Rn. 21; WPK/*Preis* Rn. 34). Der für die Überprüfung von BV maßgebliche **Prüfungsmaßstab** der Verhältnismäßigkeit ist **strenger als** der Maßstab **bei** der Überprüfung von **tarifvertraglichen Eingriffen** in die allgemeine Handlungsfreiheit (BAG 12.12.2006 – 1 AZR 96/06, NZA 2007, 453; *Linsenmaier* RdA 2008, 1 [8]; diff. zwischen – nur die Mitglieder erfassenden – tariflichen Inhaltsnormen und – die gesamte Belegschaft betreffenden – Betriebsnormen BAG 8.12.2010 – 7 ABR 98/09, NZA 2011, 751). Daher können Regelungen, die in TV wirksam sind, sich in BV als unwirksam erweisen (vgl. zu einer Ausschlussfristenregelung BAG 12.12.2006 – 1 AZR 96/06, NZA 2007, 453; vgl. zu einer tariflichen Ausschlussfrist auch die – auf den Beschluss des BAG Bezug nehmende – Entscheidung des BVerfG 1.12.2010 – 1 BvR 1682/07, NZA 2011, 354).

Durch eine **Videoüberwachung im Betrieb** wird schwerwiegend in das **allgemeine Persönlichkeitsrecht** der ArbN und in deren Recht auf **informationelle Selbstbestimmung** (vgl. dazu ganz grdl. BVerfG 15.12.1983 – 1 BvR 209/83 ua, NJW 1984, 419 – Volkszählungsurteil; 9.10.2002 – 1 BvR 1611/96, NJW 2002, 3619; BVerfG 3.3.2004 – 1 BvR 2378/98, NJW 2004, 999 – Großer Lauschangriff; vgl. ferner BAG 30.8.1995 – 1 ABR 4/95, NZA 1996, 218; 27.3.2003 – 2 AZR 51/02, NZA 2003, 1193) eingegriffen. Gleichwohl ist es den Betriebsparteien nicht etwa generell verwehrt, durch BV eine Videoüberwachung im Betrieb vorzusehen (BAG 27.3.2003 – 2 AZR 51/02, NZA 2003, 1193; 29.6.2004 – 1 ABR 21/03, NZA 2004, 1278; 14.12.2004 – 1 ABR 34/03, NJOZ 2005, 2708; 26.8.2008 – 1 ABR 16/07, NZA 2008, 1187, vgl. dazu auch *Wiese* Anm. zu BetrVG 1972 § 75 Nr. 54). Der Eingriff in das aPR der ArbN muss jedoch aufgrund schutzwürdiger Belange anderer Grundrechtsträger – insbes. des ArbGeb., aber auch von dessen Kunden – gerechtfertigt sein. Dabei ist der Grundsatz der **Verhältnismäßigkeit** zu beachten und eine **umfassende Güterabwägung** unter Berücksichtigung der Umstände des Einzelfalls vorzunehmen (BAG 29.6.2004 – 1 ABR 21/03, NZA 2004, 1278; 26.8.2008 – 1 ABR 16/07, NZA 2008, 1187). Hierfür kommt es maßgeblich auch auf die **Intensität des Eingriffs** an. Bei einer Videoüberwachung im Betrieb ist ua von Bedeutung, wie viele Personen ihr ausgesetzt sind, ob diese anonym oder bekannt sind – bei Überwachungen der Arbeitsplätze werden die beobachteten ArbN regelmäßig nicht anonym bleiben –, ob sie einen Anlass für den Eingriff gegeben haben, insbes. ob sie einer bereits begangenen oder drohenden Straftat oder Rechtsgutverletzung verdächtig sind, wo die Überwachungsmaßnahmen stattfinden, wie lange und intensiv sie sind und welche Technik dafür eingesetzt wird (BAG 29.6.2004 – 1 ABR 21/03, NZA 2004, 1278; 26.8.2008 – 1 ABR 16/07, NZA 2008, 1187; BVerfG 3.3.2004 – 1 BvR 2378/98, NJW 2004, 999 – Großer Lauschangriff). Auch eine BV über eine „Belastungsstatistik", die durch eine **technische Überwachungseinrichtung** dauerhaft die Erfassung, Speicherung und Auswertung einzelner Arbeitsschritte und damit des wesentlichen Arbeitsverhaltens der ArbN anhand quantitativer Kriterien vorsieht, kann einen unverhältnismäßigen und daher unzulässigen Eingriff in das aPR darstellen (BAG 25.4.2017 – 1 ABR 46/15, NZA 2017, 1205). Nach **§ 26 Abs. 4 S. 1 BDSG** ist die Verarbeitung personenbezogener Daten „auf der Grundlage von Kollektivvereinbarungen" zulässig. Darunter fallen insbes. BV. Bei deren Abschluss haben gemäß § 26 Abs. 4 S. 2 BDSG die Betriebspartner Art. 88 Abs. 2 EU-DSGVO zu beachten. Im Übrigen müssen die Voraussetzungen des § 26 Abs. 3 S. 1 BDSG erfüllt sein (→ § 83 Rn. 18 ff.; vgl. auch BAG 9.4.2019 – 1 ABR 51/17, NZA 2019, 1055 Rn. 25 ff.; *Wünschelmann* BB 2019, 2102; *Wybitul* NZA 2017, 1488). 59

60 In **bereits entstandene oder gar schon fällige Ansprüche der ArbN** können die Betriebsparteien regelmäßig nicht verschlechternd – sei es durch Erlass, Herabsetzung oder Stundung – eingreifen (GK-BetrVG/*Kreutz* Rn. 364; Richardi BetrVG/*Richardi* Rn. 135; HWGNRH/*Worzalla* Rn. 72). Es bedarf allerdings einer nach der jeweiligen Rechtsgrundlage **differenzierenden Betrachtung** (GK-BetrVG/*Kreutz* Rn. 364). Für zwingende gesetzliche Ansprüche folgt die Unzulässigkeit des Eingriffs bereits aus dem Vorrang höherrangigen Rechts. Bei **tarifvertraglichen Ansprüchen** scheitert der Eingriff an § 4 Abs. 4 S. 1 TVG und an Abs. 3 S. 1. Bei rein **individualvertraglichen Ansprüchen** ist ein Eingriff der Betriebsparteien aufgrund ihrer umfassenden Kompetenz zur Regelung materieller und formeller Arbeitsbedingungen grds. nicht ausgeschlossen. Allerdings sind das Rückwirkungsverbot und die Grundsätze der **Verhältnismäßigkeit** und des **Vertrauensschutzes** zu beachten; danach werden Reduzierungen entstandener Ansprüche selten in Betracht kommen. Selbst bei einem grds. zulässigen Eingriff ist noch zu prüfen, ob nicht wegen des Günstigkeitsprinzips die Regelung der Betriebsvereinbarung durch die individuelle Abrede verdrängt wird (→ Rn. **196 ff.**). Ähnliches gilt für Ansprüche, die auf betrieblicher Einheitsregelung, Gesamtzusage oder betrieblicher Übung beruhen (iE → Rn. **205 ff.**). Nicht von vorneherein ausgeschlossen ist auch ein Eingriff in Ansprüche, die selbst auf einer BV beruhen (→ Rn. 192 f.). Auch hier sind aber das Rückwirkungsverbot und die Grundsätze der Verhältnismäßigkeit und des Vertrauensschutzes zu beachten (→ Rn. **193;** zum rückwirkenden tarifvertraglichen Eingriff in entstandene tarifvertragliche Ansprüche BAG 23.11.1994 – 4 AZR 879/93, NZA 1995, 844; 17.5.2000 – 4 AZR 216/99, NZA 2000, 1297). Zur nachträglichen Verschlechterung von Sozialplänen → Rn. **194; → §§ 112, 112a Rn. 244 ff.** Das **§ 611 BGB** zugrunde liegende **Synallagma** darf von den Betriebsparteien nicht beseitigt werden. Daher dürfen entstandene Ansprüche für eine bereits erbrachte Arbeitsleistung nicht unter die auflösende Bedingung des Bestehens eines ungekündigten Arbeitsverhältnisses zu einem **Stichtag** nach Ablauf des Leistungszeitraums gestellt werden. Vom Synallagma erfasst werden ua auch **erfolgsabhängige Vergütungsbestandteile** (BAG 12.4.2011 – 1 AZR 412/09, NZA 2011, 989; 7.6.2011 – 1 AZR 807/09, NZA 2011, 1234; 5.7.2011 – 1 AZR 94/10, AP BetrVG 1972 § 87 Lohngestaltung Nr. 139; **abl.** *Grau/Sittard* BB 2011, 2815; vgl. ferner *Preis/Ulber* RdA 2013, 211 [220 f.]).

61 Durch BV können regelmäßig Arbeitsverhältnisse nicht aufgelöst werden (vgl. GK-BetrVG/*Kreutz* Rn. 383; *Brune* AR-Blattei BV Rn. 346; vgl. aber zur Vereinbarung einer Altersgrenze → Rn. 53b–e). Meist steht dem bereits zwingendes, nicht abdingbares gesetzliches Kündigungsrecht entgegen. Deshalb kann eine BV die **Auflösung des Arbeitsverhältnisses** auch nicht etwa als Disziplinarmaßnahme im Rahmen einer Disziplinarordnung vorsehen (BAG 28.4.1982 – 7 AZR 962/79, AP BetrVG 1972 § 87 Betriebsbuße Nr. 4; GK-BetrVG/*Kreutz* Rn. 383). Ebenso wenig kann eine BV die Möglichkeit des Widerspruchs des ArbN gegen die Überführung des Arbeitsverhältnisses bei einem Betriebsübergang nach § 613a ausschließen (BAG 2.10.1974 – 5 AZR 504/73, AP BGB § 613a Nr. 1).

62 Durch BV kann ein erworbener **besonderer kündigungsrechtlicher Status** (zB Ausschluss der ordentlichen Kündigung) nicht beseitigt werden (GK-BetrVG/*Kreutz* Rn. 382; Richardi BetrVG/*Richardi* Rn. 118; HWGNRH/*Worzalla* Rn. 76 ff.). Bei zwingendem gesetzlichem Kündigungsschutz folgt dies aus dem Vorrang des höherrangigen Rechts, bei tarifvertraglichem Kündigungsschutz regelmäßig aus Abs. 3 S. 1. Bei einer individualvertraglich eingeräumten besonderen kündigungsschutzrechtlichen Rechtsposition dürfte der Anwendung einer für ArbN ungünstigeren BV häufig das Günstigkeitsprinzip entgegenstehen (GK-BetrVG/*Kreutz* Rn. 382). Eine Einschränkung des individuellen Kündigungsschutzes erfolgt allerdings nach § 1 Abs. 5 KSchG, § 125 InsO, wenn eine mit dem BR vereinbarte Namensliste in einem Interessenausgleich die Kündigung eines ArbN vorsieht. Eine Regelung in einer BV, die Leistungen aus einem Sozialplan davon abhängig macht, dass keine Kündigungsschutzklage erhoben wird, ist unzulässig (→ §§ 112, 112a Rn. 198).

63 Eine BV kann eine ausreichende Grundlage für die Verpflichtung des ArbN zur Leistung von **Überstunden** sein. Dies gilt auch dann, wenn der einzelne ArbN damit nicht einverstanden ist. Das BAG sieht die Ermächtigungsgrundlage hierfür in § 87 Abs. 1 Nr. 3 (BAG 3.6.2003 – 1 AZR 349/02, NZA 2003, 1155; **aA** *Lobinger* Anm. zu AP BetrVG 1972 § 77 Tarifvorbehalt Nr. 19; *Preis/Ulber* RdA 2013, 211 [219]; *dies.* NZA 2014, 6 [9] halten den Weg für eine mögliche Lösung, vermissen aber eine Verhältnismäßigkeitsprüfung). Ausgehend von dem Konzept einer umfassenden Kompetenz der Betriebsparteien zur Regelung sozialer Angelegenheiten bedarf es jedoch einer speziellen gesetzlichen Ermächtigungsgrundlage für eine Änderung der Dauer der Arbeitszeit durch die Betriebsparteien gar nicht (vgl. *Linsenmaier* RdA 2008, 1 [11]). Beträchtliche, aber auch hinreichende Beschränkungen und Modifikationen ergeben sich aus der Regelungssperre des § 77 Abs. 3 S. 1, § 87 Eingangshalbsatz, dem Verhältnismäßigkeitsgrundsatz und dem Günstigkeitsprinzip. Das BAG hat für eine Überstunden regelnde BV angenommen, ein Arbeitsvertrag sei dann „betriebsvereinbarungsoffen", wenn in ihm eine Verpflichtung des ArbN zu Überstunden nicht ausgeschlossen sei (BAG 3.6.2003 – 1 AZR 349/02, NZA 2003, 1155). Zutreffender dürfte es sein, in einem solchen Fall, in dem die Arbeitsvertragsparteien gar keine Regelung über Überstunden getroffen haben, nicht von „Betriebsvereinbarungsoffenheit" zu sprechen. Vielmehr fehlt es in einem solchen Fall bereits an einer Kollision zwischen arbeitsvertraglicher Regelung und BV. Dementsprechend wirkt die BV nach Abs. 4 S. 1 unmittelbar und zwingend. Die Frage nach der Auflösung der Kollision unterschiedlicher Regelungen und damit nach Günstigkeitsprinzip und Betriebsvereinbarungsoffenheit stellt sich erst gar nicht (*Linsenmaier* RdA 2014, 336 [340]). Ein ArbN, der die Verpflichtung zur Leistung von Überstunden ausschließen will, muss dies daher in seinem Arbeitsvertrag unmissverständlich vereinbaren. Vergleichbares gilt für die Einführung von **Kurzarbeit** (BAG 14.2.1991 – 2 AZR 415/90, NZA 1991, 607). Allerdings wiegt für die ArbN die mit Kurzarbeit verbundene Einbuße an Einkommen meist schwerer als der mit Überstunden verbundene Verlust an Freizeit (so auch *Preis/Ulber* RdA 2013, 211 [219]). Dennoch fehlt es den Betriebsparteien nicht an der Kompetenz zur Einführung von Kurzarbeit. Allerdings ist in seinem solchen Fall sorgfältig zu prüfen, ob die Betriebsparteien hinsichtlich der Dauer und des Teilnehmerkreises den Verhältnismäßigkeitsgrundsatz und den Gleichbehandlungsgrundsatz beachtet haben. Nach dem Beschluss des BAG zum sog **„Leber-Rüthers-Kompromiss"** v. 18.8.1987 (1 ABR 30/86, NZA 1987, 779) können die Betriebsparteien in einer BV mit normativer Wirkung regeln, dass ältere ArbN kürzer arbeiten und damit weniger verdienen. Sowohl der Grundsatz der Verhältnismäßigkeit als auch das Verbot der Altersdiskriminierung wären aber in einem solchen Fall mit besonderer Sorgfalt zu prüfen.

64 BV können grds. **Ausschlussfristen** für die Geltendmachung einzelvertraglicher oder gesetzlicher Ansprüche vorsehen (BAG 9.4.1991 – 1 AZR 406/90, NZA 1991, 734; 25.2.2015 – 5 AZR 481/13, NZA 2015, 943; *Linsenmaier* RdA 2008, 1 [9]; letztlich offen gelassen in BAG 12.12.2006 – 1 AZR 96/06, NZA 2007, 453; **aA** GK-BetrVG/*Kreutz* Rn. 374; *Bauer* NZA 1987, 440 [442]; *Langer* Ausschlußfristen S. 120; Richardi BetrVG/*Richardi* Rn. 204). Dies folgt aus ihrer grds. umfassenden Regelungskompetenz (**aA** GK-BetrVG Rn. 374, der zu Unrecht von einer Innenschranke ausgeht). Allerdings ist wegen Abs. 3 S. 1 stets zu prüfen, ob nicht tarifliche Regelungen über Ausschlussfristen bestehen oder üblich sind. Bei gesetzlich unverzichtbaren oder unabdingbaren Ansprüchen steht einer Ausschlussfristenregelung höherrangiges Recht entgegen. Außerdem muss die Ausschlussfrist der Verhältnismäßigkeitsprüfung standhalten. Wegen Unverhältnismäßigkeit und Unzumutbarkeit hat das BAG eine zwei-stufige Ausschlussfrist in einer BV jedenfalls für Annahmeverzugsansprüche als unwirksam erachtet (BAG 12.12.2006 – 1 AZR 96/06, NZA 2007, 453; hieran anknüpfend für tarifvertragliche Ausschlussfristen BVerfG 1.12.2010 – 1 BvR 1682/07, NZA 2011, 354; vgl. auch *Preis/Ulber* RdA 2013, 211 [221 f.]). Für tarifliche Ansprüche können die Betriebsparteien schon wegen § 4 Abs. 4 S. 3 TVG

keine Ausschlussfristen vereinbaren (Richardi BetrVG/*Richardi* Rn. 204). Eine BV über einen **generellen Haftungsausschluss des ArbGeb.** oder die generelle Begrenzung seiner Haftung auf Vorsatz und grobe Fahrlässigkeit oder über eine Änderung der Grundsätze über die Haftung der ArbN bei gefahrgeneigter Tätigkeit unzulässig (HWGNRH/*Worzalla* Rn. 82; Richardi BetrVG/*Richardi* Rn. 124; BAG 5.3.1959 – 2 AZR 268/56, NJW 1959, 1555). Eine derartige ausschließliche Belastung der ArbN ist mit dem Grundsatz der Verhältnismäßigkeit nicht vereinbar. Dieser kann aber gewahrt sein, wenn der ArbGeb. eine zusätzliche Leistung erbringt, etwa indem er den ArbN einen eigenen Parkplatz zur Verfügung stellt und in diesem Zusammenhang seine Haftung beschränkt (HWGNRH/*Worzalla* Rn. 82; Richardi BetrVG/*Richardi* Rn. 124 mwN; **aA** BAG 5.3.1959 – 2 AZR 268/56, NJW 1959, 1555) oder den ArbN zur Sicherung ihres Eigentums bes. Einrichtungen überlässt und die Haftung für den Fall ausschließt, dass ein ArbN hiervon keinen Gebrauch macht (GK-BetrVG/*Kreutz* Rn. 391; Richardi BetrVG/*Richardi* Rn. 124).

65 Eine BV über eine **betriebliche Kleiderordnung** kann das Tragen einer bestimmten Berufskleidung bindend vorschreiben (→ § 75 Rn. 85; BAG 8.8.1989 – 1 ABR 65/88, NZA 1990, 320; 1.12.1992 – 1 AZR 260/92, NZA 1993, 711; 13.2.2007 – 1 ABR 18/06, NZA 2007, 640). Sofern nicht nur das Arbeitsverhalten betroffen ist, hat der BR gem. § 87 Abs. 1 Nr. 1 ein MBR (BAG 13.2.2007 – 1 ABR 18/06, NZA 2007, 640). Bei Regelungen über die Dienstkleidung müssen die Betriebsparteien den Gleichbehandlungsgrundsatz beachten (vgl. zur Anordnung des Tragens einer Cockpit-Mütze nur für Piloten, nicht dagegen für Pilotinnen BAG 30.9.2014 – 1 AZR 1083/12, NZA 2015, 121). Regelungen über die **Kostentragung** unterfallen nicht dem MBR nach § 87 Abs. 1 Nr. 1. Es besteht insoweit auch keine „Annexkompetenz" (→ § 87 Rn. 70; BAG 1.12.1992 – 1 AZR 260/92, NZA 1993, 711; 13.2.2007 – 1 ABR 18/06, NZA 2007, 640). Eine freiwillige BV nach § 88 über die Kostentragungspflicht ist nicht grds. ausgeschlossen (BAG 13.2.2007 – 1 ABR 18/06, NZA 2007, 640; aber auch BAG 1.12.1992 – 1 AZR 260/92, NZA 1993, 711). Die Betriebsparteien dürfen auf den ArbN allerdings keine Kosten überwälzen, deren Tragung kraft Gesetzes – etwa nach **§§ 618, 619 BGB** – zwingend dem ArbGeb. zugewiesen ist (vgl. zu den Kosten für Sicherheitsschuhe BAG 21.8.1985 – 7 AZR 199/83, NZA 1986, 324). Soweit dagegen zwingende gesetzliche oder tarifliche Regelungen über die Kostentragung fehlen, erscheint eine freiwillige BV möglich, die den ArbN die Kosten der Berufskleidung ganz oder teilweise auferlegt. Auch hierbei ist der **Grundsatz der Verhältnismäßigkeit** zu beachten. Der ArbN darf durch die Verpflichtung, eine bestimmte Berufskleidung zu finanzieren, nicht unangemessen belastet werden. Das Argument, er könne die Dienstkleidung auch im privaten Bereich verwenden, erscheint jedenfalls dann nicht tragfähig, wenn der ArbN eine solche Verwendung nicht wünscht. Der Bereich privater Lebensführung ist der Regelungsbefugnis der Betriebsparteien entzogen. Plausibler erscheint die Erwägung, bei bestimmten Berufstätigkeiten gehöre eine angemessene Kleidung zu der vom ArbN versprochenen Dienstleistung und der ArbN erspare durch die Verwendung der durch BV vorgeschriebenen Berufskleidung Aufwendungen für die andernfalls zu tragende Privatkleidung und vermeide deren Abnutzung (BAG 10.11.1961 – GS 1/60, NJW 1962, 411; 19.5.1998 – 9 AZR 307/96, NZA 1999, 38; 13.2.2007 – 1 ABR 18/06, NZA 2007, 640; *Linsenmaier* RdA 2008, 1 [10f.]; vgl. ferner *Preis/Ulber* RdA 2013, 211 [218]). Diese fiktive Ersparnis kann pauschalierend einen Anhaltspunkt für die Höhe der dem ArbN auferlegten Kosten bilden.

66 Die Betriebsparteien sind grds. befugt, in einer BV Regelungen über **Vertragsstrafen** zu treffen (BAG 6.8.1991 – 1 AZR 3/90, NZA 1992, 177; HWGNRH/*Worzalla* Rn. 83). Auch hier muss aber die konkrete Regelung verhältnismäßig, also zur Verwirklichung eines berechtigten Interesses des ArbGeb. geeignet, erforderlich und angemessen sein. Unwirksam ist daher eine BV, nach der einzelvertragliche Vertragsstrafenversprechen der BV auch dann vorgehen, wenn sie für den ArbN ungünstiger sind (BAG 6.8.1991 – 1 AZR 3/90, NZA 1992, 177). Von besonderer Bedeutung ist der Verhältnismäßigkeitsgrundsatz auch für **Ethikregeln,** die regelmäßig mit erheblichen Eingriffen in die allgemeine Handlungsfreiheit der ArbN verbunden sind. Zu prüfen ist dabei ferner, ob nicht das der Regelungsbefugnis der Betriebsparteien entzogene außerbetriebliche Verhalten der ArbN betroffen ist (vgl. *Preis/Ulber* RdA 2013, 211 [219]). Das BAG hat dies allerdings nicht angenommen bei einer Regelung, die für Redakteure einer Wirtschaftszeitung den Besitz von Wertpapieren und die Ausübung von Nebentätigkeiten mit dem Ziel einschränkte, die Unabhängigkeit der Berichterstattung zu gewährleisten (BAG 28.5.2002 – 1 ABR 32/01, NZA 2003, 166). Die Betriebsparteien können durch BV ein **betriebliches Rauchverbot** erlassen, um Nichtraucher vor den Gesundheitsgefahren des Passivrauchens zu schützen. Da sie dadurch in die allgemeine Handlungsfreiheit der Raucher eingreifen, müssen sie auch hierbei den Grundsatz der Verhältnismäßigkeit wahren (BAG 19.1.1999 – 1 AZR 499/98, NZA 1999, 546; vgl. dazu auch *Preis/Ulber* RdA 2013, 211 [218]). Gleiches gilt für ein **Alkoholverbot** (BAG 23.9.1986 – 1 AZR 83/85, NZA 1987, 250). Ein **Impfzwang** kann durch eine BV nicht angeordnet werden (*Brune* AR-Blattei BV Rn. 358; HWGNRH/*Worzalla* Rn. 71).

3. Vorrang des Tarifvertrages (Abs. 3)

a) Normzweck

Die Regelung ist ein „Stützpfeiler der kollektiven Arbeitsrechtsordnung" (*Dieterich/Hanau/Henssler/Oetker/Wank/Wiedemann* RdA 2004, 65 [70]). Sie dient der **Sicherung der ausgeübten und aktualisierten Tarifautonomie** sowie der Erhaltung und Stärkung der **Funktionsfähigkeit der Koalitionen** (stRspr, BAG 3.12.1991 – GS 2/90, NZA 1992, 749; 29.10.2002 – 1 AZR 573/01, NZA 2003, 393; 30.5.2006 – 1 AZR 111/05, NZA 2006, 1170; 22.3.2005 – 1 ABR 64/03, NZA 2006, 383; 23.3.2011 – 4 AZR 268/09, AP BetrVG 1972 § 77 Nr. 101; 16.11.2011 – 7 ABR 27/10, NZA-RR 2012, 579; 10.12.2013 – 1 ABR 39/12, NZA 2014, 1040; 25.2.2015 – 5 AZR 481/13, NZA 2015, 943; DKKW/*Berg* Rn. 126; *Fischer* Betriebsvereinbarungen S. 189 ff.; ErfK/*Kania* Rn. 43; GK-BetrVG/*Kreutz* Rn. 88; *Linsenmaier* RdA 2014, 336 [337]; Richardi BetrVG/*Richardi* Rn. 258; MHdB ArbR/*Arnold* § 315 Rn. 65; *Waltermann* RdA 1996, 131; *Waltermann* NZA 1995, 6; *Wank* RdA 1991, 129). Die durch Art. 9 Abs. 3 GG verfassungsrechtlich garantierte Koalitionsfreiheit und Tarifautonomie soll nicht durch BV gefährdet werden (BAG 29.10.2002 – 1 AZR 573/01, NZA 2003, 393). Die BV soll weder als normative Ersatzregelung für nicht organisierte ArbN noch als eine zusätzliche normative Regelung für übertarifliche Leistungen herangezogen werden können. Die Vorschrift will verhindern, dass Gegenstände, derer sich die TVParteien angenommen haben, konkurrierend – und sei es inhaltsgleich – durch BV geregelt werden (BAG 29.10.2002 – 1 AZR 573/01, NZA 2003, 393; 30.5.2006 – 1 AZR 111/05, NZA 2006, 1170). Dadurch würde die Stellung und Funktionsfähigkeit der Koalitionen entscheidend geschwächt. Im Rahmen des Abs. 3 S. 1 gilt zwischen BV und TV auch nicht das Günstigkeitsprinzip des § 4 Abs. 3 TVG. Auch günstigere BV sind daher unwirksam (GK-BetrVG/*Kreutz* Rn. 148; HWGNRH/*Worzalla* Rn. 142; DKKW/*Berg* Rn. 128; Richardi BetrVG/*Richardi* Rn. 296; *Wank* RdA 1991, 131 **aA** *Schmidt* Günstigkeitsprinzip S. 96 ff., 106 ff.; *Ehmann* ZRP 1996, 314; *Ehmann/Lambrich* NZA 1996, 348; zur Zulässigkeit entsprechender Regelungsabreden → Rn. 102, 216 ff.). **Zur Möglichkeit der Gewerkschaften, gegen tarifvorbehaltswidrige BV gerichtlich vorzugehen → Rn. 235 ff.** Erst recht können BV Arbeitsbedingungen, die der Regelungssperre des Abs. 3 S. 1 unterliegen, nicht ungünstiger gestalten (GK-BetrVG/*Kreutz* Rn. 149). 67

Insbes. um die Jahrtausendwende fand angesichts zunehmender Arbeitsmarktprobleme und des durch die Globalisierung der Wirtschaft wachsenden Wettbewerbs- 68 drucks eine intensive **rechtspolitische Diskussion** darüber statt, ob die Regelung der Arbeitsbedingungen nicht in stärkerem Umfang von der tariflichen auf die betriebliche Ebene verlagert und dazu Abs. 3 beseitigt oder jedenfalls eingeschränkt werden sollte (so schon frühzeitig die Deregulierungskommission Marktöffnung und Wettbewerb 1991 Rn. 73ff., 596ff.; 10. Hauptgutachten der Monopolkommission BT-Drs. 12/8323 Nr. 937; vgl. ferner *Reuter* RdA 1991, 199; *Reuter* ZfA 1991, 1; *Ehmann* ZRP 1996, 314; *Ehmann/Schmidt* NZA 1995, 193; *Ehmann/Lambrich* NZA 1996, 346; *Hablitzel* NZA 2001, 468; *Kania* BB 2001, 1091; *Löwisch* JZ 1996, 812; vgl. auch den Gesetzentwurf der CDU/CSU-Bundestagsfraktion zur Modernisierung des Arbeitsrechts v. 18.6.2003 BT-Drs. 15/1182; vgl. zum gesamten Reform- und Meinungsstand insbes. *Dieterich/Hanau/Henssler/Oetker/Wank/Wiedemann* RdA 2004, 65 mit zahlr. Nachw.). Ganz überwiegend wird eine derartige Verlagerung der Regelungskompetenz und eine Abschaffung oder Einschränkung des Abs. 3 jedoch **abgelehnt** (vgl. *Richardi,* Gutachten B zum 61. DJT, 1996, 61ff.; *Richardi* NZA 2000, 617; *Hanau* RdA 1993, 1; *Junker* ZfA 1996, 383; *Konzen* NZA 1995, 915; *Linnenkohl* BB 1994, 2077; *Rieble* RdA 1996, 151; *Walker* ZfA 1996, 369; *Waltermann* RdA 1996, 137; *Wank* NJW 1996, 2273; *Zachert* RdA 1996, 140; *Zachert* ArbuR 1993, 97; *Zachert* DB 1991, 225; vgl. auch die Stellungnahme der Bundesregierung zu dem Gutachten der Monopolkommission, die auf die vorrangige tarifpolitische Verantwortung der TVParteien verweist, BR-Drs. 330/95; weitgehend krit. auch *Dieterich/Hanau/Henssler/Oetker/Wank/Wiedemann* RdA 2004, 65 [69ff.], die aber die Einführung eines formalisierten Verfahrens vorschlagen, in dem die Betriebsparteien bei den TVParteien die Freistellung vom Tarifvorrang beantragen können; zu den verfassungsrechtlichen Grenzen einer Änderung des Abs. 3 vgl. *Dieterich* DB 2001, 2398; *Dieterich* RdA 2002, 1). Auch der 61. DJT 1996, hat sich – abgesehen von dem eng begrenzten, die Existenz des Unternehmens und seiner Arbeitsplätze gefährdenden Notfall – grds. gegen eine Änderung ausgesprochen (vgl. Abdruck der Beschlüsse in DB 1996, 2030). Zur Frage einer Ausweitung des Günstigkeitsvergleichs → Rn. 97, 201f.

69 Die Einführung der einfachgesetzlichen Möglichkeit, tarifvertragliche Regelungen vorbehalts- und einschränkungslos durch betriebliche Regelungen zu verdrängen, dürfte iÜ wegen Art. 9 Abs. 3 GG erheblichen verfassungsrechtlichen Bedenken begegnen (vgl. dazu insbes. *Richardi,* Gutachten B zum 61. DJT, 1996; *Dieterich* DB 2001, 2398; *Dieterich* RdA 2002, 1; ErfK/*Linsenmaier* GG Art. 9 Rn. 60ff.; *Dieterich/Hanau/Henssler/Oetker/Wank/Wiedemann* RdA 2004, 65 [70]; DKKW/*Berg* Rn. 156; *Wendeling-Schröder* FS Wißmann, 2005, 174 [182]; *Wolter* NZA 2003, 1317; *Zachert* ArbuR 2004, 121). Das derzeit geltende Arbeitsrecht entspricht dagegen den Vorgaben des Art. 9 Abs. 3 GG, indem es TV mit normativer Wirkung ausstattet und ihnen generell den Vorrang vor BV einräumt (ErfK/*Linsenmaier* GG Art. 9 Rn. 61). Dies bedeutet nicht, dass jede andere einfachgesetzliche Ausgestaltung verfassungswidrig wäre. So ist wohl die Regelungssperre des Abs. 3 S. 1 nicht ohne Weiteres verfassungsrechtlich geboten. Grdl. könnte die Tarifautonomie aber tangiert sein, wenn das Günstigkeitsprinzip des § 4 Abs. 3 TVG gestrichen und ungünstigere betriebliche Regelungen gestattet würden oder der Vergleichsmaßstab beim Günstigkeitsvergleich dahin ausgerichtet würde, dass auf betrieblicher Ebene ohne Zustimmung der TVParteien untertarifliche Leistungen im Austausch gegen beschäftigungspolitische Zusagen akzeptiert würden (vgl. ErfK/*Linsenmaier* GG Art. 9 Rn. 63ff.; vgl. aber andererseits zB *Hromadka* DB 2003, 42f.; *Schliemann* NZA 2003, 122 [128]). Zweifelsfrei verfassungskonforme Instrumente zur Flexibilisierung und Dezentralisierung sind tarifliche Öffnungsklauseln oder Genehmigungen (*Dieterich* RdA 2002, 1 [6f.]; ErfK/*Linsenmaier* GG Art. 9 Rn. 62).

b) Gegenstand der Regelungssperre

70 Die Regelungssperre des Abs. 3 S. 1 bezieht sich auf Arbeitsentgelte und sonstige Arbeitsbedingungen. **Arbeitsentgelt** ist jede in Geld zahlbare Vergütung oder Sachleistung des ArbGeb., zB Lohn, Prämien, Gratifikationen, Gewinnbeteiligungen, Deputate (WPK/*Preis* Rn. 60; → § 87 Rn. 412ff.). Verwehrt ist den Betriebsparteien jegliche Regelung über die tariflichen Vergütungsbestandteile selbst. Sie können diese weder hinsichtlich der Höhe noch der Anspruchsberechtigten modifizieren. Sie können auch nicht über die Höhe oder den Zeitpunkt von Tariferhöhungen disponieren. Dies gilt auch, wenn die Regelung für die ArbN günstiger ist als die tarifliche (BAG 30.5.2006 – 1 AZR 111/05, NZA 2006, 1170).

Unter **sonstigen Arbeitsbedingungen** sind alle Regelungen zu verstehen, die 71 Gegenstand der Inhaltsnormen eines TV sein können. Unter diesen Begriff fallen deshalb nach überwiegender Ansicht sowohl **formelle** als auch **materielle** Arbeitsbedingungen (BAG 9.4.1991 – 1 AZR 406/90, NZA 1991, 734; DKKW/*Berg* Rn. 129; ErfK/*Kania* Rn. 44; GK-BetrVG/*Kreutz* Rn. 93ff., 100ff.; HWGNRH/*Worzalla* Rn. 106ff.; Schaub ArbR-HdB/*Ahrendt* § 231 Rn. 16; *v. Hoyningen-Huene/Meyer-Krenz* NZA 1987, 794; *Fischer* Betriebsvereinbarungen S. 191ff.; *Säcker* BB 1979, 1202; *Vollmer* DB 1979, 309). Nach anderer Ansicht gilt die Regelungssperre nur für materielle Arbeitsbedingungen (BAG 24.2.1987 – 1 ABR 18/85, NZA 1987, 639; Richardi BetrVG/*Richardi* Rn. 271; *Richardi,* Gutachten B zum 61. DJT, 1996, 47ff.; *Konzen* BB 1977, 311; *Löwisch* ArbuR 1978, 107). Eine Einschränkung des Abs. 3 auf materielle Arbeitsbedingungen lässt sich weder aus dem Wortlaut der Vorschrift, noch aus einem anderen Grunde rechtfertigen. Vielmehr gebietet insbes. der Normzweck des Abs. 3 (→ Rn. 67ff.) die Einbeziehung aller Arbeitsbedingungen. Auch ein Unterlaufen tarifvertraglicher formeller Arbeitsbedingungen kann die Funktionsfähigkeit der Koalitionen gefährden (DKKW/*Berg* Rn. 129; GK-BetrVG/*Kreutz* Rn. 103; *Haug* BB 1986, 1928; *v. Hoyningen-Huene/Meier-Krenz* NZA 1987, 794 [795]).

Zu den **Inhaltsnormen eines TV,** die bei Bestehen eines TV oder Tarifüblich- 72 keit eine BV ausschließen, gehören neben Regelungen des Arbeitsentgelts auch solche über die Dauer und Lage der täglichen Arbeitszeit (§ 87 Abs. 1 Nr. 2 u. 3; BAG 21.2.1967 – 1 ABR 9/66, AP BetrVG § 59 Nr. 26), über Urlaub und Urlaubsgewährung (§ 87 Abs. 1 Nr. 5) und über Zeit, Ort und Art der Auszahlung des Arbeitsentgelts (§ 87 Abs. 1 Nr. 4; BAG 31.8.1982 – 1 ABR 8/81, NJW 1983, 2284). Auch tarifliche Vergütungsordnungen sind Inhaltsnormen, die unmittelbar und zwingend nur im Verhältnis zwischen dem ArbGeb. und den tarifgebundenen ArbN anzuwenden sind (BAG 18.10.2011 – 1 ABR 25/10, NZA 2012, 392; 14.4.2015 – 1 ABR 66/13, NZA 2015, 1077).

Kein Vorbehalt nach Abs. 3 S. 1 besteht bei **betrieblichen und betriebsverfas- 73 sungsrechtlichen Normen.** Es handelt sich dabei nicht um Arbeitsbedingungen iSv Abs. 3 S. 1. Soweit der ArbGeb. tarifgebunden ist, entfalten diese aber nach § 3 Abs. 2 TVG unmittelbare und zwingende Wirkung und sperren bereits deshalb abweichende BV. Unanwendbar ist nach § 112 Abs. 1 S. 4 die Regelungssperre des Abs. 3 auf **Sozialpläne.**

c) Voraussetzungen der Regelungssperre

aa) Tarifliche Regelung

Die Regelungssperre des Abs. 3 gilt nur für die Arbeitsbedingungen, die tariflich 74 geregelt sind (→ Rn. 75ff.) oder üblicherweise geregelt werden (→ Rn. 90ff.). Nur eine **tarifliche Regelung** löst die Sperrwirkung aus. Anders als nach § 87 Eingangshalbsatz sperrt eine dispositive gesetzliche Regelung nicht. Von einer zwingenden gesetzlichen Regelung kann freilich durch BV nicht abgewichen werden (→ Rn. 53).

Die Sperrwirkung des Abs. 3 S. 1 greift bereits, wenn die Arbeitsbedingungen für 75 den Betrieb **erstmalig tariflich geregelt** sind. Arbeitsbedingungen sind durch TV geregelt, wenn über sie ein TV abgeschlossen ist und der Betrieb in dessen räumlichen, betrieblichen, fachlichen und persönlichen **Geltungsbereich** fällt (BAG

27.1.1987 – 1 ABR 66/85, NZA 1987, 489; 9.12.1997 – 1 AZR 319/97, NZA 1998, 661; 21.1.2003 – 1 ABR 9/02, NZA 2003, 1097; 22.3.2005 – 1 ABR 64/03, NZA 2006, 383; DKKW/*Berg* Rn. 137; GK-BetrVG/*Kreutz* Rn. 110; Richardi BetrVG/*Richardi* Rn. 282). Der Geltungsbereich des TV wird durch die TVParteien festgelegt. Sie bestimmen in räumlicher und in betrieblicher Hinsicht, welche Betriebe von dem TV erfasst werden. Sie legen ferner in fachlicher und persönlicher Hinsicht fest, für welche Personengruppen die tarifliche Regelung gelten soll. Erforderlichenfalls ist der Geltungsbereich des TV durch Auslegung zu ermitteln (GK-BetrVG/*Kreutz* Rn. 113; *Brune* AR-Blattei BV Rn. 258). Hat ein TV nur einen beschränkten Geltungsbereich, zB Geltung nur in einer Region oder nur für eine bestimmte Personengruppe, greift die Sperrwirkung nur insoweit. Für außerhalb des Geltungsbereichs liegende Betriebe oder Personengruppen ist die Kompetenz der Betriebspartner zum Abschluss von BV nicht eingeschränkt (GK-BetrVG/*Kreutz* Rn. 113).

76 Verzichten die TVParteien auf eine sachlich-gegenständliche Umschreibung des betrieblich/fachlichen Geltungsbereichs und stellen sie zur **Bestimmung des tariflichen Geltungsbereichs ausschließlich** auf die **Mitgliedschaft des ArbGeb. im tarifschließenden Verband** ab, so hat dies zur Folge, dass sämtliche Tätigkeitsfelder der Mitgl. – also auch die nicht branchentypischen – vom TV erfasst werden. Es ist den TVParteien auch grds. unbenommen, den fachlichen Geltungsbereich eines TV in dieser Weise durch die Mitgliedschaft im tarifschließenden ArbGebVerband festzulegen (BAG 23.3.2011 – 4 AZR 268/09, NJOZ 2012, 33). Dadurch können sich allerdings Probleme für die Sperrwirkung des Abs. 3 S. 1 ergeben (vgl. ErfK/*Kania* Rn. 46). Das BAG hat angenommen, die Sperrwirkung sei in einem solchen Fall nicht notwendig auf die Betriebe der tatsächlichen Mitgliedsunternehmen beschränkt, sondern könne sich auch auf potentielle Mitglieder des ArbGebVerbands erstrecken; dies sei durch Auslegung des TV zu ermitteln (BAG 22.3.2005 – 1 ABR 64/03, NZA 2006, 383). **Eine auf die potentielle Mitgliedschaft bezogene Festlegung des Geltungsbereichs eines TV und eine darauf gestützte Sperrwirkung** sei jedenfalls dann unbedenklich, wenn die Satzung des ArbGebVerbands nicht für jeden ArbGeb. voraussetzungslos eine Beitrittsmöglichkeit vorsehe, sondern diese an bestimmte Kriterien knüpfe, durch die der Kreis potentieller Mitglieder ähnlich wie durch das Erfordernis einer Branchenzugehörigkeit beschränkt werde (BAG 22.3.2005 – 1 ABR 64/03, NZA 2006, 383; 23.3.2011 – 4 AZR 268/09, NJOZ 2012, 33). Diese nicht branchenbezogene, sondern sich auf die Betriebe aller potentiellen ArbGebVerbandsmitgl. erstreckende Sperrwirkung erscheint nur dann gerechtfertigt, wenn die Beitrittsvoraussetzungen zum ArbGebVerband quasi branchenbezogen sind. Ohne diese Voraussetzung ließe sich die Sperrwirkung eines von einem solchen ArbGebVerband für seine Mitglieder abgeschlossenen TV nur noch über die Tarifzuständigkeit der den jeweiligen TV schließenden Gewerkschaft sinnvoll begrenzen (so wohl auch DKKW/*Berg* Rn. 139). Dies wäre aber wiederum bei einer nicht nach dem Industrieverbandsprinzip organisierten Gewerkschaft – wie etwa der vormaligen DAG – nicht möglich. Daher wird mit beachtlichen Gründen auch die Auffassung vertreten, die Sperrwirkung des Abs. 3 S. 1 gelte in diesen Fällen grds. nur in den Betrieben der tatsächlichen Verbandsmitglieder (LAG Köln 16.3.1999 – 13 TaBV 27/98, NZA-RR 1999, 481; GK-BetrVG/*Kreutz* Rn. 114; *Buchner* DB 1997, 573; ErfK/*Kania* Rn. 45; *Kania* BB 2001, 1091; **aA** DKKW/*Berg* Rn. 139; MHdB ArbR/*Arnold* § 315 Rn. 72, wohl auch *Löwisch/Kaiser* Rn. 63).

77 Da die **Gewerkschaften** wegen ihrer Doppelstellung als ArbGeb. ihrer Mitarbeiter und als Gewerkschaften für die bei ihnen beschäftigten ArbN **keine TV** abschließen, können alle Arbeitsbedingungen ihrer ArbN durch BV (in der Regel GesBV) geregelt werden (BAG 28.4.1992 – 1 ABR 68/91, NZA 1993, 31; 20.2.2001 – 1 AZR 322/00, NZA 2001, 1204; 10.12.2013 – 1 ABR 39/12, NZA 2014, 1040; zur Zulässigkeit der Gründung eines Verbandes der Gewerkschaftsbeschäftigten mit dem Ziel, tarifvertragliche Regelungen ihrer Arbeitsbedingungen zu erreichen, BAG 17.2.1998 – 1 AZR 364/97, NZA 1998, 754).

Die **Sperrwirkung** des Abs. 3 **hängt nicht von** der **Tarifgebundenheit des ArbGeb. ab** (BAG 10.10.2006 – 1 ABR 59/05, NZA 2007, 523; 26.8.2008 – 1 AZR 354/07, NZA 2008, 1426; 25.2.2015 – 5 AZR 481/13, NZA 2015, 943; 26.1.2017 – 2 AZR 405/16, NZA 2017, 522 Rn. 16; 23.1.2018 – 1 AZR 65/17, NZA 2018, 871 Rn. 17; 15.5.2018 – 1 ABR 75/16, NZA 2018, 1150 Rn. 17; DKKW/*Berg* Rn. 72; ErfK/*Kania* Rn. 45; HWGNRH/*Worzalla* Rn. 124; MHdB ArbR/*Arnold* § 238 Rn. 64; WPK/*Preis* Rn. 66; *Wank* RdA 1991, 133; *Waltermann* RdA 1996, 131; Wiedemann/*Wank* TVG § 4 Rn. 562; **aA:** GK-BetrVG/*Kreutz* Rn. 116; Richardi BetrVG/*Richardi* Rn. 275; *Richardi* FS Schaub, 1998, 644; *Richardi* NZA 2000, 620; *Feudner* DB 1993, 2231; *Ehmann/Schmidt* NZA 1995, 196; *Ehmann* ZRP 1996, 317; *Ehmann* FS Zöllner, 1998, 732; *Hablitzel* NZA 2001, 471, *Meyer* NZA 2001, 751; wohl auch Schaub ArbR-HdB/*Ahrendt* § 231 Rn. 20, 23). Abs. 3 S. 1 ist keine Kollisionsnorm, sondern regelt die Zuständigkeit (BAG 22.3.2005 – 1 ABR 64/03, NZA 2006, 383; Richardi BetrVG/*Richardi* Rn. 258; vgl. auch BT-Drs. 1/1546, 55, 1/3585, 11). Das folgt aus dem Normzweck des Abs. 3 S. 1. Dieser dient dem Schutz einer funktionsfähigen Tarifautonomie. Dazu räumt die Vorschrift den TVParteien den Vorrang bei der Regelung von Arbeitsbedingungen ein. Zum Schutz der ausgeübten und aktualisierten Tarifautonomie ist jede Normsetzung durch die Betriebsparteien ausgeschlossen, die inhaltlich zu derjenigen der TVParteien in Konkurrenz treten würde (BAG 5.3.1997 – 4 AZR 532/95, NZA 1997, 951; 22.3. 2005 – 1 ABR 64/03, NZA 2006, 383). ArbGeb. und BR sollen weder abweichende noch konkurrierende BV mit normativer Wirkung schließen können (BAG 20.11. 2001 – 1 AZR 12/01, NJOZ 2002, 1944; 22.3.2005 – 1 ABR 64/03, NZA 2006, 383). Diese Funktionsfähigkeit wäre auch dann gestört, wenn nicht tarifgebundene ArbGeb. kollektivrechtliche Konkurrenzregelungen in Form von BV treffen könnten (BAG 22.3.2005 – 1 ABR 64/03, NZA 2006, 383; DKKW/*Berg* Rn. 140). Betriebsnahe Regelungen werden dadurch nicht verhindert. Dafür stehen FirmenTV als kollektivrechtliche Gestaltungsmittel zur Verfügung. Die Sperrwirkung des Abs. 3 S. 1 hängt daher bei einem nicht tarifgebundenen ArbGeb. nur davon ab, ob der fragliche Betrieb dem räumlichen, fachlichen und betrieblichen Geltungsbereich des betreffenden TV unterfällt (BAG 22.3.2005 – 1 ABR 64/03, NZA 2006, 383). **Die Regelungssperre auch für nicht tarifgebundene ArbGeb. hat** allerdings **keine Bedeutung im Bereich der erzwingbaren Mitbestimmung nach § 87.** Hier kommt der Tarifvorbehalt des Abs. 3 S. 1 nach der herrschenden „Vorrangtheorie" nicht zur Anwendung (→ Rn. 109 ff.). Es gilt hier **nur die Regelungssperre des § 87 Abs. 1 Eingangssatz; diese setzt die Tarifbindung des ArbGeb. voraus.** Die Regelungssperre des Abs. 3 S. 1 hat daher für nicht tarifgebundene ArbGeb. vor allem Bedeutung im Bereich der freiwilligen BV nach § 88. Zu möglichen betrieblichen Einheitsregelungen, auch in Form einer Regelungsabrede → Rn. 102 f., 216 ff. 78

Die **Sperrwirkung** des Abs. 3 **hängt** des weiteren **nicht davon ab, ob** die geltende **tarifliche Regelung** für die Branche **repräsentativ** ist; sie setzt nicht voraus, dass die in tarifgebundenen Betrieben beschäftigten ArbN zahlenmäßig überwiegen (DKKW/*Berg* Rn. 137; GK-BetrVG/*Kreutz* Rn. 118; MHdB ArbR/*Arnold* § 315 Rn. 72; *Fischer* Betriebsvereinbarungen S. 205 f.; *Franzen* RdA 2008, 193 [200]; ErfK/*Kania* Rn. 49; *Söllner* FS *Nipperdey* Bd. II, 1965, 715; Richardi BetrVG/*Richardi* Rn. 278; *Brune* AR-Blattei BV Rn. 238). Die Zahl der beiderseits Tarifgebundenen ist unwesentlich (BAG 20.11.2001 – 1 AZR 12/01, NJOZ 2002, 1944). Für die Sperrwirkung kommt es auch nicht darauf an, für wie viele ArbN der Branche die tarifliche Regelung normativ oder wegen vertraglicher Inbezugnahme gilt. Maßgeblich ist allein, dass der Betrieb bei Tarifbindung in den Geltungsbereich des TV fallen würde (BAG 20.11.2001 – 1 AZR 12/01, NJOZ 2002, 1944; Schaub ArbR-HdB/*Ahrendt* § 231 Rn. 23). Keine Sperrwirkung entfalten „Schein- oder Gefälligkeitstarifverträge". Bei einer solchen Qualifizierung ist jedoch angesichts der durch Art. 9 Abs. 3 GG geschützten Tarifautonomie große Zurückhaltung geboten. Zu verhindern gilt es ggf. nur die missbräuchliche Verhinderung betriebsverfassungsrechtlicher 79

Mitbestimmung. In einem **gemeinsamen Betrieb mehrerer Unternehmen** erfasst die Regelungssperre des Abs. 3 nicht notwendig den gesamten Betrieb. Sie tritt nur hinsichtlich der Betriebsteile und/oder Personen ein, für die eine Konkurrenz zwischen BV und TV droht (*Edenfeld* DB 2012, 575 [577]).

80 Auch ein **FirmenTV** löst im Rahmen seines Geltungsbereichs die Sperrwirkung des Abs. 3 aus (BAG 21.1.2003 – 1 ABR 9/02, NZA 2003, 1097; DKKW/*Berg* Rn. 138; ErfK/*Kania* Rn. 47; GK-BetrVG/*Kreutz* Rn. 119; Richardi BetrVG/*Richardi* Rn. 273; WPK/*Preis* Rn. 68; MHdB ArbR/*Arnold* § 315 Rn. 74; HWGNRH/*Worzalla* Rn. 133; **aA** *v. Hoyningen-Huene* DB 1994, 2031). Ist der FirmenTV auf einzelne Betriebe des Unternehmens beschränkt, gilt die Sperrwirkung nicht für die anderen Betriebe (BAG 22.3.2005 – 1 ABR 64/03, NZA 2006, 383; 6.11.2007 – 1 AZR 862/06, NZA 2008, 542). Eine Vielzahl von FirmenTV in einer Branche begründet keine Sperrwirkung für die nicht tarifgebundenen Unternehmen und Betriebe dieser Branche. Der Geltungsbereich der FirmenTV ist auf das jeweilige Unternehmen beschränkt (BAG 27.1.1987 – 1 ABR 66/85, NZA 1987, 489; 22.3.2005 – 1 ABR 64/03, NZA 2006, 383; DKKW/*Berg* Rn. 138; WPK/*Preis* Rn. 68; GK-BetrVG/*Kreutz* Rn. 119; HWGNRH/*Worzalla* Rn. 133).

81 Gibt es **mehrere den Betrieb räumlich, persönlich und fachlich erfassende TV,** so entfaltet grds. jeder von ihnen die Sperrwirkung des Abs. 3 S. 1 (GK-BetrVG/*Kreutz* Rn. 111; *Franzen* RdA 2008, 193 [200]; *Jacobs* NZA 2008, 325 [332]; Oberthür/Seitz Betriebsvereinbarungen/*Seitz* Teil A Kap. XIII Rn. 9). Das gilt – anders als bei der Regelungssperre des § 87 Abs. 1 – unabhängig von der Tarifbindung des ArbGeb. Damit geht der Umfang der Regelungssperre des Abs. 3 S. 1 über die Fälle sog Tarifpluralität hinaus, die mehrfache Tarifbindung des ArbGeb. voraussetzen. Die Regelungssperre des Abs. 3 S. 1 greift daher zB ein, wenn ein (Firmen)TV, an den der ArbGeb. gebunden ist, den betreffenden Gegenstand nicht regelt, es aber noch einen anderen, den Betrieb erfassenden (Flächen)TV gibt, an den der ArbGeb. – mangels Verbandszugehörigkeit – nicht gebunden ist, der aber eine Regelung des betreffenden Gegenstands enthält. In Angelegenheiten der erzwingbaren Mitbestimmung nach § 87 wirkt allerdings in einem solchen Fall die Regelungssperre des Abs. 3 S. 1 wegen der **Vorrangtheorie** ohnehin nicht (→ Rn. 109ff.). Dagegen ist der Abschluss freiwilliger BV gesperrt (→ Rn. 114). Im Falle von **Tarifpluralität** entfaltet zumindest zunächst jeder TV die Sperrwirkung des Abs. 3 S. 1. Zweifelhaft könnte sein, ob die Sperrwirkung entfällt, wenn durch eine rechtskräftige Entscheidung nach § 99 Abs. 3 ArbGG iVm **§ 4a Abs. 2 S. 2 TVG** über den im Betrieb anwendbaren TV die Unanwendbarkeit eines TV für einen bestimmten Betrieb festgestellt ist (vgl. zur Frage der Verfassungsmäßigkeit des § 4a TVG BVerfG 11.7.2017 – 1 BvR 1571/15, NZA 2017, 915). Da die Sperrwirkung des Abs. 3 S. 1 unabhängig von der Tarifbindung des ArbGeb. ist (→ Rn. 78), erscheint es konsequent, trotz festgestellter Unanwendbarkeit des TV betriebsverfassungsrechtlich weiterhin von dessen Sperrwirkung nach Abs. 3 S. 1 auszugehen (ErfK/*Kania* Rn. 49; **aA** GK-BetrVG/*Kreutz* Rn. 111). Im Übrigen dürfte auch ein verdrängter TV regelmäßig belegen, dass die Arbeitsbedingungen üblicherweise durch TV geregelt werden (so auch BVerfG 11.7.2017 – 1 BvR 1571/15, NZA 2017, 915 Rn. 168; Schaub ArbR-Hdb/*Ahrendt* § 231 Rn. 27). Für die Sperrwirkung des Abs. 3 S. 1 kommt es daher auch nicht auf die umstrittene Frage an, ob die Verdrängungswirkung nach § 4a Abs. 2 S. 2 TVG von einer Feststellung nach § 99 ArbGG abhängt oder kraft Gesetzes eintritt und dementsprechend in jedem Verfahren, in dem es materiellrechtlich als Vorfrage darauf ankommt, geprüft werden muss (vgl. dazu BVerfG 11.7.2017 – 1 BvR 1571/15, NZA 2017, 915 Rn. 175f. mwN). Unerheblich ist es daher auch, ob ein verdrängter TV wieder auflebt, wenn die Laufzeit des verdrängenden TV endet (vgl. dazu BVerfG 11.7.2017 – 1 BvR 1571/15, NZA 2017, 915 Rn. 189 mwN). Die danach recht weit reichende Sperrwirkung auch von MinderheitenTV wird dadurch entschärft, dass in den Angelegenheiten des § 87 nach der Vorrangtheorie die Regelungssperre des Abs. 3 S. 1 ohnehin durch die speziellere

Regelungssperre des § 87 Abs. 1 Einleitungssatz verdrängt wird. Die Regelungssperre des Abs. 3 S. 1 kann nur durch eine in jedem von mehreren TV enthaltene **Öffnungsklausel nach Abs. 3 S. 2** aufgehoben werden. Die Regelungssperre eines TV kann nämlich nur von den vertragsschließenden TVParteien beseitigt werden (BAG 23.3.2005 – 4 AZR 203/04, NZA 2005, 1003).

Vereinbart der von dem Geltungsbereich eines TV nicht erfasste ArbGeb. eines Betriebs mit seinen ArbN **einzelvertraglich** die Anwendung des TV, so greift die Sperrwirkung des Abs. 3 S. 1 **nicht** ein. Durch die einzelvertragliche Inbezugnahme des TV wird dessen Geltungsbereich nicht erweitert. Daher führt auch eine wiederholte Inbezugnahme der tariflichen Regelung nicht zu einer Tarifüblichkeit iSv Abs. 3 (BAG 27.1.1987 – 1 ABR 66/85, NZA 1987, 489; GK-BetrVG/*Kreutz* Rn. 120; DKKW/*Berg* Rn. 138; ErfK/*Kania* Rn. 49). 82

Keine Regelung durch TV liegt vor, wenn der TV nur noch kraft **Nachwirkung gem. § 4 Abs. 5 TVG** gilt (Oberthür/Seitz Betriebsvereinbarungen/*Seitz* Teil A. Kap. XIII. Rn. 10). Dem TV kommt in diesem Stadium keine zwingende Wirkung mehr zu. Er kann vielmehr jederzeit durch eine andere Abmachung ersetzt werden (BAG 31.1.1969 – 1 ABR 11/68, BeckRS 1969, 00002; DKKW/*Berg* Rn. 146; GK-BetrVG/*Kreutz* Rn. 121). Nicht von vorneherein ausgeschlossen sind BV, die bereits während eines noch geltenden TV mit dem Zweck und der Maßgabe abgeschlossen werden, vom Zeitpunkt des Eintritts der Nachwirkung an als „andere Abmachung" iSv. § 4 Abs. 5 TVG an die Stelle des TV zu treten (vgl. BAG 15.5.2018 – 1 ABR 75/16, NZA 2018, 1150 Rn. 27). In aller Regel wird sich in diesen Fällen die Sperrwirkung des Abs. 3 S. 1 aber aus der Tarifüblichkeit der Regelung ergeben (→ Rn. 90 ff.; WPK/*Preis* Rn. 72; Oberthür/Seitz Betriebsvereinbarungen/*Seitz* Teil A. Kap. XIII. Rn. 10). **BV** über den betreffenden Gegenstand sind nicht nur dann unwirksam, wenn bei ihrem Abschluss entsprechende TV bereits bestanden; sie **werden** vielmehr auch dann **unwirksam, wenn entsprechende TV-Bestimmungen erst später in Kraft treten** (BAG 21.1.2003 – 1 ABR 9/02, NZA 2003, 1097; 22.3.2005 – 1 ABR 64/03, NZA 2006, 383). 83

Die Sperrwirkung nach Abs. 3 tritt nur insoweit ein, als der TV bestimmte Arbeitsbedingungen **tatsächlich regelt** (Oberthür/Seitz Betriebsvereinbarungen/*Seitz* Teil A. Kap. XIII. Rn. 12). Dies ist der Fall, wenn und soweit der TV eine inhaltliche Sachregelung enthält (BAG 29.10.2002 – 1 AZR 573/01, NZA 2003, 393). Insoweit ist jede Regelung durch BV – auch durch eine günstigere – unzulässig. Schwierigkeiten kann uU die Feststellung bereiten, in welchem Umfang eine inhaltliche Sachregelung vorliegt. Der Umfang einer tariflichen Regelung ist durch Auslegung zu ermitteln. Dabei ist insbes. der Gesetzeszweck des Abs. 3 zu berücksichtigen, der verhindern soll, dass Gegenstände, derer sich die TVParteien angenommen haben, konkurrierend durch BV geregelt werden (BAG 29.10.2002 – 1 AZR 573/01, NZA 2003, 393). Es ist zu prüfen, ob nach dem Willen der TVParteien die betr. Angelegenheit abschließend geregelt werden soll (BAG 3.4.1979 – 6 ABR 29/77, AP BetrVG 1972 § 87 Nr. 2). Eine bloße Aufstockung der tariflichen Entgelte oder die Verbesserung sonstiger Arbeitsbedingungen durch BV, ohne dass hierfür besondere, vom TV nicht erfasste Gesichtspunkte vorliegen, ist deshalb nicht zulässig. Enthält ein TV **nur lückenhafte** oder **ergänzungsbedürftige** Rahmenregelungen, steht ihrer Ausfüllung durch BV insoweit **keine Sperrwirkung** entgegen (vgl. DKKW/*Berg* Rn. 130; GK-BetrVG/*Kreutz* Rn. 126). Ein TV, der für eine vom ArbGeb. vorzunehmende Leistungsbeurteilung einen bestimmten Zeitraum vorsieht, hindert die Betriebsparteien nicht, innerhalb dieses Zeitraums einen bestimmten Beurteilungszeitpunkt festzulegen (BAG 16.11.2011 – 7 ABR 27/10, NZA-RR 2012, 579). 84

Eine **reine Negativregelung** löst die Sperrwirkung des Abs. 3 S. 1 nicht aus (BAG 22.1.1980 – 1 ABR 48/77, NJW 1981, 75; 1.12.1992 – 1 AZR 234/92, NZA 1993, 613; DKKW/*Berg* Rn. 130; GK-BetrVG/*Kreutz* Rn. 124; WPK/*Preis* Rn. 70; *Edenfeld* DB 2012, 575 [577]). Eine solche liegt vor, wenn die TVParteien ausdrücklich oder konkludent vereinbaren, eine tarifliche Regelung nicht zu treffen. Derartige 85

Negativregelungen sind keine Regelungen der Arbeitsbedingungen iSv Abs. 3 S. 1. Sie dienen nicht der Sicherung der Vorrangkompetenz der TV Parteien. Mit ihnen soll trotz fehlender Lohnregelung im TV selbst eine Regelung durch BV nicht ausgeschlossen werden. Das ginge über die Sperrwirkung des Abs. 3 hinaus, der eine BV nur ausschließen will, wenn der TV selbst eine inhaltliche Regelung trifft. Aus den gleichen Gründen hindert auch eine Tarifregelung, die die Gestaltung von Arbeitsbedingungen ausschließlich der einzelvertraglichen Absprache überlässt, mangels eigenständiger inhaltlicher Regelung nicht die Regelung der Arbeitsbedingungen durch BV (BAG 1.12.1992 – 1 AZR 234/92, NZA 1993, 613; GK-BetrVG/*Kreutz* Rn. 124).

86 Auch wenn die TVParteien eine bestimmte Angelegenheit einfach nicht regeln, zB weil sie sich hierüber nicht haben einigen können **(schlichte Nichtregelung),** entfaltet Abs. 3 insoweit keine Sperrwirkung (WPK/*Preis* Rn. 71). Unerheblich ist, ob entsprechende Forderungen während der TV-Verhandlungen erhoben worden sind (BAG 23.10.1985 – 4 AZR 119/84, AP TVG § 1 Tarifverträge: Metallindustrie Nr. 33; GK-BetrVG/*Kreutz* Rn. 125). Selbst wenn wegen dieser Forderungen erfolglos gestreikt worden ist, fehlt es letztlich an einer Tarifregelung, welche die Sperrwirkung auslösen könnte (GK-BetrVG/*Kreutz* Rn. 125). Es kommt aber eine Sperrwirkung wegen der Tarifüblichkeit der Regelung in Betracht (→ Rn. 90ff.).

87 **Beispiele:**

Wegen Verstoßes gegen Abs. 3 sind als **unzulässig** anzusehen: BV, die ohne Vorliegen bes. Gründe das tarifliche Entgelt oder tarifliche Sonderzahlungen nur erhöhen wollen (BAG 30.5.2006 – 1 AZR 111/05, NZA 2006, 1170). Das gilt auch für BV über sog Anwesenheits- und Pünktlichkeitsprämien, da es sich um verdeckte Zuschläge auf den Tariflohn handelt (BAG 29.5.1964 – 1 AZR 281/63, AP BetrVG § 59 Nr. 24). Unzulässig sind auch BV über sonstige Zulagen, deren Gewährung nicht an bes. Voraussetzungen gebunden ist, sondern die allein für die Erfüllung der arbeitsvertraglichen Pflicht gezahlt werden (BAG 13.8.1980 – 5 AZR 325/78, AP BetrVG 1972 § 77 Nr. 2; GK-BetrVG/*Kreutz* Rn. 127). Das Gleiche gilt für eine BV, mit der eine anstehende Tariflohnerhöhung für den Betrieb vorweggenommen werden soll (BAG 7.12.1962 – 1 AZR 245/61, AP GG Art. 12 Nr. 28). Eine tarifliche Regelung, die Zuschläge nur für die 2. und 3. Schicht vorsieht, enthält gleichzeitig die sachliche Negativregelung, dass die 1. Schicht keine Zuschläge erhalten soll; eine entsprechende BV verstößt gegen Abs. 3 (GK-BetrVG/*Kreutz* Rn. 127). Das gilt auch für eine BV über die Verteilung der Arbeitszeit (§ 87 Abs. 1 Nr. 2), wenn sie zugleich Regelungen über die Dauer der wöchentlichen bzw. jährlichen Arbeitszeit enthält, die im Widerspruch zu einem für den Betrieb geltenden TV stehen (BAG 22.6.1993 – 1 ABR 62/92, NZA 1994, 184). Eine tarifliche Regelung über eine jährliche Sondervergütung ist grds. geeignet, gegenüber einer betrieblichen Regelung über eine Jahresabschlussvergütung die Sperrwirkung des Abs. 3 S. 1 auszulösen. Dabei kann eine tarifliche Anrechnungsklausel dafür sprechen, dass es sich um denselben Gegenstand handelt. Eine tarifliche Anrechnungsklausel kann aber zugleich eine Öffnungsklausel iSv Abs. 3 S. 2 sein (BAG 29.10.2002 – 1 AZR 573/01, NZA 2003, 393). Unzulässig ist eine BV, die vorsieht, dass eine Tariferhöhung „auf das Effektivgehalt" erfolgt (BAG 30.5.2006 – 1 AZR 111/05, NZA 2006, 1170).

88 **Kein Verstoß** gegen Abs. 3 S. 1 liegt vor, **wenn** eine BV Zulagen oder sonstige Leistungen vorsieht, die an **andere tatbestandliche Voraussetzungen als die tarifliche Regelung** anknüpfen und die durch die Tarifregelung auch nicht ausgeschlossen sind. Deshalb hindert eine bloße tarifliche Lohnregelung nicht die Gewährung von Sonderleistungen, die zusätzliche Leistungen an ArbN von anderen tatbestandlichen Voraussetzungen abhängig machen. Zu denken ist hier zB an eine **Schmutz- oder Erschwerniszulage** (→ § 91 Rn. 15ff.), an **bes. Funktionszulagen,** an **Gratifikationen aus bes. Anlass** (Dienst- oder Firmenjubiläum), an **Zusatzurlaub bei längerer Betriebszugehörigkeit** oder an die Gewährung **vermögenswirksamer Leistungen** (BAG 14.11.1974 – 1 ABR 65/73, AP BetrVG 1972 § 87 Nr. 1; 17.12.1985 – 1 ABR 6/84, NZA 1986, 364; DKKW/*Berg* Rn. 130; GK-BetrVG/*Kreutz* Rn. 127; Richardi BetrVG/*Richardi* Rn. 300; *Zöllner* FS *Nipperdey*

Bd. II, 1965, 717). Regelt ein TV nur den Zeitlohn, so steht er der **Regelung von Akkord- und Prämienlohn** durch BV nicht entgegen, sofern diese mit der Festlegung des Zeitlohns nicht gerade ausgeschlossen werden sollen (BAG 18.3.1964 – 1 ABR 10/63, AP BetrVG § 56 Entlohnung Nr. 4; Richardi BetrVG/*Richardi* Rn. 301). Ferner hat wegen unterschiedlicher Zwecksetzung die tarifliche Regelung von Nachtarbeitszuschlägen nicht die Unzulässigkeit einer BV über **Wechselschichtprämien** zur Folge (BAG 23.10.1985 – 4 AZR 119/84, AP TVG § 1 Tarifverträge: Metallindustrie Nr. 33). Zulässig ist auch eine BV, die die Anrechnung von **Tariflohnerhöhungen** auf übertarifliche Zulagen ausschließt. Mit einem **Anrechnungsverbot** regeln die Betriebsparteien nicht das Schicksal der Tariferhöhung, sondern die Behandlung der übertariflichen Zulage (BAG 30.5.2006 – 1 AZR 111/05, NZA 2006, 1170). Auch eine Bestimmung, wonach sich eine übertarifliche Zulage um denselben Prozentsatz erhöht, verstößt nicht gegen Abs. 3 S. 1 (BAG 30.5.2006 – 1 AZR 111/05, NZA 2006, 1170).

AT-Ang. fallen nicht unter einen TV. Sofern sie nicht zu den leit. Ang. (§ 5 **89** Abs. 3, 4) zählen, können daher ihre Arbeitsbedingungen durch BV geregelt werden (BAG 22.1.1980 – 1 ABR 48/77, NJW 1981, 75; DKKW/*Berg* Rn. 130; GK-BetrVG/*Kreutz* Rn. 128; *Gaul* BB 1981, 193; → § 87 Rn. 481 ff.).

bb) Tarifübliche Regelung

Abs. 3 S. 1 sperrt BV auch dann, wenn zwar zZ die Arbeitsbedingungen nicht **90** durch TV geregelt sind, aber doch üblicherweise geregelt werden. Die Sperre soll insbes. verhindern, dass die Betriebsparteien in der Zeit zwischen der Beendigung eines TV und seinem Neuabschluss normative Regelungen treffen, die in Konkurrenz zu dem bevorstehenden TV treten (BAG 10.12.2013 – 1 ABR 39/12, NZA 2014, 1040). Die Frage der **Tarifüblichkeit** beurteilt sich nach der einschlägigen Tarifpraxis (BAG 22.3.2005 – 1 ABR 64/03, NZA 2006, 383; 26.8.2008 – 1 AZR 354/07, NZA 2008, 1426). Sie ist insbes. zu bejahen, wenn nach Ablauf eines TV Verhandlungen über einen den Gegenstand betreffenden TV geführt werden. Bloße zeitliche Geltungslücken hindern daher die Sperrwirkung nicht (BAG 22.3.2005 – 1 ABR 64/03, NZA 2006, 383; 26.8.2008 – 1 AZR 354/07, NZA 2008, 1426; 5.3.2013 – 1 AZR 417/12, NZA 2013. 916; WPK/*Preis* Rn. 73; GK-BetrVG/*Kreutz* Rn. 130; HWGNRH/*Worzalla* Rn. 135; etwas strenger wohl Richardi BetrVG/*Richardi* Rn. 291). Keine Voraussetzung ist, dass die tarifvertragliche Ordnung in ihrem Geltungsbereich für die von ihr erfassten ArbN repräsentativ ist (GK-BetrVG/*Kreutz* Rn. 136; WPK/*Preis* Rn. 74; HWGNRH/*Worzalla* Rn. 137).

Keine Tarifüblichkeit liegt vor, wenn die TVParteien lediglich beabsichtigen, in **91** Zukunft eine bestimmte Angelegenheit zu regeln. Das gilt selbst dann, wenn die Parteien bereits TV-Verhandlungen geführt haben (BAG 23.10.1985 – 4 AZR 119/84, AP TVG § 1 TV Metallindustrie Nr. 33; 26.8.2008 – 1 AZR 354/07, NZA 2008, 1426; 5.3.2013 – 1 AZR 417/12, NZA 2013, 916; ErfK/*Kania* Rn. 48). Denn die Sperrwirkung des Abs. 3 S. 1 kann frühestens mit der erstmaligen Regelung einer Angelegenheit durch TV eintreten. Deshalb löst auch ein Streik um eine erstmalig zu regelnde Angelegenheit keine Sperrwirkung nach Abs. 3 S. 1 aus.

Eine Vielzahl von **FirmenTV** in einer Branche begründet für die übrigen Betrie- **92** be keine Sperrwirkung wegen Tarifüblichkeit. Denn diese greift nur in Bezug auf Betriebe ein, die unter den Geltungsbereich der TV fallen (BAG 27.1.1987 – 1 ABR 66/85, NZA 1987, 489; GK-BetrVG/*Kreutz* Rn. 134, Richardi BetrVG/*Richardi* Rn. 290).

Die **Tarifüblichkeit entfällt,** wenn mit Sicherheit feststeht, dass in Zukunft eine **93** Frage nicht mehr tariflich geregelt wird. Das ist der Fall, wenn die TVParteien ausdrücklich oder konkludent erklären, dass sie eine bestimmte Angelegenheit nicht mehr tariflich regeln wollen (ErfK/*Kania* Rn. 48; WPK/*Preis* Rn. 75). Eine derartige Erklärung ergibt sich aber keineswegs bereits daraus, dass über eine längere Zeit kein TV abgeschlossen worden ist oder dass sich Neuverhandlungen über einen längeren

Zeitraum hinziehen. Das hängt von Umfang und Schwierigkeit der zu regelnden Materie ab. Gerade bei MantelTV sind langwierige Verhandlungen durchaus nicht unüblich (Richardi BetrVG/*Richardi* Rn. 292). Solange sich die TVParteien erkennbar und ernsthaft um eine Neuregelung bemühen, ist vom Fortbestand der Tarifüblichkeit auszugehen. Erst wenn die TVParteien keinen TV mehr anstreben oder nach Jahren vergeblicher Verhandlungen von der Weiterführung einer bestimmten TV-Regelung Abstand nehmen, kann von einem Wegfall der Tarifüblichkeit ausgegangen werden. Feste Zeiträume hierfür lassen sich nicht aufstellen (GK-BetrVG/*Kreutz* Rn. 133; Richardi BetrVG/*Richardi* Rn. 292; HWGNRH/*Worzalla* Rn. 139).

94 Die Tarifüblichkeit entfällt idR auch, wenn eine der TVParteien infolge **gewillkürter Tarifunfähigkeit** (zB Auflösung des Arbeitgeberverbandes oder entsprechende Satzungsänderung) wegfällt und der TV endet. Bei Wegfall des Tarifpartners ist ein Neuabschluss des TV nicht zu erwarten. Etwas anderes gilt auch dann nicht, wenn und soweit die Gewerkschaft mit den bisherigen verbandsangehörigen ArbGeb. FirmenTV abschließt oder ernsthaft anstrebt. Denn diese FirmenTV entfalten nur für ihren Geltungsbereich Sperrwirkung (GK-BetrVG/*Kreutz* Rn. 134).

95 Auf die **Tarifbindung** des ArbGeb. kommt es auch für die auf der Tarifüblichkeit der Regelung beruhenden Sperrwirkung nicht an (BAG 24.1.1996 – 1 AZR 597/95, NZA 1996, 948; *Brune* AR-Blattei BV Rn. 235; → Rn. 78). Deshalb kann sich ein ArbGeb. nicht durch **Verbandsaustritt** der Sperrwirkung entziehen (**aA** Richardi BetrVG/*Richardi* Rn. 294 für die Zeit nach Ablauf des VerbandsTV).

96 Auch tarifübliche Regelungen entfalten eine Sperrwirkung nur im **Rahmen ihres jeweiligen Geltungsbereichs** (BAG 11.12.2018 – 1 ABR 17/17, NZA 2019, 714 Rn. 42; GK-BetrVG/*Kreutz* Rn. 135; Richardi BetrVG/*Richardi* Rn. 287 ff.; → Rn. 75). Ist zB die tarifübliche Regelung auf bestimmte ArbNGruppen beschränkt, ist für die übrigen eine Regelung durch BV zulässig.

d) Wirkung der Regelungssperre

97 Tariflich geregelte oder üblicherweise geregelte Arbeitsbedingungen können **nicht Gegenstand einer BV** sein (zu Ausnahmen → Rn. 108 ff.). Insoweit fehlt den Betriebspartnern die Gestaltungsmacht. Unter Verstoß gegen Abs. 3 S. 1 geschlossene BV sind **rechtsunwirksam** (BAG 5.3.1997 – 4 AZR 532/95, NZA 1997, 951; 20.4.1999 – 1 AZR 631/98, NZA 1999, 1059; 21.1.2003 – 1 ABR 9/02, NZA 2003, 1097; 10.10.2006 – 1 ABR 59/05, NZA 2007, 523; 23.3.2011 – 4 AZR 268/09, AP BetrVG 1972 § 77 Nr. 101; 17.1.2012 – 1 AZR 482/10, AP BetrVG 1972 § 77 Tarifvorbehalt Nr. 26; 5.5.2015 – 1 AZR 435/13, NZA 2015, 1207; 15.5.2018 – 1 ABR 75/16, NZA 2018, 1150 Rn. 31; DKKW/*Berg* Rn. 131; *Kort* NZA 2005, 620; GK-BetrVG/*Kreutz* Rn. 140; *Linsenmaier* RdA 2014, 336 [337]; HWGNRH/*Worzalla* Rn. 142; vgl. aber zur nachträglichen Heilung → Rn. 100, 119). Abs. 3 S. 1 ist keine Kollisions-, sondern eine Kompetenznorm (BAG 23.1.2018 – 1 AZR 65/17, NZA 2018, 871 Rn. 24; 15.5.2018 – 1 ABR 75/16, NZA 2018, 1150 Rn. 31). Im Rahmen des Abs. 3 gilt zwischen TV und BV **kein Günstigkeitsprinzip.** Die Vorschrift hat Vorrang vor § 4 Abs. 3 TVG (BAG 26.2.1986 – 4 AZR 535/84, AP TVG § 4 Ordnungsprinzip Nr. 12; DKKW/*Berg* Rn. 22; *Kort* NZA 2005, 620; GK-BetrVG/*Kreutz* Rn. 148; Richardi BetrVG/*Richardi* Rn. 296; *Rieble* RdA 1996, 151; *Walker* ZfA 1996, 373; *Zachert* RdA 1996, 146; **aA** *Müller* ArbuR 1992, 261; *Schmidt* Günstigkeitsprinzip S. 106 ff.; *Ehmann/Schmidt* NZA 1995, 199; *Ehmann/Lambrich* NZA 1996, 346; *Hablitzel* NZA 2001, 471; vgl. auch *Blomeyer* NZA 1996, 345). Erst recht sind ungünstigere BV unzulässig. Dies gilt sowohl für tarifgebundene ArbN als auch für Außenseiter (BAG 17.10.1962 – 4 AZR 321/61, NJW 1963, 463; GK-BetrVG/*Kreutz* Rn. 1429. Für tarifgebundene ArbN folgt die Unwirksamkeit ungünstigerer BV außerdem aus § 4 Abs. 1, 3 TVG.

98 **BV,** die den für den Betrieb **geltenden TV** – mit der Folge der indirekten Erstreckung des TV auf Außenseiter oder anders organisierte ArbN – **lediglich inhaltlich**

übernehmen, verstoßen gegen Abs. 3 S. 1 und sind daher **unwirksam** (vgl. 15.5.2018 – 1 ABR 75/16, NZA 2018, 1150 Rn. 20). Die Erstreckung tariflicher Regelungen mit normativer Wirkung soll allein der hierfür vorgesehene AVE von TV vorbehalten bleiben (BAG 3.12.1991 – GS 2/90, NZA 1992, 749; 22.3.1994 – 1 ABR 47/93, BeckRS 2010, 65615; 20.11.2001 – 1 AZR 12/01, NJOZ 2002, 1944; DKKW/*Berg* Rn. 136; WPK/*Preis* Rn. 76; GK-BetrVG/*Kreutz* Rn. 150; Richardi BetrVG/*Richardi* Rn. 306 ff.; *Hanau* RdA 1973, 284). Hierin liegt kein Verstoß gegen den Grundsatz der negativen Koalitionsfreiheit. Nichtorganisierte haben keinen Anspruch auf ein normatives Regelungsinstrument für ihre Arbeitsbedingungen (GK-BetrVG/*Kreutz* Rn. 150).

Wird eine BV unter Verstoß gegen Abs. 3 S. 1 trotz bereits bestehender oder tarif- 99
licher Regelung geschlossen, so ist sie von Anfang an unwirksam. Wird dagegen der TV erst später geschlossen so verliert eine bestehende **vortarifliche BV** mit Inkrafttreten des TV ihre Wirksamkeit **ex nunc** (BAG 26.2.1986 – 4 AZR 535/84, NZA 1986, 790; 21.1.2003 – 1 ABR 9/02, NZA 2003, 1097; 26.1.2017 – 2 AZR 405/16, NZA 2017, 522 Rn. 16; GK-BetrVG/*Kreutz* Rn. 151; Richardi BetrVG/*Richardi* Rn. 297).

Ein Verstoß gegen die Regelungssperre in Abs. 3 S. 1 hat nicht die unheilbare 100
Nichtigkeit der BV zur Folge. Abs. 3 S. 1 ist kein Verbotsgesetz iSd § 134 BGB. Wie Abs. 3 S. 2 deutlich macht, sichert er im Interesse der TVParteien deren Tarifautonomie. Abs. 3 S. 1 ist keine Sanktion für ein rechtswidriges oder gar schuldhaftes Verhalten der Betriebsparteien, sondern eine Kollisionsregel zwischen betrieblicher und tariflicher/tarifüblicher kollektiver Gestaltung. Daher können diese durch eine **rückwirkende Tariföffnungsklausel** die Rechtsunwirksamkeit einer zunächst gegen Abs. 3 S. 1 verstoßenden BV nachträglich heilen (→ Rn. 119; BAG 20.4.1999 – 1 AZR 631/98, NZA 1999, 1059; 29.10.2002 – 1 AZR 573/01, NZA 2003, 393; ErfK/*Kania* Rn. 61; *Kort* NZA 2005, 620; WPK/*Preis* Rn. 77; Schaub ArbR-HdB/*Ahrendt* § 231 Rn. 31; **aA** GK-BetrVG/*Kreutz* Rn. 141; HWGNRH/*Worzalla* Rn. 142; *Worzalla* Anm. zu AP BetrAVG § 1 Nr. 12). Mit Wirkung ex nunc erscheint eine solche Heilung auch wenig problematisch. Dagegen kommt eine rückwirkende Heilung – insbes. bei BV, welche die ArbN belasten – nur bei Beachtung des Vertrauensschutzes und der Rechtsprechungsgrundsätze zur echten und unechten Rückwirkung in Betracht.

Nur BV werden von der Sperrwirkung des Abs. 3 erfasst. **Individualrechtliche** 101
Vereinbarungen über tariflich geregelte oder üblicherweise geregelte Arbeitsbedingungen sind innerhalb der tarifvertragsrechtlichen Grenzen (vgl. § 4 Abs. 3, 5 TVG) **zulässig.** Insbes. können übertarifliche Arbeitsbedingungen durch Einzelarbeitsvertrag ohne weiteres vereinbart werden (BAG 24.7.1958 – 2 AZR 404/55, NJW 1959, 407). Dies folgt bereits aus § 4 Abs. 3 TVG. Auch allgemeine Arbeitsbedingungen in Form einer arbeitsvertraglichen Einheitsregelung, einer Gesamtzusage oder einer betrieblichen Übung werden durch Abs. 3 nicht ausgeschlossen (BAG 24.1.1996 – 1 AZR 597/95, NZA 1996, 948; GK-BetrVG/*Kreutz* Rn. 153; Richardi BetrVG/*Richardi* Rn. 313 f.). Diese Regelungen haben aber keinen normativen Charakter. Sie können – sofern sie nicht betriebsvereinbarungsoffen gestaltet werden (→ Rn. 198, 214) – grds. nur mit den Mitteln des Arbeitsvertragsrechts geändert oder beseitigt werden (→ Rn. 207 ff.).

Auch **andere Vereinbarungen** der Betriebspartner als BV werden von der 102
Sperrwirkung des Abs. 3 **nicht erfasst.** Das gilt insbes. für die sog **Regelungsabrede** (BAG 20.4.1999 – 1 AZR 631/98, NZA 1999, 1059; 21.1.2003 – 1 ABR 9/02, NZA 2003, 1097; GK-BetrVG/*Kreutz* Rn. 154; WPK/*Preis* Rn. 59; ErfK/*Kania* Rn. 52; *Haug* BB 1986, 1929; *Heinze* NZA 1995, 5; *Hromadka* DB 1987, 1993; *Waltermann* Betriebsvereinbarung S. 269 ff.; *Waltermann* RdA 1996, 132; *Wank* RdA 1991, 133; *Zöllner* ZfA 1988, 281; *Kort* NJW 1997, 1480; *Wiese* FS 50 Jahre BAG, 2004, 664; Wiedemann/*Wank* TVG § 4 Rn. 577; *Walker* ZfA 2000, 35; Schaub ArbR-HdB/*Ahrendt* § 231 Rn. 32; *Goethner* NZA 2006, 303; **aA** *Annuß* RdA 2000,

291; DKKW/*Berg* Rn. 158; Richardi BetrVG/*Richardi* Rn. 293 230; *Berg* FS Kehrmann, 1997, 276; *Gamillscheg* FS Stahlhacke, 1995, 145; *Hanau* BB 1977, 350; *Wohlfarth* NZA 1999, 963; *Zachert* RdA 1996, 145; *Thon* NZA 2005, 858; zur Regelungsabrede → Rn. **216 ff.**). Hierfür spricht jedenfalls der Wortlaut des Abs. 3, der eben nicht den in Abs. 1 gebrauchten Begriff „Vereinbarung" verwendet. Gleichwohl kann hierdurch der Normzweck des Tarifvorbehalts des Abs. 3, eine betriebliche Konkurrenzordnung zum TVSystem zu verhindern, gefährdet sein (DKKW/*Berg* Rn. 158 mwN; Richardi BetrVG/*Richardi* Rn. 293; *Annuß* RdA 2000, 287 [291]). Zumindest ist die Gefahr nicht von der Hand zu weisen, dass die Betriebsparteien in formlose Absprachen über Entgelte und sonstige Arbeitsbedingungen ausweichen und so die Normsetzungsprärogative der TVParteien ein Stück weit faktisch aushöhlen. Allerdings können sie wegen § 4 Abs. 3 TVG nur günstigere Entgelte und Arbeitsbedingungen vereinbaren. Auch haben die Absprachen keine normative Wirkung. Die durch Abs. 3 S. 1 verbotene Konkurrenz zwischen tariflicher und betrieblicher Normsetzung tritt daher nicht ein (*Goethner* NZA 2006, 303 [304]). Der ArbGeb. muss vielmehr den Inhalt der Absprache mit den üblichen arbeitsvertraglichen Mitteln umsetzen und zum Inhalt der Arbeitsverträge machen. Auch kann er sich von ihnen nur mit den üblichen arbeitsvertraglichen Mitteln wieder lösen (Aufhebungsvertrag, Änderungskündigung, Widerrufsvorbehalt). Ein Verzicht der ArbN auf diese Ansprüche ist möglich. Selbstverständlich ist die Regelungsabrede an **zwingendes höherrangiges Recht** gebunden. Eine Regelungsabrede, die ein rechtswidriges Ziel verfolgt, ist insoweit ebenfalls rechtswidrig. Das gilt zB für Regelungsabreden, die gegen die Unabdingbarkeit von Tarifnormen nach § 4 Abs. 1 TVG verstoßen. Deshalb ist es nicht zulässig, in einer Regelungsabrede für tarifgebundene ArbN schlechtere Arbeitsbedingungen als die tariflichen vorzusehen (BAG 20.4.1999 – 1 AZR 631/98, NZA 1999, 1059). Das gilt auch, wenn eine derartige Absprache im Rahmen eines sog „betrieblichen Bündnisses für Arbeit" erfolgt, in dem gleichzeitig eine Beschäftigungsgarantie, zB durch Ausschluss betriebsbedingter Kündigungen oder der Unterlassung einer beabsichtigten Standortverlagerung, zugesagt wird. Derartige Regelungen sind nicht etwa wegen der zugesagten Beschäftigungsgarantie als günstigere Regelungen iSv § 4 Abs. 3 TVG anzusehen. Vielmehr würden bei einem solchen Vergleich „Äpfel mit Birnen" verglichen (BAG 20.4.1999 – 1 AZR 631/98, NZA 1999, 1059). Demgegenüber gestattet § 4 Abs. 3 TVG nur einen Vergleich von Regelungen, die in einem sachlichen Zusammenhang stehen (sog **Sachgruppenvergleich,** Näher hierzu → Rn. 199 ff.). Verstoßen die Betriebsparteien durch Abschluss einer tarifwidrigen Regelungsabrede gegen zwingendes TVRecht, haben die Gewerkschaften einen Unterlassungsanspruch (→ Rn. 236; BAG 20.4.1999 – 1 AZR 631/98, NZA 1999, 1059). Eine Regelungsabrede, die einen niedrigeren Lohn als den Tariflohn nur für nichttarifgebundene ArbN vorsieht, ist dagegen grds. zulässig, da in diesem Falle kein Verstoß gegen § 4 TVG vorliegt und unterschiedliche Arbeitsbedingungen zwischen tarifgebundenen und nicht tarifgebundenen Betriebsangehörigen keinen Verstoß gegen den arbeitsrechtlichen Gleichbehandlungsgrundsatz darstellen (vgl. zum letzteren → § 75 Rn. 51).

103 Die **Teilunwirksamkeit** einer BV hat nur dann die Unwirksamkeit aller Regelungen zur Folge, wenn der verbleibende Teil ohne die unwirksamen Bestimmungen keine sinnvolle und in sich geschlossene Regelung mehr enthält (→ Rn. 32; BAG 15.5.2001 – 1 ABR 39/00, NZA 2001, 1154; 21.1.2003 – 1 ABR 9/02, NZA 2003, 1097; 22.3.2005 – 1 ABR 64/03, NZA 2006, 383; 24.4.2013 – 7 ABR 71/11, AP BetrVG 1972 § 3 Nr. 11; 5.5.2015 – 1 AZR 435/13, NZA 2015, 1207; 15.5.2018 – 1 ABR 75/16, NZA 2018, 1150 Rn. 31). Das BAG verweist dabei auf den Rechtsgedanken des § 139 BGB (vgl. BAG 9.7.2013 – 1 ABR 19/12, NZA 2014, 99 Rn. 34; 8.12.2015 – 1 ABR 2/14, AP BetrVG 1972 § 87 Arbeitszeit Nr. 139 Rn. 30; 23.1.2018 – 1 AZR 65/17, NZA 2018, 871 Rn. 37; 15.5.2018 – 1 ABR 75/16, NZA 2018, 1150 Rn. 31). Dies ist weder erforderlich noch dogmatisch überzeugend (*Moll* RdA 2019, 229 [230]). Maßgeblich ist vielmehr der normative Charakter der BV (ebenso MHdB ArbR/*Arnold* § 316 Rn. 121; *Moll* RdA 2019, 229 [230]). Dieser gebietet – insoweit gerade anders als die auf den mutmaßlichen Parteiwillen abstellende Regelung des § 139 BGB - es ebenso wie bei TV und Gesetzen, die gesetzte Ordnung im Interesse der Kontinuität und Rechtsbeständigkeit dann, aber auch nur dann insoweit aufrechtzuerhalten, als sie auch ohne den unwirksamen Teil ihre Ordnungsfunktion noch entfalten kann (BAG 21.1.2003 – 1 ABR 9/02, NZA 2003, 1097; *Kort* NZA 2005, 620; **aA** GK-BetrVG/*Kreutz* Rn. 66, der auf den durch Auslegung zu ermittelnden Parteiwillen, hilfsweise auf § 139 BGB abstellen will; *Kreutz* FS Säcker, 2012, 247 [251 ff.]). Der Grundsatz der Aufrechterhaltung einer normativen Teilordnung gilt allerdings dann ausnahmsweise nicht, wenn die übrigen Regelungen keine normative Außenwirkung haben, sondern ausschließlich zwischen den Betriebsparteien gelten; in diesem Fall kommt § 139 BGB vielmehr uneingeschränkt zur Anwendung (BAG 21.1.2003 – 1 ABR 9/02, NZA 2003, 1097; 24.4.2013 – 7 ABR 71/11, AP BetrVG 1972 § 3 Nr. 11).

Umstr. ist, ob eine wegen Verstoßes gegen Abs. 3 unwirksame BV in ein zulässi- **104**
ges anderes Rechtsgeschäft **umgedeutet** werden kann. Eine generelle Umdeutung in eine **Regelungsabrede** dürfte wegen der grundsätzlichen Unterschiedlichkeit dieser Rechtsinstrumente – die BV gewährt den ArbN Ansprüche, bei der Regelungsabrede besteht ein Anspruch des BR auf ein bestimmtes Verhalten des ArbGeb. – nicht in Betracht kommen (BAG 24.1.1996 – 1 AZR 597/95, NZA 1996, 948; HWGNRH/*Worzalla* Rn. 144; GK-BetrVG/*Kreutz* Rn. 64, 145; *Kort* NZA 2005, 620 [621]; **aA** *Birk* ZfA 1986, 107; *Belling/Hartmann* NZA 1998, 679).

Ist dem ArbGeb. die Unwirksamkeit der BV wegen Verstoßes gegen Abs. 3 **nicht** **105**
bekannt, dürfte im Allgemeinen auch keine Umdeutung der BV in entsprechende **einzelvertragliche** Regelungen in Betracht kommen. Denn bei Abschluss einer BV will der ArbGeb. gerade nicht mit den einzelnen ArbN individualrechtliche Ansprüche begründen, sondern sich des kollektiven Regelungsinstruments mit den ihm eigenen Wirkungen (insbes. der Kündigungsmöglichkeit nach Abs. 6) bedienen (vgl. BAG 26.1.2017 – 2 AZR 405/16, NZA 2017, 522 Rn. 27; GK-BetrVG/*Kreutz* Rn. 144). Auch handelt der BR nicht als rechtsgeschäftlicher Vertreter der einzelnen ArbN (LAG BW 16.1.1997 – 11 Sa 101/96, NZA-RR 1997, 387). Erbringt der ArbGeb. in Anwendung einer vermeintlich wirksamen BV Leistungen an die ArbN, begründet dies allein regelmäßig **keine betriebliche Übung** (BAG 18.11.2003 – 1 AZR 604/02, NZA 2004, 803; 28.6.2005 – 1 AZR 213/04, NJOZ 2005, 5080; 23.3.2011 – 4 AZR 268/09, NJOZ 2012, 33; *Kort* NZA 2005, 620 [621]). Liegen allerdings Umstände vor, die erkennen lassen, dass der ArbGeb. auch in **Kenntnis der Unwirksamkeit** der BV eine inhaltsgleiche Gestaltung der Arbeitsbedingungen gewollt hat, kommt ausnahmsweise eine **Umdeutung in eine vertragliche Einheitsregelung (Gesamtzusage oder gebündelte Vertragsangebote) in Betracht** (BAG 24.1. 1996 – 1 AZR 597/95, NZA 1996, 948; 5.3.1997 – 4 AZR 532/95, NZA 1997, 951; 23.1.2018 – 1 AZR 65/17, NZA 2018, 871 Rn. 27). Hierzu müssen aber besondere Umstände die Annahme rechtfertigen, der ArbGeb. habe sich unabhängig von der BV auf jeden Fall verpflichten wollen, seinen ArbN die darin vorgesehenen Leistungen zu gewähren (BAG 29.10.2002 – 1 AZR 573/01, NZA 2003, 393; 28.6.2005 – 1 AZR 213/04, NJOZ 2005, 5080; 23.3.2011 – 4 AZR 268/09, NJOZ 2012, 33; 25.2.2015 – 5 AZR 481/13, NZA 2015, 943; 23.2.2016 – 3 AZR 960/13, NZA 2016, 642 Rn. 25; 26.1.2017 – 2 AZR 405/16, NZA 2017, 522 Rn. 27; 23.1.2018 – 1 AZR 65/17, NZA 2018, 871 Rn. 27; 11.12.2018 – 3 AZR 380/17, NZA 2019, 1082 Rn. 81; *Moll* RdA 2019, 229 [230] weist zutreffend darauf hin, dass es dogmatisch nicht um eine Umdeutung iSv § 140 BGB, sondern um die Auslegung des Verhaltens des ArbGeb. geht). Das kann angenommen werden, wenn der ArbGeb. nach Kenntnis der Unwirksamkeit der BV die in ihr vorgesehenen Leistungen weitergewährt (BAG 23.8.1989 – 5 AZR 391/88, NZA 1990, 69; LAG Köln 12.6.1998 – 11 Sa 1108/97, NZA-RR 1999, 30; DKKW/*Berg* Rn. 131; vgl. auch die Einzelfallwürdigung in BAG 11.12.2018 – 3 AZR 380/17, NZA 2019, 1082 Rn. 83; ferner *v. Hoyningen-*

Huene DB 1984 Beil. 1, 8; *Kort* NZA 2005, 620 [621]; Oberthür/Seitz Betriebsvereinbarungen/*Oberthür* Teil A. Kap. X. Rn. 6). Ist die BV unter Druck zustande gekommen oder bezieht sie sich auf einen für verbindlich angesehenen Spruch der E-Stelle, kommt im Allgemeinen eine Umdeutung nicht in Betracht. Eine Umdeutung ist stets ausgeschlossen, wenn die vorgesehene Regelung ihrerseits rechtswidrig ist. Das gilt zB in Bezug auf tarifgebundene ArbN, wenn die unwirksame BV eine untertarifliche Bezahlung vorsieht.

106 Erbringt der ArbGeb. trotz Kenntnis der Nichtigkeit der BV die in ihr vorgesehenen Leistungen, kann darin ein **gebündeltes Vertragsangebot** an die ArbN liegen, das diese stillschweigend durch die Entgegennahme der Leistung annehmen (BAG 24.1.1996 – 1 AZR 597/95, NZA 1996, 948; 5.3.1997 – 4 AZR 532/95, NZA 1997, 951; DKKW/*Berg* Rn. 131; HWGNRH/*Worzalla* Rn. 145; GK-BetrVG/*Kreutz* Rn. 64, 65, 144; *Kort* NZA 2005, 620 [621]; hinsichtlich des Annahmewillens der ArbN einschränkend *Belling/Hartmann* NZA 1998, 677; LAG Hamm 22.10.1998 – 6 Sa 1353/98, NZA-RR 2000, 27). Inhaltlich wird das Vertragsangebot des ArbGeb. durch die (unwirksame) BV bestimmt. Ist den ArbN bei der Leistungsgewährung der Zusammenhang mit der (unwirksamen) BV bewusst, so ist es im Hinblick auf die nach Abs. 5 bestehende Kündigungsmöglichkeit der BV eine Frage der (ergänzenden) Vertragsauslegung, ob die konkludente Vereinbarung eines (ggf. eingeschränkten) Widerrufsvorbehalts oder einer der BV entsprechenden Kündigungsmöglichkeit angenommen werden kann (*Belling/Hartmann* NZA 1998, 677; weitergehend v. *Hoyningen-Huene* DB 1984 Beil. 1, 10). Erbringt der ArbGeb. in Kenntnis der Unwirksamkeit einer BV Leistungen an einen Teil der ArbN, kommt für die anderen, nicht begünstigten ArbN ein Anspruch aufgrund des arbeitsrechtlichen Gleichbehandlungsgrundsatzes in Betracht (→ Rn. 53; BAG 26.4.2005 – 1 AZR 76/04, NZA 2005, 892).

107 Die von dem ArbGeb. in Unkenntnis der Unwirksamkeit der BV rechtsgrundlos erbrachten Leistungen brauchen die ArbN **nicht für die Vergangenheit zurückzuzahlen.** Vielmehr ist entsprechend den Grundsätzen über das nichtige Arbeitsverhältnis davon auszugehen, dass die Nichtigkeit **nur für die Zukunft** wirkt, nicht jedoch in der Vergangenheit bereits abgewickelte Lebenssachverhalte wieder aufrollt (GK-BetrVG/*Kreutz* Rn. 146; *Birk* ZfA 1986, 106; **aA** HWGNRH/*Worzalla* Rn. 146; *v. Hoyningen-Huene* DB 1984 Beil. 1, 10 [11]; *Belling/Hartmann,* NZA 1998, 679).

e) Ausnahmen von der Regelungssperre

aa) Sozialplanregelungen

108 Für Sozialpläne nach §§ 112, 112a besteht **keine Sperrwirkung** nach Abs. 3 S. 1. Diese ist durch § 112 Abs. 1 S. 4 ausdrücklich beseitigt (BAG 14.11.2006 – 1 AZR 40/06, NZA 2007, 339). Sozialpläne können deshalb ohne Rücksicht auf bestehende oder übliche TV stets zusätzliche und günstigere Regelungen für die ArbN treffen. Der Tarifvorbehalt gilt aber wiederum für freiwillig vereinbarte „vorsorgliche" Sozialpläne und für „Rahmensozialpläne" (BAG 14.11.2006 – 1 AZR 40/06, NZA 2007, 339 mwN). Zur (umstrittenen) Frage der Sperrwirkung des Abs. 3 bei BV über Maßnahmen zur Förderung der **Vermögensbildung** nach § 88 Abs. 3 → § 88 Rn. 24f.

bb) Vorrang des § 87 Abs. 1

109 **Umstritten** ist, ob die Sperrwirkung des Abs. 3 auch im Anwendungsbereich des § 87 Abs. 1 gilt oder ob der dort im Eingangssatz enthaltene Tarifvorbehalt eine Abs. 3 verdrängende Regelung darstellt. Nach der sog **Vorrangtheorie** geht der Tarifvorbehalt in § 87 Abs. 1 Eingangssatz als speziellere Norm der Regelungssperre des Abs. 3 vor (BAG 3.12.1991 – GS 2/90, NZA 1992, 749; 29.10.2002 – 1 AZR 573/01, NZA 2003, 393; 21.1.2003 – 1 ABR 9/02, NZA 2003, 1097; 29.4.2004 – 1 ABR 30/02, NZA 2004, 670; 24.8.2004 – 1 AZR 419/03, NZA 2005, 51; 22.3.2005 – 1 ABR 64/03, NZA 2006, 383; DKKW/*Berg* Rn. 132; ErfK/*Kania* Rn. 53f.; WPK/*Preis* Rn. 62; *v. Hoyningen-Huene/Meier-Krenz* NZA 1987, 799; *Ehmann/Schmidt* NZA

1995, 197; *Gast* BB 1987, 1249; *Säcker* ZfA 1972 Sonderheft, 64; *Zachert* RdA 1996, 140; Oberthür/Seitz Betriebsvereinbarungen/*Seitz* Teil A. Kap. XIII. Rn. 21 ff.; NK-TVG/*Zwanziger* § 4 TVG Rn. 998; wohl auch Schaub ArbR-HdB/*Ahrendt* § 231 Rn. 21). Begründet wird dies im Wesentlichen mit dem Schutzzweck des § 87 Abs. 1, die Wahrnehmung der MBR des BR auch durch BV zu gewährleisten und hiervon nur eine Ausnahme zu machen, wenn die mitbestimmungspflichtige Angelegenheit durch eine gesetzliche oder tarifliche Vorschrift abschließend geregelt ist (BAG 3.12.1991 – GS 2/90, NZA 1992, 749; 22.3.2005 – 1 ABR 64/03, NZA 2006, 383).

Demgegenüber soll nach der sog **Zwei-Schranken-Theorie** der Tarifvorrang des **110** Abs. 3 auch im Bereich des § 87 Abs. 1 gelten (GK-BetrVG/*Kreutz* Rn. 158 ff.; HWGNRH/*Worzalla* Rn. 157 f.; Richardi BetrVG/*Richardi* Rn. 263; *Hanau* RdA 1973, 284; *Hanau* BB 1977, 350; *Haug* BB 1986, 1925; *Heinze* NZA 1995, 6; *Heither* FS Dieterich, 1999, 229; *Hromadka* DB 1987, 1994; *Joost* ZfA 1993, 257; *Konzen* BB 1987, 1311; *Kraft* FS K. Molitor, 1988, 213; *Lieb* NZA 1994, 341; 34 ff.; *Richardi* NZA 1995, 6; *Waltermann* Betriebsvereinbarung S. 285 ff.; *Waltermann* RdA 1996, 138; *Wank* RdA 1991, 129; *Wiese* FS 50 Jahre BAG, 2004, 661; Wiedemann/*Wank* TVG § 4 Rn. 620; *Worzalla* Anm. zu AP BetrVG 1972 § 77 Nr. 111). Nach dieser Theorie bleiben die MBR des BR nach § 87 in ihrem materiellen Gehalt unangetastet, zu ihrer Ausgestaltung steht jedoch nicht das normative Regelungsinstrument der BV, sondern die Regelungsabrede zur Verfügung. Entscheidendes Argument der Zwei-Schranken-Theorie ist die Gewährleistung der Funktionsfähigkeit der verfassungsrechtlich garantierten Tarifautonomie. Soweit die Regelungssperre des Abs. 3 reicht, soll eine Regelung von Arbeitsbedingungen durch das dem TV vergleichbare normative Regelungsinstrument der BV ausgeschlossen sein.

Für die **Zwei-Schranken-Theorie** sprechen gute Gründe (vgl. iE **21. Aufl.** **111** Rn. 111–116). Sie hat insbes. wohl den Gesetzeswortlaut (vgl. GK-BetrVG/*Kreutz* Rn. 161) wie auch die Systematik und Entstehungsgeschichte (vgl. GK-BetrVG/*Kreutz* Rn. 162) auf ihrer Seite. Gleichwohl wird an ihr hier seit der 22. Aufl. **nicht mehr festgehalten** und der vom **BAG** in mittlerweile **ganz gefestigter Rspr.** vertretenen **Vorrangtheorie** der Vorzug gegeben. Diese wird dem erforderlichen Schutz der zwingenden betriebsverfassungsrechtlichen Mitbestimmung deutlich besser als die Zwei-Schranken-Theorie gerecht, ohne dass die Funktionsfähigkeit der Tarifautonomie wirklich ernsthaft beeinträchtigt würde.

Nur die Vorrangtheorie gewährleistet einen **effektiven Schutz der zwingenden** **112** **Mitbestimmung,** indem sie den Abschluss von BV dann zulässt, wenn der Regelungsgegenstand nicht tariflich zwingend und abschließend geregelt ist. Die Zwei-Schranken-Theorie bietet diesen Schutz nicht. Zwar werden auch nach ihr die MBR des BR nicht beseitigt, sondern nur der Ausgestaltung durch BV entzogen. Gleichwohl wird damit den Betriebsparteien das vom BetrVG in erster Linie zur Verwirklichung der Mitbestimmung in sozialen Angelegenheiten vorgesehene Instrument genommen. Der Hinweis der Vertreter der Zwei-Schranken-Theorie, die Mitbestimmung könne ja im Wege von Regelungsabreden ausgeübt werden (vgl. etwa GK-BetrVG/*Kreutz* Rn. 164; HWGNRH/*Worzalla* Rn. 158), überzeugt nicht. Regelungsabreden (→ Rn. 216 ff.) sind schon wegen der fehlenden Normwirkung zur Verwirklichung der Mitbestimmung nicht in gleicher Weise geeignet wie BV (→ Rn. 217; Richardi BetrVG/*Richardi* Rn. 245). Sie wirken nicht unmittelbar und zwingend auf die ArbVerh. der ArbN, sondern entfalten lediglich schuldrechtliche Wirkung zwischen den Betriebsparteien. IÜ erscheint der Hinweis der Vertreter der Zwei-Schranken-Theorie auf die Wahrnehmung der Mitbestimmung durch Regelungsabreden widersprüchlich im Hinblick auf den von ihnen reklamierten Schutz der Tarifautonomie. Diese wird durch Regelungsabreden über ihr unterfallende Gegenstände in ähnlicher Weise wie durch BV tangiert.

Durch die Vorrangtheorie ist die **Funktionsfähigkeit der Tarifautonomie** **113** **nicht ernsthaft gefährdet.** Die TVParteien sind nicht gehindert, im Bereich der zwingenden Mitbestimmung nach § 87 ihre Tarifsetzungsbefugnis auszuüben. Sie können Regelungen treffen und damit den Betriebsparteien deren Regelungsbefugnis gem. § 87 Abs. 1 Eingangssatz entziehen. Soweit sie zwingende und abschließende Regelungen in mitbestimmungspflichtigen Angelegenheiten treffen, können die Betriebsparteien darüber keine BV schließen. Etwa bestehende BV werden durch tarifvertragliche Regelungen verdrängt. Nur dann, wenn die TVParteien ihre Tarifsetzungsbefugnis nicht wahrgenommen haben oder wenn in einer tariflich tatsächlich oder üblicherweise geregelten Angelegenheit keine Tarifbindung besteht, beseitigt die Vorrangtheorie die Sperre des Abs. 3 S. 1. Daraus resultiert aber keine wesentliche Schwächung der Koalitionen. Vielmehr kann sogar umgekehrt die Zwei-Schranken-Theorie tarifgebundene ArbGeb. verleiten, den ArbGebVerband zu verlassen, um sich zum einen tarifvertraglichen Regelungen zu entziehen und gleichzeitig dem Verlangen des BR nach dem Abschluss von BV in mitbestimmungspflichtigen Angelegenheiten die Regelungssperre des Abs. 3 S. 1 entgegenzuhalten. Eben diese Möglichkeit besteht nach der Vorrangtheorie nicht. Diese führt daher nicht zu einer Aushöhlung der Funktionsfähigkeit der Tarifautonomie, sondern trägt sogar eher zu deren Stärkung bei.

114 Zu beachten ist aber, dass die **Einschränkung des Tarifvorbehalts** nach Abs. 3 durch die Vorrangtheorie **nur soweit** gilt, **wie das MBR des BR nach § 87 reicht** (BAG 24.1.1996 – 1 AZR 597/95, NZA 1996, 948; 29.10.2002 – 1 AZR 573/01, NZA 2003, 393; ErfK/*Kania* Rn. 55). In Angelegenheiten der **freiwilligen Mitbestimmung nach § 88** findet daher der Tarifvorbehalt uneingeschränkt Anwendung (→ § 88 Rn. 9).

115 Ein nach der **Vorrangtheorie** die Regelungssperre des Abs. 3 S. 1 beseitigendes MBR **setzt** nach § 87 Abs. 1 Eingangssatz außerdem **voraus, dass** insoweit **keine zwingende tarifliche Regelung** besteht, an die der ArbGeb. gebunden ist. Die Regelungssperre des Abs. 3 S. 1 führt daher auch im Bereich der erzwingbaren Mitbestimmung nach § 87 Abs. 1 dann zur vollständigen oder partiellen Unwirksamkeit einer betrieblichen Regelung, wenn dieser eine zwingende tarifliche Regelung entgegensteht (BAG 9.12.2003 – 1 ABR 52/02, BeckRS 2004, 40292; 29.4.2004 – 1 ABR 30/02, NZA 2004, 670).

116 Ebenso ist die Tarifsperre des Abs. 3 S. 1 von Bedeutung bei sog **teilmitbestimmten BV,** in denen zugleich mitbestimmungspflichtige und mitbestimmungsfreie Angelegenheiten geregelt werden (vgl. ErfK/*Kania* Rn. 57). Die Mitbestimmungspflichtigkeit eines Teils der Regelungen einer BV führt nicht etwa dazu, dass die Sperrwirkung eines TV auch für die mitbestimmungsfreien Regelungen aufgehoben wäre (BAG 5.3.1997 – 4 AZR 532/95, NZA 1997, 951; 22.3.2005 – 1 ABR 64/03, NZA 2006, 383). Unzulässig ist es danach, in derartigen teilmitbestimmten BV Regelungen über mitbestimmungsfreie Angelegenheiten zu treffen, die tarifvertraglich geregelt sind oder üblicherweise geregelt werden. Eine hiergegen verstoßende BV ist insoweit unwirksam. Falls die übrigen Bestimmungen keine in sich geschlossene, sinnvolle Regelung mehr darstellen, führt dies zur Unwirksamkeit der gesamten BV (→ Rn. 32, 103).

cc) Öffnungsklausel

117 Die Sperrwirkung des Abs. 3 S. 1 wird beseitigt, wenn und soweit der TV den Abschluss ergänzender BV ausdrücklich zulässt (zur rechtspolitischen Problematik einer zu großzügigen Handhabung von Öffnungsklauseln vgl. *Lieb* NZA 1994, 289; *Kissel* NZA 1986, 73; *Herschel* ArbuR 1984, 321; zu Häufigkeit und Inhalt von betrieblichen Vereinbarungen zur Beschäftigungssicherung vgl. *Seifert* WS I-Mitt. 99, 156 sowie *Gaumann/Schafft* NZA 1998, 183). Durch eine tarifliche Öffnungsklausel beseitigen die TVParteien die Regelungssperre des Abs. 3 S. 1, indem sie – zeitweilig – auf die Ausübung ihrer Tarifautonomie verzichten, und machen damit den Weg frei für betriebliche Normsetzung; sie delegieren aber nicht ihre tarifliche Normsetzungsbefugnis auf die Betriebsparteien (vgl. *Rieble* ZfA 2004, 405 [409 ff.]; **aA** *Benrath*). Erforderlich ist eine **„ausdrückliche“ Zulassung.** Der TV muss in einer klaren und eindeutigen positiven Bestimmung ergänzende BV gestatten. Hierbei muss der TV nicht unbedingt das Wort BV enthalten; es muss sich aus ihm die Zulassung jedoch eindeutig ergeben (BAG 20.4.1999 – 1 AZR 631/98, NZA 1999, 1059; 29.10.2002 – 1 AZR 573/01, NZA 2003, 393; 9.12.2003 – 1 ABR 52/02, BeckRS 2004, 40292; 17.1.2012 – 1 AZR 482/10, AP BetrVG 1972 § 77 Tarifvorbehalt Nr. 26; GK-BetrVG/*Kreutz* Rn. 171; Richardi BetrVG/*Richardi* Rn. 319; WPK/*Preis* Rn. 78). Im Wege ergänzender TVAuslegung kann eine Öffnungsklausel nicht gewonnen werden (GK-BetrVG/*Kreutz* Rn. 171). Eine tarifliche Öffnungsklausel gilt, wenn die TVParteien nicht etwas anderes bestimmen, nur für den jeweiligen TV. Sie ist aber im Zweifel nicht auf die BV beschränkt, die bereits vor Vereinbarung der Klausel bestanden haben (BAG 20.2.2001 – 1 AZR 233/00, NZA 2001, 903). Eine Öffnungsklausel kann auch in einer tariflichen Anrechnungsklausel liegen, wenn diese den zuverlässigen Schluss rechtfertigt, dass der TV das Nebeneinander von tariflicher und betrieblicher Leistung gerade zulassen will (BAG 29.10.2002 – 1 AZR 573/01, NZA 2003, 393).

Tarifliche Öffnungsklauseln können **nur von den TVParteien** vereinbart werden, **die den TV abgeschlossen** haben, von dessen Regelungen Abweichungen zulässig sein sollen. Nicht ausreichend ist die Vereinbarung von Öffnungsklauseln in einem Firmentarifvertrag zwischen einem durch Verbandstarifvertrag gebundenen ArbGeb. und der vertragsschließenden Gewerkschaft (BAG 20.4.1999 – 1 AZR 631/98, NZA 1999, 1059). Etwas anderes dürfte allerdings gelten, wenn das den Firmentarifvertrag abschließende Unternehmen von dem ArbGebVerband zum Abschluss einer unternehmensspezifischen Öffnungsklausel mit der Gewerkschaft bevollmächtigt worden ist. IÜ können das Unternehmen und die Gewerkschaft einen eigenständigen Firmentarifvertrag über vom Verbandstarifvertrag abweichende Regelungen abschließen, der nach dem Grundsatz der Spezialität dem Verbandstarifvertrag vorgeht (vgl. hierzu Wiedemann/*Wank* TVG § 4 Rn. 290 ff.). Haben ArbGeb., BR und die Gewerkschaft einen sog „Konsolidierungsvertrag" geschlossen, der eine Herabsetzung oder den Wegfall von Ansprüchen aus einem für das Unternehmen maßgebenden Verbandstarifvertrag vorsieht, so ist diese Vereinbarung im Zweifel ein Tarifvertrag, wenn eine BV mit dem Inhalt des Konsolidierungsvertrags nach Abs. 3 unwirksam wäre (BAG 7.11.2000 – 1 AZR 175/00, NZA 2001, 727). 118

Die TVParteien können die **Rückwirkung einer tariflichen Öffnungsklausel** vereinbaren mit der Folge, dass bereits abgeschlossene, zunächst jedoch unwirksame BV nachträglich Wirksamkeit erlangen (→ Rn. 100; BAG 20.4.1999 – 1 AZR 631/98, NZA 1999, 1059; 29.1.2002 – 1 AZR 267/01, NJOZ 2003, 1179; 29.10. 2002 – 1 AZR 573/01, NZA 2003, 393; ErfK/*Kania* Rn. 61; **aA** GK-BetrVG/*Kreutz* Rn. 141; HWGNRH/*Worzalla* Rn. 154; *Kittner* FS Schaub, 1998, 415; *Schaub* NZA 1998, 623). Bei einer rückwirkenden Kürzung tariflicher Ansprüche durch eine nachträgliche Öffnungsklausel sind jedoch die Grenzen zu beachten, die sich aus den Grundsätzen des Vertrauensschutzes ergeben (zu diesen Grundsätzen bei einer rückwirkenden BV → Rn. 44, 193). Ein schutzwürdiges Vertrauen der ArbN ist ab dem Zeitpunkt nicht mehr anzuerkennen, in dem die zuständige Gewerkschaft unmissverständlich deutlich gemacht hat, dass sie einer vom TV abweichenden BV durch eine tarifliche Öffnungsklausel Wirksamkeit verschaffen will (BAG 20.4.1999 – 1 AZR 631/98, NZA 1999, 1059). IÜ tragen tarifliche Regelungen nach der Rspr. des BAG den Vorbehalt ihrer rückwirkenden Abänderbarkeit durch TV in sich. Das gilt unter Beachtung des Vertrauensschutzes auch für bereits entstandene, aber noch nicht erfüllte Ansprüche (BAG 23.11.1994 – 4 AZR 879/93, NZA 1995, 844; 29.1.2002 – 1 AZR 267/01, NJOZ 2003, 1179; 22.5.2012 – 1 AZR 103/11, NZA 2012, 1110). 119

Zulässig sind nach dem Wortlaut nur **„ergänzende" BV.** Hierunter fallen insbes. Regelungen, die die Ausführung und Anwendung der Tarifregelung näher gestalten (zB Festlegung der Vorgabezeit bei Akkordarbeit, BAG 9.2.1984 – 6 ABR 10/81, NZA 1984, 96). Vielfach wird die Anwendung ergänzender BV auf ArbN, die nicht tarifgebunden sind, erst möglich sein, wenn auch die zu ergänzende Tarifregelung für 120 sie gilt. In diesem Falle enthält die tarifliche Öffnungsklausel auch die Zulassung, die zu ergänzende Tarifregelung auf die **nichttarifgebundenen ArbN** durch BV zu **erstrecken** (GK-BetrVG/*Kreutz* Rn. 174; *Braun* BB 1986, 1433; *von Stebut* RdA 1974, 341; *v. Hoyningen-Huene/Meyer-Krenz* ZfA 1988, 303). Das Gleiche gilt für nichttarifgebundene ArbGeb.

121 Über den Wortlaut des Abs. 3 S. 2 hinaus können die TVParteien auch **vom TV abweichende Regelungen** zulassen (GK-BetrVG/*Kreutz* Rn. 175; HWGNRH/*Worzalla* Rn. 151; Richardi BetrVG/*Richardi* Rn. 318; ErfK/*Kania* Rn. 60; *Beuthien* BB 1983, 1992; *Lieb* NZA 1994, 290; *Waltermann* RdA 1996, 136; WPK/*Preis* Rn. 79). Dies folgt daraus, dass die TVParteien von einer entsprechenden Sachregelung auch gänzlich absehen und damit mangels Sperrwirkung den Betriebspartner die Regelung der Angelegenheit überlassen können. Danach sind zB zulässig die Einführung der analytischen Arbeitsbewertung statt des tariflichen summarischen Verfahrens (BAG 12.8.1982 – 6 ABR 98/79, AP BetrVG 1972 § 77 Nr. 5), die Gestattung einer anderen Methode zur Ermittlung der Leistungszulage (BAG 28.2.1984 – 1 ABR 37/82, NZA 1984, 230), die Abweichung von der tariflichen wöchentlichen Arbeitszeit (BAG 18.8.1987 – 1 ABR 30/86, NZA 1987, 779), die andere Methode für die Bestimmung des Durchschnittsverdienst für die Bezahlung sog. Wartestunden (BAG 14.2.1989 – 1 AZR 97/88, NZA 1989, 648). Teilweise werden gegen die Zulassung zu weiter Öffnungsklausel Bedenken mit der Begründung erhoben, die TVParteien dürften sich nicht vollständig ihrer Normsetzungsbefugnis zugunsten betrieblicher Regelungen entäußern, ihnen müsse vielmehr ein Grundbestand tariflicher Normsetzung vorbehalten bleiben (vgl. DKKW/*Berg* Rn. 152; HWGNRH/ *Worzalla* Rn. 155; *Buchner* NZA 1986, 380; *Heinze* NZA 1989, 41; *Kittner* FS Schaub, 1998, 389; *Linnenkohl* BB 1988, 1459; *Meyer-Krenz* DB 1988, 2149; *Wendeling-Schröder* NZA 1998; 624; *Weyand* ArbuR 1989, 196; *Zachert* RdA 1996, 145; *Zachert* ArbuR 1995, 3). Ein allzu großer Betriebspartikularismus mag (tarif-)politisch unerwünscht sein (vgl. *Herschel* ArbuR 1984, 321; *Kissel* NZA 1986, 78). Solange die TVParteien aber auf die Regelung bestimmter Fragen gänzlich verzichten können, sind im Falle einer tariflichen Regelung auch weite Öffnungsklauseln rechtlich nicht unzulässig (GK-BetrVG/*Kreutz* Rn. 177).

122 Die Zulassung ergänzender oder abweichender BV muss im Interesse der Rechtssicherheit sowohl dem **Gegenstand** als auch dem **Umfang nach genau bestimmt** sein (vgl. BAG 12.3.2019 – 1 AZR 307/17, NZA 2019, 784 Rn. 38; HWGNRH/*Worzalla* Rn. 155). Die Zulassung kann **eingeschränkt** und zB von der Genehmigung der BV durch die TVParteien (GK-BetrVG/*Kreutz* Rn. 178; Richardi BetrVG/*Richardi* Rn. 318) oder von der Erfüllung bestimmter Voraussetzungen, etwa für die Einführung von Kurzarbeit (→ § 87 Rn. 157), abhängig gemacht werden. Die TVParteien können auch nähere Bestimmungen über Abschluss und Inhalt der BV treffen, zB Unterrichtung der TVParteien innerhalb bestimmter Fristen, vorherige Überlassung bestimmter Unterlagen, Vereinbarung der Zuständigkeit der E-Stelle nach § 76 Abs. 6 (BAG 12.8.1982 – 6 ABR 98/79, AP BetrVG 1972 § 77 Nr. 5; *Lohs* DB 1996, 1722; *Walker* ZfA 1996, 358). Sie können die Öffnung auf freiwillige BV beschränken (BAG 9.12.2003 – 1 ABR 49/02, NZA 2005, 234). Sie können auf diese Weise aber nicht zur Disposition des ArbGeb. stellen, ob er die BV mit dem BR oder dem GesBR abschließt. Vielmehr bleibt es bei der gesetzlichen Zuständigkeit (BAG 9.12.2003 – 1 ABR 49/02, NZA 2005, 234). Andererseits können ergänzende oder abweichende BV auch **generell zugelassen** werden, zB dadurch, dass bestimmte Fragen durch „BR und ArbGeb. zu vereinbaren", „der BV vorbehalten" oder „betrieblich in angemessener Weise" zu regeln sind (BAG 3.4.1979 – 6 ABR 29/77, AP BetrVG 1972 § 87 Nr. 2; 22.12.1981 – 1 ABR 38/79, AP BetrVG 1972 § 87 Lohngestaltung Nr. 7). Das Gleiche gilt für eine tarifliche Regelung, nach der für besondere Leistungen des ArbGeb. bestehende „betriebliche Systeme unberührt bleiben" (BAG 20.2.2001 – 1 AZR 233/00, NZA 2001, 903). Lässt der TV eine ergänzende oder abweichende BV zu, geht sie der Tarifregelung vor. Eine Tariföff-

nungsklausel kann den Betriebsparteien auch **rückwirkende BV** gestatten (zur Rückwirkung der Tariföffnungsklausel selbst → Rn. 119). Nach der Rspr. des BAG ist hiervon sogar regelmäßig auszugehen (BAG 22.5.2012 – 1 AZR 103/11, NZA 2012, 1110). Die rückwirkende BV muss allerdings den Grundsätzen der Verhältnismäßigkeit und des Vertrauensschutzes (→ Rn. 194, 208) genügen. Ob der TV auch eine für die ArbN **ungünstigere Regelung** gestattet, ist im Zweifel durch Auslegung der tariflichen Öffnungsklausel zu ermitteln. Zulässig ist dies (vgl. § 4 Abs. 3 TVG; BAG 11.7.1995 – 3 AZR 8/95, NZA 1996, 264). Durch eine Öffnungsklausel können die TVParteien im Bereich der zwingenden Mitbestimmung nicht über das **zuständige BRGremium** disponieren; vielmehr ist die gesetzliche Zuständigkeitsverteilung zwingend (BAG 9.12.2003 – 1 ABR 49/02, NZA 2005, 234). Die TVParteien können aber wohl durch die Bestimmung des Adressatenkreises oder inhaltliche Maßgaben einer tariflichen Leistung die Regelungsebene und damit regelmäßig auch das BRGremium vorgeben.

123 Die tarifliche Zulassung abweichender BV ist eine **betriebsverfassungsrechtliche Vorschrift** iSv § 1 TVG (BAG 18.8.1987 – 1 ABR 30/86, NZA 1987, 779; 18.12.1997 – 2 AZR 709/96, NZA 1998, 304). Sie gilt nach Ablauf des ermächtigenden TV kraft **Nachwirkung** gem. § 4 Abs. 5 TVG weiter. Während des Nachwirkenszeitraums gilt auch eine abweichende BV weiter (DKKW/*Berg* Rn. 157; GK-BetrVG/*Kreutz* Rn. 184; Richardi BetrVG/*Richardi* Rn. 177). Ferner können während dieses Zeitraums neue abweichende BV abgeschlossen werden (DKKW/*Berg* Rn. 157). Enthält der neue TV keine Öffnungsklausel mehr, greift wieder die Sperrwirkung des Abs. 3 S. 1 (BAG 25.8.1983 – 6 ABR 40/82, AP BetrVG 1972 § 77 Nr. 7). Enthält auch der neue TV eine entsprechende Öffnungsklausel, bleiben die abweichenden BV wirksam, sofern sie nicht in zeitlicher Hinsicht an die Geltung des vorherigen TV einschl. dessen Nachwirkungszeitraums gebunden waren (BAG 25.8.1983 – 6 ABR 40/82, AP BetrVG 1972 § 77 Nr. 7; GK-BetrVG/*Kreutz* Rn. 185).

VI. Rechtswirkungen der Betriebsvereinbarungen (Abs. 4)

124 Die **normativen** Regelungen einer BV gelten nach Abs. 4 S. 1 ebenso wie gem. § 4 Abs. 1 u. 3 TVG die Tarifnormen **unmittelbar und zwingend.** Mit dieser 1972 erstmals kodifizierten Regelung wurde die schon zum BetrVG 1952 vertretene Auffassung zur Rechtswirkung einer BV (vgl. hierzu BAG 16.3.1956 – GS 1/55, NJW 1956, 1086; 25.3.1971 – 2 AZR 185/70, NJW 1971, 1629) gesetzlich bestätigt (GK-BetrVG/*Kreutz* Rn. 186; Richardi BetrVG/*Richardi* Rn. 146).

125 Durch die **unmittelbare Geltung** der BV wirken ihre normativen Regelungen wie ein G auf die Arbeitsverhältnisse ein, ohne zum Bestandteil des Arbeitsvertrages zu werden. Sie gestalten unabhängig vom Willen und der Kenntnis der Vertragspartner das Arbeitsverhältnis (BAG 18.8.1987 – 1 ABR 30/86, NZA 1987, 779; 21.9.1989 – 1 AZR 454/88, NZA 1990, 351; 12.12.2006 – 1 AZR 96/06, NZA 2007, 453; GK-BetrVG/*Kreutz* Rn. 194 ff., 222 ff.; HWGNRH/*Worzalla* Rn. 180; Richardi BetrVG/*Richardi* Rn. 152; *Linsenmaier* RdA 2008, 1 [3]). Im Unterschied zur Regelungsabrede (→ Rn. 216 ff.) bedarf es zu ihrer Wirksamkeit keinerlei Anerkennung, Unterwerfung oder Übernahme durch die Arbeitsvertragsparteien. Daher kann eine BV auch ohne Zustimmung der ArbN eine ausreichende Grundlage für die Anordnung von Überstunden sein (näher → Rn. 63; → § 87 Rn. 141; BAG 3.6.2003 – 1 AZR 349/02, NZA 2003, 1155). Die unmittelbare Wirkung besteht während der Nachwirkung einer BV gem. Abs. 6 (→ Rn. 177 ff.) fort.

126 Aufgrund der **zwingenden Wirkung** einer BV kann von ihren Regelungen nicht zuungunsten der ArbN durch anderweitige Absprachen der Arbeitsvertragsparteien abgewichen werden kann. Etwas anderes gilt nur für Regelungen, die nach dem Willen der Betriebspartner ausnahmsweise dispositiven Charakter haben (HWGNRH/

Worzalla Rn. 184). IÜ gilt das **Günstigkeitsprinzip** (BAG 5.3.2013 – 1 AZR 417/12, NZA 2013, 916; GK-BetrVG/*Kreutz* Rn. 260 ff.; Richardi BetrVG/*Richardi* Rn. 158 ff.; HWGNRH/*Worzalla* Rn. 184; → Rn. 196 ff.). Die zwingende Wirkung der BV hat zur Folge, dass für den ArbN ungünstigere Vertragsabreden für die Zeit der Geltung der BV verdrängt werden (*Linsenmaier* RdA 2008, 1 [9]). Die zwingende Wirkung einer BV endet mit deren Beendigung (BAG 22.6.2010 – 1 AZR 853/08, NZA 2010, 1243; 11.4.2018 – 4 AZR 265/17, BeckRS 2018, 22972 Rn. 29). Die in der BV vereinbarten Entlohnungsgrundsätze bleiben aber – ungeachtet der Frage der Nachwirkung der BV nach Abs. 6 (→ Rn. 177 ff.) – die im Betrieb geltenden Entlohnungsgrundsätze. Zu ihrer Änderung bedarf der ArbGeb. gem. § 87 Abs. 1 Nr. 10 der Zustimmung des BR (BAG 22.6.2010 – 1 AZR 853/08, NZA 2010, 1243). Führt der ArbGeb. eine Änderung ohne diese Zustimmung durch, können die ArbN nach der Theorie der Wirksamkeitsvoraussetzung eine Vergütung auf der Grundlage der zuletzt mitbestimmten Entlohnungsgrundsätze verlangen (BAG 22.6.2010 – 1 AZR 853/08, NZA 2010, 1243).

127 Die unmittelbare und zwingende Wirkung gilt **nur für BV.** Erlassen die Betriebspartner nur eine generelle Richtlinie oder treffen sie nur eine Regelungsabrede, steht abweichenden Vereinbarungen der Vertragspartner jedenfalls nicht der Unabdingbarkeitsgrundsatz des Abs. 4 S. 1 entgegen (BAG 28.11.1989 – 3 AZR 118/88, NZA 1990, 559).

128 Die unabdingbare Wirkung kommt nur den **normativen Vorschriften** der BV zu, nicht ihren schuldrechtlichen Regelungen (Richardi BetrVG/*Richardi* Rn. 147). Zu den normativen Vorschriften zählen insbes. **Inhaltsnormen,** dh Regelungen über den Abschluss, Inhalt und Beendigung des Arbeitsverhältnisses (GK-BetrVG/*Kreutz* Rn. 228). So können Regelungen über die Begründung von ArbVerh. mit normativer Wirkung durch BV getroffen werden (BAG 12.4.2017 – 7 AZR 446/15, NZA 2017, 1125 Rn. 35). Auch Regelungen über betriebliche u. betriebsverfassungsrechtliche Fragen können normative Wirkung entfalten (Richardi BetrVG/*Richardi* Rn. 151; diff. GK-BetrVG/*Kreutz* Rn. 234: normative Wirkung nur, wenn die Regelung geeignet ist, unmittelbar auf ArbVerh. gestaltend einzuwirken). Die Inhaltsnormen gestalten unmittelbar die Rechte und Pflichten von ArbGeb. und ArbN. Da ein erst einzustellender ArbN noch nicht zur Belegschaft des Betriebs gehört, hat die Vereinbarung einer Abschlussnorm für ihn keine unmittelbare Wirkung. Der ArbGeb. ist jedoch an sie gebunden, was sich schon aus den Widerspruchsgründen des BR nach § 99 Abs. 1 Nr. 1 u. 2 bei einer Verletzung der Abschlussnorm ergibt. Regelungen in einer teilmitbestimmten BV, die das Verfahren für die Entscheidung des Arbeitgebers ausgestalten, ob er – freiwillig – finanzielle Leistungen zur Verfügung stellt, entfalten regelmäßig keine normative Wirkung zugunsten der ArbN. Sie begründen keine Leistungs- und Verhaltenspflichten des ArbGeb. gegenüber den ArbN, deren Verletzung zu einem Schadensersatzanspruch führen könnten. Sie binden den ArbGeb. grds. nur gegenüber dem BR (BAG 13.12.2011 – 1 AZR 508/10, NZA 2012, 876).

129 Die sog **Solidar- oder Betriebsnormen,** zB Regelungen über die Gestaltung der Arbeitsräume (Heizung, Belüftung, Beleuchtung), über Schutzvorrichtungen an Maschinen, über die Bereitstellung von Wasch- und sonstigen Sanitärräumen, von Parkplätzen oder Verpflegungsmöglichkeiten, über die Errichtung einer Kantine oder sonstigen Sozialeinrichtungen, gewähren dem einzelnen ArbN im Allgemeinen keinen Anspruch auf diese Leistungen. Sie regeln deshalb lediglich das betriebliche Rechtsverhältnis zur Gesamtbelegschaft (Richardi BetrVG/*Richardi* Rn. 150; GK-BetrVG/*Kreutz* Rn. 233). Der ArbGeb. ist an diese Normen gebunden. Der BR kann ihre Einhaltung ggf. im arbeitsgerichtlichen Beschlussverfahren durchsetzen.

130 Die zwingende Wirkung einer BV gestattet zwar den Arbeitsvertragsparteien keine für den ArbN ungünstige Abweichung. Auch ist jede **Umgehung** der zwingenden Wirkung **unzulässig.** Regelungen in BV, wonach bestimmte Daten nur zu bestimmten Zwecken erhoben und verwendet werden dürfen, können eine Beweisverwertungsverbot nach sich ziehen (LAG Köln 4.11.2005 – 11 Sa 500/05, NZA-RR 2006, 302). Abs. 4 S. 1 ist jedoch nicht in der Hinsicht zwingend, dass auch die Betriebspartner keine Abweichung zulassen könnten. Ebenso wie sie die BV jederzeit aufheben oder abändern können, können sie auch deren zwingende Wirkung zur Disposition stellen und ähnlich wie bei tariflichen Öffnungsklauseln (→ Rn. 117ff.) die Arbeitsvertragsparteien durch **Öffnungsklauseln** von der zwingenden Wirkung der BV entbinden (GK-BetrVG/*Kreutz* Rn. 307ff.; Richardi BetrVG/*Richardi* Rn. 153). Bei etwaigen abweichenden Absprachen hat der ArbGeb. den Gleichbehandlungsgrundsatz des § 75 zu beachten. Der Öffnungswille muss sich aus dem Inhalt der BV unzweifelhaft ergeben; im Zweifel verbleibt es bei der zwingenden Wirkung (GK-BetrVG/*Kreutz* Rn. 308). Auch der Umfang der Öffnungsklausel muss eindeutig sein.

VII. Verzicht, Verwirkung, Ausschluss- und Verjährungsfristen

Die Regelungen des Abs. 4 S. 2–4 sichern die Rechte der ArbN über die unmit- 131
telbare und zwingende Wirkung der BV hinaus, indem sie die **Dispositionsbefugnis** der ArbN über diese Rechte (durch Verzicht, Vereinbarung von Ausschlussfristen, Abkürzung von Verjährungsfristen) **einschränken** und ihre **Verwirkung ausschließen.**

Ein **Verzicht** auf Rechte der ArbN (nicht des ArbGeb.) aus einer BV ist nur mit 132
Zustimmung des BR zulässig. Ohne diese ist der Verzicht wegen Verstoßes gegen ein gesetzliches Verbot nach § 134 BGB rechtsunwirksam (BAG 30.3.2004 – 1 AZR 85/03, NJOZ 2004, 3661; 19.7.2016 – 3 AZR 134/15, NZA 2016, 1475 Rn. 49). Für die Zustimmung gelten §§ 182ff. BGB (BAG 3.6.1997 – 3 AZR 25/96, NZA 1998, 382; 15.10.2013 – 1 AZR 405/12, NZA 2014, 217). Sie kann vor der Verzichtserklärung durch Einwilligung, aber auch nachträglich durch Genehmigung erteilt werden (BAG 15.10.2013 – 1 AZR 405/12, NZA 2014, 217). Die Zustimmung des BR ist für jede einzelne Verzichtserklärung erforderlich (BAG 27.1.2004 – 1 AZR 148/03, NZA 2004, 667; 11.12.2007 – 1 AZR 824/06, NZA-RR 2008, 298; 15.10.2013 – 1 AZR 405/12, NZA 2014, 217; HWGNRH/*Worzalla* Rn. 193; Richardi BetrVG/*Richardi* Rn. 196). Für die Zustimmung ist ein ordnungsgemäßer Beschluss des BR (§ 33) erforderlich (BAG 15.10.2013 – 1 AZR 405/12, NZA 2014, 217). Dieser setzt die ordnungsgemäße Unterrichtung des BR über die für seine Entscheidung bedeutsamen Umstände voraus; dazu gehört insbes. der Umfang des individuellen Verzichts (BAG 15.10.2013 – 1 AZR 405/12, NZA 2014, 217). Die Zustimmung kann sowohl dem ArbN als auch dem ArbGeb. gegenüber erklärt werden. Sie ist formlos möglich, muss aber eindeutig sein (BAG 3.6.1997 – 3 AZR 25/96, NZA 1998, 382; 15.10.2013 – 1 AZR 405/12, NZA 2014, 217). Gemeinsam können die Betriebsparteien – auch in einer späteren BV – Regelungen treffen, nach denen ArbN unter bestimmten Voraussetzungen auf Ansprüche aus BV wirksam verzichten können (BAG 11.12.2007 – 1 AZR 824/06, NZA-RR 2008, 298).

Das Verzichtsverbot betrifft alle Rechte des ArbN aus einer BV. Hierzu gehören so- 133
wohl bereits **entstandene** als auch **künftige Ansprüche** (Forderungen) des ArbN gegen den ArbGeb. (GK-BetrVG/*Kreutz* Rn. 313). Es erfasst alle Formen des Verzichts, wie etwa den **Erlassvertrag** nach § 397 Abs. 1 BGB oder das **negative Schuldanerkenntnis** nach § 397 Abs. 2 BGB sowie insbes. auch eine **Ausgleichsquittung,** in der ArbGeb. und ArbN bei Beendigung des Arbeitsverhältnisses erklären, keine Ansprüche mehr gegeneinander zu haben (GK-BetrVG/*Kreutz* Rn. 315; DKKW/*Berg* Rn. 89). Das Verzichtsverbot erstreckt sich auch auf **sonstige Rechte** des ArbN aus einer BV, wie etwa Leistungsverweigerungsrechte oder bes. Gestaltungsrechte. Dagegen erfasst es keine Rechte und Ansprüche, die erst während des **Nachwirkungszeitraums** der BV gem. Abs. 6 entstanden sind (→ Rn. 182f.). Denn in diesem Zeitraum ist die BV nicht mehr unabdingbar (GK-BetrVG/*Kreutz* Rn. 313).

134 Das Verzichtsverbot kommt auch zur Anwendung, wenn der Verzicht im Rahmen eines **Vergleichs** erfolgt. Auch dann ist die Zustimmung des BR erforderlich. Das gilt auch für einen **Prozessvergleich** (Richardi BetrVG/*Richardi* Rn. 198). Die bloße Klagerücknahme im Prozess gem. § 269 ZPO ist kein Verzicht, wohl jedoch der prozessuale Anspruchsverzicht nach § 306 ZPO (GK-BetrVG/*Kreutz* Rn. 316; Richardi BetrVG/*Richardi* Rn. 195). Das Verzichtsverbot erfasst jedoch nicht den sog **Tatsachenvergleich,** durch den Meinungsverschiedenheiten über die tatsächlichen Voraussetzungen von Ansprüchen aus einer BV ausgeräumt werden (BAG 31.7.1996 – 1 AZR 138/96, NZA 1997, 167; 19.7.2016 – 3 AZR 134/15, NZA 2016, 1475 Rn. 49; 25.4.2017 – 1 AZR 714/15, NZA 2017, 1467 Rn. 17; GK-BetrVG/*Kreutz* Rn. 317; Richardi BetrVG/*Richardi* Rn. 199; WPK/*Preis* Rn. 22). Ein Tatsachenvergleich liegt auch vor, wenn die Vertragsparteien damit einen Streit über die tatsächlichen Voraussetzungen für den Verfall von Rechten auf Grund einer Ausschlussfrist beilegen (BAG 5.11.1997 – 4 AZR 682/95, NZA 1998, 434).

135 Ein Verzicht ist zulässig, wenn sich der ArbN bei einem **Günstigkeitsvergleich** durch die den Verzicht enthaltende Vereinbarung insgesamt besser stellt (BAG 14.12.1999 – 1 AZR 81/99, BeckRS 1999, 30782085; 27.1.2004 – 1 AZR 148/03, NZA 2004, 667; 30.3.2004 – 1 AZR 85/03, NJOZ 2004, 3661). Hierfür ist – wie auch sonst beim Günstigkeitsvergleich – ein Sachgruppenvergleich vorzunehmen (→ Rn. 199). Dabei sind die in einem inneren Zusammenhang stehenden Teilkomplexe der unterschiedlichen Regelungen zu vergleichen. Beim Vergleich von unterschiedlichen Leistungen kommt es darauf an, ob diese funktional äquivalent sind. Ist dies nicht der Fall, ist ein Günstigkeitsvergleich grds. nicht möglich. Ein Günstigkeitsvergleich scheidet regelmäßig auch dann aus, wenn die zu vergleichenden Leistungen mit unterschiedlichen Gegenleistungen verbunden sind. Ist nicht zweifelsfrei feststellbar, dass die Abweichung für den einzelnen ArbN günstiger ist, bleibt es bei der zwingenden Geltung der BV (BAG 27.1.2004 – 1 AZR 148/03, NZA 2004, 667; 30.3.2004 – 1 AZR 85/03, NJOZ 2004, 3661).

136 Das Verzichtsverbot besteht nicht nur während des Bestehens, sondern auch nach dem **Ende des Arbeitsverhältnisses** (DKKW/*Berg* Rn. 89). Entscheidend ist allein, dass die Rechte auf einer BV beruhen. Deshalb können auch ausgeschiedene Arbeitnehmer nur mit Zustimmung des BR auf Rechte aus einer BV, zB aus einem Sozialplan oder einer betrieblichen Versorgungsregelung, verzichten (GK-BetrVG/*Kreutz* Rn. 313; *Neufeld* BB 2018, 2356 [2361]).

137 Auch die **Verwirkung** von Rechten des ArbN aus einer BV ist nach Abs. 4 S. 3 **ausgeschlossen.** Das Verwirkungsverbot erfasst im Gegensatz zu § 4 Abs. 4 S. 2 TVG nur Rechte des ArbN, nicht des ArbGeb. (GK-BetrVG/*Kreutz* Rn. 320; DKKW/*Berg* Rn. 91; HWGNRH/*Worzalla* Rn. 197; Richardi BetrVG/*Richardi* Rn. 200). Unter Verwirkung ist die illoyale verspätete Geltendmachung eines Rechts zu verstehen. Sie setzt voraus, dass der ArbN trotz der Möglichkeit hierzu ein Recht längere Zeit nicht geltend gemacht hat, der ArbGeb. hieraus bei objektiver Betrachtung den Schluss ziehen konnte, der ArbN werde sein Recht nicht weiter verfolgen, und bes. Umstände vorliegen, die es nach Treu und Glauben nicht zumutbar erscheinen lassen, dass der ArbGeb. jetzt noch die Ansprüche des ArbN erfüllt (Näheres Wiedemann/*Wank* TVG § 4 Rn. 781 ff. mwN; zur Verwirkung von Ansprüchen bei Hinnahme von Lohnkürzungen auf Grund einer unwirksamen BV LAG Hamm 22.10.1998 – 8 Sa 1353/98, NZA-RR 2000, 27). Abs. 4 S. 3 schließt nur den Einwand der Verwirkung, nicht jedoch die Möglichkeit aus, sich darauf zu berufen, dass die Geltendmachung eines Anspruchs aus einer BV aus anderen Gründen eine unzulässige Rechtsausübung darstellt (GK-BetrVG/*Kreutz* Rn. 322; Richardi BetrVG/*Richardi* Rn. 185; MHdB ArbR/*Arnold* § 316 Rn. 57).

138 **Ausschlussfristen für** die Geltendmachung von **Ansprüchen aus BV** sind nach Abs. 4 S. 4 Hs. 1 nur zulässig, wenn sie in einem **TV oder** einer **BV** vereinbart sind. Sie sind im Prozess von Amts wegen zu berücksichtigen. Ob eine **tarifliche Ausschlussfrist** auch für Ansprüche aus einer BV gilt, ist durch Auslegung des TV zu

ermitteln (vgl. für Sozialplanansprüche BAG 30.11.1994 – 10 AZR 79/94, NZA 1995, 643; 27.3.1996 – 10 AZR 668/95, NZA 1996, 986). Sie gilt auch für nichtorganisierte ArbN, sofern die Geltung des gesamten TV einzelvertraglich vereinbart ist und sich die Bezugnahme nicht bloß auf Ausschlussfristen oder einzelne tarifliche Regelungskomplexe beschränkt (BAG 27.1.2004 – 1 AZR 148/03, NZA 2004, 667; 26.9.2017 – 1 AZR 717/15, NZA 2018, 803 Rn. 49; GK-BetrVG/*Kreutz* Rn. 324). Erfasst eine tarifliche Ausschlussfrist auch Ansprüche aus einer BV, ist eine Regelung durch BV gem. Abs. 3 S. 1 unzulässig (→ Rn. 67 ff.). In Ausnahmefällen kann gegen die Berufung auf den Ablauf einer Ausschlussfrist der Einwand unzulässiger Rechtsausübung erhoben werden (BAG 22.1.1997 – 10 AZR 459/96, NZA 1997, 445; Wiedemann/*Wank* TVG § 4 Rn. 784 ff.). Ausschlussfristen sind **eng auszulegen** (BAG 13.2.2007 – 1 AZR 184/06, NZA 2007, 825; GK-BetrVG/*Kreutz* Rn. 325). Extrem kurze Fristen können wegen Sittenwidrigkeit gem. **§ 138 BGB** nichtig sein (BAG 27.2.2002 – 9 AZR 543/00, AP TVG § 4 Ausschlussfristen Nr. 162; GK-BetrVG/*Kreutz* Rn. 325; HWGNRH/*Worzalla* Rn. 201). Zweistufige Ausschlussfristen können unter bestimmten Umständen unzumutbar und unverhältnismäßig sein (BAG 12.12.2006 – 1 AZR 96/06, NZA 2007, 453; BVerfG 1.12.2010 – 1 BvR 1682/07, NZA 2011, 354).

Wie sich aus Abs. 4 S. 4 Hs. 1 ergibt, können auch die Betriebsparteien **in einer BV Ausschlussfristen für Ansprüche aus BV** vorsehen (zu Ausschlussfristen in BV für vertragliche und gesetzliche Ansprüche → Rn. 64; für tarifliche Ansprüche können nach § 4 Abs. 4 S. 3 TVG Ausschlussfristen nur im TV vereinbart werden). Sie haben dabei aber den Tarifvorbehalt des Abs. 3 S. 1u beachten. Außerdem müssen Ausschlussfristen in einer BV einer Verhältnismäßigkeitsprüfung standhalten. Der Prüfungsmaßstab ist strenger als bei Ausschlussfristen, die die TVParteien vereinbaren (BAG 12.12.2006 – 1 AZR 96/06, NZA 2007, 453; *Linsenmaier* RdA 2008, 1 [8 f.]). 139

Auch Fristen, die aus Beweisgründen die **rechnerische Nachprüfung** von Entgeltabrechnungen oder sonstigen Leistungen nur innerhalb einer bestimmten Frist gestatten, sind Ausschlussfristen iSv Abs. 4 S. 4 Hs. 1 (vgl. zu § 4 Abs. 4 S. 3 TVG Wiedemann/*Wank* TVG § 4 Rn. 818; **aA** GK-BetrVG/*Kreutz* Rn. 326). Sie unterscheiden sich ihrem Charakter und ihrer Wirkung nach nicht von Fristen für die Geltendmachung von Ansprüchen und lassen sich von diesen auch nicht zuverlässig abgrenzen. Auch derartige Fristen können daher für Ansprüche aus BV einzelvertraglich nicht wirksam vereinbart werden. 140

Gem. Abs. 4 S. 4 Hs. 2 kann auch die Verkürzung der **Verjährungsfrist** für Ansprüche aus BV nur durch TV oder BV geregelt werden. Eine einzelvertragliche Abkürzung nach § 202 BGB ist nicht zulässig. Die Verjährung von Lohnansprüchen tritt ohne Fristverkürzung durch TV oder BV nach 3 Jahren ein, beginnend mit dem auf die Entstehung des Anspruchs folgenden Kalenderjahr (§§ 195, 199 BGB). Für am 1.1.2002 bereits bestehende Ansprüche vgl. die Übergangsregelung in Art. 229 § 6 EGBGB. Nach Ablauf der Frist ist der Verpflichtete (Arbeitgeber) berechtigt, die Leistung zu verweigern (§ 214 Abs. 1 BGB). 141

VIII. Ende der Betriebsvereinbarung (Abs. 5)

1. Vereinbartes Ende

Die BV endet mit dem **Ablauf der Zeit,** für die sie abgeschlossen ist. Die Vereinbarung einer Befristung ist an keine Voraussetzungen gebunden. Die BV endet ferner mit **Zweckerreichung,** wenn sie zu einem bestimmten Zweck abgeschlossen worden ist (GK-BetrVG/*Kreutz* Rn. 399; DKKW/*Berg* Rn. 92; Richardi BetrVG/*Richardi* Rn. 208). Ist eine BV auf Grund einer Tariföffnungsklausel abgeschlossen (→ Rn. 117 ff.), ist ihre Geltung auf die Dauer des TV einschließlich dessen Nachwirkungszeitraums beschränkt (→ Rn. 123; BAG 25.8.1983 – 6 ABR 40/82, AP 142

BetrVG 1972 § 77 Nr. 7). Das gilt nicht, wenn auch der nachfolgende TV eine entsprechende Öffnungsklausel enthält.

143 Die BV endet ferner durch einen jederzeit zulässigen **Aufhebungsvertrag** zwischen BR und ArbGeb. Der Aufhebungsvertrag bedarf als „actus contrarius" zur BV sowie wegen deren Normencharakter und aus Gründen der Rechtssicherheit der **Schriftform.** Die höhere Rechtsqualität der BV kann durch eine allein schuldrechtliche Absprache (Regelungsabrede) nicht beseitigt werden (BAG 27.6.1985 – 6 AZR 392/81, NZA 1986, 401; 20.11.1990 – 1 AZR 643/89, NZA 1991, 426; GK-BetrVG/*Kreutz* Rn. 400; DKKW/*Berg* Rn. 93; HWGNRH/*Worzalla* Rn. 236; WPK/*Preis* Rn. 37; Richardi BetrVG/*Richardi* Rn. 209; MHdB ArbR/*Arnold* § 316 Rn. 62; Schaub ArbR-HdB/*Ahrendt* § 231 Rn. 50; unentschieden ErfK/*Kania* Rn. 97; **aA** *Brune* AR-Blattei BV Rn. 526). Die BV endet auch mit dem Inkrafttreten einer neuen BV über denselben Regelungsgegenstand (BAG 10.8.1994 – 10 ABR 61/93, NZA 1995, 314; Richardi BetrVG/*Richardi* Rn. 210; MHdB ArbR/*Arnold* § 316 Rn. 63). Ersetzt die neue BV nur teilweise die Regelungen der älteren, tritt diese insoweit außer Kraft (BAG 16.9.1986 – GS 1/82, NZA 1987, 168; 17.3.1987 – 3 AZR 64/84, NZA 1987, 855). Zwischen den BV gilt nicht das Günstigkeits-, sondern das Ablöseprinzip, da es sich um gleichrangige Rechtsquellen handelt (GK-BetrVG/*Kreutz* Rn. 402).

2. Kündigung

144 Eine BV endet ferner durch **Kündigung.** Enthält die BV selbst insoweit keine abweichende Regelung, kann nach Abs. 5 jede Seite die BV mit einer Frist von drei Monaten kündigen. Dies gilt für erzwingbare und freiwillige einvernehmliche ebenso wie für BV, die auf einem Spruch der E-Stelle beruhen (GK-BetrVG/*Kreutz* Rn. 405; Richardi BetrVG/*Richardi* Rn. 223; WPK/*Preis* Rn. 40).

145 Die BV kann die **Modalitäten der Kündigung** vom G abweichend regeln. So können kürzere oder längere **Kündigungsfristen** vereinbart oder bestimmte Kündigungstermine festgelegt werden. Auch kann die ordentliche Kündigung generell oder für eine gewisse Zeit ausgeschlossen werden (BAG 10.3.1992 – 3 ABR 54/91, NZA 1993, 234). Ein **Ausschluss der ordentlichen Kündigung** muss nicht notwendig ausdrücklich vereinbart werden, sondern kann sich auch aus den Umständen ergeben. Die BV muss hierfür aber hinreichende Anhaltspunkte enthalten (BAG 17.1.1995 – 1 ABR 29/94, NZA 1995, 1010). Eine BV, die zur Regelung eines konkreten einmaligen Sachverhalts (zB Sozialplan aus Anlass einer konkreten Betriebsänderung) abgeschlossen wird, ist idR nicht ordentlich kündbar (BAG 10.8.1994 – 10 ABR 61/93, NZA 1995, 314 DKKW/*Berg* Rn. 113; ErfK/*Kania* Rn. 96; WPK/*Preis* Rn. 41; einschränkend GK-BetrVG/*Kreutz* Rn. 407). Die Kündigung kann an das Vorliegen bestimmter Voraussetzungen gebunden werden. Die Kündigungsfrist kann auch durch Spruch der E-Stelle verlängert werden. Diese ist, ebenso wie die Betriebsparteien selbst, für die Bestimmung der Geltungsdauer eines Spruchs an die gesetzliche Kündigungsfrist nicht gebunden (BAG 29.1.2002 – 1 ABR 18/01, AP BetrVG 1972 § 76 Einigungsstelle Nr. 19).

146 Die ordentliche Kündigung einer BV bedarf regelmäßig **keines sachlichen Grundes** (BAG 18.4.1989 – 3 AZR 688/87, NZA 1990, 67; 10.3.1992 – 3 ABR 54/91, NZA 1993, 234; DKKW/*Berg* Rn. 111; GK-BetrVG/*Kreutz* Rn. 404; Richardi BetrVG/*Richardi* Rn. 215; MHdB ArbR/*Arnold* § 316 Rn. 70; *Heither* BB 1992, 148; *Molkenbur/Roßmanith* ArbuR 1990, 338; *Loritz* RdA 1991, 67; *Brune* AR-Blattei BV Rn. 422). Die BV selbst kann aber die materiellen Voraussetzungen ihrer Kündigung iE näher regeln und damit die Möglichkeit einer „freien" Kündigung einschränken.

147 Bei BV mit Inhaltsnormen über materielle, für die ArbN günstige Arbeitsbedingungen wird, die Notwendigkeit eines gewissen **Kündigungsschutzes** diskutiert (vgl. *Schaub* BB 1990, 289 ff.; *Hanau/Preis* NZA 1991, 81 ff.; *Hilger/Stumpf* BB 1990, 929; *Hilger* FS Gaul, 1992, 333; *Käppler* FS Kissel, 1994, 490).

Dagegen geht das **BAG** in ständiger Rspr. zu Recht davon aus, dass die Ausübung des Kündigungsrechts keiner Rechtfertigung bedarf und keiner inhaltlichen Kontrolle unterliegt (BAG 17.1.1995 – 1 ABR 29/94, NZA 1995, 1010; 11.5.1999 – 3 AZR 21/98, NZA 2000, 322; 17.8.1999 – 3 ABR 55/98, NZA 2000, 498; ebenso GK-BetrVG/*Kreutz* Rn. 404; WPK/*Preis* Rn. 42; Richardi BetrVG/*Richardi* Rn. 215; *Brune* AR-Blattei BV Rn. 515). Abs. 5 ist insoweit eindeutig und lässt keine andere Auslegung zu. Dementsprechend bewirkt die Kündigung einer BV über eine betriebliche Altersversorgung nicht lediglich die Schließung des Versorgungswerks für neu in den Betrieb eintretende ArbN. Sie erstreckt sich vielmehr auch die bereits beschäftigten ArbN (BAG 11.5.1999 – 3 AZR 21/98, NZA 2000, 322; **aA** *Rosmanith* DB 1999, 634). Allerdings können die Betriebspartner selbst in der BV Regelungen über die Zulässigkeit einer Kündigung treffen und dadurch eine Kündigung erschweren (→ Rn. 146). Derartige Regelungen müssen eindeutig sein. Die Vereinbarung eines allgemeinen steuerunschädlichen Widerrufsvorbehalts nach § 6a Abs. 1 Nr. 2 EStG schränkt die Möglichkeit der Kündigung einer BV nicht ein (BAG (10.3.1992 – 3 ABR 54/91, NZA 1993, 234; **aA** *Hanau/Preis* NZA 1991, 87). 148

Mit Ablauf der Kündigungsfrist enden grds. die Wirkungen einer BV (→ Rn. 159). Die ArbN haben regelmäßig kein rechtlich schützenswertes Vertrauen darauf, dass ihnen die in der BV vorgesehenen Leistungen auch künftig weiterhin zufließen. Dies gilt jedoch für den Bereich der **betrieblichen Altersversorgung** nicht uneingeschränkt. Hier ist zwischen der **Zulässigkeit der Kündigung** einer BV und **Rechtsfolgen der Kündigung** zu **unterscheiden** (BAG 10.3.1992 – 3 ABR 54/91, NZA 1993, 234; *Heither* RdA 1993, 78). Bei der betrieblichen Altersversorgung darf wegen der von den ArbN in der Vergangenheit bereits erbrachten Vorleistung die in der Altersversorgung liegende Gegenleistung des ArbGeb. nicht ersatzlos entfallen, ohne dass hierfür rechtlich billigungswerte Gründe vorliegen (BAG 11.5.1999 – 3 AZR 21/98, NZA 2000, 322; 19.9.2006 – 1 ABR 58/05, NJOZ 2007, 4855). Die Wirkung der Kündigung einer BV über eine betriebliche Altersversorgung ist deshalb mit Hilfe der Grundsätze des Vertrauensschutzes und der Verhältnismäßigkeit zu begrenzen (DKKW/*Berg* Rn. 111; *Linsenmaier* FS Kreutz, 2010, 285 [297]). Je mehr der ArbGeb. mit der Kündigung in Besitzstände und Anwartschaften der ArbN eingreift, umso gewichtiger müssen seine Eingriffsgründe sein (BAG 11.5.1999 – 3 AZR 21/98, NZA 2000, 322; *Griebeling* FS Ahrend, S. 213). Insoweit gelten dieselben **Grundsätze, wie** sie **bei** einer **verschlechternden BV** zu beachten sind, durch die eine bestehende BV über eine betriebliche Altersversorgung abgelöst werden soll (→ **Rn. 193**). Soweit hiernach die Wirkungen der Kündigung einer BV über eine betriebliche Altersversorgung beschränkt sind, führt die Kündigung nicht zu einem völligen Wegfall der BV. Sie bleibt vielmehr insoweit als kollektivrechtliche Grundlage von Versorgungsansprüchen und -anwartschaften mit allen sich aus der BV ergebenden Konsequenzen erhalten, wie insbes. der zwingenden und unmittelbaren Wirkung und dem Verzichts- und Verwirkungsverbot nach Abs. 4 (BAG 11.5.1999 – 3 AZR 21/98, NZA 2000, 322; 17.8.1999 – 3 ABR 55/98, NZA 2000, 498). Werden in einem arbeitsgerichtlichen Beschlussverfahren die (verbleibenden) Wirkungen einer BV rechtskräftig festgestellt, entfaltet die Entscheidung auch zwischen dem ArbGeb. und den einzelnen ArbN Bindungswirkung (BAG 17.8.1999 – 3 ABR 55/98, NZA 2000, 498). 149

Für möglich erachtet wird überwiegend auch die sog **Änderungskündigung** einer BV (vgl. etwa GK-BetrVG/*Kreutz* Rn. 417; Richardi BetrVG/*Richardi* Rn. 219). Der Sache nach handelt es sich dabei um eine normale (Beendigungs-)Kündigung, die mit dem Angebot des Abschlusses einer neuen BV mit anderem Inhalt verbunden wird. Nimmt der andere Betriebspartner das Angebot an, löst die neue BV die bisherige ab. Erforderlich ist aber die Einhaltung der Schriftform (*Brune* AR-Blattei BV Rn. 524). 150

Eine BV kann **fristlos aus wichtigem Grund** gekündigt werden, wenn Gründe vorliegen, die unter Berücksichtigung aller Umstände und unter Abwägung der Inte- 151 ressen der Betroffenen (ArbGeb., BR, ArbN) ein Festhalten an der BV bis zum Ablauf der Kündigungsfrist nicht zumutbar erscheinen lassen (BAG 17.1.1995 – 1 ABR 29/94, NZA 1995, 1010; DKKW/*Berg* Rn. 112; GK-BetrVG/*Kreutz* Rn. 413; HWGNRH/*Worzalla* Rn. 226f.; Richardi BetrVG/*Richardi* Rn. 216; *Brune* AR-Blattei BV Rn. 516; zur Möglichkeit einer außerordentlichen Kündigung von TV BAG 18.12.1996 – 4 AZR 129/96, NZA 1997, 830). Das gilt auch für befristete BV. Das Recht zur außerordentlichen Kündigung ist nicht abdingbar (BAG 17.1.1995 – 1 ABR 29/94, NZA 1995, 1010; Richardi BetrVG/*Richardi* Rn. 217; GK-BetrVG/*Kreutz* Rn. 413; für die außerordentliche Kündigung eines Sozialplans offen gelassen von BAG 10.8.1994 – 10 ABR 61/93, NZA 1995, 314; → §§ 112, 112a Rn. 209ff.). An die Gründe für eine fristlose Kündigung sind strenge Anforderungen zu stellen. Der Grundsatz der vertrauensvollen Zusammenarbeit nach § 2 Abs. 1 gebietet eine Begründung. Von ihr hängt jedoch die Wirksamkeit der fristlosen Kündigung nicht ab (GK-BetrVG/*Kreutz* Rn. 413). Das Recht, eine BV aus wichtigem Grund ohne Einhaltung einer Kündigungsfrist zu kündigen, wird vom Gesetzgeber, wie **§ 120 Abs. 2 InsO** deutlich macht, auch außerhalb der Insolvenz des ArbGeb. als selbstverständlich vorausgesetzt. Vgl. zum unabdingbaren Recht zur außerordentlichen Kündigung (zivilrechtlicher) Dauerschuldverhältnisse auch § 314 BGB (→ Rn. 152). Im Falle einer wirksamen außerordentlichen Kündigung entfaltet die BV keine Nachwirkung nach Abs. 6 (→ Rn. 179).

152 Eine **Störung der** einer BV zugrunde liegenden **Geschäftsgrundlage** führt allein nicht zur Beendigung der BV (BAG 29.9.2004 – 1 AZR 445/03, NZA 2005, 532; GK-BetrVG/*Kreutz* Rn. 431; *Brune* AR-Blattei BV Rn. 519). Die für das allgemeine Zivilrecht von Rspr. und Lehre insoweit entwickelten Rechtsgrundsätze hat das G zur Modernisierung des Schuldrechts (SMG) v. 26.11.2001 (BGBl. I S. 3138) in § 313 BGB kodifiziert. Sie können für BV schon wegen des Normcharakters allenfalls mit Vorsicht entsprechend herangezogen werden. Bei **BV mit Dauerwirkung** wird den Interessen der Beteiligten regelmäßig bereits durch die in Abs. 5 vorgesehene Kündigungsmöglichkeit Rechnung getragen. Auch bei vertraglichen Dauerschuldverhältnissen tritt gem. § 313 Abs. 3 S. 2 BGB in Fällen der unmöglichen oder unzumutbaren Vertragspassung an die Stelle des Rücktrittsrechts das Recht zur Kündigung. In besonderen Ausnahmefällen kommt die außerordentliche Kündigung in Betracht (→ Rn. 151; vgl. auch § 314 Abs. 1 BGB). Der dafür erforderliche Grund kann in der schwerwiegenden Störung der Geschäftsgrundlage liegen (GK-BetrVG/*Kreutz* Rn. 413). Bei einer **BV ohne Dauerwirkung,** insbes. bei einem **Sozialplan** haben die Betriebspartner bei einer schwerwiegenden Störung der Geschäftsgrundlage einen Anspruch auf Anpassung, der erforderlichenfalls auch über die E-Stelle durchgesetzt werden kann; bei der Anpassung sind aber ggf. die Grundsätze des Vertrauensschutzes, der Verhältnismäßigkeit zu beachten (→ §§ 112, 112a Rn. 209ff.).

153 Das G regelt die Frage der Zulässigkeit der **Teilkündigung** einer BV nicht (BAG 6.11.2007 – 1 AZR 826/06, NZA 2008, 422; DKKW/*Berg* Rn. 113; GK-BetrVG/*Kreutz* Rn. 410f.; HWGNRH/*Worzalla* Rn. 231; Richardi BetrVG/*Richardi* Rn. 221; HaKo-BetrVG/*Lorenz* Rn. 73; *Salamon* NZA 2011, 549; *Maaß* ArbRAktuell 10, 335; *Kreutz* FS Säcker, 2012, 247 [255ff.]; zur regelmäßigen Unzulässigkeit der Teilkündigung von TV BAG 3.5.2006 – 4 AZR 795/05, NZA 2006, 1125; 24.4.2007 – 1 AZR 252/06, NZA 2007, 987; zur grundsätzlichen Unzulässigkeit der Teilkündigung eines Arbeitsvertrags BAG 14.11.1990 – 5 AZR 509/89, NZA 1991, 377). Die Betriebsparteien können die Frage in der BV selbst regeln. Sie können bestimmen, ob die BV nur insgesamt oder auch in Teilen kündbar sein soll. Im Falle der Teilkündigung muss der verbleibende Rest noch eine sinnvolle und in sich geschlossene Regelung darstellen. Regelt die BV die Frage der Zulässigkeit einer Teilkündigung nicht ausdrücklich, ist sie insoweit auszulegen. Ergibt sich danach keine Antwort, so ist eine Teilkündigung dann als zulässig zu erachten, wenn der gekündigte Teil einen selbständigen Teilkomplex betrifft, der auch den Gegenstand einer eigenständigen BV bilden könnte (6.11.2007 – 1 AZR 826/06, NZA 2008, 422; DKKW/*Berg* Rn. 113; HaKo-BetrVG/*Lorenz* Rn. 73). Dies gilt insbes. bei BV, die eine Mehrzahl freiwilliger Leistungen regeln. Es müssen nicht darüber hinaus noch zusätzliche Umstände festgestellt werden, welche die Annahme rechtfertigen, dass die Betriebspartner eine Teilkündigung zulassen wollten (**aA** GK-BetrVG/*Kreutz* Rn. 411; Richardi BetrVG/*Richardi* Rn. 221). Vielmehr müssen umgekehrt die Betriebs-parteien, die die Teilkündigung selbständiger Regelungskomplexe – etwa wegen eines in der BV enthaltenen Kompromisses – ausschließen wollen, dies in der BV zum Ausdruck bringen (BAG 6.11.2007 – 1 AZR 826/06, NZA 2008, 422; **aA** *Kreutz* FS Säcker, 2012, 247 [256ff.]). Von der Teilkündigung einer BV ist die Ausübung eines in der BV dem ArbGeb. eingeräumten Widerrufsvorbehalts hinsichtlich bestimmter Leistungen zu unterscheiden. Die Ausübung des Vorbehalts lässt die BV als solche unberührt.

Im Falle der **Insolvenz des ArbGeb.** ist **§ 120 InsO** zu beachten. Nach dessen **Abs. 1 S. 1** sollen in Fällen, in denen BV Leistungen vorsehen, welche die Insolvenzmasse belasten, Insolvenzverwalter und BR über eine einvernehmliche Herabsetzung der Leistungen **beraten.** Nach § 120 **Abs. 1 S. 2 InsO** können die **massebelastenden BV** auch dann mit einer Frist von drei Monaten **gekündigt** werden, wenn eine längere Frist vereinbart ist. Nach § 120 Abs. 2 InsO bleibt das Recht zur außerordentlichen Kündigung unberührt. Die Regelungen stehen im Zusammenhang mit dem das Insolvenzrecht durchziehenden Grundgedanken, statt einer Liquidierung des notleitenden Unternehmens durch Zugeständnisse aller Gläubiger seine (Teil-)Sanierung zu ermöglichen und hierdurch auch zum Erhalt von Arbeitsplätzen beizutragen. Unerheblich für die Anwendbarkeit des § 120 InsO ist, ob es sich um freiwillige oder erzwingbare BV handelt (*Oetker/Friese* DZWiR 2000, 398 [399]; HK-InsO/*Linck* § 120 Rn. 2). Erfasst werden jedoch nur solche BV, deren Leistungsverpflichtungen eine unmittelbare Belastung der Insolvenzmasse zur Folge haben. Dies ist insbes. bei Geldleistungen oder der Gewährung von geldwerten Vorteilen der Fall, wie etwa der Zahlung von Prämien, Beihilfen oder Gratifikationen, der Gewährung von Zusatzurlaub oder eines längeren Entgeltfortzahlungszeitraums im Krankheitsfall, Leistungen zu betrieblichen Sozialeinrichtungen wie Kantine, Kindergarten oder betrieblichem Erholungsheim. Nicht erfasst werden BV, die keine Leistungspflichten, sondern Regelungen anderer Art enthalten, mögen diese auch mittelbar eine massebelastende Wirkung haben wie zB BV über Schichtpläne oder Fragen der Betriebsordnung oder technischer Überwachungseinrichtungen (DKKW/*Berg* Rn. 109; *Oetker/Friese* DZWiR 2000, 398; **aA** HK-InsO/*Linck* § 120 Rn. 4). Auch BV, die tarifvertragliche Leistungspflichten lediglich ergänzen oder konkretisieren, wie zB die Festlegung des Geld- oder Zeitfaktors auf der Basis des tariflichen Akkordrichtsatzes, dürften nicht von § 120 erfasst werden (*Müller* NZA 1999, 1317; *Zwanziger* § 120 Rn. 2, **aA** *Oetker/Friese* DZWiR 2000, 398 [399]; *Warrikoff* BB 1994, 2339). Zweifelhaft ist, ob § 120 InsO, der nur BV erwähnt, auf **massebelastende Regelungsabreden** (zur Regelungsabrede → Rn. 216) entsprechend anwendbar ist (bejahend HK-InsO/*Linck* § 120 Rn. 2). Auf jeden Fall erstreckt sich § 120 InsO nicht auf die auf Grund einer Regelungsabrede geänderten Arbeitsverträge der ArbN (so auch HK-InsO/*Linck* § 120 Rn. 2). Deren Änderung ist nur mit den allgemeinen arbeitsvertraglichen Mitteln möglich. Soweit eine Regelungsabrede allerdings noch nicht umgesetzt ist, dürfte auf die sich aus der Regelungsabrede ergebende Umsetzungspflicht des ArbGeb. § 120 InsO entsprechend anwendbar sein. Denn da ArbGeb. und BR grds. darin frei sind, ob sie eine Vereinbarung in einer förmlichen BV oder einer formlosen Regelungsabrede treffen, kann es im Hinblick auf den Normzweck des § 120 InsO nicht darauf ankommen, ob sich eine massebelastende Leistungsverpflichtung des ArbGeb. aus einer BV oder Regelungsabrede ergibt (*Oetker/Friese* DZWiR 2000, 398 [401]). 154

§ 120 Abs. 1 S. 1 InsO ist eine Sollvorschrift und begründet **keine einklagbare Beratungspflicht** (HK-InsO/*Linck* § 120 Rn. 6). Jedoch gilt für eine gewünschte 155

Beratung dieselbe Einlassungs- und Erörterungspflicht, die sich aus § 74 Abs. 1 S. 2 allgemein für die Behandlung strittiger Fragen ergibt (→ § 74 Rn. 9; *Oetker/Friese* DZWiR 2000, 398 [402]). In keinem Fall besteht eine Einigungspflicht (DKKW/*Berg* Rn. 109). Ebenso wenig wie die Beachtung der Einlassungs- und Erörterungspflicht nach § 74 Abs. 1 S. 1 eine zwingende Voraussetzung für die Einleitung eines E-Stellenverfahrens ist (→ § 74 Rn. 9), ist die Beratung nach § 120 Abs. 1 S. 1 InsO zwingende Voraussetzung für eine Kündigung der BV nach § 120 Abs. 1 S. 2 InsO (*Oetker/Friese* DZWiR 2000, 398 [404]; *Heinze* NZA 1999, 61; HK-InsO/*Linck* § 120 Rn. 6; GK-BetrVG/*Kreutz* Rn. 409; **aA** *Zwanziger* § 120 Rn. 8). Für eine außerordentliche Kündigung nach § 120 Abs. 2 InsO dürfte aber eine Beratung nach § 120 Abs. 1 S. 1 InsO notwendige Voraussetzung sein (HK-InsO/*Linck* § 120 Rn. 6). Gegenstand der Beratung soll die **Herabsetzung** der Leistungen aus der BV sein; dies schließt aber im Einzelfall den völligen Wegfall nicht aus (*Müller* NZA 1999, 1317; *Lakies* RdA 1997, 147; *Oetker/Friese* DZWiR 2000, 398 [403]). Die Herabsetzung kann nur einvernehmlich erfolgen, nicht über die E-Stelle erzwungen werden. Zum Recht auf Widerruf von Sozialplänen in der Insolvenz → §§ 112, 112a Rn. 318ff.

156 **§ 120 Abs. 1 S. 2 InsO** gewährt sowohl dem Insolvenzverwalter als auch dem BR das Recht, eine massebelastende BV unabhängig von einer vereinbarten längeren Kündigungsfrist mit einer **Frist von drei Monaten zu kündigen.** Die Vorschrift begründet kein eigenständiges Kündigungsrecht sondern setzt dieses voraus. Sie verkürzt nur längere Kündigungsfristen auf die allgemeine gesetzliche Frist von drei Monaten (*Oetker/Friese* DZWiR 2000, 398 [404]; *Müller* NZA 1998, 1315 [1318]; **aA** Oberthür/Seitz Betriebsvereinbarungen/*Oberthür* Teil A. Kap. VIII. Rn. 12)). Sieht die BV eine kürzere Kündigungsfrist vor, ist diese maßgebend. Im Falle ihrer Zulässigkeit kommt auch eine Teilkündigung der BV, etwa nur ihres massebelastenden Teils, in Betracht (*Oetker/Friese* DZWiR 2000, 398 [404]; HK-InsO/*Linck* § 120 Rn. 8). Da § 120 Abs. 1 S. 2 InsO kein eigenständiges Kündigungsrecht sondern nur eine Verkürzung der Kündigungsfristen normiert, ist die Vorschrift nicht anwendbar auf BV, für die eine Kündigung ausdrücklich oder durch eine feste Befristung ausgeschlossen ist oder die bestimmte Kündigungstermine vorsehen (DKKW/*Berg* Rn. 109; *Müller* NZA 1998, 1318; *Bichelmeier/Oberhöfer* AiB 1997, 163; **aA** und eine entsprechende Anwendung bejahend: HK-InsO/*Linck* § 120 Rn. 7; GK-BetrVG/*Kreutz* Rn. 409; *Oetker/Friese* DZWiR 2000, 398 [405]; *Lakies* RdA 1997, 147; *Schrader* NZA 1997, 70; *Heilmann* Neues InsR S. 29; *Zwanziger* § 120 Rn. 6). Das Gleiche gilt für BV, die die Ausübung des Kündigungsrechts von bestimmten (nicht vorliegenden) Voraussetzungen abhängig machen. Unberührt bleibt nach § 120 Abs. 2 InsO das Recht, eine BV aus wichtigem Grund **außerordentlich** zu kündigen. Die auf Grund des Kündigungsrechts nach § 120 Abs. 1 S. 2 InsO ordentlich gekündigten erzwingbaren BV unterliegen uneingeschränkt den Regelungen des Abs. 6 über die **Nachwirkung** von BV (HK-InsO/*Linck* § 120 Rn. 11). Dagegen dürfte eine vereinbarte Nachwirkung von freiwilligen BV im Falle ihrer Kündigung nach § 120 Abs. 1 S. 2 InsO nicht mehr stattfinden, da diese ebenso wie die Vereinbarung längerer Kündigungsfristen die Frage der zeitlichen Geltung der BV bzw. ihrer Regelungen zum Inhalt hat, die durch das insolvenzrechtliche Kündigungsrecht eingeschränkt werden soll (*Oetker/Friese* DZWiR 2000, 398 [407]; HK-InsO/*Linck* § 120 Rn. 12). Zur Anfechtung nach §§ 129ff. InsO → Rn. 33.

157 Die **Kündigungserklärung** ist, wenn in der BV nicht ausdrücklich Anderes vereinbart ist, an **keine Form** gebunden (BAG 9.12.1997 – 1 AZR 319/97, NZA 1998, 661; GK-BetrVG/*Kreutz* Rn. 415; *Brune* AR-Blattei BV Rn. 513). Sie kann auch mündlich erfolgen, muss jedoch unmissverständlich und **eindeutig** sein (BAG 6.11.2007 – 1 AZR 826/06, NZA 2008, 422; 19.2.2008 – 1 AZR 114/07, NZA-RR 2008, 412; GK-BetrVG/*Kreutz* Rn. 415). Erforderlichenfalls ist die Kündigungserklärung in Anwendung von § 133 BGB auszulegen. Lässt sich nicht zweifelsfrei feststellen, dass sich die Kündigung auf eine bestimmte BV bezieht, entfaltet sie keine die BV beendende Wirkung (BAG 19.2.2008 – 1 AZR 114/07, NZA-RR 2008, 412). Sie ist dem anderen Vertragspartner gegenüber abzugeben. Der ArbGeb. muss also die Kündigung grds. gegenüber dem Gremium (BR, GesBR, KBR) erklären, mit dem er die BV geschlossen hat (*Salamon* NZA 2007, 367 [368]). Ist dieses Gremium nicht mehr vorhanden und die Zuständigkeit auch nicht auf ein anderes Gremium übergegangen, ist die Kündigung gegenüber der Belegschaft zu erklären (→ Rn. 175 mwN; dort auch zur Nachwirkung und deren Beendigung). Eine Kündigung durch den BR setzt eine ordnungsgemäße Beschlussfassung des BR voraus. Auch wenn einem Ausschuss des BR Aufgaben zur selbständigen Erledigung übertragen worden sind, ist dieser ebenso wenig zur Kündigung einer BV berechtigt, wie er zu ihrem Abschluss befugt ist (→ § 27 Rn. 76).

Während des Laufs der Kündigungsfrist kann bereits über eine neue BV ver- 158
handelt und ggf. die E-Stelle angerufen werden. Die neue BV gilt aber grds. erst nach Ablauf des Geltungszeitraums der bisherigen, es sei denn, diese wird vorher aufgehoben oder ausdrücklich durch die neue ersetzt (DKKW/*Berg* Rn. 114).

Nach Ablauf der Kündigungsfrist entfalten die Regelungen einer BV nicht 159
mehr die in Abs. 4 vorgesehenen Wirkungen (BAG 21.8.1990 – 1 ABR 73/89, NZA 1991, 190; 10.3.1992 – 3 ABR 54/91, NZA 1993, 234). Ein Vertrauen der bislang Begünstigten in den Fortbestand der BV ist regelmäßig nicht schützenswert (vgl. zur betrieblichen Altersversorgung aber → Rn. 149). Im Falle der Nachwirkung gem. Abs. 6 (→ Rn. 177 ff.) entfaltet die BV allerdings weiterhin unmittelbare, wenngleich nicht mehr zwingende Wirkung (BAG 22.6.2010 – 1 AZR 853/08, NZA 2010, 1243). Die in einer BV über eine betriebliche Vergütungsordnung vereinbarten betrieblichen Entlohnungsgrundsätze gelten – unabhängig von ihrer Nachwirkung nach Abs. 6 – im Betrieb weiter und bedürfen zu ihrer Änderung gem. § 87 Abs. 1 Nr. 10 der Zustimmung des BR (BAG 22.6.2010 – 1 AZR 853/08, NZA 2010, 1243; vgl. aber auch 5.10.2010 – 1 ABR 20/09, NZA 2011, 598). Bei Verletzung des MBR können die ArbN nach der Theorie der Wirksamkeitsvoraussetzung eine Vergütung auf der Grundlage der zuletzt mitbestimmten Entlohnungsgrundsätze verlangen (BAG 22.6.2010 – 1 AZR 853/08, NZA 2010, 1243; 5.5.2015 – 1 AZR 435/13, NZA 2015, 1207).

3. Sonstige Beendigungsgründe

Die BV kann nicht nur auf rechtsgeschäftlichem Wege, sondern auch durch eine 160
Veränderung der tatsächlichen Umstände unanwendbar werden. Dies ist der Fall, wenn ihre Regelungen durch Änderung der tatsächlichen Gegebenheiten **gegenstandslos** werden. Hiervon ist regelmäßig bei einer **vollständigen Betriebsstilllegung** hinsichtlich der BV auszugehen, die das Bestehen einer betrieblichen Organisation und in ihr beschäftigte ArbN voraussetzen, wie zB BV über die Ordnung des Betriebs, über Arbeitszeitfragen, über technische Kontrolleinrichtungen oder über Fragen der Lohngestaltung und leistungsbezogener Entgelte. Solche BV verlieren ihren Regelungsgegenstand, wenn es den Betrieb, für den sie geschlossen wurden, nicht mehr gibt (*Brune* AR-Blattei BV Rn. 529; *Lange* NZA 2017, 288 [289]; vgl. aber auch Rn. 162 ff.).

Anders ist dies bei BV, die auch oder gar gerade im Falle der Stilllegung (noch) 161
Bedeutung haben, insbes. etwa für **Sozialplanregelungen** aus Anlass der Betriebsstilllegung, aber auch für Ansprüche aus einer **betrieblichen Altersversorgung** oder für Regelungen über **Werkswohnungen** (BAG 24.3.1981 – 1 AZR 805/78, NJW 1982, 70; 28.6.2005 – 1 AZR 213/04, NJOZ 2005, 5080; GK-BetrVG/*Kreutz* Rn. 422; DKKW/*Berg* Rn. 94; *Brune* AR-Blattei BV Rn. 530).

Aber auch darüber hinaus hat **nicht jeder Untergang** eines Betriebs (oder selb- 162
ständigen Betriebsteils) die **Gegenstandslosigkeit** sämtlicher BV zur Folge (vgl. GK-BetrVG/*Kreutz* Rn. 400). Ein Betrieb kann außer durch vollständige, ersatzlose Stilllegung auch deshalb untergehen, weil er in einen anderen eingegliedert, mit einem

anderen zu einem neuen zusammengelegt oder in zwei oder mehrere neue Betriebe gespalten wird. In diesen Fällen wird zwar auch die bestehende betriebliche Organisation aufgelöst. Im Unterschied zur vollständigen, ersatzlosen Betriebsstilllegung werden aber die **sachlichen Betriebsmittel weiter genutzt** und die im bisherigen Betrieb **beschäftigten ArbN** innerhalb einer anderen Organisation des ArbGeb. **weiterbeschäftigt.** Daher verlieren die bisherigen BV nicht ohne Weiteres ihren Regelungsgegenstand. Vielmehr ist für jede BV gesondert zu prüfen, ob durch die vom ArbGeb. vorgenommene Organisationsänderung der Regelungsgegenstand wegfällt. Hierbei kommt es neben dem Inhalt der jeweiligen BV insbes. darauf an, ob der bisherige Betrieb oder Betriebsteil in dem neuen Betrieb als organisatorisch (relativ) eigenständiger Betriebsteil fortgeführt wird und ob es in der neuen Organisationseinheit bereits einschlägige BV gibt (vgl. *Kreft* FS Wißmann, 2005, 348 [351]; DKKW/*Berg* Rn. 97; GK-BetrVG/*Kreutz* Rn. 423 ff.; *Bachner* NZA 1997, 79). Die etwaige Fortgeltung von BV ist in Fällen unternehmensinterner Organisationsänderungen für den ArbGeb. schon deshalb nicht unzumutbar, weil sich – anders als bei einem Betriebsübergang – der Vertragspartner der BV und der Arbeitsverhältnisse nicht ändert. Hiernach ist wie folgt zu differenzieren:

163 Wird ein Betrieb unter Verlust seiner Selbständigkeit in einen anderen **eingegliedert** und bestehen in diesem **BV über dieselben Regelungsbereiche** wie in dem eingegliederten Betrieb, sind nur die BV des aufnehmenden Betriebs maßgebend. Die BV des eingegliederten Betriebs sind gegenstandslos (GK-BetrVG/*Kreutz* Rn. 426; DKKW/*Berg* Rn. 97; *Brune* AR-Blattei BV Rn. 533; *Seel* MDR 2008, 657 [660]; vgl. auch Richardi BetrVG/*Richardi* Rn. 231). **Soweit in dem aufnehmenden Betrieb** allerdings **keine entsprechenden BV** bestehen, **gelten die BV des eingegliederten Betriebs weiter,** wenn und soweit ihre Anwendung auch im aufnehmenden Betrieb möglich und sinnvoll ist. Wenn der eingegliederte Betrieb innerhalb des aufnehmenden Betriebs in räumlicher oder organisatorischer Hinsicht abgrenzbar bleibt, kann es durchaus sinnvoll und sachgerecht sein, organisationsbezogene BV des alten Betriebs weiter anzuwenden. Das gilt auch für BV des eingegliederten Betriebs, die seinen ArbN zusätzliche materielle Leistungen, zB Zusatzurlaub für besondere Tätigkeiten, zusätzliche Prämien für besondere Leistungen, gewähren, sofern die Voraussetzungen für diese Leistungen auch iRd aufnehmenden Betriebs fortbestehen (GK-BetrVG/*Kreutz* Rn. 426; DKKW/*Berg* Rn. 97; *Bachner* NZA 1997, 81; *Brune* AR-Blattei BV Rn. 533; *Monz* BB 2012, 1923 [1924 f.]; vgl. auch *Kreft* FS Wißmann, 2005, 348 [351]; **aA** *Salamon* RdA 2007, 153 [158]; *Maschmann* NZA Beil. 1, 32 [39]; *Lange* NZA 2017, 288 [289 f.]). Da fortgeltende BV des eingegliederten Betriebs Bestandteil der kollektiven Normenordnung des aufnehmenden Betriebs werden, können sie durch die Betriebspartner des aufnehmenden Betriebs aufgehoben oder durch andere BV ersetzt werden (GK-BetrVG/*Kreutz* Rn. 426). Unter dem Gesichtspunkt der Gleichbehandlung der ArbN des Betriebs (→ § 75 Rn. 23 ff.) kann sich insbes. bei zusätzlichen Leistungen im aufnehmenden Betrieb ein Harmonisierungsbedarf ergeben (GK-BetrVG/*Kreutz* Rn. 426). Ferner bleiben die BV des eingegliederten Betriebs bestehen, die – wie insbes. ein Sozialplan – gerade aus Anlass der Eingliederung abgeschlossen worden sind (→ Rn. 35, 161; BAG 28.6.2005 – 1 AZR 213/04, NJOZ 2005, 5080; 28.3.2007 – 10 AZR 719/05, NZA 2007, 1066).

164 Auch bei einer **Zusammenlegung mehrerer Betriebe desselben Inhabers** zu einem neuen Betrieb bleiben die BV der Ursprungsbetriebe so lange bestehen, wie ihre Anwendung im neuen Betrieb möglich und sinnvoll ist und Regelungen für den neuen Betrieb nicht geschaffen sind (GK-BetrVG/*Kreutz* Rn. 425; DKKW/*Berg* Rn. 98, *Bachner* NZA 1997, 81; vgl. auch *Brune* AR-Blattei BV Rn. 532; **aA** *Salamon* RdA 2007, 153 [156]; *Lange* NZA 2017, 288 [289]; nach Richardi BetrVG/*Richardi* Rn. 230 wirken die BV nach). Das kann insbes. der Fall sein, wenn die zusammengelegten Betriebe in der neuen Einheit in räumlicher oder organisatorischer Hinsicht abgrenzbare Betriebsteile darstellen. BV, die den ArbN der Ursprungsbetriebe materielle Leistungen zugestehen, gelten bis zu ihrer Anpassung oder Aufhebung ebenfalls weiter (→ Rn. 163). Zu einer Aufhebung oder Ablösung dieser BV ist nicht nur der in dem zusammengelegten Betrieb neu zu wählende BR befugt, sondern auch der BR des der ArbNZahl größten beteiligten Betriebs im Rahmen seines Übergangsmandats (→ § 21a Rn. 20). Nur wenn die gleichzeitige Anwendung der in den Ursprungsbetrieben geltenden BV sinnvoll nicht möglich ist, zB weil aus organisatorischen Gründen unterschiedliche Arbeitszeitregelungen nicht durchführbar sind, sind sie als gegenstandslos anzusehen (*Brune* AR-Blattei BV Rn. 532). BV, die gerade aus Anlass der Zusammenlegung in den zusammengelegten Betrieben abgeschlossen worden sind (zB Sozialpläne), bleiben stets bestehen (*Brune* AR-Blattei BV Rn. 532). Werden Betriebe durch **TV nach § 3 Abs. 1 Nr. 1b** zusammengefasst, ohne dass sich an der Betriebsorganisation etwas ändert, so gelten die in den Betrieben geschlossenen BV – beschränkt auf die jeweilige Teileinheit des nunmehr gem. § 3 Abs. 5 S. 1 fingierten Einheitsbetriebs – normativ fort. Nach der Wahl eines BR für den fingierten Einheitsbetrieb ist dieser als Betriebspartner für eine Änderung, Ablösung oder Kündigung der BV zuständig (BAG 18.3.2008 – 1 ABR 3/07, NZA 2008, 1259). Werden **Betriebe mehrerer Betriebsinhaber zu einem Gemeinschaftsbetrieb iSv § 1 Abs. 1 S. 2, Abs. 2 zusammengefasst,** bleiben die BV der Ursprungsbetriebe ebenfalls grds. bestehen, wenn eine zuverlässige Zuordnung auf die von ihnen erfassten Betriebsteile und/oder ArbN möglich ist (→ § 1 Rn. 153 f.; BAG 7.6.2011 – 1 ABR 110/09, NZA 2012, 110; **aA** *Schönhöft/Brahmstaedt* NZA 2010, 851). Gleiches gilt für die in den Ursprungsbetrieben geltenden GesBV und KBV.

Bei einer **Betriebsspaltung** in zwei oder mehrere neue Betriebe gelten die in dem Ursprungsbetrieb bestehenden BV in den neuen Betrieben weiter (GK-BetrVG/*Kreutz* Rn. 427; Richardi BetrVG/*Richardi* Rn. 230; *Brune* AR-Blattei BV Rn. 534; BAG 18.9.2002 – 1 ABR 54/01, NZA 2003, 670). Die neu entstehenden Einheiten sind mit der bisherigen teilidentisch. Die BV erfasst zwar in den neu entstehenden Einheiten weniger, aber nicht andere ArbN. Dies rechtfertigt ihre normative Fortgeltung (vgl. *Kreft* FS Wißmann, 2005, 348 [354]; iErg ebenso *Salamon* RdA 2007, 153 [158]; **aA** *Thüsing* DB 2004, 2474 [2477 f.]; *Niklas/Mückl* DB 2008, 2250 [2251]). 165

Wird von einem iÜ fortbestehenden Betrieb **ein Teil abgespalten,** bleiben die BV in dem fortbestehenden Betrieb bestehen. Hinsichtlich des abgespaltenen Teils gelten die Ausführungen in den → Rn. 161 ff., je nachdem, ob der abgespaltene Betriebsteil in einen anderen Betrieb eingegliedert, mit einem anderen Betrieb zusammengelegt oder als selbständiger Betrieb weitergeführt wird (vgl. zu letzterer Fallgestaltung verbunden mit einem Betriebs(teil-)übergang → Rn. 174; BAG 18.9.2002 – 1 ABR 54/01, NZA 2003, 670; *Kreft* FS Wißmann, 2005, 348 [352 ff.]; *Thüsing* DB 2004, 2474 [2477 f.]; *Lange* NZA 2017, 288 [290]). 166

Der **Wechsel des Betriebsinhabers als solcher** hat grds. keinen Einfluss auf den Bestand der BV. Das gilt unstreitig, wenn im Falle einer Universalsukzession eines Unternehmens oder Unternehmensteils durch Verschmelzung, Umwandlung, Unternehmensspaltung oder Teilübertragung auch die Betriebe des Unternehmens oder Unternehmensteils unverändert auf einen neuen Inhaber überführt werden. Denn die bloße Änderung der rechtlichen Zuordnung auf der Unternehmensebene berührt die Organisation auf der Betriebsebene nicht (GK-BetrVG/*Kreutz* Rn. 432; *Däubler* RdA 1995, 140; *Wlotzke* DB 1995, 40; *Seel* MDR 2008, 657 [661]). 167

Dasselbe gilt auch im Falle eines **rechtsgeschäftlichen Betriebsübergangs nach § 613a BGB** (→ § 1 Rn. 161 ff., 200 ff.), wenn die **Identität des Betriebs** erhalten bleibt (BAG 5.2.1991 – 1 ABR 32/90, NZA 1991, 639; 27.7.1994 – 7 ABR 37/93, NZA 1995, 222; 15.1.2002 – 1 AZR 58/01, NZA 2002, 1034; 18.9.2002 – 1 ABR 54/01, NZA 2003, 670; 5.5.2015 – 1 AZR 763/13, NZA 2015, 1331; DKKW/*Berg* Rn. 99; GK-BetrVG/*Kreutz* Rn. 438; HWGNRH/*Worzalla* Rn. 244; WPK/*Preis* Rn. 48; Richardi BetrVG/*Richardi* Rn. 229; *Kreutz* FS Kraft, 1960, 333; *Kreft* FS Wißmann, 2005, 348; *Thüsing* DB 2004, 2474 [2477]; *Brune* AR-Blattei BV Rn. 536 ff.; zur Haftungsbeschränkung des Betriebserwerbers bei Sozialplanansprüchen in der Insolvenz → §§ 112, 112a Rn. 317). Auch dann **gelten die BV nor-** 168

mativ fort (BAG 5.5.2015 – 1 AZR 763/13, NZA 2015, 1331 Rn. 45ff.; 24.1.2017 – 1 ABR 24/15, NZA-RR 2017, 413 Rn. 14; *Gussen* Anm. zu AP BetrVG 1972 § 77 BV Nr. 66; *C. Meyer* NZA 2016, 749; **aA** *Jacobs* FS Konzen, 2006, 345; wohl auch *Rieble* in Giesen/Junker/Rieble (Hrsg.) ZAAR Schriftenreihe Bd. 44, 2018, S. 97 [108ff.]). Dem stehen § 613a Abs. 1 S. 2–4 nicht entgegen (BAG 5.5.2015 – 1 AZR 763/13, NZA 2015, 1331). Danach werden die bisher geltenden TV oder BV (nicht Regelungsabreden) für beim Übergang bestehende Arbeitsverhältnisse Inhalt der Arbeitsverträge und können vor Ablauf eines Jahres nicht zum Nachteil der ArbN geändert werden. Etwas anderes gilt nur, wenn die Geltung dieser Kollektivvereinbarungen früher endet oder dieselben Fragen beim neuen Betriebsinhaber durch einen anderen TV oder BV geregelt sind oder werden. § 613a Abs. 1 S. 2–4 BGB haben, wie Entstehungsgeschichte und Schutzzweck deutlich machen, den Charakter eines **Auffangtatbestandes.** Nur wenn die Regelungen von TV und BV infolge des Betriebsübergangs nicht mehr als kollektive Normen weiter gelten, soll der Inhalt ihrer Regelung durch eine Überführung in die Einzelarbeitsverhältnisse für eine gewisse Zeit individualarbeitsrechtlich gesichert sein (BAG 5.2.1991 – 1 ABR 32/90, NZA 1991, 639; 27.7.1994 – 7 ABR 37/93, NZA 1995, 222; 15.1.2002 – 1 AZR 58/01, NZA 2002, 1034; 5.5.2015 – 1 AZR 763/13, NZA 2015, 1331; *Kreft* FS Wißmann, 2005, 348 [351]; GK-BetrVG/*Kreutz* Rn. 437ff.; *Hanau/Vossen* FS Hilger/Stumpf, 1983, 271ff.; *Sowka* DB 1988, 1318; *Schiefer* RdA 1994, 88; *Meyer* DB 2000, 1174; **aA** *Wank* NZA 1987, 505; *Wiesner* BB 1986, 1636; *Junker* RdA 1993, 203; *Falkenberg* BB 1987, 328; *Kemper* BB 1990, 788). Der normativen Fortgeltung der BV im Erwerberbetrieb kann nicht entgegengehalten werden, es handele sich um einen unzulässigen Vertrag zu Lasten Dritter, weil dadurch Ansprüche gegen den Betriebswerber begründet würden. Vielmehr gehen die Verpflichtungen des Veräußerers auf den Erwerber über. Die Betriebsparteien können allerdings nicht unmittelbar mit normativer Wirkung Verpflichtungen des Betriebserwerbers begründen (BAG 11.1.2011 – 1 AZR 375/09, AP BetrVG 1972 § 77 BV Nr. 54; 25.4.2017 – 1 AZR 714/15, NZA 2017, 1467 Rn. 22f.). Auch nach § 77 Abs. 6 **nachwirkende BV** gelten bei einem Betriebsübergang normativ fort (vgl. dazu EuGH 11.9.2014 – C-328/13, NZA 2014, 1092 [Österreichischer Gewerkschaftsbund]; *Pfalz* EuZA 2015, 263).

169 **GesBV,** die in den Betrieben eines Unternehmens gelten, **behalten** im Fall eines Betriebsübergangs bei Wahrung der Betriebsidentität **grds.** ihre **normative Wirkung** (BAG 18.9.2002 – 1 ABR 54/01, NZA 2003, 670; 5.5.2015 – 1 AZR 763/13, NZA 2015, 1331; 24.1.2017 – 1 ABR 24/15, NZA-RR 2017, 413 Rn. 14f.; grds. zust. *Bachner* NJW 2003, 2861; *C. Meyer* SAE 2003, 310; *Thüsing* DB 2004, 2474 [2480]; *Kreft* FS Wißmann, 2005, 348 [356ff.] unter eingehender Auseinandersetzung mit den Einwänden der Kritiker; *Brune* AR-Blattei BV Rn. 542; überwiegend zust. auch *Lindemann/Simon* BB 2003, 2510; iErg auch *Salamon* RdA 2007, 103 [108]; *Salamon* RdA 2009, 175; *Lange* NZA 2017, 288 [293]; **aA** jedenfalls für GesBV nach § 50 Abs. 1 *Rieble* NZA 2003 Sonderbeilage zu Heft 16, 62 [69f.]; weitgehend ablehnend auch *Hohenstatt/Müller-Bonanni* NZA 2003, 766; *Jacobs* FS Konzen, 2006, 345). Entscheidend hierfür ist, dass **Bezugsobjekt** von GesBV – obwohl sie betriebsübergreifend abgeschlossen werden – gleichwohl **die einzelnen Betriebe** sind (vgl. BAG 24.1.2017 – 1 ABR 24/15, NZA-RR 2017, 413 Rn. 15). Eine GesBV gilt nicht „im Unternehmen", sondern in den Betrieben. Dabei kommt es nicht darauf an, ob sie auf Grund originärer Zuständigkeit des GesBR nach § 50 Abs. 1 oder auf Grund von Delegation nach § 50 Abs. 2 geschlossen wurde. Werden von dem Erwerber alle oder mehrere Betriebe übernommen, wirken die GesBV als solche fort. Wird nur ein Betrieb übernommen, bleiben sie als BV bestehen (BAG 18.9.2002 – 1 ABR 54/01, NZA 2003, 670; 5.5.2015 – 1 AZR 763/13, NZA 2015, 1331). Wird nur ein Betriebsteil übernommen, aber vom Erwerber als selbständiger Betrieb fortgeführt, gelten in diesem die bisherigen BV und GesBV als BV normativ weiter (BAG 18.9.2002 – 1 ABR 54/01, NZA 2003, 670;

Brune AR-Blattei BV Rn. 543; insoweit **aA** *Lindemann/Simon* BB 2003, 2510). Zwar sind in diesem Fall der vor und nach dem Übergang bestehende Betrieb nicht identisch, sondern es werden aus einem Betrieb zwei oder noch mehr Betriebe. Gleichwohl gibt es weiterhin ein Regelungsobjekt für die BV bzw. GesBV. Die neu entstandene Teileinheit ist jedenfalls so lange teilidentisch mit dem Ursprungsbetrieb, wie sie die Kriterien eines Betriebsteils erfüllt und selbständig geführt wird; das genügt (*Kreft* FS Wißmann, 2005, 348 [356] mwN). Der Inhalt einer GesBV gilt als EinzelBV auch dann weiter, wenn ein Betrieb unter Wahrung seiner Identität von einem Unternehmen mit mehreren Betrieben übernommen wird und die in der GesBV geregelten Rechte und Pflichten beim aufnehmenden Unternehmen nicht normativ ausgestaltet sind (BAG 5.5.2015 – 1 AZR 763/13, NZA 2015, 1331; ebenso *Bachner* NJW 2003, 2861). Dies müsste konsequenterweise auch dann gelten, wenn ein Betriebsteil abgespalten und beim Erwerber als selbständiger Betrieb fortgeführt wird. Gibt es in dem übernehmenden Unternehmen bereits eine GesBV zu demselben Regelungsgegenstand und erfasst diese nach ihrem Geltungsbereich auch neu hinzukommende Betriebe, verdrängt sie die bisherige GesBV (GK-BetrVG/*Kreutz* Rn. 439; *Lindemann/Simon* BB 2003, 2510 [2514]; *Brune* AR-Blattei BV Rn. 544; vgl. schon BAG 27.6.1985 – 6 AZR 392/81, NZA 1986, 401; → § 50 Rn. 77). Geht anlässlich des Betriebsübergangs die Betriebsidentität verloren, ist kein Raum für eine Fortgeltung der GesBV (→ Rn. 171). In diesem Fall werden die Normen der GesBV gem. § 613a Abs. 1 S. 2 BGB zum Inhalt der einzelnen Arbeitsverträge.

Die Erwägungen des BAG im Beschluss v. 18.9.2002 (1 ABR 54/01, NZA 2003, 170
670) können bei Restrukturierungen auf Konzernebene auch auf das Schicksal von **KBV** übertragen werden (*Braun* ArbRB 2004, 118; *Cisch/Hock* BB 2012, 2113 [2115]; vgl. auch *C. Meyer* BB Spezial 14/2005, 5 ff.). Auch bei diesen ist Regelungssubstrat der einzelne Betrieb. Solange dessen Identität erhalten bleibt, gelten daher auch KBV normativ weiter. Wird bei der Restrukturierung der bisherige Konzernverbund aufgelöst und bleiben nur selbständige Unternehmen mit mehreren Betrieben, wirkt die KBV bei Vorhandensein eines GesBR wohl als GesBV, bei Fehlen eines solchen als BV fort (vgl. *Braun* ArbRB 04, 118 [119]; *Cisch/Hock* BB 2012, 2113 [2115 f.]). Besteht weiterhin ein Konzernverbund, kommt auch eine Fortgeltung als KBV in Betracht.

Geht bei einem **Betriebsinhaberwechsel** – gleichgültig ob durch Rechtsgeschäft 171
oder durch Universalsukzession iRd Umwandlungsgesetzes – anlässlich des Betriebsübergangs die **Identität des Betriebs verloren,** endet die normative Wirkung der in dem veräußerten Betrieb bestehenden BV (BAG 14.8.2001 – 1 AZR 619/00, NZA 2002, 276; 18.9.2002 – 1 ABR 54/01, NZA 2003, 670; 12.6.2019 – 1 AZR 154/17, BeckRS 2019, 12729 Rn. 37, 41; MHdB ArbR/*Arnold* § 316 Rn. 83). Dies gilt insbes. in den Fällen, in denen der Erwerber im Zusammenhang mit dem Erwerb den übernommenen Betrieb in einen anderen eingliedert, mit einem anderen zu einem neuen Betrieb zusammenlegt oder in zwei oder mehrere selbständige Betrieb aufspaltet (vgl. BAG 12.6.2019 – 1 AZR 154/17, BeckRS 2019, 12729 Rn. 37, 41). In diesem Fall werden, sofern in dem Betrieb des Erwerbers keine gegenstandsgleichen Kollektivregelungen bestehen, die in ihnen geregelten Rechte und Pflichten nach **§ 613a Abs. 1 S. 2 BGB** in die **Arbeitsverhältnisse** der übernommenen ArbN **überführt** (BAG 14.8.2001 – 1 AZR 619/00, NZA 2002, 276; 22.4.2009 – 4 AZR 100/08, NZA 2010, 41 Rn. 61 ff.; 12.6.2019 – 1 AZR 154/17, BeckRS 2019, 12729 Rn. 42; GK-BetrVG/*Kreutz* Rn. 441; Oberthür/Seitz Betriebsvereinbarungen/*Seitz* Teil A. Kap. XI. Rn. 11; → § 1 Rn. 194 ff.; zu den übergangsfähigen Regelungen einer BV vgl. *Meyer* DB 2000, 1174). Sie behalten dabei aber ihren **kollektivrechtlichen Charakter,** werden nicht Inhalt des Arbeitsvertrags und gehen daher bei einem weiteren Betriebsübergang nicht nach § 613a Abs. 1 S. 1 BGB über, sondern werden erneut nach § 613a Abs. 1 S. 2 BGB transformiert (vgl. BAG 22.4.2009 – 4 AZR 100/08, NZA 2010, 41 Rn. 61 ff.; 12.6.2019 – 1 AZR 154/17, BeckRS 2019, 12729

Rn. 44ff.; zust. *Grau/Fischer* NZA 2019, 1469; → § 1 Rn. 194f.). Die so in die Arbeitsverhältnisse überführten Regelungen der alten BV können im Betrieb des Erwerbers durch eine neue BV ersetzt werden. Im Verhältnis zu dieser gilt nicht das Günstigkeits-, sondern das Ablösungsprinzip (BAG 14.8.2001 – 1 AZR 619/00, NZA 2002, 276; 18.11.2003 – 1 AZR 604/02, NZA 2004, 803; 28.6.2005 – 1 AZR 213/04, NJOZ 2005, 5080; 23.1.2019 – 4 AZR 445/17, BeckRS 2019, 8845 Rn. 34ff.; 12.6.2019 – 1 AZR 154/17, BeckRS 2019, 12729 Rn. 50; → § 1 Rn. 196f.). Aufgrund des kollektivrechtlichen Charakters der nach § 613a Abs. 1 S. 2 BGB transformierten Regelungen ist es auch konsequent, - ebenso wie eine Ablösung nach § 613a Abs. 1 S. 3 BGB – eine Kündigung der vormaligen BV durch den Erwerber des Betriebs(teils) gegenüber dem bei ihm bestehenden BR zuzulassen (iE so auch LAG Hamm 30.5.2018 – 6 Sa 55/18, BeckRS 2018, 16590, Rev. anhängig unter – 1 AZR 386/18 –, das allerdings verkennt, dass in seinem Fall die nach § 613a Abs. 1 S. 2 BGB transformierten Regelungen bereits nach § 613a Abs. 1 S. 3 BGB abgelöst wurden).

172 Wird von einem Betrieb lediglich ein **Betriebsteil veräußert,** ist danach zu **unterscheiden, ob** mit der Veräußerung die **(Teil-)Identität** mit dem Ursprungsbetriebs aufgelöst wird oder **erhalten bleibt.**

173 Im veräußerten Betriebsteil gelten die BV des Ursprungsbetriebs **dann nicht fort, wenn** der Erwerber den Betriebsteil **nicht als eigenständige betriebsratsfähigen Einheit fortführt und der Betriebsteil seine organisatorische Abgrenzbarkeit verliert** (→ Rn. 171; GK-BetrVG/*Kreutz* Rn. 439).

174 Wird dagegen der übernommene Betriebsteil vom Erwerber **als selbständiger Betrieb** (sei es auch nur kraft der Fiktion des § 4) fortgeführt, gelten die BV des Ursprungsbetriebs auch für den veräußerten Betriebsteil so lange fort, bis sie durch eine andere BV abgelöst werden (Oberthür/Seitz Betriebsvereinbarungen/*Seitz* Teil A. Kap. XI. Rn. 10; vgl. zur Betriebsauf- und -abspaltung ohne Betriebsteilübergang → Rn. 165, 166; zur Fortgeltung von GesBV → Rn. 169; BAG 18.9.2002 – 1 ABR 54/01, NZA 2003, 670). Der BR des Ursprungsbetriebs besitzt für den ausgegliederten Betriebsteil ein Übergangsmandat mit den vollen Rechten und Pflichten eines BR (→ § 21a Rn. 6ff., 20). Es wäre widersprüchlich, die Kompetenz dieses BR für den ausgegliederten Betriebsteil anzuerkennen, die (Weiter-)Geltung der von ihm auch für diesen Betriebsteil abgeschlossenen BV jedoch zu leugnen (BAG 14.8.2013 – 7 ABR 56/11, AP BetrVG 1972 § 99 Eingruppierung Nr. 62). IÜ ist kein Grund ersichtlich, weshalb in diesem Falle die auch für den veräußerten Betriebsteil bestehenden kollektiven Regelungen im Falle der Veräußerung des Betriebsteils nicht solange weiter gelten sollten, bis sie durch andere Kollektivregelungen abgelöst oder gekündigt worden sind (ebenso *Kreft* FS Wißmann, 2005, 348 [352ff.]; iErg auch *Salamon* RdA 2007, 153 [158]; **aA** *Thüsing* DB 2004, 2474 [2477f.]; *Maschmann* NZA 2009 Beil. 1, 32 [38f.]). Die BV können in dem übernommenen Betriebsteil ferner dann normativ fortgelten, wenn der **Betriebsteil seine organisatorische Abgrenzbarkeit behält** und es im aufnehmenden Betrieb keine den Gegenstand regelnden BV gibt (→ Rn. 183, *Monz* BB 2012, 1923 [1924f.]). Allerdings ist stets zu prüfen, ob die BV überhaupt einen übergangsfähigen Inhalt haben oder ob sie etwa derart unternehmensbezogen sind, dass sie durch den Betriebs(teil)übergang gegenstandslos werden (vgl. *C. Meyer* NZA 2018, 900 [904])

175 **Ohne Einfluss** auf die normative Fortgeltung von BV ist das **Ende der Amtszeit** des BR. BV sind nicht auf die jeweilige Amtszeit des BR beschränkt, sondern gelten nach deren Ablauf fort (BAG 28.7.1981 – 1 ABR 79/79, NJW 1982, 959, GK-BetrVG/*Kreutz* Rn. 429; *Lange* NZA 2017, 288, 289). Auch der **Wegfall des BR** lässt die bestehenden BV unberührt (BAG 12.6.2019 – 1 AZR 154/17, BeckRS 2019, 12729 Rn. 34; vgl. zur Fortgeltung von GesBV in GesBRlosen Betrieben BAG 18.9.2002 – 1 ABR 54/01, NZA 2003, 670; GK-BetrVG/*Kreutz* Rn. 430; *Kreutz* FS Kraft, 1960, 323 [335f.]; DKKW/*Berg* Rn. 107; Richardi BetrVG/*Richardi* Rn. 224; WPK/*Preis* Rn. 39; HWGNRH/*Worzalla* Rn. 246; *Kreft* FS Wißmann, 2005, 348 [349f.]; *Schlüter* FS Schwerdtner, 2003, 341ff.; *Salamon* RdA 2007, 103 [104]; **aA**

Preis/Richter ZIP 2004, 925 [929]). Die Fortgeltung einer BV ist nicht davon abhängig, dass der BR fortbesteht (BAG 12.6.2019 – 1 AZR 154/17, BeckRS 2019, 12729 Rn. 34; **aA** *Rieble* in Giesen/Junker/Rieble (Hrsg.) ZAAR Schriftenreihe Bd. 44, 2018, S. 97 [110]). Dabei ist auch nicht zwischen vorübergehender und endgültiger BRlosigkeit sowie dem Wegfall der BRFähigkeit zu unterschieden (GK-BetrVG/*Kreutz* Rn. 430; DKKW/*Berg* Rn. 107; *Kreutz* FS Kraft, 1960, 337). Um sich von der BV zu lösen, kann der ArbGeb. diese bei Fehlen eines BR gegenüber allen betroffenen ArbN des Betriebs kündigen (BAG 12.6.2019 – 1 AZR 154/17, BeckRS 2019, 12729 Rn. 36; DKKW/*Berg* Rn. 107; GK-BetrVG/*Kreutz* Rn. 430; WPK/*Preis* Rn. 39; MHdB ArbR/*Arnold* § 316 Rn. 74; *Kreft* FS Wißmann, 2005, 348 [350]; *Brune* AR-Blattei BV Rn. 547; *Salamon* NZA 2007, 367 [368]; vgl. zur Kündigung einer GesBV gegenüber den EinzelBR in GesBRlosen Betrieben BAG 18.9.2002 – 1 ABR 54/01, NZA 2003, 670; *Salamon* NZA 2007, 367 [370]; **aA** *Rieble* in Giesen/Junker/Rieble (Hrsg.) ZAAR Schriftenreihe Bd. 44, 2018, S. 97 [110], der mit Wegfall des BR Abs. 6 für anwendbar hält, aber nicht erläutert, wie die Nachwirkung beendet werden soll). Die BV entfaltet dann nach Ablauf der Kündigungsfrist auch bei Gegenständen der erzwingbaren Mitbestimmung keine Nachwirkung nach Abs. 6 (HWGNRH/*Worzalla* Rn. 246; GK-BetrVG/*Kreutz* Rn. 447; MHdB ArbR/*Arnold* § 316 Rn. 74; Oberthür/Seitz Betriebsvereinbarungen/*Oberthür* Teil A. Kap. IX. Rn. 3; **aA** noch 29. Aufl.). Dogmatisch lässt sich das mit dem Wortlaut des Abs. 6 begründen, ist doch in einem solchen Fall tatsächlich weder eine Anrufung der E-Stelle noch ein Spruch derselben möglich. Im Übrigen entspricht das Ergebnis praktischen Bedürfnissen.

Auch der **Zusammenschluss mehrerer Unternehmen** zu einem Unternehmen 176 hat keinen Einfluss auf die in den Betrieben dieser Unternehmen bestehenden BV, solange sich ihre Betriebsorganisation nicht ändert. Etwas anderes kann allerdings für **unternehmensbezogene Normen** von BV gelten; diese können gegenstandslos werden, zB Regelungen über eine anderweitige MitglZahl des GesBR nach § 47 Abs. 4 u. 5.

IX. Nachwirkung von Betriebsvereinbarungen (Abs. 6)

Abs. 6 regelt in Anlehnung an § 4 Abs. 5 TVG die **Nachwirkung von abgelaufenen BV.** 177 Nachwirkung bedeutet die unmittelbare, aber nicht mehr zwingende Weitergeltung der Normen der BV (vgl. zur „Schutzfunktion" und zur „Sicherungsfunktion" der Nachwirkung *Schlewing* NZA 2010, 529). Nachwirkung entfalten in Angelegenheiten erzwingbarer Mitbestimmung sowohl einvernehmliche BV als auch solche, die auf einem Spruch der E-Stelle beruhen.

Eine Nachwirkung (Weitergeltung) besteht **nur** bei BV über Angelegenheiten, in 178 denen der Spruch der E-Stelle die fehlende Einigung zwischen ArbGeb. und BR ersetzen kann. Dies sind die **Angelegenheiten der zwingenden Mitbestimmung.** (BAG 29.9.2004 – 1 AZR 445/03, NZA 2005, 532; 23.1.2008 – 1 ABR 82/06, NZA 2008, 774; 23.6.2009 – 1 AZR 214/08, NZA 2009, 1159; 10.12.2013 – 1 ABR 39/12, NZA 2014, 1040; GK-BetrVG/*Kreutz* Rn. 448; DKKW/*Berg* Rn. 117; HWGNRH/*Worzalla* Rn. 247; Richardi BetrVG/*Richardi* Rn. 176). Unerheblich ist der Gegenstand der BV. Nicht nur sog Inhaltsnormen einer BV (→ Rn. 45), sondern auch betriebliche oder betriebsverfassungsrechtliche Normen (→ Rn. 47 f.) wirken nach, wenn die Regelung bei mangelnder Verständigung der Betriebspartner durch einen Spruch der E-Stelle verbindlich hätte festgelegt werden können (GK-BetrVG/*Kreutz* Rn. 450). Erforderlich ist allerdings, dass jeder Betriebspartner die E-Stelle zum Zwecke einer verbindlichen Entscheidung anrufen kann. Ist hierzu nur ein Betriebspartner berechtigt, kommt eine Nachwirkung nicht in Betracht. Denn sonst hätte der Betriebspartner, dem die Anrufung der E-Stelle versagt ist, keine Möglichkeit, bei Weigerung des anderen Betriebspartners durch eine neue

Regelung die Nachwirkung zu beseitigen (BAG 12.8.1982 – 6 ABR 98/79, AP BetrVG 1972 § 77 Nr. 5; GK-BetrVG/*Kreutz* Rn. 450). Zweck der Nachwirkung einer BV ist jedoch nur die Überbrückung eines vorübergehenden Zustandes, nicht dessen Zementierung auf Dauer. Eine BV wirkt auch dann gem. Abs. 6 nach, wenn aufgrund einer tariflichen Regelung nach § 76 Abs. 8 nicht die betriebliche E-Stelle, sondern eine tarifliche Schlichtungsstelle die „endgültige" Entscheidung trifft (BAG 29.9.2004 – 1 AZR 445/03, NZA 2005, 532).

179 Die Nachwirkung setzt voraus, dass die **zeitliche Geltung der BV als solche beendet** ist, zB durch Ablauf der Befristung oder Kündigung der BV und Ablauf der Kündigungsfrist. Nicht in jedem Falle hat die Beendigung einer BV eine Nachwirkung zur Folge. So kann der Inhalt einer BV eine Nachwirkung ausschließen, etwa wenn die BV nur zu einem bestimmten Zweck abgeschlossen worden und dieser Zweck erreicht ist (zB Regelung der Arbeitszeit für bestimmte Tage, der Betriebsferien für ein bestimmtes Jahr oder der Mehrarbeit für einen bestimmten Auftrag; BAG 17.1.1995 – 1 ABR 29/94, NZA 1995, 1010; *Brune* AR-Blattei BV Rn. 554). Keine Nachwirkung entfalten ferner BV, die im Falle der Betriebsstilllegung oder bei der Eingliederung des Betriebs in einen anderen Betrieb enden (→ Rn. 160 ff.). Auch bei einer **fristlosen Kündigung** der BV aus wichtigem Grunde besteht keine Nachwirkung in Bezug auf die Regelungen, derentwegen die fristlose Kündigung erfolgt ist. Der bes. Charakter einer fristlosen Kündigung schließt jede weitere Bindung aus (ErfK/*Kania* Rn. 102; GK-BetrVG/*Kreutz* Rn. 447; *Brune* AR-Blattei BV Rn. 554; **aA** DKKW/*Berg* Rn. 116, 123; WPK/*Preis* Rn. 56). Das BAG hat allerdings im Falle der fristlosen Kündigung eines **Sozialplans** dessen Nachwirkung bejaht (BAG 10.8.1994 – 10 ABR 61/93, NZA 1995, 314; vgl. zur Nachwirkung von Sozialplänen auch *Meyer* NZA 1997, 289). Stimmiger dürfte es sein, bei einmaligen Sozialplänen die Möglichkeit der fristlosen Kündigung zu verneinen und die Fälle über die Regeln des Wegfalls der Geschäftsgrundlage verbunden mit einer ggf. über die E-Stelle erzwingbaren Anpassung zu lösen (→ Rn. 152; → §§ 112, 112a Rn. 247 ff.). Wenn der ArbGeb. sich in einem BRlosen Betrieb durch eine Erklärung gegenüber den ArbN des Betriebs von einer mit dem früheren BR abgeschlossenen BV lossagt (→ Rn. 175), entfalten die BV bei Gegenständen der erzwingbaren Mitbestimmung grds. noch Nachwirkung insoweit, als es um materielle Arbeitsbedingungen geht (**aA** GK-BetrVG/*Kreutz* Rn. 447; HWGNRH/*Worzalla* Rn. 246); hier hat der ArbGeb. die Möglichkeit, die Nachwirkung durch individualvertragliche Vereinbarungen oder notfalls auch im Wege von Änderungskündigungen zu beseitigen. Bei Betriebsnormen ist dies nicht möglich; hier spricht – jedenfalls bei einer zeitlich unabsehbaren BRlosigkeit – vieles dafür, dass der ArbGeb. die Nachwirkung einseitig durch Kundgabe gegenüber der Belegschaft beenden kann (vgl. auch GK-BetrVG/*Kreutz* Rn. 447, der aber bereits die Nachwirkung verneint). In Fällen freiwilliger Mitbestimmung gibt es ohnehin keine Nachwirkung. Ein etwaiger **Wegfall der Geschäftsgrundlage** führt weder zur Beendigung der BV noch steht er der Nachwirkung entgegen. Er hat die Notwendigkeit der Anpassung an die geänderten Verhältnisse zur Folge und begründet gegenseitige Ansprüche der Betriebsparteien auf Aufnahme entsprechender Verhandlungen. Bis dahin wirkt aber die BV mit ihrem bisherigen Inhalt nach (BAG 29.9.2004 – 1 AZR 445/03, NZA 2005, 532).

180 Die Betriebspartner können eine von Abs. 6 **abweichende Vereinbarung** treffen (BAG 9.2.1984 – 6 ABR 10/81, NZA 1984, 96; 17.1.1995 – 1 ABR 29/94, NZA 1995, 1010; ErfK/*Kania* Rn. 103; WPK/*Preis* Rn. 52; GK-BetrVG/*Kreutz* Rn. 474; HWGNRH/*Worzalla* Rn. 255). Das folgt aus ihrer Gestaltungsfreiheit über den Inhalt einer BV. Die Betriebspartner können deshalb die Nachwirkung der BV sowohl von vornherein als auch nachträglich ausschließen (BAG 9.2.1984 – 6 ABR 10/81, NZA 1984, 96; 18.2.2003 – 1 ABR 17/02, NZA 2004, 336; 6.5.2003 – 1 AZR 340/02, NZA 2003, 1422; zum Ausschluss der Nachwirkung eines TV durch eine konkludente Vereinbarung BAG 8.10.1997 – 4 AZR 87/96, NZA 1998, 492; GK-BetrVG/*Kreutz* Rn. 474). Die bloße Befristung einer BV ist ohne Vorliegen besonde-

rer Anhaltspunkte nicht schon als Ausschluss der Nachwirkung anzusehen (GK-BetrVG/*Kreutz* Rn. 474; *Brune* AR-Blattei BV Rn. 555; WPK/*Preis* Rn. 52). Wird bei einer jedes Jahr neu vereinbarten Sonderzahlung ausdrücklich die Freiwilligkeit der Leistung betont, aus der keine Ansprüche für künftige Jahre hergeleitet werden können, kommt dieser BV keine Nachwirkung zu (BAG 17.1.1995 – 1 ABR 29/94, NZA 1995, 1010; ErfK/*Kania* Rn. 103). Auch können die Betriebspartner den Nachwirkungszeitraum zeitlich befristen oder differenzierende Regelungen für die Nachwirkung vorsehen, zB dahingehend, dass einzelne Regelungen von der Nachwirkung ausgenommen werden oder eine Nachwirkung sich nicht auf solche Arbeitsverhältnisse erstreckt, die erst im Nachwirkungszeitraum begründet werden (GK-BetrVG/*Kreutz* Rn. 474). Der Ausschluss der Nachwirkung muss als Abweichung von der gesetzlichen Regelung eindeutig vereinbart werden. Die Betriebsparteien können zwar die nachwirkende BV jederzeit durch eine andere BV ersetzen oder auch durch Vereinbarung die Nachwirkung beenden. An der gesetzlichen **Kompetenzzuweisung ändert sich** jedoch **nichts.** Daher kann in mitbestimmten Angelegenheiten, für deren Regelung der BR zuständig ist, eine zwischen ihm und dem ArbGeb. geschlossene BV nicht durch eine zwischen GesBR und ArbGeb. geschlossene BV wirksam abgelöst werden (BAG 11.12.2001 – 1 AZR 193/01, NZA 2002, 688; 15.1.2002 – 1 ABR 10/01, NZA 2002, 988; 9.12.2003 – 1 ABR 49/02, NZA 2005, 234).

Wird die BV durch einen **Aufhebungsvertrag** beendet, ist es eine Frage der Auslegung dieses Vertrages, ob damit auch die Nachwirkung der BV ausgeschlossen sein soll (*Brune* AR-Blattei BV Rn. 555). Das Gleiche gilt, wenn eine BV von vornherein befristet ist. Ist die konkrete **Befristung** nicht als eine bes. Form der Zweckerreichung anzusehen, dürfte sie im Allgemeinen nur den zeitlichen Geltungsbereich der BV festlegen und nicht darüber hinaus auch den Ausschluss der Nachwirkung enthalten (GK-BetrVG/*Kreutz* Rn. 474; DKKW/*Berg* Rn. 124; *Brune* AR-Blattei BV Rn. 555). **181**

Die Nachwirkung der BV hat zur Folge, dass ihre Regelungen auch nach Beendigung der BV mit **unmittelbarer,** allerdings nicht mehr zwingender **Wirkung** fortgelten. Die Nachwirkung erstreckt sich grds. auf alle Normen der BV (DKKW/*Berg* Rn. 116; GK-BetrVG/*Kreutz* Rn. 450). Diese werden im Rahmen ihres Geltungsbereichs auch für die Arbeitsverhältnisse maßgebend, die erst im Nachwirkungszeitraum begründet werden (BAG 13.8.2019 – 1 ABR 10/18, NZA 2019, 1651 Rn. 48; GK-BetrVG/*Kreutz* Rn. 472; ErfK/*Kania* Rn. 104; *Hanau* NZA 1985 Beil. 2, 3; DKKW/*Berg* Rn. 125; Richardi BetrVG/*Richardi* Rn. 180; *Meyer* NZA 1997, 290). **182**

Die Regelungen der BV haben im Nachwirkungszeitraum **keine zwingende Wirkung** mehr. Von ihnen kann auch **zuungunsten der ArbN** abgewichen werden (ErfK/*Kania* Rn. 104; MHdB ArbR/*Arnold* § 316 Rn. 88). Jede im Nachwirkungszeitraum getroffene andere Abmachung, gleichgültig ob es sich um einen TV, eine BV oder eine arbeitsvertragliche Absprache handelt, beendet die Nachwirkung. Das gilt auch für die Vereinbarung einer nur vorübergehenden Zwischenlösung (BAG 22.3.1995 – 5 AZR 934/93, NZA 1996, 107). Die andere Abmachung kann sich auch auf eine bloße Aufhebung der Nachwirkung beschränken. Bereits entstandene Ansprüche werden durch eine andere Abmachung nicht berührt. Betrifft die andere Abmachung Angelegenheiten, die der MB des BR unterliegen, ist dessen MBR zu beachten (Richardi BetrVG/*Richardi* Rn. 181; DKKW/*Berg* Rn. 125). **183**

Da einer **Regelungsabrede** der Betriebspartner keine das Arbeitsverhältnis gestaltende Wirkung zukommt (→ Rn. 217), ist sie für sich allein keine andere Abmachung iSd Abs. 6 (GK-BetrVG/*Kreutz* Rn. 476; MHdB ArbR/*Arnold* § 316 Rn. 89; Oberthür/Seitz Betriebsvereinbarungen/*Oberthür* Teil A. Kap. IX. Rn. 13; ausdrücklich nicht entschieden in BAG 23.10.2018 – 1 ABR 26/17, NZA 2019, 483 Rn. 23). Soweit sie jedoch ein wirksames Gestaltungsmittel zur Ausübung des MBR des BR darstellt, eröffnet sie dem ArbGeb. die Möglichkeit, die Arbeitsverträge der ArbN entsprechend zu gestalten (GK-BetrVG/*Kreutz* Rn. 476). Geschieht dies, liegt eine andere Abmachung iSd Abs. 6 vor. **184**

185 Beim **Wegfall des BR** und einer vom ArbGeb. gegenüber der Belegschaft erklärten Kündigung der BV entfaltet diese auch in Angelegenheiten der erzwingbaren Mitbestimmung keine Nachwirkung nach Abs. 6 (→ Rn. 175).

186 **Freiwillige BV** in Angelegenheiten, bei denen die fehlende Zustimmung eines Betriebspartners nicht durch Spruch der E-Stelle ersetzt werden kann (vgl. insbes. § 88), **wirken nicht nach** (BAG 26.10.1993 – 1 AZR 46/93, NZA 1994, 572; 28.4.1998 – 1 ABR 43/97, NZA 1998, 1348; GK-BetrVG/*Kreutz* Rn. 451; DKKW/*Berg* Rn. 117; *Loritz* RdA 1991, 65). Hängt der Abschluss von der nicht erzwingbaren Zustimmung beider Betriebspartner ab, ist es nur konsequent, dass diese und die Normadressaten der BV nicht länger als an die BV gebunden sein, als es ihrer freiwilligen Vereinbarung entspricht.

187 Die Betriebspartner können auch bei freiwilligen BV die vollständige oder teilweise **Nachwirkung vereinbaren** (BAG 28.4.1998 – 1 ABR 43/97, NZA 1998, 1348; 23.10.2018 – 1 ABR 10/17, NZA 2019, 186 Rn. 25; DKKW/*Berg* Rn. 123; ErfK/*Kania* Rn. 109; *Boemke/Kursawe* DB 2000, 1405; GK-BetrVG/*Kreutz* Rn. 469 ff.; HaKo-BetrVG/*Lorenz* Rn. 30; *Brune* AR-Blattei BV Rn. 560; Oberthür/Seitz Betriebsvereinbarungen/*Oberthür* Teil A. Kap. IX Rn. 6; *Melot de Beauregard* Anm. zu AP BetrVG 1972 § 77 Nr. 115; **aA** *v. Hoyningen-Huene* BB 1997, 2000; *Schöne/Klaes* BB 1997, 2374; *Jacobs* NZA 2000, 69). Hierbei können die Betriebspartner die Modalitäten der Nachwirkung regeln, etwa durch zeitliche Befristung oder durch ein Recht zur gesonderten Kündigung der Nachwirkungsvereinbarung. Haben die Betriebspartner keine ausdrückliche Regelung über die Beendigung der Nachwirkung getroffen, ist die Vereinbarung über die Nachwirkung im Regelfall dahin auszulegen, dass sie auch gegen den Willen eines Betriebspartners beendet werden kann. Denn es kann nicht davon ausgegangen werden, dass die Betriebspartner bei freiwilliger Vereinbarung einer Nachwirkung deren unbegrenzte Dauer gewollt haben (vgl. *Loritz* DB 1997, 2074; GK-BetrVG/*Kreutz* Rn. 470; *Brune* AR-Blattei BV Rn. 560). Verweigert in einem solchen Fall einer der Betriebspartner nach der Kündigung der freiwilligen BV während der unbefristet vereinbarten Nachwirkung den Abschluss einer neuen Vereinbarung, kann der andere Betriebspartner die E-Stelle anrufen. Diese entscheidet gem. § 76 Abs. 5 verbindlich; es ist davon auszugehen, dass die Betriebspartner in einem Konfliktfall eine der erzwingbaren Mitbestimmung entsprechende Lösung gewollt haben (BAG 28.4.1998 – 1 ABR 43/97, NZA 1998, 1348; DKKW/*Berg* Rn. 123; *Brune* AR-Blattei BV Rn. 560; GK-BetrVG/*Kreutz* Rn. 470; abw. *Jacobs* NZA 2000, 69). Die E-Stelle ist bei ihrem Spruch an eine mitbestimmungsfreie Vorgabe des ArbGeb. – etwa an eine bestimmte Höhe des Zulagevolumens (→ § 87 Rn. 443) – gebunden (*Boemke/Kursawe* DB 2000, 1405).

188 Mangels Nachwirkung können freiwillige BV grds. nach ihrem Ablauf **keine Ansprüche neu eintretender ArbN** oder weitere Ansprüche der schon im Geltungszeitraum der BV beschäftigten ArbN begründen (BAG 9.2.1989 – 8 AZR 310/87, NZA 1989, 756; 18.4.1989 – 3 AZR 688/87, NZA 1990, 67; 21.8.1990 – 1 ABR 73/89, NZA 1991, 190). Da die BV lediglich als normative Anspruchsgrundlage für die Zukunft fortfällt, bleiben die während ihrer Geltung entstandenen Ansprüche oder Anwartschaften unberührt (GK-BetrVG/*Kreutz* Rn. 452 mwN). Das gilt insbes. für Anwartschaften und Besitzstände aus einer betrieblichen Altersversorgung. In diese kann nur unter bes. Voraussetzungen unter Beachtung des Grundsatzes der Verhältnismäßigkeit und des Vertrauensschutzes eingegriffen werden (→ Rn. 193; BAG 18.4.1989 – 3 AZR 688/87, NZA 1990, 67; 22.5.1990 – 3 AZR 128/89, NZA 1990, 813; 10.3.1992 – 3 ABR 54/91, NZA 1993, 234; 11.5.1999 – 3 AZR 21/98, NZA 2000, 322; *Molkenbur/Rossmanith* ArbuR 1990, 333; *Blomeyer* DB 1990, 173; *Hanau/Preis* NZA 1991, 81; *Schaub* BB 1990, 289; *Schirge* DB 1991, 441; *Zachert* AiB 1991, 91).

189 **BV mit teils erzwingbaren, teils freiwilligen Regelungen** wirken grds. nur hinsichtlich der Gegenstände nach, die der zwingenden Mitbestimmung unterfallen (BAG 23.6.1992 – 1 ABR 9/92, NZA 1993, 229; 26.8.2008 – 1 AZR 354/07, NZA

2008, 1426; 9.12.2008 – 3 AZR 384/07, NZA 2009, 1341; 5.10.2010 – 1 ABR 20/09, NZA 2011, 598; 10.12.2013 – 1 ABR 39/12, NZA 2014, 1040; *Brune* AR-Blattei BV Rn. 561). Dies setzt allerdings voraus, dass sich die BV sinnvoll in einen nachwirkenden und einen nachwirkungslosen Teil aufspalten lässt. Andernfalls entfaltet zur Sicherung der Mitbestimmung die gesamte BV Nachwirkung (BAG 26.8. 2008 – 1 AZR 354/07, NZA 2008, 1426; 5.10.2010 – 1 ABR 20/09, NZA 2011, 598; 9.7.2013 – 1 AZR 275/12, NZA 2013, 1438; 10.12.2013 – 1 ABR 39/12, NZA 2014, 1040).

Schwierigkeiten bereiten die Fallgestaltungen, in denen eine BV einen **einheitlichen Regelungsgegenstand** betrifft und **teils mitbestimmungspflichtige, teils mitbestimmungsfreie Elemente** enthält (**„teilmitbestimmte BV").** Das ist insbes. bei freiwilligen Leistungen der Fall. Hier ist die Entscheidung darüber, ob, welchem Personenkreis und in welchem Umfang solche Leistungen gewährt werden, mitbestimmungsfrei, während die nähere Ausgestaltung des Leistungsplans nach § 87 Abs. 1 Nr. 10 der Mitbestimmung unterliegt (→ § 87 Rn. 443 ff., 455 ff.). Hinsichtlich deren Nachwirkung ist zu **differenzieren:** **190**

Will ein ArbGeb. mit der Kündigung einer teilmitbestimmten BV seine **finanziellen Leistungen vollständig und ersatzlos einstellen,** tritt keine Nachwirkung ein (BAG 17.1.1995 – 1 ABR 29/94, NZA 1995, 1010; 19.9.1995 – 1 AZR 208/95, NZA 1996, 386; 26.8.2008 – 1 AZR 354/07, NZA 2008, 1426; 10.11.2009 – 1 AZR 511/08, NZA 2011, 475; 5.10.2010 – 1 ABR 20/09, NZA 2011, 598; Richardi BetrVG/*Richardi* Rn. 185; MHdB ArbR/*Arnold* § 316 Rn. *99; Schlewing* NZA 2010, 529). Bei einer vollständigen Einstellung der Leistungen verbleiben keine Mittel, bei deren Verteilung der BR nach § 87 Abs. 1 Nr. 10 mitzubestimmen hätte. Sinn und Zweck der Nachwirkung nach Abs. 6 ist insbes. die kontinuierliche Wahrung betriebsverfassungsrechtlicher MBR (BAG 17.1.1995 – 1 ABR 29/94, NZA 1995, 1010; 26.8.2008 – 1 AZR 354/07, NZA 2008, 1426). Sind solche nicht betroffen, bedarf es der Nachwirkung nicht (BAG 26.8.2008 – 1 AZR 354/07, NZA 2008, 1426). **190a**

Strebt der ArbGeb. mit der Kündigung ohne Änderung des Dotierungsrahmens **lediglich** eine **Änderung des derzeitigen Verteilungs- und Leistungsplans** an, wirkt die gekündigte BV insgesamt nach (BAG 26.10.1993 – 1 AZR 46/93, NZA 1994, 572; DKKW/*Berg* Rn. 120; MHdB ArbR/*Arnold* § 316 Rn. 100). **190b**

Ist eine **Herabsetzung des Dotierungsrahmens zugleich auch mit einer Änderung des Leistungsplans verbunden,** wirkt nach der Rspr. des BAG die gesamte BV nach (BAG 26.10.1993 – 1 AZR 46/93, NZA 1994, 572, 18.11.2003 – 1 AZR 604/02, NZA 2004, 803; 19.9.1995 – 1 AZR 208/95, NZA 1996, 386; 26.8.2008 – 1 AZR 354/07, NZA 2008, 1426; 10.11.2009 – 1 AZR 511/08, NZA 2011, 475; 5.10.2010 – 1 ABR 20/09, NZA 2011, 598; für die betriebliche Altersversorgung offen gelassen von BAG 17.8.1999 – 3 ABR 55/98, NZA 2000, 498; 11.5.1999 – 3 AZR 21/98, NZA 2000, 322; 18.9.2001 – 3 AZR 728/00, NZA 2002, 1164; 9.12.2008 – 3 AZR 384/07, NZA 2009, 1341; vgl. dazu *Schlewing* NZA 2010, 529). Dem ist grds. zuzustimmen (ebenso DKKW/*Berg* Rn. 120; *Heither* DB 2008, 2705 [2706]; *Grau/Sittard* RdA 2013, 118 [122]; Richardi BetrVG/*Richardi* Rn. 185; **aA** GK-BetrVG/*Kreutz* Rn. 464; MHdB ArbR/*Arnold* § 316 Rn. 100). Anders als bei der vollständigen Streichung bleibt in diesem Fall ein Finanzvolumen, bei dessen Verteilung der BR nach § 87 Abs. 1 Nr. 10 mitzubestimmen hat. BV lassen sich in diesen Fällen auch nicht in einen nicht nachwirkenden Teil betreffend die Höhe und einen nachwirkenden Teil über die Verteilung (Leistungsplan) aufspalten. Das vom ArbGeb. zur Verfügung gestellte Finanzvolumen wird dadurch nicht unabänderlich perpetuiert. Bei dem Spruch über eine die Nachwirkung ablösende BV muss die E-Stelle das vom ArbGeb. für die freiwillige Leistung weiterhin zur Verfügung gestellte Volumen als mitbestimmungsfreie Vorgabe ihrer Verteilungsentscheidung zugrunde legen (BAG 26.10.1993 – 1 AZR 46/93, NZA 1994, 572, 18.11.2003 – 1 AZR 604/02, NZA 2004, 803; 26.8.2008 – 1 AZR 354/07, NZA **190c**

2008, 1426). Die Nachwirkung kann iErg dadurch beseitigt werden, dass die neue BV rückwirkend in Kraft gesetzt wird. Dies ist aber nur möglich, wenn die ArbN mit einer solchen Rückwirkung der neuen BV rechnen mussten (BAG 19.9.1995 – 1 AZR 208/95, NZA 1996, 386; zum rückwirkenden Inkrafttreten einer BV → Rn. 41 ff.).

190d Will der ArbGeb. mit der Kündigung **lediglich den Dotierungsrahmen verringern, ohne den Verteilungsplan zu ändern,** wirkt die BV ausschließlich hinsichtlich des Verteilungsplans nach (HWGNRH/*Worzalla* Rn. 248; MHdB ArbR/*Arnold* § 316 Rn. 101). In einem solchen Fall ist die Mitbestimmung des BR nach § 87 Abs. 1 Nr. 10 nicht betroffen. Einer Nachwirkung bedarf es daher hinsichtlich der absoluten Höhe der vom ArbGeb. freiwillig zur Verfügung gestellten Leistungen nicht. Anders als in den Fällen, in denen sowohl die Höhe als auch der Verteilungsplan verändert werden soll, lässt sich bei einer ausschließlichen Reduzierung des Finanzvolumens die BV aufspalten in einen nachwirkenden Teil über die Vergütungsstruktur und einen keine Nachwirkung entfaltenden Teil über die Vergütungshöhe (BAG 26.8.2008 – 1 AZR 354/07, NZA 2008, 1426).

191 Die Nachwirkung teilmitbestimmter BV stellt sich je nach Tarifbindung des ArbGeb. unterschiedlich dar:

191a Ist ein **ArbGeb. tarifgebunden,** beschränkt sich die Mitbestimmung des BR wegen § 87 Abs. 1 Eingangshalbs. auf den übertariflichen, freiwillig geleisteten Teil der Vergütung. Nur hinsichtlich dieser übertariflichen Vergütungsbestandteile kommt eine Nachwirkung in Betracht. Werden diese vollständig gestrichen, ist für eine Nachwirkung kein Raum (BAG 26.8.2008 – 1 AZR 354/07, NZA 2008, 1426). Will der ArbGeb. seine – übertariflichen – finanziellen Leistungen nicht völlig zum Erlöschen bringen, sondern mit der Kündigung nur eine Verringerung der insgesamt zur Verfügung gestellten Mittel und zugleich eine Veränderung des Verteilungsplans erreichen, wirkt die BV nach (BAG 10.11.2009 – 1 AZR 511/08, NZA 2011, 475). Das vom ArbGeb. einmal zur Verfügung gestellte Finanzvolumen wird dadurch nicht unabänderlich perpetuiert. Vielmehr müssen die Betriebsparteien oder im Konfliktfall die E-Stelle das vom ArbGeb. noch zur Verfügung gestellte Finanzvolumen als mitbestimmungsfreie Vorgabe zugrunde legen (BAG 18.11.2003 – 1 AZR 637/02, NZA 2004, 741; 10.11.2009 – 1 AZR 511/08, NZA 2011, 475).

191b Ist ein **ArbGeb. nicht tarifgebunden,** leistet er in mitbestimmungsrechtlicher Hinsicht die gesamte Vergütung „freiwillig", dh ohne hierzu normativ verpflichtet zu sein (BAG 26.8.2008 – 1 AZR 354/07, NZA 2008, 1426; 5.10.2010 – 1 ABR 20/09, NZA 2011, 598; 10.12.2013 – 1 ABR 39/12, NZA 2014, 1040;). Dies gilt auch dann, wenn er Teile der Vergütung den ArbN. individualvertraglich schuldet. Individualvertragliche Vereinbarungen können zwar im Verhältnis zwischen den einzelnen ArbN. und dem ArbGeb. wegen des Günstigkeitsprinzips von Bedeutung sein. Anders als gesetzliche oder tarifvertragliche Regelungen stehen sie jedoch der Mitbestimmung nach § 87 Abs. 1 Nr. 10 nicht entgegen (BAG 26.8.2008 – 1 AZR 354/07, NZA 2008, 1426).

191c Nach der Rspr. des Ersten Senats des BAG in den Jahren 2006 bis 2008 ließ sich die Gesamtvergütung mitbestimmungsrechtlich regelmäßig nicht in mehrere voneinander unabhängige Bestandteile – wie etwa Grundvergütung, Zulagen, Jahresleistungen – aufspalten. Vielmehr bildete grds. ihre Gesamtheit die Vergütungsordnung, bei deren Aufstellung und Veränderung der BR mitzubestimmen hat (BAG 28.2.2006 – 1 ABR 4/05, NZA 2006, 1426; 15.4.2008 – 1 AZR 65/07, NZA 2008, 888; 26.8.2008 – 1 AZR 354/07, NZA 2008, 1426; vgl. auch *Engels* Anm. zu AP BetrVG 1972 § 87 Lohngestaltung Nr. 127; *Kreft* FS Kreutz, 2010, 263 [275]). Da die durch Streichung eines Vergütungsbestandteils vom ArbGeb. beabsichtigte **Absenkung der Gesamtvergütung** zu einer **Änderung der bisher geltenden Entlohnungsgrundsätze** und damit auch der bisherigen Vergütungsstruktur führt, bedurfte danach der nicht tarifgebundene ArbGeb. der Zustimmung des BR (BAG 26.8.2008 – 1 AZR 354/07, NZA 2008, 1426). Hieraus zog der Erste Senat zur Sicherung der

Mitbestimmung die Konsequenz, dass eine BV über Vergütungsbestandteile im Falle einer Kündigung gem. Abs. 6 nachwirkt (BAG 26.8.2008 – 1 AZR 354/07, NZA 2008, 1426; vgl. auch *Salamon* NZA 2010, 745).

Dieses **Konzept** eines MBR des BR bei jeglicher Veränderung der Vergütungsstruktur und der daran anknüpfenden Nachwirkung (teil-)mitbestimmter BV hat der Erste Senat des BAG in den Beschlüssen v. 5.10.2010 (1 ABR 20/09, NZA 2011, 598) und v. 10.12.2013 (1 ABR 39/12, NZA 2014, 1040) **weiter entwickelt** und für bestimmte Konstellationen eingeschränkt (→ § 87 Rn. 453a; **krit.** dazu GK-BetrVG/*Kreutz* Rn. 466, 467; vgl. auch *Salamon* NZA 2011, 549; *Worzalla* Anm. zu AP BetrVG 1972 § 77 BV Nr. 53; *Grau/Sittard* RdA 2013, 118; MHdB ArbR/*Arnold* § 316 Rn. 103ff.). Danach wirkt eine BV, deren alleiniger Gegenstand eine finanzielle Leistung des ArbGeb. ist, über deren Einführung und Leistungszweck dieser ohne Beteiligung des BR entscheiden kann, – nur noch – so lange nach, bis der **ArbGeb. gegenüber dem BR oder den ArbN erklärt, dass er für den bisherigen Leistungszweck keine Mittel mehr zur Verfügung stellt** (BAG 5.10.2010 – 1 ABR 20/09, NZA 2011, 598; 10.12.2013 – 1 ABR 39/12, NZA 2014, 1040; 29.4.2015 – 9 AZR 999/13, NZA 2015, 1204). Eine unbeschränkte Nachwirkung der BV nimmt der Erste Senat weiterhin dann an, wenn in der BV „auch andere Vergütungsbestandteile geregelt (sind), für die eine vertragliche oder gesetzliche Vergütungspflicht des ArbGeb besteht"; dann seien sämtliche Vergütungskomponenten Teil der Gesamtvergütung, bei deren Ausgestaltung der BR nach § 87 Abs. 1 Nr. 10 mitzubestimmen habe (BAG 5.10.2010 – 1 ABR 20/09, NZA 2011, 598). Mitbestimmungsfrei sei dagegen die Entscheidung des ArbGeb. über den Wegfall einer zusätzlichen Leistung, wenn diese in einer **gesonderten BV** geregelt worden sei (BAG 5.10.2010 – 1 ABR 20/09, NZA 2011, 598; 10.12.2013 – 1 ABR 39/12, NZA 2014, 1040). Aufgrund der gesonderten Regelung in einer BV sei regelmäßig anzunehmen, dass der sich aus dieser Leistung ergebende Entlohnungsgrundsatz nicht untrennbarer Teil eines umfassenden betrieblichen Vergütungssystems werde und die bisher für die Verteilung der Gesamtvergütung geltenden Entlohnungsgrundsätze unberührt blieben (BAG 10.12.2013 – 1 ABR 39/12, NZA 2014, 1040; **krit.** GK-BetrVG/*Kreutz* Rn. 467). **191d**

Die **Möglichkeiten des ArbGeb.,** bestimmte Leistungen ohne Zustimmung des BR einzustellen, sind dadurch deutlich **erweitert** worden. Die damit verbundene mitbestimmungsfreie Veränderung der bisherigen Entlohnungsgrundsätze und der Vergütungsstruktur, die für das BAG in früheren Entscheidungen von maßgeblicher Bedeutung war (insbes. BAG 28.2.2006 – 1 ABR 4/05, NZA 2006, 1426; 15.4.2008 – 1 AZR 65/07, NZA 2008, 888; 26.8.2008 – 1 AZR 354/07, NZA 2008, 1426), nimmt es nun ersichtlich deshalb in gewissem Umfang in Kauf, weil andernfalls der ArbGeb. mit Mitteln des Kollektivrechts zur Beibehaltung einer finanziellen Leistung gezwungen werden könnte, über deren Einführung er mitbestimmungsfrei entschieden hat (BAG 5.10.2010 – 1 ABR 20/09, NZA 2011, 598; iErg so auch *Lunk/Leder* NZA 2011, 249; *Worzalla* Anm. zu AP BetrVG 1972 § 77 BV Nr. 53; *Grau/Sittard* RdA 2013, 118; **krit.** GK-BetrVG/*Kreutz* Rn. 467; *Kreft* FS Bepler, 2012, 317 [323]). **191e**

Auch nach der früheren Rspr. war freilich der ArbGeb. nicht gezwungen, das Vergütungsvolumen beizubehalten. Sofern er den Verteilungsplan nicht veränderte, konnte er den Dotierungsrahmen mitbestimmungsfrei absenken (vgl. *Kreft* FS Kreutz, 2010, 263 [269, 277]; *Kreft* FS Bepler, 2012, 317 [323]). Allerdings **stieß das frühere Konzept an Grenzen** in Fällen, in denen Leistungen des ArbGeb. teils betrieblich, teils überbetrieblich erbracht werden (so ersichtlich die Konstellation in BAG 5.10.2010 – 1 ABR 20/09, NZA 2011, 598) oder in denen die Laufzeiten verschiedener BV über unterschiedliche Leistungen nicht gleichgeschaltet sind. Der im Beschluss v. 5.10.2010 (1 ABR 20/09, NZA 2011, 598) verwendete unklare Begriff der „zusätzlichen Vergütung" oder der „zusätzlichen Leistung", die ein nicht tarifgebundener ArbGeb. gewährt, „ohne hierzu verpflichtet zu sein" (BAG 5.10.2010 – **191f**

1 ABR 20/09, NZA 2011, 598; vgl. zur Problematik 27. Aufl. 2014 Rn. 191). taucht in dieser Weise im Beschluss v. 10.12.2013 (1 ABR 39/12, NZA 2014, 1040) nicht mehr auf. Nach diesem entfällt das MBR nach § 87 Abs. 1 Nr. 10 bei der vollständigen Einstellung einer in einer BV vorgesehenen Leistung eines nicht tarifgebundenen ArbGeb. und damit auch die Nachwirkung der BV nach Abs. 6 regelmäßig dann, wenn es sich um eine gesonderte BV handelt (BAG 10.12.2013 – 1 ABR 39/12, NZA 2014, 1040). Das entspricht jedenfalls den Erfordernissen der Rechtssicherheit.

X. Das Verhältnis von Betriebsvereinbarungen zueinander, zu Einzelarbeitsverträgen und zur betrieblichen Einheitsregelung

1. Verhältnis von Betriebsvereinbarungen zueinander

192 Regeln mehrere BV denselben Gegenstand, gilt grds. das **Ablösungsprinzip.** Die jüngere BV löst die ältere ab. Für die Zukunft sind nur die Regelungen der neuen BV maßgebend. Diese sind auch dann maßgeblich, wenn die ältere BV für die ArbN günstiger war. Das Günstigkeitsprinzip findet keine Anwendung (stRspr, BAG 15.11.2000 – 5 AZR 310/99, NZA 2001, 900; 14.8.2001 – 1 AZR 619/00, NZA 2002, 276; 18.11.2003 – 1 AZR 604/02, NZA 2004, 803; 28.6.2005 – 1 AZR 213/04, AP BetrVG 1972 § 77 BV Nr. 25; 13.3.2007 – 1 AZR 232/06, NZA-RR 2007, 411; 23.1.2008 – 1 AZR 988/06, NZA 2008, 709; 18.9.2012 – 3 AZR 431/10, NZA-RR 2013, 651; 15.1.2013 – 3 AZR 169/10, NZA 2013, 1028; DKKW/*Berg* Rn. 23; GK-BetrVG/*Kreutz* Rn. 401; Richardi BetrVG/*Richardi* Rn. 188f.; *Brune* AR-Blattei BV Rn. 599). Das Ablösungsprinzip gilt auch, wenn die Normen einer BV bei einem Betriebsübergang normativ fortwirken (→ Rn. 168) oder – wegen Verlusts der Betriebsidentität – nach § 613a Abs. 1 S. 2–4 BGB in die einzelnen Arbeitsverhältnisse transformiert werden (→ Rn. 171) und beim Erwerber eine neue – sei es auch ungünstigere – BV geschlossen wird (→ Rn. 196; BAG 14.8.2001 – 1 AZR 619/00, NZA 2002, 276; 18.11.2003 – 1 AZR 604/02, NZA 2004, 803; 28.6.2005 – 1 AZR 213/04, AP BetrVG 1972 § 77 BV Nr. 25). Nach Ablauf dieser neuen BV leben die zuvor nach § 613a Abs. 1 S. 2 BGB transformierten Ansprüche nicht wieder einzelvertraglich auf (BAG 18.11.2003 – 1 AZR 604/02, NZA 2004, 803).

193 Allerdings kann die nachfolgende BV **nicht schrankenlos in Besitzstände,** welche die vorhergehende den ArbN gewährt hat, **eingreifen.** Vielmehr sind das **Rückwirkungsverbot** sowie die Grundsätze des **Vertrauensschutzes** und der **Verhältnismäßigkeit** zu beachten (BAG 29.10.2002 – 1 AZR 573/01, NZA 2003, 393; 24.8.2004 – 1 AZR 419/03, NZA 2005, 51; 28.6.2005 – 1 AZR 213/04, AP BetrVG 1972 § 77 BV Nr. 25; 19.6.2007 – 1 AZR 340/06, NZA 2007, 1357; 2.10.2007 – 1 AZR 815/06, NZA-RR 2008, 242; 23.1.2008 – 1 AZR 988/06, NZA 2008, 709; 15.1.2013 – 3 AZR 169/10, NZA 2013, 1028). Dabei ist wie bei Gesetzen (insbes. BVerfG 15.10.1996 – 1 BvL 44/92, NJW 1997, 722) zwischen der echten und der unechten Rückwirkung zu unterscheiden (BAG 19.6.2007 – 1 AZR 340/06, NZA 2007, 1357; 23.1.2008 – 1 AZR 988/06, NZA 2008, 709; *Linsenmaier* FS Kreutz, 2010, 285 [290ff.]; *Linsenmaier* RdA 2014, 336 [338]).

193a Unter **echter Rückwirkung** versteht das BVerfG die Rückbewirkung von Rechtsfolgen. Sie betrifft den zeitlichen Anwendungsbereich einer Norm und liegt vor, wenn die in der Norm vorgesehene Rechtsfolge bereits rückwirkend zu einem vor ihrer Verkündung liegenden Zeitpunkt eintreten soll (BVerfG 5.2.2004 – 2 BvR 2029/01, BVerfGE 109, 133). In Fällen echter Rückwirkung wird in vergangene, bereits abgewickelte Tatbestände eingegriffen. Dies ist verfassungsrechtlich grds. unzulässig (BVerfG 15.10.1996 – 1 BvL 44/92, NJW 1997, 722; BAG 23.1.2008 – 1 AZR 988/06, NZA 2008, 709; 17.7.2012 – 1 AZR 476/11, MDR 2013, 163).

Unter **unechter Rückwirkung** versteht das BVerfG Fälle der tatbestandlichen Rückanknüpfung (BVerfG 3.12.1997 – 2 BvR 882/97, NJW 1998, 1547; 5.2.2004 – 2 BvR 2029/01, NJW 2004, 739). Sie liegt vor, wenn eine Rechtsnorm auf gegenwärtige, noch nicht abgeschlossene Sachverhalte einwirkt und erworbene Rechtspositionen nachträglich entwertet oder der vorhergegangenen Ausübung von Freiheitsrechten die Grundlage entzieht (BAG 23.1.2008 – 1 AZR 988/06, NZA 2008, 709; 17.7.2012 – 1 AZR 476/11, MDR 2013, 163; *Linsenmaier* FS Kreutz, 2010, 285 [288 f.]). Die unechte Rückwirkung ist verfassungsrechtlich nicht verboten (BVerfG 3.12.1997 – 2 BvR 882/97, NJW 1998, 1547; BAG 19.6.2007 – 1 AZR 340/06, NZA 2007, 1357; 23.1.2008 – 1 AZR 988/06, NZA 2008, 709). Grenzen der Zulässigkeit ergeben sich aus dem Grundsatz des Vertrauensschutzes und der Verhältnismäßigkeit (BAG 2.10.2007 – 1 AZR 815/06, NZA-RR 2008, 242; 23.1.2008 – 1 AZR 988/06, NZA 2008, 709; 17.7.2012 – 1 AZR 476/11, MDR 2013, 163). Je schützenswerter das Vertrauen der Betroffenen auf den Fortbestand der bisherigen Rechtslage ist, desto schwerwiegender müssen die Gründe dafür sein, das Vertrauen durch eine normative Änderung der Rechtslage zu enttäuschen. Bei der Beurteilung des Vertrauensschutzes kann zwischen einem Bestandsschutz-, einem Zeit- und einem Umstandsmoment unterschieden werden (*Linsenmaier* FS Kreutz, 2010, 285 [291 ff.]). Bei einer betriebsvereinbarungsoffen ausgestalteten Sozialleistung muss ein ArbN ohne Hinzutreten von besonderen Umständen mit deren Verschlechterung oder dem völligen Fortfall durch eine BV rechnen. Will der begünstigte ArbN diese Rechtsfolge vermeiden, muss er sich die entsprechende Leistung individualvertraglich und betriebsvereinbarungsfest versprechen lassen (BAG 17.7.2012 – 1 AZR 476/11, MDR 2013, 163; *Linsenmaier* FS Kreutz, 2010, 285 [296]). **193b**

Dementsprechend beurteilt sich auch die Frage, ob und unter welchen Umständen ein **Sozialplan** nachträglich zum Nachteil der ArbN abgeändert werden kann (insbes. BAG 10.8.1994 – 10 ABR 61/93, NZA 1995, 314: 5.10.2000 – 1 AZR 48/00, NZA 2001, 849; 2.10.2007 – 1 AZR 815/06, NZA-RR 2008, 242; vgl. zu einer mit einer kirchlichen Mitarbeitervertretung geschlossenen Dienstvereinbarung BAG 19.6.2007 – 1 AZR 340/06, NZA 2007, 1357; → §§ 112, 112a Rn. 245), maßgeblich nach dem **Rückwirkungsverbot** und den Grundsätzen des **Vertrauensschutzes** und der **Verhältnismäßigkeit.** **194**

Ein Fall **echter Rückwirkung** liegt vor, wenn durch eine neue BV bereits ausbezahlte Sozialplanabfindungen gekürzt oder der Anspruch auf sie gar ganz beseitigt werden soll. Dies ist **regelmäßig unzulässig.** Eine Ausnahme kommt in Betracht, wenn die ArbN von Anfang an mit der Möglichkeit der Kürzung oder gar des Wegfalls der Sozialplanansprüche rechnen mussten (BAG 5.10.2000 – 1 AZR 48/00, NZA 2001, 849). Dies kann der Fall sein, wenn der Sozialplan unter einem ausdrücklichen oder zumindest zweifelsfrei erkennbaren Änderungsvorbehalt stand, wenn seine Wirksamkeit von Anfang an umstritten oder seine Regelungen unklar waren (Oberthür/Seitz Betriebsvereinbarungen/*Oberthür Teil* A. Kap. VI. Rn. 9). Ob dagegen von dem Verbot der echten Rückwirkung auch dann eine Ausnahme gemacht werden kann, wenn für den ursprünglichen Sozialplan die Geschäftsgrundlage entfallen und das Festhalten an ihm mit dem bisherigen Inhalt nach Treu und Glauben – etwa wegen drohender Insolvenz – nicht zumutbar ist, erscheint sehr zweifelhaft (bejahend wohl BAG 10.8.1994 – 10 ABR 61/93, NZA 1995, 314; ausdrücklich offen gelassen – jedenfalls für einen E-Stellenspruch – in BAG 21.10.2003 – 1 AZR 407/02, NZA 2004, 559). Allein der Umstand, dass die Geschäftsgrundlage nachträglich entfällt, bedeutet nicht, dass die ArbN mit dem rückwirkenden Wegfall oder der Kürzung der einmal entstandenen und bereits erfüllten Ansprüche rechnen mussten. **194a**

Eine **unechte Rückwirkung** kommt in Betracht, wenn laufende Sozialplanleistungen (zB Fahrtkostenzuschüsse) durch eine spätere BV gekürzt oder beseitigt werden sollen, oder in Fällen, in denen Sozialplanansprüche zwar entstanden, aber noch nicht fällig oder noch nicht erfüllt sind. Hier ist der Lebenssachverhalt noch nicht vollständig abgeschlossen. Daher ist hier ein **verschlechternder Eingriff eher zu-** **194b**

lässig (BAG 19.6.2007 – 1 AZR 340/06, NZA 2007, 1357; 2.10.2007 – 1 AZR 815/06, NZA-RR 2008, 242). Die Grenzen ergeben sich auch hier aus den Grundsätzen des Vertrauensschutzes und der Verhältnismäßigkeit (BVerfG 15.10.1996 – 1 BvL 44/92, NJW 1997, 722). Jedenfalls solange die ArbN die Höhe der ihnen nach einer Sozialplanregelung zustehenden Abfindung nicht kennen oder – mangels Kenntnis der Sozialdaten anderer ArbN – nicht konkret berechnen können, können sie berechtigterweise nicht auf eine bestimmte Berechnungsmethode vertrauen (BAG 2.10.2007 – 1 AZR 815/06, NZA-RR 2008, 242; *Linsenmaier* FS Kreutz, 2010, 285 [295f.]). Die Betriebsparteien können gehalten sein, bei einem verschlechternden Eingriff kompensatorische Regelungen für die ArbN vorzusehen, die im Vertrauen auf den bisherigen Sozialplan bereits Dispositionen getroffen haben.

194c Eine **BV über eine einmalige (Jahres-)Leistung** kann vor Beginn des Bezugszeitraums regelmäßig noch durch eine verschlechternde BV ersetzt oder gar beseitigt werden (BAG 23.1.2008 – 1 AZR 988/06, NZA 2008, 709; *Linsenmaier* FS Kreutz, 2010, 285 [294]). Soll eine BV über eine Jahresleistung während des Bezugszeitraums zum Nachteil der ArbN verändert werden, kommt es darauf an, ob die ArbN bereits – pro rata temporis – eine schützenswerte Rechtsposition erworben haben, ob sie mit einer Änderung rechnen mussten und wie gewichtig die Gründe für die Verschlechterung sind (BAG 29.10.2002 – 1 AZR 573/01, NZA 2003, 393; *Linsenmaier* FS Kreutz, 2010, 285 [294f.]).

195 Für die **betriebliche Altersversorgung** hat der Dritte Senat des BAG eine differenzierte Rspr. entwickelt (vgl. dazu *Schlewing* NZA 2010, 529). Ausgangspunkt ist die Erwägung, dass die Gründe für einen zulässigen Eingriff umso schwerwiegender sein müssen, je stärker in Besitzstände eingegriffen wird (BAG 26.8.1997 – 3 AZR 235/96, NZA 1998, 817; 29.7.2003 – 3 AZR 630/02, AP BetrAVG § 1 Ablösung Nr. 45). Dabei kommt ein **dreistufiges Prüfungsschema** zur Anwendung (vgl. insbes. BAG 11.12.2001 – 3 AZR 512/00, NZA 2003, 1414; 10.9.2002 – 3 AZR 635/01, NJOZ 2004, 525; 15.1.2013 – 3 AZR 169/10, NZA 2013, 1028; 10.3.2015 – 3 AZR 56/14, NZA-RR 2015, 371). Dieses findet auch in Fällen Anwendung, in denen die erworbene Anwartschaft noch verfallbar ist (BAG 15.1.2013 – 3 AZR 169/10, NZA 2013, 1028; 10.3.2015 – 3 AZR 56/14, NZA-RR 2015, 371).

195a Der von den ArbN während der bisherigen Ordnung und im Vertrauen auf deren Inhalt bereits **erdiente,** nach den Grundsätzen des § 2 BetrAVG errechnete **Teilbetrag** kann allenfalls aus **zwingenden Gründen** ganz oder teilweise entzogen werden. Als einen Ausnahmefall, der Eingriffe sogar in den bereits erdienten, nach § 2 BetrAVG errechneten Teilbetrag rechtfertigt, hat das BAG den Abbau einer **planwidrigen Überversorgung** angesehen (BAG 23.10.1990 – 3 AZR 260/89, NZA 1991, 242). Das Gleiche gilt für einen Umbau der betrieblichen Altersversorgung, durch den ohne Schmälerung des Gesamtaufwands der Versorgung eine Verzerrung des Leistungsgefüges beseitigt werden soll (BAG 11.9.1990 – 3 AZR 380/89, NZA 1991, 176; 7.7.1992 – 3 AZR 522/91, NZA 1993, 173).

195b Eingriffe in eine **erdiente Dynamik,** etwa solche, die das Vertrauen des ArbN enttäuschen, er werde das von ihm Erdiente in Relation zu dem beim Ausscheiden aus dem ArbVerh. erreichten Endgehalt beziehen, sind nur aus **triftigem Grund** möglich. Ein solcher liegt insbes. vor, wenn ein Fortbestand der bisherigen Dynamik den Bestand des Unternehmens gefährdet. Das ist dann der Fall, wenn ohne einen Eingriff in die erdiente Dynamik künftige Versorgungsansprüche voraussichtlich nicht aus den Erträgen des Unternehmens finanziert werden können und für deren Ausgleich auch keine hinreichenden Wertzuwächse des Unternehmens zur Verfügung stehen.

195c Die geringsten Anforderungen sind an Eingriffe in **künftige** und damit noch nicht erdiente **dienstzeitabhängige Zuwächse** zu stellen. Hier genügen **sachlich-proportionale Gründe.** Sie dürfen lediglich nicht willkürlich sein. Hierzu müssen sie nachvollziehbar erkennen lassen, welche Umstände und Erwägungen zur Änderung der Versorgungszusage Anlass gegeben haben. Das Vertrauen der ArbN in den

Fortbestand der bisherigen Regelung darf nicht über Gebühr beeinträchtigt werden (BAG 10.9.2002 – 3 AZR 635/01, NJOZ 2004, 525). Bei notwendigen Anpassungen haben ArbGeb. und BR einen **Gestaltungsspielraum** (BAG 22.5.1990 – 3 AZR 128/89, NZA 1990, 813). Sie müssen aber den betriebsverfassungsrechtlichen **Gleichheitsgrundsatz** des § 75 beachten (BAG 14.12.1982 – 3 AZR 251/80, AP BetrAVG § 1 Besitzstand Nr. 1; 17.3.1987 – 3 AZR 64/84, NZA 1987, 855). Ein sachlich-proportionaler Grund für einen Eingriff in den noch nicht erdienten Teil der Versorgung liegt zB vor, wenn eine abändernde BV vorsieht, dass eine laufende **Rentenanpassung** nicht mehr an die Entwicklung tariflicher Entgelte der aktiven ArbN sondern an diejenige der Lebenshaltungskosten anknüpft (BAG 16.7.1996 – 3 AZR 398/95, NZA 1997, 533). Aus der ablösenden BV muss sich aber ergeben, wie hoch die erreichbare Vollrente ist (BAG 18.3.2003 – 3 AZR 101/02, NZA 2004, 1099). Auch **Einsparmaßnahmen** im Zusammenhang mit Verlusten sind nicht willkürlich. Ein Sanierungsplan ist in diesem Fall keine notwendige Voraussetzung für einen Eingriff in künftige Zuwächse (BAG 10.9.2002 – 3 AZR 635/01, NJOZ 2004, 525). Das Interesse eines Betriebserwerbers, die **Versorgungsbedingungen** zu **vereinheitlichen,** stellt ebenfalls einen sachlich-proportionalen Grund dar (BAG 29.7.2003 – 3 AZR 630/02, AP BetrAVG § 1 Ablösung Nr. 45). Auf Änderungen der **Versorgungsregelungen einer Gewerkschaft** ist das vom BAG entwickelte dreistufige Prüfungsschema nicht uneingeschränkt anwendbar; auf die Proportionalität des Eingriffs kommt es nicht an (BAG 12.2.2013 – 3 AZR 636/10, AP BetrAVG § 1 Ablösung Nr. 62).

2. Verhältnis Betriebsvereinbarung – Arbeitsvertrag

Aufgrund der unmittelbaren und zwingenden Wirkung gehen Regelungen der BV den arbeitsvertraglichen Absprachen grds. vor. Das gilt allerdings nur für solche Absprachen, die für den ArbN ungünstiger sind. Günstigere Absprachen sind stets zulässig. Insoweit gilt das **Günstigkeitsprinzip.** Die zwingende Wirkung der BV nur zugunsten der ArbN ergibt sich zwar nicht unmittelbar aus dem Wortlaut des Abs. 4, folgt jedoch aus dem allgemeinen arbeitsrechtlichen Schutzprinzip und der Bedeutung des Günstigkeitsprinzips für die gesamte Arbeitsrechtsordnung (BAG 6.9.1986 – GS 1/82, NZA 1987, 168; 7.11.1989 – GS 3/85, NZA 1990, 816; 14.8.2001 – 1 AZR 619/00, NZA 2002, 276; 5.3.2013 – 1 AZR 417/12, NZA 2013, 916; GK-BetrVG/*Kreutz* Rn. 260ff.; DKKW/*Berg* Rn. 33; *Linsenmaier* RdA 2014, 336 [341]; *Preis/Ulber* RdA 2013, 211 [223]; Richardi BetrVG/*Richardi* Rn. 155ff.; WPK/*Preis* Rn. 82; MHdB ArbR/*Arnold* § 316 Rn. 41; *Belling* DB 1987, 1888; *Blomeyer* NZA 1996, 340; *Reichhold* RdA 1995, 150; *Schmidt* Günstigkeitsprinzip S. 54ff., 75ff.; vgl. auch § 28 Abs. 2 SprAuG; einschränkend *Annuß* NZA 2001, 761 bei Mitbestimmungsangelegenheiten, die auch dem Ausgleich unterschiedlicher Interessen der ArbN dienen; **aA** *Leinemann* DB 1990, 735; *Reuter* RdA 1991, 197; vgl. ferner *Hromadka* FS Wank, 2014, 175 [180ff.], der zwar nicht iErg, aber in der dogmatischen Begründung nach der zeitlichen Abfolge von Arbeitsvertrag und BV differenzieren will, dabei aber das Günstigkeitsprinzip zu Unrecht nicht als Kollisionsregel versteht). Dem individualrechtlichen Anspruch eines ArbN auf Neuverteilung seiner Arbeitszeit nach § 8 Abs. 2–5 TzBfG kann eine BV über die Verteilung der Arbeitszeit entgegenstehen (BAG 16.12.2008 – 9 AZR 893/07, NZA 2009, 565). 196

Voraussetzung für die Anwendung des Günstigkeitsprinzips ist, dass überhaupt eine **Konkurrenz zwischen den beiden Rechtsquellen** Arbeitsvertrag und BV besteht (*Linsenmaier* RdA 2014, 336 [339]; *Waltermann* RdA 2016, 296, 298f.; MHdB ArbR/*Arnold* § 316 Rn. 42; vgl. auch Oberthür/Seitz Betriebsvereinbarungen/*Oberthür* Teil A. Kap. VI. Rn. 14; *T. Wißmann/Krämer* Anm. zu AP TVG § 1 Bezugnahme auf TV Nr. 129). Zu einer entsprechenden Feststellung bedarf es im Einzelfall sowohl einer nach den Grundsätzen der Gesetzesauslegung vorzunehmenden Auslegung der BV als auch einer nach §§ 133, 157 BGB vorzunehmenden Auslegung des 196a

Arbeitsvertrags (*Linsenmaier* RdA 2014, 336 [339]). Vorformulierte AGB sind nach ihrem objektiven Inhalt und typischen Sinn einheitlich so auszulegen, wie sie von verständigen und redlichen Vertragspartnern unter Abwägung der Interesse der normalerweise beteiligten Verkehrskreise verstanden werden (BAG 22.7.2014 – 9 AZR 981/12, NZA 2014, 1136). Bei Fehlen einer ausdrücklichen Bestimmung im Arbeitsvertrag wird regelmäßig davon auszugehen sein, dass die Arbeitsvertragsparteien den betreffenden Gegenstand überhaupt nicht geregelt haben (*Linsenmaier* RdA 2014, 336 [337]; *T. Wißmann/Krämer* Anm. zu AP TVG § 1 Bezugnahme auf TV Nr. 129; **aA** *Waltermann* SAE 2013, 94 [99] mit dem Argument, normalerweise seien Verträge abschließend; vgl. auch *Hromadka* FS Wank, 2014, 175 [188], der meint, ein Vertrag habe die Vermutung der Vollständigkeit für sich, der sich aber iErg dem BAG anschließt). Es fehlt dann bereits an einer für die Anwendung des Günstigkeitsprinzips erforderlichen Konkurrenz.

196b Das Günstigkeitsprinzip beschränkt nicht etwa die Regelungskompetenz der Betriebsparteien (**aA** *Kreutz* FS Konzen, 2006, 461 [463ff.]; *Kreutz* FS Schmidt-Jortzig, 2011, 753 [755]), sondern stellt eine **Kollisionsregel** für die Fälle dar, in denen BV und individualrechtliche Absprachen unterschiedliche Regelungen über denselben Gegenstand enthalten (*Linsenmaier* RdA 2008, 1 [9]; *Linsenmaier* RdA 2014, 336 [338]; *Brecht-Heitzmann* S. 181, 185; *Waltermann* RdA 2016, 296, 298). Die ungünstigere Regelung ist nicht unwirksam. Vielmehr bestehen kollektive und individualrechtliche Regelung nebeneinander. Der ArbN kann sich aber auf die ihm günstigere Regelung berufen (BAG 28.6.2005 – 1 AZR 213/04, NJOZ 2005, 5080; 14.1.2014 – 1 ABR 57/12, NZA 2014, 922; *Linsenmaier* RdA 2014, 336 [338]). Es kommt nicht darauf an, ob die günstigere arbeitsvertragliche Abrede vor oder nach der BV getroffen wurde. Zum Günstigkeitsvergleich → Rn. 199.

196c Nicht das Günstigkeitsprinzip, sondern das Ablösungsprinzip findet Anwendung, wenn eine BV im Zuge eines Betriebsübergangs nach **§ 613a Abs. 1 S. 2 BGB** zum individualrechtlichen Inhalt eines ArbVerh. geworden ist. Der ArbN ist in diesem Fall nicht in weiterem Umfang geschützt, als wenn die BV nicht transformiert worden wäre, sondern kollektivrechtlich weiter gelten würde (BAG 14.8.2001 – 1 AZR 619/00, NZA 2002, 276; 18.11.2003 – 1 AZR 604/02, NZA 2004, 803; 28.6.2005 – 1 AZR 213/04, NJOZ 2005, 5080; ErfK/*Kania* Rn. 68; *Lindemann/Simon* BB 2003, 2510; *Brune* AR-Blattei BV Rn. 607).

197 Obwohl dies anders als in § 4 Abs. 3 S. 2 TVG nicht ausdrücklich geregelt ist, kann auch eine BV zulassen, dass von ihren Regelungen durch einzelvertragliche Absprache zuungunsten des ArbN abgewichen werden kann (ErfK/*Kania* Rn. 78). IÜ werden jedoch für den ArbN **ungünstigere Absprachen** durch die BV **verdrängt.** Dies gilt unabhängig davon, ob sie vor oder nach Abschluss der BV getroffen worden sind (ErfK/*Kania* Rn. 68). Gegen die Regelungen der BV verstoßende ungünstigere Absprachen sind nicht nichtig, sondern kommen nur für die Dauer der BV nicht zur Anwendung (BAG 21.9.1989 – 1 AZR 454/88, NZA 1990, 351; 28.3.2000 – 1 AZR 366/99, NZA 2001, 49; 28.6.2005 – 1 AZR 213/04, AP BetrVG 1972 § 77 BV Nr. 25; 19.7.2016 – 3 AZR 134/15, NZA 2016, 1475 Rn. 60; ErfK/*Kania* Rn. 68; Richardi BetrVG/*Richardi* Rn. 173; *Richardi* NZA 1990, 331; MHdB ArbR/*Arnold* § 316 Rn. 40; WPK/*Preis* Rn. 82; *Linsenmaier* RdA 2008, 1 [9]; iErg auch Waltermann FS 100 Jahre BetrVR 2020, 765 [772f.]; **aA** GK-BetrVG/*Kreutz* Rn. 256ff.; *Kreutz* FS Konzen, 2006, 461 [463ff.]; *Kreutz* FS 100 Jahre BetrVR 2020, 383). Das hat zur Folge, dass bei einem etwaigen ersatzlosen Wegfall der BV den ArbN jedenfalls die frühere Absprache erhalten bleibt. Dass die BV eine vertragliche Abrede für die Zeit ihrer Geltung lediglich verdrängt, dürfte idR dem Willen der Arbeitsvertragsparteien entsprechen und ist im Hinblick auf Art. 12 GG auch der weniger weitgehende Eingriff in die Vertragsfreiheit. Etwas anderes gilt allerdings für nur wegen eines Betriebsübergangs nach § 613a BGB in das Arbeitsverhältnis überführte Rechte und Pflichten aus einer beim Veräußerer bestehenden BV. Diese können beim Erwerber durch eine neue BV abgelöst werden (→ Rn. 192, 196).

198 Haben ArbGeb. und ArbN ihre vertraglichen Absprachen **„betriebsvereinbarungsoffen"** dahin gestaltet, dass sie einer BV den Vorrang einräumen, wird die vertragliche Absprache durch die Regelungen einer späteren BV verdrängt (BAG 12.8. 1982 – 6 AZR 1117/79, NJW 1983, 68; 3.11.1987 – 8 AZR 316/81, NZA 1988, 509; 5.3.2013 – 1 AZR 417/12, NZA 2013, 916; 30.1.2019 – 5 AZR 450/17, NZA 2019, 1065 Rn. 59 ff.; *Linsenmaier* RdA 2014, 336 [341 ff.]; *Bürger/Biebl* DB 2018, 1793). Eine arbeitsvertragliche Vereinbarung, einzelne oder auch alle Arbeitsbedingungen betriebsvereinbarungsoffen zu gestalten, ist zulässig (GK-BetrVG/*Kreutz* Rn. 299).

198a Ob eine entsprechende Vereinbarung im Einzelfall getroffen wurde, muss erforderlichenfalls im Wege der Vertragsauslegung festgestellt werden (GK-BetrVG/*Kreutz* Rn. 300; MHdB ArbR/*Arnold* § 316 Rn. *53; Linsenmaier* RdA 2014, 336 [342 ff.]). Dabei sind allgemeine Geschäftsbedingungen nach ihrem objektiven Inhalt und typischen Sinn einheitlich so auszulegen, wie sie von verständigen und redlichen Vertragspartnern unter Abwägung der normalerweise beteiligten Verkehrskreise verstanden werden (BAG 11.12.2018 – 3 AZR 380/17, NZA 2019, 1082 Rn. 62).

198b Die Betriebsvereinbarungsoffenheit kann ausdrücklich vereinbart werden, etwa indem in der vertraglichen Absprache auf die jeweils geltende BV Bezug genommen wird (BAG 20.11.1987 – 2 AZR 284/86, NZA 1988, 617).

198c Die Vereinbarung der Betriebsvereinbarungsoffenheit kann bei entsprechenden Begleitumständen auch konkludent erfolgen (BAG 5.3.2013 – 1 AZR 417/12, NZA 2013, 916; 24.10.2017 – 1 AZR 846/15, BeckRS 2017, 142553 Rn. 18; 30.1.2019 – 5 AZR 450/17, NZA 2019, 1065 Rn. 60; **abl.** *Preis/Ulber* RdA 2013, 211 [223 ff.]; *Waltermann* FS 100 Jahre BetrVR 2020, 765 [769 f.]: Preis/*Ulber* NZA 2014, 6 [9]; *Waltermann* SAE 2013, 94 [99 ff.; krit. auch GK-BetrVG/*Kreutz* Rn. 301]). Dies ist typischerweise anzunehmen, wenn der Vertragsgegenstand in Allgemeinen Geschäftsbedingungen enthalten ist und einen kollektiven Bezug hat (BAG 5.3.2013 – 1 AZR 417/12, NZA 2013, 916 Rn. 59, 60; 21.8.2013 – 5 AZR 581/11, NZA 2014, 271 Rn. 47; 24.10.2017 – 1 AZR 846/15, BeckRS 2017, 142553 Rn. 18; ausführlich und in Auseinandersetzung mit der Kritik im Schrifttum sowie mit § 307 Abs. 1 S. 2 BGB BAG 30.1.2019 – 5 AZR 450/17, NZA 2019, 1065 Rn. 60 ff.; ebenso 11.7.2019 – 6 AZR 49/17, BeckRS 2019, 22249 Rn. 21; *Linsenmaier* RdA 2014, 336 [343 f.]; *Ubber/Massig* BB 2017, 2230, 2233 f.; *Straube/Rasche* DB 2016, 51, 52; zust. letztlich auch GK-BetrVG/*Kreutz* Rn. 302: MHdB ArbR/*Arnold* § 316 Rn. 54; *Hoffmann/Köllmann* NZW 2019, 3545; **aA** *Creutzfeldt* NZA 2018, 1111; *Preis/Ulber* NZA 2014, 6 [8 f.]; *Waltermann* SAE 2013, 94 [99 ff.]; *Waltermann* RdA 2016, 296, 301 f.; sehr krit., aber iE nicht tragend BAG 11.4.2018 – 4 AZR 119/17, *Waltermann* FS 100 Jahre BetrVR 2020, 765 [769 f.]; NZA 2018, 1273 Rn. 47 ff.; 16.5.2018 – 4 AZR 209/15, NZA 2018, 1489 Rn. 27; abl. gegenüber der dogmatischen Begründung, aber iErg zust. *Säcker* BB 2013, 2677 [2678 ff.]; vgl. auch ErfK/*Kania* Rn. 82; *Neufeld/Flockenhaus* BB 2016, 2357; *Hromadka* Anm. Nr. 143 zu AP TVG § 1 Bezugnahme auf TV; *Hromadka* NZA 2019, 1336, *Bepler* FS Moll 2019, 49). Der generalisierende Charakter von AGB bleibt typischerweise auch dem einzelnen ArbN nicht verborgen. Die Verwendung von AGB macht ihm deutlich, dass der ArbGeb. – in der Sache ebenso wie bei einer BV – die darin behandelten Fragen einheitlich im Betrieb regeln möchte (*Linsenmaier* RdA 2014, 336 [344]).

198d Von einer konkludent vereinbarten Betriebsvereinbarungsoffenheit kann idR nicht ausgegangen werden, wenn die Arbeitsvertragsparteien die **Bezugnahme auf einen TV** vereinbart haben (BAG 11.4.2018 – 4 AZR 119/17, NZA 2018, 1273 Rn. 58) Gleiches gilt, wenn es bei Abschluss des Arbeitsvertrags noch **keinen BR** gab (*Linsenmaier* RdA 2014, 336 [344]) oder wenn die Arbeitsverträge mit einem **kirchlichen Träger** geschlossen wurden (BAG 11.7.2019 – 6 AZR 40/17, BeckRS 2019, 22249 Rn. 22).

198e Während die Entscheidung des Ersten Senats zur Betriebsvereinbarungsoffenheit von in AGB geregelten Vertragsgegenständen massive Kritik erfahren hat, war das bei der Fortentwicklung der **Rspr. des Dritten Senats zur betrieblichen Altersver-**

sorgung (vgl. dazu BAG 11.12.2018 – 3 AZR 380/17, NZA 2019, 1082; *Huber/Betz-Rehm/Ars* BB 2015, 2869; *Hromadka* NZA 2019, 1336) nicht der Fall. Danach ist eine arbeitsvertragliche Verweisung auf die beim ArbGeb. geltenden Regelungen zur betrieblichen Altersversorgung im Regelfall dynamisch (BAG 18.9.2012 – 3 AZR 431/10, NZA-RR 2013, 651; 18.9.2012 – 3 AZR 415/10, NZA 2013, 210), erstreckt sich auch auf die Rentenbezugsphase (BAG 18.9.2012 – 3 AZR 431/10, NZA-RR 2013, 651), verstößt weder gegen das Transparenzgebot des § 307 Abs. 1 S. 2 BGB (vgl. BAG 11.12.2018 – 3 AZR 380/17, NZA 2019, 1082 Rn. 67) noch gegen § 308 Nr. 4 BGB (BAG 18.9.2012 – 3 AZR 415/10, NZA 2013, 210), eröffnet auch die Möglichkeit einer Ablösung durch eine BV (BAG 18.9.2012 – 3 AZR 431/10, NZA-RR 2013, 651; 18.9.2012 – 3 AZR 415/10, NZA 2013, 210; 12.2.2013 – 3 AZR 414/12, BeckRS 2013, 71113; 12.11.2013 – 3 AZR 501/12, AP BetrAVG § 1 Ablösung Nr. 63) und ermöglicht, sofern nur dir Grundsätze des Vertrauensschutzes und der Verhältnismäßigkeit beachtet werden, auch Neuregelungen, die für den ArbN ungünstiger sind (BAG 18.9.2012 – 3 AZR 431/10, NZA-RR 2013, 651; 11.12.2018 – 3 AZR 380/17, NZA 2019, 1082 Rn. 93). Der Dritte Senat wendet diese Grundsätze auch auf die Fälle der Gesamtzusage an (BAG 10.3.2015 - 3 AZR 56/14, NZA-RR 2015, 371; 11.12.2018 – 3 AZR 380/17, NZA 2019, 1082 Rn. 64).

198f Der **Bezugnahme** in einem Arbeitsvertrag **auf BV** kommt über die sich daraus regelmäßig ergebende Betriebsvereinbarungsoffenheit und ihre deklaratorische Bedeutung meist keine eigenständige weitergehende Funktion zu (vgl. *Linsenmaier* RdA 2014, 336 [342]; *Rieble/Schul* RdA 2006, 339 ff.; *Waltermann* SAE 2013, 94 [100]). In Betracht kommt allenfalls die schuldrechtliche Erstreckung der BV auf Arbeitsverhältnisse außerhalb des Anwendungsbereichs der BV („Geltungserstreckungsfunktion" vgl. dazu *Rieble/Schul* RdA 2006, 339 [340 f.]). Eine arbeitsvertragliche Heilung unwirksamer BV („Heilungsfunktion" vgl. dazu *Rieble/Schul* RdA 2006, 339 [341, 346 ff.]) dürfte regelmäßig ausscheiden; meist wird schon die Auslegung der arbeitsvertraglichen Bezugnahme ergeben, dass die Anwendung einer unwirksamen BV im Zweifel nicht gewollt ist (→ Rn. 32; *Rieble/Schul* RdA 2006, 339 [349]). Endet eine die arbeitsvertragliche Regelung – aufgrund Betriebsvereinbarungsoffenheit – verdrängende BV ersatzlos, lebt die arbeitsvertragliche Regelung wieder auf → Rn. 197.

199 Beim **Günstigkeitsvergleich** sind die in einem inneren Zusammenhang stehende Teilkomplexe der unterschiedlichen Regelungen zu vergleichen. Es ist ein **Sachgruppenvergleich** vorzunehmen (BAG 23.5.1984 – 4 AZR 129/82, NZA 1984, 255; 20.4.1999 – 1 ABR 72/98, NZA 1999, 887; 27.1.2004 – 1 AZR 148/03, NZA 2004, 667; 19.7.2016 – 3 AZR 134/15, NZA 2016, 1475 Rn. 45; GK-BetrVG/*Kreutz* Rn. 273 f.; *Belling,* Günstigkeitsprinzip im Arbeitsrecht S. 169 ff.; *Linsenmaier* RdA 2014, 336 [341]; *Schmidt* Günstigkeitsprinzip S. 118 ff.; Oberthür/Seitz Betriebsvereinbarungen/*Oberthür* Teil A. Kap. VI. Rn. 18). Völlig unterschiedliche Komplexe können nicht verglichen werden (zB höherer Lohn einerseits – kürzere Kündigungsfristen andererseits; *Kort* NJW 1997, 1479). Ein Günstigkeitsvergleich ist nicht möglich, wenn die Leistungen funktional nicht äquivalent sind. Er scheidet regelmäßig auch dann aus, wenn die Leistungen mit unterschiedlichen Gegenleistungen verbunden sind (BAG 27.1.2004 – 1 AZR 148/03, NZA 2004, 667).

200 Der Günstigkeitsvergleich ist an Hand eines **objektiven Beurteilungsmaßstabs** und nicht etwa nach der subjektiven Sicht des einzelnen ArbN durchzuführen (GK-BetrVG/*Kreutz* Rn. 275; *Wank* NJW 1996, 2277; *Annuß* RdA 2000, 287 [296]; **aA** *Gitter* FS Wlotzke, 1996, 297). Allerdings ist Bezugspunkt der betroffene einzelne ArbN (GK-BetrVG/*Kreutz* Rn. 275; Richardi BetrVG/*Richardi* Rn. 160). Maßgebend ist der Zeitpunkt, zu dem sich die konkurrierenden Regelungen erstmals gegenüberstehen (BAG 19.7.2016 – 3 AZR 134/15, NZA 2016, 1475 Rn. 45; GK-BetrVG/*Kreutz* Rn. 276). Sind zu diesem Zeitpunkt mehrere künftige Verläufe denkbar, muss die individuelle Vereinbarung für den ArbN bei jedem der möglichen

Verläufe günstiger als die BV sein (BAG 19.7.2016 – 3 AZR 134/15, NZA 2016, 1475 Rn. 45). Andernfalls findet diese Anwendung (vgl. GK-BetrVG/*Kreutz* Rn. 276). Völlig unwahrscheinliche, theoretische Geschehensabläufe müssen aber nicht berücksichtigt werden (BAG 27.1.2004 – 1 AZR 148/03, NZA 2004, 667).

Die vorstehend genannten Kriterien des Günstigkeitsvergleichs wurden für den Tarifbereich seit einiger Zeit in Frage gestellt. Es wurde die Ansicht vertreten, dass im Bedarfsfall der Aspekt der **Sicherung der Arbeitsplätze** in den Günstigkeitsvergleich einzubeziehen sei. So könne ein Unterschreiten des tariflichen Entgelts oder die Verlängerung der Arbeitszeit (auch ohne entsprechende Bezahlung) unter gleichzeitiger Vereinbarung eines Kündigungsverbots günstiger sein als der sonst drohende Verlust des Arbeitsplatzes (*Adomeit* NJW 1984, 26; *Buchner* DB 1996 Beil. 12, 8; *Buchner* NZA 1996, 1304; *Buchner* NZA 1999, 901; *Ehmann* ZRP 1996, 376; *Ehmann/Schmidt* NZA 1995, 202; *Freihube* DB 2000, 1022, *Hänlein* DB 2001, 2097; *H. P. Müller* DB 1999, 2313; *Niebler/Schmiedl* BB 2001, 1631; *Trappehl/Lambrich* NJW 1999, 3220). Das solle insbes. gelten, wenn dem ArbN ein Wahlrecht zwischen der tariflichen und der abweichenden vertraglichen Regelung sowie eine jederzeitige Rückkehrmöglichkeit zur Kollektivregelung eingeräumt werde (*Buchner* NZA 1999, 901). Diese Ansicht ist abzulehnen. Bei einer derartigen Ausweitung der in den Günstigkeitsvergleich einzubeziehenden Sachverhalte würde dieser völlig seine Konturen verlieren und die Kollektivregelung weitestgehend zur Disposition der Arbeitsvertragsparteien stellen (BAG 20.4.1999 – 1 ABR 72/98, NZA 1999, 887; *Däubler* ArbuR 1996, 352; *Junker* ZfA 1996, 399; *Konzen* NZA 1995, 919; *Lieb* NZA 1994, 293; *Richardi* DB 2000, 47; *Walker* ZfA 1996, 376; *Wank* NJW 1996, 2278; zu den in diesem Zusammenhang bestehenden verfassungsrechtlichen Grenzen vgl. *Dieterich* DB 2001, 2398). **201**

Zu der im Hinblick auf Arbeitszeitverkürzung und zunehmende Teilzeitarbeit ebenfalls umstrittenen Frage, ob es für den einzelnen ArbN nicht günstiger sein könne, **länger** als die tarifliche Arbeitszeit zu **arbeiten** und damit zugleich **mehr** zu **verdienen,** vgl. bejahend *Joost* ZfA 1984, 176; *Buchner* DB 1990, 1720; *Ehmann/Schmidt* NZA 1995, 200; *Hromadka* BB 1992, 1042; *Junker* ZfA 1996, 399; *Löwisch* BB 1989, 1185; *Löwisch* NZA 1989, 959; *Löwisch* BB 1991, 59; verneinend *Däubler* ArbuR 1996, 350; *Däubler* DB 1989, 2534; *Zachert* DB 1990, 986; *Zachert* ArbuR 1995, 9; *Zachert* RdA 1996, 147; *Linnenkohl/Rauschenberg/Reh* BB 1990, 628. Grds. günstiger für den einzelnen ArbN ist es, wenn er die freie **Wahlmöglichkeit** besitzt, sich für ein Mehr an Freizeit oder einen höheren Arbeitsverdienst zu entscheiden (vgl. MHdB ArbR/*Arnold* § 316 Rn. 44; Richardi BetrVG/*Richardi* Rn. 162; *Walker* ZfA 1996, 376; *Henssler* ZfA 1994, 506; *Konzen* NZA 1995, 919; *Krauss* DB 2000, 1962; *Linsenmaier* RdA 2014, 336 [341]; *Rieble* RdA 1996, 156; *Schmidt* Günstigkeitsvergleich S. 134 ff.; **aA** *Däubler* ArbuR 1996, 350; *Däubler* DB 1989, 2534; *Zachert* DB 1990, 986; *Zachert* ArbuR 1995, 9; *Zachert* RdA 1996, 147; *Käppler* NZA 1991, 751). **202**

Auch bei der vorübergehenden Einführung von **Kurz- oder Mehrarbeit** durch BV gem. § 87 Abs. 1 Nr. 3 (→ § 87 Rn. 130 ff.) kommt das Günstigkeitsprinzip jedenfalls dann zur Anwendung, wenn einzelvertraglich die Anordnung von Kurz- oder Mehrarbeit ausdrücklich ausgeschlossen ist (vgl. *Linsenmaier* RdA 2008, 1 [11 f.]). Der ArbGeb kann dann gegen den Willen des ArbN diesen auch mit Zustimmung des BR nicht zu mehr oder weniger Arbeit zwingen. Er kann eine Verpflichtung des ArbN nur mit den individualvertraglichen Gestaltungsmitteln (Änderungsvertrag oder Änderungskündigung) herbeiführen. Enthält der einzelne Arbeitsvertrag keine Regelung über Kurz- oder Mehrarbeit, ist durch Auslegung zu ermitteln, ob er insoweit „betriebsvereinbarungsoffen" ist (→ Rn. 198, 214). Das BAG hat dies für den Fall der Überstunden angenommen (BAG 3.6.2003 – 1 AZR 349/02, NZA 2003, 1155). Eine BV kann danach eine hinreichende Grundlage zur Verpflichtung der ArbN zu Überstunden darstellen. Die Befugnis zur Anordnung von Überstunden ist dagegen kein selbstverständlicher Teil des Direktionsrechts des **203**

ArbGeb. (BAG 3.6.2003 – 1 AZR 349/02, NZA 2003, 1155). Eine BV kann auch eine hinreichende Grundlage für die Einführung von Kurzarbeit sein (BAG 14.2.1991 – 2 AZR 415/90, NZA 1991, 607). Eine BV zur Einführung von Kurzarbeit muss aber die sich daraus ergebenden Rechte und Pflichten so deutlich regeln, dass diese die ArbN zuverlässig erkennen können (BAG 18.11.2015 – 5 AZR 491/14, NZA 2016, 565; im Ergebnis zust. *Reichold* Anm. zu AP BGB § 615 Nr. 142). Bei Fehlen einer arbeitsvertraglichen Regelung über die Zulässigkeit der Einführung von Kurzarbeit ist für die Anwendung des Günstigkeitsprinzips regelmäßig kein Raum.

204 Ein Günstigkeitsvergleich ist sowohl bei **materiellen** als auch bei **formellen Arbeitsbedingungen** zulässig (GK-BetrVG/*Kreutz* Rn. 280; *Däubler* ArbuR 1996, 348; *Löwisch* BB 1991, 61; *Blomeyer* NZA 1996, 342; MHdB ArbR/*Arnold* § 316 Rn. 45). Auch bei formellen Arbeitsbedingungen können für einzelne ArbN durchaus objektive unterschiedliche Interessenlagen bestehen, die einem Günstigkeitsvergleich zugänglich sind (zB Festlegung der Arbeitszeit für eine ledige Mutter mit Kleinkind oder schulpflichtigem Kind).

3. Verhältnis Betriebsvereinbarung – betriebliche Einheitsregelung

205 Das Verhältnis von BV zu Ansprüchen, die den ArbN auf Grund einer **betrieblichen Einheitsregelung,** einer **Gesamtzusage** oder einer **betrieblichen Übung** zustehen, wirft besondere Probleme auf. Das gilt insbes. dann, wenn derartige Ansprüche durch eine BV verschlechtert werden sollen. Den Ansprüchen aus betrieblicher Einheitsregelung, Gesamtzusage oder betrieblicher Übung ist gemeinsam, dass sie keinen rein individuellen Charakter, sondern insbes. hinsichtlich ihres Zustandekommens und vielfach auch hinsichtlich ihres Inhalts einen stark **kollektiven Bezug** haben und dies den ArbN auch bewusst ist. Bei einer **Einheitsregelung** unterbreitet der ArbGeb. allen oder jedenfalls einem Teil der ArbN des Betriebs ein Angebot, das von den ArbN ausdrücklich angenommen wird. Den Angeboten gehen Überlegungen zu Zweck und Aufwand der Zusagen voraus. Bei einer **Gesamtzusage** wird das Angebot an alle ArbN des Betriebs oder an abgrenzbare Gruppen in allgemeiner Form (zB durch Aushang am Schwarzen Brett) bekannt gemacht. Die ausdrückliche Annahme des Angebots wird nicht erwartet (§ 151 BGB).

206 Bei Ansprüchen auf Grund einer **betrieblichen Übung** (vgl. dazu unter kritischer Darstellung der Rspr. eingehend *Bepler* RdA 2004, 226) wird von einem stillschweigenden Zustandekommen eines Vertrages oder von einer dem ArbGeb. zurechenbaren Vertrauenshaftung ausgegangen. Unter einer betrieblichen Übung ist die regelmäßige Wiederholung bestimmter Verhaltensweisen des ArbGeb. zu verstehen, aus denen die ArbN nach Treu und Glauben schließen können, ihnen solle vertraglich eine Leistung oder Vergünstigung gewährt werden, ohne dass es darauf ankommt, dass der ArbGeb. mit einem entsprechenden Verpflichtungswillen gehandelt hat (BAG 16.9.1998 – 5 AZR 598/97, NZA 1999, 203; 18.9.2002 – 1 AZR 477/01, NZA 2003, 373; 21.1.1997 – 1 AZR 572/96, NZA 1997, 1009; zur (Un)Möglichkeit, eine bestehende betriebliche Übung durch eine abweichende betriebliche Übung zum Nachteil der ArbN abzuändern, BAG 18.3.2009 – 10 AZR 281/08, NZA 2009, 601). Will der ArbGeb. verhindern, dass der ArbN den Schluss auf einen dauerhaften Bindungswillen des ArbGeb. zieht, muss er einen entspr. Vorbehalt konkret zum Ausdruck bringen (BAG 16.4.1997 – 10 AZR 705/96, NZA 1998, 423; 18.9.2002 – 1 AZR 477/01, NZA 2003, 373). Für ArbVerh. im öffentlichen Dienst gelten diese Grundsätze nicht uneingeschränkt; hier gilt im Zweifel Normenvollzug (BAG 11.10.1995 – 5 AZR 802/94, NZA 1996, 718; 18.9.2002 – 1 AZR 477/01, NZA 2003, 373). Ebenso kommen Ansprüche aus betrieblicher Übung nicht in Betracht, wenn der ArbGeb. Verpflichtungen aus einer BV erfüllt. Auch dieses Verhalten des ArbGeb. ist Normenvollzug, aus dem nicht auf einen zusätzlichen individualrechtlichen Verpflichtungswillen des ArbGeb. geschlossen werden kann (BAG 16.9.1998 –

5 AZR 598/97, NZA 1999, 203; 18.11.2003 – 1 AZR 604/02, NZA 2004, 803; 28.6.2005 – 1 AZR 213/04, NJOZ 2005, 5080). Aus einer betrieblichen Übung entsteht mangels normativer Wirkung auch kein „betriebliches Gewohnheitsrecht" (BAG 30.10.1984 – 3 AZR 236/82, NZA 1985, 531; 4.9.1985 – 7 AZR 262/83, NZA 1986, 521; *Hromadka* NZA 1985, 241; **aA** *Gamillscheg* FS Hilger/Stumpf, 1983, 227).

Wegen des kollektiven Bezugs der Ansprüche wurde bis zu Beginn der 80er Jahre überwiegend die Auffassung vertreten, dass sich die Frage der Ablösung derartiger Ansprüche durch eine verschlechternde BV nach denselben kollektivrechtlichen Grundsätzen zu richten habe, wie sie im Verhältnis der ablösenden zur vorausgegangenen BV maßgebend sind (→ Rn. 192 ff.). Zur Begründung wurde insbes. das **Ordnungsprinzip** herangezogen (BAG 30.1.1970 – 3 AZR 44/68, NJW 1970, 1620; 8.12.1981 – 3 ABR 53/80, AP BetrAVG § 1 Ablösung Nr. 1). Der **Große Senat des BAG** (16.9.1986 – GS 1/82, NZA 1987, 168) ist dem **nicht gefolgt.** Nach seiner Entscheidung und der folgenden Rspr. des BAG ist das Verhältnis von BV zu betrieblichen Einheitsregelungen grds. nach dem **individualarbeitsvertraglichen Ansatz** zu beurteilen (→ Rn. 196 ff.). Das hat überwiegend Zustimmung gefunden (vgl. GK-BetrVG/*Kreutz* Rn. 282 ff. mwN). Bei der Anwendung des Günstigkeitsprinzips sind danach folgende Besonderheiten zu beachten: 207

Die Ansprüche der ArbN aus einer betrieblichen Einheitsregelung, Gesamtzusage oder betrieblichen Übung sind trotz der Besonderheiten ihres Zustandekommens **vertragliche Ansprüche.** Daher kommt im Verhältnis zu Normen einer nachfolgenden grds. BV das **Günstigkeitsprinzip** zur Anwendung (BAG 16.9.1986 – GS 1/82, NZA 1987, 168; WPK/*Preis* Rn. 83; **aA** *Reuter* RdA 1991, 198; → Rn. 196). Das gilt uneingeschränkt für die üblichen arbeitsvertraglichen Ansprüche auf die Gegenleistung für die geschuldete Arbeitsleistung, also etwa für den Anspruch auf Arbeitsentgelt, auf Bezahlung von Mehr-, Nacht- oder Feiertagszuschläge, auf Urlaub, Urlaubsentgelt, Feiertagsbezahlung oder Entgeltfortzahlung im Krankheitsfall (BAG 21.9.1989 – 1 AZR 454/88, NZA 1990, 351 unter ausdrücklicher Einschränkung der Grundsätze des Großen Senats auf den von ihm entschiedenen Streitfall aus der betrieblichen Altersversorgung; zust. DKKW/*Berg* Rn. 44; Richardi BetrVG/*Richardi* Rn. 169; *Richardi* NZA 1990, 332). Gleiches gilt für eine vertragliche Absprache über die Beendigung des Arbeitsverhältnisses bei Erreichen eines bestimmten Alters im Verhältnis zu einer BV mit einer niedrigeren Altersgrenze (BAG GS 7.11.1989 – GS 3/85, NZA 1990, 816; vgl. aber BAG 5.3.2013 – 1 AZR 417/12, NZA 2013, 916; → Rn. 198 mwN). Ein (individueller) Günstigkeitsvergleich ist auch dann vorzunehmen, wenn die durch diese betrieblichen Einheitsregelungen geschaffenen allgemeinen Arbeitsbedingungen unter Verletzung des MBR des BR, etwa nach § 87 Abs. 1 Nr. 10, zustande gekommen sind (BAG 16.9.1986 – GS 1/82, NZA 1987, 168; GK-BetrVG/*Kreutz* Rn. 268, 287). **Das Günstigkeitsprinzip kommt aber nicht zur Anwendung, wenn die Gesamtzusage betriebsvereinbarungsoffen ist** (→ **Rn. 198, 214**). Hiervon dürfte nach der neueren Rspr. des BAG in einem Großteil der Fälle einer Gesamtzusage auszugehen sein (BAG 5.3.2013 – 1 AZR 417/12, NZA 2013, 916; 10.3.2015 – 3 AZR 56/14, NZA-RR 2015, 371). 208

Bei **allgemeinen Sozialleistungen** des ArbGeb., insbes. bei Leistungen der betrieblichen Altersversorgung, bestehen **Besonderheiten.** Derartige Ansprüche der ArbN sind vielfach nur Teil einer generellen Regelung. Sie stehen in einem kollektiven Bezug zueinander. Insbes. ist den ArbN in aller Regel bewusst, dass ihnen derartige Ansprüche nur als Mitgl. der Belegschaft oder einer bestimmten Gruppe der Belegschaft zugesagt worden sind. Diese Besonderheiten rechtfertigen nach der Rspr. des BAG eine Veränderung des Vergleichsmaßstabs: Statt des individuellen Günstigkeitsvergleichs ist ein **kollektiver Günstigkeitsvergleich** vorzunehmen (BAG 16.9.1986 – GS 1/82, NZA 1987, 168; 11.12.2007 – 1 AZR 953/06, AP BetrVG 1972 § 77 BV Nr. 37; 28.3.2000 – 1 AZR 366/99, NZA 2001, 49; 19.2.2008 – 209

3 AZR 61/06, NZA-RR 2008, 597; *Linsenmaier* RdA 2014, 336 [341]). Sind die Regelungen einer neuen BV, die bei kollektiver Betrachtungsweise für die Belegschaft insgesamt gesehen günstiger sind als die der bisherigen betrieblichen Einheitsregelung, maßgeblich, auch wenn sich die Rechtsstellung einiger oder eines Teiles der ArbN bei einer individuellen Betrachtungsweise verschlechtert.

210 Der kollektive Günstigkeitsvergleich ist hinsichtlich der Leistungen anzustellen, die untereinander ein **geschlossenes Regelungssystem** bilden (BAG 21.9.1989 – 1 AZR 454/88, NZA 1990, 351; *Richardi* NZA 1990, 331). In den Vergleich werden alle Leistungen einbezogen, die in einem objektiven Zusammenhang stehen (BAG 3.11.1987 – 8 AZR 316/81, NZA 1988, 509; WPK/*Preis* Rn. 88). Keine umstrukturierende BV mit der Möglichkeit, die individualvertraglichen Regelungen im Rahmen eines kollektiven Günstigkeitsvergleichs durch eine BV abzulösen, liegt vor, wenn eine BV die bisher auf arbeitsvertraglicher Einheitsregelung beruhenden wesentlichen Arbeitsbedingungen insgesamt neu regelt, mögen diese Arbeitsbedingungen zT auch vertraglich gewährte Sozialleistungen betreffen (BAG 28.3.2000 – 1 AZR 366/99, NZA 2009, 49).

211 Auch wenn unter Anwendung des kollektiven Günstigkeitsvergleichs eine Verschlechterung der Rechtsstellung einzelner ArbN möglich ist, muss diese nach den Grundsätzen der **Verhältnismäßigkeit** und des **Vertrauensschutzes** gerechtfertigt sein (BAG 16.9.1986 – GS 1/82, NZA 1987, 168, 21.9.1989 – 1 AZR 454/88, NZA 1990, 351; 23.10.2001 – 3 AZR 74/01, NZA 2003, 986; 18.3.2003 – 3 AZR 101/02, NZA 2004, 1099; 17.6.2003 – 3 ABR 43/02, NZA 2004, 1110; krit. bis abl. insbes. zum kollektiven Günstigkeitsvergleich Richardi BetrVG/*Richardi* Rn. 168; *Richardi* NZA 1987, 185; *Annuß* NZA 2001, 756; *Däubler* ArbuR 1987, 349; *Belling* DB 1987, 1888; *Blomeyer* DB 1987, 634; *v. Hoyningen-Huene* BB 1992, 1644; *Joost* RdA 1989, 7; *Benecke* SAE 2001, 149; *Schmidt* Günstigkeitsvergleich S. 117).

212 Sind nach dem **kollektiven Günstigkeitsvergleich** die Regelungen der neuen BV gegenüber der bisherigen vertraglichen Einheitsregelung für die Gesamtheit der von ihr erfassten ArbN **ungünstiger,** kann sie die günstigere vertragliche Einheitsregelung **nicht verdrängen.** In diesem Fall können die vertraglichen Regelungen nur mit den Mitteln, die für eine Änderung vertraglicher Absprachen zur Verfügung stehen (zB Änderungskündigungen; Vertragsänderungen) abgeändert werden. Im Rahmen des kollektiven Günstigkeitsvergleichs sind allerdings nur **vollwirksame vertragliche Rechtspositionen** der ArbN zu berücksichtigen. Sind vertragliche Ansprüche in ihrem rechtlichen Bestand ganz oder zT deshalb nicht mehr geschützt, weil für ihre Zusage wegen besonderer nachträglicher Ereignisse die Geschäftsgrundlage weggefallen ist (§ 242 BGB), haben sie insoweit außer Betracht zu bleiben. Denn da die ArbN in diesem Falle ihre Ansprüche ohnehin nicht mehr in vollem Umfang durchsetzen können, wird ihnen durch die neue BV nichts genommen, was rechtlich geschützt wäre. Derartige Sachverhalte sind zB bei einer Veränderung der Versorgungsordnung wegen Überversorgung infolge veränderter Rechtslage denkbar (BAG 23.9.1997 – 3 ABR 85/96, NZA 1998, 719; 28.7.1998 – 3 AZR 100/98, NZA 1999, 444).

213 Fraglich kann sein, **von welchem Zeitpunkt** an die im Beschluss des Großen Senats des BAG v. 16.9.1986 aufgestellten neuen Grundsätze (→ Rn. 206ff.) **Geltung** haben (BAG 20.11.1990 – 3 AZR 573/89, NZA 1991, 477; DKKW/*Berg* Rn. 51; GK-BetrVG/*Kreutz* Rn. 292; *Heither* BB 1992, 149; *Däubler* ArbuR 1987, 358; *Joost* RdA 1989, 24; *Schumann* DB 1988, 2510).

214 Das **Günstigkeitsprinzip kommt nicht zur Anwendung, wenn** die durch die betriebliche Einheitsregelung oder die Gesamtzusage begründeten arbeitsvertraglichen **Ansprüche „betriebsvereinbarungsoffen"** ausgestaltet sind (→ Rn. 198; GK-BetrVG/*Kreutz* Rn. 298; ErfK/*Kania* Rn. 80ff.). In einem solchen Fall können sie – unter Beachtung der Grundsätze der Verhältnismäßigkeit und des Vertrauensschutzes – durch eine auch ungünstigere BV wirksam abgelöst werden. Zwischen der arbeitsvertraglichen Einheitsregelung und der sie ablösenden BV gilt die Zeitkollisionsregel (BAG 17.7.2012 – 1 AZR 476/11, NZA 2013, 338). Die BV tritt – für ihre Geltungsdauer – an die Stelle der bisherigen individualrechtlichen Regelung. Voraussetzung ist ein entsprechender Änderungsvorbehalt in der betrieblichen Einheitsregelung oder der Gesamtzusage. Dieser kann ausdrücklich oder bei entsprechenden Umständen auch konkludent erfolgen (BAG 16.9.1986 – GS 1/82, NZA 1987, 168; 20.11.1987 – 2 AZR 284/86, NZA 1988, 617; 24.8.2004 – 1 AZR 419/03, NZA 2005, 51; 17.7.2012 – 1 AZR 476/11, NZA 2013, 338). Allein der kollektive Charakter einer betrieblichen Einheitsregelung lässt aber nicht ohne Weiteres den Schluss zu, die Regelung könnte durch eine nachträgliche BV auch zu Ungunsten der ArbN verändert werden (BAG 16.9.1986 – GS 1/82, NZA 1987, 168). **Maßgeblich ist, dass für die ArbN erkennbar war, die Leistung solle einer kollektiven, ggf. auch verschlechternden Veränderung zugänglich sein.** Dies ist regelmäßig der Fall, wenn die vertraglichen Absprachen auf die jeweils geltenden BV Bezug nehmen (BAG 20.11.1987 – 2 AZR 284/86, NZA 1988, 617; zu einer betriebsvereinbarungsoffenen Zusage von Weihnachtsgeld BAG 14.8.2001 – 1 AZR 619/00, NZA 2002, 276; zu einer Sozialleistung, die nicht von der persönlichen Arbeitsleistung des ArbN abhängt, BAG 17.7.2012 – 1 AZR 476/11, NZA 2013, 338). Verweisungen auf die für die betriebliche Altersversorgung beim ArbGeb. geltenden Bestimmungen sind im Regelfall dynamisch auszulegen. Sie verweisen, soweit keine gegenteiligen Anhaltspunkte bestehen, auf die jeweils beim ArbGeb. geltenden Regelungen (BAG 27.6.2006 – 3 AZR 255/05, NZA 2006, 1285; 17.6.2008 – 3 AZR 254/07, NJOZ 2008, 4617; 18.9.2012 – 3 AZR 415/10, NZA 2013, 210; 10.3.2015 – 3 AZR 56/14, NZA-RR 2015, 371). Sagt ein ArbGeb. eine Versorgung nach den jeweils bei ihm geltenden Versorgungsregeln zu, eröffnet dies auch die Möglichkeit, die Gesamtzusage durch eine BV abzulösen (BAG 18.9.2012 – 3 AZR 431/10, NZA-RR 2013, 651; 12.11.2013 – 3 AZR 501/12, AP BetrAVG § 1 Ablösung Nr. 63; 10.3.2015 – 3 AZR 56/14, NZA-RR 2015, 371; 23.2.2016 – 3 AZR 44/14, NZA 2016, 961 Rn. 48ff.). Dies gilt auch für die Geltung von Versorgungszusagen kraft betrieblicher Übung (BAG 23.2.2016 – 3 AZR 44/14, NZA 2016, 96 Rn. 49). Die Betriebsvereinbarungsoffenheit kann sich auch daraus ergeben, dass Änderungen in der Vergangenheit unter Beteiligung des BR erfolgten (BAG 16.9.1986 – GS 1/82, NZA 1987, 168; 10.12.2002 – 3 AZR 671/01, NJOZ 2003, 3363). Wird bei der Bekanntgabe einer vertraglichen Einheitsregelung darauf hingewiesen, dass diese auf mit dem KBR „abgestimmten" Richtlinien beruhe, so legt dies für die Erklärungsempfänger ebenfalls die Folgerung nahe, dass die vom ArbGeb. zu erbringenden Leistungen unter Mitwirkung des KBR wieder umgestaltet werden können (BAG 3.11.1987 – 8 AZR 316/81, NZA 1988, 509; 10.12.2002 – 3 AZR 671/01, NJOZ 2003, 3363). An einem Änderungsvorbehalt fehlt es dagegen, wenn in den Arbeitsverträgen jeweils nur die Gesamtzusage in der bei Vertragsschluss geltenden Fassung in Bezug genommen wird, der Vertrag keinerlei Hinweis enthält, dass die Gesamtzusage in ihrer jeweils geltenden Fassung gelten soll, und der BR bei den abändernden Neuregelungen der Gesamtzusage nach außen nicht in Erscheinung getreten ist (BAG 17.6.2003 – 3 ABR 43/02, NZA 2004, 1110). Auch aus dem sog steuerunschädlichen Leistungsvorbehalt, mit dem sich der ArbGeb. die Anpassung der Versorgungsleistungen bei wesentlicher Änderung der Verhältnisse vorbehält, lässt sich bei Regelungen über die betriebliche Altersversorgung allein noch keine Betriebsvereinbarungsoffenheit herleiten (BAG 20.11.1990 – 3 AZR 573/89, NZA 1991, 477).

Die **ablösende BV unterliegt nach § 310 Abs. 4 S. 1 BGB keiner Inhaltskontrolle am Maßstab der §§ 305ff. BGB** (BAG 17.7.2012 – 1 AZR 476/11, NZA 2013, 338). Sie muss aber mit höherrangigem Recht vereinbar sein (BAG 12.4.2011 – 1 AZR 412/09, NZA 2011, 989; 17.7.2012 – 1 AZR 476/11, NZA 2013, 338). Die Betriebsparteien haben daher die durch Art. 14 Abs. 1 GG geschützte Eigentumsgarantie, die in Art. 2 Abs. 1 GG garantierte allgemeine Handlungsfreiheit der ArbN und die sich insbes. aus dem in Art. 20 Abs. 3 GG normierten Rechtsstaatsprinzip ergebenden Grundsätze über die Rückwirkung von betrieblichen 215

Normen (→ Rn. 193; *Linsenmaier* FS Kreutz, 2010, 285 [289]) zu beachten (BAG 17.7.2012 – 1 AZR 476/11, NZA 2013, 338). Bei ablösenden BV im Bereich der betrieblichen Altersversorgung ist entspr. den Grundsätzen der Verhältnismäßigkeit und des Vertrauensschutzes das vom Dritten Senat des BAG entwickelte dreistufige Prüfungsschema zu beachten (BAG 18.9.2012 – 3 AZR 431/10, NZA-RR 2013, 651; 10.3.2015 – 3 AZR 56/14, NZA-RR 2015, 371; 13.10.2016 – 3 AZR 439/15, BeckRS 2016, 110282). Hat eine günstigere BV eine Einheitsregelung abgelöst, so lebt diese wohl – ebenso wie eine verdrängte Individualzusage – nach der ersatzlosen Beendigung der BV, etwa durch Kündigung, wieder auf.

XI. Regelungsabrede

216 Die BV ist zwar wegen ihrer unmittelbaren und zwingenden Normwirkung und ihrer im Allgemeinen auf eine gewisse Dauer angelegte Geltung die wichtigste Form der Vereinbarungen zwischen ArbGeb. und BR. Die Betriebsparteien können aber Vereinbarungen auch in anderer Form schließen (vgl. etwa Richardi BetrVG/*Richardi* Rn. 240 mwN). Das G selbst spricht in Abs. 1 ganz allgemein von Vereinbarungen. Weitere Bezeichnungen einer Übereinstimmung von ArbGeb. und BR finden sich in § 37 Abs. 6 („Einigung"), § 44 Abs. 2 („Einvernehmen") oder in § 76 Abs. 2 („Einverständnis"). Für die nicht in Form einer BV getroffenen Vereinbarungen hat sich der Begriff **„Regelungsabrede"** (oder auch „Betriebsabsprache") eingebürgert (vgl. hierzu *Adomeit* BB 1967, 1003; *Blomeyer* BB 1969, 101; *Eder* Regelungsabrede; DKKW/*Berg* Rn. 161 ff.; GK-BetrVG/*Kreutz* Rn. 8 ff.; Richardi BetrVG/*Richardi* Rn. 242; *Brune* AR-Blattei BV Rn. 21 ff.). Soweit das G eine Angelegenheit ausdrücklich der Vereinbarung durch eine BV vorbehält (vgl. zB §§ 3, 38 Abs. 1 S. 5, § 47 Abs. 4, 5 u. 9), kommt eine Regelungsabrede nicht in Betracht.

217 Im Gegensatz zur BV hat die Regelungsabrede **keine Normwirkung.** Sie wirkt nicht unmittelbar und zwingend auf die ArbVerh. ein, sondern bindet nur die Betriebspartner schuldrechtlich, sich entsprechend der getroffenen Abrede zu verhalten (BAG 14.2.1991 – 2 AZR 415/90, NZA 1991, 607; 21.1.2003 – 1 ABR 9/02, NZA 2003, 1097; 8.9.2010 – 7 ABR 73/09, NZA 2011, 934; 13.8.2019 – 1 ABR 10/18, NZA 2019, 1651 Rn. 49; Richardi BetrVG/*Richardi* Rn. 244; *Brune* AR-Blattei BV Rn. 24). Damit sie zwischen ArbGeb und ArbN wirkt, muss sie in die einzelnen Arbeitsverträge transformiert werden (vgl. GK-BetrVG/*Kreutz* Rn. 20; *Brune* AR-Blattei BV Rn. 26; *Eder* Regelungsabrede S. 107 ff.). Die Transformation kann durch Ausübung des Direktionsrechts umgesetzt werden, allerdings nur soweit dieses reicht. IÜ ist die Umsetzung nur durch einvernehmliche Vertragsänderung oder durch Änderungskündigung möglich. Das kann umständlich und zeitraubend sein. Wegen der fehlenden Normwirkung ist eine Regelungsabrede daher regelmäßig dann wenig zweckmäßig, wenn sich die getroffene Vereinbarung unmittelbar auf die ArbVerh. oder die Gestaltung von betrieblichen oder betriebsverfassungsrechtlichen Fragen auswirken soll. Ist eine der MB des BR unterliegende Angelegenheit nur durch eine Regelungsabrede gestaltet, kann der BR jederzeit verlangen, dass die bisherige Praxis inhaltlich in eine BV übernommen wird, wenn dies die sachgerechtere Regelungsweise ist (BAG 8.8.1989 – 1 ABR 62/88, NZA 1990, 322).

218 **Ob** eine **Regelungsabrede oder** eine – bei fehlender Schriftform unwirksame – **BV** geschlossen wurde, ist erforderlichenfalls durch Auslegung festzustellen. Dabei gelten die für **die Auslegung von BV geltenden Grundsätze,** also diejenigen, die auch für die Auslegung von TV zur Anwendung kommen (BAG 19.6.2007 – 1 AZR 541/06, BeckRS 2009, 66113). Es kommt darauf an, ob die Regelung nach ihrem Inhalt unmittelbar und zwingend wirken soll (BAG 9.12.1997 – 1 AZR 330/97, NZA 1998, 609). Die **Regelungsabrede selbst** ist aber als schuldrechtliche Vereinbarung nicht nach den Grundsätzen der Gesetzesauslegung, sondern nach **§§ 133, 157 BGB** auszulegen (BAG 8.9.2010 – 7 ABR 73/09, NZA 2011, 934). Ist eine

Regelungsabrede teilweise nichtig, hängt ihre Gesamtnichtigkeit vom mutmaßlichen Willen der Betriebsparteien ab. Die Rspr. zur **Teilnichtigkeit** von normativ wirkender BV ist auf die nur schuldrechtlich wirkenden Regelungsabreden nicht anwendbar (BAG 8.9.2010 – 7 ABR 73/09, NZA 2011, 934).

Die Regelungsabrede ist an **keine bestimmte Form** gebunden (BAG 18.3.2014 – 1 ABR 75/12, NZA 2014, 984; GK-BetrVG/*Kreutz* Rn. 13; Richardi BetrVG/*Richardi* Rn. 243; *Brune* AR-Blattei BV Rn. 21). Die Schriftform dürfte aber schon aus Beweisgründen regelmäßig zweckmäßig sein (WPK/*Preis* Rn. 93). Auch der konkludente Abschluss einer Regelungsabrede ist nicht ausgeschlossen (GK-BetrVG/*Kreutz* Rn. 11; Richardi BetrVG/*Richardi* Rn. 243). Zu ihrer Wirksamkeit bedarf sie aber eines entsprechenden BRBeschlusses. Formlose Erklärungen des BRVors. sind daher nur dann rechtlich beachtlich, wenn ihnen ein **ordnungsgemäß nach § 33 BetrVG zustande gekommener BRBeschluss** zugrunde liegt (BAG 18.3.2014 – 1 ABR 75/12, NZA 2014, 984; 23.10.2018 – 1 ABR 26/17, NZA 2019, 483 Rn. 29; GK-BetrVG/*Kreutz* Rn. 11; Richardi BetrVG/*Richardi* Rn. 243; Oberthür/Seitz Betriebsvereinbarungen/*Oberthür* Teil A. Kap. I. Rn. 9). Der BR selbst kann einer Regelungsabrede nicht „schlüssig" zustimmen (*Brune* AR-Blattei BV Rn. 23). Er kann eine vom BRVors. ohne Beschluss des BR mit dem ArbGeb. getroffene Regelungsabrede aber nachträglich genehmigen (BAG 17.11.2010 – 7 ABR 120/09, NZA-RR 2011, 415). Bis dahin ist diese schwebend unwirksam. Die Genehmigung kann grds. zeitlich unbegrenzt und mit Rückwirkung erfolgen. Die zeitliche Rückerstreckung kann allerdings durch die Natur des Rechtsgeschäfts ausgeschlossen sein (BAG 17.11.2010 – 7 ABR 120/09, NZA-RR 2011, 415). 219

Der **Anwendungsbereich** der Regelungsabrede ist vielgestaltig. Erforderlich ist aber, dass der Gegenstand in den funktionalen Zuständigkeitsbereich des BR/GesBR/KBR fällt und zwingende gesetzliche oder tarifliche Regelungen nicht entgegenstehen. Regelungsabreden können sowohl organisatorische Fragen der BetrVerf. als auch die inhaltliche Regelung von Beteiligungsrechten des BR betreffen. So können ArbGeb. und BR zB nähere Absprachen über den Kosten- und Sachaufwand des BR, über Zeit und Ort seiner Sprechstunden, über Art und Zeitpunkt der BetrVerslg. oder der BRVerslg., über die Behandlung von Beschwerden, über die menschengerechte Gestaltung der Arbeit nach § 90, über Ausgleichsmaßnahmen nach § 91 oder über Maßnahmen zugunsten Schwerbehinderter, älterer oder ausländischer ArbN treffen. 220

Ebenso wie bei BV hat der BR grds. nach Abs. 1 S. 1 einen **Rechtsanspruch** darauf, dass der **ArbGeb. die Regelungsabrede durchführt** (vgl. *Brune* AR-Blattei BV Rn. 26; *Eder* Regelungsabrede S. 107 ff.; Oberthür/Seitz Betriebsvereinbarungen/*Oberthür* Teil A. Kap. I. Rn. 10; ausdrücklich offen gelassen bislang vom BAG 27.10.1998 – 1 ABR 3/98, NZA 1999, 381; 18.3.2014 – 1 ABR 75/12, NZA 2014, 984). Sollen nach dieser den ArbN Leistungen gewährt werden, muss der ArbGeb. den ArbN entsprechende Vertragsangebote machen. Die Einhaltung dieser Verpflichtung kann notfalls im arbeitsgerichtlichen BeschlussVerf. durchgesetzt werden (DKKW/*Berg* Rn. 162; GK-BetrVG/*Kreutz* Rn. 15; *Heinze* NZA 1994, 584). 221

Durch Regelungsabreden können ferner **Streitigkeiten** zwischen den Betriebsparteien **bereinigt** werden. Das gilt zB für die Frage, ob die betrieblichen Notwendigkeiten bei der Teilnahme von BRMitgl. an Schulungsveranstaltungen oder bei Freistellungen ausreichend berücksichtigt worden sind. Soweit die Beteiligten über den Gegenstand verfügen können, können sie – ebenso wie nach § 83a Abs. 1 ArbGG – einen Vergleich schließen. Die Verfügungsbefugnis ist anhand des materiellen Rechts festzustellen (vgl. GK-ArbGG/*Dörner* § 83a Rn. 11). In vermögensrechtlichen Streitigkeiten ist die Verfügungsbefugnis regelmäßig gegeben. Auf gesetzliche MBR kann aber der BR nicht im Wege eines Vergleichs verzichten (GK-ArbGG/*Dörner* § 83a Rn. 11; GMP/*Spinner* § 83a Rn. 9). 222

Auch die **Ausübung** der dem BR zustehenden **Mitwirkungs- und Mitbestimmungsrechte** kann in Form der Regelungsabrede erfolgen. Dies gilt in erster 223

Linie in den Fällen, in denen die Wahrnehmung dieser Rechte durch den Abschluss einer förmlichen BV aus rechtlichen oder aus Gründen der Zweckmäßigkeit nicht sachgerecht ist. Zu denken ist hier insbes. an Maßnahmen gegenüber einzelnen ArbN. So erfolgt die MB des BR bei Streitigkeiten über die Urlaubsgewährung im Einzelfall (§ 87 Abs. 1 Nr. 5) oder bei der Zuweisung oder Kündigung einer Werkswohnung (§ 87 Abs. 1 Nr. 9) ebenso wenig durch BV wie die Ausübung der Beteiligungsrechte des BR bei personellen Einzelmaßnahmen nach § 98 Abs. 2 u. 4 oder §§ 99–103. Aber auch in Fällen, in denen der Abschluss einer BV möglich erscheint, ist es dem BR nicht verwehrt, sein **MBR in Form einer Regelungsabrede auszuüben** (BAG 16.9.1986 – GS 1/82, NZA 1987, 168; 14.2.1991 – 2 AZR 415/90, NZA 1991, 607; 10.3.1992 – 1 ABR 31/91, NZA 1992, 952; DKKW/*Berg* Rn. 163; GK-BetrVG/*Kreutz* Rn. 19; *Heinze* NZA 1994, 583; WPK/*Preis* Rn. 92). Eine formlose Regelung kann insbes. in Eilfällen zweckmäßig sein. Da der Regelungsabrede aber keine normative Wirkung zukommt, ist es Sache des ArbGeb., die entsprechenden mitbestimmten Maßnahmen mit den ihm zur Verfügung stehenden Mitteln (Direktionsrecht, Vertragsänderung, ggf. Änderungskündigung) gegenüber den ArbN durchzusetzen.

224 Eine Regelungsabrede kommt auch dort in Betracht, wo eine **Regelung durch BV unzulässig ist.** Deshalb ist es den Betriebspartnern nach überwiegender Auffassung (→ Rn. 102 mit zahlr. Nachw.) nicht verwehrt, durch Regelungsabreden nähere Regelungen über Arbeitsentgelte oder sonstige Arbeitsbedingungen auch dann zu treffen, wenn entsprechende TV bestehen oder üblicherweise bestehen und BV deshalb nach Abs. 3 unzulässig sind (→ Rn. 97 ff., 102; BAG 20.4.1999 – 1 ABR 72/98, NZA 1999, 887; 21.1.2003 – 1 ABR 9/02, NZA 2003, 1097; WPK/*Preis* Rn. 59; Schaub ArbR-HdB/*Ahrendt* § 231 Rn. 79; *Eder* Regelungsabrede S. 208 ff.; Oberthür/Seitz Betriebsvereinbarungen/*Oberthür* Teil A. Kap. I. Rn. 7; **aA** DKKW/*Berg* Rn. 158; Richardi BetrVG/*Richardi* Rn. 246, 310). Eine zu extensive Nutzung dieser Möglichkeit könnte allerdings zu einer Gefahr für die Funktionsfähigkeit der Tarifautonomie werden (→ Rn. 102). IÜ haben die Betriebsparteien auch bei Regelungsabreden entgegenstehende zwingende tarifliche Bestimmungen und das Günstigkeitsprinzip des § 4 Abs. 3 TVG zu beachten (→ Rn. 102). Bei Verstößen dagegen haben die Gewerkschaften einen Unterlassungsanspruch (→ Rn. 236).

225 Die Regelungsabrede **endet** in vielen Fällen durch **Zweckerreichung** (zB Zustimmung zu einer personellen Maßnahme, Verlegung der Arbeitszeit für einen bestimmten Tag) oder mit **Ablauf der Zeit,** für die sie getroffen worden ist. Ihre Geltung kann auch an eine **auflösende Bedingung** geknüpft werden, wenn deren Eintritt oder Nichteintritt für alle Beteiligten (ArbGeb. BR und ArbN) ohne Weiteres feststellbar ist (BAG 15.1.2002 – 1 AZR 165/01, NJOZ 2003, 1391; ErfK/*Kania* Rn. 144; WPK/*Preis* Rn. 96). IÜ kann sie durch **Aufhebungsvertrag** aufgehoben oder durch eine **andere Regelung** ersetzt werden. Auch ein **Wegfall der Geschäftsgrundlage** kommt in Betracht. Die **Kündigung** der Regelungsabrede ist jedenfalls dann in entsprechender Anwendung des Abs. 5 zulässig, wenn die abgesprochene Regelung auf längere Dauer angelegt ist (BAG 10.3.1992 – 1 ABR 31/91, NZA 1992, 952; Richardi BetrVG/*Richardi* Rn. 248; *Heinze* NZA 1994, 584; enger GK-BetrVG/*Kreutz* Rn. 21: nur Kündigung aus wichtigem Grund) oder wenn die Angelegenheit auch durch eine BV hätte geregelt werden können (DKKW/*Berg* Rn. 166; GK-BetrVG/*Kreutz* Rn. 21). Auch die Sonderregelungen des § 120 Abs. 1 InsO zur Beratungspflicht über und die Kündigung von massebelastenden BV dürfte auf massenbelastende Regelungsabreden entsprechend anzuwenden sein (→ Rn. 154).

226 Eine Regelungsabrede entfaltet anders als eine BV **keine Nachwirkung.** Dies gilt auch, wenn sie in einer mitbestimmungspflichtigen Angelegenheit geschlossen wird (13.8.2019 – 1 ABR 10/18, NZA 2019, 1651 Rn. 46 ff. unter ausdrücklicher Aufgabe von BAG 23.6.1992 – 1 ABR 53/91, NZA 1992, 1098; GK-BetrVG/*Kreutz* Rn. 22, 398; Richardi BetrVG/*Richardi* Rn. 250; MHdB ArbR/*Arnold* § 316 Rn. 147;

HWGNRH/*Worzalla* Rn. 190; *Hanau* NZA 1985 Beil. 2, 11; *Heinze* NZA 1994, 584; *Brune* AR-Blattei BV Rn. 32ff.; **aA** DKKW/*Berg* Rn. 166; ErfK/*Kania* Rn. 148; WPK/*Preis* Rn. 97). Abs. 6 regelt die Nachwirkung ausdrücklich nur für BV. Eine entsprechende Anwendung der Vorschrift ist nicht geboten (BAG 13.8.2019 – 1 ABR 10/18, NZA 2019, 1651 Rn. 50ff.; GK-BetrVG/*Kreutz* Rn. 22; *Brune* AR-Blattei BV Rn. 33ff.). Die Interessenlage nach Ablauf einer Regelungsabrede ist nicht vergleichbar mit derjenigen nach Ablauf einer BV. Eine BV regelt normativ die ua die Arbeitsbedingungen der ArbN. Damit nach ihrem Ablauf kein ungeregelter Zustand eintritt, sieht Abs. 6 die Nachwirkung vor. Damit ist die Situation nach Ablauf einer Regelungsabrede nicht vergleichbar. Sie wirkt gegenüber den ArbN ohnehin nur, wenn sie vertragsrechtlich umgesetzt wurde. Ihre Beendigung löst daher keinen regelungslosen Zustand aus. Vorgenommene Vertragsänderungen bleiben vielmehr vom Ablauf der Regelungsabrede grds. unberührt (BAG 13.8.2019 – 1 ABR 10/18, NZA 2019, 1651 Rn. 51; *Brune* AR-Blattei BV Rn. 33). Auch die MBR des BR erfordern keine Nachwirkung der BV (BAG 13.8.2019 – 1 ABR 10/18, NZA 2019, 1651 Rn. 52; GK-BetrVG/*Kreutz* Rn. 22). Vielmehr muss in einer mitbestimmungspflichtigen Angelegenheit sich der ArbGeb. nach Ablauf einer Regelungsabrede erneut um die Zustimmung des BR kümmern; dieser hat seinerseits ein Initiativrecht (vgl. *Brune* AR-Blattei BV Rn. 35). Eine Regelungsabrede kann jederzeit durch eine BV abgelöst werden, nicht jedoch umgekehrt eine BV durch eine Regelungsabrede (BAG 27.6.1985 – 6 AZR 392/81, NZA 1986, 401).

XII. Streitigkeiten

Meinungsverschiedenheiten über die korrekte Durchführung einer zwischen ArbGeb. und BR getroffenen BV oder Regelungsabrede sind gem. § 2a ArbGG im **BeschlVerf.** zu klären. Der BR kann vom ArbGeb. insbes. die Durchführung bzw. Einhaltung einer BV und die **Unterlassung** entgegenstehender Handlungen verlangen. Als Anspruchsgrundlage kommen sowohl Abs. 1 S. 1 als auch die BV oder Regelungsabrede selbst in Betracht. Dieser Anspruch besteht unabhängig von einem etwaigen allgemeinen Unterlassungsanspruch des BR (BAG 10.11.1987 – 1 ABR 55/86, NZA 1988, 255; 28.9.1988 – 1 ABR 41/87, NZA 1989, 184; 21.1.2003 – 1 ABR 9/02, NZA 2003, 1097; *Brune* AR-Blattei BV Rn. 419). **227**

Streitigkeiten zwischen BR und ArbGeb. über den rechtlichen **Bestand** und die **Auslegung von BV** entscheiden die ArbG ebenfalls gem. § 2a ArbGG im **BeschlVerf.** In diesem kann der BR im Wege eines Feststellungsantrags klären, in welchem Umfang eine BV (fort-)gilt (BAG 17.8.1999 – 3 ABR 55/98, NZA 2000, 498 mwN; 18.1.2005 – 3 ABR 21/04, NZA 2006, 167). Dem auf Feststellung der Rechtsunwirksamkeit einer BV gerichteten Antrag des BR kann nicht entgegengehalten werden, er sei rechtsmissbräuchlich, weil der BR die BV selbst abgeschlossen habe (BAG 18.2.2003 – 1 ABR 17/02, NZA 2004, 336). Ein ausschließlich vergangenheitsbezogener, auf die Unwirksamkeit einer nicht mehr nachwirkenden BV bezogener Feststellungsantrag ist aber unzulässig (BAG 18.2.2003 – 1 ABR 17/02, NZA 2004, 336). Die Betriebspartner können nach § 76 Abs. 6 vereinbaren, dass über die Auslegung einer BV zunächst die E-Stelle entscheidet, vorbehaltlich der Überprüfung des Spruchs durch die ArbG (BAG 20.11.1990 – 1 ABR 45/89, NZA 1991, 473). Die Betriebsparteien können vereinbaren, dass über die Auslegung einer BV zunächst ein **innerbetriebliches Schlichtungsverfahren** durchzuführen ist und erst nach dessen Scheitern ein BeschlVerf. eingeleitet werden kann (BAG 11.2.2014 – 1 ABR 76/12, NZA-RR 2015, 26). Zu den **Besonderheiten des BeschlVerf. vgl. Anh. 3.** **228**

Ansprüche **einzelner ArbN** aus einer BV sind von diesen im **Urteilsverfahren** geltend zu machen. Erforderlichenfalls ist in diesem als Vorfrage auch über die Gültigkeit einer BV zu entscheiden (BAG 29.10.2002 – 1 AZR 573/01, NZA 2003, 393; 3.6.2003 – 1 AZR 349/02, NZA 2003, 1155). Eine derartige Entscheidung **229** entfaltet aber keine Bindungswirkung über die konkreten Prozessparteien hinaus. Der BR kann nicht die auf einer BV beruhenden individualrechtlichen Ansprüche der einzelnen ArbN gegenüber dem ArbGeb. gerichtlich verfolgen (BAG 17.10.1989 – 1 ABR 75/88, NZA 1990, 441; 18.1.2005 – 3 ABR 21/04, NZA 2006, 167). Er kann aber die Durchführung der BV verlangen. Die Abgrenzung kann im Einzelfall Schwierigkeiten bereiten. Geht der Streit um den konkreten Inhalt einer noch abzuschließenden BV **(Regelungsstreitigkeit),** können die Betriebsparteien nicht die Gerichte anrufen. Vielmehr ist die **E-Stelle** zuständig, deren Spruch in den im G genannten Fällen die fehlende Einigung ersetzt (→ § 76 Rn. 67 ff.).

230 Da die BV Rechtsnormen enthält, unterliegt sie nach § 73 ArbGG unbeschränkt der gerichtlichen Auslegung (BAG 21.1.2003 – 1 ABR 5/02, NZA 2003, 810; 22.7.2003 – 1 AZR 496/02, NJOZ 2004, 1925). Die Auslegung von BV ist **revisibel** (→ Rn. 17). Sie müssen aber als nichtstaatliches Recht (§ 293 ZPO) dem Gericht nachgewiesen werden. Die ArbG haben zu prüfen, ob eine BV etwa gegen zwingendes vorrangiges Recht verstößt und deshalb unwirksam ist. Ihnen steht aber ebenso wie beim TV **keine Zweckmäßigkeitskontrolle** zu.

231 Das BAG ist lange Zeit davon ausgegangen, BV unterfielen einer generellen **gerichtlichen Billigkeitskontrolle** (BAG 17.3.1987 – 3 AZR 64/84, NZA 1987, 855; 26.7.1988 – 1 AZR 156/87, NZA 1989, 25; 1.12.1992 – 1 AZR 234/92, NZA 1993, 613; ebenso DKKW/*Berg* Rn. 173; **aA** GK-BetrVG/*Kreutz* Rn. 342 ff.; Richardi BetrVG/*Richardi* Rn. 132 ff.; HWGNRH/*Worzalla* Rn. 96 ff.; ErfK/*Preis* BGB §§ 305–310 Rn. 12; MHdB ArbR/*Arnold* § 316 Rn. 129 f.; *v. Hoyningen-Huene,* Die Billigkeit im Arbeitsrecht, S. 161 ff.; *v. Hoyningen-Huene* BB 1992, 1640; *Hammen* RdA 1986, 23; *Jobs* ArbuR 1986, 147; *Leinemann* BB 1989, 1905 ff.; *Brune* AR-Blattei BV Rn. 394 ff.; *Linsenmaier* RdA 2008, 1 [8 f.]; *Rolfs* RdA 2006, 349 [354 ff.]).

232 Die **dogmatische Begründung** für die gerichtliche Billigkeitskontrolle schwankt (vgl. *Brune* AR-Blattei BV Rn. 389 ff.). Teilweise wird diese damit begründet, es sei eine Übermachtkontrolle im Verhältnis zwischen dem ArbGeb. und dem abhängigen und nicht zum Streik befugten BR geboten (BAG 30.1.1970 – 3 AZR 44/68, NJW 1970, 1620; DKKW/*Berg* Rn. 174). Teilweise wird auf eine entsprechende Anwendung der §§ 315, 317, 319 BGB abgestellt (BAG 8.12.1981 – 3 ABR 53/80, AP BetrAVG § 1 Ablösung Nr. 1). Teilweise wird die Billigkeitskontrolle aus § 75 Abs. 1 (Beachtung der „Grundsätze von Recht und Billigkeit") oder der entsprechenden Anwendung des § 76 Abs. 5 S. 3 abgeleitet (BAG 9.12.1981 – 5 AZR 549/79, NJW 1982, 1718).

233 Diese Begründungen sind alle angreifbar (vgl. im einzelnen GK-BetrVG/*Kreutz* Rn. 342 ff. mwN; *Brune* AR-Blattei BV Rn. 394 ff.). Gegen eine allgemeine Billigkeitskontrolle spricht bereits § 310 Abs. 4 S. 1 BGB (vgl. ErfK/*Preis* BGB §§ 305–310 Rn. 12). Danach unterfallen BV ebenso wie TV nicht der Inhaltskontrolle nach §§ 305 ff. BGB (BAG 1.2.2006 – 5 AZR 187/05, NZA 2006, 563; 12.12.2006 – 1 AZR 96/06, NZA 2007, 453). Eine allgemeine Billigkeitskontrolle ist schlecht vereinbar mit den Erfordernissen der Rechtssicherheit, ist es doch nicht gelungen, klare Maßstäbe für ihre inhaltliche Ausfüllung zu entwickeln. Sie ist auch nicht erforderlich. Die Interessen der betroffenen ArbN werden hinreichend und angemessen geschützt, wenn BV gerichtlich auf ihre **Vereinbarkeit mit höherrangigem Recht,** mit dem **Gleichheitssatz** und dem **Verhältnismäßigkeitsgrundsatz** überprüft werden und die Gerichte ihrer grundrechtlichen Schutzpflichtfunktion genügen. Es ist daher konsequent, die **richterliche Inhaltskontrolle** von BV **auf eine Rechtskontrolle** zu **beschränken** (GK-BetrVG/*Kreutz* Rn. 349; WPK/*Preis* Rn. 34; *Kreutz* FS Schmidt-Jortzig, 2011, 753 [756 f.]; *Linsenmaier* RdA 2008, 1 [8 f.]; *Schmidt* FS Kreutz 451 [460 f.]; MHdB ArbR/*Arnold* § 316 Rn. 129 f.). Dem entspricht die jüngere Rspr. des BAG, das BV (nur) einer auf den Gleichheitssatz und den Verhältnismäßigkeitsgrundsatz bezogenen Rechtskontrolle unterwirft (vgl. etwa BAG 13.2.2007 – 1 ABR 18/06, NZA 2007, 640 Rn. 21; 30.9.2014 1 AZR

1083/12, NZA 2015, 121 Rn. 15). Zur gerichtlichen Überprüfung von Sozialplänen → §§ 112, 112a Rn. 307ff.

234 Streitigkeiten über die Frage der **Zulässigkeit** des Abschlusses einer BV wie auch der **Unwirksamkeit** einer schon bestehenden **BV** wegen Verstoßes gegen den Tarifvorrang des Abs. 3 entscheiden die ArbG ebenfalls im **BeschlVerf.** nach § 2a ArbGG. Antragsberechtigt sind insbes. BR und ArbGeb. Ihnen kann nicht entgegengehalten werden, das Begehren auf Feststellung der Unwirksamkeit einer BV sei rechtsmissbräuchlich, weil sie an ihrem Abschluss mitgewirkt hätten (BAG 18.2.2003 – 1 ABR 17/02, NZA 2004, 336).

235 **Umstritten** ist, ob auch die **TVParteien** die Unwirksamkeit einer BV wegen Verstoßes gegen den Tarifvorbehalt des Abs. 3 geltend machen können.

235a Das BAG ist bislang jedenfalls für Unterlassungsanträge von einer entspr. **Antragsbefugnis der Gewerkschaft** ausgegangen (vgl. BAG 20.8.1991 – 1 ABR 85/90, NZA 1992, 317 zu B II 1 der Gründe; 20.4.1999 – 1 ABR 72/98, NZA 1999, 887 zu B I 3a der Gründe; vgl. auch 7.6.2017 – 1 ABR 32/15, NZA 2017, 1410 Rn. 16; anders für einen Feststellungantrag 23.2.1988 – 1 ABR 75/86, NZA 1989, zu C I 2 der Gründe).

235b Der Antrag ist nach der auch insoweit einhelligen Rspr. gemäß § 2a Abs. 1 Nr. 1 ArbGG im **arbeitsgerichtlichen BeschlVerf.** geltend zu machen (vgl. BAG 20.8.1991 – 1 ABR 85/90, NZA 1992, 317 zu B I 2 der Gründe; 13.3.2001 – 1 AZB 19/00, NZA 2001, 1037, zu C I 2b der Gründe; 7.6.2017 – 1 ABR 32/15, NZA 2017, 1410 Rn. 10).

235c Im **Beschluss vom 20.8.1991** hat das BAG auch angenommen, dass ein Verstoß gegen Abs. 3 einen Unterlassungsanspruch der Gewerkschaft gegen den ArbGeb. gemäß § 23 Abs. 3 begründen kann (BAG 20.8.1991 – 1 ABR 85/90, NZA 1992, 317 zu B III 1b der Gründe; vgl. auch zu einem auf Auflösung des BR gestützten Antrag einer Gewerkschaft nach § 23 Abs. 1 BAG 22.6.1993 – 1 ABR 62/92, NZA 1994, 184).

235d Mit **Beschluss vom 20.4.1999** („Burda“) hat das BAG allerdings in Zweifel gezogen, ob die Regelungssperre des Abs. 3 eine Grundnorm der betriebsverfassungsrechtlichen Ordnung darstelle, deren Verletzung genügt, um darauf Unterlassungsansprüche der Gewerkschaft zu stützen; es hat die Frage aber mit der Begründung offen gelassen, die Regelungssperre des Abs. 3 stehe nur BV, nicht dagegen der in konkreten Fall vorliegenden Regelungsabrede entgegen (vgl. BAG 20.4.1999 – 1 ABR 72/98, NZA 1999, 887 zu B II 1 der Gründe). Auch in späteren Entscheidungen hat das BAG die Frage dahinstehen lassen (vgl. BAG 13.3.2001 – 1 AZB 19/00, NZA 2001, 1037, zu C I 2a der Gründe; 7.6.2017 – 1 ABR 32/15, NZA 2017, 1410 Rn. 23).

235e Sowohl **rechtssystematisch** als auch insbesondere nach dem **Normzweck** des Abs. 3 sprechen die besseren Gründe gegen einen betriebsverfassungsrechtlichen, auf § 23 gestützten Unterlassungsanspruch der TVParteien. Die Regelungssperre des Abs. 3 dient nicht der betriebsverfassungsrechtlichen Ordnung, sondern der Sicherung der ausgeübten und aktualisierten Tarifautonomie sowie der Erhaltung und Stärkung der Funktionsfähigkeit der Koalitionen (vgl. Rn. 67; GK-BetrVG *Kreutz* Rn. 88 mwN). Dies wird auch daran deutlich, dass es die TVParteien gemäß Abs. 3 S. 2 in der Hand haben, die Regelungssperre zu beseitigen. Daher rechtfertigt es der Schutzzweck der Regelungssperre nicht, bei Verstößen § 23 Abs. 1, 3 anzuwenden (ebenso GK-BetrVG *Kreutz* Rn. 484; WPK-*Preis* Rn. 100; **aA** DKKW/*Berg* Rn. 184ff.; *Berg* FS *Däubler,* 1999, 459; *Däubler* FS *Wlotzke,* 1996, 276f.; *Heither* FS Dieterich, 1999, 242ff.; *Annuß* RdA 2000, 287, 290f.; vgl. auch *K. Schmidt* RdA 2004, 152, 160). Die berechtigten Interessen der TVParteien an der Beachtung des Abs. 3 S. 1 werden zum einen durch die Rechtsfolge der Unwirksamkeit einer gegen die Regelungssperre verstoßenden BV (vgl. Rn. 97), zum anderen durch den eigenständigen Unterlassungsanspruch aus §§ 1004, 823 BGB iVm. Art. 9 GG (vgl. Rn. 236) ausreichend geschützt.

236 Nach zutreffender Auffassung steht der Gewerkschaft ein **eigenständiger Unterlassungsanspruch** wegen Beeinträchtigung ihrer Koalitionsfreiheit aus **§§ 1004, 823 BGB iVm Art. 9 GG** zu, wenn durch betriebseinheitliche Regelungen zwingende Vorschriften eines geltenden Tarifvertrages unter Verstoß gegen § 4 Abs. 1 u. 3 TVG zum Nachteil der ArbN verdrängt werden sollen. Eine unzulässige Einschränkung oder Behinderung der Koalitionsfreiheit liegt nicht nur vor, wenn die Koalitionsparteien an der Schaffung von Tarifnormen gehindert werden, sondern auch dann, wenn die Wirkung von Tarifnormen durch andere kollektive Maßnahmen vereitelt werden soll (BAG 20.4.1999 – 1 ABR 72/98, NZA 1999, 887; 7.6.2017 – 1 ABR 32/15, NZA 2017, 1410 Rn. 20; ebenso *Berg/Platow* DB 1999, 2362; *Däubler* AiB 1999, 481; *Kocher* ArbuR 1999, 382; *Wohlfahrt* NZA 1999, 962; GK-BetrVG/*Kreutz* Rn. 486 ff.; wohl auch ErfK/*Kania* Rn. 156; **aA** *Annuß* RdA 2000, 292; *Bauer* NZA 1999, 957; *Buchner* NZA 1999, 897; *Hromadka* AuA 2000, 13; *Hromadka* ZTR 2000, 253; *Löwisch* BB 1999, 2080; *H. P. Müller* DB 1999, 2310; *Reuter* SAE 1999, 262; *Richardi* DB 2000, 44; *Trappehl/Lambrich* NJW 1999, 3217; *Walker* ZfA 2000, 29).

236a Kollektive Maßnahmen, die zur Vereitelung der Wirkung von tarifvertraglichen Regelungen führen können, sind nicht nur tarifwidrige BV, sondern **auch tarifwidrige Regelungsabreden** und auf deren Grundlage erfolgte arbeitsvertragliche Änderungsregelungen mit einem vom TV abweichenden Inhalt (vgl. BAG 7.6.2017 – 1 ABR 32/15, NZA 2017, 1410 Rn. 20). Ihr offenkundiger Zweck ist es, Tarifnormen als kollektive Ordnung zu verdrängen und sie damit ihrer zentralen Funktion zu berauben (vgl. BAG 17.5.2011 – 1 AZR 473/09, NZA 2011, 1169 Rn. 35).

236b Eine Verletzung der Betätigungsfreiheit der Koalitionen liegt allerdings nur vor, wenn der betreffende TV im Anwendungsbereich der fraglichen betrieblichen Regelung normativ – sei es nach § 3 Abs. 1, sei es nach § 3 Abs. 3 TVG – gilt (BAG 7.6.2017 – 1 ABR 32/15, NZA 2017, 1410 Rn. 21). Während der **Nachwirkung eines TV** nach § 4 Abs. 5 TVG kommt den TVParteien keine ausschließliche Regelungsmacht mehr zu; da während des Nachwirkungszeitraums zwingende Tarifregelungen fehlen, kommt ein auf die Beeinträchtigung der Koalitionsfreiheit gestützter gewerkschaftlicher Unterlassungsanspruch nicht mehr in Betracht (BAG 7.6.2017 – 1 ABR 32/15, NZA 2017, 1410 Rn. 201). Der Unterlassungsanspruch kann sich sowohl auf den Abschluss einer tarifwidrigen Vereinbarung als auch auf deren Durchführung beziehen.

236c Ein auf §§ 1004, 823 BGB iVm. Art. 9 Abs. 3 GG gestützter Unterlassungsanspruch setzt die **Besorgnis weiterer Beeinträchtigungen** voraus (BAG 7.6.2017 – 1 ABR 32/15, NZA 2017, 1410 Rn. 24). Für diese besteht eine tatsächliche Vermutung, wenn es bereits zu einer Verletzung des geschützten Rechts gekommen ist; sie ist ausnahmsweise dann nicht gegeben, wenn aus tatsächlichen oder rechtlichen Gründen keine erneute Verletzungshandlung zu erwarten ist 7.6.2017 – 1 ABR 32/15, NZA 2017, 1410 Rn. 24).

236d Aus §§ 1004 Abs. 1 S. 2, 823 Abs. 2 BGB iVm Art. 9 Abs. 3 S. 1 GG kann sich bei tarifwidrigen betrieblichen Regelungen auch ein gewerkschaftlicher **Beseitigungsanspruch** ergeben (BAG 17.5.2011 – 1 AZR 473/09, NZA 2011, 1169). Dieser umfasst aber keinen Anspruch der Gewerkschaft auf Nachzahlung der tariflichen Leistungen an die ArbN (BAG 17.5.2011 – 1 AZR 473/09, NZA 2011, 1169). Die Gewerkschaft kann die Beeinträchtigung ihrer kollektiven Koalitionsfreiheit im Wege des einstweiligen Rechtsschutzes bekämpfen (BAG 17.5.2011 – 1 AZR 473/09, NZA 2011, 1169).

237 Der eigenständige Unterlassungsanspruch der Gewerkschaften aus §§ 1004, 823 BGB iVm. Art. 9 GG ist im **arbeitsgerichtlichen BeschlVerfahr.** geltend zu machen (BAG 20.4.1999 – 1 ABR 72/98, NZA 1999, 887; 13.3.2001 – 1 AZB 19/00, NZA 2001, 1037; 17.5.2011 – 1 AZR 473/09, NZA 2011, 1169 Rn. 14; 7.6.2017 – 1 ABR 32/15, NZA 2017, 1410 Rn. 10).

§ 78 Schutzbestimmungen

[1]Die Mitglieder des Betriebsrats, des Gesamtbetriebsrats, des Konzernbetriebsrats, der Jugend- und Auszubildendenvertretung, der Gesamt-Jugend- und Auszubildendenvertretung, der Konzern-Jugend- und Auszubildendenvertretung, des Wirtschaftsausschusses, der Bordvertretung, des Seebetriebsrats, der in § 3 Abs. 1 genannten Vertretungen der Arbeitnehmer, der Einigungsstelle, einer tariflichen Schlichtungsstelle (§ 76 Abs. 8) und einer betrieblichen Beschwerdestelle (§ 86) sowie Auskunftspersonen (§ 80 Abs. 2 Satz 3) dürfen in der Ausübung ihrer Tätigkeit nicht gestört oder behindert werden. [2]Sie dürfen wegen ihrer Tätigkeit nicht benachteiligt oder begünstigt werden; dies gilt auch für ihre berufliche Entwicklung.

Inhaltsübersicht

I. Vorbemerkung

1 Die Vorschrift dient der **Sicherung der Tätigkeit** betriebsverfassungsrechtlicher Institutionen und dem **Schutz betriebsverfassungsrechtlicher Funktionsträger.** S. 1 schützt die Mitgl. des BR und der anderen genannten Institutionen in ihrer Amtsführung, dh in der Ausübung ihrer Tätigkeit im Rahmen der BetrVerf. S. 2 verbietet jede unterschiedliche Behandlung der Mitgl. dieser Organe gegenüber den anderen ArbN um ihrer Tätigkeit willen. Weitere Schutzbestimmungen enthalten §§ 78a u. 103 dieses Gesetzes sowie § 15 KSchG. Das **BetrVerf-ReformG** hat den persönlichen Geltungsbereich des § 78 erweitert und seinen Schutz auch auf die Mitgl. der von ihm neu geschaffenen Institutionen, nämlich der KJAV und aller in § 3 Abs. 1 genannten durch Kollektivverträge errichteten ArbNVertr., sowie auf die ebenfalls neuen betriebsinternen Auskunftspersonen nach § 80 Abs. 2 S. 3 erstreckt. Die Vorschrift gilt entsprechend für ArbGruppen und ihre Mitgl., denen nach § 28a die Wahrnehmung betriebsverfassungsrechtlicher Aufgaben übertragen worden ist (HWGNRH/*Worzalla* Rn. 1; ErfK/*Koch* § 28a Rn. 3; WPK/*Preis* Rn. 2; → § 28a Rn. 39; *Esser* Die Begünstigung von BRMitgl. S. 10; **aA** DKKW/*Wedde* § 28a Rn. 7; HaKo-BetrVG/*Lorenz* Rn. 3 – Anwendung nur über entsprechende Regelung in Rahmenvereinbarung, ansonsten bleibt es beim allgemeinen Maßregelungsverbot nach § 612a BGB).

2 Der Schutz der Vorschrift erstreckt sich auch auf **amtierende ErsMitgl.** der genannten ArbNVertr. (BAG 5.12.2012 – 7 AZR 698/11, NZA 2013, 515; DKKW/*Buschmann* Rn. 7; GK-BetrVG/*Kreutz* Rn. 13; HWGNRH/*Worzalla* Rn. 7; Richardi BetrVG/*Thüsing* Rn. 8). Den Mitgl. der SchwbVertr. und der GesSchwbVertr. ist in § 179 Abs. 2 und § 180 Abs. 7 SGB IX ein entsprechender Schutz zuerkannt. Wegen des Schutzes von Wahlbewerbern und Mitgl. des Wahlvorst. → § 20 Rn. 12ff., 33; → § 103 Rn. 5, 52. Soweit der dort gewährte Schutz nicht reicht, zB hinsichtlich eines nachträglichen Maßregelungsverbots, gilt § 78 entsprechend (GK-BetrVG/*Kreutz* Rn. 15f.; Richardi BetrVG/*Thüsing* Rn. 10; *Grau/Schaut* BB 2014, 757 [760]). Auch für den nach § 18a Abs. 2 u. 3 im Rahmen der Zuordnung der leitenden Angestellten vorgesehene Vermittler gilt § 78 entsprechend (GK-BetrVG/*Kreutz* Rn. 16; HWGNRH/*Worzalla* Rn. 1).

3 **Ähnliche Schutzvorschriften** enthalten §§ 58, 58d BImSchG (für Immissionsschutz- und Störfallbeauftragte, § 8 ASiG (für Betriebsärzte und Fachkräfte für Ar-

beitssicherheit), § 22 Abs. 3 SGB VII (für Sicherheitsbeauftragte) § 38 iVm § 6 Abs. 4 BDSG (für den Datenschutzbeauftragten) und § 19 Abs. 2 GenTSV (für Beauftragte für biologische Sicherheit/Gentechnik).

4 Die Vorschrift ist **zwingend.** Sie kann weder durch TV noch durch BV oder eine einzelvertragliche Absprache abgedungen werden. Auch ein Verzicht auf die durch die Vorschrift eingeräumte Rechtsstellung ist nicht möglich (hM).

4a § 78 ist ein Schutzgesetz iSd § 823 Abs. 2 BGB (→ § 1 Rn. 355; BAG 25.6.2014 – 7 AZR 847/12, NZA 2014, 1209; 9.6.1982 – 4 AZR 766/79, AP BPersVG § 107 Nr. 1) und kann entsprechende Unterlassungs- oder Schadensersatzansprüche des BR bzw. seiner Mitgl. auslösen (→ Rn. 13, 21).

5 Entsprechende Vorschriften: § 8 BPersVG, § 2 Abs. 3 SprAuG und § 40 EBRG.

II. Schutz der Tätigkeit der Betriebsverfassungsorgane und ihrer Mitglieder

6 Der Schutz des S. 1 erstreckt sich sowohl auf die Tätigkeit der genannten betriebsverfassungsrechtlichen Organe als solche, als auch auf die einzelnen Mitgl. (BAG 4.12.2013 – 7 ABR 7/12, NZA 2014, 803). Der Schutz erfasst auch Betriebsfremde, wenn sie Mitgl. des geschützten Organs, zB der E-Stelle, sind (GK-BetrVG/*Kreutz* Rn. 18; Richardi BetrVG/*Thüsing* Rn. 7). Außer den Mitgl. der genannten betriebsverfassungsrechtlichen Organe gilt das Störungs- und Behinderungsverbot auch für die Tätigkeit von ArbN, die nach § 80 Abs. 2 S. 3 dem BR als sachkundige Auskunftspersonen zur Verfügung zu stellen sind (→ § 80 Rn. 81 ff.). Eine Einflussnahme des ArbGeb. auf die Entscheidung des ArbN, ob er sich als Auskunftsperson zur Verfügung stellen will oder nicht, ist unzulässig (*Löwisch* BB 2001, 1791).

7 Die Vorschrift richtet sich **gegen jedermann,** dh nicht nur gegen den ArbGeb., sondern auch gegen ArbN, Betriebsangehörige, die nicht ArbN sind (§ 5 Abs. 2) sowie leitende Ang. (§ 5 Abs. 3, 4) und gegen außerbetriebliche Stellen (hM; BAG 15.10.2014 – 7 ABR 74/12, NZA 2015, 560; ErfK/*Kania* Rn. 2; GK-BetrVG/*Kreutz* Rn. 23 mwN). Auch die Gewerkschaften haben die Verbotsvorschrift zu beachten und dürfen deshalb keinen Druck auf gewerkschaftsangehörige BRMitgl. ausüben, wenn diese sich bei ihrer BRArbeit nicht im Sinne der Gewerkschaft verhalten. Zulässig bleiben allerdings Sanktionen der Gewerkschaft gegen das BRMitgl. in seiner Eigenschaft als Gewerkschaftsmitgl. (DKKW/*Buschmann* Rn. 12; Richardi BetrVG/*Thüsing* Rn. 13; → § 20 Rn. 26 ff.).

8 Geschützt ist nur die legale, sich im Rahmen der gesetzlichen oder tariflichen Vorschriften bewegende Tätigkeit der Organe und Stellen (LAG Hamm 20.4.1988 – 3 Sa 1827/87, DB 1988, 2058; GK-BetrVG/*Kreutz* Rn. 31; Richardi BetrVG/*Thüsing* Rn. 14). An der Überschreitung ihres Aufgabenbereichs können sie im Rahmen der gesetzlichen Möglichkeiten gehindert werden (hM).

9 Der Begriff der **Behinderung** ist weit zu verstehen. Er umfasst jede unzulässige Erschwerung, Störung oder Verhinderung der BRTätigkeit (BAG 19.7.1995 – 7 ABR 60/94, AP BetrVG 1972 § 23 Nr. 25; 12.11.1997 – 7 ABR 14/97, AP BetrVG 1972 § 23 Nr. 27). Eine unzulässige **Behinderung** der Tätigkeit der Betriebsverfassungsorgane der ArbNSeite kann durch positives Tun, aber auch, soweit eine Mitwirkungspflicht besteht, durch ein Unterlassen erfolgen (hM).

Beispiele:

Grundsätzliche Ablehnung der Zusammenarbeit nach § 2 Abs. 1; Kontrolle des BR durch Auswertung der Aufzeichnungen über dessen Internetaktivitäten (BAG 20.4.2016 – 7 ABR 50/14, NZA 2016, 1033), anlasslose Überwachung eines BRMitgl. durch Detektiv (LAG RhPf. 27.4.2017 – 5 Sa 449/16, ArbR 2017, 367), Verweigerung des Zugangs zum Betriebsgelände (BAG 4.12.2013 – 7 ABR 7/12, NZA 2014, 803; 21.9.1989 – 1 ABR 32/89, AP BetrVG 1972 § 99 Nr. 72; 15.10.2014 – 7 ABR 74/12, NZA 2015, 560, Entleiher verweigert

VerleiherBR in Ausübung seiner betriebsverfrechtl. Aufgaben den Zutritt; LAG München 18.11.2009 – 11 TaBVGa 16/09, NZA-RR 2010, 189: ArbGeb. kann durch einstw. Verfg. verpflichtet werden Zutritt zu gewähren soweit keine schutzwürdigen Interessen des ArbGeb. dem entgegenstehen); Verweigerung des Zugangs zum Betriebsgelände eines offensichtlich unwirksam gekündigten Ersatzmitgl. zur Teilnahme an BR-Sitzungen (LAG Hmb 6.10.2005 – 7 TaBV 7/05, AiB 2006, 238); Verweigerung der Freistellung nach § 37 Abs. 2 oder § 38 Abs. 1; Verweigerung der erforderlichen Sach- und Personalmittel (§ 40); Entfernung zulässiger BR-Anschläge vom Schwarzen Brett; Verbot der Abhaltung von BetrVerslg. oder der Teilnahme an ihnen (ArbG Frankfurt 2.3.1988 – 14 BV 16/87, AiB 1989, 78); Empfehlung zur Nichtteilnahme an BetrVerslg. (OLG Stuttgart 9.9.1988 – 1 Ws 237/88, BB 1988, 2245) oder Gewährung einer besonderen Vergütung bei Nichtteilnahme; Verhinderung von BRSitzungen; Maßnahmen, durch welche die Ausübung der Überwachungspflicht nach §§ 80 Abs. 1, 89 Abs. 2–5, 96 beeinträchtigt wird (HessLAG 26.9.2011 – 16 TaBV 105/11, NZA-RR 2012, 85), zB durch Verweigerung des Zugangs zu den Arbeitsplätzen (ArbG Elmshorn 5.12.1990 – 4a BVGa 46/90, AiB 1991, 56); Beharrliche Missachtung der Mitwirkungs- und Mitbestimmungsrechte des BR; ständige Unterlassung der Mitteilungs- und Auskunftspflichten nach §§ 99 Abs. 1, 102 Abs. 1, 105; ständiger Ausspruch außerordentlicher statt ordentlicher Kündigungen, um das Widerspruchsrecht des BR nach § 102 Abs. 2 auszuschließen (aA GK-BetrVG/*Kreutz* Rn. 38); Herausnahme von BRPost aus dem Postlauf (LAG Bln-Bbg 24.8.2018 – 9 TaBV 157/18, LAGE: 78 BetrVG 2001, Nr. 13); Öffnung der BRPost durch den ArbGeb.; Versetzung eines BRMitgl. ohne Beachtung der Beteiligungsrechte des BR; leichtfertige Anträge nach § 23 Abs. 1 auf Auflösung des BR oder Ausschluss einzelner Mitgl., die in der Praxis dazu führen, dass der BR in seiner Tätigkeit gehemmt wird; Abhören von Sitzungen des BR ohne dessen Willen durch Tonbandgeräte; Verweigerung des Zutritts von Gewerkschaftsbeauftragten zum Betrieb ohne Vorliegen eines der Ausnahmetatbestände nach § 2 Abs. 2 (vgl. *Zabel* ArbuR 1992, 335); Anordnungen, dass jedes Ortsgespräch bei der Telefonvermittlung anzumelden ist; Speicherung der Zielnummer aller Telefonate eines BRMitgl.; wegen Erfassung von Zeitpunkt und Dauer von Ferngesprächen des BR BAG 27.5.1986 – 1 ABR 48/84, AP BetrVG 1972 § 87 Überwachung Nr. 15; und wegen der für zulässig angesehenen Erfassung der Gesprächspartner des BR BAG 1.8.1990 – 7 ABR 99/88, AP ZA-Nato-Truppenstatut Art. 56 Nr. 20 mit krit. Anm. *Wohlgemuth* ArbuR 1991, 190; zur Telefonüberwachung → § 75 Rn. 145; → § 87 Rn. 244; diskreditierende Äußerungen wie der BR handele grob fahrlässig und geschäftsschädigend, er habe sich auf Kosten des ArbGeb. und der ArbN externe Berater erkauft, sind nicht durch die Meinungsfreiheit in Art. 5 Abs. 1 S. 1 GG gedeckt (LAG Nds NZA-RR 2004, 78 f.); sa Beispielsfälle bei *Hunold* NZA-RR 2003, 169 ff.; ArbGeb. macht die Zahlung einer Sonderzahlung an Beschäftigte davon abhängig, dass BR der Entfristung einer BV über Ladenöffnungszeiten zustimmt (LAG Hmb 1.12.2010 – 5 TaBV 4/10, AiB 2011, 469 (rkft.) mit zust. Anm. *Brinkmeier* AiB 2011, 470). Ob in der Abmahnung eines BRMitgl. eine Behinderung der BRArbeit liegen kann, hat das BAG offen gelassen, jedoch festgestellt, dass das BRMitgl. einen Anspruch auf Entfernung aus der Personalakte in entsprechender Anwendung der §§ 242, 1004 BGB haben kann (BAG 4.12.2013 – 7 ABR 7/12, NZA 2014, 803; 9.9.2015 – 7 ABR 69/13, NZA 2016, 57; → Rn. 25). Keine Behinderung durch Veränderung des Zugangs zum BR-Büro (HessLAG 3.3.2014 – 16 TaBVGa 214/13, NZA-RR 2014, 424).

Auch die **Unterrichtung** der ArbN über die **Kosten des BR** kann eine unzuläs- 10
sige Behinderung der BRArbeit sein, wenn sie in einer Art und Weise erfolgt, die die Grundsätze der vertrauensvollen Zusammenarbeit missachten und die BRMitgl. in einem unberechtigten negativen Licht erscheinen lassen und damit deren Amtsführung erschweren (BAG 19.7.1995 – 7 ABR 60/94, AP BetrVG 1972 § 23 Nr. 25; 12.11.1997 – 7 ABR 14/97, AP BetrVG 1972 § 23 Nr. 27; LAG Nds NZA-RR 2004, 78 f.; DKKW/*Buschmann* Rn. 17; GK-BetrVG/*Kreutz* Rn. 45; **aA** bei einer objektiven Unterrichtung über die tatsächlich entstandenen Kosten: HWGNRH/*Worzalla* Rn. 12; *Hunold* BB 1999, 1492; *Bengelsdorf* Anm. zu BAG 19.7.1995 – 7 ABR 60/94, AP BetrVG 1972 § 23 Nr. 25; *Bengelsdorf* AuA 1998, 149; *Bengelsdorf* FS *Hanau*, 1999, 359 ff.; *Wichert* DB 2018, 381, 384). Das ist zB anzunehmen, wenn bei der Unterrichtung nicht erkennbar wird, dass es sich bei den BRKosten um gesetzlich begründete und erforderliche Kosten handelt (BAG 12.11.1997 – 7 ABR 14/97, AP BetrVG 1972 § 23 Nr. 27) oder wenn auf der BetrVerslg. die das Betriebsergebnis negativ beeinflussenden Kosten nur allgemein und ausschließlich die

BRKosten gesondert dargestellt werden (BAG 19.7.1995 – 7 ABR 60/94, AP BetrVG 1972 § 23 Nr. 25; **aA** *Bengelsdorf* FS *Hanau,* 1999, 359 ff.; *Hunold* BB 1999, 1492; *Wichert* DB 2018, 381, 384). Das Gleiche gilt für einen Aushang des ArbGeb. mit der Zusage, bei einer Einsparung der BRKosten das Doppelte der Einsparung den ArbN als Sonderzahlung zugutekommen zu lassen (ArbG Wesel 10.4.1996 – 3 BVGa 1/96, AiB 1997, 52), oder für die Ankündigung der Kürzung von Sozialleistungen mit dem Hinweis auf entstandene Kosten der BRArbeit (ArbG Rosenheim 22.6.1988 – 3 BV 4/88, BB 1989, 147) oder für die mit der monatlichen Lohn- und Gehaltsabrechnung übersandte Aufstellung der BRKosten unter namentlicher Nennung der BRMitgl. (ArbG Darmstadt 20.11.1986 – 1 BVGa 9/86, AiB 1987, 140).

11 Benennt der **ArbGeb. keine Mitgl. der E-Stelle** (§ 76 Abs. 2), ist das keine Störung ihrer Tätigkeit iSd § 78, da bei den freiwilligen E-Stellenverfahren keine Pflicht zum Tätigwerden besteht und bei den erzwingbaren E-Stellenverfahren auch ohne Beteiligung der Beisitzer der ArbGebSeite ein wirksamer Beschluss gefasst werden kann (vgl. § 76 Abs. 5; Richardi BetrVG/*Thüsing* Rn. 16; HaKo-BetrVG/*Lorenz* Rn. 8). Wird jedoch die Tätigkeit der gebildeten E-Stelle durch irgendwelche Maßnahmen beeinträchtigt, so verstößt dies gegen § 78 (vgl. § 119 Abs. 1 Nr. 2).

12 Verboten ist sowohl jede Handlung, die mit der Zielrichtung der Störung und Behinderung begangen wird, als auch diejenige, die nur eine unbeabsichtigte, aber objektiv feststellbare Beeinträchtigung darstellt (BAG 12.11.1997 – 7 ABR 14/97, AP BetrVG 1972 § 23 Nr. 27; 3.9.2003 – 7 ABR 12/03, AP BetrVG 1972 § 40 Nr. 78; LAG Hmb 1.12.2010 – 5 TaBV 4/10, AiB 2011, 469; ErfK/*Kania* Rn. 4; Richardi BetrVG/*Thüsing* Rn. 17; HWGNRH/*Worzalla* Rn. 10; SWS Rn. 4). Im Gegensatz zu einer Bestrafung nach § 119 kommt es bei § 78 auf ein Verschulden oder eine Behinderungsabsicht nicht an (BAG 4.12.2013 – 7 ABR 7/12, NZA 2014, 803). Unzulässig ist schon jede **objektive Behinderung** der Tätigkeit des BR, die sich nicht aus der Ordnung des Betriebs und den normalen Verpflichtungen der BRMitgl. aus ihrem Arbeitsverhältnis ergibt. Anweisungen des ArbGeb., die einen solchen Verstoß darstellen, sind unwirksam (§ 134 BGB) und für die BRMitgl. unbeachtlich, so dass ihre Nichtbeachtung keine Verletzung der arbeitsvertraglichen Pflichten darstellt (DKKW/*Buschmann* Rn. 22; GK-BetrVG/*Kreutz* Rn. 53). Dabei kann es zu einer Konfliktsituation zwischen dem Schutzbedürfnis der BRTätigkeit und den Interessen des ArbGeb. an der Arbeitsleistung der BRMitgl. kommen. Grds. hat die erforderliche BRTätigkeit Vorrang vor der Erfüllung der Arbeitspflicht (GK-BetrVG/*Kreutz* Rn. 39; Richardi BetrVG/*Thüsing* Rn. 19; → § 37 Rn. 49 ff.). Allerdings haben BR und BRMitgl. bei ihrer Amtstätigkeit auch auf die betrieblichen Notwendigkeiten zu achten, wobei an diese strenge Anforderungen zu stellen sind (vgl. für BRSitzungen → § 30 Rn. 10 ff.; und für die Teilnahme an Schulungsveranstaltungen → § 37 Rn. 238). Keine Behinderung der BRTätigkeit liegt vor, wenn es einem BRMitgl. infolge seines Arbeitseinsatzes nicht möglich oder zumutbar ist, eine BRTätigkeit auszuüben, zB wenn ein BRMitgl. zu Montagearbeiten entsandt wird und deshalb nicht an einer BRSitzung teilnehmen kann. Die Funktionsfähigkeit des BR wird in derartigen Fällen durch die Heranziehung eines ErsMitgl. gesichert. Etwas anderes gilt allerdings, wenn der ArbGeb. einen derartigen Arbeitseinsatz des BRMitgl. gezielt deswegen trifft, um das BRMitgl. von der BRSitzung fernzuhalten (Richardi BetrVG/*Thüsing* Rn. 19).

13 Bei **Verstößen** gegen das Behinderungsverbot iSd S. 1 können sowohl der BR (bzw. die anderen genannten Institutionen) als auch ihre betroffenen Mitgl. **Unterlassungsansprüche** geltend machen (BAG 4.12.2013 – 7 ABR 7/12, NZA 2014, 803; 3.9.2003 – 7 ABR 12/03, AP BetrVG 1972 § 40 Nr. 78; 12.11.1997 – 7 ABR 14/97, AP BetrVG 1972 § 23 Nr. 27; LAG Hmb 1.12.2010 – 5 TaBV 4/10, AiB 2011, 469; DKKW/*Buschmann* Rn. 39; ErfK/*Kania* Rn. 5; GK-BetrVG/*Kreutz* Rn. 48 f.; HWGNRH/*Worzalla* Rn. 13, 26; Richardi BetrVG/*Thüsing* Rn. 17, 39; **aA** *Heinze* DB 1983 Beil. 9, 15). Auch kommt der Erlass einer einstweiligen Verfügung in Betracht (→ Rn. 25). Bei groben Verstößen des ArbGeb. kann gegen ihn auch nach § 23 Abs. 3 vorgegangen werden. Störungen und Behinderungen nach S. 1 können ferner nach § 119 Abs. 1 Nr. 2 auf Antrag des BR, der anderen in § 119 Abs. 2 genannten Organe, der Gewerkschaft, oder des Unternehmers **strafrechtlich verfolgt** werden. Insoweit genügt aber nicht die objektive Beeinträchtigung; strafbar ist nur ein **vorsätzliches Verhalten** (→ § 119 Rn. 10; Richardi BetrVG/*Thüsing* Rn. 17; HaKo-BetrVG/*Lorenz* Rn. 10; *Löwisch/Kaiser* Rn. 5). Bei Verletzung des allgemeinen Persönlichkeitsrechts kann dem BRMitgl. ein Schadensersatzanspruch nach § 823 Abs. 1 BGB zustehen (ArbG Gießen 10.5.2019 – 3 Ca 433/17, AiB 2019, Nr. 10, 52 zu einem Strategiekonzept zur Entfernung unliebsamer BRMitgl. mittels Fingieren von Kündigungsgründen etc.).

III. Benachteiligungs- und Begünstigungsverbot

S. 2 dient der **inneren und äußeren Unabhängigkeit** und der unparteiischen Amtsführung der Mitgl. betriebsverfassungsrechtlicher Organe (BAG 12.2.1975 – 5 AZR 79/74, AP BetrVG 1972 § 78 Nr. 1; 25.2.2009 – 7 AZR 954/07, AP BetrVG 1972 § 37 Nr. 146; 18.2.2014 – 3 AZR 568/12, AE 2014, 245; 21.3.2018 – 7 AZR 590/16, NZA 2018, 1019). Er untersagt jede Handlung, durch die der geschützte Personenkreis wegen (dh ausschließlich oder überwiegend) seiner ehrenamtlichen Tätigkeit im Rahmen der Betriebsverfassung **benachteiligt oder begünstigt** wird. Damit wird kein Privileg eingeräumt, sondern nur sichergestellt, dass diese Personen nicht anders behandelt werden als die anderen ArbN des Betriebs. Das Begünstigungs- und Benachteiligungsverbot gilt auch für ArbN, die nach § 80 Abs. 2 S. 3 dem BR als sachkundige Auskunftspersonen zur Verfügung zu stellen sind. Auch sie dürfen wegen ihrer Tätigkeit weder benachteiligt noch begünstigt werden. Geschützt ist nur die ordnungsmäßige Betätigung (→ Rn. 8). Die Vorschrift richtet sich gegen jedermann (hM). In Bezug auf die Auskunftspersonen nach § 80 Abs. 2 S. 3 gilt das Verbot auch für den BR bzw. die anderen genannten betriebsverfassungsrechtlichen Organe. Wegen des Schutzes der Wahlkandidaten → § 20 Rn. 12 ff., 20 ff., 33; → § 103 Rn. 5, 52. 14

Die Vorschrift des S. 2 ist neben § 37 Abs. 4 u. 5 anwendbar. Sie enthält nicht nur ein Benachteiligungsverbot, sondern auch ein an den ArbGeb. gerichtetes Gebot, dem BRMitgl. eine berufliche Entwicklung zukommen zu lassen, wie es sie ohne das BRAmt genommen hätte. Das BRMitgl. hat einen unmittelbaren gesetzlichen **Anspruch** gegen den ArbGeb. **auf Erfüllung** dieses Gebotes (BAG 21.1.1990 – 7 ABR 39/89, AP BetrVG 1972 § 103 Nr. 28; 15.1.1992 – 7 AZR 194/91, AP BetrVG 1972 § 37 Nr. 84; 19.1.2005 – 7 AZR 208/04, AuA 2005, 436; 4.11.2015 – 7 AZR 972/13, NZA 2016, 1339; Richardi BetrVG/*Thüsing* Rn. 24; HWGNRH/*Worzalla* Rn. 22). Das Benachteiligungsverbot erfasst nicht nur die berufliche Tätigkeit sondern auch das sich aus ihr ergebende Entgelt (BAG 17.8.2005 – 7 AZR 528/04, AP BetrVG 1972 § 37 Nr. 142; 4.11.2015 – 7 AZR 972/13, NZA 2016, 1339; LAG Düsseldorf 27.4.2018 – 10 Sa 717/17, AuA 2018, 551). 15

Die Bestimmung des S. 2 gilt nicht nur für die Amtszeit der Mitgl. des BR und der sonstigen in § 78 genannten Stellen, sondern kann auch **Vor-** und **Nachwirkungen** entfalten, wenn nämlich die Maßnahme im Hinblick auf die zukünftige oder bereits beendete betriebsverfassungsrechtliche Tätigkeit erfolgt, was insbes. für ErsMitgl von Bedeutung sein kann (→ § 25 Rn. 8, DKKW/*Buschmann* Rn. 9; HaKo-BetrVG/*Lorenz* Rn. 12; WPK/*Preis* Rn. 11, GK-BetrVG/*Oetker* § 25 Rn. 56; *Esser* Die Begünstigung von BRMitgl. S. 11 f.; *Thüsing/Denzer* BR-Vergütung Rn. 60; **aA** GK-BetrVG/*Kreutz* Rn. 63; HWGNRH/*Worzalla* Rn. 16 bzgl. Vorwirkung). Der nachwirkende Schutz ist zeitlich nicht begrenzt. 16

Unter **Benachteiligung** ist **jede Schlechterstellung** im Vergleich zu anderen ArbN zu verstehen, die nicht aus sachlichen oder in der Person des Betroffenen liegenden Gründen, sondern um ihrer Tätigkeit innerhalb der Betriebsverfassung willen 17 erfolgt. Eine besondere Benachteiligungsabsicht ist nicht erforderlich; ausreichend ist, dass das BRMitgl. bei einem Vergleich objektiv schlechter gestellt ist als ein Nicht-Mitgl. (BAG 23.6.1975 – 1 ABR 104/73, AP BetrVG 1972 § 40 Nr. 10; 20.1.2010 – 7 ABR 68/08, NZA 2010, 777; 5.12.2012 – 7 AZR 698/11, NZA 2013, 515; 10.11.2015 – 3 AZR 574/14, NJOZ 2016, 509; DKKW/*Buschmann* Rn. 23; ErfK/*Kania* Rn. 6; *Löwisch/Kaiser* Rn. 13; Richardi BetrVG/*Thüsing* Rn. 21). Dies ist zB nicht der Fall, wenn ein BRMitgl. in einem arbeitsgerichtlichen Prozess iR eines Vergleichs mit dem ArbGeb. die Vereinbarung trifft, dass jede Seite ihre außergerichtlichen Kosten selbst trägt. Andernfalls läge eine Benachteiligung wegen der Wahrnehmung seines BR-Amtes vor, da es dem BRMitgl. ansonsten verwehrt wäre, über die geltend gemachte Forderung einschließlich der durch die Verfolgung entstandenen Kosten wie ein anderer ArbN im Wege eines Vergleichs zu disponieren (BAG 20.1.2010 – 7 ABR 68/08, NZA 2010, 777).

18 Als **unzulässige Benachteiligungen** kommen zB in Betracht:

Außerordentliche Kündigung nur des BRMitgl. wegen eines Vorfalls, an dem auch andere ArbN beteiligt waren (BAG 22.2.1979 – 2 AZR 115/78, DB 1979, 1659); Zuweisung einer weniger angenehmen Arbeit (LAG Brem 12.8.1982 – 3 TaBV 33/81, AP BetrVG 1972 § 99 Nr. 15; HessLAG 14.8.1986 – 12 Sa 1225/85, BB 1986, 2199); Ausschluss von besonderen Zuwendungen oder Vergünstigungen, die andere ArbN erhalten (BAG 10.11.2015 – 3 AZR 574/14, NJOZ 2016, 509), zB das BRMitgl. kann wegen seiner Tätigkeit die Beförderungsmöglichkeit mit Werksbussen nicht in Anspruch nehmen; dieser Nachteil ist auszugleichen (LAG Düsseldorf BB 1969, 1086); Versetzung auf einen geringer bezahlten Arbeitsplatz, nicht aber die Übertragung einer gleichwertigen Tätigkeit (BAG 9.6.1982 – 4 AZR 766/79, AP BPersVG § 107 Nr. 1); Umsetzung in ein Großraumbüro (LAG Köln 26.7.2010 – 5 SaGa 10/10, NZA-RR 2010, 641); Ausschluss vom Bewährungsaufstieg (BAG 15.5.1968 – 4 AZR 356/67, AP BAT § 23a Nr. 1; 26.9.1990 – 7 AZR 208/89, AP BPersVG § 8 Nr. 4); Widerruf der vorübergehenden Übertragung einer tariflich höherwertigen Tätigkeit wegen Freistellung eines BRMitgl. (BAG 13.1.1981 – 6 AZR 678/78, AP BPersVG § 46 Nr. 2); Versagung eines Zusatzurlaubs für freigestellte BRMitgl., weil die berufliche Tätigkeit zzt. nicht ausgeübt wird (BAG 8.10.1981 – 6 AZR 81/79, AP BAT § 49 Nr. 2); Aushang von Fehlzeiten des BRMitgl. durch BRArbeit, Krankheit und Lehrgängen am schwarzen Brett (ArbG Verden 14.4.1989 – 1 BV 5/89, BB 1989, 1405); Angabe der BRTätigkeit im Zeugnis gegen den Willen des BRMitgl. (GK-BetrVG/*Kreutz* Rn. 73; LAG Hamm 6.3.1991 – 3 Sa 1279/90, LAGE § 630 BGB Nr. 13, → § 37 Rn. 15) soweit es sich nicht um ein freigestelltes BRMitgl. handelt (LAG Köln 6.12.2012 – 7 Sa 583/12; LAG Nürnberg 11.10.2018 – 5 Sa 100/18, NZA-RR 2019, 304, AuA 2014, 82; Ablehnung der Tragung von RAKosten im erfolgreichen Beschwerdeverfahren nach § 103 Abs. 2 (BAG 21.1.1990 – 7 ABR 39/89, AP BetrVG 1972 § 103 Nr. 28); Kontrolle der Telefondaten nur des BRVors ohne besonderen Anlass und außerhalb einer allgemeinen Stichproben-Regelung (LAG LSA 23.11.1999 – 8 TaBV 6/99, NZA-RR 2000, 476).

19 Das Benachteiligungsverbot erstreckt sich auch auf die **berufliche Entwicklung** (→ § 37 Rn. 130ff.; BAG 18.1.2017 – 7 AZR 205/15, NZA 2017, 935; LAG Düsseldorf 27.4.2018 – 10 Sa 717/17, AuA 2018, 551; zur beruflichen Entwicklung von PRMitgl. BAG 31.10.1985 – 6 AZR 129/83, AP BPersVG § 46 Nr. 5; 29.10.1998 – 7 AZR 676/96, AP BPersVG § 46 Nr. 22). Eine Gleichstellung nach § 2 Abs. 3 SGB IX kann nicht mit Verweis auf den bes. Kündigungsschutz nach § 15 KSchG abgelehnt werden (SG Berlin 12.2.2018 – S 57 AL 1161/16, AiB 2018, Heft Nr. 10, 58). Die Nichtübernahme eines teilzeitbeschäftigten oder **befristet** beschäftigten BRMitgl. in eine Vollzeitbeschäftigung bzw. in ein unbefristetes Arbeitsverhältnis ist eine unzulässige Benachteiligung, wenn sie **wegen** der BRTätigkeit erfolgt (BAG 25.6.2014 – 7 AZR 847/12, NZA 2014, 1209; 5.12.2012 – 7 AZR 698/11, NZA 2013, 515; LAG Bln-Bbg 4.11.2011 – 13 Sa 1549/11, ArbuR 2011, 619; ArbG Berlin 1.9.2011 – 33 Ca 5877/11, DB 2011, 2612; *Pallasch* RdA 2015, 108; DKKW/*Buschmann* Rn. 28; GK-BetrVG/*Kreutz* Rn. 71; Richardi BetrVG/*Thüsing* Rn. 24; ErfK/*Kania* Rn. 8; **aA** *Ögüt/Schubert/Helm* AiB 2012, 636 [638]). Zur Rechtsfolge → Rn. 21. Von einer unzulässigen Benachteiligung wegen der BRTätigkeit ist in der

Regel auszugehen, wenn die sonst übliche Übernahme in ein unbefristetes Arbeitsverhältnis nur dem BRMitgl. verweigert wird. Einen Verstoß gegen Art. 7 u. 8 der RL 2002/14/EG begründet eine sachgrundlose Befristung eines BRMitgl. nach § 14 Abs. 2 TzBfG nicht (s. ausf. BAG 5.12.2012 – 7 AZR 698/11, NZA 2013, 515; BAG 25.6.2014 – 7 AZR 847/12, NZA 2014, 1209; ebenso ArbG Berlin 1.9.2011 – 33 Ca 5877/11, DB 2011, 2612; LAG Bln-Bbg 4.11.2011 – 13 Sa 1549/11, BB 2012, 2868; LAG Bln-Bbg 13.1.2016 – 23 Sa 1445/15, DB 2016, 1760; *Pallasch* RdA 2015, 108; *Buchholz* ZBVR online 2013, Nr. 6, 9; *Kaiser* Anm. AP TzBfG § 14 Nr. 102; *Ulrici/Uhlig,* jurisPR-ArbR 27/2013, Anm. 2; **aA** ArbG München 8.10.2010 – 24 Ca 861/10, AiB 2011, 267; *Ögüt/Schubert/Helm* AiB 2012, 636 [638]; DKKW/*Bachner* § 103 Rn. 9a). Ebenso lässt sich aus dem Sonderkündigungsschutz für BRMitgl. nach § 15 KSchG keine Unzulässigkeit der Befristung eines Arbeitsvertrages mit einem BRMitgl. ableiten (BAG 25.6.2014 – 7 AZR 847/12, NZA 2014, 1209). Mangels Regelungslücke kommt auch eine analoge Anwendung des § 78a nicht in Betracht (BAG 5.12.2012 – 7 AZR 698/11, NZA 2013, 515; ArbG Berlin 1.9.2011 – 33 Ca 5877/11, DB 2011, 2612; ArbG München 8.10.2010 – 24 Ca 861/10, AiB 2011, 267; **aA** *Ögüt/Schubert/Helm* AiB 2012, 636 [638]). Zum Sonderschutz von in Ausbildung befindlichen betriebsverfassungsrechtlichen Funktionsträgern auf Übernahme in ein Arbeitsverhältnis vgl. § 78a. Diese Vorschrift verdrängt § 78 aber nur im Rahmen ihres Geltungsbereichs (GK-BetrVG/*Kreutz* Rn. 74; Richardi BetrVG/*Thüsing* Rn. 24). Deshalb kann sich für nicht von § 78a erfasste in Ausbildung befindliche betriebsverfassungsrechtliche Funktionsträger (zB Volontäre) uU aus § 78 ein Anspruch auf Übernahme in ein ArbVerhältnis ergeben (BAG 12.2.1975 – 5 AZR 79/74, AP BetrVG 1972 § 78 Nr. 1). Die Wahrung der personellen Kontinuität der BRTätigkeit ist ein zulässiger Befristungsgrund iS § 14 Abs. 1 S. 1 TzBfG, wenn sich die Laufzeit auf die (verbleibende) gesetzliche Amtszeit des BR erstreckt; ein kürzerer Zeitraum bedarf der Darlegung besonderer Umstände (BAG 20.1.2016 – 7 AZR 340/14, NZA 2016, 755; 8.6.2016 – 7 AZR 467/14, NZA 2016, 1535; DKKW/*Bachner* § 103 Rn. 9b; *Bader/Jörchel* NZA 2016, 1105; zweifelnd *Weller* AuA 2017, 57).

Dagegen ist eine **Schlechterstellung** dann in Kauf zu nehmen, **wenn sie für alle** 20 **ArbN des Betriebes,** der Betriebsabteilung oder der Beschäftigtengruppe **gilt** (GK-BetrVG/*Kreutz* Rn. 76; Richardi BetrVG/*Thüsing* Rn. 28 ff.). Zu nennen sind zB: Einführung von Kurzarbeit, Herabsetzung übertariflicher Löhne, Änderung einer betrieblichen Ruhegeldordnung (BAG 30.1.1970 – 3 AZR 44/68, AP BGB § 242 Ruhegehalt Nr. 142), Ausscheiden mit vollendetem 65. Lebensjahr kraft BV (BAG 25.3.1971 – 2 AZR 185/70, AP BetrVG § 57 Nr. 5; → § 77 Rn. 61 ff.) oder die Nichtberücksichtigung von Trinkgeldern bei der Entgeltfortzahlung nach § 37 Abs. 2, wenn dies auch bei Fehlzeiten der ArbN infolge Krankheit oder Urlaub der Fall ist (BAG 28.6.1995 – 7 AZR 1001/94, AP BetrVG 1972 § 37 Nr. 112). Wegen (Massen-)Änderungskündigungen, die sich auch auf alle ArbN erstrecken, → § 103 Rn. 12. Eine unzulässige Benachteiligung liegt nicht vor, wenn der ArbGeb. oder eine außerbetriebliche Stelle einer öffentlich rechtlichen Verpflichtung nachkommt. Hierzu gehört ua die Abführung von Steuern auf beim BRMitgl. nicht mehr steuerfreie Zuschläge (BAG 29.7.1980 – 6 AZR 231/78, AP BetrVG 1972 § 37 Nr. 37; 22.8.1985 – 6 AZR 504/83, AP BetrVG 1972 § 37 Nr. 50; 29.7.1980 – 6 AZR 1098/78, AP BPersVG § 46 Nr. 1; → § 37 Rn. 71) oder die Nichtzulassung eines freigestellten BRMitgl. als Syndikusanwalt, da die tatsächliche Ausübung der Tätigkeit als Syndikusanwalt Voraussetzung ist (BGH 29.1.2018 – AnwZ (Brfg) 12/17, NJW 2018, 791). Es stellt auch keine unzulässige Benachteiligung dar, wenn der ArbGeb. bei teilzeitbeschäftigten BRMitgl. deren BRTätigkeit außerhalb ihrer persönlichen Arbeitszeit nur noch dann anerkennt, wenn – entgegen der bisherigen Übung – deren Erforderlichkeit dargelegt wird (LAG Bln 14.7.2000 – 6 TaBV 934/00, NZA-RR 2001, 313). Bei gleicher Eignung eines ArbN und BRMitgl. im Bewerbungsverfahren ist der ArbGeb. grds. frei in seiner Entscheidung, welcher Bewerber den Posten erhalten soll; für die Feststellung der persönlichen Eignung hat das Verhalten des BRMitgl. iR seiner BRTätigkeit außen vor zu bleiben (LAG Nds 21.11.2003 – 16 Sa 147/03, NZA-RR 2004, 414). Die Verwehrung von Nachtarbeitszuschlägen ist keine Benachteiligung, wenn das BRMitgl. aufgrund einvernehmlicher Verlegung der Arbeitszeit keine Nachtarbeit mehr leisten muss und dies auch nicht durch die BRTätigkeit geboten war (BAG 18.5.2016 – 7 AZR 401/14, NZA 2016, 1212). Die Verpflichtung eines freigestellten, zuvor im Schichtdienst tätigen BRMitgl. entsprechend seiner vertraglichen Arbeitszeit (40 Std.) im Betrieb anwesend zu sein, ist keine Benachteiligung, wenn auch für Schichtarbeitnehmer mit geringerer Stundenzahl die arbeitsvertragliche Verpflichtung besteht, auf Wunsch des ArbGeb. bis zu 40 Stunden zu weiteren Arbeiten herangezogen werden zu können (BAG 25.10.2017 – 7 AZR 731/15, NZA 2018, 538). Hat der ArbGeb. die Nutzung eines Dienstwagens ausschließlich zur Erbringung arbeitsvertraglicher Pflichten wie Kundendiensttätigkeit erlaubt, umfasst dies nicht zugleich die Erlaubnis, das Fahrzeug fast ausschließlich für BR-Tätigkeiten zu nutzen (BAG 25.2.2009 – 7 AZR 954/07, AP BetrVG 1972 § 37 Nr. 146). Eine Benachteiligung im Vergleich zu anderen BR-Mitgl., die das Fahrzeug für BR-Tätigkeiten nutzen dürfen, wenn sie am selben Tag schwerpunktmäßig Kundendiensttätigkeiten durchführen, ist nicht gegeben.

21 Verstöße gegen das Benachteiligungsverbot durch Rechtsgeschäft sind nach § 134 BGB **nichtig** (BAG 20.1.2010 – 7 ABR 68/08, NZA 2010, 777; 18.1.2017 – 7 AZR 205/15, NZA 2017, 935: 21.3.2018 – 7 AZR 590/16, NZA 2018, 1019; ErfK/*Kania* Rn. 8; DKKW/*Buschmann* Rn. 36; Richardi BetrVG/*Thüsing* Rn. 37). Schuldhafte Verstöße können **Schadensersatzansprüche** nach § 823 Abs. 2 auslösen, da § 78 S. 2 ein Schutzgesetz im Sinne dieser Bestimmung ist (BAG 25.6.2014 – 7 AZR 847/12, NZA 2014, 1209; 9.6.1982 – 4 AZR 766/79, AP BPersVG § 107 Nr. 1; 31.10.1985 – 6 AZR 129/83, AP BPersVG § 46 Nr. 5; DKKW/*Buschmann* Rn. 36; HWGNRH/*Worzalla* Rn. 5; Richardi BetrVG/*Thüsing* Rn. 36). Grds. ist der Schaden gem. § 249 BGB in Naturalrestitution zu gewähren. Wird einem befristet beschäftigten BRMitgl. der Abschluss eines Folgevertrages wegen der BRTätigkeit abgelehnt (→ Rn. 19), kann das BRMitgl. den Abschluss des Folgevertrages als Schadensersatzanspruch verlangen (BAG 25.6.2014 – 7 AZR 847/12, NZA 2014, 1209; LAG München 2.8.2013 – 5 Sa 1005/12, ArbR 2014, 88). § 15 Abs. 6 AGG steht dem nicht entgegen: § 78 S. 1 u. 2 schützt nicht nur die BRMitgl. als Person sondern auch den BR als Organ in seiner sachlichen und personellen Kontinuität (BAG 25.6.2014 – 7 AZR 847/12, NZA 2014, 1209; **aA** HWGNRH/*Worzalla* Rn. 23; *Pallasch* RdA 2015, 108 [112], der einen Folgenbeseitigungsanspruch im Wege des Schadensersatzes ablehnt und stattdessen einen Fortsetzungsanspruch unmittelbar aus dem jeweiligen Verbot ableitet). Zu dem sich aus S. 2 ergebenden unmittelbaren Erfüllungsanspruch → Rn. 15. Die **Beweislast** trägt grds. derjenige, der die unzulässige Benachteiligung behauptet. Es kommen aber die Grundsätze der abgestuften Darlegungs-, Einlassungs- und Beweislast zur Anwendung (BAG 25.6.2014 – 7 AZR 847/12, NZA 2014, 1209; *Pallasch* RdA 2015, 108 [114]) insbes. bei der Frage, ob die Ablehnung eines Folgevertrages gerade wegen der BRTätigkeit erfolgte. Hierbei handelt es sich um in der Sphäre des ArbGeb. liegende „innere Tatsachen", die der Wahrnehmung Dritter grds. entzogen sind. Hier reicht es zunächst aus, dass das BRMitgl. Indizien vorträgt, die den Schluss auf die Benachteiligung rechtfertigen (s. ausf. BAG 25.6.2014 – 7 AZR 847/12, NZA 2014, 1209; LAG München 2.8.2013 – 5 Sa 1005/12, ArbR 2014, 88; *Helm/Bell* AiB 2013, 426; AiB 2013, 608). Auch können die Regeln des Beweises des ersten Anscheins (prima-fazie-Beweis) zur Anwendung kommen. Danach wird oft eine tatsächliche Vermutung dafür sprechen, dass zwischen der Amtstätigkeit und der Benachteiligung ein Ursachenzusammenhang besteht (BAG 22.2.1979 – 2 AZR 115/78, DB 1979, 1659; ArbG Berlin 1.9.2011 – 33 Ca 5877/11, DB 2011, 2868; LAG Nds 8.8.2012 – 2 Sa 1733/11, BB 2012, 2760; DKKW/*Buschmann* Rn. 37; HaKo-BetrVG/*Lorenz* Rn. 19; WPK/*Preis* Rn. 12; **aA** BAG 25.6.2014 – 7 AZR 847/12, NZA 2014, 1209, das einen Anscheinsbeweis bzw. eine Vermutungswirkung bei Nichtabschluss eines Folgevertrages mangels entsprechenden Erfahrungssatzes ablehnt).

Auch die **Begünstigung** des durch § 78 erfassten Personenkreises wegen ihrer Tätigkeit im Rahmen der Betriebsverfassung ist unzulässig. Auch hier muss ein Ursachenzusammenhang gegeben sein, dh die Begünstigung muss wegen der BRTätigkeit erfolgen (BAG 16.2.2005 – 7 AZR 95/04, AP BPersVG § 46 Nr. 26). Die Begünstigung kann außerhalb des Arbeitsverhältnisses liegen (zB Gewährung eines besonders günstigen Darlehns oder einer unentgeltlichen Ferienreise, Geschenke an Familienangehörige). Eine Begünstigungsabsicht ist nicht erforderlich; es genügt die objektive Besserstellung gegenüber einem Nicht-Mitgl. (BAG 8.11.2017 – 5 AZR 11/17, NZA 2018, 528). **Unzulässige** Begünstigungen sind zB eine zusätzliche Abfindung zu der normalen **Sozialplanabfindung** für BRMitgl. (LAG Düsseldorf 11 (4) Sa 906/01, AiB 2003, 489; ArbG Nürnberg 27.1.1997 – 12 Ca 7897/96, BB 1997, 2165; WPK/*Preis* Rn. 17; *Esser* Die Begünstigung von BRMitgl. S. 135, bei höheren Abfindungen), die über § 38 Abs. 1 hinausgehende und nicht erforderliche Freistellung eines BRMitgl. (zu erforderlichen zusätzlichen Freistellungen → § 38 Rn. 19 ff.; WPK/*Preis* Rn. 17; **aA** HaKo-BetrVG/*Lorenz* Rn. 23), die Vereinbarung einer Vergütung von „betriebsratsbedingter" Mehrarbeit (LAG Köln 6.3.1998 – 11 (9) Sa 383/97, NZA-RR 1999, 247), Gewährung von Zulagen allein nach der Funktion im GesBR bzw. BR (ArbG Bielefeld 11.5.2011 – 3 Ca 2633/10, BeckRS 2011, 73560; *Esser* Die Begünstigung von BRMitgl. S. 53 f., 62), Zahlung eines Vergütungsausgleichs für hypothetische Mehrarbeit eines freigestellten BRMitgl. als Überstundenpauschale im Sinne einer Frühpensionierungsregelung (BAG 18.2.2014 – 3 AZR 568/12, AE 2014, 245), Vereinbarung einer pauschalen Stundenvergütung zur Abgeltung von BR-Tätigkeiten, wenn sie ohne sachlichen Grund wegen der BR-Tätigkeit gewährt wird und zu einer Verdiensterhöhung führt (BAG 8.11.2017 – 5 AZR 11/17, NZA 2018, 528), die sachlich unbegründete tarifliche Höhergruppierung oder Versetzung an einen bevorzugten Arbeitsplatz, die Gewährung zusätzlichen Urlaubs oder die Zahlung überhöhter Entschädigungen für Auslagen oder Reisekosten (BAG 29.1.1974 – 1 ABR 34/73, AP BetrVG 1972 § 37 Nr. 8; 23.6.1975 – 1 ABR 104/73, AP BetrVG 1972 § 40 Nr. 10; 28.3.2007 – 7 ABR 33/06, FA 2007, 317), die Gewährung von Ansprüchen aus § 37 Abs. 2 u. 4 außerhalb tariflicher Ausschlussfristen (BAG 8.9.2010 – 7 AZR 513/09, NZA 2011, 159); Vergütung von Freizeitopfer eines restmandatierten BRMitgl., wenn die BRTätigkeit nach Beendigung des Arbeitsverhältnisses durchgeführt worden ist (BAG 5.5.2010 – 7 AZR 728/08, NZA 2010, 1025), Gewährung eines Freizeitausgleichs über die tatsächliche für BRArbeit erbrachte Zeit hinaus (BAG 26.9.2018 – 7 AZR 829/16, NZA 2019, 259), zur Zulässigkeit der Pauschalierung von Aufwendungen der BRMitgl. → § 37 Rn. 10; → § 40 Rn. 3, 41). 22

Keine Begünstigung liegt vor bei Maßnahmen, durch die die Arbeitsleistung oder die soziale Lage des BRMitgl. in betriebsüblicher Weise berücksichtigt werden (LAG München 15.11.1977 – 5 TaBV 34/77, BB 1979, 732). Der Abschluss von **Aufhebungsverträgen** iR kündigungsrechtlicher Auseinandersetzungen stellt keine unzulässige Begünstigung dar, auch wenn sie aufgrund des ihnen zustehenden Sonderkündigungsschutzes nach § 15 Abs. 3 KSchG iVm § 103 eine bessere Verhandlungsposition haben als ein ArbN, der kein Mandatsträger ist; der gesetzliche Sonderkündigungsschutz von Mandatsträgern geht der allgemeinen Regelung des § 78 S. 2 vor (BAG 21.3.2018 – 7 AZR 590/16, NZA 2018, 1019; *Fuhlrott* NZA-RR 2018, 472; HaKo-BetrVG/*Lorenz* Rn. 23; *Thüsing/Denzer* BR-Vergütung Rn. 51 ff.; **aA** *Esser* Die Begünstigung von BRMitgl. S. 135 f). Ebenfalls keine Begünstigung ist die Überlassung eines Dienstwagens zur privaten Nutzung während der Freistellungsphase als BRMitgl., auch wenn der PKW aufgrund der Freistellung nicht mehr wie vorher zu dienstlichen Zwecken genutzt werden kann. Da die private Nutzung wie bisher nur außerhalb der Arbeitszeit möglich ist, entsteht für das BRMitgl. kein Mehr an Nutzungszeitraum als vorher (BAG 23.6.2004 – 7 AZR 514/03, AP BetrVG 1972 22a

§ 37 Nr. 139). Ein Vergleich mit anderen BRMitgl. ohne „Dienstwagen" scheidet aus, da § 37 Abs. 2 allein auf die arbeitsvertragliche Vergütung des freigestellten BRMitgl. abstellt (BAG 23.6.2004 – 7 AZR 514/03, AP BetrVG 1972 § 37 Nr. 139). Zur Überlassung eines auch privat nutzbaren Dienstwagens während der Freistellungsphase → § 37 Rn. 66a). Auch die Erstattung von Fahrtkosten eines in Elternzeit befindlichen BRMitgl. zu BR-Sitzungen stellt grds. keine Begünstigung dar (BAG 25.5.2005 – 7 ABR 45/04, AP BetrVG 1972 § 24 Nr. 13; → § 40 Rn. 45). Der Einsatz von Hilfspersonen und die damit verbundene Entlastung begründet keine unzulässige Begünstigung (BAG 29.4.2015 – 7 ABR 102/12, NZA 2015, 1397). Ist ein BRMitgl. Beisitzer einer E-Stelle eines anderen Betriebs des ArbGeb., verstößt ein sich daraus gesetzl. ergebender Honoraranspruch nicht gegen das Begünstigungsverbot (BAG 13.5.2015 – 2 ABR 38/14, NZA 2016, 117; so schon vor § 76a BAG 21.6.1989 – 7 ABR 92/87, BAGE 62, 129; *Esser* Die Begünstigung von BRMitgl. S. 103f.).

23 Die **Vereinbarung einer unzulässigen Begünstigung** ist nach § 134 BGB gleichfalls **nichtig** (BAG 20.1.2010 – 7 ABR 68/08, NZA 2010, 777; 16.2.2005 – 7 AZR 95/04, AP BPersVG § 46 Nr. 26; 21.3.2018 – 7 AZR 590/16, NZA 2018, 1019). Die versprochene Leistung kann nicht mit Erfolg eingeklagt werden. Ist die Begünstigung schon gewährt, kann sie nicht zurückgefordert werden, da auch der Leistende gegen ein gesetzliches Verbot verstoßen hat (§ 817 S. 2 BGB; DKKW/*Buschmann* Rn. 36; HaKo-BetrVG/*Lorenz* Rn. 24; *Wichert* AuA 2013, 281; einschränkend HWGNRH/*Worzalla* Rn. 5, 25; differenzierend *Esser* Die Begünstigung von BRMitgl. S. 153f.: Rückforderung nur bei kollusivem Zusammenwirken; **aA** BAG 8.11.2017 – 5 AZR 11/17, NZA 2018, 528; GK-BetrVG/*Kreutz* Rn. 103; Richardi BetrVG/*Thüsing* Rn. 37; MHdB ArbR/Krois § 295 Rn. 177; WPK/*Preis* Rn. 18; *Thüsing/Denzer* BR-Vergütung Rn. 412ff.; *Sturm* freigestellte BR-Mitgl. S. 117; *Bittmann/Mujan* BB 2012, 1604 [1605f.]; *Moll/Roebers* NZA 2012, 57 [61f.]; *Dzida/Mehrens* NZA 2013, 753 [757]).

24 **Vorsätzliche Verstöße** gegen S. 2 werden auf Antrag gem. § 119 Abs. 1 Nr. 3 **strafrechtlich verfolgt.** Antragsberechtigt sind die geschützten Betriebsverfassungsorgane, der Unternehmer und eine im Betrieb vertretenen Gewerkschaft (§ 119 Abs. 2). Daneben besteht die Antragsmöglichkeit nach § 23 Abs. 3.

IV. Streitigkeiten

25 Streitigkeiten über die Unterlassung einer Störung, Behinderung, Benachteiligung oder Begünstigung der BRTätigkeit sind im arbeitsgerichtlichen **Beschlussverfahren** durchzuführen. Der Erlass einer **einstweiligen Verfügung** ist zulässig (vgl. § 85 Abs. 2 ArbGG; BAG 4.12.2013 – 7 ABR 7/12, NZA 2014, 803; LAG Hmb 6.10.2005 – 7 TaBV 7/05, AiB 2006, 238; ArbG Darmstadt 20.11.1986 – 1 BVGa 9/86, AiB 1987, 140; GK-BetrVG/*Kreutz* Rn. 50; HWGNRH/*Worzalla* Rn. 13, 26; Richardi BetrVG/*Thüsing* Rn. 41). Neben dem betroffenen BRMitgl. ist auch der BR antragsberechtigt (BAG 4.12.2013 – 7 ABR 7/12, NZA 2014, 803; DKKW/*Buschmann* Rn. 39; GK-BetrVG/*Kreutz* Rn. 37; HaKo-BetrVG/*Lorenz* Rn. 25f.; WPK/*Preis* Rn. 20; **aA** *Heinze* DB 1983 Beil. 9, 15). Der Antrag muss ein konkretes Verhalten zum Gegenstand haben, sonst ist er unzulässig. Nicht antragsberechtigt sind einzelne BRMitgl., die von der Begünstigung/Benachteiligung nicht unmittelbar betroffen sind (LAG München 5.2.2009 – 3 TaBV 107/08, BeckRS 2009, 67451). Die **Entfernung einer Abmahnung** aus der Personalakte steht aufgrund der individualrechtl. Natur des Anspruchs allein dem betroffenen BRMitgl zu und kann nicht vom BR als Organ geltend gemacht werden (BAG 4.12.2013 – 7 ABR 7/12, NZA 2014, 803; 9.9.2015 – 7 ABR 69/13, NZA 2016, 57). Ist das BRMitgl. von der Abmahnung sowohl in seiner kollektivrechtlichen Rechtsposition als auch als ArbN in seiner individualrechtlichen Rechtsposition betroffen, kann der Antrag auf

Entfernung nach Auffassung des BAG sowohl im Beschluss- als auch im Urteilsverfahren verfolgt werden (BAG 4.12.2013 – 7 ABR 7/12, NZA 2014, 803; 9.9.2015 – 7 ABR 69/13, NZA 2016, 57; **aA** LAG BW 6.7.2011 – 13 TaBV 4/11, NZA-RR 2011, 528: nur im Urteilsverfahren; krit. *Salomon* NZA 2018, 1368, der in der Wahl der Verfahrensart für das BRMitgl. eine unzulässige Begünstigung sieht). Voraussetzung für Beschlussverfahren ist, dass die Abmahnung einen Bezug zur Mandatsausübung hat (LAG Nds. 26.1.2016 – 2 Ta 1/16, NZA-RR 2016, 301). Offen gelassen hat das BAG, ob die Entfernung der Abmahnung aus der Personalakte aus § 78 S. 1 u. 2 verlangt werden kann oder nur in entsprechender Anwendung der §§ 242, 1004 BGB. Mangels eines feststellungsfähigen Rechtsverhältnisses kann im Wege der **Feststellungsklage** nicht geklärt werden, ob. der ArbGeb. gegen das Benachteiligungsverbot des § 78 S. 2 verstößt, wenn er für Zeiten der BRSitzung Steuern auf Nacht-, Sonn- und Feiertagszuschläge abführt (BAG 24.2.2016 – 7 ABR 23/14, NZA 2016, 567).

§ 78a Schutz Auszubildender in besonderen Fällen

(1) **Beabsichtigt der Arbeitgeber, einen Auszubildenden, der Mitglied der Jugend- und Auszubildendenvertretung, des Betriebsrats, der Bordvertretung oder des Seebetriebsrats ist, nach Beendigung des Berufsausbildungsverhältnisses nicht in ein Arbeitsverhältnis auf unbestimmte Zeit zu übernehmen, so hat er dies drei Monate vor Beendigung des Berufsausbildungsverhältnisses dem Auszubildenden schriftlich mitzuteilen.**

(2) [1]**Verlangt ein in Absatz 1 genannter Auszubildender innerhalb der letzten drei Monate vor Beendigung des Berufsausbildungsverhältnisses schriftlich vom Arbeitgeber die Weiterbeschäftigung, so gilt zwischen Auszubildendem und Arbeitgeber im Anschluss an das Berufsausbildungsverhältnis ein Arbeitsverhältnis auf unbestimmte Zeit als begründet.** [2]**Auf dieses Arbeitsverhältnis ist insbesondere § 37 Abs. 4 und 5 entsprechend anzuwenden.**

(3) **Die Absätze 1 und 2 gelten auch, wenn das Berufsausbildungsverhältnis vor Ablauf eines Jahres nach Beendigung der Amtszeit der Jugend- und Auszubildendenvertretung, des Betriebsrats, der Bordvertretung oder des Seebetriebsrats endet.**

(4) [1]**Der Arbeitgeber kann spätestens bis zum Ablauf von zwei Wochen nach Beendigung des Berufsausbildungsverhältnisses beim Arbeitsgericht beantragen,**
1. festzustellen, dass ein Arbeitsverhältnis nach Absatz 2 oder 3 nicht begründet wird, oder
2. das bereits nach Absatz 2 oder 3 begründete Arbeitsverhältnis aufzulösen,
wenn Tatsachen vorliegen, aufgrund derer dem Arbeitgeber unter Berücksichtigung aller Umstände die Weiterbeschäftigung nicht zugemutet werden kann. [2]**In dem Verfahren vor dem Arbeitsgericht sind der Betriebsrat, die Bordvertretung, der Seebetriebsrat, bei Mitgliedern der Jugend- und Auszubildendenvertretung auch diese Beteiligte.**

(5) **Die Absätze 2 bis 4 finden unabhängig davon Anwendung, ob der Arbeitgeber seiner Mitteilungspflicht nach Absatz 1 nachgekommen ist.**

Inhaltsübersicht

I. Vorbemerkung

1 Die Vorschrift, die durch G v. 18.1.1974 (BGBl. I S. 85) in das BetrVG eingefügt worden ist, stellt eine **besondere gesetzliche Ausformung des Benachteiligungsverbots** des § 78 dar. Nach § 21 BBiG endet das Berufsausbildungsverhältnis von Gesetzes wegen mit Ablauf der Ausbildungszeit oder schon vorher mit Bestehen der Abschlussprüfung, ggf. auch erst nach der Ersten innerhalb eines Jahres durchzuführenden Wiederholungsprüfung. Eine Kündigung oder sonstige Erklärung des ArbGeb. ist nicht erforderlich. Damit steht einem Auszubildenden, der Mitgl. des BR oder der JAV ist, bei Ende seiner Ausbildung kein dem § 15 KSchG oder § 103 entsprechender Kündigungsschutz zur Verfügung. Um den in Berufsausbildung befindlichen Mitgl. von Betriebsverfassungsorganen ebenfalls die innere Unabhängigkeit ihrer Amtsführung zu sichern und ferner auch die Kontinuität der betriebsverfassungsrechtlichen Organe zu gewährleisten, wird nach näherer Maßgabe des § 78a das Ausbildungsverhältnis nach Beendigung der Ausbildung von Gesetzes wegen in ein unbefristetes Arbeitsverhältnis überführt, das nur durch eine gerichtliche Entscheidung nach Abs. 4 verhindert oder wieder aufgelöst werden kann.

2 Gegen die Vorschrift bestehen **keine verfassungsrechtlichen Bedenken.** Die sich aus ihr ergebende Beschränkung der Vertragsfreiheit ist durch das Sozialstaatsprinzip ebenso gerechtfertigt wie der besondere Kündigungsschutz der betriebsverfassungsrechtlichen Funktionsträger nach § 15 KSchG und § 103 (DKKW/*Bachner* Rn. 3; HaKo-BetrVG/*Lorenz* Rn. 1; GK-BetrVG/*Oetker* Rn. 10; Richardi BetrVG/*Thüsing* Rn. 4; APS/*Künzl* Rn. 10; **aA** *Müller* DB 1974, 1526; *Blaha/Mehlich* NZA 2005, 667 ff., aber mit Verweis auf Möglichkeit verfassungskonformer Auslegung des Begriffs der „Unzumutbarkeit" in § 78a Abs. 4 durch Zulassung eines Qualifikationsvergleichs → Rn. 49).

3 Entsprechende Vorschrift im BPersVG 74: § 9.

II. Geschützter Personenkreis

4 Die Vorschrift schützt **Auszubildende** (Azubi), ohne diesen Begriff jedoch näher zu definieren. Zwar liegt es nahe, sich bei seiner Auslegung an den des BBiG zu orientieren, jedoch ist der sowohl im BBiG als auch im BetrVG verwandte Begriff des Azubi nicht notwendigerweise deckungsgleich, da die jeweiligen Gesetze andere Zielsetzungen verfolgen (BAG 23.6.1983 – 6 AZR 595/80, AP BetrVG 1972 § 78a Nr. 10; 1.12.2004 – 7 AZR 129/04, NZA 2005, 779 ff.; GK-BetrVG/*Oetker* Rn. 15 ff.).

5 Azubi iSd Vorschrift ist auf jeden Fall der, der nach Maßgabe des BBiG auf Grund eines Berufsausbildungsvertrages in einem nach § 4 BBiG **staatlich anerkannten Ausbildungsberuf** ausgebildet wird (hM). Auch ein **„Umschüler"**, der in einem Umschulungsverhältnis für einen anerkannten Ausbildungsberuf (→ § 5 Rn. 292 ff., § 60 BBiG) ausgebildet wird, fällt unter § 78a (DKKW/*Bachner* Rn. 4; GK-BetrVG/*Oetker* Rn. 23 ; Richardi BetrVG/*Thüsing* Rn. 6; WPK/*Preis* Rn. 2; APS/*Künzl* Rn. 16 f.; *Reinecke* DB 1981, 885; *Opolony* BB 2003, 1329 [1330]; **aA** im Hinblick auf die wegen der Fremdfinanzierung durch die BA nur lockere Bindung des Umschülers an den Umschulungsbetrieb *Löwisch/Kaiser* Rn. 6; HWGNRH/*Nicolai* Rn. 5; ErfK/*Kania* Rn. 2).

6 Der Schutz des § 78a ist aber nicht auf eine Ausbildung in staatl. anerkannten Ausbildungsberufen beschränkt. Jedenfalls dann, wenn mangels eines staatl. geregelten Ausbildungsgangs **auf Grund von tariflichen Regelungen** oder einer **arbeitsvertraglichen Vereinbarung** eine **geordnete Ausbildung** von mindestens zwei Jahren durchlaufen wird, fallen die auf diese Weise einen Beruf Lernenden unter den Schutz der Vorschrift (BAG 1.12.2004 – 7 AZR 129/04, NZA 2005, 779 ff.). Das

gilt zB für den TV über die Ausbildungsrichtlinie für **Redaktionsvolontäre** an Tageszeitungen mit einer Ausbildungsdauer von 2 Jahren (BAG 23.6.1983 – 6 AZR 595/80, AP BetrVG 1972 § 78a Nr. 10; DKKW/*Bachner* Rn. 4; GK-BetrVG/*Oetker* Rn. 20; HWGNRH/*Nicolai* Rn. 6; APS/*Künzl* Rn. 21; **aA** SWS Rn. 1).

Dagegen sind die nur vorübergehend in einem Berufspraktikum beschäftigten Personen, sog **Praktikanten,** und uU auch **Volontäre nicht** als Azubi iSd Vorschrift anzusehen. Dem steht entgegen, dass § 78a im Gegensatz zu § 5 nicht den allgemeinen Begriff der zu ihrer Berufsausbildung Beschäftigen, sondern den engeren Begriff des Azubi, dessen Ausbildung durch einen geordneten Ausbildungsgang gekennzeichnet ist, verwendet (BAG 1.12.2004 – 7 AZR 129/04, NZA 2005, 779; 17.8.2005 – 7 AZR 553/04, ArbuR 2005, 380; LAG Köln 23.2.2000 – 2 Sa 1248/99, AiB 2001, 53; GK-BetrVG/*Oetker* Rn. 184; Richardi BetrVG/*Thüsing* Rn. 6; HaKo-BetrVG/*Lorenz* Rn. 2; *Weiß/Weyand* BetrVG Rn. 2; WPK/*Preis* Rn. 2; APS/*Künzl* Rn. 20; *Opolony* BB 2003, 1329 [1330]; **aA** DKKW/*Bachner* Rn. 4; KR/*Weigand* Rn. 11; *Becker-Schaffner* DB 1987, 2648). Ob und inwieweit der Schutz des § 78a auch für **Volontäre** Anwendung findet, hängt davon ab, welchen Schwerpunkt das Volontariatsverhältnis hat. Liegt er bei der Erbringung der vertraglich geschuldeten Arbeitsleistung, handelt es sich um ein ArbVerh. und unterfällt nicht dem Schutz des § 78a. Steht dagegen die Ausbildung für eine spätere qualifizierte Tätigkeit im Vordergrund und ist ein geordneter Ausbildungsgang von mindestens zwei Jahren vorgesehen, handelt es sich um ein anderes Vertragsverhältnis iSv § 26 BBiG und damit um eine Ausbildung iSd § 78a (BAG 1.12.2004 – 7 AZR 129/04, NZA 2005, 779 ff.). 6a

Ohne gesonderte Vereinbarung begründet die Durchführung eines Praktikums außerhalb der Ausbildungsstätte grds. kein Berufsausbildungsverhältnis mit dem Betrieb, der sich nur gegenüber dem Ausbildungsbetrieb zur Durchführung eines Teils der berufspraktischen Ausbildung bereit erklärt hat (BAG 17.8.2005 – 7 AZR 553/04, ArbuR 2005, 380 – offen gelassen, was gilt, wenn es sich bei dem Ausbildungsbetrieb und dem Dritten um eine BGB-Gesellschaft zur Durchführung der Berufsausbildung handelt; krit. HaKo-BetrVG/*Lorenz* Rn. 6). Liegt dagegen ein dreiseitiger Praktikumsvertrag vor, kann der Azubi einen Übernahmeanspr. haben (*Malottke* AiB 2006, 493). 6b

Geschützt werden die Azubi, die **Mitgl. des BR,** der JAV, der BordVertr oder des SeeBR sind. Unter die Vorschrift fallen ferner Azubi, die Mitgl. einer anderen Vertr. iSd § 3 Abs. 1 Nr. 2 u. 3 sind, da diese an die Stelle des BR treten (GK-BetrVG/*Oetker* Rn. 29, 38; *Schiefer* FS Kreutz, 2010, 429 [434]). Die ArbNVertr nach § 3 Abs. 1 Nr. 1 ist ein BR iSd Gesetzes. Dagegen gilt die Vorschrift nicht für Mitgl. von Gremien oder Vertr. nach § 3 Abs. 1 Nr. 4 u. 5; für sie einen vergleichbaren Schutz zu schaffen, bleibt der Regelung durch TV oder BV vorbehalten (GK-BetrVG/*Oetker* Rn. 29, 38; *Schiefer* FS Kreutz, 2010, 429 [434 f.]; **aA** HaKo-BetrVG/*Lorenz* Rn. 3). Die Vorschrift gilt ferner nicht für Azubi, die Mitgl. des Wahlvorst. sind, die sich als Wahlbewerber zur Verfügung gestellt oder eine BRWAhl initiiert haben (ArbG Kiel 10.9.1976 – 3b Ga 19/76, DB 1976, 2022; DKKW/*Bachner* Rn. 5; GK-BetrVG/*Oetker* Rn. 31; Richardi BetrVG/*Thüsing* Rn. 9). Das Gleiche gilt für Azubi, die einer ArbGruppe angehören, der nach § 28a die Wahrnehmung betriebsverfassungsrechtlicher Aufgaben übertragen worden ist (GK-BetrVG/*Oetker* Rn. 40). 7

Der **Schutz beginnt** mit dem Zeitpunkt, in dem das **Wahlergebnis feststeht,** dh mit Abschluss der öffentl. Stimmenauszählung und der Feststellung dieses Ergebnisses durch den Wahlvorst. Nicht entscheidend ist die Bekanntmachung des Wahlergebnisses im Betrieb nach § 19 WO oder der Ablauf der Amtszeit der abzulösenden ArbNVertr. oder die Amtsaufnahme der neu gewählten Vertr. (BAG 22.9.1983 – 6 AZR 323/81, AP BetrVG 1972 § 78a Nr. 11; ErfK/*Kania* Rn. 2; DKKW/*Bachner* Rn. 6; GK-BetrVG/*Oetker* Rn. 32; **aA** HWGNRH/*Nicolai* Rn. 11). 8

Auch ein erst **kurz vor Beendigung** des Ausbildungsverhältnisses in eine ArbNVertr. gewählter Azubi fällt unter den Schutz der Vorschrift. Dies gilt selbst dann, 9 wenn der ArbGeb. ihm bereits vor der Wahl mitgeteilt hat, dass er ihn nicht in ein Arbeitsverhältnis zu übernehmen gedenke (LAG BW 13.10.1977 – 7 Sa 134/77, AP BetrVG 1972 § 78a Nr. 4; DKKW/*Bachner* Rn. 6; WPK/*Preis* Rn. 3; einschränkend *Reinecke* DB 1981, 889; **aA** *Houben* NZA 2006, 769f.: muss JAV-Mitgl. im Zeitpkt. der Entscheidung des ArbGeb. sein).

10 Den Schutz der Vorschrift genießen zum einen diejenigen Azubi, die bei Beendigung ihrer Ausbildung Mitgl. der ArbNVertr. sind. Darüber hinaus besteht der Schutz nach Abs. 3 noch für einen Zeitraum von **1 Jahr nach Beendigung der Amtszeit** der ArbNVertr. Hierbei kommt es ebenso wie beim nachwirkenden Kündigungsschutz der betriebsverfassungsrechtlichen Funktionsträger nach § 15 Abs. 1 S. 2 KSchG nicht auf die Beendigung der Amtszeit des Kollektivorgans, sondern auf die Beendigung der persönlichen Mitglschaft in der ArbNVertr. an (→ § 103 Rn. 57). Ein vorzeitig aus der ArbNVertr. ausgeschiedener Azubi unterliegt deshalb dieser Vorschrift, wenn das Ausbildungsverhältnis innerhalb eines Jahres nach seinem persönlichen Ausscheiden endet (BAG 15.12.2011 – 7 ABR 40/10, NZA-RR 2012, 413). Dies gilt allerdings ebenso wie beim nachwirkenden Kündigungsschutz nicht, wenn das Ausscheiden auf einer gerichtlichen Entscheidung (Ausschluss aus der ArbNVertr., gerichtliche Feststellung der Nichtwählbarkeit oder gerichtliche Auflösung der ArbNVertr.) beruht (BAG 21.8.1979 – 6 AZR 789/77, AP BetrVG 1972 § 78a Nr. 6; DKKW/*Bachner* Rn. 6; GK-BetrVG/*Oetker* Rn. 34; Richardi BetrVG/*Thüsing* Rn. 12).

11 Die Vorschrift gilt auch für **ErsMitgl.,** sobald sie in die ArbNVertr. nachgerückt sind. Das gilt nicht nur im Falle eines endgültigen Nachrückens für ein ausgeschiedenes ordentliches Mitgl., sondern auch bei einer nur vorübergehenden Vertretung eines zeitweilig verhinderten ordentlichen Mitgl. (BAG 15.1.1980 – 6 AZR 726/79, AP BetrVG 1972 § 78a Nr. 8; GK-BetrVG/*Oetker* Rn. 45; HWGNRH/*Nicolai* Rn. 9; Richardi BetrVG/*Thüsing* Rn. 13; APS/*Künzl* Rn. 34, 39). Das nur vorübergehend tätige ErsMitgl. genießt den Schutz des § 78a nicht nur für die Zeit der Vertr. des ordentlichen Mitglieds, sondern auch für den Zeitraum von einem Jahr nach Beendigung der zeitweisen Vertr. (BAG 17.2.2010 – 7 ABR 89/08, DB 2010, 1355; 13.3.1986 – 6 AZR 207/85, AP BPersVG § 9 Nr. 3; GK-BetrVG/*Oetker* Rn. 51; BVerwG 1.10.2013 – 6 P 6.13, NZA-RR 2014, 103). Hierbei kommt es auf die Dauer der Vertr. grds. ebenso wenig an, wie darauf, dass während der Vertretungszeit relevante Betriebsverfassungsaufgaben angefallen sind (BAG 13.3.1986 – 6 AZR 207/85, AP BPersVG § 9 Nr. 3; GK-BetrVG/*Oetker* Rn. 44ff., 47; Richardi BetrVG/*Thüsing* Rn. 13; WPK/*Preis* Rn. 4). Voraussetzung für den nachwirkenden Schutzzeitraum dürfte aber auch hier sein, dass das ErsMitgl. überhaupt Aufgaben des Vertretungsorgans in der Vertretungszeit wahrgenommen hat (so auch APS/*Künzl* § 78a Rn. 42; vgl. zu BR-ErsMitgl.: BAG 19.4.2012 – 2 AZR 233/11, NZA 2012, 1449).

12 Nimmt ein ErsMitgl. **rechtsirrig** an, es sei wirksam nachgerückt, und übt es über einen längeren Zeitraum die Aufgaben eines gewählten Mitgl. faktisch aus, ohne das der ArbGeb. dagegen Bedenken erhoben hat, steht auch ihm ein Anspruch auf Übernahme in ein Arbeitsverhältnis zu (ArbG Mannheim 30.11.1981 – 5 Sa 476, BB 1982, 1665; DKKW/*Bachner* Rn. 8; APS/*Künzl* Rn. 41).

12a § 78a kann durch TV auf eine durch TV errichtete Auszubildendenvertretung entsprechend anwendbar erklärt werden (BAG 15.11.2006 – 7 ABR 15/06, AP BetrVG 1972 § 78a Nr. 38; *Löwisch/Kaiser* Rn. 2). Nach BAG findet auf eine durch TV für einen reinen Ausbildungsbetrieb geschaffene Auszubildendenvertretung § 78a ohne entsprechende Regelung im TV keine Anwendung; § 3 Abs. 5 S. 2 findet keine Anwendung, da es sich nicht um eine andere ArbNVertr. iSd § 3 Abs. 1 Nr. 3 sondern um eine zusätzliche Vertretung für die dem Ausbildungsbetrieb zugeordneten Azubi handelt (BAG 13.8.2008 – 7 AZR 450/07, AP BetrVG 1972 § 78a Nr. 51).

III. Mitteilungspflicht des Arbeitgebers

Der ArbGeb. ist verpflichtet, spätestens (eine frühere Unterrichtung ist zulässig) drei Monate vor dem normalen Ende des Berufsausbildungsverhältnisses dem Azubi mitzuteilen, wenn er ihn nicht in ein Arbeitsverhältnis auf unbestimmte Zeit übernehmen will. Die Mitteilung muss **schriftlich** erfolgen. 13

Durch die **Dreimonatsfrist** soll dem Azubi ein angemessener Überlegungszeitraum eingeräumt werden. Die Fristberechnung bestimmt sich nach §§ 187 ff. BGB. Maßgebend ist grds. der normale Ablauf der vorgesehenen Ausbildungszeit (§ 21 Abs. 1 S. 1 BBiG). Dies gilt auch für den Fall der sog gestreckten Abschlussprüfung, bei der die Abschlussprüfung in zwei zeitlich auseinander fallenden Teilen durchgeführt werden kann (vgl. § 5 Abs. 2 Nr. 2 BBiG). Ist nach § 5 Abs. 2 Nr. 1 BBiG eine **Stufenausbildung** vorgesehen, endet nach § 21 Abs. 1 S. 2 BBiG das Berufsausbildungsverhältnis mit Ablauf der letzten Stufe. Dabei setzt eine Berufsausbildung in Form der Stufenausbildung einen Ausbildungsvertrag über die gesamte Regelausbildungsdauer bis zum Abschluss einer anerkannten Berufsausbildung nach § 4 BBiG voraus (vgl. Ausschussbegründung BT-Drs. 15/4752, 34 zu Nummer 6 (§ 5); *Wohlgemuth* AubR 2005, 241 [243]; *Natzel* DB 2005, 610 [612]). Endet dagegen die Ausbildung wegen einer **vorgezogenen Abschlussprüfung vorzeitig** und ist dies bereits drei Monate vorher bekannt, ist für die Fristberechnung der Tag der Bekanntmachung des Ergebnisses durch den Prüfungsausschuss maßgebend (nach § 21 Abs. 2 BBiG nF endet mit diesem Tag das Berufsausbildungsverhältnis- die vorherige Formulierung des § 14 Abs. 2 BBiG aF, wonach das Berufsausbildungsverhältnis mit Bestehen der Abschlussprüfung endete, ist wegen der Unsicherheiten bei der Gesetzesauslegung der Rspr. des BAG angepasst worden, vgl. BR-Drs. 587/04, 109 f.; *Wohlgemuth* AubR 2005, 241 [243]; *Taubert* NZA 2005, 503 [506]; *Leinemann/Taubert* BBiG § 21 Rn. 11). Maßgebend ist immer der Tag der Feststellung des Gesamtergebnisses der Prüfung (BAG 16.6.2005 – 6 AZR 411/04, AP BBiG § 14 Nr. 12). Bei Nichtbestehen der Abschlussprüfung verlängert sich auf Verlangen des Azubi das Ausbildungsverhältnis bis zur nächstmöglichen Wiederholungsprüfung; wird auch diese nicht bestanden, verlängert es sich auf sein Verlangen nochmals bis zur zweiten Wiederholungsprüfung, insgesamt jedoch höchstens um ein Jahr (§ 21 Abs. 3 BBiG; BAG 15.3.2000 – 5 AZR 622/98 AP BBiG § 14 Nr. 10; *Opolony* BB 2003, 1329 [1334]). In diesem Falle ist für die nunmehrige Fristberechnung von der jeweiligen Wiederholungsprüfung bzw. dem Tag des Jahresablaufs auszugehen. Das Berufsausbildungsverhältnis endet mit dem Ablauf der Ausbildungszeit (§ 21 Abs. 1 S. 1 BBiG). Es verlängert sich nicht automatisch dadurch, dass die Abschlussprüfung zeitlich nach der vertraglich vereinbarten Ausbildungszeit liegt (BAG 14.1.2009 – 3 AZR 427/07, NZA 2009, 738); eine stillschweigende Verlängerung könne allenfalls dann angenommen werden, wenn der Azubi weiter „beschäftigt" wird bzw. das Berufsausbildungsverhältnis „fortgesetzt" wird – der alleinige Besuch der Berufsschule reicht nicht (BAG 13.3.2007 – 9 AZR 494/06, AP BBiG § 14 Nr. 13, zu § 14 Abs. 1 BBiG aF; **aA** *Benecke* NZA 2009, 820 [824], wonach im Fall der „Weiterbeschäftigung" nicht das Ausbildungsverhältnis verlängert werde, sondern ein Arbeitsverhältnis nach § 24 BBiG zustande komme – → Rn. 28). Das BAG deutet in seiner Entscheidung v. 14.1.2009 – 3 AZR 427/07, NZA 2009, 738 an, dass eine erweiternde oder analoge Anwendung des § 21 Abs. 3 BBiG in Betracht kommt, wenn der Azubi die Verlängerung des Berufsausbildungsverhältnisses bis zur Bekanntgabe des Prüfungsergebnisses verlangt. 14

Die Mitteilung des ArbGeb. muss sich grds. auf ein **unbefristetes Vollzeitarbeitsverhältnis** beziehen, das der abgeschlossenen Ausbildung und dem vergleichbarer ArbN des Betriebs entspricht (DKKW/*Bachner* Rn. 13). Werden dem Azubi lediglich ein befristetes oder ein Teilzeitarbeitsverhältnis oder ein Arbeitsverhältnis mit schlechteren Bedingungen angeboten, ist er nicht gehindert, sein Weiterbeschäfti- 15 gungsverlangen nach Abs. 2 in ein unbefristetes Vollzeitarbeitsverhältnis geltend zu machen. Auch kann er in erster Linie seine Weiterbeschäftigung nach Abs. 2 verlangen und ein Angebot des ArbGeb. zum Abschluss eines befristeten oder eines Teilzeitarbeitsverhältnisses unter dem Vorbehalt annehmen, dass das Arbeitsgericht eine Weiterbeschäftigung in einem unbefristeten Vollzeitarbeitsverhältnis als nicht zumutbar ansieht (BAG 16.8.1995 – 7 ABR 52/94, AP BetrVG 1972 § 78a Nr. 25). Nimmt der Azubi das Angebot des ArbGeb. zum Abschluss eines befristeten oder Teilzeitarbeitsverhältnis vorbehaltlos an, ist ein Arbeitsverhältnis mit diesem Inhalt auf Grund der vertraglichen Absprache zustande gekommen (BAG 16.7.2008 – 7 ABR 13/07, AP BetrVG 1972 § 78a Nr. 50; LAG BW 1.4.2005 – 9 TaBV 3/04, AiB 2005, 563 f.; BVerwG 31.5.2005 – 6 PB 1/05, NZA-RR 2005, 613). Steht dem ArbGeb. für die Weiterbeschäftigung des Azubi **kein Vollzeitarbeitplatz zur Verfügung,** sondern besteht eine Weiterbeschäftigungsmöglichkeit nur in einem Teilzeit- oder befristeten Arbeitsverhältnis, hat der ArbGeb. dem Azubi dieses Arbeitsverhältnis mit dem Ziel des Abschlusses eines entsprechenden Arbeitsvertrages anzubieten (**aA** HWGNRH/*Nicolai* Rn. 13).

16 **Unterlässt** der ArbGeb. die **rechtzeitige Mitteilung,** führt dies nicht zu einer automatischen Überleitung des Ausbildungsverhältnisses in ein ArbVerhältnis (BAG 15.1.1980 – 6 AZR 621/78, AP BetrVG 1972 § 78a Nr. 7; Richardi BetrVG/*Thüsing* Rn. 19; *Weiß/Weyand* BetrVG Rn. 5; APS/*Künzl* Rn. 51). Der Schutz des Azubi nach den Abs. 2–4 bleibt jedoch unberührt (vgl. Abs. 5). UU kann die unterlassene Mitteilung Schadensersatzansprüche des Azubi auslösen, zB wenn er eine angebotenen Stelle ausgeschlagen hat (BAG 31.10.1985 – 6 AZR 557/84, AP BetrVG 1972 § 78a Nr. 15; ErfK/*Kania* Rn. 3; HWGNRH/*Nicolai* Rn. 14; Richardi BetrVG/*Thüsing* Rn. 20; WPK/*Preis* Rn. 8).

17 Die Mitteilungspflicht obliegt dem ArbGeb., mit dem der Ausbildungsvertrag abgeschlossen worden ist. Das gilt auch für den Fall, dass die Ausbildung ganz oder überwiegend in einer überbetrieblichen Ausbildungsstätte erfolgt und der Azubi hier in den BR oder die JAV gewählt worden ist.

18 Die Mitteilung des ArbGeb., den Auszubildenden nach Beendigung der Ausbildung nicht zu übernehmen, hat keinen Einfluss auf dessen Wählbarkeit. Ihm steht es deshalb frei, für eine in diesem Zeitraum anstehenden Neuwahl wieder zu kandidieren (LAG BW 13.10.1977 – 7 Sa 134/77, AP BetrVG 1972 § 78a Nr. 4; DKKW/*Bachner* Rn. 15).

IV. Weiterbeschäftigungsverlangen des Auszubildenden

19 Die gesetzliche Begründung eines Arbeitsverhältnisses zwischen Azubi und ArbGeb. nach Abs. 2 S. 1 setzt voraus, dass der Azubi **frist- und formgerecht** seine Weiterbeschäftigung nach Beendigung des Ausbildungsverhältnisses verlangt. Nach dem Gesetzeswortlaut kann das Verlangen nur innerhalb von **drei Monaten vor Beendigung** des Ausbildungsverhältnisses gestellt werden (zur Fristberechnung → Rn. 14). Die Dreimonatsfrist des § 78a korrespondiert mit der früheren Regelung des § 5 Abs. 1 BBiG aF, nach der zum Schutz des Azubi vor einer zu frühen Bindung an den Betrieb nur eine innerhalb der Letzten drei Monate vor Beendigung der Berufsausbildung geschlossene Vereinbarung über ein anschließendes Arbeitsverhältnis zulässig war. Deshalb war es schlüssig, dass auch ein rechtswirksames Weiterbeschäftigungsverlangen nicht vor Beginn der Dreimonatsfrist gestellt werden konnte und ein vorzeitiges Verlangen innerhalb der Frist nachgeholt werden musste (BAG 31.7.1974 – 3 AZR 58/73, AP BBiG § 5 Nr. 1; 13.3.1975 Nr. 2; 15.1.1980 – 6 AZR 621/78, AP BetrVG 1972 § 78a Nr. 7; krit. *Grunsky* Anm. zu EzA § 78a BetrVG 1972 Nr. 9; DKKW/*Bachner* Rn. 17; Richardi BetrVG/*Thüsing* Rn. 23). Die Frist des § 5 Abs. 1 BBiG aF (jetzt unverändert § 12 BBiG) ist 1996 auf sechs Monate verlängert worden (vgl. Art. 11 des G v. 25.9.1996 BGBl. I S. 1479). Angesichts dieser Änderung kann

der Dreimonatsfrist des § 78a keine zwingende Wirkung mehr dahingehend zukommen, dass ein früher gestelltes Verlangen nichtig ist. Denn es ist in keiner Weise einleuchtend, dass zwar eine Vereinbarung über ein anschließendes Arbeitsverhältnis auch schon vier bis sechs Monate vor Ausbildungsabschluss wirksam getroffen werden kann, ein entsprechendes Verlangen des Azubi während dieser Zeit aber unwirksam sein soll. Auch kann es nur im Interesse des ArbGeb. liegen, möglichst frühzeitig zu wissen, ob der Azubi nach Ausbildungsabschluss weiterbeschäftigt werden will. Deshalb ist auch ein früheres Weiterbeschäftigungsverlangen zulässig, sofern es nur in den letzten sechs Monaten vor Ausbildungsende geltend gemacht wird (HaKo-BetrVG/*Lorenz* Rn. 12; APS/*Künzl* Rn. 61; *Jäger/Künzl* ZTR 2000, 301; *Opolony* BB 2003, 1329 [1333]; *Opolony* BB 2005, 1050 f.). **Eine entsprechende Anwendung des § 12 BBiG ablehnend:** BAG 15.12.2011 – 7 ABR 40/10, NZA-RR 2012, 413, BAG 5.12.2012 – 7 ABR 38/11, NZA-RR 2013, 241; HWGNRH/*Nicolai* Rn. 16; GK-BetrVG/*Oetker* Rn. 91; WPK/*Preis* Rn. 10; *Malottke* AiB 2006, 493 [495]; *Schiefer* FS Kreutz, 2010, 429 [438]), mit der Folge, dass ein vor Beginn der Dreimonatsfrist gestelltes Weiterbeschäftigungsverlangen unwirksam ist (BAG 15.12.2011 – 7 ABR 40/10, NZA-RR 2012, 413). Der ArbGeb. sollte in diesem Fall jedoch dem Azubi mitteilen, dass er sein vor der Frist gestelltes Weiterbeschäftigungsverlangen als unzulässig ansieht, damit dieser vorsorglich sein Verlangen innerhalb der Dreimonatsfrist wiederholen kann (offen gelassen von BAG 5.12.2012 – 7 ABR 38/11, NZA-RR 2013, 241, eine allgemeine Hinweispflicht bestehe jedoch nicht, wenn der Azubi durch Gewerkschaft sachkundig vertreten ist). Unabdingbare Voraussetzung ist das Bestehen einer vertraglichen Beziehung; der Übernahmeanspruch in ein Arbeitsverhältnis besteht nicht, wenn der Azubi zwar Mitgl. der JAV ist, aber zum Betrieb, in dem ein Teil der berufspraktischen Ausbildung durchgeführt wird, keine vertragliche Beziehung hat (BAG 17.8.2005 – 7 AZR 553/04, EzA § 78a BetrVG 2001 Nr. 2; WPK/*Preis* Rn. 2; Richardi BetrVG/*Thüsing* Rn. 7; → Rn. 6).

Das schriftliche Weiterbeschäftigungsbegehren muss dem ArbGeb. **spätestens** am **letzten Tag** des Ausbildungsverhältnisses zugegangen sein. 20

Das Weiterbeschäftigungsverlangen braucht **nicht begründet** zu werden, muss aber **schriftlich** erfolgen. Die Beachtung der Schriftform ist **zwingend** (BVerwG 18.8.2010 – 6 P 15/09, NZA-RR 2011, 51; DKKW/*Bachner* Rn. 20; GK-BetrVG/*Oetker* Rn. 72; WPK/*Preis* Rn. 9a; APS/*Künzl* Rn. 55; **aA** Richardi BetrVG/*Thüsing* Rn. 27). Ein lediglich per E-Mail erfolgtes Weiterbeschäftigungsverlangen genügt – soweit dieses nicht mit der qualifizierten elektronischen Signatur versehen ist – nicht dem Schriftformerfordernis des §§ 126, 126a BGB (BAG 15.12.2011 – 7 ABR 40/10, NZA-RR 2012, 413; s. dazu auch HmbOVG 15.1.2010 – 8 Bf 272/09.PVL, PersV 2010, 231; *Schiefer* FS Kreutz, 2010, 429 [436]). Ebenso ist ein nur mündlich gestelltes Verlangen grds. unbeachtlich. Etwas anderes kann gelten, wenn der ArbGeb. den Azubi von der Einhaltung der Schriftform abgehalten hat oder wenn besondere Umstände vorliegen, aus denen der ArbGeb. im Hinblick auf seine allgemeine Fürsorgepflicht gehalten ist, den Azubi auf die notwendige Schriftform hinzuweisen. In diesem Falle kann die Berufung auf die fehlende Schriftform **rechtsmissbräuchlich** sein (BAG 15.12.2011 – 7 ABR 40/10, NZA-RR 2012, 413; BVerwG 31.5.2005 – 6 PB 1/05, NZA-RR 2005, 613 f.; DKKW/*Bachner* Rn. 20; APS/*Künzl* Rn. 56; enger GK-BetrVG/*Oetker* Rn. 76, 77; weitergehend *Malottke* AiB 2006, 493 [494]: Pflicht des Arbeitgebers, Azubi auf Formmangel hinzuweisen). 21

Ist der Azubi, falls eine Weiterbeschäftigung in einem ausbildungsgerechten Vollzeitarbeitsverhältnis nicht möglich ist, notfalls auch bereit, zu anderen Bedingungen, zB in einem befristeten oder einem Teilzeitarbeitsverhältnis oder auf einem nicht ausbildungsgerechten Arbeitsplatz mit niedrigerer Bezahlung, ein Arbeitsverhältnis einzugehen, hat er dies dem ArbGeb. mit seinem Weiterbeschäftigungsverlangen mitzuteilen (BAG 6.11.1996 – 7 ABR 54/95, AP BetrVG 1972 § 78a Nr. 26; nach GK-BetrVG/*Oetker* Rn. 84). Das Verlangen, auch zu anderen Bedingungen übernom- 22 men werden zu wollen, muss der Azubi dem ArbGeb. spätestens unverzüglich nach dessen Nichtübernahmemitteilung mitteilen (BAG 15.11.2006 – 7 ABR 15/06, AP BetrVG 1972 § 78a Nr. 38; 16.7.2008 – 7 ABR 13/07, AP BetrVG 1972 § 78a Nr. 50). Dabei reicht eine pauschale Bereitschaftserklärung nicht, es muss konkret die angedachte Beschäftigungsmöglichkeit beschrieben werden (BAG 15.11.2006 – 7 ABR 15/06, AP BetrVG 1972 § 78a Nr. 38; 16.7.2008 – 7 ABR 13/07, AP BetrVG 1972 § 78a Nr. 50; krit. dazu *Malottke* AiB 2009, 202 ff.). Eine Einverständniserklärung erst im gerichtlichen Verfahren genügt nach BAG nicht (BAG 6.11.1996 – 7 ABR 54/95, AP BetrVG 1972 § 78a Nr. 26; 15.11.2006 – 7 ABR 15/06, AP BetrVG 1972 § 78a Nr. 38; 16.7.2008 – 7 ABR 13/07, AP BetrVG 1972 § 78a Nr. 50). Dem ArbGeb. muss ausreichend Zeit für die Prüfung eines der Bereitschaftserklärung entsprechenden Arbeitsplatzes und ggf. Einleitung eines Beteiligungsverfahrens nach § 99 Abs. 1 verbleiben (BAG 17.2.2010 – 7 ABR 89/08, DB 2010, 1355). Zu den Rechtsfolgen dieser Mitteilung → Rn. 57 f.

23 Die Notwendigkeit, die Weiterbeschäftigung frist- und formgerecht zu verlangen, besteht auch dann, wenn der ArbGeb. seiner Mitteilungspflicht nach Abs. 1 nicht nachgekommen ist (vgl. Abs. 5; BVerwG 31.5.2005 – 6 PB 1/05, NZA-RR 2005, 613 f.; DKKW/*Bachner* Rn. 19; GK-BetrVG/*Oetker* Rn. 96; **aA** Richardi BetrVG/*Thüsing* Rn. 24).

24 Die Zulässigkeit des Weiterbeschäftigungsverlangens ist **nicht** von einem **erfolgreichen Abschluss der Ausbildung** abhängig. Auch wenn diese ohne Abschluss mit Ablauf der vereinbarten Ausbildungszeit endet, kann die Weiterbeschäftigung verlangt werden. § 78a stellt im Gegensatz zu § 9 BPersVG nicht auf einen erfolgreichen Abschluss der Ausbildung ab (LAG BW 13.10.1977 – 7 Sa 134/77, AP BetrVG 1972 § 78a Nr. 4; Richardi BetrVG/*Thüsing* Rn. 9; APS/*Künzl* Rn. 76; *Opolony* BB 2003, 1329 [1334]). Zur befristeten Fortsetzung des Ausbildungsverhältnisses bei Nichtbestehen der Abschlussprüfung → Rn. 14. Wird die Abschlussprüfung erst nach Ende der vereinbarten Ausbildungszeit abgehalten und wird das Ausbildungsverhältnis nicht bis zur Abschlussprüfung verlängert, ist der Azubi nach Abschluss der vereinbarten Ausbildungszeit in ein Arbeitsverhältnis zu übernehmen.

25 Nur bei den vorstehend genannten Beendigungstatbeständen (Abschlussprüfung und Ablauf der vereinbarten und ggf. verlängerten Ausbildungszeit) ist ein Weiterbeschäftigungsverlangen zulässig. Es kommt nicht in Betracht, wenn der Azubi das Ausbildungsverhältnis **vorzeitig kündigt** oder die Ausbildung in sonstiger Weise **abbricht** (BAG 13.8.2008 – 7 AZR 450/07, AP BetrVG 1972 § 78a Nr. 51; Richardi BetrVG/*Thüsing* Rn. 9; HaKo-BetrVG/*Lorenz* Rn. 14) oder wenn der ArbGeb. dem Azubi erfolgreich außerordentlich kündigt (APS/*Künzl* Rn. 86; HaKo-BetrVG/*Lorenz* Rn. 14). Dies gilt auch im Fall der vorzeitigen Kündigung einer **Stufenausbildung,** die nach § 21 Abs. 1 S. 2 BBiG erst mit Ablauf der letzten Stufe endet.

26 Auch ein **minderjähriger Azubi** kann seine Weiterbeschäftigung verlangen. Die Zustimmung des gesetzlichen Vertreters ist im Hinblick auf § 113 BGB nicht erforderlich (DKKW/*Bachner* Rn. 18; WPK/*Preis* Rn. 11; HaKo-BetrVG/*Lorenz* Rn. 15; KR/*Weigand* Rn. 29; *Moritz* DB 1974, 1016; **aA** GK-BetrVG/*Oetker* Rn. 78; HWGNRH/*Nicolai* Rn. 20; Richardi BetrVG/*Thüsing* Rn. 28, APS/*Künzl* Rn. 64 f.; *Opolony* BB 2003, 1329 [1333], die jedoch eine nachträgliche Zustimmung des gesetzlichen Vertreters zulassen).

27 Ein einseitiger oder vertraglich vereinbarter **Verzicht** auf den Sonderschutz des Azubi durch § 78a ist nur in den letzten drei Monaten des Ausbildungsverhältnisses zulässig (BVerwG 31.5.2005 – 6 PB 1/05, NZA-RR 2005, 613 f.; HessLAG 9.8.1974 – 8 Sa 510/74, BB 1975, 1205; GK-BetrVG/*Oetker* Rn. 101; *Malottke* AiB 2006, 493 [495]). Innerhalb dieses Zeitraums kann das Weiterbeschäftigungsverlangen jederzeit **widerrufen** werden (BVerwG 31.5.2005 – 6 PB 1/05, NZA-RR 2005, 613; WPK/*Preis* Rn. 16; GK-BetrVG/*Oetker* Rn. 100; **aA** Richardi BetrVG/*Thüsing* Rn. 25; *Opolony* BB 2003, 1329 [1330]). IÜ ist der Schutz der Vorschrift jedoch nicht im Voraus zuungunsten des Azubi abdingbar (APS/*Künzl* Rn. 73 f.; *Becker-Schaffner* DB 1987, 2651).

Verlangt der Azubi **keine Weiterbeschäftigung** oder verlangt er sie nicht fristgerecht und schriftlich, scheidet er mit Ablauf des Ausbildungsverhältnisses aus dem Betrieb aus. Etwas anderes gilt, wenn der ArbGeb. ihn anschließend tatsächlich weiterbeschäftigt. In diesem Falle wird nach § 24 BBiG von Gesetzes wegen der Abschluss eines unbefristeten Arbeitsverhältnisses fingiert (Richardi BetrVG/*Thüsing* Rn. 24; s. ausf. dazu *Benecke* NZA 2009, 820ff.; *Leinemann/Taubert* BBiG § 24 Rn. 12f.). Diese Fiktion gilt mit der Reform des BBiG aufgrund der fehlenden Bezugnahme des § 26 BBiG auf § 24 BBiG nicht mehr für Volontäre und Praktikanten. 28

Mit dem Weiterbeschäftigungsverlangen übt der Azubi ein **gesetzliches Gestaltungsrecht** aus (DKKW/*Bachner* Rn. 18; GK-BetrVG/*Oetker* Rn. 70; Richardi BetrVG/*Thüsing* Rn. 21), mit dessen Wahrnehmung auch gegen den Willen des ArbGeb. ein Arbeitsverhältnis begründet wird. Die Wirkungen dieses Gestaltungsrechtes treten mit Beendigung des Ausbildungsverhältnisses bei dem ArbGeb. ein, mit dem der Ausbildungsvertrag abgeschlossen worden ist. Mit dessen Ablauf gilt kraft der **gesetzlichen Fiktion** des Abs. 2 ein Arbeitsverhältnis als begründet (ErfK/*Kania* Rn. 4). Das gilt auch dann, wenn der ArbGeb. einen Feststellungsantrag nach Abs. 4 S. 1 gestellt hat, über den bei Beendigung des Ausbildungsverhältnisses jedoch noch nicht rechtskräftig entschieden worden ist (→ Rn. 40). Da das Arbeitsverhältnis kraft G und nicht auf Grund einer Entscheidung des ArbGeb. entsteht, bestehen keine Beteiligungsrechte des BR nach § 99 unter dem Gesichtspunkt der Einstellung (zum vergleichbaren § 9 Abs. 2 BPersVG siehe BVerwG 26.5.2015 – 5 P 9/14, NZA-RR 2015, 499; GK-BetrVG/*Oetker* Rn. 97; Richardi BetrVG/*Thüsing* § 99 Rn. 46). Die richtige Eingruppierung des übernommenen Azubi unterliegt dagegen ebenso den Beteiligungsrechten des BR nach § 99 wie eine etwaige anschließende Versetzung (DKKW/*Bachner* Rn. 29; GK-BetrVG/*Oetker* Rn. 98; HaKo-BetrVG/*Lorenz* Rn. 18; zum vergleichbaren § 9 Abs. 2 BPersVG siehe BVerwG 26.5.2015 – 5 P 9/14, NZA-RR 2015, 499). 29

Begründet wird grds. ein **unbefristetes Vollzeitarbeitsverhältnis.** Das ergibt sich zum einen unmittelbar aus dem Wortlaut des Abs. 2 („Arbeitsverhältnis auf unbestimmte Zeit“) und folgt zum anderen aus dem Gesetzeszweck, der dem ehemaligen Azubi die Möglichkeit einräumen will, in dem erlernten Beruf eine dem Berufsbild entsprechende Lebensgrundlage zu finden (BAG 13.11.1987 – 7 AZR 246/87, AP BetrVG 1972 § 78a Nr. 18; 19.8.2015 – 5 AZR 1000/13, AP BGB § 615 Nr. 141; DKKW/*Bachner* Rn. 27, 28; GK-BetrVG/*Oetker* Rn. 110; Richardi BetrVG/*Thüsing* Rn. 32; APS/*Künzl* Rn. 78). Zur Frage, wenn dem ArbGeb. nur eine befristete oder nur eine Teilzeitarbeit möglich ist, → Rn. 57. 30

Der Azubi hat keinen Anspruch auf einen **bestimmten Arbeitsplatz,** wohl jedoch auf einen Arbeitsplatz der seinem Ausbildungsstand entspricht (BAG 19.8.2015 – 5 AZR 1000/13, AP BGB § 615 Nr. 141; BVerwG 26.5.2015 – 5 P 9/14, NZA-RR 2015, 499). Der Arbeitsplatz muss grds. im Betrieb liegen, in dem er gewählt worden ist. Denn anderenfalls würde er nach §§ 65, 24 Abs. 1 Nr. 4 sein Amt verlieren (LAG Bln 16.12.1974 – 5 Sa 91/74, BB 1975, 837; DKKW/*Bachner* Rn. 24; GK-BetrVG/*Oetker* Rn. 111; HaKo-BetrVG/*Lorenz* Rn. 20). Zur Frage, wann wegen Fehlens eines Arbeitsplatzes die Weiterbeschäftigung im Betrieb (nicht jedoch im Unternehmen) unzumutbar ist, → Rn. 54ff. 31

Auf das kraft gesetzlicher Fiktion begründete Arbeitsverhältnis ist insbes. § 37 Abs. 4 u. 5 entsprechend anwendbar (vgl. Abs. 2 S. 2). Hierdurch wird sichergestellt, dass der Azubi nach Übernahme in ein Arbeitsverhältnis die **gleiche finanzielle und berufliche Entwicklung** nimmt, wie vergleichbare ArbN des Betriebs (→ § 37 Rn. 116ff., 130ff.; LAG Hamm 8.11.2005 – 19 Sa 1491/05, BeckRS 2007, 48155). Hat ein Azubi die Abschlussprüfung (endgültig) nicht bestanden, ist ein finanzieller und beruflicher Vergleich mit der Entwicklung solcher ArbN vorzunehmen, die bei einer vergleichbaren Ausbildung die Prüfung ebenfalls nicht bestanden haben und im Betrieb beschäftigt werden. 32

33 Nach Begründung des Arbeitsverhältnisses genießt der ehemalige Azubi den **Kündigungsschutz** der betriebsverfassungsrechtlichen Funktionsträger nach § 15 KSchG und § 103 (DKKW/*Bachner* Rn. 10; WPK/*Preis* Rn. 14; Richardi BetrVG/*Thüsing* Rn. 33).

V. Entbindung von der Weiterbeschäftigungspflicht

1. Arbeitsgerichtliches Verfahren

34 Der ArbGeb. kann die Begründung eines Arbeitsverhältnisses kraft der gesetzlichen Fiktion des Abs. 2 nur verhindern oder die Auflösung eines so begründeten Arbeitsverhältnisses nur erreichen, wenn er seinerseits **fristgerecht** ein **arbeitsgerichtliches Beschlussverfahren** einleitet, durch das die Unzumutbarkeit der Weiterbeschäftigung festgestellt wird. Der ArbGeb. muss also – wie im Falle des § 103 Abs. 2 – prozessual aktiv werden. In einem **Gemeinschaftsbetrieb iSd § 1 Abs. 1 S. 2** kann der Auflösungsantrag von dem Vertragsarbeitgeber des ehemaligen Ausbildungsverhältnisses allein gestellt werden (BAG 25.2.2009 – 7 ABR 61/07, DB 2009, 1473 ff.; 17.2.2010 – 7 ABR 89/08, DB 2010, 1355). Zur Feststellung der Unzumutbarkeit der Weiterbeschäftigung stehen zwei Verfahren zur Verfügung.

35 Ist das Ausbildungsverhältnis **noch nicht beendet,** kann der ArbGeb. die Feststellung beantragen, dass ein Arbeitsverhältnis wegen Unzumutbarkeit der Weiterbeschäftigung **nicht begründet** wird (Abs. 4 S. 1 Nr. 1). Der Antrag kann frühestens gestellt werden, nachdem der Azubi seine Weiterbeschäftigung verlangt hat. Ein vorher gestellter Antrag ist unzulässig (DKKW/*Bachner* Rn. 33; *Reinecke* DB 1981, 890; *Bengelsdorf* NZA 1991, 543 Fn. 62; **aA** GK-BetrVG/*Oetker* Rn. 191; *Weiß/Weyand* BetrVG Rn. 9; HWGNRH/*Nicolai* Rn. 26; Richardi BetrVG/*Thüsing* Rn. 37; APS/*Künzl* Rn. 134; *Opolony* BB 2003, 1329 [1336]). Der Antrag kann spätestens am letzten Tag des Bestehens des Ausbildungsverhältnisses gestellt werden. Ein danach gestellter Feststellungsantrag ist unwirksam (GK-BetrVG/*Oetker* Rn. 192; **aA** BVerwG 28.7.2006 – 6 PB 9/06, NZA-RR 2006, 670 zu § 9 Abs. 2 u. 4 BPersVG: Umdeutung in Auflösungsantrag zulässig, wenn ausschließlich die Unzumutbarkeit der Weiterbeschäftigung geltend gemacht wird).

36 Ergeht vor Beendigung des Ausbildungsverhältnisses eine **rechtskräftige** gerichtliche Entscheidung über den Feststellungsantrag nach Abs. 4 Nr. 1 dahingehend, dass ein **Arbeitsverhältnis nicht begründet** wird, scheidet der Azubi mit Beendigung seines Ausbildungsverhältnisses aus dem Betrieb und damit aus der ArbNVertr., der er angehört, aus. Wird dagegen vor Beendigung des Ausbildungsverhältnisses der Feststellungsantrag des ArbGeb. rechtskräftig abgelehnt, steht insoweit die Übernahme des Azubi in ein Arbeitsverhältnis rechtskräftig fest. In diesem Falle kann nach Begründung des Arbeitsverhältnisses kein Antrag auf Auflösung nach Abs. 4 Nr. 2 gestellt werden, da für einen solchen Antrag wegen der Rechtskraft des Antrags nach Abs. 4 Nr. 1 das Rechtsschutzinteresse fehlen würde. Zur Frage, wenn bis zum Ende des Ausbildungsverhältnisses noch keine rechtskräftige gerichtliche Entscheidung über den Feststellungsantrag nach Abs. 4 Nr. 1 vorliegt, → Rn. 40 ff.

37 Ist das Ausbildungsverhältnis **bereits beendet** und damit kraft der gesetzlichen Fiktion ein Arbeitsverhältnis begründet, kann der ArbGeb. nur noch die **gerichtliche Auflösung** des bereits begründeten Arbeitsverhältnisses beantragen (Abs. 4 Nr. 2). Dieser Antrag ist **fristgebunden.** Er muss vor Ablauf von zwei Wochen nach Beendigung des Ausbildungsverhältnisses gestellt werden. Für die Fristberechnung gelten die §§ 187 ff. BGB. Der letzte Tag des Ausbildungsverhältnisses (zB der Tag der mündlichen Abschlussprüfung) zählt bei der Fristberechnung nicht mit. Fällt der letzte Tag der Frist auf einen Samstag, Sonntag oder staatl. anerkannten Feiertag, läuft die Frist mit dem nächstfolgenden Werktag ab. Spätestens an diesem Tage muss ein das

arbeitsgerichtliche Beschlussverfahren einleitender Antrag des ArbGeb. auf Auflösung des Arbeitsverhältnisses beim ArbG eingegangen sein.

Bei der Frist des Abs. 4 handelt es sich um eine **materielle Ausschlussfrist** (Richardi BetrVG/*Thüsing* Rn. 39; WPK/*Preis* Rn. 18; HaKo-BetrVG/*Lorenz* Rn. 24; APS/*Künzl* Rn. 139; KR/*Weigand* Rn. 35, 47; *Schäfer* ArbuR 1978, 206; **aA** prozessuale Antragsfrist: GK-BetrVG/*Oetker* Rn. 188; HWGNRH/*Nicolai* Rn. 26; *Barwasser* DB 1976, 2114). Nach ihrem fruchtlosen Ablauf kann das kraft Fiktion begründete Arbeitsverhältnis nicht mehr wegen Unzumutbarkeit der Weiterbeschäftigung in Frage gestellt werden. 38

Hält das ArbG eine Weiterbeschäftigung des Azubi nach Ende des Ausbildungsverhältnisses für den ArbGeb. für nicht zumutbar, so hat es das **Arbeitsverhältnis aufzulösen.** Mit Rechtskraft des Auflösungsbeschlusses ist das Arbeitsverhältnis beendet (BAG 24.8.2016 – 5 AZR 853/15, NZA-RR 2017, 76). Bis zu diesem Zeitpunkt war es wirksam mit allen sich hieraus ergebenden Folgen (insbes. Arbeits- und Entgeltzahlungspflicht). Hat der ArbGeb. während dieses Zeitraums die angebotene Arbeitsleistung nicht angenommen, ist er wegen Annahmeverzuges gleichwohl zur Entgeltzahlung verpflichtet (BAG 24.8.2016 – 5 AZR 853/15, NZA-RR 2017, 76; 19.8.2015 – 5 AZR 1000/13, NZA 2015, 1465; LAG Köln – 5 Ta 52/05, LAGE § 78a BetrVG 2001 Nr. 2). Bei bestehenden tariflichen Ausschlussfristen erfüllt das schriftliche Weiterbeschäftigungsverlangen die erste Stufe; der ArbGeb. hat mit seinem Antrag nach Abs. 4 Nr. 2 die Weiterbeschäftigung als unzumutbar abgelehnt und damit auch die Annahme der Arbeitsleistung (BAG 24.8.2016 – 5 AZR 853/15, NZA-RR 2017, 76; 19.8.2015 – 5 AZR 1000/13, NZA 2015, 1465; LAG Nürnberg 25.2.2000 – 8 Sa 128/99, NZA-RR 2001, 197; *Houben* NZA 2006, 769; **aA** *Opolony* BB 2003, 1329 [1336], der von einem Erlöschen des Entgeltanspruchs ausgeht, da dem ArbGeb. die Annahme der Arbeitsleistung unzumutbar war). Lehnt das Gericht den Auflösungsantrag des ArbGeb. rechtskräftig ab, ist eine Beendigung des Arbeitsverhältnisses nur mit den allgemein üblichen Mitteln, insbes. Kündigung oder Aufhebungsvertrag möglich. Bei einer Kündigung ist der besondere Kündigungsschutz der betriebsverfassungsrechtlichen Funktionsträger nach § 15 KSchG und § 103 zu beachten. 39

Umstritten ist die Frage des Bestehens eines Arbeitsverhältnisses, wenn im Falle eines Feststellungsantrags nach Abs. 4 Nr. 1 bis zum Ende des Ausbildungsverhältnisses **keine rechtskräftige gerichtliche Entscheidung** über den Antrag des ArbGeb. vorliegt, wegen Unzumutbarkeit der Weiterbeschäftigung werde ein Arbeitsverhältnis nicht begründet. ZT wird mit dem Argument, bei den Anträgen des Abs. 4 Nr. 1 u. 2 handele es sich um verschiedene Streitgegenstände, die Ansicht vertreten, dass der rechtzeitig erhobene Feststellungsantrag nach Abs. 4 Nr. 1 den **Eintritt der Fiktionswirkung** des Abs. 2 solange **hemme,** bis über die Frage des Bestehens eines Arbeitsverhältnisses rechtskräftig entschieden sei. Werde dem Feststellungsantrag des ArbGeb. rechtskräftig stattgegeben, stehe fest, dass zu keiner Zeit ein Arbeitsverhältnis bestanden habe. Während der Zeit des Gerichtsverfahrens könne allerdings ein Anspruch des ehemaligen Azubi auf tatsächliche Weiterbeschäftigung in entsprechender Anwendung der vom Großen Senat des BAG aufgestellten Grundsätze über den Weiterbeschäftigungsanspruch nach einer Kündigung in Betracht kommen (so insbes. die frühere Rspr. des BAG 16.1.1979 – 6 AZR 153/77, AP BetrVG 1972 § 78a Nr. 5; 15.1.1980 – 6 AZR 361/79, AP BetrVG 1972 § 78a Nr. 9; 14.5.1987 – 6 AZR 498/85, AP BPersVG § 9 Nr. 4). 40

ZT wird jedoch die Ansicht vertreten, dass trotz eines anhängigen Feststellungsverfahrens nach Abs. 4 Nr. 1 bei einem entsprechenden Verlangen des Azubi im Anschluss an das Ausbildungsverhältnis ein **Arbeitsverhältnis begründet** und dieses erst durch eine entsprechende rechtskräftige gerichtliche Entscheidung für die Zukunft aufgelöst werde. Begründet wird dies insbes. damit, dass die Voraussetzungen für die Begründung eines Arbeitsverhältnisses in Abs. 2 nur von einem frist- und formgerechten Verlangen des Azubi abhängig gemacht werde und die Regelung des 41

Abs. 4 Nr. 1 kein zusätzliches negatives Tatbestandsmerkmal für das Entstehen eines Arbeitsverhältnisses darstelle. Außerdem sei in beiden Alternativen des Abs. 4 eigentlicher und ausschließlicher Streitgegenstand die Frage der Zumutbarkeit der Weiterbeschäftigung. Angesichts dieser Umstände sei es nicht zu rechtfertigen, Abs. 4 in einer Weise auszulegen, die je nach dem Zeitpunkt der gerichtlichen Antragstellung zu gravierenden Unterschieden führe (so nunmehr unter Aufgabe der bisherigen Rspr. BAG 29.11.1989 – 7 ABR 67/88, AP BetrVG 1972 § 78a Nr. 20; 24.7.1991 – 7 ABR 68/90, AP BetrVG 1972 § 78a Nr. 23; 11.1.1995 – 7 AZR 574/94, AP BetrVG 1972 § 78a Nr. 24; ErfK/*Kania* Rn. 10; WPK/*Preis* Rn. 17; Richardi BetrVG/*Thüsing* Rn. 37f.; HaKo-BetrVG/*Lorenz* Rn. 27; DKKW/*Bachner* Rn. 34; APS/*Künzl* Rn. 143f.; *Reinecke* DB 1981, 889; *Strieder* BB 1983, 581; gegen BAG 29.11.1989 – 7 ABR 67/88, AP BetrVG 1972 § 78a Nr. 20 massiv *Bengelsdorf* NZA 1991, 537). Obwohl gegen letzterer Ansicht durchaus gewichtige rechtssystematische Bedenken erhoben werden können, ist ihr **iErg zuzustimmen,** da sie einen Schutz der in Ausbildung befindlichen betriebsverfassungsrechtlichen Funktionsträger gewährleistet, der dem besonderen Kündigungsschutz der Mitgl. betriebsverfassungsrechtlicher Organe nach § 15 KSchG und § 103 mehr entspricht.

42 Über die Anträge des ArbGeb. nach Abs. 4 S. 1 entscheiden die ArbG im **Beschlussverfahren** (BAG 5.4.1984 – 6 AZR 70/83, AP BetrVG 1972 § 78a Nr. 13; 13.11.1987 – 7 AZR 246/87, AP BetrVG 1972 § 78a Nr. 18; 29.11.1989 – 7 ABR 67/88, AP BetrVG 1972 § 78a Nr. 20; 14.5.1987 – 6 AZR 498/85, AP BPersVG § 9 Nr. 4; GK-BetrVG/*Oetker* Rn. 178; DKKW/*Bachner* Rn. 48; Richardi BetrVG/*Thüsing* Rn. 49; *Schäfer* NZA 1985, 418). Das G. räumt dem ArbGeb. ein Antragsrecht und kein Klagerecht ein. Außerdem kennt nur das Beschlussverfahren Beteiligte (§ 83 ArbGG). In dem Beschlussverfahren ist die jeweils zuständige ArbNVertr zu beteiligen. Gehört der Azubi der JAV an, ist auch der BR zu beteiligen. Zur Frage der Kostentragungspflicht für einen vom Azubi in dem Beschlussverfahren zugezogenen Anwalt → § 40 Rn. 63.

43 Gegenstand des Beschlussverfahrens nach Abs. 4 ist ausschließlich die Frage, ob dem ArbGeb. die **Weiterbeschäftigung unzumutbar** ist (BAG 29.11.1989 – 7 ABR 67/88, AP BetrVG 1972 § 78a Nr. 20; GK-BetrVG/*Oetker* Rn. 179; **aA** *Bengelsdorf* NZA 1991, 542). Ein Feststellungsantrag nach Abs. 4 Nr. 1, über den bis zum Ende des Ausbildungsverhältnisses nicht rechtskräftig entschieden ist, wandelt sich automatisch, ohne dass es einer formellen Antragsänderung bedarf, in einen Auflösungsantrag nach Abs. 4 Nr. 2 um (BAG 29.11.1989 – 7 ABR 67/88, AP BetrVG 1972 § 78a Nr. 20; DKKW/*Bachner* Rn. 34; Richardi BetrVG/*Thüsing* Rn. 37). Zu Streitigkeiten zwischen ArbGeb. und Azubi über das Vorliegen der Voraussetzungen des Weiterbeschäftigungsanspruches nach den Abs. 2 u. 3, → Rn. 61.

44 **Maßgebender Zeitpunkt** für die Beurteilung der Unzumutbarkeit der Weiterbeschäftigung ist bei dem Feststellungsantrag nach Abs. 4 Nr. 1 der Zeitpunkt der Begründung des Arbeitsverhältnisses (DKKW/*Bachner* Rn. 46; GK-BetrVG/*Oetker* Rn. 211; HaKo-BetrVG/*Lorenz* Rn. 30; APS/*Künzl* Rn. 130, 155; *Strieder* BB 1983, 579). Im Falle eines Auflösungsantrags nach Abs. 4 Nr. 2 ist dagegen der Zeitpunkt der Letzten mündlichen Verhandlung in der Tatsacheninstanz maßgebend, da der ArbGeb. letztlich eine für die Zukunft wirkende Auflösungsentscheidung anstrebt (DKKW/*Bachner* Rn. 46; HaKo-BetrVG/*Lorenz* Rn. 30; APS/*Künzl* Rn. 130, 155; **aA** Zeitpunkt der Begründung des Arbeitsverhältnisses maßgebend BAG 16.1.1979 – 6 AZR 153/77, AP BetrVG 1972 § 78a Nr. 5; 15.1.1980 – 6 AZR 361/79, AP BetrVG 1972 § 78a Nr. 9; 16.8.1995– 7 ABR 52/94, AP BetrVG 1972 § 78a Nr. 25; 12.11.1997 – 7 ABR 73/96, AP BetrVG 1972 § 78a Nr. 31; 16.7.2008 – 7 ABR 13/07, AP BetrVG 1972 § 78a Nr. 50; BVerwG 29.3.2006 – 6 PB 2/06, ZTR 2006, 397f.; LAG Köln 4.9.1996 – 2 TaBV 25/96, LAGE § 78a BetrVG 1972 Nr. 13; GK-BetrVG/*Oetker* Rn. 211; HWGNRH/*Nicolai* Rn. 37; SWS Rn. 14). Der Zeitpunkt der Letzten mündlichen Verhandlung in der Tatsacheninstanz ist auch maßgebend, wenn sich ein ursprünglicher Feststellungsantrag wegen Beendigung des Ausbildungsverhältnisses in einen Auflösungsantrag umwandelt (→ Rn. 43; DKKW/*Bachner* Rn. 46).

Der ArbGeb. kann **nicht im Wege einer einstweiligen Verfügung** die Begründung eines Arbeitsverhältnisses nach Abs. 2 verhindern oder die Auflösung eines bereits begründeten Arbeitsverhältnisses erwirken. Denn durch eine einstweilige Verfügung darf kein endgültiger Rechtszustand hergestellt werden (hier: Nichtbestehen eines Arbeitsverhältnisses), der bei Aufhebung der einstweiligen Verfügung nicht rückwirkend wieder beseitigt werden kann (ArbG Wiesbaden 11.1.1978 – 6 Ga 3/77, DB 1978, 797; DKKW/*Bachner* Rn. 53; ErfK/*Kania* Rn. 12; GK-BetrVG/*Oetker* Rn. 216; APS/*Künzl* Rn. 159; *Reinecke* DB 1981, 890; *Opolony* BB 2003, 1329 [1336]). Dagegen dürfte eine einstweilige Verfügung mit dem Ziel, den ArbGeb. von der Pflicht zur **tatsächlichen Weiterbeschäftigung** des ehemaligen Azubi nach Beendigung des Ausbildungsverhältnisses zu entbinden, zulässig sein, zB weil effektiv keine Beschäftigungsmöglichkeit besteht (ErfK/*Kania* Rn. 12; GK-BetrVG/*Oetker* Rn. 215; HWGNRH/*Nicolai* Rn. 44; KR/*Weigand* Rn. 50; *Reinecke* DB 1981, 890f.; *Houben* NZA 2006, 769 [772f.], der dann aber das Bestehen eines Verfügungsgrunds verneint; ebenso LAG Köln 5 Ta 52/05, LAGE § 78a BetrVG 2001 Nr. 2; **aA** wegen Fehlens einer dem § 102 Abs. 5 S. 2 entsprechenden Regelung: ArbG Wiesbaden vDB 1978, 797; APS/*Künzl* Rn. 160; HaKo-BetrVG/*Lorenz* Rn. 28; *Becker-Schaffner* DB 1987, 2652; *Moritz* DB 1974, 1018). Allerdings sind an die Voraussetzungen einer derartigen einstweiligen Verfügung strenge Anforderungen zu stellen. Ihr Erlass hat keine Auswirkung auf die Wahrnehmung des betriebsverfassungsrechtlichen Amtes. Insbes. darf der Azubi den Betrieb zur Wahrnehmung seiner Amtsbefugnisse betreten. 45

2. Unzumutbarkeit der Weiterbeschäftigung

Der Antrag des ArbGeb. ist begründet, wenn ihm die Weiterbeschäftigung unter Berücksichtigung aller Umstände nicht zugemutet werden kann. Das G gebraucht eine Formulierung, die zwar an § 626 BGB über die **außerordentliche Kündigung** aus wichtigem Grunde angelehnt, jedoch **nicht** mit ihr **identisch ist.** Das folgt schon aus dem jedenfalls zT jeweils anderen Bezugspunkt der Unzumutbarkeit der (Weiter-)Beschäftigung. Während sich bei der außerordentlichen Kündigung die Unzumutbarkeit auch darauf beziehen muss, dass für die Beendigung des Arbeitsverhältnisses noch nicht einmal der Ablauf der ordentlichen Kündigung abgewartet werden kann, kommt es bei § 78a darauf an, ob die Weiterbeschäftigung in einem unbefristeten Dauerarbeitsverhältnis zumutbar ist (BAG 17.2.2010 – 7 ABR 89/08, DB 2010, 1355; BAG 8.9.2010 – 7 ABR 33/09, NZA 2011, 221). Insofern ist der Begriff der Unzumutbarkeit in § 78a in einem weiteren Sinne als in § 626 BGB zu verstehen. Beachtet man die zwischen den beiden Vorschriften bestehenden Unterschiede, ist gleichwohl eine an § 626 BGB orientierte Auslegung gerechtfertigt (BAG 16.1.1979 – 6 AZR 153/77, AP BetrVG 1972 § 78a Nr. 5; 15.12.1983 – 6 AZR 60/83, AP BetrVG 1972 § 78a Nr. 12; DKKW/*Bachner* Rn. 36; GK-BetrVG/*Oetker* Rn. 125; Richardi BetrVG/*Thüsing* Rn. 40; *Malottke* AiB 2006, 493 [497]; eine stärkere Eigenständigkeit der Vorschrift betonen dagegen BAG 6.11.1996 – 7 ABR 54/95, AP BetrVG 1972 § 78a Nr. 26; 12.11.1997 – 7 ABR 73/96, AP BetrVG 1972 § 78a Nr. 31; LAG SchlH 26.11.1976 – 5 Sa 464/76, DB 1977, 777; HWGNRH/*Nicolai* Rn. 29; SWS Rn. 12; *Weng* DB 1976, 1013; *Löwisch* DB 1975, 1893; *Reuter* SAE 1979, 283; *Blaha/Mehlich* NZA 2005, 667; **aA** im Sinne einer strengen Anlehnung an § 626 BGB: LAG Düsseldorf 12.6.1975 – 3 TaBV 106/74, DB 1975, 1995; APS/*Künzl* Rn. 96; *Barwasser* DB 1976, 2114). Ebenso wie bei der außerordentlichen Kündigung eines Arbeitsverhältnisses ist eine Nichtübernahme in ein Arbeitsverhältnis nur bei **Vorliegen außerordentlicher Gründe** gerechtfertigt. Die Gründe können in der Person des Azubi liegen (personen- oder verhaltensbedingte Gründe). Eine Nichtübernahme kann jedoch auch in dringenden betrieblichen Erfordernissen ihren Grund haben. 46

47 **Personen- und verhaltensbedingte Gründe,** die eine außerordentliche Kündigung rechtfertigen, rechtfertigen auch die Nichtübernahme eines Azubi in ein Arbeitsverhältnis (BAG 16.1.1979 – 6 AZR 153/77, AP BetrVG 1972 § 78a Nr. 5; 15.12.1983 – 6 AZR 60/83, AP BetrVG 1972 § 78a Nr. 12; DKKW/*Bachner* Rn. 37; APS/*Künzl* Rn. 122; WPK/*Preis* Rn. 21; **aA** Richardi BetrVG/*Thüsing* Rn. 40 mit Hinweis auf die Möglichkeit der außerordentlichen Kündigung). Dass derartige Gründe auch eine außerordentliche Kündigung des Ausbildungsverhältnisses nach § 22 BBiG hätten rechtfertigen können, hindert nicht ihre Geltendmachung iRd § 78a (GK-BetrVG/*Oetker* Rn. 128f.). Denn zum einen kommt es bei einer außerordentlichen Kündigung des Ausbildungsverhältnisses für die Frage der Unzumutbarkeit wesentlich auf die restliche Ausbildungszeit an, die, wenn sie nur noch kurz ist, zugunsten des Azubi zu berücksichtigen ist. Diesem Aspekt ist aber bei der Begründung eines unbefristeten Arbeitsverhältnisses ein ganz anderes Gewicht zu geben. Zum anderen würde, wenn derartige Gründe nicht mehr bei der Unzumutbarkeit der Weiterbeschäftigung berücksichtigen könnten, der ArbGeb. zu einer außerordentlichen Kündigung des Ausbildungsverhältnisses gezwungen, obwohl er im Interesse des Azubi bereit wäre, ihm trotz der groben Pflichtverletzung den Ausbildungsabschluss noch zu ermöglichen. Im Rahmen des Abs. 4 spielt deshalb die 2-Wochen-Frist nach § 22 Abs. 4 BBiG und § 626 Abs. 2 BGB, die bei einer außerordentlichen Kündigung zu beachten ist, keine Rolle (BAG 15.12.1983 – 6 AZR 60/83, AP BetrVG 1972 § 78a Nr. 12; GK-BetrVG/*Oetker* Rn. 131; **aA** *Barwasser* DB 1976, 2115).

48 Nur **grobe Verstöße** gegen die Pflichten aus dem **Ausbildungsverhältnis** können eine Nichtweiterbeschäftigung rechtfertigen, nicht dagegen Verstöße des Azubi gegen seine Amtspflichten als Mitglied des BR oder der AzubiVertr. (DKKW/*Bachner* Rn. 40; WPK/*Preis* Rn. 22). Verstößt der Azubi mit einer Handlung sowohl gegen seine Amts- als auch gegen seine Vertragspflichten, ist für die Frage der Unzumutbarkeit der Weiterbeschäftigung ein besonders strenger Maßstab anzulegen (DKKW/*Bachner* Rn. 40; GK-BetrVG/*Oetker* Rn. 133; WPK/*Preis* Rn. 22; APS/*Künzl* Rn. 122; → § 23 Rn. 23; → § 103 Rn. 30). Als Gründe, die eine Nichtübernahme rechtfertigen, kommen zB in Betracht: Arbeitsverweigerung, unbefugte Arbeitsversäumnis, Tätlichkeiten gegen den ArbGeb. oder Mitarbeiter, im Allgemeinen dagegen nicht der Konsum von Drogen (so zum Konsum von Cannabis OVG Saarl 11.12.1998 – 4 P 1/98, AiB 1999, 463 zur entsprechenden Vorschrift des § 9 Abs. 2 BPersVG).

49 Ein **Qualifikationsvergleich** zwischen einem ausgebildeten Mandatsträger und anderen für die Besetzung eines Arbeitsplatzes in Frage kommenden ArbN ist grds. **nicht zulässig.** Deshalb kann der ArbGeb. die Unzumutbarkeit der Weiterbeschäftigung nicht damit begründen, andere Azubi hätten die Prüfung mit einem besseren Ergebnis abgeschlossen, oder er beabsichtige, den freien Arbeitsplatz mit besser qualifizierten anderen ArbN des Betriebs zu besetzen (LAG Hamm 21.10.1992 – 3 Ta BV 106/92, BB 1993, 294; DKKW/*Bachner* Rn. 41; ErfK/*Kania* Rn. 8; GK-BetrVG/*Oetker* Rn. 134; APS/*Künzl* Rn. 126; KR/*Weigand* Rn. 38; HaKo-BetrVG/*Lorenz* Rn. 29; WPK/*Preis* Rn. 23; mit Bedenken *Opolony* BB 2003, 1329 [1335] **aA** *Löwisch/Kaiser* Rn. 18; *Weng* DB 1976, 1014; *Blaha/Mehlich* NZA2005, 667; *Schiefer* in FS Kreutz, 2010, 429 [448]; BAG 15.12.1999 – 10 AZR 638/98 für den öffentlichen Dienst bei wesentlichen Qualifikationsunterschieden). Eine Unzumutbarkeit der Weiterbeschäftigung liegt ferner nicht vor, wenn der ArbGeb. beabsichtigt, die wenigen freien Arbeitsplätze mit solchen Azubi zu besetzen, deren Ausbildung wegen besonders guter Leistungen verkürzt und mit einem guten Ergebnis vorzeitig abgeschlossen wird (LAG Bln 18.7.1995 – 12 TaBV 1/95, LAGE § 78a BetrVG 1972 Nr. 8; **aA** *Löwisch/Kaiser* Rn. 18). Der ArbGeb. ist allerdings nicht gehindert, einen Azubi, der wegen besonders guter Leistungen die Abschlussprüfung mehrere Monate vor Ablauf der normalen Ausbildungszeit beendet, auf einen freien Arbeitsplatz zu übernehmen (BAG 12.11.1997 – 7 ABR 73/96, AP BetrVG 1972 § 78a Nr. 31 bei

einer Einstellung eines solchen Azubi fünf Monate vor dem Ausbildungsende des Mandatsträgers; **aA** ThürLAG 8.5.1996 – 9 TaBV 15/96, LAGE § 78a BetrVG 1972 Nr. 11, wenn die Übernahme nicht aus betrieblichen, sondern aus bestimmten sozialpolitischen Gründen erfolgt ist; APS/*Künzl* Rn. 127).

Besteht der Azubi **auch im Wiederholungsfalle die Abschlussprüfung nicht,** so ist seine Weiterbeschäftigung im Allgemeinen unzumutbar. Etwas anderes gilt allerdings, wenn dem ArbGeb. eine Weiterbeschäftigung auf einem minder qualifizierten Arbeitsplatz, zB für ungelernte ArbN, möglich ist (LAG Nds 8.4.1975 – 2 TaBV 60/74, DB 1975, 1224; LAG BW 13.10.1977 – 7 Sa 134/77, AP BetrVG 1972 § 78a Nr. 4; DKKW/*Bachner* Rn. 41; GK-BetrVG/*Oetker* Rn. 137; APS/*Künzl* Rn. 124). 50

Erfordert der zu besetzende Arbeitsplatz nach seinem Anforderungsprofil eine **besondere Qualifikation,** die **höher** ist als die der erfolgreichen Ausbildung, besteht im Allgemeinen ebenfalls keine Verpflichtung des ArbGeb. zur Weiterbeschäftigung. Denn der Azubi hat keinen Anspruch darauf, ihm eine zusätzliche Qualifikation oder den Erwerb von Spezialkenntnissen zu ermöglichen (APS/*Künzl* Rn. 110, 125). Dies gilt allerdings nicht, wenn diese in einer angemessenen Einarbeitungszeit – ggf. unter Inanspruchnahme betrieblicher Schulungsmaßnahmen – gewonnen werden können (vgl. DKKW/*Bachner* Rn. 41; WPK/*Preis* Rn. 23; Richardi BetrVG/*Thüsing* Rn. 41; zum letzteren enger GK-BetrVG/*Oetker* Rn. 134; APS/*Künzl* Rn. 110, 125; *Schiefer* in FS Kreutz, 2010, 429 [447]). 51

In **Tendenzunternehmen,** in denen die Regelung des § 78a grds. auch für Auszubildende gilt, die zu Tendenzträgern ausgebildet werden, kann eine Weiterbeschäftigung aus Gründen des Tendenzschutzes dann entfallen, wenn die Weiterbeschäftigung aus tendenzbedingten Gründen für den Arbeitgeber unzumutbar ist (BAG 23.6.1983 – 6 AZR 595/80, AP BetrVG 1972 § 78a Nr. 10; *Opolony* BB 2003, 1329 [1330]; *Schiefer* in FS Kreutz, 2010, 429 [449]). 52

Auch **dringende betriebsbedingte Gründe** können eine Weiterbeschäftigung unzumutbar machen. Allerdings reichen hierfür nicht schon solche betriebsbedingten Gründe aus, die eine ordentliche Kündigung eines ArbN nach § 1 KSchG rechtfertigen. Damit würde der Schutz der ausgebildeten Amtsträger in einer dem § 78a nicht gerecht werdenden Weise auf den bloßen Kündigungsschutz normaler ArbN abgesenkt. Zweck des § 78a ist jedoch die Schaffung eines den anderen betriebsverfassungsrechtlichen Funktionsträgern entsprechenden Schutzes. An die Unzumutbarkeit der Weiterbeschäftigung aus betrieblichen Gründen sind deshalb strenge Anforderungen zu stellen. Dem ArbGeb. muss sie **schlechterdings nicht zumutbar** sein (BAG 16.1.1979 – 6 AZR 153/77, AP BetrVG 1972 § 78a Nr. 5; 6.11.1996 – 7 ABR 54/95, AP BetrVG 1972 § 78a Nr. 26; 16.7.2008 – 7 ABR 13/07, AP BetrVG 1972 § 78a Nr. 50; DKKW/*Bachner* Rn. 42; GK-BetrVG/*Oetker* Rn. 146; *Reinecke* DB 1981, 894; *Schäfer* ArbuR 1978, 206; iErg ebenso APS/*Künzl* Rn. 101, wenn er Gründe fordert, derentwegen auch BRMitgl außerordentlich gekündigt werden können). 53

Die Unzumutbarkeit der Weiterbeschäftigung ist grds. bei **Fehlen eines freien Arbeitsplatzes** anzuerkennen (BAG 16.1.1979 – 6 AZR 153/77, AP BetrVG 1972 § 78a Nr. 5; 29.11.1989– 7 ABR 67/88, AP BetrVG 1972 § 78a Nr. 20; 16.8.1995 – 7 ABR 52/94, AP BetrVG 1972 § 78a Nr. 25; 6.11.1996 – 7 ABR 54/95, AP BetrVG 1972 § 78a Nr. 26; 28.6.2000 – 7 ABR 57/98, ZTR 2001, 139; DKKW/*Bachner* Rn. 42; GK-BetrVG/*Oetker* Rn. 150; Richardi BetrVG/*Thüsing* Rn. 41; *Weiß/Weyand* BetrVG Rn. 11; APS/*Künzl* Rn. 103; **aA** ArbG Bochum 28.2.1994 – 3 BV 17/94, DB 1994, 1192; *Barwasser* DB 1976, 2114; *Reinecke* DB 1981, 893). Hierbei ist für die Frage, ob kein freier Arbeitsplatz vorhanden ist, nicht auf den Betrieb, sondern auf das Unternehmen abzustellen (LAG Nds 26.4.1996 – 16 TaBV 107/95, LAGE § 78a BetrVG 1972 Nr. 9 LAG Nds 10.4.1997 – 14 TaBV 89/96, LAGE § 78a BetrVG 1972 Nr 15; LAG RhPf 5.7.1996 – 3 TaBV 62/96, LAGE § 78a BetrVG 1972 Nr. 12; DKKW/*Bachner* Rn. 38; ErfK/*Kania* Rn. 9; Richardi BetrVG/*Thüsing* Rn. 43; HaKo-BetrVG/*Lorenz* Rn. 34; **aA** BAG 15.11.2006 – 54

7 ABR 15/06, AP BetrVG 1972 § 78a Nr. 38 ausschließlich betriebsbezogen – auch hinsichtlich der Weiterbeschäftigungspflicht zu geänderten Arbeitsbedingungen; BAG 8.8.2007 – 7 ABR 43/06, AP BetrVG 1972 § 78a Nr. 42; 17.2.2010 – 7 ABR 89/08, DB 2010, 1355; 8.9.2010 – 7 ABR 33/09, NZA 2011, 221; WPK/*Preis* Rn. 24; APS/*Künzl* Rn. 81, 104; *Jäger/Künzl* ZTR 2000, 304; *Opolony* BB 2003, 1329 [1335]; *Malottke* AiB 2006, 493 [497]; *Schiefer* FS Kreutz, 2010, 429 [442]). Denn wenn schon bei einer ordentlichen Kündigung eines ArbN die Möglichkeit einer Weiterbeschäftigung in einem anderen Betrieb des Unternehmens die Sozialwidrigkeit der Kündigung auslöst, muss diese Möglichkeit die Unzumutbarkeit der Weiterbeschäftigung eines durch § 78a geschützten Azubi erst recht ausschließen (vgl. auch § 15 Abs. 5 KSchG). Offen gelassen aber angedeutet hat das BAG die Möglichkeit, durch TV oder BV die Weiterbeschäftigungspflicht des Arbeitgebers nach § 78a auf das Unternehmen zu erweitern (BAG 15.11.2006 – 7 ABR 15/06, AP BetrVG 1972 § 78a Nr. 38; 8.8.2007 – 7 ABR 43/06, AP BetrVG 1972 § 78a Nr. 42).

55 Bei Fehlen eines Arbeitsplatzes ist der ArbGeb. weder verpflichtet, einen **neuen,** nicht benötigten **Arbeitsplatz** zu schaffen, noch gehalten, durch **Kündigung eines anderen ArbN** einen Arbeitsplatz frei zu machen (BAG 29.11.1989 – 7 ABR 67/88, AP BetrVG 1972 § 78a Nr. 20; 16.8.1995 – 7 ABR 52/94, AP BetrVG 1972 § 78a Nr. 25; 15.12.2011 – 7 ABR 40/10, NZA-RR 2012, 413, ErfK/*Kania* Rn. 9; WPK/*Preis* Rn. 24; GK-BetrVG/*Oetker* Rn. 154; *Horcher* NZA-RR 2006, 393 [401] zum letzteren **aA** APS/*Künzl* Rn. 106) bzw. eine den Auszubildenden nicht berührende Personalentscheidung so zu treffen, dass durch eine sog Kettenreaktion für den Auszubildenden eine Stelle frei wird (BAG 28.6.2000 – 7 ABR 57/98, ZTR 2001, 139). Letzteres gilt auch, wenn die Kündigung eines anderen ArbN möglich wäre, der noch nicht unter das Kündigungsschutzgesetz fällt. Der ArbGeb. ist auch nicht verpflichtet, Schichtpläne zu ändern, um dadurch einen Arbeitsplatz für den Auszubildenden zu gewinnen (BAG 15.1.1980 – 6 AZR 361/79, AP BetrVG 1972 § 78a Nr. 9; **aA** HaKo-BetrVG/*Lorenz* Rn. 38). Desgleichen ist der ArbGeb. nicht gezwungen, Arbeitsplätze, die er einsparen will, wieder zu besetzen (BAG 16.7.2008 – 7 ABR 13/07, AP BetrVG 1972 § 78a Nr. 50; *Grunsky* Anm. EzA § 78a BetrVG 1972 Nr. 9). Denn die Vorgabe, welche Arbeiten im Betrieb mit welcher Anzahl von ArbN verrichtet werden soll, ist eine vom ArbGeb. zu treffende Entscheidung (BAG 6.11.1996 – 7 ABR 54/95, AP BetrVG 1972 § 78a Nr. 26; 12.11.1997 Nr. 31; 28.6.2000 – 7 ABR 57/98, ZTR 2001, 139; 8.9.2010 – 7 ABR 33/09, NZA 2011, 221; BVerwG 9.10.1996 – 6 P 21/94, NZA-RR 1998, 190). Ist allerdings im Zeitpunkt der Beendigung des Ausbildungsverhältnisses ein freier Arbeitsplatz vorhanden, der mit dem Azubi besetzt werden kann, kann die Unzumutbarkeit nicht damit begründet werden, dass in naher Zukunft weitere Arbeitsplätze abgebaut werden sollen (BAG 16.8.1995 – 7 ABR 52/94, AP BetrVG 1972 § 78a Nr. 25; 16.7.2008 Nr. 50; 17.2.2010 – 7 ABR 89/08, DB 2010, 1355; 8.9.2010 – 7 ABR 33/09, NZA 2011, 221; ErfK/*Kania* Rn. 9; APS/*Künzl* Rn. 112).

55a Die Unzumutbarkeit kann auch nicht damit begründet werden, für die Erledigung der Arbeitsmenge künftig **LeihArbN** einzusetzen; dies verändert nicht die Anzahl der im Betrieb eingerichteten Arbeitsplätze und damit nicht den grundsätzlichen Beschäftigungsbedarf (BAG 16.7.2008 – 7 ABR 13/07, AP BetrVG 1972 § 78a Nr. 50; 25.2.2009 – 7 ABR 61/07, DB 2009, 1473 ff.; 17.2.2010 – 7 ABR 89/08, DB 2010, 1355; Richardi BetrVG/*Thüsing* Rn. 44; *Löwisch/Kaiser* Rn. 22; *Malottke* AiB 2009, 202 ff.; *Gaul/Ludwig* DB 2010, 2334; **aA** *Schiefer* in FS Kreutz, 2010, 429 [444]). Auch wenn der ArbGeb. bereits LeihArbN auf dauerhaft eingerichteten, ausbildungsadäquaten Arbeitsplätzen einsetzt, ist es ihm grds. zumutbar, einen solchen Arbeitsplatz frei zu machen, soweit dem nicht besondere betriebliche Interessen an der Weiterbeschäftigung des LeihArbNs entgegenstehen (BAG 17.2.2010 – 7 ABR 89/08, DB 2010, 1355; *Gaul/Ludwig* DB 2010, 2334 [2337]; *Bayreuther* NZA 2016, 1304 [1308]; **aA** *Schiefer* in FS Kreutz, 2010, 429 [444]).

Der ArbGeb. ist verpflichtet, alle ihm **zumutbaren Vorkehrungen** zu treffen, um eine Weiterbeschäftigung des Azubi zu ermöglichen. Diese ist deshalb nicht unzumutbar, wenn der ArbGeb. nach einem Antrag des Azubi nach Abs. 2 einen freien Arbeitsplatz besetzt, obwohl ihm ein Abwarten der Abschlussprüfung zumutbar war (DKKW/*Bachner* Rn. 44). Darüber hinaus ist der ArbGeb. generell verpflichtet, sich in den letzten drei Monaten der Ausbildung auf ein Übernahmeverlangen des Azubi einzustellen und ggf. frei werdende Arbeitsplätze für diesen zu reservieren (BAG 12.11.1997 – 7 ABR 63/96, AP BetrVG 1972 § 78a Nr. 30; 16.7.2008 – 7 ABR 13/07, AP BetrVG 1972 § 78a Nr. 50; 17.2.2010 – 7 ABR 89/08, DB 2010, 1355; 8.9.2010 – 7 ABR 33/09, NZA 2011, 221; BVerwG 29.3.2006 – 6 PB 2/06, ZTR 2006, 397f.; LAG Hamm 26.6.1996 – 3 TaBV 52/96, LAGE § 78a BetrVG 1972 Nr. 10; ErfK/*Kania* Rn. 9; GK-BetrVG/*Oetker* Rn. 159ff; *Jäger/Künzl* ZTR 2000, 348; BVerwG 17.5.2000 – 6 P 8/99, NZA-RR 2000, 559 für freie sog „Beförderungsstellen", die nach einer Einarbeitungszeit zu einer Höhergruppierung führen). Dies gilt nur dann nicht, wenn einem Abwarten besondere Umstände entgegenstehen, zB wenn eine sofortige Wiederbesetzung eines Arbeitsplatzes unerlässlich ist (BAG 17.2.2010 – 7 ABR 89/08, DB 2010, 1355; BAG 8.9.2010 – 7 ABR 33/09, NZA 2011, 221; Richardi BetrVG/*Thüsing* Rn. 45). Eine über die drei Monate vor Abschluss der Ausbildung hinausgehende Reservierungspflicht des ArbGeb. besteht im Allgemeinen nicht (BAG 12.11.1997 – 7 ABR 73/96, AP BetrVG 1972 § 78a Nr. 31; für eine sechsmonatige Reservierungspflicht APS/*Künzl* Rn. 108; HaKo-BetrVG/*Lorenz* Rn. 37). Zu den dem ArbGeb. zumutbaren Vorkehrungen für eine Weiterbeschäftigung kann auch der Abbau laufend geleisteter **Überstunden** zählen (DKKW/*Bachner* Rn. 43; GK-BetrVG/*Oetker* Rn. 158; HaKo-BetrVG/*Lorenz* Rn. 38; APS/*Künzl* Rn. 109; *Jäger/Künzl* ZTR 2000, 349, **aA** BAG 6.11.1996 – 7 ABR 54/95, AP BetrVG 1972 § 78a Nr. 26; 12.11.1997 – 7 ABR 73/96, AP BetrVG 1972 § 78a Nr. 31; 28.6.2000 – 7 ABR 57/98, ZTR 2001, 139; 17.2.2010 – 7 ABR 89/08, DB 2010, 1355; 8.9.2010 – 7 ABR 33/09, NZA 2011, 221; WPK/*Preis* Rn. 24; **aA** *Schiefer* in FS Kreutz, 2010, 429 [443]). Führt der ArbGeb. den Wegfall der Beschäftigungsmöglichkeit durch eine Änderung seiner Arbeitsorganisation oder Personalplanung allein zu dem Zweck herbei, um eine Übernahme der nach § 78a Geschützten zu verhindern, ist dies rechtsmissbräuchlich und insoweit unbeachtlich (BAG 8.9.2010 – 7 ABR 33/09, NZA 2011, 221). Nicht rechtsmissbräuchlich ist die vorrangige Berücksichtigung eines amtierenden JAVMitgl. gegenüber einem Azubi, der nur dem nachwirkenden Schutz des § 78a Abs. 3 unterfällt (BAG 15.12.2011 – 7 ABR 40/10, NZA-RR 2012, 413). 56

Bei dem nach Abs. 2 gesetzlich begründeten Arbeitsverhältnis handelt es sich **grds.** um ein **unbefristetes Vollzeitarbeitsverhältnis** (→ Rn. 30). Diese Regelung dient dem Schutz der auszubildenden Mandatsträger, die davor bewahrt werden sollen, nur in ein befristetes oder in ein Teilzeitarbeitsverhältnis übernommen zu werden. Ist eine Weiterbeschäftigung in einem unbefristeten Vollzeitarbeitsverhältnis **nicht möglich,** wohl jedoch in einem befristeten oder in einem Teilzeitarbeitsverhältnis, so wird bei **entsprechender Bereitschaft des Azubi ein derartiges Arbeitsverhältnis begründet** (HessLAG 6.1.1987 – 7 Sa 1151/86, NZA 1987, 532; LAG Köln 28.8.1996 – 7 TaBV 11/96, LAGE § 78a BetrVG 1972 Nr. 14; DKKW/*Bachner* Rn. 45; HaKo-BetrVG/*Lorenz* Rn. 16; APS/*Künzl* Rn. 115, 120; *Graf* DB 1992, 1290; *Jäger/Künzl* ZTR 2000, 350; *Schwerdtner* NZA 1985, 579; **aA** BAG 13.11.1987 – 7 AZR 246/87, AP BetrVG 1972 § 78a Nr. 18; 24.7.1991 – 7 ABR 68/90, AP BetrVG 1972 § 78a Nr. 23; 6.11.1996 – 7 ABR 54/95, AP BetrVG 1972 § 78a Nr. 26; 15.11.2006 – 7 ABR 15/06, AP BetrVG 1972 § 78a Nr. 38; 16.7.2008 – 7 ABR 13/07, AP BetrVG 1972 § 78a Nr. 50; ErfK/*Kania* Rn. 5; GK-BetrVG/*Oetker* Rn. 170ff.; WPK/*Preis* Rn. 25). Nach BAG ist der ArbGeb. jedoch verpflichtet, eine vom Azubi erklärte Bereitschaft, auch zu andern Arbeitsbedingungen arbeiten zu wollen (s. zu den Voraussetzungen → Rn. 22) zu prüfen, ob ihm dies möglich und zumutbar ist. Kommt es bei entsprechender Bereitschaft des Azubi zwischen ihm und 57 dem ArbGeb. zum Abschluss eines Arbeitsvertrages, wird nach BAG hiermit die Entstehung des gesetzlichen Arbeitsverhältnisses zu ausbildungsadäquaten Bedingungen abbedungen oder der Inhalt des bereits entstandenen Arbeitsverhältnisses geändert (BAG 17.2.2010 – 7 ABR 89/08, DB 2010, 1355). Unterlässt dagegen der ArbGeb. die Prüfung, oder verneint er zu Unrecht die Möglichkeit und Zumutbarkeit, so kann das nach Abs. 2 entstandene, auf die ausbildungsgerechte Beschäftigung gerichtete ArbVerh. nicht nach Abs. 4 aufgelöst werden (BAG 6.11.1996 – 7 ABR 54/95, AP BetrVG 1972 § 78a Nr. 26; 15.11.2006 – 7 ABR 15/06, AP BetrVG 1972 § 78a Nr. 38; 16.7.2008 – 7 ABR 13/07, AP BetrVG 1972 § 78a Nr. 50; ErfK/*Kania* Rn. 5; WPK/*Preis* Rn. 25). Der ArbGeb. ist in diesem Fall darauf verwiesen, die notwendigen Änderungen der Vertragsbedingungen durch individualrechtliche Maßnahmen durchzusetzen (BAG 6.11.2006 – 7 ABR 15/06, AP BetrVG 1972 § 78a Nr. 38; 16.7.2008 – 7 ABR 13/07, AP BetrVG 1972 § 78a Nr. 50; 17.2.2010 – 7 ABR 89/08, DB 2010, 1355; 8.9.2010 – 7 ABR 33/09, NZA 2011, 221). Hat jedoch der Azubi eine vom ArbGeb. angebotene anderweitige Beschäftigung abgelehnt, kann er sich im Verfahren nach § 78a Abs. 4 nicht darauf berufen, dass dem ArbGeb. die Beschäftigung zumutbar sei (BAG 15.11.2006 – 7 ABR 15/06, AP BetrVG 1972 § 78a Nr. 38; 17.2.2010 – 7 ABR 89/08, DB 2010, 1355).

58 Soweit die Gegenmeinung nur den freiwilligen Abschluss eines befristeten oder eines Teilzeitarbeitsverhältnisses zulässt und die Ablehnung eines kraft G zustande kommenden Arbeitsverhältnisses mit der gesetzlichen – nicht auslegungsfähigen – Fiktionswirkung des Abs. 2 begründet, überzeugt diese Ansicht nach dem „Alles-oder-Nichts-Prinzip" nicht. Zum einen wird sie dem Schutzzweck der Vorschrift (Unabhängigkeit der Amtsführung, Kontinuität der Tätigkeit der ArbNVertr., → Rn. 1) nicht gerecht. Zum anderen beachtet sie nicht ausreichend, dass sich in struktureller Hinsicht die gesetzliche Begründung eines befristeten oder eines Teilzeitarbeitsverhältnisses nicht von der Begründung eines Vollzeitarbeitsverhältnisses unterscheidet und sich insbes. qualitativ für den ArbGeb. keine unzulässige Mehrbelastung ergibt. Denn ein Teilzeit- oder ein befristetes Arbeitsverhältnis ist gegenüber einem unbefristeten Vollzeitarbeitsverhältnis als ein Weniger anzusehen.

59 Bietet der ArbGeb. im Interesse der Weiterbeschäftigung aller Azubis diesen nur Teilzeitarbeitsplätze an, kann der JAV nicht als einziger die Übernahme in ein Vollarbeitsverhältnis verlangen, wenn ein derartiger Arbeitsplatz nicht zur Verfügung steht (ArbG Kassel 3.9.1987 – 4 Ca 307/87, DB 1987, 2418; ArbG Hannover 16.10.1986 – 7 Ca 341/86, DB 1987, 179; **aA** GK-BetrVG/*Oetker* § 78 Rn. 172; APS/*Künzl* Rn. 79). Andererseits kann der ArbGeb. in diesem Fall eine Übernahme des Mitgl. der JAV nicht mit der Begründung ablehnen, keinen freien Arbeitsplatz zur Verfügung zu haben; zur Vermeidung einer sonst eintretenden Benachteiligung des JAV-Mitgl. ist der ArbGeb. bei einem Weiterbeschäftigungsverlangen des Mitgl. der JAV zur Begründung eines Arbeitsverhältnisses verpflichtet (BAG 6.11.1996 – 7 ABR 54/95, AP BetrVG 1972 § 78a Nr. 26; 15.11.2006 – 7 ABR 15/06, AP BetrVG § 78a Nr. 38; 17.2.2010 – 7 ABR 89/08, DB 2010, 1355).

59a Ist das Arbeitsverhältnis auf einer tarifvertraglichen Grundlage entstanden, kann dieses nicht nach § 78a Abs. 4 aufgelöst werden (BAG 8.9.2010 – 7 ABR 33/09, NZA 2011, 221), es sei denn, die Tarifvertragsparteien haben die entsprechende Anwendbarkeit vereinbart.

VI. Streitigkeiten

60 Streitigkeiten über die Unzumutbarkeit der Weiterbeschäftigung des ehemaligen Azubi nach Beendigung seiner Ausbildung sind im **Beschlussverfahren** zu entscheiden (Näheres → Rn. 27 ff.). Beteiligte des Verfahrens sind neben dem Auszubildenden und dem ArbGeb. der zuständige BR und die zuständige JAV. Eine Beteiligung der KJAV kommt weder aus § 83 Abs. 3 ArbGG (keine Betroffenheit durch das Verfahren nach § 78a Abs. 4 in ihren Beteiligungsrechten noch in ihrer personellen Zusammensetzung) in Betracht, noch kann sie durch TV begründet werden (BAG 15.11.2006 – 7 ABR 15/06, AP BetrVG 1972 § 78a Nr. 38; 8.8.2007 – 7 ABR 43/06, AP BetrVG 1972 § 78a Nr. 42). Weitere prozessrechtl. Beteiligte sind im Fall eines Gemeinschaftsbetriebs die daran beteiligten Unternehmen (BAG 25.2.2009 – 7 ABR 61/07, DB 2009, 1473 ff.). Eine gesonderte rechtsanwaltliche Vertretung der JAV neben der des BR ist regelmäßig nicht erforderlich (BAG 18.1.2012 – 7 ABR 83/10, NZA 2012, 683).

Streitigkeiten über das Vorliegen der Voraussetzungen einer Weiterbeschäftigung nach den Abs. 2 u. 3 (zB Streit über die Mandatsträgerschaft oder über das fristgerechte und ordnungsgemäße Weiterbeschäftigungsverlangen des Azubi) sind nach hM im arbeitsgerichtlichen **Urteilsverfahren** zu entscheiden (BAG 22.9.1983 – 6 AZR 323/81, AP BetrVG 1972 § 78a Nr. 11; 13.11.1987 – 7 AZR 246/87, AP BetrVG 1972 § 78a Nr. 18; 29.11.1989 – 7 ABR 67/88, AP BetrVG 1972 § 78a Nr. 20; DKKW/*Bachner* Rn. 49; Richardi BetrVG/*Thüsing* Rn. 31; WPK/*Preis* Rn. 27; APS/*Künzl* Rn. 146 f.; **aA** *Kraft/Raab* Anm. zu BAG 29.11.1989 – 7 ABR 67/88, EzA § 78a Nr. 20). Dies ist weder im Interesse der Beteiligten noch prozessökonomisch sinnvoll, da die umstrittene Frage einer Weiterbeschäftigung uU in zwei verschiedenen Verfahren geklärt werden muss (GK-BetrVG/*Oetker* Rn. 119 f.). In seiner neueren Rspr. erwägt das BAG deshalb, auch die Frage, ob die Voraussetzungen der Abs. 2 u. 3 vorliegen, im BeschlVerf. klären zu lassen (BAG 11.1.1995 – 7 AZR 574/94, AP BetrVG 1972 § 78a Nr. 24; dem Ansatz zust. *Houben* NZA 2006, 769 [771]; so schon BVerwG 28.7.2006 – 6 PB 9/06, NZA-RR 2006, 670 mwN zu § 9 BPersVG). Die Geltendmachung des Anspruchs des Ausgebildeten auf tatsächliche Beschäftigung nach Begründung des Arbeitsverhältnisses erfolgt im Urteilsverfahren (BAG 14.5.1987 – 6 AZR 498/85, AP BPersVG § 9 Nr. 4). **61**

Ist in einem Beschlussverfahren rechtskräftig festgestellt worden, dass wegen Unzumutbarkeit der Weiterbeschäftigung das Arbeitsverhältnis aufgelöst worden ist, ist ein Urteilsverfahren über die Feststellung des Nichtvorliegens der Voraussetzungen der Abs. 2 u. 3 **gleichwohl fortzusetzen,** da sich diese Entscheidung auf den Zeitpunkt der Beendigung des Ausbildungsverhältnisses bezieht und nicht wie die Entscheidung im Beschlussverfahren nur ab Rechtskraft für die Zukunft wirkt. Ist dagegen im Urteilsverfahren rechtskräftig entschieden, dass wegen Nichtvorliegens der Voraussetzungen der Abs. 2 u. 3 ein Arbeitsverhältnis nicht begründet worden ist, so ist ein anhängiges Beschlussverfahren zur Feststellung der Nichtzumutbarkeit der Weiterbeschäftigung **mangels Rechtsschutzinteresses** einzustellen. **62**

Bestreitet der ArbGeb. die Begründung eines Arbeitsverhältnisses nach Abs. 2 u. 3, ist für eine Klage des Azubi auf Feststellung des Bestehens eines Arbeitsverhältnisses stets ein **Rechtsschutzinteresse** iSd § 256 Abs. 1 ZPO zu bejahen (BAG 13.11.1987 – 7 AZR 246/87, AP BetrVG 1972 § 78a Nr. 18). Auch wenn der ArbGeb. rechtzeitig ein Beschlussverfahren nach Abs. 4 Nr. 1 einleitet, hat der Ausgebildete grds. Anspruch auf tatsächliche Beschäftigung entsprechend dem gesetzlich begründeten Arbeitsverhältnis (aber auch → Rn. 45). **63**

Der Ausgebildete kann seine Rechte auf Beschäftigung aus dem kraft G begründeten Arbeitsverhältnis auch im Wege der **einstweiligen Verfügung** geltend machen, wenn der ArbGeb. die Begründung eines Arbeitsverhältnisses bestreitet (HessLAG 14.8.1987 – 14 SaGa 967/87, BB 1987, 2160; SächsLAG 2.11.2005 – 2 Sa 731/05, juris; DKKW/*Bachner* Rn. 52; ErfK/*Kania* Rn. 12; WPK/*Preis* Rn. 29; *Opolony* BB 2003, 1329 [1336]; *Becker-Schaffner* DB 1987, 2652; *Reinecke* DB 1981, 890; **aA** APS/*Künzl* Rn. 160). **64**

§ 79 Geheimhaltungspflicht

(1) [1] **Die Mitglieder und Ersatzmitglieder des Betriebsrats sind verpflichtet, Betriebs- oder Geschäftsgeheimnisse, die ihnen wegen ihrer Zugehörigkeit zum**

Betriebsrat bekannt geworden und vom Arbeitgeber ausdrücklich als geheimhaltungsbedürftig bezeichnet worden sind, nicht zu offenbaren und nicht zu verwerten. [2]Dies gilt auch nach dem Ausscheiden aus dem Betriebsrat. [3]Die Verpflichtung gilt nicht gegenüber Mitgliedern des Betriebsrats. [4]Sie gilt ferner nicht gegenüber dem Gesamtbetriebsrat, dem Konzernbetriebsrat, der Bordvertretung, dem Seebetriebsrat und den Arbeitnehmervertretern im Aufsichtsrat sowie im Verfahren vor der Einigungsstelle, der tariflichen Schlichtungsstelle (§ 76 Abs. 8) oder einer betrieblichen Beschwerdestelle (§ 86).

(2) **Absatz 1 gilt sinngemäß für die Mitglieder und Ersatzmitglieder des Gesamtbetriebsrats, des Konzernbetriebsrats, der Jugend- und Auszubildendenvertretung, der Gesamt-Jugend- und Auszubildendenvertretung, der Konzern-Jugend- und Auszubildendenvertretung, des Wirtschaftsausschusses, der Bordvertretung, des Seebetriebsrats, der gemäß § 3 Abs. 1 gebildeten Vertretungen der Arbeitnehmer, der Einigungsstelle, der tariflichen Schlichtungsstelle (§ 76 Abs. 8) und einer betrieblichen Beschwerdestelle (§ 86) sowie für die Vertreter von Gewerkschaften oder von Arbeitgebervereinigungen.**

Inhaltsübersicht

I. Vorbemerkung

1 Die im Rahmen seiner Beteiligungsrechte bestehenden umfangreichen Informationsrechte sowie das Gebot der vertrauensvollen Zusammenarbeit zwischen ArbGeb. und BR (§ 2 Abs. 1) bringen es mit sich, dass der BR, seine Mitgl. und ErsMitgl. sowie weitere im Rahmen der Betriebsverfassung beteiligte Stellen und Personen Mitteilungen und Kenntnisse über Betriebs- und Geschäftsgeheimnisse erhalten können. Im Interesse des ArbGeb. und des Betriebs und damit seiner Belegschaft wird für solche Fälle eine **besondere Geheimhaltungspflicht** dieser Personen festgelegt. Die Pflicht zur Verschwiegenheit ermöglicht es dem ArbGeb., seine Informationspflichten (→ § 80 Rn. 48 ff.) rechtzeitig und umfassend zu erfüllen. Eine Einschränkung der Mitteilungspflicht der ArbGeb. im Hinblick auf Geschäfts- und Betriebsgeheimnisse enthält das G nur hinsichtlich der BetrVerslg. (→ § 43 Rn. 20) und des WiAusschusses (→ § 106 Rn. 29 ff.), aber nicht für den BR (BAG 31.1.1989 – 1 ABR 72/87, AP BetrVG 1972 § 80 Nr. 33). Durch das BetrVerf-ReformG ist die Verschwiegenheitspflicht auf die Mitgl. und ErsMitgl. der von ihm neu geschaffenen KJAV sowie der ArbNVertr. nach § 3 Abs. 1, die durch TV oder BV errichtet werden können, erstreckt worden. Für Mitgl. einer Arbgruppe, der nach § 28a die Wahrnehmung betriebsverfassungsrechtlicher Aufgaben übertragen worden ist, gilt die Vorschrift entsprechend (→ § 28a Rn. 39; ErfK/*Koch* § 28a Rn. 3; HWGNRH/*Nicolai* Rn. 13; *Müller* BB 2013, 2293 [2296]; **aA** HaKo-BetrVG/*Lorenz* Rn. 1, nur bei Aufnahme der Regelung in die Rahmenvereinbarung; ebenso *Müller* AiB 2009, 577 [582]).

2 Entsprechende Vorschriften: § 10 BPersVG, § 29 SprAuG und § 35 Abs. 2 EBRG.

II. Gegenstand der Schweigepflicht

Die Schweigepflicht nach § 79 erfasst Betriebs- und Geschäftsgeheimnisse. **Betriebs- oder Geschäftsgeheimnisse** sind Tatsachen, Erkenntnisse oder Unterlagen, die im Zusammenhang mit dem technischen Betrieb oder der wirtschaftlichen Betätigung des Unternehmens stehen, nur einem eng begrenzten Personenkreis bekannt, also nicht offenkundig (zB nicht im Wirtschaftsteil einer Zeitung veröffentlicht) sind, nach dem bekundeten Willen des ArbGeb. (Unternehmers) geheim gehalten werden sollen, und deren Geheimhaltung (insbes. vor Konkurrenten) für den Betrieb oder das Unternehmen wichtig ist (**materielles Geheimnis;** BAG 16.3.1982 – 3 AZR 83/79, AP BGB § 611 Betriebsgeheimnis Nr. 1; 26.2.1987 – 6 ABR 46/84, AP BetrVG 1972 § 79 Nr. 2; 23.10.2008 – 2 ABR 59/07, NZA 2009, 855; BVerfG 14.3.2006 – 1 BvR 2087/03; NVwZ 2006, 1041; LAG Hamm 22.7.2011 – 10 Sa 381/11, AE 2011, 244; BGH 15.5.1955 – I ZR 111/53, AP UWG § 17 Nr. 1; 9.12.2015 – IV ZR 272/15, NJW-RR 2016, 228; ErfK/*Kania* Rn. 2; GK-BetrVG/*Oetker* Rn. 12; Richardi BetrVG/*Thüsing* Rn. 5). Der ArbGeb. muss ein berechtigtes Interesse an der Geheimhaltung haben (hM; BAG 16.5.2019 – 8 AZN 809/18; juris; 10.3.2009 – 1 ABR 87/07, NZA 2010, 180; 13.2.2007 – 1 ABR 14/06, NZA 2007, 638). Es ist also **objektiv feststellbar,** ob ein Betriebs- oder Geschäftsgeheimnis vorliegt oder nicht. Besteht kein objektives Geheimhaltungsinteresse, so kann eine Angelegenheit nicht willkürlich – etwa durch ihre Bezeichnung als vertrauliche Mitteilung – zum Geschäftsgeheimnis gemacht werden (GK-BetrVG/*Oetker* Rn. 25; WPK/*Preis* Rn. 4; ErfK/*Kania* Rn. 7; HWGNRH/*Nicolai* Rn. 3; DKKW/*Buschmann* Rn. 7; LAG Köln 21.1.2008 – 14 TaBV 44/07, EzB BetrVG § 37 Nr. 15; LAG Hamm 22.7.2011 – 10 Sa 381/11, AE 2011, 244). 3

Dies gilt unverändert auch nach dem GeschGehG vom 18. April 2019 (BGBl. I S. 466), das die RL (EU) 2016/943 des Europäischen Parlaments und des Rates vom 8. Juni 2016 über den Schutz vertraulichen Know-hows und vertraulicher Geschäftsinformationen (Geschäftsgeheimnisse) vor rechtswidrigem Erwerb sowie rechtswidriger Nutzung und Offenlegung in nationales Recht umsetzt und erstmalig den Begriff des Geschäftsgeheimnisses gesetzlich definiert. Danach ist ein Geschäftsgeheimnis eine Information a) die weder insgesamt noch in der genauen Anordnung und Zusammensetzung ihrer Bestandteile allgemein bekannt oder ohne weiteres zugänglich ist und daher von wirtschaftlichem Wert ist, und b) Gegenstand von den Umständen nach angemessenen Geheimhaltungsmaßnahmen durch den Inhaber ist sowie c) an der ein berechtigtes Interesse an der Geheimhaltung besteht (§ 2 Nr. 1 GeschGehG). Das bisherige Rechtsverständnis des § 79 sowie die Beteiligungsrechte des BR werden hierdurch nicht berührt (*Oltmanns/Fuhlrott* NZA 2019, 1384; *Preis/Seiwerth* RdA 2019, 351, 359; die kritischen Ausführungen von *Karthaus* in NZA 2018, 1180 dürften insbes. mit der Aufnahme des berechtigten Interesses in die gesetzliche Definition hinfällig sein). § 1 Abs. 3 Nr. 4 GeschGehG stellt insoweit klar, dass die Rechte und Pflichten aus dem Arbeitsverhältnis und die Rechte der Arbeitnehmervertretung von diesem Gesetz unberührt bleiben. Dabei ist die Formulierung „Rechte der Arbeitnehmervertretungen" weit zu verstehen. Sie umfasst sämtliche den Arbeitnehmervertretern zustehenden Rechte insbes. auf Basis des BetrVG oder den Regelungen zur Mitbestimmung auf Unternehmensebene und der Rechtsprechung dazu (s. BT-Drs. 19/8300, S. 13 zu Nummer 2 (Ergänzung des § 1 Abs. 3). Die Regelung flankiert den in § 3 Abs. 2 GeschGehG angeordneten generellen Vorrang von rechtsgeschäftlichen und spezialgesetzlichen Sonderregelungen zum Schutz von Geschäftsgeheimnissen und trägt dem Erwägungsgrund 18 der RL (EU) 2016/943 Rechnung, der die Rechtmäßigkeit des Erwerbs, der Nutzung und der Offenlegung von Geschäftsgeheimnissen insbes. iR der betrieblichen Mitbestimmung besonders hervorhebt (s. auch BT-Drs. 19/47214 S. 24 zu § 3 Abs. 2; GK-BetrVG/*Oetker* Rn. 7; *Preis/Seiwerth* RdA 2019, 351, 359 f.). Ausdrücklich bestimmt § 3 Abs. 1 Nr. 3 GeschGehG, dass ein Geschäfts- 3a geheimnis erlangt werden darf, wenn ArbN oder BR dadurch ihr Recht auf Information und Anhörung bzw. auf Mitwirkung und Mitbestimmung in Anspruch nehmen. Der ArbGeb. kann also nicht die Beteiligungsrechte des BR mit Hinweis auf das Vorliegen eines Geschäftsgeheimnisses einschränken bzw. die entsprechenden Informationen verweigern (BT-Drs. 19/4724, S. 26 zu § 3 Abs. 1 Nr. 3; → § 80 Rn. 60).

3b Unlautere oder gesetzwidrige Vorgänge (zB Steuerhinterziehungen) genießen keinen Geheimschutz (DKKW/*Buschmann* Rn. 9; ErfK/*Kania* Rn. 6; HaKo-BetrVG/*Lorenz* Rn. 12; MHdB ArbR/*Krois* § 295 Rn. 207; *Böning* AiB 2019, Heft 9, 26; *Holthausen* NZA 2019, 1377; *Preis/Seiwerth* RdA 2019, 351, 359f.; *Preis/Reinfeld* ArbuR 1989, 363; *Müller* AiB 2009, 577 [581]). Abgesehen von den Fällen des § 138 StGB besteht insoweit jedoch keine Offenbarungspflicht des BR oder seiner Mitgl. Dies gilt auch im Zusammenhang mit dem GeschGehG, wonach die Erlangung, Nutzung oder Offenlegung eines Geschäftsgeheimnisses nicht unter das Verbot des § 4 GeschGehG fällt, wenn dies zum Schutz eines berechtigen Interesses erfolgt, insbes. zur Aufdeckung einer rechtswidrigen Handlung oder eines beruflichen oder sonstigen Fehlverhaltens, wenn dies geeignet ist, das allgemeine öffentliche Interesse zu schützen (§ 5 Nr. 2 GeschGehG; im Ergebnis ebenso GK-BetrVG/*Oetker* Rn. 21 zu Artikel 5 der RL (EU) 2016/493).

4 Als **Beispiele** für Betriebs- und Geschäftsgeheimnisse sind zu nennen: Kundenlisten; Unterlagen über neue technische Verfahren oder Mängel der hergestellten Waren; Absatzplanung; Mengen- oder Preiskalkulationen; Diensterfindungen; Konstruktionszeichnungen; Rezeptur einer Reagenz (BAG 16.3.1982 – 3 AZR 83/79, AP BGB § 611 Betriebsgeheimnis Nr. 1); Kalkulationsunterlagen, uU Lohn- und Gehaltslisten als Teil der betriebswirtschaftlichen Kalkulation in einem Zeitungsverlag, in dem die Personalkosten mit den Produktionskosten weitgehend identisch sind (BAG 26.2.1987 – 6 ABR 46/84, AP BetrVG 1972 § 79 Nr. 2; ErfK/*Kania* Rn. 5; GK-BetrVG/*Oetker* Rn. 13; **aA** ArbG Mannheim 6.2.2007 – 7 BVGa 1/07, AiB 2007, 542 wenn die Lohn- und Gehaltsdaten für eine Reaktion der Konkurrenz unergiebig sind mit zust. Anm. *Stather* ebenda; DKKW/*Buschann* Rn. 13; *Müller* AiB 2009, 577 [578]); Vorzugspreise; unveröffentlichte Jahresabschlüsse; Liquidität des Unternehmens; Auftragslage; Umsatzhöhe; uU wichtige Verträge oder Vertragsverhandlungen und damit im Zusammenhang stehende Tatsachen (BAG 23.10.2008 – 2 ABR 59/07, NZA 2009, 855). Ein dem BR mitgeteilter interessenausgleichspflichtiger Personalabbau kann nicht pauschal zu einem Betriebs- und Geschäftsgeheimnis erklärt werden (LAG SchlH 20.5.2015 – 3 TaBV 35/14, NZA-RR 2016, 77; HessLAG 20.3.2017 – 16 TaBV 12/17, ArbuR 2017, 413; ErfK/*Kania* Rn 4; HaKo-BetrVG/*Lorenz* Rn. 8; DKKW/*Buschmann* Rn. 8; Schaub ArbR-HdB/*Ahrendt* § 230 Rn. 29; *Cano* AiB 2017, 40; *Böning* AiB 2019, Heft 9, 26; krit. aber im Ergebnis zustimmend *Brammsen/Schmitt* NZA-RR 2016, 77 [81]; *Weller* BB 2015, 2941, 2944; ebenso *Steinau-Steinrück/Burmann* NZA 2019, 209, 211; **aA** HWGNRH/*Nicolai* Rn. 6) und damit der BR an der Wahrnehmung seiner Beteiligungsrechte insbes. nach §§ 111, 112 gehindert werden (LAG SchlH 20.5.2015 – 3 TaBV 35/14, NZA-RR 2016, 77; HaKo-BetrVG/*Lorenz* Rn. 8; DKKW/*Buschmann* Rn. 8; *Weller* BB 2015, 2941, 2944; *Steinau-Steinrück/Burmann* NZA 2019, 209, 211; *Preis/Seiwerth* RdA 2019, 351, 359; einschränkend GK-BetrVG/*Oetker* Rn. 22; HWGNRH/*Nicolai* Rn. 6). Unabhängig davon, ob es sich im konkreten Einzelfall um eine Geschäftsgeheimnis handelt, fällt das Erlangen, die Nutzung oder die Offenlegung eines Geschäftsgeheimnisses auch nicht unter das Verbot des § 4 GeschGehG, wenn dies zum Schutz eines berechtigten Interesses erfolgt (§ 5 GeschGehG). Die Aufzählung in § 5 GeschGehG ist nicht abschließend: Berechtigtes Interesse kann jedes von der Rechtsordnung gebilligte Interesse sein. Auch die Verfolgung legitimer Gruppeninteressen, zB wenn der BR über einen bevorstehenden Personalabbau unterrichtet, kann ein solches berechtigtes Interesse sein (BT-Drs. 19/4724, S. 29 zu § 5).

5 Außer dem Vorliegen eines materiellen Geheimnisses erfordert die Verschwiegenheitspflicht nach § 79 weiter, dass der **ArbGeb.** oder sein Repräsentant durch **aus-**

drückliche Erklärung darauf hingewiesen hat, dass eine bestimmte Angelegenheit als Geschäfts- oder Betriebsgeheimnis zu betrachten und darüber Stillschweigen zu wahren ist **(formelles Geheimnis).** Erst dieser Hinweis begründet die Schweigepflicht (LAG Hamm 22.7.2011 – 10 Sa 381/11, AE 2011, 244; LAG RhPf 22.2.2008 – 6 Sa 626/07, BeckRS 2008, 51666; WPK/*Preis* Rn. 6). Wird die ausdrückliche Erklärung der Geheimhaltungsbedürftigkeit erst nach der Mitteilung des Betriebsgeheimnisses abgegeben, besteht erst ab diesem Zeitpunkt die Verschwiegenheitspflicht (DKKW/*Buschmann* Rn. 124 GK-BetrVG/*Oetker* Rn. 27; Richardi BetrVG/*Thüsing* Rn. 8). Das Gleiche gilt, wenn die Funktionsträger im Rahmen ihrer Amtstätigkeit von dem Betriebsgeheimnis bereits aus anderer Quelle Kenntnis erlangt haben. Die Erklärung bedarf keiner bestimmten Form. Sie muss jedoch klar und eindeutig unter bestimmter Bezeichnung der geheimzuhaltenden Angelegenheit erfolgen. Der Wille des ArbGeb. über die Geheimhaltungsbedürftigkeit muss dem Erklärungsempfänger klar erkennbar sein (DKKW/*Buschmann* Rn. 14; ErfK/*Kania* Rn. 7; WPK/*Preis* Rn. 6; GK-BetrVG/*Oetker* Rn. 27f; Richardi BetrVG/*Thüsing* Rn. 7). Auch nach dem GeschGehG muss der rechtmäßige Inhaber des Geschäftsgeheimnisses angemessene Geheimhaltungsmaßnahmen zum Schutz des Geschäftsgeheimnisses ergriffen haben (§ 2 Nr. 1 Buchstabe b GeschGehG), um als schutzbedürftig anerkannt zu werden. Im Rahmen des § 79 muss der ArbGeb. den BR auf die Geheimhaltung ausdrücklich hinweisen. Umgekehrt macht der Hinweis des ArbGeb., dass es sich um eine geheimhaltungsbedürftige Information handelt, bzw. die Unterzeichnung einer Verschwiegenheitserklärung einfordert, diese nicht bereits materiell-rechtlich zu einem Geschäftsgeheimnis (so auch GK-BetrVG/*Oetker* Rn 25, 29; *Holthausen* NZA 2019, 1377). Handelt es sich bei der vom ArbGeb. erteilten Information tatbestandlich um ein Geschäftsgeheimnis und hat der BR eine Vertraulichkeitserklärung unterzeichnet, steht dies einer Nutzung und Offenlegung in Wahrnehmung seiner betriebsverfassungsrechtlichen Rechte nicht entgegen. § 4 GeschGehG ist insoweit nicht einschlägig, da die Nutzung und Offenlegung iR der Beteiligungsrechte nach § 3 Abs. 2 GeschGehG erlaubt ist (→ auch Rn. 3a, 7, 11; BT-Drs. 19/4724 S. 26 zu § 4 GeschGehG) bzw. nach § 5 GeschGehG nicht unter das Verbot des § 4 GeschGehG fällt (→ Rn. 3b, 4).

Die **Mitteilung über die Geheimhaltungsbedürftigkeit** hat den in der Vorschrift genannten Stellen und Personen gegenüber zu erfolgen. Diese haben ihrerseits dafür Sorge zu tragen, dass andere Mitgl. der betreffenden Organisation, die von der Erklärung bisher keine Kenntnis haben (zB ErsMitgl.), von der Geheimhaltungspflicht unterrichtet werden (DKKW/*Buschmann* Rn. 14; HaKo-BetrVG/*Lorenz* Rn. 10; ErfK/*Kania* Rn. 10). 6

Die Schweigepflicht des § 79 erfordert ferner, dass die zur Geheimhaltung verpflichteten Personen von den Betriebs- und Geschäftsgeheimnissen in ihrer **Eigenschaft als Mitgl.** der genannten betriebsverfassungsrechtlichen Institutionen Kenntnis erlangt haben (DKKW/*Buschmann* Rn. 15; ErfK/*Kania* Rn. 9; Richardi BetrVG/*Thüsing* Rn. 9). Bei den Vertr. der Gewerkschaften oder ArbGebVerbänden muss die Kenntniserlangung im Rahmen ihrer betriebsverfassungsrechtlichen Unterstützungsfunktion erfolgt sein (GK-BetrVG/*Oetker* Rn. 39f.). Nicht erforderlich ist, dass die Kenntnisvermittlung durch den ArbGeb. selbst erfolgt ist. Die Kenntniserlangung durch eine andere Person (zB als Sachverständiger nach § 80 Abs. 3 oder als Wirtschaftsprüfer) reicht aus, vorausgesetzt, sie erfolgt im Rahmen einer betriebsverfassungsrechtlichen Aufgabenerfüllung und es wird auch hier durch den ArbGeb. oder seinen Repräsentanten (das kann auch die mitteilende Person sein) ausdrücklich auf die Geheimhaltungsbedürftigkeit hingewiesen (GK-BetrVG/*Oetker* Rn. 35; HWGNRH/*Nicolai* Rn. 8; *Müller* BB 2013, 2293 [2295]). Auch nach dem GeschGehG handelt es sich dabei um eine erlaubte Erlangung eines Betriebs- und Geschäftsgeheimnisses in Ausübung seiner Mitwirkungs- und Mitbestimmungsrechte iSd § 3 Abs. 1 Nr. 3 GeschGehG. Deren Nutzung ist iR seiner internen Abstimmungsprozesse und Verhandlungen mit dem ArbGeb. nach § 3 Abs. 2 iVm § 1 Abs. 3 Nr. 4 7

GeschGehG erlaubt. Gleiches gilt, wenn der BR von ArbN ein Geschäftsgeheimnis nach § 5 Nr. 3 GeschGehG erlangt, wenn diese Information zur Wahrnehmung seiner Aufgaben aus Sicht des ArbN erforderlich ist (BT-Drs. 19/4724 S. 29 zu § 5 Nr. 3 GeschGehG; *Holthausen* NZA 2019, 1377). Erfahren betriebsverfassungsrechtliche Funktionsträger von Betriebs- und Geschäftsgeheimnissen ohne Zusammenhang mit ihrer Amtstätigkeit (zB im Rahmen ihrer Tätigkeit als ArbN), besteht keine Schweigepflicht nach § 79. In diesen Fällen wird sich allerdings in aller Regel eine Schweigepflicht aus der allgemeinen Treuepflicht des ArbN ergeben, bei Betriebs- und Geschäftsgeheimnissen auch nach dem GeschGehG (→ § 120 Rn. 10; DKKW/*Buschmann* Rn. 15; WPK/*Preis* Rn. 7; GK-BetrVG/*Oetker* Rn. 30; ErfK/*Kania* Rn. 9).

8 Auch soweit durch TV oder BV die **Zuständigkeit des BR,** GesBR oder KBR zulässigerweise **erweitert** worden ist (→ § 1 Rn. 338 ff.), unterliegen die in diesem Rahmen bekannt gewordenen und als geheimhaltungsbedürftig erklärten Betriebs- und Geschäftsgeheimnisse der Schweigepflicht nach § 79 (GK-BetrVG/*Oetker* Rn. 41).

9 Die Mitgl. des BR, GesBR und KBR, die zu einem innerhalb der EU **gemeinschaftsweit tätigen Unternehmen** oder einer entsprechenden **Unternehmensgruppe** gehören, haben auch über als geheimhaltungsbedürftige Betriebs- und Geschäftsgeheimnisses Stillschweigen zu bewahren, die ihnen im Rahmen der **Berichtspflicht des EBR** gegenüber den nationalen ArbNVertretungen nach §§ 36 Abs. 1, 35 Abs. 2 S. 4 EBRG bekannt werden. Rechtsgrundlage dieser Verschwiegenheitspflicht ist insoweit nicht § 79 sondern § 35 Abs. 3 Nr. 4 EBRG (GK-BetrVG/*Oetker* Rn. 4). Etwas anderes gilt, wenn auch der nationale ArbGeb. (Unternehmer) den ArbNVertr. diese Betriebs- und Geschäftsgeheimnisse mitteilt.

III. Verpflichteter Personenkreis

10 Die Pflicht zur Verschwiegenheit trifft nach Abs. 1 S. 1 sämtliche **Mitgl. der BR** sowie die **ErsMitgl.,** da auch diese entweder als zeitweilige Vertr. für verhinderte Mitgl. oder als nachrückende Mitgl. (§ 25) in interne Betriebsvorgänge eingeweiht werden können (WPK/*Preis* Rn. 8). Die Schweigepflicht gilt ferner für die Mitgl. und ErsMitgl. der **anderen in Abs. 2** genannten betriebsverfassungsrechtlichen **Institutionen,** dh des GesBR und KBR, der JAV, GesJAV und KJAV, des WiAusschusses (auch für die nach § 107 Abs. 3 S. 3 berufenen Personen), der Bordvertr., des SeeBR, der nach § 3 Abs. 1 gebildeten ArbNVertr., der E-Stelle, der tariflichen Schlichtungsstelle nach § 76 Abs. 6 und einer betrieblichen Beschwerdestelle nach § 86. Sie gilt ferner für die Vertr. von Gewerkschaften und ArbGebVerbänden, die im Rahmen ihrer betriebsverfassungsrechtlichen Unterstützungsfunktion (zB nach §§ 2 Abs. 1, 29 Abs. 4 S. 2 oder 31) von Betriebs- und Geschäftsgeheimnissen erfahren (Richardi BetrVG/*Thüsing* Rn. 24; WPK/*Preis* Rn. 9). Die Verschwiegenheitspflicht besteht auch für den BR (und die anderen Institutionen) als Organ, so dass es ihnen untersagt ist, als Kollektivorgan Betriebs- und Geschäftsgeheimnisse preiszugeben, etwa durch Bekanntgabe in Informationsblättern des BR (BAG 26.2.1987 – 6 ABR 46/84, AP BetrVG 1972 § 79 Nr. 2, GK-BetrVG/*Oetker* Rn. 48). Zur Verschwiegenheitspflicht der Mitgl. von ArbGruppen nach § 28a, → § 28a Rn. 39.

11 Kraft ausdrücklicher Verweisung gilt die Schweigepflicht nach § 79 auch für **Sachverständige,** die vom BR, dem WiAusschuss oder der E-Stelle hinzugezogen werden (vgl. § 80 Abs. 3 u. 4; § 108 Abs. 2 S. 3, § 109 S. 3) sowie für vom BR im Rahmen einer Betriebsänderung zur Unterstützung hinzugezogene Berater (vgl. § 111 S. 2). Das Gleiche gilt für vom BR nach § 80 Abs. 2 S. 3 hinzugezogene sachkundige ArbN (§ 80 Abs. 4). Auch bei ihnen ist die Schweigepflicht auf materielle und formelle Geheimnisse beschränkt. Eine sich aus dem zugrundeliegenden Rechtsverhältnis etwa ergebende weitergehende Geheimhaltungspflicht (zB eines Wirtschaftsprüfers oder Steuerberaters) bleibt unberührt. Soweit daher der BR iR seiner Aufgabenerfüllung/-wahrnehmung einer der zuvor genannten Personen ein Betriebs-

und Geschäftsgeheimnis offenbart, handelt es sich um eine nach § 3 Abs. 2 iVm § 1 Abs. 3 Nr. 4 GeschGehG erlaubte Handlung. Gleiches gilt für die zuvor genannten Personen, die iR ihrer Aufgaben nach dem BetrVG das Betriebs- und Geschäftsgeheimnis erlangen und nutzen (zB durch Auswertung und Begutachtung für den BR) und ihrerseits zur Geheimhaltung nach § 79 verpflichtet sind. Erlangt der BR von diesen Personen eine Betriebs- und Geschäftsgeheimnis → Rn. 7.

Für die vom **Unternehmer** nach § 108 Abs. 2 S. 2 zu den **Sitzungen des Wi-Ausschusses** hinzugezogenen **sachkundigen ArbN** ist zwar nicht ausdrücklich die Geheimhaltungspflicht von Betriebs- und Geschäftsgeheimnissen vorgeschrieben. Gleichwohl gilt sie auch für sie (**aA** HWGNRH/*Nicolai* Rn. 13; *Müller* BB 2013, 2293 [2296]). Das folgt aus der Strafvorschrift des § 120 Abs. 1 Nr. 4, die unverständlich wäre, gäbe es keine entsprechende Geheimhaltungspflicht. Die Annahme, ihre Geheimhaltungspflicht folge allein aus der arbeitsvertraglichen Treuepflicht (→ Rn. 39), verbietet sich. Denn da diese Verschwiegenheitspflicht nicht an das Vorliegen eines formellen Geheimnisses anknüpft, wären diese ArbN in einem stärkeren Maße strafbedroht als die in § 79 genannten Personen. 12

Die **Mitgl. der SchwbVertr.,** die sowohl durch die Zusammenarbeit mit dem BR (→ § 32 Rn. 15, 17ff.) als auch im Rahmen ihrer eigenen Amtsführung ebenfalls von Betriebs- und Geschäftsgeheimnissen Kenntnis erlangen können, unterliegen nach § 179 Abs. 7 SGB IX einer dem § 79 entsprechenden Geheimhaltungspflicht, deren Verletzung ebenfalls strafbewehrt ist (§ 237a und 237b SGB IX). Dasselbe gilt für die Mitgl. der GesSchwbVertr. und KSchwbVertr. (§ 180 Abs. 7 SGB IX). Eine Ausnahme von der Verschwiegenheitspflicht besteht für diese Vertr. der Schwerbehinderten nicht nur hinsichtlich der in § 79 Abs. 1 S. 4 genannten Institutionen und Personen, sondern auch hinsichtlich der Bundesagentur für Arbeit, den Integrationsämtern und Rehabilitationsträgern sowie im Verhältnis der Vertr. der Schwerbehinderten untereinander. 13

Den ebenfalls an den BRSitzungen eingeschränkt teilnahmeberechtigten **Vertrauensmann der Zivildienstleistenden** (→ § 29 Rn. 36) trifft keine besondere Verschwiegenheitspflicht. Für ihn gilt die allgemeine Schweigepflicht des § 28 Abs. 1 ZDG. Da der Vertrauensmann nicht in Abs. 1 S. 4 genannt ist, sind der BR und seine Mitgl. nicht berechtigt, an ihn Betriebs- und Geschäftsgeheimnisse weiterzugeben. 14

Obwohl der BR bzw. seine Mitgl. den **ArbNVertr. im Aufsichtsrat** Betriebs- und Geschäftsgeheimnisse zulässigerweise mitteilen dürfen (→ Rn. 21), gilt für diese nicht die Schweigepflicht des § 79. Sie unterliegen der **gesellschaftsrechtlichen Verschwiegenheitspflicht** (vgl. zB § 116 iVm § 93 Abs. 1 S. 2 AktG, § 77 Abs. 1 S. 2 BetrVG 1952, § 25 Abs. 1 Nr. 2 MitbestG). 15

IV. Umfang der Schweigepflicht

1. Verbot der Offenbarung und Verwertung

Aufgrund der Schweigepflicht ist es den von ihr erfassten Personen **verboten,** Betriebs- und Geschäftsgeheimnisse zu offenbaren und zu verwerten. **Offenbaren** ist die Weitergabe des Geheimnisses an unberechtigte Dritte. Dabei kommt es weder auf die Art der Weitergabe (schriftlich, mündlich, privat, unter dem Siegel der Verschwiegenheit) noch auf ihren Zweck an (HaKo-BetrVG/*Lorenz* Rn. 15). Unberechtigte Dritte können auch ArbN des Betriebs sein, wenn nicht ein Fall des § 3 Abs. 1 Nr. 3, 3 Abs. 2 oder § 5 GeschGehG gegeben ist (→ Rn. 3a, 3b, 4, 7, 11). Eine **Verwertung** des Geheimnisses ist eine Ausnutzung zu eigenen wirtschaftlichen Zwecken, ohne dass es anderen offenbart werden muss (GK-BetrVG/*Oetker* Rn. 55). 16

Die Schweigepflicht **beginnt** mit der Übernahme der in § 79 genannten betriebsverfassungsrechtlichen Funktionen. Sie **endet** jedoch weder mit deren Ende (vgl. Abs. 1 S. 2) noch mit Beendigung des ArbVerh noch mit der Stilllegung des Betriebs. 17

Sie entfällt nur, wenn die Angelegenheit **kein Betriebs- und Geschäftsgeheimnis** mehr ist oder die Geheimhaltungsbedürftigkeit vom ArbGeb. aufgehoben wird (BAG 15.12.1987 – 3 AZR 474/86, AP BGB § 611 Betriebsgeheimnis Nr. 5; DKKW/*Buschmann* Rn. 19; ErfK/*Kania* Rn. 12; GK-BetrVG/*Oetker* Rn. 57). Für die Vertr. der Gewerkschaften und der ArbGebVerbände bleibt die Geheimhaltungspflicht auch bestehen, wenn sie nicht mehr Vertr. dieser Organisationen sind.

2. Ausnahmen

18 Von dem grundsätzlichen Verbot, Betriebs- und Geschäftsgeheimnisse zu offenbaren, gelten im **Interesse der Funktionsfähigkeit** der Betriebsverfassung gewisse Ausnahmen. Sie dienen dazu, den Kommunikationsfluss sowohl innerhalb als auch zwischen den betriebsverfassungsrechtlichen Institutionen zu gewährleisten, umso eine möglichst optimale Interessenvertretung zu ermöglichen.

19 Das Verbot der Offenbarung gilt zum einen nicht im **Innenverhältnis zwischen den BRMitgl.** (einschließlich der auf Dauer oder für vorübergehend verhinderte BRMitgl. nachgerückten ErsMitgl.). So können der Vors., sein Stellvertr., oder die Mitgl. von Ausschüssen (§§ 27, 28) die Nichtweitergabe von Informationen an die übrigen BRMitgl. nicht aus § 79 begründen (LAG Hamm 22.7.2011 – 10 Sa 381/11, AE 2011, 244).

20 Das Gleiche gilt nach Abs. 2 zum anderen für die **interne Kommunikation** innerhalb des GesBR, KBR, der JAV, der GesJAV, der KJAV, der Bordvertr., des SeeBR, des WiAusschusses, der ArbNVertr. nach § 3 Abs. 1, der E-Stelle, einer tariflichen Schlichtungsstelle (§ 76 Abs. 8) oder einer betrieblichen Beschwerdestelle (§ 86). Auch innerhalb dieser Stellen ist die interne Weitergabe von Informationen durch § 79 nicht beschränkt.

21 Nach Abs. 1 S. 4 sind der BR und seine Mitgl. ferner nicht gehindert, **im Außenverhältnis** Betriebs- und Geschäftsgeheimnisse gegenüber dem GesBR, dem KBR, der BordVertr., dem SeeBR desselben Unternehmens oder Konzerns sowie gegenüber den ArbNVertr. im Aufsichtsrat zu offenbaren. Auch die gegenseitige Unterrichtung von BR desselben Unternehmens dürfte zulässig sein, zumal der GesBR, über den die Weitergabe von Informationen zulässig wäre, aus Mitgl. dieser BR besteht (GK-BetrVG/*Oetker* Rn. 64; in diese Richtung tendierend LAG SchlH 4.3.2015 – 3 Sa 400/14, BB 2015, 1012). Ob und inwieweit der BR Geheimnisse an diese Stelle weitergibt, obliegt seinem pflichtgemäßen Ermessen (GK-BetrVG/*Oetker* Rn. 71). Nicht zulässig ist die Weitergabe von Betriebs- und Geschäftsgeheimnissen an den Sprecherausschuss für leitende Ang. (GK-BetrVG/*Oetker* Rn. 63; HWGNRH/*Nicolai* Rn. 14; *Löwisch/Kaiser* Rn. 17, **aA** *Oetker* ZfA 1990, 53) oder an ArbGruppen nach § 28a (so auch HWGNRH/*Nicolai* Rn. 14; GK-BetrVG/*Oetker* Rn. 63). Umgekehrt ist es jedoch **ARMitgl. nicht gestattet,** Betriebs- und Geschäftsgeheimnisse dem BR zu offenbaren; dem AktG lassen sich keine entsprechenden Beschränkungen der Verschwiegenheitspflicht entnehmen (BAG 23.10.2008 – 2 ABR 59/07, NZA 2009, 855 ff.; Richardi BetrVG/*Thüsing* Rn. 31; WKS/*Schubert* § 25 Rn. 349, 350; MHdB ArbR/*Uffmann* § 376 Rn. 23; generell zur Verschwiegenheitspflicht von ARMitgl. Bachner AiB 2009, 680 ff. mwN; *Staack/Sparchholz* AiB 2012, 103; im faktischen Aktienkonzern *Dittmar* AG 2013, 498; **aA** KMS AR-Praxis Rn. 575; *Kittner* ZHR 136 (1972), 208 [231]). Dies gilt grds. auch dann, wenn das ARMitgl. zugleich BRMitgl. ist (BAG 23.10.2008 – 2 ABR 59/07, NZA 2009, 855 [857]). Eine Ausnahme hiervon ist jedoch dann zu machen, wenn der ArbGeb. eindeutig rechtswidrig und nachhaltig gegen seine Informationspflichten gegenüber dem BR verstößt (ebenso MüKoAktG/*Habersack* § 116 Rn. 61; MHdB ArbR/*Uffmann* § 376 Rn. 24; *Habersack/Henssler* § 25 Rn. 110; KMS AR-Praxis Rn. 575 f.; kritisch WKS/*Schubert* § 25 Rn. 359; noch **offen gelassen** von BAG 23.10.2008 – 2 ABR 59/07, NZA 2009, 855 [857]; **aA** *Keilich/Brummer* BB 2012, 897 [899]). Für ein Mitgl. des **Verwaltungsrats,** das auch Mitgl. des BR ist, hat das

LAG Hamm entschieden, dass dessen Verpflichtung, im Verwaltungsrat erlangte Informationen zunächst geheim zu halten, insoweit nicht gilt, als es sich um Informationen handelt, über die der ArbGeb. iR des § 111 Abs. 1 BetrVG den BR unterrichten muss (LAG Hamm 22.7.2011 – 10 Sa 381/11, AE 2011, 244).

Auch die in **Abs. 2 genannten Personen** und Institutionen können **im Außenverhältnis** Betriebs- und Geschäftsgeheimnisse an die in Abs. 1 genannten Stellen und deren Mitgl. weitergeben. Die Offenbarung von Betriebs- und Geschäftsgeheimnissen an den BR, GesBR, KBR, die Bordvertr., den SeeBR und die ArbN-Vertr. im Aufsichtsrat ist also erlaubt. 22

Die Schweigepflicht besteht auch nicht im Rahmen eines **Verfahrens vor der E-Stelle,** der tariflichen Schlichtungsstelle und einer betrieblichen Beschwerdestelle, soweit die Offenbarung solcher Geheimnisse für diese Stellen von Belang ist (ErfK/*Kania* Rn. 13; *Müller* BB 2013, 2293 [2296]). Außerhalb eines derartigen Verfahrens ist gegenüber den Mitgl. dieser Stellen ebenso Verschwiegenheit zu wahren wie gegenüber anderen Dritten (WPK/*Preis* Rn. 17). 23

Erfahren diese Schlichtungsstellen in ihren Verfahren ihrerseits von Betriebs- und Geschäftsgeheimnissen, dürften sie insoweit nur zur Information derjenigen ArbN-Vertr. berechtigt sein, die an dem Verfahren beteiligt ist. Diese Einschränkung ergibt sich aus der sinngemäßen Anwendung des Abs. 1 S. 4. 24

Nicht zulässig ist die Offenbarung von Betriebs- und Geschäftsgeheimnissen durch den BR, GesBR, KBR, BordVertr. und SeeBR und ihre Mitgl. an die Stellen und Personen, die nur in Abs. 2, nicht jedoch auch in Abs. 1 genannt sind. Die Offenbarung von Geheimnissen ist deshalb grds. nicht gestattet gegenüber der JAV, GesJAV und KJAV, dem WiAusschuss, den ArbNVertr. nach § 3 Abs. 1 sowie den Vertr. der Gewerkschaften und ArbGebVerbänden, obwohl dies für diese Personen und Institutionen gegenüber den in Abs. 1 genannten nicht gilt (→ Rn. 29; ErfK/*Kania* Rn. 13; GK-BetrVG/*Oetker* Rn. 66; WPK/*Preis* Rn. 18; krit. und hinsichtlich des Gewerkschaftsvertreters **aA** DKKW/*Buschmann* Rn. 26 ff.; HaKo-BetrVG/*Lorenz* Rn. 18). Diese „Einbahnstraße" der Verschwiegenheitspflicht ist jedenfalls gegenüber den ArbNVertr. nach § 3 Abs. 1 Nr. 2 u. 3 nicht akzeptabel (→ Rn. 28). Ferner greift die Beschränkung der Mitteilungsbefugnis gegenüber dem Wirtschaftsausschuss, die im Hinblick auf dessen Aufgabe befremdlich wirkt, jedenfalls dann nicht Platz, wenn dessen Aufgaben einem Ausschuss des BR übertragen worden sind (→ § 107 Rn. 29 ff.; Richardi BetrVG/*Thüsing* Rn. 13). 25

Diese Einbahnstraße der Verschwiegenheitspflicht hat **nicht** zur Folge, dass der ArbGeb. eine erforderliche Mitteilung von Betriebs- und Geschäftsgeheimnissen **verweigern** darf, wenn nur in Abs. 2 genannte Personen berechtigterweise bei der Mitteilung anwesend sind, zB die Anwesenheit eines JAV oder eines Gewerkschaftsvertreters gem. §§ 31 oder 67 an den Sitzungen des BR oder seiner Ausschüsse (HaKo-BetrVG/*Lorenz* Rn. 18; Richardi BetrVG/*Thüsing* Rn 18). Der ArbGeb. ist durch die Verschwiegenheitspflicht dieser Personen nach Abs. 2 ausreichend abgesichert. 26

Werden Vertr. der Gewerkschaft nicht im Rahmen ihrer betriebsverfassungsrechtlichen Unterstützungsfunktion sondern **als Prozessvertr.** tätig, besteht keine Verschwiegenheitspflicht nach Abs. 1. Hier gelten die Grundsätze des anwaltschaftlichen Vertretungsrechts, das keine Verschwiegenheitspflicht des Mandanten gegenüber dem Anwalt kennt. Der notwendige Geheimschutz ist nach § 203 Abs. 1 Nr. 3 StGB sichergestellt (DKKW/*Buschmann* Rn. 29; *Müller* AiB 2009, 577 [580]). 27

Obwohl die **Vertr. der ArbN nach § 3 Abs. 1 Nr. 2 u. 3** nicht in Abs. 1 genannt sind, dürfen ihnen gegenüber die in Abs. 1 genannten Stellen und deren Mitgl. Betriebs- und Geschäftsgeheimnisse offenbaren. Dies folgt daraus, dass diese ArbN-Vertr. an die **Stelle des BR** treten (vgl. § 3 Abs. 5; ErfK/*Kania* Rn. 13; GK-BetrVG/*Oetker* Rn. 67; WPK/*Preis* Rn. 18; HWGNRH/*Nicolai* Rn. 14; *Müller* AiB 2009, 577 [579]). Die nach § 3 Abs. 1 Nr. 1 gebildete ArbNVertr. ist ein BR; für ihn gilt § 79 Abs. 1 unmittelbar. 28

29 Die nur in Abs. 2 genannten Stellen und Personen sind berechtigt, ihrerseits den in Abs. 1 S. 4 genannten Stellen und Personen Betriebs- und Geschäftgeheimnisse zu offenbaren (→ Rn. 22). Sie dürfen diese jedoch nicht untereinander austauschen, falls sie von derartigen Geheimnissen Kenntnis erlangt haben (GK-BetrVG/*Oetker* Rn. 66; **aA** offenbar DKKW/*Buschmann* Rn. 26; HaKo-BetrVG/*Lorenz* Rn. 18).

30 Die **Schweigepflicht** kann ferner gegenüber **vorrangigen Pflichten** zum Reden **zurücktreten,** zB, Auskunftserteilung iRd Arbeitsschutzes (→ § 89 Rn. 16 f.), Zeugenaussage vor Gericht, Anzeige strafbarer Handlungen, insbes. drohender Verbrechen nach § 138 StGB (DKKW/*Buschmann* Rn. 36; ErfK/*Kania* Rn. 13; Richardi BetrVG/*Thüsing* Rn. 16; *Oltmanns/Fuhlrott* NZA 2019, 1384). Bei der Behandlung von Betriebs- und Geschäftsgeheimnissen kann auf Antrag das ArbG die Öffentlichkeit ausschließen (§ 52 Abs. 1 S. 2 ArbGG; *Oltmanns/Fuhlrott* NZA 2019, 1348). § 53 Abs. 1 StPO räumt den BRMitgl. kein auf ihr Amt bezogenes Zeugnisverweigerungsrecht im Strafprozess ein (BVerfG 19.1.1979 – 2 BvR 995/78, NJW 1979, 1286, dazu *Rengier* BB 1980, 321; *Müller* BB 2013, 2293 [2295]; GK-BetrVG/*Oetker* Rn. 58; WPK/*Preis* Rn. 19).

31 Wer auf Grund der vorstehend dargelegten Ausnahmen befugterweise Betriebs- und Geschäftsgeheimnisse weitergibt, hat seinerseits den **Empfänger** der Information ausdrücklich auf die **Verpflichtung zur Verschwiegenheit** hinzuweisen (DKKW/*Buschmann* Rn. 35; GK-BetrVG/*Oetker* Rn. 70; Richardi BetrVG/*Thüsing* Rn. 15; *Oltmanns/Fuhlrott* NZA 2019, 1384).

V. Sonstige Schweigepflichten

32 Die BRMitgl. haben außer über Betriebs- und Geschäftsgeheimnisse des Weiteren nach § 99 Abs. 1 S. 3 und § 102 Abs. 2 S. 5 Stillschweigen zu wahren über **„persönliche Geheimnisse" von ArbN** (Bewerbern), die ihnen im Rahmen von personellen Einzelmaßnahmen bekannt geworden sind (BAG 12.8.2009 – 7 ABR 15/08, NZA 2009, 1218 ff.; HaKo-BetrVG/*Lorenz* Rn. 21). Für die Abgrenzung der persönlichen Verhältnisse und Angelegenheiten, die der Schweigepflicht unterliegen, gelten die zum BDSG entwickelten Grundsätze (BAG 12.8.2009 – 7 ABR 15/08, NZA 2009, 1218). Auch diese Verschwiegenheitspflicht ist strafbewehrt (§ 120 Abs. 2). **Persönliche Geheimnisse** in diesem Sinne sind persönliche Verhältnisse und Angelegenheiten des ArbN, die ihrer Bedeutung oder ihrem Inhalt nach einer vertraulichen Behandlung bedürfen. In diesen Fällen bedarf es keiner Erklärung des ArbGeb. über die Geheimhaltungsbedürftigkeit. Es genügt, dass ein **„materielles"** Geheimnis vorliegt (Näheres → Rn. 3). Durch Verweisung auf § 79 Abs. 1 S. 2–4 ist klargestellt, dass diese Schweigepflicht auch nach Ausscheiden aus dem BR gilt (→ Rn. 17). Sie greift auch nicht Platz bei Informationen innerhalb des BR sowie im Verhältnis zu den in Abs. 1 S. 4 genannten Stellen (→ Rn. 19 ff.); insoweit gehen die Vorschriften der § 99 Abs. 1 S. 3, § 102 Abs. 2 S. 5 den Regelungen nach dem BDSG vor (vgl. dazu BAG 12.8.2009 – 7 ABR 15/08, NZA 2009, 1218). Dies bedeutet jedoch nicht, dass der BR im internen Umgang mit personenbezogenen Daten frei wäre. Als Teil der verantwortlichen Stelle ist auch der BR dem **Datenschutz** verpflichtet (BAG 3.6.2003 – 1 ABR 19/02, AP BetrVG 1972 § 89 Nr. 1; 12.8.2009 – 7 ABR 15/08, NZA 2009, 1218; so auch nach dem ab dem 25.5.2018 geltenden neuen BDSG [Artikel 1 des Gesetzes zur Anpassung des Datenschutzrechts an die Verordnung (EU) 2016/679 und zur Umsetzung der Richtlinie (EU) 2016/680 (Datenschutzanpassungs- und Umsetzungsgesetz EU – DSAnpUG-EU) – BGBl. I 2017, 2097] iVm der DSGVO; BAG 9.4.2019 – 1 ABR 51/17, NZA 2019, 1055; 7.5.2019 – 1 ABR 53/17, NZA 2019, 1218; *Gola* ZBVR-online 7–8/2017, 31f; *Oltmanns/Fuhlrott* NZA 2019, 1348). Unter Beachtung des Strukturprinzips der Unabhängigkeit in der Betriebsverfassung hat der BR eigenständig über Maßnahmen zu beschließen, um einem Missbrauch der Daten innerhalb seines Verantwortungsbereichs zu

begegnen (BAG 12.8.2009 – 7 ABR 15/08, NZA 2009, 1218; 9.4.2019 – 1 ABR 51/17, NZA 2019, 1055; 7.5.2019 – 1 ABR 53/17, NZA 2019, 1218; *Simitis* § 28 Rn. 55; *Oltmanns/Fuhlrott* NZA 2019, 1348).

Einer noch weitergehenden Verschwiegenheitspflicht unterliegt das BRMitgl., das von einem ArbN **nach § 82 Abs. 2 oder § 83 Abs. 1** im Rahmen der Mitwirkungsrechte einzelner ArbN **hinzugezogen** wird. Das BRMitgl. hat sowohl über den Inhalt der Verhandlungen nach § 82 als auch über den Inhalt der Personalakte (§ 83) Stillschweigen zu wahren. Nur der ArbN selbst kann das BRMitgl. im Einzelfall (uU auch auf bestimmte Tatsachen beschränkt) von dieser Schweigepflicht entbinden. Diese Pflicht gilt **gegenüber jedermann,** auch gegenüber dem BR und den übrigen BRMitgl. (DKKW/*Buschmann* § 82 Rn. 16; GK-BetrVG/*Oetker* Rn. 84; HaKo-BetrVG/*Lorenz* Rn. 21). Sie besteht unabhängig davon, ob überhaupt ein „Geheimnis" im materiellen Sinne besteht. In diesen Fällen ist die Weitergabe von Geheimnissen nur auf Antrag des betr. ArbN strafbar (vgl. § 120 Abs. 2 u. 5). 33

Auch wenn persönliche Verhältnisse und Angelegenheiten eines ArbN nicht unmittelbar von den vorstehend genannten Vorschriften erfasst werden, ist über sie in entsprechender Anwendung der §§ 82 Abs. 2, 83 Abs. 1, 99 Abs. 1 u. 102 Abs. 2 S. 5 gleichwohl Stillschweigen zu wahren. Eine Verletzung dieser Verschwiegenheitspflicht ist wegen des Analogieverbots im Strafrecht jedoch nicht nach § 120 Abs. 2 strafbewehrt. Eine überflüssige oder gar bösartige Verbreitung von Kenntnissen, die die **Intimsphäre** eines ArbN empfindlich betreffen, zB Schwangerschaft einer ArbN (→ § 94 Rn. 16 ff., 22), Vermögenslage, Gehaltsbezüge eines ArbN, gerichtliche Straf- oder Zwangsvollstreckungsmaßnahmen gegen einen ArbN, kann einen groben Verstoß gegen die BRPflichten darstellen. 34

Dem BR und seinen Mitgl. sowie den bei der Datenverarbeitung beschäftigten Personen ist untersagt, geschützte personenbezogene Daten unbefugt zu einem anderen als dem zur jeweiligen rechtmäßigen Aufgabenerfüllung gehörenden Zweck zu nutzen. Diese Verpflichtung betrifft nicht nur die unmittelbar mit der Datenverarbeitung befassten Personen eines Unternehmens (zB die im Rechenzentrum beschäftigten ArbN), sondern erfasst alle Personen, die im Rahmen ihrer beruflichen Tätigkeit im Unternehmen geschützte personenbezogene Daten zur Kenntnis bekommen (zB Angehörige von Fachabteilungen, denen die Daten übermittelt werden, Botendienst, Wartungs- und Reinigungspersonal). Zu diesem Personenkreis gehört auch der als Teil der speichernden Stelle anzusehende **BR,** der im Rahmen seiner zahlreichen Mitwirkungs- und Mitbestimmungsrechte insbes. im personellen Bereich Anspruch auf Unterrichtung auch über vom BDSG geschützte personenbezogene Daten und auf ihre Vorlage hat (BAG 9.4.2019 – 1 ABR 51/17, NZA 2019, 1055; 7.5.2019 – 1 ABR 53/17, NZA 2019, 1218; 12.8.2009 – 7 ABR 15/08, NZA 2009, 1215 ff.; DKKW/*Buschmann* Rn. 44; GK-BetrVG/*Oetker* Rn. 98; Richardi BetrVG/*Thüsing* Rn. 35; ; *Oltmanns/Fuhlrott* NZA 2019, 1348; *Ordemann/Schomerus* Anm. 24). 35

Die Schutzvorschriften des BDSG sind nicht – jedenfalls nicht in vollem Umfang – durch die Vorschriften über die Verschwiegenheitspflichten des BetrVG verdrängt. Dies wäre nur dann der Fall, wenn die betriebsverfassungsrechtlichen Verschwiegenheitsvorschriften eine deckungsgleiche Regelung wie die Vorschriften des BDSG enthielten (vgl. zum bis zum 25.5.2018 geltenden BDSG *Ordemann/Schomerus* Anm. 24; *Wohlgemuth* Datenschutz für ArbN Rn. 766). Diese Verschwiegenheitspflichten beschränken sich aber im Wesentlichen auf Betriebs- und Geschäftsgeheimnisse und auf personenbezogene Daten mit einem gewissen Intim- bzw. Vertraulichkeitscharakter. Demgegenüber schützt das **BDSG** wegen der Gefährdung, die mit der Verarbeitung personenbezogener Daten in Dateien verbunden ist, **alle personenbezogenen Daten.** Soweit die betriebsverfassungsrechtliche Verschwiegenheitspflicht sich nicht auf in Dateien gespeicherte personenbezogene Daten erstreckt, greift deshalb insoweit das BDSG auch für BRMitgl. Platz (DKKW/*Buschmann* Rn. 44; GK-BetrVG/*Oetker* Rn. 98; ErfK/*Kania* Rn. 16; HaKo-BetrVG/*Lorenz* Rn. 22; *Oltmanns/Fuhlrott* NZA 2019, 1348). 36

37 Die Geltung des BDSG auch für BRMitgl. führt zu keiner Einschränkung der BRArbeit. § 26 Abs. 1 S. 1 BDSG stellt ausdrücklich klar, dass personenbezogene Daten von Beschäftigten für Zwecke des Beschäftigungsverhältnisses verarbeitet werden dürfen, wenn dies zur Ausübung oder Erfüllung der sich aus einem Gesetz, TV oder BV ergebenden Rechten und Pflichten der Interessenvertretung der Beschäftigten erforderlich ist (BAG 9.4.2019 – 1 ABR 51/17, NZA 2019, 1055; 7.5.2019 – 1 ABR 53/17, NZA 2019, 1218; *Gola* ZBVR-online 7–8/2017, 31f; DKKW/*Buschmann* Rn. 44; ErfK/*Kania* Rn. 16; HaKo-BetrVG/*Lorenz* Rn. 16; *Oltmanns/Fuhlrott* NZA 2019, 1348).

38 Gleiches gilt für die Verarbeitung besonderer Kategorien personenbezogener Daten iSd Art. 9 Abs. 1 DSGVO (Verordnung (EU) 2016/679) für Zwecke des Beschäftigungsverhältnisses, wenn sie zur Ausübung von Rechten oder zur Erfüllung rechtlicher Pflichten aus dem Arbeitsrecht, wozu auch die Beteiligungsrechte des Betriebsrats gehören, erforderlich sind (§ 26 Abs. 3 BDSG; BAG 9.4.2019 – 1 ABR 51/17, NZA 2019, 1055).

39 Die BRMitgl. unterliegen als ArbN iÜ ihrer **arbeitsvertraglichen Verschwiegenheitspflicht.** Diese hat gegenüber § 79 einen weiteren Inhalt. Sie beschränkt sich nicht auf Betriebs- und Geschäftsgeheimnisse, sondern erfasst alle Geheimnisse und sonstige schutzwerte und vertrauliche Angelegenheiten des Betriebs und seiner ArbN (vgl. GK-BetrVG/*Oetker* Rn. 79; Richardi BetrVG/*Thüsing* Rn. 3; *Schwipper* S. 198). Als ArbN unterliegen die BRMitgl. ferner den Verschwiegenheitspflichten nach dem GeschGehG. Im Rahmen ihrer Amtstätigkeit haben diese Schweigepflichten jedoch keine Bedeutung (→ auch Rn. 3, 4, 5, 7, 11; ErfK/*Kania* Rn. 18).

40 Ferner kann sich für BRMitgl. eine Verschwiegenheitspflicht auch in Bezug auf **betriebsratsinterne Angelegenheiten** ergeben. Es besteht zwar keine ausdrückliche dahingehende gesetzliche Regelung. Insbes. braucht auch nicht über den Inhalt von BRSitzungen Stillschweigen bewahrt zu werden (→ § 30 Rn. 21). Jedoch kann zum Zwecke einer sachgerechten Aufgabenerfüllung ein berechtigtes Interesse bestehen, dass bestimmte Angelegenheiten oder Vorhaben des BR (jedenfalls zeitweise) nicht nach außen, insbes. zum ArbGeb. dringen. Würde die Funktionsfähigkeit des BR durch Bekanntwerden bestimmter betriebsratsinterner Vorgänge ernsthaft gestört, haben die BRMitgl. hierüber Stillschweigen zu wahren (BAG 5.9.1967 – 1 ABR 1/67, AP BetrVG § 23 Nr. 8; ArbG Darmstadt 20.11.1986 – 1 BVGa 9/86, AiB 1987, 140; DKKW/*Buschmann* Rn. 43; GK-BetrVG/*Oetker* Rn. 85 ff.; Richardi BetrVG/*Thüsing* Rn. 11).

VI. Verstöße und Streitigkeiten

41 Eine grobe Verletzung der Schweigepflicht berechtigt den ArbGeb., die **Amtsenthebung von BRMitgl.** nach § 23 Abs. 1 zu beantragen, ggf. die Auflösung des BR, wenn ein (bekanntgemachter) BRBeschluss unmittelbar u. gröblich gegen die Geheimhaltungsvorschriften verstößt (ArbG Wesel 16.10.2008 – 5 BV 34/08, NZA-RR 2009, 21; GK-BetrVG/*Oetker* Rn. 72; Richardi BetrVG/*Thüsing* Rn. 38; **aA** hinsichtlich der Auflösung des BR DKKW/*Buschmann* Rn. 54). Je nach Sachlage kann im Einzelfall auch eine **außerordentliche Kündigung** gerechtfertigt sein, insbes. wenn das Verhalten des BRMitgl. vornehmlich einen schweren Verstoß gegen die Pflichten aus dem Arbeitsvertrag enthält (→ § 103 Rn. 26ff.; vgl. auch *Zachert* AiB 1983, 55; BAG 23.10.2008 – 2 ABR 59/07, NZA 2009, 855ff. im Grundsatz zust. aber noch ohne abschließende Entscheidung; LAG Hamm 22.7.2011 – 10 Sa 381/11, AE 2011, 244) oder die Pflichten aus dem Amt überhaupt nicht berührt werden, weil das Mitgl. die geheimen Angaben außerhalb seiner Amtstätigkeit erfahren hat (→ Rn. 7; ErfK/*Kania* Rn. 20; Richardi BetrVG/*Thüsing* Rn. 39; einschränkend GK-BetrVG/*Oetker* Rn. 80).

Dem ArbGeb. steht ferner ein **Unterlassungsanspruch** gegen die zur Geheimhaltung verpflichteten Personen und Stellen zu, wenn diese die Verschwiegenheitspflicht verletzt haben oder wenn eine derartige Verletzung ernsthaft droht (BAG 26.2.1987 – 6 ABR 46/84, AP BetrVG 1972 § 79 Nr. 2; GK-BetrVG/*Oetker* Rn. 76; WPK/*Preis* Rn. 24; Richardi BetrVG/*Thüsing* Rn. 36). 42

Bei schuldhaftem Bruch der Schweigepflicht kann der ArbGeb. nach § 823 Abs. 2 BGB **Schadensersatzansprüche** geltend machen, da § 79 ein Schutzgesetz im Sinne dieser Vorschrift ist (hM). Gleiche Ansprüche hat ein ArbN oder im Fall des § 105 ein leitender Ang., der durch die Verletzung der Verschwiegenheitspflicht einen Schaden erlitten hat. Hat der BR seine Verpflichtung zur Verschwiegenheit verletzt, kann in krassen Fällen gegen weitere Auskunftsansprüche des BR in Bezug auf Betriebs- und Geschäftsgeheimnisse solange der Einwand der unzulässigen Rechtsausübung geltend gemacht werden, bis der BR bzw. seine Mitgl. sich zur künftigen Beachtung der Schweigepflicht bereit erklären. 43

Verstöße gegen § 79 werden auf Antrag des ArbGeb. (Unternehmers) **strafrechtlich verfolgt** (§ 120). 44

Streitigkeiten über Bestehen und Umfang der Schweigepflicht entscheiden die ArbG im **BeschlVerf.** (§ 2a ArbGG), iRd § 109 jedoch zunächst die E-Stelle (→ § 109 Rn. 2 ff.). Rechtskräftige Beschlüsse der ArbG können gem. § 85 Abs. 1 ArbGG vollstreckt werden. Die Frage der Verletzung der Schweigepflicht kann auch in einem arbeitsgerichtlichen Urteilsverfahren, zB einem Kündigungsschutz- oder Schadenersatzprozess, als Vorfrage zu klären sein (WPK/*Preis* Rn. 27). 45

§ 80 Allgemeine Aufgaben

(1) **Der Betriebsrat hat folgende allgemeine Aufgaben:**

1. darüber zu wachen, dass die zugunsten der Arbeitnehmer geltenden Gesetze, Verordnungen, Unfallverhütungsvorschriften, Tarifverträge und Betriebsvereinbarungen durchgeführt werden;

2. Maßnahmen, die dem Betrieb und der Belegschaft dienen, beim Arbeitgeber zu beantragen;

2a. die Durchsetzung der tatsächlichen Gleichstellung von Frauen und Männern, insbesondere bei der Einstellung, Beschäftigung, Aus-, Fort- und Weiterbildung und dem beruflichen Aufstieg, zu fördern;

2b. die Vereinbarkeit von Familie und Erwerbstätigkeit zu fördern;

3. Anregungen von Arbeitnehmern und der Jugend- und Auszubildendenvertretung entgegenzunehmen und, falls sie berechtigt erscheinen, durch Verhandlungen mit dem Arbeitgeber auf eine Erledigung hinzuwirken; er hat die betreffenden Arbeitnehmer über den Stand und das Ergebnis der Verhandlungen zu unterrichten;

4. die Eingliederung schwerbehinderter Menschen einschließlich der Förderung des Abschlusses von Inklusionsvereinbarungen nach § 166 des Neunten Buches Sozialgesetzbuch und sonstiger besonders schutzbedürftiger Personen zu fördern;

5. die Wahl einer Jugend- und Auszubildendenvertretung vorzubereiten und durchzuführen und mit dieser zur Förderung der Belange der in § 60 Abs. 1 genannten Arbeitnehmer eng zusammenzuarbeiten; er kann von der Jugend- und Auszubildendenvertretung Vorschläge und Stellungnahmen anfordern;

6. die Beschäftigung älterer Arbeitnehmer im Betrieb zu fördern;

7. die Integration ausländischer Arbeitnehmer im Betrieb und das Verständnis zwischen ihnen und den deutschen Arbeitnehmern zu fördern sowie Maßnahmen zur Bekämpfung von Rassismus und Fremdenfeindlichkeit im Betrieb zu beantragen;

8. die Beschäftigung im Betrieb zu fördern und zu sichern;

9. Maßnahmen des Arbeitsschutzes und des betrieblichen Umweltschutzes zu fördern.

(2) [1] **Zur Durchführung seiner Aufgaben nach diesem Gesetz ist der Betriebsrat rechtzeitig und umfassend vom Arbeitgeber zu unterrichten; die Unterrichtung erstreckt sich auch auf die Beschäftigung von Personen, die nicht in einem Arbeitsverhältnis zum Arbeitgeber stehen, und umfasst insbesondere den zeitlichen Umfang des Einsatzes, den Einsatzort und die Arbeitsaufgaben dieser Personen.** [2] **Dem Betriebsrat sind auf Verlangen jederzeit die zur Durchführung seiner Aufgaben erforderlichen Unterlagen zur Verfügung zu stellen; in diesem Rahmen ist der Betriebsausschuss oder ein nach § 28 gebildeter Ausschuss berechtigt, in die Listen über die Bruttolöhne und -gehälter Einblick zu nehmen.** [3] **Zu den erforderlichen Unterlagen gehören auch die Verträge, die der Beschäftigung der in Satz 1 genannten Personen zugrunde liegen. Soweit es zur ordnungsgemäßen Erfüllung der Aufgaben des Betriebsrats erforderlich ist, hat der Arbeitgeber ihm sachkundige Arbeitnehmer als Auskunftspersonen zur Verfügung zu stellen; er hat hierbei die Vorschläge des Betriebsrats zu berücksichtigen, soweit betriebliche Notwendigkeiten nicht entgegenstehen.**

(3) **Der Betriebsrat kann bei der Durchführung seiner Aufgaben nach näherer Vereinbarung mit dem Arbeitgeber Sachverständige hinzuziehen, soweit dies zur ordnungsgemäßen Erfüllung seiner Aufgaben erforderlich ist.**

(4) **Für die Geheimhaltungspflicht der Auskunftspersonen und der Sachverständigen gilt § 79 entsprechend.**

Inhaltsübersicht

I. Vorbemerkung

1 Die Vorschrift beschreibt die allg. Aufgaben des BR und präzisiert die ihm zugewiesenen **Schutzaufträge und Förderungspflichten** (Abs. 1). Ihre Wahrnehmung zählt zu den Pflichtaufgaben eines BR *Zimmermann* AuR 2017, 192. Dazu erhält er umfassende **Informationsrechte** (Abs. 2) und Möglichkeiten der **Informationsbeschaffung** (Abs. 2, Abs. 3). Durch das BetrVerf-ReformG wurde der Katalog der allgemeinen Aufgaben weiter konkretisiert. Ausdrücklich aufgenommen wurde die Aufgabe der Beschäftigungssicherung und -förderung (Abs. 1 Nr. 8), des arbeits- und betrieblichen Umweltschutzes (Abs. 1 Nr. 9), die Förderung der Vereinbarkeit von Familie und Erwerbstätigkeit (Abs. 1 Nr. 2b) sowie der Bekämpfung von Fremdenfeindlichkeit und Rassismus im Betrieb (Abs. 1 Nr. 7). Im Verhältnis zum früheren Recht führt die **Ergänzung des Aufgabenkatalogs** nicht zu einer wesentlichen Erweiterung der Zuständigkeit des BR. Die in das G eingefügten Aufgaben waren zum Teil von der Rspr. bereits anerkannt oder sind Folge der sich aus § 75 ergebenden Aufgaben (*Däubler* AuR 2001, 1; *Hanau* RdA 2001, 65; *Annuß* NZA 2001, 367). Das BetrVerf-ReformG hat weiterhin die in Abs. 2 geregelten **Informationspflichten des ArbGeb.** verdeutlicht. Dieser ist seitdem ausdrücklich verpflichtet, den BR über die Beschäftigung auch der nicht betriebszugehörigen ArbN zu unterrichten. Die Ergänzung der personellen Informationsmittel nach Abs. 2 soll die Arbeitsbedingungen des BR verbessern. Nunmehr ist der ArbGeb. kraft Gesetzes auch gehalten, dem BR zu Informationszwecken einen sachkundigen Betriebsangehörigen zur Verfügung zu stellen (vgl. BT-Drs. 14/5741 S. 46). Die sprachliche Änderung des § 80 Abs. 1 Nr. 4 durch das **BundesteilhabeG** vom 23.12.2016 (BGBl. I S. 3234) passt die bisherige Fassung an die Begrifflichkeiten des SGB IX an. Zugleich stellt die Änderung klar, dass die Förderung des Abschlusses von Integrationsvereinbarungen nach § 166 SGB IX (ab 1.1.2018, bis dahin § 83 SGB IX) eine Aufgabe des BR ist (BT-Drs. 18/9522 S. 349; *Schnelle* NZA 2017, 880). Im Zuge des am 1.4.2017 in Kraft getretenen G zur **Änderung des AÜG** vom 21.2.2017 (BGBl. I, 258) wurden die Informationsrechte des BR beim Einsatz von Fremdpersonal durch Ergänzung der arbeitgeberseitigen Informationspflicht des § 80 Abs. 2 S. 1 sowie der Vorlagepflicht nach § 80 Abs. 2 S. 3 klargestellt (→ Rn. 79; *Lembke* NZA 2017, 1).

2 Die Vorschrift gilt für den GesBR und KBR entspr. Wegen vergleichbarer Vorschriften für die JAV vgl. § 70, die Schwerbehindertenvertretung § 178 Abs. 1 SGB IX.

3 Entspr. Vorschriften: § 68 BPersVG, § 25 SprAuG. Einen Informationsanspruch des örtlichen BR gegenüber dem EBR regelt § 36 Abs. 1 EBRG.

II. Allgemeine Aufgaben des Betriebsrats

4 Die allgemeinen Aufgaben des BR sind umfassend; sie beziehen sich sowohl auf den **sozialen als auch den personellen oder den wirtschaftlichen** Bereich. Sie stehen selbständig neben den in den einzelnen Abschnitten angeführten Befugnissen, können aber auch Grundlage für die Ausübung der einzelnen Beteiligungsrechte sein.

Sie sind nicht vom Bestehen eines konkreten Mitbestimmungs- oder Mitwirkungsrechts abhängig (BAG 16.8.2011 – 1 ABR 22/10, NZA 2012, 342). § 80 Abs. 1 zählt die **Überwachungsaufgaben** des BR nicht abschließend auf. Weitere Aufgaben ergeben sich aus einer Vielzahl gesetzlicher Bestimmungen außerhalb des BetrVG (vgl. die umfassende Übersicht bei *Pulte* NZA-RR 2008, 113; zum UmwG *Blechmann* NZA 2006, 1143). Die Wahrnehmung seiner Aufgaben gehört zu den **Pflichten** des BR, der auch für sog Ein-Euro-Jobber tätig werden muss (*Engels* NZA 2007, 8) und zudem für ArbN des öffentl. Dienstes, Beamte oder Soldaten, die im Betrieb tätig sind (*Löwisch/Mandler* BB 2016, 629). Der BR kann auf die Wahrnehmung seiner Überwachungsaufgabe **nicht verzichten** (BAG 19.2.2008 – 1 ABR 84/06, NZA 2008, 1078). Für die Wahrnehmung des Überwachungsrechts ist allein der BR zuständig. Er ist Träger dieses Rechts (BAG 16.11.2011 – 7 ABR 28/10, NZA 2012, 582). Dem GesBR steht es nicht zu (BAG 16.8.2011 – 1 ABR 22/10, NZA 2012, 342).

1. Überwachungsaufgaben

a) Gegenstand der Überwachung

5 Die Überwachungspflicht des BR über die Durchführung der in § 80 Abs. 1 Nr. 1 genannten Normen ist eine **grundlegende Aufgabe.** Sie soll sicherstellen, dass alle Schutzvorschriften zugunsten der ArbN tatsächlich eingehalten und angewendet werden, dient aber nicht der Ermittlung von ArbN-Ansprüchen (BAG 26.9.2017 – 1 ABR 27/16). Die Wahrnehmung der Überwachungsaufgabe hängt nicht vom Bestehen eines Mitbestimmungs- oder Mitwirkungsrechts ab (BAG 19.10.1999 – 1 ABR 75/98, NZA 2000, 837). Die Ausübung der Überwachungsaufgabe ist nicht an eine dem BR bekannt gewordene Regelverletzung des ArbGeb. gebunden (BAG 7.2.2012 – 1 ABR 46/10, NZA 2012, 744). Der BR darf auch vorbeugend tätig werden (BAG 19.2.2008 – 1 ABR 84/06, NZA 2008, 1078). Die Überwachungsaufgabe erstreckt sich auch AT-Ang., die keine leitende Ang. nach § 5 Abs. 3 sind (BAG 24.1.2006 – 1 ABR 60/04, NZA 2006, 1050). Eine Kollektivvereinbarung (BV, TV) kann die gesetzliche Aufgabe des BR aus § 80 Abs. 1 Nr. 1 weder beschränken noch aufheben. Das gilt auch dann, wenn der TV oder die BV ein überwachungsfähiges Recht erst schaffen (BAG 21.10.2003 – 1 ABR 39/02, NZA 2004, 936).

6 Die Vorschrift erstreckt sich auf sämtliche Rechtsvorschriften, die sich **zugunsten der ArbN** des Betriebs auswirken können. Dieses Merkmal ist weit auszulegen (BAG 19.10.1999 – 1 ABR 75/98, NZA 2000, 837). Dazu gehören auch die Grundrechte, soweit sie Bedeutung für das Arbeitsrecht haben. Das Überwachungsrecht erfasst das gesamte normative Recht und die durch Richterrecht entwickelten Grundsätze. Dazu zählt etwa der arbeitsrechtliche Gleichbehandlungsgrundsatz. Zu den vom BR zu überwachenden Gesetze zählen daher **die Vorschriften der meisten arbeitsrechtlichen Gesetze:** BUrlG, EntgeltfortzahlungsG, KSchG, TzBfG, AÜG, JArbSchG, die arbeitsrechtlichen Vorschriften in BGB, HGB, GewO, das MuSchG, ferner die den Schutz der ArbN betr. Vorschriften des BetrVG, zB § 75 und § 95 sowie die Beachtung der gesetzlichen Bestimmungen über die Leiharbeit, die Teilzeitarbeit, das Befristungsrecht und das Verbot der illegalen Beschäftigung oder der Schwarzarbeit. Von besonderer Bedeutung sind das AGG (HWGNRH/*Nicolai* Rn. 16; *Besgen* BB 2007, 213) sowie die **Schutzvorschriften des ArbZG.** Deshalb hat der BR auch zu prüfen, ob bei sog AT-Ang. mit Vertrauensarbeitszeit die von § 5 ArbZG vorgeschriebene Mindestruhezeit von 11 Stunden eingehalten wird (BAG 6.5.2003 – 1 ABR 13/02, NZA 2003, 1348). Durch das G für die gleichberechtigte Teilhabe von Frauen und Männern an Führungspositionen in der Privatwirtschaft und im öffentl. Dienst **(TeilhabeG)** v. 24.4.2015 (BGBl. I S. 642) werden börsennotierte oder mitbestimmte Unternehmen gehalten, Zielgrößen für den Frauenanteil an Führungspositionen festzulegen (Einzelheiten *Junker/Schmidt-Pfitzner* NZG 2015, 929). Hierbei

handelt es sich um eine Regelung zugunsten der für eine Führungstätigkeit in Betracht kommenden Frauen. Damit gehört es zur Aufgabe des BR über die Einhaltung dieser gesetzlichen Verpflichtung zu wachen (*Löwisch* BB 2015, 1909).

Zu den überwachungsfähigen Vorschriften zählt auch das **NachweisG und die AGB-Kontrolle bei Formulararbeitsverträgen** (§§ 305ff. BGB). Der BR ist berechtigt, gegenüber dem ArbGeb. die Missachtung dieser Vorschriften zu beanstanden und auf Abhilfe zu drängen (BAG 16.11.2005 – 7 ABR 12/05, NZA 2006, 553). Insbes. hat er zu prüfen, ob die im Betrieb verwendeten Formularverträge die von § 2 Abs. 1 NachweisG geforderten Angaben enthalten (BAG 19.10.1999 – 1 ABR 75/98, NZA 2000, 837). Das Überwachungsrecht betrifft zudem die Vorschriften der DGSVO (→ § 83 Rn. 16 ff) sowie des **Bundesdatenschutzgesetzes** (BDSG), soweit dessen Bestimmungen auf die ArbN des Betriebs Anwendung finden (BAG 17.3.1987 – 1 ABR 59/85, NZA 1987, 747; → § 83 Rn. 16ff.). Überwachungsfähig können auch **„Big Data-Analysen"** mit Personenbezug sein. Dabei werden aus Vertragsverhältnissen oder als Metadaten anfallende Informationen aus ihrem ursprünglichen Kontext herausgelöst, neu strukturiert und mit geänderter Zielrichtung ausgewertet (*Bissels/Meyer-Michaelis/Schiller* DB 2016, 3042). Die Analyseergebnisse können vor allem im Bereich der Personalplanung oder Personalgewinnung eingesetzt werden. Die Kontrollaufgaben des vom ArbGeb. zu bestellenden Datenschutzbeauftragten schränken das Überwachungsrecht des BR nicht ein (Richardi BetrVG/*Thüsing* Rn. 10; GK-BetrVG/*Weber* Rn. 16). Andererseits hat der BR darauf zu achten, dass der Datenschutzbeauftragte seine Tätigkeit ordnungsgemäß und weisungsfrei ausübt (vgl. § 4f Abs. 3 BDSG) und damit seiner vom BDSG und der DGSVO zugedachten Kontrollaufgabe gerecht werden kann. Ungeachtet dessen kann auch ein BRMitgl. zum Datenschutzbeauftragten bestellt werden. Beide Funktionen sind miteinander vereinbar (BAG 23.3.2011 – 10 AZR 562/09, NZA 2011, 1036). 7

Vor allem beim Unternehmenskauf hat der BR auf die Einhaltung des BDSG zu achten. Einem Unternehmenskauf geht regelmäßig eine sog **Due Diligence** (erforderliche Sorgfalt) voraus. Hierbei handelt es sich um eine Prüfung des Kaufobjekts, die dazu dient, die Kalkulationsgrundlage des Kaufpreises zu ermitteln, die mit dem Kauf verbundenen Risiken aufzudecken und Beweise für evtl. nachvertragliche Haftungsauseinandersetzungen zu dokumentieren (WHSS Umstrukturierung S. 1178ff.). Dabei ist das Interesse des Kaufinteressenten ua darauf gerichtet, an Hand der einschl. Daten umfassend über die arbeitsrechtl. Verhältnisse informiert zu werden. Hierbei handelt es sich aber um **persönliche Daten der ArbN** (vgl. § 3 BDSG), für deren Erhebung oder Übermittlung an Dritte es einer Rechtsgrundlage bedarf (§ 4 Abs. 1 BDSG), die durch eine BV geschaffen werden kann (*Braun/Wybitul* BB 2008, 782). Bei einer Datenübermittlung mit Auslandsbezug sind § 4b und § 4c BDSG zu beachten (→ § 83 Rn. 25). Im Anwendungsbereich des Gemeinschaftsrechts ist es untersagt, Daten über die Gesundheit oder die Gewerkschaftszugehörigkeit von ArbN weiterzugeben. Das erfasst mittelbar auch Angaben über die Wahrnehmung von BR-Funktionen (WHSS Umstrukturierung S. 1181). 8

Ferner zählen zu den überwachungsfähigen Vorschriften auch Gesetze und Verordnungen zum **Arbeitsschutz** und zum **Umweltschutz.** Deren jeweiliger Regelungsgegenstand muss jedoch auf den Schutz der ArbN bezogen sein (DKKW/*Buschmann* Rn. 7). Unter die Überwachungspflicht des BR fallen kraft ausdrücklicher Regelung auch Bestimmungen in UVV der Unfallversicherungs-Träger nach § 15 SGB VII. Die alleinige Verantwortung für die Einhaltung der Vorschriften bleibt aber beim ArbGeb. 9

Schließlich soll sich der BR darum kümmern, dass der ArbGeb. seine zugunsten der ArbN bestehenden Pflichten aus den **Sozialversicherungsgesetzen** (GK-BetrVG/*Weber* Rn. 14; offen gelassen LAG Köln 30.6.2000 – 11 (12) TaBV 18/00, NZA-RR 2001, 255) und den Vorschriften des **Lohnsteuerrechts** erfüllt, also die Sozialversicherungsbeiträge und Lohnsteuer ordnungsgemäß berechnet und abführt (DKKW/*Buschmann* Rn. 12). 10

11 Auch die **Überwachung der Einhaltung von TV** obliegt dem BR, soweit sie Bestimmungen zugunsten der ArbN enthalten. Das gilt auch für schuldrechtliche Normen eines TV (BAG 11.7.1972 – 1 ABR 2/72, AP BetrVG 1972 § 80 Nr. 1). Für das Bestehen eines Überwachungsrechts ist es unerheblich, ob die Geltung eines TV auf einer Tarifbindung des ArbGeb. (§ 3 Abs. 2 TVG), beider Arbeitsvertragsparteien (§§ 3 Abs. 1, 4 Abs. 1 TVG; BAG 18.9.1973 – 1 ABR 7/73, NJW 1974, 333), einer Allgemeinverbindlicherklärung (AVE § 5 Abs. 4 TVG) oder einer vertraglicher Bezugnahme (BAG 6.5.2003 – 1 ABR 13/02, NZA 2003, 1348) beruht. Geht es im letzteren Fall aber um tarifliche Inhaltsnormen iSd § 4 Abs. 1 S. 1 TVG, besteht für eine Überwachung des BR zugunsten der nicht tarifgebundenen ArbN kein Raum (BAG 27.10.2010 – 7 ABR 36/09, NZA 2011, 527). Das Überwachungsrecht erstreckt sich nicht nur auf die tatsächliche Durchführung von TV sondern auch darauf, ob die jeweilige Tarifnorm mit höherrangigem Recht vereinbar, also wirksam ist und deshalb befolgt werden muss (**aA** GK-BetrVG/*Weber* Rn. 21). Aus dem Überwachungsrecht folgt allerdings kein eigenständiger, gerichtlich durchsetzbarer Anspruch des BR auf Durchführung der Tarifnorm zugunsten der jeweiligen ArbN.

12 Schließlich hat der BR auch über die **Einhaltung von BV und die Umsetzung von Regelungsabreden** zu wachen, deren Durchführung Aufgabe des ArbGeb. ist (BAG 18.1.2005 – 3 ABR 21/04, NZA 2006, 167). Die Überwachungsaufgaben nach Abs. 1 fallen in die originäre Zuständigkeit der EinzelBR auch dann, wenn es um die Einhaltung einer GesamtBV geht (BAG 20.12.1988 – 1 ABR 63/87, NZA 1989, 393). Allerdings berechtigt diese Überwachungsaufgabe den BR nicht dazu, Gesamt- oder Konzernbetriebsvereinbarungen durch das ArbG überprüfen zu lassen. Ein darauf gerichtetes abstraktes Normenkontrollrecht steht dem BR nicht zu (BAG 5.3.2013 – 1 ABR 75/11, AP ArbGG 1979 § 81 Nr. 63). Auch kann er die **Durchführung einer BV** aus eigenem Recht nur verlangen, wenn er sie selbst abgeschlossen hat oder ihm eine GesBV oder KBV einen eigenen Durchführungsanspruch einräumt. Ansonsten ist es Sache des GesBR oder des KBR für die Einhaltung der von ihnen abgeschlossenen Vereinbarungen zu sorgen. Weigert sich der ArbGeb. eine GesBV oder KBV durchzuführen und nimmt der GesBR oder KBV das hin, bleibt dem BR nur der Weg über § 23 Abs. 3 (BAG 18.5.2010 – 1 ABR 6/09, NZA 2010, 1433). Zu überwachen hat der BR auch die Einhaltung der **einheitlichen Regelung von Arbeitsbedingungen** durch Abschluss gleich lautender Arbeitsverträge wegen des Gleichbehandlungsgrundsatzes. Die Überwachungspflicht bezieht sich nicht auf die Einhaltung individueller Vertragsbestimmungen (DKKW/*Buschmann* Rn. 19; GK-BetrVG/*Weber* Rn. 20). Der BR hat jedoch zu prüfen, ob hierbei zwingende ArbNSchutzbestimmungen, insbes. der Gleichbehandlungsgrundsatz, beachtet werden (BAG 30.9.2008 – 1 ABR 54/07, NZA 2009, 502). Die Einhaltung des unternehmenseinheitlichen Gleichbehandlungsgrundsatzes hat aber der GesBR zu überwachen (BAG 26.9.2017 – 1 ABR 27/16, NZA 2018, 108; *Kleinebrink* DB 2016, 2059). Zu überwachen hat der BR auch die Einhaltung der Vorgaben eines Aktienoptionsplans eines inländischen Unternehmens (*Otto* DB 2009, 1594).

b) Inhalt des Überwachungsrechts

13 Die Überwachungspflicht macht den BR nicht zum Kontrollorgan gegenüber dem ArbGeb. Das Überwachungsrecht dient nur der **Rechtskontrolle** und nicht der Zweckmäßigkeitskontrolle (BAG 16.11.2005 – 7 ABR 12/05, NZA 2006, 553). Die Befugnisse des BR finden ihre Schranken in § 77 Abs. 1 (Verbot, in die Leitung des Betriebs einzugreifen) und in § 2 Abs. 1 (Gebot der vertrauensvollen Zusammenarbeit).

14 Aus dem Überwachungsrecht des BR folgt kein Anspruch des BR auf Unterlassen der beanstandeten Maßnahme (BAG 17.5.2011 – 1 ABR 121/09, AP BetrVG 1972 § 80 Nr. 73). Rechtsverstöße des ArbGeb. gegenüber den ArbN begründen keine betriebsverfassungswidrige Lage im Verhältnis zum BR. Die Anerkennung eines Unterlassungsanspruchs des BR bei Verstößen des ArbGeb. gegen normative Bestimmungen zugunsten der ArbN liefe ansonsten auf ein umfassendes Mitbestimmungsrecht hinaus. Das sieht das G nicht vor; vielmehr kann der BR nur unter den Voraussetzungen des § 23 Abs. 3 gegen ein betriebsverfassungswidriges Verhalten des ArbGeb. vorgehen. Auch gewährt das Überwachungsrecht nach Nr. 1 dem BR **kein zusätzliches MBR** (BAG 16.7.1985 – 1 ABR 9/83, AP BetrVG 1972 § 87 Lohngestaltung Nr. 17). Deshalb kann der BR einen Unterlassungsantrag nicht auf § 80 Abs. 1 stützen (BAG 28.5.2002 – 1 ABR 40/01, NZA 2003, 1352). Diese Rechtslage hat durch § 17 **AGG keine Änderung erfahren.** Der BR ist berechtigt, die mit dem ArbGeb. vereinbarten BV und Regelungsabreden durchzusetzen (→ § 77 Rn. 227 ff.). Er hat deshalb einen Anspruch darauf, dass der ArbGeb. Maßnahmen unterlässt, die gegen eine BV verstoßen (BAG 17.10.1989 – 1 ABR 75/88, NZA 1990, 441). Dagegen kann er aus eigenem Recht nicht verlangen, dass der ArbGeb. die durch BV geregelten individuellen Ansprüche der ArbN erfüllt. Überwachungsaufgaben berechtigen den BR nicht dazu, die Individualinteressen der ArbN gegenüber dem ArbGeb. wahrzunehmen (BAG 20.5.2008 – 1 ABR 19/07, NZA-RR 2009, 102).

Der **BR ist darauf beschränkt,** die ungenügende Beachtung der Vorschriften 15 beim ArbGeb. zu beanstanden und auf Abhilfe zu drängen (BAG 28.5.2002 – 1 ABR 32/01, NZA 2003, 166). Das stärkt mittelbar die individualrechtliche Position des einzelnen ArbN. Der BR soll beim ArbGeb. zunächst eine gütliche Regelung auch in Rechtsfragen versuchen. Für die Geltendmachung individueller Ansprüche ist der einzelne ArbN verantwortlich. Der BR muss ihn aber unterstützen und beim ArbGeb. vorstellig werden.

Vor **Anzeigen bei Behörden** oder einer „Flucht in die Öffentlichkeit" ist die in- 16 terne Bereinigung innerbetrieblicher Missstände zu versuchen (*Söllner* FS Herschel, 1982, 403). Unterlässt der ArbGeb. die Anzeige an die BA gem. § 17 KSchG, kann der BR an seiner Stelle handeln (*Bieback* ArbuR 1986, 161 [174]).

Zur Sicherung des Überwachungsrechts gewährt Abs. 2 dem BR umfassende **Informationsrechte** (BAG 6.5.2003 – 1 ABR 13/02, NZA 2003, 1348). Dazu gehört 17 auch das Recht, einzelne ArbN an ihrem Arbeitsplatz aufzusuchen.

2. Antragsrechte

Abs. 1 Nr. 2 und Nr. 7 Hs. 2 regeln **Initiativrechte des BR** (ErfK/*Kania* Rn. 8). 18 Sie beziehen sich auf alle Maßnahmen, die dem Betrieb und der Belegschaft oder der Bekämpfung von Rassismus und Fremdenfeindlichkeit im Betrieb dienen. Das gilt in beiden Fällen unabhängig davon, ob für die einzelne Maßnahme auch ein konkretes Beteiligungsrecht besteht (BAG 27.6.1989 – 1 ABR 19/88, NZA 1989, 929). Der BR kann die Befolgung seiner Anträge, auch wenn sie sachlich berechtigt sind, nur in den im G ausdrücklich genannten Fällen erzwingen. Zwar braucht der ArbGeb. den Anregungen des BR nicht zu folgen (ErfK/*Kania* Rn. 10). Er ist jedoch nach §§ 2 Abs. 1, 74 Abs. 1 verpflichtet, sich **ernsthaft mit ihnen zu befassen** (DKKW/*Buschmann* Rn. 36). Vom Antragsrecht des § 80 Abs. 1 Nr. 2 u. 7 ist das Initiativrecht in mitbestimmungspflichtigen Angelegenheiten (zB § 87, → § 87 Rn. 583 ff.) zu unterscheiden.

a) Allgemeines Antragsrecht

Bezugspunkte des **allgemeinen Antragsrechts** nach Nr. 2 können soziale, perso- 19 nelle und wirtschaftliche Angelegenheiten sein. Belegschaft ist die Gesamtheit der ArbN iSd BetrVG oder einer Gruppe von ArbN. Darüber hinaus sind auch Anträge zulässig, die mögliche Themen der BetrVerslg angehen (→ § 45 Rn. 5 ff.) und denen ein konkreter Bezug zum Betrieb und seinen ArbN zugrunde liegt. Soweit der ArbGeb. ihnen nicht durch innerbetriebliche Maßnahmen Rechnung tragen kann (zB Fragen der Verkehrsverbindungen), sind sie als Anregungen an den ArbGeb. zu verstehen, gegenüber außerbetrieblichen Stellen tätig zu werden. **Zielrichtung** eines Antrags nach Nr. 2 ist das Wohl des Betriebs und seiner ArbN (vgl. § 2 Abs. 1). Die Behandlung derartiger Anträge erfolgt nach den allgemeinen Regeln der Zusammenarbeit; bei Meinungsverschiedenheiten kann die E-Stelle nach Maßgabe des § 76 Abs. 6 tätig werden.

20 Auf **sozialem Gebiet** ergibt sich je nach betrieblicher Eigenart und Leistungsfähigkeit eine Fülle von Anregungsmöglichkeiten zur Verbesserung der sozialen Lage der Belegschaft oder einzelner ArbN. Auch auf **personellem Gebiet** erhält der BR die Befugnis, Einstellungen, Versetzungen und Umgruppierungen beim ArbGeb. anzuregen. Wegen Personalplanung vgl. § 92; wegen Beschäftigungssicherung § 92a; wegen Berufsbildung §§ 96ff. Auf **wirtschaftlichem Gebiet** kann der BR Verbesserungen der Arbeitsmethoden, die Beseitigung vermeidbarer Arbeitserschwernisse oder Maßnahmen zum Arbeitsschutz beantragen. Der Antrag kann sich auch auf unternehmerische Entscheidungen (zB Investitionen) beziehen (DKKW/*Buschmann* Rn. 35). Der BR kann auch Vorschläge zur Verbesserung des betrieblichen Umweltschutzes (§ 89 Abs. 3) unterbreiten (BAG 25.1.1995 – 7 ABR 37/95, NZA 1995, 591). Hinsichtlich dieses Themas folgt eine besondere Förderungspflicht zudem aus Abs. 1 Nr. 9.

b) Bekämpfung von Rassismus und Fremdenfeindlichkeit

21 Nach der Erweiterung der Nr. 7 durch das BetrVerf-ReformG ist der BR auch gehalten, beim ArbGeb. Maßnahmen zu beantragen, die dazu beitragen sollen, **Fremdenfeindlichkeit und Rassismus** im Betrieb entgegenzutreten. Hintergrund des Antragsrechts war die stetige Zunahme fremdenfeindlicher Aktionen, die in einer wachsenden Zahl rechtsextremistischer, fremdenfeindlicher, rassistischer und antisemitischer Straftaten zum Ausdruck kam (vgl. BT-Drs. 14/5741 S. 46). Dieses gesellschaftliche Problem, das auch vor den Betrieben nicht Halt macht, sollte dort thematisiert werden (vgl. BT-Drs. 14/5741 S. 25ff.; krit. *Annuß* NZA 2001, 367; *Reichold* NZA 2001, 857; zu ausländerfeindlichem Verhalten im Betrieb als Kündigungsgrund. BAG 1.7.1999 – 2 AZR 676/98, NZA 1999, 1270; *Powietzka* NZA 2000, 970).

22 Das Antragsrecht zur Bekämpfung von Fremdenfeindlichkeit und Rassismus steht aber nicht isoliert im G. Vielmehr trägt das G durch eine Reihe **weiterer Vorschriften** dafür Sorge, dass der BR diese Aufgabe auch effektiv angehen kann. Dazu zählt die Möglichkeit, dieses Thema zum Gegenstand von BetrVerslg. zu machen (§ 45 S. 1), zumal der ArbGeb. nach der Erweiterung seiner Berichtspflicht nach § 43 Abs. 2 seinerseits gehalten ist, auf derartige Vorkommnisse einzugehen. Darüber hinaus kann der BR in dieser Angelegenheit aktiv werden, wenn Tatsachen befürchten lassen, dass ein Bewerber oder ein betriebsangehöriger ArbN den Betriebsfrieden durch rassistische oder fremdenfeindliche Aktionen stört (§ 99 Abs. 2 Nr. 6, § 104 S. 1).

23 Das Antragsrecht der Nr. 7 ist **betriebsbezogen.** Es gewährt dem BR weder ein allg. pädagogisches noch ein allgemeinpolitisches Mandat (Richardi BetrVG/*Thüsing* Rn. 26; *Engels/Trebinger/Löhr-Steinhaus* DB 2001, 532; *Konzen* RdA 2001, 76). Es begründet deshalb auch nicht die Gefahr eines Gesinnungsarbeitsrechts (diese Gefahr sieht *Rieble* ZIP 2001, 133). Das Antragsrecht ist aus diesem Grund **auch anlassbezogen.** Es setzt eine vorhandene oder eine sich abzeichnende extremistische Betätigung im Betrieb voraus (HWGNRH/*Nicolai* Rn. 46; *Löwisch* BB 2001, 1790). In diesem Fall kann der BR vom ArbGeb. etwa die Durchführung einer Aufklärungsaktion oder Vorgesetztengespräche mit fremdenfeindlich oder rassistisch agierenden ArbN verlangen.

3. Entgegennahme von Anregungen

24 Die Regelung in Nr. 3 ergänzt die Bestimmungen der Nr. 2 u. 7. Das Beschwerderecht der ArbN nach §§ 84ff. und das Vorschlagsrecht der ArbN nach § 86a bleibt

hiervon unberührt. Der BR ist die Ansprechstelle der ArbN des Betriebs. Er ist deshalb auch zuständig für die Behandlung von **Anregungen der ArbN** iSd BetrVerf. Es bleibt den ArbN überlassen, ob sie sich an den BR oder direkt an den ArbGeb. oder den unmittelbaren Vorgesetzten wenden wollen. „Anregung" ist der Oberbegriff für Vorschläge und Beschwerden (Richardi BetrVG/*Thüsing* Rn. 34).

Der BR muss sich mit einer an ihn herangetragenen **Anregung sachlich befassen.** Er hat sie zu untersuchen und deren Berechtigung zu prüfen. Für diesen Fall hat er mit dem ArbGeb. über die Möglichkeit einer sachgerechten Erledigung zu verhandeln (hM GK-BetrVG/*Weber* Rn. 42). Kann die Streitfrage durch Verhandlungen zwischen BR und ArbGeb. nicht beigelegt werden, hat der BR den ArbN ggf. auch auf die Möglichkeit der Inanspruchnahme der ArbG oder der Erhebung einer förmlichen Beschwerde nach § 84 hinzuweisen. Der BR hat den ArbN über das Ergebnis der Verhandlungen mit dem ArbGeb. zu unterrichten und ggf. einen **Zwischenbescheid** zu geben. Schließlich hat er den ArbN auch zu informieren, wenn er die Anregung (Beschwerde) nicht für berechtigt hält (DKKW/*Buschmann* Rn. 50). Die Einschaltung des BR hindert den betroffenen ArbN nicht daran, vor dem ArbG zu klagen. 25

Dasselbe gilt für **Anregungen der JAV.** Diese kann ihre Anregungen nicht unmittelbar beim ArbGeb. vorbringen. Sie ist kein selbständiges neben dem BR bestehendes Organ der Betriebsverfassung. Die Zusammenarbeit mit dem ArbGeb., auch in den Angelegenheiten der Jugdl. und der zu ihrer Ausbildung beschäftigten ArbN, ist nach der Kompetenznorm des § 60 ausschließlich Aufgabe des BR (→ § 60 Rn. 4. Der BR hat die JAV bei der Unterrichtung des jug. ArbN zu beteiligen, soweit sich dieser an den BR und nicht an seine Vertr. gewandt hat. 26

4. Schutzaufträge

Die Vorschrift des § 80 Abs. 1 weist dem BR eine Reihe von Schutzaufträgen zu. Sie betreffen Personen, die der Gesetzgeber als in einem besonderen Maße wegen Behinderung (Nr. 4), Alter (Nr. 6) oder Herkunft (Nr. 7) auf den Schutz durch eine kollektive Interessenvertretung der ArbN angewiesen sieht. 27

a) Eingliederung schutzbedürftiger Personen

Die Aufgabe des BR nach der Nr. 4, die **Eingliederung bestimmter Personen** in den Betrieb zu fördern, umfasst deren Unterbringung im Betrieb, die Zuweisung einer ihren Kräften und Fähigkeiten entspr. Beschäftigung. Ferner soll der BR auf sie einwirken, die richtige Einstellung zum Betrieb, zum Arbeitsplatz und zu den anderen ArbN zu finden, und andererseits bei der Belegschaft Verständnis für die besondere Lage dieser Personen zu wecken. Der BR soll dazu beitragen, Vorbehalte gegenüber der Leistungsfähigkeit schwerbehinderter Menschen abzubauen. Er hat mit dem ArbGeb. über die Angelegenheiten dieses Schutzauftrags zu verhandeln (*Düwell* BB 2001, 1527). Bei Meinungsverschiedenheiten kann die E-Stelle nur unter den Voraussetzungen des § 76 Abs. 6 angerufen werden. 28

Das G hebt die **Eingliederung schwerbehinderter Menschen** bes. hervor (vgl. §§ 163–167 SGB IX). Das betriebliche Eingliederungsmanagement nach § 167 Abs. 2 SBG IX erfasst alle langzeiterkrankten ArbN (BAG 12.7.2007 – 2 AZR 716/06, NZA 2008, 173). Ein unterbliebenes BEM erhöht die Anforderungen an Darlegungslast des ArbGeb. in einem KSchVerf. des ArbN (BAG 10.12.2009 – 2 AZR 400/08, NZA 2010, 398). Vor allem hat der BR darauf zu achten, ob der ArbGeb. seiner Prüfungs- und Beschäftigungspflicht nach § 164 SGB IX nachkommt: Der BR kann die Schaffung von Teilzeitarbeitsplätzen für Schwerbehinderte anregen (§ 164 Abs. 5 SGB IX), sich mit Unterstützung des Integrationsamtes (§ 163 SGB IX) um die behindertengerechte Ausstattung von Arbeitsplätzen für Schwerbehinderte bemühen oder den Abschluss einer Inklusionsvereinbarung (§ 166 SGB IX) 29 anstreben. Nach § 241 Abs. 6 SGB IX gelten die früheren Integrationsvereinbarungen als Inklusionsvereinbarung fort. Die neue Begrifflichkeit geht zurück auf die UN-Behindertenrechtskonvention. Sie bringt zum Ausdruck, dass Menschen mit und ohne Behinderung eine gleichberechtigte Teilhabe in allen Belangen ermöglicht werden soll. Dafür sollen vor allem Hürden bei der Gestaltung von Arbeitsprozessen und Rahmenbedingungen vermieden werden. Das zielt ua. darauf ab, dass die besonderen Belange schwerbehinderter Menschen bereits bei der Konzeption innerbetrieblicher Prozesse und Strukturen berücksichtigt werden (BT-Drs. 18/9522 S. 314). Das bietet sich etwa bei Regelungen der Personalplanung, der Gestaltung von Arbeitsplätzen oder des Arbeitsumfeldes iS einer barrierefreien Gestaltung an (*Kothe* AuR 2019, 4). Der BR kann auch auf eine dem ArbGeb. zumutbare behindertengerechte Gestaltung der ArbZ schwerbehinderter Menschen hinwirken (BAG 3.12.2002 – 9 AZR 462/01, NZA 2004, 1219). Dabei arbeitet der **BR** mit der **SchwbVertr.** (§ 177 SGB IX) zusammen. Der BR hat auf die Wahl einer SchwbVertr. hinzuwirken (§ 176 SGB IX).

30 Neben den Schwbeh. sind auch **sonstige bes. schutzbedürftige Personen** der Obhut des BR anvertraut, insbes. behinderte Menschen, deren Grad der Behinderung weniger als 50 vH beträgt (§ 2 Abs. 3 SGB IX). Der Schutzauftrag gilt auch für ArbN, deren Unterbringung unter den üblichen Bedingungen des Arbeitsmarktes erschwert ist (HWGNRH/*Nicolai* Rn. 39). Der BR kann sich auch um die Reintegration erkrankter ArbN im Rahmen einer stufenweisen Wiedereingliederung iSd §§ 44 SGB IX, 74 SGB V kümmern (*Nebbe* DB 2008, 1801).

b) Beschäftigung älterer Arbeitnehmer

31 Der BR hat nach § 75 Abs. 1 S. 2 darauf zu achten, dass ArbN nicht wegen Überschreitens bestimmter Altersstufen benachteiligt werden (→ § 75 Rn. 74 ff.). Darüber hinaus sind nach § 96 Abs. 2 auch ältere ArbN bei Maßnahmen der Berufsbildung zu berücksichtigen. § 80 Abs. 1 Nr. 6 ergänzt diese Vorschriften (ErfK/*Kania* Rn. 15). Danach soll der BR die Beschäftigung älterer ArbN überhaupt fördern. Dazu gehört nicht nur deren berufliche Weiterentwicklung und Anpassung an veränderte wirtschaftliche und technische Gegebenheiten, sondern auch die **Neueinstellung älterer ArbN** auf für sie geeigneten Arbeitsplätzen oder den Erhalt solcher Arbeitsplätze (DKKW/*Buschmann* Rn. 61). Die Nichtberücksichtigung älterer Bewerber kann ein Widerspruchsgrund für den BR nach § 99 Abs. 2 Nr. 2 sein, soweit eine entspr. AuswahlRL besteht, die der ArbGeb. missachtet. Der Widerspruchsgrund nach § 99 Abs. 2 Nr. 1 setzt ein gesetzliches Diskriminierungsverbot bei der Einstellung voraus, das nunmehr § 2 Abs. 1 Nr. 1 AGG regelt.

c) Integration ausländischer Arbeitnehmer

32 Die Integration ausländischer ArbN, dh solcher betriebszugehöriger ArbN, die nicht die deutsche Staatsangehörigkeit besitzen, hat der BR nach Nr. 7 zu fördern. Die Ersetzung des Eingliederungsbegriffs durch den der Integration durch das BetrVerf-ReformG verdeutlicht das Anliegen des G. Es geht darum, dass die ausländischen Belegschaftsangehörigen genauso behandelt werden sollen wie ihre deutschen Kollegen (GK-BetrVG/*Weber* Rn. 53; HWGNRH/*Nicolai* Rn. 45). Der BR hat diese ArbN vor Ausbeutung durch unzulässige illegale Beschäftigung (Schwarzarbeit, unzulässige ArbNÜberlassung) zu schützen. Der BR soll das **gegenseitige Verständnis** ausländischer und deutscher ArbN fördern und auf den **Abbau wechselseitiger Vorurteile** hinwirken (vgl. Richardi BetrVG/*Thüsing* Rn. 45; ErfK/*Kania* Rn. 16). Angesichts der großen Zahl ausländischer ArbN und deren besonderen soziokulturellen Problemen (Sprache, Wohnraumbeschaffung, Einarbeitung, Lebensgewohnheiten, Religion) ist das eine bes. wichtige Aufgabe des BR.

5. Förderungspflichten

33 Abs. 1 weist dem BR weiterhin eine Reihe von **Sonderaufgaben** zu. Mit ihnen verfolgt das G ua auch gesamtgesellschaftliche Anliegen. Das betrifft die Durchsetzung der tatsächlichen Gleichstellung der Geschlechter sowie die Förderung der Vereinbarkeit von Familie und Erwerbstätigkeit (Nr. 2a und Nr. 2b). Die übrigen Aufgaben reichen von der Zusammenarbeit mit der JAV (Nr. 5) bis hin zur Beschäftigungsförderung und -sicherung (Nr. 8) oder der Förderung von Maßnahmen des Arbeits- und des betrieblichen Umweltschutzes (Nr. 10).

a) Durchsetzung der tatsächlichen Gleichstellung

34 Der durch Art. 5 Nr. 4 des 2 GleiBG eingefügte Nr. 2a machte es dem BR bisher schon zur Pflicht, die tatsächliche Gleichberechtigung der Geschlechter umfassend zu fördern und durchzusetzen. Durch das BetrVerf-ReformG wurde der bisherige Sprachgebrauch der Nr. 2a geändert. Das Wort Gleichstellung wurde durch den Begriff der Gleichberechtigung ersetzt. Diese Änderung diente der Anpassung an den Sprachgebrauch des am 1.12.2001 in Kraft getretenen Gleichstellungsdurchsetzungsgesetzes (DGleiBG; BGBl. I S. 3234) zur Förderung von Frauen im Bundesdienst (dazu *Braun* ZTR 2001, 200). Der Inhalt der Förderungspflicht des BR hat sich dadurch nicht geändert (BT-Drs. 14/5741 S. 46). Nach wie vor handelt es sich um eine Klarstellung, die dem BR die Bedeutung dieser Aufgabe noch einmal bewusst machen soll. Es geht darum, die vielfachen **Benachteiligungen der Frauen** im Berufsleben wenn möglich abzubauen (→ Rn. 39). Daneben bleibt die Verpflichtung des BR bestehen, auf die Einhaltung der Grundsätze zur Gleichbehandlung zu achten. Diese Pflichten werden durch **das AGG** nicht geschmälert (§ 13 Abs. 2 AGG).

35 Von Gesetzes wegen sind Frauen und Männer gleichberechtigt. Auch der besondere **arbeitsrechtliche Gleichbehandlungsgrundsatz** verbietet Benachteiligungen wegen des Geschlechts. Dieser Gleichbehandlungsgrundsatz wird inhaltlich bestimmt durch **Art. 3 GG.** Danach darf niemand wegen seines Geschlechts benachteiligt oder bevorzugt werden. Art. 3 Abs. 3 GG verbietet zunächst eine **unmittelbare Benachteiligung.** Das Geschlecht darf nicht als Anknüpfungspunkt für eine Ungleichbehandlung herangezogen werden. Es besteht aber kein absolutes Anknüpfungsverbot. Die Verwendung eines geschlechtsbezogenen Merkmals kann in Ausnahmefällen gerechtfertigt sein. Eine allgemeine Formel für denkbare Rechtfertigungsgründe gibt es indes nicht (ErfK/*Schmidt* GG Art. 3 Rn. 88).

36 Art. 3 Abs. 3 GG verbietet auch eine **mittelbare Diskriminierung** (vgl. die Nachw. bei ErfK/*Schmidt* GG Art. 3 Rn. 86). Wirken sich geschlechtsneutral formulierte Regelungen erkennbar zum Nachteil eines Geschlechts (meistens Frauen) aus, ist die Regelung nur wirksam, wenn geschlechtsbedingte Diskriminierung ausgeschlossen werden kann (BAG 15.2.1994 – 3 AZR 708/93, NZA 1994, 794). Einfachrechtlich ist dieses Diskriminierungsverbot nunmehr in § 2, § 3 Abs. 2 AGG geregelt.

37 Eine **mittelbare Entgeltdiskriminierung** verbietet zudem Art. 157 AEUV (ex-Art. 141 EGV), der in den einzelnen Mitgliedstaaten unmittelbar geltendes Recht ist. Nach der Rspr. des EuGH, der das BAG gefolgt ist (BAG 5.3.1997 – 7 AZR 581/92, NZA 1997, 1242), wird gegen dieses Verbot verstoßen, wenn der Bezug oder der Ausschluss von Leistungen zwar geschlechtsneutral geregelt ist, tatsächlich aber deutlich mehr Personen des einen Geschlechts betrifft als Personen des anderen Geschlechts, und diese Bevorzugung oder Benachteiligung auf dem Geschlecht oder der Geschlechterrolle beruht (objektiver Tatbestand). Das betrifft zumeist Frauen. Maßnahmen des ArbGeb., die diese unterschiedliche Wirkung hervorrufen, sind nur dann wirksam, wenn sie objektiv aus Gründen gerechtfertigt sind, die nichts mit einer Diskriminierung auf Grund des Geschlechts zu tun haben (Rechtfertigungsgründe).

38 Subtile Formen der mittelbaren Diskriminierung existieren vor allem im Bereich der **Teilzeitbeschäftigung.** Teilzeitbeschäftigte sind in den meisten Branchen Frau-

en. Teilzeitbeschäftigte werden häufig von Leistungen des ArbGeb. ausgeschlossen (zB Übergangsgeld, Altersversorgung). Diese Maßnahmen sind in der Regel unwirksam, weil sie nicht gerechtfertigt werden können. Der BR kann dafür Sorge tragen, dass Teilzeitangebote in einer Weise ausgestaltet werden, dass sie attraktiv für beide Geschlechte sind (*Zimmer* AuR 2014, 88).

39 **Art. 3 Abs. 2 GG** geht über die rechtliche Verpflichtung zur Gleichbehandlung hinaus. Das galt schon für die frühere Fassung (BVerfG 28.1.1992 – 1 BvL 10/91, NZA 1992, 270), kommt aber in der neuen Fassung deutlicher zum Ausdruck. Art. 3 Abs. 2 GG zielt ebenso wie hier die Nr. 2a auf die gesellschaftliche Wirklichkeit. Auch das GG will nicht nur diskriminierende Rechtsnormen beseitigen, es will die **Gleichberechtigung tatsächlich durchsetzen** (DKKW/*Buschmann* Rn. 37). Die Norm bezweckt die Angleichung der Chancen und Lebensverhältnisse. Überkommene Rollenverteilungen, die zu Nachteilen für Frauen führen, dürfen durch staatliche Maßnahmen nicht verfestigt werden (BVerfG 18.11.2003 – 1 BvR 302/96, NZA 2004, 33). Tatsächliche Nachteile, die typischerweise Frauen treffen, dürfen durch begünstigende Regelungen ausgeglichen werden. Insoweit ist strikte formale Gleichbehandlung nicht erforderlich. **Quotenregelungen,** nach denen Frauen gegenüber Männern bei gleicher Qualifikation bevorzugt zu berücksichtigen sind, solange sie im betreffenden Bereich unterrepräsentiert sind, sind zulässig. Es muss allerdings ein Automatismus zum Nachteil der Männer vermieden werden (BAG 5.3.1996 – 1 AZR 590/92, NZA 1996, 751; *Olbrich/Krois* NZA 2015, 1288). § 80 Abs. 1 Nr. 2a zielt in die gleiche Richtung. Er ist ebenso zu verstehen wir Art. 3 Abs. 2 GG. Der BR kann deshalb auf ausgleichende Maßnahmen zugunsten der bisher benachteiligten Frauen drängen. Das gilt etwa für Einstellungen, beruflichen Aufstieg, die bevorzugte Berücksichtigung bei Maßnahmen der beruflichen Bildung, bei der Aufstellung von Entlohnungssystemen und der Einrichtung von Teilzeitarbeitsplätzen. Zu Frauenförderplänen/TeilhabeG vgl. § 92.

b) Vereinbarkeit von Familie und Erwerbstätigkeit

40 Durch das BetrVerf-ReformG wurde Nr. 2b in § 80 Abs. 1 neu eingefügt. Die Vorschrift begründet nunmehr ausdrücklich die Pflicht des BR, die Vereinbarkeit von Familie und Erwerbstätigkeit zu fördern. Entsprechende Aktivitäten des BR sollen es **ArbN mit familiären Pflichten** (Erziehung von Kindern, Pflege von Angehörigen) erleichtern, einer Erwerbstätigkeit nachzugehen (BT-Drs. 14/5741 S. 46). In Betracht kommen etwa eine familienfreundliche Gestaltung der Arbeitszeit, Jobsharing, Einrichtung von Telearbeitsplätzen, Sabbatjahr, Auffrischung beruflicher Kenntnisse während einer Elternzeit, Berücksichtigung der Ferienzeiten in Urlaubsplänen oder in Großbetrieben die Einrichtung eines Betriebskindergartens (*Engels/Trebinger/Löhr-Steinhaus* DB 2001, 532). Deshalb ist diese Aufgabe bei der Ausübung von MBR nach § 87 Abs. 1 Nr. 2 (BAG 16.12.2008 – 1 ABR 94/07, NZA 2009, 562, der Anordnung von Überstunden im Zusammenhang mit dem MBR nach § 87 Abs. 1 Nr. 3, der Aufstellung allgemeiner Urlaubsgrundsätze nach § 87 Abs. 1 Nr. 5 oder bei Sozialeinrichtungen oder im Zusammenhang mit Werkswohnungen (MBR nach § 87 Abs. 1 Nr. 8 und 9) von Bedeutung (*Löwisch* BB 2001, 1790). Ob eine freiwillige BV nach § 88 dem Verteilungsanspruch des AN nach § 8 TzBfG entgegenstehen kann, hat das BAG bisher offengelassen (BAG 24.6.2008 – 9 AZR 313/07, NZA 2008, 1309), jedoch entschieden, dass der vom ArbGeb. darzulegende entgegenstehende betriebliche Grund iSd § 8 Abs. 4 S. 1 und S. 2 TzBfG in einer solchen BV zumindest dokumentiert sein kann (BAG 20.1.2015 – 9 AZR 735/13, NZA 2015, 816). Allerdings kann der BR dafür Sorge tragen, dass die ArbN über ihre Rechte nach dem **PflegezeitG** oder dem **FamilienpflegezeitG** informiert werden (dazu *Thüsing/Pötters* BB 2014, 181; *Stüben/Schwanenflügel* NJW 2015, 577; *Sasse* DB 2015, 311; *Karb* ZTR 2015, 427).

c) Zusammenarbeit mit der Jugend- und Auszubildendenvertretung

Nr. 5 macht es dem BR ausdrücklich zur Pflicht, die **Wahl einer JAV** vorzubereiten und durchzuführen. Das ergibt sich bereits aus § 63. Eine Verpflichtung zur Vorbereitung der Wahl einer Interessenvertretung für Auszubildende in reinen Ausbildungsbetrieben nach § 51 BBiG besteht danach nicht. Ob eine solche Pflicht durch die zur Umsetzung des § 51 BBiG noch ausstehende RechtsVO geschaffen wird, bleibt abzuwarten (→ § 60 Rn. 17). Zur Vorbereitung gehört die Information der Betroffenen, die Bereitstellung von Mitteln und die Vermittlung von Kenntnissen, die für die Durchführung der Wahl erforderlich sind. Außerdem hat der BR mit der JugAzubiVertr. zur Förderung der Belange der in § 60 Abs. 1 genannten ArbN eng zusammenzuarbeiten. Organisatorische Grundlage dafür bieten die §§ 65–70. Der BR hat die JAV in allen Angelegenheiten der in § 60 Abs. 1 genannten ArbN zu beraten und **sachdienliche Hinweise** zu geben. Er kann Vorschläge und Stellungnahmen anfordern. Gegenüber dem ArbGeb. bleibt er die alleinverantwortliche InteressenVertr. (→ § 60 Rn. 24). 41

d) Sicherung und Förderung der Beschäftigung

Die durch das BetrVerf-ReformG in den Katalog des Abs. 1 aufgenommene Nr. 8 weist dem BR die Aufgabe zu, die Beschäftigung im Betrieb zu fördern und zu sichern. Die **Gesetzesbegründung** betont vor allem die Pflicht des BR, sich dafür einzusetzen, dass ArbN – gerade auch im Zusammenhang mit Unternehmensumstrukturierungen – ihren Arbeitsplatz und damit ihre Lebensgrundlage nicht verlieren (BT-Drs. 14/5741 S. 46). Das deutet darauf hin, dass der Gesetzgeber eine aus Art. 12 Abs. 1 GG folgende Schutzpflicht aufgreift (zur Schutzpflicht BVerfG 24.4.1991 – 1 BvR 1341/90, NJW 191, 1667). 42

Die Erweiterung des Aufgabenkatalogs um die Nr. 8 geht zurück auf eine Empfehlung der Mitbestimmungskommission (vgl. *Konzen* RdA 2001, 76 Fn. 220). Diese **Aufgabe wird flankiert** durch eine Reihe weiterer Beteiligungsrechte nach § 92a, § 95 Abs. 2, § 96 Abs. 1 S. 2; § 97 Abs. 2, § 99 Abs. 2 Nr. 3 und § 112 Abs. 5 Nr. 2a. 43

Sicherung der Beschäftigung ist der **Erhalt von Arbeitsplätzen** im Betrieb bezogen sowohl auf die Zahl der Arbeitsplätze als auch auf Anzahl der Beschäftigten (ErfK/*Kania* Rn. 16a; *Konzen* RdA 2001, 76). Die Kompetenz, für die Sicherung der Beschäftigung Sorge zu tragen, gewährt dem BR kein allg. beschäftigungspolitisches Mandat (Richardi BetrVG/*Thüsing* Rn. 46; HWGNRH/*Nicolai* Rn. 47; *Reichold* NZA 2001, 857). Wohl aber kann der BR etwa die Übernahme von Auszubildenden im Anschluss an die Ausbildung oder die Erweiterung der betrieblichen Ausbildungskapazitäten zur Sicherung der übrigen Arbeitsplätze anregen oder einer weiteren Arbeitsmengenverdichtung durch Vorschläge zur Schaffung weiterer Arbeitsplätze entgegenwirken. 44

e) Arbeitsschutz und betrieblicher Umweltschutz

Mit der durch das BetrVerf-ReformG eingefügten Nr. 9 wird dem BR die Aufgabe zugewiesen, sich mit Maßnahmen des Arbeitsschutzes und des betrieblichen Umweltschutzes zu befassen und dem ArbGeb. ggf. Vorschläge zu unterbreiten. Die Förderungspflicht hinsichtlich des **Arbeitsschutzes** folgt bereits aus dem MBR nach § 87 Abs. 1 Nr. 7 und dem Mitwirkungsrecht nach § 89 (DKKW/*Buschmann* Rn. 73). 45

Bedeutung hat die weitere Konkretisierung des Katalogs der allgemeinen Aufgaben des BR vor allem für die Belange des **betrieblichen Umweltschutzes,** den das G erstmals in § 89 Abs. 3 definiert, ohne den Begriff des Umweltschutzes inhaltlich zu präzisieren. Allerdings muss dieses Mandat nicht mehr wie noch nach früherem Recht aus Arbeitsschutzvorschriften abgeleitet werden. Es besteht unabhängig davon (HWGNRH/*Nicolai* Rn. 48; *Däubler* AuR 2001, 1). 45a

46 Mit der Aufnahme der Nr. 9 in den Aufgabenkatalog des § 80 Abs. 1 will das G der **wachsenden Bedeutung des Umweltschutzes,** auch hinsichtlich der wirtschaftlichen Ertragskraft der Betriebe, Rechnung tragen (BT-Drs. 14/5741 S. 46; *Buschmann* FS Heilmann, 2004, 87). Aus diesem Grund wird die Förderungspflicht flankiert durch die Ermächtigung zum Abschluss freiwilliger BV nach § 88 Abs. 1a, durch Mitwirkungsrechte nach § 89 sowie die Erweiterung der Informationspflichten des Unternehmers gegenüber dem WiAusschuss (§ 106 Abs. 3 Nr. 5a).

47 Wie bereits nach früherem Recht (BAG 11.10.1995 – 7 ABR 42/95, NZA 1996, 934) folgt aus der Förderungspflicht nach Nr. 9 **kein allg. umweltpolitisches Mandat** zugunsten der Allgemeinheit (GK-BetrVG/*Weber* Rn. 55; *Hanau* RdA 2001, 65). Das bringt das G durch die Beschränkung auf den betrieblichen Umweltschutz hinreichend deutlich zum Ausdruck. Dementsprechend kann sich die Förderungspflicht beziehen auf betriebliche Maßnahmen zur Abfallvermeidung, zur Energieeinsparung, zur Verwendung umweltschonender Betriebsmittel oder zur Einführung von Jobtickets etc.

III. Informationspflichten des Arbeitgebers

1. Auskunftserteilung

48 Voraussetzung für eine sachgerechte Wahrnehmung aller Aufgaben des BR ist eine vollständige und rechtzeitige Unterrichtung. Dazu regelt § 80 Abs. 2 eine **allgemeine Auskunftspflicht** des ArbGeb. Damit korrespondiert ein entsprechender **Auskunftsanspruch** des BR (BAG 19.2.2008 – 1 ABR 84/06, NZA 2008, 1078). Beide beruhen auf dem in § 2 Abs. 1 geregelte Gebot der vertrauensvollen Zusammenarbeit (Richardi BetrVG/*Thüsing* Rn. 49). Sie dienen dem innerbetrieblichen Rechtsfrieden und sollen überflüssige Verfahren vermeiden (BAG 15.12.1998 – 1 ABR 9/98, NZA 1999, 722). Die Regelung der Informationspflicht und des Informationsrechts in Abs. 2 der Vorschrift führt nicht dazu, dass jene auf Angaben zu den in § 80 Abs. 1 aufgezählten Sachverhalten beschränkt sind. Vielmehr handelt es sich um eine Pflicht, die sich auf alle Fälle der Mitbestimmung bzw. Beteiligung des BR erstreckt. Darüber hinaus verpflichtet das G den ArbGeb. in einer Reihe weiterer Vorschriften ebenfalls zur Unterrichtung des BR bzw. der BetrVerfOrgane. Dazu zählen ua: § 43 Abs. 2, § 53 Abs. 2, § 80 Abs. 2, §§ 81 ff., § 89 Abs. 2, §§ 90, 92 Abs. 1, §§ 96 f., § 102 Abs. 1, §§ 105, 106 Abs. 2, § 108 Abs. 5, § 109a, §§ 110, 111. Zu diesen Regelungen besteht kein Konkurrenzverhältnis iSd Spezialität (DKKW/*Buschmann* Rn. 78, **aA** GK-BetrVG/*Weber* Rn. 58; ErfK/*Kania* Rn. 17); die Ansprüche bestehen nebeneinander (Richardi BetrVG/*Thüsing* Rn. 50). Aus diesem Grund sperren die Unterrichtungspflichten des ArbGeb. im Rahmen der personellen MB nach § 99 Abs. 1 auch nicht den allg. Auskunftsanspruch nach § 80 Abs. 2 (BAG 27.10.2010 – 7 ABR 36/09, NZA 2011, 527). Deshalb kann der BR auch über die subjektiv determinierte Unterrichtung nach § 102 Abs. 1 hinaus vom ArbGeb. gem. § 80 Abs. 2 die Mitteilung der Sozialdaten objektiv vergleichbarer ArbN verlangen (BAG 20.1.2000 – 2 ABR 19/99, ZTR 2001, 89). Auch für den Bereich der Vergütung wird der allg. Unterrichtungsanspruch nach § 80 Abs. 2 S. 1 nicht durch das nachfolgend geregelte **Recht auf Einblick in Bruttolohn- und -gehaltslisten** verdrängt, weil sich beide Rechte nach Inhalt und Ausgestaltung unterscheiden (BAG 30.9.2008 – 1 ABR 54/07, NZA 2009, 502; HessLAG 10.12.2018 – 16 TaBV 130/18, ArbR 2019, 130). Der BR muss sich deshalb für Informationen zum Gehaltsgefüge nicht auf dieses Einsichtsrecht verweisen lassen (BAG 10.10.2006 – 1 ABR 68/05, NZA 2007, 99). Allerdings dürfen die Beschränkungen des Einsichtsrechts in die Bruttolohn und -gehaltslisten nicht durch ein entsprechendes schriftliches Auskunftsbegehren umgangen werden. Dazu schränkt das BAG den Auskunftsanspruch ein und gewährt dem BR ein Einsichtsrecht in die schriftlich gefassten Lohn- und Gehaltsangaben (BAG

30.9.2008 – 1 ABR 54/07, NZA 2009, 502; **aA** unter Hinweis auf die „Flüchtigkeit" des Einblicks DKKW/*Buschmann* Rn. 134).

Das **BetrVerf-ReformG** hat die Auskunftspflicht des ArbGeb. weiter konkretisiert. Nach der Ergänzung des § 80 Abs. 2 S. 1 erstreckt sie sich auch auf Personen, die zwar im Betrieb tätig sind, aber nicht in einem Arbeitsverhältnis zum Betriebsinhaber stehen. Gemeint ist der Einsatz von Fremdpersonal wie der von Personen, die iRd Bundesfreiwilligendienstes (BFD) oder des Jugendfreiwilligendienstes (JFD) im Betrieb tätig sind (*Leube* ZTR 2012, 207). Die gesetzliche Klarstellung entspricht der bisherigen Rspr. des BAG, das einen solchen Informationsanspruch hinsichtlich der Beschäftigung freier Mitarbeiter anerkannt hatte (BAG 15.12.1998 – 1 ABR 9/98, NZA 1999, 722). Damit reagiert der Gesetzgeber auf die zunehmende Zahl unterschiedlicher Beschäftigungsformen im Betrieb außerhalb von Arbeitsverhältnissen zum Betriebsinhaber wie etwa Leih-ArbN, Erfüllungsgehilfen von Werk- und Dienstleistungsunternehmen ua. Die Ergänzung dient schon nach Wortlaut und Systematik aber auch nach der Gesetzesbegründung (vgl. BT-Drs. 14/5741 S. 46) lediglich der Klarstellung (GK-BetrVG/*Weber* Rn. 71. Sie soll Meinungsverschiedenheiten der Betriebsparteien über das Bestehen und den Inhalt der Unterrichtungspflicht des ArbGeb. hinsichtl. dieses Personenkreises vermeiden; die tatbestandlichen Voraussetzungen des allg. Unterrichtungsanspruchs werden nicht relativiert. Darüber hinaus werden **Informationspflichten** des ArbGeb. gegenüber dem BR zunehmend auch in andere Vorschriften **außerhalb des BetrVG** geregelt. Sie ergänzen die Informationspflicht nach § 80 Abs. 2. Von besonderer Bedeutung sind die Unterrichtungspflichten nach dem **WpÜG** bei Angeboten auf Erwerb von Wertpapieren einer Zielgesellschaft oder im Rahmen von Übernahmeangeboten (§§ 10 Abs. 5 S. 2, 14 Abs. 4 S. 2 WpÜG; Einzelheiten *Engels* AuR 2009, 65) oder nach dem UmwG oder dem MgVG (*Simon/Hinrichs* NZA 2008, 391). Beim umwandlungsrechtlichen Squeeze out, also einer Kombination aus dem Ausschluss der Minderheitsaktionäre einer Aktiengesellschaft und einer anschließenden konzerninternen Verschmelzung der Aktiengesellschaft auf den Großaktionär ist weder bei der übernehmenden Muttergesellschaft noch bei der übertragenden Tochtergesellschaft eine Versammlung der Anteilseigner erforderlich. Damit ist fraglich, zu welchem Zeitpunkt die Pflicht zur Zuleitung des Verschmelzungsvertrags an den zuständigen BR gem. § 5 Abs. 3 UmwG einsetzt. Hierzu stellt die durch das Dritte G zur Änderung des UmwG vom 11.7.2011 eingefügte Neufassung des § 62 Abs. 4 S. 4 UmwG klar, dass die in § 5 Abs. 3 UmwG normierte Zuleitungspflicht und die damit einhergehende Information des BR nach Abschluss des Verschmelzungsvertrags zu erfolgen hat. 49

Während der **Dauer von Arbeitskampfmaßnahmen** im Betrieb ist der Unterrichtungsanspruch nicht suspendiert (BAG 13.12.2011 – 1 ABR 2/10, NZA 2012, 76). Der BR bleibt während des Arbeitskampfes im Amt und hat seine gesetzlichen Aufgaben zu erfüllen. Dazu ist er auf die Auskünfte des ArbGeb. angewiesen. Allerdings darf die Wahrnehmung seiner gesetzlichen Aufgaben die Freiheit des ArbGeb., Arbeitskampfmaßnahmen zu ergreifen oder den Folgen eines Arbeitskampfes zu begegnen, nicht ernsthaft beeinträchtigen (BAG 10.12.2002 – 1 ABR 7/02, NZA 2004, 223; **aA** *Reichold* NZA 2004, 247). Das ist nach dem jeweiligen Gegenstand sowie Sinn und Zweck des Beteiligungs- oder MBR zu prüfen. Die bloße Geltendmachung eines Auskunftsverlangens nach § 80 Abs. 2 beschränkt nicht von vornherein die Arbeitskampffreiheit des ArbGeb., zumal der BR nach § 74 Abs. 2 zur Neutralität verpflichtet ist. Vom Auskunftsverlangen während eines Arbeitskampfes im Betrieb sind die arbeitswilligen ArbN nicht ausgenommen. Auch in diesem Fall dient der Auskunftsanspruch dem Interesse dieser ArbN an der Einhaltung der während eines Arbeitskampfes fortgeltenden Schutzvorschriften. Bei einer streikbedingten Versetzung arbeitswilliger ArbN muss der ArbGeb. nicht das Verfahren nach § 99 BetrVG durchführen. Er ist aber gehalten, den BR rechtzeitig vor Durchführung der personellen Maßnahme darüber zu informieren, welche ArbN eines anderen Betriebes vorübergehend zur Streikabwehr eingesetzt werden sollen (BAG 13.12.2011 – 1 ABR 2/10, NZA 2012, 76). 50

a) Aufgabenbezug

51 Die Informationen des ArbGeb. sollen den BR in die Lage versetzen, in eigener Verantwortung zu prüfen, ob sich für ihn aufgrund eines betrieblichen Geschehens Aufgaben ergeben und ob er zur Wahrnehmung dieser Aufgaben tätig werden muss (stRspr, BAG 10.10.2006 – 1 ABR 68/05, NZA 2007, 99). Zu den Aufgaben gehören die Wahrnehmung aller MBR und die in Abs. 1 genannten allgemeinen Aufgaben. Letztere sind vom Vorliegen besonderer Mitwirkungsrechte oder MBR unabhängig (BAG 19.10.1999 – 1 ABR 75/98, NZA 2000, 837). Zwar kann sich ein Aufgabenbezug auch aus der in Abs. 1 Nr. 1 geregelten Überwachungsaufgabe ergeben. Doch ist diese auf die Durchführung gesetzl. Gebote oder Verbote gerichtet, nicht hingegen auf deren Beachtung. Deshalb kann der BR keine Auskunft darüber verlangen, ob die Befristung eines Arbeitsverhältnisses auf einem bestimmten Sachgrund beruht oder sachgrundlos erfolgt ist (BAG 27.10.2010 – 7 ABR 86/09, NZA 2011, 418). Ein Aufgabenbezug kann auch aus § 75 folgen, bezieht sich in diesem Fall aber auf Verhalten, Maßnahmen oder Entscheidungen des ArbGeb. (BAG 20.3.2018 – 1 ABR 15/17, NZA 2018, 1017). Eine Unterrichtungspflicht besteht bereits dann, wenn der BR prüfen will, ob er tätig werden kann und soll (BAG 9.7.1991 – 1 ABR 45/90, AP BetrVG 1972 § 99 Nr. 94). Unerheblich ist, ob das Beteiligungsrecht aktuell wahrgenommen werden soll. Ein Aufgabenbezug fehlt nur dann, wenn ein Beteiligungsrecht offenkundig auszuschließen ist (BAG 21.10.2003 – 1 ABR 39/02, NZA 2004, 936) oder der BR zum Zeitpunkt des Entstehens dieses Beteiligungsrecht noch nicht existent war und die Angelegenheit auch nicht fortwirkt (LAG BB 5.7.2018 – 41 BV 1146/17, ArbR 2019, 132). Ansonsten genügt eine gewisse **Wahrscheinlichkeit** für das Bestehen einer BR-Aufgabe in einer bestimmten betrieblichen Angelegenheit. Das hat der BR nach seinem Kenntnisstand zu beurteilen. Je weniger der BR erkennen kann, ob die begehrte Auskunft tatsächlich zur Durchführung einer Aufgabe erforderlich ist, desto eher kommt ein Auskunftsanspruch in Betracht (BAG 8.6.1999 – 1 ABR 2/97, NZA 1999, 1345).

52 **Der BR muss stets darlegen können,** wozu er die gewünschten Informationen konkret braucht (BAG 9.4.2019 – 1 ABR 51/17, NZA 2019, 1055). Dies zu erforschen sind die ArbG von Amts wegen nicht verpflichtet (BAG 20.3.2018 – 1 ABR 15/17, NZA 2018, 1017). Vielmehr muss der BR sein Auskunftsbegehren konkretisieren (BAG 15.12.1998 – 1 ABR 9/98, NZA 1999, 722). Nach diesem Vorbringen ist zu prüfen, ob überhaupt eine Aufgabe des BR gegeben sein kann und darüber hinaus, ob im Einzelfall die begehrte Information zur Aufgabenwahrnehmung auch erforderlich ist (BAG 10.10.2006 – 1 ABR 68/05, NZA 2007, 99). Ein allgemeiner Hinweis auf das Bestehen von MBR nach § 87 genügt hierfür ebenso wenig wie ein pauschaler Verweis auf gesetzliche Aufgaben iSv § 80 Abs. 1 (BAG 17.9.2013 – 1 ABR 26/12, NZA 2014, 269; BAG 24.4.2018 – 1 ABR 6/16, NZA 2018, 1565) oder der Vortrag, wonach die begehrte Auskunft für den BR lediglich zweckdienlich ist (BAG 20.3.2018 – 1 ABR 15/17, NZA 2018, 1017). Ebenfalls unzureichend ist ein pauschaler Verweis auf arbeitsschutzrechtliche Gesetze (BAG 12.3.2019 – 1 ABR 48/17, NZA 2018, 108). Auch kann es angezeigt sein, ein zukunftsgerichtetes Auskunftsbegehren in zeitlicher Hinsicht zu beschränken. Bei einem vergangenheitsbezogenen Auskunftsbegehren ist uU darzulegen, dass die begehrten Auskünfte für das Verhältnis der Betriebsparteien noch von Bedeutung sind (BAG 24.4.2018 – 1 ABR 6/16, NZA 2018, 1565; BAG 19.2.2008 – 1 ABR 84/06, NZA 2008, 1078). Zudem kann der Auskunftsanspruch je nach Informationsstand des BR gestuft sein. Verfügt der BR bereits über Unterlagen, denen er die gewünschten Informationen unschwer entnehmen kann, fehlt es an der Erforderlichkeit des Auskunftsbegehrens (BAG 15.3.2011 – 1 ABR 112/09, NZA-RR 2011, 462). Der BR kann eine Auskunft auch nicht allein deshalb verlangen, weil sie „ihn sachkundiger macht“ (BAG 5.2. 1991 – 1 ABR 32/90, NZA 1991, 639). Besteht kein WiAusschuss, ergibt sich der Anspruch auf eine dem § 106 entsprechende Unterrichtung über wirtschaftliche An-

gelegenheiten aus § 80 Abs. 2 (BAG 5.2.1991 – 1 ABR 24/90, NZA 1991, 645). Die Informationsrechte aus § 80 Abs. 2 und diejenigen aus § 106 stehen nebeneinander (DKKW/*Buschmann* Rn. 78). Dagegen gewährt § 110 Abs. 1 dem GBR nicht das Recht, die ArbN selbst über die wirtschaftliche Lage und Entwicklung des Unternehmens zu unterrichten. Diese Berichtspflicht der Belegschaft gegenüber hat allein der ArbGeb. zu erfüllen. Daher kann der GBR auch keine Informationen zur Erstellung eines „Alternativberichts" verlangen (BAG 14.5.2013 – 1 ABR 4/12, NZA 2013, 1233). Außerhalb des Verfahrens nach § 102 ist der BR auch nicht über Abmahnungen zu informieren (BAG 17.9.2013 – 1 ABR 26/12, NZA 2014, 269). Richtet sich das Auskunftsbegehren auf **sensitive Daten** (zB Gesundheitsdaten) iSd Art. 9 Abs. 1 DSGVO hat der BR neben einem Aufgabenbezug sowie der Erforderlichkeit des Auskunftsverlangens zusätzlich dazulegen, welche angemessenen und spezifischen organisatorischen Maßnahmen iSd. § 22 Abs. 2 BDSG er zur Wahrung der Interessen betroffener ArbN vorsieht. Solche Schutzmaßnahmen sind datenschutzrechtlich zwingend vorgegeben. Fehlen sie oder sind sie unzulänglich, steht das dem Auskunftsanspruch entgegen (BAG 9.4.2019 – 1 ABR 51/17, NZA 2019, 1055). Allerdings verhält sich der ArbGeb. betriebsverfassungswidrig, wenn der die Auskunft pauschal wegen vorgeblich fehlender datenschutzrechtlicher Schutzmaßnahmen verweigert (*Fuhltrott* NZA-RR 2019, 475).

Beispiele für das Bestehen von Unterrichtungspflichten: **53**

- Der ArbGeb. hat die Pflicht, den BR darüber zu unterrichten, nach welchen **Merkmalen Zulagen oder Einmalzahlungen** gezahlt werden. Der BR muss prüfen können, ob ein MBR in Fragen der betrieblichen Lohngestaltung besteht (§ 87 Abs. 1 Nr. 10) und ob die Grundsätze der Gleichbehandlung beachtet werden. Der BR kann deshalb auch eine geschlechtsbezogene Aufschlüsselung der Löhne verlangen.
- Der ArbGeb. muss den BR über einen geplanten **Betriebsübergang** oder den vollständigen **Gesellschafterwechsel** (BAG 22.1.1991 – 1 ABR 38/98, NZA 1991, 649) unterrichten.
- Der **BR des Entleiherbetriebs** ist über die der **Beschäftigung von ArbN aus Fremdfirmen** zugrundeliegenden Verträge zu unterrichten (DKKW/*Buschmann* Rn. 108). Dieses Informationsrecht ist für den Geltungsbereich des TV Leih-/Zeitarbeit für den Bereich der Metall- und Elektroindustrie tariflich gesondert geregelt worden. So ist nach Nr. 5.1 TV L/ZA der BR regelmäßig über den Umfang und die Einsatzbereiche von Leiharbeit zu informieren. Darüber hinaus kann er verlangen, Einblick in die Verträge mit dem Verleiher zu nehmen (Nr. 5.4 TV L/ZA). Das entspricht der Rechtsprechung des BAG, nach der dem BR auf dessen Verlangen hin Listen zur Verfügung zu stellen sind, aus denen sich die Einsatztage und -zeiten der einzelnen ArbN der Fremdfirmen ergeben (BAG 31.1.1989 – 1 ABR 72/87, NZA 1989, 932). Darüber hinaus ist der BR nach § 6 TV L/ZA darüber zu unterrichten, ob und wie der ArbGeb. seiner Pflicht zur Weitergabe der bei ihm geltenden Regelungen an den Verleiher nachgekommen ist.
- Der ArbGeb. ist auf Verlangen des BR verpflichtet, diesem **Gleitzeitkontoauszüge** aller ArbN zur Verfügung zu stellen (LAG BW 21.2.1994 – 15 TaBV 11/93, AiB 1994, 563).
- Der ArbGeb. hat den BR auch über die geplante Einführung und Änderung von **EDV-Systemen,** IT-Sicherheitsmaßnahmen (*Kort* NZA 2011, 1319) sowie über alle Formen der Verarbeitung personenbezogener Daten der ArbN zu unterrichten. Darauf, ob diese Datenverarbeitung möglicherweise gegen Vorschriften des BDSG verstößt oder MBR des BR nach § 87 Abs. 1 Nr. 6 auslöst, kommt es nicht an (BAG 17.3.1987 – 1 ABR 59/85, NZA 1987, 747).
- Der ArbGeb. hat den BR über **grenzüberschreitende Unternehmensbeteiligungen** zur Prüfung der Errichtungsvoraussetzungen eines EBR zu informieren.
- Der ArbGeb. hat den BR über die **Beschäftigung freier Mitarbeiter** zu unterrichten, auch wenn es sich um eine Vielzahl an freien Mitarbeitern mit unter-

schiedlichen Beschäftigungsmodalitäten handelt. Dabei kann zunächst eine stichtagsbezogene Gesamtübersicht genügen (BAG 15.12.1998 – 1 ABR 9/98, NZA 1999, 722).
- Zu informieren ist der BR über den befristeten Einsatz externer Führungskräfte, sog. **Interim-Manager** (*Oltmanns/Fuhltrott* DB 2016, 591).
- Dem BR ist auf Verlangen die **Auswertung einer Mitarbeiterbefragung** zu überlassen (BAG 8.6.1999 – 1 ABR 28/97, NZA 1999, 1345).
- Der BR ist auch über die Einrichtung von **Telearbeitsplätzen** und die Arbeitsbedingungen der TeleArbN zu informieren (*Boemke* BB 2000, 2254).
- Der BR ist über die **Einhaltung der Schutzvorschriften des ArbZG** auch dann zu informieren, wenn der ArbGeb. gegenüber den ArbN auf eine Kontrolle der ArbZ verzichtet (BAG 6.5.2003 – 1 ABR 13/02, NZA 2003, 1348).
- Der BR ist über die Kriterien zu informieren, nach denen der ArbGeb. die **Zulagen von AT-Ang.** erhöht (BAG 10.10.2006 – 1 ABR 68/05, NZA 2007, 99).
- Der BR ist über die Durchführung von Interviews im Rahmen **unternehmensinterner Untersuchungen** zur Aufdeckung von Rechtsverstößen/Compliance-Verstößen zu informieren (*Wybitul/Böhm* RdA 2011, 362; *Wisskirchen/Glaser* DB 2011, 1447; *Rudkowski* NZA 2011, 612).
- Dem BR sind zur Durchführung seiner Überwachungsaufgabe die Namen derjenigen ArbN mitzuteilen, denen der ArbGeb. nach § 167 Abs. 2 SGB IX ein **betriebliches Eingliederungsmanagement** anzubieten hat (BAG 7.2.2012 – 1 ABR 46/10, NZA 2012, 744).
- Dem **GBR** ist das nach § 163 Abs. 1 SGB IX vom ArbGeb. das für die Berechnung der Ausgleichsabgabe zu erstellende Verzeichnis der schwerbehinderten Menschen zu übermitteln. Hingegen kann der **BR** nur die Nennung der im Betrieb beschäftigten schwerbehinderten Menschen verlangen (BAG 20.3.2018 – 1 ABR 11/17, NZA 2018, 1426).
- Der BR ist über **Arbeitsunfälle** zu unterrichten, die Beschäftigte anderer Unternehmen **(Fremdpersonal)** auf dem Betriebsgelände bei der Nutzung der betrieblichen Infrastruktur erleiden (BAG 12.3.2019 – 1 ABR 48/17, NZA 2019, 850).

b) Art und Weise der Unterrichtung

54 Hinsichtlich der Art der Unterrichtung gibt das G keine besondere Form vor. Deshalb kann der ArbGeb. entscheiden, in welcher Form er den BR informiert. Handelt es sich allerdings um **komplexe Informationen** hat nach dem Gebot der vertrauensvollen Zusammenarbeit die Auskunftserteilung **schriftlich** zu erfolgen (BAG 30.9.2008 – 1 ABR 54/07, NZA 2009, 502). Die Information muss außerdem **umfassend** sein **und rechtzeitig** geschehen (HWGNRH/*Nicolai* Rn. 51). Eine verspätete Unterrichtung widerspricht dem Gesetzeszweck und verkürzt die Mitwirkungsmöglichkeiten der BetrVerfOrgane. Der zügigen Einführung und Durchführung von Projekten ist sie nicht dienlich. Auch sorgfältig vorbereitete Maßnahmen des ArbGeb. können bei verspäteter Beteiligung des BR – auch soweit keine echten MBR bestehen – erheblich verzögert werden oder das Verhältnis der Betriebsparteien zueinander belasten. Andererseits besteht keine Unterrichtungspflicht beim theoretischen Durchspielen von Alternativen oder beim Erstellen von Entwürfen durch Planungsstäbe im Vorfeld noch nicht getroffener unternehmerischer Entscheidungen. Allerdings müssen vor Realisierung solcher Planspiele die Stufen der Unterrichtung durchlaufen werden.

55 Der BR kann die gewünschte Information **jederzeit** verlangen. Das folgt aus dem systematischen Zusammenhang zwischen Auskunfts- und Vorlageanspruch (BAG 19.2.2008 – 1 ABR 84/06, NZA 2008, 1078). Der **Zeitpunkt** der Information ergibt sich aus dem Gegenstand und aus der Art der Beteiligung. Der BR muss in der Lage sein, sich mit der betreffenden Angelegenheit zu befassen (Richardi BetrVG/*Thüsing* Rn. 53). Bei Unterrichtung über Zustände oder Vorgänge eines **abgelaufe-**

nen Zeitraums, ist die Information unverzüglich nach Ablauf des Berichtszeitraums zu geben (§ 43 Abs. 2 S. 2, § 53 Abs. 2 Nr. 2, § 110; vgl. auch § 89 Abs. 2 S. 2; unverzügliche Mitteilungen von Auflagen und Anordnungen). Allerdings sind die Aufgaben des BR nicht vergangenheitsbezogen, sondern auf Gegenwart und Zukunft gerichtet. Gleichwohl kann der BR Auskünfte für in der Vergangenheit liegende und abgeschlossene Sachverhalte verlangen, soweit er aus den erbetenen Informationen noch sachgerechte Folgerungen ziehen kann (BAG 21.10.2003 – 1 ABR 39/02, NZA 2004, 936). Dem BR ist es unbenommen, aus dem bisherigen Verhalten des ArbGeb. den Schluss auf dessen künftiges Verhalten zu ziehen (BAG 19.2.2008 – 1 ABR 84/06, NZA 2008, 1078).

Die Unterrichtung des BR über **beabsichtigte Maßnahmen** des ArbGeb., die unter die Beteiligungsrechte des BR fallen, ist rechtzeitig, wenn sie erfolgt, nachdem die aus der Sicht des ArbGeb. (Unternehmers) optimale Lösung zwar ausgewählt ist, mit deren Umsetzung noch nicht begonnen worden ist. Folgerichtig sind Revisionsberichte, die Maßnahmen des ArbGeb. anregen, (noch) nicht vorzulegen (BAG 27.6.1989 – 1 ABR 19/88, NZA 1989, 929). Ist die Beteiligung des BR bereits **bei der Einführung** vorgeschrieben (insbes. die MBR nach § 87 Abs. 1 Nr. 6 u. 10), so ist der BR bereits in dem Stadium zu unterrichten und zu beteiligen, in dem der ArbGeb. die in Betracht kommenden konkreten Lösungen noch prüft und der Entscheidungsprozess noch nicht abgeschlossen ist. **55a**

Zu den unterschiedlichen Stufen der Unterrichtung vgl. REFA-Standardprogramm, abgedruckt auf S. 1396. **55b**

Der ArbGeb. hat die **Initiative zur Unterrichtung** des BR zu ergreifen. Einer ausdrücklichen Aufforderung durch den BR bedarf es nicht. Das zeigt der Vergleich mit S. 2, der zur Vorlage von Unterlagen nur „auf Verlangen" verpflichtet. Die **Form der Unterrichtung** gibt das G nicht vor (BAG 10.10.2006 – 1 ABR 68/05, NZA 2007, 99). Schriftliche Unterrichtung ist oft angebracht, insbes. bei umfangreichen Angelegenheiten. Eine Pflicht zu schriftlicher Information kann sich aus § 2 Nr. 1 ergeben. Die Unterrichtung muss **verständlich** sein (kein „Fachchinesisch") und in deutscher Sprache erfolgen (HessLAG 19.8.1993 – 12 Ta BV 9/93, DB 1994, 384). Gegenüber **nicht deutschsprachigen BRMitgl.** ist der ArbGeb. zur Hinzuziehung eines Dolmetschers jedenfalls dann verpflichtet, soweit kein anderes BRMitgl. in der Lage ist, in die betreffende Sprache zu übersetzen (*Herbert/Oberrath* NZA 2012, 1260). Dem Auskunftsverlangen des BR kann sich der ArbGeb. nicht mit einem Hinweis darauf entziehen, von den behaupteten Vorgängen keine Kenntnis zu haben. Der ArbGeb. hat sich in einem solchen Fall kundig zu machen und sich zu informieren (BAG 6.5.2003 – 1 ABR 13/02, NZA 2003, 1348). **56**

Der **ArbGeb.** (Unternehmer) kann sich bei der Informationserteilung, insbes. über Angelegenheiten, die nur einzelne Betriebsbereiche oder einzelne ArbN betreffen, durch dazu beauftragte ArbN **vertreten lassen,** wenn diese die erforderlichen Kenntnisse und Vollmachten besitzen (→ § 1 Rn. 328 ff.). Im **Gemeinschaftsbetrieb** ist grds. die gemeinsame Leitung und – soweit die verlangten Informationen das einzelne Arbeitsverhältnis betreffen – der VertragsArbGeb. zur Unterrichtung verpflichtet. Bei **transnationalen Unternehmen** ist die in der BRD ansässige Niederlassungsleitung informationsverpflichtet. Diese ist ggf. gehalten, sich die notwendigen Informationen von der im Ausland ansässigen Konzernmutter zur beschaffen (DKKW/*Buschmann* Rn. 102). Auf Seiten des **BR** kann die Geschäftsordnung bestimmen, wer zur Entgegennahme und Weiterleitung der Informationen berechtigt ist. Das ist dem ArbGeb. mitzuteilen. **57**

c) Datenschutz

Die Unterrichtungspflicht des ArbGeb. (Unternehmers) gegenüber dem BR wird durch die **Vorschriften der DSGVO und des BDSG nicht beschränkt.** Verantwortlicher iSd Art. 4 Nr. 7 DGSVO ist der ArbGeb. Unabhängig davon, ob der BR **58** dem ArbGeb. datenschutzrechtlich zuzuordnen oder selbst Verantwortlicher ist, sind die Betriebsparteien an die Vorgaben der DSGVO wie die des BDSG gebunden (→ § 83 Rn. 19; BAG 9.4.2019 – 1 ABR 51/17, NZA 2019, 1055; *Maschmann* BB 2019, 628, 633). Gleiches gilt für den GesBR und den KBR. Das Datenschutzrecht (→ 83 Rn. 16ff.) steht einem berechtigten Auskunfts- und Vorlageverlangen nicht entgegen. Erlaubnisnorm für die Datenverarbeitung der Betriebsparteien ist § 26 Abs. 1 BDSG für personenbezogene Beschäftigtendaten sowie § 26 Abs. 3 BDSG für sog. sensitive Daten (zB Gesundheitdaten) iSv Art. 9 Abs. 1 DSGVO. § 26 Abs. 6 BDSG, nach dem die Beteiligungsrechte des BR unberührt bleiben, flankiert lediglich den Beschäftigtendatenschutz, ist aber keine eigenständige Erlaubnisnorm (BAG 7.5.2019 – 1 ABR 53/17, NZA 2019, 1218). Beiden Erlaubnistatbeständen gemeinsam ist eine – wenngleich unterschiedlich ausgestaltete – Prüfung der Erforderlichkeit der jeweiligen Datenverarbeitung für Zwecke des Beschäftigungsverhältnisses. Ein Auskunfts- oder Vorlageanspruch dient aber der Erfüllung einer kollektivrechtlichen Pflicht (*Heuschmid* SR 2019, 1). Wegen dessen strikten Bindung an die Erforderlichkeit einer Aufgabenwahrnehmung (→ Rn. 52 ff) bedarf es aber keiner gesonderten datenschutzrechtlichen Erforderlichkeitsprüfung mehr (BAG 7.5.2019 – 1 ABR 53/17, NZA 2019, 1218; **aA** *Böhm* NZA-RR 2019, 530, der unberücksichtigt lässt, dass § 80 Abs. 2 Hs. 2 eine solche Abwägung in sich trägt). Allerdings hat der BR bei der Verarbeitung sensitiven Daten zusätzlich organisatorische Schutzmaßnahmen iSd § 22 Abs. 2 BDSG zur Wahrung der Interessen Betroffener zu benennen (BAG 9.4.2019 – 1 ABR 51/17, NZA 2019, 1055). Beim **Einsichtsrecht in Bruttoentgeltlisten** (→ Rn. 73) folgt die datenschutzrechtliche Rechtfertigung aus § 26 Abs. 1 S. 1 BDSG nF, da die Einsichtsgewährung zur Erfüllung eines Rechts des BR nach § 80 Abs. 2 S. 2 erforderlich ist (BAG 7.5.2019 – 1 ABR 53/17, NZA 2019, 1218)

d) Grenzen der Unterrichtungspflicht

59 Der ArbGeb. muss seiner gesetzlichen Informationspflicht auch dann genügen, wenn er die entsprechenden Angaben im Betrieb nicht erhebt, obwohl sie dort objektiv verfügbar sind. Das gilt jedenfalls für solche **Daten, die im Betrieb anfallen** und nicht erst von dritter Seite beschafft werden müssen. Darin unterscheidet sich der Auskunftsanspruch nach § 80 Abs. 1 Nr. 1 von dem nach Abs. 2 S. 2. Deshalb hat der ArbGeb. Auskünfte zur ArbZ auch dann zu erteilen, wenn er wegen einer im Betrieb geltenden VertrauensArbZ die tatsächlichen ArbZ der ArbN bewusst nicht zur Kenntnis nimmt (BAG 6.5.2003 – 1 ABR 13/02, NZA 2003, 1348).

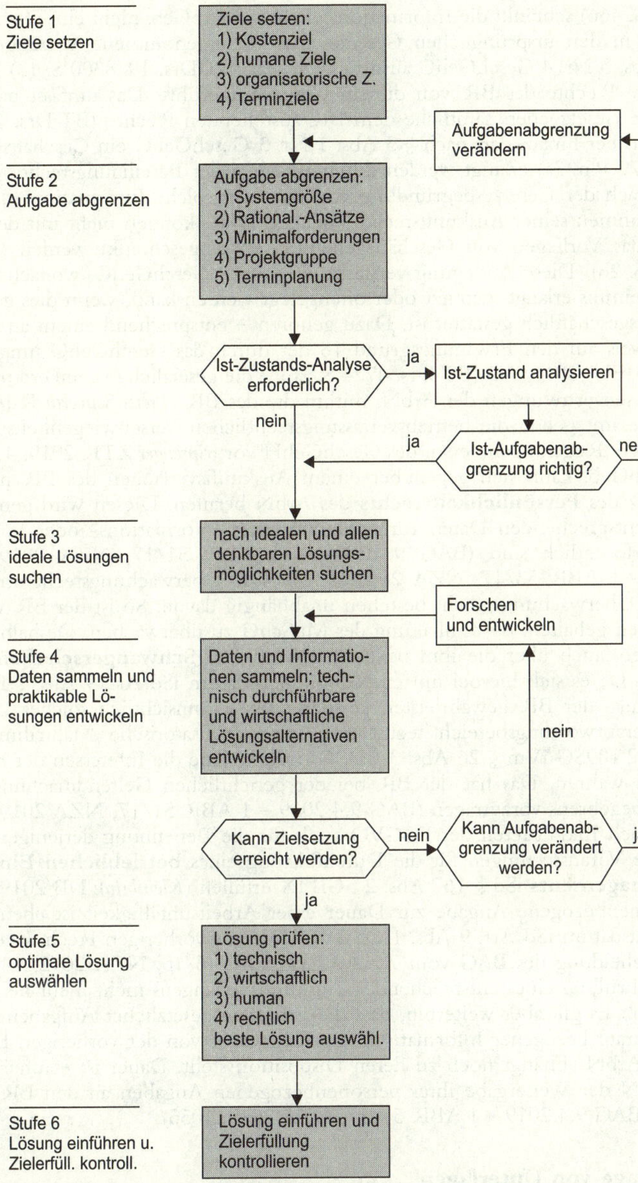

6-Stufen-Methode der Systemgestaltung
(nach REFA-Standardprogramm Arbeitsgestaltung)

Der ArbGeb. kann mangels ausdrücklicher gesetzlicher Beschränkung der Informationspflicht die erbetene Auskunft nicht unter Hinweis auf **Betriebs- oder Geschäftsgeheimnisse** verweigern (BAG 5.2.1991 – 1 ABR 24/90, NZA 1991, 645; GK-BetrVG/*Weber* Rn. 93; Richardi BetrVG/*Thüsing* Rn. 66; **aA** *Oetker/Lunk* DB 1990, 2320). Auch das am 26.4.2019 in Kraft getretene Geschäftsgeheimnisgesetz 60

(BGBl. I S. 466) schränkt die Informationspflicht des ArbGeb. nicht ein. Das stellt die nachträgl. in den ursprünglichen Gesetzesentwurf aufgenommene Vorrangregelung des § 1 Abs. 3 Nr. 4 GeschGehG ausdrücklich klar (BT-Drs. 19/8300 S. 13). Danach bleiben die Rechte des BR von diesem Gesetz unberührt. Das umfasst nach dem Willen des Gesetzgebers sämtliche dem BR zustehenden Rechte (BT-Drs. 19/8300 S. 13). Darüber hinaus darf nach § 3 Abs. 1 Nr. 3 GeschGehG ein Geschäftsgeheimnis (→ § 79 Rn. 3a) erlangt werden durch Ausüben der Beteiligungsrechte des BR. Das gilt nach der Gesetzesbegründung vor allem für solche Informationen, die der BR im Rahmen seiner Auskunftsrechte verlangt. Diese können nicht mit dem Hinweis auf das Vorliegen von Geschäftsgeheimnissen eingeschränkt werden (BT-Drs. 19/4724 S. 26). Diese Auslegung verstärkt § 3 Abs. 2 GeschGehG, wonach ein Geschäftsgeheimnis erlangt, genutzt oder offengelegt werden kann, wenn dies gesetzlich oder rechtsgeschäftlich gestattet ist. Dazu gehören – entsprechend einem ausdrücklichen Verweis auf den Erwägungsgrund 18 der durch das GeschGehG umgesetzten Richtlinie (EU) 2016/943 (BT-Drs. 4724 S. 26) – die gesetzliche verankerten Rechte der Interessenvertretungen der ArbN, mithin die des BR (*Preis/Seiwerth* RdA 2019/351). Insgesamt gehen die betriebsverfassungsrechtlichen Verschwiegenheitspflichten als speziellere Regelungen denen des GeschGehH vor (*Sprenger* ZTR 2019, 414).

61 Der ArbGeb. kann sich gegenüber einem Auskunftsverlangen des BR nicht auf den Schutz des **Persönlichkeitsrechts** des ArbN berufen. Diesen wird genügt, soweit die entsprechenden Daten zur Erfüllung eines Informations- oder Vorlageanspruchs erforderlich sind (BAG 9.4.2019 – 1 ABR 51/17, NZA 2019, 1055; 7.5.2019 – 1 ABR 53/17, NZA 2019, 1218). Das Überwachungsrecht und damit auch eine Überwachungspflicht bestehen unabhängig davon. So ist der BR von Gesetzes wegen gehalten, die Einhaltung des MuSchG zu überwachen. Deshalb hat ihn der ArbGeb. auch über die ihm bekannt gewordenen **Schwangerschaften** zu informieren. Da es sich hierbei um ein Gesundheitsdatum iSd Art. 9 Abs. 1 DSGVO handelt, muss der BR gewährleisten können, dass er hinsichtlich solcher Daten in seinem Verantwortungsbereich technische und organisatorische Maßnahmen iSd. § 22 Abs. 2 BDSG iVm § 26 Abs. 3 BDSG trifft, welche die Interessen der betroffenen ArbN wahren. Das hat der BR bei der gerichtlichen Geltendmachung seines Auskunftsbegehrens vorzutragen (BAG 9.4.2019 – 1 ABR 51/17, NZA 2019, 1055). Das gilt nach Inkrafttreten der DSGVO auch für die Benennung derjenigen ArbN, welche die Voraussetzungen für die Durchführung eines **betrieblichen Eingliederungsmanagements** iSd § 167 Abs. 2 SGB IX erfüllen (*Kleinbrink* DB 2019, 2577). Die personenbezogene Angabe zur Dauer einer Arbeitsunfähigkeit ist ebenfalls ein Gesundheitsdatum iSd Art. 9 Abs. 1 DSGVO. Die zur vorherigen Rechtslage ergangene Entscheidung des BAG vom 7.2.2012 (1 ABR 46/10, NZA 2012, 744) kann daher zur Prüfung eines entsprechenden Auskunftsverlangens nicht mehr herangezogen werden. Es gilt aber weiterhin, dass die Erfüllung gesetzlicher Aufgaben des BR und ein darauf bezogener Informationsanspruch weder von der vorherigen Einwilligung der ArbN abhängt noch zu deren Disposition steht. Daher ist es unerheblich, wenn ArbN der Weitergabe ihrer personenbezogenen Angaben an den BR widersprechen (BAG 9.4.2019 – 1 ABR 51/17, NZA 2019, 1055).

2. Vorlage von Unterlagen

62 Der ArbGeb. hat dem BR auf Verlangen vorhandene **Unterlagen zur Verfügung zu stellen** die jener benötigt, um seiner Überwachungspflicht nach Abs. 1 Nr. 1 und seinen sonstigen Aufgaben nach Abs. 1 Nr. 2–2b und Nr. 4–9 oder seinen weiteren betriebsverfassungsrechtlichen Aufgaben zu genügen. Allerdings darf der ArbGeb. prüfen, ob die gewünschte Unterlage auch Angaben erhält, die vom Überwachungsrecht nicht gedeckt sind. Diese Angaben kann er schwärzen (BAG 16.8.2011 – 1 ABR 22/10, NZA 2012, 342). Insgesamt aber soll der BR in die Lage versetzt werden, die Entscheidung des ArbGeb. nachzuvollziehen (BAG 7.8.1986 – 6 ABR

77/83, NZA 1987, 134). Daraus folgt ein **zweistufiges Verfahren** zur Prüfung der Vorlagepflicht: In der ersten Stufe ist festzustellen, ob eine Aufgabe des BR gegeben sein kann. In der zweiten Stufe ist zu prüfen, ob die dafür begehrten Unterlagen auch erforderlich sind (BAG 7.2.2012 – 1 ABR 46/10, NZA 2012, 744). Das hat der BR darzulegen. Bei fortlaufend zu erhebenden Daten kann es auch geboten sein die Vorlagepflicht in zeitlicher Hinsicht zu begrenzen. Die Vorlagepflicht kann auch entfallen, wenn der BR die gewünschte Unterlage anhand der ihm zur Verfügung gestellten Daten mittels einer einfachen Rechenoperation selbst erstellen kann (BAG 24.1.2006 – 1 ABR 60/04, NZA 2006, 1050).

Unterlagen sind **schriftliche Aufzeichnungen** (BAG 16.8.2011 – 1 ABR 22/10, 63 NZA 2012, 342), aber auch Fotos und **Dateien** (BAG 10.10.2006 – 1 ABR 68/05, NZA 2007, 99; Richardi BetrVG/*Thüsing* Rn. 72). Für Dateien kann der ArbGeb. eine Leseberechtigung einräumen oder sie ausdrucken und dem BR aushändigen (BAG 16.8.2011 – 1 ABR 22/10, NZA 2012, 342). Zu den Unterlagen zählen etwa Statistiken des ArbGeb. über Arbeitsunfälle, über Mehr- oder Nachtarbeit. Zu den Unterlagen gehören auch Lohnnachweise, mit deren Hilfe der BR prüfen will, ob er im Wege eines Initiativrechts eine leistungsbezogene Entlohnung anstreben soll (BAG 20.9.1990 – 1 ABR 74/89, AiB 1992, 579). Zur Wahrnehmung des Rechts aus § 92a hat der ArbGeb. Unterlagen und Gutachten einer von ihm beauftragten Unternehmensberatung vorzulegen. Das gilt auch in Bezug auf **Werk- und Dienstverträge mit Fremdfirmen;** der BR muss schon wegen seiner Zuständigkeit auch für LeihArbN prüfen können, ob und in welchem Umfang er die Interessen dieser Beschäftigten wahrzunehmen hat (BAG 31.1.1989 – 1 ABR 72/87, NZA 1989, 932; 9.7.1991 – 1 ABR 45/90, NZA 1992, 275). Nach **§ 5 Abs. 1 des TV über Mindestlöhne** im Baugewerbe (allgemeinverbindlich) muss der ArbGeb. den BR unterrichten über den Abschluss von Nachunternehmerverträgen, vom Beginn der Leistungen, vom Ort und Umfang der auszuführenden Leistungen. Der TV ist eine Konkretisierung der nach § 80 bestehenden Informationspflichten. Im **Insolvenzverfahren** kann die Vorlage von Veräußerungs- und Übertragungsverträgen verlangt werden, um prüfen zu können, ob ein Betriebs- oder Betriebsteilübergang vorliegt (LAG Bln 6.8.1997 – 13 TaBV 3/97, AiB 1998, 167). Zur Kontrolle der Einhaltung des **MiLoG** kann der BR vom ArbGeb. Auskünfte über das abgerechnete Bruttoentgelt verlangen. Dazu sind die erforderlichen, nach dem MiLoG zu erstellenden Unterlagen vorzulegen (*Kleinebrink* DB 2015, 375).

Der **Umfang und die Art** der erforderlichen Unterlagen sind je nach Sachlage 64 verschieden. Allerdings vermittelt § 80 Abs. 2 kein jederzeitiges **Online-Zugriffsrecht** in Form einer Lesebefugnis auf Dateien des ArbGeb. (BAG 16.8.2011 – 1 ABR 22/10, NZA 2012, 342; BVerwG 19.3.2014 – 6 P 1/13, NZA-RR 2014, 387). Das gilt jedenfalls für Dateien, die aufgrund fortlaufender Nutzung einer ständigen Änderung unterworfen sind, aber auch für solche, die Angaben enthalten, auf die sich der Informationsanspruch des BR nicht erstreckt (vgl. *Kort* NZA 2010, 1038; **aA** *Däubler* Belegschaften Rn. 642). Betriebs- oder Geschäftsgeheimnisse schränken die Vorlagepflicht nicht ein. Insoweit besteht eine Geheimhaltungspflicht nach Maßgabe des § 79. Eine einschränkende Vorschrift wie § 106 Abs. 2 für den WiAusschuss enthält § 80 Abs. 2 S. 1 u. 2 nicht (BAG 5.2.1991 – 1 ABR 32/90, NZA 1991, 639). Vgl. auch → Rn. 60. Darüber hinaus kann dem BR eine Online-Zugriffsberechtigung durch BV oder TV ausdrücklich eingeräumt werden. § 15 Abs. 2 des TV Vertrieb Nr. 64 der DP AG regelt ein solches Zugriffsrecht aber nicht (BAG 15.3.2011 – 1 ABR 112/09, NZA-RR 2011, 462).

Bei Überwachung der Durchführung der gesetzlichen Vorschriften sind die **Nachweise** über die sich aus dem G ergebenden Leistungen des ArbGeb. zu erbringen (zB 65 beim MuSchG: über die Gewährung von Stillzeit, beim BUrlG: die Urlaubslisten, beim ArbzG: Überstundenaufstellungen). Dazu gehört auch die Vorlage ausgefüllter **Formulararbeitsverträge,** soweit das Formular nicht mit dem BR bereits abgestimmt ist (BAG 19.10.1999 – 1 ABR 75/98, NZA 2000, 837). Bei der Kontrolle der Durchführung von TV oder BV kann der BR diejenigen Unterlagen verlangen, die es ihm ermöglichen, festzustellen, ob im Betrieb entspr. dem bestehenden Rechtszustand verfahren wird (BAG 20.12.1988 – 1 ABR 63/87, NZA 1989, 393). Der ArbGeb. hat dem GesBR **ein Verzeichnis freigeschalteter Telefone** zu überlassen und zwar auch solche, die in betriebsratslosen Betrieben vorhanden sind (BAG 9.12.2009 – 7 ABR 46/08, NZA 2010, 662). § 80 Abs. 2 S. 2 verpflichtet den ArbGeb. zur Überlassung vorhandener Unterlagen, nicht zu deren Erstellung oder Verschaffung bei Dritten (LAG Hamm 26.7.2002 – 10 TaBV 24/02, NZA-RR 2003, 367; ErfK/*Kania* Rn. 24). Daher begründet die Überwachungsaufgabe auch keinen Anspruch auf Installierung von Lärmmessgeräten, um die tarifgerechte Bezahlung lärmbelasteter Arbeitsplätze zu überprüfen (BAG 7.8.1986 – 6 ABR 77/83, NZA 1987, 134).

66 Die **Vorlage der Personalakten** kann nicht verlangt werden. Das ergibt sich mittelbar aus § 83 Abs. 1 (hM; BAG 20.12.1988 – 1 ABR 63/87, NZA 1989, 393). Im Einzelfall kann eine konkrete Information aus den Personalakten gefordert werden (BAG 18.10.1988 – 1 ABR 33/87, NZA 1989, 355; hM). Vorzulegen ist dem BR das betriebsbezogene Verzeichnis schwerbehinderter Menschen (§ 163 Abs. 2 S. 3 SGB IX). Diese sowie die daraufhin zu erstellende Anzeige gegenüber der BA zur Berechnung der Ausgleichsabgabe sind in Unternehmen mit mehreren Betrieben dem GesBR zu übermitteln.

67 Zu den allgemeinen Aufgaben des BR gehört auch die Überwachung der Durchführung des BDSG. Daraus folgt das Recht auf **Vorlage und Erläuterung der Verarbeitungsprogramme** bestehender Personaldatenbanken, auch soweit eine Verknüpfung der Personaldatenbank mit anderen Datenbanken möglich ist (BAG 17.3.1987 – 1 ABR 59/85, NZA 1987, 747).

68 Die Vorlagepflicht des ArbGeb. ist nicht von einer **konkreten Meinungsverschiedenheit** abhängig. Der BR kann vielmehr Unterlagen schon verlangen, wenn er im Rahmen seiner gesetzlichen Aufgaben tätig werden will. Bestimmte Verdachtsmomente wegen eines (drohenden) Verstoßes des ArbGeb. gegen ArbNSchutzvorschriften brauchen nicht vorzuliegen. Das ergibt sich aus der Einfügung des Wortes „jederzeit“ in den Gesetzestext (BAG 18.9.1973 – 1 ABR 7/73, AP BetrVG 1972 § 80 Nr. 3; DKKW/*Buschmann* Rn. 96; Richardi BetrVG/*Thüsing* Rn. 77; GK-BetrVG/*Weber* Rn. 98; HWGNRH/*Nicolai* Rn. 63). Andererseits braucht der ArbGeb. nicht von sich aus tätig zu werden (BAG 9.7.1991 – 1 ABR 45/90, NZA 1992, 275); **nicht vorhandene Unterlagen** müssen nicht erstellt werden (BAG 10.10.2006 – 1 ABR 68/05, NZA 2007, 99). Hat der ArbGeb. seiner Vorlagepflicht genügt, ist es Aufgabe des BR, sich daraus die benötigten Informationen zu verschaffen. Ist ein **BRMitgl. an der Einsichtnahme gehindert,** hat der BR die Informationen intern weiter zu geben.

69 Im Gegensatz zum Einsichtsrecht setzt das Informationsrecht nicht voraus, dass der ArbGeb. über die begehrte Information in urkundlicher Form oder in Gestalt einer elektronischen Datei bereits verfügt. Vielmehr besteht der Auskunftsanspruch bereits dann, wenn der ArbGeb. die entsprechenden Daten tatsächlich kennt oder einfach Kenntnis nehmen könnte (BAG 30.9.2008 – 1 ABR 54/07, NZA 2009, 502). Die Unterlagen sind dem BR zur Verfügung zu stellen. Der ArbGeb. hat sie dem BR – zumindest **in Abschrift – und für eine angemessene Zeit zu überlassen** (ErfK/*Kania* Rn. 24). Bei in Deutschland tätigen ausländischen Unternehmen sind die Unterlagen ggf. in korrekter Übersetzung vorzulegen (ArbG Frankfurt 5.3.1997 – 14 BV 170/96, AiB 1998, 524). Der BR muss die Unterlagen ohne Anwesenheit des ArbGeb. auswerten und bei umfangreichen Vorgängen auch Ablichtungen und Aufzeichnungen fertigen können (BAG 20.11.1984 – 1 ABR 64/82, NZA 1985, 432; GK-BetrVG/*Weber* Rn. 106; DKKW/*Buschmann* Rn. 119; einschränkend HWGNRH/*Nicolai* Rn. 71).

3. Einsicht in Gehaltslisten

70 Abs. 2 S. 2 Hs. 2 billigt dem BR das Recht zu, **die Listen über Bruttolöhne und -gehälter** einzusehen. Hierfür muss der BR in aller Regel kein besonderes Überwachungsbedürfnis darlegen. Ein solches folgt typischerweise bereits aus der Pflicht darüber zu wachen, dass die zugunsten der ArbN geltenden Gesetze und TV durchgeführt werden (BAG 7.5.2019 – 1 ABR 53/17, NZA 2019, 1218; 14.1.2014 – 1 ABR 54/12, NZA 2014, 738). Anders ist die Lage, wenn offensichtlich weder ein MBR noch eine Überwachungsrecht nach § 80 Abs. 1 Nr. 1 in Betracht kommt (BAG 26.9.2017 – 1 ABR 27/16, NZA 2018, 108). Auch muss der ArbGeb. Einblick nur in solche Listen gewähren, die er tatsächlich und sei es elektronisch führt. Zu den Listen gehören auch Datenträger (BAG 17.3.1983 – 6 ABR 33/80, NJW 1983, 2463). Der BR hat nach Abs. 2 S. 2 Hs. 2 keinen Anspruch auf die Herstellung entsprechender Listen (BAG 30.9.2008 – 1 ABR 54/07, NZA 2009, 502) Soweit der ArbGeb. über eine solche Liste nicht verfügt oder nur über eine solche, die nicht aussagekräftig ist, etwa weil sie bezogen auf den jeweiligen ArbN lediglich die Gesamtbruttosumme ausweist, ist er aber gem. § 80 Abs. 2 S. 1 verpflichtet, eine solche Liste zu erstellen. Da es sich regelmäßig um komplexe und umfangreiche Informationen handeln dürfte, wird er gehalten sein, die erbetenen Auskünfte schriftlich zu erteilen. Wegen der Beschränkungen des Einsichtsrechts auf Gehaltslisten sind die substituierenden schriftlichen Auskünfte ebenfalls nur der Einsichtnahme zugänglich (BAG 30.9.2008 – 1 ABR 54/07, NZA 2009, 502). Die BRMitgl., die Einsicht genommen haben, sind berechtigt und verpflichtet, ihre Kenntnisse an den BR weiterzugeben, damit dieser die Information bei den Beratungen und Entscheidungen berücksichtigen kann.

71 Dieses Recht hat in **größeren Betrieben** wegen der Vertraulichkeit der Informationen nicht der BR als solcher, sondern nur der BetrAusschuss (§ 27) oder ein nach § 28 bes. gebildeter Ausschuss des BR. Aber auch in **kleineren Betrieben** besteht nach dem Zweck der Vorschrift ein Einsichtsrecht. Eine Überprüfung der Einhaltung gesetzlicher und tariflicher Vorschriften ist hier vielleicht noch wichtiger. Es ist nach dem Schutzzweck des Einsichtsrechts nicht zu rechtfertigen, dem BR in kleineren Betrieben – bei gleichen Aufgaben – das Recht auf Einsichtnahme in die Gehaltslisten zu verweigern (stRspr, BAG 16.8.1995 – 7 ABR 63/94, NZA 1996, 330; hM; **aA** HWGNRH/*Nicolai* Rn. 79 auf den Gesetzeswortlaut verweisend). Statt des BetrAusschusses ist der BRVors. bzw. das nach § 27 Abs. 2 anderweit bestimmte BRMitgl. zur Einsichtnahme legitimiert (BAG 16.8.1995 – 7 ABR 63/94, NZA 1996, 330).

72 Die **Beschränkung auf die Bruttolisten** gewährleistet, dass die besonderen persönlichen Verhältnisse der ArbN, die zB in der Besteuerung oder in Lohnpfändungen zum Ausdruck kommen und dadurch zu unterschiedlichen Nettobezügen führen, der Einsicht Dritter verschlossen sind. Zugleich ist § 80 Abs. 2 eine bereichsspezifische Rechtsgrundlage iSd Art. 6 DSGVO und § 26 Abs. 1 BDSG nF, die zu dem mit der Einsichtnahme verbundenen Eingriff in das Grundrecht der ArbN auf informationelle Selbstbestimmung ermächtigt und verfassungsrechtlichen Anforderungen genügt (BAG 7.5.2019 – 1 ABR 53/17, NZA 2019, 1218; zur früheren Rechtslage BAG 14.1.2014 – 1 ABR 54/12, NZA 2014, 738).

73 Das Einsichtsrecht besteht hinsichtl. **aller Lohnbestandteile,** unabhängig davon, ob sie einzelvertraglich ausgehandelt wurden oder auf betrieblicher Übung, Gesamtzusage, BV oder TV beruhen (BAG 14.1.2014 – 1 ABR 54/12, NZA 2014, 738; Richardi BetrVG/*Thüsing* Rn. 92; GK-BetrVG/*Weber* Rn. 108) oder sich aus dem **MiLoG** ergeben (*Kleinebrink* DB 2015, 375). Die Einschränkungen, die mit dem Schutz der Individualsphäre begründet werden, sind nicht berechtigt. Die Aufschlüsselungstiefe bestimmt sich entsprechend dem Zweck des Einsichtsrechts, das insbes. der Prüfung dient, ob die TV und die Grundsätze des § 75 Abs. 1 eingehalten werden (ErfK/*Kania* Rn. 25).Darüber hinaus soll der BR auch zur Erzielung der Lohngerechtigkeit im Betrieb initiativ werden können. Deshalb sind die Listen in nichtanonymisierter Form vorzulegen; aus dem EntTG folgt nichts Gegenteiliges (BAG

7.5.2019 – 1 ABR 53/17, NZA 2019, 1218; zum Datenschutz → Rn. 58). Dementsprechend sind die Bruttoentgelte nach ihren einzelnen Bestandteilen aufzuschlüsseln, zB nach Prämien, Zulagen, Tantiemen, Gratifikationen und anderen Sondervergütungen. Das Einsichtsrecht erstreckt sich auch auf sog Poolzahlungen an Krankenhausärzte oder andere Mitarbeiter, die nicht aus Mitteln des ArbGeb., sondern aus denen der liquidationsberechtigten Chefärzte finanziert werden (LAG Hamm 26.10.2001 – 10 Ta BV 44/01, NZA-RR 2002, 302). Es erfasst auch die Beteiligung ärztlicher Mitarbeiter an privatärztlichen Liquidationserlösen (BAG 14.1.2014 – 1 ABR 54/12, NZA 2014, 738).

74 Das Einsichtsrecht besteht auch hinsichtlich der AT-Ang. (DKKW/*Buschmann* Rn. 131). Sie gehören zu den ArbN, deren Interessen vom BR vertreten werden (→ § 5 Rn. 413). Der BR kann auch Auskunft über die Grundsätze für individuelle Versorgungszusagen an AT-Ang. verlangen (BAG 19.3.1981 – 3 ABR 38/80, AP BetrVG 1972 § 80 Nr. 14). Nicht vom Einsichtsrecht erfasst werden **ArbN iSv § 5 Abs. 1 S. 3 BetrVG,** weil diese Informationen deren Status oder Vertragsverhältnis betreffen (*Löwisch/Mandler* BB 2016, 629).

75 Wegen des Einsichtsrechts in die Lohnlisten des technischen Personals eines **Tendenzbetriebes** bestehen keine Einschränkungen. Das gilt auch für das an Tendenzträger gezahlte Entgelt, gleichgültig ob es sich nach einem kollektiven Entgeltschema bemisst oder auf einer einzelvertraglichen Abmachung beruht (GK-BetrVG/*Weber* § 118 Rn. 188; BAG 30.4.1974 – 1 ABR 33/73, AP BetrVG 1972 § 118 Nr. 1; für Lehrer einer Privatschule BAG 22.5.1979 – 1 ABR 45/77, AP BetrVG 1972 § 118 Nr. 12; für Redakteure BAG 30.6.1981 – 1 ABR 26/79, NJW 1982, 123). In Theaterbetrieben kann der BR Einblick in die Liste der Künstlergagen nehmen (BAG 13.2.2007 – 1 ABR 14/06, NZA 2007, 1121).

76 Einblick in die Listen bedeutet **Vorlage zur Einsichtnahme,** nicht Aushändigung der Listen (BAG 3.12.1981 – 6 ABR 8/80, AP BetrVG 1972 § 80 Nr. 17; hM; **aA** DKKW/*Buschmann* Rn. 133 vor allem unter Berufung auf das Informationsfreiheitsgesetz, das aber auf das Verhältnis der Betriebsparteien weder unmittelbar noch entsprechend anwendbar ist). Das folgt bereits aus dem unterschiedlichen Wortlaut von § 80 Abs. 2 Hs. 1 u. 2 (ErfK/*Kania* Rn. 28). Während der Einsichtnahme dürfen gegen den Willen des BR keine vom ArbGeb. entsandte Personen anwesend sein (BAG 16.8.1995 – 7 ABR 63/94, NZA 1996, 330). BRMitgl. müssen sich ungestört austauschen können (LAG Köln 12.5.1992 – 4 TaBV 10/92, LAGE § 80 BetrVG 1972 Nr. 8). Das Einsichtsrecht gibt nicht die Befugnis, die Listen zu fotokopieren oder abzuschreiben. Wohl aber dürfen sich die zur Einsicht berechtigten Personen **Notizen** fertigen.

77 Das Einsichtsrecht besteht **unabhängig vom Einverständnis des ArbN,** dessen Individualsphäre insoweit zurücktreten muss (BAG 7.5.2019 – 1 ABR 53/17, NZA 2019, 1218). Andernfalls kann der BR seine Aufgaben nicht wahrnehmen. Unerheblich ist, dass Lohn- und Gehaltsdaten Teil der betriebswirtschaftlichen Kalkulation sind und damit Betriebs- oder Geschäftsgeheimnisse enthalten können. Das schließt die Vorlagepflicht nicht aus (BAG 26.2.1987 – 6 ABR 46/84, NZA 1988, 63).

78 Soweit der **GesBR** im Rahmen seiner Aufgaben (→ Rn. 2) Einsicht nehmen darf, steht das Recht den Mitgl. des GesBetrAusschuss zu. Der Hinweis auf einen Unternehmensbezug des arbeitsrechtlichen Gleichhandlungsgrundsatzes löst kein Einsichtsrecht des BR aus. Vielmehr fällt dessen Überwachung in die Zuständigkeit des GesBR (BAG 26.9.2017 – 1 ABR 27/16, NZA 2018, 108). Kann der GesBR keinen GesBetrAusschuss bilden, ist der Vors. (oder sein Vertr.) berechtigt (Richardi BetrVG/*Thüsing* Rn. 89). Für den **KBR** gilt Entspr.

4. Einsatz von Fremdpersonal

79 Bereits das BetrVerf-ReformG hatte die **Auskunftspflicht** des ArbGeb. beim Einsatz von Fremdpersonal weiter konkretisiert. Nach der damaligen Ergänzung des § 80

Abs. 2 S. 1 erstreckt sie sich auch auf Personen, die zwar im Betrieb tätig sind, aber nicht in einem Arbeitsverhältnis zum Betriebsinhaber stehen. Gemeint ist der **Einsatz von Fremdpersonal.** Diese gesetzliche Klarstellung entspracht bereits der bisherigen Rspr. des BAG, das einen solchen Informationsanspruch hinsichtlich der Beschäftigung freier Mitarbeiter ausdrücklich anerkannt hatte (BAG 15.12.1998 – 1 ABR 9/98, NZA 1999, 722). Mit dieser Klarstellung reagierte der Gesetzgeber auf die zunehmende Zahl unterschiedlicher Beschäftigungsformen im Betrieb außerhalb von Arbeitsverhältnissen zum Betriebsinhaber wie etwa Leih-ArbN, Erfüllungsgehilfen von Werk- und Dienstleistungsunternehmen oder auch von Personen, die iRd Bundesfreiwilligendienstes (BFD) oder des Jugendfreiwilligendienstes (JFD) im Betrieb tätig sind (*Leube* ZTR 2012, 207) oder gar von sogn. **Crowdworkern,** die als Externe auf einer vom ArbGeb. bereit gestellten Internetplattform Aufgaben für den ArbGeb. (sogn. Crowdsourcer) erledigen (*Däubler/Klebe* NZA 15, 1032). Die Ergänzung diente schon nach Wortlaut und Systematik aber auch nach der Gesetzesbegründung (vgl. BT-Drs. 14/5741 S. 46) lediglich der Klarstellung (GK-BetrVG/*Weber* Rn. 71). Sie soll Meinungsverschiedenheiten der Betriebsparteien über das Bestehen und den Inhalt der Unterrichtungspflicht des ArbGeb. hinsichtl. dieses Personenkreises vermeiden; die tatbestandlichen Voraussetzungen des allg. Unterrichtungsanspruchs werden nicht relativiert.

Um dem BR im Einsatzbetrieb die Wahrnehmung seiner Aufgaben zu erleichtern, **80** stellt das AÜG-ÄndG vom 21.2.2017 die Infopflichten des ArbGeb. beim Fremdpersonaleinsatz klar (BT-Drs. 18/9232 S. 16). Anhand der im G ausdrücklich, aber nicht abschließend aufgeführten Informationen soll der BR prüfen können, ob und in wie weit sich für ihn aus dem Einsatz von Fremdpersonal betriebsverfassungsrechtliche Aufgaben für diesen Personenkreis sowie die Stammbelegschaft ergeben (BT-Drs. 18/9232 S. 14, 32). Hierfür kommt es nicht darauf an, ob Anhaltspunkte für eine missbräuchliche Nutzung vertraglicher Gestaltungsmöglichkeiten vorliegen (*Wank* RdA 2017, 100). Der Unterrichtungsanspruch betrifft wie bisher **Angaben zu Person** und den **zeitlichen Umfang des Einsatzes,** also die Nennung der voraussichtlichen Einsatztage und Einsatzzeiten, die auf die Gesamtdauer des Personaleinsatzes schließen lassen. Darüber hinaus ist der ArbGeb. verpflichtet die von dieser Person zu erledigenden **Arbeitsaufgaben** sowie den **Einsatzort** zu benennen. Nach dem Gesetzeswortlaut erstreckt sich die Informationspflicht auf jeglichen Fremdpersonaleinsatz ungeachtet Vorhersehbarkeit, Dauer und der zu erledigenden Aufgabe. Entsprechend der vorherigen Rechtslage (vgl. → Rn. 79) bedarf es daher einer teleologischen Reduktion des Informationsanspruchs. Er gilt nicht in Fällen, in denen der Fremdpersonaleinsatz auf der Erledigung von Aufgaben dient, die – wie etwa Reparaturen an Bau oder Anlagen – nicht auf die arbeitstechnische Zwecksetzung des Betriebes gerichtet sind und kurzfristiger Art sind. Das stellen die Gesetzesmaterialien ausdrücklich klar (BT-Drs. 18/9232 S. 32; krit. *Deinert* RdA 2017, 65).

Die mit dem Unterrichtsanspruch des BR korrespondierende Informationspflicht **81** des ArbGeb. erstreckt sich auch auf den Inhalt der Verträge, die dem jeweiligen Fremdpersonaleinsatz zu Grunde liegen. Das stellt § 80 Abs. 2 S. 3 ausdrücklich klar und normiert eine entsprechende **Vorlagepflicht.** Das unterstützt den Zweck des AÜG-ÄndG, der missbräuchlichen Gestaltung des Fremdpersonaleinsatzes aufgrund vermeintlicher Dienst- oder Werkverträge entgegenzuwirken (BT-Drs. 18/9232 S. 14). Die Vorlagepflicht erfasst daher auch den ArbNÜberlassungsvertrag (*Neighbour/Schröder* BB 2016, 2869) sowie Dienst- oder Werkverträge. Die Vorlagepflicht betrifft nur das Verhältnis zwischen ArbGeb. und dessen Vertragspartner. Sie erstreckt sich deshalb nicht auf die Vorlage der Arbeitsverträge des Fremdpersonals (BR-Drs. 18/10064 S. 14; *Talkenberg* NZA 2017, 473; *Henssler* RdA 2017, 83). Die Durchführung der Vorlage richtet sich nach allgemeinen Grundsätzen (→ Rn. 69).

Seinen gesetzlichen Verpflichtungen hat der ArbGeb. rechtzeitig, dh. **vor Tätigwerden des Fremdpersonals** zu übermitteln. Die gesetzliche Konkretisierung des **82** Unterrichtungs- und Vorlagepflicht des ArbGeb. beim Einsatz von Fremdpersonal erleichtert dem BR im **Konfliktfall** die Durchsetzung seiner Rechte. Hinsichtlich der im G genannten Auskünfte bedarf es weder der Darlegung eines Aufgabenbezugs noch der darauf bezogenen Erforderlichkeit (→ Rn. 51). Diese werden von G wegen unterstellt. Die Erstreckung des Unterrichtungsanspruchs des BR bei der Personalplanung nach § 92 Abs. 1 S. 1 auf das Fremdpersonal durch AÜG-ÄndG lässt den Anspruch aus § 80 unberührt.

IV. Informationsbeschaffung durch den Betriebsrat

83 Die Pflicht des ArbGeb. zur Unterrichtung hindert den BR nicht, sich die für die Wahrnehmung seiner Aufgaben erforderlichen Kenntnisse auf andere Weise zu beschaffen (BAG 13.6.1989 – 1 ABR 4/88, NZA 1989, 934). Zur **Art und Weise der Informationsbeschaffung** enthalten § 80 Abs. 2 u. 3 oder § 37 Abs. 6 keine abschließenden Regelungen (BAG 29.4.2015 – 7 ABR 102/12, NZA 2015, 1397; *Neufeld/Elking* NZA 2013, 1169). Deshalb kann sich der BR auch Hilfspersonen (§ 40 Abs. 2) bedienen, die ihn beim Meinungs- und Informationsaustausch mit der Belegschaft unterstützen, sog **Kommunikationsbeauftragte.** Das darf aber eine direkte Kommunikation zwischen BR und Belegschaft nicht verhindern (BAG 29.4.2015 – 7 ABR 102/12, NZA 2015, 1397). Soweit sich der BR zu Informationszwecken personeller Unterstützung durch betriebliche Auskunftspersonen oder Sachverständige bedient, gilt für diesen Personenkreis die Schutzbestimmung des § 78. Darüber hinaus unterliegen diese Personen nach § 120 Abs. 1 Nr. 3 und Nr. 3b der strafbewehrten Verschwiegenheitspflicht nach § 79 iVm § 80 Abs. 4. Beschafft sich der BR seine Informationen über die Anhörung sachkundiger ArbN oder Sachverständige und betreffen die Auskünfte ein **Geschäftsgeheimnis** iSd § 2 Nr. 1 GeschGehG, handelt es sich um eine von § 3 Abs. 2 GeschGehG für beide Seiten von § 80 Abs. 2 S. 4 bzw. § 80 Abs. 3 gestattete Erlangung, Nutzung oder Offenlegung. Dagegen sind geschäftsgeheimnisbezogene Informationen von ArbN an den BR nach § 5 Nr. 3 GeschGehG vom Handlungsverbot des § 4 GeschGehG gänzlich ausgenommen, soweit die Information zur Wahrnehmung von Aufgaben des BR erforderlich ist. In diesem Fall kann der BR das erlangte Geschäftsgeheimnis auch nutzen. Zugleich werden die informierenden ArbN geschützt (BT-Drs. 19/4724 S. 29).

1. Aufsuchen/Befragen von Arbeitnehmern und Betriebsbegehung

84 Der BR ist befugt, **ArbN** im Rahmen seiner gesetzlichen Aufgaben **zu befragen** (*Neufeld/Elking* NZA 2013, 1169). Er ist auch berechtigt, einzelne ArbN während der Arbeitszeit an ihrem **Arbeitsplatz aufsuchen,** etwa um ihre Eingruppierung nach einem Vergütungssystem zu überprüfen (BAG 17.1.1989 – 1 AZR 805/87, AP LPVG NW § 2 Nr. 1). Er kann auch ArbN aufsuchen, die außerhalb des Betriebs tätig sind (BAG 13.6.1989 – 1 ABR 4/88, NZA 1989, 934). Der BR kann auch **Betriebsbegehungen** durchführen. Dazu muss er keinen konkreten Verstoß gegen die in Nr. 1 genannten Vorschriften darlegen (BAG 13.6.1989 – 1 ABR 4/88, NZA 1989, 934; ArbG Hamburg – 25 GaBV 4/97, NZA-RR 1998, 78). In diesem Rahmen hat der BR auch Zutritt zu Räumen, deren Betreten Unbefugten verboten ist (HessLAG 4.2.1972 – 5 Ta BV 3/71, DB 1972, 2214). Es entspricht dem Gebot der vertrauensvollen Zusammenarbeit (§ 2), wenn der BR den Grund für die Betriebsbegehung in allgemeiner Form angibt (LAG Nürnberg 18.10.1993 – 7 TaBV 13/93, DB 1994, 52). Eine Anmeldepflicht beim ArbGeb. besteht in der Regel nicht. Sie kann bei Vorliegen besonderer Umstände entsprechend dem Anlass der Betriebsbegehung in Betracht kommen (ArbG Stuttgart 19.2.2002 – 20 BV 14/01, NZA-RR 2002, 365). Anderes gilt im Bereich der **LeihArbeit.** Hier hat der BR des Verleiherbetriebs kein anlassloses Zutrittsrecht zum Betrieb des Entleihers. Vielmehr muss der

Zutritt der Wahrnehmung von Aufgaben dienen, die allein in seine Zuständigkeit fallen. Das gilt zumindest in Fällen, in denen im Entleiherbetrieb ein BR gewählt ist (BAG 15.10.2014 – 7 ABR 74/12, NZA 2015, 560; *Boemke* Anm. AP Nr. 79 zu § 80 BetrVG 1972; **aA** *Hamann/Klengel* AuR 2016, 99). Die außerhalb des Betriebes gelegenen **Homeoffice-Arbeitsplätze** kann der BR gegen den Willen der ArbN wg. des durch Art. 13 GG vermittelten Schutzes nicht besichtigen (*Ganz* ArbR 2018, 35).

2. Betriebliche Auskunftspersonen

Die zunehmende Komplexität der sich dem BR stellenden Aufgaben hat den Gesetzgeber veranlasst, die herkömmlichen Möglichkeiten der Informationsbeschaffung des BR zu erweitern. Neben der Heranziehung von Sachverständigen (§ 80 Abs. 3) und der Hinzuziehung eines Beraters bei einer Betriebsänderung in Unternehmen mit mehr als 300 ArbN (§ 111 S. 2), soll der BR den **internen Sachverstand der Belegschaft** zu Informationszwecken stärker nutzen und deren Wissen bei der Suche nach Problemlösungen einsetzen können (GK-BetrVG/*Weber* Rn. 131). Dazu verpflichtet Abs. 2 S. 3 den ArbGeb., dem BR sachkundige ArbN als Auskunftspersonen zur Verfügung zu stellen (vgl. BT-Drs. 14/5741 S. 46ff.). Damit reagierte der Gesetzgeber auch auf die Rspr. des BAG, die das Recht des BR auf Hinzuziehung eines Sachverständigen von dem Ausschöpfen der innerbetrieblichen Informationsmittel abhängig machte (BAG 26.2.1992 – 7 ABR 51/90, NZA 1993, 86). Das Hinzuziehungsrecht steht – im Rahmen der gesetzlichen Zuständigkeit – nicht nur dem BR, sondern auch dem GesBR (§ 51 Abs. 5), dem KBR (§ 59 Abs. 1 iVm § 51 Abs. 5), dem BetrAusschuss (§ 27) sowie einem sonstigen Ausschuss nach § 28 zu, dem der BR bestimmte Aufgaben zu selbständigen Erledigung übertragen hat. Keine Anwendung findet § 80 Abs. 2 S. 3 auf die JugAzubiVertr. und die Schwb. Vertr. (*Oetker* NZA 2003, 1233). Aus dem Hinzuziehungsrecht folgt zugleich eine entspr. Pflicht des BR. Dieser ist deshalb gehalten, vor der Einschaltung eines Sachverständigen alle innerbetrieblichen Erkenntnisquellen auszuschöpfen, um sich das erforderliche Fachwissen anzueignen. Dazu zählt auch die Wissensvermittlung durch betriebl. Auskunftspersonen (BAG 16.11.2005 – 7 ABR 12/05, NZA 2006, 553). **85**

Die **Gestellungspflicht des ArbGeb.** setzt voraus, dass die Hinzuziehung eines sachkundigen ArbN zur ordnungsgem. Erfüllung der BRAufgaben erforderlich ist (Richardi BetrVG/*Thüsing* Rn. 100). Die Anforderungen entsprechen denen der Kostenerstattungspflicht des § 40, der Freistellungspflicht für die Erledigung von BRAufgaben nach § 37 Abs. 2 oder für die Teilnahme an Schulungsveranstaltungen nach § 37 Abs. 6 bzw. den Voraussetzungen für die Hinzuziehung von Sachverständigen nach § 80 Abs. 3 (WPK/*Preis* Rn. 39; *Engels/Trebinger/Löhr-Steinhaus* DB 2001, 532) und sind vom BR im Streitfall darzulegen. Trotz der Beifügung des Adjektivs „ordnungsgem." stellt § 80 Abs. 2 S. 3 keine weitergehenden Anforderungen an die zu erfüllende BRAufgabe und den darauf gründenden Informationsbedarf (**aA** *Natzel* NZA 2001, 872). Es gelten insoweit die Grundsätze des § 37 Abs. 2 (→ § 37 Rn. 23ff.). Deshalb kann der BR eine Auskunftsperson nur im Zusammenhang mit der Erfüllung einer konkreten BR-Aufgabe verlangen (*Löwisch* BB 2001, 1790). Diese bestimmt zugleich die Anforderungen an die Sachkunde der Auskunftsperson. Entspr. den vorgenannten Vorschriften hat der BR einen Ermessensspielraum bei der Beurteilung des Begriffs der Erforderlichkeit (→ § 40 Rn. 9ff.). Der ArbGeb. darf seine Einschätzung nicht an die des BR setzen (DKKW/*Buschmann* Rn. 141; **aA** *Oetker* NZA 2003, 1225 Einschätzung durch objektiven Dritten). **86**

Bei Vorliegen der Voraussetzungen des § 80 Abs. 2 S. 3 Hs. 1 ist der ArbGeb. verpflichtet, einen sachkundigen ArbN zu Verfügung zu stellen. Dabei bestimmt der konkrete Informationsbedarf des BR darüber, welche Anforderungen an die Sachkunde des angeforderten ArbN zu stellen sind (*Oetker* NZA 2003, 1225). Der BR kann die **Person des auszuwählenden ArbN** vorschlagen (WPK/*Preis* Rn. 41). **87**

Diesen Personalvorschlag kann der ArbGeb. nicht ignorieren (HWGNRH/*Nicolai* Rn. 90; *Löwisch* BB 2001, 1790). § 80 Abs. 2 S. 3 Hs. 2 verpflichtet ihn, die Vorschläge zu berücksichtigen. Ein Abweichen ist ihm nur gestattet, soweit der ArbN offenkundig nicht über die erforderliche Sachkunde verfügt oder **betriebliche Notwendigkeiten** entgegenstehen (DKKW/*Buschmann* Rn. 147). Das können iE sein: Unabkömmlichkeit wegen Produktionsproblemen, Erledigung von Eilaufträgen, Beeinträchtigung der Sicherheit im Betrieb etc. In aller Regel dürften die betrieblichen Notwendigkeiten, die einer Heranziehung entgegenstehen, eher zeitlicher Natur sein. Keinen betrieblichen Grund stellt es dar, wenn der ArbGeb. einen anderen ArbN als den vom BR ausgewählten für sachkundiger hält und deshalb den Vorschlag nicht berücksichtigen will.

88 Die Pflicht, dem BR eine bestimmte Auskunftsperson zur Verfügung zu stellen, erweitert nicht die **gesetzlichen Informationspflichten** des ArbGeb. (*Hanau* RdA 2001, 65; *Natzel* NZA 2001, 872). Die Mitteilung von Geschäftsgeheimnissen, zu deren Weitergabe an den BR der ArbGeb. nicht verpflichtet ist, kann nicht über die betriebliche Auskunftsperson erzwungen werden. Der ArbGeb. ist deshalb berechtigt, dem als Auskunftsperson zur Verfügung gestellten ArbN Weisungen zu erteilen und die Preisgabe dessen Wissens gegenüber dem BR zu beschränken (ErfK/*Kania* Rn. 30a). Der ArbGeb. ist deswegen aber nicht berechtigt, an den Besprechungen zwischen der Auskunftsperson und dem BR teilzunehmen. Das folgt schon aus dem Wortlaut der Norm, nach der eine Auskunftsperson zur Verfügung zu stellen, also dem BR zu überlassen ist (BAG 16.8.1995 – 7 ABR 63/94, NZA 1996, 330). Darüber hinaus wäre eine solche Anwesenheit auch zweckwidrig. Über die Nutzung des betriebsinternen Sachverstands soll dem ArbGeb. keine Überwachung der Arbeit des BR eröffnet werden (BAG 20.1.2015 – 1 ABR 25/13, NZA 2015, 696).

89 Als **Auskunftspersonen** kommen betriebszugehörige Beschäftigte in Betracht, die zudem in einem Arbeitsverhältnis zum Betriebsinhaber stehen (WPK/*Preis* Rn. 42; HWGNRH/*Nicolai* Rn. 92; **aA** Richardi BetrVG/*Thüsing* Rn. 99, das Hinzuziehungsrecht des BR soll sich auch auf betriebsfremde, aber unternehmenszugehörigen ArbN erstrecken; das widerspricht dem Regelungszweck). Hinzugezogen werden können auch AT-Ang., nicht die leitenden Ang., die nach § 5 Abs. 3 keine ArbN im betriebsverfassungsrechtlichen Sinne sind (*Oetker* NZA 2003, 1225; *Hanau* RdA 2001, 65, der zudem auf den Gegenschluss zu § 108 Abs. 2 verweist, der die Teilnahme sachkundiger ArbN an des Sitzungen des WiAusschuss. regelt und leitende Ang. ausdrücklich nicht erwähnt; **aA** Richardi BetrVG/*Thüsing* Rn. 99, DKKW/*Buschmann* Rn. 145 unter Hinweis auf den allg. ArbNBegriff. Dessen wortgetreue Auslegung bedarf aber nach dem Zweck der Regelung einer teleologischen Reduktion. Der BR soll im Konfliktfall nicht auf die Auskünfte solcher ArbN verwiesen werden, die dem Lager des ArbGeb. zuzurechnen sind). Der GesBR kann die Hinzuziehung eines unternehmensangehörigen ArbN, der KBR die eines konzernangehörigen ArbN verlangen. Der ArbGeb. ist im Rahmen seines **Direktionsrechts** berechtigt, den ArbN zur Auskunftserteilung an den BR zu verpflichten. Der vom BR angeforderte ArbN kann die Erteilung von Auskünften nicht verweigern (ErfK/*Kania* Rn. 30a; *Oetker* NZA 2003, 1225; *Natzel* NZA 2001, 872; **aA** DKKW/*Buschmann* Rn. 149; *Löwisch* BB 2001, 1790). Da der ArbN nicht in eigener Angelegenheit Auskunft erteilt und berufliches Wissen zur Verfügung stellt, sondern eine entspr. Informationspflicht des ArbGeb. erfüllt, ist er nicht berechtigt, sich dem Auskunftsverlangen des BR zu entziehen, soweit ihn der ArbGeb. entsprechend anweist (§ 106 GewO). Die Auskunftstätigkeit ist Teil der arbeitsvertraglichen Pflicht des betroffenen ArbN und während der ArbZ zu erfüllen. Die Zeit, in der er dem BR für die Erteilung von Auskünften zur Verfügung steht, ist deshalb als ArbZ, uU Mehrarbeit, zu vergüten (*Löwisch* BB 2001, 1790).

3. Sachverständige, Anwälte

Um dem BR die Durchführung seiner Aufgaben zu erleichtern, sieht Abs. 3 die Möglichkeit vor, dass der BR **Sachverständige** hinzuziehen kann. Dabei darf es allerdings nicht darum gehen, dem BR fehlende Kenntnisse in bestimmten Angelegenheiten generell oder auf Vorrat zu vermitteln. Für den Erwerb solcher Kenntnisse verweist das G den BR auf den Besuch von Schulungsveranstaltungen iSd **§ 37 Abs. 6 oder Abs. 7 BetrVG** (BAG 11.11.2009 – 7 ABR 26/08, NZA 2010, 353). Für die Heranziehung eines Sachverständigen bedarf es einer **Vereinbarung mit dem ArbGeb.** zumindest hinsichtl. Person, Kosten und dem Gutachtensthema (*Radtke* Ext. Sachverstand S. 109; WPK/*Preis* Rn. 46). Darüber hinaus muss dessen Beiziehung für die Erledigung von BR-Aufgaben erforderlich sein. Der Sachverständige muss kein Betriebsangehöriger sein. Rechtsgrundlage für die Heranziehung von Sachverständigen ist allein § 80. Eine entspr. Regelung für die Heranziehung von Sachverständigen gilt für den WiAusschuss, vgl. § 108 Abs. 2 S. 3. Wegen Zuziehung von Sachverständigen für die Sprechstunde → § 39 Rn. 9 und in der BetrVerslg. → § 42 Rn. 43. Die Vorschrift des § 80 Abs. 3 findet auch auf die Hinzuziehung von Sachverständigen durch dem Wahlvorstand entsprechende Anwendung (BAG 11.11.2009 – 7 ABR 26/08, NZA 2010, 353). Bei Anwälten, die Verfahrensbevollmächtigte des BR im arbeitsgerichtlichen Beschlussverfahren oder vor der E-Stelle sind, richtet sich die Kostentragungspflicht des ArbGeb. ausschließlich nach § 40 Abs. 1 (BAG 26.2.1992 – 7 ABR 51/90, NZA 1993, 86). Das gilt auch, wenn es sich um die Beratung des BR in einer konkreten Konfliktlage handelt, die eine gerichtliche Auseinandersetzung mit dem ArbGeb. vermeiden soll (BAG 15.11.2000 – 7 ABR 24/00, EzA § 40 BetrVG 1972 Nr. 92). 90

Sachverständige sind Personen, die dem BR oder sonstigen BetrVerfOrganen die ihnen fehlenden fachlichen oder rechtlichen Kenntnisse (mündlich oder schriftlich) vermitteln, damit sie ihre Aufgaben in Zusammenarbeit mit dem ArbGeb. sachgemäß erfüllen können (BAG 13.5.1998 – 7 ABR 65/96, NZA 1998, 900; ErfK/*Kania* Rn. 31). Sachverständige vermitteln Rechts- und Erfahrungssätze, sie können auf Grund ihrer besonderen Sachkunde Tatsachen feststellen oder aus einem feststehenden Sachverhalt Schlussfolgerungen ziehen. Auch Rechtsanwälte oder Gewerkschaftsvertreter. können Sachverständige sein (BAG 26.2.1992 – 7 ABR 51/90, NZA 1993, 86; 18.7.1978 – 1 ABR 34/75, AP BetrVG 1972 § 108 Nr. 1). Der Sachverständige braucht nicht „neutral" zu sein (BAG 26.2.1992 – 7 ABR 51/90, NZA 1993, 86). Als Sachverständiger wird ein **Rechtsanwalt** etwa tätig, wenn er ein Rechtsgutachten erstellt, das losgelöst von konkreten Konfliktfällen Handlungsalternativen für den BR aufzeigt. Die Hinzuziehung eines Anwalts als Sachverständiger setzt stets voraus, dass er dem BR spezielle Rechtskenntnisse vermitteln soll, die jener zur Erledigung einer bestimmten betriebsverfassungsrechtlichen Aufgabe benötigt (BAG 16.11.2005 – 7 ABR 12/05, NZA 2006, 1004). Diese können etwa nötig werden für die Beratung einer vom ArbGeb. vorgeschlagenen komplexen BV (BAG 15.11.2000 – 7 ABR 24/00, EzA § 40 BetrVG 1972 Nr. 92). Die Funktion eines Sachverständigen bringt es mit sich, dass er außerhalb der Verhandlungen der Betriebsparteien steht. Der Sachverständige soll konkrete Wissensdefizite ausgleichen, aber nicht an Stelle des BR oder dessen Vertreter in Mitbestimmungskonflikten gerichtlich oder außergerichtlich tätig werden (BAG 14.12.2016 – 7 ABR 8/15, NZA 2017, 514). Dementsprechend ist es dem BR verwehrt, einen Anwalt als Sachverständigen nach § 80 Abs. 3 zu Verhandlungen mit dem ArbGeb. in einem konkreten Streit über das Bestehen von MBR hinsichtlich eines bestimmten Regelungsgegenstandes hinzuziehen (BAG 25.6.2014 – 7 ABR 70/12, NZA 2015, 629). Vielmehr wäre der Anwalt zu mandatieren und Kostenerstattung nach Maßgabe des § 40 Abs. 1 zu verlangen. Davon unberührt ist das Recht, einen Anwalt als Beisitzer der E-Stelle zu benennen. 91

92 Die Hinzuziehung eines Sachverständigen muss darüber hinaus **erforderlich** sein. Das ist dann der Fall, wenn dem BR die Sachkunde fehlt, eine ihm von Gesetzes wegen zugewiesene Aufgabe ordnungsgemäß wahrnehmen zu können (DKKW/*Buschmann* Rn. 156). Das kommt bei schwierigen Materien in Betracht, zB bei Fragen der EDV, versicherungsmathematischen Fragen, arbeitswissenschaftlichen Fragen, Analyse der Geschäftsberichte, Vorbereitungen für einen Interessenausgleich und Sozialplan (BAG 13.5.1998 – 7 ABR 65/96, NZA 1998, 900), sonstige schwierige Rechtsfragen (ErfK/*Kania* Rn. 34). Die Sachverständigentätigkeit ist nicht auf die Unterstützung der BR in einer einzelnen Frage beschränkt. Sie kann sich auch auf die Einführung eines Projekts beziehen, das längerfristigen Beratungsbedarf erzeugt. Dagegen ist eine allgemeine Vermittlung von Kenntnissen, losgelöst von konkreten Fragen des Betriebes, Schulungsveranstaltungen nach § 37 Abs. 6 u. 7 vorbehalten (BAG 17.3.1987 – 1 ABR 59/85, NZA 1987, 747).

93 Für die Hinzuziehung von Sachverständigen zu Fragen der Datenverarbeitung (vgl. *Venema* NZA 1993, 252) hat das BAG das Recht des BR eingeschränkt. Der BR kann nicht von vornherein die Zuziehung **außerbetrieblicher Sachverständiger** verlangen, sondern erst, wenn die innerbetriebliche Unterrichtung unzureichend ist (BAG 26.2.1992 – 7 ABR 51/90, NZA 1993, 86).

94 Streit besteht idR über die Erforderlichkeit. Insoweit hat der BR einen **Beurteilungsspielraum,** der nur einer eingeschränkten gerichtlichen Prüfung zugänglich ist (→ § 40 Rn. 9ff.). Nach dem Inhalt der sich stellenden Aufgabe kann er gehalten sein zu prüfen, ob die Informationsvermittlung durch eine vom ArbGeb. zur Verfügung gestellte betriebl. Auskunftspersonen ausreichend ist (BAG 16.11.2005 – 7 ABR 12/05, NZA 2006, 553). Liegt Erforderlichkeit vor, besteht ein Anspruch auf Hinzuziehung. Die Ausübung dieses Rechts bedarf der **„näheren Vereinbarung"** mit dem ArbGeb. Die Einigung bezieht sich auf den Gegenstand der gutachterlichen Tätigkeit, also Thema, Person des Sachverständigen, Kosten und Zeitpunkt (GK-BetrVG/*Weber* Rn. 154; *Lüders/Weller* DB 2015, 2149; **aA** DKKW/*Buschmann* Rn. 155 der ungeachtet des eindeutigen Gesetzeswortlauts eine nachträgliche gerichtliche Zustimmungsersetzung vor allem bei Eilbedürftigkeit für statthaft hält). Das eröffnet dem ArbGeb. die Möglichkeit, Einwendungen gegen die Beauftragung eines Sachverständigen, dessen Person oder Sachverstand oder den Umfang der Beauftragung zu erheben (BAG 11.11.2009 – 7 ABR 26/08, NZA 2010, 353). Der ArbGeb. darf sein Einverständnis nicht missbräuchlich verweigern und dadurch die BR-Arbeit erschweren. Die zu treffende Vereinbarung ist keine BV. Sie bedarf daher nicht der Schriftform und kann auch von einem dazu ermächtigten Ausschuss nach §§ 27, 28 getroffen werden. Ihr Zustandekommen kann nicht über die E-Stelle nach § 76 Abs. 5 erzwungen werden (Richardi BetrVG/*Thüsing* Rn. 102), wohl aber kann die E-Stelle nach § 76 Abs. 6 tätig werden. Durch die Vereinbarung entsteht ein gesetzliches Schuldverhältnis zwischen ArbGeb. und BR. Dadurch erwirbt der BR einen Kostenerstattungsanspruch (BAG 13.5.1998 – 7 ABR 65/96, NZA 1998, 900). Stimmt der ArbGeb. der Hinzuziehung eines Sachverständigen nicht zu, kann seine Zustimmung durch das ArbG ersetzt werden. Fehlt es daran, ist der ArbGeb. nicht zur Kostentragung verpflichtet (BAG 11.11.2009 – 7 ABR 26/08, NZA 2010, 353). Einzelheiten bei → Rn. 93.

95 Keine Sachverständige sind **Personen,** die im Rahmen ihrer beruflichen Tätigkeit dem BR ohne Gebührenansprüche Auskünfte erteilen, insbes. weil ihre berufliche Tätigkeit ohnehin mit dem Betrieb verknüpft ist (zB Mitgl. des GesBR, Angehörige der Betriebskrankenkasse, Technischer Aufsichtsbeamter, Gewerbeaufsichtsbeamter, Werksarzt, Gewerkschaftssekretär).

V. Streitigkeiten

96 Streitigkeiten über das Bestehen und den Umfang der Informations- und Vorlagepflichten werden im **BeschlVerf.** (§ 2a ArbGG) entschieden. Dasselbe gilt für das

Einblicksrecht in die Lohn- und Gehaltslisten. Weigert sich der ArbGeb., dem BR die angeforderten Unterlagen vorzulegen, kann ihm das ArbG gem. § 85 Abs. 1 ArbGG aufgeben, die **Unterlagen zur Verfügung** zu stellen bzw. Einblick zu gewähren. Für darauf gerichtete Leistungsanträge muss kein Rechtsschutzbedürfnis dargelegt werden. Der Einwand, der BR könne sich die verlangten Informationen anderweitig beschaffen, stellt die Zulässigkeit des Leistungsantrags nicht in Frage (BAG 10.10.2006 – 1 ABR 68/05, NZA 2007, 99). Der Antrag muss aber hinreichend bestimmt sein (§ 253 ZPO), ansonsten ist er unzulässig (BAG 27.7.2010 – 1 ABR 74/09, AP ZPO § 253 Nr. 51). Bei zukunftsgerichteten Anträgen dürfte anzugeben sein, ob eine einmalige oder eine fortlaufende Unterrichtung/Vorlage begehrt wird. Die Zwangsvollstreckung zur Einsichtsgewährung in die Gehaltslisten erfolgt durch Zwangsgeld gegenüber dem ArbGeb. nach § 888 ZPO (BAG 17.5.1983 – 1 ABR 21/80, AP BetrVG 1972 § 80 Nr. 19). Eine Verletzung der Vorlage- und Informationspflichten kann eine grobe Pflichtwidrigkeit des ArbGeb. nach § 23 Abs. 3 sein (ErfK/*Kania* Rn. 37). Der ArbGeb. wird sich nur ausnahmsweise auf den Einwand der Erfüllung, der Unmöglichkeit oder des Rechtsmissbrauchs berufen können (BAG 13.2.2007 – 1 ABR 14/06, NZA 2007, 1121 Rn. 25; BAG 10.10.2006 – 1 ABR 68/05, NZA 2007, 99).

Der Anspruch auf die zur Verfügungstellung einer **Auskunftsperson** ist ebenfalls 97
im **BeschlVerf.** nach durchzusetzen. Das fehlende Einverständnis des ArbGeb. zur Hinzuziehung eines **Sachverständigen** muss durch gerichtliche Entscheidung ersetzt werden (BAG 11.11.2009 – 7 ABR 26/08, NZA 2010, 353; stRspr). Der Sachverständige ist in diesem BeschlVerf. nicht zu beteiligen (BAG 25.4.1978 – 6 ABR 9/75, AP BetrVG 1972 § 80 Nr. 11). Der Antrag auf Ersetzung der Zustimmung des ArbGeb. muss Thema, Person des Sachverständigen und Honorar hinreichend bestimmt iSv § 253 ZPO bezeichnen (BAG 25.7.2014 – 7 ABR 70/12, NZA 2015, 629). Dementsprechend muss das ArbG in seinem Beschluss die Person des Sachverständigen, den Gegenstand der Begutachtung sowie das Honorar festgelegen (BAG 16.11.2005 – 7 ABR 12/05, NZA 2006, 1004; *Kleinebrink* ArbRB 2006, 278). Die Honorarfestsetzung durch das Gericht wie eine einvernehmliche Vereinbarung durch die Betriebsparteien enthebt den Sachverständigen nicht einer ordnungsgenmäßen Abrechnung. Bei einem Streit über die Höhe der Kosten ist allerdings zu beachten, dass der Sachverständige zum Schutze der Betriebsratsarbeit keine vertraulichen BRDetails offen legen muss. Bestehen konkrete Anhaltspunkte für einen überhöhten Kostenansatz bedarf es einer Begründung, die hinreichend plausibel ist (**aA** *Hinrichs/Pitt* NZA 2011, 1006). Das ArbG darf die Zustimmung nur ersetzen, wenn die Einschaltung des Sachverständigen erforderlich ist. Dabei hat das Gericht den Beurteilungsspielraum des BR zu beachten. Fehlt es an einer solchen Ersetzung, trägt der BR das Kostenrisiko, wenn der ArbGeb. eine Kostenübernahme ablehnt. Der Streitwert eines solchen BeschlVerf. bemisst sich nach der Höhe der im Beschluss festgesetzten Sachverständigenkosten (LAG Hamm 12.6.2001 – 10 TaBV 50/01, NZA-RR 2002, 472). In dringenden Fällen kann der BR die Zustimmung im **einstw. Verfügungsverfahren** ersetzen lassen (LAG Köln 5.3.1986 – 5 Ta BV 4/86, LAGE § 80 BetrVG Nr. 5; LAG Hamm 15.3.1994 – 13 TaBV 16/94, LAGE § 80BetrVG 1972 Nr. 12, nv; ErfK/*Kania* Rn. 35; HWGNRH/*Nicolai* Rn. 107; DKKW/*Buschmann* Rn. 155; → ArbGG Rn. 65 ff.). Die Entgeltansprüche einer betrieblichen Auskunftsperson für die Zeit, während sie dem BR für Auskünfte zur Verfügung steht, sind als Arbeitsentgelt im **Urteilsverf.** geltend zu machen. Hat der BR im Einvernehmen mit dem ArbGeb. einen Sachverständigen/Berater vor der Eröffnung eines späteren **InsO-Verfahrens** hinzugezogen und setzt dieser seine Tätigkeit über diesen Zeitpunkt hinaus fort, sind die vor der InsO-Eröffnung erbrachten Beratungsleistungen bloße InsO-Forderungen (BAG 9.12.2009 – 7 ABR 90/07, NZA 2010, 461). Schließt der BR selbst einen **Vertrag mit einem Sachverständigen** ab, sollte bei Vertragsschluss eine Haftung des vertragsschließenden BRMitgl. für Honoraransprüche nach § 179 BGB ausgeschlossen oder als Gegenleistung nur die Abtretung

des Freistellungsanspruchs aus § 40 Abs. 1 (→ § 40 Rn. 93) versprochen werden (eing. → § 1 Rn. 308ff.; BGH 25.10.2012 – III ZR 266/11, NZA 2012, 1382; *Jaeger/Steinbrück* NZA 2013, 401; *Bergmann* NZA 2013, 57; *Lunck/Rodenbusch* NJW 2014, 1989).

VI. BR-Aufgaben nach dem EntTG

98 § 13 Abs. 1 S. 1 und S. 2 EntTG bestimmt die Durchsetzung der geschlechtsbezogenen Entgeltgleichheit als Anwendungsfall der in § 80 Abs. 2a geregelten Aufgabe des BR (BT-Drs. 18/11133 S. 62). Diese **Förderungspflicht** (→ Rn. 34ff.) wird hierdurch konkretisiert, aber nicht auf die Wahrnehmung der Befugnisse nach dem EntTG beschränkt (§ 13 Abs. 1 S. 3 EntTG; Richardi BetrVG/*Thüsing* Rn. 31a; DKKW/*Buschmann* Rn. 38). Darüber hinaus stellt § 13 Abs. 6 EntTG sicher, dass bestehende gesetzliche oder betriebsverfassungsrechtliche Beteiligungsrechte des BR durch das EntTG nicht berührt werden. Das gilt insbesondere für die Mitbestimmung in sozialen, personellen und wirtschaftlichen Angelegenheiten (BT-Drs. 18/11133 S. 63). Vor allem kann der BR das MBR nach § 87 Abs. 1 Nr. 10 dazu nutzen, geschlechtsbezogene Entgeltungleichheit zu beseitigen.

1. BR-Beteiligung beim Auskunftsanspruch

99 Das am 6.7.2017 in Kraft getretene EntTG vom 30.6.2017 (BGBl. I S. 2152) verfolgt den Zweck, die Durchsetzung des geschlechtsbezogenen Entgeltgleichheitsgebots mittels eines **individuellen AuskunftsA** zu erleichtern (BT-Drs. 18/11133 S. 22; krit. *Wank* RdA 2018, 34). Zu Grundlagen, Inhalt und individualrechtl. Durchsetzung des AuskunftsA vgl. *Roloff* RdA 2019, 28).

a) Auskunftsanspruch und BR-Zuständigkeit

100 Hierzu soll mittels Einbindung der Betriebsparteien in das **Verfahren der Auskunftserteilung** ein Beitrag zur betriebsinternen Verwirklichung der Entgeltgleichheit geleistet werden (§ 6 Abs. 1 EntTG; *Oberthür* NJW 2017, 2228). Entgelte sind nach § 5 Abs. 1 EntTG alle Grund- oder Mindestarbeitsentgelte, die unmittelbar oder mittelbar in bar oder in Sachleistungen aufgrund eines Beschäftigungsverhältnisses ungeachtet ihrer Rechtsgrundlage gewährt werden (BT-Drs. 18/11133 S. 54). Die Entgeltgleichheit bezieht sich nicht auf die Gleichartigkeit von Arbeitsaufgaben, sondern auf gleiche oder gleichwertige Arbeit (*Oberthür* NJW 2017, 2228). Nach welchen Kriterien diese zu ermitteln ist, legt § 4 EntTG im Einzelnen fest. Allerdings löst das Gesetz nicht die typischen Anwendungsprobleme bei der Feststellung, ob es sich im Einzelnen um gleiche oder gleichwertige Arbeit handelt (dazu *Lillemeier* AuR 2018, 119), weil es letztlich auf eine Gesamtschau und diskriminierungsfreie Gewichtung aller maßgeblichen Kriterien ankommt. Es gibt aber in § 4 Abs. 2 S. 2 EntTG allgemeine, nicht abschließend aufgeführte objektive Faktoren wie Art der Arbeit, Ausbildungsanforderungen und Arbeitsbedingungen vor. Das erlaubt die Bildung von Unterkategorien wie Qualifikation und Fertigkeiten, Verantwortung oder Art (physisch, psychisch) der Belastung (vgl. BT-Drs. 18/11133 S. 51). Hingegen ist nach § 4 Abs. 2 Satz 3 EntTG die individuelle Produktivität eines Beschäftigten nicht berücksichtigungsfähig (*Bauer/Günther/Romero* NZA 2017, 809). Zur Überprüfung des Entgeltgleichheitsgebots billigt § 10 Abs. 1 EntTG dem einzelnen Beschäftigten einen individuellen AuskunftsA zu.

101 In das Verfahren der Auskunftserteilung wird der BR eingebunden. Dieser ist nach § 14 Abs. 1 EntTG, § 15 Abs. 2 EntTG grundsätzlich berechtigt, die an ihn herangetragenen Auskunftsverlangen zu beantworten. § 12 Abs. 1 und Abs. 2 Nr. 1 EntTG gestalten den AuskunftsA betriebsbezogen aus. Für dessen Beantwortung ist daher

allein der **örtliche BR** zuständig (GK-BetrVG/*Weber* Rn. 127); *Kania* NZA 2017, 819).

b) Auskunftsberechtigte

§ 5 Abs. 2 EntTG definiert den Begriff des Beschäftigten, der einen AuskunftsA geltend machen kann. Dieser ist deckungsgleich mit dem **AN-Begriff** des § 5 Abs. 1 BetrVG und erfasst daher auch AT-Ang.(GK-BetrVG/*Weber* Rn. 126). Soweit der Beschäftigtenbegriff aus Gründen des Unionsrechts sich auch auf leitende Ang., GmbH-Geschäftsführer ua. erstreckt (*Oberthür* NJW 2017, 2228) erweitert dies nicht die Zuständigkeit des BR für Personen, die nicht von § 5 Abs. 1 BetrVG erfasst werden. Leitende Angestellte können sich hinsichtlich ihres AuskunftsA nur an den ArbGeb. wenden (§ 13 Abs. 4 EntTG). Dies trägt dem Umstand Rechnung, dass der BR für leitende Angestellte nicht zuständig ist und dementsprechend auch kein Einblicksrecht in die Bruttolohn und -gehaltslisten der leitenden Angestellten hat (BT-Drs. 18/11133 S. 63). Den weiten personellen Geltungsbereich schränkt § 12 Abs. 1 EntTG ein. Danach entsteht ein AuskunftsA nur in Betrieben, einschließlich der nach § 3 Abs. 1 BetrVG gebildeten, mit in der Regel mehr als 200 Beschäftigten bei demselben ArbGeb. Ein solcher **Schwellenwert** hat zunächst Folgen für **Gemeinschaftsbetriebe.** Nach dem Wortlaut des Gesetzes sowie dessen ArbGeb. bezogene Zwecksetzung kann in diesen Betrieben für das Erreichen des Schwellenwertes nicht auf die Beschäftigtenzahl aller am Gemeinschaftsbetrieb beteiligten ArbGeb. abgestellt werden. Vielmehr ist die Grenzzahl bezogen auf jeden ArbGeb. zu ermitteln (GK-BetrVG/*Weber* Rn. 126; *Kania* NZA 2017, 819; *Bauer/Romero* NZA 2017, 409). Allgemein knüpft die Berechnung der Grenzzahl an die für das Einblicksrecht des BetrAusschusses nach § 80 Abs. 2 Satz 2 2. Halbs. BetrVG maßgebliche Betriebsgröße (→ Rn. 71). Danach wird die Grenzzahl erreicht, soweit der BR mindestens neun Mitgl. hat (§ 27 Abs. 1 S. 2), was nach § 9 Abs. 1 S. 2 BetrVG nur Betrieben mit in der Regel 201 AN möglich ist. Verringert sich aber nach der BRWahl die Zahl der regelmäßig beschäftigten ArbN, ohne dass hierdurch eine Neuwahl des BR nach § 13 Abs. 2 Nr. 1 BetrVG wegen einer wesentlichen Änderung der Belegschaftsstärke veranlasst wäre (→ § 13 Rn. 21 ff.), wirkt sich das trotz Beibehaltung eines mindestens 9köpfigen BR auf den AuskunftsA aus. In einem solchen Fall ist die Betriebsgröße bezogen auf den Zeitpunkt des Auskunftsverlangens zu ermitteln. Hierbei sind sämtliche nach § 5 Abs. 1 BetrVG in der Regel beschäftigten ArbN zu berücksichtigen (→ § 5 Rn. 15 ff.). Das gilt unabhängig davon, ob diese in einem Arbeitsverhältnis zum BetriebsArbGeb. stehen, da sich der Schwellenwert nach der Größe des Betriebs gemessen an der Beschäftigtenzahl und nicht nach der Zahl der Auskunftsberechtigten bestimmt. Daher zählen auch **LeihArbN** mit (GK-BetrVG/*Weber* Rn. 126). Weiter wirkt sich der Schwellenwert auf Unternehmen mit **Filialstruktur** aus, in der jede Filiale betriebsverfassungsrechtlich als Betrieb anzusehen und der Schwellenwert hierauf zu berechnen ist (krit. *Maiß/Vieg* ArbR 2018, 387). 102

c) Inhalt und Form des Auskunftsverlangens

Der BR muss erst tätig werden, soweit ein **wirksames Auskunftsverlangen** an ihn gerichtet wird. Dieses darf nach § 10 Abs. 1 S. 1 EntTG nur der Überprüfung des Entgeltgleichheitsgebots des § 3 EntTG dienen (BT-Drs. 18/11133 S. 58), also nicht auf die Einhaltung anderer Diskriminierungsverbote gerichtet sein. Inhaltlich setzt es die Nennung einer Vergleichstätigkeit iSv § 10 Abs. 1 S. 2 EntTG voraus. Hierzu ist in zumutbarer Weise eine konkrete Tätigkeit anzugeben, die mit der eigenen für gleich oder gleichwertig gehalten wird. Diese Angabe dient dazu eine willkürliche Auswahl einer Vergleichstätigkeit und damit einen Missbrauch des AuskunftsA auszuschließen (BT-Drs. 18/11133 S. 58; ErfK/*Schlachter* § 10 EntTG Rn. 3). EntTGIm Antrag ist zwingend anzugeben, für welches Entgelt/Entgeltbestandteil die Auskunft verlangt wird. Das können nach § 10 Abs. 1 S. 3 EntTG das durchschnittliche Brut- 103 tomonatsentgelt, bezogen auf das zurückliegende Kalenderjahr (§ 11 Abs. 3 EntTG), und bis zu zwei konkret zu benennende Entgeltbestandteile sein.

104 Grundsätzlich kann eine Auskunft nur **alle zwei Jahre** verlangt werden (§ 10 Abs. 2 S. 2 EntTG) und erstmals ab dem 6.1.2018 geltend gemacht werden (§ 25 Abs. 1 EntggTranspG). Das Auskunftsbegehren bedarf der **Textform** (§ 126b BGB). Es kann also schriftlich oder auch elektronisch per E-Mail, Computerfax ua gestellt werden, muss aber die Person des Auskunftsverlangenden zweifelsfrei erkennen lassen. Eine nur mündlich geäußerte Anfrage löst keine Informationspflicht aus.

d) Auskunftsrecht des BR und Übernahmerecht des ArbGeb.

105 Ungeachtet dessen, ob der ArbGeb. tarifgebunden oder tarifanwendend ist oder nicht, ist das Auskunftsverlangen zunächst an den BR zu richten (§ 14 Abs. 1 S. 1, § 15 Abs. 2 EntTG). Das weitere **Verfahren** bestimmt sich in beiden Fällen nach Maßgabe des § 14 Abs. 1 EntTG. Verantwortlich für die Auskunftserteilung ist der ArbGeb. Diesen hat der BR über das an ihn herangetragene Auskunftsverlangen in anonymisierter Form zu unterrichten (§ 14 Abs. 1 S. 3 EntgTransG iVm § 15 Abs. 2 EntTG). Dabei hat er anzugeben, um welche Beschäftigtengruppen und welche Vergleichstätigkeiten es sich handelt und auf welche Entgeltbestandteile sich die begehrten Auskünfte beziehen (BT-Drs. 18/11133 S. 64). Allerdings kann der ArbGeb. die Auskunftspflicht bei entsprechender Unterrichtung der Beschäftigten (§ 14 Abs. 2 S. 4 EntTG) an sich ziehen. Ein solches generelles oder auf bestimmte Fälle – wie zB für bestimmte Beschäftigtengruppen – beschränktes **Übernahmerecht** begründet § 14 Abs. 2 S. 1 EntTG. Danach ist der Arbgeb. berechtigt, die Auskunft selbst zu übernehmen, soweit er die hierfür sprechenden Gründe dem BR gegenüber erläutert hat. Jedoch ist das Übernahmerecht längstens zeitlich begrenzt auf die jeweilige Amtszeit des BR (§ 14 Abs. 2 S. 2 EntTG), kann daher auch für einen kürzeren Zeitraum beansprucht werden (BT-Drs. 18/11133 S. 64). Macht der ArbGeb. von seinem Übernahmerecht Gebrauch, bleibt er dennoch gegenüber dem BR zur Information verpflichtet (§ 14 Abs. 2 S. 3 EntTG). Er muss diesen über das jeweilige Auskunftsverlangen und über seine Antwort unterrichten. Hierfür bestimmt das Gesetz kein Anonymisierungsgebot. Vielmehr haben die Informationen umfassend und rechtzeitig zu erfolgen, um es dem BR zu ermöglichen, im Rahmen seiner betriebsverfassungsrechtlichen Aufgaben Stellung zu nehmen (BT-Drs. 18/11133 S. 64). Die **Verlagerung der Auskunftspflicht** auf den ArbGeb. kann auch auf Initiative des BR hin erfolgen. Dieses Recht billigt ihm § 14 Abs. 1 S. 3 EntTG zu. Gründe hierfür hat der BR nicht zu benennen. Den ArbGeb. trifft eine entsprechende Informationspflicht gegenüber den Beschäftigten. Die Verlagerung der Auskunftspflicht auf Veranlassung des BR erfordert einen Beschluss des BR. Die Einzelheiten der Übertragung können durch freiwillige BV näher ausgestaltet werden (*Kania* NZA 2017, 819).

e) Inhalt der Auskunft

106 Den Inhalt der zu erteilenden Auskunft gibt § 11 Abs. 1 EntTG vor. Generell anzugeben sind die **Kriterien und Verfahren der Entgeltfindung** (§ 11 Abs. 2 EntTG) sowie das **Vergleichsentgelt** (§ 11 Abs. 3 EntTG. Wie detailgenau die Angaben im Antwortschreiben ausfallen müssen unterscheidet sich danach, ob der ArbGeb. tarifgebunden ist bzw. einen TV anwendet (§ 5 Abs. 5 EntTG) oder tariffrei ist.

107 Bei einem **tarifgebundenen/tarifanwendenden ArbGeb.** (vgl. *Weigert* NZA 2018, 210) sowie im Falle gesetzlicher Regelungen genügt nach § 11 Abs. 2 EntTG die Nennung der Regelungen, nach denen sich die Entgeltfindung für den anfragenden Beschäftigten und die Vergleichstätigkeit vollzieht. Weiter ist anzugeben, wo diese Regelungen einzusehen sind. Hinsichtlich des Vergleichsentgelts ist nur das Vergleichsentgelt der Beschäftigten des anderen Geschlechts angeben, die in der gleichen Entgeltgruppe eingruppiert sind wie die Auskunft verlangende Person (§ 11 Abs. 3 Nr. 1 EntTG). In den Genuss dieser Auskunftsprivilegierung kommt auch der

bloß **tarifanwendende ArbGeb.** iSd § 5 Abs. 5 EntTG. Voraussetzung ist jedoch, dass er dem BR gegenüber nach § 13 Abs. 5 EntTG schriftlich oder in Textform erklärt, dass er tarifanwendend nach Maßgabe des § 5 Abs. 5 EntTG ist. Der BR bestätigt gegenüber den Beschäftigten die Abgabe dieser Erklärung schriftlich oder in Textform (§ 13 Abs. 5 S. 2 EntTG). Diese Erklärungen haben aber betriebsöffentlich und nicht nur anlassbezogen zu erfolgen (ErfK/*Schlachter* § 13 EntgTG Rn. 8). Dies kann beispielsweise durch Aushang am Schwarzen Brett oder im Intranet geschehen, wenn alle ArbN Zugang zum letzteren haben. Solange eine solche Erklärung unterbleibt, richtet sich bei einem bloß tarifanwendenden ArbGeb. der Inhalt der Auskunft nach den Regeln, die für tariffreie ArbGeb. gelten.

Wesentlich umfangreicher muss die Auskunft beim **tariffreien ArbGeb.** ausfallen. **108**
Hier muss der BR zunächst die konkreten Kriterien und Verfahren der **Entgeltfindung** beim Auskunftsersuchenden sowie die der Vergleichstätigkeit benennen (§ 11 Abs. 2 S. 1 EntTG. Das gilt auch, auch wenn sich die Entgeltfindung im Betrieb auf der Grundlage einer BV vollzieht (*Franzen* NZA 2017, 814). Weiter ist das **Vergleichsentgelt** mitzuteilen. Dieses ist anzugeben als auf Vollzeitäquivalente hochgerechneter **statistischer Median** des durchschnittlichen monatlichen Bruttoentgelts oder Entgeltbestandteils je zurückliegendem Kalenderjahr (§ 11 Abs. 3 EntTG). Zu Bildung des Medians verhält sich das G nicht. Da es um einen statistischen Median geht, ist kein Durchschnitt zu errechnen (*Oberthür* NJW 2017, 2228). Es ist der Mittelwert festzustellen. Dazu sind die Entgelte innerhalb einer Gruppe ungerader Zahl nach der Größe ihrer Werte (aufsteigend) zu sortieren und der an mittlerer Stelle stehende Wert zu nehmen. Bei einer Gruppe gerader Zahl ist der Median aus der Hälfte der Summen der beiden in der Mitte liegenden Werte zu bilden (*Bauer/Romero* NZA 2017, 409). Die Angabe des Vergleichsentgelts hat zwecks Vermeidung statistischer Verzerrungen sowie aus Gründen des Beschäftigtendatenschutzes zu unterbleiben, sofern die Vergleichstätigkeit von weniger als sechs Beschäftigten des anderen Geschlechts ausgeübt wird (§ 12 Abs. 3 S. 2 EntTG; BT-Drs. 18/11183 S. 64). In diesem Fall beschränkt sich die Auskunft auf Kriterien und Verfahren der Entgeltfindung (*Franzen* NZA 2017, 814). Bei der Auskunft sind nur die im jeweiligen Betrieb praktizierten Entgeltregelungen zu berücksichtigen (§ 12 Abs. 2 Nr. 1 EntgeltTranspG). Außer Acht bleiben zudem regionale Unterschiede anderer Betriebe des ArbGeb. (§ 12 Abs. 2 Nr. 2 EntTG) Beschäftigtengruppen nach § 5 Abs. 2 .EntTG sind nicht zu vergleichen (§ 12 Abs. 2 Nr. 3 EntTG). Halten BR und ArbGeb. die vom Auskunftsersuchenden genannte Vergleichstätigkeit für unzutreffend, sind sie zu einer eigenen **Gleichwertigkeitsprüfung** verpflichtet. Deren Ergebnis ist in der Auskunft plausibel und nachvollziehbar darzulegen. In diesem Fall muss nicht auf die vom Antragsteller benannte Vergleichstätigkeit eingegangen werden (ErfK/*Schlachter* § 15 EntgTG Rn. 8; *Oberthür* NJW 2017, 2228). Das EntgTG regelt allerdings nicht wie zu verfahren ist, wenn sich die Auffassungen der Betriebsparteien zur Vergleichstätigkeit unterscheiden. Da der ArbGeb. Schuldner der Auskunft ist, hat der BR seiner Auskunft die vom ArbGeb. benannte Vergleichstätigkeit und die darauf bezogenen Angaben zugrundezulegen. Er ist allerdings nicht gehindert, auf die aus seiner Sicht maßgebende Vergleichstätigkeit hinzuweisen.

Die Auskunftsanforderungen für tariffreie ArbGeb. gelten auch in Betrieben tarif- **109**
gebundener/tarifanwendender ArbGeb. für solche **Entgeltbestandteile, die nicht durch den TV geregelt** werden (BT-Drs. 18/11133 S. 59; dazu *Franzen* NZA 2017, 814). Das betrifft etwa über- oder außertariflichen Leistungen oder die Entgelte für AT-Angestellte. Diese Gehaltsbestandteile oder Entgelte nehmen nicht an der Angemessenheitsgewähr tarifautonomer Regelungen teil, auf denen die Privilegierung tarifgebundener/tarifanwendender ArbGeb. beruht (BT-Drs. 18/11133 S. 53). Sie schließen auch typischerweise eine geschlechtsbezogene Ungleichbehandlung nicht aus. Daher fehlt es an Anhaltspunkten für die Annahme, das Gesetz halte auch für diese Entgeltbestandteile an den Begründungserleichterungen für tarifgebundene/tarifanwendende ArbGeb. fest (BeckOK/*Roloff* § 11 EntTG Rn. 2; **aA** *Franzen* NZA

2017, 814). Bestehen infolge einer **Zusammenlegung von Betrieben** tarifanwendende sowie tariffreie Entgeltsysteme, sind beide beim Auskunftsverlangen zu berücksichtigen. Die Privilegierung des tarifanwendenden ArbGeb. bezogen auf das tarifliche Entgeltsystem wird aber nicht aufgehoben (*Oberthür* FS Willemsen 351).

110 Nach § 15 Abs. 3 EntTG hat der BR das Auskunftsbegehren innerhalb von **drei Monaten** nach Eingang des Antrags zu beantworten. Hierfür genügt die **Textform** (§ 126b BGB). Die Antwort kann daher auch per E-Mail erfolgen. Die Vorschrift des § 15 Abs. 3 EntTG enthält eine **allgemeine Verfahrensregel.** Ihrer systematischen Stellung nach sind Frist und Form der Auskunft nur für tariffreie ArbGeb. geregelt. Doch verlangen Sinn und Zweck der Auskunftspflicht deren Erstreckung auch auf tariffreie Entgeltbestandteile und auf tarifgebundene und tarifanwendende ArbGeb. (Stellungnahme DAV NZA 7/2017 IX (XI)). Dieses Auslegungsergebnis wird zudem von den Gesetzesmaterialien getragen (BT-Drs. 18/11133 S. 65). Auch der Wortlaut der Bestimmung lässt eine solche Auslegung zu (*Holler* NZA 2017, 822; **aA** *Franzen* NZA 2017, 814; *Langemann/Wilking* BB 2017, 501).

f) Informationsanspruch des BR

111 Mit der Verlagerung der Auskunftspflicht auf den BR korrespondiert ein entsprechender Informationsanspruch gegenüber dem ArbGeb. (*Kania* NZA 2017, 819), der die in § 80 BetrVG geregelten Befugnisse auf die Wahrnehmung von Aufgaben nach dem EntTG. erweitert (GK-BetrVG/*Weber* Rn. 125; DKKW/*Buschmann* Rn. 130a). Nach § 13 Abs. 3 S. 2 EntTG hat der ArbGeb. zunächst die **Gehaltslisten** geschlechtsbezogen und differenziert nach Entgeltbestandteilen aufzuschlüsseln. Auf welcher Rechtsgrundlage die Entgeltbestandteile beruhen, ist unerheblich; auch einzelvertraglich vereinbarte Entgelte sind anzugeben. Sofern der ArbGeb. über eine solche Liste nicht verfügt, hat er sie zu erstellen (GK-BetrVG/*Weber* Rn. 128; *Kania* NZA 2017, 819). Das geht über die in § 80 Abs. 2 Halbs. 2 geregelte Pflicht hinaus (BAG 7.5.2019 – 1 ABR 53/17, NZA 2019, 1218; → Rn. 70). Weiter müssen die Listen mit sämtlichen Angaben so aufbereitet sein, dass sie den BR in die Lage versetzen, seiner Auskunftspflicht genügen zu können (§ 13 Abs. 3 S. 3 EntTG). Dazu zählen insbesondere diejenigen, die er zur Berechnung des Vergleichsentgelts iSv § 11 Abs. 2 EntTG braucht (*Kania* NZA 2017, 819). Benötigt der BR **weitere Angaben,** um prüfen zu können, ob die im Auskunftsverlangen benannte Vergleichstätigkeit eine solche iSd § 4 EntTG ist, sind auch diese vom tariffreien ArbGeb. zur Verfügung zu stellen (§ 15 Abs. 4 EntTG). Legt sich der tariffreie ArbGeb. gegenüber dem BR auf eine Vergleichstätigkeit fest, schuldet er nur die darauf bezogenen Informationen. Zu weitergehenden Auskünften zu der vom BR für richtig gehaltenen Vergleichstätigkeit ist er nicht gehalten (ErfK/*Schlachter* § 15 EntgTG Rn. 7).

112 Nach § 13 Abs. 3 S. 1 EntTG ist der ArbGeb. verpflichtet, die aufbereiteten Gehaltslisten dem **BetrAusschuss** (§ 27 BetrVG) zur Einsichtnahme vorzulegen. Dieser wie auch ein von ihm gebildeter Ausschuss mit selbständiger Entscheidungskompetenz (→ § 28 Rn. 19) ist spiegelbildlich dazu zur Einsichtnahme berechtigt. Die Konzentration des Einsichtsrechts auf den BetrAusschuss dient dem Schutz der Vertraulichkeit der Information und ist der Ausgestaltung des allgemeinen in § 80 Abs. 2 BetrVG geregelten Einsichtsrechts in Bruttoentgeltlisten nachgebildet, weshalb die hierfür entwickelten Prinzipien (→ Rn. 70ff.) grundsätzlich übertragbar sind. Dementsprechend bestimmt § 13 Abs. 2 S. 1 EntTG kein Recht auf Aushändigung der Entgeltlisten. Vielmehr sind die einsichtsnehmenden Mitglieder gehalten die Listen vor Ort auszuwerten (BT-Drs. 18/11183 S. 63. Dafür können sie sich zwar Notizen machen, dürfen die Listen aber weder abschreiben, noch fotokopieren oder abfotografieren (*Kania* NZA 2017, 819). Davon unberührt sind Listen, die Angaben zur Gleichheit oder Gleichwertigkeit von Tätigkeiten dienen und mangels Vertraulichkeit dieser Angaben dem BR nach allgemeinen Grundsätzen überlassen werden können.

e) Streitigkeiten

Verweigert der ArbGeb. die Einsichtnahme in die Gehaltsliste oder nimmt er die von Gesetzes wegen geschuldete Aufschlüsselung nicht vor, ist der BR außerstande, dem AuskunftsA des ArbN zu genügen. In einem solchen Fall kann er durch Beschluss vom ArbGeb. verlangen, dass er die Auskunftsverpflichtung übernimmt. Kommt der ArbGeb. dieser nicht nach, greift zugunsten des betroffenen ArbN die Beweislastumkehr des § 15 Abs. 5 EntTG (GK-BetrVG/*Weber* Rn. 129). Danach hat der ArbGeb. zu beweisen, dass kein Verstoß gegen das Entgeltgleichheitsgebot vorliegt. Die Beantwortung des AuskunftsA nach dem EntTG ist eine gesetzliche Aufgabe des BR. Bleibt er untätig und überträgt er die Beantwortung auch nicht auf den ArbGeb., kommt ein Auflösungsverfahren nach Maßgabe des § 23 Abs. 1 BetrVG in Betracht (GK-BetrVG/*Weber* Rn. 129). Dieses kann aber nur von einem Viertel der Wahlberechtigten beantragt werden. Der einzelne ArbN hat – wie auch bei der Wahrnehmung der allgemeinen Aufgaben des § 80 BetrVG – **keinen gerichtlich durchsetzbaren Anspruch auf Tätigwerden des BR.** Vielmehr geht das Gesetz davon aus, dass der BR die Auskunft lediglich „für" den ArbGeb. erteilt (BT-Drs. 18/11133 S. 66). Dieser ist Adressat des AuskunftA und hierfür letztverantwortlich. Der BR ist als Organ der Betriebsverfassung nicht Erfüllungsgehilfe des ArbGeb. (*Holler* NZA 2017, 822). Weder der BR noch einzelne seiner Mitgl. haften für fehlerhaft oder nicht erteilte Auskünfte. Hierfür fehlt es an einer gesetzlichen Grundlage (→ § 1 Rn. 306 ff.). Aus der Entscheidung des BGH vom 25.10.2012 (– III ZR 266/11, NZA 2012, 1382) folgt nichts anderes (**aA** *Holler* NZA 2017, 822). Diese betrifft rechtsgeschäftliches Handeln des BR-Vors. (→ § 1 Rn. 308 ff.) und nicht die Erfüllung einer gesetzlichen Aufgabe des BR als Gremium. Deren Wahrnehmung begründet keine individualrechtlichen Rechtsbeziehungen zum antragstellenden ArbN. Schuldner des AuskunftsA und einer darauf gestützten Entgeltforderung ist allein der ArbGeb. Allein die Klagbarkeit des AuskunftsA begründet keine Parteienstellung des BR. Diese verbleibt beim ArbGeb. (BeckOK/*Roloff* § 10 EntTG Rn. 3 ff.). 113

2. Betriebliche Prüfverfahren

Neben einem individuellen AuskunftsA sollen nach § 17 EntTG betriebliche Prüfverfahren dazu anhalten, geschlechtsbezogene Entgeltungleichheit zu erkennen und die Beachtung des Lohngleichheitsgebots sicherstellen (BT-Drs. 18/11133 S. 18, 76). Solche Verfahren bestehen gem. § 18 Abs. 2 EntTG aus **drei Phasen:** Bestandsaufnahme, Analyse und Ergebnisbericht. Dieser kann betriebsintern veröffentlicht werden (§ 17 Abs. 6 EntTG). Konkrete zeitliche Vorgaben zur Wiederholung eines Prüfverfahrens enthält § 17 Abs. 1 EntTG nicht. 114

a) ArbGeb.-Entscheidung

Adressat des Prüfverfahrens ist der ArbGeb. Die Durchführung ist freiwillig (§ 17 Abs. 1 EntTG). Das Durchführungsrecht gilt ab einem Betrieb mit in der Regel mehr als 500 Beschäftigten. Dieser **Schwellenwert** dient dem Überforderungsschutz (BT-Drs. 18/111337 S. 79). Er hindert nicht eine freiwillige Evaluierung des Entgeltsystems in kleineren Betrieben (*Bauer/Günther/Romero* NZA 2017, 809). Reichweite und Umfang des betrieblichen Prüfverfahrens gibt § 18 EntTG vor. Das Ergebnis eines solchen Verfahrens kann gem. § 18 Abs. 4 EntTG betriebsintern veröffentlicht werden. 115

b) BR-Beteiligung und Zuständigkeit

Entschließt sich der ArbGeb. dazu, ein betriebliches Prüfverfahren nach Maßgabe 116
des EntTG für den Betrieb, einzelne Betriebsteile oder einzelne Tätigkeiten durchzu-

führen, hat er den BR nach § 20 Abs. 1 EntTG bereits über seine darauf gerichtete Planung zu informieren. Die **Unterrichtung** hat rechtzeitig und unter Vorlage der erforderlichen Unterlagen zu erfolgen. Nach der Gesetzesbegründung hat der ArbGeb. etwa seine Auswahl der Prüfungsinstrumente zu erläutern, wie der zeitliche und inhaltliche Ablauf des Verfahrens erfolgen soll oder ob externe Sachverständige eingesetzt werden (BT-Drs. 18/11133 S. 71). Zu informieren ist zu einem Zeitpunkt, der dem BR die Prüfung von Beteiligungsrechten ermöglicht. Ein Beratungsrecht zur Durchführung des Prüfverfahrens nach Maßgabe des § 18 EntTG eröffnet § 20 Abs. 1 EntTG nicht. Das ist inkonsequent.

117 Nach § 18 Abs. 2 EntTG ist der ArbGeb. unter Berücksichtigung betrieblicher Mitwirkungsrechte frei in der **Wahl von Analysemethoden und Arbeitsbewertungsverfahren.** Hierdurch werden nach der Gesetzesbegründung aber keine neuen MBR geschaffen (BT-Drs. 18/11133 S. 79f.). Bestehende MBR oder Mitwirkungsreche bleiben aber unberührt. Das betriebliche Prüfungsverfahren ist auf die Überprüfung und Herstellung von Entgeltgleichheit gerichtet. Es betrifft nicht das Ordnungsverhalten iSv § 87 Abs. 1 Nr. BetrVG, weshalb ein darauf bezogenes MBR ausscheidet (*Kania* NZA 2017, 819). Erfolgt das betriebliche Prüfverfahren auf elektronischem Weg, kann je nach dessen Ausgestaltung ein MBR nach § 87 Abs. 1 Nr. 6 gegeben sein. Die aus einem solchen Prüfverfahren rührenden Erkenntnisse kann der BR im Rahmen seines MBR bei der Lohngestaltung nutzen (*Kania* NZA 2017, 819). Darüber hinaus kann er Maßnahmen anstoßen, die seiner Förderpflicht nach § 80 Abs. 1 Nr. 2a BetrVG unterfallen.

118 Ob ein betriebliches Prüfverfahren für welche betrieblichen Einheiten durchgeführt werden soll, entscheidet der ArbGeb. mitbestimmungsfrei. § 17 Abs. 1 S. 1 EntTG gestattet unter den darin genannten Voraussetzungen auch ein **konzernweites Prüfverfahren.** Damit bestimmt die Entscheidung des ArbGeb. darüber, ob die Mitwirkungsbefugnisse dem KBR, GesBR oder BR zustehen. Auf die Zuständigkeit für die Wahrnehmung von MBR hat das jedoch keinen Einfluss. Hier bleibt es bei den allgemeinen Grundsätzen (*Kania* NZA 2017, 819).

Zweiter Abschnitt. Mitwirkungs- und Beschwerderecht des Arbeitnehmers

§ 81 Unterrichtungs- und Erörterungspflicht des Arbeitgebers

(1) [1] **Der Arbeitgeber hat den Arbeitnehmer über dessen Aufgabe und Verantwortung sowie über die Art seiner Tätigkeit und ihre Einordnung in den Arbeitsablauf des Betriebs zu unterrichten.** [2] **Er hat den Arbeitnehmer vor Beginn der Beschäftigung über die Unfall- und Gesundheitsgefahren, denen dieser bei der Beschäftigung ausgesetzt ist, sowie über die Maßnahmen und Einrichtungen zur Abwendung dieser Gefahren und die nach § 10 Abs. 2 des Arbeitsschutzgesetzes getroffenen Maßnahmen zu belehren.**

(2) [1] **Über Veränderungen in seinem Arbeitsbereich ist der Arbeitnehmer rechtzeitig zu unterrichten.** [2] **Absatz 1 gilt entsprechend.**

(3) **In Betrieben, in denen kein Betriebsrat besteht, hat der Arbeitgeber die Arbeitnehmer zu allen Maßnahmen zu hören, die Auswirkungen auf Sicherheit und Gesundheit der Arbeitnehmer haben können.**

(4) [1] **Der Arbeitgeber hat den Arbeitnehmer über die aufgrund einer Planung von technischen Anlagen, von Arbeitsverfahren und Arbeitsabläufen oder der Arbeitsplätze vorgesehenen Maßnahmen und ihre Auswirkungen auf seinen Arbeitsplatz, die Arbeitsumgebung sowie auf Inhalt und Art seiner Tätigkeit zu unterrichten.** [2] **Sobald feststeht, dass sich die Tätigkeit des Arbeitnehmers ändern wird und seine beruflichen Kenntnisse und Fähigkeiten zur Erfüllung sei-**

ner Aufgaben nicht ausreichen, hat der Arbeitgeber mit dem Arbeitnehmer zu erörtern, wie dessen berufliche Kenntnisse und Fähigkeiten im Rahmen der betrieblichen Möglichkeiten den künftigen Anforderungen angepasst werden können. [3] Der Arbeitnehmer kann bei der Erörterung ein Mitglied des Betriebsrats hinzuziehen.

Inhaltsübersicht

I. Vorbemerkung

1 Die im zweiten Abschnitt (§§ 81–86a) aufgeführten Mitwirkungs- und Beschwerderechte des einzelnen ArbN stehen in einem engen Zusammenhang mit dem Schutz des Persönlichkeitsbereichs (§ 75 Abs. 2). Sie sollen dem **einzelnen ArbN** ein unmittelbares Mitspracherecht „rund um seinen Arbeitsplatz" geben (*Wiese* ZfA 1996, 439 [474]). Das ArbSchG ergänzt § 81 Abs. 1 S. 2 und erweitert die Belehrungspflicht des ArbGeb. Dieser hat dem ArbN nunmehr auch diejenigen Beschäftigten zu benennen, die Aufgaben der Ersten Hilfe, Brandbekämpfung und Evakuierung wahrnehmen.

2 Die §§ 81 ff. sind dem Arbeitsvertragsrecht zuzuordnen. Sie gelten deshalb auch in nicht betriebsratsfähigen oder in betriebsratslosen Betrieben (hM). Sie erfassen **Leih-ArbN** sowohl im Verleiherbetrieb und ungeachtet der Verleihdauer wegen § 14 Abs. 2 S. 3 AÜG auch im Entleiherbetrieb. Das stellt § 14 Abs. 2 S. 3 AÜG nF nunmehr klar. Zudem finden sie Anwendung auf **TeleArbN** (→ § 5 Rn. 194) und auch auf sog Ein-Euro-Jobber (*Engels* NZA 2007, 8). Infolge ihres vertragsrechtlichen Ursprungs verpflichten sie im **Gemeinschaftsbetrieb** den jeweiligen VertragsArbGeb. (HWGNRH/*Rose* Vor §§ 81–86a Rn. 12). Als Konkretisierung der arbeitsvertraglichen Pflichten des ArbGeb. gelten sie auch gegenüber solchen ArbN, die vom Geltungsbereich des BetrVG ausgenommen sind (*Wendeling-Schröder* DB 2002, 206). Die Vorschriften sind zwingend. Von ihnen kann weder durch TV oder BV zum Nachteil der ArbN abgewichen werden (GK-BetrVG/*Franzen* Vor § 81 Rn. 34).

2a Entspr. Vorschrift im BPersVG und SprAuG: Keine.

II. Unterrichtung des Arbeitnehmers über Aufgaben, Tätigkeitsbereich und Verantwortung

3 Abs. 1 S. 1 verpflichtet den ArbGeb., den ArbN über seinen eigentlichen **Aufgabenbereich** sowie die dafür zu tragende Verantwortung und darüber hinaus auch über die **Bedeutung** seiner **Tätigkeit** im größeren Rahmen des Arbeitsablaufs des Betriebes zu unterrichten.

3a Die Unterrichtung erfolgt schon zweckmäßigerweise **vor Aufnahme** der tatsächlichen Beschäftigung im Betrieb (WPK/*Preis* Rn. 4). Eine allgemeine Beschreibung im Rahmen eines Vorstellungsgesprächs genügt nicht (hM). Durch diese Unterrichtung sollen dem ArbN seine Aufgaben für die von ihm eingenommene Stelle und die damit verbundenen Verantwortlichkeiten deutlich gemacht werden. Sie muss präzise und individuell auf den einzelnen ArbN und seinen Arbeitsplatz abgestellt sein (hM). Pauschale Aussagen sind unzureichend. Müssen dem ArbN die für die Ausübung der zugewiesenen Tätigkeit erforderlichen beruflichen Kenntnisse erst noch vermittelt werden, handelt es sich um eine nach § 98 mitbestimmungspflichtige Maßnahme der betrieblichen Berufsbildung (BAG 23.4.1991 – 1 ABR 49/90, NZA 1991, 817).

4 Die Unterrichtung bezieht sich auf **Arbeitsplatz** und **Arbeitsgerät,** Art der **Tätigkeit** und Zusammenhang mit dem Endprodukt, Bedienung und Wartung von Maschinen und Gerät, Beschaffenheit der Arbeitsstoffe, evtl. bes. Verhaltensweisen oder bei **Bildschirmarbeitsplätzen** auf die Handhabung der Software.

5 Darüber hinaus ist dem ArbN die **Verantwortlichkeit,** die mit seiner Arbeit verbunden ist, mitzuteilen. Hierzu gehört sowohl die Verantwortung, die sich auf das zu erzielende Arbeitsergebnis bezieht, als auch diejenige gegenüber anderen ArbN. Ferner gehört dazu die Klärung der Hierarchieebenen und die Bezeichnung der übertragenen Kompetenzen und Verpflichtungen sowie der Kontrollbefugnisse, die der ArbN ggf. auszuüben hat oder denen er unterliegt (vgl. *Kursawe* NZA 1997, 245 [248]). Damit wird die Einordnung des ArbN in den Arbeitsablauf angesprochen und dem ArbN die Bedeutung seiner Tätigkeit für den Gesamtablauf des Betriebs deutlich gemacht. Diesem Aspekt kommt bes. Bedeutung zu bei neuen Produktions- und Fertigungsverfahren wie **Lean production** mit verstärkter Gruppenarbeit (vgl. § 87 Abs. 1 Nr. 13), der Verwirklichung des Kontinuierlichen Verbesserungsprozesses (KVP), sowie bei flachen Hierarchien infolge von **Lean management** oder bei der **Telearbeit.**

6 Bei **Arbeiten mit ökologischem Bezug** hat der ArbGeb. den ArbN auch über dessen Verantwortung für den betrieblichen und allgemeinen Umweltschutz zu unterrichten (zu den arbeitsvertraglichen Rechten u. Pflichten des einzelnen ArbN s. *Schmitt-Schönenberg* ArbuR 1994, 281). Nimmt ein Unternehmen am Gemeinschaftssystem für das Umweltmanagement und die Umweltbetriebsprüfung (EMAS → § 89 Rn. 6) teil, sind zumindest diejenigen ArbN zu unterrichten, die am **Umweltprogramm** und/oder **Umweltmanagementsystem** beteiligt sind.

7 Die Unterrichtung hat **„rechtzeitig"** zu geschehen, damit sich der ArbN mit den neuen Gegebenheiten vor dem tatsächlichen Beginn der Arbeit vertraut machen kann (DKKW/*Buschmann* Rn. 6). Der ArbGeb. braucht die Informationen **nicht persönlich** zu erteilen. Es genügt die Einweisung des ArbN durch einen anderen sachkundigen Vorgesetzten, zB Abteilungsleiter, Hallenchef oder Meister (ErfK/*Kania* Rn. 5).

8 Eine bestimmte **Form der Unterrichtung** ist nicht vorgeschrieben (*Zimmermann* AuR 2014, 262). Sie kann auch mündlich erfolgen. Hieran ändert im Grundsatz auch das NachwG nichts (GK-BetrVG/*Franzen* Rn. 9; **aA** GK-BetrVG/*Buschmann* Rn. 7), das zwar Schriftform zB für die allg. Beschreibung der Tätigkeit des ArbN verlangt (§ 2 Abs. 1 Nr. 5 NachwG), aber wegen seiner ausschließlichen Beweisfunktion zulässt, dass die entspr. Niederschrift nicht vor, sondern bis spätestens 1 Monat nach Beginn des ArbVerhältnisses ausgehändigt werden muss. Darüber hinaus bleibt die von § 2 Abs. 1 Nr. 5 NachwG geforderte Charakterisierung der arbeitsvertraglich geschuldeten Tätigkeit ohnehin hinter den Anforderungen des § 81 Abs. 1 zurück. Die Unterrichtung ist **mitbestimmungsfrei** (hM; *Zimmermann* AuR 2014, 262).

III. Unterrichtung über Unfallgefahren

9 In Zusammenhang mit der Einschaltung des BR in den Arbeitsschutz gem. §§ 89, 88 Nr. 1 und § 87 Abs. 1 Nr. 7 verlangt § 81 Abs. 1 S. 2 ausdrücklich vom ArbGeb. die Unterweisung des ArbN über Unfall- und Gesundheitsgefahren und deren Abwehr im konkreten Arbeitsbereich des ArbN sowie neuerdings (→ Rn. 1) die Bekanntgabe der Beschäftigten, die Aufgaben der Ersten Hilfe, Brandbekämpfung und

Evakuierung wahrnehmen. Entspr. gilt für den **betrieblichen Umweltschutz** (vgl. § 89 Abs. 3), bei dem es auch um den Schutz der im Betrieb tätigen Personen vor Unfall- und Gesundheitsgefahren geht. Die Belehrung hat rechtzeitig vor der ersten Eingliederung des ArbN in den Betrieb zu geschehen. Insbes. ist der ArbN auch über die Einrichtungen zur Gefahrenabwehr zu informieren und zu deren Benutzung anzuhalten, zB Demonstration von Sicherheitseinrichtungen, deren Bedienung und Wirkungsweise, sicherheitsgerechtes Arbeiten an gefährlichen Maschinen, Benutzung persönlicher Schutzausrüstung (Helme, Brillen, Handschuhe, Masken, Rettungsgeräte), Belehrung über gefährliche Einwirkungen am Arbeitsplatz (insbes. gefährliche Arbeitsstoffe), Erläuterung von Warnsignalen, Benennung der zuständigen Personen, die bei Unfällen oder Gefahrenlagen zu unterrichten sind, Informationen über Sanitätskästen und Unfallhilfsstellen.

Die Vorschrift wird durch Bestimmungen des **Arbeitsschutzrechts** ergänzt. Nach **§ 12 ArbSchG** hat der ArbGeb. die Beschäftigten über Sicherheit und Gesundheitsschutz bei der Arbeit während der Arbeitszeit ausreichend und angemessen zu unterweisen. Eine derartige Unterweisung umfasst Anweisungen und Erläuterungen, die eigens auf den Arbeitsplatz oder den Aufgabenbereich der Beschäftigten ausgerichtet sind und hat vor Aufnahme der Tätigkeit erfolgen. 10

Weiter wird die **allg. Unterweisungspflicht** des § 12 ArbSchG in Verordnungen (→ § 87 Rn. 301) **konkretisiert:** Nach § 3 PSA-BV hat der ArbGeb. die Beschäftigten darin zu unterweisen, wie die persönlichen Schutzausrüstungen sicherheitsgerecht zu benutzen sind. Er hat für jede bereitgestellte Schutzausrüstung erforderliche Informationen für die Benutzung in verständlicher Form und Sprache bereitzuhalten. Nach § 4 LasthandhabV hat er die spezifischen Sicherheits- und Gesundheitsgefahren der zu handhabenden Last und die körperliche Eignung der ArbN zu berücksichtigen. Dazu sind genaue Angaben zu machen über die sachgemäße manuelle Handhabung von Lasten und über die Gefahren, denen die ArbN bei unsachgemäßer Ausführung der Tätigkeit ausgesetzt sind. § 12 BetrSichV verlangt, den ArbN angemessene Informationen zu den sie betreffenden Gefahren der in ihrer unmittelbaren Nähe befindlichen Arbeitsmittel gegeben wird. Darüber hinaus sind Betriebsanweisungen für die zu benutzenden Arbeitsmittel in verständlicher Form und Sprache zur Verfügung zu stellen. Diese müssen bestimmte Mindestangaben enthalten, besonders über Einsatzbedingungen und über absehbare Betriebsstörungen. Nach § 11 LärmVibrationsArbSchV sind die ArbN, die Lärm oder Vibrationen am Arbeitsplatz ab bestimmten, in der LärmVibrationsArbSchV definierten Auslösewerten ausgesetzt sind, über die Ergebnisse der Gefährdungsbeurteilung zu unterweisen, die Aufschluss über die mit der Lärm- oder Vibrationsbelastung verbundenen Gesundheitsgefahren geben. 11

Bei **bes. Gefahrensituationen** hat der ArbGeb. erhöhte Vorsorgepflichten (§ 9 ArbSchG). Er hat eine frühzeitige Unterrichtung der ArbN sicherzustellen, die einer unmittelbaren erheblichen Gefahr ausgesetzt sein können. Unterrichtungsgegenstand sind die konkrete Gefahr und die getroffenen oder zu treffenden Schutzmaßnahmen. 12

Als Grundlage für die Unterweisung/Unterrichtung nach → Rn. 9ff. bietet sich die **Dokumentation** (§ 6 ArbSchG) an. Der ArbGeb. hat alle Gefährdungen, die für die ArbN mit ihrer Arbeit verbunden sind, zu ermitteln und zu beurteilen, um erkennen zu können, welche Arbeitsschutzmaßnahmen erforderlich sind (§ 5 ArbSchG). Zudem hat er die getroffenen Maßnahmen auf ihre Wirksamkeit hin zu überprüfen, sie auf Grund neuer Entwicklungen und Erkenntnisse anzupassen und das Ergebnis der Beurteilung, die getroffenen Arbeitsschutzmaßnahmen sowie das Ergebnis der Überprüfung in geeigneter Weise schriftlich zu dokumentieren. Mit Hilfe dieser Dokumentation, die eine erhebliche Vorverlagerung der Prävention zugunsten der Beschäftigten und des Betriebes bewirkt (*Wlotzke* FS Kehrmann, 1997, 141 [162]) und damit dem gleichen Anliegen dient wie § 81 Abs. 1 S. 2 BetrVG, kann nicht nur den für den Arbeitsschutz verantwortlichen Personen und dem BR, 13 sondern auch den einzelnen ArbN die betriebliche Arbeitsschutzsituation transparent gemacht werden.

14 Sind **Betriebsärzte** und **Fachkräfte für Arbeitssicherheit** bestellt, gehört es zu ihren Aufgaben, den ArbGeb. bei seiner Unterweisungspflicht zu unterstützen und auf die Durchführung der Belehrung hinzuwirken (vgl. § 3 Abs. 1 Nr. 4 und § 6 Nr. 4 ASiG). Die Belehrung muss praxisbezogen, verständlich und eindringlich sein. Das Aushändigen eines **Merkblattes** an die ArbN oder das Vorlesen von Vorschriften ist unzureichend (Richardi BetrVG/*Thüsing* Rn. 16), allenfalls als zusätzliche Maßnahme empfehlenswert. **Ausländische ArbN** mit unzureichenden Deutschkenntnissen sind in ihrer Heimatsprache zu belehren (GK-BetrVG/*Franzen* Rn. 10; LAG Hamm – 8 Ta 105/78, NJW 1979, 2488; LAG BW 1.12.1989 – 5 Sa 55/89, AiB 1990, 313).

15 Nach § 29 JArbSchG hat der ArbGeb. **die Jugendlichen** mindestens halbjährlich zu unterrichten und die Unterweisungen halbjährlich zu wiederholen.

16 Soweit keine konkretisierten Regelungen über die Art der Belehrung bestehen, hat der ArbGeb. festzulegen, in welcher Weise dies entspr. den betrieblichen Gegebenheiten zu erfolgen hat. In solchen Fällen besteht das **MBR des BR nach § 87 Abs. 1 Nr. 7** für die Konkretisierung der Belehrungsgrundsätze und Methoden (→ § 87 Rn. 257ff.).

IV. Unterrichtung bei Veränderungen im Arbeitsbereich

17 Die **Einweisungspflicht** besteht nicht nur bei Antritt der **Erstbeschäftigung** im Betrieb, sondern auch während der Beschäftigung bei **Veränderungen** im Arbeitsbereich (Abs. 2). Dieser wird in § 81 durch die Aufgabe und die Verantwortung sowie die Art der Tätigkeit und ihre Einordnung in den Arbeitsablauf des Betriebs umschrieben. Danach ist **Arbeitsbereich** der konkrete Arbeitsplatz und seine Beziehung zur betrieblichen Umgebung in räumlicher, technischer und organisatorischer Hinsicht (BAG 27.6.2006 – 1 ABR 35/05, NZA 2006, 1289). Die Arbeitsbereiche folgen aus der Organisation des Betriebs. Sie umfassen neben dem Ort der Arbeitsleistung, die Art der Tätigkeit sowie den jeweiligen Platz in der betrieblichen Organisation (BAG 4.5.2011 – 7 ABR 3/10, NZA 2011, 1373). Veränderungen des Arbeitsbereichs können zugleich eine Versetzung bedingen (BAG 23.6.2009 – 1 ABR 23/09, NZA 2009, 1430). Der Versetzungsbegriff des § 95 ist jedoch enger als der eine Unterrichtungspflicht auslösende Veränderungsbegriff des § 81 (BAG 28.8.2007 – 1 ABR 70/06, NZA 2008, 188). Bei einer Umsetzung auf einen gleichartigen Arbeitsplatz bei grds. unveränderter Arbeitsumgebung besteht kein erneutes Unterrichtungsbedürfnis. Eine Unterrichtungspflicht entfällt (GK-BetrVG/*Franzen* Rn. 8). Auch wenn dem ArbN nur **vorübergehend** eine andere Arbeit (zB vertretungsweise) übertragen wird, müssen die Belehrungen nach § 81 im erforderlichen Umfang vorgenommen werden; das gilt insbes. für die Sicherheitsbelehrung.

18 **Veränderungen** iSd Abs. 2 sind auch organisatorische oder technologische Veränderungen bei gleich bleibendem Arbeitsplatz (zB Einführung neuer Maschinen, anderer Arbeitsstoffe, Veränderungen der Arbeitsumgebung, der Arbeitsorganisation), soweit sie für den Arbeitsbereich des ArbN von Bedeutung sein können (DKKW/*Buschmann* Rn. 16; HWGNRH/*Rose* Rn. 14). Diese Veränderungen werden künftig vor allem aus der Digitalisierung der Arbeitsprozesse resultieren.

19 Für den Bereich der **Sicherheitsbelehrung** verlangt § 12 ArbSchG (→ Rn. 10ff.) ausdrücklich, dass die Unterweisung bei Veränderungen im Aufgabenbereich, der Einführung neuer Arbeitsmittel oder einer neuen Technologie vor Aufnahme der Tätigkeit zu erfolgen hat, an die Gefährdungsentwicklung angepasst und erforderlichenfalls regelmäßig wiederholt werden muss.

V. Anhörung der Arbeitnehmer in betriebsratslosen Betrieben zu Arbeitsschutzmaßnahmen

Abs. 3 schreibt vor, dass in Betrieben, in denen **kein Betriebsrat besteht,** der ArbGeb. die ArbN zu allen Maßnahmen zu hören hat, die Auswirkungen auf Sicherheit und Gesundheit haben können. Diese Regelung setzt diejenigen Vorschriften der sog arbeitsschutzrechtl. RahmenRL 89/391/EWG des Rates v. 12.6.1989 um, die – mangels eines BR – weder durch dessen Beteiligungsrechte nach dem BetrVG noch durch die individuellen Mitwirkungsrechte der §§ 81 ff. abgedeckt sind (s. BT-Drs. 13/3540, 22). Da die RahmenRL (s. Art. 2) alle Betriebe unabhängig von der ArbNZahl, erfasst, gilt Abs. 3 trotz seines missverständlichen Wortlauts auch in **nicht betriebsratsfähigen** Kleinbetrieben (GK-BetrVG/*Franzen* Rn. 18). 20

Im Gegensatz zu Abs. 1 u. 2 erfasst Abs. 3 nicht nur die einzelne ArbN selbst und ihre konkreten Arbeitsbereiche betreffenden Maßnahmen, sondern auch solche von allgemeiner arbeitsschutzrechtl. Relevanz für den Betrieb und seine Belegschaft insgesamt, ohne konkreten Bezug zu bestimmten Arbeitsplätzen (*Zimmermann* AuR 2014, 262). Das allgemeine **Anhörungsrecht der ArbN** dient dem Ausgleich der in betriebsratslosen Betrieben nicht zum Tragen kommenden kollektiven Beteiligungsrechte in Fragen des Arbeitsschutzes (Richardi BetrVG/*Thüsing* Vor § 81 Rn. 5). 21

Wesentliches Anliegen des Abs. 3 ist es, die Transparenz des betrieblichen Arbeitsschutzes auch in Betrieben ohne BR zu stärken. Insbes. sollen die Erfahrungen der ArbN aus der täglichen Arbeit „vor Ort" für eine sinnvolle **Prävention** genutzt werden. Die Beteiligung der ArbN in Sicherheits- und Gesundheitsschutzfragen nützt letztlich auch den Betrieben, indem zB häufige Fehlerquellen und Schwachstellen in den Arbeits- und Produktionsverfahren aufgedeckt und beseitigt werden können. Größere Arbeitszufriedenheit und Motivation, weniger Unfälle, kostengünstigere Fertigungsverfahren und bessere Produktqualität können positive Folgen einer Einbeziehung der ArbN in den Arbeitsschutz sein. 22

VI. Unterrichtung und Erörterung über die Planung arbeitsbereichsbezogener Maßnahmen

Abs. 4 legt eine Unterrichtungs- und Erörterungspflicht des ArbGeb. gegenüber dem einzelnen ArbN für geplante Maßnahmen fest. Diese Pflicht betrifft: 23
- technische Anlagen (→ § 90 Rn. 20 ff.),
- Arbeitsverfahren und Arbeitsabläufe (→ § 90 Rn. 23 ff.) und
- Arbeitsplätze (→ § 90 Rn. 34 ff.).

Ihre Beachtung ist von bes. Bedeutung bei der Einführung neuer Produktionsmethoden und Fertigungsverfahren sowie beim Wechsel von Betriebsarbeit zu Telearbeit.

Zunächst ist der einzelne ArbN in einer **1. Stufe** über die vorgesehenen Maßnahmen **zu unterrichten** (Abs. 4 S. 1). Die zu erteilenden Informationen beziehen sich insbes. auf die Auswirkungen auf den einzelnen Arbeitsplatz, die Arbeitsumgebung (→ § 91 Rn. 10 f.) und Inhalt und Art der Tätigkeit. Sie hat alle Gesichtspunkte zu umfassen, die für den einzelnen ArbN von Bedeutung sein können (DKKW/*Buschmann* Rn. 18). Die Unterrichtung wird zeitlich etwas später als die des BR nach § 90 (dort → § 90 Rn. 8 ff.) stattfinden, da sie erst dann sinnvoll ist, wenn sich konkrete Maßnahmen abzeichnen (GK-BetrVG/*Franzen* Rn. 20; Richardi BetrVG/*Thüsing* Rn. 21). 24

In der **2. Stufe** (Abs. 4 S. 2) hat der ArbGeb. zum frühestmöglichen Zeitpunkt (GK-BetrVG/*Franzen* Rn. 22) in eine **Erörterung** mit dem ArbN einzutreten, sobald feststeht, dass sich die Tätigkeit des ArbN ändern wird, dieser zwar im Betrieb verbleibt aber dessen berufliche Kenntnisse und Fähigkeiten für die Bewältigung der 25 neuen Aufgabe unzureichend sind (→ § 82 Rn. 9; § 97 Abs. 2). Die Erörterung dient der Frage, wie die beruflichen Kenntnisse und Fähigkeiten den künftigen Anforderungen angepasst werden können, insbes. durch Umschulung und betriebsinterne oder überbetriebliche Weiterbildung. Im Laufe der parlamentarischen Beratungen ist allerdings die Pflicht des ArbGeb. durch die Einfügung der Worte „im Rahmen der betrieblichen Möglichkeiten" eingeschränkt worden. Zwar wird in der Begründung zum RE und im Ausschussbericht (BT-Drs. 11/2503, 35 und. 11/3618, 9) die Auffassung vertreten, eine weitergehende Verpflichtung des ArbGeb. bestehe nicht. Das bezieht sich auf die Frage eines **Rechtsanspruchs** des ArbN auf Umschulung oder Weiterbildung (GK-BetrVG/*Franzen* Rn. 21). Die Versäumung der Erörterungspflicht des ArbGeb. hat aber zur Folge, dass dem ArbN ein längerer Anpassungszeitraum zum Erwerb der erforderlichen Kenntnis eingeräumt werden muss, bevor etwa eine personenbedingte Kündigung in Betracht kommt (DKKW/*Buschmann* Rn. 24). Dies gilt auch dann, wenn der ArbGeb. mögliche und zumutbare Förderungsmaßnahmen unterlässt (vgl. wegen der Widerspruchsmöglichkeit des BR gegen eine Kündigung nach § 102 Abs. 3 Nr. 4 und dem MBR zur Einführung betrieblicher Bildungsmaßnahmen vgl. § 97 Abs. 2).

26 Der ArbN kann bei der Erörterung ein **Mitgl. des BR** nach seiner Wahl hinzuziehen, wie auch in § 82 Abs. 2 (vgl. dort → § 82 Rn. 12) und § 83 Abs. 1 S. 2 vorgesehen ist. Darin kommt ein Leitbild für die BR-Beteiligung an Personalgesprächen zum Ausdruck. Danach verbleibt aus Gründen des Persönlichkeitsschutzes die Initiativlast für die Hinzuziehung beim ArbN (BAG 11.12.2018 – 1 ABR 12/17, NZA 2019, 480).

27 Soweit statt Einzelarbeit **Gruppenarbeit** geleistet wird, dürfte nach dem Normzweck des § 81 die dort geregelte Unterrichtungs- und Erörterungspflicht des ArbGeb. auch gegenüber der Gruppe bestehen und dieser auch das Recht auf Hinzuziehung eines BRMitgl. zustehen (→ § 82 Rn. 8).

VII. Streitigkeiten

28 Ihre individuellen Rechte müssen die ArbN selbst im **UrteilsVerf.** durchsetzen (*DKKW/Buschmann* Rn. 24). Solange der ArbGeb. seine Verpflichtung aus § 81 nicht erfüllt, insbes. die Belehrung über Unfall- und Gesundheitsgefahren unterbleibt, hat der ArbN ein Leistungsverweigerungsrecht gem. § 273 BGB (WPK/*Preis* Vorb. zu § 81 Rn. 5; *Zimmermann* AuR 2014, 262). Er hat bis zur ordnungsgemäßen Einweisung keine Arbeitsleistung zu erbringen (DKKW/*Buschmann* Rn. 24; GK-BetrVG/*Franzen* Vor § 81 Rn. 37), behält aber gleichwohl seinen Lohnanspruch (§§ 298, 615, 326 BGB). Der ArbN kann auch auf Erfüllung, dh Vornahme einer ordnungsgemäßen Einweisung klagen (DKKW/*Buschmann* Rn. 24). Es handelt sich um einen individualrechtlichen Anspruch (Richardi BetrVG/*Thüsing* Rn. 26). Ein entspr. Urteil wird nach § 888 ZPO, § 85 Abs. 1 ArbGG durch Verhängung von Zwangsgeld als Beugemaßnahme vollstreckt. Auch einstw. Vfg. sind zulässig. Grobe Verstöße des ArbGeb. gegen seine Pflichten aus § 81 kann der BR gem. § 23 Abs. 3 im **BeschlussVerf.** geltend machen (→ ArbGG Rn. 7 ff.).

§ 82 Anhörungs- und Erörterungsrecht des Arbeitnehmers

(1) [1] **Der Arbeitnehmer hat das Recht, in betrieblichen Angelegenheiten, die seine Person betreffen, von den nach Maßgabe des organisatorischen Aufbaus des Betriebs hierfür zuständigen Personen gehört zu werden.** [2] **Er ist berechtigt, zu Maßnahmen des Arbeitgebers, die ihn betreffen, Stellung zu nehmen sowie Vorschläge für die Gestaltung des Arbeitsplatzes und des Arbeitsablaufs zu machen.**

(2) [1]**Der Arbeitnehmer kann verlangen, dass ihm die Berechnung und Zusammensetzung seines Arbeitsentgelts erläutert und dass mit ihm die Beurteilung seiner Leistungen sowie die Möglichkeiten seiner beruflichen Entwicklung im Betrieb erörtert werden.** [2]**Er kann ein Mitglied des Betriebsrats hinzuziehen.** [3]**Das Mitglied des Betriebsrats hat über den Inhalt dieser Verhandlungen Stillschweigen zu bewahren, soweit es vom Arbeitnehmer im Einzelfall nicht von dieser Verpflichtung entbunden wird.**

Inhaltsübersicht

I. Vorbemerkung

§ 82 ergänzt die Vorschrift des § 81. Der einzelne ArbN soll selbst initiativ werden 1
können, um **Auskunft über seine persönliche Stellung im Betrieb und seine berufliche Entwicklung** zu erhalten. Das eröffnet ihm die Möglichkeit, Fehlbeurteilungen entgegenzutreten und die eigenen beruflichen Entscheidungen bis hin zu einer Beendigung des Arbeitsverhältnisses an der Bewertung seiner Leistungen und den betrieblichen Aufstiegschancen zu orientieren (BAG 16.11.2004 – 1 ABR 53/03, NZA 2005, 416). Außerdem sollen ihm auf Verlangen **die Berechnung und Zusammensetzung seines Arbeitsentgelts** erläutert werden. Diese Gesprächsgegenstände sollen eine darauf bezogene Kommunikation der Arbeitsvertragsparteien fördern. Dementsprechend wird der ArbGeb. dazu veranlasst, die Sichtweise des ArbN zur Kenntnis zu nehmen und in seine Entscheidungen einzubeziehen. Zugleich soll der ArbN in die Lage versetzt werden, die Entscheidung des ArbGeb. nachzuvollziehen und sich mit ihr auseinander zu setzen (BAG 20.4.2010 – 1 ABR 85/08, NZA 200, 1307). Da der ArbGeb. zu derartigen Erläuterungen ohnehin aus Gründen der arbeitsvertraglichen Fürsorgepflicht gehalten ist (Richardi BetrVG/*Thüsing* Rn. 1 mwN), gilt die Vorschrift auch in betriebsratslosen Betrieben (ErfK/*Kania* Rn. 1). Ergänzt wird sie durch § 17 Abs. 1 ArbSchG, der die ArbN berechtigt, dem ArbGeb. Vorschläge zu allen Fragen der Sicherheit und des Gesundheitsschutzes bei der Arbeit zu machen. Durch die Beteiligung eines BRMitgl. auf Wunsch des ArbN in den Fällen des Abs. 2 soll dem ArbN eine Hilfestellung bei den Gesprächen gegeben werden. Das Hinzuziehungsrecht begründet eine entspr. betriebsverfassungsrechtliche Pflicht des ArbGeb. Es auf die in Abs. 2 S. 1 aufgeführten Gegenstände begrenzt (BAG 16.11.2004 – 1 ABR 53/03, NZA 2005, 416). Mit Ausnahme der allein arbeitsvertragsbezogenen Rechte stehen die durch § 82 vermittelten Ansprüche auch einem **LeihArbN** im Entleiherbetrieb zu (*Düwell* NZA-RR 2011, 1).

Die Anhörungs- und Erörterungsrechte als Ausfluss der arbeitsvertraglichen 2
Rechtsstellung kann der ArbN im angemessenen Rahmen **während der Arbeitszeit** ausüben. Das Arbeitsentgelt ist weiter zu zahlen (DKKW/*Buschmann* Rn. 2; GK-BetrVG/*Franzen* Rn. 3; HWGNRH/*Rose* Rn. 6).

Entspr. Vorschrift im BPersVG und SprAuG: Keine. 3

II. Recht des Arbeitnehmers auf Anhörung und Stellungnahme

Dem ArbN wird in Abs. 1 das Recht zugestanden, in **allen betrieblichen** (nicht 4
in rein privaten) **Angelegenheiten,** die ihn persönlich betreffen, gehört zu werden. Dazu hat er sich – soweit es an einer gesondert ausgewiesenen betrieblichen Stelle

fehlt (WPK/*Preis* Rn. 5) – an den **sachlich zuständigen unmittelbaren Vorgesetzten** zu wenden. Dieser muss sich Zeit nehmen und auf das Anliegen des ArbN eingehen. Es kann um Fragen gehen, die mit der Arbeitsleistung zusammenhängen. Dazu zählen auch solche der betrieblichen Organisation und des Arbeitsablaufs, die sich (ggf. mittelbar) auf den Arbeitsbereich und die auszuübende Tätigkeit auswirken (DKKW/*Buschmann* Rn. 4; HWGNRH/*Rose* Rn. 9).

5 Der Begriff der betrieblichen Angelegenheiten ist weit zu verstehen. Er ist nicht räumlich auf den Betrieb beschränkt (GK-BetrVG/*Franzen* Rn. 6). Erfasst werden deshalb auch Angelegenheiten des **betrieblichen Umweltschutzes** (vgl. § 89 Abs. 3).

6 Wird eine Anhörung abgelehnt, kann der ArbN den BR informieren, der die Anregungen gem. § 80 Abs. 1 Nr. 3 weiterverfolgen kann. Wendet sich der ArbN gegen die Art seiner Behandlung, handelt es sich um eine **Beschwerde.** Sie kann er gem. § 84 persönlich oder nach § 85 unter Einschaltung des BR vorbringen (ebenso Richardi BetrVG/*Thüsing* Rn. 10).

7 Darüber hinaus gibt Abs. 1 S. 2 den ArbN das Recht, zu Maßnahmen des ArbGeb. **Stellung zu nehmen,** die Auswirkungen auf seinen betrieblichen Arbeitsbereich oder seine persönliche Stellung im Betrieb haben. Das gilt auch, wenn er sich nicht beeinträchtigt fühlt. Der ArbN kann auch **Vorschläge** zur Abwehr von Gefahren (§ 17 Abs. 1 ArbSchG) oder zur Verbesserung der Arbeitsumstände machen. Er kann deshalb eine andere Gestaltung seines Arbeitsplatzes (→ § 90 Rn. 34 ff.) und des Arbeitsablaufs (→ § 90 Rn. 24 ff.) sowie eine Verbesserung des Betriebsablaufs vorschlagen (vgl. wegen betrieblichen Vorschlagswesens → § 87 Rn. 536 ff. und wegen Qualitätszirkeln → § 96 Rn. 24). Dieses arbeitsplatzbezogene Mitspracherecht berechtigt den ArbN, auch zugunsten des betrieblichen Umweltschutzes initiativ zu werden.

8 Soweit statt Einzelarbeit **Gruppenarbeit** geleistet wird, steht nach dem Normzweck des Abs. 1 das Anhörungs- und Erörterungsrecht auch der Gruppe zu (**aA** HWGNRH/*Rose* Rn. 10 nur Einzelpersonen). Nimmt der ArbGeb. die Anregung des ArbN auf, kommt eine weitere Beteiligung des BR bzw. des WiAusschusses nach § 87 Abs. 1 Nr. 12, § 90 Nr. 3, 4, § 106 Abs. 3 Nr. 4, 5 und § 111 Nr. 5 in Betracht. Wegen Weitergabe von Anregungen, die der ArbN an den BR gerichtet hat, vgl. § 80 Abs. 1 Nr. 3 und § 86a.

III. Informations- und Erörterungspflicht des Arbeitgebers

9 Bestehen beim ArbN **Unklarheiten über** die Berechnung oder Zusammensetzung seines **Arbeitsentgelts,** kann er ohne Angabe von Gründen eine nähere Erläuterung verlangen (Abs. 2 S. 1 Hs. 1). Diese Vorschrift ist infolge des Einsatzes von Datenverarbeitungsanlagen für die Berechnung von Löhnen und Gehältern von Bedeutung. Der ArbN muss die Möglichkeit haben, die Lohn- oder Gehaltsabrechnung zu entschlüsseln und zu verstehen. Dieses Anliegen unterstützt auch die Vorschrift des § 108 GewO, nach der dem ArbN eine Abrechnung in Textform zu erteilen ist, die neben Angaben zum Abrechnungszeitraum auch solche zur Zusammensetzung des Entgelts erhalten muss. Darüber hinausgehend vermittelt § 82 einen Anspruch darauf, dass dem ArbN die **Berechnung** (Arbeitszeit, Höhe des Stundenlohns, Akkordlohnberechnung) und **Zusammensetzung** (normaler Lohn, Überstundenvergütungen, Zulagen, Prämien, Auslösungen, auch vermögenswirksame Leistungen) der Brutto-, und Nettobezüge unter Aufgliederung der verschiedenen Abzüge iE erläutert wird (ErfK/*Kania* Rn. 6). Das gilt unabhängig vom Zeitpunkt der Auszahlung des Arbeitsentgelts und der etwaigen Aushändigung entspr. Belege (GK-BetrVG/*Franzen* Rn. 12). Eine Auskunftspflicht besteht auch hinsichtlich der Grundsätze, nach denen freiwillige Nebenleistungen gewährt werden. In **Gemeinschaftsbetrieben** trifft die Auskunftspflicht den jeweiligen VertragsArbGeb. Eine entspr. Vorschrift für alle in **Heimarbeit** Beschäftigten – auch soweit sie nicht ArbN iSd BetrVG sind – enthält § 28 Abs. 2 HAG.

Der ArbN kann in angemessenen Zeitabständen verlangen, dass die im Betrieb jeweils zuständige Stelle mit ihm eine **Beurteilung seiner Leistungen** (wegen allgemeiner Beurteilungsgrundsätze vgl. § 94 Abs. 2) vornimmt und seine weitere berufliche Entwicklung im Betrieb erörtert (sog „Beurteilungsgespräch"; s. dazu *Jedzig* DB 1991, 859 [860]; *Zander* AuA 1993, 202). Ein Zeugnis ist zu erläutern. Die berufliche Entwicklung betrifft auch die aus Bildungsmaßnahmen folgenden Möglichkeiten eines **beruflichen Aufstiegs.** Ferner gehört dazu eine sich ändernde Einordnung des ArbN in den Betrieb, verbunden mit einer daraus folgenden Veränderung der Arbeitsbedingungen. Schließlich zählt zur beruflichen Entwicklung die **Sicherung des Arbeitsplatzes.** Das kann auch den Abschluss eines Aufhebungsvertrags betreffen (BAG 16.11.2004 – 1 ABR 53/03, NZA 2005, 416). Gegenstand der Erörterung können auch Aufstiegsmöglichkeiten oder Übertragung von Verantwortung im Betrieb sein. Dieses Recht besteht insbes. bei **Einführung neuer Technologien,** die zu einer Veränderung der Qualifizierung des Arbeitsplatzes führen können (Einsatz von Mikroprozessoren, computerunterstütztes Konstruieren, Bildschirmarbeit). Schriftliche Beurteilungen, die zu den Personalakten genommen werden, kann der ArbN gem. § 83 einsehen und dazu schriftlich Stellung nehmen. Der ArbN hat aber keinen Anspruch auf Aushändigung einer schriftlichen Leistungsbeurteilung (DKKW/*Buschmann* Rn. 12; GK-BetrVG/*Franzen* Rn. 16). Die Möglichkeiten einer beruflichen Weiterentwicklung sind nicht nur mit dem einzelnen ArbN auf dessen Verlangen zu erörtern. Auch der BR ist unter allgemeinen Gesichtspunkten bei der Personalplanung (§ 92) und bei der Förderung der Berufsbildung auf Grund der §§ 96–98 zu beteiligen. Ein MBR bei der Einzelbeurteilung besteht nicht. 10

Der ArbGeb. ist verpflichtet, dem ArbN **wahrheitsgemäß Auskunft** zu geben. Der ArbN muss sich auf die jeweilige Situation einstellen können (zB sich um eine weitere Qualifikation zur Erfüllung künftig veränderter Anforderungen bemühen zu können, bei zu erwartendem Wegfall der Beschäftigungsmöglichkeit einen Wechsel anstreben zu können). Auf verbindliche Zusagen besteht kein Anspruch (hM); der ArbGeb. kann aber eine solche erteilen. Wird der ArbGeb. von sich aus initiativ, um ein Gespräch über die **Änderung des Arbeitsvertrags** zu führen, muss der ArbN dem nicht Folge leisten, da es an einer Rechtsgrundlage für einen solchen Verhandlungsanspruch fehlt (BAG 23.6.2009 – 2 AZR 606/08, NZA 2009, 1011). Während einer **Arbeitsunfähigkeit** ist der ArbN grundsätzlich nicht verpflichtet im Betrieb an einem Personalgespräch teilzunehmen (BAG 2.11.2016 – 10 AZR 596/15, NZA 2017, 183). 11

IV. Beteiligung eines Betriebsratsmitglieds

Der ArbN hat nach dem G keinen generellen Anspruch darauf, dass ihn ein BRMitgl. bei allen Personalgesprächen begleitet. Vielmehr ist dieses Recht auf die in den § 81 Abs. 4, § 82 Abs. 2, § 83 Abs. 1, § 84 Abs. 1 genannten Gesprächsanlässe beschränkt. In diesen Fällen – ausgenommen das Einsichtsrecht in die Personalakte nach § 83 – können auch **LeihArbN** im Entleiherbetrieb die Hinzuziehung eines Mitglieds des dort gebildeten BR verlangen (§ 14 Abs. 2 S. 3 AÜG nF). Allerdings genügt es, wenn die zu erörternden Themen teilweise mit den im G genannten übereinstimmen. Unerheblich ist auch, ob die Gesprächsinitiative vom ArbN oder vom ArbGeb. ausgeht (BAG 16.11.2004 – 1 ABR 53/03, NZA 2005, 416). Nach § 82 Abs. 2 kann der ArbN bei Gesprächen begleitet werden, deren Gegenstand die Erläuterung des Arbeitsentgelts und die seiner beruflichen Leistung und Entwicklung ist (nach DKKW/*Buschmann* Rn. 13 auch in Angelegenheiten des Abs. 1, was aber weder mit dem Wortlaut der Vorschrift in Einklang steht und auch nicht nach deren Zweck geboten ist). Dazu zählen auch Gespräche über den Inhalt von Tätigkeitsbeschreibungen, die Grundlage der Entgeltfindung (zB nach dem EntgeltrahmenTV für die Metall- und Elektroindustrie) sind (BAG 20.4.2010 – 1 ABR 85/08, NZA 2010, 12

1307) oder solche im Rahmen des BEM iSv § 167 Abs. 2 SGB IX, da es hierbei typischerweise um die weitere berufliche Zukunft eines langzeiterkrankten ArbN geht. Macht der ArbN von seinem Hinzuziehungsrecht Gebrauch, kann er ein bestimmtes **Mitglied des BR auswählen.** Das dient der Unterstützung des ArbN und soll ein etwa vorhandenes Wissens- oder Verständnisdefizit ausgleichen. Zugleich steht im Konfliktfall eine Person seines Vertrauens als Zeuge zur Verfügung (BAG 16.11.2004 – 1 ABR 53/03, NZA 2005, 416).

13 Verlangt der ArbN die Hinzuziehung eines bestimmten BRMitgl., gehört es zu dessen gesetzlichen Aufgaben den ArbN zu begleiten und ggf. zu beraten (BAG 27.11.02 – 7 ABR 33/01, AP BetrVG 1972 § 40 Nr. 76). Der BR seinerseits kann nicht beschließen, dass ein von ihm ausgewähltes Mitgl. diese Aufgaben wahrnimmt (GK-BetrVG/*Franzen* Rn. 20; Richardi BetrVG/*Thüsing* Rn. 15). Der einzelne ArbN hat zwar Anspruch auf Tätig werden, nicht jedoch auf ein bestimmtes Verhalten. Das BRMitgl. kann während der Erörterung Fragen stellen und Vorschläge unterbreiten (DKKW/*Buschmann* Rn. 16; ErfK/*Kania* Rn. 10; GK-BetrVG/*Franzen* Rn. 21; HWGNRH/*Rose* Rn. 36). Es ist kein rechtsgeschäftlicher Vertr. des ArbN. Wegen der bes. Schweigepflicht des BRMitgl. → § 79 Rn. 33; → § 120 Rn. 5. Andererseits kann der ArbGeb. die Anwesenheit eines BRMitgl. nicht deshalb ablehnen, weil in sog „Beratungs- und Förderungsgesprächen" auch noch weitere Gegenstände erörtert werden, die über den Themenkatalog des Abs. 2 S. 1 hinausgehen (BAG 16.11.2004 – 1 ABR 53/03, NZA 2005, 416). Der ArbGeb. kann seinerseits nicht auf die Teilnahme eines oder mehrerer Mitgl. des BR bestehen (LAG Niedersachsen 22.1.2007 – 11 Sa 614/06, NZA-RR 2007, 585). Durch eine freiwillige BV iSd. § 88 kann das Hinzuziehungsrecht des ArbN erweitert und auch auf Gespräche erstreckt werden, deren Gegenstand disziplinarische Maßnahmen sind. Die mit dem Hinzuziehungsrecht einhergehende Entscheidungsbefugnis steht nicht zur Disposition der Betriebsparteien, weshalb der BR nicht automatisch und ohne Einwilligung des ArbN zu einem solchen Gespräch zu laden ist (BAG 11.12.2018 – 1 ABR 12/17, NZA 2019, 480).

V. Streitigkeiten

14 Die Ansprüche des ArbN nach § 82 sind im **UrteilsVerf.** einklagbar (Richardi BetrVG/*Thüsing* Rn. 20; DKKW/*Buschmann* Rn. 18). Der BR kann sie nicht anstelle des ArbN im BeschlVerf. geltend machen (GK-BetrVG/*Franzen* Rn. 24). Davon unabhängig ist das Recht des BetrAusschusses oder eines anderen Ausschusses des BR, gem. § 80 Abs. 2 in Listen der Bruttolöhne und -gehälter Einblick zu nehmen (→ § 80 Rn. 70 ff.). Auch bei hartnäckiger Verweigerung der Anhörung und Erörterung steht dem ArbN kein Leistungsverweigerungsrecht zu; denn es handelt sich nur um die Verletzung einer Nebenpflicht des ArbGeb. Etwas anderes gilt, wenn der ArbGeb. durch die Gestaltung des Arbeitsplatzes und des Umfelds seine vertraglichen Hauptpflichten verletzt. Wegen eines Verfahrens gegen den ArbGeb. nach § 23 Abs. 3, → § 23 Rn. 49 ff.; zum BeschlVerf. → ArbGG Rn. 7 ff.

15 Im **UrteilsVerf.** zu verfolgen ist der Anspruch des ArbN gegen den ArbGeb. auf **Beteiligung eines BRMitgl.** in den Fällen des Abs. 2. Der BR (oder das ausgewählte BRMitgl.) kann diesen Anspruch nicht (im BeschlVerf.) selbständig geltend machen, weil er dem BR kein eigenes Recht im Verhältnis zum ArbGeb. vermittelt (BAG 16.11.2004 – 1 ABR 53/03, NZA 2005, 416). Im Verhältnis zum BR verletzt der ArbGeb. aber seine betriebsverfassungsrechtlichen Pflichten, wenn er einem berechtigten Hinzuziehungsverlangen eines ArbN nicht entspricht. Der BR kann dann ein Verfahren nach § 23 Abs. 3 einleiten oder ein solches Verfahren durch einen Feststellungsantrag zur Klärung der Rechtslage vorbereiten (BAG 16.11.2004 – 1 ABR 53/03, NZA 2005, 416). Darüber hinaus kann er (mittelbar) den Hinzuziehungsanspruch im Wege eines Unterlassungsantrags durchsetzen (BAG 20.4.2010 – 1 ABR

85/08, NZA 2010, 1307). Die Weigerung eines BRMitgl., dem Wunsch des ArbN auf Hinzuziehung zu entsprechen, kann eine grobe Pflichtverletzung iSd § 23 Abs. 1 sein. Ein gerichtl. durchsetzbarer Anspruch des ArbN gegen das BR-Mitgl. besteht nicht (→ § 84 Rn. 23; **aA** GK-BetrVG/*Franzen* Rn. 25).

§ 83 Einsicht in die Personalakten

(1) [1]**Der Arbeitnehmer hat das Recht, in die über ihn geführten Personalakten Einsicht zu nehmen.** [2]**Er kann hierzu ein Mitglied des Betriebsrats hinzuziehen.** [3]**Das Mitglied des Betriebsrats hat über den Inhalt der Personalakte Stillschweigen zu bewahren, soweit es vom Arbeitnehmer im Einzelfall nicht von dieser Verpflichtung entbunden wird.**

(2) **Erklärungen des Arbeitnehmers zum Inhalt der Personalakte sind dieser auf sein Verlangen beizufügen.**

Inhaltsübersicht

I. Vorbemerkung

Das Recht auf Einsicht in die Personalakte und auf Aufnahme von Erklärungen des ArbN in diese nach § 83 Abs. 1 S. 1 und Abs. 2 sind individualrechtlicher Natur. Als Teil der Fürsorgepflicht des ArbGeb. gelten die Rechtsgrundsätze des § 83 Abs. 1 S. 1 und Abs. 2 auch für ArbN in nicht betriebsratsfähigen oder betriebsratslosen Betrieben (DKKW/*Buschmann* Rn. 2). Die Vorschrift gilt auch für Personalakten in Form von Personaldateien. Bei der Einführung einer elektronischen Personalakte gilt außerdem das MBR nach § 87 Nr. 6. Allerdings ist nach der Rspr. des BAG die Speicherung von Statusdaten (Geschlecht, Alter, Geburtsdatum, Familienstand, Kinderzahl, etc.) nicht mitbestimmungspflichtig (BAG 22.10.1986 – 5 AZR 660/86, NZA 1987, 415). Dieses MBR greift erst ein, wenn diese Daten mit anderen verknüpft und verarbeitet werden und damit Aussagen über die Leistung und das Verhalten der ArbN ermöglichen. Die Einführung einer elektronischen Personalakte unterliegt auch bei privaten ArbGeb. dem Geltungsbereich des BDSG (→ Rn. 16ff.). Die **Grundsätze des Personalaktenrechts** sind Richtigkeit, Zuverlässigkeit, Vertraulichkeit und Transparenz dem Betroffenen gegenüber (*Gola* RDV 2008, 135). Ein **Einsichtsrecht des BR** in eine elektronische Personalakte setzt die Einwilligung des ArbN voraus. Diese kann nicht durch eine BV ersetzt werden (*Kort* ZD 2015, 3). 1

Entspr. Vorschrift: § 26 Abs. 2 SprAuG. 2

II. Einsicht in die Personalakten

1. Personalakte

3 Personalakte ist **jede Sammlung von Urkunden und Vorgängen,** die persönliche und arbeitsrechtsrelevante Verhältnisse eines ArbN betreffen und in einem inneren Zusammenhang mit dem Arbeitsverhältnis stehen (BAG 19.7.2012 – 2 AZR 782/11, NZA 2013, 91; *Herfs-Röttgen* NZA-RR 2013, 478; *Müller* CuA 2018, 30). Das gilt ohne Rücksicht auf die Stelle, an der diese Sammlung geführt wird, auf ihre Form oder das verwandte Material. Unter den Begriff der Personalakte fallen auch die in elektronischen **Datenbanken** gespeicherten Personaldaten, auf die der ArbGeb. zum Zwecke der Personalinformation oder -maßnahme zurückgreifen kann (elektronische Personalakte: *Nebeling/Lankes* DB 2017, 2542). Dazu gehören auch die unter der Personalnummer des ArbN gespeicherten, abfragbaren Leistungsprofile (→ Rn. 21 ff.; ErfK/*Kania* Rn. 2). Die Einführung einer elektronischen Personalakte (digitale Personalakte) löst das MBR nach § 87 Abs. 1 Nr. 6 aus (DKKW/*Buschmann* Rn. 11; GK-BetrVG/*Wiese* § 87 Rn. 542; *Herfs-Röttgen* NZA 2013, 478; **aA** *Diller/Schuster* DB 2008, 928).

4 In der **Personalakte** werden idR die für das Arbeitsverhältnis wissenswerten Angaben zur Person des ArbN einschließlich Personenstand, Berufsbildung, berufliche Entwicklung, Fähigkeiten, Leistungen, Anerkennungen, Beurteilungen, Arbeitsunfälle, Krankheitszeiten, Urlaubsvertretungen, Unterlagen über Weiterbildungsmaßnahmen, Abmahnungen oder Betriebsbußen zusammengefasst (*Olbertz* ArbRB 2009, 86). Es handelt sich regelmäßig um eine chronologische Sammlung von Unterlagen, die ein umfassendes Bild über die Person des Arbeitnehmers, seine Herkunft, Ausbildung, beruflichen Werdegang und seine Befähigung und Leistung zeichnen. (BAG 16.10.2007 – 9 AZR 110/07, NZA 2008, 367). Die Personalakten dürfen nur Angaben enthalten, für die **ein sachliches Interesse des ArbGeb.** besteht (GK-BetrVG/*Franzen* Rn. 16; HWGNRH/*Rose* Rn. 9). Zu den Personalakten des einzelnen ArbN gehören auch: Bewerbungsunterlagen einschließlich Lebenslauf und Zeugnisse, Personalfragebogen (§ 94), Eignungstests, der Arbeitsvertrag einschließlich späterer Änderungen; Beurteilungen und Zeugnisse jeder Art; Lohn- und Gehaltsveränderungen (einschließlich Darlehen, Pfändungen und Abtretungen); der gesamte Schriftwechsel zwischen ArbGeb. und ArbN bzw. Dritten, zB Sozialversicherung, früherem ArbGeb. oder **Abmahnungen,** seien sie in schriftlicher oder elektronischer Form erteilt (*Kleinebtin* DB 2012, 1508). Soweit **sensible Gesundheitsdaten** (zB Alkohol-Suchterkrankung) in die Personalakte aufgenommen werden dürfen, weil der ArbGeb. hieran ein legitimes Interesse hat, sind diese Unterlagen zum Schutze des Persönlichkeitsrechts des ArbN in einem verschlossenen Umschlag zur Personalakte zu nehmen (BAG 12.9.2006 – 9 AZR 271/06, NZA 2007, 269). Zum Schutz dieser Daten hat der ArbGeb. besondere organisatorische Maßnahmen iSv § 22 Abs. 2 BDSG iVm § 26 Abs. 3 BDSG zu ergreifen (→ Rn. 23).

5 Maßgebend ist der sog **materielle Begriff der Personalakte** (WPK/*Preis* Rn. 3). Betroffen sind alle Unterlagen, die das Arbeitsverhältnis angehen oder damit im inneren Zusammenhang stehen (BAG 18.11.2008 – 9 AZR 865/07, NZA 2009, 206). Es kommt nicht darauf an, was der ArbGeb. als Personalakte bezeichnet oder führt (Personalakte im formellen Sinne). Auch **Sonder- oder Nebenakten,** gleichgültig wo sie geführt werden, sind Bestandteile der Personalakte. Sie unterliegen damit dem Einsichtsrecht des ArbN, ebenso wie die Unterlagen des **Werkschutzes** über die Person des ArbN (DKKW/*Buschmann* Rn. 3; Richardi BetrVG/*Thüsing* Rn. 10). Das **Führen von Geheimakten ist unzulässig.** Der ArbN hat Anspruch darauf, dass in seiner Personalakte Hinweise auf Sonderakten oder an anderer Stelle abgelegte Vorgänge angebracht werden (DKKW/*Buschmann* Rn. 3; Richardi BetrVG/*Thüsing* Rn. 8; **aA** GK-BetrVG/*Franzen* Rn. 14). Für Personalakten – auch die in Papierform geführten – gilt das BDSG (§ 32 BDSG; *Kort* FS Hoyningen-Huene, 2014, 201).

2. Sonstige arbeitnehmerbezogene Unterlagen

Nicht zu den Personalakten gehören Aufzeichnungen und Unterlagen des **Betriebsarztes** („Befundbogen", → § 94 Rn. 25), die wegen der ärztlichen Schweigepflicht nach § 8 Abs. 1 S. 2 ASiG auch dem ArbGeb. nicht zugänglich sind (ErfK/*Kania* Rn. 3). Der ArbN hat nach § 3 Abs. 2 ASiG nur Anspruch auf Mitteilung des Ergebnisses einer Untersuchung. Statistische Zusammenstellungen der Personaldaten einer Vielzahl von ArbN gehören ebenso wenig zur Personalakte wie die **Prozessakten** des ArbGeb. zu einem anhängigen Rechtsstreit mit dem ArbN (Richardi BetrVG/*Thüsing* Rn. 28). Die bei **unternehmensinternen Untersuchungen** bei einem Verdacht auf Compliance-Verstöße erstellten Dokumente in Bezug auf einen ArbN sind in der Regel Teil dessen Personalakte. In diese darf der betroffene ArbN Einsicht nehmen. In einem solchen Fall dürfen Angaben, die auf Dritte (Hinweisgeber, Mitbetroffene etc) hinweisen, aber anonymisiert werden (*Klasen/Schaefer* DB 2012, 1384). Ein vom ArbGeb. eingeholtes **graphologisches Gutachten** ist ebenfalls Bestandteil der Personalakte (*Kossens* AR-Blattei SD 1250 Rn. 50). 6

3. Aufbewahrung und Weitergabe

Nicht jeder Vorgang ist aufzubewahren und in den Personalakten abzulegen. Vorhandene Vorgänge können im Einverständnis mit dem ArbN oder dann entfernt werden, wenn sie durch Zeitablauf erledigt sind oder der ArbN aus dem Arbeitsverhältnis ausgeschieden ist (GK-BetrVG/*Franzen* Rn. 21). Durch BV kann bestimmt werden, dass bestimmte Vorgänge nicht oder nur für eine bestimmte Zeitspanne in die Personalakte gelangen bzw. nur in ihrem Ergebnis festgehalten werden. 7

Der ArbGeb. ist nicht verpflichtet, die **Personalakten ausgeschiedener ArbN** aufzubewahren (GK-BetrVG/*Franzen* Rn. 21). An vorhandenen Personalakten besteht ein Einsichtsrecht des ausgeschiedenen ArbN unabhängig von der Darlegung eines berechtigten Interesses (BAG 16.11.2010 – 9 AZR 573/09, NZA 2011, 453). Das Einsichtsrecht nach Beendigung des Arbeitsverhältnisses folgt aus der vertraglichen Pflicht zur Rücksichtnahme nach § 241 Abs. 2 BGB (BAG 16.11.2010 – 9 AZR 573/09, NZA 2011, 453). Entspr. gilt für die Einsicht in Akten über ergebnislose **Vorverhandlungen** mit einem nicht eingestellten Bewerber. Dies kann von Bedeutung sein, wenn zB streitig ist, ob eine Benachteiligung wegen eines in § 1 AGG geregelten Diskriminierungsverbots erfolgt ist. 8

Eine **Weitergabe der Personalakten an Betriebsfremde,** zB einen ArbGeb., bei dem sich der ArbN bewirbt (BAG 18.12.1984 – 3 AZR 398/83, NZA 1985, 811), ist ohne Einverständnis des ArbN unzulässig. Auch innerhalb des Betriebs gelten strenge Maßstäbe. Der ArbGeb. hat Personalakten sorgfältig zu verwahren, bestimmte Informationen vertraulich zu behandeln, für diese vertrauliche Behandlung zu sorgen und den mit Personalakten befassten Personenkreis möglichst klein zu halten (BAG 15.7.1987 – 5 AZR 215/86, NZA 1988, 53; BVerwG 28.8.1986 – 2 C 51/84, ZTR 1987, 152; zum Einsichtsrecht der unternehmensinternen Revision in Personalakten BAG 4.4.1990 – 5 AZR 299/89, NZA 1990, 933). Bei einem **Übergang des Arbeitsverhältnisses** auf einen anderen ArbGeb. im Wege der Einzel- oder Gesamtrechtsnachfolge, erwirbt der neue ArbGeb. Eigentum auch an den Personalakten (DK-*Buschmann* Rn. 9). 9

4. Einsichtnahme

Das **Einsichtsrecht des ArbN** besteht bezüglich aller Aufzeichnungen, die sich mit seiner Person und dem Inhalt der Entwicklung seines Arbeitsverhältnisses befassen. Es bezieht sich sowohl auf Personalakten in engerem Sinne, die meist mit einem Personalfragebogen oder mit dem Arbeitsvertrag beginnen, als auch auf die Angaben 10 in Sammelakten, Karteikarten oder sonstigen Unterlagen. Auch **außerbetriebliche,** dh im Unternehmen oder Konzern oder durch einzelne Vorgesetzte oder Dritte angelegte schriftliche **Unterlagen** können eingesehen werden, soweit der ArbGeb. darüber verfügen kann (DKKW/*Buschmann* Rn. 12). Verschlüsselte Angaben sind dem ArbN zu erläutern, Mikrofilme lesbar zu machen.

11 Die Verwendung einer elektronischen Personalakte hat zur Folge, dass die Einsichtnahme in die Personalakte durch das Visualisieren der Datei ersetzt wird. **Elektronisch gespeicherte Daten** sind auszudrucken, wenn die Wiedergabe auf Bildschirm für die Zwecke der Einsicht nicht ausreicht (*Müller* CuA 2018, 31; **aA** *Diller/Schuster* DB 2008, 928). Der ArbN kann sich an Hand der Personalakten auch **Notizen** machen (hM). Auch kann der ArbN auf eigene Kosten (GK-BetrVG/*Franzen* Rn. 24) Fotokopien aus den Akten fertigen. Dagegen besteht kein Anspruch auf Überlassung der Personalakte (hM).

12 Es besteht Anspruch auf Einsicht **während der Arbeitszeit;** der Lohn darf nicht gekürzt werden (hM). Der Anspruch auf Einsicht in die Personalakte ist grds. ein persönlicher. Jedoch kann die Einsicht auch durch einen **Bevollmächtigten** ausgeübt werden (DKKW/*Buschmann* Rn. 16; ErfK/*Kania* Rn. 4; HaKo-BetrVG/*Lakies* Rn. 12 einschr. GK-BetrVG/*Franzen* Rn. 26 nur bei Vorliegen besonderer Gründe; Richardi BetrVG/*Thüsing* Rn. 27 betriebszugehörige Bevollm. im Verhinderungsfall; keine Bevollm. wg. entgegenstehendem Hausrecht des ArbGeb. HWGNRH/*Rose* Rn. 48; *Schaub/Linck* § 148 Rn. 10; LAG SchlH 17.4.2014 – 5 Sa 385/13, NZA-RR 2014, 465; diesem Interesse kann aber durch Bestimmung des Ortes der Einsichtnahme Rechnung getragen werden). Nach der Rspr. des BAG besteht kein Hinzuziehungsrecht, wenn der ArbN seine Personalakte kopieren kann und damit dem vom § 83 bezweckten Transparenzschutz Genüge getan ist (BAG 12.7.2016 – 9 AZR 791/14, NZA 16, 1344). Der ArbN kann auch ein bestimmtes BRMitgl. bevollmächtigen. Dagegen dürfte eine Bevollmächtigung des BR als Organ nicht zulässig sein, da dieser keine Rechtspersönlichkeit besitzt. Die Einsichtnahme ist **kostenfrei.**

13 **Modalitäten des Einsichtsrechts** (Häufigkeit, Voranmeldung, Ort, Bescheinigung über erfolgte Einsicht) können durch (erzwingbare) **BV** gem. § 87 Abs. 1 Nr. 1 geregelt werden, eine inhaltliche Beschränkung des Einsichtsrechts darf damit nicht verbunden sein (GK-BetrVG/*Franzen* Rn. 22; Richardi BetrVG/*Thüsing* Rn. 24).

III. Erklärungen des Arbeitnehmers zur Personalakte

1. Art und Inhalt

14 Abs. 2 räumt dem ArbN das Recht ein, **schriftliche Erklärungen** zum Inhalt der Personalakten, insbes. zu Beurteilungen abzugeben. Sie sind auf sein Verlangen den Akten beizufügen und zwar in räumlichem Zusammenhang mit den schriftlichen Vorgängen, zu denen sich der ArbN äußert. Bei elektronischen Personalakten ist die vom ArbN gewünschte Erklärung gemeinsam mit den fraglichen Daten abzuspeichern (*Diller/Schuster* DB 2008, 928). Auf Verlangen des ArbN sind auch Unterlagen, zB frühere Zeugnisse oder während des Arbeitsverhältnisses erworbene Qualifikationen beizufügen. Dadurch erhält der ArbN die Möglichkeit, den Inhalt der Personalakte zu ergänzen (Richardi BetrVG/*Thüsing* Rn. 37) oder, soweit dieser für ihn nachteilig ist, durch die Beifügung einer Gegenvorstellung eine Richtigstellung zu erreichen. Die Erklärung ist auch dann beizufügen, wenn sie der ArbGeb. für unzutreffend oder nicht in die Personalakten gehörend ansieht (DKKW/*Buschmann* Rn. 20; Richardi BetrVG/*Thüsing* Rn. 38; WPK/*Preis* Rn. 14). Der ArbN kann aber nicht verlangen, dass der ArbGeb. die zur Personalakte genommenen Unterlagen mit Seitenzahlen versieht. Vielmehr entscheidet der ArbGeb. allein über die Art der Personalaktenführung (BAG 16.10.2007 – 9 AZR 910/07, NZA 2008, 367).

2. Entfernungsanspruch

Unabhängig davon besteht ein Recht des ArbN auf **Entfernung unrichtiger Angaben aus der Personalakte** (BAG stRspr 18.11.2008 – 9 AZR 865/07, NZA 2009, 206). Rechtsgrundlage hierfür sind die §§ 242, 1004 Abs. 1 S. 1 BGB. Die Entfernung einer **schriftlichen Abmahnung** (§ 314 Abs. 2 BGB) aus der Personalakte, die wegen Verletzung arbeitsvertraglicher Pflichten erfolgte, kann gerichtlich durchgesetzt werden (BAG 19.7.2012 – 2 AZR 782/11, NZA 2013, 91). Das setzt voraus, dass die Abmahnung unbegründet oder unverhältnismäßig war (stRspr; BAG 5.8.1992 – 5 AZR 531/91, NZA 1993, 838). Entspr. gilt für die Entfernung einer unberechtigten **Drohung einer Abmahnung** (BAG 18.1.1996 – 6 AZR 314/95, NZA 1997, 41). Der Anspruch auf Entfernung der vollständigen Abmahnung besteht auch bei mehreren zusammengefassten, aber nur teilweise zutreffenden Vorwürfen. Auch eine rechtswidrige Leistungsbeurteilung ist zu entfernen (BAG 18.11.2008 – 9 AZR 865/07, NZA 2009, 206). Wurde eine Abmahnung zu Recht erteilt, kann eine Entfernung nur verlangt werden, wenn das gerügte Verhalten für das Arbeitsverhältnis nach einer einzelfallbezogenen Interessenabwägung in jeder Hinsicht bedeutungslos geworden ist. (BAG 19.7.2012 – 2 AZR 782/11, NZA 2013, 91). Zur – unzulässigen – Abmahnung wegen Werbung für Gewerkschaft (BVerfG 14.11.1995 – 1 BvR 601/92, NZA 1996, 381), Teilnahme an BR-Sitzung (LAG Hamm 31.1.1996 – 3 Sa 827/95, BB 1996, 1015), wegen Arbeitsverweigerung auf Grund einer nicht erforderlichen Schulungsteilnahme (BAG 10.11.1993 – 7 AZR 682/92, NZA 1994, 500), wegen Arbeitsversäumnis infolge der Wahrnehmung vermeintlicher BRAufgaben (BAG 31.8.1994 – 7 AZR 893/93, NZA 1995, 225), wegen Nebentätigkeit (BAG 30.5.1996 – 6 AZR 537/95, NZA 1997, 145). Der ArbGeb. hat die Richtigkeit der Gründe für die Abmahnung zu beweisen (hM). Ein Entfernungsanspruch besteht auch dann, wenn der ArbGeb. eine berechtigte Abmahnung ohne die in einem TV oder einer BV vorgeschriebenen vorherigen **Anhörung des ArbN** zu den Personalakten nimmt (BAG 16.11.1989 – 6 AZR 64/88, NZA 1990, 477). Der Verstoß gegen solche Formvorschriften beseitigt nicht die kündigungsrechtliche Warnfunktion (BAG 21.5.1992 – 2 AZR 551/92, NZA 1992, 1028). Der Ausspruch einer Abmahnung muss nicht innerhalb einer bestimmten Frist erfolgen; eine **Regelausschlussfrist** gibt es nicht (BAG 7.9.1988 – 5 AZR 625/87, NZA 1989, 272). Der Entfernungsanspruch unterliegt keiner tariflichen Ausschlussfrist, da eine unberechtigte Abmahnung eine fortwirkende Beeinträchtigung der beruflichen Entwicklungsmöglichkeiten des ArbN bewirkt (BAG 14.12.1994 – 5 AZR 137/94, NZA 1995, 676). Nach der Beendigung des Arbeitsverhältnisses besteht idR kein Entfernungsanspruch mehr (hierzu u. zu Ausnahmen von diesem Grundsatz BAG 14.9.1994 – 5 AZR 632/93, NZA 1995, 220). Eine Abmahnung kann durch **Zeitablauf** wirkungslos werden (krit. *Kort* FS Hoyningen-Huene, 2014, 201). Dafür kommt es auf die Umstände des Einzelfalls an (BAG 13.4.1988 – 5 AZR 537/86, NZA 1988, 654). Neben den zivilrechtlichen Ansprüchen auf Einsicht in die Personalakte oder darauf bezogene Korrektur- und Löschungsansprüche kommen auch solche nach §§ 34, 35 BDSG in Betracht (Einzelheiten *Riesenhuber* NZA 2014, 753). Bei **mündlicher Kritik** von Vorgesetzten, die keinen fortdauernden, eigenständigen Sanktionswert haben und auf die nicht in den Personalakten verwiesen wird, kommt das Beschwerdeverfahren nach §§ 84, 85 in Betracht (→ § 84 Rn. 4). 15

IV. Datenschutz

1. Gesetzlicher Datenschutz

Mit der seit dem 25.5.2018 geltenden Datenschutz-Grundverordnung der EU 16
(DSGVO) soll innerhalb der Union ein gleichmäßiges Datenschutzniveau für natürli-

che Personen gewährleistet werden. Dazu hat sich die EU des Rechtsinstruments einer VO bedient, die gem. § 288 AEUV in allen Mitgliedstaaten der Union unmittelbar gilt und Vorrang vor nationalem Recht hat. Allerdings regelt die DSGVO nicht jede Frage detailgenau (*Schulz* ZESAR 2017, 270). Sie sieht ergänzungsoffene (fakultative) Öffnungsklauseln und ergänzungsbedürftige (obligatorische) Öffnungsklauseln vor (*Kühling* NJW 2017, 1985). Letztgenannte betrifft auch die **Datenverarbeitung im Beschäftigungsverhältnis** (Art. 88 DSGVO). Daraus folgt ein gesetzlicher Anpassungsbedarf im nationalen Datenschutzrecht, das jedoch nicht hinter dem Schutzniveau der DSGVO zurückbleiben darf (Simitis/*Seifert* Art. 88 DSGVO Rn. 22). Dementsprechend wurde das BDSG mit dem am 25.5.2018 in Kraft getretenen Datenschutz-Anpassungs- und Umsetzungsgesetz vom 30.6.2017 (BGBl. I S. 2097) neu gefasst. Mit dem 2. Gesetz zur Anpassung des Datenschutzrechts vom 20.11.2019 (BGBl. I, 1626) sind erste Änderungen erfolgt. Sie betreffen die Erhöhung der Grenzzahl für die Bestellung eines betrieblichen Datenschutzbeauftragten von 10 auf 20 (§ 38 Abs. 1 BDSG) sowie die Klarstellung von § 26 Abs. 2 Satz 3 BDSG, wonach die Einwilligung zur Datenverarbeitung nicht nur schriftlich, sondern auch elektronisch erfolgen kann.

2. Grundprinzipien der DSGVO

17 Wie bisher bleibt die Verarbeitung personenbezogener Daten als **„Verbot mit Erlaubnisvorbehalt"** ausgestaltet (GK-BetrVG/*Franzen* Rn. 55). Die dazu notwendigen Erlaubnistatbestände regelt Art. 6 DSGVO. Dazu zählt etwa die Einwilligung von Betroffenen nach Maßgabe von Art. 7 DSGVO. Bei der Verarbeitung besonderer Datenkategorien, etwa Gesundheitsdaten, Religions- oder Gewerkschaftszugehörigkeit, sind die engen Voraussetzungen des Art. 9 DSGVO zu beachten. Die Prinzipien der Datenverarbeitung regelt Art. 5 DSGVO. Das betrifft den Grundsatz der Transparenz der Datenverarbeitung gegenüber der betroffenen Person (Art. 12 DSGVO), die Beachtung der jeweiligen Zweckbindung, das Gebot der Datensparsamkeit, eine Richtigkeitsgewähr der verwendeten personenbezogenen Daten, die auf das zeitlich Gebotene Beschränkung der Datenspeicherung einschl. der in Art. 17 DSGVO geregelten Löschungspflichten (Löschungskonzepte), der Schutz von Vertraulichkeit und Integrität sowie eine Nachweisplicht des Verantwortlichen hinsichtlich der Einhaltung der Datenschutzregelungen. Weiter regelt die DSGVO konkrete Individualrechte. Das betrifft Informationspflichten nach Art. 13 DSGVO, damit der Betroffene sein Recht auf informationelle Selbstbestimmung wahren kann (*Schulz* ZESAR 2017, 270), oder konkrete Auskunftsrechte nach Art. 15 DSGVO, ein Löschungsrecht nach Art. 17 DSGVO sowie ein Recht auf Datenübertragbarkeit gemäß Art. 20 DSGVO.

3. Datenverarbeitung im Beschäftigungskontext

18 Regelungen zur Datenverarbeitung für den Bereich des Arbeitsrechts enthält § 26 BDSG. Mit ihnen hat der Gesetzgeber von der Öffnungsklausel des Art. 88 Abs. 1 DSGVO in zulässiger Weise Gebrauch gemacht (BAG 7.5.2019 – 1 ABR 53/17, NZA 2019, 1218). Diese erlaubt einem Mitgliedstaat den Erlass spezifischer Vorschriften zum Beschäftigtendatenschutz, die jedoch die Grundrechte der Betroffenen wahren müssen (Art. 88 Abs. 2 DSGVO; Einzelheiten bei *Simitis/Seifert* Art. 88 DSGVO Rn. 31). Unter diesen Voraussetzungen sind – wie § 26 Abs. 4 BDSG klarstellt – auch BV zulässige Grundlagen der Datenverarbeitung von Beschäftigten (*Klösel/Mahnhold* NZA 2017, 1428; *Maschmann* NZA Beilage 4/2018, 115). Das entspricht dem Wortlaut des Art. 88 Abs. 1 DSGVO sowie dem Erwägungsgrund Nr. 155 DSGVO. Hingegen ist eine Regelungsabrede keine taugliche Rechtsgrundlage zur Verarbeitung von Beschäftigtendaten. Als schuldrechtlicher Vereinbarung fehlt ihr die von Art. 88 Abs. 1 DSGVO sowie § 26 Abs. 4 BDSG vorausgesetzte normative Wirkung (*Simitis/Seifert* Art. 88 DSGVO Rn. 28). Um die Beachtung datenschutzrechtlicher Vorgaben umfassend zu gewährleisten, bietet sich der Abschluss einer darauf

gerichteten RahmenBV an. Auf diese können spezielle BV Bezug nehmen (*Körner* NZA 2019, 1389). Einzelh. *Klebe/Schmidt/Klengel* FS 100 Jahre BetrVR S. 303.

19 Danach bestimmt sich die Datenverarbeitung im Arbeitsrecht aus einem Zusammenwirken der unmittelbar geltenden DSGVO und dem BDSG (BAG 7.5.2019 – 1 ABR 53/17, NZA 2019, 1219), vor allem den Regelungen des § 26 BDSG (*Kort* NZA 2018, 1097; *Heuschmid* SR 2019, 1). Die DSGVO gilt nach Art. 2 Abs. 1 für die automatisierte Verarbeitung personenbezogener Daten sowie für deren manuelle Verarbeitung, sofern diese Daten bereits in einem Dateisystem gespeichert sind oder dort gespeichert werden sollen. Darüber hinaus gehend wird nach § 26 Abs. 7 BDSG jede nichtautomatisierte Datenverarbeitung einschränkungslos vom Geltungsbereich dieser Norm erfasst, was etwa für das Befragen oder Beobachten von ArbN von Bedeutung ist (*Wybitul* NZA 2017, 413). Die nationale Erweiterung steht in Einklang mit Art. 88 Abs. 1 BDSG (*Simitis/Seifert* Art. 88 DSGVO Rn. 71). Datenschutzverantwortlicher iSv. Art. 4 Nr. 7 DSGVO ist der ArbGeb. Der BR ist im Rahmen der Erfüllung seiner Aufgaben auch Teil der verantwortlichen Stelle ArbGeb. und hat wie dieser die datenschutzrechtlichen Vorgaben zu beachten (BAG 9.4.2019 – 1 ABR 51/17, NZA 2019, 1055). Die **Bindung an den gesetzlichen Datenschutz** gilt sowohl bei der Datenverarbeitung durch den BR als auch bei der Übermittlung von Beschäftigtendaten zwischen den Betriebsparteien (→ § 80 Rn. 58; BAG 9.4.2019 – 1 ABR 51/17, NZA 2019, 1055; *Lücke* NZA 2019, 658; *Körner* S. 56ff.) oder an Dritte, etwa Gewerkschaften. Das hat allerdings keinen Einfluss auf das Bestehen der gesetzlichen Beteiligungsrechte des BR, was § 26 Abs. 6 BDSG auch ausdrücklich klarstellt, sondern ist bei deren Ausübung zu berücksichtigen (BAG 7.5.2019 – 1 ABR 53/17, NZA 2019, 1218). § 26 Abs. 6 BDSG ist aber keine generelle Erlaubnisnorm für die Datenverarbeitung von Betriebsparteien (BAG 7.5.2019 – 1 ABR 53/17, NZA 2019, 1218). Bisher ungeklärt ist, ob der BR im Rahmen seiner Verarbeitung personenbezogener Daten **Verantwortlicher** iSv. Art. 4 Nr. 7 DSGVO ist (*Brink/Joos* NZA 2019, 1395; befürwortend ohne nähere Begründung LAG LSA 18.12.2018 – 4 TaBV 19/17, NZA-RR 2019, 256; dagegen HessLAG 10.12.2018 – 16 TaBV 130/18, NZA-RR 2019, 196, wohl auch LAG Nds 22.10.2018 – 12 TaBV 23/18, NZA-RR 2019, 92). Dagegen sprechen nicht nur Wortlaut und Systematik der Norm, sondern auch, dass der BR weder als Gremium noch dessen – allein im Rahmen von Gremiumsbeschlüssen handlungsfähiger Vorsitzender – sanktionsrechtlich oder haftungsrechtlich verantwortlich sein können (*Klebe/Schmidt/Klengel* FS 100 Jahre BetrVR S. 303; *Bott/Vogel* BB 2019, 2100; *Simitis/Seiffert* Art. 88 DSGVO Rn. 209; *Bonanni/Niklas* ArbR 2018, 371; *Schmidl/Wolff* AuA 2018, 696; *Lücke* NZA 2019, 658; Körner S. 57ff.; zweifelnd *Schulz* ZESAR 2019, 323; *Kort* NZA 2018, 1097).

20 Personenbezogene Daten sind nach Art. 4 Nr. 1 DSGVO alle Informationen, die sich auf eine identifizierte oder identifizierbare Peron beziehen. Welche Vorgänge Datenverarbeitung sind bestimmt Art. 4 Nr. 2 DSGVO. Dazu zählt auch die **Datenübermittlung** durch Offenlegung personenbezogener Daten **zwischen ArbGeb. und BR** (BAG 9.4.2019 – 1 ABR 51/17, NZA 2019, 1055), was auch für die Einsichtsgewährung in Bruttolohn- und Gehaltslisten iSd. § 80 Abs. 2 S. 2 gilt (BAG 7.5.2019 – 1 ABR 53/17, NZA 2019, 1218). Die Verarbeitung solcher Beschäftigtendaten ist nur zu den in § 26 Abs. 1 BDSG geregelten Zwecken und unter den dort aufgeführten Voraussetzungen für die in § 26 Abs. 8 BDSG genannten Beschäftigten erlaubt. In diesem Zusammenhang stellt § 26 Abs. 8 Nr. 1 BDSG klar, dass Leih-ArbN auch im Verhältnis zum Entleiher als Beschäftigte iSd BDSG zu gelten haben (BT-Drs. 18/11325 S. 99).

21 **Zulässige Zwecke der Verarbeitung** von Beschäftigtendaten sind nach § 26 Abs. 1 S. 1 BDSG die Entscheidung über die Begründung, Durchführung und Beendigung eines Beschäftigungsverhältnisses und nach dessen Begründung auch zur Ausübung oder Erfüllung der gesetzlichen Aufgaben der BR (BT-Drs.18/11325 S. 97). Als weiteren Zweck benennt § 26 Abs. 1 S. 2 BDSG die **Aufdeckung von Strafta-**

ten (§ 12 StGB) im Zusammenhang mit dem Beschäftigungsverhältnis. Bloße Ordnungswidrigkeiten oder untergesetzliche Complianceverstöße sowie schwerwiegende arbeitsvertragliche Pflichtenverstöße unterhalb der Schwelle der Strafbarkeit sind keine von § 26 Abs. 1 Satz 2 BDSG erfassten Sachverhalte. Geht es um deren Aufdeckung oder um präventive Maßnahmen zur Verhinderung von Straftaten gilt § 26 Abs. 1 S. 1 BDSG (*Simitis/Seifert* Art. 88 DSGVO Rn. 161; *Düwell/Brink* NZA 2017, 1081; *Wybitul* NZA 2017, 413; *Thüsing/Rombey* NZA 2018, 1105).

22 Zu den in § 26 Abs. 1 S. 1 BDSG genannten Zwecken dürfen personenbezogene Beschäftigtendaten nur verarbeitet werden, soweit sie hierfür erforderlich sind. Dabei geht es um die Herstellung **praktischer Konkordanz** (*Simitis/Seifert* Art. 88 DSGVO Rn. 56), also der Abwägung berechtigter Interessen. Der Begriff der Erforderlichkeit ist nicht iS eines milderen Mittels zu verstehen (*Kort* NZA 2018, 1097). Vielmehr sind das jeweilige legitime Interesse des Datenverarbeitenden mit dem Persönlichkeitsrecht/Recht auf informationelle Selbstbestimmung des Beschäftigten zu einem schonenden Ausgleich zu bringen, der beide Interessen möglichst weitgehend berücksichtigt (BT-Drs. 18/11325 S. 97; *Thüsing/Rombey* NZA 2018, 1105). In diese Abwägung fließen auch die allgemeinen Grundsätze der Datenverarbeitung ein, die § 26 Abs. 5 BDSG iVm Art. 5 DSGVO vorgeben. Dazu zählt etwa das Gebot der Datensparsamkeit, die Begrenzung der Speicherungsdauer oder die technische Datensicherheit (BT-Drs. 18/11325 S. 98; *Schulz* ZESAR 2017, 270). Insgesamt muss die Verarbeitung personenbezogener Beschäftigtendaten in Bezug auf einen von § 26 Abs. 1 S. 1 BDSG zulässigen Zweck geeignet, erforderlich und unter Abwägung der jeweiligen gegensätzlichen Belange entsprechend deren Gewichtung auch angemessen sein (*Wybitul* NZA 2017, 413). Erfolgt die Datenverarbeitung zur Erfüllung eines berechtigten **Auskunftsverlangens** iSd § 80 Abs. 2 S. 1 oder einer Vorlagepflicht oder **Einsichtsrechts** nach § 80 Abs. 2 S. 2 bedarf es keiner zusätzlichen einzelfallbezogenen datenschutzrechtlichen Interessenabwägung (BAG 9.4.2019 – 1 ABR 51/17, NZA 2019, 1055; 7.5.2019 – 1 ABR 53/19, NZA 2019, 1218; → § 80 Rn. 58). Die Datenverarbeitung zur Aufdeckung von Straftaten unterliegt einer strengeren Zweckbindung. Sie ist nach § 26 Abs. 1 S. 2 BDSG nur zulässig, sofern tatsächliche und zu dokumentierende Anhaltspunkte vorliegen, die den Verdacht einer Straftat begründen können. Zudem muss die Datenverarbeitung zur Aufdeckung der Straftat im Einzelfall erforderlich sein. Darüber hinaus darf der Anlass der Datenverarbeitung nicht außer Verhältnis zu Art und Schwere der vermuteten Straftat sowie Ausmaß des Verdachts stehen sogn. Zweck-Mittel-Relation (BT-Drs. 18/11325 S. 97).

23 Besondere Grundsätze gelten für die Verarbeitung **sensibler Beschäftigtendaten.** Das sind die in Art. 9 Abs. 1 DSGVO aufgeführten besonderen Kategorien personenbezogener Daten, zB. Gesundheitsdaten, solche zur rassischen/ethnischen Herkunft, Religionsdaten, Gewerkschaftszugehörigkeit, genetische Daten oder bestimmte biometrische Daten sowie jene zum Sexualleben oder sexuellen Orientierung einer Person. Für diese Daten ist eine Verarbeitung zu Zwecken des Beschäftigungsverhältnisses nur unter den in Art. 9 Abs. 2 lit. b DSGVO genannten Voraussetzungen erlaubt. Dazu muss die Datenverarbeitung zur Ausübung von Rechten oder Erfüllung von rechtlichen Pflichten aus dem Arbeitsrecht erforderlich sein und es darf kein Grund zur Annahme bestehen, dass das schutzwürdige Interesse des Betroffenen am Ausschluss der Bearbeitung überwiegt. Diese Konzeption greift § 26 Abs. 3 DSGVO auf und verlangt nach § 26 Abs. 3 S. 3 iVm. § 22 Abs. 2 BDSG in Umsetzung von Art. 9 Abs. 2 lit b DSGVO angemessene und spezifische Maßnahmen zum Schutz der Beschäftigten. Die Einhaltung entsprechender Schutzmaßnahmen iSv § 22 Abs. 2 BDSG hat auch der BR bei der Geltendmachung eines auf § 80 Abs. 2 S. 1 gestützten Auskunftsverlangens, das etwa wie Mutterschutzanzeige nach § 15 Abs. 1 MuSchG die Übermittlung sensibler Daten durch den ArbGeb. zum Gegenstand hat, zu gewährleisten (BAG 9.4.2019 – 1 ABR 51/17, NZA 2019, 1055).

4. Videoüberwachung

Die DSGVO enthält keine gesonderten Bestimmungen zur Zulässigkeit einer Videoüberwachung im Allgemeinen oder von Beschäftigten im Besonderen (*Kort* RdA 2018, 24). Rechtsgrundlage solcher Überwachungsmaßnahmen in nicht öffentlich zugänglichen Räumen ist Art. 6 Abs. 1 S. 1 lit. f DSGVO iVm. § 26 Abs. 1 DSGVO. Dient die Videoüberwachung der Aufdeckung konkreter Straftaten gilt § 26 Abs. 1 S. 2; für präventive und sonstige Einsatzzwecke ist § 26 Abs. 1 S. 1 heranzuziehen. Bei der von § 26 Abs. 1 BDSG verlangten Abwägung der betroffenen Interessen sowie Intensität, Umfang und Dauer der Überwachung ist weiter zwischen einer offenen und einer verdeckten Videoüberwachung zu differenzieren. Letztere sind wegen ihrer besonderen Eingriffsintensität nur in Ausnahmefällen gerechtfertigt (*Simitis/Seifert* Art. 88 DSGVO Rn. 139 ff.). Geht es um eine **offene Videoüberwachung** in öffentlich zugänglichen Räumen, in denen sich auch Beschäftigte zur Erbringung ihrer Arbeitsleistung aufhalten, bestimmt sich die Rechtmäßigkeit dieser Überwachungsmaßnahme nach § 4 BDSG. Für eine **heimliche Videoüberwachung** von Beschäftigten in öffentlich zugänglichen Räumen aus Gründen der Prävention ist wiederum Art. 6 Abs. 1 S. 1 lit. f DSGVO iVm § 26 Abs. 1 S. 1 BDSG einschlägig. Dabei ist einzelfallbezogen zu prüfen, ob andere Ermittlungsmöglichkeiten anstelle der verdeckten Videoüberwachung als ebenso effektive, aber mildere Mittel in Betracht kommen (*Simitis/Seifert* Art. 88 DSGVO Rn. 138). Zur Konkretisierung der Anforderungen des Art. 6 Abs. 1 lit. f DSGVO kann auf die von der Rspr. zur Auslegung der § 32 Abs. 1 BDSG aF entwickelten Maßstäbe (vgl. BAG 23.8.2018 – 2 AZR 133/18, NZA 2018, 1329; Rspr. Übersicht bei *Kort* NZA-RR 2018, 449) zurückgegriffen werden (*Simitis/Seifert* Art. 88 DSGVO Rn. 136; *Byers* NZA 2017, 1086; Kort NZA 2018, 1097). 24

5. Datenverarbeitung durch Externe

Lässt der ArbGeb. elektronische Daten von einem Dritten verarbeiten, hat er dennoch für die Einhaltung der Vorgaben der DSGVO und des BDSG nF durch den Auftragnehmer zu sorgen. Die **Mindestanforderungen** hierfür bestimmen sich nach Art. 28 DSGVO und § 62 ff. BDSG nF. Die nach Art. 12 bis 22 DSGVO unmittelbar geltenden und die im BDSG nF geregelten Rechte von ArbN nach den §§ 35 ff. BDSG nF auf Auskunft, Berichtigung und Löschung sind auch bei einer Datenverarbeitung durch Externe gegenüber dem ArbGeb. geltend zu machen. 25

6. Betrieblicher Datenschutzbeauftragter

Art. 37 Abs. 1 DSGVO sieht die Benennung eines betrieblichen Datenschutzbeauftragten für Unternehmen, deren Kerntätigkeit in der Durchführung von Überwachungsvorgängen oder der Verarbeitung besonderer Datenkategorien unter den dort benannten Fallgestaltungen zwingend vor. Die in Art. 37 Abs. 4 DSGVO geregelte Öffnungsklausel erlaubt es dem nationalen Gesetzgeber die Bestellung eines betrieblichen Datenschutzbeauftragen für andere Fälle vorzuschreiben. Davon macht § 38 BDSG nF Gebrauch. Danach hat der ArbGeb. einen **betrieblichen Datenschutzbeauftragten** zu bestellen, wenn er in der Regel mindestens 20 Personen mit automatisierter Datenverarbeitung betraut. Der Schwellenwert bringt zum Ausdruck, dass sich Schwankungen in der Beschäftigtenzahl nicht auf die Pflicht zur Bestellung eines betrieblichen Datenschutzbeauftragten auswirken sollen. Allerdings muss es sich – entgegen früherem Recht – um Beschäftigte handeln, die mit der automatisierten Verarbeitung befasst sind. Dazu zählen solche nicht, die manuelle Vor- oder Nachbearbeitungsaufgaben wahrnehmen. Beschäftigte können auch LeihArbN sein. Die Aufgaben eines betrieblichen Datenschutzbeauftragten kann auch ein Externer wahrnehmen (*Schulz* ZESAR 2017, 270). Danach setzt § 38 BDSG nF die bisherige umfassende 26

Bestellpflicht auch für private ArbGeb. fort. Allerdings können sich Konzerne nach der DSGVO auf die Bestellung eines einzigen Konzerndatenschutzbeauftragten beschränken, wenn dieser von jeder Niederlassung aus örtlich erreichbar ist. Die Möglichkeit zur elektronischen Kommunikation genügt hierfür nicht (*Niklas/Faas* NZA 2013, 1091).

27 Die **Qualifikationsanforderungen** eines betrieblichen Datenschutzbeauftragten bestimmen sich nach Art. 37 Abs. 5 DSGVO (Einzelheiten *Heberlein* JM 2019, 19). Diese werden durch Verwendung unbestimmter Rechtsbegriffe definiert. Verlangt wird ein auf der Grundlage einer beruflichen Qualifikation erlangtes theoretisches und praktisches Fachwissen auf dem Gebiet des Datenschutzrechts und weitere Fähigkeiten, die sich nach den in Art. 39 DSGVO bestimmten Aufgaben bestimmen. Hinsichtlich der Rechtsstellung eines zu bestellenden Datenschutzbeauftragten verweist § 38 Abs. 2 BDSG nF auf die Regelungen des § 6 Abs. 4, 5 S. 2 und Abs. 6 BDSG nF. Danach können Abberufung und Kündigung nur aus einem wichtigen Grund (§ 626 BGB) erfolgen. Dieser Kündigungsschutz gilt auch für die Dauer eines Jahres nach dem Ende der Tätigkeit als Datenschutzbeauftragter. Diesen trifft eine umfassende Verschwiegenheitspflicht (§ 6 Abs. 5 S. 2 BDSG nF). Ihm steht ein besonderes Zeugnisverweigerungsrecht zu (§ 6 Abs. 6 BDSG nF). Zudem muss die zu benennende Person fachkundig sein (Art. 34 Abs. 4 DGSVO). Ein betrieblicher Datenschutzbeauftragter darf den BR nicht kontrollieren (BAG 11.11.1997 – 1 ABR 21/97, NZA 1998, 385). Das folgt aus der vom BetrVG angeordneten Unabhängigkeit des BR. Ein solches Kontrollrecht bedürfte wegen eines damit einhergehenden massiven und wertungswidersprüchlichen Eingriffs in die Strukturprinzipien der Betriebsverfassung einer ausdrücklichen normativen Anordnung. Eine solche ist weder dem BDSG nF noch der DSGVO zu entnehmen (*Körner* S. 64 ff). Ein solcher Interessenkonflikt ist – trotz Weisungsfreiheit, Verschwiegenheitspflicht und besonderem Kündigungsschutz – in der Berichtspflicht (Art. 38 Abs. 3 DSGVO) eines betrieblichen Datenschutzbeauftragten angelegt. Weder ist der BR davor geschützt, dass der Bericht an den ArbGeb. seine betriebsverfassungsrechtliche Eigenständigkeit wahrt wird noch davor, dass Interna seiner BR-Arbeit bekannt werden (aA *Lücke* NZA 2019, 658).

7. Grenzüberschreitender Datenverkehr

28 Die Übermittlung personenbezogener elektronischer Daten in **Länder außerhalb der Europäischen Union** bedarf einer Rechtsgrundlage (vgl. *Däubler* RIW 2018, 405). Sie setzt voraus, dass die Vorgaben der DSGVO eingehalten werden (*Franzen* EuZA 2017, 315). Darüber hinaus ist sicherzustellen, dass in diesem Land ein angemessenes Schutzniveau gewährleistet ist (*Schulz* ZESAR 2017, 270). Diese Vorgaben des 5. Kapitels der DSGVO (Art. 44 ff.) setzen die §§ 78 ff. BDSG nF um. Ein angemessenes Schutzniveau muss positiv durch einen Angemessenheitsbeschluss der Europäischen Kommission festgestellt sein (§ 78 Abs. 1 Nr. 2 BDSG nF). Fehlt es an einem solchen, lässt § 79 Abs. 1 BDSG nF eine Übermittlung zu, sofern die Einhaltung des Datenschutzniveaus durch geeignete Garantien (zB verbindliche konzerninterne Datenschutzvorschriften Art. 47 DSGVO) gewährleistet ist oder mittels rechtsverbindlicher und durchsetzbarer Verpflichtungen des Verantwortlichen (Art. 46 Abs. 2 DSGVO) sichergestellt ist. Liegen solche Garantien nicht vor, erlaubt § 80 BDSG nF eine Datenübermittlung nur unter den darin genannten sehr engen Voraussetzungen.

V. Beteiligung eines Betriebsratsmitglieds

29 Der ArbN kann bei Einsicht in seine Personalakte ein **von ihm bestimmtes BRMitglied hinzuziehen.** Einsichtnahme oder Auskunft können nicht wegen der

Beteiligung des BRMitgl. unter Hinweis auf datenschutzrechtliche Vorschriften verweigert werden (*Diller/Schuster* DB 2008, 928). Der betr. ArbN hat durch Hinzuziehung des BRMitgl. die nach dem BDSG erforderliche Zustimmung erteilt (*Leutze* ZTR 2002, 558). Dem BRMitgl. ist die Einsicht in demselben Umfang zu gewähren, wie dem betr. ArbN (DKKW/*Buschmann* Rn. 18). Das BRMitgl. hat über den Inhalt der Personalakte **Stillschweigen** zu bewahren, soweit der ArbN es nicht ausdrücklich und im Einzelfall von der Schweigepflicht entbunden hat (→ § 79 Rn. 30). Die Vorschriften des BetrVG über die **Schweigepflicht** gehen im Rahmen ihres Geltungsbereichs den Vorschriften des BDSG vor (§ 1 Abs. 3 BDSG; → § 79 Rn. 35). Gegen den Willen des ArbN darf dem BR die Personalakte nicht zur Einsichtnahme überlassen werden (LAG Niedersachsen 22.1.2007 – 11 Sa 614/06, NZA-RR 2007, 585). Auch darf dem BR keine Abmahnung in Kopie übermittelt werden. Ein darauf gerichtetes Recht des BR gibt § 83 Abs. 1 S. 2 nicht her.

VI. Streitigkeiten

Im **UrteilsVerf.** (→ ArbGG Rn. 5 ff.) vor den ArbG sind auszutragen Streitigkeiten zwischen ArbGeb. und ArbN über die Ausübung des Einsichtsrechts in die Personalakte, über deren Inhalt, über das Recht des ArbN, eine Stellungnahme zur Personalakte zu eben oder die Entfernung von Vorgängen aus ihr zu verlangen (→ Rn. 15 ff.), sowie ein BRMitgl. (bei Schwerb. die Vertrauensperson) hinzuzuziehen (DKKW/*Buschmann* Rn. 38; Richardi BetrVG/*Thüsing* Rn. 43). Für BeschlVerf. bei Streit über die Heranziehung eines BRMitgl.: GK-BetrVG/*Franzen* Rn. 78. Das UrteilsVerf. ist die zutreffende Verfahrensart, wenn die Sperrung, Löschung oder Berichtigung von Daten verlangt wird, die in Personaldateien gespeichert sind (ErfK/*Kania* Rn. 14). Die Zwangsvollstreckung aus einem der Klage stattgebenden Urteil erfolgt durch Zwangsgeld. 30

Der BR kann den Anspruch des ArbN auf Hinzuziehung eines BRMitgl. nicht selbst geltend machen (→ § 82 Rn. 11). Verweigert der ArbGeb. eine Hinzuziehung, verletzt er seine betriebsverfassungsrechtlichen Pflichten. Deren Einhaltung kann der BR im Verfahren nach § 23 Abs. 3 erreichen (BAG 16.11.2004 – 1 ABR 53/03, NZA 2005, 416). Weigert sich ein BRMitgl., dem Wunsch des ArbN auf Beteiligung an der Akteneinsicht nachzukommen, kann dies eine grobe Pflichtverletzung iSv § 23 Abs. 1 sein (DKKW/*Buschmann* Rn. 39). Ein gerichtl. durchsetzbarer Rechtsanspruch auf ein Tätig werden des BRMitgl. besteht nicht (→ § 84 Rn. 23). 31

§ 84 Beschwerderecht

(1) [1]**Jeder Arbeitnehmer hat das Recht, sich bei den zuständigen Stellen des Betriebs zu beschweren, wenn er sich vom Arbeitgeber oder von Arbeitnehmern des Betriebs benachteiligt oder ungerecht behandelt oder in sonstiger Weise beeinträchtigt fühlt.** [2]**Er kann ein Mitglied des Betriebsrats zur Unterstützung oder Vermittlung hinzuziehen.**

(2) **Der Arbeitgeber hat den Arbeitnehmer über die Behandlung der Beschwerde zu bescheiden und, soweit er die Beschwerde für berechtigt erachtet, ihr abzuhelfen.**

(3) **Wegen der Erhebung einer Beschwerde dürfen dem Arbeitnehmer keine Nachteile entstehen.**

Inhaltsübersicht

I. Vorbemerkung

1 Aufbauend auf den Informations-, Anhörungs- und Erörterungsrechten der §§ 81 u. 82 regeln die §§ 84 ff. mit dem Beschwerderecht des einzelnen ArbN ein weiteres innerbetriebliches Instrument zur Konfliktbewältigung. Dem ArbN steht es danach frei, entweder unmittelbar Beschwerde beim ArbGeb. nach § 84 einzulegen oder nach § 85 den BR einzuschalten. Er kann auch beide Verfahrenswege beschreiten (HWGNRH/*Rose* Rn. 3); die beiden Beschwerdeverfahren schließen einander nicht aus (*Uhl/Polloczek* BB 2008, 1730). Das Beschwerderecht besteht unabhängig vom individuellen **Klagerecht** des einzelnen ArbN (Richardi BetrVG/*Thüsing* Rn. 16). Es steht im Entleiherbetrieb auch einem dort eingesetzten **LeihArbN** zu (§ 14 Abs. 2 S. 3 AÜG nF). **Gesetzliche Fristen** werden durch eine Beschwerde **nicht gehemmt,** wohl aber solche tarifliche Ausschlussfristen, die lediglich eine schlichte Geltendmachung eines Anspruchs verlangen (DKKW/*Buschmann* Rn. 3). Vorstellungen oder Beschwerden bei außerbetrieblichen Stellen sind regelmäßig erst nach Erschöpfung der betrieblichen Beschwerdemöglichkeiten zulässig (BAG 3.7.2003 – 2 AZR 435/02, NZA 2004, 427; GK-BetrVG/*Franzen* Rn. 9; weitergehend DKKW/*Buschmann* Rn. 4 ff.). Derzeit nicht abschließend geklärt ist, inwieweit der ArbN strafbares Verhalten des ArbGeb. bei den zuständigen Stellen anzeigen darf, ohne mit arbeitsvertraglichen Sanktionen rechnen zu müssen (sog „Whistleblowing"; BVerfG 2.7.2001 – 1 BvR 2049/00, AP BGB § 626 Nr. 170). Solche Strafanzeigen fallen in den Geltungsbereich des Art. 10 EMRK. Deshalb muss ein angemessener Ausgleich zwischen den Interessen des ArbN und denen des ArbGeb. gefunden werden (EGMR 21.7.2011 – 28274/08, NZA 2011, 1269).

2 Ein spezielles Beschwerderecht bei **nicht ausreichenden Arbeitsschutzmaßnahmen** des ArbGeb. normiert § 17 Abs. 2 ArbSchG. Danach kann sich ein ArbN an die zuständigen Behörden wenden, soweit der ArbGeb. konkreten Missständen im Bereich des Arbeitsschutzes auf seine Beschwerde hin nicht abhilft. Es gilt ein Benachteiligungsverbot (*Aligbe* ArbR 2014, 242). Soweit der ArbN subjektiv der Ansicht ist, durch den ArbGeb., Vorgesetzte, andere ArbN oder Dritte im Rahmen seines Beschäftigungsverhältnisses aus Gründen der in § 1 AGG geregeltem Merkmale (→ § 75 Rn. 58 ff.) benachteiligt worden zu sein, räumt **§ 13 Abs. 1 AGG ein besonderes Beschwerderecht** bei einer hierfür nach § 13 Abs. 1 AGG einzurichtenden Stelle ein. Das umfasst auch ein Beschwerderecht bei sexueller Belästigung am Arbeitsplatz, nach dem das Beschäftigtenschutzgesetz durch Art. 4 S. 2 AGG abgelöst worden ist. Den konkret zu erhebenden Vorwurf muss die zuständige Stelle prüfen und dem ArbN wie dem ArbGeb. das Ergebnis mitteilen. Bleibt der ArbGeb. untätig oder setzt er sich über die Empfehlung der zuständigen Stelle hinweg, kann der ArbN auch den zuständigen BR einschalten (*Oetker* NZA 2008, 264). Insgesamt schränken die im AGG geregelten Rechte das Beschwerderecht nach § 84 nicht ein (hM).

3 Entspr. Vorschrift im BPersVG und SprAuG: Keine.

II. Beschwerdegegenstand

4 Beschwerdegegenstand ist die **individuelle Benachteiligung,** ungerechte Behandlung oder sonstige Beeinträchtigung des einzelnen ArbN. Entscheidend ist allein der subjektive Standpunkt des jeweiligen ArbN (HSWGNR/*Rose* Rn. 16). Dieser muss in seiner Beschwerde deutlich machen, in welchen konkreten Umständen

rechtlicher oder tatsächlicher Art er eine Benachteiligung sieht. Das kann auch abgeschlossene Vorgänge betreffen (BAG 22.11.2005 – 1 ABR 50/04, NZA 2006, 803). Das Beschwerderecht eröffnet **keine Popularbeschwerde,** dh solche wegen allgemeiner Missstände im Betrieb oder gemeinsamer Belange bestimmter Gesellschaftsgruppen, wegen des allgemeinen Sicherheitsniveaus im Betrieb oder der Betriebsabteilung, sofern der einzelne ArbN sich nicht persönlich betroffen fühlt (hM). Allgemeine Anregungen kann der ArbN nur an den BR richten (§ 80 Abs. 1 Nr. 3, § 86a). Das gleichzeitige Vortragen einer Beschwerde durch mehrere betroffene ArbN ist keine unzulässige Popularbeschwerde, sondern eine Bündelung zulässiger Individualbeschwerden (*Nebendahl/Lunk* NZA 1990, 676 [677 f.]). Daher ist auch eine Unterschriftenaktion zur Wiedereinführung einer 35-Stunden-Woche vom betriebsverfassungsrechtl. Beschwerderecht gedeckt (LAG Hamm 3.9.2014 – 4 Sa 235/14, NZA-RR 2015, 131).

Eine individuelle Benachteiligung des ArbN begründet ein Beschwerderecht auch dann, wenn bei entspr. **generellen Maßnahmen des ArbGeb.** ein MBR bestehen würde, zB wenn der ArbN ständig kraft Direktionsrechts des ArbGeb. Überstunden leisten muss oder es um die Frage des konkreten Verhaltens einzelner ArbN geht (zB Gestaltung des Arbeitsraums, Belästigung durch Gerüche oder Rauchen). 5

Typische Beschwerdegegenstände betreffen den **Arbeits- und Gesundheitsschutz** (Lärm, Vibrationen, Geruch, Raumklima), den **Nichtraucherschutz,** den **betrieblichen Umweltschutz** (zB wenn dem ArbN eine umweltrechtswidrige oder -problematische Tätigkeit zugewiesen wird oder er derartige Praktiken in seinem betrieblichen Umfeld feststellt) sowie die **Arbeitsorganisation** (Leistungsverdichtung zB durch zu schnellen Maschinenlauf, Vergrößerung des Arbeitspensums, Einführung von Gruppenarbeit), aber auch **Leistungsbeurteilungen** (insbes. Zeugnisse) oder auch das unbefugte Erheben, Verarbeiten oder Nutzen von Beschäftigtendaten, also Verstöße gegen das BDSG (WHW Arbeitnehmerdatenschutz/*Willert* A XIV Rn. 14). 6

Eine Benachteiligung kann in einer **gleichheitswidrigen, sachlich nicht gerechtfertigten Behandlung** liegen (§ 75 Abs. 1). Neben der Nichterfüllung von Rechtsansprüchen (hM) kommt auch eine **rein tatsächliche Benachteiligung** in Betracht, zB ständiges Zuweisen besonders schmutziger oder unangenehmer Arbeiten, Arbeit unter vermeidbar unwürdigen Arbeitsumständen (→ § 90 Rn. 38 ff.), dauernde Anordnungen von Vertretungen oder Botengängen (soweit nicht arbeitsvertraglich vereinbart), Arbeitsüberlastung (s. dazu LAG Düsseldorf 21.12.1993 – 8 (5) TaBV 92/93, NZA 1994, 767) uä. 7

Eine **ungerechte Behandlung** wird oft mit der Benachteiligung identisch sein, zwangsläufig ist das nicht, zB Übertragung von Aufgaben ohne Sicherstellung der hierfür erforderlichen Kompetenzen, Erteilung von Weisungen in unangemessenem Ton, Ausspruch nicht gerechtfertigter Rügen, in Aussichtstellen von Kündigungen uä. 8

Während die genannten Nachteile regelmäßig vom ArbGeb. oder anderen Vorgesetzten des ArbN (auch leitende Ang.) ausgehen werden, kann der ArbN auch von Arbeitskollegen „in sonstiger Weise beeinträchtigt“ werden. Dieser Tatbestand erfasst zB Hänseleien und Schabernack, zB Weitergabe von in Wirklichkeit nicht bestehenden Anordnungen, Verstecken von Werkzeug oder Bekleidung usw, mangelnde Bereitschaft zur Zusammenarbeit, aber auch Einmischung (unzuständiger) Kollegen oder Vorgesetzter in den übertragenen Arbeitsbereich, Streitigkeiten zwischen Rauchern und Nichtrauchern, ehrverletzende Äußerungen, **ausländerfeindliches Verhalten** sowie **sexuelle Belästigungen.** Weitere Belästigungen schwerer Art bis hin zu Psychoterror können betreffen **Mobbing** (oder **Bullying**). Dabei handelt es sich um ein über einen längeren Zeitraum hinweg stattfindendes systematisches Anfeinden, Schikanieren oder Diskriminieren der ArbN untereinander oder durch Vorgesetzte (letzteres auch **Bossing** genannt), das schwerwiegende Stresssymptome bei den Betroffenen auslöst, die Arbeitsunfähigkeit zur Folge haben können. Diese Verhal- 9 tensweisen müssen in einem inneren Zusammenhang stehen und auf Dauer angelegt sein. Einmalige Entgleisungen erfüllen diesen Sachverhalt nicht. Typisch für Mobbing ist eine Täter-Opfer-Konstellation gekennzeichnet. Teilweise erfüllen Mobbinghandlungen auch Straftatbestände.

10 Mit dem Begriff der Belästigung in § 3 Abs. 3 AGG greift das G diese Sachverhalte auf (BAG 22.7.2010 – 8 AZR 1012/08, NZA 2011, 93, *Stück* MDR 2013, 378). Den Tatbestand der **sexuellen Belästigung** definiert nunmehr § 3 Abs. 4 AGG. Solche können etwa sein

- Armumlegen (LAG Hamm 13.2.1997 – 17 Sa 1544/96, BB 1997, 1485)
- Schlag vor die Brust (BVerwG 15.11.1996 – 1 DB 5.96, AuA 1997, 205)
- Postkarten an Kollegin mit anzügl. Bemerkungen (LAG RhPf 16.2.1996 – 10 Sa 1090/95, NZA-RR 1997, 169)
- Bemerkungen sexuellen Inhalts (BAG 9.6.2011 – 2 AZR 323/10, NZA 2011, 1418)
- Eingriff in die körperl. Intimsphäre durch Berühren der Brust (BAG 20.11.2014 – 2 AZR 651/13, NZA 2015, 294)
- absichtliche Berührung primärer oder sekundärer Geschlechtsmerkmale ungeachtet einer sexuellen Motivation (BAG 29.6.2017 – 2 AZR 302/16, NZA 2017, 1121).

11 Wegen Entfernung betriebsstörender ArbN vgl. § 104.

12 **Beschwerden gegen den BR** oder die Amtstätigkeit einzelner BRMitgl. erfasst § 84 nicht. Das hat seinen Grund darin, dass der ArbGeb. keinen Einfluss auch die Arbeit und Amtsführung des BR nehmen kann und ihm insoweit keine Abhilfemöglichkeit zusteht (DKKW/*Buschmann* Rn. 23; GK-BetrVG/*Franzen* Rn. 14). In diesen Fällen bleibt nur ein Antrag nach § 23 Abs. 1.

III. Beschwerdeverfahren

13 Der ArbN hat eine individuelle Beschwerde bei der organisatorisch für die Abhilfe der Beschwerde zuständigen Stelle des Betriebes einzulegen. Das dürfte, auch in Gemeinschaftsbetrieben, regelmäßig der unmittelbare Vorgesetzte sein (HWGNRH/*Rose* Rn. 29). Das G enthält **keine Form- oder Fristvorschriften** für die Beschwerde. Der ArbN muss keine Abhilfemöglichkeit benennen (BAG 22.11.2005 – 1 ABR 50/04, NZA 2006, 803). Bleibt die Beschwerde erfolglos, kann der ArbN im Rahmen der betrieblichen Organisation den Instanzenzug bis zum ArbGeb. selbst bzw. dem Personalleiter beschreiten (GK-BetrVG/*Franzen* Rn. 30).

14 Der ArbN kann ein von ihm bestimmtes **Mitglied des BR** zur Unterstützung oder Vermittlung hinzuziehen (→ § 83 Rn. 41). Eine bes. **Schweigepflicht** des BRMitgl. (wie nach § 82 Abs. 2, § 83 Abs. 1) besteht in diesem Falle nicht. Es besteht kein Anspruch des ArbN auf anonyme Behandlung der Beschwerde. Allerdings dürfen weder ArbGeb. noch das BRMitgl. das allgemeine Persönlichkeitsrecht des ArbN verletzen.

15 Der ArbGeb. hat die Berechtigung der Beschwerde zu prüfen. Bei längerer Dauer der Prüfung empfiehlt sich ein **Zwischenbescheid** (DKKW/*Buschmann* Rn. 28). Der ArbN muss einer Anordnung, über die er sich beschwert, zunächst nachkommen, es sei denn, es besteht ein **Leistungsverweigerungsrecht** (BAG 19.2.1997 – 5 AZR 315/95, NZA 1997, 86. Die Beschwerde hat **keine aufschiebende Wirkung.** Eine zögerliche Behandlung der Beschwerde widerspricht der Fürsorgepflicht des ArbGeb. Erachtet er die Beschwerde für berechtigt, ist ihr abzuhelfen, andernfalls ist sie abzulehnen.

16 Nach Abs. 2 hat der ArbGeb. selbst bzw. ein bevollmächtigter Vertreter den ArbN über die Behandlung, dh Erledigung der Beschwerde zu informieren. Die **Information** kann sowohl mündlich als auch schriftlich erfolgen. Sie soll mindestens bei Ablehnung eine Begründung enthalten (Richardi BetrVG/*Thüsing* Rn. 21). Es ist zulässig, den Beschwerdeführer über die Verhängung einer Betriebsbuße zu unterrichten,

die auf seine Beschwerde zurückgeht. Wiederholte Beschwerden über denselben Gegenstand brauchen nicht beschieden zu werden (GK-BetrVG/*Franzen* Rn. 30).

Weist der ArbGeb. die **Beschwerde zurück,** kann der ArbN den BR einschalten. Ein E-Stellenverfahren kann er nicht einleiten. Das sieht § 84 nicht vor. Individuelle Rechtsansprüche, die der ArbN im Wege der Beschwerde geltend gemacht hat, können vor dem ArbG eingeklagt werden. Das Beschwerdeverfahren hat auf das Klageverfahren keinen Einfluss. Der ArbN kann seine Beschwerde jederzeit zurücknehmen. 17

Erkennt der ArbGeb. die Berechtigung der Beschwerde an, ist er durch diese Selbstbindung **zur Abhilfe verpflichtet,** sofern das möglich ist, dh soweit die Abhilfe in seinem Einflussbereich liegt. Es handelt sich dann um eine vertragliche Selbstverpflichtung des ArbGeb., sei es in Form eines Schuldanerkenntnisses bei Rechtsansprüchen oder der konstitutiven Begründung eines Abhilfeanspruchs, die er zu erfüllen hat (DKKW/*Buschmann* Rn. 30; ErfK/*Kania* Rn. 7; GK-BetrVG/*Franzen* Rn. 26 soweit die Erklärung des ArbGeb. entspr. ausgelegt werden kann). 18

Nach § 13 Abs. 1 AGG ist eine Beschwerde nach diesem G bei der zuständigen Stelle des Betriebes oder Unternehmens einzulegen. Aus Kostengründen und zur Vermeidung von Doppelstrukturen kann es sich anbieten, für **Beschwerden nach dem AGG** und solche nach § 84 eine gemeinsame Stelle einzurichten. Richtet der ArbGeb. entgegen seiner gesetzlichen Verpflichtung keine Beschwerdestelle nach § 13 AGG ein, kann der BR von seinem Antragsrecht nach § 17 Abs. 2 AGG Gebrauch machen. Zum MBR bei der Errichtung der Beschwerdestelle und Regelungen zum Beschwerdeverfahren → § 87 Rn. 75. 19

IV. Benachteiligungsverbot

Abs. 3 stellt klar, dass dem ArbN durch die **Erhebung einer Beschwerde keine Nachteile** entstehen dürfen, auch keine Lohnminderung. Es gilt dasselbe wie für die Verfolgung von Rechtsansprüchen durch Klage. Das Benachteiligungsverbot gilt auch bei unberechtigten Beschwerden (DKKW/*Buschmann* Rn. 36; **aA** WHW Arbeitnehmerdatenschutz/*Willert* A XIV Rn. 22). 20

Werden anlässlich einer Beschwerde eines ArbN Unregelmäßigkeiten dieses ArbN aufgedeckt, schließt § 84 Abs. 3 nicht aus, entspr. Maßnahmen gegenüber dem beschwerdeführenden ArbN zu ergreifen (ebenso Richardi BetrVG/*Thüsing* Rn. 18). Ein etwaiger Verstoß des ArbGeb. oder anderer Betriebsangehöriger gegen Abs. 3 verpflichtet zum Schadensersatz. Das **Benachteiligungsverbot** des § 84 **ist ein Schutzgesetz** iSd § 823 Abs. 2 BGB (WPK/*Preis* Rn. 14). Nachteilige rechtsgeschäftliche Handlungen des ArbGeb. sind unwirksam. Das gilt auch für Kündigungen. Etwas anderes kann in Betracht kommen, wenn Inhalt oder Begleitumstände der Beschwerde eine Kündigung rechtfertigen können, zB völlig haltlose schwere Anschuldigungen gegen den ArbGeb. (GK-BetrVG/*Franzen* Rn. 34; LAG Hamm 11.2.2004 – 18 Sa 1847/03, ArbuR 2005, 36; LAG Köln 20.1.1999 – 8 (10) Sa 1215/98, MDR 1999, 811). Bei Strafanzeigen des ArbN gegen Vorgesetzte wegen des Verdachtes bestimmter Straftaten verlangt BAG zunächst den Versuch einer innerbetrieblichen Klärung der Vorgänge. Erst wenn der ArbN bei objektiver Betrachtung erwarten kann, der von ihm informierte ArbGeb. werde der Beschwerde nicht nachgehen, kann er von einem solchen Versuch absehen und Anzeige erstatten, ohne der Gefahr einer ordentlichen Kündigung ausgesetzt zu sein (BAG 3.7.2003 – 2 AZR 435/02, NZA 2004, 427). 21

V. Streitigkeiten

Das **UrteilsVerf.** (→ ArbGG Rn. 5) findet statt bei Streitigkeiten zwischen ArbGeb. und ArbN über 22

– die Entgegennahme und Bescheidung der Beschwerde. In einem hierauf begrenzten Verfahren kann keine konkrete Beschwerdeentscheidung begehrt werden;
– Rechtsansprüche, die sich aus einer Anerkennung der Berechtigung der Beschwerde durch den ArbGeb. ergeben;
– über einen Verstoß gegen das Benachteiligungsverbot des § 84 Abs. 3 oder
– Meinungsverschiedenheiten zwischen ArbN und ArbGeb. über die Hinzuziehung eines BRMitgl. (BAG 24.4.1979 – 6 AZR 69/77, AP BetrVG 1972 § 82 Nr. 1).

23 Der ArbN kann ein Tätigwerden des ausgewählten BR-Mitgl. gerichtlich, dh im BeschlVerf., nicht erzwingen (→ § 82 Rn. 12, 15; DKKW/*Buschmann* Rn. 39, **aA** GK-BetrVG/*Franzen* Rn. 37; HWGNRH/*Rose* Rn. 53). Das BR-Mitgl. macht sich uU einer groben Pflichtverletzung iSd § 23 Abs. 1 schuldig. Zum betriebl. Konfliktmanagement *Litschen/Hippeli* DB 2015, 741.

§ 85 Behandlung von Beschwerden durch den Betriebsrat

(1) **Der Betriebsrat hat Beschwerden von Arbeitnehmern entgegenzunehmen und, falls er sie für berechtigt erachtet, beim Arbeitgeber auf Abhilfe hinzuwirken.**

(2) [1]**Bestehen zwischen Betriebsrat und Arbeitgeber Meinungsverschiedenheiten über die Berechtigung der Beschwerde, so kann der Betriebsrat die Einigungsstelle anrufen.** [2]**Der Spruch der Einigungsstelle ersetzt die Einigung zwischen Arbeitgeber und Betriebsrat.** [3]**Dies gilt nicht, soweit Gegenstand der Beschwerde ein Rechtsanspruch ist.**

(3) [1]**Der Arbeitgeber hat den Betriebsrat über die Behandlung der Beschwerde zu unterrichten.** [2]**§ 84 Abs. 2 bleibt unberührt.**

Inhaltsübersicht

I. Vorbemerkung

1 Die Vorschrift des § 85 ergänzt die des § 84. Der ArbN kann seine Beschwerde beim BR entweder sofort und unmittelbar oder nach Abschluss eines erfolglosen Beschwerdeverfahrens nach § 84 einlegen. Dadurch wird das individuelle zum **kollektiven betriebsverfassungsrechtlichen Beschwerdeverfahren** (ErfK/*Kania* Rn. 1; Richardi BetrVG/*Thüsing* Rn. 3; **aA** GK-BetrVG/*Franzen* Rn. 4). Es sichert die angemessene Behandlung einer AN-Beschwerde. Beschwerdeberechtigt im Entleiherbetrieb sind nunmehr auch **LeihArbN** (§ 14 Abs. 2 S. 3 AÜG nF).

2 Entspr. Vorschrift im BPersVG und SprAuG: keine. § 85 erfasst auch die bei der Deutschen Post AG oder deren Tochterunternehmen beschäftigten Beamte (BAG 22.11.2005 – 1 ABR 50/04, NZA 2006, 803).

II. Beschwerdeverfahren

1. Behandlung durch den Betriebsrat

3 Der mögliche **Gegenstand einer Beschwerde** entspricht der des § 84 (→ § 84 Rn. 4–11). Es genügt die subjektive Betroffenheit des ArbN. Die Beschwerde ist

nicht formgebunden. Der ArbN kann die Beschwerde an den BR selbst bzw. einen etwa gebildeten besonderen Ausschuss (§ 28) richten (zur Ansprache eines BRMitgl. auf dem Betriebsgelände BAG 6.8.1981 – 6 AZR 1086/79, AP BetrVG 1972 § 37 Nr. 40). Möchte der beschwerdeführende ArbN anonym bleiben, hat der BR zu prüfen, ob die Behandlung dieser Beschwerde Rechte Dritter verletzt. In einem solchen Fall kann er die Beschwerde ohne weiteres verwerfen (*Zimmermann* AuR 2016, 226). Ansonsten muss er sich mit der Beschwerde befassen und hierüber einen Beschluss fassen. Sieht er die Beschwerde für berechtigt an (→ § 80 Rn. 24ff.), hat er beim ArbGeb. auf Abhilfe hinzuwirken (Abs. 1). Lehnt er die weitere Verfolgung der Beschwerde ab, ist der ArbN zu unterrichten und die Ablehnung zu begründen. Der ArbN kann dann uU noch ein individuelles Beschwerdeverfahren nach § 84 einleiten.

Nimmt sich der **BR der Beschwerde des ArbN an,** hat er mit dem ArbGeb. 4
über deren Erledigung zu verhandeln. Es ist zweckmäßig den Beschwerdeführer zu hören. Eine Einigung bezieht sich auf die Berechtigung oder Nichtberechtigung der Beschwerde, nicht notwendigerweise auf deren Abhilfe (hM, vgl. § 84 Abs. 2). Kommt zwischen BR und ArbGeb. keine Einigung zustande, kann nur **der BR die E-Stelle anrufen.** Das gilt nicht, wenn Gegenstand der Beschwerde ein Rechtsanspruch des ArbN ist. Der BR kann die E-Stelle ohne Zustimmung des beschwerdeführenden ArbN anrufen. Dieser kann jederzeit seine Beschwerde zurücknehmen und damit das weitere Verfahren hinfällig machen. Der einzelne ArbN kann die E-Stelle nicht anrufen, ist aber von ihr zu hören (BAG 28.6.1984 – 6 ABR 5/83, NZA 1985, 189). Ist ein Mitglied des BR selbst Beschwerdeführer, ist er wegen eigener Betroffenheit sowohl bei der Beschlussfassung des BR als auch bei der Anrufung der E-Stelle und der Durchführung des E-Stellenverfahrens ausgeschlossen (LAG Nürnberg 6.10.2012 – 7 TaBV 28/12, NZA-RR 2013, 23).

2. Das E-Stellenverfahren

Voraussetzung für die Bildung einer E-Stelle ist, dass die tatsächlichen Gründe für 5
die Beschwerde, die sie veranlassenden Vorgänge oder Verhältnisse in einem Mindestmaß konkret angegeben sind. Die **Kennzeichnung** nur der Art der Benachteiligung, der ungerechten Behandlung oder sonstiger Beeinträchtigungen genügt idR nicht. Ob die angegebenen Beschwerdegründe tatsächlich vorliegen ist unerheblich (HessLAG 15.1.1993 – 9 Ta 470/92, DB 1993, 1248; GK-BetrVG/*Franzen* Rn. 9). Bei einem Streit der Betriebsparteien über Abhilfemaßnahmen kann die E-Stelle nicht angerufen werden (BAG 22.11.2005 – 1 ABR 50/04, NZA 2006, 803). An einem regelungsbedürftigen Streit fehlt es auch, wenn die Beschwerde einen in der Vergangenheit liegenden und abgeschlossenen Sachverhalt betrifft, der den ArbN nicht mehr beeinträchtigt. In einem solchen Fall verlangt der ArbN nur eine Kompensation für vergangene Beeinträchtigungen. Das E-Stellenverfahren ist aber darauf gerichtet, ein den ArbN beeinträchtigenden Zustand künftig zu beseitigen (BAG 22.11.2005 – 1 ABR 50/04, NZA 2006, 803; **aA** DKKW/*Buschmann* Rn. 8).

Ein die **Einigung der Betriebspartner ersetzender Spruch** der E-Stelle nach 6
§ 85 Abs. 2 S. 1 u. 2 iVm § 76 Abs. 5 betrifft die Berechtigung oder Nichtberechtigung der Beschwerde. Das verpflichtet den ArbGeb. der Beschwerde abzuhelfen; an Abhilfeforderungen des ArbN ist er nicht gebunden (§ 84 Abs. 2). Ein E-Stellen-Spruch kommt nur in Betracht, soweit es sich um **Regelungsstreitigkeiten nichtkollektiver Art** handelt (*Steffan* RdA 2015, 270). Deshalb kann ein Gegenstand der zwingenden MB nicht Gegenstand des Verfahrens vor der E-Stelle nach Abs. 2 sein (HessLAG 8.4.2008 – 4 TaBV 15/08, AuR 2008, 406). Die Beschwerde darf nur das einzelne Arbeitsverhältnis betreffen und muss rein tatsächliche Beeinträchtigungen (→ § 84 Rn. 7) zum Inhalt haben. Für die Behandlung von **Rechtsansprüchen** (Gleichbehandlung, Fürsorgepflicht) ist die E-Stelle nicht zuständig. Über deren Berechtigung entscheiden die Arbeitsgerichte (BAG 22.11.2005 – 1 ABR 50/04, NZA

2006, 803). Gegenstand des E-Stellenverfahrens können sein negative Belastungen jeglicher Art sein (LAG Düsseldorf 21.12.1993 – 8 (5) TaBV 92/93, NZA 1994, 767), ständige Arbeitsüberlastung (LAG Hamm 21.8.2001 – 13 TaBV 78/01, NZA-RR 2002, 139), ständige Eingriffe von Vorgesetzten oder Kollegen in den Aufgabenbereich des ArbN, mangelnde oder unzureichende Information und Zielsetzung, unsachgemäße Kritik oder Kontrolle, ständiger Einsatz als „Springer" unter Verschonung anderer ArbN, mangelnde Wertschätzung (LAG Hamm 3.5.2016 – 7 TaBV 29/16), respektloses Verhalten (LAG RhPf 11.12.2014 – 3 TaBV 8/14). Die Beschwerde kann uU auch gegen die Abmahnungspraxis des ArbGeb. gerichtet sein, wenn etwa bei einzelnen ArbN. im Gegensatz zu anderen bereits geringfügigste Fehlleistungen gezielt zum Anlass für Abmahnungen genommen werden. Da die Rspr. in zunehmendem Maße Rechtsansprüche des ArbN, insbes. auf Grund von Generalklauseln (Fürsorgepflicht, Gleichbehandlungsgrundsatz) anerkennt, wird ein die Einigung ersetzender **Spruch der E-Stelle** nach § 76 Abs. 5 nur in wenigen Fällen in Betracht kommen (*Nebendahl/Lunk* NZA 1990, 678; zu eng *Hunold* DB 1993, 2282, der überhaupt keinen Spielraum für E-Stellen-Verf. sieht; differenzierend DKKW/*Buschmann* Rn. 18).

7 Bei Rechtsansprüchen besteht nach § 85 Abs. 2 S. 3 kein Einlassungszwang des ArbGeb. vor der E-Stelle. Deren Zuständigkeit ist dann nur iRd **freiwilligen E-Stellenverfahrens nach § 76 Abs. 6** gegeben (BAG 28.6.1984 – 6 ABR 5/83, NZA 1985, 189; GK-BetrVG/*Franzen* Rn. 16; HWGNRH/*Rose* Rn. 31; Richardi BetrVG/*Thüsing* Rn. 19; **aA** DKKW/*Buschmann* Rn. 12, der ein erzwingbares E-Stellenverfahren mit nicht verbindlichem Spruch der E-Stelle befürwortet, dessen Hinweis auf das ebenfalls verbindliche Einigungsverfahren beim Interessenausgleich aber wegen der unterschiedlichen Sachverhalte – hier gerichtliche Durchführbarkeit von Rechtsansprüchen, dort bes. Verfahren zur Beeinflussung des ArbGeb. unterhalb der Ebene der Erzwingbarkeit – nicht überzeugt). Insoweit kann sie zumindest einen Beitrag zur Klärung des Sachverhalts leisten. Die Entscheidung der E-Stelle nach § 76 Abs. 6 schließt die Klage des einzelnen ArbN nicht aus (§ 76 Abs. 7). Bezieht sich einer von mehreren Beschwerdegegenstände auf einen Rechtsanspruch des ArbN, ist dieser Teil vom E-Stellenverfahren ausgenommen; hinsichtlich der übrigen Beschwerdegegenstände bleibt das E-Stellenverfahren zulässig (DKKW/*Buschmann* Rn. 11; *Dedert* BB 1986, 320 [321]). Hat die E-Stelle den Sachverhalt der Beschwerde bereits in einem Verfahren der zwingenden MB entschieden, besteht für deren erneute Befassung durch den BR kein Raum.

8 Der E-Stellenspruch ist darauf gerichtet, die **Berechtigung einer Beschwerde festzustellen.** Aus dem Spruch muss aber hervorgehen, auf welche konkreten tatsächlichen Umstände sich diese Feststellung bezieht. Andernfalls ist dem ArbGeb. eine wirksame Abhilfe nicht möglich. Enthält weder der Spruch noch dessen Begründung eine Präzisierung des abhilfebedürftigen Zustandes, genügt er nicht den von § 85 Abs. 2 S. 2 gestellten Bestimmtheitsanforderungen. Das führt zur Unwirksamkeit des E-Stellenspruchs.

3. Rechte des Arbeitnehmers

9 Erkennt der ArbGeb. nach Verhandlung mit dem BR die Berechtigung der Beschwerde an oder ersetzt die E-Stelle die darauf gerichtete Einigung der Betriebsparteien, ist der ArbGeb. zur Abhilfe verpflichtet (BAG 22.11.2005 – 1 ABR 50/04, NZA 2006, 803). Die **Abhilfe** muss dem ArbGeb. zumutbar sein. Die Beschwerde erledigt sich erst mit ihrer Abhilfe, nicht bereits mit der Anerkennung ihrer Berechtigung (HSWGNR/*Rose* Rn. 26). Durch die Anerkennung der Beschwerde entsteht ein im Klagewege (Urteilsverfahren) **durchsetzbarer Rechtsanspruch** des einzelnen ArbN auf Abhilfe (→ § 84 Rn. 18; GK-BetrVG/*Franzen* Rn. 25; DKKW/*Buschmann* Rn. 26).

Über die Behandlung der Beschwerde insbes. über die Art der Abhilfe hat der ArbGeb. sowohl den BR (§ 85 Abs. 3 S. 1) als auch den betr. ArbN zu **informieren.** Dies gilt auch bei Ablehnung der Beschwerde. 10

Auch bei Durchführung des kollektiven Beschwerdeverfahrens gilt zugunsten des betroffenen ArbN ein **Benachteiligungsverbot** (vgl. § 84 Abs. 3). 11

4. Mitbestimmungsrechte und Beschwerdeverfahren

Das Beschwerdeverfahren nach §§ 84, 85 erweitert nicht die **kollektiven MBR** des BR (DKKW/*Buschmann* Rn. 15). Der BR hat ein MBR im Beschwerdeverfahren, nicht aber über die sonstigen Regelungen des G hinaus durch das Beschwerdeverfahren (LAG Düsseldorf 21.12.1993 – 8 (5) TaBV 92/93, NZA 1994, 767; Richardi BetrVG/*Thüsing* Rn. 27). Zugunsten eines ArbN. kann jedoch eine Änderung der persönlichen Arbeitszeit oder abweichend vom mitbestimmten Urlaubsplan eine andere zeitlich Lage des Urlaubs erreicht werden. 12

III. Streitigkeiten

Meinungsverschiedenheiten der Betriebsparteien über die Zuständigkeit der E-Stelle, insbes. über die Frage, ob Gegenstand der Beschwerde ein Rechtsanspruch ist, entscheiden die ArbG im **BeschlVerf.** (→ ArbGG Rn. 5). Der beschwerdeführende ArbN ist an diesem Verfahren nicht zu beteiligen (BAG 28.6.1984 – 6 ABR 5/83, NZA 1985, 189). Nach dem eingeschränkten Prüfungsmaßstab der offensichtlichen Unzuständigkeit im **Bestellungsverfahren nach § 100 ArbGG** ist die E-Stelle jedenfalls schon dann zu bilden, wenn zweifelhaft ist, ob der vom ArbN vorgetragene Beschwerdegrund rechtlicher oder tatsächlicher Art ist (LAG Hamm 21.8.2001 – 13 TaBV 78/01, NZA-RR 2002, 139; LAG BW 13.3.2000 – 15 TaBV 4/99, AiB 2000, 760; LAG Düsseldorf 21.12.1993 – 8 (5) TaBV 92/93, NZA 1994, 767; HessLAG 15.1.1993 – 9 Ta 470/92, DB 1993, 1248; DKKW/*Buschmann* Rn. 9; **aA** HWGNRH/*Rose* Rn. 21; *Hunold* DB 1993, 2282). Sie ist auch zu bilden, wenn sich der ArbGeb. verhandlungsunwillig zeigt und die Verhandlungsbemühungen des BR ins Leere laufen lässt (LAG BB 9.4.2014 – 4 TaBV 638/14, BeckRS 2014, 71378). 13

Soweit durch das Anerkennen der Beschwerde ein Rechtsanspruch des ArbN auf Abhilfe entsteht, (→ Rn. 5), ist dieser im **UrteilsVerf.** (→ ArbGG Rn. 5) geltend zu machen (GK-BetrVG/*Franzen* Rn. 32). Der BR ist dazu nicht befugt. Es handelt sich um einen individuellen arbeitsvertraglichen Anspruch des ArbN. Der einzelne ArbN hat keinen gerichtlich (BeschlVerf.) durchsetzbaren Anspruch darauf, dass der BR sich mit seiner Beschwerde befasst (→ § 84 Rn. 23; Richardi BetrVG/*Thüsing* Rn. 40; **aA** GK-BetrVG/*Franzen* Rn. 33). Er ist nicht befugt, die E-Stelle anzurufen. Das beharrliche Nichtbefassen mit den an den BR herangetragenen Beschwerden ist eine Pflichtwidrigkeit. Sie kann bei Vorliegen der weiteren Voraussetzungen des § 23 Abs. 1 eine Amtsenthebung rechtfertigen. 14

§ 86 Ergänzende Vereinbarungen

[1]Durch Tarifvertrag oder Betriebsvereinbarung können die Einzelheiten des Beschwerdeverfahrens geregelt werden. [2]Hierbei kann bestimmt werden, dass in den Fällen des § 85 Abs. 2 an die Stelle der Einigungsstelle eine betriebliche Beschwerdestelle tritt.

Inhaltsübersicht

I. Vorbemerkung

1 § 86 räumt die Möglichkeit ein, durch TV oder auch durch BV die näheren Einzelheiten des **betriebl. Beschwerdeverfahrens** nach § 84 und § 85 zu regeln. Er berechtigt die Betriebsparteien aber nicht dazu, in den Angelegenheiten der zwingenden MB das E-Stellenverfahren durch ein betriebl. Schiedsstelle entsprechend § 86 S. 2 zu ersetzen (HessLAG 15.11.2012 – 5 TaBVGa257/12, BeckRS 2013, 67432). BV nach § 86 beruhen auf freiwilliger (nicht erzwingbarer) Einigung von ArbGeb. und BR (vgl. § 88). Sie gelten im Entleiherbetrieb auch für dort eingesetzte **LeihArbN** (§ 14 Abs. 2 S. 3 AÜG). Ist der ArbGeb. tarifgebunden, gilt ein TV nach § 86 für sämtliche ArbN im persönlichen Geltungsbereich des TV ohne Rücksicht auf deren Tarifbindung, da ein solcher TV betriebl. und betriebsverfassungsrechtliche Fragen regelt (§§ 1, 3 Abs. 2 TVG; ErfK/*Kania* Rn. 2). Zum MBR des BR hinsichtlich eines Beschwerdeverfahrens iRd § 13 AGG → § 87 Rn. 75.

II. Kollektivrechtliche Beschwerdeverfahren

2 Eine bestehende tarifliche Regelung geht einer BV vor. Tarifüblichkeit genügt dafür nicht, da es nicht um Arbeitsbedingungen geht (§ 77 Abs. 3). Eine BV kann das Beschwerdeverfahren näher regeln, wenn ein entspr. TV nur noch kraft Nachwirkung gilt (DKKW/*Buschmann* Rn. 3). Durch Kollektivvertrag dürfen nur das **Beschwerdeverfahren** und die Ersetzung der E-Stelle durch eine betriebl. **Beschwerdestelle** geregelt werden. Das Verhältnis Beschwerdeverfahren zum arbeitsgerichtl. Verfahren ist der Regelungsbefugnis entzogen (GK-BetrVG/*Franzen* Rn. 3). BV oder TV können daher nicht bestimmen, der ArbN müsse vor Anrufung des ArbG den betrieblichen Beschwerdeweg ausschöpfen. Die Zuständigkeiten der E-Stelle oder betriebl. Beschwerdestelle können weder erweitert noch beschränkt werden. Ihre Entscheidungskompetenz kann nicht auf Rechtsansprüche (§ 85 Abs. 2 S. 3) erstreckt werden (GK-BetrVG/*Franzen* Rn. 4).

3 Regelungen nach S. 1 können insbes. umfassen: Festlegung der „zuständigen Stelle" gem. § 84 Abs. 1 und die Zuständigkeit für die weiteren Unterrichtungspflichten des ArbGeb. nach §§ 84, 85; Festlegung von Fristen für Beschwerden und deren Behandlung; Formerfordernisse der Beschwerde und des Beschwerdeverfahrens; Besetzung und Geschäftsordnung der E-Stelle nach § 85 Abs. 2; **betriebl. Instanzenzug** für die Behandlung von Beschwerden (zB unmittelbarer Vorgesetzter, nächsthöherer Vorgesetzter, Beschwerdeausschuss, ggf. Personalabteilung; ErfK/*Kania* Rn. 1). Das Verhältnis der Beschwerdeverfahren nach § 84 und § 85 zueinander kann ebenfalls geregelt werden. Zu den Erfahrungen mit einem derartigen TV für die Druckindustrie s. *Pickshaus* AiB 1992, 672.

4 TV bzw. BV können die E-Stelle durch eine **betriebl. Beschwerdestelle** ersetzen und deren Verfahren regeln (WPK/*Preis* Rn. 7). Damit kann betrieblichen Besonderheiten Rechnung getragen werden. Die Errichtung einer solchen Beschwerdestelle ist für Großbetriebe zu empfehlen. Dabei muss ein gleichgewichtiger Einfluss des BR gegenüber dem ArbGeb. gewährleistet sein. § 76 Abs. 2 gibt die Zusammensetzung der betriebl. Beschwerdestelle aber nicht vor (GK-BetrVG/*Franzen* Rn. 9; **aA** Richardi BetrVG/*Thüsing* Rn. 11). Die **Beschwerdeordnung** wird zweckmäßigerweise Bestimmungen über Form und Frist einer Beschwerde, Anhörung der Beteiligten, Vorentscheidung des zuständigen Vorgesetzten, Einspruch bei einem Beschwerdeausschuss und dessen Zusammensetzung, Geschäftsordnung und Form der Entscheidung enthalten.

5 Die Aufgaben nach § 85 Abs. 2 können durch TV statt der E-Stelle einer **tariflichen Schlichtungsstelle** (§ 76 Abs. 8) zugewiesen werden. § 86 S. 2 steht dem nicht entgegen. Diese Vorschrift erweitert die institutionellen Konfliktlösungsmög-

lichkeiten, beschränkt sie aber nicht (DKKW/*Buschmann* Rn. 4; HWGNRH/*Rose* Rn. 8; ErfK/*Kania* Rn. 1; **aA** GK-BetrVG/*Franzen* Rn. 7; Richardi BetrVG/*Thüsing* Rn. 10).

Die Mitgl. der Beschwerdestelle sind nach §§ 78, 119 Abs. 1 Nr. 2 vor **Benachteiligung geschützt** und unterliegen der **Schweigepflicht** gem. § 79 Abs. 2. Die Missachtung der Schweigepflicht ist strafbar (§ 120 Abs. 1 Nr. 1). 6

III. Streitigkeiten

Meinungsverschiedenheiten über den zulässigen Inhalt eines TV oder einer BV nach § 86 entscheiden die ArbG im **BeschlVerf.** (→ ArbGG Rn. 7 ff.). 7

§ 86a Vorschlagsrecht der Arbeitnehmer

[1]Jeder Arbeitnehmer hat das Recht, dem Betriebsrat Themen zur Beratung vorzuschlagen. [2]Wird ein Vorschlag von mindestens 5 vom Hundert der Arbeitnehmer des Betriebs unterstützt, hat der Betriebsrat diesen innerhalb von zwei Monaten auf die Tagesordnung einer Betriebsratssitzung zu setzen.

Inhaltsübersicht

I. Vorbemerkung

Das BetrVerf-ReformG regelt erstmals ausdrücklich ein **Vorschlagsrecht der ArbN** gegenüber dem BR. Ein vergleichbares Recht stand bisher nur einem Viertel der ArbN im Rahmen von BetrVerslg. (§ 43 Abs. 3) oder der JAV hinsichtlich der Angelegenheiten der jug. und der zu ihrer Ausbildung beschäftigten ArbN (§ 67 Abs. 3) zu. Das Vorschlagsrecht gilt nicht gegenüber dem GesBR oder dem KBR (ErfK/*Kania* Rn. 2). 1

Die Vorschrift will das demokratische Engagement der ArbN als Grundvoraussetzung einer modernen Betriebsverfassung stärken. Dazu sollen die ArbN auch außerhalb von Wahlen, BetrVerslg. oder Sprechstunden des BR Einfluss auf die Arbeit des BR und dessen Politik nehmen können. Das gesonderte betriebsverfassungsrechtliche Vorschlagsrecht soll die **innerbetriebliche Diskussion** beleben und die ArbN veranlassen, sich stärker mit den betrieblichen Angelegenheiten zu befassen (BT-Drs. 14/5741, 47). Dadurch kann erreicht werden, dass sich die Arbeit von BR in einem noch größerem Maße als bisher an den Interessen der Belegschaft ausrichtet (*Wendeling-Schröder* NZA 2001, 357). Damit dient das Vorschlagsrecht der Teilhabe der ArbN an dem sie betreffenden betrieblichen Geschehen (*Wiese* BB 2001, 2267). 2

Entsprechende Vorschriften: BPersVG, SprAuG, EBRG: keine. 3

II. Antragsgegenstand und Verfahren

Antragsberechtigt ist jeder **betriebsangehörige ArbN.** Im Gemeinschaftsbetrieb zählen dazu alle betriebszugehörigen ArbN. unabhängig davon, welchem VertragsArbGeb. sie zugeordnet sind (DKKW/*Buschmann* Rn. 4). Der Kreis der Antragsbe- 4 rechtigten bestimmt sich nach § 5 Abs. 1. Zu ihnen gehören nunmehr auch LeihArbN ungeachtet der Überlassungsdauer (§ 14 Abs. 2 S. 4 AÜG nF). Lt. Angestellten (§ 5 Abs. 3) steht das Antragsrecht nicht zu.

5 Für den Antrag schreibt das G keine besondere Form vor (DKKW/*Buschmann* Rn. 7). Der Antrag kann von einzelnen ArbN oder einem Mindestquorum von 5 vH der betriebsangehörigen ArbN gestellt werden. Für diesen Fall dürfte die Einhaltung der Schriftform zum Nachweis des Quorums unumgänglich sein. Das Mindestquorum berechnet sich nach dem aktuellen Stand der Belegschaft (→ § 23 Rn. 9; Richardi BetrVG/*Thüsing* Rn. 4). Die dazu notwendige Unterschriftensammlung. kann **während der Arbeitszeit** durchgeführt werden (DKKW/*Buschmann* Rn. 8; **aA** HWGNRH/*Rose* Rn. 9 nur während Pausen). Der ArbGeb. bleibt – wie für den vergleichbaren Fall der Unterschriftensammlung – zur Anberaumung einer BetrVerslg. oder eines Verfahrens nach § 23 Abs. 1 oder dem Besuch von Sprechstunden (vgl. § 39 Abs. 3) – zur Entgeltzahlung verpflichtet.

6 Das Antragsrecht setzt keine individuelle Beschwer des Antragstellers voraus (DKKW/*Buschmann* Rn. 11). Darin unterscheidet es sich vom Beschwerderecht der §§ 81 ff. (*Wiese* BB 2001, 2267). Das G sieht keine Begrenzung des **Antragsrechts** auf bestimmte Themen vor. Das Antragsrecht hat einen unmittelbaren Bezug zur Tätigkeit des BR und dessen betriebsverfassungsrechtlichen Handlungsmöglichkeiten (GK-BetrVG/*Franzen* Rn. 14). Es ist deshalb seinem **Gegenstand** nach auf Angelegenheiten beschränkt, für deren Behandlung der BR zuständig ist (vgl. BT-Drs. 14/5741, 47; Richardi BetrVG/*Thüsing* Rn. 6; *Löwisch* BB 2001, 1734).

7 Der Antrag ist an den Vors. des BR oder im Verhinderungsfall an seinen Stellvertreter zu richten. Nach dem Zweck des Antragsrechts ist der BR als Gremium hierüber zu informieren. Ob er sich mit dieser Angelegenheit befasst, auf einer BRSitzung behandelt oder an einen Ausschuss delegiert, entscheidet er nach pflichtgem. Ermessen. Über die entsprechende Entscheidung des BR ist der ArbN zu informieren. Die **Informationspflicht** ist zwar im G nicht ausdrücklich geregelt, liegt aber schon wegen § 80 Abs. 1 Nr. 3 nahe (GK-BetrVG/*Franzen* Rn. 19; HWGNRH/*Rose* Rn. 12). Dem ArbN muss es jedoch nach dem Zweck des Vorschlagsrechts ermöglicht werden, durch eine entsprechende Anzahl von Unterstützungsunterschriften die Behandlung der Angelegenheit zu erzwingen. Er ist deshalb von der Ablehnung oder Nichtbehandlung seines Antrags in Kenntnis zu setzen (Richardi BetrVG/*Thüsing* Rn. 11; *Hanau* RdA 2001, 65; **aA** *Neef* NZA 2001, 361).

8 Wird der Antrag von 5 vH der ArbN des Betriebs unterstützt, ist der BRVors. verpflichtet, die in dem Antrag benannte Angelegenheit innerhalb von zwei Monaten ab Eingang des Antrags auf einer BRSitzung förmlich behandeln zu lassen. Das gilt auch dann, wenn er Zweifel daran hat, ob es sich um eine nach § 86a zulässigen Antragsgegenstand handelt. Aus dem Antragsrecht nach § 86a folgt aber kein Anspruch auf ein weiteres Tätig werden des BR. Der BR hat ein **eigenständiges Prüfungs- und Entscheidungsrecht.** Er befindet nach freiem Ermessen darüber, ob er sich der Angelegenheit annimmt, sie beim ArbGeb., verfolgt oder auf sich beruhen lässt, weil sie etwa gewichtigen Interessen anderer Belegschaftsangehöriger widerspricht (*Annuß* NZA 2001, 367). Er ist nach dem Zweck der Regelung aber gehalten, die Antragsteller über seine Entscheidung zu informieren (Richardi BetrVG/*Thüsing* Rn. 11).

9 Die Behandlung des Antrags in einer Sitzung des BR führt nicht zu einem **Teilnahmerecht der Antragsteller.** Das Gebot der Nichtöffentlichkeit von BRSitzungen (§ 30 S. 4) wird von § 86a nicht durchbrochen. Der BR kann den Antragstellern allerdings Gelegenheit geben, ihr Anliegen auf der BRSitzung zu erläutern (*Löwisch* BB 2001, 1734).

10 Die ArbN dürfen wegen der Ausübung des Vorschlagsrechts nicht benachteiligt werden. Zwar fehlt dazu ein gesetzlich geregeltes **Benachteiligungsverbot.** Ein solches folgt aus § 612a BGB (GK-BetrVG/*Franzen* Rn. 20).

III. Streitigkeiten

Den ArbN steht **kein gerichtlich durchsetzbarer Anspruch** gegenüber dem BR hinsichtlich der Behandlung des Antrags zu (**aA** WPK/*Preis* Rn. 9). Sie können den BR nicht mit Hilfe des ArbG zwingen sich der fraglichen Angelegenheit anzunehmen, auch wenn das Mindestquorum erreicht wird. Die Nichtbehandlung solcher Anträge ist jedoch eine Pflichtverletzung des BR, die je nach den Umständen des Einzelfalles bei beharrlicher Verweigerung ein Amtsenthebungsverfahren nach § 23 Abs. 1 rechtfertigen kann (DKKW/*Buschmann* Rn. 18). 11

Dritter Abschnitt. Soziale Angelegenheiten

§ 87 Mitbestimmungsrechte

(1) **Der Betriebsrat hat, soweit eine gesetzliche oder tarifliche Regelung nicht besteht, in folgenden Angelegenheiten mitzubestimmen:**

1. **Fragen der Ordnung des Betriebs und des Verhaltens der Arbeitnehmer im Betrieb;**
2. **Beginn und Ende der täglichen Arbeitszeit einschließlich der Pausen sowie Verteilung der Arbeitszeit auf die einzelnen Wochentage;**
3. **vorübergehende Verkürzung oder Verlängerung der betriebsüblichen Arbeitszeit;**
4. **Zeit, Ort und Art der Auszahlung der Arbeitsentgelte;**
5. **Aufstellung allgemeiner Urlaubsgrundsätze und des Urlaubsplans sowie die Festsetzung der zeitlichen Lage des Urlaubs für einzelne Arbeitnehmer, wenn zwischen dem Arbeitgeber und den beteiligten Arbeitnehmern kein Einverständnis erzielt wird;**
6. **Einführung und Anwendung von technischen Einrichtungen, die dazu bestimmt sind, das Verhalten oder die Leistung der Arbeitnehmer zu überwachen;**
7. **Regelungen über die Verhütung von Arbeitsunfällen und Berufskrankheiten sowie über den Gesundheitsschutz im Rahmen der gesetzlichen Vorschriften oder der Unfallverhütungsvorschriften;**
8. **Form, Ausgestaltung und Verwaltung von Sozialeinrichtungen, deren Wirkungsbereich auf den Betrieb, das Unternehmen oder den Konzern beschränkt ist;**
9. **Zuweisung und Kündigung von Wohnräumen, die den Arbeitnehmern mit Rücksicht auf das Bestehen eines Arbeitsverhältnisses vermietet werden, sowie die allgemeine Festlegung der Nutzungsbedingungen;**
10. **Fragen der betrieblichen Lohngestaltung, insbesondere die Aufstellung von Entlohnungsgrundsätzen und die Einführung und Anwendung von neuen Entlohnungsmethoden sowie deren Änderung;**
11. **Festsetzung der Akkord- und Prämiensätze und vergleichbarer leistungsbezogener Entgelte, einschließlich der Geldfaktoren;**
12. **Grundsätze über das betriebliche Vorschlagswesen;**
13. **Grundsätze über die Durchführung von Gruppenarbeit; Gruppenarbeit im Sinne dieser Vorschrift liegt vor, wenn im Rahmen des betrieblichen Arbeitsablaufs eine Gruppe von Arbeitnehmern eine ihr übertragene Gesamtaufgabe im Wesentlichen eigenverantwortlich erledigt.**

(2) [1] **Kommt eine Einigung über eine Angelegenheit nach Absatz 1 nicht zustande, so entscheidet die Einigungsstelle.** [2] **Der Spruch der Einigungsstelle ersetzt die Einigung zwischen Arbeitgeber und Betriebsrat.**

Inhaltsübersicht

I. Vorbemerkung

Die Vorschrift fasst diejenigen sozialen Angelegenheiten zusammen, bei denen sich ArbGeb. und BR über alle zu treffenden Maßnahmen und Entscheidungen einigen müssen. Keine Seite kann wirksam ohne die andere handeln. Gelingt den Betriebsparteien keine Einigung, muss diese durch Spruch der E-Stelle ersetzt werden (Abs. 2). Es besteht ein MBR nach dem positiven Konsensprinzip. Deshalb wird die Mitbestimmung in den in § 87 aufgeführten Angelegenheiten als **„zwingende" Mitbestimmung** bezeichnet. 1

Die Vorschrift regelt den **Kernbereich** der Mitwirkung und Mitbestimmung der ArbN. Sie betrifft die Mitbestimmung in sozialen Angelegenheiten. Diese sind durch das BetrVerf-ReformG um die MB bei der Durchführung von Gruppenarbeit (→ Rn. 561 ff.) erweitert worden. Die **Form,** in der Angelegenheiten des § 87 geregelt werden sollen, richtet sich nach der beabsichtigten Wirkung. Soll eine unmittelbare und zwingende Normwirkung (§ 77 Abs. 4) erreicht werden, kommt nur eine **BV** in Betracht. Ansonsten genügt eine **Regelungsabrede,** mittels derer sich die Betriebsparteien wechselseitig verpflichten, sich entsprechend der getroffenen Vereinbarung zu verhalten. Soll sich das auf das einzelne Arbeitsverhältnis auswirken, muss 2 dies mittels Ausübung des Direktionsrechts durch den ArbGeb. oder eine einvernehmliche Vertragsänderung oder den Ausspruch einer Änderungskündigung erfolgen (Einzelheiten → § 77 Rn. 216ff.). Sowohl die Vereinbarung einer Regelungsabrede als auch der Abschluss einer BV bedürfen zu ihrer Wirksamkeit eines darauf gerichteten **Beschlusses des BR** (BAG 9.12.2014 – 1 ABR 19/13, NZA 2015, 368).

3 **Allgemeiner Zweck** der Mitbestimmung ist der Schutz der ArbN. Sie sollen an der Gestaltung der wichtigsten Arbeitsbedingungen über ihre Interessenvertreter beteiligt werden. Die einseitige Anordnung wird durch die einvernehmliche Regelung zwischen BR und ArbGeb. ersetzt, die – falls erforderlich – über die E-Stelle erzwungen werden kann. Hierdurch wird die unternehmerische Entscheidungsfreiheit von Gesetzes wegen begrenzt (BAG 22.8.2017 – 1 ABR 4/16, NZA 2018, 191). Ob und in wie weit der BR die MBR ausübt, liegt zwar in seinem Ermessen, doch ein **Verzicht auf das MBR** gegenüber dem ARbGeb. ist nicht möglich (*Adam* AuR 2008, 169). Bleibt der BR in mitbestimmungspflichtigen Angelegenheiten trotz betriebl. Regelungsbedürftigkeit untätig, kann das eine grobe Pflichtverletzung sein, die einen Auflösungsantrag nach § 23 Abs. 1 rechtfertigen könnte. Trifft er mit dem ArbGeb. eine Vereinbarung (BV), darf er diesem nicht das alleinige Gestaltungsrecht in einer mitbestimmungspflichtigen Angelegenheit überlassen, in dem er etwa das MBR auf ein bloßes Beteiligungsrecht reduziert (BAG 26.4.2005 – 1 AZR 76/04, NZA 2005, 892; krit. *Franzen* NZA 2008, 250). Das gilt auch, wenn der BR auf Anfrage des ArbGeb. zu erkennen gibt, er sehe kein MBR (BAG 29.1.2008 – 3 AZR 42/06, NZA-RR 2008, 469).

4 Die Angelegenheiten, in denen der BR kraft Gesetzes in der geschilderten Weise mitzubestimmen hat, sind **abschließend aufgezählt** (GK-BetrVG/*Wiese* Rn. 4). Fällt eine Angelegenheit nicht unter § 87 sind nur freiwillige BV (§ 88) möglich. Verstöße des ArbGeb. gegen betriebsverfassungsrechtliche Pflichten, insbes. gegen § 75, begründen kein MBR (BAG 8.6.1999 – 1 ABR 67/98, NZA 199, 1288). Keineswegs führt ein mitbestimmungspflichtiger Regelungsgegenstand zu einem MBR hinsichtlich aller damit im Zusammenhang stehender Angelegenheiten. Das wirkt sich indes nur aus, wenn die Betriebsparteien zu keiner Einigung gelangen und der Konflikt von der E-Stelle zu lösen ist. Diese hat jeden Regelungsgegenstand darauf hin zu prüfen, ob ein MBR gegeben ist (BAG 22.7.2008 – 1 ABR 40/07, NZA 2008, 1248).

5 Das BetrVG und insbes. die in ihm geregelten Mitwirkungsrechte der ArbN sind Schutzgesetze zugunsten der ArbN. Das in § 87 normierte **MBR kann** deshalb **weder durch TV noch durch BV eingeschränkt** werden (GK-BetrVG/*Wiese* Rn. 5; DKKW/*Klebe* Rn. 48). Allerdings kann ein TV das MBR ausschließen, wenn er den mitbestimmungspflichtigen Sachverhalt eigenständig und abschließend regelt (→ Rn. 36ff.). Die Mitbestimmung wird auch nicht durch das Direktionsrecht des ArbGeb. oder individualrechtliche Gestaltungsmöglichkeiten beschränkt (GK-BetrVG/*Wiese* Vor § 87 Rn. 4).

6 Die **MBR** des BR können durch **freiwillige BV oder Regelungsabreden erweitert** werden (BAG 14.8.2001 – 1 AZR 744/00, NZA 2002, 342; *Lerch/Weinbrenner* NZA 2011, 664). Denn der BR hat eine umfassende Kompetenz zur Regelung materieller und formeller Arbeitsbedingungen (BAG 18.7.2006 – 1 AZR 758/05, NZA 2007, 462; **aA** *Waltermann* RdA 2007, 257). Die Betriebsparteien können deshalb Regelungen über Inhalt, Abschluss und die Beendigung von Arbeitsverhältnissen treffen (BAG 12.12.2006 – 1 AZR 96/06, NZA 2007, 453) oder einvernehmlich weitere Angelegenheiten der MB unterwerfen (GK-BetrVG/*Wiese* Rn. 10). Gleichwohl eröffnet § 88 den Betriebsparteien keine unbegrenzte Gestaltungsbefugnis. Soweit es sich um Regelungen handelt, die ArbN belasten, ist das Verhältnismäßigkeitsgebot zu beachten. Vereinbarungen, die sich auf die private Lebensführung der ArbN erstrecken, sind von der Regelungskompetenz der Betriebsparteien ebenfalls nicht gedeckt (Einzelheiten → § 77 Rn. 56ff.). Auch ein **TV kann die MBR erweitern** (BAG

23.2.2010 – 1 ABR 65/08, AP BetrVG 1972 § 77 Nr. 100; 29.9.2004 – 1 ABR 29/03, NZA 2005, 313; → § 1 Rn. 338 ff.; **aA** unter Außerachtlassung der Tarifautonomie WPK/*Bender* Rn. 5 ff.); eine **arbeitsvertragliche Erweiterung** des MBR ist wegen fehlender Regelungskompetenz der Arbeitsvertragsparteien nicht möglich (BAG 23.4.2009 – 6 AZR 263/08, NZA 2009, 915).

Das MBR ist nicht von der Größe eines betriebsratsfähigen Betriebs abhängig. Es steht in vollem Umfang in einem **Kleinbetrieb** dem einzigen BRMitgl. zu. Unter den Voraussetzungen des § 50 ist der **GesBR** Träger des MBR (Einzelheiten → § 50 Rn. 35 ff.). Liegen die Voraussetzungen des § 58 vor, wächst das MBR dem **KBR** zu. In beiden Fällen wird das MBR für die jeweiligen Betriebe ausgeübt, wenn auch unternehmens- bzw. konzerneinheitlich. 7

Entspr. Vorschriften: § 75 Abs. 2 u. 3 BPersVG; § 30 S. 1 Nr. 1 SprAuG, aber nur Unterrichtung u. Beratung. 8

II. Allgemeines

1. Adressat der Mitbestimmung

Das MBR im **Betrieb** richtet sich an den VertragsArbGeb. als Betriebsinhaber (WPK/*Bender* Rn. 9). Er setzt die ArbN im Betrieb für den von ihm bestimmten Zweck ein (→ § 1 Rn. 322 ff.; *Wißmann* NZA 2001, 409). Organisiert ein Unternehmen die Zusammenarbeit von ARbN seiner Betriebe in einer **Matrixstruktur** (Einzelh. *Witschen* RdA 2016, 38; *Maschmann* FS 100 Jahre BetrVR S. 463), bestimmt sich die Zuständigkeit für die Ausübung des MBR nach dessen Gegenstand (*Bachner* NZA 2019, 134). Soweit es hierbei zu drittbezogenen Personaleinsätzen bei einem NichtvertragsArbGeb. kommt, kann sich das MBR nach den Grundsätzen des Leih-ArbN-Einsatzes bestimmen (*Witschen* RdA 2016, 38). Besonderheiten gelten im **Gemeinschaftsbetrieb.** Dort muss der Adressat der MB nach Gegenstand und Zweck des jeweiligen MBR gesondert bestimmt werden. MBR – wie etwa das der Lohngestaltung (Nr. 10) – richten sich an den VertragsArbGeb. und sind nur diesem gegenüber wahrzunehmen (BAG 23.9.2003 – 1 ABR 35/02, NZA 2004, 800). Demgegenüber richten sich MBR, deren Gegenstand an die Ausübung der betrieblichen Leitungsmacht knüpft, an sämtliche am Gemeinschaftsbetrieb und dessen Führung beteiligten ArbGeb. (BAG 15.5.2007 – 1 ABR 32/06, NZA 2007, 1240; *Wißmann* NZA 2003, 1). Das MBR führt zu einem Rechtsverhältnis, das allein zwischen den Betriebsparteien besteht (BAG 8.11.2011 – 1 AZR 508/10, NZA 2012, 876). Es gibt ihnen die Befugnis, Rechte und Pflichten für die betriebszugehörigen ArbN zu begründen. Vereinbarungen, die **zu Lasten eines Dritten** gehen, in dem sie etwa nicht den Betriebsveräußerer, sondern nur einen künftigen Betriebserwerber treffen sollen, können sie nicht verbindl. festlegen (BAG 11.1.2011 – 1 AZR 375/09, AP BetrVG 1972 § 77 Nr. 54). Hierfür fehlt ihnen die Regelungsmacht. Bei einer ausländischen Konzernmutter kann kein KBR gebildet werden (BAG 23.5.2018 – 7 ABR 60/16, NZA 2018, 1562; → § 54 Rn. 34a). Dessen ungeachtet können deren Maßnahmen, die ihre hießigen Tochterunternehmen umsetzen, mitbestimmungspflichtig sein. Hierfür kommt es auf die Maßnahme, den Beitrag des Unternehmens und das jeweilige MBR an. Dementsprechend hat das BAG ein MBR nach Nr. 10 bei der Vergabe von Aktienoptionen verneint, wenn der inländische ArbGeb. auf die verteilende Entscheidung keinen Einfluss hat (BAG 12.6.2019 – 1 ABR 57/17, BeckRS 2019, 18930). Allerdings kann dem BR ein Auskunftsanspruch zustehen. 9

2. Personeller Geltungsbereich

Das MBR des BR erstreckt sich auf alle **ArbN des Betriebs.** Dazu gehören auch ArbN, die zwar im Ausland tätig sind, aber noch dem Inlandsbetrieb zugeordnet wer- 10 den (*Nimmerjahn* ArbRAktuell 2013, 231). Zu den ArbN des Betriebes zählen nach der Erweiterung des § 5 Abs. 1 auch **Beamte** respektive **Soldaten,** die in privatwirtschaftlichen Betrieben zum Einsatz kommen (→ § 1 Rn. 32ff.; → § 5 Rn. 316ff.; BAG 5.12.2012 – 7 ABR 48/11, NZA 2013, 793). Auf sie finden solche MBR Anwendung, die sich auf deren Eingliederung in den Betrieb beziehen und die nicht den Status als Beamte selbst betreffen. Für statusrechtliche Angelegenheiten bleibt der Personalrat der entsendenden Dienststelle zuständig. Entsprechendes gilt auch für die **ArbN des öffentl. Dienstes,** die in Betrieben privatwirtschaftl. organisierter Unternehmen – in der Regel auf der Grundlage des § 4 Abs. 3 TVöD – beschäftigt sind und deshalb nach § 5 Abs. 1 S. 3 in den Geltungsbereich des BetrVG fallen. Ob für sie der BR des Betriebes zuständig ist, in dem sie eingesetzt werden oder der Personalrat ihrer bisherigen Dienststelle richtet sich nach den für LeihArbN entwickelten Grundsätzen (→ Rn. 11; *Heise/Fedder* NZA 2009, 1069). Demnach bleibt der Personalrat für die arbeitsvertragsbezogene MB zuständig, während der BR für die tätigkeitsbezogenen mitbestimmungsrechtl. Angelegenheiten zuständig ist (*Löwisch* BB 2009, 2316). Die MBR gelten nicht für die **leitenden Ang.** Sie werden generell nicht vom BR vertreten. **AT-Angestellte** sind nur dann leitende Angestellte, wenn sie die Merkmale des § 5 erfüllen (→ § 5 Rn. 347ff.). Ist das nicht der Fall, erfassen die MBR auch diesen ArbNKreis. Die zur Ausführung eines **Werk- oder Dienstvertrags** eingesetzten eigenen ArbN oder LeihArbN des Werkunternehmers (sog Dritt-/Fremdfirmeneinsatz) unterliegen mangels Eingliederung in die Betriebsorganisation im Einsatzbetrieb nicht dem MBR des dortigen BR (→ § 5 Rn. 279ff.). Für diese Beschäftigten besitzt der BR des Einsatzbetriebes kein durch Wahl oder Eingliederung/Weisungsrecht vermitteltes Mandat. Er ist nicht berechtigt, mit ihrem Vertragsarbeitgeber als Externem Verhandlungen zu führen (BAG 27.1.2004 – 1 ABR 7/03, NZA 2004, 556; **aA** *Karthaus/Klebe* NZA 2012, 417). Nichts anderes gilt für sogn. **Onsite-Werkverträge** (→ § 5 Rn. 288ff.). Das sind solche auf Dauer angelegte Werkvertragsbeziehungen, bei denen die vom Werkunternehmer zu erbringende Leistung im Betrieb des Werkauftraggebers und innerhalb dessen Wertschöpfungskette erfolgt, ohne dass die vom Werkunternehmer eingesetzten eigenen ArbN in die Betriebsorganisation des Werkauftraggebers eingegliedert sind. Diese fehlende Eingliederung hindert die Übertragung der für LeihArbN geltenden Grundsätze der BR-Beteiligung im Entleiherbetrieb. Allein der Umstand einer dauerhaften Erbringung einer Werkleistung in ein und demselben Drittbetrieb vermag die an Weisungsrechte und Eingliederung gebundene Mitbestimmungskonzeption des G nicht aufzuheben (**aA** *Hamann/Rudnik* NZA 2016, 1368).

11 Dessen ungeachtet kann sich das MBR auf **LeihArbN** erstrecken, die in den Entleiherbetrieb eingegliedert sind (Übersicht bei *Schirmer* FS 50 Jahre BAG, 2004, 1063). Dies ist immer dann der Fall, wenn der Gegenstand des MBR und das dem Entleiher zustehende Weisungsrecht eine betriebsverfassungsrechtliche Zuordnung der LeihArbN zum Entleiherbetrieb gebieten. Ob der BR des entsendenden oder der des entleihenden Betriebes zuständig ist, bestimmt sich nach dem Gegenstand des MBR und der darauf bezogenen Leitungsmacht (BAG 7.6.2016 – 1 ABR 25/14, NZA 2016, 1420; BAG 15.12.1992 – 1 ABR 38/92, NZA 1993, 513; ErfK/*Kania* Rn. 5; DKKW/*Klebe* Rn. 9). Das Schutzbedürfnis dieser ArbNGruppe verdrängt Legitimationserwägungen (die LeihArbN wählen den BR des Entleiherbetriebs nach § 7 nur mit, wenn sie dort länger als drei Monate eingesetzt werden sollen). Das wird im Entleiherbetrieb praktisch etwa für die MBR nach Nr. 2, Nr. 3 (BAG 26.9.2017 – 1 ABR 57/15, 18.7.2017 – 1 ABR 15/16, NZA 2017, 1542; 19.6.2001 – 1 ABR 43/00, NZA 2001, 1263) sowie für Maßnahmen des Gesundheitsschutzes nach Nr. 7 (BAG 23.8.2016 – 1 ABR 15/14, NZA 2016, 1420) und auch der der Nr. 1, 6, 12 u. 13. Ist danach der BR des Entleiherbetriebs Träger des MBR, obliegt ihm die Entscheidung darüber, ob und in welcher Weise er davon Gebrauch macht. Bleibt er untätig, wächst das MBR nicht dem BR des Verleiherbetriebs zu (BAG 7.6.2016 – 1 ABR 25/14, NZA 2016, 1420). Entsendet aber der Verleiher LeihArbN vorübergehend in Betriebe, deren Wochenarbeitszeit die arbeitsvertraglich vereinbarte Stundenzahl des LeihArbN übersteigt, so entscheidet er regelmäßig auch über den zeitlichen Einsatz der LeihArbN. Bei dieser Entscheidung (vorübergehende Verlängerung der betriebsüblichen ArbZ) hat der BR des Verleihers mitzubestimmen. Auch Fragen der Lohngestaltung (Nr. 10) werden ausschließlich im Verleiherbetrieb unter Beteiligung des dortigen BR geregelt.

Entspr. gilt für ArbN, die im Rahmen einer **Konzernleihe** innerhalb konzernzugehöriger Unternehmen eingesetzt werden (*Lambrich/Schwab* NZA-RR 2013, 169) oder ArbN, die befristet nach Sondervorschriften des SGB II beschäftigt werden (→ § 5 Rn. 154). Der ArbGeb. hat insbes. in Fragen der Arbeitszeit (Nr. 2 u. 3) und der Lohngestaltung (Nr. 10 u. 11) Möglichkeiten der Gestaltung der Arbeitsbedingungen, auf die der BR zum Schutz der Betroffenen Einfluss nehmen muss (→ Rn. 3). Für die Ausübung des MBR hinsichtlich dieses Personenkreises ist es unerheblich, ob ArbN bei der Berechnung betriebsverfassungsrechtlicher Schwellenwerte Berücksichtigung finden oder nicht. 12

Ähnlich ist die mitbestimmungsrechtl. Rechtslage in Bezug auf die Beschäftigung erwerbsfähiger Leistungsberechtigte auf einer **Arbeitsgelegenheit nach § 16d SGB II,** sog Ein-Euro-Jobber. Ihr Arbeitseinsatz im Betrieb vollzieht sich zwar nicht auf der Grundlage eines Arbeitsverhältnisses (§ 16d Abs. 7 S. 2 SGB II); gleichwohl werden solche Beschäftigten wie ArbN eingesetzt und unterliegen dem Direktionsrecht des ArbGeb. Das begründet wie bei LeihArbN im Entleiherbetrieb einen entsprechenden Schutzbedarf (BAG 2.10.2007 – 1 ABR 60/06, NZA 2008, 244; DKKW/*Klebe* Rn. 13). Nicht zur Anwendung kommen lediglich die entgeltbezogenen MBR aus Nr. 4, 10 u. 11, da Ein-Euro-Jobber kein Arbeitsentgelt erhalten. Die MBR nach Nr. 9 und Nr. 13 werden für diesen Personenkreis faktisch kaum in Betracht kommen (*Engels* NZA 2007, 8). Nach diesen Grundsätzen kommt eine Zuständigkeit des BR im Einsatzbetrieb auch für Personen in Betracht, die iRd **Bundes- oder Jugendfreiwilligendienstes** tätig sind. Das betrifft vor allem die MBR nach Nr. 1, 2, 3, 5, 6, 7 sowie Nr. 8, 9, da solche Freiwillige Verpflegung wie Unterkunft verlangen können (*Leube* ZTR 2012, 207). 13

3. Kollektiver Tatbestand

Die meisten der in Abs. 1 genannten Angelegenheiten haben einen **kollektiven Bezug.** Sie geben dem BR ein MBR in kollektiven Angelegenheiten und verlangen dementsprechend nach abstrakt-generellen Lösungen (BAG 25.2.2015 – 1 AZR 642/13, NZA 2015, 442; 18.3.2014 – 1 ABR 78/12, NZA 2014, 855). So betrifft Nr. 1 die Ordnung des Betriebs und das Verhalten der ArbN im Betrieb, Nr. 3 die Regelung der betriebsüblichen Arbeitszeit oder Nr. 10 Fragen der betrieblichen Lohngestaltung. Ausnahmsweise besteht bei Maßnahmen gegenüber einzelnen ArbN ein MBR nach Nr. 5 (Urlaub für einzelne ArbN) und nach Nr. 9 (Zuweisung und Kündigung von Wohnräumen). 14

Die Frage hat **Bedeutung** insbes. bei den Tatbeständen der Nr. 1, 2, 3 oder 10. Insoweit muss bei jeder Angelegenheit nach dem Gegenstand des MBR entschieden werden, ob es sich auf einen kollektiven Tatbestand bezieht oder bloß eine individuelle Maßnahme betrifft (vgl. GK-BetrVG/*Wiese* Rn. 20ff.). 15

Entscheidendes **Abgrenzungsmerkmal** ist, ob es sich inhaltlich um generelle Regelungen handelt oder es um Maßnahmen und Entscheidungen geht, die nur einen ArbN betreffen, weil es um dessen besondere Situation oder dessen Wünsche geht, also ausschließlich Einzelfall bezogen sind (BAG 24.4.2007 – 1 ABR 47/06, NZA 2007, 818). Unter Maßnahmen mit kollektivem Tatbestand sind alle Fälle zu verstehen, die sich abstrakt auf den ganzen Betrieb oder eine Gruppe von ArbN oder einen Arbeitsplatz (nicht auf einen ArbN persönlich) beziehen. Anordnungen oder Vereinbarungen des ArbGeb., die durch die besonderen Umstände des einzelnen individuellen Arbeitsverhältnisses bedingt sind, zählen dazu nicht. 16

17 Dementsprechend sind nur solche Vereinbarungen mitbestimmungsfrei, die ausschließl. den **individuellen Besonderheiten einzelner ArbVerh.** Rechnung tragen und deren Auswirkungen sich gerade auf dieses ArbVerh. dieses ArbN beschränken (BAG 22.9.1992 – 1 AZR 460/90, NZA 1993, 568; Richardi BetrVG/*Richardi* Rn. 29; WPK/*Bender* Rn. 10; *Wank* FS Wiese, 1998, 617). Ob Maßnahmen und Entscheidungen des ArbGeb. einen kollektiven Bezug haben, richtet sich aber nicht nach der Anzahl der betroffenen ArbN. Diese kann nur ein Indiz sein; entscheidend ist der Inhalt der Maßnahme. Unerheblich für die Abgrenzung ist, ob es sich um eine **auf Dauer** angelegte Regelung handelt oder um eine **einmalige Maßnahme** (zB einmalige Verlegung der Arbeitszeit auf einen anderen Tag; vgl. GK-BetrVG/*Wiese* Rn. 15). Auch der einmalige Vorgang kann einen kollektiven Bezug haben.

18 Ein kollektiver Bezug besteht regelmäßig bei der Anordnung von **Überstunden.** So muss entschieden werden, ob Mehrarbeit in Form von Überstunden geleistet werden soll, welcher ArbN dafür in Frage kommt (→ Rn. 140 ff.). Entsprechendes gilt für die Aufstellung von Kriterien, nach denen **Tariflohnerhöhungen** auf übertarifliche Leistungen angerechnet werden sollen (→ Rn. 470; *Schlachter* RdA 1993, 322; *Hoß* NZA 1997, 1129).

19 Durch den Abschluss gleich lautender Einzelverträge mit allen, einer Vielzahl oder einer Gruppe von ArbN sowie der Ausspruch von Änderungskündigungen kann das **MBR nicht umgangen** werden. Es kommt nicht auf die äußere Form, sondern auf den Inhalt und das Ziel derartiger Maßnahmen an.

4. Materielle Arbeitsbedingungen

20 Umfang und Grenzen des MBR sind nicht abhängig von der Unterscheidung zwischen formellen und materiellen Arbeitsbedingungen. Das BAG hatte im Geltungsbereich des BetrVG 1952 ein MBR nur für sog formelle Arbeitsbedingungen bejaht. Diese Rspr. ist durch die Ausgestaltung der MBR durch das BetrVG 1972 überholt (hM DKKW/*Klebe* Rn. 24). Der Katalog des § 87 Abs. 1 umfasst zuunterschiedliche Materien, als dass aus ihm ein übergeordnetes Prinzip zur Begrenzung der MB erkennbar wäre. Unabhängig davon betreffen § 87 Abs. 1 Nr. 3, 5, 10 u. 11 ausdrücklich materielle Arbeitsbedingungen.

21 Die Regelung des § 87 ist trotz Erstreckung auf materielle Arbeitsbedingungen **verfassungsgemäß** (→ § 76 Rn. 2; GK-BetrVG/*Wiese* Rn. 45 ff.; Richardi BetrVG/*Richardi* Rn. 40). Kritisch zur umfassenden Regelungsbefugnis der Betriebsparteien wegen Verletzung des Grundsatzes des Gesetzesvorbehaltes *Waltermann* RdA 2007, 257.

22 Zum Teil kehrt die alte Unterscheidung in der Auslegung der einzelnen Mitbestimmungstatbestände (unzulässigerweise) wieder, indem auf die **unternehmerische Betätigungsfreiheit** hingewiesen wird, um die MBR zu beschränken (Richardi BetrVG/*Richardi* Rn. 43; HWGNRH/*Worzalla* Rn. 59). Die unternehmerische Entscheidungsfreiheit ist aber keine immanente Schranke für die ausdrücklich geregelten MBR. Der BR ist kraft Gesetzes an den das MBR auslösenden unternehmerischen Entscheidungen beteiligt. Unternehmerfreiheit besteht nur innerhalb der gesetzlichen Ausgestaltung der MBR. Denn mit den Regelungen der betrieblichen Mitbestimmung gestaltet der Gesetzgeber das Sozialstaatsprinzip aus. Die im BetrVG normierte MB der ArbN ist durch sachgerechte und vernünftige Erwägungen des Gemeinwohls gerechtfertigt (BVerfG 30.4.2015 – 1 BvR 2274/12, NZA 2015, 820).

5. Eil- und Notfälle

23 Das MBR besteht auch in sog **Eilfällen** (stRspr, BAG 17.11.1998 – 1 ABR 12/98, NZA 1999, 662; 9.7.2013 – 1 ABR 19/12, NZA 2014, 99). Darunter sind Situationen zu verstehen, in denen eine Regelung möglichst umgehend erfolgen muss, der BR aber noch nicht zugestimmt hat (zB Anordnung von Überstunden wegen eines

eilig zu erledigenden Auftrags). § 87 enthält keine Einschränkungen und auch keine Regelungen über vorläufige Maßnahmen wie in §§ 100, 115 Abs. 7 Nr. 4 (DKKW/*Klebe* Rn. 29; GK-BetrVG/*Wiese* Rn. 162; Richardi BetrVG/*Richardi* Rn. 55; ErfK/*Kania* Rn. 7; *Bayreuther,* FS 100 Jahre BetrVR S. 59). Besonderheiten bestehen beim MBR nach Nr. 7 (→ Rn. 290).

Eilfälle können **auf andere Weise** unter Wahrung der MBR geregelt werden. Der BR kann unverzüglich zusammentreten. Es sind formlose Regelungsabreden als Übergangsregelungen denkbar. Das MBR kann auch durch den Abschluss von **RahmenBV** gewahrt werden, die dem ArbGeb. gestatten, unter bestimmten Voraussetzungen im Einzelfall tätig zu werden. Fehlt es an diesen Vorgaben, muss die Entscheidung der E-Stelle abgewartet werden (BAG 9.7.2013 – 1 ABR 19/12, NZA 2014, 99). Eine derartige Handhabung verstößt nicht gegen das G (BAG 8.8.1989 – 1 ABR 59/88, NZA 1990, 569; ErfK/*Kania* Rn. 7). Schließlich kann auch eine ständige E-Stelle im Betrieb eingerichtet werden (DKKW/*Klebe* Rn. 29). Dagegen kann der BR sein MBR nicht in der Weise ausüben, dass er dem **ArbGeb. das alleinige Gestaltungsrecht** über den mitbestimmungspflichtigen Tatbestand eröffnet (BAG 26.4.2005 – 1 AZR 76/04, NZA 2005, 892). Der ArbGeb. kann auch **keine einseitigen vorläufigen Anordnungen** treffen. Das MBR würde ansonsten ausgehöhlt (Richardi BetrVG/*Richardi* Rn. 56). Eilbedürftige Regelungen können auch nicht durch einstw. Vfg. erreicht werden. Regelungsstreitigkeiten fallen in die Zuständigkeit der E-Stelle nicht der Gerichte (GK-BetrVG/*Wiese* Rn. 166; DKKW/*Klebe* Rn. 29; **aA** Richardi BetrVG/*Richardi* Rn. 61; *Worzalla* BB 2005, 1737). 24

Dagegen sprechen für die Zulässigkeit einseitiger Anordnungen des ArbGeb. in sog **Notfällen** gute Gründe (BAG 20.3.2018 – 1 ABR 70/16, NZA 2018, 1081; GK-BetrVG/*Wiese* Rn. 167 f.; ErfK/*Kania* Rn. 8). Ein Notfall wird vorliegen in plötzlich auftretenden, nicht vorhersehbaren und schwerwiegenden Situationen, etwa bei drohendem Eintritt erheblicher Schäden für ArbN, den Betrieb oder Dritte im Rahmen der Patientenversorgung. Nur in diesen Fällen ist eine vorübergehende Beschränkung der MBR im Hinblick auf den Grundsatz des § 2 Abs. 1 zulässig, nicht hingegen bei Situationen, die typischerweise kurzfristig eintreten oder auf einer erkennbar unzureichenden Personalsituation beruhen (LAG Nds 3.7.2017 – 8 TaBV 42/16, NZA-RR 2017, 536). Der ArbGeb. muss sich auf eine vorläufige Regelung beschränken. Er hat den BR unverzüglich zu unterrichten. Bei Widerspruch des BR hat er die E-Stelle anzurufen. 25

Nicht zu folgen ist der Ansicht *Worzallas* (HWGNRH/*Worzalla* Rn. 39 ff.), der in eilbedürftigen Fällen ein **einseitiges Anordnungsrecht** wegen § 2 Abs. 1 für gegeben hält, wenn der BR zu erkennen gibt, in zweckwidriger Weise von seinem MB Gebrauch machen zu wollen. Unabhängig davon, wie eine exakte Grenzziehung zwischen sachgerechter Interessenwahrnehmung und zweckwidriger Ausübung eines MBR aussehen soll, setzt die Zuerkennung eines einseitigen Anordnungsrechts in betriebsverfassungswidriger Weise die gesetzlich vorgesehenen Konfliktlösungsmechanismen außer Kraft. 25a

6. Annexkompetenz und Koppelungsgeschäft

Nicht abschließend geklärt ist, ob und ggf. in welchen Fällen bei den MBTatbeständen eine über den unmittelbaren Gegenstand des MBR hinausgehende **Annexkompetenz** besteht. Hierzu nimmt das BAG wegen der damit verbundenen Ausweitung der mitbestimmungspflichtigen Gegenstände zu Recht eine restriktive Haltung ein (WPK/*Bender* Rn. 12; abl. *Kreutz* RdA 2013, 176). Eine Annexkompetenz wird allenfalls anerkannt, wenn die zu regelnde mitbestimmte Angelegenheit ohne die ergänzende Regelung nicht sinnvoll ausgestaltet werden kann (BAG 13.2.2007 – 1 ABR 18/06, NZA 2007, 640). Das wird etwa bei der Regelung zur Übernahme von Kontogebühren bei Umstellung auf bargeldlose Lohnzahlung (MBR nach Nr. 4) angenommen (BAG 8.3.1977 – 1 ABR 33/75, AP BetrVG 1972 § 87 26

Auszahlung Nr. 1), nicht hingegen für die Kostentragung bei Einführung einer einheitlichen Arbeitskleidung (BAG 13.2.2007 – 1 ABR 18/06, NZA 2007, 640).

27 Umstritten ist, ob der BR seine Zustimmung zu einer mitbestimmungspflichtigen Maßnahme von der Erbringung einer nicht der MB unterliegenden Gegenleistung des ArbGeb. abhängig machen kann. Nach der sog Normzwecktheorie widersprechen sog **Koppelungsgeschäfte** dem Gebot der vertrauensvollen Zusammenarbeit und dem Zweck der MB und sollen deshalb rechtsmissbräuchlich sein (*Rieble/Klebeck* NZA 2006, 758; HWGNRH/*Worzalla* Rn. 45 ff.; diff. nach Art und Inhalt der Kompensation GK-BetrVG/*Wiese/Gutzeit* Rn. 377). Die Normzwecktheorie ist abzulehnen. Sie vermag nicht zu erklären, weshalb bei einer Kombination von freiwilliger und zwingender MB in einer BV gerade die auf den freiwilligen Teil der BV entfallende Regelung unwirksam sein soll, der auf die Zustimmung in einer mitbestimmungspflichtigen Angelegenheit gerichtete Teil aber erhalten bleiben soll. Das BetrVG verbietet es nicht, Regelungen der zwingenden MB mit denen der freiwilligen MB zu verknüpfen. Es verlangt vom BR im Rahmen der MB nach § 87 auch nicht die Darlegung von Zustimmungsverweigerungsgründen. Darüber hinaus verweist es den ArbGeb. auch in den Fällen, in denen ihm aus Zeitgründen an einer zügigen Einigung mit dem BR gelegen ist (etwa bei den arbeitszeitbezogenen MB-Tatbeständen), auf E-StellenVerf. Allerdings müssen auch bei einer Koppelung von freiwilliger und zwingender MB die jeweiligen Regelungsschranken gewahrt und der Gleichbehandlungsgrundsatz beachtet werden (wie hier *Schoof* AuR 2007, 289; BAG 18.9.2007 – 3 AZR 639/06, NZA 2008, 56); Belastungen, die den ArbN im Rahmen der freiwilligen BV auferlegt werden, dürfen daher nicht unverhältnismäßig sein (→ § 88 Rn. 8). Daher kann umgekehrt der ArbGeb. bestimmte freiwillige Leistungen davon abhängig machen, ob es in einer anderen mitbestimmungspflichtigen Angelegenheit zu einer Einigung der Betriebsparteien kommt (BAG 18.9.2007 – 3 AZR 639/06, NZA 2008, 56).

7. Arbeitskampf

28 Das BetrVG gilt auch während eines Arbeitskampfes (BAG 20.3.2018 – 1 ABR 70/16, NZA 2018, 1081). Der BR bleibt im Amt. Daher bedürfen während des Arbeitskampfes sämtliche mitbestimmungspflichtige Maßnahmen des ArbGeb. der Beteiligung des BR (ErfK/*Linsenmaier* GG Art. 9 Rn. 156). Dieser darf sich aber nicht an Arbeitskampfmaßnahmen gegen den ArbGeb. beteiligen (§ 74 Abs. 2 S. 1). Seine Amtsführung muss **arbeitskampfneutral** sein. Sie darf nicht zu einer Verschiebung des Kräftegleichgewichts im Arbeitskampf führen. Das fordert der Schutz der Tarifautonomie und gibt der hierauf bezogene Schutz der Chancengleichheit (Kampfparität) vor. Sicherzustellen ist, dass nicht eine Tarifvertragspartei der anderen von vornherein ihren Willen aufzwingen kann (BAG 13.12.2011 – 1 ABR 2/10, NZA 2012, 571).

29 Daher verlangt Art. 9 Abs. 3 GG eine **arbeitskampfkonforme Auslegung der MBR** (hM; ErfK/*Linsenmaier* GG Art. 9 Rn. 157; GK-BetrVG/*Wiese/Gutzeit* Rn. 430). Nach der stRspr des BAG ist der BR während eines Arbeitskampfes gehindert, MBR, die durch das Arbeitskampfgeschehen bedingt sind, auszuüben, wenn hierdurch die Arbeitskampffreiheit des ArbGeb. ernsthaft beeinträchtigt wird. Das ist der Fall, wenn die Wahrung des MBR eine dem ArbGeb. sonst mögliche Arbeitskampfmaßnahme zumindest vorübergehend hindert und hierdurch zusätzlich Druck auf den ArbGeb. ausgeübt wird. Im Bereich der sozialen MB kann der ArbGeb. eine mitbestimmungspflichtige Maßnahme rechtmäßig nur mit Zustimmung des BR oder deren Ersetzung durch die E-Stelle vornehmen. Dieses Zustimmungserfordernis und der darauf abgestellte Konfliktlösungsmechanismus können typischerweise bestimmte Maßnahmen, mit denen der ArbGeb. nach den Grundsätzen des Arbeitskampfrechts auf den Streik reagieren kann, verzögern und damit den streikbedingten Druck erhöhen. Typische **Reaktionsmöglichkeiten des ArbGeb.** sind: Umverteilung der durch Streik ausfallende ArbZ auf arbeitswillige ArbN und die damit verbundene

Anordnung von Mehrarbeit (BAG 20.3.2018 – 1 ABR 70/16, NZA 2018, 1081) oder die Reduzierung des Arbeitsvolumens und damit einhergehende Anordnung von Kurzarbeit oder die – ggf. teilweise – Betriebsstilllegung (*Meyer* BB 2012, 2753) oder die Versetzung arbeitswilliger ArbN in bestreikte Betriebe (→ § 99 Rn. 23ff.).

Während eines Streiks hat das BAG eine solche Kampfbezogenheit der MBR nach § 87 und damit verbundene teleologische Reduktion bei den arbeitszeitbezogenen MBR nach Nr. 2, Nr. 3 angenommen. Das betraf die Anordnung von Überstunden für arbeitswillige ArbN zur Aufrechterhaltung des Betriebs und für Abweichungen vom Schichtplan (→ Rn. 166). Ebenso wenig hat der BR nach Nr. 1 mitzubestimmen bei der Änderung mit ihm vereinbarter Werksausweise, wenn der ArbGeb. nicht ausgesperrte ArbN darin also solche kennzeichnen will (BAG 16.12.1986 – 1 ABR 35/85, NZA 1987, 355). Ist der Streik nur unterbrochen oder gar beendet, hat der ArbGeb. für die Anordnung von Mehrarbeit zur Aufarbeitung von Arbeitsrückständen das MBR zu beachten (BAG 20.3.2018 – 1 ABR 70/16, NZA 2018, 1081). Nicht abschließend geklärt ist eine arbeitskampfbedingte Beschränkung des MBR in Betrieben, die von der **Fernwirkung eines Arbeitskampfes** betroffen sind. Das betrifft im Wesentlichen die arbeitszeitbezogenen MBR; insoweit wird auf die Ausführungen in → Rn. 164ff. verwiesen. 30

III. Vorrang von Gesetz und Tarifvertrag

1. Einschränkungen durch Gesetz

Das MBR wird nach dem einleitenden Satz des § 87 eingeschränkt, soweit eine gesetzliche Regelung besteht. Dem liegt die Erkenntnis zugrunde, dass eine abschließende gesetzliche Regelung die Interessen der ArbN hinreichend schützt und für eine darauf gerichtete MB kein Bedürfnis mehr besteht (BAG 28.5.2002 – 1 ABR 37/01, NZA 2003, 171). Wird der Gegenstand eines MBR durch ein G bindend und abschließend geregelt, fehlt es an einer Ausgestaltungsmöglichkeit durch die Betriebsparteien (BAG 22.7.2008 – 1 ABR 40/07, NZA 2008, 2520). Verbleibt aber eine Ausgestaltungsmöglichkeit, bleibt ein auf deren Ausfüllung gerichtetes MBR erhalten (BAG 22.7.2014 – 1 ABR 96/12, NZA 2014, 1151). Die Beschränkung durch G ist nicht zu verwechseln mit solchen gesetzlichen Regelungen, die außerhalb der Betriebsverfassung Beteiligungsrechte des BR in Form von Informations-, Anhörungs-, Einsicht-, Antrags- und Mitwirkungsrechten regeln (vgl. Übersicht bei *Pulte* NZA-RR 08, 113; *Engels* ArbuR 2009, 65]). Solche Rechte beschränken nicht die zwingende MB, sondern erweitern die BR-Befugnisse. 31

Zu gesetzlichen Regelungen gehören alle **zwingenden Rechtsnormen** einschließlich VOen auch der Europäischen Union oder autonomes Satzungsrecht öffentlich-rechtlicher Körperschaften (BAG 7.2.2012 – 1 ABR 63/10, NZA 2012, 685; 14.12.1993 – 1 ABR 31/93, NZA 1994, 809). Enthält aber ein solches G unbestimmte Rechtsbegriffe, die einen rechtlichen Rahmen für eine der Mitbestimmung unterliegende Entscheidung des ArbGeb. vorgeben, wird das MBR nicht ausgeschlossen. Bei dessen Ausübung sind aber gesetzliche Vorgaben zu beachten (BAG 7.2.2012 – 1 ABR 63/10, NZA 2012, 685). Eine zwingende Regelung liegt vor, wenn von einer gesetzlichen Regelung zugunsten der ArbN abgewichen werden kann (BAG 28.5.2002 – 1 ABR 37/01, NZA 03, 171). Eine solche Abweichung ist dann nur durch freiwillige BV möglich. Sie kann nicht über die E-Stelle erzwungen werden. Diese hat wegen der durch den Eingangssatz des § 87 ausgeschlossenen MB keine Regelungskompetenz. **Regelungen anderer Staaten,** für die es im nationalen Recht an einem Geltungsgrund fehlt, sperren nicht die Mitbestimmung (BAG 22.7.2008 – 1 ABR 40/07, NZA 2008, 1248; **aA** *Boemke* DB 10, 843) und sind allenfalls als betriebl. Belange des ArbGeb. berücksichtigungsfähig. Unabhängig davon werden solche Normen die jeweilige mitbestimmungsrechtl. Angelegenheit auch 32 nicht umfassend und abschließend regeln (BAG 27.9.2005 – 1 ABR 32/04, AP Art. 56 ZA-Nato-Truppenstatut Nr. 25).

33 Zum Gesetzesrecht zählt nicht das **gesetzesvertretende Richterrecht** (ErfK/*Kania* Rn. 11; DKKW/*Klebe* Rn. 33; WPK/*Bender* Rn. 20; **aA** GK-BetrVG/*Wiese* Rn. 58; Richardi BetrVG/*Richardi* Rn. 145; HWGNRH/*Worzalla* Rn. 61). Der Richter kann keine Regelung mit der Wirkung eines allgemeingültigen Gesetzes schaffen. Seine Tätigkeit ist auf die Entscheidung von Einzelfällen beschränkt. Dabei kann er das geltende Recht beschreiben, auch Lücken des geltenden Rechts schließen. Es handelt sich nicht um eine Rechtsquelle, sondern eine Rechtserkenntnisquelle (*Buschmann* FS Wißmann, 2005, 251). Auch nach der Rspr. des BVerfG handelt es sich bei den im Wege des Richterrechts entwickelten Grundsätzen nicht um Rechtssätze iSd Art. 20 Abs. 3 GG. Sie haben demzufolge keine Präjudizienwirkung (BVerfG 15.7.2015 – 2 BvR 2292/13, NZA 2015, 1117).

34 **Verwaltungsakte** und Anordnungen auf Grund gesetzlicher Vorschriften oder Ermächtigungen, insbes. im Bereich des öffentlichen Rechts, stehen nach Sinn und Zweck des G (→ Rn. 3) wegen ihrer normativen Wirkung einer gesetzlichen Regelung gleich (BAG 11.12.2012 – 1 ABR 78/11, NZA 2013, 913). Das ist verfassungsrechtlich nicht zu beanstanden (BVerfG 22.8.1994 – 1 BvR 1767/91, NZA 1995, 129). Eine damit einhergehende Beschränkung des MBR berechtigt den BR nicht zur Anfechtung des Verwaltungsakts mittels Widerspruchs oder Klage vor dem Verwaltungsgericht (VG Schleswig 24.9.2014 – 12 A 219/13, ArbR 2014, 574).

35 Hat der ArbGeb. aufgrund der im Verwaltungsakt verfügten Regelung keinen **Handlungsspielraum,** entfällt das MBR, da eine der MB zugängliche ArbGebEntscheidung fehlt. Das MBR bleibt bestehen, soweit für das „Wie“ einer angeordneten Maßnahme unterschiedliche Umsetzungsmöglichkeiten bestehen (BAG 7.2.12 – 1 ABR 63/10, NZA 2012, 685; 11.12.2012 – 1 ABR 78/11, NZA 2013, 913 betr. Anordnung von Videoüberwachung im Spielcasino; 25.1.2000 – 1 ABR 3/99, NZA 2000, 665 betr. den Zeitpunkt der Vorlage von Arbeitsunfähigkeitsbescheinigungen).

36 Das MBR bleibt erhalten, wenn der ArbGeb. nur mittelbar verpflichtet ist, eine bestimmte Maßnahme zu ergreifen oder zu unterlassen (BAG 9.7.1991 – 1 ABR 57/90, NZA 1992, 126 betr. Anordnung von Sicherheitsüberprüfungen in kerntechnischen Anlagen; BAG 26.5.1988 – 1 ABR 9/87, NZA 1988, 811 betr. Zugangskontrollen zu Atomkraftwerken). Die Beschränkung des Handlungsspielraums des ArbGeb. wirkt sich dementsprechend auf den Gestaltungsspielraum der Betriebsparteien wie den der E-Stelle aus. (ErfK/*Kania* Rn. 12).

37 Das MBR bleibt erhalten, wenn die öffentliche Hand als **Zuwendungsgeber** für private Forschungseinrichtungen lediglich **Auflagen** für die Vergütung der ArbN macht (BAG 24.11.1987 – 1 ABR 25/86, NZA 1988, 405). Hierbei handelt es sich nicht um eine „gesetzliche Regelung“ iSd Eingangssatzes des § 87. Derartige faktische Zwangslagen des ArbGeb. können aber als zu berücksichtigende betriebl. Belange „Vorgaben“ für die Ausübung der MBR durch den BR sein und damit die Betriebsparteien sowie die E-Stelle faktisch binden.

38 Sieht ein G ausdrücklich eine Regelungsbefugnis für die TVParteien vor (§ 7 ArbZG, § 13 BUrlG, § 622 Abs. 4 BGB, § 4 Abs. 4 EFZG), gilt dies nicht für die Partner einer BV. Das MBR bleibt aber gegenüber **dispositiven Gesetzesvorschriften,** die sogar durch einzelvertragliche Abmachung ersetzt werden können, bestehen.

2. Einschränkungen durch Tarifvertrag

39 Praktisch bedeutsamer sind die **Einschränkungen des MBR durch TV.** Nach Abs. 1 S. 1 hat der BR nur mitzubestimmen, „soweit“ nicht eine tarifliche Regelung besteht. Dem TV steht gleich die **bindende Festsetzung nach § 19 HAG** für in Heimarbeit Beschäftigte (§ 5 Abs. 1 S. 1). Die Einschränkungen durch Tarifvertrag können auch im Falle eines **Betriebsübergangs** zum Tragen kommen. Sind Leistungen für ArbN in einer BV des Veräußererbetriebes geregelt, werden sie bei einem

Betriebsübergang nach § 613a Abs. 1 S. 2 BGB statisch zum Inhalt der Arbeitsverhältnisse der ArbN (BAG 13.8.2019 – 1 AZR 213/18). Sie können aber durch eine entsprechende BV im Erwerberbetrieb nach § 613a Abs. 1 S. 3 BGB abgelöst werden und ausnahmsweise auch durch einen späteren Tarifvertrag verdrängt werden, wenn dieser infolge des Eingangssatzes das entsprechende MBR ausschließt (BAG 13.3.2012 – 1 AZR 659/10, NZA 2012, 990). Die im BetrVG geregelte Zuständigkeitsverteilung zw. BR, GesBR. KBR ua steht nicht zur Disposition der TV-Parteien. Ihre Regelungsbefugnis nach § 3 Abs. 1 erstreckt sich nicht auf den Entzug gesetzlicher Beteiligungsrechte und deren Zuweisung an andere ANVertretungen (BAG 18.11.2014 – 1 ABR 21/13, NZA 2015, 694).

a) Zweck des Tarifvorrangs

Das MBR dient dem Schutz der ArbN. Sie sollen gleichberechtigt an den sie betreffenden Entscheidungen teilhaben (BAG GS 3.12.1991 – GS 2/90, NZA 1992, 749). Dass einem TV nach dem Unabdingbarkeitsprinzip der Vorrang gegenüber der betrieblichen Einigung (BV) zukommt, ergibt sich schon aus dem Grundsatz des Vorrangs der stärkeren vor der schwächeren Rechtsquelle. **40**

Die betriebsverfassungsrechtliche Vorschrift des Abs. 1 S. 1 soll die Gestaltungsmöglichkeiten des ArbGeb. (Vertrag, Direktionsrecht) zurückdrängen. Soweit ein TV eine Angelegenheit iSd § 87 unmittelbar und zwingend sowie abschließend regelt, ist ein weiterer Schutz durch **erzwingbare Mitbestimmung** nicht nötig (BAG 3.5.2006 – 1 ABR 14/05, AP BetrVG 1972 § 87 Arbeitszeit Nr. 119; *Koch* SR 2016, 131). Der Tarifvorrang ist daher in Betrieben eines nicht tarifgebundenen ArbGeb. ohne Bedeutung. In ihnen gelten die MBR unbeschränkt (→ Rn. 45). **41**

Der **Tarifvorbehalt im Eingangssatz** betrifft nur das MBR des BR, also die Erzwingbarkeit einer betrieblichen Regelung (BV). Das schließt freiwillige Vereinbarungen (§ 88) auf der betrieblichen Ebene nicht aus; in diesen Fällen ist aber die Regelungssperre des § 77 Abs. 3 zu beachten (→ § 88 Rn. 9). Diese dürfen gegenüber dem TV aufgrund § 4 Abs. 3 TVG nur günstigere Bestimmungen enthalten (*Wiese* FS 50 Jahre BAG, 2004, 669). **42**

b) Anforderungen an den Tarifvertrag

Nur eine **zwingende tarifliche Regelung** schließt das MBR aus. Das ist eine solche, die kraft Tarifgebundenheit (§ 3 Abs. 1 TVG, § 4 Abs. 1 TVG) oder Allgemeinverbindlicherklärung (§ 5 TVG) gilt (BAG 18.11.2011 – 1 ABR 25/10, NZA 2012, 392; *Koch* SR 2016, 131). Andernfalls sind die ArbN nicht vor abweichenden Regelungen ihrer Arbeitsbedingungen geschützt (BAG 3.12.1991 – GS 2/90, NZA 1992, 749; hM, Nachw. bei Richardi BetrVG/*Richardi* Rn. 151). **43**

Eine tarifliche Regelung muss für den Betrieb gelten. Hierfür **genügt die Tarifbindung des ArbGeb.** unabhängig davon, ob und wie viele betriebszugehörige ArbN ihrerseits tarifgebunden sind (BAG 18.10.2011 – 1 ABR 25/10, NZA 2012, 392). Das gilt für sog **Inhaltsnormen,** die Inhalt, Abschluss oder Beendigung des Arbeitsverhältnisses regeln und wegen § 4 Abs. 1 TVG nur unmittelbar und zwingend im Verhältnis zwischen dem ArbGeb. und den tarifgebundenen ArbN anzuwenden sind, zB eine tarifl. Vergütungsordnung (BAG 14.4.2015 – 1 ABR 66/13, NZA 2015, 1077). Zum anderen auch bei sog **Betriebsnormen,** die über das einzelne Arbeitsverhältnis hinausgehen und das betriebliche Rechtsverhältnis zwischen ArbGeb. und der Belegschaft betreffen (ErfK/*Franzen* TVG § 1 Rn. 45) und deshalb in einem Betrieb – sachlogisch – nur einheitlich geregelt werden können. Sie beziehen sich in aller Regel auf die Organisation oder die Gestaltung des Betriebs (BAG 11.11.2008 – 1 ABR 68/07, NZA 2009, 450; ErfK/*Kania* Rn. 15; WPK/*Bender* Rn. 27; Richardi BetrVG/*Richardi* Rn. 154 f.; DKKW/*Klebe* Rn. 37; HWGNRH/*Worzalla* Rn. 69; dagegen verlangt GK-BetrVG/*Wiese* Rn. 68 für Betriebsnormen Tarifbindung des ArbGeb. und aller ArbN). Für das MBR ohne Bedeutung sind die **44** sog **betriebsverfassungsrechtlichen Normen.** Sie betreffen die Errichtung, Organisation und Befugnisse einer betrieblichen Interessenvertretung (ErfK/*Franzen* TVG § 1 Rn. 48) und können nur von solchen Gewerkschaften geregelt werden, die für den gesamten Betrieb tarifzuständig sind, was bei sog Berufsgruppengewerkschaften nicht der Fall ist (BAG 14.1.2014 – 1 ABR 66/12, NZA 2014, 910; *Rieken* Anm. AP BetrVG 1972 § 87 Arbeitszeit Nr. 134). Für Inhaltsnormen gelten diese Erwägungen nicht (**aA** für Entlohnungsgrundsätze *Richardi* NZA 2014 Beil. 4, 155).

44a Ist ein ArbGeb. an TV unterschiedlicher Gewerkschaften gebunden, kann Tarifpluralität gegeben sein. Eine damit entstehende **Tarifkollision** ist nunmehr nach der ab dem 1.1.2019 geltenden Neufassung des § 4a TVG sowie unter Beachtung der Maßgaben des BVerfG zur Verfassungsmäßigkeit des § 4a TVG idF des Tarifeinheitsgesetzes vom 3.7.2015 (BGBl. I S. 1130) aufzulösen (BVerfG 11.7.2017 – 1 BvR 1571/15, NZA 2017, 915). Wird ein TV im Betrieb verdrängt, entfaltet er keine Sperrwirkung. Darauf kommt es aber nicht an, wenn auch der TV der Minderheitsgewerkschaft eine das MBR ausschließende Tarifregelung enthält. Einer Auflösung der Tarifpluralität nach Maßgabe des § 4a TVG bedarf es nur in den – eher selten – Fällen, in denen lediglich einer der kollidierenden TV eine abschließende, das MBR ausschließende Regelung enthält oder eine Öffnungsklausel im TV betriebliche Abweichungsmöglichkeiten für diesen eröffnet. Allerdings ist ungeklärt, ob die **Verdrängungswirkung** des § 4a Abs. 2 S. 2 TVG nach den Vorgaben des BVerfG von einer entsprechenden Feststellung im Verfahrens nach § 99 ArbGG abhängig ist (BVerfG 11.7.2017 – 1 BvR 1571/15 Rn. 175, NZA 2017, 915). Das ist aber unschädlich, da das Eintreten der Verdrängungswirkungen nach Maßgabe der Entscheidung des BVerfG nur unter ganz engen Voraussetzungen überhaupt in Betracht kommen kann. Eine Verdrängungswirkung unterbleibt, wenn nach dem Willen der betroffenen TV-Parteien weitere inhaltliche Regelungen nebeneinander anwendbar bleiben sollen, etwa weil sie unterschiedlichen Regelungskomplexen angehören (BVerfG 11.7.2017 – 1 BvR 1571/15 Rn. 186, NZA 2017, 915). Ohnehin nicht verdrängungsfähig sind TV über Leistungen, auf die sich ArbN typischerweise einstellen und auf deren Bestand sie vertrauen, zB. Alterssicherung, Arbeitsplatzgarantie (BVerfG 11.7.2017 – 1 BvR 1571/15 Rn. 187, NZA 2017, 915). Darüber hinaus unterbleibt eine Verdrängung, wenn der ArbGeb. seiner Informations- und Anhörungspflicht nach § 4a Abs. 5 TVG nicht genügt (BVerfG 11.7.2017 – 1 BvR 1571/15 Rn. 189, NZA 2017, 915). Nicht zuletzt muss der verdrängende TV unter Beachtung der vom BVerfG festgelegten Schutzvorkehrungen zugunsten der betrieblichen Minderheitsgewerkschaft ausgehandelt worden sein. Diese sind entsprechend der zeitlichen Vorgabe des BVerfG ab dem 1.1.2019 geregelt worden. Nach § 4a TVG nF (BGBl I S. 2651) kommt eine Verdrängung nur in Betracht, wenn dargelegt werden kann, dass die Mehrheitsgewerkschaft beim Zustandekommen des TV die Interessen der entsprechenden Arbeitnehmergruppen der Minderheitsgewerkschaft nicht ernsthaft und wirksam in ihrem TV berücksichtigt hat (vgl. BVerfG 11.7.2017 – 1 BvR 1571/15 Rn. 1195 ff., NZA 2017, 915). Angesichts dieser hohen verfassungsrechtlichen Hürden für das Einsetzen einer Verdrängungswirkung wird diese im Bereich des Eingangssatzes des § 87 BetrVG faktisch bedeutungslos (vgl. *v. Steinau-Steinrück/Gooren* NZA 2017, 1149). Vielmehr bleibt es dabei, dass im tarifpluralen Betrieb jede abschließende tarifliche Regelung, an die der ArbGeb. gebunden ist, die MB des BR sperrt (*Schnitker/Sittard* ZTR 2015, 423) bzw. die Summe der Geltungsbereiche von Mehrheit- und Minderheitstarif den Umfang der Sperrwirkung für das MBR begründet (*Koch* SR 2017, 19). Ungeachtet dessen gilt die Tarifkollisionsregel des § 4a TVG nicht für TV, die am 10.7.2015 bereits gegolten haben (§ 13 TVG). Zur Regelungssperre des § 77 Abs. 3 für freiwillige BV → § 77 Rn. 81; zur Auflösung von Tarifpluralität bei betriebsverfassungsrechtlichen Normen eines TV iSd § 3 → § 3 Rn. 16 ff.

45 Die Sperrwirkung beginnt mit dem Zeitpunkt des tatsächlichen Beitritts des ArbGeb. zu seinem Verband (BAG 20.12.1988 – 1 ABR 57/87, NZA 1989, 564). Eine bloße OT-Mitgliedschaft löst die Sperrwirkung nicht aus. Endet die Mitgliedschaft im

ArbGebVerband oder wechselt der ArbGeb. in eine OT-Mitgliedschaft, bleibt die Tarifgebundenheit wegen § 3 Abs. 3 TVG an den zu diesem Zeitpunkt geltenden TV bestehen, bis der TV endet (BAG 25.2.2009 – 4 AZR 986/07, AP TVG § 3 Nr. 40). Die Nachbindung endet mit jeder Änderung der durch diesen TV normierten Rechtslage (BAG 1.7.2009 – 4 AZR 261/08, NZA 2010, 53). **Bei fehlender Tarifbindung des ArbGeb. erhält die MB des BR ein größeres Gewicht.** Das ist insbes. beim MBR nach Nr. 10 von Bedeutung (*Engels* Anm. zu BAG 28.2.2006 – 1 ABR 4/05, AP BetrVG 1972 § 87 Lohngestaltung Nr. 127; Einzelheiten → Rn. 410, 411).

46 Neben der Tarifgebundenheit des ArbGeb. ist Voraussetzung, dass der Betrieb in den räumlichen, fachlichen und persönlichen **Geltungsbereich des TV** fällt (BAG 21.1.2003 – 1 ABR 9/02, AP BetrVG 1972 § 21a Nr. 1). Der **TV muss in zeitlicher Hinsicht** in Kraft sein, also tatsächlich gelten. Ein nachwirkender TV (§ 4 Abs. 5 TVG) steht bis zum Abschluss eines neuen TV dem MBR nicht entgegen (BAG 14.2.1989 – 1 AZR 97/88, NZA 1989, 648; hM Nachweise bei GK-BetrVG/*Wiese* Rn. 64). Für **AT-Ang.**, die keine leitende Ang. sind aber wegen ihrer Tätigkeit vom persönlichen Geltungsbereich des TV nicht erfasst werden, besteht das volle MBR des BR. Ihre Arbeitsbedingungen sind nicht durch TV geregelt (BAG 11.2.1992 – 1 ABR 51/91, NZA 1992, 702; GK-BetrVG/*Wiese* Rn. 78; Richardi BetrVG/*Richardi* Rn. 163). Eine Nichtregelung in einem TV ist keine das MBR ausschließende Negativregelung (BAG 22.1.1980 – 1 ABR 48/77, NJW 1981, 75).

47 In **Betrieben eines tarifungebundenen ArbGeb.** können Angelegenheiten der zwingenden MB stets durch BV geregelt werden, auch wenn einschlägige tarifl. Regelungen bestehen. In einem solchen Fall sperrt der Eingangssatz nicht die MB und die Regelungssperre des § 77 Abs. 3 greift in Angelegenheiten der zwingenden MB nicht ein (BAG 22.3.2005 – 1 ABR 64/03, NZA 2006, 383).

c) Inhalt der tariflichen Regelung

48 Das MBR entfällt, „soweit" ein TV besteht. Deshalb setzt der Ausschluss des MBR voraus, dass die Tarifvertragsparteien über die mitbestimmungspflichtige Angelegenheit eine zwingende und abschließende Regelung getroffen haben. Damit haben sie dem Schutzzweck des verdrängten MBR genügt (hM). Dafür müssen sie die mitbestimmungspflichtige Angelegenheit aber selbst regeln (BAG 17.11.1998 – 1 ABR 12/98, NZA 1999, 662). Dabei können sie den Betriebsparteien abweichende Regelung durch freiwillige BV gestatten (BAG 9.12.2003 – 1 ABR 49/02, NZA 2005, 234; 30.5.2006 – 1 ABR 21/05, EzA § 4 TVG Chem. Industrie Nr. 9) oder verfahrensrechtliche Regelungen treffen (GK-BetrVG/*Wiese* Rn. 77). Auch dürfen sie dem ArbGeb. in bestimmten Fällen ein Alleinentscheidungsrecht einräumen, soweit das MBR in seiner Substanz durch die tarifliche Regelung gewahrt ist (BAG 3.5.2006 – 1 ABR 14/05, AP BetrVG 1972 § 87 Arbeitszeit Nr. 79; Nr. 119). Schließlich dürfen sie auch einen Gestaltungsrahmen vorgeben. Bleibt der Spruch einer E-Stelle innerhalb dieses Rahmens, liegt kein Ermessensfehler vor (BAG 9.11.2010 – 1 ABR 75/09, NZA-RR 2011, 354).

49 Hat der ArbGeb. eine Tarifnorm lediglich zu vollziehen, verbleibt ihm kein Entscheidungsspielraum. In einem solchen Fall ist die mitbestimmungspflichtige Angelegenheit bereits geregelt; für eine weitergehende Mitbestimmung besteht nach dem Schutzzweck des § 87 Abs. 1 keine Veranlassung. Etwas anderes gilt, soweit der **TV ausfüllungsbedürftig** ist. In diesem Fall bleibt das MBR erhalten. Nach dem Sinn des Eingangssatzes des § 87 sollen die sozialen Angelegenheiten entweder durch TV oder betrieblich geregelt werden. IE gilt bspw.:

50 § 4 Nr. 6.4 BRTV-Bau, wonach in der Schlechtwetterzeit der ArbGeb. nach Beratung mit dem BR über die Fortsetzung, Einstellung oder Wiederaufnahme der Arbeit nach pflichtgem. Ermessen entscheidet, ist keine das MBR nach Nr. 3 ausschließende Tarifnorm. Sie enthält keine abschließende Regelung darüber, wann und für

welche Dauer **Kurzarbeit** einzuführen ist (LAG Bln-Bbg 9.10.2009 – 14 Sa 1173/09, NZA-RR 2010, 244).

51 Jede einigermaßen vollständige Regelung von **Akkordfragen** schließt das MBR nach Nr. 10, 11 aus (BAG 8.3.1983 – 1 ABR 38/81, AP BetrVG 1972 § 87 Lohngestaltung Nr. 14). Das MBR bleibt erhalten bei einer allgemeinen Klausel im TV, nach der bestimmte Arbeiten im Akkord zu vergeben sind. Auch die bloße Festsetzung des Akkordrichtsatzes schließt die Mitbestimmung nicht aus. Eine solche Tarifregelung bestimmt nur, welcher Lohn bei Normalleistung zu erzielen sein muss. Auch ist es nicht zulässig, dass ein TV dem ArbGeb. die Festsetzung der Akkorde zunächst einseitig überlässt. Das widerspricht dem Sinn des MBR. Entsprechendes gilt, wenn die Tarifnorm Akkordfragen dem Leistungsbestimmungsrecht eines Dritten überantwortet (zB Bestimmung der Vorgabezeit beim Akkord nach Maßgabe der Angaben eines Herstellers).

52 Überlässt ein TV den Parteien des Einzelarbeitsvertrags die Vereinbarung über die Höhe des Entgelts, ohne selbst eine Entgeltordnung aufzustellen, unterliegt die Festlegung und Gewichtung von Kriterien für eine betriebliche Lohnstruktur dem MBR des BR nach Nr. 10. BR und ArbGeb. müssen eine **Lohnordnung** schaffen (BAG 14.12.1993 – 1 ABR 31/93, NZA 1994, 809). Lässt ein TV bei der **Regelung des Zeitlohns** erkennen, dass Leistungsgesichtspunkte noch nicht berücksichtigt sind, aber in Form von (außertariflichen) **Leistungszulagen** berücksichtigt werden können, so bleibt das **MBR** insoweit bestehen (→ Rn. 443).

53 Dies gilt auch für **freiwillige übertarifliche Zulagen** (BAG 3.12.1991 – GS 2/90, NZA 1992, 749). Zwar ist das Entgelt für die vertraglich geschuldete Arbeitsleistung häufig durch TV festgelegt, so dass auch die Gewährung einer Zulage ohne zusätzliche Anspruchsvoraussetzungen vom BR nicht verlangt werden kann. Ein TV setzt in Entgeltfragen regelmäßig nur Mindestbedingungen (BAG 17.12.1985 – 1 ABR 6/84, NZA 1986, 364). Erklärt sich der ArbGeb. zu darüber hinaus gehenden Zahlungen freiwillig bereit, hat der BR im Rahmen der zur Verfügung gestellten finanziellen Mittel ein MBR nach Nr. 10 bei der Ausgestaltung der Zulage (BAG 17.12.1985 – 1 ABR 6/84, NZA 1986, 364). Andernfalls würde der Zweck des MBR, dem BR Einfluss auf innerbetriebliche Lohngerechtigkeit zu sichern und für die Durchsichtigkeit des Lohngefüges zu sorgen, verfehlt. Allerdings kann der ArbGeb. von der Gewährung der zusätzlichen Leistung noch absehen, wenn die Ausübung des MBR, einschl. eines etwaigen Spruchs der E-Stelle, seinen Vorstellungen nicht entspricht. Wegen MBR bei der Kürzung übertariflicher Zulagen bzw. deren Anrechnung auf Tariflohnerhöhungen → Rn. 466 ff.

54 Weitere **Beispiele:** Ein MBR bleibt bestehen, wenn der TV zwar Zuschläge für Nachtarbeit vorsieht, es dem ArbGeb. und BR aber überlässt, die zuschlagspflichtige Zeitspanne innerhalb eines zeitlichen Rahmens festzulegen (BAG 21.9.1993 – 1 ABR 16/93, NZA 1994, 427). Das MBR bleibt auch erhalten, wenn nach dem TV Löhne individuell unter Beteiligung des BR zu vereinbaren sind (BAG 14.12.1993 – 1 ABR 31/93, NZA 1994, 809). In einem solchen Fall schützt der TV die ArbN weder vor einer einseitig an den Interessen des ArbGeb. orientierten Lohngestaltung noch sichert er die Lohntransparenz (→ Rn. 407).

55 Das MBR bleibt bestehen, wenn die TVParteien von dem Vorrang ihrer Regelungsbefugnis keinen Gebrauch machen oder dem BR ausdrücklich Regelungszuständigkeiten für ergänzende betriebliche Absprachen in einer **Öffnungsklausel** einräumen (Einzelheiten bei → § 77 Rn. 117 ff.).

56 Eine Tarifbestimmung, die das **einseitige Bestimmungsrecht des ArbGeb.** wiederherstellt (zB Recht zur Absage von Schichten) ist keine das MBR ausschließende Tarifnorm iSv § 87 Eingangssatz. Das gilt auch für eine im Tarifvertrag eingeräumte Befugnis des zur Anordnung von Überstunden (BAG 17.11.1998 – 1 ABR 121/98, NZA 1999, 662; Richardi BetrVG/*Richardi* Rn. 164; DKKW/*Klebe* Rn. 36; GK-BetrVG/*Wiese* Rn. 81; ErfK/*Kania* Rn. 17).

57 Soweit ein TV abweichende Regelungen durch **freiwillige BV** zulässt (→ § 77 Rn. 122), kann ein verbindlicher Spruch der E-Stelle nicht ergehen. Einigen sich die

Betriebsparteien nicht, verbleibt es bei der tariflichen Regelung (BAG 25.4.1989 – 1 ABR 91/87, NZA 1989, 976). Aus diesem Grund ist eine solche Öffnungsklausel stets dahingehend auszulegen, dass sie keine Nachwirkungsvereinbarung zulässt (BAG 5.5.2015 – 1 AZR 806/13, BeckRS 2015, 72198). Eine tarifl. Öffnungsklausel, die Betriebsparteien eine abweichende Ausgestaltung durch eine freiwillige BV ermöglicht, berechtigt auch zum Abschluss rückwirkender Regelungen. Eine Begrenzung des Handlungsspielraums der Betriebsparteien muss im TV konkret zum Ausdruck kommen (BAG 22.5.2012 – 1 AZR 103/11, NZA 2012, 1110).

d) Rechtsfolgen

Bei einer das MBR ausschließenden Tarifregelung lässt tarifwidriges Verhalten des ArbGeb. das MBR nicht aufleben (BAG 5.4.1992 – 1 ABR 69/91, ZTR 1992, 527; GK-BetrVG/*Wiese* Rn. 84). Hat der BR sein MBR in einer BV ausgeübt, können deren Regelungen durch eine spätere tarifliche Regelung iSd Eingangssatzes außer Kraft gesetzt werden (BAG 28.4.2002 – 1 ABR 37/01, NZA 2003, 171). Der TV kann die Fortführung solcher BV gestatten (BAG 29.10.2002 – 1 AZR 573/01, NZA 2003, 393). Schließt der Eingangssatz die zwingende MB aus, kommt zwar der Abschluss einer freiwilligen BV in Betracht. Für diese gilt aber die Regelungssperre des § 77 Abs. 3 (→ § 77 Rn. 114; WPK/*Bender* Rn. 25). Eine diese missachtende und daher unwirksame BV kann entsprechend § 140 BGB in eine vertragliche Einheitsregelung **(Gesamtzusage)** umgedeutet werden. Das kommt wegen deren individualrechtlichen Konsequenzen nur unter sehr engen Voraussetzungen in Betracht. Es müssen besondere und außerhalb einer unwirksamen BV liegende Umstände die Annahme rechtfertigen, der ArbGeb. habe sich unabhängig von der BV auf jeden Fall verpflichten wollen, den ArbN die vorgesehenen Leistungen zu gewähren (BAG 23.1.2018 – 1 AZR 65/17, NZA 2018, 971; 30.5.2006 – 1 AZR 11/05, NZA 2006, 1170). **58**

3. Verhältnis zu § 77 Abs. 3

Die früher umstrittene Frage, ob das MBR außer durch den Eingangssatz des § 87 auch bei Vorliegen der Voraussetzungen des § 77 Abs. 3 ausgeschlossen wird **(Zwei-Schranken-Theorie)** oder ob der Tarifvorbehalt des § 77 Abs. 3 im Bereich der nach § 87 Abs. 1 mitbestimmungspflichtigen Angelegenheiten nicht gilt **(Vorrangtheorie),** ist heute durch die Entscheidung des Großen Senats des BAG zugunsten der Vorrangtheorie entschieden (BAG 3.12.1991 – GS 2/90, NZA 1992, 749). Der im Schrifttum noch fortbestehende Theorienstreit hat nur praktische Bedeutung, wenn lediglich Tarifüblichkeit besteht oder der ArbGeb. nicht tarifgebunden ist (→ § 77 Rn. 109ff.). **59**

Danach greift die Sperrwirkung des § 77 Abs. 3 nicht, soweit eine Angelegenheit nach § 87 Abs. 1 mitbestimmungspflichtig ist (BAG 23.1.2018 – 1 AZR 65/17, NZA 2018, 871). Das gilt auch, wenn der ArbGeb. nicht tarifgebunden ist oder ein TV nur noch nachwirkt (BAG 27.11.2002 – 4 AZR 34/02, AP BetrVG 1972 § 87 Nr. 34 Tarifbindung). Die Einschränkung der Regelungssperre des § 77 Abs. 3 durch die Vorrangtheorie gilt jedoch nur insoweit, wie das MBR reicht (→ § 77 Rn. 114ff.). Das ist vor allem bei teilmitbestimmten BV zu beachten. Hier greift die Regelungssperre bei denjenigen Angelegenheiten, die der freiwilligen MB unterliegen (→ § 77 Rn. 116), was die Unwirksamkeit der gesamten BV zur Folge haben kann (BAG 23.1.2018 – 1 AZR 65/17, NZA 2018, 871 Rn. 24). **60**

IV. Mitbestimmungspflichtige Angelegenheiten

Die kraft Gesetzes bestehenden MBR sind abschließend aufgezählt. Das schließt nicht aus, dass sich das MBR auch auf solche Regelungen bezieht, ohne die eine **61**

Angelegenheit nicht sinnvoll geordnet werden kann (Annexregelungen). Dadurch werden keine MBR erweitert, sondern der Gegenstand der mitbestimmungspflichtigen Angelegenheit näher bestimmt. Der **Begriff der Angelegenheit** ist maßgeblich für die Bestimmung der Zuständigkeit auf BR-Seite. Diese ist für jede Angelegenheit, deren Gegenstand mitzubestimmen ist, gesondert zu untersuchen. Aus der Zuständigkeit für eine Angelegenheit folgt nicht zwangsläufig eine für andere Mitbestimmungsgegenstände. So kann der GesBR zuständig sein für den Abschluss einer BV zum Tragen von Dienstkleidung (Nr. 1), hingegen der örtliche BR für eine BV nach Nr. 7 über Bekleidungsvorgaben bei Arbeiten unter besonderen Temperaturbelastungen (BAG 18.7.2017 – 1 ABR 59/15). Das MBR knüpft stets an eine **Maßnahme des ArbGeb.** Diese soll der BR beeinflussen können. Je nach Inhalt der Maßnahme können unterschiedliche MBR in Betracht kommen. Das zeigt sich exemplarisch bei der Einführung **agiler Arbeitsmethoden** (*Bachner* FS 100 Jahre BetrVR S. 17; *Reinhard* FS 100 Jahre BetrVR S. 613).

1. Ordnung des Betriebs und des Verhaltens der Arbeitnehmer im Betrieb

a) Allgemeine Bemerkungen

62 Das **Verhalten der Mitgl. des BR** bei der Wahrnehmung ihres Amtes untersteht nicht dem Weisungsrecht des ArbGeb. Es ist schon aus diesem Grund von der Mitbestimmung nach § 87 Abs. 1 Nr. 1 ausgenommen (BAG 13.5.1997 – 1 ABR 2/97, NZA 1997, 1062). IÜ betrifft das MBR alle Maßnahmen des ArbGeb. tatsächlicher oder rechtlicher Art, die sich auf die allgemeine Ordnung des Betriebes und (oder) das Verhalten der ArbN oder von Gruppen von ArbN im Betrieb beziehen. Es berechtigt deshalb nicht dazu, in die außerbetriebliche, **private Lebensführung der ArbN** einzugreifen (BAG 21.1.2004 – 1 ABR 7/03, NZA 2004, 556). Soweit durch die Art der Arbeitsleistung nicht geboten, können dem ArbN daher keine Vorschriften über die **Gestaltung seines Äußeren** gemacht werden (Haarlänge, Verbot des Tragens eines Bartes etc.; **aA** DKKW/*Klebe* Rn. 61 nur soweit spezifische betriebl. Bedürfnisse dies erfordern, was aber die Grenze zwischen Arbeits- und Ordnungsverhalten verwischt; vgl. BVerwG 2.3.2006 – 2 C 3/05, NVwZ-RR 2007, 781). Solche Vorgaben betreffen äußere, körperliche Merkmale des ArbN. Sie sind auch die Dauer der Ausübung der beruflichen Tätigkeit beschränkt und wirken sich auf seine private Lebensgestaltung aus. Diese ist dem Einfluss der Betriebsparteien entzogen.

63 **Zweck des MBR** ist die gleichberechtigte Beteiligung der ArbN an der Gestaltung der betrieblichen Ordnung (BAG 18.4.2000 – 1 ABR 22/99, NZA 2000, 1176). **Gegenstand des MBR** ist das betriebliche Zusammenleben und Zusammenwirken der ArbN, das der ArbGeb. kraft seines Direktionsrechts oder seine Organisationsbefugnis durch das Aufstellen von Verhaltensregeln oder durch sonstige Maßnahmen beeinflussen oder koordinieren kann (BAG 13.2.2007 – 1 ABR 18/06, NZA 2007, 640; 21.1.2004 – 1 ABR 7/03, NZA 2004, 556). Gegenstand und Zweck des MBR begrenzen folgerichtig die Regelungsbefugnis der Betriebsparteien. Das MBR beruht darauf, dass die ArbN ihre Arbeitsleistung innerhalb einer vom ArbGeb. vorgegebenen Arbeitsorganisation erbringen. Dessen aus Art. 12 Abs. 1 und Art. 14 Abs. 1 GG folgendes Organisationsrecht (BVerfG 30.7.2003 – 1 BvR 792/03, NZA 2003, 959) und seine arbeitsvertragliche Direktionsbefugnis berechtigen ihn zu Regelungen, die das Verhalten der ArbN innerhalb der betrieblichen Arbeitsorganisation und für die Erbringung der Arbeitsleistung beeinflussen und koordinieren. Bei diesen einseitigen Maßnahmen des ArbGeb. soll der BR – auch im Interesse des Schutzes des Persönlichkeitsrechts der ArbN – mitbestimmen können (BAG 28.5.2002 – 1 ABR 32/01, NZA 2003, 166). Danach bildet das dem ArbGeb. zustehende Weisungs- und Organisationsrecht die Grenze der MB. Diese Grenze kann zugunsten des ArbGeb. und damit zu Lasten der ArbN nicht durch BV erweitert werden, auch nicht durch Spruch der E-Stelle oder eine

freiwillige BV. Hierfür fehlt den Betriebsparteien die Regelungskompetenz. Danach kann eine individualrechtlich mögliche Erweiterung des Weisungsrechts nicht durch BV erreicht werden. Erst wenn hierfür die individualrechtlichen Voraussetzungen vorliegen („Ob“), ist der BR bei der Ausgestaltung einer solchen Maßnahme, also dem „Wie“ zu beteiligen (BAG 28.5.2002 – 1 ABR 32/01, NZA 2003, 166).

Umstritten ist, ob Nr. 1 einen oder zwei unterschiedliche und gegeneinander abgrenzbare Sachverhalte betrifft (Richardi BetrVG/*Richardi* Rn. 178 ff.; GK-BetrVG/*Wiese* Rn. 178; DKKW/*Klebe* Rn. 53). Die Rspr. des BAG legt eine strikte Trennung zwischen einem **mitbestimmungsfreien Arbeitsverhalten** und einem **mitbestimmungspflichtigen Ordnungsverhalten** nahe (BAG 18.4.2000 – 1 ABR 22/99, NZA 2000, 1176). Dementsprechend zählen zur **Ordnung des Betriebes** allgemeingültige verbindliche Verhaltensregeln, die dazu dienen, das sonstige Verhalten der ArbN zu beeinflussen und zu koordinieren (zust. Richardi BetrVG/*Richardi* Rn. 176; ErfK/*Kania* Rn. 18). Dazu kommen noch Maßnahmen des ArbGeb., mittels derer die Ordnung des Betriebes aufrechterhalten werden soll. 64

Das **Arbeitsverhalten** betrifft dagegen Maßnahmen, mit denen die Arbeitspflicht unmittelbar konkretisiert wird (BAG 25.9.2012 – 1 ABR 50/11, NZA 2013, 219; 21.1.2004 – 1 ABR 7/03, NZA 2004, 556). Das sind Regeln und Weisungen, die von den ArbN bei der Erbringung der geschuldeten Arbeitsleistung zu beachten sind. Solche sind mitbestimmungsfrei. Das gilt auch für generelle Anweisungen an alle ArbN (BAG 8.6.1999 – 1 ABR 67/98, NZA 1999, 1288). Mitbestimmungsfrei ist die Ausübung individualrechtlicher Befugnisse, durch die der ArbGeb. auf ein Fehlverhalten der ArbN reagiert (zB Abmahnung oder Kündigung; BAG 17.2.1989 – 1 ABR 100/88, NZA 1990, 193). 65

In neueren Entscheidungen hat das BAG zu Recht klargestellt, dass § 87 Abs. 1 Nr. 1 seinem Wortlaut nach verhaltensbezogen ausgestaltet ist. Damit wäre auch die Art und Weise der Erbringung der Arbeitsleistung betroffen. Das widerspricht jedoch dem Zweck des MBR, nach dem das Arbeitsverhalten gerade mitbestimmungsfrei bleiben soll. Daher nimmt das BAG im Wege **teleologischer Reduktion** das Arbeitsverhalten aus der MB heraus (BAG 11.6.2002 – 1 ABR 46/01, NZA 2002, 1299; *Wißmann* NZA 2003, 1). Das erleichtert die Feststellung des MBR. Mitbestimmungsfrei sind demnach nur solche Maßnahmen, die nach ihrem objektiven Gegenstand dem Arbeitsverhalten zugeordnet werden können (Richardi BetrVG/*Richardi* Rn. 180). Ist eine solche Zuordnung nicht möglich, unterliegt die Maßnahme der Mitbestimmung. Dieser Auslegungsgrundsatz begünstigt die Begründung des MBR vor allem in Fällen, in denen die Maßnahme nur geringe Berührungspunkte zur Arbeitsleistung aufweist. 66

Arbeitsbezogene Einzelanweisungen an einen ArbN, ohne die eine Arbeitsleistung mangels näherer Regelung im Arbeitsvertrag nicht erbracht werden kann, zB „machen sie erst diese Arbeit und dann jene Arbeit“, sind nicht mitbestimmungspflichtig (vgl. GK-BetrVG/*Wiese* Rn. 207; HWGNRH/*Worzalla* Rn. 129). Hier fehlt es auch am kollektiven Tatbestand. 67

Das MBR besteht bei allen gestaltenden Maßnahmen des ArbGeb. Es ist ohne Bedeutung, wie der ArbGeb. seine Maßnahme trifft, ob er eine förmliche Arbeitsordnung erlassen will, ob er einheitliche Anweisungen erteilt oder gleichförmiges Verhalten durch Vereinbarungen im Arbeitsvertrag zu erreichen versucht (DKKW/*Klebe* Rn. 59). Auch Maßnahmen, die nur mittelbar das Verhalten der ArbN beeinflussen sollen, sind mitbestimmungspflichtig (BAG 9.12.1980 – 1 ABR 1/78, AP BetrVG 1972 § 87 Ordnung des Betriebes Nr. 2). Ob eine Maßnahme das mitbestimmungsfreie Arbeitsverhalten betrifft, bestimmt sich nach deren **objektiven Regelungsgehalt** und nach der Art des zu beeinflussenden betrieblichen Geschehens, nicht nach den subjektiven Regelungsvorstellungen des ArbGeb. (BAG 11.6.2002 – 1 ABR 46/01, NZA 2002, 1299). 68

Nicht mitbestimmungspflichtig ist das bloße Registrieren von Arbeitsabläufen, das nicht auf das Verhalten der betroffenen ArbN einwirken soll (BAG 8.11.1994 – 69

1 ABR 20/94, NZA 1995, 313). Das MBR nach Nr. 1 besteht neben der **Sonderregelung in Nr. 6** für den speziellen Tatbestand der Überwachung der ArbN durch technische Einrichtungen (BAG 21.1.2004 – 1 ABR 7/03, NZA 2004, 556). Mitbestimmungspflichtig sind deshalb auch alle Maßnahmen, die der Überwachung der ArbN dienen, selbst wenn der Tatbestand der Nr. 6 nicht erfüllt ist, ausgenommen nur die Kontrolle der Arbeitsleistung bei einem einzelnen ArbN.

70 Für die Ausübung dieses MBR kommt recht häufig eine Zuständigkeit des GesBR oder gar des KBR in Betracht (BAG 17.5.2011 – 1 ABR 121/09, AP BetrVG 1972 § 80 Nr. 73). Unabhängig davon müssen seine **Schranken** beachtet werden. Dazu zählen neben den in § 75 Abs. 1 geregelten Diskriminierungsverboten (BAG 30.9.2014 – 1 AZR 1083/12, NZA 2015, 121) vor allem das **Persönlichkeitsrecht** des ArbN. Dieses kann in besonderem Maß bei der Einführung und Ausgestaltung von **Bekleidungsvorschriften** (*Fischer* NZA-RR 2015, 169) oder solchen Regelungen gefährdet sein, die das **äußere Erscheinungsbild** des ArbN bis hin zu Anforderungen an seine Körperpflege betreffen und zwangsläufig seine private Lebensführung berühren (→ Rn. 62). In jedem Fall geht es zu weit, ArbN das Färben der Haare bzw. das Lackieren von Fingernägeln zu verbieten oder Vorgaben hinsichtlich Farbe, Form und Schnitt der Unterwäsche zu machen (*Brose/Greiner/Preis* NZA 2011, 369; **aA** LAG Köln 18.8.2010 – 3 TaBV 15/10, NZA-RR 2011, 85). Dagegen verstößt die Einführung einer einheitlichen Arbeitskleidung als solche nicht gegen das Persönlichkeitsrecht des ArbN (BAG 1.12.1992 – 1 AZR 260/92, NZA 1993, 711); etwas anderes kann sich allerdings aus der konkreten Ausgestaltung der Bekleidungsordnung oder einer (faktischen) Tragepflicht außerhalb des Betriebes ergeben (BAG 10.11.2009 – 1 ABR 54/08, NZA-RR 2010, 301; → Rn. 71). Das gilt unabhängig davon, ob die Dienstkleidung auffällig ist oder nicht. Außerdem berechtigt das MBR nicht dazu, den ArbN einseitig mit **Kosten** zu belasten. Insoweit besteht auch keine Annexkompetenz, die ohnehin nur in Betracht kommt, wenn die zu regelnde mitbestimmte Angelegenheit ohne die ergänzende Regelung nicht sinnvoll ausgestaltet werden könnte. Deshalb fehlt es an einer entspr. Annexkompetenz zur Kostenregelung bei der Einführung einer einheitlichen Arbeitskleidung (BAG 13.2.2007 – 1 ABR 18/06, NZA 2007, 640; *Fischer* NZA-RR 2015, 169). Eine Kostentragungspflicht kann nur durch freiwillige BV geregelt werden. Dabei müssen die dafür geltenden Binnenschranken beachtet werden (→ § 88 Rn. 8 ff.). Danach darf der ArbN nicht mit Kosten belastet werden, die von Gesetzes wegen der ArbGeb. zu tragen hat. Bei Fehlen zwingender gesetzl. oder tarifl. Kostenzuweisungen, können zwar auch die ArbN belastet werden. Hierbei ist jedoch der Grundsatz der Verhältnismäßigkeit zu beachten. Danach können die Betriebsparteien zwar Rücksicht darauf nehmen, dass der ArbN Aufwendungen für die ansonsten zu tragende Privatkleidung erspart; eine Kostenbelastung können sie aber nicht damit rechtfertigen, der ArbN könne die Dienstkleidung auch im privaten Bereich verwenden. Das betrifft den Bereich der privaten Lebensführung, den sie nicht reglementieren dürfen. Trägt der ArbGeb. die Kosten der Dienstkleidung und steht dessen betriebl. Interesse im Vordergrund, handelt es sich nicht um einen vom ArbN zu versteuernder geldwerten Vorteil (BFH 22.6.2006 – VI R 21/05, DStR 2006, 1795). Das MBR erfasst auch Regelungen über die **Kantinennutzung,** berechtigt aber nicht zu Regelungen über die Kostenbeteiligung von ArbN, die eine solche Einrichtung nicht nutzen (BAG 11.7.2000 – 1 AZR 551/99, NZA 2001, 462). Auch Regelungen in einer BV über eine an den ArbGeb. zu entrichtende **Bearbeitungsgebühr bei Lohn- und Gehaltspfändungen** betreffen nicht den Gegenstand des MBR nach Nr. 1. Sie knüpfen an das außerdienstl. Verhalten an und sind der Regelungskompetenz der Betriebsparteien entzogen. Das gilt auch für freiwillige BV (BAG 18.7.2006 – 1 AZR 578/05, NZA 2007, 462).

b) Einzelfälle

Danach sind **mitbestimmungspflichtig:** 71

- Durchführen von **Taschenkontrollen** (BAG 9.7.2013 – 1 ABR 2/13 (B), NZA 2014, 551),
- Regelungen über das Betreten und Verlassen des Betriebs (BAG 21.4.2004 – 1 ABR 7/03, NZA 2004, 556 **biometrische Zugangskontrolle**),
- **Verbot,** den **Betrieb während der Pausen zu verlassen** (BAG 21.8.1990 – 1 AZR 567/89, NZA 1991, 154), jedoch nur, wenn die Organisation der betrieblichen Abläufe eines solches Verbot zwingend erfordert,
- Einführung, Ausgestaltung und Nutzung von **Werksausweisen** (BAG 16.12.1986 – 1 ABR 35/85, NZA 1987, 355); anders bei Ausgabe von codierten Ausweiskarten für elektronische Zugangskontrolle, wenn die Karte lediglich die Funktion eines Schlüssels hat, also keine weitere Datenerfassung erfolgt (BAG 10.4.1984 – 1 ABR 69/82, NJW 1984, 2431),
- Ausfüllen von **Formularen bei Arztbesuch** (BAG 21.1.1997 – 1 ABR 53/96, NZA 1997, 785; DKKW/*Klebe* Rn. 67; GK-BetrVG/*Wiese* Rn. 233; **aA** Richardi BetrVG/*Richardi* Rn. 183; HWGNRH/*Worzalla* Rn. 141),
- **Handelsverbot** auf dem Betriebsgelände,
- Abstellen von Fahrzeugen auf dem Firmengelände und **Nutzungsbedingungen für Parkflächen** (BAG 7.2.2012 – 1 ABR 63/10, NZA 2012, 685). Dabei können ArbGeb. und BR Gewicht auf umweltfreundliches Verhalten der ArbN legen und die Benutzung öffentlicher Verkehrsmittel fördern. Die Zurverfügungstellung von Parkplätzen kann aber nach § 87 vom BR nicht erzwungen werden,
- Benutzungsordnung für **Wasch- u. Umkleideräume,**
- Regelungen zur **Nutzung von Telefon, des Internets** oder eines **E-Mail-Systems** für private Zwecke (*Kort* FS Wank, 2015, 259; *Sassenberg/Mantz* BB 2013, 889), wobei sich das MBR nach dessen Zweck nicht darauf erstreckt, ob der ArbGeb. die Privatnutzung gestatten muss („Ob"); vielmehr ist die MB auf die Ausgestaltung der vom ArbGeb. zur Verfügung gestellten Nutzung beschränkt („Wie"), Verhaltensregeln bei der Nutzung eines privaten mobilen Arbeitsmittels zu dienstlichen Zwecken **(BYOD)** vgl. *Göpfert/Wilke* NZA 2012, 765; *Pollert* NZA 2014 Beil. 4, 152,
- Auswertung privater E-Mail im Rahmen von **Compliance-Untersuchungen.** Diese lassen Rückschlüsse auf das Verhalten der ArbN im Betrieb zu (*Eufinger* BB 2016, 1973),
- Löschungs- und Kennzeichnungspflicht für private E-Mails (*Byers* Rn. 324),
- Nutzungsverbot für Smartphone/Handy im Betrieb während Pausen oder außerhalb der ArbZ,
- Verbot des Mitbringens von Smartphone/Handy im Betrieb oder Regelung einer Aufbewahrungspflicht im Spind,
- sog **Social Media Guidelines,** die ArbN zum sensiblen Umgang mit sozialen Netzwerken am Arbeitsplatz und/oder mit Arbeitskollegen anhalten (*de Beauregard* DB 2012, 2044); das gilt nicht für bloße Hinweise und Begriffserklärungen auf eine vom Betrieb eingerichteten Facebook-Seite (ArbG Düsseldorf 21.6.2013 – 14 BVGa 16/13, NZA-RR 2013, 470);
- Erlass von **Bekleidungsvorschriften/Dienstkleidungspflicht** (BAG 13.2.2007 – 1 ABR 18/06, NZA 07, 640). Diese dienen typischerweise dazu, das äußere Erscheinungsbild des Unternehmens zu fördern (BAG 30.9.2014 – 1 AZR 1083/12, NZA 2015, 121). Den ArbN darf das Tragen der Dienstkleidung auch auf dem Arbeitsweg nicht vorgegeben werden (BAG 10.11.2009 – 1 ABR 54/08, NZA-RR 2010, 301). Handelt es sich um Dienstkleidung, die besonders auffällig ist, haben die Betriebsparteien eine Regelung über Umkleidemöglichkeiten im Betrieb zu schaffen (17.1.2012 – 1 ABR 45/10, NZA 2012, 687). Dienstkleidung ist auffällig, wenn aufgrund ihrer Ausgestaltung (zB Logo) der AN ohne weiteres mit

dem ArbGeb in Verbindung gebracht wird (BAG 17.11.2015 – 1 ABR 76/13, AP BetrVG 1972 § 87 Arbeitszeit Nr. 138). Wird das Umkleiden im Betrieb angeordnet, zählt das Umkleiden sowie das Zurücklegen des Weges zwischen Umkleide- und Arbeitsstelle zur arbeitsvertraglichen Pflicht des ArbN. Hierfür schuldet der ArbGeb. in der Regel eine Vergütung nach § 611a Abs. 2 BGB (BAG 19.9.2012 – 5 AZR 678/11, NZA-RR 2013, 63). Die Betriebsparteien sind auch gehalten, den Kreis der dienstkleidungstragepflichtigen ArbN festzulegen. Diese Entscheidung dürfen sie nicht einseitig dem ArbGeb. überlassen (BAG 17.1.2012 – 1 ABR 45/10, NZA 2012, 687). Bei der Ausgestaltung der Dienstkleidung sowie der darauf bezogenen Tragepflichten müssen sachwidrige Differenzierungen vermieden werden (BAG 30.9.2014 – 1 AZR 1083/12, NZA 2015, 121).

- **Tragen von Namensschildern** auf der Dienstkleidung, wenn der dadurch beabsichtigte Kommunikationsprozess mit Kunden die arbeitsvertragl. geschuldete Leistung nur am Rande berührt (BAG 11.6.2002 – 1 ABR 46/01, NZA 2002, 1299),
- über sog **Compliance Systeme** (dazu *Straube/Rasche* Rn. 19ff.; *Stück* ArbR 2015, 337; *Neufeld/Knitter* BB 2013, 821;) können gesetzl. Organisations- und Überwachungspflichten des ArbGeb. institutionalisiert in der Unternehmenspraxis verankert werden, um ein regelkonformes Verhalten von ArbN und Geschäftsführung zu gewährleisten (*Maschmann* NZA 2012 Beil., 50; *Mengel/Hagemeister* BB 2007, 1386). Solche Pflichten gelten vor allem für die an der US-Börse notierten Unternehmen mit Sitz im Geltungsbereich des BetrVG. Teil dieser Systeme sind **Verhaltenskodizies, EthikRL** oder **Whistleblowing-Hotlines** (*Steffen/Stöhr* RdA 2017, 43; *Reinhard* NZA 2016, 1233; *Scheicht/Loy* DB 2015, 803). Das betrifft nicht nur unverbindliche Wohlverhaltensregeln, sondern auch solche, die ArbN vorgeben, in einer bestimmten Weise auf Verstöße gegen die Verhaltensregeln zu reagieren. Dabei kommen **standardisierte Meldeverfahren** (Beschwerdeformalitäten) zum Einsatz, die nicht die Arbeitspflicht konkretisieren und deshalb dem MBR unterliegen (BAG 27.9.05 – 1 ABR 32/04, AP ZA-Nato-Truppenstatut Art. 56 Nr. 25; *Walk/Shipton* BB 2010, 1917). Meldungen zum außerdienstlichen Verhalten und der privaten Lebensführung sind der MB nicht zugänglich. Hierfür fehlt den Betriebsparteien die Regelungskompetenz. Bei einem Spruch der E-Stelle ist jede Einzelregelung auf ihre Mitbestimmungspflichtigkeit hin zu prüfen (*Kock* ZIP 09, 1406). Ein MBR bei einzelnen Regelungen führt nicht zur Mitbestimmungspflichtigkeit der gesamten Ethik-RL (BAG 22.7.2008 – 1 ABR 40/07, NZA 2008, 1248; *Dzida* NZA 2008, 1265); bei einvernehmlicher Regelung der Betriebsparteien gelten für die außerhalb des MBR getroffenen Regelungen die Binnenschranken des § 88. Da Ethikregeln häufig mit Eingriffen in die allgemeine Handlungsfreiheit der ArbN verbunden sind, ist der Verhältnismäßigkeitsgrundsatz zu beachten. Mitbestimmungsfrei ist stets die Benennung unternehmerischer Ziele, die Verlautbarung der Unternehmensphilosophie oder die an sich selbstverständliche und durch den Eingangssatz ohnehin vorgegebene Pflicht auf Befolgung der einschlägigen Gesetze (BAG 22.7.2008 – 1 ABR 40/07, NZA 2008, 1248). US-Börse notierten Unternehmen haben zwar die Anforderungen der SEC zu berücksichtigen (dazu *Manhold* NZA 2008, 737). Deren Vorgaben schließen aber das MBR nach § 87 Eingangssatz nicht aus (BAG 22.7.2008 – 1 ABR 40/07, NZA 2008, 1248; *Kort* NJW 2009, 129), sind jedoch im Konfliktfall von der E-Stelle als betriebliche Belange mit zu bedenken,
- Verbot von Liebesbeziehungen am Arbeitsplatz – **Flirtverbot** – (ArbG Wuppertal 15.6.2005 – 5 BV 20/05, NZA-RR 2005, 476; *Wisskirchen/Jordan/Bissels* DB 2005, 2190),
- Verwendung von **Formblättern** zur Erfüllung vertraglicher Mitteilungspflichten (BAG 11.6.2002 – 1 ABR 32/01, NZA 2003, 166),
- Vorschriften über **Radiohören** im Betrieb (BAG 14.1.86 – 1 ABR 75/83, NZA 1986, 435; **aA** *v. Hoyningen-Huene* Anm. AP BetrVG 1972 § 87 Ordnung des Betriebes Nr. 10; *Hromadka* DB 1986, 1573), generelles Verbot zur Nutzung **privater**

TV-, Video- und **DVD-Geräte** im Betrieb (LAG Köln 12.4.2006 – 7 TaBV 68/05, NZA-RR 2007, 80),
- Erlass eines **Rauchverbots** (BAG 19.1.1999 – 1 AZR 499/98, NZA 1999, 546; → § 75 Rn. 87), sofern das Verbot sich nicht schon aus gesetzlichen Bestimmungen, Vorschriften der Berufsgenossenschaften oder zwingenden Erfordernissen des Betriebes (zB Lebensmittelbranche, Umgang mit feuergefährlichen Stoffen) ergibt. Dann besteht ein MBR nur hinsichtlich der Ausgestaltung und Durchführung der Maßnahme (*Wiese* FS 50 Jahre BAG, 2004, 678),
- der Erlass eines **Alkoholverbots** (BAG 23.9.1986 – 1 AZR 83/85, NZA 1987, 250; LAG SchlH 20.11.2007 – 5 TaBV 23/07, NZA-RR 2008, 184); eine BV zur Durchführung eines Alkoholtests im Betrieb kann die hierfür erforderliche Einwilligung des ArbN nicht ersetzen,
- **Essensverbot** am Arbeitsplatz (LAG Bln-Bbg 12.7.2016 – 7 TaBVGa 520/16, BeckRS 2016, 72780),
- formalisierte **Krankengespräche,** die der Aufklärung von (betrieblichen) Krankheitsursachen dienen (BAG 8.11.1994 – 1 ABR 22/94, NZA 1995, 857; *Kraushaar* NZA 05, 913; **aA** Richardi BetrVG/*Richardi* Rn. 194; *Raab* NZA 93, 193),
- Anweisung, **AU-Bescheinigungen nach § 5 EFZG** vor Ablauf des dritten Kalendertags nach Beginn der Arbeitsunfähigkeit vorzulegen (BAG 25.1.00 – 1 ABR 3/99, NZA 00, 665); dabei hat der BR bei der Ausgestaltung des durch diese Vorschrift eröffneten Regelungsspielraums, der das Ob und das Wie einer Nachweispflicht betrifft, mitzubestimmen (BAG 23.8.2016 – 1 ABR 43/14, NZA 2016, 1483). Geht diese Anweisung aber auf besondere Auffälligkeiten der Krankmeldung eines einzelnen ArbN zurück und wird auch nur für diesen angeordnet, lässt das nicht zwingend auf einen kollektiven Tatbestand und damit ein MBR schließen,
- Regelungen über die Mitnahme von **Arbeitsunterlagen** nach Hause (GK-BetrVG/*Wiese* Rn. 236; DKKW/*Klebe* Rn. 62; **aA** HWGNRH/*Worzalla* Rn. 141),
- Regelungen zur Abfallvermeidung und -entsorgung,
- Verbot, eigenes **Bargeld am Arbeitsplatz** aufzubewahren (HessLAG 15.1.2004 – 5 TaBV 49/03, NZA-RR 2004, 411,
- formalisierte Mitarbeitergespräche zur Vorbereitung von **Zielvereinbarungen** (*Däubler* NZA 2005, 793),
- formalisierte Abrechnungsmodalitäten für die private Nutzung eines häuslichen **Telearbeitsplatzes** (*Wiese* RdA 2009, 344),
- Bei der Einführung von **Sprachvorgaben** innerhalb des Betriebs, die nicht der Erbringung der Arbeitsleistung geschuldet sind (*Vogt/Oltmanns* NZA 2014, 181).

Mitbestimmungsfrei nach Nr. 1 sind: 72
- Anordnungen über das Führen **formalisierter Tätigkeitsberichte** (BAG 24.11.1987 – 1 ABR 108/79, AP BetrVG 1972 § 87 Ordnung des Betriebes Nr. 3; Richardi BetrVG/*Richardi* Rn. 197; GK-BetrVG/*Wiese* Rn. 212; HWGNRH/*Worzalla* Rn. 141; **aA** vgl. *Pfarr* Anm. zu BAG AP BetrVG 1972 § 87 Ordnung des Betriebes Nr. 2; DKKW/*Klebe* Rn. 62),
- Ausfüllen von **Überstundennachweisen** (BAG 9.12.1980 – 1 ABR 1/78, AP BetrVG 1972 § 87 Ordnung des Betriebes Nr. 2; **aA** *Pfarr* Anm. zu BAG AP BetrVG 1972 § 87 Ordnung des Betriebes Nr. 2; DKKW/*Klebe* Rn. 68),
- Ausfüllen von **Tätigkeitslisten** durch bestimmte ArbNGruppen zwecks rationellen Arbeitseinsatzes (**aA** LAG Hamm 23.9.1981 – 12 TaBV 90/81, DB 1982, 385),
- Aufnahme **allgemeiner** (materieller) **Arbeitsbedingungen** in den Arbeitsvertrag,
- **Anweisung des ArbGeb., in Geschäftsbriefen** Vor- und Nachnamen der Sachbearbeiter anzugeben (BAG 8.6.1999 – 1 ABR 67/98, NZA 1999, 1288),
- Einschaltung eines Drittunternehmens zur **Durchführung von Schaltertests** des Personals, wenn die Ergebnisse nicht mit einzelnen ArbN oder Gruppen von

ArbN in Verbindung gebracht werden können (BAG 18.4.2000 – 1 ABR 22/99, NZA 2000, 1176; *Deckers* NZA 2004, 139),

- Anweisung an Vorgesetzte, wie bei **Ab- und Rückmeldungen von ArbN** beim Verlassen des Betriebs zu verfahren ist (BAG 13.5.1997 – 1 ABR 2/97, NZA 1997, 1062),
- **Weitergabe polizeilicher Anordnungen** bei Ermittlungen im Betrieb (BAG 17.8.1982 – 1 ABR 50/80, NJW 1983, 646),
- Erlass einer **Dienstreiseordnung,** da diese nur das Vertragsverhältnis des ArbN zum ArbGeb. regelt, insbes. den Aufwendungsersatz des ArbN (BAG 8.12.1981 – 1 ABR 91/79, AP BetrVG 1972 § 87 Lohngestaltung Nr. 6; Richardi BetrVG/*Richardi* Rn. 197; GK-BetrVG/*Wiese* Rn. 213; HWGNRH/*Worzalla* Rn. 141) sowie die Anordnung von Dienstreisen, die dem Arbeitsverhalten zuzurechnen ist und allenfalls eine mitzubestimmende Versetzung iSv § 99 sein kann,
- Anweisung, eingenommene Gelder des ArbGeb. getrennt von **Trinkgeldern** in dem vom ArbGeb. bestimmten Behältnis aufzubewahren (HessLAG 15.1.2004 – 5 TaBV 49/03, NZA-RR 04, 411),
- **Kostenpauschale bei Lohnpfändung,** da Gehaltspfändungen Folgen der privaten Lebensführung sind und nicht das innerbetriebliche Verhalten der ArbN betreffen (BAG 18.7.2006 – 1 AZR 578/05, NZA 2007, 462),
- Durchführung des **betrieblichen Eingliederungsmanagements** gem. § 167 Abs. 2 SGB IX, da es hier nicht um das Zusammenleben und -wirken der ArbN im Betrieb geht (*Namendorf/Natzel* DB 2005, 1794; **aA** *Gundermann/Oberberg* AuR 2007, 19),
- Untersagung der privaten Nutzung der betrieblichen **Internet und E-Mail-Einrichtung** (LAG Hamm 7.4.2006 – 10 TaBV 1/06, NZA-RR 2007, 20),
- Abgabe inhaltlicher **standardisierter Verschwiegenheitserklärungen** in Bezug auf bestimmte betriebliche oder geschäftliche Vorgänge, weil es sich in der Regel um eine Konkretisierung der arbeitsvertragl. Pflicht zur Rücksichtnahme handelt (Arbeitsverhalten) oder ein gesetzl. Handlungsverbot iSv § 4 GeschGehG besteht, dessen Verletzung nach § 23 GeschGehG strafbewehrt ist. Darüber hinaus sind inhaltlich standardisierte Erklärungen nicht gleichbedeutend mit standardisiertem Verhalten (BAG 10.3.2009 – 1 ABR 87/07, NZA 2010, 180),
- Verwendung von **Laufzetteln,** auf denen vermerkt ist, welche Arbeitsmittel einem ArbN ausgehändigt worden sind und welche Zugangsberechtigungen ihm erteilt worden sind. Danach bewirkt eine bloße Standardisierung des Arbeitsverhaltens noch keine Zuordnung zum mitbestimmungspflichtigen Ordnungsverhalten (BAG 25.9.2012 – 1 ABR 50/11, NZA 2013, 219),
- Durchführung von Informationsveranstaltungen während der Arbeitszeit, auf denen der ArbGeb. bestimmten ArbN gegenüber **Hintergrundwissen zum Unternehmen vermittelt,** wirtschaftliche Zusammenhänge aufzeigt und über unternehmerische Entscheidungen informiert (BAG 15.4.2014 – 1 ABR 85/12, AP BetrVG 1972 § 87 Ordnung des Betriebes Nr. 45),
- **Mitarbeitergespräche,** die der Bewertung des Leistungsstandes der AN dienen, die Gesprächsführungspflichten der Führungskraft konkretisieren und auf die Beurteilung der Leistungsfähigkeit des AN gerichtet sind (BAG 17.3.2015 – 1 ABR 48/13, NZA 15, 885),
- **Anweisung an Reinigungskräfte,** während der ARbZ das Sammeln von Pfandgegenständen für eigene Zwecke zu unterlassen (BAG 23.8.2018 – 2 AZR 235/18, AP BGB § 626 Nr. 272).

73, 74 Umstritten ist das MBR beim **Einsatz von Privatdetektiven.** Nach Ansicht des BAG (26.3.1991 – 1 ABR 26/90, NZA 1991, 729) besteht kein MBR da kein „Verhalten der ArbN" geregelt werde; hier zust. GK-BetrVG/*Wiese* Rn. 201; HWGNRH Rn. 136). Soweit der **Werkschutz** nicht nur das Eigentum des ArbGeb., sondern auch die Ordnung des Betriebes oder das Verhalten der ArbN überwacht und kontrolliert, hat der BR ein MBR (GK-BetrVG/*Wiese* Rn. 199).

Nunmehr geklärt ist, dass der BR bei der Errichtung und der personellen Besetzung einer **Beschwerdestelle nach § 13 Abs. 1 AGG** nicht mitzubestimmen hat. Allerdings ist der BR bei der Einführung und Ausgestaltung eines **Beschwerdeverfahrens** zu beteiligen und hat auch ein darauf gerichtetes Initiativrecht (BAG 21.7.2009 – 1 ABR 42/08, NZA 2009, 1049). Damit kann der ArbGeb, mitbestimmungsfrei darüber befinden, ob er die Beschwerdestelle im jeweiligen Betrieb oder überbetrieblich einrichtet. Entscheidet er sich für letzteres, steht das MBR dem GesBR zu (BAG 21.7.2009 – 1 ABR 42/08, NZA 2009, 1049). Hält der BR diese Maßnahme wegen der damit für die ArbN des Betriebes verbundenen Erschwernisse für unzureichend, kann dagegen nur nach § 17 Abs. 2 AGG vorgehen. 75

c) Betriebsbußen

Die Betriebsbuße ist eine Sanktion bei **Verstößen des ArbN gegen die kollektive betriebliche Ordnung** (krit. WPK/*Bender* Rn. 45 ff.). Sie ist abzugrenzen gegenüber individualrechtlichen Sanktionen des ArbGeb. wegen der Verletzung arbeitsvertraglicher Pflichten. Ob und unter welchen Voraussetzungen der ArbGeb. eine Betriebsbuße verhängen kann, ist umstritten. Das G erwähnt die Verhängung von betrieblichen Disziplinarmaßnahmen wegen Verstoßes gegen die kollektive Ordnung des Betriebes nicht ausdrücklich. 76

Streitig ist, ob ArbGeb. und BR **eine Betriebs-Bußordnung,** also ein Regelwerk mit Beschreibung der einzelnen Verletzungshandlungen und ihrer Folgen, aufstellen dürfen. Die überwiegende Meinung in Rspr. und Schrifttum bejaht diese Frage (BAG 17.10.1989 – 1 ABR 100/88, NZA 1990, 193; GK-BetrVG/*Wiese* Rn. 245; HWGNRH/*Worzalla* Rn. 158 ff.; **aA** DKKW/*Klebe* Rn. 69 unter Hinweis auf die fehlende gesetzliche Grundlage; Richardi BetrVG/*Richardi* Rn. 221; *Preis* DB 1990, 685; *Schumann* Gedächtnisschrift *Dietz* S. 323). 77

Betriebsbußen dienen der **Durchsetzung der betrieblichen Ordnung,** die selbst Gegenstand der zwingenden Mitbestimmung ist. Rechtsgrundlage für die Schaffung einer Betriebs-Bußordnung ist § 87 Abs. 1 Nr. 1. Wer berechtigt ist, Grundsätze für die Ordnung des Betriebes und das Verhalten der ArbN aufzustellen, der muss auch in der Lage sein, die Einhaltung dieser Ordnung durchzusetzen (BAG 17.10.1989 – 1 ABR 100/88, NZA 1990, 193; ErfK/*Kania* Rn. 23; *Kaiser/Metzger-Pregizer,* Betriebsjustiz, 1976, 328). 78

Dagegen scheiden der **Arbeitsvertrag** und das auf ihm beruhende Direktionsrecht des ArbGeb. als Rechtsgrundlage aus (ErfK/*Kania* Rn. 22). Die Betriebsbuße ist keine Vertragsstrafe, die in erster Linie die Leistungserfüllung des individuellen Arbeitsvertrags bezweckt (Vertragstheorie; vgl. *Luhmann,* Betriebsjustiz und Rechtsstaat, S. 105 ff.; *Zöllner* ZZP Bd. 83, 387). 79

Bedenken gegen betriebliche Bußordnungen können nicht aus dem GG (Art. 92, 101) hergeleitet werden. Das GG befasst sich nur mit den staatlichen Gerichten und der staatlichen Gewaltenteilung. Es bestehen ebenso wenig Bedenken wie gegen die Vereinsstrafe (BGHZ 29, 352). Auch Strafrechtsvorschriften (insbes. §§ 138, 257 StGB) stehen nicht entgegen. § 138 StGB verlangt nur die Anzeige drohender schwerer Verbrechen. 80

Betriebsbußen dürfen nur verhängt werden, wenn eine mitbestimmte Bußordnung besteht (BAG 17.10.1989 – 1 ABR 100/88, NZA 1990, 193). Die **betriebliche Bußordnung** muss den formellen Anforderungen des § 77 Abs. 2 entsprechen (BAG 18.7.2006 – 1 AZR 578/05, NZA 2007, 462). Die Bußordnung muss auch bekannt gemacht werden; sie muss die **Tatbestände,** die eine Betriebsbuße als Sanktion auslösen soll, genau **beschreiben.** 81

Betriebsbußen sind keine Sanktion für die Schlechterfüllung des Arbeitsvertrages oder Verstoß gegen andere einzelvertragliche Pflichten. Auf Vertragsverletzungen kann der ArbGeb. mit **Abmahnungen** reagieren. Diese Abmahnungen sind als Recht des Gläubigers mitbestimmungsfrei. Betriebsbuße und Abmahnung müssen 82 daher unterschieden und voneinander abgegrenzt werden (stRspr, BAG 17.1.1991 – 2 AZR 375/90, NZA 1991, 557; GK-BetrVG/*Wiese* Rn. 251 ff.; Richardi BetrVG/ *Richardi* Rn. 231; zur Abgrenzung und Begriffsbildung eing. *Becker-Schaffner* DB 1985, 650; *Heinze* NZA 1990, 169; *v. Hoyningen-Huene* RdA 1990, 193; eine Übersicht bei *Schaub* NJW 1990, 872).

83 Stellt ein **arbeitsvertragswidriges Verhalten** des ArbN **zugleich** einen **Verstoß gegen die kollektive betriebliche Ordnung** dar, kann der ArbGeb. sich darauf beschränken, eine mitbestimmungsfreie arbeitsvertragsbezogene Abmahnung auszusprechen. Welche Maßnahme vorliegt, ist durch Auslegung der Erklärung des ArbGeb. zu ermitteln, so wie sie der ArbN verstehen musste (BAG 17.10.1989 – 1 ABR 100/88, NZA 1990, 193; DKKW/*Klebe* Rn. 79, objektiver Erklärungswert). Der ArbGeb. muss das, was er will, deutlich zum Ausdruck bringen. Eine bloße **Abmahnung** darf **keinen** über den Warnzweck vor einer drohenden Kündigung hinausgehenden **Sanktionscharakter** haben, zB dadurch, dass die Maßnahme im Rahmen einer Stufenfolge von Missbilligungen (Verwarnung, Verweis, Versetzung, Entlassung) ausgesprochen wird. In einem solchen Fall macht der ArbGeb. nicht nur seine Rechte als Arbeitsvertragspartei geltend, sondern will das beanstandete Verhalten ahnden, dh den ArbN bestrafen (BAG 7.11.1979 – 5 AZR 962/77, AP BetrVG 1972 § 87 Betriebsbuße Nr. 3). Dann unterliegt diese Maßnahme als Vorstufe weiterer Disziplinarmaßnahmen dem MBR des BR (Richardi BetrVG/*Richardi* Rn. 232). So hat die Rüge, ein Mitgl. einer Tarifkommission habe unberechtigt bezahlte Freizeit in Anspruch genommen, keinen Bezug zur kollektiven Ordnung des Betriebes (BAG 19.7.1983 – 1 AZR 307/81, AP BetrVG 1972 § 87 Betriebsbuße Nr. 5). Eine Abmahnung liegt nicht vor, wenn der ArbGeb. weitere Rechte außer dem Hinweis auf die Vertragsverletzung in Anspruch nimmt. Führt die Sanktion praktisch zu einer Beförderungssperre, ist das keine Abmahnung mehr (BAG 17.10.1989 – 1 ABR 100/88, NZA 1990, 193).

84 Verletzt ein BRMitgl. seine **betriebsverfassungsrechtlichen Pflichten,** scheiden sowohl eine Abmahnung als auch eine Betriebsbuße aus. Dem ArbGeb. stehen nur die Rechte nach § 23 Abs. 1 zur Verfügung (→ § 23 Rn. 17a). Liegt zugleich ein Verstoß gegen die betriebliche Ordnung vor, kann eine Betriebsbuße unter den genannten Voraussetzungen verhängt werden.

85 Durch Betriebsbuße dürfen nur Verstöße gegen die betriebliche Ordnung als solche (Rauchverbote, Kontrollvorschriften, Alkoholverbot usw) geahndet werden, nicht auch **Straftatbestände** wie etwa Beleidigung (§ 185 StGB), Körperverletzung (§ 223 StGB), Diebstahl geringwertiger Sachen (§ 248a StGB), Sachbeschädigung (§ 303 StGB).

86 Die Verhängung einer **Betriebsbuße schließt eine staatliche Strafe nicht aus.** Beide liegen auf verschiedenen Ebenen. Die Konkurrenz beider Verf. verstößt deshalb nicht gegen den Grundsatz, dass wegen derselben Tat auf Grund der allgemeinen Strafgesetze nur eine Bestrafung erfolgen darf (Art. 103 Abs. 3 GG).

87 ArbGeb. und BR können bei **Streitigkeiten zwischen ArbN** zwar vermittelnd tätig werden, auch wenn schon Strafanträge wegen Beleidigung, Körperverletzung usw. gestellt sind, um den Betriebsfrieden intern wiederherzustellen. Es darf aber kein Druck auf die streitenden Parteien zur Unterwerfung unter ein Schlichtungsverfahren und zur Annahme eines Vermittlungsvorschlages ausgeübt werden. Den Beteiligten muss der **Weg zu den staatlichen Zivil- und Strafgerichten** offenbleiben.

88 Die betriebliche Bußordnung kann **verschiedene Sanktionen** vorsehen. Es kommen Verwarnung oder Verweis oder eine förmliche Missbilligung in Betracht. Bei schweren Verstößen sind auch Geldbußen bis zu einem Tagesverdienst (vgl. GK-BetrVG/*Wiese* Rn. 268; ErfK/*Kania* Rn. 24) möglich. Diese dürfen nicht dem ArbGeb. zugute kommen (zB Sozialfonds, karitative Zwecke; GK-BetrVG/*Wiese* 270; **aA** Richardi BetrVG/*Richardi* Rn. 242; HWGNRH/*Worzalla* Rn. 170). Schließlich ist als Sanktion auch der **Entzug von Vergünstigungen** möglich (BAG 22.10.85 – 1 ABR 38/83, NZA 86, 299).

Kündigung oder Rückgruppierung oder Versetzung ist als Disziplinarmaßnahme nicht zulässig. Diese Maßnahmen sind mit dem zwingenden Kündigungsrecht nicht vereinbar; ein MBR kommt insoweit nur nach §§ 102, 104 in Betracht (BAG 28.4.1982 – 7 AZR 962/79, AP BetrVG 1972 § 87 Betriebsbuße Nr. 4; Richardi BetrVG/*Richardi* Rn. 249 ff.; GK-BetrVG/*Wiese* Rn. 267). 89

Persönlichkeitsrechtsverletzende Sanktionen sind unzulässig. Aus diesem Grund darf der ArbN nicht durch Aushang seines Namens am „Schwarzen Brett" oder dessen Bekanntgabe im Intranet angeprangert werden (DKKW/*Klebe* Rn. 70; GK-BetrVG/*Wiese* Rn. 269; Richardi BetrVG/*Richardi* Rn. 255; HWGNRH/*Worzalla* Rn. 160). 90

In eine Bußordnung sollten auch **Tilgungsfristen** (nicht mehr als zwei Jahre) aufgenommen werden, nach deren Ablauf die entspr. Unterlagen aus den Personalakten zu entfernen oder in den Personaldateien zu löschen sind. Wegen gerichtlicher Strafen → § 94 Rn. 19. 91

Die **Bußordnung** enthält allgemeine Grundsätze. Das sind etwa Bußtatbestände, Art, Verhängung und Verwendung einer Geldbuße. Das geschieht in Form einer BV. 92

Das Verfahren, das zur Verhängung einer Betriebsbuße führen soll, muss **rechtsstaatlichen Grundsätzen** entsprechen. Da der ArbGeb. nicht allein entscheiden kann, ist die Bildung eines paritätisch aus Vertr. des ArbGeb. und des BR zusammengesetzten Ausschusses zweckmäßig. Der Grundsatz des rechtlichen Gehörs muss gewahrt werden (HWGNRH/*Worzalla* Rn. 171). Es darf auch nicht derselbe Verstoß auf betrieblicher Ebene mehrfach geahndet werden. Andererseits besteht auch kein Zwang zur Verfolgung einer jeden Verletzung der betrieblichen Ordnung (Opportunitätsprinzip). Wegen der gerichtlichen Nachprüfung ist eine schriftliche Begründung der Entscheidung erforderlich. 93

Die Anrufung der ArbG kann nicht ausgeschlossen werden (ErfK/*Kania* Rn. 24; GK-BetrVG/*Wiese* Rn. 275). Die **gerichtliche Nachprüfung** beschränkt sich ähnlich wie bei der sog Vereinsgerichtsbarkeit darauf, ob eine wirksame Bußordnung vorliegt, ob die MindestVerfGrundsätze eingehalten sind, der Verstoß gegen die Betriebsordnung begangen wurde und schließlich ob die betriebliche Disziplinarmaßnahme willkürlich festgesetzt wurde oder unangemessen ist (BAG 11.11.1971 – 2 AZR 218/70, AP BGB § 611 Dienstordnungs-Angestellte Nr. 31; HWGNRH/*Worzalla* Rn. 176; GK-BetrVG/*Wiese* Rn. 275; ErfK/*Kania* Rn. 24). 94

2. Beginn und Ende der täglichen Arbeitszeit, Verteilung der Arbeitszeit auf die Wochentage, Pausen

Der Zweck dieses MB besteht nach der stRspr des BAG darin, die Interessen der ArbN an der Lage ihrer ArbZ und damit zugleich an ihrer freien für das Privatleben nutzbaren Zeit zur Geltung zu bringen, also die Grenze zwischen ArbZ und Freizeit zu bestimmen (BAG 30.6.2015 – 1 ABR 71/13, BeckRS 2015, 72430). Das dient zugleich dem Überforderungs- und damit Gesundheitsschutz der ArbN (*Eylert* AuR 17, 4). Ein hierauf gerichtetes MBR nach Nr. 7 bedarf aber einer gesonderten, dem Gesundheitsschutz dienenden, Rahmenvorschrift (→ Rn. 257 ff.). Die Nr. 2 beschreibt **mehrere mitbestimmungspflichtige Angelegenheiten,** für die typischerweise der BR und nicht der GesBR zuständig ist. Der BR hat mitzubestimmen bei Beginn und Ende der täglichen Arbeitszeit sowie der Verteilung der Arbeitszeit auf die einzelnen Wochentage. Darüber hinaus erfasst das MBR auch die Aufstellung von Dienstplänen sowie das Abweichen von bereits aufgestellten Plänen (stRspr, BAG 25.9.2012 – 1 ABR 49/11, NZA 2013, 159). Das MBR umfasst auch die Einreihung neu eingestellter ArbN in einen Dienstplan (BAG 22.8.2017 – 1 ABR 4/16). Es wird durch MBR bei der **Einstellung iSv § 99** nicht verdrängt. Dieses MBR hat einen anderen Gegenstand. Darüber hinaus erfolgt die Einordnung eines ArbN in einen Dienstplan nicht wegen dessen besonderen individuellen Verhältnisse. Vielmehr handelt es sich um einen kollektiven Tatbestand, weil es darum geht, welche ArbN zu 95 welcher Zeit mit welch anderen ArbN zu arbeiten haben (BAG 29.8.2017 – 1 ABR 4/16, NZA 2018, 191; **aA** *Bayreuther* NZA 2016, 921). Es erstreckt sich nicht auf die Zuweisung der innerhalb der ArbZ zu erledigenden Arbeitsmenge (BAG 29.9.2004 – 1 ABR 29/03, NZA 2005, 313). Dementsprechend wird der Umfang, der von den ArbN geschuldeten, Wochenarbeitszeit nicht mitbestimmt (BAG 24.1.2006 – 1 ABR 6/05, NZA 2006, 862). Dieser ergibt sich entweder aus einem anzuwendenden TV oder der arbeitsvertragl. Vereinbarung. Die **dauerhafte Erhöhung des Umfangs der regelmäßig Wochenarbeitszeit** unterliegt weder der MB nach Nr. 2 noch der nach Nr. 3 (BAG 15.5.2007 – 1 ABR 32/06, NZA 2007, 1240). Allerdings kann die jeweilige Lage der ArbZ auch **vergütungspflichtige Folgen** haben, weil der ArbGeb. nach dem Arbeitsvertrag oder TV verpflichtet ist, den Einsatz zu bestimmten Zeiten oder Tagen gesondert zu honorieren. Diese Folgen begründen aber kein MBR nach Nr. 10 (BAG 26.9.2017 – 1 ABR 57/15, NZA 2018, 194). An der Entscheidung des ArbGeb, anstelle eines tariflich vorrangigen Freizeitausgleichs Überstunden auszuzahlen, hat der BR kein MBR (BAG 22.8.2017 – 1 ABR 24/16, NZA 2018, 115).

96 Der **Begriff der Arbeitszeit** bestimmt sich nach dem Zweck des MBR. Arbeitszeit ist die Zeit, innerhalb derer der ArbN seine vertraglich geschuldete Leistung erbringen soll (BAG 14.11.2006 – 1 ABR 5/06, NZA 2007, 458). Diese bestimmt sich nach der vertraglichen oder tarifvertraglichen Vereinbarung. Für das Bestehen oder den Umfang des MBR kommt es auf die vergütungsrechtliche Einordnung dieser Zeiten ebenso wenig an wie auf deren Einordnung nach dem ArbZG (BAG 22.10.2019 – 1 ABR 11/18). Nach dem Zweck des MBR gehören zur Arbeitszeit auch Zeiten der Arbeitsbereitschaft, des Bereitschaftsdienstes und der Rufbereitschaft. Von der gewöhnlichen Arbeitszeit unterscheidet sich **Arbeitsbereitschaft** nur durch den Grad der Inanspruchnahme. Arbeitsbereitschaft ist wache Achtsamkeit im Zustand der Entspannung. Sie gilt arbeitszeitlich als Arbeitszeit. Bereitschaftsdienst und Rufbereitschaft schränken die Freizeit des ArbN ein. Sie verpflichten den ArbN, sich auf Anordnung des ArbGeb. an einer von diesem bestimmten Stelle **(Bereitschaftsdienst)** oder einem selbstbestimmten Ort **(Rufbereitschaft)** aufzuhalten und auf gesonderte Aufforderung hin die Arbeit aufzunehmen. Es handelt sich um Arbeit im betriebsverfassungsrechtlichen Sinn. Deshalb ist es nach dem Zweck der Vorschrift geboten, dem BR hinsichtlich deren Einführung und zeitlichen Lage ein MBR einzuräumen (BAG 29.2.2000 – 1 ABR 28/02, NZA 2004, 507). Mit dem bloßen Zurücklegen des Wegs von der Wohnung/Aufenthaltsort zur Arbeitsstelle und zurück wird keine Arbeit für den ArbGeb. erbracht (BAG 17.10.2018 – 5 AZR 553/17, NZA 2019, 159). Der ArbN ist frei in seiner Entscheidung über Beginn und Verlauf der Wegstrecke und in der Wahl des Fortbewegungsmittels. Seine individuellen Entscheidungen und nicht die mit dem ArbGeb. getroffene ArbZ-Vereinbarung bestimmen das Volumen der **Wegezeit.** Deren zeitlicher Umfang ist weder im Voraus konkretisierbar noch pauschalierungsfähig. Für letzteres fehlt es den Betriebsparteien an einer Regelungskompetenz. Daher erfasst das MBR seinem Zweck nach nicht die vom ArbN selbst zu bestimmenden Wegezeiten. Ob hierbei Arbeitsmittel mitgeführt oder auffällige Dienstkleidung getragen wird und daraus eventl. Vergütungsansprüche folgen, ist unerheblich. Das Schutzkonzept dieses MBR ist allein zeitbezogen. Es schützt den ArbN nicht vor belastenden oder unwirksamen Weisungen des ArbGeb. (BAG 22.10.2019 – 1 ABR 11/18). Hingegen ist die Wegezeit verteilungsfähige ArbZ, wenn die Arbeit im Betrieb aufzunehmen ist und der ArbN dort innerbetriebliche Wege zum Arbeitsplatz zurücklegt oder ausgehend vom Betrieb auswärtige Betriebsstätten oder Kunden aufzusuchen hat. Gleiches gilt für AußendienstArbN, die vereinbarungs- oder weisungsgemäß von ihrem Wohnort aus zu Kunden oder auswärtige Arbeitsstätten zu fahren haben. In diesen Fällen ist das wirtschaftliche Ziel der Gesamttätigkeit solcher ArbN darauf gerichtet, Kunden aufzusuchen, um dort Dienst- oder Werkleistungen zu erbringen, Geschäfte für den Arbeitgeber zu vermitteln oder abzuschließen. Dazu gehört zwingend die jeweilige An- und Abreise, un-

abhängig davon, ob Fahrtantritt und -ende vom Betrieb des Arbeitgebers oder von der Wohnung des Arbeitnehmers aus erfolgen (BAG 25.4.2018 – 5 AZR 424/17, NZA 2018, 1211). Nach der Entscheidung des BAG vom 17.10.2018 (5 AZR 553/17, NZA 2019, 159), wonach Reisen als Arbeit Teil der iSv § 611 Abs. 1 BGB zu qualifizieren und damit regelmäßig zu vergüten ist, wird die bisherige mitbestimmungsrechtliche Einordnung zu überdenken sein. Bisher ist die zeitliche Lage von **Dienstreisen** nicht mitbestimmungspflichtig, sofern der ArbN während einer solchen Zeit keine Arbeitsleistung zu erbringen hat (BAG 14.11.2006 – 1 ABR 5/06, NZA 2007, 458). Allerdings ist das MBR nur auf die Verteilung der ArbZ gerichtet. Das schließt ein MBR bei der Anordnung einer Dienstreise aus, weil damit die Zuweisung einer einzelnen Arbeitsaufgabe an einen konkreten ArbN verbunden wäre. Überschreitet die Dienstreise die betriebsübliche ArbZ fällt das nicht unter das MBR nach Nr. 3. Eine mit der Dienstreise verbundene vorübergehende Verlängerung der ARbZ berührt nicht den Schutzzweck dieses MBR (BAG 23.7.1996 – 1 ABR 17/96, NZA 1997, 216; → Rn. 140). Hingegen zählt das Anziehen von Dienstkleidung im Betrieb **(Umkleidezeit)** zur betriebsverfassungsrechtlichen ArbZ (BAG 10.11.2009 – 1 ABR 54/08, NZA-RR 2010, 301; 17.11.2015 – 1 ABR 76/13, AP BetrVG 1972 § 87 Arbeitszeit Nr. 138; *Kothe* AuR 2016, 404; *Mayrhofer* ZTR 2017, 72). Zeitvorgaben des ArbGeb. für die Dauer des Umkleidens unterliegen aber nicht der MB (BAG 12.11.2013 – 1 ABR 59/12, NZA 2014, 557; *Fischer* NZA-RR 15, 169). Hier ist nur eine freiwillige BV möglich (*Eylert* AuR 2017, 4). Eine Vergütungspflicht für Umkleidezeit (dazu BAG 13.12.2016 – 9 AZR 574/15, NZA 2017, 459; BAG 26.10.2016 – 5 AZR 168/16, NZA 2017, 323), unterfällt ebenfalls nicht der zwingenden MB. Dagegen kann die zeitliche Lage eines vom ArbGeb. **angeordneten Gesprächs unter ArbN,** bei dem es um die Art und Weise deren Arbeitsleistung geht, ungeachtet einer arbeitsvertraglichen Teilnahmepflicht mitbestimmungspflichtig sein (BAG 30.6.2015 – 1 ABR 71/13, BeckRS 2015, 72430).

Soweit **gesetzliche oder tarifliche Regelungen** bestehen, können MBR nur in 97
den vorgeschriebenen Grenzen ausgeübt werden. Innerhalb der gesetzlichen Höchstarbeitszeitgrenzen ist das Maß der tariflich oder vertraglich geschuldeten Arbeitszeit auszuschöpfen (BAG 24.1.2006 – 1 ABR 6/05, NZA 2006, 862). Gesetzliche Bestimmungen schließen das MBR aus, soweit sie Fragen der Arbeitszeit auch inhaltlich regeln und dem ArbGeb. kein Entscheidungsspielraum verbleibt. Lässt die gesetzliche Regelung mehrere Entscheidungen zu, bleibt das MBR insoweit bestehen.

Das **öffentlich-rechtliche Arbeitszeitrecht** soll den ArbN vor einer zeitlichen 98
Überforderung schützen. Es setzt dazu **Höchstgrenzen** der Arbeitszeit fest. Bei der Bestimmung dieser Höchstgrenzen kann der BR nicht über die arbeitszeitrechtliche Einordnung von Rufbereitschaft oder Bereitschaftsdienst befinden (WPK/*Bender* Rn. 53). Hierbei handelt es sich um eine Rechtsfrage und nicht um eine der Einigung der Betriebsparteien zugängliche Regelungsfrage (BAG 22.7.2003 – 1 ABR 28/02, NZA 2004, 507). Das ArbZG regelt weiter die Voraussetzungen unter denen ausnahmsweise die Arbeitszeit über den gesetzlichen Rahmen hinaus durch TV verlängert werden kann (§ 7 ArbZG). Innerhalb eines verbleibenden Regelungsspielraums besteht ein MBR (GK-BetrVG/*Wiese/Gutzeit* Rn. 280; *Gnade* FS Kehrmann, 1997, 229). Soweit nach einer Entscheidung des EuGH (14.5.2019 – C-55/18, NZA 2019, 683) die Mitgliedstaaten verpflichtet sind, ArbZ-Erfassungssysteme einzurichten, kann das derzeit bereits durch BV (MBR nach § 87 Abs. 2 Nr. 2, 3 oder 6) geschehen (*Reinhard* NZA 2019, 1313; *Brors* NZA 2019, 1176).

In **Tarifverträgen** wird häufig die Höchstdauer der wöchentlichen Arbeitszeit ge- 99
regelt. Tarifliche Arbeitszeitregelungen sind unionsrechtskonform auszulegen. Von einer tariflichen Befugnis, die es dem ArbGeb. erlauben würde, die jahresdurchschnittlich Wochenarbeitszeit von 48 Stunden unter bestimmten Voraussetzungen zu überschreiten, dürfen die Betriebsparteien und im Konfliktfall die E-Stelle deshalb keinen Gebrauch machen (BAG 24.1.2006 – 1 ABR 6/05, NZA 2006, 862).

100 Das MBR setzt einen **kollektiven Tatbestand** voraus (→ Rn. 14 ff.). Er liegt vor, wenn die kollektiven Interessen der ArbN berührt werden, zB Beginn der täglichen Arbeitszeit. In Fragen der Dienstplangestaltung liegt stets ein kollektiver Bezug vor. Dieser ist nur zu verneinen, wenn im Einzelfall die Lage der Arbeitszeit auf den persönlichen Wünschen des ArbN beruht und die mit diesem getroffenen Abreden keine Auswirkungen auf die Arbeitszeitregelungen anderer ArbN haben (BAG 27.11.1990 – 1 ABR 77/89, AP BetrVG 1972 § 87 Arbeitszeit Nr. 41).

101 Mit der Ausübung des MBR nach Nr. 2 greift der BR in die dem ArbGeb. vorbehaltene Arbeitsorganisation ein. Das ist durch Nr. 2 gedeckt. Es existiert kein Rechtsgrundsatz, nach dem MBR insoweit zurücktreten müssen, als durch sie die Organisation des Arbeitsablaufs berührt wird (BAG 1.7.2003 – 1 ABR 20/02, NZA 2004, 623). Allerdings kann mit dem MBR nach Nr. 2, 3 einer mit zunehmender **Digitalisierung** verbundenen Entgrenzung von Arbeit nur bedingt begegnet werden. Hierfür ursächlich sind vor allem Arbeitsorganisation und Personalbemessung. Auf sie kann der BR im Rahmen seiner schwächeren MBR und Beratungsrechte in personellen und wirtschaftlichen Angelegenheiten Einfluss nehmen (*Klebe* NZA-Beilage 3/2017, 77; *Eylert* NZA-Beilage 3/2017, 95). Allerdings kann eine entsprechende Arbeitsverdichtung zu Gefährdungen betroffener ArbN führen. Das kann ein MBR nach Nr. 7 auslösen (→ Rn. 310a).

a) Dauer der wöchentlichen Arbeitszeit

102 Die Dauer der wöchentlichen Arbeitszeit ist die Größe, von der alle weiteren Entscheidungen über die Verteilung dieser Arbeitszeit und deren Lage abhängen. Sie bestimmt sich entweder nach einem TV oder nach einer vertraglichen Vereinbarung. Dem steht es gleich, wenn ein TV oder eine vertragliche Vereinbarung lediglich ein konkretes Arbeitszeitvolumen (Jahr, Monat) vorgeben (→ Rn. 106).

103 Das MBR des BR über die **Dauer der wöchentlichen Arbeitszeit** ist umstritten. Nach der hM unterliegt die Dauer der wöchentlichen Arbeitszeit, dh der Umfang des vom ArbN geschuldeten Arbeitszeitvolumens, nicht der Mitbestimmung (stRspr, BAG 22.7.2003 – 1 ABR 28/02, NZA 2004, 507; 24.1.2006 – 1 ABR 6/05, AP ArbZG § 3 Nr. 8; Richardi BetrVG/*Richardi* Rn. 269; GK-BetrVG/*Wiese/Gutzeit* Rn. 284; HWGNRH/*Worzalla* Rn. 193; ErfK/*Kania* Rn. 25; *Buchner* RdA 1990, 1; nunmehr auch DKKW/*Klebe* Rn. 89). Für ein MBR in dieser Frage hat sich ausgesprochen *Gnade* FS Kehrmann, 1997, 227).

104 Wortlaut, Systematik sowie der Zweck sprechen dafür, die Dauer der wöchentlichen Arbeitszeit als vorgegeben und **nicht dem MBR des BR** unterliegend anzusehen. Zum einen wird mit der Festlegung von Beginn und Ende der täglichen Arbeitszeit nicht zwangsläufig die Dauer der wöchentlichen Arbeitszeit bestimmt. Zum anderen spricht gegen ein MBR über die Dauer der wöchentlichen Arbeitszeit der systematische Zusammenhang der in Abs. 1 geregelten MBR. Nach § 87 Nr. 3 hat der BR mitzubestimmen über die vorübergehende Verkürzung oder Verlängerung der betriebsüblichen Arbeitszeit. Nur für diesen Sonderfall wird das MBR eingeräumt. Deshalb kann die Dauer der wöchentlichen Arbeitszeit nicht dem MBR nach Nr. 2 unterliegen (BAG 18.8.1987 – 1 ABR 30/86, NZA 1987, 779; GK-BetrVG/*Wiese/Gutzeit* Rn. 288; HWGNRH/*Worzalla* Rn. 193). Der Einwand, Nr. 3 diene nur der Klarstellung, kann diese Betrachtung nicht entkräften.

105 Auch **Schutzzweck** der Norm kann die Mitbestimmung über die Dauer der wöchentlichen Arbeitszeit nicht rechtfertigen. Zwar müssen die ArbN vor einer überlangen psychisch und physisch belastenden und ihren berechtigten Interessen nach Erholung und Freizeit zuwiderlaufenden Arbeitszeit geschützt werden. Diese Aufgaben übernehmen aber das G (ArbZG) und die TV. Dass das MBR des BR nicht eingreift, wenn TV die Dauer der wöchentlichen Arbeitszeit regeln, wird ohnehin eingeräumt (DKKW/*Klebe* Rn. 90). Tarifliche Bestimmungen über die Dauer der Arbeitszeit regeln zwar im Allgemeinen nur deren Höchstdauer, so dass innerhalb

dieser Grenzen die Festlegung der konkreten Arbeitszeit durch BV möglich wäre. Es ist aber unter dem Gesichtspunkt des Schutzzwecks nicht erforderlich, dem BR ein weitergehendes MBR einzuräumen. Hinzu kommt, dass ein MBR über die Dauer der wöchentlichen Arbeitszeit unmittelbar in das Austauschverhältnis von Leistung und Gegenleistung eingreifen würde. Diese Kernfrage des ArbVerh. zu regeln ist Aufgabe der TVParteien und nicht den Betriebsparteien zugewiesen. Hätte das G einen weitergehenden Schutz der ArbN durch die BR gewollt, hätte dies im Hinblick auf die Bedeutung der Frage eindeutig geregelt werden müssen.

b) Verteilung der Arbeitszeit auf die Wochentage

Nach dem Wortlaut der Nr. 2 hat der BR mitzubestimmen über die Verteilung der wöchentlichen Arbeitszeit auf die einzelnen Wochentage. Damit besteht ein MBR zur Frage, ob an vier, fünf oder sechs Tagen der Woche gearbeitet werden soll (BAG 13.10.1987 – 1 ABR 10/86, NZA 1988, 251; ErfK/*Kania* Rn. 27; Richardi BetrVG/*Richardi* Rn. 275; DKKW/*Klebe* Rn. 96; GK-BetrVG/*Wiese/Gutzeit* Rn. 305). Ist nur die **monatliche oder jährliche Arbeitszeit** (Arbeitszeitkonto) vorgegeben, besteht nach dem Zweckgedanken der Nr. 2 ein MBR bei der Verteilung auf die einzelnen Tage des Monats (GK-BetrVG/*Wiese/Gutzeit* Rn. 308; DKKW/*Klebe* Rn. 99). Mitzubestimmen hat der BR auch bei der Ausgestaltung eines „rollierenden Systems" der Arbeitszeiten, nach dem die arbeitsfreien Tage in verschiedenen Wochen auf verschiedene Wochentage gelegt werden (BAG 27.11.1990 – 1 ABR 77/89, NZA 1991, 382; ErfK/*Kania* Rn. 27; HWGNRH/*Worzalla* Rn. 200). Das betrifft auch die Frage, ob gesetzliche Wochenfeiertage vom Rolliersystem ausgenommen werden (LAG Hamm 25.4.2008 – 13 TaBV 120/07). Es besteht auch bei der Verteilung der nach § 8 oder § 9 TzBfG verkürzten oder verlängerten Arbeitszeit (WPK/*Bender* Rn. 60). §§ 8 u. 9 TzBfG schließen das MBR nicht aus. Sie enthalten keine abschließende gesetzliche Regelung (*Rieble/Gutzeit* NZA 2002, 9; → Rn. 125). 106

Bei der **Verteilung** ist von der Dauer der wöchentlichen Arbeitszeit auszugehen. Sie wird meist in TV festgelegt. Ändert sich die tarifliche Wochenarbeitszeit, kann dies zu einer neuen Verteilung führen. Kann die Verteilung trotz Änderung aufrechterhalten werden, bleibt es zunächst bei der bisher geltenden Verteilung. Jede Seite hat jedoch ein Initiativrecht. 107

Der BR kann auch mitbestimmen über die Frage, ob und an welchen Tagen weniger (kürzer) gearbeitet werden soll und an welchen Tagen länger, begrenzt durch die vorgegebene Dauer der wöchentlichen Arbeitszeit. Auch die Frage, ob **arbeitsfreie Tage eingearbeitet** werden sollen und wann unterliegt dem MBR (HWGNRH/*Worzalla* Rn. 197; *Löwisch* FS *Molitor,* 1988, 225; **aA** *Wirges* DB 1997, 2488). 108, 109

Das MBR erstreckt sich auch auf die Einführung sog **Dienstleistungsabende** (BAG 25.2.1997 – 1 ABR 69/96, AP BetrVG § 87 Arbeitszeit Nr. 72). Ordnet der ArbGeb. an, dass wg. einer **Betriebsfeier oder eines Betriebsausflugs** ausfallende ArbZ nachgeholt werden soll, führt das zu einer mitbestimmungspflichtigen Änderung der Lage der tägl. ArbZ (*Vogt/Kossmann* NZA 2010, 1264). 110

Soweit **Sonntagsarbeit** gesetzlich zulässig ist, unterliegt deren Einführung und Regelung dem MBR (BAG 25.2.1997 – 1 ABR 69/96, NZA 1997, 955). Das gilt auch dann, wenn ArbN aus anderen Betrieben eingesetzt werden sollen (ErfK/*Kania* Rn. 27; Richardi BetrVG/*Richardi* Rn. 284). Auch TVe können Sonntagsarbeit einschränken oder verbieten. Ein MBR besteht auch bei der Festlegung der zeitlichen Lage eines **Ersatzruhetages** als Ausgleich für eine Feiertagsbeschäftigung (LAG Köln 24.9.1998 – 10 TaBV 57/97, AiB 1999, 467). 111

c) Beginn und Ende der täglichen Arbeitszeit

Nach der Verteilung der Wochenarbeitszeit auf die einzelnen Wochentage müssen **Beginn und Ende der täglichen Arbeitszeit** festgelegt werden. Mitbestimmungs- 112 pflichtig ist damit die Festlegung der Dauer der täglichen Arbeitszeit (BAG 28.9.1988 – 1 ABR 41/87, NZA 1989, 184). Allerdings gibt es Bereiche, in denen die Arbeitsmenge erheblichen Schwankungen unterliegt und auch objektiv vom ArbGeb. nicht verlässlich bestimmt werden kann, wie etwa bei der Postzustellung. In einem solchen Fall kann das im Dienstplan festgelegte Ende der Arbeitszeit regelmäßig nur ein fiktiver Durchschnittswert sein. Das führt nicht zwangsläufig zu einem mitbestimmungsfreien Zustand, wenn das Arbeitsvolumen nach anerkannten arbeitszeitwissenschaftlichen Grundsätzen bestimmt wird und der einseitigen Änderung des ArbGeb. entzogen ist (BAG 25.9.2012 – 1 ABR 49/11, NZA 2013, 159).

113 Beginn und Ende der Arbeitszeit müssen **nicht** für alle ArbN des Betriebs **einheitlich** geregelt zu werden. Es darf nach ArbNGruppen (Arb., Ang., Auszubildende, Jugendliche) unterschieden werden, soweit es hierfür sachliche Gründe gibt. Das gilt auch für einzelne Betriebsabteilungen (GK-BetrVG/*Wiese/Gutzeit* Rn. 319; DKKW/*Klebe* Rn. 94). Jede **Änderung** unterliegt ebenfalls dem MBR. Einseitige Änderungen durch den ArbGeb. sind nicht möglich (BAG 23.3.1999 – 1 ABR 33/98, NZA 1999, 1230).

114 Nicht mitbestimmungspflichtig sind Vereinbarungen zwischen ArbGeb. und ArbN über die Lage der Arbeitszeit, die nur durch die individuellen Umstände bedingt sind (→ Rn. 16); es fehlt dann an einem **kollektiven Tatbestand.** Was zur Arbeitszeit gehört (Betreten des Betriebsgeländes, Passieren der Kontrollstellen, Erreichen des Arbeitsplatzes), ist in der Regel in TV geregelt. Grenzen der Regelungsbefugnis, nicht der MBR, ergeben sich aus gesetzlichen und tariflichen Regelungen, etwa zum Arbeitszeitrecht.

115 Die Einführung der sog **„gleitenden Arbeitszeit"** (einschließlich deren Kontrolle) für ArbN unterliegt dem MBR (BAG 18.4.1989 – 1 ABR 3/88, AP BetrVG 1972 § 87 Arbeitszeit Nr. 33; Richardi BetrVG/*Richardi* Rn. 297; GK-BetrVG/*Wiese/Gutzeit* Rn. 347; HWGNRH/*Worzalla* Rn. 208). Gleitende Arbeitszeit kommt den individuellen Bedürfnissen der ArbN entgegen. Beginn und Ende der täglichen Arbeitszeit muss nicht für jeden ArbN gleich sein. Es kommt sowohl eine Verschiebung von Beginn und Ende innerhalb eines Arbeitstages, als auch eine unterschiedlich lange Arbeitszeit mit „Zeitausgleich" innerhalb eines längeren Zeitraums in Betracht. Die erforderlichen **Einzelheiten** eines derartigen Systems (sog Flexikonten; Einzelheiten HVH Arbeitszeitkonten S. 137 ff.) sind durch **BV** festzulegen. Dazu können gehören die „Gleitspannen" am Vor- und Nachmittag, eine „Kernarbeitszeit", innerhalb deren alle ArbN anwesend sein müssen, und die Festlegung eines Zeitraums, innerhalb dessen Zeitrückstände oder Zeitguthaben ausgeglichen werden müssen (BAG 9.11.10 – 1 ABR 75/09, NZA-RR 11, 354). Der BR hat einen Anspruch gegen den ArbGeb. auf Einhaltung einer BV über Gleitzeit (BAG 23.6.1992 – 1 ABR 11/92, NZA 1992, 95). Aus Gründen des Überforderungsschutzes können Betriebsparteien in einer BV über Gleitzeit auch regeln, dass über eine bestimmte Stundenzahl hinaus geleistete werktägliche ArbZ nicht als zu verteilende ArbZ behandelt wird. Eine solche Kappung hat mangels eines zwingenden MBR aber keinen Einfluss auf die vergütungsrechtliche Situation der betroffenen ArbN (BAG 10.12.2013 – 1 ABR 40/12, NZA 2014, 675; *Karthaus* AuR 2015, 346). Ein **ArbZ-Konto** dokumentiert, in welchem Umfang der ArbN seine Hauptleistungspflicht erbracht hat oder infolge eines Entgeltfortzahlungstatbestandes nicht erbringen musste (BAG 23.9.2015 – 5 AZR 767/13, NZA 2016, 295). Deshalb ist ein positives ArbZ-Guthaben eine Gehaltsstundung des ArbN, ein negatives eine Gehaltsvorauszahlung des ArbGeb. Regeln die Betriebsparteien eine Kappung, hat das zwar keinen Einfluss auf den entsprechenden Entgeltanspruch des ArbN, verschlechtert aber dessen prozessuale Situation im Vergütungsprozess. Arbeitsstunden bis zur **Kappungsgrenze** sind streitlos. Hingegen hat der ArbN für Arbeitsstunden, die jenseits der Kappungsgrenze geleistet wurden darzulegen und ggfls. zu beweisen, wer wann auf welche Weise wie viele Stunden angeordnet hat (BAG 10.4.2013 – 5 AZR 122/12, NZA 2013, 1100; *Eylert* AuR 2017, 4). Danach können Kappungsgrenzen ArbN vor Überforderung nur unzureichend schützen. Allerdings müssen ArbZKonten § 2 Abs. 2 MiLoG beachten, soweit das verstetigte Arbeitsentgelt den Anspruch auf den gesetzlichen Mindestlohn unterschreitet.

Das MBR erfasst auch das flexible Arbeitszeitsystem der sog **Vertrauensarbeitszeit.** Dabei hat der ArbN innerhalb eines vorgegebenen zeitlichen Rahmens die vom ArbGeb. bestimmten Arbeitsziele zu erreichen. Die tarifliche oder individualvertraglich vereinbarte Arbeitszeit bleibt unberührt. Es besteht weder eine bestimmte Anwesenheitspflicht noch eine Kernarbeitszeit. Die konkrete zeitliche Befassung der ArbN mit ihren Arbeitsaufgaben wird nicht dokumentiert. Kennzeichen der Vertrauensarbeitszeit ist der Verzicht des ArbGeb. auf Erfassung und Kontrolle der Arbeitszeit und das Vertrauen darauf, dass der ArbN seiner Arbeitspflicht genügt (BAG 23.9.2015 – 5 AZR 767/13, NZA 2016, 295). Das bleibt in der Eigenverantwortung der ArbN. Eine solche Zuweisung ist durch das arbeitsvertragliche Direktionsrecht gedeckt. Nach dem Zweck des MBR nach Nr. 2 soll der BR aber gerade an dieser direktionsrechtlichen Entscheidung des ArbGeb. beteiligt werden. Danach ist die **Einführung** von Vertrauensarbeitszeit mitbestimmungspflichtig. Das gilt auch für die **Modalitäten der Vertrauensarbeitszeit** (DKKW/*Klebe* Rn. 100; *Compensis* NJW 2007, 3092), zu denen auch das Führen von ArbZKonten zählen kann. Ansonsten käme bereits die Einführung einem völligen Verzicht auf die MBR nach Nr. 3 gleich. Ebenso wie bei Gleitzeitmodellen bedarf es daher auch bei der Vertrauensarbeitszeit Regelungen zur Vermeidung einer zeitlichen Überforderung der ArbN, da der ArbGeb. durch die mitbestimmungsfreie Zuweisung konkreter Arbeitsaufgaben die ArbN zur Ableistung von Überstunden unter Umgehung des MBR nach Abs. 1 Nr. 3 veranlassen kann. Eine BV zur Vertrauensarbeitszeit muss deshalb entsprechende Kontrollmechanismen vorsehen (vgl. DKKW/*Klebe* Rn. 100; NK-TVG/*Hensche* TVG § 1 Rn. 571 ff.; *Reichold* FS Wiese, 1998, 407 ff.; *Trümner* FS 50 Jahre Arbeitsgerichtsbarkeit Rheinl.-Pfalz, 2004, 395). Regelungsgegenstände einer entsprechenden BV können demnach sein: Kontrollaufzeichnungen der ArbN und Einsichtsrecht des BR, Einrichtung einer innerbetrieblichen Clearing-Stelle zur Schlichtung von Arbeitszeitfragen, Festlegung der Wochentage an denen die Arbeitsleistung erbracht werden kann oder Service-Zeiten, in denen ArbN nach einer von ihnen zu treffenden Absprache im Betrieb zur Verfügung stehen (vgl. JRH BetrVR-HdB/*Baeck* Kap. 11 Rn. 75). Zur Dokumentationspflicht des ArbGeb. nach § 16 Abs. 2 ArbZG vgl. *Schlottfeldt/Hoff* NZA 2001, 530. Zum Informationsanspruch des BR bei Vertrauensarbeitszeit BAG 6.5.2003 – 1 ABR 13/02, AP BetrVG 1972 § 80 Nr. 61. Zur Vergütungspflicht von Mehrarbeit aufgrund des Umfangs zugewiesener Arbeit bei Vertrauensarbeitszeit BAG 26.6.2019 – 5 AZR 452/18, NZA 2019, 1361. 116

Ein volles MBR einschließlich des Initiativrechts des BR (→ Rn. 583) besteht auch, wenn durch die zeitliche Lage der Arbeitszeit mittelbar die **Ladenöffnungszeit** in Geschäften beeinflusst wird. Der ArbGeb. muss sowohl die Ladenschlusszeiten als auch die arbeitsrechtlichen Beschränkungen beachten. Derartige Auswirkungen der MBR auf die unternehmerische Entscheidungsfreiheit sind vom Gesetzgeber gewollt (BAG 13.10.1987 – 1 ABR 10/86, NZA 1988, 251 GK-BetrVG/*Wiese/Gutezeit* Rn. 314; krit. Richardi BetrVG/*Richardi* Rn. 325; **aA** HWGNRH/*Worzalla* Rn. 221; *Goos* NZA 88, 870; *Martens* RdA 1989, 164; *Ch.J. Müller* Die Berufsfreiheit des ArbGeb., Diss. 1996 S. 210 ff.). Die Einschränkung der Unternehmerfreiheit ist verfassungsgemäß (BVerfG 18.12.1985 – 1 BvR 143/83, AP BetrVG 1972 § 87 Arbeitszeit Nr. 15). 117

d) Freizeit und Erreichbarkeit mittels mobiler Endgeräte

Mit der Aushändigung mobiler Endgeräte (sogn. mobile devices wie Smart Phone, Laptop), die dem ArbN die Erbringung einer Arbeitsleistung außerhalb des Betriebs innerhalb seiner Freizeit ermöglichen (zB. Abrufen oder Beantworten dienstlicher E-Mails, Erstellen von Präsentationen), bringt der ArbGeb. nicht zum Ausdruck, dass er 117a eine entsprechende Leistung erwartet oder gar anordnet. Vielmehr ist eine Arbeitsleistung, zu der ein ArbN verpflichtet ist und sie mit der Folge des § 293 BGB auch anbieten kann, wie auch sonst während der betrieblichen ArbZ zu erbringen. Allerdings handelt es sich betriebsverfassungsrechtlich um ArbZ, wenn der ArbGeb. die **Nutzung mobiler Endgeräte** zu dienstlichen Zwecken ausdrücklich auch in Zeiten verlangt, in denen sich der ArbN nach der für ihn geltenden BV in seiner Freizeit befindet. In diesem Fall kann ein ArbN zwar über seinen Aufenthaltsort nicht aber über seine Freizeit uneingeschränkt disponieren. Das steht der **Anordnung von Rufbereitschaft** gleich (*Krause* NZA Beilage 2/2017, 53, 57). Bei Rufbereitschaft ist der ArbN verpflichtet, außerhalb seiner persönlichen ArbZ auf Abruf die Arbeit aufzunehmen. Dabei erbringt der ArbN während der Rufbereitschaft als solcher keine Arbeitsleistung, sondern erst, wenn eine Arbeitsleistung abgerufen wird. Er muss aber jederzeit mit dem Erfordernis der Arbeitsaufnahme rechnen und sich dafür bereithalten. Das berührt sein Interesse an seiner Freizeitgestaltung. Dies rechtfertigt die Einräumung eines Mitbestimmungsrechts nach Nr. 2 bei der Anordnung und der Durchführung von Rufbereitschaft (BAG 14.11.2006 – 1 ABR 5/06, NZA 2007, 458).

117b Mitbestimmungspflichtig nach Nr. 2 und ggf. Nr. 3 (→ Rn. 130) ist aber nicht nur die Anordnung von Rufbereitschaft sondern auch deren **Duldung.** Eine solche liegt vor, wenn der ArbGeb. eine Arbeitsleistung des ArbN widerspruchslos wissentlich und willentlich entgegennimmt. Davon kann idR nicht ausgegangen werden, wenn der ArbGeb. gegenüber den ArbN unmissverständlich zum Ausdruck gebracht hat, eine Arbeitsleistung mit mobilen Endgeräten außerhalb des betrieblichen ArbZRahmens nicht zu wünschen (vgl. *Jacobs* NZA 2017, 733, 735 mwN). Das kann etwa in Form einer **Selbstverpflichtung** (vgl. BAG 22.8.2017 – 1 ABR 52/14) oder im Rahmen von Nutzungsbedingungen geschehen.

117c Etwas anderes kann gelten, wenn der ArbGeb. eine entspr. Erklärung „augenzwinkernd" nur pro forma abgegeben hat oder ihm bekannt ist, dass bestimmte ArbN in erheblichem Umfang außerhalb des betrieblichen Arbeitszeitrahmens mit ihren mobilen Endgeräten für ihn arbeiten. Eine **präventive technische Abschottung des Betriebs** kann für den Ausschluss einer Duldung aber nicht verlangt werden (vgl. *Wiebauer* NZA 2017, 1430, 1433; *Klebe* NZA-Beilage 3/2017, 77). Zwar hat ein ArbGeb. seinen Betrieb so zu organisieren, dass es nicht zu betriebsverfassungswidrigen Arbeitsleistungen einzelner ArbN kommt, also die betriebsverfassungsrechtlich geregelten ArbZ-Grenzen eingehalten werden (BAG 25.8.2004 – 1 AZB 41/03, AP BetrVG 1972 § 23 Nr. 41). Wenn der ArbN eine bestimmte Arbeitsleistung während seiner Freizeit außerhalb des Betriebs erbringt, gelten aber andere Maßstäbe als bei der Erbringung einer entsprechenden Arbeitsleistung im Betrieb. Während dort der Verbleib am betrieblichen Arbeitsplatz auf eine Arbeitsleistung des ArbN schließen lässt, ist die Erbringung einer betriebsverfassungswidrigen Arbeitsleistung durch ArbN in deren Freizeit für den ArbGeb. in der Regel nur erkennbar, soweit Beginn und Ende der Nutzung des mobilen Endgerätes außerhalb des betrieblichen ArbZ-Rahmens dokumentiert werden und auch dienstliche Inhalte betroffen sind. Eine **Überwachung des Freizeitverhaltens** ist dem ArbGeb. aber ebenso verwehrt wie den Betriebsparteien. Mit einer Unterbrechung der Freizeit durch eine Arbeitsleistung ist nicht zwingend eine vorübergehende Erhöhung der betrieblichen ArbZ verbunden. Daran fehlt es, wenn es lediglich zu einer Verschiebung der regulären TagesArbZ kommt, das arbeitstägliche ArbZ-Volumen aber insgesamt eingehalten wird. In einem solchen Fall ist die Arbeitsleistung zwar betriebsverfassungswidrig, weil eine Leistung außerhalb des betrieblichen Arbeitszeitrahmens erbracht wird. Hierbei handelt es sich aber nicht um einen Verstoß gegen das MBR nach Nr. 3, sondern dasjenige nach Nr. 2. Auch kann ein Durchführungsanspruch aus einer BV ArbZ betroffen sein. Hinsichtlich eines daraus resultierenden Unterlassungsbegehrens → ArbGG Rn. 16

e) Pausen

118 Das MBR nach Nr. 2 erstreckt sich auch auf die **Dauer und Lage der Pausen.** Bei deren Festlegung sind die Vorgaben des § 4 ArbZG zwingend zu beachten. Da nach § 4 die Pause die ArbZ unterbrechen soll, darf sie weder an deren Beginn noch an deren Ende liegen (*Kleinebrink* DB 2015, 2013). Der Begriff der Pause wird im G selbst nicht definiert, sondern vorausgesetzt. Pausen sind Unterbrechungen der Arbeitszeit, in denen der ArbN weder Arbeit zu leisten noch sich zur Arbeit bereit halten muss (BAG 22.7.2003 – 1 ABR 28/02, NZA 2004, 507). Der ArbN kann zwar frei darüber entscheiden, wo und wie er diese Zeit verbringen will, hat aber keinen Anspruch darauf, dass sie in einer Weise bemessen ist, die ihm die Erledigung privater Angelegenheiten gestattet (BAG 23.9.1992 – 1 ABR 28/02, AP AZO § 3 Nr. 6; *Kleinebrink* DB 2015, 2023). Pausen dienen der Erholung (BAG 29.10.2002 – 1 AZR 603/01, NZA 2003, 1212). Gemeint sind allerdings nur die unbezahlten Pausen. Sie rechnen nicht zur Arbeitszeit und sind – soweit eine tarifliche oder vertragliche Regelung nichts Gegenteiliges bestimmt – auch nicht zu vergüten (BAG 28.7.1981 – 1 ABR 65/79, AP BetrVG 1972 § 87 Arbeitssicherheit Nr. 3; HWGNRH/*Worzalla* Rn. 213). Für den Begriff der Pause iSd MBR ist die Vergütungspflicht der Arbeitszeitunterbrechung unerheblich. Entscheidend ist die Freistellung von der Arbeit. Deshalb erstreckt sich das MBR nach Nr. 2 auch auf die zeitliche Lage von Kurzpausen, die nach einem TV vergütungspflichtig sind (BAG 1.7.2003 – 1 ABR 20/02, NZA 2004, 620). Hinsichtlich bezahlter Pausen ist das MBR auf die Festlegung der zeitlichen Lage der Pausen beschränkt. Ein Initiativrecht für die Einführung solcher Pausen besteht nicht. Der BR könnte ansonsten den Umfang der Vergütungspflicht bestimmen. Das ist der MB nach Nr. 2 entzogen (BAG 1.7.2003 – 1 ABR 20/02, NZA 2004, 620). Bei der Ausübung des MBR sind die Vorgaben des § 4 ArbZG zur Mindestpausendauer zu beachten. Zwar kann der ArbGeb. längere Pausen anordnen, hat aber dabei den BR zu beteiligen (BAG 25.2.2015 – 1 AZR 642/13, NZA 2015, 442). Bei der Bestimmung der gesetzlichen Mindestdauer ist Bereitschaftsdienst wie ArbZ zu behandeln (BAG 16.12.09 – 5 AZR 157/09, NZA 2010, 505). Die **Lage der Pause** muss nicht in einem Dienst/Schichtplan im Voraus konkret benannt werden. Vielmehr können die Betriebsparteien auch bestimmten, dass die zeitliche Lage der jeweiligen Pause den ArbN vor Beginn der Arbeitsaufnahme mitgeteilt wird (*Eylert* AuR 2017, 5). Das setzt aber voraus, dass die Betriebsparteien eine entsprechende, das MBR wahrende Verfahrensregelung getroffen haben oder der BR einer solchen Pausenanordnung vor Schichtbeginn konkret seine Zustimmung erteilt (BAG 25.2.2015 – 1 AZR 642/13, NZA 2015, 442).

119 Bezahlte Unterbrechungen der Arbeit sind **keine Pausen** iSd MBR (vgl. Richardi BetrVG/*Richardi* Rn. 279), soweit sie aus Gründen des Arbeitsschutzes vorgeschrieben sind, zB Lärmpausen (BAG 28.7.1981 – 1 ABR 65/79, AP BetrVG 1972 § 87 Arbeitssicherheit Nr. 3) oder Pausen wegen Bildschirmarbeit (BAG 6.12.1983 – 1 ABR 43/81, NJW 1984, 1476). Es kommt aber ein MBR nach Nr. 7 in Betracht. Keine Pausen sind auch die sog Erholungszeiten beim Akkord (GK-BetrVG/*Wiese/Gutzeit* Rn. 360). Hat der BR die **Lage der Pausen im Dienstplan mitbestimmt,** darf der ArbGeb. nicht anordnen, dass ArbN während ihrer Pausen durcharbeiten. Das gilt auch, wenn der ArbGeb. es duldet, dass ArbN in dienstplanmäßig festgelegten Pausen arbeiten. Unabhängig davon sind ArbN während der gesetzlichen Mindestpausen des § 4 ArbZG aus rechtlichen Gründen außerstande, eine Arbeitsleistung zu bewirken (BAG 25.2.2015 – 1 AZR 642/13, NZA 2015, 442). Gegen ein in der Missachtung mitbestimmter Dienstpläne liegendes grob betriebsverfassungswidriges Verhalten des ArbGeb. kann sich der BR mit einem Unterlassungsantrag zur Wehr setzen (BAG 7.2.2012 – 1 ABR 77/10, NZA 2012, 359).

f) Schichtarbeit

120 Dem MBR unterliegt die **Einführung oder der Abbau von Schichtarbeit** für den ganzen Betrieb, bestimmte Betriebsabteilungen oder Arbeitsplätze (BAG 9.7.

2013 – 1 ABR 19/12, NZA 14, 99). Schichtarbeit kann in Wechselschicht geleistet werden, dann gibt es mehrere Schichten an einem Tag.

121 Das MBR besteht auch im Fall der **Änderung,** selbst wenn nur eine Schicht ausfällt (BAG 28.5.2002 – 1 ABR 40/01, NZA 2003, 1352). Der **Wegfall einer Schicht** ist eine nach Nr. 2 zu regelnde Frage der Arbeitszeitverteilung und zugleich eine vorübergehende Verkürzung der Arbeitszeit nach Nr. 3 und demnach mitbestimmungspflichtig (BAG 3.5.2006 – 1 ABR 14/05, AP BetrVG 1972 § 87 Arbeitszeit Nr. 119). Das MBR umfasst deshalb auch die Umstellung von drei auf zwei Schichten, den Wegfall der Nachtschicht oder die Einführung von Wechselschichten. Es besteht unabhängig von den vergütungsrechtlichen Folgen auch für die Absage bereits vereinbarter Schichten (BAG 1.7.03 – 1 ABR 22/02, NZA 2003, 1209). Fällt ein ArbN in einer Schicht wegen Krankheit, Urlaub oder der Teilnahme an Fortbildungsmaßnahmen aus, kann das zwar zu einer stärkeren Arbeitsbelastung der übrigen ArbN der jeweiligen Schicht führen. Das ist aber keine mitbestimmungspflichtige Änderung des Schichtplans (BAG 28.5.2002 – 1 ABR 40/01, NZA 2003, 1352).

122 Das MBR erstreckt sich auf die **Aufstellung eines einzelnen Schichtplans** und dessen nähere Ausgestaltung bis hin zur Zuordnung der ArbN zu einzelnen Schichten (BAG 19.6.2012 – 1 ABR 19/11, NZA 2012, 1237). Dementsprechend können die Betriebsparteien jeden einzelnen Schichtplan regeln und im Falle von Meinungsverschiedenheiten die E-Stelle entscheiden lassen. Sie können sich aber auch darauf beschränken, **allgemeine Grundsätze** der Schichtplangestaltung zu vereinbaren. Dazu müssen sie Grundsätze und Kriterien festlegen, denen die einzelnen Schichtpläne entsprechen müssen. In einem solchen Fall kann der ArbGeb. innerhalb des vorgegebenen Rahmens den einzelnen Schichtplan allein erstellen (BAG 1.7.2003 – 1 ABR 22/02, NZA 2003, 1209; 9.7.2013 – 1 ABR 19/12, NZA 2014, 99). Hierfür bedarf es aber der Festlegung abstrakter Vorgaben über die Ausgestaltung des Schichtplans und die Heranziehung von Arbeitnehmern zu den jeweiligen Schichten (BAG 19.6.2012 – 1 ABR 19/11, NZA 2012, 1237). Diese müssen hinreichend konkret sein (BAG 8.12.2015 – 1 ABR 2/14, AP BetrVG 1972 § 87 Arbeitszeit Nr. 139) und vor allem angemessene Ankündigungsfristen regeln, damit sich die ArbN auf ihre Einsatzzeiten einstellen können (*Salomon/Gratz* NZA 2016, 197). Der ArbGeb. hat dann nach Maßgabe dieser Vorgaben den Schichtplan zu erstellen (*Eylert* AuR 2017, 4). Damit wird die Ausübung seines Direktionsrechts mitbestimmt (BAG 9.7.2013 – 1 ABR 19/12, NZA 2014, 99).

123 Die Betriebsparteien können sich auch auf **Verfahrensregelungen für die Vorlage** eines Schichtplans beschränken, denen der BR zustimmen muss. In diesem Fall ist der ArbGeb. berechtigt, den Schichtplan zu erstellen. Gegenstand der betrieblichen Regelung ist das Verfahren über die Schichtplanaufstellung und die anschließende Beteiligung des BR. Soll diese abweichend von § 87 Abs. 2 geregelt werden, müssen sich die Betriebsparteien hierauf verständigen. Eine von dieser Vorschrift abweichende Konfliktlösung kann nicht durch Spruch der E-Stelle bestimmt werden (BAG 9.7.2013 – 1 ABR 19/12, NZA 2014, 99). Können sich die Betriebsparteien über die Ausgestaltung von Schichtarbeit nicht einigen, muss hierüber die E-Stelle entscheiden. Das gilt auch bei kurzfristig eintretenden Regelungsbedarf (*Eylert* AuR 2017, 4).

g) Teilzeitbeschäftigung

124 Für **Teilzeitbeschäftigte** gelten uneingeschränkt die oben genannten Grundsätze. Teilzeitbeschäftigte unterscheiden sich nur durch den zeitlichen Umfang ihrer Arbeitsverpflichtungen von Vollzeitbeschäftigten. Der BR hat nicht mitzubestimmen über die Dauer der vereinbarten oder tariflich festgelegten wöchentlichen Arbeitszeit. Erst auf der Grundlage dieser Daten kann das MBR des BR einsetzen. Das MBR bezieht sich auf die Lage der vorgegebenen wöchentlichen Arbeitszeit und umfasst die Verteilung der Arbeitszeit auf die einzelnen Wochentage einschließlich der Be-

stimmung arbeitsfreier Tage. Ferner erstreckt es sich auf die Frage, ob an einem Arbeitstag zusammenhängend oder in mehreren Schichten gearbeitet werden soll, schließlich auf die Festlegung der Mindestdauer der täglichen Arbeitszeit im Gegensatz zur mitbestimmungsfreien Dauer der wöchentlichen Arbeitszeit (BAG 28.9.1988 – 1 ABR 41/87, NZA 1989, 184; 16.7.1991 – 1 ABR 69/90, NZA 1992, 70; Richardi BetrVG/*Richardi* Rn. 301; *Preis* NZA-Sonderheft 2001, 39; ErfK/*Kania* Rn. 30). Die dauerhafte Erhöhung des Umfangs der regelmäßigen wöchentlichen Arbeitszeit ist nicht mitbestimmungspflichtig (BAG 15.5.2007 – 1 ABR 32/06, AP BetrVG 1972 § 1 Gemeinsamer Betrieb Nr. 30). Das gilt auch, soweit sich ARbN für eine **Brückenteilzeit** nach § 9a TzBfG (dazu *Bayreuther* NZA 2018, 1577) entscheiden und nach deren Ende wieder zu ihrer ursprünglichen ArbZ zurückkehren.

Nach **§ 8 TzBfG** haben ArbN Anspruch auf Teilzeit. Sie können auch Regelun- **125**
gen zur **Verteilung der Arbeitszeit** verlangen. Das betrifft die Lage der Arbeitszeit. Der ArbN soll nach § 8 die Möglichkeit haben, seine Interessen an der Festlegung der Arbeitszeit und der Freizeit geltend zu machen. Die Vorschrift begründet aber keinen Gesetzesvorbehalt iSd Eingangssatzes (BAG 24.6.2008 – 9 AZR 313/07, NZA 2008, 1309) und steht deswegen der MB des BR nicht entgegen. Allerdings haben die Betriebsparteien auch darauf zu achten, dass die Vereinbarkeit von Familie und Erwerbstätigkeit gefördert wird (§ 80 Abs. 1 Nr. 2b). Bei der hierbei zu treffenden Abwägung zwischen betrieblichen Interessen und denen der Gesamtheit der ArbN wie der des einzelnen ArbN steht ihnen ein Beurteilungsspielraum zu (BAG 16.12.2008 – 9 AZR 893/07, NZA 2009, 565). Den Betriebsparteien ist es aber verwehrt, den gesetzlichen Teilzeitanspruch zeitlich und umfänglich zu begrenzen. Eine darauf gerichtete Überforderungsquote zugunsten des ArbGeb. kann allenfalls durch TV geregelt werden (BAG 24.6.08 – 9 AZR 313/07, NZA 2008, 1309). Eine BV über die Lage der Arbeitszeit kann den ArbGeb. berechtigen, einen entgegenstehenden Verteilungswunsch des ArbN abzulehnen (BAG 18.2.2003 – 9 AZR 164/02, NZA 2003, 1392). Das gilt jedoch nicht, wenn dem ArbGeb. mangels kollektiven Bezugs des Verteilungsverlangens eine Abweichung von der BV betriebsverfassungsrechtlich gestattet wäre (BAG 16.4.2004 – 9 AZR 323/03, NZA 2004, 1047). Hat aber eine Arbeitszeitverteilungswunsch des ArbN (§ 8 Abs. 2–5 TzBfG) Auswirkungen auf eine BV oder Regelungsabrede zur Verteilung der Arbeitszeit, kann eine solch kollektive Vereinbarung dem individuellen Verteilungsverlangen entgegenstehen (BAG 16.12.2008 – 9 AZR 893/07, NZA 2009, 565). Nach § 13 Abs. 1 TzBfG kann vereinbart werden, dass sich mehrere ArbN einen Arbeitsplatz teilen **(Jobsharing).** Das betrifft nicht die Lage der täglichen Arbeitszeit. Für die Einführung von Jobsharing besteht daher kein MBR (GK-BetrVG/*Wiese/Gutzeit* Rn. 329); die damit in Zusammenhang stehende zeitl. Koordinierung ist mitbestimmungspflichtig (Richardi BetrVG/*Richardi* Rn. 303).

Das MBR bezieht sich auch auf die Frage, ob **Teilzeitbeschäftigte zu festen** **126**
Zeiten oder **nach Bedarf** (**KAPOVAZ,** zu Rechtsfragen in diesem Zusammenhang vgl. *Rauschenberg,* Flexibilisierung und Neugestaltung der Arbeitszeit, 1993, 47) beschäftigt werden (BAG 28.9.1988 – 1 ABR 41/87, NZA 1989, 184; *Preis* NZA-Sonderheft 2001, 39f.). Für ArbN, die nach Bedarf beschäftigt werden, können der früheste Beginn und das Ende der täglichen Arbeitszeit festgelegt werden. Das MBR kann nicht mit der Begründung versagt werden, der ArbGeb. habe nach § 12 TzBfG das Recht, den zeitlichen Umfang zu bestimmen. Dieses Recht schließt das MBR zur Verteilung der ArbZ gerade nicht aus. Die Gestaltungsmöglichkeiten des ArbGeb. müssen zum Schutz der Betroffenen dem MBR des BR unterworfen werden. Die Regelungen zwischen ArbGeb. und BR überlagern etwaige abweichende individuelle Vereinbarungen (BAG 28.9.1988 – 1 ABR 41/87, NZA 1989, 184). Die Vorschriften im TzBfG (§§ 12, 13) beziehen sich nur auf die individual-rechtliche, nicht auf die kollektiv-rechtliche Zulässigkeit der Flexibilisierung von Teilzeitarbeit (BAG 13.10.1987 – 1 ABR 51/06, NZA 1988, 253). **Altersteilzeit** ist eine besondere Form der Teilzeitbeschäftigung. Der BR hat hinsichtlich der Verteilung der geschul-

deten ArbZ, nicht hinsichtlich der Einführung von Altersteilzeit mitzubestimmen (Richardi BetrVG/*Richardi* Rn. 306).

h) Anwendung im Einzelfall

127 Ein MBR besteht in folgenden Fällen:
- **Aufstellung von Dienstplänen** (BAG 23.3.1999 – 1 ABR 33/98, NZA 1999, 1230),
- Einführung von **Rufbereitschaft** (BAG 14.11.2006 – 1 ABR 5/06, NZA 2007, 548; DKKW/*Klebe* Rn. 103; **aA** Richardi BetrVG/*Richardi* Rn. 313 sowie HWGNRH/*Worzalla* Rn. 212 nur Aufstellung eines Rufbereitschaftsplans),
- Einführung von **Rufbereitschaft** in Form einer vom ArbGeb. angeordneten Erreichbarkeit außerhalb der ArbZ über **Mobiltelefone, Smart-Phones oder Laptops** (*Bissels/Domke/Wisskirchen* DB 10, 2052),
- Einführung von **Bereitschaftsdienst** (BAG 29.2.2000 – 1 ABR 15/99, NZA 2000, 1243; DKKW/*Klebe* Rn. 103; **aA** Richardi BetrVG/*Richardi* Rn. 313),
- Einführung u. Ausgestaltung eines **rollierenden Systems** bei der Einführung der 5-Tage-Woche im Kaufhaus (BAG 31.1.1989 – 1 ABR 67/87, NZA 1989, 604; 25.7.1989 – 1 ABR 46/88, NZA 1989, 979),
- **Telearbeit** (centerbasiert, On-Site oder heimbasierte Telearbeit). Das MBR erstreckt sich etwa auf die Einschaltzeit (Betriebszeit) des Computers oder die Einhaltung von Kernzeiten (*Schmeckel* NZA 04, 237; *Wiese* RdA 09, 344). Telearbeit kann der Verrichtung von Tätigkeiten in **Heimarbeit** gleich stehen (BAG 14.6.2016 – 9 AZR 305/15, NZA 2016, 1453),
- **Arbeitszeitverlegungen/Freischichten** zB für die zwischen Weihnachten u. Neujahr ausfallende Arbeitszeit (BAG 9.5.1984 – 5 AZR 412/81, NZA 84, 162; *Löwisch* FS *Molitor,* 1988, 225; **aA** *Wirges* DB 1997, 2488),
- zeitlichen Lage von **Theaterproben,** sofern nicht künstlerische Gesichtspunkte eine bestimmte zeitliche Lage oder Mindestdauer der Proben erfordern (BAG 4.8.1981 – 1 ABR 106/79, NJW 1982, 671),
- Festlegung der **Unterrichtsstunden von Lehrern** an Privatschulen (BAG 23.6.1992 – 1 ABR 53/91, NZA 1992, 1098),
- Einrichtung eines **Sonntagsverkaufs** soweit nicht nur leitende Ang. eingesetzt werden (BAG 25.2.1997 – 1 ABR 69/96, NZA 1997, 955),
- Einführung und Durchführung von **Vertrauensarbeitszeit,**
- Einführung und Ausgestaltung sog. **Flexikonten,** die bei verstetigter Entgeltzahlung die positiven/negativen Unterschiede zwischen geleisteter und geschuldeter Arbeitszeit festhalten und Ausgleichszeiträume unter Beachtung von § 2 Abs. 2 MiLoG bestimmen (*Rolfs* S. 99 ff.),
- Teilnahme an einer vom ArbGeb. veranlassten **Mediation,** die sich mit arbeitsrechtlichen Konflikten zw. ArbGeb./ArbN oder unter ArbN befasst und zwar unabhängig davon, ob die Teilnahme des einzelnen ArbN freiwillig ist oder nicht (BAG 30.6.2015 – 1 ABR 71/13, BeckRS 2015, 72430; **aA** LAG Nürnberg 22.8.2013 – 5 TaBV 22/12, BeckRS 2013, 73254.

128 In **Tendenzbetrieben** müssen die MBR des BR zurücktreten, soweit die Freiheit des Unternehmers zur Tendenzverwirklichung ernsthaft beeinträchtigt wird (BVerfG 15.12.1999 – 1 BvR 505/95, NZA 2000, 264). Zum MBR des BR bei der Arbeitszeit von **Redakteuren** BAG 14.1.1992 – 1 ABR 35/91, NZA 1992, 512; *Plander* ArbuR 1991, 353; *Weller* FS Gnade, 1992, 235; zur Festlegung der **Probezeiten in einem Theater** BAG 4.8.1981 – 1 ABR 106/79, NJW 1982, 671. Bei Privatschulen hat der BR mitzubestimmen bei der Festlegung der **Unterrichtszeit** der Lehrer (BAG 23.6.1992 – 1 ABR 53/91, NZA 1992, 1098). Der BR kann aber einen Einsatz der Lehrer im Nachmittagsdienst nicht durch sein MBR verhindern (BAG 13.1.1987 – 1 ABR 49/85, AP BetrVG 1972 § 118 Nr. 33; Richardi BetrVG/*Richardi* Rn. 281).

129 Ob bei **LeihArbN** der BR des Verleihers oder des Entleihers mitzubestimmen hat, richtet sich im Allgemeinen danach, welcher ArbGeb. die mitzubestimmende Entscheidung zur Arbeitszeit trifft (BAG 19.6.2001 – 1 ABR 41/00, NZA 2001, 1263). Bei der Arbeitnehmerüberlassung steht dem Entleiher das Weisungsrecht hinsichtl. Beginn und Ende der ArbZ des entliehenen ArbN zu. Deshalb steht dem BR des Entleiherbetriebs auch bezüglich der dort eingesetzten LeihArbN das MBR nach Nr. 2 zu (*Wiebauer* NZA 2012, 68; *Hunold* NZA-RR 2008, 281; *Schirmer* FS 50 Jahre BAG, 2004, 1063). Hat der LeihArbN eine durchschnittliche WochenArbZ im Entleiherbetrieb zu erbringen, sind hierfür nicht nur Beginn und Ende der ArbZ, sondern auch der jeweilige Ausgleichszeitraum und innerhalb dessen Über- und Unterschreitungsmöglichkeiten festzulegen. Das darauf bezogene MBR steht dem BR des Entleiherbetriebs zu. Das gilt unabhängig davon, ob die konkrete Lage der ArbZ zuschlagspflichtig ist oder nicht (BAG 26.9.2017 – 1 ABR 57/15).

3. Vorübergehende Verkürzung oder Verlängerung der betriebsüblichen Arbeitszeit

a) Allgemeines

130 Das in Nr. 3 geregelte MBR ist ein **Unterfall des MBR der Nr. 2.** Der Begriff der Arbeitszeit ist für beide MBR identisch (BAG 14.11.2006 – 1 ABR 5/06, NZA 2007, 458). In Nr. 3 geht es um die vorübergehende Verkürzung oder Verlängerung der jeweiligen betriebsüblichen Arbeitszeit, also die Abweichung von dem für einen bestimmten Wochentag regulär festgelegten Zeitvolumen mit anschl. Rückkehr zur betriebsüblichen Dauer der Arbeitszeit (BAG 9.7.2013 – 1 ABR 19/12, NZA 2014, 99; 3.5.2006 – 1 ABR 14/05, AP BetrVG 1972 § 87 Arbeitszeit Nr. 119). Das MBR besteht aber nur bei einer vorübergehenden Veränderung der betrieblichen ArbZ. Es setzt daher voraus, dass nach einer bestimmten Zeit eine Rückkehr zur betriebsüblichen ArbZ erfolgt (BAG 9.7.2013 – 1 ABR 19/12, NZA 2014, 99). Verkürzung bedeutet **Kurzarbeit;** Verlängerung heißt **Überstunden.** Ob sich die zeitl. Veränderung auf die Vergütung oder den Stand des Arbeitszeitkontos auswirkt, ist für das Bestehen des MBR unerheblich (BAG 1.7.2003 – 1 ABR 22/02, NZA 2003, 1209). Mitzubestimmen hat der BR über „Ob“ und „Wie“ der Verlängerung oder Verkürzung, also deren zeitliche Lage und die Dauer und den davon betroffenen Personenkreis.

131 **Zweck** des MBR ist die angemessene Verteilung der mit einer vorübergehenden Änderung der Arbeitszeit verbundenen Belastungen und/oder Vorteile (BAG 1.7.2003 – 1 ABR 22/02, NZA 2003, 1209). Bei der **Kurzarbeit** geht es um den Ausgleich der Interessen des ArbGeb. an einer wirtschaftlichen Betriebsführung einerseits und den Interessen der ArbN am Erhalt des Arbeitsplatzes oder darum Sonderbelastungen durch verkürzte Arbeitszeit, die mit Lohneinbußen verbunden sind, zu vermeiden. Demgegenüber kann eine Beschränkung oder gar ein Verzicht auf Überstunden zumindest befristete Neueinstellungen begünstigen (Richardi BetrVG/*Richardi* Rn. 345). Bei den **Überstunden** geht es um die Gefährdung der Freizeit und um die gerechte Verteilung der Belastungen und Verdienstchancen unter den ArbN (BAG 23.7.1996 – 1 ABR 17/96, NZA 1997, 216; ErfK/*Kania* Rn. 31). Inhalt des MBR bei der Verlängerung der betriebsüblichen Arbeitszeit ist die Regelungsfrage, ob zusätzlicher Arbeitsbedarf durch eine vorübergehende Erhöhung der regelmäßigen Arbeitszeit abgedeckt werden soll und welche ArbN oder ArbN-Gruppen zu welchen Zeiten und in welchem Umfang diese Arbeit leisten sollen (BAG 19.6.01 – 1 ABR 43/00, NZA 2001, 1263). Insgesamt betrifft der **Schutzzweck des MBR** die Verteilungsgerechtigkeit und den Überforderungsschutz (GK-BetrVG/*Wiese/Gutzeit* Rn. 382). Es besteht deshalb unabhängig davon, welche individualrechtliche Grundlage die Änderung der Arbeitszeit gegenüber dem ArbN ermöglicht (BAG 24.4.2007 – 1 ABR 47/06, NZA 2007, 818).

132 Arbeitszeit ist die Zeit, innerhalb derer die ArbN ihrer vertraglich geschuldeten Arbeitspflicht nachkommen müssen. Fehlt eine ausdrücklich arbeitsvertragliche Bestimmung des Umfangs der ArbZ und wird der ArbN „in Vollzeit" beschäftigt, ist damit ein 40-Wochenstunde gemeint (BAG 25.3.2015 – 5 AZR 602/13, NZA 2015, 1002), deren Verteilung auf die einzelnen Wochentage der MB unterliegt. **Betriebsübliche Arbeitszeit** ist die im Betrieb regelmäßig geleistete Arbeitszeit (BAG 24.4.2007 – 1 ABR 47/06, NZA 2007, 818). Sie wird bestimmt durch den vertraglich geschuldeten zeitl. Umfang der Arbeitsleistung sowie dessen Verteilung auf einzelne Zeitabschnitte (BAG 9.7.2013 – 1 ABR 19/12, NZA 2014, 99; 11.12.2001 – 1 ABR 3/01, AP BetrVG 1972 § 87 Arbeitszeit Nr. 93). Abzustellen ist auf die im Betrieb jeweils für bestimmte Arbeitsplätze, ArbN-Gruppen oder einzelne ArbN geltende Arbeitszeit (BAG 24.4.2007 – 1 ABR 47/06, NZA 2007, 818). Bei tarifgebundenen ArbGeb. ist betriebsübliche Arbeitszeit in der Regel die tarifliche Arbeitszeit (BAG 15.4.2013 – 10 AZR 325/12, NZA-RR 2014, 519). Das betrifft Zeiten, in denen der ArbN dem Weisungsrecht des ArbGeb. unterliegt und eine Arbeitsleistung erbringt oder sich hierfür bereithalten muss und deshalb in seiner privaten Lebensgestaltung beschränkt wird (BAG 13.3.2001 – 1 ABR 33/00, NZA 2001, 976). Die betriebsübliche Arbeitszeit braucht im Betrieb nicht einheitlich zu sein (BAG 3.6.2003 – 1 AZR 349/02, NZA 2003, 1155; BAG 19.6.2001 – 1 ABR 43/00, NZA 2001, 1263; *Preis* NZA-Sonderheft 2001, 40; GK-BetrVG/*Wiese/Gutzeit* Rn. 402; DKKW/*Klebe* Rn. 110). Eine **tarifliche JahresarbZ** ist nicht allen Fällen auch die betriebsübl. ArbZ. Das ist erst der Fall, wenn im TV jegliche Regelung zur Verteilung der JahresArbZ auf einen kürzeren Zeitraum fehlt und die Verteilung der ArbZ gänzlich in das – durch zwingende Vorschriften des ArbZG beschränkte – Belieben der ArbN gestellt ist (BAG 11.12.2001 – 1 ABR 3/01, AP BetrVG 1972 § 87 Arbeitszeit Nr. 93). Deshalb löst das Überschreiten der tariflichen JahresArbZ in der Regel nicht das MBR nach Nr. 3 aus (BAG 11.12.2001 – 1 ABR 3/01, AP BetrVG 1972 § 87 Arbeitszeit Nr. 93).

133 Das MBR besteht für eine **vorübergehende Änderung** der betriebsübl. Arbeitszeit (ErfK/*Kania* Rn. 33). Dauerhafte ArbZVeränderungen sind durch das MBR nicht gedeckt. Im tarifl. geregelten Bereich bedarf es hierfür einer tarifl. Öffnungsklausel (BAG 22.7.2008 – 1 AZR 249/07, EzA § 4 TVG Versicherungswirtschaft Nr. 7). Eine vorübergehende Änderung liegt vor, wenn es sich um eine Abweichung von einem für eine bestimmte Zeit festgelegten Zeitvolumen mit anschließender Rückkehr zur betriebsübl. Dauer der Arbeitszeit handelt (BAG 15.5.2007 – 1 ABR 32/06, NZA 2007, 1240). Demnach darf eine solche Abweichung lediglich einen überschaubaren Zeitraum betreffen (BAG 3.6.2003 – 1 AZR 349/02, NZA 2003, 1155). Das bestimmt sich nach der zum Zeitpunkt der Änderung bestehenden Planung des ArbGeb. (BAG 24.4.2007 – 1 ABR 47/06, NZA 2007, 818). Eine vorübergehende Änderung liegt etwa vor, wenn es sich um eine Erweiterung/Verkürzung des für einen bestimmten Wochentag regulär festgelegten Arbeitszeitvolumens mit anschließender Rückkehr zur betriebsüblichen Dauer handelt (BAG 14.11.2006 – 1 ABR 5/06, NZA 2007, 458). Fälle der vorübergehenden Änderung sind **Sonderschichten** oder Arbeitsausfall an einzelnen Tagen (ErfK/*Kania* Rn. 33). Auch die Einführung von **Bereitschaftsdienst** außerhalb der regelmäßigen Arbeitszeit ist eine vorübergehende Verlängerung der betriebsübl. ArbZ (BAG 29.2.2000 – 1 ABR 15/99, NZA 2000, 1243). Das gilt auch für die Anordnung des ArbGeb., an einer außerhalb der betriebsüblichen Arbeitszeit stattfindenden **Mitarbeiterversammlung** teilzunehmen (BAG 13.3.2001 – 1 ABR 33/00, NZA 2001, 976).

134 Das MBR setzt einen **kollektiven Tatbestand** voraus. Ein solcher liegt vor, wenn die Arbeitszeit aus betrieblichen Gründen verändert werden soll und Regelungsfragen auftreten, die kollektive Interessen der ArbN betreffen. Deshalb scheidet das MBR nur aus, wenn es um die **Berücksichtigung individueller Wünsche einzelner ArbN** geht. Insoweit ist es auch unerheblich, ob alle ArbN des Betriebs, einige Abteilungen oder nur einzelne ArbN Überstunden leisten. Auch im zuletzt genannten

Fall muss entschieden werden, wie viele Überstunden und von welchen ArbN geleistet werden sollen; es geht auch insoweit um Fragen der Zweckmäßigkeit, bei denen Interessen der ArbN betroffen sind, und um die innerbetriebliche Gerechtigkeit (Verteilung der Lasten und Vorteile). Auf die **Zahl der betroffenen ArbN** kommt es nicht an. Sie ist nur ein Indiz für das Vorliegen eines kollektiven Tatbestandes (stRspr BAG 16.7.1991 – 1 ABR 69/90, NZA 1992, 70; Richardi BetrVG/*Richardi* Rn. 373; DKKW/*Klebe* Rn. 121).

Es handelt sich auch dann um einen kollektiven Tatbestand, wenn der ArbGeb. die Arbeitszeit für einen oder mehrere einzelne ArbN aus **dringenden, nicht vorhersehbaren betrieblichen Gründen** ändern will, zB das Be- oder Entladen eines LKW nach Arbeitsschluss. Die Dringlichkeit der Maßnahme hat keinen Einfluss auf den kollektiven Tatbestand. Auch können ArbGeb. und BR **Eilfälle im Voraus regeln;** das MBR ist deshalb nicht eingeschränkt (→ Rn. 24). Nur in **Notfällen** (Brand, Überschwemmungen, Explosionsgefahr) kann der ArbGeb. einseitig Überstunden anordnen. Er muss dann unverzüglich die Zustimmung des BR nachholen (BAG 17.11.1998 – 1 ABR 112/98, NZA 1999, 662; Richardi BetrVG/*Richardi* Rn. 381). 135

Auch **Übergangsregelungen,** die anlässlich des Beginns oder des Endes der **Sommerzeit** in Betrieben mit mehreren Schichten erforderlich werden, unterliegen dem MBR, weil die Arbeitszeit entweder verkürzt oder verlängert wird (BAG 11.9.1985 – 7 AZR 276/83, AP BGB § 615 Nr. 38). 136

Das MBR bezieht sich auf die ArbN des Betriebs und eine damit verbundene Anordnungsbefugnis zu deren zeitl. Einsatz. Im Entleiherbetrieb erstreckt es sich deshalb nicht ohne weiteres auf **Leiharbeitnehmer.** Betriebsverfassungsrechtlich sind diese dem Verleiherbetrieb zugeordnet. Fragen der Kurzarbeit und der Überstunden betreffen regelmäßig ihr ArbVerh. zum Verleiher. Entsendet der Verleiher LeihArbN in Betriebe, deren Wochenarbeitszeit die arbeitsvertraglich vereinbarte Stundenzahl des LeihArbN übersteigt, entscheidet er damit auch über deren zeitlichen Einsatz. Bei dieser Entscheidung (Zulässigkeit von Überstunden) hat der BR des Verleihers mitzubestimmen (BAG 19.6.2001 – 1 ABR 43/00, NZA 2001, 1263; *Wiebauer* NZA 2012, 68). Insoweit besteht – anders als bei Nr. 2 – im Rahmen der Nr. 3 kein MBR des BR im Entleiherbetrieb. Darf nach der vertraglichen Vereinbarung zwischen Ent- und Verleiher allein der Entleiher für den LeihArbN die Ableistung von Überstunden anordnen, ist hieran der BR des Entleiherbetriebs zu beteiligen (BAG 25.8.2004 – 1 AZB 41/03, AP BetrVG 1972 § 23 Nr. 41). 137

Auch für **teilzeitbeschäftigte ArbN** besteht eine betriebsübliche Arbeitszeit. Es ist deren regelmäßig verkürzte Arbeitszeit. Arbeiten Teilzeitbeschäftigte nicht alle mit einer einheitl. Wochenstundenzahl, sind betriebsüblich diejenigen Arbeitszeiten, die individualrechtlich als die üblichen vereinbart werden (BAG 24.4.2007 – 1 ABR 47/06, NZA 2007, 818). Deren vorübergehende Verkürzung oder Verlängerung unterliegt dem MBR (BAG 23.7.1996 – 1 ABR 13/96, NZA 1997, 274; GK-BetrVG/*Wiese/Gutzeit* Rn. 405). Das MBR bei vorübergehender Verlängerung der Arbeitszeit besteht unabhängig davon, ob den Teilzeitbeschäftigten Überstundenzuschläge erst ab Überschreiten der vollen Arbeitszeit oder schon bei Überschreiten der Teilzeit geschuldet werden (BAG 23.7.1996 – 1 ABR 13/96, NZA 1997, 274; *Preis/Lindemann* NZA-Sonderheft 2001, 42). Auch die zur Abdeckung eines betriebl. Mehrbedarfs mit einem ArbN vereinbarte befristete Erhöhung der vertraglich geschuldeten Arbeitszeit fällt unter das MBR nach Nr. 3 (BAG 24.4.2007 – 1 ABR 47/06, NZA 2007, 818). 138

Das MBR kann ausgeübt werden in Form einer **BV oder durch Regelungsabrede** (→ Rn. 578f.). Für die Durchführung von Kurzarbeit ist eine BV zwingend erforderlich, weil sonst der Inhalt der ArbVerh. nicht normativ gestaltet wird (BAG 14.2.1991 – 2 AZR 415/90, NZA 1991, 607) und bei Fehlen einer tarifvertraglichen oder einzelvertraglichen Rechtsgrundlage die ArbN ansonsten nicht verpflichtet sind, der Anordnung von Kurzarbeit überhaupt Folge zu leisten (→ Rn. 158). Eine solche 139

BV muss Beginn und Dauer der Kurzarbeit, die Verteilung der ArbZ sowie die Auswahl der betroffenen ArbN regeln, damit die ArbN die sich daraus für sie ergebenden Rechte und Pflichten erkennen können. Fehlt es daran, ist die BV unwirksam (BAG 18.11.2015 – 5 AZR 491/14, NZA 2016, 565).

b) Überstunden

140 Die Anordnung von Überstunden ist der Hauptfall der Verlängerung der betriebsüblichen Arbeitszeit. Diese Maßnahme unterliegt dem MBR. **Überstunde** ist die Arbeitszeit, die über diejenige hinausgeht, die nach dem TV oder nach dem Einzelarbeitsvertrag zu leisten ist (Richardi BetrVG/*Richardi* Rn. 355). Die bloße Berechnung der geschuldeten Arbeitszeit durch den ArbGeb. (zB Ferienüberhang bei Musikschullehrern) anhand gesetzl. oder tarifl. Vorgaben unterliegt nicht der MB (BAG 9.11.2010 – 1 AZR 147/09, NZA-RR 2011, 278). Wird die regelmäßige Arbeitszeit in Dienstplänen festgelegt, handelt es sich bei geringfügigen Überschreitungen nicht um die Anordnung von Überstunden (BAG 23.3.1999 – 1 ABR 33/98, NZA 1999, 1230). Bei **variabler Arbeitszeit** handelt es sich um die Arbeitszeit, die den für die regelmäßige Arbeit geschuldeten Rahmen überschreitet. Mehrarbeit ist die über die gesetzlich zulässige regelmäßige Arbeitszeit hinausgehende Arbeitszeit. In der betrieblichen Praxis werden die Begriffe Überstunden und Mehrarbeit häufig synonym gebraucht. **Dienstreisen,** deren Dauer die betriebsübliche Zeit übersteigt, führen nicht ohne Weiteres zu einer verteilungsfähigen Arbeitsspitze iSv Überstunden oder Mehrarbeit. Unabhängig vom Umfang der Vergütungspflicht (dazu BAG 17.10.2018 – 5 AZR 553/17, NZA 2019, 159) und ihrer arbeitszeitrechtlichen Einordnung berühren sie keine Fragen der Verteilungsgerechtigkeit und der Wahrnehmung von Verdienstchancen, sondern die einer vorübergehende Verlegung des Arbeitsorts. Die damit verbundenen Belastungen werden nicht vom Schutzzweck des MBR erfasst (BAG 23.7.1996 – 1 ABR 17/96, NZA 1997, 216).

141 Der ArbGeb. kann von den ArbN die Leistung von Überstunden verlangen, wenn er dazu auf Grund einer Vereinbarung im Arbeitsvertrag, nach dem TV und den dort beschriebenen Voraussetzungen oder nach Treu und Glauben (Nebenpflicht im ArbVerh.) berechtigt ist. Auch eine BV kann **Rechtsgrundlage für die Anordnung von Überstunden** sein, soweit nicht zu Lasten von ArbN in eine entgegenstehende individualrechtliche Position eingegriffen wird. Die Betriebsparteien sind nach § 77 Abs. 4 befugt, Rechte und Pflichten unmittelbar zwischen den Arbeitsvertragsparteien zu begründen. Sie können daher auch das Recht des ArbGeb. zur Anordnung von Überstunden vereinbaren. Das gilt wegen § 77 Abs. 4 nur nicht in den Fällen, in denen die Arbeitsvertragsparteien eine solche Anordnungsbefugnis ausdrücklich ausgeschlossen haben (BAG 3.6.2003 – 1 AZR 349/02, NZA 2003, 1155).

142 Zusätzlich zu diesen Voraussetzungen hat der BR ein MBR zur Frage, **ob und in welchem Umfang Überstunden** zu leisten sind und **welche ArbN** diese Überstunden leisten sollen.

143 Das gilt entspr. dem Schutzzweck des MBR (→ Rn. 101) auch für die Anordnung zusätzlicher Arbeit für **Teilzeitbeschäftigte** (BAG 24.4.2007 – 1 ABR 47/06, NZA 2007, 818; GK-BetrVG/*Wiese/Gutzeit* Rn. 424; HWGNRH/*Worzalla* Rn. 239; DKKW/*Klebe* Rn. 122). Das MBR erstreckt sich nicht auf die Frage, ob und in welcher Höhe Teilzeitbeschäftigte für ihre Überstunden Zuschläge erhalten oder nicht; das ist eine Frage der für das Arbeitsverhältnis geltenden Lohngestaltung (GK-BetrVG/*Wiese/Gutzeit* Rn. 376).

144 Das MBR besteht nicht nur bei einer ausdrücklichen Anordnung von Überstunden. Auch die Duldung **freiwillig geleisteten Überstunden** durch den ArbGeb. unterliegt dem MBR (BAG 27.11.90 – 1 ABR 77/89, JuS 1991, 785; 16.7.1991 – 1 ABR 69/90, NZA 92, 70; ErfK/*Kania* Rn. 34).

145 Bei der Regelung von Überstunden sind die **Grenzen des ArbZG** zu beachten (BAG 28.7.1981 – 1 ABR 90/79, NJW 1982, 1116; Ausnahmegenehmigungen nach dem ArbZG lassen das MBR des BR unberührt) und darüber hinaus auch die gesicherten arbeitswissenschaftlichen Erkenntnisse bei der Planung der Arbeitsabläufe (→ § 90 Rn. 24ff., 30ff.).

Von **Überstunden** iSd MBR (vorübergehend verlängerte vertragliche Arbeitszeit) 146 ist **Mehrarbeit** iSd ArbZG zu unterscheiden. Dieser im ArbZG nicht näher definierte Begriff betrifft Vereinbarungen in einem TV, einer BV oder Arbeitsvertrag, die bestimmen, von welcher Arbeitsstunde an die Arbeit als Mehrarbeit bezeichnet und ggf. zu vergüten ist. Auch dafür gelten die gesetzl. Höchstarbeitszeitgrenzen.

Das MBR kann ausgeübt werden in jedem **Einzelfall,** in dem die Arbeitszeit vor- 147 übergehend verlängert werden soll. Denkbar sind aber auch allgemeine Vereinbarungen **(Rahmenvereinbarungen)** zwischen ArbGeb. und BR über die voraussehbaren Tatbestände (→ Rn. 25), die dann im jeweiligen Einzelfall umgesetzt werden müssen. Solche Regelungen sind zweckmäßig, wenn Überstunden zu erwarten sind. Derartige Vereinbarungen können auch zum Inhalt haben, dass der ArbGeb. unter bestimmten in der Vereinbarung genannten Voraussetzungen im Einzelfall ohne nochmalige Beteiligung des BR Überstunden anordnen darf (BAG 3.6.2003 – 1 AZR 349/02, NZA 2003, 1155; BAG 10.3.1992 – 1 ABR 31/91, NZA 1992, 952; einschränkend DKKW/*Klebe* Rn. 127). In diesen Fällen muss das MBR in seiner Substanz erhalten bleiben. Auch Vereinbarungen über die Begrenzung von Überstunden sind zulässig (BAG 2.3.1982 – 1 ABR 74/79, AP BetrVG 1972 § 87 Arbeitszeit betr. Rufbereitschaft Nr. 6; *Mache* DB 1986, 2077).

Neben dem MBR bei vorübergehender Verlängerung der Arbeitszeit kommt für 148 die Lohnzahlung ein MBR nach Nr. 10 in Betracht.

Sind die zwischen den Betriebsparteien vereinbarten Überstunden geleistet, wird 149 automatisch die betriebsübl. ArbZ wiederhergestellt. Damit löst die – damit vorbestimmte – Rückkehr zur betriebsübl. ArbZ kein MBR aus (BAG 25.10.1977 – 1 AZR 452/74, AP BetrVG 1972 § 87 Arbeitszeit Nr. 1; Richardi BetrVG/*Richardi* Rn. 358). Das gilt nicht für die **vorzeitige Beendigung vereinbarter Sonderschichten.** Denn dabei geht es um den Schutz der ArbN, die im Vertrauen auf eine angeordnete Sonderschicht bereits über ihre Freizeit disponiert haben. Ordnet der Arbeitgeber also ohne Zustimmung des Betriebsrats vorzeitig die Rückkehr zur Normalarbeitszeit an, hat er dennoch die für Überstunden anfallende Mehrvergütung zu zahlen (BAG 18.9.2002 – 1 AZR 668/01, AP BGB § 615 Nr. 99).

c) Kurzarbeit

Kurzarbeit im vergütungsrechtl. Sinn ist die vorübergehende Kürzung des Volu- 150 mens der regelmäßig geschuldeten Arbeitszeit bei anschließender Rückkehr zum vereinbarten Zeitpunkt. Ihre Einführung bedarf einer besonderen normativen oder vertraglichen Grundlage (BAG 10.10.2006 – 1 AZR 811/05, NZA 2007, 637). Im Sinne des MBR ist Kurzarbeit die **vorübergehende Herabsetzung der betriebsüblichen Arbeitszeit.** Es ist unerheblich, ob einzelne Stunden ausfallen sollen, bestimmte Wochentage oder die Arbeit in ganzen Wochen. Das MBR erstreckt sich auf die Frage, ob, für welchen vorübergehenden Zeitraum, in welchen Bereichen, für welche ArbN, in welchem zeitl. Umfang Kurzarbeit eingeführt und wie die geänderte Arbeitszeit auf die einzelnen Wochentage verteilt werden soll (LAG Hamm 1.8.2012 – 5 Sa 27/12, NZA-RR 2013, 244; DKKW/*Klebe* Rn. 128). Für das Bestehen des MBR kommt es nicht darauf an, ob die Voraussetzungen für die Gewährung von Kurzarbeitergeld nach §§ 95ff. SGB III vorliegen oder nicht (→ Rn. 162). Die Bestimmung des Kreises der von Kurzarbeit betroffenen ArbN muss die Vorgaben des § 75 Abs. 1 beachten. Zwar ist es nicht grds. sachwidrig vor allem solche ArbN in Kurzarbeit einzubeziehen, bei denen die finanziellen Folgen durch den Bezug von Kurzarbeitergeld gemildert werden. Doch können diese – soweit eine aufgaben- oder funktionsbezogene Differenzierung unterbleibt – nicht ohne Weiteres alleine mit Kurzarbeit belastet werden. Denn der Bezug von Kurzarbeitergeld ist ua an die Voraussetzung geknüpft, sich der Arbeitsvermittlung zur Verfügung zu stellen und im Weigerungsfall mit einer Sperrzeit bedacht zu werden. Für diesen Personenkreis wäre die Anordnung von Kurzarbeit nicht nur mit finanziellen Folgen verbunden sondern auch mit weitergehenden Beeinträchtigungen ihrer Berufsfreiheit. Das bedarf entsprechender Rechtfertigung.

151 Ein MBR besteht auch bei der **Wiederherstellung der betriebsüblichen Arbeitszeit** bei vorzeitiger Beendigung von Kurzarbeit (GK-BetrVG/*Wiese/Gutzeit* Rn. 412; **aA** BAG 21.11.1978 – 1 ABR 67/76, AP BetrVG 1972 § 87 Arbeitszeit Nr. 2; *Preis* NZA-Sonderheft 2001, 40).

152 Dagegen besteht kein MBR nach Nr. 3, wenn ArbN einer Betriebsabteilung (betrieblich organisatorisch eigenständige Einheit) **Transferkurzarbeitergeld** (§ 111 SGB III) erhalten sollen; bei diesen ArbN handelt es sich nicht um eine nur vorübergehende Verkürzung der Arbeitszeit.

153 Umstritten ist die Frage, ob sich das MBR auch auf **Fragen der finanziellen Milderung** der Folgen der Kurzarbeit bezieht (verneinend ErfK/*Kania* Rn. 37; bejahend DKKW/*Klebe* Rn. 129 mit einer Übersicht über den Meinungsstand). Die hM lehnt ein erzwingbares MBR insoweit ab. Zwar soll das MBR den ArbN auch vor Entgelteinbußen schützen (BAG 21.11.1978 – 1 ABR 67/76, AP BetrVG 1972 § 87 Arbeitszeit Nr. 2). Der Verlust von Entgeltansprüchen ist aber nur die Folge der eingeschränkten Arbeitszeit. Der auf Arbeitszeitfragen beschränkte Umfang des MBR reicht zum Schutz der ArbN aus. Wortlaut und systematischer Zusammenhang sprechen gegen ein MBR bei Vergütungsfragen in Fällen der Kurzarbeit. Ist die Vergütung für Kurzarbeit bereits im TV geregelt, kommt ein MBR insoweit (vgl. Eingangssatz) ohnehin nicht in Betracht.

154 Das MBR besteht unabhängig von den **Gründen,** aus denen die Einführung von Kurzarbeit erwogen wird. Es ist unerheblich, ob die Arbeit wegen des Betriebs- oder Wirtschaftsrisikos des ArbGeb. eingeschränkt werden muss (zum MBR im Arbeitskampf → Rn. 164ff.). Will der ArbGeb. Auslastungsdefiziten durch ein sog **Sabbatical** begegnen, fällt das in den Anwendungsbereich des MBR nach Nr. 3, soweit ein TV eine solche „Auszeit" nicht abschließend regelt oder den Betriebsparteien hierfür Vorgaben macht. Allerdings setzt das MBR eine Prognose der Betriebsparteien voraus, nach der nach Ablauf der Auszeit die ArbN wieder zur vorherigen ArbZ zurückkehren (*Seel* DB 2009, 2210). Damit ist ein Sabbatical zur dauerhaften Verringerung des Personalbedarfs untauglich. Typischerweise muss der ArbN zur Finanzierung der Auszeit ArbZ in ein ArbZKonto einstellen. Bei den hierfür erforderl. Abmachungen ist zusätzl. das MBR nach Nr. 2 zu beachten.

155 Bei beabsichtigten **Massenentlassungen** iSd § 17 KSchG kann der ArbGeb. nach § 19 KSchG durch die BA ermächtigt werden, Kurzarbeit einzuführen. Das betrifft aber nur das Verhältnis der Arbeitsvertragsparteien. Will der ArbGeb. von diesem Recht Gebrauch machen, muss er das MBR des BR beachten (GK-BetrVG/*Wiese/Gutzeit* Rn. 417; DKKW/*Klebe* Rn. 131; **aA** HWGNRH/*Worzalla* Rn. 250).

156 Das MBR gibt dem ArbGeb. nicht die Befugnis, einseitig Kurzarbeit anzuordnen (Richardi BetrVG/*Richardi* Rn. 368). Das gilt auch dann, wenn die Voraussetzungen für die Gewährung von Kurzarbeitergeld vorliegen (BAG 14.2.1991 – 2 AZR 415/90, NZA 1991, 607). Führt der **ArbGeb. einseitig** ohne Zustimmung des BR Kurzarbeit ein, bleibt es zugunsten des ArbN bei der vertraglich vereinbarten regelmäßigen Arbeitszeit. Der ArbN behält seinen Anspruch auf Vergütung, wenn er dem ArbGeb. seine Leistung anbietet und dieser sie ablehnt (Annahmeverzug gem. § 615 BGB).

157 Andererseits besteht das MBR bei der Einführung der Kurzarbeit unabhängig davon, ob und auf welcher **Rechtsgrundlage** der ArbGeb. im Verhältnis zum einzelnen ArbN die Kurzarbeit einführen darf. Die Voraussetzungen, unter denen Kurzarbeit eingeführt werden darf, sind häufig in TV geregelt, zB eine Ansagefrist (BAG 12.10.1997 – 7 AZR 398/93, NZA 1995, 641). Diese tarifl. Vorgaben haben die Betriebsparteien zu beachten, soweit sie eine abschließende Regelung enthalten und deshalb nach dem Eingangssatz die MB ausschließen (BAG 3.5.2006 – 1 ABR 14/05, AP BetrVG 1972 § 87 Arbeitszeit Nr. 119).

Für die **Durchführung der Mitbestimmung** besteht eine Besonderheit. Ausnahmsweise kommt es in den Fällen der Herabsetzung der vertraglich oder tarifvertraglich geschuldeten Arbeitszeit auch auf die Form an, in der das MBR ausgeübt wird. Eine BV wirkt unmittelbar und zwingend auf die ArbVerh. ein (§ 77 Abs. 4). Eine **Regelungsabrede** (statt einer BV) über die Einführung von Kurzarbeit wahrt zwar das MBR des BR. Sie kann aber wegen ihrer fehlenden normativen Wirkung nicht die Arbeitsbedingungen der betroffenen ArbN ändern. Das führt dazu, dass bei einer bloßen Regelungsabrede die Lohnansprüche der ArbN wegen Annahmeverzugs des ArbGeb. erhalten bleiben (BAG 14.2.1991 – 2 AZR 415/91, NZA 1991, 607). **Nur TV oder BV sind neben dem Einzelvertrag eine ausreichende Rechtsgrundlage** zur Kürzung der Arbeitszeit und damit des Lohnes bei der Einführung von Kurzarbeit (BAG 11.7.1990 – 5 AZR 557/89, NZA 1991, 67; 12.10.1994 – 7 AZR 398/93, NZA 1995, 641; GK-BetrVG/*Wiese/Gutzeit* Rn. 383; **aA** *Heinze* RdA 1998, 17: Weder TV noch BV könnten wirksam Kurzarbeit einführen und regeln; diese Auffassung verkennt die Regelungsbefugnis der TVParteien und der Betriebsparteien, sie sind InteressenVertr. der ArbN. Kurzarbeit wird nur dann stattfinden, wenn sie unbedingt notwendig ist, um Arbeitsplätze zu sichern). Eine BV über Kurzarbeit erfüllt aber nur dann die Anforderungen an eine wirksame Ausübung des MBR, wenn in ihr wenigstens die tatbestandlichen Vorgaben für die vorübergehende Verkürzung der betriebsüblichen Arbeitszeit geregelt sind. (LAG Berlin 29.10.1998 – 10 Sa 95/98, BeckRS 1998 30453945). Eine Regelungsabrede genügt nur in den Fällen, in denen der ArbGeb. schon nach den Arbeitsverträgen oder einem TV berechtigt ist, Kurzarbeit einzuführen (BAG 14.2.1991 – 2 AZR 415/90, NZA 1991, 607). Aus diesem Grund darf die BV über die Einführung und Durchführung von Kurzarbeit dem ArbGeb. nicht die **Auswahl der betroffenen ArbN** überlassen (**aA** LAG Thüringen 7.9.1999 – 2 Sa 404/98, BeckRS 1999, 16427). Diese sind von den Betriebsparteien gemeinsam festzulegen und in erster Linie anlassbezogen zu bestimmen. 158

Der BR kann die **Initiative** zur vorübergehenden Einführung von Überstunden oder Kurzarbeit ergreifen (BAG 10.10.2006 – 1 AZR 811/05, NZA 2007, 637; 4.3.1986 – 1 ABR 15/84, NZA 1986, 432; ErfK/*Kania* Rn. 35; *Löwisch* FS *Wiese,* 1998, 249; Richardi BetrVG/*Richardi* Rn. 376; **aA** GK-BetrVG/*Wiese/Gutzeit* Rn. 388; HWGNRH/*Worzalla* Rn. 255). Damit können Entlassungen aus betriebsbedingten Gründen jedenfalls vorübergehend vermieden werden. Das MBR betrifft nicht die Frage, ob der Betrieb stillgelegt oder – auf Dauer – eingeschränkt wird; insoweit ist der BR nach §§ 111 ff. zu beteiligen. 159

Im Mitbestimmungsverf. kann auch geregelt werden, ob und in welchem Umfang der ArbGeb. zur Ergänzung des sozialrechtlichen Kurzarbeitergeldes **Ausgleichsleistungen** erbringt. Solche Zahlungen können jedoch nicht erzwungen werden (*Otto* NZA 1992, 97; HWGNRH/*Worzalla* Rn. 251). 160

Die Verletzung von MBR hat **individualrechtliche Folgen.** Soweit der ArbGeb. den BR zu beteiligen hat, dies aber unterlässt, sind einseitig vom ArbGeb. getroffene Maßnahmen insoweit unwirksam, als dadurch Ansprüche der ArbN vereitelt oder geschmälert werden. Die Mitbestimmung ist also Wirksamkeitsvoraussetzung für derartige Maßnahmen (BAG 18.9.2002 – 1 AZR 668/01, AP BGB § 615 Nr. 99). 161

Von der Frage der Einführung der Kurzarbeit ist die **Zahlung von Kurzarbeitergeld** durch die AA zu trennen. Die Voraussetzungen für die Gewährung von Kurzarbeitergeld sind in §§ 95 ff. SGB III geregelt. Nach § 95 S. 1 SGB III haben ArbN Anspruch auf Kurzarbeitergeld, wenn ein erhebl. Arbeitsausfall mit Entgeltausfall vorliegt. Erhebl. ist ein Arbeitsausfall, wenn er auf wirtschaftl. Gründen oder einem unabwendbaren Ereignis beruht, vorübergehend und nicht vermeidbar ist § 96 Abs. 1 S. 1. Darüber hinaus müssen für die Gewährung von Kurzarbeitergeld die im G genannten persönlichen (§ 98 SGB III) und betrieblichen (§ 97 SGB III) Voraus- 162 setzungen erfüllt und der Arbeitsausfall vom ArbGeb. schriftl. der AA angezeigt sein (§ 99 SGB III). Dieser Anzeige ist eine Stellungnahme des BR beizufügen (§ 99 Abs. 1 S. 3 SGB III). Unterbleibt die Anzeige des ArbGeb., hat der einzelne ArbN uU Schadenersatzansprüche, sofern er bei Erstattung der Anzeige Kurzarbeitergeld erhalten würde. Der BR hat daneben ein eigenes Anzeigerecht (§ 99 Abs. 1 SGB III). Bei einem rückwirkenden Widerruf des Bewilligungsbescheides kommt ein Anspruch des ArbN gegen den ArbGeb. auf Zahlung des Lohnes in Höhe des Kurzarbeitsgeldes in Betracht (BAG 11.7.1990 – 5 AZR 557/89, NZA 1991, 67). In dem Verfahren über die Bewilligung von Kurzarbeitergeld ist der BR notwendiger Beteiligter gem. § 12 Abs. 1 Nr. 1 SGB X.

163 Besonderheiten gelten für das **Transferkurzarbeitergeld** nach § 111 SGB III. Nach Abs. 1 dieser Vorschrift haben ArbN zur Vermeidung von Entlassungen und zur Verbesserung ihrer Vermittlungschancen Anspruch auf Transferkurzarbeitergeld, wenn und solange sie von einem dauerhaften unvermeidbaren Arbeitsausfall mit Entgeltausfall betroffen sind, das der Agentur für Arbeit angezeigt und mit ihr beraten worden ist und sie die persönlichen Voraussetzungen nach § 111 Abs. 4 SGB III sowie die in § 111 Abs. 3 SGB III geregelten betrieblichen Voraussetzungen erfüllt sind. Dazu zählt, dass in einem Betrieb Personalanpassungsmaßnahmen aufgrund einer Betriebsänderung durchgeführt werden und die vom Arbeitsausfall betroffenen ArbN in einer betriebsorganisatorisch eigenständigen Einheit zusammengefasst werden (vgl. *Gaul/Bonanni/Otto* DB 2003, 2386), dieses einen Integrationserfolg erwarten lässt und ein QS-System angewendet wird.

d) Kurzarbeit und Überstunden im Arbeitskampf

164 Bes. umstritten ist das MBR des BR bei Anordnung von Kurzarbeit oder Überstunden während eines Arbeitskampfes. Gleiches gilt für die Verschiebung von Schichten in einem bestreikten Betrieb, für die das MBR nach Nr. 2 einschlägig ist. Nach der Beendigung des Arbeitskampfes gelten die bisherigen mitbestimmten arbeitszeitbezogenen BV fort. Will der ArbGeb. den streikbedingten Arbeitsausfall nach Streikende durch „Nacharbeiten" kompensieren und zu diesem Zweck Überstunden anordnen, bedarf er hierzu die Zustimmung des BR. Für eine teleologische Reduktion des MBR besteht kein Anlass (BAG 20.3.2018 – 1 ABR 70/16, NZA 2018, 1081; krit. *Meyer* RdA 2018, 380).

165 Während eines laufenden Arbeitskampfes ist zu unterscheiden zwischen Betrieben, in denen unmittelbar ein Arbeitskampf (Streik oder Aussperrung) stattfindet und Betrieben, die nur mittelbar von den Wirkungen eines Arbeitskampfes betroffen sind (Fernwirkung).

166 Ist der **Betrieb unmittelbar** vom Arbeitskampf betroffen, können die MBR des BR eingeschränkt sein (BAG 22.12.1980 – 1 ABR 2/79, NJW 1981, 937), etwa wenn der ArbGeb. mit arbeitswilligen ArbN unter Anordnung von **Überstunden** die Produktion aufrechterhalten will (hM vgl. WPK/*Bender* Rn. 83; GK-BetrVG/*Wiese/Gutzeit* Rn. 430 mwN) oder Schichten verschieben will (ErfK/*Linsenmaier* GG Art. 9 Rn. 157 ff.). Allerdings muss dem ArbGeb. die Überstundenanordnung individualvertraglich auch möglich sein, da es in einem solchen Fall an einer BV als Rechtsgrundlage für eine solche Anordnung fehlt.

167 Das BAG hat die Einschränkung des MBR mit der Friedenspflicht des BR und mit einer **„Überforderung"** des BR und der Kampfparität begründet (BAG 24.4.1979 – 1 ABR 43/77, NJW 1980, 140; *Jansen,* Die betriebliche MB im Arbeitskampf (Diss. 1999), S. 203 ff.; **aA** DKKW/*Klebe* Rn. 116). Das ist der Sache nach eine arbeitskampfkonforme Einschränkung der betriebl. MB zum Schutze der Kampfparität im Interesse einer funktionsfähigen Tarifautonomie (ErfK/*Linsenmaier* GG Art. 9 Rn. 156 ff.; *Kempen* NZA 2005, 185). Mit dem Begriff der Überforderung will das BAG nur zum Ausdruck bringen, dass es nicht um eine subjektive Unfähigkeit des BR geht, die Ausübung von MBR arbeitskampfkonform wahrzunehmen. Vielmehr

geht es darum, dass dem BR eine arbeitskampfneutrale Ausübung des MBR unmöglich ist, da seine Weigerung, die Vorstellungen des ArbGeb. zu akzeptieren, stets in ein E-Stellenverfahren mündet und die hieraus folgenden zeitlichen Verzögerungen die Kampfführung des ArbGeb. zwangsläufig schwächt und die der kampfführenden Gewerkschaft stärkt (BAG 13.12.2011 – 1 ABR 2/10, NZA 2012, 76).

Kann nach diesen Grundsätzen der ArbGeb. mitbestimmungsfrei Überstunden für Arbeitswillige anordnen, gilt dasselbe für die **Anordnung von Kurzarbeit** in unmittelbar bestreikten Betrieben (BAG 22.12.1980 – 1 ABR 2/79, NJW 1981, 937) oder Schichtverschiebungen. Ein darauf gerichteter Informationsanspruch aus § 80 Abs. 2 ist jedoch nicht beschränkt (BAG 10.12.2002 – 1 ABR 7/02, NZA 2004, 223). Gleiches gilt für die Durchführung von BetrVerslg. **168**

Wird der Betrieb nur **teilweise bestreikt,** kann der ArbGeb. den gesamten Betrieb stilllegen. Auch diese Maßnahme ist eine Reaktion im Arbeitskampf (BAG 22.3.1994 – 1 AZR 622/93, NZA 1994, 1097). Macht der ArbGeb. von diesem Kampfmittel Gebrauch, besteht kein MBR (Richardi BetrVG/*Richardi* Rn. 389). **169**

Greift der ArbGeb. zur (zulässigen) **Abwehraussperrung,** kann der BR ebenfalls nicht an dieser Maßnahme (vorübergehende Einstellung der Arbeit) beteiligt werden. Denn sonst könnte er mit Hilfe seines MBR die Maßnahme erschweren oder verzögern (GK-BetrVG/*Wiese/Gutzeit* Rn. 430; Richardi BetrVG/*Richardi* Rn. 390). **170**

Dagegen ist der Umfang der MBR in den **Betrieben, die nur mittelbar** von den (Fern-Wirkungen (zB Störungen von Zulieferungen oder Absatz) eines Arbeitskampfs **betroffen** sind, noch nicht abschließend geklärt (zum Meinungsstand bei GK-BetrVG/*Wiese/Gutzeit* Rn. 431 ff.; ErfK/*Linsenmaier* GG Art. 9 Rn. 159). Das **BAG** hat das **MBR** in den genannten Entscheidungen (22.12.1980 – 1 ABR 76/79, NJW 1981, 942) **beschränkt.** Unabhängig davon, ob eine Fernwirkung auf Drittbetriebe auf Gründen beruht, die eine weitere Produktion technisch unmöglich oder wirtschaftlich sinnlos macht, soll diese das Kräfteverhältnis der kampfführenden TVParteien im Gebiet des TV beeinflussen können. Soweit deshalb das Gleichgewicht der Kräfte im Arbeitskampf gestört ist (Paritätsrelevanz), entfällt das MBR. Nach Ansicht des BAG muss sichergestellt werden, dass jede Seite das Arbeitskampfrisiko selbst trägt (zust. ErfK/*Kania* Rn. 38). **171**

Die Kampfparität kann gestört werden, wenn der betroffene Betrieb im Tarifgebiet liegt, für das ein neuer TV abgeschlossen werden soll. Eine Störung der Kampfparität kann auch vorliegen, wenn der mittelbar betroffene Betrieb zu derselben Branche gehört und die dortige Belegschaft von derselben Gewerkschaft organisiert wird, die den Arbeitskampf führt, und deshalb vom Ausgang des Arbeitskampfs auch profitieren würde (Richardi BetrVG/*Richardi* Rn. 398). **172**

Diese Beschränkung der MBR unter Durchbrechung der Grundsätze des sonst vom ArbGeb. zu tragenden Betriebs- und Wirtschaftsrisikos soll aber nur Platz greifen, wenn bei typisierender Betrachtung nennenswerte Einflüsse auf das Kräfteverhältnis der TVParteien eintreten können. Das BAG unterstellt diese Wirkungen jedenfalls dann, wenn auch für die mittelbar betroffenen Betriebe in derselben Branche dieselben Verbände zuständig sind oder eine enge wirtschaftliche Verflechtung (Konzern) besteht. IÜ hat das BAG darauf verzichtet, einen Katalog von Merkmalen aufzustellen, bei deren Vorliegen erhebliche Einflüsse auf die Arbeitskampfparität anzunehmen sind. **173**

Die ArbN in Drittbetrieben haben nach dieser Auffassung bei Vorliegen einer dieser beiden Voraussetzungen (technische Unmöglichkeit oder wirtschaftliche Unzumutbarkeit) keinen Beschäftigungs- und keinen Lohnanspruch mehr. Deshalb entfällt nach Ansicht des BAG (22.12.1980 – 1 ABR 76/79, NJW 1981, 942) ein MBR bei der Frage, ob Kurzarbeit eingeführt werden soll. Das **„ob"** der Kurzarbeit ist also mitbestimmungsfrei. Dagegen hat der BR bei dem **„wie"**, dh bei den Modalitäten mitzubestimmen, soweit noch etwas zu regeln ist, zB ab wann, für welche ArbN und in welcher Form Kurzarbeit eingeführt werden soll (ErfK/*Kania* Rn. 38; zu den Ent- **174** scheidungen vgl. Richardi BetrVG/*Richardi* Rn. 401; GK-BetrVG/*Wiese/Gutzeit* Rn. 439).

175 Dabei kann zwischen ArbGeb. und BR streitig sein, **ob** wegen Fernwirkungen des Arbeitskampfs Kurzarbeit tatsächlich notwendig ist. Das ist eine **Rechtsfrage.** Sie muss im BeschlVerf. entschieden werden. Häufig kommt wegen der Eilbedürftigkeit der Entscheidung eine einstw. Vfg. (→ ArbGG 3 Rn. 65 ff.) in Betracht, mit der die einseitige Einführung der Kurzarbeit verhindert werden soll. Besteht Streit über das **„wie"** der beabsichtigten Kurzarbeit, muss der ArbGeb. umgehend die Bildung einer E-Stelle betreiben, da es sich insoweit um eine **Regelungsfrage,** nicht um eine Rechtsfrage handelt. Unterlässt dies der ArbGeb., sind die angeordneten einseitigen Maßnahmen unwirksam, die ArbN behalten ihren Lohnanspruch, der BR kann seinerseits eine **einstw. Vfg. auf Untersagung der Anordnung von Kurzarbeit** beantragen.

176 Die Unterscheidung zwischen dem „Ob" der Einführung von Kurzarbeit und dem „Wie" ist aber praktisch nicht einfach durchführbar. Beides lässt sich nur schwer trennen (*Meyer* BB 1990, 2482 [2487]; *Trittin* DB 1990, 322). Darüber hinaus ist nicht ausgeschlossen, dass die vom BAG verlangte Einigung über das „Wie" der Kurzarbeit wg. der Durchführung eines E-Stellenverfahrens zu ganz erheblichen zeitlichen Verzögerungen führt. Hierdurch wird aber die vom BAG für notwendig erachtete Privilegierung des ArbGeb. bei der Einführung von Kurzarbeit beseitigt.

177 Haben die Fernwirkungen eines Arbeitskampfes keine Auswirkungen auf die Kampfparität, wird das MBR nicht eingeschränkt. Der ArbGeb. hat kein Recht, die ArbN seines Betriebs nicht zu beschäftigen und ihnen das Entgelt zu verweigern (krit. Richardi BetrVG/*Richardi* Rn. 405).

178 Bei Einführung der Kurzarbeit wegen Fernwirkungen eines Arbeitskampfes kommt unter den Voraussetzungen des § 100 SGB III die **Zahlung von Kurzarbeitergeld** in Betracht. Zusätzlich prüft der Neutralitätsausschuss (§ 380 SGB III) bei der BAA, ob wegen eines Arbeitskampfes der Anspruch auf Arbeitslosengeld bzw. Kurzarbeitergeld ruht. Die Fachspitzenverbände können durch Klage die Aufhebung der Entscheidung des Neutralitätsausschusses anfechten. Über die Klage entscheidet das BSG im ersten und letzten Rechtszug. Es kann eine einstw. Verfg. erlassen.

4. Auszahlung der Arbeitsentgelte

179 Das MBR des BR in Fragen des Arbeitsentgelts ist im Grundsatz in Nr. 10 geregelt. Nr. 4 betrifft nur einen kleinen Ausschnitt: Es geht um **die Umstände bei der Auszahlung** des Arbeitsentgelts. Da diese mittlerweile in TV oder Mindestlohngesetzen geregelt werden, die das MBR nach dem **Eingangssatz** des § 87 ausschließen, verliert dieses MBR an Bedeutung (BAG 22.7.14 – 1 ABR 96/12, NZA 2014, 51). Nicht dem MBR nach dieser Bestimmung unterliegt die Höhe der jeweils zu zahlenden Vergütung. Das MBR besteht unabhängig von der Rechtsgrundlage für die einzelnen Zahlungen (Richardi BetrVG/*Richardi* Rn. 425; HWGNRH/*Worzalla* Rn. 297). Bei **LeihArbN** ist allein der BR des Verleiherbetriebs für die Ausübung des MBR zuständig (GK-BetrVG/*Wiese/Gutzeit* Rn. 465).

180 Arbeitsentgelt im Sinne dieser Bestimmung ist die **in Geld auszuzahlende Vergütung** für geleistete Arbeit ohne Rücksicht auf ihre Bezeichnung: Gehalt, Lohn, Provisionen, Kindergeld, Familienzulage, Teuerungszulage, Urlaubsgeld (BAG 25.4.1989 – 1 ABR 91/87, NZA 1989, 976) sowie Reisekosten, Wegegelder, Spesen, Auslösungen usw einschl. der Regelung von Vorschusszahlungen. Darüber hinaus rechnen auch **Sachleistungen** des ArbGeb. (Deputate) hierher (GK-BetrVG/*Wiese/Gutzeit* Rn. 449; DKKW/*Klebe* Rn. 135; HWGNRH/*Worzalla* Rn. 297).

181 Der Mitbestimmung unterliegen die Festlegung der Zeiträume, nach denen das Entgelt für die geleistete Arbeit gezahlt werden soll, zB monatliche Lohnzahlung, wöchentliche Lohnzahlung, Auszahlung eines Zeitguthabens am Ende eines mehrmonatigen Verteilungszeitraums (BAG 15.1.2002 – 1 AZR 65/01, NZA 2002, 1112;

Richardi BetrVG/*Richardi* Rn. 426; ErfK/*Kania* Rn. 40). Dazu zählen auch **Wertguthaben** iSv § 7b SGB IV zur Einbringung von geleisteter Arbeit zugunsten der von dieser Vorschrift gedeckten Freistellungszwecke (*Rolfs* S. 19). Das sind – anders als bei sogn. **Flexikonten** (→ Rn. 127) – solche, die nicht das Ziel der flexiblen Gestaltung der geschuldeten Arbeitszeit oder den Ausgleich betrieblicher Produktions- und Arbeitszeitzyklen verfolgen (§ 7b Nr. 2 SGB IV), zB. Sabbaticals. Dementsprechend sind Wertguthaben Sparguthaben, die eine längere Arbeitsfreistellung finanzieren und über § 7b SGB IV sozialversicherungsrechtlich abgesichert werden (*Rolfs* S. 15). Nach der abdingbaren Vorschrift des § 614 BGB ist der Lohn nachträglich zu zahlen. Geregelt werden kann auch, zu welchen Zeitpunkten Abschläge zu zahlen sind, sofern eine entsprechende vertragliche Verpflichtung des ArbGeb. besteht (**aA** Richardi BetrVG/*Richardi* Rn. 427). Die Festlegung der **Lohnzahlungsperiode** ist nicht zu verwechseln mit der Frage, nach welchen Grundsätzen der Lohn zu bemessen ist, nach Stunden, Tagen, Wochen oder Monaten. Das ist eine Frage der Lohngestaltung. Sie unterliegt dem MBR nach Nr. 10. Auch die ratierliche Auszahlung von Sonderzahlungen – (einmalig, monatlich) kann Entlohnungsgrundsatz iSv Nr. 10 sein.

Der BR hat auch mitzubestimmen über den **Fälligkeitszeitpunkt/Zahlungszeitpunkt,** also über Tag und Stunde der Entgeltzahlungen, soweit diese nicht durch G oder TV iSd Eingangssatzes geregelt sind (BAG 22.12.2014 – 1 ABR 96/12, NZA 2014, 1151). Die Fälligkeit des gesetzlichen Mindestlohns (§ 2 MiLoG) ist gesetzlich festgelegt. Damit sperrt der Eingangssatz des § 87 BetrVG das MBR (*Riechert/Nimmerjahn* § 1 MiLoG Rn. 242). Die Bestimmung eines Fälligkeitszeitpunktes für bestimmte Leistungen des ArbGeb. kann sich aber auf die Erfüllung des **Mindestlohnanspruchs** (§ 1 Abs. 1 MiLoG) auswirken. Dieser ist ein gesetzlicher Anspruch, der eigenständig neben den arbeits- oder tarifvertraglichen Entgeltanspruch tritt. Er ist erfüllt, wenn die für einen Kalendermonat gezahlte Bruttovergütung den Betrag erreicht, der sich aus der Multiplikation der Anzahl der in diesem Monat tatsächlich geleisteten Arbeitsstunden mit derzeit 8,84 Euro ergibt. Bei Unterschreiten des gesetzlichen Mindestlohns im Monatszeitraum entsteht ein entspr. Differenzanspruch. Erfüllungswirkung können aber auch solche Sonderzahlungen des ArbGeb. haben, die entspr. ihrer Zweckbestimmung im arbeitsvertraglichen Austauschverhältnis stehende Gegenleistung für die vom ArbN erbrachte Arbeit sind (zB Weihnachtsgeld, Urlaubsgeld; BAG 25.5.2016 – 5 AZR 135/16, NZA 2016, 1327). Werden solche Zahlungen durch BV geregelt, kann eine Fälligkeitsregelung, die keine ratierliche Zwölftelauszahlung bestimmt, dazu führen, dass in den Monaten, in denen diese Leistungen nicht zur Auszahlung gelangen, Differenzlohnansprüche entstehen. Dazu berechtigt das MBR nach Nr. 4 aber nicht (*Weigert* NZA 2017, 745; **aA** SächsLAG 27.7.2016 – 8 TaBV 1/16), weshalb in einem solchen Fall die E-Stelle an einer solchen Regelung gehindert wäre, nicht jedoch die Betriebsparteien in Rahmen einer freiwilligen Einigung. Im Übrigen kann eine ratierliche Auszahlung auch Entlohnungsgrundsatz sein und nach Nr. 10 mitbestimmt werden. 182

Nach § 11 Abs. 4 des 5. VermBG idF v. 16.7.2009 (BGBl. I S. 1959) hat der BR mitzubestimmen über den Termin, zu dem die ArbN des Betriebs während eines Kalenderjahres Teile ihres Arbeitslohns vermögenswirksam anlegen können (GK-BetrVG/*Wiese* Rn. 452). 183

Der Mitbestimmung unterliegt auch der **Ort der Zahlung.** Das ist die Stelle, an der der ArbN sein Arbeitsentgelt in Empfang nimmt. Das ist regelmäßig der Betrieb. Etwas anderes kann nur in Betracht kommen, wenn die ArbN auf auswärtigen Arbeitsstellen beschäftigt werden (vgl. GK-BetrVG/*Wiese/Gutzeit* Rn. 453). Gesetzliche Regelungen (für Seeleute § 34 SeemG; für Heimarbeiter § 19, § 20 HAG; für Auszubildende § 10 BBiG) sind zu beachten. Es kann auch geregelt werden, auf welchem Wege arbeitsunfähig erkrankte ArbN ihr Entgelt erhalten sollen (DKKW/*Klebe* Rn. 137). Bei Sachleistungen muss geregelt werden, ob der ArbN sie im Betrieb in Empfang nimmt oder ob sie anzuliefern sind (Richardi BetrVG/*Richardi* Rn. 430). 184

185 Größere Bedeutung hat die Regelung über die **Art der Entgeltzahlung.** Dabei geht es um **Auszahlung in bar oder bargeldlos** durch Überweisung auf ein Bankkonto. Diese Frage ist mitbestimmungspflichtig (stRspr, BAG 15.1.2002 – 1 ABR 10/01, NZA 2002, 988; 10.8.1993 – 1 ABR 21/93, NZA 1994, 326).

186 Durch bargeldlose Zahlungen können **Kosten** (Kontoführungsgebühren, evtl. Gebühren für die Überweisung des Arbeitsentgelts und eine Gebühr für die einmalige Abhebung des Arbeitsentgelts) entstehen. Der ArbN muss **Zeit** aufwenden, um sein Geld bei der Bank abzuholen. Es können auch zusätzliche Wegekosten anfallen. Deshalb ist auch zu regeln, wer diese Kosten zu tragen hat und ob und in welchem Umfang der Zeitaufwand vergütet werden soll. Das BAG spricht von einer „Annex-Kompetenz" (stRspr, BAG 10.8.1993 – 1 ABR 21/93, NZA 1994, 326; Richardi BetrVG/*Richardi* Rn. 438; DKKW/*Klebe* Rn. 139; ErfK/*Kania* Rn. 40; JRH BetrVR-HdB/*Meyer* Kap. 13 Rn. 18 ff.; **aA** GK-BetrVG/*Wiese/Gutzeit* Rn. 459; HWGNRH/*Worzalla* Rn. 307: nur freiwillige BV). Das BVerfG hat aus verfassungsrechtlicher Sicht keine Bedenken gegen ein MBR des BR in dieser Frage (BVerfG 18.10.1987 – 1 BvR 1426/83, NJW 1988, 1135). Auch die Frage, ob die Zeit, die ArbN zum Aufsuchen der Bank aufwenden müssen, vergütet werden soll („Kontostunde") unterliegt dem MBR (BAG 5.3.1991 – 1 ABR 49/90, NZA 91, 611; **aA** Richardi BetrVG/*Richardi* Rn. 442).

187 Eine **Pauschalierung** der Aufwendungen (Kosten und Zeitaufwand) durch BV ist zulässig (BAG 15.1.2002 – 1 ABR 10/01, NZA 2002, 988). Gegen die Festsetzung einer pauschalen Kontoführungsgebühr (ohne Wegezeitvergütung und sonstige Auslagen) von 2–3 EUR monatlich bestehen keine Bedenken (DKKW/*Klebe* Rn. 140).

188 Der Spruch der E-Stelle darf bei der Regelung – wie üblich – billiges Ermessen nicht überschreiten (BAG 10.8.1993 – 1 ABR 21/93, NZA 1994, 326, für den Fall, dass die Auszahlung des Arbeitsentgelts gegen Vorlage eines Schecks angeboten wird und deshalb nicht mit einem zusätzlichen Aufwand an Freizeit verbunden ist).

189 Zum MBR im Rahmen der Entgeltumwandlung iSd § 1a BetrAVG → Rn. 468; bei der Einführung und der Ausgestaltung von **Wertguthaben** (§ 7 Abs. 1a SGB IV, dazu HVH Arbeitszeitkonten S. 11 ff.) kommt, soweit keine tarifliche Regelung besteht, ein MBR in Bezug auf Zeit, Ort und Art der Ausgestaltung der Entgelte in Betracht (*Ars/Blümke/Scheithauer* BB 2009, 1358; *Hanau/Veit* NJW 09, 182).

190 Die ArbN können nicht verpflichtet werden, ein Konto bei einer **bestimmten Bank** einzurichten (Richardi BetrVG/*Richardi* Rn. 441). Nicht unter das MBR fallen **Lohnabtretungsverbote.** Eine solche Regelung hat nichts mit den Umständen der Auszahlung zu tun. Das MBR berechtigt auch nicht dazu, **Gebühren** festzulegen, die dazu dienen, Bearbeitungskosten des ArbGeb. für Lohn- und Gehaltspfändungen auszugleichen (BAG 18.7.2006 – 1 AZR 578/05, NZA 2007, 462). Auch berechtigt das MBR nicht dazu, die Auszahlung einer verdienten erfolgsorientierten Vergütung an das Kriterium der Betriebstreue zu knüpfen. Eine solche Auszahlungsbeschränkung betrifft den Entgeltanspruch selbst und ist damit keine Auszahlungsmodalität, die allein Gegenstand des MBR ist (BAG 12.4.2010 – 1 AZR 412/09, NZA 2011, 989).

5. Urlaub

a) Zweck der Vorschrift

191 Durch die Mitbestimmung wird das dem ArbGeb. bei der Festlegung der Lage des Urlaubs zustehende Gestaltungsrecht beschränkt. Dadurch sollen die Urlaubswünsche der einzelnen ArbN und das betriebliche Interesse am Betriebsablauf sinnvoll ausgeglichen werden (GK-BetrVG/*Wiese/Gutzeit* Rn. 467; Richardi BetrVG/*Richardi* Rn. 452). Auch müssen unterschiedliche Interessen einzelner ArbN koordiniert werden (BAG 28.5.2002 – 1 ABR 37/01, NZA 2003, 171). Bei der Festlegung sind die zwingenden Vorschriften des BUrlG und der einschlägigen TV zu beachten.

b) Begriff des Urlaubs

Das MBR in Urlaubsfragen betrifft zunächst den **Erholungsurlaub** iSd § 1 BUrlG und den Zusatzurlaub für Schwerbehinderte. 192

Die Bestimmung gilt auch für jede Form der bezahlten oder unbezahlten Freistellung von der Arbeit, weil auch in diesen Fällen gegensätzliche Interessen auszugleichen sind. Das gilt zB für den **Bildungsurlaub** (BAG 28.5.2002 – 1 ABR 37/01, NZA 2003, 171; GK-BetrVG/*Wiese/Gutzeit* Rn. 468; ErfK/*Kania* Rn. 43; **aA** HWGNRH/*Worzalla* Rn. 317) aber auch für sog **Sabbaticals** (DKKW/*Klebe* Rn. 141). Das MBR des BR begründet keinen Anspruch auf Bildungsurlaub. Ein Rechtsanspruch auf Gewährung von Sonder- oder Bildungsurlaub wird vorausgesetzt. Er kann auf G (vgl. zB § 616 BGB, Bildungsurlaubsgesetze der Länder), TV oder (freiwilliger) BV beruhen. Kein Urlaub iSd MBR ist die **Beurlaubung von Beamten** nach § 4 Abs. 3 PostPersRG (BAG 10.12.2002 – 1 ABR 27/01, AP BetrVG 1972 § 95 Nr. 42). 193

Regelungsbedürftig sind bei **freiwilligen Freistellungen** die Grundsätze, nach denen solche Freistellungen gewährt werden sollen. Der BR kann deshalb mit Hilfe des MBR generelle Regelungen zu Anspruchsvoraussetzungen und zur zeitlichen Lage der Freistellungen erreichen. Hierfür besteht nach dem Zweck der Bestimmung (→ Rn. 191) ein dringendes Bedürfnis. 194

c) Allgemeine Urlaubsgrundsätze

Das MBR beginnt mit der Aufstellung **allgemeiner Urlaubsgrundsätze.** In ihnen werden allgemeine Richtlinien festgelegt, nach denen dem einzelnen ArbN vom ArbGeb. im Einzelfall Urlaub zu gewähren ist (BAG 18.6.1974 – 1 ABR 25/73, AP BetrVG 1972 § 87 Urlaub Nr. 1). Mit einer darauf gerichteten BV kann den unionsrechtlichen Anforderungen zur Sicherung des Anspruchs auf bezahlten Jahresurlaub (dazu EuGH 6.11.2018 – C-684/16, NZA 2018, 1474) Rechnung getragen werden (*Lunck* FS 100 Jahre BetrVR S. 452) und entsprechende Informationspflichten des ArbGeb. zum Bestand und Umfang von Urlaubsansprüchen der Vorjahres normieren. 195

Regelungsbedürftig ist insbes. die Frage, ob **Betriebsferien** eingerichtet werden sollen und ob der Urlaub im Rahmen der Betriebsferien zu nehmen ist (BAG 31.5.1988 – 1 AZR 192/87, NZA 1988, 889; ErfK/*Kania* Rn. 44). Mitbestimmungspflichtig ist auch die **zeitliche Lage** der Betriebsferien (Richardi BetrVG/*Richardi* Rn. 459) und die **Dauer** der Betriebsferien. Die Regelung kann sich auf mehrere Jahre beziehen (BAG 28.7.1981 – 1 ABR 79/79, NJW 1982, 959; DKKW/*Klebe* Rn. 143). 196

Während der Betriebsferien wird der Betrieb geschlossen. Für den Fall, dass ArbN einen längeren Jahresurlaub beanspruchen können als die Betriebsferien dauern, müssen für die **Abwicklung der Resturlaubsansprüche** weitere allgemeine Grundsätze aufgestellt werden. Das BAG sieht in der Einführung von Betriebsferien bereits dringende betriebliche Belange iSd § 7 Abs. 1 BUrlG, hinter denen abweichende Urlaubswünsche des einzelnen ArbN zurücktreten müssen. Haben ArbN noch keinen Urlaubsanspruch erworben, bleibt ihr Lohnanspruch für die Dauer der Betriebsferien wg. § 615 BGB erhalten (BAG 2.10.1974 – 5 AZR 507/73, AP BUrlG § 7 Betriebsferien Nr. 2; Richardi BetrVG/*Richardi* Rn. 459; DKKW/*Klebe* Rn. 143). 197

Dem BR steht ein **Initiativrecht** zur Einführung von Betriebsferien zu (DKKW/*Klebe* Rn. 145; ErfK/*Kania* Rn. 44; **aA** Richardi BetrVG/*Richardi* Rn. 466; GK-BetrVG/*Wiese/Gutzeit* Rn. 487; HWGNRH/*Worzalla* Rn. 333). Im Konfliktfall hat die E-Stelle die vom ArbGeb. anzuführenden betriebl. Belange, die gegen eine entsprechende vorübergehende Betriebsstillegung sprechen, zu berücksichtigen. 198

Werden keine Betriebsferien vereinbart, müssen **allgemeine Urlaubsgrundsätze** aufgestellt werden. Dazu gehören Regelungen über geteilten oder ungeteilten Urlaub, die **Verteilung des Urlaubs** innerhalb des Kalenderjahres. Es können auch Grundsätze vereinbart werden, wie zu verfahren ist, wenn mehrere ArbN zur glei- 199 chen Zeit Urlaub wünschen (ArbN mit schulpflichtigen Kindern während der Ferien, Wechsel der Urlaubserteilung in den günstigeren und ungünstigeren Monaten, Rücksicht auf den Urlaub berufstätiger Ehegatten oder Lebenspartner). Hierher gehören auch Regelungen über eine **Urlaubssperre** wegen erhöhten Arbeitsanfalls, zB während der Schlussverkäufe im Einzelhandel oder der Inventurzeiten. Auch die Regelung der Urlaubsvertretung gehört hierher. Das MBR bezieht sich auch auf das **Verfahren** bei der Urlaubsbewilligung.

200 Für spätere Änderungen der Urlaubsgrundsätze gilt dasselbe wie für deren Aufstellung.

d) Urlaubsplan

201 Auf Grund der allgemeinen Urlaubsgrundsätze ist der **Urlaubsplan** unter Beteiligung des BR aufzustellen, dh die Festlegung des konkreten Urlaubs der einzelnen ArbN des Betriebes auf bestimmte Zeiten. Der Urlaubsplan ist in der Regel verbindlich, auch für den ArbGeb. (GK-BetrVG/*Wiese/Gutzeit* Rn. 488; DKKW/*Klebe* Rn. 146). Der Urlaub braucht dann nicht mehr bes. erteilt zu werden. Das schließt nicht aus, dass im Einzelfall Änderungen möglich sind, sei es auf Grund der betrieblichen Belange, sei es auf Grund persönlicher Wünsche der ArbN (einklagbar iRd § 7 Abs. 1 BUrlG).

202 Vom Urlaubsplan ist die **Urlaubsliste** zu unterscheiden. In die Urlaubsliste tragen die ArbN ihre Urlaubswünsche ein. Stimmt der ArbGeb. den Wünschen der ArbN zu, wird aus der Urlaubsliste der Urlaubsplan, der vom BR noch mitzubestimmen ist.

203 Spätere generelle **Änderungen des Urlaubsplanes** bedürfen der Zustimmung des BR (GK-BetrVG/*Wiese/Gutzeit* Rn. 491). Ein Widerruf des Urlaubs im Einzelfall aus dringenden betrieblichen Gründen richtet sich nach urlaubsrechtlichen Grundsätzen und unterliegt nicht dem MBR (HWGNRH/*Worzalla* Rn. 330). Die Frage, ob sich der einzelne ArbN eine Schonzeit nach einer Kur oder eine Reha Maßnahme auf den Erholungsurlaub anrechnen lassen muss, ist als Rechtsfrage ebenfalls nicht mitbestimmungsfähig (BAG 26.11.1964 – 5 AZR 124/64, NJW 1965, 556).

e) Festlegung des Urlaubs für einzelne Arbeitnehmer

204 Nach § 7 Abs. 1 BUrlG hat der ArbGeb. den Zeitraum für den Urlaub festzulegen. Dieses **Bestimmungsrecht** kann durch TV eingeschränkt sein. Dann gehen die tariflichen Regelungen vor. Nach § 7 BUrlG kommt es in erster Linie auf den Wunsch des ArbN an. Der ArbGeb. kann den Urlaub zu dem vom ArbN gewünschten Zeitraum nur verweigern, wenn dringende betriebliche Belange oder Urlaubswünsche anderer ArbN, die unter sozialen Gesichtspunkten den Vorzug verdienen, entgegenstehen. Die Frage des Zeitraums, in dem Urlaub zu gewähren ist, ist damit eine Rechtsfrage. Das MBR des BR kann deshalb nur ein **Mitbeurteilungsrecht** über die Richtigkeit der Entscheidung sein (Richardi BetrVG/*Richardi* Rn. 477).

205 Eine ausdrückliche Einigung zwischen ArbGeb. und ArbN ist damit nicht erforderlich. Einverständnis heißt deshalb nur, dass der ArbN den vom ArbGeb. genannten Zeitraum für den Urlaub akzeptiert. Das ist immer dann der Fall, wenn der ArbGeb. entspr. den Wünschen des ArbN den Urlaub erteilt. Wird zwischen ArbGeb. und einzelnen ArbN bezüglich der endgültigen Festlegung der zeitlichen Lage des Urlaubs **kein Einverständnis** erzielt (insbes. weil mehrere ArbN gleichzeitig Urlaub nehmen wollen, aber nach Ansicht des ArbGeb. aus betrieblichen Gründen nicht können), hat der BR auch in diesem Einzelfall ein MBR. In diesen Fällen müssen betriebliche Interessen gegen die Interessen des oder der ArbN abgewogen werden. Dabei haben **ArbGeb. und BR** von den Grundsätzen auszugehen, die § 7 Abs. 1 BUrlG aufstellt. Die Urlaubswünsche des betroffenen ArbN, aber auch die aus sozialen Gründen berechtigten konkurrierenden Urlaubswünsche anderer ArbN oder dringende betriebliche Erfordernisse sind nach billigem Ermessen gegeneinander abzuwägen (ErfK/*Gallner* BUrlG § 7 Rn. 18ff.).

Das MBR besteht in jedem **Einzelfall** bei Meinungsverschiedenheiten zwischen ArbN und ArbGeb. über die zeitl. Lage des Urlaubs (Richardi BetrVG/*Richardi* Rn. 479; DKKW/*Klebe* Rn. 149; JRH BetrVR-HdB/*Meyer* Kap. 14 Rn. 15; HWGNRH/*Worzalla* Rn. 338; GK-BetrVG/*Wiese/Gutzeit* Rn. 495, nur wenn mindestens zwei ArbN betroffen sind). 206

Es kann durch formlose **Regelungsabrede** ausgeübt werden. Können sich ArbGeb. und BR nicht einigen, entscheidet die E-Stelle. Auch sie ist an die in § 7 Abs. 1 BUrlG festgelegten Grundsätze gebunden. Das MBR bei der Festlegung des Urlaubs für einen einzelnen ArbN besteht auch dann, wenn ein Urlaubsplan besteht. Auch in diesen Fällen kann der ArbN geltend machen, aus besonderen Gründen müsse in seinem Fall von dem allgemeinen Urlaubsplan abgewichen werden. 207–210

Der einzelne ArbN braucht sich mit der zeitlichen Festlegung seines Urlaubs durch ArbGeb. und BR oder durch die E-Stelle nicht zufriedenzugeben (vgl. § 76 Abs. 7); er kann gegen den ArbGeb. auf Erteilung des Urlaubs für einen bestimmten anderen Zeitraum unter Berufung auf § 7 Abs. 1 BUrlG im Urteilsverf. klagen (hM). Er wird aber regelmäßig keinen Erfolg haben, wenn die BetrVerfOrgane selbst schon von den Grundsätzen des § 7 Abs. 1 BUrlG ausgegangen sind (BAG 25.2.1983 – 2 AZR 298/81, AP BGB § 626 Ausschlussfrist Nr. 14). Der ArbN kann seinen Urlaubsanspruch unabhängig von Beginn und Ausgang des MBVerfahrens gerichtlich geltend machen. 211

f) Dauer des Urlaubs und Urlaubsentgelt

Das MBR des BR bezieht sich nicht auf die **Dauer des Urlaubs.** Hierfür gelten die gesetzlichen Bestimmungen (BUrlG) und die TV. Auch die Parteien des Arbeitsvertrages können Regelungen über die Dauer des Urlaubs treffen. Sie gehen gesetzlichen und tariflichen Regelungen vor, wenn sie günstiger sind. Dasselbe gilt für die Höhe und Berechnung des **Urlaubsentgelts.** Es wird in der Regel in TV festgelegt. 212

Vom Urlaubsentgelt ist das zusätzliche **Urlaubsgeld** zu unterscheiden, das den ArbN aus Anlass des Urlaubs gewährt wird. Auch die Höhe des Urlaubsgelds ist in der Regel in TV geregelt. Freiwillige BV sind nur möglich, wenn eine Tarifregelung nicht besteht und auch nicht üblich ist oder zusätzliche BV auf diesem Gebiet im TV ausdrücklich zugelassen sind (BAG 25.4.1989 – 1 ABR 91/87, NZA 1989, 976; → § 77 Rn. 67ff.). 213

6. Arbeitnehmerüberwachung durch technische Einrichtungen

a) Gesetzessystematik

§ 87 Abs. 1 Nr. 6 begründet ein MBR des BR bei Einführung und Anwendung von techn. Überwachungseinrichtungen. Er geht als **Spezialvorschrift** der Regelung des Abs. 1 Nr. 1 vor, soweit eine Verhaltens- oder Leistungskontrolle der ArbN durch techn. Einrichtungen erfolgt (GK-BetrVG/*Wiese/Gutzeit* Rn. 508). Neben Nr. 6 können jedoch weitere MBR zB nach Nr. 2, 7, 10 u. 11 sowie nach § 91 bestehen. Bei der Einführung von techn. Überwachungseinrichtungen werden ferner frühzeitig einsetzende Unterrichtungs- und Beratungsrechte nach §§ 90, 106 Abs. 3 Nr. 5 und § 111 Nr. 5 (s. auch § 81 Abs. 4) zu beachten sein. Mit der fortschreitenden **Digitalisierung der Arbeitswelt** (dazu *Krause* JdArbR Bd. 54 (2016, 23) nehmen die technischen Möglichkeiten zur Überwachung von ArbN rasant zu. Zwangsläufig steigert sich hierdurch die Bedeutung des MBR nach Nr. 6. Dabei besteht die Herausforderung darin, anhand der Einzelheiten der jeweiligen Datenerhebung zu ermitteln, ob und in welchem Umfang personenbezogene Daten betroffen sind und den davon ausgehenden Gefahren für das Persönlichkeitsrecht der ArbN entgegenzuwirken. 214

b) Zweck der Mitbestimmung

215 Techn. Überwachungseinrichtungen bergen typischerweise die Gefahr in sich, dass ArbN zum Objekt einer Überwachungstechnik gemacht werden, weil diese anonym leistungs- oder personenbezogene Daten erhebt, speichert, verknüpft und sichtbar macht. Das **MBR ist darauf gerichtet,** ArbN vor unverhältnismäßigen und nicht durch schützenswerte Belange des ArbGeb. zu rechtfertigende Beeinträchtigungen des Persönlichkeitsrechts zu schützen, die mit dem Einsatz techn. Überwachungseinrichtungen im Zusammenhang mit der Erbringung der Arbeitsleistung verbunden sein können (BT-Drs. VI/1786, 48f.; BAG 25.4.2017 – 1 ABR 46/15, NZA 2017, 1205; 13.12.2016 – 1 ABR 7/15, NZA 2017, 657; *Kort* RdA 2018, 242; *Krause* FS 100 Jahre BetrVR S. 355). Es bezweckt nicht den Schutz der ArbN vor jeglicher Überwachung, wohl aber den vor den bes. Gefahren solcher Überwachungsmethoden, die sich für das Persönlichkeitsrecht der ArbN gerade aus dem Einsatz techn. Einrichtungen ergeben (BAG 30.8.1995 – 1 ABR 4/95, NZA 1996, 218; zum Schutzbedürfnis BVerfG 23.2.2007 – 1 BvR 2368/06, NVwZ 2007, 688). Insofern besteht ein enger Zusammenhang zwischen dem MBR nach § 87 Abs. 1 Nr. 6 und dem Gebot des § 75 Abs. 2, die freie Entfaltung der Persönlichkeit der im Betrieb beschäftigten ArbN zu schützen und zu fördern (BAG 29.6.2004 – 1 ABR 21/03, NZA 2004, 1278; GK-BetrVG/*Wiese/Gutzeit* Rn. 510; einen zu weit gefassten Persönlichkeitsschutz als Normzweck abl. HWGNRH/*Worzalla* Rn. 344ff.). Um die Gefahren, die den ArbN durch die modernen Technologien mit ihren vielfältigen, oft nicht wahrnehmbaren Überwachungsmöglichkeiten drohen, wirksam eindämmen zu können, bedarf der individualrechtliche Persönlichkeitsschutz der kollektivrechtlichen Verstärkung durch die MB (BAG 10.12.2013 – 1 ABR 43/12, NZA 2014, 439). Von diesem Erfordernis ausgehend, hat das BAG in einer Reihe von Grundsatzentscheidungen (BAG 6.12.1983 – 1 ABR 43/12, NJW 1984, 1476 „Bildschirmarbeitsplatz"; 14.9.1984 – 1 ABR 23/82, NZA 1985, 28 „Techniker-Berichtsystem"; 23.4.1985 – 1 ABR 39/81, NZA 1985, 699 „TÜV-Berichtsystem"; 18.2.1986 – 1 ABR 21/84, NZA 1986, 488 „Kienzle-Schreiber"; 11.3.1986 – 1 ABR 12/84, NZA 1986, 526 „Paisy"; 27.5.1986 – 1 ABR 48/84, NZA 1986, 643 „Telefondatenerfassung") den aus 1972 stammenden § 87 Abs. 1 Nr. 6 mit Hilfe einer verstärkt auf Sinn und Zweck dieser Vorschrift abstellenden Auslegung auf neue Technologien hinreichend anwendbar gemacht (zuletzt BAG 25.4.2017 – 1 ABR 46/15, NZA 2017, 1205; 13.12.2016 – 1 ABR 7/15, NZA 2017, 657 **„Facebook";** vgl. GK-BetrVG/*Wiese* Rn. 525, 527ff.).

216 Das MBR des BR hat demnach drei Ziele: Es soll in erster Linie als **präventiver Schutz** rechtlich unzulässige Eingriffe in den Persönlichkeitsbereich der ArbN bereits im Vorfeld verhindern (DKKW/*Klebe* Rn. 166). Außerdem sichert es dem BR ein **Mitbeurteilungsrecht** bei der oft schwierigen Ermittlung der Grenze zwischen zulässigen und unzulässigen Eingriffen (vgl. GK-BetrVG/*Wiese* Rn. 512f.). Schließlich gewährleistet es eine **Mitgestaltung** im Rahmen rechtlich zulässiger Eingriffe, die auf das durch die betrieblichen Notwendigkeiten unabdingbar gebotene Maß beschränkt werden. Daher steht das MBR nach Nr. 6 in einem untrennbaren Zusammenhang mit der Pflicht nach § 75 Abs. 2, wonach beide Betriebsparteien gehalten sind, das Persönlichkeitsrecht der ArbN zu schützen. Die in einer BV nach Nr. 6 geregelten Eingriffe in das Persönlichkeitsrecht der ArbN müssen demnach durch überwiegende schützenswerte Interessen des ArbGeb. gerechtfertigt und dürfen nicht unangemessen sein (BAG 25.4.2017 – 1 ABR 46/15, NZA 2017, 1205). Das ist anhand einer Verhältnismäßigkeitsprüfung festzustellen (BAG 26.8.2008 – 1 ABR 16/07, NZA 2008, 1187), die den Vorgaben der DSGVO und des BDSG genügen muss (→ § 83 Rn. 18ff.). In diese sind alle Gesamtumstände einzubeziehen (BAG 29.6.2004 – 1 ABR 21/03, NZA 2004, 1278). Zu den schützenswerten Belangen des ArbGeb. zählt auch dessen Interesse, die Arbeitsbelastung von ArbN durch eine technische Einrichtung nach Grund und Ausmaß zu erfassen **(Belastungsstatistik),** um

seine Arbeitsorganisation effizienter zu gestalten. Die hierfür erhobenen mitarbeiterbezogenen Parameter müssen aber dem Zweck entsprechend geeignet und erforderlich sein und dürfen nicht zeitlich unbegrenzt erhoben werden (BAG 25.4.2017 – 1 ABR 46/15, NZA 2017, 1205).

c) Überwachung

Mit Überwachen meint das G einen Vorgang, durch den leistungs- oder verhaltensbezogene Informationen (Daten) der ArbN erhoben und typischerweise auch aufgezeichnet (gespeichert) werden und damit einer späteren Wahrnehmung zugänglich gemacht werden können (BAG 13.12.2016 – 1 ABR 7/15, NZA 2017, 657). Unerheblich ist, ob der ArbGeb. die erfassten und aufgezeichneten Daten auch auswertet oder sie zu Reaktionen auf festgestelltes Verhalten oder eine festgestellte Leistung verwenden will (BAG 25.9.2012 – 1 ABR 45/11, NZA 2013, 275). Überwachen meint sowohl das Sammeln entsprechender Informationen, deren Speichern sowie Auswerten (BAG 14.11.2006 – 1 ABR 4/06, NZA 2007, 399). **217**

Nach Wortlaut und Schutzzweck der Norm ist für die MB des BR nach Nr. 6 nicht Voraussetzung, dass die techn. Einrichtung sämtliche Phasen der Überwachung erfasst. Ausreichend ist, wenn lediglich ein **Teil des Überwachungsvorgangs** mittels einer techn. Einrichtung erfolgt (BAG 27.1.2004 – 1 ABR 7/03, NZA 2004, 556; GK-BetrVG/*Wiese* Rn. 545). Deshalb unterfällt bereits das bloße **Erheben** von leistungs- oder verhaltensrelevanten Daten der ArbN durch eine techn. Einrichtung dem MBR (BAG 29.6.2004 – 1 ABR 21/03, NZA 2004, 1278). Mitbestimmungspflichtig ist demnach auch **die Speicherung wie die Auswertung** manuell erhobener Daten nach manueller Eingabe in eine techn. Einrichtung (BAG 11.3.1986 – 1 ABR 12/84, NZA 1986, 526). Näheres → Rn. 232ff. **218**

Die MB des BR dient dem Persönlichkeitsschutz des einzelnen ArbN. Ihr unterfallen nur solche Überwachungsmaßnahmen, die einem **bestimmten ArbN zugeordnet** werden können. Es genügt, wenn diese Zuordnung mittelbar durch Rückschlüsse aus anderen betrieblichen Informationsmitteln möglich ist, zB Feststellung an Hand der Anwesenheitsliste, wer eine Maschine zu einem bestimmten Zeitpunkt bedient hat (GK-BetrVG/*Wiese/Gutzeit* Rn. 571). Ist eine Identifizierung eines bestimmten ArbN nicht möglich, besteht grds. kein MBR (BAG 6.12.1983 – 1 ABR 43/81, NJW 1984, 1476; HWGNRH/*Worzalla* Rn. 368). **Filmaufnahmen von Arbeitsplätzen,** auf denen ArbN nicht zu sehen oder zu erkennen sind, unterliegen nicht der MB. Das MBR wird aber nicht dadurch beseitigt, dass der ArbN die Möglichkeit hat, das Kontrollgerät abzuschalten; denn dann lassen Häufigkeit und Dauer der Abschaltung Rückschlüsse auf sein Verhalten zu (BAG 14.5.1974 – 1 ABR 45/73, AP BetrVG 1972 § 87 Überwachung Nr. 1). **219**

Nicht ausreichend ist es, wenn Kontrolldaten **nur einer Gruppe** von ArbN zugeordnet werden können, ohne dass eine weitergehende Identifizierung Einzelner möglich ist (BAG 13.12.2016 – 1 ABR 7/15, NZA 2017, 657; 26.7.1994 – 1 ABR 6/94, NZA 1995, 185), etwa weil alle nutzungsberechtigten ArbN dieselbe Kennung zur Nutzung der techn. Einrichtung verwenden oder diese nur bei Arbeitsbeginn und Arbeitsende von einem der Gruppenmitgl. mit seiner Kennung in bzw. außer Betrieb gesetzt wird, in der Zwischenzeit aber von den übrigen Gruppenmitgl. ohne Verwendung ihrer Kennungen genutzt wird (BAG 13.12.2016 – 1 ABR 7/15, NZA 2017, 657; BAG 6.12.1983 – 1 ABR 43/81, NJW 84, 1476). Etwas **anderes** gilt für den Fall, dass die von einer techn. Einrichtung erhobenen leistungs- oder verhaltensrelevanten Daten zwar nur einer Gruppe von ArbN zugeordnet werden können, der hierdurch auf die Gruppe wirkende Überwachungsdruck auf das einzelnen Gruppenmitglied durchschlägt. Das kann bei einer aus wenigen Personen bestehenden Gruppe oder einer, bei der jeder für das **gemeinsame Arbeitsergebnis verantwortlich** gemacht wird, anzunehmen sein. Bei solchen Einheiten wird ein Überwachungsdruck durch Mobilisierung von Anpassungszwängen in der Gruppe erzeugt **220**

(BAG 26.7.1994 – 1 ABR 6/94, NZA 1995, 185; GK-BetrVG/*Wiese/Gutzeit* Rn. 574; Richardi BetrVG/*Richardi* Rn. 512; *Schwarz* Arbeitnehmerüberwachung S. 102ff.; **aA** HWGNRH/*Worzalla* Rn. 369; *Gaul* RDV 87, 115).

221 Die Überwachung muss sich auf die Leistung oder das Verhalten der ArbN beziehen. **Leistung** iSd Nr. 6 ist nicht im naturwissenschaftlich-techn. Sinn als Arbeit pro Zeiteinheit zu verstehen, sondern als vom ArbN in Erfüllung seiner vertraglichen Arbeitspflicht geleistetes Arbeiten (BAG 18.2.1986 – 1 ABR 21/84, NZA 1986, 488; DKKW/*Klebe* Rn. 178). **Verhalten** ist jedes Tun oder Unterlassen im betrieblichen, aber auch außerbetrieblichen Bereich, das für das Arbeitsverhältnis erheblich sein kann (BAG 11.3.1986 – 1 ABR 12/84, NZA 1986, 526). Das Verhalten schließt die Leistung begrifflich mit ein, so dass es für die MB nicht auf die Abgrenzung der Begriffe ankommt (vgl. GK-BetrVG/*Wiese/Gutzeit* Rn. 563).

222 Für die **Bestimmung des Verhaltensbegriffs** im Einzelfall kann nicht einfach auf die Kriterien abgestellt werden, die für den in § 1 Abs. 2 KSchG verwandten Begriff „Verhalten des ArbN" entwickelt worden sind. Das verbietet der unterschiedliche Normzweck von § 1 KSchG (Bestandsschutz des Arbeitsverhältnisses) einerseits und § 87 Abs. 1 Nr. 6 BetrVG (Persönlichkeitsschutz des ArbN) andererseits. Ferner ist zu beachten, dass nicht nur die Erhebung von Verhaltens- oder Leistungsdaten der ArbN dem MBR des BR unterliegt. Bei techn. Einrichtungen reicht es für die MB aus, dass Informationen erhoben werden, die für sich allein keine Aussage über die Leistung oder das Verhalten der ArbN zulassen, die jedoch in Verknüpfung mit anderen Daten eine Verhaltens- oder Leistungskontrolle ermöglichen (BAG 11.3.1986 – 1 ABR 12/84, NZA 1986, 526). Dies gilt umso mehr, als es für die Überwachung des Verhaltens der ArbN durch die techn. Einrichtung nicht darauf ankommt, dass die Information für sich allein schon eine sinnvolle Beurteilung ermöglicht (BAG 23.4.1985 – 1 ABR 39/81, NZA 1985, 669; Richardi BetrVG/*Richardi* Rn. 513). Deshalb können auch **Statusdaten** wie Name, Geschlecht, Geburtstag, Familienstand, Kinderzahl, Schul- und Ausbildung, Vorbeschäftigung, allgemeine Gesundheitsdaten, die für sich keine Aussagen über Verhalten oder Leistung eines ArbN geben, durch Verknüpfung mit anderen Daten derartige Aussagen bewirken und damit von Nr. 6 erfasst werden (→ Rn. 236; **aA** HWGNRH/*Worzalla* Rn. 363). Gleiches gilt für **Betriebsdaten,** die an sich nur Auskunft über die Fertigung geben, also zB über Materialverbrauch, Störungen und Wartezeiten (→ Rn. 236).

223 **Verhaltens- oder leistungserhebliche Daten** des ArbN sind etwa: Beginn und Ende seiner täglichen Arbeitszeit, seine Gleitzeit, Einzelheiten der Vertragserfüllung, erreichte Arbeitsergebnisse im Rahmen von Zielvereinbarungen (*Däubler* NZA 2005, 793), Überstunden, Streikbeteiligung, Fehlzeiten unabhängig davon, ob es sich um unentschuldigte oder krankheitsbedingte Fehlzeiten, bargeldlose Abrechnung des Kantinen- oder Automatenverzehrs, Benutzung des Werkbusses oder Einkäufe von Betriebserzeugnissen, betriebliche Darlehen. Das sog **Terrorlistenscreening,** bei dem es um den automatischen Abgleich der Namen von Beschäftigten mit den aufgrund von EU-Verordnungen (VO (EG) Nr. 2580/2001 und Nr. 881/2002) gelisteten Personen geht, denen weder unmittelbar noch mittelbar Gelder auch nicht in Form von Arbeitsentgelt zur Verfügung gestellt werden dürfen. Das betrifft keine leistungs- oder verhaltenserhebliche Daten, an die das MBR anknüpft (*Gleich* BB 2013, 1967; *Roeder/Buhr* BB 2011, 1333; *Otto/Lampe* NZA 2011, 1134; *Behling* NZA 2015, 1359; **aA** *Byers* Mitarbeiterkontrollen Rn. 314). Die durch den Abgleich ermittelten Ergebnisse lassen weder den Schluss auf ein tatsächliches betriebliches oder ein bestimmtes außerbetriebliches Verhalten eines ArbN zu (BAG 19.12.2018 – 1 ABR 32/16, NZA 2018, 673). Bei einem positiven Treffer greift das europarechtliche Bereitstellungsverbot, das dem ArbGeb. jede Entgeltzahlung an den gelisteten ArbN – ungeachtet der erbrachten Arbeitsleistung – verbietet. Gegenteiliges gilt für das **Predictive Policing.** Hierbei wird mittels elektronischer Datenanalyse vergangener Straftaten prognostiziert, welche ARbN für bestimmte Delikte besonders anfällig sind. Dabei geht es zwar nicht um die Überwachung eines gegenwärtigen, jedoch

eines möglichen künftigen Fehlverhaltens. Solche Programme unterliegen daher der MB (*Rudkowski* NZA 2019, 72).

Leistungs- und verhaltensbezogene Daten werden auch erhoben, gespeichert und sichtbar gemacht, wenn ein ArbGeb. auf seiner **Facebook-Seite** die Funktion „Besucher-Beiträge" einrichtet. Diese Beiträge können Angaben zu ArbN enthalten. Hierdurch erlangt der ArbGeb. leistungs- oder verhaltensbezogene Informationen über seine ArbN. Damit können Eingriffe in deren Persönlichkeitsrecht verbunden sein, weshalb gerade ArbN mit Publikumskontakt einem permanenten Überwachungsdruck ausgesetzt sind. Daher unterliegt die Einrichtung dieser Funktion der Mitbestimmung (BAG 13.12.2016 – 1 ABR 7/15, NZA 2017, 657; **aA** *Jacobs/Frieling* JZ 2017, 961). Hingegen ist die sogn. Kommentarfunktion, mittels derer Facebook-Nutzer reaktiv Beiträge des Seitenbetreibers, also des ArbGeb., kommentieren können, derzeit untrennbar mit dem Betreiben der Facebook-Seite verbunden. Diese Funktion eröffnet den Besuchern einer Facebook-Seite die Möglichkeit, sich durch entsprechende Kommentare zum Verhalten oder der Leistung von ArbN zu äußern. Allerdings kann der BR den Facebook-Auftritt des Unternehmens nicht verhindern. Er kann aber dafür sorgen, dass entsprechende Kommentare, die das Verhalten oder die Leistung von ArbN betreffen, vom ArbGeb. schnellstmöglich gelöscht werden. Ob sich nach diesen Grundsätzen auch die Einrichtung und Nutzung eines **Twitter-Accounts** beurteilt (LAG HH 13.9.2018 – 2 TaBV 5/18, NZA-RR 2018, 655) ist derzeit noch nicht abschließend geklärt. 223a

d) Technische Einrichtung

Die MB des BR wird ausgelöst, wenn die Überwachung der ArbN durch eine **techn. Einrichtung** erfolgt. An den Begriff „techn. Einrichtung" sind keine bes. Anforderungen zu stellen (vgl. GK-BetrVG/*Wiese/Gutzeit* Rn. 522). Er soll vielmehr die Überwachung durch Personen von der MB ausnehmen (*Clemenz* FS 100 Jahre BetrVR S. 101; Vorgesetzte: BAG 27.6.1989 – 1 ABR 19/88, NZA 1989, 929; Privatdetektiv: 26.3.1991 – 1 ABR 26/90, NZA 1991, 729; Kundenbefragung: 28.1.1992 – 1 ABR 41/91, NZA 1992, 707; Testkunden: 18.4.2000 – 1 ABR 22/99, NZA 2000, 1176). Das Gleiche gilt für organisatorische Maßnahmen des ArbGeb. mit dem Ziel einer Leistungs- oder Verhaltenskontrolle der ArbN. Deshalb sind nach Nr. 6 nicht mitbestimmungspflichtig Anordnungen des ArbGeb., manuelle Tätigkeitsberichte zu erstellen, namentliche Erledigungslisten oder Arbeitsbücher zum Nachweis der Arbeitsleistung oder geleisteter Mehrarbeit zu führen (BAG 24.11.1981 – 1 ABR 108/79, AP BetrVG 1972 § 87 Ordnung des Betriebes Nr. 3; GK-BetrVG/*Wiese/Gutzeit* Rn. 530; zur Frage der MBPflicht, wenn derartige Angaben anschließend durch eine EDV-Anlage ausgewertet werden → Rn. 238). Auch die Kontrolle der Arbeitszeit durch manuelles Selbstaufschreiben fällt nicht unter Nr. 6. 224

Für das MBR ist erforderlich und ausreichend, dass die techn. Einrichtung die Überwachung selbst bewirkt. Das ist der Fall, wenn sie aufgrund ihrer techn. Natur die Überwachung unmittelbar bewirkt, also die entsprechenden Daten der ArbN selbst erhebt, und/oder speichert und/oder verarbeitet (BAG 13.12.2016 – 1 ABR 7/15, NZA 2017, 657). Auf die **Modalitäten** der techn. Überwachung kommt es nicht an. Sie kann **optisch** durch fotographische Einzelaufnahmen, Film- oder Fernsehkameras, **akustisch** durch Abhör- oder Tonbandaufzeichnungsgeräte oder andere stationäre oder mobile Kontrollgeräte und neuerdings vor allem durch EDV erfolgen (→ Rn. 232 ff.). Ohne Belang ist ferner, ob die techn. Einrichtung **automatisch** arbeitet oder **manuell** von betroffenen ArbN selbst oder Dritten bedient wird (GK-BetrVG/*Wiese/Gutzeit* Rn. 526), also Daten manuell eingegeben aber von der techn. Einrichtung gespeichert und/oder ausgewertet werden (BAG 23.4.1985 – 1 ABR 39/81, NZA 1985, 669). Ebenfalls unmaßgeblich ist die **zeitliche Dauer** des Überwachungsvorgangs, also ob die Überwachung dauernd, über einen längeren Zeitraum oder in gewissen Abständen wiederholt erfolgt; es können genügen Filmaufnahmen 225 von nur wenigen Minuten genügen (BAG 10.7.1979 – 1 ABR 97/77, AP BetrVG 1972 § 87 Überwachung Nr. 4). Unerheblich ist auch der **Standort** der Überwachungseinrichtung, ob sie für den ganzen Betrieb, einen Teil des Betriebs oder nur einen Arbeitsplatz (GK-BetrVG/*Wiese/Gutzeit* Rn. 527) oder einen einzelnen ArbN (*Röckl/Fahl* NZA 1998, 1035) vorgesehen ist.

226 Entgegen dem missverständlichen Wortlaut der Nr. 6 („dazu bestimmt") ist nicht erforderlich, dass die techn. Einrichtung ausschließlich oder überwiegend die Überwachung der ArbN zum Ziel hat. Der ArbGeb. braucht eine Überwachung der ArbN nicht zu beabsichtigen. Entspr. dem Zweck der Norm, die ArbN präventiv vor Eingriffen in ihren Persönlichkeitsbereich zu schützen, genügt es, wenn die Einrichtung auf Grund ihrer techn. Gegebenheiten und ihres konkreten Einsatzes **objektiv zur Überwachung der ArbN geeignet** ist (BAG 13.12.2016 – 1 ABR 7/15, NZA 2017, 657). Davon ist auszugehen, wenn ein datenverarbeitendes System individualisierbare Verhaltens- oder Leistungsdaten erhebt oder aufzeichnet. Ob es sich hierbei um eine Standardsoftware handelt oder beim Sammeln oder Auswerten eine „Geringfügigkeitsschwelle" überschritten wird, ist unerheblich (BAG 23.10.2018 – 1 ABR 36/18, AP BetrVG 1972 § 87 Nr. 50 Überwachung). Unerheblich ist, ob dies nur ein Nebeneffekt der techn. Einrichtung ist oder ob die erfassten ArbNDaten vom ArbGeb. gezielt ausgewertet werden (BAG 29.6.2004 – 1 ABR 21/03, NZA 2004, 1278; DKKW/*Klebe* Rn. 185; GK-BetrVG/*Wiese/Gutzeit* Rn. 532). Das **MBR entfällt nicht** deswegen, weil der ArbGeb. erklärt, mit der techn. Einrichtung keine Kontrollen durchführen zu wollen (BAG 6.12.1983 – 1 ABR 43/81, NJW 1984, 1476) oder die Überwachungseinrichtung eine arbeitsnotwendige Maßnahme darstellt (GK-BetrVG/*Wiese/Gutzeit* Rn. 542). Wird etwa eine **Mitarbeiterbefragung** elektronisch durchgeführt oder deren manuell erhobenen Daten elektronisch und individualisierbar ausgewertet, besteht ein MBR zur Form der Mitarbeiterbefragung unabhängig davon, ob sich die Personalumfrage auf das Arbeits- oder das Ordnungsverhalten der ArbN bezieht (BAG 25.4.2017 – 1 ABR 46/15, NZA 2017, 1205; *Kort* RdA 2018, 242; *Moll/Roebers* BB 11, 1862). Zu der früher vom BAG verlangten, mittlerweile aber aufgegebenen Anforderung der **Unmittelbarkeit** einer Überwachung, wonach die technische Einrichtung in ihrem Kern selbst zur Überwachung geeignet sein müsse vgl. Fitting, 17. Aufl. 1994, Rn. 72a; GK-BetrVG/*Wiese/Gutzeit* Rn. 535; **aA** *Wisskirchen/Schiller* BB 2017, 2105. Das ist nicht zu verwechseln mit der Geeignetheit einer technischen Einrichtung zur Überwachung (→ Rn. 225).

227 Andererseits setzt das MBR nach Nr. 6 als Schutzmaßnahme vor einer Gefährdung des Persönlichkeitsbereichs der ArbN durch techn. Überwachung voraus, dass die techn. Einrichtung eine **eigenständige Kontrollwirkung** entfalten kann (krit. zu diesem Merkmal DKKW/*Klebe* Rn. 187, der eine Begrenzung über das Merkmal „zur Überwachung bestimmt" vorzieht und diese Voraussetzung als erfüllt ansieht, soweit personenbezogene Daten verarbeitet und hierdurch zumindest durch Verknüpfung Aussagen über das Verhalten oder die Leistung von ArbN möglich ist). Dies ist zB bei einer **Uhr** (Stoppuhr), die der Vorgesetzte zur Feststellung des Zeitverbrauchs für einen Arbeitsvorgang benutzt (BAG 8.11.1994 – 1 ABR 20/94, NZA 1995, 313), oder bei einer **Lupe,** die der Meister zur Begutachtung der Qualität eines Arbeitsstückes oder zur Auswertung eines Nutzungsschreibers verwendet, nicht der Fall; hier erfolgt die Kontrolle durch Menschen; den Hilfsmitteln Uhr oder Lupe kommt keine eigenständige Kontrollwirkung zu. Das Gleiche gilt für eine Rechenmaschine, mit der von Hand eingegebene Fehlzeiten addiert werden, oder für die Speicherung von Personaldaten auf einem Mikrofilm, der lediglich wieder abgelesen werden kann (GK-BetrVG/*Wiese/Gutzeit* Rn. 537) oder die Nutzung elektronischer Landkarten/Routenplaner **(zB google maps)** zur Kontrolle der vom ArbN vorgegebenen Entfernungsangaben, soweit diese manuell eingegeben und unverknüpft mit Daten des ArbN gespeichert werden (BAG 10.12.2013 – 1 ABR 43/12, NZA 2014, 439). Herkömmliche **Schreibgeräte,** mit denen der ArbN seine Arbeitsleistung auf Papier aufschreibt, sind ebenfalls keine techn. Einrichtungen mit einer eigenständigen Kon-

trollwirkung (BAG 24.11.1981 – 1 ABR 108/79, AP BetrVG 1972 § 87 Ordnung des Betriebes Nr. 3). Eine durch techn. Einrichtung erzeugte Kontrollwirkung fehlt auch beim sog **„Side-by-Side Listening"**, bei dem ein Supervisor neben einem Call-Center Mitarbeiter sitzt und dessen Kundengespräch über einen zweiten Kopfhörer mitverfolgt (*Jordan/Bissels/Moritz* BB 2014, 122). Auch die Festsetzung der **Bandgeschwindigkeit** unterfällt nicht dem MBR nach Nr. 6, da ihr als solcher kein eigenständiger Kontrolleffekt zukommt (GK-BetrVG/*Wiese/Gutzeit* Rn. 537; → Rn. 438).

Nicht von Nr. 6 erfasst werden techn. Einrichtungen, mit denen lediglich **Lauf oder Ausnutzung einer Maschine** oder sonstige techn. Vorgänge kontrolliert werden, ohne dass daraus Rückschlüsse auf das Verhalten oder die Leistung des ArbN gezogen werden können; das gilt zB für Warnlampen, Druckzähler, Drehzahlmesser, idR auch für Stückzähler (BAG 18.2.1986 – 1 ABR 21/84, NZA 1986, 488). Auch die Notwendigkeit, zum Ingangsetzen einer Maschine oder zur Vermeidung ihres Stillstands in bestimmten Abständen einen Knopf zu drücken, begründet kein MBR. 228

Wird jedoch das Drücken des Knopfes oder der Stillstand der Maschine in technisierter Form anderweit gemeldet oder aufgezeichnet, löst dies das MBR aus (BAG 9.9.1975 – 1 ABR 20/74, NJW 1976, 261; GK-BetrVG/*Wiese/Gutzeit* Rn. 539). Hier tritt neben die mitbestimmungsfreie Maschinenkontrolle eine mitbestimmungspflichtige Überwachung des ArbN in Form einer **Bediener-** oder **Benutzerkontrolle,** die Rückschlüsse auf die Leistung oder das Verhalten des ArbN an der Maschine ermöglicht. Gleiches gilt für automatische Sicherungssysteme, die den Zu- oder Abgang des ArbN am Arbeitsplatz oder die Benutzung einer Anlage durch den ArbN festhalten. 229

Unerheblich ist, ob der ArbN die techn. Möglichkeit hat, die Überwachungseinrichtung (zB eine Multimoment-Filmkamera) abzuschalten; denn bereits das Abschalten lässt Rückschlüsse auf das Verhalten des ArbN zu (BAG 14.5.1974 – 1 ABR 45/73, AP BetrVG 1972 § 87 Überwachung Nr. 1). Für die MB reicht sogar eine **Drittkontrolle** aus, wenn also auf Grund der von der techn. Einrichtung gesammelten Daten Rückschlüsse auf das Verhalten oder die Leistung von ArbN möglich sind, die nicht die mit der Kontrolleinrichtung versehene Maschine bedienen (BAG 9.9.1975 – 1 ABR 20/74, NJW 1976, 26 GK-BetrVG/*Wiese/Gutzeit* Rn. 541). 230

Entspr. dem Überwachungsbegriff iSd Nr. 6 (→ Rn. 217) ist für das MBR des BR unerheblich, ob durch eine techn. Einrichtung erhobene Daten durch diese **ausgewertet werden können** ob sie bei entspr. Eignung der Einrichtung auch tatsächlich oder erst später ausgewertet werden (BAG 6.12.1983 – 1 ABR 43/81, NJW 1984, 1476; GK-BetrVG/*Wiese/Gutzeit* Rn. 549). 231

Umstr. ist, wann die Überwachungseignung von **Datenverarbeitungsanlagen** gegeben ist. Eine solche Anlage ist multifunktional im Finanz-, Verkaufs-, Buchhaltungs- oder Personalbereich sowie bei Fertigung und Konstruktion einsatzfähig. Sie ist im Grunde ebenso wenig auf eine ArbNÜberwachung angelegt wie zB eine Filmkamera. Erst wenn nach ihrer Verwendung im konkreten Fall leistungs- oder verhaltensrelevante ArbN Daten erfasst werden können, wird sie zu einer techn. Überwachungseinrichtung iSd Nr. 6 (BAG 6.12.1983 – 1 ABR 43/81, NJW 1984, 1476). Dafür genügt, sie mit einem entsprechenden Programm versehen sind oder werden können (BVerwG 27.11.1991 – 6 P 7/90, CR 1992, 412). Das ist etwa der Fall, wenn der ArbGeb. durch seine Anmeldung bei **Facebook** die von dort bereitgestellte webbasierte Software nutzt. Eröffnet und betreibt er das entsprechende Nutzerkonto mit der Facebook-Kennung, führt er eine techn. Einrichtung ein und nutzt sie (BAG 13.12.2016 – 1 ABR 7/15, NZA 2017, 657). Das gilt unabhängig davon, ob die arbeitnehmerbezogene Dateneingabe betriebsintern oder extern erfolgt (vgl. *Kort* RdA 2018, 24). 232

Unerheblich, ob die Datenerfassung auf Grund eines speziellen Programms **(Software)** oder des **Betriebsprogramms** (System-Software) erfolgt. Darüber hinaus ist für das MBR nicht erforderlich, dass die erfassten Benutzerdaten mit Hilfe eines spe- 233 ziellen Programms durch den Rechner selbst ausgewertet werden können). Für die techn. Überwachung iSd Nr. 6 reicht eine manuelle Auswertung der erfassten Benutzerdaten aus (→ Rn. 219).

234 **Das MBR entsteht,** sobald eine bislang mitbestimmungsfreie Datenverarbeitungsanlage durch neue Programme oder durch Programmänderungen personenbezogene Daten speichern kann. Werden danach weitere Programme mit anderen Möglichkeiten der ArbNÜberwachung entwickelt oder eingeführt, unterliegen diese jeweils erneut dem MBR (→ Rn. 248f.). Im Gegensatz zu anderen techn. Überwachungseinrichtungen ist bei Datenverarbeitungsanlagen eine Ausweitung ihrer Funktion durch Erwerb oder Entwicklung entspr. Programme nach außen nicht erkennbar. Umso wichtiger ist es, dass der ArbGeb. gesetzl. verpflichtet ist, von sich aus – ohne Aufforderung – den BR im Rahmen seiner **allgemeinen Unterrichtungspflicht nach § 80 Abs. 2** über die bestehenden Programme und auf Grund seiner **speziellen Unterrichtungs- und Beratungspflicht nach § 90** über künftig beabsichtigte Programme bereits im Planungsstadium unter Vorlage der erforderlichen Unterlagen zu unterrichten und mit ihm die Auswirkungen des Programms auf die ArbN zu beraten (→ § 90 Rn. 7ff., 34ff.). Dadurch wird der BR in die Lage versetzt, bei Programmen, die eine Leistungs- oder Verhaltenskontrolle der ArbN ermöglichen, rechtzeitig sein MBR geltend zu machen. Insbes. hat der ArbGeb. den BR über den voraussehbaren weiteren Ausbau des Systems und über die künftige Nutzung von dessen Vernetzungsfähigkeit zu unterrichten (vgl. auch BAG 17.3.1987 – 1 ABR 59/85, NZA 1987, 747; BVerwG 8.11.1989 – 6 P 7/87, NVwZ-RR 1990, 426).

235 Im Zusammenhang mit Datenverarbeitungsanlagen ist von bes. Bedeutung, dass das MBR des BR nach Nr. 6 schon dann ausgelöst wird, wenn eine techn. Einrichtung zur ArbNKontrolle objektiv geeignet ist (→ Rn. 226). Entscheidend ist also die **Möglichkeit einer Überwachung** des Verhaltens oder der Leistung der ArbN **durch die techn. Einrichtung.** Deshalb unterliegen EDV-Anlagen dem MBR des BR nicht erst, wenn sie Verhaltens- oder Leistungsdaten erheben oder verarbeiten. Sie sind vielmehr schon dann mitbestimmungspflichtig, wenn sie Informationen oder Daten erfassen oder verarbeiten, die für sich alleine keine Aussage über das Verhalten oder die Leistung der ArbN zulassen, die jedoch in Verknüpfung mit anderen Daten eine Verhaltens- oder Leistungskontrolle ermöglichen (BAG 11.3.1986 – 1 ABR 12/84, NZA 1986, 526). Dies gilt umso mehr, als es für die Überwachung des Verhaltens oder der Leistung der ArbN durch die techn. Einrichtung nicht darauf ankommt, dass die Information für sich allein schon eine sinnvolle Beurteilung der ArbN **(Beurteilungsrelevanz)** gestattet (BAG 23.4.1985 – 1 ABR 2/82, NZA 1985, 671). Es reicht aus, dass die von der techn. Einrichtung ermittelten oder erarbeiteten Aussagen ein Baustein für die Beurteilung sind (*Däubler* Belegschaften Rn. 447).

236 Angesichts der vielfältigen Verknüpfungsmöglichkeiten, die moderne EDV-Anlagen mit den bei ihnen gespeicherten Daten bieten, kann praktisch jedes personenbezogene oder personenbeziehbare Datum **verhaltens-** oder **leistungsrelevant** werden und damit unter Nr. 6 fallen. Selbst für sich allein genommen so neutrale Daten wie Geschlecht, Geburtstag, Schul- und Ausbildung, Kinderzahl können durch EDV-mäßige Verknüpfung mit anderen Daten zu einem Aussagewert über Verhalten oder Leistung eines ArbN führen. Das hängt von den jeweiligen Verknüpfungsmöglichkeiten ab. Deshalb ist es nicht ausgeschlossen, dass auch sog **Statusdaten** wie Anschrift, Familienstand, Kinderzahl, Steuerklasse, Tarifgruppe, Schul- und Ausbildung, Vorbeschäftigung, allgemeine Gesundheitsdaten unter den Tatbestand der Nr. 6 fallen (iErg ebenso DKKW/*Klebe* Rn. 182; ErfK/*Kania* Rn. 51; **aA** BAG 22.10.1986 – 5 AZR 660/85, NZA 1987, 415 zu einer anderen Rechtslage nach dem BDSG). Auch sog **Betriebsdatensysteme,** die an sich nur die Fertigung überwachen und steuern (Erfassung von Materialverbrauch, Störungen, Wartungszeiten) können neben der Verfolgung betriebswirtschaftlicher Ziele uU je nach den vorhandenen Verknüp-

fungsmöglichkeiten auch zu einer Überwachung von ArbN führen (DKKW/*Klebe* Rn. 178).

Ein EDV-System ist auch dann dazu bestimmt, Verhalten oder Leistung der ArbN zu überwachen, wenn es Aussagen über das Verhalten oder die Leistung der an der techn. Einrichtung tätigen ArbN erarbeitet, ohne dass die dieser Aussage zugrunde liegenden, bei der Arbeit anfallenden und erfassten einzelnen Verhaltens- oder Leistungsdaten selbst ausgewiesen werden. Das ist etwa der Fall, wenn bei einem rechnergesteuerten Textsystem zur Satzherstellung lediglich die Anzahl der Zeilen der vom ArbN eingegebenen Texte oder das Datum der Bearbeitung – nicht die Texte selbst – abgerufen werden können; hierbei ist nicht erforderlich, dass diese Aussage für sich allein schon eine sachgerechte Beurteilung ermöglicht (BAG 23.4.1985 – 1 ABR 2/82, NZA 1985, 671). 237

Das MBR besteht nicht nur, wenn verhaltens- oder leistungsrelevante Daten der ArbN mittels einer techn. Einrichtung erhoben werden, sondern auch, wenn solche, auf **nichttechnischem Wege erhobene Daten** in eine elektronisches Datenverarbeitungs- oder Informationssystem zum Zwecke der Speicherung und Verarbeitung **(Datenauswertung)** eingegeben werden (BAG 11.3.1986 – 1 ABR 12/84, NZA 1986, 526; BVerwG 16.12.1987 – 6 P 32/84, NZA 1988, 513). 238

Diese Ansicht ist **umstritten.** Zum Teil wird ein MBR mit der Begründung verneint, es fehle in diesen Fällen das Erfordernis der unmittelbaren und aktuellen Überwachung durch eine techn. Einrichtung; außerdem sei nur bei solchen techn. Einrichtungen eine Gefährdung der Persönlichkeit der ArbN durch anonyme Kontrollen zu befürchten, die selbst – anstelle von Personen – leistungs- oder verhaltensrelevante Informationen erfassen, nicht dagegen bei techn. Einrichtungen, die von Personen ermittelte Daten lediglich fest- und verfügbar halten. Ein MBR sei bei einer bloßen Datenauswertung durch eine techn. Einrichtung weder vom Wortlaut noch vom Normzweck gedeckt (HWGNRH/*Worzalla* Rn. 376f.). 239

Diese Ansicht verkennt, dass eine Gefährdung des Persönlichkeitsrechts bereits bei der Speicherung manuell erhobener Daten in eine EDV-Anlage und der damit zwangläufig verbundenen Verknüpfungsmöglichkeit bestehen kann. Es sei nur auf die angesichts der nahezu unbegrenzten Speicherkapazität solcher Anlagen mögliche totale Erfassung von ArbNDaten, auf ihre jederzeitige Abrufbarkeit, auf die Gefahr des Kontextverlustes der gespeicherten Daten, auf das „Nichtvergessenkönnen" des Computers und auf die vielfältigen Möglichkeiten der Datenverknüpfung hingewiesen (→ § 75 Rn. 82f.; BVerfG 15.12.1983 – 1 BvR 209/83, NJW 1984, 419 [Volkszählungsurteil]; DKKW/*Klebe* Rn. 183). Wegen dieser Gefahren haben die DSGVO und das BDSG nunmehr sämtliche elektronischen Datenverarbeitungsschritte (erheben, speichern, auswerten, nutzen) jeweils für sich gesehen besonderen Schutzregeln unterworfen (→ § 83 Rn. 16ff.). Diese **grundsätzliche Entscheidung des Gesetzgebers** muss bei der Auslegung der Nr. 6 maßgebend berücksichtigt werden, zumal dem weder Wortlaut noch Normzweck entgegenstehen. 240

Eine **Auswertung** verhaltens- oder leistungsrelevanter Daten der ArbN durch eine DV-Anlage liegt vor, wenn derartige Daten, ggf. mit anderen Daten, programmgemäß gesichtet, sortiert, zusammengestellt oder miteinander in Beziehung gesetzt und damit zu Aussagen über Verhalten oder Leistung der ArbN verarbeitet werden können, wie zB in sog **Rennerlisten** zur Leistungsmotivation. Auch bei der Auswertung von verhaltens- oder leistungsrelevanten Daten ist nicht erforderlich, dass die von der EDV-Anlage erarbeiteten Aussagen für sich allein eine vernünftige und sachgerechte Beurteilung über Verhalten oder Leistung des ArbN ermöglichen, dh dass die programmgemäße Verarbeitung der Daten auch eine Bewertung in Form eines Soll-Ist-Vergleichs vornimmt. Vielmehr reicht es auch, wenn die erarbeiteten Aussagen erst iVm anderen Daten oder Umständen zu einer vernünftigen und sachgerechten Beurteilung führen (BAG 23.4.1985 – 1 ABR 2/82, NZA 1985, 671). 241

Erfolgt die Auswertung verhaltens- oder leistungsrelevanter Daten der ArbN auf Grund bestimmter Programme und sind diese von anderen, rein sachbezogenen Aus- 242 wertungsprogrammen (zB Lagerhaltung, Ersatzteilbeschaffung) getrennt, so besteht ein MBR nicht hinsichtlich des gesamten DV-Systems, sondern nur insoweit, als in ihm auf Grund bestimmter Programme leistungs- oder verhaltensrelevante ArbN-Daten verarbeitet werden. Anders ist dies bei sog **absoluten Systemen,** bei denen die in ihnen gespeicherten Daten nicht mittels bestimmter Programme, sondern durch die Anwendung von **Abfragesprachen** verarbeitet und ausgewertet werden. Abfragesprachen ermöglichen einen Zugriff und eine Verarbeitung aller im System gespeicherten Daten. Eine Trennung der Verarbeitung durch das jeweils angewandte Programm besteht nicht. In diesem Fall unterliegt das gesamte System dem MBR, jedoch nur insoweit, als es eine ArbN-Kontrolle ermöglicht (vgl. DKKW/*Klebe* Rn. 176; ErfK/*Kania* Rn. 56; *Simitis* RDV 1989, 49; offen gelassen BAG 14.9.1984 – 1 ABR 23/82, NZA 1985, 28.

243 Auch ein EDV-gestützter **systematischer Abgleich persönlicher Daten der ArbN** mit denen von Lieferanten (Name, Anschrift, Telefon- oder Kontonummer), der dazu dient, unlautere Vorgänge aufzudecken, ist eine technische Einrichtung, die zur Überwachung bestimmt und geeignet ist. Das dafür notwendige Programm generiert neue eigenständige Informationen und ist keineswegs bloßes Hilfsmittel für eine menschliche Überwachungsleistung. Allerdings setzt das MBR eine – in aller Regel unvermeidlich – Identifizierbarkeit der ArbN voraus (Einzelheiten *Kock/Francke* NZA 2009, 646).

e) Beispiele technischer Überwachungseinrichtungen

244 Unter das MBR nach Nr. 6 fallen optische, akustische oder sonstige Kontrollgeräte: **Fingerprint-Scanner-System** zum Fingerabdruckvergleich beim biometrischen Zugangskontrollsystem (BAG 21.1.2004 – 1 ABR 7/03, NZA 2004, 556); **biometrische Zugangskontrollen** (*Hornung/Steidle* AuR 2005, 201); **Multimoment-Filmkameras,** die in regelmäßigen Abständen Aufnahmen von Arbeitsplätzen machen, oder sonstige **Filmkameras,** auch wenn sie nur kurzfristig die Arbeit eines Beschäftigten festhalten (BAG 10.7.1979 – 1 ABR 97/77, AP BetrVG 1972 § 87 Überwachung Nr. 4), das Installieren von **Fernsehmonitoren** (BAG 7.10.1987 – 5 AZR 116/86, NZA 1988, 92), Einbau einer **Videokamera** zur Aufklärung von Unregelmäßigkeiten (BAG 26.8.2008 – 1 ABR 16/07, NZA 2008, 1187); vgl.; die Installierung von **Mikrophonen** („Wanzen"), das Fertigen von **Tonbandaufnahmen** oder solchen von **Telefongesprächen** (GK-BetrVG/*Wiese/Gutzeit* Rn. 576, 580); Geräte zum **Mithören** von telefonischen Verkaufs- oder Kundengesprächen (BAG 30.8.1995 – 1 ABR 4/95, NZA 1996, 218). Ferner sind zu nennen: **Stechuhren** oder sonstige **automatische Zeiterfassungsgeräte** wie zB den **Zeitstempler,** mit dem Beginn und Ende einzelner Arbeitsvorgänge festgehalten werden (GK-BetrVG/*Wiese* Rn. 576); rechnergestützte **Zeitaufnahmegeräte zur Vorgabezeitermittlung** (UNIDAT M 16/IPAS; BAG 15.12.1992 – 1 ABR 24/92, CR 1994, 111); **Produktographen,** dh Geräte, die Daten über Lauf und Ausnutzung von Maschinen, wie zB Lauf, Stillstand, Fertigungsmenge, Taktfolge, Leerlauf, Verlustzeiten, Störzeiten, ggf. nach angeordneter Bedienung bestimmter Meldetasten auf einem Diagrammschreiber aufzeichnen, dementspr. auch *Kienzle-Schreiber* (BAG 18.2.86 – 1 ABR 21/84, NZA 86, 488); **Fotokopiergeräte** mit individueller PIN für Benutzer (OVG NRW 11.3.1992 – CL 38/89, CR 1993, 375); **Fahrtenschreiber** (BAG 12.1.1988 – 1 AZR 352/86, NZA 1988, 621), soweit nicht gesetzl. vorgeschrieben (→ Rn. 248); die automatische Erfassung von **Telefondaten oder -gebühren** (BAG 27.5.1986 – 1 ABR 48/84, NZA 1986, 643); **Mobiltelefone** (*Wedde* CR 1995, 41 [45]); **automatische Sicherungssysteme,** die den Zu- und Abgang des ArbN am Arbeitsplatz oder in bestimmten Arbeitsbereichen festhalten; **Laptops im Außendienst** (*Ganz* AiB 1992, 189); **Personalabrechnungs-** und **Personalinformationssysteme** (*Trittin/Fischer* NZA 2009, 343); EDV-gestütztes **Arbeitswirtschaftsinformationssystem** „ARWIS" (BAG 26.7.1994 – 1 ABR 6/94, NZA

1995, 185), elektronischen Datenverarbeitungssystem zur **Verhaltens- und Leistungskontrolle** (BAG 14.11.2006 – 1 ABR 4/06, NZA 2007, 399); Bewerbermanagement-Tools zum Auswahlverfahren bei Bewerbungen (*Lützeler/Kopp* ArbR 2015, 491).

Die Einrichtung einer **ISDN**-Nebenstellenanlage ist mitbestimmungspflichtig (vgl. BVerwG 2.2.1990 – 6 PB 11/89, CR 1991, 740). An das öffentliche Netz angeschlossene **Telekommunikationssysteme** haben vielfältige zur Überwachung geeignete Basismerkmale, wie zB eine **Anrufumleitung,** die in der zentralen Anlage gespeichert wird und Rückschlüsse über Abwesenheit vom Arbeitsplatz zulässt, oder ermöglichen ein **Heranholen des Rufs,** so dass der ArbGeb. auch gegen den Willen des ArbN dessen Gesprächsteilnehmer feststellen kann. Ein MBR besteht auch für die Einrichtung einer **HICOM** Telefonanlage (BAG 11.11.1998 – 7 ABR 47/97, NZA 1999, 947), bei einer Automatic-Call-Distribution **(ACD)**-Telefonanlage BAG 30.8.1995 – 1 ABR 4/95, NZA 1996, 218). Das MBR erstreckt sich auch auf die **Nutzung privater Smartphones/Tablets/PC für dienstliche Zwecke.** Hierbei erlaubt der ArbGeb. dem ArbN die Erledigung dienstlicher Aufgaben auf dem privaten Smartphone/Tablets/PCs (Bring Your Own Device – **BYOD** –). Da hierzu Server des ArbGeb. mit dem privaten Smartphone des ArbN synchronisiert werden, um einen Datenabgleich zu ermöglichen, erhält der ArbGeb. Zugriff auf Daten des ArbN, die ihm eine Kontrolle des ArbN ermöglichen. Für das Bestehen des MBR ist unerheblich, ob der ArbGeb. seine Zugriffsmöglichkeiten zu Kontrollzwecken nutzen will oder nicht (*Göpfert/Wilke* NZA 2012, 765). Sogn. **FleetBoards,** mittels deren in LKWs Daten erhoben werden, die unter Verwendung von GPS-Daten Rückschlüsse auf das Fahrverhalten der ArbN erlauben, unterliegen ebenfalls der Mitbestimmung (ArbG Dortmund 12.3.2013 – 2 BV 196/12, NZA-RR 2013, 474). **245**

Der **Internet-Anschluss** löst die MB aus, da er idR zu umfangreichen Kontrollmöglichkeiten führt, weil Online-Inhalte protokolliert und gespeichert werden, so dass der ArbGeb. feststellen kann, wann, wie lange und welche Seiten ein ArbN im Internet aufgesucht hat (*Beckschulze* DB 01, 1491). Daher ist mitbestimmungspflichtig der Einsatz einer Software sogn. **Keylogger,** die Tastatureingaben aufzeichnet und damit protokolliert und auch Screenshots fertigt (BAG 27.7.2017 – 2 AZR 681/16, NZA 2017, 3258). Mitbestimmungspflichtig ist die Einrichtung eines online einsehbaren Gruppenkalenders zur Verwaltung dienstl. Termine (LAG Nürnberg 21.2.2017 – 7 Sa 441/16, NZA-RR 2017, 302). Dem MBR können auch IT-Sicherheitsmaßnahmen unterliegen (*Kort* NZA 2011, 1319). Die Nutzung von **Intranet** und Überwachungstechniken beim betrieblichen Einsatz von **E-Mails** (Überprüfung von Empfänger- und Absenderadressen, Zeitpunkt und Dauer einer Verbindung) sind ebenfalls mitbestimmungspflichtig (*Beckschulze* DB 2001, 1491; *Lindemann/Simon* BB 2001, 1950; *Ernst* NZA 2002, 585; *Wolf/Mulert* BB 2008, 442), nicht jedoch der Einsatz von **Viren- und Spamfiltern** (*Beckschulte* DB 2007, 1526). Mitbestimmungspflichtig ist auch die sog **Internettelefonie** (VoIP); dazu *Heine/Pröpper* BB 2010, 2113 mit Mustervereinbarung. **245a**

Der Einsatz von **Bildschirmgeräten,** die lediglich dazu dienen, gespeicherte Informationen sichtbar zu machen, fällt nicht unter Nr. 6 (vgl. GK-BetrVG/*Wiese/Gutzeit* Rn. 578; vgl. aber → Rn. 233). Sind sie aber mit einem Rechnersystem in einer Weise verbunden, dass die Tätigkeiten der sie bedienenden ArbN festgehalten werden, handelt es sich um mitbestimmungspflichtige techn. Einrichtungen iSd Nr. 6 (BAG 23.4.1985 – 1 ABR 2/82, NZA 1985, 671; so zum Betriebssystem **Unix** *Richenhagen* AiB 1991, 265). **246**

Deshalb ist auch **Telearbeit** im online-Betrieb immer und im offline-Betrieb je nach Ausgestaltung mitbestimmungspflichtig (*Wiese* RdA 2009, 344; *Schmeckel* NZA 2004, 237). Denn bei einer Onlineverbindung können mit entsprechenden Programmen Dauer, Fehler bei der Erbringung der Arbeitsleistung, Arbeitsqualität ua ausgelesen werden; bei einer Offlineverbindung ist einer Verhaltens- oder Leistungskontrolle etwa über die zum Einsatz kommenden Datenträger möglich. Entsprechen- **246a** des gilt für **andere Geräte,** die in **computergesteuerten oder -unterstützten Systemen** mit einer **EDV-Anlage** verbunden sind, zB online-Geräte, CAD-, CAE- und CAM-Systeme (LAG München 17.9.1987 – 6 TaBV 17/87, CR 1988, 562; *Linnenkohl* Informationstechnologie S. 33; *Hoyer* AiB 89, 347). **Bürokommunikationssysteme** zur Bearbeitung elektronischer Dokumente (vgl. *Abel* DuD 1990, 567; *Hoyer* AiB 1989, 348), **Organisations- und Vertriebssteuerungs-Systeme-OVS** (vgl. *Lennartz/Richardt* ArbuR 91, 236ff.); **EDV-gestützte Parkerlaubnisverwaltung** mit Speicherung von Parkverstößen, Verwarnungen, Entzug der Parkerlaubnis usw (→ Rn. 218; BVerwG 9.12.1992 – 6 P 16/91, NVwZ-RR 1993, 644), sog **Expertensysteme,** die zB über authentische Wissensbasen oder nachvollziehbare Regelsysteme verfügen und jedes Faktum oder jede Regel in einer Wissensbasis auf die Person zurückführen können, die sie eingegeben bzw. verändert hat oder von der sie bei der Aufgabenerledigung mit protokolliert wurde (vgl. *Kornwachs* CR 1992, 44; *Richenhagen* AiB 1992, 305), DNC-Maschinen, rechnergesteuerte Textsysteme, zB Cosy 200 AS und RS (BAG 23.4.1985 – 1 ABR 2/82, NZA 1985, 671) automatische Abrechnungssysteme zB des Kantinenverzehrs über EDV mittels einer persönlichen Code-Nummer. Ausreichend für das MBR des BR ist, dass auf Grund einer bestehenden **Programmierung (Software)** verhaltens- oder leistungsrelevante Daten der Bildschirmbenutzer (zB Beginn und Ende der Arbeit mit dem Bildschirm, Menge der verarbeiteten Daten und ihre Verarbeitungsdauer, Art und Anzahl der Fehlerkorrekturen) ermittelt und aufgezeichnet werden, so dass aus dieser Bedienerstatistik im Falle ihrer (maschinellen oder manuellen) Auswertung Rückschlüsse auf das Verhalten oder die Leistung der am Bildschirm tätigen ArbN möglich sind. Es kommt weder darauf an, zu welchem Zweck diese Daten erfasst werden, noch darauf, ob sie für sich allein eine vernünftige und sachgerechte Beurteilung ermöglichen (→ Rn. 229–233, 235). Das Erstellen und Führen eines **Bestandsverzeichnisses über die vorhandenen EDV-Systeme** kann der BR nicht nach Nr. 6 verlangen; soweit er ein solches zur Ausübung seines MBR benötigt, kann er es gem. § 80 Abs. 2 vom ArbGeb. fordern (BAG 2.4.1996 – 1 ABR 47/95, NZA 1996, 998).

f) Überwachungsmaßnahmen

247 Mitbestimmungspflichtig ist auch die Einführung und Durchführung einer (offenen oder verdeckten) **Videoüberwachung** der ArbN an ihrem Arbeitsplatz (BAG 26.1.2016 – 1 ABR 68/13, NZA 2016, 498; 11.12.2012 – 1 ABR 78/11, NZA 2013, 913; *Venetis/Oberwetter* NJW 2016, 1051; *Grimm/Schiefer* RdA 2009, 329; *Alter* NJW 2015, 2375; → § 77 Rn. 59; → 83 Rn. 24). Befindet sich deren Arbeitsplatz in öffentlich zugänglichen Räumen, ist dabei auch die gesetzliche Regelung des BDSG (nunmehr § 4 BDSG nF) zu beachten (BAG 26.8.2008 – 1 ABR 16/07, NZA 08, 1187). Diese Vorschrift ist nach ihrem Zweck keine taugliche Rechtsgrundlage für die Durchführung von Leistungskontrollen. Deshalb ist auch in solchen Fällen ein verhältnismäßiger Ausgleich zwischen berechtigten Anliegen des ArbGeb. und dem Interesse der ArbN, keinem ständigen Überwachungsdruck ausgesetzt zu sein, zu finden (*Grimm/Schiefer* RdA 2009, 329). Unabhängig davon kann allein eine BV die Rechtsgrundlage für eine Videoüberwachung schaffen, da die ansonsten notwendige Zustimmung aller aktuell und künftig betroffener ArbN faktisch nicht erreichbar und wegen Zweifel an der „Freiwilligkeit" in einem Arbeitsverhältnis auch in rechtlicher Hinsicht fraglich ist. Das MBR erfasst auch neuere Techniken, mittels derer der jeweilige **Aufenthaltsort** des ArbN ohne dessen Wissen festgestellt werden kann. Das betrifft iE den Einsatz von RFID (Radio Frequency Identifikation), mit der unter Einsatz von Funketiketten (Chips) gespeicherte Daten berührungslos und ohne Sichtkontakt an einen PC übertragen werden. Dazu gehört auch der Einsatz von GPS oder der Handy-Ortung (GSM-Ortung); Einzelheiten bei *Gola* NZA 07, 1139. In Call-Centern werden zur Leistungskontrolle/Qualitätssicherung und daran ansetzenden Coachingmaßnahmen **„Silent Monotoring"** oder **„Voice Recording"** als

Überwachungsmaßnahmen eingesetzt. Dabei wird das telefonisch geführte Kundengespräch durch einen Supervisor oder Coach unangekündigt und verdeckt mitgehört oder das Telefonat verdeckt aufgezeichnet. Solche Maßnahmen sind nur auf der Grundlage einer technischen Überwachungseinrichtung (Telefonanlage) möglich und daher mitbestimmungspflichtig. Ihre zeitlich oder verfahrensmäßig unbeschränkte Zulassung und ein damit einhergehender permanenter Überwachungsdruck greift auch dann ganz erhebl. in das Persönlichkeitsrecht des ArbN ein, wenn die Maßnahme allein der Qualitätskontrolle des Arbeitsverhaltens des AN dient. Nach der Rspr. des BAG sind Eingriffe des ArbGeb. in das Recht des ArbN am gesprochenen Wort nur zulässig, soweit im Einzelfall dessen Interessen gegenüber denen des ArbN vorrangig sind (BAG 30.8.1995 – 1 ABR 4/95, NZA 1996, 218). Dem muss durch eine entsprechende Ausgestaltung der Überwachungsbefugnisse des ArbGeb. in verhältnismäßiger Weise Rechnung getragen werden. Eine unbeschränkte Leistungskotrolle ist regelmäßig unangemessen (**aA** *Albicker/Wiesenecker* BB 2008, 2631).

g) Inhalt, Umfang und Durchführung der Mitbestimmung

Das MBR besteht bei der Einführung und Anwendung von techn. Überwachungseinrichtungen (BAG 27.1.2004 – 1 ABR 7/03, NZA 2004, 556). Unter **Einführung** ist nicht nur die erstmalige Anwendung zu verstehen. Hierunter fallen alle Maßnahmen zur Vorbereitung der geplanten Anwendung, sowie von Zeitraum (zB auf Dauer oder Probe), Ort, Zweckbestimmung und Wirkungsweise der Überwachung. Dazu gehören auch Fragen nach einer etwa notwendig werdenden Veränderung des Arbeitsablaufs, des Arbeitsplatzes sowie die Einweisung der von der Überwachung betroffenen oder an deren Durchführung beteiligten ArbN (GK-BetrVG/*Wiese/Gutzeit* Rn. 592). **248**

Unter **Anwendung** ist die allgemeine Handhabung der eingeführten Kontrolleinrichtung zu verstehen, zB die Festlegung der Art und Weise, wie die Kontrolleinrichtung verwendet werden soll (generelle oder fallweise Kontrolle), Festlegung des Aufstellungsortes (BVerwG 13.8.1992 – 6 P 20/81, AP BetrVG 1972 § 87 Nr. 23) und der Einschaltzeiten sowie **Änderungen** der Anwendung (GK-BetrVG/*Wiese/Gutzeit* Rn. 594; ErfK/*Kania* Rn. 59). Bei der Speicherung von leistungs- oder verhaltensrelevanten Daten der ArbN in eine EDV-Anlage gehört die **inhaltliche Gestaltung des Speicherungs- und Verarbeitungsprogramms** zur Anwendung der techn. Überwachungseinrichtung. Damit hat der BR auch die Möglichkeit, bei der Festlegung des **Verwendungszwecks** gespeicherter Leistungs- oder Verhaltensdaten mitzubestimmen (DKKW/*Klebe* Rn. 190; GK-BetrVG/*Wiese/Gutzeit* Rn. 560; BAG 11.3.1986 – 1 ABR 12/84, NZA 1986, 526). Das gilt auch, wenn vorhandene Programme geändert oder Computer innerhalb des Betriebes oder über den Betrieb/Unternehmen hinaus vernetzt werden (→ Rn. 229; DKKW/*Klebe* Rn. 189). Wie die MBR des BR bei der Anwendung von techn. Überwachungseinrichtungen iE ausgestaltet werden kann, insbes. ob und in welcher Weise der BR bei den konkreten Einsätzen der techn. Überwachungseinrichtung einzuschalten ist, bleibt der Vereinbarung der Betriebspartner überlassen (*Bacher* DB 2006, 2518); s. die zahlreichen MusterBV zu techn. Kontrolleinrichtungen bei *Frey/Bigos* Betriebsvereinbarungen S. 249 ff.). Dabei wird es im Wesentlichen um Berechtigungs-, Sperrungs-, Löschungs- und Auswertungskonzepte gehen sowie um Zugriffsrechte, Umfang von Verhaltens- oder Leistungskontrollen sowie Sanktionsverbote bei betriebsverfassungswidriger Nutzung der Kontrollmöglichkeiten gehen (*Dahl/Brinkmann* NZA 2018, 1231). **249**

Das MBR des BR nach Nr. 6 wird nicht dadurch beeinträchtigt, dass der ArbGeb. die der MB des BR unterliegenden Angelegenheiten (zB Speicherung oder Auswertung leistungs- oder verhaltensrelevanter ArbNDaten) einem Dritten, zB einem **anderen Konzernunternehmen** oder einem sonstigen externen Rechenzentrum, überlässt (BAG 17.3.1987 – 1 ABR 59/85, NZA 1987, 747; HessLAG 9.10.1984 – 5 Ta BV 104/84, NZA 1985, 34; LAG Hamburg 20.6.1985 – 7 TaBv 10/84, BB **250**

1985, 2110; ErfK/*Kania* Rn. 59). In diesen Fällen muss der ArbGeb. durch eine entspr. Vertragsgestaltung mit dem Dritten sicherstellen, dass der BR seine MBR ausüben kann (BAG 21.1.2004 – 1 ABR 7/03, NZA 2004, 556).

251 Auch im Rahmen der Nr. 6 hat der BR ein **Initiativrecht.** Damit kann er die **Änderung** bestehender Kontrolleinrichtungen verlangen (GK-BetrVG/*Wiese/Gutzeit* Rn. 599). Seinem Zweck nach dient das MBR dem Schutz des Persönlichkeitsrechts der ArbN. Dieses wird durch die Nutzung techn. Einrichtungen gefährdet. Diesen Gefährdungen soll das MBR entgegenwirken. Dem würde es widersprechen, könnte der BR über sein MBR die Gefährdungslage durch die Nutzung eines Initiativrechts schaffen, in dem er Überwachungsmaßnahmen fordert, oder aufrechterhalten, in der deren Abschaffung hindert. Unter Aufgabe er in der Voraufl. vertretenen Auffassung kann er daher weder die Einführung einer techn. Kontrolleinrichtung verlangen noch sich gegen deren Abschaffung wenden. Sollte die Einführung einer techn. Kontrolleinrichtung erforderlich sein, etwa zur Vermeidung unwürdiger (unangenehmer) körperlicher Untersuchungen oder Gesundheitsschäden der ArbN oder zur Vermeidung einer „Selbstausbeutung" im Rahmen sog Vertrauensarbeitszeit (*Trittin* NZA 2001, 1003) liegt die Nutzung eines MBR nach Nr. 7 näher (BAG 28.11.1989 – 1 ABR 97/88, NZA 1990, 406; GK-BetrVG/*Wiese/Gutzeit* Rn. 597; DKKW/*Klebe* Rn. 166; *Wagner* AuR 1993, 70; diff. Richardi BetrVG/*Richardi* Rn. 531 mitbestimmungsfreie Abschaffung durch ArbGeb.).

252 **Zielrichtung der Tätigkeit** des BR muss es sein, von techn. Überwachungseinrichtungen ausgehende Gefahren für die Persönlichkeitssphäre der ArbN entweder zu verhindern oder doch jedenfalls auf das durch die betrieblichen Notwendigkeiten unabdingbare Maß zu beschränken. Hierbei sind berechtigte Belange des ArbGeb. für die Einführung von Kontrolleinrichtungen, zB Gefahrenabwehr, Sicherung des Eigentums, rationellere Gestaltung des Arbeitsablaufs, Kostengründe, gegen die Interessen der ArbN auf Respektierung ihrer Persönlichkeitssphäre abzuwägen. Wegen der zunehmenden Digitalisierung der Arbeitsabläufe und der Notwendigkeit ständiger Updates eingeführter Programme bietet sich der Abschluss einer **RahmenBV** sowie die Gründung eines IT-Ausschusses auf BRSeite an, der den notwendigen Anpassungsbedarf mit dem ArbGeb. abspricht (*Krause* 100 Jahre FS BetrVR S. 355, 366). Zu denken ist auch an verarbeitungszweckbezogene Gesamtvereinbarungen (*Haußmann/Thieme* NZA 2019, 1620).

253 Unzulässige Eingriffe in den Persönlichkeitsbereich der ArbN können nicht durch die MB des BR legitimiert werden (BAG 15.5.1991 – 5 AZR 115/90, NZA 1992, 43 mAnm *Wedde* CR 1993, 230). Vielmehr setzt das Persönlichkeitsrecht der ArbN dem **MBR Grenzen,** da es nicht unverhältnismäßig eingeschränkt werden darf (BAG 21.6.2012 – 2 AZR 153/11, NZA 2012, 1025).

253a Das zulässige Maß der Beschränkung bestimmt sich nach dem Grundsatz der Verhältnismäßigkeit (BAG 14.12.2004 – 1 ABR 34/03, AP BetrVG 1972 § 87 Überwachung Nr. 42). Dementsprechend muss die von den Betriebsparteien gefundene Regelung geeignet, erforderlich und bei Abwägung aller betroffenen Rechtsgüter angemessen sein, den erstrebten Zweck zu erreichen (BAG 29.6.2004 – 1 ABR 21/03, NZA 2004, 1278). Dabei richtet sich die Angemessenheit der Überwachungsmaßnahme danach, wie intensiv sie in das Persönlichkeitsrecht der ArbN eingreift. Das bestimmt sich etwa bei einer **Videoüberwachung** nach der Anzahl der beobachteten Personen, der der Art der Überwachung (offen oder verdeckt), der Dauer der Überwachung und inwieweit die betroffenen ArbN einen zurechenbaren Anlass für die Überwachung gegeben haben (BAG 26.8.2008 – 1 ABR 16/07, NZA 2008, 1187). Bei der **Mitarbeiterkontrolle** durch Abgleich persönlicher Daten ist eine unbegrenzte, verdachtsunabhängige oder dauerhafte Vollkontrolle unverhältnismäßig (*Kock/Francke* NZA 2009, 646).

254 **Kein MBR** besteht wegen des Eingangssatzes, wenn bestimmte Kontrolleinrichtungen **gesetzl. oder tariflich vorgeschrieben** sind (→ Rn. 28 ff.). Letzteres kann zB der Fall sein, wenn ein TV bei leistungsbezogenen Entgelten die Verwendung

bestimmter techn. Einrichtungen für die Ermittlung der Vorgabezeiten vorgibt (GK-BetrVG/*Wiese/Gutzeit* Rn. 600). Gesetzl. vorgeschrieben ist zB die Verwendung von **Fahrtenschreibern** in LKW und Omnibussen zur Aufzeichnung der unmittelbaren Fahrwerte sowie der Lenk- und Ruhezeiten nach § 57a StVZO. Das MBR entfällt aber **nur insoweit,** als der ArbGeb. die Kontrolleinrichtung im Rahmen der gesetzl. oder tariflichen Regelung verwendet. Die Benutzung von Fahrtenschreibern in anderen als den in § 57a StVZO genannten Fahrzeugen ist mitbestimmungspflichtig (BAG 10.7.1979 – 1 ABR 50/78, AP BetrVG 1972 § 87 Überwachung Nr. 3). Das Gleiche gilt, wenn der ArbGeb. Fahrtenschreiber über die gesetzl. Zweckbestimmung hinaus zu einer umfassenden Verhaltens- oder Leistungskontrolle der ArbN verwenden will. Denn auch die Festlegung der Verwendung der durch techn. Einrichtung erhobenen Daten ist mitbestimmungspflichtig und bei einer über den gesetzl. Verwendungszweck hinausgehenden Nutzung greift der Gesetzesvorbehalt nicht mehr ein (BAG 12.1.1988 – 1 AZR 352/86, NZA 2988, 621; GK-BetrVG/*Wiese/Gutzeit* Rn. 601; Richardi BetrVG/*Richardi* Rn. 535). Mit der Nichtigerklärung der entspr. Regelungen des TKG zur Vorratsdatenspeicherung (BVerfG 2.3.2010 – 1 BvR 256/08, NJW 2010, 833) hat sich die Rechtsfrage erledigt, ob ein ArbGeb., der den ArbN die Privatnutzung von Internet/Telefon erlaubt, verpflichtet ist, sog Verkehrsdaten auf Vorrat für die Dauer von sechs Monaten zu speichern.

Das MBR nach Nr. 6 könnte zwar auch durch formlose Regelungsabrede ausgeübt werden (GK-BetrVG/*Wiese/Gutzeit* Rn. 603; HWGNRH/*Worzalla* Rn. 392; Richardi BetrVG/*Richardi* Rn. 539). Doch wird im Interesse der Rechtssicherheit in der Regel eine **BV** notwendig sein. Das gilt insbes., wenn nähere Regelungen über Einschränkungen der Kontrolleinrichtung, über den zulässigen Verwendungszweck oder sonstige Einzelheiten der erhobenen Informationen festzulegen sind. Zum Regelungsbedarf einer BV zur Videoüberwachung vgl. *Grimm/Schiefer* RdA 2009, 329. 255

Führt der ArbGeb. techn. Überwachungseinrichtungen **ohne Zustimmung** des BR ein, kann dieser ihre **Beseitigung** und die **Unterlassung** der Benutzung im Wege des arbeitsgerichtlichen BeschlVerf., ggf. durch eine einstw. Vfg. durchsetzen (ArbG Hamburg 19.9.1995 – 28 GaBV 1/95, CR 1996, 742; → Rn. 608 ff.). Das kann zu einer ganz erhebl. Störung betriebl. Abläufe führen (HWGNRH/*Worzalla* Rn. 395). Außerdem sind die ArbN nicht verpflichtet, die Kontrolleinrichtungen zu bedienen oder zu benutzen (Richardi BetrVG/*Richardi* Rn. 545). Ferner haben sie ein **Leistungsverweigerungsrecht** ohne negative Auswirkungen auf den Entgeltanspruch, wenn ihnen die Erbringung der Arbeitsleistung nicht möglich ist, ohne dass die (unzulässige) Kontrolleinrichtung ihre Leistungs- oder Verhaltensdaten festhält (vgl. GK-BetrVG/*Wiese/Gutzeit* Rn. 605; HWGNRH/*Worzalla* Rn. 394). Ferner können sie bei Verletzung ihres Persönlichkeitsrechts das **Löschen rechtswidrig erlangter Daten** verlangen (Art. 17 DSGVO)). Darüber hinaus kommt bei einer schwerwiegenden Verletzung des allgemeinen Persönlichkeitsrechts ein Anspruch auf **Schmerzensgeld** gem. § 823 Abs. 1, § 253 Abs. 2 iVm Art. 2 GG in Betracht (*Grimm/Schiefer* RdA 2009, 329). Ob sich der ArbGeb. in einem arbeitsgerichtlichen Verfahren auf Beweismittel stützen kann, die er unter Verletzung des MBR erlangt hat, ist iE umstritten. Welche Auswirkungen insoweit der Theorie der Wirksamkeitsvoraussetzung (→ Rn. 599 ff.) zu kommt, ist derzeit nicht abschließend geklärt (→ Rn. 607). 256

7. Arbeits- und Gesundheitsschutz

a) Zweck der Vorschrift

Der Arbeitsschutz dient dem **Schutz der Gesundheit und des Lebens** der ArbN. Zweck des MBR ist, durch eine Beteiligung der ArbN an den sie betreffenden Maßnahmen zum Schutze ihrer Gesundheit eine möglichst hohe Effizienz des be- 257 trieblichen Arbeits- und Gesundheitsschutzes zu erreichen (*Wlotzke* FS Wißmann, 2005, 426). Nr. 7 gewährt dem BR eine Mitregelungsbefugnis bei der betrieblichen Umsetzung der Vorschriften des Arbeits- und Gesundheitsschutzes (Gesetze, RechtsVO, UVV), soweit diese dem ArbGeb. einen Gestaltungsspielraum belassen. Die Mitregelungsbefugnis des BR lässt die **alleinige Verantwortung des ArbGeb.** für die Sicherstellung des Arbeits- und Gesundheitsschutzes nach den einschlägigen Vorschriften unberührt (GK-BetrVG/*Wiese/Gutzeit* Rn. 612; Richardi BetrVG/*Richardi* Rn. 548). Dieser hat für eine geeignete Arbeitsschutzorganisation zu sorgen und Vorkehrungen zu treffen, dass die erforderlichen Maßnahmen auch in personeller Hinsicht eingeleitet und umgesetzt werden (*Wilrich* DB 2008, 182).

b) Verhältnis zu anderen Beteiligungsrechten

258 Der BR hat im Zusammenhang mit dem betrieblichen Arbeits- und Gesundheitsschutz neben der Mitregelungsbefugnis nach Nr. 7 noch **folgende Rechte und Aufgaben:** die Überwachung der zugunsten der ArbN geltenden Vorschriften einschließlich des umfassenden Informationsrechts nach § 80 Abs. 1 Nr. 1, Abs. 2; die Zusammenarbeit mit den für den Arbeits- und Gesundheitsschutz zuständigen Behörden und sonstigen Stellen und Personen nach § 89; die Möglichkeit des Abschlusses freiwilliger BV über zusätzliche Maßnahmen zur Verhütung von Arbeitsunfällen und Gesundheitsschädigungen nach § 88; ferner eine Beteiligung bei der Gestaltung von Arbeitsplatz, Arbeitsablauf und Arbeitsumgebung nach §§ 90f. und die in diesem Zusammenhang vorgeschriebene Berücksichtigung der gesicherten arbeitswissenschaftlichen Erkenntnisse über die menschengerechte Gestaltung der Arbeit (vgl. zum letzteren aber auch → Rn. 293f.). Außerdem enthalten eine Reihe arbeitsschutzrechtlicher Spezialgesetze Regelungen über eine Beteiligung des BR (vgl. zB § 9 ASiG, § 22 Abs. 1 SGB VII, § 167 SGB IX zum betriebl. Eingliederungsmanagement dazu → Rn. 310a). Nr. 7 ist im Rahmen seines Anwendungsbereiches eine selbständige und abschließende Regelung. Für außerhalb dieses Anwendungsbereichs liegende Sachverhalte kommt uU ein MBR des BR nach Nr. 6 oder Nr. 1 in Betracht (zB Rauch- oder Alkoholverbote; betrieblichen Sicherheitswettbewerb BAG 24.3.1981 – 1 ABR 32/78, NJW 1982, 404; GK-BetrVG/*Wiese/Gutzeit* Rn. 608).

c) Gegenstand des Mitbestimmungsrechts

259 Das MBR betrifft Regelungen über die Verhütung von Arbeitsunfällen und Berufskrankheiten sowie über den Gesundheitsschutz im Rahmen der gesetzlichen Bestimmungen und der Unfallverhütungsvorschriften. Ob diese **Rahmenvorschriften** unmittelbar oder nur mittelbar dem Gesundheitsschutz dienen, ist für das Bestehen des MBR unerheblich (BAG 18.7.2017 – 1 ABR 59/15, NZA 2017, 1615).

260 **Arbeitsunfälle** sind nach der Legaldefinition des § 8 Abs. 1 SGB VII von außen auf den Körper einwirkende Ereignisse, die der Versicherte im Rahmen der versicherten Tätigkeit erleidet und die zu einem Gesundheitsschaden oder zum Tode führen. Zur versicherten Tätigkeit gehört nicht nur die berufliche Tätigkeit als solche, sondern auch mit ihr zusammenhängenden Tätigkeiten (vgl. § 8 Abs. 2 SGB VII).

261 **Berufskrankheiten** sind Krankheiten, die durch RechtsVO der Bundesregierung mit Zustimmung des Bundesrates als Berufskrankheiten bezeichnet werden und die der Versicherte infolge der versicherten Tätigkeit erleidet (§ 9 Abs. 1 SGB VII). Die Berufskrankheit unterscheidet sich vom Arbeitsunfall durch das Nichtvorliegen eines zeitlich begrenzten Ereignisses. Es gilt die BerufskrankheitenVO vom 31.10.1997 (BGBl. I S. 2623) idF v. 22.12.2014.

262 Der Begriff des **Gesundheitsschutzes** ist gesetzlich nicht definiert, stimmt aber mit dem in § 1 Abs. 1 ArbSchG überein (BAG 8.6.2004 – 1 ABR 13/03, NZA 2004, 1175). Er ist weit zu verstehen. Betroffen sind Maßnahmen, die dazu dienen, die physische und psychische Integrität eines ArbN zu erhalten, der arbeitsbedingten Beeinträchtigungen ausgesetzt ist, die zu medizinisch feststellbaren Verletzungen oder

Erkrankungen führen oder führen können. Erfasst werden demnach auch **vorbeugende Maßnahmen** (BAG 18.8.2009 – 1 ABR 43/08, NZA 2009, 1434; *Wlotzke* FS Wißmann, 2005, 426). Arbeitsbedingte Beeinträchtigungen sind solche, die durch die berufliche Tätigkeit verursacht sind oder anlässlich dieser Tätigkeit entstehen oder verschlimmert werden.

Dem Gesundheitsschutz iSd Nr. 7 nicht zuzuordnen sind die auch zum gesetzlichen Arbeitsschutz gehörenden Vorschriften zum Schutz von Anstand oder Sitte und über die Trennung der Geschlechter (GK-BetrVG/*Wiese/Gutzeit* Rn. 618). Die Beteiligung des BR für darauf bezogene Maßnahmen kann insoweit nur aus Nr. 1 folgen. 263

Das MBR des BR besteht im Rahmen der **gesetzlichen und der Unfallverhütungsvorschriften.** Es setzt das Bestehen einer entsprechenden Rechtsnorm voraus und knüpft an diese an. Zu den gesetzlichen Vorschriften gehören auch Rechtsverordnungen. Die Streitfrage, ob unter den gesetzlichen Vorschriften nur öffentlichrechtliche Arbeitsschutzvorschriften zu verstehen sind oder auch die privatrechtlichen Fürsorgepflichten des ArbGeb. nach § 618 BGB und § 62 HGB ist nach Erlass des ArbSchG und weiterer arbeitsschutzrechtlicher Vorschriften nicht mehr von praktischer Bedeutung. **Regelungen in Tarifverträgen** können keine öffentlich-rechtlichen Befugnisse oder Pflichten im Bereich des Arbeits- und Gesundheitsschutzes begründen. Sie sind keine Rahmenvorschrift iSd § 87 Abs. 1 Nr. 7 (BAG 11.12.2012 – 1 ABR 81/11, NJW-Spezial 2013, 339). 264

Den staatlichen Vorschriften stehen in ihrem jeweiligen Geltungsbereich gleich die **Unfallverhütungsvorschriften (UVV).** Diese werden von den zuständigen Berufsgenossenschaften nach § 15 SGB VII zur Verhütung von Arbeitsunfällen, Berufskrankheiten und arbeitsbedingten Gesundheitsgefahren erlassen. Diese haben sich nunmehr dazu entschlossen, ihre Regelungswerke zu koordinieren und mittels Zielvorgaben zu verschlanken. Das erweitert die Mitbestimmungsmöglichkeiten des BR. Dazu hat die Deutsche Gesetzliche Unfallversicherung eV (DGUV) neue Unfallverhütungsvorschriften erlassen. IE handelt es sich um die DGUV Vorschrift 1 zu den Grundsätzen der Prävention sowie die DGUV Vorschrift 2 zu Aufgaben und Einsatzzeiten von Betriebsarzt und Fachkraft für Arbeitssicherheit (abrufbar dguv.de; *Riesenber-Mordeja* AiB 2010, 538; *Rey* DB 2014, 1617; *Hülsemann* ArbR 2015, 270). 265

Keine Vorschriften iSd Nr. 7 sind Normen, die dem ArbGeb. Pflichten ausschließlich zum **Schutz Dritter,** dh nicht zu Betrieb gehörender Personen oder Güter oder der **Allgemeinheit** auferlegen, zB nach dem BImschG (GK-BetrVG/*Wiese/Gutzeit* Rn. 617). Für Maßnahmen zum Schutz der ArbN nach § 5 Abs. 1 Nr. 2 BImschG besteht allerdings ein MBR (GK-BetrVG/*Wiese/Gutzeit* Rn. 617; **aA** HWGNRH/*Worzalla* Rn. 408). Auch Vorschriften, die die Sicherheit der vom ArbGeb. hergestellten Produkte betreffen, fallen nicht unter Nr. 7. Der BR eines produzierenden Gewerbes hat deshalb kein MBR über die sicherheitsgerechte Gestaltung der Produkte des ArbGeb. Etwas anderes gilt, wenn bei der Produktion selbst Gefahren entstehen. Maßnahmen des ArbGeb. auf Grund von Vorschriften, die neben dem Schutz Dritter oder der Allgemeinheit auch dem Schutz der ArbN dienen, unterliegen insoweit dem MBR. 266

Keine Vorschriften iSv Nr. 7 sind arbeitsschutzrechtliche **EG-Richtlinien.** Derartige Regelungen richten sich nach Art. 288 Abs. 3 AEUV nur an die Mitgliedstaaten, nicht private Dritte. Sie haben, im Gegensatz zu EG-VO, keine unmittelbare Wirkung gegenüber privaten ArbGeb. Die Mitgliedstaaten müssen die Richtlinien erst noch in ihr **nationales Recht** umzusetzen. Selbst wenn ein Mitgliedstaat die Umsetzungsfrist folgenlos verstreichen lässt, gilt die Richtlinie nicht unmittelbar (BAG 18.2.2003 – 1 ABR 2/02, NZA 2003, 742 mwN). 267

Im Verhältnis zwischen privaten Dritten können EG-Richtlinien dennoch **mittelbare Auswirkung** haben, wenn Dritte von einer nationalen Vorschrift erfasst werden, für deren Anwendung unionsrechtlich ein **Auslegungsspielraum** bleibt. In diesem Falle ist die nationale Vorschrift richtlinienkonform auszulegen (BAG 24.1.2006 – 1 ABR 6/05, NZA 2006, 862). 268

269 **Keine Rechtsnormen** iSv Nr. 7 sind allgemeine Verwaltungsvorschriften der Arbeitsschutzbehörden oder Durchführungsanweisungen, Richtlinien, Sicherheitsregeln oder Merkblätter der Berufsgenossenschaften (BAG 6.12.1983 – 1 ABR 43/81, AP BetrVG 1972 § 87 Überwachung Nr. 7). Bei ihnen handelt es sich nicht um den ArbGeb. verpflichtende Regelungen, sondern um die Zusammenstellung von allg. anerkannten sicherheitstechnischen oder arbeitsmedizinischen Regeln oder von gesicherten arbeitswissenschaftlichen Erkenntnissen. Sie können allerdings einer sachgerechten inhaltlichen Ausfüllung von arbeitsschutzrechtlichen Rahmenvorschriften dienen. Ihre Beachtung hat allerdings zur Folge, dass der ArbGeb. eine auf Grund einer gesetzlichen Verpflichtung zu treffende Arbeitsschutzmaßnahme ordnungsgemäß erfüllt hat (BAG 28.3.2017 – 1 ABR 25/15, NZA 2017, 1132).

270 Das MBR besteht **im Rahmen** der geltenden Arbeits- und Gesundheitsschutzvorschriften. Solche Vorschriften sind vielfach dadurch gekennzeichnet, dass dem ArbGeb. nicht die konkrete Art und Weise vorgeschrieben wird, wie er ihm obliegende Handlungspflichten zu erfüllen hat. Sie verpflichten den ArbGeb. zur Erfüllung eines bestimmten Schutzziels (HaKo-BetrVG/*Kothe* Rn. 77). Dazu wird ihm ein Handlungsspielraum belassen. Damit bleibt ihm die Entscheidung darüber, auf welche Art und Weise er seiner Handlungspflicht genügt. Dementsprechend bezieht sich das MBR auf die Ausfüllung des Handlungsspielraums (BAG 8.6.2004 – 1 ABR 4/03, NZA 2005, 227; DKKW/*Klebe* Rn. 223; GK-BetrVG/*Wiese/Gutzeit* Rn. 621; HWGNRH/*Worzalla* Rn. 409; Richardi BetrVG/*Richardi* Rn. 564). Keine Rahmenregelung iSd Nr. 7 liegt vor, wenn eine Vorschrift eine ganz bestimmte Maßnahme, zB einen genau festgelegten Sicherheitsabstand, vorschreibt. In diesem Falle hat der ArbGeb. selbst nichts mehr zu „bestimmen". Für ein MBR des BR ist kein Raum (GK-BetrVG/*Wiese/Gutzeit* Rn. 631). Auch sind die dem Gesundheitsschutz dienenden **Vorschriften des sozialen Arbeitsschutzes** über die Beschränkung der Beschäftigung des Menschen (zB Höchstarbeitszeit für Jugendliche) vielfach abschließender Natur. Das MBR des BR kommt hier aber bei der Inanspruchnahme von Ausnahmen in Betracht.

271 Ob und inwieweit eine Arbeits- und Gesundheitsschutzvorschrift eine ausfüllungsfähige und -bedürftige Rahmenregelung darstellt und welchen Inhalt und welche Reichweite sie hat, ist durch **Auslegung** zu ermitteln. Hiernach richtet sich auch die Art der zur Ausfüllung der Norm zulässigen Maßnahme (GK-BetrVG/*Wiese/Gutzeit* Rn. 620). Im Wege der Auslegung ist auch die Frage zu beantworten, inwieweit konkrete Spezialregelungen eine abschließende Regelung des betreffenden Sachkomplexes darstellen oder ob und ggf. wieweit daneben noch allgemeine arbeitsschutzrechtliche Rahmenregelungen Anwendung finden.

272 Eine Rahmenvorschrift liegt stets vor, wenn der ArbGeb. einen **Ermessensspielraum** hat, in welcher Art und Weise er einer gesetzlichen Verpflichtung nachkommen will (ErfK/*Kania* Rn. 63). Das ist der Fall, wenn ihm nach der jeweiligen Vorschrift die Wahl zwischen mindestens zwei konkreten Maßnahmen bleibt. Ein solcher Ermessensspielraum besteht ferner, wenn eine Norm den ArbGeb. zu „angemessenen" oder „geeigneten" Maßnahmen verpflichtet und er zwischen mehreren möglichen Maßnahmen zu Erfüllung dieser Pflicht wählen kann. Soweit dem ArbGeb. eine Wahlmöglichkeit offensteht, ist das MBR gegeben (BAG 8.6.2004 – 1 ABR 13/03, NZA 2004, 1175).

273 Als Rahmenvorschriften iSd Nr. 7 sind auch Vorschriften mit unbestimmten Rechtsbegriffen anzusehen. Sie belassen dem ArbGeb. einen **Beurteilungsspielraum** bei der Erfüllung der sich aus ihr ergebenden Pflichten, etwa indem sie den ArbGeb. zu erforderlichen Schutzmaßnahmen anhalten (vgl. zB § 10 ArbSchG: erforderliche Maßnahmen zur ersten Hilfe oder sonstige Notmaßnahmen). In diesem Falle ist der Handlungsspielraum des ArbGeb., wie er diese Verpflichtung erfüllt, zwar durch den unbestimmten Rechtsbegriff der Erforderlichkeit enger, jedoch in aller Regel nicht auf eine nur denkbare Lösung beschränkt. Im Rahmen des noch bestehenden Handlungsspielraums, etwa bei der Wahl zwischen mehreren gleichwirksa-

men Schutzmaßnahmen, besteht auch das MBR des BR (BAG 16.6.1998 – 1 ABR 68/97, NZA 1999, 49; DKKW/*Klebe* Rn. 224; GK-BetrVG/*Wiese/Gutzeit* Rn. 623; **aA** HWGNRH/*Worzalla* Rn. 420ff.).

Aus diesem Grund sind **arbeitsschutzrechtliche Generalklauseln,** die in allgemeiner Form den ArbGeb. zu den erforderlichen Maßnahmen des Arbeits- und Gesundheitsschutzes verpflichten, Rahmenvorschrift iSv Abs. 1 Nr. 7 (→ Rn. 286; stRspr BAG 28.3.2017 – 1 ABR 25/15, NZA 2017, 1132; DKKW/*Klebe* Rn. 221; GK-BetrVG/*Wiese/Gutzeit* Rn. 625; *Kittner* FS Däubler, 1999, 690; **aA** HWGNRH/*Worzalla* Rn. 414). Diese Vorschriften begründen unmittelbare Pflichten des ArbGeb.; sie schreiben ihm keine konkrete Einzelmaßnahmen vor. Dem ArbGeb. bleibt aber ein Gestaltungsspielraum. Hinsichtlich dessen Ausgestaltung besteht das MBR. In Bezug auf arbeitsschutzrechtliche Generalklauseln ist zu beachten, dass für viele arbeitsschutzrechtlich relevante Sachbereiche spezielle staatliche Vorschriften oder UVV der Berufsgenossenschaft bestehen. Diese gehen im Rahmen ihres Geltungsbereichs den Generalklauseln vor. Vielfach enthalten die Spezialvorschriften für die von ihnen geregelten Sachbereiche wiederum ausfüllungsbedürftige Rahmenvorschriften (→ Rn. 301ff.). 274

Ein dem ArbGeb. bei einem unbestimmten Rechtsbegriff zustehender Beurteilungsspielraum begründet das MBR, wenn ein **Entscheidungsspielraum** in Bezug auf die Rechtsfolge (welche von mehreren möglichen Maßnahmen ist zu ergreifen) besteht. Der BR hat allerdings auch zu beurteilen, ob die tatbestandlichen Voraussetzungen einer Handlungspflicht des ArbGeb. erfüllt sind. Das wirkt sich insbes. aus, wenn die Pflicht für das Ergreifen von Arbeitsschutzmaßnahmen ihrerseits aus einem ausfüllungsbedürftigen, weil unbestimmten Rechtsbegriff folgt. Das „Ob" einer Maßnahme hängt nicht von der subjektiven Regelungsbereitschaft des ArbGeb. ab. Das ist durch die Rspr. des BAG nunmehr geklärt (BAG 15.1.2002 – 1 ABR 13/01, NZA 2002, 995; GK-BetrVG/*Wiese/Gutzeit* Rn. 622). Allerdings hat weder der BR noch der ArbGeb. eine Alleinbeurteilungskompetenz dafür, ob die Voraussetzungen eines unbestimmten Rechtsbegriffs auf der Tatbestandsseite einer Norm des Arbeits- und Gesundheitsschutzes erfüllt sind. Bleibt diese Frage zwischen den Betriebsparteien streitig, ist sie vom ArbG zu klären (*Bauer/Günther/Böglmüller* NZA 2016, 1361). Es handelt sich um eine Rechtsfrage und nicht um ein Regelungsproblem. Beispielsweise ist es eine Rechtsfrage, ob eine vom ArbGeb. mangels tariflicher Regelung zu treffende Entscheidung über den Umfang eines Kompensationsanspruchs nach § 6 Abs. 5 ArbZG für geleistete Nachtarbeit angemessenen ist. Ist der **Ausgleich für Nachtarbeit** nicht tariflich geregelt, hat der BR mitzubestimmen, ob der Ausgleich nach § 6 Abs. 5 ArbZG in Entgelt oder in Freizeit erfolgen soll. Hierfür ist regelmäßig ein Zuschlag von 25% angemessen, der sich bei Dauernachtarbeit auf 30% erhöht (BAG 9.12.2015 – 10 AZR 423/14, NZA 2016, 426). Ebenfalls mitzubestimmen hat der BR über die konkrete Ausgestaltung des Freizeitausgleichs für geleistete Nachtarbeit wie dessen Umwandlung in einen Entgeltanspruch, soweit eine Freizeitgewährung aus betriebl. Gründen nicht möglich ist (BAG 26.4.2005 – 1 ABR 1/04, NZA 2005, 884). Hat aber der ArbGeb. keine Entscheidung über den Ausgleich zu treffen, weil in seinem Betrieb normativ oder kraft Bezugnahme eine tarifliche Vorschrift gilt, die den Ausgleich für Erschwernisse der Nachtarbeit regelt, entfällt seine darauf bezogene Bestimmungspflicht und mit ihr die MB des BR (BAG 17.1.2012 – 1 ABR 62/10, NZA 2012, 513). 275

Das MBR des BR **entfällt,** wenn durch konkrete Anweisungen etwa der Gewerbeaufsichtsämter oder der Berufsgenossenschaft im Rahmen ihrer Fachaufsicht bestimmte Maßnahmen **zwingend angeordnet** werden, ohne dem ArbGeb. einen Handlungsspielraum zu belassen (BAG 26.5.1988 – 1 ABR 9/87, NZA 1988, 811; ErfK/*Kania* Rn. 64; GK-BetrVG/*Wiese/Gutzeit* Rn. 631). 276

Ordnet die Vorschrift eine bestimmte Maßnahme zwar zwingend an, gestattet sie aber eine **Abweichung** für den Fall, dass der ArbGeb. eine ebenso wirksame Maßnahme trifft (vgl. § 3 Abs. 1 ArbStättV), unterliegt das Ob und das Wie dieser Abweichung ebenfalls dem MBR. 277

278 Auch wenn eine Vorschrift die **Genehmigung einer Ausnahme** (zB durch das Gewerbeaufsichtsamt) zulässt, besteht das MBR bei Inanspruchnahme der durch die Genehmigung eingeräumten Wahlmöglichkeit zwischen der vorgeschriebenen Lösung und der durch die Ausnahme gestatteten Abweichung. Die Ausnahme ist nämlich nicht etwa dem Befehl gleichzusetzen, nach ihr zu verfahren. Der ArbGeb. erhält vielmehr durch sie nur die Möglichkeit, unter bestimmten Voraussetzungen von der in der Vorschrift angeordneten Maßnahme abzuweichen (GK-BetrVG/*Wiese/Gutzeit* Rn. 632). Der Antrag auf Erteilung einer Ausnahmegenehmigung unterliegt nicht der MB, wohl aber ist der BR hierbei nach § 89 Abs. 2 S. 1 sowohl durch den Arbeitgeber als auch durch die zuständige Behörde (Aufforderung zur Stellungnahme) zu beteiligen. Der Antrag des ArbGeb. auf Erteilung einer Ausnahme bindet einen nach § 89 beteiligten BR nicht hinsichtlich seines MBR. Etwas anderes gilt, wenn er dem Antrag bereits zugestimmt hat und diesem unverändert entsprochen wird. Ferner kann auch die Dienstanweisung für die Gewerbeaufsichtsämter für das Verwaltungsverfahren festlegen, in welchem Umfang die Zustimmung des BR für die Beurteilung eines Antrags auf Erteilung einer Ausnahme zu berücksichtigen ist.

d) Inhalt und Umfang des Mitbestimmungsrechts

279 Das MBR des BR bezieht sich inhaltlich auf die eine Rahmenvorschrift **konkretisierende Maßnahme** des ArbGeb. zur Verhütung von Gesundheitsschäden. Hierunter sind nicht nur kollektive Regelungen in Bezug auf das Verhalten der ArbN zu verstehen. Vielmehr erstreckt sich das MBR auch auf organisatorische, personelle, medizinische oder technische Maßnahmen (DKKW/*Klebe* Rn. 226; GK-BetrVG/*Wiese/Gutzeit* Rn. 634; *Siemes* NZA 1998, 232). Welche Maßnahmen in Betracht kommen, hängt von dem Inhalt und der Reichweite der jeweiligen Rahmenvorschrift ab. Es erstreckt sich auf solche Handlungen, die der ArbGeb. aus Gründen des Arbeits- oder Gesundheitsschutzes ergreift oder zu ergreifen hat. Das sind solche die dazu dienen, die psychische und physische Integrität von ArbN zu erhalten, die arbeitsbedingten Beeinträchtigungen ausgesetzt sind und die zu medizinisch feststellbaren Verletzungen oder Erkrankungen führen oder führen können. Gleiches gilt für vorbeugende Maßnahmen, nicht aber solche, die anderen Zwecken dienen (BAG 18.3.2014 – 1 ABR 73/12, NZA 2014, 855). Betreffen die Maßnahmen eine überbetriebliche Angelegenheit, kommt die **Zuständigkeit des GesBR** in Betracht. Das ist etwa der Fall bei unternehmensweit einheitlichen Arbeits- und Sicherheitsanweisungen für Montagearbeiten, die typischerweise im Außendienst erbracht werden (BAG 16.6.1998 – 1 ABR 68/97, NZA 1999, 49), nicht jedoch bei der betriebsbezogenen Gefährdungsanalyse (BAG 8.6.2004 – 1 ABR 4/03, NZA 2005, 227).

280 Das MBR besteht **im Rahmen der jeweiligen Arbeitsschutzvorschrift.** Dies bedeutet nicht nur eine gegenständliche Beschränkung auf die Sachbereiche, für die ein konkretisierendes MBR in Betracht kommt. Hierdurch wird das MBR auch umfangmäßig begrenzt. Zum einen hängt sein Umfang von der Ausgestaltung der jeweiligen Rahmenvorschrift ab. Je konkreter sie ist, desto enger ist die Gestaltungsfreiheit des ArbGeb. und folglich das MBR des BR (*Wlotzke* FS Wißmann, 2005, 426). Zum anderen ist das MBR durch die jeweilige Rechtsvorschrift im Hinblick auf **Inhalt und Niveau** der zu treffenden Maßnahmen begrenzt. Die Regelung des Nr. 7 gewährt kein MBR zur umfassenden Gestaltung des Arbeits- und Gesundheitsschutzes, die über den gesetzlich oder durch die UVV vorgegebenen Rahmen hinausgeht (ErfK/*Kania* Rn. 63). Vielmehr besteht es nur innerhalb dieses Rahmens und des von ihm vorgegeben Inhalts und Schutzniveaus in dem Umfang, in dem der ArbGeb. nach der jeweiligen Norm zur Durchführung von Schutzmaßnahmen verpflichtet ist (BAG 28.3.2017 – 1 ABR 25/15, NZA 2017, 1132; 2.4.1996 – 1 ABR 47/95, NZA 1996, 998; GK-BetrVG/*Wiese/Gutzeit* Rn. 629).

281 Das maßgebende Sicherheitsniveau wird in gesetzlichen Vorschriften vielfach durch Verweisung auf die **„gesicherten arbeitswissenschaftlichen Erkenntnisse“** (vgl.

§ 4 Nr. 3 ArbSchG, näheres zu diesem Begriff → § 90 Rn. 41 ff.), auf die „allgemein anerkannten Regeln der Technik" (zB § 3 Abs. 1 S. 2 GSG), auf den „Stand der Technik" (zB in § 4 Nr. 3 ArbSchG) oder auf den „Stand von Wissenschaft und Technik" (so im Atom- und StrahlenschutzrechtzB § 6 Abs. 2 StrSchV) beschrieben. Diese Verweisungen haben den Vorzug, dass die Vorschriften der technischen Entwicklung folgen. Der Gesetz- oder (im Rahmen der gesetzlichen Ermächtigung – Art. 80 GG) Verordnungsgeber ist seinerseits nicht an diese Regeln gebunden; er kann auch Vorschriften erlassen, die weitergehende technische Maßnahmen verlangen.

Unter **„allgemein anerkannten Regeln der Technik"** sind solche Festlegungen für technische Verfahren, Einrichtungen und Betriebsweisen zu verstehen, von denen die Fachleute, die sie anzuwenden haben, überzeugt sind, dass sie den für erforderlich gehaltenen sicherheitstechnischen Anforderungen entsprechen. Es genügt nicht, dass bloß im Fachschrifttum die Ansicht vertreten oder in Fachschulen die Ansicht gelehrt wird, die Regel entspreche den technischen Erfordernissen. Die technische Regel muss in der Fachpraxis erprobt und bewährt sein. Es ist unerheblich, ob einzelne Fachleute oder eine kleine Gruppe von Fachleuten die Regeln nicht anerkennen oder überhaupt nicht kennen. Maßgebend ist die vorherrschende Meinung, die sich in den Fachkreisen gebildet hat (vgl. GK-BetrVG/*Gutzeit* § 89 Rn. 16). Durch den Verweis auf die allg. anerkannten Regeln der Technik wird ein **Sicherheitsniveau** bezeichnet, das in den Fachkreisen vorherrschend als angemessen betrachtet wird. 282

Unter dem Begriff **„Stand der Technik"** ist ein Entwicklungsstand fortschrittlicher Verfahren, Einrichtungen und Betriebsweisen zu verstehen, der nach herrschender Auffassung führender Fachleute die Erreichung des gesetzlich vorgegebenen Ziels (im Bereich des Arbeitsschutzes insbes. des gebotenen Schutzes des Lebens und der Gesundheit der ArbN) gesichert erscheinen lässt. Im Gegensatz zu den allg. anerkannten Regeln der Technik erfordert der Begriff Stand der Technik keine allgemeine Anerkennung durch die Fachpraxis und keine allgemeine praktische Erprobung und Bewährung. Es genügt uU die Erprobung im konkreten Einzelfall. Das zur Erreichung eines bestimmten Sicherheitsniveaus Erforderliche wird also näher an die Front der technischen Entwicklung verlagert (GK-BetrVG/*Gutzeit* § 89 Rn. 18). 283

Noch enger ist der Begriff **„Stand von Wissenschaft und Technik"**. Hierunter ist ein Entwicklungsstand fortschrittlichster Verfahren, Einrichtungen und Betriebsweisen zu verstehen, der nach Auffassung führender Fachleute aus Wissenschaft und Technik auf der Grundlage neuester wissenschaftlicher Erkenntnisse im Hinblick auf das gesetzlich vorgegebene Ziel für erforderlich gehalten wird und die Erreichung dieses Ziels gesichert erscheinen lässt. Das Maß des Erforderlichen bestimmt sich hier nach dem neuesten wissenschaftlichen Erkenntnisstand (GK-BetrVG/*Gutzeit* § 89 Rn. 19). 284

Zur Ausfüllung der gesetzlichen Rahmenregelungen oder Generalklauseln werden für die Setzung technischen Rechts überdies **technische Normen** und **technische Regeln** der Normenorganisationen (DIN, VDE, DVGW, VDI) oder von Ausschüssen herangezogen, die nach arbeitsschutzrechtlichen Bestimmungen gebildet sind. Das Gleiche gilt für **Richtlinien, Sicherheitsregeln oder Merkblätter** der Berufsgenossenschaften. Diese Normen und Regeln werden unter Beteiligung und unter Einflussmöglichkeit der Fachleute interessierter Kreise erarbeitet und geben in aller Regel den derzeit maßgebenden Sicherheitsstandard wieder. Sie haben keine Rechtsnormenqualität und entfalten als solche keine rechtlich verbindliche Wirkung. Sie dienen jedoch der Ausfüllung unbestimmter Rechtsbegriffe mit der Folge, dass die laufende Anpassung der technischen Normen und Regeln an die technische Entwicklung sich auch auf die Inhaltsbestimmung der unbestimmten Rechtsbegriffe, die ja für die technische Entwicklung offen sind, auswirken. Teilweise verweisen Rechtsvorschriften auf dem Gebiet des technischen Arbeitsschutzes auf solche Normen und Regeln. Auf jeden Fall spricht bei ihrer Beachtung eine Vermutung dafür, dass die 285

Anforderungen der unbestimmten Rechtsbegriffe erfüllt sind und der gesetzliche Normadressat vor Beanstandungen der Aufsichtsbehörde sicher ist.

286 Häufig sind gesetzliche Rahmenregelungen generalklauselartig gefasst und verlangen als tatbestandliche Voraussetzung das Vorliegen von Gefahren oder Gefährdungen. Solche **Generalklauseln** lösen ein MBR erst aus, wenn entsprechende Gefahren/Gefährdungen entweder feststehen oder mittels einer vorherigen Gefährdungsbeurteilung ermittelt worden sind. Knüpfen Rahmenvorschriften nicht nur allgemein an Gefahren/Gefährdungen sondern stellen weitere Anforderungen auf, zB dass Maßnahmen erst ab einer bestimmten Raumtemperatur zu ergreifen sind, setzt das MBR weiter voraus, dass diese Tatbestandsvoraussetzungen erfüllt sind (BAG 28.3.2017 – 1 ABR 25/15, NZA 2017, 1132; *Fieseler/Berger* NZA 2018, 1520; *Oberberg/Hien* NZA 2018, 18).

287 Das MBR besteht bei Regelungen des betrieblichen Arbeits- und Gesundheitsschutzes. Es muss sich um einen **kollektiven Tatbestand** handeln, nicht um eine Einzelmaßnahme (→ Rn. 14ff.). Personelle Einzelmaßnahmen werden vom MBR nach Abs. 1 Nr. 7 in der Regel nicht erfasst (zu Sonderregelungen bei der Bestellung und Abberufung von Betriebsärzten und Sicherheitsfachkräften → Rn. 321). Das MBR nach Nr. 7 hat einen anderen Gegenstand als das MBR nach § 99.

288 Auch das MBR nach Nr. 7 gewährt dem BR ein **Initiativrecht** zum Erlass entsprechender betrieblicher Arbeits- und Gesundheitsschutzregelungen (DKKW/*Klebe* Rn. 227; GK-BetrVG/*Wiese/Gutzeit* Rn. 667; HWGNRH/*Worzalla* Rn. 437; Richardi BetrVG/*Richardi* Rn. 578). Die von ihm angestrebten Regelungen müssen aber innerhalb durch eine Rahmenvorschrift gedeckt sein. Darüber hinaus gehende Regelungen können nur durch freiwillige BV nach § 88 vereinbart werden. Das Initiativrecht muss ferner auf eine konkrete Ausfüllung der Rahmenvorschrift zielen. Daran fehlt es, wenn der BR selbst wiederum nur eine ausfüllungsbedürftige Rahmenregelung anstrebt (BAG 6.12.1983 – 1 ABR 43/81, AP BetrVG 1972 § 87 Überwachung Nr. 7; DKKW/*Klebe* Rn. 227).

289 Nicht vorgeschrieben ist, in welcher **Form** die MB nach Nr. 7 durchzuführen ist. Das hängt nicht zuletzt davon ab, ob mit der vorgesehenen Regelung die Arbeitsverhältnisse normativ gestaltet werden sollen. In diesem Falle ist der Abschluss einer BV erforderlich. IÜ reicht eine Regelungsabrede aus.

290 Die Beachtung des MBR des BR ist auch in den Fällen der Nr. 7 grds. **Wirksamkeitsvoraussetzung** für die vom ArbGeb. zu treffenden Maßnahmen (BAG 16.6.1998 – 1 ABR 68/97, NZA 1999, 49; GK-BetrVG/*Wiese/Gutzeit* Rn. 669; die Theorie der Wirksamkeitsvoraussetzung grds. abl. HWGNRH/*Worzalla* Rn. 441; Richardi BetrVG/*Richardi* Rn. 584). Jedoch ist hier folgende Besonderheit zu beachten: Aus der **öffentlich-rechtlichen Verpflichtung** des ArbGeb., die Arbeitssicherheit im Betrieb zu gewährleisten, ergibt sich, dass Konflikte im Zusammenhang mit dem MBR nicht in der Weise behandelt werden können, dass bis zur Einigung zunächst nichts geschieht. Vielmehr muss bei Meinungsverschiedenheiten in solchen Fällen der ArbGeb. die Erfüllung seiner Verpflichtungen je nachdem durch Anrufung der E-Stelle oder der Aufsichtsbehörde (idR der Gewerbeaufsicht) gewährleisten. Er muss also in den Fällen der Nr. 7 ggf. die **Initiative zur Beilegung des Konfliktes** ergreifen. **Bei konkreten Gefahren** für Leben und Gesundheit der ArbN ist der ArbGeb. überdies gehalten, **sofort die erforderlichen Maßnahmen** zu treffen (allerdings unbeschadet der Möglichkeit einer späteren Korrektur durch die E-Stelle oder die Aufsichtsbehörde). Sind solche **Eilmaßnahmen** unverzüglich zu treffen, hat der BR ausnahmsweise nicht mitzubestimmen. Das folgt aus den Vorschriften der §§ 21ff. ArbSchG, wonach die Anordnung unaufschiebbarer Maßnahmen Sache der zuständigen Aufsichtsbehörden ist (BAG 28.3.2017 – 1 ABR 25/15, NZA 2017, 1132; dazu *Wlotzke* FS Hilger/Stumpf, 1983, 746; GK-BetrVG/*Wiese/Gutzeit* Rn. 669).

291 Die Nichtbeachtung des MBR begründet für die ArbN im Allgemeinen **kein Leistungsverweigerungsrecht** im Sinne eines Zurückbehaltungsrechts, wenn die vom ArbGeb. einseitig getroffenen Arbeitsschutzmaßnahmen dem materiellen Arbeits- und Gesundheitsschutz entsprechen und deshalb keine Verletzung seiner Fürsorgepflicht vorliegt. Entspricht eine Regelung nicht dem materiellen Arbeits- und Gesundheitsschutz, lässt auch eine Beachtung des MBR des BR ein bestehendes Leistungsverweigerungsrecht unberührt (Richardi BetrVG/*Richardi* Rn. 585; zum Leistungsverweigerungsrecht des ArbN bei Arbeit in gefahrstoffbelasteten Räumen BAG 19.2.1997 – 5 AZR 982/94, NZA 1997, 821). Vom Leistungsverweigerungsrecht nach § 273 BGB ist das Recht des ArbN, sich bei einer unmittelbaren erheblichen Gefahr durch sofortiges Verlassen des Arbeitsplatzes in Sicherheit zu bringen (vgl. § 9 Abs. 3 ArbSchG), zu unterscheiden (*Wlotzke* RdA 1992, 94).

Der ArbGeb. hat die **Kosten** der Maßnahmen des Arbeitsschutzes zu tragen. Sie 292
dürfen nicht dem ArbN auferlegt werden (§ 3 Abs. 3 ArbSchG; BAG 21.8.1985 – 7 AZR 199/83, NZA 1986, 324). Das gilt auch dann, wenn die Kosten Folgen der notwendigen Beteiligung des BR sind. Von dieser Kostentragungspflicht kann nicht durch Einzelvertrag oder BV ganz oder teilweise abgewichen werden (BAG 18.8.1982 – 5 AZR 493/80, AP BGB § 618 Nr. 18; 1.12.1992 – 1 AZR 260/92, NZA 1993, 711). Das Verbot der Kostenüberwälzung auf den ArbN besteht in Bezug auf alle Schutzmaßnahmen im Rahmen der Arbeitstätigkeit. Es betrifft nicht den Fall, dass der ArbN bestimmte Arbeitsmittel oder persönliche Schutzausrüstungen auch privat nutzt. Eine **Kostenbeteiligung** des ArbN wegen dieses **privaten Gebrauchsvorteils** ist nicht von Gesetzes wegen untersagt. Allerdings kann diese Kostenbeteiligung nicht iRd MBR des BR nach Nr. 7 erzwungen, sondern allenfalls in einer freiwilligen BV nach § 88 unter Beachtung der dafür geltenden Kompetenzgrenzen (→ § 88 Rn. 8ff.) geregelt werden (DKKW/*Klebe* Rn. 228; GK-BetrVG/*Wiese*/*Gutzeit* Rn. 652). Hierbei kommt eine Kostenbeteiligung nur in Betracht, wenn der ArbN einen derartigen Gebrauchsvorteil überhaupt in Anspruch nehmen kann und dies auch wünscht (Richardi BetrVG/*Richardi* Rn. 579).

e) Erfasster Personenkreis

Die das MBR auslösenden **Rahmenvorschriften** müssen inhaltlich das Verhältnis 293
zwischen einem ArbGeb. und einem ArbN betreffen. Danach ist der Arbeitsschutz in erster Linie an den arbeitsvertraglichen Beziehungen ausgerichtet. Diese sind durch die Elemente der Eingliederung in einen Betrieb und der Ausübung des Weisungsrechts bestimmt. Ausreichend für den Geltungsanspruch des Arbeitsschutzes ist daher, dass Personen als abhängig Beschäftigte im Organisations- und Verantwortungsbereich eines ArbGeb. tätig werden (vgl. hierzu die Regelung der arbeitsschutzrechtlichen Verantwortung bei der Zusammenarbeit mehrerer ArbGeb. in § 8 ArbSchG). Das MBR erfasst daher im **Entleiherbetrieb** auch die dort eingesetzten LeihArbN. Für sie gelten dort die für den Betrieb des Entleihers geltenden öffentlich-rechtlichen Vorschriften des Arbeitsschutzes (§ 11 Abs. 6 S. 1 AÜG). Dieser ist neben dem Verleiher für die Einhaltung dieser Vorschriften verantwortlich. Dabei werden den Verleiher typischerweise Kontroll- und Überwachungspflichten treffen (ausf. *Wiebauer* ZfA 2014, 29; *Aligbe* ArbR 2014, 146; *Schirmer* FS 50 Jahre BAG, 2004, 1065). Auch der ArbN, der **Telearbeit** verrichtet, ist wegen seines im privaten Umfeld befindlichen Arbeitsplatzes nicht von vornherein von der MBR ausgenommen (→ Rn. 302). Das MBR erfasst auch Beamte, Soldaten sowie die Privatunternehmen gestellten ArbN des öffentlichen Dienstes.

f) Einigungsstellenverfahren

Die Ausgestaltung des MBR als Rahmenvorschrift und die zunehmend general- 294
klauselartig formulierten Rahmenvorschriften des Arbeits- und Gesundheitsschutzes stellen besondere Anforderungen an den **Regelungsauftrag einer E-Stelle.** Dieser muss von den Betriebsparteien oder ggf. im Verfahren nach § 100 ArbGG konkret bestimmt werden. Das legt den Umfang des Handlungsauftrags fest und erlaubt eine

Beurteilung darüber, ob die E-Stelle eine regelungsbedürftige Angelegenheit im Rahmen gestellter Aufträge vollständig gelöst hat und damit ihren Auftrag erfüllt hat (BAG 11.2.2014 – 1 ABR 72/12, NZA 2014, 989). Im Bereich der MB nach Nr. 7 genügen allgemeine Regelungsaufträge wie „Regelungen zu Aufgaben des Arbeits- und Gesundheitsschutzes" oder „umfassende Erledigung aller Themen des Gesundheitsschutzes" den gesetzlichen Anforderungen nicht. Bei derart allgemein gehaltenen Regelungsaufträgen steht nicht fest, welcher Regelungskonflikt der Betriebsparteien von der E-Stelle gelöst werden soll. Deshalb kann auch nicht beurteilt werden, ob ein Spruch dem Regelungsauftrag abschließend nachkommt. Dementsprechend ist ein Regelungsauftrag nach Nr. 7 nach der auszufüllenden Rahmenvorschrift des Arbeits- und Gesundheitsschutzes zu konkretisieren (zB „Regelungen zur Gefährdungsbeurteilung", „Regelungen zum Raumklima", „Regelung zur Unterweisung"). Fehlt es daran, ist ein entsprechender Spruch der E-Stelle unwirksam (BAG 28.3.2017 – 1 ABR 25/15, NZA 2017 1132). Teilsprüche innerhalb eines pauschalen Regelungsauftrags bewirken keine nachträgliche Konkretisierung (BAG 11.2.2014 – 1 ABR 72/12, NZA 2014, 898). Ein Auftrag zur Ausgestaltung einer Gefährdungsbeurteilung kann nicht zugleich mit einem Auftrag zur Regelung konkreter Schutzmaßnahmen verbunden werden (BAG 19.11.2019 – 1 ABR 22/18).

295 Wird das MBR nach Nr. 7 auf generalklauselartige Vorschriften des Arbeits- und Gesundheitsschutzes gestützt, deren Tatbestand das **Vorliegen einer Gefahr,** zumindest aber einer Gefährdung verlangt (zB § 3 Abs. 1 ArbSchG), müssen diese entweder feststehen oder im Rahmen einer vorherigen Gefährdungsbeurteilung zunächst festgestellt werden (BAG 13.8.2019 – 1 ABR 6/18). Erst dann kann eine Handlungspflicht des ArbGeb. und damit ein MBR hinsichtlich der zu treffenden Maßnahmen ausgelöst werden (BAG 28.3.2017 – 1 ABR 25/15 Rn. 20ff., NZA 2017 1132; *Kort* RdA 2018, 242). Diese Gefährdungen kann eine E-Stelle nicht einfach selbst ermitteln und damit erst die Grundlage für ihr Tätigwerden schaffen (BAG 28.3.2017 – 1 ABR 25/15 Rn. 23, NZA 2017 1132; 19.11.2019 – 1 ABR 22/18). Im Rahmen ihres Regelungsauftrags darf sich eine E-Stelle nicht darauf beschränken ihrerseits nur **rahmenmäßige Vorgaben** zu machen oder gesetzliche Vorgaben lediglich wiederzugeben. Damit verfehlt sie ihre Aufgabe (BAG 11.1.2011 – 1 ABR 104/09, NZA 2011, 652). Gleiches gilt, wenn ihre Regelungen derart unbestimmt sind, dass sie einer Nichtregelung gleichkommen (BAG 28.3.2017 – 1 ABR 25/15 Rn. 33ff., NZA 2017 1132). Ihrem Regelungsauftrag genügt sie auch nicht, wenn sie dem ArbGeb. bloß aufgibt, dem BR eine BV vorzulegen, die sich nach bestimmten, von der Einigungsstelle für richtig gehaltenen Grundsätzen richtet (BAG 22.1.2002 – 3 ABR 28/01, AP BetrVG 1972 § 76 Einigungsstelle Nr. 16). Dazu ist allenfalls ein Zwischenbeschluss geeignet (BAG 8.6.2004 – 1 ABR 4/03, NZA 2005, 227).

g) Regelungen für einzelne Sachbereiche

296 Das **ArbSchG** v. 7.8.1996 hat einen erheblich erweiterten und auch präventiv wirkenden Arbeitsschutzansatz (*Wlotzke* FS Wißmann, 2005, 426; *Pieper* ArbSchG § 1 Rn. 4ff.; *Wiebauer* RdA 2019, 41). Zu den Maßnahmen des Arbeitsschutzes zählen nicht mehr nur die klassischen Maßnahmen zur Verhütung von Arbeitsunfällen und arbeitsbedingten Gesundheitsgefahren. Vielmehr umfassen diese Maßnahmen nach § 2 Abs. 1 ArbSchG auch solche, die der Berücksichtigung von arbeitsschutzbezogenen Aspekten der menschengerechten Gestaltung der Arbeit dienen. Ferner schreibt § 4 Abs. 1 Nr. 3 ArbSchG vor, bei den Maßnahmen des Arbeitsschutzes den Stand der Technik (→ Rn. 283) und die gesicherten arbeitswissenschaftlichen Erkenntnisse (→ § 90 Rn. 41ff.) zu berücksichtigen. Außerdem hat der ArbGeb. die Wirksamkeit getroffener Maßnahmen laufend zu überprüfen und erforderlichenfalls an sich ändernde Gegebenheiten anzupassen.

297 Im Bereich des ArbSchG gibt der konzeptionelle Zusammenhang der einzelnen Vorschriften eine **gestufte Vorgehensweise** vor (BAG 28.3.2017, 1 ABR 25/15,

NZA 2017, 1132; 19.11.2019 – 1 ABR 22/18). An erster Stelle steht die Durchführung einer **Gefährdungsbeurteilung** iSv § 5 Abs. 1 ArbSchG (BAG 11.2.2014 – 1 ABR 72/12, NZA 2014, 989; 8.6.2004 – 1 ABR 13/03, NZA 2004, 1175). Sie verpflichtet den ArbGeb. zur Ermittlung derjenigen Gefährdungen, die für seine Beschäftigten mit der Arbeit verbunden sind. Es handelt sich um eine ausfüllungsbedürftige, dem Gesundheitsschutz dienende Rahmenvorschrift (BAG 13.8.2019 – 1 ABR 6/18). Die Norm zielt darauf ab, die mit der Arbeit verbundenen Gefährdungen zu ermitteln, sie mit Blick auf ihre Schwere und das Risiko eines Schadenseintritts zu bewerten und zu prüfen, ob Schutzmaßnahmen geboten sind und wie dringlich ein darauf bezogener Handlungsbedarf ist. Hingegen geht es nicht darum, konkrete Schutzmaßnahmen festzulegen und für diese eine Wirksamkeitskontrolle zu bestimmen (BAG 28.3.2017 – 1 ABR 25/15, NZA 2017, 1132). Diese Aufgabe stellt sich den Betriebsparteien erst anhand der Ergebnisse der Gefährdungsbeurteilung, also nach deren Durchführung (BAG 13.8.2019 – 1 ABR 6/18). Die Information der ArbN über das sie betreffende Ergebnis der Gefährdungsbeurteilung ist nicht Teil des MBR nach § 87 Abs. 1 Nr. 7 iVm § 5 ArbSchG (BAG 13.8.2019 – 1 ABR 6/18, Rn. 66). Die Rahmenvorschrift des § 5 ArbSchG eröffnet ein MBR lediglich zur Aufstellung abstrakt-genereller **Verfahrensgrundsätze,** nach denen die Gefährdungsbeurteilung durchzuführen ist. Das hat das BAG in der Entscheidung vom 13.8.2019 (1 ABR 6/18, Rn. 33 ff.) erneut bekräftigt. Demnach haben die Betriebsparteien bloße Vorgaben zur Durch-führung einer Gefährdungsbeurteilung zu regeln. Das verpflichtet sie nicht dazu, hinsichtlich eines jeden Arbeitsplatzes sämtliche damit verbundenen Arbeitsbedingungen in einer BV zu beschreiben. Sie können sich bei gleichartigen Tätigkeiten auf einen repräsentativen Arbeitsplatz/Tätigkeit beschränken (§ 5 Abs. 2 ArbSchG). Hierfür müssen die Arbeitsbedingungen nicht identisch sein. Es genügt eine wesentliche Vergleichbarkeit. Für deren Beurteilung steht den Betriebsparteien in tatsächlicher Hinsicht ein Beurteilungsspielraum zu (BAG 13.8.2019 – 1 ABR 6/18, Rn. 47).

Zu regeln sind auch die **Methoden,** mittels derer Gefährdungen festzustellen sind. **298** Hierbei bietet es sich an zwischen den Methoden zur Feststellung nicht psychischer Gefährdungen (vgl. § 5 Abs. 3 Nr. 1–5 ArbSchG) und denen psychischer Art (vgl. § 5 Abs. 3 Nr. 6 ArbSchG) zu differenzieren. Für den erstgenannten Fall kommen in Betracht: Begehung von Arbeitsplätzen, Mitarbeiterbefragung, Auswertung technischer Unterlagen oder technische Messungen. Zur Feststellung psychischer Gefährdungen bieten sich neben Beobachtungsverfahren und Mitarbeiterbefragungen auch moderierte Analyseworkshops an (vgl. BAUA, Gefährdungsbeurteilung psych. Belastung (2016), S. 55 ff.). Die Betriebsparteien sind nicht gehalten den Einsatz einer jeder Untersuchungsmethode gefährdungsbezogen vorzugeben (BAG 13.8.2019 – 1 ABR 6/18, NZA 2019, Rn. 57). Arbeitsschutzrechtliche RechtsV können speziellere Vorgaben zur Durchführung einer Gefährdungsbeurteilung normieren. So erweitert etwa die seit dem 1.1.2018 geltende Neuregelung des **Mutterschutzrechts,** mit der die bis dahin geltende MuSchArbV außer Kraft gesetzt worden ist, die entsprechenden Pflichten des ArbGeb. Ihm gibt § 10 MuSchG nunmehr vor, jede Tätigkeit danach zu überprüfen, ob nach Art, Ausmaß und Dauer Gefährdungen für Schwangere oder Stillende oder deren Kinder bestehen. Die Ausweitung der Gefährdungsbeurteilung gilt auch, wenn die konkrete Tätigkeit von einer nicht geschützten ArbN oder einem Mann verrichtet wird. (*Bayreuther* NZA 2017, 1145; *Schiefer/Baumann* JArbR Bd. 56, S. 21). Lediglich bei gleichartigen Arbeitsbedingungen ist diese erweiterte Gefährdungsbeurteilung nur für einen Arbeitsplatz/Tätigkeit vorzunehmen (§ 10 Abs. 1 S. 2 MuSchG). Hinsichtlich gesondert geregelter Gefährdungsbeurteilungen vgl. BAG 28.3.2017 – 1 ABR 25/15, NZA 2017, 1132.

Die Ergebnisse der Gefährdungsbeurteilung sind nach § 6 Abs. 1 ArbSchG zu dokumentieren. **299** Auch hierbei handelt es sich um eine Rahmenvorschrift des Arbeitsschutzes, weil sich die Art und Weise der **Dokumentation** auf die arbeitsschutzrechtliche Lage der ArbN auswirken kann (BAG 13.8.2019 – 1 ABR 6/18). Das darauf bezogene MBR ergänzt dasjenige aus § 5 ArbSchG. Daher ist in einer BV zur Durchführung einer Gefährdungsbeurteilung zugleich deren Dokumentation zu regeln. Zu dem erschöpft sich die Gefährdungsbeurteilung nicht in einer einmaligen Durchführung. Vielmehr handelt es sich um einen dauerhaften Prozess, weshalb die Betriebsparteien auch den zeitlichen Rhythmus von **Wiederholungsbeurteilungen** zu bestimmen haben (BAG 13.8.2019 – 1 ABR 6/18, Rn. 63). Davon bleiben speziellere anlassbezogene Wiederholungsprüfungen (vgl. § 3 Abs. 7 S. 1 BetrSichV) unberührt.

300 Sind nach den Ergebnissen der Gefährdungsbeurteilung Arbeitsschutzmaßnahmen zu ergreifen, weil Gefährdungen bzw. Gefahren feststehen oder ermittelt wurden, eröffnet eine von § 3 Abs. 1 ArbSchG geforderte betriebliche Konkretisierung ein MBR (BAG 28.3.2017 – 1 ABR 25/15, NZA 2017, 1132). Hierbei sind die allgemeinen Grundsätze des § 4 ArbSchG zu beachten, weshalb diese Norm ihrerseits keine eigenständige Rahmenvorschrift des Gesundheitsschutzes ist (**aA** Voraufl. Rn. 299). Ob das MBR nach der Rahmenvorschrift des § 3 Abs. 1 ArbSchG auch die Aufstellung von **Regelungen zur Personalbemessung** erfasst, ist derzeit nicht geklärt (bejahend ArbG Kiel 26.7.2017 – 7 BV 67c/16, NZA-RR 2017, 539; *Kothe* RdA 2019, 347; **aA** LAG SchlH 25.4.2018 – 6 TaBV 21/17, NZA-RR 2018, 543; diff. *Zeppenfeld* NZA 2019, 1539). Ein MBR scheitert allerdings nicht an der Systematik des BetrVG. Das Beratungs- und Vorschlagsrecht des BR nach § 92 BetrVG betrifft eine andere Angelegenheit als die des MBR beim Gesundheitsschutz. Zwischen beiden Angelegenheiten bestehen keine Wechselwirkungen. Sie stehen selbständig nebeneinander (vgl. BAG 22.8.2017 – 1 ABR 4/16, NZA 2018, 191; 19.11. 2019 – 1 ABR 22/18). Zudem zielen betriebliche Besetzungsregeln als gesundheitsschützende Maßnahme nicht auf die Personalplanung des ArbGeb. (*Wiebauer* RdA 2019, 41). Sie scheitern auch nicht an § 3 Abs. 2 ArbSchG. Die darin normierten Pflichten des ArbGeb. sind organisationsbezogen, nicht auf die Abwendung solcher Gefahren bezogen, denen konkrete ArbN infolge einer unzureichenden Personalausstattung ausgesetzt sind. Eine Besetzungsregel als Maßnahme des Gesundheitsschutzes verlangt jedenfalls eine durch vorherige Gefährdungsbeurteilung ermittelte erhebliche Gefahrenlage (*Dahl* BB 2018, 1972) Mindestbesetzungen für pflegeintensive Bereiche von Krankenhäusern regelt seit dem 1.1.2019 die **Pflegepersonaluntergrenzenvo** (BGBl I S. 1634). Diese legt schichtbezogene Untergrenzen für die darin geregelten Bereiche fest, was aber nur insoweit ein MBR wegen des Eingangssatzes des § 87 Abs. 1 ausschließt. Zu den vom MBR erfassten Grundpflichten des ArbGeb. zählt die Aufstellung der Grundsätze einer Wirksamkeitskontrolle getroffener Maßnahmen (§ 3 Abs. 1 S. 2 ArbSchG), und solche zur betriebsbezogenen Organisation des Arbeitsschutzes (§ 3 Abs. 2 Nr. 1 ArbSchG) sowie der Einbindung von Führungskräften und Beschäftigten in die arbeitsschutzbezogenen Prozesse (§ 3 Abs. 2 Nr. 2 ArbSchG). Hierbei handelt es sich um einzelfallübergreifende generell-abstrakte Regelungen. An deren Aufstellung hat der BR mitzubestimmen. Das MBR erfasst den **Aufbau einer Organisationsstruktur** sowie deren Abläufe und damit auch die Zuweisung arbeitsschutzbezogener Aufgaben an Führungskräfte (BAG 18.3.2014 – 1 ABR 73/12, NZA 2014, 855). Ein Beurteilungs- und Gestaltungsspielraum des ArbGeb. und damit ein MBR besteht ferner für die Festlegung erforderlicher Maßnahmen in und für besonders gefährliche Arbeitsbereiche (§ 9 ArbSchG), bei näheren Regelungen über die Erste Hilfe und für Notfallmaßnahmen (§ 10 ArbSchG) sowie über die arbeitsmedizinische Vorsorge (§ 11 ArbSchG iVm ArbMedVV). Arbeiten Beschäftigte mehrerer ArbGeb. an einem Arbeitsplatz zusammen, kann hieraus eine besondere Gefährdungslage resultieren. Daher sind jene nach § 8 Abs. 1 ArbSchG zur arbeitsschutzrechtlichen Zusammenarbeit verpflichtet und als BetriebsArbGeb. nach § 8 Abs. 2 ArbSchG gehalten, dem Fremdpersonal arbeitsschutzbezogene Anweisungen zu erteilen. Das schützt mittelbar auch die betriebszugehörigen und vom BR repräsentierten ArbN. Daher handelt es sich auch bei § 8 Abs. 2 ArbSchG um eine mitbestimmungspflichtige **Rahmenvorschrift** zum Gesundheitsschutz (*Pieper* § 8

ArbSchG Rn. 15). Die ebenfalls mitbestimmungspflichtige Unterweisung iSv § 12 ArbSchG verlangt denknotwendig vorrangig die vorherige Durchführung der Gefährdungsanalyse (BAG 8.11.2011 – 1 ABR 42/10, NZA 2012, 1063; 1.11.2011 – 1 ABR 104/09, NZA 2011 652). Hingegen ist **nicht mitbestimmungspflichtig** die **Übertragung von Arbeitsschutzpflichten** auf zuverlässige und fachkundige Personen nach § 13 Abs. 2 ArbSchG (*Schorn* BB 2010, 1345). Zwar handelt es sich hierbei um eine Rahmenvorschrift, die dem Gesundheitsschutz dient, aber hinsichtlich der Auswahl des Personenkreises keine betriebl. Regelungen erfordert (BAG 18.8.2009 – 1 ABR 43/08, NZA 2009, 1434). Überträgt der ArbGeb. seine Arbeitsschutzaufgaben an Dritte, führt das nicht zum Wegfall der MB (BAG 30.9.2014 – 1 ABR 106/12, NZA 2015, 314). Vielmehr muss sich der ArbGeb. das Wirken seines Auftragnehmers als eigenes zurechnen lassen. Allerdings liegt es nahe, die fachlichen Anforderungen für die Wahrnehmung der jeweiligen Arbeitsschutzaufgabe regelungsbezogen zu bestimmen (zB Anforderung an Fachkunde zur Durchführung einer Gefährdungsanalyse). Zur Pflichtenübertragung durch den ArbGeb. allg. *Wilrich* DB 2009, 1294. Allerdings kann die Übertragung von Unternehmerpflichten auf einen Beschäftigten eine personelle Maßnahme sein, die ein MBR nach § 99 (Versetzung) auslöst.

Entsprechend dem allgemeinen Grundsatz des Vorrangs einer Spezialregelung vor **301**
einer allgemeinen sind auch für die Gestaltungsfreiheit des ArbGeb. nach dem ArbSchG in erster Linie die (Rahmen-)Regelungen in Spezialgesetzen maßgebend. § 1 Abs. 3 ArbSchG lässt bestehende sonstige Vorschriften ausdrücklich unberührt. Das gilt auch für **Rechtsverordnungen,** die auf der Grundlage des § 18 ArbSchG erlassen worden sind (WPK/*Bender* Rn. 146). Diese konkretisieren eine allgemeine Pflicht für bestimmte Gefahrensituationen (*Pieper* § 18 ArbSchG Rn. 2). Es handelt sich um die ArbMedV v. 23.12.2008 (BGBl. I S. 2768), die ArbStättV v. 12.8.2004 (BGBl. I S. 2179), die BaustellV v. 10.6.1998 (BGBl. I S. 1283), die BetrSichV vom 6.2.2015 (BGBl. I S. 49), die BiostoffV vom 15.7.2013 (BGBl. I S. 2514), die GefStoffV vom 26.11.2010 (BGBl. I S. 1643 [1644]), die Gentechnik-SicherheitsVO vom 14.3.1995 (BGBl. I S. 297), die LärmVibrationsArbSchV v. 6.3.2007 (BGBl. I S. 261), die LasthandhabV vom 4.12.1996 (BGBl. I S. 1842), die OStrV vom 19.7. 2010 (BGBl. 1 S. 960), sowie die die PSA-BV vom 4.12.1996 (BGBl. I S. 1841),) und die StrlSchV vom 20.7.2001 (BGBl. I S. 1714). Die frühere BildScharbV wurde nunmehr in die ArbStättV als deren Anhang Nr. 6 einbezogen (→ Rn. 302); die MuSchArbV wurde in das MuSchG integriert (→ Rn. 299). Eine detaillierte Übersicht der einzelnen VO findet sich bei SRS Gesundheitsmanagement/*Doll* ua S. 102 ff.; *Pieper* S. 307 ff.).

Die ehemalige BildscharbV wurde mit Wirkung vom 1.12.2016 in die durch VO **302**
vom 30.11.2016 novellierte ArbStättV (BGBl. I S. 2681) als deren Anhang Nr. 6 eingefügt. Dabei wurden die bisherigen Anforderungen hinsichtlich Sicherheit und Gesundheitsschutz im Wesentlichen übernommen (*Wiebauer* NZA 2017, 220) und ein Anspruch auf Sehhilfen im Anhang Nr. 4 geregelt (*Aligbe* ArbR 2017, 585). **Bildschirmarbeitsplätze** sind demnach solche, die sich in Arbeitsräumen befinden und die mit Bildschirmgeräten und sonstigen Arbeitsmitteln ausgestattet sind (§ 2 Abs. 4 ArbStättV). Eine Klarstellung enthält § 2 Abs. 7 ArbStättV für **häusliche Telearbeitsplätze.** Die ArbStättV und damit deren Regelungen zur Bildschirmarbeit gelten nur dort, wo der ArbGeb. einen Bildschirmarbeitsplatz im Bereich des ArbN für eine konkret vereinbarte Dauer eingerichtet hat und für der ArbN eine feststehende wöchentliche Arbeitszeit in Telearbeit gilt (§ 2 Abs. 7 ArbStättV). Eingerichtet ist ein Telearbeitsplatz, wenn die Bedingungen der Telearbeit vereinbart sind, etwa weil die Betriebsparteien hierüber eine BV abgeschlossen haben (*Aligbe* ArbR 2017, 596). Soweit der Telearbeitsplatz von der ArbStättV erfasst, gelten deren Regelungen nur eingeschränkt. Neben dem Anhang Nr. 6 für Bildschirmarbeit sind nur die Regelungen zur Gefährdungsbeurteilung (§ 3 ArbStättV) bei deren erstmaligen Durchführung und die zur Unterweisung (§ 6 ArbStättV) zu beachten (§ 1 Abs. 3 ArbStättV). Bei den Regelungen in Anhang Nr. 6 ArbStättV handelt es sich um

Rahmenvorschriften iSd § 87 Abs. 1 Nr. 7. Sie bestimmen sicherheitstechnische und ergonomische Gestaltungsziele, geben aber nicht vor, in welcher Art und Weise diese zu erreichen sind. Darüber haben die Betriebsparteien gemeinsam zu befinden (*Pieper* ArbStättV Anhang Nr. 6 Rn. 1). Nicht in den Anwendungsbereich der ArbStättV fällt die sog. **mobile Telearbeit.** Das ist Telearbeit an ortsveränderlichen Bildschirmgeräten außerhalb von Arbeitsplätzen. Für sie gelten allerdings die allgemeinen Bestimmungen des ArbSchG und – soweit Laptop oder Tablet vom ArbGeb. gestellt werden – die BetrSichV (*Pieper* AuR 2017, 188).

303 Die Bereiche **persönliche Schutzausrüstungen, Arbeitsmittel** und die **manuelle Handhabung von Lasten** haben durch die PSA-BV und die LasthandhabV eigenständige Regelungen erfahren. Diese Regelungen schaffen Gestaltungsspielräume für den ArbGeb., die mitbestimmungspflichtig auszufüllen sind. Mit der PSA-BV wird die EG-PSA-BenutzungsRL (EG-RL 89/656/EWG vom 30.11.1989) im nationalen Recht umgesetzt, weshalb diese RL bei der Auslegung der PSA-BV zu beachten ist. Die PSA-BV ergänzt mit speziellen Regelungen zur Sicherheit und zum Gesundheitsschutz die allgemeinen Bestimmungen des Arbeitsschutzrechts (*Pieper* ArbSchR § 1 PSA-BV Rn. 3). So darf nach § 2 **PSA-BV** der ArbGeb. nur solche persönliche Schutzausrüstungen bereitstellen, die den Anforderungen der VO über das Inverkehrbringen von persönlichen Schutzausrüstungen entsprechen, im Hinblick auf die zu verhütenden Gefährdungen geeignet sind und den ergonomischen Anforderungen und gesundheitlichen Erfordernissen der Beschäftigten entsprechen. Die nach § 12 ArbSchG erforderliche Unterweisung hat sich insbes. auf die sicherheitsgerechte Benutzung der Schutzausrüstungen, ggf. durch eine praktische Schulung in der sicherheitsgerechten Benutzung, zu erstrecken (§ 3 PSA-BV). Nach der **LasthandhabV** hat der ArbGeb., um eine Gefährdung der Sicherheit und der Gesundheit der ArbN bei der **manuellen Handhabung von Lasten** zu vermeiden, geeignete organisatorische Maßnahmen zu treffen oder geeignete Arbeitsmittel einzusetzen. Die hierbei zu berücksichtigende Gesichtspunkte sind in einem Anhang zu VO näher aufgeführt (§§ 2ff. LasthandhabV). Die Anforderungen an die Bereitstellung und Benutzung von Arbeitsmitteln und deren Beschaffenheit regelt die **BetrSichV,** die mWz 1.6.2015 neu konzipiert worden ist (Einzelheiten *Schlucht* NZA 2015, 333). Verantwortlich für die Sicherheit der Arbeitsmittel ist der ArbGeb., beginnend mit deren Auswahl und deren Anschaffung. Schutzmaßnahmen sind aufgrund wiederkehrender Gefährdungsbeurteilungen zu treffen. Die Beschäftigten sind entsprechend zu unterweisen (Einzelheiten *Wiebauer* ArbR 2015, 198 [243]; *Wilrich* DB 2015, 981). Die **BioStoffV** betrifft den Schutz von Beschäftigten vor einer Gefährdung ihrer Sicherheit und Gesundheit bei Tätigkeiten mit biologischen Arbeitsstoffen. Der BR ist nach § 8 S. 2 BioStoffV bei der sog Gefährdungsbeurteilung zu beteiligen.

304 Die **LärmVibrationsArbSchV** soll Beschäftigte vor konkreten wie potentiellen Gesundheits- und Sicherheitsgefährdungen schützen, die durch Lärm/Vibration bei der Arbeit ausgelöst werden. Sie enthält ein neues Grenzwertgefüge, das von dem der bisherigen berufsgenossenschaftl. BGV 3 abweicht. Wichtige BR-Aufgaben folgen aus der Umsetzung des Minimierungsgebots, das jetzt aus § 7 Abs. 1 folgt (vgl. *Pauli* AiB 2007, 454). Außerdem hat der ArbGeb. eine Gefährdungsbeurteilung vorzunehmen (§ 3), hinsichtl. deren in § 3 Abs. 2 geregelten Umfang ein MBR besteht. Bei der Durchführung der danach festzulegenden Schutzmaßnahmen gibt § 7 Abs. 1 eine Rangfolge vor, die auch die Betriebsparteien bindet. Ein Mitbeurteilungs- und daran knüpfendes MBR besteht bei der Auswahl eines Gehörschutzes (§ 8).

305 Der **Bereich der gefährlichen Stoffe wird** weitgehend durch die GefStoffV geregelt. Sie dient der Umsetzung einschlägiger EG-RL und der Angleichung an das ArbSchG. Charakteristisch ist das **Schutzkonzept** in Form eines Stufenschutzmodells. Danach darf der ArbGeb. eine Tätigkeit mit Gefahrstoffen erst aufnehmen lassen, wenn eine Gefährdungsbeurteilung nach § 6 GefStoffV durchgeführt ist und die danach erforderlichen Schutzmaßnahmen ergriffen worden sind (§ 7 GefStoffV). Hinsichtlich der vorzunehmenden Gefährdungsbeurteilung gibt § 6 Abs. 1 S. 2

Nr. 1–8 die berücksichtigungspflichtigen Kriterien vor. Auch die GefStoffV – zuletzt durch Art. 148 des Gesetzes vom 29. März 2017 (BGBl. I S. 626) geändert – eröffnet mit ihren Regelungen zur Gefährdungsbeurteilung, den Grundpflichten des ArbGeb. sowie den zu ergreifenden Schutzmaßnahmen (§§ 6 ff. GefStoffV) eine Reihe von Handlungsspielräumen, bei deren Ausfüllung das MBR nach Nr. 7 zum Tragen kommt (*Pieper* GefStoffV Vor § 1 Rn. 32).

Die grundlegende Neuregelung der **ArbStättV** (vgl. *Kollmer* Einf. Rn. 36 ff.), die zugleich die früheren Arbeitsstättenrichtlinien aufgehoben hat, zielt darauf ab, die Gesundheit der Beschäftigten vor Gefährdungen zu schützen, die aus der Einrichtung, der Organisation und dem Betrieb von Arbeitsstätten folgen (*Kothe/Faber* DB 2005, 225). Mit der Novelle der ArbStättV vom 30.11.2016 (BGBl. I, S. 2681, berichtigt durch die VO vom 21.7.2017 BGBl. I S. 2839) wurde nicht nur die bisherige BildScharbV integriert (→ Rn. 302), sondern auch bestehende Regelung präzisiert und in Bezug auf den Stand der Technik und der gesicherten arbeitswissenschaftliche Erkenntnisse aktualisiert (*Pieper* AuR 2017, 188; *Wiebauer* NZA 2017, 220). Insgesamt ergänzt die ArbStättV als speziellere Vorschrift in Bezug auf Sicherheit und Gesundheitsschutz beim Einrichten und Betreiben einer Arbeitsstätte die Vorschriften des ArbSchG. Danach hat der ArbGeb. eine Gefährdungsbeurteilung nach Maßgabe des § 3 Abs. 1 ArbStättV durchzuführen und dafür Sorge zu tragen, dass die Schutzziele des § 3a Abs. 1 erreicht werden. Das gilt auch für die Organisationsform des sog. **Desk Sharing,** bei der sich ArbN nach dem Zufallsprinzip einen Büroarbeitsplatz teilen müssen (vgl. Anm. **Kothe** LAG Düsseldorf 9.1.2018 – 3 TaBVGa 6/17, NZA-RR 2018, 368; *Oltmanns/Fuhltrott* NZA 2018, 1225). Entsprechend dem Ergebnis der Gefährdungsbeurteilung sind Maßnahmen iSd § 3 Abs. 1 S. 4 ArbStättV zu treffen. Hält der ArbGeb. die jeweils einschlägigen Technischen Regeln für Arbeitsstätten (ASR) ein, ist davon auszugehen, dass hiermit die Vorgaben der ArbStättV erfüllt werden. Entscheiden sich der ArbGeb. oder die Betriebsparteien für eine andere Lösung, muss diese nach § 3a Abs. 1 Satz 3, 4 ArbStättV adäquat sein (BAG 28.3.2017 – 1 ABR 25/15, NZA 2017, 1132). Insgesamt eröffnet die ArbStättV vielfältige Gestaltungsspielräume für die Umsetzung eines den spezifischen betrieblichen Verhältnissen angepassten Schutzkonzepts. Das erweitert das MBR nach Nr. 7 (*Kothe/Faber* DB 2005, 225; *Faber* AiB 2006, 528). 306

Nach § 5 ArbStättV ist der ArbGeb. grds. gehalten, den ArbN vor den **Gefahren des Passivrauchens** zu schützen. Die ArbStättV geht demnach davon aus, dass Passivrauchen gesundheitsgefährdend ist. Daher hat der ArbGeb. nach § 5 Abs. 1 ArbStättV wirksame Maßnahmen zu treffen, damit die nichtrauchenden Beschäftigten an der Arbeitsstätte selbst und damit am Arbeitsplatz vor Gesundheitsgefahren durch Tabakrauch geschützt werden (*Kollmer* ArbStättV § 5 Rn. 14). § 5 ArbStättV konkretisiert § 618 BGB. Das kann für den ArbN nach § 618 Abs. 1 BGB einen Anspruch auf Zuweisung eines tabakrauchfreien Arbeitsplatzes begründen (BAG 19.5.2009 – 9 AZR 241/08, NZA 2009, 775). Diesen Anspruch beschränkt § 5 Abs. 2 ArbStättV ein. Danach sind in Arbeitsstätten mit Publikumsverkehr nichtraucherschützende Maßnahmen nur insoweit zu treffen, als es die Natur des Betriebs und die Art der Beschäftigung es zu lassen. In einem solchen Fall können keine Maßnahmen verlangt werden, die eine Veränderung oder gar faktische Einstellung der unternehmerischen Betätigung zur Folge hätten (BAG 10.5.2016 – 9 AZR 347/15, NZA 2016, 1134). Darüber hinaus kann ein allgemeines **Rauchverbot** Konsequenz einer Gefährdungsbeurteilung nach § 3 ArbStättV iVm Nr. 3.6 des dazu ergangenen Anhangs sein. Auch kann ein MBR kann insoweit auch nach Nr. 1 gegeben sein (→ Rn. 71). Bei der betriebl. Umsetzung des Nichtraucherschutzes durch BV bietet es sich an zu regeln in wie weit nichtrauchende ArbN zu schützen sind, uU durch ein generelles Rauchverbot oder eine Regelung in welchen Räumen noch geraucht werden darf, für welche Zeiten ein Rauchverbot gelten soll oder ob und in welchem Umfang Raucherpausen gewährt werden sollen (*Raif/Böttcher* AuR 2009, 289). 307

308 Mit der **BaustellV** wurde die EG- BaustellenRL (EG-RL 92/57/EWG) in nationales Recht umgesetzt (Einzelheiten bei *Kollmer* BaustellVO Einl. Rn. 7ff.; *Pieper* § 1 BaustellV Rn. 3ff.). Zum Zwecke präventiven Arbeitsschutzes für die an Baustellen Beschäftigten, müssen der Bauherr oder ein von ihm beauftragter Dritter bereits bei der Planung die allgemeinen Grundsätze des § 4 ArbSchG berücksichtigen (§ 2 Abs. 1 BaustellV). Sie müssen einen **Sicherheits- und Gesundheitsschutzplan** erstellen (§ 2 Abs. 3 BaustellV). Darüber hinaus müssen sie einen Koordinator bestellen, der die anfallenden Aufgaben des Arbeits- und Gesundheitsschutzes koordiniert. Das MBR besteht jedoch nur bei den ausfüllungsbedürftigen Regelungen der BaustellV, die sich an den ArbGeb. richten. Ein MBR kommt deshalb nur iRd § 5 BaustellV in Betracht, der die Pflichten des ArbGeb. in Bezug auf Maßnahmen des Arbeitsschutzes auf Baustellen regelt (*Kollmer* BaustellV Einl. Rn. 41; *Pieper* § 5 BaustellV Rn. 6).

309 Das Mitbestimmungsrecht nach Abs. 1 Nr. 7 gilt auch für **kerntechnische Anlagen** sowie für den **Umgang mit radioaktiven Stoffen.** Soweit hier keine abschließenden Regelungen auf Grund des Strahlenschutzrechtes getroffen sind, insbes. durch Auflagen der Genehmigungs- oder Aufsichtsbehörden (BAG 9.7.1991 – 1 ABR 57/90, NZA 1992, 126), besteht in den Fragen des Arbeitsschutzes das Mitbestimmungsrecht des BR in demselben Umfang wie in anderen Betrieben. Die Zusammenarbeit zwischen dem ArbGeb. (dem Strahlenschutzverantwortlichen) und den nach § 31 Abs. 2 StrlSchV zu bestellenden **Strahlenschutzbeauftragten** mit dem BR und den Fachkräften für Arbeitssicherheit nach dem ASiG ist in § 32 Abs. 4 StrlSchV (v. 20.7.2001, BGBl. I S. 1714) geregelt. In Angelegenheiten des Strahlenschutzes (Schutz der ArbN vor Strahlenexpositionen oder Kontaminationen) sieht § 32 Abs. 2 StrlSchV ein besonderes Verfahren zur Lösung von Meinungsverschiedenheiten zwischen dem ArbGeb. und den Strahlenschutzbeauftragten vor. Lehnt der ArbGeb. dessen Vorschläge über Strahlenschutzmaßnahmen oder -einrichtungen ab, so hat er dies schriftlich mitzuteilen und zu begründen sowie dem BR und der zuständigen Behörde je eine Abschrift zu übersenden. Die VO geht davon aus, dass in diesen Fällen die **zuständige Behörde entscheidet.** Dieses § 8 Abs. 3 ASiG nachgebildete Konfliktlösungsmodell betrifft allerdings nur das Verhältnis zwischen ArbGeb. und StrlSchBauauftragten und schließt **Initiativen des BR** nicht aus, zumal auch die StrlSchV eine große Zahl von Vorschriften enthält, bei deren Erfüllung Beurteilungsspielräume bestehen.

310 Dem Arbeitsschutz dient auch das **Gentechnikgesetz** (GenTG idF der Bek. v. 16.12.1993, BGBl. I S. 2066). Es soll Leben und Gesundheit von Menschen vor möglichen Gefahren gentechnischer Verfahren oder Produkte schützen. Dazu werden in den §§ 6, 7 GenTG Schutz- und Vorsorgepflichten normiert, die § 8 weiter konkretisiert. Weiter regelt das GenTG eine sicherheitstechnische Anpassungsverpflichtung zum Arbeitsverfahren (§ 12 Abs. 6 GenTG). Ferner bestimmt das GenTG besondere Unterrichtungspflichten zugunsten des BR (Anh. VI GenTG V).

h) Arbeitsschutz und Arbeit 4.0

310a Durch die zunehmende Digitalisierung von Arbeitsprozessen gewinnt der **Arbeitsschutz für außerbetriebliche Arbeit** an Bedeutung. Auch wenn Arbeit nicht innerhalb des Betriebs geleistet wird, ändert das nichts an den Grundpflichten des ArbGeb. aus § 3 ArbSchG (*Wiebauer* NZA 2016, 1430; *Pieper* § 4 ArbSchG Rn. 17b). Um hiervon ausgehende Gefährdungen beurteilen zu können, trifft den ArbGeb. eine **Informationspflicht.** Hierzu hat der die betroffenen Beschäftigten zu befragen, die nach § 16 ArbSchG auskunftsverpflichtet sind. Allerdings können gebotene Schutzmaßnahmen für örtlich entgrenzte Arbeit nicht in gleicher Weise wie bei betriebsgebundener Arbeit ergriffen werden. Hierfür ist der ArbGeb. auf die Mitwirkung der ArbN angewiesen (*Wiebauer* NZA 2016, 1430, 1431), hat sie aber entsprechend seiner Unterweisungspflicht nach § 12 ArbSchG zu sensibilisieren. Überlässt er diesen Beschäftigten Arbeitsmittel, gelten die Bestimmungen der BetrSichV zur Bereitstellung und Verwendung von Arbeitsmitteln (§ 1 Abs. 1 Nr. 1, Nr. 3 BetrSichV). Erbringen ArbN ausschließlich auf ihrem privaten Smartphone, Tablet, Laptop oder PC die von ihnen geschuldete Arbeitsleistung (sog. BYOD), ist der ArbGeb. nach § 5 Abs. 4 BetrSichV verpflichtet, deren Verwendung ausdrücklich zu gestatten und sie in die Gefährdungsbeurteilung nach § 3 BetrSichV einzubeziehen (*Pieper* § 5 BetrSichV Rn. 14). Zu den arbeitsschutzrechtlichen Vorgaben für häusliche und mobile Telearbeit → Rn. 302). Telearbeit kann auch als Heimarbeit ausgestaltet sein (BAG 14.6.2016, 9 AZR 305/15, NZA 2016, 1453). Solche Beschäftigte sind ArbN iSd § 5 BetrVG (→ § 5 Rn. 205), bei denen sich Arbeits- und Gesundheitsschutz nach § 12 HAG richtet. Digitalisierte Arbeit kann unabhängig von einer Arbeitsorganisation und damit unabhängig von betrieblichen Arbeitszeiten geleistet werden. Das wirft Fragen nach einer Reform des ArbZG auf (*Jacobs* NZA 2016, 733; *Krause* JbArbR Bd. 54 (2017), 23 mwN). Allerdings regelt das ArbzG arbeitszeitbezogenen Pflichten des ArbGeb. nicht abschließend. Vielmehr sind die aus einer Erreichbarkeit während der Freizeit (→ Rn. 117a) oder die aus Unterbrechungen der Ruhezeit folgenden gesundheitlichen Gefahren/Gefährdungen im Rahmen der Gefährdungsbeurteilung nach § 5 ArbSchG zu ermitteln und erforderliche Schutzmaßnahmen zu ergreifen (*Wiebauer* NZA 2016, 1430).

i) Betriebliches Eingliederungsmanagement

Nach § 167 Abs. 2 SGB IX hat der ArbGeb. ein **betriebl. Eingliederungsmanagement (BEM)** durchzuführen, um für langzeiterkrankte ArbN zu klären, wie deren Arbeitsunfähigkeit überwunden, ihr vorgebeugt und der Arbeitsplatz erhalten werden kann (Einzelheiten *Kempter/Steinat* NZA 2015, 840; praktische Hinweise bei SKS/*Schubert* S. 587 f.; BAG 18.10.2017 – 10 AZR 47/17, NZA 2018, 162). Bei § 167 Abs. 2 SGB IX handelt es sich um eine öffentl.-rechtl. Rahmenvorschrift, die jedenfalls mittelbar dem Gesundheitsschutz dient und bei deren Ausfüllung dem ArbGeb. ein Handlungsspielraum bleibt. Gleichwohl hat der BR nicht bei allen denkbaren Regelungen des BEM mitzubestimmen. Vielmehr ist jede Regelung innerhalb des BEM darauf hin zu untersuchen, ob deren Gegenstand dem MBR nach Nr. 7 unterfällt (BAG 18.8.2009 – 1 ABR 45/08, AP SGB IX § 84 Nr. 2) und ob den Vorgaben des § 167 Abs. 2 Satz 1 SGB IX genügt ist (BAG 19.11.2019 – 1 ABR 36/18). In Betracht kommt – soweit es etwa um generelle Verfahrensregeln geht – auch ein MBR nach Nr. 1 oder hinsichtl. der Nutzung oder Verarbeitung von Gesundheitsdaten ein MBR nach Nr. 6 (BAG 22.3.2017 – 1 ABR 14/14, NZA 2016, 1283). Beim BEM handelt es sich um einen **organisierten und zugleich kooperativen Suchprozess** zur Realisierung präventiver Maßnahmen mit dem Ziel, krankheitsbedingte Kündigungen möglichst zu verhindern (*Nassibi* NZA 2012, 720). An der Ausgestaltung dieses Suchprozesses ist der BR beteiligen; ihm steht auch ein darauf bezogenes Initiativrecht zu (*Lunck* NJW 2019, 2349. Das MBR erfasst aber nicht die anschließende Umsetzung oder Überprüfung bestimmter Maßnahmen. Diese hat allein der ArbGeb. vorzunehmen (BAG 22.2.2016 – 1 ABR 14/14, NZA 2016, 1283). Liegen die Voraussetzungen des § 167 SGB IX vor, muss der ArbGeb. tätig werden. Ihm steht insoweit kein Beurteilungsspielraum zu. Daher hat der BR auch hinsichtlich der **Einleitungsvoraussetzungen** des § 167 SGB IX nicht mitzubestimmen. § 167 Abs. 2 S. 1 SGB IX gibt hierfür den Begriff der Arbeitsunfähigkeit in Anlehnung an § 3 Abs. 1 EFZG und § 5 Abs. 1 EFZG zwingend vor. Dieser ist deshalb der Ausgestaltung durch die Betriebsparteien entzogen (BAG 13.3.2012 – 1 ABR 78/10, NZA 2012, 748). 310b

Allerdings hat ihn der ArbGeb. nach § 80 Abs. 2 S. 1 darüber zu informieren, bei welchen ArbN die gesetzlichen Voraussetzungen für die Durchführung eines BEM vorliegen (BAG 7.2.2012 – 1 ABR 46/10, NZA 2012, 744). Diese Informationen werden regelmäßig Gesundheitsdaten iSv Art. 9 Abs. 1 DSGVO betreffen (*Edenfeld* 310c

DB 2019, 1267). Insoweit muss der BR sicherstellen, dass er nach deren Erhalt zum Schutz der Interessen betroffenen ArbN geeignete Maßnahmen trifft. Dazu verpflichtet ihn § 26 Abs. 3 BDSG iVm § 22 Abs. 2 BDSG (BAG 9.4.2019 – 1 ABR 51/17, NZA 2019, 1055). Kann er das nicht gewährleisten, hat aus datenschutzrechtl. Gründen die entsprechende Information unterbleiben. Zum einzuleitenden Klärungsprozess sieht das G von konkreten Vorgaben ab. Das Verfahren macht aber vor allem Sinn, wenn es neben den Betriebsparteien die jeweiligen Stellen und Ämter (etwa Servicestellen der Rehabilitationsträger, Integrationsamt) sowie fachkundige Personen (etwa Werks- und Betriebsärzte, Sicherheitsingenieure, Fachkräfte für Arbeitssicherheit, Sicherheitsfachkräfte usw) einbezieht. Jedoch kann eine E-Stelle die Mitwirkung des BR nicht einem sog. Integrationsteam übertragen. Das ist wegen § 28 Abs. 2 nur durch Wege einer freiwilligen Übereinkunft möglich (BAG 22.3.2016 – 1 ABR 14/14, NZA 2016, 1283). Außerdem muss gewährleistet sein, dass sich vernünftigerweise anbietende Anpassungs- oder Änderungsmöglichkeiten sowie die sich danach stellenden Optionen sachlich erörtert werden (BAG 10.12.2010 – 2 AZR 198/09, NZA 2010, 639; Einzelheiten bei *Höser* BB 2012, 1537). Allerdings ist die Durchführung des BEM abhängig von der Einwilligung des betroffenen ArbN, die nicht durch BV ersetzt werden kann. Eine verpflichtende Hinzuziehung des BR zu Gesprächen mit dem ArbGeb. gegen den Willen des ArbN kann von den Betriebsparteien nicht vereinbart werden (BAG 22.3.2016 – 1 ABR 14/14, NZA 2016, 1283; *Beck* NZA 2017, 81).

j) Arbeitssicherheitsgesetz

311 Das G über Betriebsärzte, Sicherheitsingenieure und andere Fachkräfte für Arbeitssicherheit **(ASiG)** regelt einen wesentlichen Teil der betrieblichen Arbeitsschutzorganisation. Teil dieser Organisation sind auch die nach § 22 SGB VII zu bestellenden **Sicher**heitsbeauftragten, hinsichtlich deren Zahl und Auswahl ein MBR besteht (*Kothe* Anm. AP ASiG § 11 Nr. 2). Um der Vielgestaltigkeit der betrieblichen Verhältnisse gerecht zu werden, sind auch die Vorschriften des ASiG in beträchtlichem Umfang als konkretisierungsbedürftige Rahmenregelungen ausgestaltet, die Beurteilungsspielräume belassen. Sofern diese nicht durch Rechtsverordnungen nach § 14 ASiG oder durch die DGUV Vorschrift 2 (→ Rn. 265) oder durch behördliche Anordnungen konkretisiert worden sind, hat der BR bei ihrer näheren betrieblichen Ausgestaltung das MBR nach Abs. 1 Nr. 7.

312 Das G verpflichtet alle ArbGeb. ihre Betriebe daraufhin zu überprüfen, ob der Einsatz von Betriebsärzten und Fachkräften für Arbeitssicherheit (Sicherheitsingenieure, -techniker, -meister) erforderlich ist. Ist das der Fall, so müssen sie die entsprechende Zahl von Betriebsärzten und Fachkräften für Arbeitssicherheit bestellen. Diese bestimmten sich nicht mehr nach starren numerischen Vorgaben sondern in Betrieben mit mehr als 10 Beschäftigten nach Maßgabe der Anl. 2 der DGUV Vorschrift 2. Danach legt der ArbGeb. die Anzahl der zu bestellenden Sicherheitsfachkräfte fest. Er muss sich hierbei an den konkreten Unfall- und Gesundheitsgefahren, der räumlichen, zeitliche und fachlichen Nähe der Sicherheitsbeauftragten zu den Beschäftigten sowie an der Anzahl der Beschäftigten orientieren (*Aligbe* ArbR 2015, 218). Das eröffnet ein MBR des BR. Der ArbGeb. muss den Fachkräften für Arbeitssicherheit die ihnen im G genannten Aufgaben schriftlich übertragen und die organisatorischen Voraussetzungen schaffen, damit diese betrieblichen Dienste ihre Aufgaben erfüllen können (§ 5 ASiG). Dazu gehört nach § 8 Abs. 2 ASiG, dass diese Personen fachlich und disziplinarisch unmittelbar dem Leiter des Betriebs zu unterstellen sind und dort eine entspr. Stabsstelle eingerichtet wird (BAG 15.12.2009 – 9 AZR 769/08, NZA 2010, 506). Die Betriebsärzte und die Fachkräfte für Arbeitssicherheit übernehmen ebenso wenig wie der BR die Verantwortung für die Durchführung des Arbeitsschutzes im Betrieb. Diese **Verantwortung bleibt beim ArbGeb.** und den betrieblichen Führungskräften (vgl. § 13 ArbSchG; GK-BetrVG/*Wiese/Gutzeit* Rn. 672;

HWGNRH/*Worzalla* Rn. 443). Die Betriebsärzte und Fachkräfte für Arbeitssicherheit sollen den ArbGeb. sowie die im Betrieb für den Arbeitsschutz Verantwortlichen und den BR **unterstützen,** indem sie als Spezialisten für Arbeitssicherheit und für den betrieblichen Gesundheitsschutz entsprechendes Fachwissen in die betrieblichen Entscheidungen einbringen (zur strafrechtlichen Verantwortung von Sicherheitsfachkräften und Betriebsärzten vgl. *Benz* BB 1991, 1185).

Bei der Prüfung, ob die Bestellung eines Betriebsarztes oder einer Fachkraft für Arbeitssicherheit in einem Betrieb erforderlich ist, hat der ArbGeb. die **Unfall- und Gesundheitsgefahren** zu berücksichtigen, die sich aus der besonderen Art seines Betriebs ergeben (§ 2 Abs. 1 Nr. 1, § 5 Abs. 1 Nr. 1 ASiG). Diese Gefahren können sehr unterschiedlich sein, je nach den angewandten Fertigungsverfahren oder den verwendeten Betriebsanlagen oder Arbeitsstoffen. Ferner ist die **Zahl der ArbN** und die **Zusammensetzung der ArbNschaft** (zB besonders betreuungsbedürftige ArbNGruppe, Frauen, Jugendliche, ausländische ArbN usw) zu berücksichtigen (§ 2 Abs. 1 Nr. 2, § 5 Abs. 1 Nr. 2 ASiG). Auch die Organisation im Betrieb kann maßgeblich dafür sein, ob die Bestellung solcher Fachkräfte in größerem oder geringerem Umfang erforderlich ist (§ 2 Abs. 1 Nr. 3, § 5 Abs. 1 Nr. 3 ASiG). Dabei dürfte es wesentlich darauf ankommen, wie intensiv der Arbeitsschutz in die Betriebsorganisation integriert ist. 313

Nunmehr gibt die Anl. 3 der DGUV Vorschrift 2 die durchschnittliche **Einsatzzeit** eines Betriebsarztes oder einer Fachkraft für Arbeitssicherheit für die Grundbetreuung vor. Das schließt es nicht aus, zusätzliche betriebsspezifische Betreuungszeiten zu vereinbaren. Dabei hat der BR mitzubestimmen (*Schulze/Schuhmacher* ArbR 2015, 10). 314

Soweit die Unfallversicherungsträger keine oder unzureichende UVV erlassen, kann das BMAS die gesetzlichen Verpflichtungen durch **Verordnung** nach § 14 Abs. 1 ASiG präzisieren. Aus der Einsatzzeit, die aus dem G und den durchzuführenden UVV bzw. VO zu entnehmen ist, ergibt sich für den ArbGeb. zugleich die Anzahl von Betriebsärzten oder Fachkräften für Arbeitssicherheit, die er für seinen Betrieb bestellen muss. Kleinbetriebe werden von branchenbezogenen UVV erfasst. 315

Ist der ArbGeb. zur **Bestellung** von **Betriebsärzten** und **Fachkräften für Arbeitssicherheit** verpflichtet, kann er diese Pflicht durch die Bestellung fachkundiger Personen als ArbN oder durch die Beauftragung freiberuflich tätiger Fachleute oder durch den Anschluss an einen überbetrieblichen arbeitsmedizinischen oder sicherheitstechnischen Dienst, zB der Berufsgenossenschaften oder des TÜV, erfüllen. Die Entscheidung hierüber unterliegt dem MBR des BR nach Abs. 1 Nr. 7, auch in Form eines Initiativrechts (BAG 10.4.1979 – 1 ABR 34/74, NJW 1979, 2362; ArbG Hamburg 2.7.14 – 28 BV 1/14, NZA-RR 14, 592; DKKW/*Klebe* Rn. 232; ErfK/*Kania* Rn. 65; *Bertzbach* FS Däubler, 1999, 158; einschränkend GK-BetrVG/*Wiese/Gutzeit* Rn. 703; HWGNRH/*Worzalla* Rn. 443). Das gilt auch, wenn die Berufsgenossenschaften für den von ihnen getragenen überbetrieblichen Dienst einen Anschlusszwang beschlossen haben. Denn der ArbGeb. ist von diesem Anschlusszwang auf Antrag zu befreien, wenn er nachweist, dass er seine Pflichten aus dem ASiG durch Bestellung von Betriebsärzten und Fachkräften für Arbeitssicherheit erfüllt hat (vgl. § 24 Abs. 2 S. 2 SGB VII). Dieses Antragsrecht eröffnet die MB nach Abs. 1 Nr. 7. 316

Im Einzelfall kann auch durch eine **behördliche Anordnung** nach § 12 Abs. 1 ASiG die Verpflichtung des ArbGeb. zur Bestellung von Betriebsärzten und Fachkräften für Arbeitssicherheit konkretisiert werden. Die zuständige Behörde hat vor ihrer Entscheidung auch den BR zu hören und angebrachte Maßnahmen mit ihm zu erörtern sowie ihn über die getroffenen Maßnahmen schriftlich zu unterrichten (§ 12 Abs. 2 u. 4 ASiG). Soweit aufgrund einer solchen Anordnung dem ArbGeb. kein Regelungsspielraum bleibt, entfällt das MBR nach Abs. 1 Nr. 7. 317

Über die in UVV, VO oder durch behördliche Anordnungen festgelegten Regelungen hinaus können ArbGeb. und BR in einer **freiwilligen BV** nach § 88 Nr. 1 318 eine höhere Zahl von Betriebsärzten und Fachkräften für Arbeitssicherheit oder höhere Einsatzzeiten vereinbaren (GK-BetrVG/*Wiese/Gutzeit* Rn. 677).

319 Bevor der ArbGeb. einen Betriebsarzt oder eine Fachkraft für Arbeitssicherheit bestellt, muss er den BR beteiligen (§ 9 Abs. 3 ASiG). Soll der Arzt oder die Fachkraft in den Betrieb als ArbN eingestellt werden, bedarf der ArbGeb. zur **Bestellung** nach dieser Vorschrift der vorherigen **Zustimmung des BR.** Das Gleiche gilt für die **Abberufung** des Betriebsarztes oder der Fachkraft für Arbeitssicherheit und für die **Erweiterung oder Einschränkung ihrer Aufgaben.** Durch Letzteres kann der BR Einfluss auf die Untersuchungstätigkeit der Betriebsärzte nehmen und zB überflüssigen Untersuchungen der ArbN entgegenwirken (GK-BetrVG/*Wiese/Gutzeit* Rn. 690; zur Verpflichtung der ArbN, sich ärztlich untersuchen zu lassen, → § 94 Rn. 20ff.).

320 Vor der Verpflichtung von **freiberuflich tätigen Betriebsärzten** und Fachkräften für Arbeitssicherheit bzw. von überbetrieblichen Diensten muss der ArbGeb. den BR hören (§ 9 Abs. 3 S. 3 ASiG). Diese Regelung ist eine Konkretisierung des Gebots der vertrauensvollen Zusammenarbeit. Eine entsprechende Informationspflicht besteht auch, wenn der ArbGeb. auf Grund Satzungsbestimmung der zuständigen BG sich einem überbetrieblichen arbeitsmedizinischen und sicherheitstechnischen Dienst anschließen muss (Anschlusszwang). In diesen Fällen besteht kein MBR des BR (GK-BetrVG/*Wiese/Gutzeit* Rn. 687; Richardi BetrVG/*Richardi* Rn. 591). Die Verletzung des Anhörungsrechts hat nicht die Unwirksamkeit der Maßnahme zur Folge, da eine § 102 Abs. 1 S. 3 entsprechende Regelung fehlt (GK-BetrVG/*Wiese/Gutzeit* Rn. 688).

321 Umstritten ist, welchen **Umfang das MBR** des BR nach § 9 Abs. 3 S. 1 u. 2 ASiG hat. Nach Sinn und Zweck der Bestimmung muss davon ausgegangen werden, dass ein **Initiativrecht des BR** besteht für die **Abberufung** eines ungeeigneten Betriebsarztes bzw. einer ungeeigneten Fachkraft für Arbeitssicherheit und auch für die **Erweiterung oder Beschränkung** des Aufgabenbereiches (GK-BetrVG/*Wiese/Gutzeit* Rn. 703; DKKW/*Klebe* Rn. 233; Richardi BetrVG/*Richardi* Rn. 599; **aA** HWGNRH/*Worzalla* Rn. 446ff.; offen lassend BAG 6.12.1983 – 1 ABR 43/81, AP BetrVG 1972 § 87 Überwachung Nr. 7). Dann kann aber auch nichts anderes für die **Bestellung** gelten (DKKW/*Klebe* Rn. 233; **aA** GK-BetrVG/*Wiese/Gutzeit* Rn. 703; Richardi BetrVG/*Richardi* Rn. 599).

322 Soll der Betriebsarzt oder die Fachkraft für Arbeitssicherheit als ArbN bestellt oder zu einem späteren Zeitpunkt wieder abberufen werden, ist zwischen dem MBR des BR einschließlich des Initiativrechts nach § 9 Abs. 3 ASiG und den Beteiligungsrechten bei den **personellen Einzelmaßnahmen** nach §§ 99ff. BetrVG (Einstellung, Eingruppierung, Umgruppierung, Versetzung, Kündigung) zu unterscheiden. Das ASiG macht keinen Unterschied zwischen leitenden Ang. (§ 5 Abs. 3 BetrVG 72) und anderen ArbN, so dass die Beschränkung der betriebsverfassungsrechtlichen Beteiligungsrechte, soweit es sich um leitende Angestellte handelt, bei den MBR nach § 9 Abs. 3 S. 1 u. 2 ASiG nicht Platz greift (GK-BetrVG/*Wiese/Gutzeit* Rn. 703; Richardi BetrVG/*Richardi* Rn. 601). Wohl aber ist die Unterscheidung bei den rein arbeitsrechtlichen Vorgängen nach §§ 99ff. BetrVG zu machen. Es sind Bestellung und Abberufung iSd § 9 Abs. 3 ASiG von der Einstellung, Versetzung und Kündigung zu unterscheiden (BAG 24.3.1988 – 2 AZR 369/87, NZA 1989, 60; GK-BetrVG/*Wiese/Gutzeit* Rn. 683; DKKW/*Klebe* Rn. 234). In der Regel bedeutet die Zustimmung des BR zur Bestellung eines Betriebsarztes oder einer Fachkraft für Arbeitssicherheit zugleich das Einverständnis mit dessen Einstellung nach § 99 BetrVG und umgekehrt (GK-BetrVG/*Wiese/Gutzeit* Rn. 683; DKKW/*Klebe* Rn. 234; Richardi BetrVG/*Richardi* Rn. 596: § 99 unanwendbar). Das Beteiligungsrecht bei der Eingruppierung bleibt dagegen unberührt. Bei der Bestellung eines ArbN aus dem Betrieb ist die dafür erforderliche Versetzung ebenfalls in der Regel mit der Zustimmung des BR nach § 9 Abs. 3 ASiG als erteilt anzusehen. Das MBR besteht ggf. noch für die Umgruppierung.

323 Wird die Zustimmung des BR zur **Bestellung** eines Betriebsarztes oder einer Fachkraft für Arbeitssicherheit **durch die E-Stelle** ersetzt, so ist damit nicht auch die Zustimmung zu der personellen Maßnahme nach § 99 erfüllt. Denn insoweit steht der E-Stelle allein aus § 9 Abs. 3 ASiG keine Regelungskompetenz zu. Hier muss der ArbGeb. ggf. das Zustimmungsersetzungsverfahren nach § 99 Abs. 4 einleiten. Macht der BR bei der Bestellung eines Betriebsarztes oder einer Fachkraft für Arbeitssicherheit von seinem Initiativrecht Gebrauch, um eine bestimmte Person in diese Funktion zu bringen, kann zwar über einen positiven Beschluss der E-Stelle die Bestellung der betreffenden Person erreicht werden, für die erforderlichen arbeitsrechtlichen Maßnahmen (Einstellung, Versetzung) fehlt aber ein entsprechendes Initiativrecht des BR (DKKW/*Klebe* Rn. 241).

324 Im Fall der **Abberufung,** auch auf Verlangen des BR, verliert dieser nicht die Möglichkeit einer **Kündigung** nach § 102 Abs. 3 zu widersprechen, falls dafür die Voraussetzungen vorliegen (GK-BetrVG/*Wiese/Gutzeit* Rn. 684; DKKW/*Klebe* Rn. 234; HWGNRH/*Worzalla* Rn. 452), zB Verwendungsmöglichkeit eines abberufenen Sicherheitsingenieurs oder Betriebsarztes an anderer Stelle im Betrieb, es sei denn, es handelt sich um einen leitenden Ang. Eine fehlende und auch nicht ersetzte Zustimmung des BR zur Abberufung eines Betriebsarztes nach § 9 Abs. 3 ASiG führt zumindest dann zur Unwirksamkeit der dem Betriebsarzt ausgesprochenen Beendigungskündigung, wenn diese auf Gründe gestützt wird, die sachlich mit der Tätigkeit als Betriebsarzt in einem untrennbaren Zusammenhang stehen (BAG 24.3.1988 – 2 AZR 369/87, NZA 1989, 60; GK-BetrVG/*Wiese/Gutzeit* Rn. 684; DKKW/*Klebe* Rn. 234; weitergehend *Bloesinger* NZA 2004, 467; **aA** HWGNRH/*Worzalla* Rn. 452). Eingehend zum Kündigungsschutz für angestellte Betriebsärzte: *Bertzbach* FS Däubler, 1999, 158.

325 Das MBR nach Abs. 1 Nr. 7 und dem ASiG erstreckt sich, da es an einer abschließende Regelung durch das ASiG und die dazu erlassene DGUV Vorschrift 2 fehlt, auch auf die **Entscheidung** darüber, ob und wie viele Ärzte bzw. Fachkräfte für Arbeitssicherheit zu bestellen sind (**aA** GK-BetrVG/*Wiese* Rn. 678 zur früheren Rechtslage). Unter den gleichen Voraussetzungen können im Wege der Mitbestimmung die **Aufgabenkataloge** der §§ 3 u. 6 ASiG konkretisiert sowie die **„Aufschlüsselung"** der Sicherheitskräfte nach **Qualifikation und Fachkunde** vorgenommen werden, zB die Festlegung des Prozentverhältnisses zwischen Sicherheitsingenieuren und Sicherheitsmeistern (GK-BetrVG/*Wiese/Gutzeit* Rn. 678).

326 In Ergänzung der dem BR durch das BetrVG übertragenen Aufgaben auf dem Gebiet des Arbeitsschutzes (vgl. § 80 Abs. 1 Nr. 1, § 87 Abs. 1 Nr. 7, § 88 Nr. 1, § 89, §§ 90 und 91) verpflichtet das ASiG die Betriebsärzte und die Fachkräfte für Arbeitssicherheit, bei der Erfüllung ihrer Aufgaben **mit dem BR eng zusammenzuarbeiten** (§ 9 Abs. 1 ASiG). Sie sollen den BR auch unmittelbar in Fragen der Arbeitssicherheit und des Gesundheitsschutzes beraten (§ 9 Abs. 2 ASiG). Dies kann bei der Ausübung von Mitbestimmungsrechten in sozialen Angelegenheiten nach § 87 oder bei der Mitwirkung des BR bei der Gestaltung von Arbeitsplatz, Arbeitsablauf und Arbeitsumgebung (§§ 90, 91) von großer Bedeutung sein. Unterbreiten der Betriebsarzt oder die Fachkraft für Arbeitssicherheit Vorschläge unmittelbar dem ArbGeb., haben sie hiervon dem BR eine Abschrift zuzuleiten. Lehnt der ArbGeb. den Vorschlag ab, muss er dies dem Betriebsarzt oder der Fachkraft für Arbeitssicherheit unter Angabe von Gründen **schriftlich** mitteilen; auch hiervon erhält der BR eine **Abschrift** (vgl. § 8 Abs. 3 ASiG). Zur Schweigepflicht des Betriebsarztes → § 94 Rn. 23; zum Zusammenarbeitsgebot *Kollmer* AR-Blattei SD 210.2.

327 Die Zusammenarbeit der für den Arbeitsschutz im Betrieb Verantwortlichen wird durch den **Arbeitsschutzausschusses** nach § 11 ASiG gesichert, dem eine bloß beratende Funktion zu kommt, die das MBR nicht beschränken kann (*Aligbe* ArbR 2019, 410). Dieser ist zu bilden, wenn in einem Betrieb Betriebsärzte oder Fachkräfte für Arbeitssicherheit bestellt sind. Ihm gehören an der ArbGeb. oder sein Beauftragter, zwei BRMitgl., die Betriebsärzte und Fachkräfte für Arbeitssicherheit sowie der

Sicherheitsbeauftragte nach § 22 SGB VII. Diese Regelung ist hinsichtlich des Teilnehmerkreises sowie der Teilnahmepflicht abschließend, weshalb dem BR kein entsprechendes MBR zusteht (BAG 8.12.2015 – 1 ABR 83/13, NZA 2016, 504). Der Ausschuss hat die Aufgabe, Anliegen des Arbeitsschutzes zu beraten. Er tritt nach § 11 ASiG mindestens einmal vierteljährlich zusammen. Die Pflicht zur Bildung eines Arbeitsschutzausschusses besteht auch dann, wenn ein überbetrieblicher Dienst bestellt worden ist. Denn auch in diesem Falle ist es geboten, die für den Arbeitsschutz im Betrieb zuständigen Personen und Stellen organisatorisch zusammenzufassen (GK-BetrVG/*Wiese/Gutzeit* Rn. 697). Die Pflicht zur **Bildung eines Arbeitsschutzausschusses** ist notfalls, ggf. auf Anregung des BR, durch eine Anordnung der zuständigen Behörde sicherzustellen (BAG 8.12.2015 – 1 ABR 83/13, NZA 2016 504). Sie ist schon durch den Eingangssatz vorgegeben. Die Bildung eines Arbeitsschutzes kann schon daher vom BR im Wege des MBR § 87 Abs. 1 Nr. 7 nicht erzwungen werden (BAG 15.4.2014 – 1 ABR 82/12, NZA 2014, 1084).

328 Hinsichtlich der **MitglZahl** und **Zusammensetzung** des Arbeitsschutzausschusses, die über die Mindestbesetzung sowie Mindestsitzungspflicht des § 11 ASiG hinausgehen (BAG 8.12.2015 – 1 ABR 83/13, BeckRS 2016, 67464) besteht ein MBR nach Abs. 1 Nr. 7 (GK-BetrVG/*Wiese/Gutzeit* Rn. 699; DKKW/*Klebe* Rn. 239; Richardi BetrVG/*Richardi* Rn. 615; **aA** HWGNRH/*Worzalla* Rn. 459). Das Gleiche gilt für Regelungen über die Geschäftsführung des Arbeitsschutzausschusses (*Kothe* Anm. AP ASiG § 11 Nr. 2).

329 Die Vorschriften des **ASiG als Rahmengesetz** sind im Hinblick auf die Vielgestaltigkeit der Betriebsverhältnisse so formuliert, dass ausgedehnte Beurteilungsspielräume bleiben. Soweit keine konkretisierende Regelung durch VO oder UVV besteht, bleibt für die nähere Ausfüllung der gesetzlichen Vorschriften ein Gestaltungsspielraum, der einer MB des BR unterliegt und am zweckmäßigsten in einer BV konkretisiert werden sollte.

330 Eine derartige **BV** kann sich auf **folgende Gegenstände** beziehen: die Verpflichtung, Betriebsärzte und Fachkräfte für Arbeitssicherheit für den Betrieb zu bestellen bzw. einen Vertrag mit freiberuflich tätigen Betriebsärzten und Fachkräften oder einem überbetrieblichen Dienst abzuschließen, sie durch Hilfspersonal und sächliche Mittel zu unterstützen, zB durch die Bereitstellung von Räumen, Schreibkräften usw., ihnen die erforderliche Fortbildung zu ermöglichen, zB dadurch, dass die Ärzte und die Fachkräfte für Arbeitssicherheit auf Kosten des ArbGeb. an bestimmten Fortbildungsveranstaltungen teilnehmen. Die gewerbliche BG veranstalten Fortbildungskurse für Sicherheitsfachkräfte. Die Ausbildungslehrgänge werden nach Grundsätzen durchgeführt, die der BMAS im Rahmen seiner Dienstaufsicht festlegt.

8. Sozialeinrichtungen

331 Der Begriff der Sozialeinrichtung entspricht dem früheren Begriff der „Wohlfahrtseinrichtung" in § 56 Abs. 1 Buchst. e BetrVG 1952. Die Änderung der sprachlichen Bezeichnung ist ohne rechtl. Bedeutung (BAG 12.6.1975 – 3 ABR 137/73, AP BetrVG 1972 § 87 Altersversorgung Nr. 2). Eine Sozialeinrichtung ist zugleich eine Gemeinschaftseinrichtung iSd § 13b AÜG. Aus diesem Grund haben auch **LeihArbN** einen Zugangsanspruch zu Sozialeinrichtungen des Entleihers, es sei denn, dass eine unterschiedliche Behandlung aus sachlichen Gründen – wie etwa einer kurzen Einsatzdauer – gerechtfertigt ist (ErfK/*Wank* AÜG § 13b Rn. 1; *Vielmeier* NZA 2012, 535).

332 Die MBR nach Nr. 8 und Nr. 10 stehen in einem engen sachlichen Zusammenhang (*Schipp* FS 100 Jahre BetrVR S. 669). **Grundtatbestand** ist Nr. 10. Das MBR nach Nr. 10 bezieht sich auf alle geldwerten Leistungen, auch auf soziale Leistungen (→ Rn. 412). Die Zwischenschaltung einer Sozialeinrichtung wirft zusätzliche Fragen auf; Nr. 8 ist im Vergleich zu Nr. 10 ein Sondertatbestand (ErfK/*Kania* Rn. 68). Inhaltlich bestehen nur geringe Unterschiede im Umfang des MBR. Kein Unter-

schied besteht in der Frage der finanziellen Ausstattung. Bei Sozialeinrichtungen unterliegt die Einführung und Dotierung nicht dem MBR. Auch bei Sozialleistungen, die außerhalb von Einrichtungen gezahlt werden, wird es sich häufig um freiwillige Leistungen handeln. Bei diesen freiwilligen Leistungen ist das MBR des BR nach Nr. 10 ebenfalls eingeschränkt. Der BR kann solche Leistungen nicht erzwingen. Der ArbGeb. kann allein entscheiden, ob und in welchem Umfang er finanzielle Mittel einsetzen will (→ Rn. 443). Das MBR nach Nr. 8 geht in einem anderen Punkt weiter. Es umfasst auch die Verwaltung der Einrichtung (→ Rn. 350) und die Entscheidung über die Gewährung von Leistungen im Einzelfall (ausf. *Reinecke* AuR 2004, 333).

Zweck der Mitbestimmung ist die Sicherung der innerbetrieblichen Verteilungs- **333** gerechtigkeit und die Sicherstellung der Transparenz aller Maßnahmen.

a) Begriff der Sozialeinrichtung

Gegenstand der MBR sind Sozialeinrichtungen. Damit werden zum einen die **334** **Zwecke** beschrieben, die mit einer Einrichtung verfolgt werden. Zum andern wird eine **„Einrichtung"** gefordert.

(1) Die Einrichtung muss **„sozialen" Zwecken** dienen, dh den ArbN des Be- **335** triebes und evtl. deren Familienangehörigen werden über das Arbeitsentgelt für die Arbeitsleistung hinaus weitere Leistungen oder Vorteile gewährt, die keine unmittelbare Gegenleistung für die geschuldete Arbeitsleistung sind (BAG 11.7.2000 – 1 AZR 551/99, NZA 2001, 462; 5.12.2013 – 1 AZB 25/13, NZA 2014, 221). Sozialleistungen sind in einem weiteren Sinne Entgelt. Sie werden wegen der (fortdauernden) Zugehörigkeit zum Betrieb gewährt. Sie stehen mittelbar in einem Zusammenhang mit der Arbeitsleistung.

Es ist für das MBR auch unerheblich, ob der ArbGeb. solche Leistungen **freiwillig** **336** erbringt. Wenn und soweit nunmehr Rechtsansprüche der einzelnen ArbN nach Errichtung der Sozialeinrichtung entstehen, kommt diesem Umstand nur insoweit noch Bedeutung zu, als der ArbGeb. nicht gezwungen werden kann, insgesamt mehr finanzielle Mittel aufzuwenden, als der von ihm vorgenommenen Dotierung der Sozialeinrichtung entspricht. Der Umfang der finanziellen Mittel gehört zur mitbestimmungsfreien Errichtung.

Soweit der ArbGeb. mit diesen Leistungen noch weitere **Zwecke** verfolgt, wird **337** hierdurch das Vorliegen einer Sozialeinrichtung iSd MBR nicht in Frage gestellt. Unerheblich ist auch, aus welchen Motiven der ArbGeb. handelt. Ob er eigene Interessen verfolgt oder uneigennützig handelt, ist für die Einordnung als Sozialeinrichtung bedeutungslos (GK-BetrVG/*Wiese/Gutzeit* Rn. 720; DKKW/*Klebe* Rn. 263).

Um eine Sozialeinrichtung handelt es sich auch, wenn die Leistungen nicht unent- **338** geltlich sind. Es steht dem sozialen Zweck einer Einrichtung nicht entgegen, wenn sich die ArbN an den Kosten, dh den finanziellen Mitteln der Einrichtung beteiligen müssen (BAG 10.2.2009 – 1 ABR 94/07, NZA 2009, 562). Eine Kostenbeteiligung der ArbN spricht gerade für die Notwendigkeit eines MBR (BAG 11.7.2000 – 1 AZR 551/99, NZA 2001, 462).

Eine Sozialeinrichtung liegt selbst dann noch vor, wenn sie auf Dauer gesehen kos- **339** tendeckende Einnahmen erzielen soll (BAG 10.2.2009 – 1 ABR 94/07, NZA 2009, 562).

(2) Eine Sozialeinrichtung bedarf einer **Institutionalisierung.** Erforderlich ist **340** eine gewisse Organisation. Diese kann darin bestehen, dass der ArbGeb. hierfür ein eigenes Unternehmen gründet oder die Mittel von den übrigen, anderen Zwecken dienenden Betriebsmitteln abgegrenzt sind und deshalb einer gesonderten Verwaltung bedürfen (**„zweckgebundenes Sondervermögen"** BAG 8.11.2011 – 1 ABR 37/10, NZA 2012, 462). Die zur Institutionalisierung notwendige **Organisation** muss nach außen erkennbar und auf Dauer eingerichtet sein (BAG 10.2.2009 – 1 ABR 94/07, NZA 2009, 562). Sie ist Folge nicht Ausdruck eines zweckgebundenen Sondervermögens (BAG 8.11.2011 – 1 ABR 37/10, NZA 2012, 462; GK-BetrVG/*Wiese/Gutzeit* Rn. 708; ErfK/*Kania* Rn. 68; einschränkend Richardi BetrVG/*Richardi* Rn. 626). Dementsprechend fällt auch die Mitarbeiterkapitalbeteiligung über eine Beteiligungsgesellschaft unter das MBR (*Waas* BB-Special 2009, 27). Allerdings fällt nicht jede Sozialleistung unter Nr. 8, zB nicht die Zahlung einer Betriebsrente aus dem Firmenvermögen, auch wenn hierfür Rückstellungen zu bilden sind oder eine Rückdeckungsversicherung besteht (vgl. GK-BetrVG//*Gutzeit* Rn. 714; HWGNRH/*Worzalla* Rn. 466; DKKW/*Klebe* Rn. 262). Der Unterschied zu Nr. 10 liegt darin, dass für die Erbringung von Sozialleistungen eine selbständige Verwaltungsorganisation geschaffen wird (Richardi BetrVG/*Richardi* Rn. 625). Besondere Anforderungen an die Ausformung einer Organisation sind aber nicht zu stellen.

341 Der Begriff der Einrichtung erfordert weiter, dass es nicht nur um die Gewährung in einem Einzelfall gehen kann. Vielmehr müssen Leistungen nach **allgemeinen Richtlinien** gewährt werden. Die Zwecke und Leistungen müssen auch auf eine gewisse **Dauer** gerichtet sein (BAG 9.7.1985 – 1 AZR 631/80, AP BPersVG § 75 Nr. 16; GK-BetrVG/*Wiese/Gutzeit* Rn. 708; DKKW/*Klebe* Rn. 262; ErfK/*Kania* Rn. 68).

342 **(3)** Das Entstehen des MBR verlangt ferner nach einer betriebs-, unternehmens- oder konzernbezogenen **Beschränkung des Wirkungsbereichs.** Deshalb muss die Sozialeinrichtung vom ArbGeb. für die ArbN eines Betriebes, eines Unternehmens oder eines Konzerns errichtet sein. Sie darf nicht einem unbestimmten Nutzerkreis zur Verfügung stehen. Ob das der Fall ist, bestimmt sich nach dem vom ArbGeb. vorgegebenen Zweck der Einrichtung und nicht danach, ob sie nach außen hin als eine solche wahrgenommen wird (BAG 10.2.2009 – 1 ABR 94/07, NZA 2009, 562).

343 Nicht zu den Sozialeinrichtungen iSd Nr. 8 gehören folgerichtig etwa Unterstützungskassen, die für mehrere nicht einem Konzern angehörende Unternehmen (Gruppenunterstützungskassen) eingerichtet werden (BAG 9.5.1989 – 3 AZR 439/88, NZA 1989, 889).

344 Die vom MBR geforderte Beschränkung des Wirkungsbereichs wird nicht aufgehoben, wenn die Sozialleistungen auch Personen zugutekommen, die dem Unternehmen oder Konzern nicht mehr angehören, zB Pensionäre (BAG 21.6.1979 – 3 ABR 3/78, AP BetrVG 1972 § 87 Sozialeinrichtung Nr. 1; GK-BetrVG/*Wiese/Gutzeit* Rn. 726). Der Charakter als Sozialeinrichtung geht auch nicht verloren, wenn **Familienangehörige** von ArbN zu den Begünstigten gehören (ErfK/*Kania* Rn. 70).

344a Gleiches gilt, wenn die Sozialeinrichtung auch leitende Ang. einbezieht (zB Benutzung des Werkparkplatzes). Kein MBR besteht jedoch bei Sozialeinrichtungen, die ausschließlich leitenden Ang. vorbehalten sind (GK-BetrVG/*Wiese/Gutzeit* Rn. 726). Für diesen Personenkreis fehlt es an einer Legitimation des BR.

345 Unschädlich ist weiter, wenn **Außenstehende als Gäste** die Einrichtung nutzen dürfen (BAG 11.7.2000 – 1 AZR 551/99, NZA 2001, 462; DKKW/*Klebe* Rn. 265). Handelt es sich um Werkmietwohnungen, besteht ein MBR nach Nr. 9 gegenüber dem ArbGeb. hinsichtlich der Werkmietwohnungen, die für ArbN vorgesehen sind und vergeben werden (BAG 18.7.1978 – 1 ABR 20/75, AP BetrVG 1972 § 87 Werkmietwohnungen Nr. 4).

346 Das MBR besteht auch dann, wenn die Sozialeinrichtung für einen Gleichordnungskonzern (im Unterschied zum Unterordnungskonzern) geschaffen wird (DKKW/*Klebe* Rn. 266; **aA** GK-BetrVG/*Wiese/Gutzeit* Rn. 727; Richardi BetrVG/*Richardi* Rn. 635; HSWGNR/*Worzalla* Rn. 473; ErfK/*Kania* Rn. 70). Zwar kann für den Gleichordnungskonzern kein KBR gebildet werden, der Träger der MBR sein könnte. Das Vorhandensein eines KBR kann jedoch nicht ausschlaggebend sein. Träger der MBR sind auch in anderen Fällen (zB Gruppenunterstützungskasse nicht konzerngebundener Unternehmen) die BR oder GesBR. Sie nehmen die MBR wahr. Jedenfalls greift ergänzend das MBR nach Nr. 10 ein (BAG 9.5.1989 – 3 AZR

439/88, NZA 1989, 889). Mitbestimmungspflichtiger Tatbestand ist dann das Abstimmungsverhalten des ArbGeb.

(4) Beispiele für Sozialeinrichtungen sind **Pensions- und Unterstützungskassen oder Pensionsfonds,** deren Wirkungsbereich auf den Betrieb, das Unternehmen oder den Konzern beschränkt ist (gesetzliche Definition in § 1b Abs. 3 u. 4 BetrAVG, BAG 25.9.2018 – 3 AZR 402/17, AP BetrAVG § 1 Nr. 73), **Werksküchen, Kantinen** (BAG 11.7.2000 – 1 AZR 551/99, NZA 2001, 462), Kasinos, Erholungsheime, Erholungsräume, Werksbibliotheken, Verkaufsstellen und Automaten zum Bezug verbilligter Getränke, **Kindergärten,** sofern sie nicht auch der Öffentlichkeit zugänglich sind (BAG 10.2.2009 – 1 ABR 94/07, NZA 2009, 562), Sportanlagen, Badeanstalten, firmeneigene Krankenhäuser, Betreiben eines **Werkverkehrs mit Bussen,** sofern eine eigenständige Organisation mit abgesonderten Betriebsmitteln vorliegt (BAG 9.7.1985 – 1 AZR 631/80, AP BPersVG § 75 Nr. 16, nicht bei Betreibung des Busverkehrs durch Dritte). Wegen Werkmietwohnungen vgl. den Sondertatbestand der Nr. 9 (→ Rn. 379 ff.). 347

Nicht zu den Sozialeinrichtungen zählen Werkzeitungen; sie sind in erster Linie Sprachrohr der Betriebsleitung zur ArbNschaft (hM; einschränkend DKKW/*Klebe* Rn. 281 unter Hinweis auf den Unterhaltungs- und materiell nutzbaren Informationswert), **Betriebskrankenkassen** als gesetzliche Träger der Sozialversicherung (hM, vgl. GK-BetrVG/*Wiese/Gutzeit* Rn. 724), auch nicht **einzelvertragliche Pensionsleistungen** auf Grund unmittelbarer Versorgungszusage des ArbGeb., sofern kein abgesondertes Vermögen vorhanden ist und verwaltet wird, auch wenn zur Finanzierung eine Rückdeckungsversicherung besteht. Bei **Direktversicherungen** des ArbGeb. für seine ArbN (Begriffsbestimmung in § 1b Abs. 2 BetrAVG), fehlt es an einer „Einrichtung" des ArbGeb. (BAG 18.3.1976 – 3 ABR 32/75, AP BetrVG 1972 § 87 Altersversorgung Nr. 4). An einer Einrichtung fehlt es auch bei Gewährung eines Rabattes auf Warenbezug durch den ArbGeb. (BAG 18.5.1965 – 2 AZR 329/64, AP BetrVG § 56 Nr. 26) und bei Ausgabe von Essensmarken unmittelbar an die ArbN (BAG 15.1.1987 – 6 AZR 589/84, AP BPersVG § 75 Nr. 21) oder der Durchführung eines Betriebsausflugs oder eine **Betriebsfeier** (BAG 27.1.1998 – 1 ABR 35/97, NZA 1998, 835; *Vogt/Kossmann* NZA 2010, 1264). An einer Einrichtung fehlt es auch, wenn ein **Werksverkauf** vom ArbGeb. in einer Weise organisiert ist, dass die hierfür notwendige Warenbeschaffung weder summenmäßig begrenzt noch im Rechnungswesen des ArbGeb. gesondert ausgewiesen ist, der ArbGeb. also nur Sachmittel für die Durchführung des Werksverkaufs/Personalverkaufs einsetzt. 348

(5) Soweit kein MBR nach Abs. 1 Nr. 8 gegeben ist, weil es an einer „Einrichtung" fehlt, kommt ein **MBR nach Nr. 10** in Betracht (BAG 8.11.2011 – 1 ABR 37/10, NZA 2012, 462). Insoweit enthält Nr. 10 einen Auffangtatbestand (→ Rn. 332). Das Beispiel der Gewährung von Altersversorgung macht dies deutlich: Verspricht der ArbGeb. Leistungen unmittelbar aus dem Betriebsvermögen, muss er beim Aufstellen eines Leistungsplans das MBR nach Nr. 10 beachten. Verspricht er Leistungen über eine Unterstützungs- oder Pensionskasse, greift das MBR nach Nr. 8 ein (BAG 26.4.1988 – 3 AZR 168/86, NZA 1989, 219). Wird eine Unterstützungskasse für eine Mehrzahl nicht konzernverbundener Betriebe oder Unternehmen tätig, entfällt der Tatbestand der Nr. 8. MBR können nach Nr. 10 nur in der Form ausgeübt werden, dass die einzelnen Trägerunternehmen (ArbGeb.) mit ihren BR ihr Abstimmungsverhalten für die Organe der Unterstützungskasse aushandeln (BAG 9.5.1989 – 3 AZR 439/88, NZA 1989, 889). 349

b) Inhalt des Mitbestimmungsrechts

(1) Das MBR erstreckt sich auf Form, Ausgestaltung und Verwaltung bestehender Sozialeinrichtungen; ihre **Errichtung** kann nicht erzwungen werden (BAG 26.4.1988 – 3 AZR 168/86, NZA 1989, 219, weil es sich um eine freiwillige Leistung handelt; Richardi BetrVG/*Richardi* Rn. 648; GK-BetrVG/*Wiese/Gutzeit* 350

Rn. 734; ErfK/*Kania* Rn. 73). Zum Errichtungsakt gehört der Entschluss, eine „Einrichtung" zu schaffen. Der BR kann die Errichtung einer Sozialeinrichtung nach § 80 Abs. 1 Nr. 2 anregen.

351 Zur Errichtung gehört auch deren **finanzielle Ausstattung.** Die hierfür aufzuwendenden Mittel bestimmt der ArbGeb. mitbestimmungsfrei (stRspr, BAG 12.6.1975 – 3 ABR 66/74, AP BetrVG 1972 § 87 Altersversorgung Nr. 3; GK-BetrVG/*Wiese/Gutzeit* Rn. 739). Durch das MBR kann er nicht gezwungen werden, für eine Sozialeinrichtung Mittel oder weitere Mittel zur Verfügung zu stellen (BAG 26.4.1988 – 3 AZR 168/86, NZA 1989, 219).

352 Zur mitbestimmungsfreien Errichtung gehört die Festlegung des **Zwecks** der Sozialeinrichtung. Der ArbGeb. kann allein entscheiden, ob er eine Kantine oder ein Erholungsheim oder ob er eine Unterstützungskasse zur Durchführung der Altersversorgung einrichten will (BAG 26.10.1965 – 1 ABR 7/65, AP BetrVG § 56 Wohlfahrtseinrichtungen Nr. 8; GK-BetrVG/*Wiese* Rn. 736; Richardi BetrVG/*Richardi* Rn. 650; ErfK/*Kania* Rn. 73).

353 Innerhalb der Zweckbestimmung kann er auch den **begünstigten Personenkreis** abstrakt festlegen (BAG 26.4.1988 – 3 AZR 168/86, NZA 1989, 219; Richardi BetrVG/*Richardi* Rn. 651; GK-BetrVG/*Wiese/Gutzeit* Rn. 737; DKKW/*Klebe* Rn. 268; ErfK/*Kania* Rn. 73). Dagegen gehört die Auswahl der begünstigten ArbN im konkreten Fall zur Verwaltung (BAG 14.2.1967 – 1 ABR 6/66, NJW 1967, 1246). Allerdings haben nach § 13b AÜG ab dem 1.12.2011 auch LeihArbN Zugang zu Gemeinschaftseinrichtungen oder – diensten des Entleihers, soweit nicht eine Ungleichbehandlung mit den ArbN des Entleiherbetriebs sachlich gerechtfertigt ist. Solche Einrichtungen sind nach § 13b S. 2 AÜG insbes. Gemeinschaftsverpflegung, Kinderbetreuungseinrichtungen oder Beförderungsmittel. Das Zugangsrecht erstreckt sich deshalb nicht auf Essensgutscheine oder Fahrtkostenzuschüsse, also Geldleistungen des Entleiherbetriebs. Deshalb gewährt § 13b auch keinen Zugang zu einer beim Entleiher bestehenden betrieblichen Altersversorgung.

354 **(2)** Was für die Errichtung gilt, trifft umgekehrt auch für deren **Schließung** zu. Der BR kann sie mit Hilfe des MBR nicht verhindern (BAG 26.4.1988 – 3 AZR 168/86, NZA 1989, 219; 10.3.1992 – 3 AZR 221/91, NZA 1992, 949; ErfK/*Kania* Rn. 75; GK-BetrVG/*Wiese/Gutzeit* Rn. 741; Richardi BetrVG/*Richardi* Rn. 694 die Möglichkeit der Aufrechterhaltung nur mit Beiträgen der ArbN; anders § 75 Abs. 3 Nr. 5 BPersVG). Möglich sind insoweit nur freiwillige BV (BAG 26.4.1988 – 3 AZR 168/86, NZA 1989, 219; hM). Wird eine Sozialeinrichtung geschlossen, die der Durchführung einer Altersversorgung diente, können Ansprüche und Anwartschaften der ArbN bestehen bleiben. Der Bestandsschutz hängt von dem Gewicht der Gründe ab, wegen derer die Einrichtung geschlossen wird (BAG 10.3.1992 – 3 ABR 54/91, NZA 1993, 234).

355 Ähnliche Wirkung wie die Schließung einer Sozialeinrichtung hat die **Einschränkung der finanziellen Mittel.** Auch diese Maßnahme unterliegt nicht dem MBR des BR (BAG 13.7.1978 – 3 ABR 108/77, NJW 1979, 2534; GK-BetrVG/*Wiese/Gutzeit* Rn. 741; Richardi BetrVG/*Richardi* Rn. 696). Die Festsetzung des neuen Dotierungsrahmens hat zur Folge, dass ein neuer Verteilungsplan aufgestellt werden muss. Die Aufstellung des neuen Verteilungsplans ist mitbestimmungspflichtig (stRspr, BAG 26.4.1988 – 3 AZR 168/86, NZA 1989, 219; 10.3.1992 – 3 AZR 221/91, NZA 1992, 949; ErfK/*Kania* Rn. 75).

356 Bei der **Umwandlung** einer Sozialeinrichtung bzw. deren Öffnung für einen unbestimmten Nutzerkreis ist die damit einhergehende Änderung des Zwecks mitbestimmungsfrei (Richardi BetrVG/*Richardi* Rn. 699; GK-BetrVG/*Wiese/Gutzeit* Rn. 741). Die Änderung der Nutzungsmöglichkeiten ist aber eine Frage der Ausgestaltung und damit mitbestimmungspflichtig (BAG 15.9.1987 – 1 ABR 31/86, NZA 1988, 104).

357 **(3)** Das MBR beginnt bei der Entscheidung, in welcher **Form** die Sozialeinrichtung geschaffen werden soll. Gemeint ist zunächst die **Rechtsform,** in der die Sozialeinrichtung tätig werden soll (Richardi BetrVG/*Richardi* Rn. 656; GK-BetrVG/*Wiese/Gutzeit* Rn. 745; DKKW/*Klebe* Rn. 270; ErfK/*Kania* Rn. 76). Der Mitbestimmung unterliegt die Entscheidung, ob die Sozialeinrichtung einen selbständigen Rechtsträger erhalten soll oder nicht. Durch das MBR kann der ArbGeb. jedoch nicht gezwungen werden, dass weitere finanzielle Mittel aufgebracht werden müssen. Deshalb kann bei der Altersversorgung der ArbGeb. die Durchführungsform frei wählen, weil mit der Wahl erhebliche steuerliche Vorteile oder Nachteile verbunden sind, die sich unmittelbar auf den Einsatz der finanziellen Mittel auswirken (stRspr, BAG 26.4.1988 – 3 AZR 168/86, NZA 1989, 219).

Dem MBR unterliegt auch die Frage, wer **Betreiber der Sozialeinrichtung** sein 358
soll. Der ArbGeb. bleibt Träger der Sozialeinrichtung. Die Einrichtung muss aber einen sozialen Charakter behalten. Unter diesen Voraussetzungen können auch Dritte mit dem Betreiben einer Sozialeinrichtung betraut werden. In Betracht kommen zB Versicherungsvereine auf Gegenseitigkeit, rechtsfähige Stiftungen, Sozial-GmbH, eingetragener Verein. Auch die spätere Entscheidung des ArbGeb., Teile der anfallenden Arbeiten an eine Drittfirma zu vergeben, ist mitbestimmungspflichtig (ArbG Köln 25.3.1998 – 7 BV 232/96, AiB 1999, 346; GK-BetrVG/*Wiese/Gutzeit* Rn. 751).

Mit der **Wahl der Rechtsform** sind rechtliche Folgen verbunden. Es gelten die 359
jeweiligen vereins- oder gesellschaftsrechtlichen Bestimmungen. Unerheblich ist, welchen MitglKreis die juristische Person umfasst, insbes. ob die ArbN selbst Mitgl. sind. Die Möglichkeit, Mitgliedschaftsrechte auszuüben, ersetzt nicht das MBR. Denn den einzelnen Mitgl. stehen keine Verwaltungsrechte zu (hM). Soweit allerdings zwingende vereins- oder gesellschaftsrechtliche Vorschriften oder Normen des Versicherungsaufsichtsgesetzes bestehen, sind die vertretungsberechtigten Organe der mit eigener Rechtspersönlichkeit errichteten Sozialeinrichtungen nicht durch das MBR von deren Einhaltung befreit. Insoweit ergeben sich praktisch gewisse Beschränkungen des MBR durch die Einschränkung der Handlungsfreiheit.

Soll die gewählte Rechtsform geändert werden, unterliegt auch diese Maßnahme 360
der Mitbestimmung (→ Rn. 358).

(4) Unter **Ausgestaltung** einer Sozialeinrichtung ist die Festlegung allgemeiner 361
Grundsätze in Bezug auf die Arbeitsweise der Einrichtung zu verstehen. Die Ausgestaltung steht nach ihrer Bedeutung und zeitlichen Reihenfolge zwischen Errichtung und Verwaltung (BAG 13.3.1973 – 1 ABR 16/72, AP BetrVG 1972 § 87 Werkmietwohnungen Nr. 1; GK-BetrVG/*Wiese/Gutzeit* Rn. 755; DKKW/*Klebe* Rn. 271; ErfK/*Kania* Rn. 77). Zur Ausgestaltung gehören auch die Aufstellung allgemeiner Grundsätze der Verwaltung der Einrichtung (Satzung oder Organisationsstatut), eine Geschäftsordnung, die Grundsätze über die Ausstattung der Einrichtung, zB Umstellung von Verkaufseinrichtungen auf Automaten oder die Verwendung von Mehrweggeschirr und Mehrwegflaschen.

Zur Ausgestaltung gehört vor allem das **Aufstellen allgemeiner Grundsätze** 362
über die **Benutzung** der Einrichtung, zB die Festlegung der Öffnungszeiten (BAG 15.9.1987 – 1 ABR 31/86, NZA 1988, 104 betr. private Feiern von ArbN). Allerdings kann etwa die Festlegung der Öffnungszeiten mit dem MBR des BR kollidieren, der für die Sozialeinrichtung selbst gewählt ist. Die Betriebsparteien der Sozialeinrichtung, respektive die an ihrer Stelle entscheidende E-Stelle haben dann diese Festlegungen als betriebliche Belange bei der Festlegung der wöchentl. Arbeitszeit zu berücksichtigen (BAG 10.2.2009 – 1 ABR 94/07, NZA 2009, 562).

Gegenstand des MBR ist in erster Linie die Aufstellung von Grundsätzen, wie 363
die vom ArbGeb. zur Verfügung gestellten Mittel innerhalb des vorgegebenen Zwecks (→ Rn. 352) eingesetzt werden sollen. Es geht um die **Verteilungsgrundsätze,** wobei das BAG dazu neigt, dies dem MBR nach Nr. 10 zuzuordnen (BAG 11.12.2001 – 3 AZR 512/00, NZA 2003, 1414). Am Beispiel der Altersversorgung über eine Unterstützungskasse wird das deutlich. Die Leistungsordnung einer U-Kasse muss die Voraussetzungen beschreiben, unter denen Anwartschaften entstehen

und Ansprüche auf betriebliche Altersversorgung erworben werden können (stRspr, BAG 16.2.1993 – 3 ABR 29/92, NZA 1993, 953). Aber auch bei anderen Sozialeinrichtungen gilt: Die Verteilung bzw. Verwendung der Mittel gehört zur Ausgestaltung, ebenso die Festsetzung von Leistungen gemäß einem Leistungsplan im Einzelfall (Richardi BetrVG/*Richardi* Rn. 661).

364 Auch die Entscheidung über eine **Beitragsleistung der ArbN** ist eine Frage der Ausgestaltung und unterliegt dem MBR (BAG 18.3.1976 – 3 ABR 32/75, AP BetrVG 1972 § 87 Altersversorgung Nr. 4). Ein MBR des BR besteht deshalb hinsichtlich der Festsetzung von **Kantinenpreisen** u. sonstigen Nutzungsentgelten im Rahmen der vom ArbGeb. zur Verfügung gestellten Mittel (BAG 11.7.2000 – 1 AZR 551/99, NZA 2001, 462; GK-BetrVG/*Wiese/Gutzeit* Rn. 740). Das MBR umfasst nicht die Beteiligung derjenigen ArbN an den Kosten der Kantine, die ihre Leistungen nicht in Anspruch nehmen. Die Ausgestaltung der Kantinenbenutzung, insbes. die Festlegung der Preise, ist nicht zwingend mit der Kostenbeteiligung der ArbN verbunden, die das Kantinenessen nicht in Anspruch nehmen (BAG 11.7.2000 – 1 AZR 551/99, NZA 2001, 462). Das geht auch über eine freiwillige BV nicht. Dem steht § 75 Abs. 2 entgegen. Der Eingriff der Betriebsparteien in die Persönlichkeitsrechte ist unverhältnismäßig. Wirtschaftlichkeitserwägungen können den Eingriff in die private Lebensführung der ArbN nicht rechtfertigen.

365 Der ArbGeb. kann die der Sozialeinrichtung zur Verfügung stehende Mittel kürzen. Die darauf gerichtete Entscheidung ist mitbestimmungsfrei. Die sich zwingend anschließende **Neuverteilung** der gekürzten Mittel ist wieder mitbestimmungspflichtig. Nach jeder Änderung des Umfangs der finanziellen Ausstattung stellen sich die Fragen nach der Verteilungsgerechtigkeit neu.

366 **(5)** Die **Verwaltung** betrifft **alle übrigen Entscheidungen und Maßnahmen** nach der Errichtung. Der BR wirkt bei allen folgenden Entscheidungen gleichberechtigt mit, auch bei jeder Einzelnen, wenn und solange nicht wegen der laufenden alltäglichen Maßnahmen generelle Grundsätze durch BV aufgestellt sind (hM, GK-BetrVG/*Wiese/Gutzeit* Rn. 763). Zur Verwaltung gehört auch die Vermögensanlage bei Pensions- und Unterstützungskassen. Dem MBR unterliegt auch die Aufstellung einer internen Hausordnung bei räumlich gebundenen Einrichtungen, aber nicht deren Umsetzung im Einzelfall (zB Aufteilung der Gäste auf die Zimmer des Erholungsheimes uä).

367 Zur „Verwaltung" rechnen auch Abschluss und Kündigung von **Pachtverträgen über Sozialeinrichtungen** (GK-BetrVG/*Wiese/Gutzeit* Rn. 751). Das MBR bezieht sich einmal auf die Grundfrage der Führung der Sozialeinrichtung in eigener Regie oder durch Dritte, zum anderen auf die Bedingungen des Pachtvertrages, insbes. hinsichtlich des Einflusses von ArbGeb. und BR auf die Einrichtung (DKKW/*Klebe* Rn. 272; GK-BetrVG/*Wiese/Gutzeit* Rn. 775) und die Preise im Rahmen der Zuschüsse des ArbGeb. und den Umfang des Warensortiments. Der ArbGeb. ist verpflichtet, seine vertraglichen Befugnisse gegenüber dem Pächter nur in Übereinstimmung mit dem BR wahrzunehmen (HWGNRH/*Worzalla* Rn. 484).

368 Das Mitverwaltungsrecht besteht auch, wenn für die **Sozialeinrichtung** gem. §§ 1, 4 ein **eigener BR** gebildet ist (hM; → Rn. 362). Die Kompetenzabgrenzung dürfte keine Schwierigkeiten bereiten, insbes. nicht, wenn ein GesBR oder KBR besteht. Dieser BR hat nur ein MBR in eigenen Angelegenheiten der ArbN der Einrichtung, so dass eine Überschneidung der MBR regelmäßig ausscheidet. Notfalls geht das MBR des begünstigten Betriebes hinsichtlich der „unternehmerischen" Tätigkeit der Sozialeinrichtung vor (GK-BetrVG/*Wiese/Gutzeit* Rn. 787 nimmt ein abgestuftes Beteiligungsverf. erst des Stammbetriebes und dann der Sozialeinrichtung an; vgl. den Fall BAG 22.10.1981 – 6 ABR 69/79, AP BetrVG 1972 § 76 betr. Kindergarten Nr. 10).

369 **(6)** Am **Beispielsfall der Unterstützungskasse** (*Uckermann* NZA 2015, 1164) lässt sich der Umfang der MB wie folgt darstellen: Das MBR besteht hinsichtl. Form, Ausgestaltung und Verwaltung dieser Sozialeinrichtung. Danach kann der ArbGeb.

mitbestimmungsfrei entscheiden, ob und in welcher Form er eine betriebl. Altersversorgung einführen will, welche Mittel er (Dotierungsrahmen) er dafür bereitstellt, welche Zwecke er verfolgt und welche ArbN er begünstigen will. Mitbestimmungspflichtig sind allein diejenigen Regelungen, mit denen die zur Verfügung stehenden Mittel verteilt werden, sowie die Verwaltung der Sozialeinrichtung (BAG 9.12.2008 – 3 AZR 384/07, NZA 2009, 1341; *Reinecke* DB 2009, 1182).

c) Form der Mitbestimmung

Die gleichberechtigte Teilnahme des BR an allen mitbestimmungspflichtigen Maß- **370**
nahmen und Entscheidungen muss sichergestellt werden. Es gelten die allgemeinen Regeln über das Verf. bei der Mitbestimmung (→ Rn. 578). Keine Seite kann in mitbestimmungspflichtigen Angelegenheiten ihre Vorstellungen gegen den Willen der anderen Seite durchsetzen. Eine Einigung ist erforderlich. Da sich das MBR auf jede einzelne Verwaltungsmaßnahme erstreckt, kann sich die Bildung gemeinsamer, paritätisch zusammengesetzter Ausschüsse (Kommissionen) von ArbGeb. und BR empfehlen (§ 28 Abs. 3). Deren Aufgabe ist, die Verwaltung einer betrieblichen Sozialeinrichtung entspr. den praktischen Bedürfnissen im Einzelfall vorzunehmen (BAG 13.3.1973 – 1 ABR 16/72, AP BetrVG 1972 § 87 Werkmietwohnungen Nr. 1).

Das MBR betrifft das Verhältnis von ArbGeb. und BR. Es ist in dem allg. üblichen **371**
Verf. auszuüben (→ Rn. 578). Bei Sozialeinrichtungen mit **eigener Rechtspersönlichkeit** (zB Unterstützungskassen) kann das MBR auf zwei Wegen verwirklicht werden. Wenn zwischen ArbGeb. und BR nichts anderes vereinbart ist, müssen mitbestimmungspflichtige Fragen zunächst zwischen ArbGeb. und BR ausgehandelt werden. Das MBR besteht gegenüber dem ArbGeb., nicht gegenüber der Sozialeinrichtung. Der ArbGeb. hat dafür zu sorgen, dass seine Sozialeinrichtung die getroffene Regelung übernimmt **(„zweistufige" Lösung).** Er muss sich maßgebenden Einfluss auf die Verwaltung sichern, damit die zwischen ArbGeb. und BR vereinbarten Regelungen in der Sozialeinrichtung auch durchgeführt werden (BAG 11.12.2001 – 3 AZR 512/00, NZA 2003, 1414). Sonst könnte das MBR umgangen werden, das sich gerade auch auf selbständige juristische Personen erstreckt (BAG 13.7.1978 – 3 AZR 108/77, NJW 1979, 2534; 10.3.1992 – 3 AZR 221/91, NZA 1992, 949). Das zweistufige Verf. ist der **Regelfall** (BAG 10.9.2002 – 3 AZR 635/01, AP BetrAVG § 1 Ablösung Nr. 36; Nr. 37). Bei Sozialeinrichtungen in der Trägerschaft mehrerer ArbGeb. kann das MBR nach Nr. 8 nur im zweistufigen Verfahren gewahrt werden.

ArbGeb. und BR können auch vereinbaren, dass der BR gleichberechtigte Vertr. **372**
in die Organe der Sozialeinrichtung entsendet und dass mitbestimmungspflichtige Fragen in den Beschlussgremien der Sozialeinrichtung nicht gegen den Widerspruch der Vertr. des BR entschieden werden dürfen **(paritätische Besetzung der Entscheidungsgremien).** Das ist **„organschaftliche" Mitbestimmung.** Sie findet in den Organen der selbständigen juristischen Person statt (BAG 26.4.1988 – 3 AZR 168/86, NZA 1989, 219). Diese Art der Mitbestimmung ist praktikabler. Sie kann erzwungen werden, da auch die Form der Einrichtung dem MBR unterliegt.

Voraussetzung ist eine paritätische Beteiligung des BR (BAG 26.4.1988 – 3 AZR **373**
168/86, NZA 1989, 219). Es reicht nicht aus, wenn in die Beschlussorgane der Einrichtung Vertr. der ArbN gewählt werden. Mitgliedschaftsrechte der ArbN ersetzen nicht das MBR des BR. Nur der BR ist Träger der MBR (GK-BetrVG/*Wiese/Gutzeit* Rn. 777). Entsteht in dem Geschäftsführungsorgan bei paritätischer Besetzung eine **„Pattsituation"**, fällt bei Fehlen anderweitiger Konfliktregelungen (zB „neutrales" Vorstandsmitgl.) die Entscheidung an ArbGeb. und BR zurück, die notfalls die E-Stelle anrufen müssen (vgl. Richardi BetrVG/*Richardi* Rn. 681; GK-BetrVG/*Wiese/Gutzeit* Rn. 783; ErfK/*Kania* Rn. 80).

Wird eine Kasse von mehreren ArbGeb. betrieben (Gruppenunterstützungskasse) **374**
kommt eine organschaftliche MB in aller Regel nicht in Betracht (BAG 11.12.2001 –

3 AZR 512/00, NZA 2003, 1414). Das MBR folgt dann aus Nr. 10. Es erstreckt sich auf das Abstimmungsverhalten des ArbGeb. bei Beschlüssen der **Gruppenunterstützungskasse** (BAG 14.12.1993 – 3 AZR 618/93, NZA 1994, 554). Die Verletzung des MBR durch einen der beteiligten ArbGeb. wirkt sich auf die Wirksamkeit der satzungsgem. gefassten Beschlüsse der Gruppenunterstützungskasse nicht aus. Stattdessen hat der ArbGeb. für den Umfang der mitbestimmungswidrig eintretenden Leistungsschmälerung selbst einzustehen, soweit die Verletzung des MBR hierfür kausal ist und die mitbestimmte Entscheidung im Trägerunternehmen durchsetzbar gewesen wäre (*Reinecke* AuR 2004, 335).

375 Die Verwaltung der Sozialeinrichtung kann auch ganz in die Hände des BR gelegt werden. Darauf besteht kein Rechtsanspruch (nur freiwillige BV nach § 88; GK-BetrVG/*Wiese/Gutzeit* Rn. 773; vgl. den Fall BAG 24.4.1986 – 6 AZR 607/83, NZA 1987, 100, in dem die Werkskantine allein dem BR unterstand). Umgekehrt darf die Verwaltung nicht allein dem ArbGeb. übertragen werden, da der BR nicht auf sein MBR verzichten kann (DKKW/*Klebe* Rn. 277). Die Ausübung der MBR kann auch nicht auf Dritte, auch nicht auf Vertr. der im Betrieb vertretenen Gewerkschaften übertragen werden.

376 Besteht ein Unternehmen aus mehreren Betrieben, übt der **GesBR** das Mitverwaltungsrecht bei **überbetrieblichen Sozialeinrichtungen** und der Gewährung unternehmenseinheitlicher sozialer Leistungen aus (BAG 8.12.1981 – 3 AZR 518/80, NJW 1982, 1773). Entspr. gilt für den KBR, zB bei Pensions- oder Unterstützungskassen für den ganzen Konzern (§ 58 Abs. 1). Legt der KBR (GesBR) im Einvernehmen mit der Geschäftsführung nur die Quote für die Benutzung der Einrichtung durch die einzelnen Unternehmen (Betriebe) fest, nimmt iÜ der GesBR (BR) das MBR wahr.

d) Folgen unterbliebener Mitbestimmung

377 Die gebotene, aber unterbliebene Beteiligung des BR kann **individualrechtliche Folgen** haben. **Maßnahmen zum Nachteil der ArbN,** die unter Verstoß gegen das MBR zustande gekommen sind, sind individualrechtlich **unwirksam.** Dies gilt auch, wenn die Sozialeinrichtung rechtlich selbständig ist (BAG 26.4.1988 – 3 AZR 168/86, NZA 1989, 219; DKKW/*Klebe* Rn. 280; **aA** GK-BetrVG/*Wiese/Gutzeit* Rn. 779; Richardi BetrVG/*Richardi* Rn. 706). Widerruft der ArbGeb. zB eine Zusage auf Altersversorgung, die durch eine U-Kasse erbracht werden soll, muss er dafür einstehen, wenn der BR bei der erforderlich gewordenen Neuverteilung der Mittel nicht beteiligt wurde. Es gelten insoweit die allgemeinen Grundsätze, → Rn. 599 ff. Sind an einer U-Kasse mehrere Unternehmen beteiligt, setzen Ansprüche einzelner ArbN wegen Verletzung der MBR voraus, dass die Verletzung der Bestimmungen über die Willensbildung in den Organen der Kasse für die nachteilige Änderung der Leistungsrichtlinien ursächlich war (BAG 9.5.1989 – 3 AZR 439/88, NZA 1989, 889).

378 Schließt die rechtlich selbständige Einrichtung **Rechtsgeschäfte mit Dritten** (nicht ArbN) ab, sind diese Rechtsgeschäfte ungeachtet der fehlenden Beteiligung des BR wirksam (Richardi BetrVG/*Richardi* Rn. 705).

9. Zuweisung und Kündigung von Wohnräumen

379 Der Mitbestimmungstatbestand der Nr. 9 ist ein **Sonderfall** des MBR nach Nr. 8. Die Verwaltung von Wohnräumen fiele bei Bestehen des sozialen Zwecks auch unter den Grundtatbestand der Nr. 8 (GK-BetrVG/*Wiese/Gutzeit* Rn. 792; DKKW/*Klebe* Rn. 283). Allerdings ist es für den Sondertatbestand der Nr. 9 unerheblich, ob eine kostendeckende Miete erhoben wird und es sich deshalb nicht um eine Sozialeinrichtung iSd Nr. 8 handelt (Richardi BetrVG/*Richardi* Rn. 710).

Das MBR des BR soll eine gerechte Verteilung der Leistungen des ArbGeb. sicherstellen (ErfK/*Kania* Rn. 83). Zudem trägt es einem gesteigerten Schutzbedürfnis der ArbN Rechnung, die wegen der Nutzung einer Werkswohnung über ihre arbeitsvertraglichen Beziehungen hinaus auch in ihrem privaten Lebensbereich von Entscheidungen des ArbGeb. betroffen sind (GK-BetrVG/*Wiese/Gutzeit* Rn. 790). 380

a) Wohnräume

Ein MBR nach Nr. 9 besteht nur, wenn **Wohnräume** vermietet bzw. das Mietverhältnis über Wohnräume gekündigt werden soll. Wohnräume sind Räume jeder Art, die zum Wohnen geeignet und bestimmt sind. Es kommt nicht darauf an, ob es sich um eine vollständige Wohnung oder nur um ein einzelnes Zimmer handelt, ob die Wohnung von einzelnen oder von mehreren Personen belegt ist (BAG 3.6.1975 – 1 ABR 118/73, AP BetrVG 1972 § 87 Werkmietwohnungen Nr. 3). Zu Wohnräumen gehören auch Behelfsheime, Baracken, Wohnwagen oder andere Schlafstätten (vgl. GK-BetrVG/*Wiese/Gutzeit* Rn. 801; HWGNRH/*Worzalla* Rn. 511; DKKW/*Klebe* Rn. 284; ErfK/*Kania* Rn. 83). 381

Unerheblich ist, ob die Räume **kurz- oder langfristig,** ob sie **entgeltlich oder unentgeltlich** überlassen werden. Auch bei unentgeltlicher Überlassung soll das MBR den einzelnen ArbN vor ungerechter Behandlung schützen (DKKW/*Klebe* Rn. 284; Richardi BetrVG/*Richardi* Rn. 715; HWGNRH/*Worzalla* Rn. 510; **aA** GK-BetrVG/*Wiese/Gutzeit* Rn. 795: uU MBR nach Nr. 8). 382

Der ArbGeb. braucht **nicht Eigentümer der Wohnräume** zu sein. Es genügt, wenn er ein Belegungs- oder Vorschlagsrecht für die Nutzung der Räume hat. Das folgt aus dem Zweck des MBR (BAG 18.7.1978 – 1 ABR 20/75, AP BetrVG 1972 § 87 Werkmietwohnungen Nr. 4; Richardi BetrVG/*Richardi* Rn. 716; DKKW/*Klebe* Rn. 285). Bei Gründung eines selbständigen Wohnungsunternehmens muss sich der ArbGeb. den maßgeblichen Einfluss sichern oder den BR paritätisch in den Organen beteiligen (DKKW/*Klebe* Rn. 285). 383

b) Zusammenhang mit dem Arbeitsverhältnis

Das MBR setzt voraus, dass Wohnraum mit Rücksicht auf das Bestehen eines ArbVerh. vermietet wird. Es muss sich also um sog **Werkmietwohnungen** (vgl. §§ 576 BGB) handeln, über die zwischen ArbGeb. und ArbN neben dem Arbeitsvertrag ein normaler Mietvertrag abgeschlossen wird. 384

Bei **Werkdienstwohnungen** (vgl. § 576b BGB) besteht kein MBR (BAG 7.6.1975 – 1 ABR 118/73, AP BetrVG 1972 § 87 Werkmietwohnungen Nr. 3; ErfK/*Kania* Rn. 85). Es wird neben dem Arbeitsvertrag kein bes. Mietvertrag abgeschlossen. Diese Wohnräume werden dem ArbN im Rahmen seines ArbVerh. aus dienstlichen Gründen überlassen (zB Pförtner, Kraftfahrer, Hausmeister, vgl. § 576b BGB). Häufig ist der ArbN verpflichtet, die Werkdienstwohnung zu nutzen (BAG 28.7.1992 – 1 ABR 22/92, NZA 1993, 272). Der Bezug der Wohnung muss jedenfalls im Interesse des Betriebes liegen; sonst liegt eine Umgehung des MBR vor (HWGNRH/*Worzalla* Rn. 515). Auch TV können Bestimmungen über den Bezug von Werkdienstwohnungen enthalten (BAG 17.5.1968 – 3 AZR 183/67, AP BGB § 611 Werkdienstwohnung Nr. 1). Das Nutzungsrecht endet regelmäßig mit der Beendigung des ArbVerh. Allerdings besteht ein Mieterschutz, wenn der ArbN den Wohnraum ganz oder überwiegend möbliert hat, oder wenn er in dem Wohnraum mit seiner Familie einen eigenen Hausstand führt (§ 576b BGB). Die Anrechnung eines Nutzungsbeitrages auf den Lohn bei Gewährung von Werkdienstwohnungen unterliegt dem MBR nach Nr. 10. 385

Gelegentlich. kann die **Abgrenzung** zwischen beiden Wohnraumüberlassungen Schwierigkeiten bereiten. Dann muss der Wille der Parteien durch Auslegung ermittelt werden. Für eine Werkdienstwohnung sind typisch die kostenfreie Überlassung der Wohnung und die Pflicht zur Nutzung dieser Wohnung. Dagegen handelt es sich 386 um eine Werkmietwohnung, wenn der Wohnraum auf der Grundlage eines eigenständigen Mietvertrags aber mit Rücksicht auf das Arbeitsverhältnis überlassen wird. Der Zusammenhang zwischen ArbVerh. und Mietverhältnis fehlt, wenn eine Versicherungsgesellschaft Wohnungen zur Vermögensanlage baut, selbst wenn dann ArbN der Gesellschaft zu normalen Bedingungen Mieter sein können.

c) Inhalt des Mitbestimmungsrechts

387 **(1)** Der ArbGeb. entscheidet allein darüber, **ob** er Wohnräume zur Verfügung stellt. Dasselbe gilt für den Entschluss, auf die Überlassung von Wohnräumen im Zusammenhang mit dem ArbVerh. wieder zu verzichten (BAG 23.3.1993 – 1 ABR 65/92, NZA 1993, 766; GK-BetrVG/*Wiese/Gutzeit* Rn. 805; ErfK/*Kania* Rn. 86). Es gilt das zur Sozialeinrichtung Gesagte entspr. (→ Rn. 350 ff.).

388 Der ArbGeb. bestimmt allein den **finanziellen Umfang** für die Beschaffung von Wohnräumen. Der BR kann nicht verlangen, dass der ArbGeb. den Zuschuss für die Unterhaltung von Werkmietwohnungen erhöht (Richardi BetrVG/*Richardi* Rn. 722).

389 Der ArbGeb. kann auch mitbestimmungsfrei den begünstigten **Personenkreis** bestimmen, etwa Gastarbeiter, Monteure usw (Richardi BetrVG/*Richardi* Rn. 725; GK-BetrVG/*Wiese/Gutzeit* Rn. 805; HWGNRH/*Worzalla* Rn. 525; ErfK/*Kania* Rn. 86; **aA** DKKW/*Klebe* Rn. 287; *Kohte* BetrR 1993, 81; offen lassend BAG 23.3.1993 – 1 ABR 65/92, NZA 1993, 766). Das folgt aus dem Recht, über den Umfang der finanziellen Mittel frei zu entscheiden. Mitbestimmungsfrei ist auch der Beschluss, Wohnräume nur den leitenden Ang. zur Verfügung zu stellen (BAG 23.3.1993 – 1 ABR 65/92, NZA 1993, 766). Allerdings muss der ArbGeb. nunmehr § 13b AÜG beachten, wonach **LeihArbN** von der Zuweisung von Werkwohnungen des Entleihers nicht ohne weiteres ausgenommen werden dürfen (*Zimmermann* ArbR 2011, 264).

390 **(2)** Dem MBR unterliegt die **Zuweisung von Wohnräumen.** Es geht um eine gerechte Verteilung der zur Verfügung stehenden Räume. Unter Zuweisung ist die Benennung desjenigen zu verstehen, der die Wohnung nutzen darf. Es ist eine Auswahl zu treffen. Das MBR besteht in jedem **Einzelfall** (hM). Die Einigung über die Reihenfolge einer Anwärterliste genügt aber, wenn sie genügend bestimmt ist.

391 Kein MBR besteht, wenn **nur leitende Ang.** zu dem begünstigten Personenkreis gehören sollen (GK-BetrVG/*Wiese/Gutzeit* Rn. 798). Werden jedoch aus einem einheitlichen Bestand von Werkmietwohnungen ArbN und leitenden Ang. Wohnungen zugewiesen, entscheidet der BR mit. Wohnungen können nur einmal zugewiesen werden. Jede Zuweisung an einen leitenden Ang. verhindert die Zuweisung an die übrigen ArbN. Es ist auch insoweit eine gerechte Auswahl unter den Benutzern zu treffen (BAG 23.3.1993 – 1 ABR 65/92, NZA 1993, 766; DKKW/*Klebe* Rn. 289; HWGNRH/*Worzalla* Rn. 523; ErfK/*Kania* Rn. 88).

392 Kein MBR besteht, wenn der ArbGeb. Wohnräume ausschließlich an Personen vermieten will, die bereits aus dem ArbVerh. ausgeschieden sind und deshalb nicht mehr vom BR repräsentiert werden (Richardi BetrVG/*Richardi* Rn. 717; GK-BetrVG/*Wiese/Gutzeit* Rn. 800). Dagegen besteht ein MBR, wenn sich auch ArbN bewerben (→ Rn. 391).

393 Die **Verletzung des MBR bei Zuweisung** von Wohnräumen hat individualrechtliche Folgen. Hat der ArbGeb. den BR nicht beteiligt, mag zwar der Mietvertrag wirksam geschlossen worden sein, doch ist die Zuweisung an den ArbN (oder Dritten) unwirksam. Diese Rechtsfolge ist erforderlich, um das MBR des BR wirksam zu sichern (DKKW/*Klebe* Rn. 290; GK-BetrVG/*Wiese/Gutzeit* Rn. 810; **aA** ErfK/*Kania* Rn. 89; HWGNRH/*Worzalla* Rn. 533). Bei Verletzung der MBR kann daher der BR verlangen, dass der ArbGeb. alles unternimmt, damit der vermietete Wohnraum wieder geräumt wird. Der Nutzer kann einen Anspruch auf Schadensersatz gegen den ArbGeb. haben.

(3) Das MBR besteht auch bei der **Kündigung** von Wohnräumen. Das gilt zunächst für Kündigungen, die ArbN betreffen. Es gilt aber auch für Kündigungen, die Wohnraum betreffen, der von leitenden Ang. genutzt wird oder von Dritten, sofern es sich um einen einheitlichen Bestand von Wohnungen ohne feste Zuordnung auf einzelne Gruppen handelt (BAG 28.7.1992 – 1 ABR 22/92, NZA 1993, 272; DKKW/*Klebe* Rn. 291). 394

Das MBR besteht bei **ordentlichen wie den außerordentliche Kündigungen.** 395 Eine ordentliche Kündigung wird in der Regel nur möglich sein, wenn das **Arbeitsverhältnis beendet** wird. Eine automatische Koppelung zwischen Kündigung des ArbVerh. und des Mietverhältnisses scheidet nach § 576 BGB aus. Eine Klausel im Mietvertrag „der Mietvertrag endet gleichzeitig mit dem Arbeitsverhältnis" ist unwirksam. Ein MBR besteht auch dann, wenn der ArbN lediglich spezielle Mieterpflichten erheblich verletzt hat und deshalb ausnahmsweise nur das Mietverhältnis, nicht aber das ArbVerh. gekündigt wird. Eine außerordentliche Kündigung des Mietvertrages kommt bei erheblichen Vertragsverletzungen in Betracht (§§ 543 ff. BGB). Sie ist möglich, wenn die mietrechtlichen Gründe (§§ 543, 569 Abs. 2 BGB, vertragswidriger Gebrauch, Zahlungsverzug, Unzumutbarkeit der Fortsetzung des Mietverhältnisses, insbes. wegen nachhaltiger Störung des Hausfriedens) dafür vorliegen.

Andererseits kann der BR verlangen, dass der ArbGeb. im **Zusammenhang mit** 396 **der Kündigung des Arbeitsverhältnisses** auch das Mietverhältnis kündigt, um die Wohnung für ArbN des Betriebes zu erhalten (Richardi BetrVG/*Richardi* Rn. 727). Dies ist gem. § 576 BGB möglich. IÜ wird es für die mietrechtliche Wirksamkeit der Kündigung darauf ankommen, ob der ArbN das ArbVerh. ohne „gesetzlich begründeten Anlass" gekündigt hat oder ihm wegen seines Verhaltens aus gesetzlich begründetem Anlass gekündigt worden ist (§ 576a BGB) oder ob die Wohnung (der Wohnraum) für einen anderen ArbN, insbes. wegen der gleichen vorgesehenen Arbeitsleistung benötigt wird (§ 576a Abs. 2 Nr. 1 iVm § 576 Nr. 2 BGB). Nach § 573 BGB kann der Vermieter (ArbGeb.) ein Mietverhältnis nur dann kündigen, wenn er ein berechtigtes Interesse daran hat, insbes. dann, wenn der Mieter (ArbN) seine vertraglichen Pflichten schuldhaft nicht unerheblich verletzt oder Eigenbedarf vorliegt. Die Gründe sind in dem schriftlichen Kündigungsschreiben anzugeben, die Kündigung zum Zwecke der Mieterhöhung ist ausgeschlossen (§ 573 Abs. 1 S. 2 BGB). Diese Gründe dürften mit den besonderen Kündigungsgründen des § 576a BGB für Werkmietwohnungen weitgehend übereinstimmen. Eigenbedarf ist auch die notwendige Unterbringung des nachfolgenden ArbN. Die generelle Schutzvorschrift des § 549 Abs. 2 Nr. 1 BGB gilt nicht, wenn Wohnraum nur zum vorübergehenden Gebrauch vermietet ist, auch nicht für möblierte Räume für ArbN ohne Familie, insbes. in Wohnheimen (§ 549 Abs. 2, 3 BGB). Das MBR bleibt aber bestehen.

Streitig ist, ob **nach wirksamer Beendigung des Arbeitsverhältnisses** das 397 MBR für die Kündigung der Wohnräume weiterbesteht. Das BAG hat diese Frage bejaht (BAG 28.7.1992 – 1 ABR 65/92, NZA 1993, 766). Davon ist jetzt für die Praxis auszugehen (zust. GK-BetrVG/*Wiese/Gutzeit* Rn. 813; DKKW/*Klebe* Rn. 291; ErfK/*Kania* Rn. 90; **aA** HWGNRH/*Worzalla* Rn. 533). Jedenfalls besteht ein MBR, wenn vor dem rechtskräftigen Abschluss des Kündigungsrechtsstreits gekündigt werden soll. Außerdem besteht in jedem Fall ein Initiativrecht des BR; er kann verlangen, dass das Mietverhältnis gekündigt wird (Richardi BetrVG/*Richardi* Rn. 727).

Die Einigung mit dem BR ist **Wirksamkeitsvoraussetzung** für die Kündigung 398 (GK-BetrVG/*Wiese/Gutzeit* Rn. 816; Richardi BetrVG/*Richardi* Rn. 747; ErfK/*Kania* Rn. 90). Stimmt der BR bzw. die E-Stelle einer Kündigung zu, kann der ArbGeb. kündigen. Der ArbN ist zwar nicht gehindert, der Kündigung zu widersprechen, die Fortsetzung des Mietverhältnisses zu verlangen und Klage beim Amtsgericht zu erheben (DKKW/*Klebe* Rn. 292; *Kohte* BetrR 1993, 81). Der ArbN kann die Unwirksamkeit der Kündigung wegen fehlender Beteiligung des BR geltend machen. Seine Klage wird aber regelmäßig keinen Erfolg haben, wenn sich die BetrVerf-Organe an die Grundsätze des Mieterschutzrechts gehalten haben.

d) Allgemeine Festlegung der Nutzungsbedingungen

399 Die allgemeine Festlegung der Nutzungsbedingungen betrifft zunächst den Inhalt der **Mietverträge** und der **Hausordnungen** einschließlich der Regelungen über Schönheitsreparaturen, Reinigung des Treppenhauses und anderer Gemeinschaftsräume, Verhalten gegenüber anderen Mietern, Anbringen von Antennen, „Satellitenschüsseln", Markisen usw. Weiter muss entschieden werden, ob und in welchem Umfang neben der Miete **Nebenkosten** gesondert erhoben und abgerechnet werden sollen. Hierher gehört auch die Regelung, ob die Miete vom Arbeitsentgelt einbehalten werden soll.

400 Zu den allgemeinen Nutzungsbedingungen gehört auch die Festlegung der Grundsätze über die **Mietzinsbildung** im Rahmen der vom ArbGeb. zur Verfügung gestellten Mittel (BAG 28.7.1992 – 1 ABR 65/92, NZA 1993, 766; GK-BetrVG/*Wiese/Gutzeit* Rn. 821; HWGNRH/*Worzalla* Rn. 526; DKKW/*Klebe* Rn. 293; ErfK/*Kania* Rn. 92). Der ArbGeb. kann nicht gezwungen werden, seinen finanziellen Beitrag zur Schaffung und Erhaltung eines Wohnungsbestandes zu erhöhen. Mitbestimmungspflichtig ist aber die **Festlegung von Kriterien,** nach denen der Mietzins gebildet werden soll (Wertigkeit und Ausstattung der Wohnungen). Das MBR erstreckt sich nicht auf die Festsetzung der **Miete im Einzelfall,** die lediglich die mitbestimmte Regelung vollzieht (Richardi BetrVG/*Richardi* Rn. 735).

401 Das MBR besteht nicht nur bei der erstmaligen Festlegung der Nutzungsbedingungen, insbes. der Mietzinskriterien. Es besteht auch bei jeder **Änderung der Nutzungsbedingungen.** Dabei ist zu berücksichtigen, dass die Erhöhung der Grundmiete nur mit Zustimmung des Mieters (ArbN) bis zur ortsüblichen Vergleichsmiete erfolgen kann und nur, sofern und solange nicht durch (Miet-)Vertrag eine Erhöhung ausgeschlossen ist. Es besteht aber ein einklagbarer Anspruch des Vermieters (ArbGeb.) auf Erteilung der Zustimmung (§§ 557 ff. BGB). Den Streit zwischen ArbGeb. und ArbN über die Miethöhe im Einzelfall entscheiden die Amtsgerichte (BAG 24.1.1990 – 5 AZR 749/87, NZA 1990, 539).

402 Bestimmte Betriebskosten und Nebenkosten können gem. §§ 556 Abs. 2, 3, 556a Abs. 2, 560 BGB nach wie vor durch einseitige schriftliche Erklärung des Vermieters, die aber bei Verletzung des MBR unwirksam wäre, auf die Mieter umgelegt werden. Mögliche **Mieterhöhungen** sind keine gesetzlich vorgeschriebenen Mieterhöhungen. Sie schließen das MBR nicht aus. Andererseits wird der BR im Hinblick auf eine mögliche Entscheidung durch die E-Stelle nur aus triftigen Gründen eine Mieterhöhung ablehnen, die sich unter Berücksichtigung der Dotierung des ArbGeb. im entspr. Abstand zur ortsüblichen Vergleichsmiete für entspr. Werkmietwohnungen hält. Darauf hat der BR zu achten (Richardi BetrVG/*Richardi* Rn. 735).

403 Ein MBR besteht in dem vom ArbGeb. gesetzten finanziellen Rahmen auch bei der Festlegung der **Übernachtungsgebühren in einem möblierten betrieblichen Wohnheim,** insbes. die Staffelung der Gebühren zwischen auslösungsberechtigten und anderen ArbN (BAG 3.6.1975 – 1 ABR 118/73, AP BetrVG 1972 § 87 Werkmietwohnungen Nr. 3).

404 Das MBR bei Festlegung der Nutzungsbedingungen besteht nur, soweit die Wohnungen an **ArbN** des Betriebs oder Auszubildende vermietet werden (BAG 28.7. 1992 – 1 ABR 65/92, NZA 1993, 766; DKKW/*Klebe* Rn. 294; ErfK/*Kania* Rn. 95; anders die Zuweisung und Kündigung einer Werkmietwohnung, → Rn. 390, 394).

405 Eine abweichende Festlegung von Mietbedingungen im Hinblick auf Besonderheiten eines Einzelfalles (zB geringere Miete in einem sozialen Härtefall) ist nicht mitbestimmungspflichtig.

406 Bei Zuweisung und Kündigung genügt eine formlose Regelungsabrede. Für die Festlegung der Nutzungsbedingungen ist die BV die geeignete Form für die Ausübung des MBR.

10. Betriebliche Lohngestaltung

a) Zweck und Bedeutung des Mitbestimmungsrechts

Das MBR dient dem Schutz der ArbN. Sie sollen gleichberechtigt an den Entscheidungen des ArbGeb., die ihre Arbeitsvergütung betreffen, teilhaben. Das soll die ArbN vor einer einseitig an den Interessen des ArbGeb. orientierten oder willkürlichen Lohngestaltung schützen. Sein **Zweck** ist die angemessene und transparente Gestaltung des betrieblichen Lohngefüges und die Wahrung einer abstrakten innerbetrieblichen Lohn- und Verteilungsgerechtigkeit (BAG 2.3.2004 – 1 AZR 271/03, NZA 2004, 852; hM; *Roloff* RdA 2014, 228; krit. HWGNRH/*Worzalla* Rn. 542) im Verhältnis von ArbN und ArbGeb. aber auch der ArbN untereinander (*Koch* SR 2016, 131). Dabei kann es nur um die Herstellung einer relativen Lohngerechtigkeit gehen, da die Arbeitsvertragsparteien wegen des **Günstigkeitsprinzips** (→ § 77 Rn. 196 ff.) nicht daran gehindert sind, Entgeltvereinbarungen zu treffen, die zu einer höheren Entlohnung führen. Das MBR erstreckt sich nämlich nicht auf die arbeitsvertraglich vereinbarten Entgelte der ArbN. Deshalb darf die Auszahlung oder gar die Vereinbarung eines einzelvertraglich vereinbarten Gehaltsbestandteils nicht von der Zustimmung des BR abhängig gemacht werden (BAG 30.10.2012 – 1 ABR 61/11, NZA 2013, 522; 18.11.2014 – 1 ABR 18/13, BeckRS 2015, 65972). **Gegenstand** des MBR sind die abstrakt-generellen Grundsätze der Entgeltfindung (→ Rn. 417 ff.), nicht jedoch die konkrete Entgelthöhe (stRspr, BAG 15.4.2008 – 1 ABR 82/08, NZA 2011, 642). Letztlich geht es bei diesem MB darum, Vertragsfreiheit, unternehmerische Entscheidungsfreiheit sowie die kollektiven Interessen der Belegschaft in Einklang zu bringen (*Roloff* RdA 2014, 228). Daher kommt eine Ausgestaltung vertraglicher Entgeltbestandteile durch eine BV in Betracht, soweit die vertragliche Regelung betriebsvereinbarungsoffen ist. Ein solcher Vorbehalt kann ausdrücklich oder konkludent mittels Verwendung allgemeiner Arbeitsbedingungen vereinbart sein (BAG 23.10.2017 – 1 AZR 166/16; 11.12.2018 – 3 AZR 380/17, AP BetrAVG § 1 Ablösung Nr. 78; 30.1.2019 – 5 AZR 450/17, NZA 2019, 1065; *Koch* SR 2016, 131; *Linsenmaier* RdA 2019, 157; *Bepler* FS Moll 2019, S. 49; **aA** *Creutzfeld* NZA 2018, 1111; BAG 11.4.2018 – 4 AZR 119/17, NZA 2018, 1273). 407

Damit gewährt § 87 Abs. 1 Nr. 10 dem BR ein **umfassendes MBR** in nahezu allen Fragen der betrieblichen Lohngestaltung. Dazu werden die mitbestimmungspflichtigen Angelegenheiten zunächst allg. mit „Fragen der betrieblichen Lohngestaltung" beschrieben. Dann werden mit den „Entlohnungsgrundsätzen" und den „Entlohnungsmethoden" einzelne Bereiche der Lohngestaltung angesprochen. Diese Bereiche werden – wie das Wort „insbesondere" verdeutlicht – nur beispielhaft aufgezählt; sie sind nicht abschließend gemeint. Ohne Bedeutung ist, ob und wie Fragen der Lohngestaltung begrifflich einzuordnen sind. **Weitere MBR in Entgeltangelegenheiten** finden sich in § 87 Abs. 1 Nr. 8 u. 11: Werden Entgeltleistungen durch eine Sozialeinrichtung erbracht, gilt das MBR nach Nr. 8; Nr. 11 erstreckt das MBR für die Festsetzung von Akkord- und Prämiensätze sowie vergleichbarer leistungsbezogener Entgelte noch auf die Entgelthöhe (→ Rn. 497). 408

In den Entgeltangelegenheiten hat § 87 Abs. 1 Nr. 10 den Charakter einer **Generalklausel** (BAG GS 3.12.1991 – GS 2/90, NZA 1992, 749; GK-BetrVG/*Wiese*/*Gutzeit* Rn. 841). Das erlaubt es, auch neu auftretende Fragen der Lohngestaltung in das MBR einzubeziehen (WPK/*Bender* Rn. 197). So gilt das MBR nunmehr auch für **Beamte in den privatisierten Unternehmen** der Post; es wird nicht von den in § 28 PostPersRG aufgeführten Vorschriften des BPersVG verdrängt. Allerdings ist die Zuweisung von Beamtenplanstellen und die Aufstellung darauf bezogener Kriterien keine Angelegenheit der betriebl. Lohngestaltung (BAG 28.3.2006 – 1 ABR 59/04, NZA 2006, 1367). Bei **LeihArbN** steht das arbeitsentgeltbezogene MBR dem BR des Verleiherbetriebs zu (HWGNRH/*Worzalla* Rn. 539). Vergleichbares gilt für **Beamte, Soldaten** und die Beschäftigten des öffentl. Dienstes iSv § 5 Abs. 1 S. 3; hier verbleibt es bei der Zuständigkeit des PR. 409

410 Das MBR nach Nr. 10 weist dem BR dem Grunde nach eine Regelungsmacht zu, die der einer Gewerkschaft vergleichbar ist. Die Regelungsbefugnisse unterscheiden sich allerdings darin, dass der BR beim Geldfaktor, also der Vergütungshöhe nicht mitzubestimmen hat. **In der Praxis** hat dieses MBR deshalb eine große Bedeutung, je nachdem ob der **ArbGeb. tarifgebunden ist oder nicht** (dazu *Roloff* RdA 2014, 228). Im Betrieb eines ArbGeb., der unmittelbar und zwingend (§ 3 Abs. 1 TVG) an einen TV gebunden ist, regelt die im einschlägigen TV enthaltene Vergütungsordnung das für den Betrieb geltende System der Entgeltbemessung (BAG 23.8.2016 – 1 ABR 15/15, NZA 2017, 74; 21.3.2018 – 7 ABR 38/16, NZA 2018, 1090). Soweit der TV eine abschließende Regelung enthält, ist eine mitbestimmte Regelung wegen des Tarifvorrangs (→ Rn. 36ff.) nicht möglich (Richardi BetrVG/*Richardi* Rn. 810). Allerdings handelt es sich bei den tarifvertraglichen Entlohnungsgrundsätzen nicht um Betriebsnormen, die automatisch auch gegenüber den nicht tarifgebundenen ArbN gelten würden (BAG 11.11.2008 – 1 ABR 68/07, NZA 2009, 450), sondern um Inhaltsnormen (BAG 23.8.2016 – 1 ABR 15/14, NZA 2017, 74). Daher sperrt bei einem an § 4 Abs. 1 TVG orientierten Verständnis (Schutz des TV nur für die tarifgebundenen ArbN) der Eingangssatz die MB des BR hinsichtlich der nichttarifgebundenen ArbN. In solchen Betrieben ist der BR also daran gehindert, für die nichttarifgebundenen ArbN von seinem MBR Gebrauch zu machen und ein für sie geltendes Vergütungssystem mitzubestimmen. Danach werden die nicht tarifgebundenen ArbN weder durch den TV noch durch den BR geschützt. Diese **Schutzlücke** war nach der früheren Rspr. nur im Wege des Gewerkschaftsbeitritts der ArbN zu schließen (BAG 20.12.1988 – 1 ABR 57/87, NZA 1989, 564; krit. *Kreft* FS Kreutz, 2010, 263). Diese Rspr. hat das BAG in der Entscheidung v. 18.10.2011 (– 1 ABR 25/10, NZA 2012, 392; **aA** *Salamon* NZA 2012, 899) aufgegeben, um sowohl dem Zweck des MBR als auch dem Grundrecht der ArbN auf negative Koalitionsfreiheit besser gerecht zu werden (krit. *Wiese* RdA 2012, 332; *Reichold* RdA 2013, 108). Das hat zur Folge, dass ein tarifgebundener ArbGeb. auf sämtliche betriebszugehörigen ArbN ungeachtet deren Gewerkschaftszugehörigkeit das tarifliche Entgeltschema anzuwenden hat. Dadurch wird er aber nicht zur Zahlung des Tariflohns an nicht tarifgebundene ArbN gezwungen. Von ihm wird lediglich verlangt, die Lohnfindung nach einem von ihm zu bestimmenden Ausgangslohn nach dem tariflichen System zu betreiben. Unabhängig davon setzen tarifliche Entgeltregelungen idR nur Mindestbedingungen. Daher ist der tarifgebundene ArbGeb. nicht gehindert, zusätzlich zum Tariflohn weitere Leistungen (freiwillig) zu erbringen. Daran hat der BR – wenn auch mit Einschränkungen – mitzubestimmen (→ Rn. 443ff.). Deshalb ist das **MBR bei einem tarifgebundenen ArbGeb.** vor allem für den Bereich der über- und außertariflichen Leistungen von Bedeutung. Außertarifliche Leistungen sind solche, die für Zwecke gewährt werden, mit denen tarifvertraglich keine Leistungen verbunden ist; dagegen erfolgen übertarifliche Leistungen für Zwecke, für die tarifliche Mindestleistungen vorgesehen sind (BAG 7.2.2007 – 5 AZR 41/06, AP TVG § 1 Tarifverträge: Bewachungsgewerbe Nr. 17).

411 In Betrieben **tarifungebundener ArbGeb.**, also solchen, die keinem ArbGeb.-Verband (mehr) angehören oder nur über eine OT-Mitgliedschaft verfügen oder für die kein FirmenTV und auch kein für allgemeinverbindlich erklärter TV mehr gilt, hat der BR die Aufgabe, die Grundsätze der Lohnfindung gemeinsam mit dem ArbGeb. zu regeln. In diesen Betrieben hat der BR sowohl bei der Aufstellung als auch bei jeder Änderung der betrieblichen Vergütungsstruktur mitzubestimmen. Hier erfasst die MB das gesamte Vergütungssystem (BAG 28.2.2006 – 1 ABR 4/05, NZA 2006, 1426; → Rn. 439ff.). Mitbestimmungsfrei kann der ArbGeb. nur die Entgelthöhe zuordnen. Die erweiterten Mitbestimmungsbefugnisse haben ihren Grund darin, dass bei einem tariffreien ArbGeb. der Tarifvorrang des Eingangssatzes keine Rolle spielt, § 77 Abs. 3 nach Maßgabe der Vorrangtheorie (→ Rn. 58ff.) eine BV nicht sperrt und die vom ArbGeb. gegenüber den ArbN eingegangenen vertraglichen Verpflichtungen mitbestimmungsrechtlich irrelevant sind. Ein tarifungebundener Arb-

Geb. leistet sämtliche Entgeltbestandteile ohne dazu durch TV verpflichtet zu sein. Betriebsverfassungsrechtlich gesehen erbringt er Entgeltleistungen ohne normative Verpflichtung und damit freiwillig. Das hat zur Folge, dass für ihn die Beschränkungen des MBR bei freiwilligen außer- oder übertariflichen Leistungen eines tarifgebundenen ArbGeb. nicht gelten (→ Rn. 452ff.). Allerdings müssen vom BR initiierten Änderungen aufkommensneutral sein; das damit verbundene Finanzvolumen muss sich innerhalb des mitbestimmungsfreien Dotierungsrahmens halten. Dem MBR bei tarifungebundenen ArbGeb. entsprechen die Gestaltungsmöglichkeiten des BR bei den **Entlohnungsgrundsätzen der AT-Ang.,** die nicht zum Kreis der ltd. Ang. zählen. Mangels einer tariflichen Entgeltregelung wird das MBR bei diesem Personenkreis von vornherein nicht durch den Eingangssatz des § 87 beschränkt (→ Rn. 488ff.).

b) Gegenstand des Mitbestimmungsrechts

Das MBR betrifft die Gestaltung der Lohnfindung im Betrieb. „Lohn" ist hier iSv **Arbeitsentgelt** schlechthin zu verstehen (BAG 30.1.1990 – 1 ABR 2/89, NZA 1990, 571). Gemeint sind alle vermögenswerten Leistungen des ArbGeb., die er als Gegenleistung für die von den ArbN erbrachte Arbeit gewährt, ohne Rücksicht auf ihre Bezeichnung (BAG 29.2.2000 – 1 ABR 4/99, NZA 2000, 1066). Entgelte können Geld oder Sachleistungen sein (hM; GK-BetrVG/*Wiese/Gutzeit* Rn. 851). Ob sie einmalig oder dauerhaft erbracht werden ist unerheblich (BAG 26.1.1988 – 1 ABR 34/86, NZA 1988, 620). Auch Leistungen, mit denen der ArbGeb. soziale Zwecke verfolgt, die er aber nur mit Rücksicht auf das Arbeitsverhältnis erbringt, zählen zum Lohn iSd MBR. Es genügt, soweit durch eine solche Leistung ein Vermögenszuwachs auf Seiten des ArbN erfolgt (*Koch* SR 2016, 131). Der ArbGeb. leistet die einzelnen Gehaltsbestandteile als **Gesamtvergütung** (**aA** *Reichold* BB 2009, 1470, Teilvergütung; danach wäre das MBR bei einem tarifungebundenen ArbGeb. auf die Änderung eines Gehaltsbestandteils beschränkt und beließe ihm unabhängig von den übrigen Teilen der Vergütung die freie Entscheidung zur Einführung oder Einstellung eines solchen Entgeltbestandteils). Lohn sind auch die Leistungen des ArbGeb. für die **betriebliche Altersversorgung des ArbN.** Sie unterscheiden sich allerdings von seinen übrigen geldwerten Leistungen darin, dass sie bestimmte biometrische Risiken des ArbN abdecken sollen und nicht nur Entgelt sondern vor allem Versorgungscharakter haben (BAG 12.6.1975 – 3 ABR 13/74, AP BetrVG 1972 § 87 Altersversorgung Nr. 1). Allein dieser Mischcharakter könnte es rechtfertigen, eine solche ArbGeb. Leistung nicht als Teil der Gesamtvergütung sondern als eine davon abgrenzbare eigenständige Vergütungskomponente anzusehen. 412

Zum Lohn gehören zunächst die **unmittelbar leistungsbezogenen Entgelte,** also etwa Zeitlohn, Akkordlohn, Gehalt, Zulagen, Urlaubsgeld (BAG 3.12.2002 – 9 AZR 535/01, NZA 2003, 1219) auch Investivlohn (vgl. HWGNRH/*Worzalla* Rn. 543, DKKW/*Klebe* Rn. 301). Lohn iSd MBR sind auch die **mittelbar leistungsbezogenen Entgelte** wie etwa Gratifikationen oder Weihnachtsgeld, unabhängig davon ob sie als Einmalzahlung gewährt werden oder ihre Auszahlung auf mehrere Monate verteilt wird. Zum Lohn rechnen auch die zusätzlichen Monatsgehälter, Familienzulagen sowie sonstige Sonderzahlungen. Unerheblich ist, ob die Festsetzung einer Sonderzahlung der Arbeitsleistung vorgeht (Anreizfunktion) oder ihr nachfolgt (Belohnungsfunktion; BAG 29.2.2000 – 1 ABR 4/99, NZA 2000, 1066). 413

Lohnbestandteile sind: 414
- Provisionen (BAG 26.7.1988 – 1 AZR 54/87, NZA 1989, 109),
- Geldprämien für Außendienstmitarbeiter im Rahmen eines zeitlich begrenzten Wettbewerbs (BAG 10.7.1979 – 1 ABR 88/77, AP BetrVG 1972 § 87 Lohngestaltung Nr. 2),
- Gewinn einer Auslandsreise (BAG 30.3.1982 – 1 ABR 55/80, AP BetrVG 1972 § 87 Lohngestaltung Nr. 10),

- Leistungsprämie (BAG 8.12.1981 – 1 ABR 55/79, AP BetrVG 1972 § 87 Prämie Nr. 1),
- Gratifikationen aller Art (Weihnachtsgeld, Jahresabschlussvergütungen, Treueprämien, Jubiläumsgelder, Anwesenheitsprämien, BAG 30.3.1982 – 1 ABR 55/80, AP BetrVG 1972 § 87 Lohngestaltung Nr. 10),
- Gewinn- und Ergebnisbeteiligungen,
- zinsgünstige Darlehen (BAG 9.12.1980 – 1 ABR 80/77, NJW 1982, 253),
- übertarifliche Zulagen (BAG GS 3.12.1991 – GS 2/90, NZA 1992, 749),
- Leistungen der betrieblichen Altersversorgung, soweit sie nicht über eine Sozialeinrichtung (Pensionskasse, Unterstützungskasse, Pensionsfond) erbracht werden (stRspr, BAG 16.2.1993 – 3 ABR 29/92, NZA 1993, 953),
- Ermäßigung des Elternbeitrags im Kindergarten (BAG 22.10.1981 – 6 ABR 69/79, AP BetrVG 1972 § 76 Nr. 10),
- Zulagen für erschwerte Arbeitsbedingungen (BAG 22.12.1981 – 1 ABR 38/79, AP BetrVG 1972 § 87 Lohngestaltung Nr. 7),
- Lieferung von verbilligtem Heizgas aus eigener Produktion (BAG 22.10.1985 – 1 ABR 47/83, AP BetrVG 1972 § 87 Werkmietwohnungen Nr. 5),
- verbilligte Flugscheine (BAG 22.10.1985 – 1 ABR 38/83, NZA 1986, 299),
- verbilligte oder kostenlose Personalfahrten von der Wohnung zur Arbeitsstätte (BAG 9.7.1985 – 1 AZR 631/80, AP BPersVG § 75 Nr. 16; LAG Nürnberg 29.9.1989 – 4 TaBV 40/89, NZA 1990, 503),
- zusätzliches Urlaubsgeld (BAG 31.1.1984 – 1 AZR 174/81, NZA 1984, 167) oder Urlaubsentgelt (BAG 3.12.2002 – 9 AZR 535/01, NZA 2003, 1219),
- Kostenübernahme für Familienheimflüge (BAG 10.6.1986 – 1 ABR 65/84, NZA 1987, 30),
- Ausgabe von Essenszusatzmarken für die Kantine (BAG 15.1.1987 – 6 AZR 589/84, AP BPersVG § 75 Nr. 21),
- Auslandszulagen für vorübergehend entsandte ArbN (BAG 30.1.1990 – 1 ABR 2/89, NZA 1990, 571),
- Streikbruchprämien (LAG Hamm 16.9.1997 – 13 TaBV 33/97, BeckRS 1997 30461508),
- Erfolgsprämie in Form einer Zeitgutschrift (BAG 27.1.1998 – 1 ABR 35/97, NZA 1998, 835),
- Verteilung der Liquidationserlöse der Chefärzte an nachgeordnete Ärzte und Mitarbeiter (BAG 16.6.1998 – 1 ABR 67/97, NZA 1998, 1185),
- Zahlungen zur Besitzstandwahrung bei der Umstellung von Leistungslohn auf Zeitlohn (BAG 16.4.2002 – 1 AZR 363/01, NZA 2003, 224),
- Bonuszahlung nach einer Zielvereinbarung für das Erreichen bestimmter Arbeitsergebnisse (dazu *Grundmann* Mitbestimmung S. 157), jedoch nur soweit es sich um abstrakt-generelle Grundsätze zur Lohnfindung handelt wie etwa das Verfahren über das Zustandekommen einer Zielvereinbarung, Regelungen über Zielinhalte, Anzahl der Ziele, deren Gewichtung, Bemessung und Bewertung sowie Regelungen zur Bestimmung der variablen Entgeltbestandteile (DKKW/*Klebe* Rn. 351; WPK/*Bender* Rn. 210; *Säcker* FS Kreutz, 2010, 399), zur individualrechtlichen Gestaltung und Einordnung *Brors* RdA 2004, 273; *Lischka* BB 2007, 552; *Reiserer* NJW 2008, 609; zur Risikosteuerung *Dzida/Naber* BB 2011, 2613; zur Initiativlast bei Untätigkeit des ArbGeb. *Schönhöft* BB 2013, 1529); allerdings dürfen die Betriebsparteien die Auszahlung der erfolgsorientierten Bezahlung nicht vom Bestehen eines (ggf. ungekündigten) Arbeitsverhältnisses zu einem bestimmten Stichtag abhängig machen (BAG 12.4.2011 – 1 AZR 412/09, NZA 2011, 989). Auch begründen BV über Bonuszahlungen regelmäßig keine Leistungs- oder Verhaltenspflichten des ArbGeb. gegenüber dem ArbN, aus deren Verletzung jener Schadenersatz nach § 280 Abs. 1 BGB beanspruchen könnte (BAG 13.12.2011 – 1 AZR 508/10, NZA 2012, 876),
- Privatnutzung von Dienstwagen (*Oelkers* NJW-Spezial 2009, 514), jedoch nur, soweit es um solche Regularien der Privatnutzung geht, die Einfluss auf die Vertei-

lungsgerechtigkeit haben und auch kein Aufwendungsersatz sind (LAG Hamm 7.2.2014 – 13 TaBV 86/13, NZA-RR 2014, 425; *Schiefer/Buse* DB 2017, 2097; *Laws* FA 2015, 234; *Yakhloufi/Klingenberg* BB 2013, 2102; *Moll/Roebers* DB 2010, 2672); da es sich bei Dienstwagen um Arbeitsmittel handelt, unterliegen die Auswahl des Wagentyps und dessen Ausstattung nicht der Mitbestimmung

- Ausgabe von Belegschaftsaktien,
- Mitarbeiterkapitalbeteiligung (*Waas* BB-Special 09, 27),
- geldwerte Leistung bei Werksverkauf, wenn die Bemessung nach bestimmten Grundsätzen oder einem System erfolgt. Das betrifft aber nicht die Abgabemenge oder das zur Verfügung stehende Warensortiment (BAG 8.11.2011 – 1 ABR 37/10, NZA 2012, 462),
- Aufstockungsleistungen nach § 3 Abs. 1 ATG, soweit der ArbGeb. hierfür freiwillig finanzielle Mittel zur Verfügung stellt (BAG 10.12.2013 – 1 ABR 39/12, NZA 2014, 1040),
- Zuschlag für Arbeit an Samstagen (BAG 18.3.2014 – 1 ABR 75/12, NZA 2014, 563).

Zum Lohn können auch **Aktienoptionen** zählen (GK-BetrVG/*Wiese/Gutzeit* Rn. 852; DKKW/*Klebe* Rn. 328; *Otto* DB 2009, 1594). Letztere gewähren dem begünstigten Mitarbeiter das Recht, unter bestimmten Voraussetzungen und nach Ablauf bestimmter Fristen Aktien des ausgebenden Unternehmens zu einem zuvor festgelegten Preis zu erwerben (*Baeck/Diller* DB 1998, 1405; *Kau/Leverenz* BB 1998, 2269; *Lembke* BB 2001, 1469; zur Inhaltskontrolle BAG 20.5.2008 – 9 AZR 271/07, AP BGB § 305 Nr. 13). Macht der Mitarbeiter von diesem Recht Gebrauch, kann er – soweit der Erwerbspreis niedriger als der Börsenkurs liegt – erhebliche finanzielle Vorteile realisieren. Diese Chance wird dem Betroffenen eingeräumt, weil er in einem Arbeitsverhältnis zum Unternehmen steht. Es handelt sich deshalb um Arbeitsentgelt in Form einer Sonderzuwendung (*Oetker* FS 50 Jahre BAG, 2004, 1017; *Mauroschat* Aktienoptionsprogramme S. 65; **aA** *Annuß/Lembke* BB 2003, 2230) und zwar auch dann, wenn eine Konzernmutter, die nicht selbst ArbGeb. ist, dieses Optionsrecht einräumt. Dieses Recht wird in einem solchen Fall nur wegen des zwischen einem Tochterunternehmen und dem ArbN bestehenden Arbeitsverhältnisses gewährt, um für diese Mitarbeiter Leistungs- und Motivationsanreize zu schaffen, die letztlich auch der Konzernmutter zugutekommen (*Buhr/Radke* DB 2001, 1882). Wegen des Grundsatzes der Territorialität kann eine Entscheidung einer im Ausland ansässigen Konzernmutter aber nicht mitbestimmt werden. Eine BR-Beteiligung kommt in diesem Fall allenfalls in Betracht, soweit der inländische VertragsArbGeb. Verteilungsvorschläge unterbreitet (vgl. *Lingemann/Diller/Mengel* NZA 2000, 1191; *Buhr/Radke* DB 2001, 1882; *Willemsen* FS Wiedemann S. 645). Der Entgeltbegriff ist auch erfüllt, soweit sich der ArbGeb. im Verhältnis zum ArbN zur Gewährung von Aktienoptionen durch die Konzernmutter verpflichtet (*Schumacher* NZA 2015, 587; *Bauer/Herzberg* NZA 2011, 713). 415

Nicht zum Lohn gehören Zahlungen, mit denen der ArbGeb. **Auslagen oder Aufwendungen der ArbN** erstattet oder Schäden ersetzt, zB Kontoführungsgebühren, Tage- und Übernachtungsgelder, Umzugskosten, Zahlungen für dienstliche Nutzung eines privaten Pkw oder eine Reinigungspauschale (BAG 28.4.2009 – 1 ABR 97/07, NZA 2009, 1102). Etwas anderes gilt nur, wenn diese Beträge nicht den Zweck haben, entstandene Kosten in pauschalierter Form abzugelten. In einem solchen Fall sind sie Vergütungsbestandteil (BAG 27.10.1998 – 1 ABR 3/98, NZA 1999, 381). 416

c) Lohngestaltung

Durch das MBR soll der BR im Interesse der Angemessenheit und innerbetrieblichen Lohngerechtigkeit Einfluss auf die Ausgestaltung der **betrieblichen Lohnfindung** nehmen. Gemeint ist die Festlegung abstrakter Kriterien zur Bemessung der 417

Leistung des ArbGeb, die er zur Abgeltung der Arbeitsleistung oder etwa für gezeigte Betriebstreue erbringt (BAG 28.3.2006 – 1 ABR 59/04, NZA 2006, 1367; HWGNRH/*Worzalla* Rn. 569 ff.). Dabei geht es um Strukturformen des Entgelts einschließlich ihrer näheren Vollzugsformen (BAG 29.2.2000 – 1 ABR 4/99, NZA 2000, 1066). Das ist letztlich das System, nach welchem das Arbeitsentgelt für die Belegschaft oder bestimmte Gruppen von ArbN bemessen werden soll (BAG 6.12.1988 – 1 ABR 44/87, NZA 1989, 479; *Kreft* FS Kreutz, 2010, 263; *Koch* SR 2016, 131). Der Zusatz „betrieblich" grenzt das generalisierende Entgeltschema von der individuellen Lohnberechnung ab. Er dient nicht dazu, eine vom GesBR mitbestimmte Vergütungsordnung auf Unternehmensebene zu hindern (hM, → § 50 Rn. 44 ff.).

417a Der **gesetzliche Mindestlohn** wirkt nicht ohne weiteres auf ein betriebliches Entlohnungssystem ein. Bei den Anspruch auf Mindestlohn nach § 1 MiLoG handelt es sich um einen gesetzlichen Anspruch. Dieser tritt eigenständig neben einen vertraglichen oder tariflichen Entgeltanspruch (BAG 25.5.2016 – 5 AZR 135/16, NZA 2016, 1327). Bei einem durch BV vereinbarten Entgeltsystem bestimmt sich die Entgelthöhe nach den darin geregelten Verteilungsgrundsätzen und dem vom ArbGeb. mitbestimmungsfrei zu bestimmenden Ecklohn. Ist dieser entsprechend niedrig, kann ein betriebliches Entlohnungssystem dazu führen, dass das Entgelt für untere Lohngruppen den gesetzlichen Mindestlohn von derzeit 8,84 Euro je Zeitstunde unterschreitet. Das führt nicht zur Unwirksamkeit der BV. Vielmehr steht betroffenen ArbN der gesetzliche Mindestlohn zu. Damit ändern sich aber faktisch die von den Betriebsparteien vereinbarten Verteilungsgrundsätze der Lohngruppen. Ursache hierfür ist ein vom ArbGeb. zu niedrig bestimmter Ecklohn im Rahmen des mitbestimmungsfreien Dotierungsrahmens. Entsprechende Anpassungen der durch BV vereinbarten Entlohnungsgrundsätze kann der BR in einem solchen Fall durch Kündigung der BV und Ausübung seines Initiativrechts bewirken, wobei wegen der Einführung des gesetzlichen Mindestlohns ggf. ein Sonderkündigungsrecht in Betracht zu ziehen ist. Ebenfalls wäre ein Wegfall der Geschäftsgrundlage zu prüfen (*Salamon* NZA 2017, 751). Zur Bestimmung von Fälligkeitszeitpunkten bei freiwilligen Leistungen des ArbGeb. → Rn. 182.

418 Neben den Entlohnungsgrundsätzen erstreckt sich das MBR auch auf die **Entlohnungsmethoden.** Das meint das technische Verfahren, die Art u. Weise der Ausführung und Durchführung der Entlohnungsgrundsätze (BAG 22.1.1980 – 1 ABR 48/77, NJW 1981, 75; ErfK/*Kania* Rn. 101; Richardi BetrVG/*Richardi* Rn. 783; HWGNRH/*Worzalla* Rn. 601; GK-BetrVG/*Wiese/Gutzeit* Rn. 954 ff.). Dabei geht es etwa um Arbeitsbewertungsmethoden (Punktsystem, Leistungsgruppensystem, Kleinstzeitverf. nach der Work Factor- oder der Methods-Time-Measurement-Methode), Einführung, Anwendung und Änderung von Refa-Grundsätzen oder des Bedaux-Systems, auch mit Abwandlungen (zB Zusammenfassung der Erholungszeiten zu Kurzpausen). Zur Entlohnungsmethode gehört auch das Verfahren, wie Leistung beurteilt werden soll (Richardi BetrVG/*Richardi* Rn. 784). Eine genaue **Abgrenzung von Entlohnungsgrundsätzen und Entlohnungsmethoden** ist nicht notwendig. Das MBR betrifft alle Fragen der Lohngestaltung (→ Rn. 410, 411). Daher darf der BR dem ArbGeb. auch nicht das alleinige Gestaltungsrecht zu den Einzelheiten der Entlohnungsgrundsätze überlassen (BAG 26.4.2005 – 1 AZR 76/04, NZA 2005, 892).

419 Der sog Geldfaktor ist nicht Gegenstand des MBR und damit auch nicht das arbeitsvertraglich vereinbarte Entgelt der ArbN (BAG 30.10.2012 – 1 ABR 61/11, NZA 2013, 522). Das MBR erstreckt sich **nicht auf die Lohnhöhe** (hM; BAG GS 3.12.1991 – GS 2/90, NZA 1992, 749, BAG 20.7.1999 – 1 ABR 66/98, NZA 2000, 495; Richardi BetrVG/*Richardi* Rn. 792; GK-BetrVG/*Wiese/Gutzeit* Rn. 845; *Koch* SR 2016, 131; krit. DKKW-*Klebe* Rn. 312).

420 Das MBR besteht nur bei sog **kollektiven Tatbeständen** (WPK/*Bender* Rn. 405). Ausgenommen vom MBR sind individuelle Lohnvereinbarungen

(HWGNRH/*Worzalla* Rn. 551). Das sind Regelungen mit Rücksicht auf den Einzelfall, bei denen besondere Umstände des einzelnen ArbN eine Rolle spielen, und bei denen kein innerer Zusammenhang zur Leistung anderer ArbN besteht (BAG 3.12.1991 – GS 2/90, NZA 1992, 749).

Die Abgrenzung zwischen kollektiven Regelungen einerseits und individueller Lohngestaltung andererseits ist nicht allein quantitativ bestimmbar. Es sind generelle Regelungen denkbar, die im Augenblick nur einen oder nur wenige ArbN betreffen (GK-BetrVG/*Wiese/Gutzeit* Rn. 842). Die **Zahl der betroffenen ArbN** ist aber ein Indiz. Allerdings kann der ArbGeb. das MBR nicht dadurch umgehen, dass er mit einer Vielzahl von ArbN Einzelvereinbarungen trifft (BAG 23.3.1993 – 1 AZR 582/92, NZA 1993, 904; 18.10.1994 – 1 ABR 17/94, NZA 1995, 390). Zur Abgrenzung zwischen kollektiver und individueller Gestaltung bedient sich das BAG daher der Formel, wonach es sich bei kollektiven Tatbeständen um die Strukturformen des Entgelts einschließlich der näheren Vollzugformen handeln muss (BAG 22.9.1992 – 1 AZR 461/90, AP BetrVG 1972 § 87 Lohngestaltung Nr. 57; krit. HWGNRH/*Worzalla* Rn. 552ff.). 421

Ein kollektiver Tatbestand liegt vor, wenn Grund und Höhe der Zahlungen von **allgemeinen Merkmalen** abhängig sind (*Wiese* RdA 1995, 355). Ein solches Merkmal ist die Leistung als solche. Sie setzt den Vergleich mit einer Normal- oder Mindestleistung voraus (BAG 14.6.1994 – 1 ABR 63/93, NZA 1995, 543; zust. ErfK/*Kania* Rn. 99). **Weitere Merkmale** können sein: Vorhandensein oder Nichtvorhandensein von Fehlzeiten (BAG 22.9.1992 – 1 AZR 460/90, NZA 1993, 568), Dauer der Betriebszugehörigkeit, Abhängigkeit von zurückliegenden Gehaltserhöhungen (BAG 27.10.1992 – 1 ABR 17/92, NZA 1993, 561), Inanspruchnahme tariflicher Alterssicherung (BAG 23.3.1993 – 1 ABR 63/93, NZA 1995, 543), Folgen eines Wechsels der Tarifgruppe (BAG 9.7.1996 – 1 AZR 690/95, NZA 1997, 277) oder auch allgemeine Erwägungen sozialer Art, die mehrere ArbN betreffen können (BAG 14.6.1994 – 1 ABR 63/93, NZA 1995, 543; ErfK/*Kania* Rn. 99). Um einen kollektiven Tatbestand handelt es sich auch, wenn ein besonderes Engagement von ArbN in einer Ausnahmesituation nachträglich honoriert werden soll (BAG 29.2.2000 – 1 ABR 4/99, NZA 2000, 1066). 422

Entgeltunterschiede, mit denen der ArbGeb. auf **Gegebenheiten des Arbeitsmarktes** reagiert, lassen sich nicht generell als kollektiver oder individueller Regelungsgegenstand einordnen. Sie können individuell sein, wenn ein ArbN nur gegen eine Vergütung, die über der vergleichbarer Arbeitskollegen liegt, zum Abschluss des Arbeitsvertrages oder zum Verbleib bewogen werden kann. Die Lage auf dem Arbeitsmarkt kann sich aber auch allg. auf die Höhe der Vergütungen auswirken; so kann es notwendig sein, durch Sonderzahlungen eine Betriebsbindung aller ArbN oder einer Gruppe von ArbN herzustellen (BAG 14.6.1994 – 1 ABR 63/93, NZA 1995, 543). 423

Ein **kollektiver Tatbestand fehlt,** wenn für die Lohnbemessung der Wunsch eines einzelnen ArbN maßgebend ist, etwa zur Vermeidung individueller steuerlicher Nachteile (BAG 27.10.1992 – 1 ABR 17/92, NZA 1993, 561). Es handelt sich auch nicht um einen kollektiven Tatbestand, wenn nur bei einem einzelnen ArbN eine Tariflohnerhöhung auf eine übertarifliche Zulage angerechnet wird, weil dieser allein aus einem ganz individuellen Grund auf einem tariflich niedriger bewerteten Arbeitsplatz unverändert die bisherige höhere Vergütung bezieht (BAG 22.9.1992 – 1 AZR 461/90, NZA 1993, 569). 424

d) Entlohnungsgrundsätze

Zur Lohngestaltung zählen sowohl die Grundsätze des Lohnsystems (Zeitlohn und/oder Leistungslohn) als auch die Festlegung abstrakt-genereller Faktoren zur Bemessung der Leistung des ArbGeb. Letztlich geht es um die Festlegung der **materiellen Kriterien,** die für die Lohnfindung von Bedeutung sein sollen, und das **Ver-** 425

fahren, nach dem das Entgelt bestimmt werden soll (*Grundmann* Mitbestimmung S. 23ff.). Zu treffen ist zunächst die Grundentscheidung, ob die Vergütung nach Zeit oder nach Leistung oder einer Kombination von beiden bemessen werden soll. Im Anschluss daran ist die Entscheidung zu treffen, wie das Vergütungssystem iE ausgestaltet werden soll. Dazu zählt auch die Festlegung, in welchem Verhältnis verschiedene Entlohnungsgrundsätze zueinander stehen sollen, wenn sich etwa die Vergütung aus mehreren Bestandteilen zusammensetzen soll (zB Fixum und Provisionen BAG 6.12.1988 – 1 ABR 44/87, NZA 1989, 479). Bestehen für Teile der Belegschaft **unterschiedliche Entgeltsysteme,** die durch unterschiedliche Tätigkeiten bedingt sind (zB Tarifangestellte und AT-Angestellte mit herausgehobenen Leitungsfunktionen) erstreckt sich das MBR nicht auf das strukturelle Verhältnis der Entgeltsysteme zueinander (BAG 19.9.1995 – 1 ABR 20/95, NZA 1996, 484). Allerdings kann die Belegschaft nicht in beliebige Gruppen mit entspr. differenzierten Entgeltsystemen aufgeteilt werden. Die Gruppenbildung muss sachl. gerechtfertigt sein. Ansonsten würde die von Nr. 10 bezweckte Verteilungsgerechtigkeit verfehlt (BAG 18.11.2003 – 1 AZR 604/02, NZA 2004, 803).

426 Der Entlohnungsgrundsatz betrifft das Aufstellen eines **Vergütungssystems** sowie die Bildung von **Entgeltgruppen nach abstrakten Kriterien** sowie die abstrakte Festsetzung der Wertunterschiede zwischen den Gruppen nach Prozentsätzen oder anderen Bezugsgrößen (BAG 22.6.2010 – 1 AZR 853/08, NZA 2010, 1243; **aA** HWGNRH/*Worzalla* Rn. 573ff.). Kein Entlohnungsgrundsatz ist die **absolute Höhe des Arbeitsentgelts** als bestimmende Ausgangsgröße eines Vergütungsschemas (BAG 15.4.2008 – 1 AZR 65/07, NZA 2008, 888). Die Festlegung einer allgemeinen Vergütungsordnung bei einem tarifgebundenen ArbGeb. ist allenfalls im Ausnahmefall erforderlich, wenn etwa der TV den Arbeitsvertragsparteien die Vereinbarung zur Entgelthöhe belässt ohne hierfür eine Entgeltordnung aufzustellen (BAG 14.12.1993 – 1 ABR 31/93, NZA 1994, 809). Bei einem tarifungebundenen ArbGeb. ist hingegen die erstmalige Aufstellung oder die Änderung einer Vergütungsordnung stets mitbestimmungspflichtig (BAG 2.3.2004 – 1 AZR 271/03, NZA 2004, 852). Hierbei ist es Aufgabe der Betriebsparteien, die Kriterien für die Lohnbemessung (Aufstellung von Lohngruppen; Festlegung der Mindestdifferenz zwischen den Gruppen) festzulegen und zu gewichten (BAG 14.12.1993 – 1 ABR 31/93, NZA 1994, 809). Allerdings ist zu berücksichtigen, dass die einzelvertraglich vereinbarte Vergütungsleistungen unter Beachtung der im Betrieb geltenden Entlohnungsgrundsätze zu gewähren sind. Das kann zur Folge haben, dass der ArbGeb. letztlich auch Leistungen zu erbringen hat, die als solche vertraglich nicht gesondert ausgewiesen sind (BAG 15.4.2008 – 1 AZR 65/07, NZA 2008, 888).

427 Grundlage jeder Lohngestaltung ist ein kollektives, mindestens zwei Vergütungsgruppen umfassendes **Entgeltschema.** Es bestimmt die Zuordnung der ArbN zu einer der darin aufgeführten Vergütungsgruppe nach abstrakt generellen Merkmalen. Die darin liegende Abstufung drückt die Wertigkeit einer Arbeitsleistung im Verhältnis zu einer anderen aus. Allerdings betrifft ein Entgeltschema nur einen Teilbereich der betrieblichen Entlohnungsgrundsätze (BAG 28.4.2009 – 1 ABR 97/07, NZA 2009, 1102). Zu diesen gehört etwa auch die Festlegung, ob im **Zeitlohn oder** im **Akkord** gearbeitet werden soll (zum MBR bei Akkordlöhnen → Rn. 501ff.), ob **Prämienlohn oder Provision** gezahlt werden soll (*Grundmann* Mitbestimmung S. 23) und wenn ja für welche Leistung und in welchem Verhältnis zum Grundgehalt (BAG 16.12.1986 – 1 ABR 26/85, NZA 1987, 568). Zu den Entlohnungsgrundsätzen gehört auch die Festlegung, ob und für welche Fälle **Provisionen** gezahlt werden sollen, die Festlegung des Verhältnisses von Grundgehalt zu Provisionen (BAG 6.12.1988 – 1 ABR 44/87, NZA 1989, 479). Bei **Zeitlohn** ist die Entscheidung zu treffen, für welche Zeiteinheit (Monat, Woche, Schicht, Stunde) die Entgeltbemessung erfolgen soll (GK-BetrVG/*Wiese/Gutzeit* Rn. 905, Kreft FS Kreutz, 2010, 263).

428 Bei **Leistungszulagen** zählen die Festlegung der maßgeblichen **Bemessungsgrundsätze** und deren technische Durchführung zum Entlohnungsgrundsatz (BAG

30.1.1990 – 1 ABR 2/89, NZA 1990, 571). Festzulegen ist weiter, für welche **Erschwernisse** – differenzierend nach dem Grad der Erschwernisse – die Zulage gezahlt werden soll. Dabei müssen die Betriebsparteien auch die Methode bestimmen, nach der sich der Erschwernisgrad ermittelt (BAG 9.5.1995 – 1 ABR 56/94, NZA 1996, 156).

Entlohnungsgrundsatz ist auch die Einführung von **Halbgruppen,** dh einer zusätzlichen Vergütung in Höhe der halben Differenz zwischen der maßgeblichen und der nächst höheren Vergütungsgruppe (BAG 18.10.1994 – 1 ABR 17/94, NZA 1995, 390) oder die Festlegung von Lebensaltersstufen innerhalb einer Vergütungsgruppe (BAG 11.6.2002 – 1 AZR 390/01, NZA 2003, 570). Zum Entlohnungsgrundsatz zählt auch die Einführung einer **Zeitgutschrift** als Gegenleistung für Arbeit an Samstagen sowie die Bestimmung des bezugsberechtigten Personenkreises (BAG 18.3.2014 – 1 ABR 75/12, NZA 2014, 563). Denn an diesem Arbeitstag wird das Arbeitsentgelt dieser ArbN nach anderen Grundsätzen bemessen als an Arbeitstagen an anderen Wochentagen. 429

Zur Lohngestaltung gehören ferner die **Grundsätze für die Verteilung freiwilliger oder zusätzlicher Leistungen,** zB der Weihnachtsgratifikation (BAG 17.12.1985 – 1 ABR 6/84, NZA 1986, 364), zur Gewährung von Zulagen und deren Widerruf nach bestimmten Richtlinien (BAG 17.12.1980 – 5 AZR 570/78, AP BetrVG 1972 § 87 Lohngestaltung Nr. 4; zur Einschränkung der MBR bei freiwilligen Leistungen → Rn. 443 ff.), zur Kürzung von Sondervergütungen in Fällen der krankheitsbedingten Arbeitsunfähigkeit nach § 4a EFZG, zur Fälligkeit des Lohns oder zur Festlegung und Berechnung von Abschlagzahlungen. 430

Um einen Entlohnungsgrundsatz handelt es sich auch, wenn geregelt werden soll, ob in Betrieben, die mit öffentlichen Mitteln gefördert werden, das **Vergütungssystem des öffentlichen Dienstes generell** oder nur das zurzeit geltende System übernommen werden soll. Die Frage spielt bei Änderungen des Vergütungssystems eine Rolle, zB auf Grund sog. Absenkungserlasse. Im ersten Fall wird das Vergütungssystem bei einer etwaigen Absenkung nicht geändert, im zweiten Fall kann die **Absenkung** nur durch eine (mitbestimmungspflichtige) Änderung der Entlohnungsgrundsätze eingeführt werden (vgl. – zu unterschiedlichen Sachverhalten – BAG 27.1.1987 – 1 ABR 66/85, NZA 1987, 489; 8.8.1989 – 1 ABR 62/88, NZA 1990, 322; 27.5.1987 – 4 AZR 613/86, AP BAT § 74 Nr. 6; 7.9.1988 – 1 ABR 32/88, NZA 1989, 857). 431

Entlohnungsgrundsatz ist weiter die **Stückelung des Jahresentgelts** in Form einer bestimmten Anzahl von Monatsbeträgen (Verteilung auf 12 oder mehr Monate) oder ein **zusätzliches Urlaubsgeld** (BAG 15.4.2008 – 1 AZR 65/07, NZA 2008, 888) oder ob eine Einmalzahlung zu einem konkreten Datum oder in anderen Zeitabschnitten ausgezahlt wird (BAG 28.8.2008 – 1 AZR 354/07, NZA 2008, 1426). 432

Legt ein TV für die Gewährung von Zulagen das Volumen in Form eines Prozentsatzes der Lohnsumme fest, ist es Aufgabe der Betriebsparteien abstrakt generelle Kriterien zu finden, die zu einer verteilungsgerechten Aufteilung des Zulagenvolumens für die einzelnen betriebszugehörigen ArbN führen (BAG 28.4.1998 – 1 ABR 53/97, NZA 1998, 1188). 433

Regelungen über eine **Beteiligung der ArbN an dem wirtschaftlichen Ertrag** des Unternehmens, an leistungsbedingten Kostenersparnissen, am Produktivitätszuwachs oder Umsatz fallen ebenfalls unter Nr. 10. Deshalb zählen zu den Entlohnungs-grundsätzen auch Regelungen über die Art der Ergebnisbeteiligung, die Bemessungsgrundlagen und über die Berechnung der Ergebnisanteile. Das betrifft auch die Ausgestaltung von **Aktienoptionsplänen** (HWGNRH/*Worzalla* Rn. 543) oder sog **Zielvereinbarungen** (→ Rn. 414). Bei letztgenannten werden zwischen ArbGeb. und ArbN individuelle Handlungsziele vereinbart, wobei die Art der Zielerreichung dem ArbN eigenverantwortlich überlassen ist. Teil der Zielvereinbarung ist ein Bonussystem, das übertarifliche Zahlungen an das vereinbarte Maß der jeweiligen Zielerreichung und regelmäßig auch den jeweiligen Unternehmenserfolg knüpft 434

(*Riesenhuber/v. Steinau-Steinrück* NZA 2005, 785; *Heiden* DB 2009, 1705). Bei einer solchen BV kommt auch ein MBR nach Nr. 1 in Betracht, jedoch nicht bei solchen Verfahrensregelungen, die auf das Arbeitsverhalten gerichtet sind. Schließlich ist bei einer BV über Zielvereinbarungen typischerweise auch das MBR nach Nr. 6, das nach Nr. 11, das über Personalfragebögen nach § 94 Abs. 1 sowie das über Beurteilungsgrundsätze nach § 94 Abs. 2 zu beachten. Zugleich erwächst aus einer solchen BV ein Auskunftsanspruch nach § 80 Abs. 2 S. 1. Kommt eine ZielvereinbarungsBV durch Spruch der E-Stelle zustande, ist darauf zu achten, dass für jede Regelung ein zwingendes MBR besteht.

435 Bei Vergütungsordnungen in Unternehmen, die Bankgeschäfte betreiben oder Finanzdienstleistungen erbringen, ist die **InstitutsVergV** zu beachten (Einzelheiten *Schelz* FS 100 Jahre BetrVR S. 641). Deren personeller Anwendungsbereich erstreckt sich ua auf alle ArbN iSd § 5 Abs. 1 ArbGG (§ 2 Abs. 7 InstitutsVergV) Für diesen Personenkreis dürfen keine Vergütungssysteme (§ 2 Nr. 2 InstitutsVergV) aufgestellt werden, die zum Eingehen unangemessener Risiken Anlass geben (dazu *Hinrichs/Kock/Langhans* DB 2018, 1921). Dabei sind tarifliche Vergütungsregelungen oder solche, die auf einer tarifvertraglichen Ermächtigungsgrundlage durch BV geregelt sind, vom Geltungsbereich der InstitutsVergV ausgenommen (§ 1 Abs. 4 InstitutsVergV). Allerdings hat der ArbGeb. nach § 14 InstitutsVergV daraufhin zu wirken, dass solche BV, die mit der Verordnung unvereinbar sind, entsprechend angepasst werden (*Zürn/Böhm* BB 2014, 1269). Einem solchen Regelungsverlangen kann sich der BR nicht entziehen. Insgesamt aber dürfte die InstitutsVergV die Regelungskompetenz der Betriebsparteien nicht beschränken, sondern konkretisieren (*Groeger* RdA 2011, 287).

436 Die Einführung bloßer **Funktionsbeschreibungen** (→ § 94 Rn. 31) ohne Bezug zu einer Vergütungsregelung ist kein Entlohnungsgrundsatz § 87 Nr. 10 (BAG 14.1.1986 – 1 ABR 82/83, AP BetrVG 1972 § 87 Lohngestaltung Nr. 21). Das Gleiche gilt für die Festlegung der **Bandgeschwindigkeit** die den Arbeitsablauf, jedoch nicht die Entlohnung betrifft (DKKW/*Klebe* Rn. 309; GK-BetrVG/*Wiese/Gutzeit* Rn. 964). Allerdings kommt unter dem Gesichtspunkt der besonderen Belastung der ArbN ein korrigierendes MBR nach § 91 in Betracht. Soweit die Leistung mittels technischer Überwachungsgeräte festgestellt wird, tritt das MBR nach Nr. 6 hinzu (→ Rn. 224ff.). Regelungsbedürftiger Entlohnungsgrundsatz ist dagegen die Frage, welche Zeit etwa als **Nachtarbeit** zuschlagspflichtig sein soll; das gilt auch, wenn ein TV hierfür nur einen zeitlichen Rahmen vorgibt (BAG 21.9.1993 – 1 ABR 16/93, NZA 1994, 427). Zum Entlohnungsgrundsatz zählt weiterhin die Entscheidung, ob ein Ausgleich von Nachtarbeit nach § 6 Abs. 5 ArbZG durch freie Tage oder durch einen Zuschlag zum Entgelt erfolgen soll (BAG 26.8.1997 – 1 ABR 16/97, NZA 1998, 441).

437 In einem **Gemeinschaftsbetrieb** werden die Entlohnungsgrundsätze je nach VertragsArbGeb. in der Regel unterschiedlich sein. Aus betriebsverfassungsrechtlicher Sicht besteht kein Zwang zur einheitlichen Vergütungsordnung. Denn eine betriebliche Vergütungsordnung betrifft die Leistungsbeziehungen zwischen dem ArbN und dem VertragsArbGeb. Es ist deshalb auch möglich, dass für die ArbN eines der beteiligten ArbGeb. überhaupt kein kollektives Entgeltschema gilt (BAG 12.12.2006 – 1 ABR 38/05, AP BetrVG 1972 § 1 Gemeinsamer Betrieb Nr. 27). Dann steht dem BR ein Initiativrecht zu, um sich mit den betroffenen VertragsArbGeb. auf eine gemeinsame Vergütungsordnung zu verständigen. Auch ein **Betriebsübergang nach § 613a BGB** führt nicht automatisch zum Wegfall der für diesen Betrieb geltenden Vergütungsordnung. Vielmehr bestimmt sich die Fortgeltung dieser Vergütungsordnung nach deren Geltungsgrund vor dem Betriebsübergang. Beruhte die Vergütungsordnung auf der Tarifbindung des Betriebsveräußerers, verlangt deren dynamische Fortgeltung auch die Tarifbindung des Betriebserwerbers. Ist dieser nicht tarifgebunden, ist er betriebsverfassungsrechtlich zumindest gehalten, das zum Zeitpunkt des Betriebsübergangs bestehende tarifliche Entgeltschema statisch beizubehalten. Hat der tarifgebundene Veräußerer das tarifliche Entgeltschema nur kraft vertraglicher Vereinbarung angewendet, hängt es vom Inhalt dieser Vereinbarungen ab, ob seine Fortgeltung statisch oder dynamisch ist (BAG 8.12.2009 – 1 ABR 66/08, NZA 2010, 404; krit. *Müller-Bonanni/Mehrens* NZA 2012, 1194). Ist der Betriebserwerber seinerseits an einen anderen TV – auch in Form eines HausTV – unmittelbar und zwingend gebunden, bilden nunmehr diese tariflichen Regelungen die betriebliche Vergütungsordnung (BAG 20.2.2018 – 1 ABR 53/16, NZA 2018, 954).

e) Umfang des Mitbestimmungsrechts

Mitbestimmungspflichtig ist sowohl die **Aufstellung** als auch die **Änderung von Entlohnungsgrundsätzen,** letztere jedoch nur, soweit es zu einer Änderung der Verteilungsrelation kommt (→ Rn. 453; BAG 25.9.2018 – 3 AZR 402/17, BetrAVG § 1 Ablösung Nr. 78). Auf welcher Grundlage die Anwendung der bisherigen Entlohnungsgrundsätze erfolgt, ist für das MBR unerheblich (BAG 23.6.2009 – 1 AZR 214/08, NZA 2009, 1159). Von Bedeutung für das MBR ist allein, ob es sich um einen tarifgebundenen ArbGeb. handelt oder nicht (*Koch* SR 2016, 131). **438**

Bei einem **tarifgebundenen ArbGeb.** regelt der TV die betriebliche Lohngestaltung. Damit ist wegen des Tarifvorrangs des Eingangssatzes des § 87 Abs. 1 sowohl die Aufstellung wie die Änderung der betrieblichen Lohngestaltung dem MBR entzogen. In einem solchen Fall beschränkt sich die MB auf die Gestaltung der Entlohnungsgrundsätze im außer- oder übertariflichen Bereich. Anwendungsfälle der MB sind hier die freiwilligen Leistungen des ArbGeb. (→ Rn. 443 ff.) oder die Anrechnung von Tariflohnerhöhungen auf übertarifliche Entgeltbestandteile (→ Rn. 470 ff.) oder die Einordnungskriterien innerhalb tariflich vorgegebener, aber nicht ausgestalteter Gehaltsbänder (LAG Düsseldorf 10.8.2016 – 4 TaBV 135/15, BeckRS 2016, 72745). Das **G zur Sanierung und Abwicklung von Instituten und Finanzgruppen** (Sanierungs- und Abwicklungsgesetz – **SAG** v. 10.12.2014 – BGBl. I S. 2091) stellt seit dem 1.1.2015 zur Beherrschung eines möglichen Krisenfalls und zur Wiederherstellung der Überlebensfähigkeit der Kreditinstitute eine Reihe spezieller Sanierungs- und Abwicklungsinstrumente zur Verfügung. Dazu zählt ua ein Eingriff der Abwicklungsbehörde in variable Vergütungen auch der ArbN. Diese können nach § 85 Abs. 1 SAG beschränkt oder vollständig gestrichen werden. Zum Schutz der Tarifautonomie und wegen der Angemessenheitsgewähr tariflicher Regelungen nimmt S. 2 dieser Vorschrift variable Vergütungsbestandteile aus, die durch TV oder eine von den Betriebsparteien durch den Abschluss einer BV genutzte Tariföffnungsklausel geschaffen worden sind. Bei Fehlen dieser Voraussetzungen beschränkt das Anordnungsrecht der Abwicklungsbehörde die MB des BR. **438a**

Sehr viel weitreichender sind die Mitbestimmungsbefugnisse bei einem **tarifungebundenen ArbGeb.** (krit. *Bauer/Günther* DB 2009, 620; *Kammerer/Mass* DB 2015, 1043). Bei einem solchen ArbGeb. hindert der Eingangssatz des § 87 Abs. 1 nicht die Mitbestimmung (BAG 18.3.2014 – 1 ABR 75/12, NZA 2014, 563; *Bepler* FS Bauer, 2010, 165). Der BR hat bei einem solchen ArbGeb. sowohl bei der erstmaligen Aufstellung als auch bei jeder Änderung der Entlohnungsgrundsätze mitzubestimmen und kann **innerhalb des** vom ArbGeb. zur Verfügung gestellten **Dotierungsrahmens auch initiativ** werden. Das MBR bei der Änderung des betriebl. Entlohnungsgrundsatzes ist vor allem von Bedeutung, wenn der ArbGeb. einen ihn normativ bindenden FirmenTV kündigt oder aus dem ArbGeb.Verband austritt oder in eine OT-Mitgliedschaft wechselt. In diesen Fällen fällt mit dem Ende der normativen Nachbindung (§ 3 Abs. 1, 3 TVG) der Tarifvorrang des Eingangssatzes weg. Das dadurch verdrängte MBR nach Nr. 10 lebt vollumfänglich wieder auf, denn im Zustand der Nachwirkung ist der mitbestimmungsverdrängende TV nicht mehr vorrangig (BAG 3.12.1991 – GS 2/90, NZA 1992, 749; eing. *Caspers* FS Löwisch, 2007, 45). **439**

Das hat zur Folge, dass bei einem tariffreien ArbGeb. der **BR bei jeglicher Änderung der betrieblichen Entlohnungsgrundsätze zu beteiligen ist.** Denn mit **440** dem Ende der Tarifbindung des ArbGeb. fallen die bisher durch TV bestimmten Entlohnungsgrundsätze nicht einfach ersatzlos weg. Es kommt nicht zu einen betriebsverfassungsrechtlichen „Leerzustand" (*Kreft* FS Kreutz, 2010, 263). Vielmehr sind sie betriebsverfassungsrechtlich gesehen weiter beachtlich, weil es sich um die bisher im Betrieb praktizierten Entlohnungsgrundsätze handelt und ihre Änderung oder die Aufstellung einer ganz anderen Vergütungsordnung der Zustimmung des BR bedarf (BAG 25.4.2017 – 1 AZR 427/15, NZA 2017, 1346; 15.4.2008 – 1 AZR 65/07, NZA 2008, 888; 2.3.2004 – 1 AZR 371/03, NZA 2004, 852). Überhaupt es ist für das MBR bei der Änderung der Entlohnungsgrundsätze unerheblich, auf welcher rechtlichen Grundlage die Anwendung der bisherigen Grundsätze basiert (**aA** *Raab* SR 2018, 144). Unabhängig davon, ob die bisherigen Grundsätze auf TV, BV oder einzelvertraglicher Vereinbarung beruhten oder vom tarifungebundenen ArbGeb. einseitig praktiziert wurden, ist jede Änderung mitbestimmungspflichtig (BAG 28.2. 2006 – 1 ABR 4/05, NZA 2006, 1426). Das hindert etwa einen tariffreien ArbGeb. daran, bei Neueinstellungen einseitig vom bisherigen betrieblichen Entlohnungsgrundsatz abzuweichen. Hierzu bedarf er der Zustimmung des BR, die er ggf. über das E-StellenVerfahren ersetzen lassen kann. Das zwingt entgegen *Raab* (SR 2018, 144, 156) nicht zur Beibehaltung eines bisherigen Vergütungssystems, wohl aber zur Beteiligung des BR. Allerdings kann ein solcher ArbGeb. innerhalb des bisherigen Entlohnungssystems **mitbestimmungsfrei** die bisherige Lohnhöhe gleichmäßig absenken (*Reichold* BB 2009, 1470). Haben die Betriebsparteien als Vergütungsstruktur eine solche nach einem TV vereinbart, löst eine **spätere Tarifsukzession** nicht das MBR aus (BAG 17.5.2011 – 1 AZR 797/09, NZA-RR 2011, 644). Etwas anderes gilt, soweit die mitbestimmten Entlohnungsgrundsätze lediglich an einem TV orientiert sind, aber auch davon abweichende Regelungen enthalten. In diesem Fall bewirkt eine spätere Tarifsukzession keine mitbestimmungsfreie Änderung der Entlohnungsgrundsätze (BAG 5.5.2015 – 1 AZR 435/13, NZA 2015, 1207).

441 Das Fortwirken einer solchen Vergütungsordnung hat weitreichende **kollektivrechtliche Konsequenzen** (*Kreft* FS Kreutz, 2010, 263). Will der ArbGeb. von ihr künftig abweichen, bedarf er der Zustimmung des BR. Für deren Beibehaltung muss der BR nicht initiativ werden (**aA** *Bauer/Günther* DB 2009, 620; *Reichold* FS Konzen, 2006, 763; *Reichold* BB 2009, 1470). Insoweit ist die Rechtslage vergleichbar mit derjenigen, bei der, ein zu keiner Zeit tarifgebundener ArbGeb. von bisher einseitig praktizierten Entlohnungsgrundsätzen abweichen will (BAG 18.3.2014 – 1 ABR 75/12, NZA 2014, 984; 15.4.2008 – 1 AZR 65/07, NZA 2008, 888; 2.3.2004 – 1 AZR 271/03, NZA 2004, 852). Will der tarifungebundene ArbGeb. ohne Zustimmung des BR von der bisherigen betrieblichen Vergütungsordnung abgehen, steht dem BR ein darauf gerichteter allg. Unterlassungsanspruch wie ein solcher nach § 23 Abs. 3 zu (BAG 13.3.2001 – 1 ABR 7/00, ZTR 2002, 94). Darüber hinaus ist der BR berechtigt, der Eingruppierung eines ArbN in ein mitbestimmungswidrig geändertes Entgeltsschema nach § 99 Abs. 2. Nr. 1 wg. Gesetzesverstoßes zu widersprechen (BAG 27.6.2000 – 1 ABR 36/99, NZA 2001, 626). Nimmt der BR allerdings eine mitbestimmungswidrige Einführung oder Änderung von Entlohnungsgrundsätzen hin, kann er nicht im Wege eines Durchführungsanspruchs die Weitergewährung eines mitbestimmungswidrig eingeführten Vergütungsbestandteils verlangen (BAG 18.3.2014 – 1 ABR 75/12, NZA 2014, 563).

442 Die mitbestimmungswidrige Abkehr vom bisherigen betrieblichen Entlohnungsgrundsatz hat ebenso **erhebliche individualrechtliche Folgen.** Bis zu einer Einigung mit dem BR oder dem Spruch der E-Stelle bleibt der ArbGeb. an die bisherige Vergütungsordnung gebunden. Eine gleichwohl vorgenommene Änderung lässt wegen der Theorie der Wirksamkeitsvoraussetzung (→ Rn. 599) die Vergütungsansprüche der einzelnen ArbN unberührt. Sie können nach § 611a Abs. 2 BGB iVm. den mitbestimmten Entlohnungsgrundsätzen einen entsprechenden Geldanspruch einklagen (→ Rn. 600). Will der ArbGeb. seine finanzielle Leistungspflicht bei Neueinstellungen ohne Beteiligung des BR verringern, bleibt ihm nur die Möglichkeit, das

Gehaltsniveau unter Beibehaltung der bisherigen Vergütungsordnung prozentual gleichmäßig abzusenken. Beschränkt er sich darauf, einzelne Gehaltsbestandteile zu streichen, verändert er die betriebliche Vergütungsordnung. Zwar kann ein ArbGeb. bei Neueinstellungen ab einem bestimmten Stichtag andere Vergütungsvereinbarungen treffen als bisher. Von dieser Gestaltungsmacht darf er bei Eingreifen des MBR nach Nr. 10 aber nur Gebrauch machen, wenn er den BR beteiligt. Unterlässt er dessen Beteiligung, muss er die neueingestellten ArbN nach denselben Regeln entlohnen wie die bereits beschäftigten. Das gibt ihm schon der allgemeine arbeitsrechtliche Gleichbehandlungsgrundsatz vor (*Bepler* FS Bauer, 2010, 165). Bei Neueinstellungen kann das dazu führen, dass diesen ArbN (vorübergehend, dh aus § 611a Abs. 2 BGB iVm der betrieblichen Vergütungsordnung) Ansprüche auf Leistungen entstehen, die vertraglich nicht vorgesehen sind (BAG 15.4.2008 – 1 ABR 65/07, NZA 2008, 888). Der dagegen geäußerten Kritik (*Reichold* Anm. zu BAG 2.3.2004 – 1 AZR 271/03, NZA 2004, 852; *Reichold* BB 2009, 1470; *Bauer/Günther* DB 2009, 620), nach der das BAG einen Anspruch ohne Anspruchsgrundlage geschaffen habe, ist zu widersprechen. Sie verkennt das Zusammenspiel von vertraglicher Vergütungsabrede und kollektiven Entlohnungsgrundsätzen. Die Beachtung des betrieblichen Entlohnungsschemas kann nicht nur der BR sondern auch der einzelne ArbN verlangen (**aA** *Caspers* FS Löwisch, 2007, 45).

f) Mitbestimmung bei freiwilligen Leistungen eines tarifgebundenen Arbeitgebers

Bei **tarifgebundenen ArbGeb.** beschränkt sich das MBR auf solche Leistungen, zu denen er nicht kraft TV verpflichtet ist; die tariflichen Leistungen sind wegen § 87 Abs. 1 Eingangssatz der MB entzogen. Auch bei den übertariflichen Leistungen kann dem Abschluss von BV § 77 Abs. 3 S. 1 entgegenstehen, wenn es sich lediglich um eine Erhöhung tariflicher Leistungen handelt und keine Tariföffnungsklausel nach § 77 Abs. 3 S. 2 vorliegt. Bei freiwilligen Leistungen des kraft Verbandszugehörigkeit (§ 3 Abs. 1 TVG) oder kraft Nachbindung (§ 3 Abs. 3 TVG) tarifunterworfenen ArbGeb. muss das MBR Rücksicht auf die Freiwilligkeit der Leistungserbringung nehmen und ist entsprechend begrenzt. Dieser Grundsatz und das Ausmaß der Beschränkungen sind seit der Entscheidung des Großen Senats für die betriebliche Praxis geklärt (BAG GS 3.12.1991 – GS 2/90, NZA 1992, 749). Grdl. anders ist die mitbestimmungsrechtliche Lage eines **tarifungebundenen ArbGeb.,** der grds. jede Entgeltleistung ohne normative Verpflichtung erbringt (→ Rn. 452). Hier wirkt sich jede von ihm initiierte Veränderung, die über eine gleichmäßige prozentuale Kürzung hinausgeht, auf die Vergütungsstruktur aus und ist mitbestimmungspflichtig (eing. → Rn. 439 ff.; GK-BetrVG/*Wiese/Gutzeit* Rn. 968). 443

Freiwillige Leistungen sind ausschließlich solche, die der tarifgebundene ArbGeb. erbringt, ohne dazu kraft Gesetzes oder TV verpflichtet zu sein (BAG 16.9.1986 – GS 1/82, NZA 1987, 168). Dazu zählt etwa die Einführung von Altersteilzeit (BAG 10.10.2013 – 1 ABR 39/12, NZA 2014, 1040). Da Nr. 10 kein MBR bei der Festlegung der Lohnhöhe gewährt (BAG 28.2.2006 – 1 ABR 4/05, NZA 2006, 1426; → Rn. 407) sind die Beschränkungen des MBR bei der Einführung, der Kürzung oder der Einstellung solcher Vergütungsbestandteile Folge der Freiwilligkeit der Leistungserbringung (stRspr, BAG 26.5.1998 – 1 AZR 704/97, NZA 1998, 1292; WPK/*Bender* Rn. 218 ff.; hM). 444

Mitbestimmungsfrei ist die Entscheidung des tarifgebundenen ArbGeb., ob er eine freiwillige Leistung erbringt und welche finanziellen Mittel er hierfür aufwendet. Ein solcher ArbGeb. bestimmt also mit dem sog **Dotierungsrahmen** den Umfang seiner Verpflichtung selbst. Der BR kann deshalb den tarifgebundenen ArbGeb. weder zwingen eine solche Leistung einzuführen noch kann er mit Hilfe des MBR einen höheren Leistungsumfang gegen den Willen des ArbGeb. durchsetzen; ein darauf gerichtetes **Initiativrecht** steht ihm nicht zu (GK-BetrVG/*Wiese/Gutzeit* Rn. 985 ff.; 445

HWGNRH/*Worzalla* Rn. 624; DKKW/*Klebe* Rn. 322). Allerdings ist der tarifgebundene ArbGeb. bei der unumgänglich notwendigen Aufstellung von Entlohnungsgrundsätzen zur Verteilung der freiwilligen Leistung auf die einzelnen ArbN auf die Mitwirkung des BR angewiesen. Deshalb kann der BR mittelbar die Einführung der freiwilligen Leistung verzögern, jedoch auf Dauer nicht verhindern, da der ArbGeb. durch Anrufen der E-Stelle eine Blockade durch den BR überwinden kann (GK-BetrVG/*Wiese/Gutzeit* Rn. 901).

446 **Mitbestimmungsfrei** ist zugleich die Bestimmung des **Leistungszwecks** (GK-BetrVG/*Wiese/Gutzeit* Rn. 896), weil sie unmittelbar mit der Entscheidung über die Leistungserbringung verbunden ist. Soweit nicht tariflich abschließend geregelt, kann der tarifgebundene ArbGeb. etwa Leistungen der betrieblichen Altersversorgung versprechen oder eine Weihnachtsgratifikation oder ein zusätzliches Urlaubsgeld oder eine sonstige übertarifliche Zahlung. Mit der inhaltlichen Bestimmung der Leistung legt der tarifgebundene ArbGeb. alleine den damit verfolgten Zweck fest, zB Bindung der ArbN an den Betrieb, Förderung der Leistungsbereitschaft, Abbau von Fehlzeiten usw. Mit der Bestimmung des Zwecks hängt wiederum die Festlegung zusammen, für welchen **Personenkreis** (GK-BetrVG/*Wiese/Gutzeit* Rn. 898) die geplante Leistung gedacht ist (BAG 8.12.1981 – 1 ABR 55/79, AP BetrVG 1972 § 87 Prämie Nr. 1). Innerhalb der freien Zweckbestimmung entscheidet der tarifgebundene ArbGeb. deshalb **mitbestimmungsfrei** über den Adressatenkreis der Leistung. Die für unterschiedliche Leistungszwecke und Adressatenkreise zur Verfügung gestellten Finanzmittel sind deshalb nicht Teil eines einheitlichen Gesamtbudgets und müssen auch nicht nach einheitlichen Kriterien verteilt werden (BAG 23.1.2008 – 1 ABR 82/06, NZA 2008, 774).

447 Trotz dieser Einschränkungen zum Ob, zum finanziellen Umfang, zum Zweck und zum Adressatenkreis bleibt auch bei freiwilligen Leistungen des tarifgebundenen ArbGeb. für das **MBR nach Nr. 10 noch ein Anwendungsbereich** (GK-BetrVG/*Wiese/Gutzeit* Rn. 899). Entsprechend dem Gegenstand dieses MBR (→ Rn. 417, 425) ist der BR bei der Entscheidung zu beteiligen, wie im Rahmen der mitbestimmungsfreien Vorgaben die einzelnen Leistungen zu berechnen sind und ihre Höhe im Verhältnis zueinander bestimmt werden soll. Die damit verbundenen Festlegungen betreffen nicht die absolute, sondern die relative Höhe der Leistung im Verhältnis der ArbN untereinander und schaffen auf diese Weise Entlohnungsgrundsätze (BAG 18.11.2003 – 1 AZR 604/02, NZA 2004, 803; 23.1.2008 – 1 ABR 82/06, NZA 2008, 774).

448 Das MBR bei der Gewährung von freiwilligen Leistungen wird keinesfalls dadurch eingeschränkt, dass der tarifgebundene **ArbGeb. bereits vor der Beteiligung des BR Zahlungen leistet,** die er nicht mehr zurückfordern kann. Kommt es später zu einer abweichenden Einigung oder zum Spruch der E-Stelle über eine andere Verteilung, können Mehrkosten entstehen, weil der ArbGeb. die mitbestimmungswidrig gezahlte Leistung aus rechtl. oder faktischen Gründen nicht mehr zurückfordern kann. Dadurch kann der von ihm ins Auge gefasste Dotierungsrahmen (kurzzeitig) überschritten werden. Diese Folge des mitbestimmungswidrigen Verhaltens führt nicht zu einer Beschränkung des MBR; insoweit wird der Grundsatz der mitbestimmungsfreien Entscheidung über den Dotierungsrahmen (eng begrenzt) durchbrochen (BAG 14.6.1994 – 1 ABR 63/93, NZA 1995, 543; ErfK/*Kania* Rn. 108; GK-BetrVG/*Wiese/Gutzeit* Rn. 996).

449 Was für die Einführung einer freiwilligen Leistung gilt, gilt entsprechend auch für deren **Änderung oder Einstellung.** Durch das MBR kann der tarifgebundene ArbGeb. nicht gehindert werden, die Leistung mitbestimmungsfrei einzuschränken oder ganz abzuschaffen (BAG 3.12.1991 – GS 2/90, NZA 1992, 749; 8.6.2004 – 1 AZR 308/03, NZA 2005, 66). So wie er alleine darüber entscheidet, ob er eine freiwillige Leistung (→ Rn. 444) erbringt, kann er mitbestimmungsfrei darüber befinden, ob und wann er sie vollständig einstellt. Mit den Mitteln des Betriebsverfassungsrechts kann der tarifgebundene ArbGeb. nicht gezwungen werden, eine freiwillige Leistung länger zu zahlen, als er aufgrund der in einer BV selbst eingegangenen Bindung verpflichtet ist (BAG 23.1.2008 – 1 ABR 82/06, NZA 2008, 774). Ent-

scheidet er sich dafür, bisher erbrachte übertarifliche Vergütungsbestandteile vollständig einzustellen, entfällt das MBR, weil mit dem Wegfall der freiwilligen Leistung kein zusätzliches Vergütungsvolumen mehr zur Verteilung ansteht und die Verteilung des verbleibenden Volumens tariflich geregelt ist (BAG 28.2.2006 – 1 ABR 4/05, NZA 2006, 1426). Dementsprechend hat der BR bei einer vollständigen Streichung einer freiwilligen Leistung nicht mitzubestimmen (BAG 19.11.2019 – 1 AZR 386/18). Das gilt auch dann, wenn einzelne ArbN weiterhin über- oder außertarifliche Leistungen erhalten, die jedoch einem anderen Zweck dienen und deshalb nicht Teil des gestrichenen Finanzbudgets sind (BAG 23.1.2008 – 1 ABR 82/06, NZA 2008, 77).

Differenzierter ist die mitbestimmungsrechtliche Lage, wenn dem tarifgebundenen ArbGeb. an einer **Kürzung der freiwilligen Leistung** gelegen ist. Beabsichtigt er unter Beibehaltung der bisherigen Verteilungsgrundsätze lediglich die Höhe der freiwilligen Leistung für alle bisherigen Leistungsberechtigten **gleichmäßig abzusenken,** hat der BR nicht mitzubestimmen. Dagegen führt eine **ungleichmäßige Absenkung** oder eine **partielle Streichung** zu einer Änderung des bisherigen Verteilungsschlüssels. Daran hat der BR mitzuwirken. Dabei gilt es zu beachten, dass mitbestimmungsrechtlich mehrere über- oder außertarifliche Leistungen eine Gesamtvergütung bilden (→ Rn. 412). Ist die Verteilung einer freiwilligen Leistung in einer BV geregelt, führt eine Kündigung des ArbGeb. zur **Nachwirkung,** wenn er das Ziel verfolgt, neue Verteilungsgrundsätze zu regeln. Die BV wirkt hingegen nicht nach, soweit der tarifgebundene ArbGeb. die freiwillige Leistung einstellen oder künftig einen anderen Leistungszweck verfolgen will. 450

Bei **Aktienoptionsplänen** handelt es sich typischerweise um freiwillige Leistungen. Hier sind der Verteilungsrahmen und die Verteilungsbedingungen zu regeln. (*Buhr/Radke* DB 2001, 882). Mitbestimmungsfrei ist die Einführung und Einstellung eines Aktienoptionsplans. Kein MBR besteht auch hinsichtl. dessen Dotierung und bei sämtlichen Entscheidungen, die sich auf die finanzielle Gesamtbelastung auswirken, wie etwa der Basiswert oder die Laufzeit des Aktienoptionsplans (*Otto/Mückl* DB 2009, 1594). Wie bei sonst. freiwilligen Leistungen kann der ArbGeb. – allerdings unter Beachtung des arbeitsrechtl. Gleichbehandlungsgrundsatzes – auch den Kreis der Bezugsberechtigten sowie Zweck/Ziel der Leistung bestimmen (*Bauer/Herzberg* NZA 2011, 713; *Oetker* FS 50 Jahre BAG, 2004, 1017). Das MBR besteht hinsichtlich der Verteilung auf den vorgegebenen Adressatenkreis, Ermäßigungen beim Erwerb und dessen Abstufungen, Festlegung einer Mindest- oder Höchstzuweisung, Halte- und Ausübungsfristen, die keinen Einfluss auf die finanzielle Gesamtbelastung haben (*Otto/Mückl* DB 2009, 1594; *Baeck/Diller* DB 1998, 1405). Der ArbGeb. kann sich mit dem Hinweis auf zwingende Vorgaben einer ausl. Muttergesellschaft dem MBR nicht entziehen (**aA** *Buhr/Radke* DB 2001, 882; *Otto* DB 2009, 1594). Zum Schutz der Aktionäre bindet allerdings das AktG den Vorstand bei der Aufstellung und der Ausgestaltung von Aktienoptionsplänen an Vorgaben der Hauptversammlung (vgl. § 193 Abs. 2 Nr. 4 AktG). Das gilt etwa für die Aufteilung der Bezugsrechte, Erfolgsziele, Erwerbs- und Ausübungszeiträume oder die Wartezeit für die erstmalige Ausübung. Diese wirken sich nicht auf das Außenverhältnis zum BR aus und sind keine Beschränkung iSd Eingangssatzes (**aA** *Otto* DB 2009, 1594; *Mauroschat* Aktienoptionsprogramme S. 147). Allerdings betreffen sie zumeist den mitbestimmungsfreien Bereich (*Oetker* FS 50 Jahre BAG, 2004, 1017). Das MBR erstreckt sich nur auf die strukturellen Merkmale solcher Systeme (Bewertungsmethode, Zeitraum, Festlegung von Zielgrößen etc *Annuß* NZA 2007, 290; *Trittin/Fischer* AuR 2006, 261). 451

g) Mitbestimmung bei freiwilligen Leistungen des tarifungebundenen Arbeitgebers

Bei einem **tarifungebundenen ArbGeb.** stehen dem BR bei der Einführung, Kürzung oder Einstellung einer **Entgeltleistung weitergehende MBR** zu, weil die 452

Sperre des MBR durch den Eingangssatz nicht greift (*Benecke* AuR 2015, 306). Ein solcher ArbGeb. kann kollektivrechtlich, da nicht an einen TV gebunden, das gesamte Volumen der von ihm für die Vergütung der ArbN bereit gestellten Mittel mitbestimmungsfrei festlegen (BAG 28.2.2006 – 1 ABR 4/05, NZA 2006, 1426; 26.8.2008 – 1 AZR 354/07, NZA 2008, 1426). Deshalb leistet er – betriebsverfassungsrechtlich gesehen – sämtliche Vergütungsbestandteile freiwillig, dh ohne hierzu normativ iSd Eingangssatzes verpflichtet zu sein (BAG 18.3.2014 – 1 ABR 75/12, NZA 2014, 563). Solange er die Arbeit überhaupt vergütet, erbringt er eine „freiwillige" Leistung in Form einer Gesamtvergütung, die sich – mit Ausnahme der Leistungen zur betrieblichen Altersversorgung – nicht in mehrere voneinander unabhängige Bestandteile – wie etwa Grundvergütung, Zulagen, Jahresleistungen etc – aufspalten lässt (BAG 15.4.2008 – 1 AZR 65/07, NZA 2008, 888). Darauf hat der Umstand, dass der ArbGeb. dem ArbN nach deren vertraglicher Vereinbarung ein bestimmtes Entgelt schuldet, keinen Einfluss. Individualrechtliche Vereinbarungen gehen vor, soweit sie dem ArbN günstiger sind. Das MBR können sie nicht ausschließen (BAG 26.8.2008 – 1 AZR 354/07, NZA 2008, 1426).

453 Will ein solcher ArbGeb. eine weitere Leistung einführen, ändert er damit zwangsläufig die bisherige Vergütungsstruktur (BAG 18.3.2014 – 1 ABR 75/12, NZA 2014, 563; **aA** HWGNRH/*Worzalla* Rn. 564ff.). Das ist schon unabhängig von den für die zusätzliche Leistung aufzustellenden Verteilungsgrundsätzen **mitbestimmungspflichtig.** Will ein nichttarifgebundener ArbGeb. künftig – etwa bei Neueinstellungen – bestimmte Vergütungsbestandteile nicht mehr erbringen, ändert auch diese Entscheidung die bisherige Vergütungsstruktur und bedarf der MB. Das ist auch der Fall, wenn ein Anspruch auf Gewinnbeteiligung durch Zahlung eines Einmalbetrages abgelöst werden soll (BAG 14.1.2014 – 1 ABR 57/12, NZA 2014, 922). **Mitbestimmungsfrei** kann er nur sämtliche Vergütungsbestandteile unter Beibehaltung des bisherigen Verteilungsplans einheitlich absenken oder solche Zahlungen einstellen, die – wie etwa der Aufwendungsersatz – keinen Entlohnungscharakter haben. Bei einem tariffreien ArbGeb. hat der BR auch **mitzubestimmen,** wenn dieser einen einzelnen Vergütungsbestandteil (zB Prämie, Gratifikation, Jahressonderzahlung) künftig nicht mehr erbringen will. Auch in diesem Fall ändern sich die bisherigen Lohngrundsätze. Das löst das MBR ebenso aus wie in Fällen, in denen der tarifungebundene ArbGeb. bestimmte ArbN von einer **Gehaltsanpassung** ausnehmen will. Eine solche Entscheidung ändert die Entlohnungsgrundsätze ab, weil sich damit der relative Abstand der jeweiligen Vergütungen zueinander verschiebt (BAG 21.2.2017 – 1 ABR 12/15, NZA 2017, 801). Zwar hat der BR eine gleichmäßige Lohnerhöhung aller Entgeltgruppen ebenso hinzunehmen wie die Entscheidung von einer Entgelterhöhung abzusehen. Bei einer ungleichmäßigen Gehaltsanhebung hat er jedoch über die Verteilung des Erhöhungsvolumens mitzubestimmen. Das gilt auch, sofern der ArbGeb. Gehaltsanpassungen nur mit dem GBR regeln will. Auch in diesem Fall sind GBR und ArbGeb. nicht berechtigt, durch ungleichmäßige Erhöhungen den auf betriebl. Ebene zuständigerweise mit dem BR geregelten Abstand einzelner Lohngruppen zu verändern. Die Ausübung der freiwilligen MB durch den GBR lässt die Kompetenzordnung des BetrVG unberührt (**aA** LAG Düsseldorf 16.6.2016 – 6 TaBV 20/16). Der nichttarifgebundene ArbGeb. hat den BR deshalb auch zu beteiligen, wenn er nur einen Vergütungsbestandteil der Gesamtvergütung (zB Prämie, Jahressonderzahlung, Gratifikation, etc.) einstellen und die übrigen Vergütungsbestandteile gleichmäßig absenken will. Solange er überhaupt Zahlungen erbringt, stellt er in einem solchen Fall seine Leistungen nicht vollständig ein, sondern verändert die geltenden Entlohnungsgrundsätze. Deshalb erfährt die Vergütungsstruktur eine mitbestimmungspflichtige Änderung, wenn nur einer der mehreren Bestandteilen, aus denen sich die Gesamtvergütung zusammensetzt, gestrichen, erhöht oder vermindert wird und die übrigen Vergütungsbestandteile gleichmäßig abgesenkt werden (BAG 26.8.2008 – 1 AZR 354/07, NZA 2008, 1426). Das gilt unabhängig davon, ob die einzelnen Vergütungsbestandteile in gesonderten oder einer einheitlichen BV geregelt sind (**aA** *Lunk/Leder* NZA 2011, 249, die annehmen, dass eine Regelung in unterschiedlichen BV einem inhaltlichen Zusammenhang in Form einer Gesamtvergütung ausschließt). In allen Fällen ist nicht nur die Streichung eines Vergütungsbestandteils sondern auch die gleichmäßige Absenkung der übrigen Vergütungsbestandteile wegen Verstoßes gegen das MBR unwirksam. Eine Ausnahme mag eine Veränderung bei der betriebl. Altersversorgung darstellen.

Diese **Grundsätze** haben durch die Entscheidung des Ersten Senats v. 5.10.2010 (BAG 5.10.2010 – 1 ABR 20/09, NZA 2011, 598) **keine Änderung** erfahren und sind auch nicht aufgegeben worden (BAG 18.3.2014 – 1 ABR 75/12, NZA 2014, 563; **aA** *Salamon* NZA 2011, 549). Vielmehr wurden sie weiterentwickelt für Fallgestaltungen, in denen die Betriebsparteien die Entlohnungsgrundsätze für die vom tarifungebundenen ArbGeb. zu erbringenden Leistungen umfassend und abschließend in einer BV geregelt haben und unabhängig davon die vom ArbGeb. zu einem wesentlich späteren Zeitpunkt zur Verfügung gestellten finanziellen Mittel, zu deren Erbringung keine Verpflichtung besteht, in einer gesonderten BV anderen Verteilungsgrundsätzen unterwerfen (*Grau/Sittard* RdA 2013, 118). Eine solche BV, deren Regelungsgegenstand letztlich nach dem Willen der Betriebsparteien die geltenden betrieblichen Entlohnungsgrundsätze unberührt lässt, wirkt nach einer Kündigung des ArbGeb. nur solange nach, bis er erklärt, für den bisherigen Leistungszweck keine Mittel mehr zur Verfügung stellen zu wollen (→ § 77 Rn. 191; zust. GK-BetrVG/*Wiese/Gutzeit* Rn. 891; wohl auch *Schnitker/Sittard* NZA 2011, 331 [333]). Damit trägt das BAG offenbar dem Umstand Rechnung, dass ein BR im Wege seines MBR nicht erreichen kann, dass ein ArbGeb. über das bisher zur Verfügung gestellte hinaus weitere Mittel für die Entlohnung der betroffenen ArbN bereit zu stellen hat. Vielmehr kann der BR nur im Wege der Umverteilung des bisherigen Dotierungsrahmens (Topf) eine Änderung des Gesamtvergütungssystems herbeiführen. Stellt der ArbGeb. hingegen neue Finanzmittel für einen bestimmten Zweck und eine darauf bezogene Leistung zur Verfügung, die im bisherigen Entlohnungssystem kein Pendant hat, muss ihm auch die Möglichkeit bleiben, über die Einstellung dieser Leistung zu befinden. Dem können die Betriebsparteien Rechnung tragen, in dem sie über die systemische Einbindung eines bestimmten Entlohnungsgrundsatzes in eine bestehende betriebliche Lohngestaltung disponieren. Dazu müssen sie eine gesonderte, auf diesen Entlohnungsgrundsatz bezogene BV abschließen (BAG 10.12.2013 – 1 ABR 39/12, NZA 2014, 1040). Die bloße Aufspaltung der Gesamtvergütung in einzelne BV löst diese Rechtsfolge nach Kündigung der jeweiligen EinzelBV aber nicht ohne weiteres aus. Zu modifizieren dürften die unter → Rn. 453 dargestellten Grundsätze auch sein, soweit neben den mit einem BR geregelten betrieblichen Entlohnungsgrundsätzen auf überbetrieblicher Ebene mit dem GesBR Sonderzahlungen durch GBV vereinbart werden, weil der tarifungebundene ArbGeb. zur Aufbringung der dazu erforderlichen Mittel nur auf Unternehmensebene bereit ist (→ § 50 Rn. 46). Da die in einer solchen GesBV geregelten Leistungen die mit dem örtlichen BR geregelten Entlohnungsgrundsätze unberührt lassen und nicht in deren Verteilungsplan eingreifen, dürfte eine Kündigung der GesBV mit dem Ziel der Leistungseinstellung ebenfalls die Nachwirkung ausschließen. **453a**

Unerheblich für das MBR ist, ob der tarifungebundene ArbGeb. Teile der Vergütung den ArbN individualvertraglich schuldet (BAG 26.8.2008 – 1 AZR 354/07, NZA 2008, 1426). Solche Ansprüche sind nach dem **Günstigkeitsprinzip** im Verhältnis der Arbeitsvertragsparteien zueinander zu beachten. Das kann zur Folge haben, dass sich ein ArbN bei einer kollektiven Absenkung sämtlicher Vergütungsbestandteile hinsichtlich einzelner Anteile auf ein ihm günstigere arbeitsvertragliche Vereinbarung berufen kann. Allerdings ist durch Auslegung der Individualvereinbarung zu prüfen, ob dem ArbN tatsächlich die einzelnen Vergütungsbestandteile jeweils gesondert oder nicht lediglich eine Gesamtvergütung zugesagt ist, und ob nicht die Individualvereinbarung betriebsvereinbarungsoffen ist. In keinem Fall aber sperrt eine Individualvereinbarung die MB des BR. **454**

h) Leistungen der betrieblichen Altersversorgung

455 Diese Grundsätze zum MBR in Fragen der betrieblichen Lohngestaltung sind auch anzuwenden bei der **Regelung der betrieblichen Altersversorgung** (*Lülsdorf,* Betriebliche Altersversorgung). Dieses MBR wird typischerweise durch BV ausgeübt, die auf eine lange Laufzeit angelegt ist und damit zwangsläufig Anpassungen unterliegt (BAG 10.3.2015 – 3 AZR 56/14, NZA-RR 2015, 371). Dem Grunde nach handelt es sich um nachgelagertes Arbeitsentgelt, das dem ArbN erst nach Beendigung des Arbeitsverhältnisses zukommt. Das erhält die Regelungsmacht der Betriebsparteien auch für Betriebsrentner (*Ahrendt,* FS 100 Jahre BetrVR S. 1). Eine Leistung der betrieblichen Altersversorgung muss die Begriffsmerkmale des § 1 BetrAVG erfüllen, also einem Versorgungszweck dienen und durch die im G genannten biologischen Ereignisse (Alter, Invalidität, Tod) ausgelöst werden (BAG 28.10.2008 – 3 AZR 317/07, NZA 2009, 844; *Reinecke* DB 2005, 1963). Diese Leistungen sind zu unterscheiden von solchen, die anderen Zwecken dienen wie etwa Übergangsversorgung, Versorgung bei Krankheit oder Unterstützung in besonderen Notlagen oder der Vermögensbildung (dazu *Reinecke* BB 2011, 245). Leistungen der betrieblichen Altersversorgung können auf Geld-, Sach- oder Nutzungsleistungen (sog Deputate) gerichtet sein (*Reinecke* DB 2007, 2836). Dazu zählen auch **Personalrabatte** an ausgeschiedene ArbN (BAG 19.2.2008 – 3 AZR 476/05, NZA-RR 2007, 653). Eine Leistung dient der Alterssicherung, wenn der Anspruch von dem Erreichen eines bestimmten Alters abhängt. Sie bezweckt die Invaliditätsabsicherung, wenn sie den mit gesundheitlich bedingter Erwerbsunfähigkeit eintretenden Einkommensverlust mindern soll. Die Hinterbliebenenversorgung muss der Absicherung von Ehegatten und Kindern nach dem Tode des ArbN dienen. Dementsprechend ist eine Sterbegeldregelung, die lediglich zur Deckung von Bestattungskosten beiträgt, nicht vom MBR umfasst (BAG 19.9.2006 – 1 ABR 58/05, AP BetrVG 1972 § 77 Betriebsvereinbarung Nr. 29). Leistungen der betrieblichen Altersversorgung gehören zum Lohn iSv Nr. 10 (BAG 16.2.1993 – 3 ABR 29/92, NZA 1993, 953; Richardi BetrVG/*Richardi* Rn. 762; GK-BetrVG/*Wiese/Gutzeit* Rn. 877). Werden Leistungen der betrieblichen Altersversorgung über eine Sozialeinrichtung (Unterstützungskasse, Pensionskasse, unternehmensbezogener Pensionsfond) gezahlt, besteht ein inhaltlich gleiches MBR nach Nr. 8. Bei Einschaltung von Versicherungsunternehmen (Direktversicherung, Direktzusage, Gruppenversicherung) besteht das MBR nach Nr. 10. Ob und inwieweit das Inkrafttreten des AGG einen Handlungsbedarf der Betriebsparteien auslöst, ist derzeit nicht geklärt. Die Bereichsausnahme in § 2 Abs. 2 AGG, nach der für die betriebliche Altersversorgung nicht das AGG sondern das BetrAVG gelten soll, ist lediglich eine Kollisionsregel nach der die Bestimmungen des BetrAVG, die an die vom AGG erfassten Merkmale anknüpfen (zB Unverfallbarkeit, Altersgrenzen) das AGG verdrängen (BAG 11.12.2007 – 3 AZR 249/06, NZA 2008, 532). Zu Einzelheiten einer unionsrechtskonformen Anwendung des AGG auf die betriebl. Altersversorgung *Rengier* NZA 2006, 1251.

456 Für Bestehen und Umfang der MBR ist zu unterscheiden zwischen den Leistungen des ArbGeb. und der Regelung der Ansprüche der ArbN auf Entgeltumwandlung (sog „arbeitnehmerfinanzierte" Altersversorgung, → Rn. 468). Bei einer arbeitgeberfinanzierten Altersversorgung sind die MBR eingeschränkt, doch ist der ArbGeb. wie der BR wegen § 75 BetrVG an die gesetzlichen Diskriminierungsverbote und den Gleichbehandlungsgrundsatz gebunden (Übersicht bei *Cisch/Bleek/Karst* BB 2015, 1138; *Schnitker/Sittard* NZA 2011, 331). Wegen des Charakters einer freiwilligen Leistung hat **der ArbGeb. allein zu entscheiden,** ob und in welchem Umfang er **finanzielle Mittel** für die betriebliche Altersversorgung zur Verfügung stellen will (Richardi BetrVG/*Richardi* Rn. 862), welchen **Durchführungsweg** er wählt, welchen **Zweck** er hiermit verfolgen will und welcher **Personenkreis** begünstigt werden soll (BAG 13.11.2007 – 3 AZR 191/06, NZA 2008, 600; 21.1.2003 – 3 AZR 30/02, NZA 2004, 331; *Reinecke* ArbuR 2004, 328). Mitbestimmungs-

pflichtig ist allerdings die **Leistungsordnung.** Das ist die Entscheidung darüber, wie die zur Verfügung gestellten Mittel auf die Begünstigten verteilt werden und ob und in welchem Umfang die ArbN zu Beiträgen herangezogen werden (vgl. *Reinecke* DB 2005, 1963). Dazu zählt nicht die **Anpassungspflicht des ArbGeb.** nach § 16 BetrAVG. Sie betrifft die mitbestimmungsfreie Höhe des Entgelts und ist zudem eine Rechts- und keine Regelungsfrage (GK-BetrVG/*Wiese/Gutzeit* Rn. 887.

IE gilt: Der mitbestimmungsfreie **Dotierungsrahmen** ist der Umfang der vom ArbGeb. eingegangenen finanziellen Verpflichtungen oder die Gesamtheit der von ihm zur Verfügung gestellten Mittel. Dieser ist einer konkreten Bezifferung regelmäßig nicht zugänglich. Das BAG definiert den Begriff des Dotierungsrahmens als Gesamtheit der geschützten Versorgungsbesitzstände (erdienter Besitzstand und Dynamik, dienstzeitabhängige Zuwächse BAG 11.5.1999 – 3 AZR 483/86, NZA 1989, 522; *Reinecke* AuR 2004, 330). 457

Weil die **Durchführungsform** (Direktzusagen, Versicherungen, Unterstützungs- oder Pensionskassen, Pensionsfond) direkt den finanziellen Aufwand des ArbGeb. beeinflusst, hat er auch die Wahl, in welcher Form er Leistungen der betrieblichen Altersversorgung zusagen will. Nicht mitbestimmungspflichtig sind deshalb der Wechsel der Durchführungsform oder die Auswahl oder der Wechsel eines Versicherungsunternehmens (BAG 29.7.2003 – 3 ABR 34/02, NZA 2004, 1344; DKKW/*Klebe* Rn. 325; ErfK/*Kania* Rn. 73). 458

Mitbestimmungsfrei ist auch die Entscheidung, welchen **Personenkreis** der ArbGeb. begünstigen will, allerdings nur in den rechtlich zulässigen Grenzen, also unter Beachtung der Gleichbehandlungsgebote (BAG 18.9.2001 – 3 AZR 656/00, NZA 2002, 148). Diese Entscheidung hängt unmittelbar mit der Entscheidung über den **Zweck der Leistung** zusammen (GK-BetrVG/*Wiese/Gutzeit* Rn. 882). Daher ist mitbestimmungsfrei die Entscheidung des ArbGeb., ob er nur eine Altersversorgung oder auch eine Hinterbliebenenversorgung oder auch eine Invaliditätsversorgung versprechen will. Ebenso kann er mitbestimmungsfrei entscheiden, ob er Versorgungsleistungen in Form einer Rente oder kapitalisiert erbringen will (BAG 29.7.2003 – 3 ABR 34/02, NZA 2004, 1344). 459

Mitbestimmungspflichtig sind alle übrigen Entscheidungen. Der BR hat deshalb insbes. mitzubestimmen über die Leistungsordnung, also über die Voraussetzungen für das Entstehen und das Erlöschen von Anwartschaften und Ansprüchen (stRspr, BAG 16.2.1993 – 3 ABR 29/92, NZA 1993, 953). Leistungsplan und Regelungen über die Heranziehung der ArbN zu Beiträgen unterliegen der Mitbestimmung (GK-BetrVG/*Wiese/Gutzeit* Rn. 883). Auch beim Wechsel der Durchführungsform oder dem Wechsel der Versicherungsgesellschaft innerhalb eines Durchführungswegs besteht eine MBR, wenn mit dem Wechsel eine Änderung der Leistungsordnung verbunden ist (BAG 16.2.1993 – 3 ABR 29/92, NZA 1993, 953). 460

Ein MBR besteht auch bei einer **Neuverteilung nach mitbestimmungsfreier Kürzung** des Dotierungsrahmens durch den ArbGeb. (BAG 18.9.2001 – 3 AZR 728/00, NZA 2002, 1164; 9.12.2014 – 3 AZR 323/13, DB 2015, 989). Dagegen besteht kein (neues) MBR, wenn die Änderung ihre Ursache allein im Vollzug einer zuvor geschaffenen mitbestimmten Regelung hat (BAG 22.9.1992 – 1 AZR 405/90, NZA 1993, 668). 461

Die **Mitbestimmung bei der Regelung von Leistungen der betrieblichen Altersversorgung** wird im Grundsatz so durchgeführt wie bei anderen Fragen der Lohngestaltung auch. Sie setzt deshalb einen **kollektiven Tatbestand** voraus; dieser ist von einer Einzelfallgestaltung abzugrenzen (→ Rn. 14ff.). Außerdem ist der betriebsverfassungsrechtliche **Gleichbehandlungsgrundsatz** zu beachten, nicht nur zwischen Männern und Frauen, sondern auch in Bezug auf Arbeiter und Angestellte (BAG 16.2.2010 – 3 AZR 216/09, NZA 2010, 701) und auch bei befristet und unbefristet beschäftigten ArbN (*Reinecke* DB 2005, 1963; BAG 18.9.2007 – 3 AZR 639/06, NZA 2008, 56) oder beim Ausschluss von ArbN aus einem kollektiven Versorgungswerk (BAG 19.7.2016 – 3 AZR 134/15, NZA 2016, 1475. Danach bedür- 462 fen Differenzierungen eines hinreichenden Sachgrundes. Dieser bestimmt sich nach dem mit der jeweiligen Regelung verfolgten Zweck. Dabei haben die Betriebsparteien einen Beurteilungsspielraum sowie eine Einschätzungsprärogative. Im Bereich der betrieblichen Altersversorgung müssen sie aber berücksichtigen, dass Versorgungszusagen einen typischerweise unterschiedlichen Versorgungsbedarf des Versorgungsempfängers zu berücksichtigen haben, da es sich letztlich um Entgelt für geleistete Dienste handelt. Aus diesem Grund darf etwa eine zugesagte Hinterbliebenenversorgung nicht durch Anrechnungsvorschriften völlig entwertet werden (BAG 18.5.2010 – 3 AZR 97/08, NZA 2011, 581).

463 BV über eine betriebliche Altersversorgung können nach allg. Grundsätzen gekündigt werden (*Reinecke* AuR 2004, 331). Die **Ausübung des Kündigungsrechts** bedarf weder einer Rechtfertigung noch unterliegt sie einer Inhaltskontrolle (BAG 11.5.1999 – 3 AZR 21/98, NZA 2000, 322). Als teilmitbestimmte BV wirken sie nicht nach (→ § 77 Rn. 177 ff.; BAG 17.8.1999 – 3 ABR 55/98, NZA 2000, 498), es sei denn, dass in einem engen zeitlichen Zusammenhang mit dem Auslaufen der Kündigungsfrist eine vergleichbare Neuregelung durch BV angestrebt wird (BAG 18.9.2001 – 3 AZR 728/00, NZA 2002, 1164).

464 Mangels Nachwirkung bewirkt die Kündigung einer BV über betriebliche Altersversorgung nicht nur den Ausschluss neu eintretender ArbN aus dem Versorgungswerk, sondern wirkt sich auch auf die zum Zeitpunkt des Wirksamwerdens der Kündigung bereits begünstigten ArbN aus. Entsprechend einem daraus resultierenden Schutzbedürfnis müssen die **Rechtsfolgen der Kündigung** (§ 77 Abs. 5) angepasst werden. Sie werden durch die Grundsätze des Vertrauensschutzes und der Verhältnismäßigkeit (§ 75) beschränkt (BAG 13.11.2007 – 3 AZR 455/06, NZA-RR 2008, 520; 14.12.2010 – 3 AZR 799/08, AuR 2011, 41).

465 Insgesamt gehen die Möglichkeiten eines ArbGeb., durch Kündigung auf die Versorgungsanwartschaften der begünstigten ArbN Einfluss zu nehmen, nicht weiter als die **Handlungsmöglichkeiten der Betriebsparteien** im Rahmen von Aufhebungs- oder Abänderungsvereinbarungen. Je stärker der Eingriff in Besitzstände ist, desto gewichtiger müssen die Gründe für den Eingriff sein (BAG 21.8.2001 – 3 AZR 44/00, NZA 2002, 575). Das gilt nunmehr auch für versicherungsmathematische Abschläge (BAG 13.10.2016 – 3 AZR 439/15, AP Nr. 74 zu § 1 BetrAVG Ablösung). Auch wenn im Verhältnis zweier BV zueinander die Zeitkollisionsregel gilt (→ § 77 Rn. 192), unterliegt die Änderung oder Einstellung von Versorgungszusagen Grenzen. Die ablösende BV muss nicht nur den Grundsätzen des Vertrauensschutzes und der Verhältnismäßigkeit entsprechen, sondern darf auch für die betroffenen ArbN keine unzumutbare Härte darstellen (BAG 19.3.2019 – 3 AZR 201/17, AP BetrAVG § 1 Ablösung Nr. 79). Letzteres können die Betriebsparteien durch die Regelung von Übergangsfristen oder Härteklauseln vermeiden (dazu *Schnitker/Sittard* NZA 2011, 331). Verletzt der ArbGeb. bei einer Verschlechterung das MBR, sind darauf gerichtete abändernde einzelvertragliche Vereinbarungen unwirksam (BAG 24.1.2006 – 3 AZR 484/04, NZA 2007, 278).

466 Für die Rechtskontrolle gilt iE ein **Dreistufenmodell** (stRspr, BAG 9.12.2014 – 3 AZR 323/13, NZA 2015, 1198; *Cisch/Bleek/Karst* BB 2017, 1012). In bereits erdiente und nach § 2 BetrAVG zu berechnende Teilbeträge kann nur aus wichtigem Grund eingegriffen werden. Eine zeitanteilig erdiente Quote eines variablen dienstzeitabhängigen Berechnungsfaktors (erdiente Dynamik) darf nur aus triftigem Grund geschmälert werden. Eingriffe in noch nicht erdiente dienstzeitabhängige Zuwächse müssen durch sachlich-proportionale Gründe gerechtfertigt sein (BAG 15.1.2013 – 3 AZR 169/10, NZA 2013, 1028). Dagegen sind bei einer Veränderung von Anpassungsregelungen oder Eingriffen in laufenden Rentenbezug durch BV allein die Grundsätze der Verhältnismäßigkeit und des Vertrauensschutzes maßgebend. Dazu ist eine Abwägung wechselseitiger Interessen vorzunehmen. Je nachteiliger die Anpassungsregelung für die Betriebsrentner ist, desto schwerwiegender müssen die vom ArbGeb. hierfür angeführten Gründe sein (BAG 18.9.2012 – 3 AZR 431/10, NZA-RR 2013, 651).

467 Die betriebliche Altersversorgung kann auch auf einer Gesamtzusage, einer vertraglichen Einheitsregelung oder betrieblicher Übung beruhen. Diese können durch eine **BV abgelöst** werden, wenn die Neuregelung insgesamt bei kollektiver Betrachtung keine Nachteile für die Belegschaft zur Folge hat (kollektiver Günstigkeitsvergleich). Unabhängig davon ist eine Ablösung möglich, wenn die **vertraglichen Einheitsregeln** betriebsvereinbarungsoffen sind oder die Geschäftsgrundlage gestört ist (BAG 16.9.1986 – GS 1/82, NZA 1987, 168; 17.6.2003 – 3 ABR 43/02, NZA 2004, 1110; 25.9.2018 – 3 AZR 402/17, AP BetrAVG § 1 Ablösung Nr. 78).

468 Der Anspruch des ArbN auf **Entgeltumwandlung** ist in § 1a BetrAVG geregelt und wird nunmehr durch den Arbeitgeberzuschuss nach § 1a Abs. 1a BetrAVG flankiert (Einzelh. *Bepler* BetrAV 2918, 432; *ders.* RdA 2019, 12). In Abs. 1 sind Grund und Höhe des Anspruchs gesetzlich festgelegt. Die daraus resultierende Pflicht des ArbGeb. zur Entgeltumwandlung ist verfassungsgemäß (BAG 12.6.2007 – 3 AZR 14/06, NZA-RR 2007, 650). Der ArbGeb. kann aber auf einer Durchführung in den versicherungsförmigen Durchführungswegen Pensionskasse und Pensionsfonds bestehen. Werden diese Durchführungswege nicht angeboten, kann der ArbN den Abschluss einer Direktversicherung verlangen. Der ArbN kann den Anspruch auf Abschluss einer entsprechenden Vereinbarung und den daraus folgenden Anspruch auf Abschluss einer Direktversicherung in einem einheitlichen Klageverfahren geltend machen (BAG 12.6.2007 – 3 AZR 14/06, NZA-RR 2007, 650). Allerdings bestimmt der ArbGeb. den jeweiligen Versicherungsträger. Dieses Wahlrecht dient dazu, den Verwaltungsaufwand des ArbGeb. zu begrenzen (BT-Drs. 14/4595, 67). Darüber hinaus hat der ArbGeb. ab dem 1.1.2019 gem. § 1a Abs. 1a BetrAVG einen Zuschuss im Umfang von 15 % des umgewandelten Entgelts zu leisten, soweit er durch die Entgeltumwandlung Beiträge zur Sozialversicherung erspart. Die Zuschusspflicht ist auf Entgeltumwandlung beschränkt, die mittels Pensionsfond, Pensionskasse oder Direktversicherung durchgeführt wird (Einzelheiten zu betriebsverfassungsrechtl. Gestaltungsmöglichkeiten *Kalmbach/Koch* NZA 2018, 1594). Innerhalb der gesetzlichen Rahmenbestimmungen sind freiwillige BV nach § 88 möglich (*Rolfs* ZBVR online 2015, 31). ArbGeb. und BR können sich auf einen Versicherungsträger einigen (zB auf einen bereits bei arbeitgeberfinanzierten Leistungen eingeschalteten Versorgungsträger) und Regelungen zu den umzuwandelnden Beträgen und den Versorgungsleistungen vereinbaren. Ein erzwingbares MBR besteht insoweit nicht (*Perreng* FS Kemper, 2005, 347).

469 Insgesamt sind bei der Entgeltumwandlung nach § 1a BetrAVG die Einflussmöglichkeiten des BR nach der Nr. 10 wegen der **Sperrwirkung des Eingangssatzes** gering. Die wichtigsten Entscheidungen werden durch G oder TV vorgegeben. Nach § 1a BetrAVG kann der ArbGeb. nach der über die S. 2 u. 3 erfolgten Festlegung des Durchführungswegs einseitig dessen Träger, also zB die konkrete Direktversicherung bestimmen. Hinsichtlich einer darauf gerichteten kollektiven Entscheidung könnte ein **MBR nach Nr. 4 in Betracht** kommen (*Feudner* DB 2001, 2047; **aA** HWGNRH/*Worzalla* Rn. 297; Kemper/Kisters-Kölkes/Berenz/*Kemper,* Kommentar zum Gesetz zur Verbesserung der betrieblichen Altersversorgung, BetrAVG § 1 Rn. 371; Übersicht bei *Reinecke* DB 2009, 1182). Zu Lasten der ArbN kann aber nicht die Umwandlung bestimmter Entgeltbestandteile zwingend vorgeschrieben werden (vgl. *Feudner* DB 2001, 2047). Allerdings soll die Entgeltumwandlung keine Lohnverwendungsabrede sondern eine Schuldänderungsvereinbarung sein, weil der Entgeltanspruch in einen solchen auf Verschaffung einer wertgleichen Anwartschaft auf Versorgungsleistungen aufgespalten wird (*Neufeld/Knitter* BB 2013, 2421). Das ändert aber nichts daran, dass es sich um eine freiwillige BV gem. § 88 BetrVG handelt, deren Belastungen für die ArbN dem Verhältnismäßigkeitsgebot genügen müssen. Das könnte der Fall sein, sofern dem ArbN ein Wahlrecht bleibt (opting-out; dazu *Rolfs* ZBVR online 2015, 31).

i) Anrechnung und Widerruf übertariflicher Zulagen

470 Bei der Anrechnung einer Tariflohnerhöhung auf übertarifliche Lohnbestandteile ist den Betriebsparteien jede Regelung über die tariflichen Vergütungsbestandteile verwehrt; sie sind wegen § 77 Abs. 3 darauf beschränkt, das Schicksal der übertariflichen Lohnbestandteile zu regeln. Das gilt auch bei der Regelung eines Anrechnungsverbots (BAG 30.5.2006 – 1 AZR 11/05, NZA 2006, 1170). Bei der Anrechnung/Widerruf solcher Lohnbestandteile muss die **individualrechtliche von der kollektivrechtlichen Zulässigkeit unterschieden werden** (vgl. ErfK/*Kania* Rn. 111). Das (kollektive) MBR besteht unabhängig davon, ob die Anrechnung durch eine gestaltende Erklärung des ArbGeb. (individualrechtliche Erklärung eines Widerrufs oder einer Anrechnung) erfolgt oder sich automatisch vollzieht. Für den ArbN kommt es auch darauf an, ob die Anrechnung individualrechtlich möglich ist (BAG 8.6.2004 – 1 AZR 308/03, NZA 2005, 66).

471 **Tariflohnerhöhung** iSd ist jede Erhöhung des dem ArbN als Arbeitsvergütung für eine bestimmte Zeitspanne tariflich geschuldeten Entgelts. Das betrifft sowohl umgruppierungsbedingte Tarifentgeltsteigerungen (BAG 24.10.2017 – 1 AZR 346/16, NZA 2018, 957) als auch Einmalzahlungen, die für einen bestimmten Zeitraum Tariflohnerhöhungen pauschalieren (BAG 16.4.2002 – 1 AZR 363/01, NZA 2003,). Unerheblich ist, dass die **Einmalzahlung** regelmäßig erst nach der Auszahlung der übertariflichen Zulage fällig wird (BAG 21.1.2003 – 1 AZR 125/02, AP BetrVG 1972 § 87 Lohngestaltung Nr. 118). Verfolgt die Zulage einen anderen Zweck als den einer vorweggenommenen Erhöhung des Tariflohns, ist eine Anrechnung aus Anlass einer Tariferhöhung nicht möglich. Danach ist etwa eine Schicht-Zulage in der Regel anrechnungsbeständig (BAG 23.3.1993 – 1 AZR 582/92, NZA 1993, 904). Auch eine auf Grund einer Leistungsbeurteilung gezahlte Leistungszulage ist als selbständiger Lohnbestandteil anrechnungsfest (LAG Köln 21.1.1994 – 12 Ta BV 45/93, DB 1994, 1628), ebenso betriebliche Einmalbeträge, die Tariflohnerhöhungen nicht pauschal abgelten und deshalb bei künftigen Tariferhöhungen unberücksichtigt bleiben.

472 Die Vereinbarung als „anrechnungsfest" kann sich aus besonderen Umständen oder aus dem Zweck der Zulage ergeben (zB Zulage für Erschwernisse; vgl. allg. BAG 7.2.1996 – 1 AZR 657/95, NZA 1996, 832; 23.3.1993 – 1 AZR 520/92, NZA 1993, 806). Individualrechtlich einschränkbar sind zB Leistungen, die nur unter Vorbehalt (Widerruf) gewährt wurden. Ein solcher Vorbehalt muss aber wirksam sein, insbes. einer AGB-Kontrolle Stand halten (BAG 27.8.2008 – 5 AZR 821/07, AP TVG § 1 Tarifverträge: Metallindustrie Nr. 206). Nicht anrechenbar ist ein Lohnausgleich für tarifliche Arbeitszeitverkürzung (BAG 7.2.1996 – 1 AZR 657/95, NZA 1996, 832). Ist dem ArbGeb. individualrechtlich nicht gestattet, Tariflohnerhöhungen auf Zulagen anzurechnen, behält der ArbN seinen Anspruch auf die Zulagen, allerdings besteht auch kein MBR.

473 Soweit individualrechtlich eine Anrechnungs- oder Widerrufsmöglichkeit gegeben ist, besteht unter bestimmten Voraussetzungen ein MBR. **Eine Anrechnung ist individualrechtlich** möglich, sofern die Zulage dem ArbN nicht als selbständiger Entgeltbestandteil neben dem Tarifentgelt zugesagt ist. Eine darauf gerichteter Änderungsvorbehalt hält einer Inhaltskontrolle nach den §§ 307 ff. BGB regelmäßig stand (BAG 30.5.2006 – 1 AZR 111/05, NZA 2006, 1170; Einzelheiten ErfK/*Preis* §§ 305–307 Rn. 65 ff.). Die Anrechnung einer Tariflohnerhöhung auf über-/außertarifliche Zulagen aus Anlass und bis zur Höhe einer Tariflohnerhöhung unterliegt der Mitbestimmung, wenn die Anrechnung zu einer **Änderung der Verteilungsgrundsätze** im Verhältnis der Zulagen zueinander führt (BAG 14.12.1993 – 1 ABR 31/93, NZA 1994, 809) und für eine Neuregelung innerhalb des vom ArbGeb. vorzugebenden finanziellen Volumens (Dotierungsrahmen) ein Verteilungsspielraum verbleibt (BAG 10.3.2009 – 1 ABR 55/08, NZA 2009, 684). Aus diesem Grund entfällt das MBR, wenn die Anrechnung das Zulagenvolumen völlig aufzehrt oder wenn die Tariflohnerhöhung iRd rechtlichen und tatsächlichen Möglichen vollstän-

dig und gleichmäßig auf die Zulagen ungeachtet deren Höhe angerechnet wird (BAG 8.6.2004 – 1 AZR 308/03, NZA 2005, 66). **Verteilungsgrundsatz** meint das rechnerische Verhältnis der Zulagen zueinander

Die **mitbestimmungspflichtigen Verteilungsgrundsätze** ändern sich, wenn das rechnerische Verhältnis der einzelnen Zulagen zueinander der Höhe nach verschoben wird (BAG 28.9.1994 – 1 AZR 870/93, NZA 1995, 277). Dazu kommt es, wenn die Tariflohnerhöhung auf die Zulage in unterschiedlicher Höhe, also nur teilweise, angerechnet wird (WPK/*Bender* Rn. 226) und damit noch ein finanzielles Volumen verbleibt, dessen Verteilung der BR mitbestimmen soll (krit. DKKW/*Klebe* Rn. 316). **474**

Zu einer Änderung der Verteilungsgrundsätze kann es auch bei einer prozentual gleichmäßigen Anrechnung kommen (BAG 3.12.1991 – GS 2/90, NZA 1992, 749): Geht der ArbGeb. von der Tariflohnerhöhung aus und will er einen **bestimmten (gleichen) Prozentsatz der Tariflohnerhöhung** auf jede Zulage anrechnen (zB 1% einer 3%igen Lohnerhöhung), wird sich im Allgemeinen das rechnerische Verhältnis der einzelnen Zulagen zueinander, also der Verteilungsgrundsatz, ändern. Er ändert sich nur dann nicht, wenn die Zulagen in einem einheitlichen und gleichen Verhältnis zum Tariflohn stehen (zB alle ArbN erhalten eine Zulage von 10% zum Tariflohn) und wenn alle Tariflöhne um den gleichen Prozentsatz erhöht werden. Diese Voraussetzungen werden schon nicht erfüllt, wenn der ArbGeb. unterschiedlich hohe Zulagen zum Tariflohn zahlt oder wenn die Tariflöhne unterschiedlich angehoben werden. Der GS gibt hierfür Beispiele. **475**

Die Verteilungsgrundsätze ändern sich im Allgemeinen nicht, wenn der ArbGeb. jede übertarifliche **Zulage um einen bestimmten gleichen Prozentsatz** kürzt. Das ist nur dann anders, wenn den ArbN ein bestimmter Mindestbetrag (Sockelbetrag) zustehen soll (BAG 3.12.1991 – GS 2/90, NZA 1992, 749). Bestehen bei einem ArbGeb. **unterschiedliche Entgeltsysteme,** ist das MBR für jedes Entgeltsystem gesondert zu bestimmen (BAG 18.11.2003 – 1 AZR 604/02, NZA 2004, 803; **aA** DKKW/*Klebe* Rn. 317). **476**

Das MBR des BR entfällt nach Auffassung des GS, soweit **tatsächliche oder rechtliche Hindernisse** entgegenstehen. Ein tatsächliches Hindernis liegt vor bei der **Reduzierung des Zulagenvolumens auf null.** Dann ist nichts mehr zu verteilen (BAG 21.9.1999 – 1 ABR 59/08, NZA 2000, 898). Das gilt nicht, wenn der ArbGeb. die an sich mitbestimmungsfreie Vollanrechnung gegenüber dem BR als Druckmittel einsetzt, um seine Vorstellungen über eine – an sich mitbestimmungspflichtige – Neuverteilung durchzusetzen (BAG 26.5.1998 – 1 AZR 704/97, NZA 1998, 1292). **477**

Will der ArbGeb. die Tariflohnerhöhung auf die bisher gezahlten freiwilligen übertariflichen Zulagen **vollständig und gleichmäßig** bei allen anrechnen, stehen keine Mittel zur Verteilung mehr zur Verfügung. Dann entfällt die MB, auch wenn sich mit einer solchen Anrechnung letztliche Verteilungsgrundsätze ändern (HWGNRH/*Worzalla* Rn. 585). Ändert aber der ArbGeb. eine solche Anrechnungsentscheidung später ab und rechnet künftige Tarifsteigerungen wieder nur zu einem Teil an, führt das zur Mitbestimmungspflichtigkeit dieser Maßnahme auch dann, wenn er zu seiner ursprünglichen mitbestimmungsfreien Maßnahme zurückkehrt (BAG 22.5.2012 – 1 AZR 94/11, NZA 2012, 1234). **478**

Welchen Inhalt die Maßnahme des ArbGeb. hat, ergibt sich aus ihrem **tatsächlichen Vollzug** (BAG 31.10.1995 – 1 AZR 276/95, NZA 1996, 613). Beschließt er eine vollständige Anrechnung, wird dieser Beschluss aber versehentlich nicht einheitlich umgesetzt, entsteht allein wegen der praktischen Umsetzung kein MBR (BAG 31.10.1995 – 1 AZR 276/95, NZA 1996, 613). Ebenso wenig wird das MBR verletzt, wenn der ArbGeb. **zwei unterschiedliche Anrechnungsvarianten** beschließt, aber nur die mitbestimmungsfreie Anrechnungsentscheidung umsetzt (BAG 1.11.2005 – 1 AZR 355/04, NZA 2007, 1303). **479**

Um eine vollständige Anrechnung der Tariflohnerhöhung handelt es sich dann nicht, wenn von dieser Anrechnung die ArbN ausgenommen werden, die eine tarif- **480** vertraglich eingeräumte **Verdienstsicherung** im Alter in Anspruch nehmen können. Die Anrechnung ist zwar erschwert, weil sie an die Zustimmung des BR gebunden ist, sie ist aber nicht unmöglich (BAG 7.2.1996 – 1 AZR 657/95, NZA 1996, 832).

481 Der ArbGeb. kann danach zwar das Gesamtvolumen der Zulagen einseitig kürzen, er kann aber nicht einseitig die Verteilungsgrundsätze ändern, auch nicht dadurch, dass er individualrechtlich von seinen Widerrufs- und Anrechnungsrechten Gebrauch macht. Der Vorgang der **Kürzung und Neuverteilung** darf nicht künstlich aufgespalten werden. Anrechnung und Neuverteilung sind mitbestimmungsrechtlich häufig eine **Einheit.** Das gilt zB, wenn der ArbGeb. nur die 2. Stufe einer tariflichen Lohnerhöhung auf die Zulagen anrechnen will. Ein MBR kommt auch dann in Betracht, wenn der ArbGeb. auf Grund eines einheitlichen Regelungskonzepts reagiert und erst diese Anrechnungskonzeption zu einer Veränderung der Verteilungsgrundsätze führt. Ob ein einheitliches Anrechnungskonzept vorliegt ist eine Frage des Einzelfalls (BAG 24.1.2017 – 1 ABR 6/15, NZA 2017, 661). Dabei kann es darauf ankommen, ob eine einheitliche Tariflohnerhöhung oder mehrere selbständige Tariflohnerhöhungen vorliegen. Im ersten Fall liegt eine einheitliche Anrechnungskonzeption näher als im zweiten Fall. Für das Vorliegen einer Gesamtkonzeption spricht vor allem der zeitliche Abstand zwischen den Anrechnungsentscheidungen oder das Verdrängen oder Ersetzen des ersten Abschnitts der Tariferhöhung durch den zweiten (BAG 10.3.2009 – 1 AZR 55/08, NZA 2009, 684). Das Vorliegen einer einheitlichen Anrechnungskonzeption muss von demjenigen dargelegt werden, der sich hierauf ein beruft (BAG 8.6.2004 – 1 AZR 308/03, NZA 2005, 66).

482 Es ist auch eine **Umgehung** des MBR, wenn der ArbGeb. zunächst die Tariflohnerhöhung vollständig und gleichmäßig anrechnet, in zeitlicher Nähe aber – sechs bis acht Monate später – einzelnen ArbN die Zulagen wieder zahlt (BAG 17.1.1995 – 1 ABR 19/94, NZA 1995, 792; zur Dauer des Beurteilungszeitraums vgl. *Hoß* NZA 1997, 1133). Das gilt selbst dann, wenn der ArbGeb. im Zeitpunkt der Anrechnung noch nicht iE und abschließend entschieden hat, welchem ArbN und in welcher Höhe übertarifliche Zulagen gezahlt werden sollen (BAG 17.1.1995 – 1 ABR 19/94, NZA 1995, 792).

483 Das MBR besteht nur bei **kollektiven Tatbeständen,** also nur dann, wenn es um generelle Regelungen und nicht um Einzelfälle geht. Dafür stellt das BAG bei der Entgeltmitbestimmung generell darauf ab, ob es um Strukturformen des Entgelts einschl. ihrer näheren Vollzugsform geht (BAG 23.3.1993 – 1 AZR 582/92, NZA 1993, 904; krit. Richardi BetrVG/*Richardi* Rn. 827). Ein kollektiver Tatbestand liegt vor, Um einen kollektiven Tatbestand wird es sich regelmäßig schon deswegen handeln, weil nach allgemeinen Kriterien angerechnet wird.

484 Ein kollektiver Tatbestand liegt insbes. vor,

- wenn die Tariflohnerhöhung gegenüber einzelnen ArbN wegen Wechsels der Tarifgruppe angerechnet werden soll (BAG 22.9.1992 – 1 AZR 235/90, NZA 1993, 232),
- wenn aus Leistungsgründen angerechnet werden soll (BAG 22.9.1992 – 1 AZR 459/90, NZA 1993, 566),
- wenn allgemeine Gehaltserhöhungen zum Anlass der Anrechnung werden (BAG 9.7.1996 – 1 AZR 690/95, NZA 1997, 277),
- wenn Fehlzeiten zum Anrechnungskriterium werden (BAG 22.9.1992 – 1 AZR 460/90, NZA 1993, 568),
- wenn die Dauer der Betriebszugehörigkeit oder das bevorstehende Ende des ArbVerh. zum Merkmal werden soll (BAG 27.10.1992 – 1 ABR 17/92, NZA 1993, 561),
- wenn die Anrechnung bei Erreichen einer höheren Tarifgruppe ausgeschlossen wird (BAG 23.3.1993 – 1 AZR 582/92, NZA 1993, 904),
- wenn im AT-Bereich die Zulagen auf Gehaltserhöhungen angerechnet werden sollen (BAG 28.9.1994 – 1 AZR 870/93, NZA 1995, 277),

- wenn auf Grund von Alterssprüngen, Höhergruppierungen oder Erhöhungen der tariflichen Leistungszulagen die Tariflohnerhöhung unterschiedlich angerechnet werden soll (BAG 22.4.1997 – 1 ABR 77/96, NZA 1997, 1059),
- wenn das durch eine Anrechnung eingesparte Zulagenvolumen künftig nach anderen Grundsätzen verteilt werden soll (BAG 11.8.1992 – 1 AZR 279/90, NZA 1993, 418).

Ein kollektiver Tatbestand wird nicht dadurch ausgeschlossen, dass der ArbGeb. mit 485 einer Vielzahl von ArbN jeweils individuelle Vereinbarungen trifft und dabei die **Formulierung einer allgemeinen Regel** vermeidet (BAG 9.7.1996 – 1 AZR 690/95, NZA 1997, 277).

Kein kollektiver Tatbestand liegt vor, wenn nachweisbar nur die individuellen 486 Besonderheiten die Anrechnungsentscheidung prägen (*Hoß* NZA 1997, 1129). Das gilt auch, wenn der ArbGeb. auf Wunsch eines einzelnen ArbN die Tariflohnerhöhung anrechnet, um steuerliche Nachteile zu vermeiden (BAG 27.10.1992 – 1 ABR 17/92, NZA 1993, 561). Bedenklich ist die Verneinung des MBR in den Fällen, in denen der ArbN trotz Umsetzung auf einen tariflich niedriger bewerteten Arbeitsplatz unverändert die bisherige Vergütung erhält (BAG 22.9.1992 – 1 AZR 461/90, NZA 1993, 569). Es handelt sich erkennbar um generelle Regelungen, die für die Lohnbemessung maßgebend sein sollen.

Da die Änderung der Verteilungsgrundsätze mitbestimmungspflichtig ist, muss 487 weiter entschieden werden, welche Rechtsfolgen sich bei einer **Verletzung des MBR** ergeben (→ Rn. 595 ff.).

j) Mitbestimmungsrecht bei der Vergütung der AT-Angestellten

AT-Angestellte sind ArbN, deren Vergütung nicht durch TV geregelt wird, weil 488 ihre Tätigkeit höher zu bewerten ist als die Tätigkeit in der obersten Tarifgruppe, sie also nicht mehr unter den Geltungsbereich eines einschlägigen TV fallen (BAG 25.4.2018 – 5 AZR 84/17, NZA-RR 2018, 556). Dennoch gehören sie zu den ArbN, für die das BetrVG uneingeschränkt gilt. Dadurch unterscheiden sie sich von den leitenden Ang. iSv § 5 Abs. 3 (→ § 5 Rn. 310 ff.). Da der ArbGeb. für die Erbringung ihrer Arbeitsleistung nach § 612 Abs. 1 BGB ein Entgelt schuldet, handelt es sich hierbei nicht um eine freiwillige Leistung iSd MBR, von deren Erbringung der ArbGeb. absehen könnte, soweit er sich mit dem BR nicht über die Verteilungskriterien einig wird (BAG 23.3.2010 – 1 ABR 82/08, NZA 2011, 642).

Das MBR des BR für die Lohngestaltung der AT-Ang. hat besondere Bedeutung 489 (vgl. *Wohlgemuth* BB 1993, 286). Die Vergütung der AT-Ang. ist nicht tariflich geregelt. Das hindert die MB nach Nr. 10 nicht, da eine betriebliche Vergütungsordnung auch den außertariflichen Bereich erfasst (BAG 12.12.2006 – 1 ABR 13/06, NZA 2007, 348). Darüber hinaus steht dem MBR der Eingangssatz des § 87 Abs. 1 nicht entgegen (HWGNRH/*Worzalla* Rn. 576); der Abschluss einer BV wird mangels tariflicher oder tarifüblicher Regelungen auch nicht nach § 77 Abs. 3 gesperrt. Deshalb können vor allem für AT-Ang. **Zielvereinbarungssysteme** durch BV geregelt werden, die bei den übrigen ArbN an dieser Regelungssperre scheitern können (*Heiden* Zielvereinbarungen S. 124; → § 77 Rn. 87 ff.; → § 77 Rn. 115). IÜ besteht bei den AT-Ang. ein vergleichbares Bedürfnis nach Schaffung einer gerechten Lohn- oder Vergütungsordnung und nach Transparenz wie bei denjenigen Angestellten, deren Gehälter tarifvertraglich geregelt sind (→ Rn. 407, 411). Im Grundsatz müssen ArbGeb. und BR deshalb das leisten, was Gewerkschaften und ArbGebVerbände in einem TV leisten: Sie müssen **Gehaltsgruppen** bilden und ihre Wertigkeit zueinander festlegen (BAG 28.9.1994 – 1 AZR 870/93, NZA 1995, 277; zust. ErfK/*Kania* Rn. 106; Richardi BetrVG/*Richardi* Rn. 806). Das gilt auch für jede Änderung dieser Gehaltsgruppen. Eine mitbestimmungspflichtige Änderung liegt zB vor, wenn das Verhältnis zur höchsten Tarifgruppe und das Verhältnis der Gehaltsgruppen zueinander aus Anlass einer Tariflohnerhöhung geändert werden soll (BAG 28.9.1994 – 1 AZR 870/93, NZA 1995, 277). Ein MBR ist auch dann gegeben, wenn der ArbGeb. innerhalb der Gruppen Spielräume für individuelle Gehaltsvereinbarungen hat (BAG 28.9.1994 – 1 AZR 870/93, NZA 1995, 277).

490 Das MBR erfasst **nicht die Gehaltshöhe** (Richardi BetrVG/*Richardi* Rn. 792) Deren Festlegung ist den Arbeitsvertragsparteien vorbehalten (BAG 28.9.1994 – 1 AZR 870/93, NZA 1995, 277). Das hat allerdings keinen Einfluss auf die MB. Sieht der Arbeitsvertrag eine höhere Entlohnung vor als die anhand der mitbestimmten Entlohnungsgrundsätze ermittelte, geht nach dem **Günstigkeitsprinzip** die vertragliche Vereinbarung vor. Da es an einem MBR hinsichtlich der Lohnhöhe fehlt, ist auch die Entscheidung des ArbGeb., ob die Gehälter der AT-Angestellten erhöht werden sollen, mitbestimmungsfrei. Der ArbGeb. kann sich gegenüber dem BR allerdings freiwillig (§ 88) verpflichten in bestimmten Zeitspannen eine Anpassung vorzunehmen oder zumindest eine Erhöhung zu prüfen (BAG 21.1.2003 – 1 ABR 5/02, NZA 2003, 810; 13.12.2011 – 1 AZR 508/10, NZA 2012, 876).

491 Zur Frage der Lohngestaltung bei AT-Angestellten gehört auch die Festlegung des **Abstands zur höchsten Tarifgruppe;** DKKW/*Klebe* Rn. 338; *Koch* SR 2016, 131; *Wohlgemuth* BB 1993, 286; **aA** BAG 21.8.1990 – 1 ABR 72/89, NZA 1991, 434; BAG 27.10.1992 – 1 ABR 17/92, NZA 1993, 561; unklar BAG 28.9.1994 – 1 AZR 870/93, NZA 1995, 277; Richardi BetrVG/*Richardi* Rn. 806; GK-BetrVG/*Wiese/Gutzeit* Rn. 977; ErfK/*Kania* Rn. 106). Das gilt jedenfalls dann, wenn das betriebliche Vergütungssystem für AT-Angestellte tätigkeitsbezogen ausgestaltet ist.

492 Mitbestimmungspflichtig ist die Zahl der Gruppen, die Festlegung des **Wertunterschiedes zwischen den Gruppen** und die Bestimmung der „Bandbreite" einer Gehaltsgruppe in Prozentsätzen oder Verhältniszahlen (BAG 22.12.1981 – 1 ABR 38/79, AP BetrVG 1972 § 87 Lohngestaltung Nr. 7; 21.8.1990 – 1 ABR 73/89, NZA 1991, 190; 27.10.1992 – 1 ABR 17/92, NZA 1993, 561; 28.9.1994 – 1 AZR 870/93, NZA 1995, 277; GK-BetrVG/*Wiese/Gutzeit* Rn. 978; einschränkend HSWGNR/*Worzalla* Rn. 576).

493 Das **MBR entfällt nicht** deshalb, weil für die AT-Angestellten Arbeitsentgelte notwendigerweise einzelvertraglich vereinbart werden (Richardi BetrVG/*Richardi* Rn. 809; **aA** HWGNRH/*Worzalla* Rn. 576). Das allein schließt ein MBR zur Wahrung der innerbetrieblichen Lohngerechtigkeit und zur Durchschaubarkeit der Lohngestaltung (→ Rn. 407 ff.) nicht aus.

494 Nur bei **individuellen,** den Besonderheiten eines einzelnen Arbeitsverhältnisses Rechnung tragenden, **Gehaltsvereinbarungen** besteht kein MBR; es fehlt insoweit an einem kollektiven Tatbestand. IÜ müssen sich die Lohnvereinbarungen innerhalb des mitbestimmten Rahmens für die einzelnen Entgeltgruppen halten. Ein kollektiver Tatbestand liegt jedenfalls vor, wenn ein Gesamtbetrag für Gehaltserhöhungen der AT-Ang. zur Verfügung gestellt wird.

495 Die **Tarifsperre** des § 77 Abs. 3 steht dem Abschluss entspr. BV nicht entgegen (→ § 77 Rn. 88), auch nicht wenn ein TV ausdrücklich bestimmen würde, die Entgeltregelung solle nicht durch BV sondern nur durch Einzelverträge erfolgen (GK-BetrVG/*Wiese/Gutzeit* Rn. 976). Denn damit würden die TVParteien das BetrVG als Schutzgesetz zugunsten der ArbN verletzen. Eine derartige Bestimmung kann keine eine BV ausschließende Wirkung entfalten.

496 Erhöht der ArbGeb. mittels eine betriebseinheitlichen Regelung die Gehälter der AT-Angestellten, hat er den Grundsatz der Gleichbehandlung zu beachten 17.5.1978 – 5 AZR 132/77, NJW 1979, 181). Die Aufzählung von Mindestbedingungen für das Erreichen des AT-Status in einem TV („15% über höchstem Tarifgehalt") ist keine Tarifregelung iSd Eingangssatzes des § 87. Eine solche Regelung dient nur der Abgrenzung des persönlichen Geltungsbereichs des TV.

11. Leistungsbezogene Entgelte

Die Vorschrift steht in einem engen Zusammenhang mit Nr. 10. Während Nr. 10 ein MBR bei der Festlegung des Entlohnungsgrundsatzes einräumt (zB Zeitlohn oder Leistungslohn), legt Nr. 11 die Mitbestimmung des BR bei der Ausgestaltung der Entlohnungsgrundsätze und -methoden leistungsbezogener Entgelte fest. Hier wird eine **besondere, aus Nr. 10 herausgehobene Frage** geregelt (BAG 29.3.1977 – 1 ABR 123/74, NJW 1977, 1654). Es wird klargestellt, dass der BR – soweit nicht nach dem Eingangssatz eine zwingende und abschließende Tarifregelung gilt – auch bei der Festlegung aller Bezugsgrößen für den Leistungslohn mitzubestimmen hat, insbes. beim Akkordlohn nicht nur bei der Festlegung des Zeitfaktors, sondern auch des Geldfaktors. 497

Nr. 11 bezieht neben den Akkordsätzen auch alle anderen vergleichbaren leistungsbezogenen Entgelte (zB Prämien, Leistungszulagen zum Zeitlohn) in das MBR des BR ein. Das besondere und erweiterte MBR gilt für **alle Entgeltformen,** bei denen eine **unmittelbare Beziehung zwischen Leistung und Entgelt** besteht (BAG 15.5.2001 – 1 ABR 39/00, NZA 2001, 1154). Dazu zählen auch Entgelte im Rahmen von **Zielvereinbarungen,** die für das Erreichen eines quantitativ bemessenen Ziels gezahlt werden (*Däubler* NZA 2005, 793). 498

Sinn und Zweck des erweiterten MBR ergeben sich aus den **besonderen Belastungen der ArbN** bei Zahlung leistungsbezogener Entgelte (BAG 29.3.1977 – 1 ABR 123/74, NJW 1977, 1654; 13.9.1983 – 1 ABR 32/81, AP BetrVG 1972 § 87 Prämie Nr. 3). Die Beteiligung des BR soll gewährleisten, dass die von den ArbN erwartete Zusatzleistung sachgerecht bewertet wird und in einem angemessenen Verhältnis zu dem erzielbaren Mehrverdienst steht (GK-BetrVG/*Wiese/Gutzeit* Rn. 998). Darüber hinaus sollen die ArbN auch vor einer Überforderung geschützt werden (BAG 15.5.2001 – 1 ABR 39/00, NZA 2001, 1154) und damit auch vor gesundheitlichen Gefahren. Deshalb ist auch der Geldfaktor mitbestimmungspflichtig. Geldfaktor ist der Lohn für die Bezugs- oder Ausgangsleistung (BAG 13.9.1983 – 1 ABR 32/81, AP BetrVG 1972 § 87 Prämie Nr. 3; krit. Richardi BetrVG/*Richardi* Rn. 930). 499

Ein MBR besteht nicht zuletzt deshalb, weil eine Leistungsbewertung jedenfalls nicht mit mathematischer Genauigkeit vorgenommen werden kann, sondern einem **Beurteilungsspielraum** unterliegt. Hier ist im Interesse der **innerbetrieblichen Lohngerechtigkeit** und aus Gründen des **Überforderungsschutzes** ein MBR geboten (BAG 10.7.1979 – 1 ABR 89/77, AP BetrVG 1972 § 87 Lohngestaltung Nr. 2; 28.7.1981 – 1 ABR 50/78, AP BetrVG 1972 § 87 Provision Nr. 2; GK-BetrVG/*Wiese/Gutzeit* Rn. 998; DKKW/*Klebe* Rn. 340). 500

a) Akkordlohn

Akkord ist der **Oberbegriff** für die nicht nach der Arbeitszeit, sondern ausschließlich **nach der Arbeitsmenge erfolgende Lohnregelung.** Leistungsbezogene Entgelte iSv Nr. 11 liegen nur dann vor, wenn eine Bezugs- oder Ausgleichsleistung festgesetzt wird und die individuelle Leistung des ArbN zur Ausgangsleistung in Bezug gesetzt werden soll (BAG 28.7.1981 – 1 ABR 56/78, AP BetrVG 1972 § 87 Provision Nr. 2; 15.5.2001 – 1 ABR 39/00, NZA 2001, 1154). Der ArbN muss bei leistungsbezogenen Entgelten das Ergebnis seiner Arbeit qualitativ oder quantitativ unmittelbar beeinflussen können. Daran fehlt es etwa bei Jubiläums-, Pünktlichkeits- und Anwesenheitsprämien, aber auch bei solchen Leistungszulagen, die keinen Bezug zu einer bestimmten Arbeitsmenge haben. Insoweit hat der BR nur nach Nr. 10 mitzubestimmen (GK-BetrVG/*Wiese/Gutzeit* Rn. 1023). 501

Innerhalb der Akkorde ist zu unterscheiden zwischen **Geldakkord** (fälschlich auch Stückakkord genannt) und **Zeitakkord;** alle anderen Akkordarten (Gewichtsakkord, Flächenakkord, Maßakkord) sind Unterfälle des Geld- oder Zeitakkords (GK-BetrVG/*Wiese/Gutzeit* Rn. 1017). 502

503 Beim **Geldakkord** wird unter meist grober Schätzung der zur Herstellung eines Stückes (bzw. einer Maß- oder Gewichtseinheit) erforderlichen Zeit unter Berücksichtigung des Akkordrichtsatzes unmittelbar das **Entgelt für das einzelne Werkstück** festgelegt. Der Verdienst richtet sich nach der Anzahl der erbrachten Leistungseinheiten (zB Anzahl der bearbeiteten Stücke) und dem pro Leistungseinheit vorgegebenen Geldbetrag (Geldfaktor). Dem MBR des BR unterliegt beim Geldakkord die **Entgeltfestsetzung für das einzelne Stück,** in dem die Zeitvorgabe von vornherein mit enthalten ist GK-BetrVG/*Wiese/Gutzeit* Rn. 1017).

504 Beim **Zeitakkord** ist eine näher zu bestimmende Zeiteinheit (Vorgabezeit) die maßgebliche Berechnungsgrundlage. Dabei wird dem ArbN pro Leistungseinheit (ein zu bearbeitendes Stück) ein bestimmter – meist in Minuten ausgedrückter – Zeitwert „vorgegeben". Jeder Akkordminute wird dann ein bestimmter Geldbetrag zugerechnet. Die pro Leistungseinheit vorgegebene Minutenzahl (Zeitfaktor) ergibt iVm dem vorgegebenen Geldbetrag (Geldfaktor) und den erbrachten Leistungseinheiten den Verdienst. Beim Zeitakkord umfasst das MBR die **Festsetzung des Zeit- und Geldfaktors.**

505 Zwischen beiden **Akkordarten besteht kein wesensmäßiger Unterschied.** Sie unterscheiden sich nur in der Art der Berechnung. Praktisch hat sich der Zeitakkord in den Betrieben durchgesetzt. Er wird dem Geldakkord vorgezogen. Bei Lohnerhöhungen ist der Zeitakkord leichter zu korrigieren als der Geldakkord (DKKW/*Klebe* Rn. 344).

506 Die Höhe des Akkordlohns richtet sich nach der jeweiligen **Akkordvorgabe.** Beim Geldakkord ist die Akkordvorgabe der für die Leistungseinheit (das Stück) festgesetzte Geldwert. Beim Zeitakkord ist es die Zeit, die für die Leistungseinheit „vorgegeben" wird.

507 Die Akkordvorgabe erfolgt grds. unter Berücksichtigung des Akkordrichtsatzes. Stets ist zunächst festzulegen, welchen Verdienst ein Akkordarbeiter bei normaler Leistung pro Stunde erreichen soll **(Akkordrichtsatz).** Diese Festlegung erfolgt in den meisten Gewerbezweigen üblicherweise durch TV. Üblich ist die Festlegung des tariflichen Ecklohnes mit einem Zuschlag von 15 %. Den Akkordrichtsatz muss der Akkordarbeiter in einer Stunde verdienen, wenn er die Normalleistung erbringt. Ist beim Geldakkord der Akkordrichtsatz auf 15 EUR festgesetzt, muss die Vorgabe für eine Leistungseinheit so festgesetzt werden, dass der ArbN pro Stunde bei einer normalen Arbeitsleistung diesen Akkordrichtsatz erreicht (sind in einer Stunde drei Leistungseinheiten zu schaffen, muss für jede Einheit ein Akkord von 5 EUR festgesetzt werden). Beim **Zeitakkord** muss die für die Leistungseinheit vorgegebene Minutenzahl (Zeitfaktor) so festgesetzt werden, dass iVm mit dem festzusetzenden Geldfaktor der ArbN bei normaler Arbeitsleistung in einer Stunde den Akkordrichtsatz erreicht (sind zB 10 Minuten für eine Leistungseinheit vorgegeben, muss der ArbN 6 Leistungseinheiten in der Stunde erbringen, wenn der Akkordrichtsatz erreicht werden soll). Es ist dann wie folgt zu rechnen: 6 Leistungseinheiten × 10 Minuten (Zeitfaktor) × 0,25 EUR (Geldfaktor = $^1/_{60}$ des Akkordrichtsatzes) = 9 EUR. Erreicht der ArbN statt der „normalen" 6 Leistungseinheiten 8 Leistungseinheiten, erhält er 8 × 10 × 0,25 EUR = 20 EUR.

508 Ist der Akkordrichtsatz im TV bestimmt, scheidet insoweit eine Mitbestimmung des BR aus (→ Rn. 517).

509 Der Leistungsgrad des ArbN folgt aus einem Vergleich des Arbeitsergebnisses mit einer Bezugsleistung (Ausgangsleistung). Die Höhe des effektiven Lohns steht idR in einem unmittelbaren Verhältnis zur Arbeitsmenge, je größer die Arbeitsmenge, desto höher der Lohn **(Proportionalakkord).** Denkbar ist aber auch ein **degressiver** oder **progressiver** Akkord. Bei einem progressiven Akkord wird zusätzlich die Steigerung der Arbeitsleistung über einen gewissen Grad hinaus belohnt. Umgekehrt kann ein degressiver Akkord eingeführt werden, um den ArbN vor einer Überanstrengung zu schützen; der Anreiz zur Mehrarbeit wird geringer. Über den Verlauf der Akkordkurve hat der BR mitzubestimmen.

510 Beim Zeitakkord erfolgt die Zeitvorgabe im Gegensatz zum Geldakkord (der meist frei ausgehandelt wird) zumeist auf Grund von **Zeitstudien,** dh unter Verwendung arbeitswissenschaftlicher Erkenntnisse (zB Refa- oder Bedauxverf.). Bei der Ermittlung des Zeitfaktors wird von der **„Normalleistung"** (nicht Durchschnittsleistung) der ArbN des Betriebes ausgegangen, dh der Leistung, die ein hinreichend geeigneter und geübter ArbN auf die Dauer in zumutbarer Weise erbringen kann. Die Bestimmung, dh Umschreibung der Normalleistung, erfolgt regelmäßig durch TV. Soweit tarifliche Regelungen fehlen, hat der BR mitzubestimmen. Der tatsächliche Lohn des einzelnen ArbN pro Stunde bzw. pro Arbeitstag errechnet sich dann aus Stückzahl mal Akkordsatz bzw. aus der Multiplikation der Vorgabezeit mal Geldfaktor mal Zahl der erbrachten Leistungseinheiten.

511 Der BR ist bereits bei der **Vornahme von Zeitstudien,** die der Festlegung des Zeitfaktors vorausgehen, zu beteiligen, auch wenn diese lediglich der Vorbereitung für eigene Entschließungen des ArbGeb. dienen (BAG 24.2.1987 – 1 ABR 18/85, NZA 1987, 639; 24.11.1987 – 1 ABR 12/86, NZA 1988, 320; Richardi BetrVG/*Richardi* Rn. 924; DKKW/*Klebe* Rn. 356; GK-BetrVG/*Wiese/Gutzeit* Rn. 1036). Hinsichtlich des Zeitfaktors kann nicht eingewandt werden, ein MBR scheide dann aus, wenn der ArbGeb. von sich aus die **Zeitvorgabe nach anerkannten arbeitswissenschaftlichen Grundsätzen** ermitteln lasse. Der BR soll nicht nur bei der Festlegung des Zeitermittlungsverfahrens mitbestimmen, sondern auch dabei, dass die auch nach seiner Ansicht richtige Zeit ermittelt wird. Die Betriebspartner können auch ein anerkanntes Zeitermittlungssystem für die betrieblichen Bedürfnisse abändern (BAG 24.11.1987 – 1 ABR 12/86, NZA 1988, 320; ErfK/*Kania* Rn. 123). Die **Mitverantwortung des BR** erhöht die Wahrscheinlichkeit zutreffender Ergebnisse. Es gibt keine von vornherein allein „richtige" Akkordzeit, deren Ermittlung eine Art „Rechtsanwendung" wäre. Eine absolut objektive Messung der menschlichen Leistung ist nicht möglich. Alle Zeitermittlungssysteme beruhen letzten Endes auf einer Bewertung der Normalleistung und beinhalten einen erheblichen **Beurteilungsspielraum** (vgl. ErfK/*Kania* Rn. 123; **aA** HWGNRH/*Worzalla* Rn. 657).

512 Zur Vorgabezeit gehören auch – häufig durch TV festgelegte – zusätzliche Zeiten, wie zB **Erholungs- u. Verteilzeiten.** Soweit eine darauf bezogene tarifliche Regelung fehlt, besteht ein MBR (über MBR bei der Festlegung von Erholungszeit BAG 24.11.1987 – 1 ABR 12/86, NZA 1988, 320; und zu Wartezeiten BAG 14.2.1989 – 1 ABR 97/88, NZA 1989, 648). Entsprechendes gilt für die Entscheidung, ob Wartezeiten, in denen der ArbN aus von ihm nicht zu vertretenden Gründen keine Akkordarbeit leisten kann, in die Vorgabezeit als Verteilzeit einbezogen oder gesondert erfasst werden (GK-BetrVG/*Wiese/Gutzeit* Rn. 1035).

513 Soweit die Leistung mittels technischer Überwachungsgeräte festgestellt wird, besteht daneben das MBR nach Nr. 6 (→ Rn. 225 ff.).

514 Auch bei der **Ermittlung des Geldfaktors** hat der BR mitzubestimmen, soweit sich dieser nicht unmittelbar aus dem TV ergibt. Beim Geldfaktor geht es um den Lohn für die Bezugs- bzw. Ausgangsleistung (BAG 14.2.1989 – 1 ABR 97/88, NZA 1989, 648; GK-BetrVG/*Wiese/Gutzeit* Rn. 1028 ff.; DKKW/*Klebe* Rn. 354; **aA** Richardi BetrVG/*Richardi* Rn. 930).

515 Aus dem tariflichen Akkordrichtsatz folgt aber keineswegs immer unmittelbar der Geldfaktor für den einzelnen Betrieb. Die TV legen auch heute noch zT nur den Akkordrichtsatz als **Produkt von Zeit- und Geldfaktor** fest, nicht auch, auf welche Weise dieses Lohnergebnis erreicht wird. Ebenso wie der Zeitfaktor ist auch der Geldfaktor als reine Rechnungsgröße manipulierbar und wird ggf. unter Berücksichtigung weiterer Umstände gebildet. Aus dem Wesen des Zeitakkords folgt nicht notwendig die Bindung des Geldfaktors an den tariflichen Akkordrichtsatz.

516 Damit besteht hier ein MBR hinsichtlich der **Lohnhöhe.** Die Aushandlung des Leistungslohnes mit dem ArbGeb. soll nicht dem einzelnen ArbN überlassen werden. Sie muss zum Schutz des ArbN durch BV erfolgen, soweit kein TV eingreift. Der Tatbestand der Nr. 11 geht insoweit über den der Nr. 10 hinaus (BAG 14.2.1989 –

1 ABR 97/88, NZA 1989, 648; 20.11.1990 – 1 AZR 643/89, NZA 1991, 426; GK-BetrVG/*Wiese/Gutzeit* Rn. 1030; ErfK/*Kania* Rn. 122; **aA** HWGNRH/*Worzalla* Rn. 641 ff.; *Joost* ZfA 1993, 257 [271 ff.]). Das folgt aus Wortlaut und Schutzzweck der Norm. Das MBR soll sich auf die Festlegung aller Bezugsgrößen erstrecken.

517 Sind allerdings die Vorgabezeiten richtig bemessen, wofür bei gesicherten arbeitswissenschaftlichen Verf. der erste Anschein sprechen kann, so muss der Geldfaktor den 60. Teil des **Akkordrichtsatzes** erreichen. Es besteht dann wegen des Vorrangs des TV kein MBR mehr, wenn der Geldfaktor des Zeitakkords unmittelbar vom Akkordrichtsatz (tariflichen Stundenlohn) abhängig gemacht wird, dh mindestens ein Sechzigstel des Akkordrichtsatzes beträgt (so in dem Fall BAG 17.10.1962 – 4 AZR 321/61, AP BGB § 611 Akkordlohn Nr. 16; wegen Prämienlohn BAG 25.5.1982 – 1 ABR 19/80, AP BetrVG 1972 § 87 Prämie Nr. 2).

518 Unter Festsetzung von Akkordsätzen ist jede Bestimmung der Akkordsätze zu verstehen, die sich abstrakt auf ein bestimmtes Arbeitsvorhaben oder einen bestimmten Arbeitsplatz bezieht, dagegen **nicht die individuelle Lohnberechnung** für den einzelnen Akkordarbeiter, wie im Gesetzgebungsverfahren klargestellt wurde (schriftlicher Bericht des BT-Ausschusses für Arbeit zu § 87 S. 29). Nicht unter Nr. 11 fällt auch die Zuweisung eines anderen Arbeitsplatzes, an dem im Zeitlohn oder nach einem anderen Akkordsatz gearbeitet wird. In letzterem Fall kommt aber ein MBR nach §§ 99 ff. (Versetzung) in Betracht.

519 Die Entlohnung kann statt im Einzel- auch im **Gruppenakkord** erfolgen. Er liegt vor, wenn mehreren ArbN eine gemeinschaftlich auszuführende Arbeit unter gemeinsamer Entlohnung nach dem Arbeitsergebnis übertragen wird (BAG 26.4.1961 – 4 AZR 71/58, AP BGB § 611 Akkordlohn Nr. 14).

520 Soweit ein MBR besteht, hat der BR auch ein **Initiativrecht** (Richardi BetrVG/*Richardi* Rn. 938; → Rn. 583 ff.).

521 Haben sich BR und ArbGeb. auf die Anwendung eines bestimmten Entlohnungsgrundsatzes geeinigt und auf das Verf. zu dessen Anwendung („Entlohnungsmethode"), so hat der BR außerdem auch noch bei der **Festsetzung jedes einzelnen Akkordsatzes** mitzubestimmen. Vor allem in Großbetrieben mit einer Vielzahl derartiger Entgeltsätze ist der BR überfordert, selbst wenn man zB ein Abzeichnen von Akkordlisten genügen lässt. Es ist daher die Bildung von besonderen **Ausschüssen** zu empfehlen, die von Mitgl. des BR und Vertr. des ArbGeb. **paritätisch besetzt** werden, um die Entgeltsätze für die einzelnen Arbeitsvorhaben festzusetzen (vgl. BAG 26.7.1988 – 1 AZR 54/87, NZA 1989, 109). Derartige Ausschüsse sieht das G ausdrücklich vor (§ 28 Abs. 3). Das vereinbarte Verf. darf aber nicht zu einem unzulässigen Verzicht auf das MBR führen, insbes. indem die einzelne Akkordfestsetzung etwa dem ArbGeb. überlassen wird. Schreibt ein TV die Bildung betrieblicher Akkordkommissionen vor, so sind die TVParteien in deren Ausgestaltung wegen des Vorrangs des TV frei.

522 Die Zustimmung des BR ist **Wirksamkeitsvoraussetzung** für die Festsetzung der Akkordsätze (→ Rn. 599 ff.).

b) Prämienlohn

523 Ausdrücklich erwähnt das G in Nr. 11 auch die Festsetzung von Prämiensätzen und vergleichbaren leistungsbezogenen Entgelten. Damit unterliegen alle auf das produktive Arbeitsergebnis abgestellten Entgelte dem MBR des BR. Vom Akkord unterscheidet sich der Prämienlohn dadurch, dass für die Entlohnung **eine andere Bezugsgröße als die Arbeitsmenge** gewählt wird. Die Prämienentlohnungen können in ihrer wirtschaftlichen Wirkung einem vergröberten Akkordsystem gleichkommen, das maßgeblich auf die Arbeitsmenge abstellt. Sie können auch als bes. Zulagen zum Zeitlohn für qualitätsbestimmte, materialsparende, termingerechte oder maschinenausnutzende Leistungen als Erfolgsprämien gewährt werden, die sich mit dem üblichen Akkordlohnsystem nicht mehr erfassen lassen. Das gilt auch für eine

Prämie bei fehlerfreier Arbeit (Ausschussprämie). Diese Ausschussprämie kann degressiv gestaltet werden.

Prämienlohn ist meist **betriebsbezogen** gestaltet. Es finden sich selten Regelungen im TV. Er nimmt in der betrieblichen Praxis an Bedeutung zu. Die Arbeitsvergabe im Akkord wird mit zunehmender Automation und Verlagerung der Tätigkeit des ArbN auf die Überwachung von Maschinen unzweckmäßig oder gar unmöglich. Das Leistungsmoment tritt gegenüber dem Zeitmoment (Mengenmoment) in den Vordergrund, wobei der Lohn nicht notwendig linear ansteigt. 524

Echter **Prämienlohn ist Leistungslohn,** dessen Höhe von ArbN beeinflussbar sein muss (BAG 16.12.1986 – 1 ABR 26/85, NZA 1987, 568). Entscheidend ist, dass eine Leistung des ArbN gemessen und mit einer **„Bezugsleistung"** verglichen werden kann, so dass die Höhe der Vergütung nach dem Verhältnis von tatsächlicher Leistung und Bezugsleistung ermittelt werden kann (BAG 15.5.2001 – 1 ABR 39/00, NZA 2001, 1154, NZA 1984, 296). 525

Das MBR erstreckt sich bereits **nach Nr. 10** auf die arbeitswissenschaftliche und arbeitstechnische Gestaltung des Prämienverfahrens, also die **Prämienart,** die **Bezugsgröße** und die **Anknüpfungspunkte** (Festsetzung des Leistungsmaßstabes, Ausgangsleistung, Verteilungsschlüssel, Prämienkurve; BAG 16.12.1986 – 1 ABR 26/85, NZA 1987, 568 – Prämie; 13.3.1984 – 1 ABR 57/82, NZA 1984, 296 – Provision). 526

Dieses MBR wird nach Nr. 11 ausgedehnt auf die Festsetzung der zugrunde zu legenden **Entgelteinheit** (Prämienausgangslohn, Leistungsstufen, höchster Prämienlohn, Prämienlohnlinie), die dem Geldfaktor beim Akkord entspricht (BAG 13.3.1984 – 1 ABR 57/82, NZA 1984, 296). Ein MBR lediglich für die Leistungsseite, während der ArbGeb. allein das keineswegs immer proportionale Verhältnis zur Geldseite bestimmen würde, wäre sinnlos (BAG 25.5.1982 – 1 ABR 19/80, AP BetrVG 1972 § 87 Prämie Nr. 2; ErfK/*Kania* Rn. 125; **aA** HWGNRH/*Worzalla* Rn. 569 ff.). Bei einer Leistungsentlohnung könnte der „Geldfaktor" verschieden verstanden werden. Zutreffend handelt es sich um den Betrag, der für die Ausgangs(Bezugs-)leistung bezahlt wird; eine höhere Vergütung ergibt sich erst bei Übersteigen der Ausgangsleistung. Ein MBR besteht sowohl hinsichtlich der **Ausgangsleistung** als auch der **Steigerungsbeträge** (GK-BetrVG/*Wiese/Gutzeit* Rn. 1040; ausdrücklich klargestellt BAG 13.9.1983 – 1 ABR 32/81, AP BetrVG 1972 § 87 Prämie Nr. 3). Nach einer engeren Auffassung ist unter dem Geldfaktor lediglich das Verhältnis des bereits feststehenden Entgelts für eine Ausgangsleistung zur tatsächlich erzielten Leistung zu verstehen. Damit unterläge nur diese Progression dem MBR (Richardi BetrVG/*Richardi* Rn. 936). 527

Auch die Entscheidung über die Gewährung von **Einzel- oder von Gruppenprämien** unterliegt dem MBR (**aA** zum MBR nach Nr. 10 BAG 8.12.1981 – 1 ABR 55/79, AP BetrVG 1972 § 87 Prämie Nr. 1 mit krit. Anm. *Hilger*). Prämien für die Erfüllung an sich selbstverständlicher Pflichten aus dem Arbeitsvertrag (zB Antrittsgebühr im graphischen Gewerbe; Anwesenheitsprämie) fallen nicht unter Nr. 11, aber unter Nr. 10 (→ Rn. 532). Wegen Prämien für Verbesserungsvorschläge → Rn. 554. 528

Zur Durchführung der Mitbestimmung in paritätischen Ausschüssen → Rn. 552. 529

c) Vergleichbare leistungsbezogene Entgelte

Unter „vergleichbaren" leistungsbezogenen Entgelten sind nur solche Entgelte zu verstehen, deren Leistungs- und Entgelteinheiten nach dem konkreten vom ArbN **beeinflussbaren Arbeitsergebnis** berechnet, bemessen oder bewertet werden **im Verhältnis zu einer Bezugsleistung** (Normalleistung; BAG 13.3.1984 – 1 ABR 57/82, NZA 1984, 296; Richardi BetrVG/*Richardi* Rn. 913; ErfK/*Kania* Rn. 127). Hierher gehören auch Leistungszulagen (zB für Arbeitsergebnis, Arbeitsausführung, Arbeitseinsatz, Arbeitssorgfalt, Arbeitssicherheit, Termineinhaltung, Vergütung für 530 erhöhte Leistungsvorgaben), die in Prozenten oder nach Punkten insbes. zum Zeitlohn der jeweiligen Lohngruppe als Grundlohn gewährt werden (DKKW/*Klebe* Rn. 350; **aA** HWGNRH/*Worzalla* Rn. 675, vgl. die Fälle BAG 11.9.1974 – 4 AZR 515/73, AP TVG § 1 Tarifverträge: Metallindustrie Nr. 3; 28.2.1984 – 1 ABR 37/82, NZA 1984, 230).

531 Der BR bestimmt mit bei der **Festlegung der einzelnen Beurteilungsstufen** (Leistungsstufen) und deren Punktwert, soweit der TV keine eigenständige Regelung enthält. Eine langfristige Phasenverschiebung, zB eine Regelung, dass der Leistungsbemessung im laufenden Jahr die Entlohnungsermittlung für das vergangene Jahr zugrundegelegt wird, ist nicht zulässig, wenn die tatsächliche Leistung im Beurteilungszeitraum die Entgelthöhe nicht mehr beeinflussen kann (BAG 22.10.1985 – 1 ABR 67/83, NZA 1986, 296; 15.5.2001 – 1 ABR 39/00, NZA 2001, 1154).

532 **Nicht** hierher rechnen sog **„Leistungszulagen"**, die ohne weitere Anforderungen gleichbleibend, wenn auch in Erwartung bes. Leistungen den ArbN gewährt werden, also Zulagen für die Erfüllung ohnehin bestehender vertraglicher Pflichten, Nachtschicht- und Erschwerniszulagen, Überstundenvergütung. Dem MBR nach Nr. 11 unterliegen nicht solche Leistungen, die vom wirtschaftlichen Erfolg des Unternehmens und damit nicht von einer Arbeitsleistung des einzelnen ArbN abhängen (Jahresabschlussvergütungen, Gratifikationen, Ergebnisbeteiligungen). Diese Vergütungsbestandteile fallen aber unter Nr. 10 (vgl. im Wesentlichen wie hier: GK-BetrVG/*Wiese/Gutzeit* Rn. 1023; ErfK/*Kania* Rn. 126; HWGNRH/*Worzalla* Rn. 675). Nicht hierher gehören auch Leistungsprämien, die in ihrer Höhe allein von Leistungen in einem früheren Beurteilungszeitraum anhängen (BAG 15.5.2001 – 1 ABR 39/00, NZA 2001, 1154). Nach Auffassung des BAG (10.7.1979 – 1 ABR 88/77, AP BetrVG 1972 § 87 Lohngestaltung Nr. 2) soll kein MBR bestehen hinsichtlich der Höhe der Prämiensätze für einen zeitlich begrenzten Wettbewerb für Außendienstmitarbeiter zwecks Durchsetzung eines neuen Preissystems für Fotokopiergeräte, da im Gegensatz zur Provision diese Prämie gezielt und zusätzlich im Interesse besonderer unternehmerischer Ziele gewährt werde (wohl aber MBR bei der Auslobung des Wettbewerbs, → Rn. 414).

533 Bei der **Vergütung für Heimarbeiter** ist die Festsetzung des Zeit- und Geldfaktors nach Nr. 11 mitbestimmungspflichtig.

534 Zu den leistungsbezogenen Entgelten gehört das im Bergbau vereinbarte **Gedinge** (Richardi BetrVG/*Richardi* Rn. 917; GK-BetrVG/*Wiese/Gutzeit* Rn. 1013).

d) Provisionen

535 Provisionen zählen nicht zu den vergleichbaren leistungsbezogenen Entgelten iSd MBR. Zwar werden Provisionen regelmäßig nur gezahlt, wenn der ArbN erfolgreich ist, also das mit der Provision verfolgte Anreizziel erreicht wird; doch fehlt es regelmäßig an einem Bezug zu einer messbaren Normalleistung, die das MBR nach Nr. 11 voraussetzt (BAG 28.7.1981 – 1 ABR 56/78, AP BetrVG 1972 § 87 Provision Nr. 2; 26.7.1988 – 1 ABR 54/87, NZA 1989, 109; HSWGNR/*Worzalla* Rn. 671; GK-BetrVG/*Wiese/Gutzeit* Rn. 1007; krit. ErfK/*Kania* Rn. 127; **aA** DKKW/*Klebe* Rn. 352). Der Bezug zu einer Normalleistung ist keine weitere Voraussetzung für die Annahme, es läge ein vergleichbares leistungsbezogenes Entgelt vor. Allerdings besteht ein MBR nach Nr. 10 zur Frage, ob Provisionen gezahlt werden sollen, für welche Tatbestände und in welchem Verhältnis Fixum und Provision stehen sollen (→ Rn. 423 f.).

12. Betriebliches Vorschlagswesen

a) Zweck und Bedeutung des Mitbestimmungsrechts

536 Zweck des MBR ist eine gerechte Bewertung der Vorschläge sowie die Förderung der Persönlichkeit der ArbN (BAG 16.3.1982 – 1 ABR 63/80, AP BetrVG 1972

§ 87 Vorschlagswesen Nr. 2; GK-BetrVG/*Wiese/Gutzeit* Rn. 1053; ErfK/*Kania* Rn. 128). Die ArbN sollen im Betrieb mitdenken und durch Vorschläge zur Verbesserung der betrieblichen Arbeitsvorgänge, der Produkte oder Dienstleistungen sowie der Zusammenarbeit im Betrieb zur Einsparung von Kosten beitragen. Es sollen aber nicht nur wirtschaftliche Zwecke verfolgt, sondern unabhängig von einer möglichen Steigerung der Produktivität die Fähigkeiten des einzelnen ArbN oder einer Gruppe von ArbN (Team) entwickelt werden. Schließlich soll das betriebliche Vorschlagswesen auch zur Humanisierung der Arbeitswelt beitragen sowie zur Verbesserung der Arbeitssicherheit und des Gesundheitsschutzes (*Bartenbach/Volz* Rn. 407). Insoweit ergänzt das MBR die Aufgaben des BR aus § 80 Abs. 1 Nr. 9, § 89 und kann dazu eingesetzt werden, Vorschläge der ArbN zur Verbesserung des Arbeits- und Gesundheitsschutzes zu fördern (HaKo-BetrVG/*Kothe* Rn. 148; WPK/*Bender* Rn. 267). MusterBV bei *Frahm* ArbR 2018, 305.

Die aktive Unterstützung des betrieblichen Vorschlagswesens liegt auch im Interesse **537** des ArbGeb.: Es steigert die Innovationskraft des Betriebs und ist ein **wirkungsvolles personelles Führungsinstrument,** weil es auf die eigenverantwortliche Erweiterung der Handlungs- und Entscheidungsspielräume der Mitarbeiter abzielt. Dazu wird das Bewusstsein für betriebliche Probleme geschärft, das Verständnis und die Aufgeschlossenheit für notwendige technische und organisatorische Entwicklungen gefördert.

Das betriebliche Vorschlagswesen hat aus den genannten Gründen stark an Bedeu- **538** tung gewonnen. Das belegen die stetige Zunahme an Verbesserungsvorschlägen und die daraus folgenden Einsparungen in Millionenhöhe (dazu DKKW/*Klebe* Rn. 360).

b) Begriff und Abgrenzung zu Arbeitnehmererfindungen

Der Begriff „betriebliches Vorschlagswesen" meint Systeme und Verfahrensweisen, **539** die Vergünstigungen in Aussicht stellen für einzelne oder eine Gruppe von ArbN, die über ihre Arbeitspflicht hinaus freiwillig einen Vorschlag unterbreiten, der die Ertragslage des Betriebs erhöht, zur Vereinfachung, Erleichterung, Beschleunigung oder sicheren Gestaltung der betrieblichen Arbeit beträgt oder die menschlichen Zusammenarbeit im Betrieb fördert (vgl. HK-ArbNErfR/*Schwab* S. 138). Solche Verbesserungsvorschläge können nicht nur den **technischen,** sondern auch den **sozialen** und **organisatorischen** Bereich einschließlich einer menschengerechten Arbeitsgestaltung nach § 90 betreffen (Richardi BetrVG/*Richardi* Rn. 951; GK-BetrVG/*Wiese/Gutzeit* Rn. 1048; HWGNRH/*Worzalla* Rn. 693; DKKW/*Klebe* Rn. 361).

Der Verbesserungsvorschlag zielt auf eine Änderung oder Neuerung zum gegen- **540** wärtigen Zustand des Betriebes, erklärt also nicht nur, was verbesserungsbedürftig ist, sondern zeigt auch auf, wie die Verbesserung vorgenommen werden kann (WPK/*Bender* Rn. 267).

Ein Verbesserungsvorschlag fällt nur dann in das betriebliche Vorschlagswesen, **541** wenn er eine **zusätzliche Leistung** darstellt, also vom ArbN nicht schon auf Grund des Arbeitsvertrags geschuldet wird (hM, GK-BetrVG/*Wiese/Gutzeit* Rn. 1049). Darüber hinaus darf es sich nicht um eine Erfindung iSd ArbNErfG handeln. Das ist vom ArbGeb. entsprechend § 241 Abs. 2 BGB mit Blick auf seine Pflicht zur Rücksichtnahme zu prüfen (*Schwab* NZA-RR 2015, 225).

Erfindungen, die patent- oder gebrauchsmusterfähig sind, fallen nicht in den Re- **542** gelungsbereich. Für sie gilt das G über Arbeitnehmererfindungen (ArbNErfG), das mWz 1.10.2009 (BGBl. I S. 253) novelliert worden ist, um die Formenstrenge des früheren Rechts, die sich daraus ergebenden Zuordnungsprobleme sowie die auf einer Einzelfallprüfung beruhende Vergütungsermittlung zu vereinfachen und transparenter zu gestalten (Einzelheiten bei *Schwab* NZA-RR 2014, 281; *Boemke/Kursawe* S. 477; *Reinecke* FA 2010, 98; *Gärtner/Simon* BB 2011, 1909). Für solche Erfindungen enthält das ArbNErfG eine abschließende Regelung, die wegen der Vorgabe des Eingangssatzes des § 87 das MBR ausschließt (hM, GK-BetrVG/*Wiese/Gutzeit* Rn. 1047; *Schwab* NZA-RR 2015, 225).

543 Im Bereich der **technischen Verbesserungsvorschläge** ist eine Abgrenzung erforderlich. **Qualifizierte technische Verbesserungsvorschläge** sind Vorschläge für technische Neuerungen, die wegen ihres geringeren Neuheitsgrades nicht patent- oder gebrauchsmusterfähig sind (§ 3 ArbNErfG). Qualifiziert ist der Verbesserungsvorschlag, soweit er die Voraussetzungen des § 20 ArbNErfG erfüllt. Das ist der Fall, wenn er dem ArbGeb. die tatsächliche Möglichkeit bietet, den Gegenstand den Vorschlags unter Ausschluss der Mitbewerber allein zu verwerten (BGH 26.11.1969 – X ZR 15/67, NJW 1969, 463). § 20 Abs. 1 ArbNErfG gewährt dem ArbN oder jedem Mitgl. der beteiligten ArbNGruppe (§ 12 Abs. 2 ArbNErfG) für solche Vorschläge einen Anspruch auf angemessene Vergütung wenn sie der ArbGeb. verwertet. Nach § 20 Abs. 1 iVm § 9 Abs. 2 ArbNErfG bestimmt sich die Angemessenheit der Vergütung nach der wirtschaftlichen Verwertbarkeit des Vorschlags, der Stellung des ArbN im Betrieb und dem Anteil des Betriebs am Zustandekommen des Vorschlags.

544 Für qualifizierte technische Verbesserungsvorschläge besteht hinsichtlich der **Vergütung** deshalb kein MBR, weil sie gesetzlich geregelt ist (§§ 9 u. 12 ArbNErfG; *Boemke/Kursawe* S. 477; *Wollwert* NZA 2012, 889). Freiwillige BV nach § 88 können aber abgeschlossen werden (*Gaul* ArbuR 1987, 359). Ein MBR besteht aber für alle anderen Fragen (DKKW/*Klebe* Rn. 365; Richardi BetrVG/*Richardi* Rn. 955; GK-BetrVG/*Wiese/Gutzeit* Rn. 1055; ErfK/*Kania* Rn. 129; HWGNRH/*Worzalla* Rn. 696). Über die Ansprüche bei qualifizierten Verbesserungsvorschlägen hinaus hat ein ArbN schon nach Treu und Glauben für besondere schöpferische Leistungen, die über die übliche Arbeitsleistung hinausgehen, auch ohne besondere Vereinbarung eine Vergütung zu beanspruchen, wenn der ArbGeb. durch Verwertung dieser Leistungen nicht unerhebliche Vorteile hat (BAG 30.4.1965 – 3 AZR 291/63, NJW 1965, 1876; GK-BetrVG/*Wiese/Gutzeit* Rn. 1057).

545 Für die Behandlung **einfacher Verbesserungsvorschläge** verweist § 20 Abs. 2 ArbNErfG auf eine Regelung durch TV oder BV. Ein einfacher, dh nicht qualifizierter technischer Verbesserungsvorschlag ist ein solcher, der sich zwar auf technisches Gebiet bezieht und auch neu ist, aber dem ArbGeb. keine faktische Monopolstellung einräumt (*Schwab* NZA-RR 2015, 225). Hinsichtlich solcher Vorschläge besteht ein MBR des BR, das allerdings durch tarifliche Regelungen inhaltlich beschränkt sein kann (GK-BetrVG/*Wiese/Gutzeit* Rn. 1052; ErfK/*Kania* Rn. 129).

546 Für **Verbesserungsvorschläge außerhalb des technischen Bereichs,** insbes. in organisatorischer, kaufmännischer und sozialer Sicht, enthält das ArbNErfG keine dem MBR vorgehende Regelung. Der BR kann deshalb auch dafür sorgen, dass ArbNVorschläge zur Verbesserung der Umweltsituation des Betriebs in den Themenkreis einbezogen werden.

547 Zum betrieblichen Vorschlagswesen kann die Einrichtung von **Arbeitskreisen** gehören. Sie werden in der Regel auf Wunsch des ArbGeb. gebildet. Dort werden ArbN innerhalb eines oder mehrerer Arbeitsbereiche und außerhalb ihrer arbeitsvertraglich geschuldeten Arbeitsleistung (zB nicht ArbN in einer Forschungsabteilung) unter einer Leitung (Moderator) zusammengefasst mit dem Ziel, Vorschläge zu erarbeiten, die **Produktivität und Arbeitsablauf verbessern** sollen. Diese Gremien werden vielfach **Qualitätszirkel** genannt. Aber auch andere Bezeichnungen sind gebräuchlich (vgl. Praktikerreihe der Hans-Böckler-Stiftung Nr. 7 „Qualitätszirkel").

548 Ziel solcher Arbeitskreise kann auch die **Fortbildung der ArbN** sein, die über die Einweisung in ihren Arbeitsbereich (§ 81 Rn. 3, 17) hinausgeht. Wenn und soweit es auch Aufgabe der Arbeitskreise ist, Verbesserungsvorschläge zu machen, hat der BR ein MBR nach § 87 Abs. 1 Nr. 12 (*Schwab* NZA-RR 2015, 225; DKKW/*Klebe* Rn. 364; *Heilmann/Taeger* DB 1990, 1969 [1973]: **aA** GK-BetrVG/*Wiese/Gutzeit* Rn. 1050; HWGNRH/*Worzalla* Rn. 697), und, soweit es um die Fortbildung und weitere Qualifikation der ArbN geht, ein MBR nach §§ 96 ff. (→ § 96 Rn 24). Beide Mitbestimmungstatbestände bestehen rechtlich selbständig und nebeneinander.

c) Umfang der Mitbestimmung

Der ArbGeb. kann allein darüber entscheiden, ob und welche **Mittel (Dotierungsrahmen)** er zur Vergütung von Verbesserungsvorschlägen zur Verfügung stellen will (Richardi BetrVG/*Richardi* Rn. 964; GK-BetrVG/*Wiese/Gutzeit* Rn. 1056; ErfK/*Kania* Rn. 131). Deshalb entscheidet der ArbGeb. mitbestimmungsfrei darüber, ob er überhaupt Prämien zahlt. Das schließt es nicht aus, dass aufgrund anderer Vorschriften ein individueller Vergütungsanspruch des ArbN gegeben sein kann. Der BR aber kann den ArbGeb. nicht zwingen, bestimmte Mittel einzusetzen (vgl. VGH München 4.7.2017 – 18 P 16.2000, NZA-RR 2018, 50). 549

Kein MBR besteht bezüglich der **Annahme und der Umsetzung der Vorschläge** und der Vergütungspflicht oder Zahlung einer **Anerkennungsprämie für nichtverwertete Verbesserungsvorschläge** (BAG 16.3.1982 – 1 ABR 63/80, AP BetrVG 1972 § 87 Vorschlagswesen Nr. 2; Richardi BetrVG/*Richardi* Rn. 963; HWGNRH/*Worzalla* Rn. 707; ErfK/*Kania* Rn. 131; zweifelnd DKKW/*Klebe* Rn. 370). Insoweit handelt es sich um eine mitbestimmungsfreie unternehmerische Entscheidung. Bedenken bestehen nur insoweit, als ein MBR für Vergütungen oder Anerkennungen verneint wird, da der ArbN eine zusätzliche Leistung erbringt, die nicht mit dem normalen Arbeitslohn abgegolten ist. Insoweit könnte ergänzend das MBR nach Nr. 10 eingreifen. 550

Das MBR betrifft die **Einführung** und die **Aufstellung allgemeiner Grundsätze** für das Einreichen, die Bearbeitung und die Bewertung der Vorschläge sowie für die Bemessung der Prämien (*Bartenbach/Volz* Rn. 402). Für die **Bewertung** des Vorschlags kann es auf das Ausmaß der Verbesserung, die Art der Verbesserung (Arbeitssicherheit, Umwelt etc.), die Außenwirkung, Art und Umfang des wirtschaftlichen Nutzens sowie die Nähe zur Arbeitsaufgabe abgestellt werden (*Gennen* ITRB 2008, 45). Der Einführung müssen beide Seiten zustimmen. Der BR hat ein Initiativrecht (GK-BetrVG/*Wiese/Gutzeit* Rn. 1060; HWGNRH/*Worzalla* Rn. 703; ErfK/*Kania* Rn. 132). Die Betriebsparteien können in einer BV einem **Paritätischen Ausschuss** die Leistungsbestimmung über die Bewertung eingereichter Verbesserungsvorschläge übertragen. Dieser können betriebsnahe Tatsachenfeststellungen verbindlich zugewiesen werden (BAG 19.5.2015 – 9 AZR 863/13, NZA 2015, 1468). Ihre Entscheidung ist in entsprechender Anwendung der §§ 317, 319 BGB auf grobe Unbilligkeit sowie auf Gesetzesverstöße hin gerichtlich kontrollierbar (BAG 16.12.2014 – 9 AZR 431/13, NZA-RR 2015, 229). Ein solcher Leistungsbestimmungsanspruch verjährt gem. § 195 BGB nach drei Jahren. Danach kann der ArbGeb. sowohl eine Leistungsbestimmung als auch die Zahlung verweigern (BAG 16.12.2014 – 9 AZR 431/13, NZA-RR 2015, 229). Dass die Organisation eines betrieblichen Vorschlagswesens Kosten verursacht, steht dem nicht entgegen (BAG 28.4.1981 – 1 ABR 53/79, AP BetrVG 1972 § 87 Vorschlagswesen Nr. 1; GK-BetrVG/*Wiese/Gutzeit* Rn. 1058). 551

Die Grundsätze über das betriebliche Vorschlagswesen müssen Regelungen über die entscheidungsbefugten **Organe,** deren **Zusammensetzung, Aufgaben und Verfahren** enthalten (BAG 28.4.1981 – 1 ABR 53/79, AP BetrVG 1972 § 87 Vorschlagswesen Nr. 1; dazu *Bechmann,* Ideenmanagement und betriebliches Vorschlagwesen, 2012, S. 152ff.). In einem Betrieb dürfte regelmäßig ein Sachbearbeiter die Verbesserungsvorschläge, für die eine bestimmte Form festgelegt werden kann, zunächst entgegennehmen und bearbeiten. Dann könnten die Vorschläge einem – möglichst paritätisch besetzten – Prüfungsausschuss zur Begutachtung zugeleitet werden. Der Ausschuss kann verbindlich aber nur über das Vorliegen der tatsächlichen Voraussetzungen eines Vergütungsanspruchs entscheiden (ErfK/*Kania* Rn. 132); über das Bestehen eines Anspruchs kann er wegen § 101 ArbGG nicht befinden (BAG 20.1.2004 – 3 AZR 393/03, NZA 2004, 994). Gegen die Entscheidung des Prüfungsausschusses kann eine Beschwerdemöglichkeit an einen Berufungsausschuss vorgesehen werden. 552

553 Hinsichtlich des **Verfahrens** sind Regelungen zu treffen über den **vorschlagsberechtigten ArbN** und den prämienberechtigten Personenkreis (hM). Dabei können auch LeihArbN berücksichtigt werden (GK-BetrVG/*Wiese/Gutzeit* Rn. 1065). ArbN, die laut Arbeitsvertrag für die Verbesserung des Betriebsablaufs zu sorgen haben, können ausgenommen werden. Die Gebiete, auf denen Verbesserungsvorschläge eingereicht werden können, sind zu beschreiben, zB Verbesserungsvorschläge zum autonomen Arbeitsschutz, zum Umweltschutz, zur Organisation usw. Zu den allgemeinen Grundsätzen gehört auch die Entscheidung darüber, ob ein **ständiges Vorschlagssystem** eingerichtet wird oder (und) ein **Ideenwettbewerb** mit einer bestimmten Zielsetzung für eine bestimmte Zeit. Zu den allgemeinen Regelungen gehören auch Grundsätze für die Gewährung einer **Prämie** oder den Ausspruch einer **Anerkennung** (Urkunde) unter Berücksichtigung der Verwertbarkeit und Verwertung des Verbesserungsvorschlags und dessen Nutzen für den Betrieb (BAG 28.4.1981 – 1 ABR 53/79, AP BetrVG 1972 § 87 Vorschlagswesen Nr. 1). Das Regelwerk zum Verf. sollte übersichtlich sein und rasche möglichst unbürokratische Entscheidungen ermöglichen.

554 Das MBR besteht auch bezüglich der Aufstellung von Grundsätzen und Methoden, nach denen die **Vergütung zu bemessen** ist und wie ein **Nutzen** des Vorschlags **ermittelt** werden soll. Der BR hat auch mitzubestimmen, wie eine Vergütung bei Gruppenvorschlägen zu verteilen ist und darüber, wie eine Vergütung zu bestimmen ist, wenn der Nutzen nicht zu ermitteln ist (BAG 16.3.1982 – 1 ABR 63/80, AP BetrVG 1972 § 87 Vorschlagswesen Nr. 2). Dagegen soll kein MBR bestehen hinsichtlich der Frage, in welchem Verhältnis die Vergütung zum Nutzen des Vorschlags stehen soll (ErfK/*Kania* Rn. 133). Dagegen wendet *Klebe* zutreffend ein, dass es sich nur um allgemeine Grundsätze handelt und sich eine Parallele zum MBR nach Nr. 10 anbietet (DKKW/*Klebe* Rn. 370).

555 Hinsichtlich der Entscheidung über die Verwertung **eines Verbesserungsvorschlags** besteht aber kein MBR, vorbehaltlich der §§ 90, 91 (BAG 16.3.1982 – 1 ABR 63/80, AP BetrVG 1972 § 87 Vorschlagswesen Nr. 2; GK-BetrVG/*Wiese/Gutzeit* Rn. 1059). Wohl aber kann hierüber auf Grund einer freiwilligen BV nach § 88 eine paritätische Bewertungskommission entscheiden (ArbG Heilbronn 15.5.1986 – 4 Ca 136/85, DB 1987, 541).

556–560 Will der ArbGeb. einen sog **Erfinderberater** gem. § 21 Abs. 1 ArbNErfG bestellen, so sind die Modalitäten mit dem BR zu beraten. Die Bestimmung der Person des **Beauftragten für das betriebliche Vorschlagswesen** unterliegt nicht dem MBR (BAG 16.3.1982 – 1 ABR 63/80, AP BetrVG 1972 § 87 Vorschlagswesen Nr. 2; ErfK/*Kania* Rn. 133). Ein MBR kann sich nur aus § 99 ergeben, wenn eine Einstellung oder Versetzung erforderlich ist (**aA** DKKW/*Klebe* Rn. 369). Der BR hat auch ein Antragsrecht nach § 80 Abs. 1 Nr. 2 (*Heilmann/Taeger* BB 1990, 1969 [1973]).

13. Durchführung von Gruppenarbeit

561 Nach Nr. 13 wird dem BR in Bezug auf Gruppenarbeit ein MBR bei den Grundsätzen über die Durchführung dieser Form der Arbeitsleistung eingeräumt. Die Einführung von Gruppenarbeit beruht auf betriebswirtschaftlichen Überlegungen (→ Rn. 563). Zu erörtern sind der **Zweck** dieses MBR, der **Begriff** der Gruppenarbeit und der **Umfang des MBR** (vgl. *Preis/Elert* NZA 2001, 371; *Klein* NZA 2001 Beil. Heft 24; *Federlin* NZA-Sonderheft 2001, 24). In sachlicher Hinsicht weicht Nr. 13 vom bestehenden System des § 87 ab (WPK/*Bender* 278). Bisher wurden nur einzelne Arbeitsbedingungen durch die MBR beeinflusst. Jetzt geht es um die Durchführung eines unternehmerischen Organisationskonzepts (*Preis/Elert* NZA 2001, 373). Dabei betrifft das MBR allerdings nur die Durchführung dieses Konzepts, die Einführung und die Beendigung dieser Arbeitsorganisationsform sind mitbestimmungsfrei (→ Rn. 572).

Nr. 13 beschreibt eine **selbständige mitbestimmungspflichtige Angelegenheit.** Die übrigen MBR und Beteiligungsrechte des BR, deren Gegenstand für die Durchführung von Gruppenarbeit von Bedeutung ist (vgl. die Hinweise bei *Preis/Elert* NZA 2001, 373; *Federlin* NZA-Sonderheft 2001, 25), bleiben unberührt (GK-BetrVG/*Wiese/Gutzeit* Rn. 1087; *Hund* Mitbestimmung S. 103). Das schließt nicht aus, dass in einzelnen Regelungsfragen (zB Arbeitszeit) arbeitsgruppenbezogene abweichende Regelungen getroffen werden. Die Regelung mitbestimmungspflichtiger Angelegenheiten durch die Gruppe selbst, bedarf einer Vereinbarung nach § 28a. Fehlt es daran, muss der BR selbst gegenüber dem ArbGeb. das MBR ausüben. 562

a) Zweck der Mitbestimmung

Gründe für die Einführung von Gruppenarbeit liegen außerhalb des Arbeitsrechts. Gruppenarbeit fördert die Eigenverantwortlichkeit und Zusammenarbeit der ArbN, einen ständigen Austausch von Wissen und Erfahrung, sie erleichtert Verbesserungsvorschläge und führt zu flacheren Hierarchien (*Hund* Mitbestimmung S. 27 ff.). Gruppenarbeit fördert die Selbständigkeit und Eigeninitiative der einzelnen ArbN in der Gruppe. Die Folge ist vor allem die qualitative Erweiterung des Anforderungsgrades und eine Erleichterung der Arbeit durch kontinuierlichen Aufgabenwechsel (*Preis/Elert* NZA 2001, 372; *Klein* NZA 2001, 371) sowie auf Arbeitgeberseite eine Verbesserung der Qualität und der Verringerung der Produktionskosten (*Federlin* NZA-Sonderheft 2001, 25). 563

Die Beteiligung des BR bei der Durchführung der Gruppenarbeit soll den mit dieser Arbeitsorganisationsform verbundenen Gefahren für den einzelnen ArbN entgegenwirken **(Zweck),** also vor allem das Entstehen eines übermäßigen Gruppendrucks verhindern (*Tüttenberg* S. 105). Die Gefahren der Gruppenarbeit liegen – nach den bisherigen Erfahrungen mit dieser Arbeitsorganisation – einerseits in der Gefahr der Selbstausbeutung der Gruppenmitglieder und andererseits in der Ausgrenzung leistungsschwächerer ArbN (GK-BetrVG/*Wiese/Gutzeit* Rn. 1083). Gerade dieser Gesichtspunkt erfordert eine Beteiligung des BR, der für alle ArbN des Betriebs verantwortlich ist, ohne Rücksicht auf deren Leistungsstärke (zur rechtspolitischen Bewertung dieser Gefahren vgl. *Preis/Elert,* NZA 2001, 373). 564

b) Gruppenarbeit

Das MBR des BR bezieht sich nur auf Gruppenarbeit im Sinne dieser Bestimmung. Was unter „Gruppenarbeit" zu verstehen ist, wird im Hs. 2 definiert. Nicht alle Erscheinungsformen, die als Gruppenarbeit bezeichnet werden (Arbeitsteams, Projektgruppen, Problemlösungsgruppen, Werkstattkreise, Arbeiten im Gruppenakkord, Montagetrupps usw), fallen darunter (DKKW/*Klebe* Rn. 377; GK-BetrVG/*Wiese/Gutzeit* Rn. 1079; Richardi BetrVG/*Richardi* Rn. 979). Zum Entwicklungsprozess und Verbreitungsgrad dieser Arbeitsform *Blanke* RdA 2003, 140. Ob und in wie weit sog. agile Arbeitsmethoden (*Hoffmann-Remy* DB 2018, 2757), zB Scrum (Definition bei *Günther/Böglmüller* NZA 2019, 273, 274; *Bachner* FS 100 Jahre BetrVG), mitbestimmungspflichtig sind, ist abhängig von der jeweiligen Ausgestaltung. Für das MBR kommt es darauf an, ob eine Eigenverantwortlichkeit der Gruppe für ein Gesamtergebnis besteht (→ Rn. 568) und die Gruppe auf Dauer (→ Rn. 569) angelegt ist (*Günther/Böglmüller* NZA 2019, 417, 422). 565

Für eine Gruppenarbeit iSd G ist erforderlich, dass eine Mehrheit von ArbN in **einer organisierten Gemeinschaft** eine Arbeitsleistung erbringt, für deren Gelingen die sie gemeinsam verantwortlich sind. Das bezieht sich auf die von der Gruppe zu erbringende Arbeitsleistung, nicht auf ein Arbeitsergebnis. Die Verantwortlichkeit ist tätigkeitsbezogen, nicht ergebnisbezogen (HWGNRH/*Worzalla* Rn. 716; *Hund* Mitbestimmung S. 22; *Preis/Elert* NZA 2001, 372). 566

Damit knüpft die Definition an die Rspr. des BAG an, die die Eigenverantwortlichkeit der Gruppe als **Abgrenzungsmerkmal** der Einzelarbeit von der Gruppen- 567 arbeit verwendete: Wenn es der Arbeitsgruppe überlassen bleibt, die Arbeitsschritte unter den einzelnen Gruppenmitgliedern aufzuteilen, handelt es sich um Gruppenarbeit. Der einzelne ArbN schuldet nicht nur die Erfüllung einer isoliert zu beurteilenden Arbeitsaufgabe, sondern Mitarbeit in einer Arbeitsgruppe (BAG 24.4.1974 – 5 AZR 480/73, AP BGB § 611 Akkordkolonne Nr. 4). Individualrechtlich zu klären sind die Haftungsfragen, die Beweislast bei Mängeln, Schadensersatzansprüche, Vergütungsansprüche und kündigungsrechtliche Fragen (vgl. hierzu ErfK/*Preis* BGB § 611a Rn. 164 ff.). Die Arbeitsverhältnisse der gruppenzugeordneten ArbN bestehen unabhängig nebeneinander (HWGNRH/*Worzalla* Rn. 727). Jedes Gruppenmitglied kann unabhängig von den anderen sein Arbeitsverhältnis kündigen oder kann vom ArbGeb. gekündigt werden (*Elert* Gruppenarbeit S. 77). Der Entgeltanspruch eines Gruppenmitglieds richtet sich an den VertragsArbGeb. (GK-BetrVG/*Wiese/Gutzeit* Rn. 1102). Schadensersatz wegen Schlechterfüllung hat nur dasjenige Gruppenmitglied zu leisten, das den Schaden schuldhaft verursacht hat (*Elert* Gruppenarbeit S. 236; GK-BetrVG/*Wiese/Gutzeit* Rn. 1103).

568 Die **Eigenverantwortlichkeit** der Gruppe muss **im Verhältnis zum ArbGeb.** bestehen. An sich ist der ArbGeb. gegenüber allen ArbN weisungsberechtigt. Gruppenarbeit liegt deshalb nur vor, wenn der ArbGeb. den Mitgl. der Gruppe Entscheidungen bei der Erledigung der täglichen Arbeiten überlässt (*Tüttenberg* S. 37 mwN). Die ArbN der Gruppe verpflichten sich nicht nur zu gemeinsamer Arbeitsleistung, sie sind auch berechtigt, die notwendigen Arbeitsschritte im Rahmen der betrieblichen Vorgaben selbständig zu planen und zu verteilen. Innerhalb der definierten Grenzen regulieren und verwalten sich die Arbeitsgruppen selbst. Sie lösen auch die auftretenden Probleme innerhalb ihrer Gruppe (**Teilautonomie** der Gruppe). Nur teilautonome Gruppen fallen unter Nr. 13 (HWGNRH/*Worzalla* Rn. 716; *Blanke* RdA 2003, 140; *Annuß* NZA 2001, 370; *Reichold* NZA 2001, 864; *Federlin* NZA-Sonderheft 2001, 26). Die Delegation direktionsrechtlicher Weisungsbefugnisse lässt das MBR des BR nicht entfallen. Soll etwa die Gruppe über ihre Arbeitszeit selbst bestimmen, unterliegt diese Entscheidung der MB des BR nach Nr. 2 oder Nr. 3. Der BR kann diese MBR zweckmäßiger Weise im Rahmen der Durchführungsvereinbarung nach Nr. 13 regeln. Nr. 13 ist jedoch keine mitbestimmungsrechtliche Kompensationsregelung (so wohl *Reichold* NZA 2001, 864).

569 Auch ein **zeitliches Moment** ist von Bedeutung. Gruppenarbeit iSv § 87 Abs. 1 Nr. 13 verlangt eine auf Dauer angelegte Arbeitsorganisation. Vorübergehende Zusammenfassungen von ArbN können diesen Tatbestand nicht erfüllen (GK-BetrVG/*Wiese/Gutzeit* Rn. 1081).

570 Die Arbeitsgruppe muss schließlich **in den betrieblichen Arbeitsablauf eingegliedert** sein. Arbeitsgruppen, die nur parallel zur Arbeitsorganisation bestehen, wie zB Projektgruppen oder Steuerungsgruppen, werden nicht erfasst (krit. DKKW/*Klebe* Rn. 379; GK-BetrVG/*Wiese/Gutzeit* Rn. 1082; **aA** *Tüttenberg* S. 39). Dasselbe gilt für Gruppen die nur Sonderaufgaben neben der allgemeinen betrieblichen Organisation wahrnehmen. Es fehlt an einem Grund für die das MBR begründenden Gefahren der Selbstausbeutung und Ausgrenzung.

571 Diese Merkmale bestimmen die **„teilautonome Gruppenarbeit“** (*Preis/Elert* NZA 2001, 372). Nur auf diese Form der Gruppenarbeit bezieht sich das MBR des BR. Keine Gruppen iSv § 87 Abs. 1 Nr. 13 bilden die ArbN, die nur vom ArbGeb. zusammengefasst werden, um gemeinsam eine Arbeitsaufgabe zu lösen, denen aber keine Entscheidungskompetenzen für die Gestaltung ihrer Tätigkeiten eingeräumt werden (GK-BetrVG/*Wiese/Gutzeit* Rn. 1079 ff.). Das gilt etwa für Akkordgruppen ebenso wie für die Projektgruppen, die vom ArbGeb. vorübergehend und ohne eigene Entscheidungskompetenzen eingerichtet werden.

c) Umfang des Mitbestimmungsrechts

572 Das MBR des BR bezieht sich nur auf die **„Durchführung“** von Gruppenarbeit. Die unternehmerische Grundentscheidung über **Einführung und Beendigung** von

Gruppenarbeit ist mitbestimmungsfrei (HWGNRH/*Worzalla* Rn. 718; WPK/*Bender* Rn. 281; HaKo-BetrVG/*Kothe* Rn. 154). Der ArbGeb. entscheidet allein darüber, ob, in welchem Umfang (zB in welcher Abteilung) und wie lange Gruppenarbeit geleistet werden soll (GK-BetrVG/*Wiese/Gutzeit* Rn. 1085; Richardi BetrVG/*Richardi* Rn. 981), wie die Arbeitsziele der jeweiligen Gruppen aussehen sollen, welche betriebl. Aufgaben der Gruppe übertragen werden und wie viele Arbeitsgruppen gebildet werden.

Die Beteiligungsrechte nach den §§ 90 u. 111 bleiben allerdings unberührt; sie **573** sind bei Einführung und Beendigung der Gruppenarbeit zu beachten und kommen vor allem in der Planungsphase zum Tragen.

Mit der Beschränkung des MBR auf die Durchführung der Gruppenarbeit wird **574** die verfassungsrechtlich geschützte **Entscheidungsfreiheit des Unternehmers** beachtet. Der Unternehmer kann sein Unternehmen nach eigendefinierter Zweckmäßigkeit führen (DKKW/*Klebe* Rn. 380; GK-BetrVG/*Wiese/Gutzeit* Rn. 1085; *Engels/Trebinger/Löhr-Steinhaus* DB 2001, 540; *Preis/Elert* NZA 2001, 373). Die Einführung von Gruppenarbeit und deren Beendigung kann der BR nicht erzwingen. Ihm steht insoweit auch **kein Initiativrecht** zu.

Das MBR bezieht sich auf die nach der Einführung verbleibenden **Maßnahmen** **575** und Entscheidungen. Das betrifft unter Beachtung der mitbestimmungsfreien Vorgaben des ArbGeb. vor allem verfahrensrechtliche Regelungen zur Durchführung von Gruppenarbeit im Verhältnis der Gruppenmitgl. untereinander und zur Geschäftsleitung aber auch zur Mindestgröße der Gruppen. Vordringlich besteht ein MBR über die abstrakten Kriterien, nach denen Gruppen gebildet **(Zusammensetzung)** werden sollen, nicht hingegen über die konkrete Auswahl der ArbN. Hier muss der BR im Hinblick auf den Zweck (→ Rn. 564) gleichberechtigt an den Entscheidungen des ArbGeb. beteiligt werden (vgl. zu den Gefahren bei der Gruppenzusammensetzung *Breisig* Gruppenarbeit S. 52f.; **aA** HWGNRH/*Worzalla* Rn. 719). Die Frage der abstrakten Zusammensetzung und die der gruppeninternen Organisation ist keine Frage der Einführung von Gruppenarbeit, sondern Folge der Grundsatzentscheidung des ArbGeb. Alle Folgeentscheidungen unterliegen dem MBR (DKKW/*Klebe* Rn. 384; *Tüttenberg* S. 108; **aA** ErfK/*Kania* Rn. 135; GK-BetrVG/*Wiese/Gutzeit* Rn. 1090; Richardi BetrVG/*Richardi* Rn. 980; *Preis/Elert* NZA 2001, 374, die diese Frage als mitbestimmungsfreie unternehmerische Entscheidung ansehen). In der Regel wird es nicht zur Anrufung der E-Stelle kommen, weil diese Form der Arbeit nur bei einem Konsens der Betriebsparteien funktioniert (*Klein* NZA 2001 Beil. Heft 24, 21).

In der Begründung des G-Entwurfs werden weitere Beispiele genannt, die **durch** **576** **BV geregelt** werden können: Wahl des Gruppensprechers, dessen Stellung und Aufgaben, das Abhalten von Gruppengesprächen, Regelungen über die Zusammenarbeit in der Gruppe einschließlich Konfliktbewältigung (Konfliktlösungsmechanismen) und Zusammenarbeit mit anderen Gruppen, Berücksichtigung von leistungsschwachen Arbeitnehmern. Richtig ist, dass der mitbestimmungsrechtlich vorgesehene erweiterte Handlungs- und Entscheidungsspielraum einer Gruppe nicht zwingend mit der Erweiterung des Handlungsspielraums der einzelnen Gruppenmitglieder verbunden ist (*Preis/Elert* NZA 2001, 374). Gerade deshalb besteht ein MBR bei der Aufstellung von Regeln, durch die die einzelnen Gruppenmitglieder vor ungerechtfertigter Benachteiligung durch die Mehrheit geschützt werden müssen (**aA** *Preis/Elert* NZA 2001, 374, die in Nr. 13 keinen substantiellen Ansatz sehen, diesen Gefahren zu begegnen). Zu regelungsbedürftigen Fragen in einer BV vgl. *Federlin* NZA-Sonderheft 2001, 27.

Der BR kann iÜ einige ihm nach Nr. 13 obliegenden Aufgaben auf die Arbeits- **577** gruppe nach Maßgabe des § 28a übertragen (GK-BetrVG/*Wiese/Gutzeit* Rn. 1104). Die Arbeitsgruppe kann dann mit dem ArbGeb. im Rahmen der ihr übertragenen Aufgaben **mit dem ArbGeb. Vereinbarungen** schließen. Für den ArbGeb. handelt es sich um eine freiwillige Vereinbarung. Diese Vereinbarungen haben die Wirkungen einer BV (→ § 28a Rn. 18). Eine Vereinbarung nach § 28a kann über das MBR nach Abs. 1 Nr. 13 nicht erzwungen werden (*Blanke* RdA 2003, 140).

V. Ausübung der Mitbestimmung

578 Mitbestimmung bedeutet, dass grds. der **ArbGeb. nur mit Zustimmung des BR handeln und entscheiden** kann (*Gutzeit* NZA 2008, 255). Kommt eine Einigung nicht zustande, kann jede Seite die E-Stelle anrufen (§ 87 Abs. 2; → Rn. 595). Über die gleichberechtigte Teilhabe an der Gestaltung des Betriebs und der Schaffung der für den Betrieb gültigen Regeln kann der BR durch Vereinbarung mit dem ArbGeb. oder durch Spruch der E-Stelle Regelungen im Interesse der ArbN erreichen. Umgekehrt kann der ArbGeb. in mitbestimmungspflichtigen Angelegenheiten nicht einseitig handeln und entscheiden. Er ist auf die Zustimmung des BR angewiesen. Das ist der Sinn der Mitbestimmung. Der BR kann deshalb sein MBR nicht in der Weise ausüben, dass er dem **ArbGeb. das alleinige Gestaltungsrecht** über den mitbestimmungspflichtigen Tatbestand eröffnet (BAG 3.6.2003 – 1 AZR 349/02, NZA 2003, 1155). Jedoch kann er ihm das Recht einräumen, unter bestimmten Voraussetzungen in einzelnen Angelegenheiten alleine zu entscheiden (BAG 8.6.2004 – 1 ABR 4/03, NZA 2005, 227). Der BR kann auf die Ausübung seiner MBR **nicht verzichten** (BAG 3.6.2003 – 1 AZR 349/02, NZA 2003, 1155; WPK/*Bender* Rn. 3; *Joussen* RdA 2005, 31). Ob und wann er seine Mitbestimmungsbefugnisse nutzt, obliegt seiner Entscheidung. Allerdings darf sich der BR Verhandlungen mit dem ArbGeb. nicht entziehen und hat auch in der E-Stelle entsprechend dem Gebot der vertrauensvollen Zusammenarbeit mitzuwirken (BAG 12.3.2019 – 1 ABR 42/17, NZA 2019, 843). Die **Geltendmachung von MBR kann materiell-rechtlich nicht verwirkt werden.** Eine prozessuale Verwirkung kommt ebenfalls nicht in Betracht; dem ArbGeb. ist die Klärung des MBR regelmäßig zumutbar (BAG 28.8.2007 – 1 ABR 70/06, NZA 2008, 188). Werden Rechte und Pflichten aus einer BV des Betriebsveräußerers nach § 613a Abs. 1 S. 2 BGB in die Arbeitsverhältnisse der zum Betriebserwerber wechselnden ArbN transformiert, ist der BR des Erwerberbetriebes für deren Ablösung und die Wahrnehmung des darauf bezogenen MBR zuständig. Das gilt auch für die Kündigung einer nur teilmitbestimmten BV (BAG 19.11.2019 – 1 AZR 386/18) durch den ArbGeb.

1. Form der Mitbestimmung

579 Die **Form, in der MBR ausgeübt werden,** ist nicht entscheidend. § 87 Abs. 1 besagt nichts über die Form des MBR in sozialen Angelegenheiten. Für die praktische Durchführung wird eine **Regelung durch BV zweckmäßig,** ja häufig unumgänglich notwendig sein. Nur BV gelten normativ, wirken also wie ein G (Einzelheiten → § 77 Rn. 124 ff.). Sie gestalten die von ihr erfassten Arbeitsverhältnisse unmittelbar und zwingend; zu ihrer Geltung bedürfen sie nicht der Anerkennung oder Übernahme durch die Betroffenen. Wegen ihrer normativen Wirkung können sie auch nicht arbeitsvertraglich abbedungen werden. Soweit einzelne Bestimmungen der BV nichtig sind, gilt der übrige Teil dennoch fort, wenn er noch eine sinnvolle, in sich geschlossene Regelung aufweist (→ § 77 Rn. 32 ff.). Allerdings ist die Geltung einer BV an die Beibehaltung der Betriebsorganisation geknüpft. Doch führt nicht jede Veränderung der betrieblichen Organisation zum Wegfall der normativen Wirkung einer BV. Vielmehr muss es sich um solche tatsächliche Veränderungen handeln, die zu einer wesentlichen Veränderung der Leitungs- und Organisationsstruktur führen (→ § 77 Rn. 162 ff.; BAG 7.6.2011 – 1 ABR 110/09, NZA 2012, 110; 18.3.2008 – 1 ABR 3/07, NZA 2008, 1259).

580 Das MBR kann auch durch **Regelungsabrede** ausgeübt werden (BAG 20.11.1990 – 1 AZR 643/89, NZA 1991, 426; → § 77 Rn. 216 ff.). Sie ist für die ArbN erst verbindlich, wenn sie der ArbGeb. ihnen gegenüber individualrechtlich umsetzt.

Allerdings wirkt nur die BV wie eine Rechtsnorm auf die ArbVerh. ein und bestimmt deren Inhalt, nicht eine erst in die Einzelarbeitsverhältnisse umzusetzende Regelungsabrede (→ § 77 Rn. 217). Der BR kann aber verlangen, dass eine Regelungsabrede inhaltlich in eine BV umgewandelt wird (BAG 8.8.1989 – 1 ABR 62/88, NZA 1990, 322). Dasselbe Recht hat auch der ArbGeb.

Eine BV kann Regelungen enthalten, die dem ArbGeb. Handlungsmöglichkeiten **581** bei Eintreffen bestimmter Situationen einräumen, die also im Voraus abstrakt geregelt werden (zB erwartete Mehrarbeit). Das kann eine Regelungsabrede nicht leisten. Sie ist immer nur einzelfallbezogen. Solange eine BV nicht zustande gekommen ist, muss der ArbGeb. in allen Angelegenheiten des § 87 Abs. 1 für alle Maßnahmen und Entscheidungen die Zustimmung des BR einholen (GK-BetrVG/*Wiese* Rn. 86, 98 ff.). Das **MBR ist kein Vetorecht;** § 87 sieht keine Fristen vor, nach deren Ablauf die Zustimmung des BR fingiert wird. Vielmehr muss der ArbGeb. ausdrücklich ein Einvernehmen erzielen oder die E-Stelle anrufen (BAG 29.1.2008 – 3 AZR 42/06, NZA-RR 2008, 469).

Die Regelungsabrede kann **formlos** geschlossen werden; nur für die BV ist eine **582** Form vorgeschrieben (§ 77 Abs. 2). Die Regelungsabrede kann durch schlüssiges Verhalten zustande kommen. Erforderlich ist aber stets ein Beschluss des BR (BAG 23.10.2018 – 1 ABR 26/17, NZA 2019, 483). Das MBR steht dem BR als Kollegialorgan zu. **Schweigen** des BR auf Vorschläge des ArbGeb. bedeutet deshalb **keine Zustimmung** (Richardi BetrVG/*Richardi* Rn. 80). Gleiches gilt für die bloße Hinnahme eines mitbestimmungswidrigen Verhaltens.

2. Initiativrecht des Betriebsrats

Zur Mitbestimmung gehört in der Regel auch ein **Initiativrecht des BR,** sonst **583** hätten beide Teile nicht gleiche Rechte (BAG 28.11.1989 – 1 ABR 97/88, NZA 1990, 406; 23.3.2010 – 1 ABR 82/08, NZA 2011; 642 Richardi BetrVG/*Richardi* Rn. 68; DKKW/*Klebe* Rn. 25). Der BR kann eine bestimmte Regelung in einer mitbestimmungspflichtigen Angelegenheit von sich aus vorschlagen. Kommt eine Einigung nicht zustande, kann er die E-Stelle anrufen. Diese entscheidet dann verbindlich.

Das Initiativrecht besteht grds. **in allen Angelegenheiten,** die in § 87 aufgeführt **584** sind (BAG 30.1.1990 – 1 ABR 2/89, NZA 1990, 571; DKKW/*Klebe* Rn. 26; Richardi BetrVG/*Richardi* Rn. 68). Der Ausschuss für Arbeit und Sozialordnung hat es ausdrücklich abgelehnt, die sozialen MBR in solche mit und ohne Initiativrecht des BR aufzuspalten (vgl. BT-Drs. VI, 2729, 4). Beschränkungen des Initiativrechts oder dessen Ausschluss können sich allerdings aus dem Gegenstand und dem Zweck des einzelnen MBR ergeben (WPK/*Bender* Rn. 17). Einzelheiten dazu finden sich der Kommentierung der jeweiligen MBR.

Für das Initiativrecht kommt es nicht auf die überholte Unterscheidung zwischen **585** **formellen und materiellen Arbeitsbedingungen** an (DKKW/*Klebe* Rn. 27; Richardi BetrVG/*Richardi* Rn. 69; verneinend für Nr. 3 u. 6: GK-BetrVG/*Wiese* Rn. 145). So kann der BR die Initiative ergreifen zur Einführung der gleitenden Arbeitszeit, zur Reduzierung von Schichtarbeit, zur Einführung eines neuen Entlohnungssystems, zur Einführung von Kurzarbeit zur Sicherung der Arbeitsplätze (BAG 4.3.1986 – 1 ABR 15/84, NZA 1986, 432; 28.11.1989 – 1 ABR 97/88, NZA 1990, 406), zur Einführung von Leistungslohn statt des bisher praktizierten Zeitlohns (BAG 20.9.1990 – 1 ABR 74/89, AiB 1992, 579). Die Initiative des BR kann sich auch auf Modalitäten einer vom ArbGeb. angestrebten Regelung beziehen, zB auf die Befreiung älterer ArbN von der Schichtarbeit, die Einhaltung von Ankündigungsfristen für Schichtarbeit oder auf die Durchführung eines betrieblichen Vorschlagswesens (BAG 28.4.1981 – 1 ABR 53/79, AP BetrVG 1972 § 87 Vorschlagswesen Nr. 1).

Das Initiativrecht kann nicht dadurch beschränkt werden, dass der ArbGeb. allge- **586** mein einen Freiraum für seine **unternehmerischen Entscheidungen** beansprucht

(Richardi BetrVG/*Richardi* Rn. 71; DKKW/*Klebe* Rn. 27; einschränkend GK-BetrVG/*Wiese* Rn. 146; HWGNRH/*Worzalla* Rn. 81 ff.). Die MBR sollen gerade die Gestaltungsfreiheit des ArbGeb. einschränken; die Interessen der ArbN sollen bei allen Entscheidungen berücksichtigt werden (BVerfG 18.12.1985 – 1 BvR 143/83, NJW 1986, 1601). Das Initiativrecht gestattet über die mitbestimmungspflichtige Angelegenheit hinaus nicht zu Eingriffen in die Betriebsführung. Der BR kann aus diesem Grund daher gegen den Willen des ArbGeb. bspw. nicht die Einführung einer Dienstkleidung aus Gründen einer einheitlichen externen Repräsentation des Unternehmens verlangen .

587 Das Initiativrecht kann auch nicht mit der Begründung verneint werden, es liege nicht im **Interesse der ArbN** (so Richardi BetrVG/*Richardi* Rn. 72). Es mag sein, dass die Einführung von Überstunden häufig nicht im Interesse der betroffenen ArbN liegt; auszuschließen ist das nicht.

588, 589 Auch die Einführung **freiwilliger Leistungen** kann der BR nicht mit Hilfe des Initiativrechts durchsetzen (→ Rn. 443 ff.).

3. Anrufung der Einigungsstelle

590 Kommt zwischen ArbGeb. und BR keine Einigung über den Inhalt der zu treffenden Maßnahme zustande, muss die E-Stelle eingeschaltet werden (Einzelheiten *Kühne/Meyer* Einigungsstelle S. 3 ff.). Dazu muss die betriebliche Maßnahme oder Angelegenheit im Einzelnen benannt werden, um den Regelungsauftrag der E-Stelle zu konkretisieren (BAG 23.2.2016 – 1 ABR 18/14, NZA 2016, 838). **Jede Seite** kann die E-Stelle zur Ersetzung der Einigung anrufen (§ 87 Abs. 2 iVm § 76 Abs. 5). Wegen der Möglichkeit, die Zuständigkeit tariflicher Schlichtungsstellen zu begründen und des Verf. vor ihnen → § 76 Rn. 113. Die Betriebsparteien können sich auf die Errichtung einer ständigen E-Stelle verständigen. Eine solche Verständigung kann aber nicht durch Spruch der E-Stelle zu Stande kommen. Das ist nur durch freiwillige BV möglich (BAG 9.7.2013 – 1 ABR 19/12, NZA 2014, 99). Das gilt auch, soweit die Betriebsparteien verfahrensrechtliche Regelungen treffen, mittels derer ein zügiges Verhandeln und eine alsbaldige Einigung erreicht werden soll. Hierbei handelt es sich um eine fakultative Angelegenheit, die nur im Rahmen einer Vereinbarung nach § 88 ausgestaltet werden kann und die ohne gesonderte Vereinbarung nach einer Kündigung nicht nachwirkt (BAG 23.10.2018 – 1 ABR 10/17, NZA 2019, 186).

591 Die E-Stelle ist **zuständig, soweit ein MBR besteht.** Die E-Stelle entscheidet sowohl über kollektive als auch über Streitigkeiten im Einzelfall (zB Kündigung einer Wohnung), über formelle und über materielle Arbeitsbedingungen (GK-BetrVG/*Wiese/Gutzeit* Rn. 1108; DKKW/*Klebe* Rn. 388).

592 Ob ein MBR besteht, muss die E-Stelle als Vorfrage prüfen. Wird der Spruch der E-Stelle nachgeprüft (§ 76 Abs. 5), wird auch die Rechtsfrage entschieden, ob die E-Stelle zuständig war. Geht es allein um die **Rechtsfrage, ob** in einer bestimmten Angelegenheit **ein MBR besteht,** muss das ArbG angerufen werden. Es geht dann nicht um die Ersetzung einer Einigung in einem Regelungsstreit (→ ArbGG Rn. 13). Parallel dazu kann das Verf. vor der E-Stelle eingeleitet werden. Die E-Stelle muss notfalls unter dem Vorbehalt verhandeln und entscheiden, dass ein MBR besteht. Das gilt etwa für den Fall, dass der ArbGeb. sich bei geschuldeten Leistungen auf den Wegfall der Geschäftsgrundlage beruft (BAG 23.9.1997 – 3 ABR 95/96, NZA 1998, 719). Wird die E-Stelle nicht einverständlich eingerichtet, muss das ArbG nach **§ 100 ArbGG** nF angerufen werden. Es bestimmt den Vors. und legt die Zahl der Beisitzer fest. Das ArbG kann den Antrag des BR wegen fehlender Zuständigkeit der E-Stelle nur zurückweisen, wenn die E-Stelle offensichtlich unzuständig ist (§ 100 Abs. 1 S. 2 ArbGG nF), also ein MBR offenkundig nicht in Betracht kommt.

593 Die E-Stelle wird nur auf **Antrag** tätig. Antragsberechtigt sind ArbGeb. und BR. Zum **Verf.** vor der und in der E-Stelle vgl. die Erläuterungen zu § 76. Auch in dringenden Fällen muss mangels Einigung zunächst das Verf. vor der E-Stelle durchlaufen

werden. Da es sich um Regelungsstreitigkeiten handelt, kann das ArbG nicht unmittelbar angerufen werden (→ Rn. 24).

Der bindende **Spruch** der E-Stelle hat bei allgemeinen Regelungen die **Wirkung** einer BV und kann daher auch gekündigt werden (→ § 77 Rn. 144). Wegen der Nachwirkung → § 77 Rn. 177ff. **Die gerichtliche Anfechtung** des Spruchs der E-Stelle **hat keine suspendierende Wirkung.** Er ist bis zu einer anders lautenden gerichtlichen Entscheidung zu befolgen (BAG 26.10.2004 – 1 ABR 31/03 (A), NZA 2005, 538). 594

VI. Durchsetzung der Mitbestimmungsrechte

Der ArbGeb. kann eine mitbestimmungspflichtige Maßnahme **nur mit Zustimmung des BR** durchführen. Gelingt eine Verständigung nicht und will der ArbGeb. eine Regelung herbeiführen, so muss er die E-Stelle anrufen, die eine verbindliche Entscheidung trifft (§ 87 Abs. 2; → Rn. 590). Das kann der ArbGeb. nicht durch die **Übertragung** der mitbestimmungspflichtigen Angelegenheit **auf Dritte** verhindern (zB Datenverarbeitung, Durchführung von Taschenkontrollen; *Wiese* NZA 2003, 1113; *Wißmann* NZA 2003, 1). Der ArbGeb. kann das MBR des BR auch nicht dadurch umgehen, dass er versucht, seine Ziele ausschließlich auf individualrechtlicher Grundlage durchzusetzen, etwa in dem er **gleich lautende Vereinbarungen** etwa über zu leistende Überstunden oder Lohnvereinbarungen mit allen in Betracht kommenden ArbN trifft. Das ist eine **Umgehung der MBR.** Es kommt nicht auf die Form an, in der die Maßnahme durchgeführt wird, sondern auf den kollektiven Inhalt (BAG 10.11.1992 – 1 ABR 183/92, NZA 1993, 570). 595

1. Kollektive Durchsetzungsmöglichkeiten

Gegen eine Verletzung des MBR kann der BR im arbeitsgerichtl. BeschlVerf. vorgehen. Er kann sein MBR durch einen **Anspruch auf Unterlassung** der beabsichtigten Maßnahme durchsetzen (stRspr, vgl. grdl. BAG 3.5.1994 – 1 ABR 24/93, NZA 1995, 40; → ArbGG Rn. 16ff.; → § 23 Rn. 99ff.), eine einstw. Vfg. einreichen oder seine Rechte im Verfahren nach **§ 23 Abs. 3** geltend machen (→ § 23 Rn. 49ff.). 596

Wirkt die belastende Maßnahme fort (zB Aufstellung von Überwachungsgeräten), kann der BR verlangen, dass sie **rückgängig gemacht** wird (BAG 16.6.1998 – 1 ABR 68/97, NZA 1999, 49; DKKW/*Klebe* Rn. 392). Dabei geht es aber nur um die Beseitigung des betriebsverfassungswidrigen Zustandes (BAG 9.12.2003 – 1 ABR 44/02, NZA 2004, 746). 597

Der BR kann wegen § 77 Abs. 1 S. 1 BetrVG auf **Einhaltung einer BV klagen** (BAG 10.11.1987 – 1 ABR 55/86, NZA 1988, 255; 24.1.2006 – 1 ABR 60/04, NZA 2006, 1050; → § 77 Rn. 7). Er hat einen Anspruch darauf, dass der ArbGeb. eine betriebsvereinbarungswidrige Maßnahme unterlässt und die ArbN zur Beachtung einer BV anhält (LAG Köln 8.2.2010 – 5 TaBV 28/09, NZA-RR 2010, 303). Allerdings steht dieser **Durchführungsanspruch** nur demjenigen BRGremium zu, das die BV geschlossen hat. Demzufolge kann der örtl. BR nicht auf eine von ihm als richtig angesehene Durchführung einer GesBV klagen. Deren Einhaltung kann er nur unter den Voraussetzungen des § 23 Abs. 3 erzwingen (BAG 18.5.2010 – 1 ABR 6/09, NZA 2010, 1433; 5.10.2010 – 1 ABR 20/09, NZA 2011, 598; *Ahrendt* NZA 2011, 774). Eine strafrechtliche Verfolgung von Verstößen gegen das MBR ist nicht vorgesehen, weil es sich typischerweise nicht um eine Behinderung der BRTätigkeit handelt. Diese ist nach § 119 nur strafbar, wenn sich das betriebsverfassungswidrige Verhalten auf die Geschäftsführung des BR oder die eines seiner Mitglieder bezieht (→ § 119 Rn. 7). Wegen der mangelnden Vermögensfähigkeit des BR kann die Einhaltung des MBR nicht durch ein **Vertragsstrafenversprechen** zu seinen Gunsten gesichert werden (BAG 29.9.2004 – 1 ABR 30/03, NZA 2005, 123). Zur Sicherung 598 seines MBR nach Nr. 10, 11 steht dem BR auch sein Beteiligungsrecht nach § 99 zur Verfügung. Beabsichtigt der ArbGeb. Eingruppierungen in die von ihm einseitig aufgestellte neue Vergütungsordnung, kann der BR die **Zustimmung zu den Eingruppierungen** (§ 99) mit Recht verweigern (BAG 24.4.2001 – 1 ABR 2/01, NZA 2002, 232).

2. Individualrechtliche Folgen

599 Von den kollektivrechtlichen Durchsetzungsmöglichkeiten sind die **individualrechtlichen Folgen** der Verletzung von MBR zu unterscheiden. Das BetrVG ist ArbNSchutzrecht (→ § 1 Rn. 1). Die Verletzung von Schutzrechten muss dazu führen, dass die Rechtsstellung der geschützten ArbN durch einseitige Maßnahmen des ArbGeb. nicht verschlechtert werden darf. Der ArbGeb. darf durch betriebsverfassungswidriges Verhalten seine individualrechtliche Situation nicht verbessern (*Schwarze* RdA 2019, 1). Verletzt er das MBR des BR, sind seine Maßnahmen auch im Verhältnis zum ArbN rechtsunwirksam. Das folgt aus dem Schutzzweck der Norm (→ Rn. 3) und ist Inhalt der **Theorie der Wirksamkeitsvoraussetzung** (stRspr, BAG 3.12.1991 – GS 2/90, NZA 1992, 749), die allerdings durch ein Regel-Ausnahme-Verhältnis gekennzeichnet ist (→ Rn. 290, Rn. 600, Rn. 604; *Schwarze* RdA 2019, 1,2). Das Schrifttum stimmt dieser Theorie weitgehend zu GK-BetrVG/*Wiese* Rn. 121; DKKW/*Klebe* Rn. 5; *v. Hoyningen-Huene* RdA 1992, 359; **aA** Richardi BetrVG/*Richardi* Rn. 104 ff.; HWGNRH/*Worzalla* Rn. 106 ff.; *Lobinger* RdA 2011, 76; *Gutzeit* NZA 2008, 255). Auf eine konsequente Durchsetzung dieser Lehre dürfte allerdings der 2. Senat des BAG verzichten, wenn er eine Änderungskündigung zur Durchsetzung anderer, aber nicht mitbestimmter Verteilungsgrundsätze bei freiwilligen Leistungen für wirksam, aber für nicht durchsetzbar hält. Folgerichtig wäre nach der Theorie der Wirksamkeitsvoraussetzung aber nur die Rechtsunwirksamkeit der Kündigung. Der ArbGeb. muss erst für neue – mitbestimmte – Verteilungsgrundsätze sorgen, bevor er sie mit Hilfe einer Änderungskündigung auch durchsetzen will; die Rspr. des 2. Senats dreht die Reihenfolge aber um (BAG 17.6.1998 – 2 AZR 336/97, NZA 1998, 1225).

600 Die Theorie der Wirksamkeitsvoraussetzung ist **praktisch bedeutsam** vor allem beim MBR der **Lohngestaltung.** So kann der Widerruf von freiwilligen Zulagen unwirksam sein, wenn der ArbGeb. für einen Verteilungsplan nicht die Zustimmung des BR eingeholt hat; die ArbN können die ungekürzte Weiterzahlung der Zulagen verlangen (BAG 3.12.1991 – GS 2/90, NZA 1992, 749; → Rn. 475). Der ArbGeb. kann auch eine Vergütungsordnung oder ein Eingruppierungsschema (Bewertung der verschiedenen Arbeiten und Zuordnung von Lohngruppen, wegen des Tarifvorbehalts im Eingangssatz des § 87 praktisch bedeutsam in Betrieben ohne TV) nicht einseitig ändern. Eine unter Verstoß gegen das MBR des BR aufgestellte Vergütungsordnung löst die bisher geltende Vergütungsordnung nicht ab. Dem ArbN steht eine Bezahlung nach der früheren Vergütungsordnung zu (BAG 24.4.2001 – 1 ABR 2/01, NZA 2002, 232). In **Fortführung der Theorie der Wirksamkeitsvoraussetzung** nimmt das BAG weiter an, dass der ArbN bei einer mitbestimmungswidrigen Änderung der im Betrieb geltenden Entlohnungsgrundsätze eine Vergütung auf der Grundlage der zuletzt mitbestimmten Entlohnungsgrundsätze beanspruchen kann. Insoweit wird die arbeitsvertragliche Vergütungsabrede von Gesetzes wegen ergänzt durch eine Verpflichtung des ArbGeb. nach § 611a Abs. 2 BGB, den ArbN nach den mitbestimmten Entlohnungsgrundsätzen zu vergüten (BAG 5.5.2015 – 1 AZR 435/13, NZA 2015, 1207; 22.6.2010 – 1 AZR 853/10, NZA 2010, 1243; krit. *Reichold* RdA 2011, 311; zust. *Benecke* AuR 2015, 306). Verstoßen die ursprünglich tariflich geregelten Entlohnungsgrundsätze gegen das Verbot der Altersdiskriminierung, können benachteiligte ArbN zudem eine Anpassung nach „oben" verlangen (BAG 25.4.2017 – 1 AZR 427/15, NZA 2017, 1346). Die auf der Grundlage der mitbestimmungswidrigen Entlohnungsgrundsätze erbrachten Entgeltleistungen muss sich der ArbN anrechnen lassen

(BAG 25.4.2017 – 1 AZR 427/15, NZA 2017, 1346) Hat der ArbGeb. Entlohnungsgrundsätze mehrfach mitbestimmungswidrig geändert, kann der ArbN nicht verlangen, nach einer der ihn begünstigenden aber mitbestimmungswidrig geänderten Entlohnungsgrundsätze vergütet zu werden (BAG 17.2.2017 – 1 AZR 772/14, NZA 2017, 931). Die Theorie der Wirksamkeitsvoraussetzung setzt zwar ein mitbestimmungswidriges Verhalten des ArbGeb. voraus, ist aber keine Anspruchsgrundlage zu dessen Durchsetzung (BAG 5.5.2015 – 1 AZR 435/13, NZA 2015, 1207).

Steht das Fehlen eines MBR zwischen den Betriebsparteien rechtskräftig fest, kann sich der ArbN nicht auf die Theorie der Wirksamkeitsvoraussetzung berufen. Insoweit bindet die Rechtskraft der Entscheidung im Beschlussverfahren auch die Parteien des Individualstreitverfahrens (BAG 23.2.2017 – 1 AZR 73/14, NZA 2016, 906; *Treber* NZA 2016, 744). Auch kann die Verletzung des MBR keine Ansprüche der ArbN begründen, die vor der mitbestimmungspflichtigen Maßnahme nicht bestanden haben und bei Beachtung des MBR nicht entstanden wären (BAG 2.3.2004 – 1 AZR 271/03, NZA 2004, 852). Bei Nichtbeachtung des MBR erhält der ArbN **keinen Erfüllungsanspruch auf Leistungen,** die der ArbGeb. nach dem Arbeitsvertrag nicht schuldet. **601**

Betrifft eine BV zugleich mitbestimmungspflichtige und mitbestimmungsfreie Angelegenheiten (teilmitbestimmte BV), bilden diese bei der Lohngestaltung in aller Regel eine Einheit. Nach der Theorie der Wirksamkeitsvoraussetzung führt deshalb eine einseitig vom ArbGeb. angeordnete Neuverteilung auch zur Unwirksamkeit der Kürzungs- bzw. Widerrufsentscheidung (BAG 9.7.1996 – 1 AZR 690/95, NZA 1997, 277; 19.9.1995 – 1 AZR 208/95, NZA 1996, 386). Bis zu einer Einigung mit dem BR sind die Zulagen ungekürzt zu zahlen. **602**

Eine **nachträgliche Zustimmung** des BR heilt die Unwirksamkeit einer vom ArbGeb. einseitig getroffene Maßnahme nicht (GK-BetrVG/*Wiese* Rn. 102). **Rückwirkende Vereinbarungen** sind nur unter Beachtung des Verhältnismäßigkeitsgrundsatzes und des Vertrauensschutzes möglich, zB wenn der ArbGeb. rechtzeitig ein neues Verteilungskonzept angekündigt hatte und die ArbN mit einer Änderung der Zulagenhöhe rechnen mussten (BAG 19.9.1995 – 1 AZR 208/95, NZA 1996, 386). **603**

Maßnahmen, durch die der einzelne **ArbN begünstigt** wird, bleiben ihm gegenüber wirksam. So bleibt der ArbGeb. für die Vergangenheit an die getroffenen Maßnahmen und Zusagen zugunsten des einzelnen ArbN faktisch gebunden (BAG 14.6.1972 – 4 AZR 315/71, AP BAT §§ 22, 23 Nr. 54; *v. Hoyningen-Huene* DB 1987, 1426). Der Gedanke des Vertrauensschutzes hat Vorrang. Praktisch bedeutet das: Die entgegen dem MBR erfolgte bargeldlose Lohnzahlung kann wirksam sein; hat der ArbN die Arbeitsleistung in der einseitig geänderten Arbeitszeit geleistet, muss sie auch bezahlt werden; die unter Verletzung der MBR zugesagte Prämie muss, soweit vom ArbN entspr. Leistungen erbracht sind, auch bezahlt werden (BAG 5.7.1976 – 5 AZR 264/75, AP AZO § 12 Nr. 10). Andererseits besteht kein Lohnanspruch für nicht geleistete Arbeit, die dem ArbN auch bei betriebsverfassungsrechtlich einwandfreier Arbeitseinteilung nicht zustünde. Allein aus der Verletzung von MBR kann sich kein individualrechtlicher Anspruch ergeben (BAG 20.8.1991 – 1 AZR 326/90, NZA 1992, 225. **604**

Die Theorie der Wirksamkeitsvoraussetzungen wirkt sich auch bei der Verletzung der arbeitszeitbezogenen MBR aus. Die ArbN brauchen sich Lohnabzüge wegen **Kurzarbeit** nicht gefallen zu lassen, falls hierüber keine Einigung zwischen ArbGeb. und BR zustande gekommen ist. Ihnen steht ein Anspruch auf den Lohn nach der regulär zu leistenden ArbZ zu. Auch die **Anordnung von Überstunden** ist unwirksam, wenn das MBR des BR nicht beachtet wurde; die ArbN können die Überstunden verweigern (vgl. DKKW/*Klebe* Rn. 5; *v. Hoyningen-Huene* RdA 1992, 355; → Rn. 150 ff.; → Rn. 201 ff.). Eine mitbestimmungswidrige Rückkehr von einer Wechselschicht zur Normalschicht ist gegenüber den ArbN ebenfalls unwirksam. Die betroffenen ArbN können Annahmeverzugslohn nach § 615 BGB fordern, wenn der **605**

ArbGeb. einseitig die Schicht absagt und damit zu erkennen gegeben hat, eine darauf gerichtete Arbeitsleistung nicht anzunehmen (BAG 18.9.2002 – 1 AZR 668/01, AP BGB § 615 Nr. 99).

606 Das gilt auch für die Ausübung einseitiger Gestaltungsrechte im Rahmen der **betrieblichen Altersversorgung,** die zu Einschränkungen von Anwartschaften führen sollen (BAG 9.5.1989 – 3 AZR 439/88, NZA 1989, 889; 10.3.1992 – 3 AZR 221/91, NZA 1992, 949).

607 Vor allem bei mitbestimmungswidrig durchgeführten Taschenkontrollen oder mitbestimmungswidriger Videoüberwachung stellt sich die Frage, ob die Theorie der Wirksamkeitsvoraussetzung auch zwingend ein prozessuales **Verwertungsverbot** mitbestimmungswidrig gewonnenen Sachvortrags oder Beweise verlangt (*Byers* Rn. 366 ff.). Das ist zu verneinen (*Niemann* JbArbR 55 (2017), 41, 59; BAG 20.10.2016 – 2 AZR 395/15, NZA 2017, 443). Nach allgemeinen prozessualen Grundsätzen sind Sachvortrag oder Beweismittel, die unter Verletzung des Persönlichkeitsrechts des Betroffenen erlangt worden sind, in einem gerichtlichen Verfahren nicht schlecht hin unverwertbar sondern nur dann, wenn die Verwertung als solche in verfassungsrechtlich zu schützende Grundrechte der betroffenen Prozesspartei schwerwiegend eingreift (BAG 22.9.2016 – 2 AZR 848/15, NZA 2017, 112; Überwachung mittels Keylogger BAG 27.7.2017 – 2 AZR 681/16, NZA 2017, 1327; *Fuhlrott/Oltmanns* NZA 2018, 412; *Eufinger* DB 2017, 1266). Demnach stimmten der Schutzweck des prozessrechtlichen Verwertungsverbots und der des MBR aus § 87 Abs. 1 Nr. 6 überein. Beide sind darauf gerichtet, den ArbN vor einer unverhältnismäßigen Beeinträchtigung seines Persönlichkeitsrechts zu schützen. Ist daher eine Verwertung nach allgemeinen prozessualen Grundsätzen zulässig, ist dem Persönlichkeitsschutz Genüge getan. Für ein Verwertungsverbot zum Schutze des MBR besteht kein Bedarf (BAG 20.10.2016 – 2 AZR 395/15, NZA 2017, 443; *Straube/Rasche* Rn. 236). Hinzu kommt, dass auch die Beachtung des MBR nicht schlechthin eine Verletzung des Persönlichkeitsrechts des ArbN ausschließt. Ob eine solche vorliegt, entscheidet sich erst anhand der konkreten Ausübung des MBR und nicht allein danach, ob das MBR dem Grunde nach beachtet worden ist. Sind die einschlägigen datenschutzrechtlichen Bestimmungen beachtet kommt ein Verwertungsverbot ohnehin nicht in Betracht (BAG 31.1.19 – 2 AZR 426/18, NZA 2019, 893). Allerdings kann im Einzelfall ein Verwendungsverbot daraus folgen, dass die gerichtliche Verwertung als solche sich als erneuter Eingriff in hochrangig geschützte Rechtspositionen des ArbN erweist, die durch schutzwürdige Interessen des ArbGeb. nicht gerechtfertigt werden kann (BAG 16.12.2010 – 2 AZR 485/08, NZA 2011, 571; *Bergwitz* NZA 2012, 353). Ist eine Videoüberwachung ohne Beteiligung des BR zur Aufdeckung strafbarer Handlungen des ArbN durchgeführt worden, folgt aus der Verletzung des MBR kein eigenständiges Beweisverwertungsgebot, wenn der BR der Verwendung dieses Beweismittels und einer darauf gestützten Kündigung zustimmt und die Beweisverwertung nach allg. Grundsätzen gerechtfertigt ist (BAG 27.3.2003 – 2 AZR 51/02, NZA 2003, 1193; *Schrader/Mahler* NZA-RR 2016, 57). Auch mittels BV können keine prozessualen Verwertungsgebote begründet werden. Hierfür fehlt den Betriebsparteien die Regelungskompetenz. Der Grundsatz der freien Beweiswürdigung des staatlichen Prozessrechts (§ 286 ZPO) steht nicht zu ihrer Disposition (*Moll* FS 100 Jahre BetrVR S. 497).

VII. Rechtsstreitigkeiten

608 Ein ArbN kann nicht feststellen lassen, ob eine bestimmte BV auf sein Arbeitsverhältnis Anwendung findet. Einer solchen Feststellung kommt keine Befriedungsfunktion zu. Ihr fehlt das Feststellungsinteresse iSv. § 256 ZPO (BAG 20.2.2018 – 1 AZR 361/16, NZA 2018, 607). Streitigkeiten über Inhalt und Umfang des MBR zwischen den Betriebsparteien betreffen typischerweise Rechtsstreitigkeiten. Das gilt zunächst für die Frage, **ob ein Anspruch auf Mitbestimmung besteht.** Das kann im Wege eines Feststellungsantrags im BeschlVerf. vorab vom ArbG geklärt werden (BAG 20.1.2015 – 1 ABR 1/14, NZA 2015, 765). Dazu müssen die jeweils zuständigen Betriebsparteien über das Bestehen oder den Umfang eines MBR streiten. Wird ein entsprechender negativer Feststellungsantrag als unbegründet abgewiesen, steht zugleich fest, dass ein MBR besteht (BAG 23.8.2016 – 1 ABR 43/14, NZA 2016, 1483). Haben GBR von ihrer Delegationsbefugnis nach § 58 Abs. 2 Gebrauch gemacht, genügt es deshalb nicht, dass hierüber ein Streit zwischen den GBR und dem KonzernArbGeb. besteht. Vielmehr muss sich der Konflikt auf sämtliche betroffene konzernzugehörigen ArbGeb. erstrecken (BAG 17.3.2015 – 1 ABR 49/13, NZA 2015, 960). Typischerweise ist zwischen den Betriebsparteien ein MBR hinsichtlich eines bestimmten betrieblichen Vorgangs streitig. Dieser muss wegen der Vorschrift des § 253 ZPO im Antrag so konkret beschrieben werden, dass mit der gerichtlichen Entscheidung feststeht, für welche Maßnahme eine Handlungs- oder Unterlassungspflicht eines Beteiligten besteht (BAG 9.7.2013 – 1 ABR 17/12, NZA 2013, 1166). Ein solcher Antrag kann auch vor Durchführung des Verf. vor der E-Stelle gestellt werden (→ ArbGG Rn. 17). Die umstrittene Rechtsfrage kann aber auch erst im Rahmen der gerichtlichen Kontrolle eines Spruchs der E-Stelle geklärt werden. Zweifel über das Bestehen eines MBR hindern die Tätigkeit der E-Stelle nicht, die zunächst über ihre Zuständigkeit entscheiden muss. In der E-Stelle besteht dann aus Gründen der Praktikabilität häufig die Möglichkeit, zu einer Einigung unabhängig von der unterschiedlich beurteilten Rechtsfrage der Zuständigkeit zu kommen. Unzulässig mangels Feststellungsinteresse ist allerdings ein Antrag, mittels dessen eine Betriebspartei klären lassen möchte, ob die E-Stelle verpflichtet war, einem von ihr geäußerten konkreten Regelungsverlangen nach zu kommen (BAG 17.12.2013 – 1 ABR 24/12, NZA 2014, 740). Haben die Betriebsparteien vereinbart, bei auftretenden Meinungsverschiedenheiten über die Auslegung oder Anwendung eine bestimmten BV zunächst ein innerbetriebliches Schlichtungsverfahren durchzuführen, kann erst nach dessen Durchführung das ArbGeb. angerufen werden (BAG 11.2.2014 – 1 ABR 76/12, NZA-RR 2015, 26). Vorherige Anträge sind unzulässig (BAG 23.2.2016 – 1 ABR 5/14, NZA 2016, 972). Das gilt jedoch nur, soweit das innerbetriebliche Schlichtungsverfahren die Einleitung eines Beschlussverfahrens nicht dauerhaft blockiert (BAG 11.12.2018 – 1 ABR 12/17, NZA 2019, 480).

Um eine Rechtsstreitigkeit handelt es sich auch, wenn Meinungsverschiedenheiten 609 über das **Bestehen oder Nichtbestehen betrieblicher Normen** (BV) oder deren **Auslegung** oder deren **Durchführung** zu klären sind. Diese Klärung kann im Wege eines Leistungs- oder eines Feststellungsantrags erreicht werden (→ ArbGG Rn. 16 ff.; → § 77 Rn. 228). Über derartige Rechtsstreitigkeiten entscheidet das ArbG im BeschlVerf. (§ 2a ArbGG). Antragsberechtigt sind nur die BetrVerfOrgane (→ ArbGG Rn. 30 ff.), jedoch nicht für solche Leistungsanträge, mittels derer sie auf die Durchführung einer Tarifregelung in der von ihnen für zutreffend gehaltenen Auslegung klagen (BAG 19.12.2017 – 1 ABR 33/16, NZA 2018, 678). Die im Betrieb vertretenen Gewerkschaften können nicht von sich aus ein Verf. zur Klärung umstrittener MBR einleiten (BAG 3.2.1976 – 1 ABR 121/74, AP BetrVG 1972 § 118 Nr. 8), es sei denn, es ginge um die Unwirksamkeit einer BV wegen des Vorrangs eines TV (→ § 77 Rn. 235) oder um eine grobe Pflichtverletzung iSd § 23 Abs. 3. Ebenfalls nicht zu beteiligen sind die TVParteien, auch soweit der Umfang eines streitigen MBR von Tarifvorschriften oder der Wirksamkeit eines TV abhängt (BAG 25.5.1982 – 1 ABR 19/80, AP BetrVG 1972 § 87 Prämie Nr. 2; → § 77 Rn. 111; → ArbGG Rn. 41 ff. Zur Antragsbefugnis von TVParteien → ArbGG Rn. 35.

Obwohl einseitig unter Verletzung der MBR getroffene Maßnahmen des ArbGeb. 610 unwirksam sind (→ Rn. 596), ist nicht zu verkennen, dass bei Befolgung unzulässiger einseitiger Anordnungen des ArbGeb. die MBR des BR unterlaufen werden können. Aus der betriebsverfassungsrechtlichen Pflicht des ArbGeb., derartige Anordnungen zu unterlassen, folgt ein entspr. Unterlassungsanspruch des BR (BAG 3.5.1994 – 1 ABR 24/93, NZA 1995, 40). Dabei muss die Handlung, deren **Unterlassung** begehrt wird, hinreichend bestimmt beschrieben werden (→ ArbGG 3 Rn. 20ff.). Hierbei ist die **Herausnahme von Notfällen** zur Vermeidung eines sog. Globalantrags ebenso unnötig wie die **Herausnahme leitender Ang.** (BAG 20.3.2018 – 1 ABR 70/16, NZA 2018 1081). Das gilt jedoch nicht, sofern die Betriebsparteien gerade über das Vorliegen eines Notfalls streiten. In diesem Fall ist der Notfall beschreibend in den Antrag aufzunehmen. Der Unterlassungsanspruch wird im BeschlVerf. geltend gemacht (→ ArbGG Rn. 16). Beanstandet der BR, dass sich der ArbGeb. nicht an eine BV hält, in der das MBR ausgeübt worden ist, muss ein sog. Durchführungsanspruch geltend gemacht werden. Ist das MBR noch nicht ausgeübt worden, ist der Antrag auf Unterlassung der zu beschreibenden mitbestimmungswidrigen Handlung zu richten, ansonsten nur Durchführung der jeweiligen BV (BAG 22.11.2019 – 1 ABR 17/18). Einem Unterlassungsantrag kann nur ausnahmsweise der **Einwand unzulässiger Rechtsausübung** entgegengehalten werden, etwa weil der BR weder mit dem ArbGeb. verhandelt, noch sich auf das E-Stellenverfahren einlässt (BAG 12.3.2019 – 1 ABR 42/17, NZA 2019, 843). Ein Unterlassungstitel wird gem. § 85 Abs. 1 ArbGG, §§ 888ff. ZPO vollstreckt (→ ArbGG Rn. 62), allerdings erst nach Rechtskraft des Beschlusses. Auch der Erlass einer einstw. Vfg. ist möglich. Sie gewährt einen effektiven Rechtsschutz gegen die Missachtung der MBR des BR, ist aber zeitlich bis zur Einigung der Betriebspartner bzw. einem Spruch der E-Stelle zu beschränken. Einzelheiten → ArbGG Rn. 65ff.

611 Kommt es während eines BeschlVerf zu einem **Betriebsübergang,** bei dem der Betrieb unter Wahrung seiner Identität auf einen neuen ArbGeb. gem. § 613a BGB übergeht, führt das zu einem Beteiligtenwechsel auf Seiten des ArbGeb. und damit zu einem automatischen Austausch des mit dem Antrag in Anspruch genommen ArbGeb. Prozessual tritt der Betriebserwerber in jeglicher Hinsicht an die Stelle des bisherigen Betriebsinhabers (BAG 9.12.2008 – 1 ABR 75/07, NZA 2009, 254). Allerdings bleibt dazu zu klären, ob der betriebsverfassungsrechtliche Konflikt beim neuen ArbGeb. überhaupt noch fortdauert oder sich erledigt hat. Vergleichbare prozessuale Probleme wirft eine sog Funktionsnachfolge nach einer Änderung betriebsverfassungsrechtlicher Zuordnungen (§ 3) auf; Einzelheiten → ArbGG Rn. 43.

612 Hat der BR einen Vollstreckungstitel erwirkt, kann die **Vollstreckung** hieraus nach § 85 Abs. 1 S. 3 ArbGG iVm § 767 ZPO gleichwohl **für unzulässig erklärt werden.** Dann ist der erwirkte Titel entsprechend § 371 BGB an den ArbGeb. herauszugeben. Voraussetzung ist, dass sich der Sachverhalt, der dem Ausgangsverfahren zugrunde lag, nachträglich maßgeblich geändert hat. Das bestimmt sich nach den Gründen der rechtskräftigen Entscheidung (BAG 19.6.2012 – 1 ABR 35/11, NZA 2012, 1179; → ArbGG Rn. 63).

§ 88 Freiwillige Betriebsvereinbarungen

Durch Betriebsvereinbarung können insbesondere geregelt werden

1. zusätzliche Maßnahmen zur Verhütung von Arbeitsunfällen und Gesundheitsschädigungen;

1a. Maßnahmen des betrieblichen Umweltschutzes;

2. die Errichtung von Sozialeinrichtungen, deren Wirkungsbereich auf den Betrieb, das Unternehmen oder den Konzern beschränkt ist;

3. Maßnahmen zur Förderung der Vermögensbildung;

4. Maßnahmen zur Integration ausländischer Arbeitnehmer sowie zur Bekämpfung von Rassismus und Fremdenfeindlichkeit im Betrieb;

5. Maßnahmen zur Eingliederung schwerbehinderter Menschen.

Inhaltsübersicht

I. Vorbemerkung

1 Während § 87 die Angelegenheiten bezeichnet, in denen der BR ein erzwingbares MBR hat, stellt § 88 klar, dass die Betriebsparteien nicht gehindert sind, auch **in anderen Angelegenheiten BV** zu schließen. Die Bestimmung führt beispielhaft einige Angelegenheiten auf (→ Rn. 15ff.). Wie das Wort „insbesondere" zeigt, ist die Aufzählung der in der Vorschrift genannten sozialen Angelegenheiten nicht abschließend (BAG 7.11.1989 – GS 3/85, NZA 1990, 816; 14.8.2001 – 1 AZR 744/00, NZA 2002, 342; 12.12.2006 – 1 AZR 96/06, NZA 2007, 453; DKKW/*Berg* Rn. 1; ErfK/*Kania* Rn. 1; GK-BetrVG/*Gutzeit* Rn. 7). Vielmehr kommt den Betriebsparteien in sozialen Angelegenheiten grds. eine umfassende Regelungskompetenz zu (BAG 11.7.2000 – 1 AZR 551/99, NZA 2001, 462; 5.3.2013 – 1 AZR 417/12, NZA 2013, 916).

2 Die Befugnis der Betriebsparteien zum Abschluss freiwilliger BV ist nicht auf soziale Angelegenheiten beschränkt. Sie haben vielmehr – unabhängig vom Bestehen erzwingbarer MBR des BR – eine **umfassende Kompetenz zur Regelung betrieblicher und arbeitsvertraglicher Fragen** (vgl. näher → **§ 77** Rn. **45f. mwN;** BAG 7.11.1989 – GS 3/85, NZA 1990, 816; 29.9.2004 – 1 AZR 445/03, NZA 2005, 532; 19.10.2005 – 7 AZR 32/05, NZA 2006, 393; 18.7.2006 – 1 AZR 578/05, NZA 2007, 462; 12.12.2006 – 1 AZR 96/06, NZA 2007, 453; 12.4.2011 – 1 AZR 412/09, NZA 2011, 989; 7.6.2011 – 1 AZR 807/09, NZA 2011, 1234; 5.3.2013 – 1 AZR 417/12, NZA 2013, 916; HWGNRH/*Worzalla* Rn. 4; ErfK/*Kania* Rn. 1; HaKo-BetrVG/*Kohte* Rn. 4a; *Linsenmaier* RdA 2008, 1 [4]; *Linsenmaier* RdA 2014, 336 [337]; Richardi BetrVG/*Richardi* Rn. 6f.; vgl. aber auch Richardi BetrVG/*Richardi* § 77 Rn. 67; **aA** GK-BetrVG/*Gutzeit* Rn. 10f.; WPK/*Bender* Rn. 2). Die Annahme einer umfassenden Regelungsbefugnis ergibt sich im Umkehrschluss aus § 77 Abs. 3 S. 1, steht im Einklang mit den Gesetzesmaterialien und wird mittelbar bestätigt durch § 28 Abs. 1, Abs. 2 S. 1 SprAuG (→ § **77** Rn. **46 mwN**). Die den Betriebsparteien eingeräumte umfassende Betriebsautonomie ist unter Berücksichtigung der materiell-rechtlichen und organisationsrechtlichen gesetzlichen Vorgaben verfassungsrechtlich nicht zu beanstanden (BAG 12.12.2006 – 1 AZR 96/06, NZA 2007, 453; *Linsenmaier,* RdA 2008, 1 [5f.]). Damit unterscheidet sich die Regelungsbefugnis der Betriebsparteien nach dem BetrVG erheblich von derjenigen, die für freiwillige Dienstvereinbarungen nach dem BPersVG und einem Großteil der LPersVG besteht (vgl. RDW/*Weber* § 73 Rn. 17; *Albicker/Wiesenecker* NZA 2007, 842). So sind nach § 73 Abs. 1 S. 1 BPersVG Dienstvereinbarungen nur insoweit zulässig, wie sie das BPersVG ausdrücklich vorsieht (BAG 12.12.2006 – 1 AZR 96/06, NZA 2007, 453; RDW/*Weber* § 73 Rn. 17). Die Übernahme einer in der Praxis

ungewöhnlichen Verpflichtung durch den ArbGeb. – wie etwa zur Erhöhung der Gehälter von AT-Angestellten – muss in einer freiwilligen BV deutlich zum Ausdruck kommen (BAG 18.10.2011 – 1 AZR 376/10, AP BetrVG 1972 § 87 Lohngestaltung Nr. 140).

3 Neben den in der Vorschrift beispielhaft ausdrücklich bezeichneten Angelegenheiten kommen zahlreiche weitere **Regelungsgegenstände** in Betracht, wie etwa

- Altersgrenzen (BAG 7.11.1989 – GS 3/85, NZA 1990, 816; 5.3.2013 – 1 AZR 417/12, NZA 2013, 916; 13.10.2015 – 1 AZR 853/13, NZA 2016, 54 Rn. 13; 21.2.2017 – 1 AZR 292/15, NZA 2017, 738; → § 77 Rn. 62 mwN),
- Altersversorgung, betriebliche (BAG 16.7.1996 – 3 AZR 398/95, NZA 1997, 533),
- Arbeitsentgelt (BAG 21.1.2003 – 1 ABR 5/02, NZA 2003, 810; 12.4.2011 – 1 AZR 412/09, NZA 2011, 989; 7.6.2011 – 1 AZR 807/09, NZA 2011, 1234; 5.7.2011 – 1 AZR 94/10, AP BetrVG 1972 § 87 Lohngestaltung Nr. 139),
- Arbeitszeit (zur Dauer der wöchentlichen Arbeitszeit BAG 13.10.1987 – 1 ABR 10/86, NZA 1988, 251; zur Verkürzung der Arbeitszeiten älterer ArbN BAG 18.8.1987 – 1 ABR 30/86, NZA 1987, 779 – Leber-Rüthers-Kompromiss),
- Ausschlussfristen (BAG 9.4.1991 – 1 AZR 406/90, NZA 1991, 734; 12.12.2006 – 1 AZR 96/06, NZA 2007, 453, 5.5.2015 – 1 AZR 435/13, NZA 2015, 1207; → § 77 Rn. 64 mwN),
- Beendigung des Arbeitsverhältnisses (BAG 27.10.1988 – 2 AZR 109/88, NZA 1989, 643; 5.3.2013 – 1 AZR 417/12, NZA 2013, 916; → § 77 Rn. 61 mwN),
- „Bleibeprämien“ als Anreiz für den ArbN, bei Betriebsstilllegungen nicht von der nächsten Kündigungsmöglichkeit Gebrauch zu machen (BAG 9.12.2014 – 1 AZR 406/13, NZA 2015, 557; *Linsenmaier* FS Etzel, 2011, 239 [250]),
- BRAufgaben, Übertragung auf Arbeitsgruppen (→ § 28a Rn. 14 ff. mwN),
- Dienstkleidung, Kostentragung (BAG 13.2.2007 – 1 ABR 18/06, NZA 2007, 640; → § 77 Rn. 65 mwN),
- Gratifikationen,
- MBR des BR, Erweiterung (BAG 28.4.1998 – 1 ABR 43/97, NZA 1998, 1348; 23.8.2016 – 1 ABR 22/14, NZA 2017, 194 Rn. 39),
- Sozialpläne, freiwillige (BAG 26.8.1997 – 1 ABR 12/97, NZA 1998, 216; 14.11.2006 – 1 AZR 40/06, NZA 2007, 339),
- Tariföffnungsklausel für Verschiebung des Zeitpunkts einer Tariflohnerhöhung (BAG 22.5.2012 – 1 AZR 103/11, NZA 2012, 1110),
- Treueprämien,
- „Turboprämien“ für den Fall, dass der ArbN von der Erhebung einer KSchKlage absieht (→ §§ 112, 112a Rn. 198; BAG 31.5.2005 – 1 AZR 254/04, NZA 2005, 997; 18.5.2010 – 1 AZR 187/09, NZA 2010, 1304; 9.12.2014 – 1 AZR 146/13, NZA 2015, 438),
- Urlaubsdauer,
- Verpflichtung zur Gehaltserhöhung von AT-Angestellten (BAG 18.10.2011 – 1 AZR 376/10, AP BetrVG 1972 § 87 Lohngestaltung Nr. 140),
- Vertragsstrafen (→ § 77 Rn. 66),
- Weihnachtsgelder,
- Wiedereinstellungsanspruch gegen bisherigen ArbGeb. für den Fall, dass eine Beschäftigung beim Betriebserwerber nicht mehr möglich ist (BAG 19.10.2005 – 7 AZR 32/05, NZA 2006, 393; 14.3.2012 – 7 AZR 147/11, NJOZ 2012, 1782; 24.4.2013 – 7 AZR 523/11, NZA-RR 2014, 532; **aA** *Diehn* BB 2006, 1794).

Zu weiteren möglichen Regelungsgegenständen vgl. GK-BetrVG/*Gutzeit* Rn. 12.

4 Die Kompetenz der Betriebsparteien zur Regelung betrieblicher und arbeitsvertraglicher Fragen ist zwar umfassend, unterliegt aber **(Binnen-)Schranken** (iE → § 77 Rn. 52–123; BAG 5.3.2013 – 1 AZR 417/12, NZA 2013, 916; *Linsenmaier* RdA 2008, 1 [8]; *Linsenmaier* RdA 2014, 336 [337 f.]). Wichtige Beschränkungen ergeben sich insbes. aus höherrangigem Recht und den Individualrechten der ArbN (→ Rn. 8) sowie dem Tarifvorrang des § 77 Abs. 3 S. 1 (→ Rn. 9). Für Kollisionen

zwischen kollektiven und individualrechtlichen Regelungen gilt das Günstigkeitsprinzip (→ Rn. 10).

5 In BV können Regelungen über Angelegenheiten der erzwingbaren Mitbestimmung mit solchen **verknüpft** werden, die nicht erzwingbar sind (vgl. zur Nachwirkung einer „teilmitbestimmten" BV → § 77 Rn. 189). Bei freiwilligen Leistungen des ArbGeb. ist dies sogar der Normalfall. Hier entscheidet der ArbGeb. mitbestimmungsfrei, ob, an wen und in welcher Höhe er die Leistung überhaupt gewährt; dagegen unterliegen die Verteilungsgrundsätze der MB des BR nach § 87 Abs. 1 Nr. 10. Regelmäßig wird dann beides in einer BV festgelegt. In einer einheitlichen BV können aber auch Regelungen über mehrere unterschiedliche Gegenstände getroffen werden. Zur Frage sog **Koppelungsgeschäfte** → § 87 Rn. 27 mwN.

II. Zustandekommen, Inhalt, Wirkung, Kündigung und Nachwirkung freiwilliger Betriebsvereinbarungen

1. Zustandekommen

6 Ebenso wie im Bereich der notwendigen Mitbestimmung nach § 87 kommen auch freiwillige BV gem. § 77 Abs. 2 S. 1 durch eine von BR und ArbGeb. abzuschließende und **schriftlich niederzulegende Vereinbarung** zustande (→ § 77 Rn. 18 ff.). Diese ist gem. § 77 Abs. 2 S. 2 von beiden Seiten zu unterzeichnen (→ § 77 Rn. 21 ff.) und nach § 77 Abs. 2 S. 3 vom ArbGeb. an geeigneter Stelle im Betrieb auszulegen (→ § 77 Rn. 25 f.).

7 Anders als nach § 87 Abs. 2 in Angelegenheiten der notwendigen Mitbestimmung können weder ArbGeb. noch BR eine Regelung über die **E-Stelle** erzwingen. Da in den Angelegenheiten des § 88 der Spruch der E-Stelle die Einigung der Betriebsparteien nicht ersetzt, wird eine E-Stelle nicht auf Antrag nur einer Seite tätig (§ 76 Abs. 5 S. 1). Nach § 76 Abs. 6 S. 1 kann sie allerdings in Angelegenheiten der freiwilligen Mitbestimmung dann tätig werden, wenn beide Seiten dies beantragen oder mit ihrem Tätigwerden einverstanden sind. In diesem Fall ersetzt der Spruch der E-Stelle die Einigung zwischen ArbGeb. und BR nach § 76 Abs. 6 S. 2 dann, wenn sich ihm beide Seiten im Voraus unterworfen oder ihn nachträglich angenommen haben.

2. Inhalt

8 Die Regelungsbefugnis der Betriebsparteien ist begrenzt durch **höherrangiges zwingendes staatliches Recht** (iE → § 77 Rn. 52 ff.). Sie müssen den **Gleichbehandlungsgrundsatz** (→ § 75 Rn. 30 ff.), das **Benachteiligungsverbot des § 75 Abs. 1 S. 2,** die **Diskriminierungsverbote des AGG** (→ § 75 Rn. 58 ff.) sowie **grundrechtliche Wertentscheidungen** (→ § 75 Rn. 1, 25 ff.) beachten. Die **außerbetriebliche private Lebensführung** der ArbN ist ihrer Regelungsbefugnis grds. entzogen (→ § 77 Rn. 56 f.). Sie müssen gem. § 75 Abs. 1, Abs. 2 S. 1 die **grundrechtlich gewährleisteten Freiheitsrechte** und damit auch die durch Art. 2 Abs. 1 iVm Art. 1 Abs. 1 GG geschützte **allgemeine Handlungsfreiheit** und das **allgemeine Persönlichkeitsrecht** (aPR) der ArbN beachten (→ § 77 Rn. 58 mwN). In diese Rechte dürfen sie nur unter Beachtung des **Verhältnismäßigkeitsgrundsatzes** eingreifen (→ § 77 Rn. 58 ff. mit Einzelbeispielen und mwN). Auch darf das sich aus § 611 BGB ergebende Synallagma nicht beseitigt und die durch Art. 12 Abs. 1 GG geschützte Freiheit des ArbN zur Arbeitsplatzaufgabe nicht – durch eine Stichtagsklausel – unverhältnismäßig beschränkt werden (BAG 12.4.2011 – 1 ABR 412/09, NZA 2011, 989; 5.7.2011 – 1 AZR 94/10, AP BetrVG 1972 § 87 Lohngestaltung Nr. 139).

9 Eine wichtige Beschränkung der Betriebsparteien beim Abschluss freiwilliger BV ergibt sich ferner aus § 77 Abs. 3 S. 1. Der darin normierte **Tarifvorbehalt** hat gera-

de bei der freiwilligen Mitbestimmung seinen wesentlichen Anwendungsbereich (HaKo-BetrVG/*Kohte* Rn. 6). In Angelegenheiten, die der erzwingbaren Mitbestimmung des BR nach § 87 unterliegen, gilt die Sperre des § 77 Abs. 3 S. 1 nicht. Vielmehr ist hier eine betriebliche Regelung nur dann nach § 87 Abs. 1 Eingangssatz ausgeschlossen, wenn ein G oder ein TV, an den zumindest der ArbGeb. gebunden ist, die Angelegenheit abschließend und zwingend regelt (BAG 3.12.1991 – GS 2/90, NZA 1992, 749). Diese Einschränkung des Tarifvorbehalts des § 77 Abs. 3 S. 1 durch die sog „Vorrangtheorie" (→ § 77 Rn. 109ff.) gilt aber nur so weit, wie das MBR reicht (BAG 24.1.1996 – 1 AZR 597/95, NZA 1996, 948; 29.10.2002 – 1 AZR 573/01, NZA 2003, 393). Sie gilt daher nicht im Bereich der freiwilligen Mitbestimmung. Hier kann eine BV über Arbeitsentgelte oder sonstige Arbeitsbedingungen – zum Schutz der Funktionsfähigkeit der Tarifautonomie (vgl. etwa BAG 20.2.2001 – 1 AZR 233/00, NZA 2001, 903; 29.10.2002 – 1 AZR 573/01, NZA 2003, 393) – nicht geschlossen werden, soweit der Gegenstand tarifvertraglich geregelt ist oder üblicherweise geregelt wird. Etwas anderes gilt wiederum nach § 77 Abs. 3 S. 2 dann, wenn ein TV den Abschluss ergänzender BV ausdrücklich zulässt. Dies muss nicht wörtlich geschehen, im TV aber deutlich zum Ausdruck kommen (BAG 29.10.2002 – 1 AZR 573/01, NZA 2003, 393).

10 Für das Verhältnis von BV und individualvertraglichen Rechtspositionen gilt das **Günstigkeitsprinzip** (→ § 77 Rn. 196ff., 205ff.; BAG 16.9.1986 – GS 1/82, NZA 1987, 168; 7.11.1989 – GS 3/85, NZA 1990, 816). Nach ihm gehen günstigere einzelvertragliche Abreden den Regelungen einer BV trotz deren unmittelbarer und zwingender Wirkung grds. vor. Es beschränkt nicht etwa die Regelungskompetenz der Betriebsparteien (so aber *Kreutz* FS Konzen, 2006, 461 [46ff.]; *Kreutz* FS Schmidt-Jortzig, 2011, 753 [755]). Vielmehr handelt es sich um eine Kollisionsregel. Die kollektive und die individualrechtliche Regelung bestehen nebeneinander. Der ArbN kann sich aber auf die ihm günstigere Regelung berufen (BAG 28.6.2005 – 1 AZR 213/04, AP BetrVG § 77 BV Nr. 25; *Linsenmaier* RdA 2008, 1 [9]; *Linsenmaier* RdA 2014, 336 [338]). Das Günstigkeitsprinzip findet keine Anwendung in Fällen der sog **Betriebsvereinbarungsoffenheit,** in denen ArbGeb. und ArbN vereinbart haben, dass eine betriebliche Regelung der einzelvertraglichen vorgeht. Der Vorbehalt kann auch konkludent vereinbart werden (BAG 3.6.2003 – 1 AZR 349/02, NZA 2003, 1155; 24.8.2004 – 1 AZR 419/03, NZA 2005, 51; 17.7.2012 – 1 AZR 476/11, NZA 2013, 338; 5.3.2013 – 1 AZR 417/12, NZA 2013, 916; *Linsenmaier* RdA 2014, 336 [341ff.]). Das ist regelmäßig der Fall, wenn der Gegenstand in Allgemeinen Geschäftsbedingungen geregelt ist (BAG 5.3.2013 – 1 AZR 417/12, NZA 2013, 916; *Linsenmaier* RdA 2014, 336 [342ff.]; *Ubber/Massig* BB 2017, 2230, 2234; **aA** *Creutzfeld* NZA 2018, 1111; *Preis/Ulber* NZA 2014, 6 [8]; *Hromadka* NZA 2013, 1061; *Hromadka* FS Wank, 2015, S. 175; *Waltermann* SAE 2013, 94). Es gilt das **individuelle Günstigkeitsprinzip.** Dieses findet grds. auch auf arbeitsvertragliche Einheitsregelungen Anwendung (BAG 28.3.2000 – 1 AZR 366/99, NZA 2001, 49; **aA** *Bepler* RdA 2005, 226 [240f.]). Etwas Anderes gilt für freiwillige Sozialleistungen, die auf eine vom ArbGeb. gesetzte Einheitsregelung oder eine Gesamtzusage zurückgehen. Das betrifft insbes. die betriebliche Altersversorgung. Hier ist ein **kollektiver Günstigkeitsvergleich** vorzunehmen und die Gesamtheit der Leistungen vor und nach dem Abschluss der BV zu vergleichen. Das kann dazu führen, dass die Leistung für einzelne ArbN individuell geringer ist als zuvor (BAG GS 16.9.1986 – GS 1/82, NZA 1987, 168; BAG 28.3.2000 – 1 AZR 366/99, NZA 2001, 49).

3. Wirkung

11 Für freiwillige BV nach § 88 gilt § 77. Der ArbGeb. muss daher auch eine freiwillige BV gem. § 77 Abs. 1 S. 1 durchzuführen (BAG 13.10.1987 – 1 ABR 51/86, NZA 1988, 253; DKKW/*Berg* Rn. 7).

Auch freiwillige BV gelten nach § 77 Abs. 4 S. 1 **unmittelbar und zwingend** (→ § 77 Rn. 124ff.). Werden den ArbN durch die BV Rechte eingeräumt, können sie darauf nach § 77 Abs. 4 S. 2 nur mit Zustimmung des BR verzichten (→ § 77 Rn. 131ff.). Die Verwirkung der Rechte ist nach § 77 Abs. 4 S. 3 ausgeschlossen (→ § 77 Rn. 137). Einzelvertragliche Ausschlussfristen können nach § 77 Abs. 4 S. 4 für die Geltendmachung dieser Rechte nicht vereinbart werden (→ § 77 Rn. 138ff.). 12

4. Kündigung und Nachwirkung

Auch freiwillige BV sind nach § 77 Abs. 5, sofern nichts anderes vereinbart ist, mit einer Frist von drei Monaten kündbar. Die **Kündbarkeit** kann ausgeschlossen werden (BAG 10.3.1992 – 3 ABR 54/91, NZA 1993, 234). Bei Kündigungen von BV über betriebliche Altersversorgung sind die Wirkungen durch die Grundsätze des Vertrauensschutzes und der Verhältnismäßigkeit begrenzt (→ § 77 Rn. 149; BAG 10.3.1992 – 3 ABR 54/91, NZA 1993, 234; 11.5.1999 – 3 AZR 21/98, NZA 2000, 322). 13

Freiwillige BV wirken nach Ablauf der Kündigungsfrist nicht nach. **Nachwirkung** kann jedoch vereinbart werden (BAG GS 16.3.1956 – GS 1/55, NJW 1956, 1086; BAG 28.4.1998 – 1 ABR 43/97, NZA 1998, 1348). Eine solche Vereinbarung ist im Regelfall dahin auszulegen, dass die Nachwirkung auch gegen den Willen einer Seite beendet werden kann. Scheitern die Bemühungen um eine einvernehmliche Neuregelung, kann jede Betriebspartei die Einigungsstelle anrufen, die verbindlich entscheidet. Die Parteien werden so behandelt, als ob sie sich nach § 76 Abs. 6 von vornherein dem Spruch der E-Stelle unterworfen hätten (BAG 28.4.1998 – 1 ABR 43/97, NZA 1998, 1348). Zur Frage der teilweisen oder vollständigen Nachwirkung teilmitbestimmter BV → § 77 Rn. 189ff. 14

III. Die ausdrücklich genannten Angelegenheiten

1. Verhütung von Arbeitsunfällen und Gesundheitsschädigungen

Im Interesse eines weiteren Ausbaus der **Arbeitssicherheit** und des **Gesundheitsschutzes** sieht Nr. 1 auf diesem Gebiet ausdrücklich **freiwillige BV** über „zusätzliche Maßnahmen" vor. Das sind solche, zu denen der ArbGeb. nicht ohnehin bereits auf Grund rechtlicher Bestimmungen verpflichtet ist (GK-BetrVG/*Gutzeit* Rn. 14). Etwaige MBR des BR an derartigen Maßnahmen – zB § 87 Abs. 1 Nr. 1 oder Nr. 6 – bleiben unberührt (BAG 24.3.1981 – 1 ABR 32/78, NJW 1982, 404; GK-BetrVG/*Gutzeit* Rn. 15; Richardi BetrVG/*Richardi* Rn. 13). 15

Im Bereich der Sicherheitstechnik kommen als zusätzliche Maßnahmen in Betracht: Verbesserung der Arbeitshygiene, die Verwendung von technischen Einrichtungen, von Werkstoffen oder die Bereitstellung von Körperschutzmitteln mit höherer Sicherheitsqualität als nach dem Stand der Technik üblicherweise in vergleichbaren Betrieben eingeführt; zusätzliche Schutzmaßnahmen; Festlegung von Höchstgeschwindigkeiten im Werksgelände und von Höchstdrehzahlen für Maschinen; regelmäßige vorsorgliche Auswechselung sicherheitswichtiger Verschleißteile; Verwendung von Sicherheitsfarben und -kennzeichnungen (DIN 4818, 4819 [4844]). 16

Als organisatorische Maßnahmen kommen in Betracht: Einrichtung einer Unfallstation, Durchführung von Vorsorgemaßnahmen, zusätzliche Freistellungen zB von Sicherheitsbeauftragten; überschaubare Arbeitsbereiche für Sicherheitsbeauftragte; inner- und außerbetriebliche Sicherheitsschulungen (insbes. für ArbN an gefährlichen oder – andere Personen – gefährdenden Arbeitsplätzen sowie für Führungskräfte); kombinatorische Unfallstatistik; bessere Ausgestaltung der Arbeitsumgebung (zB Licht- und Luftverhältnisse, Raumklima, Lärm), Erstellung eines Lärmkatasters; Sicherheitspaten für Anfänger; Beteiligung des BR an Messungen und Nachmessun- 17 gen, soweit er nicht schon nach sonstigen Vorschriften zu beteiligen ist; arbeitsschutzrechtliche Schwerpunkt- oder Sonderprogramme; verbindliche Einführung eines Verf. zur genauen Aufklärung von Unfallhergängen (vgl. die von der BAuA herausgegebene Unterrichtungshilfe); Sicherheitswettbewerbe; Prämien für sicherheitsgemäßes Verhalten oder für das Tragen von unbequemen oder ungewohnten Körperschutzmitteln (ggf. in Verbindung mit der Festlegung von Entlohnungsgrundsätzen nach § 87 Abs. 1 Nr. 10); Regelungen über die Prüfung neu eingeführter Arbeitsmittel durch den Sicherheitsingenieur oder über die Anwesenheit des verantwortlichen Vorgesetzten bei Improvisationen (vgl. für den Probebetrieb § 42 VGB 1); Regelungen über die allgemeine Sicherheitspolitik des Betriebs und Unternehmens und der Mittel für ihre Bekanntgabe an die Führungskräfte; Aufklärungsaktionen gegen Alkoholismus; Verbesserung der Arbeitshygiene; Einrichtung einer Unfallstation; Einführung von freiwilligen Reihenuntersuchungen, Vorsorge- und Rehabilitationsmaßnahmen.

2. Maßnahmen des betrieblichen Umweltschutzes

18 Durch freiwillige BV nach Nr. 1a können die Betriebspartner dem BR im Rahmen seiner funktionellen Zuständigkeit über seine gesetzlichen Beteiligungsrechte hinausgehende Einflussmöglichkeiten auf die Gestaltung des **betrieblichen Umweltschutzes** einräumen. **§ 89 Abs. 3** enthält eine Legaldefinition dieses Begriffs (→ § **89** Rn. **8 f.**). Zu möglichen Maßnahmen und dabei bestehenden Beteiligungsrechten des BR → § 89 Rn. 5 ff. Die Betriebsparteien können in einer BV zB ein allgemeines Unterrichtungs- und Beratungsrecht des BR in allen umweltschutzrelevanten Angelegenheiten vorsehen, etwa über Genehmigungsverfahren und Sicherheitsanalysen, über Behördengespräche einschl. einer Beteiligung des BR, über beabsichtigte umweltschutzrelevante Maßnahmen des ArbGeb. wie die Einführung umweltschutzfreundlicher Techniken und Erstellung umweltschutzfreundlicher Produkte, über Fragen der Abfallentsorgung, eines Öko-Controlling oder von Öko-Bilanzen. Durch Vereinbarungen nach Nr. 1a können (gemeinsame) Umweltschutzausschüsse gebildet und ihre Aufgaben sowie die Hinzuziehung von Sachverständigen und die Fortbildung der ArbN und der BRMitgl. in Fragen des Umweltschutzes geregelt werden (vgl. dazu näher *Froschauer* ArbR S. 206 ff.; *Teichert/Küppers* WS I-Mitt. 1990, 755; *Schmidt* WSI-Mitt. 1993, 330; *Teichert* AiB 1994, 238).

19 Nr. 1a betrifft nur Maßnahmen des betrieblichen Umweltschutzes. Der BR hat **kein generelles umweltpolitisches Mandat** (→ § 89 Rn. 10; BT-Drs. 14/5741, 48). Gleichwohl können sich Maßnahmen des betrieblichen Umweltschutzes auch außerbetrieblich auswirken (GK-BetrVG/*Kreutz* Rn. 25). Hierüber geschlossene BV sind nicht etwa aus diesem Grund unwirksam.

3. Errichtung von Sozialeinrichtungen

20 Nr. 2 ergänzt § 87 Abs. 1 Nr. 8 (→ § 87 Rn. 334 ff.). Die Errichtung einer Sozialeinrichtung kann Gegenstand einer freiwilligen, nicht erzwingbaren BV sein. In dieser BV können ArbGeb. und BR die **Höhe der Mittel** und den **Zweck** der Sozialeinrichtung vereinbaren (ErfK/*Kania* Rn. 5).

21 Der **Wirkungskreis** der Sozialeinrichtung kann sich, wie bei § 87 Abs. 1 Nr. 8, auf den Betrieb, das Unternehmen oder den Konzern erstrecken. Danach richtet sich die funktionale Zuständigkeit der ArbNVertr. (BR, GesBR oder KBR). Durch freiwillige BV können auch Einrichtungen in verbundenen Unternehmen geschaffen werden, die nicht in einem Konzernverhältnis stehen (DKKW/*Berg* Rn. 23).

22 Auch BV über die **Änderung** des Zwecks, der Mittel oder der **Schließung** und die damit verbundene **Abwicklung** der Einrichtung sind möglich.

23 Der mitbestimmungspflichtige und der mitbestimmungsfreie Teil der Angelegenheit, können zusammen in **einer** BV geregelt werden (ErfK/*Kania* Rn. 5).

4. Förderung der Vermögensbildung

Nr. 3 weist auf die Bedeutung der Vermögensbildung in ArbNHand hin. BV sind möglich im Hinblick auf das **VermögensbildungsG.** In BV kann aber auch die Vermögensbildung auf **andere Weise** gefördert werden, etwa durch Beteiligung am Betriebsvermögen, Ausgabe von Beteiligungspapieren (BAG 28.11.1989 – 3 AZR 118/88, NZA 1990, 559). Über Modelle und Erfahrungen der betrieblichen Vermögensbildung vgl. *Gast/Wissmann* BB 1987 Beil. 17. 24

Streitig ist, ob freiwillige BV trotz § 77 Abs. 3 S. 1 zulässig sind, wenn ein TV Fragen der Vermögensbildung regelt. Nachdem der Gesetzgeber diesen Regelungsgegenstand, der anders als die anderen Beispiele in § 88 üblicherweise durch TV geregelt wird, ausdrücklich als Beispiel für freiwillige BV normiert, erscheint insoweit eine restriktive Auslegung des **Tarifvorbehalts** in § 77 Abs. 3 S. 1 vertretbar (ebenso Richardi BetrVG/*Richardi* Rn. 29; DKKW/*Berg* Rn. 26; **aA** ErfK/*Kania* Rn. 6; GK-BetrVG/*Gutzeit* Rn. 33). Bei der Verteilung der vom ArbGeb. für vermögenswirksame Leistungen zur Verfügung gestellten Mittel hat der BR nach § 87 Abs. 1 Nr. 10 mitzubestimmen (Richardi BetrVG/*Richardi* Rn. 31). 25

5. Integration ausländischer Arbeitnehmer und Bekämpfung der Fremdenfeindlichkeit

Nr. 4 korrespondiert mit der allgemeinen Aufgabe des BR nach **§ 80 Nr. 7.** Danach kann der BR beim ArbGeb. entspr. Maßnahmen beantragen. Der ArbGeb. muss diese mit dem BR beraten. Ergebnis der Beratungen kann eine freiwillige BV sein. 26

In der BV können das erwünschte und das unerlaubte Verhalten generell beschrieben, **Maßnahmen bei Zuwiderhandlungen** geregelt und gemeinsame Ausschüsse gebildet werden. Möglich sind Aufklärungsaktionen, Veranstaltungen, Fortbildungsmaßnahmen für ArbN, Bestellung von Ansprechpartnern und Beauftragten. Die Bekämpfung von Rassismus und Fremdenfeindlichkeit kann auch durch **Belohnung des erwünschten Verhaltens** erfolgen. 27

Soweit MBR nach § 87 bestehen (etwa nach Nr. 1), kommen mitbestimmte, weitergehende und ergänzende Regelungen in Betracht. 28

6. Maßnahmen zur Eingliederung schwerbehinderter Menschen

Durch Art. 18 Abs. 1 Nr. 2 des Gesetzes zur Stärkung der Teilhabe und Selbstbestimmung von Menschen mit Behinderungen (Bundesteilhabegesetz – BTHG) vom 23.12.2016 (BGBl. I S. 3234) wurde in § 88 als Nr. 5 eingefügt: „Maßnahmen zur Eingliederung schwerbehinderter Menschen". Die Ergänzung „stellt klar, dass auch Maßnahmen zur Eingliederung schwerbehinderter Menschen Gegenstand einer freiwilligen BV sein können" (BT-Drs. 18/9522 S. 349). Sie bringt damit materiellrechtlich nichts Neues, macht aber deutlich, welche Bedeutung der Gesetzgeber der Eingliederung schwerbehinderter Menschen beimisst. Durch die Klarstellung sollen „BR ermutigt werden, gemeinsam mit der SchwbVertr. Verhandlungen über Inklusionsvereinbarungen aufzunehmen" (HaKo-BetrVG/*Kohte* § 88 Rn. 21). 29

Das dogmatische Verhältnis zwischen einer Inklusionsvereinbarung iSv von § 166 Abs. 1 SGB IX (vormals § 83 Abs. 1 SGB IX 2001) und einer BV iSv. Nr. 5 ist dadurch nicht geklärt (vgl. dazu *Düwell* in LPK-SGB IX, § 166 Rn. 13 f.; Schaub ArbR-HdB/*Koch* § 180 Rn. 16; ErfK/*Rolfs* § 166 SGB IX Rn. 1; GK-BetrVG/*Gutzeit* Rn. 39). Die Inklusionsvereinbarung ist keine BV, sondern eine Vereinbarung eigener Art (ErfK/*Rolfs* § 166 SGB IX Rn. 1). Während BV iSv. § 88 zwischen ArbGeb. und BR, bzw. GesBR oder KBR geschlossen werden, treffen nach § 166 Abs. 1 SGB IX eine Inklusionsvereinbarung der ArbGeb. mit der SchwbVertr. und den in § 176 SGB IX genannten Vertr.– also dem BR – in Zusammenarbeit mit dem 30

Inklusionsbeauftragten des ArbGeb. (§ 181 SGB IX). Anders als § 77 Abs. 2 S. 1 und 2 für BV sieht das G für Inklusionsvereinbarungen keine bestimmte Form vor (*Düwell* in LPK-SGB IX, § 166 Rn. 13). Während eine – auch freiwillige - BV nach § 77 Abs. 4 S. 1 unmittelbare und zwingende normative Wirkung entfaltet, ist dies nach zutr. Auffassung bei einer Inklusionsvereinbarung iSv § 166 Abs. 1 SGB IX nicht der Fall (vgl. *Düwell* in LPK-SGB IX, § 166 Rn. 14; Schaub ArbR-HdB/*Koch* § 180 Rn. 16). Bei einer Inklusionsvereinbarung handelt es sich vielmehr um einen „mehrseitigen kollektivrechtlichen Vertrag eigener Art", der regelmäßig nur im Verhältnis zwischen ArbGeb., SchwbVertr. und BR Verbindlichkeit beansprucht und in erster Linie ein Steuerungsinstrument darstellt (vgl. *Düwell* in LPK-SGB IX, § 166 Rn. 10f.). Nicht von vorneherein ausgeschlossen erscheint es allerdings, eine Inklusionsvereinbarung als einen Vertrag zugunsten Dritter iSv § 328 Abs. 1 BGB auszugestalten und so schuldrechtliche Ansprüche schwerbehinderter Menschen zu begründen (vgl. ErfK/*Rolfs* § 166 SGB IX Rn. 2; *Düwell* in LPK-SGB IX, § 166 Rn. 11).

31 Insbesondere auch wegen der unterschiedlichen Rechtswirkungen ist beim Abschluss derartiger Vereinbarungen das vom BAG entwickelte Gebot der Rechtsquellenklarheit (vgl. BAG 14.4.2008 – 1 AZR 86/07, NZA 2008, 1074; 12.4.2017 – 7 AZR 446/15, NZA 2017, 1125; 26.9.2017 – 1 AZR 717/15, NZA 2018, 803) zu beachten. Es muss also zweifelsfrei feststellbar sein, ob es sich bei der getroffenen Vereinbarung um eine Inklusionsvereinbarung nach § 166 Abs. 1 SGB IX oder um eine freiwillige BV iSv. Nr. 5 handeln soll. Unklarheiten über die Normurheberschaft können dazu führen, dass die Vereinbarung jedenfalls nicht die normative Wirkung nach § 77 Abs. 4 S. 1 zu entfalten in der Lage ist.

IV. Streitigkeiten

32 Streitigkeiten über **Bestehen, Inhalt und Durchführung von BV** entscheidet das ArbG im BeschlVerf. (§ 2a ArbGG). **Ansprüche einzelner ArbN aus einer BV** sind im Urteilsverf. geltend zu machen (§ 2 Abs. 1 Nr. 3 ArbGG). Zu den Besonderheiten des BeschlVerf. vgl. Anh. 3.

§ 89 Arbeits- und betrieblicher Umweltschutz

(1) [1]**Der Betriebsrat hat sich dafür einzusetzen, dass die Vorschriften über den Arbeitsschutz und die Unfallverhütung im Betrieb sowie über den betrieblichen Umweltschutz durchgeführt werden.** [2]**Er hat bei der Bekämpfung von Unfall- und Gesundheitsgefahren die für den Arbeitsschutz zuständigen Behörden, die Träger der gesetzlichen Unfallversicherung und die sonstigen in Betracht kommenden Stellen durch Anregung, Beratung und Auskunft zu unterstützen.**

(2) [1]**Der Arbeitgeber und die in Absatz 1 Satz 2 genannten Stellen sind verpflichtet, den Betriebsrat oder die von ihm bestimmten Mitglieder des Betriebsrats bei allen im Zusammenhang mit dem Arbeitsschutz oder der Unfallverhütung stehenden Besichtigungen und Fragen und bei Unfalluntersuchungen hinzuzuziehen.** [2]**Der Arbeitgeber hat den Betriebsrat auch bei allen im Zusammenhang mit dem betrieblichen Umweltschutz stehenden Besichtigungen und Fragen hinzuzuziehen und ihm unverzüglich die den Arbeitsschutz, die Unfallverhütung und den betrieblichen Umweltschutz betreffenden Auflagen und Anordnungen der zuständigen Stellen mitzuteilen.**

(3) **Als betrieblicher Umweltschutz im Sinne dieses Gesetzes sind alle personellen und organisatorischen Maßnahmen sowie alle die betrieblichen Bauten, Räume, technische Anlagen, Arbeitsverfahren, Arbeitsabläufe und Arbeitsplätze betreffenden Maßnahmen zu verstehen, die dem Umweltschutz dienen.**

(4) **An Besprechungen des Arbeitgebers mit den Sicherheitsbeauftragten im Rahmen des § 22 Abs. 2 des Siebten Buches Sozialgesetzbuch nehmen vom Betriebsrat beauftragte Betriebsratsmitglieder teil.**

(5) **Der Betriebsrat erhält vom Arbeitgeber die Niederschriften über Untersuchungen, Besichtigungen und Besprechungen, zu denen er nach den Absätzen 2 und 4 hinzuzuziehen ist.**

(6) **Der Arbeitgeber hat dem Betriebsrat eine Durchschrift der nach § 193 Abs. 5 des Siebten Buches Sozialgesetzbuch vom Betriebsrat zu unterschreibenden Unfallanzeige auszuhändigen.**

Inhaltsübersicht

I. Vorbemerkung

1 Die Beteiligung des BR bei der Durchführung der gesetzlichen Vorschriften über den Arbeitsschutz ist eine seiner wichtigsten Aufgaben. Sie dient unmittelbar der Erhaltung von **Leben und Gesundheit der ArbN.** Mittelbar wird durch die Verhütung von Arbeitsunfällen der Betrieb von Unfallkosten und Betriebsstörungen entlastet. § 89 ergänzt die Bestimmungen der §§ 80 Abs. 1 Nr. 1 und Nr. 9, 81 Abs. 1 S. 2, 87 Abs. 1 Nr. 7, 88 Nr. 1, §§ 90, 91, § 106 Abs. 3 Nr. 5a und § 115 Abs. 7 Nr. 7 (HWGNRH/*Worzalla* Rn. 1; WPK/*Bender* Rn. 1). Im Gegensatz zu § 87 Abs. 1 Nr. 7, der die MB des BR bei der Aufstellung betrieblicher Regelungen über den Arbeits- und Gesundheitsschutz betrifft, zielen Aufgaben des BR nach § 89 in erster Linie auf die **Sicherstellung der tatsächlichen Durchführung des Arbeitsschutzes** im Betrieb (*Kittner/Pieper* PersR 2005, 339).

2 Die Vorschrift wurde durch das **BetrVerf-ReformG** in mehrfacher Hinsicht ergänzt. Diese Änderungen tragen der gewachsenen Bedeutung des Umweltschutzgedankens Rechnung (GK-BetrVG/*Gutzeit* Rn. 3). Das geht zurück auf Art. 20a GG. Danach ist es Aufgabe des Staates, die natürlichen Lebensgrundlagen zu schützen. Diesem Auftrag kommt jetzt auch das BetrVG mit der Erweiterung der Überwachungs- und Unterstützungspflichten des BR in den Angelegenheiten des **betrieblichen Umweltschutzes** nach. Die Regelungen in § 89 sollen dem BR dazu anhalten, bei seinen Aktivitäten umweltschutzrelevante Aspekte und Auswirkungen zu prüfen und bei seinen Entscheidungen zu berücksichtigen (BT-Drs. 14/5741, 48). IE betreffen die Änderungen die durch § 80 Abs. 1 Nr. 9 jetzt ausdrücklich in den Katalog der allgemeinen Aufgaben aufgenommenen Verpflichtung, neben den Maßnahmen des Arbeitsschutzes auch solche des betrieblichen Umweltschutzes zu fördern (→ § 80 Rn. 45 ff.). Insoweit greift die Erweiterung des § 89 um das Thema des betrieblichen Umweltschutzes die bereits vom BAG anerkannten **Wechselwirkungen zwischen Arbeitsschutz und Umweltschutz** auf (BAG 11.10.1995 – 7 ABR 42/94, NZA 1996, 934). Ziel dieser Regelungen ist es, dem BR in Fragen des betrieblichen Umweltschutzes eine vergleichbare Rechtsstellung einzuräumen wie in

den Fragen des Arbeitsschutzes (BT-Drs. 14/5741, 48). Darüber hinaus hat das BetrVerf-ReformG den BR in § 45 S. 1 ausdrücklich berechtigt, umweltpolitische Fragen auf einer BetriebsVerslg. zu behandeln. Ergänzend dazu verpflichtet § 43 Abs. 2 S. 3 den ArbGeb., in seinem Jahresbericht auf den betrieblichen Umweltschutz einzugehen. Fragen des betrieblichen Umweltschutzes gehören nach der Ergänzung des § 106 Abs. 3 um die Nr. 5a zu den vom WiAusschuss zu behandelnden wirtschaftlichen Angelegenheiten. Zur Konkretisierung dieser Aufgaben, Pflichten und Befugnisse definiert der neue Abs. 3 den Begriff des betrieblichen Umweltschutzes.

3 Die **Zuständigkeit des BR** nach § 89 umfasst zudem den gesamten Arbeitsschutz im weiten Sinne einschl. des öffentlich-rechtlichen sozialen Arbeitsschutzes (GK-BetrVG/*Gutzeit* Rn. 8; *Reichel/Meyers* RdA 2003, 101; *Kittner* FS Däubler, 1999, 590 [695]). Dazu zählen staatliche Arbeitsschutzvorschriften wie die von den Berufsgenossenschaften nach § 15 SGB VII erlassenen UVV (HWGNRH/*Worzalla* Rn. 3). Sie sind darauf ausgerichtet oder sollen dazu beitragen, die Sicherheit und den Gesundheitsschutz der Beschäftigten bei der Arbeit zu gewährleisten.

3a Entsprechende Vorschrift: § 81 BPersVG.

II. Betrieblicher Umweltschutz

1. Arbeitsschutz und Umweltschutz

4 Im **Verhältnis von Arbeitsschutz und Umweltschutz** (dazu *Kothe* FS Däubler, 1999, 639) geht es um die Frage, ob und ggf. welche Möglichkeiten das BetrVG bietet, um einen positiven Beitrag zu einer gesunden Umwelt zu leisten (vgl. Analyse von *E. Schmidt,* Mitbestimmung und die Regulierung des Umweltschutzes auf betrieblicher und überbetrieblicher Ebene, 1997, 32ff., 40ff.; *Froschauer* ArbR S. 2ff., 60ff., dort auch näheres zum Begriff des Umweltschutzes; *Kloepfer* DB 1993, 1129). Beeinträchtigungen der Umwelt, zB durch gefährliche Stoffe, Emissionen oder Strahlen, gefährden zugleich Leben und Gesundheit der ArbN. Das auszuschließen oder zu minimieren ist Aufgabe des Arbeitsschutzes. Diese **sachlichen Zusammenhänge und Berührungspunkte** zwischen Arbeitsschutz und Umweltschutz sind in verschiedenen gesetzlichen Regelungen anerkannt (*Reichel/Meyers* RdA 2003, 101). So dient sowohl das ChemG (vgl. §§ 1, 19) als auch die GefStoffV (vgl. § 1) gleichzeitig dem Arbeits- und dem Umweltschutz. Das Gleiche gilt für die StörfallV. Nach § 11 Abs. 4 StörfallV hat der Betreiber nicht nur die zuständige Behörde, sondern auch den BR von einem eingetretenen Störfall zu unterrichten. Ferner ist auf die Beteiligungsrechte des BR bei der Bestellung des Immissionsschutzbeauftragten (§ 55 Abs. 1a BImSchG), des Störfallbeauftragten (§ 58c BImSchG) und des Beauftragten für biologische Sicherheit (§ 16 Abs. 1 GenTS V) ebenso hinzuweisen wie auf die Pflicht des Strahlenschutzbeauftragten (§ 30 Abs. 3 StrSchV, § 14 RöntgenV) und des Beauftragten für biologische Sicherheit (§ 18 Abs. 1 Nr. 2 GenTS V).

5 Innerbetriebliche Maßnahmen haben in nicht seltenen Fällen unmittelbare oder mittelbare umweltrelevante Auswirkungen. Soweit derartige Maßnahmen den Beteiligungsrechten des BR unterliegen, kann dieser durch sachgerechte Wahrnehmung seiner Rechte auch Einfluss auf eine umweltschützende Arbeits- und Betriebsgestaltung nehmen (BAG 11.10.1995 – 7 ABR 42/94, NZA 1996, 934). Als in diesem Sinne **umweltschutzrelevant** sind zB **folgende Beteiligungsrechte:** § 106 Abs. 3 Nr. 1, 3 bis 5a (bei der Beratung der wirtschaftlichen und finanziellen Lage des Unternehmens, des Produktions- und Investitionsprogramms, der Fabrikations- und Arbeitsmethoden und der Rationalisierungsvorhaben auch Erörterung von gebotenen Umweltschutzmaßnahmen, zB umweltschutzfreundliche Produkte oder Produktionsverfahren); § 90 (eine ordnungsgemäße Gestaltung der betrieblichen Räume, technischen Anlagen, Arbeitsverfahren und Arbeitsabläufe sowie der Arbeitsplätze hat in aller Regel auch eine umweltbeeinflussende Wirkung); § 87 Abs. 1 Nr. 1 (zB

umweltfreundliche Parkplatzgestaltung, Mülltrennung); § 87 Abs. 1 Nr. 7 (Arbeitssicherheit ist in gefährlichen Betrieben stets auch Umweltschutz); § 87 Abs. 1 Nr. 8 (umweltschutzbewusste Ausgestaltung betrieblicher Sozialeinrichtungen, zB abfallvermeidende Kantinenorganisation); § 87 Abs. 1 Nr. 10 (ggf. Bezuschussung der Benutzung umweltfreundlicher Verkehrsmittel durch ArbN); § 87 Abs. 1 Nr. 12 (Belohnung umweltschutzrelevanter Verbesserungsvorschläge); § 89 (Zusammenarbeit auch mit den für den Umweltschutz zuständigen Stellen und Beauftragten); § 80 Abs. 1 Nr. 1 (Überwachung der Beachtung der in aller Regel auch zugunsten der ArbN wirkenden Umweltschutzgesetze); § 80 Abs. 1 Nr. 2 (Beantragung von Maßnahmen zugunsten der ArbN oder des Betriebs mit besonderer Umweltschutzrelevanz). Durch freiwillige BV nach § 88 iVm § 80 Abs. 1 Nr. 9 können die Betriebspartner im Rahmen ihrer funktionellen Zuständigkeit weitergehende Einflussmöglichkeiten auf die betriebliche Umweltschutzgestaltung vorsehen (→ § 88 Rn. 14). In der chemischen Industrie sind bereits eine Reihe diesbezüglicher BV abgeschlossen worden (Sammlung BV „Umweltschutz“ Hrsg. IG BCE). Fragen des betrieblichen Umweltschutzes können auch Gegenstand einer BetriebsVerslg. nach § 45 S. 1 oder der individualrechtlichen Unterrichtungs- und Erörterungspflicht des ArbGeb. nach § 81 (→ § 81 Rn. 6), des Anhörungs- und Erörterungsrechts des ArbN nach § 82 sowie seines Beschwerderechts nach §§ 84, 85 oder seines Vorschlagsrechts nach § 86a sein. Zu möglichen Ansatzpunkten einer Einflussnahme auf den betrieblichen Umweltschutz (vgl. *Froschauer* ArbR S. 160 ff.).

Eine kontinuierliche Verbesserung der Umweltleistungen von Organisationen hat 6
die VO des Europäischen Parlaments und des Rates über die freiwillige Beteiligung von Organisationen an einem Gemeinschaftssystem für das Umweltmanagement und die Umweltbetriebsprüfung (EMAS) zum Ziel. Seit dem 11.1.2010 beruht **EMAS** auf der VO (EG) Nr. 1221/2009 (ABl. 2009 L 342). Die Teilnahme an EMAS (Eco-Management and Audit Scheme) ist freiwillig (Art. 1 VO). Für die EMAS-Eintragung muss das Unternehmen seine Tätigkeiten, Produkte und Dienstleistungen nach den in der VO aufgeführten Kriterien einer Umweltprüfung unterziehen. Diese ist Grundlage eines von der Unternehmensleitung zu schaffenden Umweltmanagementsystems. Der Betrieb muss außerdem eine Umwelterklärung erstellen, in der die umweltrelevanten Tätigkeiten und Daten (Ressourcen- und Energieverbrauch, Emissionen, Abfälle etc) aufzuführen sind. Wesentliches Ziel von EMAS ist es, die Beschäftigten in den Prozess der kontinuierlichen Verbesserung der Umweltleistung einzubeziehen.

Weitere Informationen sind abrufbar unter www.emas.de; www.dau-bonn-gmbh. 6a
de; www.dakks.de

Die Teilnahme eines Unternehmens an EMAS berührt **Beteiligungsrechte des** 7
BR (HWGNRH/*Worzalla* Rn. 23). Der BR kann nach § 80 Abs. 1 Nr. 2 die Teilnahme an EMAS anregen. Hinsichtlich der darauf gerichteten unternehmerischen Entscheidung steht ihm keine MBR zu (GK-BetrVG/*Gutzeit* Rn. 48). Dem BR ist nach Abs. 5 eine Niederschrift der Umweltprüfung und der für die Öffentlichkeit bestimmte Umwelterklärung zu überlassen. Planungen für die Erstellung eines Umweltprogramms lösen neben dem Beteiligungsrecht nach § 89 Abs. 2 S. 2 auch das Unterrichtungs- und Beratungsrecht nach § 90 Abs. 1 Nr. 3 aus. Bei der Bereitstellung des Personals, das nach Anh. A 4.1. zur Einführung und Durchführung der umweltpolitischen Ziele und der darauf gerichteten Planungen erforderlichen ist, können MBR bei personellen Einzelmaßnahmen betroffen sein (§ 99). Bei den durch Anh. I A 4.2. vorgegebenen Schulungen kommen die Beteiligungsrechte nach §§ 96 ff. in Betracht (vgl. GK-BetrVG/*Gutzeit* Rn. 54).

2. Betrieblicher Umweltschutz

Nunmehr enthält § 89 Abs. 3 eine für das gesamte G geltende **Definition** des Be- 8
griffs **des betrieblichen Umweltschutzes.** Dabei wird allerdings auf eine Konkretisierung des Merkmals „Umweltschutz“ verzichtet (DKKW/*Buschmann* Rn. 59 f.).

Die sehr weitgefasste Begriffsbestimmung knüpft an bestimmten, im G näher bezeichneten Maßnahmen an. Das G trennt zwischen personellen und organisatorischen Maßnahmen und solchen, die betriebliche Bauten, Räume, technische Anlagen, Arbeitsverfahren, Arbeitsabläufe und Arbeitsplätze betreffen. Ihnen allen ist gemeinsam, dass es sich um Maßnahmen handelt, die dem ArbGeb. zuzuordnen und von ihm zu treffen sind. Das gilt unabhängig davon, wer diese Maßnahme veranlasst hat. Das G stellt einen funktionalen Bezug zum Betrieb her. Daraus folgt jedoch keine Beschränkung auf den innerbetrieblichen Bereich (HWGNRH/*Worzalla* Rn. 7). Beschrieben wird in Abs. 3 lediglich der Anknüpfungspunkt für Maßnahmen des betrieblichen Umweltschutzes (*Reichel/Meyers* RdA 2003, 101). Diese können sich innerhalb oder außerhalb des Betriebs umweltschützend auswirken. Erfasst werden alle vom **Betrieb und dessen Organisation** ausgehenden Auswirkungen auf die Umwelt (*Hanau* RdA 2001, 65; GK-BetrVG/*Gutzeit* Rn. 32).

9 Um betrieblichen Umweltschutz handelt es sich, wenn diese Maßnahmen dem Umweltschutz dienen. Das G setzt – wie andere Umweltschutzgesetze auch – den **Begriff des Umweltschutzes** voraus; es definiert ihn nicht (GK-BetrVG/*Gutzeit* Rn. 28). Der Begriff des Umweltschutzes kann in Anlehnung an § 2 des Kommissionsentwurfs zur Kodifizierung des Umweltgesetzbuches bestimmt werden (DKKW/*Buschmann* Rn. 60; *Konzen* RdA 2001, 76; ausf. *Reichel/Meyer* RdA 2003, 101). **Umweltschutz** ist danach jede Handlung, die den vorhandenen Bestand an Sachgütern, Naturgütern, Kulturgütern an Landschaft und Naturhaushalt sowie das zwischen ihnen bestehende Wirkungsgefüge bewahrt oder stärkt. Naturgüter idS. sind Boden, Wasser, Luft, Klima, Tiere, Pflanzen oder sonstige Organismen, insbes. menschliches Leben. Der Begriff des Umweltschutzes ist weit auszulegen.

10 Die genannten Maßnahmen müssen dem Umweltschutz dienen, ihn also fördern und unterstützen. Das betrifft sowohl die Einhaltung umweltschützender Vorschriften, als auch das Ergreifen von Maßnahmen, die an dem Ziel des Umweltschutzes ausgerichtet sind (zB Einführung eines Job-Tickets; Abfallvermeidung). Ihrem Wortlaut nach bestimmt die Vorschrift kein ausschließlich betriebsbezogenes Umweltschutzmandat. Eine darauf gerichtete Beschränkung gilt nur bei betrieblichen Bauten, Räumen usw, nicht aber in Bezug auf personelle und organisatorische Maßnahmen. Dennoch regelt die Vorschrift **kein allgemeines umweltpolitisches Mandat** des BR (GK-BetrVG/*Gutzeit* Rn. 35). Vielmehr erfordert die Funktion des BR eine teleologische Reduktion der Vorschrift. Die Beschränkung auf ein betriebsbezogenes Mandat folgt aus der dem BR durch das BetrVG zugewiesenen Kompetenz, die Interessen der betriebszugehörigen ArbN wahrzunehmen (GK-BetrVG/*Gutzeit* Rn. 34; HWGNRH/*Worzalla* Rn. 7). Das berechtigt den BR nicht, Anliegen des Umweltschutzes im Interesse Dritter oder der Allgemeinheit zu verfolgen (vgl. BT-Drs. 14/5741, 48; Richardi BetrVG/*Annuß* Rn. 13; *Wendeling-Schröder* NZA-Sonderheft 2002, 29; *Konzen* RdA 2001, 76).

III. Überwachungspflicht des Betriebsrats

11 Dem BR obliegt nach § 80 Abs. 1 Nr. 1 die allgemeine Verpflichtung, darüber zu wachen, dass die zugunsten der ArbN geltenden Gesetze, Verordnungen, Unfallverhütungsvorschriften, TV und BV durchgeführt werden. Außerdem ist er nach § 80 Abs. 1 Nr. 9 gehalten, Maßnahmen des Arbeitsschutzes und des betrieblichen Umweltschutzes zu fördern. Für den Bereich des gesetzlichen Arbeitsschutzes verstärkt § 89 Abs. 1 diese Verpflichtung, indem sie dem BR ausdrücklich auferlegt, sich für die Durchführung der Vorschriften über den Arbeitsschutz und die Unfallverhütung im Betrieb sowie des betrieblichen Umweltschutzes einzusetzen. Der BR hat somit ein **eigenständiges Überwachungsrecht** und eine **Überwachungspflicht** bei der Bekämpfung von Gefahren für Leben und Gesundheit der ArbN im Betrieb (ErfK/*Kania* Rn. 2) und der vom Betrieb ausgehenden Gefahren für die Umwelt (BAG

3.6.2003 – 1 ABR 19/02, AP BetrVG 1972 § 89 Nr. 1). Aufgrund dieser Befugnis und Verpflichtung hat sich der BR (ggf. ein Ausschuss nach § 28) vom Stand des Arbeits- und Umweltschutzes im Betrieb zu überzeugen, sich mit dem Aufzeigen von Gefahrenquellen und Missständen zu befassen, insbes. Beschwerden und Anregungen aus Kreisen der ArbN, soweit sie nicht offensichtlich unbegründet oder übertrieben sind, nachzugehen. Der BR hat den ArbGeb. auf Gefahren im Betrieb und auf Vernachlässigungen von Schutzeinrichtungen aufmerksam zu machen und mit ihm über deren Beseitigung zu beraten; ein MBR neben § 87 Abs. 1 Nr. 7 begründet es allerdings nicht (GK-BetrVG/*Gutzeit* Rn. 39).

12 Diese Überwachungsbefugnis und -verpflichtung des BR im Bereich des Arbeitsschutzes und des betrieblichen Umweltschutzes gibt ihm das Recht, alle zur Erfüllung dieser Aufgaben erforderlichen Maßnahmen zu ergreifen. Die hierzu notwendigen Informationen kann er sich anhand von Beschwerden der ArbN, über die Fachkraft für Arbeitssicherheit, Betriebsarzt, Sicherheitsbeauftragte oder Aufsichtsbehörden verschaffen (*Wiebauer* NZA 2015, 22). Hierzu gehört auch die **Besichtigungen des Betriebs** zum Zwecke der Überprüfung, ob die maßgebenden Arbeitsschutz- und Unfallvorschriften und die des Umweltschutzes eingehalten werden oder zu diesem Zweck durchgeführte **unangekündigte Stichproben.** Dies gilt auch für Betriebsbereiche, zu denen im Allgemeinen der Zutritt verboten ist (DKKW/*Buschmann* Rn. 30; ErfK/*Kania* Rn. 3; GK-BetrVG/*Gutzeit* Rn. 11, wonach aus Sicherheitsgründen eine Anmeldung bei der aufsichtsführenden Stelle geboten sein soll; ebenso HWGNRH/*Worzalla* Rn. 21; Richardi BetrVG/*Annuß* Rn. 12). Auch das BRMitgl. hat die für den Zugang zu besonders gefährlichen Arbeitsbereichen nach § 9 ArbSchG erlassenen Anweisungen zu beachten. Die Ausübung der Überwachungsbefugnisse ist nicht von konkreten Verdachtsmomenten abhängig. Der BR kann **jederzeit** von seiner Überwachungsbefugnis Gebrauch machen (DKKW/*Buschmann* Rn. 30). Über die Durchführung einer Betriebsbegehung braucht er den ArbGeb. nur bei Vorliegen besonderer Umstände zu informieren (→ § 80 Rn. 80).

13 Aus der gesetzlichen Regelung, sich für die Durchführung des Arbeitsschutzes und des Umweltschutzes im Betrieb einzusetzen folgt, dass die Überwachungspflicht des BR nicht nur gegenüber dem ArbGeb. sondern auch in Bezug auf die **ArbN des Betriebes** besteht (DKKW/*Buschmann* Rn. 28; HWGNRH/*Worzalla* Rn. 19; Richardi BetrVG/*Annuß* Rn. 11). Der BR soll die ArbN auf die Bedeutung der Einhaltung der Vorschriften des Arbeitsschutzes und des betrieblichen Umweltschutzes hinweisen und sie dafür sensibilisieren (etwa in der BetrVerslg., durch Anschläge am Schwarzen Brett, auf elektronischem Wege, durch kollegiales Gespräch). Der BR kann sich ferner dafür einsetzen, dass iRd betrieblichen Vorschlagswesens (→ § 87 Rn. 523 ff.) der Arbeitsschutz und der betriebliche Umweltschutz besonders beachtet wird. Diese Überwachungspflicht des BR besteht in Bezug auf alle für den Betrieb geltenden Arbeitsschutz- und Umweltschutzvorschriften. Hierzu zählen auch besondere betriebliche Arbeitsschutzregelungen, etwa auf Grund einer BV nach § 87 Abs. 1 Nr. 7 oder § 88 Nr. 1.

14 Der ArbGeb. hat dem BR die für den Betrieb einschlägigen **Bestimmungen** auf dem Gebiet des Arbeits- und Gesundheitsschutzes sowie des Umweltschutzes **zur Verfügung** zu stellen. Dies ergibt sich aus § 40 Abs. 2 und § 80 Abs. 2 S. 2.

15 Trotz der weitgehenden Überwachungsbefugnis und -verpflichtung des BR im Bereich des Arbeitsschutzes und des betrieblichen Umweltschutzes bleibt der **ArbGeb.** für die Durchführung und Gewährleistung des betrieblichen Arbeitsschutzes und des betrieblichen Umweltschutzes **verantwortlich** (hM).

IV. Unterstützungspflicht des Betriebsrats

16 Der BR ist nach Abs. 1 S. 2 verpflichtet, alle für den gesetzlichen Arbeitsschutz in weitem Sinne zuständigen Behörden und Stellen durch Anregung, Beratung und

Auskunft bei ihrer auf den Betrieb bezogenen Tätigkeit zu unterstützen. In Betracht kommen insbes. die **staatlichen Gewerbeärzte** und **Gewerbeaufsichtsbeamten** (GAB), Beamte der **Baubehörden** und der staatlichen **Gesundheitsämter** und der Stellen für vorbeugenden **Brandschutz,** im Bergbau die Beamten der **Bergaufsichtsbehörde,** die amtlich anerkannten Sachverständigen der **Technischen Überwachungsorganisationen** und die **Aufsichtspersonen der Berufsgenossenschaften** (BAG 3.6.2003 – 1 ABR 19/02, AP BetrVG 1972 § 89 Nr. 1). Die Unterstützungspflicht besteht auch in Bezug auf die für den **Umweltschutz zuständigen Behörden.** Allerdings enthält das G keine darauf gerichtete ausdrückliche Regelung. Diese Pflicht folgt daher wie nach früherem Recht aus den sachlichen Zusammenhängen und Berührungspunkten zwischen Arbeits- und Umweltschutz (→ Rn. 4ff.). Diese Erwägungen gelten auch für die Zusammenarbeit mit dem Immissionsschutz- und Störfallbeauftragten nach dem BImSchG. Abs. 1 gilt ferner für die Zusammenarbeit mit dem Strahlenschutzbeauftragten und dem Beauftragten für biologische Sicherheit. Keine Unterstützungspflicht besteht hinsichtlich Polizeibehörden, soweit sie nicht einen Unfallhergang, sondern einen strafrechtlichen Tatbestand untersuchen.

17 Die Unterstützungsaufgabe nach Abs. 1 gilt auch in Bezug auf dem Arbeits- und Gesundheitsschutz dienende **innerbetriebliche Personen** wie zB den Betriebsärzten, Fachkräften für Arbeitssicherheit und den Sicherheitsbeauftragten. Das Gleiche gilt im Falle eines Anschlusses an einen überbetrieblichen arbeitsmedizinischen Dienst auch für diesen. Selbstverständlich besteht die Unterstützungsfunktion auch gegenüber dem **ArbGeb.** und den von ihm nach § 13 ArbSchG benannten verantwortlichen Personen (Richardi BetrVG/*Annuß* Rn. 16).

18 Der BR kann auch **Betriebskontrollen** der GAB und der sonstigen in Betracht kommenden Stellen oder Entscheidungen der Aufsichtsbehörde **anregen,** wenn der ArbGeb. den Vorschriften über den Arbeits- oder Umweltschutz zuwiderhandelt und eine Einigung im Betrieb nach § 74 Abs. 1 nicht gelingt (GK-BetrVG/*Gutzeit* Rn. 58; DKKW/*Buschmann* Rn. 24; Richardi BetrVG/*Annuß* Rn. 19). Da dem BR ausdrücklich zur Pflicht gemacht ist, den beteiligten Stellen Auskunft zu erteilen, entfällt insoweit die Schweigepflicht nach § 79 (hM). Abs. 1 S. 2 begründet zwar eine öffentlich-rechtliche Pflicht des BR, die für den Arbeitsschutz zuständigen öffentlichen Stellen zu unterstützen. Nach dem Gebot der vertrauensvollen Zusammenarbeit, das bei der Auslegung der Tatbestände des BetrVG zu berücksichtigen ist, hat der BR zunächst den ArbGeb. zur Beseitigung von Missständen aufzufordern. Dem steht die ArbSchutzRL des Rates 89/391/EWG nicht entgegen. Nach deren Art. 11 Abs. 6 haben neben den ArbN auch deren Vertreter das Recht, sich gem. den nationalen Rechtsvorschriften oder Praktiken an die für die Sicherheit und den Gesundheitsschutz am Arbeitsplatz zuständigen Behörden zu wenden, wenn sie der Auffassung sind, dass die vom ArbGeb. getroffenen Maßnahmen und bereitgestellten Mittel nicht ausreichen, um die Sicherheit und den Gesundheitsschutz am Arbeitsplatz sicherzustellen. Danach bestimmt sich die Ausgestaltung der Kooperationsbefugnisse nach nationalem Recht. Die Wahrnehmung der Rechte nach Art. 11 Abs. 6 ArbSchutzRL von der Durchführung eines innerbetrieblichen Abhilfeversuchs abhängig zu machen, dürfte danach mit der ArbSchutzRL vereinbar sein (HaKo-BetrVG/*Kothe* Rn. 30; offen gelassen BAG 3.6.2003 – 1 ABR 19/02, AP BetrVG 1972 § 89 Nr. 1).

19 Durch die nach wie vor geltende **Allgemeine Verwaltungsvorschrift** (AVV) über das Zusammenwirken der technischen Aufsichtsbeamten der Träger der Unfallversicherung mit den Betriebsvertretungen v. 21.6.1968, ist die Aufsichtsperson verpflichtet, den BR hinzuzuziehen, wenn sie **Betriebsbesichtigungen, Unfalluntersuchungen** oder **Besprechungen** über betriebliche Unfallverhütungsfragen durchführen, ferner wenn **Anordnungen** im Einzelfall erlassen oder **Ausnahmen** im Einzelfall gebilligt werden. Sie hat dem BR **Niederschriften** über Betriebsbesichtigungen, Unfalluntersuchungen und Besprechungen über betriebliche Unfallverhütungsfragen sowie Schreiben an den Unternehmer, die Maßnahmen der Unfallver-

hütung zum Gegenstand haben, abschriftlich zu übersenden. Die Aufsichtsperson hat den BR ferner über die nicht vom BR gegengezeichneten Unfallanzeigen sowie über vorgesehene Ausbildungslehrgänge auf dem Gebiet der Unfallverhütung und der ersten Hilfe zu unterrichten. Besonders hervorzuheben ist, dass die Aufsichtsperson den BR auf dessen Verlangen in Angelegenheiten der Unfallverhütung zu beraten hat (GK-BetrVG/*Gutzeit* Rn. 64).

Durch die ebenfalls noch gültige **Allgemeine Verwaltungsvorschrift** über das 20
Zusammenwirken der Träger der **Unfallversicherung** und der **Gewerbeaufsichtsbehörden** v. 26.7.1968 werden Unfallversicherungsträger und Gewerbeaufsichtsbehörden zu einem engen Zusammenwirken auf dem Gebiet der Unfallverhütung und der Ersten Hilfe verpflichtet. Die Aufsichtsbeamten sollen bei wichtigen Anlässen Betriebsbesichtigungen gemeinsam vornehmen, insbes. wenn Zweifel über die Anwendung von Vorschriften bestehen, Ausnahmeregelungen beantragt sind, Anordnungen im Einzelfall erlassen oder Schadensfälle von größerem Ausmaß eingetreten sind. Arbeitsunfälle mit tödlichem Ausgang, Massenunfälle und Unfälle bei der Verwendung neuartiger Maschinen oder bei der Anwendung neuartiger Arbeitsverfahren sollen gemeinsam untersucht werden. Daneben besteht für die Unfallversicherungsträger und Gewerbeaufsichtsbehörden die Pflicht zum gegenseitigen Erfahrungsaustausch, zur gegenseitigen Beteiligung an der Ausarbeitung sicherheitstechnischer Regeln und zur gegenseitigen Anhörung und Unterrichtung bei allen Vorgängen und Maßnahmen von besonderer Bedeutung, zB Anordnungen und Ausnahmen im Einzelfall, Feststellung erheblicher Mängel in einem Betrieb, nicht gemeinsam durchgeführte Unfalluntersuchungen.

Mittelbar trägt diese AVV dazu bei, die Beteiligung des BR auch bei **Maßnahmen** 21
der Gewerbeaufsichtsbehörden sicherzustellen. Denn ein Zusammenwirken des Gewerbeaufsichtsbeamten mit der Aufsichtsperson des Unfallversicherungsträgers führt nach den Bestimmungen der AVV über das Zusammenwirken dieser Aufsichtsperson mit den Betriebsvertretungen in wichtigen Fällen dazu, dass der BR bei Betriebsbesichtigungen, Erlass von Anordnungen oder Bewilligung von Ausnahmen im Einzelfall hinzugezogen wird. Der BR hat damit die Möglichkeit, auch auf die Entscheidungen der Gewerbeaufsichtsbehörden auf dem Gebiet des Arbeits- und Gesundheitsschutzes durch seine genaue Kenntnis der besonderen Verhältnisse des Betriebes Einfluss zu nehmen. IÜ sind die Gewerbeaufsichtsbeamten auch nach den Dienstanweisungen der obersten Arbeitsbehörden der Länder zur **Zusammenarbeit mit dem BR** verpflichtet.

Bei der Durchführung sicherheitstechnischer Maßnahmen auf Grund staatlicher 22
Vorschriften ist es im Interesse eines **effektiven Arbeitsschutzes** erforderlich, dass die praxisnahen BR mithelfen, das staatlich angestrebte Sicherheitsziel zu erreichen. Das Gleiche gilt für die Beurteilung, ob eine von den allgemein anerkannten Regeln der Sicherheitstechnik abweichende sicherheitstechnische Lösung als gleichwertig anerkannt werden kann. Auch hier hat der BR das durch den ständigen Kontakt mit der Betriebspraxis gewachsene Wissen seiner Mitglieder durch Anregungen und Auskünfte zur Verfügung zu stellen. In Betrieben mit mehr als 20 Beschäftigten – wozu auch LeihAN zählen – ist nach § 11 ASiG ein **Arbeitsschutzausschuss** zu bilden. In diesen hat der Betriebsrat zwei Mitglieder zu entsenden. Aufgabe des Arbeitsschutzausschusses ist es, zumindest einmal im Quartal Anliegen des Arbeitsschutzes und der Unfallverhütung zu beraten. Kommt der ArbGeb. seiner Verpflichtung auf Bildung eines Arbeitsschutzausschusses nicht nach, etwa weil er ihn für überflüssig hält oder meint, ein unternehmensbezogener Arbeitsschutzausschuss genüge, verletzt er seine gesetzliche Pflicht. In diesem Fall hat die Arbeitsschutzbehörde nach § 12 ASiG die erforderlichen Maßnahmen anzuordnen (BAG 8.12.2015 – 1 ABR 83/13, NZA 2016, 504). Der Betriebsrat kann zwar nicht nach § 87 Abs. 1 Nr. 7 die Errichtung eines Arbeitsschutzausschusses erzwingen, wohl aber nach § 89 Abs. 1 S. 2 BetrVG die zuständige Arbeitsschutzbehörde ersuchen, gegenüber dem Arbeitgeber

dessen Verpflichtungen aus dem ASiG im Wege einer Anordnung nach § 12 Abs. 1 ASiG durchzusetzen (BAG 15.4.2014 – 1 ABR 82/12, NZA 2014, 1094).

23 Eine Mitwirkung des BR kommt auch **iRd ArbZG** in Betracht, wenn das Gewerbeaufsichtsamt nach dessen § 15 Anträge über Verlängerung der täglichen Arbeitszeit zu bescheiden hat. Bei der Prüfung, ob die Voraussetzungen für eine Arbeitszeitverlängerung vorliegen, können Auskünfte und Anregungen des BR einen wichtigen Beitrag für eine sachgerechte Entscheidung der Behörden bilden. Der BR kann sich bei permanenten Verstößen des ArbGeb. gegen das ArbZG an das zuständige Aufsichtsamt wenden. Dazu muss er einen Sachverhalt darlegen, der eine Verletzung der arbeitszeitrechtlichen Schutzvorschriften plausibel belegt. Das kann mittels Daten erfolgen, die aus einer elektronischen Zeiterfassung stammen. In diesem Zusammenhang sind schutzwürdige Interessen der ArbN zu beachten, wenn die jeweiligen Arbeitszeiten konkreten ArbN namentlich zugeordnet sind. In diesem Fall hat der BR zu prüfen, ob die Ausübung seiner Unterstützungspflicht die Weitergabe der Daten der ArbN zwingend erfordert oder dem Zweck der Einschaltung mittels anonymisierter Daten Rechnung getragen werden kann. Auch der BR ist Normadressat iSd BDSG. Bei der Weitergabe persönlicher Daten der ArbN an Dritte kommt es darauf an, ob das zur Wahrung der berechtigten Interessen des BR oder der Aufsichtsbehörde erforderlich ist (BAG 3.6.2003 – 1 ABR 19/02, AP BetrVG 1972 § 89 Nr. 1). Verstößt der ArbGeb. trotz entsprechender Beanstandungen des BR kontinuierlich gegen gesetzliche Arbeitszeitbeschränkungen, verpflichtet ihn das Gebot der vertrauensvollen Zusammenarbeit (§ 2 Abs. 1) nicht dazu, den ArbGeb. über die beabsichtigte Intervention des jeweiligen Aufsichtsamts vorab zu informieren.

24 Der ArbGeb. hat den BR nach Abs. 2 S. 2 zur Erleichterung seiner Aufgaben **unverzüglich,** dh ohne schuldhaftes Zögern (§ 121 BGB), über **alle Auflagen** (dh einschränkende Bedingungen bei Erteilung von Genehmigungen) **und Anordnungen** zu informieren, die die in Abs. 1 genannten Stellen dem ArbGeb. über den Arbeitsschutz und die Unfallverhütung erteilen. Diese Verpflichtung besteht auch, wenn der BR zuvor entgegen Abs. 2 S. 1 nicht zugezogen worden war (GK-BetrVG/*Gutzeit* Rn. 73).

V. Hinzuziehung des Betriebsrats

25 Der BR ist nach Abs. 2 S. 1 bei allen mit dem Arbeitsschutz oder der Unfallverhütung zusammenhängenden **Fragen** und **Besichtigungen** sowie bei **Unfalluntersuchungen** zuzuziehen (hM). In der Regel werden das oder die BRMitgl. zu beteiligen sein, die der BR bestimmt, und zwar am Besten in der Geschäftsordnung (§ 36). Auch kann der BR einen besonderen Ausschuss einsetzen oder zusammen mit dem ArbGeb. bilden (§ 28).

26 Die **Pflicht zur Hinzuziehung** des BR trifft nach dem Wortlaut der Vorschrift sowohl den ArbGeb. als auch die mit dem Arbeitsschutz und der Unfallverhütung befassten Stellen (→ Rn. 16). Auch diese haben eine originäre Pflicht, bei betriebsbezogenen Maßnahmen des Arbeits- und Gesundheitsschutzes den BR von sich aus zu beteiligen. Diese Stellen sind nach Abs. 2 S. 1 bei **betriebsbezogenen Maßnahmen des Umweltschutzes** nicht zu einer Hinzuziehung des BR gehalten. Das ist nach Abs. 2 S. 2 ausschließlich Sache des ArbGeb. Zu der Verpflichtung der Aufsichtsperson des Trägers der Unfallversicherung vgl. die §§ 1 ff. der AVV über das Zusammenwirken dieser Aufsichtspersonen mit den Betriebsvertretungen. Zur Beteiligung des BR durch die Betriebsärzte und Fachkräfte für Arbeitssicherheit vgl. § 9 Abs. 1 u. 2 ASiG (→ § 87 Rn. 320).

27 Dem BR sind zur Erleichterung seiner Arbeit **alle Niederschriften** auszuhändigen, die im Rahmen seiner Beteiligung nach den Abs. 2 oder 4 angefertigt werden (§ 89 Abs. 5). Das hat nach Abs. 5 der ArbGeb. zu veranlassen. Gleiches gilt für die den Arbeitsschutz und die Unfallverhütung sowie den betrieblichen Umweltschutz betreffenden Auflagen und Anordnungen der zuständigen Stellen. Diese werden durch § 89 Abs. 5 nicht gehindert, den BR unmittelbar über derartige Auflagen und Anordnungen unterrichten (DKKW/*Buschmann* Rn. 48; **aA** GK-BetrVG/*Gutzeit* Rn. 73; HWGNRH/*Worzalla* Rn. 38).

Bei **Anordnungen der Aufsichtsbehörde nach dem ASiG** ist der BR vorher von der Behörde zu hören. Eine den ArbGeb. verpflichtende Anordnung ist ihm schriftlich zur Kenntnis zu geben (vgl. § 12 Abs. 2 u. 4 ASiG; → § 87 Rn. 311 ff.). 28

1. Arbeitsschutzeinrichtungen

Zu den im Zusammenhang mit dem Arbeitsschutz und der Unfallverhütung stehenden Fragen gehören auch die Einführung und Prüfung von Arbeitsschutzeinrichtungen (GK-BetrVG/*Gutzeit* Rn. 69). **Arbeitsschutzeinrichtungen** sind insbes. Schutzvorrichtungen an Maschinen, Einrichtungen, die zum Beleuchten, Beheizen, Kühlen sowie zum Be- und Entlüften bestimmt sind, Einrichtungen zum Entstauben und Entgasen von Arbeitsräumen. Vielfach unterliegen diese Maßnahmen dem MBR des BR nach § 87 Abs. Nr. 7, so dass sich schon hieraus die Notwendigkeit seiner Beteiligung ergibt (Näheres → § 87 Rn. 286 ff.). Soweit dies nicht der Fall ist, ist der BR nach Abs. 2 sowohl bei **der Prüfung** als auch der anschließenden **Einführung** zuzuziehen. Dazu muss der ArbGeb. den BR rechtzeitig beteiligen, damit dieser die Möglichkeit besitzt, auf die Entscheidung des ArbGeb. durch Anregungen und Beratung Einfluss zu nehmen (DKKW/*Buschmann* Rn. 39). Der BR kann sich dabei von den für den Betrieb bestellten Betriebsärzten und Fachkräften für Arbeitssicherheit beraten lassen (→ § 87 Rn. 311 ff.). 29

2. Unfalluntersuchungen

Die Beteiligung des BR an Unfalluntersuchungen ist besonders wichtig. Aus der Beteiligung lassen sich Erfahrungen gewinnen und Lehren ziehen, die für die Erfüllung der Pflichten nach § 89 Abs. 1 und das MBR nach § 87 Abs. 1 Nr. 7 von besonderer Bedeutung sind. Der BR ist berechtigt und verpflichtet, **an allen Unfalluntersuchungen teilzunehmen** ohne Rücksicht darauf, ob ein ArbN zu Schaden gekommen ist (hM). Ob sich der Unfall in den Betriebsräumen oder bei Außenarbeiten ereignet hat, spielt keine Rolle (BVerwG 8.12.1961 – VII P 7.59, AP PersVG § 68 Nr. 2; DKKW/*Buschmann* Rn. 38; GK-BetrVG/*Gutzeit* Rn. 70). Die Beteiligung bei Unfalluntersuchungen gilt nur für Arbeitsunfälle betriebszugehöriger ArbN (BAG 12.3.2019 – 1 ABR 48/17, NZA 2019, 850). 30

Nach § 193 SGB VII hat der ArbGeb. jeden schwerwiegenden Betriebsunfall (Arbeitsunfähigkeit von mehr als 3 Tagen) der Berufsgenossenschaft anzuzeigen und nach § 89 Abs. 5 eine Durchschrift der Anzeige dem BR auszuhändigen. Der BR hat die **Unfallanzeige** mit zu unterschreiben (§ 193 Abs. 5 SGB VII). Damit übernimmt er keine Verantwortung für ihren Inhalt (hM). Er ist berechtigt, ggf. seine abweichende Sicht zum Unfallgeschehen darzulegen (GK-BetrVG/*Gutzeit* Rn. 85; DKKW/*Buschmann* Rn. 50; HWGNRH/*Worzalla* Rn. 40). Aushändigungspflicht und Unterzeichnungspflicht beruhen auf § 193 Abs. 1 SGB VII. Diese Norm verpflichtet den VertragsArbGeb. Bei Arbeitsunfällen von Fremdpersonal auf dem Betriebsgelände treffen die unfallversicherungsrechtlichen Pflichten dessen ArbGeb. (BAG 12.3.2019 – 1 ABR 48/17, NZA 2019, 850). Auch durch § 5 der AVV über das Zusammenwirken der Aufsichtspersonen der Träger der Unfallversicherungen mit den BR wird sichergestellt, dass der BR von allen angezeigten Unfällen Kenntnis erhält. Die Aufsichtsperson ist danach verpflichtet, dem BR Abschriften von Unfallanzeigen zu übersenden oder den Eingang von Unfallanzeigen mitzuteilen, sofern sie nicht vom BR mitunterzeichnet sind. Will die Aufsichtsperson eine Betriebsbesichtigung aus Anlass eines Unfalls durchführen, hat sie den BR hiervon in Kenntnis zu setzen. 31

32 Der BR ist nicht nur zu den Besichtigungen des Unfallortes, sondern auch zu anderen Maßnahmen der Unfallaufklärung, zB zur **Vernehmung von Unfallzeugen** und **Anhörung von Sachverständigen** über Unfallursachen, hinzuziehen. Das Hinzuziehungsrecht begründet **keine eigenständige Ermittlungspflicht** (BAG 12.3.2019 – 1 ABR 48/17, NZA 2019, 850).

33 Ist zur Information des BR die Einsichtnahme in Unterlagen notwendig, sind ihm diese vorzulegen. Zur Unterrichtung des BR gehört auch die Einsichtnahme in abschließende Berichte über Unfälle (HWGNRH/*Worzalla* Rn. 25).

VI. Mitwirkung bei der Bestellung und Tätigkeit der Sicherheitsbeauftragten

34 Nach § 22 SGB VII hat der Unternehmer in Unternehmen mit mehr als 20 Beschäftigten einen oder mehrere **Sicherheitsbeauftragte** zu bestellen. Die Berufsgenossenschaften können für Betriebe mit geringer Unfallgefahr diese Grenzzahl in ihrer Satzung erhöhen. Umgekehrt können sie für kleinere Unternehmen die Bestellung von Sicherheitsbeauftragten anordnen, wenn dies wegen besonderen Gesundheitsgefahren erforderlich ist. Die Bestellung und Abberufung (GK-BetrVG/*Gutzeit* Rn. 78; **aA** nur bei Bestellung HWGNRH/*Worzalla* Rn. 33) hat unter Beteiligung des BR zu erfolgen. Diese bezieht sich auf die Person des Sicherheitsbeauftragten oder die personelle Auswahlentscheidung (Richardi BetrVG/*Annuß* Rn. 34). Diese Beteiligung bedeutet keine Mitbestimmung, sie ist jedoch mehr als bloße „Anhörung". Der ArbGeb. hat die beabsichtigte Bestellung von Sicherheitsbeauftragten mit dem Ziel einer Verständigung **rechtzeitig** und eingehend mit dem BR **zu beraten** (HWGNRH/*Worzalla* Rn. 33; Richardi BetrVG/*Annuß* Rn. 34; weitergehend bejahen ein Mitbestimmungsrecht: DKKW/*Buschmann* Rn. 43; diff. HaKo-BetrVG/*Kothe* Rn. 37 ff.). Die Auswahl geeigneter Sicherheitsbeauftragter ist schon deswegen wichtig, weil diese Personen eine notwendige Ergänzung der innerbetrieblichen Sicherheitsorganisation darstellen. Sie sind nicht etwa wegen des ASiG überflüssig geworden. Die Beteiligung des BR bezieht sich nicht nur auf die Auswahl, sondern auch auf die **Anzahl der Sicherheitsbeauftragten** (soweit diese nicht durch UVV abschließend bestimmt ist) und auf deren **Zuteilung zu den Betriebsbereichen.**

35 § 22 Abs. 2 SGB VII bezeichnet es als **Aufgabe der Sicherheitsbeauftragten,** den Unternehmer bei der Durchführung des Unfallschutzes zu unterstützen, insbes. sich von dem Vorhandensein und der ordnungsgemäßen Benutzung der vorgeschriebenen Schutzvorrichtungen fortlaufend zu überzeugen. Dazu hat der Sicherheitsbeauftragte den ArbGeb. von sich aus zu beraten, ihm Hinweise und Empfehlungen zu geben. Er hat dem Unternehmer oder den eingesetzten Betriebsleitern seine Beobachtungen zu melden, seine Arbeitskollegen auf Unfallgefahren aufmerksam zu machen, zu beraten und aufzuklären. Der Sicherheitsbeauftragte hat gegenüber den Mitarbeitern keine Weisungsbefugnis. Der ArbGeb. ist nicht verpflichtet, den Vorschlägen und Anregungen des Sicherheitsbeauftragten nachzukommen (GK-BetrVG/*Gutzeit* Rn. 81; HWGNRH/*Worzalla* Rn. 35).

36 Die Sicherheitsbeauftragten dürfen wegen der Erfüllung ihrer Aufgaben nicht benachteiligt werden (§ 22 Abs. 3 SGB VII). Den BG obliegt nach § 23 SGB VII die **Schulung** sowohl der Sicherheitsbeauftragten als auch der Sicherheitsfachkräfte nach dem ASiG. Die BG trägt die unmittelbaren Ausbildungskosten und die erforderlichen Fahrt-, Unterbringungs- sowie Verpflegungskosten (§ 23 Abs. 2 SGB VII). Für die infolge der Teilnahme an einem Ausbildungslehrgang ausgefallene Arbeitszeit hat der ArbGeb. das Arbeitsentgelt unvermindert fortzuzahlen (BAG 20.7.1977 – 5 AZR 658/76, AP RVO § 720 Nr. 1). Die Heranziehung der Teilnehmer erfolgt auf Grund von Anmeldungen zu den von den BG angebotenen Seminaren und erfolgt nach Beteiligung des BR.

An **gemeinsamen Besprechungen** des ArbGeb. oder seines Beauftragten mit den Sicherheitsbeauftragten können beauftragte Mitgl. des BR teilnehmen. Der BR erhält die Besprechungsniederschriften (ErfK/*Kania* Rn. 7). 37

VII. Verstöße

Vorsätzliche Behinderung oder Störung des BR in der Wahrnehmung seiner Aufgaben nach § 89 ist gem. § 119 Abs. 1 Nr. 2 **strafbar.** Außerdem können Verstöße gegen die Unfallverhütungsvorschriften eine **Ordnungswidrigkeit** darstellen und mit einem Bußgeld belegt werden (§ 209 SGB VII). Schließlich kommt bei einer Körperverletzung von ArbN durch Unfälle auch eine strafgerichtliche Verfolgung des ArbGeb. in Betracht (§ 323 StGB), wenn er schuldhaft die zur Unfallverhütung erforderlichen Maßnahmen unterlassen hat. Zivilrechtliche Ersatzansprüche eines geschädigten ArbN gegen den ArbGeb. sind aber in der Regel auf Grund des § 105 SGB VII ausgeschlossen. 38

Verletzt der BR grob seine Pflichten aus § 89, so kann er gem. § 23 Abs. 1 aufgelöst, einzelne BRMitgl. können bei einer diesbezüglichen groben Pflichtverletzung des Amtes enthoben werden. Gegen den ArbGeb. kann in entsprechenden Fällen nach § 23 Abs. 3 vorgegangen werden (Richardi BetrVG/*Annuß* Rn. 42). 39

VIII. Streitigkeiten

Streitigkeiten zwischen ArbGeb. und BR hinsichtlich der Mitwirkung bei Durchführung des Arbeitsschutzes entscheidet das ArbG im **BeschlVerf.** (ArbGG Rn. 5). Das ist auch die zutreffende Verfahrensart bei Streitigkeiten des BR mit den für den Arbeitsschutz zuständigen außerbetrieblichen. Stellen (GK-BetrVG/*Gutzeit* Rn. 88: WPK/*Bender* Rn. 25). Die Einsetzung des gesetzlich vorgesehenen Arbeitsschutzausschusses nach § 11 Abs. 1 ASiG kann der BR weder über die E-Stelle noch über das ArbG durchsetzen (BAG 15.4.2014 – 1 ABR 82/12, NZA 2014, 1094). Auch der Ersatz notwendiger Aufwendungen von BRMitgl. ist im BeschlVerf. geltend zu machen (→ § 40 Rn. 109 f.). Lohnansprüche für die Zeit notwendiger Arbeitsversäumnis sind im **UrteilsVerf.** einzuklagen (→ § 37 Rn. 253). 40

Vierter Abschnitt. Gestaltung von Arbeitsplatz, Arbeitsablauf und Arbeitsumgebung

§ 90 Unterrichtungs- und Beratungsrechte

(1) **Der Arbeitgeber hat den Betriebsrat über die Planung**

1. von Neu-, Um- und Erweiterungsbauten von Fabrikations-, Verwaltungs- und sonstigen betrieblichen Räumen,

2. von technischen Anlagen,

3. von Arbeitsverfahren und Arbeitsabläufen oder

4. der Arbeitsplätze

rechtzeitig unter Vorlage der erforderlichen Unterlagen zu unterrichten.

(2) [1] **Der Arbeitgeber hat mit dem Betriebsrat die vorgesehenen Maßnahmen und ihre Auswirkungen auf die Arbeitnehmer, insbesondere auf die Art ihrer Arbeit sowie die sich daraus ergebenden Anforderungen an die Arbeitnehmer so rechtzeitig zu beraten, dass Vorschläge und Bedenken des Betriebsrats bei der Planung berücksichtigt werden können.** [2] **Arbeitgeber und Betriebsrat sollen dabei auch die gesicherten arbeitswissenschaftlichen Erkenntnisse über die menschengerechte Gestaltung der Arbeit berücksichtigen.**

Inhaltsübersicht

I. Vorbemerkung

1 Das G regelt in einem eigenen 4. Abschnitt Beteiligungsrechte des BR in Angelegenheiten, die sich auf die techn. und organisatorische Gestaltung der Arbeitsplätze, des Arbeitsablaufs und der Arbeitsumgebung auswirken können. Der BR soll bereits im **Planungsstadium** auf Grund rechtzeitiger und umfassender Unterrichtung eingeschaltet werden. Vordringliches Ziel der §§ 90, 91 ist es – über den gesetzl. Arbeitsschutz hinaus – die Auswirkungen techn. und organisatorischer Maßnahmen auf die menschliche Arbeit durch Maßnahmen des autonomen Arbeitsschutzes zu beeinflussen.

2 Während der Regelungsbereich des **gesetzl. Arbeitsschutzes** die Abwehr von Schäden für Leben und Gesundheit der ArbN und die entspr. Vorsorge umfasst, betrifft der **„autonome Arbeitsschutz"** als Gestaltungsaufgabe der autonomen Kräfte des Arbeitslebens (Betriebsparteien, Tarifpartner) die Schaffung möglichst positiver und menschenwürdiger Umstände für die Erbringung der Arbeitsleistung einschließlich der Schaffung einer menschenwürdigen Arbeitswelt (ErfK/*Kania* Rn. 1).

3 Aus dem **Begriff des autonomen Arbeitsschutz** folgt, dass die in den §§ 90 u. 91 angesprochenen Bereiche systematisch dem Arbeitsschutz im weiteren Sinne zuzuordnen sind, wobei die Grenze zwischen gesetzl. und autonomen Arbeitsschutz fließend ist. Dies gilt jetzt umso mehr, als das ArbSchG neben den klassischen Maßnahmen zur Unfallverhütung und zum Gesundheitsschutz nun ausdrücklich auch Maßnahmen zur menschengerechten Gestaltung der Arbeit zum Gegenstand des gesetzl. Arbeitsschutzes macht (§ 2 Abs. 1; *Wlotzke* NZA 1996, 1017; Näheres → § 87 Rn. 297 ff.).

4 Da sich das MBR des BR nach § 91 nur auf diejenigen Bereiche erstreckt, die nicht durch den gesetzl. Arbeitsschutz geregelt sind, **verliert** es auf Grund der Ausdehnung des gesetzl. Arbeitsschutzes **an Bedeutung** und tritt insoweit hinter das ohnehin wirksamere MBR nach § 87 Abs. 1 Nr. 7 zurück. Dagegen wird § 90, der wie § 91 uneingeschränkt neben § 87 Abs. 1 Nr. 7 gilt, wegen der im Planungsstadium greifenden Mitwirkungsrechte die MB nach § 87 Abs. 1 Nr. 7 stärken (ebenso *Kittner/Pieper* AiB 1997, 325). Darüber hinaus ergänzt die betriebsratsbezogene Unterrichtungspflicht nach § 90 die entsprechende **arbeitnehmerbezogene Unterrichtungspflicht** nach § 81 Abs. 4.

5 Das Unterrichts- und Beratungsrecht nach § 90 kann durch TV oder BV nicht eingeschränkt werden (ErfK/*Kania* Rn. 1; DKKW/*Klebe* Rn. 5). Zulässig sind kollektivrechtliche Regelungen zur Ausgestaltung, also zur Konkretisierung des Informations- oder Beratungsverfahrens.

6 Entspr. Vorschriften: § 75 Abs. 3 Nr. 16, § 76 Abs. 2 Nr. 5, Nr. 7 BPersVG.

II. Unterrichtung über die Planung

7 Die Vorschrift des § 90 regelt die Beteiligung des BR bei der **Planung künftiger Änderungen,** nicht eine Verbesserung der menschengerechten Gestaltung der Ar-

beit in bestehenden Einrichtungen(GK-BetrVG/*Weber* Rn. 7; vgl. BVerwG 27.11.1991 – 6 P 7/90, CR 1992, 412 [415]). Existiert oder droht aber ein gefährlicher oder gesundheitsschädlicher Zustand, gelten ohnehin die öffentlich-rechtlichen Arbeitsschutzvorschriften; insoweit besteht ein volles MBR (auch Initiativrecht) nach § 87 Abs. 1 Nr. 7 (Näheres → § 87 Rn. 257 ff., 287).

Der ArbGeb. hat den BR **über die Planung** – das Anstreben eines definierten Ziels – bezogen auf Arbeitsstätten, technische Anlagen, Arbeitsverfahren, Arbeitsabläufe und Arbeitsplätze zu unterrichten und die vorgesehenen Maßnahmen mit dem BR zu beraten (→ § 80 Rn. 57). Die Unterrichtung erfolgt nicht wie in § 111 über geplante Maßnahmen. Sie hat bereits im Vorfeld zu erfolgen bei dem systematischen Suchen und Festlegen von Zielen sowie der Vorbereitung von Aufgaben, deren Durchführung zum Erreichen der Ziele erforderlich ist (Richardi BetrVG/*Annuß* Rn. 17). Schließlich soll der BR auf die Planung noch Einfluss nehmen können (**aA** HWGNRH/*Rose* Rn. 11). 8

Die Planung iSd § 90 erfasst die Makro- wie die Mikroplanung, dh sowohl die Planung auf Betriebs- oder Betriebsbereichsebene als auch die Ablauf- oder Gestaltungsplanung am Arbeitsplatz oder zwischen mehreren Arbeitsplätzen. 8a

Der ArbGeb. hat den BR **rechtzeitig über die Planung zu unterrichten.** Der Plan ist das Ergebnis der Planung. Deshalb ist der BR vor der Erstellung des Plans zu informieren. Vorgegeben sind allerdings die unternehmerischen Ziele der betrieblichen Produktions- und Fertigungsplanung. Aufgabe der betrieblichen Planung ist demzufolge die Entwicklung von technisch durchführbaren und wirtschaftlichen Lösungsalternativen (Stufe 4 des REFA Standardprogramms → § 80 Rn. 59). Daran schließt sich die Auswahl der optimalen Lösung unter technischen, wirtschaftlichen, humanen und rechtlichen Gesichtspunkten an (Stufe 5 des REFA Standardprogramms). Die Unterrichtung des BR und die Beratung mit ihm muss erfolgen, bevor die Entwicklung von Lösungsalternativen abgeschlossen ist (GK-BetrVG/*Weber* Rn. 5). 9

Planung ist ein kontinuierlicher Prozess (BAG 17.3.1987 – 1 ABR 59/85, NZA 1987, 747). Bei einer Änderung der unternehmerischen Vorgaben müssen Entscheidungsschritte uU mehrfach durchlaufen werden. Daraus folgt das Erfordernis einer **laufenden Unterrichtung,** vor allem wenn Planungsvorstellungen wechseln oder Vorentscheidungen für die weitere Planungen zu treffen sind (Richardi BetrVG/*Annuß* Rn. 21). Hierfür bieten sich idR die monatlichen Besprechungen an (§ 74 Abs. 1). 10

Der ArbGeb. hat über den Zweck und die techn. und organisatorischen Einzelheiten der geplanten Projekte gem. § 80 Abs. 2, der § 90 insoweit ergänzt, **umfassend zu unterrichten.** Dazu gehört auch die Erläuterung in verständlicher Form. Fremdsprachige Unterlagen sind, soweit dies erforderlich und verhältnismäßig ist, grds. in deutscher Übersetzung vorzulegen (HessLAG 17.8.1993 – 4 TaBV 91/93, BB 1994, 574). Geschieht dies nicht oder bleiben Fragen unbeantwortet, kann der BR eine betriebliche Auskunftsperson (→ § 80 Rn. 81 ff.) anfordern oder nach näherer Vereinbarung mit dem ArbGeb. einen Sachverständigen (§ 80 Abs. 3; → Rn. 86 ff.) hinzuziehen. 11

Dem BR sind auch schriftliche Unterlagen und Zeichnungen zur Verfügung zu stellen, wobei es auf den Einzelfall ankommt, welche Aufzeichnungen und Pläne zur Einsichtnahme vorgelegt oder überlassen werden müssen (DKKW/*Klebe* Rn. 26; **aA** bez. Überlassung umfangreicher Unterlagen HWGNRH/*Rose* Rn. 56). Solche Unterlagen sind ua techn. Zeichnungen, Baupläne, Beschreibung der geplanten Maßnahmen. Das G sieht ausdrücklich die **Vorlage der erforderlichen Unterlagen** durch den ArbGeb. vor, ohne dass es einer Anforderung durch den BR bedarf (DKKW/*Klebe* Rn. 26; wegen der Berücksichtigung von Betriebs- und Geschäftsgeheimnissen → § 80 Rn. 60). Aus dem Zweck der Vorlagepflicht folgt, dass die entsprechenden Unterlagen dem BR bis zum Abschluss der Planung zur Verfügung stehen müssen. Nur auf diese Weise ist der BR in der Lage, sein Beratungsrecht nach 12

Abs. 2 effizient auszuüben (DKKW/*Klebe* Rn. 26; nur zeitweilige Überlassung GK-BetrVG/*Weber* Rn. 26; ErfK/*Kania* Rn. 7 unter Hinweis auf BAG 20.11.1984 – 1 ABR 64/82, NZA 1985, 432 zur Vorlagepflicht im WA, bei er es jedoch um Unterlagen geht, die ganz andere Planungsprozesse betreffen).

13 Plant der ArbGeb. ein **EDV-System** einzuführen, hat er dem BR zB Problemanalyse, Systembeschreibung einschl. der zu verarbeitenden Daten, Zwecksetzung, Beschreibung der vorhandenen Dateien und Programme, Datenflussplan, Zugriffsberechtigung, Maßnahmen der Datensicherung sowie alle Auswirkungen auf die ArbN mitzuteilen (BAG 26.2.1992 – 7 ABR 51/90, NZA 1993, 86). Diese Unterrichtungspflicht über sämtliche Formen und Auswirkungen eines EDV-Systems trifft den ArbGeb. auch bei einer **Auslagerung der Datenverarbeitung** (→ § 80 Rn. 53; BAG 17.3.1987 – 1 ABR 59/85, NZA 1987, 747).

14 Die Unterrichtungs- (und Beratungs-)pflicht gegenüber dem BR **obliegt stets dem ArbGeb.,** auch soweit es sich um die Planung für Teilbereiche, Gruppen- oder einzelne Arbeitsplätze handelt. Dabei kann er sich von einer oder bei komplexen Fallgestaltungen auch von mehreren Personen vertreten lassen, die bez. der geplanten Maßnahmen über die notwendige Fachkompetenz verfügen; Entscheidungskompetenz müssen sie nicht haben (BAG 11.12.1991 – 7 ABR 16/91, NZA 1992, 850). Die zulässige Delegation dieser Aufgabe befreit den ArbGeb. nicht von seiner grundsätzlichen Verantwortung.

15 Auf ArbN-Seite ist idR der BR des von der Planung betroffenen Betriebs zu beteiligen (Richardi BetrVG/*Annuß* Rn. 23). Die **Zuständigkeit des GesBR oder des KBR** wird idR nicht angenommen werden können, es sei denn, der BR macht von der Delegationsmöglichkeit nach § 50 Abs. 2 bzw. der GesBR von der nach § 58 Abs. 2 Gebrauch. Die Tatsache allein, dass derartige Planungen auf Unternehmensebene (in straff geführten Konzernen auf der Ebene des herrschenden Unternehmens) durchgeführt werden, begründet als solche nicht die Zuständigkeit des GesBR bzw. KBR.

16 Je nach Art und Umfang des Betriebs führt die Beteiligung des BR nach § 90 zu häufigeren Verhandlungen zwischen ArbGeb. und BR. Das gilt vor allem, wenn sich die Unterrichtung und Beratung auf Planungen bezieht, die Teilbereiche des Betriebs, Gruppen und einzelne Arbeitsplätze betreffen. Die Übertragung dieser Aufgaben auf einen **bes. fachkundigen Ausschuss** (zur Vorbereitung der Entscheidung des BR oder zur selbständigen Erledigung) kann deshalb zweckmäßig sein (→ Rn. 10).

17 Der BR kann **seinerseits Planungen** für zukünftige Änderungen nach § 80 Abs. 1 Nr. 2 oder Nr. 9 **vorschlagen,** deren Durchführung aber nicht erzwingen (BAG 6.12.1983 – 1 ABR 43/81, NJW 1984, 1476; HWGNRH/*Rose* Rn. 63). Unberührt bleiben die MBR und Initiativrechte auf Grund anderer Vorschriften, zB über infolge der Änderung erforderliche Verhaltensweisen der ArbN nach § 87 Abs. 1 Nr. 1, deren Kontrolle durch techn. Anlagen nach § 87 Abs. 1 Nr. 6, auf dem Gebiet des gesetzl. Arbeitsschutzes nach § 87 Abs. 1 Nr. 7, in Fragen der Entgeltgestaltung, die mit den geplanten Änderungen zusammenhängen, nach § 87 Abs. 1 Nr. 10, in Fragen der Beschäftigungssicherung nach § 92a; über die Teilnahme an Maßnahmen der Berufsbildung (Qualifikation für nach der Planung geänderte Tätigkeiten) nach § 97 Abs. 2, § 98 Abs. 1 und Abs. 3 und bei den mit den Änderungen zusammenhängenden allgemeinen Personalangelegenheiten (§§ 92 ff.), sowie bei geplanten Betriebsänderungen mit nachteiligen Auswirkungen für die ArbN nach §§ 111 ff.

III. Gegenstände der Unterrichtung

1. Bauvorhaben

18 Die Planung der **in Nr. 1** genannten **Bauvorhaben** erfolgt in Durchführung des Investitions- und Produktionsprogramms (§ 106 Abs. 3 Nr. 3). Im engeren Sinne

handelt es sich um die Betriebsstättenplanung. Die Unterrichtung des BR (und die Beratung mit ihm) über die Planung muss nach der Projektfreigabe und spätestens zu Beginn der Ausführungsplanung stattfinden, damit der BR seine Vorschläge noch einbringen kann (s. Abs. 2 S. 1, → Rn. 34ff.).

Nr. 1 umfasst die Planung von **Neu-, Um- und Erweiterungsbauten** jeglicher betrieblicher Räumlichkeiten, insbes. im Fabrikations- und Verwaltungsbereich, zB den Umbau oder den Neubau einer Fabrikhalle oder eines neuen Verwaltungsgebäudes. Sonstige betriebliche Räume sind auch **Sozialräume** (Waschräume, Toiletten, Kantinen). Unter Räumlichkeiten sind aber auch abgegrenzte Teile eines Gebäudes zu verstehen, so dass zB auch die Planung der Einrichtung eines Labors oder des Umbaus eines Stockwerks zu einem Großraumbüro unter § 90 fällt. Demgemäß ist jede bauliche Maßnahme beteiligungspflichtig, soweit es sich nicht um eine **bloße Renovierung** oder kleine bauliche Veränderungen ohne Änderung der Bausubstanz handelt, zB um das Brechen einer neuen Tür (ErfK/*Kania* Rn. 2; HWGNRH/*Rose* Rn. 27; Richardi BetrVG/*Annuß* Rn. 8; insoweit **aA** DKKW/*Klebe* Rn. 7: jede Veränderung des Baukörpers GK-BetrVG/*Weber* Rn. 10). Nicht beteiligungspflichtig sind ferner reine Abbrucharbeiten; insoweit gilt § 89. 18a

Soweit Vorschriften des **gesetzl. Arbeitsschutzes** bestehen (insbes. ArbStättV), hat der BR das Mitbestimmungsrecht nach § 87 Abs. 1 Nr. 7 (GK-BetrVG/*Weber* Rn. 11). Darüber hinaus besteht auch hier die Möglichkeit von zusätzlichen Vereinbarungen nach § 88. Dieser öffentlich-rechtlich abgesteckte Regelungsbereich setzt den Gestaltungsmöglichkeiten des BR iRd korrigierenden MBR nach § 91 Grenzen. 19

2. Technische Anlagen

Die Planung von **technischen Anlagen (Nr. 2)** ist die vom Produktions- und Investitionsprogramm bzw. vom Rationalisierungsprogramm (§ 106 Abs. 3, Nr. 3 u. 4) abgeleitete Betriebsmittelplanung und zwar die Planung sowohl der (externen) Betriebsmittelbeschaffung als auch der (internen) Betriebsmittelentwicklung. 20

Der Begriff der techn. Anlage erfasst **Maschinen, Geräte** und **Hilfsmittel,** die unmittelbar oder mittelbar dem Arbeitsablauf dienen, ihn ermöglichen oder erleichtern sollen, zB Neubau von Fahrstühlen, Klimaanlagen, Einziehen von Schallschluckdecken, Raumbeleuchtungen, Büromobiliar usw (ErfK/*Kania* Rn. 3; Richardi BetrVG/*Annuß* Rn. 11). **Nicht** beteiligungspflichtig ist die Anschaffung einfacher Werkzeuge (GK-BetrVG/*Weber* Rn. 13) sowie die **Ersatzbeschaffung** für vorhandene techn. Anlagen, sofern sich die gegebenen Bedingungen nicht ändern (zB Ersatz eines unbrauchbar gewordenen Motors oder Fahrstuhls durch einen neuen). Nicht gemeint sind techn. Anlagen, die im Betrieb zur Überlassung an Dritte produziert werden. 20a

Die Planung von techn. Anlagen bezieht sich sowohl auf die **Fabrikations-** als auch den **Verwaltungsbereich** (zB Einführung von EDV-Anlagen iVm Datensichtgeräten; von numerisch kontrollierten [NC], computergesteuerten [CNC] oder zentralcomputergesteuerten Maschinen; von Geräten zum computerunterstützten Konstruieren [CAD] oder Fertigen [CAM], vgl. *Linnenkohl* CR 1991, 100; → § 87 Rn. 229, 232ff., 241; Einsatz von Robotern; Umstellung der durch EDV ausgeführten Personalabrechnung vom Offline- auf Online-Betrieb, DKKW/*Klebe* Rn. 9; HWGNRH/*Rose* Rn. 32; Einführung Telekommunikationseinrichtungen; Internet und Intranet). 21

Auch auf dem Gebiet der techn. Anlagen deckt sich der Regelungsbereich weitgehend mit dem des gesetzl. Arbeitsschutzes. Die **Bedeutung des autonomen Arbeitsschutzes** ist allerdings auch hier nicht in der betrieblichen Gestaltung bzw. in der Beschaffung solcher Anlagen nach den Gesichtspunkten des Gefahrenschutzes zu sehen (insoweit gilt insbes. das GSG), sondern in der **Anpassung der Arbeit an den Menschen,** um unnötige Belastungen und Beanspruchungen zu vermeiden. Dabei sind die sich aus der Natur des Menschen ergebenden Schranken der 22

Beanspruchbarkeit (einerseits Leistung, Aufnahmefähigkeit, Konzentration, Ermüdungsfaktoren, andererseits die geistes(sozial)wissenschaftlichen Richtziele wie Schutz der Persönlichkeit und der Menschenwürde) zu berücksichtigen. In Frage kommt demgemäß die Errichtung und Beschaffung von techn. Anlagen, bei deren Bedienung oder durch deren betriebliche Emissionen der ArbN möglichst wenig beeinträchtigt werden soll.

22a Dazu bietet sich an, Beeinträchtigungen durch Lärm, Staub, Vibration, Nässe, Gase und Dämpfe, Hitze bzw. Kälte, Lichtmangel oder Blendung zu vermeiden (zB menschengerechte Gestaltung von Skalen, von Bildschirmarbeitsplätzen, Vermeidung von Geruchsbelästigungen einschl. der durch passives Rauchen, abgasfreie Flurförderung). Dem Ziel, die Arbeit an den Menschen anzupassen dient zB die Berücksichtigung der Körpermaße (DIN 33402), die sinnfällige Anordnung von Stellteilen (Bedienungselementen DIN 33401), die körpergerechte Gestaltung der Sitzgelegenheiten (DIN 4549).

3. Arbeitsverfahren

23 **Arbeitsverfahren (Nr. 3)** betrifft die Technologie zur Veränderung der Arbeitsgegenstände zur Erfüllung der Arbeitsaufgabe, zB vorwiegend Muskelarbeit oder vorwiegend nicht körperliche Tätigkeit wie Steuern, Überwachen oder der **Einsatz digitaler Helfer** (ErfK/*Kania* Rn. 4; *Kleinebrink* DB 2017, 1713). Die Planung des ArbGeb. erfolgt insoweit in Ausführung der Produktions- und Fertigungsplanung. Das Arbeitsverfahren wird durch die **Arbeitsmethode** bedingt; daher dürfte der Begriff „Arbeitsverfahren" weitgehend mit dem der Fabrikations- und Arbeitsmethoden (§ 106 Abs. 3 Nr. 5) übereinstimmen. Insoweit ergänzen sich die Beteiligungsrechte nach Nr. 3 mit denen nach § 106 Abs. 3 Nr. 5 und § 111 Abs. 2 Nr. 5. Die Gestaltungsaufgabe bezieht sich hier auf die Beurteilung der angewandten Arbeitsmethode und der Technologie unter den Gesichtspunkten der Beanspruchung und Belastung der ArbN.

24 Unter Planung von **Arbeitsablauf (Nr. 3)** ist (nach DIN 33400 Nr. 2.4) die räumliche und zeitliche Folge des Zusammenwirkens von Mensch, Arbeitsmittel, Stoff, Energie und Information in einem Arbeitssystem zu verstehen (LAG Hamm 3.12.1976 – 3 TaBV 68/76, EzA § 90 BetrVG 1972 Nr. 1; GK-BetrVG/*Weber* Rn. 17). Die Planung des ArbGeb. erfolgt in Ausführung der Planung von Fabrikations- und Arbeitsmethode bzw. des Arbeitsverfahrens. Sie kann sowohl den gesamten Betrieb als auch Teilbereiche mit unmittelbarem Bezug auf die Arbeitsplätze betreffen. Angesprochen wird damit die organisatorische, räumliche und zeitliche Gestaltung des Arbeitsprozesses iSd Erfüllung der Arbeitsaufgabe, wobei Beanspruchungen der ArbN zu berücksichtigen sind (→ Rn. 28f.). IE kann es um folgendes gehen:

25 **Fließband, Gruppen- oder Einzelarbeit** (zur Ausgestaltung der Gruppenarbeit vgl. das MBR nach § 87 Abs. 1 Nr. 13 und die weiteren Beteiligungsrecht des BR bei deren Einführung und Ausgestaltung wie zB die nach §§ 92, 95, 96ff., 99, 102, 87 Nr. 1, 6, 10, 11 u. § 111, BAG 22.4.1997 – 1 ABR 84/96, NZA 1997, 1358; LAG Köln 26.7.1996 – 12 TaBV 33/96, NZA 1997, 280; *Hunold* Lean Production S. 8ff.; *Kuhn-Friedrich/Kamp,* Gruppenarbeit in Unternehmen der BRD aus der Sicht von BR und PR, 1996; *Lang/Ohl* Lean Production S. 61ff., 126ff., 168ff.; *Kreßel* RdA 1994, 23).

26 Arbeit in der Halle, im Freien, in einer Kabine oder einem Fahrzeug, über oder unter Tage; aktenlose Sachbearbeitung; Just in time; Umstellung des Bürobetriebs, der Lagerhaltung, der Werkstattkontrolle; Einführung von **Crowdsourcing** (→ § 92a Rn. 8).

27 **Rationalisierungsmaßnahmen** mittels rechnergestützter Produktionsplanungs- und Steuerungssysteme, Projektmanagementsysteme, Lean production und Lean management (s. dazu insbes. *Hunold* Lean Production S. 11f., 14f., 21f., 83f., unzutreffend allerdings seine Ansicht, dass Abflachung der Hierarchie – Lean management

– nicht unter § 90 falle [S. 60], denn – abgesehen davon, dass die Unterrichtungspflicht des ArbGeb. unabhängig von den Auswirkungen der geplanten Maßnahmen auf die ArbN besteht [→ Rn. 13] – ist hier der Arbeitsablauf mit der Folge einer stärkeren Arbeitsbeanspruchung, Leistungsverdichtung und anderer Qualifikationsanforderungen betroffen, also Auswirkungen, über die nach § 90 Abs. 2 zu beraten ist [→ Rn. 34 mwN]; *Hunold* NZA 1993, 723) einschl. Maßnahmen zur Verwirklichung des Kontinuierlichen Verbesserungsprozesses (KVP) auch Kaizen (Veränderung zum Besseren) genannt (eing. *Wisskirchen/Bissels/Domke* BB 2009, 890).

Einführung und Anwendung von **Qualitätsmanagement-Systemen:** Zunehmende Bedeutung bei Produktion und Dienstleistung erlangt das Qualitätsmanagement (QM oder TQM = Total-Quality-Management). Es kann als Gesamtheit aller qualitätsbezogenen Tätigkeiten und Zielsetzungen verstanden werden. Sein genauer Inhalt ergibt sich aus der Normenreihe DIN EN ISO 9000 bis 9004 (zu diesbezüglich betriebsverfassungsrechtl Fragen *Lachenmann* RdA 1998, 105; *Schmidt/Dobberahn* NZA 1995, 1017). Hiernach ist der Begriff Qualität nicht mehr produktbezogen, sondern bedeutet eine alle unternehmerischen Aktivitäten umfassende Darstellung und Festlegung der Qualitätsfähigkeit. Diese Normenreihe erfordert, dass ein Unternehmen die Organisationsstruktur und alle Abläufe eindeutig regelt und festlegt. Qualität wird also von vornherein planmäßig produziert. Entsprechendes gilt für Qualitätssicherungssysteme. Infolge des Wechsels der Qualität von einer – eher beteiligungsfreien – Produktbezogenheit hin zu einer – idR beteiligungsintensiven – Organisations-, Anlagen- und Ablaufbezogenheit sind idR alle Unterrichtungstatbestände der Nr. 1–4 erfüllt – und je nach Ausgestaltung weitere Beteiligungsrechte wie § 87 Abs. 1 Nr. 6, §§ 106 ff., §§ 111 ff. gegeben (zu entspr. Schulungsanspruch LAG RhPf NZR-RR 97, 215; ArbG Wetzlar 22.11.1995 – 2 BV 8/95, NZA-RR 1996, 336). 28

Nimmt ein Unternehmen freiwillig an dem Gemeinschaftssystem für das Umweltmanagement und die Umweltbetriebsprüfung – **EMAS** – (→ § 89 Rn. 6 ff.) teil, kann bei den betrieblichen Planungen zur Erstellung und zur Durchführung des Umweltprogramms, des Umweltmanagementsystems und der Umweltbetriebsprüfung der Tatbestand der Nr. 3 erfüllt sein. 29

4. Arbeitsplätze

Die Planung der **Arbeitsplätze (Nr. 4)** bezieht sich auch auf die Ausgestaltung der einzelnen Arbeitsplätze, insbes. die räumliche Anordnung und Gestaltung der Maschinen und Werkzeuge sowie die Anbringung sonstiger Arbeitsmittel und die Arbeitsumgebung des Arbeitsplatzes (GK-BetrVG/*Weber* Rn. 21; HWGNRH/*Rose* Rn. 48; BVerwG 16.12.1992 – 6 P 29/91, AP BPersVG § 75 Nr. 42). 30

Arbeitsplatz ist zunächst im arbeitstechnischen Sinn als der (uU veränderliche) Ort zu sehen, an dem der einzelne ArbN unter den techn. und organisatorischen Gegebenheiten der Arbeitsabläufe innerhalb eines Arbeitssystems seine Arbeit erfüllt (ähnlich DIN 33400, Nr. 2.4; Richardi BetrVG/*Annuß* Rn. 15; HWGNRH/*Rose* Rn. 48; demgegenüber sehen als Arbeitsplatz den Tätigkeitsbereich im räumlich-funktionalen Sinne an: DKKW/*Klebe* Rn. 16; GK-BetrVG/*Weber* Rn. 21). Die Gestaltungsaufgabe bezieht sich hier auf die Gestaltung und Anordnung der Arbeitsmittel einschließlich der Arbeitsumgebung. Dazu zählt etwa die geplante Nutzung **digitaler Arbeitsmittel** (*Kleinebrink* DB 2017, 1713). Die Planungen können sowohl den gesamten Betrieb als auch Teilbereiche sowie einzelne Arbeitsplätze betreffen; über alle diese Planungen hat der ArbGeb. den BR zu unterrichten. 31

Dabei sind die Anforderungen an die **körpergerechte Gestaltung,** zB im Hinblick auf die Körpermaße, die Greif- und Bewegungsräume sowie die Möglichkeiten zur Wahrnehmung von Vorgängen oder zur Steuerung von Arbeitsprozessen zu berücksichtigen. Der ArbN soll nach Möglichkeit über das nach den Grundsätzen des Gefahrenschutzes erforderliche Maß hinaus vor Beeinträchtigungen durch Lärm, 32

Vibrationen, Nässe, Gase, Dämpfe, Hitze, Kälte, Lichtmangel oder Blendung (am eigenen Arbeitsplatz oder durch innerbetriebliche Immissionen) geschützt werden. Einseitige körperliche oder geistige Beanspruchung oder anstrengende Körperhaltung (Arbeiten in Zwangshaltung) sind möglichst zu vermeiden. Zur ergonomischen Büroraumplanung- und -gestaltung *Martin* AiB 1998, 83.

33 Über diesen arbeitsschutzrechtlichen Begriff des Arbeitsplatzes hinaus gehört hier auch dessen funktionaler Bezug zu den in Nr. 1–3 genannten Tatbeständen dazu. Beispielhaft hierfür sind vor allem **Bildschirmarbeitsplätze.**

IV. Beratung mit dem Betriebsrat

1. Ablauf

34 An die zeitlich vorgelagerte Unterrichtung des BR schließt sich die **rechtzeitige Beratung** mit ihm über die vorgesehenen Maßnahmen und ihre Auswirkungen auf die ArbN an (Abs. 2). Information und Beratung sind unterschiedliche und voneinander zu trennende Vorgänge (DKKW/*Klebe* Rn. 27; Richardi BetrVG/*Annuß* Rn. 24). Ob und ggf. welcher Zeitraum dazwischen liegen wird, hängt davon ab, wie schwierig und komplex die Planungen sind. Jedenfalls muss auch die Beratung im Stadium der Planung (→ Rn. 7 ff.; → § 92 Rn. 27 f.) erfolgen. Dabei hat der ArbGeb. zwei aus Begriff und Wesen der Beratung abzuleitende Grundsätze zu beachten. Zum einen muss dem BR genügend Zeit für die interne Meinungsbildung über die Planungen und ihre Auswirkungen, möglicherweise unter Hinzuziehung von Sachverständigen und Rückkoppelung mit der Belegschaft, eingeräumt werden. Zum anderen muss, wie in Abs. 2 S. 1 ausdrücklich vorgesehen, die Beratung mit dem BR so **rechtzeitig** stattfinden, dass dessen Vorschläge und Bedenken noch berücksichtigt werden können (BAG 11.12.1991 – 7 ABR 16/91, NZA 1992, 850; HessLAG 3.11.1992 – 5 TaBV 27/92, BB 1993, 1948; DKKW/*Klebe* Rn. 20; HSWGNR/*Rose* Rn. 62). Der BR darf nicht vor vollendete Tatsachen gestellt werden.

35 Die Beratung des BR ist insbes. dann **nicht mehr rechtzeitig,** wenn sie erst erfolgt, nachdem zwischen den anderen Ressorts des Unternehmens Übereinstimmung über die Maßnahmen erzielt worden ist. In einem solchen Stadium ist die Planung abgeschlossen, weil der erzielte Kompromiss widerstreitender Interessen erfahrungsgemäß nicht erneut in Frage gestellt wird. Außerdem ist die **Beteiligung** in den fortschreitenden Stufen der Planung zu **wiederholen** (BAG 11.12.1991 – 7 ABR 16/91, NZA 1992, 850), und insbes. die Informationen zu aktualisieren (DKKW/*Klebe* Rn. 22).

2. Gegenstände

36 Bei der Beratung mit dem BR **müssen alle Gesichtspunkte** erörtert werden, die sich aus den vorgesehenen Maßnahmen und deren Auswirkungen für die ArbN ergeben, also techn., organisatorische, wirtschaftliche und finanzielle Fragen, auch wenn sie nicht mit arbeitswissenschaftlichen Erkenntnissen im Zusammenhang stehen (ErfK/*Kania* Rn. 8). So sind Fragen der **Beschäftigungspolitik des Unternehmens** und der Auswirkungen der geplanten Maßnahmen auf die Arbeitszeit, die Arbeitsplätze, Art und Anforderungen der Arbeit (Automatisierung, Arbeitstempo, Einzel- oder Gruppenarbeit), die Arbeitsentgelte, die Personalplanung und die betriebliche oder außerbetriebliche Fortbildung anzusprechen (DKKW/*Klebe* Rn. 29). Beratungsgegenstand kann auch sein die Umweltpolitik des Unternehmens, insbes. die ArbN unmittelbar betreffenden **Maßnahmen des betrieblichen Umweltschutzes** (§ 89 Abs. 3) zB bei neuen oder zu ändernden Produktionsanlagen, Bauten und auch Produktionsprozessen sowie Produktionslinien, soweit damit einer der Tatbestände des Abs. 1 in Zusammenhang steht.

In erster Linie sind die vorgesehenen Maßnahmen im Hinblick auf ihre **Auswirkungen auf die Art der Arbeit** und die **Anforderungen an die ArbN** zu beraten. Beide Begriffe sind wegen der nicht erschöpfenden Aufzählung und ihrer Verwendung iVm den arbeitswissenschaftlichen Erkenntnissen **weit auszulegen.** Demgemäß ist unter Art der Arbeit sowohl die Festlegung bzw. Abgrenzung der Arbeitsaufgabe des einzelnen ArbN als auch die sonstigen Auswirkungen von Arbeitsmethoden und -verfahren, die der ArbN anzuwenden hat oder denen er unterworfen ist (zB Automatisierung, Kontrollmaßnahmen, Arbeitsteilung, Rotation, Einzel- oder Gruppenarbeit; über Auswirkungen und Anforderungen bei Lean production), einschließlich der verwendeten Arbeitsmittel und -stoffe zu verstehen. Der Begriff der Anforderungen an die ArbN ist als Oberbegriff für Qualifikation, Verantwortung, Geschicklichkeit, Umgebungseinflüsse, Belastung und Beanspruchung aufzufassen (ähnlich HWGNRH/*Rose* Rn. 70; ErfK/*Kania* Rn. 9). 37

3. Inhaltliche Anforderungen

In Form einer **Sollvorschrift** (Abs. 2 S. 2) ist BR und ArbGeb. auch aufgegeben, bei ihren Beratungen die gesicherten arbeitswissenschaftlichen Erkenntnisse über die menschengerechte Gestaltung der Arbeit zu berücksichtigen (vgl. auch § 4 Nr. 3 ArbSchG). 38

Der Begriff der **menschengerechten Gestaltung der Arbeit** wird in einem speziellen humanitären Sinn gebraucht. Aus dem Zusammenhang mit dem Katalog in Nr. 1–4 und dem Verweis auf die gesicherten arbeitswirtschaftlichen Erkenntnisse und die anschließende klarstellende Vorschrift des § 91 ergibt sich, dass es zunächst nicht um die Arbeitsgestaltung im allgemeinen betriebswirtschaftlichen Sinn unter Vorrangigkeit der Wirtschaftlichkeit des Betriebes bzw. der Erhöhung des Wirkungsgrades des Arbeitssystems geht. Vielmehr steht im Vordergrund die Gestaltung der Arbeitsplätze, der Arbeitsverfahren, des Arbeitsablaufs und der Arbeitsumgebung mit dem Ziel der besseren **Anpassung der Arbeit an den Menschen,** an dessen physische und psychische Eigenschaften, Leistungsvermögen und Bedürfnisse (vgl. ErfK/*Kania* Rn. 11; GK-BetrVG/*Weber* Rn. 44; HWGNRH/*Rose* Rn. 73). 38a

Ein weiteres Ziel der menschengerechten Gestaltung der Arbeit ist es, eine Arbeitsgestaltung anzustreben, die der **Würde des ArbN** entspricht und die freie **Entfaltung seiner Persönlichkeit** ermöglicht (Richardi BetrVG/*Annuß* Rn. 31). Demnach sollten sich die Bemühungen von ArbGeb. und BR in freiwilliger (vertrauensvoller) Zusammenarbeit auf den Abbau von Arbeitsumständen richten, die – mögen sie auch technisch einwandfrei und unfallsicher sein – dem Wesen des Menschen widersprechen, insbes. wegen des Übermaßes von Zwängen, zB wegen zeitlicher Bindung, Eintönigkeit, Einsamkeit oder allgemein wegen der Verdrängung möglicher Selbstbestimmung zugunsten vermeidbarer Fremdbestimmung und Kontrolle. 39

Demnach kann der BR mittels der §§ 90, 91 folgende Ziele anstreben: 40

Abkehr von der Fließbandarbeit zugunsten taktungebundener oder teilweise taktbefreiter Arbeit; auch bei Fließbandarbeit: Gewährleistung von persönlichen Freiräumen (zB Erholzeiten, Möglichkeiten der kurzfristigen Arbeitsunterbrechung, etwa durch Pufferbildung); Einführung von Gruppenarbeit oder ähnlicher Arbeitsstrukturen, die eine Abwechslung in der Arbeit und damit einen Abbau der Eintönigkeit ermöglichen; Erweiterung von Arbeitsaufgaben; Vermeidung sinnentleerender Arbeitsteilung (vgl. zB bei MTM-Arbeitsplätzen); Anreicherung von Arbeitsinhalten; Information über den jeweiligen Sinn der Arbeit; Beachtung der menschlichen Leistungs- und Beanspruchungsgrenzen (zB durch Abbau von Schicht- oder Nachtarbeit sowie vermeidbarer Überstunden); menschengerechte Handhabung der Kontrollpotenziale neuer Technologien; Gewährleistung von Kommunikation am Arbeitsplatz.

ArbGeb. und BR sollen bei der Planung diejenigen **gesicherten arbeitswissenschaftlichen Erkenntnisse** berücksichtigen (Abs. 2 S. 2), die einen Bezug zur 41 menschengerechten Gestaltung der Arbeit haben. Der Begriff der arbeitswissenschaftlichen Erkenntnisse wird mittlerweile in zahlreichen Vorschriften (zB § 4 Nr. 3 ArbSchG; § 28 Abs. 1 S. 2 JArbSchG; § 3 Abs. 1 Nr. 1 ArbStättV; § 17 Abs. 1 S. 2 GefahrStVO) verwendet, ist jedoch an keiner Stelle gesetzlich definiert (HWGNRH/*Rose* Rn. 78). Der Begriff knüpft an die **Arbeitswissenschaft** an, die ihrerseits keine bestimmte abgegrenzte Wissenschaft ist. Es handelt sich vielmehr um eine **Anzahl wissenschaftlicher Fachdisziplinen,** die über Erkenntnisse verfügen, die sich unter den verschiedensten Gesichtspunkten auf die menschliche Arbeit beziehen. Das sind insbes. Arbeitsmedizin, Ergometrie, Arbeitsphysiologie, Arbeitspsychologie, Arbeitspädagogik, Betriebssoziologie, Wirtschaftswissenschaft (s. MHdB ArbR/*Kothe* § 290 Rn. 24ff.).

42 Nach der **allgemein anerkannten Definition** von *Luczak/Volpert* (Arbeitswissenschaft S. 59) ist Arbeitswissenschaft das systematische Analysieren, Ordnen und Gestalten der technischen, organisatorischen und sozialen Bedingungen von Arbeitsprozessen mit dem Ziel, dass die arbeitenden Menschen in produktiven und effizienten Arbeitsprozessen

- schädigungslose, ausführbare, erträgliche und beeinträchtigungsfreie Arbeitsbedingungen vorfinden,
- Standards sozialer Angemessenheit nach Arbeitsinhalt, Arbeitsaufgabe, Arbeitsumgebung sowie Entlohnung und Kooperation erfüllt sehen,
- Handlungsspielräume entfalten, Fähigkeiten erwerben und in Kooperation mit anderen ihre Persönlichkeit erhalten und entwickeln können (so auch ErfK/*Kania* Rn. 12; GK-BetrVG/*Weber* Rn. 35; MHdB ArbR/*Kothe* § 290 Rn. 24).

43 Die arbeitswissenschaftlichen Erkenntnisse, die ArbGeb. und BR bei §§ 90, 91 berücksichtigen sollen, müssen gesichert sein. Da es eine einheitliche übergeordnete Arbeitswissenschaft (noch) nicht gibt, die einheitliche Erkenntnismethoden beanspruchen könnte, ist als **„gesichert“ eine Erkenntnis** anzusehen, die den Methoden der Erkenntnisgewinnung der betr. Einzeldisziplin entspricht, es sei denn, sie wird durch Erkenntnisse einer anderen arbeitswissenschaftlichen Disziplin generell oder bei der konkreten Anwendung auf die Arbeitsgestaltung des Betriebs widerlegt (falsifiziert) oder als ergänzungsbedürftig ausgewiesen. Es kann nicht verlangt werden, dass Erkenntnisse einer Einzeldisziplin auch durch die Erkenntnisse der anderen Disziplinen bestätigt werden müssen. Dies gilt insbes. im Verhältnis von geistes- zu naturwissenschaftlichen Disziplinen (Richardi BetrVG/*Annuß* Rn. 34; **aA** GK-BetrVG/*Weber* Rn. 36 allgemeine Akzeptanz fordernd). Den an den Arbeitswissenschaften beteiligten Disziplinen ist die ihnen eigene wissenschaftliche Schlussweise, also ihre spezifische Art der Erkenntnisgewinnung, zu belassen. Als „gesichert“ ist also auch eine Erkenntnis anzusehen, die nach den Maßstäben der betroffenen wissenschaftlichen Disziplin als gültig anerkannt ist (DKKW/*Klebe* § 91 Rn. 11). Gesichert sind auch solche, die der Gesetzgeber bestimmten Regelungswerken zuordnet (HWGNRH/*Rose* Rn. 76).

44 **Gestaltungsrichtlinien** sind – soweit sie nicht ohnehin die Qualität von Rechtsnormen haben – als „gesichert“ anzusehen, wenn über sie in Fachkreisen eine überwiegende Meinung dahin besteht, dass sie der Zielsetzung der menschengerechten Arbeitsgestaltung entsprechen, ihre Anwendung zweckmäßig und mit angemessenen Mitteln durchführbar ist (**praktische Bewährung** fordernd GK-BetrVG/*Weber* Rn. 37). Wenig aussagekräftig ist die lediglich negative Abgrenzung des BAG 6.12.1983 – 1 ABR 43/81, NJW 1984, 1476, nach der es sich bei gesicherten arbeitswissenschaftlichen Erkenntnissen „um Erkenntnisse handeln muss, die besagen, dass die davon nach unten abweichende Gestaltung nicht mehr als menschengerecht angesehen werden kann“. Es genügt uU eine problemlose Durchführung in einem vergleichbaren Betrieb unter kritischer wissenschaftlicher Kontrolle. Die Richtigkeitsgewähr solcher Gestaltungsrichtlinien ist besonders groß, soweit Verabschiedungsverfahren mit Veröffentlichung von Entwürfen, Einspruchsmöglichkeiten und Schlichtungsverfahren praktiziert werden, wie bei der Erstellung von **DIN-Normen.**

Für die Praxis bedeutsam sind daher die einschlägigen DIN-Normen (vgl. zB DIN 33400), aber auch die **Sicherheitsregeln der BG, die Arbeitsstättenregeln** der ArbStättV, die sämtliche unter weitgehender Beteiligung und Einflussmöglichkeit der Fachleute interessierter Kreise erarbeitet werden (GK-BetrVG/*Weber* Rn. 40; widerlegbare Vermutung HWGNRH/*Rose* Rn. 79). Gestaltungsrichtlinien, die in **Tarifverträgen** festgelegt sind, wirken innerhalb ihres Geltungsbereichs, soweit sie Ansprüche der ArbN normieren, unmittelbar, dh ohne den Umweg über § 91, außerhalb des Geltungsbereichs des TV als Beispiele, auf die im Rahmen eines Verfahrens nach § 91 zurückgegriffen werden kann (GK-BetrVG/*Weber* Rn. 41). **45**

Als gesichert anzusehen sind auch übereinstimmende Aussagen zu Gestaltungszielen auf Grund ernst zu nehmender wissenschaftlicher Forschung. Dies dürfte in weitgehendem Maße zutreffen für die von der BAU veröffentlichten Forschungsberichte und herausgegebenen „Arbeitswissenschaftliche Erkenntnisse – Forschungsergebnisse für die Praxis". Die **Forschungsberichte der BAU** betreffen schwerpunktmäßig die Bereiche Lärm, Beleuchtung, Klima, ergonomische und sicherheitstechnische Gestaltung der Arbeitsmittel, elektrotechnische Sicherheit (Einzelheiten vgl. im regelmäßig erscheinenden Katalog über die Schriftenreihen der BAU). Entsprechendes gilt für die **arbeitswissenschaftlichen Veröffentlichungen der BG** (Schwerpunkte: Lärmabwehr, Bildschirmgeräte; Fundstellen ua im ZH 1-Verzeichnis). **46**

V. Verstöße

Kommt der ArbGeb. seinen Verpflichtungen nach § 90 Abs. 1, Abs. 2 S. 1 überhaupt nicht nach oder gibt er **wahrheitswidrige, unvollständige** oder **verspätete Auskünfte,** kann gegen ihn nach § 121 eine Geldbuße von bis zu 10 000 EUR verhängt werden (vgl. OLG Düsseldorf 8.4.1982 – 5 Ss (OWi) 136/82I, DB 1982, 1575). Ist die Rechtsfrage streitig, ob die Voraussetzungen des § 90 für die Informations- und Beratungspflicht des ArbGeb. vorliegen, so entscheiden hierüber die ArbG im **BeschlVerf.** (→ ArbGG Rn. 5). Bei offensichtlichen Verstößen gegen die gesicherten arbeitswissenschaftlichen Erkenntnisse über die menschengerechte Gestaltung der Arbeit kann der BR von seinem **korrigierende MBR** nach § 91 Gebrauch machen und im BeschlVerf. durchsetzen. Bei Verstößen gegen öffentlich-rechtliche Verpflichtungen finden dagegen die entspr. Maßnahmen des Verwaltungszwangs Anwendung bzw. werden solche Verstöße strafrechtlich oder als Ordnungswidrigkeiten verfolgt. **47**

Der BR kann seinen Anspruch auf Unterrichtung und Beratung auch durch **einstw. Vfg.** geltend machen (→ ArbGG Rn. 65 ff.). Durch sie kann dem ArbGeb. im Allgemeinen nicht untersagt werden, die Maßnahme bis zur vollständigen Unterrichtung und bis zum Abschluss der Beratung aufzuschieben. Denn § 90 gewährt nur ein Unterrichtungs- und Beratungsrecht, kein MBR, das den ArbGeb. an einer einseitigen Durchführung der Maßnahme hindert (zum letzteren → § 87 Rn. 565 f.). Nur in den Fällen des § 91 besteht unter den dort genannten engen Voraussetzungen ein (lediglich) korrigierendes MBR. Die der Durchführung der Maßnahme durch eine einstw. Vfg. zu untersagen, würde wohl über den Hauptanspruch (Unterrichtung und Beratung) hinausgehen (vgl. GK-BetrVG/*Weber* Rn. 48; HWGNRH/*Rose* Rn. 93; ErfK/*Kania* Rn. 13; *Konzen* Betriebsverfassungsrechtliche Leistungspflichten S. 109; **aA** DKKW/*Klebe* Rn. 38; *Heither* ARBlattei SD 530.14.7. Rn. 39 ff.). Allerdings wäre eine Sicherungsverfg. in Betracht zu ziehen (→ § 111 Rn. 137 ff.). Insgesamt ist aber die Praxis der LAG uneinheitlich (vgl. Übersicht bei LAG Bln-Bbg 16.4.2010 – 10 TaBV 2577/09, BeckRS 2010, 74480. **48**

Falls allerdings im Zeitpunkt des Erlasses der einstw. Vfg. bekannt ist, dass die vom ArbGeb. geplante Maßnahme offensichtlich den gesicherten arbeitswissenschaftlichen Erkenntnissen über die menschengerechte Gestaltung der Arbeit widerspricht und die ArbN hierdurch besonders belastet werden, kann die Durchführung der geplanten **49**

Maßnahme gem. § 938 ZPO untersagt werden (ähnlich Richardi BetrVG/*Annuß* Rn. 42; weitergehend DKKW/*Klebe* Rn. 38). Auch soweit die Unterrichtung über Planungen stattzufinden hat, die den gesetzl. Arbeitsschutz (§ 87 Abs. 1 Nr. 7) oder andere MBTatbestände nach § 87 (→ § 87 Rn. 14) betreffen, kann im Wege der einstw. Vfg. ein Aufschub der Durchführung erzwungen werden (→ § 87 Rn. 610).

§ 91 Mitbestimmungsrecht

[1] Werden die Arbeitnehmer durch Änderungen der Arbeitsplätze, des Arbeitsablaufs oder der Arbeitsumgebung, die den gesicherten arbeitswissenschaftlichen Erkenntnissen über die menschengerechte Gestaltung der Arbeit offensichtlich widersprechen, in besonderer Weise belastet, so kann der Betriebsrat angemessene Maßnahmen zur Abwendung, Milderung oder zum Ausgleich der Belastung verlangen. [2] Kommt eine Einigung nicht zustande, so entscheidet die Einigungsstelle. [3] Der Spruch der Einigungsstelle ersetzt die Einigung zwischen Arbeitgeber und Betriebsrat.

Inhaltsübersicht

I. Vorbemerkung

1 Die Bestimmung des § 91 ergänzt das Unterrichtungs- und Beratungsrecht des BR nach § 90 durch ein **korrigierendes MBR,** wenn der ArbGeb. Änderungen von Arbeitsplatz, Arbeitsablauf oder Arbeitsumgebung durchführt, die gesicherten arbeitswissenschaftlichen Erkenntnissen über die menschengerechte Gestaltung der Arbeit offensichtlich widersprechen und deshalb die betroffenen ArbN in besonderer Weise belasten. Der BR kann dann angemessene Maßnahmen zur Abwendung, Milderung oder zum Ausgleich dieser Belastungen verlangen.

2 Das korrigierende MBR des BR ist auf die Beseitigung konkreter Verstöße gegen gesicherte arbeitswissenschaftliche Erkenntnisse über die menschengerechte Gestaltung der Arbeit beschränkt. Es ermöglicht damit nicht die anlasslose Durchsetzung solcher Erkenntnisse (BAG 6.12.1983 – 1 ABR 43/81, NJW 1984, 1476; DKKW/*Klebe* Rn. 4; GK-BetrVG/*Weber* Rn. 6). Im Gegensatz zu § 90 steht dem BR zur Beseitigung konkreter Verstöße iSd § 91 ein **Initiativrecht** zu (HWGNRH/*Rose* Rn. 2). Es entscheidet letzten Endes die E-Stelle auf Antrag des ArbGeb. oder des BR verbindlich.

3 Der Begriff der menschengerechten Gestaltung der Arbeit wurde ursprünglich nur im Rahmen der §§ 90, 91 für den autonomen Arbeitsschutz verwendet. Der Begriff hat mittlerweile Eingang in zahlreiche Vorschriften des gesetzl. Arbeitsschutzes gefunden (zB § 2 Abs. 1 ArbSchG; § 6 S. 1 ASiG; § 19 Abs. 1 S. 1 ChemG; § 28 Abs. 1 S. 2 JArbSchG). Da es im gesetzl. und autonomen Arbeitsschutz unterschiedliche **Mitbestimmungsansätze** gibt, muss der BR im Rahmen seiner frühzeitigen Mitwirkung nach § 90 prüfen, um welchen Aspekt der menschengerechten Gestaltung der Arbeit es jeweils geht. Zwar bestehen die einzelnen MBR nebeneinander, sie schließen sich nicht aus. Doch sind die Anforderungen und der Umfang der MBR jeweils unterschiedlich ausgestaltet. So setzt etwa das MBR aus § 87 Abs. 1 Nr. 7 bereits bei der Änderung von Arbeitsbedingungen an und nicht wie das MBR aus § 91 bei Maßnahmen zur Abhilfe oder zum Ausgleich von Belastungen (GK-BetrVG/*Weber* Rn. 23). Auch verbleibt für das MBR aus § 91 ein Anwendungsbe-

richt für solche Ziele, die über die Vermeidung und Verringerung von Gesundheitsbeeinträchtigungen hinausgehen (*Kittner/Pieper* BetrVG Rn. 24). Das MBR aus § 91 setzt entgegen dem aus § 87 Abs. 1 Nr. 7 auch keinen kollektiven Tatbestand (→ § 87 Rn. 14 ff.) voraus. Es genügt dass **ein Arbeitnehmer** durch eine in § 91 genannte Maßnahme besonders belastet wird (HSWGNR/*Rose* Rn. 28).

Entspr. Vorschriften: § 75 Abs. 3 Nr. 16, § 76 Abs. 2 Nr. 5, Nr. 7 BPersVG. 4

II. Voraussetzungen der Mitbestimmung

Das MBR hat zwei Voraussetzungen: Es muss eine besondere Belastung vorliegen. 5
Diese muss auf einer Änderung von Arbeitsplätzen, des Arbeitsablaufs oder der Arbeitsumgebung beruhen. Es genügt daher nicht, dass bestehende Verhältnisse gesicherten arbeitswissenschaftlichen Erkenntnissen über die menschengerechte Gestaltung der Arbeit offensichtlich widersprechen (BAG 28.7.1981 – 1 ABR 65/79, AP BetrVG 1972 § 87 Arbeitssicherheit Nr. 3). **Besonderen Belastungen** iSd § 91 sind erhebliche typisiert-negative Belastungen (bzw. Beeinträchtigungen), die das Maß zumutbarer Belastung und Beanspruchung des arbeitenden Menschen übersteigen. Hierzu gehören zB negative Umgebungseinflüsse (Lärm, Vibrationen, Nässe, Gase, Dämpfe, Hitze, Kälte, Lichtmangel, Blendung), aber auch negative Beanspruchungen durch die Art der Arbeitsleistung (zB Tempo, Takt, einseitige Beanspruchung, Zwangshaltung, Monotonie, übermäßige Kontrolle). Diese negativen Belastungen lösen das MBR nach § 91 aus, wenn sie auch nach der Einarbeitungszeit dauerhaft bestehen (HWGNRH/*Rose* Rn. 27; **aA** DKKW/*Klebe* Rn. 17; GK-BetrVG/*Weber* Rn. 17; Richardi BetrVG/*Annuß* Rn. 12).

Für das **Ausmaß der Belastung** kommt es auf die durchschnittliche Belastbarkeit 6
der in Frage kommenden ArbN an. Bei einer besonderen Belastung eines einzelnen ArbN, die ihre Ursache in dessen persönlichen Verhältnissen hat, greift § 91 nicht ein (Richardi BetrVG/*Annuß* Rn. 13; **aA** DKKW/*Klebe* Rn. 18). Dieser ArbN kann sich auf sein Beschwerderecht nach §§ 84, 85 berufen.

Darüber hinaus muss es sich für die Anwendung des § 91 um besondere Belas- 7
tungen handeln, die **nicht mit Mitteln des gesetzl. Arbeitsschutzes** abgewehrt werden können; insoweit besteht das weitergehende MBR nach § 87 Abs. 1 Nr. 7 (→ Rn. 3) oder die Möglichkeit, dass die Gewerbeaufsicht bzw. der TAB der BG durch Anordnung konkreter Maßnahmen den Arbeitsschutz im Betrieb durchsetzt.

Das MBR nach § 91 ist nicht bei jeder besonderen Belastung gegeben. Es setzt 8
voraus, dass diese Belastungen **auf einer Änderung des betrieblichen Zustands** bei Arbeitsplätzen, Arbeitsablauf oder Arbeitsumgebung beruhen, die offensichtlich den gesicherten arbeitswissenschaftlichen Erkenntnissen über die menschengerechte Gestaltung der Arbeit widerspricht (ErfK/*Kania* Rn. 1).

Als **Änderung** kommt jede Neuerrichtung bzw. Neugestaltung in Betracht, aber 9
auch jede Veränderung des bestehenden techn. oder organisatorischen Zustands, soweit es sich nicht lediglich um Renovierung, Reparatur oder Ersatzteilbeschaffung ohne grundlegende Veränderung der baulichen oder techn. Gegebenheiten handelt (→ § 90 Rn. 18; BAG 28.7.1981 – 1 ABR 65/79, AP BetrVG 1972 § 87 Arbeitssicherheit Nr. 3; GK-BetrVG/*Weber* Rn. 6; HWGNRH/*Rose* Rn. 14).

Die Änderung muss sich auf Arbeitsplätze, den Arbeitsablauf oder die Arbeitsum- 10
gebung beziehen. Zum Begriff **Arbeitsplatz** → § 90 Rn. 30 ff., zu **Arbeitsablauf** → § 90 Rn. 24. Der Begriff **Arbeitsumgebung,** der in der Überschrift des Vierten Abschnitts als einer der Oberbegriffe gebraucht ist, umfasst den Gesamtzustand der Arbeitsumwelt, innerhalb deren der ArbN die Arbeit verrichtet (E DIN 33400: physikalische, chemische, biologische Einflüsse auf den Menschen im Arbeitssystem dh Klima, Lärm, Erschütterungen, Blendung oder Lichtmangel, Nässe, Staub, evtl. auch Schutzkleidung, Erkältungsgefahr, Unfallgefährdung).

11 Die **Arbeitsplatzumgebung** umfasst sowohl den Zustand des Arbeitsplatzes als auch die betrieblichen Immissionen in ihrer Abhängigkeit von der Gestaltung der Arbeitsstätte, der techn. Anlagen sowie vom Arbeitsverfahren (HWGNRH/*Rose* Rn. 15). Wegen dieses Zusammenhangs sind die betrieblichen Maßnahmen, auf die sich das MBR nach § 91 bezieht, praktisch identisch mit denen, die dem Beratungsrecht nach § 90 unterfallen (DKKW/*Klebe* Rn. 3; einschränkend HWGNRH/*Rose* Rn. 12).

12 Die besondere Belastung **löst das MBR nur aus,** wenn sie auf Maßnahmen des ArbGeb. zurückgeht, die offensichtlich den gesicherten arbeitswissenschaftlichen Erkenntnissen über die menschengerechte Gestaltung der Arbeit widersprechen. Der Verstoß gegen diese Erkenntnisse muss für jeden, der auf dem einschlägigen Gebiet der Arbeitswissenschaften eine ausreichende Sachkunde besitzt, spätestens im Zeitpunkt der Durchführung deutlich erkennbar sein. Es gilt ein objektiver Maßstab (GK-BetrVG/*Weber* Rn. 12).

13 Die Feststellung eines offensichtlichen Verstoßes ist bei GestaltungsRL (Regelwerken) verhältnismäßig einfacher als bei Richtzielen auf höherer Abstraktionsstufe (→ § 90 Rn. 44 f.).

14 Zum Begriff der gesicherten arbeitswissenschaftlichen Erkenntnisse → § 90 Rn. 41 ff.

III. Abhilfemaßnahmen

15 Das MBR des BR greift ein, sobald sich herausstellt, dass geplante, in der Ausführung begriffene (BAG 6.12.1983 – 1 ABR 43/81, NJW 1984, 1476) oder durchgeführte Maßnahmen (→ Rn. 9) eine besondere Belastung der ArbN in physischer und (oder) psychischer Hinsicht (→ Rn. 5 ff.) mit sich bringen. Der BR kann – ggf. bereits im **Planungsstadium** – verlangen, dass der ArbGeb. angemessene Maßnahmen zur Abwendung, Milderung oder zum Ausgleich der Belastungen durchführt. Dies gilt auch, wenn sich ArbGeb. und BR gem. § 90 einig waren, nunmehr in der Praxis aber gleichwohl besondere Belastungen auftreten (DKKW/*Klebe* Rn. 2).

16 Der **BR** muss zur Inanspruchnahme der MBR die **negativen Aspekte** der Arbeitsgestaltung **darlegen,** dh welche besonderen Belastungen bestehen und welche gesicherten arbeitswissenschaftlichen Erkenntnisse offensichtlich missachtet wurden. Hierzu kann er auf gesicherte Erkenntnisse über ergonomische Gestaltung der statischen Komponenten des Arbeitsplatzes und der Arbeitsumgebung hinweisen, aber auch auf grundlegende Erkenntnisse, die sich auf die menschengerechte Gestaltung des Arbeitsablaufs beziehen (→ § 90 Rn. 38 ff.). In welcher Weise abgeholfen werden kann, überlässt das G den Betriebspartnern. Sie sollen nach den Gegebenheiten und Möglichkeiten des Betriebs unter Berücksichtigung der Interessen der ArbN angemessene Abhilfemaßnahmen vereinbaren. Da – anders als im Bereich des gesetzl. Arbeitsschutzes – keine öffentlich-rechtlichen Regelungen die im Einzelfall richtige Abhilfe vorgeben, besteht für ArbGeb. und BR ein erheblicher Ermessensspielraum.

17 **Angemessen** sind solche Maßnahmen, die nach dem jeweiligen technisch-organisatorischen und wirtschaftlichen Möglichkeiten geeignet und erforderlich sind, die besonderen Belastungen körperlicher oder nichtkörperlicher Art oder ihre Folgen für die ArbN zu beseitigen oder zu verringern (GK-BetrVG/*Weber* Rn. 27; HWGNRH/*Rose* Rn. 31). Danach ist zunächst zu prüfen, ob Änderungen der Arbeitsplätze, des Arbeitsablaufs oder der Arbeitsumgebung in einer Weise vorgenommen werden können, die eine besondere Belastung der ArbN vermeidet oder doch mildert.

18 Erst wenn und soweit eine Abwendung oder Milderung derartiger Auswirkungen aus techn. oder wirtschaftlichen Gründen nicht möglich sein sollte, sind **Ausgleichsvorkehrungen** zu treffen (DKKW/*Klebe* Rn. 19; Richardi BetrVG/*Annuß* Rn. 16),

die gesicherte arbeitswissenschaftliche Erkenntnisse berücksichtigen. Diese Maßnahmen dürfen nicht gegen gesetzl. Arbeitsschutzvorschriften oder Vorschriften der Berufsgenossenschaften und nicht gegen gesicherte arbeitswissenschaftliche Erkenntnisse verstoßen. Maßnahmen zur Abwendung besonderer Belastungen haben Vorrang vor Maßnahmen zu deren Milderung, diese wiederum vor Ausgleichsmaßnahmen (ErfK/*Kania* Rn. 2).

Als **Maßnahmen zur Abwendung,** also Beseitigung besonderer Belastungen, kommen zB in Betracht: 19

- Rückgängigmachen der Änderung (DKKW/*Klebe* Rn. 19; Richardi BetrVG/*Annuß* Rn. 19; GK-BetrVG/*Weber* Rn. 28; in der Regel verneinend HWGNRH/*Rose* Rn. 36);
- Verbesserung der ergonomischen Gestaltung des Arbeitsplatzes nach Körpermaßen und -kräften;
- Abwendung von Hebearbeit durch techn. Mittel (Kran, Gabelstapler); hier dürfte jedoch das MBR nach § 87 Abs. 1 Nr. 7 das MBR nach § 91 weitgehend verdrängen, *Wlotzke* NJW 1997, 1469);
- Abwendung von Tragearbeit durch Transportmittel; hier dürfte das MBR nach § 87 Abs. 1 Nr. 7 vorrangig sein;
- Abwendung von Haltearbeit durch techn. Mittel (Stützen, selbsthaltende Zangen);
- Vermeidung von Zwangshaltungen;
- Abwendung von besonders belastenden Körperhaltungen wie: kriechen, bücken, knien, auf einem Bein stehen, Über-Kopf-Arbeit durch nicht belastende Körperhaltungen wie: sitzen, aufrecht stehen;
- Herabsetzung der Bandgeschwindigkeit bei Fließbandarbeit (→ § 87 Rn. 430);
- Abbau von Nachtschichten;
- Beseitigung von Staub, Lärm, Gasen, Nebel, Dämpfen, Erschütterungen, Strahlungen, Wärme, Blendung, Lichtmangel an der Entstehungsquelle.

Als **Maßnahmen zur Milderung,** also teilweiser Aufhebung der Belastung, kommen in Betracht: 20

- Erholzeiten entspr. der Belastung (HWGNRH/*Rose* Rn. 41);
- Verkürzung von Belastungen durch Ablösung;
- Arbeitswechsel;
- Mischarbeitsplätze;
- Verringerung von Unterbelastung oder Monotonie durch Ausgleichstätigkeit (zB Gruppenarbeit);
- Berücksichtigung konstitutioneller Faktoren beim Arbeitseinsatz;
- Vermeidung sozialer Isolierung;
- Augenuntersuchungen; nach § 6 BildscharbV hat ArbGeb. vor Aufnahme von Bildschirmtätigkeit und danach in regelmäßigen Abständen eine Augenuntersuchung anzubieten (MB nach § 87 Abs. 1 Nr. 7, → § 87 Rn. 296);
- Einsatz von Blendschutz, Brillen, Lupen, Gehörschutz;
- Nutzung körpergerechter Schutzkleidung.

Als **Ausgleichsmaßnahmen** können herangezogen werden: 21

- Zusatzurlaub;
- Verkürzung der Tätigkeitszeit;
- erhöhte Freizeit;
- das Stellen von Wechselkleidung;
- das Stellen von Körperschutzmitteln;
- Bereitstellen von Getränken bei extremen klimatischen Bedingungen;
- die Einrichtung von Ruheräumen;
- die Einrichtung von Bädern, Duschräumen, Massageräumen, Bestrahlungsräumen;
- die Stellung von die Belastung unmittelbar ausgleichender Zwischenverpflegung;
- Aufstellen von Ventilatoren und Verdunstungsapparaten;
- Aufstellen von Regenschutz bei Arbeiten im Freien;
- Einrichten von Wärmestellen bei Arbeiten im Freien bei Kälte;

– Lohnzuschläge (zB Erschwerniszulage) sind arbeitswissenschaftlich verfehlt und nur einzusetzen, wenn keine andere Ausgleichsmöglichkeit besteht (GK-BetrVG/*Weber* Rn. 32; ganz abl. DKKW/*Klebe* Rn. 21; HWGNRH/*Rose* Rn. 42; Richardi BetrVG/*Annuß* Rn. 15).

22 Über derartige Maßnahmen sollen sich ArbGeb. und BR einigen, bei Abhilfemaßnahmen durch Regelungsabrede, iÜ durch BV. Für BV iSd § 91 gilt grds. die **Beschränkung des § 77 Abs. 3.** Danach dürfen keine Arbeitsbedingungen durch BV geregelt werden, die Gegenstand tarifvertraglicher oder tarifüblicher Regelungen sind (GK-BetrVG/*Weber* Rn. 25). Die Schranke des § 77 Abs. 3 hat jedoch nur Bedeutung, wenn der betr. Gegenstand tatsächlich inhaltlich – und nicht nur irgendwie formal – tarifvertraglich oder tarifüblich geregelt ist. Ausgleichsmaßnahmen in Form einer über die sonstigen Pausen hinaus gehenden Unterbrechung der Arbeitszeit betreffen einen anderen Regelungsgegenstand als Arbeitszeit- und Pausenregelungen in TV. Für eine solche Ausgleichsmaßnahme gilt die Regelungssperre des § 77 Abs. 3 nicht. Der Tarifvorbehalt des § 87 Abs. 1 Einleitungssatz ist in den Fällen des § 91 nicht anzuwenden; denn § 91 enthält eine eigenständige Regelung außerhalb des § 87 (**aA** analoge Anwendung des Eingangssatzes des § 87 Abs. 1: DKKW/*Klebe* Rn. 23; GK-BetrVG/*Weber* Rn. 25, jeweils ohne Darlegung einer Regelungslücke). Damit fehlt es an einem Tarifvorbehalt, der § 77 Abs. 3 verdrängen könnte (→ § 77 Rn. 108 ff.).

IV. Streitigkeiten

23 Kommt eine Einigung zwischen ArbGeb. und BR nicht zustande, entscheidet auf Antrag von ArbGeb. oder BR die **E-Stelle** verbindlich über die zu treffenden Maßnahmen. Soweit der Spruch der E-Stelle Ansprüche für die einzelnen ArbN begründet, haben diese einen im **UrteilsVerf.** einklagbaren Anspruch auf Gewährung bzw. Durchführung der Maßnahme, ggf. bei Gefahr einer erheblichen Gesundheitsgefährdung ein Recht auf Zurückbehaltung der Arbeitsleistung (DKKW/*Klebe* Rn. 26; ErfK/*Kania* Rn. 3; GK-BetrVG/*Weber* Rn. 36; HWGNRH/*Rose* Rn. 49; Richardi BetrVG/*Annuß* Rn. 37; zur Weigerung Arbeit in asbestbelasteten Räumen zu verrichten BAG 19.2.1997 – 5 AZR 592/84, NZA 1997, 821). Ist zwischen den Betriebsparteien streitig, ob eine besondere Belastung der ArbN iSd Vorschrift vorliegt und demnach Maßnahmen überhaupt zu treffen sind, entscheiden über diese Rechtsfrage die ArbG im **BeschlVerf.** (→ ArbGG Rn. 5). Auch die E-Stelle hat ihre Zuständigkeit zur Entscheidung als Vorfrage zu prüfen (Näheres → § 76 Rn. 83, 123), einschließlich der Frage, ob ein MBR nach § 91 oder nach § 87 Abs. 1 Nr. 7 besteht.

Fünfter Abschnitt. Personelle Angelegenheiten

Erster Unterabschnitt. Allgemeine personelle Angelegenheiten

§ 92 Personalplanung

(1) [1]**Der Arbeitgeber hat den Betriebsrat über die Personalplanung, insbesondere über den gegenwärtigen und künftigen Personalbedarf sowie über die sich daraus ergebenden personellen Maßnahmen einschließlich der geplanten Beschäftigung von Personen, die nicht in einem Arbeitsverhältnis zum Arbeitgeber stehen, und Maßnahmen der Berufsbildung anhand von Unterlagen rechtzeitig und umfassend zu unterrichten.** [2]**Er hat mit dem Betriebsrat über Art und Umfang der erforderlichen Maßnahmen und über die Vermeidung von Härten zu beraten.**

(2) **Der Betriebsrat kann dem Arbeitgeber Vorschläge für die Einführung einer Personalplanung und ihre Durchführung machen.**

(3) **Die Absätze 1 und 2 gelten entsprechend für Maßnahmen im Sinne des § 80 Abs. 1 Nr. 2a und 2b, insbesondere für die Aufstellung und Durchführung von Maßnahmen zur Förderung der Gleichstellung von Frauen und Männern. Gleiches gilt für die Eingliederung schwerbehinderter Menschen nach § 80 Absatz 1 Nummer 4.**

Inhaltsübersicht

I. Vorbemerkung

1 Die allgemeinen, kollektiv zu beratenden und zu regelnden personellen Angelegenheiten fasst das G in einem bes. Unterabschnitt zusammen. Entlassungen, Einstellungen und Versetzungen als mitbestimmungspflichtige personelle Einzelmaßnahmen beruhen mit Ausnahme personenbedingter und verhaltensbedingter Kündigungen zumeist auf **zeitlich zurückliegenden Grundsatzentscheidungen** des ArbGeb. (Unternehmers), mögen diese nun ausdrücklich als solche erkannt und geplant worden sein oder nicht. Im Hinblick darauf gewinnt die **Personalplanung** zunehmend an Bedeutung. Sie ist in besonderer Weise geeignet, die betrieblichen und sozialen Probleme vorausschauend zu regeln. Die Probleme des Arbeitsplatzrisikos bei strukturellen Änderungen oder konjunkturellen Einbrüchen kann sie nicht lösen.

2 Dem im Interesse des Betriebes liegenden Bedürfnis nach einer gezielten und vorausschauenden Planung zum Einsatz und der Verwendung der menschlichen Arbeitskraft tragen die Vorschriften des 5. Abschnitts Rechnung. Aus der **Personalplanung** (§ 92) ergibt sich darauf aufbauend die innerbetriebliche **Ausschreibung von Arbeitsplätzen** (§ 93), die Aufstellung von **Personalfragebogen und Beurteilungsgrundsätzen** (§ 94) und der Erlass von **AuswahlRL** (§ 95). Diese allgemeinen personellen Fragen haben einen engen Zusammenhang mit der **Berufsbildung** (§§ 96–98) und den **personellen Einzelmaßnahmen** (§§ 99–105). Ferner hat nach § 106 Abs. 2 der Unternehmer den **WiAusschuss** rechtzeitig und umfassend über die Auswirkungen wirtschaftlicher Maßnahmen auf die Personalplanung zu unterrichten. Das entspricht der Vorstellung, die Personalplanung in die Gesamtunternehmensplanung als einen Kernbereich neben solchen der Absatz-, Investitions-, Produktions- oder Finanzplanung zu integrieren. Darüber hinaus bestehen enge Wechselwirkungen mit anderen Beteiligungsrechten des BR, insbes. wenn nur vorübergehend ein Personalbedarf oder Personalüberhang besteht, der durch Überstunden oder Kurzarbeit ausgeglichen werden soll. Schließlich steht eine Personalplanung auch in einem engen Zusammenhang mit dem **Vorschlagsrecht des BR** für beschäftigungssichernde Maßnahmen nach § 92a und vor allem mit den wirtschaftlichen Angelegenheiten des G. Ihre rechtzeitige Umsetzung ist gerade bei Betriebsänderungen geeignet, die finanziellen Auswirkungen eines Sozialplanes (§ 112) für den Betrieb in Grenzen zu halten.

3 Die Vorschrift des § 92 wurde durch das **BetrVerf-ReformG** um einen 3. Abs. ergänzt, weshalb der im früheren Abs. 2 enthaltene Hinweis auf Frauenfördermaßnahmen entfallen konnte (BT-Drs. 14/5741, 49). Die Änderung geht zurück auf die durch dieses G erweiterten Befugnisse des BR, sich im Rahmen seiner allgemeinen

Aufgaben verstärkt für die Durchsetzung der tatsächlichen Gleichstellung von Frauen und Männern und die Vereinbarkeit von familiären Aufgaben und Erwerbstätigkeit einzusetzen (§ 80 Abs. 1 Nr. 2a und Nr. 2b). Diese Aufgabe konkretisiert§ 92 für den Bereich der Personalplanung (*Löwisch* BB 2001, 1790; *Reichold* NZA 2001, 863). Sie weist dem BR die Befugnis zu, dem ArbGeb. etwa die Aufstellung von Frauenförderplänen und solche zur besseren Vereinbarkeit von Familie und Erwerbstätigkeit vorzuschlagen und ihn dadurch zu veranlassen, entsprechende Maßnahmen zum Gegenstand der Personalplanung zu machen (krit. HWGNRH/*Rose* Rn. 8). Umgekehrt soll der ArbGeb. dazu veranlasst werden, sich gerade mit dem Thema der Frauenförderung zu beschäftigen, die dazu notwendigen personellen Maßnahmen und die erforderlichen Fortbildungsmaßnahmen zu ermitteln und anhand konkreter Daten mit dem BR zu beraten (BT-Drs. 14/5741, 30, 48).

3a Ergänzt wurde § 92 Abs. 3 durch das **BundesteilhabeG** vom 23.12.2016 (BGBl. I S. 3234). Das soll verdeutlichen, dass Gegenstand der Personalplanung auch die Eingliederung schwerbehinderter Menschen ist (BT-Drs. 18/9522 S. 350). Mit dem **AÜG-ÄndG** vom 21.2.2017 (BGBl I S. 258) wurde mit Wirkung vom 1.4.2017 die Unterrichtungspflicht des ArbGeb. nach § 92 Abs. 1 S. 1 auf die geplante Beschäftigung von Fremdpersonal erstreckt. Es handelt sich um eine die bisherige Rechtslage klarstellende Regelung (BT-Drs. 18/9232 S. 32; *Deinert* RdA 2017, 65).

4 Entspr. Vorschriften: Keine.

II. Personalplanung

5 Der Bedarf nach **betrieblicher Personalplanung** entstand zunächst in der Zeit des Mangels an Arbeitskräften und beschränkte sich demgemäß auf die Personalbeschaffung. Im Rahmen der schnellen wirtschaftlichen und technischen Entwicklung und der berechtigten sozialen Interessen der ArbN an Aufstiegsmöglichkeiten und an der Sicherung ihrer Arbeitsplätze sind die Anforderungen an die Personalplanung gestiegen. Es sind nicht nur Arbeitskräfte zu gewinnen bzw. zu halten, sondern es müssen in steigendem Maße ArbN auf andere, vielfach qualifiziertere Tätigkeiten umgeschult werden.

6 Personalplanung berührt Fragen des **innerbetrieblichen wie des außerbetrieblichen Arbeitsmarktes** (*Fischer/Reihsner* Personalpolitik S. 90). Gerade in diesem Bereich müssen sich ArbGeb. sowie BR auch ihrer gesamtwirtschaftlichen und -gesellschaftlichen Verantwortung bewusst sein (zB Verzicht auf zusätzliche Verdienstmöglichkeiten durch Überstunden, die zugleich uU Investitionen erübrigen). Bes. Probleme sind bei bestimmten Beschäftigtengruppen zu lösen, zB bei Auszubildenden, Frauen, älteren ArbN oder vermindert Leistungsfähigen, damit diese in ihrem Interesse und dem des Betriebes angemessen beschäftigt werden können. Die Personalplanung hat damit vor allem in größeren Betrieben gleichrangige Bedeutung mit der Finanz-, Beschaffungs-, Absatz- und Produktionsplanung.

7 **Aktuelle Bedeutung** erhält die Personalplanung im Zusammenhang mit neuen Produktions- und Fertigungsverfahren wie **Lean production** mit verstärkter Gruppenarbeit (s. dazu § 90 und § 87 Abs. 1 Nr. 13), Verringerung der Fertigungstiefe, **Outsourcing,** Einführung flacher Hierarchien – **Lean Management** –, auch wenn vom Abbau der Hierarchie direkt nur leitende Ang. betroffen sind, deren Aufgaben aber zumindest teilweise von Ang. übernommen werden, sowie zur Verwirklichung des **Kontinuierlichen Verbesserungsprozesses** (KVP, auch Kaizen genannt), ferner bei **Tele-Arbeit** (*Wedde* CR 1994, 230; → § 5 Rn. 172ff.) oder bei der Bildung eines Zeitarbeitspools, dessen zugeordnete LeihAN der ArbGeb. bedarfsgerecht abfordert (*Böhm* DB 2008, 2026). Ferner bei der Festlegung von Zielgrößen nach dem **TeilhabeG,** die nach einer vorherigen Planung verlangen, um gewährleisten zu können, dass die gesetzlichen Ziele erreicht werden können (*Löwisch* BB 2015, 1909; *Röder/Arnold* NZA 2015, 1281).

Obwohl inzwischen voll ausgebildete und anerkannte **Methoden der Personalplanung** entwickelt worden sind (vgl. *Fischer/Reihsner* Personalpolitik S. 95 ff.), ist in vielen Unternehmen eine umfassende Personalplanung noch immer von untergeordneter Bedeutung. Neben der fehlenden Bereitschaft, sich intensiv mit Personalplanung zu beschäftigen, beruht eine defizitäre Personalplanung häufig auf einer unzureichenden Information über bewährte Planungsmodelle. Personalplanung findet überdies ihre natürliche Grenze in den Unwägbarkeiten, die für alle längerfristigen Prognosen gelten. Sowohl die wirtschaftlich-techn. Entwicklung (betrieblich, branchenmäßig, national und international) als auch das Verhalten der ArbN (Probleme der Mobilität und der Wahl des Arbeitsplatzes) lassen sich letztlich nur bedingt voraussehen. Die Zusammenhänge der betrieblichen Personalplanung mit den Problemen der übergreifenden Arbeitsmarktpolitik macht die betriebliche Personalplanung nicht überflüssig; vielmehr ist die betriebliche Reaktion auf die gesamtwirtschaftlichen Daten eine notwendige Ergänzung gesamtwirtschaftlicher Bemühungen. 8

Den **Begriff der Personalplanung** definiert das G nicht (Richardi BetrVG/*Thüsing* Rn. 3). Der Wortlaut „insbesondere" legt ein eher weites Verständnis nahe (BAG 12.3.2019 – 1 ABR 43/17, NZA 2019, 1153). Nach der Gesetzesbegründung zum BetrVG 1972 soll § 92 sicherstellen, dass der BR rechtzeitig über die personelle Lage des Betriebs und deren Entwicklung anhand von Unterlagen umfassend informiert wird. Er soll mit dem ArbGeb. entsprechende Maßnahmen beraten, nicht zuletzt um Härten für die ArbN zu vermeiden (BT-Drs. VI/1786, 50). Aus diesem Anliegen leitet sich als Definition der Personalplanung ab, jede Planung, die sich auf den gegenwärtigen und künftigen Personalbedarf in quantitativer und qualitativer Hinsicht, auf dessen Deckung im weiteren Sinne und auf den abstrakten Einsatz der personellen Kapazität bezieht (BAG 12.3.2019 – 1 ABR 43/17, NZA 2019, 1153). Das erfasst die Planung des Personalbedarfs, der Personalbeschaffung, des Personaleinsatzes sowie der Personalentwicklung (BAG 6.11.1990 – 1 ABR 60/89, NZA 1991, 358; 23.3.2010 – 1 ABR 81/08, NZA 2011, 811). Zur Personalplanung zählen auch Stellenbeschreibungen. Diese legen die Funktion einer bestimmten Stelle innerhalb des betrieblichen Geschehens fest. Dazu definieren sie Aufgabe, zu deren Erledigung notwendige Kompetenzen und die zu erledigenden Tätigkeiten (BAG 14.1.2014 – 1 ABR 49/12, NZA-RR 2014, 356). 9

Für das Eingreifen der Beteiligungsrechte nach § 92 ist es unerheblich, ob die Personalplanung gezielt oder mehr intuitiv erfolgt oder ob sie nur kurz- oder langfristig angelegt ist. Die Personalplanung bedarf zudem eines ständigen **Abgleichs mit der tatsächlichen Situation.** Daher sind die Pläne fortlaufend zu überprüfen und ggf. zu korrigieren. Auch ist zu überprüfen, ob die vorgesehenen Werbemaßnahmen und Berufsbildungsmaßnahmen tatsächlich durchgeführt werden. Diese Kontrolle ist Teil der Personalplanung (DKKW/*Homburg* Rn. 41; Richardi BetrVG/*Thüsing* Rn. 14; **aA** GK-BetrVG/*Raab* Rn. 18; **aA** HWGNRH/*Rose* Rn. 66). Nicht zur Personalplanung gehört die bloße Fixierung von Personaldaten. 10

Kernbereich jeder Personalplanung ist die **Personalbedarfsplanung.** Sie erfolgt vierdimensional. Zu berücksichtigen sind quantitative, qualitative, zeitliche und örtliche Elemente (Richardi BetrVG/*Thüsing* Rn. 6). Sie hat im Grundsatz danach zu fragen, wie viele ArbN. mit welcher Qualifikation an welchen Orten und für welche Zeit gebraucht werden (*Fischer/Reihsner* Personalpolitik S. 90 ff.), um die Unternehmensziele unter Beachtung der personalpolitischen Grundsätze zu verwirklichen (vgl. auch BAG 6.11.1990 – 1 ABR 60/89, NZA 1991, 358). Das erfordert eine Gegenüberstellung des voraussichtlichen zukünftigen Personalbedarfs mit dem aktuellen Personalbestand, also eine Art **Bestandsaufnahme von Soll und Ist** unter Berücksichtigung vorhersehbarer Veränderungen (Pensionierungen, Wehr- oder Zivildienst, Ablauf befristeter Arbeitsverhältnisse) sowie der Produktions- und Investitionsplanung, von Rationalisierungsvorhaben und Betriebsänderungen (§ 106 Abs. 3; ErfK/*Kania* Rn. 3 ff.). 11

12 Es ist nicht nur nach der **Zahl** der gegenwärtig und zukünftig benötigten (Ersatzbedarf und Neubedarf) ArbN zu fragen, sondern eine weitere Aufschlüsselung hinsichtlich der **Qualifikation** und des **Zeitpunktes** und der **Dauer des zukünftigen Bedarfs** vorzunehmen. Zu überlegen ist, ob geeignete ArbN, evtl. nach beruflicher Umschulung oder Fortbildung, in einer Anzahl bereitgestellt werden, dass das Arbeitspensum zumutbare Belastungen nicht übersteigt. Außerdem muss untersucht werden, inwieweit die benötigten Arbeitskräfte innerhalb des Betriebs herangebildet oder von außerhalb gewonnen werden müssen. Dazu zählt auch der Einsatz von LeihArbN (DKKW/*Homburg* Rn. 17). Die Personalbedarfsplanung kann auch aufzeigen und vermeiden, dass in einzelnen Abteilungen Personalengpässe, in anderen dagegen Personalüberschüsse auftreten (Bedarfsdeckung, -überdeckung, -unterdeckung). Sie hat sich auch mit der **Bereitstellung von Teilzeitarbeitsplätzen oder Telearbeitsplätzen** zu befassen.

13 Die Planung der **Personalbeschaffung** befasst sich mit dem rechtzeitigen Bereitstellen der mit Hilfe der Personalbedarfsplanung als erforderlich ermittelten Anzahl von ArbN, die über eine den Arbeitsplatzanforderungen entspr. Qualifikation verfügen, so dass sich Personalbestand und Personalbedarf decken (BAG 31.1.1989 – 1 ABR 72/87, NZA 1989, 932; 6.11.1990 – 1 ABR 60/89, NZA 1991, 358). **Interne Beschaffungsmaßnahmen** können sein: Mehrarbeit, Urlaubsverschiebung, Umwandlung von Teilzeit- in Vollzeitarbeitsverhältnisse oder von befristeten in unbefristete Arbeitsverhältnisse. **Externe Beschaffungsmaßnahmen** sind Neueinstellungen oder der Einsatz von LeihArbN aber auch von sog Ein-Euro-Jobbern (*Engels* NZA 2007, 8; Einzelheiten → Rn. 19) oder vermehrt die Einstellung schwerbehinderter Menschen. Zu den Personalbeschaffungsmaßnahmen zählt auch das **E-Recruiting,** bei dem elektronische Medien und Personalsysteme im Bewerbungsprozess eingesetzt werden (*Göpfert/Dußmann* NZA-Beilage 2/2016, S. 41).

14 Im Zweifel wird der **innerbetrieblichen Personalbeschaffung** im Zusammenhang mit Maßnahmen der Fortbildung bzw. Umschulung der Vorzug zu geben sein. Bei Inanspruchnahme des **außerbetrieblichen Arbeitsmarkts** ist zu prüfen, inwieweit Arbeitskräfte mit der erforderlichen Qualifikation oder nach Fortbildung oder Umschulung in geringerer oder größerer räumlicher Entfernung vom Betrieb uU zu gewinnen sind. Im Anschluss daran ist zu überlegen, welche Mittel zweckmäßig für eine Anwerbung in Betracht kommen (Arbeitsvermittlung, Stellenanzeigen, Vermittlung durch ArbN des Betriebes, persönliche Einladung) und in welchem Ausmaß sie eingesetzt werden müssen, um voraussichtlich die benötigte ArbNZahl zu dem gewünschten Zeitpunkt und mit der erforderlichen Qualifikation zu gewinnen. Aus sozialen Gründen, aber auch im Interesse der Sicherung einer qualifizierten Belegschaft, ist der Schaffung von Arbeits- oder Berufsausbildungsverhältnissen der Vorzug vor der Beschäftigung von **LeihArbN** oder **FremdfirmenArbN** zu geben (DKKW/*Homburg* Rn. 25; *Plander* AiB 1990, 21). Auch durch den Abbau von Überstunden können Arbeitsplätze erhalten oder neue geschaffen werden.

15 Grundsätzliche **Aufgabe der betrieblichen Personalentwicklungsplanung** ist es, die Qualifikation der Mitarbeiter an die Bedarfsziele des Betriebes anzupassen (HWGNRH/*Rose* Rn. 56). Dabei sollen die Interessen der Mitarbeiter an der Entwicklung ihrer Fähigkeiten soweit als möglich berücksichtigt werden. Demgegenüber definieren *Kador/Kempe/Pornschlegel* (Kap. 3.7.) als Aufgabe der betrieblichen Personalentwicklungsplanung, Bildungsmaßnahmen für die Mitarbeiter zu planen, damit sie das erforderliche Wissen und Können erwerben, um betriebliche Arbeitsaufgaben zu übernehmen, ihr Wissen und Können den sich wandelnden Anforderungen ihrer Arbeitsaufgaben anzupassen und ihre Fähigkeiten zu vertiefen, damit sie betriebliche Aufstiegsmöglichkeiten individuell wahrnehmen können bzw. Wissen auf neuen Arbeitsgebieten erwerben, wenn die bisherigen Arbeitsaufgaben entfallen. Die Personalentwicklung dient danach sowohl der betrieblichen Personalbeschaffung als auch gesamtwirtschaftlichen und gesellschaftlichen Interessen. Sie erfolgt insbes. durch **Ausbildung, Fortbildung und Umschulung** der bereits vorhandenen ArbN (vgl.

§§ 96–98) sowie durch **„sonstige Bildungsmaßnahmen“** (§ 98 Abs. 6), die der allgemeinen Weiterbildung dienen (→ § 98 Rn. 38 ff.) und eine entspr. Zeitplanung. Diesen Maßnahmen kommen vor allem bei der Einführung und Fortentwicklung neuer Produktionsmethoden, die zB eine Umstellung von Einzel- auf Gruppenarbeit, erhöhte Anforderungen und größeres Verantwortungsbewusstsein verlangen, besondere Bedeutung zu. Innerbetriebliche **Stellenausschreibungen** (§ 93), regelmäßige Personalbeurteilungen und deren Besprechung mit den ArbN (vgl. § 94, § 82 Abs. 2 S. 1), **Frauenförderpläne** (→ § 75 Rn. 120 ff.), **Laufbahnpläne** für gehobene Positionen und **Berufsbildungsmaßnahmen** dienen der Qualifizierung der ArbN des Betriebes.

Der BR ist auch bei Förderungsmaßnahmen für ArbN zu beteiligen, die die **Qualifikation als leitende Ang.** erreichen sollen (DKKW/*Homburg* Rn. 31; GK-BetrVG/*Raab* Rn. 5; HSWGNR/*Rose* Rn. 57; → § 98 Rn. 36). 16

Die **Personaleinsatzplanung** erstreckt sich auf die Bereiche des Personaleinsatzes wie die des Personalabbaus (Richardi BetrVG/*Thüsing* Rn. 9). Sie legt fest, wie der künftige personelle Bedarf abzudecken ist. Dazu gehören Überlegungen zur Beschäftigung von Auszubildenden, der Vergabe an Fremdfirmen, zum Einsatz von Leiharbeitnehmern, zum Einsatz von Schwerbehinderten oder der Wiedereingliederung langzeiterkrankter Beschäftigter (DKKW/*Homburg* Rn. 28). **Aufgabe der Personaleinsatzplanung** ist die bestmögliche Eingliederung der verfügbaren Mitarbeiter in den betrieblichen Leistungsprozess. Dazu ist die tatsächliche Zuordnung von Arbeitskräften und Arbeitsplätzen zu optimieren. Diesem Teil der Personalplanung entsprechen bei der Gestaltung von Arbeitsplätzen, Arbeitsabläufen und Arbeitsumgebung die in § 90 behandelten Planungsbereiche. Während die Planung der Stellen (Arbeitsplätze) und ihre Beschreibung im Rahmen der Personalbedarfsplanung mehr oder weniger detailliert erfolgt, liegt der Schwerpunkt der Einsatzplanung auf der angemessenen **Zuordnung der ArbN zu den Stellen** (zB auf Dauer, Zuteilung zu Schichten); vorübergehende Umsetzung zur Überbrückung von Fehlzeiten wie Urlaub oder Krankheit; Versetzung; Umgruppierung, Einsatz von Teilzeitarbeitskräften, insbes. bei kapazitätsorientierter Arbeitszeit; Gruppenarbeit (*Kreßel* RdA 1994, 23 ff.; → § 90 Rn. 30 ff. mwN). Der konkrete Einsatz einzelner ArbN auf einen bestimmten Arbeitsplatz fällt nicht unter § 92, sondern unter § 99 (GK-BetrVG/*Raab* Rn. 17; HWGNRH/*Rose* Rn. 64). 17

Auch eine systematische Personalplanung kann nicht die Arbeitsplatzrisiken ausschließen, die aus konjunkturellen oder strukturellen Gründen entstehen können (Auftragsrückgänge, Auswirkungen neuer Technologien, Konzentrationsvorgänge). Derartige Vorgänge können Abbaumaßnahmen zur Anpassung des Personalbestands an den (nicht nur vorübergehend) verminderten Personalbedarf unvermeidlich machen. **Aufgabe der Personalabbauplanung** ist es, sowohl die veränderten Gegebenheiten für das Unternehmen (den Betrieb) zu berücksichtigen, als auch die sozialen Folgen für die ArbN möglichst gering zu halten. Bei der Abbauplanung ist eine rechtzeitige Abstimmung mit den übrigen Bereichen der Personalplanung, aber auch mit den anderen Bereichen der Unternehmensplanung (Absatz-, Produktions-, Investitionsplanung, Rationalisierungsvorhaben) wichtig. Diese Planungen setzen Daten, denen die Abbauplanung zu folgen hat. Eine rechtzeitige und möglichst langfristige Planung ermöglicht Vorgehensweisen, die einerseits für das Unternehmen den Bestand einer den Unternehmenszielen auf lange Zeit entspr. qualifizierten und strukturierten Belegschaft sichern, andererseits den sozialen Belangen der ArbN möglichst gerecht werden. 18

Soweit möglich sollten **vorbeugende Maßnahmen** getroffen werden (Flexibilität der Produktionsplanung, Gestaltung der Arbeitsabläufe und -plätze auch unter Rücksichtnahme auf bes. schutzwürdige Personengruppen). Reichen diese nicht aus, so bestehen uU Möglichkeiten der Arbeitszeitreduzierung (Abbau von Überstunden, Einführung von Altersteilzeit, Kurzarbeit, Urlaubspläne); der Qualifizierung von ArbN (Ausbildung, Fortbildung, Umschulung) zum Zwecke ihrer Beschäftigung auf 19 anderen Arbeitsplätzen. Als Maßnahmen des Personalabbaus, die die Arbeitsverhältnisse nicht unmittelbar betreffen, kommen des Weiteren Einstellungsbeschränkungen sowie **Abbau von Leiharbeit** oder **Fremdfirmeneinsätzen** in Betracht. Ein direkter Personalabbau kann durch vorzeitige Pensionierung, Aufhebungsverträge, Kündigungen (§ 102) sowie Massenentlassungen erfolgen. Die Abbauplanung iVm den anderen Unternehmensplanungen kann dazu beitragen, dass nach Möglichkeit die jeweils mildeste Lösung gewählt wird (vgl. ErfK/*Kania* Rn. 5; DKKW/*Homburg* Rn. 32).

20 Die Planung der **Personalkosten** betrifft die Kosten, die bei Erfüllung der Planziele Personalbeschaffung, -einsatz, -entwicklung und -abbau entstehen, zB Kosten der Werbung, Löhne, Gehälter, Personalnebenkosten, Kosten für Bildungsveranstaltungen und -maßnahmen sowie für Kündigungen oder einen Sozialplan. Auch die Personalkostenplanung ist Teil der Personalplanung (DKKW/*Homburg* Rn. 33; *Fischer/Reihsner* Personalpolitik S. 112; **aA** HWGNRH/*Rose* Rn. 67; GK-BetrVG/*Raab* Rn. 19; offenlassend BAG 12.3.2019 – 1 ABR 43/17, NZA 2019, 1153).

III. Beteiligung des Betriebsrats

21 Für die Personalplanung ist der Unternehmer (ArbGeb.) verantwortlich. In dessen Leitungsfunktion darf der BR nicht eingreifen. Deshalb hat der BR **kein MBR** bei der Personalplanung, sondern **Unterrichtungs-** und **Beratungsrechte** in dem Umfang, in dem der ArbGeb. Personalplanung durchführt (ErfK/*Kania* Rn. 6; GK-BetrVG/*Raab* Rn. 21). Seine Rechte kann er effektiver wahrnehmen, wenn er sich über die vom ArbGeb. an den **WiAusschuss** nach § 106 Abs. 2 S. 1 zu gebenden Informationen zur Personalplanung frühzeitig informiert. Auch die Methoden der Personalplanung sowie die organisatorischen und techn. Hilfsmittel unterliegen grds. nicht der MB (BAG 17.3.2015 – 1 ABR 48/13, NZA 2015, 885 **aA** *Diller/Schuster* DB 2008, 928). Ausnahmen gelten bei der MBR des BR bei der Ausschreibung (§ 93), bei Personalfragebogen, Musterarbeitsverträgen, Beurteilungsgrundsätzen (§ 94), AuswahlRL (§ 95), bei der Durchführung von Maßnahmen der betrieblichen Berufsbildung (§ 98), sowie bei geplanten Betriebsänderungen (§§ 111 ff.) und bei Maßnahmen, die als Ergebnis der Personalplanung im sozialen (§ 87) oder personellen (§§ 99 ff.) Bereich durchgeführt werden.

22 Möglich sind **freiwillige,** nicht erzwingbare **BV** (vgl. § 88) zur Regelung der Mitwirkung des BR bei der Beratung über die Personalplanung, zB über die **Bildung eines gemeinsamen Ausschusses,** in dem ArbGeb., Vertr. des BR und weitere sachverständige Betriebsangehörige aus den betr. Ressorts Fragen der Personalplanung und deren Verzahnung mit den übrigen Planungsbereichen zur Vorbereitung von Entscheidungen beraten.

1. Unterrichtungspflicht des Arbeitgebers

23 Die Unterrichtungspflicht des ArbGeb. nach § 92 Abs. 1 gilt für **alle Bereiche der Personalplanung** und damit auch für **Stellenbeschreibungen** (BAG 14.1.2014 – 1 ABR 49/12, NZA-RR 2014, 356). Sie erstreckt sich auch auf die sich daraus ergebenden allgemeinen personellen Maßnahmen, nicht hingegen auf eine konkrete personelle Maßnahme iSd § 99 (BAG 27.10.2010 – 7 ABR 86/09, NZA 2011, 418). Das Hervorheben des jeweiligen und künftigen Personalbedarfs als Kernbereich der Personalplanung (§ 92 Abs. 1 S. 1) ist lediglich beispielgebend. Nunmehr erwähnt des G ausdrücklich auch den geplanten **Einsatz von Fremdpersonal.** Das stellt klar, dass der BR darüber zu informieren ist, ob die im Betrieb anfallenden Aufgaben von eigenen ArbN, LeihArbN oder durch Beauftragte von Dienst- oder Werkvertragsunternehmen ausgeführt werden sollen (BT-Drs. 18/9232 S. 32). Dazu zählen auch Unterlagen aus denen hervorgeht, worauf der ArbGeb. seine Entscheidung zum

Einsatz von Fremdpersonal stützt (*Talkenberg* NZA 2017, 473). Die aufgeführten Unterrichtungsgegenstände stellen keine erschöpfende Aufzählung dar (DKKW/*Homburg* Rn. 34). Führt der ArbGeb. nur in Teilbereichen eine Personalplanung durch (zB nur eine Einsatzplanung), ist der BR auch hierüber zu unterrichten (GK-BetrVG/*Raab* Rn. 22). Die Unterrichtung ist nicht von einem ausdrücklichen Verlangen des BR abhängig. Vielmehr muss der ArbGeb. bei jeder Art von Personalplanung von sich aus an den BR herantreten. Der ArbGeb. kann die von ihm geschuldete Information weder unter Hinweis auf den **Tendenzcharakter** des Unternehmens oder Betriebs noch mit der Begründung verweigern, die Personalplanung enthalte **Geschäftsgeheimnisse** (BAG 6.11.1990 – 1 ABR 60/89, NZA 1991, 358).

Auch über die **Methoden der Personalplanung** und die organisatorischen und techn. Hilfsmittel, deren sich der ArbGeb. dabei bedient, ist der BR zu unterrichten (zB Assessment-Center als Personalauswahlverfahren). Das gilt insbes., wenn der ArbGeb. im Rahmen seiner Planung **automatisierte Personalinformationssysteme** verwendet, die ein wesentliches Instrument zur Durchführung einer Personalplanung sind (ErfK/*Kania* Rn. 7; DKKW/*Homburg* Rn. 38; GK-BetrVG/*Raab* Rn. 30). Die wesentlichen Funktionen solcher Systeme betreffen die Lohnabrechnung, Stammdatenverwaltung, Administration, Personalberichterstattung, und Zeitermittlung (*Fischer/Reihsner* Personalpolitik S. 270 f.). Sie eignen sich auf Grund ihrer Daten zB über Personalstand, Fluktuation, Aufbau der Belegschaft, Ausbildung und Qualifikation der ArbN vorzüglich für eine Personalplanung. Insbes. bei einer Verknüpfung ihrer Daten mit denen anderer Datensysteme, zB einer Arbeitsplatzdatenbank, ermöglichen sie durch eine automatisierte Gegenüberstellung der Erfordernisse des Arbeitsplatzes und der Qualifikation sowie der Leistungsfähigkeit der ArbN (generell oder gezielt für bes. Gruppen von ArbN) zT eine bis zur konkreten personellen Einzelmaßnahme durchgehende Personalplanung. Bei der Einführung und Anwendung automatisierter Personalinformationssysteme sind einerseits die Vorschriften des BDSG zu beachten (vgl. hierzu § 83); zum anderen kommen MBR des BR nach § 87 Abs. 1 Nr. 6, §§ 94 u. 95 in Betracht. 24

Auf jeden Fall ist der BR im Rahmen der Personalplanung über die bestehenden **Personalinformationssysteme** zu unterrichten, auch wenn sie nur dazu dienen, die personalwirtschaftlichen Verwaltungsabläufe zu bewältigen. Denn auch sie liefern mit ihren Informationen zB über Altersaufbau, Betriebszugehörigkeitsdauer, Einkommensstruktur und Fehlzeiten wesentliche Daten für eine Personalplanung. Hierbei bezieht sich die Unterrichtungspflicht des ArbGeb. nicht nur auf die Aussagen und Resultate dieser Systeme. Vielmehr erfasst sie auch die Programmdetermination, Fragedimensionen und Entscheidungsvariablen, dh die **Programmierung** bzw. **Software** dieser Systeme, die je nach Perfektion der Programmierung mehr oder weniger selbst eine Personalplanung durchführen (**aA** GK-BetrVG/*Raab* Rn. 30). Eine rechtzeitige und umfassende Information des BR kann dazu beitragen, Bedenken und Beunruhigungen zu vermeiden, die die Einführung und Anwendung von Personalinformationssystemen erschweren. IÜ kann durch den Abschluss von BV, die über notwendige Regelungen nach § 87 Abs. 1 Nr. 6, §§ 94 u. 95 hinausgehen, die Zulässigkeit der Verarbeitung und Nutzung von Personaldaten iSd BDSG entweder begründet oder im Rahmen der §§ 28, 35 BDSG konkretisiert werden. 25

Die Unterrichtung des BR erfolgt „über die Planung" (nicht wie in § 111 über „geplante Maßnahmen"). **Planung** besteht im systematischen Suchen und Festlegen von Zielen sowie im Vorbereiten von Aufgaben, deren Durchführung zum Erreichen der Ziele erforderlich ist. Der Plan ist das Ergebnis der Planung. Das Stadium der Planung geht also der Entscheidung über den Plan voraus. Der BR ist in der Phase der Entscheidungsfindung, dh vor der Entscheidung über einen Plan, zu beteiligen (→ § 90 Rn. 8 ff.; ErfK/*Kania* Rn. 8; DKKW/*Homburg* Rn. 39; GK-BetrVG/*Raab* Rn. 23; **aA** HWGNRH/*Rose* Rn. 76 den Unterschied zwischen Planung und Plan verkennend, wenn sie die Beteiligung des BR erst nach Erarbeitung eines Plans bzw. im Endstadium der Planung bei der Maßnahmenplanung – dh praktisch bei der Ein- 26 und Durchführung des Plans – einsetzt). Er muss seine Bedenken und Anregungen noch vortragen können mit dem Ziel, die abschließende Meinungsbildung des ArbGeb. – den eigentlichen Plan – noch zu beeinflussen.

27 Andererseits müssen die Überlegungen des ArbGeb. das **Stadium der Planung** erreicht haben. Bloßes Erkunden der ihm zur Verfügung stehenden Handlungsspielräume reicht hierfür nicht aus. Verzichtet er dann zB auf einen ins Auge gefassten Personalabbau oder eine Personalerweiterung, braucht er dem BR diesen Verzicht nicht zu erläutern und zu begründen (BAG 31.1.1989 – 1 ABR 72/87, NZA 1989, 932; 6.11.1990 – 1 ABR 60/89, NZA 1991, 358; *Kraft/Raab* SAE 1992, 7; krit. DKKW/*Homburg* Rn. 39). Falls jedoch zB im Rahmen einer Gemeinkostenwertanalyse zwecks Kostenreduzierung zur Darstellung des Ist-Zustandes Erhebungsbogen (Formulare) verwendet werden sollen, die Rückschlüsse auf Fertigkeiten oder Eignung der befragten ArbN zulassen, also praktisch Personalfragebogen iSd § 94 (→ § 94 Rn. 6) und damit Instrumente der Personalplanung sind, ist spätestens mit diesem Entschluss das Planungsstadium erreicht (**aA** *Pfelzer* NZA 1990, 514). Auch ist die Feststellung des Personalbedarfs für ein geplantes Projekt schon vor der Zustimmung eines (behördlichen) Zuwendungsgebers zu dem beantragten Stellenplan ist Personalplanung iSd § 92. Gleiches gilt für den bewilligten Stellenplan sowie für Abweichungen von diesem: Jeder dieser Tatbestände löst jeweils die Unterrichtung des BR aus (BAG 6.11.1990 – 1 ABR 60/89, NZA 1991, 358).

28 Der **Zeitpunkt der rechtzeitigen Unterrichtung** ist ebenso wie der einer Beratung nach § 90 Abs. 2 oft schwierig zu ermitteln. Richtschnur ist der Zweck der Unterrichtung. Sie soll es dem BR ermöglichen, auf das noch vorläufige Ergebnis der Überlegungen des ArbGeb. vor dem Erstellen des Plans Einfluss nehmen zu können. Deshalb muss die Unterrichtung vor dem endgültigen Abschluss der Planung erfolgen.

29 Geht der ArbGeb. selbst nicht nach bewussten und damit nachvollziehbaren Entscheidungsschritten **(intuitiv)** vor, ist die Bestimmung der Planungsphase, in der die Arbeitnehmervertretung zu informieren ist, rückbezüglich naturgemäß kaum möglich. Da aber jedenfalls die Planung vor einer Entscheidung steht, hat die Unterrichtung **vor der Einführung** bzw. **der Durchführung** von Maßnahmen zu erfolgen. Findet **eine methodische Personalplanung** statt, ist bereits über die Planungsschritte zu unterrichten. Das betrifft die auf das Planungsziel ausgerichtete Datenerhebung und die Entwicklung der an diesem Ziel ausgerichteten Lösungsansätze sowie deren Abstimmung mit den übrigen Planungsbereichen des Betriebs/Unternehmens.

30 Planung ist ein **kontinuierlicher Prozess** (BAG 17.3.1987 – 1 ABR 59/85, NZA 1987, 747). Es müssen uU die Entscheidungsschritte wegen Änderung der Unternehmensziele oder Planungsvorgaben mehrfach durchlaufen werden. Da zwingt zu einer **laufenden Unterrichtung** (GK-BetrVG/*Raab* Rn. 24). Hierfür bieten sich die monatlichen Besprechungen an (§ 74 Abs. 1). Näheres kann zB im Zusammenhang mit der Bildung eines Ausschusses des BR oder eines gemeinsamen Ausschusses von ArbGeb. und BR gegebenenfalls durch freiwillige, nicht erzwingbare BV (§ 90) festgelegt werden.

31 Die Unterrichtung des BR über die Personalplanung sowie die als Möglichkeiten künftigen wirtschaftlichen Handelns zur Erörterung stehenden Maßnahmen hat umfassend an Hand derjenigen **Unterlagen** zu erfolgen, die der ArbGeb. selbst für seine Planung verwendet (BAG 8.11.2016 – 1 ABR 64/14, NZA 2017, 942; zB **Stellenbeschreibungen, Stellenpläne, Stellenbesetzungspläne,** wenn der Personal-Ist-Bestand nicht auf andere Weise als griffbereite Arbeitsunterlage zur Verfügung steht). Solche Unterlagen können auch sein: Arbeitsblätter (Maßnahmeplan), die ein Unternehmensberater für den ArbGeb. als Ergebnis innerbetrieblicher Planungsüberlegungen erstellt hat (LAG SchlH 14.12.1993 – 1 TaBV 3/93, AuR 1994, 202), Personalbedarfsunterlagen, Personalstatistiken über Fluktuation, Altersaufbau und Krankenstand der Belegschaft, Personalkostenpläne. Dazu gehören auch die durch andere Planungsbereiche (Produktion, Investition, Rationalisierung) vorgegebenen Daten, da zwi-

schen allen Planungen ein innerer Zusammenhang besteht (BAG 19.6.1984 – 1 ABR 6/83, NZA 1984, 329; DKKW/*Homburg* Rn. 44; Richardi BetrVG/*Thüsing* Rn. 29). Im Fall der Delegation der Planung auf den betrieblichen ArbGeb. zählt hierzu insbes. die Rahmenplanung des Unternehmers. Ausgenommen sind nur Unterlagen, die der BR zur Wahrnehmung seiner Mitwirkungsrechte bei der Personalplanung nicht benötigt. Das sind nach BAG im Planungsvorstadium erstellte Berichte über Rationalisierungs- und Personalreduzierungsmöglichkeiten sowie **Prüfungsberichte,** die (noch) nicht umgesetzt werden sollen (BAG 27.6.1989 – 1 ABR 19/88, NZA 1989, 929).

Für den **Baubereich** ergeben sich für den BR aus den Unterrichtungspflichten des ArbGeb. (Generalunternehmers) nach § 5 Abs. 1 TV-Mindestlohn wichtige Aspekte, die er nicht nur bei seiner Überwachungsaufgabe, sondern auch für seine Beteiligung im Rahmen der Personalplanung nutzbar machen kann. Aus der Kombination dieser Norm mit § 92 iVm § 80 Abs. 2 hat der ArbGeb. von sich aus den BR rechtzeitig (→ Rn. 28 ff.) über den (geplanten) Abschluss von Nachunternehmer-Verträgen zu unterrichten und, falls es dazu kommt, diese dem BR auf Verlangen zur Verfügung zu stellen. Mittels dieser Normenkombination verfügt der BR über eine bes., der schwierigen Baubranche angepasste Einflussmöglichkeit auf die Personalplanung der Generalunternehmer. 32

Nimmt ein Unternehmen an **EMAS,** dem europaweiten Gemeinschaftssystem für das Umweltmanagement und die Umweltbetriebsprüfung teil, (→ § 89 Rn. 6 ff.) können sich bei der Aufstellung, Fortschreibung und Durchführung des **Umweltprogramms** über die konkreten Umweltziele und -tätigkeiten sowie der Entwicklung neuer bzw. geänderte Produkte oder Verfahren und insbes. bei der Einrichtung und Anpassung des **Umweltmanagementsystems** Beteiligungsrechte des BR unter dem Gesichtspunkt der Personalplanung (insbes. → Rn. 15, 17) ergeben. Das ist jedenfalls immer dann der Fall, wenn in Stellenbeschreibungen umweltspezifische Aufgaben für bestimmte Arbeitsplätze festgelegt werden sollen (→ Rn. 11, 31). Beabsichtigt der ArbGeb. **Stellen für den Bundesfreiwilligendienst** einzurichten, hat der er den BR darüber zu unterrichten. Die geplante Einrichtung solcher Stellen oder solchen für ein sog Freiwilligenjahr ist Teil der Personalplanung. Mit ihr gibt der ArbGeb. zu erkennen, für welche Aufgaben ein Bedarf für die Beschäftigung eigener ArbN fehlt (BAG 19.6.2001 – 1 ABR 25/00, AP BetrVG 1972 § 99 Einstellung Nr. 35). **Arbeitsgelegenheiten nach § 16d SGB II** (Ein-Euro-Jobber) dürfen nur wettbewerbsneutral eingerichtet werden. 33

Auch über den geplanten **Einsatz von Fremdpersonal** – also den Einsatz von Personen, die nicht in einem Arbeitsverhältnis zu ihm stehen – hat der ArbGeb. anhand von Unterlagen zu unterrichten. Das sind etwa solche auf die er seine Entscheidung über den Einsatz von LeihArbN stützt (*Talkenberg* NZA 2017, 473). 34

Die Unterrichtung hat anhand derjenigen Unterlagen zu erfolgen, die der ArbGeb. selbst seiner Personalplanung zugrunde legt und zwar unabhängig davon, in welchem Zusammenhang sie erhoben oder festgestellt wurden. Ob der ArbGeb. mit diesen Unterlagen noch andere Zwecke verfolgt ist unerheblich (BAG 8.11.2016 – 1 ABR 64/14, NZA 2017, 942). Ein Anspruch des BR gegenüber dem ArbGeb. auf Beibehaltung einmal gewählter Planungsgrundsätze und darauf bezogene Unterlagen besteht nicht. Nach Sinn und Zweck des Beteiligungsrechts sind die jeweiligen Planungsunterlagen – die je nach Betriebsgröße oder Ausmaß der Planung durchaus umfangreich und komplex sein können – dem BR **dauerhaft zu überlassen,** damit dieser effektiv auf die Planung Einfluss nehmen kann (DKKW/*Homburg* Rn. 42 f.; **aA** nur für Einblick in die Unterlagen ErfK/*Kania* Rn. 7; GK-BetrVG/*Raab* Rn. 28; HWGNRH/*Rose* Rn. 88; Richardi BetrVG/*Thüsing* Rn. 32). Insoweit handelt es sich bei § 92 Abs. 1 S. 1 um eine gegenüber § 80 Abs. 2 S. 2 speziellere Vorschrift. Daher kommt ein Anspruch nach § 92 Abs. 2 unabhängig von einem Vorlagebegehren nach § 92 Abs. 1 in Betracht (BAG 8.11.2016 – 1 ABR 64/14, NZA 2017, 942). Ein nur zeitl. begrenztes Einsichtsrecht (so SächsLAG 9.12.2011 – 3 TaBV 25/10) 34a geben Wortlaut und Sinn und Zweck des Überlassungsanspruchs nicht her. Ein solcher besteht auch unabhängig davon, zu welchem Zeitpunkt der BR ihn gegenüber dem ArbGeb. geltend macht. Ansonsten wäre dem BR eine gerichtl. Durchsetzung seines Anspruchs nur im Rahmen einer einstweiligen Verfügung möglich.

2. Beratungspflicht des Arbeitgebers

35 Der ArbGeb. hat mit dem BR über Art und Umfang der erforderlichen Maßnahmen und über die Vermeidung von Härten zu beraten. Auch insoweit hat er von sich aus, die Beratung zu veranlassen. Zu beraten sind die sich aus der Planung des ArbGeb. ergebenden Maßnahmen. Das schließt eine Beratung der Planungsgrundlagen nicht aus. Ob und welche Maßnahmen zu treffen sind, hängt auch von der Qualität der Planung und davon ab, ob die Grundlagen für die Prognosen des ArbGeb. zutreffen oder nicht. Die **umfassende Beratung** entspricht auch dem Zweck der Beratungspflicht. Sie dient ua dazu, dem ArbGeb. ggf. Alternativen zum Erreichen seines Planziels vorzuschlagen. Die Vorschrift des Abs. 1 S. 2 schließt deshalb Beratungen über weitere Aspekte der Personalplanung insbes. auf Initiative des BR keineswegs aus (zB über die Personalbedarfsplanung; wie hier DKKW/*Homburg* Rn. 47; **aA** GK-BetrVG/*Raab* Rn. 34; HWGNRH/*Rose* Rn. 98; Richardi BetrVG/*Thüsing* Rn. 35; diff. BAG 6.11.1990 – 1 ABR 69/89, NZA 1991, 358: ArbGeb. muss nicht von sich aus schon über bloße Personalbedarfsplanung mit BR beraten, sondern erst, wenn aus dieser im Rahmen der Personaldeckungsplanung konkrete Maßnahmen folgen sollen). Eine Einschränkung des Beratungsrechts gegenüber einem weitergehenden Unterrichtungsrecht ist sinnwidrig und verstößt zudem gegen die übergreifenden Grundsätze der § 74 Abs. 1, § 75, § 80 Abs. 1 Nr. 2, 4 u. 7. Deshalb erstreckt sich das Beratungsrecht des BR nach **Gegenstand und Umfang** auf alle Aspekte, für die dem BR ein Unterrichtungsrecht zusteht (→ Rn. 23 ff.; *Kadel* BB 1993, 797). Dieses Auslegungsergebnis entspricht auch dem Gebot der unionsrechtskonformen Auslegung. Nach Art. 4 Abs. 2b der RL 2002/14/EG v. 11.3.2002 zur Festlegung eines allgemeinen Rahmens für die Unterrichtung und die Anhörung der ArbN in der EG (ABl. 2002 L 80 S. 29) umfassen die Rechte der ArbNVertretung auch die Unterrichtung und Anhörung zu Beschäftigungssituation, Beschäftigungsstruktur und wahrscheinlicher Beschäftigungsentwicklung sowie dazu geplanter antizipativer Maßnahmen. Demensprechend hat hinsichtlich solcher Maßnahmen nicht nur eine Information des BR zu erfolgen, sondern auch eine Anhörung (*Zwanziger* AuR 2010, 459; *Bonin* AuR 2004, 321; **aA** GK-BetrVG/*Raab* Rn. 33).

3. Vorschlagsrecht des Betriebsrats

36 Nach Abs. 2 kann der BR von sich aus Vorschläge für die Einführung und Durchführung einer Personalplanung machen. Dazu gehören auch solche zur Änderung einer vom ArbGeb. praktizierten Personalplanung. Der BR muss sich aber darüber im Klaren sein, dass es nicht zu seinen Aufgaben zählt, gleichberechtigt neben dem ArbGeb. eine Personalplanung vorzunehmen (BAG 8.11.2016 – 1 ABR 64/14, NZA 2017, 942). Die Verwirklichung dieses Rechts setzt **eine umfassendere Unterrichtung als nach Abs. 1** voraus. Für die Ausübung seines Vorschlagsrechts sind dem BR nach § 80 Abs. 2 S. 2 die erforderlichen Unterlagen zur Verfügung zu stellen (BAG 8.11.2016 – 1 ABR 64/14, NZA 2017, 942). Das gilt auch wenn er nur prüfen will, ob er initiativ werden soll oder kann (DKKW/*Homburg* Rn. 47). So können Rationalisierungs-, Personalreduzierungs- und Prüfungsberichte, die der ArbGeb. vorerst noch nicht umsetzen will (→ Rn. 30), für eine etwaige Initiative des BR aber ausschlaggebend sein. Dem BR steht in Bezug auf die Erforderlichkeit der begehrten Unterlagen und ihres Umfangs ein **Einschätzungsspielraum** zu (BAG 20.9.1990 – 1 ABR 74/89, EzA § 80 BetrVG 1972 Nr. 39). Dessen ungeachtet hat er darzulegen, aus welchen Gründen die begehrten Unterlagen zur Wahrnehmung

seines Vorschlagsrechts erforderlich sind (BAG 8.11.2016 – 1 ABR 64/14, NZA 2017, 942). Sofern Personaldaten in EDV-Anlagen verarbeitet werden, kann der BR auch vorschlagen, ein Programm für ein Personalinformationssystem zu entwickeln. Der BR kann hier den Anstoß für eine moderne Entwicklung geben, insbes. für eine methodische Personalplanung. In Betrieben mit hoher Fluktuation kann der BR die Erstellung einer **Fluktuationsanalyse** vorschlagen, bzw. eine solche selbst zB mittels Fragebogenaktion erstellen und anhand dieser Analyse Vorschläge zur Beseitigung der Fluktuationsursachen erarbeiten (vgl. *Bösche/Grimberg* AiB 1992, 590). Ein Vorschlag zur Personalplanung kann auch dahin gehen, gegenwärtig **fremdvergebene Arbeiten** künftig wieder durch betriebsangehörige ArbN erledigen zu lassen (BAG 15.12.1998 – 1 ABR 9/98, NZA 1999, 722). Dazu kann er die Vorlage von Kontrolllisten mit exakten Arbeitszeitvolumenangaben für LeihArbN verlangen (BAG 31.1.1989 – 1 ABR 72/87, NZA 1989, 932).

Der ArbGeb. ist nach § 2 Abs. 1 verpflichtet, sich mit den Vorschlägen des BR ernsthaft zu beschäftigen. Er muss sie aber nicht durchführen (ErfK/*Kania* Rn. 9). So kann der BR auch nicht die Einführung oder Nichteinführung einer bestimmten Methode der Personalplanung oder den Abschluss einer BV hierüber erzwingen (hM). **Freiwillige BV** über Maßnahmen der Personalplanung und die anzustrebenden Ziele sind jedoch zulässig (zB Frauenförderung, Arbeitsplätze für Schwerb., Ausbildungsplätze). Die E-Stelle kann nur gem. § 76 Abs. 6 tätig werden. 37

Grds. ist der BR Träger der Rechte nach § 92 (hM). Nimmt der ArbGeb. eine **betriebsübergreifende Personalplanung** vor (§ 92 Abs. 1), ist der GBR zuständig. Insoweit bestimmt die Planungsvorgabe des ArbGeb. über die betriebsverfassungsrechtliche Zuständigkeit (*Lunck* NZA 2013, 233; DKKW/*Homburg* Rn. 49). Das hindert die unternehmenszugehörigen BRe aber nicht daran, ihrerseits betriebsbezogene Vorschläge nach § 92 Abs. 2 zu unterbreiten. Entspr. gilt für einen bestehenden KBR (→ § 58 Rn. 13). Träger der Rechte nach § 92 bei der **Deutsche Bahn AG** ist der BR bzw. GesBR, auch bezüglich der personalpolitischen Einbeziehung der zugewiesenen Beamten des BEV (*Engels/Mauß-Trebinger* RdA 1997, 217 [232]). Den bes. PersVertr. stehen insoweit keine Befugnisse zu; ihre Zuständigkeit beschränkt sich auf wenige, festgelegte personelle Einzelmaßnahmen (s. dazu § 99). Entspr. gilt für die **Postunternehmen** (*Engels/Mauß-Trebinger* RdA 1997, 217 [236]). 38

IV. Besondere Fördermaßnahmen

Im Rahmen der Personalplanung weist Abs. 3 nunmehr sowohl dem ArbGeb. als auch dem BR hinsichtlich der in § 80 Abs. 1 Nr. 2a, Nr. 2b und Nr. 4genannten Bereiche eine **besondere Verantwortung** zu. Die Verantwortung ist nicht auf die Planung und Durchführung von Gleichstellungsmaßnahmen oder Inklusionsvereinbarungen beschränkt. Der Wortlaut des Abs. 3 hebt solche Maßnahmen nur beispielhaft hervor. 39

Das Ergreifen von Maßnahmen für das Erreichen einer tatsächlichen und nicht nur verfassungstheoretischen Gleichstellung von Frauen und Männern (Art. 3 Abs. 2 GG), die Aufstellung von Frauenförderplänen sowie Maßnahmen zur besseren Vereinbarkeit von familiären Betreuungsaufgaben mit den Anforderungen der Erwerbstätigkeit ist Teil der **unternehmerischen Handlungsfreiheit** des ArbGeb., über die er entscheidet. Das Ergreifen solcher Maßnahmen liegt jedoch nicht nur im gesamtgesellschaftlichen Interesse, sondern auch in dem des Betriebs/Unternehmens. Solche Maßnahmen tragen in hohem Maße dazu bei, qualifizierte und motivierte Arbeitskräfte zu gewinnen und auf Dauer an den Betrieb zu binden. Zugleich können sie einen Beitrag zur Verbesserung des Betriebsklimas leisten. 40

Als Maßnahme iSd Abs. 3 kommt etwa in Betracht die Aufstellung eines **Frauenförderplans** (HWGNRH/*Rose* Rn. 108), den der ArbGeb. zB alle drei Jahre zu erstellen und zwischenzeitlich zu aktualisieren hat. Dieser Plan sollte die Situation der 41 weiblichen ArbN dokumentieren, deren bisherige Förderung in den einzelnen Bereichen auswerten und insbes. zur Erhöhung des Frauenanteils Maßnahmen zur Durchsetzung notwendiger personeller und organisatorischer Verbesserungen im Rahmen von Zielvorgaben und eines zeitlichen Stufenplans entwickeln. Dabei sollten möglichst statistische Daten ausgewertet und die sich daraus ergebenden Unterschiede im Vergleich der Anteile von Frauen und Männern bei Bewerbungen, Einstellungen, beruflichem Aufstieg und Fortbildung in einzelnen Bereichen aufgezeigt und erläutert werden (*Feldhoff* AiB 1996, 445; *Schiek* AiB 1994, 450; sa *Colneric* RdA 1994, 65; *v. Friesen* ArbuR 1994, 405; jeweils mit MusterBV; *Debler* NZA 1997, 529).

42 Als **weitere Maßnahmen** kommen in Betracht die Entwicklung familienfreundlicher Arbeitszeitmodelle, die Einführung oder Ausweitung von Telearbeit oder die Aufteilung von Vollzeitarbeitsplätzen auf Teilzeit bzw. die Rückkehr auf Vollzeitstellen. In den Bereich der von § 80 Abs. 1 Nr. 2a und Nr. 2b angesprochenen Themen fallen auch die Qualifizierung von ArbN während einer Elternzeit nach dem BEEG oder die Qualifizierung von Arbeitnehmerinnen im Hinblick auf künftige Führungsaufgaben bzw. deren Teilnahme an Fortbildungsmaßnahmen, deren zeitliche Lage und Dauer auch Rücksicht auf familiäre Betreuungsaufgaben nimmt.

43 Bei der Planung der genannten Maßnahmen hat der ArbGeb. den BR umfassend und rechtzeitig zu **unterrichten** und die entspr. **Unterlagen vorzulegen.** Es gelten die in → Rn. 24–34 dargestellten Grundsätze. Darüber hinaus sind diese Maßnahmen nach den in → Rn. 35 dargestellten Kriterien mit dem BR zu beraten.

44 Spiegelbildlich weist Abs. 3 dem **BR ausdrücklich die Befugnis zu,** dem ArbGeb. solche Maßnahmen vorzuschlagen und Einzelheiten für ihre Durchführung zu unterbreiten. Die Umsetzung solcher Vorschläge kann der BR nach Abs. 3 aber nicht erzwingen. Er ist auf die argumentative Beeinflussung des ArbGeb. beschränkt.

V. Streitigkeiten

45 Die Verletzung der Informations- und Beratungsrechte des BR wirkt sich auf spätere personelle Einzelmaßnahmen nicht aus (WPK/*Preis* Rn. 9; Richardi BetrVG/*Thüsing* Rn. 51). Bei groben Verstößen gegen die Informations- und Beratungspflicht kommt ein Verfahren gegen den ArbGeb. nach § 23 Abs. 3 in Betracht (DKKW/*Homburg* Rn. 52). Ein allg. Unterlassungsanspruch ist entsprechend der betriebsverfassungsrechtlichen Ausgestaltung des Beteiligungsrechts nicht gegeben (GK-BetrVG/*Raab* Rn. 49). Der BR kann ein **BeschlVerf.** auf Feststellung seiner Rechte nach § 92 in Gang setzen (Einzelheiten → ArbGG Rn. 5). Erfüllt der ArbGeb. seine Informationspflichten nach Abs. 1 S. 1 und Abs. 3 wahrheitswidrig, unvollständig oder verspätet, handelt er ordnungswidrig (→ § 90 Rn. 47). Es kann eine Geldbuße bis zu 10 000 EUR verhängt werden (§ 121).

§ 92a Beschäftigungssicherung

(1) [1]**Der Betriebsrat kann dem Arbeitgeber Vorschläge zur Sicherung und Förderung der Beschäftigung machen.** [2]**Diese können insbesondere eine flexible Gestaltung der Arbeitszeit, die Förderung von Teilzeitarbeit und Altersteilzeit, neue Formen der Arbeitsorganisation, Änderungen der Arbeitsverfahren und Arbeitsabläufe, die Qualifizierung der Arbeitnehmer, Alternativen zur Ausgliederung von Arbeit oder ihrer Vergabe an andere Unternehmen sowie zum Produktions- und Investitionsprogramm zum Gegenstand haben.**

(2) [1]**Der Arbeitgeber hat die Vorschläge mit dem Betriebsrat zu beraten.** [2]**Hält der Arbeitgeber die Vorschläge des Betriebsrats für ungeeignet, hat er dies zu begründen; in Betrieben mit mehr als 100 Arbeitnehmern erfolgt die Be-**

gründung schriftlich. [3] Zu den Beratungen kann der Arbeitgeber oder der Betriebsrat einen Vertreter der Bundesagentur für Arbeit hinzuziehen.

Inhaltsübersicht

I. Vorbemerkung

1 § 92a wurde durch das **BetrVerf-ReformG** mWz 28.7.2001 in das BetrVG eingeführt. Die Vorschrift geht zurück auf die Erweiterung des Katalogs der allgemeinen Aufgaben des BR in § 80 Abs. 1. Danach ist der BR von Gesetzes wegen angehalten, die Beschäftigung im Betrieb zu fördern und zu sichern (§ 80 Abs. 1 Nr. 8). Mit der Regelung des § 92a soll der BR in die Lage versetzt werden, diese Aufgabe aktiv wahrzunehmen und eigene Initiativen zur Beschäftigungssicherung im Betrieb zu ergreifen (BT-Drs. 14/5741, 49). Dazu konkretisiert die Vorschrift ein darauf gerichtetes Vorschlagsrecht (GK-BetrVG/*Raab* Rn. 6; *Rasche* Arbeitnehmerweiterbildung S. 40). Ein dadurch ausgelöstes **Konsultationsverfahren** steht selbständig neben einem nach § 111 BetrVG und demjenigen für den WiAusschuss.

2 Um es dem BR zu ermöglichen, zu Gunsten der Beschäftigungssicherung im Betrieb initiativ werden zu können, regelt Abs. 1 der Vorschrift ein darauf gerichtetes **umfassendes Vorschlagsrecht.** Dazu gibt das G dem BR Beispiele für beschäftigungsfördernde Initiativen an die Hand. Dem Vorschlagsrecht des BR stellt Abs. 2 der Vorschrift eine **Beratungspflicht des ArbGeb.** gegenüber. Zur Steigerung der Effizienz dieser Beratungen eröffnet das G den Betriebsparteien außerdem das Recht, bei ihren Beratungen einen Vertreter der Arbeitsverwaltung als neutralen Dritten hinzuzuziehen. Neu im G ist die Regelung zur Begründungspflicht des ArbGeb., soweit er die Vorschläge des BR für ungeeignet hält. Auch die dem **WiAusschuss** nach § 106 Aba. 2 S. 1 zur Verfügung zu stellenden Informationen kann er sich zu Nutze machen.

3 Die Vorschrift gewährt dem BR **kein MBR in Fragen der Unternehmensführung** (ErfK/*Kania* Rn. 1; DKKW/*Däubler* Rn. 1; Richardi BetrVG/*Thüsing* Rn. 8). Ihr Zweck ist darauf gerichtet, gezielt den Dialog der Betriebsparteien in Fragen der Beschäftigungssicherung und des Erhalts von Arbeitsplätzen zu fördern (BT-Drs. 14/5741, 49).

4 Für Vorschläge, die über den einzelnen Betrieb hinausgehen, also **standortübergreifend** sind, kommt die Zuständigkeit des GesBR oder des KBR in Betracht. Bezieht sich der Vorschlag auf Angelegenheiten der jug. oder der zu ihrer Ausbildung Beschäftigten, sind die JugAzubiVertr. zu beteiligen.

4a Entspr. Vorschriften: keine

II. Vorschlagsrecht des Betriebsrats

5 Das G regelt das Vorschlagsrecht des BR für Maßnahmen der Beschäftigungssicherung im 5. Abschnitt des G im Rahmen der personellen Angelegenheiten. Es räumt dem BR damit **kein allgemeines arbeitsmarktpolitisches Mandat** ein (iErg zust. GK-BetrVG/*Raab* Rn. 7). Die systematische Zuordnung zu den personellen Angelegenheiten verdeutlicht die belegschaftsbezogene Ausrichtung des Vorschlagsrechts (vgl. *Konzen* RdA 2001, 76; krit. *Rieble* NZA-Sonderheft 2001, 48).

6 Das Vorschlagsrecht ist seinem Inhalt nach weit gefasst. Es erlaubt deshalb auch Vorschläge zur Führung des Betriebs. Ein verfassungsrechtlich bedenklicher Eingriff

in die durch Art. 2 Abs. 1, Art. 12 Abs. 1 oder Art. 14 GG geschützte Dispositionsfreiheit des ArbGeb. ist damit nicht verbunden (Richardi BetrVG/*Thüsing* Rn. 8). Denn das Vorschlagsrecht ist **kein MBR.** Es setzt auf die Überzeugungskraft der unterbreiteten Vorschläge. Der ArbGeb. ist nicht verpflichtet einen Vorschlag umzusetzen, auch wenn er ihn für geeignet hält (HWGNRH/*Rose* Rn. 14; *Engels/Trebinger/Löhr-Steinhaus* DB 2001, 532).

7 Nach Abs. 1 S. 1 kann der BR Vorschläge zur **Sicherung und Förderung der Beschäftigung** machen. Das G enthält keine ausdrückliche Beschränkung auf den Betrieb; eine solche folgt aus dem allgemeinen, durch Wahl vermittelten Mandat des BR, die Interessen der betriebszugehörigen ArbN zu wahren. Den Begriff der Sicherung und der Förderung der Beschäftigung erläutert das G ebenfalls nicht. Aus dem Betriebsbezug des Vorschlagsrechts und seinem daran ausgerichteten Schutzzweck folgt, dass es vorrangig um Vorschläge zur Sicherung der im Betrieb vorhandenen Arbeitsplätze und die Förderung der belegschaftszugehörigen ArbN geht (*Konzen* RdA 2001, 76). Wegen der Aufführung des Begriffspaares Sicherung und Förderung der Beschäftigung unter der Gesetzesüberschrift „Beschäftigungssicherung" bedarf es keiner konkreten inhaltlichen Zuordnung des Vorschlags.

8 Das G definiert nicht den Begriff der Beschäftigungssicherung oder -förderung. Gemeint ist in erster Linie der Ausbau von Beschäftigungsmöglichkeiten zur Schaffung neuer Arbeitsplätze (GK-BetrVG/*Raab* Rn. 12). Dazu benennt das G Initiativen, auf die sich das Vorschlagsrecht beziehen kann. Die **Aufzählung ist nicht abschließend** (*Wendeling-Schröder/Welkoborsky* NZA 2002, 1370; GK-BetrVG/*Raab* Rn. 8). Der BR kann dem ArbGeb. über die im G genannten Beispielsfälle hinaus weitere Vorschläge zur Sicherung und Förderung der Beschäftigung unterbreiten (DKKW/*Däubler* Rn. 6; Richardi BetrVG/*Thüsing* Rn. 6). Dazu können im Falle der **Fremdvergabe von Arbeit** nicht nur Maßnahmen zur Vermeidung von „outsourcing" zählen, sondern auch solche zur Rückführung fremdvergebener Aufgaben, zu denen auch das sog **Crowdsourcing** oder **Croudworking** gehört. Hier geht es um die internetbasierte Auslagerung von Unternehmensaufgaben auf eine unbekannte Zahl an Internetnutzern (Crowd) über Internetplattformen (*Benner,* Crowdwork – zurück in die Zukunft?, 2014, 10 ff.; *Klebe/Neugebauer* AuR 2014, 4; *Däubler/Klebe* NZA 2015, 1032). Das eröffnet den registrierten Usern die Chance, ihre Arbeitskraft global anzubieten und ortsunabhängig zu erbringen. Es handelt sich um eine spezielle Form des Drittpersonaleinsatzes (*Klebe* AuR 2016, 277; *Günther/Böglmüller* NZA 2015, 1025). Weiter kommen Vorschläge zur ArbZ-Flexibilisierung in Betracht oder solche zur Optimierung der Kapazitätsauslastung. Solche zur Förderung von Teilzeitarbeit oder zur Einrichtung von Homeoffice-Arbeitsplätzen können zur besseren Vereinbarkeit von Familienpflichten und damit zum Verbleib im Betrieb beitragen. Vorschläge zur Einführung neuer Formen der Arbeitsorganisation (Gruppenarbeit etc) sowie solche zur Änderung von Arbeitsverfahren und -abläufen können zur Kostensenkung beitragen und dadurch die Wettbewerbsfähigkeit des Betriebs erhalten oder gar steigern und damit mittelbar die Beschäftigung zu fördern. Dieses Ziel können auch Vorschläge zum Investitions- und Produktionsprogramm, zur Produktpalette, zur Erweiterung des Angebots an Dienstleistungen oder solche für eine umweltbewusstere Produktion verfolgen. Das Vorschlagsrecht erfasst auch Reintegration zuvor ausgelagerter Einheiten. Es erstreckt sich auch auf die Inanspruchnahme von Leistungen der aktiven Arbeitsförderung iSd § 3 Abs. 2 SGB III. Bei einem sich abzeichnenden sozialplanpflichtigen Stellenabbau kann der BR im Wege seines Vorschlagsrechts nach § 92a präventiv tätig werden, in dem er dem ArbGeb. einen „Beschäftigungsplan" ohne die aus §§ 111 ff. folgenden Beschränkungen unterbreitet und die Bundesagentur nach Abs. 2 der Vorschrift einbezieht (*Wendeling-Schröder/Welkoborsky* NZA 2002, 1370). Zur Vorgehensweise bei der Ausübung des Vorschlagsrechts *Niemeyer* AiB 2002, 616.

9 Das weitgefasste Vorschlagsrecht weist eine Reihe von Berührungspunkten zu den übrigen **gesetzlichen Beteiligungsrechten** und der **zwingenden MB** auf. Diese schränken das Vorschlagsrecht nach § 92a Abs. 1 nicht ein (DKKW/*Däubler* Rn. 3). Der BR kann dem ArbGeb. deshalb auch **Qualifizierungsmaßnahmen** vorschlagen, ohne an die Voraussetzungen des darauf gerichteten MBR nach § 97 Abs. 2 iVm § 98 Abs. 1 gebunden zu sein. Dem BR ist es auch unbenommen, Vorschläge für die Durchführung außerbetrieblicher Berufsbildungsmaßnahmen zu unterbreiten, deren Ziel es ist, die beruflichen Kenntnisse und Fähigkeiten der ArbN zu aktualisieren. Der BR kann auch bei einer sich abzeichnenden Betriebsänderung ungeachtet der in § 111 geregelten Vorgaben beschäftigungssichernde Vorschläge unterbreiten. Bezieht sich der Vorschlag auf Gegenstände die der MB nach § 87 Abs. 1 unterliegen, können die Betriebsparteien Regelungen durch BV treffen. In den übrigen Fällen kommt der Abschluss freiwilliger BV in Betracht (→ § 77 Rn. 47; ErfK/*Kania* Rn. 1; DKKW/*Däubler* Rn. 17).

III. Pflicht des Arbeitgebers

§ 92a Abs. 2 hält den ArbGeb. dazu an, sich mit dem Vorschlag des BR ernsthaft 10
und in angemessener Zeit zu befassen. Dazu begründet Abs. 2 S. 1 die Pflicht, den Vorschlag mit dem BR zu beraten. **Intensität und Dauer der Beratung** sind abhängig vom Inhalt des jeweiligen Vorschlags. Das Gebot der vertrauensvollen Zusammenarbeit (§ 2 Abs. 1) verpflichtet die Betriebsparteien dazu, sich mit den Argumenten der jeweils anderen Seite auseinander zu setzen (HWGNRH/*Rose* Rn. 22; *Rasche* Arbeitnehmerweiterbildung S. 41). Es gelten die zu § 111 entwickelten Grundsätze (→ § 111 Rn. 105 ff.).

Nach Abs. 2 S. 2 trifft den ArbGeb. zusätzlich eine **Begründungspflicht,** sofern 11
er den Vorschlag des BR für ungeeignet hält. Über den Wortlaut der Vorschrift hinaus ist der ArbGeb. zur Begründung auch dann verpflichtet, wenn er den Vorschlag zwar für geeignet hält, aber nicht bereit ist, ihn aufzugreifen. Die Begründungspflicht dient der Unterstützung des Beratungsrechts (*Löwisch* BB 2001, 1790). Die Begründung muss verständlich sein. Aus ihr müssen die tragenden Erwägungen für die Zurückweisung des Vorschlags hervorgehen (GK-BetrVG/*Raab* Rn. 31; *Löwisch* BB 2001, 1790). Es kommt nicht darauf an, ob die subjektive Einschätzung des ArbGeb. zu verifizieren ist. Der ArbGeb. ist verpflichtet, die Begründung von sich aus zu erteilen. Der BR muss ihn nicht erst dazu auffordern.

In Betrieben mit mehr als 100 ArbN muss die Begründung sogar schriftlich erfol- 12
gen. Die Begründung kann in Textform (§ 126b BGB) erfolgen, also auch per **Fax** oder **E-Mail** übermittelt werden (GK-BetrVG/*Raab* Rn. 35). Der Schwellenwert dient dem **Überforderungsschutz kleinerer Betriebe.** Entscheidend ist die Zahl der betriebszugehörigen ArbN einschließlich der LeihArbN sowie der nach § 5 Abs. 1 S. 3 in Betrieben eingesetzten Beamte, Soldaten und ArbN des öffentlichen Dienstes (BAG 12.9.2012 – 7 ABR 37/11, NZA-RR 2013, 197). LeihArbN zählen ungeachtet der Überlassungsdauer (§ 14 Abs. 2 S. 4 AÜG nF). Die für das Eingreifen des **Schriftformgebots** maßgebende ArbNZahl bestimmt sich nach dem Zeitpunkt, zu dem die Ablehnung mitgeteilt werden soll (GK-BetrVG/*Raab* Rn. 34, Richardi BetrVG/*Thüsing* Rn. 15; **aA** DKKW/*Däubler* Rn. 21 Zahl der regelmäßig Beschäftigten).

Die Betriebsparteien sind nach Abs. 2 S. 3 berechtigt, zu ihren Beratungen über 13
den Vorschlag des BR einen **Vertreter** der Bundesagentur beizuziehen. Dieser Dritte soll zum einen auf Grund seiner Sachnähe die Parteien über beschäftigungssichernde Fördermaßnahmen des Arbeitsförderungsrechts beraten (DKKW/*Däubler* Rn. 16; Richardi BetrVG/*Thüsing* Rn. 17). Darüber hinaus soll er als neutrale Instanz Meinungsverschiedenheiten zwischen den Betriebsparteien ausräumen helfen (BT-Drs. 14/5741, 49; *Engels/Trebinger/Löhr-Steinhaus* DB 2001, 532). Über die zur Verfügung zu stellende Person entscheidet die angerufene Stelle. Im Gegensatz zu anderen Fällen enthält das G keine Vorgabe hinsichtlich der Person dieses Dritten.

Unabhängig davon kommt die Einschaltung eines wirtschaftlichen Beraters zur Ausarbeitung von Vorschlägen gem. § 40 BetrVG, § 80 BetrVG in Betracht (*Göpfert/Giese* NZA 2016, 463).

IV. Streitigkeiten

14 Der BR kann seinen Anspruch auf Beratung und Erteilung einer Begründung im **Beschl.Verf.** durchsetzen (Einzelheiten → ArbGG Rn. 7 ff.). Das G gewährt dem BR einen darauf gerichteten Erfüllungsanspruch (*Annuß* NZA 2001, 367). Verletzt der ArbGeb. seine Pflichten, kommt ein Antrag nach § 23 Abs. 3 in Betracht, nicht jedoch ein allg. Unterlassungsanspruch (WPK/*Preis* Rn. 8). Auch führt die Missachtung der ArbGeb-Pflichten aus § 92a nicht zur Unwirksamkeit individualrechtlicher Maßnahmen, zu deren Schutz der BR von seinem Vorschlagsrecht Gebrauch gemacht hat. Denn § 92a begründet Rechte und Pflichten nur im Verhältnis der Betriebsparteien zueinander und nicht im Verhältnis zu einzelnen ArbN (BAG 18.10.2006 – 2 AZR 434/05, NZA 2007, 552). Die Verletzung der Beratungs- und Begründungspflicht ist auch keine Ordnungswidrigkeit nach § 121 Abs. 1 (GK-BetrVG/*Raab* Rn. 44).

§ 93 Ausschreibung von Arbeitsplätzen

Der Betriebsrat kann verlangen, dass Arbeitsplätze, die besetzt werden sollen, allgemein oder für bestimmte Arten von Tätigkeiten vor ihrer Besetzung innerhalb des Betriebs ausgeschrieben werden.

Inhaltsübersicht

I. Vorbemerkung

1 Die Vorschrift dient der effektiven Verwirklichung eines **innerbetrieblichen Arbeitsmarkts.** Es sollen die im Betrieb selbst vorhandenen Möglichkeiten der Personalbeschaffung aktiviert werden. Außerdem sollen Irritationen der Belegschaft über die Hereinnahme Außenstehender trotz eines möglicherweise im Betrieb vorhandenen qualifizierten Angebots vermieden werden (BAG 27.7.1993 – 1 ABR 7/93, NZA 1994, 92). Die Vorschrift räumt dem BR ein Initiativrecht ein. Dieser kann entscheiden, ob er generell oder einzelfallbezogen eine Ausschreibung verlangt (*Müller/Becker* NZA 2019, 513). Missachtet der ArbGeb. das Ausschreibungsverlangen, kann der BR der beabsichtigten Stellenbesetzung mit einem Betriebsexternen nach § 99 Abs. 2 Nr. 5 widersprechen. Dieser Zustimmungsverweigerungsgrund sichert damit die Ausübung des MBR nach § 93 (→ Rn. 19).

2 Durch das 2. GleiBG wurde die ursprüngliche Fassung des § 93 mit dem Ziel ergänzt, die Vereinbarkeit von Familie und Erwerbstätigkeit zu fördern. Dazu bestimmte S. 2 der Vorschrift ein Recht des BR, beim ArbGeb. die Ausschreibung von Teilzeitarbeitsplätzen anregen zu können. Hierzu war der ArbGeb. allerdings nur verpflichtet, wenn er bereit war, die entsprechenden Arbeitsplätze mit Teilzeitkräften zu besetzen. Die durch das 2. GleiBG eingefügten S. 2 u. 3 wurden mit dem Inkrafttreten des TzBfG v. 21.12.2000 (BGBl. I S. 1966) mWz 1.1.2001 aufgehoben (vgl.

Art. 2a). Die vom ArbGeb. bei der Ausschreibung von Arbeitsplätzen als Voll- oder Teilzeitstellen zu beachtenden Anforderungen regelt nunmehr § 7 Abs. 1 TzBfG. Informationspflichten des Entleihers gegenüber **LeihArbN** über freie Arbeitsplätze bestimmt § 13a AÜG.

Entspr. Vorschrift: § 75 Abs. 3 Nr. 14 BPersVG. 3

II. Ausschreibung von Arbeitsplätzen

Die Ausschreibung von Arbeitsplätzen ist Teil der Personalbeschaffungsplanung 4 (→ § 92 Rn. 2, 13). Sie wird dem ArbGeb. nicht von Gesetzes wegen aufgegeben, sondern erst, wenn der BR sie von sich aus verlangt hat (BAG 1.2.2011 – 1 ABR 79/09, NZA 2011, 703) oder die Betriebsparteien hierüber eine Vereinbarung getroffen haben (BAG 14.12.2004 – 1 ABR 54/03, NZA 2005, 424). Sie gilt unabhängig davon, ob mit internen Bewerbungen konkret zu rechnen ist oder nicht (BAG 17.9.2013 – 1 ABR 24/12, NZA 2014, 740) oder nach Auffassung des ArbGeb. ohnehin nur ein Externer in Betracht kommt (LAG Düsseldorf 12.4.2019 – 10 TaBV 46/18, ArbR 2019, 347). Auch kann sie auf bestimmte Tätigkeitsarten beschränkt werden (BAG 15.10.2013 – 1 ABR 25/12, NZA 2014, 214). Missachtet der ArbGeb. das MBR, kann der BR nach § 99 Abs. 1 iVm § 99 Abs. 2 Nr. 5 die Zustimmung zu einer entsprechenden personellen Maßnahme verweigern (BAG 6.10.2010 – 7 ABR 18/09, NZA 2011, 360). Führt der ArbGeb. eine innerbetriebliche Ausschreibung durch, genügt er – bezogen auf den jeweiligen Betrieb – seiner **Informationspflicht nach § 18 TzBfG** (DKKW/*Buschmann* Rn. 4) Nach dieser Vorschrift hat der ArbGeb. seine bei ihm befristet beschäftigten ArbN über zu besetzende unbefristete Arbeitsplätze zu informieren. Das MBR gilt nicht für die Ausschreibung von Arbeitsplätzen ltd. Angst. (BAG 27.7.1993 – 1 ABR 7/93, NZA 1994, 92), wohl aber für **Stellenausschreibungen im Ausland,** sofern der ausländische Stellenbewerber einem deutschen Betrieb zugeordnet ist (*Krimphove/Lüke* BB 2014, 2106).

Das MBR bezieht sich auf das Verfahren zur Besetzung vorhandener Arbeitsplätze 5 und nicht auf die Schaffung neuer Arbeitsplätze. Es setzt eine vorhandene besetzungsfähige oder eine vom ArbGeb. geschaffene neue Stelle voraus. Ob diese Arbeitsplätze in Voll- oder Teilzeit oder befristet oder auf Dauer besetzt werden sollen, ist für das Eingreifen des MBR unerheblich. Das Verlangen des BR bestimmt den Umfang der Ausschreibungspflicht (BAG 14.12.2004 – 1 ABR 54/03, NZA 2005, 42). Der BR kann insgesamt verlangen, dass **freiwerdende oder neu geschaffene Arbeitsplätze allgemein** oder doch für **bestimmte Arten von Tätigkeiten,** also ArbNGruppen, innerhalb des Betriebs ausgeschrieben werden. Das gilt selbst dann, wenn sie nach der Vorstellung des ArbGeb. mit **LeihArbN** oder freien Mitarbeitern besetzt werden sollen (BAG 15.10.2013 – 1 ABR 25/12, NZA 2014, 214; 1.6.2011 – 7 ABR 18/10, NZA 2012, 472; 1.2.2011 – 1 ABR 79/09, NZA 2011, 703; **aA** GK-BetrVG/*Raab* Rn. 8: nur bei beabsichtigter Besetzung mit eigenem Personal)). Beabsichtigt der ArbGeb. dauerhaft eine Stelle mit einem LeihArbN zu besetzen, kann der BR nicht bei jedem – ggf. auch vom Verleiher initiierten – Austausch eines LeihArbN auf diesem Arbeitsplatz erneut eine Ausschreibung verlangen. Dies folgt aus dem Zweck des MBR, das auf die Aktivierung des innerbetriebl. Stellenmarkts und dessen Transparenz gerichtet ist, aber nach der Stellenbesetzung mit einem LeihArbN nicht mehr zum Zuge kommt. Bei einer beabsichtigten Stellenbesetzung durch LeihArbN muss nicht darauf hingewiesen werden, dass ein betriebszugehöriger ArbN seine Bewerbung auch an seinen VertragsArbGeb. richten kann (BAG 7.6.2016 – 1 ABR 33/14, NZA 2016, 1226). Zu besetzende Arbeitsplätze können auch solche sein, die durch eine Aufstockung der Arbeitszeit bereits beschäftigter ArbN entstehen. Auch in diesem Fall kann eine Einstellung iSv § 99 Abs. 1 S. 1 vorliegen, zu der ein BR, der zuvor erfolglos die Ausschreibung verlangt hat, seine Zustimmung gem. § 99 Abs. 2 Nr. 5 verweigern kann (BAG 25.1.2005 – 1 ABR 59/03, NZA 2005, 945).

Eine Ausschreibung nur aus Anlass eines konkreten Einzelfalls kann der BR wegen des kollektiven Bezugs des Initiativrechts nicht fordern (GK-BetrVG/*Raab* Rn. 23; Richardi BetrVG/*Thüsing* Rn. 9; **aA** DKKW/*Buschmann* Rn. 9). Verlangt der BR keine innerbetriebliche Ausschreibung, kann er sich nach Einleitung der personellen Maßnahme nicht auf den Zustimmungsverweigerungsgrund des § 99 Abs. 2 Nr. 5 berufen (→ § 99 Rn. 247 ff.; BAG 25.1.2005 – 1 ABR 59/03, NZA 2005, 945; ErfK/*Kania* Rn. 4).

6 Das **MBR bezieht sich nicht** auf Inhalt, Form und Frist der Ausschreibung (nunmehr BAG 6.10.2010 – 7 ABR 18/09, NZA 2011, 360). Die darauf bezogenen Anforderungen bestimmen sich nach dem Zweck einer Ausschreibung. Dementsprechend muss deutlich gemacht werden, um welchen Arbeitsplatz es geht und welche Anforderungen an den Bewerber gestellt werden. Auch die Ausschreibungsfrist bestimmt der ArbGeb. Diese muss so bemessen sein, dass alle potentiellen Bewerber die Chance der Kenntnisnahme haben. Zwei Wochen reichen regelmäßig aus (BAG 6.10.2010 – 7 ABR 18/09, NZA 2011, 360). Auch kann der BR keine Ausschreibung fordern, wenn von vornherein feststeht, dass mit betriebsinternen Bewerbungen offenkundig nicht zu rechnen ist, wie das etwa bei tageweisen Beschäftigungen der Fall sein kann (BAG 15.10.2013 – 1 ABR 25/12, NZA 2014, 214). **Verzögert sich die Stellenbesetzung** um nicht mehr als sechs Monate, ist in der Regel keine Neuausschreibung geboten (BAG 30.4.2014 – 7 ABR 51/12, NZA 2015, 698).

7 **Ausschreibung** ist die allgemeine Aufforderung an alle oder eine bestimmte Gruppe von ArbN, sich für bestimmte Arbeitsplätze im Betrieb zu bewerben (BAG 23.2.1988 – 1 ABR 82/86, NZA 1988, 551). Das erfordert die Bekanntgabe bestimmter stellen- wie aufgabenbezogener **Mindestinformationen.** Dazu gehören die Bezeichnung der zu besetzenden Position, die jeweiligen Qualifikationsanforderungen – ggf. unter Hinweis auf erwartete Bereitschaft zur Einarbeitung oder Fortbildung –, eine aussagekräftige Aufgabenbeschreibung, die Angabe der Gehalts- oder Tarifgruppe, der Hinweis auf voll- oder/und Teilzeitbeschäftigung bzw. Befristung sowie der Zeitpunkt der Arbeitsaufnahme am neuen Arbeitsplatz. Da der Hinweis auf mangelnde Qualifikation der häufigste Grund zur Verhinderung von Einstellungen oder des beruflichen Aufstiegs von Frauen ist, sollte der BR bei der Ausschreibung von Arbeitsplätzen darauf achten, dass die Anforderungen im Vorfeld einer Ausschreibung möglichst genau benannt werden, damit nicht im Nachhinein mit zusätzlich geforderten Qualifikationsmerkmalen versteckte Frauendiskriminierung praktiziert werden kann.

8 Nach § 11 iVm § 7 Abs. 1 u. 2 AGG darf der ArbGeb. einen Arbeitsplatz **weder** öffentlich noch innerhalb des Betriebes **nur für Männer oder nur für Frauen** ausschreiben, es sei denn, ein bestimmtes Geschlecht ist unverzichtbare Voraussetzung für die auf dem Arbeitsplatz auszuübende Tätigkeit. Bei diesen Ausschreibungen sind nun auch die übrigen Benachteiligungsverbote (BAG 18.8.2009 – 1 ABR 47/08, NZA 2010, 222) nach dem AGG zu beachten. Der BR kann die Einhaltung dieses Benachteiligungsverbotes über das Zustimmungsverweigerungsrecht nach § 99 Abs. 2 Nr. 5 (→ § 99 Rn. 250; GK-BetrVG/*Raab* Rn. 43) oder sein Antragsrecht nach § 17 AGG durchsetzen.

9 Vereinbaren die Betriebsparteien **Ausschreibungsgrundsätze,** sollte zweckmäßigerweise nicht nur **die Frist** (BAG 18.8.2009 – 1 ABR 47/08, NZA 2010, 222), sondern auch **die Form** einer Ausschreibung geregelt werden: zB Anschlag am Schwarzen Brett, Veröffentlichung in der Werkszeitung, Rundschreiben, Intranet, E-Mail, etc Allerdings kann nur eine freiwillige BV abgeschlossen werden (BAG 27.10.1992 – 1 ABR 4/92, NZA 1993, 607). Kommt eine solche nicht zustande, kann der ArbGeb. alleine die Art und Weise der Bekanntgabe festlegen (BAG 6.10.2010 – 7 ABR 18/09, NZA 2011, 360).

10 Eine **unternehmens- oder konzernbezogene Ausschreibung** ist durch den BR nicht erzwingbar. Sind jedoch die Voraussetzungen für die Zuständigkeit des GesBR (KBR) gegeben (→ § 50 Rn. 51 ff.; → § 58 Rn. 13), können auch diese

Organe eine Ausschreibung in allen, auch betriebsratslosen Betrieben oder Unternehmen verlangen. Dies gilt insbes. für Spezialisten- und solche Beförderungsstellen, für deren Besetzung ArbN des weiteren Bereichs in Frage kommen (iErg wie GK-BetrVG/*Raab* Rn. 30; Richardi BetrVG/*Thüsing* Rn. 17; DKKW/*Buschmann* Rn. 28; **aA** HWGNRH/*Rose* Rn. 29 ausschl. betriebsbezogene Ausschreibung möglich). Hat der ArbGeb. mit dem GBR oder dem KBR Ausschreibungsgrundsätze durch freiwillige BV geregelt und verfährt auch danach, erfüllt er damit zugleich das Ausschreibungsverlangen des BR.

In **Tendenzbetrieben** kann der BR die Ausschreibung auch solcher Arbeitsplätze verlangen, die mit Tendenzträgern besetzt werden sollen (BAG 1.2.2011 – 1 ABR 79/09, NZA 2011, 703). Das dient der Aktivierung des innerbetriebl. Stellenmarkts für Tendenzträger. Sieht der ArbGeb. dennoch von einer Ausschreibung ab, begründet dies aber aus Gründen des Tendenzschutzes kein Zustimmungsverweigerungsrecht nach § 99 Abs. 2 Nr. 5 (HessLAG 3.9.1996 – 4 TaBV 160/95, NZA 1997, 671). Vgl. auch → § 118 Rn. 35. 11

Träger des MBR nach § 93 bei der **Deutschen Bahn AG** ist der BR, auch bezüglich der zugewiesenen Beamten des BEV (*Engels/Mauß-Trebinger* RdA 1997, 217 [232]). Nach § 5 Abs. 2 ELV regelt der Präsident des BEV durch Vereinbarung mit dem Vorstand der DBAG Art und Umfang der Ausschreibung sowie das Stellenbesetzungsverfahren. Dadurch soll lediglich der verfassungsmäßig garantierte Zugang zu öffentlichen Ämtern (Art. 33 Abs. 2 GG) für zugewiesene Beamte auch bei der Deutschen Bahn AG gewährleistet werden. Die Rechte des BR nach § 93 werden dadurch nicht eingeschränkt. Bei den **Postunternehmen** gilt § 93 ebenfalls uneingeschränkt (*Engels/Mauß-Trebinger* RdA 1997, 217 [236]; → § 99 Rn. 259 ff.). 12

Die Durchführung der innerbetrieblichen Ausschreibung des Arbeitsplatzes begründet **keine** entsprechende **Besetzungspflicht** des ArbGeb. Dieser muss lediglich bestehende AuswahlRL (§ 95) beachten (BAG 18.11.1980 – 1 ABR 63/78, AP BetrVG 1972 § 93 Nr. 1; 30.1.1979 – 1 ABR 78/76, AP BetrVG 1972 § 118 Nr. 11; hM). Der ArbGeb. kann neben der innerbetrieblichen Ausschreibung auch andere Bewerbungen einholen, zB durch Zeitungsanzeige oder Anfrage beim Arbeitsamt (hM). Bei dem **externen Stellenangebot** müssen die Kriterien der innerbetrieblichen Ausschreibung beibehalten werden (HWGNRH/*Rose* Rn. 45). Ändert der ArbGeb. die Ausschreibungskriterien, kann der BR der Einstellung eines außerbetrieblichen Bewerbers die Zustimmung versagen (BAG 23.2.1988 – 1 ABR 82/86, NZA 1988, 551). Ferner muss zwischen der externen und der betriebsinternen Ausschreibung ein angemessener Zeitraum liegen, der hinreichend Zeit für eine innerbetriebliche Bewerbung belässt. Entscheidet sich der ArbGeb. trotz einer internen Ausschreibung für einen externen Bewerber, hat der BR zu prüfen, ob ein Zustimmungsverweigerungsgrund nach § 99 Abs. 2 Nr. 2 oder Nr. 3 vorliegt. 13

III. Ausschreibung von Teilzeitarbeitsplätzen

Nach § 80 Abs. 1 Nr. 2a und Nr. 2b gehört die Unterstützung der tatsächlichen Gleichstellung von Frauen und Männern insbes. bei der Einstellung und dem beruflichen Aufstieg ebenso zu den allgemeinen Aufgaben des BR wie die der Förderung der Vereinbarkeit von Familie und Erwerbstätigkeit. Im Rahmen dieser Aufgabe kann der **BR nach § 92 Abs. 3 dem ArbGeb. vorschlagen,** Teilzeitarbeitsplätze neu einzurichten oder Vollzeitstellen in Teilzeitstellen umzuwandeln. Die darauf gerichteten Vorschläge hat der ArbGeb. mit dem BR zu beraten; daran gebunden ist er nicht (HWGNRH/*Rose* Rn. 46). Das entspricht der Rechtslage nach der bis zum 31.12.2000 geltenden Fassung des § 93, die zwar ein Vorschlagsrecht des BR regelte, den ArbGeb. aber nur dann zur innerbetrieblichen Ausschreibung von Teilzeitarbeitsplätzen verpflichtete, soweit er überhaupt bereit war, eine Stelle mit Teilzeitkräften zu besetzen. 14

15 Die Förderung von Teilzeitarbeit durch ein vermehrtes Angebot von Teilzeitarbeitsplätzen wird darüber hinaus vom **Vorschlagsrecht nach § 92a Abs. 1** erfasst. Auch diese Vorschläge hat der ArbGeb. mit dem BR zu erörtern. Lehnt er die Vorschläge ab, muss er dies dem BR gegenüber begründen. In Betrieben mit mehr als 100 ArbN hat die Begründung nach § 92a Abs. 2 S. 2 schriftlich zu erfolgen. Über eine argumentative Beeinflussung des ArbGeb. hinaus, kann der BR über das Vorschlagsrecht nach § 92a Abs. 1 ebenfalls keine Ausschreibung von Teilzeitstellen erzwingen.

16 § 7 Abs. 1 TzBfG verpflichtet den ArbGeb. bei der externen wie der betriebsinternen Ausschreibung eines Arbeitsplatzes, diesen auch als Teilzeitarbeitsplatz auszuschreiben, sofern sich die Stelle dafür eignet. Das MBR nach § 93 berechtigt den BR, eine betriebsinterne Ausschreibung zu fordern. Die Ausübung des MBR nach § 93 löst demnach die **Ausschreibungspflicht nach § 7 Abs. 1 TzBfG** aus (*Engels* ArbuR 2009, 65; MHH TzBfG § 7 Rn. 5). Missachtet der ArbGeb. seine Pflicht, eine zu besetzende Stelle als Teilzeitarbeitsplatz auszuschreiben, obwohl die Stelle dafür geeignet ist, kann der BR unter Hinweis auf § 99 Abs. 2 Nr. 5 der beabsichtigten personellen Maßnahme die Zustimmung verweigern, soweit er eine entsprechende Ausschreibung verlangt hat (DKKW/*Buschmann* Rn. 34; *Herbert/Hix* DB 2002, 2377; *Däubler* ZIP 2001, 218; *Rolfs* RdA 2001, 141; *Fischer* ArbuR 2001, 325; Laux/Schlachter/*Laux* TzBfG § 7 Rn. 42 mwN; wohl auch *Hanau* NZA 2001, 1168; *Hromadka* NJW 2001, 401; **aA** *Ehler* BB 2001, 1146; *Lindemann/Simon* BB 2001, 146; *Beckschulte* DB 2000, 2598; *Preis/Gotthardt* DB 2000, 2067; Arnold/Gräfl/*Spinner* TzBfG § 7 Rn. 12ff.).

17 Das TzBfG regelt nicht die Kriterien, nach denen ein zu besetzender Arbeitsplatz als **Teilzeitarbeitsplatz geeignet** ist. Der Entwurf des TzBfG sah zunächst eine andere Fassung der Ausschreibungspflicht vor. Danach konnte der ArbGeb. von der Ausschreibung als Teilzeitarbeitsplatz nur absehen, wenn dringende betriebliche Gründe einer Teilzeitbeschäftigung an diesem Arbeitsplatz entgegenstanden. Das sollte nach der Amtlichen Begründung Fälle treffen, in denen die Besetzung des Arbeitsplatzes unzumutbar erschwert wird, weil die Tätigkeit Spezialkenntnisse erfordert, über die nur eine begrenzte Anzahl der fachlich und räumlich in Betracht kommenden vollzeitbeschäftigten ArbN verfügen. Diese Fassung ist jedoch nicht G geworden. Stattdessen stellt das TzBfG auf die Geeignetheit als Teilzeitarbeitsplatz ab. Damit sollte klargestellt werden, dass der ArbGeb. Teilzeitarbeitsplätze nur im Rahmen seiner betrieblichen Möglichkeiten ausschreiben muss (BT-Drs. 14/4625, 23). Nach der stRspr des BAG kann der ArbGeb. innerhalb seiner betrieblichen Organisationsfreiheit den Inhalt der auf einem Arbeitsplatz zu erbringenden Tätigkeit und das dazu notwendige Anforderungsprofil bestimmen. Seine Entscheidung, eine Arbeitsstelle als Teil- oder Vollzeitstelle auszuweisen, ist Teil seiner unternehmerischen Freiheit. Ist die Stelle auf Grund der vom ArbGeb. definierten Anforderungen **objektiv für Teilzeitarbeit** geeignet, ist sie entsprechend auszuschreiben (DKKW/*Buschmann* Rn. 32; Arnold/Gräfl/*Spinner* TzBfG § 7 Rn. 8). Das gilt nur dann nicht, wenn bereits im Zeitpunkt der Ausschreibung feststeht, dass einer Teilzeittätigkeit künftig betriebliche Gründe iSd § 8 Abs. 4 TzBfG entgegenstehen werden (*Herbert/Hix* DB 2002, 2377). Allein die pauschale Behauptung, keine Stellen mit Teilzeitbeschäftigten besetzen zu wollen oder der ebenso pauschale Hinweis auf einen erhöhten Abrechnungs- oder Personalbetreuungsbedarf oder allgemeine organisatorische Schwierigkeiten sind zur Begründung der fehlenden Eignung iSd § 7 Abs. 1 TzBfG unzureichend.

IV. Verstöße und Streitigkeiten

18 Schreibt der ArbGeb. entgegen dem Verlangen des BR freiwerdende Arbeitsplätze nicht innerhalb des Betriebes aus, so kann der BR seine **Zustimmung** zu einer per-

sonellen Maßnahme gem. **§ 99 Abs. 2 Nr. 5 verweigern,** die sich auf die Besetzung des nicht ausgeschriebenen Arbeitsplatzes richtet (BAG 14.12.2004 – 1 ABR 54/03, NZA 2005, 424). Damit wird ein indirekter Zwang auf den ArbGeb. ausgeübt, die Stellenausschreibung vorzunehmen bzw. nachzuholen. Das gilt auch, wenn der ArbGeb. seine **Ausschreibungspflicht nach § 7 Abs. 1 TzBfG** trotz eines darauf gerichteten Verlangens des BR verletzt (str.; → Rn. 16). Ohne ein vorheriges Verlangen des BR oder eine Vereinbarung über die Ausschreibung liegt ein Zustimmungsverweigerungsgrund nach § 99 Abs. 2 Nr. 5 nicht vor (BAG 25.1.2005 – 1 ABR 59/03, NZA 2005, 945). Verweigert der BR bei einer entsprechenden Besetzung oder Versetzung seine Zustimmung, ist im Rahmen der auf § 99 Abs. 2 Nr. 5 gestützten Zustimmungsverweigerung zu prüfen, ob der zu besetzende Arbeitsplatz objektiv zur Besetzung mit Teilzeitkräften geeignet war.

Das ArbG entscheidet im Streitfall über Umfang sowie Art und Weise (Personen- 19
kreis, Form, Frist) innerbetrieblicher Ausschreibungen. Beim Begriff der Ausschreibung handelt es sich um einen Rechtsbegriff. Überdies kann der BR gegen den ArbGeb. **ein BeschlVerf.** auf Feststellung der Ausschreibungspflicht anstrengen, wenn dieser die Ausschreibung verweigert (krit. DKKW/*Buschmann* Rn. 38). Dabei wird es regelmäßig um die Klärung eines abstrakten Regelungskonfliktes gehen, der auf einem konkreten betrieblichen Anlassfall beruht. Unabhängig davon kommt ein Verfahren nach § 23 Abs. 3 in Betracht (Einzelheiten → ArbGG Rn. 5).

§ 94 Personalfragebogen, Beurteilungsgrundsätze

(1) [1] **Personalfragebogen bedürfen der Zustimmung des Betriebsrats.** [2] **Kommt eine Einigung über ihren Inhalt nicht zustande, so entscheidet die Einigungsstelle.** [3] **Der Spruch der Einigungsstelle ersetzt die Einigung zwischen Arbeitgeber und Betriebsrat.**

(2) **Absatz 1 gilt entsprechend für persönliche Angaben in schriftlichen Arbeitsverträgen, die allgemein für den Betrieb verwendet werden sollen, sowie für die Aufstellung allgemeiner Beurteilungsgrundsätze.**

Inhaltsübersicht

I. Vorbemerkung

Die Vorschrift des § 94 behandelt die Einführung und Verwendung von Personal- 1
fragebogen, Rubriken für persönliche Angaben in schriftlichen Arbeitsverträgen und die Aufstellung allgemeiner Beurteilungsgrundsätze. Eine sachgerechte Gestaltung von Fragebogen, Arbeitsvertragsangaben und Beurteilungsgrundsätzen ist ein **wichtiges Hilfsmittel der Personalplanung** (§ 92), der Anwendung von PersonalauswahlRL (§ 95) und der Entscheidung über personelle Einzelmaßnahmen. Durch sie erhält der ArbGeb. Informationen über die Person des ArbN sowie dessen beruflichen Kenntnisse, Fähigkeiten und damit seinen Einsatzmöglichkeiten. Solches Wissen ist unverzichtbare Voraussetzung einer modernen Personalplanung.

2 Personalfragebogen oder das Offenlegen bestimmter persönlicher Daten im Arbeitsvertrag berühren das Persönlichkeitsrecht der ArbN. Das MBR des BR soll daher einerseits zur **Versachlichung der Personalpolitik** beitragen und anderseits unzulässigen **Eingriffen in das Persönlichkeitsrecht** der ArbN vorbeugen (BAG 21.9.2003 – 1 ABR 28/93, NZA 1994, 375). Die Beteiligung des BR soll gewährleisten, dass der ArbGeb. nur solche Fragen stellt, für die ein berechtigtes Auskunftsbedürfnis besteht. Der Bewerber ist zwar berechtigt, unzulässige Fragen nicht oder falsch zu beantworten. Er riskiert dann aber, dass ein Arbeitsverhältnis erst gar nicht zustande kommt oder später wegen Täuschung angefochten wird. Zwar darf ein Bewerber auf unzulässige Fragen wahrheitswidrige Antworten geben, ohne dass ihm berechtigterweise eine arglistige Täuschung vorgeworfen werden könnte (BAG 18.10.2000 – 2 AZR 380/99, NZA 2001, 315). Das MBR des BR soll aber dazu beitragen, dass für den Bewerber eine derartige Konfliktlage gar nicht erst entsteht.

3 Die Verwendung der Personalfragebogen und Formulararbeitsverträge iSd G bedarf einer BV jedenfalls dann, wenn der ArbN entsprechend verpflichtet werden soll. Auch die weitere Verwendung von **Altfragebogen** und Beurteilungsgrundsätzen nach erstmaliger Bildung eines BR bedarf dessen Zustimmung; eine Weiterverwendung ist nicht statthaft. Bei einheitlichen Fragebogen, Angaben in Arbeitsverträgen oder Beurteilungsgrundsätzen in einem **Unternehmen mit mehreren Betrieben** steht das MBR dem GesBR unter den Voraussetzungen des § 50 zu (→ § 50 Rn. 51 ff.; GK-BetrVG/*Raab* Rn. 7). Entspr. gilt für den KBR (→ § 58 Rn. 13). Im **Gemeinschaftsbetrieb** steht dem dafür gebildeten BR das MBR gegenüber dem jeweiligen VertragsArbGeb. zu.

4 Die Vorschrift des § 94 gilt uneingeschränkt auch in den Fällen, in denen die auf Grund eines Fragebogens erhobenen Daten der ArbN in einer Weise verarbeitet werden, die den Vorschriften der DSGVO und des BDSG unterliegen (§ 26 Abs. 2 BDGS). Zu Einzelheiten des Datenschutzes → § 83 Rn. 16 ff.

5 Entspr. Vorschriften: § 75 Abs. 3 Nr. 8, 9; § 76 Abs. 2 Nr. 2, 3 BPersVG; für Beurteilungsgrundsätze: § 30 S. 1 Nr. 2 SprAuG.

II. Personalfragebogen

1. Gegenstand des Mitbestimmungsrechts

6 **Personalfragebogen** sind idR formularmäßig gefasste Zusammenstellungen von Fragen, die ein Bewerber (ArbN) beantworten soll. Sie sollen Aufschluss über die Person, Kenntnisse und Fertigkeiten des Befragten geben (BAG 21.9.1993 – 1 ABR 28/93, NZA 1994, 375). Werden nur subjektive Wertungen erfragt, handelt es sich nicht um einen Personalfragebogen (BAG 11.12.2018 – 1 ABR 13/17, NZA 2019, 1009). Das MBR betrifft sowohl Fragebogen für die schon im Betrieb tätigen ArbN, als auch Einstellungsfragebogen für Bewerber (Richardi BetrVG/*Thüsing* Rn. 6). Bei **psychologischen Testverfahren** zur Feststellung der Eignung handelt es sich in der Regel um einen Personalfragebogen (*Wietfeld* ZfA 2016, 215).

7 Ein **Arbeitsplatzerhebungsbogen** unterliegt nicht der MB, soweit die Fragen den Inhalt, den Umfang und die Bedeutung eines Arbeitsplatzes betreffen und nicht arbeitnehmerbezogen sind (*Rebhan* dbr 3/2005, 30 [31]). Enthält ein solcher Erhebungsbogen personenbezogene Fragen, die objektiv geeignet sind, Rückschlüsse auf Leistung oder Eignung der Befragten zuzulassen, handelt es sich um einen zustimmungsbedürftigen Personalfragebogen (HWGNRH/*Rose* Rn. 8). Gleiches gilt für einen Erhebungsbogen zwecks Durchführung einer **Organisationsuntersuchung** zur Bürokommunikation und Systemplanung, der von den ArbN die Beantwortung auch personenbezogener Fragen zB nach ihren Vorstellungen zur Bürokommunikation verlangt. Entscheidend ist der Inhalt der Fragen, nicht der mit der Erhebung verfolgte Zweck. Entsprechendes gilt für Erhebungsbogen (Formulare) zur Darstel-

lung des Ist-Zustandes bei Verfahren der Gemeinkostenwertanalyse (**aA** *Pfelzer* NZA 1990, 514). Zustimmungsbedürftig sind auch sog ergänzende Personalfragebogen, die vom ArbGeb. zu einer **betriebsinternen Sicherheitsüberprüfung** in sicherheits- und sabotagegefährdeten Unternehmen verwendet werden (vgl. DKKW/*Klebe* Rn. 10; *Gitter/Henker* ZTR 1990, 403 [407 ff.]). Werden in solchen Unternehmen Angaben über persönliche Verhältnisse eines Bewerbers oder ArbN nicht vom ArbGeb., sondern von einer Aufsichtsbehörde erhoben, steht dem BR kein MBR bei Verwendung und Ausgestaltung derartiger behördlicher Erhebungsbogen zu (BAG 9.7.1991 – 1 ABR 57/90, NZA 1992, 126).

Das MBR des BR ist nicht auf Personalfragebogen im formellen Sinn beschränkt. 8
Unerheblich ist, ob die Daten schriftlich oder in elektronischer Form erhoben werden (*Rebhan* dbr 3/2005, 30 [31]). Zustimmungsbedürftig sind auch Fragen, die nicht in einem schriftlichen Fragebogen vom ArbN selbst zu beantworten sind, sondern in standardisierter Form von einem Dritten erhoben werden, sog **Checklisten.** Das kann auch das Führen formalisierter **Krankengespräche** betreffen (→ § 87 Rn. 71; ErfK/*Kania* Rn. 2; diesen Aspekt zur Begründung eines MBR des BR bei Krankengesprächen übersieht *Raab* NZA 1993, 193) oder die auf Grund eines Interviews oder eines psychologischen Tests von einem **Befrager ausgefüllten Unterlagen** (BAG 21.9.1993 – 1 ABR 28/93, NZA 1994, 375; GK-BetrVG/*Raab* Rn. 17; Richardi BetrVG/*Thüsing* Rn. 8) oder solche, die über ein Datensichtgerät in einen **Datenträger eingegeben** oder über **optische Belegeleser eingelesen** werden (*Däubler* Anm. AP BDSG aF § 23 Nr. 2). Auch Testbögen, anhand derer die Eignung eines ArbN festgestellt werden soll, sind Personalfragebögen (→ Rn. 26). Da § 94 Abs. 1 das Persönlichkeitsrecht des ArbN präventiv schützen soll, kann auch eine **Mitarbeiterbefragung** ein MBR iSd § 94 Abs. 1 auslösen (BAG 9.7.1991 – 1 ABR 57/90, NZA 1992, 126). Das setzt aber voraus, dass die Beantwortung der Fragen einem konkreten ArbN zuzuordnen ist. Das ist bei einer strikten Anonymisierung nicht der Fall. Die Zwischenschaltung eines Dritten zwecks Durchführung der Befragung genügt hierfür allerdings nicht. Vielmehr muss die zum Ausschluss des MBR führende Anonymität in Bezug auf den Dritten wie auf den ArbGeb. gewahrt sein (BAG 21.11.2017 – 1 ABR 47/16, NZA 2018, 380).

2. Inhalt und Umfang des Mitbestimmungsrechts

Dem MBR unterliegen die **Einführung** und **jede Änderung konkreter Frage-** 9
bögen (*Rebhan* dbr 3/2005, 30 [33]). Es gilt auch für nachträgliche formularmäßige Fragestellungen zum Zwecke der Datenerfassung. Die erforderliche Einigung bezieht sich darauf, ob der ArbGeb. erstmals konkrete Fragebogen einsetzen oder den Inhalt bereits eingeführter Fragebogen verändern darf (**aA** Richardi BetrVG/*Thüsing* Rn. 38 nur Fragebogeninhalt). Zwar kann der BR weder die Einführung noch eine Änderung von Fragebogen verlangen, allenfalls kann er sein personalplanungsbezogenes Vorschlagsrecht (§ 92 Abs. 2) nutzen. Beide Vorgänge kann er jedoch beeinflussen, indem er seine Zustimmung verweigert und die Durchführung eines E-Stellenverfahrens erzwingt. Darüber hinaus erstreckt sich das MBR auch auf eine nähere **Festlegung des Verwendungszwecks** der vom ArbN erbetenen Informationen (DKKW/*Klebe* Rn. 7). Andernfalls käme die Schutzfunktion des § 94 nur unzureichend zum Tragen. Ebenso wichtig wie die Beschränkung des Fragerechts als solche ist es sicherzustellen, dass der ArbGeb. die Informationen der ArbN nur insoweit verwertet, als dies durch den Zweck des konkreten Arbeitsverhältnisses bedingt ist. Bei **psychologischen Testverfahren** können einzelne Fragen nicht aus dem Zusammenhang gelöst werden. Damit würde die Aussagekraft des Tests verfälscht. Das verlangt nach einer Beschränkung des MBR auf die Auswahl des einzusetzenden Testverfahrens (*Wietfeld* ZfA 2016, 215).

Durch die Eingabe der ermittelten ArbNDaten in automatisierte Datenverar- 10
beitungsanlagen besteht die Gefahr, dass sie aus ihrem zulässigen Kontext gelöst wer-

den. Die vielfältigen Möglichkeiten der automatisierten Datenverarbeitung machen es zwingend erforderlich bei der **Erstellung von Personalfragebogen** die Besonderheiten und die qualitativ andersartige Dimension der Datenverarbeitung zu berücksichtigen. Deshalb kann der BR bei sensiblen Daten verlangen, dass schon im Fragebogen eine Umschreibung oder **Beschränkung des zulässigen Verwendungszwecks** festgelegt wird. Das entspricht § 32 Abs. 1 S. 1 BDSG und trägt den Informationspflichten des ArbGeb. nach § 4a Abs. 1 S. 2 BDSG Rechnung (→ § 83 Rn. 32ff.). Insgesamt muss der BR die Informationserwartungen des ArbGeb. an der informationellen Selbstbestimmung der Betroffenen messen (*Simitis* BDSG § 28 Rn. 42). Deshalb kann er verlangen, dass bestimmte Informationen nach einer gewissen Zeit nicht mehr berücksichtigt werden dürfen oder zu anonymisieren sind (vgl. DKKW/*Klebe* Rn. 7; *Simitis* BDSG § 28 Rn. 43). Auf die Einschaltung des BR im Hinblick auf dessen MBR nach §§ 94 u. 87 Abs. 1 Nr. 6 hat der Datenschutzbeauftragte hinzuwirken.

11 Der BR ist nicht berechtigt, ohne Kenntnis der Datenverwendung einer generellen Klausel zuzustimmen, wonach die ArbN mit der Beantwortung der gestellten Fragen in eine unbeschränkte Verwendung ihrer personenbezogenen Daten pauschal einwilligen (→ § 83 Rn. 29).

12 Die Einholung des **Einverständnisses des ArbN** zur Verwendung seiner Daten in automatisierten Verfahren im Rahmen eines Personalfragebogens bedarf der **Schriftform.** Ist die Einwilligungserklärung Bestandteil des Fragebogens, so muss sie im äußeren Erscheinungsbild des Fragebogens hervorgehoben sein. Es gelten die Anforderungen des § 4a Abs. 1 BDSG (→ § 83 Rn. 29).

13 Der ArbGeb. ist frei in seiner Entscheidung darüber, Personalfragebogen einzuführen oder abzuschaffen (DKKW/*Klebe* Rn. 2). Der BR hat **kein erzwingbares MBR** also kein Initiativrecht zur Einführung von Personalfragebogen. Er kann die Einführung von Personalbogen nach § 92 Abs. 2 lediglich vorschlagen. Wenn und solange im Betrieb Fragebogen verwendet werden sollen, ist aber ihr Inhalt zwischen ArbGeb. und BR abzustimmen. Das folgt aus § 94 Abs. 1 S. 2.

14 Über den Inhalt der Personalfragebogen entscheidet im Streitfall die E-Stelle. Sie kann vom ArbGeb. angerufen werden; für den BR besteht dazu in aller Regel keine Notwendigkeit. Der ArbGeb. entscheidet zwar alleine darüber, ob er Personalfragebogen einführen oder verwenden will, er darf jedoch nur solche Fragen stellen, denen der BR zugestimmt hat. Die im **Konfliktfall** zur Entscheidung berufene E-Stelle muss nicht der Aufnahme jeder zulässigen Frage in den Personalfragebogen zustimmen. Ihr steht ein Auswahlrecht zu, das sich zweckmäßigerweise an den betrieblichen Verhältnissen und dem jeweiligen Informationsbedarf orientiert.

15 Der BR kann einen E-Stellenspruch ebenso wie eine mit dem ArbGeb. vereinbarte BV über die Verwendung von Personalfragebögen kündigen. Da der BR außer in den Fällen einer freiwilligen BV weder die Einführung noch die tatsächliche Verwendung von Personalfragebögen erzwingen kann, tritt **keine Nachwirkung** nach § 77 Abs. 6 ein. Mit der Kündigung entfällt nach Ablauf der Kündigungsfrist die Zustimmung des BR. Der ArbGeb. kann die Personalfragebögen nicht mehr einsetzen. Eine Nachwirkung würde ihn in die Lage versetzen, die Bögen bis zu einer Einigung mit dem BR weiter zu verwenden. Das widerspricht dem Zweck des MBR (GK-BetrVG/*Raab* Rn. 15; Nachwirkung nur bei Kündigung durch ArbGeb. Richardi BetrVG/*Thüsing* Rn. 47; DKKW/*Klebe* Rn. 28, Nachwirkung nur bei Kündigung der BV zwecks inhaltlicher Änderungen).

3. Fragerecht des Arbeitgebers

16 Was den Inhalt der Fragen betrifft, bedarf es einer **Abwägung der berechtigten Interessen** von ArbN und ArbGeb. Das bringt es mit sich, dass Fragen, die vor einer Einstellung unzulässig sind, danach zulässig werden können, zB nach dem Bestehen einer Schwangerschaft, der Zugehörigkeit zu einer Kirche oder Gewerkschaft

(→ Rn. 17, 20). Allgemein gilt, dass ein Interesse des ArbGeb. an der Beantwortung schutzwürdig ist, wenn ein Zusammenhang mit der vom ArbN zu erbringenden Leistung, mit dessen sonstigen Vertragspflichten oder mit der Pflichtenbindung des ArbGeb. besteht (BAG 7.9.1995 – 8 AZR 828/93, NZA 1996, 637). Der ArbGeb. muss ein berechtigtes und schutzwürdiges Interesse an der Beantwortung seiner Frage im Hinblick auf das ArbVerh. haben (BAG 16.12.2004 – 2 AZR 148/04, AP BGB § 123 Nr. 64). Danach ist das Fragerecht beschränkt durch das betriebliche Interesse und das Persönlichkeitsrecht des ArbN (BAG 11.7.2013 – 2 AZR 994/12, NZA 2014, 250). Diese Grenze müssen ArbGeb., BR und E-Stelle bei der Aufstellung von Personalfragebogen beachten. Die Zustimmung des BR oder die Entscheidung der E-Stelle führt nicht zur Zulässigkeit einer unstatthaften Frage (vgl. GK-BetrVG/*Raab* Rn. 49; Richardi BetrVG/*Thüsing* Rn. 12; vgl. die Beispiele unzulässiger Fragen in sog **biografischen Fragebögen** bei *Hunold* DB 1993, 224). ArbGeb. und BR müssen sich darauf beschränken, nur solche Fragen in den Personalfragebogen aufzunehmen, die zweifelsfrei zulässig sind. Der ArbN muss zudem die Zulässigkeit der Fragestellung beurteilen können. Die Frage muss deshalb so konkret formuliert sein, dass der ArbN zweifelsfrei erkennen kann, wonach gefragt wird (BAG 11.7.2013 – 2 AZR 994/12, NZA 2014, 250). Die weitere Verarbeitung der aus den Befragungen gewonnen Daten darf nur nach Maßgabe der DSGVO und des BDSG erfolgen (→ § 83 Rn. 16). Zum Fragerecht im Einzelnen:

Zugehörigkeit zu einer Partei, Gewerkschaft oder Konfession: Darauf ge- 17
richtete Fragen sind in der Regel **vor der Einstellung** unzulässig (BAG 28.3.2000 – 1 ABR 16/99, NZA 2000, 1294; ErfK/*Preis* BGB § 611a Rn. 274, 278). Ausnahmen können in **Tendenzbetrieben** in Betracht kommen, soweit es um Tendenzträger geht und die Fragen einen entsprechenden Tendenzbezug aufweisen (DKKW/*Klebe* Rn. 22; HWGNRH/*Rose* Rn. 49; Richardi BetrVG/*Thüsing* Rn. 17). **Nach** erfolgter **Einstellung** kann eine solche Frage statthaft sein, soweit die Angaben für die Lohnberechnung und Entgeltauszahlung tarifgebundener AN benötigt werden, deren Arbeitsvertrag keine entsprechende Bezugnahme enthält (vgl. GK-BetrVG/*Raab* Rn. 46). Allerdings muss eine solche Anfrage vom tarifgebundenen ArbN nicht beantwortet werden. In **tarifpluralen Betrieben** dürfen AN während laufender Tarifverhandlungen zum Schutze der kollektiven Koalitionsfreiheit der Gewerkschaft nicht nach der Zugehörigkeit zu einer bestimmten Gewerkschaft befragt werden (BAG 18.11.2014 – 1 AZR 257/13, NZA 2015, 306). Die Frage nach der **Mitgliedschaft bei Scientology** betrifft nicht die Konfession. Die Organisation der Scientology ist keine Religions- oder Weltanschauungsgemeinschaft (BAG 22.3.1995 – 5 AZB 21/94, NZA 1995, 823). Eine auf die Zugehörigkeit zu dieser Organisation gerichtete Frage bezieht sich auf die innere Einstellung von ArbN. Sie kann daher außerhalb des öffentlichen Dienstes und Tendenzbetrieben jedenfalls im Hinblick auf die Übertragung einer Vertrauensstellung oder besonderen Repräsentationsaufgaben gestellt werden (ErfK/*Preis* BGB § 611 Rn. 278).

MfS-Tätigkeit, SED-Zugehörigkeit: Fragen nach einer Tätigkeit für das Minis- 18
terium für Staatssicherheit der ehemaligen DDR oder die SED sind im öffentlichen Dienst zulässig etwa bei Lehrern (BAG 16.12.2004 – 2 AZR 148/04, AP BGB § 123 Nr. 64). Auch außerhalb des öffentlichen Dienstes kann es Arbeitsstellen geben, deren Besetzung der ArbGeb. von der wahrheitsgemäßen Beantwortung nach einer MfS-Verstrickung abhängig machen kann. Das kann betreffen eine hervorgehobene Position (in einem sicherheitsrelevanten Bereich oder in sabotagegefährdeten Unternehmen) oder die Verwendung als Tendenzträger in einem Tendenzbetrieb. Fragen nach Vorgängen von vor 1970 verletzen jedoch das allgemeine Persönlichkeitsrecht. Sie dürfen nicht gestellt werden. Aus ihrer unzutreffenden Beantwortung dürfen keine arbeitsrechtlichen Konsequenzen gezogen werden (BVerfG 8.7.1997 – 1 BvR 2111/94, NZA 1997, 992).

Vorstrafen, Ermittlungsverfahren: Nach Vorstrafen darf unter Berücksichti- 19
gung des Resozialisierungsgedankens nicht allgemein gefragt werden, sondern nur

gezielt, wenn und soweit das für den zu besetzenden Arbeitsplatz von Bedeutung ist, also bei objektiver Betrachtung berechtigt erscheint (BAG 6.9.2012 – 2 AZR 270/11, NJW 2013, 1115). Das ist etwa der Fall bei der Frage nach Vermögensdelikten bei einem Bankkassierer, Verkehrsstraftaten bei einem Kraftfahrer, Sittlichkeitstaten bei Jugendbetreuern usw. Eine darauf gerichtete Frage verstößt nach hM nicht gegen die Unschuldsvermutung des Art. 6 Abs. 2 EMRK (BAG 20.5.1999 – 2 AZR 320/98, NZA 1999, 975) Für Verurteilungen, die im Bundeszentralregister getilgt sind, besteht grds. kein berechtigtes Informationsinteresse (BAG 20.3.2014 – 2 AZR 1071/12, NZA 2014, 1131; *Kort* Anm. AP BGB § 123 Nr. 73). Auch unspezifische Fragen nach eingestellten Ermittlungsverfahren dürfen nicht gestellt werden (BAG 15.11.2012 – 6 AZR 339/11, NZA 2013, 429). Versucht der ArbGeb., die Beschränkungen des Fragerechts durch Vorlage eines **lückenlosen Beschäftigungsnachweises** zu umgehen, dürfte es diesem entspr. seinem Recht auf Lüge gestattet sein, „Phantasie"-Angaben in diesem Nachweis zu machen (DKKW/*Klebe* Rn. 17; *Wedde* CR 1992, 679 [681 f.]). – 2 AZR 320/98, NZA 1999, 975).

20 **Persönliche, familiäre Situation:** Fragen nach Familienstand, Kinderzahl und zuständiger Sozialversicherung sind nach der Einstellung wegen der vom ArbGeb. vorzunehmenden Entgeltberechnung statthaft (*Ehrich* DB 2000, 421). Unzulässig ist die Frage nach der Betreuung aufsichtsbedürftiger Kinder. Daran besteht kein berechtigtes Interesse des ArbG (DDZ/*Däubler* BGB §§ 123, 124 Rn. 13). Das gilt für alle weiteren Fragen persönlicher Art, die mit der vorgesehenen oder ausgeübten Tätigkeit nichts zu tun haben. Sie dürfen nicht in Personalfragebogen aufgenommen werden, zB nach dem Beruf des Vaters, nach der Freizeitbeschäftigung, nach den Familienverhältnissen oder nach Heiratsabsichten. Es besteht idR auch keine Offenbarungspflicht über die jeweilige **sexuelle Orientierung** und deshalb auch kein darauf gerichtetes Fragerecht. Ebenso unzulässig sind Fragen nach Erbkrankheiten von Familienangehörigen (*Bayreuther* NZA 2010, 679).

21 **Vermögensverhältnisse, Verdienst:** Fragen nach der persönlichen Vermögenssituation sind nur zulässig, sofern es sich um bes. Vertrauensstellungen handelt, bei denen der ArbN entweder mit Geld umgehen muss oder die Gefahr der Bestechung oder des Geheimnisverrats besteht (Richardi BetrVG/*Thüsing* Rn. 28; HWGNRH/*Rose* Rn. 52). **Lohn- und Gehaltspfändungen** dürfen erst nach der Einstellung zu Abrechnungszwecken erfragt werden (GK-BetrVG/*Raab* Rn. 42; **aA** HWGNRH/*Rose* Rn. 53). Fragen nach dem letzten Verdienst sind zulässig, sofern der Bewerber diese als Mindestvergütung fordert (*Moritz* NZA 1987, 332). IÜ sind Fragen nach dem letzten erzielten Verdienst nicht zulässig. Die Beantwortung dieser Frage verschlechtert die Verhandlungsposition des ArbN erheblich. Dem steht kein sachlich gerechtfertigtes Informationsinteresse des ArbGeb. gegenüber (ErfK/*Preis* BGB § 611a Rn. 280).

22 **Schwangerschaft:** Eine darauf gerichtete Frage ist vor einer Einstellung wegen Verstoßes gegen das Diskriminierungsverbot nach dem AGG regelmäßig unzulässig. Dem ArbGeb. ist die Frage nach einer Schwangerschaft auch dann noch verwehrt, wenn die Frau die vereinbarte Tätigkeit wegen eines mutterschutzrechtlichen Beschäftigungsverbots zunächst nicht aufnehmen kann (BAG 6.2.2003 – 2 AZR 621/02, NZA 2003, 848).

23 **Schwerbehinderteneigenschaft:** Nach der bisherigen Rspr. des BAG ist die Frage nach der Schwerbehinderteneigenschaft bei der Einstellung generell zulässig, auch wenn die zu Grunde liegenden Behinderungen keinen Einfluss auf die zu erbringende Arbeitsleistung haben. Es bestehe insoweit ein berechtigtes Interesse des ArbGeb. daran, Anzahl und Arbeitsbedingungen der von ihm beschäftigten Schwerbehinderten zu kennen, um seinen Verpflichtungen nach dem SGB IX und der Beachtung der Beteiligungsrechte der Schwerbehindertenvertretung bzw. des BR nachkommen zu können (BAG 18.10.2000 – 2 AZR 380/99, NZA 2001, 315). Diese Rspr. dürfte nach dem Inkrafttreten des Benachteiligungsverbots des nunmehrigen § 164 Abs. 2 SGB IX sowie des AGG und angesichts der RL 2000/78/EG v. 27.11.

2000 (ABl. 2000 L 303, 16) wohl nicht uneingeschränkt fortgeführt werden können (BAG 7.7.2011 – 2 AZR 396/10, NZA 2012, 34; *Klocke* SR 2015, 99; *Messingschlager* NZA 2003, 301; 303ff.; *Brors* DB 2003, 1734ff.; *Joussen* NJW 2003, 2857 [2860]; *Düwell* BB 2001, 1257 [1259f.]; *Bachmann* ZfA 2003, 43 [66]). Die Frage nach bestimmten körperlicher Funktionen, geistigen Fähigkeiten oder seelischer Gesundheit dürfte aber zulässig sein, wenn diese unerlässliche Voraussetzung für die auszuübende Tätigkeit sind und dies im Einklang mit dem Benachteiligungsverbot des AGG steht (§ 164 Abs. 2 SGB IX; vgl. Richardi BetrVG/*Thüsing* Rn. 15; GK-BetrVG/*Raab* Rn. 36). Der ArbGeb. darf die Frage nach der Schwerbehinderteneigenschaft wohl auch stellen, wenn es ihm darum geht, seiner Pflicht zur Beschäftigung schwerbehinderter Menschen nach § 154 SGB IX gerade zu genügen. Er muss dann aber sowohl auf diesen Zweck seiner Frage als auch darauf hinweisen, dass der ArbN die Frage unrichtig beantworten darf (vgl. Richardi BetrVG/*Thüsing* Rn. 16). Im bestehenden Arbeitsverhältnis ist nach Ablauf von sechs Monaten und dem dann einsetzenden Beschäftigtenschutz gem. §§ 168 SGB IX die Frage nach der Schwerbehinderteneigenschaft gestattet (BAG 16.2.2012 – 6 AZR 553/10, NZA 2012, 555).

Krankheiten: Unzulässig ist es, von Bewerbern die Vorlage einer Bescheinigung 24
ihrer Krankenkasse über Häufigkeit und Dauer der Erkrankungen in letzter Zeit zu verlangen oder danach zu fragen. Fragen nach Krankheiten sind ausnahmsweise zulässig (HWGNRH/*Rose* Rn. 35), wenn sie sich auf Erkrankungen beziehen, die zu einer dauerhaften Gefährdung oder Einschränkung der Leistungsfähigkeit des ArbN auf dem in Aussicht genommenen Arbeitsplatz führen (zB Pilot, Kraftfahrer, ArbN im sicherheitsrelevanten Bereich von Atomkraftwerken). In diesem Rahmen darf auch nach einer **Alkohol- oder Drogenabhängigkeit** gefragt werden (zum Drogenscreening *Diller/Powietzka* NZA 2001, 1227). Nicht zulässig sind Fragen nach den Konsumgewohnheiten bei Alkohol und sonstigen Drogen. Nunmehr untersagt § 19 Nr. 2 GenDG dem ArbGeb. ausdrücklich nach einer **genetischen Veranlagung** des ArbN oder Bewerbers zu fragen (*Wiese* BB 2009, 2198). Genetische Untersuchungen und Analysen zum Arbeitsschutz sind nur unter den engen Voraussetzungen des § 20 Abs. 2 GenDG erlaubt (dazu *Wiese* BB 2011, 313). Unzulässig sind auch allgemeine Fragen zum Gesundheitszustand (*Ehrich* DB 2000, 421) oder Blutuntersuchungen, die nicht durch arbeitsplatzrelevante Gefährdungen veranlasst sind. Ärztliche **Einstellungsuntersuchungen** sollen klären, ob der Bewerber für die angestrebte Tätigkeit und den dazugehörenden Arbeitsplatz überhaupt geeignet ist. Sie sind zulässig, wenn bestimmte gesundheitliche Voraussetzungen nach Art der zu erledigenden Arbeitsaufgabe eine wesentliche berufliche Anforderung darstellen (*Behrens* NZA 2014, 401). Allerdings bedürfen sie der vorherigen schriftlichen Einwilligung des Bewerbers (dazu *Kleinebrink* DB 2014, 776). Dieser kann außerhalb der gesetzlich vorgeschriebenen Fälle (zB § 32 JArbSchG) seine Zustimmung verweigern, muss aber dann damit rechnen, nicht eingestellt zu werden. Verlangt der ArbGeb. generell die Durchführung einer ärztlichen Untersuchung, kann es sich um eine AuswahlRL handeln, für die ein MBR nach Maßgabe des § 95 besteht (→ § 95 Rn. 10). Der Arzt darf dem ArbGeb. das Ergebnis der Untersuchung nur insoweit mitteilen, als er die Eignung für den vorgesehenen Arbeitsplatz bejaht oder verneint (ohne einzelne Befunddaten). In diesem Fall besteht für die Fragen des **ärztlichen Befundbogens** nach dem Zweck des § 94 Abs. 1 kein MBR (*Rebhan* dbr 3/2005, 30 [31]; **aA** DKKW/*Klebe* Rn. 11). Denn dem ArbGeb. steht kein Weisungsrecht hinsichtlich der Fragen zu. Außerdem unterliegt der Arzt der Schweigepflicht. Vergleichbares gilt bei **psychologischen Testverfahren,** die von Fachpsychologen durchgeführt werden, die der Schweigepflicht unterliegen und nur das wertende Ergebnis der Begutachtung dem ArbGeb. mitteilen. Ärztl. **Eignungsuntersuchungen** im laufenden Beschäftigungsverhältnis können ausnahmsweise aus der allgemeinen Treuepflicht des AN aus dem Arbeitsverhältnis folgen (§ 611 BGB iVm § 241 BGB). Dazu müssen aber Umstände vorliegen, die bei vernünftiger lebensnaher Einschätzung die ernsthafte Besorgnis begründen,

dass bei dem ArbN ein fortdauernder Eignungsmangel für die von ihm ausgeübte oder angestrebte Tätigkeit besteht (BAG 12.8.1999 – 2 AZR 55/99, NZA 1999, 1209; *Behrens* NZA 2014, 412; *Goepfert/Rottmeier* BB 2015, 1912). BV über ärztl. Eignungsuntersuchungen im Arbeitsverhältnis sind nur als freiwillige nach § 88 möglich.

25 Bei **AIDS** (ErfK/*Preis* BGB § 611 Rn. 274) ist zwischen Infizierung und akuter Erkrankung zu unterscheiden. Die Frage nach einer **HIV-Infektion** ist grds. unzulässig, da in diesem Stadium weder eine Leistungsminderung des ArbN noch eine Ansteckungsgefahr bei der üblichen betrieblichen Tätigkeit besteht (HWGNRH/*Rose* Rn. 36). Sie wird zT nur dann für zulässig angesehen, wenn auf dem vorgesehenen Arbeitsplatz die Gefahr einer Ansteckung Dritter besteht, zB bei Heil- und Pflegeberufen (Richardi BetrVG/*Thüsing* Rn. 18; *Keller* NZA 1988, 563, Fragerecht bei Küchenpersonal und ArbN der Lebensmittelherstellung; **aA** *Lichtenberg/Schücking* NZA 1990, 41). Nach einer akuten Erkrankung darf der ArbGeb. wohl ohne Einschränkung fragen, da nach dem derzeitigen Stand der Medizin nach wie vor mit einer alsbaldigen Arbeitsunfähigkeit zu rechnen ist. AIDS-Tests dürfen keinesfalls ohne Zustimmung des Bewerbers (ArbN) vorgenommen werden.

4. Testverfahren

26 Standardisierte Tests zur Feststellung des Potentials von ArbN für bestimmte Aufgaben **(Potentialanalyse; psycholog. Test)** sowie die hierbei angewandten Verfahren unterliegen der MB des BR, da die Äußerungen der Testpersonen idR festgehalten und ausgewertet werden (*Wietfeld* ZfA 2016, 215; *Franzen* NZA 2013, 1; *Jedzig* DB 1996, 1337 [1340]). Die MB erstreckt sich darauf, welcher Test zum Einsatz kommt und welche Merkmale untersucht werden sollen (*Franzen* NZA 2013, 1). Das MBR gilt auch für die Einführung und Ausgestaltung eines **Assessment-Centers,** also einem system. Verfahren, das der Feststellung von Verhaltensleistungen und dem Verstehen von Verhaltensdefiziten dient und dessen Besonderheit darin besteht, dass es von mehreren Beobachtern gleichzeitig für mehrere Bewerber nach einheitlichen Vorgaben angewandt wird (dazu *Stubbe* Assessment Center S. 23; *Schütz/Büscher* PersV 15, 214). Dabei werden die Bewerber in einer Gruppenveranstaltung ua auf der Grundlage simulierter Arbeitssituationen anhand abstrakt-genereller Kriterien beurteilt (BVerwG 29.1.2003 – 6 P 16.01, AP MitbestG Schleswig-Holstein § 51 Nr. 3; allg. *Breisig* AiB 2003, 138). Soweit dabei Personalfragebogen eingesetzt und Beurteilungsgrundsätze aufgestellt werden, besteht das MBR (*Stubbe* Assessment Center S. 231). **Intelligenztests,** die den Intelligenzquotienten ermitteln, und **Persönlichkeitstests** zur Bestimmung bzw. Erfassung der Gesamtpersönlichkeit sind in aller Regel unzulässig und müssen sich selbst bei Vorliegen eines berechtigten Interesses des ArbGeb. an § 32 BDSG messen lassen (*Bausewein* ArbR 2014, 697). **Genetische Analysen** dienen in der Regel dazu, die Anfälligkeit oder Resistenz des ArbN gegenüber konkreten Krankheiten festzustellen. Sie sind stets unzulässig, weil durch Feststellung von Erbanlagen massiv in das Persönlichkeitsrecht des ArbN eingegriffen wird, nämlich sowohl in das Recht auf Nichtwissen als auch in das Recht auf informationelle Selbstbestimmung. Ab dem 1.2.2010 untersagt § 19 GenDG v. 21.7.2009 (BGBl. I S. 2529) dem ArbGeb. ausdrücklich, vom ArbN die Vornahme genetischer Untersuchungen oder Analysen zu verlangen oder bereits vorliegende Ergebnisse zu nutzen. Er darf deshalb nach solchen Ergebnissen auch nicht im oder bei der Anbahnung des Arbeitsverhältnisses fragen (*Wiese* BB 2009, 2198). Das gilt auch, wenn sich der ArbN „freiwillig" offenbart (*Genenger* AuR 2009, 285). Eine Ausnahme vom Verbot des § 19 GenDG gestattet § 20 Abs. 2 GenDG nur für die Vornahme einer Genproduktanalyse im Rahmen arbeitsmedizinischer Vorsorgeuntersuchungen zur Aufdeckung arbeitsplatzrelevanter genetisch bedingter Überempfindlichkeiten.

III. Formularverträge

Ein MBR des BR besteht auch, wenn in Arbeitsverträgen, die allgemein für den Betrieb verwandt werden, sog **Formularverträgen,** persönliche Angaben verlangt werden, sofern diese über die Feststellung der reinen Personalien (Name, Vorname, Geburtstag und -ort, Anschrift) hinausgehen. Dadurch soll eine Umgehung der MB bei Personalfragebogen verhindert werden. Sonst wäre es dem ArbGeb. möglich, dieselben Angaben ohne Beteiligung des BR zu erlangen, indem er sie statt in Personalfragebogen in die Arbeitsverträge aufnimmt. IÜ unterliegt das Muster eines Formularvertrages, insbes. die Aufnahme allgemeiner Arbeitsbedingungen in den Arbeitsvertrag, nicht dem MBR (Richardi BetrVG/*Thüsing* Rn. 56). Dem dürfte gleichstehen die im Betrieb allgemein angestrebte Einwilligung der ArbN zur **Speicherung oder sonstiger Verarbeitung personenbezogener Daten,** die eine Ergänzung der Arbeitsverträge ist und nach § 4a Abs. 1 BDSG der Schriftform bedarf. Ist eine solche Einwilligungserklärung Bestandteil des Formulararbeitsvertrags, muss sie im äußeren Erscheinungsbild des Vertragstextes hervorgehoben sein. Die Vorschrift betrifft nur schriftliche Verträge, nicht mündliche Vereinbarungen. Sie gilt auch für eine allgemein einzuführende schriftliche Ergänzung bestehender Arbeitsverträge (DKKW/*Klebe* Rn. 31). 27

IV. Allgemeine Beurteilungsgrundsätze

Auch die **Aufstellung allgemeiner Beurteilungsgrundsätze** (nicht die Beurteilung im Einzelfall) unterliegt dem MBR, sofern sie der ArbGeb. einführt oder verwendet. Das MBR erstreckt sich auf die Festlegung der Beurteilungsmerkmale, die Beurteilungsgrundlagen und die Ausgestaltung des Beurteilungsverfahrens (BAG 17.3.2015 – 1 ABR 48/13, NZA 2015, 885). **Der BR hat kein Initiativrecht** (BAG 23.3.2010 – 1 ABR 81/80, NZA 2011, 811). Ausnahmen kommen in Betracht, wenn die Beurteilungsgrundsätze in einem unmittelbaren Zusammenhang mit Entlohnungsfragen (zB Zielvereinbarungen) stehen. Insoweit kann ein Initiativrecht nach § 87 Abs. 1 Nr. 10, Nr. 11 für diese Regelungsbereiche bestehen (vgl. *Kort* NZA 2015, 520). Mitbestimmungspflichtig nach § 94 Abs. 2 sind die Einführung, die Verwendung und die Beurteilungskriterien in ihrer Gesamtheit. Dazu können auch die Beurteilungskriterien für **Zielvereinbarungen** gehören (*Geffken* NZA 2000, 1033). Beurteilungsgrundsätze sind auch das vom ArbGeb. für sog **Ein-Euro-Jobber** auf der Grundlage von § 61 SGB II zu erstellende Zeugnis mit Kompetenzprofil und die Teilnehmerbeurteilung zur Ergänzung des Kundenprofils (*Engels* NZA 2007, 8). 28

Beurteilungsgrundsätze sind Regelungen, die eine Bewertung des Verhaltens oder der Leistung der ArbN objektivieren und nach einheitlichen Kriterien ausrichten sollen (BAG 14.1.2014 – 1 ABR 49/12, NZA-RR 2014, 356; 11.12.2018 – 1 ABR 13/17, NZA 2019, 1009). Erreicht werden soll ein einheitliches Vorgehen bei der Beurteilung und Bewertung mit dem Ziel, zu miteinander vergleichbaren Beurteilungsergebnissen zu gelangen (BAG 18.4.2000 – 1 ABR 22/99, NZA 2000, 1176). Sie sind Grundlage für die Einschätzung der Kenntnisse und Fähigkeiten der ArbN (Bewerber). In welcher Form sie zur Anwendung gelangen ist bedeutungslos. Unter diesen Begriff fallen sowohl **Beurteilungsformulare** als auch **FührungsRL** (HWGNRH/*Rose* Rn. 76), in denen Beurteilungskriterien festgelegt sind (DKKW/*Klebe* Rn. 44; vgl. auch Richardi BetrVG/*Thüsing* Rn. 60; **aA** BAG 23.10.1984 – 1 ABR 2/83, NZA 1985, 224). Auch kommt es nicht darauf an, ob die Beurteilung schriftlich niedergelegt oder elektronisch gespeichert wird. Nicht unter § 94 fallen aber Erfassungsbogen, in die ArbN die Arbeitszeiten für einzelne Arbeitsvorhaben eintragen (BAG 24.11.1981 – 1 ABR 108/79, AP BetrVG 1972 § 87 Ordnung des Betriebes Nr. 3). Das gilt entsprechend für sonstige arbeitsbegleitende Papiere 29

(DKKW/*Klebe* Rn. 43) oder Formulare zum Erfassen von Kassendifferenzen (LAG Bln-Bbg 19.4.2011 – 7 TaBV 556/11, BeckRS 2011, 74573).

30 Werden Beurteilungen von ArbN in ein **Personalinformationssystem** eingegeben, so müssen sie zuvor nach allgemeinen (Beurteilungs-)Grundsätzen standardisiert sein. Die Festlegung von katalogmäßigen Klassifikationsmerkmalen für eine automatisierte Erstellung von **Fähigkeits- und Eignungsprofilen** stellt eine Aufstellung von Beurteilungsgrundsätzen dar, die dem MBR des BR nach Abs. 2 unterliegt (*Wietfeld* ZfA 2016, 215; DKKW/*Klebe* Rn. 38; *Franzen* NZA 2013, 1; *Jedzig* DB 1991, 754; **aA** GK-BetrVG/*Raab* Rn. 59). Zu den Beurteilungsgrundsätzen gehört auch die **Festlegung des Verfahrens,** wie Beurteilungen zustande kommen (zB Fragebogen für Vorgesetzte mit Beurteilungsstufen, Festlegung einzelner Verfahrenselemente wie Arbeitsprogramme, Simulationen, Tests, Mitarbeitergespräche BAG 17.3.2015 – 1 ABR 48/13, NZA 2015, 885). Deshalb unterliegen auch EDV-Programme, die für die Beurteilung wesentliche Informationen zusammenführen, dem MBR (*Jedzig* DB 1991, 754; *Kort* CR 1992, 611 [619]). Dies gilt erst recht für Programme, die auf Grund der gespeicherten Daten unmittelbar selbst eine Beurteilung erstellen. Wegen Beteiligung des BR bei **Assessment-Center** (→ Rn. 26) BAG 20.4.1993 – 1 ABR 59/92, NZA 1993, 1096).

31 Eine sachgemäße Beurteilung der Leistungen seiner ArbN ist dem ArbGeb. gestattet. Sie setzt jedoch voraus, dass für die Arbeitsplätze **Arbeitsbeschreibungen (Stellenbeschreibungen)** vorhanden sind, aus denen sich Rechte und Pflichten der Arbeitsaufgabe ergeben (→ § 92 Rn. 11 ff.). Derartige Arbeitsbeschreibungen, auch analytische Arbeitsplatzbewertungen, sind arbeitsplatzbezogen und keine persönlichen Beurteilungsgrundsätze für die einzelnen ArbN (DKKW/*Klebe* Rn. 42; Richardi BetrVG/*Thüsing* Rn. 59). Ihre Erstellung ist vom MBR nicht umfasst (BAG 14.1.2015 – 1 ABR 49/12, NZA-RR 2014, 356). Das gilt auch für **Funktionsbeschreibungen,** bei denen es sich um reine Bestandsaufnahme für Gruppen von Stelleninhabern mit vergleichbarer Tätigkeit handelt (BAG 14.1.1986 – 1 ABR 82/83, NZA 1986, 531).

32 Der **ArbGeb. entscheidet** alleine darüber, **ob er Beurteilungsgrundsätze** im Betrieb **einführt** (BAG 23.2.2010 – 1 ABR 81/08, NZA 2011, 811). Erst an deren Inhalt, also den materiellen Beurteilungsmerkmalen, der Beurteilungsgrundlagen und der Ausgestaltung des Beurteilungsverfahrens hat der BR ein MBR (BAG 17.3.2015 – 1 ABR 48/13, NZA 2015, 885; Richardi BetrVG/*Thüsing* Rn. 66; *Kleinebrink* Anm. AP BetrVG 1972 § 94 Nr. 11). Es wird zweckmäßigerweise eine BV abgeschlossen, die als anderweitige Rechtsvorschrift iSd § 4 Abs. 1 BDSG (→ § 83 Rn. 26 ff.) auch die Speicherung der Beurteilungsergebnisse in automatisierten Verfahren iSd BDSG gestattet (vgl. *Jedzig* DB 1991, 753). Die Grundsätze beziehen sich insbes. auf die bisherige Arbeitsleistung (Beurteilungsmerkmale und deren Gewichtung), Eignung für andere Aufgaben, ggf. auch Fragen der Zusammenarbeit mit anderen ArbN, Entschlussfähigkeit und Verantwortungsbewusstsein, Berufsbildungsmaßnahmen und Verfahrensregelungen (Kreis der Beurteiler und Beurteilten, Zeitraum der Beurteilung, Arbeitsproben, psychologische Testverfahren, Überwachung, Kontrolle und Auswertung der Beurteilungen gem. den Beurteilungsgrundsätzen; zur Durchführung von BV über Leistungsbeurteilung von ArbN vgl. *Jedzig* DB 1991, 859). Sie sind maßgebend für die **Zeugniserstellung.** Eine durch Beurteilungs-Fragebogen und entspr. Textbausteine standardisierte Zeugniserstellung unterliegt der MB des BR (*Weuster* AiB 1992, 328 [339] mit einer MusterBV zu Arbeits- und Ausbildungszeugnissen).

V. Streitigkeiten

33 Können sich ArbGeb. und BR über die inhaltliche Gestaltung von Personalfragebogen, Formularverträgen oder Beurteilungsgrundsätzen nicht einigen, entscheidet

auf Antrag des BR oder des ArbGeb. die **E-Stelle.** Die Aufnahme unzulässiger Fragen wird meist zur Teilnichtigkeit, nicht dagegen zur Gesamtnichtigkeit des Spruchs der E-Stelle führen. Der ArbN kann ggf. die Beantwortung unzulässiger Fragen verweigern oder sie unzutreffend beantworten. Durch Spruch der E-Stelle ist der ArbGeb. nicht verpflichtet Personalfragebogen, Formularverträge oder Beurteilungsgrundsätze anzuwenden, wenn er auf deren Einsatz völlig verzichtet.

Fehlt die Zustimmung des BR und ist sie auch nicht durch Spruch der E-Stelle ersetzt worden, ist die Erhebung und Erfassung (Speicherung) der Daten mittels des **Personalfragebogens** unzulässig. Die ArbN sind nicht verpflichtet, ihn auszufüllen, selbst wenn die Daten individualrechtlich anzugeben sind (Richardi BetrVG/*Thüsing* Rn. 52). Unzulässig erhobene Daten sind zu löschen, da ihre Speicherung ebenfalls unzulässig ist (s. § 35 Abs. 2 S. 2 Nr. 1 BDSG). Verwendet der ArbGeb. einen Einstellungsfragebogen ohne Zustimmung des BR, hat das keinen Einfluss auf die Wirksamkeit des abgeschlossenen Arbeitsvertrages (HWGNRH/*Rose* Rn. 100). 34

Die Verletzung des MBR des BR berechtigt nach einer Entscheidung des Zweiten Senats des BAG den ArbN nicht, eine individualrechtlich zulässig gestellte Frage falsch zu beantworten (BAG 2.12.1999 – 2 AZR 724/98, NZA 2001, 107). Dies erscheint mit der ansonsten vom BAG bei der Verletzung von MBR vertretenen Theorie der Wirksamkeitsvoraussetzung (→ § 87 Rn. 599ff.) nicht ohne Weiteres vereinbar (**aA** als das BAG daher auch DKKW/*Klebe* Rn. 26). Zumindest aber darf es dem ArbN nicht zum Nachteil gereichen, wenn er die Beantwortung der Frage unter Hinweis auf die fehlende Zustimmung des BR verweigert. Er dürfte aber im Zweifel kaum beweisen können, dass eine unterbliebene Einstellung auf der Nichtbeantwortung der mitbestimmungswidrigen Frage beruhte. Verwendet der ArbGeb. **ohne Zustimmung des BR Beurteilungsgrundsätze,** hat der ArbN Anspruch auf Entfernung einer auf ihrer Grundlage erstellten Beurteilung aus der Personalakte sowie auf Nichtverwendung der Beurteilung bei personellen Entscheidungen (Richardi BetrVG/*Thüsing* Rn. 75; **aA** HWGNRH/*Rose* Rn. 103, soweit der BR die Beachtung des MBR nicht einfordert). 35

Bei Verwendung von Fragebogen oder Beurteilungsgrundsätzen ohne Zustimmung des BR kommen Unterlassungs- und Beseitigungsansprüche gegen den ArbGeb. nach § 23 Abs. 3 in Betracht (*Husemann* AuR 2012, 471; DKKW/*Klebe* Rn. 55; GK-BetrVG/*Raab* Rn. 68). Wird die Befragung durch eine **im Ausland ansässige Konzernmutter** etwa per **E-Mail** oder **Intranet** durchgeführt, ohne dass der BR die Fragen hätte mitbestimmen können, kann ein Unterlassungsanspruch nach § 23 Abs. 3 gegenüber dem inländischen ArbGeb. gerechtfertigt sein. Dieser kann sich nicht darauf berufen, auf die Frageaktion der Konzernmutter keinen Einfluss zu haben. Er muss zumindest versuchen, mit dem BR eine Verständigung zu erreichen, oder die E-Stelle anrufen (HessLAG 5.7.2001 – 5 Ta BV 153/00, DB 2001, 2254). Hat der BR der Verwendung von Formularverträgen zugestimmt, kann er ohne das Vorliegen besonderer Voraussetzungen keine erneute Vorlage der Verträge im Rahmen seiner Überwachungspflicht nach § 80 Abs. 1 fordern (BAG 19.10.1999 – 1 ABR 75/98, NZA 2000, 837). 36

§ 95 Auswahlrichtlinien

(1) [1]**Richtlinien über die personelle Auswahl bei Einstellungen, Versetzungen, Umgruppierungen und Kündigungen bedürfen der Zustimmung des Betriebsrats.** [2]**Kommt eine Einigung über die Richtlinien oder ihren Inhalt nicht zustande, so entscheidet auf Antrag des Arbeitgebers die Einigungsstelle.** [3]**Der Spruch der Einigungsstelle ersetzt die Einigung zwischen Arbeitgeber und Betriebsrat.**

(2) [1]**In Betrieben mit mehr als 500 Arbeitnehmern kann der Betriebsrat die Aufstellung von Richtlinien über die bei Maßnahmen des Absatzes 1 Satz 1 zu**

beachtenden fachlichen und persönlichen Voraussetzungen und sozialen Gesichtspunkte verlangen. [2]Kommt eine Einigung über die Richtlinien oder ihren Inhalt nicht zustande, so entscheidet die Einigungsstelle. [3]Der Spruch der Einigungsstelle ersetzt die Einigung zwischen Arbeitgeber und Betriebsrat.

(3) **[1]Versetzung im Sinne dieses Gesetzes ist die Zuweisung eines anderen Arbeitsbereichs, die voraussichtlich die Dauer von einem Monat überschreitet, oder die mit einer erheblichen Änderung der Umstände verbunden ist, unter denen die Arbeit zu leisten ist. [2]Werden Arbeitnehmer nach der Eigenart ihres Arbeitsverhältnisses üblicherweise nicht ständig an einem bestimmten Arbeitsplatz beschäftigt, so gilt die Bestimmung des jeweiligen Arbeitsplatzes nicht als Versetzung.**

Inhaltsübersicht

I. Vorbemerkung

1 § 95 schließt die Vorschriften über allgemeine personelle Angelegenheiten ab. Geregelt wird die MB bei der **Aufstellung von AuswahlRL** aus Anlass der im G aufgeführten personellen Maßnahmen. Ihrer Funktion entsprechend sind AuswahlRL zwischen allgemeiner Personalplanung und personeller Einzelentscheidung angesiedelt (DKKW/*Klebe* Rn. 1). Darüber hinaus enthält Abs. 3 die **Definition** des betriebsverfassungsrechtlichen **Versetzungsbegriffs.** Daran knüpft ein Teil der MB des BR in den personellen Angelegenheiten. Wegen dieses Sachzusammenhangs ist der Versetzungsbegriff bei § 99 (→ Rn. 118 ff.) erläutert.

2 **Sinn und Zweck** dieses MBR liegen darin, die Personalführung in den Betrieben durchschaubarer zu machen und Personalentscheidungen zu versachlichen (BAG 26.7.2005 – 1 ABR 29/04, NZA 2005, 1372). Der einzelne ArbN soll erkennen können, aus welchen Gründen er von einer ihm günstigen personellen Einzelmaßnahme ausgenommen wird oder ihn eine belastende Maßnahme trifft. Die Belegschaft hat ein schützenswertes Interesse daran, dass personelle Einzelmaßnahmen nicht nur im Hinblick auf größtmögliche Effizienz, sondern auch unter Berücksichtigung persönlicher und sozialer Belange erfolgen und so als billigenswert und angemessen empfunden werden (BAG 10.12.2002 – 1 ABR 27/01, AP BetrVG 1972 § 95 Nr. 42). Damit schützen AuswahlRL die ArbN vor willkürlichen Personalveränderungen. Sie tragen dazu bei, Streitigkeiten zwischen ArbGeb. und BR sowie zwischen einzelnen ArbN und ArbGeb. aus Anlass von personellen Einzelmaßnahmen zu vermeiden. AuswahlRL führen zu einer Selbstbindung des ArbGeb. und schränken dessen Vertragsfreiheit ein. Diese Beschränkungen sind verfassungsgemäß. Die dagegen geäußerten Bedenken insbes. gegen die zwingende MB nach Abs. 2 haben die Praxis nicht beeinflusst und sind aufgegeben worden (ausf. GK-BetrVG/*Raab* Rn. 32).

Nach Abs. 1 hat der BR bei AuswahlRL mitzubestimmen. Bis zu einer Betriebsgröße von 500 ArbN kann aber der ArbGeb. frei darüber entscheiden, ob er AuswahlRL überhaupt einführt. Der BR kann die Einführung nicht erzwingen. Erst in Betrieben mit **mehr als 500 ArbN** hat der BR nach Abs. 2 ein **Initiativrecht** und kann die Aufstellung von AuswahlRL auch gegen den Willen des ArbGeb. über die E-Stelle durchsetzen. Durch das BetrVerf-ReformG wurde der frühere Schwellenwert von 1000 ArbN halbiert, um dem Umstand Rechnung zu tragen, dass zunehmend großbetriebliche Strukturen aufgelöst werden und an ihre Stelle kleinere Organisationseinheiten treten (BT-Drs. 14/5741, 49). 3

Die Bedeutung von AuswahlRL hat für betriebsbedingte Kündigungen wiederholt Änderungen erfahren (Einzelheiten APS/*Kiel* KSchG § 1 Rn. 656 ff.). Nach der Änderung des früheren § 1 Abs. 3 u. 4 KSchG durch das **ArbRBeschFG** v. 25.9.1996 (BGBl. I S. 1476) konnte die in einer RL nach § 95 BetrVG vorgenommene Gewichtung der bei einer Sozialauswahl nach § 1 Abs. 3 S. 1 KSchG zu berücksichtigenden Kriterien (Betriebszugehörigkeit, Lebensalter, Unterhaltspflicht) von den Gerichten nur noch auf grobe Fehlerhaftigkeit hin überprüft werden. Nach dem **Korrekturgesetz** v. 19.12.1998 (BGBl. I S. 3843) waren den Betriebsparteien die im Rahmen der Sozialauswahl zu berücksichtigenden Grunddaten nicht mehr vorgeben, sondern in der RL zu regeln. Mit dem **G zu Reformen am Arbeitsmarkt** v. 24.12.2003 (BGBl. I S. 3002) hat der Gesetzgeber den Rechtszustand nach dem ArbRBeschFG nahezu unverändert wieder hergestellt. Allerdings müssen die Betriebsparteien nun auch das Kriterium der Schwerbehinderung berücksichtigen; hinsichtlich der groben Fehlerhaftigkeit wird wieder nur auf die Bewertung der durch § 1 Abs. 3 KSchG vorgegebenen Grunddaten zueinander abgestellt (ErfK/*Oetker* KSchG § 1 Rn. 2). Vgl. → Rn. 25 ff. 4

Entspr. Vorschrift: § 76 Abs. 2 Nr. 8 BPersVG. 5

II. Auswahlrichtlinien

1. Rechtsnatur

AuswahlRL sind **BV,** wenn sie schriftlich zwischen ArbGeb. und BR festgelegt werden. Sie wirken nicht normativ auf das einzelne Arbeitsverhältnis; insbes. handelt es sich nicht um Abschluss- oder Beendigungsnormen für das Arbeitsverhältnis, vielmehr haben sie den Charakter einer Betriebsnorm (Richardi BetrVG/*Thüsing* Rn. 8). AuswahlRL bedürfen nicht der Schriftform (DKKW/*Klebe* Rn. 12); sie kommen dann nur als Regelungsabrede zustande (BAG 5.12.2002 – 2 AZR 549/01, NZA 2003, 791; nur BV möglich GK-BetrVG/*Raab* Rn. 7). Ob eine AuswahlRL zwingend der Form einer BV bedarf, hat das BAG bisher offen gelassen (BAG 17.11.2010 – 7 ABR 120/09, NZA-RR 2011, 415). Eine BV über AuswahlRL können beide Betriebsparteien kündigen (hM). Eine **Nachwirkung** entfällt jedoch in den Fällen des Abs. 1, weil nur der ArbGeb. ein Initiativrecht hat (ErfK/*Kania* Rn. 5; GK-BetrVG/*Raab* Rn. 12; **aA** DKKW/*Klebe* Rn. 14 mit rechtspolitischer Begründung für den Fall einer Kündigung zwecks Änderung der BV). Eine BV auf der Grundlage des § 95 Abs. 2 wirkt demgegenüber nach, soweit die regelmäßige ArbNZahl nicht unter 501 sinkt (hM; Richardi BetrVG/*Thüsing* Rn. 60). 6

2. Funktion

AuswahlRL sind von Bedeutung für die **Entscheidungsfindung bei personellen Einzelmaßnahmen,** insbes. wenn mehrere ArbN oder Bewerber in Betracht kommen (BAG 10.12.2002 – 1 ABR 27/01, AP BetrVG 1972 § 95 Nr. 42). Es sind **abstrakt-generelle Grundsätze,** welche die für die jeweilige personelle Auswahl maßgeblichen fachlichen, persönlichen und sozialen Gesichtspunkte gewichten (BAG 7

26.7.2005 – 1 ABR 29/04, NZA 2005, 1372). Eine BV über innerbetriebliche Aus- und Weiterbildung für bestimmte Tätigkeiten im Betrieb oder Unternehmen ist keine AuswahlRL, sofern sie nicht ausdrücklich regelt, unter welchen Voraussetzungen die jeweilige Beschäftigung überhaupt erfolgen darf (BAG 11.10.2016 – 1 ABR 49/14, NZA 2017, 135). AuswahlRL können aber bestimmen, welche Gesichtspunkte bei personellen Einzelmaßnahmen im Hinblick auf die ArbN zu berücksichtigen sind oder außer Betracht zu bleiben haben (DKKW/*Klebe* Rn. 4; ErfK/*Kania* Rn. 3; ähnlich Richardi BetrVG/*Thüsing* Rn. 7, 16; enger HWGNRH/*Rose* Rn. 14: keine MB beim Anforderungsprofil für Einzelarbeitsplatz). Je differenzierter eine AuswahlRL ist, desto stärker wird der Entscheidungsspielraum des ArbGeb. eingeengt. Letztlich ist die Auswahl des ArbN/Bewerbers für eine bestimmte personelle Einzelmaßnahme allein Sache des ArbGeb. AuswahlRL sollen seinen **Ermessensspielraum** durch das Aufstellen von Entscheidungskriterien **einschränken.** Sie dürfen ihn aber grds. **nicht völlig beseitigen** (BAG 10.12.2002 – 1 ABR 27/01, AP BetrVG 1972 § 95 Nr. 42). Ob Besonderheiten für AuswahlRl zur Sozialauswahl für betriebsbedingte Kündigungen gelten, ist noch nicht abschließend geklärt (BAG 26.7.2005 – 1 ABR 29/04, NZA 2005, 1372). Ein Punkteschema zur Gewichtung von Sozialdaten muss seit dem 1.1.2004 jedenfalls keine individuelle Abschlussprüfung vorsehen (BAG 9.11.2006 – 2 AZR 812/05, NZA 2007, 549; ErfK/*Oetker* KSchG § 1 Rn. 356).

8 AuswahlRL haben sowohl **kollektivrechtliche** als auch individualrechtliche **Auswirkungen.** So kann der BR nach § 99 Abs. 2 Nr. 2 seine Zustimmung zu einer Einstellung, Umgruppierung oder Versetzung verweigern, wenn die Maßnahme gegen eine AuswahlRL nach § 95 verstoßen würde. Nach § 102 Abs. 3 Nr. 2. kann er einer ordentlichen Kündigung widersprechen, die gegen eine AuswahlRL verstößt. Bei Verwendung von AuswahlRL, die der ArbGeb. ohne Beteiligung des BR aufstellt, kann der BR Unterlassung verlangen (BAG 26.7.2005 – 1 ABR 29/04, NZA 2005, 1372). **Individualrechtliche Folgen** von AuswahlRL ergeben sich insbes. aus dem KSchG. Nach § 1 Abs. 2 S. 2 Nr. 1a KSchG ist eine Kündigung, die gegen eine Richtlinie nach § 95 verstößt, sozial ungerechtfertigt. § 1 Abs. 4 KSchG beschränkt die gerichtliche Prüfung einer auf einer AuswahlRL beruhenden Sozialauswahl zugunsten des Arbeitgebers auf grobe Fehlerhaftigkeit. Die Missachtung des MBR nach § 95 ist allerdings keine Wirksamkeitsvoraussetzung einer Kündigung, die unter Anwendung eines nicht mitbestimmten Auswahlsystems erfolgt ist (BAG 9.11.2006 – 2 AZR 812/05, NZA 2007, 549; *Rossa/Salamon* NJW 2008, 1991).

3. Gegenstand

9 Eine **AuswahlRL liegt vor,** wenn der ArbGeb. Personalentscheidungen nach einem konkreten Auswahlsystem trifft. Das kann auch eine FührungsRL sein. Eine das MB des BR auslösende AuswahlRL des ArbGeb. muss von ihm nicht schriftlich niedergelegt sein (DKKW/*Klebe* Rn. 12). Anderenfalls könnte der ArbGeb. durch das Unterlassen der schriftlichen Dokumentation eines tatsächlich praktizierten Auswahlsystems das MBR des BR unterlaufen.

10 Mitbestimmungspflichtige AuswahlRL liegen etwa vor, wenn in sicherheits- und sabotagegefährdeten Unternehmen vor jeder Einstellung oder Versetzung **Regelanfragen** an das Landesamt für **Verfassungsschutz** gerichtet werden und von dessen Antwort die personelle Maßnahme abhängig gemacht wird (DKKW/*Klebe* Rn. 9; *Gitter/Henker* ZTR 1990, 407 ff.; offen gelassen BAG 9.7.1991 – 1 ABR 57/90, NZA 1992, 126). Deshalb zählen sog Hintergrundüberprüfungen zu den privaten/beruflichen Angaben eines Bewerbers zu AuswahlRL unabhängig davon, ob der der ArbGeb. selbst diese Recherchen durchführt oder hiermit Dritte beauftragt. Um AuswahlRL handelt es sich auch, wenn routinemäßig nach einer **HIV-Infektion** gefragt wird (vgl. *Löwisch* DB 1987, 940; *Wiese* RdA 1986, 124; *Lichtenberg/Schücking* NZA 1990, 45), oder sich der Bewerber generell mit einem **Alkohol- oder Drogentest** einverstanden erklären soll und eine Einstellung unterbleibt, soweit ein Be-

werber sein Einverständnis nicht erteilt oder der Test positiv ausfällt (LAG BW 13.12.2002 – 16 TaBV 4/02, NZA-RR 2003, 417). Gehören zum Auswahlsystem des ArbGeb. gar flächendeckende **ärztl. Einstellungsuntersuchungen,** handelt es sich ebenfalls um eine beteiligungspflichtige AuswahlRL (SRS/*Krieger* S. 33). Da solche Untersuchungen die körperliche Integrität und das Persönlichkeitsrecht eines Bewerbers verletzen können, kommen sie ohnehin nur in Betracht, soweit der ArbGeb. ein berechtigtes, einsatzbezogenes Interesse an deren Durchführung hat und der Bewerber zustimmt. Dessen Zustimmung kann nicht durch BV ersetzt werden.

Bes. Fragen treten auf, wenn im Betrieb (Unternehmen) ein **automatisiertes Personalinformationssystem (PIS)** besteht (→ § 87 Rn. 233 ff., § 92, § 94). Die bloße Sammlung von Daten der ArbN auf einem Datenträger, auch soweit es sich um Daten über die Qualifikation und Leistungsfähigkeit handelt, stellt für sich allein noch keine AuswahlRL iSd des § 95 dar. Etwas anderes gilt, wenn das PIS so aufgebaut ist, dass es im Falle der **Verknüpfung mit anderen Datensystemen** (zB einer Datenbank mit den Erfordernissen der einzelnen Arbeitsplätze des Betriebs) die für eine personelle Einzelentscheidung zu berücksichtigenden Daten selbst in einer Weise auswertet, dass der oder die für einen bestimmten Arbeitsplatz am besten geeigneten ArbN „automatisch" ermittelt werden. Die einem derartigen PIS zugrundeliegende Programmierung bzw. Software setzt voraus, dass vorher die für die „automatische Auswahl" maßgebenden Kriterien und Gesichtspunkte (sog **Fähigkeits- oder Eignungsprofile**) iE festgelegt worden sind. Nur in einem solchen Fall ist die Festlegung dieser Kriterien eine AuswahlRL iSd § 95 und unterliegt dem **MBR** (DKKW/*Klebe* Rn. 7). Ansonsten sind bloße Anforderungsprofile, in denen Kriterien festgelegt werden, die ein ArbN für die Ausübung einer bestimmten Tätigkeit erfüllen soll, als eine bloß betriebsorganisatorische Maßnahme keine AuswahlRL (BAG 31.1.1984 – 1 ABR 63/81, NZA 1984, 51). Mitbestimmungspflichtig ist auch die Verwendung sog **Bewerbermanagement-Tools** mittels derer Bewerbungen gesichtet, bearbeitet oder aussortiert werden (*Lützeler/Kopp* ArbRAktuell 2015, 491). 11

Eine AuswahlRL muss nicht sämtliche bei einer personellen Einzelmaßnahme zu bedenkende Aspekte berücksichtigt. Sie kann sich vielmehr auf die Festlegung einiger, den Betriebspartnern bes. wichtiger Gesichtspunkte beschränken. Insbes. ist die Festlegung eines sog Punkt- oder Bewertungssystems für die einzelnen Auswahlkriterien kein notwendiges Wesensmerkmal für eine AuswahlRL. Auch die Vereinbarung eines **Negativkatalogs,** in dem festgelegt wird, welche Gesichtspunkte bei der Durchführung personeller Einzelmaßnahmen nicht (zB Verbot der Vorlage von Krankenkassenunterlagen über zurückliegende krankheitsbedingte Fehlzeiten oder von Untersuchungen/Tests auf Vorliegen einer HIV-Infektion oder AIDS bei Einstellungen) oder nach einer gewissen Zeit nicht mehr zu berücksichtigen sind, ist eine AuswahlRL (DKKW/*Klebe* Rn. 4). 12

III. Mitbestimmung des Betriebsrats

1. Voraussetzungen

Der MB unterliegen **AuswahlRL** über die **personelle Auswahl** bei **Einstellungen** (→ § 99 Rn. 28 ff.), **Versetzungen** (→ § 99 Rn. 89 ff.), **Umgruppierungen** (→ § 99 Rn. 78 ff.) und **Kündigungen** (Entlassungen, → § 102 Rn. 3 ff.). Der **Laufbahnaufstieg** nach § 20 Eisenbahn-Laufbahnverordnung für bei der Deutsche Bahn Gruppe beschäftigten Beamte ist keine derartige personelle Maßnahme (BAG 23.3.2010 – 1 ABR 81/08, NZA 2011, 811). Die **Eingruppierung** wird hier im Unterschied zu § 99 Abs. 1 S. 1 zu Recht nicht genannt. Denn sie richtet sich regelmäßig nach der vorgegebenen tariflichen oder betrieblichen Lohn- oder Gehaltsgruppeneinteilung. Die Aufstellung von AuswahlRL würde insoweit auf eine Kommentierung, insbes. eines TV, hinauslaufen. Das ist aber nicht Aufgabe von ArbGeb. 13

und BR (Richardi BetrVG/*Thüsing* Rn. 9). Für AuswahlRL bei der Eingruppierung fehlt zudem ein entsprechender Schutzbedarf: Der erstmaligen Eingruppierung geht eine Einstellung voraus, für die AuswahlRL nach § 95 mitbestimmt werden können. Bei einem späteren Wechsel der Vergütungsgruppe kann der ArbN durch AuswahlRL bei Umgruppierungen geschützt werden (BAG 10.12.2002 – 1 ABR 27/01, AP BetrVG 1972 § 95 Nr. 42). Die MB des BR wird durch **Besonderheiten der arbeitstechnische Zwecksetzung** des Betriebes nicht beeinflusst. Es gilt deshalb auch in sicherheits- und sabotagegefährdeten Betrieben (DKKW/*Klebe* Rn. 9; offen gelassen BAG 9.7.1991 – 1 ABR 57/90, NZA 1992, 126).

14 **Umgruppierung** ist die Neueinreihung eines ArbN in eine für den Betrieb geltende Vergütungsordnung. Ihr liegt die Feststellung zugrunde, nach der die Tätigkeit eines ArbN nicht mehr den Merkmalen seiner bisherigen Vergütungsgruppe entspricht. Eine Umgruppierung kann daher aus zwei Gründen geboten sein: Änderung der Vergütungsordnung bei gleichbleibender Tätigkeit oder Zuweisung anderer Aufgaben, aufgrund derer die Merkmale einer anderen Vergütungsgruppe erfüllt werden (BAG 26.10.2004 – 1 ABR 37/03, NZA 2005, 367). Im Gegensatz zur Eingruppierung hat eine Umgruppierung nicht nur kommentierende Bedeutung. Es geht weniger um die zu treffende Einreihung denn um die **vorgelagerte personelle Auswahl** (BAG 10.12.2002 – 1 ABR 27/01, AP BetrVG 1972 § 95 Nr. 42). Aus diesem Grund besteht etwa bei der **Insichbeurlaubung von Beamten** in den Betrieben der Postunternehmen hinsichtlich der Kriterien für die Auswahl der zu beurlaubenden Beamten ein MBR nach § 95. Trotz Beibehaltung der bisherigen Tätigkeit führt dort allein der Wechsel in den ArbNStatus unter Aufrechterhaltung des Beamtenverhältnisses wegen der damit verbundenen Befreiung von Sozialabgaben zu einer höheren Nettoentlohnung und damit zur Zuordnung in eine andere Vergütungsgruppe (BAG 10.12.2002 – 1 ABR 27/01, AP BetrVG 1972 § 95 Nr. 42).

15 In Betrieben **bis zu 500 ArbN** besteht ein MBR nur, sofern der ArbGeb. AuswahlRL aufstellen will (Abs. 1). In diesen Betrieben kann also nur der ArbGeb. die Initiative ergreifen, ob AuswahlRL aufgestellt werden sollen (ErfK/*Kania* Rn. 5; DKKW/*Klebe* Rn. 17, der gleichwohl dem BR ein Recht auf Anrufung der E-Stelle zubilligt). Deshalb kann der ArbGeb. auch noch während des E-Stellenverfahrens seinen Antrag zurückziehen. Besteht er aber auf eine AuswahlRL, hat der BR darüber mitzubestimmen, ob eine solche tatsächlich aufgestellt und wie sie inhaltlich ausgestaltet wird. In Betrieben mit **mehr als 500 ArbN** kann auch der BR die Aufstellung von AuswahlRL verlangen und im Nichteinigungsfall über die E-Stelle durchsetzen (Abs. 2). Er hat ein Initiativrecht und ist wie der ArbGeb. zur Anrufung der E-Stelle berechtigt.

16 Für das MBR ist entscheidend das Erreichen der Grenzzahl. Dazu kommt es ungeachtet des Wortlauts auf den regelmäßigen Bestand an ArbN einschl. der iSd § 5 Abs. 1 S. 3 an, um Zufälligkeiten über das Entstehen des MBR bei schwankender Belegschaftszahl zu vermeiden (DKKW/*Klebe* Rn. 15; GK-BetrVG/*Raab* Rn. 27; Richardi BetrVG/*Thüsing* Rn. 52). Nach der Novellierung des AÜG durch das AÜG-ÄndG vom 21.2.2017 sind seit dessen in Kraft treten am 1.4.2017 auch **LeihArbN** ungeachtet ihrer Wahlberechtigung und Einsatzdauer bei der Berechnung der ArbNGrenzzahl im Entleiherbetrieb zu berücksichtigen (vgl. *Deinert* RdA 2017, 65). Das ordnet § 14 Abs. 2 S. 4 AÜG nF nunmehr ausdrücklich an.

2. Zuständigkeit

17 Werden AuswahlRL für alle Betriebe eines Unternehmens aufgestellt, kann unter den allgemeinen Voraussetzungen seiner Zuständigkeit der **GesBR** gegeben sein (→ § 50 Rn. 52), bei unternehmenseinheitlichen AuswahlRL kann der KBR zuständig sein (→ § 58 Rn. 13). Ein zwingendes Erfordernis für betriebsübergreifende Regelungen folgt nicht allein daraus, dass der von einer AuswahlRL betroffene Personenkreis und dessen Aufgabengebiet in allen Betrieben gleichartig sind. Hinzu-

kommen muss, dass auch die Aufstellung einheitlicher RL zwingend geboten ist (BAG 10.12.2002 – 1 ABR 27/01, AP BetrVG 1972 § 95 Nr. 42). In einem solchen Fall kann der GBR wegen seiner gesetzlichen Zuständigkeit eine AuswahlRL auch für betriebsratslose Betriebe mit dem ArbGeb. vereinbaren. Allerdings können weder der arbeitsrechtliche Gleichbehandlungsgrundsatz noch § 75 eine originäre Zuständigkeit des GesBR begründen (BAG 18.5.2010 – 1 ABR 96/08, NZA 2011, 171). Wegen der maßgebenden ArbNGrenzzahl und des Initiativrechts nach Abs. 2 kommt es aber auf den einzelnen Betrieb an (BAG 10.12.2002 – 1 ABR 27/01, AP BetrVG 1972 § 95 Nr. 42). Der GesBR kann für einen Betrieb, in dem lediglich bis zu 500 ArbN beschäftigt sind, keine Aufstellung von AuswahlRL verlangen. Insoweit fehlt es an einem MBR auf der betrieblichen Ebene, dessen Ausübung dem GesBR nach Maßgabe des § 50 zuwachsen könnte (GK-BetrVG/*Raab* Rn. 27; Richardi BetrVG/*Thüsing* Rn. 62; **aA** DKKW/*Klebe* Rn. 21).

3. Umfang

Die **Regelungsbefugnis der Betriebsparteien** unterliegt Beschränkungen. AuswahlRL haben die Grundsätze des § 75 zu beachten, insbes. die darin geregelten **Benachteiligungsverbote** (→ § 75 Rn. 58 ff.) und den betriebsverfassungsrechtlichen **Gleichbehandlungsgrundsatz.** Zu berücksichtigen sind auch tarifvertragliche **Besetzungsregeln.** AuswahlRL dürfen zwingendes Gesetzesrecht nicht missachten (DKKW/*Klebe* Rn. 22). Das ist nach der Neufassung des § 1 Abs. 4 KSchG vor allem für AuswahlRL für Kündigungen aus betriebsbedingten Gründen von Bedeutung (→ Rn. 23 ff.). Für den Bereich der erzwingbaren MB zur Einführung und Ausgestaltung von AuswahlRL legt Abs. 2 S. 1 die Auswahlgesichtspunkte fest. Danach können sich Auswahlgesichtspunkte auf die Festlegung der **fachlichen und persönlichen Voraussetzungen** und **sozialen Gesichtspunkte** erstrecken. Das beschränkt zugleich die Regelungskompetenz der E-Stelle. 18

Art. 12 Abs. 1 GG schützt ua das Interesse des ArbGeb., in seinem Unternehmen nur solche Mitarbeiter zu beschäftigen, die seinen Vorstellungen entsprechen (BVerfG 27.1.1998 – 1 BvL 15/87, 1 BvL 22/93, BVerfGE 97, 169; 30.7.2003 – 1 BvR 792/03, NZA 2003, 959). Das darauf bezogene Ermessen des ArbGeb. darf eine AuswahlRL nicht völlig aufheben (BAG 10.12.2002 – 1 ABR 27/01, AP BetrVG 1972 § 95 Nr. 42). Das ist bei AuswahlRL, die von der E-Stelle aufgestellt werden, zu beachten. 19

Die Auswahlgesichtspunkte können auch nach **Personengruppen differenzieren.** Gegeneinander abgrenzen lassen sich etwa: Auszubildende, ArbN ohne spezielle, ArbN mit spezieller Berufsausbildung, ArbN mit Weisungsbefugnissen (DKKW/*Klebe* Rn. 36). Außerdem können AuswahlRL dazu eingesetzt werden, die Besetzung von Arbeitsplätzen mit Schwerbehinderung oder sonst Leistungsgeminderten zu fördern. Das gilt auch, wenn für den Betrieb bereits eine Integrationsvereinbarung nach § 166 SGB IX getroffen worden ist (LAG Köln 3.5.2005 – 9 TaBV 76/04, NZA-RR 2006, 580). Eine Unterscheidung ist auch möglich nach Berufsfeldern oder Tätigkeitsbereichen (BAG 27.10.1992 – 1 ABR 4/92, NZA 1993, 607). 20

Auch **Verfahrensregeln** zur Feststellung der nach einer konkreten AuswahlRL zu beachtenden Gesichtspunkte (insbes. im Rahmen eines **Assessment-Center-Verfahrens** → § 94) unterliegen dem MBR (*Löwisch* Rn. 5; GK-BetrVG/*Raab* Rn. 20; *Grunewald* NZA 1996, 15; *Jedzig* DB 1996, 1337 [1341]; **aA** HWGNRH/*Rose* Rn. 23). Das **MBR** bezieht sich nicht nur **auf materielle,** sondern **auch auf formelle Fragen.** Insbes. kommen in Betracht: Festlegung der verwertbaren Unterlagen (zB Personalfragebogen, Schulzeugnisse, Zeugnisse früherer ArbGeb. und von Lehrgängen, Personalakten, Ergebnis von Beurteilungsgesprächen, Eignungsurteile von Ärzten und Psychologen in bes. festgelegten Fällen), Festlegung der Wertigkeit der Kriterien („Gewichtung"), Bestimmung der für die Feststellung und Bewertung der Auswahlgesichtspunkte maßgebenden Personen. Bei psychologischen Tests er- 21 streckt sich die MB des BR nicht nur auf die in der AuswahlRL genannten Ergebniskriterien (zB Kontaktfähigkeit, Entscheidungsfreude, Stressstabilität), sondern auch auf das Testverfahren.

IV. Auswahlgesichtspunkte

1. AuswahlRL bei Einstellung, Versetzung und Umgruppierung

22 Bei einer AuswahlRL nach Abs. 1 werden die Auswahlkriterien durch den Zweck der MB begrenzt. Andere Gesichtspunkte können nur im Rahmen einer freiwilligen Vereinbarung berücksichtigt werden (GK-BetrVG/*Raab* Rn. 18). Im Rahmen von **Einstellungen, Versetzungen und Umgruppierungen** können AuswahlRL folgende Aspekte regeln:

- im **fachlichen Bereich:** Zwar kann der ArbGeb. die Arbeitsplatzbeschreibung/Stellenbeschreibung/Funktionsbeschreibung mitbestimmungsfrei vorgeben (BAG 23.2.1988 – 1 ABR 82/86, NZA 1988, 551), doch unterliegen die konkreten Kriterien zur Steuerung der Bewerberauswahl wie etwa Schul- oder Berufsbildung, Prüfungsnachweise, erforderliche Grund- und Spezialkenntnisse, Nachweis von Fertigkeiten, Vorpraxis, betrieblicher Werdegang der Mitbestimmung. Aufgestellte Kriterien sind zu gewichten (BAG 27.10.1992 – 1 ABR 4/92, AP BetrVG § 95 Nr. 29).
- im **persönlichen Bereich:** zB Alter soweit durch einen hinreichenden Grund gerechtfertigt (→ § 75 Rn. 75 ff.), Zuverlässigkeit, Anforderungen aus arbeitsmedizinischer Sicht, eventuell erforderliche Tauglichkeitsuntersuchungen, Potentialanalyse (vgl. § 94; *Jedzig* DB 1996, 1337), Ergebnis eines Alkohol- oder Drogentests (LAG BW 13.12.2002 - 16 TaBV 4/02, NZA-RR 2003, 417), sonstige Tests (zB bei bes. psychologischen Anforderungen, → § 94 Rn. 26), Festlegung der bevorzugten Berücksichtigung gleichgeeigneter Frauen in Bereichen, in denen sie noch immer unterrepräsentiert sind (BAG 5.3.1996 – 1 AZR 590/92, NZA 1996, 751) oder von betriebsangehörigen ArbN gegenüber Bewerbern bei gleicher Eignung („Aufstieg geht vor Einstieg", GK-BetrVG/*Kraft* Rn. 32), bei Ein-Euro-Jobbern (*Engels* NZA 2007, 8), bei behinderten Menschen Kriterien für die Beurteilung der Einsatzmöglichkeiten. Auch das Ergebnis regelmäßiger betrieblichen Beurteilungen kann erfasst werden, wenn sie für die in Aussicht genommene Arbeitsaufgabe von Bedeutung sind (BAG 27.10.1992 – 1 ABR 4/92, NZA 1993, 607). Zur Vermeidung einer unzulässigen Diskriminierung wegen eines in § 1 AGG geregelten Merkmals muss die Berücksichtigung einer persönlichen Voraussetzung als Entscheidungskriterium durch einen sachlichen Grund gerechtfertigt sein (→ § 75 Rn. 58 ff.).
- im **sozialen Bereich:** Berücksichtigung des Familienstands sowie von Unterhaltspflichten, der Dauer der Betriebszugehörigkeit oder bei Einstellungen die Dauer der Arbeitslosigkeit. Es können nur solche Kriterien berücksichtigt werden, die nicht zu einer nach dem AGG untersagten Diskriminierung führen (HWGNRH/*Rose* Rn. 50). Im Rahmen eines Punktesystems darf die Seniorität gegenüber fachlich-beruflichen Erfahrungen nicht allein den Ausschlag geben (BAG 27.10.1992 – 1 ABR 4/92, NZA 1993, 607). Möglich sind auch Verfahrensgrundsätze die dem Ziel dienen, die Erfüllung der gesetzl. Schwerbehindertenquote zu erreichen (*Gussen* NZA 2011, 830). Über erzwingbare AuswahlRL kann die Entscheidung des ArbGeb. hinsichtlich der Art des von ihm bei der Einstellung angestrebten Rechtsverhältnisses (Befristung, Leiharbeit) nicht beschränkt werden.

2. AuswahlRL bei Kündigung

23 AuswahlRL bei Kündigungen werden in erster Linie für **betriebsbedingte Kündigungen** in Frage kommen, bei denen typischerweise zwischen mehreren ArbN

eine – soziale – Auswahl vorzunehmen ist. Unmaßgeblich ist, ob es sich um eine einmalige Kündigungswelle handelt oder die AuswahlRL erst für künftige Kündigungen gelten soll (BAG 26.7.2005 – 1 ABR 29/04, NZA 2005, 1372). Zur Sozialauswahl aufgrund einer Namensliste bei betriebsbedingten Kündigungen infolge einer Betriebsänderung → § 112a Rn. 49 ff.

Nach überwiegender Auffassung im Schrifttum kommen AuswahlRL bei **personen- oder verhaltensbedingten Kündigungen** nicht in Betracht (GK-BetrVG/*Raab* Rn. 44; Richardi BetrVG/*Thüsing* Rn. 38; HWGNRH/*Rose* Rn. 55; ErfK/*Kania* Rn. 16; wohl auch – wenngleich nicht tragend – BAG 18.4.2000 – 1 ABR 28/99, NZA 2001, 167; **aA** DKKW/*Klebe* Rn. 29). Dies erscheint nicht zwingend. Für die hM spricht zwar, dass in Abs. 1 von „personeller Auswahl" die Rede ist und eine Auswahl zwischen mehreren Personen bei verhaltens- oder personenbedingten Kündigungen regelmäßig nicht stattfindet. Andererseits spricht aber Abs. 2 nur von Richtlinien und von den zu beachtenden fachlichen und persönlichen Voraussetzungen. Um solche kann es aber auch bei personen- und verhaltensbedingten Kündigungen gehen. Denkbar wären etwa RL über Tilgungsfristen für Abmahnungen, über Angebote von Umschulungs- und Fortbildungsmaßnahmen an langjährig beschäftigte leistungsgeminderte ArbN oder auch Verfahrensregeln (→ Rn. 21) vor dem Ausspruch verhaltensbedingter Kündigungen etwa über eine notwendige Anhörung des ArbN. Zu AuswahlRL für Kündigungen wegen Krankheit vgl. auch *Schlömp-Röder* AiB 1990, 132. 24

Vor Ausspruch einer **betriebsbedingten Kündigung** hat der ArbGeb. eine Sozialauswahl vorzunehmen (§ 1 Abs. 3 KSchG). Deren Zweck ist es diejenigen ArbN festzustellen, die auf das Arbeitsverhältnis am wenigsten angewiesen sind (BAG 27.4.2017 – 2 AZR 67/12, NZA 2017, 902). Nach dem mehrfach geänderten § 1 Abs. 4 KSchG (→ Rn. 4) können nunmehr in einer BV nach § 95 die hierbei zu beachtenden sozialen Gesichtspunkte festgelegt und ihr Verhältnis zueinander gewichtet werden. Die zu gewichtenden Kriterien, die eine besondere Schutzbedürftigkeit typisierend festlegen, gibt § 1 Abs. 3 KSchG vor. Dabei ist das Lebensalter Ausdruck der Vermittlungschancen auf dem Arbeitsmarkt, weshalb rentenberechtigte ArbN von einem Arbeitsplatzverlust regelmäßig weniger schwer betroffen sind als andere (BAG 27.4.2017 – 2 AZR 67/16, NZA 2017, 902). Die gesetzlich vorgegebenen Kriterien können von den Betriebsparteien weder erweitert noch eingeschränkt werden (HWGNRH/*Rose* Rn. 58). Diese kollektivrechtliche Bewertung der Sozialdaten der ArbN kann dann im Kündigungsschutzverfahren nur auf grobe Fehlerhaftigkeit hin überprüft werden. Das beschränkt die gerichtliche Kontrolle der Sozialauswahl zugunsten des ArbGeb. Eine AuswahlRL iSd § 1 Abs. 4 KSchG kann durch eine Namensliste iSd § 1 Abs. 5 KSchG abgeändert werden (BAG 24.10.2013 – 6 AZR 854/11, NZA 2014, 46). Das setzt aber voraus, dass die jeweiligen Parteien der abzuschließenden BV identisch sind (*Lingemann/Pohlmann* RdA 2014, 374). 25

Eine AuswahlRL hat nach der seit dem 1.1.2004 geltenden Fassung des § 1 Abs. 4 KSchG von den durch § 1 Abs. 3 KSchG vorgegebenen Grunddaten auszugehen und muss sie zueinander gewichten. Das betrifft die Dauer der Betriebszugehörigkeit, das Lebensalter, die Unterhaltspflichten und die Schwerbehinderung eines ArbN. Die Berücksichtigung des Lebensalters in einem Punkteschema ist nach § 10 S. 1, 2 AGG gerechtfertigt und damit mit dem Verbot der Altersdiskriminierung vereinbar (BAG 6.11.2008 – 2 AZR 523/07, NZA 2009, 361). Bei der **Gewichtung der Grunddaten** steht den Betriebsparteien ein Wertungsspielraum zu; das G macht dazu keine Vorgaben. Gesetzliche Sozialkriterien, die wie Alter und Betriebszugehörigkeit bei allen ArbN vorliegen, müssen in einer Weise bewertet werden, dass sie das Ergebnis der Sozialauswahl auch beeinflussen können (BAG 9.11.2006 – 2 AZR 812/05, NZA 2007, 549). Bei der Gewichtung des Lebensalters lässt die Rspr. jedenfalls eine lineare Punkteverteilung (ein Punkt pro Lebensjahr) zu; keinesfalls sind die Betriebsparteien gezwungen, nach Altersgruppen oder Altersstufen zu differenzieren (BAG 5.11.2009 – 2 AZR 676/08, NZA 2010, 457). Auch eine altersgruppenbezogene 26

Staffelung ist unionsrechtsgemäß (BAG 15.12.2011 – 2 AZR 42/10, NZA 2012, 1044). Die Berücksichtigung von Unterhaltspflichten gegenüber Kindern (§§ 1601 ff. BGB) kann auf diejenigen beschränkt werden, die auf der Lohnsteuerkarte eingetragen sind. Allerdings darf die Gewährung von Familienunterhalt gegenüber dem Ehegatten/Lebenspartner gem. § 1360 BGB nicht gänzlich außer Betracht bleiben (BAG 28.6.2012 – 6 AZR 682/10, NZA 2012, 1090). Das gilt zwar nur für eine Namensliste nach § 125 InsO, dürfte aber auf die Sozialauswahl außerhalb der Insolvenz zu übertragen sein.

27 Eine AuswahlRL unterliegt keiner Angemessenheitskontrolle (APS/*Kiel* KSchG § 1 Rn. 779). Ihre den ArbGeb. begünstigende Wirkung im KSch-Prozess kann sie aber nur entfalten, wenn grobe Fehler vermieden werden. Von grober Fehlerhaftigkeit ist auszugehen, wenn die von § 1 Abs. 3 KSchG vorgegebenen Grunddaten entweder missachtet werden oder deren Bewertung evident unzulänglich oder völlig unausgewogen ist (BAG 19.7.2012 – 2 AZR 352/11, NZA 2013, 86; 24.10.2013 – 6 AZR 854/11, NZA 2014, 46).

28 Bisher umstritten war, ob die Wirksamkeit einer solchen RL voraussetzt, dass über die gesetzlichen Grunddaten und deren Gewichtung hinaus dem ArbGeb. die Möglichkeit einer individuellen Abschlussbewertung verbleibt. Zwischenzeitlich ist klargestellt, dass die Wirksamkeit eine Punkteschemas zur Gewichtung der gesetzlichen Sozialdaten iSd § 1 Abs. 4 KSchG eine solche Prüfung nicht vorsehen muss (BAG 9.11.2006 – 2 AZR 812/05, NZA 2007, 549). IÜ ist zwischen den betriebsverfassungsrechtlichen Vorgaben und kündigungsschutzrechtlichen Wirkungen zu differenzieren. Eine AuswahlRL, die dem ArbGeb. jede Abschlussbewertung verwehrt, kann nicht gegen seinen Willen durch Spruch der E-Stelle durchgesetzt werden (GK-BetrVG/*Raab* Rn. 18, 45). Führt die individuelle Abschlussprüfung aber dazu, dass der Gewichtung der Sozialdaten durch die Betriebsparteien die Grundlage entzogen wird, entfaltet die AuswahlRL keine privilegierende Wirkung zugunsten des ArbGeb.; er muss dann eine zumindest ausreichende Sozialauswahl belegen. Darüber hinaus ist die gerichtliche Kontrolle einer individuellen Abschlussprüfung des ArbGeb. nicht auf grobe Fehlerhaftigkeit reduziert (APS/*Kiel* Rn. 781).

29 Der Regelungsgegenstand einer RL zur sozialen Auswahl ist ausweislich des Wortlauts von § 1 Abs. 4 KSchG auf die Bewertung der sozialen Gesichtspunkte nach § 1 Abs. 3 S. 1 KSchG nF begrenzt. Eine Regelung über die **Festlegung** der in die **Sozialauswahl nicht einzubeziehenden ArbN** (§ 1 Abs. 3 S. 2 KSchG) oder der miteinander vergleichbaren ArbN genießt keinen Kontrollschutz iSd § 1 Abs. 4 KSchG (APS/*Kiel* KSchG § 1 Rn. 775). Nicht disponieren können die Betriebsparteien über die gesetzlichen Anforderungen für die Vergleichbarkeit von ArbN. Dazu kann eine AuswahlRL mangels Regelungskompetenz der Betriebsparteien keine Vorgaben machen (BAG 5.6.2008 – 2 AZR 387/06, NZA 2008, 405).

30 **Wirksamkeitsvoraussetzung** einer AuswahlRL im Rahmen von Kündigungen ist, dass sie als BV gemeinsam von BR und ArbGeb. beschlossen, schriftlich niedergelegt sowie von beiden Seiten unterzeichnet ist, also dem Schriftformerfordernis der §§ 125, 126 genügt. Nur in dieser Form löst sie die größere kündigungsschutzrechtliche Sicherheit zugunsten des ArbGeb. aus (BAG 19.7.2012 – 2 AZR 352/11, NZA 2013, 86). Als Regelungsabrede nimmt eine RL nicht an der Privilegierung des § 1 Abs. 4 KSchG teil.

V. Streitigkeiten

31 Rechtsstreitigkeiten über AuswahlRL, insbes. über Inhalt und Umfang des MBR, zB die Auslegung der Begriffe „Einstellung, Versetzung, Umgruppierung und Kündigung" und über die Durchführung einer AuswahlRL entscheiden die ArbG im **BeschlVerf.** (→ ArbGG Rn. 5). Missachtet der ArbGeb. das MBR kann der BR ein Unterlassungsverfahren nach § 23 Abs. 3 einleiten (DKKW/*Klebe* Rn. 41). Darüber

hinaus steht dem BR zum Schutz seiner MB auch ein **allg. Unterlassungsanspruch** zu. Er kann deshalb dem ArbGeb. untersagen lassen, die Sozialauswahl nach einem Punkteschema vorzunehmen, das er nicht mitbestimmt hat (BAG 26.7.2005 – 1 ABR 29/04, NZA 2005, 1372). Diese Ansprüche können im Wege einer **einstw. Verfg.** durchgesetzt werden.

Soweit die Wirksamkeit einer AuswahlRL im Rahmen eines Kündigungsschutzverfahrens zu klären ist, entscheiden die ArbG im **UrteilsVerf.** 32

Zweiter Unterabschnitt. Berufsbildung

§ 96 Förderung der Berufsbildung

(1) [1]**Arbeitgeber und Betriebsrat haben im Rahmen der betrieblichen Personalplanung und in Zusammenarbeit mit den für die Berufsbildung und den für die Förderung der Berufsbildung zuständigen Stellen die Berufsbildung der Arbeitnehmer zu fördern.** [2]**Der Arbeitgeber hat auf Verlangen des Betriebsrats den Berufsbildungsbedarf zu ermitteln und mit ihm Fragen der Berufsbildung der Arbeitnehmer des Betriebs zu beraten.** [3]**Hierzu kann der Betriebsrat Vorschläge machen.**

(2) [1]**Arbeitgeber und Betriebsrat haben darauf zu achten, dass unter Berücksichtigung der betrieblichen Notwendigkeiten den Arbeitnehmern die Teilnahme an betrieblichen oder außerbetrieblichen Maßnahmen der Berufsbildung ermöglicht wird.** [2]**Sie haben dabei auch die Belange älterer Arbeitnehmer, Teilzeitbeschäftigter und von Arbeitnehmern mit Familienpflichten zu berücksichtigen.**

Inhaltsübersicht

I. Vorbemerkung

Das G widmet der Berufsbildung in den §§ 96–98 einen eigenen Unterabschnitt. 1 Der Berufsbildung kommt wegen der technischen und wirtschaftlichen Entwicklung eine ständig größere Bedeutung zu. Berufliche Bildung liegt im **Interesse der Unternehmer.** Die Nutzung neuer Techniken zum Erhalt und Stärkung der Wettbewerbsfähigkeit von Unternehmen/Betrieben verlangt nach einer entsprechenden Anpassung und Erweiterung der Qualifikation der ArbN (ErfK/*Kania* Rn. 1). Damit stehen die Maßnahmen der beruflichen Bildung auch in einem engen Zusammenhang mit Maßnahmen der Personalplanung (→ § 92 Rn. 9 ff.), die wiederum auf konkreten Investitionsentscheidungen des Unternehmens beruhen. Aus der **Sicht der ArbN** entscheidet die Teilnahme an betrieblichen Berufsbildungsmaßnahmen dagegen über den Erhalt oder die Verbesserung des Arbeitsplatzes, über den beruflichen Aufstieg und die Chancen am Arbeitsmarkt. Maßnahmen der Berufsbildung haben bes. Bedeutung für ArbN, die aus familiären Gründen zeitweise aus dem Berufsleben ausgeschieden sind und bei ihrer Rückkehr ihre Berufskenntnisse aktualisieren müssen.

2 Seit der Neufassung des Abs. 2 S. 2 durch das 2. GleiBG v. 24.6.1994 (BGBl. I S. 1406) verfolgt § 96 auch das Ziel, die beruflichen Bildungschancen von Teilzeitbeschäftigten und ArbN mit familiären Pflichten zu verbessern (vgl. BR-Drs. 301/93, 124). Dieses Anliegen wird jetzt durch die **§§ 10, 18 TzBfG** unterstützt, die den ArbGeb. verpflichten, für die Aus- und Weiterbildung der befristet oder der in Teilzeit Beschäftigten Sorge zu tragen. Die gewachsene Bedeutung der beruflichen Bildung für die Zukunftsfähigkeit der Betriebe und ihrer Belegschaften hat den Gesetzgeber auch dazu veranlasst, die Befugnisse des BR auszuweiten. Während nach früherem Recht der ArbGeb. mit dem BR Fragen der Berufsbildung der ArbN lediglich zu beraten hatte, verpflichtet ihn die Neufassung des § 96 Abs. 1 S. 1 durch das **BetrVerf-ReformG** dazu, auf ein entsprechendes Verlangen des BR den Berufsbildungsbedarf konkret zu ermitteln und anhand der dabei gewonnen Erkenntnisse die Fragen der Berufsbildung der ArbN mit dem BR zu beraten. Die konkrete Feststellung des Berufsbildungsbedarfs soll dem BR auch die Ausübung seiner Beteiligungsrechte nach den §§ 96ff. erleichtern (GK-BetrVG/*Raab* Rn. 3). Nach der Gesetzesbegründung ist die vom ArbGeb. zu veranlassende Bedarfsermittlung eine unverzichtbare Arbeitsgrundlage für eine wirksame Ausübung der Beteiligungsrechte des BR zur Qualifizierung der beruflichen Bildung der ArbN (BT-Drs. 14/5741, 49).

1. Struktur der Betriebsratsbeteiligung

3 Abs. 1 verpflichtet ArbGeb. und BR gemeinsam, die Berufsbildung der ArbN zu fördern **(Förderungspflicht).** Abs. 2 konkretisiert diese Pflicht. Die Betriebsparteien haben gemeinsam darauf zu achten, dass den ArbN die Teilnahme an betrieblichen Maßnahmen oder außerbetrieblichen Maßnahmen der Berufsbildung ermöglicht wird.

4 Nach Abs. 1 S. 2 hat der ArbGeb. auf Verlangen des BR den Berufsbildungsbedarf im Betrieb konkret zu ermitteln. Diese Ermittlungspflicht geht einher mit der weiteren Pflicht, mit dem BR alle Fragen der Berufsbildung der ArbN des Betriebs zu beraten **(Ermittlungs- und Beratungspflicht).** Die Beratungspflicht betrifft auch die Errichtung und Ausstattung betrieblicher Einrichtungen zur Berufsbildung, die Einführung betrieblicher Berufsbildungsmaßnahmen und die Teilnahme an außerbetrieblichen Berufsbildungsmaßnahmen. Die Ermittlungspflicht ist Grundlage des durch das **BetrVerf-ReformG** geschaffenen MBR bei der Einführung von Maßnahmen der betrieblichen Berufsbildung nach § 97 Abs. 2. Den in Abs. 2 geregelten Pflichten des ArbGeb. entsprechen die **Vorschlags- und Beratungsrechte** des BR in Abs. 1 S. 2 u. 3.

2. Zweck der Beteiligung

5 Dem BR werden durch das BetrVG umfassende in sich abgestufte Beteiligungsrechte eingeräumt, weil in Fragen der betrieblichen Berufsbildung wichtige ArbNInteressen berührt sind. Die Beteiligung des BR an der betrieblichen Berufsbildung verfolgt den **Zweck,** die Persönlichkeit und die Würde der ArbN zu wahren (*Hammer* Berufsbildung S. 33). Sie sollen zugleich wegen der Auswirkungen auf das soziale Schicksal der ArbN und ihren beruflichen Werdegang für angemessene Inhalte, korrekte Auswahlverf. und Transparenz sorgen. Häufig entscheidet die Teilnahme an Maßnahmen der betrieblichen Berufsbildung darüber, ob der ArbN seinen Arbeitsplatz behalten oder an einem beruflichen Aufstieg teilnehmen kann (BAG 5.11.1985 – 1 ABR 49/83, NZA 1986, 535). Der ArbGeb. hat deshalb auch ein Interesse an einer einvernehmlichen Gestaltung, damit die Aus- und Weiterbildung konfliktfrei

geregelt wird. Darüber hinaus soll die Vorschrift auch dazu beitragen, dass sich der ArbGeb. konkret mit dem **Berufsbildungsbedarf** der bei ihm beschäftigten ArbN befasst und im Rahmen seiner technischen und finanziellen Investitionsentscheidungen und der daran ausgerichteten Personalplanung berücksichtigt.

3. Erfasste Arbeitnehmer

Die in §§ 96–98 geregelten Beteiligungsrechte des BR beziehen sich auf die Berufsbildung (und sonstige Bildung iSv § 98 Abs. 6) derjenigen ArbN, die unter das BetrVG fallen (§§ 5 u. 6). Die **berufliche Bildung von LeihArbN** ist Angelegenheit des VertragsArbGeb., der über den jeweiligen Einsatz des LeihArbN entscheidet und ihn für die Erledigung konkreter Aufgaben beim Entleiher auswählt. Die Wahrnehmung der Beteiligungsrechte nach den §§ 96 ff. steht in Bezug auf die LeihArbN deshalb dem BR des Verleiherbetriebs zu. Die Beteiligungsrechte des BR beziehen sich nicht auf die Berufsbildung (sonstige Bildungsmaßnahmen) der **leitenden Ang.** iSv § 5 Abs. 3 (ErfK/*Kania* Rn. 4). Das auf eine nachhaltige Berufsbildung angelegte Beteiligungsrecht nach Abs. 1 S. 2 erfasst sog Ein-Euro-Jobber nicht (*Engels* NZA 2007, 8), wohl aber ArbN iSd § 5 Abs. 1 S. 3. 6

4. Zuständigkeit

Zuständig für die Wahrnehmung der Rechte aus § 96 ist im Allgemeinen der BR. Das folgt aus Inhalt und Zweck der darin geregelten Beteiligungsrechte. Fallen die Entscheidungen über die Berufsbildung und sonstige Bildungsmaßnahmen ausnahmsweise einheitlich auf der Unternehmensebene, kommt eine Zuständigkeit des GesBR uU auch für betriebsratslose Betriebe in Betracht. Entspr. gilt für den KBR. Bei der Prüfung der Zuständigkeit sind die Beteiligungsrechte aus § 96, § 97 und § 98 jeweils getrennt zu untersuchen. Der BR bleibt zuständig, wenn über die Teilnahme einzelner ArbN im Betrieb entschieden wird (vgl. *Gilberg* Berufsbildung S. 215 ff.). Die BR der **Deutsche Bahn AG** können auch hinsichtlich der **Beamte** die Beteiligungsrechte bei Fragen der Berufsbildung ausüben (§ 1 Nr. 20 u. 231 DBAG ZustV). Dasselbe gilt für Beamte der Postunternehmen (§ 24 Abs. 1 PostPersRG; dazu *Engels/Mauß-Trebinger* RdA 1997, 232 [236]). 7

Entspr. Vorschriften: keine. 8

II. Berufsbildung

Das BetrVG legt selbst nicht fest, was unter **Berufsbildung** iSd §§ 96–98 zu verstehen ist. Während § 96 Abs. 1 nur allgemein von Berufsbildung spricht, ist in § 98 Abs. 1 ausdrücklich von betrieblicher Berufsbildung die Rede. Dies legt nahe, dass die Förderungspflicht nach Abs. 1 sowohl die inner- als auch die außerbetriebliche Berufsbildung betrifft. Das verdeutlicht Abs. 2 S. 1 (GK-BetrVG/*Raab* Rn. 6). Zur Begriffsbestimmung kann zunächst an die Definition in **§ 1 Abs. 1 BBiG** angeknüpft werden Nach dieser sind Berufsbildung „die Berufsausbildungsvorbereitung, die Berufsbildung, die berufliche Fortbildung und die berufliche Umschulung". Nach § 1 Abs. 2 BBiG dient die **Berufsausbildungsvorbereitung** dem Ziel, durch die Vermittlung von Grundlagen für den Erwerb beruflicher Handlungsfähigkeit an eine Berufsausbildung in einem anerkannten Ausbildungsberuf heranzuführen. Dieser Bereich gehört spätestens jetzt auch zur Berufsbildung iSv § 96 Abs. 1. Der betriebsverfassungsrechtliche **Begriff der Berufsbildung** ist jedoch nicht beschränkt auf den Begriff der Berufsbildung iSd BBiG. Er ist **weit auszulegen** (BAG 23.4.1991 – 1 ABR 49/90, NZA 1991, 817) und geht entspr. dem Zweck der gesetzlichen Regelung über die Begriffsbestimmung des BBiG hinaus (HWGNRH/*Worzalla* Rn. 5; 9

Richardi BetrVG/*Thüsing* Rn. 8; GK-BetrVG/*Raab* Rn. 7). Zur Berufsbildung im betriebsverfassungsrechtl. Sinn gehören alle Maßnahmen, die in **systematischer, lehrplanartiger Weise Kenntnisse und Fähigkeiten vermitteln,** durch welche die ArbN zu ihrer beruflichen Tätigkeit befähigt werden (BAG 24.8.2004 – 1 ABR 28/03, NZA 2005, 371).

10 Zur Berufsbildung im betriebsverfassungsrechtl. Sinn zählen insbes. Maßnahmen zur Qualifikation für neue berufliche Anforderungen und Maßnahmen für den Erhalt vorhandener Qualifikationen, um die Arbeitsplatzsicherheit zu erhöhen oder das Eintreten von Arbeitslosigkeit zu hindern. Formen und Inhalte der Wissensvermittlung spielen, abgesehen von der Berufsbezogenheit, keine Rolle (HWGNRH/*Worzalla* Rn. 5). Beispiele für Maßnahmen der beruflichen Bildung sind **kurzfristige Bildungsmaßnahmen** für Anlernlinge, Praktikanten, **betriebliche Lehrgänge** (Beispiel in BAG 4.12.1990 – 1 ABR 10/90, NZA 1991, 388) und **Seminare,** Bildungsprogramme, Anleitungen zur Bedienung neuer Maschinen (zB Schulung von Kfz-Mechanikern für ein neues Modell), Veranstaltungen zum Zweck des Erfahrungsaustauschs, Besuch von Ausstellungen, Messen und Kongressen, Vorbereitungsseminare für Auslandstätigkeit uä. Zur Berufsbildung im betriebsverfassungsrechtl. Sinn gehören auch Maßnahmen iSd **§ 26 BBiG,** also insbes. strukturierte **Ausbildungsmaßnahmen für Praktikanten und Volontäre** (vgl. GK-BetrVG/*Raab* Rn. 11; ErfK/*Kania* Rn. 7; HSWGNR/*Worzalla* Rn. 6). Die Maßnahme kann auch eine **ökologisch orientierte** Berufsbildung sein. Zur Berufsbildung kann auch das sog **Telelearning,** Teletutoring oder Teleteaching gehören, also der multimedial aufbereitete, auf einer webbasierten Lernumgebung beruhende Wissenserwerb über technische Systeme (vgl. dazu *Heller* AiB 2002, 706). Nicht zur Berufsbildung gehören die „sonstigen Bildungsmaßnahmen" iSv § 98 Abs. 6, obwohl sie mitbestimmungspflichtig sind (Richardi BetrVG/*Thüsing* § 98 Rn. 71). Ihnen fehlt die Berufsbezogenheit.

11 Berufsbildung ist **abzugrenzen** gegenüber der – mitbestimmungsfreien – Unterrichtung des ArbN über seine Aufgaben und Verantwortung sowie über die Art seiner Tätigkeit und ihre Einordnung in den Arbeitsablauf des Betriebes nach **§ 81 Abs. 1 S. 1** (BAG 28.1.1992 – 1 ABR 41/91, NZA 1992, 707; krit. Richardi BetrVG/*Thüsing* Rn. 16; *Alexander* NZA 1992, 1057 [1059]). § 81 setzt Kenntnisse, Fähigkeiten und Erfahrungen voraus. §§ 96ff. regeln demgegenüber, wie sie erworben oder erweitert werden können. Alle Maßnahmen, durch die Einsatzmöglichkeiten erweitert werden sollen, gehen über Maßnahmen nach § 81 Abs. 1 S. 1 hinaus. Zu den Bildungsmaßnahmen gehören nicht einzelne **Anweisungen** zur Konkretisierung der zu leistenden Arbeit sowie Art und Umfang ihrer Verrichtung. Das ist Bestimmung der geschuldeten Arbeitsleistung (BAG 28.1.1992 – 1 ABR 41/91, NZA 1992, 707).

1. Berufsausbildung

12 Nach **§ 1 Abs. 3 BBiG** hat die Berufsausbildung „die für die Ausübung einer qualifizierten Tätigkeit in einer sich wandelnden Arbeitswelt notwendigen beruflichen Fertigkeiten, Kenntnisse und Fähigkeiten (berufliche Handlungsfähigkeit) in einem geordneten Ausbildungsgang zu vermitteln. Sie hat ferner den Erwerb der erforderlichen Berufserfahrungen zu ermöglichen." Zentrales Ziel der Berufsausbildung ist nach der neuen Terminologie die **berufliche Handlungsfähigkeit.** Damit soll den besonderen Anforderungen eines modernen Berufsbildungssystems Rechnung getragen und durch die Berücksichtigung der – früher nicht ausdrücklich genannten – „Fähigkeiten" betont werden, dass über fachliches Wissen und Geschick hinaus auch die Förderung sozialer Kompetenzen wie Team- oder Kommunikationsfähigkeit zur Berufsausbildung gehören (vgl. BT-Drs. 15/3980 zu § 1; *Taubert* NZA 2005, 503 [504], *Wohlgemuth* ArbuR 2005, 241f.). Das **Berufsausbildungsverhältnis** wird gem. § 10 Abs. 1 BBiG durch einen Berufsausbildungsvertrag begründet. Dessen wesentlicher Inhalt ergibt sich aus § 11 Abs. 1 S. 2 BBiG. Er ist nach § 11

Abs. 1 S. 1 BBiG schriftlich niederzulegen; die elektronische Form genügt nicht. Neu eingeführt wurde durch das BBiG die sog **Verbundausbildung** (Einzelheiten *Stück/Mühlhausen* NZA-RR 2006, 169). Hierzu sieht § 10 Abs. 5 BBiG das Zusammenwirken mehrerer natürlicher oder juristischer Personen in einem Ausbildungsverbund vor. Damit soll kleinen und mittelständischen Unternehmen, die aufgrund des internationalen Wettbewerbsdrucks das normale Ausbildungsspektrum nicht anbieten können, ermöglicht werden, ihre Ausbildungspotentiale zu bündeln und eine breit angelegte, am Berufsprinzip ausgerichtete Ausbildung zu ermöglichen (*Taubert* NZA 2005, 503 [506]). Das Ausbildungsverhältnis besteht aber nur mit einem Ausbildenden. Dieser hat die Rechte und Pflichten aus dem Ausbildungsverhältnis (*Wohlgemuth* ArbuR 2005, 241 [243]). Die MBR des BR nach § 98 Abs. 1 bestehen in diesem Fall – wohl nur – beim Abschluss der Vereinbarung, soweit dabei Regelungen über die spätere Durchführung der Bildungsmaßnahmen getroffen werden (→ § 98 Rn. 6; BAG 18.4.2000 – 1 ABR 28/99, NZA 2001, 167).

Die **Ausbildungsdauer** soll nach § 5 Abs. 1 Nr. 2 BBiG nicht mehr als drei und 13
nicht weniger als zwei Jahre betragen. Nach § 8 Abs. 1 S. 1 BBiG hat die zuständige Stelle auf gemeinsamen Antrag des Azubi und des Ausbildendenden die **Ausbildungszeit** zu **kürzen,** wenn zu erwarten ist, dass das Ausbildungsziel in der gekürzten Zeit erreicht wird. Will der ArbGeb. generell eine verkürzte Ausbildungszeit vorsehen, hat der BR gem. § 98 Abs. 1 mitzubestimmen (vgl. zu § 29 Abs. 2 BBiG aF BAG 24.8.2004 – 1 ABR 28/03, NZA 2005, 371). § 8 Abs. 1 S. 2 BBiG sieht nun auch die Möglichkeit einer **Teilzeitberufsausbildung** vor (vgl. dazu *Opolony* BB 2005, 1050 [1052]). Voraussetzung ist auch hier die Erwartung, dass das Ausbildungsziel in der – täglich oder wöchentlich – gekürzten Zeit erreicht wird (*Taubert* NZA 2005, 503 [505]). Voraussetzung ist ferner ein gemeinsamer Antrag des Azubi und des Ausbildendenden sowie ein berechtigtes Interesse, das sich zB aus der Betreuung eines Kindes oder eines pflegebedürftigen Angehörigen ergeben kann (vgl. BT-Drs. 15/4752 zu § 8 BBiG). Ein Anspruch des Azubi gegen den Ausbildenden nach § 8 Abs. 1 TzBfG auf eine Teilzeitausbildungsverhältnis besteht wohl nicht (vgl. *Opolony* BB 2005, 1050 [1052]). In Ausnahmefällen kommt nach § 8 Abs. 2 BBiG auch eine **Verlängerung der Ausbildungszeit** in Betracht. Die **Pflichten des Azubi** im Berufsausbildungsverhältnis ergeben sich aus § 13 BBiG, die **des Ausbildenden** aus §§ 14–16 BBiG. Regelungen über die **Vergütung** enthalten die §§ 17–19 BBiG. **Probezeit, Beginn und Beendigung** des Berufsausbildungsverhältnisses sind in §§ 20–23 BBiG geregelt.

Soweit Personen ohne Begründung eines ArbVerh. eingestellt werden, um berufli- 14
che Fertigkeiten, Kenntnisse, Fähigkeiten oder berufliche Erfahrungen zu erwerben, ohne dass es sich um eine Berufsausbildung iSd BBiG handelt, gelten nach **§ 26 BBiG** die §§ 10–23 u. 25 BBiG mit einigen näher bezeichneten Einschränkungen. Dies betrifft insbes. **Praktikanten und Volontäre.** Es handelt sich um Berufsbildung im betriebsverfassungsrechtlichen Sinn (vgl. GK-BetrVG/*Raab* Rn. 11; ErfK/*Kania* Rn. 7; HWGNRH/*Worzalla* Rn. 6). Praktikanten gelten auch als ArbN iSd **MiLoG** (§ 22 Abs. 1 MiLoG), Volontäre, deren Volontariat sich auf weniger als zwei Jahre beläuft, hingegen nicht (*Riechert/Nimmerjahn* MiLoG § 22 Rn. 27, 40).

Regelungen über die **Ordnung der Berufsbildung** und die **Anerkennung von** 15
Ausbildungsberufen enthalten die §§ 4–9 BBiG (vgl. *Taubert* NZA 2005, 503 [504 f.]; *Wohlgemuth* ArbuR 2005, 241 [242]) Nach § 4 Abs. 1 BBiG kann das BMAS oder das sonst zuständige Fachministerium durch Rechtsverordnung **Ausbildungsberufe staatlich anerkennen** und **Ausbildungsordnungen** erlassen. § 5 Abs. 1 BBiG beschreibt, welche Regelungen eine Ausbildungsordnung mindestens enthalten muss. § 5 Abs. 2 BBiG bezeichnet, was sie darüber hinaus enthalten kann. Ein Verzeichnis über die anerkannten Ausbildungsberufe führt und veröffentlicht gem. § 90 Abs. 3 Nr. 3 BBiG das Bundesinstitut für Berufsbildung (vgl. §§ 89 ff. BBiG). Regelungen über die **Eignung von Ausbildungsstätte und Ausbildungspersonal** enthalten die §§ 27–33 BBiG (dazu *Taubert* NZA 2005, 503 [508]). Die §§ 34–

36 BBiG regeln das **Verzeichnis der Berufsausbildungsverhältnisse** (dazu *Taubert* NZA 2005, 503 [508]). Das **Prüfungswesen** ist nun in den §§ 37–50 BBiG geregelt (dazu *Taubert* NZA 2005, 503 [507 f.]). § 51 BBiG regelt die Errichtung einer **besonderen Interessenvertretung** für Azubi, deren praktische Berufsbildung in einer sonstigen Berufsbildungseinrichtung außerhalb der schulischen und betrieblichen Berufsbildung stattfindet (BAG 13.6.2007 – 7 ABR 44/06, NZA-RR 2008, 19).

16 Die BA fördert die berufliche Ausbildung und auch berufsvorbereitende Bildungsmaßnahmen gem. **§§ 56 ff. SGB III** durch **individuelle Berufsausbildungsbeihilfen.** Auf diese Förderung besteht bei Vorliegen der gesetzlichen Anspruchsvoraussetzungen ein Rechtsanspruch (vgl. § 3 Abs. 3 SGB III). Förderungsfähig ist nach § 57 Abs. 1, 2 SGB III eine erstmalige berufliche Ausbildung, wenn sie in einem staatlich anerkannten Ausbildungsberuf betrieblich oder außerbetrieblich durchgeführt wird. Ferner können **ausbildungsbegleitende Hilfen an den ArbGeb** gewährt werden (§ 79 SGB III). Diese können unter bestimmten Voraussetzungen Zuschüsse zur Ausbildungsvergütung erhalten. Ein Rechtsanspruch auf diese Leistungen besteht nicht. Ziel dieser Regelungen ist es, die Ausbildung, Qualifizierung und Beschäftigung förderungsbedürftiger Jugendlicher zu ermöglichen und deren Eingliederungsvoraussetzungen zu verbessern.

2. Fortbildung und Umschulung

17 Zur Berufsbildung zählen auch Fortbildung und Umschulung. Die **berufliche Fortbildung** wird in § 1 Abs. 4 BBiG – wie auch die Berufsbildung (→ Rn. 12) – **jetzt mit Blick auf die berufliche Handlungsfähigkeit definiert.** Diese zu erhalten und anzupassen oder zu erweitern und beruflich aufzusteigen soll die berufliche Fortbildung ermöglichen. Regelungen zur beruflichen Fortbildung enthalten die §§ 53–56 BBiG. Nach § 53 Abs. 1 BBiG können durch Rechtsverordnung Fortbildungsabschlüsse anerkannt und hierfür in einer Fortbildungsordnung Prüfungsregelungen erlassen werden. Dazu zählen auch Zeiten der Berufstätigkeit im Ausland (§ 55 BBiG). Zu Konzepten arbeitnehmerorientierter Weiterbildung vgl. *Gillen/Dehnbostel/Elsholz/Habenicht/Proß/Skroblin,* Kompetenzentwicklung in vernetzten Lernstrukturen, Bielefeld, 2005; sowie die zahlreichen Informationen unter www.KomNetz.de.

18 Die **berufliche Umschulung soll** nach § 1 Abs. 5 BBiG **zu einer anderen beruflichen Tätigkeit befähigen** (§ 1 Abs. 4 BBiG). Regelungen ua zum Erlass einer Umschulungsordnung, zu Umschulungsmaßnahmen und -prüfungen sowie zur Berücksichtigung ausländischer Vorqualifikationen enthalten die §§ 58–63 BBiG. Fortbildung oder Umschulung findet entweder in Arbeitsverhältnisse oder in Vertragsverhältnisse iSv § 26 BBiG statt.

3. Andere Maßnahmen

19 Nach § 81 Abs. 1 S. 1 ist der ArbGeb. verpflichtet, den ArbN über dessen Aufgaben und seine Verantwortung sowie über die Bedeutung seiner Tätigkeit im größeren Rahmen des Arbeitsablaufs zu unterrichten (→ § 81 Rn. 3). Es handelt sich um **individualrechtliche Verpflichtungen,** die sich ohnehin weitgehend als Nebenpflichten aus dem Arbeitsverhältnis ergeben (→ § 81 Rn. 2). Soweit der ArbGeb. den ArbN nach Maßgabe des § 81 Abs. 1 S. 1 informiert, handelt es sich nicht um eine Maßnahme der Berufsbildung (hM). Diese Einweisung setzt voraus, dass der ArbN die für die Ausübung der Tätigkeit am vorgesehenen Arbeitsplatz erforderlichen beruflichen Kenntnisse und Fähigkeiten bereits besitzt (BAG 23.4.1991 – 1 ABR 49/90, NZA 1991, 817).

20 Die **gesetzliche Abgrenzung** zwischen Berufsbildungsmaßnahmen (einschließlich der sonstigen Bildungsmaßnahmen iSv § 98 Abs. 6) einerseits und der Unterrichtung des ArbN nach § 81 andererseits ist **zwingend** (BAG 10.2.1988 – 1 ABR

39/86, NZA 1988, 549). Sie darf nicht zu Lasten der Berufsbildung durch eine unzulässige Erweiterung der Unterrichtung nach § 81 verschoben werden. Abzulehnen sind daher die Versuche, alle sog „arbeitsplatz- bzw. unternehmensbezogenen Informationen" als Unterrichtung nach § 81 – außerhalb der Berufsbildung – zu werten (HWGNRH/*Worzalla* Rn. 8). Es besteht kein Gegensatz zwischen tätigkeits- und funktionsbezogenen Informationen einerseits und berufsbezogenen Informationen andererseits. Auch das, was an Informationen der Tätigkeit und der Funktion des ArbN im Betrieb zugutekommen soll, aber über § 81 hinausgeht, ist Berufsbildung (vgl. *Hammer* Berufsbildung S. 119ff.; DKKW/*Buschmann* Rn. 10). Das bringt § 98 Abs. 6 hinreichend deutlich zum Ausdruck.

Abzulehnen ist auch die **Unterscheidung zwischen personen- und funktionsbezogenen Maßnahmen,** wonach alle funktionsbezogenen Maßnahmen nicht zur Berufsbildung zählen und deshalb mitbestimmungsfrei bleiben sollen. Eine solche Abgrenzung wird dem Zweck der gesetzlichen Regelung – Beteiligung des BR an diesen Maßnahmen wegen ihrer Bedeutung für die Arbeitsplatzsicherheit, den beruflichen Aufstieg und die Chancen am Arbeitsmarkt – nicht gerecht. Die Teilnahme an Lehrgängen, die das jeweilige Aufgabengebiet des ArbN betreffen, kann für die Existenzsicherung entscheidend werden. Abzulehnen ist auch das Merkmal der **Verwertbarkeit** der vermittelten Kenntnisse **im Beruf** und die darauf gerichtete Beurteilung Dritter, weil es nicht auf den Erfolg der Maßnahme ankommt. Nur die sonstigen Bildungsmaßnahmen iSv § 98 Abs. 6 gehören wegen fehlender Berufsbezogenheit nicht zur Berufsbildung iSv §§ 96 u. 98. 21

IE gehören zur Berufsbildung: Lehrgänge über technische Fragen, Werkstoffkunde, Arbeitsphysiologie und -psychologie, Arbeitssicherheit, Wirtschaftskunde, Arbeits- und Sozialrecht, Mitarbeiterführung, Lehrgänge für Flugbegleiter über Sicherheits- und Notfallmaßnahmen (BAG 10.2.1988 – 1 ABR 39/86, NZA 1988, 549), Seminare, die den ArbN die für die Ausfüllung ihres Arbeitsplatzes und ihrer beruflichen Tätigkeit notwendigen Kenntnisse und Fähigkeiten verschaffen sollen (BAG 23.4.1991 – 1 ABR 49/90, NZA 1991, 817). Zur beruflichen Bildung gehören weiter die sog Trainee-Programme, bei denen Nachwuchskräfte, die keine leitenden Ang. sind, zu Ausbildungszwecken verschiedene Arbeitsbereiche im Betrieb durchlaufen. Nach Ansicht des BAG (28.1.1992 – 1 ABR 41/91, NZA 1992, 707) gehören Veranstaltungen, in denen der ArbGeb. die ArbN befähigen will, gegenüber Kunden freundlicher und hilfsbereiter zu sein, nicht zu Maßnahmen der beruflichen Bildung, sondern sind eine gezielte Einweisung in die geschuldete Tätigkeit. Das ist bedenklich, weil solche Veranstaltungen die beruflichen Kenntnisse und Erfahrungen verbessern sollen. 22

Zu den Bildungsmaßnahmen gehören auch alle Einrichtungen des ArbGeb., die dazu dienen, den ArbN weitere Kenntnisse über Produkte (Dienstleistungen) und Arbeitsabläufe zu verschaffen. Das gilt etwa für **„Qualitätszirkel"** oder ähnliche Einrichtungen (DKKW/*Buschmann* Rn. 9). In diesen Arbeitsgruppen (→ § 28a Rn. 10ff.) werden ArbN zusammengefasst, die sich über die vertraglich geschuldete Arbeitsleistung hinaus informieren und fortbilden sollen, auch in der Weise, dass sie ihre Erfahrungen und Beobachtungen einbringen. Ziel solcher Einrichtungen wird häufig sein, die Motivation der ArbN und die Arbeitszufriedenheit zu erhöhen (insbes. bei neuen Technologien und Veränderungen am Arbeitsplatz) sowie die Produkte (Dienstleistungen) zu verbessern und die Produktivität zu erhöhen. Diese Zielsetzung führt zu MBR des BR nach § 87 Abs. 1 Nr. 12 und ggf. auch nach Nr. 13. Soweit diese Einrichtungen des ArbGeb. auch dazu dienen, durch **Problemanalyse und Problemerörterung** die **berufliche Qualifikation** der ArbN zu verbessern, kommt ein MBR des BR nach § 98 in Frage; insoweit enthalten diese Veranstaltungen des ArbGeb. berufsbildende Elemente. 23

III. Förderungspflichten

24 ArbGeb. und BR haben gemeinsam im Rahmen der betrieblichen Planung die Berufsbildung der ArbN zu fördern. Der Zusammenhang mit der betrieblichen Planung und die Beschränkung der Zuständigkeit des BR auf betriebliche Belange verdeutlichen die Betriebsbezogenheit der Förderungspflichten. **ArbN können** aus dieser Verpflichtung **keine individuellen Ansprüche ableiten** (Richardi BetrVG/*Thüsing* Rn. 18; GK-BetrVG/*Raab* Rn. 22). Solche Ansprüche können sich aber aus den Arbeitnehmerweiterbildungsgesetzen der Bundesländer ergeben (vgl. ErfK/*Kania* Rn. 10; *Klevemann* BB 1989, 209).

25 Soweit eine **Personalplanung** besteht, ist die gemeinsame Förderung der Berufsausbildung Bestandteil der Personalentwicklungsplanung und damit auch der Personalplanung (→ § 92 Rn. 6ff.). Berufsbildung trägt dazu bei, dass nicht nur kurzfristig, sondern vor allem langfristig unter Berücksichtigung der technischen Änderungen, der Abgänge, Krankheitsausfälle, Pensionierungen, usw die notwendigen Mitarbeiter termingerecht nach Qualität und Zahl vorhanden sind. Maßnahmen der Berufsbildung ergeben sich daher aus der Berechnung des künftigen Personalbedarfs sowohl an Nachwuchskräften (Berufsausbildung) als auch an bes. qualifizierten Mitarbeitern (Berufsfortbildung). Maßnahmen der Berufsbildung können schließlich einen erforderlichen Personalabbau ganz oder teilweise verhindern (→ § 92 Rn. 11).

26 Zur Förderungspflicht gehört es auch darauf zu achten, dass **ArbN** die **Teilnahme** an betrieblichen oder außerbetrieblichen Maßnahmen der Berufsbildung **ermöglicht wird.** Daraus ergeben sich ebenfalls keine individuellen Ansprüche der ArbN auf berufliche Förderung, etwa durch bezahlte oder unbezahlte Freistellungen von der Arbeit oder durch Übernahme von Kosten (Richardi BetrVG/*Thüsing* Rn. 18; GK-BetrVG/*Raab* Rn. 22; aber → Rn. 31).

27 Die Einführung **betrieblicher Berufsbildungsmaßnahmen** bleibt dem ArbGeb. überlassen. Insoweit ist er nur verpflichtet, mit dem BR über die Einführung dieser Maßnahmen zu beraten (§ 97). Der BR kann die Einführung von Bildungsmaßnahmen nicht erzwingen (→ § 97 Rn. 4). Etwas anderes gilt, wenn sich auf Grund geplanter oder tatsächlicher Maßnahmen des ArbGeb. die Tätigkeit des ArbN ändert und deshalb dessen beruflichen Kenntnisse und Fähigkeiten nicht mehr ausreichen. In diesem Fall steht dem BR ein **echtes MBR** hinsichtlich der Einführung betrieblicher Berufsbildungsmaßnahmen zu (vgl. § 97 Abs. 2).

28 Eine **betriebliche Berufsbildungsmaßnahme** liegt vor, wenn der ArbGeb. Träger bzw. Veranstalter der Maßnahme ist und sie für seine ArbN durchführt. Entscheidend ist, ob der ArbGeb. auf Inhalt und Organisation rechtlich einen beherrschenden Einfluss hat (BAG 24.8.2004 – 1 ABR 28/03, NZA 2005, 371). Unerheblich ist der Ort an dem die Maßnahme durchgeführt wird (→ Rn. 14). **Außerbetriebliche Maßnahmen der Berufsbildung** werden zB von der Bundesagentur für Arbeit, aber auch von Verbänden und Kammern durchgeführt (zB Sonderkurse bei Berufs- und Fachschulen, Lehrgänge von Kammern, ArbGebVerbänden und Gewerkschaften, Fernschulen, Besuch von Akademien, zentralen Lehrlingswerkstätten).

29 Soweit die betrieblichen Notwendigkeiten dies zulassen, ist bildungswilligen und -fähigen ArbN die **Teilnahme** an solchen betrieblichen und außerbetrieblichen Maßnahmen der Berufsbildung zu **ermöglichen.** Das gilt vor allem dann, wenn die Maßnahmen von der BA gefördert werden (→ Rn. 19). Die Anzahl der Teilnehmer und der Zeitpunkt der Maßnahme richten sich nach betrieblichen Notwendigkeiten. Zur Auswahl der Teilnehmer vgl. § 98 Abs. 3.

30 Die **Belange älterer ArbN** sind nach Abs. 2 S. 2 mit dem Ziel der Erhaltung und Anpassung ihrer Fähigkeiten und Kenntnisse durch Teilnahme an Fortbildungsveranstaltungen bes. zu berücksichtigen (vgl. auch § 75 Abs. 1 S. 2, § 80 Abs. 1 Nr. 6). Die Bemühungen um die Belange älterer ArbN sind abzuwägen gegen die **Probleme der Jugendarbeitslosigkeit.** Letztere beziehen sich allerdings mehr auf die

Berufsausbildung, während für ältere ArbN in erster Linie eine Fortbildung oder Umschulung in Betracht kommt.

Teilzeitbeschäftigte und **ArbN mit Familienpflichten** stehen häufig vor bes. Schwierigkeiten. Die Bildungsmaßnahmen sind im zeitlichen Umfang und Rahmen auf vollzeitbeschäftigte ArbN abgestellt (vgl. zur Teilzeitberufsausbildung jetzt aber § 8 Abs. 1 S. 2 BBiG, → Rn. 13). Daher verpflichtet Abs. 2 S. 2 ArbGeb. und BR, auf die Belange dieser ArbN bes. Rücksicht zu nehmen und letztlich für einen diskriminierungsfreien Zugang zu betrieblichen oder außerbetrieblichen Berufsbildungsmaßnahmen Sorge zu tragen. Wenn möglich sollen auch Veranstaltungen mit geringerem zeitlichen Umfang oder Tagesveranstaltungen mit Kinderbetreuung angeboten werden (HWGNRH/*Worzalla* Rn. 38). Familienpflichten bestehen, wenn eine beschäftigte Person mindestens ein Kind unter 18 Jahren oder einen nach ärztlichem Gutachten pflegebedürftigen sonstigen Angehörigen tatsächlich betreut oder pflegt. Die Förderung dieser ArbNGruppe ist bes. wichtig nach einer Familienpause, um Frauen und Männern die Wiedereingliederung in das Berufsleben durch Fortbildung zu erleichtern. 31

ArbGeb. und BR haben mit den für die Berufsbildung und deren Förderung **zuständigen Stellen zusammenzuarbeiten.** Dies sind außerhalb des öffentlichen Dienstes nach § 71 BBiG die jeweiligen Kammern wie etwa die Handwerkskammern oder die Industrie- und Handelskammern. 32

IV. Ermittlungspflicht des Arbeitgebers

Nach Abs. 1 S. 2 hat der ArbGeb. auf Verlangen des BR den Berufsbildungsbedarf zu ermitteln. Die Pflicht bezieht sich auf den betrieblichen Bildungsbedarf. Dieser soll sich nach der Gesetzesbegründung aus der Durchführung einer **Ist-Analyse** und einer **Soll-Analyse** ergeben (BT-Drs. 14/5741, 49). Allerdings schreibt § 96 diese Vorgehensweise und die hierfür anzuwendenden Methoden nicht zwingend vor (→ Rn. 38). Vielmehr kann der ArbGeb. auch nach anderen Kriterien vorgehen (DKKW/*Buschmann* Rn. 23; **aA** LAG Hmb 31.10.2012 – 5 TaBV 6/12, BeckRS 2013, 66883). Richtet er sich nach der in der Gesetzesbegründung angesprochenen Vorgehensweise sind der Bestandsaufnahme (Ist-Analyse) gegenüberzustellen die voraussichtlichen künftigen Anforderungen an die jeweiligen Arbeitsplätze und die dazu notwendigen Qualifikationen **(Soll-Konzept).** Die Differenz zeigt Art und Umfang des betrieblichen Bildungsbedarfs auf. Die Ermittlungspflicht des ArbGeb. bezieht sich auf die Feststellung des Bedarfs. Sie erstreckt sich nach Wortlaut und Zweck nicht darauf, in welcher Weise der ermittelte Bedarf abzudecken ist. 33

Die **Feststellung des Ist-Zustandes** ist eine Bestandsaufnahme des Qualifikationsbedarfs für die vorhandenen Arbeitsplätze. Dazu gehört die Angabe des aktuellen Personalbestands und des aktuellen Qualifikationsniveaus. Zu erfassen ist auch die absehbare Personalfluktuation. Sie gibt Hinweise auf den Abgang (Kündigung, Auflösungsvertrag, Altersteilzeit, Befristungen) qualifizierter Arbeitskräfte oder solcher mit geringerer Qualifikation sowie auf den Zugang entsprechender Arbeitskräfte und deren voraussichtliches Qualifikationsniveau. Dem festgestellten Ist-Zustand gegenüberzustellen ist der **Soll-Zustand.** Dieser betrifft das Qualifikationsniveau, das im Betrieb aktuell noch erreicht werden muss oder für die Bewältigung geplanter neuer oder weiterer Arbeitsabläufe künftig gebraucht wird. Es besteht ein innerer Zusammenhang mit den Investitionsvorhaben des Betriebs. Sie können für die Ermittlung des künftig notwendig werdenden Qualifikationsniveaus nicht außer Acht bleiben, weil sie sich unmittelbar auf diesen Bedarf auswirken. 34

Die Ermittlung des Berufsbildungsbedarfs hat einen direkten **Bezug zur Personalentwicklungsplanung.** Sie durchbricht den im Rahmen der allgemeinen Personalplanung geltenden Grundsatz des § 92, nach dem der ArbGeb. zur Planung nicht verpflichtet ist, der BR jedoch über eine vorhandene Planung zu unterrichten ist und 35 deren Ergebnisse mit dem BR zu beraten sind. Der Berufsbildungsbedarf ist umfassend und nicht nur in Bezug auf betriebliche Berufsbildungsmaßnahmen zu ermitteln (HWGNRH/*Worzalla* Rn. 18). Eine entsprechende Beschränkung folgt weder aus dem Wortlaut der Vorschrift noch aus dem Zweck der Ermittlungspflicht (**aA** *Konzen* RdA 2001, 76).

36 Der ArbGeb. hat nicht von sich aus den Berufsbildungsbedarf für seinen Betrieb festzustellen. Seine Ermittlungspflicht wird erst durch ein entsprechendes Verlangen des BR ausgelöst. Der BR hat also ein **Initiativrecht.** Die Ermittlungen sind auch dann durchzuführen, wenn der ArbGeb. hierfür keinen aktuellen oder künftigen Bedarf sieht (DKKW/*Buschmann* Rn. 24; GK-BetrVG/*Raab* Rn. 29; HWGNRH/*Worzalla* Rn. 19; Richardi BetrVG/*Thüsing* Rn. 20). Selbst wenn der ArbGeb. in absehbarer Zeit keine Investitionen vornehmen will, ist er dennoch zu einer aktuellen Bedarfsanalyse verpflichtet. Das folgt aus dem **Zweck seiner Ermittlungspflicht.** Sie soll dem BR eine effektive Ausübung seiner Mitbestimmungs- und Mitwirkungsbefugnisse ermöglichen und ihn von den Schwierigkeiten einer damit verbundenen Ermittlung entlasten. Das ist auch im Interesse des ArbGeb., weil sie dessen Verpflichtung minimiert, dem BR für diese Aufgabe eine betriebliche Auskunftsperson zur Verfügung zu stellen oder mit ihm eine Vereinbarung über die Heranziehung eines externen Sachverständigen treffen zu müssen.

37 Das Recht des BR, vom ArbGeb. die Ermittlung des Personalbedarfs verlangen zu können, erstreckt sich nicht darauf, dem ArbGeb. die **Methode der Bedarfsermittlung** vorzugeben (HWGNRH/*Worzalla* Rn. 21). Hierüber entscheidet der ArbGeb. § 96 Abs. 1 S. 2 gibt auch keinen Planungszeitraum vor. Auch diesen kann der ArbGeb. nach pflichtgemäßem Ermessen bestimmen. Die Wahl der Methode und die Festlegung des Zeitraums dürfen aber dem Zweck der Ermittlungspflicht nicht zuwiderlaufen. Im Rahmen der vertrauensvollen Zusammenarbeit der Betriebsparteien kann der BR geeignete Vorschläge unterbreiten. Ein vom ArbGeb. ermittelter Bedarf ist Grundlage der Mitbestimmung nach § 98 und bindet entsprechend (DKKW/*Buschmann* Rn. 25).

V. Beratungspflichten des Arbeitgebers und Vorschlagsrechte des Betriebsrats

38 Der ArbGeb. hat nach Abs. 1 S. 2 mit dem BR auf dessen Verlangen alle Fragen zu beraten, die die Berufsbildung der ArbN im Betrieb und damit auch das Ergebnis des ermittelten Bildungsbedarfs betreffen (GK-BetrVG/*Raab* Rn. 33; HWGNRH/*Worzalla* Rn. 32). Dazu gehören auch die Beratung über die Errichtung und Ausstattung betrieblicher Einrichtungen zur Berufsbildung, die Einführung betrieblicher Berufsbildungsmaßnahmen und die Teilnahme an außerbetrieblichen Berufsbildungsmaßnahmen (§ 97) sowie die Grundlagen der Bedarfsermittlung und die darauf beruhenden Prognosen. Ferner zählen dazu Fragen der individualrechtlichen Gestaltung der Maßnahmen einschließlich der Vereinbarung etwaiger Rückzahlungsverpflichtungen bei vorzeitiger Beendigung des Arbeitsverhältnisses durch den ArbN.

39 Die Beratung erfolgt **auf Verlangen des BR.** Nur über die in § 97 erwähnten Angelegenheiten hat der ArbGeb. von sich aus die Beratung mit dem BR zu suchen. Für diese Angelegenheiten kommt es auf das Verlangen des BR nicht an.

40 Soweit Beratungspflichten des ArbGeb. bestehen, kann der BR Vorschläge machen. Das **Vorschlagsrecht** bezieht sich auf alle Fragen der Berufsbildung der ArbN des Betriebs. Der BR kann von sich aus die Initiative ergreifen. Der ArbGeb. muss mit dem BR über dessen Vorschläge beraten. Er muss Anregungen entgegennehmen. Doch ist er nicht verpflichtet, den Anregungen zu folgen. Zu beraten ist mit dem Ziel einer Verständigung.

VI. Streitigkeiten

Besteht Streit über die Ermittlungspflicht oder Informations-, Beratungs- und Vorschlagsrechte sowie über deren Umfang, entscheiden die ArbG im **BeschlVerf.** (→ ArbGG 3 Rn. 5). Das ist zB der Fall, wenn es der ArbGeb. ablehnt, auf Verlangen des BR den Berufsbildungsbedarf zu ermitteln oder Fragen der Berufsbildung der ArbN des Betriebes zu beraten (HWGNRH/*Worzalla* Rn. 40). Allerdings muss der BR sein Antragsziel konkret beschreiben. Allgemeine Angaben wie „tätigkeitsbezogene Qualifikation", „durchgeführte Bildungsmaßnahmen", „Maßnahmen der Berufsbildung" etc genügen nicht den Anforderungen des prozessualen Bestimmtheitsgebots (§ 253 ZPO). Solche Anträge sind unzulässig (BAG 9.7.2013 – 1 ABR 17/12, NZA 2013, 1166). Die Weigerung des ArbGeb., auf Verlangen des BR den Berufsbildungsbedarf zu ermitteln, kann allerdings grob betriebsverfassungswidrig sein. In einem solchen Fall kann ein Verf. nach § 23 Abs. 3 eingeleitet werden (ErfK/*Kania* Rn. 12; HWGNRH/*Worzalla* Rn. 40). Auch der BR kann seine Beratungspflichten verletzen; das kann zu einem Verf. nach § 23 Abs. 1 führen. 41

§ 97 Einrichtungen und Maßnahmen der Berufsbildung

(1) **Der Arbeitgeber hat mit dem Betriebsrat über die Errichtung und Ausstattung betrieblicher Einrichtungen zur Berufsbildung, die Einführung betrieblicher Berufsbildungsmaßnahmen und die Teilnahme an außerbetrieblichen Berufsbildungsmaßnahmen zu beraten.**

(2) [1] **Hat der Arbeitgeber Maßnahmen geplant oder durchgeführt, die dazu führen, dass sich die Tätigkeit der betroffenen Arbeitnehmer ändert und ihre beruflichen Kenntnisse und Fähigkeiten zur Erfüllung ihrer Aufgaben nicht mehr ausreichen, so hat der Betriebsrat bei der Einführung von Maßnahmen der betrieblichen Berufsbildung mitzubestimmen.** [2] **Kommt eine Einigung nicht zustande, so entscheidet die Einigungsstelle.** [3] **Der Spruch der Einigungsstelle ersetzt die Einigung zwischen Arbeitgeber und Betriebsrat.**

Inhaltsübersicht

I. Vorbemerkung

Die Vorschrift räumt dem BR in Abs. 1 als **Ergänzung des Beratungs- und Vorschlagsrechts** nach § 96 ein bes. Beratungsrecht bei der Errichtung und Ausstattung betrieblicher Berufsbildungseinrichtungen, bei der Einführung betrieblicher Berufsbildungsmaßnahmen und für die Teilnahme an außerbetrieblichen Berufsbildungsmaßnahmen ein. Sie steht im Zusammenhang mit der Personalplanung nach § 92 Abs. 1, aus der sich häufig Folgen für die betriebliche Berufsbildung (vgl. § 96) ergeben. Wechselwirkungen bestehen auch zur Beschäftigungssicherung nach § 92a, zum Widerspruchsrecht bei Kündigungen nach § 102 Abs. 3 Nr. 4 sowie zu Inte- 1 ressenausgleich und Sozialplan (§ 112), die Maßnahmen der beruflichen Fort- und Weiterbildung oder der Umschulung vorsehen können, und in besonderem Maße zum MBR nach § 98 Abs. 1 über die Durchführung betrieblicher Bildungsmaßnahmen.

2 Das BetrVerf-ReformG hat die Beteiligungsrechte des BR im Rahmen der betrieblichen Berufsbildung erheblich erweitert (BT-Drs. 14/5741, 49). Während das frühere Recht dem BR lediglich bei der Durchführung einer vom ArbGeb. veranlassten betrieblichen Berufsbildungsmaßnahme nach § 98 Abs. 1 ein MBR zubilligte, regelt der durch das BetrVerf-ReformG eingefügte Abs. 2 ein **eigenständiges MBR** bereits für die **Einführung einer betrieblichen Berufsbildungsmaßnahme.** Dieses MBR ist allerdings an tätigkeitsändernde Maßnahmen des ArbGeb. geknüpft, die ein Qualifikationsdefizit der betroffenen ArbN zur Folge haben. Es zielt darauf ab, durch die Einflussnahme des BR auf die berufliche Qualifizierung der ArbN den Bestand der Arbeitsverhältnisse zu sichern (BT-Drs. 14/5741, 29; *Reichold* NZA 2001, 857; *Hanau* RdA 2001, 65).

3 Entspr. Vorschrift: Keine.

II. Beratungsrechte des Betriebsrats

4 Der ArbGeb. hat mit dem BR rechtzeitig und eingehend gemäß dem Grundsatz vertrauensvollen Zusammenwirkens (§ 2 Abs. 1) zu beraten, wenn er betriebliche Einrichtungen der Berufsbildung errichten und ausstatten will (zB Lehrwerkstatt, Umschulungswerkstatt, betriebliches Bildungszentrum). Eines ausdrücklichen Verlangens des BR bedarf es nicht. Der **ArbGeb. muss die Initiative ergreifen,** soweit er Maßnahmen der genannten Art plant. Das gilt auch für die Änderung vorhandener Einrichtungen (GK-BetrVG/*Raab* Rn. 6) und für die sachliche Ausstattung (zB Maschinen, Werkzeuge, Lehrmaterial usw HWGNRH/*Worzalla* Rn. 3), nicht für deren Auflösung (**aA** DKKW/*Buschmann* Rn. 3; ErfK/*Kania* Rn. 3). Die Ausbildungsstätte muss nach § 27 Abs. 1 BBiG, bzw. § 21 Abs. 1 HandwO nach Art und Einrichtung für die Berufsausbildung geeignet sein. Eine Ausbildungsstätte, in der die erforderlichen beruflichen Fertigkeiten, Kenntnisse und Fähigkeiten nicht im vollen Umfang vermittelt werden können, gilt nach § 27 Abs. 2 BBiG, bzw. § 21 Abs. 2 HandwO als geeignet, wenn deren Vermittlung durch Ausbildungsmaßnahmen außerhalb der Ausbildungsstätte erfolgt. Die Eignung wird nach § 32 Abs. 1 BBiG, bzw. § 23 Abs. 1 HandwO überwacht. Die persönliche und fachliche Eignung von Ausbildenden und Ausbildern beurteilt sich nach §§ 28–30 BBiG, bzw. §§ 22–22b HandwO (→ § 98 Rn. 14 ff.). Die personelle Ausstattung der betrieblichen Einrichtung unterliegt dem MBR nach § 98 Abs. 2. Ein **erzwingbares MBR** zur Schaffung derartiger Einrichtungen und Bereitstellung finanzieller Mittel besteht nicht. Die Investitionsentscheidung verbleibt beim ArbGeb.

5 Eine vorherige Beratungspflicht des ArbGeb. besteht ferner bei **Einführung betrieblicher Berufsbildungsmaßnahmen** unabhängig davon, ob diese Berufsbildungsmaßnahme mit einer tätigkeitsändernden Maßnahme des ArbGeb. in einem Zusammenhang steht (→ § 96 Rn. 28 ff.). Um eine betriebliche Bildungsmaßnahme handelt es sich stets dann, wenn der ArbGeb. maßgeblich den Inhalt, den Teilnehmerkreis, die Lehrkräfte und den Ablauf der Bildungsmaßnahme bestimmt (BAG 24.8.2004 – 1 ABR 28/03, NZA 2005, 371). Unerheblich ist, ob die Maßnahme innerhalb oder außerhalb des Betriebes oder der Arbeitszeit (zB Fortbildungskurse, Trainee-Programme, betrieblicher Zusatzunterricht für Auszubildende, Technikerausbildung, Einführung in neue technische Verf. oder Werkstoffe) stattfindet.

6 Das Beratungsrecht erstreckt sich auch auf die Frage der **Teilnahme an außerbetrieblichen Berufsbildungsmaßnahmen.** Hierbei handelt es sich um solche Maßnahmen, die von einem betriebsexternen Veranstalter (Handwerkskammer, Berufsbildungswerk etc.) durchgeführt werden (GK-BetrVG/*Raab* Rn. 10; DKKW/

Buschmann Rn. 6). § 10 Abs. 5 BBiG sieht jetzt auch ausdrücklich die Verbundausbildung in einem Ausbildungsverbund vor (vgl. *Opolony* BB 2005, 1050 [1051]; *Taubert* NZA 2005, 503 [506]). Das Beratungsrecht umfasst die Art der Maßnahme, Auswahl der ArbN, Zeitpunkt und Zeitdauer der Teilnahme. Werden ArbN hierzu von der Arbeit freigestellt oder trägt der ArbGeb. mindestens teilweise die Kosten für die Teilnahme der ArbN, hat der BR darüber hinaus ein MBR bei der Auswahl nach § 98 Abs. 3 und Abs. 4. Das besondere Beratungsrecht bezieht sich auch auf die Beteiligung des ArbGeb. an überbetrieblichen Bildungseinrichtungen. Es berechtigt den BR dazu, mit dem ArbGeb. die Auswahl der ArbN und die Dauer sowie den Zeitpunkt der außerbetrieblichen Berufsbildung zu beraten (Richardi BetrVG/*Thüsing* Rn. 9; HWGNRH/*Worzalla* Rn. 7 ausgenommen zeitliche Lage). Das dient nicht nur dazu, eine gleichmäßige Heranziehung der ArbN bei einer Maßnahme der außerbetrieblichen Berufsbildung zu gewährleisten, sondern ermöglicht es dem BR, sich im Rahmen seiner besonderen Förderpflichten nach § 80 Abs. 1 für bestimmte ArbNGruppen – wie etwa ältere ArbN, solche mit familiären Betreuungspflichten oder ausländische ArbN – einzusetzen. Das Beratungsrecht gilt auch in Bezug auf sog Ein-Euro-Jobber (*Engels* NZA 2007, 8).

Bezogen auf die Errichtung und Einführung hat die Beratung mit dem BR bereits 7
zu einem **Zeitpunkt** stattzufinden, in dem der ArbGeb. mehrere konkrete Lösungsvorschläge auf ihre konkrete Umsetzung hin prüft (Auswahl der optimalen Lösung, Stufe 5 REFA-Standardprogramm → § 80 Rn. 57). Das Beratungsrecht über die Teilnahme an außerbetrieblichen Bildungsmaßnahmen setzt ein, bevor die vom ArbGeb. ins Auge gefasste Entscheidung umgesetzt wird. Das folgt aus dem Zweck des Beratungsrechts.

III. Mitbestimmung bei der Qualifizierung

1. Zweck des Mitbestimmungsrechts

Gem. Abs. 2 hat der BR unter bestimmten Voraussetzungen bei der Einführung 8
von Maßnahmen der betrieblichen Berufsbildung mitzubestimmen. Nach früherem Recht war die MB des BR beschränkt auf die **Durchführung von Maßnahmen der betrieblichen Berufsbildung** (§ 98 Abs. 1). Der ArbGeb. konnte allein über das „Ob“ solcher Maßnahmen entscheiden. Durch das BetrVerf-ReformG sind die Mitbestimmungsbefugnisse des BR auch auf die **Einführung betrieblicher Berufsbildungsmaßnahmen** erstreckt worden. Dazu knüpfte der RegE den Mitbestimmungstatbestand zunächst an Maßnahmen des ArbGeb., die bezogen auf technische Anlagen, Arbeitsverfahren und Arbeitsabläufe sowie Arbeitsplätze dazu führen, dass sich die Tätigkeit der davon betroffenen ArbN ändern wird und ihre beruflichen Kenntnisse und Fähigkeiten zur Erfüllung ihrer Aufgabe nicht mehr ausreichen. Das entspricht den Voraussetzungen der Unterrichtungspflicht des ArbGeb. nach § 90 Abs. 1 Nr. 2–4. Die dem ArbGeb. zuzurechnenden Ursachen eines Qualifikationsdefizits der ArbN als Voraussetzung für das Entstehen des MBR hat der dann G gewordene Vorschlag des BT-Ausschusses für Arbeit und Sozialordnung ausgeweitet (BT-Drs. 14/6352, 58 ff.). Mit Hinweis darauf, dass die im RegE enthaltenen tatbestandlichen Voraussetzungen für das Entstehen des MBR zu eng seien, wurden die aus § 90 Abs. 1 Nr. 2–4 entnommenen Beschränkungen aufgegeben. Bei der sprachlichen Fassung des Abs. 2 wurde außerdem anstelle des Futurs „ändern wird“ das Präsens „ändern“ in Bezug auf die Tätigkeit der ArbN gebraucht (ausf. GK-BetrVG/*Raab* Rn. 4).

Wie die amtliche Begründung verdeutlicht, ist Abs. 2 vor dem Hintergrund **ar-** 9
beitsförderungsrechtlicher Pflichten der Arbeitsvertragsparteien nach § 2 SGB III zu sehen. Diese weisen den ArbGeb. einerseits eine Mitverantwortung für die berufliche Leistungsfähigkeit der bei ihnen Beschäftigten zu (§ 2 Abs. 2 Nr. 1 SGB III).

Anderseits werden auch die ArbN dazu angehalten, ihre berufliche Leistungsfähigkeit den sich ändernden Anforderungen anzupassen (§ 2 Abs. 4 SGB III). Diese Verpflichtungen werden durch arbeitsrechtliche Vorschriften konkretisiert. Dazu gehört ua die Regelung des § 81 Abs. 4 S. 2, nach der ein ArbGeb. mit dem ArbN zu erörtern hat, wie dessen berufliche Kenntnisse an die vom ArbGeb. geänderten Tätigkeitsanforderungen im Rahmen der betrieblichen Möglichkeiten angepasst werden können (Richardi BetrVG/*Thüsing* Rn. 20; *Franzen* NZA 2001, 865). Das ist auch Gegenstand der Beratungspflicht des ArbGeb. mit dem BR nach § 90 Abs. 2. Diese Vorschrift zählt daher ebenso zu den § 2 SGB III konkretisierenden arbeitsrechtlichen Bestimmungen wie das MBR nach Abs. 2.

10 Abs. 2 greift die durch § 2 SGB III begründete Verantwortung auf. Sein Ziel ist es, den BR in die Lage zu versetzen, **präventiv betriebliche Berufsbildungsmaßnahmen** zugunsten von ArbN durchzusetzen, bei denen durch Maßnahmen des ArbGeb. Qualifikationsdefizite entstehen, die ohne Teilnahme an entsprechenden Berufsbildungsmaßnahmen ihre Verwendung auf dem bisherigen Arbeitsplatz oder im Rahmen ihrer bisherigen Tätigkeit in Frage stellen. Der damit verbundenen **Gefahr des Arbeitsplatzverlustes** soll der BR präventiv und nicht mehr nur repressiv durch das Widerspruchsrecht bei Kündigungen nach § 102 Abs. 3 Nr. 4 begegnen können. Danach ist der **Zweck des MBR** darauf gerichtet, durch betriebliche Qualifizierungsmaßnahmen das Risiko des Arbeitsplatzverlustes zu verringern und damit zur Beschäftigungssicherung beizutragen (GK-BetrVG/*Raab* Rn. 3; *Engels/Trebinger/Löhr-Steinhaus* DB 2001, 532; *Franzen* NZA 2001, 865). Es erstreckt sich deshalb nicht auf sog Ein-Euro-Jobber (*Engels* NZA 2007, 8) und ArbN iSd § 5 Abs. 1 S. 3, deren öffentlich-rechtliches Dienstverhältnis oder Arbeitsverhältnis nicht betroffen ist.

2. Voraussetzungen des Mitbestimmungsrechts

11 Das G knüpft das Entstehen des MBR an eine **tätigkeitsändernde Maßnahme** des ArbGeb. Eine Definition zum Begriff der Maßnahme oder Vorgaben zu Art und Umfang einer solchen Maßnahme enthält das G nicht (*Kleinebrink* DB 2018, 254). Entsprechend der Gesetzesbegründung ist der Begriff der Maßnahme nicht auf die Maßnahmen iSd § 90 Abs. 1 Nr. 2–4 beschränkt. Der Begriff ist **weit zu auszulegen** (*Franzen* NZA 2001, 865). Er bezieht sich allgemein auf Handlungen und Aktivitäten des ArbGeb. (DKKW/*Buschmann* Rn. 10; GK-BetrVG/*Raab* Rn. 15). Das sind auch solche, die unmittelbar auf Vorschläge und Initiativen des BR – etwa nach § 80 Abs. 1, § 89 oder § 92a – zurückgehen (DKKW/*Buschmann* Rn. 14).

12 Nach Abs. 2 muss dem ArbGeb. das Qualifikationsdefizit auf Grund eigener Handlungen zurechenbar sein. Ihn trifft danach keine Verantwortung für die Qualifizierung von ArbN, deren Qualifikationsdefizit Folge persönlicher Entscheidungen ist (GK-BetrVG/*Raab* Rn. 20; Richardi BetrVG/*Thüsing* Rn. 11). Abs. 2 gewährt danach **kein MBR,** wenn der Verlust an beruflicher Qualifikation etwa durch die Inanspruchnahme einer Elternzeit nach dem BEEG oder eine sonstige, vom ArbN gewünschte Freistellung bedingt ist, ohne dass sich nach seiner Rückkehr die Anforderungen an seine Tätigkeit durch Maßnahmen des ArbGeb. geändert hätten (**aA** wohl DKKW/*Buschmann* Rn. 20). Dem BR bleibt aber die Möglichkeit, mit dem ArbGeb. eine freiwillige BV über die Qualifizierung dieser Beschäftigten zu vereinbaren. Das dient ua dazu, Arbeitskräfte, die mit den betrieblichen Verhältnissen vertraut sind, an den Betrieb zu binden und Reorganisationskosten zu mindern.

13 Der Begriff der Maßnahme erfasst **technische und/oder organisatorische Maßnahmen** des ArbGeb. Das betrifft die Einführung oder Änderung technischer Anlagen oder von Arbeitsverfahren, Arbeitsabläufen oder Arbeitsplätzen (DKKW/*Buschmann* Rn. 12). Dazu kann auch die Einführung agiler Arbeitsmethoden zählen (*Günther/Böglmüller* NZA 2019, 417). Infolge seiner weiten Fassung ist der Begriff der Maßnahme aber nicht auf solche technisch-organisatorischer Art beschränkt. Er erfasst nach dem Zweck des MBR auch **personelle Maßnahmen** wie Umset-

zung oder Versetzung, die für den betroffenen ArbN tätigkeitsverändernd ist. Dazu gehören auch Entlassungen, wenn die Tätigkeit des Gekündigten anderen ArbN übertragen wird, denen dafür aber noch die erforderliche Qualifikation fehlt. Auf **entlassene ArbN** erstreckt sich das MBR nicht. Es dient nicht dazu, die Arbeitsmarktchancen von ArbN, deren Arbeitsverhältnis ohnehin endet, zu verbessern.

Die Maßnahme des ArbGeb. muss zu einer **Änderung der Tätigkeit** der betroffenen ArbN führen. Das bezieht sich auf das Anforderungsprofil, auf die Art und Weise ihrer Erledigung und damit den Inhalt der bisherigen Tätigkeit. Tätigkeitsändernd ist eine Maßnahme, wenn eine **Soll-Analyse** der künftigen Arbeitsaufgaben andere Anforderungen ergibt als die **Ist-Analyse** der bisherigen Arbeitsaufgaben. Die Änderung muss dem Zweck des MBR entsprechend aber so **nachhaltig** sein, dass die individuellen Kenntnisse und Fähigkeiten der betroffenen ArbN nicht mehr ausreichen, ihre jeweilige Aufgabe zu erfüllen (BT-Drs. 14/5741, 49; Richardi BetrVG/*Thüsing* Rn. 11; HWGNRH/*Worzalla* Rn. 17). Änderungen, die nur einen geringen Einfluss auf die Art und Weise der künftigen Erledigung der individuellen Arbeitsaufgabe haben und denen deshalb bereits im Rahmen der Unterweisung nach § 81 Abs. 1 genügt werden kann, lösen das MBR nach Abs. 2 nicht aus (*Franzen* NZA 2001, 865). 14

Die Änderung der Tätigkeit muss dazu führen, dass die vom ArbN für die Erfüllung seiner Aufgabe verlangten beruflichen Kenntnisse und Fähigkeiten unzureichend werden. Das kann praktische Fertigkeiten wie theoretisches Wissen betreffen. Gegenstand des MBR ist aber die Einführung betrieblicher Bildungsmaßnahmen. Aus dem **Gegenstand des MBR** folgt daher, dass die entstandenen beruflichen Defizite auch durch Maßnahmen der betrieblichen Berufsbildung behebbar sein müssen (GK-BetrVG/*Raab* Rn. 22). Sind die auf Grund einer Maßnahme des ArbGeb. eingetretenen Qualifikationsdefizite so groß, dass sie wegen ihrer zeitlichen Dauer und/oder ihrer Inhalte nur durch eine außerbetriebliche Bildungsmaßnahme (zB Ausbildung zum Facharbeiter, Studium) beseitigt werden können, greift das MBR nach Abs. 2 nicht ein. 15

Das MBR verlangt **keinen kollektiven Tatbestand** (HWGNRH/*Worzalla* Rn. 21; **aA** *Franzen* NZA 2001, 865). Der kollektive Tatbestand ist eine Voraussetzung für bestimmte MBR in den sozialen Angelegenheiten des § 87 Abs. 1. Es dient etwa bei der MB in Fragen der Arbeitszeit (Nr. 2 und Nr. 3) oder des Entgelts (Nr. 10) der Abgrenzung zwischen dem mitbestimmungspflichtigen kollektiven Regelungsbedarf und dem für Einzelfallgestaltungen, die allein mit Rücksicht auf besondere Umstände des einzelnen Arbeitsverhältnisses getroffen worden sind (BAG 14.6.1994 – 1 ABR 63/93, NZA 1995, 543). Die Berufsbildung ist aber Teil der personellen Angelegenheiten, die stets an den individuellen Verhältnissen einzelner ArbN ansetzen. Auch wenn das G von „betroffenen ArbN" spricht, kommt es für das MBR nicht darauf an, ob die Maßnahme des ArbGeb. einen einheitlichen und damit kollektiv zu regelnden Bildungsbedarf erzeugt. Der Zweck des MBR und die enge Verknüpfung mit dem Widerspruchsrecht nach § 102 Abs. 3 Nr. 4 machen deutlich, dass es auch einsetzen soll, wenn von der Maßnahme nur einzelne ArbN betroffen sind, deren individuelle berufliche Kenntnisse und Fähigkeiten im Hinblick auf ihre künftigen Arbeitsaufgabe eine Bildungsmaßnahme erfordern. 16

Das MBR des BR besteht sowohl vor der Umsetzung einer tätigkeitsändernden Maßnahme als auch nach deren Durchführung. Die Kumulation der **zeitlichen Anknüpfungspunkte** vermeidet einen Streit der Betriebsparteien darüber, ob das MBR schon nach dem Abschluss der Maßnahmeplanungen oder erst ausgeübt werden kann, wenn der ArbGeb. die Maßnahme tatsächlich umgesetzt und sich die Tätigkeit auch faktisch geändert hat (DKKW/*Buschmann* Rn. 15). 17

Das MBR besteht allerdings erst bei **geplanten Maßnahmen** des ArbGeb. Da es sich nicht auf das „Ob" und „Wie" der tätigkeitsändernden Maßnahme bezieht und Gegenstand des MBR nicht die argumentative Beeinflussung des ArbGeb. zum Inhalt und Umfang dieser Maßnahme ist, setzt es nicht im Planungsstadium der Maßnahme 18 selbst ein. Es entsteht, wenn sich der ArbGeb. zur Durchführung dieser Maßnahme entschlossen hat (Richardi BetrVG/*Thüsing* Rn. 18; **aA** *Franzen* NZA 2001, 865). Dieser **Entstehenszeitpunkt** folgt daraus, dass die Ausübung des MBR Kenntnisse über Inhalt und Umfang der tätigkeitsändernden Maßnahme verlangt, anhand derer Qualifikationsdefizite und Qualifizierungsbedarf zuverlässig beurteilt werden können. Der ArbGeb. hat den BR nach § 90 Abs. 1 über die Planung von Maßnahmen und deren Abschluss zu informieren. Das ermöglicht es dem BR, das MBR nicht erst nach der Umsetzung der tätigkeitsändernden Maßnahme auszuüben, sondern bereits nach dem Abschluss der Planung im Vorgriff auf die Einführung frühzeitig entsprechende Bildungsmaßnahmen zu fordern (vgl. BT-Drs. 14/5741, 50). Erst recht kann das MBR auch einen erst **nachträglich erkannten Qualifizierungsbedarf** im Anschluss an den Vollzug der Maßnahme aufgreifen (DKKW/*Buschmann* Rn. 20). Ein nachträglicher Qualifizierungsbedarf kann auch entstehen, wenn sich zu einem späteren Zeitpunkt herausstellt, dass durch eine Einweisung nach § 81 Abs. 1 das Qualifikationsdefizit nicht zu beseitigen war.

19 Das **Entstehen des MBR** setzt nicht voraus, dass sich die Tätigkeit des ArbN infolge der Maßnahme bereits tatsächlich geändert hat. Zwar enthält das G an dieser Stelle nicht mehr die im RegE noch enthaltene Futurform des „ändern wird". Die G gewordene Präsensform „ändern" lässt jedoch nicht darauf schließen, dass das MBR vor Umsetzung der Maßnahme nur entsteht, wenn die Planung selbst zu einer Änderung der Tätigkeit führt (**aA** *Franzen* NZA 2001, 865). Dieses grammatikalische Auslegungsergebnis steht mit dem vorrangigen Zweck des MBR nicht in Einklang. Das **MBR soll präventiv wirken** (*Hanau* RdA 2001, 65). Es wäre zweckwidrig, das MBR erst nach der Umsetzung einer tätigkeitsändernden Maßnahme eingreifen zu lassen, obwohl bereits nach Abschluss der Planungen aber vor der Durchführung der Maßnahme die Notwendigkeit betrieblicher Berufsbildungsmaßnahmen feststeht.

19a Die berufliche Weiterbildung ist zunehmend auch zum Gegenstand von **Qualifizierungstarifverträgen** geworden (vgl. insbes. *Rieble* FS 50 Jahre BAG, 2004, 831 [837 ff.]). Soweit danach tarifliche Regelungen bestehen, sind nach **§ 77 Abs. 3 S. 1** betriebliche Regelungen gesperrt, sofern nicht der TV eine Öffnungsklausel iSv § 77 Abs. 3 S. 2 enthält (vgl. *Löwisch* NZA-Sonderbeilage zu Heft 24/2001, 40 [44]; vgl. zu § 98 BAG 24.8.2004 – 1 ABR 28/03, NZA 2005, 371) und deshalb dem ArbGeb. ein Gestaltungsspielraum verbleibt (BAG 5.11.1985 – 1 ABR 49/83, NZA 1986, 535). Dogmatisch zweifelhaft erscheint dagegen, ob für die Fälle der Tarifüblichkeit iSv § 77 Abs. 3 S. 1 die im Verhältnis von § 77 Abs. 3 S. 1 zu § 87 Abs. 1 Eingangshalbsatz entwickelte Vorrangtheorie (→ § 77 Rn. 109 ff.) anwendbar ist (GK-BetrVG/*Raab* Rn. 14; *Franzen* NZA 2001, 865 [870]; *Rieble* FS 50 Jahre BAG, 2004, 831 [832]). Dafür spricht zwar der effektive Schutz der zwingenden Mitbestimmung (→ § 77 Rn. 112), doch stehen gewichtige systematische Gründe entgegen. Die Vorrangtheorie beruht auf der Regelung des Eingangssatzes des § 87 Abs. 1 S. 1, der als speziellere Norm der Regelungssperre des § 77 Abs. 3 vorgeht. Darüber hinaus nimmt § 112 Abs. 1 S. 4 ausdrücklich den Sozialplan von der Regelungssperre des § 77 Abs. 3 aus. Außer in den genannten Fällen bleibt es bei der allgemeinen Regelung des § 77 Abs. 3, der nicht zwischen zwingender und freiwilliger Mitbestimmung differenziert. Eine entsprechende Anwendung des § 87 Abs. 1 Eingangssatz auf alle Fälle der zwingenden Mitbestimmung dürfte daher am Fehlen einer Gesetzeslücke scheitern.

3. Gegenstand des Mitbestimmungsrechts

20 Das MBR nach Abs. 2 ist ein **Initiativrecht** (*Reichold* NZA 2001, 857; *Franzen* NZA 2001, 865; *Löwisch* BB 2001, 1790; *Konzen* RdA 2001, 76). Es ist gerichtet auf die Einführung betrieblicher Berufsbildungsmaßnahmen. Das MBR kann nach Abs. 2 S. 3 über die E-Stelle durchgesetzt werden. Es erstreckt sich nicht auf die bloße Einweisung eines ArbN (LAG Hamm LAG Report 03, 107).

Das MBR betrifft die Einführung **betrieblicher Berufsbildungsmaßnahmen.** Das sind allgemein solche, die dem ArbN Kenntnisse und Erfahrungen vermitteln, die zur Ausfüllung seines Arbeitsplatzes und seiner beruflichen Tätigkeit dienen (BAG 24.8.2004 – 1 ABR 28/03, NZA 2005, 371). 21

Die von der Rspr. des BAG für § 98 am Schutzzweck dieser Norm entwickelte weite Begriffsbestimmung bedarf im Anwendungsbereich des § 97 Abs. 2 nach Wortlaut und Zweck dieses MBR einer einschränkenden Auslegung. Nach § 97 Abs. 2 soll der ArbN durch die Berufsbildungsmaßnahme in die Lage versetzt werden, seinen Aufgaben nachzukommen. Die Berufsbildungsmaßnahme muss daher einen konkreten Aufgabenbezug haben. Was Inhalt der Aufgaben ist, bestimmt sich nach dem Umfang der vertraglich geschuldeten Arbeitsleistung. Zweck des MBR ist es nicht, den ArbN allgemein für den Arbeitsmarkt wettbewerbsfähig zu machen. Das MBR ist seinem Schutzzweck nach darauf gerichtet, solche Fähigkeitsdefizite auszugleichen, die der ArbGeb. auf Grund der Änderung der Anforderungen der Arbeitsaufgabe zu verantworten hat. **Berufsbildungsmaßnahmen iSd Abs. 2** sind daher solche, die geeignet sind, dem ArbN Kenntnisse und Fähigkeiten vermitteln, die er für die Ausfüllung seines geänderten Arbeitsplatzes oder seiner veränderten Arbeitsaufgabe benötigt (→ Rn. 15; GK-BetrVG/*Raab* Rn. 22). 22

Das MBR gilt nur für Maßnahmen der **betrieblichen Berufsbildung** (GK-BetrVG/*Raab* Rn. 13). Dieser Begriff ist nicht räumlich, sondern funktional zu verstehen. Es kommt nicht darauf an, ob die Maßnahme im Betrieb selbst durchgeführt wird. Entscheidend ist, dass die Maßnahme vom ArbGeb. getragen oder veranstaltet und für seine ArbN durchgeführt wird. Das setzt voraus, dass der ArbGeb. die Bildungsmaßnahme durchführt. Bedient er sich eines Dritten, muss der ArbGeb. einen beherrschenden Einfluss auf Inhalt und Durchführung der Veranstaltung haben (BAG 24.8.2004 – 1 BR 28/03, NZA 2005, 371). 23

Das MBR ist auf die Einführung betrieblicher Berufsbildungsmaßnahmen gerichtet. Das betrifft nicht die **Schaffung betrieblicher Bildungseinrichtungen.** Der BR kann nach Abs. 2 daher nicht die Einrichtungen von Schulungszentren verlangen. Insoweit steht ihm ein Beratungsrecht nach Abs. 1 zu. Die Beschränkung auf betriebliche Bildungsmaßnahmen schließt ein MBR zur Einführung **außerbetrieblicher Bildungsmaßnahmen** aus (*Reichold* NZA 2001, 857). Für solche Maßnahmen besteht nur ein MBR bei der Auswahl der teilnehmenden ArbN nach § 98 Abs. 3. Diese Beschränkung des MBR folgt auch daraus, dass der ArbGeb. keinen beherrschenden Einfluss auf außerbetriebliche Berufsbildungsmaßnahmen hat und es daher an einem Anknüpfungspunkt für das MBR fehlt (BAG 18.4.2000 – 1 ABR 28/99, NZA 2001, 167). 24

Die betriebliche Berufsbildungsmaßnahme muss sowohl den ArbN als auch dem ArbGeb. zumutbar sein (Richardi BetrVG/*Thüsing* Rn. 15). Das folgt aus dem systematischen Zusammenhang des MBR mit dem Widerspruchsgrund des § 102 Abs. 3 Nr. 4 bei Kündigungen. Dieser knüpft das Recht des BR, einer ordentlichen Kündigung zu widersprechen, daran, dass der ArbN jedenfalls nach zumutbaren Umschulungs- und Weiterbildungsmaßnahmen weiterbeschäftigt werden kann (BAG 7.2.1991 – 2 AZR 205/90, NZA 1991, 806). Die Beurteilung der **Zumutbarkeit verlangt** letztlich eine Abwägung der berechtigten Interessen des ArbGeb. und solchen der betroffenen ArbN am Erhalt ihres Arbeitsplatzes. Wie im Bereich des § 102 sind dafür etwa maßgebend die mit der Bildungsmaßnahme verbunden betrieblichen Belastungen, die Verantwortung des ArbGeb. für das Qualifikationsdefizit, die Dauer und die zeitliche Lage der Bildungsmaßnahme und auch, dass die Maßnahme den Erhalt des Arbeitsplatzes bezweckt, aber nicht eine Qualifizierung für den beruflichen Aufstieg des jeweiligen ArbN ist (→ § 102 Rn. 45 ff.). Soweit die **E-Stelle** über die Zumutbarkeit zu befinden hat, steht ihr ein **Beurteilungsspielraum** zu, der eingeschränkter gerichtlicher Kontrolle unterliegt. 25

Das MBR erfasst die Festlegung von **Qualifizierungszielen** für ArbN oder Gruppen von ArbN und die Fixierung von **Qualifizierungswegen.** Es bezieht sich 26 auch darauf ob der ArbGeb. selbst die Maßnahme durchführt oder dazu einen Dritten beauftragt. In letzterem Fall erfasst das MBR auch die Auswahl des Dritten. Das „Ob" der Bildungsmaßnahme erstreckt sich nach dem Schutzzweck des MBR auch auf die Festlegung der zeitlichen und der örtlichen Lage der Bildungsveranstaltung.

27 Die Konkretisierung der Bildungsmaßnahme bestimmt den **Kreis der Teilnahmeberechtigten.** Adressat einer Bildungsveranstaltung iSd Abs. 2 ist zunächst jeder ArbN, dessen beruflichen Kenntnisse und Fähigkeiten auf Grund einer tätigkeitsändernden Maßnahme des ArbGeb. zwar unzureichend geworden sind, der aber doch auf Grund seiner Kenntnisse und Fähigkeiten qualifizierungsfähig ist (*Franzen* NZA 2001, 865). Die Betriebsparteien können unter dieser Voraussetzung einzelne ArbN nicht von der Teilnahme an betrieblichen Bildungsmaßnahmen ausnehmen (Richardi BetrVG/*Thüsing* Rn. 16). § 75 Abs. 1 verpflichtet sie zur Gleichbehandlung. Das von § 98 Abs. 3 begründete Auswahlermessen gilt im Anwendungsbereich von § 97 Abs. 2 nicht. Ein Auswahlermessen steht den Betriebsparteien und damit der E-Stelle aber zu, wenn zB eine gemeinsame Schulung aller teilnahmeberechtigter ArbN dem ArbGeb. etwa aus betrieblichen Gründen nicht zumutbar ist und die Maßnahme daher zeitlich gestaffelt durchzuführen ist. Dieses Auswahlrecht folgt allerdings nicht aus § 98 Abs. 3, sondern aus dem Inhalt des MBR.

28 Eine das MBR auslösende tätigkeitsändernde Maßnahme des ArbGeb. kann auch mit einem **Abbau von Arbeitsplätzen** verbunden sein und in Bezug auf die verbleibenden ArbN einen Qualifizierungsbedarf erzeugen. Sollen die verbleibenden ArbN bereits im Vorgriff auf einen künftigen Arbeitsplatzabbau ausgebildet werden, bedarf dies zunächst einer Auswahlentscheidung der Betriebsparteien. Dieses **Auswahlrecht** folgt aus der Zumutbarkeit der Bildungsmaßnahme (→ Rn. 27). Die Qualifizierung von ArbN, für die im Zeitpunkt der Qualifizierung wegen des feststehenden Wegfalls von Arbeitsplätzen kein Bedarf besteht, ist dem ArbGeb. nicht zumutbar (ähnlich Richardi BetrVG/*Thüsing* Rn. 16). Allerdings greift die Auswahl der zu qualifizierenden ArbN der Sozialauswahl bei betriebsbedingten Kündigungen vor. Die mit dem BR getroffene Vereinbarung ermöglicht es dem ArbGeb. nach § 1 Abs. 3 S. 2 KSchG diejenigen ArbN von der Sozialauswahl auszunehmen, deren Weiterbeschäftigung betriebsorganisatorische, wirtschaftliche oder sonstige berechtigte betrieblichen Interessen bedingen. Verschafft die Teilnahme an einer nach Abs. 2 mitbestimmten Bildungsmaßnahme diesen ArbN eine Qualifikation, die für einen geordneten Betriebsablauf erforderlich ist, kann ein nach § 1 Abs. 3 S. 2 KSchG berücksichtigungsfähiger Sachverhalt vorliegen. Die Herausnahme bestimmter ArbN aus der Sozialauswahl beruht auf einer Vereinbarung mit dem BR. Einer darauf gerichteten BV kommt, was die Beurteilung des Qualifizierungsbedarfs und der Qualifizierbarkeit der Teilnehmer betrifft, eine Richtigkeitsgewähr zu. Eine BV nach Abs. 2 kann daher in entsprechender Anwendung des § 1 Abs. 4 KSchG im KSch-Verfahren nur auf grobe Fehlerhaftigkeit hin überprüft werden. Die Kündigung eines ArbN, der an einer Bildungsmaßnahme teilnimmt oder dafür vorgesehen ist, kann wegen eines Verstoßes gegen das kündigungsschutzrechtliche Ultima-Ratio-Prinzip unwirksam sein (DKKW/*Buschmann* Rn. 28; GK-BetrVG/*Raab* Rn. 30).

29 Das MBR kann in Form einer **BV** oder einer **Regelungsabrede** ausgeübt werden. Die Regelungsabrede wirkt nur im Verhältnis der Betriebsparteien. Sie kann keine Ansprüche der ArbN begründen. Umgekehrt kann der BR die ArbN zur Teilnahme an der Bildungsveranstaltung nicht verpflichten. Abgesehen davon, dass eine Zwangsschulung ihren Zweck verfehlt, verletzt ein Schulungszwang das Persönlichkeitsrecht des ArbN.

4. Kosten der Bildungsmaßnahme

30 Wie auch die sonstigen MBTatbestände des G enthält Abs. 2 keine Regelung darüber, wer die Kosten der Maßnahme zu tragen hat. Es gelten daher die **allgemeinen Grundsätze.** Danach sind die Kosten von demjenigen zu tragen, in dessen Sphäre sie

anfallen. Die Kosten der Regelung eines mitbestimmungspflichtigen Tatbestandes sind betriebliche Kosten, die grds. der ArbGeb. zu tragen hat (BAG 1.12.1992 – 1 AZR 260/90, NZA 1993, 711; **aA** HWGNRH/*Worzalla* Rn. 26 ff. einzelfallbezogene Betrachtung). Es handelt sich nicht um einen Annex zum MBR (BAG 5.3.1991 – 1 ABR 41/90, NZA 1991, 611); die betriebliche Bildungsmaßnahme lässt sich ohne eine Regelung zur Kostenbeteiligung einführen (GK-BetrVG/*Raab* Rn. 24; **aA** ErfK/*Kania* Rn. 7 unter Hinweis auf § 2 SGB III).

Zu den vom **ArbGeb. zu tragenden Kosten** gehören zunächst die der **Bildungsmaßnahme** selbst. Sie fallen beim ArbGeb. als Träger oder Veranstalter der betrieblichen Bildungsmaßnahme an (*Franzen* NZA 2001, 865). Zu den Kosten der Maßnahme gehört auch das **Arbeitsentgelt der teilnehmenden ArbN,** wenn die Bildungsmaßnahme während der ArbZ durchgeführt wird (**aA** *Franzen* NZA 2001, 865, der die Kosten der Entgeltfortzahlung der Risikosphäre der ArbN zuweist). Der ArbN ist nach dem Arbeitsvertrag aber nicht verpflichtet, sich innerhalb seiner freien Zeit weiterzubilden. Die Teilnahme dieser ArbN während der Arbeitszeit ist vielmehr eine Konkretisierung der Arbeitspflicht durch den ArbGeb. Dieser ist zudem verpflichtet, durch zumutbare Bildungsmaßnahmen ein von ihm gesetztes Qualifikationsdefizit zu beseitigen, ehe er durch Ausspruch einer ordentlichen Kündigung das Arbeitsverhältnis überhaupt beenden kann (vgl. § 1 Abs. 2 S. 3 KSchG). 31

Gehören die Entgeltfortzahlungskosten zu den Kosten der mitbestimmten Maßnahme, steht dem BR kein MBR hinsichtlich der Vereinbarung sog **Rückzahlungsklauseln** zu (GK-BetrVG/*Raab* Rn. 24). Eine entspr. Regelung in einer freiwilligen BV (§ 88) muss jedenfalls verhältnismäßig sein. Dazu muss sie zur Verwirklichung eines berechtigten Interesses des ArbGeb. geeignet, erforderlich und angemessen sein (→ § 88 Rn. 8 ff.). Eine Rückzahlungsklausel kann der ArbGeb. aber einzelvertraglich mit dem ArbN vereinbaren (**aA** *Franzen* NZA 2001, 865 wegen der von ihm angenommenen Annexkompetenz des BR; → Rn. 30). 32

5. Durchsetzung des Mitbestimmungsrechts

Können sich die Betriebsparteien über die Einführung einer Maßnahme der betrieblichen Berufsbildung nicht einigen, können beide Seiten **die E-Stelle anrufen.** Deren Spruch entscheidet den Konflikt gem. Abs. 2 S. 3 verbindlich. Die Zuständigkeit der E-Stelle beurteilt sich danach, ob eine vom ArbGeb. veranlasste Maßnahme ein Qualifikationsdefizit erzeugt, das im Wege einer betrieblichen Berufsbildungsmaßnahme ausgleichbar ist. Insoweit steht der E-Stelle ein Beurteilungsermessen zu (DKKW/*Buschmann* Rn. 21; GK-BetrVG/*Raab* Rn. 27). Der Spruch der E-Stelle bezieht sich darauf, ob und welche Maßnahmen der betrieblichen Berufsbildung durchzuführen sind (GK-BetrVG/*Raab* Rn. 26). Wegen Fehlens eines MBR kann sie keine finanzielle Beteiligung der ArbN an der Maßnahme regeln. 33

Verlangt der BR trotz Vorliegens der tatbestandlichen Voraussetzungen des MBR nach Abs. 2 nicht die Einführung einer betrieblichen Berufsbildungsmaßnahme, kann er dennoch einer damit im Zusammenhang stehenden Kündigung nach § 102 Abs. 3 Nr. 4 BetrVG widersprechen (GK-BetrVG/*Raab* Rn. 29 für ein Widerspruchsrecht bei offenkundigem Vorliegen der Voraussetzungen des Abs. 2). Seine Untätigkeit ist kein **Verzicht auf das Widerspruchsrecht** nach § 102 Abs. 3 Nr. 4 und setzt auch keinen darauf gerichteten Vertrauenstatbestand (**aA** GK-BetrVG/*Raab* Rn. 29, nach dem der kollektive Schutz des Abs. 2 den des § 102 Abs. 3 Nr. 4 verdrängen soll). Etwas anderes kann allenfalls gelten, wenn der BR dem ArbGeb. gegenüber zum Ausdruck gebracht hat, von seinem MBR nach Abs. 2 keinen Gebrauch machen zu wollen. 34

Vereinbaren die Betriebsparteien die Einführung einer betrieblichen Berufsbildungsmaßnahme, steht dem BR ein darauf gerichteter **Durchführungsanspruch** zu (→ § 77 Rn. 227). Beschließt der ArbGeb. bei Vorliegen der Voraussetzungen des MBR nach Abs. 2 eine Bildungsmaßnahme ohne BRBeteiligung, missachtet er das 35

MBR. Der BR kann einen auf § 23 Abs. 3 gestützten **Unterlassungsanspruch** geltend machen, der jedoch bei ungeklärten Rechtsfragen keinen Erfolg haben dürfte. Dem BR steht aber nach den vom BAG entwickelten Grundsätzen ein **allgemeiner Unterlassungsanspruch** bezogen auf die Einführung einer nicht mitbestimmten Bildungsmaßnahme zu, da ihm kein anderer wirksamer Weg zur Durchsetzung seines MBR zusteht. Dessen Sicherung ist auch nicht auf andere Weise gewährleistet (BAG 26.7.2005 – 1 ABR 29/04, NZA 2005, 1372).

36 Verlangt der BR vom ArbGeb. im Wege seines **Initiativrechts die Einführung** einer betrieblichen Berufsbildungsmaßnahme und spricht der ArbGeb. ungeachtet dessen betriebsbedingte Kündigungen in Bezug auf die zu qualifizierenden ArbN aus, wird das auf präventiven Kündigungsschutz gerichtete MBR vereitelt, bestenfalls der Geltendmachung durch die ArbN im Wege der KSchKlage überantwortet. Dem BR steht daher nach allgemeinen Grundsätzen des **Unterlassungsanspruchs** das Recht zu, vom ArbGeb. zu verlangen, bis zum Abschluss des MBVerfahrens den Ausspruch von Kündigungen zu unterlassen (*Franzen* NZA 2001, 865).

37 Die Beachtung des MBR aus § 97 ist **nicht Wirksamkeitsvoraussetzung einer Kündigung** (BAG 6.7.2006 – 2 AZR 443/05, NZA 2007, 197). Bei der Bestimmung der Rechtsfolge einer fehlenden oder nicht ordnungsgemäßen Mitbestimmung ist zwischen der kollektiven und der individualrechtlichen Ebene zu trennen. Die Verletzung des MBR führt nach der stRspr des BAG nur dann automatisch zur Unwirksamkeit der individualrechtlichen Maßnahme, wenn diese wie bei der Kündigung selbst Gegenstand des MBR ist (BAG 5.4.2001 – 2 AZR 580/99, NZA 2001, 893). Das MBR nach Abs. 2 ist zwar auf präventiven Kündigungsschutz gerichtet. Sein Gegenstand ist aber die Einführung einer Bildungsmaßnahme. Das begründet neben § 102 und § 103 kein weiteres Wirksamkeitserfordernis für die Kündigung selbst.

IV. Streitigkeiten

38 Streitigkeiten über den Umfang der Beteiligung des BR entscheiden die ArbG im **BeschlVerf.** (→ ArbGG Rn. 7 ff.). Ein Verstoß des ArbGeb. gegen § 97 ist keine Ordnungswidrigkeit nach § 121. Es kommt aber ein Antrag nach § 23 Abs. 3 in Betracht, uU ein allgemeiner Unterlassungsanspruch. Das Bestehen eines MBR nach Abs. 2 kann nach den allgemeinen Grundsätzen durch einen Feststellungsantrag gerichtlich geklärt werden. Das Feststellungsinteresse hängt vom Bestehen eines Qualifizierungsbedarfs im Zeitpunkt der letzten gerichtlichen Anhörung ab. Fehlt es daran, muss das Feststellungsinteresse gesondert begründet werden; ggf. kann das Verfahren in der Hauptsache erledigt sein.

§ 98 Durchführung betrieblicher Bildungsmaßnahmen

(1) **Der Betriebsrat hat bei der Durchführung von Maßnahmen der betrieblichen Berufsbildung mitzubestimmen.**

(2) **Der Betriebsrat kann der Bestellung einer mit der Durchführung der betrieblichen Berufsbildung beauftragten Person widersprechen oder ihre Abberufung verlangen, wenn diese die persönliche oder fachliche, insbesondere die berufs- und arbeitspädagogische Eignung im Sinne des Berufsbildungsgesetzes nicht besitzt oder ihre Aufgaben vernachlässigt.**

(3) **Führt der Arbeitgeber betriebliche Maßnahmen der Berufsbildung durch oder stellt er für außerbetriebliche Maßnahmen der Berufsbildung Arbeitnehmer frei oder trägt er die durch die Teilnahme von Arbeitnehmern an solchen Maßnahmen entstehenden Kosten ganz oder teilweise, so kann der Betriebsrat**

Vorschläge für die Teilnahme von Arbeitnehmern oder Gruppen von Arbeitnehmern des Betriebs an diesen Maßnahmen der beruflichen Bildung machen.

(4) [1]**Kommt im Fall des Absatzes 1 oder über die nach Absatz 3 vom Betriebsrat vorgeschlagenen Teilnehmer eine Einigung nicht zustande, so entscheidet die Einigungsstelle.** [2]**Der Spruch der Einigungsstelle ersetzt die Einigung zwischen Arbeitgeber und Betriebsrat.**

(5) [1]**Kommt im Fall des Absatzes 2 eine Einigung nicht zustande, so kann der Betriebsrat beim Arbeitsgericht beantragen, dem Arbeitgeber aufzugeben, die Bestellung zu unterlassen oder die Abberufung durchzuführen.** [2]**Führt der Arbeitgeber die Bestellung einer rechtskräftigen gerichtlichen Entscheidung zuwider durch, so ist er auf Antrag des Betriebsrats vom Arbeitsgericht wegen der Bestellung nach vorheriger Androhung zu einem Ordnungsgeld zu verurteilen; das Höchstmaß des Ordnungsgeldes beträgt 10 000 Euro.** [3]**Führt der Arbeitgeber die Abberufung einer rechtskräftigen gerichtlichen Entscheidung zuwider nicht durch, so ist auf Antrag des Betriebsrats vom Arbeitsgericht zu erkennen, dass der Arbeitgeber zur Abberufung durch Zwangsgeld anzuhalten sei; das Höchstmaß des Zwangsgeldes beträgt für jeden Tag der Zuwiderhandlung 250 Euro.** [4]**Die Vorschriften des Berufsbildungsgesetzes über die Ordnung der Berufsbildung bleiben unberührt.**

(6) **Die Absätze 1 bis 5 gelten entsprechend, wenn der Arbeitgeber sonstige Bildungsmaßnahmen im Betrieb durchführt.**

Inhaltsübersicht

I. Vorbemerkung

1 Während § 96 u. 97 Abs. 1 allgemeine Beratungsrechte und Vorschlagsrechte des BR zum Gegenstand haben, räumt § 98 ebenso wie der durch das BetrVerf-ReformG neu eingeführte § 97 Abs. 2 dem BR **echte MBR** bei der **Durchführung von Maßnahmen der betrieblichen Berufsbildung,** bei der **Bestellung der Ausbilder** und bei der **Auswahl der an der Berufsbildung teilnehmenden ArbN** ein, die teils über die E-Stelle (Abs. 4 iVm Abs. 1, 3), teils über das ArbG (Abs. 5 iVm Abs. 2) durchsetzbar sind. Während § 97 Abs. 2 unter bestimmten einschränkenden Voraussetzungen ein MBR bereits bei der Einführung betrieblicher Berufsbildungsmaßnahmen vorsieht, normiert § 98 Abs. 1 ein MBR ohne die einschränkenden Voraussetzungen generell bei der **Durchführung** derartiger Maßnahmen.

2 Allerdings entscheidet der ArbGeb. alleine darüber, ob er außerhalb gesetzlicher Verpflichtungen Einrichtungen der Berufsausbildung schafft, Berufsbildungsmaßnahmen durchführt und welche finanziellen Mittel er dafür zur Verfügung stellt (BAG 24.8.2004 – 1 ABR 28/03, NZA 2005, 371). Ein mittelbarer Zwang zur Einführung von Umschulungsmaßnahmen kann sich ungeachtet § 97 Abs. 2 allerdings aus § 102 Abs. 3 Nr. 4 zur Vermeidung von Kündigungen ergeben (GK-BetrVG/*Raab*

Rn. 10). Das MBR ist an die **Durchführung** einer betrieblichen Bildungsmaßnahme geknüpft. Während es bei der Einführung um die Frage geht, ob eine bestimmte Berufsbildungsmaßnahme im Betrieb überhaupt durchgeführt wird, betrifft die Durchführung alle Fragen, die sich nach einer Einführung der Maßnahme stellen. Die Einführung betrifft das „Ob" und damit auch den Zweck sowie die daran knüpfende abstrakt-generelle Festlegung des Teilnehmerkreises, die Durchführung das „Wie" der Maßnahme (BAG 24.8.2004 – 1 ABR 28/03, NZA 2005, 371). Hierbei geht es zB um die konkrete Festlegung des Teilnehmerkreises, hinsichtlich dessen dem BR ein Vorschlagsrecht nach Abs. 3 zusteht, die konkrete Ausgestaltung der Maßnahme oder die Zahl der Teilnehmer (DKKW/*Buschmann* Rn. 2; teilweise **aA** GK-BetrVG/*Raab* Rn. 11 ff.). Auch die Festlegung der Dauer einer Bildungsmaßnahme ist eine mitbestimmungspflichtige Regelung über deren Durchführung (BAG 24.8.2004 – 1 ABR 28/03, NZA 2005, 371; **aA** *Natzel* SAE 2005, 249 [251 f.]). Dem ArbGeb. bleibt aber ein faktisch entscheidender Einfluss durch sein Alleinentscheidungsrecht über die Höhe der Mittel und deren Zweckbestimmung. Die MBR werden weiter eingeschränkt durch den relativen **Tendenzschutz** (§ 118 Abs. 1 S. 1); sie sind ausgeschlossen, soweit es sich um die Aus- und Fortbildung der Tendenzträger handelt (Richardi BetrVG/*Thüsing* Rn. 8).

3 Abs. 6 stellt sicher, dass der BR in gleicher Weise wie bei beruflichen Bildungsmaßnahmen auch bei **sonstigen im Betrieb durchgeführten Bildungsmaßnahmen** mitzubestimmen hat. Unberührt bleibt die Überprüfung der fachlichen und persönlichen Eignung der Ausbilder für die Berufsausbildung nach dem BBiG.

4 Entspr. Vorschrift im BPersVG: § 75 Abs. 3 Nr. 6, 7; § 76 Abs. 2.

II. Durchführung von Maßnahmen der betrieblichen Berufsbildung

5 Der BR hat bei der Durchführung aller Maßnahmen der betrieblichen Berufsbildung, aber auch bei der Vermittlung sonstiger (beruflicher) Kenntnisse und Fertigkeiten, ein **echtes MBR.** Das BetrVG definiert den Begriff der Berufsbildung nicht. Er ist anhand der Bestimmungen des BBiG sowie aus dem Zweck des MBR zu ermitteln und gegenüber der mitbestimmungsfreien Arbeitseinweisung nach § 81 abzugrenzen (BAG 23.4.1991 – 1 ABR 49/90, NZA 1991, 817). Entsprechend § 1 Abs. 1 BBiG geht es um Maßnahmen der **Berufsausbildungsvorbereitung,** der **Berufsausbildung,** der **beruflichen Fortbildung** und der **beruflichen Umschulung** (BAG 5.3.2013 – 1 ABR 11/12, AP BetrVG 1972 § 98 Nr. 15). Maßnahmen der Berufsbildung sind daher solche, die dem ArbN Kenntnisse und Erfahrungen vermitteln, die zur Ausfüllung eines Arbeitsplatzes oder einer beruflichen Tätigkeit im Allgemeinen befähigen (BAG 18.4.2000 – 1 ABR 28/99, NZA 2001, 167). Das können auch Lehrgänge sein, die dem Arbeitnehmer die für die Ausfüllung seines Arbeitsplatzes und seiner beruflichen Tätigkeit notwendigen Kenntnisse und Fähigkeiten verschaffen sollen (BAG 10.2.1988 – 1 ABR 39/86, NZA 1988, 549). Die Berufsausbildung selbst ist weitgehend gesetzlich geregelt durch das BBiG und die nach §§ 4, 5 BBiG, bzw. §§ 25, 26 HandwO erlassenen Ausbildungsordnungen (→ § 96 Rn. 15). Insoweit kommt nur eine Ausfüllung und Anpassung der Vorschriften an die betrieblichen Verhältnisse in Betracht (ErfK/*Kania* Rn. 4). Deshalb wird auch eine Schulung zum AGG, die Fortbildungsmaßnahme iSd § 1 Abs. 1 BBiG ist, vom MBR umfasst (VG Ffm 10.9.2007 – 23 L 1680/07, NZA-RR 2008, 52; ArbG Köln 19.7.2007 – 22 Ca 2074/07, NZA-RR 2008, 52; **aA** *Besgen* BB 2007, 213). Typischer **Gegenstand des MBR** ist der Ablauf der jeweiligen Ausbildung (BAG 18.4.2000 – 1 ABR 28/99, NZA 2001, 167). Das sind im einzelnen Regelungen über einen Versetzungsplan für das Durchlaufen der einzelnen Abteilungen, das Verkürzen der Ausbildung, das Führen und Überwachen von schriftlichen Ausbildungsnachweisen nach § 14 Abs. 1 Nr. 4 BBiG, die Durchführung betrieblicher Zwi-

schenprüfungen, regelmäßige Beurteilungen (LAG Köln 12.4.1983 – 6 TaBV 6/83, EzA § 98 BetrVG Nr. 1) oder die Zuständigkeiten von Personen, die nach § 28 Abs. 3 BBiG, bzw. § 22 Abs. 3 HandwO unter der Verantwortung des Ausbilders oder der Ausbilderin bei der Berufsausbildung mitwirken. Das MBR erstreckt sich auf die Festlegung der zeitl. Lage einer Schulungsveranstaltung (BAG 15.4.2008 – 1 ABR 44/07, NZA-RR 2009, 98). Insoweit geht das MBR nach § 98 den arbeitszeitbezogenen MBR nach § 87 Nr. 2, 3 als speziellere Regelung vor. **Sinn und Zweck** des MBR nach § 98 bestehen in der Wahrung des berechtigten Interesses der Betroffenen an einer ihren Belangen entsprechenden Ausbildung (BAG 24.8.2004 – 1 ABR 28/03, NZA 2005, 371).

Das MBR besteht nur bei Maßnahmen der **betrieblichen Berufsbildung.** Der Begriff betrieblich ist nicht räumlich, sondern **funktional zu verstehen** (BAG 5.3.2013 – 1 ABR 11/12, AP BetrVG 1972 § 98 Nr. 15). Es erfasst keine Bildungsmaßnahmen für betriebsexterne ArbN für deren Beschäftigung bei einem externen ArbGeb. (BAG 26.4.2016 – 1 ABR 21/14. NZA 2016, 1918). Entscheidend ist nicht der Ort der Bildungsmaßnahme, sondern ob der ArbGeb. Träger oder Veranstalter der Maßnahme ist und die Maßnahme für seine ArbN durchführt (BAG 18.4.2000 – 1 ABR 28/99, NZA 2001, 167). Der ArbGeb. ist Veranstalter (Träger), wenn er auf Inhalt und Organisation der Maßnahme einen beherrschenden Einfluss hat (BAG 18.4.2000 – 1 ABR 28/99, NZA 2001, 167). Für die Prüfung des Ausmaßes der Einflussmaßnahme kann maßgeblich auf diejenigen Umstände abgestellt werden, die Gegenstand der MB sind (*Raab* NZA 2008, 270). Für die ArbN kann die Maßnahme auch dann bestimmt sein, wenn zwar Dritte zugelassen sind, die ArbN des Betriebs aber den Vorrang haben (BAG 12.11.1991 – 1 ABR 21/91, NZA 1992, 657). Vereinbaren mehrere ArbGeb. die gemeinsame Durchführung von Maßnahmen der Berufsbildung, ohne dass einzelne ArbGeb. insoweit einen beherrschenden Einfluss hätten, oder überträgt ein ArbGeb. die Maßnahmen der Berufsbildung einem Dritten, so haben die BR der einzelnen Betriebe bei der Durchführung der Bildungsmaßnahmen kein MBR nach Abs. 1. Sie haben jedoch in entspr. Anwendung des § 98 beim Abschluss der Vereinbarung über die Zusammenarbeit der ArbGeb. oder der Übertragung auf den Dritten insoweit mitzubestimmen, als Regelungen über die spätere Durchführung der Bildungsmaßnahmen getroffen werden (BAG 18.4.2000 – 1 ABR 28/99, NZA 2001, 167). Dies gilt insbes. auch für die **Verbundausbildung** in einem Ausbildungsverbund nach § 10 Abs. 5 BBiG (vgl. dazu *Hänlein* NZA 2006, 348; → § 96 Rn. 9, 12 mwN). 6

Ein MBR besteht nicht bei jeder konkreten **Einzelmaßnahme** gegenüber einem Auszubildenden. Es bezieht sich auf die Durchführung von Maßnahmen, auf deren inhaltliche, zeitliche Ausgestaltung (ErfK/*Kania* Rn. 3), nicht auf individuelle Weisungen zu deren Umsetzung. 7

Die **Einstellung von Auszubildenden** unterliegt allein dem personellen MBR nach § 99. Der BR kann den ArbGeb. nicht im Wege der Mitbestimmung zwingen, Auszubildende einzustellen. Er kann derartige Einstellungen anregen, indem er auf staatliche Fördermaßnahmen etwa nach dem SGB III (→ § 96 Rn. 16 ff.) hinweist. Überdies sind freiwillige BV über Einstellungsvorhaben im Rahmen der Personalbeschaffungs- bzw. Personalentwicklungsplanung zulässig (vgl. § 92). Dagegen besteht kein MBR nach § 98 bei der Gestaltung des Inhalts der Ausbildungsverträge, insbes. bei der Festlegung der – in aller Regel auch tariflich geregelten – Ausbildungsvergütung oder der Rückzahlung von Ausbildungskosten (ErfK/*Kania* Rn. 6; **aA** DKKW/*Buschmann* Rn. 8). 8

Die Maßnahmen der Berufsbildung betreffen in erster Linie die Azubi. Deshalb hat die **JAV** ein Teilnahmerecht an BRSitzungen, sowie ein Stimmrecht und ein Antragsrecht (§§ 67, 70 Abs. 1 Nr. 1, 3), wenn es um Angelegenheiten der Berufsausbildung dieser ArbN geht. Der BR hat die JAV zu Besprechungen mit dem ArbGeb. über diese Angelegenheiten zuzuziehen (§ 68), sowie die JAV rechtzeitig und umfassend zu unterrichten (§ 70 Abs. 2). Die Vertr. der Anliegen gegenüber dem ArbGeb., 9 insbes. die MBR, stehen aber dem BR, nicht der JAV zu (GK-BetrVG/*Raab* Rn. 9). Die JAV kann nach § 67 Abs. 3 in diesen Angelegenheiten gegenüber dem BR initiativ werden.

10 Nach dem Berufsbildungsbegriff des § 98 besteht das MBR nicht nur bei Maßnahmen der Berufsausbildung, sondern auch der **betrieblichen Fortbildung und Umschulung.** Es bezieht sich sachlich auf den gesamten Inhalt der Maßnahme (→ § 96 Rn. 13, 29). Soweit keine gesetzlichen Vorgaben bestehen, ist es nicht beschränkt. Der BR hat zB mitzubestimmen über Inhalt und Umfang der zu vermittelnden Kenntnisse oder Fähigkeiten, über die Methoden der Wissensvermittlung, über die zeitliche Dauer und Lage der Maßnahme. Auch eine betriebliche Prüfung ist Teil der Maßnahme. Die Ausgestaltung der Prüfung unterliegt daher dem MBR (BAG 5.11.1985 – 1 ABR 49/83, NZA 1986, 535).

10a Fortbildungskurse für ltd. Ang. unterliegen nicht dem MBR, wohl aber Kurse für ArbN, die sich für eine Leitungsaufgabe qualifizieren sollen (DKKW/*Buschmann* Rn. 31; HWGNRH/*Worzalla* Rn. 3). Nach Richardi BetrVG/*Thüsing* Rn. 6 besteht insoweit ein MBR bei Festlegung der Qualitätsanforderungen; nach GK-BetrVG/*Raab* Rn. 51 zwar ein MBR bei der Auswahl der Teilnehmer, nicht aber bei der Durchführung der Maßnahme.

11 Das MBR besteht nur in dem Umfang, in dem der ArbGeb. einen Gestaltungsspielraum hat. **Grenzen** ergeben sich daher insbes. aus **§§ 53–57 BBiG,** bzw. §§ 42–42d HandwO sowie aus **§§ 58–63 BBiG,** bzw. §§ 42e–42j HandwO und der nach §§ 53 Abs. 1, 58 Abs. 1 BBiG erlassenen **Fortbildungs-** und **Umschulungsordnung.** Zu beachten ist auch § 38 Abs. 4, wonach freigestellte BRMitglieder nicht von inner- und außerbetrieblichen Maßnahmen der Berufsbildung ausgeschlossen werden dürfen.

12 ArbGeb. und BR müssen sich über alle mitbestimmungspflichtigen Maßnahmen bei der Durchführung von Maßnahmen der betrieblichen Berufsbildung einigen. Eine **Regelungsabrede** ist möglich. Sollen Rechte der ArbN begründet werden, ist eine BV erforderlich. Können sich ArbGeb. und BR nicht über die der Mitbestimmung unterliegenden Fragen einigen, entscheidet auf Antrag einer oder beider Seiten die E-Stelle (Abs. 4). Der **Spruch der E-Stelle** ersetzt die fehlende Einigung (Abs. 4 S. 2). Dabei sind keine Rechtsfragen, sondern nur Regelungsfragen zu entscheiden (**aA** HWGNRH/*Worzalla* Rn. 26). Rechtliche Rahmenbedingungen müssen eingehalten werden; sie können zur besseren Übersicht und Verständlichkeit in den Spruch aufgenommen werden. Für die Beurteilung von Rechtsfragen sind die ArbG im Rahmen der gerichtl. Überprüfung von Sprüchen der E-Stelle zuständig.

III. Bestellung und Abberufung der mit der Durchführung der betrieblichen Berufsbildung beauftragten Personen

13 Der BR hat nach Abs. 2 ein **MBR** bei der **Bestellung** und der **Abberufung** der mit der Durchführung der betrieblichen Berufsbildung beauftragten Personen. Dieses MBR bezieht sich auf die Ausbilder nach dem BBiG bzw. der HandwO, aber auch auf alle anderen Personen, die mit der Durchführung einer Maßnahme der beruflichen Bildung beauftragt werden, sei es bei der Berufsausbildung außerhalb des BBiG, sei es im Rahmen der Fortbildung oder der Umschulung (Richardi BetrVG/*Thüsing* Rn. 24). Unerheblich ist, ob es sich bei den Beauftragten um ArbN des Betriebs oder solche handeln, die nicht dem Geltungsbereich des BetrVG unterliegen (BAG 5.3.2013 – 1 ABR 11/12, AP BetrVG 1972 § 98 Nr. 15). Zu den Beauftragten können daher auch ltd. Ang. gehören (GK-BetrVG/*Raab* Rn. 20; *Ehrich* RdA 1993, 220). Bestellung ist die Übertragung bestimmter Aufgaben und der Verantwortung. Die Abberufung ist der Entzug dieser Aufgaben. Sie ist nicht gleichbedeutend mit der Kündigung des Arbeitsverhältnisses.

1. Sachliche Anforderungen

a) Ausbilder nach dem Berufsbildungsgesetz

Ausbilder ist die Person, die im Betrieb die Berufsausbildung persönlich durchzuführen hat. Abgesehen von kleineren Handwerksbetrieben wird Ausbilder nicht der ArbGeb. sein, sondern eine von ihm ausdrücklich beauftragte Person (§ 14 Abs. 1 Nr. 2 BBiG). Der anstellende ArbGeb. („Ausbildender") braucht zur Einstellung dann nur die persönliche, nicht die fachliche Eignung zum Ausbilden zu haben (§ 28 Abs. 2 BBiG, bzw. § 22 Abs. 2 HandwO). Der **Ausbilder** muss dagegen die für die Ausbildung erforderliche **persönliche und fachliche Eignung** iSv §§ 29, 30 BBiG, bzw. §§ 22a, 22b HandwO besitzen. 14

Durch die Bestellung des Ausbilders wird der Ausbildende nicht von der Verantwortung für die Erfüllung der Ausbildungspflichten nach §§ 14 ff. BBiG befreit (§ 278 BGB). Verletzt er diese Pflichten schuldhaft, macht er sich schadenersatzpflichtig; zB kann die Verdienstminderung bis zum Bestehen einer Wiederholungsprüfung geltend gemacht werden (BAG 10.6.1976 – 3 AZR 412/75, NJW 1977, 74; ErfK/*Schlachter* BBiG § 14 Rn. 3). 15

Die **persönliche Eignung** fehlt einem Ausbilder gem. § 29 Nr. 1 u. 2 BBiG, bzw. § 22a HandwO, wenn er Kinder und Jugendliche nicht beschäftigen darf oder wiederholt oder schwer gegen das BBiG verstoßen hat. Die **fachliche Eignung** besitzt nach § 30 Abs. 1 BBiG, wer die beruflichen sowie berufs- und arbeitspädagogischen Fertigkeiten, Kenntnisse und Fähigkeiten besitzt, die für die Vermittlung der Ausbildungsinhalte erforderlich sind. Sie kann bei Fehlen im Rahmen einer sog. Verbundausbildung nur unter engen Voraussetzungen kompensiert werden (LAG BW 20.10.2017 – 15 TaBV 2/17, NZA-RR 2018, 34). Näheres regeln § 30 Abs. 2 BBiG, bzw. § 22b Abs. 2, 3 HandwO und die nach § 30 Abs. 3–5 BBiG erlassenen Rechtsverordnungen. Dazu zählt auch die nach § 30 Abs. 5 BBiG erlassene Ausbilder-Eignungsverordnung idF v. 21.1.2009 (BGBl. I S. 88). Bei der Prüfung der fachlichen Eignung sind die Arbeitsgerichte nicht an die Entscheidung der IHK gebunden (LAG BW 20.10.2017 – 15 TaBV 2/17, NZA-RR 2018, 34). 16

Persönliche und fachliche Eignung werden ebenso wie die Eignung der Ausbildungsstätte gem. § 32 Abs. 1 BBiG, bzw. § 23 Abs. 1 HandwO überwacht. Nach § 33 Abs. 2 BBiG, bzw. § 24 Abs. 2 HandwO hat die nach Landesrecht zuständige Behörde das Einstellen und Ausbilden zu versagen, wenn die persönliche Eignung des Ausbilders oder der mit der Berufsbildung beauftragten Personen nicht oder nicht mehr vorliegt. Die öffentlich-rechtliche Überwachung schließt das MBR des BR § 98 Abs. 2 nicht aus (LAG BW 20.10.2017 – 15 TaBV 2/17, NZA-RR 2018, 34; GK-BetrVG/*Raab* Rn. 19). Er **kann** der **Bestellung widersprechen** oder die **Abberufung der beauftragten Person verlangen,** wenn diese die persönliche oder fachliche, insbes. die berufs- und arbeitspädagogische Eignung nicht besitzt oder ihre Aufgaben vernachlässigt. Das ist der Fall, wenn sie diese nicht mit der erforderlichen Gründlichkeit und Gewissenhaftigkeit ausführt und deshalb zu befürchten ist, dass die Auszubildenden das Ziel der Ausbildung nicht erreichen (ErfK/*Kania* Rn. 10; GK-BetrVG/*Raab* Rn. 21; Richardi BetrVG/*Thüsing* Rn. 33; DKKW/*Buschmann* Rn. 18). Maßgebend sind objektive Kriterien (HWGNRH/*Worzalla* Rn. 37). Aufgaben werden auch vernachlässigt bei Missachtung des Ausbildungsplans oder einem eigenmächtigen Abweichen hiervon (LAG BW 20.10.2017 – 15 TaBV 2/17, NZA-RR 2017, 34). Führt der ArbGeb. die Berufsbildung selbst durch, bleibt dem BR nur die Möglichkeit, beim ArbGeb. zu demonstrieren oder im Fall der Erfolglosigkeit die nach §§ 71 ff. BBiG zuständige Stelle zu informieren. 17

b) Andere Beauftragte

Außer dem Ausbilder iSd BBiG können nach § 28 Abs. 3 BBiG, bzw. § 22 Abs. 3 HandwO **weitere Personen** mit der betrieblichen Berufsbildung (Ausbildung, Fort- 18 bildung und Umschulung) beauftragt werden. Auch auf diese bezieht sich das MBR des BR nach Abs. 2. Sie müssen nach § 28 Abs. 3 BBiG zwar nicht über die besonderen (fachlichen) Voraussetzungen des § 30 BBiG, bzw. § 22b HandwO verfügen, aber die für die Vermittlung von Ausbildungsinhalten erforderlichen beruflichen Fertigkeiten, Kenntnisse und Fähigkeiten besitzen und persönlich geeignet sein. Bei deren Fehlen kann daher der BR bereits der Bestellung widersprechen. Auch sein Recht, die Abberufung zu verlangen, ist damit nicht auf die Fälle der Vernachlässigung der Aufgaben beschränkt (Richardi BetrVG/*Thüsing* Rn. 33; DKKW/*Buschmann* Rn. 19; HWGNRH/*Worzalla* Rn. 34; GK-BetrVG/*Raab* Rn. 22; **aA** *Ehrich* RdA 1993, 223).

2. Verfahren

19 Um die MBR des BR nach Abs. 2 zu wahren, muss der ArbGeb. zunächst den BR rechtzeitig und umfassend informieren (HWGNRH/*Worzalla* Rn. 42). Der BR kann sodann auf Grund eines Beschlusses unter Beteiligung der JugAzubiVertr. (→ Rn. 9) der **Bestellung eines Ausbilders** oder einer anderen mit der Durchführung einer Maßnahme der betrieblichen Berufsbildung beauftragten Person widersprechen oder die Abberufung verlangen (negatives Konsensprinzip). Der BR kann von sich aus die Bestellung einer bestimmten Person nicht durchsetzen. Hinsichtlich der Abberufung besteht ein Initiativrecht. Der BR kann die Abberufung durch den ArbGeb. nicht verhindern. Nimmt der ArbGeb. selbst die Ausbildung vor, kann der BR nur – sofern Abhilfeversuche beim ArbGeb. vergeblich bleiben – die nach §§ 71 ff. BBiG zuständigen Stellen informieren.

20 Können sich ArbGeb. und BR über die Bestellung bzw. Abberufung des Ausbilders nicht einigen, kann der **BR** nach Abs. 5 vorgehen und das **ArbG anrufen** mit dem Antrag, dem ArbGeb. aufzugeben, die Bestellung zu unterlassen oder die Abberufung durchzuführen. Er muss das Verf. einleiten. Dabei muss er Tatsachen vortragen, die seine Bedenken rechtfertigen können, formelhafte Wendungen genügen nicht. Die gesetzlich genannten **Widerspruchs- und Abberufungsgründe** sind **abschließend.**

21 Auch der **ArbGeb.** kann vor Bestellung eines Ausbilders eine **gerichtliche Klärung** herbeiführen, um feststellen zu lassen, ob der Widerspruch des BR berechtigt ist (LAG Bln 6.1.2000 – 10 TaBV 2213/99, NZA-RR 2000, 370; **aA** *Ehrich* RdA 1993, 220). Das folgt nicht aus dem Wortlaut des Abs. 5 S. 1, sondern aus dem unterschiedlichen Zwangsverfahren nach Abs. 5 S. 2 u. 3. Der ArbGeb. muss die Möglichkeit zur Klärung der Rechtslage haben. Bestellt er trotz Widerspruchs des BR einen Ausbilder, ist diese Maßnahme unwirksam (DKKW/*Buschmann* Rn. 23). Nach Richardi BetrVG/*Thüsing* Rn. 37 besteht ein Klärungsrecht, wenn der ArbGeb. zwecks Beachtung des Gebots der vertrauensvollen Zusammenarbeit von der Bestellung des zwischen den Betriebsparteien umstrittenen Ausbilders absehen will. Hat der ArbGeb. den Ausbilder (oder andere Beauftragte) entgegen Abs. 5 ohne Einigung mit dem BR bereits bestellt, kann der BR nur noch die Abberufung verlangen.

22 Das ArbG entscheidet im **BeschlVerf.** Weist es den Antrag des BR zurück, kann der ArbGeb. den Ausbilder bestellen bzw. in seinem Amt belassen. Gibt es dagegen dem Antrag statt, wird dem ArbGeb. die Verpflichtung auferlegt, die Bestellung des bestimmten Ausbilders zu unterlassen bzw. dessen Abberufung durchzuführen (Abs. 5).

23 Bestellung und Abberufung eines Ausbilders sind von den sich daraus uU ergebenden **personellen Einzelmaßnahmen nach §§ 99, 102 zu unterscheiden.** Das Verf. nach § 98 Abs. 2, 5 ist ein Sondertatbestand zu § 99 und § 23 Abs. 3. Der BR kann beide Rechte (§§ 99, 102 und § 98 Abs. 2) nebeneinander wahrnehmen. Es gibt keine rechtliche, sondern nur eine tatsächliche Abhängigkeit beider Maßnahmen (vgl. *Ehrich* RdA 1993, 227). Die gerichtliche Entscheidung auf Abberufung ersetzt

nicht eine etwa erforderliche (Änderungs-)Kündigung des Arbeitsverhältnisses des Ausbilders (HWGNRH/*Worzalla* Rn. 58; GK-BetrVG/*Raab* Rn. 44). Ein Widerspruch des BR wird, wenn eine solche gerichtliche Entscheidung vorliegt, nur aus Gründen des § 102 Abs. 3 Nr. 3 u. 5 erfolgen können; auch scheidet ein weiterer Beschäftigungsanspruch nach § 102 Abs. 5 hier aus. Hinsichtlich der persönlichen und fachlichen Eignung kommt eine Verweigerung der Zustimmung gem. § 99 Abs. 2 Nr. 1 im Hinblick auf die Sonderregelung des § 98 nicht in Betracht (GK-BetrVG/*Raab* Rn. 43); andere Zustimmungsverweigerungsgründe können unbeschränkt geltend gemacht werden.

Die rechtskräftige Entscheidung des ArbG wird nach den §§ 888, 890 ZPO **zwangsweise durchgesetzt,** falls der ArbGeb. ihr nicht nachkommt (GMP/*Matthes/Spinner* ArbGG § 85 Rn. 27). Führt der ArbGeb. die **Bestellung eines Ausbilders** entgegen einer rechtskräftigen Entscheidung durch, ist er auf Antrag des BR zu einem Ordnungsgeld zu verurteilen (Abs. 5 S. 2). Es handelt sich um eine repressive Maßnahme wegen Verstoßes gegen die Entscheidung des ArbG gem. § 890 ZPO (Erzwingung einer Unterlassung). Deshalb muss ihr eine **Androhung** vorausgehen, die auf Antrag des BR durch Beschluss des ArbG ausgesprochen wird, aber schon mit dem Bestellungsverbot in einem Beschluss verbunden werden kann (GK-BetrVG/*Raab* Rn. 38). Der BR wird daher zweckmäßigerweise mit dem Antrag, die Verpflichtung zur Unterlassung der Bestellung des Ausbilders auszusprechen, zugleich den Antrag verbinden, im Fall der Zuwiderhandlung den ArbGeb. zu einem Ordnungsgeld zu verurteilen. Eine bestimmte Summe braucht weder in dem Antrag des BR noch in dem Androhungsbeschluss des ArbG angegeben werden. Es genügt der Hinweis des ArbG auf den gesetzlichen Rahmen (DKKW/*Buschmann* Rn. 37; HWGNRH/*Worzalla* Rn. 45). 24

Der Mindestbetrag des **Ordnungsgeldes** beträgt 1 EUR, das Höchstmaß 10 000 EUR. Die Festsetzung von Haft ist ausgeschlossen (§ 85 Abs. 1 ArbGG). Sowohl vor der Androhung als auch vor Ausspruch des Ordnungsgeldes ist der ArbGeb. zu hören (§ 891 ZPO, § 83 ArbGG). Bei der Festsetzung des Ordnungsgeldes handelt es sich um eine Maßnahme der Zwangsvollstreckung. Es gelten die §§ 888, 890 ZPO entsprechend. Deshalb ergeht die Entscheidung ohne mündliche Verhandlung durch Beschluss des Vorsitzenden (§ 891 ZPO, § 53 Abs. 1 ArbGG; GMP/*Germelmann* ArbGG § 53 Rn. 7). Da es sich im Fall des § 890 ZPO um eine repressive Maßnahme handelt, setzt sie ein **Verschulden des ArbGeb.** voraus (Richardi BetrVG/*Thüsing* Rn. 41; HWGNRH/*Worzalla* Rn. 47), das aber regelmäßig gegeben sein wird. Der BR kann seinen Antrag auf Festsetzung eines Ordnungsgeldes bis zur Rechtskraft des Beschlusses zurücknehmen. Später ist eine Rücknahme unbeachtlich. Leistet der ArbGeb. dem Verbot der Bestellung nachträglich dadurch Folge, dass er die Bestellung des Ausbilders widerruft, so hat dies weder für die Verhängung noch die Vollstreckung des Ordnungsgeldes Bedeutung, da es sich um eine Maßnahme iSd § 890 ZPO, nicht um eine Beugemaßnahme gem. § 888 ZPO handelt. Die Vollstreckung erfolgt von Amts wegen durch den Vors. des ArbG. Die eingezogenen Beträge fließen der Staatskasse zu. 25

Führt der ArbGeb. die **Abberufung** eines Ausbilders entgegen einer rechtskräftigen gerichtlichen Entscheidung nicht durch, wird er dazu auf Antrag des BR durch das ArbG angehalten, indem dieses für jeden Tag der Zuwiderhandlung **Zwangsgeld** von 1–250 EUR festsetzt (Abs. 5 S. 3). Hier handelt es sich um eine **Beugemaßnahme** iSd § 888 ZPO (Richardi BetrVG/*Thüsing* Rn. 47; HWGNRH/*Worzalla* Rn. 49). Das Zwangsgeld kann nicht mehr verhängt oder vollstreckt werden, wenn der ArbGeb. der Anordnung des Gerichts nachgekommen ist (GK-BetrVG/*Raab* Rn. 39). Diese Sonderbestimmung gehen einem Verf. nach § 23 Abs. 3 vor. 26

Neben dem MBR bei der Bestellung und Abberufung von Ausbildern bleibt gem. Abs. 5 S. 4 deren **Überwachung durch die nach §§ 71 ff. BBiG zuständige Stelle** (→ § 96 Rn. 33) gem. §§ 32, 33 BBiG unberührt. Beide Verf. können nebeneinander in Betracht kommen (DKKW/*Buschmann* Rn. 21; Richardi BetrVG/ 27

Thüsing Rn. 54). Die zuständige Stelle hat nach § 32 BBiG darüber zu wachen, dass die persönliche und fachliche Eignung der Ausbilder gegeben ist und ggf. auf die Abstellung von Mängeln hinzuwirken. Die nach Landesrecht zuständige Stelle hat gem. § 33 Abs. 2 u. 3 BBiG nach vorheriger Anhörung der Beteiligten das Einstellen und Ausbilden zu untersagen, wenn die persönliche oder fachliche Eignung des Ausbilders nicht (mehr) vorliegt. Insoweit handelt es sich um einen im verwaltungsgerichtlichen Verf. nachzuprüfenden Verwaltungsakt. Da die Vernachlässigung der Aufgaben des Ausbilders nicht notwendig identisch ist mit der fehlenden Eignung nach §§ 32, 33 BBiG, geht das MBR des BR weiter als die Einflussmöglichkeit der nach dem BBiG zuständigen Stellen. Der BR ist aber nicht gehindert, neben oder anstelle einer Anrufung des ArbG das **Untersagungsverfahren nach dem BBiG** durch entspr. Anregung bei den zuständigen Stellen in Gang zu bringen, insbes. wenn der ArbGeb. selbst ausbildet.

IV. Teilnahme von Arbeitnehmern an Berufsbildungsmaßnahmen

28 Nach Abs. 3 u. 4 besteht ein **MBR** des BR bei der **Auswahl der ArbN,** die an Berufsbildungsmaßnahmen teilnehmen sollen. Hierdurch soll die Chancengleichheit der ArbN bei Bemühungen um den Erhalt des Arbeitsplatzes und beim beruflichen Fortkommen gesichert werden (HWGNRH/*Worzalla* Rn. 60; Richardi BetrVG/*Thüsing* Rn. 59). Die Belange der älteren ArbN, der Teilzeitbeschäftigten und der ArbN mit Familienpflichten sollen berücksichtigt werden. Bei der Auswahl der Auszubildenden besteht kein MBR; die Einstellung Auszubildender fällt unter § 99. Genießt der ArbGeb. **Tendenzschutz** (§ 118) und hat seine Auswahl Tendenzbezug, besteht insoweit kein MBR nach Abs. 3 (BAG 30.5.2006 – 1 ABR 17/05, NZA 2006, 1291).

29 ArbGeb. und BR müssen sich über alle Teilnehmer einigen (positives Konsensprinzip). Es können paritätisch besetzte **Bildungsausschüsse** (§ 28 Abs. 2) die Auswahl übernehmen. Der BR kann eigene Vorschläge für die Teilnahme von einzelnen bildungswilligen und -fähigen ArbN oder von Gruppen von ArbN machen.

30 Voraussetzung des MBR ist, dass es sich entweder

– um **betriebliche,** dh vom ArbGeb. veranstaltete und maßgeblich von ihm gestaltete, nicht unbedingt im Betrieb durchgeführte (→ § 96 Rn. 29; *Hammer* Berufsbildung S. 155), **Maßnahmen** der Berufsbildung handelt, oder
– um **außerbetriebliche Maßnahmen,** für die der ArbGeb. die ArbN von der **Arbeit freistellt** (mit oder ohne Fortzahlung des Lohnes), oder
– um Maßnahmen der Berufsbildung, bei denen der ArbGeb. die **Teilnahmekosten** (Teilnehmergebühren, Reisekosten, Aufenthaltskosten) der ArbN ganz oder teilweise trägt; letzterer Fall kann sowohl bei außerbetrieblichen wie bei betrieblichen Maßnahmen außerhalb der Arbeitszeit des ArbN gegeben sein (Wochenendseminare).

31 Der ArbGeb. kann einseitig **fachliche Zulassungsvoraussetzungen** aufstellen. Die Zulassungsvoraussetzungen müssen allerdings sachlich geboten sein, um den Zweck der Bildungsmaßnahme zu erreichen (ähnlich Richardi BetrVG/*Thüsing* Rn. 61; weitergehend HWGNRH/*Worzalla* Rn. 64).

32 Der **ArbGeb. kann** auch – nach Beratung mit dem BR – die Zahl der Teilnehmer festlegen (HWGNRH/*Worzalla* Rn. 63). Das MBR bezieht sich nur auf die Auswahl (BAG 8.12.1987 – 1 ABR 32/86, NZA 1988, 401). Es setzt deshalb zwingend voraus, dass der **BR auch eigene Vorschläge** hinsichtlich der Teilnehmer macht (BAG 20.4.2010 – 1 ABR 78/08, NZA 2010, 902). Auch Schulungen zum AGG, die Fortbildungsmaßnahme iSd § 1 Abs. 1 BBiG sind, werden vom MBR umfasst (VG Ffm 10.9.2007 – 23 L 1680/07, NZA-RR 2008, 52; ArbG Köln 19.7.2007 – 22 Ca 2074/07, NZA-RR 2008, 52; **aA** *Besgen* BB 2007, 213). Auf einen bloßen Widerspruch gegenüber der vom ArbGeb. getroffenen Auswahlent-

scheidung kann sich der BR nicht beschränken (BAG 30.5.2006 – 1 ABR 17/05, NZA 2006, 1291).

Schlagen ArbGeb. und BR für die Teilnahme an Maßnahmen der beruflichen Bildung mehr Teilnehmer vor als Teilnehmerplätze zur Verfügung stehen, müssen ArbGeb. und BR alle vorgeschlagenen Bewerber in die Auswahl einbeziehen. Die **Auswahl** muss nach **einheitlichen** Kriterien erfolgen (BAG 8.12.1987 – 1 ABR 32/86, NZA 1988, 401). 33

Kommt eine Einigung nicht zustande, **entscheidet die E-Stelle** unter Berücksichtigung der Grundsätze des § 96 Abs. 2 im Rahmen der vom ArbGeb. (nach Beratung mit dem BR gem. § 97) festgesetzten Aufnahmekapazität und der Teilnahmeanforderungen verbindlich (Abs. 4). Sie hat ggf. eine Auswahl unter den vom ArbGeb. und BR vorgeschlagenen Teilnehmern zu treffen, selbst wenn nur ein Teilnehmer entsandt werden kann (BAG 8.12.1987 – 1 ABR 32/86, NZA 1988, 401; ErfK/*Kania* Rn. 16; DKKW/*Buschmann* Rn. 29; **aA** *Meisel* Mitwirkung BR S. 52, der die E-Stelle lediglich wegen der vom BR vorgeschlagenen und vom ArbGeb. abgelehnten Teilnehmer entscheiden lassen will). Etwas anderes gilt nur, wenn der BR von sich aus keine Vorschläge für die Teilnahme von ArbN gemacht hat und damit die Auswahl dem ArbGeb. überlassen hat. Das MBR des BR ist an die aktive Ausübung des Vorschlagsrechts gebunden (BAG 8.12.1987 – 1 ABR 32/86, NZA 1988, 401). 33a

Die für die Teilnahme bestimmten ArbN haben dann einen unmittelbaren Anspruch gegen den ArbGeb. auf Teilnahme bzw. Freistellung oder (und) Übernahme der Teilnahmekosten, den sie im Urteilsverfahren vor dem ArbG durchsetzen können. 34

Zur Vermeidung von Streitigkeiten kann die Aufstellung objektiver **Auswahlgesichtspunkte** zweckmäßig sein (Alter, fachliche Qualifikationen, Aufnahmeprüfungen). Solche Auswahlgesichtspunkte sind keine Auswahlrichtlinien iSd § 95 (BAG 18.4.2000 – 1 ABR 28/99, NZA 2001, 167); dennoch können ArbGeb. und BR solche Richtlinien vereinbaren, da es sich bei ihnen um Vorentscheidungen im Zusammenhang mit dem MBR nach § 98 Abs. 3 handelt (Richardi BetrVG/*Thüsing* Rn. 63; DKKW/*Buschmann* Rn. 30). 35

Soweit **Gesetze der Länder über Bildungsurlaub** den ArbGeb. verpflichten, bestimmte ArbN für die Teilnahme an beruflichen Bildungsmaßnahmen freizustellen, kommt ein MBR nach Abs. 3 nicht in Betracht. Die Teilnahme am gesetzlichen Bildungsurlaub beruht auf einem individuellen Anspruch der ArbN, nicht auf einer Auswahl des ArbGeb., die der BR im Interesse der Gleichbehandlung beeinflussen können soll (HWGNRH/*Worzalla* Rn. 69). 36

V. Durchführung sonstiger betrieblicher Bildungsmaßnahmen

Für sonstige betriebliche Bildungsmaßnahmen, die nicht Berufsbildungsmaßnahmen sind, gelten nach Abs. 6 die Abs. 1–5 entspr. Der **BR hat ein MBR,** sofern der ArbGeb. derartige Bildungsmaßnahmen selbst durchführt, bei der Durchführung dieser Maßnahmen und hinsichtlich der Ausbilder und der teilnehmenden ArbN. Wegen des Anspruchs der BRMitgl. auf bezahlte Freistellung für Schulungs- und Bildungsveranstaltungen vgl. § 37 Abs. 7 (→ § 37 Rn. 195 ff.) und wegen des entspr. Fortbildungsanspruchs der Betriebsärzte und Fachkräfte für Arbeitssicherheit vgl. § 2 Abs. 3 und § 5 Abs. 3 ASiG (→ § 87 Rn. 324). 37

„Bildungsmaßnahmen" sind Veranstaltungen, die Lernprozesse durch theoretische Einsichten vermitteln und vollziehen, ohne dass es auf die konkrete Vermittlungsmethode ankommt (ErfK/*Kania* Rn. 19; GK-BetrVG/*Raab* Rn. 46). Es genügt, wenn hierzu in systematisch-lehrplanartiger Weise vorgegangen wird um das Lernziel zu erreichen (Richardi BetrVG/*Thüsing* Rn. 71). Bloße Diskussionsrunden mit Vorgesetzten – gleich welcher Form – werden hiervon nicht erfasst. Der Bildung dient die systematische Vermittlung staatsbürgerlicher und kultureller Kenntnisse, zB Kurse 37a über Erste Hilfe und Unfallverhütung oder sozialkundliche Themen, Sprachkurse, Meisterwochen, Programmier- und REFA-Lehrgänge, Buchführungskurse, Lehrgänge über Menschenführung im Betrieb, über Arbeitssicherheit, Wirtschaftskunde, Arbeits- und Sozialrecht, sofern es sich nicht gerade um Kenntnisse handelt, die für den einzelnen ArbN eine berufliche Fortbildung oder Umschulung darstellen. Dann ist der BR nach Abs. 1–5 erst recht zu beteiligen. Solche Bildungsmaßnahmen haben in der Regel auch keinen Tendenzbezug; hier hat der BR ein MBR (BAG 30.5.2006 – 1 ABR 17/05, NZA 2006, 1291). Zu derartigen Bildungsmaßnahmen zählen auch die AGG-Schulungen der Beschäftigten, die der ArbGeb. wegen seiner Schulungspflichten nach § 12 Abs. 1 AGG im Betrieb für seine ArbN durchführt oder durch Dritte durchführen lässt (*Besgen* BB 2007, 213).

38 Sonstige Bildungsmaßnahme kann auch die Schulung der Belegschaft über das Verhalten im Rahmen der **Social Media-Kommunikation** sein. Für das MBR genügt die schulmäßige Darstellung der Vorteile und Risiken der Nutzung von Social Media in Bezug auf das Arbeitsverhältnis (*Fuhltrott/Oltmanns* NZA 16, 785). Nicht unter Bildungsmaßnahmen fällt die Freizeitbeschäftigung und Unterhaltung, zB Einrichtung eines betrieblichen Schachklubs oder eines Sportvereins, eines Werksorchesters, Vergnügungsveranstaltungen usw (Richardi BetrVG/*Thüsing* Rn. 71; GK-BetrVG/*Raab* Rn. 47).

39 Nicht unter Bildungsmaßnahmen iSv Abs. 6 fallen die **Unterrichtung des ArbN** nach § 81 Abs. 1 S. 1 u. 2 (ErfK/*Kania* Rn. 20; GK-BetrVG/*Raab* Rn. 47). Informationen über Aufbau, Organisation und Bedeutung des Unternehmens, über seine wirtschaftliche Lage, Vertriebsschulungen, Unterweisungen in neue Geräte und Produkte gehen über die Unterrichtungspflichten nach § 81 Abs. 1 hinaus und unterliegen daher der Mitbestimmung des BR (**aA** HWGNRH/*Worzalla* Rn. 74). Der Erfahrungsaustausch dient ua der beruflichen Bildung. Er kann Teil einer Berufsbildungsmaßnahme sein.

40 Das MBR besteht nur, wenn der ArbGeb. die sonstige Bildungsmaßnahme **im Betrieb** durchführt. Das ist nicht im rein örtlichen Sinne zu verstehen, sondern funktional. Es handelt sich nur um eine andere Beschreibung der in Abs. 1–5 genannten betrieblichen Maßnahmen. Gemeint sind die Maßnahmen des ArbGeb., die für die ArbN des Betriebes durchgeführt werden (vgl. GK-BetrVG/*Raab* Rn. 45; HWGNRH/*Worzalla* Rn. 75; Richardi BetrVG/*Thüsing* Rn. 72).

41 Für die Ausübung des MBR gilt die Kommentierung zu Abs. 1–5 entspr. Es bestehen **MBR** bei der Durchführung der Maßnahme, bei der Bestellung und Abberufung der beauftragten Person (Richardi BetrVG/*Thüsing* Rn. 73) und bei der Auswahl der teilnehmenden ArbN.

VI. Streitigkeiten

42 Streitigkeiten über die Bestellung und Abberufung von Ausbildern entscheiden die ArbG. im **BeschlVerf.** (→ ArbGG Rn. 5). Streitigkeiten über die Auswahl von Teilnehmern an Berufsbildungsmaßnahmen und die Durchführung der Maßnahme die **E-Stelle.** Ob eine Maßnahme der Mitbestimmung unterliegt, ist eine Rechtsfrage, die vom ArbG im **BeschlVerf.** entschieden wird. Dabei kann der BR das Bestehen eines MBR im Wege eines Feststellungsantrags klären lassen. In dem Antrag ist das beanspruchte MBR konkret zu bezeichnen; eine allgemeine Bezugnahme auf § 98 ist wegen der unterschiedlichen MBR unzureichend (BAG 18.4.2000 – 1 ABR 28/99, NZA 2001, 167). Der BR kann sein MBR auch im Wege eines Unterlassungsantrags nach § 23 Abs. 3 durchsetzen. Das ist bereits der Fall, wenn der ArbGeb. die personellen Vorschläge des BR ignoriert, anstatt die E-Stelle anzurufen. Ein solches Verhalten ist grob betriebsverfassungswidrig (BAG 18.3.2014 – 1 ABR 77/12, NZA 2014, 987). Da diese Vorschrift die Rechtsfolgen der Verletzung eines MBR nicht abschließend regelt (→ § 23 Rn. 98 ff.) kommt auch ein allgemeiner Unterlassungsanspruch unabhängig von den Voraussetzungen des § 23 Abs. 3 in Betracht. Dem steht nicht entgegen, dass § 98 Abs. 5 eine Sonderregelung für die Verletzung des MBR nach § 98 Abs. 2 enthält. Dies ist der Besonderheit dieses MBR geschuldet, das seinem Regelungsgegenstand nach einer personellen Maßnahme angenähert ist, für die § 98 Abs. 4 eine darauf abgestimmte arbeitsgerichtliche Durchsetzung normiert (**aA** HessLAG 21.6.2012 – 9 TaBV 75/12, BeckRS 2012, 75689).

Dritter Unterabschnitt. Personelle Einzelmaßnahmen

§ 99 Mitbestimmung bei personellen Einzelmaßnahmen

(1) [1] **In Unternehmen mit in der Regel mehr als zwanzig wahlberechtigten Arbeitnehmern hat der Arbeitgeber den Betriebsrat vor jeder Einstellung, Eingruppierung, Umgruppierung und Versetzung zu unterrichten, ihm die erforderlichen Bewerbungsunterlagen vorzulegen und Auskunft über die Person der Beteiligten zu geben; er hat dem Betriebsrat unter Vorlage der erforderlichen Unterlagen Auskunft über die Auswirkungen der geplanten Maßnahme zu geben und die Zustimmung des Betriebsrats zu der geplanten Maßnahme einzuholen.** [2] **Bei Einstellungen und Versetzungen hat der Arbeitgeber insbesondere den in Aussicht genommenen Arbeitsplatz und die vorgesehene Eingruppierung mitzuteilen.** [3] **Die Mitglieder des Betriebsrats sind verpflichtet, über die ihnen im Rahmen der personellen Maßnahmen nach den Sätzen 1 und 2 bekannt gewordenen persönlichen Verhältnisse und Angelegenheiten der Arbeitnehmer, die ihrer Bedeutung oder ihrem Inhalt nach einer vertraulichen Behandlung bedürfen, Stillschweigen zu bewahren; § 79 Abs. 1 Satz 2 bis 4 gilt entsprechend.**

(2) **Der Betriebsrat kann die Zustimmung verweigern, wenn**

1. **die personelle Maßnahme gegen ein Gesetz, eine Verordnung, eine Unfallverhütungsvorschrift oder gegen eine Bestimmung in einem Tarifvertrag oder in einer Betriebsvereinbarung oder gegen eine gerichtliche Entscheidung oder eine behördliche Anordnung verstoßen würde,**
2. **die personelle Maßnahme gegen eine Richtlinie nach § 95 verstoßen würde,**
3. **die durch Tatsachen begründete Besorgnis besteht, dass infolge der personellen Maßnahme im Betrieb beschäftigte Arbeitnehmer gekündigt werden oder sonstige Nachteile erleiden, ohne dass dies aus betrieblichen oder persönlichen Gründen gerechtfertigt ist; als Nachteil gilt bei unbefristeter Einstellung auch die Nichtberücksichtigung eines gleich geeigneten befristet Beschäftigten,**
4. **der betroffene Arbeitnehmer durch die personelle Maßnahme benachteiligt wird, ohne dass dies aus betrieblichen oder in der Person des Arbeitnehmers liegenden Gründen gerechtfertigt ist,**
5. **eine nach § 93 erforderliche Ausschreibung im Betrieb unterblieben ist oder**
6. **die durch Tatsachen begründete Besorgnis besteht, dass der für die personelle Maßnahme in Aussicht genommene Bewerber oder Arbeitnehmer den Betriebsfrieden durch gesetzwidriges Verhalten oder durch grobe Verletzung der in § 75 Abs. 1 enthaltenen Grundsätze, insbesondere durch rassistische oder fremdenfeindliche Betätigung, stören werde.**

(3) [1] **Verweigert der Betriebsrat seine Zustimmung, so hat er dies unter Angabe von Gründen innerhalb einer Woche nach Unterrichtung durch den Arbeitgeber diesem schriftlich mitzuteilen.** [2] **Teilt der Betriebsrat dem Arbeitgeber die Verweigerung seiner Zustimmung nicht innerhalb der Frist schriftlich mit, so gilt die Zustimmung als erteilt.**

(4) **Verweigert der Betriebsrat seine Zustimmung, so kann der Arbeitgeber beim Arbeitsgericht beantragen, die Zustimmung zu ersetzen.**

Inhaltsübersicht

I. Vorbemerkung

1 Der Begriff „Mitbestimmung" entspricht im Rahmen personeller Einzelmaßnahmen nicht dem normalen Sprachgebrauch des G, da bei Meinungsverschiedenheit zwischen ArbGeb. und BR nicht die E-Stelle, sondern das ArbG entscheidet, und der BR kein Initiativrecht, sondern nur ein Zustimmungsverweigerungsrecht (Abs. 2) hat. Die Beteiligungsrechte des BR können jedoch durch TV oder BV einvernehmlich zu einem „echten" MBR erweitert (hM; BAG 23.8.2016 – 1 ABR 22/14, NZA 2017, 194; 18.8.2009 – 1 ABR 49/08, NZA 2010, 112; → § 1 Rn. 245ff.; zu Beispielen aus Rspr. s. *Lerch/Weinbrenner* NZA 2011, 664 [667]; **aA** GK-BetrVG/*Raab* Rn. 4), aber nicht wirksam ausgeschlossen werden (BAG 12.1.2011 – 7 ABR 34/09,

NZA 2011, 1297). Dagegen kann dem BR von der E-Stelle ohne seine Zustimmung kein gesetzlich nicht vorgesehenes MBR aufgedrängt werden, da damit auch eine Vermehrung von Aufgaben und Verantwortung verbunden ist (BAG 30.8.1995 – 1 ABR 4/95, AP BetrVG 1972 § 87 Überwachung Nr. 29, keine MB bei Abmahnung).

Die Beteiligungsrechte bei personellen Einzelmaßnahmen sind in §§ 99–105 erschöpfend aufgezählt. Sie stehen in einem Zusammenhang sowohl mit den ihnen vorgelagerten bzw. flankierenden individualrechtlichen Beteiligungsrechten der §§ 81–85 als auch mit den sie erheblich verstärkenden Beteiligungsrechten des BR bei **kollektiven Regelungen** im personellen Bereich, die in §§ 92 ff. geregelt sind. Letztere haben erheblichen Einfluss auf den Umfang des MBR bei Einzelmaßnahmen (§ 99 Abs. 2 Nr. 1 „Betriebsvereinbarung“, § 99 Abs. 2 Nr. 2, § 102 Abs. 3 Nr. 2 „Auswahlrichtlinien“, § 99 Abs. 2 Nr. 5 „Ausschreibung“; sa die Beteiligungsrechte des BR nach §§ 96 ff., insb. → § 98). 2

Die Beteiligungsrechte bei Einzelmaßnahmen stehen dem BR nicht nur **zugunsten des einzelnen ArbN** zu, sondern **auch im kollektiven Interesse** der ArbN des Betriebes insgesamt (BAG 5.4.2001 – 2 AZR 580/99, NZA 2001, 893). Es ist dabei möglich, dass individuelle und kollektive Interessen widerstreiten, zB bei der Einstellung eines Bewerbers, die in seinem Interesse liegt, aber den Interessen der ArbNschaft im Ganzen widerspricht. Der BR hat dann die allgemeinen und individuellen Interessen gegeneinander abzuwägen (DKKW/*Bachner* Rn. 4). 3

Der ArbGeb. hat den BR **vor** den in § 99 genannten **personellen Einzelmaßnahmen** (Einstellung, Eingruppierung, Umgruppierung, Versetzung) umfassend zu **unterrichten** sowie die **Zustimmung** des BR einzuholen. Verweigert der BR diese Zustimmung aus den im G genannten Gründen, so darf der ArbGeb. die Maßnahme grds. nicht durchführen (vgl. aber wegen vorläufiger Maßnahmen in dringenden Fällen § 100). Will der ArbGeb. die Maßnahme trotz Verweigerung der Zustimmung des BR durchführen, so muss er das ArbG anrufen mit dem Antrag, die Zustimmung zu ersetzen. Das MBR des BR besteht hier in Form eines Zustimmungsverweigerungsrechts aus den in Abs. 2 genannten Gründen (→ Rn. 1). 4

Das **BetrVerf-ReformG** hat die Vorschrift in drei Punkten geändert. Die für die Beteiligung des BR bei personellen Einzelmaßnahmen maßgebliche ArbNGrenzzahl von idR mehr als **20 wahlberechtigten ArbN** in Abs. 1 bezieht sich nicht mehr auf den Betrieb, sondern auf das **Unternehmen** (*Engels/Trebinger/Löhr-Steinhaus* DB 2001, 532 [540]). In Abs. 2 Nr. 3 wird verdeutlicht, dass bei Einstellungen auf einen Dauerarbeitsplatz die Nichtberücksichtigung eines gleichgeeigneten befristet Beschäftigten ein Grund zur Zustimmungsverweigerung ist. Nach Abs. 2 Nr. 6 ist eine zu befürchtende Störung des Betriebsfriedens durch rassistische oder fremdenfeindliche Betätigung eines Bewerbers oder ArbN ebenfalls ein Zustimmungsverweigerungsgrund. 5

Die Beteiligung des BR bei personellen Einzelmaßnahmen gegenüber den in den Betrieben der privatisierten Unternehmen der **Bahn** und **Post,** den in den Kooperationsbetrieben der **Bundeswehr,** den in der **BRD-Finanzagentur GmbH,** der **Gesellschaft** für **Außenwirtschaft,** Standortmarketing mbH und der DFS **Deutsche Flugsicherung GmbH** (→ § 5 Rn. 321 ff.) beschäftigten Beamten, Soldaten und ArbN regeln Sonderbestimmungen (→ Rn. 299 ff.). Soweit keine spezialgesetzlichen Regelungen greifen, finden die Beteiligungsrechte des BR nach §§ 99 ff. bei Entscheidungen betreffend die im neuen § 5 Abs. 1 S. 3 genannten Personengruppen der in Betrieben privatrechtlich organisierter Unternehmen tätigen Beamten, Soldaten und ArbN des öffentlichen Dienstes grds. Anwendung und sie zählen beim Schwellenwert mit (→ § 5 Rn. 317 f.). 6

Entspr. Vorschriften: § 75 Abs. 1 Nr. 1–4, § 76 Abs. 1 Nr. 1–5, § 77 Abs. 2 BPersVG. 7

II. Voraussetzung der Mitbestimmung bei personellen Einzelmaßnahmen

1. Zahl der Arbeitnehmer

8 Die Vorschriften der §§ 99–101 über das MBR bei personellen Einzelmaßnahmen gelten – anders als bei § 102 – nur für **Unternehmen mit in der Regel** (→ § 1 Rn. 360 ff.) **mehr als 20 wahlberechtigten ArbN** (zum ArbNBegriff → § 5 Rn. 15 ff.; zur ArbNEigenschaft von weltlichen Schwestern → § 5 Rn. 333 ff.). Der gegenüber § 102 engere Anwendungsbereich der §§ 99 ff. ist jedoch durch das BetrVerf-ReformG wesentlich erweitert worden.

8a Zum einen wird die ArbNGrenzzahl nicht mehr auf den einzelnen Betrieb, sondern auf das gesamte Unternehmen bezogen. Die **Umstellung** der **Bezugsgröße** auf das **Unternehmen** entspricht Organisationsstrukturen in der Wirtschaft, die darauf abzielen, zu dezentralisieren und ihre ArbN in einer Vielzahl kleinerer, leistungsstarker Einheiten einzusetzen, um schnell und flexibel auf den Markt reagieren zu können (vgl. BT-Drs. 14/5741, 50). Außerdem ist es sachgerecht, den betriebsverfassungsrechtlichen Schutz des Einzelnen in personellen Angelegenheiten nicht länger von der durch den ArbGeb. beeinflussbaren Zahl und Größe unternehmenszugehöriger Betriebe abhängig zu machen (vgl. BVerfGE 97, 169 ff.; *Konzen* RdA 2001, 76 [91]).

8b Zum anderen werden als **wahlberechtigte** ArbN auch Beschäftigte anerkannt, obwohl sie **nicht** in einem **ArbVerh.** zum Betriebsinhaber stehen. Das sind nach **§ 5 Abs. 1 S. 3 ArbN öffentlicher ArbGeb, Beamte** und **Soldaten,** die in den Betrieb eines privatrechtlich organisierten Unternehmens **eingegliedert** werden und dort von Beginn ihres Einsatzes an nach § 7 S. 1 wahlberechtigt zum BR des Privatbetriebs sind (vgl. Gesetzesbegründung BT-Drs. 16/11 608, 43; BAG 15.8.2012 – 7 ABR 24/11, BeckRS 2012, 75794; 15.8.2012 – 7 ABR 34/11, NZA 2013, 107; *Trümner* AiB 2009, 539 [541]; → § 5 Rn. 318 ff.; Näheres → § 7 Rn. 51 ff.).

8c Ferner sind dies die in § 7 S. 2 genannten ArbN, die im Rahmen eines **Drittpersonaleinsatzes** beschäftigt werden (→ § 7 Rn. 37 ff.). Nunmehr ist auch gesetzlich (§ 14 Abs. 2 S. 4 AFG nF) anerkannt, dass die nach dem AÜG überlassenen **LeihArbN** bei der Berechnung des **Schwellenwertes** in § 99 zu berücksichtigen sind (so schon BAG 13.3.2013 – 7 ABR 69/11, NZA 2013, 789; DKKW/*Homburg* § 9 Rn. 14 ff.; *Ulber* AÜG § 14 Rn. 74; *Linsenmaier/Kiel* RdA 2014, 135 [144 ff.]; *Schüren* RdA 2004, 184; ferner → § 5 Rn. 266, → § 7 Rn. 39, → § 9 Rn. 25). Wird eine **DRK-Schwester** im Rahmen eines **Gestellungsvertrages** in einem von einem Dritten betriebenen Krankenhaus eingesetzt, so wird sie jetzt auch nach **BAG** (21.2.2017 – 1 ABR 62/12, NZA 2017, 662; → § 5 Rn. 244, 334b) als LeihArbN eingesetzt und ist als solche nach S. 2 zum BR des Einsatzbetriebs **wahlberechtigt** und zählt dort mit.

9 Der **Unternehmensbezug** der ArbNGrenzzahl bewirkt, dass bei Ermittlung des Schwellenwerts alle ArbN eines Unternehmens zu berücksichtigen sind, unabhängig davon, ob sie in BRfähigen oder nicht BRfähigen Betrieben (§ 1, § 4 Abs. 2) oder Betriebsteilen (§ 4 Abs. 1) tätig sind (GK-BetrVG/*Raab* Rn. 6; *Engels/Trebinger/Löhr-Steinhaus* DB 2001, 532 [540]; *Löwisch* BB 2001, 1734 [1795], der allerdings nicht BRfähige Betriebe ausnimmt). Das bedeutet, dass in einem Unternehmen mit idR mehr als 20 wahlberechtigten ArbN jedem dort bestehenden BR die Rechte aus den §§ 99 ff. zustehen, selbst wenn er nur ein 1-köpfiger BR und für einen Betrieb mit zB nur 5 oder 10 ArbN zuständig ist.

10 Haben mehrere Unternehmen mit jeweils weniger als 21 ArbN einen **gemeinsamen Betrieb** mit mehr als 20 ArbN, so stehen sowohl dem BR in dem gemeinsamen Betrieb als auch den BR in den jeweiligen Betrieben der einzelnen Unternehmen die Rechte nach §§ 99 ff. zu (GK-BetrVG/*Raab* Rn. 9 f.; HaKo-BetrVG/

Kreuder/Matthiessen-Kreuder Rn. 10; *Däubler* ArbuR 2001, 285 [291]; iErg ebenso BAG 29.9.2004 – 1 ABR 39/03, AP BetrVG 1972 § 99 Versetzung Nr. 40; **aA** *Löwisch* BB 2001, 1734 [1795]). Wesen des gemeinsamen Betriebs ist es, dass er mehreren Unternehmen angehört und diese mehrfache Unternehmenszugehörigkeit durch gemeinsame organisatorische Maßnahmen der betroffenen Unternehmen gewollt und begründet worden ist. Führt der Unternehmensbezug des Schwellenwerts dazu, dass die ArbN aller zum Unternehmen gehörigen Organisationseinheiten mitzählen, trifft dies auch für einen gemeinsamen Betrieb zu. Unerheblich ist hierbei, dass nicht alle ArbN in einem ArbVerh. zum jeweiligen Unternehmen stehen. Denn dem neuen § 7 S. 2 ist der Grundgedanke zu entnehmen, dass ein Arbeitsvertrag zum Betriebsinhaber nicht mehr Voraussetzung für die Betriebs-/Unternehmenszugehörigkeit ist.

Bei der Ermittlung des regelmäßigen Beschäftigtenstands zählen auch nur **vorübergehend Beschäftigte** zumindest dann mit, wenn sie zB zeitlich hintereinander auf einem Arbeitsplatz tätig werden und damit bei der Zahl der „in der Regel" Beschäftigten zu berücksichtigen sind (vgl. DKKW/*Bachner* Rn. 8; Richardi BetrVG/*Thüsing* Rn. 14). Das trifft insbes. bei den im neuen § 7 S. 2 genannten Beschäftigten einschließlich der **LeihArbN** (→ § 9 Rn. 30ff.) zu. Im Grunde ist die Zahl der im Betrieb vorhandenen Arbeitsplätze entscheidend (GK-BetrVG/*Raab* Rn. 6; vgl. auch BAG 31.7.1986 – 2 AZR 594/85, AP KSchG 1969 § 17 Nr. 5). 11

Die erforderliche ArbNZahl muss zu dem **Zeitpunkt** gegeben sein, zu dem die personelle Maßnahme tatsächlich durchgeführt werden soll (GK-BetrVG/*Raab* Rn. 6; Richardi BetrVG/*Thüsing* Rn. 16; *Zimmermann* DB 2014, 2591 [2593]), bei der Einstellung ist dies allerdings idR der Zeitpunkt des Abschlusses des Arbeitsvertrages, → Rn. 30ff.). Folglich zählt der zu entlassende ArbN jedenfalls mit, ein noch Einzustellender, durch dessen Einstellung die Mindestzahl von mehr als 20 Wahlberechtigten erst erreicht würde, dagegen nicht (GK-BetrVG/*Raab* Rn. 6; HWGNRH/*Huke* Rn. 9; MHdB ArbR/*Lunk* § 340 Rn. 7). 12

In Unternehmen mit bis zu 20 ArbN mit einem oder mehreren BR kann die **Geltung** der §§ 99ff. durch BV oder TV **vereinbart** werden. Das folgt mittelbar aus § 325 Abs. 2 UmwG. Hat zB die Spaltung eines Unternehmens eine Betriebsspaltung zur Folge und entfallen dadurch für die aus der Spaltung hervorgegangenen Betriebe Beteiligungsrechte des BR, so kann nach dieser Vorschrift die Fortgeltung der an sich wegen Nichterreichens der erforderlichen ArbNZahl untergehenden Beteiligungsrechte des BR durch BV oder TV vereinbart werden (DKKW/*Bachner* Rn. 31f.; Widmann/Mayer/*Wißmann* UmwG § 325 Rn. 53, 61.1; *Wlotzke* DB 1995, 40 [46]; Beispiel für einen derartigen TV in ArbuR 1997, 320; → § 1 Rn. 245ff.; **aA** GK-BetrVG/*Raab* Rn. 4). 13

Auch wenn der BR in Unternehmen bis zu 20 ArbN keine Beteiligungsrechte in personellen Angelegenheiten nach §§ 99ff. hat, ergibt sich doch aus seinen allgemeinen Aufgaben (§ 80), dass auch er personelle Maßnahmen anregen kann, die dem Betrieb und der Belegschaft dienen (§ 80 Abs. 1 Nr. 2); auch hat er Beschwerden von ArbN, die sich auf ihre Umgruppierung oder Versetzung beziehen, auf ihre Berechtigung zu prüfen und ggf. nach § 85 zu verfahren; schließlich hat er auf die Einhaltung der gesetzlichen und tariflichen Bestimmungen auch im personellen Bereich zu achten (§ 80 Abs. 1 Nr. 1). Die Pflicht des ArbGeb. zur Unterrichtung auch des einköpfigen BR über personelle Einzelmaßnahmen wird aus § 2 Abs. 1 abzuleiten sein. Aus **§ 75 Abs. 1** ergibt sich die Pflicht, für die Behandlung aller ArbN in personellen Angelegenheiten nach Recht und Billigkeit einzutreten (DKKW/*Bachner* Rn. 10). Dabei ist insbes. das AGG zu beachten (→ § 75 Rn. 1, 2, 5, 58ff.). 14

2. Bestehen eines Betriebsrats

Voraussetzung für die Wahrnehmung der Beteiligungsrechte aus §§ 99ff. ist die **Wahl eines BR.** Folglich ist der ArbGeb. in seinen personellen Entscheidungen frei, wenn in einem Betrieb ein BR zwar gebildet werden könnte, dieser aber tatsächlich 15 nicht besteht (LAG Düsseldorf 2.1.1968 – 8 Sa 350/67, BB 1968, 628). Ein erstmals gewählter BR kann erst nach **Konstituierung** beteiligt werden, da er vorher handlungsunfähig ist (DKKW/*Bachner* Rn. 11; HWGNRH/*Huke* Rn. 10; Richardi BetrVG/*Thüsing* Rn. 21; BAG 23.8.1984 – 6 AZR 520/82, AP BetrVG 1972 § 102 Nr. 36 mAnm *Richardi*). Eine vorher durchgeführte Personalmaßnahme bedarf nicht der (nachträglichen) Genehmigung dieses BR (GK-BetrVG/*Raab* Rn. 13; MHdB ArbR/*Lunk* § 340 Rn. 4).

16 Fallen personelle Einzelmaßnahmen häufig an, ist die Bildung bes. Ausschüsse (§ 28) für die Ausübung des MBR zweckmäßig. Der Betr. Ausschuss nach § 27 ist aber nicht ohne weiteres zuständig, da es sich nicht um laufende Geschäfte handelt. In kleineren Betrieben kann die Zuständigkeit nicht auf den BRVors. übertragen werden (→ § 27 Rn. 94).

17 Eine Zuständigkeit des **GesBR** dürfte bei personellen Einzelmaßnahmen in aller Regel **nicht** gegeben sein (→ § 50 Rn. 55; DKKW/*Bachner* Rn. 12; *Schmelcher* FS Gaul, 1992, 497; *Bachner* NZA 2006, 1309 [1312]).

3. Von der Mitbestimmung erfasste Personen

18 Dem MBR des BR unterliegen nicht nur ArbN, sondern grds. alle Personen, die in den Betrieb **eingegliedert** werden, um zusammen mit den im Betrieb schon beschäftigten ArbN den arbeitstechnischen Zweck des Betriebs durch weisungsgebundene Tätigkeit zu verwirklichen; auf das zum ArbGeb. bestehende **Rechtsverhältnis** dieser Personen kommt es nicht an (hM; BAG 15.10.2013 – 1 ABR 25/12, NZA 2014, 214; 23.6.2010 – 7 ABR 1/09, NZA 2010, 1302; Einzelheiten → Rn. 33 ff.). Auch sind unerheblich **Häufigkeit** und **Dauer** des Einsatzes dieser Personen und ob sie auf dem **Betriebsgelände** oder außerhalb eingesetzt werden (BAG 13.12.2016 – 1 ABR 59/14, NZA 2017, 525). Auf leitende Ang. ist § 99 nicht anwendbar, sondern nur § 105.

4. Betriebs- und unternehmensübergreifende Maßnahmen

19 Die MBR bei personellen Einzelmaßnahmen werden im Betrieb durch den dortigen BR ausgeübt. Auch wenn diese **Maßnahmen** von einem zentralen Personalmanagement **auf Unternehmens-** oder **Konzernebene** (zum konzernbezogenen ArbNEinsatz → § 5 Rn. 219 ff.) angeordnet werden und es zu **Versetzungen** von einem Betrieb zu einem anderen des Unternehmens oder innerhalb des Konzerns kommt, bleiben die örtlichen BR zuständig, weil sich die tatsächliche Durchführung auch zentraler Maßnahmen im jeweiligen Betrieb auswirkt **(doppelte Betriebsbezogenheit):** Im abgebenden Betrieb kann es zulasten der verbleibenden ArbN zu einer Arbeitsverdichtung kommen; im aufnehmenden Betrieb erfolgt eine Eingliederung. Folglich stehen die MBR grds. sowohl dem BR des abgebenden (Versetzung) als auch dem des aufnehmenden Betriebs (Einstellung) zu (BAG 13.12.2011 – 1 ABR 2/10, NZA 2012, 571; 26.1.1993 – 1 AZR 303/92, AP BetrVG 1972 § 99 Nr. 102; DKKW/*Bachner* Rn. 15; *Schwab/Weicker* DB 2012, 976 ff.).

19a Hiervon gibt es **zwei Ausnahmen:** Bei einer betriebsübergreifenden Versetzung setzt das MBR des BR des abgebenden Betriebs den Fortbestand der Einheit voraus, für die der BR errichtet ist; nur dann kann er durch seine Zustimmungsverweigerung zur beabsichtigten Versetzung des ArbN die verbleibende Belegschaft des abgebenden Betriebs vor einer evt. Arbeitsverdichtung schützen und zugunsten des ArbN, der nicht versetzt werden will, erreichen, dass dieser ohne Änderung seines bisherigen Arbeitsbereichs im Betrieb weiterbeschäftigt wird. Diese Ziele können bei einer **vollständigen Stilllegung** des abgebenden Betriebs und einer Zuweisung des ArbN zu einem anderen Betrieb des Unternehmens nicht erreicht werden, so dass der **restmandatierte BR (§ 21b)** des stillgelegten Betriebs nicht nach § 99 zu beteiligen ist (BAG 8.12.2009 – 1 ABR 41/09, NZA 2010, 665 mAnm *Junker* EWiR § 99

BetrVG 2/10, 273; MHdB ArbR/*Lunk* § 340 Rn. 11). Die zweite Ausnahme, dass das Zustimmungsverweigerungsrecht des BR des abgebenden Betriebs entfällt, betrifft den Fall, dass der **ArbN** mit der **Versetzung einverstanden** ist (Näheres → Rn. 171).

Aufgrund dessen kann es zu **einander widersprechenden Entscheidungen** der beiden BR kommen und die personelle Maßnahme scheitern. Diese und weitere sich aus der betriebverfassungsrechtl. Aufspaltung der individualrechtlich einheitlichen Maßnahme möglicherweise ergebenden Schwierigkeiten für den ArbGeb. (zB Einleitung mehrerer Zustimmungsersetzungsverfahren) hat das G erkennbar in Kauf genommen und sind deshalb hinzunehmen. Sie können insbes. **nicht** die Zuständigkeit des **GesBR** oder des **KBR** begründen, da Zweckmäßigkeitserwägungen (Vermeidung von Konkurrenzproblemen zwischen einzelnen BR und von Kosten) insoweit unbeachtlich sind (BAG 12.6.2019 – 1 ABR 5/18, NZA 2019, 1288; 13.12.2011 – 1 ABR 2/10, NZA 2012, 571; 20.9.1990 – 1 ABR 37/90, AP BetrVG 1972 § 99 Nr. 84; 26.1.1993 – 1 AZR 303/92, AP BetrVG 1972 § 99 Nr. 102; LAG Köln 22.10.2013 – 12 TaBV 64/13, BeckRS 2014, 65221; **aA** Richardi BetrVG/*Thüsing* Rn. 142f.). Das gilt auch bei einer sog **Personalrunde,** einer jährlichen Bündelung von Versetzungen (BAG 26.1.1993 – 1 AZR 303/92, AP BetrVG 1972 § 99 Nr. 102). 20

Da es im Interesse der Gesamtbelegschaft eines Unternehmens oder Konzerns liegen kann, **einheitliche Regelungen** zum betriebsübergreifenden Personaleinsatz zu haben und ihn damit für alle Betroffenen durchschaubarer zu machen, liegt es nahe, die Entscheidungen der örtlichen BR durch unternehmens- oder konzernweit geltende AuswahlRL vorzustrukturieren, für die der GesBR, bzw. KBR zuständig ist (→ § 95 Rn. 17). 21

5. Sondertatbestände: Auslandsberührung, Tendenzbetrieb

Dem BR eines inländischen Betriebs stehen bei personellen Einzelmaßnahmen gegenüber im **Ausland** tätigen Mitarbeitern dieses Betriebs die MBR nach §§ 99ff. zu. Die betriebsverfassungsrechtliche Zuordnung zum Inlandbetrieb des ArbGeb. wird durch den Auslandseinsatz nicht aufgehoben. Das gilt sogar bei einer Eingliederung in den Betrieb einer ausländischen Tochtergesellschaft, wenn die entsandten ArbN fortlaufend dem Weisungsrecht des deutschen ArbGeb. unterliegen (BAG 20.2.2001 – 1 ABR 30/00, AP BetrVG 1972 § 101 Nr. 23; Näheres → § 1 Rn. 23ff.). In **Tendenzbetrieben** sind die MBR des BR nur bei personellen Einzelmaßnahmen betr. sog Tendenzträger eingeschränkt (→ § 118 Rn. 35ff.). 22

6. Arbeitskampf

Während eines **Arbeitskampfes** bleibt der BR zwar im Amt (zum Ganzen → § 74 Rn. 17ff.), jedoch kann sein personelles **MBR eingeschränkt** sein (hM, BAG 10.2.1988 – 1 ABR 39/86, AP BetrVG 1972 § 98 Nr. 5; 10.12.2002 – 1 ABR 7/02, AP BetrVG 1972 § 80 Nr. 59; DKKW/*Bachner* Rn. 24; GK-BetrVG/*Raab* Rn. 19; HWGNRH/*Huke* Rn. 29; MHdB ArbR/*Lunk* § 340 Rn. 92; *Heinze* Personalplanung Rn. 433ff.; *v. Hoyningen-Huene/Boemke* Versetzung S. 225f.; zur Verfassungsmäßigkeit dieser Ansicht BVerfG 7.4.1997 – 1 BvL 11/96, DB 1997, 1982). Es ist nur dann und nur insoweit eingeschränkt, als es unmittelbar und zwangsläufig zur Folge hätte, dass die Freiheit des ArbGeb., Arbeitskampfmaßnahmen zu ergreifen oder Folgen eines Arbeitskampfes zu begegnen– und damit die **Arbeitskampfparität** – ernsthaft beeinträchtigen würde (BAG 20.3.2018 – 1 ABR 70/16, NZA 2018, 1081; 13.12.2011 – 1 ABR 2/10, NZA 2012, 571; 10.12.2002 – 1 ABR 7/02, AP BetrVG 1972 § 80 Nr. 59). Das ist der Fall, wenn der ArbGeb. an der Durchführung einer beabsichtigten kampfbedingten personellen Maßnahme zumindest vorübergehend gehindert ist und so zusätzlich Druck auf ihn ausgeübt wird. Diese Anforderun- 23 gen sind nach BAG erfüllt, wenn die MBR die Rechtmäßigkeit des vom ArbGeb. beabsichtigten Handelns an die Einhaltung einer Frist oder an ein positives Votum des BR (Zustimmung) und ggf. dessen Ersetzung durch die E-Stelle knüpfen (BAG 20.3. 2018 – 1 ABR 70/16, NZA 2018, 1081; 13.12.2011 – 1 ABR 2/10, NZA 2012, 571; 10.12.2002 – 1 ABR 7/02, NZA 2004, 223). Das bedeutet iE:

24 Einschränkung des MBR nur, wenn sich der **ArbGeb. selbst im Arbeitskampf** befindet (MHdB ArbR/*Lunk* § 341 Rn. 1). Eine arbeitskampfbedingte **Versetzung** arbeitswilliger ArbN aus einem nicht bestreikten Betrieb in einen von einem Arbeitskampf betroffenen Betrieb **desselben ArbGeb.** zur Begrenzung von Streikfolgen bedarf nicht der Zustimmung des BR des abgebenden Betriebs, unabhängig davon, ob die ArbN des abgebenden Betriebs in den Geltungsbereich des umkämpften Tarifabschluss fallen oder nur die des aufnehmenden Betriebs (BAG 13.12.2011 – 1 ABR 2/10, NZA 2012, 571). Aber volles MBR bei „Abgabe" von ArbN eines nicht arbeitskampfbetroffenen Betriebs zur Aushilfe an ein arbeitskampfbetroffenes Tochterunternehmen (so BAG 19.2.1991 – 1 ABR 36/90, AP BetrVG 1972 § 95 Nr. 26, das auch auf den anderen fachlichen Tarifbereich des Tochterunternehmens hinweist; ob allerdings die insbes. zu § 87 Abs. 1 Nr. 3 entwickelte Rspr. des BAG zu arbeitskampfbedingten Fernwirkungen in nur mittelbar kampfbetroffenen Betrieben [→ § 87 Rn. 164 ff.] auf § 99 übertragbar ist, dürfte wegen der Kombination „Arbeitskampfferne" und „Einzelmaßnahmen" kaum von praktischer Bedeutung sein [*Brox/Rüthers* ArbeitskampfR Rn. 450, die allerdings nach Rn. 449 f. § 99 – außer dem Zustimmungsverweigerungsgrund des Abs. 2 Nr. 3 in unmittelbar streikbetroffenen Betrieben – voll anwenden wollen; DKKW/*Bachner* Rn. 27]; LAG SchlH 28.5.2013 – 1 TaBV 31/12, BeckRS 2013, 69856; *Busch* DB 1997, 1974).

25 Einschränkung nur bei **unmittelbar arbeitskampfbezogenen personellen Maßnahmen** wie Einstellung von Streikbrechern (**Ausnahme:** Einsatz von **Leih-ArbN** als Streikbrecher, § 11 Abs. 5 AÜG nF; → Rn. 189m). Versetzung arbeitswilliger ArbN auf Arbeitsplätze streikender ArbN (BAG 10.12.2002 – 1 ABR 7/02, AP BetrVG 1972 § 80 Nr. 59; 13.12.2011 – 1 ABR 2/10, NZA 2012, 571; *v. Hoyningen-Huene/Boemke* Versetzung S. 25 f.; MHdB ArbR/*Lunk* § 340 Rn. 92, § 341 Rn. 1; **aA** DKKW/*Bachner* Rn. 24) oder die Anordnung von tarifvertraglich vorgesehenen Reservetagen zur Milderung der Auswirkungen eines Streiks auf den Flugbetrieb (ArbG Köln 1.7.2015 – 20 BVGa 14/15, BeckRS 2015, 69659), dagegen volles MBR bei Maßnahmen, die nicht wegen, sondern nur während des Arbeitskampfes durchgeführt werden (hM, BAG 6.3.1979 – 1 AZR 866/77, AP BetrVG 1972 § 102 Nr. 20; 13.12.2011 – 1 ABR 2/10, NZA 2012, 571; DKKW/*Bachner* Rn. 24; HWGNRH/*Huke* Rn. 29; *Heinze* Personalplanung Rn. 436 f.; → § 74 Rn. 22b ff.).

26 Keine Einschränkung bei **Eingruppierungen oder Umgruppierungen** wegen des damit verbundenen bloßen Normenvollzugs (→ Rn. 81), der nicht arbeitskampfrelevant sein kann (GK-BetrVG/*Raab* Rn. 22; *Wulff* AiB 2013, 156).

27 Keine Einschränkung des **Unterrichtungs-, Anhörungs-** oder **Beratungsrechts** wegen dessen mangelnder Arbeitskampfrelevanz (BAG 10.12.2002 – 1 ABR 7/02, AP BetrVG 1972 § 80 Nr. 59; LAG RhPf 21.3.2013 – 10 TaBV 41/12, NZA-RR 2013, 291; DKKW/*Bachner* Rn. 24; GK-BetrVG/*Raab* Rn. 21; *Klocke* HSI Bd. 29 S. 76 ff.; → § 74 Rn. 21a).

28 Die arbeitskampfbedingte Einschränkung des MBR gilt **nur für** die **Dauer** des **Arbeitskampfes.** Nach dessen Beendigung hat der ArbGeb. die Zustimmung des BR einzuholen, wenn er die personelle Maßnahme weiterhin aufrechterhalten will (DKKW/*Bachner* Rn. 26; MHdB ArbR/*Lunk* § 340 Rn. 92, § 341 Rn. 1; *v. Hoyningen-Huene/Boemke* Versetzung S. 226; Richardi BetrVG/*Thüsing* Rn. 25; *Klocke* HSI Bd. 29 S. 75: **aA** GK-BetrVG/*Raab* Rn. 24); andernfalls könnte er die Ausnahmesituation zur Umgehung des MBR des BR missbrauchen (s. den Fall BAG 6.3.1979 – 1 AZR 866/77, AP BetrVG 1972 § 102 Nr. 20). Die vorstehenden Grundsätze gelten nach BAG auch bei **rechtswidrigem Arbeitskampf** wegen der faktisch glei-

chen Situation für ArbGeb. und BR (BAG 14.2.1978 – 1 AZR 54/76, AP GG Art. 9 Arbeitskampf Nr. 57; Nr. 58; GK-BetrVG/*Raab* Rn. 25; **aA** *Brox/Rüthers* ArbeitskampfR Rn. 442ff.; *Däubler* ArbR I S. 288; DKKW/*Bachner* Rn. 25; HWGNRH/*Huke* Rn. 30).

III. Gegenstände der Beteiligung

29 § 99 unterwirft die wichtigsten personellen Einzelmaßnahmen dem MBR des BR, nämlich die Einstellungen, Eingruppierungen, Umgruppierungen und Versetzungen. Wegen Kündigungen vgl. § 102. Diese Aufzählung ist **erschöpfend,** dh eine Erweiterung im Wege der Analogie ist nicht zulässig (BAG 22.1.1998 – 2 AZR 267/97, AP BGB § 174 Nr. 11; DKKW/*Bachner* Rn. 36). Sonstige personelle Fragen wird der BR aber zum Teil bei Erfüllung seiner Aufgaben im sozialen Bereich oder im Rahmen seiner allgemeinen Aufgaben (§§ 75, 80 Abs. 1) zu behandeln haben. Hierfür gilt jedoch nicht das Mitbestimmungsverfahren nach §§ 99ff. Arbeitsvertragliche und betriebsverfassungsrechtliche Voraussetzungen für eine personelle Maßnahme, die sich nicht immer decken, müssen unabhängig voneinander geprüft werden und gegeben sein (hM).

1. Einstellung

30 Nach wohl überwiegender Ansicht kann unter Einstellung sowohl die **Begründung des ArbVerh.** (Abschluss des Arbeitsvertrages) durch Willensübereinstimmung von ArbGeb. und ArbN über die – eventuell erst zukünftige – Arbeitsaufnahme des ArbN im Betrieb verstanden werden, als auch die damit zusammenhängende tatsächliche Beschäftigung im Betrieb, dh die **Arbeitsaufnahme** an einem bestimmten Arbeitsplatz (so frühere Rspr. BAG 14.5.1974 – 1 ABR 40/73, AP BetrVG 1972 § 99 Nr. 2; 12.7.1988 – 1 ABR 85/86, AP BetrVG 1972 § 99 Nr. 54; DKKW/*Bachner* Rn. 38; GK-BetrVG/*Raab* Rn. 29; HWGNRH/*Huke* Rn. 32). Demgegenüber vertritt das BAG in neuerer Rspr. (28.4.1992 – 1 ABR 73/91, AP BetrVG 1972 § 99 Nr. 98, bestätigt durch BAG 13.4.1994 – 7 AZR 651/93, AP LPVG NW § 72 Nr. 9; sa *Richardi* NZA 2009, 1 [2]) die Meinung, dass Einstellung nur noch die tatsächliche Beschäftigung, nicht mehr der Abschluss des Arbeitsvertrages sei (ebenso *Heinze* Personalplanung Rn. 192ff.; *v. Hoyningen-Huene* Betriebsverfassungsrecht S. 298f.; MHdB ArbR/*Lunk* § 340 Rn. 16).

31 Diese **Ansicht des BAG widerspricht Wortlaut und Intention des § 99.** Wenn dessen Abs. 1 von „Bewerbungsunterlagen", von dem „in Aussicht genommenen Arbeitsplatz" und von der „vorgesehenen Eingruppierung" spricht, Abs. 2 Nr. 6 zwischen in Aussicht genommenem „Bewerber" und „Arbeitnehmer" unterscheidet, ist eindeutig zum Ausdruck gebracht, dass der BR in das Einstellungsverfahren, also in den noch offenen Bewerbungsvorgang einzuschalten ist (ebenso GK-BetrVG/*Raab* Rn. 29f.; *Hromadka* Anm. zu BAG 28.4.1992 – 1 ABR 73/91, AP BetrVG 1972 § 99 Nr. 98). Nur so ist eine frühzeitige und effiziente Einflussnahme des BR auf die Entscheidung des ArbGeb. gewährleistet (das erkennt auch das BAG [21.11.2018 – 7 ABR 16/17, NZA 2019, 711; 28.4.1991 – 1 ABR 73/91, AP BetrVG 1972 § 99 Nr. 98] an und kommt über den Normsinn zur Korrektur seiner zu engen Begriffsinterpretation; auch BAG 9.12.2008 – 1 ABR 74/07, AP BetrVG 1972 § 99 Einstellung Nr. 55; → Rn. 41).

32 Sofern beide Zeitpunkte (→ Rn. 30) auseinanderfallen, ist jeweils die **zeitlich erste Maßnahme** des ArbGeb. mitbestimmungspflichtig, dh der Abschluss des Arbeitsvertrages oder Rahmenvertrages, der den Zeitpunkt und die Dauer einer tatsächlichen Beschäftigung noch offenlässt (iErg auch BAG 28.4.1992 – 1 ABR 73/91, AP BetrVG 1972 § 99 Nr. 98), oder die tatsächliche Einstellung vor Abschluss eines formellen Vertrages (hM, BAG 28.4.1992 – 1 ABR 73/91, AP BetrVG 1972 § 99

Nr. 98; DKKW/*Bachner* Rn. 38; GK-BetrVG/*Raab* Rn. 29f.; HWGNRH/*Huke* Rn. 32). Ist ein Arbeitsvertrag nichtig, so ist die etwa gleichwohl erfolgte tatsächliche Einstellung maßgebend (DKKW/*Bachner* Rn. 42). Die Zustimmung des BR zur Einstellung vermag Mängel des Arbeitsvertrages nicht zu ersetzen (*Heinze* Personalplanung Rn. 277).

33 Der Begriff der Einstellung setzt **nicht** voraus, dass ein **ArbVerh.** begründet werden muss. Nach der Rspr. des BAG (12.6.2019 – 1 ABR 5/18, NZA 2019, 1288; 13.12.2016 – 1 ABR 59/14, NZA 2017, 525; 15.10.2013 – 1 ABR 25/12, NZA 2014, 214) liegt eine mitbestimmungspflichtige Einstellung vor, wenn Personen (also nicht nur ArbN) in den Betrieb eingegliedert werden, um zusammen mit den dort schon beschäftigten ArbN den arbeitstechnischen Zweck des Betriebes durch weisungsgebundene Tätigkeit zu verwirklichen. Auf das Rechtsverhältnis, in dem diese Personen zum ArbGeb. als Betriebsinhaber stehen, kommt es nicht an, so dass § 99 auch bei der Einstellung von NichtArbN greift (zust. DKKW/*Bachner* Rn. 39; MHdB ArbR/*Lunk* § 340 Rn. 12; dagegen *Hunold* NZA 1990, 461 [465]; *Hunold* NZA 1998, 1025 [1028]).

33a Eine mitbestimmungspflichtige Einstellung liegt folglich auch dann vor, wenn der ArbGeb. in dem von ihm betriebenen Krankenhaus Rote-Kreuz-Pflegekräfte einsetzt, die von einer **DRK-Schwesternschaft** auf Grund eines mit ihm geschlossenen Gestellungsvertrags entsandt werden (BAG 21.2.2017 – 1 ABR 62/12, NZA 2017, 662; 9.10.2013 – 7 ABR 12/12, NZA 2014, 795; 9.10.2013 – 7 ABR 13/12, BeckRS 2014, 66254; 22.4.1997 – 1 ABR 74/96, AP BetrVG 1972 § 99 Einstellung Nr. 18; *Mestwerdt* NZA 2014, 281 [282]), ein Mitgl. in eine DRK-Schwesternschaft zur Leistung von Pflegediensten aufgenommen wird (BAG 23.6.2010 – 7 ABR 1/09, NZA 2010, 1302; *Mestwerdt* NZA 2014, 281 [282]) oder ein ehrenamtlicher Einsatz von Mitgl. des DRK im Rahmen eines vom DRK betriebenen Rettungsdienstes erfolgt (BAG 12.11.2002 – 1 ABR 60/01, AP BetrVG 1972 § 99 Einstellung Nr. 43 (→ Rn. 8c, → § 5 Rn. 244).

34 Maßgebend ist vielmehr, ob die zu verrichtende Tätigkeit ihrer Art nach eine **weisungsgebundene Tätigkeit** ist, die der Verwirklichung des arbeitstechnischen Zwecks des Betriebes zu dienen bestimmt ist und daher vom ArbGeb. organisiert werden muss. Unerheblich ist dagegen, ob und ggf. von wem diesen Personen tatsächlich Weisungen hinsichtlich ihrer Tätigkeit gegeben werden (BAG 15.4.1986 – 1 ABR 44/84, AP BetrVG 1972 § 99 Nr. 35 – Taxifahrer; 18.4.1989 – 1 ABR 97/87, AP BetrVG 1972 § 99 Nr. 65 – Dialysezentrum; 1.8.1989 – 1 ABR 54/88, AP BetrVG 1972 § 99 Nr. 68 – Tallymänner; 3.7.1990 – 1 ABR 36/89, AP BetrVG 1972 § 99 Nr. 81 – Honorarlehrkräfte; 28.4.1992 – 1 ABR 73/91, AP BetrVG 1972 § 99 Nr. 98 – Rahmenvertrag; 20.4.1993 – 1 ABR 59/92, AP BetrVG 1972 § 99 Nr. 106 – Assessment-Center; 27.7.1993 – 1 ABR 7/93, AP BetrVG 1972 § 93 Nr. 3 – Freie Mitarbeiter; zur BAG – Rspr. *Trebinger/Engels* FS 100 Jahre BetrVR S. 757ff.; *Weller* Arbeitsrecht der Gegenwart 91, 135; gegen diese Rspr. *Hunold* NZA 1990, 461; *Hunold* NZA 1998, 1025; *Walle* NZA 1999, 518 [521]).

35 Diese **Begriffserweiterung** entspricht dem aus Abs. 2 ablesbaren **Normzweck** des § 99, insbes. den Schutz der bereits im Betrieb Beschäftigten durch Mitsprache des BR bei der personellen Zusammensetzung des Arbeitsverbandes zu gewährleisten (BAG 20.9.1990 – 1 ABR 37/90, AP BetrVG 1972 § 99 Nr. 84; 5.3.1991 – 1 ABR 39/90, AP BetrVG 1972 § 99 Nr. 90), führt beim derzeitigen Trend zur Neustrukturierung der Produktionsbeziehungen zB mittels **Leiharbeit** oder anderer Formen des **Drittfirmeneinsatzes** (→ Rn. 57ff., 63ff., → § 5 Rn. 242ff., 279ff.; *Dauner-Lieb* NZA 1992, 817; *Henssler* NZA 1994, 294; *Kreuder* ArbuR 1993, 316; *Leisten* BB 1992, 266; *Trebinger/Engels* FS 100 Jahre BetrVR S. 757ff.) zu sachgerechten Ergebnissen. Dagegen ist die Beschäftigung eines **freien Mitarbeiters** oder freien Handelsvertr. nur bei atypischen Fallgestaltungen (partielles Weisungsrecht des ArbGeb. betr. Arbeitseinsatz) eine Einstellung iSd § 99 (→ Rn. 73f.; BAG 30.8.1994 – 1 ABR 3/94, AP BetrVG 1972 § 99 Einstellung Nr. 6).

IE gilt folgendes: Eine mitbestimmungspflichtige Einstellung liegt immer bei der Beschäftigung von **ArbN** iSd BetrVG vor, unabhängig davon, wie das zugrundeliegende ArbVerh. ausgestaltet ist. Folglich werden neben dem **„Normalarbeitsverhältnis"** sämtliche **Sonderformen** (→ § 5 Rn. 103 ff.), also **befristete, Probe-, Teilzeit-,** flexible Teilzeit-, **Aushilfs-** und **Telearbeitsverhältnisse** sowie die im **Mobile** oder **Homeoffice** Beschäftigten (→ § 5 Rn. 186 ff., 193 ff.) erfasst (hM; DKKW/*Bachner* Rn. 40; MHdB ArbR/*Lunk* § 340 Rn. 17 ff.). Das gilt idR ebenso für **Interim-Manager** mit ArbVertrag (*Oltmanns/Fuhlrott* DB 2016, 591 ff.; → § 5 Rn. 103a). Ausreichend ist auch schon der Abschluss eines **Rahmenvertrags,** der Zeitpunkt und Dauer der tatsächlichen Beschäftigung im Betrieb noch offenlässt (BAG 28.4.1992 – 1 ABR 73/91, AP BetrVG 1972 § 99 Nr. 98). 36

Soll ein ArbN neu eingestellt und einem bestehenden Dienst- bzw. Schichtplan zugeteilt werden, so sind **sowohl** die **MBR** des BR in personellen Angelegenheiten nach **§ 99** als auch die in sozialen Angelegenheiten nach **§ 87 Abs. 1 Nr. 2** zu beachten. Mit der Zustimmung des BR zu einer Einstellung ist keine Entscheidung über die konkrete Lage der Arbeitszeit und der Pausen dieses ArbN verbunden (BAG 22.8.2017 – 1 ABR 4/16, NZA 2018, 191, – 1 ABR 5/16, BeckRS 2017, 136845, – 1 ABR 3/16, BeckRS 2017, 136853; *Klar* AiB 2018, 62 ff.; **aA** *Bayreuther* NZA 2016, 921, 922; *Weller/Baudis* BB 2019, 948 f.). 36a

Die **Versetzung** in einen anderen Betrieb des Unternehmens oder Konzerns (zum konzernbezogenen Personaleinsatz → § 5 Rn. 219 ff.) ist mit einer mitbestimmungspflichtigen **Einstellung im aufnehmenden Betrieb** verbunden (stRspr, BAG 13.12.2011 – 1 ABR 2/10, NZA 2012, 571; → Rn. 19 ff., 136 f.; Richardi BetrVG/*Thüsing* Rn. 38; *Diller/Powietzka* DB 2001, 1034 [1037]). Das gilt auch dann, wenn (ausländische) ArbN von einer ausländischen Konzernmutter zu einem inländischen Tochterunternehmen entsandt und dort in einem Betrieb eingegliedert werden (*Deinert* DB 2016, 349, 350 f.). Die **Rückkehr** in den abgebenden Betrieb ist mitbestimmungsfrei, wenn sie bereits Gegenstand des zu Beginn der Versetzung im abgebenden Betrieb durchgeführten MBVerfahrens war (BAG 18.10.1988 – 1 ABR 26/87, AP BetrVG 1972 § 99 Nr. 56; DKKW/*Bachner* Rn. 43). 37

Die in → Rn. 37 genannten Grundsätze gelten entspr., wenn ein von **Matrix-Strukturen** (→ § 5 Rn. 226a ff.) betroffener ArbN in der steuernden Einheit eingesetzt und ihr im Rahmen deren fachlichen Weisungsrechts zuarbeitet. Die für eine mitbestimmungspflichtige Einstellung erforderliche Eingliederung ist auch dann gegeben, wenn der ArbN den **räumlichen Arbeitsplatz** beim Vertrags-ArbGeb. **nicht verlässt,** er aber über die Informations- und Kommunikationstechnologie in den Arbeitsablauf der steuernden Einheit eingebunden ist (*Maywald* Arbeitnehmereinsatz S. 124 f., 155 ff.; *Bachner* NZA 2019, 134, 135; *Henssler* NZA 2014 Beil. 3, 95 [102]; *Koll* AiB 2018 H. 2, S. 31, 33; *Kort* NZA 2013, 1318 [1324 f.]; *Witschen* RdA 2016, 38, 47; diff. *Ricken* ZfA 2016, 535, 434 ff.; **aA** *Neufeld* AuA 2012, 219 [222]; kr. auch Arnold/Günther ArbR 4.0-HdB/*Lingemann/Chakrabarti* Kap. 2 Rn. 146). Diese organisatorische Verknüpfung des ArbN mit der steuernden Einheit ist betriebsverfassungsrechtlich relevant und ausreichend (→ Rn. 37b). 37a

Die **Übertragung** einer **Führungsfunktion** in einer **Matrix-Struktur** kann eine Einstellung iSv Abs. 1 S. 1 sein. Dabei ist nicht notwendig, dass die Matrix-Struktur einen Konzern betrifft und unternehmensübergreifend ausgestaltet ist. Eine mitbestimmungspflichtige Einstellung kann auch bei einer betriebsübergreifenden Matrix-Struktur vorliegen. So hat das **BAG** in einer neueren Entscheidung (**12.6.2019** – 1 ABR 5/18, NZA 2019, 1288) klargestellt, dass ein ArbN, der seinen Dienstsitz in einem bestimmten Betrieb des Unternehmens hat und dort regelmäßig tätig ist, zum **Vorgesetzten** von unternehmensangehörigen ArbN ernannt wird, die in einem anderen Betrieb arbeiten, und verwirklicht er durch die Wahrnehmung dieser Führungsaufgaben (auch) den arbeitstechnischen Zweck des anderen Betriebs, ist eine dortige Einstellung gegeben, auch wenn er hier keinen „räumlichen" Arbeitsplatz hat (s. *Bachner* NZA 2019, 134, 135 f.; *Koll* AiB 2018 H. 2 S. 31, 33; *Seebacher* AiB 2019 37b

H. 10 S. 54 ff.; *Seebacher/Silberberger* AiB 2018 H. 5, S. 42 ff.). Wird also ein Matrixmanager über die fachliche Führungsverantwortung hinaus selbst weisungsrechtlich in die die Matrixeinheit stellende Betriebsorganisation eingegliedert, ist dies eine Einstellung (Maschmann/Fritz Matrixorganisationen/*Spieler* Kap. 3 Rn. 522 ff.; *Bachner* NZA 2019, 134, 136 f.; *Reinhard* FS Willemsen S. 377, 384; sa Arnold/Günther ArbR 4.0-HdB/*Lingemann/Chakrabarti* Kap. 2 Rn. 147; *Maschmann* FS 100 Jahre BetrVR S. 463, 474 f.).

37c Mitbestimmungsfrei ist die nach Beendigung einer vom ArbGeb. durchgeführten **vorläufigen personellen Maßnahme** erfolgte **Rückkehr** des ArbN an seinen alten Arbeitsplatz (BAG 15.4.2014 – 1 ABR 101/12, NZA 2014, 920; *Kröll* AiB 2015, 62; → § 100 Rn. 19a).

38 Die (ein- oder mehrmalige) **Verlängerung** eines **befristeten** ArbVerh. (zur Befristung → § 5 Rn. 103 ff.) oder dessen **Umwandlung** in ein unbefristetes ist als mitbestimmungspflichtige Einstellung anzusehen (hM, BAG 27.10.2010 – 7 ABR 86/09, NZA 2011, 418; HessLAG 15.12.1998 – 4 TaBV 107/98, NZA-RR 1999, 584; DKKW/*Bachner* Rn. 47; GK-BetrVG/*Raab* Rn. 36; MHdB ArbR/*Lunk* § 340 Rn. 23; wohl auch HWGNRH/*Huke* Rn. 42; **aA** Richardi BetrVG/*Thüsing* Rn. 39 f.; *Hunold* NZA 1997, 741 [745] bei Mehrfachbefristungen; *Worobjow* NZA 2019, 1023, 1025 ff.). Das gilt auch bei der Weiterbeschäftigung eines bei einem privaten ArbGeb. befristet beschäftigten Beamten (BAG 23.6.2009 – 1 ABR 30/08, NZA 2009, 1162). Anders verhält es sich dagegen, wenn ein zunächst unbefristetes in ein befristetes ArbVerh. umgewandelt wird (LAG BW 4.3.2015 – 2 Sa 31/14, BeckRS 2015, 67399; GK-BetrVG/*Raab* Rn. 36).

38a Eine mitbestimmungspflichtige Einstellung liegt auch im Fall des § 15 Abs. 5 TzBfG vor, wenn ein unbefristetes Arbeitsverhältnis dadurch zustande kommt, dass der ArbGeb. einen ArbN bewusst über die Befristung hinaus **weiter beschäftigt** (MHdB ArbR/*Lunk* § 340 Rn. 23; *Preis/Lindemann* NZA-Sonderheft 2001, 46 f.; *Nehls* DB 2001, 2722) oder nach § 16 S. 1 TzBfG im Fall der vom ArbN nach § 17 S. 1 TzBfG geltend gemachten Unwirksamkeit der Befristung der befristete Arbeitsvertrag als auf unbestimmte Zeit geschlossen gilt (BAG 27.10.2010 – 7 ABR 86/09, NZA 2011, 418). Dies gilt allerdings bei einem befristeten Probearbeitsverhältnis dann nicht, wenn dem BR vor der Ersteinstellung die Übernahme bei Bewährung mitgeteilt worden ist (BAG 7.8.1990 – 1 ABR 68/89, AP BetrVG 1972 § 99 Nr. 82).

39 Bei einer Beschäftigung über die vertraglich **vereinbarte oder tarifliche Altersgrenze hinaus** liegt ebenfalls eine mitbestimmungspflichtige Einstellung vor (BAG 18.7.1978 – 1 ABR 79/75, AP BetrVG 1972 § 99 Nr. 9; 12.7.1988 – 1 ABR 85/86, AP BetrVG 1972 § 99 Nr. 54; DKKW/*Bachner* Rn. 47; **aM** GK-BetrVG/*Raab* Rn. 37; HWGNRH/*Huke* Rn. 42; MHdB ArbR/*Lunk* § 340 Rn. 21; Richardi BetrVG/*Thüsing* Rn. 42; vgl. auch § 75 Abs. 1 Nr. 5 BPersVG). Das gilt auch bei vereinbartem Hinausschieben des Beendigungszeitpunkts nach Maßgabe des § 41 S. 3 SGB VI (*Bader* NZA 2014, 749 [751]; *Bayreuther* NZA 2015 Beil. 3 S. 84, 89; → § 5 Rn. 120b; **aA** *Worobjow* NZA 2019, 1023, 1025 ff.). Wegen Beteiligung des BR bei Nichtverlängerung eines ArbVerh. → § 102 Rn. 17.

39a Eine Einstellung liegt ebenso vor, wenn ein **neues ArbVerh.** im (unmittelbaren) **Anschluss** an ein **beendetes ArbVerh.** mit demselben ArbGeb. begründet wird (BAG 21.2.2013 – 6 AZR 524/11, NZA 2013, 625; 27.1.2011 – 6 AZR 382/09, NZA-RR 2011, 336; → § 5 Rn. 130b).

40 Bei Änderungen der persönlichen **Arbeitszeit** ist zu unterscheiden: Da dem Begriff **„Einstellung“** (→ Rn. 30 ff.) **kein zeitlicher Aspekt** innewohnt, sind bloße Änderungen der Arbeitszeit und damit auch deren Aufstockung an sich unbeachtlich (Richardi BetrVG/*Thüsing* Rn. 52; *Bayreuther* NZA 2016, 921, 922; **aA** DKKW/*Bachner* Rn. 44; HWGNRH/*Huke* Rn. 42; *Löwisch/Kaiser* Rn. 14; *Greßlin* BR-Mitglieder S. 261; *Schüren* AuR 2001, 321 [323, 324]). Nach **BAG** (25.1.2005 – 1 ABR 59/03, AP BetrVG 1972 § 87 Arbeitszeit Nr. 114; abl. *Bengelsdorf* FS Kreutz,

2010, 41 ff.; *Hunold* NZA 2005, 910) soll jedoch eine sowohl nach **Dauer** als auch nach **Umfang nicht unerhebliche Erweiterung** des Volumens der arbeitsvertraglich geschuldeten regelmäßigen Arbeitszeit schon beschäftigter ArbN des Betriebs eine **neuerliche Einstellung** darstellen (so auch BVerwG 23.3.1999 – 6 P 10.97, AP BPersVG § 75 Nr. 73 bei Aufstockung um 14,75 Std. wöchentlich).

In der Entscheidung v. 9.12.2008 (1 ABR 74/07, AP BetrVG 1972 § 99 Einstellung Nr. 55) hat das BAG die Voraussetzungen für die Annahme einer Einstellung in Anlehnung an § 95 Abs. 3 S. 1 und § 12 Abs. 1 S. 3 aF TzBfG präzisiert: Die Verlängerung der Arbeitszeit eines ArbN ist dann eine mitbestimmungspflichtige Einstellung, wenn sie für **mehr als ein Monat** vorgesehen ist und **mindestens zehn Stunden** pro Woche beträgt (ebenso LAG RhPf 6.8.2015 – 5 TaBV 11/15, BeckRS 2015, 72560); ob das BAG nach Änderung des § 12 Abs. 1 S. 3 TzBfG die dort verlangte Mindeststundenzahl von 20 auch für die Annahme einer Einstellung fordert, dürfte wegen des unterschiedlichen Normzwecks zu verneinen sein. Der BR kann seine Beteiligung bereits vor Abschluss des entpr. Änderungsvertrags verlangen, um noch Einfluss nehmen zu können. 41

Die Umwandlung eines **TeilzeitArbVerh.** (→ § 5 Rn. 168 ff.) **in** ein **Vollzeit-ArbVerh.** kann unter den in → Rn. 40, 41 genannten Voraussetzungen nach BAG eine Einstellung sein, **nicht** dagegen der umgekehrte Fall einer **Verringerung** der Arbeitszeit (BAG 25.1.2005 – 1 ABR 59/03, AP BetrVG 1972 § 87 Arbeitszeit Nr. 114). Folglich kann das Geltendmachen des Anspruchs nach § 9 TzBfG auf Arbeitszeitverlängerung die Beteiligung des BR nach § 99 auslösen, nicht dagegen das Geltendmachen des Teilzeitanspruchs nach §§ 8, 9a TzBfG (vgl. *Kossens/Kerschbaumer* Teilzeit S. 111; *Preis/Lindemann* NZA-Sonderheft 2001, 43 f. mwN). Eine Beteiligung des BR ergibt sich jedoch immer dann, wenn die Verwirklichung des Anspruchs auf Arbeitszeitänderung zB mit einer Versetzung iSd § 95 Abs. 3 oder Umgruppierung des betroffenen ArbN selbst einhergeht oder andere ArbN versetzt, umgruppiert oder neue ArbN eingestellt werden müssen (PSW Flexibilität S. 38; *Preis/Lindemann* NZA-Sonderheft 2001, 43 f.). Verändern sich Lage und Verteilung der Arbeitszeit von ArbN, so greift das MBR des BR nach § 87. 42

Die **Umwandlung** eines VollzeitArbVerh. **in** ein **TeilzeitArbVerh.** nach dem **AltersteilzeitG** ist keine mitbestimmungspflichtige Einstellung (so BVerwG 12.6. 2001 – 6 P 11/00, NZA 2001, 1091 zu § 75 Abs. 1 Nr. 1 BPersVG; → Rn. 42). 43

Die **Wiederaufnahme** der **Arbeit** nach Unterbrechung der tatsächlichen Beschäftigung (zB nach Obsiegen im Kündigungsrechtsstreit oder dessen einvernehmlicher Beilegung) oder nach **Ruhen des ArbVerh.** (zB nach Ableistung des Wehr- oder Zivildienstes, nach Beendigung eines Arbeitskampfes) liegt **keine Einstellung** vor (hM; BAG 5.4.2001 – 2 AZR 580/99, NZA 2001, 893; GK-BetrVG/*Raab* Rn. 55; Richardi BetrVG/*Thüsing* Rn. 50 f.). 44

Gleiches gilt bei Beendigung der **Elternzeit.** Führt der ArbN seine bestehende Teilzeitarbeit iSd § 15 Abs. 5 BEEG während der Elternzeit weiter, liegt schon begrifflich keine Wiederaufnahme/Einstellung vor (BAG 27.4.2004 – 9 AZR 21/04 AP, BErzGG § 15 Nr. 39; MHdB ArbR/*Lunk* § 340 Rn. 26). Auch ist ein Wechsel von Vollzeit- in Teilzeitarbeit aufgrund einer entspr. Änderung des Arbeitsvertrages keine Einstellung (→ Rn. 40 f.). Übernimmt aber ein ArbN während der Elternzeit auf Grund einer nachträglichen Vereinbarung mit dem ArbGeb. auf seinem bisherigen Arbeitsplatz aushilfsweise eine befristete Teilzeitbeschäftigung, so liegt darin eine Einstellung, gegen die der BR uU Zustimmungsverweigerungsgründe (s. Abs. 2 Nr. 3), die bei der Ersteinstellung noch nicht bestanden, geltend machen kann (BAG 28.4.1998 – 1 ABR 63/97, AP BetrVG 1972 § 99 Einstellung Nr. 22 zum früheren BErzGG; jetzt zum BEEG LAG Köln 18.4.2012 – 3 TaBV 92/11, BeckRS 2012, 72668; MHdB ArbR/*Lunk* § 340 Rn. 26). 45

Keine Einstellung ist die **Weiterbeschäftigung** des ArbN zB bei Rücknahme der **Kündigung** oder auf Grund des nach § 102 Abs. 5 bestehenden oder des richterrechtl. anerkannten Weiterbeschäftigungsanspruchs sowie die **Fortsetzung** der bishe- 46 rigen Tätigkeit bei **Betriebsübergang** nach § 613a BGB (hM; MHdB ArbR/*Lunk* § 340 Rn. 25; Richardi BetrVG/*Thüsing* Rn. 49). Wird einem ArbN gekündigt und kommt es nach Zugang der Kündigung zu einem Betriebsübergang, hat der bislang in der Einheit beschäftigte ArbN einen Anspruch gegen den neuen Betriebsinhaber, zu unveränderten Arbeitsbedingungen unter Wahrung seines Besitzstandes **wieder eingestellt** zu werden (BAG 13.11.1997 – 8 AZR 295/95, AP BGB § 613a Nr. 169; nach BAG 21.8.2008 – 8 AZR 201/07, AP BGB § 613a Nr. 353) muss der Anspruch innerhalb eines Monats nach Betriebsübergang geltend gemacht werden). Auch dies ist **keine mitbestimmungspflichtige Einstellung,** weil der ArbGeb. hier keinen Entscheidungsspielraum hat (MHdB ArbR/*Lunk* § 340 Rn. 31).

47 Wird allerdings mehreren ArbN betriebsbedingt gekündigt und ergeben sich danach wider Erwarten anderweitige Beschäftigungsmöglichkeiten, die nach der Rspr. des BAG (s. BAG 27.2.1997 – 2 AZR 160/96, AP KSchG § 1 Wiedereinstellung Nr. 1; 6.8.1997 – 7 AZR 557/96, AP KSchG § 1 Wiedereinstellung Nr. 2; 4.12.1997 – 2 AZR 140/97, AP KSchG § 1 Wiedereinstellung Nr. 4; 28.6.2000 – 7 AZR 904/98, AP KSchG § 1 Wiedereinstellung Nr. 6; grdl. dazu Boewer NZA 1999, 1121 ff. [1177 ff.]; *Aszmons/Beck* NZA 2015, 1098; *Günzel* DB 2000, 1227 ff.; *Meinel/Bauer* NZA 1999, 575; *Oberhofer* RdA 2006, 92 ff.; *Raab* RdA 2000, 147 ff.; *Lunk/Seidler* NZA 2018, 201) einen **Anspruch** auf **Wiedereinstellung** begründen, so liegt eine mitbestimmungspflichtige Einstellung jedenfalls dann vor, wenn nicht alle gekündigten ArbN wiedereingestellt werden können (so *Boewer* NZA 1999, 1182; *Nägele* BB 1998, 1689). Dann ist nämlich der ArbGeb. in der Auswahl der wiedereinzustellenden ArbN nicht frei, sondern hat soziale Gesichtspunkte zu berücksichtigen (BAG 4.12.1997 – 2 AZR 140/97, AP KSchG § 1 Wiedereinstellung Nr. 4), bei deren Verletzung der BR seine Zustimmung nach Abs. 2 Nr. 1 (Verstoß gegen § 1 Abs. 3 KSchG analog) verweigern kann.

47a Bei Bestehen einer **konzernbezogenen Weiterbeschäftigungspflicht** des ArbGeb. aufgrund eines konzernbezogenen Kündigungsschutzes (zu den engen Voraussetzungen BAG 23.4.2008 – 2 AZR 1110/06, AP KSchG 1969 § 1 Betriebsbedingte Kündigung Nr. 177 mwN, 10.5.2007 – 2 AZR 626/05, AP BGB § 626 Unkündbarkeit bei einer tariflichen Verpflichtung Nr. 1), ist die Weiterbeschäftigung eines ArbN im Betrieb eines anderen Konzernunternehmens eine Einstellung, die der Zustimmung des dortigen BR bedarf. Gleiches gilt, wenn der ArbGeb. tariflich verpflichtet ist, dem ArbN bei Wegfall seines Arbeitsplatzes die Weiterbeschäftigung auf einem anderen freien Arbeitsplatz im Konzern zu verschaffen (BAG 10.5.2007 – 2 AZR 626/05, AP BGB § 626 Unkündbarkeit Nr. 1).

48 Bei einer **Wiedereinstellungszusage** ist folgendes zu beachten: Scheidet ein ArbN aus dem Betrieb aus und steht überhaupt nicht fest, ob er jemals in den Betrieb zurückkehren wird, so löst seine Rückkehr die Beteiligungsrechte des BR nach § 99 aus. Eine Wiedereinstellung, die nach Beendigung eines vorangegangenen ArbVerh. durch Neuabschluss eines Arbeitsvertrages erfolgt (BAG 15.10.2013 – 9 AZR 564/12, FD-ArbR 2013, 351295), ist jedenfalls dann eine mitbestimmungspflichtige Einstellung, wenn dem ArbGeb. bez. des Einsatzes des ArbN nicht jeglicher Entscheidungsspielraum fehlt (BAG 5.4.2001 – 2 AZR 580/99, NZA 2001, 893).

49 Da das MBR des BR an der Eingliederung in den Betrieb anknüpft (→ Rn. 18, 33), besteht es auch dann, wenn der Arbeitsvertrag **nichtig** ist und nur ein **faktisches ArbVerh.** zustande kommt. Handelt es sich um einen Gesetzesverstoß, kann der BR seine Zustimmung gem. Abs. 2 Nr. 1 verweigern (DKKW/*Bachner* Rn. 42; MHdB ArbR/*Lunk* § 340 Rn. 32; Richardi BetrVG/*Thüsing* Rn. 47; → Rn. 188 ff.).

50 Einstellungen im Rahmen eines **mittelbaren ArbVerh.** (→ § 5 Rn. 229) sind ebenfalls mitbestimmungspflichtig (BAG 18.4.1989 – 1 ABR 97/87, AP BetrVG 1972 § 99 Nr. 65 mAnm *Kraft/Raab;* DKKW/*Bachner* Rn. 41.

51 Die auf Grund von **Berufsausbildungsverhältnissen** und **ähnlichen Rechtsverhältnissen** vorgesehenen Beschäftigungen (zB Praktikanten, Volontäre, Anlernlinge, Umschüler: zu diesen Personengruppen → § 5 Rn. 289 ff.) sind mitbestimmungspflichtige Einstellungen (GK-BetrVG/*Raab* Rn. 52; *Sarge* AiB 2007, 107 [109]). Dazu zählen auch moderne Auswahlverfahren (zB **Assessment-Center,** → § 94 Rn. 26, 30), so dass jede Form eines der angestrebten Beschäftigung vorgelagerten „Trainings", ohne dass eine solche Beschäftigung nicht möglich wäre, bereits Einstellung ist, unabhängig davon, ob die Personen danach als ArbN oder freie Mitarbeiter beschäftigt oder aber nicht genommen werden (BAG 20.4.1993 – 1 ABR 59/92. AP BetrVG 1972 § 99 Nr. 106; DKKW/*Bachner* Rn. 46; Richardi BetrVG/*Thüsing* Rn. 44 f.; *Wahlers* ZTR 2005, 185 ff.).

Werden **Azubis** eines **reinen Ausbildungsbetriebs** (→ § 5 Rn. 298 ff.) zum 51a Zwecke ihrer praktischen Ausbildung vorübergehend in einem anderen Betrieb eingesetzt, so stellt das für diesen Betrieb eine Einstellung dar, die der Zustimmung des dortigen BR bedarf (BAG 30.9.2008 – 1 ABR 81/07, NZA 2009, 112 (nur Ls.; BeckRS 2008, 58212). Dagegen ist die Aufnahme von **Schülerpraktikanten** mangels Eingliederung in den Betrieb keine Einstellung (BAG 8.5.1990 – 1 ABR 7/89, AP BetrVG 1972 § 99 Nr. 80; GK-BetrVG/*Raab* Rn. 52; MHdB ArbR/*Lunk* § 340 Rn. 44), wohl aber die Beschäftigung von Rote-Kreuz-Krankenpflegeschülerinnen (BAG 22.4.1997 – 1 ABR 74/96, AP BetrVG 1972 § 99 Einstellung Nr. 18) und **Studenten** im **Betriebspraktikum** (→ § 5 Rn. 305 ff.).

Die **Übernahme** in ein ArbVerh. nach **Beendigung** der **Ausbildung** oder die 52 Weiterbeschäftigung gem. § 24 BBiG ist eine mitbestimmungspflichtige Einstellung (LAG Hamm 14.7.1982 – 12 TaBV 27/82, DB 1982, 2303; DKKW/*Bachner* Rn. 47; GK-BetrVG/*Raab* Rn. 38; Richardi BetrVG/*Thüsing* Rn. 46; **aA** HWGNRH/*Huke* Rn. 51). Bei einer **Übernahmeverpflichtung** des ArbGeb. nach § 78a besteht insoweit kein MB des BR (hM; GK-BetrVG/*Raab* Rn. 53). Das gilt aber nur dann, wenn die Weiterbeschäftigung auf demselben Arbeits-/Ausbildungsplatz erfolgt. Ist zur Realisierung der Übernahmeverpflichtung eine Versetzung erforderlich, hat der BR insoweit mitzubestimmen. In jedem Fall ist eine mitbestimmungspflichtige Ein-/Umgruppierung vorzunehmen (DKKW/*Bachner* Rn. 93).

Die Ausgabe von Arbeit an in **Heimarbeit** bzw. im **Home Office Beschäftigte** 53 (→ § 5 Rn. 309 ff.) ist als Einstellung anzusehen, wenn von vornherein feststeht, dass die Voraussetzungen des § 5 Abs. 1 S. 2 gegeben sind, sie also als ArbN dieses Betriebs gelten (hM: HWGNRH/*Huke* Rn. 48; weitergehend DKKW/*Bachner* Rn. 54).

Der Einsatz von **erwerbsfähigen Leistungsberechtigten,** die im Rahmen der 54 Entgeltvariante nach § 16e SGB II (→ § 5 Rn. 154) tätig werden und ArbN sind, ist eine mitbestimmungspflichtige Einstellung. Aber auch die Einstellung eines **Ein-Euro-Jobbers,** der zwar in keinem ArbVerh. steht (→ § 5 Rn. 155), aber im Betrieb eingegliedert ist und es dann auf das zugrundeliegende Rechtsverhältnis nicht ankommt (→ Rn. 33), unterliegt der MB des BR (BAG 2.10.2007 – 1 ABR 60/06, AP BetrVG 1972 § 99 Einstellung Nr. 54; MHdB ArbR/*Lunk* § 340 Rn. 38; *Engels* NZA 2007, 8 [11]; *Engels* FS Richardi, 2007, 520 [530 f.]; *Richardi* NZA 2009, 1 [3]; *Rixen* SoSi 2005, 152 [154]; *Schulze* NZA 2005, 1335 f.).

Dem eine Arbeitsgelegenheit vorhaltenden Dritten wird idR die Möglichkeit ein- 55 geräumt, **Ein-Euro-Bewerber** für die von ihm angebotenen Zusatzjobs anzunehmen oder abzulehnen (vgl. BVerwG 21.3.2007, BeckRS 2007, 23790). An dieser **Auswahlentscheidung** ist der BR zu beteiligen (so bei Zivildienstleistenden BAG 19.6.2001 – 1 ABR 25/00, AP BetrVG 1972 § 99 Einstellung Nr. 35, → Rn. 77; Einzelheiten s. *Engels* NZA 2007, 8 [11]).

Bei einer Entsendung von BauArbN zu einer **ARGE** (→ § 5 Rn. 272 ff.) ist deren 56 Arbeitsaufnahme im Betrieb der ARGE eine mitbestimmungspflichtige Einstellung (→ Rn. 37), unabhängig davon, ob sie freigestellt oder abgeordnet sind (*Schüren/Hamann* AÜG § 14 Rn. 565; *Schwab* NZA-RR 2008, 169 [174]; **aA** HWGNRH/*Huke* Rn. 53 f.). Zur Rückkehr in den Stammbetrieb gilt das in → Rn. 37 Ausgeführte (so auch *Schwab* NZA-RR 2008, 169 [174]).

57 Die **Arbeitsaufnahme von echten** und **unechten LeihArbN** (→ § 5 Rn. 231 ff.) sowie der **sonstigen** von **§ 7 S. 2** erfassten **Personen** (→ § 7 Rn. 37 ff.) im Entleiher- bzw. Einsatzbetrieb ist, unabhängig von der Dauer und dem zeitlichen Umfang ihres Einsatzes, eine mitbestimmungspflichtige Einstellung, da diese Personen infolge der **Aufspaltung** der **ArbGebFunktionen** zwischen VertragsArbGeb. und EinsatzArbGeb. dieser die wesentlichen ArbGebBefugnisse in Bezug auf die Arbeitsleistung innerhalb der von ihm vorgegebenen Betriebsorganisation ausübt (s. BAG 23.1.2008 – 1 ABR 74/06, AP AÜG § 14 Nr. 14; 9.3.2011 – 7 ABR 137/09, NZA 2011, 871; LAG SchlH 28.2.2012 – 6 TaBV 43/11, BeckRS 2012, 67763; GK-BetrVG/*Raab* Rn. 258; *Linsenmaier/Kiel* RdA 2014, 135 [151]; *Trebinger/Engels* FS 100 Jahre BetrVR S. 757 f.; → § 5 Rn. 267 ff.).

57a Bei jedem auch noch so **kurzfristigen Einsatz** von LeihArbN oder der anderen unter § 7 S. 2 fallenden Personen handelt es sich um eine tatsächliche Eingliederung in den Einsatzbetrieb (*Linsenmaier/Kiel* RdA 2014, 135 [151]); es können sich (personelle) Auswirkungen auf die Stammbelegschaft ergeben, auf die der dortige BR im Rahmen seiner MB nach Abs. 1 u. 2 zu achten hat (zu dessen Zuständigkeit auch für die LeihArbN → § 5 Rn. 267 ff.). Das stellt für die unechte LeihArbeit § 14 Abs. 3 AÜG ausdrücklich klar.

57b Wird ein **Interim-Manager** (→ § 5 Rn. 103a), der zB ArbN einer Vermittlungsagentur ist, im Wege der ArbNÜberlassung eingesetzt, kommt das AÜG (→ § 5 Rn. 241 ff.) und sein § 14 Abs. 3 S. 1 AÜG zur Anwendung mit der Folge, dass sein Einsatz im Entleiherbetrieb eine mitbestimmungspflichtige Einstellung ist. Dem steht nicht entgegen, dass der Interim-Manager im Vergleich mit „normalen" LeihArbN aufgrund seiner Stellung einem weniger stringenten Weisungsrecht des EinsatzArbGeb (hierzu → § 5 Rn. 242 f., 282b) unterliegt und selbst Weisungen den StammArbN erteilen kann. Jedenfalls ist er in die Arbeitsorganisation des Einsatzbetriebs eingebunden und wird dort, um seine Aufgabe erfüllen zu können, arbeitsteilig mit den ArbN zusammenwirken müssen (vgl. *Oltmanns/Fuhlrott* DB 2016, 591, 592).

57c Der Einsatz von LeihArbN ist auch dann mitbestimmungspflichtig, wenn der ArbGeb. mit dem BR in einer BV eine bestimmte **Beschäftigungsquote** von **LeihArbN** vereinbart hat (HessLAG 3.11.2011 – 5 TaBV 70/11, BeckRS 2012, 68853; → Rn. 192b).

58 Erfolgen **nacheinander** mehrere befristete **Einsätze** von **LeihArbN,** so ist **jeder** Einsatz nach Abs. 1 **mitbestimmungspflichtig;** das gilt auch dann, wenn den jeweils befristeten Eingliederungen eine zwischen Verleiher und Entleiher geschlossene **Rahmenvereinbarung** zugrunde liegt (BAG 23.1.2008 – 1 ABR 74/06, AP AÜG § 14 Nr. 14; GK-BetrVG/*Raab* Rn. 261; *Linsenmaier/Kiel* RdA 2014, 135 [151]). Die Beschäftigung eines LeihArbN über den ursprünglich **vorgesehenen Zeitpunkt hinaus** ist ebenfalls eine Einstellung (BAG 9.3.2011 – 7 ABR 137/09, NZA 2011, 871; 1.6.2011 – 7 ABR 18/10, BeckRS 2011, 75883; *Hunold* NZA-RR 2008, 281 [282]; *Ulber* AiB 2009, 7 [9]; *Wensing/Freise* BB 2004, 2238 [2239]; → Rn. 38). Gleiches gilt für den **Austausch** eines LeihArbN (BAG 23.1.2008 – 1 ABR 74/06, AP AÜG § 14 Nr. 14; DKKW/*Bachner* Rn. 58, 147; *Ulber* AiB 2009, 7 [9]; *Tiling* BB 2009, 2422 f., **aA** *Hunold* NZA-RR 2008, 281 [282]; *Wensing/Freise* BB 2004, 2238 [2239]).

59 Das Beteiligungsrecht des BR besteht sowohl für die Frage, **ob LeihArbN** oder andere von § 7 S. 1 erfassten Personen eingestellt werden sollen, als auch für ihre **Auswahl,** falls diese dem Entleiher möglich ist (BAG 23.1.2008 – 1 ABR 74/06, AP AÜG § 14 Nr. 14; DKKW/*Bachner* Rn. 58; wegen des Umfangs der Unterrichtung des BR bei LeihArbN → Rn. 178 ff.) sowie bei Verlängerung der Entleihe der LeihArbN (BAG 23.1.2008 – 1 ABR 74/06, AP AÜG § 14 Nr. 14).

59a Die aufgrund einer Rahmenvereinbarung zwischen Verleiher und Entleiher erfolgende Aufnahme von **LeihArbN** in einen **Stellenpool,** aus dem der Verleiher auf Anforderung des Entleihers LeihArbN für die jeweiligen konkreten Einsätze im Entleiherbetrieb auswählt, ist keine Übernahme iSv § 14 Abs. 3 S. 1 AÜG und damit keine mitbestimmungspflichtige Einstellung (BAG 23.1.2008 – 1 ABR 74/06, AP AÜG § 14 Nr. 14; *Linsenmaier/Kiel* RdA 2014, 135 [151]; *Tiling* BB 2009, 2422 [2423]). Eine mitbestimmungspflichtige Übernahme stellt erst der jeweilige konkrete Einsatz von LeihArbN im Entleiherbetrieb dar (BAG 23.1.2008 – 1 ABR 74/06, AP AÜG § 14 Nr. 14). Für den Fall, dass der Entleiher berechtigt ist, selbst unmittelbar aus einem Pool LeihArbN abzurufen, gilt das Gleiche; das Abrufen eines jeden LeihArbN ist eine mitbestimmungspflichtige Einstellung (*Ulber* AÜG § 14 Rn. 195; **aA** *Schüren/Hamann* AÜG § 14 Rn. 202).

Kommt bei Beginn oder während des Einsatzes von **LeihArbN** im Entleiherbetrieb ein **ArbVerh.** mit dem **Entleiher** nach § 10 Abs. 1 iVm § 9 AÜG nF kraft **gesetzlicher Fiktion** wegen fehlender Erlaubnis des Verleihers für die ArbNÜberlassung, wegen Nichtbeachtung der Offenlegungs- und Konkretisierungsplicht gem. § 1 Abs. 1 S. 5 und 6 AÜG nF oder wegen Überschreitung der Überlassungshöchstdauer zustand (→ § 5 Rn. 257 ff.), entfällt dennoch nicht die MB des BR. Die erweiterten und verschärften zivilrechtlichen Sanktionen gegen Gesetzesverstöße von Verleihern und Entleihern sollen die dadurch benachteiligten LeihArbN schützen, indem als Ausgleich für die Anordnung der Unwirksamkeit der ArbNÜberlassungsverträge zu ihren Gunsten das Zustandekommen eines ArbVerh. zwischen ihnen und dem Entleiher fingiert wird. Dadurch werden aber nicht die Beteiligungsrechte des BR insb. sein Zustimmungsverweigerungsrecht bei der Einstellung und damit bei der Beschäftigung von LeihArbN zurückgedrängt (vgl. *Schüren/Hamann* AÜG § 10 Rn. 39, § 14 Rn. 625; Thüsing AÜG/*Thüsing* § 14 Rn. 160, 164 ff.; **aA** DKKW/*Bachner* Rn. 51; *Ulber* AÜG § 14 Rn. 191 mwN). Die MBR des BR sind vielmehr erforderlich, um das mit dem AÜG-ÄnderungsG verfolgte Ziel des Gesetzgebers, die missbräuchliche Gestaltung des Drittpersonaleinsatzes, insb. der Leiharbeit zu unterbinden (BT-Drs. 18/9232 S. 1, 3, 13 f., 18 f., 23 f.), vor Ort realisieren zu können (Näheres → Rn. 189b). 60

Dass es dem LeihArbN neuerdings mit der Festhaltenserklärung (→ § 9 Abs. 1 Nr. 1, 1a, 1b AÜG nF; → § 5 Rn. 258) ermöglicht wird, trotz fehlender Erlaubnis, Nichtbeachtung der Offenlegungs- und Konkretisierungsplicht oder Überschreitung der Überlassungshöchstdauer am ArbNÜberlassungsvertrag mit dem Verleiher festzuhalten und das Zustandekommen eines fingierten ArbVerh. mit dem Entleiher zu verhindern, ist eine im Interesse des LeihArbN getroffene, individualrechtliche Regelung, die den zum Widerspruch des BR berechtigten Gesetzesverstoß nach Abs. 2 Nr. 1 (→ Rn. 189b ff.) unberührt lässt, zumal bei illegaler Weiterbeschäftigung des LeihArbN ein faktisches ArbVerh. zum Entleiher entsteht, dem der BR ebenfalls widersprechen können muss. 60a

Dagegen ist die **Rückkehr** des **LeihArbN** in den Verleiherbetrieb keine Einstellung in diesen Betrieb, da der ArbN diesem betriebsverfassungsrechtlich ununterbrochen angehört hat (*Heinze* Personalplanung Rn. 412) und die Entsendung in den jeweiligen Entleiherbetrieb – da nach der Art des Arbeitsverhältnisses üblich – keine Versetzung ist. Wegen Anspruch des BR auf Vorlage von Werk- und Dienstverträgen → § 80 Rn. 63. 61

Der Einsatz von Personen auf Grund eines **Gestellungsvertrages** ist eine mitbestimmungspflichtige Einstellung, wenn die gestellten Personen so in den Betrieb **eingegliedert** sind, dass der ArbGeb. auf Grund des Gestellungsvertrages ihnen gegenüber die für ein ArbVerh. typischen Weisungsbefugnisse bez. des Arbeitseinsatzes auch nach Art, Zeit und Ort hat (BAG 21.2.2017 – 1 ABR 62/12, NZA 2017, 662; → Rn. 33a). Das gilt selbst dann, wenn man die gestellten Personen wegen § 5 Abs. 2 Nr. 3 nicht als ArbN ansieht (so für Rote-Kreuz-Pflegekräfte BAG 21.2.2017 – 1 ABR 62/12, NZA 2017, 662; 9.10.2013 – 7 ABR 12/12, NZA 2014, 795; Richardi BetrVG/*Thüsing* Rn. 57; → Rn. 190). 62

Schwierige Fragen stellen sich beim sog **Fremdfirmeneinsatz:** Der ArbGeb. beauftragt ein anderes (fremdes) Unternehmen, im Betrieb mit dessen ArbN bestimmte 63

Arbeiten im Rahmen eines Werk-, Dienst- oder Industriedienstleistungsvertrages zu erbringen (LAG BW 1.8.2013 – 2 Sa 6/13, NZA 2013, 1017 über den Einsatz von IT-Kräften eines **IT-Dienstleisters,** krit. hierzu *Heise/Friedl* NZA 2015, 129ff.; *Brauneisen/Ibes* RdA 2014, 213ff.; *Greiner* NZA 2013, 697ff.; *Litschen/Yacoubi* NZA 2017, 484ff.; *Hamann* NZA 2014 Beil. 1, 3ff.; *Karthaus/Klebe* NZA 2012, 417ff.; *Trebinger/Engels* FS 100 Jahre BetrVR S. 757ff.). Der schon ab Mitte der 80iger Jahre als Begleiterscheinung von Rationalisierung und Neustrukturierung der Produktionsprozesse (Lean production, Outsourcing) zu beobachtende und immer neue Formen (zB Onsite-Werkverträge (→ § 5 Rn. 288ff.) annehmende Fremdfirmeneinsatz wird nach den AÜG-Reformen als kostengünstige Alternative zur Leiharbeit empfohlen (s. *Rieble/Junker/Giesen* Freie Industriedienstleistungen als Alternative zur regulierten Zeitarbeit, ZAAR Schriftenreihe Bd. 26; *Rieble* ZfA 2013, 137ff.). „Eine Fluchtbewegung in Richtung „Werkverträge" erscheint … nicht unwahrscheinlich" (*Stoffels* NZA Editorial H. 7/2013; sa *Klebe* AiB 2012, 559ff.; *Maschmann* NZA 2013, 1305ff.; *Schüren* NZA 2013, 176ff.; *Ulber* AiB 2012, 183ff.; zur Abgrenzung der verschiedenen Erscheinungsformen des Drittpersonaleinsatzes → § 5 Rn. 279ff.).

64 Ein verstärktes Ausweichen der ArbGeb. auf den Einsatz von Fremdfirmen erleichtert die mit Beschl. v. 5.3.1991 (1 ABR 39/90, AP BetrVG 1972 § 99 Nr. 90 – **Stahlbrammen**) erfolgte **Abkehr des BAG** von seiner bis dahin in sich schlüssigen Rspr. zur Frage, unter welchen Voraussetzungen die Beschäftigung von FremdfirmenArbN aufgrund eines Werk-/Dienstvertrages eine Einstellung iSv Abs. 1 im Einsatzbetrieb ist. Bisher galten für die Beurteilung einer zustimmungspflichtigen Einstellung von FremdfirmenArbN folgende klare Kriterien (s. zuletzt BAG 1.8.1989 – 1 ABR 54/88, AP BetrVG 1972 § 99 Nr. 68 – Tallymänner): **Eingliederung** von Personen in den Betrieb, um **zusammen** mit den im Betrieb schon **beschäftigten ArbN** den **arbeitstechnischen Zweck** des Betriebs durch weisungsgebundene Tätigkeit zu verwirklichen. Maßgeblich ist, ob die von diesen Personen zu verrichtende Tätigkeit ihrer **Art nach** eine **weisungsgebundene Tätigkeit** ist, die der Verwirklichung des arbeitstechnischen Zwecks des Betriebs zu dienen bestimmt ist und daher **vom ArbGeb. organisiert** werden muss. **Unerheblich** ist, ob und ggf. von wem diesen Personen **tatsächlich Weisungen** bez. dieser Tätigkeit gegeben werden.

64a In seiner „Stahlbrammen"-Entscheidung vom 5.3.1991 vollzieht das **BAG** (1 ABR 39/90, AP BetrVG 1972 § 99 Nr. 90) eine **Kehrtwendung** (*Trebinger/Engels* FS 100 Jahre BetrVR S. 757, 760ff.): Für eine Eingliederung der FremdfirmenArbN soll es **nicht mehr ausreichen,** dass sie im Betrieb des ArbGeb. (Auftraggebers) tätig werden und die von ihnen zu erbringende Dienstleistung oder das zu erstellende Werk bez. **Art, Umfang, Güte, Zeit** und **Ort** in den betrieblichen **Arbeitsprozess eingeplant** ist, selbst wenn diese Vorgaben des ArbGeb. so umfassend und zwingend sind, dass den FremdfirmenArbN bzw. ihrem Chef kein eigener Entscheidungsspielraum verbleibt (*Hamann* NZA 2014 Beil. 1, 3 [8]; → § 5 Rn. 287). **Unerheblich** soll auch ein für den Erfolg der Fremdarbeiten notwendiges **Zusammenarbeiten** mit den ArbN des Betriebs sein. Nach BAG muss hinzukommen, dass die FremdfirmenArbN derart in die Arbeitsorganisation des ArbGeb. eingegliedert werden, dass dieser die für ein ArbVerh. typischen Entscheidungen über deren Einsatz auch nach Zeit und Ort treffen muss, er die **Personalhoheit** über diese Personen hat (*Hunold* NZA-RR 2012, 113 [115f.]; *Walle* NZA 1999, 518 [521]).

65 Diese **Rspr.** des **BAG,** die es in späteren Entscheidungen (BAG 9.7.1991 – 1 ABR 45/90, AP BetrVG 1972 § 99 Nr. 94; 1.12.1992 – 1 ABR 30/92, EzA § 99 BetrVG 1972 Nr. 110, dazu *Kreuder* ArbuR 1993, 316; 30.8.1994 – 1 ABR 3/94, AP BetrVG 1972 § 99 Einstellung Nr. 6; 13.12.2005 – 1 ABR 51/04, AP BetrVG 1972 § 99 Einstellung Nr. 50) im Wesentlichen bekräftigt hat, **überzeugt nicht** (s. *Hamann* NZA 2014 Beil. 1, 3 [7ff.]). Auch die ergänzende Argumentation des BAG, der Schutzzweck des § 99 sei nicht, den ArbGeb. zur Schaffung von Arbeitsplätzen anzuhalten oder ihn von deren Abbau abzuhalten (BAG 9.7.1991 – 1 ABR 45/90, AP

BetrVG 1972 § 99 Nr. 94), ist ebenso wenig zielführend wie die bei § 99 oft gestellte Frage zum Rechtsverhältnis (ArbNÜberlassung, Werk-/Dienstvertrag und Erfüllungsgehife, Scheinverträge), aufgrund dessen eine Person im Betrieb tätig wird (LAG Köln 7.6.2011 – 12 TaBV 96/10, BeckRS 2011, 76297; **aA** *Wulff/Büchele* AiB 2012, 159 ff.; *Hunold* NZA-RR 2012, 113 [115]).

66 Im Rahmen des § 99 geht es ausschließlich um die Frage, ob der Einsatz eines FremdfirmenArbN im Betrieb des ArbGeb. eine Einstellung ist. Hierbei sind die „**äußeren Umstände,** wann, wo und wie Arbeiten aufgrund eines Dienst-, oder Werkvertrags im Betrieb des Bestellers zu erbringen sind" **entscheidend** und können **nicht hintangestellt** werden (so aber BAG 5.3.1991 – 1 ABR 39/90, AP BetrVG 1972 § 99 Nr. 90; aber → Rn. 67a). Die für eine mitbestimmungspflichtige **Einstellung** erforderliche Eingliederung einer Person in den Betrieb ist ein **tatsächlicher, äußerlicher Vorgang:** Tätigkeit im Betrieb an vorgegebener Stelle, zu bestimmter Zeit, von bestimmter Art und Qualität, sie muss der Verwirklichung des arbeitstechnischen Betriebszweck zu dienen bestimmt sein und daher vom ArbGeb. organisiert werden. Das sind die **Kriterien,** die auch das BAG in **ständiger Rspr.** (13.12.2005 – 1 ABR 51/04, NZA 2006, 1369 mwN) bei der Frage nach einer Einstellung iSv § 99 als **maßgeblich** ansieht – nur **nicht** beim **Fremdfirmeneinsatz** (so aber zutr. LAG Köln 7.6.2011 – 12 TaBV 96/10, BeckRS 2011, 76297).

67 Zwar hält das BAG (vgl. 13.12.2005 – 1 ABR 51/04, NZA 2006, 1369) auch bei FremdfirmenArbN eine Eingliederung im Einsatzbetrieb für theoretisch möglich, schließt sie aber hier durch eine erhebliche **Einengung des Einstellungsbegriffs** praktisch aus: Es lässt beim Fremdfirmeneinsatz zur Annahme einer Einstellung eine nur der Art nach weisungsgebundene Tätigkeit der FremdfirmenArbN – also Unerheblichkeit, ob und ggf. von wem diesen Personen tatsächlich Weisungen bez. ihrer Tätigkeit gegeben werden – nicht mehr generell zu (aber → Rn. 67a). Stattdessen verlangt es, dass der **Betriebsinhaber (ArbGeb.)** und nicht der beauftragte Unternehmer (Fremdfirmeninhaber) das für ein ArbVerh. typische **Weisungsrecht** innehat und die Entscheidung über den jeweiligen konkreten **Einsatz** nach **Zeit** und **Ort** trifft (zuletzt BAG 13.12.2005 – 1 ABR 51/04, NZA 2006, 1369 mwN). An anderer Stelle weist das BAG darauf hin, dass FremdfirmenArbN „als Erfüllungsgehilfen des Dienst- oder Werknehmers … diese Weisungen des Auftraggebers (ArbGeb.) nicht deshalb zu erfüllen haben, weil sie zu diesem in einem Rechtsverhältnis stehen und in dessen Arbeits- und Produktionsprozess eingegliedert sind, sondern weil sie aus dem zwischen ihnen und dem Dienst- bzw. Werknehmer (Fremdfirmeninhaber) bestehenden Rechtsverhältnis die Beachtung dieser Anweisungen schulden" (BAG 5.3.1991 – 1 ABR 39/90, AP BetrVG 1972 § 99 Nr. 90). Folglich kann es beim Einsatz von FremdfirmenArbN nach dieser BAG-Rspr. selbst dann nicht zu einer mitbestimmungspflichtigen Einstellung kommen, wenn der ArbGeb. Entscheidungen zum konkreten Einsatz nach Ort und Zeit trifft (so auch *Hunold* NZA-RR 2012, 113 [115]; aA LAG SchlH 5.6.2013 – 3 TaBV 6/12, BeckRS 2013, 70730; → § 5 Rn. 287 zu den Versuchen, die Steuerung der FremdfirmenArbN durch den Auftraggeber zu kaschieren).

67a In seinem Beschl. v. 13.5.2014 (1 ABR 50/12, NZA 2014, 1149) ist das **BAG** von seiner stringenten Haltung in der Frage des Fremdpersonaleinsatzes etwas abgerückt. Es lässt für die Eingliederung wieder eine nur der **Art nach weisungsgebundene** Tätigkeit (→ Rn. 64, 67) ausreichen und lässt es genügen, dass der Betriebsinhaber die **ArbGeb.-Funktion** (Entscheidung über den Einsatz nach Inhalt, Ort, Zeit) wenigstens im Sinn einer aufgespaltenen ArbGeb.-Stellung **teilweise ausübt** (so auch BAG 13.12.2016 – 1 ABR 59/14, NZA 2017, 525; *Trebinger/Engels* FS 100 Jahre BetrVR S. 757, 763 f.). Die Personalhoheit (→ Rn. 64a) hat es nicht mehr verlangt. In der Aufnahme des eingesetzten Fremdpersonals in die **Dienstpläne** des Betriebsinhabers hat das BAG indiziell eine betriebsverfassungsrechtlich relevante ArbGeb.-Stellung gesehen. Ob sich hier tatsächlich eine Lockerung der BAG-Rspr. abzeichnet, bleibt abzuwarten.

67b Hierfür sprechen allerdings neuere Entscheidungen des BAG (12.6.2019 – 1 ABR 5/18, NZA 2019, 1288; 13.12.2016 – 1 ABR 59/14, NZA 2017, 525; 8.11.2016 – 1 ABR 57/14, NZA-RR 2017, 134 m.Anm. *Kröll* AiB 2017 H. 7–8 S. 60f.) zum Fremdpersonaleinsatz. Zwar knüpft das BAG im Ergebnis weitgehend an seiner alten Rspr. an, aber es gesteht erstmals den **Tatsacheninstanzen** bei der Würdigung, ob ein Beschäftigter im Betrieb eines anderen ArbGeb. eingegliedert ist, einen **Beurteilungsspielraum** zu. Damit lässt das BAG erkennen, dass es zukünftig nicht mehr „durchentscheiden" wird und damit die in dieser Frage fortschrittlichere InstanzRspr. zum Tragen kommen kann. Außerdem stellt es in der Sache fest, dass dann, wenn ein **Vertrag** zur Erbringung von **Dienstleistungen** durch ein Fremdunternehmen **keine Vorgaben** für die Durchführung der Dienstleistung enthält, es sich bei den tätigkeits- und ablaufbezogenen Weisungen, die ArbN des Auftraggebers dem Fremdpersonal erteilen, um solche arbeitsvertraglicher Art handelt und damit der Einsatz dieser **FremdArbN** eine mitbestimmungspflichtige **Einstellung** ist (BAG 13.12.2016 – 1 ABR 59/14, NZA 2017, 525; *Trebinger/Engels* FS 100 Jahre BetrVR S. 757, 763f. → Rn. 69).

68 Das in → Rn. 67 geschilderte Ergebnis ist ebenso wenig sachgerecht wie der umgekehrte Fall, den Einsatz von FremdfirmenArbN immer mit einer mitbestimmungspflichtigen Einstellung zu verbinden. Entscheidend ist die jeweilige Fallgestaltung. Die rechtliche Einordnung eines Fremdfirmen-Einsatzes gestaltet sich ua deshalb **schwierig,** weil ein **werk-** bzw. **dienstbezogenes „Weisungsrecht"** (§ 645 Abs. 1 S. 1 BGB) im Verhältnis ArbGeb. zum Fremdfirmen-Unternehmer und ein **arbeitsrechtliches Weisungsrecht** des Fremdfirmen-Unternehmers gegenüber den Fremdfirmen-ArbN besteht (vgl. *Schüren/Hamann* AÜG § 1 Rn. 186ff., 209; *Deinert* RdA 2014, 65 [73ff.]; *Greiner* NZA 2013, 697 [698ff.]; *Timmermann* BB 2012, 1729; 1732f.; sa *Uffmann* NZA 2018, 265ff.). Je nachdem wie die an sich unterschiedlichen, auf verschiedenen Rechtsebenen verorteten Weisungsrechte mit einander verknüpft oder durchmischt werden, kann es zu **Abgrenzungsproblemen** kommen (vgl. *Hamann* NZA 2014 Beil. 1, 3 [4ff.]; *Maschmann* NZA 2013, 1305 [1306ff.]).

69 Deshalb sollte der Blick **auch** auf den Grad der **Einbindung** der Fremdfirmen-ArbN **in** die **Arbeitsorganisation** des Einsatzbetriebs gerichtet werden (ebenso *Maschmann* NZA 2013, 1305 [1308ff.]; sa *Deinert* RdA 2014, 65 [73ff.], *Preis* NZA 2018, 817, 820f.). Das entspricht auch dem **Normzweck** des § 99, nämlich dem BR ein Mitspracherecht bei der personellen Zusammenstellung des Betriebsverbandes zu geben, den das BAG ansonsten zu Recht zwecks Erweiterung des Einstellungsbegriffs (→ Rn. 33ff.) bemüht (ähnlich LAG SchlH 5.6.2013 – 3 TaBV 6/12, BeckRS 2013, 70730; *Karthaus/Klebe* NZA 2012, 417 [420f., 426]; *Krüger* AiB 1998, 621 [637]). Hier liefert der **neue § 611a BGB** (*Preis* NZA 2018, 817ff.; → § 5 Rn. 15) Klarstellungen: Der Grad der persönlichen Abhängigkeit hängt auch von der Eigenart der jeweiligen Tätigkeit ab, eine Gesamtbetrachtung aller Umstände ist vorzunehmen und die tatsächliche Durchführung, nicht die Bezeichnung des Vertragsverhältnisses ist entscheidend. Außerdem können die gelockerten Abgrenzungskriterien bei der ArbNÜberlassung gem. § 1 Abs. 1 S. 1 und 2 AÜG nF (→ § 5 Rn. 242) wichtige Fingerzeige bei der entscheidenden Frage nach dem Grad der **Einbindung** der FremdfirmenArbN **in** die **Arbeitsorganisation** des Einsatzbetriebs geben (so schon *Maschmann* NZA 2013, 1305 [1308ff.]; sa *Deinert* RdA 2014, 65 [73ff.]) und zu sachgerechteren Lösungen führen (Näheres → § 5 Rn. 242a, 281ff.). Aufschlussreich in diesem Kontext ist auch die durch das AÜGReformG erfolgte Ergänzung des § 92 Abs. 1 um eine Unterrichtungspflicht des ArbGeb. gegenüber dem BR über die Beschäftigung von Personen iRd Personalplanung, die in keinem ArbVerh. zum ArbGeb. stehen; denn die Beteiligungsrechte des § 92 stehen in einem inneren Zusammenhang mit der MB nach § 99 (**aA** *Wirbelauer* NZA 2017, 970ff.).

69a Aus der dauernden Eingliederung von **Onsite-Werkvertrags-ArbN** (→ § 5 Rn. 288ff.) in die Betriebsorganisation des Auftraggebers folgt eine **Aufspaltung** der **ArbGebFunktionen** zwischen VertragsArbGeb. und EinsatzArbGeb. (Auftraggeber).

Da sie dessen Weisungsrecht bez. aller betriebsbezogenen (§ 87 Abs. 1 Nr. 1, 6, 7) und arbeitsbezogenen, ein MBR auslösenden Tatbestände (§ 87 Abs. 1 Nr. 2, 3, 5) unterliegen, ist ihr Einsatz dort eine mitbestimmungspflichtige Einstellung. Die Einbeziehung der Onsite-Werkvertrags-ArbN in das BetrVG entspricht auch dem Reformziel des neuen AÜG, missbräuchliche Gestaltungen des Fremdpersonaleinsatzes zu verhindern und den ArbN die ihnen zustehenden Rechte sicherzustellen (BT-Drs. 18/9232 S. 13f.).

Auch wenn aufgrund der Vielgestaltigkeit der jeweiligen Sachverhalte keine allgemeingültige Regel für jeden Fall aufgestellt werden kann, so dürften **folgende Grundsätze** bei der Beurteilung des Einsatzes von FremdfirmenArbN iRd § 99 zu beachten sein: 70

(1) Immer dann, wenn FremdfirmenArbN im **Betrieb des ArbGeb.** (Auftraggebers) tätig werden und die von ihnen zu erbringende Dienstleistung oder das zu erstellende Werk hinsichtlich **Art,** Umfang, Güte, **Zeit** und **Ort vorgegeben** und in den **betrieblichen Arbeitsprozess,** insbes. durch ein **Zusammenwirken** mit den im Betrieb beschäftigten ArbN oder LeihArbN, **eingeplant** und deshalb vom **ArbGeb. organisiert** ist, liegt eine mitbestimmungspflichtige **Einstellung** iSv § 99 vor (LAG BW 1.8.2013 – 2 Sa 6/13, NZA 2013, 1017 über den Einsatz von IT-Kräften eines **IT-Dienstleisters,** krit. hierzu *Heise/Friedl* NZA 2015, 129ff.; LAG Köln 7.6.2011 – 12 TaBV 96/10, BeckRS 2011, 76297; LAG SchlH 5.6.2013 – 3 TaBV 6/12, BeckRS 2013, 70730 rkr.; s. **jetzt auch BAG** 25.9.2013 – 10 AZR 282/12, NZA 2013, 1348 zur Abgrenzung ArbN/freie Mitarbeiter und 13.12.2016 – 1 ABR 59/14, NZA 2017, 525 zum Drittpersonaleinsatz; DKKW/*Bachner* Rn. 63, die mit einem „Mitbestimmungsdurchgriff" helfen wollen; *Ulber* AÜG Einl. C Rn. 136, § 14 Rn. 193; *Karthaus/Klebe* NZA 2012, 417 [421]; *Maschmann* NZA 2013, 1305 [1308ff.]; **aA** GK-BetrVG/*Raab* Rn. 49; Richardi BetrVG/*Thüsing* Rn. 59f., § 5 Rn. 99ff.; *Schüren/Hamann* AÜG § 14 Rn. 669ff.; *Hunold* NZA-RR 2012, 113 [114ff.]; *Rieble* ZfA 2013, 137 [148, 165]). Bei einem derart vom ArbGeb. organisierten Arbeitsprozess kann auch nicht durch **Zwischenschaltung** einer im Lager des Fremdfirmenunternehmers stehenden **Aufsichtsperson** (vgl. *Hamann* NZA 2014 Beil. 1, 3 [7]; *Maschmann* NZA 2013, 1305 [1309f.]) eine mitbestimmungspflichtige Einstellung der FremdfirmenArbN unterlaufen werden. Das ist erst recht dann der Fall, wenn der Einsatz der FremdfirmenArbN unmittelbar den Betriebszweck des Einsatzbetriebs verwirklicht und es sich ihrer Art nach um eine kontinuierlich anfallende Daueraufgabe handelt (vgl. *Greiner* NZA 2013, 697 [702]). 70a

(2) Dabei ist **unerheblich,** ob die das Weisungsrecht ausmachenden Vorgaben in Form von **Einzelanweisungen** gegenüber den FremdfirmenArbN **vom ArbGeb.** selbst oder über den **Fremdfirmen-Unternehmer** von diesem quasi als Mittler („über Bande spielen") oder von beiden (insgesamt oder in Aufgabenteilung) erfolgen. So schlagen auch Versuche fehl, durch **vertragliche Fixierung** von Vorgaben und Einzelanweisungen im Werk-/Dienstvertrag (**„Durchprogammieren des Arbeitsprozesses im Vertrag",** s. *Maschmann* NZA 2013, 1305 [1309f.]) die vom BAG für eine Eingliederung der FremdfirmenArbN geforderte Ausübung des Weisungsrechts durch den ArbGeb. zu umgehen (aber BAG 18.1.2012 – 7 AZR 723/10, NZA-RR 2012, 455; 31.3.1993 – 7 AZR 338/92, NZA 1993, 1078, wonach eine detaillierte Vertragsgestaltung allein dem ArbGeb. nicht die Personalhoheit über das Fremdpersonal sichert; im Ergebnis wohl immer noch BAG 13.12.2016 – 1 ABR 59/14, NZA 2017, 525; zust. *Dauner-Lieb* NZA 1992, 817; *Henssler* NZA 1994, 294 [303]; *Hunold* NZA-RR 2012, 113 [116]; abl. *Hamann* NZA 2014 Beil. 1, 3 [8]; *Kreuder* ArbuR 1993, 316; sa *Greiner* NZA 2013, 697 [700f.]; *Karthaus/Klebe* NZA 2012, 417 [420]; *Uffmann* NZA 2018, 265ff.). Das gilt vor allem dann, wenn der „vorprogrammierte" Arbeitseinsatz vom ArbGeb. gesteuert wird (LAG BW 1.8.2013 – 2 Sa 6/13, NZA 2013, 1017, krit. hierzu *Heise/Friedl* NZA 2015, 129). Widersprechen sich Vertragsinhalt und praktische Handhabung, so ist die **tatsächliche Durch-** 70b

führung unter Berücksichtigung der Gesamtumstände des Einzelfalles maßgebend (§ 611a BGB nF; LAG SchlH 5.6.2013 – 3 TaBV 6/12, BeckRS 2013, 70730; so auch stRspr BAG 15.2.2012 – 10 AZR 111/11, NZA 2012, 733 u. 10 AZR 301/10, NZA 2012, 731; *Preis* NZA 2018, 817 ff.; → § 5 Rn. 31 f.).

70c **(3)** Wenn der ArbGeb. **absonderbare Arbeiten** wie Gebäudereinigung, Bewachung, Betreiben einer Kantine, Pförtner-, Wartungs-, Service-, Reparatur- und Botendienste, Lagerhaltungs- und Versorgungsaufgaben, Leergut-Entsorgung auf Fremdfirmen überträgt oder eine entspr. Werk- oder Dienstleistung für sich einkauft, hängt die Frage der Eingliederung der mit diesen Arbeiten betrauten FremdfirmenArbN vom **Grad** der **Einbindung** in die **Arbeitsorganisation** des Einsatzbetriebs ab (s. *Hamann* NZA 2014 Beil. 1, 3 [6]; **aA** BAG 28.11.1989 – 1 ABR 90/88, AP AÜG § 14 Nr. 5; 5.3.1991 – 1 ABR 39/90, AP BetrVG 1972 § 99 Nr. 90; 5.5.1992 – 1 ABR 78/91, AP BetrVG 1972 § 99 Nr. 97; 13.5.1992 – 7 AZR 284/91, NZA 1993, 357; 31.3.1993 – 7 AZR 338/92, AP AÜG § 9 Nr. 2, Keine Einstellung in diesen Fällen; krit. dazu *Bauschke* NZA 2000, 1201 [1203]). Entscheidend ist letztlich eine Gesamtwürdigung der Arbeits- und Produktionsabläufe.

70d **(4)** Wenn **absonderbare Arbeiten** mit **Hilfsfunktion** wie insbes. Wartungs-, Service- und Reparaturdienste vom ArbGeb. eingekauft werden, die ein nur **gelegentliches** Tätigwerden von FremdfirmenArbN (Maler, Elektriker, IT-Fachleute) erfordern, ist deren Tätigwerden im Einsatzbetrieb **keine Einstellung** iSv § 99 (vgl. *Ulber* AÜG Einl. C Rn. 134). Das kann aber dann **anders** sein, wenn diese Tätigkeiten zur Erreichung des Betriebszwecks derart in den Arbeits- oder Produktionsablauf eingebunden sind, dass sie zB eine **laufende Anwenderbetreuung** zugunsten der im Einsatzbetrieb tätigen ArbN darstellen; das ist insbes. der Fall, wenn Aufträge von ArbN des ArbGeb. unmittelbar an die Dienstleister erteilt werden (vgl. den informativen Fall LAG BW 1.8.2013 – 2 Sa 6/13, NZA 2013, 1017 zur **EDV-Betreuung** eines Unternehmens durch einen **IT-Dienstleister;** sa BA Fachl. Weisungen AÜG 1.1.6.5 (4) S. 2; zur sog **agilen Projektorganisation** in Form von **„Scrum"** und die verschiedenen Gestaltungsmöglichkeiten Arnold/Günther ArbR 4.0-HdB/*Lingemann/Chakrabarti* Kap. 2 Rn. 95 ff.; *Günther/Böglmüller* NZA 2019, 273 ff., 417 ff.; *Heise/Friedl* NZA 2015, 129 ff.; *Litschen/Yacoubi* NZA 2017, 484, 486 ff.; *Uffmann* NZA 2018, 265 ff.; *Reinhard* FS 100 Jahre BetrVR S. 613 ff.; *Spengler/Ettlinger* AiB 2019 H. 4 S. 10 ff.; AiB 2019 H. 4 S. 15 ff. → § 5 Rn. 282d).

70e **(5)** Erfordern **absonderbare Arbeiten** mit **unmittelbarem Produktionsbezug** (Erstellung von Vorprodukten, Verfeinerung von Rohlingen zB durch Lackieren vor Weiterverarbeitung, Durchführung von Kontrollen einzelner Verfahrensschritte), ein **wiederkehrendes Tätigwerden** innerhalb eines **getakteten Arbeits-/Produktionsprozesses** oder eine **Verzahnung** mit dem Arbeitsablauf im Betrieb und verlangt ein funktionierendes Zusammen-/Wechselspiel dieser Arbeits-/Produktionskomponenten eine entspr. Organisation des ArbGeb. in Form von **operativer Steuerung** der Arbeits-/Produktionsprozesse – zB Anlernen des Fremdpersonals, Kontrolle ihrer Arbeitsergebnisse, Einhalten des getakteten Zeitplans, sonstiges „Begleiten" der Fremdarbeiten; sa o. zu (1) –, dann ist der Einsatz von FremdfirmenArbN zur Erledigung der vorgenannten Arbeiten in aller Regel eine zustimmungspflichtige **Einstellung** (vgl. *Ulber* AÜG Einl. C Rn. 134, 136, § 14 Rn. 193; **aA** BAG 18.10.1994 – 1 ABR 9/94, AP BetrVG 1972 § 99 Einstellung Nr. 5; *Uffmann* NZA 2018, 265, 268 ff.).

70f **(6)** Bei **Gebrauchsüberlassung von Maschinen mit Bedienungspersonal** entscheidet sich die Frage nach der Eingliederung des Bedienungspersonals nach den Grundsätzen **in → Rn. 70a** ff.). Die vom BAG (17.2.1993 – 7 AZR 167/92, AP AÜG § 10 Nr. 9) genannten Gesichtspunkte, ob die Gebrauchsüberlassung im Vordergrund steht und die Überlassung des Personals nur dienende Funktion hat (*Kania* NZA 1994, 871; krit. *Mayer* AiB 1994, 60), spielen bei der Abgrenzung zur ArbNÜberlassung eine Rolle, nicht aber bei der Frage, ob der Einsatz des Bedienungspersonals eine Einstellung ist (**aA** *Wulff/Büchele* AiB 2012, 159 [162]).

Der Hinweis des BAG (5.3.1991 – 1 ABR 39/90, AP BetrVG 1972 § 99 Nr. 90) auf den aus § 111 ableitbaren Grundsatz der Mitbestimmungsfreiheit der unternehmerischen Entscheidung (vgl. dagegen zB BAG 13.10.1987 – 1 ABR 10/86, AP BetrVG 1972 § 87 Arbeitszeit Nr. 24; → § 87 Rn. 117) über die Vergabe von Aufgaben an Drittfirmen hilft nicht weiter. **Maßgebend** ist das **„Wie" des Fremdfirmeneinsatzes.** Erfolgt er in der geschilderten, den Tatbestand des § 99 erfüllenden Weise (→ Rn. 70a–70f), dann ist der BR auch nach dieser Norm zu beteiligen (vgl. *Richardi* NZA 2009, 1 [3]; **aA** *Dauner-Lieb* NZA 1992, 817; weitergehend *Kreuder* AiB 1994, 731). Nur so ist sichergestellt, dass der BR jedenfalls die Zustimmungsverweigerungsgründe des Abs. 2 Nr. 1, 2, 3 u. 6, die sich auch beim Einsatz von FremdfirmenArbN ergeben können, geltend machen kann (**aA** BAG 5.3.1991 – 1 ABR 39/90, AP BetrVG 1972 § 99 Nr. 90, das allenfalls eine Störung des Betriebsfriedens – Abs. 2 Nr. 6 – für möglich hält, diese aber als eine „zu vernachlässigende Möglichkeit" ansieht; 1.12.1992 – 1 ABR 30/92, EzA § 99 BetrVG 1972 Nr. 110; wie hier *Karthaus/Klebe* NZA 2012, 417 [420ff.]). 71

Wird eine Person, die zu ihrem ArbGeb. in einem ArbVerh. steht, als **Interim-Manager** im Betrieb eines Dritten eingesetzt, kann sie theoretisch bei diesem als Fremdfirmen-ArbN tätig werden. Das ist aber nur dann der Fall, wenn der Interim-Manager nicht in den Betrieb des Dritten eingegliedert wird. Ein typischer Interim-Manager nimmt jedoch Leitungs- und Führungsfunktionen im Einsatzbetrieb wahr, die eine starke Einbindung in die dortige Arbeitsorganisation und eine intensive betriebliche Zusammenarbeit mit den ArbN verlangt, so dass ein Einsatz **als Fremdfirmen-ArbN** faktisch **ausscheidet,** sondern sich als **verdeckte ArbNÜberlassung** darstellt und damit eine mitbestimmungspflichtige Einstellung ist (*Oltmanns/Fuhlrott* DB 2016, 591, 592f.). Dies gilt auch dann, wenn er als Fremdfirmen-ArbN im Unternehmen tätig wird, er aber weitgehend in die dortige Arbeitsorganisation eingegliedert ist (→ § 5 Rn. 281ff., → § 99 Rn. 63ff.). 71a

Um Streitigkeiten zu vermeiden, die beim Fremdfirmeneinsatz aufgrund der geschilderten Einordnungsschwierigkeiten vor allem iRd § 99 und der insoweit nicht eindeutigen Rspr. vorgegeben sind, empfiehlt sich der **Abschluss von BV** über die Voraussetzungen für einen Fremdfirmeneinsatz und dessen Ausgestaltung (zB: nur bei Aufträgen, die sich für eine unternehmerische selbständige und vollverantwortliche Erledigung eignen, nicht dagegen zur Personalergänzung der eigenen Bereiche). In ihnen könnten die Betriebsparteien auch die abstrakten Grundsätze der → Rn. 70a–70f an die jeweiligen Besonderheiten des Betriebs anpassen. 72

Nach den in → Rn. 33ff. genannten Grundsätzen entscheidet sich, ob die Beschäftigung eines **freien Mitarbeiters (Freelancer)** eine mitbestimmungspflichtige Einstellung ist (BAG 3.7.1990 – 1 ABR 36/89, AP BetrVG 1972 § 99 Nr. 81: Einstellung von Honorarlehrkräften als freie Mitarbeiter bei gleicher Beschäftigung wie fest angestellte Lehrkräfte; 27.7.1993 – 1 ABR 7/93, AP BetrVG 1972 § 93 Nr. 3 mit krit. Anm. *Hromadka* SAE 1994, 133; 15.12.1998 – 1 ABR 9/98, AP BetrVG 1972 § 80 Nr. 56; Richardi BetrVG/*Thüsing* Rn. 57; sa *Pohle* BB 1999, 2401). Soll ein freier Mitarbeiter im Betrieb entspr. den in → Rn. **70aff.** für die Einordnung von FremdfirmenArbN relevanten Kriterien beschäftigt werden, handelt es sich auch bei ihm um eine Einstellung (s. jetzt BAG 25.9.2013 – 10 AZR 282/12, NZA 2013, 1348 zur Abgrenzung ArbN/freier Mitarbeiter; vgl. auch LAG BW 1.8.2013 – 2 Sa 6/13, NZA 2013, 1017; *Lembke* NZA 2013, 1312 [1313f.]). Bei Vergabe von Arbeiten im Außenbereich, die nicht an eine feste Betriebsstätte gebunden sind, kommt es nach BAG (25.6.1996 – 1 ABR 6/96, BeckRS 2008, 56076) für die MB des BR darauf an, ob eine **betriebsorganisatorisch notwendige Zusammenarbeit** gegeben ist, da dann die Interessen der Belegschaft berührt sind. 73

Werden im Auftrag des ArbGeb. im Betrieb Mitarbeiter eines anderen Unternehmens als **Testkäufer** eingesetzt, so liegt hierin nur dann eine mitbestimmungspflichtige Einstellung, wenn die Testkäufer in den Betrieb eingegliedert sind. Daran fehlt es, wenn nicht der ArbGeb., sondern das andere Unternehmen ihren Einsatz steuert 74

(BAG 13.3.2001 – 1 ABR 34/00, AP BetrVG 1972 § 99 Einstellung Nr. 34; *Deckers/Deckers* NZA 2004, 139 ff.).

75 Danach kann auch mit der Bestellung eines **externen Datenschutzbeauftragten** (→ *Gola* RDV 2019, 157 ff.) eine mitbestimmungspflichtige Einstellung verbunden sein, wie das BAG (22.3.1994 – 1 ABR 51/93, AP BetrVG 1972 § 99 Versetzung Nr. 4) erwähnt (so auch HessLAG 28.2.1989 – 4 Ta BV 106/88, CR 1990, 342, das bei entspr. Eingliederung in den Betrieb § 99 anwendet, ebenso DKKW/*Bachner* Rn. 39; Kramer IT-ArbR/*Raif* C Rn. 45; WHWS/*Kramer* A. X. Rn. 2 ff.; *Schierbaum* AiB 2001, 512 [514]; *Rudolf* NZA 1996, 296; sa → Rn. 131). Entspr. gilt für die Bestellung von **externen Umweltschutzbeauftragten** und **Umweltgutachtern** (→ Rn. 132).

76 Werden **Strafgefangene** im Betrieb beschäftigt, liegt eine Einstellung vor, unabhängig davon, ob die Eingliederung auf Grund eines freien Beschäftigungsverhältnisses (§ 39 StVollzG) oder nach § 41 StVollzG erfolgt (DKKW/*Bachner* Rn. 55; MHdB ArbR/*Lunk* § 340 Rn. 45; Richardi BetrVG/*Thüsing* Rn. 63; **aA** BAG 3.10.1978 – 6 ABR 46/76, AP BetrVG 1972 § 5 Nr. 18).

77 Die hoheitliche Zuweisung von **Zivildienstleistenden** als solche ist keine mitbestimmungspflichtige Einstellung (ArbG Hamburg 31.1.1989 – 10 Bv 20/88, NZA 1989, 652). Dagegen liegt eine solche **Einstellung** dann vor, wenn im Vorfeld der ArbGeb. eine **Auswahlentscheidung** darüber trifft, welcher Zivildienstleistende in die Belegschaft aufgenommen werden soll (BAG 19.6.2001 – 1 ABR 25/00, AP BetrVG 1972 § 99 Einstellung Nr. 35 m. zust. Anm. *Giesen* SAE 2002, 144; DKKW/*Bachner* Rn. 56). So ist auch die Einstellung eines **Bundesfreiwilligendienstleistenden** im Rahmen des BFDG eine personelle Maßnahme iSd Abs. 1 (LAG BW 7.3.2016 – 4 BV 10/15, BeckRS 2016, 67822; DKKW/*Bachner* Rn. 56; *Klenter* AiB 2012, 610 ff.; MHdB ArbR/*Lunk* § 340 Rn. 46; **aA** ArbG Magdeburg 17.12.2015 – 6 BV 77/15, BeckRS 2016, 69150 u. *Becker* NZA 2016, 923, die übersehen, dass es bei der Frage der Einstellung nicht auf den fehlenden ArbNStatus der BFDler, sondern allein auf deren Eingliederung in den Betrieb und die Auswirkung auf die dortigen ArbN ankommt).

78 Bei Abordnung, Überlassung oder Zuweisung von **Beamten, Soldaten** der Bundeswehr und **ArbN des öffentlichen Dienstes** einschließlich der zu ihrer Berufsausbildung Beschäftigten (s. zur Neuregelung → § 5 Rn. 316 ff.) in bzw. zu privaten Betrieben liegt dort eine Einstellung vor (BAG 23.6.2009 – 1 ABR 30/08, NZA 2009, 1162; DKKW/*Bachner* Rn. 57). Da die Einstellung kein ArbVerh. voraussetzt (→ Rn. 33), ist das Fehlen eines Arbeitsvertrags zum Betriebsinhaber unschädlich. Zur Sondersituation bei den privatisierten Unternehmen von **Bahn** und **Post,** den Kooperationsbetrieben der **Bundeswehr,** der BRD-**Finanzagentur** GmbH, Germany Trade and Invest – **Gesellschaft für Außenwirtschaft** und Standortmarketing mbH, DFS Deutsche **Flugsicherung** GmbH → Rn. 303 ff.; → § 5 Rn. 321 ff.

2. Eingruppierung

79 Die Einstellung ist regelmäßig verbunden mit der erstmaligen Eingruppierung, dh mit der **ersten** Festlegung der für die Entlohnung des ArbN maßgebenden **Lohn- bzw. Gehaltsgruppe** (BAG 16.3.2016 – 4 ABR 32/14, NZA 2016, 1286). Bei Weiterbeschäftigung eines befristet eingestellten ArbN ist bei unveränderter Tätigkeit ein Antrag des ArbGeb. auf Zustimmung zu dessen Eingruppierung nicht erforderlich, aber möglich (BAG 23.10.2018 – 1 ABR 26/17, NZA 2019, 483). Bei der Eingruppierung handelt es sich nicht um einen konstitutiven Akt, sondern um Rechtsanwendung und die Kundgabe einer Rechtsansicht (BAG 11.9.2013 – 7 ABR 29/12, NZA 2014, 388; 4.5.2011 – 7 BR 10/10, NZA 2011, 1239). Mittels der MB des BR (zu deren Ausgestaltung → Rn. 96) sollen möglichst zutreffende Eingruppierungsergebnisse und damit innerbetriebliche Lohngerechtigkeit sowie Transparenz der Vergü-

tungspraxis erzielt werden (BAG 21.3.2018 – 7 ABR 38/16, NZA 2018, 1090; 19.10.2011 – 4 ABR 119/09, NZA-RR 2012, 250).

Die Eingruppierung setzt eine **Vergütungsordnung,** dh ein kollektives, mindestens zwei Vergütungsgruppen enthaltendes **Entgeltschema** voraus, das eine Zuordnung der ArbN nach bestimmten, generell beschriebenen Merkmalen (bei einem TV nach der dortigen Gruppeneinteilung, bei BV oder RL nach der betrieblichen Lohnordnung) wie bestimmte Tätigkeiten, Lebensalter, Dauer der Berufstätigkeit oder Betriebszugehörigkeit vorsieht (BAG 14.4.2015 – 1 ABR 66/13, NZA 2015, 1077; 11.9.2013 – 7 ABR 29/12, NZA 2014, 388; MHdB ArbR/*Lunk* § 343 Rn. 2; → § 87 Rn. 426ff.). Sie spiegelt die ihr zugrundeliegenden Vergütungsgrundsätze wider und ist Ausdruck einer Entscheidung über die Wertigkeit der jeweiligen ArbNTätigkeiten, die sich im relativen Abstand der mit den jeweiligen Vergütungsgruppen verbundenen konkreten Entgeltsätzen zeigt (BAG 17.11.2010 – 7 ABR 123/09, NZA 2011, 531). **79a**

Für die Frage, ob eine mitbestimmungspflichtige Ein-(Um-)gruppierung vorliegt, kommt es nicht auf die Bezeichnung der einzelnen Stufen oder Kriterien des Vergütungsschemas an. **Nicht nur** die **Zuordnung** zu ausdrücklich so bezeichneten Entgelt-, Vergütungs-, Lohn- oder Gehalts„gruppen" kann eine Ein-(Um-)„gruppierung" sein, sondern auch etwa die **Feststellung,** dass ein ArbN die **Voraussetzungen** für eine bestimmte Leistung **erfüllt,** die nach dem Entgeltschema zu einer höheren Einreihung führt oder wegen der höheren Bewertung seiner Tätigkeit zu zahlen ist (BAG 6.4.2011 – 7 ABR 136/09, BeckRS 2011, 75222). **79b**

Für die **Maßgeblichkeit** einer Vergütungsordnung im Verhältnis von ArbGeb. und ArbN kommt es nicht darauf an, weshalb sie im Betrieb Anwendung findet, ob aufgrund eines TV, einer BV,, allgemein eingegangener vertraglicher Verpflichtung oder einseitiger Praxis des ArbGeb. (BAG 14.4.2015 – 1 ABR 66/13, NZA 2015, 1077; 11.9.2013 – 7 ABR 29/12, NZA 2014, 388). Das **BAG** (4.5.2011 – 7 ABR 10/10, NZA 2011, 1239; krit. zur Rspr. *Salamon* NZA 2012, 899; 18.10.2011 – 1 ABR 25/10, NZA 2012, 392 mAnm *Reichold* RdA 2013, 108) hat **klargestellt,** dass eine betriebsverfassungsrechtliche Verpflichtung des ArbGeb. zur Eingruppierung eines ArbN in eine **tarifliche Vergütungsordnung** nicht nur dann besteht, wenn dieser selbst aufgrund beiderseitiger Tarifbindung, einzelvertraglicher Bezugnahme oder aus anderen Gründen einen Anspruch auf Anwendung des TV hat. Für die betriebliche MB nach § 99 Abs. 1 kommt es nicht auf einen Anspruch des einzelnen ArbN auf Anwendung des TV, sondern darauf an, ob die Vergütungsordnung **im Betrieb gilt.** Ist dies der Fall, ist der ArbGeb. betriebsverfassungsrechtlich an sie gebunden und verpflichtet, eine Eingruppierung vorzunehmen und hieran den BR zu beteiligen (BAG 14.8.2013 – 7 ABR 56/11, BeckRS 2013, 74041; → Rn. 86a). Die Bindung des ArbGeb. an die tarifliche Entgeltstruktur begründet aber keinen Anspruch der nicht tarifgebundenen ArbN auf den Tariflohn. Der ArbGeb. kann vielmehr die Höhe des Entgelts dieser ArbN unter Beachtung der im TV enthaltenen Verteilungsgrundsätze frei festlegen (BAG 25.4.2017 – 1 AZR 427/15, NZA 2017, 1346; 18.10.2011 – 1 ABR 25/10, NZA 2012, 392; 18.10.2011 – 1 ABR 34/10, BeckRS 2012, 66623 mit krit. Anm. *T. Wißmann* ArbRAktuell 2012, 329472). **79c**

Da es für die Maßgeblichkeit einer Vergütungsordnung nicht auf deren Geltungsgrund ankommt, kann der **ArbGeb.** die im Betrieb geltende Vergütungsordnung nach Wegfall des ursprünglichen Geltungsgrundes **nicht einseitig** verändern. Vielmehr hat er das MB des BR nach § 87 Abs. 1 Nr. 10 zu beachten (BAG 25.4.2017 – 1 AZR 427/15, NZA 2017, 1346; 4.5.2011 – 7 ABR 10/10, NZA 2011, 1239; → § 87 Rn. 425ff.). **79d**

Das betriebliche Entgeltschema spiegelt häufig nur einen Teil der im Betrieb geltenden Entlohnungsgrundsätze wider. Die **betriebliche Vergütungsordnung** insgesamt besteht idR **aus mehr Entgeltgrundsätzen, als** sie im jeweiligen **Entgeltschema** zum Ausdruck kommt. Entgeltgrundsätze sind abstrakt-generelle Grundsätze zur Lohnfindung, dh die allgemeinen Vorgaben, aus denen sich die Ge- **79e** samtvergütung der ArbN in abstrakter Weise ergibt (BAG 22.6.2010 – 1 AZR 853/08, NZA 2010, 1243). Dazu zählt neben dem Entgeltschema zB die Entscheidung über eine bestimmte Stückelung des jährlichen Gesamtentgelts in Form mehrerer gleich hoher oder verschieden hoher Monatsbeträge. **Maßgeblich** für die zutreffende Eingruppierung ist aber **nur** das betreffende **Entgeltschema** (BAG 28.4.2009 – 1 ABR 97/07, NZA 2009, 1102). Dieses ändert sich nicht, wenn der – tariflich ungebundene – ArbGeb. die bisherigen Entgeltbeträge bei Neueinstellungen sämtlich um den gleichen Prozentsatz absenkt oder – unter Verstoß gegen § 87 Abs. 1 Nr. 10 – sonstige betriebliche Entlohnungsgrundsätze einseitig ändert (BAG 21.3.2018 – 7 ABR 38/16, NZA 2018, 1090; 28.4.2009 – 1 ABR 97/07, NZA 2009, 1102).

80 Die **allgemeinen Merkmale** einer Vergütungsgruppe sind grds. erfüllt, wenn der ArbN eine Tätigkeit ausübt, die als **Regel-, Richt-** oder **Tätigkeitsbeispiel** zu dieser Vergütungsgruppe genannt ist (stRspr, BAG 12.6.2019 – 4 AZR 363/18, BeckRS 2019, 23369; 24.8.2016 – 4 AZR 251/15, NZA 2016, 1472). Ist ein Tätigkeitsbeispiel in mehreren Entgeltgruppen aufgeführt, hat zumindest eine Eingruppierung in die niedrigste der betr. Entgeltgruppen zu erfolgen, jedenfalls dann, wenn die allgem. Tätigkeitsmerkmale der höheren Entgeltgruppen weitergehende Anforderungen enthalten (BAG 12.6.2019 – 4 AZR 363/18, BeckRS 2019, 23369). Wird die Tätigkeit des ArbN von einem Tätigkeitsbeispiel nicht oder nicht voll erfasst, muss auf die allgemeinen Merkmale einer Vergütungsgruppe zurückgegriffen werden. Gleiches gilt, wenn die Tätigkeitsbeispiele unbestimmte Begriffe enthalten; diese sind dann im Lichte der Oberbegriffe auszulegen (BAG 2.8.2006 – 10 ABR 48/05, NZA-RR 2007, 554; 28.1.2009 – 4 ABR 92/07, AP BetrVG 1972 § 99 Eingruppierung Nr. 37, Eingruppierung einfachster Tätigkeit gem. TVöD). Werden Tätigkeitsbeispiele in einem TV für eine bestimmte ArbNGruppe genannt, greifen sie nur zu Gunsten dieses Personenkreises, nicht generell für alle, die auch diese Tätigkeit ausüben (BAG 17.11.2010 – 4 ABR 19/09, BeckRS 2011, 66042).

80a Abweichend von diesen allgemeinen Grundsätzen der Eingruppierung kommt die klarstellende und vereinheitlichende Wirkung von tariflichen **Regel-** oder **Richtbeispielen** nach dem **TV ERA TH** den im Geltungsbereich vereinbarten tariflichen „Niveaubeispielen" nicht zu. Nach § 3 Nr. 6 TV ERA TH bieten sie nur „**Anhaltspunkte** für die Eingruppierung" (BAG 16.3.2016 – 4 ABR 32/14, NZA 2016, 1286).

80b Entspricht die Tätigkeit eines ArbN einem Tätigkeitsbeispiel einer niedrigeren als der beantragten Vergütungsgruppe, kann diese Tätigkeit idR nicht unter die abstrakten Tätigkeitsmerkmale der begehrten höheren Vergütungsgruppe subsumiert werden. **Funktionsbezeichnungen** zeigen einerseits an, dass die aufgeführten ArbN nach den vorangestellten Tätigkeitsmerkmalen in die betreffende Vergütungsgruppe eingruppiert werden können, andererseits aber auch, dass eine Eingruppierung dieser ArbN außerhalb der Vergütungsgruppen, in denen sie mit ihrer Funktionsbezeichnung aufgeführt sind, nicht in Betracht kommt (BAG 19.5.2010 – 4 AZR 903/08, BeckRS 2010, 73421 mwN).

80c Kann die Erfüllung einer tariflichen Anforderung erst bei **Betrachtung mehrerer Arbeitsvorgänge** festgestellt werden, ist die gesamte Tätigkeit des ArbN, also die Summe aller Arbeitsvorgänge, zu überprüfen. Die Prüfung ist einzelfallabhängig (BAG 12.12.2012 – 4 AZR 199/11, NZA 2013, 696).

80d Grundlage der Eingruppierung ist nicht stets eine – einheitlich zu bewertende – Gesamttätigkeit des ArbN. Die Tätigkeit kann auch aus mehreren, jeweils eine Einheit bildenden Einzeltätigkeiten bestehen, die tariflich gesondert zu bewerten sind. Folglich ist festzustellen, ob der ArbN eine einheitlich zu bewertende **Gesamttätigkeit** oder mehrere selbständige **Teiltätigkeiten** zu erbringen hat, die tatsächlich trennbar und jeweils rechtlich selbständig bewertbar sind (BAG 18.2.2015 – 4 AZR 778/13, BeckRS 2015, 69784; 13.11.2013 – 4 ABR 16/12, NZA-RR 2014, 426).

80e Für die Erfüllung eines tariflichen Qualifikationsmerkmals reicht es idR aus, wenn der ArbN innerhalb einer Gesamt- oder Teiltätigkeit in rechtserheblichem Umfang Einzeltätigkeiten ausübt, die dieses Merkmal erfüllen. Deshalb steht es TVParteien bei der Eingruppierung grds. frei, von dem tariflichen Erfordernis einer überwiegend ausgeübten Tätigkeit bei Übertragung von Tätigkeiten, die verschiedenen Entgeltgruppen zugeordnet sind, abzusehen. Für die Eingruppierung nach der höheren Entgeltgruppe reicht es dann aus, dass dem ArbN solche Tätigkeiten in **rechtserheblichem Ausmaß** übertragen worden sind. Es ist idR weder erforderlich, dass die Einzeltätigkeiten einer Gesamt- oder Teiltätigkeit ein sog **Gepräge** geben, noch müssen sie zeitlich überwiegend anfallen (BAG 10.12.2014 – 4 AZR 261/13, BeckRS 2015, 67386; 18.2.2015 – 4 AZR 778/13, BeckRS 2015, 69784, mindestens die Hälfte der Gesamttätigkeit).

Die den Eingruppierungsregelungen des TV ERA TH zugrundeliegende Arbeits- **80f** bewertung ist in einem von allgemeinen Grundsätzen der Eingruppierung abweichenden, summarischen Verfahren vorzunehmen. Es müssen die Anforderungsmerkmale der Entgeltgruppen nach § 4 TV ERA TH nicht kumulativ erfüllt werden. Diese kennzeichnen vielmehr das Niveau der Tätigkeit insgesamt und sind bei einer ganzheitlichen Betrachtung nicht jeweils als einzelne Tatbestandsmerkmale, sondern in einer wertenden **Gesamtschau** zur Charakterisierung der Tätigkeit insgesamt heranzuziehen (BAG 16.3.2016 – 4 ABR 32/14, NZA 2016, 1286; zu TV ERH Hessen BAG 3.7.2019 – 4 ABR 28/18, BeckRS 2019, 23368).

Eine **„nicht nur vorübergehende** übertragene **Tätigkeit**" liegt vor, wenn sie **80g** nach dem bei ihrer Übertragung zum Ausdruck kommenden Willen des ArbGeb. auf Dauer übertragen werden soll, ohne dass zeitliche Lage und Umfang der Tätigkeit schon iE feststehen. Deshalb kommt es bei einer Übertragung der Vertretung anderer ArbN nicht darauf an, wann solche Vertretungsfälle eintreten (BAG 10.12.2014 – 4 AZR 261/13, BeckRS 2015, 67386).

Erfüllt die Tätigkeit eines ArbN im Geltungsbereich eines TV keines der in der ta- **80h** riflichen Vergütungsordnung geregelten Tätigkeitsmerkmale, liegt eine **Tariflücke** vor. Sie kann durch die Gerichte nur geschlossen werden, wenn es sich nicht um eine bewusste Auslassung der TVParteien handelt (BAG 18.11.2015 – 4 ABR 24/14, NZA-RR 2016, 197; 25.1.2012 – 4 AZR 147/10, NZA-RR 2012, 530). Eine **unbewusste** Tariflücke darf aber nur dann **geschlossen** werden, wenn sich aus dem TV selbst hinreichende Anhaltspunkte dafür ergeben, wie die TVParteien die nicht berücksichtigte Tätigkeit bewertet hätten. Das ist nur dann der Fall, wenn die tariflich nicht geregelte mit einer tariflich geregelten Tätigkeiten einer Weise artverwandt und vergleichbar ist, die es erlaubt, die Tätigkeitsmerkmale auf die nicht tariflich geregelte Tätigkeit anzuwenden (BAG 22.3.2017 – 4 ABR 54/14, NZA-RR 2017, 357; 14.9.2016 – 4 AZR 1006/13, NZA-RR 2017, 199). So dürfen Gerichte Tarifnormen nicht wegen neuer technischer Entwicklungen einengend oder ausdehnend auslegen, wenn Wortlaut und Gesamtzusammenhang der Normen hierfür keine konkreten Anhaltspunkte bieten (BAG 27.9.2017 – 4 AZR 76/15, BeckRS 2017, 143407). Auch wenn mehrere Lösungsmöglichkeiten bestehen, muss die Wahl den TVParteien überlassen bleiben (BAG 25.8.2010 – 4 ABR 104/08, BeckRS 2011, 65291 mwN).

Eine **Stellenbeschreibung** ist für die Eingruppierung ohne Belang. Sie dient nur **80i** der Dokumentation der Tätigkeit des Stelleninhabers. Als Grundlage für eine Tätigkeitsbeschreibung kommt sie allenfalls dann in Betracht, wenn sie die tatsächlich auszuübende Tätigkeit sowie die Gesamt- oder Teiltätigkeiten ausreichend wiedergibt (BAG 24.8.2016 – 4 AZR 251/15, NZA 2016, 1472).

In einem Betrieb können **unterschiedliche Vergütungsordnungen** jeweils für **81** bestimmte Teile der Belegschaft gelten. Im **gemeinsamen Betrieb** können zudem für die an ihm beteiligten ArbGeb. jeweils in ihrem Verhältnis zu ihren ArbN verschiedene Vergütungsordnungen zur Anwendung kommen. Auch ist es möglich, dass die ArbN eines der beteiligten ArbGeb. mangels eines kollektiven Vergütungsschemas nicht eingruppiert werden können (BAG 12.12.2006 – 1 ABR 38/05, AP BetrVG 1972 § 1 Gemeinsamer Betrieb Nr. 27 mwN). Das MBR bei der Eingruppierung besteht im gemeinsamen Betrieb nur gegenüber dem VertragsArbGeb. des betroffenen ArbN (BAG 23.9.2003 – 1 ABR 35/02, AP BetrVG 1972 § 99 Eingruppierung

Nr. 28; 8.12.2009 – 1 ABR 66/08, NZA 2010, 404; MHdB ArbR/*Lunk* § 343 Rn. 15).

81a Ist der ArbGeb. an zwei tarifliche Vergütungsordnungen gebunden, die zu einer **Tarifpluralität** führen, wird er durch das Bestehen zweier, unabhängig voneinander geltenden Entgeltsysteme im Betrieb betriebsverfassungsrechtlich verpflichtet, die ArbN unter Beteiligung des BR den **Entgeltgruppen beider Vergütungsgruppen** zuzuordnen. Ob diese einen Anspruch auf die Anwendung der TV haben, ist für die gegenüber dem BR bestehende Pflicht des ArbGeb. zur Eingruppierung nach Abs. 1 S. 1 ohne Bedeutung (BAG 27.9.2017 – 7 ABR 8/16, NZA 2018, 533; 14.4.2015 – 1 ABR 66/13, NZA 2015, 1077; MHdB ArbR/*Lunk* § 343 Rn. 15). Endet die unmittelbare und zwingende Wirkung eines TV aufgrund seiner Kündigung, bleiben die im Betrieb geltenden Grundsätze der betreffenden tariflichen Vergütungsordnung auch nach Eintritt der Nachwirkung iSd § 4 Abs. 5 TVG betriebsverfassungsrechtlich bis zu ihrer Änderung grundsätzlich das für den Betrieb maßgebliche Entgeltschema (BAG 27.9.2017 – 7 ABR 8/16; 23.8.2016 – 1 ABR 15/14, NZA 2017, 74).

81b Beschränkt der ArbGeb. die beabsichtigte Ein-/Umgruppierung in einem **tarifpluralen Betrieb** auf die Einordnung in **eine** von **mehreren** geltenden **Vergütungsordnungen,** erfordert die ordnungsgemäße Unterrichtung des BR nach Abs. 1 S. 1 über die geplante personelle Maßnahme nicht die Mitteilung über die Zuordnung in weitere Vergütungsordnungen. Der BR kann dann durch Antrag beim ArbG die Durchführung des Zustimmungsverfahrens gem. **§ 101** bez. der Ein-/Umgruppierung in weitere Vergütungsordnungen beantragen (BAG 27.9.2017 – 7 ABR 8/16, NZA 2018, 533).

82 **Einstellung** und (Erst-)**Eingruppierung** (ebenso Versetzung und (Neu-)Eingruppierung) sind zwei **zu trennende,** jeweils dem MBR des BR unterliegende **Tatbestände,** so dass der BR der Einstellung als solcher nicht widersprechen kann, wenn um die richtige oder fehlende Eingruppierung gestritten wird; er hat die Zustimmungsverweigerung auf diese zu beschränken (BAG 10.2.1976 – 1 ABR 49/74, AP BetrVG 1972 § 99 Nr. 4; 20.12.1988 – 1 ABR 68/87, AP BetrVG 1972 § 99 Nr. 62). Schließt sich unmittelbar an ein befristetes ArbVerh. ein weiteres ArbVerh. an (→ Rn. 38), so ist eine erneute Eingruppierung dann nicht erforderlich, wenn sich weder die Tätigkeit des ArbN noch das maßgebliche Entgeltgruppenschema ändert (BAG 11.11.1997 – 1 ABR 29/97, AP BetrVG 1972 § 99 Eingruppierung Nr. 17; LAG BW 10.7.2013 – 13 TaBV 2/13, BeckRS 2013, 71066; *Schoof* AiB 2004, 409 [414]).

83 Wird ein **Leih-ArbN** iSd AÜG an einen Entleiher überlassen, in dessen Betrieb eine Vergütungsordnung besteht, ist er aufgrund des im AÜG verankerten Grundsatzes des **Equal pay** (§ 8 Abs. 1, § 9 Abs. 1 Nr. 2 AÜG; → § 5 Rn. 253 ff.) **für die Zeit der Überlassung** in diese Vergütungsordnung einzugruppieren, wenn nicht ein auf das Leiharbeitsverhältnis anwendbarer TV vom Equal Pay abweichende Regelungen zulässt oder diese abweichenden Regelungen im Geltungsbereich des TV von nicht tarifgebundenen ArbGeb. und ArbN übernommen worden sind (→ § 5 Rn. 255 ff.). Da die Eingruppierung ein ArbVerh. voraussetzt und dieses nur zum Verleiher besteht (→ § 5 Rn. 250 ff.), hat dieser die Eingruppierung vorzunehmen (*Ulber/Ulber* AÜG Basis § 14 Rn. 60). Bei der Eingruppierung ist ausschließlich der **BR des Verleiherbetriebs** zu beteiligen; der BR beim Entleiher ist insoweit unzuständig (BAG 17.6.2008 – 1 ABR 39/07, AP BetrAVG 1972 § 99 Eingruppierung Nr. 34; LAG Bln-Bbg 9.10.2014 – 14 TaBV 940/14, BeckRS 2015, 65828; GK-BetrVG/*Raab* Rn. 265; *Schüren/Hamann* AÜG § 14 Rn. 226, 419 f.; *Ulber* AÜG § 14 Rn. 33; *Linsenmaier/Kiel* RdA 2014, 135 [152]; *Hamann* NZA 2003, 531 f.; *Lembke* BB 2003, 102; *Tiling* BB 2009, 2422 [2424]).

84 Die für die **Eingruppierung erforderlichen Informationen** hat der **Entleiher** im Verleihvertrag anzugeben (§ 12 Abs. 1 S. 3 AÜG nF; → § 5 Rn. 250a). Dessen Vorlage kann der BR vom Verleiher zwecks Ausübung seines MBR nach § 80 Abs. 2 S. 3 nF verlangen (*Schüren/Hamann* AÜG § 14 Rn. 462). Außerdem hat der BR nach

Abs. 1 S. 1 einen Auskunftsanspruch bez. der für die richtige Einstufung der Tätigkeit in die Vergütungsordnung des Entleihers erforderlichen Unterlagen wie TV oder BV (*Schüren/Hamann* AÜG § 14 Rn. 526; *Ulber* AÜG § 14 Rn. 38). Ist der BR nicht in der Lage, die fremde Vergütungsordnung zu beurteilen, hat der Verleiher ihm eine Auskunftsperson nach § 80 Abs. 2 S. 3 zur Verfügung zu stellen oder es ist ein Sachverständiger nach § 80 Abs. 3 hinzuzuziehen (*Hamann* NZA 2003, 532).

Die Ein-/Umgruppierung von ArbN, die im Rahmen von **Matrix-Strukturen** 84a (→ § 5 Rn. 226a ff.) tätig sind, erfolgt grds. durch den Vertrags-ArbGeb. auch dann, wenn der ArbN in die steuernde Einheit eingegliedert ist (→ Rn. 37a), er aber weiterhin dem Betrieb des Vertrags-ArbGeb. angehört (→ § 5 Rn. 226b). Dann ist der BR beim Vertrags-ArbGeb. zu beteiligen (Arnold/Günther ArbR 4.0-HdB/*Lingemann/Chakrabarti* Kap. 2 Rn. 146; Maschmann/Fritz Matrixorganisationen/*Spieler* Kap. 3 Rn. 527 ff.; *Maywald* Arbeitnehmereinsatz S. 159 f.; LAG Bln-Bbg 17.6.2015 – 17 TaBV 277/15, NZA-RR 2015, 529: Verfahrenseinstellung bei BAG LAG BW 28.5.2014 – 4 TaBV 7/13, BeckRS 2014, 70642; MHdB ArbR/*Lunk* § 343 Rn. 15; *Reinhard* FS Willemsen S. 377, 384). Ansonsten erfolgt die Ein-/Umgruppierung durch die steuernde Einheit unter Beteiligung des dortigen BR.

Für die Maßgeblichkeit (→ Rn. 79c) einer **tariflichen Lohn-** oder **Gehalts-** 85 **gruppenordnung** ist es **unerheblich,** ob sie unmittelbar **kraft Tarifbindung** (oder AVE) oder **kraft Erstreckung** (entspr. einzelvertraglicher Vereinbarung, betrieblicher Übung bei einseitiger Einführung durch ArbGeb.) oder durch BV gem. § 87 Abs. 1 Nr. 10 zur Anwendung kommt; entscheidend ist allein, dass sie im Betrieb gilt (BAG 14.8.2013 – 7 ABR 56/11, BeckRS 2013, 74041; 4.5.2011 – 7 ABR 10/10, NZA 2011, 1239; MHdB ArbR/*Lunk* § 343 Rn. 14). Wendet der tarifgebundene ArbGeb. auf die ArbN unabhängig von deren Tarifbindung den einschlägigen VergütungsTV an, kann er eine bestimmte Gruppe nicht tarifgebundener ArbN (hier Werkstudenten) **nicht ohne Sachgrund ausnehmen** (BAG 10.3.2009 – 1 ABR 93/07, AP BetrVG 1972 § 99 Nr. 127).

Nach **Wegfall** der **Tarifbindung** des ArbGeb. muss dieser die bisher im Betrieb 86 geltende tarifliche Vergütungsordnung in ihrer Struktur weiter anwenden, solange der BR einer Änderung nicht gem. § 87 Abs. 1 Nr. 10 zugestimmt hat (BAG 21.3.2018 – 7 ABR 38/16, NZA 2018, 1090; 28.4.2009 – 1 ABR 97/07, NZA 2009, 1102; 2.3.2004 – 1 AZR 271/03, AP TVG § 3 Nr. 31; LAG MV 9.4.2015 – 5 Sa 229/14, BeckRS 2015, 70757). Bis zu einer wirksamen Änderung hat der ArbGeb. neu eingestellte ArbN in eine Vergütungsgruppe des bisherigen Entgeltschemas einzugruppieren (BAG 14.4.2010 – 7 ABR 91/08, NZA-RR 2011, 83). Will der BR eine Änderung der Vergütungsordnung, kann er initiativ werden (→ § 87 Rn. 425, 583 f.). Tut er dies nicht, kann der ArbGeb. die bisherige Eingruppierungspraxis fortführen, ohne den BR erneut nach § 87 Abs. 1 Nr. 10 beteiligen zu müssen (LAG SchlH 17.1.2007 – 6 TaBV 18/05, NZA-RR 2007, 365).

Bei einem **Betriebsübergang** nach § 613a BGB ist der neue Betriebsinhaber zur 86a Fortführung einer im Betrieb oder Betriebsteil bestehenden Vergütungsordnung verpflichtet (BAG 14.8.2013 – 7 ABR 56/11, BeckRS 2013, 74041). Mit welchem Inhalt diese bei dem Erwerber weiter gilt, richtet sich grds. nach dem Geltungsgrund vor dem Betriebsübergang (→ § 87 Rn. 437). Beruhte die Geltung der betrieblichen Vergütungsordnung auf der **Tarifbindung** des **Veräußerers,** ist für deren dynamische Fortgeltung grds. die Tarifbindung des Erwerbers erforderlich. Endet die normative Geltung des TV mit dem Übergang auf einen **nicht tarifgebundenen Erwerber,** ist dieser betriebsverfassungsrechtlich nur verpflichtet, das bei dem Veräußerer geltende tarifliche Entgeltschema mit dem im Zeitpunkt des Betriebsübergangs bestehenden Inhalt fortzuführen (BAG 25.4.2017 – 1 AZR 427/15, NZA 2017, 1346; 8.12.2009 – 1 ABR 66/08, NZA 2010, 404; 4.5.2011 – 7 ABR 10/10, NZA 2011, 1239).

Hat der **tarifgebundene Betriebsveräußerer** die tariflichen Entlohnungsgrund- 86b sätze **auf** die **nicht tarifgebundenen ArbN angewandt** (einzelvertragliche Bezugnahme, betriebliche Übung), hat er für diese einen eigenständigen Geltungsgrund geschaffen mit der Folge, dass betriebsverfassungsrechtlich eine einheitliche Vergütungsordnung für tarifgebundene und nicht tarifgebundene ArbN besteht. Mit welchem Inhalt sie nach einem Betriebsübergang weiter gilt, hängt von der ursprünglichen Ausgestaltung ihres Geltungsgrundes beim Veräußerer ab. Wird das tarifliche Entgeltschema in seiner jeweiligen Fassung in Bezug genommen, kann es sich – je nach Auslegung- um eine bloße **Gleichstellungsabrede** oder um eine vom Wegfall der Tarifbindung des ArbGeb. unabhängige **dynamische Bezugnahme** auf das Tarifrecht handeln. Eine Gleichstellungsabrede verpflichtet den Erwerber nicht zur Anpassung der betrieblichen Vergütungsordnung an künftige Änderungen des einschlägigen tariflichen Entgeltschemas, wohl aber eine von der Tarifbindung des Veräußerers unabhängige Bezugnahmeklausel (BAG 25.4.2017 – 1 AZR 427/15, NZA 2017, 1346; 8.12.2009 – 1 ABR 66/08, NZA 2010, 404).

87 Bei **nicht** nach **TV** entlohnten ArbN ist unter Eingruppierung die Festlegung der **betriebsüblichen Entlohnung** in einer BV, RL oder einseitig vom ArbGeb. geschaffenen Vergütungsordnung zu verstehen (BAG 28.1.1986 – 1 ABR 8/84, AP BetrVG 1972 § 99 Nr. 32). Gibt es keine Vergütungsordnung, so entfällt eine Eingruppierung. Der ArbGeb. ist nicht verpflichtet, eine Vergütungsordnung aufzustellen.

88 Bei **Heimarbeitern** bzw. im Home Office Beschäftigte, die in der Hauptsache für den Betrieb tätig sind (→ § 5 Rn. 311), besteht die Eingruppierung in der Zuordnung verschiedener Arbeitsgänge in die Entgeltgruppen der bindenden Festsetzungen gem. § 19 HAG und die Zuweisung der Tätigkeiten (BAG 20.9.1990 – 1 ABR 17/90, AP BetrVG 1972 § 99 Nr. 83; DKKW/*Bachner* Rn. 81; **aA** HWGNRH/*Huke* Rn. 73).

89 Die Eingruppierung wird ausdrücklich als bes. MBTatbestand erwähnt, **setzt** aber **voraus,** dass überhaupt eine **Lohn- oder Gehaltsgruppenordnung** besteht (BAG 20.12.1988 – 1 ABR 68/87, AP BetrVG 1972 § 99 Nr. 62). Ist dies der Fall, dann ist der ArbGeb. zur Eingruppierung der ArbN und zur Beteiligung des BR betriebsverfassungsrechtlich verpflichtet (BAG 23.11.1993 – 1 ABR 34/93, AP BetrVG 1972 § 99 Nr. 111). Dies gilt grds. auch für **geringfügig beschäftigte ArbN** iSd § 8 Abs. 1 Nr. 1 SGB IV (BAG 18.6.1991 – 1 ABR 60/90, NZA 1991, 903; DKKW/*Bachner* Rn. 79).

90 Das MBR des BR erstreckt sich nicht nur auf die Bestimmung der Lohngruppe, sondern auch auf die der richtigen **Fallgruppe dieser Lohngruppe,** wenn damit unterschiedliche Rechtsfolgewirkungen (zB Bewährungsaufstieg) verbunden sein können (BAG 27.7.1993 – 1 ABR 11/93, AP BetrVG 1972 § 99 Nr. 110; LAG SchlH 16.4.2019 – 1 TaBV 19/18, NZA-RR 2019, 533; zu **Zulagen** → Rn. 112). Der BR kann die Zustimmung zu einer Eingruppierung auch mit der Begründung verweigern, die vom ArbGeb. zur Anwendung vorgesehene Vergütungsgruppenordnung gelte für den ArbN nicht (BAG 27.1.1987 – 1 ABR 66/85, AP BetrVG 1972 § 99 Nr. 42; 30.1.1990 – 1 ABR 98/88, AP BetrVG 1972 § 99 Nr. 78).

91 Das MBVerfahren bei einer Eingruppierung ist ein einheitliches, **alle Teile der Eingruppierung** erfassendes Verfahren. Auch wenn es um mehrere Fragestellungen geht – wie zB Auswahl zwischen einer Vergütungsordnung mit und einer ohne Aufstieg nach Lebensaltersstufen sowie Einreihung in die zutreffende Vergütungs- und Fallgruppe – kann der ArbGeb. das MBVerfahren nicht auf die einzelnen Teile beschränken. Eine „richtige“, zustimmungspflichtige Eingruppierung liegt nur dann vor, wenn alle Teilfragen zutreffend beurteilt worden sind; eine **„Teileingruppierung“** kommt einer unrichtigen Eingruppierung gleich (BAG 27.6.2000 – 1 ABR 36/99, AP BetrVG 1972 § 99 Eingruppierung Nr. 23; 19.10.2011 – 4 ABR 119/09, NZA-RR 2012, 250).

92 **Kein Eingruppierungsmerkmal** ist die Dauer der wöchentlichen **Arbeitszeit.** So kann zB ein ArbGeb. nach Ablauf eines TV mit einem neu eingestellten ArbN eine längere Wochenarbeitszeit ohne Erhöhung der Vergütung wirksam vereinbaren, ohne dass der BR seine Zustimmung zu der vom ArbGeb. vorgesehenen Eingruppierung verweigern kann, wenn diese den tariflichen Merkmalen entspricht (BAG 28.6.2006 – 10 ABR 42/05, AP BetrVG 1972 § 99 Eingruppierung Nr. 30; *Bepler* NZA 2006, 45 [47]).

Das MBR des BR entfällt nicht, wenn der ArbGeb. bei seiner Eingruppierungsprüfung zu dem Ergebnis kommt, dass die zu bewertende Tätigkeit Anforderungen stellt, die die **Qualifikationsmerkmale** der **obersten Vergütungsgruppe übersteigen;** auch insoweit steht dem BR ein Mitbeurteilungsrecht (→ Rn. 96 ff.) zu (BAG 31.10.1995 – 1 ABR 5/95, AP BetrVG 1972 § 99 Eingruppierung Nr. 5; 23.9.2003 – 1 ABR 35/02, AP BetrVG 1972 § 99 Eingruppierung Nr. 28; → Rn. 108). Folglich ist der BR auch dann zu beteiligen, wenn ein ArbN **außertariflich entlohnt** werden soll. **93**

Zur betrieblichen Vergütungsordnung gehört nicht nur die tarifliche Vergütungsordnung, sondern auch der **außertarifliche** – einheitliche oder ebenfalls gestufte – Bereich (BAG 12.12.2006 – 1 ABR 13/06, AP BetrVG 1972 § 99 Eingruppierung Nr. 32 mAnm *Rudolph* AiB 2007, 432). Bei Bestehen einer oder mehrerer betrieblicher Gehaltsgruppen für **AT-Ang.** bestimmt der BR bei deren „Eingruppierung" (außer bei leitenden Ang. iSv § 5 Abs. 3) mit (DKKW/*Bachner* Rn. 72; HWGNRH/*Huke* Rn. 69; Richardi BetrVG/*Thüsing* Rn. 77; *Hunold* NZA-RR 2010, 505 [509]; → Rn. 114; → § 87 Rn. 488 ff.). **94**

Vereinbart der ArbGeb. mit dem ArbN bei Einstellung oder Versetzung eine Vergütung nach einer **höheren Tarifgruppe** als die der Tätigkeit entsprechenden, dann hat eine der MB des BR unterliegende Eingruppierung in diese, der Tätigkeit entsprechende Tarifgruppe zu erfolgen; bei dem „überschießenden" Teil der Vergütung handelt es sich um ein übertarifliches Entgelt, das sich als arbeitsvertragliches Element der Beurteilung des BR entzieht (*Schoof* AiB 2004, 409 [414]). **95**

Die Eingruppierung in die Lohngruppen eines TV oder einer betrieblichen Lohnordnung erfolgt zwingend – automatisch je nach der ausgeübten bzw. vertraglich auszuübenden Tätigkeit. Die Eingruppierung ist kein Gestaltungsakt, sondern Normenvollzug und damit ein Beurteilungsakt. Folglich ist hier auch das MBR des BR kein Mitgestaltungs-, sondern ein bloßes **Mitbeurteilungsrecht** (BAG 26.9.2018 – 7 ABR 18/16, NZA 2019, 181; 14.4.2015 – 1 ABR 66/13, NZA 2015, 1077; 11.9.2013 – 7 ABR 29/12, NZA 2014, 388; MHdB ArbR/*Lunk* § 343 Rn. 4). Die Mitbeurteilung des BR soll eine größere Gewähr für die Richtigkeit der vorgenommenen Eingruppierung und der gleichmäßigen Anwendung der Lohn- und Gehaltsgruppenordnung bieten, also einer **„Richtigkeitskontrolle"** dienen; dadurch kann eine gleichmäßige Anwendung der Lohn- und Gehaltsgruppenordnung zwecks innerbetrieblicher Lohngerechtigkeit und Transparenz erreicht werden (stRspr und hM, BAG 28.4.2009 – 1 ABR 97/07, NZA 2009, 1102; DKKW/*Bachner* Rn. 66; GK-BetrVG/*Raab* Rn. 64; Richardi BetrVG/*Thüsing* Rn. 88 f.). **96**

Die der Mitbeurteilung des BR unterfallende Rechtsanwendung des ArbGeb. setzt keinen **Gestaltungs**- oder **Ermessensspielraum** voraus. Sie wird andererseits aber durch einen dem ArbGeb. von den Urhebern der Vergütungsordnung eingeräumten Beurteilungsspielraum auch nicht ausgeschlossen (BAG 6.4.2011 – 7 ABR 136/09, BeckRS 2011, 75222). **96a**

Der **ArbGeb.** ist an einer einmal bekundeten **Einschätzung** zur Eingruppierung eines ArbN **nicht gebunden.** Er kann die Prüfung noch mal vornehmen und zu einer anderen oder auch der gleichen Ein-(Um-)gruppierungsbeurteilung kommen (zur korrigierenden Rückgruppierung → Rn. 111). Hierbei ist der BR erneut zu beteiligen (BAG 9.3.2011 – 7 ABR 127/09, BeckRS 2011, 73484). **96b**

Das Mitbeurteilungsrecht des BR besteht **nicht** bei der **abstrakten Bewertung** eines Arbeitsplatzes oder einer Tätigkeit. Sie erfolgt unabhängig vom Arbeitsplatzinhaber oder von demjenigen, der die Tätigkeit ausübt; sie ist keine personenbezogene Einzelmaßnahme wie die Eingruppierung (BAG 26.4.2017 – 4 ABR 37/14, NZA-RR 2017, 408; 17.11.2010 – 7 ABR 123/09, NZA 2011, 531). Gleiches gilt für die **96c**

Einstufung und Bewertung einer Arbeitsaufgabe in ein System der Arbeitsaufgabenbewertung, wie zB in §§ 4–7 ERA-TV (LAG BW 14.11.2012 – 20 TaBV 2/12, BeckRS 2013, 65508); dagegen ist die **Zuordnung** von ArbN zu Entgeltgruppen des **ERA-TV** eine dem MBR des BR unterliegende Ein-/Umgruppierung (BAG 12.1.2011 – 7 ABR 34/09, NZA 2011, 1297).

97 Dem BR steht **kein Initiativrecht** zu, aufgrund dessen er vom ArbGeb. eine bestimmte Ein- oder Umgruppierung von ArbN verlangen könnte. Dem ArbGeb. kann nur die Einleitung eines ergebnisoffenen Zustimmungsverfahrens aufgegeben werden, nicht aber die Zuordnung einer ausgeübten Tätigkeit zu einer bestimmten Entgelt- oder Lohngruppe (BAG 25.8.2010 – 4 ABR 104/08, BeckRS 2011, 65291).

97a **Missachtet** der ArbGeb. das **Mitbeurteilungsrecht** des BR, so kann dieser zwar **nicht** die **Aufhebung** der ohne seine Beteiligung erfolgten Eingruppierung, **jedoch** die Durchführung des **Beteiligungsverfahrens** verlangen und über **§ 101** durchsetzen (BAG 14.8.2013 – 7 ABR 56/11, BeckRS 2013, 74041; 25.8.2010 – 4 ABR 104/08, BeckRS 2011, 65291; *Kuhn/Zimmermann* AiB 2000, 380 [383f.]; → § 101 Rn. 8ff.). Das gilt jedoch nicht für Ein-(Um-)gruppierungen, die einen in der Vergangenheit liegenden, abgeschlossenen Zeitraum betreffen (Rspr.-Änderung, s. BAG 11.9.2013 – 7 ABR 29/12, NZA 2014, 388; → § 101 Rn. 8).

98 Ein **Mitbeurteilungsrecht** des BR **entfällt** bzw. **schrumpft,** wenn die Vergütungsordnung selbst eine bestimmte Stelle mit bindender Wirkung für den ArbGeb. in ihr abstraktes Vergütungsschema eingereiht hat (BAG 26.9.2018 – 7 ABR 18/16, NZA 2019, 181; 14.4.2015 – 1 ABR 66/13, NZA 2015, 1077 mwN). Diese Einreihung ist für ArbGeb., BR und die ArbN selbst dann maßgeblich, wenn die Anwendung der abstrakten Tätigkeitsmerkmale zu einem anderen Ergebnis führen würde; eine entspr. TV-Regelung beschneidet die Kompetenz der Betriebspartner bei Ein- und Umgruppierung nicht in rechtswidriger Weise (BAG 26.9.2018 – 7 ABR 18/16, NZA 2019, 181; 14.4.2015 – 1 ABR 66/13, BeckRS 2015, 70360; 29.6.2011 – 7 ABR 24/10, NZA-RR 2012, 18). Haben die TV-Parteien zwar eine verbindliche Bewertung der Stelle vorgenommen, aber keine abschließende Umgruppierungsentscheidung getroffen, verbleibt bei den Betriebsparteien die rechtsanwendende Beurteilung , ob die ein- oder umzugruppierenden ArbN die von den TVParteien bewertete Stelle tatsächlich innehaben und die dort zu leistenden Tätigkeiten und Aufgaben der Stellenbeschreibung entsprechen (BAG 26.9.2018 – 7 ABR 18/16, NZA 2019, 181; 19.4.2012 – 7 ABR 52/10, BeckRS 2012, 71612; 12.1.2011 – 7 ABR 25/09, NZA 2011, 1304).

98a Eine Vergütungsordnung kann auch in zulässiger Weise vorsehen, dass dem ArbGeb. ein **einseitiges Leistungsbestimmungsrecht** iSd § 315 Abs. 1 Hs. 1 BGB zusteht, das Entgelt eines ArbN innerhalb einer Gehaltsgruppe anhand von sog **Gehaltsbändern** nach billigem Ermessen festzulegen. Verstößt der ArbGeb. hiergegen oder verzögert bzw. verweigert er die Leistungsbestimmung, wird diese durch eine richterliche Leistungsbestimmung ersetzt (BAG 18.2.2015 – 4 AZR 778/13, BeckRS 2015, 69784; zur MB des BR nach § 87 Abs. 1 Nr. 10, wenn die TVParteien keine Regelung für die Entgeltfindung im Gehaltsband treffen LAG Düsseldorf 10.8.2016 – 4 TaBV 135/15, BeckRS 2016, 72745).

99 Nach BAG (3.5.1994 – 1 ABR 58/93, AP BetrVG 1972 § 99 Eingruppierung Nr. 2 m. abl. Anm. v. *Pallasch* SAE 1995, 37; zu den verfahrensrechtlichen Konsequenzen *Busemann* NZA 1996, 681) ist der ArbGeb. seiner Pflicht zur Beteiligung des BR erst dann nachgekommen, wenn das Beteiligungsverfahren zu einer **positiven Bestimmung der Vergütungsgruppe** – entweder durch Zustimmung des BR oder durch deren gerichtliche Ersetzung – geführt hat. Scheitert der ArbGeb. mit seinem Ersetzungsantrag, so muss er die Zustimmung des BR zur Eingruppierung in eine andere Vergütungsgruppe beantragen (vgl. MHdB ArbR/*Lunk* § 343 Rn. 28; *Hey* BB 1995, 1587).

100 Die im **erneuten** Beteiligungs- oder Ersetzungsverfahren gefundene **Eingruppierung** ist dann für den ArbGeb. **verbindlich.** Der betreffende ArbN kann also seinen

Entgeltanspruch unmittelbar auf diese Eingruppierung stützen, jedenfalls dann, wenn diese durch gerichtliche Entscheidung im Zustimmungsersetzungsverfahren ermittelt wurde (BAG 3.5.1994 – 1 ABR 58/93, NZA 1995, 484). Hält dagegen der BR die mit seiner erklärten oder ersetzten Zustimmung erfolgte Eingruppierung nicht (mehr) für zutreffend, so kann er vom ArbGeb. nicht eine erneute (beteiligungspflichtige) Eingruppierungsentscheidung verlangen (BAG 18.6.1991 – 1 ABR 53/90, AP BetrVG 1972 § 99 Nr. 105). Ein entspr. Initiativrecht steht ihm nicht zu; er hat nur ein Zustimmungsverweigerungsrecht (Richardi BetrVG/*Thüsing* Rn. 93).

Einem erneuten Zustimmungsersuchen des ArbGeb. zur Eingruppierung eines ArbN fehlt bei der **Aufeinanderfolge** von **zwei ArbVerh. bei unveränderter Tätigkeit** und **Vergütungsordnung** die Grundlage. Der ArbGeb. kann jedenfalls dann, wenn er bereits um die Zustimmung des BR ersucht hat und im Fall der verweigerten Zustimmung ein gerichtliches Zustimmungsverfahren eingeleitet hat, hinsichtlich der Eingruppierung kein weiteres Zustimmungsverfahren nach Abs. 1 in Gang setzen (BAG 1.7.2009 – 4 ABR 18/08, NZA 2010, 290). **100a**

Der einzelne **ArbN** ist nicht gehindert, im Urteilsverfahren seine **Eingruppierung überprüfen** zu lassen (BAG 12.12.2006 – 1 ABR 38/05, AP BetrVG 1972 § 1 Gemeinsamer Betrieb Nr. 27 mwN; MHdB ArbR/*Lunk* § 343 Rn. 4f.). Der tarifliche Lohnanspruch besteht unabhängig von dem Beteiligungsrecht des BR. Ein BeschlVerf. über die Ersetzung der Zustimmung des BR zur Eingruppierung hat keine präjudizielle Wirkung für den Eingruppierungsrechtsstreit des ArbN (BAG 13.5.1981 – 4 AZR 1076/78, AP HGB § 59 Nr. 24; 22.3.1983 – 1 ABR 49/81, AP BetrVG 1972 § 101 Nr. 6; 3.5.1994 – 1 ABR 58/93, AP BetrVG 1972 § 99 Eingruppierung Nr. 2; DKKW/*Bachner* Rn. 74). **101**

Der einzelne **Leih-ArbN** hat zwecks Prüfung, ob der Grundsatz des Equal Pay für die Zeit der Überlassung beachtet wird, gem. § 13 AÜG einen Auskunftsanspruch gegenüber dem Entleiher über die in dessen Betrieb für einen vergleichbaren ArbN geltenden wesentlichen Arbeitsbedingungen einschließlich des Arbeitsentgelts (→ § 5 Rn. 252a), so dass er auch seine Eingruppierung überprüfen und ggf. das ArbG anrufen kann (→ Rn. 83). **102**

Die mit der Eingruppierung wegen der Tätigkeitsmerkmale sachlich zusammenhängende **Zuweisung des ersten Arbeitsplatzes** als solche unterliegt dagegen dem Direktionsrecht des ArbGeb. Es besteht insoweit nach § 99 Abs. 1 S. 2 nur eine Unterrichtungspflicht gegenüber dem BR (MHdB ArbR/*Lunk* § 343 Rn. 1). Wegen Einweisung des ArbN vgl. § 81 Abs. 1. **103**

3. Umgruppierung

Unter Umgruppierung ist **jede Änderung** der Einreihung in die tarifliche oder betriebliche Lohn- oder Gehaltsgruppenordnung, also eine **Neu-Eingruppierung,** zu verstehen, so dass die Ausführungen in den → Rn. 79ff. auch für die Umgruppierung gelten. Eine Umgruppierung liegt **unabhängig** davon vor, ob der ArbN ein höheres **(Höherstufung),** niedrigeres **(Herabstufung)** oder weiterhin gleiches Arbeitsentgelt erzielt (BAG 6.8.2002 – 1 ABR 49/01, AP BetrVG 1972 § 99 Eingruppierung Nr. 27; DKKW/*Bachner* Rn. 84; HWGNRH/*Huke* Rn. 75). Sie beruht auf der Feststellung, dass die Tätigkeit des ArbN nicht – oder nicht mehr – den Tätigkeitsmerkmalen derjenigen Vergütungsgruppe entspricht, in die er eingruppiert ist, sondern denen einer anderen (BAG 3.7.2019 – 4 AZR 28/18, BeckRS 2019, 23368; 30.9.2014 – 1 ABR 32/13, NZA 2015, 370; 11.9.2013 – 7 ABR 29/12, NZA 2014, 388). **104**

Die einer **mitbestimmungspflichtigen Umgruppierung** zugrunde liegenden **Tatbestände** können folgende sein:

Dem ArbN wird eine **andere Tätigkeit** zugewiesen, die den Tätigkeitsmerkmalen einer anderen Vergütungsgruppe entspricht (hM, BAG 6.4.2011 – 7 ABR 136/09, BeckRS 2011, 75222). Hier wird die Umgruppierung häufig, aber nicht immer mit **105** einer **Versetzung** (BAG 10.11.2009 – 1 ABR 64/08, NZA-RR 2010, 416) verbunden sein. Dann sind beide Vorgänge je für sich mitbestimmungspflichtig; Richardi BetrVG/*Thüsing* Rn. 96).

106 Aufgrund des Grundsatzes des **Equal Pay** (→ Rn. 83f., 102) für **Leih-ArbN** iSd **AÜG** hat bei jedem Wechsel des Einsatzbetriebs, in dem eine Vergütungsordnung besteht, eine erneute Eingruppierung und damit eine Umgruppierung des Leih-ArbN zu erfolgen (*Hamann* NZA 2003, 532), es sei denn, dass ein auf das Leiharbeitsverhältnis anwendbarer TV vom Equal Pay abweichende Regelungen zulässt oder diese abweichenden Regelungen im Geltungsbereich des TV von nicht tarifgebundenen ArbGeb. und ArbN übernommen worden sind (→ § 8 Abs. 4 AÜG nF; *Linsenmaier/Kiel* RdA 2014, 135 [152]; → § 5 Rn. 255ff.). Weitere Konsequenz der Regelung ist, dass die Zuweisung einer anderen Tätigkeit in demselben Entleiherbetrieb eine Umgruppierung erforderlich macht, wenn die Tätigkeit nach dem Vergütungssystem anders als die bisherige zu bewerten ist (→ Rn. 104f.). Bei der Umgruppierung steht nur dem BR des Verleiherbetriebs, nicht dem des Entleiherbetriebs das MBR zu (→ Rn. 83).

107 Die Tätigkeit des ArbN hat sich in ihrer **Wertigkeit geändert,** zB auf Grund geringeren oder größeren Arbeitsanfalls einer höherwertigen Tätigkeit, durch die der ArbN gleichsam in eine **andere Vergütungsgruppe „hineinwächst"** (BAG 30.5.1990 – 4 AZR 74/90, AP BPersVG § 75 Nr. 31; MHdB ArbR/*Lunk* § 343 Rn. 21).

107a Die für die Einreihung des ArbN maßgeblichen abstrakten Kriterien haben sich zwar nicht geändert, wohl aber die ihrer Beurteilung zugrundeliegenden tatsächlichen Umstände. Knüpfen zB die Vorgaben einer Vergütungsordnung auch an **persönliche Qualifikationsmerkmale** des ArbN an (zu deren Zulässigkeit s. BAG 25.1.2012 – 4 AZR 147/10, NZA-RR 2012, 530), liegt eine Umgruppierung vor, wenn der ArbN bei gleichbleibender Tätigkeit erst mit Erfüllung der persönlichen Qualifikationsmerkmale der entspr. Gruppe in der Vergütungsordnung zugeordnet ist (BAG 6.4.2011 – 7 ABR 136/09, BeckRS 2011, 75222).

107b Die Änderung der Einstufung des ArbN innerhalb einer Entgeltgruppe **(Umstufung)** ist eine rechtsanwendende Modifikation seiner Einreihung in der Vergütungsordnung und damit eine mitbestimmungspflichtige Umgruppierung (BAG 6.4.2011 – 7 ABR 136/09, BeckRS 2011, 75222).

108 Die Tätigkeit des ArbN ist wegen höherwertiger, über der höchsten Vergütungsgruppe der tariflichen Vergütungsordnung liegender Qualifikationsmerkmale nicht mehr einzugruppieren, so dass eine **„Ausgruppierung"** gegeben ist (BAG 17.6.2008 – 1 ABR 37/07, AP BetrVG 1972 § 99 Nr. 126; 4.5.2011 – 7 ABR 10/10, NZA 2011, 1239; → Rn. 113). Gibt es neben der tariflichen Vergütungsordnung ein außertarifliches gestuftes Vergütungssystem, in das der ArbN hineinwächst, so umfasst das MB des BR nicht nur die „Ausgruppierung", sondern auch die Eingruppierung in das außertarifliche System (BAG 26.10.2004 – 1 ABR 37/03, AP BetrVG 1972 § 99 Eingruppierung Nr. 29).

108a Der ArbGeb. nimmt die **Beurteilung** vor, ein ArbN sei **aufgrund** einer mit ihm vereinbarten **Vertragsänderung** keiner Vergütungsgruppe der bisher angewandten Vergütungsordnung mehr zuzuordnen, vielmehr unterfalle er einem **außerhalb** der **bisherigen Vergütungsordnung** liegenden, in sich nicht gestuften Bereich. Das ist ebenfalls eine mitbestimmungspflichtige Umgruppierung in Form der Ausgruppierung (BAG 17.6.2008 – 1 ABR 37/07, AP BetrVG 1972 § 99 Nr. 126).

109 Es tritt eine **Änderung der Vergütungsordnung** ein, ohne dass sich die Tätigkeit des ArbN ändert (hM, BAG 14.4.2015 – 1 ABR 66/13, NZA 2015, 1077; 19.4.2012 – 7 ABR 52/10, BeckRS 2012, 71612; LAG Düsseldorf 19.3.2019 – 8 TaBV 70/18, BeckRS 2019, 10084). Dies kann sich zB ergeben bei **einer neuen Lohn- bzw. Gehaltsgruppeneinteilung** oder **Änderung der Vergütungsgruppenordnung** (strukturelle Änderung, Änderung der Zahl der Vergütungsgruppen, Neufassung der Tätigkeitsmerkmale, Vermehrung der Tätigkeitsbeispiele [BAG

12.1.1993; – 1 ABR 42/92, AP BetrVG 1972 § 99 Nr. 101; 9.3.1993 – 1 ABR 48/92, AP BetrVG 1972 § 99 Nr. 104]). Gleiches gilt bei einer **Überleitung** in eine **neue Entgeltordnung** des TVöDVKA (BAG 22.4.2009 – 4 ABR 14/08, NZA 2009, 1286). Bei **Teilung einer Gehaltsgruppe** in zwei sind alle ArbN der bisherigen Gehaltsgruppe umzugruppieren oder – soweit das bisherige Gehaltsniveau beibehalten wird – neu einzugruppieren (LAG Hmb 23.12.1992 – 8 TaBV 7/92, NZA 1993, 424; MHdB ArbR/*Lunk* § 343 Rn. 18); bei letzterem ist die Zustimmungsverweigerung des BR dann unbeachtlich, wenn er bei gleich bleibender Tätigkeit des ArbN dessen Umgruppierung in eine höhere unveränderte Gehaltsgruppe verlangt (BAG 18.1.1994 – 1 ABR 42/93, AP BetrVG 1972 § 99 Eingruppierung Nr. 1).

Es kommt bei einer **Insichbeurlaubung** von **Beamten** der Postunternehmen **110** dazu, dass diese trotz gleichbleibender Tätigkeit aus der einen Vergütungsordnung (gesetzl. Besoldungsordnung für Beamte) in eine andere, tarifliche Vergütungsordnung fallen.

Der ArbGeb. hält die ursprüngliche Eingruppierung für unzutreffend und will eine **111** **Berichtigung** der Ersteingruppierung vornehmen. Da es sich bei der Eingruppierung nicht um Rechtsgestaltung, sondern um Rechtsanwendung handelt, ist der ArbGeb. grds. berechtigt, eine fehlerhafte, der Tätigkeit des ArbN nicht entsprechende Eingruppierung auch nach unten durch eine sog **korrigierende Rückgruppierung** zu ändern (BAG 5.6.2014 – 6 AZR 1008/12, BeckRS 2014, 71101; 11.9.2013 – 7 ABR 29/12, NZA 2014, 388; DKKW/*Bachner* Rn. 86). Hierfür muss der **ArbGeb.** die objektive Fehlerhaftigkeit der bisher zugrunde gelegten Entgeltgruppe **darlegen** und **beweisen** (BAG 11.7.2018 – 4 AZR 488/17, BeckRS 2018, 29823; 20.3.2013 – 4 AZR 521/11, BeckRS 2013, 72335). Dem ArbGeb. kann es im Einzelfall unter bes. Umständen nach Treu und Glauben verwehrt sein, sich zur Begründung der Rückgruppierung auf eine fehlende tarifliche Voraussetzung für die bisher gewährte Vergütung zu berufen, wenn für den ArbN ein entgegenstehender Vertrauenstatbestand geschaffen worden ist (BAG 15.6.2011 – 4 AZR 737/09, BeckRS 2011, 77667). Eine wiederholte korrigierende **Rückgruppierung** eines ArbN bei unveränderter Tätigkeit und Tarifrechtslage ist regelmäßig treuwidrig und von Rechts wegen ausgeschlossen (BAG 23.9.2009 – 4 AZR 220/08, NZA 2010, 528).

Entspricht ein Tätigkeitsmerkmal einer **neu** eingeführten **Entgeltordnung** wört- **111a** lich dem der bisherigen Entgeltordnung und sind die allgemeinen Eingruppierungsregelungen beider Entgeltordnungen vergleichbar, so gelten die Grundsätze der **korrigierenden Rückgruppierung** (→ Rn. 111), wenn der ArbGeb. den ArbN nun nicht mehr diesem Tätigkeitsmerkmal zuordnen will (BAG 20.3.2013 – 4 AZR 521/11, BeckRS 2013, 72335).

Die Gewährung oder der Wegfall einer **Zulage** ist dann eine mitbestimmungs- **112** pflichtige Ein- bzw. Umgruppierung, wenn neben den für die Eingruppierung entscheidenden Tätigkeitsmerkmalen weitere Merkmale für den Anspruch auf die Zulage erfüllt sein müssen, die Zulage eine **Zwischenstufe** zwischen Vergütungsgruppen darstellt (BAG 21.3.2018 – 7 ABR 38/16, NZA 2018, 1090; LAG SchlH 17.1.2007 – 6 TaBV 18/05, NZA-RR 2007, 365). Das ist zB nicht der Fall bei einer allgemeinen „Techniker-" oder „Programmierer"-Zulage (BAG 24.6.1986 – 1 ABR 31/84, AP BetrVG 1972 § 99 Nr. 37) oder einer Zulage in „angemessener" Höhe für eine unspezifische Kombination von Tätigkeiten (BAG 2.4.1996 – 1 ABR 50/95, AP BetrVG 1972 § 99 Eingruppierung Nr. 7). Nicht mitbestimmungspflichtig ist auch ein **Familienzuschlag,** der in keinem Zusammenhang mit der Tätigkeit des einzugruppierenden ArbN steht, sondern dessen Gewährung und Höhe allein von den persönlichen Verhältnissen des ArbN abhängt (BAG 19.10.2011 – 4 ABR 119/09, NZA-RR 2012, 250).

Wird ein Ang. zu einem **AT-Ang.** „befördert", indem der ArbGeb. feststellt, dass **113** die zu bewertende Tätigkeit Anforderungen stellt, die über den Qualifikationsmerkmalen der obersten Vergütungsgruppe liegen, so ist dies mitbestimmungspflichtig

(BAG 31.10.1995 – 1 ABR 5/95, AP BetrVG 1972 § 99 Eingruppierung Nr. 5; 12.12.2006 – 1 ABR 13/06, AP BetrVG 1972 § 99 Eingruppierung Nr. 32; → Rn. 93f.). Das gilt auch für den umgekehrten Fall, dass ein **AT-Ang.** in die höchste Tarifgruppe herabgestuft werden soll (BAG 28.1.1986 – 1 ABR 8/84, AP BetrVG 1972 § 99 Nr. 32).

114 Wird ein Ang. in der Weise umgruppiert bzw. „befördert", dass für seine Tätigkeit **künftig die Merkmale des § 5 Abs. 3** zutreffen, so unterliegt diese Umgruppierung nicht der personellen MB, sondern dem Verfahren nach **§ 105** (BAG 8.2.1977 – 1 ABR 22/76, AP BetrVG 1972 § 5 Nr. 16; 29.1.1980 – 1 ABR 49/78, AP BetrVG 1972 § 5 Nr. 24). Es kann hier für die Beförderung eines schon im Betrieb tätigen ArbN nichts anderes gelten als für die Neueinstellung eines leitenden Ang. Ebenso ist der BR lediglich zu informieren, wenn ein Ang. ohne Umgruppierung seine Funktion behält, nunmehr vom ArbGeb. aber nicht mehr als leitender Ang. geführt wird.

115 Ebenso wie bei der Eingruppierung ist es auch bei der Umgruppierung unerheblich, ob die Vergütungsgruppenordnung auf **TV, BV** oder einer vom **ArbGeb.** einseitig **aufgestellten Regelung** beruht (→ Rn. 79cff.).

116 Für den Anspruch des ArbN auf das Entgelt derjenigen Entgeltgruppe, deren Tätigkeitsmerkmalen seine Tätigkeit entspricht, ist es ohne Einfluss, ob der BR beteiligt worden ist, dieser zugestimmt hat oder nicht (Näheres → Rn. 281ff.). Dies folgt daraus, dass sich das MB des BR hier in einer **Richtigkeitskontrolle** erschöpft (→ Rn. 96ff.). Ist zB eine Höhergruppierung ohne Beteiligung des BR erfolgt, so besteht dennoch für die Dauer der tatsächlichen Ausübung dieser Tätigkeit ein Anspruch auf entspr. Vergütung (BAG 15.12.1976 – 4 AZR 540/75, AP BAT §§ 22, 23 Nr. 95; 19.7.1978 – 4 AZR 31/77, AP BAT 1975 §§ 22, 23 Nr. 8; 10.3.1982 – 4 AZR 541/79, AP BPersVG § 75 Nr. 7).

117 Nicht dem MBR unterliegt die **einzelvertragliche Abmachung** über eine höhere oder übertarifliche Entlohnung (LAG Düsseldorf 19.3.2019 – 8 TaBV 70/18, BeckRS 2019, 10084; GK-BetrVG/*Raab* Rn. 83).

4. Versetzung

118 Die Versetzung als arbeitsrechtlicher Vorgang weist **drei Ebenen** auf, die auseinander zu halten sind (s. *v. Hoyningen-Huene/Boemke* Versetzung S. 34ff.). Die **individualrechtliche Ebene** betrifft die rechtliche Grundlage der Versetzung, die **individualrechtliche Versetzungsregelung.** Hier geht es um die schuldrechtliche Befugnis des ArbGeb., dem ArbN eine andere Tätigkeit zuzuweisen, also den Aufgabenbereich des ArbN nach Art, Ort und Umfang der Tätigkeit zu verändern (Schaub ArbR-HdB/*Linck* § 45 Rn. 22ff., 59). Diese Befugnis des ArbGeb. kann sich aus einem im ArbVertrag enthaltenen Versetzungsvorbehalt, aus seinem Direktionsrecht gem. § 106 GewO (BAG 30.11.2016 – 10 AZR 11/16, NZA 2017, 1394; *Fliss* NZA-RR 2008, 225ff.; *Kötting* AiB 2016 H. 4 S. 48f.) oder aus einer einvernehmlichen oder mittels Änderungskündigung erzwungenen Vertragsänderung ergeben (BAG 19.1.2011 – 10 AZR 738/09, NZA 2011, 631 zur AGB-Kontrolle bei Versetzungsklausel und *Däubler/Bonin/Deinert* AGB-Kontrolle BGB § 307 Rn. 183aff., 193ff.; *Lingemann/Siemar* ArbRAktuell 2015, 494ff. [518ff.]). Die Versetzungsregelung ist demnach ein ein- bzw. zweiseitiger **Rechtsakt** und als solcher individualrechtliche Voraussetzung für die Zuweisung eines geänderten Tätigkeitsbereichs (*v. Hoyningen-Huene/Boemke* Versetzung S. 34ff.).

119 Auf der **tatsächlichen Ebene** geht es um die Versetzung als **tatsächliche Zuweisung** eines anderen Arbeitsbereichs. Die Zuweisung ist als Vollzug der Versetzungsregelung von dieser strikt zu trennen. Die Versetzung wird dadurch realisiert, dass dem ArbN sein neuer Arbeitsbereich zugewiesen wird, ihm also zB die erforderlichen Arbeitsmittel ausgehändigt sowie der neue Arbeitsplatz und das Tätigkeitsumfeld gezeigt werden, damit er entspr. der Versetzungsregelung tätig werden kann. Die

Versetzung als Zuweisung eines anderen Arbeitsbereichs ist ein **Realakt** (MHdB ArbR/*Lunk* § 341 Rn. 3; *v. Hoyningen-Huene/Boemke* Versetzung S. 36).

Auf der **betriebsverfassungsrechtlichen Ebene** geht es um die **Beteiligung** des **BR** bei der Versetzung als **tatsächliche Zuweisung** eines anderen Tätigkeitsbereichs. Die **MB knüpft** daher **nicht** an die zugrunde liegende schuldrechtliche **Versetzungsregelung** als **Rechtsgeschäft, sondern** an die **tatsächliche Zuweisung** des anderen Arbeitsbereichs als **Realakt** an (*v. Hoyningen-Huene/Boemke* Versetzung S. 38). Die MB greift allerdings erst dann, wenn die beabsichtigte Tätigkeitsänderung die **von § 95 Abs. 3 geforderte Qualität und Intensität** aufweist (*v. Hoyningen-Huene* NZA 1993, 146). Das MBR steht sowohl dem BR des abgebenden als auch dem BR des aufnehmenden Betriebs unter dem Gesichtspunkt der Einstellung zu (stRspr, BAG 22.11.2005 – 1 ABR 49/04, AP BetrVG 1972 § 117 Nr. 7 mwN; → Rn. 19f., 170f.; s. Checkliste für BR-Handeln *Schrader* AiB 2009, 21ff.). 120

Aus dem Vorstehenden (→ Rn. 118–120) ergibt sich, dass bei einer **individualrechtlich zulässigen** Versetzung die **Beteiligung des BR nicht entfällt** (BAG 26.5.1988 – 1 ABR 18/87, AP BetrVG 1972 § 95 Nr. 13; 17.2.1998 – 9 AZR 130/97, AP BGB § 618 Nr. 27; *Weber/Ehrich* BB 1996, 2246 [2249]; → § 121 Rn. 3); eine ohne die erforderliche Zustimmung des BR ausgesprochene Versetzung ist auch individualrechtlich unwirksam und berechtigt den ArbN, die Arbeit zu den geänderten Bedingungen zu verweigern (BAG 22.4.2010 – 2 AZR 491/09, NZA 2010, 1235). Und umgekehrt **heilt** die **Beteiligung des BR** nach § 99 **Mängel** auf der **individualrechtlichen Ebene nicht;** insbes. kann sie eine erforderliche Zustimmung des ArbN nicht ersetzen (LAG Düsseldorf 16.06.1978 – 3 Ta BV 83/77, DB 1978, 2494; MHdB ArbR/*Lunk* § 341 Rn. 1; *Weber/Ehrich* BB 1996, 2246 [2249]). 121

Ist individualrechtlich für die Versetzung (Umgruppierung) eine **Änderungskündigung** erforderlich, so ist der BR auch nach § 102 zu beteiligen. Für das Verhältnis der beiden Beteiligungsrechte zu einander bedeutet dies folgendes: Die Zustimmung des BR nach § 99 ist zwar keine Wirksamkeitsvoraussetzung für die für eine Versetzung erforderliche Änderungskündigung (BAG 22.4.2010 – 2 AZR 491/09, NZA 2010, 1235), sondern nur für die tatsächliche Zuweisung des neuen Arbeitsbereichs nach Ablauf der Kündigungsfrist (→ Rn. 119). So lange jedoch das Verfahren nach § 99 nicht ordnungsgemäß durchgeführt ist (Zustimmung oder deren gerichtliche Ersetzung), kann der ArbGeb. die geänderten Vertragsbedingungen nicht durchsetzen, der ArbN ist folglich in seinem bisherigen Arbeitsbereich weiter zu beschäftigen, der ihm nicht wirksam entzogen worden ist (BAG 30.9.1993 – 2 AZR 283/93, AP KSchG 1969 § 2 Nr. 33 mit krit. Anm. *Wlotzke;* 22.4.2010 – 2 AZR 491/09, NZA 2010, 1235; *Griese* BB 1995, 458 [463]; zur Problematik der Versetzungs-Änderungskündigung *Berkowsky* NZA 2010, 250ff.). Andererseits steht dem BR kein Zustimmungsverweigerungsgrund gem. Abs. 2 Nr. 1 bis zur endgültigen Entscheidung über die Wirksamkeit der Änderungskündigung zu (BAG 10.8.1993 – 1 ABR 22/93, NZA 1994, 187; vgl. auch *Schrader* AiB 2007, 573ff.). 122

Nach dem bes. **betriebsverfassungsrechtlichen Versetzungsbegriff in § 95 Abs. 3** (vgl. *v. Hoyningen-Huene/Boemke* Versetzung S. 119ff.; *Mattheis* Mitbestimmung BR S. 50ff.; zur entspr. BAG-Rspr. *Schlochauer* FS Richardi, 2007, 751ff.) ist unter Versetzung die tatsächliche (*Heinze* Personalplanung Rn. 206) **Zuweisung** (zu diesem Begriff BAG 19.2.1991 – 1 ABR 36/90, AP BetrVG 1972 § 95 Nr. 26) eines **anderen Arbeitsbereichs** zu verstehen, gleichgültig, ob er höhere, niederere oder gleichwertige Anforderungen an den ArbN stellt (GK-BetrVG/*Raab* Rn. 90), die entweder voraussichtlich **länger als einen Monat** dauern wird **oder** – auch bei kürzerer Dauer – mit einer **erheblichen Änderung der äußeren Umstände** verbunden ist, unter denen die Arbeit zu leisten ist. Es handelt sich also um einen räumlichen (und) oder einen funktionalen Versetzungsbegriff (BAG 9.4.2019 – 1 ABR 25/17, BeckRS 2019, 12116 u. 1 ABR 30/17, NZA 2019, 1061; 8.11.2016 – 1 ABR 56/14, AP BetrVG 1972 § 99 Nr. 151; zur „schleichenden Versetzung" *Kuhn/Zimmermann* AiB 2000, 380ff.). 123

124 Der Begriff des **Arbeitsbereichs** wird in **§ 81 Abs. 1 u. 2** durch die Aufgabe und die Verantwortung sowie die Art der Tätigkeit und ihre Einordnung in den Arbeitsablauf des Betriebs umschrieben. Es geht also um den konkreten Arbeitsplatz und seine Beziehung zur betrieblichen Umgebung in **räumlicher, technischer und organisatorischer (funktionaler) Hinsicht** (BAG 9.4.2019 – 1 ABR 30/17, NZA 2019, 1061; 17.6.2008 – 1 ABR 38/07, AP BetrVG 1972 § 99 Versetzung Nr. 47 mwN; → § 81 Rn. 10; MHdB ArbR/*Lunk* § 341 Rn. 5; ähnlich DKKW/*Bachner* Rn. 100; *v. Hoyningen-Huene/Boemke* Versetzung S. 120 ff.). Eine tarifliche Tätigkeitsbeschreibung, die zwecks Eingruppierung die Hauptaufgaben des jeweiligen Stelleninhabers wiedergibt, ist nicht gleichbedeutend mit dem Arbeitsbereich; dieser ist mittels der konkret ausgeübten Tätigkeit des ArbN zu bestimmen (BAG 13.3.2007 – 1 ABR 22/06, NZA-RR 2007, 581). Deshalb ist auch eine Erwähnung im ArbVertrag nicht ausreichend (BAG 8.11.2016 – 1 ABR 56/14, AP BetrVG 1972 § 99 Nr. 151). Welche **Arbeitsbereiche** in einem Betrieb vorhanden sind, ergibt sich aus dessen Organisation. Es kann zweckmäßig sein, die Arbeitsbereiche **durch Vereinbarung** zwischen Betriebsleitung und BR **festzulegen.**

125 In jedem Arbeitsbereich treten ständig Änderungen ein, die die Unterrichtungspflicht des ArbGeb. nach § 81 auslösen. Nicht jede dieser Veränderungen ist jedoch eine mitbestimmungspflichtige Versetzung. Bagatellfälle und Änderungen innerhalb der üblichen Schwankungsbreite werden nicht erfasst. Die **Veränderung** muss so **erheblich** sein, dass sich das **Gesamtbild der Tätigkeit ändert** (BAG 9.4.2019 – 1 ABR 30/17, NZA 2019, 1061; 17.6.2008 – 1 ABR 38/07, AP BetrVG 1972 § 99 Versetzung Nr. 47). Es kommt darauf an, ob sich die Tätigkeit oder Arbeitsaufgabe vor und nach der Zuweisung – über im üblichen Schwankungsbereich liegende Veränderungen hinausgehend – so voneinander unterscheidet, dass die neue Tätigkeit oder Aufgabe vom Standpunkt eines mit den betrieblichen Verhältnissen vertrauten Beobachters eine andere wird (BAG 9.4.2019 – 1 ABR 25/17, BeckRS 2019, 12116 u. 1 ABR 30/17, NZA 2019, 1061; 8.11.2016 – 1 ABR 56/14, AP BetrVG 1972 § 99 Nr. 151; 16.3.2010 – 3 AZR 31/09, NZA 2010, 1028; MHdB ArbR/*Lunk* § 341 Rn. 5). Dabei ist es unerheblich, ob die neue Tätigkeit für die betroffenen ArbN angenehmer oder unangenehmer, vorteilhafter oder nachteilig ist, wie lange sie dauert und ob die Teilnahme freiwillig oder obligatorisch ist (BAG 28.8.2007 – 1 ABR 70/06, AP BetrVG 1972 § 95 Nr. 53).

126 Die Zuweisung eines **anderen Arbeitsbereichs** liegt bei folgenden Tatbeständen vor:

127 Dem ArbN wird ein **neuer Tätigkeitsbereich** zugewiesen (BAG 10.4.1984 – 1 ABR 67/82, AP BetrVG 1972 § 95 Nr. 4; 18.2.1986 – 1 ABR 27/84, AP BetrVG 1972 § 99 Nr. 33). Das ist immer der Fall, wenn der Gegenstand der geschuldeten Leistung, also der **Inhalt der Arbeitsaufgabe,** ein anderer wird (zB Reinigungskraft soll Pförtner, Fahrer soll Lagerverwalter, Fertiger von Gipsabdrücken für Kiefermodelle soll Auslieferungsfahrer – BAG 29.9.2004 – 1 ABR 39/03, AP BetrVG 1972 § 99 Versetzung Nr. 40; fluguntauglicher ArbN soll statt im Flug- im Landbetrieb eingesetzt – BAG 22.11.2005 – 1 ABR 49/04, AP BetrVG 1972 § 117 Nr. 7 – werden). Dabei ist unerheblich, ob dies für den ArbN vorteilhaft oder nachteilig ist (hM; MHdB ArbR/*Lunk* § 341 Rn. 7 f.; Richardi BetrVG/*Thüsing* Rn. 117). Auch eine nur **kommissarische** Versetzung löst die MB des BR aus (ArbG Offenbach 30.8.1996 – 6 BV 5/96, AiB 1997, 291).

128 Der ArbN behält zwar formal seinen bisherigen Tätigkeitsbereich, ihm werden jedoch **wesentliche Teilfunktionen** neu **übertragen** oder **entzogen,** die der Gesamttätigkeit ein **solches Gepräge** geben, dass von einer **anderen Tätigkeit** ausgegangen werden muss (BAG 2.4.1996 – 1 AZR 743/95, AP BetrVG 1972 § 95 Nr. 34; → Rn. 125). Dabei können **quantitative** und (oder) **qualitative** Gesichtspunkte eine Rolle spielen (BAG 2.4.1996 – 1 AZR 743/95, AP BetrVG 1972 § 95 Nr. 34; MHdB ArbR/*Lunk* § 341 Rn. 5).

Als **quantitativ** erheblich für Hinzufügung oder Entzug von Teilfunktionen ist ein **Anteil von 20 %** anzusehen, bei dessen Vorliegen die Bildung eines neuen Arbeitsbereichs zu vermuten ist (LAG München 16.11.1978 – 8 TaBV 6/78, BB 1979, 1092; DKKW/*Bachner* Rn. 111; MHdB ArbR/*Lunk* § 341 Rn. 7; *Kötting* AiB 2016 H. 4 S. 48, 49; **aA** *Griese* BB 1995, 458, der 20% noch als unerheblich ansieht; nach BAG 2.4.1996 (1 AZR 743/95, AP BetrVG 1972 § 95 Nr. 34) dürften jedenfalls 25% idR reichen). Dabei stellt auch schon ein Entzug von unter 20% bisher wahrgenommener Aufgaben, der Teil einer **mehraktigen Maßnahme** ist, als erster Schritt für die Zuweisung eines anderen Arbeitsbereichs bereits den Beginn einer Versetzung dar und unterliegt daher dem MBR (LAG Hamm 18.8.1978 – 3 TaBV 61/78, DB 1979, 2042; ArbG Kassel 3.5.1977 – 1 BV 3/76, DB 1977, 1417; DKKW/*Bachner* Rn. 102). 129

Allerdings kann nicht schematisch ohne Berücksichtigung der jeweiligen Struktur des Arbeitsbereichs nur quantitativ bewertet werden (*Belling* DB 1985, 335 [337]). Teilfunktionen können wegen ihrer Bedeutung **qualitativ** auch dann prägend sein, wenn sie einen zeitlich geringeren Anteil ausmachen (BAG 2.4.1996 – 1 AZR 743/95, AP BetrVG 1972 § 95 Nr. 34; HessLAG 22.2.1983 – 5 TaBV 88/82, DB 1983, 2143, Entzug der Betreuung der gesamten Altkundschaft eines Vertriebsrepräsentanten). Bei qualitativer Änderung einzelner Teiltätigkeiten ist die Feststellung, ob bei Betrachtung der Gesamttätigkeit sich diese wesentlich geändert hat, erheblich schwerer. Ein **Indiz** hierfür ist, wenn eine **Umgruppierung** erforderlich wird (BAG 9.10.2013 – 7 ABR 12/12, NZA 2014, 795; 9.10.2013 – 7 ABR 13/12, BeckRS 2014, 66254; DKKW/*Bachner* Rn. 105; MHdB ArbR/*Lunk* § 341 Rn. 9). 130

Die Bestellung eines ArbN des Betriebs zum **Datenschutzbeauftragten** iSd § 4f BDSG bzw. **§ 5 Abs. 3, 4** iVm **§ 1 Abs. 4 BDSG nF** (*Gola/Klug* NJW 2007, 118ff.; vgl. auch *Niklas/Faas* NZA 2017, 1091ff.) ist zwar – im Gegensatz zur Bestellung des Betriebsarztes nach § 9 Abs. 3 ASiG – nicht als solche mitbestimmungspflichtig (HessLAG 24.1.1984 – 4 TaBV 47/83, BB 1984, 1684; *Ehrich* MB bei betrieblichen Beauftragten S. 252f.), stellt jedoch eine **Versetzung** iSd § 95 Abs. 3 (ggf. auch eine Umgruppierung) dar und unterliegt insoweit dem MBR des BR nach § 99 (hM, BAG 22.3.1994 – 1 ABR 51/93, AP BetrVG 1972 § 99 Versetzung Nr. 4; DKKW/*Bachner* Rn. 111; → Rn. 180; Kramer IT-ArbR/*Raif* C Rn. 44; WHWS/*Kramer* A. X. Rn. 5; **aA** ArbG München 7.4.1993 – 13 BV 24/93, RDV 1994, 258; *Ehrich* MB bei betrieblichen Beauftragten S. 258f.). Auch bei einem **externen Datenschutzbeauftragten** (**§ 5 Abs. 3, 4** iVm **§ 1 Abs. 4 BDSG nF**) können die Beteiligungsrechte nach § 99 greifen (Kramer IT-ArbR/*Raif* C Rn. 45; → Rn. 75; *Gola* RDV 2019, 157, 158). 131

→ Rn. 131 gilt entspr. für **Umweltschutzbeauftragte** (s. hierzu *Schierbaum/Nahrmann* AiB 1997, 36ff.). Nimmt das Unternehmen am System der EG-Öko-Audit-VO teil (→ § 81 Rn. 6; → § 89 Rn. 6ff.), so gilt → Rn. 131 entspr. für die im Rahmen der Umweltbetriebsprüfung einzusetzenden internen und externen **Umweltgutachter** (vgl. Art. 3d, 4, Anh. II, III EG-VO Nr. 1836/93, § 4 AusführungsG, BGBl. 1995 I S. 1591; ebenso *Kothe* Umweltauditrecht Rn. 182; *Merten* DB 1996, 90 [92]; *Wagner* AiB 1996, 453 [458]). Dagegen gilt → Rn. 131 nicht für **Zivildienstbeauftragte** mangels eigenen Amtes (so BAG 12.9.1996 – 5 AZR 30/95, AP ZDG § 30 Nr. 1). 132

Wird ein zur Erbringung von Pflegediensten verpflichtetes Mitgl. einer **DRK-Schwesternschaft** versetzt, so unterliegt diese Versetzung dem MBR des BR, der zu prüfen hat, ob Zustimmungsverweigerungsgründe gem. Abs. 2 Nr. 3, 5 oder 6 vorliegen (BAG 9.10.2013 – 7 ABR 12/12, NZA 2014, 795; 9.10.2013 – 7 ABR 13/12, BeckRS 2014, 66254). 132a

Ein vom ArbGeb. veranlasster **Stellentausch** kann eine mitbestimmungspflichtige Versetzung sein. Das ist er dann, wenn zB ein Sachbearbeiter, der persönlichen Kontakt mit den Kunden (Versicherten) hat und in einem kundengerecht eingerichteten Büro mit nur zwei Arbeitsplätzen arbeitet, mit einem Sachbearbeiter tauschen muss, 133 der nur telefonischen oder schriftlichen Kundenkontakt hat und in einem Raum mit weiteren drei oder vier Kollegen sitzt. Hier hat sich für beide ArbN das Gesamtbild ihrer Tätigkeit erheblich geändert (BAG 13.5.1997 – 1 ABR 82/96, BeckRS 1977, 30924433).

134 Dagegen ist eine **Suspendierung/Freistellung** des ArbN **von der Arbeit keine Versetzung.** Der ArbN erhält keinen neuen Arbeitsbereich, er ist nur von der Ausübung seiner in diesem Bereich geschuldeten Arbeitsleistung freigestellt, zB aus disziplinarischen oder persönlichen Gründen oder bis zum Ablauf der Kündigungsfrist (so BAG 9.4.2019 – 1 ABR 25/17, BeckRS 2019, 12116 u. 1 ABR 30/17, NZA 2019, 1061; 17.2.2015 – 1 ABR 45/13, NZA 2015, 762; MHdB ArbR/*Lunk* § 341 Rn. 9). Dieser Sachverhalt hat auf Grund der abschließenden Regelung des § 99 (→ Rn. 29) ausschließlich kündigungsrechtliche Relevanz und ist im Rahmen der §§ 102, 103 zu berücksichtigen (hM; ArbG Minden 10.12.1996 – 1 BV 37/96, NZA-RR 1997, 437; *Hoß/Lohr* BB 1998, 2527 [2580]; *Sibben* NZA 1998, 1267 f.; **aA** ArbG Minden 14.8.1996 – 2 BV 19/96, AiB 1997, 231; ArbG Wesel 7.1. 1998 – 3 Ca 3942/97, BB 1998, 644). Auch die nicht vertragsgerechte Beschäftigung des ArbN wegen eines Auftragsverlustes oder des Wegfalls des Arbeitsplatzes ist keine Versetzung, selbst wenn ihm allgemeine Fortbildungs- und Schulungsmaßnahmen zugewiesen werden (LAG SH 14.7.2016 – 5 TaBV 53/15, NZA-RR 2017, 27).

134a Wird in einem Unternehmen ein **Stellenpool** eingerichtet, in dem von der Arbeit suspendierte/freigestellte ArbN zusammengefasst werden, denen an sich wegen Wegfalls ihres Arbeitsplatzes betriebsbedingt gekündigt werden könnte (zur Zulässigkeit eines mehrjährigen Suspendierungsrechts in TV BAG 27.2.2002 – 9 AZR 562/00, AP TVG § 1: Rundfunk Nr. 36; vgl. *Hümmerich/Welslau* NZA 2005, 610 ff.), so ist zu unterscheiden: Werden die ArbN im Stellenpool aus personalbuchhalterischen oder anderen technischen Gründen **nur „geparkt“,** ohne dort andere Arbeiten verrichten zu müssen, so liegt **keine Versetzung** vor (→ Rn. 134; *Trebeck* NZA 2009, 513 [516]).

134b Sind die im **Stellenpool** oder einem sog. **„Qualifizierungsbetrieb“** (hierzu *Göpfert/Seier* NZA 2018, 1439 ff.) zusammengefassten ArbN dagegen verpflichtet, dort **bestimmte Arbeiten** zu verrichten, als Springer, Aushilfe, Teilnehmer an Projekteinsätzen oder LeihArbN tätig zu werden oder sich umschulen oder fortbilden zu lassen, so ist die Zuweisung zum Stellenpool idR eine **Versetzung** (BAG 9.4.2019 – 1 ABR 30/17, NZA 2019, 1061; *Göpfert/Seier* NZA 2018, 1439; unklar *Trebeck* NZA 2009, 513 [516]). Dem steht die Entscheidung des BAG v. 15.8.2006 – 9 AZR 571/05, AP LPVG Berlin § 84 Nr. 1) nicht entgegen (BAG 9.4.2019 – 1 ABR 25/17, BeckRS 2019, 12116). Abgesehen davon, dass der Versetzungsbegriff des BetrVG (→ Rn. 118 ff.) ein anderer als der des PersVG ist (das übersieht *Trebeck* NZA 2009, 513 [514]), wird gem. § 1 Abs. 2 S. 3 Stellenpoolgesetz des Landes Berlin den Personalüberhangkräften im Zentralen Personalüberhangmanagement (Stellenpool) keine neue Tätigkeit zugewiesen (BAG 15.8.2006 – 9 AZR 571/05, AP LPVG Berlin § 84 Nr. 1).

134c Die **Beendigung** des **Einsatzes** eines zur Arbeitsleistung **gestellten** oder **überlassenen ArbN** (insbes. LeihArbN) infolge der Kündigung des ihn betreffenden Überlassungsvertrags ist **keine** mitbestimmungspflichtige **Versetzung.** Hier liegt zwar ein Entzug des bisherigen Arbeitsbereichs, nicht aber die Zuweisung eines anderen Arbeitsbereichs vor (BAG 17.2.2015 – 1 ABR 45/13, NZA 2015, 762).

135 Aber auch eine **erhebliche Änderung der Umstände allein** ohne Zuweisung eines anderen Arbeitsbereichs kann eine Versetzung sein. Es wäre sinnwidrig, nur bei Abordnungen bis zu einem Monat diese Umstände zu berücksichtigen. Die Umstände der Arbeitsleistung zählen bei der Bestimmung des Arbeitsbereichs mit (BAG 26.5.1988 – 1 ABR 18/87, AP BetrVG 1972 § 95 Nr. 13; DKKW/*Bachner* Rn. 96; Richardi BetrVG/*Thüsing* Rn. 112; krit. *v. Hoyningen-Huene/Boemke* Versetzung S. 123 f.).

Unter den **Umständen der Arbeitsleistung** sind Ort (ausf. → Rn. 143ff.), Art und Weise (Gestaltung des Arbeitsplatzes und des Arbeitsablaufs, Stellung innerhalb der betrieblichen Organisation, Lage der Arbeitszeit, Belastung, Umwelteinflüsse wie Lärm, Schmutz, Hitze, Kälte, Nässe [BAG 8.8.1989 – AP BetrVG 1972 § 95 Nr. 18; 11.12.2007 – 1 ABR 73/06, AP BetrVG 1972 § 99 Versetzung Nr. 45; 23.6.2009 – 1 ABR 23/08, NZA 2009, 1430; DKKW/*Bachner* Rn. 114; Richardi BetrVG/*Thüsing* Rn. 132], fachliche Anforderungen [LAG Düsseldorf 28.1.1987 – 6 TaBV 116/86, NZA 1988, 69 betr. Verkäuferin in einem Warenhaus]), also die **äußeren Umstände** gemeint, unter denen die Arbeit tatsächlich zu leisten ist, während **eine Änderung der materiellen Arbeitsbedingungen** regelmäßig unter dem Gesichtspunkt der Umgruppierung, uU auch der Änderungskündigung, dem MBR des BR unterliegt (→ Rn. 104ff., 122; → § 102 Rn. 9ff.). **136**

Beide Arten der Änderung der Arbeitsbedingungen können auch zusammenfallen, zB wenn durch Zuweisung neuer, höherwertiger Tätigkeiten ein Anspruch auf Höhergruppierung entsteht; dann liegt sowohl eine **Umgruppierung** als auch eine **Versetzung** vor (s. hierzu *Wollwert* DB 2012, 2518ff.). Wegen der „Arbeitsumstände" iSd menschengerechten Arbeitsgestaltung → § 90 Rn. 39f. Auch eine für den einzelnen ArbN offenbar günstige Änderung der Umstände unterliegt dem MBR (HWGNRH/*Huke* Rn. 111; Richardi BetrVG/*Thüsing* Rn. 134). **137**

Es muss sich um eine **erhebliche Änderung der äußeren Umstände** handeln, die das Gesamtbild der Tätigkeit prägen. Das ist zB der Fall, wenn der ArbN seine gleich bleibende Arbeit in einer **anderen organisatorischen Einheit** erbringen soll (BAG 10.4.1984 – 1 ABR 67/82, AP BetrVG 1972 § 95 Nr. 4; 16.1.2007 – 1 ABR 16/06, AP BetrVG 1972 § 99 Einstellung Nr. 52). Danach ist die Zuweisung zu einem anderen **Betrieb** (BAG 19.2.1991 – 1 ABR 36/90, AP BetrVG 1972 § 95 Nr. 26), **Nebenbetrieb** und **Betriebsteil** (auch im Fall des § 4 Nr. 1 muss eine gewisse Leitung existieren, BAG 28.6.1995 – 7 ABR 59/94, AP BetrVG 1972 § 4 Nr. 8) stets eine Versetzung, die idR (Ausnahme → Rn. 171) mitbestimmungspflichtig ist (DKKW/*Bachner* Rn. 106f., 113; Richardi BetrVG/*Thüsing* Rn. 124). **138**

Der **Wechsel** vom betriebl. Arbeitsplatz **auf** einen **Telearbeitsplatz** bzw. ins **Home Office** in einem vom ArbGeb. eingerichteten Nachbarschafts- oder Satellitenbüro und umgekehrt ist eine beteiligungspflichtige Versetzung. Gleiches gilt bei Beendigung alternierender Telearbeit, wenn die außerbetriebliche Arbeitsstätte dauerhaft fortfällt und die betriebliche Arbeitsstätte der alleinige Arbeitsort ist (LAG Düsseldorf 10.9.2014 – 12 Sa 505/14, BeckRS 2014, 73155 mAnm *Heinlein* AiB 2015 Heft 4, 62; → § 5 Rn. 195ff.). **138a**

Wird ein ArbN zur Herstellung einer mehr oder weniger **permanenten digitalen Kommunikation** mit Vorgesetzten, Mitarbeitern und Kunden mit Smartphone, Blackberry, Tablet-PC, Notebook, Laptop oder vergleichbaren Arbeitsmitteln ausgestattet, um im **Mobile Office** tätig werden zu können, so führt dies zu einer erheblichen Änderung der äußeren Umstände für die zu erbringende Arbeitsleistung. Das ist vor allem dann der Fall, wenn vom ArbN – im Gegensatz zu seiner bisherigen Tätigkeit – erwartet wird, dass er jeder Zeit und überall erreichbar ist und unmittelbar reagiert mit der Folge, dass er Stellungnahmen in Form von E-Mails an den verschiedensten Orten und unter den unterschiedlichsten Umständen (Bahnsteig, Zug, Taxi, Hotel, Restaurant) zu verfassen hat (unklar *Kalck* ArbRAktuell 2015, 472ff.; **aA** *Möller* ArbRAktuell 2015, 215ff.; aber → Rn. 159a). **138b**

In größeren Betrieben mit Abteilungen und weiteren Unterbereichen dürfte auch ein **innerbetrieblicher Wechsel** von einer dieser Einheiten zu einer anderen für die MB des BR ausreichen. Hier ergibt sich eine Änderung der organisatorischen Umgebung, die darin bestehen kann, dass der ArbN mit neuen Kollegen zusammenarbeiten oder er seine Arbeitsaufgaben – auch wenn sie als solche gleichgeblieben sind – innerhalb einer anderen Arbeitsorganisation erfüllen muss (BAG 17.6.2008 – 1 ABR 38/07, AP BetrVG 1972 § 99 Versetzung Nr. 47; diff. GK-BetrVG/*Raab* Rn. 107ff.). **Maßgebend** ist jeweils die **kleinste organisatorische Einheit,** der **139** eine Leitung mit arbeitsrechtlichen Weisungsbefugnissen vorsteht (MHdB ArbR/*Lunk* § 341 Rn. 12; → Rn. 139c).

139a So ist die Umsetzung einer Altenpflegekraft für mehr als einen Monat auf eine andere Station in einem in mehrere Stationen gegliederten **Seniorenheim** eine Versetzung, wenn die einzelnen Stationen organisatorisch eigenständig sind (BAG 29.2.2000 – 1 ABR 5/99, AP BetrVG 1972 § 95 Nr. 36). Auch kann zB der Wechsel des **Filialbezirks,** uU auch nur der Filiale eine Versetzung sein (LAG Bln 26.5.1997 – 9 TaBV 3/97, NZA-RR 1998, 76 zu Postfilialen in Berlin, wo es um mehrmonatige Abordnungen ging).

139b **Nicht ausreichend** ist dagegen die Zuweisung der **gleichen Tätigkeit** in einer **anderen Abteilung** und Etage des gleichen Betriebsgebäudes ohne Änderung der Verantwortung (BAG 17.6.2008 – 1 ABR 38/07, AP BetrVG 1972 § 99 Versetzung Nr. 47), die Teilnahme an einem **„workshop"** während der üblichen Arbeitszeit auf dem Betriebsgelände (BAG 28.8.2007 – 1 ABR 70/06, AP BetrVG 1972 § 95 Nr. 53; dazu *Hunold* NZA 2006, 342 f.), kurzer Einsatz eines Flugkapitäns als **Copilot** (BAG 11.12.2007 – 1 ABR 73/06, AP BetrVG 1972 § 99 Versetzung Nr. 45), ein Wechsel der **Arbeitskolonne** oder Arbeitsgruppe (GK-BetrVG/*Raab* Rn. 108; bei Gruppenarbeit → Rn. 140 f.), die Zuteilung des **Betriebsteils** zu einer **anderen Leitungsstelle** im Unternehmen, der Wechsel des **Vorgesetzten** (BAG 10.4.1984 – 1 ABR 67/82, AP BetrVG 1972 § 95 Nr. 4). Letzteres ist aber dann eine Versetzung, wenn der neue Vorgesetzte über die Befugnis der Erteilung bloßer Arbeitsanweisungen hinaus **relevante Personalbefugnisse,** etwa die Kompetenz zur Ausübung von Disziplinaraufgaben oder zur Leistungsbeurteilung besitzt und eigenverantwortlich wahrnimmt; dann ergibt sich für den ArbN ein **anderes „Arbeitsregime"** (BAG 17.6.2008 – 1 ABR 38/07, AP BetrVG 1972 § 99 Nr. 47 Versetzung; GK-BetrVG/*Raab* Rn. 108; MHdB ArbR/*Lunk* § 341 Rn. 12). Das gilt auch bei Einsatz eines **Interim-Managers** (→ § 5 Rn. 103a), wenn ihm derartige Befugnisse übertragen werden (*Oltmanns/Fuhlrott* DB 2016, 591, 594).

139c Ein **anderes „Arbeitsregime"** begründet die Entscheidung des Vertrags-ArbGeb., einen ArbN im Rahmen von **Matrix-Strukturen** bei der steuernden Einheit einzusetzen. Dort wird der betroffene ArbN einem oder mehreren neuen Vorgesetzten unterstellt, die das unternehmensübergreifende fachliche Weisungsrecht ihm gegenüber ausüben und denen er zuarbeiten muss (*Kort,* NZA 2013, 1318, 1325; **aA** Maschmann/Fritz Matrixorganisationen/*Spieler* Kap. 3 Rn. 536 und MHdB ArbR/*Lunk* § 341 Rn. 14, die auch das disziplinarische Weisungsrecht verlangen). Da der ArbN idR (auch) Aufgaben außerhalb seines Stammbetriebs übernimmt, kommt es nicht darauf an, ob die neuen Vorgesetzten auch über das disziplinarische Weisungsrecht ihm gegenüber verfügen. Immer dann, wenn Führungskräfte und Mitarbeiter unterschiedlicher Abteilungen oder Betriebe innerhalb der Matrix angehören und der funktionalen Ordnung nicht nur für kurzfristige Einsätze zusammengeführt werden, liegt eine beteiligungspflichtige Versetzung vor (Maschmann/Fritz Matrixorganisationen/*Spieler* Kap. 3 Rn. 544 ff.; *Maywald* Arbeitnehmereinsatz S. 161 ff.; *Bachner* NZA 2019, 134, 135; *Koll* AiB 2018 H. 2, S. 31, 33; *Kort* NZA 2013, 1325; *Witschen* RdA 2016, 38, 47). Das gilt auch dann, wenn der ArbN den räumlichen Arbeitsplatz beim Vertrags-ArbGeb. nicht verlässt, er aber über die Informations- und Kommunikationstechnologie in den Arbeitsablauf der steuernden Einheit eingebunden ist (→ Rn. 37a) und er damit seine Arbeitsaufgaben innerhalb einer anderen Arbeitsorganisation zu erbringen hat (BAG 12.6.2019 – 1 ABR 5/18, NZA 2019, 1288; 17.6.2008 – 1 ABR 38/07, AP BetrVG 1972 § 99 Versetzung Nr. 47; LAG BB 17.6.2015 – 17 TaBV 277/15, NZA-RR 2015, 529: Verfahrenseinstellung bei BAG; LAG BW 28.5.2014 – 4 TaBV 7/13, BeckRS 2014, 70642; DKKW/*Bachner* Rn. 113; GK-BetrVG/*Raab* Rn. 110; wohl auch Maschmann/Fritz Matrixorganisationen/*Spieler* Kap. 3 Rn. 536 aE). Die organisatorische Maßnahme der Bestellung eines ArbN zum weisungsberechtigten **Matrixmanager** ist auch für diesen idR eine Versetzung (vgl. Maschmann/Fritz Matrixorganisationen/*Spieler* Kap. 3 Rn. 537).

Zu einem anderen „Arbeitsregime" kann auch die mit **Industrie/Arbeit 4.0** einhergehende **Digitalisierung** führen. Sie verändert nicht nur technische und ökonomische Abläufe; sie wirkt sich auch auf die Arbeitsinhalte, die Arbeitsmittel und die Arbeitsorganisation aus (*Günther/Böglmüller* NZA 2019, 273 ff., 417 ff.; *Günther/Böglmüller* NZA 2015, 1025 ff.; *Krause* NZA 2017 Beil. 2 S. 53 ff.; *Krause* NZA 2016, 1004). Werden (betriebliche, überbetriebliche oder unternehmensübergreifende) **virtuelle Arbeitseinheiten** geschaffen, so unterliegen die diesen Einheiten zugeordneten ArbN einem anderen „Arbeitsregime", werden also mitbestimmungspflichtig versetzt. Das gilt auch dann, wenn es sich um agile hierarchielose Arbeitseinheiten, also **autonom agierende Teams** handelt (s. *Günther/Böglmüller* NZA 2019, 273 ff., 417 ff.; *Günther/Böglmüller* NZA 2017, 546, 547; *Schulze/Volk* ArbRAktuell 2019, 553). Allein entscheidend ist die Änderung der organisatorischen Umgebung (vgl. BAG 17.6.2008 – 1 ABR 38/07, AP BetrVG 1972 § 99 Versetzung Nr. 47; → Rn. 139), nicht die gelockerte oder weigehend fehlende Weisungsabhängigkeit. **139d**

Soweit es im Rahmen von Industrie/Arbeit 4.0 zu innovativen Arbeitsplatzformen (zu deren Mitarbeitertransparenz WHWS/*Wächter* A. VII. Rn. 165 ff.) wie **Desk-Sharing** (mit anderen ArbN geteilter Arbeitsplatz, Arnold/Günther ArbR 4.0-HdB/*Arnold/Winzer* Kap. 3 Rn. 81 f.) oder **Co-working-Spaces** (zB von ArbN verschiedener Unternehmen genutzte Räumlichkeiten) kommt, liegt eine mitbestimmungspflichtige Versetzung vor, wenn die Zuweisung eines derartigen Arbeitsplatzes den Voraussetzungen des § 95 Abs. 3 entspricht (→ insb. Rn. 123 ff., 135 ff., 143 ff., *Oltmanns/Fuhlrott* NZA 2018, 1225, 1227). **139e**

Bei **Gruppenarbeit** kann je nach deren Ausgestaltung der vom ArbGeb. Veranlasste Gruppeneintritt oder Gruppenwechsel eine mitbestimmungspflichtige Versetzung sein. Das ist der Fall, wenn zB die **Gruppe** als teilautonome Gruppe iSv § 87 Abs. 1 Nr. 13 (→ § 87 Rn. 568) im Rahmen ihres Auftrags die Planung, Steuerung, Durchführung, Koordinierung und Kontrolle ihrer Tätigkeit selbstverantwortlich ausübt und ihr ein gewählter Gruppensprecher mit koordinierender Funktion vorsteht, sie also eine betriebliche **Organisationseinheit** (→ Rn. 139) darstellt (LAG Köln 26.7.1996 – 12 TaBV 33/96, NZA 1997, 280). Gleiches gilt für Arbeitsgruppen, denen Aufgaben nach § 28a übertragen worden sind (s. dortige Kommentierung). Hier ist insbes. Abs. 2 Nr. 3 zu beachten. **140**

Übt ein ArbN die bisher im Einzelakkord verrichteten Tätigkeiten nunmehr im **Gruppenakkord** aus, kann darin je nach Ausgestaltung der Arbeitsleistung eine mitbestimmungspflichtige Versetzung liegen (BAG 17.6.2008 – 1 ABR 38/07, AP BetrVG 1972 § 99 Versetzung Nr. 47). Für die insoweit erforderliche Feststellung einer erheblichen Änderung des Arbeitsbereichs sind ua die durch Einbindung in die Gruppe entstehenden Abhängigkeiten (Anpassungsdruck, Entlohnung nach gemeinsamem Arbeitsergebnis) und die Notwendigkeit der Zusammenarbeit mit den anderen Gruppenmitgliedern (Änderung des Arbeitsablaufs, Verteilung der Arbeit untereinander, unterschiedliches Leistungsvermögen) zu beachten (BAG 22.4.1997 – 1 ABR 84/96, AP BetrVG 1972 § 99 Versetzung Nr. 14). **141**

Wird einem ArbN ein Arbeitsbereich zugewiesen, in dem er erstmals Tätigkeiten zu verrichten hat, für die **bes. Arbeitsschutzvorschriften** (ArbSchG und ergänzende VO) bestehen, handelt es sich idR um eine mitbestimmungspflichtige Versetzung (so für das Bewegen von Lasten iSd LasthandhabV ArbG Berlin 27.08.1998 – 19 Ca 12715/98, AiB 1999, 227 mAnm *Feldhoff*). **142**

Die Entsendung eines ArbN zu einem **anderen Arbeitsort** bedeutet Zuweisung eines anderen Arbeitsbereichs. Zum Arbeitsbereich gehört auch der Arbeitsort (s. BAG 18.2.1986 – 1 ABR 27/84, AP BetrVG 1972 § 99 Nr. 33; DKKW/*Bachner* Rn. 106). Der **Ortswechsel** wird schon nach allgemeiner Anschauung als Versetzung angesehen. Dabei genügt es in jedem Fall, dass der ArbN seine Arbeitsleistung in einer anderen geographischen Gemeinde erbringen soll. **143**

Die bloße **Verlagerung** eines **Betriebs** oder eines räumlich gesonderten Betriebsteils um wenige Kilometer innerhalb einer politischen Gemeinde ist ohne Hinzutre- **144** ten weiterer Veränderungen keine mitbestimmungspflichtige Versetzung der davon betroffenen ArbN (BAG 27.6.2006 – 1 ABR 35/05, AP BetrVG 1972 § 95 Nr. 47). Ebenso wenig vermag ein bloßer Zimmertausch, ein Wechsel der Fabrikhalle oder die **Verlegung** einer ganzen Betriebsabteilung in andere Räume an demselben Ort eine Versetzung zu begründen (LAG Bln 22.11.1991 – 6 Ta BV 3/91, NZA 1992, 854 Ls.; GK-BetrVG/*Raab* Rn. 111; *v. Hoyningen-Huene/Boemke* Versetzung S. 142; zum Teil **aA** DKKW/*Bachner* Rn. 107). Bei einem nicht unerheblich veränderten Anfahrtsweg kann eine Ortsveränderung auch innerhalb der Gemeinde (schlechtere Verkehrsverbindung; s. HWGNRH/*Huke* Rn. 106) für eine Versetzung ausreichen, in jedem Fall aber der Wechsel von einem Betriebsteil zu einem räumlich weit entfernten Betriebsteil (HWGNRH/*Huke* Rn. 106). Wegen Betriebsverlegung als Betriebsänderung → § 111 Rn. 81 und wegen Zumutbarkeit einer Weiterbeschäftigung an einen anderen Ort → §§ 112, 112a Rn. 270 ff.

145 Die Zustimmung des BR ist also auch bei unveränderter Arbeitsleistung an einem anderen Ort und ohne Eingliederung in eine andere Organisationseinheit (→ Rn. 138 ff.) erforderlich, wenn die **Entsendung länger** als **einen Monat** dauert (BAG 18.2.1986 – 1 ABR 27/84, AP BetrVG 1972 § 99 Nr. 33; 18.10.1988 – 1 ABR 26/87, AP BetrVG 1972 § 99 Nr. 56; 1.8.1989 – 1 ABR 51/88, AP BetrVG 1972 § 95 Nr. 17; 8.8.1989 – 1 ABR 63/88, AP BetrVG 1972 § 95 Nr. 18; zur Tätigkeit in einem anderen Betrieb [eines Tochterunternehmens] BAG 19.2.1991 – 1 ABR 36/90, AP BetrVG 1972 § 95 Nr. 26; → Rn. 138).

146 Aber auch wenn der Arbeitsplatzwechsel an einen anderen Ort von **kürzerer Dauer** ist, aber mit einer **erheblichen Änderung der Umstände** (erheblich längere Fahrtzeiten, schwierige Verkehrsverbindungen, stärkere physische Belastung) verbunden ist, liegt eine zustimmungspflichtige Versetzung vor (BAG 1.8.1989 – 1 ABR 51/88, AP BetrVG 1972 § 95 Nr. 17; 8.8.1989 – 1 ABR 63/88, AP BetrVG 1972 § 95 Nr. 18, Entsendung von Berlin nach Köln, bzw. zu einem 160 km entfernten Arbeitsort; BAG 18.10.1988 – 1 ABR 26/87, AP BetrVG 1972 § 99 Nr. 56, Belastung infolge eines erforderlichen bes. Organisationstalentes oder Improvisationsvermögens; LAG Köln, AiB 1992, 232, kurzfristige Abordnung in die neuen Bundesländer; sa MHdB ArbR/*Lunk* § 341 Rn. 23). Das gilt insbes. bei Entsendung inländischer Arbeitskräfte ins Ausland (BAG 18.2.1986 – 1 ABR 27/84, AP BetrVG 1972 § 99 Nr. 33, Arbeitseinsatz in Japan; → § 1 Rn. 23 ff.).

147 Auch eine sehr **kurzfristige Dienstreise** mit nur einer Übernachtung kann eine mitbestimmungspflichtige Versetzung sein. Das trifft nicht auf jede Auslandsdienstreise mit einer Übernachtung zu, da die Notwendigkeit einer Übernachtung als solche für die geforderte erhebliche Änderung der Arbeitsumstände nicht ausreicht; maßgebend sind die Umstände des Einzelfalles (BAG 21.9.1999 – 1 ABR 40/98, AP BetrVG 1972 § 95 Nr. 38). Wenn allerdings zB ein zum Bodenpersonal gehörender, standortgebundener Flugzeugabfertiger zwecks Flugzeugabfertigung auf dem Zielflughafen im Orient (LAG Köln 4.5.1994 – 13 Ta 16/94, NZA 1994, 911) oder Flugzeugmechaniker mehrere Tage auf anderen Flughäfen im Inland oder Ausland eingesetzt werden (LAG Bbg, AiB 1996, 123), liegt eine Versetzung vor.

148 Dagegen sah das BAG (28.9.1988 – 1 ABR 37/87, AP BetrVG 1972 § 99 Nr. 55) in der Abordnung von weniger als einem Monat in eine andere **Filiale** des Unternehmens in der gleichen Stadt keine Versetzung, weil der bloße Ortswechsel sowie die Arbeit unter einem anderen Vorgesetzten (→ Rn. 139) und mit anderen Arbeitskollegen sowie allgemeine Anpassungsschwierigkeiten zu keiner erheblichen Änderung der Arbeitsumstände führen (*Aigner* DB 1996, 1237; LAG Bln 26.5.1997 – 9 TaBV 3/97, NZA-RR 1998, 76 zu Postfilialen in Berlin, wo es allerdings um mehrmonatige Abordnungen ging). Wegen Beteiligung der verschiedenen BR bei Versetzung in einen anderen Betrieb des Unternehmens → Rn. 170.

149 Bei Änderungen der **Arbeitszeit** ist zu unterscheiden: Da dem räumlich und funktional bestimmten Begriff **„Arbeitsbereich"** (→ Rn. 124) **kein zeitlicher Aspekt** innewohnt, sind bloße Änderungen der Arbeitszeit idR unbeachtlich. Verän-

dern sich Dauer und Lage der Arbeitszeit eines ArbN, wie Verlängerung oder Verkürzung der normalen Wochenarbeitszeit von VollzeitArbN oder der Mindestwochenarbeitszeit von Teilzeitbeschäftigten mit variabler Arbeitszeit, Umsetzung von Normal- in Wechselschicht oder von Tag- in Nachtschicht, so liegt grds. keine zustimmungspflichtige Versetzung vor (BAG 23.11.1993 – 1 ABR 38/93, AP BetrVG 1972 § 95 Nr. 33; 25.1.2005 – 1 ABR 59/03, AP BetrVG 1972 § 87 Arbeitszeit Nr. 114; ErfK/*Kania* Rn. 13; *v. Hoyningen-Huene/Boemke* Versetzung S. 146; *Bayreuther* NZA 2016, 921, 922; → Rn. 36a). Hier greift das MBR des BR nach § 87 (→ § 87 Rn. 120 ff.). Allerdings kann nach BAG eine MBpflichtige Einstellung vorliegen (→ Rn. 40 ff.).

Eine Versetzung kann aber bei Änderung der Arbeitszeit durch **Hinzutreten weiterer Umstände** im konkreten Einzelfall angenommen werden, wie zB kurzfristige Vertretung in anderer Abteilung, die nicht in Gleitzeit arbeitet oder in der **Nachtarbeit** geleistet werden muss (BAG 19.2.1991 – 1 ABR 21/90, AP BetrVG 1972 § 95 Nr. 25; DKKW/*Bachner* Rn. 115 f.) oder Beschäftigung in (variabler) **Teilzeitarbeit** (KAPOVAZ) statt in Vollarbeit wegen der damit regelmäßig verbundenen organisatorischen Änderungen (vgl. eing. *Klevemann* AiB 1986, 156; *Meier* NZA 1988 Beil. 3, 3; **aM** *Eich* BB 1989, 145). Folglich ist die bloße **Umwandlung** eines **Teilzeitarbeitsverhältnisses** (→ § 5 Rn. 157 ff.) in ein **Vollzeitarbeitsverhältnis** und umgekehrt **keine Versetzung** (BAG 25.1.2005 – 1 ABR 59/03, AP BetrVG 1972 § 87 Arbeitszeit Nr. 114). 150

Demnach löst weder das **Geltendmachen** des **Teilzeitanspruchs** nach §§ 8, 9a TzBfG noch des Anspruchs nach § 9 TzBfG auf **Arbeitszeitverlängerung** als solches die Beteiligung des BR nach § 99 unter dem Gesichtspunkt einer Versetzung (aber → Rn. 40 ff.) aus (BAG 23.11.1993 – 1 ABR 38/93, AP BetrVG 1972 § 95 Nr. 33; 16.7.1991 – 1 ABR 71/90, AP BetrVG 1972 § 95 Nr. 28; *Kossens/Kerschbaumer* Teilzeit S. 112; MHH TzBfG § 8 Rn. 13, § 9 Rn. 7; *Preis/Lindemann* NZA-Sonderheft 2001, 43 f.; *Rolfs* RdA 2001, 129 [137 f.]). Diese ergibt sich jedoch dann, wenn die Verwirklichung des Anspruchs auf Arbeitszeitänderung zB mit einer Versetzung iSd → Rn. 123 ff. des betroffenen ArbN selbst einhergeht oder andere ArbN versetzt werden müssen (PSW Flexibilität S. 38; *Preis/Lindemann* NZA-Sonderheft 2001, 43 f.). 151

Der Versetzungsbegriff knüpft an die **Zuweisung** eines anderen Arbeitsbereichs durch den ArbGeb. an. Hierfür ist nicht erforderlich, dass der ArbGeb. einseitig von seinem Direktionsrecht Gebrauch macht; ausreichend ist auch, wenn nach Vertragsinhalt das Einverständnis des ArbN erforderlich ist. Entscheidend ist, dass der ArbN auf **Initiative des ArbGeb.** in einem anderen Arbeitsbereich tätig wird (BAG 19.2.1991 – 1 ABR 36/90, AP BetrVG 1972 § 95 Nr. 26; Richardi BetrVG/*Thüsing* Rn. 127). Bei einer auf Dauer mit Einverständnis des ArbN vorgesehenen Versetzung entfällt das MBR des BR (BAG 20.9.1990 – 1 ABR 37/90, AP BetrVG 1972 § 99 Nr. 84; → Rn. 171). Das gilt aber nur dann, wenn die einverständliche Versetzung des ArbN keine Auswirkungen auf andere ArbN hat. Das bedeutet, dass beim Geltendmachen eines Teilzeitanspruchs nach **§§ 8, 9a TzBfG** und einer damit verbundenen einverständlichen Versetzung des die Teilzeit beanspruchenden ArbN der BR immer dann zu beteiligen ist, wenn infolge der Reduzierung der Arbeitszeit organisatorische Maßnahmen zulasten anderer ArbN zu treffen sind (*Preis/Lindemann* NZA-Sonderheft 2001, 44; *Rieble/Gutzeit* NZA 2002, 7 [13]; **aA** *Rolfs* RdA 2001, 129 [139]). 152

Durch den relativ weiten Versetzungsbegriff des § 95 Abs. 3 werden die allein vom Direktionsrecht des ArbGeb. abhängigen sog **Umsetzungen stark eingeschränkt. Mitbestimmungsfrei** sind nur noch **vorübergehende** (voraussichtliche Dauer bis zu einem Monat) Zuweisungen eines **anderen Arbeitsbereichs,** der hinsichtlich Arbeitsplatz, Arbeitsverrichtung und Arbeitsumgebung **keine erhebliche Änderung** aufweist (zB Mitglied der Hofkolonne soll als **Ferienvertretung** mit Abladearbeiten beschäftigt werden, der Reparaturschlosser wird mit der Betreuung einer anderen 153

Maschine beauftragt (BAG 10.4.1984 – 1 ABR 67/82, AP BetrVG 1972 § 95 Nr. 4; HWGNRH/*Huke* Rn. 110; *v. Hoyningen-Huene/Boemke* Versetzung S. 145), Aushilfe einer Kassiererin in einem bestreikten Tochterunternehmen (BAG 19.2.1991 – 1 ABR 36/90, AP BetrVG 1972 § 95 Nr. 26) oder eine dauernde Änderung des konkreten Arbeitsplatzes ohne jede Veränderung der betrieblichen Umgebung, da dann keine Änderung des „Arbeitsbereichs" vorliegt (zB der ArbN soll zukünftig in derselben Betriebsabteilung an einer völlig gleichartigen Maschine beschäftigt werden, die Stenotypistin wird einem anderen Sachbearbeiter derselben Materie und in derselben Abteilung zugeteilt; LAG Bremen 21.7.1978 – 1 Ta BV 20/77, DB 1978, 2493).

154 Die **Dauer** der geplanten **Zuweisung** eines anderen Arbeitsbereichs ist für die Frage der MB des BR bedeutsam. **Überschreitet** sie voraussichtlich **einen Monat,** wird kraft G eine Erheblichkeit der Änderung und damit eine **mitbestimmungspflichtige Versetzung** unwiderleglich vermutet (*v. Hoyningen-Huene/Boemke* Versetzung S. 127). Dauert sie voraussichtlich **nicht länger als einen Monat und ist sie tatsächlich mit keiner erheblichen Änderung** verbunden, **unterliegt** sie **nicht dem MBR.** Bei der **Zeitprognose** („voraussichtlich") kommt es auf eine objektive, sachliche Beurteilung der wahrscheinlichen Dauer im Zeitpunkt der Zuweisung des anderen Arbeitsbereichs an (MHdB ArbR/*Lunk* § 341 Rn. 17; *Meisel* Mitwirkung BR Rn. 350).

155 Für die **Fristberechnung** ist der Tag der tatsächlichen Zuweisung maßgeblich. Verlängert sich der Zeitraum über einen Monat hinaus, ohne dass dies vorhergesehen werden konnte, zB bei unvorhergesehen längerer Erkrankung eines Arbeitskollegen, so bedarf es auch für die länger dauernde Vertretung keiner Zustimmung des BR, es sei denn sie würde nunmehr voraussichtlich noch länger als einen Monat dauern (zB Kur des ArbN; wie hier *Heinze* Personalplanung Rn. 210; GK-BetrVG/*Raab* Rn. 116; HWGNRH/*Huke* Rn. 108; Richardi BetrVG/*Thüsing* Rn. 131; *Meisel* Mitwirkung BR Rn. 350; DKKW/*Bachner* Rn. 122 wollen den BR beteiligen, sobald sich herausstellt, dass die anderweitige Verwendung insgesamt einen Monat überschreitet; ähnlich *v. Hoyningen-Huene/Boemke* Versetzung S. 127).

156 Eine Versetzung liegt nicht vor, wenn nach der **Eigenart des ArbVerh.** eine **ständige Beschäftigung an einem** bestimmten **Arbeitsplatz üblicherweise nicht** in Frage kommt (§ 95 Abs. 3 S. 2), selbst wenn dies nicht ausdrücklich im Arbeitsvertrag vereinbart ist, zB bei Monteuren, ArbN im Baugewerbe, Handelsvertretern (soweit ArbN) und bei **Ausbildungsverhältnissen,** soweit der planmäßige Ortswechsel des Arbeitsplatzes üblich und zur Erreichung des Ausbildungszieles erforderlich ist, zB in Lebensmittelfilialbetrieben (BAG 3.12.1985 – 1 ABR 58/83, AP BetrVG 1972 § 95 Nr. 8).

157 Der **Wechsel** muss **typisch** für das ArbVerh. sein (BAG 18.2.1986 – 1 ABR 27/84, AP BetrVG 1972 § 99 Nr. 33, 8.8.1989 – 1 ABR 63/88, AP BetrVG 1972 § 95 Nr. 18). Die jeweilige Bestimmung des Ortes der Arbeitsleistung ist dann keine Versetzung.

158 Nach der Eigenart ihrer ArbVerh. werden insbes. **ArbN** des **Baugewerbes** nicht ständig am gleichen Ort beschäftigt; ihr Beschäftigungsort wechselt mit den Baustellen. Werden sie zu einer sog **Arbeitsgemeinschaft (ARGE) entsandt,** handelt es sich jedoch um eine **Versetzung** (*Schwab* NZA-RR 2008, 169 [174]). Denn unabhängig davon, ob die Entsendung zu einer ARGE durch Freistellung oder Abordnung erfolgt (→ § 5 Rn. 272 ff.), werden die entsandten ArbN in einen anderen Betrieb, nämlich den der ARGE, eingegliedert und erbringen damit ihre Arbeit nicht nur an einem anderen Ort, sondern vor allem **in** einer **anderen organisatorischen Einheit** (→ Rn. 138 ff.; insofern unterscheiden sie sich von LeihArbN, die typischerweise in anderen Unternehmen eingesetzt werden), so dass dem BR des abgebenden Stammbetriebs ein MBR zusteht (*Schwab* NZA-RR 2008, 169 [174]; *Schwab* AR-Blattei (D) Baugewerbe VI Arbeitsgemeinschaft D I 2.; **aA** LAG Düsseldorf

10.12.1973 – 10 Ta BV 64/73, DB 1974, 1628; LAG Bln 28.2.1983 – 9 Sa 128/82, DB 1984, 673; *Ulber* AÜG Einl. C Rn. 149; zur Beteiligung eines etwa bestehenden BR der ARGE unter dem Gesichtspunkt der Einstellung → Rn. 56).

Der **Wechsel** ist ferner typisch für **Dekorateure** von Einzelhandelsfirmen, die bei den einzelnen Filialen die Schaufenster dekorieren; **Revisoren;** die angestellten **Vertreter** und **Propagandisten** (wegen Beteiligung des BR des jeweiligen Beschäftigungsbetriebes → Rn. 37, 170); **IT-Berater,** die deutschlandweit und im Ausland extern bei Kunden eingesetzt werden (HessLAG 13.2.2007 – 4 TaBV 200/06, BeckRS 2007, 44563); Ang. auf Großbaustellen auch bei vorübergehender Verwendung im Innendienst (LAG Hamm 18.8.1978 – 3 TaBV 61/78, DB 1979, 2042); sog **„Springer"; GesamthafenArbN** (BAG 2.11.1993 – 1 ABR 36/93, AP BetrVG 1972 § 95 Nr. 32, das aber hier wegen sechsjähriger Beschäftigung des ArbN an einem Arbeitsplatz eine Versetzung annimmt; zu GesamthafenArbN → § 5 Rn. 19). Bei solchen ArbN unterliegt die Anordnung des ArbGeb. über den Arbeitsplatz, an dem die Arbeit zu verrichten ist, nicht dem MBR. Wenn eine bestimmte Tätigkeit mit einem steten Wechsel zwischen klassischer Arbeitsorganisation und agiler Tätigkeit verbunden ist, kann dies für das ArbVerh. prägend und die jeweiligen Wechselvorgänge keine mitbestimmungspflichtigen Versetzungen sein (*Günther/Böglmüller* NZA 2019, 276, 417, 421). 159

Gehört es zu den Aufgaben eines mit modernen Kommunikationsmitteln wie Smartphone, Blackberry, Tablet-PC, Notebook oder Laptop ausgestatteten ArbN im **Mobile Office,** eine mehr oder weniger **permanente digitale Kommunikation** mit Vorgesetzten, Mitarbeitern oder Kunden herzustellen und bedingt dies die Erarbeitung von Stellungnahmen in Form von E-Mails an den **verschiedensten Orten** wie Bahnsteig, Zug, Taxi, Hotel oder Restaurant, so begründet ein derartiges Auftreten einer Vielzahl von Arbeitsorten keine Versetzung (*Möller* ArbRAktuell 2015, 215 ff.; aber → Rn. 138b; **aA** *Kalck* ArbRAktuell 2015, 472 ff.). Wenn aber verlangt wird, dass der ArbN auch **außerhalb** seiner **Arbeitszeit** derartige Tätigkeiten zu erbringen hat und dies nicht nur in Ausnahmefällen, sondern grundsätzlich von ihm erwartet wird, dürfte eine Versetzung – erhebliche Änderung der Umstände der Arbeitsleistung – vorliegen (→ Rn. 135 f.). 159a

Keine Versetzung ist der jeweilige Einsatz von **LeihArbN** bei verschiedenen Entleihern (BAG 19.6.2001 – 1 ABR 43/00, AP BetrVG 1972 § 87 Arbeitszeit Nr. 92; *Ulber* AÜG § 14 Rn. 40), es sei denn, der LeihArbN soll nach dem Überlassungsvertrag ausschließlich zu einer bestimmten Tätigkeit in einem festgelegten Arbeitsbereich des Entleihers eingesetzt werden (zB Vertretung eines ausgefallenen StammArbN); dann MBR des EntleiherBR nach Maßgabe des § 95 Abs. 3 (→ Rn. 123 ff.; *Schüren/Hamann* AÜG § 14 Rn. 421; *Hunold* NZA-RR 2008, 281 [286]; *Linsenmaier/Kiel* RdA 2014, 135 [152]). Keine Versetzung ist ferner der Einsatz einer ArbNGruppe zur Bedienung vermieteter Spezialmaschinen im fremden Betrieb (**„Leasing";** Fremdfirmeneinsatz, → Rn. 64; → § 5 Rn. 275) oder die Durchführung einer Vereinbarung über Tätigkeitswechsel zur Anreicherung von Arbeitsinhalten, sog **job rotation** (DKKW/*Bachner* Rn. 124; HWGNRH/*Huke* Rn. 112). 159b

Dagegen schließt auch eine **arbeitsvertragliche Vereinbarung** über die **Zulässigkeit auswärtiger Beschäftigung,** zB mit dem Filialleiter, dem Lohnbuchhalter, dem Dreher und überhaupt mit allen ArbN, bei denen der ständige Wechsel des Arbeitsortes nicht zur bes. Eigenart ihres ArbVerh. gehört, das **MBR des BR** bei Versetzung **nicht aus** (hM; DKKW/*Bachner* Rn. 124; HWGNRH/*Huke* Rn. 112). Dies gilt auch bei generellen **Umsetzungs- oder Versetzungsklauseln** (*Künzl* BB 1995, 824; **aA** *Gerauer* BB 1995, 406; generell zu diesen Klauseln *Dzida/Schramm* BB 2007, 1221 ff.) sowie bei Einverständnis des ArbN in einem konkreten Versetzungsfall (BAG 18.2.1986 – 1 ABR 27/84, AP BetrVG 1972 § 99 Nr. 33; zum Verhältnis der individualrechtlichen und betriebsverfassungsrechtlichen Voraussetzungen → Rn. 118 ff.). 160

Zur **Versetzung von BRMitgliedern** s. § 103 Abs. 3 und dortige Erläuterungen. 161

IV. Unterrichtung des Betriebsrats durch den Arbeitgeber, Einholung der Zustimmung

162 Die Unterrichtungs- und Vorlagepflicht nach Abs. 1 S. 1 u. 2 dient dazu, dem BR Informationen zu verschaffen, die er benötigt, um sein Recht zur Stellungnahme nach Abs. 2 sachgerecht ausüben zu können. Der ArbGeb. hat den BR so zu unterrichten, dass dieser aufgrund der mitgeteilten Tatsachen in der Lage ist zu prüfen, ob **einer der** in Abs. 2 genannten **Zustimmungsverweigerungsgründe** vorliegt (BAG 9.4.2019 – 1 ABR 30/17, NZA 2019, 1061; 21.2.2017 – 1 ABR 62/12, NZA 2017, 662; 21.10.2014 – 1 ABR 10/13, BeckRS 2015, 65739). Ein solcher ist zB nicht gegeben, wenn der ArbGeb. bei der Einstellung eines externen (Leih-) ArbN den BR nicht darüber unterrichtet, welche TeilzeitArbN aufgrund ihres angezeigten Wunsches auf Aufstockung ihrer Arbeitszeit für die zu besetzende Stelle grds. in Betracht gekommen wären; zu dieser Information ist der ArbGeb. deshalb nicht verpflichtet, weil sie keinen hinreichenden Bezug zu einem der Zustimmungsverweigerungsgründe hat (BAG 1.6.2011 – 7 ABR 117/09, BeckRS 2011, 76301). Hat jedoch der ArbN seinen Wunsch auf Verlängerung der Arbeitszeit gegenüber dem ArbGeb. **geltend gemacht,** also ein entspr. Vertragsangebot dem ArbGeb. unterbreitet, wird eine entspr. Unterrichtungspflicht des ArbGeb. begründet, weil sie für eine Zustimmungsverweigerung des BR nach Abs. 2 Nr. 3 relevant ist (→ Rn. 224).

162a Das MBR des BR ist nach stRspr des BAG **kein Instrument** zur umfassenden **Vertragsinhaltskontrolle** (BAG 27.10.2010 – 7 ABR 86/09, NZA 2011, 418 mwN; MHdB ArbR/*Lunk* § 340 Rn. 62). So hat der BR zB bei Einstellungen keinen Anspruch auf Unterrichtung über etwa **tarifwidrige Arbeitszeitvereinbarungen,** weil diese keinen Zustimmungsverweigerungsgrund nach Abs. 2 Nr. 1 darstellen (BAG 27.10.2010 – 7 ABR 36/09, NZA 2011, 527; Näheres → Rn. 189 ff.). Aus dem gleichen Grund ist der ArbGeb. bei nicht dauerhafter Einstellung eines ArbN nicht verpflichtet, dem BR mitzuteilen, ob die **Befristung** mit oder ohne **Sachgrund** sowie ggf. mit welchem Sachgrund erfolgen soll (BAG 27.10.2010 – 7 ABR 86/09, NZA 2011, 418).

162b Der Umfang der vom ArbGeb. geschuldeten Unterrichtung des BR bestimmt sich nach dem Zweck der Beteiligung an der jeweiligen personellen Maßnahme (BAG 27.10.2010 – 7 ABR 36/09, NZA 2011, 527; 19.4.2012 – 7 ABR 52/10, BeckRS 2012, 71612). Sie muss dementsprechend **umfassend und rechtzeitig** erfolgen; sonst läuft die Anhörungsfrist nicht (BAG 21.11.2018 – 7 ABR 16/17, NZA 2019, 711; 13.5.2014 – 1 ABR 9/12, NZA-RR 2015, 23; 1.6.2011 – 7 ABR 138/09, BeckRS 2011, 78749; → Rn. 177, 268).

163 Bei Neueinstellungen ist die Unterrichtung **„rechtzeitig",** wenn sie spätestens eine Woche vor Abschluss des Arbeitsvertrages bzw. vor Arbeitsaufnahme erfolgt, falls diese zeitlich vor Vertragsabschluss liegt (→ Rn. 30 ff.; vgl. DKKW/*Bachner* Rn. 135; Richardi BetrVG/*Thüsing* Rn. 178). Über Bewerbungen schwerbehinderter Menschen und entspr. Vermittlungsvorschläge der AA ist der BR **unmittelbar** nach deren Eingang zu unterrichten (§ 164 Abs. 1 S. 4 SGB IX).

164 Bei längeren **Vorgesprächen** muss der ArbGeb. den BR darauf hinweisen, wann das formelle Beteiligungsverfahren beginnen soll, er also die Maßnahme durchführen will (DKKW/*Bachner* Rn. 140). Der BR muss wissen, worum es sich handelt, und Zeit haben, sich über seine Stellungnahme so rechtzeitig schlüssig zu werden, dass er ggf. die Verweigerung der Zustimmung noch binnen einer Woche dem ArbGeb. schriftlich mitteilen kann (Abs. 3). Diese Frist muss der BR ausnutzen können, so dass er regelmäßig eine Woche vor Durchführung der geplanten Maßnahme zu unterrichten ist (*Wollwert* DB 2012, 2518).

164a Will der ArbGeb. eine Stelle vor ihrer endgültigen Besetzung **kommissarisch** (vorläufig) besetzen, so hat er den BR sowohl bei der kommissarischen als auch bei der endgültigen Stellenbesetzung nach § 99 zu beteiligen, da es sich hierbei um eigenständige beteiligungspflichtige personelle Maßnahmen handelt, selbst wenn sie dieselbe Person betreffen; die kommissarische Stellenbesetzung ist nicht ohne weiteres die vorläufige Durchführung einer personellen Maßnahme iSd § 100 (LAG Bln, BB 1994, 2276).

In **Eilfällen** kann der BR gehalten sein, nach Möglichkeit seine Stellungnahme auch schon eher abzugeben, zB wenn Aushilfskräfte für die Erledigung plötzlich anfallender Arbeiten oder für erkrankte ArbN einzustellen sind. Auch dann hat die Unterrichtung aber unbedingt vor Durchführung der Maßnahme zu geschehen (DKKW/*Bachner* Rn. 136), sofern nicht der ArbGeb. den Weg des § 100 beschreiten will (GK-BetrVG/*Raab* Rn. 156; HWGNRH/*Huke* Rn. 128). **165**

Die Mitteilung ist an den **Vors. des BR** (→ § 26 Rn. 38), bei einem evtl. gebildeten **Personalausschuss** (§ 28) an dessen Vors. zu richten (GK-BetrVG/*Raab* Rn. 132; MHdB ArbR/*Lunk* § 340 Rn. 58; Richardi BetrVG/*Thüsing* Rn. 180; → § 26 Rn. 43). Geht es bei der personellen Einzelmaßnahme um den BRVors. selbst, so genügt es nicht, dass er als ArbN persönlich über seinen zukünftigen Arbeitseinsatz unterrichtet wird (LAG Hamm 28.5.1973 – 8 Ta BV 3/73, DB 1973, 1407). **166**

Bei **Neueinstellungen** handelt es sich um Personen, die noch nicht ArbN des Betriebes sind, aber auf Grund eigener Bewerbung oder Aufforderung des ArbGeb. werden wollen. Es sind die **Personalien aller,** also auch der nicht vom ArbGeb. zur Einstellung (Umgruppierung, Versetzung) vorgesehenen **Bewerber mitzuteilen** (stRspr und hM, BAG 21.10.2014 – 1 ABR 10/13, BeckRS 2015, 65739; 28.6.2005 – 1 ABR 26/04, NZA 2006, 111; DKKW/*Bachner* Rn. 143; MHdB ArbR/*Lunk* § 340 Rn. 50; **aM** für vom ArbGeb. nicht in Betracht gezogene Bewerber [ArbN], es sei denn, AuswahlRL nach § 95 sehen einen Bewerbervergleich vor: LAG Köln 29.4.1988 – 5 Ta BV 3/88, DB 1988, 1859; GK-BetrVG/*Raab* Rn. 136f.; HWGNRH/*Huke* Rn. 131; für ArbN, die die Qualifikationsvoraussetzungen nicht erfüllen: Richardi BetrVG/*Thüsing* Rn. 156). Nur so kann der BR auch das ausdrücklich für Bewerber geltende Diskriminierungsverbot (§§ 7, 6 Abs. 1 S. 2 AGG) überwachen (→ § 75 Rn. 58ff.). **167**

„Bewerber" ist nur derjenige, der sich auf einen konkreten Arbeitsplatz bewirbt (BAG 21.10.2014 – 1 ABR 10/13, BeckRS 2015, 65739; 1.6.2011 – 7 ABR 117/09, NZA 2011, 1435), nicht auch andere geeignete ArbN, die sich für einen anderen Arbeitsplatz beworben haben (BAG 10.11.1992 – 1 ABR 21/92, AP BetrVG 1972 § 99 Nr. 100). Auch derjenige, der sich auf eine Stelle bewirbt, deren Anforderungsprofil oder Qualifikationsvoraussetzungen er nicht erfüllt und damit für die Stelle ungeeignet ist, drückt sein Interesse an dem ausgeschriebenen Arbeitsplatz aus und ist in das Verfahren nach Abs. 1 S. 1 u. 2 einzubeziehen; Gleiches gilt für nicht ernsthafte Bewerbungen (BAG 21.10.2014 – 1 ABR 10/13, BeckRS 2015, 65739; *Groß* ArbRAktuell 2016, 7; **aA** Richardi BetrVG/*Thüsing* Rn. 156; → § 75 Rn. 60aff.). Zu den Bewerbern zählt nicht mehr, wer seine Bewerbung zurückgezogen hat (DKKW/*Bachner* Rn. 143). **168**

Werden Einstellungen durch eine **Unternehmensberatungsfirma** vorbereitet, so ist zu unterscheiden: Hat der ArbGeb. eine Stellenausschreibung durch die Beratungsfirma veranlasst und sie mit einer Vorauswahl von Bewerbern beauftragt, so hat der ArbGeb. den BR über alle Bewerber zu informieren, da sie ihr Interesse für einen konkreten Arbeitsplatz bekundet haben. Daran fehlt es, wenn die Beratungsfirma ohne Aufgabe einer Stellenanzeige für den ArbGeb. diesem geeignete Bewerber vorschlagen soll; hier ist der BR nur über die von der Firma benannten Bewerber zu informieren (BAG 21.10.2014 – 1 ABR 10/13, BeckRS 2015, 65739; 18.12.1990 – 1 ABR 37/90, AP BetrVG 1972 § 99 Nr. 85; *Heinze* Personalplanung Rn. 236; Richardi BetrVG/*Thüsing* Rn. 157; krit. ErfK/*Kania* Rn. 19). Außerdem ist der BR über alle innerbetrieblichen Bewerber zu unterrichten, selbst wenn eine Vorauswahl durch die zentrale Personalabteilung oder eine andere innerbetriebliche Stelle erfolgt **169**

(BAG 21.10.2014 – 1 ABR 10/13, BeckRS 2015, 65739; *Reiserer* BB 1992, 2499). Trotz dieser umfassenden Informationspflicht obliegt die Auswahl unter den Stellenbewerbern grds. dem ArbGeb. (BAG 28.6.2005 – 1 ABR 26/04, NZA 2006, 111), der auch nicht verpflichtet ist, den BR zum Gespräch mit den Bewerbern hinzuzuziehen oder seine Auswahl zu rechtfertigen (BAG 14.4.2015 – 1 ABR 58/13, NZA 2015, 1081; *Groß* ArbRAktuell 2016, 7).

170 Bewerber ist auch ein **ArbN eines anderen Betriebes** (oder einer anderen selbständigen Betriebsabteilung) des gleichen Unternehmens, der in den Betrieb auf Dauer **„versetzt"** werden soll. In solchen Fällen bestimmt daher der BR des neuen Betriebes wegen „Einstellung" mit, der des abgebenden Betriebes bei Versetzung kraft Direktionsrechts oder wenn eine Änderungskündigung erforderlich ist (BAG 26.1.1993 – 1 AZR 303/92, AP BetrVG 1972 § 99 Nr. 102; → Rn. 19ff., 120, 122).

171 Anders verhält es sich, wenn der **ArbN** mit der **Versetzung einverstanden** ist, sei es, dass er sie selbst gewünscht hat oder sie zumindest seinen Wünschen und seiner freien Entscheidung entspricht; für eine derartige Annahme reicht der Verzicht einer Klageerhebung gegen eine entspr. Änderungskündigung nicht aus (2.4.1996 – 1 ABR 39/95, AP BetrVG 1972 § 99 Versetzung Nr. 9; → Rn. 246). Zwar können auch dann die Interessen der Belegschaft des abgebenden Betriebes betroffen sein, jedoch kann der Zweck des MBR nach § 99 nicht mehr erreicht werden, weil der BR das freiwillige Ausscheiden eines ArbN aus dem Betrieb letzthin nicht verhindern kann. Dann beschränkt sich die Beteiligung des BR des abgebenden Betriebes auf eine Unterrichtung nach § 99 Abs. 1 (BAG 20.9.1990 – 1 ABR 37/90, AP BetrVG 1972 § 99 Nr. 84; 26.1.1993 – 1 AZR 303/92, AP BetrVG 1972 § 99 Nr. 102; krit. DKKW/*Bachner* Rn. 17). Im Ergebnis ist demnach eine Versetzung nur bei Zustimmung beider BR möglich (BAG 22.1.1991 – 1 ABR 18/90, AP BetrVG 1972 § 99 Nr. 86; zur Ausnahme → Rn. 19a, zum Konkurrenzproblem bei divergierenden Entscheidungen beider BR → Rn. 20f.).

172 Macht ein **schwerbehinderter Mensch** seinen gesetzlichen Anspruch nach § 164 Abs. 4 S. 1 Nr. 1 SGB IX auf Beschäftigung auf einem behinderungsgerechten Arbeitsplatz in einem anderen Betrieb geltend, so muss der ArbGeb. die Zustimmung des BR des aufnehmenden Betriebs einholen und sich bei einer ablehnenden Haltung des BR nach Kräften um die Zustimmung bemühen. Verweigert der BR dennoch seine Zustimmung, so würde es die Grenzen der Zumutbarkeit nach § 164 Abs. 4 S. 3 SGB IX unzulässig zu Lasten des ArbGeb. verschieben, wenn man von ihm stets ohne Berücksichtigung bes. Umstände (zB unbegründeter Widerspruch des BR, kollusives Zusammenwirken von ArbGeb. und BR) die Durchführung des **Zustimmungsersetzungsverfahrens** (→ Rn. 277ff.) verlangen würde (BAG 22.9.2005 – 2 AZR 519/04, AP SGB IX § 81 Nr. 10).

173 Wird ein ArbN vorübergehend in einen anderen Betrieb versetzt **(Abordnung),** wobei gleichzeitig die baldige Rückkehr vereinbart wird, so handelt es sich um eine einheitliche personelle Maßnahme, die jedenfalls bei Überschreitung der Monatsfrist gleichfalls als Versetzung auch der Zustimmung des BR des Stammbetriebes bedarf (BAG 18.10.1988 – 1 ABR 26/87, AP BetrVG 1972 § 99 Nr. 56; 1.8.1989 – 1 ABR 51/88, AP BetrVG 1972 § 95 Nr. 17; → Rn. 19ff.). Eine Zuständigkeit des **GesBR** besteht **nicht** (→ Rn. 20; → § 50 Rn. 55; BAG 26.1.1993 – 1 AZR 303/92, AP BetrVG 1972 § 99 Nr. 102; **aM** Richardi BetrVG/*Thüsing* Rn. 142).

174 IE sind der Name, die **genauen Personalien,** die vorgesehene Eingruppierung, Zeitpunkt der Maßnahme und alle persönlichen Tatsachen über den Bewerber bzw. ArbN **mitzuteilen,** die den BR nach Abs. 2 zur Verweigerung der Zustimmung berechtigen könnten, also **alle Umstände über die fachliche und persönliche Eignung** für den vorgesehenen Arbeitsplatz sowie über die betrieblichen Auswirkungen (BAG 21.10.2014 – 1 ABR 10/13, BeckRS 2015, 65739; 14.12.2004 – 1 ABR 55/03, AP BetrVG 1972 § 99 Nr. 122; DKKW/*Bachner* Rn. 146; ErfK/*Kania* Rn. 20). Hierher gehören auch die nach § 93 verlangten und nach § 94 ermittelten Angaben (auch über das Ergebnis ärztlicher Einstellungsuntersuchungen, → § 94 Rn. 24 f.; *Reiserer* BB 1992, 2499).

Dies gilt sowohl für **vom Bewerber eingereichte Unterlagen** als auch für vom **ArbGeb. ermittelte Angaben** (BAG 28.6.2005 – 1 ABR 26/04, NZA 2006, 111; zu Internetrecherchen *Forst* NZA 2010, 427 [432]; *Oberwetter* BB 2008, 1562 [1565]; zu **Bewerbermanagement-Tools** *Lützeler/Kopp* ArbRAktuell 2015, 491 ff.) oder für solche Schriftstücke, die der ArbGeb. iRd Bewerbungsverfahrens über den Bewerber erstellt hat. Zu den dem BR vorzulegenden Bewerbungsunterlagen sollen derartige Unterlagen aber nur gehören, wenn sie der ArbGeb. bei seiner Auswahlentscheidung berücksichtigt; bedeutungslose Aufzeichnungen muss er nicht vorlegen (BAG 14.4.2015 – 1 ABR 58/13, NZA 2015, 1081; krit. dazu *Schulze/Ratzesberger* ArbRAktuell 2015, 497 [499]). Auch ist er nicht verpflichtet, Unterlagen, die er selbst nicht hat, für den BR zu erstellen (ArbG München – 12 BV 394/16, BB 2017, 1588; DKKW/*Bachner* Rn. 146; ErfK/*Kania* BetrVG Rn. 20). **175**

Die Unterrichtungs- und Vorlagepflicht des ArbGeb. nach Abs. 1 S. 1 dient nach BAG (14.4.2015 – 1 ABR 58/13, NZA 2015, 1081; 28.6.2005 – 1 ABR 26/04, NZA 2006, 111) nicht nur dazu, den **BR** zur Abgabe einer sachgerechten Stellungnahme nach Abs. 2 zu befähigen, sondern soll ihm **Anregungen** für die **Auswahl** der **Bewerber** geben und es ihm ermöglichen, Gesichtspunkte vorzubringen, die aus seiner Sicht für die Berücksichtigung eines anderen als des vom ArbGeb. ausgewählten Stellenbewerbers sprechen. Das gilt unabhängig davon, ob hierauf ein Widerspruch nach Abs. 2 gestützt werden kann (s. *Groß* ArbRAktuell 2016, 7). **175a**

Bei nur **mündlichen**/telefonischen **Bewerbungen** hat der ArbGeb. ebenfalls die nach → Rn. 174 wesentlichen Informationen dem BR zu übermitteln (BAG 14.12.2004 – 1 ABR 55/03, AP BetrVG 1972 § 99 Nr. 122; DKKW/*Bachner* Rn. 159). Mitzuteilen sind auch sonstige persönliche Umstände, die nach Abs. 2 bedeutsam sein können (zB Schwerbehinderteneigenschaft [BAG 10.11.1992 – 1 ABR 21/92, AP BetrVG 1972 § 99 Nr. 100; DKKW/*Bachner* Rn. 146]; Schwangerschaft [GK-BetrVG/*Raab* Rn. 145; HWGNRH/*Huke* Rn. 134; MHdB ArbR/*Lunk* § 340 Rn. 49; **aM** Richardi BetrVG/*Thüsing* Rn. 164 u. *Schwering* AGG und BR S. 281 betr. Schwangerschaft], → § 94 Rn. 22; nachteilige Auswirkungen auf andere ArbN). Gleiches gilt für aus Vorstellungsgesprächen gewonnene Erkenntnisse (BAG 28.6.2005 – 1 ABR 26/04, NZA 2006, 111). Der ArbGeb. braucht aber keine Informationen zu beschaffen, die er selbst nicht hat oder für die mangels Zusammenhangs mit dem vorgesehenen Arbeitsplatz keine Offenbarungspflicht des Bewerbers oder ArbN besteht. Der **Datenschutz** steht der Mitteilung von Personaldaten an den BR nicht entgegen (BAG 14.4.2015 – 1 ABR 58/13, NZA 2015, 1081; DKKW/*Bachner* Rn. 146; *Gola* BB 2017, 1462, 1465; → § 83 Rn. 18). Wegen Vorlage des Arbeitsvertrages → Rn. 184. **175b**

Die Mitteilung von dem ArbGeb. bekannten **Vorstrafen** kommt nur in Betracht, wenn sich aus ihnen Rückschlüsse auf die fachliche Eignung (zB Verkehrsdelikte von Kraftfahrern) oder eine mögliche Gefährdung des Betriebsfriedens (Abs. 2 Nr. 6) ziehen lassen (Richardi BetrVG/*Thüsing* Rn. 164). Nur in diesem Rahmen darf auch der ArbGeb. einen Bewerber nach Vorstrafen fragen (→ § 94 Rn. 19). **176**

Die Auskunft muss so **erschöpfend** sein, dass der BR sich ein Bild von der Person der Bewerber, dh aller Bewerber (→ Rn. 167), bzw. ArbN machen kann. Die Auskunft muss rechtzeitig, wahrheitsgemäß und vollständig erteilt werden, sonst handelt der ArbGeb. **ordnungswidrig** (§ 121) und die **Anhörungsfrist läuft nicht** (BAG 9.4.2019 – 1 ABR 30/71, NZA 2019, 1061; 1.6.2011 – 7 ABR 18/10, BeckRS 2011, 75883; 1.6.2011 – 7 ABR 138/09, BeckRS 2011, 78749; → Rn. 206 f., 268 f.). Andererseits müssen nur solche Angaben gemacht werden, die Rückschlüsse auf die fachliche und persönliche Eignung erlauben. Dinge aus dem Privatleben, die keinerlei Bedeutung für die Arbeit in dem betr. Betrieb oder den vorgesehenen Arbeitsplatz haben können, braucht der ArbGeb. dem BR nicht mitzuteilen, auch wenn er sie zufällig erfahren hat (Richardi BetrVG/*Thüsing* Rn. 164). **177**

178 Bei der Einstellung von ArbN iSd § 7 S. 2 (→ § 7 Rn. 37 ff.), insbes. von **LeihArbN** wird sich die Unterrichtung des BR im Entleiherbetrieb schwerpunktmäßig auf Anzahl, Qualifikation, Einstellungstermin, Einsatzdauer (insbes. wegen der nach § 1 Abs. 1 S. 4 AÜG nur „vorübergehend" zulässigen ArbN-Überlassung, die grundsätzlich auf 18 aufeinander folgende Monate beschränkt ist, aber durch oder aufgrund eines TV verlängert werden kann; → § 5 Rn. 251 ff.), vorgesehene Arbeitsplätze und Auswirkungen der Einstellung auf die Stammbelegschaft konzentrieren (BAG 1.6.2011 – 7 ABR 18/10, BeckRS 2011, 75883; DKKW/*Bachner* Rn. 147; GK-BetrVG/*Raab* Rn. 269; *Schüren/Hamann* AÜG § 14 Rn. 223 ff.; *Plum* DB 2011, 2916 [2918]; *Wensing/Freise* BB 2004, 2238 [2240]; weitergehend *Ulber* AiB 2009, 7 [9 f.]). Außerdem erlegt der neue § 1 Abs. 1 S. 5 und 6 AÜG Verleiher und Entleiher die Pflicht auf, in ihrem Vertrag offenzulegen, dass die ArbNÜberlassung LeihArbeit ist, und vor Überlassung die Person des LeihArbN zu konkretisieren (→ § 5 Rn. 257b).

178a Der BR des Entleiherbetriebes kann die Vorlage der **ArbN-Überlassungsverträge** (§ 12 AÜG) verlangen (*Ulber* AÜG § 14 Rn. 204 f.; ErfK/*Wank* AÜG § 14 Rn. 24; MHdB ArbR/*Lunk* § 340 Rn. 53; **aA** MHdB ArbR/*Matthes* § 263 Rn. 34; *Wensing/Freise* BB 2004, 2238 [2240]). In ihnen ist anzugeben, welche bes. Merkmale die für den LeihArbN vorgesehene Tätigkeit hat und welche berufliche Qualifikation dafür erforderlich ist sowie – falls es keine abweichenden TV gibt – welche im Entleiherbetrieb für einen vergleichbaren ArbN des Entleihers wesentliche Arbeitsbedingungen einschl. des Arbeitsentgelts gelten (§ 12 Abs. 1 S. 3 AÜG nF). Eine Pflicht zur Vorlage der Arbeitsverträge der LeihArbN mit dem Verleiher nach § 11 AÜG besteht aber nicht (BAG 1.6.2011 – 7 ABR 18/10, BeckRS 2011, 75883; GK-BetrVG/*Raab* Rn. 273; MHdB ArbR/*Lunk* § 340 Rn. 53; *Schüren/Hamann* AÜG § 14 Rn. 225).

178b § 14 Abs. 3 S. 2 iVm § 12 Abs. 1 u. 2 AÜG bestimmt, dass der Entleiher (ArbGeb.) dem BR auch die schriftliche Erklärung des Verleihers über die **Erlaubnis** nach § 1 AÜG **vorzulegen** hat und ihm unverzüglich Mitteilung machen muss, falls die Erlaubnis entfällt (BAG 1.6.2011 – 7 ABR 18/10, BeckRS 2011, 75883); entspr. Verpflichtungen hat der Verleiher gegenüber dem Entleiher (§ 12 Abs. 2 AÜG). Verstößt der ArbGeb. bei der Einstellung eines LeihArbN gegen seine Pflicht, die Erklärung des Verleihers von sich aus dem BR vorzulegen, wird das Beteiligungsverfahren gem. § 99, § 14 Abs. 3 S. 1 AÜG nicht wirksam in Gang gesetzt; da es sich um eine offensichtliche Unvollständigkeit der Unterrichtung handelt, ist der BR nicht verpflichtet, diesen Mangel innerhalb der Frist von § 99 Abs. 3 S. 1 gegenüber dem ArbGeb. zu rügen (HessLAG 29.1.2013 – 4 TaBV 202/12, NZA-RR 2013, 359; → Rn. 268, 268a, 277a). Vgl. weiter → Rn. 57 ff., 83 f.

178c Der Entleiher muss dem dortigen BR die **Personalien** wie Vor- und Zunamen, Alter, Geschlecht, Beruf **der LeihArbN** mitteilen. Das machen jetzt auch die Neuregelungen in § 1 Abs. 1 S. 5, 6 sowie § 12 Abs. 1 S. 3 AÜG deutlich (→ Rn. 178. 178a). Nur bei einer namentlichen Bezeichnung des LeihArbN kann der BR die ihm insbes. in Abs. 2 Nr. 6, aber auch in Nr. 2 u. 3 auferlegte Schutzfunktion erfüllen (s. BAG 9.3.2011 – 7 ABR 137/09, NZA 2011, 871; so schon BAG 23.1.2008 – 1 ABR 74/06, AP AÜG § 14 Nr. 14 zum Stellenpool v. LeihArbN: hinreichend präzise Bezeichnung der einzustellenden Person erforderlich; DKKW/*Bachner* Rn. 147; *Ulber* AÜG § 14 Rn. 205; *Düwell* NZA-RR 2011, 1 [3]; *Linsenmaier/Kiel* RdA 2014, 135 [152]; *Plum* DB 2011, 2916 [2917]; **aA** GK-BetrVG/*Raab* Rn. 271).

178d Um seiner Auskunftspflicht nachkommen zu können, ist der Entleiher gehalten, gegenüber dem Verleiher darauf zu bestehen, dass der **Überlassungsvertrag** die **Personalien** der LeihArbN enthält (iErg ebenso *Ulber* AÜG § 14 Rn. 200 ff.; *Ulber* AiB 2009, 7 [9 f.]; DKKW/*Bachner* Rn. 147; MHdB ArbR/*Lunk* § 340 Rn. 53; *Trittin/Fütterer* AiB 2008, 173 ff.). Diese Verpflichtung des Verleihers zur Konkretisierung der Person des LeihArbN ist jetzt gesetzlich vorgesehen (§ 1 Abs. 1 S. 6 AÜG nF; → Rn. 178).

Das in → Rn. 177 Gesagte gilt beim **Fremdfirmeneinsatz** (→ Rn. 63 ff.) zumindest in den Fällen von → Rn. 70a ff. sowie bei der Beschäftigung von Nicht-ArbN wie zB **„Freie Mitarbeiter"** und als **Ein-Euro-Jobber** tätige **erwerbsfähige Leistungsberechtigte** (*Engels* NZA 2007, 8 [11]; → Rn. 54 f.; → § 5 Rn. 155), entspr. (→ Rn. 33 ff.; DKKW/*Bachner* Rn. 149 f.). **179**

Bei **Einstellungen** (→ Rn. 30 ff.) und **Versetzungen** (→ Rn. 118 ff.) ist insbes. der **vorgesehene Arbeitsplatz** mitzuteilen. **Arbeitsplatz** ist nicht nur der räumliche Ort, an dem die Arbeit geleistet wird, sondern auch die Funktion, in die der Bewerber bzw. ArbN in den Betrieb eingegliedert werden soll, also der Arbeitsbereich (BAG 12.6.2019 – 1 ABR 39/17, NZA 2019, 1292; 27.6.2006 – 1 ABR 35/05, AP BetrVG 1972 § 95 Nr. 47; 17.6.2008 – 1 ABR 38/07, AP BetrVG 1972 § 99 Versetzung Nr. 47; GK-BetrVG/*Raab* Rn. 147; zum Arbeitsbereich → Rn. 124). Bei Versetzungen sind weitere bedeutsame Gesichtspunkte wie die konkreten Folgen, zB Wegfall der Provisionserzielung, anzugeben (LAG SchlH 3.7.2001 – 3 TaBV 7/01, BB 2001, 2432). Bei **befristeten** ArbVerh. und ArbN iSd neuen § 7 S. 2, insbes. **LeihArbN,** ist außerdem die voraussichtliche Dauer und zeitlicher Umfang der Beschäftigung mitzuteilen (BAG 1.6.2011 – 7 ABR 18/10, BeckRS 2011, 75883; *Linsenmaier/Kiel* RdA 2014, 135 [152]; nicht der Befristungsgrund: → Rn. 162a), bei **Teilzeitkräften** Lage und Dauer der **Arbeitszeit** (BAG 20.12.1988 – 1 ABR 68/87, AP BetrVG 1972 § 99 Nr. 62; DKKW/*Bachner* Rn. 142). **180**

Damit der BR die ihm obliegende Richtigkeitskontrolle (→ Rn. 96) bei **Ein-** und **Umgruppierungen** (→ Rn. 79 ff., 104 ff.) ausüben kann, muss ihm der ArbGeb. alle erforderlichen Angaben zur bisherigen und vorgesehenen Vergütungsgruppe machen bzw. die Gründe erläutern, weshalb der ArbN anders als bisher einzureihen ist (BAG 30.9.2014 – 1 ABR 32/13, NZA 2015, 370). Solche Gründe können zB in der Zuweisung einer anders bewerteten Tätigkeit an den ArbN liegen. Gruppiert der ArbGeb. einen eingereihten ArbN bei unveränderter Rechtsgrundlage und Tätigkeit um, hat er die Beurteilungskriterien zu nennen, die er der anderen Einstufung zugrunde legt. Sind persönliche Qualifikationsanforderungen an den ArbN ein- oder umgruppierungsrelevant, sind diese dem BR mitzuteilen (BAG 9.3.2011 – 7 ABR 127/09, BeckRS 2011, 73484; 29.6.2011 – 7 ABR 24/10, NZA-RR 2012, 18). Die konkrete Informationspflicht des ArbGeb. richtet sich letztlich nach der jeweiligen Ausgestaltung der Vergütungsordnung (BAG 1.6.2011 – 7 ABR 138/09, BeckRS 2011, 78749). **180a**

Bei einer **tariflichen Vergütungsordnung** sind die Angaben mitteilungsbedürftig, auf die die TV-Parteien abgestellt haben (BAG 12.1.2011 – 7 ABR 15/09, NZA-RR 2011, 574; 19.4.2012 – 7 ABR 52/10, BeckRS 2012, 71612). Auch hat der ArbGeb. über alle ihm bekannten Umstände zu informieren, die die Wirksamkeit der Vergütungsverordnung betreffen, zB dass die für die Ein- und Umgruppierung maßgeblichen TV noch nicht gelten sowie ggf. über Entwicklung und Stand der TV-Verhandlungen (BAG 6.10.2010 – 7 ABR 80/09, BeckRS 2011, 68126; 12.1.2011 – 7 ABR 25/09, NZA 2011, 1304; 29.6.2011 – 7 ABR 24/10, NZA-RR 2012, 18). Über die tatsächliche Höhe der Einzelgehälter muss der ArbGeb. nicht informieren (BAG 3.10.1989 – 1 ABR 73/88, AP BetrVG 1972 § 99 Nr. 74). **180b**

Die **Unterrichtung des BR** kann **mündlich oder schriftlich** (aus Beweisgründen zweckmäßig) geschehen und ist mit der Bitte um Zustimmung zu der geplanten Maßnahme zu verbinden. Bei Einstellungen hat der ArbGeb. von sich aus die erforderlichen (nicht nur die seiner Ansicht nach aussagekräftigen) **Bewerbungsunterlagen** (zB Bewerbungsschreiben, Ergebnis von Auswahlprüfungen, Zeugnisse, Teilnahmebestätigungen, Lebenslauf, Lichtbild, auch die vom ArbGeb. selbst anlässlich der Bewerbung erstellten Unterlagen wie Personalfragebogen, sich aus dem Vorstellungsgespräch ergebende Informationen, Interviews, Testergebnisse, Einstellungsprüfungen, Auskünfte Dritter) aller Bewerber, auch der abgelehnten, vorzulegen (BAG 17.6.2008 – 1 ABR 20/07, AP BetrVG 1972 § 99 Versetzung Nr. 46; 28.6.2005 – **181**

1 ABR 26/04, NZA 2006, 111; → Rn. 167, 175). Der BR kann deren **Aushändigung für höchstens eine Woche** verlangen, um seinen gesetzlichen Aufgaben gerecht werden zu können (BAG 3.12.1985 – 1 ABR 72/83, AP BetrVG 1972 § 99 Nr. 29; 14.12.2004 – 1 ABR 55/03, AP BetrVG 1972 § 99 Nr. 122; DKKW/*Bachner* Rn. 162; **aA** *Meisel* Mitwirkung BR Rn. 219; GK-BetrVG/*Raab* Rn. 150; HWGNRH/*Huke* Rn. 146).

182 Der ArbGeb. darf **nicht bestimmte Unterlagen zurückhalten,** die der Bewerber als **vertraulich** bezeichnet hat. Gleiches gilt für Informationen, die der ArbGeb. bei mündlichen/telefonischen Bewerbungen erfahren hat (BAG 14.12.2004 – 1 ABR 55/03, AP BetrVG 1972 § 99 Nr. 122). Wer sich um eine Stelle bewirbt, muss die Einhaltung der Beteiligungsrechte des BR in Kauf nehmen (DKKW/*Bachner* Rn. 153; GK-BetrVG/*Raab* Rn. 151; HWGNRH/*Huke* Rn. 147; MHdB ArbR/*Lunk* § 340 Rn. 51; **aA** Richardi BetrVG/*Thüsing* Rn. 171; *Meisel* Mitwirkung BR Rn. 220; *Heinze* Personalplanung Rn. 239f.; *Wiedemann* Anm. zu AP BetrVG 1972 § 99 Nr. 1).

183 Findet ein **Vorstellungsgespräch** beim ArbGeb. statt, so wäre es zweckmäßig, dass sich der Bewerber auch beim BR vorstellt, damit dieser sachgemäß prüfen kann, ob etwa eine der Voraussetzungen des Abs. 2 vorliegt. Ein Rechtsanspruch des BR besteht insoweit ebenso wenig wie ein Teilnahmerecht unmittelbar am Bewerbungsgespräch (hM, BAG 14.4.2015 – 1 ABR 58/13, NZA 2015, 1081; DKKW/*Bachner* Rn. 163).

184 Bei Versetzungen, Ein- und Umgruppierungen sind gleichfalls die erforderlichen Unterlagen vorzulegen, dh die Unterlagen, die der BR zur Prüfung seiner Verweigerungsgründe nach Abs. 2 benötigt (Richardi BetrVG/*Thüsing* Rn. 173ff., 179; *Wollwert* DB 2012, 2518f.; wegen Einblick in die Bruttolohn- und Gehaltslisten vgl. § 80 Abs. 2 S. 2). Nach LAG Köln 11.3.2009 – 3 TaBV 75/08, NZA-RR 2009, 424) ist zur Eingruppierung bei Neueinstellung die Vorlage einer **Tätigkeitsbeschreibung** entbehrlich, wenn der BR sowohl den konkreten Arbeitsplatz als auch die dort zu verrichtende Tätigkeit aus eigener Sachkunde genau kennt. Die Einsicht in die **Personalakten** als solche und auch in den **Arbeitsvertrag** (BAG 18.10.1988 – 1 ABR 33/87, AP BetrVG 1972 § 99 Nr. 57) ist **nicht** vorgesehen und kommt allenfalls mit Einverständnis des ArbN (Bewerbers) in Betracht (§ 83 analog; hM). Es sind aber die erforderlichen konkreten Angaben aus den Personalakten (→ § 80 Rn. 66), bzw. aus bestehenden Personaldateien (→ § 102 Rn. 26) zu machen (DKKW/*Bachner* Rn. 160).

185 Die Mitglieder des BR trifft nach Abs. 1 S. 3 eine bes. **Schweigepflicht.** Gewährt ein BRMitgl. einem Dritten Einsicht in Bewerbungsunterlagen, die ihm vorgelegt wurden, liegt ein objektiv erheblicher und offensichtlich schwerwiegender Verstoß gegen die Geheimhaltungspflicht vor, der den Ausschluss des Mitgl. aus dem BR rechtfertigt (ArbG Wesel 16.10.2008 – 5 BV 34/08, NZA-RR 2009, 21). Gleiches gilt, wenn ein BRVors. auf einer BetrVerslg. aus den ihm mit einem Zustimmungsantrag des ArbGeb. zur Einstellung übermittelten Bewerbungsschreiben eines ArbN ohne dessen Einwilligung zitiert und dadurch den eingestellten ArbN herabwürdigt (LAG Düsseldorf 9.1.2013 – 12 TaBV 93/12, BeckRS 2013, 71924). Näheres zur Geheimhaltungspflicht → § 79 Rn. 32.

186 Der ArbGeb. hat die **Zustimmung** des BR zu der geplanten Maßnahme **einzuholen.** Hierfür sieht das G keine bes. Form vor. Fehlt es an einem ausdrücklichen Zustimmungsersuchen, reicht es aus, wenn der BR der Mitteilung des ArbGeb. entnehmen kann, dass es um die Zustimmung zu einer konkreten personellen Maßnahme geht (BAG 21.11.2018 – 7 ABR 16/17, NZA 2019, 711; 10.11.2009 – 1 ABR 64/08, NZA-RR 2010, 416); schon in der Unterrichtung des BR liegt für diesen erkennbar auch die Bitte um Zustimmung (GK-BetrVG/*Raab* Rn. 160; Richardi BetrVG/*Thüsing* Rn. 181). Dem ArbGeb. steht es frei, darüber zu entscheiden, ob er am Zustimmungsgesuch festhält oder es aufgibt. Er kann es auch nach Zustimmungsverweigerung des BR und Einleitung eines Zustimmungsersetzungsverfahrens wieder fallenlassen, wodurch dieses sich erledigt, und dann erneut die Zustimmung des BR zu der gleichen personellen Maßnahme (Einstellung, Versetzung) denselben ArbN betreffend einholen (BAG 21.11.2018 – 7 ABR 16/17, NZA 2019, 711; 28.2.2006 – 1 ABR 1/05, AP BetrVG 1972 § 99 Einstellung Nr. 51; 16.1.2007 – 1 ABR 16/06, AP BetrVG 1972 § 99 Einstellung Nr. 52).

V. Gründe für die Versagung der Zustimmung

Die Verweigerung der Zustimmung kann grundsätzlich nur auf einen der in Abs. 2 erschöpfend aufgezählten Gründe gestützt werden (hM; BAG 13.5.2014 – 1 ABR 9/12, NZA-RR 2015, 23). In einer freiwilligen BV kann jedoch geregelt werden, dass der BR die Zustimmung auch aus nicht in Abs. 2 genannten, aber aus konkret umschriebenen anderen Gründen verweigern kann (BAG 23.8.2016 – 1 ABR 22/14, NZA 2017, 194). Soweit diese Gründe betriebsbezogen sind (zB Abs. 2 Nr. 3, 5), ändert sich hieran nichts dadurch, dass die ArbNGrenzzahl in Abs. 1 S. 1 auf das Unternehmen bezogen wird (→ Rn. 8 f.); denn hierbei handelt es sich lediglich um eine Anwendungsvoraussetzung für die §§ 99 ff. ohne inhaltliche Auswirkung auf die Tatbestände des Abs. 2. Der Zustimmungsverweigerungsgrund muss dem ArbGeb. mitgeteilt worden sein. Eine Vereinbarung zwischen ArbGeb. und BR, dass die fehlende Zustimmung des BR innerhalb der Wochenfrist als Zustimmungsverweigerung gelten soll und das Zustimmungsersetzungsverfahren eingeleitet werden kann, ist ebenso unzulässig (BAG 18.8.2009 – 1 ABR 49/08, NZA 2010, 112; → Rn. 277c) wie eine gänzliche Aufhebung der Wochenfrist (BAG 23.8.2016 – 1 ABR 22/14, NZA 2017, 194). Ist der Zustimmungsverweigerungsgrund dem ArbGeb. mitgeteilt worden, kann der BR im arbeitsgerichtlichen Verfahren noch weitere Gründe des Katalogs des Abs. 2 heranziehen (Näheres → Rn. 291). 187

1. Verstoß gegen Gesetz, Tarifvertrag, Betriebsvereinbarung, Unfallverhütungsvorschriften

Eine Maßnahme unter Verstoß gegen Abs. 2 Nr. 1 ist regelmäßig **an sich schon nichtig** (§ 134 BGB). Wenn sich jedoch der ArbGeb. und der ArbN einig sind, bestünden mangels bes. Vorschriften des BetrVG keine oder nur sehr beschränkte Möglichkeiten für den BR, die Rücknahme der personellen Maßnahme zu erreichen. Beruft sich der ArbGeb. allein auf die Unwirksamkeit einer von ihm selbst vorgenommenen personellen Maßnahme, so kann dies rechtsmissbräuchlich sein. 188

Ein Gesetzesverstoß als Zustimmungsverweigerungsgrund setzt voraus, dass die **personellen Maßnahmen als solche,** nicht einzelne Vertragsbestimmungen **gesetzeswidrig** sind (stRspr, BAG 17.6.2008 – 1 ABR 20/07, AP BetrVG 1972 § 99 Versetzung Nr. 46; 27.10.2010 – 7 ABR 86/09, NZA 2011, 418 mwN). So kann der BR die Zustimmung zu einer Einstellung nicht alleine deshalb verweigern, weil ein Entgelt **unterhalb** des in § 1 Abs. 2 MiLoG festgesetzten **Mindestlohns** oder eine **untertarifliche Bezahlung** vorgesehen ist (BAG 28.3.2000 – 1 ABR 16/99, AP BetrVG 1972 § 99 Einstellung Nr. 27; GK-BetrVG/*Raab* Rn. 185; *Deinert* DB 2016, 349, 350; *Preis/Lindemann* NZA-Sonderheft 2001, 36). Das gilt selbst dann, wenn die Beschäftigung eines ArbN zu unangemessen niedrigem Lohn Wucher ist und gegen § 302a Abs. 1 S. 1 Nr. 3 StGB verstößt (BGH 22.4.1997 – 1 StR 701/96, BB 1997, 2166; *Nägele* BB 1997, 2162); Gleiches gilt bei einem Verstoß gegen § 8 Abs. 1 S. 1 und Abs. 4 AÜG nF wegen Nichtbeachtung des Grundsatzes der Gleichstellung, insb. des **Equal Pay** (→ Rn. 191 f.; **aA** *Wank* RdA 2017, 100, 111); gesetzwidrig ist nur die Entlohnung, nicht die tatsächliche Einstellung und Beschäftigung des ArbN. So verhält es sich auch bei einem Verstoß gegen § 14 Abs. 2 S. 2 TzBfG bei der erneuten Einstellung eines ArbN bei demselben ArbGeb. auf Grundlage einer sachgrundlosen Befris- 189 tung; diese ist gesetzwidrig, nicht die Einstellung (→ Rn. 38, 210 u. Rspr-Änderung zum Vorbeschäftigungsverbot BAG 23.1.2019 – 7 AZR 733/16, NZA 2019, 700 u dazu *Lembke/Tegel* NZA 2019, 1029ff.; 12.6.2019 – 7 AZR 129/17, NZA 2019, 1563; GK-BetrVG/*Raab* Rn. 185).

189a Der BR kann die Zustimmung zu einer Einstellung nur dann nach Abs. 2 Nr. 1 verweigern, wenn nach dem **Zweck** der **verletzten Norm,** die keine Verbotsnorm im technischen Sinn sein muss, die geplante **Einstellung** ganz **unterbleiben** muss (BAG 30.9.2014 – 1 ABR 79/12, NZA 2015, 240; MHdB ArbR/*Lunk* § 340 Rn. 62); das MBR des BR bei Einstellungen ist eben kein Instrument einer umfassenden Vertragskontrolle (BAG 21.7.2009 – 1 ABR 35/08, NZA 2009, 1156 mwN; → Rn. 162a, 210) und kann auch nicht die Einstellung zu normgemäßen Bedingungen erzwingen (BAG 9.7.1996 – 1 ABR 55/95, AP BetrVG 1972 § 99 Einstellung Nr. 9).

189b Die Einstellung und damit die Beschäftigung eines LeihArbN muss ganz unterbleiben, wenn der Verleiher **nicht** über die nach § 1 AÜG erforderliche **Erlaubnis** zur **ArbNÜberlassung** verfügt. Das gilt, obwohl nach § 10 Abs. 1 S. 1 iVm § 9 Abs. 1 Nr. 1 AÜG ein ArbVerh. zwischen Entleiher und LeihArbN entsteht, der LeihArbN auf diese Weise einen Ausgleich für die Anordnung der Unwirksamkeit seines Vertrages mit dem Verleiher erhält und damit abgesichert ist (GK-BetrVG/*Raab* Rn. 277). Dies ist hier aber nicht entscheidend. Dieser und die in Rn. 189cff. erwähnten, neugeregelten Gesetzesverstöße von Verleihern und Entleihern sind mit erheblich verschärften zivilrechtlichen und ordnungswidrigkeitsrechtlichen Sanktionen (vgl. § 10 Abs. 1 iVm § 9 Abs. 1 Nr. 1, 1a, 1b, § 16 Abs. 1 Nr. 1a bis 1d AÜG) belegt worden, die den Willen des Gesetzgebers verdeutlichen, die missbräuchliche Gestaltung des Drittpersonaleinsatzes, insb. der Leiharbeit zu unterbinden (vgl. BT-Drs. 18/9232 S. 1, 3, 13f., 18f., 23f.). Dieses Ziel ist wirksam nur zu erreichen, wenn bei derartigen Gesetzesverstößen die Einstellung und damit die Beschäftigung des LeihArbN zu unterbleiben und der BR vor Ort hierfür zu sorgen hat (→ Rn. 60).

189c Die Einstellung eines LeihArbN hat zu unterbleiben, wenn er im Rahmen eines unzulässigen **Ketten-, Zwischen-** oder **Weiterverleihs** (→ § 5 Rn. 250) überlassen wird. Der Verstoß gegen § 1 Abs. 1 S. 3 AÜG nF berechtigt den BR des Erstentleihers/Zweitverleiher, zu dem eben kein ArbVerh. besteht, und den BR des Zweitentleihers, die Zustimmung zu dieser personellen Maßnahme (Versetzung/Einstellung) zu verweigern (GK-BetrVG/*Raab* Rn. 277; *Lembke* NZA 1017, 1, 3; *Wank* RdA 2017, 100, 103; sa *Zimmermann* BB 2016, 53). Dem Zustimmungsverweigerungsrecht des BR steht nicht entgegen, dass bei diesem Gesetzesverstoß gem. § 10a iVm § 10 Abs. 1 AÜG ein ArbVerh. zwischen EinsatzArbG und LeihArbN entsteht (→ Rn. 60, 189b).

189d Die Einstellung eines LeihArbN muss unterbleiben, wenn gegen die **Offenlegungspflicht** in § 1 Abs. 1 S. 5 AÜG nF, dass vor Überlassen oder Tätigwerden des LeihArbN sein Einsatz im Vertrag zwischen Verleiher und Entleiher ausdrücklich als ArbNÜberlassung bezeichnet ist, oder gegen die **Konkretisierungspflicht** in § 1 Abs. 1 S. 6 AÜG nF, dass die Person des LeihArbN anzugeben ist (→ § 5 Rn. 250b, 257b), verstoßen wird (GK-BetrVG/*Raab* Rn. 277; vgl. *Deinert* RdA 2017, 65, 74; *Eder/Schuster* AiB 2017 H. 4 S. 27, 30; *Lembke* NZA 1017, 1, 6; *Wank* RdA 2017, 100, 112). Das Zustimmungsverweigerungsrecht des BR scheitert nicht daran, dass bei diesen Gesetzesverstößen gem. § 10 Abs. 1 S. 1 iVm § 9 Abs. 1 Nr. 1a AÜG ein ArbVerh. zwischen Entleiher und LeihArbN entsteht (→ Rn. 60, 189b). Auch spielt der Meinungsstreit darüber, ob die zivilrechtliche Sanktion des § 10 Abs. 1 iVm § 9 Abs. 1 Nr. 1a AÜG nF nur bei einem kumulativen Verstoß sowohl gegen die Offenlegungs- als auch gegen die Konkretisierungspflicht oder auch bei einem bloß alternativen Verstoß eintritt (→ § 5 Rn. 257b mwN), hier keine Rolle. In § 16 Abs. 1 Nr. 1c und 1d AÜG nF ist der Verstoß gegen die Offenlegungspflicht und der gegen die Konkretisierungspflicht jede für sich als eigene Ordungswidrigkeit ausgewiesen. Sie sind Gesetzesverstöße, die jeweils einen Zustimmungsverweigerungsgrund für den BR abgeben.

Die Einführung der Offenlegungs- und Konkretisierungspflicht soll jeder Form einer **verdeckten ArbNÜberlassung** (Scheinwerk- und -dienstverträge) entgegenwirken, indem vor Einsatz des Fremdpersonals offenzulegen ist, ob es hier um eine – mitbestimmungspflichtige – Einstellung bzw. Beschäftigung eines LeihArbN oder um eine – mitbestimmungsfreie – Beschäftigung als **Erfüllungsgehilfe** im Rahmen eines Werk- oder Dienstvertrages geht (BT-Drs. 18/9232 S. 17f.; → § 5 Rn. 250b). Bei dieser oft schwierigen rechtlichen Einordnung können die gelockerten Abgrenzungskriterien der neuen Legaldefinition der ArbNÜberlassung in § 1 Abs. 1 S. 1 und 2 AFG nF (→ § 5 Rn. 242f.) bei der entscheidenden Frage nach dem Grad der **Einbindung** der FremdfirmenArbN **in** die **Arbeitsorganisation** des Einsatzbetriebs (ebenso *Maschmann* NZA 2013, 1305 [1308ff.]; sa *Deinert* RdA 2014, 65 [73ff.]). zu sachgerechteren Lösungen führen (Näheres → Rn. 63ff., 69ff.; → § 5 Rn. 281ff.) und den BR die Prüfung erleichten, ob sie dem Einsatz dieser Personen die Zustimmung verweigern können. Eine **„Vorratsüberlassungserlaubnis"** (→ § 5 Rn. 250b) hilft hier jedenfalls nicht mehr. 189e

Ändern sich nachträglich die **Modalitäten** der Leistungserbringung von FremdfirmenArbN, die anfangs zurecht als **Erfüllungsgehilfen** des auftragnehmenden Unternehmens einzuordnen waren, derart, dass zB aufgrund einer sich zwischenzeitlich entwickelnden, immer intensiver werdenden Zusammenarbeit mit den ArbN des auftraggebenden Unternehmens eine Integration in dessen Arbeitsorganisation erfolgt, **schlägt** ihre anfangs legitime Tätigkeit **in eine jetzt** wegen Verstoßes gegen die Offenlegungs- und Konkretisierungspflicht (→ Rn. 189c) **illegitime ArbN-Überlassung** um; derartige Sachverhalte können sich insb. in der IT-Branche bei agilen Softwareentwicklungsprojekten ergeben (*Bertermann/Römermann* AuA 2017 H. 3 S. 154ff.; *Uffmann* NZA 2018, 265ff.). Der BR des Einsatzbetriebs ist zu beteiligen, da eine mitbestimmungspflichtige Einstellung vorliegt. In Fällen der **nachträglichen Illegalität** der ArbNÜberlassung kann der BR sein **Zustimmungsverweigerungsrecht** in aller Regel **nicht vorbeugend** ausüben; der jetzt illegal beschäftigte LeihArbN ist bereits im Betrieb tätig. Dem BR bleibt nur der Weg über **§ 101,** dem ArbGeb. mit Hilfe des ArbG aufzugeben, die als Einstellung zu qualifizierende illegale Weiterbeschäftigung aufzuheben (→ Rn. 189g). 189f

Die Einstellung eines LeihArbN hat zu unterbleiben, wenn der LeihArbN **nicht** nur **vorübergehend** (vgl. BAG 21.2.2017 – 1 ABR 62/12, NZA 2017, 662; 30.9.2014 – 1 ABR 79/12, NZA 2015, 240), sondern unter Verletzung der zulässigen **Überlassungshöchstdauer** von idR 18 aufeinander folgende Monate (mit Verlängerungsmöglichkeiten durch TV und aufgrund eines TV) gem. § 1 Abs. 1b AÜG nF (→ § 5 Rn. 251ff., 257c) im Entleiherbetrieb eingesetzt werden soll (GK-BetrVG/*Raab* Rn. 278; *Ulber* AÜG § 14 Rn. 216; *Deinert* RdA 2017, 65, 76; *Eder/Schuster* AiB 2017 H. 4 S. 27, 29; *Lembke* NZA 1017, 1, 6; *Löwisch* DB 2017, 1449, 1450f.; *Wank* RdA 2017, 100, 109; für die Gestellung von **DRK-Schwestern** gilt keine Überlassungshöchstdauer, → § 5 Rn. 244, 251c); die Überlassungshöchstdauer ist auch dann zu beachten, wenn der LeihArbN während der Überlassung mit anderen Verleihern ein ArbVerh. eingeht (*Lembke* NZA 2017, 1, 3f.). Der **BR** kann aufgrund seines Zustimmungsverweigerungsrechts die Einhaltung dieser Vorgabe durchsetzen und eine dauerhafte Aufspaltung der Belegschaft in eine Stammbelegschaft und eine entliehene Belegschaft und damit **Missbrauch** der Leiharbeit **verhindern** (s. BAG 10.7.2013 – 7 ABR 91/11, NZA 2013, 1296; *Lembke* NZA 2017, 1, 6). Ein derartiger Gesetzesverstoß wird aber vor der Einstellung nur selten und erst dann offenkundig, wenn sich bereits aus dem Arbeitsvertrag zwischen Verleiher und LeihArbN ergibt, dass der LeihArbN über die Überlassungshöchstdauer hinaus beim Entleiher eingesetzt werden soll (zur erst nachträglich eintretenden Illegalität der ArbNÜberlassung → Rn. 189f). Dem Zustimmungsverweigerungsrecht des BR steht nicht entgegen, dass bei diesem Gesetzesverstoß gem. § 10 Abs. 1 S. 1 iVm § 9 Abs. 1 Nr. 1b AÜG ein ArbVerh. zwischen Entleiher und LeihArbN entsteht (→ Rn. 60, 189b). 189g

189h Dass es dem LeihArbN neuerding mit der **Festhaltenserklärung** (§ 9 Abs. 1 Nr. 1, 1a, 1b AÜG nF; → § 5 Rn. 258) ermöglicht wird, trotz fehlender Erlaubnis, Nichtbeachtung der Offenlegungs- und Konkretisierungsplicht oder Überschreitung der Überlassungshöchstdauer am ArbNÜberlassungsvertrag mit dem Verleiher festzuhalten und das Zustandekommen eines fingierten ArbVerh. mit dem Entleiher zu verhindern, ist eine im Interesse des LeihArbN getroffene, individualrechtliche Regelung. Sie hat nur zivilrechtliche Folgen und kann eine rechtswidrige Überlassung weder für die Vergangenheit noch für die Zukunft legalisieren (BA Fachl. Weisungen AÜG 9. (7)). Folglich hat sie keinen Einfluss auf das Widerspruchsrecht des BR, da sie den Gesetzesverstoß nach Abs. 2 Nr. 1 (→ Rn. 189b ff.) nicht zu heilen vermag. Außerdem entsteht bei einer illegalen Weiterbeschäftigung des LeihArbN ein **faktisches ArbVerh.** (BA Fachl. Weisungen AÜG 10. (2) zum Entleiher, dem der BR ebenfalls widersprechen können muss.

189i Die Einstellung eines LeihArbN muss unterbleiben, wenn der ArbGeb. **keine** oder nur unpräzise **Angaben** zu seiner **Einsatzdauer** (zB „ArbN-Überlassung gem. AÜG", „zeitlich flexibler Einsatz") macht. Dann ist eine unzulässige ArbN-Überlassung und damit ein Grund zur Zustimmungsverweigerung des BR nach Abs. 2 Nr. 1 angezeigt (*Eder* AiB 2013, 204 f.; sa *Linsenmaier/Kiel* RdA 2014, 135 [153 ff.]; → Rn. 178; **aA** LAG Düsseldorf 2.10.2012 – 17 TaBV 48/12, NZA 2012, 1378, aber nach BAG 10.7.2013 – 7 ABR 91/11, NZA 2013, 1296 nicht mehr haltbar).

189j Wird die zunächst gesetzeskonforme und vom BR mitgetragene **Beschäftigung** eines **LeihArbN** im Entleiherbetrieb **nachträglich illegal,** weil zB die Verleih-Erlaubnis endet und nicht verlängert wird (→ §§ 2, 3 AÜG) oder der LeihArbN nach Ablauf der Höchstüberlassungsdauer weiter beim Entleiher eingesetzt wird, ist der **BR erneut** nach § 99 zu **beteiligen.** Die erneute Beteiligung des BR ist zum einen deshalb erforderlich, weil die illegale Weiterbeschäftigung nach § 10 Abs. 1 AÜG mit Eintritt der Unwirksamkeit des Vertrages zwischen Verleiher und LeihArbN zu einem fingierten befristeten oder unbefristeten ArbVerh. des LeihArbN mit dem Entleiher führt und dies – in Anlehnung an die Rspr. des BAG (27.10.2010 – 7 ABR 86/09, NZA 2011, 418; → Rn. 38) zur Verlängerung eines befristeten ArbVerh. oder dessen Umwandlung in ein unbefristetes – als mitbestimmungspflichtige Einstellung anzusehen ist (*Schüren/Hamann* AÜG § 14 Rn. 627). Zum anderen kann der BR nur bei einer erneuten Einschaltung seine Aufgabe erfüllen, an der Unterbindung illegaler Beschäftigung von LeihArbN mitzuwirken (→ Rn. 189b).

189k In Fällen der **nachträglichen Illegalität** der ArbNÜberlassung kann der BR beim Entleiher sein **Zustimmungsverweigerungsrecht** in aller Regel **nicht vorbeugend** ausüben; der illegal beschäftigte LeihArbN ist bereits im Betrieb tätig. Dem BR bleibt nur der Weg über **§ 101,** dem ArbGeb. mit Hilfe des ArbG aufzugeben, die als Einstellung zu qualifizierende illegale Weiterbeschäftigung aufzuheben. Das bedeutet konkret, dass dem ArbGeb. (Entleiher) untersagt wird, den LeihArbN tatsächlich zu beschäftigen (s. BAG 30.9.2014 – 1 ABR 32/13, NZA 2015, 370; → § 101 Rn. 3, 7). Folglich gerät der ArbGeb. nach § 615 S. 1 BGB in Annahmeverzug, wenn der mit einem wirksamen fingierten ArbVerh. zum ArbGeb. ausgestattete LeihArbN diesem seine Arbeitskraft anbietet. Diesen gesetzlichen Schutz des illegal beschäftigten LeihArbN durch eine Kündigung auszuhebeln, dürfte dem ArbGeb., insb. wenn das KSchG anwendbar ist, kaum gelingen. Das stärkt die Position des BR, noch im Nachhinein mit dem ArbGeb. zu einer einvernehmlichen Lösung zu kommen (vgl. *Schüren/Hamann* AÜG § 14 Rn. 625).

189l Die gesetzlich zulässige **Überlassungshöchstdauer** von idR 18 aufeinander folgende Monate oder die durch TV oder aufgrund eines TV hier von abweichend geregelte Überlassungshöchstdauer (→ § 1 Abs. 1b AÜG nF; → § 5 Rn. 251 ff.) für LeihArbN im Entleiherbetrieb ist **arbeitnehmer-, nicht arbeitsplatzbezogen.** Folglich können jetzt auch **Dauerarbeitsplätze** mit jeweils wechselnden LeihArbN (sog. rollierende Systeme) besetzt werden, und es ist möglich, mit ihnen einen **dauernden Beschäftigungsbedarf** abzudecken (s. BT-Drs. 18/9723 S. 6; *Bissels/Falter*

ArbRAktuell 2017, 4; *Hamann/Rudnik* NZA 2017, 209f.; *Lembke* NZA 2017, 1, 4; krit. *J. Ulber* AiB 2017 H. 1 S. 27; fraglich, ob mit Art. 5 Abs. 5 der europäischen RL zur LeihArbeit vereinbar: so *Ulber* AÜG § 1 Rn. 250ff.; *Brors/Schüren* NZA 2014, 569, 570f.; *Eder/Schuster* AiB 2017 H. 4 S. 27, 29; *Hamann* NZA 2015, 904f.; *Schüren/Fasholz* NZA 2015, 1473, 1474; vereinbar *Willemsen/Mehrens* NZA 2015, 897, 898), ohne dass der BR das Zustimmungsverweigerungsrecht **mangels eines Gesetzesverstoßes** ausüben kann. Damit dürfte das Ziel, eine dauerhafte Aufspaltung der Belegschaft in eine Stammbelegschaft und eine entliehene Belegschaft (s. BAG 10.7.2013 – 7 ABR 91/11, NZA 2013, 1296) nur schwer zu erreichen sein.

Die Einstellung eines LeihArbN hat zu unterbleiben, wenn sein Einsatzbetrieb un- **189m** mittelbar durch einen Arbeitskampf betroffen ist und er als **Streikbrecher** (hierzu → § 5 Rn. 261 mwN) eingesetzt werden soll (*Ulber* AÜG § 11 Rn. 139ff., 159; *Eder/Schuster* AiB 2017 H. 4 S. 27, 29; *Lembke* NZA 1017, 1, 11; *Wank* RdA 2017, 100, 114). Dies verbietet der neue § 11 Abs. 5 AÜG ausdrücklich. Bei Nichtbeachtung hat der BR einen **Zustimmungsverweigerungsgrund** nach Abs. 2 Nr. 1. Ist der LeihArbN bereits im Betrieb beschäftigt, darf der Entleiher ihm keine Tätigkeiten übertragen, die bisher von ArbN erledigt wurden, die sich im Arbeitskampf befinden oder ihrerseits Tätigkeiten von ArbN, die sich im Arbeitskampf befinden, übernommen haben. Tut er dies dennoch, ist der BR erneut zu beteiligen, wenn die Übertragung der neuen Tätigkeit als Versetzung (→ Rn. 123ff.) anzusehen ist. Wird er nicht beteiligt, bleibt ihm nur der Weg über **§ 101,** dem ArbGeb. mit Hilfe des ArbG aufzugeben, die als Einstellung zu qualifizierende illegale Weiterbeschäftigung aufzuheben.

Das in → Rn. **189b** geschilderte Recht des BR, personellen Maßnahmen des Ent- **189n** leihers bei Gesetzesverstößen im Rahmen der ArbNÜberlassung die Zustimmung zu verweigern, besteht dann nicht, wenn das sog. **Konzernprivileg** gem. § 1 Abs. 3 Nr. 2 AÜG (→ § 5 Rn. 246) greift und wesentliche Vorschriften des AÜG nicht anzuwenden sind. Es gilt aber ausschließlich für die konzerninterne Überlassung von solchen ArbN, die nicht zum Zweck der Überlassung eingestellt und beschäftigt werden (*Vogt* KonzernArbR S. 107ff.; *Böhm* DB 2012, 918 [919]; *Schüren/Fasholz* DB 2016, 1375f.). Das bedeutet, dass die für eine Zustimmungsverweigerung entscheidenden Vorschriften des AÜG nur dann nicht anzuwenden sind, wenn ausschließlich solche ArbN anderen Konzernunternehmen überlassen werden, die in ihrem Unternehmen einen eigenen Arbeitsplatz haben, auf den sie nach Ende der Überlassung zurückkehren können. Damit ist auch klargestellt, dass das Konzernprivileg nicht für die ArbNÜberlassung durch sog. **Personalführungsgesellschaften** gilt, selbst wenn diese als Mischunternehmen noch andere Dienstleistungen anbieten (so schon für die Vorgängerregelung BAG 9.2.2011 – 7 AZR 32/10, NZA 2011, 791; *Schüren/Hamann* AÜG § 1 Rn. 486, 516ff.; *Hamann* RdA 2011, 321 [323, 332f.]; *Ulber* AÜG Einl. Kap. C Rn. 123, § 1 Rn. 457; zu Inhouse-Outsourcing im Konzern *Schüren/Fasholz* DB 2016, 1375ff.). Zu weiteren Fällen eines **eingeschränkten Anwendungsbereichs** des **AÜG** → § 5 Rn. 243, 245ff.

Eine **ArbNÜberlassung** iSd AÜG liegt nach neuester Rspr. des **BAG** (21.2.2017 **190** – 1 ABR 62/12, NZA 2017, 662; → § 5 Rn. 244, 334b) auch dann vor, wenn ein Verein im Rahmen seiner wirtschaftlichen Tätigkeit ein Mitgl. durch **Gestellungsvertrag** an ein Unternehmen überlässt, damit es bei diesem eine weisungsabhängige Tätigkeit gegen Entgelt verrichtet, und es aufgrund seiner Arbeitsleistung ähnlich einem ArbN sozial geschützt ist. Folglich bemisst sich die Zulässigkeit einer Überlassung von **DRK-Schwestern,** die von ihrer Schwesternschaft aufgrund eines Gestellungsvertrags in einem von einem Dritten betriebenen Krankenhaus eingesetzt werden, nach dem **AÜG** (zustimmend *Hänlein* ZIAS 2018, 136, 139ff.; *Mestwerdt* ArbRAktuell 2017, 8; ablehnend *Bauer* ArbRAktuell 2016, 601). Allerdings ist die **Gestellung** von **DRK-Schwestern** von den Regelungen über die **Überlassungshöchstdauer** in § 1 Abs. 1 S. 4 und Abs. 1b AÜG ausgenommen (§ 2 Abs. 4 DRK-Gesetz nF; → Rn. 244, 251c). Sie können zeitlich unbegrenzt überlassen werden (BT-Ausschuss-Drs. 18(11)1066 S. 1f., 20).

191 Wird ein **Leih-ArbN** iSd **AÜG** eingestellt und mit ihm unter Verletzung des gesetzlichen Grundsatzes der **Gleichstellung** mit ArbN des Entleihers (§ 8 Abs. 1 bis 3 AÜG nF; → § 5 Rn. 253 ff.) und insb. des Grundsatzes von **Equal Pay** (§ 8 Abs. 4 AÜG nF; → § 5 Rn. 255 ff.; sa BAG 21.7.2009 – 1 ABR 35/08, NZA 2009, 1156; 1.6.2011 – 7 ABR 117/09, NZA 2011, 1435; GK-BetrVG/*Raab* Rn. 184 f.; *Linsenmaier/Kiel* RdA 2014, 135 [153]) für die Zeit der Überlassung eine Schlechterstellung bez. der im Entleiherbetrieb geltenden wesentlichen Arbeitsbedingungen oder eine **Unterbezahlung** vereinbart, obwohl dies ein TV nicht zulässt (*Düwell* NZA-RR 2011, 1 [4]; → § 5 Rn. 256) oder ein TV dies zwar zulässt, aber die in einer RechtsVO nach § 3a Abs. 2 AÜG **festgesetzten Mindeststundenentgelte** (→ § 5 Rn. 254, 256) unterschreitet, so berechtigt dieser Gesetzesverstoß den BR **nicht,** seine **Zustimmung** zu der Einstellung des LeihArbN zu **verweigern.**

192 Der **Verstoß** des Verleihers gegen den Grundsatz der **Gleichstellung** und insb. des **Equal Pay** soll gerade **nicht** die **Einstellung** selbst **in Frage stellen** (vgl. BAG 25.1.2005 – 1 ABR 61/03, AP BetrVG 1972 § 99 Einstellung Nr. 48). Dem Zweck der verletzten Norm kann nicht nur dadurch entsprochen werden, dass die Einstellung beim Verleiher oder die Überlassung an den Entleiher unterbleibt. Denn die Vereinbarung ist unwirksam und der Leih-ArbN hat nach § 10 Abs. 3 iVm § 9 Abs. 1 Nr. 2 AÜG einen gesetzlichen Anspruch gegen den Verleiher auf Zahlung des im Entleiherbetrieb einem vergleichbaren ArbN zu gewährenden Arbeitsentgelts (vgl. BAG 21.7.2009 – 1 ABR 35/08, NZA 2009, 1156). Also kann weder der BR im Verleiherbetrieb bei der Einstellung des LeihArbN noch der BR im Entleiherbetrieb (BAG 21.7.2009 – 1 ABR 35/08, NZA 2009, 1156 mwN) bei der Überlassung des Leih-ArbN die Zustimmung wegen Gesetzesverstoß verweigern (*Schüren/Hamann* AÜG § 14 Rn. 255; *Hamann* NZA 2003, 533; *Hanau* ZIP 2003, 1577; *Melms/Lipinski* BB 2004, 2409 [2414]; *Reuter* ZfA 2006, 459 [460]; *Wensing/Freise* BB 2004, 2238 [2242]; *Tiling* BB 2009, 2422 [112425]; **aA** *Ulber* AÜG § 14 Rn. 216; *Grimm/Brock* DB 2003, 1116; *Reim* AiB 2003, 74).

192a In einem **TV** (vgl. TV zwischen Südwestmetall und IG Metall zur Leih-/Zeitarbeit v. 31.5.2017; TV bayerische Metall-/Elektroindustrie und IG Metall v. 23.5.2017) oder in einer freiwilligen **BV** kann und sollte der Einsatz von LeihArbN **konkreter** (ob, wo, in welchem Umfang, wie lange, Qualifikation der LeihArbN) **gestaltet** werden, um Streitigkeiten zu vermeiden. Der ArbGeb. erhält Planungssicherheit und Ruhe in der Belegschaft und der BR kann über sein Zustimmungsverweigerungsrecht nach Abs. 2 Nr. 1 die Einhaltung dieser Regelungen durchsetzen (→ Rn. 212).

192b Eine dieser Erleichterungen durch TV oder BV kann die Festlegung einer bestimmten **Höchstquote** für den Einsatz von **LeihArbN** im Entleiherbetrieb sein. Eine solche Quotenregelung ist aber nur dann zulässig, wenn sie der Abdeckung eines **vorübergehenden Bedarfs** iSv § 5 Rn. 251 ff. dient. Sie ist kein Freibrief dafür, ein ständig vorhandenes Sockelarbeitsvolumen mit LeihArbN statt mit Stammkräften zu decken (BAG 18.10.2012 – 6 AZR 289/11, NZA-RR 2013, 68; *Ulber* AÜG § 1 Rn. 277; krit. zur Quotenregelung *Ulber* AiB 2012, 7 [9]). Auch bei einer Quotenregelung ist der BR vor jeder Einstellung eines LeihArbN zu beteiligen (HessLAG 3.11.2011 – 5 TaBV 70/11, BeckRS 2012, 68853; → Rn. 57c) und hat nach Abs. 2 Nr. 1 iVm § 1 Abs. 1 S. 2 AÜG einen Zustimmungsverweigerungsgrund, wenn der jeweilige Einsatz nicht nur vorübergehend erfolgen soll oder wenn die Höchstquote überschritten wird (DKKW/*Bachner* Rn. 200).

192c **Kein Gesetzesverstoß** iSv Abs. 2 Nr. 1 liegt vor, wenn der ArbGeb. seinen Verpflichtungen aus **§ 13a** und **§ 13b AÜG** gegenüber einem LeihArbN nicht nachkommt, da diese Gesetzesverstöße des ArbGeb. die Einstellung des LeihArbN als solche nicht betreffen (→ Rn. 189, 195a; GK-BetrVG/*Raab* Rn. 280; *Vogt* KonzernArbR S. 115; **aA** *Schüren/Hamann* AÜG § 14 Rn. 259; *Ulber* AÜG § 13a Rn. 23; *Hayen* AiB 2012, 170 [173 f.]; *Kock* BB 2012, 323 [324]; *Lembke* NZA 2011, 319 [321 f.]).

193 Verwendet der ArbGeb. als Auswahlkriterium bei der Einstellung **„keine Gewerkschaftszugehörigkeit"**, ist dies ein Verstoß gegen Art. 9 Abs. 3 GG und begründet eine Zustimmungsverweigerung (BAG 28.3.2000 – 1 ABR 16/99, NZA 2000, 1294). Als Verstoß gegen das **Persönlichkeitsrecht** (§ 75 Abs. 2 iVm Art. 2 Abs. 1 GG kann der BR einer Einstellung die Zustimmung verweigern, wenn der ArbGeb. beim Auswahlverfahren unzulässigerweise ein **Drogenscreening** gefordert hat und sich für den am Test teilgenommenen Bewerber entscheidet (Kramer IT-ArbR/*Raif* C Rn. 43; *Diller/Powietzka* NZA 2001, 1227 [1229]).

194 Es kommen ua Verstöße gegen folgende **gesetzliche Verbote** und Vorschriften in RechtsVO in Frage:

195 Verbot der Beschäftigung von **Frauen** gem. §§ 3 bis 6, 10 Abs. 3, 13 Abs. 1 Nr. 3, § 16 MuSchG, von **Jugendlichen** (§§ 22ff. JugArbSchG); die gesundheitsschutzrechtlichen Vorschriften der §§ 3ff. ArbZG, Vorschriften zum Schutz der ArbN vor Gefährdungen ihrer Gesundheit und Sicherheit durch **Gefahrstoffe,** ins. §§ 6ff. GefStoffV. Auch UVV, als autonomes Satzungsrecht gem. § 15 SGB VII von den Berufsgenossenschaften erlassen, können derartige Vorschriften enthalten (ArbG Berlin 15.3.1988 – 31 BV 4/87, AiB 1988, 292: Bestellung zur Aufsichtsperson iSd § 13 UVV VBG 1 ohne entspr. Qualifikation); Verbot der ArbNÜberlassung im Baugewerbe (§ 1b AÜG, → § 5 Rn. 270ff.); Beschäftigung von nicht aus EG-Staaten kommenden **Ausländern** ohne Arbeitsgenehmigung (vgl. §§ 284ff. SGB III, BAG 22.1.1991 – 1 ABR 18/90, AP BetrVG 1972 § 99 Nr. 86), Beschäftigung von ArbN ohne Gesundheitsattest gem. §§ 17, 18 Bundesseuchengesetz).

195a Verstoß gegen Prüfungspflicht gem. § 164 Abs. 1 S. 1 SGB IX zugunsten **schwerbehinderter Menschen,** selbst wenn die Pflichtquote erfüllt ist (BAG 14.11.1989 – 1 ABR 88/88, AP BetrVG 1972 § 99 Nr. 77; 10.11.1992 Nr. 100; LAG RhPf 10.9.2010 – 6 TaBV 10/10, AiB 2011, 408 mAnm *Rudolph; Schwab/Weicker* DB 2012, 976f.). Die Prüfpflicht besteht immer und für alle ArbGeb., unabhängig davon, ob sich ein schwerbehinderter Mensch beworben oder bei seiner Bewerbung diesen Status offenbart hat (BAG 13.10.2011 – 8 AZR 608/10, AP AGG § 15 Nr. 9). Umstr. ist, ob die Prüfpflicht auch dann besteht, wenn der ArbGeb. sich auf eine interne Stellenbesetzung festgelegt hat (dafür LAG Hamm 23.1.2015 – 13 TaBV 44/14, BeckRS 2015, 66949; dagegen LAG Köln 8.2.2010 – 5 TaBV 73/09, BeckRS 2010, 69156; offen gelassen BAG 17.6.2008 – 1 ABR 20/07, AP BetrVG 1972 § 99 Versetzung Nr. 46). Die Prüfpflicht gilt auch bei einer beabsichtigten Besetzung der Stelle mit einem **LeihArbN** (BAG 23.6.2010 – 7 ABR 3/09, NZA 2010, 1362; *Freihube/Sasse* BB 2011, 1657; *Linsenmaier/Kiel* RdA 2014, 135 [153]; krit. *Sieweke* NZA 2012, 426 [427]). Ob allerdings unter Hinweis auf diese BAG-Rspr. ein Zustimmungsverweigerungsrecht des BR bei Verstoß des ArbGeb. gegen **§ 13a AÜG** begründet werden kann (so *Hamann* RdA 2011, 321 [335f.]) erscheint wegen der bes. Rechtsstellung der Schwbeh. fraglich (→ Rn. 192m).

195b Dagegen **kein Verstoß** bei betriebs- oder unternehmensinterne Versetzung eines ArbN auf die offene Stelle (BAG 17.6.2008 – 1 ABR 20/07, AP BetrVG 1972 § 99 Versetzung Nr. 46; *Schwab/Weicker* DB 2012, 976 [977]). Ebenfalls kein Verstoß gegen § 164 Abs. 2 S. 1, Abs. 4 S. 1 Nr. 1 SGB IX, wenn der schwerbehinderte Mensch infolge dauerhafter Beeinträchtigung (Fluguntauglichkeit) die vertraglich geschuldete Tätigkeit (Pilot) nicht mehr verrichten kann und kein freier behindertengerechter Arbeitsplatz besteht (BAG 22.11.2005 – 1 ABR 49/04, AP BetrVG 1972 § 117 Nr. 7) oder ein schwerbehinderter Bewerber, dessen Bewerbung erst nach dem Zeitpunkt der Besetzungsentscheidung vorlag, nicht berücksichtigt wird (BAG 19.8.2010 – 8 AZR 370/09, NZA 2011, 200; → § 75 Rn. 60c).

196 Verstöße gegen den **Gleichbehandlungsgrundsatz** (§ 75 Abs. 1; → § 75 Rn. 30ff.; BAG 13.11.2013 – 4 ABR 16/12, NZA-RR 2014, 426; 18.9.2002 – 1 ABR 56/01, AP BetrVG 1972 § 99 Versetzung Nr. 31; DKKW/*Bachner* Rn. 197; *Amthauer* AGG-Auswirkungen S. 177f.; **aA** bei Einstellung GK-BetrVG/*Raab* Rn. 184, HWGNRH/*Huke* Rn. 193, Richardi BetrVG/*Thüsing* Rn. 217); da dieser

Grundsatz keine schematische Gleichbehandlung der ArbN fordert, hängt die Berechtigung einer Zustimmungsverweigerung des BR von den Umständen des Einzelfalles ab, die eine sachfremde Schlechterstellung einzelner ArbN gegenüber anderen ArbN in vergleichbarer Lage ergeben müssen. So ist zB der Gleichbehandlungsgrundsatz **nicht verletzt,** wenn der ArbGeb. nach **Wegfall** der **Tarifbindung** neu eingestellte ArbN geringer vergütet als solche, deren ArbVerh. der Nachwirkung unterfällt (BAG 2.3.2004 – 1 AZR 271/03, AP BetrVG 1972 § 87 Lohngestaltung Nr. 122).

197 Zahlreiche **Beispiele** für sachgerechte und nicht sachgerechte Differenzierungen aus der **Rspr.** finden sich bei → **§ 75** Rn. **44 f.**

198 Verstöße insbes. gegen die **Diskriminierungsverbote** des **AGG** (→ § 7 iVm §§ 1, 2, 6 AGG; ausf. → § 75 Rn. 58 ff.; *Besgen* BB 2007, 213 [217]). Nach § 2 AGG sind Benachteiligungen aus Gründen der Rasse oder wegen der ethnischen Herkunft, des Geschlechts, der Religion oder Weltanschauung, einer Behinderung, des Alters oder der sexuellen Identität unzulässig. Es geht um den Schutz hochrangiger Persönlichkeitsrechte, der auch beim Auswahlverfahren zu gewährleisten ist. Die Verbote gelten rund um den Arbeits- und Ausbildungsplatz für Auswahlkriterien und **Einstellungsbedingungen,** Beschäftigungs- und **Arbeitsbedingungen** einschließlich Arbeitsentgelt, insbes. für individual- und kollektivrechtliche Vereinbarungen und Maßnahmen bei Durchführung und Beendigung des ArbVerh. sowie beim beruflichen Aufstieg und für alle Ebenen der betrieblichen Berufsausbildung einschließlich der beruflichen Weiter- und Fortbildung. Sie schützen nicht nur **ArbN** und zu ihrer Berufsbildung Beschäftigte, sondern auch **Bewerber** um einen Arbeitsplatz vor Benachteiligungen (DKKW/*Bachner* Rn. 197; HaKo-BetrVG/*Kreuder/Matthiessen-Kreuder* Rn. 66; ErfK/*Kania* Rn. 24; **aA** bei Einstellungen: GK-BetrVG/*Raab* Rn. 191; Richardi BetrVG/*Thüsing* Rn. 220; *Schwering* AGG und BR S. 180). Dadurch kann der BR sehr viel nachhaltiger als bisher bereits bei Einstellungen Diskriminierungen verhindern.

199 Die Benachteiligung bei personellen Einzelmaßnahmen aufgrund der vorgenannten Merkmale berechtigt nur dann zur Zustimmungsverweigerung, wenn sie das **AGG** nicht ausnahmsweise **zulässt.** Das ist der Fall bei sog **positiven Maßnahmen,** durch die bestehende Nachteile aufgrund eines der Diskriminierungsmerkmale verhindert oder ausgeglichen werden soll (→ § 7 AGG; → § 75 Rn. 120 ff.) oder wenn der Grund der unterschiedlichen Behandlung, zB das Geschlecht, wegen der **Art der auszuübenden Tätigkeit** oder der Bedingungen ihrer Ausübung eine wesentliche und entscheidende berufliche Anforderung darstellt, sofern der Zweck rechtmäßig und die Anforderung angemessen ist (§ 8 AGG; → § 75 Rn. 118 f.). Sehr ausdifferenzierte Sonderregelungen betreffen die Zulässigkeit unterschiedlicher Behandlung wegen des **Alters** (§ 10 AGG; → § 75 Rn. 74 ff.) sowie der Religion oder Weltanschauung (§ 9 AGG; → § 75 Rn. 135).

200 Ein Gesetzesverstoß liegt vor, wenn ein **Ein-Euro-Jobber** eingestellt wird, ohne dass die Voraussetzungen des § 16d SGB II gegeben sind, er insbes. **nicht** mit **zusätzlichen Arbeiten** (das sind solche, die ohne Ein-Euro-Job nicht, nicht in diesem Umfang oder erst zu einem späteren Zeitpunkt durchgeführt würden, vgl. § 16d Abs. 2 SGB II) beschäftigt werden soll. Dann kann der BR die Zustimmung verweigern; denn die Einstellung würde dem Zweck der Regelung widersprechen (→ Rn. 189), Verdrängungseffekte zu vermeiden und zB auszuschließen, dass ArbGeb. ArbN entlassen, um sie dann später durch billige Ein-Euro-Jobber zu ersetzen (BAG 2.10.2007 – 1 ABR 60/06, AP BetrVG 1972 § 99 Einstellung Nr. 54; BVerwG 21.3.2007, BeckRS 2007, 23790; KRHS Rn. 26; *Engels* NZA 2007, 8 [11]; *Engels* FS Richardi, 2007, 519 [532]; *Engels* ArbuR 2009, 10 [73]; *Rixen* SoSi 2005, 152 [154 ff.]; *Schulze* NZA 2005, 1336); wohl auch *Zwanziger* AuR 2005, 8 [14], außer bei Heranziehungsbescheid, was nicht überzeugt (→ Rn. 54 f.).

201 Außer der **Wiederbesetzung freiwerdender Arbeitsplätze** wäre auch die Wahrnehmung von Mutterschutz-, Urlaubs- oder **Krankenvertretungen** durch **Ein-Euro-Jobber** oder der Versuch des ArbGeb., durch deren Einstellung die Verlängerung befristeter ArbVerh. oder eine sich daran anschließende unbefristete Beschäftigung zu verhindern, **unzulässig.** Generell als **nicht zusätzliche Arbeiten** sind Instandsetzungs-, Wartungs-, Erhaltungs- und Verwaltungsarbeiten sowie alle Tätigkeiten anzusehen, die ihrer Natur nach für eine ordnungsgemäße Aufgabenerledigung unaufschiebbar sind (Eicher/*Luik* SGB II/*Stölting* § 16d Rn. 22; *Engels* NZA 2007, 8 [11]). Indizien sind die Dauer der wöchentlichen Arbeitszeit (idR höchstens bis zu 30 Std.) und der Tätigkeit, die nur vorübergehend (befristet) sein sollte (*Rixen* SoSi 2005, 152 [156]). Die Prüffrage lautet: Kann man den Ein-Euro-Job hinwegdenken, ohne dass die standardgerechte Funktionsfähigkeit des konkreten Bereichs, in dem der Ein-Euro-Job verrichtet werden soll, entfällt (*Rixen* SoSi 2005, 152 [156]; Einzelheiten s. Eicher/*Luik* SGB II/*Stölting* § 16d Rn. 22 ff.).

Hat der **BR** eine **grds. positive Stellungnahme** zum generellen Einsatz von Ein-Euro-Jobbern gegenüber seinem ArbGeb. (Maßnahmeträger) abgegeben, so **verliert** der BR dadurch **nicht** sein **Zustimmungsverweigerungsrecht.** Er muss in jedem **Einzelfall** prüfen können, ob die konkrete Einstellung eines Ein-Euro-Jobbers tatsächlich der Deckung eines zusätzlichen Arbeitsbedarfs dient oder nicht und damit gesetzwidrig wäre (*Engels* FS Richardi, 2007, 519 [531 f.]). 202

Ein **Bundesfreiwilligendienstler** muss **arbeitsmarktneutral** eingesetzt werden (§ 3 Abs. 1 S. 2 BFDG). Bei mangelnder Arbeitsmarktneutralität des beabsichtigten Einsatzes, zB Substituierung bestehender Arbeitsplätze oder Verhinderung des Entstehens neuer Arbeitsplätze, berechtigen den BR zur Zustimmungsverweigerung wegen Gesetzesverstoßes (LAG BW 7.3.2016 – 4 BV 10/15, BeckRS 2016, 67822; **aA** ArbG Magdeburg 17.12.2015 – 6 BV 77/15, BeckRS 2016, 69150 u. *Becker* NZA 2016, 923). 202a

Ein Gesetzesverstoß ist auch gegeben, wenn der ArbGeb. einen ArbN, der die in § 4f Abs. 2 BDSG bzw. **§ 5 Abs. 3, 4** iVm **§ 1 Abs. 4 BDSG nF** und **§ 37 Abs. 5 DS-GVO** (s. dazu *Paal/Pauly* DS-GVO Art. 37 Rn. 13; *Niklas/Faas* NZA 2017, 1091, 1093) geforderten Qualifikationen (erforderliche Fachkunde, Zuverlässigkeit) nicht besitzt, zum **Datenschutzbeauftragten** bestellt (BAG 22.3.1994 – 1 ABR 51/93, AP BetrVG 1972 § 99 Versetzung Nr. 4 m. zust. Anm. *Wohlgemuth; Wohlgemuth* Datenschutz Rn. 743; DKKW/*Bachner* Rn. 198; *Schierbaum* AiB 2001, 512 [514 f.]; → Rn. 110; WHWS/*Kramer* A. X. Rn. **6; aA** ArbG München 7.4.1993 – 13 BV 24/93, RDV 1994, 258; HWGNRH/*Huke* Rn. 191; *Ehrich* MB bei betrieblichen Beauftragten S. 254 ff.). 203

Gleiches gilt für alle weiteren betrieblichen Beauftragten, bei denen das G die Bestellung von persönlichen oder fachlichen Qualifikationen abhängig macht (DKKW/*Bachner* Rn. 198; *Ehrich* MB bei betrieblichen Beauftragten S. 254 ff., der allerdings BAG 22.3.1994 – 1 ABR 51/93, AP BetrVG 1972 § 99 Nr. 4 Versetzung ablehnt; *Faber* AiB 1995, 28), insbes. bei den **betrieblichen Arbeitsschutz-** und/oder **Umweltschutzbeauftragten** (s. hierzu ausf. *Schierbaum/Nahrmann* AiB 1997, 36 ff.), wie zB beim Beauftragten für die Biologische Sicherheit (§§ 16 f. Gentechnik-SicherheitsVO), Strahlenschutzbeauftragten (vgl. § 29 StrahlenSchV, § 13 RÖV), Immissionsschutzbeauftragten (vgl. §§ 55 Abs. 1a, Abs. 2 S. 1, 58c Abs. 1 BImSchG), Störfallbeauftragten (§ 58a BImSchG), kerntechnischen Sicherheitsbeauftragten (§ 2 Atomrechtliche Sicherheitsbeauftragten- und MeldeVO), Gefahrgutbeauftragten (§ 2 Abs. 1 GefahrgutbeauftragtenVO), Betriebsbeauftragten für Abfall (§ 11c Abs. 2 S. 1 AbfG) sowie für die im Rahmen der Umweltbetriebsprüfung einzusetzenden internen und externen **Umweltgutachter** (vgl. Art. 3d, 4, Anh. II, III EG-VO Nr. 1836/93, § 4 AusführungsG, BGBl. 1995 I S. 1591; → Rn. 132). 204

Ein Gesetzesverstoß liegt auch dann vor, wenn die Versetzung eines **BR-Mitglieds** eine unzulässige Behinderung der BR-Arbeit (Verstoß gegen § 78) bedeutet (BAG 26.1.1993 – 1 AZR 303/92, AP BetrVG 1972 § 99 Nr. 102; DKKW/*Bachner* Rn. 197). 205

Bei **Einstellung,** Eingruppierung, Umgruppierung und Versetzung **ohne Beteiligung des BR** handelt es sich nur um einen Verfahrensverstoß. Nach stRspr des 206

BAG (12.1.2011 – 7 ABR 15/09, NZA-RR 2011, 574; 1.6.2011 – 7 ABR 138/09, BeckRS 2011, 78749) muss aber die **personelle Maßnahme selbst** gegen eine gesetzl. Vorschrift verstoßen.

207 Dieser Auffassung kann gefolgt werden, wenn man gleichzeitig davon ausgeht, **ohne** ordnungsgemäße und vollständige **Unterrichtung** des BR werde die **Wochenfrist** für dessen Stellungnahme überhaupt **nicht in Lauf gesetzt** (→ Rn. 177, 268), so dass der ArbGeb. die personelle Maßnahme noch nicht durchführen darf und ein Zustimmungsersetzungsantrag als unbegründet abzuweisen ist (HWGNRH/*Huke* Rn. 184). Holt der ArbGeb. die fehlende Unterrichtung im Zustimmungsersetzungsverfahren nach (zur Zulässigkeit BAG 18.3.2008 – 1 ABR 81/06, NZA 2008, 832 mwN), kann der BR innerhalb einer Woche weitere Zustimmungsverweigerungsgründe geltend machen. Dann steht der Zustimmungsersetzungsentscheidung die zunächst fehlende oder unvollständige Unterrichtung des BR nicht mehr entgegen (BAG 10.8.1993 – 1 ABR 22/93, NZA 1994, 187).

208 Ein **Gesetzesverstoß** liegt aber dann vor, wenn über die bloße Nichtbeachtung des Verfahrens nach § 99 hinaus ein weiterer Verstoß gegen ein Beteiligungsrecht des BR erfolgt. Das ist zB dann der Fall, wenn der ArbGeb. bei der Eingruppierung neu eingestellter ArbN derart vorgeht, dass er der **Eingruppierung** ein **Vergütungssystem** zugrunde legt, bei dem der **BR nicht** nach § 87 Abs. 1 Nr. 10 **beteiligt** worden ist (BAG 27.6.2000 – 1 ABR 36/99, AP BetrVG 1972 § 95 Eingruppierung Nr. 23); dies hat zur Folge, dass die Vergütungsordnung mit der vor der Änderung bestehenden Struktur weiter anzuwenden ist (BAG 23.10.2018 – 1 ABR 26/17, NZA 2019, 483; 21.3.2018 – 7 ABR 38/16, NZA 2018, 1090m Anm *Weller/Baudis* BB 2019, 948; 28.4.2009 – 1 ABR 97/07, NZA 2009, 1102) und sie bei Neueinstellungen Ansprüche auf eine höhere Vergütung als die vertraglich vereinbarte begründen kann (BAG 11.6.2002 – 1 AZR 390/01, AP BetrVG 1972 § 87 Lohngestaltung Nr. 113; AP BetrVG 1972 § 99 Eingruppierung Nr. 30; → Rn. 86).

208a Gleiches gilt, wenn außer der bloßen Nichtbeachtung des Verfahrens nach Abs. 1 der ArbGeb. dem Neueingestellten ein **Arbeitszeitfenster** zuweist, das dem mit dem BR in einer **BV** geregelten Dienst- bzw. Schichtplan **widerspricht** (*Bayreuther* NZA 2016, 921, 922).

209 Entspr. gilt, wenn der ArbGeb. zB **Teilzeitkräfte** einstellt, die **außerhalb** der durch BV geregelten **Arbeitszeit** eingesetzt werden sollen, und damit das MBR des BR verletzt (LAG BW 20.5.1999 – 19 TaBV 4/98, AiB 2000, 36 mAnm *Stather;* s. dagegen LAG Düsseldorf 29.8.2000 – 3 TaBV 53/00, NZA-RR 2001, 540).

209a Dagegen kann der BR einer **Eingruppierung** die Zustimmung nicht deshalb versagen, weil der ArbGeb. mit dem ArbN eine längere Arbeitszeit als die im Betrieb übliche vereinbart hat, da die Festlegung der Dauer der Wochenarbeitszeit keine nach § 87 Abs. 1 Nr. 10 mitbestimmungspflichtige Aufstellung eines Entlohnungsgrundsatzes ist (BAG 30.10.2001 – 1 ABR 8/01, AP BetrVG 1972 § 99 Eingruppierung Nr. 26). Gleiches gilt, wenn bei einer beabsichtigten Eingruppierung neu eingestellter ArbN der ArbGeb. die sich aus dem betrieblichen Entgeltsystem (→ Rn. 79a) ergebende Grundvergütung gleichmäßig reduzieren und eine jährliche Sonderzahlung nicht mehr in der bisherigen Höhe gewähren will (BAG 28.4.2009 – 1 ABR 97/07, NZA 2009, 1102).

209b Der BR kann einer **Eingruppierung** die Zustimmung nicht versagen, wenn sie den tariflichen Tätigkeitsmerkmalen entspricht, aber die tariflich vorgesehene Vergütung den gesetzlichen Mindestlohn unterschreitet. Der TV ist insoweit unwirksam und der ArbN hat gegenüber dem ArbGeb. einen Anspruch auf den Mindestlohn (§§ 1, 3 MiLoG; ArbG Dessau-Roßlau 12.8.2015 – 10 BV 4/15, zit. nach ArbRB 2015, 301).

210 Als **Gesetzesverstoß** ist **nicht** anzusehen eine Vertragsklausel über die Beendigung des ArbVerh. mit Vollendung des **65. Lebensjahres** (→ § 77 Rn. 61 ff.) oder eine vertraglich vorgesehene **Befristung** des ArbVerh. ohne rechtfertigenden Grund, also Verstoß gegen § 14 TzBfG, da dem BR **keine Vertragsinhaltskontrolle** des

Arbeitsvertrages hinsichtlich seiner wesentlichen Bestimmungen zusteht (stRspr, BAG 27.10.2010 – 7 ABR 86/09, NZA 2011, 418; → Rn. 162a; GK-BetrVG/*Raab* Rn. 185; MHdB ArbR/*Lunk* § 340 Rn. 64; *Worobjow* NZA 2019, 1023, 1027; **aA** Richardi BetrVG/*Thüsing* Rn. 211) und nicht die Einstellung, sondern uU die spätere Beendigung des ArbVerh. gesetzwidrig ist (BAG 16.7.1985 – 1 ABR 35/83, AP BetrVG 1972 § 99 Nr. 21; → Rn. 38f.; → § 102 Rn. 17).

Kein Gesetzesverstoß besteht bei Zweifeln über die Ausgestaltung von Teilzeitarbeitsverträgen nach §§ 6ff. TzBfG (so zur Vorgängerregelung in §§ 2–5 BeschFG LAG Düsseldorf 17.10.1985 – 13 (12) Ta BV 61/85, NZA 1986, 200; **aA** LAG BW 9.8.1985 – 6 TaBV 3/85, BB 1985, 2321). Der BR kann der Einstellung nicht die Zustimmung versagen, wohl aber beim ArbGeb. nach § 80 Abs. 1 Nr. 1, 4 vorstellig werden, ohne dass aber MBR erweitert würden. 211

Verstöße gegen eine Bestimmung in einem **TV** (BAG 27.10.2010 – 7 ABR 36/09, NZA 2011, 527), können den BR zur Verweigerung der Zustimmung nach Abs. 2 Nr. 1 auch dann berechtigen, wenn der TV nur kraft einzelvertraglicher Bezugnahme anwendbar ist (DKKW/*Bachner* Rn. 200; HWGNRH/*Huke* Rn. 195; GK-BetrVG/*Raab* Rn. 193f.; MHdB ArbR/*Lunk* § 340 Rn. 66, § 343 Rn. 25; Richardi BetrVG/*Thüsing* Rn. 225). Verstöße sind vor allem bei der **Eingruppierung** oder Umgruppierung (vgl. den Fall BAG 8.10.1985 – 1 ABR 40/83, AP BetrVG 1972 § 99 Nr. 22 betr. MTV über Verdienstsicherung im Alter) möglich, aber auch bei sonstigen Arbeitsbedingungen (DKKW/*Bachner* Rn. 200). Ein TV-Verstoß liegt auch bei einer zu hohen Eingruppierung (BAG 28.4.1998 – 1 ABR 50/97, AP BetrVG 1972 § 99 Eingruppierung Nr. 18) sowie bei Eingruppierung nach einem **falschen TV** vor (BAG 22.3.2005 – 1 ABR 64/03, BB 2005, 2024 mwN). Derartige Verstöße stehen aber einer Einstellung oder Versetzung auf einen bestimmten Arbeitsplatz nicht entgegen (BAG 18.3.2008 – 1 ABR 81/06, NZA 2008, 832). 212

Entspr. gilt bei Verstößen gegen **bindende Festsetzungen** in der **Heimarbeit,** die die Wirkung eines allgemeinverbindlichen TV haben (§ 19 Abs. 3 HAG). Verstöße sind hier insbes. bei der Zuweisung der Tätigkeiten der Heimarbeiter zu den in bindenden Festsetzungen vorgegebenen Entgeltgruppen möglich, die eine Eingruppierung ist (→ Rn. 88). Bei Nichtbeteiligung kann der BR die nachträgliche Einholung seiner Zustimmung mittels des MBSicherungsverfahrens nach § 101 verlangen (BAG 20.9.1990 – 1 ABR 17/90, AP BetrVG 1972 § 99 Nr. 83). 212a

Bei **Einstellungen** und **Versetzungen** liegt ein Zustimmungsverweigerungsgrund dann vor, wenn der Verstoß gegen den TV nur durch das Unterbleiben der personellen Maßnahme verhindert werden kann, also der TV die Beschäftigung als solche verbietet oder sie nur unter bestimmten Voraussetzungen erlaubt (BAG 27.10.2010 – 7 ABR 36/09, NZA 2011, 527; 8.12.2010 – 7 ABR 98/09, NZA 2011, 751; *D. Ulber* ArbuR 2013, 114). Solche Verbotsnormen enthalten zB sog **qualitative Besetzungsregeln.** Sie verbieten – insbes. aus Gründen des Schutzes vor Überforderung, der Förderung der Arbeitsqualität sowie des Beschäftigungsschutzes für Fachkräfte – auf bestimmten Arbeitsplätzen die Beschäftigung von ArbN, die bestimmte Anforderungen nicht erfüllen. Sie sind idR Betriebsnormen (§ 3 Abs. 2 TVG), die unabhängig von der Tarifbindung der ArbN für alle Betriebe eines tarifgebundenen ArbGeb. gelten (BAG 18.3.2008 – 1 ABR 81/06, NZA 2008, 832; 27.10.2010 – 7 ABR 36/09, NZA 2011, 527 mwN). Ein tarifvertragliches Höchstalter von 32 Jahren u. 364 Tagen für Einstellungen von **Piloten** ist wegen Verstoßes gegen das Verbot der Altersdiskriminierung des § 7 Abs. 1 AGG unwirksam und deshalb kein Zustimmungsverweigerungsgrund (BAG 8.12.2010 – 7 ABR 98/09, BeckRS 2011, 72342). 212b

Ein Beschäftigungsschutz für die Stammbelegschaft kann durch einen **TV** zur Regelung des Einsatzes von **LeihArbN** im Entleiherbetrieb sichergestellt werden. So kann zB in einem solchen TV der Begriff „vorübergehend" iSv § 1 Abs. 1 S. 4 AÜG für eine zulässige Einsatzzeit von LeihArbN über die gesetzliche Höchstgrenze von 18 Monaten hinaus festgelegt (§ 1 Abs. 1b AÜG nF; → § 5 Rn. 251ff.) und mit 212c

Geltung auch für Kettenüberlassungen/rollierende Systeme (→ Rn. 189c) konkretisiert werden, eine **Quotenregelung** für die Festlegung einer LeihArbN-Höchstzahl (→ Rn. 192b) sowie bestimmte **Sachgründe** für den Einsatz von LeihArbN vorgeschrieben werden (vgl. TV zwischen Südwestmetall und IG Metall zur Leih-/Zeitarbeit v. 31.5.2017; TV bayerische Metall-/Elektroindustrie und IG Metall v. 23.5.2017). Die durch TV fixierten Grenzen des LeihArbN-Einsatzes sind Bestimmungen iSv Abs. 2 Nr. 1, die den BR zur Zustimmungsverweigerung berechtigen, wenn der ArbGeb. eine durch den TV nicht gedeckte Einstellung von LeihArbN beabsichtigt (DKKW/*Bachner* Rn. 200; *Krause* NZA 2012, 830 [832]; *D. Ulber* ArbuR 2013, 114f.).

212d **Qualitative Besetzungsregeln** sind im Wege der Tarifauslegung von tariflichen Vorschriften zur tarifgerechten Eingruppierung abzugrenzen. Diese sind idR Inhaltsnormen (§ 4 Abs. 1 S. 1 TVG). Ein Verstoß gegen sie stellt keinen Zustimmungsverweigerungsgrund bei Einstellung oder Versetzung dar (→ Rn. 212). Wegen der mit qualitativen Besetzungsregeln verbundenen Eingriffe in die negative Koalitionsfreiheit der nichtorganisierten ArbN und in deren Berufsausübungsfreiheit (Art. 12 Abs. 1 GG) können sie bei Auslegungsschwierigkeiten nur mit großer Zurückhaltung angenommen werden (BAG 18.3.2008 – 1 ABR 81/06, NZA 2008, 832).

213 Als qualitative Besetzungsregeln in Form von **Abschlussverboten** kommen zB Ausschluss von Jugendlichen, Kindern oder von ungelernten Arb. von der Beschäftigung an bestimmten Arbeitsplätzen, Verbot einer Einstellung ohne Zustimmung des BR, Verbot der Unterschreitung einer Mindestarbeitszeit in Betracht (BAG 28.1.1992 – 1 ABR 45/91, AP BetrVG 1972 § 99 Nr. 95; DKKW/*Bachner* Rn. 200). Lässt eine tarifliche Regelung **befristete Arbeitsverträge** nur bei Vorliegen eines sachlichen oder in der Person des ArbN gegebenen Grundes zu, so handelt es sich dabei idR nicht um eine Norm, deren Verletzung eine Zustimmungsverweigerung nach Abs. 2 Nr. 1 begründen kann (BAG 28.6.1994 – 1 ABR 59/93, AP BetrVG 1972 § 99 Einstellung Nr. 4; → Rn. 210).

214 Die Verletzung qualitativer Besetzungsregeln in Form tariflicher **Abschlussgebote** begründet ebenfalls ein Verweigerungsrecht, zB: Bestimmungen, wonach bestimmte Arbeitsplätze gewissen Gruppen von ArbN vorbehalten bleiben sollen (Frauen mit dem Ziel der Verwirklichung einer zwecks Frauenförderung vorgesehenen Quotenregelung (→ § 75 Rn. 120ff.), Schwerbehinderte, ältere ArbN, Besetzungsregelungen im MTV Druckindustrie, BAG 22.1.1991 – 1 ABR 19/90, AP GG Art. 12 Nr. 67). Auch gegen eine Wiedereinstellungsklausel nach Abschluss eines Arbeitskampfes kann verstoßen werden, wenn der seitherige Arbeitsplatz des Streikenden anderweit besetzt werden soll (DKKW/*Bachner* Rn. 200).

215 Schreibt eine **Betriebsnorm** vor, **welcher Prozentsatz** der Belegschaft **mit einer verlängerten regelmäßigen Arbeitszeit** beschäftigt werden darf, und verlangt sie die Einhaltung der festgesetzten Quote nicht durchgängig, sondern nur zu bestimmten, halbjährigen Stichtagen und überlässt sie allein dem ArbGeb., wie er dieses Ergebnis erreicht, so kann der BR einer Einstellung nicht mit der Begründung widersprechen, die mit dem einzustellenden ArbN vereinbarte Arbeitszeit verstoße gegen den TV, weil die Quote der Betriebsnorm bereits erfüllt sei und durch die Neueinstellung überschritten werde. Denn die Stichtagsregelung soll dem ArbGeb. erkennbar einen zeitlichen Spielraum eröffnen und einer flexiblen Personalwirtschaft Rechnung tragen mit der Folge, dass der ArbGeb. nur einen termingerechten Gesamterfolg, nämlich ausschließlich an den Stichtagen, schuldet. Ist also der ArbGeb. nicht hinsichtlich einzelner personeller Maßnahmen gebunden, kann der BR seine Zustimmung auch nicht damit begründen, die Quote sei ausgeschöpft (BAG 17.6.1997 – 1 ABR 3/97, AP TVG § 3 Betriebsnormen Nr. 2 mit krit. Anm. *Herbst;* ähnlich LAG Nds 28.5.1998 – 1 TaBV 41/97, BB 1998, 1535 mAnm *Feil,* das dem BR einen Unterlassungsanspruch versagt).

216 Vorbehaltlich des Vorrangs des TV (§ 77 Abs. 3, § 87 Abs. 1 S. 1) kann auch eine **BV** Bestimmungen über personelle Maßnahmen enthalten, deren Verletzung zur

Verweigerung der Zustimmung berechtigt, zB Arbeitsplatzsicherungen oder Wiedereinstellungsansprüche in einem Sozialplan (BAG 18.12.1990 – 1 ABR 37/90, AP BetrVG 1972 § 99 Nr. 85; DKKW/*Bachner* Rn. 201; GK-BetrVG/*Raab* Rn. 196; HWGNRH/*Huke* Rn. 200; Richardi BetrVG/*Thüsing* Rn. 229), konkretisierende Regelungen zum Einsatz von **LeihArbN** im Entleiherbetrieb (zu möglichen Regelungsgegenständen → Rn. 192af., 212b), ausdrückliches Verbot der Beschäftigung über eine Altersgrenze von 65 (67) Jahren hinaus (BAG 10.3.1992 – 1 ABR 67/91, AP BetrVG 1972 § 99 Nr. 96; ausf. zu dieser Frage → § 77 Rn. 62), Vereinbarungen über die Nichtverwendung von aus technischen Überwachungseinrichtungen gewonnenen Daten zu Personalentscheidungen, über den Versetzungsplan für Auszubildende zur Regelung des Durchlaufens der einzelnen Abteilungen (→ § 98 Rn. 5), Beteiligung des BR bei Einstellungsgesprächen (LAG Bln 11.2.1985 – 9 TaBV 5/84, NZA 1985, 604; → Rn. 39). Wegen AuswahlRL → Rn. 219.

Eine personelle Maßnahme, insbes. eine Einstellung entgegen einer **rechtskräftigen gerichtlichen Entscheidung** liegt vor, wenn die Beschäftigung eines bestimmten ArbN im Betrieb oder doch an einem bestimmten Arbeitsplatz verboten und dies gerichtlich festgestellt worden ist. ZB in den Fällen der **§§ 100 Abs. 3, 101, 104** (insoweit **aA** *Heinze* Personalplanung Rn. 305), ferner bei gerichtlichem Berufsverbot nach **§ 70 StGB,** zB für einen Arzt, der als Betriebsarzt eingestellt werden soll, für einen Kraftfahrer, § 44 StGB (DKKW/*Bachner* Rn. 202; HWGNRH/*Huke* Rn. 202; MHdB ArbR/*Lunk* § 340 Rn. 67; Richardi BetrVG/*Thüsing* Rn. 230; **aA** betr. Fahrverbot GK-BetrVG/*Raab* Rn. 197). Wird der ArbGeb. verurteilt, einen ArbN zu den bestehenden vertraglichen Bedingungen zu beschäftigen, ohne dass der Inhalt der Arbeitsaufgaben des ArbN Streitgegenstand war, so verstößt eine Versetzung des ArbN nicht gegen die Entscheidung (BAG 26.10.2004 – 1 ABR 45/03, AP BetrVG 1972 § 99 Versetzung Nr. 41). 217

Eine **behördliche Anordnung** wird einer personellen Maßnahme nur selten im Wege stehen. In Frage kommt die behördliche Untersagung des Einstellens von Auszubildenden und des Ausbildens, wenn die persönliche oder fachliche Eignung nicht (mehr) vorliegt (§§ 27, 33 BBiG, §§ 22, 24 HandwO, → § 98 Rn. 13), Verbot der Beschäftigung von Jugendlichen (§ 27 JArbSchG). Ferner sind zu nennen Anordnungen auf Grund von Ermächtigungen in VO über den Arbeitsschutz. 218

2. Verstoß gegen Auswahlrichtlinien nach § 95

Die Verletzung von AuswahlRL berechtigt den BR zur Verweigerung der Zustimmung zu der personellen Maßnahme, und zwar gleichgültig, ob der BR die Aufstellung von RL verlangen konnte (§ 95 Abs. 2) oder sie nur bei freiwilliger Einführung in ihrer Ausgestaltung dem MBR des BR unterlagen (§ 95 Abs. 1). Es kommt dann nicht darauf an, ob die Verweigerung der Zustimmung „unangemessen" ist (so aber *Blomeyer* Gedächtnisschrift *Dietz* S. 165; wie hier: DKKW/*Bachner* Rn. 204; GK-BetrVG/*Raab* Rn. 200; HWGNRH/*Huke* Rn. 204; MHdB ArbR/*Lunk* § 340 Rn. 68; Richardi BetrVG/*Thüsing* Rn. 232). Unerheblich ist auch, ob die AuswahlRL als BV oder Regelungsabrede erlassen worden sind. Über AuswahlRL kann der BR insb. über die personelle Zusammensetzung der Belegschaft (Auszubildende, befristet Beschäftigte, LeihArbN, Fremdfirmen-ArbN) Einfluss nehmen (vgl. *Ulber* AÜG § 14 Rn. 221f.) Näheres vgl. die Kommentierung zu § 95. 219

3. Besorgnis der Benachteiligung anderer Arbeitnehmer des Betriebes

Der Tatbestand der Nr. 3 ist gegeben, wenn die durch bestimmte Tatsachen – die vom BR anzuführen sind – belegte **Besorgnis** besteht, dass durch die vorgesehene personelle Maßnahme einem schon im Betrieb beschäftigten **anderen ArbN gekündigt** werden muss (BAG 15.9.1987 – 1 ABR 29/86, AP BetrVG 1972 § 99 Nr. 45 betr. Versetzung eines ArbN, dessen Arbeitsplatz wegfällt; nach BAG ist aber 220 die Zustimmung zu ersetzen, wenn nach den Grundsätzen der sozialen Auswahl gerade dem ArbN gekündigt werden muss, dessen Arbeitsplatz der zu versetzende ArbN einnehmen soll; DKKW/*Bachner* Rn. 205, 209) oder dass diesem doch **sonstige Nachteile** drohen, zB Zuweisung eines anderen Arbeitsbereichs oder auch eines anderen Arbeitsplatzes unter Verschlechterung oder Erschwerung der Arbeitsbedingungen. Regelungszweck ist die Erhaltung des status quo der im Betrieb beschäftigten ArbN (BAG 26.10.2004 – 1 ABR 45/03, AP BetrVG 1972 § 99 Versetzung Nr. 41).

220a Erfolgt die Überlassung eines **LeihArbN** an den Entleiher über die gesetzlich oder tarifliche geregelte **Höchstdauer** (→ § 5 Rn. 251 ff.) hinaus, so ist ein Austausch von Stammpersonal durch LeihArbN im Entleiher-Betrieb zu befürchten, so dass außer dem Zustimmungsverweigerungsgrund nach Nr. 1 (→ Rn. 189g) der nach Nr. 3 vorliegt (*Ulber* AÜG § 14 Rn. 223; *Ulber* AiB 2011, 351 [355]; *Löwisch* DB 2017, 1449, 1450 f.; einschränkend *Linsenmaier/Kiel* RdA 2014, 135 [155]). Ist zu besorgen, dass wegen einer auch nur **vorübergehenden** Einstellung eines LeihArbN ein StammArbN gekündigt oder auf einen schlechteren Arbeitsplatz versetzt wird, kann der BR seine Zustimmung zur Einstellung des LeihArbN nach Nr. 3 versagen (DKKW/*Bachner* Rn. 212; → Rn. 224). Dagegen reicht ein Verstoß des ArbGeb. gegen seine Informationspflicht nach § 13a AÜG und seine Verpflichtung nach § 13b AÜG schon deshalb nicht für eine Zustimmungsverweigerung nach Nr. 3 aus, weil es an einer personellen Einzelmaßnahme fehlt (*Ulber* AiB 2012, 7 [10]; **aA** GK-BetrVG/*Raab* Rn. 280).

220b Beim Einsatz von **FremdfirmenArbN,** der mit einer Einstellung iSv Abs. 1 verbunden ist (→ Rn. 63 ff.), begründet allein der Umstand, dass der ArbGeb. zur Verwirklichung des arbeitstechnischen Betriebszwecks auf die Einschaltung von Fremdfirmen setzt und dadurch StammArbN ihren Arbeitsplatz verlieren, keine Zustimmungsverweigerung nach Nr. 3 (→ Rn. 238). Das ist aber dann anders, wenn sich der ArbGeb. im Wege einer unzulässigen Austauschkündigung (BAG 16.12.2004 – 2 AZR 66/04, AP KSchG 1969 § 1 Betriebsbedingte Kündigung Nr. 133; ErfK/*Oetker* KSchG § 1 Rn. 275) von Stammkräften trennen will, also die bisherigen betrieblichen Arbeitsplätze nicht wegfallen, sondern auf ihnen FremdfirmenArbN statt (teurer) StammArbN eingesetzt werden sollen.

221 Übernimmt ein ArbN **während der Elternzeit** auf Grund einer nachträglichen Vereinbarung mit dem ArbGeb. auf seinem bisherigen Arbeitsplatz **aushilfsweise** eine befristete **Teilzeitbeschäftigung,** so liegt darin eine Einstellung (→ Rn. 45), gegen die der BR uU Zustimmungsverweigerungsgründe nach Nr. 3 geltend machen kann, wenn das vorübergehend frei gewordene Arbeitsvolumen anderen ArbN übertragen worden ist (BAG 28.4.1998 – 1 ABR 63/97, AP BetrVG 1972 § 99 Einstellung Nr. 22; *Preis/Lindemann* NZA-Sonderheft 2001, 37).

222 Gibt es im Betrieb **Teilzeitarbeitsplätze** oder werden solche geschaffen und will der ArbGeb. diese oder auch nur einen davon mit externen Bewerbern besetzen, kann der BR diesen Einstellungen die Zustimmung nach Nr. 3 versagen. Denn mit der Einstellung der externen Bewerber würden im Betrieb beschäftigte VollzeitArbN mit Wunsch nach Teilzeit den Nachteil erleiden, dass ihr gesetzlicher **Anspruch** auf **Arbeitszeitverringerung** nach §§ 8, 9a TzBfG (→ § 5 Rn. 160 ff.) vereitelt oder zumindest erschwert wird (MHdB ArbR/*Lunk* § 340 Rn. 74; *Preis/Lindemann* NZA-Sonderheft 2001, 37). Gleiches gilt, wenn ArbN aus einem anderen Betrieb des Unternehmens auf diese Teilzeitstellen versetzt werden sollen.

223 Will der ArbGeb. einen **Vollzeitarbeitsplatz,** der sich für Teilzeit eignet (→ § 93 Rn. 17), mit einem VollzeitArbN besetzen, kann der BR ebenfalls die Zustimmung zu der Einstellung oder einer eventuellen Versetzung verweigern, da auch in diesem Fall der Anspruch von an Teilzeit interessierten ArbN auf Arbeitszeitverringerung nach §§ 8, 9a TzBfG unterlaufen und ihnen damit ein Nachteil entstehen würde. Dabei ist es für die Nr. 3 unerheblich, ob der ArbGeb. der Ausschreibungs- und Informationspflicht nach § 7 TzBfG nachgekommen ist oder nicht.

Hat ein teilzeitbeschäftigter ArbN den Anspruch auf **Verlängerung seiner Arbeitszeit** nach § 9 TzBfG geltend gemacht und beabsichtigt der ArbGeb., den entspr. freien Arbeitsplatz mit einem externen Bewerber durch Einstellung oder mit einem anderen VollzeitArbN des Betriebs oder eines anderen Betriebs des Unternehmens im Wege der Versetzung zu besetzen, so steht dem BR das Zustimmungsverweigerungsrecht der Nr. 3 zu. Denn bei anderweitiger Besetzung des freien Arbeitsplatzes erleidet der an Vollzeit interessierte TeilzeitArbN den Nachteil, dass er seinen Rechtsanspruch nach § 9 TzBfG nicht durchsetzen kann (BAG 1.6.2011 – 7 ABR 117/09, NZA 2011, 1435; LAG BW 21.3.2013 – 6 TaBV 9/12, BeckRS 2013, 67559; GK-BetrVG/*Raab* Rn. 212; Richardi BetrVG/*Thüsing* Rn. 245; *Plum* DB 2011, 2916 [2919]; *Schüren* ArbuR 2001, 321 [323]; *Preis/Lindemann* NZA-Sonderheft 2001, 34f. sehen Nr. 1 erfüllt); das gilt auch bei Einsatz eines LeihArbN (*Plum* DB 2011, 2916 [2919]). Der ArbN muss seinen Wunsch auf Verlängerung seiner Arbeitszeit gegenüber dem ArbGeb. **geltend gemacht,** also ein entspr. Vertragsangebot dem ArbGeb. unterbreitet haben; die Mitteilung des Wunsches auf Aufstockung der Arbeitszeit (§ 7 Abs. 2 TzBfG) reicht für den Zustimmungsverweigerungsgrund der Nr. 3 nicht aus (BAG 1.6.2011 – 7 ABR 117/09, BeckRS 2011, 76301). 224

Ein Anspruch auf Verlängerung der vertraglichen Arbeitszeit besteht nur, wenn ein **freier Arbeitsplatz** (Def. in § 9 Abs. 2 TzBfG) besetzt werden soll (BAG 18.7.2017 – 9 AZR 259/16, NZA 2017, 1401). Das ist bei nur einer befristeten Einstellung zur Vertretung des erkrankten ArbN nicht der Fall (LAG SchlH 26.8.2008 – 5 TaBV 18/08, NZA-RR 2009, 139). Der ArbGeb. ist auch nicht verpflichtet, einzurichtende und zu besetzende Arbeitsplätze nach den Arbeitszeitwünschen eines ArbN zu schaffen, zuzuschneiden oder ihm die für einen anderen (Teilzeit-)Arbeitsplatz vorgesehene Arbeitszeit ganz oder teilweise zuzuteilen (BAG 1.6.2011 – 7 ABR 117/09, NZA 2011, 1435), wie zB einen freien Teilzeitarbeitsplatz zu splitten, um die vertragliche Arbeitszeit eines TeilzeitArbN auf 100% einer Vollzeitarbeitsstelle aufzustocken (LAG SchlH 26.8.2008 – 5 TaBV 18/08, NZA-RR 2009, 139). Andererseits kann der gesetzliche Anspruch auf Berücksichtigung von Verlängerungswünschen nicht dadurch unterlaufen werden, dass ohne Rücksicht auf arbeitsplatzbezogene Erfordernisse ausschließlich Teilzeitstellen mit einem ganz bestimmten Stundenmaß eingerichtet werden (LAG BW 21.3.2013 – 6 TaBV 9/12, BeckRS 2013, 67559). 224a

Machen **mehrere teilzeitbeschäftigte ArbN** den Anspruch nach § 9 TzBfG geltend und sind weniger freie Arbeitsplätze vorhanden, kann der BR nur dann nach Nr. 3 tätig werden, wenn die Erhöhung der Arbeitszeit nach der Rspr. des BAG (25.1.2005 – 1 ABR 59/03, AP BetrVG 1972 § 87 Arbeitszeit Nr. 114; abl. *Hunold* NZA 2005, 910) als **neuerliche Einstellung** zu werten ist (→ Rn. 40f.) oder die Besetzung der freien Arbeitsplätze mit einer Versetzung oder Umgruppierung verbunden ist (→ Rn. 42). 225

Die personelle Maßnahme muss nicht zu einer Beendigungskündigung führen, eine infolge der Einstellung oder Versetzung zu befürchtende **Änderungskündigung** reicht aus (BAG 30.8.1995 – 1 ABR 11/95, AP BetrVG 1972 § 99 Versetzung Nr. 5; Richardi BetrVG/*Thüsing* Rn. 241). 226

Fallen bei einer **Betriebsänderung** Arbeitsplätze mehrerer vergleichbarer ArbN weg und stehen nur für einen Teil dieser ArbN Beschäftigungsmöglichkeiten zur Verfügung, so dass eine Sozialauswahl (§ 1 Abs. 3 KSchG) zu erfolgen hat, so begründet die Versetzung eines ArbN auf einen freien Arbeitsplatz die Besorgnis, dass einem anderen ArbN infolge dieser Maßnahme gekündigt wird (BAG 30.8.1995 – 1 ABR 11/95, AP BetrVG 1972 § 99 Versetzung Nr. 5; 2.4.1996 – 1 ABR 39/95, AP BetrVG 1972 § 99 Versetzung Nr. 9; LAG Köln 15.8.1996 – 5 (4) TaBV 26/96, NZA 1997, 887; → Rn. 243; **aA** *Löwisch/Kaiser* Rn. 79f.; *Löwisch* RdA 1996, 352 [354]). 227

Auch **tatsächliche, nicht unerhebliche Erschwerungen** der Arbeit rechnen hierher, zB Verdopplung des Verantwortungsbereichs für einen Schichtleiter durch 228

Versetzung des zweiten Schichtleiters der Abteilung (BAG 15.9.1987 – 1 ABR 44/86, AP BetrVG 1972 § 99 Nr. 46; DKKW/*Bachner* Rn. 210; HWGNRH/*Huke* Rn. 209; *v. Hoyningen-Huene/Boemke* Versetzung S. 176), erhebliche Mehrarbeit eines StammArbN zwecks **Einarbeitung** eines **LeihArbN** (*Wensing/Freise* BB 2004, 2238 ff.) oder andere Formen der Leistungsverdichtung (DKKW/*Bachner* Rn. 215).

229 Nachteil iSd Nr. 3 ist auch die Versagung der beruflichen Entwicklung anderer ArbN, wenn hierauf ein **Rechtsanspruch** oder mindestens eine **rechtserhebliche Anwartschaft, nicht nur eine Chance** oder eine bloße Erwartungshaltung, besteht (stRspr, BAG 26.10.2004 – 1 ABR 45/03, AP BetrVG 1972 § 99 Versetzung Nr. 41 mwN; 17.6.2008 – 1 ABR 20/07, AP BetrVG 1972 § 99 Versetzung Nr. 46; *Heinze* Personalplanung Rn. 314; HWGNRH/*Huke* Rn. 210; MHdB ArbR/*Lunk* § 340 Rn. 73; Richardi BetrVG/*Thüsing* Rn. 243 f.; **aA** DKKW/*Bachner* Rn. 210). Der Verlust einer **Beförderungschance** ist nur dann rechtlich nachteilig, wenn dadurch eine Rechtsposition des nicht beförderten ArbN gefährdet wird; es gibt keinen allgemeinen Anspruch des ArbN auf Beförderung (BAG 18.9.2002 – 1 ABR 56/01, AP BetrVG 1972 § 99 Versetzung Nr. 31). Wird eine Beförderung unter Verstoß gegen AuswahlRL iSd § 95 oder des Gleichbehandlungsgrundsatzes gem. § 75 Abs. 1 vorgenommen, so ist dies ein Rechtsverstoß nach Abs. 2 Nr. 1 u. 2 (BAG 18.9.2002 – 1 ABR 56/01, AP BetrVG 1972 § 99 Versetzung Nr. 31).

230 Nach der mit dem BetrVerf-ReformG erfolgten Ergänzung in Nr. 3 Hs. 2 gilt auch die Nichtberücksichtigung eines gleichgeeigneten **befristet Beschäftigten** bei unbefristeter Einstellung als Nachteil. Dieser Zustimmungsverweigerungsgrund steht im Zusammenhang mit den Informationsrechten nach §§ 18, 20 TzBfG (GK-BetrVG/*Raab* Rn. 209 f.; *Löwisch* BB 2001, 1734 [1795]). Es muss um eine Neueinstellung eines externen Bewerbers oder um eine Einstellung im Zuge einer Versetzung eines ArbN aus einem anderen Betrieb des Unternehmens (*Löwisch/Kaiser* Rn. 88; Richardi BetrVG/*Thüsing* Rn. 246; *Fuchs* AiB 2002, 511; *Oetker,* NZA 2003, 938; **aA** ErfK/*Kania* Rn. 31a; *Rieble* NZA Sonderheft 2001, 56 f.) gehen; dem externen Bewerber soll also ein unbefristetes ArbVerh. angeboten werden, bzw. der den Betrieb wechselnde ArbN steht in einem unbefristeten ArbVerh. und soll einen neu geschaffenen oder frei gewordenen Dauerarbeitsplatz in einem anderen Betrieb mit befristet Beschäftigten einnehmen.

231 Nur unter vorgenannten Voraussetzungen kann der **BR mittels** seines **Zustimmungsverweigerungsrechts** dafür sorgen, dass befristet Beschäftigte, die noch nicht aus dem Betrieb ausgeschieden sind (ArbG Frankfurt a. M. 5.12.2001 – 2 BV 567/01, NZA-RR 2002, 474), unabhängig vom Grund der Befristung, also auch bei Befristungen auf Probe (*Oetker* NZA 2003, 941; *Löwisch/Kaiser* Rn. 88), in ein **Dauerarbeitsverhältnis** wechseln können (*Engels/Trebinger/Löhr-Steinhaus* DB 2001, 532 [539]). Dagegen ist unerheblich, ob die Tätigkeit des befristet Beschäftigten den Tätigkeitsmerkmalen des zu besetzenden Dauerarbeitsplatzes entspricht. Allein entscheidend ist, ob Erfahrung, Kenntnisse, Ausbildung etc. die gleiche Eignung des befristet Beschäftigten begründen (**aA** *Preis/Lindemann* NZA-Sonderheft 2001, 35; *Rieble* NZA Sonderheft 2001, 56 f.).

232 Die Einstellung eines **LeihArbN** zu vorübergehendem Einsatz im Entleiher-Betrieb ist kein Fall der Nr. 3 Hs. 2. Hier geht es nicht um die Besetzung eines Dauerarbeitsplatzes durch einen Bewerber, mit dem der befristet Beschäftigte in Konkurrenz tritt, sondern um die Besetzung eines Arbeitsplatzes für Fremdpersonal (BAG 25.1.2005 – 1 ABR 61/03, AP BetrVG 1972 § 99 Einstellung Nr. 48; vgl. *Düwell/Dahl* NZA 2007, 889 [892 f.]; s. aber *Hamann* RdA 2011, 321 [336] unter Hinweis auf § 13a AÜG), es sei denn, der LeihArbN soll unzulässigerweise nicht nur vorübergehend auf einem Dauerarbeitsplatz eingesetzt werden. Dann kann der BR seine Zustimmung sowohl auf Nr. 1 (→ Rn. 189g) als auch auf Nr. 3 stützen (vgl. *Linsenmaier/Kiel* RdA 2014, 135 [155]).

233 Bei der Frage der **gleichen Eignung** steht dem ArbGeb. letztlich ein Beurteilungsspielraum zu, da er innerhalb seiner betrieblichen Organisationsfreiheit den Inhalt der an einem Arbeitsplatz zu erbringenden Tätigkeit und das dazu notwendige Anforderungsprofil bestimmen kann (GK-BetrVG/*Raab* Rn. 218; Richardi BetrVG/*Thüsing* Rn. 246; *Däubler* ArbuR 2001, 290; *Hanau* ZIP 2001, 1981 [1987]; *Konzen* RdA 2001, 76 [92]; *Preis/Lindemann* NZA-Sonderheft 2001, 35; *Rieble* NZA Sonderheft 2001, 57). Die pauschale Behauptung, der befristet Beschäftigte sei nicht gleichgeeignet, reicht dagegen nicht aus. Der ArbGeb. muss sich auf das objektive Vorhandensein von Tatsachen berufen können, die die Eignung oder Nichteignung des befristet Beschäftigten belegen (*Preis/Lindemann* NZA-Sonderheft 2001, 35). Tut er dies nicht, greift Nr. 3 Hs. 2. Um in dieser Frage Streit möglichst zu vermeiden, empfiehlt sich die Vereinbarung von Auswahlrichtlinien nach § 95 (ebenso *Oetker,* NZA 2003, 943).

Nr. 3 Hs. 2 ist über seinen Wortlaut hinaus immer dann anwendbar, wenn ein Arbeitsvertrag befristet abgeschlossen worden ist, unabhängig davon, ob die Befristung wirksam oder unwirksam ist (MHdB ArbR/*Lunk* § 340 Rn. 73). Selbst wenn der ArbN die **Unwirksamkeit** der **Befristung geltend gemacht** hat und es noch keine rechtskräftige Feststellung der Unwirksamkeit gibt, kann der BR seine Zustimmung verweigern (*Oetker,* NZA 2003, 941; *Preis/Lindemann* NZA-Sonderheft 2001, 47; *Rieble* NZA-Sonderheft 2001, 57). **234**

Beim **„betriebsinternen Wettbewerb“** um einen unbefristeten Arbeitsplatz greift Nr. 3 Hs. 2 nicht, wenn ein solcher Arbeitsplatz innerhalb des Betriebs vergeben wird und sich mehrere betriebsangehörige befristet (und unbefristet) Beschäftigte bewerben (HWGNRH/*Huke* Rn. 213; *Hanau* ZIP 2001, 1981 [1987]; **aA** *Oetker,* NZA 2003, 939 bei Übernahme eines Auszubildenden des Betriebs in ein unbefristetes ArbVerh.). Konkurriert ein TeilzeitArbN, der die Verlängerung seiner Arbeitszeit nach **§ 9 TzBfG** verlangt, mit einem befristet Beschäftigten, wird dem Teilzeiter der Vorrang einzuräumen sein, da er einen entspr. Rechtsanspruch hat (GK-BetrVG/*Raab* Rn. 212; *Hanau* ZIP 2001, 1981 [1987]; *Oetker,* NZA 2003, 939; **aA** *Fuchs* AiB 2002, 511). Das gilt auch dann, wenn ein externer Bewerber unbefristet eingestellt werden soll. **235**

In dem Fall, dass in einem Betrieb nur wenige **befristet Beschäftigte** tätig sind und dem BR bekannt ist, dass diese **kein Interesse** an einer unbefristeten Beschäftigung haben, ist für sie weder ein „Nachteil“ zu befürchten, noch kann von einer „Nichtberücksichtigung“ die Rede sein, so dass in diesem Ausnahmefall Nr. 3 Hs. 2 nicht erfüllt ist und dem BR kein Zustimmungsverweigerungsrecht zusteht (GK-BetrVG/*Raab* Rn. 216; *Fuchs* AiB 2002, 511; *Oetker* NZA 2003, 942). Gleiches gilt, wenn der BR keinen befristet Beschäftigten konkret benannt hat; dessen bedarf es aber, um die gleiche Eignung (→ Rn. 233) beurteilen zu können (BAG 25.1.2004 – 1 ABR 61/03, DB 2005, 1693). **236**

Die Annahme des BR, ein anderer ArbN sei geeigneter, reicht allein als Zustimmungsverweigerungsgrund nicht aus (GK-BetrVG/*Raab* Rn. 204), ebenso nicht der vorgesehene Abbau von Überstunden wegen Neueinstellungen (DKKW/*Bachner* Rn. 215; HWGNRH/*Huke* Rn. 209; *Richard/Thüsing* Rn. 245; **aA** GK-BetrVG/*Raab* Rn. 219), vorbehaltlich des MBR nach § 87 Abs. 1 Nr. 3 (→ § 87 Rn. 140ff.; → § 102 Rn. 97), wohl aber Kurzarbeit wegen nicht notwendiger Einstellungen und Überstunden wegen Versetzungen (DKKW/*Bachner* Rn. 215; HWGNRH/*Huke* Rn. 209; Richardi BetrVG/*Thüsing* Rn. 245). **237**

Selbst wenn ein Nachteil iSd Nr. 3 vorliegt, greift dieser Zustimmungsverweigerungsgrund nicht, wenn die Maßnahme durch **betriebliche oder persönliche Gründe gerechtfertigt** ist, also auch zu einer Kündigung führen könnte oder schon geführt hat. Dafür trägt der ArbGeb. die Darlegungslast (DKKW/*Bachner* Rn. 222; HWGNRH/*Huke* Rn. 211; MHdB ArbR/*Lunk* § 340 Rn. 76; Richardi BetrVG/*Thüsing* Rn. 251). Solche Gründe sind zB die Notwendigkeit, einen bes. qualifizierten ArbN – auch gegen höheren Lohn – zu gewinnen oder einen solchen auf einem Arbeitsplatz einzusetzen, den ein ungeeigneter ArbN innehat, dessen befristeter Arbeitsvertrag nicht verlängert wird (vgl. *Ehrich* BB 1992, 1483). Hierher gehört auch **238** die unternehmerische Entscheidung, Tätigkeiten, die bisher von StammArbN verrichtet worden sind, von Fremdfirmen im Rahmen von Dienst- oder Werkverträgen erledigen zu lassen und dazu FremdfirmenArbN einzustellen (→ Rn. 63 ff.). Eine Benachteiligung von ArbN des Betriebes infolge geplanter personeller Maßnahme aus betriebsbedingten oder personen- bzw. verhaltensbedingten Gründen berechtigt daher den BR nicht, die Zustimmung zu einer Ersatzeinstellung zu verweigern (aber → Rn. 220b); allerdings ist er auch in diesem Fall nach § 99 zwecks Prüfung der vorgenannten Notwendigkeiten und nach § 102 zu beteiligen (vgl. DKKW/*Bachner* Rn. 222; **aA** HWGNRH/*Huke* Rn. 211). Dem ArbGeb. steht ein gewisser Beurteilungsspielraum zu.

239 **Ein- oder Umgruppierungen** allein können praktisch keinen Zustimmungsverweigerungsgrund nach Nr. 3 auslösen, da sie sich nicht auf andere ArbN nachteilig auswirken können (hM; LAG SchlH 17.1.2007 – 6 TaBV 18/05, NZA-RR 2007, 365; Richardi BetrVG/*Thüsing* Rn. 209). Überhaupt reicht die Befürchtung des BR, der ArbGeb. könne die Arbeitsbedingungen seiner ArbN den ungünstigeren Regelungen neu eingestellter ArbN anpassen, für eine Zustimmungsverweigerung idR nicht aus (BAG 9.7.1996 – 1 ABR 55/95, AP BetrVG 1972 § 99 Einstellung Nr. 9).

240 Wird ein **Ein-Euro-Jobber** eingestellt, hat der BR grds. das Zustimmungsverweigerungsrecht der Nr. 3. Dessen Voraussetzungen dürften idR kaum gegeben sein, wenn der Ein-Euro-Jobber, wie es § 16d Abs. 1, 2 SGB II vorschreibt, ausschließlich mit zusätzlichen Arbeiten beschäftigt wird. Dadurch kann der status quo der im Betrieb beschäftigten ArbN nicht gefährdet werden. Soll der Ein-Euro-Jobber dagegen **nicht** mit **zusätzlichen Arbeiten** (→ Rn. 200) beschäftigt werden, dürfte idR die begründete Besorgnis bestehen, dass ArbN durch billige Ein-Euro-Jobber ersetzt werden oder sonstige Nachteile, wie zB Entziehung von Arbeitsfeldern, Zuweisung anderer Tätigkeitbereiche, Versetzungen, erleiden (BVerwG 21.3.2007, BeckRS 2007, 23790; *Engels* NZA 2007, 8 [12]; *Zwanziger* AuR 2005, 8 [14 f.]).

241 Der BR kann aber immer nur erreichen, dass eine **Benachteiligung unterbleibt.** Ein positiver Anspruch auf Einstellung oder Versetzung eines bestimmten ArbN besteht (außer dem Fall des § 104) weder unter betriebsverfassungsrechtlichen Gesichtspunkten noch aufgrund des Gleichbehandlungsgrundsatzes oder des Diskriminierungsschutzes nach dem AGG (→ § 15 Abs. 6 AGG; → § 75 Rn. 127 ff.). Die Auswahl unter den Bewerbern ist Sache des ArbGeb. Der BR kann nicht die Einstellung eines vom ArbGeb. abgelehnten Bewerbers durchsetzen (BAG 19.5.1981 – 1 ABR 109/78, AP BetrVG 1972 § 118 Nr. 18).

4. Benachteiligung des von der personellen Maßnahme betroffenen Arbeitnehmers

242 Auch der von der personellen Maßnahme unmittelbar betroffene ArbN (BAG 6.10.1978 – 1 ABR 51/77, AP BetrVG 1972 § 99 Nr. 10) kann der ungerechtfertigt Benachteiligte sein, insbes. bei **Versetzung** (bei erforderlichen Änderungskündigungen besteht auch das Beteiligungsrecht nach § 102; s. zum Verhältnis beider Verfahren → Rn. 122). Solche Nachteile sind sowohl bei einer Verschlechterung der äußeren Arbeitsbedingungen (zB Schmutz, Lärm, längere Arbeitswege, zB verbunden mit erforderlichem Nebenwohnsitz oder Verlegung des Hauptwohnsitzes) als auch der materiellen Arbeitsbedingungen gegeben (LAG BW 7.5.2014 – 13 TaBV 1/14, NZA-RR 2014, 542; DKKW/*Bachner* Rn. 226; HWGNRH/*Huke* Rn. 217; Richardi BetrVG/*Thüsing* Rn. 258). Dagegen stellt eine von der im Betrieb geltenden Vergütungsordnung gebotene **Ein-** oder **Umgruppierung** keinen „Nachteil" dar, selbst wenn sie zu einem geringeren Einkommen führt (BAG 6.8.2002 – 1 ABR 49/01, AP BetrVG 1972 § 99 Eingruppierung Nr. 27).

243 Fallen mehrere vergleichbare Arbeitsplätze weg und gibt es nur für einen Teil der betroffenen ArbN andere gleichwertige Arbeitsplätze, so kann der BR die Zustimmung zur Versetzung eines ArbN auf einen niedriger einzustufenden Arbeitsplatz mit der Begründung verweigern, der ArbGeb. habe **soziale Auswahlkriterien** nicht beachtet (BAG 2.4.1996 – 1 ABR 39/95, AP BetrVG 1972 § 99 Versetzung Nr. 9 mit krit. Anm. *Kania* SAE 1998, 96; LAG Köln 15.8.1996 – 5 (4) TaBV 26/96, NZA 1997, 887; → Rn. 227).

Ist die Maßnahme **weder aus betrieblichen noch aus persönlichen Gründen** gerechtfertigt (→ Rn. 238), so kann der BR seine Zustimmung versagen. Die Maßnahme kann dann zugleich einen Verstoß gegen den Gleichbehandlungsgrundsatz (§ 75 Abs. 1) oder einen der Diskriminierungsverbote des AGG oder des § 75 Abs. 1 (→ Rn. 196ff.; → § 75 Rn. 58ff.) darstellen, der ebenfalls nach Nr. 4 gerügt werden kann (BAG 3.12.1985 – 4 ABR 7/85, AP BAT § 74 Nr. 1; DKKW/*Bachner* Rn. 223). Soll ein ArbN zwecks **Freimachen eines leidensgerechten Arbeitsplatzes** für einen kranken ArbN versetzt werden, steht dem BR das Zustimmungsverweigerungsrecht zu (BAG 29.1.1997 – 2 AZR 9/96, AP KSchG 1969 § 1 Krankheit Nr. 32; BAG 19.5.2010 – 5 AZR 162/09, NZA 2010, 1119; *Lingemann* BB 1998, 1106; → Rn. 285). 244

Ein Zustimmungsverweigerungsgrund nach Nr. 4 steht dem BR nicht zu, wenn aufgrund einer **unternehmerischen Entscheidung** (Schließung einer Abteilung, Versetzungen bei Arbeitsplatzverlagerungen) **keine Beschäftigungsmöglichkeit** für den ArbN mehr am bisherigen Beschäftigungsort besteht. Für die Rechtfertigung des Nachteils kommt es nur auf das Vorliegen betrieblicher Gründe, nicht auf deren Zweckmäßigkeit an; auch ist keine Abwägung mit den Interessen des ArbN erforderlich (BAG 16.1.2007 – 1 ABR 16/06, AP BetrVG 1972 § 99 Einstellung Nr. 52; 10.8.1993 – 1 ABR 22/93, NZA 1994, 187; LAG BW 7.5.2014 – 13 TaBV 1/14, NZA-RR 2014, 542). 244a

Auch bei **Neueinstellung** von ArbN können Benachteiligungen vorkommen. Diese begründen jedoch idR keine Zustimmungsverweigerung nach Nr. 1, sondern allenfalls nach Nr. 4; das gilt auch bei der Einstellung von ArbN unter Nichtbeachtung des gesetzlichen **Mindestlohns** (§ 1 Abs. 2 MiLoG) oder des in einem **TV** festgelegten Entgelts sowie bei Einstellung von **LeihArbN** unter Verletzung des „equal pay"-Prinzips (BAG 21.7.2009 – 1 ABR 35/08, NZA 2009, 1156; 1.6.2011 – 7 ABR 117/09, NZA 2011, 1435). Die Einstellung als solche ist aber keine Benachteiligung (MHdB ArbR/*Lunk* § 340 Rn. 77; *Linsenmaier/Kiel* RdA 2014, 135 [155]; → Rn. 192). Schlechtere Arbeitsbedingungen kann der BR nur beanstanden, wenn sie auf einer unzutreffenden Eingruppierung beruhen. Ansonsten greift weder Nr. 1 noch Nr. 4, da sie den BR nicht zu einer Inhaltskontrolle der arbeitsrechtlichen Bedingungen berechtigen (→ Rn. 189a). 245

Auch das **Einverständnis des ArbN** schließt grds. den Verweigerungsgrund nicht aus. Der BR muss auf Grund seiner kollektiven Verantwortung und im wohlverstandenen Interesse des Bewerbers (→ Rn. 3) in der Lage sein, in solchen Fällen die Zustimmung zu verweigern (DKKW/*Bachner* Rn. 225; *Heinze* Personalplanung Rn. 324; Richardi BetrVG/*Thüsing* Rn. 259; **aA** GK-BetrVG/*Raab* Rn. 224; ErfK/*Kania* Rn. 32; MHdB ArbR/*Lunk* § 263 Rn. 63; *v. Hoyningen-Huene/Boemke* Versetzung S. 179; *Hartmann* ZfA 2008, 383 [405]). Nach BAG (9.10.2013 – 7 ABR 1/12, NZA 2014, 156; 2.4.1996 – 1 ABR 39/95, AP BetrVG 1972 § 99 Versetzung Nr. 9) gilt das dann nicht, wenn der ArbN eine Versetzung selbst wünscht oder sie seinen Wünschen und seiner freien Entscheidung entspricht; für eine derartige Annahme reicht jedoch nicht aus, dass der ArbN die Maßnahme nur hinnimmt, zB bei einer Versetzung auf eine Klageerhebung gegen die entspr. Änderungskündigung verzichtet (→ Rn. 171). 246

5. Fehlende Ausschreibung im Betrieb nach § 93

Die vom BR verlangte innerbetriebliche Ausschreibung von Arbeitsplätzen (→ § 93 Rn. 1ff.) wird vor allem bei der geplanten Besetzung von Arbeitsplätzen mit **neuen Bewerbern** praktisch; auf deren künftiges Rechtsverhältnis zum ArbGeb. (zB 247 freie Mitarbeiter) kommt es dabei grds. nicht an (→ Rn. 33ff. einerseits und BAG 27.7.1993 – 1 ABR 7/93, AP BetrVG 1972 § 93 Nr. 3 andererseits, das auf die Deckungsgleichheit der MBR des BR nach §§ 93 u. 99 bei der Besetzung von Arbeitsplätzen hinweist). Die Ausschreibung hat auch bei der Besetzung von Arbeitsplätzen mit **LeihArbN** zu erfolgen; denn der BR kann eine Ausschreibung von **allen** zu besetzenden Arbeitsplätzen verlangen (stRspr, BAG 7.6.2016 – 1 ABR 33/14, NZA 2016, 1226; 15.10.2013 – 1 ABR 25/12, NZA 2014, 214; *Linsenmaier/Kiel* RdA 2014, 135 [155]; krit. *Gussen* NZA 2011, 830 [835]; zur Informationspflicht des ArbGeb. gegenüber LeihArbN über freie Arbeitsplätze → § 5 Rn. 260), auch wenn diese nach § 1 Abs. 1 S. 4 AÜG nur vorübergehend und unter Beachtung der gesetzlichen und tariflichen Höchstüberlassungsdauer (→ Rn. 189gff.) eingesetzt werden dürfen (BAG 15.10.2013 – 1 ABR 25/12, NZA 2014, 214; *Stück* ArbRAktuell 2012, 363). Bei **Versetzungen** von ArbN spielt die Ausschreibung ebenfalls eine Rolle.

247a Unterlässt der ArbGeb. die Ausschreibung, obwohl der BR sie verlangt hat (→ Rn. 252; → § 93 Rn. 5), oder ist sie unzureichend erfolgt, so kann der BR einer Besetzung des Arbeitsplatzes unter Hinweis hierauf **ohne** weitere **Begründung** die Zustimmung **verweigern** (BAG 6.10.2010 – 7 ABR 18/09, NZA 2011, 360; DKKW/*Bachner* Rn. 229; → § 93 Rn. 6f.). Er kann seine Zustimmungsverweigerung aber nur dann auf Abs. 2 Nr. 5 stützen, wenn er die **Ausschreibung vor** dem **Antrag** des ArbGeb. auf **Zustimmung** zur Einstellung oder Versetzung eines ArbN auf einen bestimmten Arbeitsplatz **verlangt** hat. Ein späteres Ausschreibungsverlangen genügt nicht (BAG 1.6.2011 – 7 ABR 18/10, BeckRS 2011, 75883). Ebenso wenig genügt eine Verletzung des Anspruchs der **LeihArbN** aus § 13a AÜG durch den ArbGeb. (*Hamann* RdA 2011, 321 [336]).

247b Als Mindestangaben verlangt eine Ausschreibung die Beschreibung der betreffenden Stelle durch zumindest schlagwortartige Bezeichnung der mit ihr verbundenen Arbeitsaufgaben und die von den Bewerbern erwarteten Qualifikationen (→ § 93 Rn. 7). Dem eine Zustimmungsverweigerung begründenden Unterlassen einer Ausschreibung kommt eine **Desinformation** über die zu besetzende Stelle gleich (BAG 10.3.2009 – 1 ABR 93/07, NZA 2009, 622), da sie mögliche Interessenten von einer Bewerbung abhalten kann. Das dürfte bei einer in Aussicht gestellten Vergütung, die eindeutig den ArbGeb. bindenden TV oder betrieblichen Vorgaben widerspricht, der Fall sein. Unrichtige, aber nicht offensichtlich **falsche Angaben** über die **tarifliche Eingruppierung** berechtigen den BR nicht, die Zustimmung zur Einstellung eines Bewerbers zu verweigern (BAG 10.3.2009 – 1 ABR 93/07, NZA 2009, 622).

247c Ist in der Ausschreibung ein **Datum** für die **Stellenbesetzung** angegeben, ist idR keine erneute Ausschreibung erforderlich und damit kein Zustimmungsverweigerungsgrund gem. Nr. 5 gegeben, wenn zwischen diesem Datum und dem tatsächlichen Besetzungszeitpunkt nicht mehr als sechs Monate liegen. Unerheblich ist die Dauer eines Zustimmungsersetzungsverfahrens, das sich an die Entscheidung über die Stellenbesetzung anschließt (BAG 30.4.2014 – 7 ABR 51/12, NZA 2015, 698).

248 Es kommt nicht darauf an, ob im Betrieb überhaupt für die Stelle **geeignete Bewerber** vorhanden sind; das lässt sich im Voraus nicht sicher beurteilen (BAG 6.4.1973 – 1 ABR 13/72, AP BetrVG 1972 § 99 Nr. 1; LAG Bln-Bbg 5.9.2013 – 21 TaBV 843/13, BeckRS 2014, 67575; DKKW/*Bachner* Rn. 234; MHdB ArbR/*Lunk* § 340 Rn. 78; **aA** HWGNRH/*Huke* Rn. 222; Richardi BetrVG/*Thüsing* Rn. 266 halten zwar die Zustimmungsverweigerung für rechtsmissbräuchlich, aber gleichwohl formell für wirksam). Deshalb kann der BR einer Stellenbesetzung die Zustimmung verweigern, wenn der ArbGeb. Stellen nicht intern, sondern ausschließlich extern ausschreibt (LAG Bln-Bbg – 26 TaBV 1954/09, BeckRS 2010, 74505). Auch bei zu erwartender Erfolglosigkeit einer Stellenausschreibung ist eine Zustimmungsverweigerung nicht rechtsmissbräuchlich (LAG Bln-Bbg – 21 TaBV 843/13, BeckRS 2014, 67575; HessLAG, DB 2001, 156).

249 Das Zustimmungsverweigerungsrecht nach Nr. 5 kann der BR auch bei fehlender Ausschreibung von **Teilzeitarbeitsplätzen** geltend machen (DKKW/*Bachner*

Rn. 230; Richardi BetrVG/*Thüsing* Rn. 267; *Fischer* ArbuR 2001, 325; **aA** ErfK/*Kania* Rn. 34; *Ehler* BB 2001, 1146). Dem steht § 7 Abs. 1 TzBfG nicht entgegen. Übt der BR sein allgemeines Recht auf Stellenausschreibung nach § 93 aus, löst er dadurch die bes. Ausschreibungspflicht des ArbGeb. nach § 7 Abs. 1 TzBfG aus. Unterlässt der ArbGeb. eine entspr. Ausschreibung als Teilzeitarbeitsplatz, kann der BR der beabsichtigten personellen Maßnahme die Zustimmung versagen (→ § 93 Rn. 16 mwN).

Arbeitsplätze müssen **diskriminierungsfrei** ausgeschrieben werden (vgl. § 11 250
AGG; → § 93 Rn. 8). Verstößt die Ausschreibung gegen eines der Diskriminierungsmerkmale des § 1 AGG und des § 75 Abs. 1, so berechtigt dies zur Zustimmungsverweigerung (HK-AGG/*Däubler* AGG § 11 Rn. 33, 37; *Amthauer* AGG-Auswirkungen S. 176 ff.; MHH AGG § 11 Rn. 33, nur aus Nr. 1; DKKW/*Bachner* Rn. 231; GK-BetrVG/*Raab* Rn. 226; HWGNRH/*Huke* § 93 Rn. 22; zu einer altersdiskriminierenden Stellenausschreibung s. BAG 18.8.2009 – 1 ABR 47/08, AP AGG § 3 Nr. 1; → § 75 Rn. 85a ff.; **aA;** MHdB ArbR/*Lunk* § 340 Rn. 79; Richardi BetrVG/*Thüsing* Rn. 263; *Schwering* AGG und BR S. 183).

Das Zustimmungsverweigerungsrecht des BR besteht auch, wenn der ArbGeb. 251
vereinbarte Ausschreibungsgrundsätze (→ § 93 Rn. 9) verletzt hat (DKKW/*Bachner* Rn. 231; GK-BetrVG/*Raab* Rn. 226; MHdB ArbR/*Lunk* § 340 Rn. 79; nach BAG 18.11.1980 – 1 ABR 63/78, AP BetrVG 1972 § 93 Nr. 1 darf der ArbGeb. aber auch nach Ablauf der Ausschreibungsfrist eingegangene Bewerbungen berücksichtigen; nach ArbG Reutlingen [9.9.1993 – 1 BV 20/93, AiB 1994, 122] muss zwischen Stellenausschreibung und Einstellung eines Externen mindestens 1 Woche zur Ermöglichung innerbetrieblicher Bewerbungen liegen; → § 93 Rn. 13) oder in **Stellenanzeigen** geringere Anforderungen stellt als bei der innerbetrieblichen Ausschreibung (→ § 93 Rn. 13) und nunmehr einen außerbetrieblichen Bewerber einstellt (BAG 23.2.1988 – 1 ABR 82/86, AP BetrVG 1972 § 93 Nr. 2).

Ausnahmsweise dürfte der ArbGeb. eine erforderliche **Ausschreibung nachholen** 252
können, wenn eine vorläufige Einstellung aus dringenden betrieblichen Erfordernissen (→ § 100 Rn. 4) sofort vorgenommen werden muss, zB im Fall der Ersetzung des einzigen bisherigen Kranführers im Betrieb (Richardi BetrVG/*Thüsing* Rn. 265). Ein Zustimmungsverweigerungsrecht besteht nicht, wenn der BR erst im konkreten Fall nachträglich, also nach dem Zustimmungsersuchen des ArbGeb., die Ausschreibung verlangt (hM; BAG 14.12.2004 – 1 ABR 54/03, AP BetrVG 1972 § 99 Nr. 121; → Rn. 247a).

6. Gefahr für den Betriebsfrieden

Es müssen bestimmte Angaben über ein **Verhalten des Bewerbers oder ArbN** 253
vorgebracht werden, aus denen sich ergibt, dass bei **objektiver Beurteilung** die **Besorgnis** besteht, dass er sich auf dem ihm zugedachten Arbeitsplatz **gesetzwidrig verhalten** oder die **Grundsätze des § 75 Abs. 1** (Recht und Billigkeit, Gleichbehandlung, Diskriminierungsverbote) grob verletzen wird und dass hierdurch der Betriebsfriede gestört würde. Die Regelung des Abs. 2 Nr. 6 hat eine belegschaftsbezogene Schutzfunktion (BAG 9.3.2011 – 7 ABR 137/09, NZA 2011, 871) mit der Folge, dass sie den BR zur Verweigerung der Zustimmung auch zum Einsatz eines auffälligen **LeihArbN** berechtigt (*Linsenmaier/Kiel* RdA 2014, 135 [155]).

Voraussetzung ist, dass es einer auf bestimmten Tatsachen beruhenden **Prognose** 253a
bedarf, der in Aussicht genommene Bewerber oder ArbN werde künftig den Betriebsfrieden gerade dadurch stören, dass er sich gesetzwidrig verhalten oder gegen § 75 Abs. 1 verstoßen wird; eine Störung des Betriebsfriedens aus anderen Gründen genügt nicht (BAG 16.11.2004 – 1 ABR 48/03, AP BetrVG 1972 § 99 Einstellung Nr. 44; *Schwering* AGG und BR S. 220). Für die Prognose können Rückschlüsse oft nur aus dem früheren Verhalten gezogen werden, wobei Fehler und Verirrungen, die

längere Zeit zurückliegen, dann nicht mehr herangezogen werden sollten, wenn der Bewerber bzw. ArbN sich inzwischen nichts mehr hat zuschulden kommen lassen oder sich glaubhaft von seinen Verfehlungen distanziert hat (BAG 16.11.2004 – 1 ABR 48/03, AP BetrVG 1972 § 99 Einstellung Nr. 44). Letztlich sind die Umstände des Einzelfalls maßgeblich.

254 Die Besorgnis kann nur auf **bestimmte Tatsachen** gestützt werden, persönliche Einstellung und Lebensführung reichen nicht aus. So ist insbes. die politische, gewerkschaftliche oder religiöse Einstellung eines Bewerbers (ArbN) ebenso wenig ein Zustimmungsverweigerungsgrund wie dessen sexuelle Ausrichtung, selbst wenn dadurch der Betriebsfrieden gestört wird, weil diese Einstellung in der Belegschaft nicht akzeptiert wird. Die Belegschaft ist nicht vor jedem ihr missliebigen, den Betriebsfrieden störenden neuen Mitgl., sondern nur vor einem solchen geschützt, das voraussichtlich den Betriebsfrieden durch ein vom G ausdrücklich missbilligtes Verhalten stören wird (BAG 16.11.2004 – 1 ABR 48/03, AP BetrVG 1972 § 99 Einstellung Nr. 44; GK-BetrVG/*Raab* Rn. 227; HWGNRH/*Huke* Rn. 227; Richardi BetrVG/*Thüsing* Rn. 269).

255 Die Regelung der Nr. 6 steht in Zusammenhang mit **§ 104,** der für die Entfernung betriebsstörender ArbN allerdings strengere Voraussetzungen, nämlich eine **wiederholte ernstliche Störung des Betriebsfriedens** nennt (→ § 104 Rn. 7). Ist ein ArbN aufgrund dieser Vorschrift entlassen worden und soll er wieder eingestellt werden, so dürfte die Zustimmungsverweigerung des BR idR gerechtfertigt sein, es sei denn, sie wäre wegen eines glaubwürdigen Sinneswandels unberechtigt; in diesem Fall kann sich jedoch die Frage stellen, ob die beabsichtigte Einstellung wegen Umgehung des § 104 S. 1 ein Gesetzesverstoß iSv Abs. 2 Nr. 1 darstellt (BAG 16.11.2004 – 1 ABR 48/03, AP BetrVG 1972 § 99 Einstellung Nr. 44).

256 Mit der durch das BetrVerf-ReformG erfolgten Ergänzung der Nr. 6 wird ein bes. schwerer Fall der Störung des Betriebsfriedens, nämlich durch **rassistische** oder **fremdenfeindliche Betätigung** hervorgehoben. Damit wird es dem BR ermöglicht, zB der Einstellung von Personen die Zustimmung zu verweigern, wenn durch Tatsachen die begründete Befürchtung besteht, dass sie sich rassistisch oder fremdenfeindlich betätigen und dadurch den Betriebsfrieden stören werden (BT-Drs. 14/5741, 50; → § 74 Rn. 63; → § 80 Rn. 21 ff.; krit. *Annuß* NZA 2001, 367 [370]). Der BR kann auch nach § 17 AGG vorgehen (→ § 23 Rn. 111 ff.; *Wenckebach* AiB 2009, 274 ff.).

257 Die **Mitgliedschaft** oder Betätigung ausschließlich in einer **rechtsgerichteten Partei** wird nicht ausreichen. Anders verhält es sich, wenn zB von einem Neonazi bekannt ist, dass er Schlägereien mit Ausländern anzettelt oder diese in der Öffentlichkeit beschimpft und verbal angreift. Soll dieser Neonazi in einen Betrieb eingestellt werden, in dem ausländische ArbN oder andere Minderheiten beschäftigt sind, ist durch Tatsachen begründet, dass der Neonazi diese ArbN beleidigen oder gar tätlich angreifen wird, so dass der BR berechtigt ist, die Zustimmung zur Einstellung zu verweigern (*Zimmer* AiB 2001, 256). Dabei reicht ein außerbetriebliches negatives Verhalten aus, wenn es wie im Beispielsfall in den konkreten Betrieb hineinwirkt (vgl. *Lansnicker/Schwirtzeck* DB 2001, 865; *Opolony* AuA 2001, 456; *Polzer/Powietzka* NZA 2000, 970; *Däubler* NJW 2000, 3691 mit Fallgestaltungen).

258 Der Zustimmungsverweigerungsgrund kommt nur bei Einstellungen oder Versetzungen, nicht bei Ein- oder Umgruppierungen in Betracht.

259 Beispiele für **gesetzwidriges Verhalten:** Diebstahl an Kollegen, Beleidigungen, Mobbing (→ § 84 Rn. 9), Raufereien am Arbeitsplatz, körperliche Züchtigung jug. ArbN, Verleumdung, sexuelle Belästigung am Arbeitsplatz (§ 3 Abs. 4 AGG, → § 75 Rn. 115, → § 84 Rn. 2, 9 ff., 19 ff.; → § 104 Rn. 3 ff.). Gesetzwidriges Verhalten ist aber unerheblich, wenn es mit dem betrieblichen Geschehen in keinerlei Zusammenhang steht (GK-BetrVG/*Raab* Rn. 228; HWGNRH/*Huke* Rn. 226; Richardi BetrVG/*Thüsing* Rn. 271; zB Übertretung der Verkehrsgesetze, soweit es sich nicht um Kraftfahrer handelt). Wegen Fragen nach Vorstrafen → Rn. 176.

VI. Verweigerung der Zustimmung und Mitteilung an Arbeitgeber

Der BR hat eine etwaige Verweigerung der Zustimmung zu der personellen Maßnahme dem ArbGeb. binnen einer **Ausschlussfrist von einer Woche** seit Zugang der Auskunft unter **Angabe konkreter Gründe** schriftlich mitzuteilen (Abs. 3). Bei gebündelten personellen Einzelmaßnahmen (zB Versetzung und Umgruppierung eines ArbN) muss der BR, wenn er insgesamt nicht zustimmen will, seine Verweigerung zu jeder Einzelmaßnahme separat erklären und begründen, ansonsten gilt seine Zustimmung zu den anderen Maßnahmen als erteilt (BAG 13.5.2014 – 1 ABR 9/12, NZA-RR 2015, 23; *Wollwert* DB 2012, 2518 [2520]). Ein Nachschieben neuer Verweigerungsgründe nach Ablauf der Wochenfrist ist ausgeschlossen (BAG 14.4.2015 – 1 ABR 58/13, NZA 2015, 1081; 21.7.2009 – 1 ABR 35/08, NZA 2009, 1156; *Kempter/Steinat* NZA-RR 2017, 630, 632). Das gilt auch für den Fall, dass sich der BR nach Ablauf der Wochenfrist auf einen Zustimmungsverweigerungsgrund beruft, den es vorher noch nicht gab. So kann zwar der BR eine vom BRVors. ohne entspr. Beschluss des BR mit dem ArbGeb. und deshalb schwebend unwirksame Vereinbarung, deren Nichtbeachtung zB einen Zustimmungsverweigerungsgrund nach Abs. 2 Nr. 1 oder 2 begründen könnte, nachträglich genehmigen (→ § 26 Rn. 27); eine nach Ablauf der Wochenfrist erfolgende Genehmigung ist aber nicht geeignet, nachtäglich einen Zustimmungsverweigerungsgrund zu begründen, der bei Ablauf der Frist noch nicht vorlag (BAG 23.1.2019 – 4 ABR 56/17, BeckRS 2019, 5455; 17.11.2010 – 7 ABR 120/09, NZA-RR 2011, 415). 260

Die Mitteilung muss **schriftlich** erfolgen. Sie ist nach BAG (21.3.2018 – 7 ABR 38/16, NZA 2018, 1090; 10.3.2009 – 1 ABR 93/07, NZA 2009, 622) auch dann schriftlich, wenn sie nicht vom BRVors. gem. § 126 BGB eigenhändig mit Namensunterschrift versehen ist, sondern der **Textform des § 126b BGB** genügt. Dafür soll es ausreichen, dass die Erklärung in einer Urkunde oder auf andere zur dauerhaften Wiedergabe in Schriftzeichen geeignete Weise abgegeben, die Person des Erklärenden genannt und der Abschluss des Textes durch Nachbildung der Namensunterschrift oder anders erkennbar gemacht wird. So wird die Identitäts- und Vollständigkeitsfunktion einer schriftlichen Erklärung neben der ohnehin gegebenen Dokumentationsfunktion gewahrt (BAG 1.6.2011 – 7 ABR 138/09, BeckRS 2011, 78749). Steht die Begründung der Zustimmungsverweigerung hinter der auf einem Formular des ArbGeb. vorgesehenen Unterschrift des BRVors., ist die Textform gewahrt, wenn es für den ArbGeb. aufgrund der Gestaltung des Schriftstückes keinem vernünftigen Zweifel unterliegt, dass es sich bei der Stellungnahme nicht nur um einen Entwurf, sondern um die vollständige Erklärung des BR handelt (BAG 1.6.2011 – 7 ABR 138/09, BeckRS 2011, 78749). 260a

Für die Erfüllung des Schriftlichkeitsgebots soll eine Mitteilung per **E-Mail** genügen, wenn diese den Erfordernissen der Textform des § 126b BGB entspricht (BAG 10.3.2009 – 1 ABR 93/07, NZA 2009, 622). Insbes. kann der Inhalt einer elektronischen Datei vom Empfänger gespeichert und damit jederzeit abgerufen oder ausgedruckt und so dauerhaft wiedergegeben werden. In jedem Fall genügt ein **Telefax** der Schriftform (BAG 11.6.2002 – 1 ABR 43/01, AP BetrVG 1972 § 99 Nr. 118 mAnm *Rudolph* ArbuR 2003, 232; *Wollwert* DB 2012, 2518 [2520]). 260b

Ist das Schreiben des BR **vom BRVors.** bzw. dem Vors. des zuständigen Ausschusses **unterzeichnet,** so ist nicht zu beanstanden, dass der Vors. selbst durch die personelle Einzelmaßnahme betroffen ist (BAG 19.3.2003 – 7 ABR 15/02, AP BetrVG 1972 § 40 Nr. 77; → § 26 Rn. 24, 45 ff.). Die mündliche Mitteilung mag im Einzelfall geeignet sein, Missverständnisse zu vermeiden und ist deshalb neben schriftlicher Mitteilung oft zu empfehlen, kann diese aber nicht ersetzen. Mitteilung und Begründung müssen nicht in demselben Schriftstück enthalten sein, aber zumindest der Textform des § 126b BGB genügen (→ Rn. 260a); so kann der BR in seinem Verweigerungsschreiben auf Ausführungen in einem früheren Schreiben Bezug neh- 261 men (BAG 16.11.2004 – 1 ABR 48/03, AP BetrVG 1972 § 99 Einstellung Nr. 44). Bei längeren Vorgesprächen zwischen ArbGeb. und BR kann auch die Angabe der Zustimmungsverweigerungsgründe in einem Schreiben des BR kurz vor dem formellen Anhörungsverfahren genügen (ArbG Kassel, DB 1978, 111).

262 Die **Wiederholung des Wortlauts einer der Nr. des Abs. 2 genügt nicht** (GK-BetrVG/*Raab* Rn. 169; MHdB ArbR/*Lunk* § 340 Rn. 85). Konkrete Tatsachen und Gründe müssen aber nur für die Tatbestände der Nr. 3 u. 6 des Abs. 2 angegeben werden (BAG 30.9.2014 – 1 ABR 32/13, NZA 2015, 370; 9.10.2013 – 7 ABR 1/12, NZA 2014, 156; 21.7.2009 – 1 ABR 35/08, NZA 2009, 1156). IÜ verlangt das G nicht die Angabe konkreter Gründe. Vielmehr genügt es, dass sich die Zustimmungsverweigerungsgründe des BR noch einem der gesetzl. Tatbestände zuordnen lassen. Es muss als **möglich** erscheinen, dass mit der gegebenen Begründung ein gesetzl. Tatbestand geltend gemacht wird (stRspr, BAG 13.5.2014 – 1 ABR 9/12, NZA-RR 2015, 23; 16.3.2010 – 3 AZR 31/09, NZA 2010, 1028; DKKW/*Bachner* Rn. 184; *Kempter/Steinat* NZA-RR 2017, 630, 632). Bei Abs. 2 Nr. 1 muss der Inhalt der Rechtsvorschrift, gegen die der ArbGeb. nach Ansicht des BR bei der personellen Maßnahme verstoßen haben soll, zumindest angedeutet werden (BAG 30.9.2014 – 1 ABR 32/13, NZA 2015, 370; 9.10.2013 – 7 ABR 1/12, NZA 2014, 156). Nach wie vor ist aber eine Begründung unbeachtlich, die offensichtlich auf keinen der Verweigerungsgründe des G Bezug nimmt (BAG 13.5.2014 – 1 ABR 9/12, NZA-RR 2015, 23).

263 Es ist also auch eine nach Ansicht des ArbGeb. unzutreffende, aber **nicht offensichtlich unsinnige Begründung beachtlich,** dh der ArbGeb. muss das ArbG anrufen, das die Stichhaltigkeit der Gründe nachprüft. Dieses materielle Prüfungsrecht steht nicht dem ArbGeb. zu (*Heinze* Personalplanung Rn. 298; *Kraft* Anm. AP BetrVG 1972 § 99 Nr. 21; DKKW/*Bachner* Rn. 185; HWGNRH/*Huke* Rn. 171). Die vom BR vorgebrachten Gründe müssen nicht die Rechtfertigung der Zustimmungsverweigerung ergeben, sie brauchen nicht einleuchtend zu sein, sofern sie nur in Zusammenhang mit den Gründen des Abs. 2 stehen. Sonst würden die Parteirollen vertauscht und entgegen der Absicht des Gesetzgebers der BR gezwungen, seinerseits gem. § 101 das ArbG anzurufen (**kein Vorprüfungsrecht des ArbGeb.** s. BAG 21.11.1978 – 1 ABR 91/76, AP BetrVG 1972 § 101 Nr. 3, „Die Prüfung der Schlüssigkeit bleibt dem Gericht im Zustimmungsersetzungsverfahren vorbehalten"; BAG 18.10.1988 – 1 ABR 33/87, AP BetrVG 1972 § 99 Nr. 57).

264 Die **Ausschlussfrist** von einer Woche gilt nur für Gründe tatsächlicher Art, nicht für rechtliche Argumente, so dass der BR auch nach Fristablauf noch rechtliche Gesichtspunkte zur Stützung seiner Zustimmungsverweigerung anführen kann, die er im Verweigerungsschreiben nicht erwähnt hat (BAG 28.4.1998 – 1 ABR 50/97, AP BetrVG 1972 § 99 Eingruppierung Nr. 18; 18.9.2002 – 1 ABR 56/01, AP BetrVG 1972 § 99 Versetzung Nr. 31). Die Ausschlussfrist gilt ferner dann nicht, wenn die beabsichtigte personelle Einzelmaßnahme auf einer unwirksamen Rechtsvorschrift (zB TV, BV) beruht (BAG 6.8.2002 – 1 ABR 49/01, AP BetrVG 1972 § 99 Eingruppierung Nr. 27).

265 Bei der **Berechnung der Wochenfrist** ist der Tag, an dem die Auskunft zugegangen ist, nicht mitzurechnen (§ 187 Abs. 1, § 188 Abs. 2 BGB). Ist daher die Mitteilung an einem Mittwoch dem BR zugegangen, so muss dieser vor Ablauf des folgenden Mittwochs seine Verweigerung schriftlich geltend machen. Fällt das Fristende auf einen Samstag, Sonntag oder gesetzlichen Feiertag, endet die Frist am folgenden Werktag (§ 193 BGB; zur Fristenberechnung *Rudolph* AiB 2007, 653). Ein Telefax ist zugegangen, wenn die gesendeten Signale noch vor Ablauf des letzten Tages der Frist vom Telefaxgerät des ArbGeb. vollständig empfangen (gespeichert) worden sind; der Ausdruck ist für die Fristwahrung nicht entscheidend (BGH 25.4.2006 – IV ZB 20/05, BB 2006, 1654).

266 ArbGeb. und BR können **Fristverlängerung vereinbaren** (→ § 102 Rn. 64; stRspr, BAG 23.8.2016 – 1 ABR 22/14, NZA 2017, 194; 6.10.2010 – 7 ABR

80/09, BeckRS 2011, 68126; DKKW/*Bachner* Rn. 175; GK-BetrVG/*Raab* Rn. 164; ErfK/*Kania* Rn. 37; MHdB ArbR/*Lunk* § 340 Rn. 88; Richardi BetrVG/*Thüsing* Rn. 286; **aA** HWGNRH/*Huke* Rn. 179), und zuletzt auch dann, wenn der ArbN bereits vorläufig eingestellt ist, wobei in diesem Fall der ArbGeb. den ArbN gem. § 100 Abs. 1 S. 2 auch auf die Fristverlängerung hinweisen muss (BAG 16.11.2004 – 1 ABR 48/03, AP BetrVG 1972 § 99 Einstellung Nr. 44). Das Fristende muss eindeutig bestimmbar sein; die Frist kann nicht gänzlich aufgehoben werden (BAG 23.8.2016 – 1 ABR 22/14, NZA 2017, 194; 3.5.2006 – 1 ABR 2/05, AP BetrVG 1972 § 99 Eingruppierung Nr. 31). Eine erhebliche Fristverlängerung von mehr als sieben Monate kann bei bes. Einzelumständen (zB zahlreiche Umgruppierungen) gerechtfertigt sein (BAG 6.10.2010 – 7 ABR 80/09, BeckRS 2011, 68126; 12.1. 2011 – 7 ABR 25/09, NZA 2011, 1304). Nach Ablauf der Ausschlussfrist ist eine Fristverlängerung nicht mehr möglich (BAG 29.6.2011 – 7 ABR 24/10, NZA-RR 2012, 18; GK-BetrVG/*Raab* Rn. 164).

Auch **durch TV** kann jedenfalls anlässlich eines neuen Gehalts-TV mit der Notwendigkeit zahlreicher Umgruppierungen die Wochenfrist verlängert werden (BAG 22.10.1985 – 1 ABR 42/84, AP BetrVG 1972 § 99 Nr. 23; krit. Richardi BetrVG/*Thüsing* Rn. 287). Nimmt der ArbGeb. dennoch nach Ablauf einer Woche schon die personelle Einzelmaßnahme vor, so bleibt diese individualrechtlich wirksam; der einzelne ArbN kann auf den Gesetzeswortlaut vertrauen (Richardi BetrVG/*Thüsing* Rn. 287; vgl. auch HWGNRH/*Huke* Rn. 179). Wegen Neueinstellungen aber → Rn. 278f. **267**

Kommt der ArbGeb. seiner **Pflicht** nach Abs. 1, den BR über die personelle Einzelmaßnahme **zu unterrichten,** die erforderlichen Unterlagen vorzulegen und Auskunft über die Person der Beteiligten zu geben, **nicht** oder **nicht vollständig** nach, **beginnt** die **Frist** nach Abs. 3 **nicht** zu laufen (BAG 9.4.2019 – 1 ABR 30/17, NZA 2019, 1061; 12.1.2011 – 7 ABR 25/09, NZA 2011, 1304; 1.6.2011 – 7 ABR 138/09, BeckRS 2011, 78749; HessLAG 29.1.2013 – 4 TaBV 202/12, NZA-RR 2013, 359: zur LeihArbeit); Gleiches gilt bei einer nicht den Tatsachen entspr. Unterrichtung des BR (BAG 1.6.2011 – 7 ABR 18/10, BeckRS 2011, 75883). Der ArbGeb. darf die beabsichtigte personelle Maßnahme nicht durchführen (BAG 10.8.1993 – 1 ABR 22/9, NZA 1994, 187). **268**

Die **Frist** wird grds. auch dann **nicht in Lauf gesetzt,** wenn es der BR unterlässt, den ArbGeb. auf die **offenkundige Unvollständigkeit** der Unterrichtung hinzuweisen (BAG 9.4.2019 – 1 ABR 30/17, NZA 2019, 1061; 6.10.2010 – 7 ABR 80/09, BeckRS 2011, 68126: Die für die Ein-/Umgruppierung maßgeblichen TV gelten mangels Unterzeichnung noch nicht; 9.3.2011 – 7 ABR 127/09, BeckRS 2011, 73484; HessLAG 29.1.2013 – 4 TaBV 202/12, NZA-RR 2013, 359: ArbGeb. legt bei Einsatz von LeihArbN dem BR nicht die schriftliche Erklärung des Verleihers über dessen Verleih-Erlaubnis vor; → Rn. 178b). Die Frist wird bei offensichtlich unvollständiger Unterrichtung des BR selbst dann nicht in Gang gesetzt, wenn der BR sich auf ein Zustimmungsersuchen des ArbGeb. mit Widerspruchsgründen nach Abs. 2 einlässt (BAG 9.4.2019 – 1 ABR 30/17, NZA 2019, 1061; 29.6.2011 – 7 ABR 24/10, NZA-RR 2012, 18). **268a**

Durfte der ArbGeb. aber berechtigterweise davon ausgehen, den BR vollständig iSv Abs. 1 unterrichtet zu haben, kann es gem. § 2 Abs. 1 Sache des BR sein, den **ArbGeb.** innerhalb der Wochenfrist schriftlich (Fax ausreichend, → Rn. 260b) darauf **hinzuweisen,** dass er die **Unterrichtung nicht** als **ausreichend** ansieht, und um Vervollständigung der erteilten Auskünfte zu bitten (BAG 9.4.2019 – 1 ABR 30/17, NZA 2019, 1061; 1.6.2011 – 7 ABR 18/10, BeckRS 2011, 75883). Andernfalls gilt die Zustimmung als erteilt. In diesem Fall führt die Untätigkeit des BR zum Verlust seiner Beteiligungsrechte (DKKW/*Bachner* Rn. 190; HWGNRH/*Huke* Rn. 177; Richardi BetrVG/*Thüsing* Rn. 284f.). **269**

Hat der ArbGeb. den BR nicht oder **unzureichend informiert,** so tritt auch die **Zustimmungsfiktion nicht** ein. So kann eine erst nach der Aufnahme der Tätig- **270** keit eines ArbN erfolgte nachträgliche Unterrichtung des BR die Zustimmungsfiktion nach Abs. 3 zu der bereits erfolgten Einstellung nicht bewirken (BAG 21.11.2018 – 7 ABR 16/17, NZA 2019, 711). Ein Zustimmungsersetzungsantrag des ArbGeb. nach Abs. 4 ist als unbegründet abzuweisen (BAG 6.10.2010 – 7 ABR 80/09, BeckRS 2011, 68126; → Rn. 206f.).

271 Hat allerdings der BR bereits auf Grund einer unvollständigen Unterrichtung die Zustimmung zu einer Einstellung versagt, der ArbGeb. das ArbG zwecks Zustimmungsersetzung (→ Rn. 277ff.) angerufen und nunmehr die **Information** des BR **vervollständigt,** so liegt jetzt eine ordnungsgemäße Unterrichtung vor. Der BR kann nunmehr **binnen einer weiteren Woche** abschließend Stellung nehmen, auch weitere Zustimmungsverweigerungsgründe vorbringen, die sich aus der nachgeholten Information ergeben (BAG 10.8.1993 – 1 ABR 22/93, NZA 1994, 187; 12.1.2011 – 7 ABR 25/09, NZA 2011, 1304; → Rn. 277a). Danach hat das ArbG in der Sache zu entscheiden.

272 Ob der BR die Zustimmung verweigern will, hat er gem. **§ 33** nach pflichtgemäßen Ermessen zu beschließen (*Wollwert* DB 2012, 2518 [2519]). Insoweit ist ein **förmlicher Beschluss** des BR erforderlich; nicht erforderlich ist dagegen, über jede Erwägung, die für eine Zustimmungsverweigerung spricht, förmlich abzustimmen. Auch ist kein Beschluss über die dem ArbGeb. nach Abs. 3 mitzuteilenden Zustimmungsverweigerungsgründe zu fassen. Die Abfassung des entspr. Schreibens obliegt allein dem BRVors. (§ 26 Abs. 2 S. 1; → § 26 Rn. 22ff.). Die Wirksamkeit einer von ihm mitgeteilten Zustimmungsverweigerung hängt nicht von der zutreffenden Wiedergabe der Motivation des BR bei dessen Beschlussfassung ab. Der BR ist an die von seinem Vors. übermittelten Zustimmungsverweigerungsgründe gebunden (BAG 30.9.2014 – 1 ABR 32/13, NZA 2015, 370).

272a Eine etwa erklärte ausdrückliche Zustimmung des BR kann weder widerrufen noch angefochten werden (GK-BetrVG/*Raab* Rn. 279; HWGNRH/*Huke* Rn. 164; MHdB ArbR/*Lunk* § 340 Rn. 84a; Richardi BetrVG/*Thüsing* Rn. 279; wegen Kündigung → § 102 Rn. 55) und bedarf im Gegensatz zur Verweigerung nicht der Schriftform. **Schweigen innerhalb der Wochenfrist gilt als Zustimmung** (Abs. 3 S. 2), selbst wenn der BR schuldlos die Zustimmung verspätet verweigert. Nur in Fällen **höherer Gewalt** wird man dem BR noch das Recht einräumen müssen, seine Zustimmung alsbald nach Wegfall des Hindernisses zur Abgabe einer Erklärung noch nachträglich verweigern zu können (DKKW/*Bachner* Rn. 175; HWGNRH/*Huke* Rn. 181; ErfK/*Kania* Rn. 40; *Heinze* Personalplanung Rn. 29f.; *Meisel* Mitwirkung BR Rn. 243). Wegen Betriebsferien → § 102 Rn. 7, 68.

273 Bei einer personellen **Einzelmaßnahme** gegenüber einem **BRMitgl.** (oder seinem Ehegatte LAG Düsseldorf 22.2.2005 – 3 AZR 499/03, DB 2005, 954) ist es wegen **Interessenkollision** gehindert, an der **Beschlussfassung** und auch an der ihr vorangehenden Beratung über die Zustimmungsverweigerung teilzunehmen (BAG 10.11.2009 – 1 ABR 64/08, NZA-RR 2010, 416). Das ist dann der Fall, wenn das BRMitgl. selbst die Person ist, auf die sich das Zustimmungsersuchen des ArbGeb. zur personellen Einzelmaßnahme unmittelbar richtet. Dagegen ist es an der Mitwirkung bei der Entscheidung über den Antrag des ArbGeb. auf Zustimmung zur Versetzung eines anderen ArbN auch dann nicht gehindert, wenn es sich selbst auch auf die betreffende Stelle beworben hat (BAG 6.11.2013 – 7 ABR 84/11, NZA-RR 2014, 196; 24.4.2013 – 7 ABR 82/11, NZA 2013, 857 mwN; Näheres → § 33 Rn. 37ff.).

273a Die Nichtbeachtung der in → Rn. 273 genannten Pflicht führt zur **Unwirksamkeit** des **Beschlusses** mit der Folge, dass mangels wirksamer Verweigerung die **Zustimmung** als **erteilt** gilt (BAG 3.8.1999 – 1 ABR 30/98, AP BetrVG 1972 § 25 Nr. 7; 10.11.2009 – 1 ABR 64/08, NZA-RR 2010, 416; MHdB ArbR/*Lunk* § 340 Rn. 85; *Grosjean* NZA-RR 2005, 122).

274 Liegt ein **Aussetzungsantrag** nach **§ 35** vor, so kann der Beschluss dem ArbGeb. dennoch schon zur Fristwahrung mitgeteilt werden, da der Lauf der Wochenfrist nicht gehemmt ist (→ § 35 Rn. 29ff.). Ist für Personalfragen ein **Ausschuss** nach

§ 28 gebildet, so kommt es auf dessen Willensbildung an, sofern ihm diese Aufgabe zur selbständigen Erledigung übertragen ist (→ § 28 Rn. 9). Der Vors. des BR allein ist nicht zuständig (→ § 26 Rn. 22ff.; → § 102 Rn. 52). Eine nicht in Ausführung eines BR-Beschlusses erklärte Zustimmung des BR-Vors. hindert den BR jedenfalls nicht, innerhalb der Wochenfrist die Zustimmung noch zu verweigern (DKKW/*Bachner* Rn. 172).

Bei **Jugendlichen** nimmt die JAV. gem. § 67 Abs. 1 S. 2 unter den in → § 67 Rn. 11ff. genannten Voraussetzungen an der Beratung teil und hat ggf. ein Stimmrecht nach § 67 Abs. 2 (→ § 67 Rn. 20ff.). 275

Hat der BR innerhalb einer Woche die Zustimmung verweigert, so können ArbGeb. und BR sich noch um eine **Verständigung** bemühen. Sie können sich dabei der E-Stelle nach § 76 Abs. 6 bedienen. Der BR kann seinen ablehnenden Beschluss jederzeit aufheben (hM; Richardi BetrVG/*Thüsing* Rn. 303 mwN). Dann steht der geplanten Maßnahme nichts mehr im Wege. Schließt sich umgekehrt der ArbGeb. den Bedenken an, so hat er von der Maßnahme Abstand zu nehmen. Wegen Verhängung von Zwangsgeld gegen den ArbGeb. bei Durchführung personeller Maßnahmen ohne Zustimmung des BR vgl. § 101 und wegen Verhängung von Geldbußen bei Verletzung der Auskunftspflichten § 121. 276

VII. Antrag auf Ersetzung der Zustimmung

Gegenstand des **Zustimmungsersetzungsverfahrens** nach Abs. 4 ist die Frage, ob die beabsichtigte personelle Maßnahme aufgrund eines konkreten, an den BR gerichteten Zustimmungsersuchens des ArbGeb. im Hinblick auf die vom BR vorgebrachten Verweigerungsgründe gegenwärtig und zukünftig als endgültige Maßnahme zulässig ist. Verfahrensgegenstand ist nicht, ob die Maßnahme im Zeitpunkt der Antragstellung des ArbGeb. zulässig war. Diese gegenwarts- und zukunftsbezogene Frage ist nach der Rechtslage im **Zeitpunkt** der gerichtlichen **Entscheidung** zu beantworten. Folglich sind auch Veränderungen tatsächlicher Art bis zum Schluss der Anhörung vor dem LAG zu berücksichtigen (BAG 22.4.2010 – 2 AZR 491/09, NZA 2010, 1235). Die Betriebsparteien können schon vor Rechtshängigkeit eines Zustimmungsersetzungsverfahrens vereinbaren, sich der **erstinstanzlichen Entscheidung** des ArbG zu **unterwerfen** und hiergegen kein Rechtsmittel einzulegen mit der Folge, dass der Beschl. unabhängig vom Ergebnis und den Gründen unanfechtbar ist (BAG 8.9.2010 – 7 ABR 73/09, NZA 2011, 934). 277

Voraussetzung für die gerichtliche Zustimmungsersetzung ist eine ordnungsgemäße Unterrichtung des BR (→ Rn. 162ff.). Nur diese setzt die Frist für die Zustimmungsverweigerung in Lauf (BAG 9.10.2013 – 7 ABR 1/12, NZA 2014, 156; 6.10.2010 – 7 ABR 80/09, BeckRS 2011, 68126; HessLAG 29.1.2013 – 4 TaBV 202/12, NZA-RR 2013, 359: zur LeihArbeit; → Rn. 178b). Der ArbGeb. kann jedoch, wenn der BR seine Zustimmung aufgrund einer unvollständigen oder einer den Tatsachen nicht entspr. Unterrichtung verweigert hat, auch noch im Zustimmungsersetzungsverfahren die **fehlenden** oder **korrigierten Informationen nachholen** und dadurch die **Wochenfrist** des Abs. 3 S. 1 **in Gang setzen,** wenn für den BR erkennbar ist, dass der ArbGeb. hiermit seiner noch nicht vollständig erfüllten Unterrichtungspflicht aus Abs. 1 S. 1 u. 2 nachkommen möchte (BAG 21.11.2018 – 7 ABR 16/17, NZA 2019, 711; 12.1.2011 – 7 ABR 25/09, NZA 2011, 1304; 1.6.2011 – 7 ABR 18/10, BeckRS 2011, 75883). Der ArbGeb. muss weder das Zustimmungsersuchen wiederholen noch darauf hinweisen, dass jetzt die Zustimmungsverweigerungsfrist für den BR erneut zu laufen beginnt (BAG 29.6.2011 – 7 ABR 24/10, NZA-RR 2012, 18; s. zur Einleitung mehrerer Zustimmungsverfahren → Rn. 285bf.). 277a

Erfolgt die ergänzende Information durch einen im gerichtlichen Zustimmungsersetzungsverfahren eingereichten **Schriftsatz** oder ihm beigefügte Anlagen, beginnt 277b der Lauf der Wochenfrist erst dann, wenn die nachgereichte Mitteilung **beim** Vors. des **BR** – nicht beim Verfahrensbevollmächtigten des BR – **eingeht** (BAG 9.3.2011 – 7 ABR 127/09, BeckRS 2011, 73484; 1.6.2011 – 7 ABR 18/10, BeckRS 2011, 75883).

277c Außerdem muss der BR die Zustimmung zu der personellen Maßnahme aus einem der in Abs. 2 genannten Gründen ausdrücklich verweigert haben (→ Rn. 187 ff.). Die Betriebsparteien können **nicht vereinbaren,** dass die **Zustimmung** des BR **als verweigert gilt,** wenn zwischen ihnen bis zum Ablauf der Äußerungsfrist in Abs. 3 kein Einvernehmen über die vom ArbGeb. beantragte personelle Maßnahme erzielt wird. Dies überschreitet ihre Regelungskompetenz, die einen Eingriff in das arbeitsgerichtliche Verfahren nicht umfasst (BAG 18.8.2009 – 1 ABR 49/08, NZA 2010, 112; 12.1.2011 – 7 ABR 25/09, NZA 2011, 1304; 29.6.2011 – 7 ABR 24/10, NZA-RR 1278; *Hexel/Lüders* NZA 2011, 613 ff.). Aus dem gleichen Grund ist es den Betriebsparteien untersagt, die Wochenfrist gänzlich aufzuheben (BAG 23.8.2016 – 1 ABR 22/14, NZA 2017, 194). Ebenso wenig können sie eine außerhalb des Anwendungsbereichs des § 99 liegende Streitfrage (Gewährung einer Familienzulage als mitbestimmungspflichtige Eingruppierung; → Rn. 112) in einem gerichtl. Vergleich zum Gegenstand eines Zustimmungsersetzungsverfahrens machen (BAG 19.10.2011 – 4 ABR 119/09, NZA-RR 2012, 250).

277d Der BR legt mit der schriftlichen Begründung seiner innerhalb der Wochenfrist des Abs. 3 erklärten Zustimmungsverweigerung zu der beabsichtigten personellen Maßnahme den **Gegenstand** des vom ArbGeb. einzuleitenden **Zustimmungsersetzungsverfahrens** fest und konkretisiert ihn. Er ist mit Zustimmungsverweigerungsgründen **ausgeschlossen,** die er dem ArbGeb. nicht innerhalb einer Woche nach seiner Unterrichtung mitgeteilt hat (BAG 23.1.2019 – 4 ABR 56/17, BeckRS 2019, 5455; 17.11.2010 – 7 ABR 120/09, NZA-RR 2011, 415; → Rn. 260, 291). IE gilt Folgendes:

277e Hat der BR fristgemäß, schriftlich und unter Angabe von Gründen, die sich auf den Katalog des Abs. 2 beziehen müssen (→ Rn. 187 ff., 260 ff.), seine Zustimmung zu der geplanten personellen Maßnahme verweigert, so darf sie der ArbGeb. vorbehaltlich eines Verfahrens nach § 100 **zunächst nicht durchführen** (DKKW/*Bachner* Rn. 239). Andernfalls setzt er sich einer gerichtlichen Anordnung auf Aufhebung der Maßnahme und einer eventuellen Erzwingung gem. § 101 aus. Zum anderen ist die **Maßnahme** zivilrechtlich zunächst **schwebend unwirksam,** weil die Zustimmung vom BR nicht erteilt und vom ArbG noch nicht ersetzt ist. Wird sie ersetzt, so wird die Maßnahme nunmehr voll wirksam. Wird sie nicht ersetzt, so ist sie zivilrechtlich endgültig unwirksam (ausf. zum Ersetzungsverfahren *Boemke* ZfA 1992, 473 ff.).

278 **Unterlässt der ArbGeb. es überhaupt,** das Verfahren nach § 99 bei einer Einstellung durchzuführen, so ist ein gleichwohl abgeschlossener **Arbeitsvertrag wirksam;** denn das MBR des BR bezieht sich hier auf die tatsächliche Beschäftigung des ArbN (hM, BAG 5.4.2001 – 2 AZR 580/99, NZA 2001, 893; 2.7.1980 – 5 AZR 56/79, AP BetrVG 1972 § 101 Nr. 5; DKKW/*Bachner* Rn. 250; GK-BetrVG/*Raab* Rn. 176; Richardi BetrVG/*Thüsing* Rn. 329; *Meisel* Mitwirkung BR Rn. 263, 289; *Heinze* Personalplanung Rn. 198 f.; HWGNRH/*Huke* Rn. 230: **aA** *Boewer* RdA 1974, 73; *Meyer* BB 1982, 1614; *Hanau* RdA 1973, 289). Nach § 101 S. 1 kann der BR die Aufhebung der vom ArbGeb. ohne seine Zustimmung durchgeführten personellen Maßnahme verlangen, dass sie also rückgängig gemacht und der betr. ArbN nicht beschäftigt wird (BAG 5.4.2001 – 2 AZR 580/99, NZA 2001, 893).

279 Der ArbGeb. kann sich auf die Unwirksamkeit der Einstellung nicht berufen, wenn er bewusst von der Beteiligung des BR abgesehen und damit **rechtsmissbräuchlich** gehandelt hat. Auch der BR kann sein Recht, ein Verfahren nach § 101 durchzuführen, verwirken, wenn er längere Zeit in Kenntnis dieser Tatsache sich verschweigt, insbes. länger als sechs Monate, so dass der ArbN bereits unter das KSchG fällt (LAG Hamm 12.5.2015 – 14 Sa 904/14, BeckRS 2015, 70507; MHdB ArbR/*Lunk* § 342 Rn. 6; Richardi BetrVG/*Thüsing* Rn. 332; weitergehend BAG

2.7.1980 – 5 AZR 1241/79, AP GG Art. 33 Abs. 2 Nr. 9; 2.7.1980 – 5 AZR 56/79, AP BetrVG 1972 § 101 Nr. 5, das den BR von vornherein auf ein Verfahren nach § 101 verweisen will; hier wird aber verkannt, dass das BetrVG 1972 im Gegensatz zum BetrVG 1952 gerade dem ArbGeb. die Verpflichtung zur Anrufung des ArbG auferlegen will, → § 101 Rn. 3). Wegen Schadensersatzansprüchen des Bewerbers gegen den ArbGeb. → § 100 Rn. 7.

Fehlt die Zustimmung des BR zur Einstellung eines ArbN, kann dies grds. nur dann ein **Leistungsverweigerungsrecht** des ArbN begründen, wenn der BR sich auf die Verletzung seines MBR beruft und die Aufhebung der Einstellung verlangt (BAG 5.4.2001 – 2 AZR 580/99, NZA 2001, 893). **280**

Bei **Ein- und Umgruppierungen** besteht ein Rechtsanspruch des ArbN auf richtige Eingruppierung, das MBR des BR erstreckt sich nur auf die „Richtigkeitskontrolle" (→ Rn. 96 f.). Insoweit können zutreffende Ein- bzw. Umgruppierungen auch ohne Beteiligung des BR im Verhältnis zum einzelnen ArbN nicht unwirksam sein (DKKW/*Bachner* Rn. 257; Richardi BetrVG/*Thüsing* Rn. 339 f.). Ist eine so erfolgte Ein- oder Umgruppierung tarifrechtlich richtig, so steht dem ArbN die tarifvertragliche Vergütung zu, solange er diese Tätigkeit ausübt (BAG 5.9.1973 – 4 AZR 549/72, AP BAT § 24 Nr. 3, 19.7.1978 – 4 AZR 31/77, AP BAT 1975 §§ 22, 23 Nr. 8; 16.1.1991 – 4 AZR 301/90, AP MTA § 24 Nr. 2; → Rn. 101). **281**

Hat ein **Zustimmungsersetzungsverfahren** stattgefunden, ist die **gerichtlich** als zutreffend festgestellte **Eingruppierung** oder Umgruppierung für den ArbGeb. im Verhältnis zum betroffenen ArbN verbindlich. Wird die Zustimmung des BR nicht ersetzt, weil eine andere als die dem ArbN angebotene Vergütungsgruppe zutreffend ist, kann sich der ArbN im Individualrechtsstreit unmittelbar darauf berufen, die vom ArbGeb. vorgesehene, aber vom BR abgelehnte Einstufung sei fehlerhaft (BAG 28.8.2008 – 2 AZR 967/06, NZA 2009, 505 mwN; MHdB ArbR/*Lunk* § 343 Rn. 5). **281a**

Im **Zustimmungsersetzungsverfahren** zu einer **Ein**- oder **Umgruppierung** entfaltet die Rechtskraft einer gerichtlichen Entscheidung bei gleich bleibendem Sachverhalt **Bindungswirkung** auch für nachfolgende Verfahren. Die gerichtliche Entscheidung ist so lange bindend, wie keine neue Eingruppierung erforderlich wird, die das MBR des BR auslöst. Ist die Richtigkeit der bisherigen Eingruppierung rechtskräftig festgestellt und haben sich seither weder die Tätigkeit des ArbN noch das Entgeltschema geändert, wirkt diese Entscheidung fort (BAG 20.3.2014 – 2 AZR 840/12, NZA 2014, 1415). **281b**

Der BR hat nur Anspruch auf **nachträgliche** Einholung der **Zustimmung** (BAG 24.6.1986 – 1 ABR 31/84, AP BetrVG 1972 § 99 Nr. 37 mwN). Der einzelne ArbN kann unabhängig von einem BeschlVerf. über die Ersetzung der Zustimmung zur Eingruppierung die seines Erachtens richtige Gehaltsgruppe einklagen (BAG 13.5.1981 – 4 AZR 1076/78, AP HGB § 59 Nr. 24; DKKW/*Bachner* Rn. 257 f.; zur Frage der präjudiziellen Wirkung des BeschlVerf. → Rn. 101). Scheitert der ArbGeb. mit seinem Ersetzungsantrag, so muss er die Zustimmung des BR zur Eingruppierung in eine andere Vergütungsgruppe beantragen (BAG 3.5.1994 – 1 ABR 58/93, AP BetrVG 1972 § 99 Eingruppierung Nr. 2; dazu → Rn. 99). **282**

Versetzungen ohne Beteiligung des BR sind unwirksam, auch wenn kraft BV sich das Direktionsrecht des ArbGeb. auf Versetzungen erstreckt (BAG 5.4.2001 – 2 AZR 580/99, NZA 2001, 893; 22.4.2010 – 2 AZR 491/09, NZA 2010, 1235; DKKW/*Bachner* Rn. 252; **aA** GK-BetrVG/*Raab* Rn. 178; Richardi BetrVG/*Thüsing* Rn. 333 f.) oder der ArbN einverstanden ist. Entspricht allerdings eine **Versetzung in einen anderen Betrieb** dem Wunsch des ArbN, so hat der BR des abgebenden Betriebs kein MBR (→ Rn. 171) und dessen Nichtbeteiligung keine Unwirksamkeit der Versetzung zur Folge (Richardi BetrVG/*Thüsing* Rn. 337). **283**

Der ArbN braucht einer betriebsverfassungswidrigen Versetzungsanordnung nicht nachzukommen (LAG BW 10.1.1985 – 11 Sa 104/84, NZA 1985, 326). Der insbes. bei Versetzung in Betracht kommende Verweigerungsgrund des Abs. 2 Nr. 4 dient **284** auch dem Schutz des einzelnen ArbN. Zum Verhältnis Änderungskündigung und MBR bei Versetzungen → Rn. 122. Wegen vorläufiger personeller Maßnahmen vgl. § 100. Daneben gibt es **keine einstw. Vfg. auf Antrag des ArbGeb.** mit dem Ziel, die personelle Maßnahme vorläufig zu gestatten (DKKW/*Bachner* Rn. 241; HWGNRH/*Huke* Rn. 239; MHdB ArbR/*Lunk* § 340 Rn. 95; Richardi BetrVG/*Thüsing* Rn. 344; *Boemke* ZfA 1992, 473 [522 f.]; → § 100 Rn. 1).

285 Der ArbGeb. hat die Möglichkeit, beim ArbG den **Antrag auf Ersetzung der Zustimmung** zu der personellen Maßnahme zu stellen, evtl. nur hilfsweise zu dem Feststellungsantrag, dass die Zustimmung des BR nach dessen ordnungsgemäßer Unterrichtung wegen Fristablaufs als erteilt gilt, wenn über die ordnungsgemäße Unterrichtung gestritten wird (BAG 28.1.1986 – 1 ABR 10/84, AP BetrVG 1972 § 99 Nr. 34; zur Unzumutbarkeit eines Zustimmungsersetzungsverfahrens bei Versetzung zwecks Freimachen eines leidensgerechten Arbeitsplatzes für kranken ArbN BAG 29.1.1997 – 2 AZR 9/96, AP KSchG 1969 § 1 Krankheit Nr. 32; 19.5.2010 – 5 AZR 162/09, NZA 2010, 1119). Das ArbG hat ggf. aber auch ohne ausdrücklichen Antrag statt auf Ersetzung der Zustimmung auf die Feststellung zu erkennen, dass die Zustimmung als erteilt gilt (BAG 18.10.1988 – 1 ABR 33/87, AP BetrVG 1972 § 99 Nr. 57). Das Zustimmungsersetzungsverfahren kann schon eingeleitet werden, wenn der neu zu besetzende Arbeitsplatz noch nicht frei ist (BAG 15.9.1987 – 1 ABR 29/86, AP BetrVG 1972 § 99 Nr. 45). Eine Frist zur Einleitung des Zustimmungsersetzungsverfahrens enthält Abs. 4 nicht (BAG 15.9.1987 – 1 ABR 44/86, AP BetrVG 1972 § 99 Nr. 46; *Kempter/Steinat* NZA-RR 2017, 630, 633).

285a Das Zustimmungsersetzungsverfahren ist bei **kurzfristigen personellen Einzelmaßnahmen,** wie zB kurze Beschäftigungszeiten von **LeihArbN,** wenig hilfreich (LAG SchlH 10.5.2016 – 1 TaBV 59/15, NZA-RR 2016, 589). Dementspr. soll nach LAG RhPf (14.12.2007 – 6 TaBV 49/07, NZA-RR 2008, 248; s. dazu *Hamann* NZA 2008, 1042; *Tiling* BB 2009, 2422) ein ArbGeb. nach Ablauf einer Beschäftigungszeit eines ArbN von höchstens drei Tagen auch nicht zur Einleitung eines Zustimmungsersetzungsverfahrens verpflichtet sein. Bei derart kurzfristigen Maßnahmen greift jedoch auch der zugunsten des BR konzipierte Schutzmechanismus der §§ 100, 101 nicht. Eine **Vertragsstrafenvereinbarung** zwischen BR und ArbGeb., nach der dieser bei Verletzung eines MBR ein Ordnungsgeld an einen Dritten zu zahlen hat, hilft ebenfalls nicht weiter, da sie unzulässig ist (BAG 19.1.2010 – 1 ABR 62/08, NZA 2010, 592).

285b Hier kann dem BR nur mit einer **einstw. Vfg.** geholfen werden (Einzelheiten dazu in → Rn. 295 ff.).

285c Der ArbGeb. kann **mehrere Zustimmungsersetzungsverfahren** – nacheinander oder auch zeitlich parallel, also schon vor dem rechtskräftigen Abschluss des zunächst eingeleiteten – zur Einstellung oder Versetzung desselben ArbN einleiten; hierbei handelt es sich idR nicht um denselben Verfahrensgegenstand (BAG 16.1.2007 – 1 ABR 16/06, AP BetrVG 1972 § 99 Einstellung Nr. 52; 22.4.2010 – 2 AZR 491/09, NZA 2010, 1235). Zwar verfolgt der ArbGeb. hiermit das gleiche Rechtsschutzziel; aber es geht um einen anderen Vorgang und Lebenssachverhalt, nämlich um ein neues Zustimmungsersuchen, das mit erneuten Informationspflichten des ArbGeb., möglichen Veränderungen der Sachlage und einer erneuten Beschlussfassung des BR einhergeht (BAG 16.1.2007 – 1 ABR 16/06, AP BetrVG 1972 § 99 Einstellung Nr. 52).

285d **Mehrere Zustimmungsersetzungsverfahren** liegen nur dann vor, wenn der ArbGeb. von seinen ursprünglichen Maßnahmen Abstand genommen und **eigenständige, neue** personelle **Einzelmaßnahmen** eingeleitet hat (BAG 11.10.2016 – 1 ABR 49/14, NZA 2017, 135). Das ist nicht der Fall, wenn der ArbGeb. nach Zustimmungsverweigerung durch den BR lediglich erneut die Zustimmung zB zu der konkret verweigerten Versetzung beantragt. Andernfalls würde dies auf eine einseitige Verlängerung der gesetzlichen Zustimmungsverweigerungsfrist des Abs. 3 hinauslaufen, nach deren Verstreichen sie nicht einmal einvernehmlich zwischen ArbGeb. und

BR verlängert werden kann (BAG 21.11.2018 – 7 ABR 16/17, NZA 2019, 711; 9.10.2013 – 7 ABR 1/12, NZA 2014, 156: 29.6.2011 – 7 ABR 24/10, NZA-RR 2012, 18; → Rn. 266, 277a).

Zieht der ArbGeb. sein **Gesuch** gegenüber dem BR **auf Zustimmung** zu einer personellen Maßnahme **zurück** (→ Rn. 186), ist einem bei Gericht anhängigen Zustimmungsersetzungsbegehren die Grundlage entzogen. Das Verfahren hat sich objektiv erledigt. Das gilt auch dann, wenn ein weiteres Zustimmungsersuchen an den BR gerichtet und ein weiteres Zustimmungsersetzungsverfahren denselben ArbN und denselben Arbeitsplatz betreffend eingeleitet war (BAG 28.2.2006 – 1 ABR 1/05, AP BetrVG 1972 § 99 Einstellung Nr. 51; 16.1.2007 – 1 ABR 16/06, AP BetrVG 1972 § 99 Einstellung Nr. 52; → Rn. 285b). Erklärt der ArbGeb. das gerichtl. Zustimmungsersetzungsverfahren für erledigt, ist dieses auch dann einzustellen, wenn der BR die Zustimmung zur Erledigung verweigert (BAG 8.12.2010 – 7 ABR 99/09, NZA-RR 2011, 315). 286

Eine **Verpflichtung** des ArbGeb., ein **gerichtliche Zustimmungsersetzungsverfahren durchzuführen,** besteht grds. nicht. Ein ArbN kann ohne bes. Umstände nicht davon ausgehen, dass der ArbGeb. sich verpflichten will, gegenüber dem BR einen rechtlichen Konflikt durchzustehen. Für eine derartige Annahme muss es bes. Anhaltspunkte geben (BAG 16.3.2010 – 3 AZR 31/09, NZA 2010, 1028). Das ist der Fall bei einer offensichtlich unbegründeten oder auf einem kollusiven Zusammenwirken zwischen ArbGeb. und BR beruhenden Zustimmungsverweigerung, bei einem Verstoß gegen den arbeitsrechtlichen Gleichbehandlungsgrundsatz, bei einer ausdrücklichen Zusage des ArbGeb. (BAG 16.3.2010 – 3 AZR 31/09, NZA 2010, 1028; zur Verpflichtung des ArbGeb. iRd § 164 Abs. 4 S. 1 Nr. 1 SGB IX → Rn. 172). Eine darüber hinausgehende Verpflichtung des ArbGeb. auf Durchführung eines gerichtlichen Zustimmungsersetzungsverfahrens folgt nicht aus der vertraglichen Rücksichtnahmepflicht nach § 241 Abs. 2 BGB (BAG 21.2.2017 – 1 AZR 367/15, NZA 2017, 740). 287

Das ArbG entscheidet im **BeschlVerf.** (§ 2a ArbGG, → Anh. 3 Rn. 1 ff.). Die von der geplanten personellen Maßnahme erfassten **ArbN** haben **nicht** die Rechtsstellung eines **Beteiligten** (BAG 27.5.1982 – 6 ABR 105/79, AP ArbGG 1979 § 80 Nr. 3, krit. *Grunsky* SAE 1983, 22; für Ein- und Umgruppierungen: BAG 22.3.1983 – 1 ABR 49/81, AP BetrVG 1972 § 101 Nr. 6; 31.5.1983 – 1 ABR 57/80, AP BetrVG 1972 § 118 Nr. 27; ebenso BAG 17.5.1983 – 1 ABR 5/80, AP BetrVG 1972 § 99 Nr. 18; DKKW/*Bachner* Rn. 243, 247; GK-BetrVG/*Raab* Rn. 250; HWGNRH/*Huke* Rn. 235; **aA** *Hartmann* ZfA 2008, 383 [393 ff.]; 404 ff.), insbes. auch kein eigenes Antragsrecht (*Boemke* ZfA 1992, 473 [490 ff.]; *Heinze* Personalplanung Rn. 352; → § 102 Rn. 128; für eigenes Antragsrecht des ArbN: Richardi BetrVG/*Thüsing* Rn. 345). Auch sind die in Abs. 2 Nr. 3 genannten anderen beschäftigten ArbN nicht Beteiligte, da der BR ihre Interessen nur im Vorfeld seiner Entscheidung über die Zustimmungsverweigerung zu berücksichtigen hat. 288

Zu erwägen wäre ein im **Urteilsverfahren** einklagbarer Anspruch des ArbN (Bewerbers) gegen den ArbGeb. auf Einleitung eines Verfahrens nach § 99 Abs. 4, sofern er schon tatsächlich beschäftigt wird oder eine verbindliche Zusage hat (für einen derartigen Anspruch: HWGNRH/*Huke* Rn. 235; *Boewer* RdA 1974, 76, Fn. 57). Ein derartiges vorgeschaltetes Verfahren ist aber höchst unpraktisch und umständlich (*Hartmann* ZfA 2008, 383 [390]). Wegen Schadensersatzansprüchen → § 100 Rn. 7. 289

Der **ArbGeb.** hat im Verfahren die **Darlegungs- und Beweislast** (DKKW/*Bachner* Rn. 244; GK-BetrVG/*Raab* Rn. 246; *Heinze* Personalplanung Rn. 355 ff.; HWGNRH/*Huke* Rn. 236; MHdB ArbR/*Lunk* § 343 Rn. 6; *Busemann* NZA 1996, 681 [683]), dass die vom BR konkret und fristgemäß vorgetragenen Gründe zur Verweigerung der Zustimmung nicht gegeben sind, ferner im Streitfall für die ordnungsgemäße Unterrichtung (BAG 26.4.2017 – 4 ABR 37/14, NZA-RR 2017, 408 mwN), der **BR** für die **Formalien** (Schriftform, Frist) der Zustimmungsverweigerung (DKKW/*Bachner* Rn. 244; GK-BetrVG/*Raab* Rn. 246; HWGNRH/*Huke* 290

Rn. 237; MHdB ArbR/*Lunk* § 340 Rn. 101). Das Amtsermittlungsprinzip im BeschlVerf. bedingt eine Aufklärung des zur Nachprüfung gestellten Sachverhalts von Amts wegen, allerdings nicht die Prüfung, ob etwa weitere vom BR nicht geltend gemachte Gründe für die Verweigerung der Zustimmung bestehen (*Heinze* Personalplanung Rn. 353 will nicht geltend gemachte Gründe dann berücksichtigen, wenn das ArbG auf sie im Rahmen der Feststellung der erheblichen Tatsachen stößt).

291 Der BR kann grds. keine **weiteren Gründe,** die er nicht schon in seiner schriftlichen Zustimmungsverweigerung aufgeführt hat, im BeschlVerf. **nachschieben;** er ist mit diesen Gründen ausgeschlossen (BAG 23.1.2019 – 4 ABR 56/17, BeckRS 2019, 5455; 17.11.2010 – 7 ABR 120/09, NZA-RR 2011, 415 mwN; MHdB ArbR/*Lunk* § 340 Rn. 89; **aA** *Schreiber* RdA 1987, 257). Dagegen ist der BR mit einer Konkretisierung der Gründe für seine Zustimmungsverweigerung und weiteren rechtlichen Argumenten nicht ausgeschlossen (→ Rn. 264); auch muss er bisher ihm nicht bekannte Gründe noch geltend machen können (DKKW/*Bachner* Rn. 187, 245; HaKo-BetrVG/*Kreuder* Rn. 60; GK-BetrVG/*Raab* Rn. 171; *Dütz* Anm. EzA § 99 BetrVG Nr. 37; **aA** MHdB ArbR/*Lunk* § 340 Rn. 89).

292 Stellt das ArbG **rechtskräftig** fest, es habe kein ausreichender Grund zur Verweigerung der Zustimmung vorgelegen, so gibt es dem Antrag des ArbGeb. statt, der nunmehr die Maßnahme durchführen kann. Lehnt es den Antrag dagegen ab, so muss der ArbGeb. endgültig von der Durchführung der geplanten Maßnahme absehen (→ § 101 Rn. 3 ff.; bei Ein-, Umgruppierung → Rn. 96 ff., 281 f.), es sei denn der Antrag würde mit der Begründung abgewiesen, die Zustimmung sei nicht erforderlich (BAG 21.9.1989 – 1 ABR 32/89, AP BetrVG 1972 § 99 Nr. 72).

293 Der BR hat **keine Prozessstandschaft** zur Klärung oder Durchsetzung der seiner Beteiligung nach § 99 zugrunde liegenden Rechte der einzelnen ArbN (BAG 5.5.1992 – 1 ABR 1/92, NZA 1992, 1089).

294 Hat sich die streitige personelle Maßnahme vor oder während des BeschlVerf. tatsächlich **erledigt,** so sind die Verfahren nach § 99 Abs. 4, § 100 Abs. 2 S. 1, § 101 wegen Erledigung der Hauptsache gem. § 83a Abs. 2 ArbGG einzustellen (BAG 26.4.1990 – 1 ABR 79/89, AP ArbGG 1979 § 83a Nr. 3). Das gilt auch dann, wenn der BR der Erledigung widerspricht (BAG 10.2.1999 – 10 ABR 42/98, NZA 1999, 1225 [1226]).

295 **Umstritten** ist, ob der BR zur Wahrung seines MBR nach § 99 Abs. 1 S. 1 einen **Anspruch auf Unterlassung** einer personellen Maßnahme hat, deren Durchführung er nicht zugestimmt hat. Einen solchen Anspruch bejahen DKKW/*Trittin* § 23 Rn. 347, 352, DKKW/*Bachner* § 101 Rn. 19 ff.; *Derleder* ArbuR 1995, 13). Demgegenüber lehnen GK-BetrVG/*Oetker* § 23 Rn. 192 ff.; Richardi BetrVG/*Thüsing* § 23 Rn. 83; MHdB ArbR/*Lunk* § 340 Rn. 95; ErfK/*Kania* § 101 Rn. 9; *Raab* ZfA 1997, 236 einen allgemeinen Unterlassungsanspruch in den Angelegenheiten der personellen MB ab.

296 Das **BAG** (23.6.2009 – 1 ABR 23/08, NZA 2009, 1430; 9.3.2011 – 7 ABR 137/09, NZA 2011, 871) hat diese Frage jetzt entschieden und einen allgemeinen Unterlassungsanspruch iRd § 99 Abs. 1 abgelehnt.

297 Nach § 99 Abs. 1 hat der BR zwar ein MBR. Doch sieht das G hier die vorläufige Durchführung der Maßnahme ohne vorherige Zustimmung oder Zustimmungsersetzung ausdrücklich vor. Hierzu stellt es in §§ 100, 101 detaillierte spezielle Regeln auf. **§ 100** bestimmt dabei die Voraussetzungen und die Dauer der Durchführung einer personellen Einzelmaßnahme auch ohne Zustimmung des BR. Ergänzend dazu billigt **§ 101** dem BR das Recht zu, unter den dort geregelten Voraussetzungen die Aufhebung einer mitbestimmungswidrig durchgeführten personellen Einzelmaßnahme zu verlangen. Dieser Schutzmechanismus wirkt allerdings nur zukunftsbezogen. Er geht regelmäßig **ins Leere** bei **kurzfristigen personellen Einzelmaßnahmen,** die sich vor Eintritt der Rechtskraft einer gerichtlichen Entscheidung durch Zeitablauf erledigen (ebenso LAG SchlH 10.5.2016 – 1 TaBV 59/15, NZA-RR 2016, 589; LAG Köln 13.8.2002 – 12 Ta 244/02, NZA-RR 2003, 249; aufschlussreich der Fall

LAG RhPf 14.12.2007 – 6 TaBV 49/07, NZA-RR 2008, 248; *Schulze/Schreck* ArbRAktuell 2013, 341090; *Hamann* NZA 2008, 1042).

Nur für diesen Fall kann von einer **Schutzlücke** gesprochen werden. Nach der Konzeption der §§ 100, 101 ist das MBR des BR nicht absolut geschützt (LAG SchlH 10.5.2016 – 1 TaBV 59/15, NZA-RR 2016, 589). Der BR hat vielmehr grds. für die Dauer des Verfahrens nach §§ 100, 101 vorläufige personelle Maßnahmen hinzunehmen, ohne dass er zu diesen seine Zustimmung erteilt hat oder diese ersetzt ist. Leitet der ArbGeb. ein Verfahren nach § 100 trotz fehlender Zustimmung des BR nicht ein oder ersucht er den BR nicht um die Zustimmung zur personellen Maßnahme, kann der BR wegen eines groben Verstoßes des ArbGeb. gegen seine betriebsverfassungsrechtlichen Pflichten die Aufhebung der Maßnahme schon nach § 23 Abs. 3 verlangen (BAG 19.1.2010 – 1 ABR 55/08, NZA 2010, 659; LAG SchlH 10.5.2016 – 1 TaBV 59/15, NZA-RR 2016, 589; → § 101 Rn. 12). Dies kann in dringenden Fällen auch im Wege des einstweiligen Rechtsschutzes in Form einer Leistungsverfg. (§ 85 Abs. 2 S. 1 ArbGG) geschehen (LAG Köln 13.8.2002 – 12 Ta 244/02, NZA-RR 2003, 249; *Karthaus/Klebe* NZA 2012, 417 [423]; *Rudolph* AiB 2012, 167 [169]; *Schulze/Schreck* ArbRAktuell 2013, 341090). Gleiches gilt, wenn der ArbGeb. das Verfahren nach § 100 betreibt, aber entweder den Antrag nach § 100 Abs. 2 nicht rechtzeitig innerhalb der Dreitagesfrist stellt, oder die Aufrechterhaltung der vorläufigen personellen Maßnahme überhaupt nicht oder offenkundig unzureichend begründet. In diesen Fällen kann die Aufrechterhaltung der vorläufigen personellen Maßnahme **rechtsmissbräuchlich** sein und ggf. auch im Wege der **einstw. Vfg.** unterbunden werden (*Mittag/Junghans* AiB 2009, 30 [32]). Ein darüber hinaus gehender Unterlassungsanspruch kann dagegen nicht anerkannt werden. Durch ihn würde die gesetzliche Konzeption der §§ 100, 101 konterkariert. 298

VIII. Sonderregelungen für die bei der DBAG, den Postunternehmen, in den Kooperationsbetrieben der Bundeswehr, bei anderen privatrechtlich organisierten Unternehmen tätigen Beamten, Soldaten und Arbeitnehmern des öffentlichen Dienstes

Die der DBAG zugewiesenen Beamten, die in den privatisierten Postunternehmen (Deutsche Post AG, Deutsche Postbank AG, Deutsche Telekom AG) beschäftigten Beamten und die von den Post-AGn ihren Tochter-, Enkel- und Beteiligungsgesellschaften zugewiesenen Beamten (→ § 5 Rn. 321) sowie die in den Kooperationsbetrieben der Bundeswehr beschäftigten Beamten und Soldaten (→ § 5 Rn. 322) und die der BRD-Finanzagentur GmbH (→ § 5 Rn. 323), der Gesellschaft für Außenwirtschaft, Standortmarketing mbH (→ § 5 Rn. 324) und der DFS Deutsche Flugsicherung GmbH (→ § 5 Rn. 325) zugewiesenen Beamten und ArbN gelten **infolge** ihrer **Eingliederung** in die jeweiligen Betriebe **als ArbN** iSd **BetrVG** (§ 19 DBGrG, § 24 PostPersRG, § 6 BwKoopG, § 5 BWpVerwPG, § 6 BfAIPG, § 4 Abs. 2 BAFlSBAÜbnG; BAG 5.12.2012 – 7 ABR 48/11, NZA 2013, 793). 299

Folglich nehmen sie an den **BRWahlen** in den privatrechtlich organisierten Unternehmen teil (→ § 7 Rn. 10f.; → § 8 Rn. 28), der **BR** vertritt ihre Interessen und kann seine **Beteiligungsrechte** auch zugunsten der zugewiesenen oder gestellten Beamten, Soldaten und ArbN grds. uneingeschränkt geltend machen (BAG 4.5.2011 – 7 ABR 3/10, NZA 2011, 1373 mAnm *Engels* AP BetrVG 1972 § 99 Nr. 138; GK-BetrVG/*Raab* Rn. 257ff.; *Engels/Müller/Mauß* DB 1994, 477f.; *Engels/Mauß-Trebinger* RdA 1997, 217 [219ff., 232ff.]; *Engels* ArbuR 2009, 10 [74]; *Pröpper* ZBVR online 3/2011, 23ff.), also in allen sozialen Angelegenheiten (§§ 87ff.), bei der Gestaltung von Arbeitsplatz, Arbeitsablauf und Arbeitsumgebung (§§ 90f.), in allen all- 299a gemeinen personellen Angelegenheiten (§§ 92ff.), bei der Berufsbildung (§§ 96ff.) sowie bei Betriebsänderungen (§§ 111ff.).

300 Das gilt grds. auch bei **personellen Einzelmaßnahmen.** So hat das BAG (4.5.2011 – 7 ABR 3/10, NZA 2011, 1373 mAnm *Engels* AP BetrVG 1972 § 99 Nr. 138) zu §§ 1, 6 Abs. 1 **BwKoopG** entschieden, dass der BR bei innerbetrieblichen **Versetzungen** von Beamten und ArbN in den privatrechtlich organisierten Kooperationsunternehmen der Bundeswehr nach § 99 Abs. 1 S. 1 BetrVG mitzubestimmen hat.

300a Es können aber auch abweichend von §§ 99ff. **Sonderregelungen** zum Tragen kommen. Der Gesetzgeber hat dies zur Wahrung des durch Art. 33 Abs. 5 GG geschützten Prinzips, dass Beamte in beamtenspezifischen Angelegenheiten ausschließlich durch von ihnen gewählte Personen vertreten werden müssen, in den ersten PrivatisierungsG (s. zu den unterschiedlichen Konzeptionen der frühen und der späteren PrivatisierungsG *Engels* AP BetrVG 1972 § 99 Nr. 138) für erforderlich gehalten (vgl. *Battis,* Gutachten zur Weiterbeschäftigung der Beamten in privatisierten Postunternehmen, Juni 1992, und Ergänzungsgutachten, Nov. 1992, beide nv; krit. *Plander,* Juristisches Kurzgutachten zu verfassungsrechtlichen Aspekten der Betriebsverfassung in privatisierten Postunternehmen, Januar 1994, nv; *Blanke/Sterzel* ArbuR 1993, 265 [269ff.]; *Engels/Müller/Mauß* DB 1994, 477f.; jetzt aber → § 5 Rn. 316ff.).

301 Als derartige **beamtenspezifische Angelegenheiten** sind vor allem die in § 76 Abs. 1 BPersVG genannten Personalangelegenheiten der Beamten anzusehen. Das sind Einstellung und Anstellung, die aber wegen der Privatisierung keine Rolle mehr spielen dürften, **Beförderung,** Übertragung eines anderen Amtes mit höherem Endgrundgehalt ohne Änderung der Amtsbezeichnung, Verleihung eines anderen Amtes mit anderer Amtsbezeichnung beim Wechsel der Laufbahngruppe, **Laufbahnwechsel,** Übertragung einer **höher** oder **niedriger** zu bewertenden **Tätigkeit, Versetzung** zu einer anderen Dienststelle (Betrieb), **Umsetzung** innerhalb der Dienststelle (Betrieb) mit Wechsel des Dienstortes, **Abordnung** für länger als drei Monate, Zuweisung nach § 123a des Beamtenrechtsrahmengesetzes (Tätigkeit bei anderer Einrichtung außerhalb des Anwendungsbereichs des BRRG) für länger als drei Monate, **Anordnungen,** welche die Freiheit der Wohnungswahl beschränken, Versagung oder Widerruf der Genehmigung einer **Nebentätigkeit,** Ablehnung eines Antrags nach §§ 72a oder 72e des Bundesbeamtengesetzes auf **Teilzeitbeschäftigung,** Ermäßigung der regelmäßigen Arbeitszeit oder Urlaub und Hinausschieben des Eintritts in den Ruhestand wegen Erreichens der Altersgrenze. Ausschließlich bei diesen rein statusrechtlichen Tatbeständen des § 76 Abs. 1 BPersVG findet Personalvertretungsrecht Anwendung (vgl. § 17 Abs. 2 DBGrG, § 28 PostPersRG; sa *Engels/Müller/Mauß* DB 1994, 477f.; *Engels/Mauß-Trebinger* RdA 1997, 217 [232ff., 236f.]; *Lorenzen* PersVertr. 1995, 99 [104]; BVerwG 16.4.2012 – 6 P 1/11, NZA-RR 2012, 610; zu **Entlassungen** → § 102 Rn. 137).

302 Die **Beteiligung des BR** erfolgt entspr. den verschiedenen beamtenrechtlichen Zuordnungsmodellen **in unterschiedlicher Form.**

1. Beteiligung des Betriebsrats bei personellen Einzelmaßnahmen gegenüber den der DBAG zugewiesenen Beamten

303 Beim Zuweisungsmodell der Bahnreform ist öffentlicher Dienstherr der Beamten das BEV. Damit die DBAG ihre Arbeitgeberfunktion gegenüber den ihr zugewiesenen Beamten wahrnehmen kann, sind ihr bestimmte Dienstherrenbefugnisse zur Ausübung übertragen worden; so ist sie gegenüber den Beamten weisungsbefugt und kann beamtenrechtliche Entscheidungen sowie sonstige Entscheidungen und Maßnahmen treffen, die mit der Dienstausübung der Beamten in den Betrieben der DBAG in unmittelbarem Zusammenhang stehen (vgl. § 12 Abs. 4 S. 2, Abs. 6 DBGrG sowie die DBAGZustV mit ihren 40 Übertragungstatbeständen; *Engels/Müller/Mauß* DB 1994, 473; *Engels/Mauß-Trebinger* RdA 1997, 217 [218]).

Die Verwaltung der der DBAG zugewiesenen Beamten verbleibt beim BEV (Art. 1 § 3 Abs. 2 Nr. 3 ENeuOG). Dort werden **bes. PersVertr.** gebildet, die ausschließlich von den der DBAG zugewiesenen Beamten gewählt werden (s. *Lorenzen* PersVertr. 1994, 145). Ihnen allein obliegt es, in den wenigen in § 76 Abs. 1 BPersVG genannten Personalangelegenheiten der Beamten, die der DBAG gem. der DBAG-ZustV übertragen worden sind, das **personalrechtliche MBR** auszuüben und bei Meinungsverschiedenheiten den in § 17 Abs. 2–6 DBGrG aufgezeigten personalvertretungsrechtlichen Weg (E-Stelle, Verwaltungsgerichte) zu beschreiten (*Engels/Mauß-Trebinger* RdA 1997, 217 [219, 237ff.]). 304

Das gilt auch, wenn die DBAG personelle Einzelmaßnahmen gegenüber den ihr zugewiesenen Beamten ergreifen will, die sowohl von § 76 Abs. 1 BPersVG als auch von § 99 Abs. 1 BetrVG erfasst werden, wie insbes. Versetzungen und, bei Versetzungen in andere Betriebe, Einstellungen (→ Rn. 19, 170). Hier war **umstr.,** ob § 17 Abs. 2 DBGrG aus den Erwägungen in → Rn. 300a grd→ § 19 DBGrG vorgeht und **das MBR des BR nach § 99 Abs. 1 ausschließt** (dafür *Grabendorff/Ilbertz/Widmaier* BPersVG Einl. Rn. 53; *Lorenzen/Schmitt/Etzel/Gerhold/Schlatmann/Rehak* BPersVG § 1 Rn. 33g, § 69 Rn. 54b; *Engels/Müller/Mauß* DB 1994, 478; *Engels/Mauß-Trebinger* RdA 1997, 217 [232ff.]; *Lorenzen* PersVertr. 1995, 99 [104]; dagegen BAG 12.12.1995 – 1 ABR 23/95, AP BetrVG 1972 § 99 Versetzung Nr. 8 mit abl. Anm. *Engels/Trebinger;* GK-BetrVG/*Raab* Rn. 289f.; Altvater/*Hamer/Ohnesorg/Peiseler* BPersVG Anh. III C DBGrG § 17 Rn. 12, § 19 Rn. 2; *Blanke/Sterzel* PrivatisierungsR S. 172; *Burkert/Huschenbett* PersR 2010, 468 [469]). 305

In jüngeren PrivatisierungsG (s. die in → Rn. 332ff. erläuterten G) hat der Gesetzgeber seine frühere Auffassung, zur Wahrung des durch Art. 33 Abs. 5 GG geschützten Prinzips müssten Beamte bei Entscheidungen in beamtenspezifischen Angelegenheiten ausschließlich durch von ihnen gewählte Personen vertreten werden, aufgegeben (*Engels* AP BetrVG 1972 § 99 Nr. 138). Damit ist er im Wesentlichen der frühen Grundsatzentscheidung des BAG (12.12.1995 – 1 ABR 31/95, AP BetrVG 1972 § 99 Versetzung Nr. 8) gefolgt. Es hat sich für eine **uneingeschränkte Doppelbeteiligung** sowohl der bes. PersVertr. als auch des BR ausgesprochen, wenn die DBAG personelle Einzelmaßnahmen gegenüber den ihr zugewiesenen Beamten ergreifen will, die sowohl von § 76 Abs. 1 BPersVG als auch von § 99 Abs. 1 BetrVG erfasst werden. Dieser Ansicht wird beigetreten. 306

Bei einer uneingeschränkten Doppelbeteiligung in personellen Angelegenheiten der Beamten sind im Streitfall einander **widersprechende Entscheidungen** in verschiedenen Verfahrenswegen nicht ausgeschlossen. Um dies möglichst in einem frühen Stadium zu vermeiden, wäre es hilfreich, wenn das BEV bei allen beamtenrechtlichen Entscheidungen mit Auswirkungen auf die ArbN der DBAG nicht nur die bei ihm angesiedelte bes. PersVertr., sondern **auch** den **BR** der **DBAG** entspr. § 99 Abs. 1 rechtzeitig **unterrichten** und von diesem erfahren könnte, warum er dieser Versetzung im Interesse der Belegschaft der DBAG die Zustimmung nach § 99 Abs. 2 BetrVG verweigern wird. 307

Ein weiterer Grund für dieses Informationsverfahren besteht darin, dass nur so auch die der DBAG auferlegte **einheitliche Personalpolitik** für Arb., Ang. und zugewiesene Beamte (vgl. § 5 ELV über die einheitliche Stellenausschreibung für Arb., Ang. und Beamte) verwirklicht werden kann, zumal deren Mitgestaltung über die §§ 92ff. allein den BR bzw. dem GesBR der DBAG vorbehalten ist (vgl. *Blanke/Sterzel* PrivatisierungsR S. 173; *Engels/Müller/Mauß* DB 1994, 477f.; → Rn. 311; → § 93 Rn. 12). 308, 309

Die in → Rn. 306–309 erwähnten **Doppelbeteiligungen** können sich vor allem in Fällen der 310

- **Übertragung** einer **höher zu bewertenden Tätigkeit** (§ 12 Abs. 6 S. 1 DBGrG; § 76 Abs. 1 Nr. 3 BPersVG)
- **Umsetzung** (Nr. 1 DBAGZustV; § 76 Abs. 1 Nr. 4 BPersVG)
- **Versetzung** (Nr. 2 DBAGZustV; § 76 Abs. 1 Nr. 4 BPersVG)
- **Abordnung** (Nr. 3 DBAGZustV; § 76 Abs. 1 Nr. 5 BPersVG)

ergeben. Beabsichtigt das BEV eine dieser Personalmaßnahmen, sind sowohl die bes. VersVertr. als auch der BR zu beteiligen (GK-BetrVG/*Raab* Rn. 292). Soweit die DBAG die erforderliche Unterrichtung(einschl. Vorlage der erforderlichen Unterlagen der Beamten, Auskunft über die Auswirkungen der geplanten Maßnahme sowie Mitteilung des für den Beamten in Aussicht genommenen Arbeitsplatzes) gegenüber dem BR nicht erfüllen kann, weil sie nicht Dienstherr der ihr zugewiesenen Beamten ist und nicht über die erforderlichen Kenntnisse und Unterlagen über die betr. Beamten verfügt, treffen diese Verpflichtungen das BEV (§ 19 Abs. 5 DBGrG).

311 Die in den Fällen der → Rn. 310 erforderliche **Beteiligung** sowohl der **bes. PersVertr.** als auch des **BR** ist derart **miteinander** zu **verzahnen,** dass der BR Gelegenheit zur Stellungnahme gegenüber der bes. PersVertr. zu der von der DBAG beabsichtigten Personalmaßnahme erhält und die bes. PersVertr. diese Stellungnahme bei der Ausübung ihres MBR berücksichtigen kann (*Burkert/Huschenbett* PersR 2010, 468 [469]; → § 33 Rn. 29f.; sa § 38 Abs. 2 BPersVG zur gemeinsamen Beratung im PersR vor Beschlussfassung durch eine Gruppe). Diese Verzahnung ist auch für eine sinnvolle Ausübung des den bes. PersVertr. zustehenden Rechts auf Widerspruch gegen eine Personalmaßnahme wegen Verstoßes gegen eine AuswahlRL (vgl. § 17 Abs. 2 S. 2 DBGrG, § 77 Abs. 2 Nr. 1 iVm § 76 Abs. 2 Nr. 8 BPersVG) unerlässlich, da AuswahlRL nach § 95 der MB allein des BR unterliegen. Einzelheiten der Verzahnung sollten durch TV oder BV geregelt werden (s. *Engels/Müller/Mauß* DB 1994, 478; *Engels/Mauß-Trebinger* RdA 1997, 217 [235]).

312 MBR der bes. PersVertr. bestehen nicht bei beamtenrechtlichen Maßnahmen, die die in **§ 1 Nr. 1–3 DBAGZustV** iVm **§ 76 Abs. 1 Nr. 4** u. **5 BPersVG** geforderten örtlichen und zeitlichen Modalitäten nicht erfüllen. Hier findet **keine Doppelbeteiligung** statt. Da Umsetzungen ohne Dienstortwechsel, vorübergehende Versetzungen sowie Abordnungen bis zu drei Monaten idR Versetzungen iSd § 95 Abs. 3 sind (→ Rn. 123), ist **ausschließlich** der **BR** bei der DBAG nach **§§ 99ff. BetrVG** zu beteiligen.

313 Die **ausschließliche Zuständigkeit des BR** in den vorgenannten Fällen widerspricht auch nicht dem vorgesehenen Schutz der Beamten durch bes. Vertretungen (→ Rn. 304ff.), denn dieser Sonderschutz besteht nur bei Versetzungen mit erheblichen Auswirkungen auf die betroffenen Beamten. IÜ stehen die Beamten, die für die Anwendung des BetrVG als ArbN gelten, hinsichtlich des kollektiven Schutzes ihren ebenfalls auf die DBAG „übergeleiteten" ArbN-Kollegen gleich (s. *Engels/Müller/Mauß* DB 1994, 478; *Engels/Mauß-Trebinger* RdA 1997, 217 [235]).

314 MBR der bes. PersVertr. bestehen nicht in Personalangelegenheiten von Beamten der Besoldungsstufe **A 16** (vgl. § 17 Abs. 2 DBGrG iVm § 77 Abs. 1 S. 2 BPersVG). Auf diese Beamten finden – falls sie nicht auf Grund ihrer Stellung im Unternehmen oder Betrieb als leitende Ang. gelten (→ § 5 Rn. 347ff., 367ff.) und insoweit nur § 105 zu beachten ist – die **§§ 99ff. uneingeschränkt** Anwendung, sofern nicht ein Tatbestand gegeben ist, der ausschließlich nach Beamtenrecht zu beurteilen ist und in die Zuständigkeit der Verwaltungsgerichte fällt, wie zB eine Beförderung.

315 Werden die bei beamtenrechtlichen Entscheidungen nach § 76 Abs. 1 BPersVG dem BR gegenüber bestehenden Aufklärungs- und Auskunftspflichten nach § 99 Abs. 1 nicht, wahrheitswidrig, unvollständig oder verspätet erfüllt, so kann dies als eine **Ordnungswidrigkeit** geahndet werden (§ 121).

2. Beteiligung des Betriebsrats bei personellen Einzelmaßnahmen gegenüber den bei den PostAGn beschäftigten Beamten

316 Im Gegensatz zur Bahnreform sind im Rahmen der Postreform die privatisierten Postunternehmen mit der Wahrnehmung sämtlicher Befugnisse des Dienstherrn Bund gegenüber den bei ihnen beschäftigten Beamten „beliehen" (s. §§ 1ff. PostPersRG). Bei diesem Beleihungsmodell fällt dem BR die Interessenvertr. sowohl der

ArbN als auch der übergeleiteten Beamten zu, diese haben also **kein separates Vertretungsorgan** (vgl. *Blanke/Sterzel* PrivatisierungsR S. 169; *Engels/Mauß-Trebinger* RdA 1997, 217 ff.).

Der **BR** nimmt neben seinen originären Beteiligungsrechten nach dem BetrVG (→ Rn. 299) MBR und Mitwirkungsrechte in **beamtenspezifischen Personalangelegenheiten** nach § 76 Abs. 1, § 78 Abs. 1 Nr. 3–5 und § 79 Abs. 3 BPersVG wahr (§ 28 Abs. 1 S. 1, § 29 PostPersRG). Die gebotene Sondervertretung der **Beamten** wird durch partielle Anerkennung als **eigene Gruppe innerhalb der BR** der Postunternehmen mit **ausschließlicher Beschlussfassungsbefugnis** (→ § 33 Rn. 28) in den vorgenannten Angelegenheiten der Beamten verwirklicht (§ 28 Abs. 1 PostPersRG; BVerwG 25.1.2012 – 6 P 25/10, NZA-RR 2012, 360). Die der ausschließlichen Beschlussfassungsbefugnis der Beamtengruppe im BR vorbehaltenen Tatbestände sind in → Rn. 301 aufgeführt (zu **Entlassungen** → § 102 Rn. 137). 317

Will der BR seine **Zustimmung** in den MBFällen des § 76 Abs. 1 BPersVG **verweigern,** gilt der Versagungskatalog des § 77 Abs. 2 BPersVG (BVerwG 25.1.2012 – 6 P 25/10, NZA-RR 2012, 360). Die Verweigerung der Zustimmung muss der BR unter Angabe von Gründen innerhalb einer Woche nach Unterrichtung durch den ArbGeb. diesem schriftlich mitteilen, andernfalls gilt die Zustimmung als erteilt (§ 29 Abs. 2 PostPersRG; s. *Engels/Mauß-Trebinger* RdA 1997, 217 [238]). 318

Wenn sich ArbGeb. und BR nicht einigen können, ist die E-Stelle anzurufen, die binnen 2 Monaten entscheiden soll (§ 29 Abs. 3 S. 1 PostPersRG). Die E-Stelle stellt fest, ob ein Grund zur Zustimmungsverweigerung iSd § 77 Abs. 2 BPersVG vorliegt (§ 29 Abs. 3 S. 2 PostPersRG). Schließt sie sich nicht der Auffassung des ArbGeb. an, kann sie diesem nur eine **Empfehlung** geben (→ § 76 Rn. 98). Folgt der ArbGeb. ihr nicht, so hat er innerhalb von 10 Tagen die Angelegenheit mit der Empfehlung der E-Stelle dem BMF zur endgültigen Entscheidung vorzulegen (§ 29 Abs. 3 S. 4 PostPersRG). Damit wird § 104 S. 3 BPersVG, der das verfassungsmäßig gebotene Letztentscheidungsrecht des Dienstherrn sichert, Rechnung getragen (*Engels/Mauß-Trebinger* RdA 1997, 217 [238 f.]; *Lorenzen* PersVertr. 1995, 99 [105]). 319

Die Frage des **Vorrangs von § 28 PostPersRG** iVm § 76 Abs. 1 BPersVG (Beschlussfassung nur der Beamtengruppe im BR, E-Stelle, Verwaltungsgerichtsverfahren nach § 29 iVm §§ 83 ff. PostPersRG – so BVerwG 11.3.2011 – 6 PB 19.10, BeckRS 2011, 49218) gegenüber § 24 Abs. 1 iVm §§ 99 ff. BetrVG (Beschlussfassung des BR, Arbeitsgerichtsverfahren) stellt sich wie bei → Rn. 308 ff. IE gilt folgendes: 320

Den §§ 28, 29 PostPersRG ist Vorrang gegenüber den §§ 99 ff. einzuräumen, wenn es um Tatbestände geht, die auch den räumlichen und zeitlichen Modalitäten der in § 76 Abs. 1 BPersVG genannten Personalmaßnahmen entsprechen; §§ 99 ff. sind insoweit nicht anzuwenden (BAG 12.8.1997 – 1 ABR 7/97, AP BetrVG 1972 § 99 Versetzung Nr. 15; 15.8.2012 – 7 ABR 6/11, BeckRS 2012, 75603; *Bacher* PersR 1994, 489 [494]; *Engels/Mauß-Trebinger* RdA 1997, 217 [236]; *Lorenzen* ZfPR 95, 130 [132]; *Lorenzen* PersV 95, 99 [104]; *Pielsticker* ZTR 1996, 101 [104]; *Richardi* NZA 1996, 953 [955 f.]; wohl auch *Wehner* ZTR 1995, 207 [210]; **aA** *Hummel* PersR 1996, 228 [229]; *Hummel/Spoo* AiB 1997, 21 [22 f.]). 321

Das in → Rn. 310 f. geschilderte Problem der Doppelbeteiligung gibt es bei den Postunternehmen nicht, da die beamtenrechtlichen Entscheidungen des § 76 Abs. 1 BPersVG im BR als Gesamtgremium zuvor zu beraten sind (→ § 33 Rn. 27 ff.). Die Frage der Anwendung des § 99 Abs. 1 stellt sich daher nicht. 322

In den in → Rn. 312 geschilderten Fällen finden §§ 99 ff. uneingeschränkt Anwendung; die MB wird vom BR insgesamt ausgeübt (BAG 12.8.1997 – 1 ABR 7/97, AP BetrVG 1972 § 99 Eingruppierung Nr. 14; BVerwG 25.1.2012 – 6 P 25/10, NZA-RR 2012, 360; *Blanke/Sterzel* PrivatisierungsR S. 170; *Engels/Mauß-Trebinger* RdA 1997, 217 [237]; *Hummel* PersR 1996, 228 [229 f.]; *Wehner* ZTR 1995, 207 [211]; **aA** GK-BetrVG/*Raab* Rn. 294; *Pielsticker* ZTR 1996, 101 [104]; *Richardi* NZA 1996, 953 [955 f.]). Der Streit darüber, ob §§ 99 ff. Anwendung finden, ist vor den Gerichten für Arbeitssachen zu klären (BVerwG 22.2.1998 – 6 P 3/97, PersR 1998, 292). 323

324 Gleiches gilt in Fällen der → Rn. 314.

325 Auch in Angelegenheiten, in denen das BMF (→ Rn. 319) Entscheidungen und Maßnahmen gegenüber den bei den Postunternehmen beschäftigten Beamten trifft, wird die Interessenvertretung der betroffenen Beamten vom BR wahrgenommen (§ 31 PostPersRG; *Engels/Mauß-Trebinger* RdA 1997, 217 [239]).

326 Wenn die Deutsche Telekom bisher als **Beamtenposten** ausgewiesene Arbeitsposten als Ang.-Posten **umkategorisiert,** ist dies allein noch nicht mitbestimmungspflichtig, da es sich um eine organisatorische Entscheidung des ArbGeb. handelt. Die Umkategorisierung macht jedoch eine Überprüfung der bisherigen Eingruppierungen erforderlich. Darin liegt ein mitbestimmungspflichtiger Eingruppierungsvorgang, unabhängig davon, zu welchem Ergebnis diese Überprüfung führt. Der BR kann ein Verfahren zur Neueingruppierung jedenfalls dann verlangen, wenn die Deutsche Telekom aus der Umkategorisierung der Arbeitsposten vergütungsrechtliche Konsequenzen zieht, wie zB Versagung des Zeitaufstiegs, der den betroffenen Ang. nach den für Beamtenposten maßgebenden Vergütungsregelungen zugestanden hätte (BAG 12.8.1997 – 1 ABR 13/97, AP BetrVG 1972 § 99 Eingruppierung Nr. 14; zur Ein- und Umgruppierung → Rn. 79 ff., 104 ff.).

326a Soll ein Beamter innerhalb eines Postnachfolgeunternehmens versetzt werden, hat der BR des abgebenden Betriebs ein MBR nach § 28 Abs. 1 S. 1 PostPersRG iVm § 76 Abs. 1 Nr. 4 BPersVG. Das gilt dann nicht, wenn Beamte von einem stillgelegten Betrieb zu anderen Betrieben des Unternehmens wechseln. Der **restmandatierten BR** des stillgelegten Betriebs hat **kein MBR** bei **Versetzungen** (BVerwG 25.1.2012 – 6 P 25/10, NZA-RR 2012, 360).

3. Beteiligung des Betriebsrats bei personellen Einzelmaßnahmen gegenüber den von den PostAGn ihren Tochter-, Enkel- und Beteiligungsgesellschaften zugewiesenen Beamten

327 Die zunehmende Konzernbildung der Post-AGn hat zu einer Verschlankung der jeweiligen Konzernspitze geführt mit der Folge, dass die Beamten, die nach bisher geltendem Recht nur bei den Post-AGn beschäftigt werden durften, dort keine ausreichende Beschäftigungsmöglichkeit mehr hatten. Das **Erste G zur Änderung des PostPersRG** v. 9.11.2004 (BGBl. I S. 2774) hat es ermöglicht, dass Beamte auch **außerhalb der Muttergesellschaft** im Beamtenverhältnis beschäftigt werden können, indem ihnen dort ihrem statusrechtlichen Amt angemessene Tätigkeiten (OVG NRW 16.3.2009 – 1 B 1650/08, BeckRS 2009, 32439 zur Zuweisung von Bundesbeamten zu Tochterunternehmen der Deutschen Telekom AG und dazu *Biletzki* ZTR 2010, 10 ff.; *Nokiel/Scholz* ZTR 2005, 310 ff.) zugewiesen werden. Dies ist ohne Zustimmung des Beamten auf Dauer möglich, wenn es sich um eine mindestens im Mehrheitsbesitz befindliche Tochter- oder Enkelgesellschaft einer Post-AG handelt. Andernfalls ist die Zuweisung nur mit Zustimmung des Beamten und nur vorübergehend zulässig (→ § 4 Abs. 4 PostPersRG und Gesetzesbegründung BT-Drs. 15/3404, 8). Die Rechtsstellung der Beamten bleibt unberührt, sie sind weiterhin unmittelbare Bundesbeamten, ihr Dienstherr ist der Bund (§ 4 Abs. 4 S. 6, § 2 Abs. 3 PostPersRG) mit der Folge, dass die dienstrechtlichen Befugnisse bei den jeweiligen Post-AGn verbleiben (BT-Drs. 15/3404, 9, → Rn. 331).

327a Art. 1 des **G zur Neuordnung der Postbeamtenversorgungskasse** – PVK-NeuG v. 21.11.2012 (BGBl. I S. 2299) berücksichtigt durch entspr. Änderungen der §§ 4 Abs. 4 u. 33 Abs. 1 u. 2 PostPersRG, dass Postnachfolgeunternehmen in einen größeren Konzern mit übergreifendem Konzernbetriebsrat eingegliedert werden können. Es wird klargestellt, dass diesem Konzernbetriebsrat kein Beamtenvertreter angehören muss, da die beamtenrechtlichen Entscheidungen weiterhin ausschließlich auf der Ebene der Postnachfolgeunternehmen getroffen werden (s. Begründung BT-Drs. 17/10307 zu Art. 1 Nr. 11, 11).

Für die Rechtsstellung der den Unternehmen zugewiesenen Beamten und ihre Interessenvertretung durch BR gelten grds. die **gleichen Regelungen** wie für die Beschäftigung bei den Post-AGn (vgl. §§ 24 Abs. 3, 28 Abs. 1 PostPersRG). Auf die Ausführungen in → Rn. 316 ff. wird verwiesen. Folgende **Besonderheiten** gilt es zu beachten: 328

Bei der Entscheidung über die (erstmalige) **Zuweisung,** die der Sache nach eine Versetzung ist, ist sowohl der BR bei der Post-AG nach § 28 Abs. 1, § 29 PostPersRG (Abgabe) als auch der BR des Unternehmens, in dem der Beamte die zugewiesene Tätigkeit ausüben soll (Aufnahme/Einstellung), nach §§ 99 ff. zu beteiligen (so Begründung in BT Ausschussdrucks. 15(19)1366 Nr. 7 v. 21.9.2004 des W+A-Ausschusses; *Engels* ArbuR 2009, 10 [74 f.]; → Rn. 170) mit der Folge, dass bei dessen Zustimmungsverweigerung die gerichtliche Ersetzung erforderlich ist. Da § 4 Abs. 4 S. 2 PostPersRG nur zur Zuweisung eines Arbeitsbereichs bei einer Tochtergesellschaft eines Postnachfolgeunternehmens ermächtigt, der nach seiner Wertigkeit dem Statusamt des betroffenen Beamten entspricht, ist dieser auch vor einer dauerhaften höherwertigen Beschäftigung gegen seinen Willen geschützt (BVerwG 19.5.2016 – 2 C 14.15, ZTR 1.2017, 57 ff.). Wird dies bei einer Zuweisung nicht beachtet, kann der BR bei der Post-AG und der des Unternehmens, dem Beamten zugewiesen werden soll, seine Zustimmung zu dieser Maßnahme verweigern (§ 99 Abs. 2 Nr. 1). 329

Soll ein Beamter, der **BR-Mitgl.** im Betrieb einer Post-AG ist, zB in einem Tochter-Unternehmen beschäftigt werden und stimmt er der Zuweisung nicht zu, ist der BR der Post-AG nach § 103 Abs. 3 zu beteiligen, der uneingeschränkt neben § 28 PostPersRG gilt (*Engels* ArbuR 2009, 10 [75]; → § 103 Rn. 77). 330

Die dienstrechtlichen Befugnisse gegenüber diesen Beamten verbleiben mit Ausnahme des im Rahmen der Zuweisung im erforderlichen Maße auf das Unternehmen übergehenden Weisungsrechts bei der jeweiligen Post-AG. Demzufolge sieht § 28 Abs. 2 PostPersRG vor, dass in den Fällen, in denen die Post-AGn Entscheidungen in **beamtenspezifischen Personalangelegenheiten** (zB Beförderungen, Erhebung von Disziplinarklagen) treffen (→ Rn. 317), der **bei** der jeweiligen **PostAG** bestehende **BR** insbes. nach Maßgabe der §§ 28 Abs. 1, 29 ff. PostPersRG (→ Rn. 318 ff.) zu beteiligen ist (BAG 16.1.2008 – 7 ABR 66/06, NZA-RR 2008, 634; OVG NRW 9.5.2011 – 1 A 440/10, BeckRS 2011, 51123). 331

Um sachgerechte Entscheidungen zu ermöglichen und das fehlende Wahlrecht zum BR bei der jeweiligen Post-AG (BAG 16.1.2008 – 7 ABR 66/06, AP BetrVG 1972 § 7 Nr. 12; → § 7 Rn. 11) zu kompensieren, ist gleichzeitig der **BR** des Betriebs, in dem der Beamte tätig ist, über die Angelegenheit **zu unterrichten** und ihm Gelegenheit zu **Stellungnahme** zu geben (BAG 16.1.2008 – 7 ABR 66/06, NZA-RR 2008, 634; *Engels* ArbuR 2009, 10 [75]); dem BR sind bez. der beabsichtigten Maßnahme die aus Sicht der PostAG tragenden Umstände zu unterbreiten, so dass der BR ohne zusätzliche eigene Nachforschungen die Stichhaltigkeit der Gründe prüfen und sich über seine Stellungnahme schlüssig werden kann (OVG NRW 9.5.2011 – 1 A 440/10, BeckRS 2011, 51123). Diese eingeschränkte Beteiligung des BR vor Ort gilt nur bei Entscheidungen gegenüber bereits zugewiesenen Beamten, nicht für die erstmalige Zuweisung (→ Rn. 329). 331a

4. Beteiligung des Betriebsrats bei personellen Einzelmaßnahmen gegenüber den in Kooperationsbetrieben der Bundeswehr beschäftigten Beamten, Soldaten und Arbeitnehmern

Anders als bei Bahn und Post wird durch das **KooperationsG der Bundeswehr** v. 30.7.2004 (→ § 5 Rn. 322) nicht ein staatlicher Aufgabenbereich komplett privatisiert. Personal der Bundeswehr (Beamte, Soldaten, ArbN) wird längerfristig in Betrieben privatrechtlich organisierter Unternehmen eingesetzt. Der Bund bleibt für diesen Personenkreis Dienstherr bzw. ArbGeb., während die Aufgabenerledigung im Koope- 332 rationsbetrieb nach Weisungen des dortigen ArbGeb. erfolgt (s. Gesetzesbegründung BT-Drs. 15/2944, 8; *Albrecht* AiB 2012, 223ff.). Soweit dieser Weisungen erteilen kann, ist der BR zuständig, dessen Beteiligungsrechte nach dem BetrVG er zu beachten hat (*Albrecht* AiB 2012, 223 [225f.]). So hat der BR bei innerbetrieblichen Versetzungen von Beamten und ArbN in den privatrechtlich organisierten Kooperationsunternehmen der Bundeswehr nach § 99 Abs. 1 S. 1 BetrVG mitzubestimmen (BAG 4.5.2011 – 7 ABR 3/10, NZA 2011, 1373 mAnm *Engels* AP BetrVG 1972 § 99 Nr. 138; zur gleich gelagerten Frage bei der Flugsicherung (→ Rn. 341) s. BVerwG 16.4.2012 – 6 P 1/11, NZA-RR 2012, 610).

333 Für die beamtenspezifischen Personalangelegenheiten nach § 76 Abs. 1, § 78 Abs. 1 Nr. 3–5 und § 79 BPersVG bleibt die jeweilige Dienststelle der Bundeswehr zuständig, die den dortigen PersR zu beteiligen hat. Dieser ist zur Interessenvertretung auch der in Kooperationsbetrieben tätigen Beamten dadurch legitimiert, dass diese ein doppeltes aktives und passives Wahlrecht sowohl zum PersR der Dienststelle als auch zum BR des Kooperationsbetriebs haben (§§ 2, 3, 6 Abs. 1 BwKoopG; BVerwG 14.12.2009 – 6 P 16/08, NZA-RR 2010, 274; → § 7 Rn. 11, → § 33 Rn. 30a; *Engels* ArbuR 2009, 10 [75]; zur gleich gelagerten Frage bei der Flugsicherung (→ Rn. 341) s. BVerwG 16.4.2012 – 6 P 1/11, NZA-RR 2012, 610).

334, 335 MBR des PersR bestehen nicht bei beamtenspezifischen Entscheidungen, die die in § 76 Abs. 1 Nr. 4 BPersVG geforderten örtlichen oder zeitlichen Modalitäten nicht erfüllen. Hier ist der BR des Kooperationsbetriebs uneingeschränkt nach §§ 99ff. zu beteiligen (→ Rn. 312f. zur gleichen Frage bei der Bahn).

336 Das Ausführungen in → Rn. 332–335 gelten sinngemäß für zugewiesene Soldaten und ArbN.

5. Beteiligung des Betriebsrats bei personellen Einzelmaßnahmen gegenüber den der BRD-Finanzagentur GmbH zugewiesenen Beamten und Arbeitnehmern

337 Im Rahmen des G zur Modernisierung des Schuldenwesens des Bundes **(Bundesschuldenwesenmodernisierungsgesetz)** v. 12.7.2006 (BGBl. I S. 1466) sind die Beamten und ArbN der Bundeswertpapierverwaltung ab dem 1.8.2006 Beschäftigte des Bundesamtes für zentrale Dienste und offene Vermögensfragen **(BADV)** geworden. Gleichzeitig sind sie der privatrechtlich organisierten **BRD-Finanzagentur GmbH** zugewiesen worden (§§ 1, 2 BWpVerwPG; → § 5 Rn. 323). Die dienst- und arbeitsrechtlichen Verhältnisse zum Bund, dem BADV, bleiben davon unberührt mit der Folge, dass der Bund weiterhin Dienstherr bzw. ArbGeb. der zugewiesenen Beschäftigten bleibt, während die Aufgabenerledigung in der BRD-Finanzagentur GmbH nach Weisungen des dortigen ArbGeb. erfolgt.

337a Soweit die BRD-Finanzagentur GmbH als ArbGeb. den ihr zugewiesenen Beamten und ArbN Weisungen erteilen kann, ist der **dortige BR** zuständig, dessen Beteiligungsrechte nach dem BetrVG zu beachten sind (→ Rn. 299aff.). Das trifft grds. auch bei **personellen Einzelmaßnahmen** zu. So hat der BR zB bei innerbetrieblichen Versetzungen von zugewiesenen Beamten und ArbN in der GmbH nach § 99 Abs. 1 S. 1 BetrVG mitzubestimmen (BAG 4.5.2011 – 7 ABR 3/10, NZA 2011, 1373 mAnm *Engels* AP BetrVG 1972 § 99 Nr. 138). Soweit es um **beamtenspezifische** Personalangelegenheiten nach § 76 Abs. 1, § 78 Abs. 1 Nr. 3–5 und § 79 BPersVG geht, bleibt das **BADV** zuständig, das den dortigen **PersR** zu beteiligen hat. Dieser ist zur Interessenvertretung auch der in der BRD-Finanzagentur GmbH tätigen Beamten dadurch legitimiert, dass diese ein doppeltes aktives und passives Wahlrecht sowohl zum PersR der Dienststelle als auch zum BR der BRD-Finanzagentur GmbH haben (§§ 4–6 BWpVerwPG; → § 7 Rn. 11; → § 33 Rn. 30b; *Engels* ArbuR 2009, 10 [75]; zur gleich gelagerten Frage bei der Flugsicherung (→ Rn. 341) s. BVerwG 16.4.2012 – 6 P 1/11, NZA-RR 2012, 610).

Die in → Rn. 337 dargestellte Konstruktion der gespaltenen ArbGeb.-Funktion zwischen BADV und Finanzagentur entspricht der im KooperationsG der Bundeswehr gewählten, so dass die Ausführungen in → Rn. 333–336 entspr. gelten. **338**

6. Beteiligung des Betriebsrats bei personellen Einzelmaßnahmen gegenüber den der Gesellschaft für Außenwirtschaft und Standortmarketing mbH zugewiesenen Beamten und Arbeitnehmern

Nach dem G über das Personal der Bundesagentur für Außenwirtschaft v. 8.12.2008 (BGBl. I S. 2370) sind die Beamten und ArbN der Bundesagentur für Außenwirtschaft ab dem 1.1.2009 Beschäftigte des Bundesamtes für Wirtschaft und Ausfuhrkontrolle (BAFA) geworden. Gleichzeitig sind sie der privatrechtlich organisierten **Gesellschaft für Außenwirtschaft und Standortmarketing mbH** zugewiesen worden (§§ 1, 2 BfAIPG). Die dienst- und arbeitsrechtlichen Verhältnisse zum Bund, dem BAFA, bleiben davon unberührt mit der Folge, dass der Bund weiterhin Dienstherr bzw. ArbGeb. der zugewiesenen Beschäftigten bleibt, während die Aufgabenerledigung in der Gesellschaft für Außenwirtschaft und Standortmarketing mbH nach Weisungen des dortigen ArbGeb. erfolgt. **339**

Soweit die **GmbH** entscheiden und als ArbGeb. den ihr zugewiesenen Beamten und ArbN Weisungen erteilen kann, vertritt der **dortige BR ihre** Interessen und nimmt für sie die Beteiligungsrechte nach dem BetrVG wahr (s. §§ 2–6 BfAIPG; → Rn. 299aff., → § 5 Rn. 316; → § 33 Rn. 30c). Das trifft grds. auch bei **personellen Einzelmaßnahmen** zu. So hat der BR zB auch bei innerbetrieblichen Versetzungen von zugewiesenen Beamten und ArbN in der GmbH nach § 99 Abs. 1 S. 1 BetrVG mitzubestimmen (BAG 4.5.2011 – 7 ABR 3/10, NZA 2011, 1373 mAnm *Engels* AP BetrVG 1972 § 99 Nr. 138). **339a**

Soweit es um die beamtenspezifischen Personalangelegenheiten nach § 76 Abs. 1, § 78 Abs. 1 Nr. 3–5 und § 79 BPersVG geht, bleibt das BAFA zuständig, das den dortigen PersR zu beteiligen hat. Dieser ist zur Interessenvertretung auch der in der GmbH tätigen Beamten dadurch legitimiert, dass diese ein doppeltes aktives und passives Wahlrecht sowohl zum PersR der Dienststelle als auch zum BR der GmbH haben (§§ 4–6 BfAIPG; → § 7 Rn. 11; zur gleich gelagerten Frage bei der Flugsicherung (→ Rn. 341) s. BVerwG 16.4.2012 – 6 P 1/11, NZA-RR 2012, 610). Soweit die GmbH entscheiden kann, ist der dortige BR zuständig und vertritt die Interessen der zugewiesenen Beamten und ArbN. **339b**

Die in → Rn. 339 dargestellte Konstruktion der gespaltenen ArbGeb.-Funktion zwischen BAFA und der Gesellschaft für Außenwirtschaft und Standortmarketing mbH entspricht der im KooperationsG der Bundeswehr gewählten, so dass die Ausführungen in → Rn. 333–336 entspr. gelten. **340**

7. Beteiligung des Betriebsrats bei personellen Einzelmaßnahmen gegenüber den der DFS Deutsche Flugsicherung GmbH zugewiesenen Beamten und Arbeitnehmern

Die in Art. 8 des G zur Errichtung eines Bundesaufsichtsamtes für Flugsicherung und zur Änderung und Anpassung weiterer Vorschriften eingestellten Ergänzungen des G zur Übernahme der Beamten und ArbN der Bundesanstalt für Flugsicherung (BAFlSBAÜbnG) v. 29.7.2009 (BGBl. I S. 2424 [2429]) bestimmen, dass die **der DFS Deutsche Flugsicherung GmbH** zugewiesenen **Beamten** und **ArbN** des **Luftfahrt-Bundesamtes (LBA)** aktiv und passiv wahlberechtigt zum dortigen PR sind, der ihre Interessen gegenüber dem Bundesamt vertritt und bei dessen Entscheidungen als Dienstherr/ArbGeb. zu beteiligen ist (§§ 4f. BAFlSBAÜbnG). Das betrifft insbes. die beamtenspezifischen Personalangelegenheiten nach § 76 Abs. 1, **341**

§ 78 Abs. 1 Nr. 3–5 und § 79 BPersVG, unabhängig davon, ob zugleich die DFS Deutsche Flugsicherung GmbH bei diesen Maßnahmen ihre BR zu beteiligen hat (BVerwG 16.4.2012 – 6 P 1/11, NZA-RR 2012, 610).

341a Soweit die DFS Deutsche Flugsicherung GmbH entscheidungsbefugt ist, hat sie den dortigen BR zu beteiligen, der auch die Interessen der zugewiesenen Beamten und ArbN vertritt und für sie die Beteiligungsrechte nach dem BetrVG wahrnimmt (s. (§ 4 Abs. 2 BAFlSBAÜbnG; → § 5 Rn. 317 ff., 325; → § 33 Rn. 30d). Das trifft grds. auch bei **personellen Einzelmaßnahmen** zu. So hat der BR zB auch bei innerbetrieblichen Versetzungen von zugewiesenen Beamten und ArbN in der GmbH nach § 99 Abs. 1 S. 1 BetrVG mitzubestimmen (BAG 4.5.2011 – 7 ABR 3/10, NZA 2011, 1373 mAnm *Engels* AP BetrVG 1972 § 99 Nr. 138).

342 Die in → Rn. 341 dargestellte Konstruktion der gespaltenen ArbGeb.-Funktion zwischen LBA und der DFS Deutsche Flugsicherung GmbH entspricht der im KooperationsG der Bundeswehr gewählten, so dass die Ausführungen in → Rn. 333–336 entspr. gelten.

§ 100 Vorläufige personelle Maßnahmen

(1) [1] **Der Arbeitgeber kann, wenn dies aus sachlichen Gründen dringend erforderlich ist, die personelle Maßnahme im Sinne des § 99 Abs. 1 Satz 1 vorläufig durchführen, bevor der Betriebsrat sich geäußert oder wenn er die Zustimmung verweigert hat.** [2] **Der Arbeitgeber hat den Arbeitnehmer über die Sach- und Rechtslage aufzuklären.**

(2) [1] **Der Arbeitgeber hat den Betriebsrat unverzüglich von der vorläufigen personellen Maßnahme zu unterrichten.** [2] **Bestreitet der Betriebsrat, dass die Maßnahme aus sachlichen Gründen dringend erforderlich ist, so hat er dies dem Arbeitgeber unverzüglich mitzuteilen.** [3] **In diesem Fall darf der Arbeitgeber die vorläufige personelle Maßnahme nur aufrechterhalten, wenn er innerhalb von drei Tagen beim Arbeitsgericht die Ersetzung der Zustimmung des Betriebsrats und die Feststellung beantragt, dass die Maßnahme aus sachlichen Gründen dringend erforderlich war.**

(3) [1] **Lehnt das Gericht durch rechtskräftige Entscheidung die Ersetzung der Zustimmung des Betriebsrats ab oder stellt es rechtskräftig fest, dass offensichtlich die Maßnahme aus sachlichen Gründen nicht dringend erforderlich war, so endet die vorläufige personelle Maßnahme mit Ablauf von zwei Wochen nach Rechtskraft der Entscheidung.** [2] **Von diesem Zeitpunkt an darf die personelle Maßnahme nicht aufrechterhalten werden.**

Inhaltsübersicht

I. Vormerkung

1 Die Vorschrift des § 100 hat Ausnahmecharakter (*Lahusen* NZA 1989, 869) und mildert das grundsätzliche Zustimmungserfordernis für personelle Maßnahmen nach § 99 für die Fälle ab, in denen sachliche Gründe eine vorläufige Durchführung der Maßnahme dringend gebieten. Neben dem bes. Verfahren nach § 100 ist eine einstw. Vfg. auf Antrag des ArbGeb. gem. § 85 Abs. 2 ArbGG, §§ 935 ff. ZPO unzulässig (→ § 99 Rn. 284 ff.; DKKW/*Bachner* Rn. 1; GK-BetrVG/*Raab* Rn. 3; HWGNRH/

Huke Rn. 2; MHdB ArbR/*Lunk* § 340 Rn. 104; Richardi BetrVG/*Thüsing* Rn. 1). Gleiches gilt grds. auch für einstw. Vfg. auf Antrag des BR (vgl. ArbG Münster, DB 1991, 103; → § 101 Rn. 11; aber → § 99 Rn. 295 ff. zu einer möglichen einstw. Vfg. in **Ausnahmefällen**).

Entspr. Vorschriften: § 69 Abs. 5, § 72 Abs. 6 BPersVG. 2

II. Vorläufige Durchführung personeller Maßnahmen

Der ArbGeb. kann, wenn noch keine Stellungnahme des BR vorliegt, also die 3 Wochenfrist des § 99 Abs. 3 noch nicht abgelaufen ist, oder der BR die Zustimmung bereits ausdrücklich verweigert hat (nicht mehr dagegen nach rechtskräftiger Ablehnung der Ersetzung der Zustimmung; ebenso Richardi BetrVG/*Thüsing* Rn. 1–7), eine personelle Maßnahme gleichwohl unter bestimmten Voraussetzungen **vorläufig durchführen.** Das gilt auch, wenn der BR nicht beschlussfähig oder nicht erreichbar ist (BAG 19.1.2010 – 1 ABR 55/08, NZA 2010, 659). Ist dagegen seit Unterrichtung des BR bereits eine Woche vergangen, ohne dass der BR sich geäußert hat, so gilt dies als Zustimmung (§ 99 Abs. 3 S. 2), dh der ArbGeb. kann die beabsichtigte personelle Maßnahme ohne weiteres durchführen.

Ein Recht zur vorläufigen Durchführung der personellen Maßnahme hat der 4 ArbGeb. nur, wenn diese **aus sachlichen Gründen dringend erforderlich** ist, dh, wenn ein verantwortungsbewusster ArbGeb. im Interesse des Betriebes alsbald handeln muss, die geplante Maßnahme also keinen Aufschub verträgt (MHdB ArbR/*Lunk* § 340 Rn. 107; *Gillen/Vahle* BB 2010, 761; *Kempter/Steinat* NZA-RR 2017, 630, 633; *Koll* AiB 2013, 169 [170]). Das Merkmal „aus sachlichen Gründen" deutet darauf hin, dass die Dringlichkeit auf vom ArbGeb. nicht rechtzeitig voraussehbaren Umständen beruhen muss, der ArbGeb. darf sich also nicht selbst bewusst in „Zugzwang" setzen, um nach § 100 handeln zu können (LAG Hamm 12.8.2014 – 7 TaBV 29/14, BeckRS 2014, 72930; LAG Bln-Bbg 14.1.2010 – 26 TaBV 1954/09, BeckRS 2010, 74505; LAG SchlH 22.10.2008 – 10 AZR 617/07, NZA 2009, 139; DKKW/*Bachner* Rn. 3; *Löwisch/Kaiser* Rn. 2; *Heinze* Personalplanung Rn. 364; *Schrader* AIB 2009, 26 [27]; vgl. auch ArbG Neumünster 17.8.1992 – 2d BV 22/92, ArbuR 1993, 187; **aA** GK-BetrVG/*Raab* Rn. 11; HWGNRH/*Huke* Rn. 8; Richardi BetrVG/*Thüsing* Rn. 9; *Gillen/Vahle* BB 2010, 761 [764]). Auf diese beiden Voraussetzungen ist insbes. bei der vorläufigen Einstellung von LeihArbN zu achten (*Rudolph* AiB 2012, 165 f. [167 ff.]).

Die Maßnahme muss wirklich notwendig sein und kein zumutbarer anderer Weg 4a zur Verfügung stehen (DKKW/*Bachner* Rn. 5; *Meisel* Mitwirkung BR Rn. 229; zur kommissarischen Stellenbesetzung → § 99 Rn. 164a). Unter sachlichen Gründen sind **betriebliche Gründe,** insbes. solche des geregelten Arbeitsablaufs zu verstehen, nicht persönliche Gründe oder sozialpolitische Überlegungen (so aber *Lahusen* NZA 1989, 869 zur Vermeidung hoher Arbeitslosigkeit; wie hier *Gillen/Vahle* BB 2010, 761; *Kötting* AiB 2016 H. 4 S. 48, 50). Ein solcher Grund ist zB gegeben, wenn aus einer personellen Unterbesetzung eine Verletzung öffentlich-rechtlicher und vertraglicher Pflichten folgt (LAG SchlH 22.10.2008 – 10 AZR 617/07, NZA 2009, 139). Bei Prüfung der Frage, ob solche betrieblichen Gründe vorliegen, scheiden Fragen der sozialen Auswahl zunächst aus; sie sind bei der Entscheidung über die Ersetzung der Zustimmung des BR nach § 99 Abs. 4 zu berücksichtigen (BAG 7.11.1977 – 1 ABR 55/75, AP BetrVG 1972 § 100 Nr. 1). Es kommt allein auf die **Verhältnisse im Zeitpunkt der Durchführung der Maßnahme** an; entfällt nachträglich der dringende betriebliche Grund, so ist der ArbGeb. nicht verpflichtet, die Maßnahme vor Abschluss des Zustimmungsersetzungsverfahrens wieder aufzuheben (BAG 6.10.1978 – 1 ABR 51/77, AP BetrVG 1972 § 99 Nr. 10; MHdB ArbR/*Lunk* § 340 Rn. 109).

Beispiele:

Der ArbGeb. hat die Gelegenheit, eine dringend benötigte, im Betrieb nicht vorhandene Fachkraft einzustellen (HWGNRH/*Huke* Rn. 10; sa *Gillen/Vahle* BB 2010, 762); betriebliche Notwendigkeiten verlangen eine sofortige Versetzung von ArbN, zB um die monatliche Lohnabrechnung im Betrieb sicherzustellen (BAG 7.11.1977 – 1 ABR 55/75, AP BetrVG 1972 § 100 Nr. 1).

5 **Ein- und Umgruppierungen** werden kaum unaufschiebbar sein (DKKW/*Bachner* Rn. 7; ErfK/*Kania* Rn. 1; HWGNRH/*Huke* Rn. 10; Richardi BetrVG/*Thüsing* Rn. 4; *Gillen/Vahle* BB 2010, 761 [763 f.]; **aA** für Eingruppierungen GK-BetrVG/BetrVG/*Raab* Rn. 13). Davon abgesehen hat der BR nur ein Mitbeurteilungsrecht, da es sich um einen Akt der Rechtsanwendung handelt (→ § 99 Rn. 96 ff.). Deshalb dürfte eine vorläufige Ein- oder Umgruppierung nicht in Betracht kommen (BAG 27.1.1987 – 1 ABR 66/85, AP BetrVG 1972 § 99 Nr. 42).

6 Ein dauernder **Missbrauch** der Möglichkeit zur vorläufigen Durchführung personeller Maßnahmen kann zu Maßnahmen gegen den ArbGeb. nach **§ 23 Abs. 3** führen (→ § 99 Rn. 295 ff. zu einer möglichen einstw. Vfg.) und dem BR einen **Unterlassungsanspruch** geben (BAG 19.1.2010 – 1 ABR 55/08, NZA 2010, 659; MHdB ArbR/*Lunk* § 342 Rn. 11). Eine gesetzeswidrige vorläufige Einstellung erzeugt keinerlei Rechtswirkungen auf Dauer, da sie unwirksam ist; es besteht nur ein faktisches Beschäftigungsverhältnis (vgl. die Liste von Fehlermöglichkeiten des ArbGeb. bei *Schrader* AiB 2013, 172 ff.).

7 Der ArbGeb. hat den **betroffenen ArbN** (**bzw. Bewerber**) bei vorläufiger Durchführung der Maßnahme über die **Sach- und Rechtslage,** insbes. den Widerspruch des BR mündlich oder schriftlich **aufzuklären** (Abs. 1 S. 2), dh auf die Möglichkeit hinzuweisen, dass die Maßnahme kraft gerichtlicher Entscheidung rückgängig gemacht werden muss (Abs. 3). Soweit der ArbGeb. nicht einseitig kraft Weisungsrechts handeln kann, ist es zweckmäßig, die Vereinbarung mit dem ArbN unter Vorbehalt zu schließen, dh unter der auflösenden Bedingung einer negativen arbeitsgerichtlichen Entscheidung. Damit vermeidet der ArbGeb. evtl. **Schadensersatzansprüche** bei Rückgängigmachung der Maßnahme aus dem Gesichtspunkt des Verschuldens bei Vertragsabschluss (BAG 14.6.1972 – 4 AZR 315/71, AP BAT §§ 22, 23 Nr. 54; DKKW/*Bachner* Rn. 18; HWGNRH/*Huke* Rn. 15; Richardi BetrVG/*Thüsing* Rn. 12).

7a Der ArbGeb. hat den ArbN auch von der Stellungnahme des BR und ggf. der Entscheidung des ArbG zu unterrichten. Andererseits hat der ArbN (Bewerber) den ArbGeb. auf bes. persönliche Umstände hinzuweisen, die zu einer Verweigerung der Zustimmung des BR führen könnten (BAG 8.10.1959 – 2 AZR 501/56, AP BGB § 620 Schuldrechtliche Kündigungsbeschränkungen Nr. 1; HWGNRH/*Huke* Rn. 15; MHdB ArbR/*Lunk* § 340 Rn. 110). Unterlässt der ArbN diesen Hinweis, so kann dies zur Minderung von Schadensersatzansprüchen führen (§ 254 BGB). Die Unterrichtung des ArbN (Bewerbers) durch den ArbGeb. ist aber keine Wirksamkeitsvoraussetzung für die vorläufige Durchführung der Maßnahme (DKKW/*Bachner* Rn. 17; GK-BetrVG/*Raab* Rn. 21; HWGNRH/*Huke* Rn. 14; Richardi BetrVG/*Thüsing* Rn. 10).

III. Unterrichtung und Stellungnahme des Betriebsrats

8 Der ArbGeb. hat den BR **unverzüglich** (dh ohne schuldhaftes Zögern, § 121 Abs. 1 BGB) von der **vorläufigen personellen Maßnahme mündlich oder schriftlich zu unterrichten** (Abs. 2 S. 1), dh bereits vor ihrer Durchführung oder jedenfalls sofort danach (BAG 15.4.2014 – 1 ABR 101/12, NZA 2014, 920; 7.11.1977 – 1 ABR 55/75, AP BetrVG 1972 § 100 Nr. 1; LAG Bln-Bbg 5.9.2013 – 21 TaBV 843/13, BeckRS 2014, 67575; GK-BetrVG/*Raab* Rn. 24; *Gillen/Vahle* BB

2010, 761 [765]; *Koll* AiB 2013, 169 [170]). Die Unterrichtungspflicht umfasst nicht nur die Information über die Einleitung, sondern auch die Mitteilung über das Ende der vorläufigen personellen Maßnahme. Nur so kann der BR prüfen, ob er nach rechtskräftigem Abschluss des Verfahrens nach § § 99 Abs. 4 einen Aufhebungsantrag nach § 101 S. 1 stellt (BAG 15.4.2014 – 1 ABR 101/12, NZA 2014, 920). Überdies hat der ArbGeb. alle Angaben zu machen, die auch § 99 Abs. 1 S. 1 verlangt (→ § 99 Rn. 162ff.; notfalls sind einzelne Angaben oder Unterlagen nachzuliefern).

Außerdem ist die **sachliche Dringlichkeit** der Maßnahme **darzulegen** (LAG Hamm 23.1.2015 – 13 TaBV 44/14, BeckRS 2015, 66949; *Kötting* AiB 2016 H. 4 S. 48, 51). Regelmäßig hat die Unterrichtung nach § 99 Abs. 1 zusammen mit der nach § 100 Abs. 2 S. 1 zu erfolgen, ausnahmsweise alsbald danach (hM; enger DKKW/*Bachner* Rn. 12). Ist der ArbGeb. aus dringenden betrieblichen Gründen genötigt, von der Möglichkeit des § 100 Gebrauch zu machen, so ergibt sich aus dem Gebot der vertrauensvollen Zusammenarbeit, dass er diese Absicht bereits bei der ersten Unterrichtung nach § 99 Abs. 1 dem BR mitteilen muss. Diese Mitteilung enthebt den ArbGeb. nicht von der weiteren Unterrichtungspflicht nach § 100 Abs. 2 S. 1, sobald die vorläufige Maßnahme tatsächlich durchgeführt wird. 8a

Der **BR** ist seinerseits nach Abs. 2 verpflichtet, dem ArbGeb. **unverzüglich** (zweckmäßigerweise schriftlich) **zu antworten,** wenn er die sachliche Dringlichkeit der Maßnahme bestreiten will (zum Schweigen des BR s. *Kania* NZA 2016, 614ff.). Verschweigt der BR sich, so gilt die Maßnahme als vorläufige Maßnahme als gebilligt (DKKW/*Bachner* Rn. 22; GK-BetrVG/*Raab* Rn. 28; MHdB ArbR/*Lunk* § 340 Rn. 117; HWGNRH/*Huke* Rn. 20; *Kempter/Steinat* NZA-RR 2017, 630, 633; *Schrader* AiB 2008, 26 [28f.]; nach *Kania* NZA 2016, 614, 616: Vorläufige Wirksamkeit der Maßnahme). Bei verspätetem Bestreiten der Dringlichkeit und rechtzeitiger Zustimmungsverweigerung des BR hinsichtlich der Maßnahme selbst, muss der ArbGeb. binnen 3 Tagen das Ersetzungsverfahren nach § 99 Abs. 4 einleiten, ohne allerdings noch die Dringlichkeit der Maßnahme darlegen zu müssen (*Heinze* Personalplanung Rn. 378ff.). 9

Der BR kann eventuell zugleich schon die Zustimmung zur Maßnahme als solcher entweder erklären oder gem. § 99 Abs. 3 verweigern oder aber diese Stellungnahme innerhalb der Wochenfrist nachholen. Der BR kann sich auch ausschließlich darauf beschränken, die sachliche Dringlichkeit zu bestreiten. Der BR kann aber auch die Dringlichkeit der Maßnahme einräumen, eine Zustimmung zur Maßnahme selbst vorbehaltlich einer weiteren Erörterung mit dem ArbGeb. verweigern. Dann muss der ArbGeb. binnen 3 Tagen den Antrag auf Ersetzung der Zustimmung des BR nach § 99 Abs. 4 stellen, will er sich nicht dem Zwangsverfahren nach § 101 aussetzen (DKKW/*Bachner* Rn. 19; sa Richardi BetrVG/*Thüsing* Rn. 17). 10

IV. Ersetzungs- und Feststellungsantrag des Arbeitgebers

Nach Abs. 2 S. 3 darf der **ArbGeb.** bei **Bestreiten der sachlichen Dringlichkeit** die vorläufige personelle Maßnahme bis zur endgültigen Entscheidung des ArbG nur aufrechterhalten, wenn er **innerhalb von drei Tagen** (Kalendertage) nach entspr. Mitteilung des BR das **ArbG zur Entscheidung im BeschlVerf.** (§ 2a ArbGG; → Anh. 3 Rn. 1ff.) anruft (MHdB ArbR/*Lunk* § 340 Rn. 121). Der Tag des Zugangs der Mitteilung des BR wird nicht mitgerechnet. Der Antrag muss binnen 3 Tagen beim ArbG eingehen. Da das G auf Kalendertage abstellt, muss zB das ArbG nach Widerspruch des BR am Freitag bereits am folgenden Montag angerufen werden. Nur wenn der letzte Tag ein Samstag, Sonntag oder gesetzl. Feiertag ist, verlängert sich die Frist bis zum Ablauf des nächsten Werktages (§ 193 BGB). 11

Der (Doppel-)Antrag geht einmal auf **Feststellung,** dass die Maßnahme aus **sachlichen Gründen dringend geboten** war, aber **außerdem** auch auf **Ersetzung der Zustimmung** des BR zur personellen Maßnahme als solcher. Damit werden die 11a

Verfahren nach § 99 Abs. 4 und § 100 Abs. 2 miteinander verbunden (hM; BAG 15.9.1987 – 1 ABR 44/86, AP BetrVG 1972 § 99 Nr. 46; DKKW/*Bachner* Rn. 27; GK-BetrVG/*Raab* Rn. 35f.; Richardi BetrVG/*Thüsing* Rn. 25; *Gillen/Vahle* BB 2010, 761 [765f.]; *Kania* NZA 2016, 614, 615). Es gibt praktisch nicht zwei hintereinander durchzuführende Verfahren (Eilfall und Normalfall). Die Vorläufigkeit der Maßnahme erfordert eine alsbaldige Klärung der endgültigen Wirksamkeit (vgl. *Heinze* Personalplanung Rn. 374).

11b Der Antrag auf Feststellung der Dringlichkeit der personellen Einzelmaßnahme ist unbegründet, wenn der ArbGeb. dem BR nicht die sachlichen Gründe mitgeteilt hat, die aus seiner Sicht die dringliche Erforderlichkeit begründen. Denn dann ist das Verfahren nach Abs. 2 nicht ordnungsgemäß eingeleitet (LAG Bln-Bbg 5.9.2013 – 21 TaBV 843/13, BeckRS 2014, 67575).

12 Der **Antrag** auf (vorsorgliche) **Ersetzung der Zustimmung** nach § 99 Abs. 4 ist nur dann **entbehrlich** oder später hinfällig, wenn die Zustimmung erteilt wird oder vom BR nicht fristgerecht und formgerecht verweigert wurde. Sobald nämlich feststeht, dass eine Maßnahme betriebsverfassungsrechtlich zulässig ist, so kann sie – auch vorläufig – durchgeführt werden; entspr. Anträge des ArbGeb. werden gegenstandslos (DKKW/*Bachner* Rn. 23; GK-BetrVG/*Raab* Rn. 30; *Heinze* Personalplanung Rn. 377; HWGNRH/*Huke* Rn. 24; Richardi BetrVG/*Thüsing* Rn. 31). Das Verfahren ist für erledigt zu erklären (§ 83a ArbGG MHdB ArbR/*Lunk* § 340 Rn. 125). Das Bestreiten der dringenden Erforderlichkeit einer Maßnahme stellt nämlich nicht zugleich notwendigerweise eine Zustimmungsverweigerung nach § 99 Abs. 3 dar (hM, vgl. Richardi BetrVG/*Thüsing* Rn. 28f.).

12a Der **Zustimmungsersetzungsantrag** ist ebenso wie der Dringlichkeitsantrag **binnen 3 Tagen zu** stellen (DKKW/*Bachner* Rn. 27, 29; GK-BetrVG/*Raab* Rn. 31, s. aber Rn. 32; *Heinze* Personalplanung Rn. 376; MHdB ArbR/*Matthes* § 263 Rn. 98, **aA** *Kania* NZA 2016, 614, 617). Hält der ArbGeb. trotz unverzüglichen Bestreitens der sachlichen Dringlichkeit durch den BR die personelle Maßnahme aufrecht, ohne rechtzeitig das ArbG anzurufen, so kann der BR nach § 101 verfahren. Die personelle Maßnahme ist aufzuheben (Näheres vgl. die → Rn. 3ff. zu § 101; → § 99 Rn. 295ff. zu einer möglichen einstw. Vfg.).

12b Der in §§ 100, 101 geregelte Schutzmechanismus wirkt allerdings nur zukunftsbezogen. Er geht regelmäßig **ins Leere** bei **kurzfristigen personellen Einzelmaßnahmen,** die sich vor Eintritt der Rechtskraft einer gerichtlichen Entscheidung durch Zeitablauf erledigen (ebenso LAG Schles- Holst 10.5.2016 – 1 TaBV 59/15, NZA-RR 2016, 589; LAG Köln 13.8.2002 – 12 Ta 244/02, NZA-RR 2003, 249). Nach LAG RhPf (14.12.2007 – 6 TaBV 49/07, NZA-RR 2008, 248) soll ein ArbGeb. bei sehr kurzen Beschäftigungszeiten, zB nach Ablauf einer Beschäftigungszeit eines LeihArbN von höchstens drei Tagen, nicht zur Einleitung eines Zustimmungsersetzungsverfahrens verpflichtet sein. Unter den Voraussetzungen des § 100 soll sich der ArbGeb. auf Vorläufigkeitsmaßnahmen beschränken können (→ § 99 Rn. 285a, 295ff.).

V. Entscheidung des Arbeitsgerichts

13 Das ArbG hat über den Antrag des ArbGeb. auf **Ersetzung der Zustimmung** des BR **und Feststellung der** sachlichen **Dringlichkeit** einer vorläufigen personellen Maßnahme im BeschlVerf. (→ Anh. 3 Rn. 1ff.) zu entscheiden; die betroffenen ArbN sind nicht Beteiligte nach § 83 ArbGG (GK-BetrVG/*Raab* Rn. 38; → § 99 Rn. 288). **Umstr.** ist, ob über die zwei Anträge gemeinsam in einem einheitlichen Verfahren (LAG SchlH BB 1978, 611), über den Feststellungsantrag vorrangig (Schaub ArbR-HdB/*Koch* § 241 Rn. 67; *Matthes* DB 1989, 1285 [1288]) oder nach freiem Ermessen des Gerichts (DKKW/*Bachner* Rn. 31) zu entscheiden ist. Entscheidet das **ArbG** in einem **einheitlichen Verfahren,** kann es zu vier Ergebnissen kommen (vgl. DKKW/*Bachner* Rn. 33 ff.; HWGNRH/*Huke* Rn. 32 ff.; MHdB ArbR/*Lunk* § 340 Rn. 127):

a) Das ArbG hält die Maßnahme für **dringlich und keinen** der geltend gemachten **Verweigerungsgründe** des § 99 Abs. 2 **für gegeben.** Dann obsiegt der ArbGeb.; er kann die Maßnahme endgültig durchführen.

b) Das ArbG **verneint die Dringlichkeit** und erkennt auch die **Weigerungsgründe des BR an.** Die Anträge des ArbGeb. werden zurückgewiesen, dh er darf die Maßnahmen weder vorläufig noch endgültig aufrechterhalten.

c) Das ArbG **bejaht** zwar **die Dringlichkeit** der Maßnahme an sich, erkennt aber die **Weigerungsgründe des BR an.** Dann hat zwar der Feststellungsantrag des ArbGeb. Erfolg, aber nicht der Antrag auf Ersetzung der Zustimmung. Die Rechtsfolgen sind die gleichen wie im Fall b). Die Maßnahme war zwar vorläufig gerechtfertigt, bleibt aber nicht rechtswirksam und muss aufgehoben werden (BAG 26.10.2004 – 1 ABR 45/03, AP BetrVG 1972 § 99 Versetzung Nr. 41; 1.6.2011 – 7 ABR 18/10, BeckRS 2011, 75883; DKKW/*Bachner* Rn. 34; GK-BetrVG/*Raab* Rn. 40).

d) Das ArbG hält zwar die **Verweigerung der Zustimmung** durch den BR **nicht für gerechtfertigt,** ersetzt also die Zustimmung, hält die **Maßnahmen** gleichwohl aber **nicht für sachlich dringend,** so dass an sich kein Fall des § 100 Abs. 1 S. 1 gegeben wäre. Der Feststellungsantrag ist dann aber gleichwohl nur abzuweisen, wenn die Maßnahme **„offensichtlich"** nicht dringend war. Ob diese offensichtliche Verkennung vorliegt, hat das ArbG von Amts wegen zu prüfen und ggf. in der Beschlussformel zum Ausdruck zu bringen, weil sich Abs. 2 und Abs. 3 inhaltlich nicht decken (BAG 18.10.1988 – 1 ABR 36/87, AP BetrVG 1972 § 100 Nr. 4). Eines ausdrücklichen Gegenantrags des BR bedarf es nicht (HWGNRH/*Huke* Rn. 32; Richardi BetrVG/*Thüsing* Rn. 39).

Das Merkmal der Offensichtlichkeit erfordert eine grobe, ohne weiteres ersichtliche Verkennung der sachlich-betrieblichen Notwendigkeiten für eine alsbaldige Durchführung der Maßnahme (hM; **aA** *Heinze* Personalplanung Rn. 383), wobei von dem Zeitpunkt der Entscheidung des ArbGeb., nicht von der nachträglichen Beurteilung der Situation auszugehen ist (BAG 7.11.1977 – 1 ABR 55/75, AP BetrVG 1972 § 100 Nr. 1; LAG Hamm 12.8.2014 – 7 TaBV 29/14, BeckRS 2014, 72930). Nur wenn dem ArbGeb. insoweit ein **grober Vorwurf** zu machen ist, muss der Feststellungsantrag wegen offensichtlicher Verkennung der Dringlichkeit abgewiesen werden mit der Folge, dass die personelle Maßnahme keinen Bestand hat (→ Rn. 18 f.). **14**

Mit der gerichtlichen Ersetzung der Zustimmung des BR erledigt sich **entgegen** der Ansicht des **BAG** (11.10.2016 – 1 ABR 49/14, NZA 2017, 135; 30.9.2014 – 1 ABR 79/12, NZA 2015, 240 mwN.) noch nicht der Antrag auf Feststellung der Dringlichkeit der Maßnahme. Zwar hätte der ArbGeb., wenn er das normale Verfahren nach § 99 Abs. 4 abgewartet hätte, die Maßnahme durchführen können, weil in der Sache kein Grund zur Verweigerung der Zustimmung bestand. Wegen offensichtlicher Verkennung der sachlichen Dringlichkeit einer vorläufigen Maßnahme trifft den ArbGeb. aber die Sanktion, dass er die Maßnahme überhaupt nicht aufrechterhalten darf. Eine ähnlich, keinesfalls „überzogene" Sanktion enthält auch § 102 Abs. 1 S. 3 (wie hier DKKW/*Bachner* Rn. 35; *Karthaus/Klebe* NZA 2012, 417 [422]; *Lahusen* NZA 1989, 869; *Misera* SAE 1980, 106; **aA** BAG 11.10.2016 – 1 ABR 49/14, NZA 2017, 135; 30.9.2014 – 1 ABR 79/12, NZA 2015, 240 mwN; GK-BetrVG/*Raab* Rn. 41; *Heinze* Personalplanung Rn. 386 ff.; HWGNRH/*Huke* Rn. 40; *Meisel* Mitwirkung BR Rn. 283; Richardi BetrVG/*Thüsing* Rn. 38; die aM nimmt also in Kauf, dass die offensichtliche, auch absichtliche Verkennung der Dringlichkeit entgegen der klaren Gesetzesvorschrift erheblich erleichtert wird). **15**

Das Verfahren auf Feststellung der Dringlichkeit einer Maßnahme erledigt sich allerdings und ist vom ArbG einzustellen, wenn der Antrag des ArbGeb. nach § 99 Abs. 4 auf Ersetzung der Zustimmung zu der Maßnahme selbst rechtskräftig abge- **16** lehnt ist; denn dann endet die Maßnahme ohnehin nach § 100 Abs. 3 S. 1 Alt. 1 mit Ablauf von zwei Wochen nach rechtskräftiger Entscheidung. Darauf, ob die Maßnahme zwischenzeitlich aus dringenden Gründen sachlich erforderlich war, kommt es nicht mehr an (BAG 18.10.1988 – 1 ABR 36/87, AP BetrVG 1972 § 100 Nr. 4; 27.1.1987 – 1 ABR 66/85, AP BetrVG 1972 § 99 Nr. 42). Sowohl die Nichtersetzung der Zustimmung des BR wie auch die Verneinung der dringenden Erforderlichkeit („oder") durch das ArbG führt zur Beendigung der vorläufigen Maßnahme (→ Rn. 18).

17 Kommt das ArbG zu dem Ergebnis, dass die verweigerte Zustimmung des BR zu der Maßnahme nicht zu ersetzen ist und (oder) die Maßnahme offensichtlich nicht dringend war, so ist zunächst die (formelle) **Rechtskraft der Entscheidung abzuwarten** (→ Anh. 3 Rn. 56). Eine einstw. Vfg. zwecks Aufhebung einer vorläufigen personellen Maßnahme kommt vor rechtskräftigem Abschluss des Verfahrens nicht in Betracht; die Frage der Sanktion ist in § 101 geregelt (HessLAG 15.12.1987 – 4 TaBVGa 160/87, DB 1988, 915; aber → § 99 Rn. 295ff. zu einer möglichen einstw. Vfg.).

18 Die **vorläufige personelle Maßnahme endet zwei Wochen nach Rechtskraft** der negativen gerichtlichen Entscheidung. (Abs. 3 S. 1). Diese **wirkt rechtsgestaltend** (DKKW/*Bachner* Rn. 40; GK-BetrVG/*Raab* Rn. 44f.; Richardi BetrVG/*Thüsing* Rn. 49f.; ErfK/*Kania* Rn. 9; **aA** *Heinze* Personalplanung Rn. 391). Einer Kündigung bei Neueinstellungen bedarf es nicht (Richardi BetrVG/*Thüsing* Rn. 55; **aA** GK-BetrVG/*Raab* Rn. 47; MHdB ArbR/*Lunk* § 340 Rn. 124). Wegen eventueller Schadensersatzansprüche des ArbN → Rn. 7.

19 **Auch tatsächlich** darf die personelle Maßnahme **nicht** länger aufrechterhalten werden (Abs. 3 S. 2). Der ArbGeb muss den betriebsverfassungsrechtlichen Zustand wiederherstellen, der vor Durchführung der vorläufigen Maßnahme bestanden hat. Bei **neu eingestellten ArbN** ist nicht nur die Beschäftigung auf dem Arbeitsplatz, für den der Bewerber in Aussicht genommen war, **verboten,** sondern **jede Beschäftigung** als ArbN im Betrieb (DKKW/*Bachner* Rn. 40, 42; → § 99 Rn. 278). Bei **Versetzungen** kehrt der ArbN an seinen alten Arbeitsplatz zurück (wegen Ein- und Umgruppierungen → § 101 Rn. 8). Aufgrund der zuvor erfolgten Aufklärung über die Sach- und Rechtslage durch den ArbGeb. (s. Abs. 1 S. 1) durfte weder der Bewerber noch der ArbN auf den Fortbestand der vorläufigen personellen Maßnahme vertrauen (BAG 15.4.2014 – 1 ABR 101/12, NZA 2014, 920). Dem Bewerber ist das bisher verdiente Entgelt zu zahlen und ihm kann fristlos gekündigt werden (DKKW/*Bachner* Rn. 41; **aA** GK-BetrVG/*Raab* Rn. 47).

19a Die Beendigung einer vom ArbGeb. durchgeführten vorläufigen personellen Maßnahme und die damit verbundene **Rückkehr** des ArbN an seinen alten Arbeitsplatz ist **keine mitbestimmungspflichtige Maßnahme** nach § 99. Selbst wenn die „vorläufige Beschäftigung" mehrere Jahre dauert, löst die Rückkehr und Wiedereingliederung in den ursprünglichen Betrieb nach BAG (15.4.2014 – 1 ABR 101/12, NZA 2014, 920) keine MB des BR aus.

20 Die tatsächliche Durchführung des Beschlusses des ArbG über die Beendigung der vorläufigen personellen Maßnahmen kann der BR gem. § 101 erzwingen. Der ArbGeb. kann aber das bisher unterbliebene oder mangelhafte Verfahren nach § 99 (erneut) in Gang setzen (BAG 28.2.2006 – 1 ABR 1/05, AP BetrVG 1972 § 99 Einstellung Nr. 51; 16.1.2007 – 1 ABR 16/06, AP BetrVG 1972 § 99 Einstellung Nr. 52; → § 99 Rn. 186, 285bf.).

§ 101 Zwangsgeld

[1] Führt der Arbeitgeber eine personelle Maßnahme im Sinne des § 99 Abs. 1 Satz 1 ohne Zustimmung des Betriebsrats durch oder hält er eine vorläufige personelle Maßnahme entgegen § 100 Abs. 2 Satz 3 oder Abs. 3 aufrecht, so

kann der Betriebsrat beim Arbeitsgericht beantragen, dem Arbeitgeber aufzugeben, die personelle Maßnahme aufzuheben. [2]Hebt der Arbeitgeber entgegen einer rechtskräftigen gerichtlichen Entscheidung die personelle Maßnahme nicht auf, so ist auf Antrag des Betriebsrats vom Arbeitsgericht zu erkennen, dass der Arbeitgeber zur Aufhebung der Maßnahme durch Zwangsgeld anzuhalten sei. [3]Das Höchstmaß des Zwangsgeldes beträgt für jeden Tag der Zuwiderhandlung 250 Euro.

Inhaltsübersicht

I. Vorbemerkung

1 Die Vorschrift sichert die Einhaltung des personellen MBR des BR nach den §§ 99, 100, obwohl diese Maßnahmen an sich schon unwirksam sind oder werden, sofern das ArbG die Zustimmung des BR nicht ersetzt bzw. nicht feststellt, dass die vorläufige personelle Maßnahme dringend erforderlich war (→ § 99 Rn. 277 ff.; → § 100 Rn. 3 ff.). Es soll auch **rein tatsächlich keine Beschäftigung** mehr entgegen dem personellen MBR erfolgen. Gegenüber den allgemeinen Bestimmungen des 8. Buchs der ZPO, insbes. des § 888 ZPO, handelt es sich hier iVm § 85 Abs. 1 ArbGG um eine Sondervorschrift, die eine Art zweistufiges Verfahren vorsieht (DKKW/*Bachner* Rn. 1; Richardi BetrVG/*Thüsing* Rn. 1, 7). Eine **Vertragsstrafenvereinbarung** zwischen BR und ArbGeb., nach der dieser bei Verletzung eines MBR ein Ordnungsgeld an einen Dritten zu zahlen hat, ist unzulässig (BAG 19.1.2010 – 1 ABR 62/08, NZA 2010, 592).

2 Entspr. Vorschrift: Keine.

II. Gerichtliche Anordnung über die Aufhebung personeller Maßnahmen

3 Der BR kann verlangen, dass der ArbGeb. die ohne seine Zustimmung durchgeführte personelle Maßnahme wieder aufhebt (BAG 25.4.2018 – ABR 30/16, NZA 2018, 1094 mAnm *Weller/Baudis* BB 2019, 948, 953; 14.4.2015 – 1 ABR 66/13, NZA 2015, 1077). Für den Fall der Einstellung kann der BR darauf bestehen, dass der betreffende ArbN nicht im Betrieb beschäftigt wird. Eine etwa aufgenommene tatsächliche Beschäftigung muss der ArbGeb. rückgängig machen (BAG 25.4.2018 – ABR 30/16, NZA 2018, 1094; 30.9.2014 – 1 ABR 32/13, NZA 2015, 370; 14.8.2013 – 7 ABR 56/11, BeckRS 2013, 74041). Folglich kann der BR nach ordnungsgemäßer Beschlussfassung (§ 33) beim ArbG beantragen, dem ArbGeb. die tatsächliche Aufhebung einer personellen Maßnahme iSd § 99 Abs. 1 S. 1 (→ § 99 Rn. 29–161, wegen Eingruppierungen und Umgruppierungen aber → Rn. 8) aufzugeben, wenn

a) der ArbGeb. die endgültige personelle Maßnahme entgegen § 99 Abs. 1 S. 1 **ohne Zustimmung des BR durchgeführt** hat – dh, wenn dieser seine Zustimmung nicht erteilt hat und sie auch nicht wegen Fristablaufs als erteilt gilt – und das ArbG die Zustimmung auch nicht im BeschlVerf. ersetzt hat (§ 99 Abs. 4, → § 99 Rn. 277 ff.) oder

b) der ArbGeb. eine **vorläufige personelle Maßnahme aufrechterhält,** ohne den BR überhaupt oder unverzüglich (*Heinze* Personalplanung Rn. 373) zu unterrichten oder nach zwar unverzüglicher Unterrichtung (§ 100 Abs. 2 S. 1) nicht innerhalb von drei Tagen nach ablehnender Äußerung des BR (Bestreiten der Dringlichkeit) das **ArbG angerufen** zu haben (§ 100 Abs. 2 S. 3) oder

c) der ArbGeb. den ArbN (Bewerber) noch länger als zwei Wochen **nach negativer rechtskräftiger Entscheidung** des ArbG über die Ersetzung der Zustimmung oder die Dringlichkeit der Maßnahme **faktisch weiterbeschäftigt** (§ 100 Abs. 3, dort → § 100 Rn. 13 Buchst. c u. d) oder seinen Antrag nach § 99 Abs. 4 zurückgenommen hat (*Heinze* Personalplanung Rn. 395 f. geht von 6 Fällen aus; diese sind aber in den vorgenannten drei Fallgruppen enthalten; sa DKKW/*Bachner* Rn. 4).

4 Dem Antrag des BR kann der ArbGeb. jetzt nicht mehr mit einem **Hilfsantrag** begegnen, die fehlende **Zustimmung** des BR zu **ersetzen,** noch kann er geltend machen, in Wahrheit **fehle** ein **Zustimmungsverweigerungsgrund** (BAG 18.7.1978 – 1 ABR 43/75, AP BetrVG 1972 § 101 Nr. 1; 21.11.1978 – 1 ABR 91/76, AP BetrVG 1972 § 101 Nr. 3, 16.7.1985 – 1 ABR 35/83, AP BetrVG 1972 § 99 Nr. 21; DKKW/*Bachner* Rn. 12; HWGNRH/*Huke* Rn. 11; *Heinze* Personalplanung Rn. 401); eben so wenig wird der Antrag des BR dadurch unbegründet, dass der ArbGeb. den BR während des Aufhebungsverfahrens **nachträglich** über eine bereits erfolgte Einstellung **unterrichtet, ohne** diese **zuvor aufzuheben,** und der BR nicht innerhalb der Wochenfrist nach § 99 Abs. 3 S. 1 seine Zustimmung unter Angabe beachtlicher Gründe schriftlich verweigert (BAG 21.11.2018 – 7 ABR 16/17, NZA 2019, 711; → § 99 Rn. 270).

4a Andernfalls würde entgegen dem Zweck der §§ 99, 100 der ArbGeb. praktisch der Verpflichtung enthoben, von sich aus eine gerichtliche Entscheidung darüber herbeizuführen, ob der Widerspruch des BR begründet war. Der ArbGeb. könnte das Zustimmungsersetzungsverfahren „überspringen" (→ § 99 Rn. 263). Umgekehrt kann auch der BR den ArbGeb. nicht verpflichten, zu bereits vorgenommenen Einstellungen nachträglich die Zustimmung nach § 99 Abs. 1 einzuholen; ein entspr. Antrag ist wegen der Möglichkeit des BR, nach § 101 vorzugehen, unzulässig (BAG 20.2.2001 – 1 ABR 30/00, AP BetrVG 1972 § 101 Nr. 23). Ebenso wenig hat der BR grds. ein rechtliches Interesse (§ 256 Abs. 1 ZPO) an der gerichtl. Feststellung, ihm habe an einer vom ArbGeb. bereits endgültig durchgeführten personellen Einzelmaßnahme ein MBR zugestanden (BAG 22.3.2016 – 1 ABR 19/14, NZA 2016, 909 mwN).

4b Gegenstand des gerichtlichen Aufhebungsverfahrens ist die Frage, ob eine konkrete personelle Einzelmaßnahme (→ Ein-/Umgruppierung → Rn. 8) **gegenwärtig** und **zukünftig** als endgültige Maßnahme **zulässig** ist. Mit der Rechtskraft eines dem Antrag nach S. 1 stattgebenden Beschl. wird der ArbGeb. verpflichtet, den betriebsverfassungswidrigen Zustand durch Aufhebung der personellen Einzelmaßnahme zu beseitigen. Entscheidungen im Aufhebungsverfahren haben nur Wirkung für die Zukunft. Der Antrag nach S. 1 wird daher **unbegründet,** wenn die antragsgegenständliche personelle Maßnahme zB durch Zeitablauf geendet hat (BAG 14.4.2015 – 1 ABR 66/13, NZA 2015, 1077).

5 Der BR ist aber auf das Verfahren nach § 101 nicht allein angewiesen, insbes. wenn die personelle Maßnahme inzwischen wieder aufgehoben worden ist. Er kann sich auch darauf beschränken, eine Verpflichtung des ArbGeb. nach § 99 für die Zukunft feststellen zu lassen. Dann liegt kein Begehren auf Erstattung eines unzulässigen Rechtsgutachtens durch das ArbG vor, wenn das Verfahren generell zur Klärung der Beteiligungsrechte des BR unabhängig vom konkreten Einzelfall führt (BAG 22.3.2016 – 1 ABR 19/14, NZA 2016, 909 mwN; DKKW/*Bachner* Rn. 10).

6 Das ArbG entscheidet im **BeschlVerf.** (§ 2a ArbGG, → Anh. 3 Rn. 1 ff.). Beteiligte sind der BR, der ArbGeb., aber nicht der betroffene ArbN oder Bewerber; BAG 27.5.1982 – 6 ABR 105/79, AP ArbGG 1979 § 80 Nr. 3; 22.3.1983 – 1 ABR 49/81, AP BetrVG 1972 § 101 Nr. 6; DKKW/*Bachner* Rn. 9; Richardi BetrVG/*Thüsing* Rn. 14). Hat der ArbGeb. ein Verfahren auf Ersetzung der Zustimmung und Feststellung der Dringlichkeit nach § 100 Abs. 2 S. 3 eingeleitet, so kann der **BR** bereits in diesem Verfahren seinen **Abweisungsantrag mit dem Antrag verbin-**

den, dass dem ArbGeb. aufgegeben wird, die vorläufige personelle Maßnahme aufzuheben (hM; DKKW/*Bachner* Rn. 11; HWGNRH/*Huke* Rn. 11; MHdB ArbR/*Lunk* § 342 Rn. 4; Richardi BetrVG/*Thüsing* Rn. 15; Schaub ArbR-HdB/*Koch* § 241 Rn. 69; **aA** LAG Hamm 23.1.2015 – 13 TaBV 44/14, BeckRS 2015, 66949). Im Falle des Zustimmungsersetzungsverfahrens nach § 99 allein wird eine derartige Verbindung praktisch nicht in Betracht kommen, da der ArbGeb. die Maßnahme entweder bereits einseitig ohne Anrufung des ArbG nach § 99 Abs. 4 durchgeführt hat, also noch gar kein BeschlVerf. anhängig ist oder er evtl. die Maßnahme trotz negativer rechtskräftiger Entscheidung des ArbG gleichwohl nachträglich durchführt. Das ArbG gibt dem Antrag des BR statt, wenn das Mitbestimmungsverfahren der §§ 99, 100 überhaupt nicht durchgeführt wurde oder doch die Zustimmung des BR nicht ersetzt bzw. festgestellt wird, dass die Maßnahme offensichtlich nicht dringend war. Andernfalls ist der Antrag abzuweisen, weil dann die Maßnahme des ArbGeb. rechtswirksam ist.

III. Zwangsgeldverfahren

Liegt ein rechtskräftiger Beschluss des ArbG dahin vor, der ArbGeb. habe die personelle Maßnahme aufzuheben, so muss er unverzüglich die **tatsächlichen Konsequenzen** aus einer jedenfalls nunmehr rechtsunwirksamen personellen Maßnahme ziehen (wegen Schadenersatzansprüchen des betroffenen ArbN bzw. Bewerbers → § 100 Rn. 7). Die Maßnahme (Einstellung, Versetzung) ist rückgängig zu machen. In entspr. Anwendung des § 100 Abs. 3 S. 2 muss dies bei unterbliebener Durchführung des Verfahrens nach §§ 99, 100 jedenfalls **binnen zwei Wochen** geschehen, nachdem ein rechtskräftiger Beschluss nach § 101 vorliegt (§ 100 Abs. 3 S. 1 analog, hM; GK-BetrVG/*Raab Rn.* 19; HWGNRH/*Huke* Rn. 12; MHdB ArbR/*Lunk* § 342 Rn. 16; Richardi BetrVG/*Thüsing* Rn. 26; **aA** DKKW/*Bachner* Rn. 13; *Matthes* FS Richardi, 2007, 685 [689]). 7

Bei **Eingruppierungen und Umgruppierungen** besteht das Beteiligungsrecht des BR nur in einem **Mitbeurteilungsrecht,** das als **Richtigkeitskontrolle** dient (→ § 99 Rn. 96ff.; BAG 14.4.2015 – 1 ABR 66/13, NZA 2015, 1077; DKKW/*Bachner* Rn. 6; *v. Hoyningen-Huene* RdA 1982, 205; **aA** GK-BetrVG/*Raab* Rn. 10). Der BR kann in Fällen, in denen der ArbGeb. die gebotene Ein- oder Umgruppierung eines ArbN unterlässt, in entspr. Anwendung von § 101 zur Sicherung seines Mitbeurteilungsrechts beim ArbG beantragen, dem ArbGeb. aufzugeben, eine Ein- oder Umgruppierungsentscheidung vorzunehmen, ihn um Zustimmung zu ersuchen und im Fall der beachtlichen Zustimmungsverweigerung das arbeitsgerichtliche Zustimmungsersetzungsverfahren nach § 99 Abs. 4 einzuleiten und durchzuführen (stRspr, BAG 14.4.2015 – 1 ABR 66/13, NZA 2015, 1077; 11.9.2013 – 7 ABR 29/12, NZA 2014, 388; 14.8.2013 – 7 ABR 56/11, BeckRS 2013, 74041). Diese Pflicht des ArbGeb. besteht nicht für Ein- oder Umgruppierungen, die einen in der Vergangenheit liegenden, abgeschlossenen Zeitraum betreffen (BAG 25.4.2018 – ABR 30/16, NZA 2018, 1094 mAnm *Weller/Baudis* BB 2019, 948, 953; 11.9.2013 – 7 ABR 29/12, NZA 2014, 388). 8

Ein erneutes Eingruppierungsverfahren kann der BR aber nicht allein deshalb verlangen, weil er die bisherige Eingruppierung trotz unveränderter Tätigkeit nicht mehr für zutreffend hält (BAG 18.6.1991 – 1 ABR 53/90, AP BetrVG 1972 § 99 Nr. 105; → § 99 Rn. 100). Der Lohnanspruch des ArbN kraft Tarifrechts bleibt unberührt (*Heinze* Personalplanung Rn. 399). Er kann im Urteilsverfahren klagen. 9

Hebt der ArbGeb. die Maßnahme nicht auf, so kann der BR nach rechtskräftiger Entscheidung (BAG 18.6.1991 – 1 ABR 60/90, NZA 1991, 903) den Antrag an das ArbG stellen, den **ArbGeb. durch Zwangsgeld** zur **Befolgung der gerichtlichen Anordnung anzuhalten.** Eine bes. vorherige gerichtliche Androhung des Zwangsgeldes ist nicht erforderlich (MHdB ArbR/*Lunk* § 340 Rn. 123). Das ArbG ent- 10 scheidet nach Anhörung des ArbGeb., aber ohne erneute Sachprüfung durch Beschluss; einer mündlichen Verhandlung bedarf es nicht (§ 891 ZPO). Das Zwangsgeld beträgt für **jeden** Tag und **jeden Fall** der Zuwiderhandlung mindestens bis zu **höchstens 250 EUR.** Die Höhe des Zwangsgeldes bestimmt das Gericht nach freiem, pflichtgemäßem Ermessen. Eine Festsetzung von Haft ist ausgeschlossen (§ 85 Abs. 1 S. 2 ArbGG). Die Vollstreckung des Zwangsgeldes erfolgt von Amts wegen nach §§ 704 ff. ZPO. Die Beträge fließen der Staats-kasse zu. Vollstreckungsbehörde ist der Vors. des ArbG (DKKW/*Bachner* Rn. 16; HWGNRH/*Huke* Rn. 15).

11 Das Verfahren des § 101 ist der Vorschrift des § 888 ZPO nachgebildet. Es handelt sich also anders als im Falle des § 890 ZPO nicht um eine echte öffentlich-rechtliche repressive Maßnahme wegen Zuwiderhandlung gegen eine gerichtliche Anordnung, sondern um eine **Zwangsmaßnahme zur Durchsetzung einer gerichtlichen Entscheidung.** Die allgemeinen strafrechtlichen Grundsätze gelten daher nicht. Demnach kommt es einerseits auf ein **Verschulden des ArbGeb. nicht** an (hM, GK-BetrVG/*Raab* Rn. 21; MHdB ArbR/*Lunk* § 342 Rn. 17; Richardi BetrVG/*Thüsing* Rn. 24; *Pohle* BB 1999, 2401 [2403]). Andererseits sind Zwangsgelder als Beugemaßnahme nicht mehr festzusetzen oder zu vollstrecken, wenn der BR seinen Antrag zurücknimmt oder der ArbGeb. die ihm verbotene personelle Maßnahme vor Verhängung oder Vollstreckung des Zwangsgeldes aufhebt (DKKW/*Bachner* Rn. 16; GK-BetrVG/*Raab* Rn. 21; HWGNRH/*Huke* Rn. 14).

12 § 101 ist **Sondervorschrift** gegenüber § 85 Abs. 1 ArbGG und § 23 Abs. 3 S. 3, soweit es um die Aufhebung der konkreten personellen Maßnahme, um die Beseitigung eines bereits eingetretenen mitbestimmungswidrigen Zustandes im Einzelfall, ohne Rücksicht auf die Schwere des Verstoßes geht (BAG 17.3.1987 – 1 ABR 65/85, AP BetrVG 1972 § 23 Nr. 7; GK-BetrVG/*Raab* Rn. 21 f.; *Heinze* Personalplanung Rn. 403; **aA** DKKW/*Bachner* Rn. 19 f.; *Soost/Hummel* AiB 2000, 621 ff.; → § 23 Rn. 58), nicht aber für einen **vorbeugenden, in die Zukunft gerichteten Unterlassungsanspruch** nach wiederholten groben Verstößen des ArbGeb. (§ 23 Abs. 3), insbes. durch Einstellung von ArbN, insbes. LeihArbN (s. *Rudolph* AiB 2012, 167 [168]), für jeweils kurze Zeit, so dass das Verfahren nach § 101 ins Leere geht (BAG 17.3.1987 – 1 ABR 65/85, AP BetrVG 1972 § 23 Nr. 7, 1.8.1989 – 1 ABR 54/88, AP BetrVG 1972 § 99 Nr. 68; 7.8.1990 – 1 ABR 68/89, AP BetrVG 1972 § 99 Nr. 82; 19.1.2010 – 1 ABR 55/08, NZA 2010, 659; HessLAG 15.12.1998 – 4 TaBV 107/98, NZA-RR 1999, 584; LAG Köln 13.8.2002 – 12 Ta 244/02, NZA-RR 2003, 249; → **§ 99** Rn. **295 ff.** zu einer möglichen einstw. Vfg.; ausf. DKKW/*Bachner* Rn. 19 ff. mwN; *Soost/Hummel* AiB 2000, 621 ff.). Ob hier auch ein **allgemeiner Unterlassungsanspruch** (→ § 23 Rn. 98 ff.; → § 87 Rn. 610) besteht, hat das BAG (23.6.2009 – 1 ABR 23/08, NZA 2009, 1430; 9.3.2011 – 7 ABR 137/09, NZA 2011, 871) verneint. Zu Einzelheiten → § 99 Rn. 296 ff.

13 Der ArbGeb. ist nicht gehindert, nach Entlassung des ArbN das Verfahren nach § 99 Abs. 4, § 100 Abs. 2 erneut und nunmehr ordnungsgemäß einzuleiten (BAG 28.2.2006 – 1 ABR 1/05, AP BetrVG 1972 § 99 Einstellung Nr. 51; 16.1.2007 – 1 ABR 16/06, AP BetrVG 1972 § 99 Einstellung Nr. 52; → § 99 Rn. 186, 285b f.).

§ 102 Mitbestimmung bei Kündigungen

(1) [1]**Der Betriebsrat ist vor jeder Kündigung zu hören.** [2]**Der Arbeitgeber hat ihm die Gründe für die Kündigung mitzuteilen.** [3]**Eine ohne Anhörung des Betriebsrats ausgesprochene Kündigung ist unwirksam.**

(2) [1]**Hat der Betriebsrat gegen eine ordentliche Kündigung Bedenken, so hat er diese unter Angabe der Gründe dem Arbeitgeber spätestens innerhalb einer Woche schriftlich mitzuteilen.** [2]**Äußert er sich innerhalb dieser Frist nicht, gilt seine Zustimmung zur Kündigung als erteilt.** [3]**Hat der Betriebsrat gegen eine außerordentliche Kündigung Bedenken, so hat er diese unter Angabe der Grün-**

de dem Arbeitgeber unverzüglich, spätestens jedoch innerhalb von drei Tagen, schriftlich mitzuteilen. [4]Der Betriebsrat soll, soweit dies erforderlich erscheint, vor seiner Stellungnahme den betroffenen Arbeitnehmer hören. [5]§ 99 Abs. 1 Satz 3 gilt entsprechend.

(3) **Der Betriebsrat kann innerhalb der Frist des Absatzes 2 Satz 1 der ordentlichen Kündigung widersprechen, wenn**

1. **der Arbeitgeber bei der Auswahl des zu kündigenden Arbeitnehmers soziale Gesichtspunkte nicht oder nicht ausreichend berücksichtigt hat,**
2. **die Kündigung gegen eine Richtlinie nach § 95 verstößt,**
3. **der zu kündigende Arbeitnehmer an einem anderen Arbeitsplatz im selben Betrieb oder in einem anderen Betrieb des Unternehmens weiterbeschäftigt werden kann,**
4. **die Weiterbeschäftigung des Arbeitnehmers nach zumutbaren Umschulungs- oder Fortbildungsmaßnahmen möglich ist oder**
5. **eine Weiterbeschäftigung des Arbeitnehmers unter geänderten Vertragsbedingungen möglich ist und der Arbeitnehmer sein Einverständnis hiermit erklärt hat.**

(4) **Kündigt der Arbeitgeber, obwohl der Betriebsrat nach Absatz 3 der Kündigung widersprochen hat, so hat er dem Arbeitnehmer mit der Kündigung eine Abschrift der Stellungnahme des Betriebsrats zuzuleiten.**

(5) **[1]Hat der Betriebsrat einer ordentlichen Kündigung frist- und ordnungsgemäß widersprochen und hat der Arbeitnehmer nach dem Kündigungsschutzgesetz Klage auf Feststellung erhoben, dass das Arbeitsverhältnis durch die Kündigung nicht aufgelöst ist, so muss der Arbeitgeber auf Verlangen des Arbeitnehmers diesen nach Ablauf der Kündigungsfrist bis zum rechtskräftigen Abschluss des Rechtsstreits bei unveränderten Arbeitsbedingungen weiterbeschäftigen. [2]Auf Antrag des Arbeitgebers kann das Gericht ihn durch einstweilige Verfügung von der Verpflichtung zur Weiterbeschäftigung nach Satz 1 entbinden, wenn**

1. **die Klage des Arbeitnehmers keine hinreichende Aussicht auf Erfolg bietet oder mutwillig erscheint oder**
2. **die Weiterbeschäftigung des Arbeitnehmers zu einer unzumutbaren wirtschaftlichen Belastung des Arbeitgebers führen würde oder**
3. **der Widerspruch des Betriebsrats offensichtlich unbegründet war.**

(6) **Arbeitgeber und Betriebsrat können vereinbaren, dass Kündigungen der Zustimmung des Betriebsrats bedürfen und dass bei Meinungsverschiedenheiten über die Berechtigung der Nichterteilung der Zustimmung die Einigungsstelle entscheidet.**

(7) **Die Vorschriften über die Beteiligung des Betriebsrats nach dem Kündigungsschutzgesetz bleiben unberührt.**

Inhaltsübersicht

I. Vorbemerkung

1 Nach Abs. 1 S. 3 ist eine ohne Anhörung des BR ausgesprochene Kündigung unwirksam. Der BR kann nicht nur gem. Abs. 2 Bedenken geltend machen, sondern aus den Gründen des Abs. 3 einer ordentlichen Kündigung widersprechen. Trotz dieses Widerspruchs kann zwar der ArbGeb. kündigen. Die ordentliche Kündigung ist dann aber gem. § 1 Abs. 2 S. 2, 3 KSchG sozial nicht gerechtfertigt, wenn einer der Widerspruchsgründe vorliegt. Auf diese Weise werden das MBR des BR bei Kündigungen und der individuelle Kündigungsschutz nach dem KSchG miteinander verbunden. Abs. 5 ordnet bei ordentlichen Kündigungen eine vorläufige Weiterbeschäftigungspflicht des ArbGeb. auf Antrag des ArbN an, um ihm den Arbeitsplatz zu erhalten, falls er den Kündigungsrechtsstreit gewinnt.

2 Mit dem am 1.5.2000 in Kraft getretenen Arbeitsgerichtsbeschleunigungsgesetz ist ein neuer § 623 BGB geschaffen worden, der vorsieht, dass die Kündigung des Arbeitsverhältnisses nunmehr der Schriftform bedarf. Eine ohne Schriftform erfolgte Kündigung ist unwirksam. Die neue Regelung gilt für ordentliche und außerordentliche Kündigungen (vgl. hierzu *Däubler* AiB 2000, 188 ff.; *Preis/Gotthardt* NZA 2000, 348 ff.; *Trittin/Backmeister* DB 2000, 618 ff.; *Lakies* BB 1999, 667).

2a Das am 1.1.2004 in Kraft getretene G zu Reformen am Arbeitsmarkt v. 24.12.2003 (BGBl. I S. 3002) hat eine Reihe einschneidender Änderungen des **KSchG** zu Lasten der Arbeitnehmer gebracht (Lit. *Löwisch* NZA 2003, 689 ff.; *Löwisch* BB 2004, 154 ff.; *Thüsing/Stelljes* BB 2003, 1673 ff.; *Meinel* DB 2003, 1438; *Grobys* DB 2003, 2174; *Buschmann* AuR 2004, 1 ff.; *Willemsen/Annuß* NJW 2004, 177 ff.; *Preis* DB 2004, 70 ff.; *Schmidt* NZA 2004, 79 ff.; *Bader* NZA 2004, 65 ff.; *Richardi* DB 2004, 486 ff.; *Hanau* ZIP 2004, 1169); § 102 ist dagegen nicht verändert worden. Bei den Änderungen des KSchG, die zT im Rahmen des § 102 eine Rolle spielen können, handelt es sich um Folgende:

- Für die **Anwendung** des **KSchG** ist ein neue, **zweite Schwelle** festgelegt worden (§ 23 Abs. 1 S. 3 Hs. 1 KSchG). Ab dem 1.1.2004 gilt das KSchG in Betrieben mit **zehn oder weniger** ArbN **nicht** für **neu eingestellte ArbN.** Für Betriebe, die bereits vor dem 1.1.2004 mehr als fünf ArbN beschäftigen, gilt das KSchG auch nach Inkrafttreten der Neuregelung weiter, dh die ArbN behalten ihren bereits erworbenen Kündigungsschutz (bei der Berechnung des abgesenkten Schwellenwerts des § 23 Abs. 1 S. 2 KSchG zählen nur die ArbN, die bereits am 31.12.2003 im Betrieb beschäftigt waren; Ersatzeinstellungen für ausgeschiedene (Alt-)ArbN werden bei der Berechnung nicht berücksichtigt (BAG 21.9.2006 – 2 AZR 840/05, AP KSchG 1969 § 23 Nr. 37). In Betrieben mit nur fünf oder weniger ArbN gilt, dass Neueinstellungen nach dem 31.12.2003 erst bei Überschreiten der Schwelle von insgesamt mehr als zehn ArbN den Kündigungsschutz für alle ArbN auslösen (§ 23 Abs. 1 S. 3 Hs. 2 KSchG). Aber auch für Neueinstellungen nach dem 31.12.2003 in Betrieben mit mehr als fünf aber weniger als zehn ArbN gilt, dass diese Neueinstellungen für die Erlangung des Kündigungsschutzes solange nicht zu berücksichtigen sind, wie nicht die Schwelle von zehn ArbN überschritten wird (§ 23 Abs. 1 S. 3 Hs. 2 KSchG).
- Die **Sozialauswahl** bei betriebsbedingten Kündigungen wird auf die Grunddaten der Betriebszugehörigkeit, Lebensalter, Unterhaltspflichten und Schwerbehinderung des ArbN begrenzt (§ 1 Abs. 3 S. 1 KSchG).

- ArbN, deren Weiterbeschäftigung insbes. wegen ihrer Kenntnisse, Fähigkeiten und Leistungen oder zur Sicherung einer ausgewogenen Personalstruktur des Betriebes, im berechtigten betrieblichen Interesse liegt, sind in die **Sozialauswahl nicht einzubeziehen** (§ 1 Abs. 3 S. 2 KSchG).
- Die gerichtliche Überprüfbarkeit der Sozialauswahl wird auf grobe Fehlerhaftigkeit beschränkt, wenn zwischen ArbGeb. und BR in einer **BV nach § 95** (→ Rn. 26ff.) die Wertigkeit der vier zuvor genannten Sozialdaten zueinander festgelegt ist oder die zu kündigenden ArbN in einem **Interessenausgleich** (→ §§ 112, 112a Rn. 49ff.) **namentlich benannt sind** (§ 1 Abs. 4, 5 KSchG).
- Sind die zu kündigenden ArbN in einem **Interessenausgleich namentlich benannt,** wird des Weiteren vermutet, dass die Kündigung durch dringende betriebliche Erfordernisse im Sinne des § 1 Abs. 2 KSchG bedingt ist (§ 1 Abs. 5 S. 1 KSchG).
- Die **Unwirksamkeit** der **Kündigung** muss einheitlich, unabhängig vom Unwirksamkeitsgrund, **innerhalb von drei Wochen** nach Zugang der **schriftlichen** Kündigung gerichtlich geltend gemacht werden (§ 4 Abs. 1, § 13 Abs. 3 KSchG; → Rn. 63a). Bei Versäumung der Klagefrist gilt die Kündigung als von Anfang an rechtswirksam (§ 7 KSchG).
- Verankerung eines **gesetzlichen Abfindungsanspruchs** des ArbN unter folgenden Voraussetzungen: Der ArbGeb. hat den ArbN in seiner Kündigungserklärung darauf hingewiesen, dass er die Kündigung auf betriebsbedingte Gründe stützt und der ArbN bei Verstreichenlassen der dreiwöchigen Klagefrist die Abfindung beanspruchen kann. Entscheidet sich der ArbN, keine Kündigungsschutzklage zu erheben, hat er mit Ablauf der Kündigungsfrist, dh nach Beendigung des Arbeitsverhältnisses, Anspruch auf die gesetzlich festgelegte Abfindung (§ 1a Abs. 1 KSchG; vgl. BT-Drs. 15/1204, 12). Die Höhe der Abfindung beträgt 0,5 Monatsverdienste für jedes Jahr des Bestehens des Arbeitsverhältnisses; bei einem Zeitraum von mehr als sechs Monaten ist auf ein volles Jahr aufzurunden (§ 1a Abs. 2 KSchG).

Am 1.1.1999 ist die **InsO** v. 5.10.1994 (BGBl. I S. 2866), zul. geändert durch Gesetz v. 19.12.1998 (BGBl. I S. 3836), in Kraft getreten (zur Übersicht *Bichlmeier/Engberding/Oberhofer* AiB 1999, 569). Ihre arbeitsrechtlichen Vorschriften in §§ 113, 120–122, 125–128 InsO (Text s. Anh. 3) sind bereits mit dem ArbRBeschFG v. 25.9.1996 in Kraft gesetzt worden (*Heilmann* Neues InsR S. 9; *Bichlmeier/Oberhofer* AiB 1997, 161; *Giesen* ZIP 1998, 46; *Lakies* RdA 1997, 145; *Lakies* BB 1998, 2638; *Schaub* AuA 1997, 218; *Schaub* DB 1999, 217). Sie betreffen § 102 zwar nicht unmittelbar, sind aber zT im Rahmen dieser Vorschrift bei Insolvenz zu beachten: 3

- Die **Kündigungsfrist** beträgt, wenn sie nicht ohnehin kürzer ist, **3 Monate** zum Monatsende, unabhängig davon, ob eine längere Frist durch G, TV oder Einzelvereinbarung vorgesehen ist (§ 113 Abs. 1 InsO). Mit der Dreimonatsfrist kann auch ein befristetes Arbeitsverhältnis gekündigt werden, wenn der Befristungszeitpunkt später liegt (*Heilmann* Neues InsR S. 28). Auf den „starken" vorläufigen Insolvenzverwalter findet § 113 InsO keine Anwendung, auch nicht entsprechend (BAG 20.1.2005 – 2 AZR 134/04, AP InsO § 113 Nr. 18). Kündigung durch den starken vorläufigen Insolvenzverwalter ist auch ohne vorherige Zustimmung des Insolvenzgerichts zur Betriebsstilllegung (§ 22 Abs. 1 S. 2 Nr. 2 InsO) wirksam (BAG 27.10.2005 – 6 AZR 5/05, AP InsO § 22 Nr. 4).
- Der ArbN muss die **Unwirksamkeit** der Kündigung durch den Insolvenzverwalter immer, unabhängig vom Unwirksamkeitsgrund (also auch bei § 102 Abs. 1 S. 3, § 103), **innerhalb von drei Wochen** nach Zugang der Kündigung gerichtlich geltend machen (§ 113 Abs. 2 InsO – aufgehoben durch Art. 4 Nr. 2 G zu Reformen am Arbeitsmarkt – die Klagefrist für die Unwirksamkeit der Kündigung durch den Insolvenzverwalter richtet sich nunmehr unmittelbar nach § 4 KSchG – BT-Drs. 15/1204, 9, 13, 15). Ein Sonderkündigungsrecht ist nicht vorgesehen (*Heilmann* Neues InsR S. 47).

- Für Kündigungen im Zusammenhang mit Betriebsänderungen eröffnet die InsO bes. Verfahrensmöglichkeiten für eine schnelle Klärung. Sind in einem **Interessenausgleich** zwischen Insolvenzverwalter und BR die zu kündigenden ArbN namentlich benannt, so wird vermutet, dass die Kündigung der bezeichneten ArbN durch dringende betriebliche Erfordernisse, die einer Weiterbeschäftigung in diesem Betrieb oder einer Weiterbeschäftigung zu unveränderten Arbeitsbedingungen entgegenstehen, bedingt ist. Überdies kann die soziale Auswahl der ArbN nur im Hinblick auf die Grunddaten der Dauer der Betriebszugehörigkeit, Lebensalter und Unterhaltspflichten des ArbN und auch insoweit nur auf grobe Fehlerhaftigkeit nachgeprüft werden; sie ist nicht als grob fehlerhaft anzusehen, wenn eine ausgewogene Personalstruktur erhalten oder geschaffen wird (§ 125 InsO; → Rn. 35; → §§ 112, 112a Rn. 67 ff., 82 ff.).
- Kommt ein Interessenausgleich nach § 125 InsO nicht innerhalb von drei Wochen zustande, kann der Insolvenzverwalter beim ArbG beantragen festzustellen, dass die Kündigung von im Antrag bezeichneten ArbN durch dringende betriebliche Erfordernisse bedingt und sozial gerechtfertigt ist. Die soziale Auswahl der ArbN kann dann ebenfalls nur im Hinblick auf die Grunddaten der Dauer der Betriebszugehörigkeit, Lebensalter und Unterhaltspflichten des ArbN nachgeprüft werden (§ 126 InsO; → Rn. 37 ff.; → §§ 112, 112a Rn. 67 ff.).

4 Entspr. Vorschriften: § 78 Abs. 1 Nr. 4, 5, § 79 BPersVG, § 31 SprAuG.

II. Gegenstand der Anhörung des Betriebsrats

1. Kündigung

5 Der BR (oder ein hiermit beauftragter Ausschuss, §§ 27 Abs. 3, 28) ist ohne Rücksicht auf die ArbNZahl des Betriebes **vor jeder Kündigung zu hören,** auch wenn diese innerhalb einer Probezeit ausgesprochen wird u. das KSchG noch keine Anwendung findet (BAG 8.9.1988 – 2 AZR 103/88, AP BetrVG 1972 § 102 Nr. 49; 11.7.1991 – 2 AZR 119/91, AP BetrVG 1972 § 102 Nr. 57; 18.5.1994 – 2 AZR 920/93, AP BetrVG 1972 § 102 Nr. 64; 8.4.2003 – 2 AZR 515/02, AP BetrVG 1972 § 102 Nr. 133; 16.9.2004 – 2 AZR 511/03, AP BetrVG 1972 § 102 Nr. 142; 28.6.2007 – 6 AZR 873/06, DB 2007, 1986; *Berkowsky* Beteiligung BR § 4 Rn. 3 ff.; DKKW/*Bachner* Rn. 5, 6; KR/*Etzel/Rinck* Rn. 10; zur Geltung der dreiwöchigen Klagefrist s. BAG 28.6.2007 – 6 AZR 873/06, DB 2007, 1986). Der BR ist auch im Fall einer Kündigung vor Vertragsbeginn zu beteiligen (LAG Frankfurt 31.5.1985 – 13 Sa 833/84, DB 1985, 2689; DKKW/*Bachner* Rn. 15; Richardi BetrVG/*Thüsing* Rn. 15; HWGNRH/*Huke* Rn. 16; offengelassen BAG 23.2.2017 – 6 AZR 665/15, NZA 2017, 995; **aA** APS/*Koch* § 102 BetrVG Rn. 30). Ebenso ist der BR bei Kündigungen im Rahmen von **Massenentlassungen** nach § 17 KSchG nach § 102 anzuhören (BAG 16.9.1993 – 2 AZR 267/93, AP BetrVG 1972 § 102 Nr. 62; *Feichtinger/Danko* Anhörung Rn. 49 → Rn. 134 ff.). Unter Kündigung ist **jede Art der Kündigung** seitens des ArbGeb. zu verstehen, die ordentliche und die außerordentliche (*Hinrichs* Anhörung BR S. 12). Will der ArbN bei Änderungskündigung das Arbeitsverhältnis auf jeden Fall fortsetzen, so kann er das Angebot des ArbGeb. unter Vorbehalt annehmen und gegen die Änderung der Arbeitsbedingungen als solche klagen (§§ 2, 8 KSchG; wegen Beteiligung des BR → Rn. 9 ff.; → § 99 Rn. 122). Eine **Teilkündigung** ist nur hinsichtlich von Nebenabreden bei ausdrücklicher vertraglicher Zulassung möglich (BAG 7.10.1982 – 2 AZR 455/80, AP BGB § 620 Teilkündigung Nr. 5; 14.11.1990 – 5 AZR 509/89, AP BGB § 611 Arzt-Krankenhaus-Vertrag Nr. 25; DKKW/*Bachner* Rn. 14; *Hromadka* RdA 1992, 234 [243, 251]). Sie fällt nicht unter § 102, da die Stellung des ArbN in der Belegschaft nicht berührt wird und allgemein die Kündigungsvorschriften nicht für anwendbar gehalten werden (hM; *Heinze* Personalplanung Rn. 466; Richardi BetrVG/*Thüsing* Rn. 13; *Kirsch/Strybny* BB 2005, 10; **aA** SPV Kündigung/*Preis* Rn. 167).

Ob das **KSchG** für den betroffenen ArbN **anwendbar** ist (BAG 13.7.1978 – 2 AZR 717/76, AP BetrVG 1972 § 102 Nr. 17; 13.7.1978 – 2 AZR 798/77, AP BetrVG 1972 § 102 Nr. 18; 28.9.1978 – 2 AZR 2/77, AP BetrVG 1972 § 102 Nr. 19; 8.9.1988 – 2 AZR 103/88, AP BetrVG 1972 § 102 Nr. 49; 3.12.1998 – 2 AZR 234/98, AP BetrVG 1972 § 102 Nr. 99; 8.4.2003 – 2 AZR 515/02, AP BetrVG 1972 § 102 Nr. 133; 16.9.2004 – 2 AZR 511/03, AP BetrVG 1972 § 102 Nr. 142; 24.5.2018 – 2 AZR 54/18, NZA 2018, 1396) und **deutsches Arbeitsvertragsrecht** Anwendung findet (BAG 9.11.1977 – 5 AZR 132/76, NJW 1978, 403) spielt für die **Beteiligung des BR keine Rolle** (GK-BetrVG/*Raab* Rn. 21; *Feichtinger/Danko* Anhörung Rn. 48; Richardi BetrVG/*Thüsing* Rn. 36; *Bayreuther* NZA 2017, 87; zum Kündigungsschutz außerhalb des KSchG *Oetker* ArbuR 1997, 41; *Preis* NZA 1997, 1256; → Rn. 48). Es ist auch unerheblich, ob der ArbN die Kündigung hinnehmen will (*Heinze* Personalplanung Rn. 458). Gilt das KSchG nicht, so kann sich der betroffene ArbN allerdings nicht auf die mangelnde soziale Rechtfertigung einer Kündigung berufen und keine Weiterbeschäftigung nach Abs. 5 verlangen. Ist ein ArbN in einem ausländischen Betrieb eines deutschen Unternehmens beschäftigt, so entfällt die Beteiligung eines inländischen BR, es sei denn, es handele sich nur um eine vorübergehende Entsendung unter Aufrechterhaltung der Zugehörigkeit zum inländischen Betrieb (DKKW/*Bachner* Rn. 42; *Reiter* NZA 2004, 1246 [1249 ff.]; *Grosjan* DB 2004, 2422 [2423 f.]; → § 1 Rn. 25). 6

Besteht kein BR, so kann das MBR nicht ausgeübt werden (*Brill* ArbuR 1975, 15; *Meisel* Mitwirkung BR Rn. 11), nach Ansicht des BAG (23.8.1984 – 6 AZR 520/82, AP BetrVG 1972 § 102 Nr. 36) auch nicht vor der **Konstituierung** eines erstmals gewählten BR gem. § 29 (ebenso LAG Düsseldorf 24.6.2009 – 12 Sa 336/09, ArbR 2009, 52; WPK/*Preis* Rn. 12; Richardi BetrVG/*Thüsing* Rn. 31; **aA** DKKW/*Bachner* Rn. 31); für den Fall des **Übergangsmandats** aber → § 21a Rn. 20 ff.; das Übergangsmandat erstreckt sich personell auch auf die ArbN, die vorher betriebsratslos waren (→ § 21a Rn. 23; GK-BetrVG/*Raab* Rn. 8; GK-BetrVG/*Kreutz* § 21a Rn. 73; APS/*Koch* BetrVG § 102 Rn. 58; ErfK/*Koch* § 21a Rn. 7; **aA** *Kittner* NZA 2012, 541 [545]). Gleiches gilt bei längerer Verhinderung eines ersatzlosen einköpfigen BR, der aber auch bei Erkrankung zu beteiligen ist, wenn der ArbGeb. ihn auch in anderen Angelegenheiten beteiligt hat (BAG 15.11.1984 – 2 AZR 341/83, AP BetrVG 1972 § 25 Nr. 2). Während vereinbarter **Betriebsferien** laufen die Anhörungsfristen für den BR nicht (→ Rn. 68; DKKW/*Bachner* Rn. 36; *Rudolph* AiB 1996, 289; **aA** BAG 18.8.1982 – 7 AZR 437/80, AP BetrVG 1972 § 102 Nr. 24, noch vorhandene BRMitgl. sind in entspr. Anwendung des § 22 anzuhören; ähnlich GK-BetrVG/*Raab* Rn. 12; HWGNRH/*Huke* Rn. 17; Richardi BetrVG/*Thüsing* Rn. 32). Hat der ArbGeb. den BR schon vor Beginn der Betriebsferien unterrichtet, so sind die infolge der Betriebsferien fehlenden Anhörungstage an deren Ende anzuhängen. Ist der BR aus sonstigen Gründen teilweise verhindert (zB Auslandsmontage) ist § 22 BetrVG analog anzuwenden (BAG 18.8.1982 – 7 AZR 437/80, AP BetrVG 1972 § 102 Nr. 24; GK-BetrVG/*Raab* Rn. 12; DKKW/*Bachner* Rn. 39). 7

§ 102 gilt auch für **in Heimarbeit Beschäftigte** iSd § 5 Abs. 1 S. 2, da nach § 29 HAG die Beendigung des Beschäftigungsverhältnisses einer Kündigung bedarf (BAG 7.11.1995 – 9 AZR 268/94, AP BetrVG 1972 § 102 Nr. 74). Jedenfalls ist das Anhörungsverfahren durchzuführen und der BR hat ein Widerspruchsrecht, wenn einer der Tatbestände des Abs. 3 vorliegt. Wegen Weiterbeschäftigungsanspruch → Rn. 107; und wegen Einstellung von in Heimarbeit Beschäftigten → § 99 Rn. 53. 8

2. Änderungskündigung

Die **Änderungskündigung** stellt sich unbeschadet der Wahlmöglichkeit des ArbN, von der es abhängt, ob das weitere Verfahren sich nach § 102 Abs. 2 ff. oder § 99 Abs. 2 ff. bestimmt, von Seiten des ArbGeb. aus auch als eine Kündigung dar, 9 die zur Beendigung des Arbeitsverhältnisses führen kann (BAG 10.3.1982 – 4 AZR 158/79, AP KSchG 1969 § 2 Nr. 2; Richardi BetrVG/*Thüsing* Rn. 12; SPV Kündigung/*Preis* Rn. 162, 1287; *Hohmeister* BB 1994, 1777; zu Hauptproblemen der Änderungskündigung *Schrader/Straube* DB 2006, 1678; *Berkowsky* NZA 1999, 293; *Berkowsky* NZA 2000, 1129; *Fischermeier* NZA 2000, 737; *Gaul* DB 1998, 1913; *Pauly* DB 1997, 2378; *Weber/Ehrich* BB 1996, 2246; zur überflüssigen Änderungskündigung *Benecke* NZA 2005, 1092; zum Schriftformerfordernis der Änderungskündigung und dessen Erstreckung auf das Änderungsangebot s. BAG 16.9.2004 – 2 AZR 628/03, AP KSchG 1969 § 2 Nr. 78; betriebsbedingte Änderungskündigung BAG 21.9.2006 – 2 AZR 120/06, AP KSchG 1969 § 2 Nr. 86; Sozialauswahl und Vergleichbarkeit der ArbN s. BAG 18.1.2007 – 2 AZR 796/05, AP KSchG 1969 § 1 Soziale Auswahl Nr. 89; BAG 12.8.2010 – 2 AZR 945/08, NZA 2011, 460; 29.1.2015 – 2 AZR 164/14, NZA 2015, 426; zur. Annahmefrist BAG 18.5.2006 – 2 AZR 230/05, AP KSchG 1969 § 2 Nr. 83; 1.2.2007 – 2 AZR 44/06, DB 2007, 1474; zu Massenänderungskündigungen *Hidalgo/Mauthner* NZA 2007, 1254 ff., BAG 20.2.2014 – 2 AZR 346/12, NZA 2014, 1069; zur Zulässigkeit Änderungskündigung und Angebot eines befristeten Arbeitsverhältnisses/Altersteilzeit s. BAG 16.12.2010 – 2 AZR 576/09, DB 2011, 1587). Der ArbGeb. ist unabhängig von dem Widerspruchsgrund des BR nach Abs. 3 Nr. 5 (→ Rn. 95 ff.) schon individualrechtlich verpflichtet, vor Ausspruch einer Beendigungskündigung dem ArbN eine zumutbare Weiterbeschäftigung auf einem anderen, freien Arbeitsplatz anzubieten (BAG 27.9.1984 – 2 AZR 62/83, AP KSchG 1969 § 2 Nr. 8; 21.4.2005 – 2 AZR 244/04, AP KSchG 1969 § 2 Nr. 80; LAG Köln 26.8.2004 – 5 (9) Sa 417/04, NZA-RR 2005, 300; *Gaul/Kühnreich* BB 2003, 254 [256]). Das mit der Änderungskündigung verbundene Änderungsangebot muss konkret gefasst sein, dh eindeutig bestimmt bzw. bestimmbar (BAG 21.5.2019 – 2 AZR 26/19, NZA 2019, 1143; 15.1.2009 – 2 AZR 641/07, AP KSchG 1969 § 2 Nr. 141 mwN; 10.9.2009 – 2 AZR 822/07, NZA 2010, 333). Mehrere Änderungskündigungen zur selben Zeit mit unterschiedlichen Angeboten sind nicht hinreichend bestimmt iSd § 2 S. 1 KSchG (BAG 10.9.2010 – 2 AZR 822/07, NZA 2010, 333). Auch wenn der ArbN vor Ausspruch der Kündigung ein Änderungsangebot ablehnt, entbindet dies den ArbGeb. grds. nicht von seiner Pflicht, das Änderungsangebot mit einer nachfolgenden Beendigungskündigung erneut zu verbinden, es sei denn, der ArbN hat eindeutig zu erkennen gegeben, dass er das Änderungsangebot in keinem Fall annehmen will – auch nicht unter dem Vorbehalt der sozialen Rechtfertigung (BAG 21.4.2005 – 2 AZR 244/04, AP KSchG 1969 § 2 Nr. 80 zust. *Malottke* AiB 2006, 188; krit. *Baur/Winzer* BB 2006, 266; *Berkowsky* NZA 2006, 697; *Lelley/Sabin* DB 2006, 110). Es ist also zunächst ein Anhörungsverfahren durchzuführen, das sowohl den Erfordernissen des § 102 Abs. 1 als auch wegen der vorgesehenen Umgruppierung bzw. Versetzung § 99 Abs. 1 genügt (insoweit glA Richardi BetrVG/*Thüsing* Rn. 12; ebenso *Meier* NZA 1988, Beil. 3, 3; → § 99 Rn. 122). Beide Beteiligungsverfahren decken sich sowohl in ihren Voraussetzungen als auch in ihrer Ausgestaltung und ihren Folgen nicht (BAG 3.11.1977 – 2 AZR 277/76, AP BPersVG § 75 Nr. 1; 27.1.1987 – 1 ABR 66/85, AP BetrVG 1972 § 99 Nr. 42; 29.6.1988 – 7 AZR 459/87, AP LPVG NW § 72 Nr. 2), können aber miteinander verbunden werden (Richardi BetrVG/*Thüsing* Rn. 285; *Becker-Schaffner* ZTR 1998, 193 [199]). Die Entscheidung des BR muss nicht notwendigerweise einheitlich ausfallen (BAG 30.9.1993 – 2 AZR 283/93, AP KSchG 1969 § 2 Nr. 33). Auch ist für eine Änderungskündigung zum Zwecke der Versetzung nicht Wirksamkeitsvoraussetzung, dass im Kündigungszeitpunkt eine Zustimmung des BR zur Versetzung vorliegt (ausf. BAG 22.4.2010 – 2 AZR 491/09, NZA 2010, 1235; 12.8.2010 – 2 AZR 945/08, NZA 2011, 460; 18.5.2017 – 2 AZR 606/16, ArbR 2017, 413). Dem BR ist auch das Änderungsangebot (Entgelt, Art der auszuübenden Tätigkeit am neuen Arbeitsplatz) mitzuteilen, und zwar unabhängig von den Widerspruchsgründen nach Abs. 3 (BAG 10.3.1982 – 4 AZR 158/79, AP KSchG 1969 § 2 Nr. 2; 20.3.1986 – 2 AZR 294/85, AP KSchG 1969 § 2 Nr. 14; 19.5.1993 – 2 AZR

584/92, AP KSchG 1969 § 2 Nr. 31, 30.11.1989 – 2 AZR 197/89, AP BetrVG 1972 § 102 Nr. 53; 11.10.1989 – 2 AZR 61/89, AP KSchG 1969 § 1 Betriebsbedingte Kündigung Nr. 47; 27.9.2001 – 2 AZR 236/00, AP TVG § 4 Nachwirkung Nr. 40; 19.7.2012 – 2 AZR 25/11, NZA 2012, 1038; KR/*Rost* KSchG § 2 Rn. 115; Richardi BetrVG/*Thüsing* Rn. 68, 280; *Wallner* Änderungskündigung Rn. 172, 193), andernfalls ist die Änderungskündigung unwirksam (*Hinrichs* Anhörung BR S. 29; vHHL/*Linck* KSchG § 2 Rn. 187, 189; DDZ/*Zwanziger* KSchG § 2 Rn. 163, 240; *Wallner* Änderungskündigung Rn. 172). Beinhaltet das Änderungsangebot auch eine erhebliche Änderung der Arbeitszeiten, so ist dies ebenfalls dem BR mitzuteilen (LAG Köln 19.7.2010 – 5 Sa 604/10, NZA-RR 2012, 642). Außerdem erfordert eine ordnungsgemäße Anhörung zusätzlich die Mitteilung, dass bei Ablehnung des Änderungsangebots eine Beendigungskündigung beabsichtigt sei, falls dies der ArbGeb. beabsichtigt (BAG 30.11.1989 – 2 AZR 197/89, AP BetrVG 1972 § 102 Nr. 53; LAG Hamm 15.7.1997 – 6 Sa 403/97, BB 1997, 2053; SPV Kündigung/*Preis* Rn. 351; *Becker-Schaffner* BB 1991, 129 [135]; *Schaffner* ZTR 1998, 193). Das weitere Beteiligungsverfahren richtet sich dann je nach dem Verhalten des betroffenen ArbN, läuft aber parallel, da die Äußerungsfristen des BR immer eine Woche betragen.

Unterfällt die mit der **Änderungskündigung** beabsichtigte Änderung der Arbeitsbedingungen dem **MBR nach § 87 Abs. 1,** so ist die vorherige Zustimmung des BR zu dieser Änderung erforderlich (BAG 31.1.1984 – 1 AZR 174/81, AP BetrVG 1972 § 87 Lohngestaltung Nr. 15; vHHL/*Linck* KSchG § 2 Rn. 205; KR/*Rost* KSchG § 2 Rn. 143 ff.; **aA** jetzt BAG 17.6.1998 – 2 AZR 336/97, AP KSchG 1969 § 2 Nr. 49; Richardi BetrVG/*Thüsing* § 87 Rn. 128; GK-BetrVG/*Wiese* § 87 Rn. 121; *Wallner* Änderungskündigung Rn. 205 f.). Eine ohne Zustimmung des BR erfolgte Änderungskündigung ist wegen Verletzung des MBR nach der Theorie der Wirksamkeitsvoraussetzung (→ § 87 Rn. 599) unwirksam (vHHL/*Linck* § 2 Rn. 205). Bei seiner gegensätzlichen Entscheidung v. 17.6.1998 – 2 AZR 336/97, AP KSchG 1969 § 2 Nr. 49, hat das BAG die zu § 99 entwickelten Grundsätze (→ § 99 Rn. 122) herangezogen mit der Folge, dass nunmehr die Änderungskündigung bei sozial gerechtfertigter Änderung der Vertragsbedingungen wirksam ist und nur nicht durchgesetzt werden kann, solange die MB nicht durchgeführt ist. Die Annahme einer wirksamen Kündigung ist jedoch mit der Theorie der Wirksamkeitsvoraussetzung unvereinbar, die gerade verhindern soll, dass die MB durch Maßnahmen des ArbGeb. auf individualrechtlicher Ebene unterlaufen wird (vgl. DDZ/*Zwanziger* KSchG § 2 Rn. 254). Die **Vermutungswirkung** des **§ 1 Abs. 5 KSchG** gilt auch für ordentliche Änderungskündigungen (ausf. BAG 19.6.2007 – 2 AZR 304/06, AP KSchG 1969 § 1 Namensliste Nr. 16) nicht jedoch für außerordentliche Kündigungen – seien es Beendigungs- oder Änderungskündigungen (BAG 28.5.2009 – 2 AZR 844/07, NZA 2009, 954 ff.). 10

Will der **ArbN** das **Arbeitsverhältnis** auf jeden Fall **fortsetzen,** so wird er das Angebot des ArbGeb. zur Änderung der Arbeitsbedingungen (Umgruppierung, Versetzung) annehmen, ggf. unter Vorbehalt. Dann richtet sich die Klageerhebung nur gegen die Änderung der Arbeitsbedingungen (§§ 2, 4 S. 2, 8 KSchG). Es muss nicht nur die Dreiwochenfrist des § 4 KSchG eingehalten werden, sondern die Annahme unter Vorbehalt muss auch innerhalb der Kündigungsfrist erfolgen. Dann liegt in Wahrheit keine Kündigung vor, sondern nur eine unter dem Druck des ArbGeb. stehende beabsichtigte Vertragsänderung, insbes. eine Versetzung und (oder) Umgruppierung, die dem MBR des BR nach § 99 Abs. 2 (nicht nach § 102) unterliegt (wie hier: HWGNRH/*Huke* Rn. 21; dagegen nehmen DKKW/*Bachner* Rn. 13, *Dütz* SAE 1979, 204, Richardi BetrVG/*Thüsing* Rn. 284 f.; vHHL/*Linck* KSchG § 2 Rn. 192 ff., *Schwerdtner* FS 50 Jahre BAG, 2004, 577 ff., *Wallner* Änderungskündigung Rn. 167 f. ein MBR nach beiden Bestimmungen an; ebenso BAG 3.11.1977 – 2 AZR 277/76, AP BPersVG § 75 Nr. 1 für den Fall der Rückgruppierung im Wege der Änderungskündigung mit der Maßgabe, dass beide Verfahren verbunden werden können; nach BAG 10.3.1982 – 4 AZR 158/79, AP KSchG 1969 § 2 Nr. 2 ist in 11 jedem Fall von vornherein das Anhörungsverfahren nach § 102 durchzuführen, wobei der ArbGeb. den BR das Änderungsangebot mitzuteilen hat; ebenso *Heinze* Personalplanung Rn. 464, KR/*Etzel/Rinck* Rn. 36; *Hohmeister* BB 1994, 1777. Die Rspr. des BAG 28.5.1998 – 2 AZR 615/97, AP KSchG 1969 § 2 Nr. 48, wonach der ArbN sich bei Vorbehaltsannahme auch dann noch auf sonstige Unwirksamkeitsgründe, zB fehlende Anhörung nach § 102, berufen kann, wenn er Klage nach Ablauf der Frist des § 4 KSchG erhebt, ist mit der Änderung des § 4 S. 1 und des § 13 Abs. 3 KSchG durch das G zu Reformen am Arbeitsmarkt überholt: Der ArbN muss die Kündungsschutzklage auch im Fall sonstiger Unwirksamkeitsgründe innerhalb der Dreiwochenfrist erheben (→ Rn. 2a, 63a). Für die Annahme des in einer **Änderungskündigung** enthaltenen Änderungsangebots **ohne Vorbehalt** ist der ArbN nicht an die Höchstfrist von drei Wochen nach Zugang der Kündigung (§ 2 S. 2 KSchG) gebunden (BAG 6.2.2003 – 2 AZR 674/01, AP KSchG 1969 § 2 Nr. 71; *Berkowsky* Änderungskündigung § 2 Rn. 60; ErfK/*Oetker* KSchG § 2 Rn. 30; SPV Kündigung/*Preis* Rn. 1297).

12 Es handelt sich um eine **„Änderungsschutzklage"**, deren Streitgegenstand die Wirksamkeit der Änderung ist. Der BR muss sich vor seiner Beschlussfassung beim betroffenen ArbN vergewissern, ob dieser Klage nach §§ 2, 4 KSchG erheben, der Vertragsänderung vorbehaltlos zustimmen oder sie vorbehaltlos ablehnen will. Der BR muss im Fall der beabsichtigten Änderungskündigung den ArbN hören (→ Rn. 69). Verweigert der BR bei Annahme der Änderung (Umgruppierung, Versetzung) durch den ArbN unter Vorbehalt die Zustimmung zu dieser Maßnahme, so muss der ArbGeb. zunächst das ArbG anrufen, um die Ersetzung der Zustimmung zu erreichen. Ein Dringlichkeitsfall iSd § 100 dürfte praktisch nicht vorkommen. Hat der ArbGeb. im BeschlVerf. keinen Erfolg, so kann die im Wege der „Änderungskündigung" angestrebte Vertragsänderung nicht durchgeführt werden (s. zum Verhältnis Änderungskündigung und Versetzung → § 99 Rn. 122; BAG 30.9.1993 – 2 AZR 283/93, AP KSchG 1969 § 2 Nr. 33 mit krit. Anm. *Wlotzke;* BAG 18.5.2017 – 2 AZR 606/16, ArbR 2017, 413). Die im Zustimmungsersetzungsverfahren festgestellte Eingruppierung ist für den ArbGeb. im Verhältnis zum ArbN verbindlich; hieran ist der ArbGeb. auch im Kündigungsrechtsstreit gebunden (BAG 28.8.2008 – 2 AZR 967/06, AP KSchG 1969 § 2 Nr. 140). Eine Änderungskündigung, die ein der Entscheidung des Beschlusses widersprechendes Vertragsänderungsangebot hinsichtlich der Eingruppierung enthält, ist sozial ungerechtfertigt (BAG 28.8.2008 – 2 AZR 967/06, AP KSchG 1969 § 2 Nr. 140; APS/*Künzl* KSchG § 2 Rn. 160). Hat er Erfolg oder stimmt der BR der vorgesehenen personellen Maßnahme gem. § 99 zu (*Meisel* Mitwirkung BR Rn. 600), so kann der ArbGeb. die Vertragsänderung nunmehr durchführen, vorbehaltlich deren Nachprüfung nach den hierfür maßgebenden Vorschriften des KSchG.

13 Eine vorläufige Weiterbeschäftigung zu den bisherigen Bedingungen nach Abs. 5 kommt in diesem Fall nicht in Betracht, da es sich nicht um eine Kündigung iSd Beendigung des Arbeitsverhältnisses handelt. Der ArbN klagt nicht gem. Abs. 5 auf Feststellung, dass das Arbeitsverhältnis durch die Kündigung nicht aufgelöst ist, sondern auf Feststellung, dass die Änderung der Arbeitsbedingungen sozial ungerechtfertigt ist. Der ArbN muss vielmehr **vorläufig zu den geänderten Vertragsbedingungen weiterarbeiten** (BAG 18.1.1990 – 2 AZR 183/89, AP KSchG 1969 § 2 Nr. 27; vHHL/*Linck* KSchG § 2 Rn. 112; GK-BetrVG/*Raab* Rn. 228; Richardi BetrVG/*Thüsing* Rn. 292; *Meisel* Mitwirkung BR Rn. 616; *Schwerdtner* FS 50 Jahre BAG, 2004, 577; vgl. auch LAG Düsseldorf 25.1.1993 – 19 Sa 1650/92, DB 1993, 1680), es sei denn, der BR hätte einer Umgruppierung oder Versetzung widersprochen und der ArbGeb. keinen Antrag nach § 100 gestellt. Dann wäre der ArbN zu den alten Arbeitsbedingungen weiter zu beschäftigen (LAG Düsseldorf 25.1.1993 – 19 Sa 1650/92, DB 1993, 1680;Richardi BetrVG/*Thüsing* Rn. 293; *Schwerdtner* FS 50 Jahre BAG, 2004, 577 [580]; **aA** vHHL/*Linck* KSchG § 2 Rn. 112).

14 Will der ArbN auf die angebotenen neuen Vertragsbedingungen **auch nicht unter Vorbehalt eingehen,** sondern nur zu den bisherigen Vertragsbedingungen das

Arbeitsverhältnis fortsetzen, so wird er Kündigungsschutzklage gem. §§ 1, 4 S. 1 KSchG erheben. Der BR muss sich über diese Absicht des ArbN vor seiner Beschlussfassung vergewissern. In diesem Fall liegt eine (ordentliche) **Kündigung iSd § 102** vor, da der Bestand des Arbeitsverhältnisses selbst in Frage gestellt ist. Der BR kann der Kündigung aus den Gründen des § 102 Abs. 3 Nr. 1–4, widersprechen, nach Nr. 5 nur, wenn eine Versetzungsmöglichkeit auf einen anderen als dem vorgesehenen Arbeitsplatz besteht (zB ein Ang. als Lagerverwalter statt als Hofkehrer). In diesem Fall steht dem ArbN unter den Voraussetzungen des Abs. 5 ein **Anspruch auf vorläufige Weiterbeschäftigung zu den alten Bedingungen** zu (*Schwerdtner* FS 50 Jahre BAG, 2004, 599; GK-BetrVG/*Raab* Rn. 227).

3. Anderweitige Beendigung des Arbeitsverhältnisses

Dagegen besteht **keine Anhörungspflicht** (hM) in den Fällen, in denen das **Arbeitsverhältnis aus anderen Gründen als durch Kündigung seitens des ArbGeb.** (s. hierzu *Schiefer* DB 2000, 669 ff.) **endet:** Geltendmachung der Nichtigkeit (DKKW/*Bachner* Rn. 22; HWGNRH/*Huke* Rn. 18) oder Anfechtbarkeit (HWGNRH/*Huke* Rn. 18; **aA** *Wolf/Gaugel* ArbuR 1982, 271), Zeitablauf bei zulässig befristetem Arbeitsverhältnis (BAG 15.3.1978 – 5 AZR 831/76, AP BGB § 620 Befristeter Arbeitsvertrag Nr. 45; 24.10.1979 – 5 AZR 851/78, AP BGB § 620 Befristeter Arbeitsvertrag Nr. 49; → § 99 Rn. 38), **Aufhebungsvertrag** (hM; DKKW/*Bachner* Rn. 19; Richardi BetrVG/*Thüsing* Rn. 22; ErfK/*Kania* Rn. 2; BKA Aufhebungsverträge Rn. 325a; *Hümmerich* Aufhebungsvertrag § 3 Rn. 7; **aA** *Keppler* ArbuR 1996, 263: § 102 analog; zur Zulässigkeit v. Aufhebungsverträgen BAG 30.9.1993 – 2 AZR 268/93, AP BGB § 123 Nr. 37; *Bengelsdorf* BB 1995, 978; *Bengelsdorf* DB 1997, 874; krit. *Zwanziger* DB 1994, 982; *Zwanziger* BB 1996, 903; zu erzwungenem Aufhebungsvertrag s. BAG 21.3.1996 – 2 AZR 543/95, AP BGB § 123 Nr. 42; zu Bedenkzeit, Rücktritts-/Widerrufsrecht BAG 14.2.1996 – 2 AZR 234/95, NZA 1996, 811; LAG Köln 5.1.1996 – 4 Sa 909/94, BB 1996, 907 mAnm *v. Puttkamer* BB 1996, 1440 u. *Bauer/Haußmann* BB 1996, 901; *Arnold/Zeh* NZA 2016, 449; zur Umgehung des § 613a BGB BAG 11.7.1995 – 3 AZR 154/95, AP TVG § 1 Tarifverträge: Einzelhandel Nr. 56; 18.8.2005 – 8 AZR 523/04, AP BGB § 620 Aufhebungsvertrag Nr. 31; 18.8.2011 – 8 AZR 312/10, DB 2011, 2850; 23.11.2006 – 8 AZR 349/06, AP BGB § 613a Wiedereinstellung Nr. 1 mAnm *Müller* BB 2007, 1054 im Zusammenhang mit Beschäftigungsgesellschaft; s. dazu auch BAG 25.10.2012 – 8 AZR 572/11, AiB 2013, 122; 25.10.2012 – 8 AZR 575/11, NZA 2013, 203, *Fuhlrott* NZA 2012, 549; *Willemsen* NZA 2013, 242; zur Anfechtung *Weber/Ehrich* NZA 1997, 414; zu sozialversicherungsrechtl. Auswirkungen *Hümmerich* NZA 1997, 409, *Tödtmann/Schauer* AiB 2005, 357, *Kuhn/Becker* DB 2016, 1994; zu Aufklärungspflichten des ArbGeb. BAG 13.11.1996 – 10 AZR 340/96, AP BGB § 620 Aufhebungsvertrag Nr. 4; *Hoß/Ehrich* DB 1997, 625; zur Inhaltskontrolle *Bauer/Diller* DB 1995, 1810, *Dieterich* RdA 1995, 129; *Germelmann* NZA 1997, 236; kein Haustürgeschäft iSd § 312 Abs. 1 S. 1 Nr. 1 BGB und keine Inhaltskontrolle nach § 307 Abs. 2 iVm § 310 Abs. 3 BGB BAG 27.11.2003 – 2 AZR 135/03, AP BGB § 312 Nr. 1; 22.4.2004 – 2 AZR 281/03, AP BGB § 620 Aufhebungsvertrag Nr. 27; krit. *Hümmerich* NZA 2004, 809 ff.; Wegfall d. Geschäftsgrundlage BAG 29.1.1997 – 2 AZR 292/96, AP BGB § 626 Nr. 131; Eintritt einer Bedingung, Wegfall der Geschäftsgrundlage BAG 24.8.1995 – 8 AZR 134/94, AP BGB § 242 Geschäftsgrundlage Nr. 17), Beendigung der Tätigkeit eines LeihArbN im Entleiherbetrieb (→ § 5 Rn. 233 ff.), Ruhen des Arbeitsverhältnisses kraft Gesetzes (zB Wehrdienst) oder Vereinbarung (GK-BetrVG/*Raab* Rn. 26), gerichtliche Entscheidung nach § 100 Abs. 3, § 101, § 104, Mitteilung der Nichtübernahme durch den ArbGeb. nach § 78a (→ § 78a Rn. 13). Auch bei Geltendmachung eines rechtlichen Mangels des Arbeitsvertrages entfällt die Möglichkeit einer Klage nach dem KSchG. Wegen einvernehmlicher Versetzung in einen anderen Betrieb → § 99 15

Rn. 171. Vom Aufhebungsvertrag zu unterscheiden ist der **Abwicklungsvertrag,** bei dem das Arbeitsverhältnis durch **anhörungspflichtige Kündigung** endet u. nur die Modalitäten der Abwicklung geregelt werden (BAG 28.6.2005 – 1 ABR 25/04, AP BetrVG 1972 § 102 Nr. 146; Richardi BetrVG/*Thüsing* Rn. 23; ErfK/*Kania* Rn. 2; APS/*Koch* § 102 Rn. 33 (diff.); *Haag/Sobek* AiB 2006, 417; *Nebeling/Schmid* NZA 2002, 1310 [1312]; *Popp* AuA 2001, 148; *Grunewald* NZA 1994, 441; *Hümmerich* Aufhebungsvertrag § 3 Rn. 8; *Hümmerich* BB 1999, 1868, der jedoch die fehlende Anhörung für die Wirksamkeit der Kündigung dann für unbeachtlich hält, wenn der ArbN die Kündigung unbeanstandet hinnimmt; **aA** LAG Hamm 19.7.2002 – 10 TaBV 42/02, NZA-RR 2002, 642; *Bauer/Krieger* NZA 2006, 306; *Wolff* EWiR § 102 BetrVG 1/04, 893; BKA Aufhebungsverträge Rn. 325a; APS/*Koch* § 102 Rn. 33 für den Fall, dass sich die Arbeitsvertragsparteien bereits vorher auf eine Beendigung des Arbeitsverhältnisses durch einen Abwicklungsvertrag verständigt haben und die Kündigung nur noch zum Schein ausgesprochen wird). Zur Frage der Sperrzeitwirkung von Beendigungsvereinbarungen auf das Arbeitslosengeld s. BSG 18.12.2003 – B 11 AL 35/03 R, NZA 2004, 661 ff.; 12.7.2006 – B 11a AL 47/05 R, NZA 2006, 1359; *Boecken/Hümmerich* DB 2004, 2046; hinsichtlich § 1a KSchG vgl. SPV Kündigung/*Preis* Rn. 1173 ff.; *Preis/Schneider* NZA 2006, 1297; Andeutung dazu BSG 12.7.2006 – B 11a AL 47/05 R, NZA 2006, 1359; hinsichtlich Aufhebungsvereinbarungen aufgrund Diskriminierungen (echter/fingierter) nach AGG und nicht diskriminierenden Sachverhalten vgl. *Cornelius/Lipinski* BB 2007, 496 ff.).

16 Der BR ist ebenfalls zu beteiligen, wenn der **Insolvenzverwalter** gem. § 113 InsO kündigt (*Kutzki* ZTR 1999, 491 [492]; zur Kündigung des Konkursverwalters BAG 16.9.1993 – 2 AZR 267/93, AP BetrVG 1972 § 102 Nr. 62; DKKW/*Bachner* Rn. 17; HWGNRH/*Huke* Rn. 17; → Rn. 3). Gleiches gilt bei Einzelkündigungen während, aber nicht wegen eines **Arbeitskampfes,** da der BR weiterhin funktionsfähig ist (→ § 74 Rn. 17 ff.; → § 99 Rn. 23 ff.; BAG 6.3.1979 – 1 AZR 866/77, AP BetrVG 1972 § 102 Nr. 20; *Heinze* DB 1982 Beil. 23, mit Ausnahme des individualrechtlichen Weiterbeschäftigungsanspruchs; **aA** *Meisel* Mitwirkung BR Rn. 23 f.; für uneingeschränkte Beteiligung des BR auch bei „Kampfkündigungen" DKKW/*Bachner* Rn. 43). Soweit Aussperrungen während eines Arbeitskampfes zulässig sein sollten, entfällt aber insoweit ein MBR (Richardi BetrVG/*Thüsing* Rn. 25), ebenso bei außerordentlichen Kampfkündigungen des ArbGeb. gegenüber ArbN, die sich an rechtswidrigen Arbeitskämpfen beteiligen (BAG 14.2.1978 – 1 AZR 54/76, AP GG Art. 9 Arbeitskampf Nr. 57). Dabei wird es sich ohnehin um außerordentliche Kündigungen handeln, bei denen der BR nicht widersprechen kann (*Brox/Rüthers* ArbeitskampfR Rn. 446). Kündigungen nach Beendigung des Arbeitskampfes unterliegen uneingeschränkt der Beteiligung des BR (hM; nach *Heinze* Personalplanung Rn. 722 bleiben die Beteiligungsrechte des BR nach § 102 Abs. 2 u. 3 stets gewahrt, allerdings soll kein Weiterbeschäftigungsanspruch bestehen, soweit dieser arbeitskampfrechtlich relevant ist), ebenso Kündigungen in nur mittelbar streikbetroffenen Betrieben. Notfalls kann der ArbGeb. Entbindung von dem Weiterbeschäftigungsanspruch begehren (*Brox/Rüthers* ArbeitskampfR Rn. 448).

17 Bei **Nichtverlängerung** eines **befristeten Arbeitsvertrages** kann das Arbeitsverhältnis nach der Rspr. des BAG (GS 12.10.1960 – 3 AZR 65/59, AP BGB § 620 Befristeter Arbeitsvertrag Nr. 16) uU als auf unbestimmte Zeit eingegangen anzusehen sein, soweit nicht das TzBfG gilt. Hier ist zu unterscheiden. Handelt es sich um eine zulässige (auch wiederholte) Befristung des Arbeitsverhältnisses oder eine Beendigung wegen Erreichens der Altersgrenze (→ § 77 Rn. 61 f.), so bedeutet das Auslaufen des Arbeitsvertrages keine Kündigung, der BR ist nicht zu beteiligen (vgl. den Fall der Nichtverlängerungsmitteilung nach dem tariflichen Bühnenarbeitsrecht BAG 28.10.1986 – 1 ABR 16/85, AP BetrVG 1972 § 118 Nr. 32). Stellt dagegen die Nichtverlängerung eine unzulässige Befristung des Arbeitsverhältnisses dar, so kann dieses nur durch eine Kündigung gelöst werden. Das Verhalten des ArbGeb. anlässlich der Nichtverlängerung kann für den Fall der Unzulässigkeit der Befristung als hilfs-

weise erklärte Kündigung angesehen werden, die dem Beteiligungsrecht des BR nach § 102 unterliegt (vgl. DKKW/*Bachner* Rn. 23; GK-BetrVG/*Kraft* Rn. 31; HWGNRH/*Huke* Rn. 17; *Heinze* Personalplanung Rn. 467; *Peiseler* NZA 1985, 238; nach Richardi BetrVG/*Thüsing* Rn. 19 muss der ArbGeb. ausdrücklich hilfsweise eine Kündigungserklärung abgeben; *v. Altrock* DB 1987, 785 sieht in der „Nichtwiedereinstellung" einen Gesetzesverstoß nach § 99 Abs. 2 Nr. 1; BAG 15.3.1978 – 5 AZR 831/76, AP BGB § 620 Befristeter Arbeitsvertrag Nr. 45; 26.4.1979 – 2 AZR 431/77, AP BGB § 620 Befristeter Arbeitsvertrag Nr. 47). Der BR kann insbes. geltend machen, der ArbN könne auf demselben Arbeitsplatz beschäftigt werden (→ Rn. 90), da es sich um einen Dauerarbeitsplatz handele. Er kann bei Zulässigkeit eines befristeten Arbeitsvertrages aber nicht dessen Fortsetzung nach Fristablauf verlangen (BVerwG 12.8.1983 – 6 P 29.1979, ArbuR 1984, 191 und dazu *Plander* ArbuR 1984, 161).

Der BR einer **Arbeitsgemeinschaft des Baugewerbes** ist bei „Rückversetzung" eines ArbN zum Stammbetrieb zu beteiligen (LAG Düsseldorf 17.10.1974 – 3 Sa 313/74, DB 1975, 650; DKKW/*Bachner* Rn. 18; vgl. auch wegen Entsendung zur Arbeitsgemeinschaft → § 99 Rn. 56, 158). Je nach Ausgestaltung der Rechtsbeziehung des ArbN zur ARGE (→ § 5 Rn. 272ff., 275) kann eine Kündigung durch diese aber nur bez. des mit ihr (zusätzlich) geschlossenen Arbeitsvertrages (so bei Freistellung) unter Beteiligung des dortigen BR erfolgen. Ansonsten kann eine Kündigung nur der ArbGeb. des Stammbetriebes unter Beteiligung seines BR aussprechen (§ 9 Ziff. 2.2 BRTV-Bau; → Rn. 30ff.). 18

Die im Baubereich vom ArbGeb. ausgesprochene „vorübergehende Ausstellung" während der Winterperiode (verbunden mit einer Wiedereinstellung danach) ist eine Kündigung, auf die § 102 Anwendung findet (BAG 11.3.1998 – 2 AZR 440/97, DB 1998, 626). 19

III. Anhörungsverfahren

1. Zeitpunkt

Die **Anhörung** des BR **muss** in jedem Fall erfolgen, **bevor die Kündigung ausgesprochen** wird; dies gilt für ordentliche wie außerordentliche Kündigungen (Abs. 1 S. 3; grds. zum Anhörungsverfahren *Berkowsky* Beteiligung BR § 4 Rn. 5ff.; *Feichtinger/Danko* Anhörung, 1994; *Hinrichs* Anhörung BR S. 12ff.; SPV Kündigung/*Preis* Rn. 316ff.; zur neueren Rspr. *Bader* NZA-RR 2000, 57ff.; *Bayer* DB 1992, 782; *Bitter* NZA 1991 Beil. 3, 16; *Hümmerich* RdA 2000, 345ff.; *Kutzki* AuA 2000, 52ff.). Eine schriftliche Kündigung ist dann ausgesprochen, wenn das Kündigungsschreiben den **Machtbereich des ArbGeb. verlassen** hat, insbes. zur Post gegeben (BAG 13.11.1975 – 2 AZR 610/74, AP BetrVG 1972 § 102 Nr. 7; APS/*Koch* § 102 Rn. 61; → § 103 Rn. 9) oder einem Kurierdienst übergeben worden ist (BAG 8.4.2003 – 2 AZR 515/02, AP BetrVG 1972 § 102 Nr. 133). Eine erneute Anhörung vor **Freistellung** von der Arbeit während der Kündigungsfrist scheidet aus (BAG 22.1.1998 – 2 AZR 267/97, AP BGB § 174 Nr. 11; → § 99 Rn. 134). In bes. schwerwiegenden Fällen einer außerordentlichen Kündigung dürfte der ArbGeb. befugt sein, den ArbN schon vor der Anhörung des BR und vor der Kündigung vorläufig von der Arbeit unter Weiterzahlung der Bezüge freizustellen (KR/*Etzel*/*Rinck* Rn. 177; *Felser* AiB 2006, 74f.; **aA** *Meisel* Mitwirkung BR Rn. 482; SWS Rn. 225). Es gibt aber **keine „Eilfälle"**, die eine Anhörung des BR erst nach der Kündigung oder eine Verkürzung der gesetzl. Fristen rechtfertigen könnten (BAG 13.11.1975 – 2 AZR 610/74, AP BetrVG 1972 § 102 Nr. 7; 29.3.1977 – 1 AZR 46/75, AP BetrVG 1972 § 102 Nr. 11; DKKW/*Bachner* Rn. 16; ErfK/*Kania* Rn. 3; GK-BetrVG/*Raab* Rn. 139; *Feichtinger/Danko* Anhörung Rn. 47; *Heinze* Personalplanung Rn. 470, 488; *Gester/Zachert,* Jahrbuch des Arbeitsrechts, Bd. 12, 89; **aA** HWGNRH/*Huke* Rn. 25f; *Meisel* Mitwirkung BR Rn. 380). 20

20a Die Anhörung des BR erübrigt sich nicht deshalb, weil in einem Gemeinschaftsbetrieb mehrerer Unternehmen ein Unternehmen seine betriebliche Tätigkeit einstellt. Der für den Gemeinschaftsbetrieb gewählte BR bleibt für den verbleibenden Betrieb der maßgebliche BR; er ist auch dann anzuhören, wenn der BR durch die Stilllegung eines der beteiligten Unternehmen unter die vorgeschriebene Anzahl von BRMitgl. sinkt; dies gilt auch wenn nur noch ein BRMitgl. im Amt ist (BAG 19.11.2003 – 7 AZR 11/03, AP BetrVG 1972 § 1 Gemeinsamer Betrieb Nr. 19 mit zust. Anm. *Oetker* EWiR § 22 BetrVG 1/04, 729f.; *Schmädicke/Glaser/Altmüller* NZA 2005, 393 [400]; *Annuß/Hohenstatt* NZA 2004, 420ff.). Die **Anhörung** ist **auch dann durchzuführen,** wenn die **BRWahl angefochten** worden ist und das Verfahren dazu noch nicht abgeschlossen ist, denn eine ggf. erfolgreiche Anfechtung wirkt nur für die Zukunft (BAG 9.6.2011 – 6 AZR 132/10, AP BetrVG 1972 § 102 Nr. 164; APS/*Koch* § 102 Rn. 44).

20b Es ist der **zuständige BR** anzuhören, dh derjenige, dessen Belegschaft der ArbN im Zeitpunkt der Kündigung angehört (BAG 24.5.2012 – 2 AZR 62/11, NZA 2013, 277; 8.5.2014 – 2 AZR 1005/12, NZA 2015, 889). Die Anhörung zB eines nicht mehr amtierenden oder unzuständigen BR, führt zur Unwirksamkeit der Kündigung (BAG 28.9.1983 – 7 AZR 266/82, AP BetrVG 1972 § 21 Nr. 1; 12.5.2005 – 2 AZR 149/04, AP BetrVG 1972 § 102 Nr. 145). Die Zuständigkeit des BR bei Kündigung eines „**Trainee** in allen Filialen" richtet sich nach der konkreten Ausgestaltung des Traineeverhältnisses, insbs. ob die (Gesamt-)Ausbildung im Wesentlichen von einer Stelle organisiert und überwacht wird und ob die für das Arbeitsverhältnis grundlegenden Entscheidungen dort oder im Einsatzbetrieb getroffen werden (BAG 12.5.2005 – 2 AZR 149/04, AP BetrVG 1972 § 102 Nr. 145). Der BR ist für die Kündigung eines im **Ausland** eingesetzten ArbN zuständig, wenn dieser dem Inlandsbetrieb zuzuordnen ist (→ § 1 Rn. 29; BAG 7.12.1989 – 2 AZR 228/89, NZA 1990, 658; 24.5.2018 – 2 AZR 54/18, NZA 2018, 1396; HessLAG 12.9.2012 – 12 Sa 273/11, AuA 2013, 371). Das ist regelmäßig der Fall, wenn der inländische ArbGeb. gegenüber dem im Ausland tätigen ArbN eine betriebsverfassungsrechtlich relevante (partielle) Arbeitgeberstellung tatsächlich innehat (BAG 24.5.2018 – 2 AZR 54/18, NZA 2018, 1396). Im Fall eines **Betriebsübergangs** und Widerspruchs des ArbN nach § 613a Abs. 5 BGB ist der mit übergehende BR für den widersprechenden ArbN nicht mehr der zuständige BR, wenn der Betrieb als Ganzes übergegangen ist (BAG 24.9.2015 – 2 AZR 562/14, NZA 2016, 366; 8.5.2014 – 2 AZR 1005/12, NZA 2015, 889; 24.5.2005 – 8 AZR 398/04, AP BGB § 613a Nr. 284; *Nicolai* BB 2006, 1162); in diesem Fall entsteht auch keine Zuständigkeit im Wege eines Rest- oder Übergangsmandats, da nicht allein der Widerspruch einzelner ArbN eine Spaltung des Betriebs bewirkt (BAG 24.9.2015 – 2 AZR 562/14, NZA 2016, 366; 8.5.2014 – 2 AZR 1005/12, NZA 2015, 889 – offen gelassen, ob sich etwas anders ergibt, wenn in einem betriebsmittelarmen Betrieb ein erheblicher Teil der Belegschaft vom Widerspruchsrecht Gebrauch gemacht hat; abl. *Niklas* DB 2015, 685; ebenso wohl *Hidalgo/Kobler* NZA 2014, 290 [291, 295]; **aA** übergehender BR im Rahmen des Übergangsmandats zuständig: DKKW/*Buschmann* § 21a Rn. 25; wohl für ein Restmandat nach § 21b BKMT ArbR Unternehmensumwandlung § 6 Rn. 223; *Schubert* AuR 2003, 132 [133]). Zuständig ist der BR, dem der ArbGeb. den widersprechenden ArbN betrieblich zuordnet (BAG 8.5.2014 – 2 AZR 1005/12, NZA 2015, 889; 24.5.2005 – 8 AZR 398/04, AP BGB § 613a Nr. 284; *Nicolai* BB 2006, 1162); erfolgt keine Zuordnung begründet dies nicht die Zuständigkeit des GesBR, selbst dann nicht, wenn bei Widerspruch des ArbN im Rahmen des § 613a BGB keiner der im Unternehmen des Betriebsveräußerers bestehenden BRe zu hören ist (BAG 21.3.1996 – 2 AZR 559/95, NZA 1996, 974; LAG Nürnberg 9.8.2011 – 6 Sa 230/10, AuA 2011, 727; *Meyer* NZA 2005, 9 [14]; *Nicolai* BB 2006, 1162). Eine Zuständigkeit des GesBR wird auch nicht dadurch begründet, dass die Aufgabe in einen anderen Betrieb verlagert wird, was sich schon eindeutig aus § 102 Abs. 3 Nr. 3 ergibt (BAG 16.12.2010 – 2 AZR 576/09, DB 2011, 1587). Eine Zuständigkeit des GesBR kommt jedoch dann in Betracht, wenn ein ArbVerh. mehreren Betrieben zugleich zugeordnet ist (BAG 21.3.1996 – 2 AZR 559/95, NZA 1996, 974; 18.10.2012 – 6 AZR 41/11, NZA 2013, 1007). Gleiches gilt, wenn der Betrieb in zwei eigenständige Betriebe gespalten wird und dann jeweils als Ganzes an den Erwerber übergeht; auch hier ist der BR für den widersprechenden ArbN nicht mehr zuständig, auch nicht im Wege des Übergangs- oder Restmandats nach § 21a bzw. 21b (BAG 24.9.2015 – 2 AZR 562/14, NZA 2016, 366).

Betrifft die Kündigung eines ArbN einen **Betriebsteil,** dessen Belegschaft an der Wahl des BR im Hauptbetrieb nicht teilgenommen hat und ist die BR-Wahl unangefochten und nicht nichtig, kommt es für die Frage, ob der BR des Hauptbetriebs anzuhören ist, darauf an, ob der Betriebsteil unselbständig oder selbständig iSd § 4 Abs. 1 ist. Handelt es sich um einen **unselbständigen Betriebsteil** ist der BR bei der Kündigung eines ArbN dieses Betriebsteils anzuhören, unabhängig davon ob die Belegschaft irrtümlicher Weise bei der Wahl nicht beteiligt worden ist (→ § 1 Rn. 286; ebenso LAG München 28.4.2004 – 5 Sa 1375/03, ArbuR 2005, 118; DKKW/*Bachner* Rn. 28; **aA** BAG 3.6.2004 – 2 AZR 577/03, NZA 2005, 175; ErfK/*Kania* Rn. 2). Die Auffassung des BAG, der BR repräsentiere bei einer nicht angefochtenen BR-Wahl nur die Belegschaft, die ihn mit gewählt hat unabhängig davon, ob es sich um einen selbständigen oder unselbständigen Betriebsteil handelt, überzeugt nicht. Der BR vertritt grds. die Belegschaft des Betriebs. Zum Betrieb gehören auch die unselbständigen Betriebsteile. Dementsprechend erstrecken sich zB BV'n uneingeschränkt auch auf diese Betriebsteile, unabhängig davon, ob die Belegschaft den BR gewählt hat. Für die Frage der Anhörung des BR zB bei personellen Maßnahmen wie Versetzung, Eingruppierung, Kündigung etc. gilt nichts anderes (BAG 3.12.1985 – 1 ABR 29/84, AP BetrVG 1972 § 99 Nr. 28; LAG München 28.4.2004 – 5 Sa 1375/03, ArbuR 2005, 118). Ansonsten würden diese ArbN bis zur nächsten BR-Wahl interessenvertretungsrechtlich schutzlos gestellt. Denn im Fall der Unselbständigkeit des Betriebsteils kann auch kein eigener BR nach § 4 Abs. 1 gewählt werden. Zugleich werden sie interessenvertretungsrechtl. mit anderen ArbN des Betriebs, die ebenfalls an der Wahl, sei es irrtümlich oder durch späteres Hinzukommen nicht beteiligt waren, ungleich behandelt (→ § 1 Rn. 286). ArbN des Betriebs, die irrtümlicher Weise nicht zur Wahl zugelassen worden sind und die Wahl nicht angefochten haben, werden zweifellos vom BR mit vertreten. Dies für den Fall eines größeren Belegschaftsteils anders zu bewerten, ist nicht zu begründen. Auch ArbN später hinzukommender Betriebsteile werden vom BR mit vertreten, wenn es sich um unselbständige Betriebsteile handelt. Aus diesen Gründen kann im vorliegenden Fall bei der Frage des zuständigen BR die Entscheidung, ob es sich um einen unselbständigen oder selbständigen Betriebsteil handelt, nicht dahin stehen (unzutreffend insoweit BAG 3.6.2004 – 2 AZR 577/03, NZA 2005, 175). Gleiches gilt im Fall eines Gemeinschaftsbetriebs zweier Unternehmen (**aA** BAG 23.3.2006 – 2 AZR 162/05, NZA 2007, 30). Haben die ArbN eines **selbständigen Betriebsteils** die Teilnahme an der BRWahl im Hauptbetrieb beschlossen, ist dieser BR anzuhören, wenn die ArbN auch tatsächlich an der Wahl teilgenommen haben; allein die Beschlussfassung begründet nicht die Zuständigkeit des BR des Hauptbetriebs (BAG 15.12.2011 – 8 AZR 692/10, NZA-RR 2012, 570). 20c

Im Fall der **Personalgestellung** von Beamten, Soldaten und Arbeitnehmern des öffentlichen Dienstes richten sich Bestand und Umfang der betrieblichen Mitbestimmung grds. nach dem Gegenstand und Zweck des jeweiligen Mitbestimmungsrechts und der darauf bezogenen Entscheidungsmacht (BAG 4.5.2011 – 7 ABR 3/10, NZA 2011, 1373; 9.6.2011 – 6 AZR 132/10, AP BetrVG 1972 § 102 Nr. 164; 31.7.2014 – 2 AZR 407/13, NZA 2015, 621; 17.2.2015 – 1 ABR 45/13, NZA 2015, 762). Im Fall der Kündigung ist grds. der beim öffentlich rechtlichen Dienstherr gebildete Personalrat und nicht der BR zu beteiligen, soweit nicht die Befugnisse des Dienstherrn auf das private Unternehmen übertragen worden sind (vgl. zu gestelltem Personal nach BwKoopG: BAG 31.7.2014 – 2 AZR 407/13, NZA 2015, 621 unter 20d offenlassen, ob dies auch bei einer vereinbarten Beteiligung des Kooperationsbetriebs gilt; zu Arbeitsgemeinschaften nach § 44b SGB II aF BAG 9.6.2011 – 6 AZR 132/10, AP BetrVG 1972 § 102 Nr. 164; APS/*Koch* § 102 Rn. 8a; *Tiling* öAT 2013, 139 [140]). Zu den Beamten bei den **Post-AG'n** → Rn. 137f. Die Kündigung des Personalüberlassungsvertrages durch den Einsatzarbeitgeber und die damit verbundene Beendigung des Einsatzes ist keine Versetzung iSd § 95 Abs. 3, so dass der BR auch nicht nach § 99 zu beteiligen ist (BAG 17.2.2015 – 1 ABR 45/13, NZA 2015, 762). Bei der Kündigung eines **LeihArbN** durch den Verleiher ist der BR im Verleiherbetrieb der zuständige BR nach § 102. Eine Zuständigkeit des EntleiherBR besteht nicht; die Kündigung betrifft ausschließlich das Arbeitsverhältnis zum Verleiher und kann keine Zuständigkeit des BR im Entleiherbetrieb begründen (iErg ebenso *Fuhlrott/Fabritius* NZA 2014, 122 [126]; *Bayreuther* NZA 2016, 1304). Auch das Ausscheiden aus dem Entleiherbetrieb begründet keine Beteiligung des BR im Entleiherbetrieb nach § 102, da es sich nicht um die Beendigung eines Arbeitsverhältnisses zum Entleiher handelt (*Fuhlrott/Fabritius* NZA 2014, 122 [126]; *Thüsing* AÜG § 14 Rn. 177; *Schüren/Hamann* AÜG § 14 Rn. 335, 336; *Ulber* AÜG § 14 Rn. 240).

2. Form und Inhalt der Mitteilung

21 Voraussetzung der Anhörung ist zunächst, dass der **ArbGeb. den BR** schriftlich oder mündlich zu Händen des BRVors. (→ § 26 Rn. 38) oder des Vors. des nach § 28 gebildeten Personalausschusses von der **vorgesehenen Kündigung unterrichtet** (BAG 23.6.2009 – 2 AZR 474/07, NZA 2010, 290; 13.12.2012 – 6 AZR 348/11, NZA 2013, 669; wegen BetrAusschuss → Rn. 50; Richardi BetrVG/*Thüsing* Rn. 84, 86). Im Fall der Verhinderung ist der stellv. Vors. zur Entgegennahme berechtigt (ausf. → § 26 Rn. 41a, 44ff.; BAG 7.7.2011 – 6 AZR 248/10, NZA 2011, 1108). Die Unterrichtung braucht auch bei sehr komplexen Kündigungssachverhalten nur mündlich erfolgen (BAG 6.2.1997 – 2 AZR 265/96, AP BetrVG 1972 § 102 Nr. 85; 10.11.2005 – 2 AZR 44/05, AP KSchG 1969 § 1 Krankheit Nr. 42). Diese Unterrichtung hat grds. **während** der **Arbeitszeit** und in den **Betriebsräumen** stattzufinden. Weist allerdings der BRVors. zB eine telefonische Mitteilung, die er zu Hause erhält, nicht zurück (s. Musterschreiben bei *Rudolph* AiB 1996, 289), so wird die Äußerungsfrist in Lauf gesetzt (BAG 27.8.1982 – 7 AZR 30/80, AP BetrVG 1972 § 102 Nr. 25). Bei Mitteilung an andere BRMitgl. als Erklärungsbote trägt der ArbGeb. das Übermittlungsrisiko (BAG 27.8.1974 – 1 AZR 505/73, AP PersVG Niedersachsen § 72 Nr. 1; 27.6.1986 – 2 AZR 412/84, AP BetrVG 1972 § 102 Nr. 37 und *Meisel* Mitwirkung BR Rn. 448), es sei denn, der BR hat keine Vorkehrungen für den Fall der Verhinderung sowohl des Vors. als auch des stellv. Vors. des BR getroffen; dann ist jedes BRMitgl. zur Entgegennahme von Erklärungen des ArbGeb. berechtigt und verpflichtet (BAG 27.6.1985 – 2 AZR 412/84, AP BetrVG 1972 § 102 Nr. 37; HessLAG 23.3.1976 – 9 Sa 1182/75, BB 1977, 1048; LAG Nds 23.10.2014 – 5 Sa 423/14 (n. rkr.), ZIP 2015, 243; GK-BetrVG/*Raab* Rn. 54; Richardi BetrVG/*Thüsing* Rn. 89).

22 Bestehen Unklarheiten, ob es sich lediglich um eine Unterrichtung gem. § 92 handelt, so geht dies zu Lasten des ArbGeb. (LAG Düsseldorf 1.8.1974 – 7 Sa 469/74, DB 1974, 1917). Eine **Information** an den BR **nach § 105** kann **nicht** ohne weiteres in eine **Anhörung nach § 102** umgedeutet werden, wenn sich herausstellt, dass der gekündigte ArbN kein leitender Ang. ist (→ § 105 Rn. 1; BAG 19.8.1975 – 1 AZR 565/74, AP BetrVG 1972 § 105 Nr. 1; 26.5.1977 – 2 AZR 135/76, AP BetrVG 1972 § 102 Nr. 13; 7.12.1979 – 7 AZR 1063/77, AP BetrVG 1972 § 102 Nr. 21; Richardi BetrVG/*Thüsing* Rn. 93); die Freistellung eines leitenden Ang. bis zur Beendigung des Arbeitsverhältnisses begründet keine Anhörungspflicht des BR (→ § 105 Rn. 4; **aA** ArbG München 26.8.2004 – 28 Ca 12794/03, NZA-RR 2005, 194). Der BR muss jedenfalls aus der Mitteilung des ArbGeb. entnehmen können, dass es sich um eine beabsichtigte, noch bevorstehende Kündigung handelt (BAG

18.9.1975 – 2 AZR 594/74, AP BetrVG 1972 § 102 Nr. 6). Kündigt ein **Bevollmächtigter des ArbGeb.,** so ist die Kündigung idR dem ArbGeb. zuzurechnen, auch wenn bei Kündigungsausspruch auf das Vertretungsverhältnis nicht ausdrücklich hingewiesen wird. Der BR kann die Kündigung nicht mangels Vollmachtnachweises analog § 174 BGB zurückweisen; Sinn und Zweck des Anhörungsverfahrens gebieten dies nicht: der BR ist durch den fehlenden Vollmachtsnachweis nicht gehindert, seine Auffassung zur Kündigung mitzuteilen und damit Einfluss auf die Kündigung zu nehmen; Zweifel an der Boten- bzw. Vertreterstellung der ihm gegenüber handelnden Person kann er gegenüber dem ArbGeb. unmittelbar äußern (BAG 13.12.2012 – 6 AZR 348/11, NZA 2013, 669 mit zust. Anm. *Fuhlrott* BAG EWiR § 102 BetrVG 1/13, 235; BAG 25.4.2013 – 6 AZR 49/12, NZI 2013, 758). Dementsprechend ist auch die BR-Anhörung durch ein verbundenes Unternehmen iSd § 15 AktG ordnungsgemäß (BAG 21.5.2019 – 2 AZR 582/18, NZA 2019, 1052). Wiederholt ArbGeb. selbst die Kündigung wegen Zweifel, ob ihm die Kündigung durch Bevollmächtigten zugerechnet wird, leitet er einen neuen Kündigungsvorgang ein und muss den BR erneut anhören (BAG 31.1.1996 – 2 AZR 273/95, AP BetrVG 1972 § 102 Nr. 80). Ist die Kündigung mangels Kenntnis des ArbN von der konkret zur Kündigung bevollmächtigten Person unwirksam, bedarf die neu auszusprechende Kündigung der erneuten Anhörung des BR (BAG 12.1.2006 – 2 AZR 179/05, AP KSchG 1969 § 1 Verhaltensbedingte Kündigung Nr. 54; LAG Köln 30.3.2004 – 5 (13) Sa 1380/03, ArbuR 2004, 396). Zur Möglichkeit der Kenntniserlangung über den Kündigungsberechtigten muss der ArbGeb. – soweit er die konkrete Person nicht ausdrücklich gegenüber dem ArbN namentlich benennt – dem ArbN zumindest mitteilen, wie er erfahren kann, welche Person konkret kündigungsberechtigt ist, zB durch Aushang am schwarzen Brett oder im Intranet (ausf. BAG 14.4.2011 – 6 AZR 727/09, NZA 2011, 683).

Neben den **Personalien** des ArbN sind das Bestehen eines bes. Kündigungsschut- 23
zes wie zB Schwangerschaft, Schwerbehinderung, vertragliche/tarifliche Unkündbarkeit (BAG 23.10.2014 – 2 AZR 865/13, NZA 2015, 353; LAG Köln 28.11.2014 – 10 Sa 490/14, NZA-RR 2015, 423; APS/Koch BetrVG § 102 Rn. 96; *Bader* NZA-RR 2015, 505 [509]) und die **Kündigungsgründe** anzugeben, zB bei **Krankheit** die **Fehlzeiten,** Zukunftsprognosen und wirtschaftliche **Belastungen** für den Betrieb (BAG 25.11.1982 – 2 AZR 140/81, AP KSchG 1969 § 1 Krankheit Nr. 7; 24.11.1983 – 2 AZR 347/82, AP BetrVG 1972 § 102 Nr. 30; dazu *Rummel* NZA 1984, 76, *Schumann* DB 1984, 1878; BAG 26.9.1991 – 2 AZR 132/91, AP KSchG 1969 § 1 Krankheit Nr. 28; 21.5.1992 – 2 AZR 399/91, AP KSchG 1969 § 1 Krankheit Nr. 30; 18.5.1994 – 2 AZR 920/93, AP BetrVG 1972 § 102 Nr. 64; 7.11.2002 – 2 AZR 493/01, AP BGB § 620 Kündigungserklärung Nr. 18; ArbG Berlin 20.12.2013 – 28 Ca 12974/13, DB 2014, 1207, zur BAG-Rspr. *Becker-Schaffner* DB 1996, 426; *Weber/Hoß* DB 1993, 2429; *Feichtinger/Danko* Anhörung Rn. 121 ff.), hierzu können auch Angaben zu den angelaufenen Entgeltfortzahlungskosten gehören (LAG SchlH 1.9.2004 – 3 Sa 210/04, NZA-RR 2004, 635 ff.), bei **Alkoholmissbrauch,** ob dieser auf Alkoholabhängigkeit (Krankheit) oder Fehlverhalten beruht (vgl. zur Problematik BAG 26.1.1995 – 2 AZR 649/94, AP KSchG 1969 § 1 Verhaltensbedingte Kündigung Nr. 34; *Gottwald* NZA 1997, 635; *Hemming* BB 1998, 1998; *v. Hoyningen-Huene* DB 1995, 142; *Künzl* ArbuR 1995, 206), bei **MfS**-Kündigung Beginn, Umfang und Ende der früheren Tätigkeit sowie heutiges Verhalten BAG 26.5.1994 – 8 AZR 395/93, AuA 1995, 205 mAnm *Kohte* (Neues UmweltauditR S. 206), wobei allerdings unzutreffende Antworten auf Fragen betr. Vorgänge vor 1970 keine arbeitsrechtl. Konsequenzen nach sich ziehen dürfen, BVerfG 8.7.1997 – 1 BvR 2111/94 ua, NZA 1997, 992; → § 94 Rn. 18). Werturteile oder stichwortartige Angaben genügen nicht, es sind **konkrete Tatsachen** anzugeben (BAG 13.7.1978 – 2 AZR 717/76, AP BetrVG 1972 § 102 Nr. 17; 28.9.1978 – 2 AZR 2/77, AP BetrVG 1972 § 102 Nr. 19; 4.3.1981 – 7 AZR 104/79, AP LPVG Baden-Württemberg § 77 Nr. 1; 11.7.1991 – 2 AZR 119/91, AP

BetrVG 1972 § 102 Nr. 57; 15.3.2001 – 2 AZR 141/00, AP KSchG 1969 § 4 Nr. 46), sofern diese dem BR nicht ohnehin bekannt sind, zB aus Anlass einer vorherigen Erörterung zwischen ArbGeb. und BR (BAG 6.11.1997 – 2 AZR 94/97, AP KSchG 1969 § 1 Nr. 42; *Feichtinger/Danko* Anhörung Rn. 106). Bei einer Kündigung wegen des Tragens eines **islamischen Kopftuchs** muss der BR nicht notwendig auf den muslimischen Glauben des ArbN hingewiesen werden, wenn der ArbGeb. die religiöse Motivation des ArbN genannt hat (BAG 10.10.2002 – 2 AZR 472/01, AP KSchG 1969 § 1 Verhaltensbedingte Kündigung Nr. 44; BVerfG 27.1.2015 – 1 BvR 471/10, 1 BvR 1181/10, NJW 2015, 1359, zur Unzulässigkeit einer Abmahnung bzw. Kündigung wegen Tragen eines Kopftuchs). Bei einer nicht unter das KSchG fallenden Kündigung ist die Mitteilung **subjektiver Wertungen** ausreichend, wenn ArbGeb. keine auf Tatsachen gestützte oder konkretisierbare Kündigungsgründe benennen kann (BAG 3.12.1998 – 2 AZR 234/98, AP BetrVG 1972 § 102 Nr. 99; 8.4.2003 – 2 AZR 515/02, AP BetrVG 1972 § 102 Nr. 133; 16.9.2004 – 2 AZR 511/03, AP BetrVG 1972 § 102 Nr. 142; 22.9.2005 – 6 AZR 607/04, NZA 2006, 429; ebenso ErfK/*Kania* Rn. 7; KR/*Etzel/Rinck* Rn. 81 ff.; krit. dazu *Dornieden* AiB 1999, 469). Stützt der ArbGeb. seine Kündigungsabsicht in der Wartezeit auf ein subjektives Werturteil, muss dieses dem BR gegenüber nicht weiter substantiiert werden; die formelle Anforderung an die Unterrichtung des BR richtet sich nach dem Schutzniveau des materiellen Kündigungsschutzes des ArbN in der Wartezeit (BAG 12.9.2013 – 6 AZR 121/12, NZA 2014, 1412; LAG MV 14.3.2018 – 3 Sa 196/17, AiB 2018 Nr. 7/8, 61).

24 Maßgebend ist der bei Einleitung des Anhörungsverfahrens vorhandene Kenntnisstand der zur Entgegennahme von Mitteilungen berechtigten BRMitgl.; die irrige Annahme des ArbGeb., der BR sei über den Kündigungssachverhalt bereits informiert, geht zu seinen Lasten, dh das Anhörungsverfahren ist nicht ordnungsgemäß eingeleitet (BAG 27.6.1985 – 2 AZR 412/84, AP BetrVG 1972 § 102 Nr. 37; LAG RhPf 16.12.2013 – 5 Sa 356/13, BeckRS 2014, 68447; *Bader* NZA-RR 2015, 505 [508]; krit. zu dieser Entscheidung *Hohmeister* NZA 1991, 209 der in jedem Fall die vollständige Unterrichtung des BR verlangt, da das Anhörungsverfahren ein formelles Verfahren sei). Gleiches gilt, wenn der ArbGeb. dem BR ihm bekannte **entlastende Umstände** zugunsten des ArbN verschweigt (BAG 16.7.2015 – 2 AZR 15/15, NZA 2016, 99; 23.10.2014 – 2 AZR 736/13, NZA 2015, 476; 3.11.2011 – 2 AZR 748/10, NZA 2012, 607; 2.11.1983 – 7 AZR 65/82, AP BetrVG 1972 § 102 Nr. 29; 22.9.1994 – 2 AZR 31/94, AP BetrVG 1972 § 102 Nr. 68; *Kutzki* ZTR 1999, 491 [493]; *Kutzki* AuA 2000, 52 [55]; **aA** *Rinke* NZA 1998, 77 [83]); dazu gehören auch entlastende Umstände, die dem ArbGeb. erst im Laufe des Anhörungsverfahrens bekannt werden (LAG BW 11.8.2006 – 2 Sa 10/06, ArbuR 2006, 411) → Rn. 45.

25 Weiter sind mitzuteilen die **Art der Kündigung,** also ordentliche, (fristlose) außerordentliche und außerordentliche Kündigung mit Auslauffrist (BAG 26.3.2015 – 2 AZR 517/14, BB 2015, 2419; 12.8.1976 – 2 AZR 311/75, AP BetrVG 1972 § 102 Nr. 10; 29.8.1991 – 2 AZR 59/91, AP BetrVG 1972 § 102 Nr. 58; ErfK/*Kania* Rn. 5; krit. *Rinke* NZA 1998, 77 [79]; → Rn. 39, 62 f.). Das Offenhalten, ob es eine Änderungs- oder Beendigungskündigung wird, ist dann zulässig, wenn der Kündigungssachverhalt für beide Alternativen feststeht und auf jeden Fall einer der Kündigungen ausgesprochen werden soll (BAG 22.4.2010 – 2 AZR 991/08, NZA-RR 2010, 583; 17.3.2016 – 2 AZR 182/15, NZA 2016, 1072). Des Weiteren anzugeben sind **Kündigungsfrist** und **Kündigungstermin** (BAG 29.3.1990 – 2 AZR 420/89, AP BetrVG 1972 § 102 Nr. 56; 16.9.1993 – 2 AZR 267/93, AP BetrVG 1972 § 102 Nr. 62; 27.11.2003 – 2 AZR 654/02, AP BetrVG 1972 § 102 Nr. 136; 15.12.1994 – 2 AZR 327/94, NZA 1995, 521; DKKW/*Bachner* Rn. 69, 72; Richardi BetrVG/*Thüsing* Rn. 62; KR/*Etzel/Rinck* Rn. 77; *Feichtinger/Danko* Anhörung Rn. 85 ff.; BKA Aufhebungsverträge Rn. 330; *Bayer* DB 1992, 784; *Hohmeister* NZA 1991, 210; **aA** GK-BetrVG/*Raab* Rn. 66; HWGNRH/*Huke* Rn. 35; *Rinke* NZA

1998, 77 [79f.]; BAG 29.1.1986 – 7 AZR 257/84, AP BetrVG 1972 § 102 Nr. 42, dem aber darin beizupflichten ist, dass die unrichtige Angabe des Kündigungstermins allein nicht zur Unwirksamkeit der Kündigung führt; ebenso LAG SchlH 23.2.1995 – 4 Sa 506/94, BB 1995, 1593; ErfK/*Kania* Rn. 5). Einer bes. Mitteilung der Kündigungsfrist bzw. des Endtermins bedarf es nicht, wenn der BR über die tatsächlichen Umstände für die Berechnung der maßgebenden Frist bzw. des Endtermins unterrichtet ist (BAG 24.10.1996 – 2 AZR 895/95, AP BetrVG 1972 § 102 Nr. 87; 20.6.2013 – 6 AZR 805/11, NZA 2013, 1137). Das ist zB der Fall, wenn in einem Betrieb die dem BR bekannten tariflichen Kündigungsfristen angewandt werden; ist eine hiervon abweichende Kündigungsfrist mit einem einzelnen ArbN vereinbart worden, so ist bei Kündigung dieses und weiterer ArbN nur diese Kündigungsfrist dem BR mitzuteilen (BAG 24.10.1996 – 2 AZR 895/95, AP BetrVG 1972 § 102 Nr. 87). Das Gleiche gilt, wenn der Insolvenzverwalter dem BR nach erfolgter Betriebsstilllegung mitteilt, er werde das Arbeitsverhältnis gem. § 113 InsO zum nächstmöglichen Termin kündigen und dem BR auf Grund eines zuvor abgeschlossenen Interessenausgleichs mit Namensliste (→ Rn. 37) das Alter und die Dauer der Betriebszugehörigkeit bekannt sind (LAG Hamm 16.8.2000 – 2 Sa 1859/00, BB 2000, 2472).

26 Muss die Kündigung trotz Zustimmung des BR aus formellen Gründen wiederholt werden, zB mangels Zugangs, so bedarf es uU keiner erneuten Anhörung des BR (BAG 11.10.1989 – 2 AZR 88/89, NZA 1990, 748). Ist aber die Kündigungserklärung zugegangen, so ist der BR bei jeder Wiederholungskündigung erneut anzuhören (BAG 16.9.1993 – 2 AZR 267/93, AP BetrVG 1972 § 102 Nr. 62; 31.1.1996 – 2 AZR 273/95, AP BetrVG 1972 § 102 Nr. 80; 3.4.2008 – 2 AZR 965/06, AP BetrVG 1972 § 102 Nr. 159; 10.11.2005 – 2 AZR 623/04, AP BGB § 626 Nr. 196; krit. dazu *Diller* NZA 2004, 579 [582]; vgl. insgesamt zur Problematik der Wiederholungskündigung: *Lingemann/Beck* NZA-RR 2007, 225). Die Anhörung des BR zu einem vom ArbN erst angekündigten Verhalten genügt nicht (BAG 19.1.1983 – 7 AZR 514/80, AP BetrVG 1972 § 102 Nr. 28; 22.4.2010 – 2 AZR 991/08, NZA-RR 2010, 583). Eine ausdrückliche Aufforderung an den BR zur Stellungnahme ist nicht erforderlich, sofern aus dem Schreiben des ArbGeb. deutlich hervorgeht, dass er das Verfahren nach § 102 einleiten will (hM, BAG 28.2.1974 – 2 AZR 455/73, AP BetrVG 1972 § 102 Nr. 2; 7.12.1979 – 7 AZR 1063/77, AP BetrVG 1972 § 102 Nr. 21). Über die **Vorlage von Unterlagen** besagt § 102 im Gegensatz zu § 99 (→ Rn. 181ff.) nichts. Hier findet die allgemeine Vorschrift des § 80 Abs. 2 Anwendung (DKKW/*Bachner* Rn. 50; **aA** BAG 26.1.1995 – 2 AZR 386/94, AP BetrVG 1972 § 102 Nr. 69; 6.2.1997 – 2 AZR 265/96, AP BetrVG 1972 § 102 Nr. 85; HessLAG 18.4.2011 – 12 Sa 1178/10, BeckRS 2011, 75774; ErfK/*Kania* Rn. 4; *Wallner* Änderungskündigung Rn. 188; *Bader* NZA-RR 2015, 505 [512]; *Hümmerich/Mauer* DB 1997, 165; *Kiel/Koch* Kündigung Rn. 684; *Kutzki* ZTR 1999, 491 [492]; *Rinke* NZA 1998, 77 [83]). Besteht ein **Personalinformationssystem** über Verhalten und Leistung der ArbN und wertet der ArbGeb. dies zur Vorbereitung einer Kündigung aus, so hat er dem BR die anfallenden Daten vollständig zur Verfügung zu stellen.

27 Bei einer **betriebsbedingten Kündigung** hat der ArbGeb. dem BR die **inner- bzw. außerbetrieblichen Gründe** und deren Folgen für die Beschäftigung im Zusammenhang mit der unternehmerischen Organisationsentscheidung mitzuteilen (zu Grundfragen der betriebsbedingten Kündigung vHHL/*Krause* KSchG § 1 Rn. 713ff.; *Kiel/Koch* Kündigung Rn. 109ff.; DDZ/*Deinert* KSchG § 1 Rn. 249ff.; SPV Kündigung/*Preis* Rn. 345, 902ff.; *Bitter* DB 1999, 1214; *Quecke* NZA 1999, 1247). Dabei genügen auch hier pauschale oder schlagwortartige Begründungen wie hohe Verluste, Umsatzrückgang, schwierige wirtschaftliche Lage nicht (GK-BetrVG/*Raab* Rn. 88; *Rinke* NZA 1998, 77 [84]). Vielmehr ist die Tatsache einer entsprechenden Unternehmerentscheidung sowie deren Kausalität für den Wegfall des Arbeitsplatzes des zu kündigenden ArbN konkret darzulegen (BAG 26.9.2002 – 2 AZR 636/01, AP

KSchG 1969 § 1 Betriebsbedingte Kündigung Nr. 124 mwN; DKKW/*Bachner* Rn. 101). Überdies ist eine eventuell damit zusammenhängende Leistungsverdichtung bestimmter ArbN mitzuteilen (LAG Thüringen 20.4.1998 – 8 Sa 739/96, NZA-RR 1999, 189). Führt der ArbGeb. für eine Kündigung Rentabilitätsgründe an, so ist auf die wirtschaftliche Situation des Gesamtbetriebs und nicht nur auf die der Betriebsabteilung oder des unselbständigen Betriebsteils abzustellen, in dem der ArbN beschäftigt ist (BAG 11.10.1989 – 2 AZR 61/89, AP KSchG 1969 § 1 Betriebsbedingte Kündigung Nr. 47; 20.8.1998 – 2 AZR 84/98, AP KSchG 1969 § 2 Nr. 50; 12.11.1998 – 2 AZR 91/98, AP KSchG 1969 § 2 Nr. 51; LAG RhPf 16.12.2013 – 5 Sa 356/13, BeckRS 2014, 68447), so dass der ArbGeb. dem BR die wirtschaftliche Lage des Gesamtbetriebs darstellen muss (GK-BetrVG/*Raab* Rn. 88). Bei einer beabsichtigten Betriebsstilllegung hat der ArbGeb. den BR im Rahmen der Anhörung nach § 102 (anders § 111) nur über diese Absicht und den Stilllegungszeitpunkt, nicht über die wirtschaftlichen Hintergründe und die Motive der unternehmerischen Entscheidung zu informieren (LAG Thüringen 16.10.2000 – 8 Sa 207/00, NZA-RR 2001, 643).

28 Sieht der ArbGeb. keine Möglichkeit, den zu kündigenden ArbN auf einem anderen Arbeitsplatz weiter zu beschäftigen (§ 1 Abs. 2 S. 2 1b u. 2b KSchG), so genügt der ArbGeb. seiner Anhörungspflicht idR schon durch den ausdrücklichen oder konkludenten Hinweis auf **fehlende Weiterbeschäftigungsmöglichkeiten.** Hat jedoch der BR vor Einleitung des Anhörungsverfahrens Auskunft über Weiterbeschäftigungsmöglichkeiten für den zu kündigenden ArbN auf einem konkreten, kürzlich frei gewordenen Arbeitsplatz verlangt, muss der ArbGeb. dem BR nach Abs. 1 S. 2 mitteilen, warum aus seiner Sicht eine Weiterbeschäftigung des ArbN auf diesem Arbeitsplatz nicht möglich ist. Hier reicht der pauschale Hinweis auf fehlende Weiterbeschäftigungsmöglichkeiten nicht aus. Hat der ArbGeb. den BR über Weiterbeschäftigungsmöglichkeiten auf dem vom BR benannten Arbeitsplatz zunächst objektiv falsch informiert und rügt dies der BR innerhalb der Frist des Abs. 2 unter Angabe des zutreffenden Sachverhalts, so hat der ArbGeb. dem BR ergänzend mitzuteilen, weshalb aus seiner Sicht trotzdem eine Weiterbeschäftigung des ArbN auf diesem Arbeitsplatz nicht in Betracht kommt, andernfalls ist die Kündigung nach Abs. 1 S. 3 unwirksam (BAG 17.2.2000 – 2 AZR 913/98, AP BetrVG 1972 § 102 Nr. 113).

29 Zu dem bes. Fall, dass mehreren ArbN betriebsbedingt gekündigt wird und sich danach neue Beschäftigungsmöglichkeiten ergeben mit der Folge von **Wiedereinstellungsansprüchen** → § 99 Rn. 47, 47a.

30 Kommt es bei betriebsbedingten Kündigungen auf die **soziale Auswahl** unter mehreren ArbN an, so sind auch die hierfür wesentlichen Gesichtspunkte, die **„Sozialdaten“,** anzugeben (KZD ArbR/*Appel* § 98 Rn. 28). Dazu gehören nicht nur die vier Grunddaten Alter, Dauer der Betriebszugehörigkeit, Unterhaltsverpflichtungen und Schwerbehinderung des ArbN, sondern auch **bes. soziale Umstände** wie zB Krankheit infolge eines Arbeitsunfalls oder einer gesundheitsgefährdenden Tätigkeit, Pflegebedürftigkeit naher Angehöriger, Höhe des Ehegatteneinkommens, Alleinerziehung und Chancen auf dem Arbeitsmarkt sowie Umstände für einen bes. Kündigungsschutz, und zwar nicht nur für den Betroffenen, sondern auch für **andere ArbN** mit vergleichbarer Tätigkeit, die der ArbGeb. in seine Erwägungen einbezogen hat (BAG 29.3.1984 – 2 AZR 429/83 (A), AP BetrVG 1972 § 102 Nr. 31; 16.9.1993 – 2 AZR 267/93, AP BetrVG 1972 § 102 Nr. 62; DKKW/*Bachner* Rn. 104; HWGNRH/*Huke* Rn. 35; Richardi BetrVG/*Thüsing* Rn. 73; SPV Kündigung/*Preis* Rn. 1021, 1077, 1091 ff.; *Heinze* Personalplanung Rn. 476; *Bost-Klatt* AiB 2004, 208 f.; *Bader* NZA 1999, 64 [68]; *Däubler* NJW 1999, 601; *Preis* RdA 1999, 311 [315]; zu Unterhaltspflichten vgl. *Kleinebrink* DB 2005, 2522; zur **Sozialauswahl** und **Vergleichbarkeit** von **Teilzeit- und Vollzeitbeschäftigten** und Teilzeitbeschäftigten untereinander BAG 22.4.2004 – 2 AZR 244/03, AP KSchG 1969 § 1 Soziale Auswahl Nr. 67; 15.7.2004 – 2 AZR 376/03, AP KSchG § 1 Soziale Auswahl Nr. 68) LAG Köln 20.8.1993 – 12 Sa 380/93, NZA 1994, 317; *Rühle* DB 1994,

834); dazu gehören beim Bau auch die zu einer **ARGE** abgeordneten (nicht die freigestellten) ArbN (→ Rn. 18, insbes. → § 5 Rn. 275). Im **Verleihbetrieb** sind grds. alle ArbN, dh auch die verliehenen ArbN, soweit sie vergleichbar sind, in die Sozialauswahl mit einzubeziehen (BAG 20.6.2013 – 2 AZR 271/12, NZA 2013, 837 – offen gelassen wurde ob und inwieweit einzelne ArbN von der Sozialauswahl durch Vertrag (mit dem Entleiher) oder nach Treu und Glauben ausgeschlossen sein können [dafür: *Fuhlrott/Fabritius* NZA 2014, 122; Ulber/*D. Ulber* AÜG § 12 Rn. 23; Sandmann/Marschall/*Schneider* AÜG Rn. 327; Schüren/Hamann AÜG Einl. Rn. 329]; einschränkend *Bayreuther* NZA 2016, 1304). Ohne diese Angaben kann der BR nicht sachgemäß Stellung nehmen. Der ArbGeb. kann nicht dem BR die Auswahl zu kündigender ArbN überlassen; es liegt dann keine ordnungsgemäße Anhörung vor (LAG Bln 14.9.1981 – 9 Sa 63/81, EzA § 102 BetrVG Nr. 46; GK-BetrVG/*Raab* Rn. 59). Angaben zu den persönlichen Daten anhand der vorliegenden Steuerkarte sind ausreichend, soweit dem ArbGeb. keine anderen Erkenntnisse vorliegen; stimmen diese nicht mit den tatsächlichen Verh. überein, ist es Aufgabe des ArbN diese dem ArbGeb zur Kenntnis zu geben; die BR-Anhörung ist in diesem Fall nicht mangelhaft (BAG 24.11.2005 – 2 AZR 514/04, AP KSchG 1969 § 1 Krankheit Nr. 43; 6.7.2006 – 2 AZR 520/05, AP KSchG 1969 § 1 Nr. 80; ErfK/*Kania* § 102 Rn. 9; *Kleinebrink* DB 2005, 2522; **aA** LAG RhPf 12.7.2006 – 10 Sa 121/06, NZA-RR 2007, 247). Diese Grundsätze gelten auch bei Kündigungen im Rahmen von **Massenentlassungen** nach § 17 KSchG (BAG 16.9.1993 – 2 AZR 267/93, AP BetrVG 1972 § 102 Nr. 62; *Feichtinger/Danko* Anhörung Rn. 49; *Hinrichs* Anhörung BR S. 31 ff.). Äußert sich der BR trotz unzureichender Information abschließend zur Kündigung, so ist diese aber nicht von vornherein unwirksam (BAG 3.2.1982 – 7 AZR 907/79, AP BPersVG § 72 Nr. 1).

Hält der ArbGeb. eine Sozialauswahl vor Ausspruch einer betriebsbedingten Kün- 31
digung wegen des Widerspruchs des ArbN gegen den Übergang des Arbeitsverhältnisses für überflüssig, so hat er die sozialen Gesichtspunkte vergleichbarer ArbN auch nicht vorsorglich dem BR mitzuteilen (subjektive Determinierung, → Rn. 41). Das Unterbleiben einer Sozialauswahl spricht in diesem Fall nicht für eine ungenügende Berücksichtigung sozialer Gesichtspunkte, wenn der gesamte Bereich ausgegliedert wurde und der ArbN keine anerkennenswerte Widerspruchsgründe hat (BAG 24.2.2000 – 8 AZR 167/99, AP BetrVG 1972 § 102 Nr. 116). Gleiches gilt, wenn eine Sozialauswahl nach der für den BR erkennbaren Auffassung des ArbGeb. wegen der Stilllegung des gesamten Betriebes nicht vorzunehmen ist. In diesem Fall bedarf es keiner Unterrichtung des BR über Familienstand und Unterhaltspflichten der zu kündigenden ArbN (BAG 13.5.2004 – 2 AZR 329/03, AP BetrVG 1972 § 102 Nr. 140 unter teilweiser Aufgabe von BAG 16.9.2003 – 2 AZR 267/93, AP BetrVG 1972 § 102 Nr. 62 mit zust. Anm. *Feichtinger* EWiR § 102 BetrVG 5/04, 1011 f.). Nicht davon erfasst wird die Verpflichtung zur Mitteilung der Sozialdaten Lebensalter und Eintrittsdatum, die für die Berechnung der ordentlichen Kündigungsfrist von Bedeutung sind (BAG 18.10.2006 – 2 AZR 676/05, NZA 2007, 798).

Das **BDSG** steht der Mitteilung der Sozialdaten des in Betracht kommenden Per- 32
sonenkreises nicht entgegen; die Übermittlung der personenbezogenen Daten ist zur Wahrnehmung der Beteiligungsrechte des BR erforderlich (§ 26 Abs. 1 S 1 BDSG; GK-BetrVG/*Raab* Rn. 59; APS/*Koch* § 102 Rn. 87). Wegen Umfang der Unterrichtung bei verhaltensbedingter Kündigung vgl. den Fall BAG 2.3.1989 – 2 AZR 280/88, AP BGB § 626 Nr. 101.

Das in → Rn. 30 ff. zur sozialen Auswahl Gesagte gilt auch nach **Inkrafttreten** 33
des durch das G zu Reformen am Arbeitsmarkt **geänderten § 1 Abs. 3 S. 1 KSchG,** der ausschließlich für den Bereich des KSchG die Sozialauswahl auf die vier Gesichtspunkte Dauer der Betriebszugehörigkeit, Lebensalter, Unterhaltspflichten und Schwerbehinderung des ArbN beschränkt (→ Rn. 2a). Abgesehen davon, dass das Anhörungsverfahren nach § 102 einheitlich für alle Kündigungsformen und -sach-verhalte gilt, widerspräche eine Beschränkung der Anhörung auf die vorgenann-

ten vier Gesichtspunkte Sinn und Zweck des Verfahrens nach § 102 Abs. 1, das sich ganz wesentlich vom eigentlichen Kündigungsschutz unterscheidet. Es dient eben nicht einer umfassenden Prüfung der Rechtmäßigkeit der beabsichtigten Kündigung durch den BR. Vielmehr will es eine gewisse **Richtigkeitsgewähr durch Verfahren** ermöglichen (*Berkowsky* Beteiligung BR § 1 Rn. 9). Der ArbGeb. soll gezwungen werden, über die Gründe für seine Kündigung, dh über die tatsächlichen Grundlagen seiner Kündigungsmotivation, schon im Vorfeld der Kündigung Rechenschaft abzulegen; er soll zugleich durch den BR mögliche Einwände seiner Belegschaft gegen eine eventuelle Kündigung erfahren und sie bei seiner Entscheidung berücksichtigen (BAG 22.9.1994 – 2 AZR 31/94, AP BetrVG 1972 § 102 Nr. 68; 15.3.2001 – 2 AZR 141/00, AP KSchG 1969 § 4 Nr. 46; *Berkowsky* Beteiligung BR § 4 Rn. 53ff.; *Oppertshäuser* NZA 1997, 920 [923]). § 102 Abs. 1 normiert einen **eigenen,** bes. strukturierten **Erkenntnisprozess** zwischen ArbGeb. und BR, der vom Kündigungsschutzprozess und damit auch von § 1 KSchG zu unterscheiden ist (*Berkowsky* NZA 1996, 1065 [1068]; krit. dazu *Isenhardt* FS 50 Jahre BAG, 2004, 943ff.). Nach BAG sind für die Sozialauswahl nach § 1 Abs. 3 KSchG allein die vier Kriterien maßgeblich. Eine Heranziehung zusätzlicher Faktoren kommt allenfalls dann in Betracht, wenn sie einen unmittelbaren Bezug zu den vier Kriterien des § 1 Abs. 3 KSchG haben (BAG 29.1.2015 – 2 AZR 164/14, NZA 2015, 426 mwN).

34 Dieser in einer Art Vorprüfungsverfahren eingebetteter **„präventiver Kündigungsschutz"** (GK-BetrVG/*Raab* Rn. 3; krit. hierzu *Rinke* NZA 1998, 77) soll nicht nur dem Individualinteresse des ArbN am Erhalt des Arbeitsplatzes dienen, sondern auch dem BR Einfluss auf die Zusammensetzung der Belegschaft verschaffen (GK-BetrVG/*Raab* Rn. 3; *Oppertshäuser* NZA 1997, 920 [923]). Außerdem ist das Anhörungsverfahren ein geeignetes Mittel, den ArbGeb. auf seine in **§ 2 Abs. 2 SGB III** nF umschriebene bes. Verantwortung für den Arbeitsmarkt (s. zum wortgleichen § 2 Abs. 1 SGB III aF *Gagel* BB 2001, 358ff.; *Schaub* NZA 1997, 810; *Kittner* NZA 1997, 968 [975]; *Rolfs* NZA 1998, 18; zurückhaltend *Bauer/Haussmann* NZA 1997, 1100; *Beckschulze* BB 1998, 791; *Ettwig* NZA 1997, 1152) hinzuweisen und ihm Vorschläge zur Vermeidung von Kündigungen zu machen.

34a **Diese mit § 102 verbundenen Zielvorstellungen** lassen sich nicht mit einer auf die erwähnten vier Punkte reduzierten Anhörung des BR verwirklichen, so dass der ArbGeb. von sich aus, zumindest aber auf Nachfrage des BR, auch **bes. soziale Umstände** wie zB Pflegebedürftigkeit naher Angehöriger, Höhe des Ehegatteneinkommens (ausf. → Rn. 30) mitzuteilen hat (iErg ebenso *Nielebock* AiB 1997, 88 [93]; SPV Kündigung/*Preis* Rn. 1077, 1092f. hinsichtlich Arbeitsunfall oder gesundheitsgefährdender Tätigkeit; **aA** *Löwisch* NZA 1996, 1009 [1012]).

35 Des Weiteren ist der ArbGeb. nach der Neufassung des **§ 1 Abs. 3 S. 2 KSchG** (→ Rn. 2a) auch verpflichtet, unaufgefordert von sich aus dem BR die Gründe mitzuteilen, aus denen er bestimmte ArbN **von** der **Sozialauswahl** nach § 1 Abs. 3 S. 1 KSchG **ausnehmen** will (*Bader* NZA 1997, 905 [912]; *Bader* NZA 1996, 1125 [1130]; *Bader* NZA 1999, 64 [69]; *Matthießen* NZA 1998, 1153 [1159]; *Oppertshäuser* NZA 1997, 920 [922]; nach ArbG Ludwigshafen 11.3.1997 – 1 Ca 3094/96, ArbuR 1997, 416 Mitteilungspflicht auf Rüge des BR hin). Nur bei Kenntnis der Leistungs- und Qualifikationsunterschiede kann sich der BR ein zutreffendes Bild davon machen, ob tatsächlich Kenntnisse, Fähigkeiten und Leistungen im berechtigten betrieblichen Interesse liegen, die die Herausnahme an sich vergleichbarer ArbN aus der Sozialauswahl bedingen (vgl. ArbG Ludwigshafen 11.3.1997 – 1 Ca 3094/96, ArbuR 1997, 416; LAG Bln 20.8.1996 – 12 Sa 54/96, BB 1997, 472; zur Herausnahme aus der Sozialauswahl s. *Däubler* NJW 1999, 601 [602]; *Preis* RdA 1999, 311, 318; generell zur Sozialauswahl und Herausnahme von Leistungsträgern s. *Thüsing/Wege* RdA 2005, 12ff.; *Buschbaum* BB 2011, 309ff.). Wird ihm dies verwehrt, entfällt ein wesentliches Korrektiv im Vorfeld dagegen, dass die Schutzfunktion der Sozialauswahl praktisch unterlaufen wird. Dient die Herausnahme von ArbN aus der Sozialauswahl der Sicherung einer ausgewogenen Personalstruktur des Betriebs, hat der

ArbGeb. dem BR die **Art der Personalstruktur** zu benennen, die er aufrechterhalten will (zB Altersstruktur und Leistungsstärke) sowie die Kriterien für die Bildung von Gruppen zur Sicherung der entspr. Personalstruktur aufzustellen, zB unter 30-jährige, 30–40-jährige, 41- bis 50-jährige, über 50-jährige ArbN; dazu gehört auch die Angabe wieviel Prozent der potenziell zu kündigenden ArbN vor Ausspruch der Kündigung den jeweiligen Altersgruppen angehören und wie sich die einzelnen Kündigungen auf die einzelnen Altersgruppen verteilen (BAG 20.4.2005 – 2 AZR 201/04, NZA 2005, 877 ff.; BAG 6.7.2006 – 2 AZR 442/05, AP KSchG 1969 § 1 Soziale Auswahl Nr. 82). Die Altersgruppenbildung muss dabei geeignet sein, die Altersstruktur/Personalstruktur zu erhalten (BAG 26.3.2015 – 2 AZR 478/13, NZA 2015, 1122; 24.10.2013 – 854/11, NZA 2014, 46; 19.7.2012 – 2 AZR 352/11, NZA 2013, 86; krit. *Lingemann/Otte* NZA 2016, 65). Werden die Altersgruppen unterschiedlich stark am Personalabbau beteiligt, stellt dies kein berechtigtes Interesse iSv § 1 Abs. 3 S. 2 KSchG dar (BAG 26.3.2015 – 2 AZR 478/13, NZA 2015, 1122). Die **Altersgruppenbildung** ist auch unter Berücksichtigung des AGG und der Vorgaben der RL 2000/78/EG nach wie vor zulässig (ausf. BAG 6.11.2008 – 2 AZR 523/07, AP KSchG 1969 § 1 Betriebsbedingte Kündigung Nr. 182; 15.12.2011 – 2 AZR 42/10, NZA, 2012, 1044; ArbG Bielefeld 25.4.2007 – 6 Ca 2886/06, NZA-RR 2007, 466; APS/*Kiel* KSchG § 1 Rn. 765; *Wendeling-Schröder/Stein* AGG § 10 Rn. 8, 30; *Bauer/Krieger* AGG § 10 Rn. 45m; HK-AGG/*Däubler* AGG § 7 Rn. 255; *Thüsing* Diskriminierungsschutz Rn. 456; MHH AGG § 10 Rn. 33; *Schleusener/Suckow/Voigt* AGG § 10 Rn. 14 ff.; *Göpfert/Stark* ZIP 2015, 155 [158]; *Gaul/Niklas* NZA-RR 2009, 457 ff.; *Lingemann/Beck* NZA 2009, 577 ff.; *Lassmann* AiB 2008, 594 ff.; *Wendeling-Schröder* NZA 2007, 1399; *Hamacher/Ulrich* NZA 2007, 657; *Bauer/Krieger* NZA 2007, 674; *Freckmann* BB 2007, 1049 [1052]; *Linsenmaier* RdA 2003 Sonderheft 5, 22 [29]; **aA** ArbG Osnabrück (n. rkr.) NZA 2007, 626; *Rust/Falke* AGG § 7 Rn. 161 ff.; KR/*Griebeling* KSchG § 1 Rn. 645a; *Bertelsmann* AuR 2007, 369 ff.; *Wenkebach* AuR 2008, 70 [72]; **einschränkend** HK-AGG/*Brors* AGG § 10 Rn. 109–112), muss sich aber iRd § 1 Abs. 3 S. 2 KSchG halten (BAG 26.3.2015 – 2 AZR 478/13, NZA 2015, 1122). Dieser Grundsatz gilt gleichermaßen für **§ 125 InsO** (BAG 24.10.2013 – 854/11, NZA 2014, 46; 19.12.2013 – 6 AZR 790/12, NZA-RR 2014, 185); dient die Altersgruppenbildung dazu, den Betrieb aus der Insolvenz heraus verkaufsfähig zu machen, so dient dies nicht nur dem Interesse des ArbGeb. sondern auch der Gesamtbelegschaft und der Allgemeinheit und ist damit ein legitimes Ziel iS Art. 6 der RL 2000/78/EG (BAG 28.6.2012 – 6 AZR 682/10, NZA 2012, 1090); insofern kann eine Veränderung der Personalstruktur im Fall des § 125 InsO noch zulässig sein (BAG 26.3.2015 – 2 AZR 478/13, NZA 2015, 1122). Bei der Sozialauswahl ist auch unter Beachtung der Diskriminierungsverbote des AGG die Berücksichtigung der Dauer der Betriebszugehörigkeit und des Lebensalters des Arbeitnehmers bei der Auswahl der für eine betriebsbedingte Kündigung in Frage kommenden vergleichbaren Arbeitnehmer eine nach Art. 6 Abs. 1 der RL 2000/78/EG gerechtfertigte Festlegung besonderer Entlassungsbedingungen (vgl. BT-Drs. 16/6316 zu Frage 43, 44; BAG 6.11.2008 – 2 AZR 523/07, AP KSchG 1969 § 1 Betriebsbedingte Kündigung Nr. 182). Insofern kann eine Kündigung die gegen Diskriminierungsverbote verstößt, sozialwidrig sein; die Regelung des § 2 Abs. 4 AGG steht dem nicht entgegen (BAG 6.11.2008 – 2 AZR 523/07, AP KSchG 1969 § 1 Betriebsbedingte Kündigung Nr. 182). Der ArbGeb. hat bei der Altersgruppenbildung konkret darzulegen, warum diese erforderlich ist; im Fall der Massenentlassung ist regelmäßig vom Vorliegen berechtigter betrieblicher Interessen widerlegbar auszugehen (BAG 18.3.2010 – 2 AZR 468/08, NZA 2010, 1059; 24.10.2013 – 6 AZR 854/12, NZA 2014, 46). Ist eine Namensliste nach § 1 Abs. 5 KSchG unter Verstoß gegen die Vorschriften des AGG zustande gekommen, führt dies nicht zur Unwirksamkeit der Namensliste und Wegfall der Vermutungswirkung nach § 1 Abs. 5 KSchG, kann jedoch zur groben Fehlerhaftigkeit der Sozialauswahl führen (BAG 6.11.2008 – 2 AZR 523/07, AP KSchG 1969 § 1 Betriebsbedingte Kündigung

Nr. 182; 5.11.2009 – 2 AZR 676/08, NZA 2010, 457; 10.6.2010 – 2 AZR 420/09, DB 2010, 2566; 28.6.2012 – 6 AZR 682/10, NZA 2012, 1090; *Lingemann/Beck* NZA 2009, 577 ff.; *Gaul/Niklas* NZA-RR 2009, 457 ff.; *Schiefer* DB 2009, 2546 [2548]; *Schiefer* DB 2009, 733 [735]; **aA** SPV Kündigung/*Preis* Rn. 1166; *Temming,* Altersdiskriminierung im Arbeitsleben, 2008, S. 561). Ebenfalls kein Verstoß gegen das AGG und die RL 2000/78/EG liegt vor, soweit ein regelaltersrentenberechtigter ArbN hinsichtlich des Kriteriums „Lebensalter" deutlich weniger schutzbedürftig ist als ein ArbN, der noch keine Altersrente beanspruchen kann (BAG 27.4.2017 – 2 AZR 67/16, NZA 2017, 902). Vgl. insgesamt zum Streitstand Anwendbarkeit AGG auch im Bereich des Kündigungsrechts und der Frage der Europarechtskonformität des § 2 Abs. 4 AGG: BAG 6.11.2008 – 2 AZR 523/07, AP KSchG 1969 § 1 Betriebsbedingte Kündigung Nr. 182; APS/*Preis* Grundlagen J Rn. 71 ff.; ; *Wendeling-Schröder/Stein* AGG § 2 Rn. 39 ff.; *Bauer/Krieger* AGG § 2 Rn. 56 ff.; *Thüsing* Diskriminierungsschutz Rn. 108 ff.; HK-AGG/*Däubler* AGG § 2 Rn. 262 ff.; *Rust/Falke* AGG § 2 Rn. 240 ff.; MHH AGG § 2 Rn. 58 ff.; *Schleusener/Suckow/Voigt* AGG § 2 Rn. 20 ff., *Schwering* AGG S. 283 ff; *Hamacher/Ulrich* NZA 2007, 657; *Bertelsmann* AuR 2007, 369 ff.; *Wendeling-Schröder* NZA 2007, 1399 [1403]; *Däubler* AiB 2006, 738; *Sagan* NZA 2006, 1257; *Bauer/Preis/Schunder* NZA 2006, 1261; *Diller/Krieger/Arnold* NZA 2006, 887.

35a Die Darlegungs- und Beweislast für das Vorliegen von berechtigten betrieblichen Interessen an der Weiterbeschäftigung bestimmter ArbN obliegt dem ArbGeb. (BAG 10.2.1999 – 2 AZR 716/98, AP KSchG 1969 § 1 Soziale Auswahl Nr. 40; KR/*Griebeling/Rachorl* KSchG § 1 Rn. 683 mwN; *Fischermeier* NZA 1997, 1089 [1097]). Schlagwortartige Angaben wie „Spitzenkraft" reichen nicht aus. Bei der Herausnahme bestimmter Personen aus der Sozialauswahl muss der ArbGeb. das Interesse des sozial schwächeren ArbN, zu dessen Lasten von der Sozialauswahl abgewichen wird, gegen das betriebliche Interesse an der Herausnahme des Leistungsträgers abwägen (BAG 12.4.2002 – 2 AZR 706/00, AP KSchG 1969 § 1 Soziale Auswahl Nr. 56; 5.12.2002 – 2 AZR 697/01, AP KSchG 1969 § 1 Soziale Auswahl Nr. 60; 19.7.2012 – 2 AZR 352/11, NZA 2013, 86; krit. *Thüsing/Stelljes* BB 2003, 1673 [1675]; *Thüsing/Wege* RdA 2005, 12 [15 ff.]). Je schwerer das Interesse des sozial Schwächeren wiegt, desto gewichtiger müssen die Gründe für die Ausklammerung der Leistungsträger sein (BAG 22.3.2012 – 2 AZR 167/11, NZA 2012, 1040; 19.7.2012 – 2 AZR 352/11, NZA 2013, 86 mwN; 5.6.2008 – 2 AZR 907/06, AP KSchG 1969 § 1 Betriebsbedingte Kündigung Nr. 179). Zur Streitfrage ob die Leistungsträger vor der Sozialauswahl oder erst danach herausgenommen werden können vgl. *Brors* AuR 2005, 41 ff.; *Lingemann/Rolf* NZA 2005, 264 ff.; *Krieger/Reinecke* DB 2013, 1906.

35b Das Anhörungsverfahren nach § 102 wird auch im Fall des Abschlusses eines Interessenausgleichs mit Namensliste nach § 1 Abs. 5 KSchG nicht obsolet. Gespräche zwischen ArbGeb. und BR im Rahmen der Verhandlungen über eine **Interessenausgleich** bei Betriebsänderung und dabei auch über die Erstellung einer **Namensliste** gem. § 1 Abs. 5 KSchG (→ Rn. 2a; → §§ 112, 112a Rn. 49 ff.) ersetzen nicht die **Anhörung** des BR nach § 102 (BAG 20.5.1999 – 2 AZR 148/99, AP KSchG 1969 § 1 Namensliste Nr. 4; 22.1.2004 – 2 AZR 111/02, AP BetrVG 1972 § 112 Namensliste Nr. 1; HessLAG 18.7.2003 – 17/12 Sa 828/02, AuR 2004, 316; *Hanau* ZIP 2004, 1169 [1172]; *Gaul* BB 2004, 2686 [2691]; *Löwisch* BB 2004, 154 [157]; *Fischermeier* NZA 1997, 1089 [1100]; *Zwanziger* ArbuR 1997, 427 [432]; KR/*Griebeling/Rachor* KSchG § 1 Rn. 703 ff.; *Backmeister/Trittin/Mayer* KSchG § 1 Rn. 439; **aA** *Gießen* ZfA 1997, 145 [175]). Zum einen folgt dies aus dem Wortlaut des § 1 Abs. 5 S. 4 KSchG, der nur die (weitere) Beteiligung des BR nach § 17 Abs. 3 S. 2 KSchG, nicht aber die nach § 102 für ersetzt erklärt (BAG 20.5.1999 – 2 AZR 148/99, AP KSchG 1969 § 1 Namensliste Nr. 4; *Gaul* BB 2004, 2686 [2691]). Zum anderen dienen die gesetzlichen Regelungen in § 1 Abs. 5 KSchG und § 102 unterschiedlichen Zwecken; § 1 Abs. 5 KSchG stellt auf das betriebliche Gesamtkonzept, § 102 auf die Einzelfallbetrachtung ab (BAG 20.5.1999 – 2 AZR

148/99, AP KSchG 1969 § 1 Namensliste Nr. 4). Die Vereinbarung einer Namensliste im Interessenausgleich lässt daher nicht notwendigerweise darauf schließen, dass auch die Einzelbetrachtung jeder Kündigung, die § 102 gerade sicherstellen soll, in ausreichender Weise stattgefunden hat (BAG 20.5.1999 – 2 AZR 148/99, AP KSchG 1969 § 1 Namensliste Nr. 4; mAnm *Haertlein* EWiR § 102 BetrVG 1/1999, 1095; *Schlachter* EWiR § 1 KSchG 4/1999, 1135; HessLAG 18.7.2003 – 17/12 Sa 828/02, AuR 2004, 316; LAG RhPf 20.3.2013 – 8 Sa 542/12, BeckRS 2013, 71054).

Die Verpflichtung zur Anhörung nach § 102 macht jedoch keine Verdoppelung **35c** des Beteiligungsverfahrens erforderlich. **Zulässig** ist, beide Verfahren zusammenzufassen, damit der BR gleichzeitig mit dem Abschluss des Interessenausgleichs auch zu den beabsichtigten Kündigungen Stellung nehmen kann (BAG 20.5.1999 – 2 AZR 532/98, AP KSchG 1969 § 1 Namensliste Nr. 5; 21.2.2002 – 2 AZR 581/00, EzA KSchG § 1 Interessenausgleich Nr. 10; 28.6.2012 – 6 AZR 726/10, NZA 2012, 1029). Die **Verbindung von Interessenausgleich und Betriebsratsanhörung** nach § 102 muss schon bei der Einleitung des Beteiligungsverfahrens **ausdrücklich klar gestellt werden** (BAG 28.6.2012 – 6 AZR 682/10, NZA 2012, 1090). Allein in den Verhandlungen über den Interessenausgleich ist nicht zugleich die Anhörung des BR nach § 102 zu sehen. Erforderlich ist vielmehr, dass der ArbGeb. den BR um die Stellungnahme zu einer konkreten Kündigungsabsicht nach § 102 ersucht (BAG 20.5.1999 – 2 AZR 532/98, AP KSchG 1969 § 1 Namensliste Nr. 5; 22.1.2004 – 2 AZR 111/02, AP BetrVG 1972 § 112 Namensliste Nr. 1; LAG RhPf 20.3.2013 – 8 Sa 542/12, BeckRS 2013, 71054). Steht im Zeitpunkt der Unterzeichnung des Interessenausgleichs mit Namensliste noch nicht endgültig fest, ob ein in der Namensliste aufgeführter ArbN tatsächlich gekündigt wird, da er noch von der Option Gebrauch machen kann, in eine Transfergesellschaft zu wechseln und ist in dem Interessenausgleich festgehalten, dass die Anhörung des BR nach § 102 unberührt bleibt, ist vor Ausspruch der tatsächlichen Kündigung noch die förmliche BR-Anhörung durchzuführen (LAG RhPf 18.10.2007 – 2 Sa 458/07, NZA-RR 2008, 356).

Die Betriebsratsanhörung nach § 102 unterliegt auch bei Vorliegen einer Namens- **35d** liste im Interessenausgleich **keinen erleichterten Anforderungen.** Die Sozialauswahl ist wesentlicher Bestandteil des nach § 102 mitzuteilenden Kündigungsgrundes. Denn erst wenn der ArbGeb. seiner Mitteilungspflicht nachgekommen ist, kann der BR sachgerecht entscheiden, ob ihm das nach § 102 Abs. 3 Nr. 1 zustehende Widerspruchsrecht wegen fehlerhafter Sozialauswahl ausübt oder nicht. Voraussetzung dafür ist daher, dass der ArbGeb. dem BR nicht nur die Sozialdaten der zur Kündigung anstehenden, sondern auch der in die Sozialauswahl einbezogenen Arbeitnehmer sowie die Gesichtspunkte, nach denen er bei der Sozialauswahl vorgegangen ist, mitteilt (BAG 20.5.1999 – 2 AZR 532/98, AP KSchG 1969 § 1 Namensliste Nr. 5). Gleiches gilt auch in der **Insolvenz** (BAG 21.7.2005 – 6 AZR 592/04, AP BetrVG 1972 § 113 Nr. 50; 26.7.2007 – 8 AZR 769/06, AP BGB § 613a Nr. 324). Ist der Betrieb im Zeitpunkt des Kündigungsausspruchs bereits stillgelegt und betrifft die Kündigung einen ArbN, der noch mit Abwicklungsarbeiten beschäftigt ist, ist der BR im Rahmen seines **Restmandats** anzuhören (BAG 26.7.2007 – 8 AZR 769/06, AP BGB § 613a Nr. 324; HessLAG 13.7.2015 – 16 TaBVGa 165/14, DB 2016, 717).

Einer weiteren Darlegung der Kündigungsgründe durch den ArbGeb. bedarf es **35e** dann nicht, wenn der BR bei Einleitung des Anhörungsverfahrens bereits über den erforderlichen Kenntnisstand verfügt, um zu der konkret beabsichtigten Kündigung eine sachgerechte Stellungnahme abgeben zu können. Die dem BR aus den Verhandlungen über den Interessenausgleich bekannten Tatsachen muss der ArbGeb. im Anhörungsverfahren nach § 102 nicht erneut mitteilen; ausreichend ist, dass der ArbGeb. zur BRAnhörung weitgehend auf den dem BR bekannten Sachverhalt über den Interessenausgleich und die Namensliste Bezug nimmt (BAG 20.5.1999 – 2 AZR 532/98, AP KSchG 1969 § 1 Namensliste Nr. 5; 5.11.2009 – 2 AZR 676/08, NZA 2010, 457; *Gaul* BB 2004, 2686 [2691]). Bestreitet dies der ArbN im Kündigungsschutzprozess, obliegt dem ArbGeb. die Beweislast für die Vorkenntnisse des BR

(BAG 20.5.1999 – 2 AZR 532/98, AP KSchG 1969 § 1 Namensliste Nr. 5; *Bichlmeier/Oberhofer* AiB 1997, 161 [166ff.]).

36 Die mit der Namensliste verbundene Vermutung bezieht sich sowohl auf den Wegfall der bisherigen Beschäftigung als auch auf das Fehlen anderer Beschäftigungsmöglichkeiten im Betrieb oder Unternehmen (BAG 7.5.1998 – 2 AZR 536/97, AP KSchG 1969 § 1 Betriebsbedingte Kündigung Nr. 94). Die Vermutungswirkung besteht nicht für solche ArbN, die auf einer vom GesBR erstellten Namensliste stehen, für deren Betrieb aber die Voraussetzungen einer Betriebsänderung nicht vorliegen (BAG 19.7.2012 – 2 AZR 386/11, NZA 2013, 333). Die Vermutungswirkung kann auch entfallen, wenn sich die Sachlage wesentlich geändert hat (Wegfall der Geschäftsgrundlage BAG 12.3.2009 – 2 AZR 418/07, AP KSchG 1969 § 1 Soziale Auswahl Nr. 97; → § 112, 112a Rn. 65); das Freiwerden eines anderen Arbeitsplatzes nach Abschluss des Interessenausgleichs ist kein Anwendungsfall des § 1 Abs. 5 S. 3 KSchG (BAG 23.10.2008 – 2 AZR 163/07, AP KSchG 1969 § 1 Namensliste Nr. 18). Für die Widerlegung der Vermutung trägt der ArbN die Darlegungs- und Beweislast (BAG 15.12.2011 – 2 AZR 42/10, NZA 2012, 1044; 19.7.2012 – 2 AZR 386/11, NZA 2013, 333). Die Überprüfung der Sozialauswahl ist auf grobe Fehlerhaftigkeit beschränkt. Das betrifft die Richtigkeit der Sozialauswahl in jeder Hinsicht, also auch die Bildung auswahlrelevanter Gruppen (BAG 21.9.2006 – 2 AZR 760/05, AP KSchG 1969 § 1 Namensliste Nr. 15 mwN), die Frage der Vergleichbarkeit der ArbN und der Herausnahme bestimmter ArbN aus der Sozialauswahl nach § 1 Abs. 3 S. 2 KSchG (vgl. BT-Drs. 15/1204, 11f.; ebenso zur Herausnahme von „Leistungsträgern" *Thüsing/Stelljes* BB 2003, 1673 [1676f.]; *Löwisch* RdA 1997, 80f.; *Neef* NZA 1997, 65 [69]; *Kappenhagen* BB 1998, 2266 Anm. zu BAG 7.5.1998; **aA** *Preis* NJW 1996, 3369 [3372]). Hinsichtlich der sozialen Kriterien Dauer der Betriebszugehörigkeit, Lebensalter, Unterhaltspflichten und Schwerbehinderung des ArbN ist die Sozialauswahl dann als grob fehlerhaft anzusehen, wenn die Gewichtung der Kriterien jede Ausgewogenheit vermissen lässt (vgl. BT-Drs. 15/1204, 11f.; BAG 2.12.1999 – 2 AZR 757/98, AP KSchG 1969 § 1 Soziale Auswahl Nr. 45; 21.1.1999 – 2 AZR 624/98, AP KSchG 1969 § 1 Namensliste Nr. 3; 21.9.2006 – 2 AZR 760/05, AP KSchG 1969 § 1 Namensliste Nr. 15). *Löwisch* BB 2004, 154 [156]). Gleiches gilt auch in der Insolvenz (BAG 28.8.2003 – 2 AZR 368/02, AP InsO § 125 Nr. 1; 17.11.2005 – 6 AZR 107/05, AP InsO § 113 Nr. 19). Die Beschränkung der Überprüfbarkeit auf grobe Fehlerhaftigkeit ist aber nur dann gerechtfertigt, wenn die zu kündigenden ArbN im Interessenausgleich abschließend benannt sind, sich ArbGeb. und BR also auf die namentliche Nennung der zu kündigenden ArbN endgültig geeinigt haben (BAG 6.12.2001 – 2 AZR 422/00, NZA 2002, 999). Die Aufstellung einer Teil-Namensliste ist zulässig, wenn die Betriebsänderung schrittweise geplant ist und zeitl. gestaffelt entsprechend den geplanten Entlassungswellen jeweils eine vollständige Namensliste aufgestellt werden soll (BAG 22.1.2004 – 2 AZR 111/02, AP BetrVG 1972 § 112 Namensliste Nr. 1; 19.7.2012 – 2 AZR 352/11, NZA 2013, 86; 17.3.2016 – 2 AZR 182/15, NZA 2016, 1072); dagegen kommt einer Teil-Namensliste die Vermutungswirkung des § 1 Abs. 5 KSchG nicht zu, wenn über die übrigen ArbN lediglich keine Einigung erzielt werden konnte (BAG 26.3.2009 – 2 AZR 296/07, NZA 2009, 1151ff.; BAG 17.0.3.2016 – 2 AZR 182/15, NZA 2016, 1072; zum Meinungsstand *Richter/Riem* NZA 2011, 1254). Die Namensliste muss als Anlage zum Interessenausgleich nicht selbst nochmals von allen Parteien unterzeichnet sein. Sie muss jedoch mit dem Interessenausgleich eine Urkunde bilden. Ausreichend ist, dass die Haupturkunde (Interessenausgleich) unterschrieben ist und in ihr auf die nicht unterschriebene Anlage (Namensliste) verwiesen wird und beide mittels Heftmaschine körperlich derart miteinander verbunden sind, dass eine Lösung nur mit Gewalt möglich ist (BAG 7.5.1998 – 2 AZR 55/98, AP KSchG 1969 § 1 Namensliste Nr. 1; 6.12.2001 – NZA 2002, 999; 6.7.2006 – 2 AZR 520/05, AP KSchG 1969 § 1 Nr. 80; *Löwisch* BB 2004, 154 [156]; *Buschmann* AuR 2004, 1 [2]). Im Augenblick der Unterzeichnung müssen die Schriftstücke als einheitliche Urkunde äußerlich erkennbar sein; eine bloß gedankliche Verbindung zur Haupturkunde reicht nicht (BAG 6.7.2006 – 2 AZR 520/05, AP KSchG 1969 § 1 Nr. 80). Wird die Namensliste getrennt von dem Interessenausgleich erstellt, bedarf die Namensliste der Unterzeichnung durch alle Parteien sowie eines eindeutigen Verweises auf diesen Interessenausgleich (BAG 22.1.2004 – 2 AZR 111/02, AP BetrVG 1972 § 112 Namensliste Nr. 1; 19.6.2007 – 2 AZR 304/06, AP BetrVG 1972 § 112 Namensliste Nr. 16; 6.7.2006 – 2 AZR 520/05, AP KSchG 1969 § 1 Nr. 80; 12.5.2010 – 2 AZR 551, NZA 2011, 114; 19.7.2012 – 2 AZR 352/11, NZA 2013, 86; *Gaul* BB 2004, 2686 [2687]). Unschädlich ist, wenn der Interessenausgleich zeitlich später aber noch im sachlichen Zusammenhang zur Betriebsänderung um die Namensliste ergänzt wird (BAG 19.7.2012 – 2 AZR 352/11, NZA 2013, 86; 26.3.2009 – 2 AZR 296/07, NZA 2009, 1151 ff.; 19.6.2007 – 2 AZR 304/06, AP KSchG 1969 § 1 Namensliste Nr. 16).

Auch im Fall der **Insolvenz** ersetzen Gespräche zwischen Insolvenzverwalter und BR im Rahmen der Verhandlungen über einen **Interessenausgleich** bei Betriebsänderung und dabei auch über die Erstellung einer **namentlichen Liste** gem. **§ 125 Abs. 1 InsO** (→ Rn. 3; → §§ 112, 112a Rn. 67 ff.) nicht die **Anhörung** des BR nach § 102. Auch wenn die Namensliste erstellt worden ist, hat der ArbGeb. den BR zu jeder Kündigung zu hören (BAG 28.8.2003 – 2 AZR 377/02, AP BetrVG 1972 § 102 Nr. 134; 28.6.2012 – 6 AZR 682/10, NZA 2012, 1090; *Obermüller/Hess* InsO Rn. 870; ErfK/*Kania* Rn. 2; krit. zur Namensliste in der Insolvenz DKKW/*Däubler* Anh. §§ 111–113 InsO § 125 Rn. 5; *Matthes* RdA 1999, 178 [179]). Auch ist die Anhörung insoweit sinnvoll, als bis zum Ausspruch der konkreten Kündigung Zeit vergeht und der BR ermitteln kann, ob sich zwischenzeitlich die Sachlage wesentlich iSv § 125 Abs. 1 S. 2 InsO (→ Rn. 3) oder auch nur insoweit geändert hat, dass ArbN, denen nicht gekündigt werden sollte, freiwillig ausscheiden und nun bestimmte auf der Liste genannte ArbN die frei gewordenen Arbeitsplätze einnehmen sollen (s. hierzu *Giesen* ZIP 1998, 46 [52]; *Heinze* NZA 1999, 57 [60]). Haben sich die der Sozialauswahl zu Grunde liegenden Tatsachen im Rahmen der Verhandlungen über einen Interessenausgleich nicht verändert, müssen sie im Rahmen des Anhörungsverfahrens nicht erneut mitgeteilt werden (BAG 28.6.2012 – 6 AZR 682/10, NZA 2012, 1090). Möglich ist, die Erstellung der Namensliste mit dem Anhörungsverfahren zu verbinden; hierauf muss jedoch ausdrücklich hingewiesen werden und ggf. im Interessenausgleich zum Ausdruck kommen (BAG 20.5.1999 – 2 AZR 532/98, AP KSchG 1969 § 1 Namensliste Nr. 5; 28.6.2012 – 6 AZR 682/10, NZA 2012, 1090; *Obermüller/Hess* InsO Rn. 870). Da die §§ 125, 126 InsO weitgehend § 1 Abs. 3, 5 KSchG entsprechen, wird insoweit auf die Ausführungen in → Rn. 35a bis d verwiesen (BAG 17.11.2005 – 6 AZR 107/05, AP InsO § 113 Nr. 19; *Lakies* RdA 1997, 145; *Bichlmeier/Oberhofer* AiB 1997, 161 [166 ff.]). Die **Anhörung** des BR zu einer nach der Insolvenzeröffnung vorgesehenen Kündigung durch den noch vorläufigen Insolvenzverwalter ist nach BAG ordnungsgemäß, wenn dieser auch zum endgültigen Insolvenzverwalter bestellt wird (BAG 22.9.2005 – 6 AZR 526/04, AP UmwG § 323 Nr. 1). Ist bei **grenzüberschreitenden Insolvenzen** iSd EuInsVO nach Art. 10 EuInsVO deutsches Arbeitsrecht anwendbar, ist die für das Hauptinsolvenzverfahren nach ausländischem Recht bestellte Person zur Durchführung der Insolvenz als Insolvenzverwalter iSd § 125 InsO anzusehen (unionskonforme Auslegung des § 125 InsO: BAG 20.9.2012 – 6 AZR 253/11, NZA 2013, 797). Findet nach Art. 10 EuInsO deutsches Arbeitsrecht Anwendung, bestimmt sich die internationale Zuständigkeit für Kündigungsschutzklagen nach der EuGVVO und nicht nach der EuInsVO (BAG 20.9.2012 – 6 AZR 253/11, NZA 2013, 797; 13.12.2012 – 6 AZR 48/12, BeckRS 2013, 68137). 37

Kommt ein Interessenausgleich nach § 125 InsO nicht innerhalb von drei Wochen zustande und stellt das ArbG auf entsprechenden Antrag des Insolvenzverwalters nach **§ 126 InsO** (→ Anh. 11 Rn. 3) fest, dass die Kündigung bestimmter, im Antrag bezeichneter ArbN durch dringende betriebliche Erfordernisse bedingt und sozial 38 gerechtfertigt ist, muss der Insolvenzverwalter gleichwohl vor Ausspruch der Kündigung (nicht vor Antragstellung) den BR beteiligen. Das gerichtliche Verfahren nach § 126 InsO ersetzt nicht das Anhörungsverfahren nach § 102 (vgl. *Heilmann* Neues InsR S. 54; *Obermüller/Hess* InsO Rn. 873; *Bichlmeier/Oberhofer* AiB 1997, 161 [168]; *Warrikoff* BB 1994, 2338 [2342]; *Zwanziger* BB 1997, 626 [628]; → Rn. 36). Wird der BR nicht angehört, ist die Kündigung nach Abs. 1 S. 3 unwirksam, und eine hierauf gestützte Klage des ArbN wird Erfolg haben (*Lakies* RdA 1997, 145 [155]; *Zwanziger* BB 1997, 626 [628]). Dem steht § 127 Abs. 1 S. 1 InsO nicht entgegen. Da sich der Beschluss des ArbG nach § 126 InsO ausschließl. auf § 1 KSchG bezieht und nicht auch auf andere Unwirksamkeitsgründe (*Dörner* NZA 1991, 94 [98]), entfaltet er für diese keine Bindungswirkung nach § 127 InsO (*Heilmann* Neues InsR S. 55; *Giesen* ZIP 1998, 46 [54]; *Heinze* NZA 1999, 57 [61]; *Lakies* RdA 1997, 145 [152]). Die Kündigung eines sich bereits in der **Freistellungsphase** einer Block-Altersteilzeit befindlichen ArbN aufgrund einer Betriebsstilllegung ist nicht nach § 1 Abs. 2 KSchG sozial gerechtfertigt; dies gilt auch für eine Kündigung durch den Insolvenzverwalter (BAG 5.12.2002 – 2 AZR 571/01, AP KSchG 1969 § 1 Betriebsbedingte Kündigung Nr. 125). Dem steht auch nicht entgegen, dass der in der Freistellungsphase befindliche ArbN in einem zwischen Insolvenzverwalter und BR vereinbarten Interessenausgleich ausdrücklich benannt ist; insoweit gilt die Vermutung der **Namensliste** bereits als widerlegt, wenn der ArbN unstreitig in der vereinbarten Block-Altersteilzeit seine gesamte Arbeitsleistung erbracht hat und damit der Wegfall der Beschäftigungsmöglichkeit für sein Arb. Verhältnis bedeutungslos geworden ist (BAG 5.12.2002 – 2 AZR 571/01, AP KSchG 1969 § 1 Betriebsbedingte Kündigung Nr. 125). Etwas anderes gilt, wenn sich der ArbN noch in der Arbeitsphase befindet, auch wenn die Freistellungsphase kurz bevor steht (BAG 16.6.2005 – 6 AZR 476/04, AP ATG § 3 Nr. 13).

39 Die **Sozialdaten** sind auch bei der **außerordentlichen Kündigung** im Rahmen der Interessenabwägung von Bedeutung (s. BAG 27.2.1997 – 2 AZR 302/96, AP KSchG 1969 § 1 Verhaltensbedingte Kündigung Nr. 36). Dies gilt grds. auch im Fall der **Verdachtskündigung** (BAG 26.9.2002 – 2 AZR 424/01, AP BGB § 626 Verdacht strafbarer Handlung Nr. 37). Die fehlende Mitteilung der genauen Sozialdaten des zu kündigenden ArbN an den BR steht der Wirksamkeit der außerordentlichen Kündigung jedoch dann nicht entgegen, wenn es dem ArbGeb. wegen der Schwere der Kündigungsvorwürfe auf die genauen Sozialdaten ersichtlich nicht ankommt, der BR die ungefähren Daten kennt und er daher die Kündigungsabsicht des ArbGeb. ausreichend beurteilen kann (BAG 15.11.1995 – 2 AZR 974/94, AP BetrVG 1972 § 102 Nr. 73; 26.9.2002 – 2 AZR 424/01, AP BGB § 626 Verdacht strafbarer Handlung Nr. 37; 23.10.2014 – 2 AZR 736/13, NZA 2015, 476).

40 Ist die **außerordentliche Kündigung** gegenüber einem tariflich unkündbaren ArbN aus betriebsbedingten Gründen **ausnahmsweise** unter Einhaltung der **ordentlichen Kündigungsfrist** zulässig (zB Wegfall des Arbeitsplatzes u. keine andere Weiterbeschäftigungsmöglichkeit), hat die Beteiligung des BR nach den strengeren Regeln über die Beteiligung des BR bei ordentlichen Kündigungen zu erfolgen, es gelten hier also Abs. 2 S. 1 sowie Abs. 3–5 entsprechend (BAG 5.2.1998 – 2 AZR 227/97, AP BGB § 626 Nr. 143 m. zust. Anm. *Wiedemann* EWiR § 626 BGB 2/98, 537; BAG 18.1.2001 – 2 AZR 616/99, AP LPVG Niedersachsen § 28 Nr. 1; 8.4.2003 – 2 AZR 355/02, AP BGB § 626 Nr. 181; 18.6.2015 – 2 AZR 480/14, DB 2015, 2039; *Thannheiser* AiB 1998, 601; *Bachner/Gerhardt* AiB 2007, 26). Da in diesem Fall der ArbGeb. zu einer sozialen Auswahl entspr. § 1 Abs. 3 KSchG verpflichtet ist (BAG 8.4.2003 – 2 AZR 355/02, AP BGB § 626 Nr. 181), sind dem BR alle relevanten Sozialdaten der in die Auswahl einzubeziehenden ArbN mitzuteilen. Gleiches gilt im Fall einer außerordentlich betriebsbedingten Kündigung (BAG 27.6.2019 – 2 AZR 50/19, NZA 2019, 1345; 20.6.2013 – 2 AZR 295/12, BAGE 145, 296). Zu den strengen Anforderungen an eine (tarifvertraglich ausgeschlossene) außerordentliche betriebsbedingte Kündigung aus wichtigem Grund s. BAG

27.6.2002 – 2 AZR 367/01, AP Nr. 4 zum früheren § 55 Abs. 2 BAT; BAG 20.6.2013 – 2 AZR 379/12, NZA 2014, 139; 13.5.2015 – 2 AZR 531/14, NJW-Spezial 2015, 658; 18.6.2015 – 2 AZR 480/14, DB 2015, 2039; 27.6.2019 – 2 AZR 50/19, NZA 2019, 1345. Zur Frage der Freikündigung eines Arbeitsplatzes für ordentlich unkündbare Arbeitnehmer s. BAG 18.5.2006 – 2 AZR 207/05, AP BAT § 55 Nr. 5; *Breschendorf* BB 2007, 661; *Kiel* NZA 2005 Beil. 1, 18 [25 ff.]). Zur Frage einer konzernweiten Beschäftigungspflicht eines ordentlich nicht kündbaren ArbN → Rn. 87 aE. Zur Reichweite des den § 55 BAT ablösenden § 34 TVöD s. BAG 27.11.2008 – 2 AZR 757/07, NZA 2009, 481; *Bröhl* RdA 2010, 170 (178).

41 Der ArbGeb. muss **alle Kündigungsgründe** einschließlich der den Kündigungssachverhalt bes. prägenden Begleitumstände (HessLAG 15.9.1998 – 4 Sa 2349/97, NZA 1999, 269: Konkurrenztätigkeit sogar während der Arbeitszeit u. am Arbeitsplatz) mitteilen, die ihm bisher **bekannt** sind **und** auf die er die Kündigung **stützen will;** es müssen dem BR also nicht alle objektiv kündigungsrechtlich erheblichen Tatsachen, sondern die vom ArbGeb. für die Kündigung als ausschlaggebend angesehenen Umstände mitgeteilt werden (Grundsatz der **subjektiven Determinierung:** BAG 11.7.1991 – 2 AZR 119/91, AP BetrVG 1972 § 102 Nr. 57; 22.9.1994 – 2 AZR 31/94, AP BetrVG 1972 § 102 Nr. 68; 15.11.1995 – 2 AZR 974/94, AP BetrVG 1972 § 102 Nr. 73; 16.9.2004 – 2 AZR 511/03, AP BetrVG 1972 § 102 Nr. 142; 23.6.2009 – 2 AZR 474/07, NZA 2009, 1137 ff.; 24.2.2000 – 8 AZR 180/99, AP KSchG 1969 § 1 Namensliste Nr. 7; 7.11.2002 – 2 AZR 599/01, AP KSchG 1969 § 1 Krankheit Nr. 40; ErfK/*Kania* Rn. 6; *Kiel/Koch* Kündigung Rn. 704; DDZ/*Deinert* KSchG Einl. Rn. 252; *Feichtinger/Danko* Anhörung Rn. 117; *Berkowsky* NZA 1996, 1065 [1068]; *Bitter* FS Stahlhacke, 1995, 57 ff.; krit. *Kraft* FS Kissel, 1994, 611 ff.). Sinn und Zweck der Unterrichtung ist es, den BR in die Lage zu versetzen, die Stichhaltigkeit und Gewichtung der Kündigungsründe überprüfen und sich über sie eine eigene Meinung bilden und auf die Willensbildung des ArbGeb. Einfluss nehmen zu können (BAG 6.10.2005 – 2 AZR 280/04, NZA 2006, 431; 23.10.2014 – 2 AZR 736/13, NZA 2015, 476; 13.12.2012 – 6 AZR 608/11, AP BGB § 620 Kündigungserklärung Nr. 23; 20.6.2013 – 2 AZR 546/12, DB 2014, 246; 16.7.2015 – 2 AZR 15/15, NZA 2016, 99) Der Kündigungssachverhalt muss unter Angabe von Tatsachen, aus denen der Kündigungsentschluss hergeleitet wird, so beschrieben werden, dass der BR ohne zusätzliche eigene Nachforschungen die Stichhaltigkeit der Kündigungsgründe prüfen kann (BAG 26.3.2015 – 2 AZR 417/14, NZA 2015, 1083; 7.11.2002 – 2 AZR 599/01, AP KSchG 1969 § 1 Krankheit Nr. 40; 11.12.2003 – 2 AZR 536/02, AP KSchG 1969 § 1 Soziale Auswahl Nr. 65). Die Mitteilungspflicht reicht nicht so weit, wie die Darlegungslast des ArbGeb. im Prozess (BAG 26.3.2015 – 2 AZR 417/14, NZA 2015, 1083; 23.10.2014 – 2 AZR 736/13, NZA 2015, 476). Hat der ArbGeb. den BR bereits vor dem Anhörungsverfahren erschöpfend über die Kündigungsgründe unterrichtet, kann er im Anhörungsverfahren pauschal hierauf verweisen (BAG 19.5.1993 – 2 AZR 584/92, AP KSchG 1969 § 2 Nr. 31).

41a Teilt der ArbGeb. dem BR objektiv kündigungsrechtlich erhebliche Tatsachen deshalb nicht mit, weil er die Kündigung darauf nicht oder zunächst nicht stützen will, lässt dies die Ordnungsgemäßheit der Anhörung unberührt; eine nur bei objektiver Würdigung unvollständige Mitteilung der Kündigungsgründe führt nicht zur Unwirksamkeit der Kündigung nach § 102 (st Rspr, BAG 7.11.2002 – 2 AZR 599/01, AP KSchG 1969 § 1 Krankheit Nr. 40; 11.12.2003 – 2 AZR 536/02, AP KSchG 1969 § 1 Soziale Auswahl Nr. 65; 13.5.2004 – 2 AZR 329/03, AP BetrVG 1972 § 102 Nr. 140). Dem ArbGeb. ist es dann aber verwehrt, im Kündigungsschutzprozess Gründe nachzuschieben, die über die Erläuterung des mitgeteilten Sachverhalts hinausgehen (BAG 7.11.2002 – 2 AZR 599/01, AP KSchG 1969 § 1 Krankheit Nr. 40; 11.12.2003 – 2 AZR 536/02, AP KSchG 1969 § 1 Soziale Auswahl Nr. 65; 13.5.2004 – 2 AZR 329/03, AP BetrVG 1972 § 102 Nr. 140).

41b Eine weitere Erläuterung und **Konkretisierung** dem BR rechtzeitig **mitgeteilter** Kündigungsgründe ohne wesentliche Veränderung des Kündigungssachverhalts (BAG

27.2.1997 – 2 AZR 302/96, AP KSchG 1969 § 1 Verhaltensbedingte Kündigung Nr. 36, dann kein unzulässiges Nachschieben; → Rn. 43) ist aber im Kündigungsschutzprozess möglich, sofern dadurch nicht überhaupt erst ein kündigungsrechtlich erheblicher Sachverhalt angegeben wird (BAG 18.12.1980 – 2 AZR 1006/78, AP BetrVG 1972 § 102 Nr. 22; 11.4.1985 – 2 AZR 239/84, AP BetrVG 1972 § 102 Nr. 39, 11.10.1989 – 2 AZR 61/89, AP KSchG 1969 § 1 Betriebsbedingte Kündigung Nr. 47; 29.3.1990 – 2 AZR 369/89, AP KSchG 1969 § 1 Betriebsbedingte Kündigung Nr. 50; *Zwanziger* NJW 1995, 916; zur Abgrenzung einer (zulässigen) nachträglichen Sachverhaltskonkretisierung vom (unzulässigen) Nachschieben eines (weiteren) Kündigungssachverhalts im Prozess s. *Feichtinger/Danko* Anhörung Rn. 273f.; BAG 18.6.2015 – 2 AZR 256/14, NZA 2016, 287; 27.2.1997 – 2 AZR 302/96, AP KSchG 1969 § 1 Verhaltensbedingte Kündigung Nr. 36: Bei Kündigung wegen wiederholten Zuspätkommens ist nachträgliches Berufen auf betriebstypische Störungen zulässiges Konkretisieren; *Kutzki* ZTR 1999, 491 [495]). Ebenfalls kein unzulässiges „Nachschieben" von Kündigungsgründen liegt vor, wenn im Prozess auf Vorbringen des zu kündigenden ArbN die aus Sicht des ArbGeb. einer Sozialauswahl entgegen stehenden Tatsachen ergänzt werden und dem BR zuvor diejenigen Auswahlkriterien mitgeteilt worden sind, auf die die Kündigung gestützt wird (BAG 26.3.2009 – 2 AZR 296/07, NZA 2009, 1151 ff.); dazu kann iRd Sozialauswahl auch die Benennung bisher nicht für vergleichbar gehaltene ArbN im Prozess gehören (BAG 9.9.2010 – 2 AZR 936/08, ZTR 2011, 296). Um eine zulässige Konkretisierung kann es sich auch dann handeln, wenn die erst im Kündigungsschutzprozess eingeführten Tatsachen dem BR bei der Anhörung bereits bekannt waren (BAG 11.12.2003 – 2 AZR 536/02, AP KSchG 1969 § 1 Soziale Auswahl Nr. 65). Entscheidend ist, dass für den BR der „Kündigungsgrund" im Sinne eines aus mehreren Tatsachen und einer groben rechtlichen Einordnung gebildeten Begründungszusammenhangs erkennbar wird, auf den der ArbGeb. sich stützen will (BAG 11.12.2003 – 2 AZR 536/02, AP KSchG 1969 § 1 Soziale Auswahl Nr. 65; 26.3.2009 – 2 AZR 296/07, NZA 2009, 1151). Hat der ArbGeb. diesen Tatsachenkomplex umrissen, kann er im Prozess alle die dazu gehörigen Tatsachen vortragen, die er entweder dem BR mitgeteilt hat oder die dem BR bekannt waren (BAG 11.12.2003 – 2 AZR 536/02, AP KSchG 1969 § 1 Soziale Auswahl Nr. 65; 26.3.2009 – 2 AZR 296/07, NZA 2009, 1151). Die Pflicht des ArbGeb. gegenüber dem BR zur Begründung der Kündigung geht jedenfalls nicht über seine Darlegungslast im Prozess hinaus.

42 Eine Geltendmachung dem BR nicht mitgeteilter Gründe im Prozess führt nicht zur Unwirksamkeit der Kündigung mangels Anhörung des BR, vielmehr kann der ArbGeb. die Kündigung nicht auf diese weiteren Gründe stützen (BAG 8.9.1988 – 2 AZR 103/88, AP BetrVG 1972 § 102 Nr. 49; 11.7.1991 – 2 AZR 119/91, AP BetrVG 1972 § 102 Nr. 57; 22.9.1994 – 2 AZR 31/94, AP BetrVG 1972 § 102 Nr. 68; 18.10.2006 – 2 AZR 676/05, NZA 2007, 798).

43 Ein **„Nachschieben"** von anderen Kündigungsgründen im Rechtsstreit (individualrechtlich gesehen nach hM ohne weiteres zulässig, BAG 17.8.1972 – 2 AZR 415/71, AP BGB § 626 Nr. 65; 18.1.1980 – 7 AZR 260/78, AP BGB § 626 Nachschieben von Kündigungsgründen Nr. 1; 11.4.1985 – 2 AZR 239/84, AP BetrVG 1972 § 102 Nr. 39; dies gilt auch für den Fall der Verdachtskündigung: BAG 26.9.2002 – 2 AZR 424/01, AP BGB § 626 Verdacht strafbarer Handlung Nr. 37; 23.5.2013 – 2 AZR 102/12, NZA 2013, 1416) ist betriebsverfassungsrechtlich nur zulässig, wenn sie zum Zeitpunkt der Kündigung bereits vorlagen, dem **ArbGeb.** aber **noch nicht bekannt** waren (dazu → Rn. 44). Sein Kündigungswille war dann durch diese Gründe auch noch nicht bestimmt (HWGNRH/*Huke* Rn. 63; Richardi BetrVG/*Thüsing* Rn. 137; einschränkend, dass nämlich nur die wesentlichen Kündigungsgründe mitzuteilen sind, *Meisel* Mitwirkung BR Rn. 421 ff.; SWS Rn. 48 ff., nach KR/*Etzel/Rinck* Rn. 259, *Gester/Zachert,* Jahrbuch des Arbeitsrechts, Bd. 12, 93, *Schwerdtner* ZIP 1981, 1122, DKKW/*Bachner* Rn. 126 ff., 134 müssen die Gründe vor Ausspruch der Kündigung dem BR in jedem Fall vollständig mitgeteilt sein; ein

„Nachschieben" soll überhaupt nicht in Betracht kommen). Der ArbGeb. muss aber den **BR erneut anhören,** bevor er diese Gründe im Kündigungsschutzprozess einführen kann; einer erneuten Kündigung bedarf es aber nicht (BAG 11.4.1985 – 2 AZR 239/84, AP BetrVG 1972 § 102 Nr. 39; 4.6.1997 – 2 AZR 362/96, AP BGB § 626 Nachschieben von Kündigungsgründen Nr. 5; 18.6.2015 – 2 AZR 256/14, NZA 2016, 287; HWGNRH/*Huke* Rn. 63; Richardi BetrVG/*Thüsing* Rn. 139; **aA** *Heinze* Personalplanung Rn. 481).

Wird die Kündigung auf andere als die dem BR mitgeteilten Gründe gestützt oder werden bes. Begleitumstände des Kündigungssachverhalts dem BR nicht mitgeteilt, die dem **ArbGeb. bereits bekannt** waren, so sind diese nicht zu berücksichtigen (hM; BAG 18.6.2015 – 2 AZR 256/14, NZA 2016, 287; HessLAG 15.9.1998 – 4 Sa 2349/97, NZA 1999, 269; KR/*Etzel/Rinck* Rn. 259; **aA** HWGNRH/*Huke* Rn. 66). Dabei kommt es auf den Wissenstand des Kündigungsberechtigten an; im Fall einer juristischen Person das für die Kündigung zuständige Organ (BAG 18.6.2015 – 2 AZR 256/14, NZA 2016, 287). Sind mehrere Personen vertretungsberechtigt, genügt grds. die Kenntnis eines Gesamtvertreters (BAG 18.6.2015 – 2 AZR 256/14, NZA 2016, 287 mwN; 27.6.2019 – 2 ABR 2/19, NZA 2019, 1415). Pflichtwidriges Verhalten der Vertretungsorgane ist dem ArbGeb. grds. zuzurechnen (BAG 18.6.2015 – 2 AZR 256/14, NZA 2016, 287 mwN). Waren die Kündigungsgründe dem ArbGeb. bekannt, beschränkt sich die Überprüfung des ArbG im Kündigungsschutzprozess auf die dem BR mitgeteilten Gründe. Dies gilt selbst dann, wenn der BR der Kündigung aus den schon mitgeteilten Gründen bereits zugestimmt hatte; denn diese Zustimmung ist kein „Freibrief" für einen Austausch des Kündigungssachverhalts (stRspr, BAG 1.4.1981 – 7 AZR 1003/78, AP BetrVG 1972 § 102 Nr. 23; 3.2.1982 – 7 AZR 907/79, AP BPersVG § 72 Nr. 1; 26.9.1991 – 2 AZR 132/91, AP KSchG 1969 § 1 Krankheit Nr. 28; Richardi BetrVG/*Thüsing* Rn. 135; *Schwerdtner* ZIP 1981, 1122; **aA** *Isenhardt* FS 50 Jahre BAG, 2004, 943 ff., 957). Die Kündigungsgründe sind nicht beliebig kumulierbar, ohne dass sich der Bewertungszusammenhang ändern kann (*Höland* ZIP 1982, 143 [149]). Nach Ansicht des BAG (3.4.1986 – 2 AZR 324/85, AP BGB § 626 Verdacht strafbarer Handlung Nr. 18) kann der ArbGeb. der nach Anhörung des BR wegen einer strafbaren Handlung gekündigt hat, im Kündigungsschutzprozess die Kündigung nicht ohne erneute Anhörung des BR auf den Verdacht einer Straftat wegen desselben Sachverhalts stützen (zur Abgrenzung zwischen Tat- u. **Verdachtskündigung** s. BAG 26.3.1992 – 2 AZR 519/91, AP BGB § 626 Verdacht strafbarer Handlung Nr. 23; 14.9.1994 – 2 AZR 164/94, AP BGB § 626 Verdacht strafb. Handlung Nr. 24; 13.9.1995 – 2 AZR 587/94, AP BGB § 626 Verdacht strafbarer Handlung Nr. 25; 26.9.2002 – 2 AZR 424/01, AP BGB § 626 Verdacht strafbarer Handlung Nr. 37; DKKW/*Bachner* Rn. 117; *Appel* ArbuR 1995, 201; *Bengelsdorf* AuA 1995, 196; *Dörner* AiB 1993, 147; *Dörner* NZA 1992, 865; *Dörner* 1993, 873; *Lücke* BB 1997, 1842; *Lücke* BB 1998, 2259; *Schönfeld* NZA 1999, 299; *Deinert* AuR 2005, 285 ff.; **aA** *Rinke* NZA 1998, 77 [82 f.]). Eine erneute Anhörung des BR ist jedoch dann nicht erforderlich, wenn die BRAnhörung zwar aus Anlass einer Verdachtskündigung erfolgte, aber zur Überzeugung des Gerichts die objektive Pflichtwidrigkeit des ArbN als erwiesen feststeht und dem BR – ggf. im Rahmen zulässigen Nachschiebens – diejenigen Umstände mitgeteilt worden sind, welche nicht nur den Tatverdacht, sondern auch zur Überzeugung des Gerichts den Tatvorwurf begründen; insoweit wird dem BR entsprechend dem Normzweck des § 102 nichts vorenthalten (BAG 21.11.2013 – 2 AZR 797/11, NZA 2014, 243; 27.1.2011 – 2 AZR 825/09, NZA 2011, 798; 10.6.2010 – 2 AZR 541/09, NZA 2010, 1227). Das betriebsverfassungsrechtliche Verwertungsverbot für nicht mitgeteilte Kündigungsgründe erstreckt sich nicht auf die Verwendung dieser Gründe im Rahmen eines Auflösungsantrages nach § 9 Abs. 1 S. 2 KSchG (BAG 10.10.2002 – 2 AZR 240/01, AP KSchG 1969 § 9 Nr. 45; ErfK/*Ascheid* KSchG § 9 Rn. 24; vHHL/*Linck* KSchG § 9 Rn. 64; DDZ/*Zwanziger/Callsen* KSchG § 9 Rn. 23; *Keßler* NZA 2002, 1 [9]; *Gravenhorst* NZA-

44

RR 2007, 57ff.; **aA** KR/*Spilger* KSchG § 9 Rn. 71; *Müller* BB 2002, 2014f.); zur Berufung auf im Kündigungsschutzprozess erfolglose Kündigungsgründe im Rahmen eines Auflösungsantrags nach § 9 KSchG s. BVerfG 22.10.2004 – 1 BvR 1944/01, NZA 2005, 41ff.

45 Der ArbGeb. kommt dagegen seiner Pflicht zur Unterrichtung des BR nicht nach, wenn er aus seiner subjektiven Sicht dem BR **bewusst unrichtige** oder **unvollständige Sachdarstellungen** unterbreitet oder einen für die Entschließung des BR wesentlichen Umstand verschweigt. Enthält der ArbGeb. dem BR bewusst ihm bekannte und seinen Kündigungsentschluss bestimmende Tatsachen vor, die nicht nur eine Ergänzung oder Konkretisierung des mitgeteilten Sachverhalts darstellen, sondern diesem erst das Gewicht eines Kündigungsgrundes geben oder weitere eigenständige Kündigungsgründe beinhalten, dann ist das Anhörungsverfahren fehlerhaft und die Kündigung unwirksam (BAG 18.5.1994 – 2 AZR 920/93, AP BetrVG 1972 § 102 Nr. 64; 22.9.1994 – 2 AZR 31/94, AP BetrVG 1972 § 102 Nr. 68; 7.11.2002 – 2 AZR 599/01, AP KSchG 1969 § 1 Krankheit Nr. 40; 13.5.2004 – 2 AZR 329/03, AP BetrVG 1972 § 102 Nr. 140; 18.10.2006 – 2 AZR 676/05, NZA 2007, 798; 12.8.2010 – 2 AZR 945/08, NZA 2011, 460; 16.12.2010 – 2 AZR 576/09, DB 2011, 1587; 9.6.2011 – 2 AZR 323/10, NZA 2011, 1342; 21.11.2013 – 2 AZR 797/11, NZA 2014, 243; DKKW/*Bachner* Rn. 85; *Feichtinger/Danko* Anhörung Rn. 104; *Kutzki* ZTR 1999, 491 [492, 494]; *Rinke* NZA 1998, 77 [78]). Das Verbot der Berücksichtigung nicht mitgeteilter Kündigungsgründe dient der Absicherung der Beteiligungsrechte des BR nach § 102 (BAG 13.12.2012 – 6 AZR 608/11, AP BGB § 620 Kündigungserklärung Nr. 23; 20.6.2013 – 2 AZR 546/12, DB 2014, 246). Zu einer vollständigen Unterrichtung gehört auch die Mitteilung über die dem ArbGeb. bekannten Tatsachen, die sich bei objektiver Betrachtung zugunsten des ArbN auswirken können (BAG 3.11.2011 – 2 AZR 748/10, NZA 2012, 607; 23.10.2014 – 2 AZR 736/13, NZA 2015, 476; 16.7.2015 – 2 AZR 15/15, NZA 2016, 99). Sie sind auch dann dem BR mitzuteilen, wenn sie für den Kündigungsentschluss des ArbGeb. ohne Bedeutung waren (BAG 16.7.2015 – 2 AZR 15/15, NZA 2016, 99; 19.11.2015 – 2 AZR 217/15, NZA 2016, 540). Die Darlegungs- und Beweislast dafür, dass solche Tatsachen nicht vorgelegen haben, trägt der ArbGeb (BAG 18.6.2015 – 2 AZR 256/14, NZA 2016, 287). Eine bloß vermeidbare oder unbewusste Fehlinformation führt dagegen noch nicht für sich alleine zur Unwirksamkeit der BRAnhörung, hinzukommen muss, dass dem BR dadurch die Stellungnahme zu den wahren Kündigungsgründen nicht möglich ist (BAG 26.3.2015 – 2 AZR 417/14, NZA 2015, 1083; 16.7.2015 – 2 AZR 15/15, NZA 2016, 99).

46 **Verlangt** der **BR** vom ArbGeb. die **Kündigung** eines ArbN und entschließt sich der ArbGeb., dieser Forderung aus den vom BR genannten Gründen nachzukommen, so ist, auch wenn kein Fall des § 104 vorliegt (→ § 104 Rn. 9) eine erneute Beteiligung des BR nicht mehr erforderlich. In dem Kündigungsverlangen des BR liegt dann bereits dessen Zustimmung zur Kündigung (BAG 15.5.1997 – 2 AZR 519/96, AP BetrVG 1972 § 104 Nr. 1 m. zust. Anm. *Raab* SAE 1999, 16; *Kutzki* ZTR 1999, 491 [495]). Entspr. gilt, wenn der ArbGeb. bei einer iÜ korrekten Anhörung zu einer Mehrzahl von Kündigungen Änderungswünsche des BR verwirklicht; dadurch wird keine erneute Anhörungspflicht begründet (BAG 7.12.1995 – 2 AZR 1008/94, AP KSchG 1969 § 1 Soziale Auswahl Nr. 29).

47 Ob die mitgeteilten **Gründe eine Kündigung sachlich rechtfertigen,** ist eine **erst im Kündigungsschutzprozess** nachzuprüfende Frage der Begründetheit der Kündigung (BAG 24.3.1977 – 2 AZR 289/76, AP BetrVG 1972 § 102 Nr. 12). Auch bei ArbN, die **(noch) nicht unter das KSchG fallen** (zum Kündigungsschutz außerhalb des KSchG *Oetker* ArbuR 1997, 41; *Preis* NZA 1997, 1256; → Rn. 48), genügt aber nicht die formelhafte Begründung „für uns nicht geeignet" oder „eine zufrieden stellende Kooperation für die Zukunft sei nicht zu erwarten" (BAG 13.7.1978 – 2 AZR 717/76, AP BetrVG 1972 § 102 Nr. 17), oder „die Leistungen sind nicht zufrieden stellend" (BAG 28.9.1978 – 2 AZR 2/77, AP BetrVG

1972 § 102 Nr. 19) oder „hoher Anteil an Fehlzeiten" (LAG Bln 19.8.1988 – 2 Sa 16/88, DB 1989, 129). Es sind keine geringeren Anforderungen an die Mitteilungspflichten des ArbGeb. zu stellen als bei ArbN, die unter das KSchG fallen (BAG 29.9.1978 – 2 AZR 2/77, AP BetrVG 1972 § 102 Nr. 19; 8.9.1988 – 2 AZR 103/88, AP BetrVG 1972 § 102 Nr. 49; krit. *Isenhardt* FS 50 Jahre BAG, 2004, 943 ff., 960; einschr. LAG Bln 19.8.1988 – 2 Sa 16/88, DB 1989, 129; **aA** HWGNRH/*Huke* Rn. 55). Allerdings bedarf es noch nicht der Angabe gesetzl. Kündigungsgründe iSv § 1 KSchG (BAG 8.9.1988 – 2 AZR 103/88, AP BetrVG 1972 § 102 Nr. 49), jedoch der konkreten Umstände oder subjektiven Vorstellungen des ArbGeb. für die Kündigung (BAG 11.7.1991 – 2 AZR 119/91, AP BetrVG 1972 § 102 Nr. 57; 18.5.1994 – 2 AZR 920/93, AP BetrVG 1972 § 102 Nr. 64; *Rinke* NZA-RR 1998, 77 [87]; nach BAG 3.12.1998 – 2 AZR 234/98, AP BetrVG 1972 § 102 Nr. 99 soll Mitteilung **subjektiver Wertungen** ausreichen; krit. dazu *Dornieden* AiB 1999, 469; LAG SchlH 30.10.2002 – 5 Sa 345/02, NZA-RR 2003, 310 wonach ArbGeb. in den ersten sechs Beschäftigungsmonaten den Wahrheitsgehalt der an ihn herangetragenen Beschwerden nicht überprüfen muss).

Vorstehendes gilt nach dem Beschl. des **BVerfG** vom 27.1.1998 (NZA 1998, 470) **48**
in verstärktem Maße. Das Gericht stellt **drei Grundregeln** auf, die aus verfassungsrechtlichen Gründen bei Kündigungen **außerhalb des KSchG** zu beachten sind: 1. Eine Kündigung darf weder willkürlich sein noch auf sachfremden Motiven beruhen; Beispiele dafür sind Diskriminierungen iSd Art. 3 Abs. 3 GG (*Oetker* ArbuR 1997, 41 [48]; *Preis* NZA 1997, 1256 [1266]). 2. Soweit unter mehreren ArbN eine Auswahl zu treffen ist, ist der ArbGeb. zu einem gewissen Maß an sozialer Rücksichtnahme verpflichtet. 3. Ein durch langjährige Mitarbeit erdientes Vertrauen in den Fortbestand eines Arbeitsverhältnisses darf nicht unberücksichtigt bleiben (s. dazu *Däubler* FS 50-jähriges Bestehen der Arbeitsgerichtsbarkeit Rheinland-Pfalz, 1999, 271 [276 ff.]; *Falder* NZA 1998, 1254; *Gragert/Kreutzfeldt* NZA 1998, 567; *Kittner* NZA 1998, 731). Die 1. Grundregel dürfte auch bei Kündigungen in den ersten sechs Monaten eines Arbeitsverhältnisse (§ 1 Abs. 1 KSchG) gelten. Für die Beteiligung des BR bedeutet dies, dass ihm die Tatsachen mitzuteilen sind, die für die Beachtung der vorgenannten Regeln sprechen (*Kittner* NZA 1998, 731 [733]).

Unter Berücksichtigung der in → Rn. 48 genannten Entscheidung des BVerfG hat **49**
das BAG (21.2.2001 – 2 AZR 15/00, AP BGB § 242 Kündigung Nr. 12; 28.10.2010 – 2 AZR 392/08, DB 2011, 118; s. hierzu *Annuß* BB 2001, 1898; *Gragert/Wiehe* NZA 2001, 934) entschieden, dass auch der ArbGeb. im Kleinbetrieb, der nicht dem KSchG unterfällt, ein durch Art. 12 GG gebotenes Mindestmaß an sozialer Rücksichtnahme zu wahren hat, soweit im Fall der Kündigung unter mehreren ArbN eine Auswahl zu treffen ist. Eine dieser Anforderung nicht entspr. Kündigung ist wegen **Verstoßes gegen Treu und Glauben** unwirksam. Die Auswahlentscheidung des ArbGeb. unterliegt nicht den Kriterien der sozialen Auswahl nach § 1 Abs. 3 KSchG; sie kann nur darauf überprüft werden, ob sie unter Berücksichtigung des Interesses des ArbN am Erhalt seines Arbeitsplatzes und der schützenswerten Interessen des Kleinunternehmens gegen Treu und Glauben verstößt. Sinn und Zweck ist es, ArbN vor willkürlichen oder auf sachfremden Motiven beruhenden Kündigungen zu schützen. Ein nach § 242 BGB beachtlicher Auswahlfehler ist daher nur dann evident, wenn die Nichteinbeziehung eines ArbN in den Auswahlkreis willkürlich ist (BAG 6.2.2003 – 2 AZR 672/01, AP KSchG 1969 § 23 Nr. 30). Erst wenn dies der Fall ist, kann es auf die Rechtfertigung der Auswahlentscheidung nach sozialen Gesichtspunkten ankommen. Es obliegt grds. dem **ArbN darzulegen** und zu **beweisen,** dass die Kündigung nach § 242 BGB treuwidrig ist; § 1 Abs. 2 S. 4 KSchG findet keine Anwendung (BAG 6.2.2003 – 2 AZR 672/01, AP KSchG 1969 § 23 Nr. 30; *Isenhardt* FS 50 Jahre BAG, 2004, 943 ff., 960). Bei der Frage, ob auf das Arbeitsverhältnis der Parteien das KSchG Anwendung findet, zählt der zu kündigende ArbN bei der Ermittlung des Schwellenwerts nach § 23 KSchG grds. mit; auch dann, wenn die Kündigung auf der unternehmerischen Entscheidung beruht, den betreffenden Ar-

beitsplatz nicht mehr neu zu besetzen (BAG 22.1.2004 – 2 AZR 237/03, AP KSchG 1969 § 23 Nr. 31; *Gragert/Keilich* NZA 2004, 776 ff.). Bei der Berechnung des abgesenkten Schwellenwerts des § 23 Abs. 1 S. 2 KSchG zählen nur die ArbN, die bereits am 31.12.2003 im Betrieb beschäftigt waren; Ersatzeinstellungen für ausgeschiedene (Alt-)ArbN werden bei der Berechnung nicht berücksichtigt (BAG 21.9.2006 – 2 AZR 840/05, AP KSchG 1969 § 23 Nr. 37). Zur Darlegungs- und Beweislastverteilung BAG 26.6.2008 – 2 AZR 264/07, AP KSchG 1969 § 23 Nr. 42; 2.3.2017 – 2 AZR 427/16, NZA 2017, 859; krit. dazu *Berkowsky* DB 2009, 1126 ff. Zu der Frage, ob im **Ausland** beschäftigte ArbN bei der Berechnung des Schwellenwerts mitzählen s. BAG 19.7.2016 – 2 AZR 468/15, NZA 2016, 1196; 17.1.2008 – 2 AZR 902/06, AP KSchG 1969 § 23 Nr. 40; 26.3.2009 – 2 AZR 883/07, AP KSchG 1969 § 23 Nr. 45; 26.3.2009 – 2 AZR 883/07, DB 2009, 1409 f.; sowie die dazu ergangene Kritik in der Lit. *Kappelhoff* ArbRB 2008, 235; *Deinert* ArbuR 2008, 300; *Otto/Mückl* BB 2008, 1231; *Boemke* JuS 2008, 751; *Straube* DB 2009, 1406 ff.). **LeihArbN** zählen mit, wenn ihr Einsatz auf einem „in der Regel" vorhandenen Personalbedarf beruht (BAG 24.1.2013 – 2 AZR 140/12, NZA 2013, 726; weitergehend ArbG Kiel 14.2.2013 – 5 Ca 1384c/12, BB 2013, 2291: mitzählen von ArbN anderer Firmen, soweit sie in die betriebl. Organisation eingegliedert sind und die Arbeitsleistung wie StammArbN des Betriebs erbringen). Dabei kommt es nicht auf ein- und denselben LeihArbN an, sondern darauf, dass ein bestimmter Arbeitsplatz regelmäßig mit LeihArbN besetzt wird (so auch *Bayreuther* NZA 2016, 1304). Zum Geltungsbereich des KSchG und Kleinbetriebsklausel im Fall mehrerer Kleinbetriebe eines Unternehmens s. BAG 28.10.2010 – 2 AZR 392/08, DB 2011, 118; 19.7.2016 – 2 AZR 468/15, NZA 2016, 1196.

IV. Beschlussfassung des Betriebsrats

50 Die Mitteilung hat so frühzeitig zu geschehen, dass dem BR genügend Zeit bleibt, in Ruhe zu beraten und über seine Stellungnahme zu **beschließen** (§ 33). Wegen Teilnahme der JAV → § 67 Rn. 11 ff., 20 ff. **Umlaufverfahren genügt nicht,** auch nicht in sog Eilfällen (hM, → § 33 Rn. 21; BAG 16.1.2003 – 2 AZR 707/01, AP BetrVG 1972 § 102 Nr. 129; GK-BetrVG/*Raab* Rn. 130; Richardi BetrVG/*Thüsing* Rn. 98; *Feichtinger/Danko* Anhörung Rn. 149; **aA** *Meisel* Mitwirkung BR Rn. 458, *Brill* ArbuR 1975, 19). Der BetrAusschuss ist nur zuständig, wenn diesem Ausschuss oder einem bes. Personalausschuss diese Aufgaben zur selbständigen Erledigung gem. §§ 27 Abs. 3, 28 Abs. 3 übertragen worden sind (BAG 4.8.1975 – 2 AZR 266/74, AP BetrVG 1972 § 102 Nr. 4; 12.7.1984 – 2 AZR 320/83, AP BetrVG 1972 § 102 Nr. 32). Zur ordnungsgemäßen Anhörung iSd Abs. 1 S. 1 gehört auch die Möglichkeit des BR, schriftlich Stellung zu nehmen und Bedenken geltend zu machen oder Widerspruch einzulegen.

50a Welche Zeitspanne als genügend anzusehen ist, hängt von der Eilbedürftigkeit der Kündigung und den betrieblichen Verhältnissen ab. Jedenfalls die **Wochenfrist** des § 102 Abs. 2 S. 1 bei ordentlichen Kündigungen und die von **drei Tagen** (S. 3) bei außerordentlichen Kündigungen **muss dem BR eingeräumt werden** (BAG 8.4.2003 – 2 AZR 515/02, AP BetrVG 1972 § 102 Nr. 133). Die Äußerungsfrist für den BR berechnet sich nach § 187 Abs. 1, § 188 Abs. 1, Abs. 2 BGB, wobei die Frist regelmäßig um 24.00 Uhr des letzten Tages endet (BAG 8.4.2003 – 2 AZR 515/02, AP BetrVG 1972 § 102 Nr. 133 unter Hinweis darauf, dass die Auffassung des LAG Hamm 11.2.1992 – 2 Sa 1615/91, DB 1992, 2640, wonach die Äußerungsfrist am letzten Tag mit dem Dienstschluss der Personalverwaltung ende, jeder gesetzlichen Grundlage entbehrt; zur Fristberechnung generell s. *Hochhuth* AiB 1999, 431). **Fristverlängerung** kann generell oder im Einzelfall vereinbart werden (→ Rn. 64).

51 Die Äußerung des BR erfolgt durch dessen Vors. (oder durch den Vors. des Personalausschusses). Der **ArbGeb.** ist mangels bes. negativer Anhaltspunkte (LAG Bln

9.2.1973 – 3 Sa 130/72, AP BetrVG 1972 § 102 Nr. 1) **nicht verpflichtet,** sich über die **Richtigkeit der Erklärung des BRVors. zu vergewissern** (BAG 26.9.1963 – 2 AZR 220/63, AP PersVG § 70 Kündigung Nr. 2; GK-BetrVG/*Raab* Rn. 131; Richardi BetrVG/*Thüsing* Rn. 130; *Feichtinger/Danko* Anhörung Rn. 150; jedoch → § 26 Rn. 26). Wird der nicht mehr amtierende BR oder ein unzuständiger BR angehört, ist die Kündigung unwirksam (BAG 28.9.1983 – 7 AZR 266/82, AP BetrVG 1972 § 21 Nr. 1; 12.5.2005 – 2 AZR 149/04, AP BetrVG 1972 § 102 Nr. 145). → Rn. 20b, 61. Zum **Übergangsmandat** → Rn. 7; § 21a.

Eine **wirksame Äußerung** des BR liegt noch nicht vor, wenn ein einzelnes BRMitgl. vor Ablauf der Wochenfrist gegenüber dem ArbGeb. eine Erklärung abgibt, dieser aber weiß oder den Umständen nach annehmen muss, dass sich der **BR als Gremium** noch nicht mit der Angelegenheit ordnungsgemäß durch Beschlussfassung (→ Rn. 50) befasst hat (BAG 28.2.1974 – 2 AZR 455/73, AP BetrVG 1972 § 102 Nr. 2; 18.8.1982 – 7 AZR 437/80, AP BetrVG 1972 § 102 Nr. 24; LAG Saarl 30.11.2016 – 2 Sa 4/16, NZA-RR 2017, 247; *Kutzki* ZTR 1999, 491 [495]). Erörterung der Kündigung mit dem BR-Vors. oder einem einzelnen BRMitgl. genügt nicht, ebenso nicht die spontane Zustimmung des anwesenden BR-Vors., auch nicht in kleineren Betrieben (BAG 28.3.1974 – 2 AZR 472/73, AP BetrVG 1972 § 102 Nr. 3; 18.9.1975 – 2 AZR 594/74, AP BetrVG 1972 § 102 Nr. 6; 16.1.2003 – 2 AZR 707/01, AP BetrVG 1972 § 102 Nr. 129; LAG Saarl 30.11.2016 – 2 Sa 4/16, NZA-RR 2017, 247). Wegen Ausschüssen des BR → § 27 Rn. 70, 82; → § 28 Rn. 9. 52

Hat der ArbGeb. das Anhörungsverfahren ordnungsgemäß eingeleitet, so sind **Mängel in der Willensbildung des BR unerheblich,** wenn der ArbGeb. mit dem Ausspruch der Kündigung bis zum **Ablauf der Wochenfrist** des § 102 Abs. 2 S. 1 bzw. der Frist von drei Tagen nach § 102 Abs. 2 S. 3 **wartet** (BAG 28.3.1974 – 2 AZR 472/73, AP BetrVG 1972 § 102 Nr. 3; 15.11.1995 – 2 AZR 974/94, AP BetrVG 1972 § 102 Nr. 73; zum Fristablauf → Rn. 50a). Fehler, die im Verantwortungsbereich des BR entstehen, führen grds. nicht zur Unwirksamkeit der Kündigung wegen fehlender Anhörung; dies auch dann nicht, wenn der ArbGeb. im Zeitpunkt der Kündigung weiß oder erkennen kann, dass der BR die Angelegenheit nicht fehlerfrei behandelt hat (BAG 16.1.2003 – 2 AZR 707/01, AP BetrVG 1972 § 102 Nr. 129; 24.6.2004 – 2 AZR 461/03, NZA 2004, 1330; 22.11.2012 – 2 AZR 732/11, NZA 2013, 665). Sie gehören grds. zur **Sphäre des BR,** und damit zu dessen Zuständigkeits- und Verantwortungsbereich (BAG 4.8.1975 – 2 AZR 266/74, AP BetrVG 1972 § 102 Nr. 4; 24.3.1977 – 2 AZR 289/76, AP BetrVG 1972 § 102 Nr. 12; 15.11.1995 – 2 AZR 974/94, AP BetrVG 1972 § 102 Nr. 73; 16.1.2003 – 2 AZR 707/01, AP BetrVG 1972 § 102 Nr. 129) und gehen nicht zu Lasten des ArbGeb. (ErfK/*Kania* Rn. 26; *Feichtinger/Danko* Anhörung Rn. 148 ff.). Etwas anderes gilt nur dann, wenn erkennbar keine Stellungnahme des Gremiums sondern nur eine pers. Äußerung des BRVors. vorliegt oder der ArbGeb. den Fehler des BR durch unsachgemäßes Verhalten selbst veranlasst bzw. beeinflusst hat (BAG 16.1.2003 – 2 AZR 707/01, AP BetrVG 1972 § 102 Nr. 129; 6.10.2005 – 2 AZR 316/04, AP BetrVG 1972 § 102 Nr. 150; 24.6.2004 – 2 AZR 461/03, NZA 2004, 1330; 22.11.2012 – 2 AZR 732/11, NZA 2013, 665; LAG Nürnberg 10.12.2014 – 2 Sa 379/14, ZIP 2015, 702; LAG Saarl 30.11.2016 – 2 Sa 4/16, NZA-RR 2017, 247; Richardi BetrVG/*Thüsing* Rn. 131; GK-BetrVG/*Raab* Rn. 107 ff.; ErfK/*Kania* Rn. 26). 53

Beispiele:

Fehlerhafte Zusammensetzung des BR oder des zuständigen Ausschusses bei BeschlFassung (BAG 2.4.1976 – 2 AZR 513/75, AP BetrVG 1972 § 102 Nr. 9; 12.10.1979 – 7 AZR 959/77, AP KSchG 1969 § 1 Betriebsbedingte Kündigung Nr. 7); Mängel bei der BeschlFassung selbst, zB Umlaufverfahren (BAG 4.8.1975 – 2 AZR 266/74, AP BetrVG 1972 § 102 Nr. 4; 16.1.2003 – 2 AZR 707/01, AP BetrVG 1972 § 102 Nr. 129); uU Teilnahme des ArbGeb. an der BRSitzung (BAG 24.3.1977 – 2 AZR 289/76, AP BetrVG 1972 § 102 Nr. 12); ermessensfehlerhafte Nichtanhörung des ArbN durch den BR (BAG 12.10.1979 – 7 AZR 959/77, AP KSchG 1969 § 1 Betriebsbedingte Kündigung Nr. 7).

54 Der Ausspruch von **Kündigungen vor Fristablauf** ist nicht zu beanstanden, wenn zu diesem Zeitpunkt eine abschließende Stellungnahme des BR vorliegt, also aus der Reaktion des BR unmissverständlich folgt, dass er keine weitere Erörterung wünscht und für ihn das Anhörungsverfahren abgeschlossen ist (BAG 15.11.1994 – 2 AZR 974/94, AP BetrVG 1972 § 102 Nr. 73; 16.1.2003 – 2 AZR 707/01, AP BetrVG 1972 § 102 Nr. 129; 16.9.2004 – 2 AZR 511/03, AP BetrVG 1972 § 102 Nr. 142; 3.4.2008 – 2 AZR 965/06, AP BetrVG 1972 § 102 Nr. 159 mwN; 24.6.2004 – 2 AZR 461/03, NZA 2004, 1330; LAG Bln 12.7.1999 – 9 Sa 763/99, NZA-RR 1999, 485; → Rn. 65). Der ArbGeb. kann sich auf eine ihm vorzeitig übermittelte Stellungnahme des BR aber nur verlassen, wenn er nicht mehr mit der Möglichkeit rechnen muss, dass der BR noch eine weitere Stellungnahme abgeben wird. Hierzu bedarf es nach neuer Rspr. des BAG des Vorliegens besonderer Anhaltspunkte wie zB dass der BR erklärt, ausdrücklich und vorbehaltlos der beabsichtigten Kündigung zuzustimmen bzw. von einer Äußerung zur Kündigung absehen zu wollen (BAG 25.5.2016 – 2 AZR 345/15, NZA 2016, 1140). Allein eine Stellungnahme des BR über das Ergebnis der Beschlussfassung reicht ohne weitere Anhaltspunkte darüber, dass es sich um eine abschließende Stellungnahme handelt, nicht aus (anders noch BAG 24.6.2004 – 2 AZR 461/03, NZA 2004, 1330). Will der ArbGeb. dennoch vor Ablauf der Frist kündigen, muss er sich beim BRVors. vergewissern, ob es sich um eine abschließende Stellungnahme handelt (BAG 25.5.2016 – 2 AZR 345/15, NZA 2016, 1140 unter Aufgabe seiner bisherigen Rspr.). Verschweigt sich der BR, so kann der ArbGeb. jedenfalls nach Ablauf der Wochenfrist kündigen (BAG 18.9.1975 – 2 AZR 594/74, AP BetrVG 1972 § 102 Nr. 6; 24.6.2004 – 2 AZR 461/03, NZA 2004, 1330; LAG Hamm 11.2.1992 – 2 Sa 1615/91, DB 1992, 2640; → Rn. 52). Wegen nicht eindeutiger Äußerungen des BR → Rn. 65.

55 Der **Widerruf einer ausdrücklichen Zustimmungserklärung** des BR ist nach Zugang der Mitteilung an den ArbGeb. nicht mehr möglich (→ § 33 Rn. 45; BAG 3.2.1982 – 7 AZR 907/79, AP BPersVG § 72 Nr. 1; KR/*Etzel* Rn. 126; **aA** *Gaul* RdA 1979, 269 f.: Widerruf bis zum Zeitpunkt des Ausspruchs der Kündigung durch den ArbGeb.; → § 103 Rn. 37; → § 99 Rn. 272).

V. Folgen mangelhafter Anhörung

56 Kündigt der ArbGeb. **ohne vorherige Anhörung des BR,** so ist die Kündigung mangels Vorliegens dieses Tatbestandsmerkmals der Kündigung von **vornherein unwirksam** (Abs. 1 S. 3), ohne dass es noch auf die materiellen Gründe für die Kündigung ankäme (hM; *Kiel/Koch* Kündigung Rn. 761). Die Kündigung ist auch unwirksam bei **mangelhafter Anhörung** des BR (ausf. BAG 16.9.1993 – 2 AZR 267/93, AP BetrVG 1972 § 102 Nr. 62; 16.1.2003 – 2 AZR 707/01, AP BetrVG 1972 § 102 Nr. 129; 27.11.2003 – 2 AZR 654/02, AP BetrVG 1972 § 102 Nr. 136), insbes. wenn der ArbGeb. seine Mitteilungspflichten nicht ausreichend erfüllt, unabhängig davon, ob und wie der BR zu der mangelhaften Anhörung Stellung genommen hat. Auch eine Stellungnahme des BR ist nicht geeignet, Fehler des ArbGeb. bei der Anhörung zu heilen (BAG 28.2.1974 – 2 AZR 455/73, AP BetrVG 1972 § 102 Nr. 2; 4.8.1975 – 2 AZR 266/74, AP BetrVG 1972 § 102 Nr. 4, 16.3.1978 – 2 AZR 424/76, AP BetrVG 1972 § 102 Nr. 15; 28.9.1978 – 2 AZR 2/77, AP BetrVG 1972 § 102 Nr. 19; 5.2.1981 – 2 AZR 1135/78, AP LPVG NW § 72 Nr. 1). Ein vorheriger Verzicht auf das Anhörungsrecht ist unwirksam (GK-BetrVG/*Raab* Rn. 118). Auf ein **Verschulden des ArbGeb.** bei der Einleitung des Anhörungsverfahrens **kommt es nicht an.** Die Beteiligung des BR liegt auch im Interes-

se des ArbGeb., der uU vom BR auf ihm bisher unbekannte Umstände hingewiesen wird und dadurch den Verlust eines Kündigungsschutzprozesses vermeiden kann. Besteht nämlich Einigung zwischen BR und ArbGeb. über die für eine betriebsbedingte Kündigung anstehenden ArbN, so kann eine tatsächliche Vermutung für die ausreichende Berücksichtigung sozialer Gesichtspunkte iSd § 1 Abs. 3 KSchG sprechen (BAG 16.2.1961 – 2 AZR 231/59, AP ZPO § 565 Nr. 1; zur Sozialauswahl nach der Neufassung des § 1 Abs. 3 KSchG → Rn. 33 ff.).

Die Einhaltung des Anhörungsverfahrens ist **Wirksamkeitsvoraussetzung jeder Kündigung,** gleichgültig welcher Art die auszusprechende Kündigung ist, ob sie im Rahmen von Massenentlassungen nach § 17 KSchG erfolgt (BAG 16.9.1993 – 2 AZR 267/93, AP BetrVG 1972 § 102 Nr. 62; *Feichtinger/Danko* Anhörung Rn. 49), und unabhängig davon, ob der betroffene ArbN unter das KSchG fällt oder nicht (→ Rn. 5, 47). Das gilt auch für die außerordentliche Kündigung; da es um die Beteiligung des BR, nicht des ArbN geht, kann auch dessen Anhörung vor der Kündigung für den ArbGeb. nicht „unzumutbar" sein (*Heinze* Personalplanung Rn. 499 ff.). Infolgedessen trägt der kündigende **ArbGeb. die Darlegungs- und Beweislast** dafür, dass das Verfahren nach Abs. 1 eingehalten ist (BAG 19.8.1975 – 1 AZR 613/74, AP BetrVG 1972 § 102 Nr. 5; 16.3.2000 – 2 AZR 75/99, AP BetrVG 1972 § 102 Nr. 114; 23.6.2005 – 2 AZR 193/04, AP ZPO § 138 Nr. 11; GK-BetrVG/*Raab* Rn. 122; Richardi BetrVG/*Thüsing* Rn. 143; DDZ/*Deinert* KSchG Einl. Rn. 314ff; *Zwanziger* NJW 1995, 916; *Griebeling* NZA 2007, 540; **aA** *Spitzweg/Lücke* NZA 1995, 404; *Mühlhausen* NZA 2002, 644 und NZA 2006, 967), der ArbN im Streitfall aber dafür, dass eine Anhörung wegen wirksamen Bestehens eines BR überhaupt erforderlich war (BAG 15.12.2011 – 8 AZR 692/10, NZA-RR 2012, 570; BAG 18.10.2012 – 6 AZR 41/11, NZA 2013, 1007; ErfK/*Kania* Rn. 30). Hat der ArbGeb. die BRAnhörung im Detail schlüssig dargelegt, muss dies der ArbN substantiiert oder mit Nichtwissen bestreiten, pauschales Bestreiten ohne sich auf fehlende eigene Wahrnehmung zu berufen reicht nicht (ErfK/*Kania* Rn. 30; BAG 16.3.2000 – 2 AZR 75/99, AP BetrVG 1972 § 102 Nr. 114; s. zu dieser Entscheidung krit. *Mühlhausen* NZA 2002, 644; *Mühlhausen* NZA 2006, 967 zu BAG 23.6.2005; vgl. dazu Erwiderung *Griebeling* NZA 2007, 540). Auf die Anhörung können weder der ArbN noch der BR verzichten (GK-BetrVG/*Raab* Rn. 126; *Bader* NZA-RR 2015, 505). Hält der ArbN im KSchutzprozess nicht mehr an der fehlenden bzw. mangelhaften Anhörung des BR fest, ist der Unwirksamkeitsgrund nach § 102 nicht weiter zu prüfen (BAG 24.5.2012 – 2 AZR 206/11, NZA 2013, 137; BAG 20.6.2013 – 2 AZR 546/12, DB 2014, 246). 57

Eine mangelhafte Anhörung liegt ua dann vor, wenn der ArbGeb. bei der **Abgabe der Kündig ungserklärung** nicht die **Frist des Anhörungsverfahrens** nach § 102 einhält und damit dem BR die Möglichkeit nimmt, innerhalb der gesetzlichen Frist auf die Entscheidung des ArbGeb. Einfluss zu nehmen (BAG 8.4.2003 – 2 AZR 515/02, AP BetrVG 1972 § 102 Nr. 133; 3.4.2008 – 2 AZR 965/06, AP BetrVG 1972 § 102 Nr. 159). So liegt grds. **keine ordnungsgemäße Anhörung** des BR vor, wenn zwar das Anhörungsverfahren vor **Zugang** der Kündigung abgeschlossen ist, aber das Kündigungsschreiben bereits vor Ablauf der Anhörungsfrist den Machtbereich des ArbGeb. verlassen hat (BAG 8.4.2003 – 2 AZR 515/02, AP BetrVG 1972 § 102 Nr. 133; 3.4.2008 – 2 AZR 965/06, AP BetrVG 1972 § 102 Nr. 159 mwN; zum Zeitpunkt der Abgabe der Kündigungserkl. → Rn. 20; zur Fristberechnung → Rn. 50a). Ebenfalls keine ordnungsgemäße Anhörung liegt vor, wenn bei Ausspruch der Kündigung vor Ablauf der Anhörungsfrist des BR nicht eindeutig klar war, dass der BR vorzeitig eine abschließende Stellungnahme abgegeben hat (→ Rn. 54; BAG 25.5.2016 – 2 AZR 345/15, NZA 2016, 1140). Die Frist beginnt mit ordnungsgemäßer Einleitung des Anhörungsverfahrens (→ Rn. 20 ff., 21; → § 26 Rn. 39 ff.). Etwas anderes gilt nur dann, wenn der BR bis zum letzten Tag der Anhörungsfrist noch keine Stellungnahme abgegeben hat, der ArbGeb. das Kündigungsschreiben am letzten Tag der Äußerungsfrist bei Dienstschluss einem Kurierdienst übergibt und gleichzeitig dafür sorgt, dass 57a eine Zustellung erst so spät erfolgt, dass er sie noch verhindern kann, wenn der BR wider Erwarten doch zu der Kündigungsabsicht Stellung nimmt (BAG 8.4.2003 – 2 AZR 515/02, AP BetrVG 1972 § 102 Nr. 133; 3.4.2008 – 2 AZR 965/06, AP BetrVG 1972 § 102 Nr. 159; 24.9.2015 – 2 AZR 562/14, NZA 2016, 366).

57b Die Anhörung ist ebenfalls mangelhaft, wenn sie zu einem Zeitpunkt erfolgt, in dem die Kündigungsüberlegungen noch unter dem Vorbehalt der weiteren Entwicklung stehen (BAG 22.4.2010 – 2 AZR 991/08, NZA-RR 2010, 583 – sog Vorratskündigung; BAG 17.3.2016 – 2 AZR 182/15, NZA 2016, 1072). Ist die Anhörung zu einer Kündigung ausdrücklich mit dem Hinweis eingeleitet worden, dass die Kündigung erst nach Abschluss des Interessenausgleichs und Sozialplans erfolgen soll, und wird die Kündigung zwar nach Abschluss des Interessenausgleichs aber noch vor Abschluss des Sozialplans ausgesprochen, ist diese Kündigung nicht mehr von der Anhörung gedeckt (BAG 27.11.2003 – 2 AZR 654/02, AP BetrVG 1972 § 102 Nr. 136). Gleiches gilt, wenn die Anhörung zu einem erst noch erwarteten Verhalten des ArbN erfolgen soll (BAG 19.1.1983 – 7 AZR 514/80, AP BetrVG 1972 § 102 Nr. 28). Dagegen kann die Anhörung unter eine Rechtsbedingung gestellt werden, zB Anhörung zu einer vorsorglichen weiteren Kündigung, für den Fall der Rechtsunwirksamkeit der früheren Kündigung (BAG 22.4.2010 – 2 AZR 991/08, NZA-RR 2010, 583). Auch kann der ArbGeb. bei Einleitung des Anhörungsverfahrens die Art der Kündigung (Änderungs- oder Beendigungskündigung) offen halten, wenn der Kündigungssachverhalt für beide Fälle feststeht und die Kündigung auf jeden Fall ausgesprochen werden soll (BAG 22.4.2010 – 2 AZR 991/08, NZA-RR 2010, 583; 17.3.2016 – 2 AZR 182/15, NZA 2016, 1072).

58 Der ArbGeb. ist verpflichtet, die Stellungnahme des BR (Bedenken nach Abs. 2 oder Widerspruch nach Abs. 3) entgegenzunehmen und sich mit ihr sachlich auseinanderzusetzen. Der ArbGeb. muss den BR „anhören", darf also zB nicht dem BR ein fertig formuliertes Kündigungsschreiben vorlegen, er muss sich mit Gegenvorstellungen des BR befassen. Der ArbGeb. muss noch bereit sein, die Argumente des BR zu würdigen (DKKW/*Bachner* Rn. 53; GK-BetrVG/*Raab* Rn. 41; *Gester/Zachert,* Jahrbuch des Arbeitsrechts, Bd. 12, 92. Das BAG hält die Einflussnahme auf den Kündigungswillen auch dann noch möglich, wenn der ArbGeb. den Kündigungsentschluss zwar schon gefasst, die Kündigung aber noch nicht ausgesprochen hat (BAG 28.2.1974 – 2 AZR 455/73, AP BetrVG 1972 § 102 Nr. 2; 13.11.1975 – 2 AZR 610/74, AP BetrVG 1972 § 102 Nr. 7; 28.9.1978 – 2 AZR 2/77, AP BetrVG 1972 § 102 Nr. 19; 13.12.2012 – 6 AZR 348/11, NZA 2013, 669; ebenso *Heinze* Personalplanung Rn. 460; HWGNRH/*Huke* Rn. 29; Richardi BetrVG/*Thüsing* Rn. 82; KR/*Etzel/Rinck* Rn. 69).

59 **Nachträgliche Zustimmung** des BR **heilt die Unwirksamkeit der Kündigung** als einseitiger Willenserklärung, die keinen Schwebezustand zulässt, **nicht** (BAG 28.2.1974 – 2 AZR 455/73, AP BetrVG 1972 § 102 Nr. 2; 18.9.1975 – 2 AZR 594/74, AP BetrVG 1972 § 102 Nr. 6; APS/*Koch* § 102 Rn. 152; ErfK/*Kania* Rn. 29; HWGNRH/*Huke* Rn. 22). Das BetrVG enthält keine dem § 184 BGB entspr. Vorschrift. Der ArbGeb. kann aber uU **nach ordnungsgemäßer Anhörung** des BR **erneut kündigen,** wenn die materiellen Kündigungsgründe noch nicht verbraucht sind.

60 **Kündigt der ArbGeb.** erst **geraume Zeit nach Anhörung des BR,** so ist eine erneute Anhörung erforderlich, falls sich inzwischen der Kündigungssachverhalt geändert hat (BAG 26.5.1977 – 2 AZR 201/76, AP BetrVG 1972 § 102 Nr. 14; 22.4.2010 – 2 AZR 991/08, NZA-RR 2010, 583; DKKW/*Bachner* Rn. 62; ErfK/*Kania* Rn. 3; Richardi BetrVG/*Thüsing* Rn. 125; *Meisel* Mitwirkung BR Rn. 451; *Heinze* Personalplanung Rn. 503 hält nach längerem Zeitablauf stets eine neue Anhörung für erforderlich). Eine Frist für den Ausspruch der Kündigung enthält § 102 im Gegensatz zu § 171 Abs. 3 SGB IX und § 18 Abs. 4 KSchG aber nicht.

61 Bei der Kündigung **Schwbeh.** steht es dem ArbGeb. grds. frei, ob er den Antrag auf Zustimmung zur Kündigung beim Integrationsamt vor, während oder erst nach der Beteiligung des BR stellt (BAG 11.5.2000 – 2 AZR 276/99, AP BetrVG 1972 § 103 Nr. 42). Hört er den BR schon vor Abschluss des Verfahrens vor dem Integrationsamt an, ist eine erneute Anhörung des BR nicht erforderlich, wenn die Entscheidung des Integrationsamtes erst später ergeht und sich der Kündigungssachverhalt inzwischen nicht geändert hat; hat sich dagegen der Kündigungssachverhalt geändert, ist eine erneute Anhörung des BR erforderlich (BAG 22.9.2016 – 2 AZR 700/15, NZA 2017, 304). Das gilt auch, wenn die Zustimmung des Integrationsamtes erst nach einem jahrelangen Verwaltungsgerichtsverfahren erteilt wird (BAG 18.5.1994 – 2 AZR 626/93, AP BPersVG § 108 Nr. 3; 23.10.2008 – 2 AZR 163/07, AP KSchG 1969 § 1 Namensliste Nr. 18). Dann muss der ArbGeb. aber binnen einem Monat nach der Erteilung der Zustimmung (§ 171 Abs. 3 SGB IX; BAG 5.9.1979 – 4 AZR 875/77, AP SchwbG § 12 Nr. 6; 1.4.1981 – 7 AZR 1003/78, AP BetrVG 1972 § 102 Nr. 23; 26.9.1991 – 2 AZR 132/91, AP KSchG 1969 § 1 Krankheit Nr. 28) bzw. der Fiktion der Zustimmung nach § 177 Abs. 5 SGB IX kündigen. Das Anhörungsverfahren zu einer beabsichtigten **außerordentlichen Kündigung** kann auch erst nach dem Ende des Zustimmungsverfahrens beim Integrationsamt eingeleitet werden; der Zustimmungsantrag muss binnen zwei Wochen nach Kenntnis des ArbGeb. von den maßgeblichen Tatsachen beim Integrationsamt eingehen (§ 174 Abs. 2 SGB IX). Dann muss der ArbGeb. aber sofort nach Bekanntgabe der zustimmenden Entscheidung oder nach Ablauf der Zweiwochenfrist des § 174 Abs. 3 SGB IX das Anhörungsverfahren beim BR einleiten und sofort nach Eingang der Stellungnahme des BR oder Ablauf der Dreitagesfrist des § 102 Abs. 2 S. 3 kündigen (BAG 3.7.1980 – 2 AZR 340/78, AP SchwbG § 18 Nr. 2; 1.4.1981 – 7 AZR 1003/78, AP BetrVG 1972 § 102 Nr. 23; 22.1.1987 – 2 ABR 6/86, AP BetrVG 1972 § 103 Nr. 24; 18.8.1982 – 7 AZR 437/80, AP BetrVG 1972 § 102 Nr. 24; vgl. auch *Braasch* BlStR 1981, 1; *Jobs* ArbuR 1981, 225 [229]). Die Ausschlussfrist der § 626 Abs. 2 BGB wird nicht durch den rechtzeitigen Antrag nach § 174 Abs. 2 SGB IX verdrängt (BAG 2.3.2006 – 2 AZR 46/05, AP SGB IX § 91 Nr. 6; 1.2.2007 – 2 AZR 333/06, NZA 2007, 744). Erfolgt jedoch die Zustimmung des Integrationsamtes erst nach Ablauf der Zweiwochenfrist des § 626 Abs. 2 BGB, muss der ArbGeb. die außerordentliche Kündigung nach § 174 Abs. 5 SGB IX unverzüglich nach Erteilung der Zustimmung erklären, dh am ersten Tag nach Bekanntgabe der Zustimmung (förmliche Zustellung nicht erforderlich, ausreichend ist die mündliche bzw. fernmündliche Bekanntgabe (ErfK/*Rolfs* SGB IX § 174 Rn. 7; dagegen kommt es auf die förml. Zustellung an, wenn Integrationsamt auf Nachfrage des ArbGeb. lediglich den Bescheid ohne inhaltl. Ausführung ankündigt: BAG 19.4.2012 – 2 AZR 118/11, NZA 2013, 507); gleiches gilt hinsichtlich der Entscheidung des Widerspruchsausschusses – BAG 21.4.2005 – 2 AZR 255/04, AP SGB IX § 91 Nr. 4; 12.5.2005 – 2 AZR 159/04, AP SGB IX § 91 Nr. 5) bzw. nach Eintritt der Zustimmungsfiktion; ist BR-Anhörung bis dahin noch nicht erfolgt, muss diese unmittelbar am nächsten Tag eingeleitet werden; die Kündigung ist am ersten Tag nach Abschluss des Anhörungsverfahrens auszusprechen (BAG 27.5.1983 – 7 AZR 482/81, AP SchwbG § 12 Nr. 12; LAG RhPf 31.3.2004 – 10 Sa 1437/03, NZA-RR 2005, 71 f.; ErfK/*Rolfs* SGB IX § 174 Rn. 9; Widerspruch und Anfechtungsklage gegen die Zustimmung des Integrationsamts zur Kündigung haben keine aufschiebende Wirkung (§ 171 Abs. 4 SGB IX; BAG 13.12.2018 – 2 AZR 378/18, NZA 2019, 305; 23.5.2013 – 2 AZR 991/11, NZA 2013, 1373 zum gleichlautenden § 88 Abs. 4 SGB IX aF). Erfolgt die Zustimmung des Integrationsamtes noch vor Ablauf der Frist des § 626 Abs. 2 BGB, kann der ArbGeb. diese Frist noch ausschöpfen (BAG 15.11.2001 – 2 AZR 380/00, AP BGB § 626 Ausschlußfrist Nr. 45 unter Aufgabe der bisherigen Rspr. BAG 22.1.1987 – 2 ABR 6/86, AP BetrVG 1972 § 103 Nr. 24; ebenso 7.11.2002 – 2 AZR 475/01, AP BGB § 620 Kündigungserklärung Nr. 19; 2.3.2006 – 2 AZR 46/05, AP SGB IX § 91 Nr. 6). Das ArbG hat die Einhaltung der Frist nach § 626 Abs. 2 BGB eigenständig zu prüfen (BAG 2.3.2006 – 2 AZR 46/05, AP SGB IX § 91 Nr. 6). Die Schwerbehinderteneigenschaft ist zwar

Tatbestandsmerkmal für § 174 Abs. 2 SGB IX, nicht jedoch für § 626 Abs. 2 BGB; dh erlangt der ArbGeb. erst nach Ablauf der Frist des § 626 Abs. 2 BGB Kenntnis und führt die Einleitung des Verfahrens nach § 174 Abs. 2 SGB IX ein, führt dies nicht zur „Heilung“ der versäumten Frist des § 626 Abs. 2 BGB (BAG 2.3.2006 – 2 AZR 46/05, AP SGB IX § 91 Nr. 6). In den Fällen, in denen ein Dauertatbestand geltend gemacht wird, wie zB dauernde Arbeitsunfähigkeit wegen Krankheit, reicht für die Einhaltung der Zweiwochenfrist des § 626 Abs. 2 BGB aus, dass der Zustand auch in den letzten zwei Wochen vor Ausspruch der Kündigung noch bestand (BAG 13.5.2004 – 2 AZR 36/04, AP BGB § 626 Krankheit Nr. 12).

61a Das Erfordernis der Einleitung eines Zustimmungsverfahrens beim Integrationsamt durch den ArbGeb. setzt voraus, dass für den ArbN Sonderkündigungsschutz nach § 186 SGB IX besteht. Dieser besteht insb., wenn ein Feststellungs- oder Gleichstellungsbescheid, ein Schwerbehindertenausweis vorliegt (§ 152 Abs. 1 u. 2 SGB IX) oder die Schwerbehinderung offenkundig ist (s. dazu insb. BAG 18.12.2000 – 2 AZR 380/99, NZA 2001, 315 – durch die Neuregelung in § 173 Abs. 2a SGB IX soll der von der Rspr. entwickelte Grundsatz zur Offenkundigkeit nicht in Frage gestellt werden, BT-Drs. 15/2357, 24 zum gleichlautenden § 90 SGB IX aF – bestätigt durch BAG 13.2.2008 – 2 AZR 864/06, AP SGB IX § 85 Nr. 5). Der bes. Kündigungsschutz nach den §§ 168 ff. SGB IX besteht dagegen nicht, wenn zum Zeitpunkt der Kündigung die Eigenschaft als schwerbeh. Mensch nicht nachgewiesen ist oder das Versorgungsamt nach Ablauf der Frist des § 152 Abs. 1 S. 2 SGB IX (drei bzw. sieben Wochen) eine Feststellung wegen fehlender Mitwirkung nicht treffen konnte (§ 173 Abs. 2a SGB IX). Mit dieser Neuregelung soll dem ArbN die bisher bestehende Möglichkeit genommen werden, noch kurz vor Zugang der Kündigung durch Stellung eines Feststellungsantrags den bes. Kündigungsschutz zu erlangen (BT-Drs. 15/2357, 24). Zur Geltendmachung des bes. Kündigungsschutzes muss der ArbN nunmehr den Antrag beim Versorgungsamt so rechtzeitig gestellt haben und seinen Mitwirkungspflichten umfassend nachgekommen sein, dass ein positiver Bescheid bei ordnungsgemäßer Bearbeitung durch das Versorgungsamt noch vor Zugang der Kündigung möglich gewesen wäre (BAG 1.3.2007 – 2 AZR 217/06, DB 2007, 1702; *Schrader/Klagges* NZA-RR 2009, 169 ff.; *Griebeling* NZA 2005, 494 [497 f.]; *Düwell* BB 2004, 2811 [2813]; *Bauer/Powietzka* NZA-RR 2005, 505 ff.). Beruht die Verzögerung des Anerkennungsverfahrens nicht auf Fehlverhalten des ArbN, entfällt der bes. Kündigungsschutz nicht – auch dann nicht, wenn die Schwerbehinderteneigenschaft erst in einem Abhilfebescheid nach Zugang der Kündigung festgestellt wird (LAG Düsseldorf LAGE § 90 SGB IX Nr. 1; LAG Köln 16.6.2006 – 12 Sa 168/06, NZA-RR 2007, 133); der ArbN hat den ArbGeb. hierauf innerhalb einer angemessenen Frist (drei Wochen) nach Zugang der Kündigung hinzuweisen (BAG 11.12.2008 – 2 AZR 395/07, NZA 2009, 556 ff.; BAG 12.1.2006 – 2 AZR 539/05, AP SGB IX § 85 Nr. 3; LAG Düsseldorf LAGE § 90 SGB IX Nr. 1; *Schlewing* NZA 2005, 1218 [1223]; *Schulze* AuR 2005, 252 [253] unter Hinweis auf eine Sitzung der Bundesarbeitsgemeinschaft der Integrationsämter v. 29.7.2004; *Bantle/Waterschek* AiB 2005, 404 f.; *Däubler* AiB 2005, 387 [394]; **aA** CFHR/*F.-W. Dopotka* Rn. 22, wonach es nur auf die Antragstellung ankommen soll). Unterlässt der ArbN diese Mitteilung, hat er den besonderen Kündigungsschutz verwirkt, wenn der ArbGeb. die Schwerbehinderung nicht kennt und insoweit nicht mit der Zustimmungspflichtigkeit rechnen muss (BAG 11.12.2008 – 2 AZR 395/07, NZA 2009, 556). Hat dagegen der ArbN dem ArbGeb. vor Zugang der Kündigung mitgeteilt, dass er Antrag auf Feststellung über das Bestehen einer Behinderung gestellt hat, liegt kein Tatbestand der Verwirkung § 242 BGB vor (BAG 9.6.2011 – 2 AZR 703/09, NZA-RR 2011, 516). Die Berufung auf die Schwerbehinderung und damit die Unzulässigkeit der Kündigung muss jedoch innerhalb der Klagefrist des § 4 Abs. 1 KSchG zuzüglich der Zeitspanne innerhalb derer der Zugang der Mitteilung beim ArbGeb. bewirkt wird, erfolgen (BAG 22.9.2016 – 2 AZR 700/15, NZA 2017, 304; 23.2.2010 – 2 AZR 659/08, NZA 2011, 411; LAG Köln 11.2.2011 – 10 Sa 1207/10, NZA-RR 2011,

459; krit. dazu *Gehlhaar* NZA 2011, 673). Im Fall des **Betriebsübergangs** muss sich der Betriebserwerber die Kenntnis des Betriebsveräußerers zurechnen lassen (BAG 11.12.2008 – 2 AZR 395/07, NZA 2009, 556); eine vor dem Betriebsübergang beantragte und nach dem Betriebsübergang an den Betriebsveräußerer erteilte Zustimmung des Integrationsamts stellt jedoch keine dem Betriebserwerber gegenüber erteilte Zustimmung iSd § 168 Abs. 9 SGB IX dar (BAG 15.11.2012 – 8 AZR 827/11). § 173Abs. 2a SGB IX gilt uneingeschränkt auch für schwerbehinderten Menschen gleichgestellte ArbN; auch sie müssen mindestens drei Wochen vor der Kündigung den Antrag auf Gleichstellung gestellt haben (BAG 1.3.2007 – 2 AZR 217/06, DB 2007, 1702; *Göttling* NZA-RR 2007, 281 [284]; *Eylert/Sänger* RdA 2010, 24 [35]).

Weist der BR den ArbGeb. im Rahmen des Anhörungsverfahrens nach § 102 auf die rechtzeitig erfolgte Antragstellung des ArbN hin, kann der ArbGeb. sich nicht auf Vertrauensschutz berufen (vgl. zu § 85 SGB IX aF BAG 20.1.2005 – 2 AZR 675/03, AP SGB IX § 85 Nr. 1). Zu den Neuregelungen des SGB IX iRd G zur Förderung der Ausbildung und Beschäftigung schwerbehinderter Menschen v. 23.4.2004 (BGBl. I S. 606) s. ua *Cramer* NZA 2004, 698ff.; *Düwell* BB 2004, 2811ff.; *Bernhardt/Barthel* AuA 2004, 20ff.; *Rehwald/Kossack* AiB 2004, 604ff.; *Grimm/Brock/Windeln* DB 2005, 282ff.; *Griebeling* NZA 2005, 494ff.; *Bauer/Powietzka* NZA-RR 2005, 505ff.; *Staffhorst* AuA 2005, 35ff.; *Schulze* AuR 2005, 252ff.; *Rolfs/Bark* BB 2005, 1678ff.; *Schlewing* NZA 2005, 1218ff.; *Göttling* NZA-RR 2007, 281; *Schrader/Klagges* NZA-RR 2009, 169ff.; *Eylert/Sänger* RdA 2010, 24 [34f.] Wegen Anhörung der SchwbehVertr. → Rn. 61c, § 32 Rn. 17ff. Zur Klagefrist → Rn. 63a. **61b**

IRd Bundesteilhabegesetzes (BTHG) vom 23.12.2016 (BGBl I 2016 S. 3234) sind mit Art. 2 (Gesetz zur Stärkung der Teilhabe und Selbstbestimmung von Menschen mit Behinderungen – Änderung des SGB IX) die Rechte der SchwbehVertr. gestärkt worden. Nach § 178 Abs. 2 S. 3 SGB IX ist die Kündigung eines schwerbeh. Menschen ohne ordnungsgemäße Unterrichtung und Anhörung der SchwbehVertr. unwirksam. Die Unterrichtungs- und Anhörungspflicht beschränkt sich nicht auf behinderungsspezifische Gründe (BAG 13.12.2018 – 2 AZR 378/18, NZA 2019, 305). Die Beteiligung des BR nach § 102 und die der SchwbehVertr. nach § 178 SGB IX stehen gleichrangig nebeneinander (BT-Drs. 18/10532, S. 67; BAG 13.12.2018 – 2 AZR 378/18, NZA 2019, 305; *Bayreuther* NZA 2017, 87; *Rudolph* AiB 2017, 34). Die rechtzeitige Beteiligung der SchwbehVertr. ist keine Wirksamkeitsvoraussetzung für die ordnungsgemäße Anhörung des BR; sie muss auch nicht vor der Anhörung des BR erfolgen (BAG 13.12.2018 – 2 AZR 378/18, NZA 2019, 305; **aA** *Evermann* FA 2018, 6). Die Fristen des § 102 gelten für die Anhörung der SchwerbehVertr. analog (BAG 13.12.2018 – 2 AZR 378/18, NZA 2019, 305; DKKW/*Bachner* Rn. 260c; *Bayreuther* NZA 2017, 87; *Rudolph* AiB 2017, 34 [36]; *Sachadae* AiB 2017, 27 [28]; *Kleinebrink* DB 2017, 126 [129]; *Schnelle* NZA 2017, 880 [882]; *Lingemann/Steinhauser* NJW 2017, 1369 [1370]; *Schmitt* BB 2017, 2293 [2297]; *Flogaus/Leist* Personalmagazin 2017, 74; *Düwell/Beyer* Rn. 136; *Evermann* FA 2018, 6; iErg so auch *Ellger* AuA 2017, 147 [148] und *Mühlmann* NZA 2017, 884 [887]). Die SchwerbehVertr. kann dem BR ihre Auffassung iR ihres Teilnahmerechts an BRSitzungen nach § 32 mitteilen und ggf. Antrag auf Aussetzung des Beschlusses des BR nach § 35 Abs. 1 beantragen → § 35 Rn. 10. **61c**

Sowohl die Durchführung des **Präventionsverfahrens** nach § 167 Abs. 1 SGB IX (§ 84 Abs. 1 SGB IX aF) als auch des sog **betrieblichen Eingliederungsmanagement (BEM)** nach § 167 Abs. 2 SGB IX (§ 84 Abs. 2 SGB IX aF) ist keine formelle Wirksamkeitsvoraussetzung für die Kündigung, stellt jedoch eine Konkretisierung des dem Kündigungsschutzrecht innewohnenden Verhältnismäßigkeitsgrundsatzes dar (ausf. BAG 7.12.2006 – 2 AZR 182/06, AP KSchG 1969 § 1 Verhaltensbedingte Kündigung Nr. 56; 12.7.2007 – 2 AZR 716/06, AP KSchG 1969 § 1 Personenbedingte Kündigung Nr. 28; 10.12.2009 – 2 AZR 400/08, NZA 2010, 398; 22.10.2015 – 2 AZR 720/14, NZA 2016, 473; 25.1.2018 – 2 AZR 382/17, NZA **61d**

2018, 845; *Kempter/Steinat* NZA 2015, 840; *Schiefer* DB 2010, 1884; *Baumeister/Richter* ZfA 2010, 3 [19ff.]; *Joussen* DB 2009, 286; *Oppolzer* AiB 2007, 37; *Steinau-Steinrück/Hagemeister* NJW Spezial 2005, 129; *Balders/Lepping* NZA 2005, 854; gleiches gilt im Fall der Versetzung eines Beamten in den Ruhestand wegen dauerhafter Dienstunfähigkeit: BVerwG 5.6.2014 – 2 C 22.13, ZBVR-Online 3/2015, 14; **aA** *Fuhlrott* DB 2012, 2343; *Brose* RdA 2006, 149; *Schimanski* BehindertenR 2002, 121; *Tschöpe* NZA 2008, 398ff. hinsichtlich der damit verbundenen Verlagerung der Darlegungs- und Beweislast auf den ArbGeb.). Unterlässt der ArbGeb. die Initiative zur Durchführung eines BEM, muss er die Nutzlosigkeit arbeitsplatzbezogener Maßnahmen als auch gesetzlich vorgesehener Hilfen und Leistungen der Rehabilitationsträger darlegen und beweisen (BAG 20.11.2014 – 2 AZR 755/13, NZA 2015, 612; BAG 20.11.2014 – 2 AZR 664/13, NZA 2015, 931). Die Durchführung des auf dem Freiwilligkeitsprinzip beruhenden BEM gilt für alle – auch die nicht schwerbehinderten – Beschäftigten (CFHR/*Schian* § 84 Rn. 19; *Deinert* NZA 2010, 969 [970]; BAG 12.7.2007 – 2 AZR 716/06, AP KSchG 1969 § 1 Personenbedingte Kündigung Nr. 28) einschließlich Beamte (BVerwG 5.6.2014 – 2 C 22.13, ZBVR-Online 3/2015, 14). Soweit ein Verfahren nach § 167 Abs. 1 oder Abs. 2 SGB IX durchgeführt worden ist, ist damit nicht zugleich auch das Anhörungsverfahren nach § 102 erfüllt. Beide sind von einander zu trennende Verfahren; in den Verfahren nach § 167 Abs. 1 u. 2 SGB IX geht es um die Beseitigung von Schwierigkeiten, die zu einer Gefährdung des Beschäftigungsverhältnisses führen können; in § 102 geht es um die konkrete Kündigung (*Brose* RdA 2006, 149 [153]; *Arnold/Fischinger* BB 2007, 1894 [1896]; *Deinert* NZA 2010, 969 [971]; *Beck* NZA 2017, 81). Befindet sich der ArbN noch innerhalb der Wartezeit nach § 1 Abs. 1 KSchG besteht keine Verpflichtung zur Durchführung eines Präventionsverfahrens nach § 167 Abs. 1 SGB IX (s. ausführlich BAG 21.4.2016 – 8 AZR 402/14, NZA 2016, 1131 zu § 84 Abs. 1 SGB IX aF). Zum MBR des BR nach § 87, → § 87 Rn. 310a. Zum BEM ausf. s. *Kempter/Steinat* NZA 2015, 840; *v. Stein* ZfA 2016, 549; *Schiefer* RdA 2016, 196; *Betz-Rehm/Schiepel/Kanne* ZTR 2016, 239; *Beck* NZA 2017, 81.

62 Bei **außerordentlichen Kündigungen wird** die Dreitagefrist für die Stellungnahme des BR auf die zweiwöchige Überlegungsfrist des ArbGeb. nach § 626 Abs. 2 S. 1 angerechnet, dh die letztere Frist wird nicht verlängert (HWGNRH/*Huke* Rn. 24; **aA** *Meisel* Mitwirkung BR Rn. 487f.; *H. P. Müller* DB 1975, 1363). Die Frist läuft aber nicht, so lange der ArbGeb. noch Ermittlungen anstellt und binnen einer Woche nach Kenntnis des Vorfalls den ArbN anhört (BAG 6.7.1972 – 2 AZR 386/71, AP BGB § 626 Ausschlußfrist Nr. 3; 2.3.2006 – 2 AZR 46/05, AP SGB IX § 91 Nr. 6; zu Sozialdaten bei außerordentlichen Kündigung → Rn. 40). Je nach SV kann eine Ermittlung 2 Monate dauern, die Notwendigkeit muss der Kündigungsberechtigte darlegen können; zur Zweiwochenfrist und deren Beginn bei noch notwendigen Ermittlungen BAG 1.2.2007 – 2 AZR 333/06, NZA 2007, 744.

63 Eine **nachträglich,** insbes. im Prozess, abgegebene Erklärung des ArbGeb., die **außerordentliche Kündigung solle hilfsweise als ordentliche** gelten, ist wegen Nichtanhörung des BR zur ordentlichen Kündigung **unwirksam,** und zwar auch dann, wenn sie aus verhaltensbedingten Gründen ausgesprochen wurde. Sie wäre eine Umgehung des Verfahrens nach § 102 Abs. 3 u. 5 (BAG 16.3.1978 – 2 AZR 424/76, AP BetrVG 1972 § 102 Nr. 15, 20.9.1984 – 2 AZR 633/82, AP BGB § 626 Nr. 80; vHHL/*Hoyningen-Huene* KSchG § 13 Rn. 47ff.; *Benecke* AuR 2005, 48ff). Etwas anderes kann gelten bei ausdrücklicher und vorbehaltloser Zustimmung des BR zur Kündigung und identischem Sachverhalt (BAG 16.3.1978 – 2 AZR 424/76, AP BetrVG 1972 § 102 Nr. 15; 20.9.1984 – 2 AZR 633/82, AP BGB § 626 Nr. 80; DKKW/*Bachner* Rn. 1116; **aA** *Benecke* AuR 2005, 48 [50f.] unter Hinweis auf die unterschiedl. Ausgestaltung des § 102 bei einer ordentl. und außerordentl. Kündigung – zulässig nur, wenn erneute Anhörung reiner Formalismus wäre, eine andere Reaktionsmöglichkeit des BR zur ordentl. Kündigung ausgeschlossen ist). Der ArbGeb. kann aber von vornherein den BR **auch zu einer hilfsweise zu erklärenden**

ordentlichen Kündigung hören, wenn er den BR deutlich auf diese Absicht hinweist (BAG 16.3.1978 – 2 AZR 424/76, AP BetrVG 1972 § 102 Nr. 15, 20.9.1984 – 2 AZR 633/82, AP BGB § 626 Nr. 80; 26.3.2015 – 2 AZR 478/13, NZA 2015, 1122; *Meisel* Mitwirkung BR Rn. 409, der die Ansicht des BAG aber für wenig einleuchtend hält; *Heinze* Personalplanung Rn. 483; HWGNRH/*Huke* Rn. 174f; KR/*Etzel/Rinck* Rn. 250; *Benecke* AuR 2005, 48 [49]). Dann hat aber der ArbGeb. die **Wochenfrist einzuhalten.** Auch ist es denkbar, dass der ArbGeb. aus denselben Gründen statt einer außerordentlichen nur eine ordentliche Kündigung ausspricht, wenn der BR dieser zustimmt (LAG BW 3.11.1976 – 6 Sa 84/76, DB 1977, 777; nach LAG Bln 23.11.1982 – 3 Sa 67/82, NJW 1983, 1631 ist der BR dann nochmals zu hören). Die Anhörung wegen einer beabsichtigten ordentlichen Kündigung ersetzt nicht die Anhörung wegen einer stattdessen ausgesprochenen und zudem auf zusätzliche Gründe gestützten außerordentlichen Kündigung (BAG 12.8.1976 – 2 AZR 311/75, AP BetrVG 1972 § 102 Nr. 10; DKKW/*Bachner* Rn. 116).

Mit der **Änderung des KSchG** durch das G zu Reformen am Arbeitsmarkt vom 24.12.2003 (BGBl. I S. 3002) ist für die Geltendmachung aller Unwirksamkeitsgründe eine **einheitliche Klagefrist von drei Wochen** eingeführt worden (→ Rn. 2a, 3 5. Spiegelstrich). Danach muss der ArbN ab dem 1.1.2004 die Rechtsunwirksamkeit der Kündigung unabhängig von dem Grund ihrer Unwirksamkeit innerhalb einer Frist von drei Wochen nach Zugang der **schriftlichen Kündigung** geltend machen (§ 4 S. 1, § 13 Abs. 3 KSchG; vgl. dazu auch BT-Drs. 15/1204, 9, 13, 15; BT-Drs. 15/1587, 11, 31; *Raab* RdA 2004, 321; *Bender/Schmidt* NZA 2004, 358). Dies bedeutet, dass auch im Fall der unwirksamen Kündigung wegen fehlender oder nicht ordnungsgemäßer Anhörung des BR, der ArbN die Unwirksamkeit der Kündigung innerhalb der **dreiwöchigen Klagefrist** geltend machen muss. Insoweit handelt es sich um eine Unwirksamkeit aus „anderen Gründen" im Sinne des § 4 S. 1 u. § 13 Abs. 3 KSchG (KR/*Friedrich* KSchG § 13 Rn. 217; *Löwisch* NZA 2003, 689 [693]; *Löwisch* BB 2004, 154 [158]; *Willemsen/Annuß* NJW 2004, 177 [183]). Dies gilt auch für Kündigungen in der Wartezeit (BAG 28.6.2007 – 6 AZR 873/06, DB 2007, 1986), für die Berufung auf tarifvertragliche oder arbeitsvertragliche Unkündbarkeit (BAG 8.11.2007 – 2 AZR 314/06, AP KSchG 1969 § 4 Nr. 63) sowie für die Unwirksamkeit der Kündigung wg. fehlender Massenentlassungsanzeige (LAG Nds 6.4.2009 – 9 Sa 1297/08, BB 2009, 1981 f. mit zust. Anm. *Langner/Kobialka* ebenda). Kündigt ein Vertreter ohne Vertretungsmacht, beginnt die Frist des § 4 KSchG erst mit Zugang der Genehmigung durch den ArbGeb. (BAG 6.9.2012 – 2 AZR 858/11, NZA 2013, 524; *Stiebert* NZA 2013, 657). Unterbleibt die rechtzeitige Klageerhebung, gilt die **Kündigung** nach § 7 KSchG als von Anfang an **rechtswirksam.** Ist die Unwirksamkeit der Kündigung rechtzeitig geltend gemacht worden, kann sich der ArbN auch auf Unwirksamkeitsgründe berufen, die er zunächst nicht geltend gemacht hat; hierauf hat ihn das ArbG hinzuweisen (vgl. § 6 KSchG – zum Umfang der Hinweispflicht s. BAG 18.1.2012 – 6 AZR 407/10, NZA 2012, 817). Wahrung der Frist gegen die erste Kündigung gilt auch für Folgekündigungen, soweit sie aus gleichem Grund und zum gleichen Termin ausgesprochen werden (BAG 23.4.2008 – 2 AZR 699/06, AP KSchG 1969 § 4 Nr. 65). Die dreiwöchige **Klagefrist beginnt** jedoch erst dann, wenn dem ArbN die **Kündigung** in **schriftlicher Form** zugegangen ist (vgl. BT-Drs. 15/1587, 31; zur Schriftform und Übergabe einer Kopie der Kündigungserklärung s. BAG 4.11.2004 – 2 AZR 17/04, AP BGB § 623 Nr. 3; Unterzeichnung der Kündigung durch alle Gesellschafter einer GbR s. BAG 21.4.2005 – 2 AZR 162/04, AP BGB § 623 Nr. 4; Schriftform ist bei Kündigung per E-Postbrief nicht gewahrt (sa *Schomaker* AiB 2011, 234); ebenso nicht durch Telefax (BAG 17.12.2015 – 6 AZR 709/14, NZA 2016, 361; mangelnde Schriftform kann auch nach drei Wochen geltend gemacht werden: BAG 9.2.2006 – 6 AZR 283/0, AP KSchG 1969 § 4 Nr. 56). Die Frist des § 4 KSchG gilt nicht bei Geltendmachung der Nichteinhaltung der Kündigungsfrist (BAG 15.12.2005 – 2 AZR 148/05, AP KSchG 1969 § 4 Nr. 55; zu dieser Thematik s. *Eisemann* NZA 2011, 601 ff.; **aA** vHHL/*Linck* KSchG § 4 Rn. 22a). Bedarf die Kündigung zu ihrer Wirksamkeit der **Zustimmung einer Behörde** (insbes. § 18 BEEG, § 17 MuSchG, § 168 SGB IX; § 5 PflegeZG), beginnt die **Klagefrist** zur Anrufung des ArbG nicht bereits mit Zugang der schriftl. Kündigung sondern erst ab der **Bekanntgabe der Entscheidung der Behörde an den ArbN** zu laufen (§ 4 S. 4 KSchG; BAG 3.7.2003 – 2 AZR 487/02, AP BErzGG § 18 Nr. 7 – jetzt § 18 BEEG; APS/*Hesse* KSchG § 4 Rn. 102; *Backmeister/Trittin/Mayer* KSchG § 4 Rn. 34; *Löwisch* BB 2004, 154 [158]; *Preis* DB 2004, 70 [77]; *Schmidt* NZA 2004, 79 [80]; *Richardi* DB 2004, 486 [489]; *Hanau* ZIP 2004, 1169 [1176]; *Däubler* AiB 2005, 387 [392]; **aA** *Zeising/Kröplin* DB 2005, 1626 ff.; *Griebeling* NZA 2005, 494 [501 f.]; *Bauer/Powietzka* NZA-RR 2005, 505 [513 f.]). Vors. für die Anwendbarkeit des § 4 S. 4 KSchG ist, dass der ArbGeb. Kenntnis von den den Sonderkündigungsschutz begründenden Tatsachen im Zeitpunkt des Zugangs der Kündigung hat (BAG 13.2.2008 – 2 AZR 864/06, AP SGB IX § 85 Nr. 5; 19.2.2009 – 2 AZR 286/07, AP MuSchG 1968 § 9 Nr. 38). War dem ArbGeb. die Notwendigkeit einer behördl. Zustimmung nicht bekannt, gilt nach BAG 13.2.2008 – 2 AZR 864/06, AP SGB IX § 85 Nr. 5 die Frist nach § 4 S. 1 KSchG; insbes. hat der ArbN dem ArbGeb. innerhalb von drei Wochen seinen Schwerbehindertenstatus bzw. Gleichstellung mitzuteilen, unterlässt er dies, kann er sich nicht mehr auf den Sonderkündigungsschutz berufen und mit Ablauf der Klagefrist nach § 4 Abs. 1 KSchG ist der eigentliche Nichtigkeitsgrund geheilt – die Bekanntgabe der Schwerbehinderteneigenschaft hemmt nicht die Klagefrist nach § 4 Abs. 1 KSchG (vgl. allg. SPV Kündigung/*Vossen* Rn. 1926; APS/*Hesse* KSchG § 4 Rn. 102; *Preis* DB 2004, 77; *Schmidt* NZA 2004, 79 [81 f.]; *Griebeling* NZA 2005, 494 [501]; vgl. insgesamt zum Meinungsbild: *Zeising/Kröplin* DB 2005, 1626 ff.). Gleiches – kein Hemmung der Klagefrist – gilt für die Bekanntgabe der Schwangerschaft innerhalb der Zweiwochenfrist des § 17 Abs. 1 S. 1 MuSchG: wird nicht innerhalb der dreiwöchigen Klagefrist des § 4 S. 1 KSchG Kündigungsschutzklage erhoben, gilt die Kündigung von Anfang an als rechtswirksam (BAG 19.2.2009 – 2 AZR 286/07, AP MuSchG 1968 § 9 Nr. 38); die Anwendung des § 4 S. 4 KSchG setzt voraus, dass der ArbGeb. von der Schwangerschaft zum Zeitpunkt des Zugangs der Kündigung Kenntnis erlangt hat (BAG 19.2.2009 – 2 AZR 286/07, AP MuSchG 1968 § 9 Nr. 38). Wird dem ArbN die Entscheidung der Behörde nicht bekannt, kann er die Unwirksamkeit der Kündigung – bis zur Grenze der **Verwirkung** – jederzeit geltend machen (BAG 13.2.2008 – 2 AZR 864/06, AP SGB IX § 85 Nr. 5; 3.7.2003 – 2 AZR 487/02, AP BErzGG § 18 Nr. 7 – jetzt § 18 BEEG; 25.3.2004 – 2 AZR 295/03, AP MuSchG 1968 § 9 Nr. 36; *Schmidt* NZA 2004, 79 [80] hinsichtlich § 18 Abs. 1 S. 2 BErzGG – jetzt § 18 BEEG). Eine Auflösung des Arbeitsverhältnisses gem. § 9 KSchG (auf Antrag des ArbGeb.) kommt nicht in Betracht (BAG 9.10.1979 – 6 AZR 1059/77, AP KSchG 1969 § 9 Nr. 4; BAG 22.9.2016 – 2 AZR 700/15, NZA 2017, 304; vHHL/*Linck* § 9 Rn. 16; Richardi BetrVG/*Thüsing* Rn. 146). Zum Sonderkündigungsschutz nach dem PflegeZG s. ua *Novara* DB 2010, 503 ff.

VI. Mitteilung von Bedenken durch den Betriebsrat

64 Der BR hat **Bedenken** gegen die geplante **ordentliche Kündigung binnen einer Woche** (→ Rn. 52 f.) seit Zugang der Auskunft des ArbGeb. **unter Angabe von Gründen schriftlich** mitzuteilen. Die Übermittlung per **Telefax** als Kopie der Originalunterschrift genügt (BAG 11.6.2002 – 1 ABR 43/01, AP BetrVG 1972 § 99 Nr. 118 – die dortigen Ausführungen gelten auch für den Widerspruch des BR nach § 102 – BAG 16.1.2003 – 2 AZR 707/01, AP BetrVG 1972 § 102 Nr. 129, wo der BR der Kündigung per Telefax rechtswirksam zugestimmt hat; *Fischer* AiB 1999, 390 [392]; *Mareck* BB 2000, 2042 [2043]; *Rudolph* AuR 2003, 233; *Röger* NJW 2004, 1764 [1767] dessen Ausführungen zu § 99 Abs. 3 auf § 102 übertragbar sind;

vHHL/*Krause* KSchG § 1 Rn. 1080; ErfK/*Preis* BGB §§ 125–127 Rn. 13a; **aA** *Thannheiser* AiB 1997, 498 [500]; *Gotthardt/Beck* NZA 2002, 876 [882]). Nach neuester Entscheidung des BAG zu § 99 bedarf die Mitteilung nicht der Schriftform nach § 126 BGB (Originalunterschrift) sondern **ausreichend** ist die **Textform nach § 126b BGB** (BAG 9.12.2008 – 1 ABR 79/07, NZA 2009, 627). Danach ist ausreichend, dass die Erklärung in einer Urkunde oder auf andere zur dauerhaften Wiedergabe in Schriftzeichen geeignete Weise abgegeben, die Person des Erklärenden genannt und der Abschluss des Textes durch Nachbildung der Namensunterschrift oder anders erkennbar gemacht wird. Dementspr. ist auch der Widerspruch per **E-Mail** nach der neuesten Rspr. des BAG **zulässig** (BAG 10.3.2009 – 1 ABR 93/07, NZA 2009, 622; dem zust. *Thannheiser* Der Personalrat 2009, 280 ff.; *Skowronek* AiB 2009, 593 ff.; BVerwG 15.12.2016 – 5 P 9/15, NZA-RR 2017, 334; **aA** noch ArbG Frankfurt 16.3.2004 – 4 Ga 43/04, CR 2004, 708; das LAG BW 1.8.2008 – 5 Ta BV 8/07, DB 2008, 2260, forderte, dass ein Widerspruch per E-Mail entsprechend § 126a BGB mit einer elektronischen qualifizierten Signatur versehen sein muss. Will man bei der Übermittlung per E-Mail hinsichtlich der Beweisbarkeit auf Nummer sicher gehen, bietet sich auch an, den unterschriebenen Widerspruch in gescannter Form und damit unter bildlicher Wiedergabe der Originalunterschrift dem ArbGeb. per E-Mail zu übermitteln (insoweit kann nichts anderes gelten als beim Telefax – offen gelassen von LAG BW 1.8.2008 – 5 Ta BV 8/07, DB 2008, 2260, weil nicht entscheidungsrelevant; wie hier BVerwG 15.12.2016 – 5 P 9/15, NZA-RR 2017, 334). ArbGeb. und BR können **Fristverlängerung vereinbaren** (→ § 99 Rn. 265; BAG 14.8.1986 – 2 AZR 561/85 AP BetrVG 1972 § 102 Nr. 43; ErfK/*Kania* Rn. 11; GK-BetrVG/*Raab* Rn. 142; Richardi BetrVG/*Thüsing* Rn. 111; *Rudolph* AiB 2007, 653 ff.; **aA** *Heinze* Personalplanung Rn. 491, 498; HWGNRH/*Huke* Rn. 99), jedoch nicht vollständig aufheben (BAG 23.8.2016 – 1 ABR 22/14, NZA 2017, 194 zum insoweit iErg vergleichbaren § 99 Abs. 3). Schutzwerte Interessen des ArbN im „Vorfeld" der Kündigung werden nicht berührt. Ist der letzte Tag der Frist ein Sonntag, gesetzl. Feiertag oder Samstag, so erstreckt sich die Frist bis zum nächsten Werktag (§ 193 BGB). Rückfragen des BR beim ArbGeb. nach ausreichender Unterrichtung über die Kündigung (→ Rn. 21 ff.) verlängern die Wochenfrist aber nicht (HessLAG 21.3.1973 – 7 Sa 667/72, DB 1973, 1806). Auch für **Massenkündigungen** tritt keine automatische Verlängerung der Anhörungsfrist ein; die Verweigerung einer Fristverlängerung durch den ArbGeb. kann aber rechtsmissbräuchlich sein (BAG 14.8.1986 – 2 AZR 561/85 AP BetrVG 1972 § 102 Nr. 43; *Hinrichs* Anhörung BR S. 31 f.; KR/*Weigand* KSchG § 17 Rn. 62c).

Ob der BR Bedenken geltend machen will, hat er nach pflichtgemäßem Ermessen **65**
zu beschließen. Die Geltendmachung von Bedenken nach Abs. 2 ist der generelle **Auffangtatbestand** für alle ablehnenden Stellungnahmen des BR (*Heinze* Personalplanung Rn. 530). Der zustimmende Beschluss ist unwiderruflich, wenn er dem ArbGeb. mitgeteilt worden ist (→ Rn. 55; → § 33 Rn. 33). Die Mitteilung des BR, er nehme die Kündigung zur Kenntnis bzw. er beabsichtige, keine Stellungnahme abzugeben, kann nicht ohne weiteres als eine abschließende Äußerung des BR angesehen werden (BAG 12.3.1987 – 2 AZR 176/86, AP BetrVG 1972 § 102 Nr. 47; *Oetker* BB 1984, 1433). Sie entbindet den ArbGeb. grds. nicht von der Einhaltung der Wochenfrist (LAG Bln-Bbg 22.10.2009 – 2 Sa 1186/09, LAGE § 102 BetrVG 2001 Nr. 9; HWGNRH/*Huke* Rn. 101; **aA** LAG Hamm 17.8.1982 – 13 Sa 331/82, DB 1983, 48; *Kutzki* ZTR 1999, 491 [495]; *Hunold* NZA 2010, 798). Für die Annahme einer vorzeitigen abschließenden Stellungnahme des BR müssen besondere Anhaltspunkte vorliegen; fehlen diese, muss sich der ArbGeb. beim BRVors. vorher vergewissern (→ Rn. 54; BAG 25.5.2016 – 2 AZR 345/15, NZA 2016, 1140 unter Aufgabe seiner vorherigen Rspr.). Der ArbGeb. kann vor Ablauf der Wochenfrist nur dann wirksam kündigen, wenn der BR der Kündigung ausdrücklich zustimmt (BAG 16.1.2003 – 2 AZR 707/01, AP BetrVG 1972 § 102 Nr. 129 mwN) oder sich aus der Erklärung des BR, eindeutig ergibt, er wünsche keine weitere Erörterung des

Falles, seine Stellungnahme sei abschließend (BAG 12.3.1987 – 2 AZR 176/86, AP BetrVG 1972 § 102 Nr. 47; 16.1.2003 – 2 AZR 707/01, AP BetrVG 1972 § 102 Nr. 129; 25.5.2016 – 2 AZR 345/15, NZA 2016, 1140) bzw. er von einer Äußerung zur Kündigung absehen will (BAG 25.5.2016 – 2 AZR 345/15, NZA 2016, 1140).

66 **Eine ausdrückliche Zustimmungserklärung** sieht das G **nicht** vor und kann **vom BR** nicht **verlangt** werden. Die **Nichtäußerung** binnen der Wochenfrist wird kraft G **als Zustimmung fingiert,** selbst wenn der BR lediglich keine Möglichkeit sah, einen rechtserheblichen Widerspruch zu erheben (Abs. 2 S. 2; → § 99 Rn. 260 ff., 272). Nunmehr kann der ArbGeb. die Kündigung aussprechen, vorbehaltlich ihrer Überprüfung im Kündigungsschutzverfahren. War der BR schuldlos gehindert, die Wochenfrist einzuhalten, so wird er noch nachträglich Widerspruch einlegen können; die Wirksamkeit des Anhörungsverfahrens nach Abs. 1 bleibt aber davon unberührt (vgl. *Heinze* Personalplanung Rn. 582 f.; → § 99 Rn. 272). Hat der BR der beabsichtigten Kündigung ausdrücklich zugestimmt, kann die Ordnungsgemäßheit der Anhörung nicht mit der Begründung in Frage gestellt werden, die (zutreffenden) Mitteilungen an den BR seien nicht substantiiert genug gewesen, solange durch weggelassene Einzelheiten kein verfälschendes Bild vom Kündigungstatbestand entsteht (LAG Köln 7.8.1998 – 11 Sa 218/98, NZA-RR 2000, 32).

67 Bedenken gegen eine **außerordentliche Kündigung** sind dem ArbGeb. unverzüglich, spätestens **binnen drei Tagen,** schriftlich mitzuteilen. Wegen Fristablauf am Wochenende → Rn. 64, wegen Widerspruch → Rn. 72 und Weiterbeschäftigung → Rn. 105.

68 Die Fristen dieses G und des § 626 Abs. 2 BGB werden durch einen **Aussetzungsantrag nach § 35** weder gehemmt noch unterbrochen (→ § 99 Rn. 272), wohl aber durch **Betriebsferien,** in denen der ArbGeb. den gesetzl. Erfordernissen nicht genügen kann (→ Rn. 7).

69 Der **BR soll,** sofern dies nach pflichtgemäßem Ermessen erforderlich erscheint, vor seiner Stellungnahme den **betroffenen ArbN hören** und muss dies im Fall des Abs. 3 Nr. 3–5 u. im Fall einer vorgesehenen Änderungskündigung (→ Rn. 9 ff.). Er hat über **vertrauliche persönliche Dinge zu schweigen,** die er vom ArbGeb. oder ArbN in Zusammenhang mit personen- oder verhaltensbedingten Kündigungsgründen erfährt (→ § 79 Rn. 32). Hört der BR den ArbN nicht, so ist diese Unterlassung ohne Einfluss auf die Wirksamkeit des Widerspruchs (*Meisel* Mitwirkung BR Rn. 461). Auch wird die Ordnungsmäßigkeit der Anhörung dadurch nicht beeinträchtigt (BAG 2.4.1976 – 2 AZR 513/75, AP BetrVG 1972 § 102 Nr. 9; 3.2.1982 – 7 AZR 907/79, AP BPersVG § 72 Nr. 1; DKKW/*Bachner* Rn. 170). Bei ständiger Nichtanhörung der ArbN kommt aber ein Antrag nach § 23 Abs. 1 in Betracht (so auch Richardi BetrVG/*Thüsing* Rn. 117; *Schütte* NZA 2011, 263 [264]).

70 Die Gründe, auf die der BR seine **Bedenken** stützt, sind nicht notwendig die gleichen wie in Abs. 3. Der BR kann zur Begründung seiner Bedenken auch Argumente heranziehen, die völlig außerhalb des Katalogs des Abs. 3 liegen. Für ein sich anschließendes Kündigungsschutzverfahren kommen aber nur die Widerspruchsgründe des Abs. 3 in Betracht, soweit es die Anwendung des § 1 Abs. 2 S. 2 u. 3 KSchG sowie des § 102 Abs. 5 BetrVG angeht. Die Äußerung von Bedenken kann aber mittelbar die Stellung des ArbN im Kündigungsschutzprozess verstärken (vgl. *Heinze* Personalplanung Rn. 530 ff.).

VII. Widerspruch des Betriebsrats

71 Bei geplanten **ordentlichen Kündigungen** kann der BR innerhalb der Wochenfrist des Abs. 2 S. 1 (→ Rn. 64) gegen die Kündigung nach pflichtgemäßem Ermessen Widerspruch einlegen, wenn er einen der **abschließend** (hM; krit. dazu *Heinze* Personalplanung Rn. 538 ff.; die Geltendmachung aller Gründe des § 1 Abs. 2 S. 1 KSchG

halten für zulässig *Brox* FS 50 Jahre BAG, 2004, 37) **aufgestellten Tatbestände des Abs. 3 Nr. 1–5** für gegeben hält. Die Stellungnahme muss dem ArbGeb. noch innerhalb der Wochenfrist zugehen (→ Rn. 52f.). Der betroffene ArbN (Bewerber) hat keinen einklagbaren Anspruch gegen den BR auf Tätigwerden. Ein wiederholtes Untätigbleiben trotz Vorliegens der Voraussetzungen des Abs. 3 kann aber eine grobe Pflichtverletzung (§ 23 Abs. 1) sein. Der BR hat den in Betracht kommenden Tatbestand unter Hinweis auf mindestens einen Widerspruchsgrund in seiner **schriftlichen Stellungnahme** (Fax ist ausreichend, → Rn. 64) zu bezeichnen und zu erläutern (eventuell in einem besonderen Schriftsatz innerhalb der Wochenfrist). Eine **Wiederholung des Gesetzeswortlauts allein genügt nicht** (hM; LAG München 2.3.1994 – 5 Sa 908/93, NZA 1994, 1000; ErfK/*Kania* Rn. 15), auch nicht das Vorbringen eines Zweifels, dass wirklich kein anderer Arbeitsplatz vorhanden sei (LAG Düsseldorf 15.3.1978 – 12 Sa 316/78, DB 1978, 1282); dieser ist vielmehr zu benennen (LAG Düsseldorf BB 1980, 2043; **aA** LAG Bln 15.9.1980 – 12 Sa 42/80, DB 1980, 2449, globale Angabe anderer Beschäftigungsmöglichkeit genügt). Die **konkrete Begründung braucht** andererseits **nicht ohne weiteres einleuchtend** zu sein, wie sich mittelbar aus Abs. 5 Nr. 3 ergibt (→ Rn. 120; *Bormann* DB 1975, 882; *Heinze* Personalplanung Rn. 577; HWGNRH/*Huke* Rn. 115; KR/*Etzel/Rinck* Rn. 203; Möglichkeit des Vorliegens eines Widerspruchsgrundes ausreichend, LAG Hmb 21.5.2008 – 4 SaGa/08, AiB Newsletter 2010/2008; LAG München 2.3.1994 – 5 Sa 908/93, BB 1994, 1287; LAG SchlH 5.3.1996 – 1 Ta 16/96, BB 1996, 1612; vHHL/*Krause* KSchG § 1 Rn. 1080). Bei einer Widerspruchsfrist von nur einer Woche können keine zu hohen Anforderungen gestellt werden. Ein mündlich eingelegter Widerspruch reicht aber ebenso wenig wie bei der Erhebung von Bedenken (→ Rn. 64) aus. Soweit Widerspruchsgründe nach Abs. 3 vorliegen, entfällt die Geltendmachung von Bedenken; Abs. 2 wird insoweit verdrängt. Der BR kann aber neben Widerspruchsgründen auch Bedenken aus anderen Gründen geltend machen (*Heinze* Personalplanung Rn. 573f.). Mit der abschließenden Stellungnahme des BR endet seine Beteiligung (BAG 19.5.1983 – 6 AZR 290/81, AP BetrVG 1972 § 37 Nr. 44); es ist Sache des ArbN, ob er ggf. Kündigungsschutzklage erheben will.

Obwohl in Abs. 3 nicht vorgesehen, kann der BR auch einer **außerordentlichen** 72
Kündigung widersprechen, da der Widerspruch eine qualifizierte Art von Bedenken ist; allerdings bewirkt er grds. (Ausnahme → Rn. 105) nicht die Rechtsfolge des Abs. 5 (BAG 4.2.1993 – 2 AZR 469/92, EzA § 626 BGB nF Nr. 144; KR/*Etzel/Rinck* Rn. 195; *Kania/Kramer* RdA 1995, 287 [296]).

Bei den **Widerspruchsgründen** handelt es sich in erster Linie um Gesichtspunkte 73
betriebsbedingter Kündigungen mit kollektivem Einschlag, die der BR wegen seines besseren Überblicks über die betrieblichen Geschehnisse leichter geltend machen kann als der einzelne ArbN. Insbes. ist der einzelne ArbN vielfach überfordert, wenn er im Kündigungsschutzprozess auf betriebliche Fragen eingehen und Gesichtspunkte der sozialen Auswahl bei Kündigungen darlegen und beweisen soll (vgl. § 1 Abs. 3 letzter S. KSchG).

Beispiele für den Inhalt von Widerspruchsbegründungen:

Gegen die Kündigung wird Widerspruch eingelegt, weil Herr X schon 10 Jahre der Firma 74
angehört und eine 5-köpfige Familie zu ernähren hat. In der Abteilung sind mehrere ArbN beschäftigt, die kürzere Zeit im Betrieb beschäftigt sind und keinen Unterhaltsverpflichtungen nachkommen müssen (vgl. Abs. 3 Nr. 1);

Gegen die Kündigung wird Widerspruch eingelegt, weil Herr X in der Abteilung …, in der mehrere Arbeitsplätze nicht besetzt sind, weiterbeschäftigt werden kann (vgl. Abs. 3 Nr. 3); er ist in der Lage und bereit, nach kurzer Umschulung die dort anfallenden Arbeiten zu verrichten (vgl. Abs. 3 Nr. 4);

Gegen die Kündigung wird Widerspruch eingelegt, weil Herr X bereit ist, nach Stilllegung der Betriebsabteilung, in der er jetzt beschäftigt ist, eine Tätigkeit als Lagerarbeiter anzunehmen; im Lager sind mehrere Arbeitsplätze nicht besetzt (vgl. Abs. 3 Nr. 3 u. 5).

VIII. Widerspruchsgründe

75 Die **Widerspruchsgründe des Abs. 3 decken sich** nach der Änderung des KSchG durch das G zu Reformen am Arbeitsmarkt (→ Rn. 2a) hinsichtlich der sozialen Auswahl mit § 1 Abs. 3 S. 1 KSchG (→ Rn. 2a, 33ff.) zwar noch weitgehend, aber nicht mehr vollständig. Sie modifizieren zT die personen-, verhaltens- und betriebsbedingten Gründe für eine Kündigung nach § 1 Abs. 2 S. 1 KSchG. Soweit derartige Tatbestände schon nach § 1 Abs. 1, Abs. 2 S. 1, Abs. 3 eine Kündigungsschutzklage rechtfertigen, kann der **ArbN unabhängig von einem etwaigen Widerspruch des BR klagen** (BAG 13.9.1973 – 2 AZR 601/72, AP KSchG 1969 § 1 Nr. 2; *Gift* ZfA 1974, 135f.; vHHL/*Krause* KSchG § 1 Rn. 1076; *Krause* FS 50 Jahre BAG, 2004, 264; **aA** *Blomeyer* Gedächtnisschrift Dietz, 1973, 152f.). Die Gegenmeinung würde nicht zu einer vom G gewünschten Erweiterung, sondern im Gegenteil zu einer Einschränkung des bisherigen individuellen Kündigungsschutzes führen, insbes. wenn kein BR besteht. Für die auf § 1 Abs. 2 S. 1 KSchG gestützte Klage ist es daher unerheblich, ob zugleich ein den Widerspruch des BR begründender Tatbestand vorliegt und ein entspr. Widerspruch erhoben wird oder nicht.

76 Insoweit kommen nach der bisherigen Rspr. des BAG, die noch fortentwickelt werden könnte (vgl. *Gester/Zachert* Jahrbuch des Arbeitsrechts, Bd. 12, S. 100), nach **§ 1 Abs. 2 S. 1 KSchG folgende Tatbestände** in Betracht: Versetzung oder Umsetzung innerhalb desselben Betriebes (BAG 23.11.1968 – 2 AZR 76/68, AP KSchG § 1 Betriebsbedingte Kündigung Nr. 19), Weiterbeschäftigung nach Umschulung oder Fortbildung (BAG 7.5.1968 – 1 AZR 407/67, AP KSchG § 1 Betriebsbedingte Kündigung Nr. 18), einverständliche Änderung der Arbeitsbedingungen (BAG 12.12.1968 – 1 AZR 102/68, AP KSchG § 1 Betriebsbedingte Kündigung Nr. 20), Versetzung in einen **anderen Betrieb des Unternehmens** (BAG 27.9.1984 – 2 AZR 62/83, AP KSchG 1969 § 2 Nr. 8), aber **nicht des Konzerns** (BAG 14.10.1982 – 2 AZR 568/80, AP KSchG 1969 § 1 Konzern Nr. 1; 27.11.1991 – 2 AZR 255/91, AP KSchG 1969 § 1 Konzern Nr. 6; 23.11.2004 – 2 AZR 24/04, NZA 2005, 929; aber → Rn. 87, wegen Weiterbeschäftigung im Rahmen eines Sozialplans → §§ 112, 112a Rn. 266).

77 Bei den Kündigungsgründen, die zu einem Widerspruch nach Abs. 3 führen können, wird es sich zwar in **erster Linie** um **betriebsbedingte Gründe** handeln. Ein Widerspruch des BR kommt aber auch bei **personenbedingten** (BAG 10.3.1977 – 2 AZR 79/76, AP KSchG 1969 § 1 Krankheit Nr. 4) und in einzelnen Fällen sogar **verhaltensbedingten** (verschuldeten) Kündigungsgründen in Betracht (BAG 16.3.1978 – 2 AZR 424/76, AP BetrVG 1972 § 102 Nr. 15; 22.7.1982 – 2 AZR 30/81, AP KSchG 1969 § 1 Verhaltensbedingte Kündigung Nr. 5; LAG Köln EWiR § 1 KSchG 3/1999, 515 m. abl. Anm. *Heckelmann;* Richardi BetrVG/*Thüsing* Rn. 156; vHHL/*Krause* KSchG § 1 Rn. 1094; KR/*Etzel/Rinck* Rn. 207), wenn nämlich zu erwarten ist, dass das zu missbilligende Verhalten bei Einsatz auf einem anderen Arbeitsplatz entfällt (vgl. *Brox* FS 50 Jahre BAG, 2004, 48; *Feichtinger/Danko* Anhörung Rn. 180; *Gester/Zachert,* Jahrbuch des Arbeitsrechts, Bd. 12, 97; LAG Düsseldorf 13.11.1975 – 14 Sa 1259/75, BB 1976, 464 bei schuldlosen verhaltensbedingten Kündigungsgründen; *Heinze* Personalplanung Rn. 553; *Großmann* DB 1977, 1364; **aA** HWGNRH/*Huke* Rn. 122ff.; SWS Rn. 114). Die Widerspruchsgründe des Abs. 3 beschränken sich nicht auf bestimmte Kündigungsarten, sondern auf bestimmte Lebenssachverhalte (*Klebe* BB 1980, 838).

78 Nach Abs. 3 **Nr. 1** kann der BR einer Kündigung trotz Vorliegens dringender betrieblicher Erfordernisse dann widersprechen, wenn der ArbGeb. bei der Auswahl des zu kündigenden ArbN **soziale Gesichtspunkte nicht oder nicht ausreichend** berücksichtigt hat. Da dieser Widerspruchsgrund nicht entspr. der Neufassung des § 1 Abs. 3 S. 1 KSchG (→ Rn. 2a, 33ff.) auf die Gesichtspunkte Dauer der Betriebszugehörigkeit, Lebensalter, Unterhaltspflichten und Schwerbehinderung des ArbN

eingeschränkt ist, sondern der weiter gefasste **Wortlaut** des bis zum 31.12.2003 geltenden **§ 1 Abs. 3 S. 1 KSchG aF** beibehalten worden ist, kann der BR auch aus anderen, zB den in → Rn. 30 genannten bes. sozialen Gesichtspunkten widersprechen (so bereits zu der gleichlautenden Änderung des § 1 Abs. 3 S. 1 KSchG durch das ArbRBeschFG vom 25.9.1996: *Nielebock* AiB 1997, 88 [94]; **aA** ErfK/*Kania* Rn. 18). Die Rechte des BR sollten durch die Änderung des KSchG nicht geschmälert werden. Dies rechtfertigt sich auch aus der Tatsache, dass das Widerspruchsrecht des BR unabhängig von der Anwendbarkeit des KSchG besteht und die in § 2 Abs. 2 SGB III umschriebene Verantwortung des ArbGeb. für den Arbeitsmarkt (→ Rn. 34) so eher realisiert werden kann. Des Weiteren kann der BR seinen Widerspruch darauf stützen, dass der ArbGeb. den Kreis der nach § 1 Abs. 3 S. 2 KSchG nF (→ Rn. 2a, 35) aus der Sozialauswahl herausgenommenen ArbN zu weit gezogen hat. Der BR ist damit nicht gehindert, auch **andere bes. soziale Umstände** (wie zB Pflegebedürftigkeit naher Angehöriger, Familienstand, wirtschaftliche Lage, Nebenverdienst oder Einkünfte des Ehegatten, Alleinerziehung, Krankheit infolge eines Arbeitsunfalls oder einer gesundheitsgefährdenden Tätigkeit, Schwerbehinderteneigenschaft, Chancen auf dem Arbeitsmarkt) anzuführen (*Bost-Klatt* AiB 2004, 208 f.; *Mareck* BB 2000, 2042 [2043]).

Vorstehendes gilt entsprechend bei Kündigungen durch den Insolvenzverwalter im **79**
Rahmen der §§ 125, 126 InsO (→ Rn. 3, 37 f.).

Bei Nr. 1 ist nur ein Vergleich zwischen den (austauschbaren) ArbN des **Betriebes** **80**
(auch eines Großbetriebes), nicht aber innerhalb des Unternehmens oder Konzerns vorzunehmen (BAG 22.5.1986 – 2 AZR 612/85, AP KSchG 1969 § 1 Konzern Nr. 4; 18.9.2003 – 2 AZR 79/02, AP KSchG 1969 § 17 Nr. 14; 23.3.2006 – 2 AZR 162/05, AP KSchG 1969 § 1 Konzern Nr. 13; DKKW/*Bachner* Rn. 210; *Heinze* Personalplanung Rn. 546; *Weller* ArbuR 1986, 225 [230]); dies gilt grds. auch dann, wenn sich der ArbGeb. ein betriebsübergreifendes Versetzungsrecht vorbehalten hat (BAG 2.6.2005 – 2 AZR 158/04, DB 2005, 2196; 15.12.2005 – 6 AZR 199/05, AP KSchG 1969 § 1 Soziale Auswahl Nr. 76; s. aber dazu auch → Rn. 87; *Gaul/Bonani* NZA 2006, 289 [291]; zu Versetzungsklauseln s. *Dzida/Schramm* BB 2007, 1221). Eine auf den gesamten Betrieb bezogene Sozialauswahl ist auch bei einer beabsichtigten **Teilbetriebsstilllegung** und einem vorgesehenen **Teilbetriebsübergang** vorzunehmen; die Vergleichbarkeit der ArbN in dem stillzulegenden und dem später übergehenden Betriebsteil wird nicht durch das Kündigungsverbot des § 613a Abs. 4 BGB ausgeschlossen (BAG 14.3.2013 – 8 AZR 154/12, DB 2013, 2678; 28.10.2004 – 8 AZR 391/03, NZA 2005, 285 mit zust. Anm. *Richter* EWiR § 1 KSchG 1/05, 263). Zur Vergleichbarkeit von ArbN im Hauptbetrieb und räuml. weit entfernter Betriebsstätte BAG 3.6.2004 – 2 AZR 577/03, AP BetrVG 1972 § 102 Nr. 141; 14.3.2013 – 8 AZR 154/12, DB 2013, 2678;) zur Vergleichbarkeit generell BAG 17.2.2000 – 2 AZR 142/99, AP KSchG 1969 § 1 Soziale Auswahl Nr. 46; 2.2.2006 – 2 AZR 38/05, AP KSchG 1969 § 1 Betriebsbedingte Kündigung Nr. 142; 5.6.2008 – 2 AZR 907/06, AP KSchG 1969 § 1 Betriebsbedingte Kündigung Nr. 179. Im Verleihbetrieb sind grundsätzliche alle ArbN, dh auch die verliehenen ArbN in die Sozialauswahl einzubeziehen, soweit sie vergleichbar sind (BAG 20.6.2013 – 2 AZR 271/12, NZA 2013, 837). Bei einem **Gemeinschaftsbetrieb** zweier oder mehrerer Unternehmen ist eine unternehmensübergreifende, jedenfalls auf den Gemeinschaftsbetrieb bezogene Auswahl vorzunehmen (BAG 5.5.1994 – 2 AZR 917/93, AP KSchG 1969 § 1 Soziale Auswahl Nr. 23; 13.9.1995 – 7 AZR 959/77, AP KSchG 1969 § 1 Betriebsbedingte Kündigung Nr. 7; 22.3.2001 – 8 AZR 565/00, AP GG Art. 101 Nr. 59; *Bonanni* Betrieb S. 234 ff., 248 f.; *Lunck* NZA 2005 Beil. 1, 41 ff.; **aA** *Annuß/Hohenstatt* NZA 2004, 420 ff.). Dies gilt nur dann nicht, wenn der Gemeinschaftsbetrieb im Zeitpunkt der Kündigung entweder nicht mehr besteht (BAG 13.9.1995 – 2 AZR 954/94, AP KSchG 1969 § 1 Betriebsbedingte Kündigung Nr. 72; 24.2.2005 – 2 AZR 214/04, AP KSchG 1969 § 1 Gemeinschaftsbetrieb Nr. 4) oder feststeht, dass einer der beiden Betriebe eines Ge-

meinschaftsbetriebs bei Ablauf der Kündigungsfrist des ArbN stillgelegt sein wird (BAG 27.11.2003 – 2 AZR 48/03, AP KSchG 1969 § 1 soziale Auswahl Nr. 64 mit zust. Anm. *Balle* EWiR § 1 KSchG 3/04, 1101; BAG 24.2.2005 – 2 AZR 214/04, AP KSchG 1969 § 1 Gemeinschaftsbetrieb Nr. 4; *Lunck* NZA 2005 Beil. 1, 41 ff.; *Schmädicke/Glaser/Altmüller* NZA 2005, 393 [400]). Dem ArbGeb. des stillzulegenden Betriebs fehlt es insoweit regelmäßig an der Durchsetzungsfähigkeit, seine ArbN im Betrieb des anderen Unternehmens weiterzubeschäftigen (BAG 23.3.2006 – 2 AZR 162/05, AP KSchG 1969 § 1 Konzern Nr. 13; 22.9.2005 – 6 AZR 526/04, AP UmwG § 323 Nr. 1, 18.9.2003 – 2 AZR 139/03, AP KSchG 1969 § 1 Konzern Nr. 12; 27.11.2003 – 2 AZR 48/03, AP KSchG 1969 § 1 soziale Auswahl Nr. 64). Bleibt dagegen die einheitliche Leitungsstruktur erhalten, hat auch eine unternehmensübergreifende Sozialauswahl innerhalb des Gemeinschaftsbetriebs zu erfolgen (BAG 24.2.2005 – 2 AZR 214/04, AP KSchG 1969 § 1 Gemeinschaftsbetrieb Nr. 4; 29.11.2007 – 2 AZR 763/06, AP KSchG 1969 § 1 Soziale Auswahl Nr. 95). Zur bes. kündigungsrechtlichen Situation bei Spaltung oder Teilübertragung eines Unternehmens s. § 322 und § 323 UmwG (dazu *Wlotzke* DB 1994, 44; *Bauer/Lingemann* NZA 1994, 1060; → Rn. 86). Zur präjudiziellen Bindungswirkung einer rechtskräftigen Entscheidung zum Vorliegen eines gemeinsamen Betriebes nach § 18 Abs. 2 → § 18 Rn. 58.

81 Ggf. ist die Kündigung einerseits nach dem KSchG sozial ungerechtfertigt, zum anderen kann der BR aber schon vor Ausspruch einer Kündigung und einer evtl. Prüfung der Auswahl der gekündigten ArbN im Kündigungsschutzprozess Widerspruch einlegen, um den ArbGeb. entweder zu veranlassen, von der Kündigung des dafür vorgesehenen ArbN von vornherein abzusehen oder doch dem ArbN für die etwaige Prozessführung eine Hilfestellung zu geben (vgl. Abs. 4). Der betroffene ArbN wird oft nicht in der Lage sein, von sich aus die Belange der uU betroffenen ArbN bei der Auswahl zu kündigender ArbN zu überblicken. In Verbindung mit der auf Verlangen zu gebenden Auskunft des ArbGeb. über seine Gründe für die getroffene soziale Auswahl (§ 1 Abs. 3 S. 1 Hs. 2 KSchG; → Rn. 30 ff. „Sozialdaten") kann dann der ArbN bzw. sein Rechtsbeistand prüfen, ob eine Kündigungsschutzklage Aussicht auf Erfolg hat. Die den ArbN nach § 1 Abs. 3 letzter S. KSchG treffende Beweislast wird dadurch erleichtert. Bei Widerspruch des BR nach Nr. 1 spricht der Beweis des ersten Anscheins für mangelnde soziale Auswahl (*Heinze* Personalplanung Rn. 543). Der **BR** hat zwar die zugunsten des für die Kündigung vorgesehenen ArbN sprechenden Gesichtspunkte darzulegen, braucht aber **nicht** seinerseits **andere ArbN zu bezeichnen,** denen gekündigt werden könnte (LAG Hmb 25.5.2010 – 1 SaGa 3/10, AuA 2011, 112; DKKW/*Bachner* Rn. 211; GK-BetrVG/*Raab* Rn. 157; KR/*Etzel/Rinck* Rn. 212; HaKo-BetrVG/*Braasch* Rn. 95; *Löwisch/Kaiser* Rn. 55; JRH/*Jaeger* Kap. 25 Rn. 114; *Feichtinger/Danko* Anhörung Rn. 188; *Heinze* Personalplanung Rn. 578; **aA** BAG 9.7.2003 – 5 AZR 305/02, AP BetrVG 1972 § 102 Weiterbeschäftigung Nr. 14; LAG Düsseldorf 5.1.1976 – 9 Sa 1604/75, DB 1976, 1065; Richardi BetrVG/*Thüsing* Rn. 195; SWS Rn. 126; HWGNRH/*Huke* Rn. 138; ErfK/*Kania* Rn. 18). Nicht ausreichend ist dagegen die allgemeine Behauptung, es gäbe andere ArbN die weniger schutzbedürftig sind; der BR muss vielmehr den Personenkreis vergleichbarer ArbN zumindest anhand abstrakter Merkmale bezeichnen, so dass der ArbGeb. in der Lage ist, seine Auswahlentscheidung zu überprüfen (*KR/Etzel/Rinck* Rn. 212; HaKo-BetrVG/*Braasch* Rn. 95; *Löwisch/Kaiser* Rn. 55; JRH/*Jaeger* Kap. 25 Rn. 114; LAG Nürnberg 17.8.2004 – 6 Sa 439/04, NZA-RR 2005, 255 ff.; ebenso BAG 9.7.2003 – 5 AZR 305/02, AP BetrVG 1972 § 102 Weiterbeschäftigung Nr. 14, wonach die ArbN entweder vom BR konkret benannt sein oder anhand abstrakter Merkmale im Widerspruchsschreiben bestimmbar sein müssen; *Herresthal* Anm. zu BAG 9.7.2003 in EzA 2004 Nr. 1 zu § 102 Beschäftigungspflicht) Nach BAG 9.7.2003 – 5 AZR 305/02, AP BetrVG 1972 § 102 Weiterbeschäftigung Nr. 14 ist der BR hierzu auch dann verpflichtet, wenn der ArbGeb. dem BR selbst keine Sozialdaten anderer ArbN mitteilt, weil es nach seiner Auffassung keine vergleichbaren ArbN gibt (ebenso KR/*Etzel/Rinck* § 102 Rn. 214; DKKW/*Bachner* Rn. 212; **aA** APS/*Koch* § 102 Rn. 194). Des Weiteren ist nach Auffassung des BAG zur Begründung des Widerspruchs weiter **erforderlich,** dass der **BR plausibel dargelegt,** warum ein anderer ArbN sozial weniger schutzbedürftig sei. Dabei reicht es aus, aufzuzeigen, welche Gründe aus seiner Sicht zu einer anderen Bewertung der sozialen Schutzwürdigkeit führen; nicht aufgeführt werden müssen die einzelnen Sozialdaten iSd § 1 Abs. 3 S. 1 KSchG. Zu weitgehend dagegen die Anforderung an einen ordnungsgemäßen Widerspruch des BR im Fall des Vorliegens mehrerer Kündigungen, wonach der BR den Widerspruch für jede einzelne Kündigung so formulieren muss, dass er jeweils andere weniger schutzwürdige ArbN bestimmt bzw. bestimmbar bezeichnet (so aber BAG 9.7.2003 – 5 AZR 305/02, AP BetrVG 1972 § 102 Weiterbeschäftigung Nr. 14; abl. *Herresthal* Anm. zu BAG in EzA 2004 Nr. 1 zu § 102 Beschäftigungspflicht).

Soweit in einem Betrieb **AuswahlRL** nach § 95, insbes. über die fachlichen, persönlichen und sozialen Gesichtspunkte bestehen, nach denen erforderliche Kündigungen vorzunehmen sind, berechtigt der Tatbestand einer Kündigung unter Verstoß gegen diese RL den BR, nach **Nr. 2** Widerspruch einzulegen, sofern sich diese RL im Rahmen des § 75 des § 1 KSchG als auch des AGG halten (→ § 95 Rn. 12, 22ff.). Dies gilt insb., wenn in einer AuswahlRL festgelegt ist, dass bestimmte Vorgänge (Personaldaten in PIS) nicht zu Personalentscheidungen herangezogen werden dürfen. Aufgrund der Neuregelung in § 1 Abs. 4 KSchG, nach der die gerichtliche Überprüfbarkeit der Sozialauswahl auf grobe Fehlerhaftigkeit beschränkt wird (→ Rn. 2a), wenn zwischen ArbGeb. und BR in einer BV nach § 95 (→ § 95 Rn. 22ff.), die in § 1 Abs. 3 S. 1 KSchG genannten sozialen Gesichtspunkte und ihre Wertigkeit zueinander festgelegt sind, kommt dem Widerspruch nach Nr. 2 erhöhte Bedeutung zu (vgl. Richardi BetrVG/*Thüsing* Rn. 167). Eine AuswahlRL, die einen der sozialen Gesichtspunkte nach § 1 Abs. 3 S. 1 KSchG nicht oder so gering bewertet, dass er in fast allen denkbaren Fällen nicht mehr den Ausschlag geben kann, erfüllt nicht die gesetzlichen Vorgaben des § 1 Abs. 4 KSchG; in diesen Fällen kann sich der ArbGeb. nicht auf den eingeschränkten Prüfungsmaßstab der groben Fehlerhaftigkeit berufen (BAG 18.10.2006 – 2 AZR 473/05, AP KSchG 1969 § 1 Soziale Auswahl Nr. 86). Ein unter Verstoß gegen § 95 Abs. 1 aufgestelltes Punkteschema führt für sich alleine nicht zur Unwirksamkeit der Kündigung (BAG 6.7.2006 – 2 AZR 443/05, AP BetrVG 1972 § 95 Nr. 48; 9.11.2006 – 2 AZR 812/05 AP KSchG 1969 § 1 Soziale Auswahl Nr. 87; *Hidalgo/Häberle-Haug/Stubbe* DB 2007, 914; *Bonanni/Naumann* BB 2006, 549). Bei der Berufung auf eine fehlerhafte Sozialauswahl bei Vollzug eines zulässigen Punktesystems muss sich der Auswahlfehler konkret auf den jeweils gekündigten ArbN auswirken (Aufgabe der Rspr. zum sog Domino-Effekt: BAG 9.11.2006 – 2 AZR 812/05 AP KSchG 1969 § 1 Soziale Auswahl Nr. 87). Zur Zulässigkeit von Altersgruppenbildungen im Rahmen eines Punkteschemas nach AGG → Rn. 35. AuswahlRL iSv § 1 Abs. 4 KSchG können auch im Rahmen eines Interessenausgleichs abgeändert bzw. vereinbarungsgemäß unbeachtet bleiben, wenn sie von denselben Betriebsparteien stammen (BAG 24.10.2013 – 6 AZR 854/11, NZA 2014, 46). 82

Abs. 3 **Nr. 3** gibt ein Widerspruchsrecht, wenn der ArbN zwar nicht mehr an seinen bisherigen Arbeitsplatz, aber doch auf einem **anderen, freien** (DKKW/*Bachner* Rn. 217; *Heinze* Personalplanung Rn. 551; *Meisel* Mitwirkung BR Rn. 521) **Arbeitsplatz des Betriebes** im Wege der Versetzung **weiterbeschäftigt werden könnte** (wegen der Darlegungslast im Kündigungsschutzprozess BAG 3.2.1977 – 2 AZR 476/75, AP KSchG 1969 § 1 Betriebsbedingte Kündigung Nr. 4; 18.10.2012 – 6 AZR 41/11, NZA 2013, 1007). Die Verpflichtung des ArbGeb. aus § 1 Abs. 2 KSchG bezieht sich nicht auf freie Arbeitsplätze im **Ausland** (BAG 29.8.2013 – 2 AZR 809/12, NZA 2014, 730; 24.9.2015 – 2 AZR 3/14, NZA 2015, 1457). Offengelassen hat das BAG, ob dies der Berücksichtigung von Beschäftigungsmöglichkeiten im Ausland entgegensteht, wenn der ArbGeb. seinen Betrieb als Ganzes oder 83 einen Betriebsteil unter Wahrung seiner Identität verlagert (dies abl. *Leuchten* ZESAR 2014, 319 [322] soweit es sich nicht um eindeutige Umgehung des deutschen Kündigungsschutzes handelt) oder der ArbGeb. unweit an einer Ländergrenze im In- und Ausland mehrere einheitlich geführte Betriebstätten unterhält und Aufgaben im „kleinen Grenzverkehr“ verlagert (s. dazu *Boigs* jurisPR-ArbR 8/2012 Anm. 1; *Deinert* Anm. AP KSchG 1969 § 1 Betriebsbedingte Kündigung Nr. 202; *Kleinert* RdA 2017, 52). Dabei muss der BR einen freien Arbeitsplatz möglichst konkret, zumindest in bestimmbarer Weise angeben; ein allgemeiner Hinweis auf irgendeine Beschäftigungsmöglichkeit oder der Hinweis auf die Überbrückung von Personalengpässen im Betrieb durch werkvertragliche Beauftragung eines Subunternehmers reicht für einen ordnungsgem. Widerspruch nicht aus (BAG 17.6.1999 – 2 AZR 608/98, DB 1999, 2012 mit krit. Anm. *Thannheiser* AiB 2000, 165; BAG 11.5.2000 – 2 AZR 54/99, AP BetrVG 1972 § 102 Weiterbeschäftigung Nr. 13; *Mareck* BB 2000, 2042 [2044]). Als Widerspruchsgrund iSd Nr. 3 dürfte der Hinweis auf ein nicht durchgeführtes Eingliederungsmanagement nach § 167 Abs. 2 SGB IX dann nicht ausreichend sein, wenn nicht zugleich damit eine dadurch bedingte konkrete anderweitige Beschäftigungsmöglichkeit angegeben wird (LAG Nürnberg 5.9.2006 – 6 Sa 458/06, DB 2007, 752). Es sind auch in absehbarer Zeit nach Ablauf der Kündigungsfrist freiwerdende Arbeitsplätze zu berücksichtigen (BAG 15.12.1994 – 2 AZR 320/94, NZA 1995, 413; 15.12.1994 – 2 AZR 327/94, NZA 1995, 521; 1.3.2007 – 2 AZR 650/05, DB 2007, 1540; *Feichtinger/Danko* Anhörung Rn. 201). Als „freie Arbeitsplätze“ sind grds. auch von **LeihArbN** besetzte Arbeitsplätze anzusehen, wenn der ArbGeb mit LeihArbN nicht nur Auftragsspitzen oder Vertretungsbedarfe abdecken will, sondern mit ihnen ein ständig vorhandenes (Sockel-)Arbeitsvolumen abdeckt (BAG 15.12.2011 – 2 AZR 42/10, NZA 2012, 1044; für den Fall eines Interessenausgleichs in der Insolvenz s. BAG 18.10.2012 – 6 AZR 289/11, NZA-RR 2013, 68; LAG Bln-Bbg 3.3.2009 – 12 Sa 2468/08, DB 2009, 1353, wenn sie als Dauerarbeitsplätze zu qualifizieren sind; ArbG Stuttgart 5.6.1996 – 6 Ga 23/96, NZA-RR 1997, 260; DKKW/*Bachner* Rn. 223; SPV Kündigung/*Preis* Rn. 991; DDZ/*Deinert* KSchG § 1 Rn. 401; vHHL/*Krause* KSchG § 1 Rn. 785, 764; *Gaul/Ludwig* DB 2010, 2334 [2338]. Nicht frei in diesem Sinne sind Beschäftigungsvolumina, die über „Rahmenverträge“ ausschließlich zur Abdeckung vorhandenen Vertretungsbedarfs bestehen (BAG 1.3.2007 – 2 AZR 650/05, DB 2007, 1540). Befristete Arbeitsverhältnisse können als „frei werdende“ Arbeitsplätze angesehen werden, wenn dieser Arbeitsplatz nach den Planungen des ArbGeb. auch nach Ablauf der Befristung weiter bestehen soll (vgl. dazu *Gehlhaar* DB 2008, 1831). Keine „freien Arbeitsplätze“ iSd § 1 Abs. 2 S. 2, S. 3 KSchG sind Stellen eines „internen Qualifizierungs- und Vermittlungscenters“, das aufgrund des Wegfalls der bisherigen Aufgaben die Qualifizierung und Vermittlung von ArbN an andere Unternehmen zum Gegenstand hat (BAG 8.5.2014 – 2 AZR 1001/12, NZA 2014, 1200). Konkurrieren in einem Betrieb mehrere zur Kündigung anstehende ArbN um die Weiterbeschäftigung auf dem einzig freien Arbeitsplatz, so hat sich der ArbGeb. unter Beachtung der Grundsätze der Sozialauswahl nach § 1 Abs. 3 KSchG für einen der betroffenen ArbN zu entscheiden (BAG 15.12.1994 – 2 AZR 320/94, NZA 1995, 413; 27.7.2017 – 2 AZR 476/16, NZA 2018, 234; zustimmend *Lunk/Seidler* NZA 2018, 201; krit. *Schiefer* NZA 1995, 662). Ein Anspruch auf **Beförderung** besteht dagegen nicht; die Weiterbeschäftigungspflicht besteht nur hinsichtlich gleich- und geringwertiger Arbeitsplätze (BAG 23.11.2004 – 2 AZR 38/04, AP KSchG 1969 § 1 Soziale Auswahl Nr. 70; 23.2.2010 – 2 AZR 656/08, NZA 2010, 1288; APS/*Kiel* KSchG § 1 Rn. 610ff., 631; *Hoffmann-Reym/Zaumseil* DB 2012, 1624; **aA** *Houben* NZA 2008, 851 [855], wonach der ArbGeb. auch einen höherwertigen Arbeitsplatz anbieten muss, wenn kein gleichwertiger Arbeitsplatz existiert und der ArbN das Anforderungsprofil eines höherwertigen Arbeitsplatzes erfüllt.

84 Einer evtl. erforderlich werdenden **Versetzung** in einen anderen Betrieb wird dann neben dem BR des aufnehmenden Betriebes der des abgebenden Betriebes nur

bei Erforderlichkeit einer Änderungskündigung zuzustimmen haben, also nicht bei Zustimmung des ArbN zur Versetzung. Sind diese Zustimmungen nicht zu erreichen, so entfällt ein Widerspruchsrecht (→ § 99 Rn. 170 f.; nach *Heinze* Personalplanung Rn. 555 bleibt das Widerspruchsrecht des BR des abgebenden Betriebes von der Zustimmung des einzelnen ArbN zur Versetzung unabhängig). Allerdings wird der BR des abgebenden Betriebes, der einer Kündigung widersprochen hat, der Versetzung nicht die Zustimmung verweigern können. Damit würde er sich mit seinem eigenen Verhalten jedenfalls dann in Widerspruch setzen, wenn der ArbGeb. einem konkreten Versetzungsvorschlag des BR folgt (GK-BetrVG/*Raab* Rn. 165; *Heinze* Personalplanung Rn. 556 **aA** DKKW/*Bachner* Rn. 230). Wird der Betrieb stillgelegt und soll der ArbN in einen anderen Betrieb versetzt werden, ist der BR des stillgelegten Betriebs nicht im Rahmen seines **Restmandats** zu beteiligen (BAG 8.12.2009 – 1 ABR 41/09, NZA 2011, 665).

Ausdrücklich ist auch eine Weiterbeschäftigung in einem **anderen Betrieb des Unternehmens** in Betracht zu ziehen; dies gilt ganz allgemein auch ohne Widerspruch des BR (BAG ,27.9.1984 – 2 AZR 62/83, AP KSchG 1969 § 2 Nr. 8; 24.6.2004 – 2 AZR 326/03, AP KSchG 1969 § 1 Nr. 76; 23.11.2004 – 2 AZR 24/04, NZA 2005, 929; 18.10.2012 – 6 AZR 41/11, NZA 2013, 1007; DKKW/*Bachner* Rn. 217; *Weller* ArbuR 1986, 225; → Rn. 76; und wegen Weiterbeschäftigung bei Betriebsänderungen § 112 Abs. 5 Nr. 2 S. 2, → § 112 Rn. 266 ff.). Konkurrieren mehrere zur Kündigung anstehende ArbN verschiedener Betriebe des Unternehmens um einen freien Arbeitsplatz in einem dieser Betriebe, so hat der ArbGeb. die sozialen Belange der betr. ArbN zumindest nach § 315 BGB (§ 1 Abs. 3 KSchG ist **betriebsbezogen**) mit zu berücksichtigen (BAG 15.12.1994 – 2 AZR 320/94, NZA 1995, 413; *Bachner* NZA 2006, 1309; *Haas/Salomon* NZA 2006, 1192; **aA** *Hertzfeld* DB 2016, 1575 der § 1 Abs. 3 KSchG analog angewandt wissen will). 85

Führen die an einer Spaltung oder Teilübertragung nach dem UmwG beteiligten Unternehmen einen Betrieb gemeinsam (§ 322 UmwG), so sind außer den Weiterbeschäftigungsmöglichkeiten im **Gemeinschaftsbetrieb** die in den anderen Betrieben der am Gemeinschaftsbetrieb beteiligten Unternehmen maßgebend (*Wlotzke* DB 1995, 44; → Rn. 80; **aA** *Bonanni* Betrieb S. 244; einschränkend auf die Betriebe des Vertragsarbeitgebers KR/*Friedrich* UmwG §§ 322, 323, 324 Rn. 51; APS/*Kiel* KSchG § 1 Rn. 589). Generell für eine Weiterbeschäftigungsmöglichkeit auf freien Arbeitsplätzen im gemeinsamen Betrieb, auch wenn sie zu demjenigen Teil des Betriebs gehören, der von einem anderen Unternehmen in den gemeinsamen Betrieb „eingebracht“ worden ist *Gaul/Kühnreich* BB 2003, 254 [255]. 86

Eine Weiterbeschäftigung in einem anderen Betrieb des **Konzerns** ist nur ausnahmsweise bei einem arbeitsvertraglich ohnehin vorgesehenen **konzernweiten Einsatz** des ArbN (→ § 5 Rn. 219 ff.; *Kiel/Koch* Kündigung Rn. 826) oder bei entspr. **Selbstbindung** (formlose Zusage, Inaussichtstellen einer Weiterbeschäftigung im Konzern) des ArbGeb. zu berücksichtigen, wenn dieser einen **bestimmenden Einfluss** auf die Versetzung des ArbN innerhalb des Konzerns hat (BAG 14.10.1982 – 2 AZR 568/80, AP KSchG 1969 § 1 Konzern Nr. 1; 21.1.1999 – 2 AZR 648/97, AP KSchG 1969 § 1 Konzern Nr. 9; 18.9.2003 – 2 AZR 139/03, AP KSchG 1969 § 1 Konzern Nr. 12; 23.3.2006 – 2 AZR 162/05, AP KSchG 1969 § 1 Konzern Nr. 13; 23.11.2004 – 2 AZR 24/04, NZA 2005, 929; 22.5.2012 – 2 AZR 62/11, NZA 2013, 277; 22.11.2012 – 2 AZR 673/11, NZA 2013, 730; DKKW/*Bachner* Rn. 219; Richardi BetrVG/*Thüsing* Rn. 177; *Stahlhacke* DB 1994, 1361 [1367]; *Gaul/Kühnreich* BB 2003, 254 [256]; *Fuhlrott/Hoppe* BB 2012, 253; grds. zum konzerndimensionalen Kündigungsschutz: *Helle* Konzernbedingte Kündigungsschranken bei Abhängigkeit u. Beherrschung durch Kapitalgesellschaften 1989, S. 88 ff.; *Temming* RdA 2018, 84; zur Weiterbeschäftigung in multinationalen Konzernen *Eser* BB 1994, 1991;). Für die Frage des bestimmenden Einflusses ist es unerheblich, ob die Möglichkeit der Einflussnahme auf Grund eindeutiger rechtlicher Regelungen (zB Beherrschungsvertrag) oder eher nur faktisch besteht (BAG 18.9.2003 – 2 AZR 87

139/03, AP KSchG 1969 § 1 Konzern Nr. 12; 23.11.2004 – 2 AZR 24/04, NZA 2005, 929). Beruft sich der ArbN auf eine anderweitige Beschäftigungsmöglichkeit im Konzern, so muss er auch dann konkret aufzeigen, wie er sich dies in einem anderen Konzernunternehmen vorstellt (BAG 10.1.1994 – 2 AZR 489/93, AP KSchG 1969 § 1 Konzern Nr. 8; 23.3.2006 – 2 AZR 162/05, AP KSchG 1969 § 1 Konzern Nr. 13). Der Weiterbeschäftigungspflicht steht nicht entgegen, dass der ArbN ein erst nach Ausspruch der Kündigung erfolgtes Arbeitsplatzangebot eines Konzernunternehmens abgelehnt hat (BAG 23.11.2004 – 2 AZR 24/04, NZA 2005, 929). Für eine entspr. Anwendung dieser Ausnahmeregelung bez. **Beschäftigungsgesellschaften** DKKW/*Bachner* Rn. 220. Im Fall einer außerordentlichen Kündigung eines ordentlich unkündbaren ArbN ist der ArbGeb verpflichtet, für eine Weiterbeschäftigung auf einem andern freien Arbeitsplatz im Konzern zu sorgen, wenn er dazu durch TV verpflichtet ist (BAG 10.5.2007 – 2 AZR 626/05, NZA 2007, 1278). Gleiches gilt, wenn sich die Konzernunternehmen im Rahmen eines Interessenausgleichs verpflichten, eine Weiterbeschäftigung zu prüfen (BAG 22.11.2012 – 2 AZR 673/11, NZA 2013, 730).

88 Die Grundsätze der → Rn. 87 gelten auch dann, wenn sich ein ArbN in einem dem deutschen Recht unterliegenden Vertrag verpflichtet, seine **Arbeitsleistung** im Rahmen eines ergänzenden Dienstvertrages mit einem **ausländischen, konzernzugehörigen Unternehmen** zu erbringen, und sich der Vertragspartner vorbehält, dem ArbN selbst Weisungen und dienstliche Anordnungen zu erteilen und jederzeit ein anderes zum Konzern gehörendes Unternehmen für den weiteren Auslandseinsatz des ArbN zu bestimmen. Dann ist der Vertragspartner selbst ArbGeb. und hat bei der Kündigung deutsches Kündigungsschutzrecht zu beachten. Beruft sich nun der ArbGeb. darauf, für den ArbN sei die bisherige Beschäftigungsmöglichkeit bei dem konzernzugehörigen Unternehmen weggefallen, so hat er dies nicht nur darzulegen und ggf. zu beweisen, sondern auch für fehlende Einsatzmöglichkeiten bei anderen konzernzugehörigen Unternehmen, bei denen der ArbN vereinbarungsgemäß beschäftigt werden könnte, eine gesteigerte Darlegungslast (BAG 21.1.1999 – 2 AZR 648/97, AP KSchG 1969 § 1 Konzern Nr. 9; *Kraft* SAE 1999, 272; *Lingemann/Steinau-Steinrück* DB 1999, 2161). Vgl. zu dieser Problematik auch *Wisskirchen/Bissels* DB 2007, 340). Eine Pflicht auch eine Weiterbeschäftigungsmöglichkeit in ausländischen Betrieben des Unternehmens anbieten zu müssen, kommt grds. nicht in Betracht (BAG 17.1.2008 – 2 AZR 902/06, DB 2008, 1501; 29.8.2013 – 2 AZR 809/12, NZA 2014, 730; *Hoffmann-Reym/Zaumseil* DB 2012, 1624ff.; *Leuchten* ZESAR 2014, 319; **aA** LAG Hmb 22.3.2011 – 1 Sa 2/11, BeckRS 2011, 76012; offen gelassen für den Fall der Betriebs- oder Betriebsteilverlagerung in einen anderen Staat bzw. bei einer „grenzüberschreitenden" Funktionsnachfolge: BAG 24.9.2015 – 2 AZR 3/14, NZA 2015, 1457; sich wohl dafür aussprechend *Kleinert* RdA 2017, 52).

89 Grds. sollen die **Arbeitsbedingungen** unverändert bleiben, jedenfalls aber nicht verschlechtert werden. Notfalls kommt aber nach Nr. 4 auch eine Weiterbeschäftigung nach Umschulung (→ Rn. 91) oder unter geänderten Vertragsbedingungen in Betracht (vgl. Nr. 5; → Rn. 95).

90 Ist eine Weiterbeschäftigung auf dem **bisherigen Arbeitsplatz** möglich, zB Beschäftigung in einer anderen Schicht, so besteht erst recht ein Widerspruchsgrund (wie hier LAG Düsseldorf 26.6.1980 – 3 Sa 242/80, DB 1980, 2043; DKKW/*Bachner* Rn. 225; *Brox* FS 50 Jahre BAG, 2004, 39 [50]; *Heinze* Personalplanung Rn. 541, 550; **aA** BAG 12.9.1985 – 2 AZR 324/84, AP BetrVG 1972 § 102 Weiterbeschäftigung Nr. 7; ähnlich LAG München 2.3.1994 – 5 Sa 908/93, BB 1994, 1287; LAG Nürnberg 17.8.2004 – 6 Sa 439/04, NZA-RR 2005, 255 [257]; ErfK/*Kania* Rn. 20; Richardi BetrVG/*Thüsing* Rn. 173; APS/*Koch* § 102 Rn. 199; *Meisel* Mitwirkung BR Rn. 523; wie hier, aber nur bei Beschäftigungsmöglichkeit in einer anderen Schicht: GK-BetrVG/*Raab* Rn. 159, Richardi BetrVG/*Thüsing* Rn. 175; APS/*Koch* § 102 Rn. 198). Der Widerspruchsgrund gilt auch, wenn eine

Änderungskündigung zur Einführung variabler Arbeitszeit (Teilzeitarbeit) ausgesprochen werden soll (DKKW/*Bachner* Rn. 225; *Klevemann* AiB 1986, 160).

Der Widerspruchsgrund nach **Nr. 4** ergänzt subsidiär den der Nr. 3 und steht in Zusammenhang mit § 97 Abs. 2 (→ Rn. 92). Sofern und soweit zB Rationalisierungsmaßnahmen durchgeführt werden, soll der ArbGeb. die an den bisherigen Betriebsanlagen beschäftigten ArbN nicht ohne weiteres mit der Begründung entlassen, sie seien zur Bedienung neuer Maschinen nicht geeignet. Der ArbGeb. muss dem ArbN Gelegenheit zur Einarbeitung auf die neuen technischen Arbeitsbedingungen geben. Der BR kann einer Kündigung widersprechen, wenn der ArbGeb. nicht zunächst **Umschulungs- oder Fortbildungsmaßnahmen** (s. hierzu *Gaul* BB 1995, 2422) durchführt, damit der ArbN den neuen Arbeitsbedingungen gerecht werden kann (vgl. auch die Beteiligungsrechte des BR nach §§ 96–98 und die Unterrichtungs- und Erörterungspflicht des ArbGeb. gegenüber dem ArbN nach § 81 Abs. 4). Im Zeitalter der **Digitalisierung** (Stichwort **Arbeit 4.0.**) wird es besonders darauf ankommen, dass der ArbGeb. seiner Verantwortung gerecht wird und sicherstellt, dass seine ArbN entsprechend den sich aus der Digitalisierung der Arbeit ergebenden Anforderungen qualifiziert werden (s. auch *Kurt* RdA 2017, 230). Derartige Maßnahmen sind regelmäßig schon im Zusammenhang mit der Einschaltung des BR bei der technischen Planung gem. § 90 und im Rahmen der Personalplanung (§ 92) zu erörtern. Nur wenn dem **ArbGeb.** aus besonderen betrieblichen Gründen oder auch Gründen in der Person des ArbN die Umschulung **nicht zumutbar** ist, weil sie in angemessener Zeit offenbar keinen Erfolg verspricht, der ArbN nicht zustimmt (vgl. *Heinze* Personalplanung Rn. 558, der eine Zustimmung des ArbN erst im Kündigungsschutzprozess für ausreichend ansieht) oder zum Zeitpunkt der Beendigung der Umschulung voraussichtlich kein freier Arbeitsplatz vorhanden sein wird (GK-BetrVG/*Raab* Rn. 175; *Bost-Klatt/Fuhrmann* AiB 2005, 413 [415]; BAG 8.5.2014 – 2 AZR 1001/12, NZA 2014, 1200; 7.2.1991 – 2 AZR 205/90, AP KSchG 1969 § 1 Umschulung Nr. 1; LAG Nürnberg 17.8.2004 – 6 Sa 439/04, NZA-RR 2005, 255 [257]), kann davon abgesehen werden (vgl. auch DKKW/*Bachner* Rn. 233 ff.; ErfK/*Kania* Rn. 21; Richardi BetrVG/*Thüsing* Rn. 181 f.). Der BR hat dann kein Widerspruchsrecht gegen die Kündigung, vorbehaltlich einer möglichen Weiterbeschäftigung des ArbN nach Vertragsänderung gem. Nr. 5. Die Widerspruchsgründe nach Nr. 3 u. 4 können auch zusammen gegeben sein, wenn Umschulungsmaßnahmen die Weiterbeschäftigung in einem **anderen Betrieb des Unternehmens** ermöglichen (GK-BetrVG/*Raab* Rn. 170; Richardi BetrVG/*Thüsing* Rn. 181; für Umsetzung nur im bisherigen Beschäftigungsbetrieb HWGNRH/*Huke* Rn. 150; *Meisel* Mitwirkung BR Rn. 529). 91

Zwischen dem Widerspruchsrecht nach Nr. 4 und dem mit dem BetrVerf-ReformG neu eingeführten **MBR** nach **§ 97 Abs. 2** bestehen **Wechselwirkungen.** Mittels dieses MBR ist der BR bei durch Maßnahmen des ArbGeb. entstehenden Qualifikationsdefiziten von ArbN in der Lage, für diese **präventiv** betriebliche Berufsbildungsmaßnahmen durchzusetzen mit dem Ziel, dass die betroffenen ArbN geschult, umgeschult oder fortgebildet werden und ihre Verwendung auf dem bisherigen Arbeitsplatz oder im Rahmen ihrer bisherigen Tätigkeit gesichert wird. Diese präventive MB hat gegenüber dem repressiven Widerspruchsrecht der Nr. 4 den Vorteil, dass es erst gar nicht zur Kündigung kommen muss und der BR den ArbGeb. nicht erst im Nachhinein auf Umschulungs- oder Fortbildungsmaßnahmen verweisen kann (→ § 97 Rn. 10). 92

Kündigt ein ArbGeb. unter Missachtung des MBR nach § 97 Abs. 2, so ist die Kündigung zwar nicht unwirksam, weil die Beachtung des MBR nicht Wirksamkeitsvoraussetzung einer Kündigung ist; jedoch steht dem BR dann ein **Unterlassungsanspruch,** also das Recht zu, vom ArbGeb. zu verlangen, bis zum Abschluss des MBVerfahrens den Ausspruch der Kündigung zu unterlassen (→ § 97 Rn. 36 f. mwN). Da das MBR nach § 97 Abs. 2 keinen kollektiven Tatbestand voraussetzt (→ § 97 Rn. 16), kann der BR den Unterlassungsanspruch auch dann geltend machen, wenn nur einzelne ArbN betroffen sind. 93

94 Hat der BR trotz Vorliegens der tatbestandlichen Voraussetzungen des **§ 97** Abs. 2 sein MBR zur Einführung von betrieblichen Berufsbildungsmaßnahmen **nicht ausgeübt,** so kann er dennoch einer hiermit zusammenhängenden Kündigung widersprechen. Die Untätigkeit des BR kann **nicht** als **Verzicht** auf das Widerspruchsrecht der **Nr. 4** gewertet werden. Anders verhält es sich nur dann, wenn der BR dem ArbGeb. gegenüber unmissverständlich zum Ausdruck gebracht hat, dass er von seinem MBR nach § 97 Abs. 2 keinen Gebrauch machen werde (→ § 97 Rn. 34).

95 Ist eine Weiterbeschäftigung des ArbN zu gleichen Vertragsbedingungen nach Nr. 3 oder 4 nicht möglich, so kann der BR gleichwohl hilfsweise einer Kündigung mit dem Ziel der Lösung des Arbeitsverhältnisses noch widersprechen (Abs. 3 **Nr. 5**), wenn wenigstens noch eine **Beschäftigung unter geänderten, auch ungünstigeren Bedingungen** möglich ist. Dann muss aber der **ArbN einverstanden** sein und zwar gegenüber dem BR (*Heinze* Personalplanung Rn. 562). Darüber muss sich der BR vergewissern, bevor er Widerspruch gegen eine beabsichtigte Kündigung des ArbGeb. einlegt (vgl. GK-BetrVG/*Raab* Rn. 177 ff.; HWGNRH/*Huke* Rn. 159). Der BR kann durch die Erhebung des Widerspruchs von sich aus die Initiative ergreifen (Richardi BetrVG/*Thüsing* Rn. 186). Eines vorherigen Angebots des ArbGeb. zur Änderung der Vertragsbedingungen bedarf es nicht (*Wank* RdA 1987, 129 [140]). Einen derartigen Sachverhalt erfasst Nr. 5 offenbar gar nicht, weil dann dieser Widerspruchsgrund gar nicht Platz greifen würde (*Heinze* Personalplanung Rn. 567). Bietet vielmehr der ArbGeb. dem ArbN geänderte Arbeitsbedingungen an (→ Rn. 9) und geht dieser vorbehaltlos darauf ein, so kommt kein MBR nach § 102, wohl aber uU nach § 99 in Betracht. Ein Widerspruch des BR wäre nur wegen des etwa noch streitigen Umfangs der Änderungen möglich (*Meisel* Mitwirkung BR Rn. 530), wenn der BR meint, der ArbN könne noch günstigere Bedingungen erreichen, als sie ihm vorgeschlagen sind.

96 Das **Einverständnis des ArbN kann auch nur bedingt** erfolgen, dh vorbehaltlich der gerichtlichen Nachprüfung der sozialen Rechtfertigung der Änderungen im Kündigungsschutzprozess (→ Rn. 9 ff.; GK-BetrVG/*Raab* Rn. 178; Richardi BetrVG/*Thüsing* Rn. 187; ErfK/*Kania* Rn. 22; **aA** *Heinze* Personalplanung Rn. 563 f.; *Meisel* Mitwirkung BR Rn. 530; HWGNRH/*Huke* Rn. 161; *Wank* RdA 1987, 141, falls die Initiative nicht vom ArbGeb. ausgeht). Dann hat der ArbGeb. eine Änderungskündigung auszusprechen. Kündigt er gleichwohl dem ArbN, ohne die Fortsetzung des Arbeitsverhältnisses zu geänderten Bedingungen anzubieten, so führt der Widerspruch des BR dazu, dass diese Kündigung bei Vorliegen des Tatbestandes der Nr. 5 sozial ungerechtfertigt ist.

97 Der Widerspruch des BR ist unbegründet, wenn er nur auf die Möglichkeit der Einführung von **Kurzarbeit** verweist (ErfK/*Kania* Rn. 22; LAG Düsseldorf 21.6.1974 – 15 Sa 633/74, DB 1974, 2113; LAG Hamm 8.3.1983 – 7 (10) Sa 1237/82, BB 1983, 1349; *Vollmer* DB 1982, 1933; *Wank* RdA 1987, 141; **aA** ArbG Mannheim 9.12.1982 – 5 Ca 147/82, BB 1983, 1031; BAG 17.10.1980 – 7 AZR 675/78, AP KSchG 1969 § 1 Betriebsbedingte Kündigung Nr. 10; 15.6.1989 – 2 AZR 600/88, AP KSchG 1969 § 1 Betriebsbedingte Kündigung Nr. 45). Insoweit liegt aber ein kollektiver Tatbestand vor, der zu einer Initiative des BR nach **§ 87 Abs. 1 Nr. 3** führen kann und damit betriebsbedingte Kündigungen überflüssig macht; das MBR des BR dient auch der Erhaltung der Arbeitsplätze (BAG 10.10.2006 – 1 AZR 811/05, NZA 2007, 637; 4.3.1986 – 1 ABR 15/84, AP BetrVG 1972 § 87 Kurzarbeit Nr. 3; ähnlich Richardi BetrVG/*Thüsing* Rn. 185; *Heinze* Personalplanung Rn. 566; → § 87 Rn. 159). Hat der BR von seinem Initiativrecht zur Einführung von Kurzarbeit Gebrauch gemacht, hat er bis zum Ablauf des Einigungsstellenverfahrens Anspr. auf Unterlassung von Kündigungen, den er im Rahmen einer einstw. Vfg. sichern kann (ArbG Bremen 25.11.2009 – 12 BVGa 1204/09, AiB 2010, 622 mit zust. Anm. *Schoof*). Ein Widerspruchsgrund ist auch gegeben, wenn der betroffene ArbN zusammen mit bestimmten Arbeitskollegen bereit ist, zur Teilzeitarbeit überzugehen oder Überstunden abzubauen, um die Arbeit

zu „strecken" (abl. *Heinze* Personalplanung Rn. 566). Die Nichtbeachtung von entsprechenden Änderungsvorschlägen des BR nach **§ 92a** führt grds. nicht zur Beschränkung des Kündigungsrechts. Das Verfahren nach § 92a kann jedoch je nach Ausgestaltung einer danach getroffenen Vereinbarung zur Konkretisierung des kündigungsrechtlichen ultima-ratio-Grundsatzes führen (BAG 18.10.2006 – 2 AZR 434/05, AP BetrVG 1972 § 92a Nr. 1).

IX. Kündigung durch Arbeitgeber

Der ArbGeb. kann zwar **trotz Widerspruchs des BR** eine **ordentliche Kündigung aussprechen,** wird also in seiner Entscheidungsfreiheit (s. dazu *Preis* NZA 1995, 241; *v. Hoyningen-Huene* NZA 1994, 1009) anders als durch § 99 nicht unmittelbar beschränkt. Das gilt erst recht, wenn lediglich Bedenken geltend gemacht werden. Materiell gesehen stellen die Widerspruchsgründe des Abs. 3 Nr. 2–5 aber zugleich **zT neue Tatbestände einer sozial ungerechtfertigten** und damit unwirksamen **Kündigung** dar, sofern sie vom BR frist- und formgerecht geltend gemacht werden und die Widerspruchsgründe tatsächlich bestehen. Deren Fehlen hat der ArbGeb. im individuellen Kündigungsschutzprozess zu beweisen. Das ArbG kann uU einen anderen Widerspruchsgrund für gegeben erachten als der BR (§ 1 Abs. 2 S. 2, 3 KSchG: „aus einem dieser Gründe"; **aA** für Zustimmungsverweigerungsgründe nach § 99 BAG 3.7.1984 – 1 ABR 74/82, AP BetrVG 1972 § 99 Nr. 20; *Hanau* BB 1972, 454 Fn. 20). 98

Nimmt der **BR den Widerspruch** (nach Zugang der Kündigung) **zurück,** so kann sich der ArbN im Kündigungsschutzprozess weiterhin auf § 1 Abs. 2 S. 2, 3 KSchG berufen (GK-BetrVG/*Raab* Rn. 151; Richardi BetrVG/*Thüsing* Rn. 197, 213; KR/*Etzel*/*Rinck* Rn. 198). Die **Rücknahme** ist also weitgehend **unbeachtlich** und hat auch keinen Einfluss auf den Weiterbeschäftigungsanspruch (Richardi BetrVG/*Thüsing* Rn. 197; *Meisel* Mitwirkung BR Rn. 498, 557; differenzierend, ob ArbN Kenntnis vom Widerspruch des BR hat KR/*Etzel*/*Rinck* Rn. 198f). Wohl ist es aber zulässig, dass der ArbGeb. mit Einverständnis des BR eine weitere Kündigung (auch die des Weiterbeschäftigungsverhältnisses) ausspricht (**aA** *Brinkmeier* ArbuR 2005, 46f.). 99

Um dem ArbN die Führung des Rechtsstreits zu erleichtern, verpflichtet Abs. 4 den **ArbGeb.** bei Ausspruch einer Kündigung trotz Widerspruchs des BR, dem ArbN zugleich **eine Abschrift der Stellungnahme des BR** zuzuleiten. Der Anspruch auf Unterrichtung nach Abs. 4 ist nicht davon abhängig, dass der ArbN unter das KSchG fällt (DKKW/*Bachner* Rn. 250). Unterlässt der ArbGeb. dies, so ist die Kündigung deshalb nicht unwirksam; es kommen aber Schadensersatzansprüche des ArbN in Betracht, zB wenn er von einer Klageerhebung abgesehen hätte und nun Prozess- und Rechtsanwaltskosten zu tragen hat (Richardi BetrVG/*Thüsing* Rn. 200; ErfK/*Kania* Rn. 28; *Lützen* NZA 2019, 1254; *Heinze* Personalplanung Rn. 580; für Unwirksamkeit der Kündigung, da es sich um eine formelle Kündigungsvoraussetzung handele: *Düwell* NZA 1988, 866; *Berkowsky* Änderungskündigung § 14 Rn. 91; *Schütte* NZA 2011, 263 [265] mwN) und ggf. ein Verfahren gegen den ArbGeb. nach § 23 Abs. 3, insbes. bei ständiger Unterlassung der Mitteilung (ErfK/*Kania* Rn. 28). Der ArbN hat einen, uU noch im Kündigungsschutzprozess durchsetzbaren Anspruch auf Überlassung der Stellungnahme (nach *Heinze* Personalplanung Rn. 532f. soll der ArbGeb. verpflichtet sein, dem ArbN auch vom BR geäußerte Bedenken mitzuteilen). Zulässig sein dürfte, dass der BR seine Stellungnahme dem ArbN übermittelt, wenn der ArbGeb. seiner Verpflichtung zur Übermittlung nicht nachkommt (ebenso DKKW/*Bachner* Rn. 252; *Lützen* NZA 2019, 1254). Hiervon unabhängig ist eine Vereinbarung zwischen ArbGeb. und ArbN zu beurteilen, nach der dem ArbN auch die Kündigungsgründe schriftlich mitzuteilen sind. Ob einer solchen Vereinbarung im Fall des Verstoßes die Rechtswirkung des § 125 BGB zukommt, 100 hängt davon ab, ob die Vereinbarung allein der Beweissicherung oder Klarstellung dient oder auch den Zweck hat, dem ArbN eine schnelle und verlässliche Grundlage für die Einschätzung der Aussichten einer Kündigungsschutzklage zu geben (BAG 25.10.2012 – 2 AZR 845/11, NZA 2013, 900).

101 Für eine erfolgreiche **Klageerhebung** des **ArbN** nach dem **KSchG** ist allerdings Voraussetzung, dass das **KSchG** überhaupt für ihn **gilt** (Mindestdauer des Arbeitsverhältnisses von sechs Monaten, kein Kleinbetrieb nach § 23 Abs. 1 S. 2 u. 3 KSchG; zu den betr. Änderungen → Rn. 2a; *Bader* NZA 1999, 64 [66]; *Preis* RdA 1999, 311 [312]). Hierbei ist zu beachten, dass nach dem Beschluss des BVerfG v. 27.1.1998 (NZA 1998, 470) als „Betrieb" iSd § 23 Abs. 1 KSchG der ArbGeb., bzw. das Unternehmen zu verstehen ist, also für die dort genannte Schwelle die ArbNZahl des Unternehmens maßgeblich ist (*Kittner* NZA 1999, 731; *Preis* RdA 1999, 311 [313]; *Gragert/Kreutzfeldt* NZA 1999, 567 [569]; einschr. *Falder* NZA 1999, 1254 [1257]; → Rn. 48). Die Kündigungsschutzklage ist binnen drei Wochen nach Zugang der schriftlichen Kündigung zu erheben (§ 4 KSchG), andernfalls diese als von Anfang an rechtswirksam gilt (§ 7 KSchG); dies gilt auch für ArbN, die nicht unter das KSchG fallen (SPV Kündigung/*Vossen* Rn. 2063 [2064]; APS/*Hesse* KSchG § 4 Rn. 11). Erhebt der BR keinen Widerspruch, so kann der ArbN gleichwohl geltend machen, die Kündigung sei bereits nach § 1 Abs. 2 S. 1 KSchG sozialwidrig (→ Rn. 75).

102 Nimmt der ArbGeb. die Kündigung zurück, so entfällt nicht das Rechtsschutzinteresse des ArbN an der Fortführung des Kündigungsschutzprozesses. Er kann auch danach noch den Auflösungsantrag nach § 9 KSchG stellen (BAG 29.1.1981 – 2 AZR 1055/78, AP KSchG 1969 § 9 Nr. 6; 26.11.1981 – 2 AZR 509/79, AP KSchG 1969 § 9 Nr. 8; 19.8.1982 – 2 AZR 230/80, AP KSchG 1969 § 9 Nr. 9).

X. Vorläufige Weiterbeschäftigung des Arbeitnehmers

103 Bei einer **ordentlichen Kündigung,** der der BR widersprochen hat, gibt Abs. 5 dem betroffenen ArbN das Recht, von der Erhebung der Kündigungsschutzklage an seine **Weiterbeschäftigung** auch nach Ablauf der Kündigungsfrist **bis zum rechtskräftigen Abschluss des Kündigungsschutzprozesses** zu verlangen (grds. zum Weiterbeschäftigungsanspruch *Haas* NZA-RR 2008, 57; *Gussone* ArbuR 1994, 245; *Gussone* AiB 1994, 34; *v. Hoyningen-Huene/Linck* DB 1993, 1185; *Künzl* ArbuR 1993, 389; *Pallasch* BB 1993, 2225; kein Schriftformerfordernis nach § 14 Abs. 4 iVm § 21 TzBfG – findet nur Anwendung auf vertragl. Befristungs- und Bedingungsabreden s. dazu auch *Bengelsdorf* NZA 2005, 277 ff. [280]; generell zu vertragl. Befristungs- und Bedingungsabreden im Rahmen der Weiterbeschäftigung bis zum Abschluss des Kündigungsschutzprozesses (BAG 22.10.2003 – 7 AZR 113/03, AP TzBfG § 14 Nr. 6), und zwar zu unveränderten Arbeitsbedingungen (→ Rn. 114; wegen Ausnahmen → Rn. 117). Auf die Wirksamkeit oder Unwirksamkeit der Kündigung kommt es nicht an. Der Beschäftigungsanspruch nach Abs. 5 ist davon unabhängig (*Boewer* NZA 1988, 1; *Schrader/Straube* RdA 2006, 98 [101]). Bis zum Ablauf der Kündigungsfrist hat der ArbN kraft Arbeitsvertrages einen Beschäftigungsanspruch, soweit dem nicht überwiegende und schwerwiegende Interessen des ArbGeb. entgegenstehen (BAG 19.8.1976 – 3 AZR 173/75, AP BGB § 611 Beschäftigungspflicht Nr. 4; dazu und zur möglichen formularmäßigen Abbedingung *Fischer* NZA 2004, 233 ff.). Gewinnt er den Kündigungsschutzprozess, so besteht das bisherige Arbeitsverhältnis nahtlos fort, was allerdings erst nach gerichtlicher Entscheidung feststeht (*Heinze* Personalplanung Rn. 606 ff. geht bei Vorliegen der drei gesetzlichen Voraussetzungen [→ Rn. 106] davon aus, dass der Gesetzgeber von der Wahrscheinlichkeit des Weiterbestehens des gekündigten Arbeitsverhältnisses ausgeht und deshalb der Weiterbeschäftigungsanspruch gegeben ist). Verliert der ArbN, so bestand vom Ablauf der Kündigungsfrist an ein **besonderes gesetzliches,** durch die rechtskräftige

Abweisung der Kündigungsschutzklage auflösend bedingtes **Beschäftigungsverhältnis** mit dem bisherigen Vertragsinhalt (ähnlich: HWGNRH/*Huke* Rn. 192; *Haas* NZA-RR 2008, 57; *Lepke* DB 1975, 499; *Meisel* Mitwirkung BR Rn. 567 für faktisches Arbeitsverhältnis; BAG 12.9.1985 – 2 AZR 324/84, AP BetrVG 1972 § 102 Weiterbeschäftigung Nr. 7; Richardi BetrVG/*Thüsing* Rn. 213). Es ist von den Erfolgsaussichten des Kündigungsschutzprozesses unabhängig. Der ArbGeb. kann evtl. aber Befreiung von der Weiterbeschäftigungspflicht verlangen (→ Rn. 117). Zur Sonderproblematik der Weiterbeschäftigung des betriebl. **Datenschutzbeauftragten** s. LAG Erfurt 15.4.1996 – 1 Ta 46/96, RDV 1996, 195; ArbG Erfurt 13.12.1995 – 7 Ca 5/95, RDV 1996, 39 (aufgeh.); 1997, 88 mAnm *Jaspers; Ostrowicz* RDV 1995, 112.

Spricht der ArbGeb. **neben einer außerordentlichen Kündigung zugleich hilfsweise eine ordentliche** aus, so ist diese Möglichkeit nach Anhörung des BR zu beiden Kündigungen zwar individualrechtlich gegeben, schließt aber die Konsequenzen des Abs. 5 nicht aus. Eine ordentliche Kündigung, die nach § 1 Abs. 2 S. 2, 3 KSchG angegriffen wird, ist eine Kündigung mit vorläufiger Beschäftigungsgarantie, die nicht deshalb entfallen kann, weil zugleich auch außerordentlich gekündigt wird. Will der ArbGeb. die Weiterbeschäftigung unbedingt vermeiden, so darf er **nur außerordentlich kündigen** (ArbG Aachen EzA § 102 BetrVG 1972 Nr. 2; DKKW/*Bachner* Rn. 277; *Gester/Zachert,* Jahrbuch des Arbeitsrechts, Bd. 12, 104; *Weiß/Weyand* BetrVG Rn. 44; **aA** Richardi BetrVG/*Thüsing* Rn. 218; ErfK/*Kania* Rn. 32; KR/*Etzel/Rinck* Rn. 285; *Meisel* Mitwirkung BR Rn. 537). Allerdings wird eine außerordentliche Kündigung meist auf verhaltensbedingte Gründe gestützt, bei denen im Allgemeinen ein Widerspruch des BR nicht in Betracht kommen wird (aber → Rn. 77). 104

Spricht der ArbGeb. nur eine **außerordentliche Kündigung** aus, so besteht kein Weiterbeschäftigungsanspruch, es sei denn, sie wird gegenüber einem an sich (zB auf Grund TV oder Arbeitsvertrag) unkündbaren ArbN **befristet** ausgesprochen (zur Gesamtproblematik *Kania/Kramer* RdA 1995, 287). Hier ist Abs. 5 entspr. anzuwenden, da die befristet außerordentliche Kündigung an die Stelle einer ansonsten auszusprechenden ordentlichen Kündigung tritt (BAG 4.2.1993 – 2 AZR 469/92, EzA § 626 BGB nF Nr. 144; *Kania/Kramer* RdA 1995, 287 [296], → § 103 Rn. 14 ff.). 105

1. Voraussetzungen

Voraussetzung des Anspruchs auf Weiterbeschäftigung ist, dass 106

a) der **BR der Kündigung** frist- und formgerecht aus einem der Gründe des Abs. 3 **widersprochen** hat, wobei die Widerspruchsgründe nicht „einleuchtend" zu sein brauchen (→ Rn. 70, 120; *Heinze* Personalplanung Rn. 593; LAG Köln 24.11.2005 – 6 Sa 1172/05, ArbuR 2006, 212). Das gilt auch für den Widerspruchsgrund nach Nr. 5, weil der ArbGeb. keine geänderten Arbeitsbedingungen angeboten hat, der ArbN aber gegenüber dem BR seine Bereitschaft erklärt hat, zu geänderten Bedingungen weiter zu arbeiten (→ Rn. 95).

b) der **ArbN** binnen drei Wochen nach der Kündigung **Klage nach § 4 KSchG** mit dem Feststellungsantrag **erhoben** hat, dass das Arbeitsverhältnis durch die Kündigung nicht aufgelöst ist. Bei Änderungskündigungen (→ Rn. 9 ff.) entfällt der Weiterbeschäftigungsanspruch zu den bisherigen Bedingungen, wenn der ArbN unter Vorbehalt mit der Änderung einverstanden ist (hM vgl. *Heinze* Personalplanung Rn. 595; KR/*Etzel/Rinck* Rn. 199d; offen gelassen BAG 18.1.1990 – 2 AZR 183/89, AP KSchG 1969 § 2 Nr. 27).

c) der ArbN neben der Klageerhebung noch **ausdrücklich die vorläufige Weiterbeschäftigung verlangt.** Der BR kann die Weiterbeschäftigung nicht verlangen (so auch APS/*Koch* Rn. 206; **aA** HaKo-BetrVG/*Braasch* Rn. 109). Dieser Antrag muss noch innerhalb der Kündigungsfrist gestellt werden (nach BAG 11.5.2000 – 2 AZR 54/99, AP BetrVG 1972 § 102 Weiterbeschäftigung Nr. 13 reicht Anbieten der Arbeitskraft in Person u. Verlangen der Weiterbeschäftigung am ersten Arbeitstag nach Ablauf der Kündigungsfrist aus, ebenso ArbG Frankfurt mit zust. Anmerkung *Backmeister* AiB 2003, 374; LAG München 17.12.2003 – 5 Sa 1118/03, NZA-RR 2005, 312; LAG Bln-Bbg 25.3.2010 – 2 Ta 387/10, ArbR 2010, 349; *Schrader/Straube* RdA 2006, 98 [102]); ist diese kürzer als die Klagefrist von drei Wochen nach dem KSchG, jedenfalls spätestens mit Klageerhebung (KR/*Etzel* Rn. 209; HaKo-BetrVG/*Braasch* Rn. 108; SWS Rn. 172; keine zeitliche Beschränkung nehmen DKKW/*Bachner* Rn. 290, *Berkowsky* Änderungskündigung § 14 Rn. 98; Richardi BetrVG/*Thüsing* Rn. 230 an; nach LAG München 17.12.2003 – 5 Sa 1118/03, NZA-RR 2005, 312 begründet das Zuwarten von bis zu dreieinhalb Monaten zumindest keine Dringlichkeit iSd Erlass einer einstweiligen Verfügung). Der ArbN kann seine Weiterbeschäftigung auch schon vor Ablauf der Kündigungsfrist verlangen, wenn ihn der ArbGeb. von der Arbeit freistellen will; denn sonst entstünde eine Lücke in der Beschäftigung (*Braasch* BB 1976, 320; *Schrader/Straube* RdA 2006, 98 [102]). Das Weiterbeschäftigungsverlangen muss ausdrücklich gestellt werden; nicht ausreichend ist dass ArbN durch Zugang zum alten Arbeitsplatz ohne Kenntnis der Personalstelle nach Ablauf der Kündigungsfrist weiterarbeitet (LAG München 17.12.2003 – 5 Sa 1118/03, NZA-RR 2005, 312).

107 Der Anspruch auf vorläufige **Weiterbeschäftigung entfällt,** wenn der ArbN wegen zu kurzer Betriebszugehörigkeit **noch nicht unter das KSchG fällt** (oder das KSchG wie bei Heimarbeitern von vornherein keine Anwendung findet, KR/*Etzel* Rn. 11; Richardi BetrVG/*Thüsing* Rn. 225; *Haas* NZA-RR 2008, 57 [59]; **aA** KR/*Etzel* § 102 Rn. 205a), er **keine Kündigungsschutzklage** erhebt, oder seinerseits einen **Auflösungsantrag nach § 9 KSchG stellt** (GK-BetrVG/*Raab* Rn. 215; Richardi BetrVG/*Thüsing* Rn. 228; **aA** DKKW/*Bachner* Rn. 285). In den beiden letzteren Fällen will der ArbN ohnehin nicht im Betrieb bleiben. Dann besteht auch kein schutzwertes Interesse an vorläufiger Weiterbeschäftigung (hM, vgl. *Schaub* NJW 1981, 1807; **aA** für den Fall des Auflösungsantrags *Heinze* Personalplanung Fn. 891). Ein Auflösungsantrag des ArbGeb. ist ohne Bedeutung. Auch kann der Verzicht eines ArbN auf die Beschäftigung während der Kündigungsfrist ggf. zum Wegfall der Weiterbeschäftigung nach Ablauf der Kündigungsfrist führen (*Fischer* NZA 2004, 233 [235]).

108 Liegen die Voraussetzungen des § 102 Abs. 5 nicht vor (insbes. wenn kein BR besteht bzw. dieser nicht widerspricht), so kann der ArbN gleichwohl nach dem grundlegenden Beschluss des **GS des BAG** v. **27.2.1985** (GS 1/84, AP BGB § 611 Beschäftigungspflicht Nr. 14) seine Weiterbeschäftigung im Allgemeinen verlangen, wenn er Kündigungsschutzklage erhoben und in 1. Instanz vor dem ArbG ein obsiegendes Urteil erstritten hat. Dieser Beschäftigungsanspruch besteht dann regelmäßig, bis eine etwa gegenteilige Entscheidung des LAG oder des BAG ergehen sollte. Wird ein für den ArbN obsiegendes Urteil rechtskräftig, so hat er den allgemein anerkannten Anspruch auf Beschäftigung während des zweifelsfrei bestehenden Arbeitsverhältnisses (zum Beschluss des Großen Senats bzw. zum allgemeinen Beschäftigungsanspruch vgl. *Berkowsky* Betriebsbed. Kündigung § 11 Rn. 6 ff.; SPV Kündigung/*Vossen* Rn. 2254 ff.; DKKW/*Bachner* Rn. 271; Richardi BetrVG/*Thüsing* Rn. 271 ff.; *Schrader/Straube* RdA 2006, 98 [103]; *Weber/Weber* RdA 2007, 344 ff.). Dieser Anspruch besteht auch bei Streit über die Wirksamkeit einer Befristung des Arbeitsverhältnisses (BAG 13.6.1985 – 2 AZR 410/84, AP BGB § 611 Beschäftigungspflicht Nr. 19). Wegen Weiterbeschäftigungsanspruch bei wiederholter Kündigung BAG 19.12.1985 – 2 AZR 190/85, AP BGB § 611 Beschäftigungspflicht Nr. 17; zur Rückabwicklung u. Bestimmung des Wertes der auf Grund des allgemeinen Weiterbeschäftigungsanspruchs erbrachten Arbeitsleistung s. BAG 12.2.1992 – 5 AZR 297/90, AP BGB § 611 Weiterbeschäftigung Nr. 9 mAnm *Künzl* ArbuR 1993, 126. Zur Frage Schriftformerfordernis nach § 14 Abs. 4 iVm § 21 TzBfG, insbes. bei freiwilligem Weiterbeschäftigungsangebot während des Kündigungsschutzverfahrens durch ArbGeb. vgl.

Bengelsdorf NZA 2005, 277 ff.; BAG 22.10.2003 – 7 AZR 113/03, AP TzBfG § 14 Nr. 6).

Der Anspruch nach Abs. 5 besteht bei **verspätet eingereichter Klage** jedenfalls bis zur Entscheidung des ArbG nach § 5 KSchG auf nachträgliche Zulassung der Klage (DKKW/*Bachner* Rn. 287; *Weiß/Weyand* BetrVG Rn. 42; **aA** Richardi BetrVG/*Thüsing* Rn. 226; *Heinze* Personalplanung Rn. 594; ErfK/*Kania* Rn. 33; KR/*Etzel/Rinck* Rn. 294; GK-BetrVG/*Raab* Rn. 216): diese Autoren wollen einen Weiterbeschäftigungsanspruch erst vom Zeitpunkt der Zulassung der verspäteten Klage an gewähren; dann war aber uU das Arbeitsverhältnis schon tatsächlich unterbrochen. 109

Nimmt der ArbN die **Kündigungsschutzklage zurück,** so entfällt damit der Anspruch auf Weiterbeschäftigung, ebenso mit Ablauf der Kündigungsfrist einer **weiteren ordentlichen Kündigung,** der der BR nicht widerspricht bzw. gegen die der ArbN keine Kündigungsschutzklage erhebt (Richardi BetrVG/*Thüsing* Rn. 228, 246; KR/*Etzel/Rinck* Rn. 295; **aA** *Brinkmeier* AuR 2005, 46 f.). Dasselbe gilt, wenn nunmehr der ArbN kündigt. 110

Während des Weiterbeschäftigungsverhältnisses kann auch der die Weiterbeschäftigung verlangende ArbN nicht jederzeit die Arbeit einstellen, wenn nicht die Voraussetzungen des § 626 BGB für ihn gegeben sind. Auch er muss die Kündigungsfristen einhalten, da das Arbeitsverhältnis zu den bisherigen Arbeitsbedingungen weiterbesteht; dazu gehört auch die Einhaltung der Kündigungsfristen (hM). 111

Verlangt der ArbN **keine vorläufige Weiterbeschäftigung,** so kann er nach **Obsiegen** im Kündigungsschutzprozess **gleichwohl in den Betrieb zurückkehren,** aber auch nach § 12 KSchG ein inzwischen eingegangenes anderes Arbeitsverhältnis fortsetzen und die Wiederaufnahme der Arbeit binnen einer Woche gegenüber dem alten ArbGeb. ablehnen. Wegen Anrechnung von Zwischenverdienst auf den vom ArbGeb. geschuldeten Lohn vgl. § 11 KSchG. Abs. 5 gibt dem **ArbN eine echte Wahlmöglichkeit** (wie hier DKKW/*Bachner* Rn. 306; *Heinze* Personalplanung Rn. 623 Fn. 948). Es kommt vielmehr darauf an, ob die Voraussetzungen des § 11 KSchG gegeben sind. Nach stRspr genügt die Erhebung der Kündigungsschutzklage, um den Annahmeverzug des ArbGeb. herbeizuführen. Diese Rechtsstellung des einzelnen ArbN wird durch die zusätzliche Möglichkeit, nach Abs. 5 die Weiterbeschäftigung zu verlangen, verbessert, aber nicht verschlechtert. Der ArbN behält daher, falls er die Kündigungsschutzklage gewinnt, seinen Lohnanspruch im Grundsatz auch dann, wenn er das Angebot des ArbGeb. auf vorläufige Weiterbeschäftigung abgelehnt hat (iErg auch *Heinze* Personalplanung Rn. 625). Dieses Angebot bezieht sich nicht auf das gekündigte Arbeitsverhältnis. Allerdings ist er wegen der Anrechnungsvorschrift des § 11 KSchG uU gezwungen, auf das Angebot des ArbGeb. einzugehen (vgl. auch *Denck* NJW 1983, 255; *Meyer* NZA-RR 2012, 337; BAG 15.1.1986 – 5 AZR 237/84, AP LohnFG § 1 Nr. 66; 24.9.2003 – 5 AZR 500/02, AP KSchG 1969 § 11 Nr. 4; 17.11.2011 – 5 AZR 564/10, NZA 2012, 260; LAG Hamm 18.10.1985 – 16 Sa 386/85, DB 1986, 1394). Geht es um eine Arbeitsmöglichkeit beim bisherigen ArbGeb. darf ArbN Angebot des ArbGeb. abwarten und muss nicht selbst initiativ werden (BAG 19.9.2013 – 5 AZR 627/11, NZA 2013, 101). Zum Fall der Änderungskündigung und Fragen der Zumutbarkeit s. BAG 16.6.2004 – 5 AZR 508/03, AP BGB § 615 Böswilligkeit Nr. 11 mAnm *Hennings* EWiR § 11 KSchG 1/05 35 und *Sandmann* RdA 2005, 247 ff.; BAG 11.1.2006 – 5 AZR 98/05, AP BGB § 615 Nr. 113; *Lüderitz/Pawlak* NZA 2011, 313). Je nach den konkreten Umständen des Einzelfalls kann auch die objektiv vertragswidrige Arbeit zumutbar sein (BAG 7.2.2007 – 5 AZR 422/06, AP BGB § 615 Böswilligkeit Nr. 12 unter Aufgabe der Rspr. v. 3.12.1980 – 5 AZR 477/78, AP BGB § 615 Böswilligkeit Nr. 4). Die Prüfung des Angebots des ArbGeb. durch Prozessbevollmächtigten des ArbN auf Zumutbarkeit ist kein Indiz für Böswilligkeit, wenn Prüfung in einer angemessenen Zeit erfolgt (BAG 19.9.2013 – 5 AZR 627/11, NZA 2013, 101). 112

113 Wird der ArbN vorläufig weiterbeschäftigt und gewinnt er die Kündigungsschutzklage, so dauert das Arbeitsverhältnis nahtlos fort. Wird dagegen seine **Klage abgewiesen,** so **endet** das besondere gesetzliche Beschäftigungsverhältnis **mit der Rechtskraft des Urteils** ohne erneute Kündigung bzw. Kündigungsfrist (Richardi BetrVG/*Thüsing* Rn. 235). Der Lohn ist bis zu diesem Zeitpunkt weiterzuzahlen, auch wenn der ArbGeb. den ArbN trotz dessen Verlangens nicht beschäftigt hat (Richardi BetrVG/*Thüsing* Rn. 240; *Schrader/Straube* RdA 2006, 98 [101]).

2. Unveränderte Arbeitsbedingungen

114 Der ArbN ist zu unveränderten Arbeitsbedingungen weiterzubeschäftigen. Das bedeutet zunächst **Weiterzahlung des** bisherigen **Arbeitsentgelts** einschließlich zwischenzeitlich gewährter allgemeiner Lohnerhöhungen, der Beiträge zur Sozialversicherung u. zu Unterstützungskassen, aber ohne Anspruch auf nunmehr erst entstehende Leistungen, die an eine ununterbrochene Betriebszugehörigkeit anknüpfen, zB Gratifikationen, Jubiläumsgelder, „Unkündbarkeit", Ruhegeld (vgl. *Heinze* Personalplanung Rn. 620, Fn. 942; zweifelnd für jeden einzelnen Punkt des ArbVerh. *Haas* NZA-RR 2008, 57 [58]). Diese sind nachzuzahlen, wenn der Kündigungsschutzprozess gewonnen wird. Der ArbN ist außerdem wie bisher im Betrieb **tatsächlich zu beschäftigen** (hM; BAG 26.5.1977 – 2 AZR 632/76, AP BGB § 611 Beschäftigungspflicht Nr. 5; Richardi BetrVG/*Thüsing* Rn. 238). Im Einverständnis mit dem ArbN kann hiervon abgewichen werden (zB nur Lohnzahlung; *Willemsen/Hohenstatt* DB 1995, 215). Der ArbN ist nach Sinn und Zweck der Vorschrift **nicht schlechter, aber auch nicht besser zu stellen** als in einem ungekündigten Arbeitsverhältnis. Demnach sind Umsetzungen auf einen gleichwertigen Arbeitsplatz möglich. Die Beschäftigungspflicht – nicht die Lohnzahlungspflicht – entfällt wie auch in einem nicht gekündigten Arbeitsverhältnis ausnahmsweise, wenn dem zwingende betriebliche (zB Wegfall jeder Beschäftigungsmöglichkeit) oder persönliche Gründe entgegenstehen (vgl. Richardi BetrVG/*Thüsing* Rn. 239; *Gester/Zachert,* Jahrbuch des Arbeitsrechts, Bd. 12, 100; KR/*Etzel/Rinck* Rn. 307; **aA** *Willemsen/Hohnstatt* DB 1995, 215, die bei Unmöglichkeit der Weiterbeschäftigung eine Befreiung des ArbGeb. auch von der Entgeltzahlungspflicht annehmen). Grds. hat jeder ArbN einen **Anspruch auf Beschäftigung** (BAG GS 27.2.1985 – GS 1/84, AP BGB § 611 Beschäftigungspflicht Nr. 14; hM). Abs. 5 soll die Weiterbeschäftigung im Kündigungsfall sichern, damit der Arbeitsplatz für den gekündigten ArbN bis zur rechtskräftigen Entscheidung auch tatsächlich erhalten bleibt.

115 Während dieses besonderen gesetzlichen Beschäftigungsverhältnisses besteht das **Wahlrecht** zum BR **fort** (→ § 7 Rn. 33f.; DKKW/*Bachner* Rn. 305; HWGNRH/*Huke* Rn. 193; *Otto* RdA 1975, 72; KR/*Etzel/Rinck* Rn. 310). Diese Beschäftigungszeit ist bei negativem Ausgang des Kündigungsschutzprozesses aber nicht auf die Dauer der Betriebszugehörigkeit anzurechnen, was zB für die Frage der Unkündbarkeit oder die Zahlung von Jubiläums- oder Ruhegeld eine Rolle spielen kann (→ Rn. 114; HWGNRH/*Huke* Rn. 192; **aA** DKKW/*Bachner* Rn. 303; Richardi BetrVG/*Thüsing* Rn. 242).

116 Der ArbN kann den Weiterbeschäftigungsanspruch im Wege der Klage im **Urteilsverfahren** und im Wege der **einstw. Vfg.** durchsetzen (hM; LAG Nürnberg 27.10.1992 – 6 Sa 496/92, BB 1993, 444; LAG Düsseldorf 25.1.1993 – 19 Sa 1650/92, DB 1993, 1680; *Brox* FS 50 Jahre BAG, 2004, 52; DKKW/*Bachner* Rn. 294, 295; GK-BetrVG/*Raab* Rn. 230, 231; HWGNRH/*Huke* Rn. 197; Richardi BetrVG/*Thüsing* Rn. 249; KR/*Etzel/Rinck* Rn. 311; *Haas* NZA-RR 2008, 57 [59]). Der Verfügungsanspruch ist bei Vorliegen der drei Voraussetzungen der → Rn. 106 ohne weiteres gegeben, als Verfügungsgrund (drohender Verlust des Arbeitsplatzes) genügt zB die Glaubhaftmachung der vorgesehenen neuen Besetzung des Arbeitsplatzes durch einen anderen ArbN (LAG Köln 2.8.1984 – 5 Ta 133/84, NZA 1984, 300; *Heinze* Personalplanung Rn. 610f.; ausf. zur einstw. Vfg. LAG München

10.2.1994 – 5 Sa 969/93, NZA 1994, 997; LAG München 17.12.2003 – 5 Sa 1118/03, NZA-RR 2005, 312; LAG Nürnberg 17.8.2004 – 6 Sa 439/04, NZA-RR 2005, 255; kein Erfordernis zur Glaubhaftmachung des Verfügungsgrundes: LAG Bln-Bbg 25.3.2010 – 2 Ta 387/10, ArbR 2010, 349; ErfK/*Kania* Rn. 36; APS/*Koch* Rn. 213 mwN; zur Bestimmtheit des Weiterbeschäftigungsurteils als Vollstreckungstitel ist Bezeichnung der Tätigkeit des ArbN erforderlich, HessLAG 27.11.1992 – 9 Ta 376/92, BB 1993, 1740; LAG Bln 8.1.1993 – 12 Ta 17/92, BB 1993, 732; LAG RhPf 3.2.2005 – 2 Ta 23/05, NZA-RR 2005, 550). Die Vollstreckung erfolgt gem. § 888 ZPO durch Verhängung von Zwangsgeld gegen den ArbGeb. (kein Zwangsgeld bei „Weiterbeschäftigung" eines freigestellten BR-Mitglieds, LAG Bln 8.1.1993 – 12 Ta 17/92, BB 1993, 732; → § 101 Rn. 8; → Rn. 121). Das Verfahren wird zweckmäßig mit dem Kündigungsschutzprozess, ein Verfahren des ArbN auf einstw. Vfg. mit einem etwaigen gegenteiligen Antrag des ArbGeb. nach Abs. 5 S. 2 (→ Rn. 121) verbunden. Schadensersatzansprüche des ArbGeb. gem. § 945 ZPO wegen einer letzthin zu Unrecht erwirkten einstw. Vfg. auf Weiterbeschäftigung gibt es nicht (*Heinze* Personalplanung Rn. 630). Zur zwangsweisen Durchsetzung des Weiterbeschäftigungsanspruchs durch den ArbN im Insolvenzverfahren des ArbGeb. vgl. *Gaumann/Liebermann* NZA 2005, 908 ff.

3. Entbindung des Arbeitgebers von der Weiterbeschäftigung

Der ArbGeb. braucht ausnahmsweise den ArbN trotz dessen Verlangens nicht vorläufig weiter zu beschäftigen, wenn ihn das **ArbG** auf Grund einer von ihm beantragten **einstw. Vfg. im Urteilsverfahren** (hM; Richardi BetrVG/*Thüsing* Rn. 260 mwN; → Rn. 116), **von der Verpflichtung zur Weiterbeschäftigung entbindet** (Abs. 5 S. 2). Der ArbGeb. kann sein Verlangen auch in einem Verfahren des ArbN auf Erlass einer **einstw. Vfg.** auf Beschäftigung einredeweise durch Widerspruch oder Berufung gegen eine dem Antrag des ArbN stattgebende einstw. Verf. geltend machen (GK-BetrVG/*Raab* Rn. 233; *Dütz* DB 1978 Beil. 13, 9; *Heinze* Personalplanung Rn. 639; **aA** *Rieble* BB 2003, 844 [849]; ArbG Düsseldorf 27.9.1983 – 1 Ca 77/83, BB 1984, 675: zwei getrennte Verfahren). Bis dahin ist der ArbN weiterzubeschäftigen. Dem Antrag hat das ArbG, das gem. § 937 Abs. 2, § 944 ZPO in dringenden Fällen ohne mündliche Verhandlung durch den Vorsitzenden allein entscheiden kann (hM), stattzugeben, wenn **einer der drei folgenden Tatbestände** (ohne dass es auf weitere Voraussetzungen nach der ZPO ankäme) vorliegt und vom **ArbGeb. glaubhaft gemacht** wird: 117

a) Die Kündigungsschutzklage hat nach vorläufiger Prüfung der Rechtslage **keine hinreichende Aussicht auf Erfolg** oder erscheint gar mutwillig. Das ArbG hat das gesamte Vorbringen des ArbN zu würdigen (ArbG Passau 18.2.1992 – 4 Ga 2/92, BB 1992, 928 zum Fall, dass ArbN nach verlorener 1. Instanz des Kündigungsschutzprozesses die Erfolgsaussichten der Berufung wegen neuer Gesichtspunkte glaubhaft machen kann), nicht nur die Widerspruchsgründe des BR. Diese Beurteilungsgrundsätze stimmen mit denen überein, die nach § 114 ZPO bei der Prüfung des Antrags auf Prozesskostenhilfe anzulegen sind und ggf. zu deren Ablehnung führen (ArbG Stuttgart 5.4.1993 – 6 Ga 26/93, ArbuR 1993, 222; 5.6.1996 – 6 Ga 23/96, NZA-RR 1997, 260; DKKW/*Bachner* Rn. 317; Richardi BetrVG/*Thüsing* Rn. 255; SPV Kündigung/*Vossen* Rn. 2248). 118

b) Die Weiterbeschäftigung des ArbN würde zu einer **unzumutbaren** wirtschaftlichen **Belastung des ArbGeb.** führen. Der Weiterbeschäftigungsanspruch kann ausnahmsweise entfallen, wenn der Weiterbeschäftigung zwingende betriebliche oder persönliche Gründe entgegenstehen und der ArbN demgegenüber kein besonderes, vorrangig berechtigtes Interesse an der tatsächlichen Weiterbeschäftigung hat (BAG 15.3.2001 – 2 AZR 141/00, AP KSchG 1969 § 4 Nr. 46 mwN). Dieser Sachverhalt wird nur ganz ausnahmsweise (Kündigung einer größeren Anzahl von ArbN aus betriebsbedingten Gründen und deshalb Wegfall jeder Beschäftigungs- 119 möglichkeit) gegeben sein, weil dem ArbGeb. bei vorläufiger Weiterbeschäftigung des ArbN ja auch dessen Arbeitskraft zur Verfügung steht (*Meisel* Mitwirkung BR Rn. 578; *Heinze* Personalplanung Rn. 646; KR/*Etzel*/*Rinck* Rn. 323) und er andererseits dem ArbN regelmäßig auch den Lohn weiterzahlen müsste, wenn er nicht weiterbeschäftigt wird, sofern dieser den Rechtsstreit gewinnt (§ 615 BGB). Die Tatsache, dass der ArbGeb. den ArbN nicht mehr benötigt, reicht allein nicht aus. Denn das ist bei jeder betriebsbedingten Kündigung der Fall. Die wirtschaftlichen Belastungen des ArbGeb. müssen so schwerwiegend sein, dass die wirtschaftliche Existenz des Betriebes durch die Lohnfortzahlung infrage gestellt ist (Richardi BetrVG/*Thüsing* Rn. 257; LAG Hmb 2.11.2001 – 3 Sa 81/01, AiB 2003, 496; für jeden Fall gesondert zu prüfen LAG München 17.12.2003 – 5 Sa 1118/03, NZA-RR 2005, 312; auf die Liquidität und Wettbewerbsfähigkeit abstellend: *Rieble* BB 2003, 844 [848]; *Berkowsky* Änderungskündigung § 14 Rn. 103; SPV Kündigung/*Vossen* Rn. 2249; *Thannheiser* AiB 2009, 44 [46] mit Hinweis auf ArbG Hamburg 3.4.2008 – 9 Ga 12/08, ArbuR 2008, 276; LAG Hmb 16.5.2001 – 4 Sa 33/01, NZA-RR 2002, 25 [27] mwN; s. dazu auch *Haas* NZA-RR 2008, 57 [61 ff.]). Das kann in kleineren Betrieben der Fall sein, in größeren Betrieben allenfalls, wenn eine größere Anzahl von ArbN entlassen werden muss (ArbG Stuttgart 5.4.1993 – 6 Ga 26/93, ArbuR 1993, 222), insbes. bei Stilllegung des ganzen Betriebes oder doch einer größeren Betriebsabteilung (ErfK/*Kania* Rn. 39; zu weitgehend *Willemsen*/*Hohenstatt* DB 1995, 215 [218 ff.], die die Zahlengrenzen des § 17 KSchG idR für die Annahme einer unzumutbaren Belastung des ArbGeb. ausreichen lassen; so auch *Rieble* BB 2003, 844 [848] der zurecht auf den unterschiedlichen Regelungsgehalt und -zweck der Normen verweist; diff. LAG Hmb 16.5.2001 – 4 Sa 33/01, NZA-RR 2002, 25 [27] mit zust. Anmerkung *Goergens* in AiB 2003, 496 mit Verweis auf unterschiedliche Rspr. innerhalb des LAG). Ggf. ist bei einem **Gemeinschaftsbetrieb** eine Weiterbeschäftigung in den anderen Betrieben der am Gemeinschaftsbetrieb beteiligten Unternehmen (→ Rn. 86) oder ausnahmsweise im **Konzern** zu beachten (→ Rn. 87, s. dazu insbs. LAG Hmb 16.5.2001 – 4 Sa 33/01, NZA-RR 2002, 25 [27] mit zust. Anmerkung *Goergens* AiB 2003, 496; DKKW/*Bachner* Rn. 325; zur konzernbezogenen Beurteilung der wirtschaftlichen Belastbarkeit des ArbGeb. [„Durchgriffshaftung"] s. BAG 15.1.1991 – 1 AZR 94/90, AP BetrVG 1972 § 113 Nr. 21; 6.10.1992 – 3 AZR 242/91, AP BetrAVG § 1 Konzern Nr. 5; DKKW/*Bachner* Rn. 325). Zur Frage der Unmöglichkeit der Leistung im Fall der Zwangsvollstreckung des auf Weiterbeschäftigung gerichteten Titels LAG Köln 23.8.2001 – 7 (13) Ta 190/01, NZA-RR 2002, 214; LAG SchlH 11.12.2003 – 2 Ta 257/03, NZA-RR 2004, 409).

120 c) Der **Widerspruch** des BR ist zwar formell ordnungsgemäß, aber aus rechtlichen oder tatsächlichen Gründen **offensichtlich unbegründet** (LAG München 17.12.2003 – 5 Sa 1118/03, NZA-RR 2005, 312; wegen Begründungspflicht des BR → Rn. 71 f., BAG 9.7.2003 – 5 AZR 305/02, AP BetrVG 1972 § 102 Weiterbeschäftigung Nr. 14 unter → Rn. 81). Dieser Tatbestand hängt meist mit der mangelnden Erfolgsaussicht einer Kündigungsschutzklage zusammen, da die Widerspruchsgründe und die Gründe für eine mangelnde soziale Rechtfertigung einer Kündigung zum großen Teil identisch sind. Hier ist aber erforderlich, dass der Widerspruch „offensichtlich" unbegründet ist (oder infolge der tatsächlichen Entwicklung im Betrieb wird), dh die Grundlosigkeit muss sich bei unbefangener Beurteilung geradezu aufdrängen (zB der BR hat nur allgemeine Bedenken geltend gemacht, da die Kündigung aus schuldhaftem Verhalten des ArbN erfolgte; bei personenbedingter Kündigung wird mangelnde soziale Auswahl gerügt [LAG Düsseldorf 12.6.1975 – 3 TaBV 106/74, DB 1975, 1995]; es bestanden gar keine RL nach § 95 [LAG Bln 5.9.2003 – 13 Sa 1629/03, BeckRS 2003, 41577]; der Arbeitsplatz, auf dem der umzusetzende ArbN beschäftigt werden soll, ist bereits besetzt [Richardi BetrVG/*Thüsing* Rn. 258]). Offensichtlich unbegründet ist ein

Widerspruch auch, wenn die **tatsächlichen Voraussetzungen** für den geltend gemachten Widerspruch offensichtlich **nicht** gegeben sind, es also keiner Beweiserhebung bedarf (ArbG Stuttgart 5.6.1996 – 6 Ga 23/96, NZA-RR 1997, 260). Auf die Erfolgsaussichten der Kündigungsschutzklage selbst kommt es aber nicht an.

Es dürfte aber nicht richtig sein, mit dem LAG Bln (DB 1974, 1629; sowie *Dütz* DB 1978 Beil. 13, 9) eine einstw. Vfg. mangels Rechtsschutzinteresses von vornherein mit der Begründung abzulehnen, es liege ein unbeachtlicher Widerspruch vor, so dass ohnehin kein Weiterbeschäftigungsanspruch bestehe (wie hier LAG BW 15.5.1974 – 6 Sa 35/74, BB 1975, 43; LAG Hamm 31.1.1979 – 8 Sa 1578/78, DB 1979, 1232; LAG Hmb 9.4.2014 – 6 SaGa 2/14, ArbR 2015, 31; LAG SchlH 19.5.2010 – 6 SaGa 9/10; ArbG Frankfurt 9.1.2003 – 16 Ga 276/02, AiB 2003, 374 mit zust. Anm. *Backmeister* ebenda; GK-BetrVG/*Raab* Rn. 231; KR/*Etzel*/*Rinck* Rn. 329). Im Interesse der Rechtssicherheit muss der ArbGeb. die Frage seiner Weiterbeschäftigungspflicht einer materiellen gerichtlichen Entscheidung zuführen können, evtl. mit dem Hilfsantrag, dass eine Verpflichtung zur Weiterbeschäftigung nicht besteht (GK-BetrVG/*Raab* Rn. 233; *Mareck* BB 2000, 2042 [2043]). Der Antrag ist deshalb nicht mangels Rechtsschutzinteresses, sondern ggf. als unbegründet abzuweisen. 121

Die Entbindung des ArbGeb. von der Weiterbeschäftigungspflicht durch das Rechtsmittelgericht lässt bis dahin angefallene Vergütungsansprüche des ArbN unberührt (BAG 7.3.1996 – 2 AZR 432/95, AP BetrVG 1972 § 102 Weiterbeschäftigung Nr. 9). 122

Eine Entbindung von der Weiterbeschäftigungspflicht nach Abs. 5 lässt einen etwaigen einzelvertraglichen Beschäftigungsanspruch unberührt (LAG RhPf 11.1.1980 – (7) 6 Sa 657/79, BB 1980, 415; **aA** GK-BetrVG/*Raab* Rn. 234). Wegen des allgemeinen Weiterbeschäftigungsanspruchs → Rn. 108. 123

XI. Erweiterung des Mitbestimmungsrechts durch Betriebsvereinbarung

Abs. 6 sieht entspr. einer teilweise bisher schon geübten Praxis vor, dass ArbGeb. und BR durch **freiwillige BV,** die also als solche nicht erzwungen werden kann (nur Einigungsverfahren nach § 76 Abs. 6), dem BR bei der Anhörung zu einer Kündigung weitergehende Rechte als gesetzlich vorgesehen eingeräumt werden können bis hin zu Regelungen (→ Rn. 131), die die **Wirksamkeit von Kündigungen** des ArbGeb. von der **Zustimmung des BR abhängig machen** (BAG 6.2.1997 – 2 AZR 168/96, AP BetrVG 1972 § 102 Nr. 86; 28.4.1998 – 1 ABR 43/97, NZA 1998, 1348; 21.6.2000 – 4 AZR 379/99, AP BetrVG 1972 § 102 Nr. 121; ausf. *Rieble* ArbuR 1993, 39; zur Gestaltung derartiger BV *Mauer*/*Schüßler* BB 2000, 2518; zur generellen Zulässigkeit der Erweiterung der Beteiligungsrechte des BR → § 1 Rn. 338ff.; → § 99 Rn. 13; § 325 Abs. 2 UmwG). Es ist der Abschluss einer formellen BV erforderlich, formlose Regelungsabrede genügt nicht (BAG 14.2.1978 – 1 AZR 154/76, AP GG Art. 9 Arbeitskampf Nr. 60; DKKW/*Bachner* Rn. 347; ErfK/*Kania* Rn. 42; Richardi BetrVG/*Thüsing* Rn. 298). Das Zustimmungserfordernis kann auch lediglich für bestimmte ArbN-Gruppen oder bestimmte Arten von Kündigungen eingeführt werden (*Rieble* ArbuR 1993, 39 [44]). Der Begriff der Kündigung iSd Abs. 6 erfasst jede, also auch eine **außerordentliche** Kündigung (hM; APS/*Koch* § 102 Rn. 176; Richardi BetrVG/*Thüsing* Rn. 297). Die 2-Wochenfrist des § 626 Abs. 2 S. 1 BGB läuft in diesen Fällen erst von dem Augenblick an, wo der ArbGeb. kündigen kann (→ § 103 Rn. 46). § 102 Abs. 6 gilt allerdings nicht für Kündigungen von BRMitgl., da § 15 Abs. 1 KSchG und § 103 zwingende Sonderregelungen enthalten (HWGNRH/*Huke* Rn. 225). Eine **einzelvertraglich** vereinbarte Zustimmungspflicht des BR zu Kündigungen ist **unwirksam** (BAG 23.4.2009 – 124

6 AZR 263/08, AP BetrVG 1972 § 102 Nr. 160 mit zust. Anm. *Rieble* ebenda; *Lerch/Weinbrenner* NZA 2011, 664 [669]).

125 Besteht eine derartige BV für ordentliche Kündigungen, so wird zwar das MBR des BR verstärkt, es **entfällt aber ein Widerspruch** des BR gem. Abs. 3 **und** eine **Weiterbeschäftigungspflicht** nach Abs. 5. Die nach Abs. 6 getroffene Regelung tritt an die Stelle der gesetzl. (BAG 7.12.2000 – 2 AZR 391/99, AP KSchG 1969 § 1 Betriebsbedingte Kündigung Nr. 113; ErfK/*Kania* Rn. 47; KR/*Etzel/Rinck* Rn. 357, 372; HWGNRH/*Huke* Rn. 228; Richardi BetrVG/*Thüsing* Rn. 313, 315; **aA** DKKW/*Bachner* Rn. 346; zT *Meisel* Mitwirkung BR Rn. 634). Folglich kann sich der ArbGeb. im Kündigungsschutzprozess auch auf solche Mitteilungen zu den Kündigungsgründen berufen, die er dem BR bis zu dessen Zustimmung oder erst während des Zustimmungsersetzungsverfahrens gegeben bzw. richtig gestellt hat (BAG 7.12.2000 – 2 AZR 391/99, AP KSchG 1969 § 1 Betriebsbedingte Kündigung Nr. 113). Die BV kann ganz oder teilweise andere Maßstäbe als der Abs. 3 für die Unzulässigkeit einer Kündigung setzen, die aber die Grundgedanken der § 2 Abs. 1, §§ 75 und 76 Abs. 5 zu berücksichtigen haben. Insbes. ist die Festlegung von Fristen für den Verfahrensweg durch BV zu empfehlen. Die BV kann aber in eine etwa schon erworbene einzelvertragliche Rechtsposition des Ausschlusses ordentlicher Kündigungen nicht eingreifen (BAG 16.2.1962 – 1 AZR 164/61, AP TVG § 4 Günstigkeitsprinzip Nr. 11), auch nicht die Tatbestände für eine außerordentliche Kündigung über das G (§ 626 Abs. 1 BGB) hinaus erweitern (BAG 22.11.1973 – 2 AZR 580/72, AP BGB § 626 Nr. 67).

126 Einigen sich ArbGeb. und BR dahin, die Kündigung könne ausgesprochen werden, so kann der ArbGeb. kündigen. Der ArbN kann Klage gem. dem KSchG erheben und sich auf § 1 Abs. 1, Abs. 2 S. 1, Abs. 3 KSchG berufen. Seine **Rechtsstellung nach dem KSchG bleibt unberührt** (DKKW/*Bachner* Rn. 340; *Heinze* Personalplanung Rn. 727; HWGNRH/*Huke* Rn. 221; Richardi BetrVG/*Thüsing* Rn. 312). Einigen sie sich nicht, so sieht Abs. 6 **zwingend** vor, dass dann zunächst die **E-Stelle** entscheidet, wenn Meinungsverschiedenheiten darüber bestehen, ob gem. dem Inhalt der BV der BR einer Kündigung zuzustimmen hat oder nicht (KR/*Etzel/Rinck* Rn. 361; HWGNRH/*Huke* Rn. 2236; *Adomeit* DB 1971, 2363; *Gumpert* BB 1972, 48; *Hanau* BB 1971, 490; **aA** BAG 21.6.2000 – 4 AZR 379/99, NZA 2001, 271; *Gutzeit* SAE 2001, 173 [176]; GK-BetrVG/*Raab* Rn. 254; ErfK/*Kania* Rn. 44; Richardi BetrVG/*Thüsing* Rn. 303, 305; *Meisel* Mitwirkung BR Rn. 633). Legt eine BV fest, dass Kündigungen der Zustimmung des BR bedürfen, ohne zugleich den Fall einer ablehnenden Entscheidung des BR zu regeln, so ist diese BV idR dahin auszulegen, dass die gesetzl. Regelung des Abs. 6, also die Zustimmung der E-Stelle, nicht ausgeschlossen sein soll (BAG 28.4.1998 – 1 ABR 43/97, NZA 1998, 1348). Die **sofortige Anrufung des ArbG** kann **nicht** verlangt u. nicht vereinbart werden, da es sich bei der Frage, **ob** gekündigt werden soll, auch dann zunächst um eine Ermessensentscheidung handelt, wenn bestimmte Gründe für eine Kündigung bestehen (**aA** BAG 21.6.2000 – 4 AZR 379/99, AP BetrVG 1972 § 102 Nr. 121, ausreichend ist, dass ArbGeb. gegen ablehnende Entscheidung des BR vorgehen kann; *Heinze* Personalplanung Rn. 730; Richardi BetrVG/*Thüsing* Rn. 305; HWGNRH/*Huke* Rn. 234 nehmen an, es handele sich um eine Rechtsfrage; deshalb könne auch die sofortige Anrufung des ArbG vereinbart werden). Entscheidet die E-Stelle dahin, die Zustimmung sei zu Recht verweigert, so darf der ArbGeb. die Kündigung nicht durchführen. Eine gleichwohl ausgesprochene Kündigung ist unwirksam. Ersetzt dagegen die E-Stelle die Zustimmung des BR, so kann der ArbGeb. nunmehr kündigen.

127 Die **Entscheidung der E-Stelle** unterliegt bei Rechtsverstößen, insbes. Verstößen gegen die BV, der vollen **Überprüfung durch das ArbG** im BeschlVerf. (§ 2a ArbGG; BAG 11.7.1958 – 1 AZR 366/55, AP BGB § 626 Nr. 27; Richardi BetrVG/*Thüsing* Rn. 310; *Berkowsky* Änderungskündigung § 14 Rn. 111). Insbes. ist die Frage der „Berechtigung" des BR zur Verweigerung der Zustimmung eine

Rechtsfrage (hM). Letzten Endes handelt es sich bei dem Verfahren vor der E-Stelle also nur um ein außergerichtliches **Vorverfahren** zwischen den Partnern der Betriebsverfassung über die Willensbildung des ArbGeb. Die gerichtliche Prüfung erstreckt sich noch nicht auf die Gesichtspunkte des KSchG, die in einem folgenden Kündigungsprozess vorzunehmen sind.

Der **betroffene ArbN** kann zwar nicht gegen die Erteilung der Zustimmung des BR zur Kündigung gerichtlich vorgehen (DKKW/*Bachner* Rn. 349; HWGNRH/*Huke* Rn. 229; **aA** *Blomeyer* Gedächtnisschrift Dietz, 1973, 147ff.) und ist auch im Verfahren vor der E-Stelle nicht hinzuzuziehen (*Heinze* Personalplanung Rn. 732). Er ist aber im BeschlVerf. zur Überprüfung der Entscheidung der E-Stelle **Beteiligter** (§ 83 ArbGG; DKKW/*Bachner* Rn. 349; HaKo-BetrVG/*Braasch* Rn. 148; HGWNRH/*Huke* Rn. 216; *Heinze* Personalplanung Rn. 732; **aA** KR/*Etzel*/*Rinck* Rn. 367; GK-BetrVG/*Raab* Rn. 257). 128

Der ArbN ist zwar nicht gehindert, nach einer betriebsverfassungsrechtlich zulässigen Kündigung gleichwohl noch Kündigungsschutzklage zu erheben. Er kann sich dann aber wegen der mangelnden sozialen Rechtfertigung seiner Kündigung nicht auf die Gründe des § 1 Abs. 2 S. 2 u. 3 KSchG berufen, da das Widerspruchsverfahren nach Abs. 3 außer Betracht bleibt (**aA** HWGNRH/*Huke* Rn. 235; *Rieble* ArbuR 1993, 39 [47]). Außerdem dürfte ein arbeitsgerichtlicher Beschluss über die Zulässigkeit einer Kündigung auch hier bindende Wirkung („Präklusionswirkung") für das nachfolgende Urteilsverfahren (Kündigungsschutzprozess) haben, soweit nach Abschluss des Verfahrens nicht neue Tatsachen entstanden oder bekannt geworden sind (BAG 24.4.1975 – 2 AZR 118/74, AP BetrVG 1972 § 103 Nr. 3; KR/*Etzel*/*Rinck* Rn. 371;HaKo-BetrVG/*Braasch* Rn. 151; **aA** *Heinze* Personalplanung Fn. 1000). Vgl. auch → § 103 Rn. 47. 129

Folgende Erwägungen sprechen für eine Vereinbarung nach Abs. 6: Die Verstärkung des MBR und der Anspruch auf vorläufige Weiterbeschäftigung bedingen, dass das gesetzl. Verfahren umständlich ist und zu einer Verzögerung der Entscheidung führen kann. Es kann deshalb zweckmäßig sein, allgemein oder für bestimmte Gruppen von ArbN das Zustimmungsverfahren nach Abs. 6 einzuführen, das einerseits dem BR ein volles MBR einräumt (allerdings auch ein hohes Maß von Mitverantwortung für die Kündigungen), andererseits aber eine schnellere und umfassendere Entscheidung ermöglicht. Die rechtlichen Gesichtspunkte für eine allgemeine Regelung nach Abs. 6 und für die Einigung der Betriebspartner bzw. die Entscheidung der E-Stelle im konkreten Fall sind aus den Grundgedanken der § 2 Abs. 1, §§ 75 und 76 Abs. 5 sowie aus den allgemeinen Grundsätzen des Kündigungsschutzrechts zu entnehmen. Überdies unterliegen die Sprüche der E-Stelle der gerichtlichen Überprüfung (→ Rn. 127). 130

Soll das Anhörungsverfahren entspr. Abs. 6 unterhalb des Erfordernisses der BR-Zustimmung zB durch Einführung einer Beratungspflicht bei Widerspruch des BR erweitert werden, so muss eine dem Abs. 1 S. 3 entsprechende Sanktion bei Verstoß gegen eine solche Beratungspflicht in der BV deutlich geregelt werden, andernfalls eine Unwirksamkeit der Kündigung nicht angenommen werden kann (BAG 6.2.1997 – 2 AZR 168/96, AP BetrVG 1972 § 102 Nr. 86). 131

Auch ein **TV** kann eine Regelung nach Abs. 6 treffen (BAG 21.6.2000 – 4 AZR 379/99, AP BetrVG 1972 § 102 Nr. 121; 24.2.2014 – 2 AZR 830/09, NZA 20111, 708). Näheres → § 1 Rn. 348; *Hanau* RdA 1973, 293; DKKW/*Bachner* Rn. 348; KR/*Etzel*/*Rinck* Rn. 344; BAG 13.11.1987 – 7 AZR 550/86, AP BetrVG 1972 § 99 Nr. 47; 10.2.1988 – 1 ABR 70/86, AP BetrVG 1972 § 99 Nr. 53; DB 1984, 670; *Lerch*/*Weinbrenner* NZA 2011, 664 [668]; **aA** zT *Heinze* Personalplanung Rn. 734; HWGNRH/*Huke* Rn. 230; Richardi BetrVG/*Thüsing* Rn. 316). Nach BAG kann im Rahmen eines Sanierungstarifvertrages die Wirksamkeit der Kündigung zusätzlich von der Zustimmung durch die Gewerkschaft neben der Zustimmung des BR abhängig gemacht werden (BAG 24.2.2014 – 2 AZR 830/09, NZA 20111, 708; krit. dazu *Berger* NZA 2015, 208). 132

XII. Beteiligung des Betriebsrats nach anderen gesetzlichen Vorschriften

133 Das **KSchG** sieht die Einschaltung des BR bei Einzelkündigungen in **§ 3** und bei beabsichtigten Massenentlassungen in **§ 17 Abs. 1** vor. Der unter das KSchG fallende ArbN (also nicht leitende Ang. iSd § 14 KSchG) kann binnen einer Woche nach der Kündigung **Einspruch beim BR einlegen,** und zwar auch dann, wenn der BR Bedenken oder einen Widerspruch gar nicht oder jedenfalls nicht aus den vom ArbN vorgetragenen Gründen erhoben hat (§ 3 KSchG gilt unabhängig von § 102 BetrVG; näheres vgl. *Brill* ArbuR 1977, 109; *Heinze* Personalplanung Rn. 510ff.). Erachtet der BR den Einspruch des ArbN für begründet, so soll der BR zunächst versuchen, mit dem ArbGeb. eine Verständigung herbeizuführen. Er hat seine Stellungnahme zum Einspruch dem ArbGeb. und dem ArbN auf Verlangen schriftlich mitzuteilen (§ 3 KSchG). Diese schriftliche Äußerung soll der ArbN bei Anrufung des ArbG seiner Klage beifügen (§ 4 KSchG). Die Anrufung des BR ist aber nicht zwingend vorgeschrieben und ist auch keine Prozessvoraussetzung für den Kündigungsschutzprozess.

134 Bei beabsichtigten **Massenentlassungen** gemäß den Größenordnungen des **§ 17 Abs. 1 KSchG** hat der **ArbGeb. dem AA zuvor schriftlich Anzeige** zu erstatten. Dies gilt auch für Insolvenzverwalter (BAG 7.7.2011 – 6 AZR 248/10, NZA 2011, 1108; BAG 18.1.2012 – 6 AZR 407/10, NZA 2012, 817). Mit der sog „Junk-Entscheidung" des EuGH v. 27.1.2005 (C 188/03, DB 2005, 453ff. – Junk) ist unter dem Begriff Entlassung die Kündigungserklärung zu verstehen und nicht wie bisher nach stRspr des BAG die tatsächliche Beendigung des Arbeitsverhältnisses (zum Vertrauensschutz im Hinblick auf die Wirksamkeit einer erst nach Ausspruch der Kündigung erstatteten Anzeige nach der alten Rechtslage → Rn. 134f). Die Regelungen der §§ 17ff. KSchG sind dementsprechend richtlinienkonform anzuwenden (eine richtlinienkonforme Auslegung bejahend: BAG 23.3.2006 – 2 AZR 343/05, AP KSchG 1969 § 17 Nr. 21; *Schiek* AuR 2006, 41; *Riesenhuber/Domröse* NZA 2005, 568ff., dieselben EWS 2005, 97ff.; *Nicolai* NZA 2005, 206ff.; *Wolter* ArbuR 2005, 135ff.; *Dornbusch/Wolff* BB 2005, 885ff.; *Appel* DB 2005, 1002ff.; zweifelnd, aber wohl befürwortend ErfK/*Kania* § 111 Rn. 25; **aA** *Bauer/Krieger/Powietzka* DB 2005, 445ff.; *Thüsing* BB 2005 Heft 16 S. I). Entlassungen iSv § 17 KSchG sind auch Änderungskündigungen und dementsprechend bei den **Schwellenwerten** zu berücksichtigen, unabhängig davon, ob der ArbN das ihm mit der Kündigung unterbreitete Angebot mit oder ohne Vorbehalt angenommen hat (BAG 20.2.2014 – 2 AZR 346/12, NZA 2014, 1069; EuGH 11.11.2015 – C422/14, NZA 2015, 1441; 21.9.2017 – C-429/16, NZA 2017, 1325; *Schwarze* RdA 2015, 426; *Franzen* NZA 2016, 26). Gleiches gilt für Arbeitnehmer, die vor Ausspruch der Kündigung auf Veranlassung des ArbGeb. in eine Transfergesellschaft wechseln (LAG BW 23.10.2013 – 10 Sa 32/13, NZA-RR 2014, 192 mit zust. Anm. *Hützen* EWiR 2014, 463; offen gelassen von BAG 19.3.2015 – 8 AZR 119/14, DB 2015, 2029; ErfK/*Kiel* KSchG § 17 Rn. 12; **aA** vHHL/*v. Hoyningen-Huene* KSchG § 17 Rn. 31). Keine Entlassung iSd § 17 KSchG ist hingegen die individuelle Beendigung von Arbeitsverträgen, die für eine bestimmte Zeit oder Tätigkeit geschlossen werden, wenn diese Beendigung bei Ablauf des Vertrages oder Erfüllung der Tätigkeit erfolgen (EuGH 13.5.2015 – C-392/13, NZA 2015, 669; *Kleinebrink/Commandeur* NZA 2015, 853; *Forst* EWiR 14/2015, 459). Befristet Beschäftigte zählen aber bei der Feststellung der Betriebsgröße mit (EuGH 11.11.2015 – C422/14, NZA 2015, 1441 ohne sich dabei mit dem Begriff „in der Regel" zu befassen, s. dazu *Franzen* NZA 2016, 26; *Weber* NZA 2016, 727, [732]). Eine andere Beendigung iSv § 17 Abs. 1 S. 2 KSchG kann ein Aufhebungsvertrag sein, der auf Veranlassung des ArbGeb. geschlossen wird als auch eine Eigenkündigung des ArbN, wenn er hierdurch einer Kündigung des ArbGeb. zuvorkommt (BAG 19.3.2015 – 8 AZR 119/14, DB 2015, 2029). Nach der Entscheidung des EuGH v. 9.7.2015 – C-229/14, NZA 2015, 861, ist bei den Schwellenwerten

auch ein Mitgl. der Unternehmensführung als ArbN iSd MassenentlassungsRL zu berücksichtigen, wenn es seine Tätigkeit nach Weisung oder unter Aufsicht eines anderen Organs dieser Gesellschaft ausübt und jederzeit und ohne Einschränkung von seinem Amt abberufen werden kann (unionsrechtlicher ArbN-Begriff der MassenentlassungsRL; zu Recht krit. dazu *Morgenbrodt* ZESAR 2017, 17; *Lunk/Hildebrand* NZA 2016, 129; *Weber* NZA 2016, 727, [732]; *Lunk* NZA 2015, 917; *Lingemann/Otto* DB 2015, 1965). Des Weiteren sind Praktikanten zu berücksichtigen, auch wenn sie zu 100% staatlich gefördert werden und kein Entgelt vom ArbGeb. erhalten (EuGH 9.7.2015 – C-229/14, NZA 2015, 861). Ebenfalls unter den Entlassungsbegriff im Wege der verfassungskonformen Auslegung des § 17 KSchG fallen auch diejenigen Personen, die einem bes. KSchutz in der Weise unterfallen, dass ihre Kündigung einer behördlichen Zustimmung bedarf und die Kündigungserklärung damit regelmäßig außerhalb der 30-Tagesfrist liegt (so im Fall der Elternzeit und Stilllegung des Betriebs: BVerfG 8.6.2016 – 1 BvR 3634/16, NZA 2016, 939; BAG 26.1.2017 – 6 AZR 442/16, NZA 2017, 577). Ihre beabsichtigte Kündigung ist daher sowohl bei der Ermittlung des Schwellenwerts als auch bei der Anzeigepflicht und Konsultationspflicht des BR zu berücksichtigen (BAG 26.1.2017 – 6 AZR 442/16, NZA 2017, 577). Dies kann nicht nur im Fall des bes. KSchutzes nach § 18 BEEG gelten sondern ist gleichermaßen übertragbar auf den bes. KSchutz nach § 17 MuSchG [§ 9 MuSchG aF] und § 168 SGB IX (ebenso *Hexel* DB 2016, 2486; dies hinsichtl. des bes. KSchutzes nach dem SGB IX ablehnend *Schmitt* BB 2017, 2293 [2299]; offengelassen von BAG 26.1.2017 – 6 AZR 442/16, NZA 2017, 577). **LeihArbN** sind dagegen weder bei der Betriebsgröße noch bei der Anzahl der zu entlassenden ArbN mitzuzählen (s. dazu auch § 111 Rn. 77; ebenso GK-BetrVG/*Oetker* § 111 Rn. 98; *Lingemann/Steinhauser* NJW 2017, 2245; *Fortunato* AiB 2019, 34 (35); *Bayreuther* NZA 2016, 1304; **aA** Mitzählen bei der Betriebsgröße aber nicht bei der Zahl der zu entlassenden ArbN: APS/*Moll* § 17 KSchG Rn. 18a; ErfK/*Kiel* § 17 KSchG Rn. 6). Das zu dieser Frage dem EuGH vorgelegte Vorabentscheidungsersuchen des BAG (16.11.2017 – 2 AZR 90/17, NZA 2018, 245) steht nicht mehr zur Entscheidung an.

In Umsetzung des Art. 4 der Richtlinie (EU) 2015/1794 vom 6. Oktober 2015 zur Änderung der Richtlinien 2008/94/EG, 2009/38/EG und 2002/14/EG des Europäischen Parlaments und des Rates und der Richtlinien 98/59/EG und 2001/23/EG des Rates in Bezug auf Seeleute durch Art. 4 des EM-Leistungsverbesserungsgesetz vom 17.7.2017 gilt § 17 KSchG seit dem 10.10.2017 auch für **Besatzungen von Seeschiffen** (BGBl. I S. 2509 [2511]). Nach § 24 Abs. 5 S. 2 KSchG tritt an die Stelle des nach § 17 Abs. 2 bis 3a KSchG zu beteiligenden BR der SeeBR, wenn die Massenentlassung auf Schiffen iSd § 114 Abs. 4 S. 1 BetrVG erfolgt, die nicht als Teil des Landbetriebs des Seeschifffahrtsunternehmens gelten (s. auch BT-Drs. 18/11926 S. 24). Die nachstehenden Ausführungen gelten damit auch für die Beteiligung des SeeBR im Fall der Massenentlassung von Besatzungsmitgliedern (§ 24 Abs. 5 S. 2 KSchG iVm § 114 Abs. 4 BetrVG). Auf Schiffen, die regelmäßig binnen 24 Std. nach dem Auslaufen an den Sitz des Landbetriebs zurückkehren und damit dem Landbetrieb angehören (§ 114 Abs. 4 BetrVG), ist der BR unverändert das nach § 17 Abs. 2 bis 3a KSchG zuständige Vertretungsorgan der von Massenentlassungen betroffen Besatzungsmitgliedern. **134a**

Sowohl das **Konsultationsverfahren** nach Art. 2 der RL 98/56/EG **als auch die Massenentlassungsanzeige** nach Art. 3 u. 4 der RL sind **vor Ausspruch der Kündigung durchzuführen.** Diese Pflicht besteht auch bei Stilllegung des ganzen Betriebs (EuGH 3.3.2011 – C-235–239/10, NZA 2011, 337 – Claes; BAG 26.2.2015 – 2 AZR 955/13, NZA 2015, 881; 22.9.2016 – 2 AZR 276/16, NZA 2017, 175) sowie bei Änderungskündigungen (EuGH 21.9.2017 – C-429/16, NZA 2017, 1325). Das Konsultationsverfahren nach § 17 Abs. 2 KSchG steht selbständig neben dem Anzeigeverfahren nach § 17 Abs. 3 KSchG (BAG 9.6.2016 – 6 AZR 405/15, NZA 2016, 1198; 20.1.2016 – 6 AZR 601/14, NZA 2016, 490; 21.3.2013 **134b**

– 2 AZR 60/12, NZA 2013, 966). Verstöße hiergegen können jeweils eigenständig die **Unwirksamkeit der Kündigung** zu Folge haben (BAG 13.6.2019 – 6 AZR 459/18, NZA 2019, 1638; 26.2.2015 – 2 AZR 955/13, NZA 2015, 881; 21.3.2013 – 2 AZR 60/12, NZA 2013, 966; 22.11.2012 – 2 AZR 371/11, NZA 2013, 845; *Niklas/Koehler* NZA 2010, 913 [918]; *Reinhard* RdA 2007, 207 [211]; *Mattausch* AiB 2013, 359 [360]). Dies gilt auch in Bezug auf Änderungskündigungen soweit sie zur Beendigung geführt haben – offen gelassen für den Fall der Annahme des Änderungsangebots unter Vorbehalt und unterlassener Massenentlassungsanzeige (BAG 20.2.2014 – 2 AZR 346/12, NZA 2014, 1069; für Unwirksamkeit auch bei Annahme des Änderungsangebots: wohl *Schwarze* RdA 2015, 426). Die Massenentlassungsanzeige muss, um wirksam erstattet worden zu sein, bei der AA vor Zugang der Kündigung beim ArbN eingegangen sein (BAG 13.6.2019 – 6 AZR 459/18, NZA 2019, 1638). Unerheblich ist, dass im Zeitpunkt der Massenentlassungsanzeige der ArbGeb. bereits zur Kündigung entschlossen ist; das Anzeigeverfahren dient arbeitsmarktpolitischen Zwecken und hat nicht den Zweck, auf den Willensentschluss des ArbGeb. Einfluss zu nehmen (BAG 13.6.2019 – 6 AZR 459/18, NZA 2019, 1638 mwN; *Holler* NZA 2019, 291, 293). Nacheinander anstehende Massenentlassungen können in Bezug auf das Konsultations- und Anzeigeverfahren grds. zusammen durchgeführt werden, wenn die Entlassungen noch innerhalb der Frist des § 18 Abs. 4 KSchG durchgeführt werden (BAG 9.6.2016 – 6 AZR 538/15, NZA 2016, 1202). Ist dies nicht der Fall, muss für Entlassungen, die nicht innerhalb dieser Frist vorgenommen werden, eine erneute Anzeige erfolgen (Verhinderung von Vorratsanzeigen BAG 9.6.2016 – 6 AZR 538/15, NZA 2016, 1202). Zu den Auswirkungen auf die Wirksamkeit der Massenentlassungsanzeige und das Konsultationsverfahren hinsichtlich der Entlassung von GmbH-Geschäftsführern siehe zutreffend *Morgenbrodt* ZESAR 2017, 17 [26]; *Lunk/Hildebrand* NZA 2016, 129.

134c Nach **§ 17 Abs. 2 KSchG** hat der ArbGeb. zunächst dem **BR rechtzeitig,** dh hier mindestens zwei Wochen vor Anzeige an die AA (ebenso BAG 21.5.2008 – 8 AZR 84/07, NZA 2008, 753 ff.; BAG 9.6.2016 – 6 AZR 405/15, NZA 2016, 1198; ErfK/*Kiel* KSchG § 17 Rn. 21; KR/*Weigand* KSchG § 17 Rn. 58; *Lelley/Taterka* DB 2013, 2564 [2565]; *Osnabrügge* NJW 2005, 1093 [1095]), die zweckdienlichen Auskünfte zu erteilen und ihn insb. über die Gründe der Entlassungen, die Zahl und die Berufsgruppen der Betroffenen und der regelmäßig beschäftigten ArbN, den vorgesehenen Entlassungszeitraum, die vorgesehenen Kriterien für die Auswahl der zu entlassenden ArbN und die Berechnung etwaiger Abfindungen schriftlich zu unterrichten; darüber hinaus hat er mit dem BR über die Entlassungen mit dem Ziel zu beraten, diese zu vermeiden oder einzuschränken und ihre Folgen zu mildern (§ 17 Abs. 2 KSchG). Dies kann auch der BR im Wege eines Restmandats nach § 21b sein (BAG 22.9.2016 – 2 AZR 276/16, NZA 2017, 175). Liegen nicht alle Informationen zu Beginn der Konsultation vor, kann der ArbGeb. diese auch im Rahmen der laufenden Konsultation nachreichen (BAG 13.6.2019 – 6 AZR 459/18, NZA 2019, 1638; 26.2.2015 – 2 AZR 955/13, NZA 2015, 881; 20.9.2012 – 6 AZR 155/11, NZA 2013, 32; EuGH 10.9.2009 – C-44/08, NZA 2009, 1038). Die Unterrichtung nach § 17 Abs. 2 KSchG kann mit der Anhörung des BR **nach § 102 Abs. 1 verbunden werden;** sie ist nicht obsolet (BAG 14.8.1986 – 2 AZR 561/85, AP BetrVG 1972 § 102 Nr. 43; BAG 13.12.2012 – 6 AZR 348/11, NZA 2013, 669; DKKW/*Bachner* Rn. 351; ErfK/*Kiel* KSchG § 17 Rn. 25; *Krieger/Ludwig* NZA 2010, 919 [923]; *Schramm/Kuhnke* NZA 2011, 1071; **aA** *Temming* NZA 2016, 599: keine Anwendung des § 102, wenn eine Interessenausgleich mit Namensliste iSd § 1 Abs. 5 KSchG abgeschlossen worden ist → Rn. 35c: Namensliste nach § 1 Abs. 5 KSchG ersetzt nicht die Anhörung nach § 102). Gleiches gilt für Verhandlungen über den Interessenausgleich; die Unterrichtung und Beratung nach § 17 Abs. 2 kann **mit dem Interessenausgleichsverfahren verbunden** werden; das und welche Verfahren miteinander verbunden werden, muss dem BR jedoch hinreichend klar werden (BAG 13.6.2019 – 6 AZR 459/18, NZA 2019, 1638; 26.2.2015 – 2 AZR 955/13,

NZA 2015, 881; 20.9.2012 – 6 AZR 155/11, NZA 2013, 32; 18.1.2012 – 6 AZR 407/10, NZA 2012, 817); reine Verhandlungen über einen Interessenausgleich ersetzen nicht die Konsultationspflicht nach § 17 Abs. 2 KSchG (BAG 26.2.2015 – 2 AZR 955/13, NZA 2015, 881; 18.1.2012 – 6 AZR 407/10, NZA 2012, 817; **aA** LAG Hannover 26.2.2015 – 5 Sa 1318/14, ZIP 2015, 1604: Verhandlung über Interessenausgleich deckt inhaltlich Verhandlungen nach § 17 Abs. 2 KSchG ab; ebenfalls krit. *Klasen* EWiR 20/2015, 655; *Steinau-Steinrück/Bertz* NZA 2017, 145 [148]). Bei Betroffenheit mehrerer Betriebe ist der **GesBR** für die Konsultation nach § 17 Abs. 2 KSchG zuständig (BAG 13.12.2012 – 6 AZR 348/11, NZA 2013, 669; *Dzida/Hohenstatt* NJW 2012, 27 [28]; *Niklas/Koehler* NZA 2010, 913 [916]); ist der GesBR zuständig, kann dessen Konsultation nicht mit der Anhörung nach § 102 verbunden werden, da für die Anhörung nach § 102 grds. der örtliche BR zuständig ist (BAG 13.12.2012 – 6 AZR 348/11, NZA 2013, 669; *Niklas* AuA 2014, 80 [81]; → Rn. 20b aE). Die Unterrichtung nach § 17 Abs. 2 KSchG bedarf nicht der **Schriftform** iS § 126 BGB; ausreichend ist die Textform nach § 126b BGB (BAG 13.6.2019 – 6 AZR 459/18, NZA 2019, 1638; 22.9.2016 – 2 AZR 276/16, NZA 2017, 175; *Lelley/Taterka* DB 2013, 2564 [2566]; *Niklas* AuA 2014, 80 [81]; *Salamon* NZA 2015, 789 [791]; *Fuhlrott* AuA 2016, 344 [346]; so wohl auch *Assmann* AiB 2013, 460; **aA** *Mattausch* AiB 2013, 359 [361]). Ein evtl. Schriftformverstoß wird durch die abschließende Stellungnahme des zuständigen BR geheilt (BAG 20.9.2012 – 6 AZR 155/11, NZA 2013, 32 mit zust. Anm. *Wank* EWiR § 17 KSchG 1/13, 85; vHHL/*v. Hoyningen-Huene* § 17 Rn. 63). Die Pflicht zur Konsultation beginnt, wenn der ArbGeb. aufgrund strategischer Entscheidungen, Massenentlassungen ins Auge fasst (EuGH 10.9.2009 – C-44/08, NZA 2009, 1083). Die Nichtdurchführung der Konsultationspflichten hat die Unwirksamkeit der Massenentlassungsanzeige zur Folge (BAG 21.3.2013 – 2 AZR 60/12, NZA 2013, 966). Offengelassen hat das BAG die Frage, ab wann das Konsultationsverfahren als abgeschlossen angesehen werden kann und wie eine Verweigerung bzw. Verzögerung des BR bei den Beratungen zu bewerten ist. Zu der Frage, ob die Konsultationen vor Erstattung der Massenentlassungsanzeige abgeschlossen sein muss → Rn. 134d. Die Beratungen sind mit dem BR zu führen. Äußerungen eines Vertreters des BR sind dem BR zuzurechnen (Sphärentheorie → Rn. 53, es sei denn es handelt sich um rein persönliche Äußerungen (BAG 22.9.2016 – 2 AZR 276/16, NZA 2017, 175; 26.2.2015 – 2 AZR 955/13, NZA 2015, 881). Gespräche mit dem WiAusschuss sind keine Konsultation iSd § 17 Abs. 2 KSchG (BAG 26.2.2015 – 2 AZR 955/13, NZA 2015, 881).

Der ArbGeb. hat seiner nach Abs. 1 zu erstattenden **Anzeige an das AA** eine **134d**
Stellungnahme des BR beizufügen (§ 17 Abs. 3 S. 2 KSchG). Die Mitteilung der Stellungnahme ist nicht identisch mit der Anzeige (so auch KR/*Weigand* KSchG § 17 Rn. 62; ErfK/*Kiel* KSchG § 17 Rn. 21). Zweck der Vorschrift ist es, der AA zu belegen, ob und welche Möglichkeiten der BR sieht, die angezeigten Kündigungen zu vermeiden und ob soziale Maßnahmen mit dem BR beraten und ggf. getroffen worden sind; dementsprechend muss es sich bei der Stellungnahme des BR um eine abschließende Meinungsäußerung handeln; ausreichend ist auch keine Stellung nehmen zu wollen (BAG 26.2.2015 – 2 AZR 955/13, NZA 2015, 881; 21.3.2012 – 6 AZR 596/10, NZA 2012, 1058; 28.6.2012 – 6 AZR 780/10, NZA 2012, 1029; 22.11.2012 – 2 AZR 371/11, NZA 2013, 845). Die Beifügung der Stellungnahme ist Wirksamkeitsvoraussetzung für die Massenentlassungsanzeige (BAG 13.6.2019 – 6 AZR 459/18, NZA 2019, 1638; 21.3.2013 – 2 AZR 60/12, NZA 2013, 966; 22.11.2012 – 2 AZR 371/11, NZA 2013, 845). Für eine wirksame Massenentlassungsanzeige müssen die Beratungen nicht abgeschlossen sein (BAG 21.5.2008 – 8 AZR 84/07, NZA 2008, 753; 28.5.2009 – 8 AZR 273/08, NZA 2009, 1267 ff.; 13.7.2006 – 6 AZR 198/06, AP KSchG 1969 § 17 Nr. 22; KR/*Weigand* KSchG § 17 Rn. 64, ErfK/*Kiel* KSchG § 17 Rn. 23; *Temming* ZESAR 2010, 277 [284]; **aA** BVerfG 25.2.2010 – 1 BvR 230/09, NZA 2010, 439: wonach das BAG (21.5.2008 – 8 AZR 84/07, NZA 2008, 753) die Frage, ob die Beratungen mit dem BR vor Er-

stattung der Massenentlassungsanzeige beendet sein müssen, dem EuGH zur Vorabentscheidung hätte vorlegen müssen, da sich die Antwort auf diese Frage nicht unmittelbar aus der RL und der bisher zur MassenentlassungsRL ergangenen Rspr. des EuGH ergebe; vertretbar sei dagegen aber die Auffassung, dass eine wirksame Massenentlassungsanzeige nach § 17 Abs. 2 S. 2 KSchG nicht den Abschluss eines Interessenausgleichs und Sozialplans voraussetzt (BVerfG 25.2.2010 – 1 BvR 230/09, NZA 2010, 439; ebenso *Niklas/Koehler* NZA 2010, 913 [916]; *Lelley/Taterka* DB 2013, 2564 [2566]; *Salamon* NZA 2015, 789 [792]). Es besteht kein Einigungszwang (BAG 22.9.2016 – 2 AZR 276/16, NZA 2017, 175). Äußert sich der BR nicht schriftlich oder bewusst oder unbewusst unzureichend im og Sinne, kann der ArbGeb. die Anzeige wirksam erstatten, wenn er, zB durch eidesstattliche Versicherung, glaubhaft macht, dass er den BR mindestens zwei Wochen zuvor unterrichtet hat und den Stand der Beratungen darlegt und im Fall der unzureichenden Stellungnahme, diese beifügt (BAG 26.2.2015 – 2 AZR 955/13, NZA 2015, 881; 28.6.2012 – 6 AZR 780/10, NZA 2012, 1029; 22.11.2012 – 2 AZR 371/11, NZA 2013, 845; 13.12.2012 – 6 AZR 348/11, NZA 2013, 669; APS/*Moll* KSchG § 17 Rn. 71, 117; ErfK/*Kiel* § 17 KSchG Rn. 32). Geschieht dies nicht, so liegt keine wirksame Anzeige an das AA vor (BAG 28.6.2012 – 6 AZR 780/10, NZA 2012, 1029; 22.11.2012 – 2 AZR 371/11, NZA 2013, 845; krit. *Sittard/Knoll* BB 2013, 2037 [2041] soweit der Fehler in der Sphäre des BR liegt). Unrichtige Wiedergabe des ArbGeb. über den Stand der Beratungen können zur Unwirksamkeit der Kündigungen führen (BAG 22.9.2016 – 2 AZR 276/16, NZA 2017, 175; krit. *Steinau-Steinrück/Bertz* NZA 2017, 145 [147]). Von Kündigungen betroffene ArbN können sich innerhalb der Frist des § 4 S. 1 KSchG auf die Unwirksamkeit der Anzeige berufen, selbst wenn der BR nach § 102 ordnungsgemäß angehört sein sollte (BAG 6.12.1973 – 2 AZR 10/73, AP KSchG 1969 § 17 Nr. 1; 31.7.1986 – 2 AZR 594/85, AP KSchG 1969 § 17 Nr. 5; 28.6.2012 – 6 AZR 780/10, NZA 2012, 1029; 13.12.2012 – 6 AZR 48/12, BeckRS 2013, 68137; Richardi BetrVG/*Thüsing* Rn. 321; ErfK/*Kiel* KSchG § 17 Rn. 35f.; *Mattausch* AiB 2013, 359 [364]; **krit.** *Sittard/Knoll* BB 2013, 2037 [2041]). Besteht ein **Interessenausgleich mit Namensliste** ersetzt dieser die Stellungnahme des BR nach Abs. 3 S. 2 (§ 1 Abs. 5 S. 4 KSchG; § 125 Abs. 2 InsO; *Osnabrügge* NJW 2005, 1093 [1095]; *Krieger/Ludwig* NZA 2010, 919 [921]); dies gilt auch wenn der GesBR den Interessenausgleich abgeschlossen hat (*Schramm/Kuhnke* NZA 2011, 1071; *Dzida/Hohenstatt* NJW 2012, 27 [28]; *Sittard/Knoll* BB 2013, 2037 [2038]); unschädlich ist, dass der Interessenausgleich mit Namensliste im Original nur vom BR unterzeichnet ist und damit noch nicht formwirksam iSv § 112 BetrVG iVm §§ 125, 126 BGB ist (BAG 18.1.2012 – 6 AZR 407/10, NZA 2012, 817 zu § 125 Abs. 2 InsO; zust. *Sittard/Knoll* BB 2013, 2037 [2039]). Ist der GesBR für den Abschluss des Interessenausgleichs nebst Namensliste zuständig, ersetzt dieser die Stellungnahme des BR nach § 17 Abs. 3 S. 2 KSchG; eine Stellungnahme des örtlichen BR muss der Massenentlassungsanzeige für deren Wirksamkeit nicht beigefügt werden (BAG 7.7.2011 – 6 AZR 248/10, NZA 2011, 1108; *Schramm/Kuhnke* NZA 2011, 1071; *Grau/Sittard* BB 2011, 1845). Dies gilt auch für § 125 Abs. 2 InsO (BAG 20.9.2012 – 6 AZR 155/11, NZA 2013, 32). Ein **Interessenausgleich ohne Namensliste** kann die Stellungnahme nach § 17 Abs. 3 S. 2 KSchG nicht ersetzen, jedoch kann der BR im Rahmen eines solchen Interessenausgleichs eine wirksame Stellungnahme iSd § 17 Abs. 3 S. 2 KSchG abgeben, wenn diese eine abschließende Meinungsäußerung des BR zur geplanten Massenentlassung enthält (BAG 26.2.2015 – 2 AZR 955/13, NZA 2015, 881; 21.3.2012 – 6 AZR 596/10, NZA 2012, 1058; 28.6.2012 – 6 AZR 780/10, NZA 2012, 1029; *Moll/Katerndahl* RdA 2013, 159 [163]). Fehler bei der internen Willensbildung des BR sind ihm zuzurechnen; insoweit gilt das Gleiche wie zur Anhörung nach § 102 (LAG Nürnberg 10.12.2014 – 2 Sa 379/14, ZIP 2015, 702; → Rn. 53).

134e Wegen des Inhalts der Anzeige des ArbGeb. vgl. § 17 Abs. 3 S. 4 KSchG. Insbes. soll der ArbGeb. im Einvernehmen mit dem BR für die Arbeitsvermittlung Angaben über Geschlecht, Alter, Beruf und Staatsangehörigkeit der zu entlassenden ArbN machen. Eine Abschrift dieser Anzeige erhält der BR. Auch der BR kann gegenüber dem AA eine Stellungnahme abgeben; hiervon erhält der ArbGeb. eine Abschrift. § 17 Abs. 3a KSchG bestimmt, dass die Auskunfts-, Beratungs- und Anzeigepflichten des ArbGeb. auch dann gelten, wenn die Entscheidung über die Massenentlassungen von einem den ArbGeb. beherrschenden Unternehmen getroffen werden. Die Pflicht zur Konsultation durch das beherrschte Unternehmen besteht in diesem Fall dann, wenn seitens des beherrschenden Unternehmens feststeht, welches Unternehmen von den Planungen betroffen ist und es zu Massenentlassungen kommen kann (EuGH 10.9.2009 – C-44/08, NZA 2009, 1083; BAG 14.4.2015 – 1 AZR 794/13, NZA 2014, 1147; *Niklas* AuA 2014, 80 [82]). Zur Frage, wann ein ArbGeb. von einem anderen Unternehmen beherrscht wird s. EuGH 7.8.2018 – Rs C-61/17, C-62/17, C-72/17 NZA 2018, 1051; *Forst* EWiR 2018, 631; *Mentzel/Sura* EuZW 2018, 953, 956; weitergehend *Temming/Dalmer* RdA 2019, 299). Fehlende Angaben über den Stand der Beratungen haben nicht zwingend die Unwirksamkeit der Anzeige zur Folge, da die Vorschriften der §§ 17 ff. KSchG nach Art. 4 Abs. 2 der RL einen arbeitsmarktpolitischen Zweck verfolgen (BAG 28.5.2009 – 8 AZR 273/08, NZA 2009, 1267 ff.; 13.6.2019 – 6 AZR 459/18, NZA 2019, 1638; *Schramm/Kuhnke* NZA 2011, 1071 [1074]). Sie sollen es der AA ermöglichen, nach arbeitsmarktpolitischen Lösungen für die durch die anstehenden Massenentlassungen aufgeworfenen Probleme zu suchen (13.6.2019 – 6 AZR 459/18, NZA 2019, 1638) – dieser Aufgabe kann sie grds. auch dann nachkommen, wenn Angaben über den Stand der Beratungen fehlen (BAG 28.5.2009 – 8 AZR 273/08, NZA 2009, 1267 ff. unter Hinweis auch auf die Formularpraxis der AA). Unabhängig davon kann sich die AA ein Bild von dem Stand der Beratungen nach § 20 Abs. 3 KSchG verschaffen, wonach die AA vor ihrer Entscheidung nach § 18 Abs. 1 od. Abs. 2 den ArbGeb. und BR anzuhören hat und ihr die für die Beurteilung des Falls erforderlichen Auskünfte zu erteilen sind.

Ob und inwieweit sich ArbGeb. bei vor dem 27.1.2005 ausgesprochenen Kündi- 134f
gungen ohne vorherige Massenentlassungsanzeige auf **Vertrauensschutz** aufgrund der geänderten Rspr. des BAG zum Entlassungsbegriff – ausgelöst durch die Junk-Entscheidung des EuGH v. 27.1.2005 – berufen können (so BAG 23.3.2006 – 2 AZR 343/05, AP KSchG 1969 § 17 Nr. 21; 13.7.2006 – 6 AZR 198/06, AP KSchG 1969 § 17 Nr. 22; 20.9.2006 – 6 AZR 249/05, AP BGB § 613a Nr. 316; 1.2.2007 – 2 AZR 15/06, BeckRS 2011, 72103; 22.3.2007 – 6 AZR 499/05, DB 2007, 1596; **aA** *Schiek* AuR 2006, 41) ist mit Urteil des BVerfG v. 10.12.2014 – 2 BvR 1549/07, NZA 2015, 375 wieder offen (zust. *Sagan* NZA 2015, 341; *Temming* ZESAR 2015, 291; krit. in Bezug auf Vereinbarkeit mit dem im Rechtsstaatsprinzip fundierten Vertrauensschutz *Oetker* EWiR 6/2015, 193). Das BVerfG hat die Entscheidung des BAG vom 1.2.2007 aufgehoben und die Sache an das BAG zurückverwiesen. Das BAG hätte die Gewährung von Vertrauensschutz dem EuGH als Frage des Unionsrechts vorlegen müssen, zumal der EuGH in der Junk-Entscheidung keine Anhaltspunkte dafür gegeben hat, dass seine Entscheidung in zeitlicher Hinsicht eingeschränkt ist. Kündigungen, die vor Erstattung einer Anzeige an die AA ausgesprochen werden und nicht dem Vertrauensschutz der alten BAG-Rspr. unterfallen, sind unwirksam (BAG 28.5.2009 – 8 AZR 273/08, NZA 2009, 1267 ff.).

Fehler des ArbGeb. bei der Erstattung der Massenentlassungsanzeige werden nicht 134g
durch einen bestandskräftigen Verwaltungsakt der AA nach § 18 Abs. 1, Abs. 2 iVm § 20 KSchG geheilt (BAG 26.2.2015 – 2 AZR 955/13, NZA 2015, 881; 21.3.2013 – 2 AZR 60/12, NZA 2013, 966; 13.12.2012 – 6 AZR 48/12, BeckRS 2013, 68137; 20.9.2012 – 6 AZR 155/11, NZA 2013, 32; 28.6.2012 – 6 AZR 780/10, NZA 2012, 1029 unter Aufgabe der bisherigen Rspr.; **aA** wohl *Ferme* DB 2012, 2162 [2165]; krit. *Sittard/Knoll* BB 2013, 2037 [2040]). Die Änderung der Rspr. begründet keinen Vertrauensschutz (BAG 13.12.2012 – 6 AZR 48/12, BeckRS 2013, 68137).

135 Ein **vor** der **Kündigungserklärung** abgeschlossener Interessenausgleich im Fall des § 111 BetrVG erfüllt die Beratungspflicht nach § 17 Abs. 2 S. 2 KSchG, ist jedoch nicht Bedingung für ein richtlinienkonformes Verständnis des § 17 KSchG (BAG 21.5.2008 – 8 AZR 84/07, NZA 2008, 753; BVerfG 25.2.2010 – 1 BvR 230/09, NZA 2010, 439; *Temming* ZESAR 2010, 277 [284]; *Schramm/Kuhnke* NZA 2011, 1071 [1073]; *Niklas/Koehler* NZA 2010, 913 [916]; *Grau/Sittard* BB 2011, 1845 [1848]). Weder ist Vors. des § 17 Abs. 2 S. 2 KSchG, dass vor Durchführung der Massenentlassung eine Einigung über einen Interessenausgleich bzw. Sozialplan erzielt worden sein muss, noch muss zur Erfüllung der Konsultationspflicht nach Scheitern der Verhandlung ein unparteiischer Dritter eingeschaltet werden – auch nicht nach Art. 2 Abs. 2 der Massenentlassungs-RL (BAG 21.5.2008 – 8 AZR 84/07, NZA 2008, 753). Ein fehlendes Konsultationsverfahren wird nicht durch einen bestandskräftigen VA der AA geheilt (BAG 21.3.2013 – 2 AZR 60/12, NZA 2013, 966).

136 Nach **§ 170 Abs. 2 SGB IX** hat das Integrationsamt vor Entscheidung über die Zustimmung zur Kündigung eines Schwbeh. eine Stellungnahme des BR und der SchwbehVertr. einzuholen. Nach §§ 168, 174 SGB IX bedarf **jede Kündigung eines Schwbeh. der vorherigen Zustimmung des Integrationsamtes** (→ Rn. 61). Die Vorschriften beziehen sich auf alle Arbeitsverhältnisse, also auch auf das eines leitenden Ang.

137 Bei den **Post-AG'n** (Deutsche Telekom AG, Deutsche Post AG, Deutsche Post Bank AG) ist der BR bei Entlassung von Beamten auf Probe oder auf Widerruf, bei vorzeitiger Versetzung in den Ruhestand und vor fristloser Entlassung und außerordentlicher Kündigung nach § 28 Abs. 1 PostPersRG iVm § 78 Abs. 1 Nr. 4, 5 und § 79 Abs. 3 BPersVG zu beteiligen. Bei Entlassungen nach § 78 Abs. 1 Nr. 4 u. 5 BPersVG richtet sich das Verfahren nach § 78 Abs. 2 und § 72 Abs. 1–3, 6 BPersVG (§ 29 Abs. 5 PostPersRG). Außerdem kann der BR binnen drei Tagen nach Zugang der seine Einwendung gegen eine Entlassung ablehnenden Mitteilung des ArbGeb. die Angelegenheit dem in § 1 Abs. 8 PostPersRG genannten Vorstandsmitgl. zur Entscheidung vorlegen. Dieses entscheidet nach Verhandlung mit dem BR endgültig, bis dahin ist die beabsichtigte Entlassung auszusetzen (§ 29 Abs. 6, 7 PostPersRG). Dem BR steht also kein echtes Widerspruchsrecht zu, auch gibt es keinen Weiterbeschäftigungsanspruch des betroffenen Beamten. Vor fristlosen Entlassungen ist der BR entspr. § 79 Abs. 3 BPersVG anzuhören (§ 29 Abs. 8 PostPersRG). In Streitigkeiten sind die Verwaltungsgerichte zuständig, die entspr. den Vorschriften des ArbGG über das BeschlVerf. entscheiden (§ 29 Abs. 9 PostPersRG). Soweit der BR Beschlüsse fassen muss, sind nach gemeinsamer Beratung im BR nur die Beamtenvertr. beschlussfassungsbefugt (→ § 33 Rn. 28; → § 99 Rn. 299 ff., 316 ff.). Die Beendigung eines nach § 13 Abs. 1 SUrlV gewährten Sonderurlaubs berechtigt nicht zur Kündigung des zwischen dem Beamten und dem Postnachfolgeunternehmen (Post-AG'n) bestehenden Arbeitsverhältnisses; die fehlende Beurlaubung begründet kein absolutes Beschäftigungsverbot (BAG 21.4.2016 – 2 AZR 609/15, ZTR 2016, 536).

138 Betreffen die unter → Rn. 137 genannten Maßnahmen einen Beamten, dem nach § 4 Abs. 4 S. 1–3 PostPersRG von einer Post-AG eine Tätigkeit bei einer Tochter-, Enkel- oder Beteiligungsgesellschaft zugewiesen worden ist, gilt Folgendes: Da es sich um eine beamtenspezifische Angelegenheit iSd § 28 Abs. 1 PostPersRG handelt, richtet sich das Beteiligungsrecht nach § 28 Abs. 2 PostPersRG. Danach ist der BR im Betrieb der Post-AG, dem der Beamte stellenmäßig zugehört, nach den unter → Rn. 137 genannten Voraussetzungen zu beteiligen. **Gleichzeitig** ist der BR des Betriebs, in dem der Beamte die zugewiesene Tätigkeit ausübt, über die beabsichtigte Maßnahme zu unterrichten, und es ist ihm Gelegenheit zur Stellungnahme zu geben (§ 28 Abs. 2 HS. 2 PostPersRG). Damit wird sichergestellt, dass dem BR bei der Post-AG bei seiner Beschlussfassung alle maßgeblichen Tatsachen für seine Entscheidungsfindung zur Verfügung stehen.

§ 103 Außerordentliche Kündigung und Versetzung in besonderen Fällen

(1) **Die außerordentliche Kündigung von Mitgliedern des Betriebsrats, der Jugend- und Auszubildendenvertretung, der Bordvertretung und des Seebetriebsrats, des Wahlvorstands sowie von Wahlbewerbern bedarf der Zustimmung des Betriebsrats.**

(2) [1] **Verweigert der Betriebsrat seine Zustimmung, so kann das Arbeitsgericht sie auf Antrag des Arbeitgebers ersetzen, wenn die außerordentliche Kündigung unter Berücksichtigung aller Umstände gerechtfertigt ist.** [2] **In dem Verfahren vor dem Arbeitsgericht ist der betroffene Arbeitnehmer Beteiligter.**

(3) [1] **Die Versetzung der in Absatz 1 genannten Personen, die zu einem Verlust des Amtes oder der Wählbarkeit führen würde, bedarf der Zustimmung des Betriebsrats; dies gilt nicht, wenn der betroffene Arbeitnehmer mit der Versetzung einverstanden ist.** [2] **Absatz 2 gilt entsprechend mit der Maßgabe, dass das Arbeitsgericht die Zustimmung zu der Versetzung ersetzen kann, wenn diese auch unter Berücksichtigung der betriebsverfassungsrechtlichen Stellung des betroffenen Arbeitnehmers aus dringenden betrieblichen Gründen notwendig ist.**

Inhaltsübersicht

I. Vorbemerkung

Um den Schutz der Betriebsverfassungsorgane, wie er in § 78 ausgesprochen ist, nicht nur gegen ordentliche Kündigungen, sondern auch gegenüber **außerordentlichen Kündigungen** sicherzustellen, wurde die Regelung des § 103 geschaffen, der geschützte Personenkreis und die Dauer des Schutzes erweitert und §§ 15 ff. KSchG entspr. umgestaltet. Motiv der Regelung ist es, die **Träger der Betriebsverfassungsorgane, Wahlbewerber** und **Mitgl. des Wahlvorstandes** auch vor **willkürlichen außerordentlichen Kündigungen** (auch vor außerordentlichen Kündigungen mit sozialer Auslauffrist, BAG 18.2.1993 – 2 AZR 526/92, AP KSchG 1969 § 15 Nr. 35) **zu schützen.** Vor allem soll der ArbGeb. bei groben Amtspflichtverletzungen, insbes. von BRMitgl., die aber deren Arbeitsverhältnis nicht unmittelbar berühren, den zur Ahndung derartiger Verstöße vorgesehenen Weg des Ausschlusses aus dem BR beschreiten und nicht auf die außerordentliche Kündigung des Arbeitsverhältnisses ausweichen (→ Rn. 27). Oft handelt es sich bei den Gründen für eine außerordentliche Kündigung von BRMitgl. und den Mitgl. anderer Organe nur um vorgeschobene arbeitsvertragliche Gründe, in Wahrheit aber um sachliche Streitfragen um die Amtsführung. Auch kann es im Einzelfall schwierig sein zu unterscheiden, ob ein bestimmtes Verhalten eines BRMitgl. einen Verstoß gegen seine Amtspflichten 1 oder gegen Pflichten aus dem Arbeitsvertrag darstellt. Der Gesetzgeber setzt andererseits das Vertrauen in den BR, dass er die Zustimmung zu einer außerordentlichen Kündigung bei groben Arbeitsvertragsverletzungen nicht verweigern wird. Andernfalls kann der ArbGeb. das BeschlVerf. nach § 103 Abs. 2 durchführen. Der Sinn des bes. Kündigungsschutzes ist es, die Wahl der Betriebsverfassungsorgane und die **Kontinuität ihrer Arbeit** zu sichern (BAG 18.9.1997 – 2 ABR 15/97, AP BetrVG 1972 § 103 Nr. 35). Dieses Beteiligungsrecht erfährt allein eine Einschränkung im Fall sog **Tendenzunternehmen** nach § 118: für die Kündigung eines als Tendenzträger beschäftigten BRMitgl. aus tendenzbedingten Gründen bedarf es nicht der Zustimmung des BR nach § 103; es bedarf allein einer Anhörung nach § 102 (BAG 28.8.2003 – 2 ABR 48/02, AP BetrVG 1972 § 103 Nr. 49; ausf. → § 118 Rn. 40). Wegen des **Schutzes Auszubildender** als Mitgl. von Betriebsverfassungsorganen vgl. **§ 78a.**

2 § 103 iVm §§ 15 u. 16 KSchG erweitert den Kündigungsschutz über den für ordentliche Kündigungen hinaus

a) in persönlicher Hinsicht (Einbeziehung der JAV, Bordvertr., SeeBR, Wahlvorst. und Wahlbewerber),
b) durch das Erfordernis der Zustimmung des BR zur außerordentlichen Kündigung während der Amtszeit,
c) durch Einführung eines „nachwirkenden" Kündigungsschutzes nach Beendigung der Amtszeit (von einem Jahr für Mitglieder des BR, der JAV und des See-BR – von sechs Monaten für Mitglieder der Bordvertr., des Wahlvorst. und für Wahlbewerber).

3 Mit dem **BetrVerf-ReformG** ist ein neuer Abs. 3 angefügt worden. Zur besseren Sicherung der Stellung betriebsverfassungsrechtlicher Funktionsträger sieht Abs. 3 Einschränkungen der Versetzungsbefugnis des ArbGeb. vor. **Versetzungen,** die zum Verlust des Amtes oder der Wählbarkeit führen würden, werden in Anlehnung an die Regelungen zur außerordentlichen Kündigung in Abs. 1 u. 2 an die vorherige Zustimmung des BR und im Fall der Zustimmungsverweigerung an eine die Zustimmung ersetzende arbeitsgerichtliche Entscheidung gebunden (BT-Drs. 14/5741, 50f.). Das gilt dann nicht, wenn der betroffene ArbN mit der Versetzung einverstanden ist.

4 Entspr. Vorschrift: § 47 Abs. 1 u. 2 BPersVG.

II. Voraussetzungen des Kündigungsschutzes nach dem KSchG

1. Personenkreis

5 Der durch § 15 KSchG iVm § 103 geschützte Personenkreis umfasst die **Mitgl. des BR** (einschließlich endgültig nachgerückter oder vorübergehend tätiger **Ers-Mitgl.** → Rn. 9), der **JAV,** der **BordVertr., des SeeBR** sowie die **Mitgl. des Wahlvorst.** und die **Wahlbewerber** für diese Organe, also nicht nur für den BR; Voraussetzung ist jedoch, dass sie überhaupt wählbar sind (BAG 26.9.1996 – 2 AZR 528/95, AP KSchG 1969 § 15 Wahlbewerber Nr. 3; → § 8 Rn. 32, 59). § 103 und § 15 KSchG gelten auch für gewählte BRMitgl. und andere Organmitgl. vor Amtsantritt (→ § 21 Rn. 12), Wahlbewerber, die von vornherein als ErsMitgl. kandidieren (§ 14 Abs. 4 S. 2; *Stein* ArbuR 1975, 202) und nachgerückte ErsMitgl. des Wahlvorst. (→ Rn. 9f.). Auch **Mitgl. einer tariflichen Sondervertretung** nach § 3 Abs. 1 Nr. 1–3 sind geschützt, da sie an die Stelle des BR treten (→ § 3 Rn. 78; BAG 27.6.2019 – 2 AZR 38/19, NZA 2019, 1427; DKKW/*Bachner* Rn. 10; Richardi BetrVG/*Thüsing* Rn. 5; HaKo-BetrVG/*Kloppenburg* Rn. 3), ebenso zusätzlich in den Wahlvorst. entsandte betriebsangehörige Gewerkschaftsbeauftragte (§ 16 Abs. 1 S. 6; **aA** *Engels/Natter* BB 1989 Beil. 8, 21; zum neuen Kündigungsschutz der Initiatoren einer BRWahl nach § 15 Abs. 3a → § 17 Rn. 37ff.). Keinen bes. Kündigungsschutz

genießen die in **nichtiger Wahl** bestimmten Organmitgl. (BAG 7.5.1986 – 2 AZR 349/85, AP KSchG 1969 § 15 Nr. 18; *Fischermeier* ZTR 1998, 433 [434]).

6 Gleiches gilt für **Mitgl. der Schwerbehinderten- u. GesamtschwerbehindertenVertr.** (vgl. § 179 Abs. 3 SGB IX) und die Wahlbewerber für diese Ämter (vgl. § 177 Abs. 6 S. 2 SGB IX). Auf diese sind sowohl § 103 als auch §§ 15, 16 KSchG anzuwenden (→ § 32 Rn. 16; BAG 19.7.2012 – 2 AZR 989/11, NZA 2013, 143; DKKW/*Bachner* Rn. 11; KR/*Etzel/Rinck* Rn. 17; GK-BetrVG/*Raab* Rn. 7; Richardi BetrVG/*Thüsing* Rn. 7, 11 f.; APS/*Linck* § 103 Rn. 44; **aA** HWGNRH/*Huke* Rn. 16). Im Fall der außerordentlichen Kündigung eines Mitgl. der SchwerbehindertenVertr. ist daher die Zustimmung des BR, nicht die Zustimmung der SchwerbehindertenVertr. einzuholen (BAG 19.7.2012 – 2 AZR 989/11, NZA 2013, 143). Dementsprechend kann die Zustimmung des BR zur Kündigung auch nur durch das ArbG, nicht etwa durch das Integrationsamt ersetzt werden (APS/*Linck* § 103 Rn. 44; GK-BetrVG/*Raab* Rn. 7). Ist das Mitgl. des BR bzw. der SchwerbehindertenVertr. als Schwerbehinderter anerkannt, bedarf die außerordentliche Kündigung zusätzlich der **Zustimmung** des **Integrationsamtes** nach § 174 SGB IX (→ § 102 Rn. 61 ff.).

7 § 29a HAG erstreckt den Kündigungsschutz auch auf in **Heimarbeit Beschäftigte,** die nach § 103 geschützte betriebsverfassungsrechtliche Funktionen ausüben (→ § 102 Rn. 8).

8 Der durch § 15 KSchG und § 103 auch jetzt **noch nicht erfasste,** aber **durch § 78 geschützte Personenkreis** (nicht amtierende ErsMitgl. des BR; Vertretungen nach § 3 Abs. 1 Nr. 5: für diesen Personenkreis sehen ZuordnungsTV nach § 3 oft einen bes. Kündigungsschutz in der Weise vor, dass § 103 entspr. mit der Maßgabe gelten soll, dass an die Stelle des ArbG die E-Stelle tritt, sa *Fischermeier* ZTR 1998, 433 [434]; zur Möglichkeit durch TV bes., KSchutz für JAV in reinen Ausbildungsbetrieben nach § 103/§ 15 KSchG zu schaffen s. zutr. LAG BW 5.9.2013 – 26 Sa 667/13, NZA-RR 2014, 68), Mitgl. der E-Stelle, einer tariflichen Schlichtungsstelle gem. § 76 Abs. 8, einer betrieblichen Beschwerdestelle nach § 86, des Wi-Ausschusses, Auskunftspersonen nach § 80 Abs. 2 S. 3), **genießt einen relativen Kündigungsschutz** bei Kündigungen, wenn diese nämlich wegen ihrer betriebsverfassungsrechtlichen Tätigkeit erfolgen. Dafür kann eine tatsächliche Vermutung sprechen (→ § 78 Rn. 21). Kündigungen sind dann nicht nur sozial ungerechtfertigt iSd § 1 KSchG, sondern verstoßen von vornherein gegen das gesetzliche Verbot des § 78 und sind deshalb nach § 134 BGB nichtig (BAG 22.2.1979 – 2 AZR 115/78, DB 1979, 1659; DKKW/*Bachner* Rn. 12; ErfK/*Kania* Rn. 2). Entspr. gilt für ArbNVertr. im AR (ausf. WKS/*Wißmann* § 26 Rn. 18 ff., 32 zum MitbestG), Wahlbewerber vor Aufstellung des Wahlvorschlags u. Mitgl. des Wahlvorst. vor ihrer Bestellung (→ § 20 Rn. 16, 33; BAG 13.10.1977 – 2 AZR 387/76, AP KSchG 1969 § 1 Verhaltensbedingte Kündigung Nr. 1).

2. Dauer des Kündigungsschutzes

9 Die Notwendigkeit der Zustimmung des BR besteht für die außerordentliche Kündigung **während der Amtszeit** (→ Rn. 54 ff.) der Mitgl. des BR bzw. der JAV, der BordVertr. oder des SeeBR (§ 15 Abs. 1 S. 1 KSchG). Dabei kommt es auf die jeweilige Amtszeit des BRMitgl. an (BAG 5.11.2009 – 2 AZR 487/08, NZA-RR 2010, 236). Maßgeblich ist der **Zeitpunkt des Zugangs der Kündigung** (BAG 27.9.2012 – 2 AZR 955/11, NZA 2013, 425; BAG 8.9.2011 – 2 AZR 388/10, NZA 2012, 400; HWGNRH/*Huke* Rn. 20; Richardi BetrVG/*Thüsing* Rn. 16; WPK/*Preis* Rn. 8; HaKo-KSchR/*Nägele* § 15 Rn. 90; KR/*Etzel/Rinck* Rn. 65). Für **ErsMitgl.** gilt der bes. Kündigungsschutz für die Zeit ihrer Vertretung im BR, einschl. einer kurzfristigen eigenen Verhinderung während der Vertretungszeit (BAG 9.11.1977 – 5 AZR 175/76, AP KSchG 1969 § 15 Nr. 3; 12.2.2004 – 2 AZR 163/03, DB 2004, 1508; 18.5.2006 – 6 AZR 627/05, AP KSchG 1969 § 15 Ersatz-

mitglied Nr. 2; 5.11.2009 – 2 AZR 487/08, NZA-RR 2010, 236; ausf. *Uhmann* NZA 2000, 576 ff.; *Uhmann* AuA 2001, 220 ff.; *Zumkeller* NZA 2001, 823). Der Kündigungsschutz für ErsMitgl. beginnt an dem Tage, an dem das ordentliche Mitgl. erstmals verhindert ist (BAG 8.9.2011 – 2 AZR 388/10, NZA 2012, 400); im Fall einer BR-Sitzung schon mit der Ladung. In der Regel sind drei Tage zur Vorbereitung der BR-Sitzung als ausreichend anzusehen (BAG 17.1.1979 – 5 AZR 891/77, AP KSchG 1969 § 15 Nr. 5). Der Kündigungsschutz besteht während der ganzen Dauer der Vertretung ohne Rücksicht auf die Wahrnehmung konkreter Geschäfte des BR und ohne Rücksicht darauf, ob etwa die Krankmeldung des ordentlichen BRMitgl. und dessen Fernbleiben vom Dienst berechtigt war oder nicht oder dem ErsMitgl. bekannt war (BAG 5.9.1986 – 7 AZR 175/85, AP KSchG 1969 § 15 Nr. 26; 12.2.2004 – 2 AZR 163/03, NZA 2005, 600; 8.9.2011 – 2 AZR 388/10, NZA 2012, 400). Er ist jedoch ausgeschlossen, wenn der Vertretungsfall durch kollusive Absprachen zum Schein herbeigeführt wird oder das ErsMitgl. weiß bzw. es sich ihm aufdrängen muss, dass kein Vertretungsfall vorliegt (BAG 12.2.2004 – 2 AZR 163/03, NZA 2005, 600; 8.9.2011 – 2 AZR 388/10, NZA 2012, 400; 16.11.2017 – 2 AZR 14/17, NZA 2018, 240; *Linck/Koch* FS 100 Jahre BetrVR S. 399, 403). Nach Ende der Vertretung besteht der nachwirkende Kündigungsschutz des § 15 Abs. 1 S. 2 KSchG. Dieser setzt jedoch voraus, dass das ErsMitgl. auch tatsächlich BRAufgaben in der Vertretungszeit wahrgenommen hat (→ Rn. 53; BAG 5.11.2009 – 2 AZR 487/08, NZA-RR 2010, 236; 8.9.2011 – 2 AZR 388/10, NZA 2012, 400; 19.4.2012 – 2 AZR 233/11, NZA 2012, 1449). Daneben bleibt der Kündigungsschutz des verhinderten BRMitgl. bestehen (DKKW/*Bachner* Rn. 21).

10 Der entspr. Schutz für Mitgl. des **Wahlvorst.** läuft vom **Zeitpunkt seiner Bestellung an** (§§ 16, 17), nicht schon für Wahlbewerber für den Wahlvorst. (→ § 20 Rn. 16; BAG 31.7.2014 – 2 AZR 505/13, NZA 2015, 245; LAG Hamm 15.3.2013 – 13 Sa 6/13, AuA 2013, 484; GK-BetrVG/*Raab* Rn. 6; Richardi BetrVG/*Thüsing* Rn. 8; *Fischermeier* ZTR 1998, 433 [434]; KR/*Etzel/Rinck* § 103 Rn. 15) und endet mit der **Bekanntgabe des endgültigen Wahlergebnisses** (§ 18 Abs. 3, § 18 WO) bzw. der gerichtlichen Abberufung (§ 18 Abs. 1 S. 2); **aA** *Grimm/Brock/Windeln* DB 2006, 156 ff., die den Sonderkündigungsschutz des § 15 Abs. 3 KSchG im Wege der teleologischen Reduktion auf allenfalls 16 Wochen vor Ablauf der Amtsperiode des BR beschränken wollen. Fehlt es an einer förmlichen Bekanntmachung des Wahlergebnisses durch den Wahlvorst., endet der bes. Kündigungsschutz mit der **konstituierenden Sitzung des BR** (BAG 5.11.2009 – 2 AZR 487/08, NZA-RR 2010, 236). Der Kündigungsschutz für **Mitgl. des Wahlvorst.,** die durch das **ArbG bestellt werden,** beginnt mit **Verkündung des Einsetzungsbeschlusses** und nicht erst mit dessen Rechtskraft (BAG 26.11.2009 – 2 AZR 185/08, NZA 2010, 443; KR/*Etzel/Rinck* Rn. 28; **aA** *Rudolph* AiB 2005, 655). Er endet, wenn die Unwirksamkeit der Bestellung durch rechtskräftige Entscheidung festgestellt wird (BAG 26.11.2009 – 2 AZR 185/08, NZA 2010, 443; APS/*Linck* KSchG § 15 Rn. 68). Die Absicht, dem ArbN mit der Bestellung zum Wahlvorst. Sonderkündigungsschutz zu verschaffen, ist nicht rechtsmissbräuchlich (BAG 16.11.2017 – 2 AZR 14/17, NZA 2018, 240). Gleiches gilt für von einer Kündigung bedrohte ArbN, die zur Erlangung des Sonderkündigungsschutzes ein Amt in einer Interessenvertretung anstreben (BAG 16.11.2017 – 2 AZR 14/17, NZA 2018, 240).

10a Der bes. Kündigungsschutz für **Wahlbewerber** der in § 103 genannten Interessensvertretungsorgane beginnt mit dem Zeitpunkt der **Aufstellung des Wahlvorschlags** und besteht bis zur Bekanntgabe des Wahlergebnisses. Aufgestellt ist der Wahlvorschlag, wenn er die erforderliche Zahl an Stützunterschriften nach § 14 Abs. 4 hat. Für den Beginn des Kündigungsschutzes nicht erforderlich ist, dass der Wahlvorschlag auch bereits beim Wahlvorst. eingereicht ist; es muss jedoch ein Wahlvorst. bestellt sein (BAG 7.7.2011 – 2 AZR 377/10, NZA 2012, 107; 4.4.1974 – 2 AZR 452/73, AP BGB § 626 Arbeitnehmervertreter im Aufsichtsrat Nr. 1; 4.3.1976 – 2 AZR 620/74, AP KSchG 1969 § 15 Wahlbewerber Nr. 1; 5.12.1980 –

7 AZR 781/78, AP KSchG 1969 § 15 Wahlbewerber Nr. 9; DKKW/*Bachner* Rn. 18; GK-BetrVG/*Raab* Rn. 22; KR/*Etzel/Rinck* Rn. 29ff.; *Löwisch/Kaiser* Rn. 8; HWGNRH/*Huke* Rn. 26; **aA** Richardi BetrVG/*Thüsing* Rn. 19; *Meisel* Mitwirkung BR Rn. 644 wonach der bes. KSchutz erst mit Einreichung des Wahlvorschlags beim Wahlvorst. beginnen soll). Ebenfalls keine Voraussetzung ist, dass der Wahlvorst. das Wahlausschreiben erstellt hat oder die Frist für die Einreichung von Wahlvorschlägen begonnen hat; maßgebend für den bes. Kündigungsschutz für Wahlbewerber ist allein die Einleitung des Wahlverfahrens, das mit der Bestellung des Wahlvorst. beginnt (ausf. BAG 7.7.2011 – 2 AZR 377/10, NZA 2012, 107; 19.4.2012 – 2 AZR 299/11, NZA 2012, 112; 4.3.1976 – 2 AZR 620/74, AP KSchG 1969 § 15 Nr. 1). Evtl. Mängel der Kandidatenaufstellung beeinträchtigen den bes. Kündigungsschutz nicht, soweit sie behebbar sind (BAG 7.7.2011 – 2 AZR 377/10, NZA 2012, 107; 17.3.2005 – 2 AZR 275/04, NZA 2005, 1064; 4.3.1976 – 2 AZR 620/74, AP KSchG 1969 § 15 Nr. 1; APS/*Linck* KSchG § 15 Rn. 78; *Rudolph* AiB 2005, 655). Ausreichend für bes. Kündigungsschutz ist, dass die Voraussetzungen des § 8 BetrVG im Zeitpunkt der Wahl vorliegen (BAG 7.7.2011 – 2 AZR 377/10, NZA 2012, 107; **aA** *Wulff* Anm. zu BAG in AiB 2013, 664). Auch entfällt der Kündigungsschutz nicht, falls die Vorschlagsliste durch Streichung von Unterschriften gem. § 8 Abs. 2 Nr. 3 WO ungültig wird (BAG 5.12.1980 – 7 AZR 781/78, AP KSchG 1969 § 15 Wahlbewerber Nr. 9; KR/*Etzel/Rinck* Rn. 30; *Nägele* BB 2002, 354; *Rudolph* AiB 2005, 655; **aA** *Löwisch/Kaiser* Rn. 8; *Grau/Schaut* BB 2014, 757 [758]). Nach LAG Köln 29.3.2001 – 5 TaBV 22/01, AiB 2001, 602 entfällt der KSchutz auch nicht, wenn sich 80% der Arbeitnehmer als Kandidaten bewerben (**aA** *Grau/Schaut* BB 2014, 757). Wahlbewerber zur Wahl des WahlVorst. werden nicht vom bes. KSchutz erfasst (→ Rn. 10; § 20 Rn. 16; BAG 31.7.2014 – 2 AZR 505/13, NZA 2015, 245).

Besteht im Betrieb noch **kein BR,** so genießen Mitgl. des WahlVorst. und Wahlbewerber gleichwohl den Kündigungsschutz nach § 15 Abs. 3 S. 1 KSchG. Der ArbGeb. hat dann die Erteilung der Zustimmung zur Kündigung **unmittelbar beim ArbG zu beantragen** (BAG 12.8.1976 – 2 AZR 303/75, AP KSchG 1969 § 15 Nr. 2; 30.5.1978 – 2 AZR 637/76, AP KSchG 1969 § 15 Nr. 4; DKKW/*Bachner* Rn. 18, 38; ErfK/*Kania* Rn. 4; GK-BetrVG/*Raab* Rn. 21; Richardi BetrVG/*Thüsing* Rn. 37; KR/*Etzel/Rinck* Rn. 56f., der § 103 jedoch nur entsprechend anwendet), es sei denn, es besteht für diesen Betrieb ein **Übergangsmandat** eines anderen BR (s. dazu § 21a). Entspr. gilt, wenn nur (noch) ein BRMitgl. amtiert, dem gekündigt werden soll und kein Ers.Mitgl. mehr vorhanden ist (BAG 16.12.1982 – 2 AZR 76/81, AP KSchG 1969 § 15 Nr. 13) oder dem BRMitgl. wegen Teilnahme an einem rechtswidrigen **Arbeitskampf** gekündigt werden soll (BAG 14.2.1978 – 1 AZR 54/76, AP GG Art. 9 Arbeitskampf Nr. 57; *Brox/Rüthers* ArbeitskampfR Rn. 447; **aA** GK-BetrVG/*Raab* Rn. 46). 11

Eine **Auflösung** des ArbVerh. nach **§ 9 Abs. 1 S. 2 KSchG** auf Antrag des ArbGeb. im Zusammenhang mit einer Kündigung, die im Zeitraum des bestehenden Sonderkündigungsschutzes ausgesprochen wird, ist ausgeschlossen (BAG 29.8.2013 – 2 AZR 419/12, NZA 2014, 660). Liegt der Ausspruch der ordentlichen – nicht sozial gerechtfertigten – Kündigung vor Beginn des Sonderkündigungsschutzes und wird der Auflösungsantrag beruhend auf einem Sachverhalt während des Zeitraums des Sonderkündigungsschutzes geltend gemacht, ist zu unterscheiden, ob die Entscheidung des Gerichts über den Antrag während des bestehenden Sonderkündigungsschutzes fällt oder erst nach diesem Zeitraum. Fällt die gerichtliche Entscheidung im Zeitraum des Sonderkündigungsschutzes, kann das ArbVerh. nur aus wichtigem Grund aufgelöst werden (BAG 7.12.1972 – 2 AZR 235/72, BAGE 24, 468; 29.8.2013 – 2 AZR 419/12, NZA 2014, 660) und bedarf der Zustimmung des BR nach § 103 (ErfK/*Kiel* KSchG § 9 Rn. 20; KR/*Spilger* KSchG § 9 Rn. 62; *Gräf* Anm. zu BAG 29.8.2013 – 2 AZR 419/12, NZA 2014, 660). Ist der Sonderkündigungsschutz bereits im Zeitpunkt der Entscheidung abgelaufen, wird nach Auffassung des BAG der Zweck des Sonderkündigungsschutzes nicht mehr beeinträchtigt, so dass 11a eine Auflösung des ArbVerh. nach § 9 Abs. 1 S. 2 KSchG grds. möglich ist; eine entsprechende Anwendung des § 15 Abs. 3 KSchG, § 103 kommt nicht mehr Betracht (BAG 29.8.2013 – 2 AZR 419/12, NZA 2014, 660 mit zust. Anm. *Gräf* – juris; PR-ArbR 17/2014 Anm. 1; ErfK/*Kiel* KSchG § 9 Rn. 20). Schließlich kann nach Ablauf des nachwirkenden Kündigungsschutzes des Funktionsträgers der ArbGeb. diesem wieder wie jedem anderen ArbN kündigen (BAG 14.2.2002 – 8 AZR 175/01, NZA 2002, 1027; 29.8.2013 – 2 AZR 419/12, NZA 2014, 660). Dabei kann die Kündigung auch wegen Pflichtverletzungen, die während der Schutzfrist begangen wurden, ausgesprochen werden, wenn diese in keinem Zusammenhang mit der ausgeübten Funktion stehen (zB Schlägerei: BAG 13.6.1996 – 2 AZR 431/95, AP KSchG 1969 § 15 Wahlbewerber Nr. 2; 29.8.2013 – 2 AZR 419/12, NZA 2014, 660). Für den Auflösungsantrag kann nichts anderes gelten. Im Rahmen des § 9 Abs. 1 S. 2 KSchG bedarf es einer genauen Prüfung, welche Bedeutung das im Kündigungsschutzzeitraum eingetretene Ereignis nach dem Auslaufen des Sonderkündigungsschutzes für die zukünftige gedeihliche Zusammenarbeit tatsächlich hat. Dabei muss berücksichtigt werden, dass ArbN durch die Wahrnehmung betriebsverfassungsrechtlicher Pflichten leichter mit ihren arbeitsvertraglichen Pflichten in Konflikt geraten können (BAG 29.8.2013 – 2 AZR 419/12, NZA 2014, 660; 31.7.2014 – 2 AZR 505/13, NZA 2015, 245; ErfK/*Kiel* KSchG § 9 Rn. 20). Wirken sich die fraglichen Umstände ausschließlich im kollektiven Bereich aus – wie bei der Verletzung betriebsverfassungsrechtlicher Pflichten des Wahlbewerbers – liegt schon kein tragfähiger Auflösungsgrund iSd § 9 Abs. 1 S. 2 KSchG vor (BAG 29.8.2013 – 2 AZR 419/12, NZA 2014, 660; ErfK/*Kiel* KSchG § 9 Rn. 20). Beleidigungen oder persönliche Angriffe sind grds. als Auflösungsgrund geeignet. Auch bei der Teilnahme an einer BRWahl muss die Meinungsfreiheit zurücktreten, wenn sich das in der Äußerung enthaltene Werturteil als Formalbeleidigung oder Schmähkritik erweist. Dies ist der Fall, wenn bei der Äußerung nicht mehr die Auseinandersetzung in der Sache, sondern die Diffamierung im Vordergrund steht, die den Betroffenen jenseits polemischer und überspitzter Kritik in erster Linie herabsetzen soll (BAG 7.7.2011 – 2 AZR 355/10, NZA 2011, 1412; 29.8.2013 – 2 AZR 419/12, NZA 2014, 660 mwN; s. aber auch BAG 31.7.2014 – 2 AZR 505/13, NZA 2015, 245; ErfK/*Kiel* KSchG § 9 Rn. 20).

3. Kündigung und anderweitige Beendigung des Arbeitsverhältnisses

12 Der bes. Kündigungsschutz besteht nur, wenn es zur Beendigung des Arbeitsverhältnisses einer **Kündigung des ArbGeb. bedarf,** wozu auch die **Änderungskündigung** zu rechnen ist (hM). Anders bei der (ordentlichen oder außerordentlichen) **Massenänderungskündigung:** könnte das BRMitgl. oder die anderen Funktionsträger sich auch insoweit auf den bes. Kündigungsschutz berufen, so liefe das auf eine verbotene Begünstigung u. Verletzung des Gleichbehandlungsgrundsatzes des § 75 hinaus (→ § 78 Rn. 20; iErg wie hier: HWGNRH/*Huke* Rn. 34; Richardi BetrVG/*Thüsing* § 78 Rn. 29f.; GK-BetrVG/*Raab* Rn. 30; SWS Rn. 4; SPV Kündigung/*Preis* Rn. 1625; *Esser* Die Begünstigung von BRMitgl. S. 142; ausf. *Hilbrandt* NZA 1997, 465; *Hilbrandt* NZA 1998, 1258; *Grau/Schaut* BB 2014, 757 [760]; **aA** ErfK/*Kania* Rn. 6; ErfK/*Linck* KSchG § 15 Rn. 10; *Backmeister/Trittin/Mayer* KSchG § 15 Rn. 82; *Sturm* freigestellte BRMitgl. S. 157ff; *Bröhl* RdA 2010, 170 [174]; BAG 29.1.1981 – 2 AZR 778/78, AP KSchG 1969 § 15 Nr. 10; 6.3.1986 – 2 ABR 15/85, AP KSchG 1969 § 15 Nr. 19; 7.10.2004 – 2 AZR 81/04, AP KSchG 1969 § 15 Nr. 56; 17.3.2005 – 2 ABR 2/04, AP KSchG 1969 § 15 Nr. 58; danach ist § 15 KSchG gegenüber § 78 lex specialis; abgesehen von den Sonderfällen des § 15 Abs. 4 u. 5 KSchG schließe § 15 KSchG eine ordentliche Kündigung gegenüber den Funktionsträgern aus und lasse **nur eine außerordentliche Kündigung** aus wichtigem Grund mit notwendiger Auslauffrist zu). Nach BAG 7.10.2004 – 2 AZR 81/04, AP KSchG 1969 § 15 Nr. 56; 17.3.2005 – 2 ABR 2/04, AP KSchG 1969 § 15 Nr. 58 kann ein solches auf betriebliche Gründe beruhendes außerordentliches Kündigungs-

recht zB die Einführung eines einheitlichen Umstrukturierungskonzepts sein; dabei hat der ArbGeb. dem BRMitgl. zumutbare Änderungen anzubieten (s. BAG 17.3.2005 – 2 ABR 2/04, AP KSchG 1969 § 15 Nr. 58 im Fall der Zurückstufung um zwei Gehaltsstufen); verweigert der BR bei Vorliegen der Tatbestandsvoraussetzungen die Zustimmung, verletzt er seine Amtspflichten, wenn er die Zustimmung verweigert, nur um eine Bevorzugung der BRMitgl. gegenüber den ArbN zu erreichen (BAG 7.10.2004 – 2 AZR 81/04, AP KSchG 1969 § 15 Nr. 56).

Es **gilt aber § 102.** Das BRMitgl. kann sich dann noch auf mangelnde soziale Rechtfertigung der Änderungskündigung berufen. **12a**

Kein bes. Kündigungsschutz besteht, sofern der ArbGeb. kraft seines Direktionsrechts einzelne Arbeitsbedingungen einseitig ändern kann, zB kraft tariflicher Ermächtigung. § 15 KSchG greift ferner nicht Platz, wenn das BRMitgl. oder der sonstige geschützte Funktionsträger seinerseits kündigt oder das **Arbeitsverhältnis in anderer Weise** (Zeitablauf zB Vollendung des 65. Lebensjahres, → § 77 Rn. 61 f., → § 78 Rn. 20; → § 102 Rn. 15 f.; → § 24 Rn. 22; Zweckerreichung, Anfechtung) **endet.** Eine Aussperrung kann das Arbeitsverhältnis von BRMitgl. allenfalls suspendieren (→ § 24 Rn. 24; → § 74 Rn. 17 ff.). Wird ein inzwischen in den BR gewählter ArbN erneut nur **befristet** beschäftigt, so sind an die Zulässigkeit dieser zweiten Befristung bes. strenge Anforderungen zu stellen (BAG 17.2.1983 – 2 AZR 481/81, AP KSchG 1969 § 15 Nr. 14; DKKW/*Bachner* Rn. 9a; zur Diskussion → § 78 Rn. 19). **13**

III. Ordentliche Kündigung bei Betriebsstilllegung

Die ordentliche Kündigung des in § 15 Abs. 1–3a KSchG genannten Personenkreises ist wegen ihrer betriebsverfassungsrechtlichen Funktionen grds. unzulässig. Insoweit gehen gesetzliche Kündigungsverbote dem allgemeinen Kündigungsschutz als spezialgesetzliche Regelung vor (BAG 21.4.2005 – 2 AZR 241/04, AP KSchG 1969 § 1 Soziale Auswahl Nr. 74). Ausnahmsweise lässt § 15 Abs. 4 KSchG eine **ordentliche Kündigung** zu, und zwar im Fall der Stilllegung des ganzen Betriebes (BAG 29.3.1977 – 1 AZR 46/75, AP BetrVG 1972 § 102 Nr. 11; 23.4.1980, – 5 AZR 49/78, AP KSchG 1969 § 15 Nr. 8; 20.1.1984 – 7 AZR 443/82, AP KSchG 1969 § 15 Nr. 16). Zur Kündigungsfrist bei Stilllegung durch Insolvenzverwalter s. § 113 Abs. 1 InsO, → § 102 Rn. 3. Die Kündigung bedarf in diesen Fällen **nicht der Zustimmung** des BR nach § 103, aber dessen **Anhörung nach § 102 Abs. 1** (**hM;** BAG 18.9.1997 – 2 ABR 15/97, AP BetrVG 1972 § 103 Nr. 35 mwN mAnm. *Hilbrandt;* BAG 15.2.2007 – 8 AZR 310/06, NZA 2007, 1278; 23.2.2010 – 2 AZR 656/08, NZA, 2010, 1288; Richardi BetrVG/*Thüsing* Rn. 25; *Bernstein* NZA 1993, 728; *Eckert* SAE 1999, 141; *Fischermeier* ZTR 1998, 433; *Hilbrandt* NZA 1998, 1258 [1260]; **aA** *Bader* BB 1978, 616, der eine außerordentliche Kündigung zulassen will und *Belling* NZA 1985, 481, der eine Zustimmung des BR nach § 103 verlangt). Dann endet das Amt des BR bzw. die sonstigen Ämter als Folge der Stilllegung. Das gilt auch bei einem auf Grund Arbeitsvertrag oder TV **unkündbaren Funktionsträger,** dem außerordentlich gekündigt werden kann (hM; vgl. SPV Kündigung/*Preis* Rn. 1631 mwN) und die außerordentliche Kündigung an die Stelle der ordentlichen nach § 15 Abs. 4 (u. 5) KSchG tritt (BAG 18.9.1997 – 2 ABR 15/97, AP BetrVG 1972 § 103 Nr. 35; *Fischermeier* ZTR 1998, 433; → § 102 Rn. 105). Zur Kündigung von Wahlinitiatoren im Fall der Betriebsstilllegung → § 17 Rn. 41. **14**

Unter **Stilllegung** ist die **Aufgabe des Betriebszwecks** und damit die Auflösung der zu diesem Zweck geschaffenen Betriebsgemeinschaft zwischen ArbGeb. und ArbN für eine nicht nur vorübergehende, zeitlich noch unbestimmte Dauer auf Grund eines ernstlichen Willensentschlusses des ArbGeb. zu verstehen (hM; *Roos* AiB 1999, 12 [16]). Vgl. auch → § 111 Rn. 65 ff. Werden nach Produktionseinstellung die Arbeitsverhältnisse gekündigt, so liegt idR eine Auflösung der zwischen ArbGeb. **15** und ArbN bestehenden Betriebs- und Produktionsgemeinschaft vor, wenn im Kündigungszeitraum davon auszugehen ist, dass eine eventuelle Wiederaufnahme der Produktion erst nach einem längeren, wirtschaftlich nicht unerheblichen Zeitraum (7 bzw. 8,5 Monate) erfolgen kann, dessen Überbrückung mit weiteren Vergütungszahlungen dem ArbGeb. nicht zuzumuten ist (BAG 21.6.2001 – 2 AZR 137/00, NZA 2002, 212). Auch eine Betriebsverlegung kann im Einzelfall Stilllegung sein und zur Kündigung berechtigen. Eine Betriebsstilllegung kann auch schon gegeben sein, wenn auf dem Betriebsgrundstück noch einzelne Abwicklungsarbeiten oder Wartungsaufgaben erfüllt werden (BAG 23.4.1980 – 5 AZR 49/78, AP KSchG 1969 § 15 Nr. 8). Es liegt grds. im pflichtgemäßen Ermessen des ArbGeb., ob er bei Vorliegen eines Sachverhalts, der eine sinnvolle Weiterarbeit des Betriebs in der bisherigen Form ausschließt, zum Mittel der Betriebseinschränkung (zB Kurzarbeit), der vorübergehenden Betriebsunterbrechung (Werksurlaub) oder aber der Stilllegung greift (BAG 17.9.1957 – 1 AZR 352/56, AP KSchG § 13 Nr. 8); wegen MBR nach § 87 Abs. 1 Nr. 3 vgl. aber → § 87 Rn. 150ff. Eine nach **§ 3 Abs. 1 Nr. 1 bis 3 gebildete betriebsverfassungsrechtliche Organisationseinheit** stellt ohne eine entsprechende Organisationsstruktur für sich genommen keinen Betrieb iSd § 1 Abs. 1 S. 1 BetrVG dar, und damit auch nicht iSd § 15 Abs. 4 KSchG (BAG 27.6.2019 – 2 AZR 38/19, NZA 2019, 1427). Wird eine Betriebsstätte innerhalb einer nach § 3 Abs. 1 Nr. 1 bis 3 gebildeten Organisationseinheit stillgelegt, ist eine ordentliche Kündigung eines BRMitgl. zulässig, soweit keine andere Weiterbeschäftigungsmöglichkeiten bestehen (BAG 27.6.2019 – 2 AZR 38/19, NZA 2019, 1427). Der ArbGeb. ist nicht verpflichtet, einen Arbeitsplatz in einem anderen Betrieb, der der nach § 3 Abs. 1 Nr. 1 bis Nr. 3 BetrVG gebildeten Organisationseinheit angehört, frei zu kündigen (BAG 27.6.2019 – 2 AZR 38/19, NZA 2019, 1427).

16 Für die Anhörung des BR zu einer Kündigung nach § 15 Abs. 4 u. 5 gelten die allgemeinen Grundsätze zu § 102. Besteht aus Sicht des ArbGeb. keine Weiterbeschäftigungsmöglichkeit in einem anderen Betrieb, genügt insoweit ein entspr. (konkludenter) Hinweis – aus dem BRMandat ergeben sich keine Besonderheiten (BAG 23.2.2010 – 2 AZR 656/08, NZA 2010, 1288). Ein Widerspruch des BR gegen die Kündigung nach § 102 Abs. 3 kommt insbes. nach Nr. 3 wegen Weiterbeschäftigungsmöglichkeit in einem **anderen Betrieb des Unternehmens** in Betracht (→ § 102 Rn. 83). Zwar geht § 15 Abs. 4 KSchG offenbar davon aus, diese Vorschrift enthalte eine § 1 KSchG nicht einbeziehende abschließende Regelung. Damit würden aber BRMitgl. schlechter gestellt als andere ArbN. Daher ist die entstandene Gesetzeslücke dahin zu schließen, dass eine Kündigung von BRMitgl. nur möglich ist, wenn auch eine Beschäftigungsmöglichkeit in einem anderen Betrieb des Unternehmens nicht besteht (BAG 13.8.1992 – 2 AZR 22/92, NZA 1993, 224; 22.9.2005 – 2 AZR 544/04, NZA 2006, 558; 27.6.2019 – 2 AZR 38/19, NZA 2019, 1427; vHHL/*v. Hoyningen-Huene* KSchG § 15 Rn. 166; DDZ/*Deinert* KSchG § 15 Rn. 83; KR/*Etzel*/*Kreft* KSchG § 15 Rn. 117f.; *Bernstein* NZA 1993, 728; *Nerreter* NZA 1995, 54; **aA** HWGNRH/*Huke* Rn. 38). Macht der BR eine derartige Beschäftigungsmöglichkeit geltend und widerspricht er der Kündigung, so hat das gekündigte BRMitgl. zumindest bei Erheben der Kündigungsschutzklage einen Weiterbeschäftigungsanspruch nach § 102 Abs. 5 und kann auch sein Amt vorläufig weiterführen (vgl. ArbG Elmshorn 10.9.1996 – 1d BVGa 36/96, AiB 1997, 173 mAnm *Zabel*). Besteht eine derartige Beschäftigungsmöglichkeit, so führt dies jedoch nicht dazu, dass nun eine außerordentliche Änderungskündigung entspr. § 103 nur mit Zustimmung des BR möglich wäre (BAG 13.8.1992 – 2 AZR 22/92, NZA 1993, 224). Ein Anspruch auf Freikündigung eines Arbeitsplatzes in einem anderen Betrieb besteht nicht (BAG 27.6.2019 – 2 AZR 38/19, NZA 2019, 1427). Wegen Gemeinschaftsbetrieb mehrerer Unternehmen → Rn. 22.

17 Veräußert der bisherige ArbGeb. den Betrieb, so gehen nach **§ 613a BGB** alle Arbeitsverhältnisse auf den neuen Betriebsinhaber über (→ § 1 Rn. 163ff.; → § 21 Rn. 34; → § 111 Rn. 49ff.). Die Betriebsübernahme führt nicht zur Beendigung der

Amtszeit des BR (BAG 1.8.2001 – 4 AZR 82/00, AP BGB § 613a Nr. 225; 24.5.2005 – 8 AZR 398/04, AP BGB § 613a Nr. 284; *Nicolai* BB 2006, 1162). Stilllegung und Veräußerung des Betriebes schließen einander aus (BAG 23.4.1980 – 5 AZR 49/78, AP KSchG 1969 § 15 Nr. 8; **aA** wohl *Annuß* DB 1999, 798). Wegen der wirtschaftlichen Beteiligungsrechte bei Betriebsstilllegung vgl. aber §§ 111–113 und die dortigen Rn. Wird nur ein **Betriebsteil** mit einem dort beschäftigten BRMitgl. veräußert, endet dessen BR-Mandat, es sei denn, es widerspricht dem Übergang seines Arbeitsverhältnisses (→ § 24 Rn. 26). Die damit bezweckte Beibehaltung des BR-Mandats ist als sachlicher Grund für den Widerspruch iSd BAG-Rspr. (BAG 7.4.1993 – 2 AZR 449/91 (B), AP KSchG 1969 § 1 Soziale Auswahl Nr. 22) anzusehen mit der Folge, dass dem BRMitgl. der volle Kündigungsschutz, also auch der nach § 15 KSchG, erhalten bleibt (vHHL/*v. Hoyningen-Huene* KSchG § 15 Rn. 79, 182 ff.; *Nicolai* BB 2006, 1162; **aA** 71; *Annuß* DB 1999, 798 [800]; *Feudner* DB 1994, 1570). Widerspricht ein Funktionsträger dem Übergang seines Arbeitsverhältnisses und besteht beim ArbGeb. keine Arbeitsmöglichkeit mehr, so ist § 15 Abs. 4 (u. 5) KSchG (direkt oder entspr.) anzuwenden (BAG 18.9.1997 – 2 ABR 15/97, AP BetrVG 1972 § 103 Nr. 35 mAnm *Hilbrandt;* 25.5.2000 – 8 AZR 416/99, NZA 2000, 1115; LAG RhPf. 7.5.2019 – 8 TaBV 20/18, FA 2019, 297; *Hilbrandt* NZA 1998, 1258 [1260]; *Nicolai* BB 2006, 1162; vHHL/*v. Hoyningen-Huene* KSchG § 15 Rn. 162, 182; KR/*Etzel*/*Kreft* KSchG § 15 Rn. 153; HaKo-BetrVG/*Kloppenburg* Rn. 62). Das gilt auch für ein freigestelltes BRMitgl. (BAG 18.9.1997 – 2 ABR 15/97, AP BetrVG 1972 § 103 Nr. 35). Widerspricht der Funktionsträger nicht dem Übergang seines Arbeitsverhältnis aber liegt ein Fall des Übergangsmandats nach § 21a vor, bleibt insoweit das BR-Mandat bis zur Neuwahl eines BR im neuen, bisher betriebsratslosen Betrieb bestehen (→ § 21a Rn. 8 ff., 13, 16; GK-BetrVG/*Raab* Rn. 40; generell für den Fall der Betriebsspaltung HaKo-BetrVG/*Kloppenburg* Rn. 63).

Eine Kündigung ist jedoch nicht zulässig, wenn die **Stilllegung nur für vorübergehende, kurze Zeit** erfolgt, um die Kündigungsschutzbestimmungen des § 15 KSchG zu umgehen. Dann liegt nur eine Scheinstilllegung vor. Auch eine bloße Änderung des Betriebszwecks unter Beibehaltung der Betriebsorganisation ist keine Stilllegung. Hatte der alte ArbGeb. vor einer Betriebsübernahme die Arbeitsverhältnisse (noch) wirksam gekündigt, stellt aber der neue ArbGeb. die Masse der ArbN alsbald wieder ein, so bleibt der alte BR im Amt. Eine Kündigung der BRMitgl. war demnach unzulässig. **18**

Die Kündigung ist regelmäßig erst **zum Zeitpunkt der Stilllegung** zulässig, dh die Kündigungsfrist darf idR erst mit der Stilllegung ablaufen, während die Kündigung schon früher ausgesprochen werden kann (hM). Unterbleibt die Stilllegung, so ist die Kündigung gegenstandslos, verzögert sich die Stilllegung, so wirkt die Kündigung erst zum nächst zulässigen Kündigungstermin (BAG 23.4.1980 – 5 AZR 49/78, AP KSchG 1969 § 15 Nr. 8; LAG Nürnberg 27.11.2007 – 7 Sa 119/06, NZA-RR 2008, 295 ff.). Ausnahmsweise kann schon zu einem **früheren Zeitpunkt gekündigt werden,** wenn das BRMitgl. (oder der sonstige Funktionsträger) aus zwingenden betrieblichen Gründen, an die ein strenger Maßstab anzulegen ist, **nicht mehr beschäftigt werden kann,** auch nicht an einem anderen Arbeitsplatz (BAG 21.6.2001 – 2 AZR 137/00, NZA 2002, 212). Sonst ist das BRMitgl. aber auch bei stufenweiser Stilllegung erst mit der letzten ArbN-Gruppe zu entlassen (BAG 26.10.1967 – 2 AZR 422/66, AP KSchG § 13 Nr. 17). Die Beschäftigungsmöglichkeit spielt bei nach § 38 freigestellten BRMitgl. keine Rolle, sofern noch ArbN im Rahmen der Staffel des § 38 Abs. 1 beschäftigt werden. Selbst wenn dies aber nicht mehr der Fall ist und an sich auch keine Beschäftigungsmöglichkeit mehr besteht, muss der BR funktionsfähig bleiben, schon wegen der Aufstellung eines Sozialplanes. Zur Wahrung eines **„Restmandats“** muss jedenfalls ein BRMitgl. bis zum Schluss im Betrieb verbleiben (HWGNRH/*Huke* Rn. 37; zum Restmandat s. § 21b). Der BR fällt weg, wenn die ständige ArbNZahl unter 5 sinkt, bleibt aber erhalten, wenn **19** der Betrieb zwar tatsächlich schon stillgelegt ist, um den rechtlichen Bestand der Arbeitsverhältnisse oder deren Abwicklung aber noch gestritten wird (BAG 17.7.1964 – 1 ABR 3/64, AP ArbGG 1953 § 80 Nr. 3; 29.3.1977 – 1 AZR 46/75, AP BetrVG 1972 § 102 Nr. 11).

20 Die **Stilllegung** einer **Betriebsabteilung** kann idR **nicht zur Kündigung** eines BRMitgl. oder sonstigen Funktionsträgers (→ Rn. 5) führen (§ 15 Abs. 5 KSchG). Es ist vielmehr in eine andere Betriebsabteilung zu gleichen Arbeitsbedingungen zu übernehmen, evtl. nach Ausspruch einer (ordentlichen) Änderungskündigung (BAG 20.1.1984 – 7 AZR 443/82, AP KSchG 1969 § 15 Nr. 16; *Bernstein* NZA 1993, 728). Kann das BRMitgl. auf einem freien Arbeitsplatz in einer anderen Betriebsabteilung weiterbeschäftigt werden, ist der ArbGeb. grds. nicht verpflichtet, einen örtlich näher gelegenen und deshalb das BRMitgl. weniger belastenden Arbeitsplatz freizukündigen (BAG 28.10.1999 – 2 AZR 437/98, AP KSchG 1969 § 2 Nr. 59 mAnm *Backmeister* AiB 2000, 583). Es kommt hier nur die Stilllegung einer **unselbständigen Betriebsabteilung** ohne eigenen BR in Frage, dh eines organisatorisch abgegrenzten Teils eines Betriebes mit eigener personeller Einheit, eigenen technischen Betriebsmitteln und eigenem Betriebszweck bzw. Hilfszweck (BAG 11.10.1989 – 2 AZR 61/89, AP KSchG 1969 § 1 Betriebsbedingte Kündigung Nr. 47; 28.10.1999 – 2 AZR 437/98, AP KSchG 1969 § 2 Nr. 59; 23.2.2010 – 2 AZR 656/08, NZA 2010, 1288 mwN; *Annuß* DB 1999, 798 [799]). Wird eine diesen Anforderungen nicht genügende Arbeitseinheit stillgelegt, so kommt eine ordentliche Kündigung von vornherein nicht in Betracht. Gleiches gilt, wenn es sich lediglich um eine Betriebseinschränkung handelt (BAG 17.11.2005 – 6 AZR 118/05, AP KSchG 1969 § 15 Nr. 60). Handelt es sich dagegen um selbständige Betriebsteile mit eigenem BR (vgl. § 4), so greifen die Vorschriften Platz, die für die Stilllegung des ganzen Betriebes gelten; § 15 Abs. 5 KSchG findet insoweit keine Anwendung (BAG 4.11.2004 – 2 AZR 96/04, AP KSchG 1969 § 15 Nr. 57; HaKo-KSchR/*Nägele* § 15 Rn. 114).

21 Eine Kündigung ist in eng begrenzten Ausnahmefällen nur zulässig, wenn die Übernahme in andere Abteilungen aus zwingenden betrieblichen Gegebenheiten nicht möglich ist: Das hat der **ArbGeb. genau darzulegen** und zu beweisen (BAG 25.11.1981 – 7 AZR 382/79, AP KSchG 1969 § 15 Nr. 11; 12.3.2009 – 2 AZR 47/08, AP KSchG 1969 § 15 Nr. 63; *Schleusener* DB 1998, 2368). Notfalls ist für das BRMitgl. sogar ein anderer Arbeitsplatz **durch Kündigung frei** zu **machen** (so BAG 18.10.2000 – 2 AZR 494/99, AP KSchG 1969 § 15 Nr. 49; 4.11.2005 – 2 AZR 96/04, AP KSchG 1969 § 15 Nr. 57; 17.11.2005 – 6 AZR 118/05, AP KSchG 1969 § 15 Nr. 60; HaKo-KSchR/*Nägele* § 15 Rn. 125; *Horcher* NZA-RR 2006, 393 [396 ff.]), wobei aber auch die sozialen Belange des uU betroffenen ArbN zu berücksichtigen sind (von BAG 18.10.2000 – 2 AZR 494/99, AP KSchG 1969 § 15 Nr. 49 offen gelassen; ebenso BAG 12.3.2009 – 2 AZR 47/08, AP KSchG 1969 § 15 Nr. 63 aber mit Hinweis, dass dazu jedoch besondere Konstellationen vorliegen müssen, wie zB Mandatsschutz läuft mit Gewissheit alsbald aus im Vergleich zu einem sozial deutlich schutzwürdigeren ordentl. kündbaren ArbN; wie hier LAG Düsseldorf 15.9.2005 – 11 Sa 788/05, BeckRS 2005, 43742; vHHL/*v. Hoyningen-Huene* KSchG § 15 Rn. 183; KR/*Etzel*/*Kreft* KSchG § 15 Rn. 148; SPV Kündigung/*Stahlhacke* Rn. 1634; APS/Kiel § 15 Rn. 185; *Grau*/*Schaut* BB 2014, 757 [761]; *Horcher* NZA-RR 2006, 393 [397]; *Bröhl* RdA 2010, 170 [174]; *Bernstein* NZA 1993, 728; *Roos* AiB 1998, 610 [612]; *Roos* AiB 1999, 12 [16]; deshalb zB Versetzung auf den Arbeitsplatz eines Schwerbehinderten nicht möglich; gegen diese Beschränkung *Matthes* DB 1980, 1165; *Fischer* DB 2004, 2752 [2754]; *Backmeister*/*Trittin*/*Mayer* KSchG § 15 Rn. 136; *Breschendorf* BB 2007, 661; **aA** *Thüsing*/*Laux*/*Lembke* KSchG § 15 Rn. 77a; *Schleusener* DB 1998, 2368 [2370]; *Adam* AuR 2007, 151 [152], *Leuchten* NZA 2007, 585, die eine Freikündigungspflicht des ArbGeb. generell ablehnen). Kann nur ein Teil der geschützten Funktionsträger umgesetzt werden, sind bei der Besetzung der Stellen vorrangig die aktiven Mandatsträger vor den im Nachwirkungszeitraum ge-

schützten ErsMitgl. zu berücksichtigen (BAG 2.3.2006 – 2 AZR 83/05, AP KSchG 1969 § 15 Nr. 61); iÜ bestimmt sich die Auswahl nach den Regeln der Sozialauswahl gem. § 1 Abs. 3 KSchG (BAG 22.9.2005 – 2 AZR 544/04, NZA 2006, 558; 27.7.2017 – 2 AZR 476/16, NZA 2018, 234; *Roos* AiB 1998, 610 [612]; HaKo-KSchR/*Nägele* § 15 Rn. 123; *Bröhl* RdA 2010, 170 [173] Sozialauswahl unter Berücksichtigung Erhaltung besonderer Fachkompetenzen wie des BRVors. **aA** *Horcher* NZA-RR 2006, 393 [397]). Der ArbGeb. muss dem Mandatsträger **keinen höherwertigen Arbeitsplatz** anbieten, wenn kein gleichwertiger vorhanden ist; dies gilt auch, wenn das BRMitgl. das Anforderungsprofil dafür erfüllt (BAG 23.2.2010 – 2 AZR 656/08, NZA 2010, 1288; *Grau/Schaut* BB 2014, 757 [761]; *Bröhl* RdA 2010, 170 [173]; **aA** LAG RhPf 13.11.2007 – 1 Sa 914/06, LAGE § 15 KSchG Nr. 20; *Houben* NZA 2008, 851 [855], wenn der Mandatsträger das Anforderungsprofil eines höherwertigen Arbeitsplatzes erfüllt). Andernfalls liefe dies auf eine unzulässige Begünstigung des BRMitgl. hinaus (BAG 23.2.2010 – 2 AZR 656/08, NZA 2010, 1288).

Die Grundsätze über das Vorliegen eines **Gemeinschaftsbetriebes** mehrerer Un- 22
ternehmen (→ § 1 Rn. 108 ff.; → § 111 Rn. 60) gelten auch für die Kündigung von Mitgl. der Betriebsverfassungsorgane wegen Stilllegung eines Betriebsteils. Eine Schließung eines Betriebsteils im Rahmen eines Gemeinschaftsbetriebs liegt nur dann vor, wenn bezogen auf den gesamten gemeinsamen Betrieb die Arbeits- und Produktionsgemeinschaft zwischen Unternehmer und Belegschaft aufgelöst wird (BAG 15.2.2007 – 8 AZR 310/06, NZA 2007, 1278). Wer gegenüber dem BR so auftritt, als betreibe er zusammen mit anderen Unternehmen einen Gemeinschaftsbetrieb, muss sich auch hinsichtlich des Sonderkündigungsschutzes der BRMitgl. (§ 15 KSchG) so behandeln lassen, als bestehe ein Gemeinschaftsbetrieb (BAG 18.10.2000 – 2 AZR 494/99, AP KSchG 1969 § 15 Nr. 49). Die BRMitgl. sind in einen anderen Betriebsteil, auch eines anderen Unternehmens, zu übernehmen, sofern die am Gemeinschaftsbetrieb beteiligten Unternehmen ArbGeb. geworden sind (BAG 5.3.1987 – 2 AZR 623/85, AP KSchG 1969 § 15 Nr. 30; 27.6.2019 – 2 AZR 38/19, NZA 2019, 1427; *Bonanni* Betrieb S. 249 f.; *Fischer* DB 2004, 2752 [2754]). Der BR kann einer Kündigung nach § 102 Abs. 3 Nr. 3 widersprechen. Für den Zeitpunkt der Kündigung gilt das für die Stilllegung des ganzen Betriebes Gesagte entsprechend. Wegen Versetzung in einen anderen Betrieb des Unternehmens, Ausgliederung eines Betriebsteils u. Konkurseröffnung → § 24 Rn. 34 ff.

Beschließt der ArbGeb., **Betriebsabteilungen** an einen Erwerber zu **veräußern** 23
und gleichzeitig die bei ihm **verbleibenden Abteilungen stillzulegen,** so hat er die betriebsverfassungsrechtlichen Funktionsträger in die zu veräußernden Abteilungen zu übernehmen. Geschieht dies nicht, gehen die Arbeitsverhältnisse der Funktionsträger nach **§ 613a BGB analog** auf den Erwerber über, wenn die Funktionsträger nicht widersprechen (LAG LSA 16.3.1999 – 8 Sa 589/98, BB 1999, 1875). Der Erwerber kann – wie zuvor auch der Veräußerer – geltend machen, dass eine Übernahme der Funktionsträger in die zu veräußernden bzw. veräußerten Abteilungen aus betrieblichen Gründen nicht möglich war (§ 15 Abs. 5 S. 2 KSchG; → Rn. 17, 20).

Die Ausführungen unter den → Rn. 14 ff. gelten uneingeschränkt auch in der **In-** 23a
solvenz (BAG 17.11.2005 – 6 AZR 118/05, AP KSchG 1969 § 15 Nr. 60; ErfK/*Müller-Glöge* InsO § 113 Rn. 25; ErfK/*Ascheid* InsO § 125 Rn. 1; *Wimmer/Eisenbeis* InsO § 113 Rn. 37 ff.; *Hess* InsO § 113 Rn. 556 ff.).

IV. Zustimmungsverfahren bei außerordentlichen Kündigungen

Die außerordentliche Kündigung eines BRMitgl. oder eines anderen in § 103 24
Abs. 1 genannten Mandatsträgers ist nur zulässig, wenn die **Voraussetzungen des § 626 BGB** vorliegen **und der BR** zu diesem einseitigen Rechtsgeschäft **vorher**

die Zustimmung zu dieser Maßnahme erteilt (BAG 4.3.2004 – 2 AZR 147/03, NZA 2004, 718) **oder das ArbG sie ersetzt** hat (§ 103 Abs. 2); das gilt auch für die außerordentliche Änderungskündigung (BAG 6.3.1986 – 2 ABR 15/85, AP KSchG 1969 § 15 Nr. 19; 17.3.2005 – 2 ABR 2/04, AP KSchG 1969 § 15 Nr. 58; Richardi BetrVG/*Thüsing* Rn. 27). Die Eröffnung des Insolvenzverfahrens selbst ist kein wichtiger Grund iSd § 626 BGB (BAG 29.3.1977 – 1 AZR 46/75, AP BetrVG 1972 § 102 Nr. 11; ErfK/*Müller-Glöge* InsO § 113 Rn. 25). Kündigt der ArbGeb. vorher, so ist die Maßnahme von vornherein unheilbar **nichtig,** nicht nur schwebend unwirksam (BAG 22.8.1974 – 2 ABR 17/74, AP BetrVG 1972 § 103 Nr. 1; 20.3.1975 – 2 ABR 111/74, AP BetrVG 1972 § 103 Nr. 2; 4.3.1976 – 2 AZR 15/75, AP BetrVG 1972 § 103 Nr. 5; 25.3.1976 – 2 AZR 163/75, AP BetrVG 1972 § 103 Nr. 6; 9.7.1998 – 2 AZR 142/98, AP BetrVG 1972 § 103 Nr. 36 (Anm. *Kohte/Lenart* SAE 2000, 195); vgl. § 15 Abs. 1 S. 1, § 13 Abs. 3 KSchG, → Rn. 48). Auf ein **Verschulden des ArbGeb.** an der unterbliebenen Anhörung **kommt es nicht an.** Die **Unwirksamkeit** der Kündigung muss innerhalb der **Klagefrist** von **drei Wochen** geltend gemacht werden (ausf. → Rn. 60). **Nachträgliche Zustimmung** (Genehmigung) des BR heilt die Unwirksamkeit einer schon ausgesprochenen Kündigung **nicht** (BAG 22.2.1972 – 2 AZR 205/71, AP BBiG § 15 Nr. 1; 28.2.1974 – 2 AZR 455/73, AP BetrVG 1972 § 102 Nr. 2; 22.8.1974 – 2 ABR 17/74, AP BetrVG 1972 § 103 Nr. 1; 20.3.1975 – 2 ABR 111/74, AP BetrVG 1972 § 103 Nr. 2; 1.12.1977 – 2 AZR 426/76, AP BetrVG 1972 § 103 Nr. 11; DKKW/*Bachner* Rn. 28; ErfK/*Kania* Rn. 29; GK-BetrVG/*Raab* Rn. 53; vHHL/*v. Hoyningen-Huene* KSchG § 15 Rn. 103; krit. Richardi BetrVG/*Thüsing* Rn. 56). Eine Auflösung des Arbeitsverhältnisses auf Antrag des ArbGeb. gegen Zahlung einer Abfindung gem. §§ 9, 10 KSchG kommt nicht in Betracht (BAG 9.10.1979 – 6 AZR 1059/77, AP KSchG 1969 § 9 Nr. 4; DKKW/*Bachner* Rn. 28; **aA** *Hertzfeld* NZA-RR 2012, 1). Vgl. auch → § 102 Rn. 59 und wegen nachträglicher Zustimmung des BR vor deren Ersetzung im BeschlVerf. nach Abs. 2 Rn. 36. Zur Geltendmachung der Unwirksamkeit der Kündigung → Rn. 39, 48, 60.

25 Das **Zustimmungsersuchen** des ArbGeb. ist an den BRVors., bei dessen Verhinderung (→ § 26 Rn. 45 f.) an den Stellvertr. oder an das vom BR zur Entgegennahme von Erklärungen des ArbGeb. in Kündigungsangelegenheiten ermächtigte BRMitgl. zu richten (*Fischermeier* ZTR 1998, 433 [435]). Da das Zustimmungsersuchen eine einseitige empfangsbedürftige Willenserklärung ist, auf die als geschäftsähnliche Handlung die §§ 164 ff. BGB anwendbar sind, kann der BR das Ersuchen durch einen Vertr. des ArbGeb. wegen fehlender Vollmacht gem. § 174 BGB zurückweisen (HessLAG 29.1.1998 – 5 Ta BV 122/97, ZTR 1998, 475).

26 Nach **§ 626 Abs. 1 BGB** kann das Arbeitsverhältnis von jedem Vertragsteil, also auch vom ArbGeb. aus wichtigem Grund ohne Einhaltung einer Kündigungsfrist gekündigt werden, wenn dem Kündigenden unter Berücksichtigung aller Umstände des Einzelfalles und unter Abwägung der Interessen beider Vertragsteile die Fortsetzung des Arbeitsverhältnisses selbst bis zum Ablauf der normalen Kündigungsfrist oder bis zum vereinbarten Ende des Arbeitsverhältnisses nicht zugemutet werden kann. Ein BRMitgl. steht hinsichtlich der Beurteilung des wichtigen Grundes grds. jedem anderen ArbN gleich; seine Eigenschaft als Amtsträger iSd § 15 KSchG darf weder zu seinen Gunsten noch zu seinen Ungunsten berücksichtigt werde (LAG Köln LAGE § 15 KSchG Nr. 14).

27 Liegen die Voraussetzungen des § 626 BGB vor, bedeutet dies für die Beurteilung der **Zumutbarkeit einer Weiterbeschäftigung** des BRMitgl. folgendes: Würde man – wie an sich geboten – auf die weitere absehbare Vertragsdauer, also auf den frühestmöglichen Kündigungszeitpunkt nach Ablauf der Amtszeit des BRMitgl. (§ 15 Abs. 1 S. 2 KSchG) abstellen, so könnte bei gleichen Tatumständen und gleichgelagerten ArbGeb.- und ArbN-Interessen die fristlose Kündigung gegenüber einem BRMitgl. allein wegen der absehbaren langen Bindungsdauer, nämlich 1 Jahr nach Ende des BR-Amts, für wirksam, die fristlose Kündigung gegenüber einem anderen

ArbN jedoch mit der Begründung für unwirksam erklärt werden, dass dessen Weiterbeschäftigung bis zum Ablauf der ordentlichen Kündigungsfrist dem ArbGeb. zumutbar sei. Da dies mit dem Benachteiligungsverbot des § 78 S. 2 unvereinbar wäre, ist auf die mangels ordentlicher Kündbarkeit des BRMitgl. nicht einschlägige und daher **fiktive Kündigungsfrist** des § 622 BGB abzustellen. Folglich kann einem BRMitgl. oder anderen Funktionsträger nach § 15 KSchG, § 626 BGB nur dann fristlos gekündigt werden, wenn dem ArbGeb. bei einem vergleichbaren ArbN ohne betriebsverfassungsrechtliche Funktionen dessen Weiterbeschäftigung bis zum Ablauf der einschlägigen ordentlichen Kündigungsfrist unzumutbar wäre (BAG 10.2.1999 – 2 ABR 31/98, AP KSchG 1969 § 15 Nr. 42; 5.11.2009 – 2 AZR 487/08, NZA-RR 2010, 236; 12.5.2010 – 2 AZR 587/08, NZA-RR 2011, 15). Gleiches gilt auch für den Zeitraum des nachwirkenden Kündigungsschutzes (BAG 15.3.2001 – 2 AZR 624/99, NZA-RR 2002, 20).

Ist nach den Grundsätzen in → Rn. 27 eine verhaltensbedingte fristlose Kündigung gegenüber einem BRMitgl. ausgeschlossen, so dürfte mit Rücksicht auf die lange Bindungsdauer – in Anlehnung an die BAG-Rspr. zu tariflich unkündbaren ArbN (BAG 5.2.1998 – 2 AZR 227/97, AP BGB § 626 Nr. 143 mwN; 18.1.2001 – 2 AZR 616/99, AP LPVG Niedersachsen § 28 Nr. 1; 8.4.2003 – 2 AZR 355/02, AP BGB § 626 Nr. 181) – eine verhaltensbedingte außerordentliche **Kündigung** mit Gewährung einer **Auslauffrist** angezeigt sein (vgl. KR/*Etzel*/*Kreft* KSchG § 15 Rn. 37; → § 102 Rn. 40), um das BRMitgl. gegenüber einem vergleichbaren tariflich unkündbaren ArbN nicht zu bevorzugen (§ 78 S. 2; **aA** BAG 17.1.2008 – 2 AZR 821/06, AP KSchG 1969 § 15 Nr. 62; 12.5.2010 – 2 AZR 587/08, NZA-RR 2011, 15; 21.6.2012 – 2 AZR 343/11, NZA 2013, 224; LAG Köln 24.8.2001 – 4 Sa 377/01, AiB 2002, 639; ArbG Duisburg 30.7.2008 – 3 Ca 1126/08, NZA-RR 2009, 252ff.; *Eylert*/*Sänger* RdA 2010, 24 [28]). Sollte das BAG – wie in seiner Entscheidung vom 21.6.2012 angedeutet – seine Rspr. zu Zulässigkeit einer verhaltensbedingten fristlosen Kündigung eines tarifl. unkündbaren ArbN dahingehend ändern, dass eine solche Kündigung mit einer fiktiven Kündigungsfrist unzulässig ist, hätte sich die Streitfrage erledigt. 28

Bei der Beurteilung der Frage der zulässigen Kündigung ist zu trennen zwischen dem Vorwurf der Amtspflichtverletzung und einer arbeitsvertraglichen Pflichtverletzung. 29

Liegt **allein ein Verstoß** des BRMitgl. (Mitgl. der JAV, der Bordvertr., der SeeBR) gegen seine **Amtspflichten** vor, sieht dafür das G das Ausschlussverfahren nach § 23 wegen grober Verletzung seiner gesetzl. Pflichten aus dem BRAmt vor; eine Kündigung nach § 15 Abs. 1 S. 2, Abs. 3 S. 2 KSchG ist grds. unzulässig (BAG 23.10.2008 – 2 ABR 59/07, NZA 2009, 855; 5.11.2009 – 2 AZR487/08, NZA-RR 2010, 236; BAG 12.5.2010 – 2 AZR 587/08, NZA-RR 2011, 15; 21.6.2012 – 2 AZR 343/11, NZA 2013, 224). Dies gilt gleichermaßen für ein Mitgl. der Schwerbehindertenvertretung (BAG 19.7.2012 – 2 AZR 989/11, NZA 2013, 143). Es ist jedoch oft schwer zu beurteilen, ob in erster Linie eine Verletzung betriebsverfassungsrechtlicher oder arbeitsvertraglicher Pflichten vorliegt. Nur wenn durch die **Amtspflichtverletzung zugleich** das konkrete **Arbeitsverhältnis unmittelbar und erheblich beeinträchtigt** wird, ist eine außerordentliche Kündigung zulässig (BAG 22.8.1974 – 2 ABR 17/74, AP BetrVG 1972 § 103 Nr. 1; 16.10.1986 – 2 ABR 71/85, AP BGB § 626 Nr. 95; 23.10.2008 – 2 ABR 59/07, NZA 2009, 855; 5.11.2009 – 2 AZR 487/08, NZA-RR 2010, 236; 12.5.2010 – 2 AZR 587/08, NZA-RR 2011, 15; DKKW/*Bachner* Rn. 27; *Roos* AiB 1998, 610 [612]; → § 23 Rn. 23; ähnlich Richardi BetrVG/*Thüsing* § 103 Anh. Rn. 20f.). Die Möglichkeit eines Zusammenhangs von Pflichtwidrigkeiten aus dem Amt und aus dem Arbeitsverhältnis verneinen grds. *Bieback* RdA 1978, 82ff., *Weber* NJW 1973, 787; *Konzen* ZfA 1985, 469 [483], der nur ein Verfahren nach § 23 Abs. 1 für möglich hält; so wohl auch LAG Nds 25.10.2004 – 5 TaBV 96/03, NZA-RR 2005, 530ff.). Hängt das arbeitsvertragswidrige Verhalten des ArbN mit seiner **Amtstätigkeit zusammen** 30

(s. LAG Hmb 4.11.1996 – 4 TaBV 10/95, ArbuR 1997, 301 zu elektronischer Verbreitung eines Textes über Ansprüche der ArbN im Unternehmen), so ist eine Kündigung nur unter **Anlegung eines besonders strengen Maßstabes** gerechtfertigt (BAG 16.10.1986 – 2 ABR 71/85, AP BGB § 626 Nr. 95; 23.10.2008 – 2 ABR 59/07, NZA 2009, 855; 12.5.2010 – 2 AZR 587/08, NZA-RR 2011, 15; LAG MV 11.7.2017 – 5 TaBV 13/16, juris; LAG Hmb 4.11.1996 – 4 TaBV 10/95, ArbuR 1997, 301, Unternehmensöffentliche Kritik an Geschäftsführung in zugespitzter und provozierender Form idR kein außerordentl. Kündigungsgrund). Das gilt auch für JAV (BAG 11.12.1975 – 2 AZR 426/74, AP KSchG 1969 § 15 Nr. 1). Zu prüfen ist insbes., ob auch nach Ausschluss aus dem BRAmt weitere vergleichbare Pflichtverletzungen drohen und das Vertrauensverhältnis zum ArbGeb. aufgrund der Pflichtverletzung, die mit der Ausübung des Mandats im Zusammenhang steht, nachhaltig gestört ist und ein Amtsausschlussverfahren nach § 23 Abs. 1 als milderes Mittel nicht in Betracht kommt (BAG 23.10.2008 – 2 ABR 59/07, NZA 2009, 855 ff.; 5.11.2009 – 2 AZR 487/08, NZA-RR 2010, 236; 12.5.2010 – 2 AZR 587/08, NZA-RR 2011, 15; LAG MV 11.7.2017 – 5 TaBV 13/16, juris; ErfK/*Kania* Rn. 12; → § 23 Rn. 23). Der ArbGeb. hat zu beweisen, dass das eine Amtspflichtverletzung darstellende Verhalten des BRMitgl. auch bei anderen ArbN Grund zur außerordentlichen Kündigung wäre (DKKW/*Bachner* Rn. 27). Das BRMitgl. kann sich damit entlasten, gemäß seinen Amtspflichten in gutem Glauben gehandelt zu haben (vgl. *Säcker* RdA 1965, 372, DB 1967, 2072).

30a Einem BRMitgl. kann idR nicht wegen häufiger krankheitsbedingter Fehlzeiten außerordentlich gekündigt werden (BAG 18.2.1993 – 2 AZR 526/92, AP KSchG 1969 § 15 Nr. 35). Auch bei einer Kündigung eines ehemaligen BRMitgl. wegen krankheitsbedingter Arbeitsunfähigkeit hat der ArbGeb. grds. den Ablauf des nachwirkenden Kündigungsschutzes nach § 15 Abs. 1 S. 2 KSchG abzuwarten und sodann ordentlich zu kündigen (BAG 15.3.2001 – 2 AZR 624/99, NZA-RR 2002, 20). Täuscht es eine Krankheit vor, kann ihm jedenfalls dann fristlos gekündigt werden, wenn es als ArbN eine Vertrauensstellung innehat (LAG Bln 14.8.1998 – 9 TaBV 4/98, BB 1999, 421). Nach LAG RhPf begründet allein genesungswidriges Verhalten ohne Vortäuschen einer Erkrankung keinen außerordentlichen Kündigungsgrund (ArbuR 2005, 37). Erhält ein BRMitgl. während der BR-Sitzung ein Telefonat des ArbGeb., dessen Inhalt auf der Sitzung behandelt werden soll, und zeichnet es das Telefonat deshalb auf, spielt es dem BR vor und löscht es danach wieder, so berechtigt dies nicht zur fristlosen Kündigung des BRMitgl. (LAG Hamm 5.11.1997 – 3 Sa 1021/97, NZA-RR 1998, 350). Dagegen ist die heimliche Übertragung einer BRSitzung sowohl eine Amtspflichtverletzung als auch eine Vertragspflichtverletzung und berechtigt zur außerordentlichen Kündigung (LAG BW 9.9.2011 – 17 Sa 16/11, LAGE § 15 KSchG Nr. 23). Führt ein BRMitgl. unerlaubt und heimlich umfangreiche Privattelefonate unter Benutzung von Telefonanschlüssen anderer Arbeitskollegen auf Kosten des ArbGeb., kann dies ein wichtiger Grund für eine außerordentliche Kündigung sein (BAG 4.3.2004 – 2 AZR 147/03, NZA 2004, 718; LAG MV 17.1.2017 – 5 TaBV 8/16, NZA 2017, 247 wenn diese 15 – 20% der Arbeitszeit einnehmen). Die Abgabe einer vorsätzlich falschen eidesstattlichen Versicherung in einem Rechtsstreit kann eine fristlose Kündigung rechtfertigen (BAG 24.11.2005 – 2 ABR 55/04, AP BetrVG 1972 § 103 Nr. 55). Zur fristlosen Entlassung eines freigestellten BRMitgl. wegen Übernahme eines mehrjährigen gewerkschaftl. Wahlamtes LAG Bln 16.10.1995 – 9 TaBV 5/95, NZA-RR 1996, 368. Ob eine Verbalinjurie zur außerordentlichen Kündigung rechtfertigt, hängt von den Umständen des Einzelfalls ab (LAG Nds 25.10.2004 – 5 TaBV 96/03, NZA-RR 2005, 530 ff.). Zur Abgrenzung des Rechts auf freie Meinungsäußerung und eine außerordentliche Kündigung rechtfertigende Schmähkritik BAG 31.7.2014 – 2 AZR 505/13, NZA 2015, 245; LAG Bln-Bbg 2.10.2014 – 10 TaBV 1134/14, NZA-RR 2015, 125; → Rn. 11a. Ein wichtiger Grund kann auch in der Verletzung arbeitsvertraglicher Nebenpflichten liegen, zu denen nach § 242 Abs. 2 BGB auch die Pflicht des ArbN gehört, auf die berechtigten Interessen des ArbGeb. und seiner Vertragspartner Rücksicht zu nehmen. So berechtigt die vorsätzliche und strafbewehrte Verletzung des Briefgeheimnisses im Betrieb ein- und ausgehender, sowie intern versandter Post zur außerordentlichen Kündigung (BAG 12.5.2010 – 2 AZR 587/08, NZA-RR 2011, 15). Die **Tätigkeit** als Beisitzer in einer **E-Stelle** eines anderen Betriebs im Unternehmen stellt grds. keinen wichtigen Grund iSd § 626 Abs. 1 BGB dar, da das BRMitgl. nicht seine arbeitsvertragliche Pflicht zur Rücksichtnahme nach § 241 Abs. 2 BGB verletzt (BAG 13.5.2015 – 2 ABR 38/14, NZA 2016, 117). Eine Pflichtwidrigkeit besteht auch dann nicht, wenn arbeitsvertragl. die Ausübung einer Nebentätigkeit unter dem Vorbehalt der Erlaubnis des ArbGeb. steht, wenn bei objektiver Betrachtung ein Anspruch auf ihre Erlaubnis besteht; dies ist bei der Ausübung der Tätigkeit als E-Stellen-Beisitzer der Fall, wenn diese in der Freizeit ausgeübt wird (BAG 13.5.2015 – 2 ABR 38/14, NZA 2016, 117). Offen gelassen hat das BAG, ob eine gewerbsmäßige Teilnahme eines BRMitgl. an E-Stellen des eigenen ArbGeb. geeignet ist, die Interessen des ArbGeb. zu beeinträchtigen bzw. einen Verstoß gegen die arbeitsvertragl. Pflichten darzustellen. Die Meldung eines Arbeitszeitverstoßes bei der Aufsichtsbehörde rechtfertigt keine außerordentl. Kündigung bzw. Ausschluss aus dem BR, wenn der ArbGeb. seinerseits in rechtswidriger Weise handelt (ArbG Marburg 12.11.2010 – 2 BV 4/10, LAGE § 23 BetrVG 2001 Nr. 6). Spricht der ArbGeb. wegen eines Vorfalls, an dem **mehrere ArbN beteiligt** sind, **nur dem BRMitgl.** gegenüber eine **außerordentliche Kündigung** aus, so ist diese nach §§ 75, 78 iVm mit § 134 BGB nichtig (BAG 22.2.1979 – 2 AZR 115/78, DB 1979, 1659; HaKo-BetrVG/*Kloppenburg* Rn. 18).

Eine vergleichbare Unterscheidung zwischen Verletzung der Amtspflicht und der **30b** Pflichten aus dem Arbeitsverhältnis ist angezeigt, wenn das BRMitgl. zugleich Mitgl. des **Aufsichtsrats** ist und ihm ein Verstoß gegen seine Verpflichtungen als ARMitgl. vorgeworfen wird. Auch hier kommt vorrangig die Sanktion des Gesellschaftsrechts, Abberufung aus dem AR nach § 103 Abs. 3 AktG, in Betracht. Liegt die Amtspflichtverletzung als ARMitgl. in der Weitergabe geheimhaltungspflichtiger Informationen an den BR, kann dies grds. auch ein Verstoß gegen die arbeitsvertragl. Pflichten sein → § 79 Rn. 21; BAG 23.10.2008 – 2 ABR 59/07, NZA 2009, 855). Für eine verhaltensbedingte außerordentliche Kündigung gilt das Prognoseprinzip, wonach sich die vergangene Pflichtverletzung auch auf die Zukunft belastend auswirken muss (BAG 23.10.2008 – 2 ABR 59/07, NZA 2009, 855 mwN; LAG SchlH 4.3.2015 – 3 Sa 400/14, BB 2015, 1012).

Die außerordentliche Kündigung von BRMitgl. und der weiteren in § 103 Abs. 1 **31** genannten Personen (→ Rn. 5 ff.) bedarf der ausdrücklichen (mündlichen oder schriftlichen) **Zustimmung des BR,** der sie bei wirklich groben Verstößen eines Mitgl. gegen seine arbeitsvertraglichen Pflichten nicht verweigern darf (*Zumkeller* NZA 2001, 823); vgl. iÜ → Rn. 1. Auf Verlangen des ArbGeb. muss die Zustimmung schriftlich erteilt werden, weil ansonsten der betroffene ArbN die Kündigung nach § 182 Abs. 3 iVm § 111 S. 2 BGB zurückweisen kann (LAG Hamm 22.7.1998 – 3 Sa 766/98, NZA-RR 1999, 242; Richardi BetrVG/*Thüsing* Rn. 48; KR/*Etzel*/*Rinck* Rn. 97; *Fischermeier* ZTR 1998, 433 [435]; **aA** BAG 4.3.2004 – 2 AZR 147/03, NZA 2004, 718, wonach § 103 eine die Anwendbarkeit der §§ 182 ff., 111 BGB ausschließende Sonderregelung enthält; ErfK/*Kania* Rn. 9; APS/*Linck* Rn. 21; *Besgen* NZA 2010, 133 [137]; *Eylert*/*Sänger* RdA 2010, 24 [29]; Kramer IT-Arbeitsrecht/*Neu* C Rn. 188). Bei der Beratung und Beschlussfassung nimmt das betroffene Mitgl. nicht teil; an seine Stelle tritt ein ErsMitgl. (→ § 25 Rn. 15; BAG 26.8.1981 – 7 AZR 550/79, AP BetrVG 1972 § 103 Nr. 13; 23.8.1984 – 2 AZR 391/83, NZA 1985, 254; 3.8.1999 – 1 ABR 30/98, AP BetrVG 1972 § 25 Nr. 7; 10.11.2009 – 1 ABR 64/08, NZA-RR 2010, 416; 25.4.2018 – 2 AZR 401/17, NZA 2018, 1087; LAG Düsseldorf 16.12.2004 – 11 Ta BV 79/04, DB 2005, 954 im Fall der Interessenkollision des BRMitgl, wenn pers. Einzelmaßnahme den Ehepartner betrifft). Dasselbe gilt für den einköpfigen BR. Das ErsMitgl. ist nicht wegen

Befangenheit als verhindert anzusehen (DKKW/*Bachner* Rn. 33; HWGNRH/*Huke* Rn. 67; GK-BetrVG/*Raab* Rn. 60; *Oetker* ArbuR 1987, 224; Richardi BetrVG/*Thüsing* Rn. 43, 46; **aA** ArbG Siegen 6.12.1985 – 1 Ca 1041/85, NZA 1986, 267; *Lepke* BB 1973, 895 für sofortige Entscheidungen des ArbG). Ist kein ErMitgl. vorhanden, so hat der ArbGeb. das Verfahren nach Abs. 2 einzuleiten (BAG 25.4.2018 – 2 AZR 401/17, NZA 2018, 1087; 16.12.1982 – 2 AZR 76/81, AP KSchG 1969 § 15 Nr. 13; LAG SchlH 21.12.2004 – 2 Sa 459/04, NZA-RR 2005, 309). Nicht als verhindert sind auch andere BRMitgl. anzusehen, denen aus dem gleichen Anlass ebenfalls gekündigt werden soll (BAG 25.3.1976 – 2 AZR 163/75, AP BetrVG 1972 § 103 Nr. 6; Richardi BetrVG/*Thüsing* Rn. 44; *Oetker* ArbuR 1987, 224). Kann der BR auch mit ErMitgl. nicht mehr voll besetzt werden, so ist der RestBR zu beteiligen (BAG 16.11.2017 – 2 AZR 14/17, NZA 2018, 240; 16.10.1986 – 2 ABR 71/85, AP BGB § 626 Nr. 95).

31a Bei Betrieben und Unternehmen der **Seeschifffahrt** tritt an die Stelle des BR der SeeBR bzw. die Bordvertretung bezüglich ihrer Mitgl., soweit der Kapitän Kündigungsbefugnis hat (§ 116 Abs. 1 S. 2, § 115 Abs. 1 S. 2, Abs. 7 Nr. 1).

32 Der BR kann die Entscheidung über die Zustimmung auf den **BetrAusschuss** gem. § 27 Abs. 3 S. 2 u. 3 oder einen **bes. Ausschuss** nach § 28 übertragen (BAG 17.3.2005 – 2 AZR 275/04, NZA 20105, 1064; GK-BetrVG/*Raab* Rn. 57; HWGNRH/*Huke* Rn. 63; Richardi BetrVG/*Thüsing* Rn. 42; APS/*Linck* Rn. 9; **aA** *Heinze* Personalplanung Rn. 667; ErfK/*Kania* Rn. 7). Die Übertragung muss ausdrücklich und mit eindeutiger Zuständigkeitsbeschreibung erfolgen; zulässig ist auch eine Bestätigung eines BR-Beschlusses nach Neuwahl des BR (BAG 17.3.2005 – 2 AZR 275/04, NZA 20105, 1064). Wegen der grds. Bedeutung der Frage ist eine Übertragung aber idR nicht zu empfehlen. Ausgeschlossen ist eine Übertragung auf die Arbeitsgruppe nach § 28a, da diese kein Organ des Betriebsrats ist (→ § 28a Rn. 7). IErg ebenso GK-BetrVG/*Raab* Rn. 57, der darauf abstellt, dass die Kündigung eines Amtsträgers nicht im Zusammenhang mit der von der Arbeitsgruppe zu erledigenden Aufgaben steht. Auch für die Erteilung der **Zustimmung zur außerordentlichen Kündigung von JAV** ist der **BR zuständig.** Die JAV stimmen aber mit, weil überwiegend die kollektiven Belange jug. ArbN betroffen sind (→ § 67 Rn. 20). Bei (erfolgreicher) Anfechtung der Wahl (nicht aber bei Nichtigkeit) besteht das Zustimmungserfordernis bis zur rechtskräftigen Entscheidung des ArbG (→ § 19 Rn. 50).

33 Der **ArbGeb.** hat im eigenen Interesse den BR alsbald von der beabsichtigten außerordentlichen Kündigung unter genauer Angabe der Kündigungsgründe wie nach § 102 Abs. 1 (→ § 102 Rn. 23 ff.; BAG 23.4.2008 – 2 ABR 71/07, AP BetrVG § 103 Nr. 56; LAG RhPf 7.7.2016 – 6 TaBV 2/16, NZA-RR 2016, 579) zu unterrichten und dessen **Zustimmung zu beantragen.** Eine unzureichende Unterrichtung führt trotz etwaiger Zustimmung des BR zur Unwirksamkeit der Kündigung (BAG 5.2.1981 – 2 AZR 1135/78, AP LPVG NW § 72 Nr. 1; *Heinze* Personalplanung Rn. 668 f.). Der ArbGeb. muss dies so rechtzeitig tun, dass er bei Nichterteilung der Zustimmung **noch innerhalb der Zweiwochenfrist des § 626 Abs. 2 BGB die Ersetzung der Zustimmung beim ArbG beantragen** kann (BAG 22.8.1974 – 2 ABR 17/74, AP BetrVG 1972 § 103 Nr. 1; 20.3.1975 – 2 ABR 111/74, AP BetrVG 1972 § 103 Nr. 2; 18.8.1977 – 2 ABR 19/77, AP BetrVG 1972 § 103 Nr. 10; 10.12.1992 – 2 ABR 32/92, AP ArbGG 1979 § 87 Nr. 4; 16.11.2017 – 2 AZR 14/17, NZA 2018, 240). Da die Nichtäußerung des BR hier als Zustimmungsverweigerung gilt, wird der ArbGeb. zweckmäßigerweise dem BR eine angemessene Frist setzen, die entspr. § 102 Abs. 2 S. 3 drei Tage betragen soll. Gibt der BR **binnen drei Tagen keine Erklärung ab,** so **gilt die Zustimmung als verweigert** (BAG 18.8.1977 – 2 ABR 19/77, AP BetrVG 1972 § 103 Nr. 10; DKKW/*Bachner* Rn. 31; ErfK/*Kania* Rn. 9; HWGNRH/*Huke* Rn. 66; Richardi BetrVG/*Thüsing* Rn. 45; KR/*Etzel*/*Rinck* Rn. 102; *Heinze* Personalplanung Rn. 668; *Bieback* ArbuR 1977, 321; *Buus* BB 1979, 1508 unter Hinweis auf § 108 Abs. 1 S. 2

BPersVG; *Roos* AiB 1998, 610 [613]). Dies gilt auch dann, wenn bei Zustimmungsantrag nur der BR-Vors. erklärt, der Kündigung werde zugestimmt, ohne dass dem erkennbar ein BR-Beschl. zugrunde lag (BAG 24.10.1996 – 2 AZR 3/96, AP BetrVG 1972 § 103 Nr. 32). Der ArbGeb. kann und muss dann ggf. noch binnen der Zweiwochenfrist des § 626 Abs. 2 S. 1 BGB auch die Ersetzung der Zustimmung des BR beim ArbG beantragen (BAG 24.10.1996 – 2 AZR 3/96, AP BetrVG 1972 § 103 Nr. 32; 24.4.1975 – 2 AZR 118/74, AP BetrVG 1972 § 103 Nr. 3). Die Frist beginnt nicht erneut zu laufen. Der fristgerechte Ausspruch der außerordentlichen Kündigung ist also dem ArbGeb. idR nur dann möglich, wenn er **spätestens zehn Tage nach Kenntnis** der für die Kündigung maßgebenden Tatsachen **beim BR die Zustimmung** zur Kündigung **beantragt** hat (BAG 24.10.1996 – 2 AZR 3/96, AP BetrVG 1972 § 103 Nr. 32; *Fischermeier* ZTR 1998, 433 [435]; HaKo-BetrVG/*Kloppenburg* Rn. 17).

Ein Zustimmungsverfahren kann idR nur für die Kündigung Wirksamkeit entfalten, für die es eingeleitet worden ist. Hat der ArbGeb. einen Zustimmungsantrag gestellt und auf die spontane Zustimmungserklärung des BR-Vors. hin vor Ablauf von drei Tagen gekündigt, so muss er **erneut die Zustimmung** des BR beantragen, wenn er wegen **Bedenken** gegen die **Wirksamkeit** der **ersten Kündigung** eine weitere Kündigung aussprechen will. Ein stattdessen gestellter Zustimmungsersetzungsantrag ist unzulässig (BAG 24.10.1996 – 2 AZR 3/96, AP BetrVG 1972 § 103 Nr. 32; → Rn. 41; zum gleichen Problem beim Anhörungsverfahren → § 102 Rn. 22, 52). **34**

Es ist ratsam, aber nicht erforderlich, dass der BR seine Verweigerung der Zustimmung näher begründet. An einen Katalog von Gründen wie nach § 102 Abs. 3 ist der BR nicht gebunden. Es ist **immer der EinzelBR,** nicht der GesBR zuständig (→ § 48 Rn. 21; DKKW/*Bachner* Rn. 33). **35**

Der BR kann seine **Zustimmung** im Gegensatz zu den mangelnden Rechtsfolgen einer Rücknahme des Widerspruchs gegen eine ordentliche Kündigung (→ § 102 Rn. 99) auch **noch nachträglich erteilen** (→ Rn. 50; Richardi BetrVG/*Thüsing* Rn. 51; *Roos* AiB 1999, 12 [19]). Dann wird ein etwa schon eingeleitetes BeschlVerf. nach § 103 Abs. 2 gegenstandslos (BAG 10.12.1992 – 2 ABR 32/92, AP ArbGG 1979 § 87 Nr. 4; 23.6.1993 – 2 ABR 58/92, AP ArbGG 1979 § 83a Nr. 2). Der ArbGeb. kann nunmehr unverzüglich kündigen (BAG 17.9.1981 – 2 AZR 402/79, AP BetrVG 1972 § 103 Nr. 14). Eine zuvor ausgesprochene Kündigung bleibt aber unwirksam (→ Rn. 24). Eine (unbedingte) Zustimmung liegt aber noch nicht vor, wenn der BR noch die Vorlage einer schriftlichen Äußerung eines Belastungszeugen verlangt (BAG 1.12.1977 – 2 AZR 426/76, AP BetrVG 1972 § 103 Nr. 11). **36**

Eine **Rücknahme der Zustimmungserklärung** ist nach Zugang beim ArbGeb. nicht mehr möglich (→ § 102 Rn. 55; DKKW/*Bachner* Rn. 36; Richardi BetrVG/*Thüsing* Rn. 51). **37**

Noch mehr als nach § 102 (→ § 102 Rn. 52f.) kommt es hier darauf an, dass die **Zustimmung des BR** auf einem **wirksamen BRBeschluss beruht,** dem konstitutive Bedeutung zukommt. Die sog „Sphärentheorie" ist hier abzulehnen (BAG 23.8.1984 – 2 AZR 391/83, NZA 1985, 254; DKKW/*Bachner* Rn. 38; ErfK/*Kania* Rn. 8; *Bieback* ArbuR 1977, 323; *Klebe/Schumann* DB 1978, 1591; KR/*Etzel/Rinck* Rn. 115, falls dem ArbGeb. die Mängel bekannt sind oder bekannt sein müssen; **aA** *Löwisch/Kaiser* Rn. 25; Richardi BetrVG/*Thüsing* Rn. 54; wegen Vertrauensschutz des ArbGeb. → § 26 Rn. 29f. und BAG 23.8.1984 – 2 AZR 391/83, NZA 1985, 254 für den Fall, dass der ArbGeb. die Tatsachen für den mangelhaften BR-Beschluss weder kennt noch kennen muss). Zwischen beiden Verfahren nach § 102 und § 103 bestehen erhebliche Unterschiede in ihren Voraussetzungen und Wirkungen (BAG 26.8.1981 – 7 AZR 550/79, AP BetrVG 1972 § 103 Nr. 13; 23.8.1984 – 2 AZR 391/83, NZA 1985, 254; *Zumkeller* NZA 2001, 823ff.; krit. dazu *Diller* NZA 2004, 579 [581]; *Grosjean* NZA-RR 2005, 113ff. [122]). **38**

39 **Stimmt der BR zu,** so kann der **ArbGeb. binnen der Frist des § 626 Abs. 2 S. 1 BGB** nunmehr **außerordentlich kündigen.** Die Ausschlussfrist von zwei Wochen läuft von der Kenntnis des ArbGeb. von der Verfehlung an, verkürzt sich also um die Äußerungsfrist von drei Tagen (→ Rn. 33) für den BR (BAG 22.8.1974 – 2 ABR 17/74, AP BetrVG 1972 § 103 Nr. 1; 24.4.1975 – 2 AZR 118/74, AP BetrVG 1972 § 103 Nr. 3; 18.8.1977 – 2 ABR 19/77, AP BetrVG 1972 § 103 Nr. 10; Richardi BetrVG/*Thüsing* Rn. 56ff.). Die Kündigung ist nach Zustimmung des BR jedenfalls **zulässig** (§ 15 Abs. 1 S. 1 KSchG). Ob sie gem. § 626 Abs. 1 BGB auch **begründet** ist, entscheidet das ArbG, wenn das **BRMitgl.** oder der sonstige Funktionsträger **binnen drei Wochen das Gericht anruft** (→ Rn. 60; § 13 Abs. 1 S. 2 iVm § 4 KSchG). Andernfalls gilt die außerordentliche Kündigung als wirksam (§ 7 KSchG).

40 Ist das BRMitgl. zugleich **Schwerbehinderter,** so braucht der ArbGeb. als ersten Schritt nicht das Verfahren nach § 103 einzuleiten. Zweckmäßigerweise wird er vielmehr zunächst das Verfahren vor dem Integrationsamt durchführen (Antragstellung binnen zwei Wochen nach Kenntnis der maßgeblichen Tatsachen) und nach erteilter oder fingierter Zustimmung unverzüglich das Verfahren nach § 103 Abs. 2 BetrVG (BAG 22.1.1987 – 2 ABR 6/86, AP BetrVG 1972 § 103 Nr. 24; LAG RhPf 5.10.2005 – 10 TaBV 22/05, NZA-RR 2006, 245; DKKW/*Bachner* Rn. 34; ErfK/*Kania* Rn. 10). Es steht dem ArbGeb. jedoch grds. frei, ob er den Antrag auf Zustimmung zur Kündigung beim Integrationsamt vor, während oder erst nach der Beteiligung des BR stellt (BAG 11.5.2000 – 2 AZR 276/99, AP BetrVG 1972 § 103 Nr. 42). Das Verfahren vor dem Integrationsamt ist auch für BRMitgl. vorrangig, vgl. iÜ → § 102 Rn. 61. Ein BRMitgl., welches im laufenden Verfahren zur Zustimmungsersetzung nach § 103 Abs. 2 einen Bescheid über die Schwerbehinderteneigenschaft erhält und dies dem ArbGeb. erst nach Rechtskraft des Ersetzungsbeschlusses und Ausspruch der Kündigung mitteilt, handelt treuwidrig; die Kündigung ist auch ohne Zustimmung des Integrationsamtes wirksam (LAG RhPf 9.10.2003 – 4 Sa 711/03, ZTR 2004, 268).

V. Ersetzung der Zustimmung zu außerordentlichen Kündigungen durch das Arbeitsgericht

41 **Stimmt der BR** der außerordentlichen Kündigung **nicht zu** oder gibt er binnen drei Tagen (→ Rn. 33) keine Erklärung ab, so kann der ArbGeb. beim **ArbG im Wege des BeschlVerf.** beantragen, die **Zustimmung des BR zu ersetzen** (Abs. 2). Das muss innerhalb einer Ausschlussfrist von zwei Wochen in entspr. Anwendung des § 626 Abs. 2 BGB geschehen, sonst ist der Ersetzungsantrag unbegründet (BAG 18.8.1977 – 2 ABR 19/77, AP BetrVG 1972 § 103 Nr. 10; 7.5.1986 – 2 ABR 27/85, AP BetrVG 1972 § 103 Nr. 18; 22.1.1987 – 2 ABR 6/86, AP BetrVG 1972 § 103 Nr. 24; 16.11.2017 – 2 AZR 14/17, NZA 2018, 240; DKKW/*Bachner* Rn. 42). Ein vor Zustimmungsverweigerung gestellter (vorsorglicher) Ersetzungsantrag ist unzulässig, auch wenn der BR seine Zustimmung nachfolgend verweigert (BAG 7.5.1986 – 2 ABR 27/85, AP BetrVG 1972 § 103 Nr. 18; 24.10.1996 – 2 AZR 3/96, AP BetrVG 1972 § 103 Nr. 32). Ist das Arbeitsverhältnis schon vor der Entscheidung des ArbG beendet, so ist der Antrag mangels Rechtsschutzbedürfnis unzulässig (BAG 27.6.2002 – 2 ABR 22/01, AP BetrVG 1972 § 103 Nr. 47; 24.11.2005 – 2 ABR 55/04, AP BetrVG 1972 § 103 Nr. 55 unter Aufgabe seiner bisherigen Rspr. BAG 10.2.1977 – 2 ABR 80/76, AP BetrVG 1972 § 103 Nr. 9, wonach die Aufrechterhaltung des Antrags lediglich zur Unbegründetheit führte). Dagegen bleibt das Rechtschutzinteresse für einen Feststellungsantrag bestehen, wenn die Beteiligten weiterhin über die Wirksamkeit der Kündigung und darüber streiten, ob für die Kündigung überhaupt eine Zustimmung des BR nach § 103 bzw. dessen gerichtl. Ersetzung notwendig war (BAG 28.8.2003 – 2 ABR 48/02, AP BetrVG

1972 § 103 Nr. 49). Gleiches gilt, wenn sich während des Zustimmungsersetzungsverfahrens die Amtsträgerschaft ändert, da Gegenstand des gerichtl. Ersetzungsverfahrens allein die vom ArbGeb. geltend gemachten Kündigungsgründe sind (BAG 16.11.2017 – 2 AZR 14/17, NZA 2018, 240). Das Rechtsschutzinteresse im Zustimmungsersetzungsverfahren für eine weitere vorsorglich auszusprechende außerordentliche Kündigung entfällt solange nicht, wie über die vorausgegangenen Kündigungen noch nicht rechtskräftig entschieden ist (BAG 24.11.2005 – 2 ABR 55/04, AP BetrVG 1972 § 103 Nr. 55). Scheidet ein BRMitgl. während des Zustimmungsersetzungsverfahrens auf Grund einer Neuwahl des BR aus dem BR aus, ist für eine außerordentliche Kündigung durch den ArbGeb. eine erneute Anhörung des BR nach § 102 nicht erforderlich (BAG 8.6.2000 – 2 AZN 276/00, AP BetrVG 1972 § 102 Nr. 120; 5.11.2009 – 2 AZR 487/08, NZA-RR 2010, 236).

Ein sog **Nachschieben von Kündigungsgründen** ohne erneute Beteiligung des BR ist **betriebsverfassungsrechtlich nicht zulässig,** da dessen Zustimmung Wirksamkeitsvoraussetzung für die Kündigung ist (→ § 102 Rn. 41 ff.; insoweit problematisch LAG MV 11.1.1996 – 1 Sa 62/95, NZA 1997, 51 [55]: Keine Verpflichtung des ArbGeb., BR während Ersetzungsverfahren „auf dem laufenden zu halten“). Anders als im Anhörungsverfahren nach § 102 können auch Tatsachen nachgeschoben werden, die bei Einleitung des Zustimmungsverfahrens noch nicht vorlagen, unabhängig davon, ob sie dem ArbGeb. bereits bekannt waren oder nicht (BAG 23.4.2008 – 2 ABR 71/07, AP BetrVG § 103 Nr. 56). Diese (neuen) Gründe können nachdem der BR erneut und erfolglos um seine Zustimmung gebeten worden ist, noch im BeschlVerf. innerhalb der Zweiwochenfrist des § 626 Abs. 2 BGB vorgebracht werden (BAG 23.4.2008 – 2 ABR 71/07, AP BetrVG § 103 Nr. 56; LAG Düsseldorf 29.11.1993 – 12 TaBV 82/93, BB 1994, 793; LAG Nürnberg 12.3.1999 – 8 TaBV 21/98, NZA-RR 1999, 413; GK-BetrVG/*Raab* Rn. 84; *Fischermeier* ZTR 1998, 433 [436]; **aA** *Helm/Müller* AiB 1999, 604 [607 ff.]); das gilt auch, wenn die neuen Gründe erst im BeschwerdeVerf. nachgeschoben werden (LAG Nürnberg 12.3.1999 – 8 TaBV 21/98, NZA-RR 1999, 413). Das Ersetzungsverfahren bezieht sich nämlich auf eine erst zukünftig auszusprechende Kündigung (BAG 22.8.1974 – 2 ABR 17/74, AP BetrVG 1972 § 103 Nr. 1; 27.5.1975 – 2 ABR 125/74, AP BetrVG 1972 § 103 Nr. 4; 27.1.1977 – 2 ABR 77/76, AP BetrVG 1972 § 103 Nr. 7; 23.4.2008 – 2 ABR 71/07, AP BetrVG § 103 Nr. 56; DKKW/*Bachner* Rn. 43; Richardi BetrVG/*Thüsing* Rn. 71 f.). Das Erfordernis, die neuen Gründe im BR zu behandeln, wird nicht dadurch ersetzt, dass der BRVors. davon durch Teilnahme am Beschlussverfahren erfährt (BAG 23.4.2008 – 2 ABR 71/07, AP BetrVG § 103 Nr. 56; *Eylert/Sänger* RdA 2010, 24 [30]). 42

Der **Betroffene ist Beteiligter** (Abs. 2, § 83 ArbGG – zur zulässigen Vertretung sowohl des BRMitgl. als auch des BR im Zustimmungsersetzungsverfahren durch den selben Anwalt s. BAG 25.8.2004 – 7 ABR 60/03, AP BRAO § 43a Nr. 1; → § 40 Rn. 29) und kann ggf. nach § 87 Abs. 1 ArbGG Beschwerde (BAG 15.8.2002 – 2 AZR 214/01, NZA 2003, 432; 10.12.1992 – 2 ABR 32/92, AP ArbGG 1979 § 87 Nr. 4; 23.6.1993 – 2 ABR 58/92, AP ArbGG 1979 § 83a Nr. 2, LAG Köln 13.12.1984 – 8 TaBV 50/84, AP BetrVG 1972 § 103 Nr. 22; *Heinze* Personalplanung Rn. 675; HWGNRH/*Huke* Rn. 79) und unter den Voraussetzungen der §§ 92, 92a ArbGG Rechtsbeschwerde einlegen (wegen Kostenerstattung durch den ArbGeb. bei Obsiegen, BAG 21.1.1990 – 7 ABR 39/89, AP BetrVG 1972 § 103 Nr. 28; → § 40 Rn. 60 ff.; zu Prozesskostenhilfe s. BAG 29.10.07 NZA 2008, 967 f.), auch wenn der BR die gerichtliche Entscheidung hinnimmt (BAG 10.12.1992 – 2 ABR 32/92, AP ArbGG 1979 § 87 Nr. 4). Der ArbGeb. braucht lediglich den Sachverhalt darzulegen. Das **ArbG** ist von Amts wegen zur Aufklärung aller nach § 626 Abs. 1 BGB maßgebenden Umstände verpflichtet, soweit der ArbGeb. sich auf einen bestimmten Sachverhalt beruft (BAG 27.1.1977 – 2 ABR 77/76, AP BetrVG 1972 § 103 Nr. 7; für erhöhte Mitwirkungspflicht des ArbGeb. bei Aufklärung des Sachverhalts: *Eylert/Fenski* BB 1990, 2401; GK-BetrVG/*Raab* Rn. 83). Es hat den 43

Beschluss des BR nicht etwa nur auf Ermessensfehler hin nachzuprüfen (BAG 22.8.1974 – 2 ABR 17/74, AP BetrVG 1972 § 103 Nr. 1), sondern es **trifft eine Rechtsentscheidung** (hM). Deshalb hat es im Zustimmungsersetzungsverfahren alle Gründe für die Unwirksamkeit der beabsichtigten Kündigung zu prüfen (BAG 11.5.2000 – 2 AZR 276/99, AP BGB § 134 Nr. 21). Die nach § 626 Abs. 1 BGB geforderte Interessenabwägung erfasst dabei nur das Interesse des ArbGeb. an der sofortigen Beendigung des Arbeitsverhältnisses und des ArbN am Fortbestand desselben, nicht auch das kollektive Interesse am Verbleib des ArbN in seinem betriebsverfassungsrechtl. Amt (BAG 16.11.2017 – 2 AZR 14/17, NZA 2018, 240). BR und ArbGeb. können ohne Zustimmung des betroffenen BRMitgl. das Verfahren gem. § 83a ArbGG für erledigt erklären (BAG 23.6.1993 – 2 ABR 58/92, AP ArbGG 1979 § 83a Nr. 2; **aA** *Dütz* RdA 1980, 81 [99]; *Fenn* FS 50 Jahre BAG, 2004, 91, 103).

44 Das BeschlVerf. nach § 103 Abs. 2 kann **hilfsweise mit einem Ausschließungsantrag nach § 23 Abs. 1** verbunden werden, aber nicht umgekehrt ein Ausschließungsantrag hilfsweise mit einem Antrag nach § 103 Abs. 2 (BAG 21.2.1978 – 1 ABR 54/76, AP BetrVG 1972 § 74 Nr. 1; DKKW/*Bachner* Rn. 47; APS/*Linck* Rn. 39; Richardi BetrVG/*Thüsing* § 23 Rn. 46; *Fuhlrott/Garden* NZA 2019, 1620, 1625; **aA** *Bohn* SAE 1979, 67; HWGNRH/*Huke* Rn. 84; → § 23 Rn. 21ff.), denn damit gibt der ArbGeb. zu erkennen, dass er die Fortsetzung des Arbeitsverhältnisses für zumutbar hält. Das BRMitgl. ist während des Verfahrens nach § 103 nicht gehindert, sein Amt auszuüben (LAG Hamm 22.7.2011 – 10 Sa 381/11, BeckRS 2011, 77605; DKKW/*Bachner* Rn. 49; *Thannheiser* AiB 2013, 185 [188]). Anders als im Fall des Ausschlussverfahrens nach § 23 Abs. 1 (→ § 23 Rn. 32) ist eine einstw. Vfg., dem ArbN die Ausübung seines Amtes zu untersagen, unzulässig (LAG Düsseldorf 22.2.1977 – 11 TaBV 7/77, DB 1977, 1053; ArbG Elmshorn 10.9.1996 – 1d BVGa 36/96, AiB 1997, 173; Richardi BetrVG/*Thüsing* Rn. 81; *Lepke* BB 1973, 899; *Thannheiser* AiB 2013, 185 [188]), ebenso eine einstw. Vfg. auf vorläufige Ersetzung der Zustimmung, da die Entscheidung in der Hauptsache vorweggenommen würde (GK-BetrVG/*Raab* Rn. 75; HWGNRH/*Huke* Rn. 85; Richardi BetrVG/+*Thüsing* Rn. 81). Eine etwa nach erstinstanzlicher Ersetzung der Zustimmung durch das ArbG mögliche **Suspendierung von der Arbeit** (vgl. Richardi BetrVG/*Thüsing* Rn. 92f.; *P. Nipperdey* DB 1975, 1891; *Thannheiser* AiB 2009, 44 [46]; **aA** DKKW/*Bachner* Rn. 49; *Bieback* ArbuR 1977, 328; allg. gegen einen Weiterbeschäftigungsanspruch LAG Bln 20.7.1978 – 9 Sa 55/78, AP BGB § 611 Beschäftigungspflicht Nr. 6) hindert das BRMitgl. grds. nicht, weiterhin den **Betrieb** zum Zwecke der **Ausübung seines Amtes zu betreten** (APS/*Linck* Rn. 38, 38a; *Fischermeier* ZTR 1998, 433 [437]; **aA** LAG München 27.1.2011 – 3 TaBVGa 20/10, AuA 2011, 370, nur wenn begründeter Weiterbeschäftigungsanspruch besteht). Daran ändert auch ein **Hausverbot** des ArbGeb. nichts (LAG Hamm 24.10.1974 – 8 Ta BV 53/74, DB 1975, 111; LAG Düsseldorf 22.2.1977 – 11 Ta BV 7/77, DB 1977, 1053; ArbG Elmshorn 10.9.1996 – 1d BVGa 36/96, AiB 1997, 173; VG Mainz 14.10.2016 – 5 L 989/16.MZ, DB 2016, 2847; HWGNRH/*Huke* Rn. 94; Richardi BetrVG/*Thüsing* Rn. 95; *Dütz* DB 1978 Beil. 13, 17; *Hümmerich* DB 2001, 1778; *Besgen* NZA 2010, 133 [135]; einschränkend bei Rechtsmissbrauch GK-BetrVG/*Raab* Rn. 111; *Löwisch/Kaiser* Rn. 48; **aA** LAG München 19.3.2003 – 7 TaBV 65/02, NZA-RR 2003, 641 im Fall glaubhaft gemachter strafbarer Handlungen und massiver Pflichtverletzungen des BRMitgl. auch in der Freistellungsphase; ArbG Hagen 13.2.2007 – 4 BVGa 2/07, NZA-RR 2007, 527f.). Eine **Suspendierung** von der Arbeit ist jedoch dann zulässig, wenn der Weiterbeschäftigung überwiegende und schutzwürdige Interessen des ArbGeb. entgegenstehen, die eine Verhinderung der Beschäftigung geradezu gebieten, wie zB erhebliche Gefahren für den Betrieb oder für die dort tätigen Personen objektiv bestehen (BAG 19.8.1976 – 3 AZR 173/75, AP BGB § 611 Beschäftigungspflicht Nr. 4; 15.3.2001 – 2 AZR 141/00, AP KSchG 1969 § 4 Nr. 46; LAG Hamm 12.12.2001 – 10 Sa 1741/01, NZA-RR 2003, 311; LAG Köln

2.8.2005 – 1 Sa 952/05, NZA-RR 2006, 28; Richardi BetrVG/*Thüsing* Rn. 92; GK-BetrVG/*Raab* Rn. 110) oder es zu Störungen des Betriebsfriedens oder des betrieblichen Ablaufs kommt und andere Arbeitnehmer gefährdet werden (SächsLAG 14.4.2000 – 3 Sa 298/00, NZA-RR 2000, 588; KR/*Etzel/Rinck* Rn. 159f).

Hat dagegen der BR seine Zustimmung erteilt oder das ArbG sie (rkr.) ersetzt, so ist nunmehr das BRMitgl. während eines Kündigungsrechtsstreits an der Ausübung seiner Tätigkeit iSv § 25 Abs. 1 S. 2 verhindert (→ § 24 Rn. 16; LAG Düsseldorf 27.2.1975 – 3 Ta BV 2/75, DB 1975, 700; LAG SchlH 2.9.1976 – 4 TaBV 11/76, BB 1976, 1319; DKKW/*Bachner* Rn. 50; *GK-BetrVG/Raab* Rn. 113). Vor Ersetzung der Zustimmung und Ausspruch der Kündigung kann der ArbGeb. das BRMitgl. grds. nicht von der Arbeit freistellen, es sei denn es liegen die og Vors. für eine Suspendierung vor; liegen die Vors. nicht vor, kann BRMitgl. seinen Weiterbeschäftigungsanspruch mit Hilfe einer einstw. Vfg. durchsetzen (LAG Köln 2.8.2005 – 1 Sa 952/05, NZA-RR 2006, 28; LAG Hmb 16.9.2005 – 3 Sa 33/05, AiB Newsletter 2006, Nr. 7 S. 4; LAG München 27.1.2011 – 3 TaBVGa 20/10, AuA 2011, 370). Einem während des Zustimmungsersetzungsverfahrens von der Arbeitspflicht freigestelltes BRMitgl. ist nicht zumutbar, ein vom ArbGeb. vermitteltes ArbVerh. bei einem anderen ArbGeb. anzunehmen (ArbG München 6.7.2010 – 26 Ca 2220/10, AiB 2010, 689). 45

Ersetzt das ArbG die Zustimmung, so muss der ArbGeb. **nach formeller Rechtskraft** (→ ArbGG Rn. 56; *Linck/Koch* FS 100 Jahre BetrVR S. 399, 404; BAG 9.7.1998 – 2 AZR 142/98, AP BetrVG 1972 § 103 Nr. 36; 16.11.2017 – 2 AZR 14/17, NZA 2018, 240) der Entscheidung in analoger Anwendung des § 174 Abs. 5 SGB IX (§ 91 Abs. 5 SGB IX aF) unverzüglich kündigen (BAG 24.4.1975 – 2 AZR 118/74, AP BetrVG 1972 § 103 Nr. 3; 18.8.1977 – 2 ABR 19/77, AP BetrVG 1972 § 103 Nr. 10; 9.7.1998 – 2 AZR 142/98, AP BetrVG 1972 § 103 Nr. 36; 16.11.2017 – 2 AZR 14/17, NZA 2018, 240; 25.4.2018 – 2 AZR 401/17, NZA 2018, 1087; ebenso ErfK/*Kania* Rn. 14; GK-BetrVG/*Raab* Rn. 82f.; DKKW/*Bachner* Rn. 52; Richardi BetrVG/*Thüsing* Rn. 85; *Eylert/Sänger* RdA 2010, 324 [329]). Eine vorher erklärte Kündigung ist unheilbar nichtig (BAG 9.7.1998 – 2 AZR 142/98, AP BetrVG 1972 § 103 Nr. 36; 24.11.2011 – 2 AZR 480/10, NZA-RR 2012, 333; 16.11.2017 – 2 AZR 14/17, NZA 2018, 240). Offengelassen hat das BAG (16.11.2017 – 2 AZR 14/17, NZA 2018, 240), ob der ArbGeb. uU schon nach Zustellung des Beschlusses des LAG kündigen kann, wenn die Rechtsbeschwerde nicht zugelassen ist und eine Divergenzrechtsbeschwerde offensichtlich ausscheidet (so BAG 25.1.1979 – 2 AZR 983/77, AP BetrVG 1972 § 103 Nr. 12; 9.7.1998 – 2 AZR 142/98, AP BetrVG 1972 § 103 Nr. 36; 24.11.2011 – 2 AZR 480/10, NZA-RR 2012, 333; krit. dazu *Diller* NZA 2004, 579 [582f.]; *Linck/Koch* FS 100 Jahre BetrVR S. 399, 408; DKKW/*Bachner* Rn. 52). 46

Der **Betroffene** kann zwar nunmehr noch binnen drei Wochen (→ Rn. 39, 60) **Kündigungsschutzklage erheben.** Da aber regelmäßig derselbe Tatbestand vorliegt und im Urteilsverfahren dieselben Prüfungsmaßstäbe (→ Rn. 26f.) anzulegen sind wie im BeschlVerf., hat die Entscheidung des ArbG im BeschlVerf. grds. **präjudizielle Wirkung** für das Urteilsverfahren mit der Folge, dass eine **abweichende Sachentscheidung regelmäßig nicht** in Betracht kommt, weil das ArbG im Urteilsverfahren nicht mehr zu der Feststellung kommen kann, es habe kein Grund für eine **außerordentliche Kündigung** vorgelegen (BAG 10.12.1992 – 2 ABR 32/92, AP ArbGG 1979 § 87 Nr. 4; 23.6.1993 – 2 ABR 58/92, AP ArbGG 1979 § 83a Nr. 2; 15.8.2002 – 2 AZR 214/01, NZA 2003, 432; APS/*Linck* Rn. 43; ErfK/*Kania* Rn. 15; Richardi BetrVG/*Thüsing* Rn. 88, 91; **aA** *Helm/Müller* AiB 1999, 604 [606f.]) oder eine Kündigung nach § 15 Abs. 4 oder 5 KSchG bedürfe – entgegen dem BeschlVerf. – der Zustimmung des BR (→ Rn. 14ff.; sowie BAG 18.9.1997 – 2 ABR 15/97, AP BetrVG 1972 § 103 Nr. 35 m. zust. Anm. *Hilbrandt* u. *Eckert* SAE 1999, 141). Der ArbN kann sich nach rechtskräftiger Zustimmungsersetzung grds. auch nicht mehr auf Kündigungshindernisse berufen, die er schon im Zustimmungs- 47 ersetzungsverfahren hätte einwenden können (s. hierzu und zu Ausnahmen BAG 11.5.2000 – 2 AZR 276/99, AP BGB § 134 Nr. 21; 25.4.2018 – 2 AZR 401/17, NZA 2018, 1087; keine Präklusionswirkung hinsichtlich Unwirksamkeitsgrund bei fehlender Zustimmung des Integrationsamts bei Kündigung eines Schwbeh. BAG 11.5.2000 – 2 AZR 276/99, AP BetrVG 1972 § 103 Nr. 42). Etwas anderes kann nur gelten, falls die Formalien der Kündigung (zB Fehlen des vertragl. Schriftformerfordernisses) oder neue Tatsachen die früheren Kündigungsgründe in einem anderen Licht erscheinen lassen (BAG 24.4.1975 – 2 AZR 118/74, AP BetrVG 1972 § 103 Nr. 3; 9.1.1986 – 2 ABR 24/85, NZA 1986, 467; 15.8.2002 – 2 AZR 214/01, NZA 2003, 432; ErfK/*Kania* Rn. 15; vHHL/*Hoyningen-Huene* KSchG § 15 Rn. 153) oder die Einhaltung der Frist des § 626 Abs. 2 S. 1 BGB streitig ist, ob der ArbGeb. nach der rechtskräftigen Ersetzung der Zustimmung unverzüglich gekündigt hat (→ Rn. 46; BAG 25.4.2018 – 2 AZR 401/17, NZA 2018, 1087; APS/*Linck* Rn. 47; *Fischermeier* ZTR 1998, 433 [437]); dagegen unterfällt die Frage der rechtzeitigen Einleitung des Zustimmungsersetzungsverfahrens der Bindungswirkung, da dies bereits im Ersetzungsverfahren zu prüfen ist (BAG 25.4.2018 – 2 AZR 401/17, NZA 2018, 1087). Eine solche **Klage ist** regelmäßig **unbegründet** (Richardi BetrVG/*Thüsing* Rn. 88; HWGNRH/*Huke* Rn. 90). Ein Rechtsschutzbedürfnis dürfte aber für die Klage zu bejahen sein, so dass sie nicht als unzulässig, sondern als unbegründet abzuweisen ist (BAG 15.8.2002 – 2 AZR 214/01, NZA 2003, 432; DKKW/*Bachner* Rn. 55; GK-BetrVG/*Raab* Rn. 105; Richardi BetrVG/*Thüsing* Rn. 78; vHHL/*Hoyningen-Huene* KSchG § 15 Rn. 151 f.; *Heinze* Personalplanung Rn. 676).

47a Dagegen entfaltet die rechtskräftige Ersetzung der Zustimmung des BR zur außerordentlichen Kündigung nach § 103 **keine Bindungswirkung** hinsichtlich eines Kündigungsgrundes für einen **späteren Kündigungsschutzprozess,** in dem der ArbN die Sozialwidrigkeit einer auf denselben Sachverhalt gestützten **ordentlichen Kündigung** geltend macht (BAG 15.8.2002 – 2 AZR 214/01, NZA 2003, 432). Grund und Grenzen der Bindungswirkung bestimmen sich danach, ob der nachfolgende Rechtsstreit „als inhaltliche Fortsetzung des rechtskräftig abgeschlossenen Vorprozesses" erscheint. Dies ist bei einer gegen eine ordentliche Kündigung gerichteten Kündigungsschutzklage nicht der Fall, vielmehr ist mit Ausspruch der außerordentlichen Kündigung die Wirkung des Beschlusses nach § 103 Abs. 2 verbraucht (BAG 15.8.2002 – 2 AZR 214/01, NZA 2003, 432; 16.11.2017 – 2 AZR 14/17, NZA 2018, 240).

48 Lehnt das **ArbG die Ersetzung der Zustimmung rechtskräftig ab,** so kann der ArbGeb. dem BRMitgl. oder sonstigen Funktionsträger nicht kündigen, wohl aber uU noch ein Verfahren nach § 23 Abs. 1 beantragen. Kündigt der ArbGeb., ohne dass die Voraussetzungen des § 103 gegeben sind, so ist die außerordentliche Kündigung ohne weiteres unwirksam (→ Rn. 24). Zur Erhebung der Kündigungsschutzklage → Rn. 60.

49 Wird die Zustimmungsersetzung rechtskräftig mit der Begründung versagt, die gegen das BRMitgl. erhobenen Tatvorwürfe seien nicht erwiesen, so ist eine später erfolgte (noch) **nicht rechtskräftige strafrechtliche Verurteilung** des BRMitgl. wegen der Unschuldsvermutung **keine neue Tatsache,** die in einem erneuten BeschlVerf. eine Ersetzung der Zustimmung des BR zur außerordentlichen Kündigung zulassen würde; anders kann es sich jedoch bei einer inzwischen rechtskräftigen Verurteilung verhalten. Allerdings ist das ArbG nicht an die Tatsachen- und Schuldfeststellungen der Strafgerichte gebunden und kann zu einem anderen Ergebnis kommen (BAG 16.9.1999 – 2 ABR 68/98, AP BetrVG 1972 § 103 Nr. 38; 8.6.2000 – 2 ABR 1/00, AP BetrVG 1972 § 103 Nr. 43).

50 Läuft während des Zustimmungsverfahrens nach § 103 Abs. 1 oder 2 die Amtszeit des BR (→ Rn. 54 f.) ab, so ist zu unterscheiden: Wird das **Organmitgl. wiedergewählt,** so gilt die bisherige Erklärung des BR weiter (BAG 27.1.2011 – 2 ABR 114/09, NZA-RR 2011, 348). Allerdings kann der neue BR einer außerordentlichen Kündigung noch zustimmen. Ein evtl. Zustimmungsersetzungsverfahren kann fortgesetzt werden (BAG 12.3.2009 – 2 ABR 24/08, NZA-RR 2010, 180; 27.1.2011 – 2 ABR 114/09, NZA-RR 2011, 348; DKKW/*Bachner* Rn. 59; *Besgen* NZA 2010, 133 [135], *Eylert/Sänger* RdA 2010, 24 [30]). Im Fall der Anfechtung entfällt der bes. Kündigungsschutz erst mit Rechtskraft des der Anfechtung stattgebenden Beschlusses; ist der BR zurückgetreten, besteht der bes. Kündigungsschutz bis zur Wahl des neuen BR (BAG 12.3.2009 – 2 ABR 24/08, NZA-RR 2010, 180; BAG 27.1.2011 – 2 ABR 114/09, NZA-RR 2011, 348; zur Amtszeit → § 13 Rn. 42; → § 21 Rn. 27). Kündigt der ArbGeb. unter Fortsetzung des Verfahrens nach § 103 das ArbVerh. vorsorglich für den Fall, dass die Kündigung ggf. nicht mehr der Zustimmung bedarf, ist dies nicht als Rücknahme des Zustimmungsersuchens nach § 103 zu verstehen und verbraucht nicht die Anhörung des BR (BAG 27.1.2011 – 2 ABR 114/09, NZA-RR 2011, 348). Erfolgt keine Wiederwahl oder endet der Schutz des Wahlvorst. oder des Wahlbewerbers, so gelten nunmehr die Vorschriften über den nachwirkenden Kündigungsschutz nach § 15 Abs. 1 S. 2, Abs. 3 S. 2 KSchG (→ Rn. 51 ff.). Hat der ArbGeb. die Zustimmung nach § 103 beantragt und endet die Amtszeit des BRMitgl. (oder eines anderen geschützten Mitgl. eines Betriebsverfassungsorgans), ohne dass dieses wieder gewählt wird, so wird das **Verfahren** nach § 103 **gegenstandslos.** Das Verfahren ist einzustellen (vgl. § 83a ArbGG, BAG 30.5.1978 – 2 AZR 637/76, AP KSchG 1969 § 15 Nr. 4; 12.3.2009 – 2 ABR 24/08, NZA-RR 2010, 180; ebenso KR/*Etzel/Rinck* Rn. 144 ff.; Weber/Ehrich/*Hörchens/Oberthür* Teil D Rn. 220; **aA** DKKW/*Bachner* Rn. 59, da durch Verzögerung des gerichtlichen Verfahrens das Zustimmungserfordernis entfallen könne; dann ist aber die außerordentliche Kündigung im Kündigungsschutzprozess in vollem Umfang nachzuprüfen. Die Entscheidung verlagert sich lediglich vom BeschlVerf. auf das Urteilsverfahren). Der ArbGeb. kann die außerordentliche Kündigung aussprechen, ohne dass es einer erneuten Anhörung des BR bedarf, sofern die Gründe für die außerordentliche Kündigung sich nicht geändert haben (BAG 27.1.2011 – 2 ABR 114/09, NZA-RR 2011, 348; 16.11.2017 – 2 AZR 14/17, NZA 2018, 240). Auch in diesem Fall muss der ArbGeb. ab Kenntnis des Wegfalls des bes. Kündigungsschutzes die Kündigung unverzüglich aussprechen (BAG 16.11.2017 – 2 AZR 14/17, NZA 2018, 240).

Wechselt während des Zustimmungsersetzungsverfahrens das betriebsverfassungsrechtliche Amt, hat dies auf die rechtsgestaltende Wirkung der gerichtlichen Zustimmungsersetzung grds. keine Auswirkung, wenn die außerordentliche Kündigung auf denselben Sachverhalt gestützt wird (BAG 16.11.2017 – 2 AZR 14/17, NZA 2018, 240). Dem Wechsel kann jedoch dann Bedeutung zukommen, wenn die Verletzung der arbeitsvertraglichen Pflichten nur in Bezug auf die Ausübung des konkreten Amtes besteht (BAG 16.11.2017 – 2 AZR 14/17, NZA 2018, 240). 50a

VI. Kündigungsschutz nach Ende der betriebsverfassungsrechtlichen Funktionen

§ 15 Abs. 1 S. 2 und Abs. 3 S. 2 KSchG regelt den **nachwirkenden Kündigungsschutz gegen ordentliche Kündigungen** für Mandatsträger, deren Amtszeit beendet ist (BRMitgl., Mitgl. der JAV, des SeeBR der Bordvertretung, des Wahlvorst. sowie der Wahlbewerber). Eine **Einschaltung des BR wie in § 103** während der Amtszeit ist hier **nicht** vorgesehen (*Roos* AiB 1998, 610 [611]). Eine ordentliche Kündigung ist während des Schutzzeitraums ohne weiteres unwirksam, es gilt jedoch die dreiwöchige Klagefrist einzuhalten (§ 4 S. 1, § 13 Abs. 3 und § 7 KSchG; ausf. → Rn. 60). Dabei kommt es nicht darauf an, ob der ArbGeb. statt einer ordentlichen etwa auch eine außerordentliche Kündigung (evtl. mit Auslauffrist) hätte aussprechen können (BAG 5.7.1979 – 2 AZR 521/77, AP KSchG 1969 § 15 Nr. 6). Sinn der Vorschrift ist es, eventuell aufgetretene Spannungen zwischen ArbGeb. und Amtsträger abzubauen und letzterem für eine Übergangszeit den gesicherten Anschluss an das 51

Berufsleben zu gewährleisten (vgl. auch die Jahresfristen für BRMitgl. gem. § 37 Abs. 3, 4 und § 38 Abs. 3, 4). **Außerordentliche Kündigungen** unterliegen nunmehr keinen bes. Einschränkungen mehr, der BR ist aber nach **§ 102 Abs. 1** zu hören. Zur Klagefrist → Rn. 60.

52 **Ordentliche Kündigungen** von **Mitgliedern des BR,** der JAV oder des SeeBR, die **innerhalb eines Jahres** (bei Bordvertretungen innerhalb von sechs Monaten) nach Beendigung der Amtszeit diesen zugehen (→ § 102 Rn. 20) sind **unzulässig,** sofern es sich nicht um eine Stilllegung (→ Rn. 14ff.) handelt. Für **Mitgl. des Wahlvorst. und Wahlbewerber** (auch bei Nichtigkeit der BRWahl, LAG Düsseldorf 24.8.1978 – 7 Sa 326/78, DB 1979, 1092) besteht der nachwirkende Kündigungsschutz **von sechs Monaten** nach Bekanntgabe des endgültigen Wahlergebnisses (§ 18 WO), im Fall der Amtsniederlegung vor Durchführung der Wahl vom Zeitpunkt der Niederlegung an (BAG 9.10.1986 – 2 AZR 650/85, AP KSchG 1969 § 15 Nr. 23), bei Wahlbewerbern ist dies der Zeitpunkt der Rücknahme ihrer Kandidatur (BAG 17.3.2005 – 2 AZR 275/04, NZA 20105, 1064; Richardi BetrVG/*Thüsing* Rn. 23; SPV Kündigung/*Preis* Rn. 1616). Dieser Schutz gilt auch für gewählte Bewerber, die die Wahl ablehnen (§ 17 Abs. 2 WO), aber nicht für den gem. § 18 Abs. 1 wegen Untätigkeit abgelösten Wahlvorst. Nach Beendigung des nachwirkenden Kündigungsschutzes eines Funktionsträgers kann der ArbGeb. diesem wieder wie jedem anderen Arbeitnehmer kündigen (BAG 14.2.2002 – 8 AZR 175/01, AP BGB § 611 Haftung des Arbeitgebers Nr. 21; 29.8.2013 – 2 AZR 419/12, NZA 2014, 660). Die Kündigung kann auch wegen Pflichtverletzungen, die während der Schutzfrist begangen wurden, ausgesprochen werden, wenn diese in keinem Zusammenhang mit der ausgeübten Funktion stehen (zB Schlägerei: BAG 13.6.1996 – 2 AZR 431/95, AP KSchG 1969 § 15 Wahlbewerber Nr. 2; 29.8.2013 – 2 AZR 419/12, NZA 2014, 660). Erfolgt insofern eine zulässige Kündigung, steht dem ehemaligen Funktionsträger auch kein Schadensersatzanspruch im Hinblick auf eine frühere Verletzung der Übernahmepflicht des § 15 Abs. 5 S. 1 KSchG zu (BAG 14.2.2002 – 8 AZR 175/01, AP BGB § 611 Haftung des Arbeitgebers Nr. 21). Dagegen ist eine Kündigung im Zeitraum des nachwirkenden Kündigungsschutzes wegen Verletzung der Übernahmepflicht des § 15 Abs. 5 S. 1 KSchG unwirksam (BAG 14.2.2002 – 8 AZR 175/01, AP BGB § 611 Haftung des Arbeitgebers Nr. 21). Die dreiwöchige Klagefrist ist zu beachten (§ 4 S. 1, § 13 Abs. 3 KSchG, → Rn. 60). Unzulässig ist es, ArbN, die im Zeitpunkt der beabsichtigten Kündigung noch Sonderkündigungsschutz haben, in die Sozialauswahl einzubeziehen – dies gilt auch dann, wenn der Sonderkündigungsschutz alsbald auslaufen wird (BAG 21.4.2005 – 2 AZR 241/04, AP KSchG 1969 § 1 Soziale Auswahl Nr. 74; *Krebber* RdA 2006, 235). Zur Auflösung des ArbVerh. nach § 9 Abs. 1 S. 2 KSchG → Rn. 11a.

53 Der **nachwirkende Kündigungsschutz** von einem Jahr gilt nach der Rspr. des BAG auch für **ErsMitgl.** des BR (der JAV) und zwar unabhängig davon, ob sie **endgültig** in den BR nachgerückt oder nur **vorübergehend** als Stellvertr. für ein zeitweilig verhindertes BRMitgl. tätig geworden sind. Auch das ErsMitgl. ist, wenn uU auch nur vorübergehend, eigenständiges Mitgl. des BR mit vollen Rechten und Pflichten. Das Ende der persönlichen Mitgliedschaft im BR steht der „Beendigung der Amtszeit" iSd § 15 Abs. 1 S. 2 KSchG gleich (→ Rn. 54, 57). Wenn der nachwirkende Kündigungsschutz für das einzelne BRMitgl. auch bei vorzeitigem Ausscheiden aus dem BR vor der Beendigung der Amtszeit des BR selbst gilt (→ Rn. 57), so muss dies auch für das ErsMitgl. zutreffen, das vorübergehend im BR tätig wird und dann wieder ausscheidet, es sei denn, das nachgerückte ErsMitgl. hätte in der Vertretungszeit überhaupt keine BRTätigkeit wahrgenommen (BAG 8.9.2011 – 2 AZR 388/10, NZA 2012, 400; 19.4.2012 – 2 AZR 233/11, NZA 2012, 1449; **aA** DKKW/*Buschmann* § 25 Rn. 41; *Wulff* Anm. zu BAG 19.4.2012 in AiB 2013, 664). Das ErsMitgl. muss in der Vertretungszeit jedoch tatsächlich BRAufgaben wahrgenommen haben (BAG 8.9.2011 – 2 AZR 388/10, NZA 2012, 400; 6.9.1979 – 2 AZR 548/77, AP KSchG 1969 § 15 Nr. 7); bloß fiktive, in Wirklichkeit aber

unterbliebene Tätigkeiten, reichen nicht aus (BAG 19.4.2012 – 2 AZR 233/11, NZA 2012, 1449; krit. *Wulff* Anm. zu BAG 19.4.2012 in AiB 2013, 664). Die Dauer der Vertretung spielt im BR keine Rolle (LAG Nds 14.5.1987 – 3 Sa 1233/86, AiB 1987, 286). Die Schutzfrist beträgt ein Jahr ohne Rücksicht auf die Dauer der Vertretung (Vgl. eing. BAG 6.9.1979 – 2 AZR 548/77, AP KSchG 1969 § 15 Nr. 7; 18.5.2006 – 6 AZR 627/05, AP KSchG 1969 § 15 Ersatzmitglied Nr. 2; *Barwasser* ArbuR 1977, 74; *Matthes* DB 1980, 1165; **aA** *Nipperdey* DB 1981, 217 hält diese Rspr. wegen Verstoßes gegen den Grundsatz der Verhältnismäßigkeit für verfassungswidrig). Vgl. auch → § 25 Rn. 5ff. Es ist zweckmäßig, dass das ErsMitgl. die Aufnahme seiner Vertretungstätigkeit im BR dem ArbGeb. alsbald meldet, damit dieser über das Eintreten des Kündigungsschutzes informiert ist. Die **außerordentliche Kündigung** des ErsMitgl. im Nachwirkungszeitraum bedarf nicht der Zustimmung des BR nach § 103 (BAG 18.5.2006 – 6 AZR 627/05, AP KSchG 1969 § 15 Ersatzmitglied Nr. 2; → Rn. 9, 51).

Unter **„Amtszeit"** ist zunächst die **Amtsperiode des kollektiven Organs** zu verstehen, der im Normalfall die Dauer der Mitgliedschaft des einzelnen Mitgl. entspricht (Richardi BetrVG/*Thüsing* Anh. § 103 Rn. 9). Der bes. Kündigungsschutz gem. § 15 Abs. 1 S. 1 KSchG iVm § 103 besteht nur während der jeweiligen Amtszeit des BRMitgl. (BAG 5.11.2009 – 2 AZR 487/08, NZA-RR 2010, 236). Scheidet ein BRMitgl. während des Zustimmungsersetzungsverfahrens aus, besteht nur noch nachwirkender Kündigungsschutz (BAG 5.11.2009 – 2 AZR 487/08, 20, NZA-RR 2010, 236; → Rn. 57). Im Fall des § 22 endet die Amtszeit des geschäftsführenden BR bei fehlender Bekanntgabe des Wahlergebnisses mit der konstituierenden Sitzung des neu gewählten BR (BAG 5.11.2009 – 2 AZR 487/08, NZA-RR 2010, 236). 54

Die volle regelmäßige Amtszeit des BR dauert vier Jahre (§ 21) und beginnt mit der Bekanntgabe (§ 18 Abs. 3) des endgültigen Wahlergebnisses oder mit Ablauf der Amtszeit des vorigen BR (→ § 21 Rn. 5ff.). Bereits gewählte BRMitgl. genießen aber in letzterem Fall **bis zum Amtsantritt** schon den **vollen Kündigungsschutz,** so dass eine außerordentliche Kündigung nur mit Zustimmung des (bisherigen) BR möglich ist (→ § 21 Rn. 12). Kraft Gesetzes abgekürzte Amtszeiten nach § 13 Abs. 2 Nr. 1 (Veränderung der ArbNZahl nach 24 Monaten) und Nr. 2 (Absinken der Gesamtzahl der BRMitgl. unter die vorgeschriebene Zahl) beeinträchtigen den nachwirkenden Kündigungsschutz nicht. Die Amtszeit endet in diesen Fällen mit der Bekanntgabe des Wahlergebnisses des neu gewählten BR (§ 21 S. 5). Von da an läuft die **einjährige Schutzzeit.** Das Gleiche gilt aber auch bei kollektivem Rücktritt des BR oder sonstigen Organs (→ § 21 Rn. 27), da der alte BR die Geschäfte weiterführt. Erst mit Bekanntgabe des Wahlergebnisses der Neuwahl nach § 18 WO beginnt die Jahresfrist. Bleibt der vorzeitig neu gewählte BR länger als 4 Jahre im Amt (§ 13 Abs. 3), so gelten für dessen Kündigungsschutz die vorstehenden Ausführungen entsprechend. Lagen die Voraussetzungen des § 13 Abs. 3 S. 2 in Wahrheit nicht vor und stellt das ArbG dies rechtskräftig fest, so beginnt der nachwirkende Kündigungsschutz zu dem Zeitpunkt, zu dem die regelmäßige Amtszeit des BR abgelaufen war. Die **Betriebsübernahme** führt idR nicht zu einer Beendigung der Amtszeit des BR (→ Rn. 17, → § 21 Rn. 34). 55

Kein nachwirkender Kündigungsschutz trotz Beendigung der Tätigkeit des Kollektivorgans besteht dagegen, wenn der BR durch gerichtliche Entscheidungen gem. § 23 aufgelöst worden ist (§ 15 Abs. 1 letzter Halbsatz KSchG; § 13 Abs. 2 Nr. 5) oder die BRWahl mit Erfolg **angefochten** oder deren Nichtigkeit festgestellt ist (§ 13 Abs. 2 Nr. 4). Bis zur Rechtskraft des der Anfechtung stattgebenden Urteils genießen die – anfechtbar – gewählten BRMitgl. den bes. Kündigungsschutz (BAG 12.3.2009 – 2 ABR 24/08, NZA-RR 2010, 180). 56

Auch bei **vorzeitigem Erlöschen der Mitgliedschaft des einzelnen Organmitgl.** vor Ende der Amtszeit des Organs als solchem besteht nach der Rspr. des BAG regelmäßig **nachwirkender Kündigungsschutz,** soweit das Erlöschen nicht 57 auf gerichtlicher Entscheidung beruht, also nicht bei Ausschluss aus dem BR und rechtskräftiger (BAG 29.9.1983 – 2 AZR 212/82, AP KSchG 1969 § 15 Nr. 15) gerichtlicher Entscheidung über die Feststellung der Nichtwählbarkeit (§ 15 Abs. 1 letzter Halbsatz KSchG iVm § 24 Abs. 1 Nr. 5 u. 6; → § 24 Rn. 47). Geschützt ist also insbes. das BRMitgl., das sein Amt – aus welchen Gründen auch immer – niederlegt (§ 24 Abs. 1 Nr. 2). Das gilt auch, wenn das BRMitgl. während des Zustimmungsersetzungsverfahrens ausscheidet (BAG 5.11.2009 – 2 AZR 487/08, NZA-RR 2010, 236). Wenn auch der Wortlaut des § 15 Abs. 1 letzter Halbsatz KSchG auch die gegenteilige Auffassung zulässt, so sprechen nach Ansicht des BAG systematischer Zusammenhang, Entstehungsgeschichte von BetrVG und KSchG und Sinn und Zweck der Regelung mehr für ein Abstellen auf die persönliche Mitgliedschaft (so BAG 5.7.1979 – 2 AZR 521/77, AP KSchG 1969 § 15 Nr. 6 mit ausf. Begründung; LAG Hamm 5.11.1997 – 3 Sa 1021/97, NZA-RR 1998, 350; GK-BetrVG/*Raab* Rn. 20; *Matthes* DB 1980, 1165; Richardi BetrVG/*Thüsing* Anh. § 103 Rn. 9 unter Hinweis auf den RE des EG-Anpassungsgesetzes [BT-Drs. 8/3317], der eine Ergänzung des § 15 KSchG vorsah, die dann wegen der Rspr. des BAG als nicht erforderlich angesehen wurde; **aA** HWGNRH/*Huke* Rn. 28, die uU eine zeitlich begrenzte Nachwirkung je nach der Dauer der Mitgliedschaft annehmen; → § 24 Rn. 40).

58 Gleiches gilt bei **späterem Eintritt in das Betriebsverfassungsorgan** (zum Beispiel bei Nachrücken eines ErsMitgl.), selbst wenn die Mitgliedschaft bis zum Ende der Amtsperiode nur noch kurze Zeit dauert.

59 Wegen der Amtszeit der **JAV** → § 64 Rn. 12 und wegen des nachwirkenden Kündigungsschutzes für JAV und deren ErsMitgl. → § 78a Rn. 11. Für deren Mitgl. gelten iÜ die → Rn. 32ff. entspr., **GesBR, KBR,** GesJAV und KJAV haben keine Amtszeit, da sie eine Dauereinrichtung sind (→ § 47 Rn. 26; → § 49 Rn. 5; → § 54 Rn. 50; → § 72 Rn. 13; → § 73a Rn. 7). Bei den Mitgl. der in § 103 nicht genannten Betriebsverfassungsorgane bestimmt sich der nachwirkende Kündigungsschutz nach ihrer Amtszeit in dem sie entsendenden Organ, dem BR bzw. der JAV.

VII. Geltendmachung des Kündigungsschutzes

60 Mit der **Änderung des KSchG** durch das G zu Reformen am Arbeitsmarkt vom 24.12.2003 (BGBl. I S. 3002) ist nunmehr für die Geltendmachung aller Unwirksamkeitsgründe eine **einheitliche Klagefrist von drei Wochen** eingeführt worden (→ § 102 Rn. 2a). Danach muss der ArbN ab dem 1.1.2004 die Rechtsunwirksamkeit der Kündigung unabhängig von dem Grund ihrer Unwirksamkeit innerhalb einer Frist von drei Wochen nach Zugang der **schriftlichen Kündigung** geltend machen (§ 4 S. 1, § 13 Abs. 3 KSchG; vgl. dazu auch BT-Drs. 15/1204, 9, 13; BT-Drs. 15/1587, 11, 31). Dies bedeutet, dass auch im Fall der unwirksamen Kündigung mangels Zustimmung des BR bzw. Zustimmungsersetzung durch das ArbG nach § 103, das BRMitgl. die Unwirksamkeit der Kündigung innerhalb der **dreiwöchigen Klagefrist** geltend machen muss. Insoweit handelt es sich um eine Unwirksamkeit aus „anderen Gründen" im Sinne des § 13 Abs. 3 KSchG (*Willemsen/Annuß* NJW 2004, 177 [184]). Unterbleibt die rechtzeitige Klageerhebung, gilt die **Kündigung** nach § 7 KSchG als von Anfang an **rechtswirksam.** Ist die Unwirksamkeit der Kündigung rechtzeitig geltend gemacht worden, kann sich das BRMitgl. auch auf Unwirksamkeitsgründe berufen, die es zunächst nicht geltend gemacht hat; hierauf hat ihn das ArbG hinzuweisen (vgl. § 6 KSchG). Das BRMitgl. bzw. der sonstige Funktionsträger kann die Unwirksamkeit einer gegen § 15 KSchG verstoßenden Kündigung damit nicht mehr wie bisher als Vorfrage im Wege der Leistungsklage, zB auf Zahlung des Lohnes, geltend machen. Er muss nach § 4 S. 1 KSchG Klage auf Feststellung erheben, dass das Arbeitsverhältnis durch die Kündigung nicht aufgelöst ist. Die **dreiwöchige Klagefrist beginnt** jedoch erst dann, wenn dem ArbN die **Kündigung** in **schriftlicher Form** zugegangen ist (vgl. BT-Drs. 15/1587, 31).

Bedarf die Kündigung zusätzlich der **Zustimmung einer Behörde** (zB § 18 BEEG, § 9 MuSchG, § 85 SGB IX), beginnt die **Klagefrist** dagegen erst ab **Bekanntgabe der Entscheidung der Behörde an den ArbN** (§ 4 S. 4 KSchG; BAG 17.2.1982 – 7 AZR 846/79, AP SchwbG § 15 Nr. 1; 3.7.2003 – 2 AZR 487/02, AP BErzGG § 18 Nr. 7 – jetzt § 18 BEEG; *Löwisch* BB 2004, 154 [158]; *Preis* DB 2004, 70 [77]; **aA** *Griebeling* NZA 2005, 494 ff. [502]; ausf. → § 102 Rn. 63a). Wird dem ArbN die Entscheidung der Behörde nicht bekannt, kann er die Unwirksamkeit der Kündigung – bis zur Grenze der **Verwirkung** – jederzeit geltend machen (BAG 3.7.2003 – 2 AZR 487/02, AP BErzGG § 18 Nr. 7 – jetzt § 18 BEEG; BAG 25.3.2004 – 2 AZR 295/03, AP MuSchG § 9 Nr. 36).

Mit Aufhebung des **§ 113 Abs. 2 InsO** durch Art. 4 Nr. 2 des G zu Reformen am Arbeitsmarkt (→ § 102 Rn. 3 2. Spiegelstrich) gilt die **3-Wochen-Frist** des § 4 KSchG auch für alle Gründe für die Unwirksamkeit einer Kündigung des Arbeitsverhältnisses durch den Insolvenzverwalter (→ § 102 Rn. 3 2. Spiegelstrich). Sie gilt folglich auch für die außerordentliche Kündigung von BRMitgl., zB auch bei Geltendmachen der fehlenden Zustimmung des BR (*Lakies* RdA 1997, 145 [147]; *Bichlmeier/Oberhofer* AiB 1997, 161 [162]). 61

Allerdings kann das BRMitgl. auch **nicht seinerseits die Auflösung des Arbeitsverhältnisses** und die Zahlung einer Abfindung nach §§ 9, 10 KSchG verlangen, da der 1. Abschnitt des KSchG (§§ 1–14) mit Ausnahme der §§ 4–7 auf eine Kündigung, die bereits aus anderen als den in § 1 Abs. 2 u. 3 KSchG bezeichneten Gründen rechtsunwirksam ist, unanwendbar ist (anders, soweit es nicht um die fehlende Zustimmung, sondern um die Überprüfung des wichtigen Grundes selbst geht, hM). 62

Stellt das ArbG die Unwirksamkeit der Kündigung eines BRMitgl. oder sonstigen Funktionsträgers fest und ist dieses inzwischen ein anderes Arbeitsverhältnis eingegangen, so kann es nach Maßgabe des § 16 KSchG die neue Tätigkeit beibehalten und die Wiederaufnahme der Arbeit in dem früheren Arbeitsverhältnis durch Erklärung gegenüber dem ArbGeb. binnen einer Woche nach Rechtskraft des Urteils ablehnen. Mit Zugang der Erklärung erlischt das alte Arbeitsverhältnis (DKKW/*Bachner* Rn. 67). 63

VIII. Schutz gegen Versetzungen

Mit dem durch das **BetrVerf-ReformG** neu angefügten Abs. 3 ist die strittige Frage, ob für BRMitgl. ein Versetzungsschutz analog § 103 anzuerkennen ist (dafür zB LAG Hamm 1.4.1977 – 3 Sa 181/77, EzA § 103 BetrVG 1972 Nr. 19; HessLAG 8.5.1995 – 11 Sa Ga 589/95, BB 1995, 2064; dagegen BAG 11.7.2000 – 1 ABR 39/99, AP BetrVG 1972 § 103 Nr. 44), zugunsten der betriebsverfassungsrechtlichen Funktionsträger entschieden worden. Zur besseren Sicherung der Stellung der in Abs. 1 genannten Personen werden Einschränkungen der Versetzungsbefugnis des ArbGeb. vorgesehen mit der Folge, dass Versetzungen, die zum Verlust des Amtes oder der Wählbarkeit führen würden, entspr. den Regelungen zur außerordentlichen Kündigung in Abs. 1 u. 2 an die **vorherige Zustimmung** des BR und im Fall der Zustimmungsverweigerung an eine die **Zustimmung ersetzende arbeitsgerichtliche Entscheidung** gebunden werden (BT-Drs. 14/5741, 50 f.). 64

Bei der Maßnahme, die der ArbGeb. gegenüber einem Funktionsträger ergreifen will, muss es sich um eine **Versetzung** handeln, die in § 95 Abs. 3 gesetzlich definiert ist (DKKW/*Bachner* Rn. 73; GK-BetrVG/*Raab* Rn. 36; zum Begriff → § 99 Rn. 118 ff.). Dabei zielt die neue Regelung auf solche Versetzungen, die sich im Rahmen des Direktionsrechts des ArbGeb. halten (WPK/*Preis* Rn. 17; APS/*Linck* § 103 Rn. 43b; *Löwisch* BB 2001, 1734 [1796]). Abs. 3 soll die bisherige Schutzlücke schließen, die sich immer dann auftat, wenn der ArbGeb. auf Grund des Arbeitsvertrages berechtigt war, den Funktionsträger betriebsübergreifend einzusetzen, ohne 65 eine Änderungskündigung aussprechen zu müssen (BT-Drs. 14/5741, 50f.). Gegen Versetzungen, die einer (außerordentlichen) Änderungskündigung bedürfen, sind die Funktionsträger bereits nach Abs. 1 u. 2 geschützt (BAG 27.6.2019 – 2 AZR 38/19, Rn. 35, NZA 2019, 1427; *Löwisch/Kaiser* Rn. 18; GK-BetrVG/*Raab* Rn. 36; APS/*Linck* § 103 Rn. 43b; für eine ausdrückliche kumulative Anwendung von Abs. 1 u. 3 DKKW/*Bachner* Rn. 72, 85).

66 Die Versetzung muss zur Folge haben, dass der betroffene Funktionsträger sein **Amt verliert.** Das ist dann der Fall, wenn er in einen anderen Betrieb versetzt wird, also die Betriebszugehörigkeit und damit die Wählbarkeit einbüßt (§ 24 Nr. 4). Eine nur vorübergehende Abordnung eines BRMitgl. in einen anderen Betrieb ist grds. nicht mit dem Verlust des BR-Amtes verbunden (→ § 24 Rn. 34; Richardi BetrVG/*Thüsing* § 24 Rn. 22; GK-BetrVG/*Raab* Rn. 38; *Löwisch/Kaiser* Rn. 18; KR/*Etzel/Rinck* Rn. 179; *Rieble* NZA 2002, 46). In der Regel dürfte jedoch die vorübergehende Versetzung gleichzeitig auch eine vorübergehende Verhinderung iSd § 25 darstellen, so dass in dieser Zeit für das BRMitgl. ein **ErsMitgl.** nachrückt (GK-BetrVG/*Raab* Rn. 39). Von einer nur vorübergehenden Abordnung wird man jedoch dann nicht mehr sprechen können, wenn trotz eines Rückkehrtermins die Abordnung einige Jahre dauern soll (vgl. auch APS/*Linck* BetrVG § 103 Rn. 43b; WPK/*Preis* § 103 Rn. 19; GK-BetrVG/*Raab* Rn. 38; **aA** *Löwisch/Kaiser* Rn. 18 dauerhaft, wenn mehr als sechs Monate). Im Zeitraum der zeitweiligen Vertretung steht auch dem **ErsMitgl.** der Rechtsschutz des Abs. 3 zu, es besteht jedoch keine Nachwirkung nach Beendigung der Vertretungszeit (→ § 25 Rn. 11, *Weinbrenner* AiB 2012, 673 [676]).

66a Eine Versetzung innerhalb des Betriebs begründet keinen Amtsverlust, so dass Abs. 3 keine Anwendung findet. Hier bestehen die Beteiligungsrechte des BR nach §§ 99ff., insbes. das Zustimmungsverweigerungsrecht gem. § 99 Abs. 2 (Richardi BetrVG/*Thüsing* Rn. 36). Gleiches gilt mangels Amtsverlust für die Versetzung in einen nach § 4 Abs. 1 selbständigen Betriebsteil, der von seiner Option nach § 4 Abs. 1 S. 2 (Wahl zum BR im Hauptbetrieb) Gebrauch gemacht hat sowie für die Versetzung in einen Kleinstbetrieb nach § 4 Abs. 2 (HaKo-BetrVG/*Kloppenburg* Rn. 10) aber auch für die Versetzung innerhalb eines nach § 3 Abs. 1 Nr. 1–3 durch Tarifvertrag bzw. Betriebsvereinbarung festgelegten Organisationsbereichs.

67 Für die Anwendung des Abs. 3 ist unerheblich, ob es um den Amtsverlust eines BRMitgl. geht, das einem BR mit Vollmandat, **Übergangsmandat** (§ 21a) oder Restmandat (§ 21b) angehört (HaKo-BetrVG/*Kloppenburg* Rn. 12). Allein entscheidend ist, dass durch die Versetzung die Mitglschaft im BR enden würde (*Löwisch* BB 2001, 1734 [1796]). Abs. 3 ist dagegen nicht anwendbar, wenn der Funktionsträger im Rahmen einer Betriebsspaltung oder Betriebszusammenlegung seinen konkreten Arbeitsplatz behält, er also nicht versetzt wird (GK-BetrVG/*Raab* Rn. 40; *Annuß* NZA 2001, 367 [369]; *Rieble* NZA-Sonderheft 2001, 58).

68 In dem bes. Fall, dass ein Mitgl. der **JAV** im Rahmen des Ausbildungsplans nur **vorübergehend** zu einer überbetrieblichen Ausbildungsstätte **versetzt** wird und nach Absolvierung dieses Ausbildungsabschnitts wieder in den ursprünglichen Betrieb zurückkehrt, tritt kein (endgültiger) Verlust des Amtes ein; dieses ruht vielmehr während der Versetzung und lebt nach Rückkehr wieder auf, so dass Abs. 3 keine Anwendung findet.

69 Zu den in Abs. 1 geschützten Personen gehören auch die **Wahlbewerber,** die noch kein Amt innehaben. Um zu verhindern, dass der ArbGeb. versucht, auf die Zusammensetzung des BR Einfluss zu nehmen oder gar die Wahl eines BR zu verhindern, schützt Abs. 3 Wahlbewerber vor Versetzungen in einen anderen Betrieb, die zum Verlust ihrer Wählbarkeit führen würde. Diese Regelung steht in engem Zusammenhang mit den neuen Vorschriften, die wie insbes. § 14a die Bildung von mehr BR bezwecken.

70 Die einen Amtsverlust begründende Versetzung bedarf nur dann der Zustimmung des BR, wenn die Versetzung gegen den Willen des betroffenen ArbN erfolgen soll.

Ist der **ArbN mit** seiner **Versetzung einverstanden,** besteht das Zustimmungserfordernis nicht (Abs. 3 S. 1 Hs. 2); dem Willen des ArbN, den Arbeitsplatz zu wechseln, wird Vorrang eingeräumt (Richardi BetrVG/*Thüsing* Rn. 32; WPK/*Preis* Rn. 17). Das Einverständnis des ArbN muss anlässlich der konkreten beabsichtigten Versetzung erklärt worden sein. Es reicht nicht aus, dass der ArbN einen Arbeitsvertrag mit der häufig verwendeten Klausel unterzeichnet hat, dass er jederzeit unternehmens- oder konzernweit eingesetzt oder mit anderen zumutbaren Arbeiten beschäftigt werden kann (KRHS Rn. 31; HWGNRH/*Huke* Rn. 40; WPK/*Preis* Rn. 17: *Löwisch/Kaiser* Rn. 19; Weber/Ehrich/*Hörchens/Oberthür* Teil D Rn. 225; HaKo-KSchR/*Nägele* § 15 Rn. 64b). Die Zustimmung des ArbN kann auch noch nachträglich erklärt werden (Richardi BetrVG/*Thüsing* Rn. 32; ErfK/*Kania* Rn. 6). Mit Zustimmung des ArbN wird die Versetzung ex nunc wirksam (ErfK/*Kania* Rn. 6). Die Annahme einer Änderungskündigung unter dem Vorbehalt der sozialen Rechtfertigung bzw. sonstigen Wirksamkeit ersetzt nicht die Zustimmung des BR (ArbG Berlin 10.9.2001 – 42 BVGa 23876/01, AiB 2002, 49; ErfK/*Kania* Rn. 17). Diese ist im Fall der Änderungskündigung bereits nach Abs. 1 erforderlich (WPK/*Preis* Rn. 17; ErfK/*Kania* Rn. 6).

Ist die Versetzung zustimmungsbedürftig, hat der BR nach pflichtgemäßem Ermessen zu prüfen, ob er der Versetzung zustimmt oder ihr die Zustimmung versagt. § 103 ist gegenüber § 99 lex specialis (BAG 27.7.2016 – 7 ABR 55/14, NZA 2017, 200; GK-BetrVG/*Raab* Rn. 51; Richardi BetrVG/*Thüsing* Rn. 36; **aA** LAG Bln 22.12.2004 – 9 TaBV 2175/04, ArbuR 2005, 277 mit zust. Anm. *Rudolph* AiB 2006, 516; DKKW/*Bachner* Rn. 82, der beide Verfahren nebeneinander anwenden will). Der BR ist anders als bei § 99 an keine bestimmten Verweigerungsgründe gebunden und kann daher alle gegen die Versetzung bestehenden rechtlichen Bedenken geltend machen (BAG 27.7.2016 – 7 ABR 55/14, NZA 2017, 200; HaKo-BetrVG/*Kloppenburg* Rn. 19; GK-BetrVG/*Raab* Rn. 63, 65; **aA** Richardi BetrVG/*Thüsing* Rn. 35; KR/*Etzel/Rinck* Rn. 193, wonach der BR die Zustimmung bei Vorliegen dringender betriebl. Gründe nicht versagen darf), dazu gehören auch die Verweigerungsgründe nach § 99 Abs. 2 (BAG 27.7.2016 – 7 ABR 55/14, NZA 2017, 200; GK-BetrVG/*Raab* Rn. 63). **Stimmt der BR** der Versetzung **nicht zu,** so kann der ArbGeb. beim **ArbG im Wege des BeschlVerf.** beantragen, die **Zustimmung des BR** entspr. Abs. 2 **zu ersetzen** (Abs. 3 S. 2). Eine ohne Zustimmung oder ohne eine die Zustimmung ersetzende arbeitsgerichtliche Entscheidung ausgesprochene Versetzung ist **unwirksam** (GK-BetrVG/*Raab* Rn. 107; APS/*Linck* Rn. 43e) und damit auch die in der Entscheidung liegende Arbeitsweisung; SWS Rn. 45, *Rieble* NZA-Sonderheft 2001, 59). 71

Da die Versetzung nicht wie die außerordentliche Kündigung unter dem Zeitdruck des § 626 Abs. 2 BGB steht, ist für die Zustimmung des BR nicht auf die Dreitagesfrist des § 102 Abs. 2 S. 3 wie im Fall der außerordentlichen Kündigung abzustellen (GK-BetrVG/*Raab* Rn. 65). Stattdessen kommt in **analoger Anwendung des § 99 Abs. 3** hier die **Einwochenfrist** zum Tragen (GK-BetrVG/*Raab* Rn. 65; KR/*Etzel/Rinck* Rn. 187; APS/*Linck* Rn. 43d; *Franzen* SAE 2001, 271). Mangels ausdrücklicher anderweitiger Regelung gilt das **Schweigen** des BR nicht als Zustimmung sondern als **Zustimmungsverweigerung** (KR/*Etzel/Rinck* Rn. 195; HaKo-KSchR/*Nägele* § 15 Rn. 64a; *Franzen* SAE 2001, 271). Erst nach Ablauf dieser Frist kann der ArbGeb. die Zustimmungsersetzung beim ArbG beantragen (*Löwisch/Kaiser* Rn. 36). 71a

Führt der ArbGeb. die Versetzung ohne Zustimmung des BR und ohne Zustimmungsersetzung durch, kann der BR in **analoger Anwendung des** § 101 beim ArbG die Aufhebung der Versetzung verlangen (LAG Bln 22.12.2004 – 9 TaBV 2175/04, ArbuR 2005, 277 mit zust. Anm. *Rudolph* AiB 2006, 516; GK-BetrVG/*Raab* Rn. 55; APS/*Linck* Rn. 43e; HWGNRH/*Huke* Rn. 43; **aA** ArbG Nürnberg 11.10.2010 – 7 TaBVGa 7/10, DB 2011, 883). Nach ArbG Berlin 10.9.2001 – 42 BVGa 23876/01, AiB 2002, 49; und ArbG Nürnberg 11.10.2010 – 7 TaBVGa 71b

7/10, DB 2011, 883 soll der BR den nach Abs. 3 gewährleisteten Schutz seiner Rechtsstellung im Wege der **einstw. Vfg.** durchsetzen können (ebenso ErfK/*Kania* Rn. 17; *Backmeister/Trittin/Mayer* BetrVG § 103 Rn. 22).

72 Voraussetzung für die Zustimmungsersetzung ist, dass die Versetzung „auch unter Berücksichtigung der betriebsverfassungsrechtlichen Stellung des betroffenen ArbN aus dringenden betrieblichen Gründen notwendig ist". Mit dieser Formulierung werden zwei Gesichtspunkte erfasst, die das ArbG bei der Ersetzungsentscheidung zu prüfen hat. Das Wort „auch" verdeutlicht, dass das ArbG zunächst wie bei jeder Versetzung **allgemein** festzustellen hat, ob der ArbGeb. sein **Direktionsrecht** gem. **§ 315 BGB** nach billigem Ermessen ausgeübt hat (GK-BetrVG/*Raab* Rn. 78; HaKo-KSchR/*Nägele* § 15 Rn. 64c). Je nach Einzelfall ist eine Abwägung der Interessenlage beider Vertragsparteien vorzunehmen (HaKo-BetrVG/*Kloppenburg* Rn. 19). Je schwerer die Versetzung für den ArbN bspw. in sozialer, familiärer, finanzieller oder gesundheitlicher Hinsicht wiegt, desto schwerwiegender müssen die betrieblichen Gründe für die Versetzung sein. Insbes. müssen bei der Abwägung, welches Interesse überwiegt, die betrieblichen Gründe in Verhältnis zu der betriebsverfassungsrechtlichen Stellung des betroffenen ArbN gestellt werden; je größer das kollektive Interesse an einer Fortsetzung des BRAmts ist, umso schwerer müssen die betrieblichen Gründe an einer Versetzung wiegen (GK-BetrVG/*Raab* Rn. 78). Dabei ist stets zu beachten, ob andere geeignete ArbN zur Verfügung stehen (*Löwisch/Kaiser* Rn. 34).

73 Kommt das ArbG nach diesem ersten Prüfungsschritt zur Zulässigkeit der Versetzung aus allgemeinen Grundsätzen, muss es nun dem **betriebsverfassungsrechtlichen Bezug** der Versetzung Rechnung tragen. Dabei kann es auf Grund des allgemeinumfassenden Wortlauts „betriebsverfassungsrechtliche Stellung des betroffenen ArbN" zwischen den einzelnen Funktionsträgern je nach ihrer Bedeutung differenzieren. Ein BRVorsitzender, ein freigestelltes oder ein besonders qualifiziertes BRMitgl. ist gegen eine Versetzung schützenswerter als zB ein Wahlbewerber auf aussichtsloser Stelle in der Vorschlagsliste (ebenso *Löwisch* BB 2001, 1734 [1796]; *Franzen* SAE 2001 S. 271; JRH/*Göpfert* Kap. 26 Rn. 28; HaKo-KSchR/*Nägele* § 15 Rn. 64c; **aA** *Rieble* NZA-Sonderheft 2001, 60).

74 Des Weiteren hat das ArbG festzustellen, ob die Versetzung des Funktionsträgers aus **dringenden betrieblichen Gründen notwendig** ist. Diese Formulierung lehnt sich an den Begriff der betrieblichen Notwendigkeiten in § 30 an. Betriebliche Notwendigkeiten sind nicht gleichzusetzen mit betrieblichen Interessen oder Bedürfnissen. Das ArbG kann nur solche betrieblichen Gründe als Rechtfertigung für die Versetzung anerkennen, die zwingenden Vorrang vor dem Interesse des BR an der Kontinuität seiner personellen Zusammensetzung und seiner Arbeit haben. Derartige betriebliche Notwendigkeiten dürften idR nur in **Ausnahmesituationen** bestehen (vgl. auch DKKW/*Bachner* Rn. 80f.; **aA** HWGNRH/*Huke* Rn. 46). Dies kann bspw. der Fall sein, wenn der Arbeitsplatz wegfällt und keine anderweitige Beschäftigungsmöglichkeit mehr im Betrieb besteht (KR/*Etzel/Rinck* Rn. 204; DKKW/*Bachner* Rn. 81; *Franzen* SAE 2001 S. 272) bzw. der Betrieb stillgelegt wird und eine Versetzung die einzige Möglichkeit der Weiterbeschäftigung ist (*Löwisch/Kaiser* Rn. 34; HaKo-KSchR/*Nägele* § 15 Rn. 64c). Als Anhaltspunkt können insoweit auch die dringenden betrieblichen Erfordernisse iSv § 1 Abs. 2 S. 1 KSchG herangezogen werden (ebenso BAG 27.7.2016 – 7 ABR 55/14, NZA 2017, 200; KR/*Etzel/Rinck* Rn. 204; Richardi BetrVG/*Thüsing* Rn. 33; *Franzen* SAE 2001 S. 272; *Backmeister/Trittin/Mayer* BetrVG § 103 Rn. 18f.; KRHS Rn. 31). Eine Besonderheit besteht in diesem Zusammenhang für ein freigestelltes BRMitgl: der Wegfall des bisherigen Arbeitsplatzes kann wegen der Freistellung von der Arbeit grds. keine dringende Notwendigkeit für eine Versetzung begründen; die Frage der Weiterbeschäftigung stellt sich erst am Ende der Amtszeit des BR bzw. der Freistellung (ebenso KR/*Etzel/Rinck* Rn. 206; *Löwisch/Kaiser* Rn. 35). Nicht unter den Begriff „dringende betriebliche Gründe" dürfte der Fall der Versetzung aus personen- bzw. verhaltensbedingten Gründen (zB Störung des Betriebsfriedens) gehören (iErg so wohl auch

KR/*Etzel/Rinck* Rn. 205; **aA** Richardi BetrVG/*Thüsing* Rn. 34; *Löwisch/Kaiser* Rn. 34).

Das Vorliegen dringender betrieblicher Gründe ist immer dann zu bejahen, wenn keine zumutbaren betrieblichen Alternativen bestehen bzw. es keine gleich geeigneten und für die Kontinuität der Amtsführung des BR weniger einschneidende Maßnahmen gibt (BAG 27.7.2016 – 7 ABR 55/14, NZA 2017, 200; GK-BetrVG/*Raab* Rn. 79; enger: DKKW/*Bachner* Rn. 80). Dies ist zB der Fall, wenn ein Unternehmen mit zwei Betrieben A und B über drei Spezialisten mit wichtigen Funktionen für den Betriebs- oder Arbeitsablauf verfügt, von denen zwei im Betrieb A tätig und dort im BR sind. Fällt der Spezialist im Betrieb B aus und ist kein anderweitiger Ersatz möglich, kann das ArbG die verweigerte Zustimmung des BR zur Versetzung eines der dem BR angehörenden Spezialisten in den Betrieb B ersetzen (DKKW/*Bachner* Rn. 81; **aA** KR/*Etzel/Rinck* Rn. 203, der davon ausgeht, dass sich die dringenden betriebl. Gründe nur auf den Betrieb beziehen, in dem das BRMitgl. beschäftigt ist mit der Folge, dass in diesem Fall keine Versetzung sondern nur eine außerordentliche Änderungskündigung zulässig ist). Nicht ausreichend ist dagegen der allgemeine Verweis auf eine rentablere Nutzung der Arbeitsleistung (DKKW/*Bachner* Rn. 81; **aA** Richardi BetrVG/*Thüsing* Rn. 34). Auch der Umstand, dass ein Funktionsträger – einen vom ArbGeb. nicht veranlassten – Verlust an Kenntnissen und Fähigkeiten erlitten hat, die die Ausübung seiner Tätigkeit erschwert oder unmöglich macht und deshalb betriebsübergreifend versetzt werden soll, reicht grds. nicht für eine Zustimmungsersetzung aus (KR/*Etzel/Rinck* Rn. 205; **aA** *Löwisch* BB 2001, 1734 [1796]; HWGNRH/*Huke* Rn. 46; JRH/*Göpfert* Kap. 26 Rn. 28). Als Alternative kommt eine entsprechende Schulung des Funktionsträgers oder seine Versetzung innerhalb des Betriebs in Betracht, so dass keine dringende betriebliche Notwendigkeit für eine betriebsübergreifende Versetzung mit Amtsverlust besteht. Erst wenn feststeht, dass die Qualifikationsdefizite nicht durch Fortbildungs- und Umschulungsmaßnahmen aufgefangen werden können (*Löwisch/Kaiser* Rn. 34) und keine anderweitige Beschäftigungsmöglichkeit für das BRMitgl. im Betrieb in Betracht kommt, kann von einem dringenden Erfordernis zur Versetzung ausgegangen werden. Der ArbGeb. muss keine Weiterbeschäftigungsmöglichkeiten neu schaffen, um eine Versetzung zu vermeiden (BAG 27.7.2016 – 7 ABR 55/14, NZA 2017, 200). Die Vermutungswirkung dringender betrieblicher Erfordernisse nach § 1 Abs. 5 S. 1 KSchG ist auf betriebsübergreifende Versetzungen von Mandatsträgern, die in einer Namensliste iRd § 111 BetrVG genannt werden, nicht entsprechend anzuwenden (BAG 27.7.2016 – 7 ABR 55/14, NZA 2017, 200). 74a

Durch die Ausgestaltung des Versetzungsschutzes in Abs. 3 an den Kündigungsschutz in Abs. 1 u. 2 gelten iÜ die diesbezüglich Ausführungen in den → Rn. 5 ff. entsprechend. Besonders hinzuweisen ist darauf, dass sich aus der Verweisung in Abs. 3 auf Abs. 2 auch ein Versetzungsschutz für Mitgl. des Wahlvorst. und für Wahlbewerber in **betriebsratslosen Betrieben** ergibt. In diesen Fällen hat der ArbGeb. die Erteilung der Zustimmung zur Versetzung unmittelbar beim ArbG zu beantragen (→ Rn. 11; Richardi BetrVG/*Thüsing* Rn. 37). 75

Es gibt **keinen nachwirkenden Versetzungsschutz** (HWGNRH/*Huke* Rn. 48; *Fiebig/Gallner/Nägele* § 15 Rn. 64a; *Rieble* NZA-Sonderheft 2001, 59). Der Versetzungsschutz knüpft an die tatsächliche Amtsausübung an, die nicht durch eine betriebsübergreifende Versetzung beeinträchtigt werden soll. Dies bedeutet, dass mit Beendigung des Amtes die (bisherigen) betriebsverfassungsrechtlichen Funktionsträger nach allgemeinen Grundsätzen versetzt werden können. Der BR kann dann seine Beteiligungsrechte aus §§ 99 ff. geltend machen. Für **ErsMitgl.** greift der Versetzungsschutz uneingeschränkt nur dann, wenn sie gem. § 25 Abs. 1 S. 1 endgültig in den BR oder in die JAV nachgerückt sind (*Rieble* NZA-Sonderheft 2001, 59). Vertreten sie ein zeitweilig verhindertes BRMitgl., steht ihnen der Versetzungsschutz nur während der Vertretungszeit zu (→ § 25 Rn. 11; ArbG Düsseldorf 26.3.2003 – 10 Ca 5399/02, DB 2003, 1688; HWGNRH/*Huke* Rn. 48). 76

77 Abs. 3 gilt uneingeschränkt auch für ein BRMitgl., das als **Beamter** bei einer Post-AG (Deutsche Telekom AG, Deutsche Post AG, Deutsche Post Bank AG) oder bei einer Tochter-, Enkel- oder Beteiligungsgesellschaft einer Post-AG beschäftigt ist. Beabsichtigt der ArbGeb., ein beamtetes BRMitgl. ohne dessen Einverständnis zu versetzen, so bedarf dies der Zustimmung des BR. Handelt es sich um ein BRMitgl. in einer Post-AG, ist der dort zuständige BR zu beteiligen; handelt es sich um einen Beamten, dem eine Tätigkeit in einer Tochter-, Enkel- oder Beteiligungsgesellschaft zugewiesen ist, so ist der dortige BR zu beteiligen. Die Beteiligung nach § 103 Abs. 3 wird nicht durch die §§ 28, 29 PostPersRG verdrängt. Diese sind nur insoweit abschließend, als sie für ihren Regelungsbereich betreffend § 76 Abs. 1 BPersVG ihre Entsprechung im BetrVG finden. So schließen die Regeln des § 28 PostPersRG die MB nach § 99 als Entsprechung zu § 76 Abs. 1 BPersVG nur insoweit aus, wie der Tatbestand des MBR nach § 76 Abs. 1 BPersVG reicht (BAG 12.8.1997 – 1 ABR 7/97, AP BetrVG 1972 § 99 Versetzung Nr. 15). Die Beteiligung des BR im Fall der Versetzung eines BRMitgl. nach § 103 Abs. 3 findet keine Entsprechung in § 76 Abs. 1 BPersVG, sondern entspricht beteiligungsrechtlich der Regelung des § 47 Abs. 2 BPersVG, welche nicht durch § 76 Abs. 1 BPersVG verdrängt wird (*Altvater/Hamer/Ohnesorg/Peiseler* BPersVG § 47 Rn. 21c). Die vom BMF unter dem 12.11.2004 herausgegebenen Ausführungshinweise (Abdruck in ZBVR 2004, 258 ff.) zum Ersten G zur Änderung des PostPersRG vom 9.11.2004 (BGBl. I S. 2774) sind nicht abschließend.

§ 104 Entfernung betriebsstörender Arbeitnehmer

[1] Hat ein Arbeitnehmer durch gesetzwidriges Verhalten oder durch grobe Verletzung der in § 75 Abs. 1 enthaltenen Grundsätze, insbesondere durch rassistische oder fremdenfeindliche Betätigungen, den Betriebsfrieden wiederholt ernstlich gestört, so kann der Betriebsrat vom Arbeitgeber die Entlassung oder Versetzung verlangen. [2] Gibt das Arbeitsgericht einem Antrag des Betriebsrats statt, dem Arbeitgeber aufzugeben, die Entlassung oder Versetzung durchzuführen, und führt der Arbeitgeber die Entlassung oder Versetzung einer rechtskräftigen gerichtlichen Entscheidung zuwider nicht durch, so ist auf Antrag des Betriebsrats vom Arbeitsgericht zu erkennen, dass er zur Vornahme der Entlassung oder Versetzung durch Zwangsgeld anzuhalten sei. [3] Das Höchstmaß des Zwangsgeldes beträgt für jeden Tag der Zuwiderhandlung 250 Euro.

Inhaltsübersicht

I. Vorbemerkung

1 Die Vorschrift entspricht § 66 Abs. 4 BetrVG 52. Durch das BetrVerf-ReformG ist sie ergänzt worden, indem ausdrücklich hervorgehoben wird, dass rassistische oder fremdenfeindliche Betätigungen besonders grobe Verletzungen der in § 75 Abs. 1 enthaltenen Grundsätze sind und den Betriebsfrieden stören.

2 Entspr. Vorschrift: Keine.

II. Voraussetzungen

3 Durch die Vorschrift erhält der BR die Möglichkeit, die Entfernung eines ArbN aus dem Betrieb, aus der Betriebsabteilung oder von seinem Arbeitsplatz zu verlangen, wenn der ArbN durch sein Verhalten den Betriebsfrieden ernstlich gestört hat. Die Vorschrift stellt eine logische Ergänzung des § 75 Abs. 1 und des § 99 Abs. 2 Nr. 6 dar (zum Verhältnis § 104 und § 99 Abs. 2 Nr. 6 bei späterer Wiedereinstellung s. BAG 16.11.2004 – 1 ABR 48/03, AP BetrVG 1972 § 99 Einstellung Nr. 44) und umfasst auch die Bekämpfung sexueller Belästigung am Arbeitsplatz nach dem AGG, mit dem das BSchG (→ § 84 Rn. 3, 9ff., 19f.) abgelöst worden ist. Sie begründet einen eigenständigen, betriebsverfassungsrechtlichen Anspruch des BR (BAG 28.3.2017 – 2 AZR 551/16, NZA 2017, 985). Die Bestimmung bezieht sich auf die **vom BR vertretenen ArbN,** wozu aufgrund seiner Beteiligungsrechte grds. auch die im Betrieb eingesetzten **LeihArbN** gehören (APS/*Linck* BetrVG § 104 Rn. 4; DKKW/*Bachner* Rn. 9; GK-BetrVG/*Raab* Rn. 4; Richardi BetrVG/*Thüsing* Rn. 13; **aA** HWGNRH/*Huke* Rn. 2). Zur Verpflichtung des Entleihers, die in seinem Betrieb eingesetzten LeihArbN insb. vor sexuellen Übergriffen zu schützen s. BAG 29.6.2017 – 2 AZR 302/16, NZA 2017, 1121. Auf **leitende Ang.** findet § 104 keine Anwendung (allgM). Demgemäß kann der BR die Entfernung betriebsstörender leitender Ang. auch dann nicht verlangen, wenn der ArbN erst nach Schluss der mündlichen Anhörung erster Instanz zum Prokuristen bestellt wird und erst hierdurch zum leitenden Ang. wird (LAG Nürnberg 22.1.2002 – 6 TaBV 13/01, NZA-RR 2002, 524). Gleiches gilt für Organmitglieder nach § 5 Abs. 2 Nr. 1 (LAG Hamm 2.8.2016 – 7 TaBV 11/16, BB 2016, 2941). Bezüglich leitender Ang. und anderer im Betrieb beschäftigter Personen wie zB WerkvertragsArbN. hat der BR nur das Antragsrecht nach § 80 Abs. 1 Nr. 2 (APS/*Linck* BetrVG § 104 Rn. 3 zu leitenden Ang.). Streik(drohung) mit dem Ziel der Entlassung eines VorstandsMitgl. ist rechtswidrig (BGH 27.3.1961 – II ZR 24/60, AP BGB § 626 Druckkündigung Nr. 5).

4 Gesetzwidrig verhält sich derjenige, der den Willen zur Missachtung der gesetzl. Ordnung bekundet; das ist zB der Fall bei wiederholter Verleumdung oder Beleidigung von Mitarbeitern, Tätlichkeiten (LAG Hamm 29.7.1994 – 18 (2) Sa 2015/93, BB 1994, 2208), Diebstählen, Betrügereien, Nötigungen oder unsittlichen Handlungen.

5 Wegen **Verletzung der Grundsätze des § 75** Abs. 1 → § 75 Rn. 9ff. Die Aufzählung unzulässiger Diskriminierungsmerkmale ist an die Terminologie des AGG angepasst worden; aufgenommen wurden zusätzlich die Merkmale Rasse oder ethnische Herkunft, Weltanschauung, Alter und Behinderung. Das Antragsrecht nach § 104 hat sich damit um diese Tatbestände erweitert (vgl. *Rust/Falke* AGG § 17 Rn. 20; *Besgen* BB 2007, 213 [215f.]; *Thüsing* Diskriminierungsschutz Rn. 158). Die Beurteilung der Zulässigkeit einer unterschiedlichen Behandlung richtet sich allein nach den Bestimmungen des AGG (BT-Drs. 16/1780, 56; *Besgen* BB 2007, 213 [215f.]; *Thüsing* Diskriminierungsschutz Rn. 160; *RSV* AGG S. 49, 90). Die Verletzung muss **„grob“,** dh bes. schwer sein (DKKW/*Bachner* Rn. 2; HWGNRH/*Huke* Rn. 3). Der ArbN muss gegen diese Grundsätze verstoßen, andere ArbN in bes. auffälliger Weise diskriminiert haben (Richardi BetrVG/*Thüsing* Rn. 4), obwohl er sich über die Fehlerhaftigkeit seines Verhaltens ohne weiteres hätte im Klaren sein können. Hier sind insbes. zu nennen Schikane gegenüber älteren oder behinderten ArbN, Psychoterror (Mobbing, → § 84 Rn. 8), Diebstähle unter Arbeitskollegen, Tätlichkeiten (DKKW/*Bachner* Rn. 2), sexuelle Belästigungen (→ § 84 Rn. 9, 19f.). Bloße Ungefälligkeit, verschlossenes Wesen uä reichen nicht aus (DKKW/*Bachner* Rn. 2; KR/*Etzel/Rinck* Rn. 13).

6 Als ein besonders grober Fall der Verletzung der Grundsätze des § 75 Abs. 1 werden ausdrücklich **rassistische** oder **fremdenfeindliche Betätigungen** hervorgeho-

ben. Dieser Tatbestand ist zB bei Hetze gegen ausländische ArbN (s. *Klevemann* AiB 1993, 529 [539]; *Korinth* ArbuR 1993, 105) oder generell gegen Ausländer, Aussiedler oder Asylbewerber (s. die Fälle BAG 1.7.1999 – 2 AZR 676/98, DB 1999, 2216; LAG Nds 9.12.1993 – 14 Sa 941/93, – zur Vorinst. ArbG Hannover krit. *Däubler* BB 1993, 1220; LAG Hamm 12.4.1994 – 6 Sa 1839/93, BB 1994, 1288 mit krit. Anm. *Stückemann,* LAG Hamm 11.11.1994 – 10 (19) Sa 100/94, BB 1995, 678; LAG RhPf 10.6.1997 – 6 Sa 309/97, BB 1998, 163; ArbG Siegburg 4.11.1993 – 4 Ca 1766/93, DB 1994, 1146, in denen es um Kündigungen ging; BVerfG 2.1.1995 – 1 BvR 320/94, ArbuR 1995, 152) erfüllt. Diese Betätigungen müssen einen Bezug zum Betrieb haben, der immer dann gegeben ist, wenn dort ausländische ArbN oder Angehörige von Minderheiten beschäftigt sind (zum Ganzen *Lasnicker/Schwirtzek* DB 2001, 865 ff.; *Opolony* AuA 2001, 456; *Polzer/Powietzka* NZA 2000, 970 ff.; *Zimmer* AiB 2001, 256; *Frank* DB 2001, 865; → § 74 Rn. 63, 63a; → § 99 Rn. 256 f.).

7 Voraussetzung des Verlangens des BR auf Entlassung oder Versetzung ist die **wiederholte und ernstliche Störung** des Betriebsfriedens durch den ArbN, dh Störer. Der ArbN muss **mindestens zweimal,** bevor der BR mit seinem Verlangen auf Entlassung oder Versetzung an den ArbGeb. herantritt, Handlungen begangen haben, die den Betriebsfrieden ernstlich gestört haben (hM; BAG 16.11.2004 – 1 ABR 48/03, AP BetrVG 1972 § 99 Einstellung Nr. 44; LAG Köln 15.10.1993 – 13 TaBV 36/93, NZA 1994, 431; LAG Hamm 11.11.1994 – 10 (19) Sa 100/94, BB 1995, 678; ErfK/*Kania* Rn. 3; WPK/*Preis* Rn. 2; *Husemann/Tophof* NZA 2017, 1242 [1246]). Ein einmaliger schwerer Verstoß ist nicht ausreichend (GK-BetrVG/*Raab* Rn. 9; Richardi BetrVG/*Thüsing* Rn. 8; *Schwering* S. 223; **aA** *Busch* AGG S. 74). Zwischen den Handlungen und den Störungen des Betriebsfriedens muss Ursachenzusammenhang gegeben sein, dh es muss eine Handlung begangen worden sein, deren unmittelbare Auswirkung die Störung des friedlichen Zusammenarbeitens der ArbN untereinander und mit dem ArbGeb. war, nicht dagegen eine Handlung, die erst durch das Zutun anderer zum Anlass von Störungen wurde oder völlig außerhalb der Betriebssphäre liegt (zB Übertretung der Straßenverkehrsordnung, Unterhaltsprozess). Die Störung muss ernstlich sein, dh objektiv ernst zu nehmen, von einer gewissen Dauer und von nachteiliger betrieblicher Wirkung für eine größere Anzahl von ArbN sein (LAG Köln 15.10.1993 – 13 TaBV 36/93, NZA 1994, 431; GK-BetrVG/*Raab* Rn. 8; HWGNRH/*Huke* Rn. 6). Eine bloße Gefährdung des Betriebsfriedens reicht nicht (LAG Köln 15.10.1993 – 13 TaBV 36/93, NZA 1994, 431; LAG Hamm 23.10.2009 – 10 TaBV 39/09, BeckRS 2010, 66070). Zur Meinungsäußerung im gewerkschaftseigenen Intranet s. BAG 24.6.2004 – 2 AZR 63/03, NZA 2005, 158. Zur einmaligen zustimmenden Äußerung zum Terroranschlag am 11.9.2001 s. LAG Nürnberg 13.1.2004 – 6 Sa 128/03, NZA-RR 2004, 347.

8 Schließlich muss das Verhalten dem ArbN auch als **Schuld** zuzurechnen sein (DKKW/*Bachner* Rn. 6; ErfK/*Kania* Rn. 3; HWGNRH/*Huke* Rn. 9; GK-BetrVG/*Raab* Rn. 10; **aA** *Adomeit* ARBlattei, Kündigung XII Ziff. B V, *Heinze* Personalplanung Rn. 690), es sei denn, der ArbN wäre unzurechnungsfähig (KR/*Etzel/Rinck* Rn. 20; Richardi BetrVG/*Thüsing* Rn. 9; HaKo-BetrVG/*Braasch* Rn. 8). Ein nur objektiv gesetzwidriges oder gegen § 75 Abs. 1 verstoßendes Verhalten genügt nicht, wohl aber Fahrlässigkeit; Vorsatz ist nicht zu fordern (hM).

III. Verlangen auf Kündigung oder Versetzung

9 Der BR oder ein dazu ermächtigter Ausschuss (§§ 27, 28) kann bei Vorliegen der Voraussetzungen des § 104 verlangen, dass das Arbeitsverhältnis des ArbN gekündigt wird. Nach BAG 28.3.2017 – 2 AZR 551/16, NZA 2017, 985 umfasst der Entlassungsbegriff nur die ordentliche Kündigung, so dass der BR keine außerordentliche Kündigung gem. § 626 BGB verlangen kann; **aA** APS/*Linck* BetrVG § 104 Rn. 17; KR/*Etzel/Rinck* BetrVG § 104 Rn. 23, 38 ff, 52 ff; für Wahlrecht des ArbGeb.,

ob eine ordentliche oder außerordentliche Kündigung ausgesprochen wird: HWGNRH/*Huke* Rn. 13; zur Kündigung wegen rassistischer oder fremdenfeindlicher Betätigungen → Rn. 6), oder dass dieser auf einen anderen Arbeitsplatz versetzt wird. Genügt die letztere Maßnahme, so kann der BR nur die Versetzung beantragen, weil sie weniger einschneidend ist (zum **Grundsatz der Verhältnismäßigkeit:** BAG 28.3.2017 – 2 AZR 551/16, NZA 2017, 985; DKKW/*Bachner* Rn. 7; KR/*Etzel/Rinck* Rn. 28; APS/*Linck* § 104 BetrVG Rn. 20; GK-BetrVG/*Raab* Rn. 22; Richardi BetrVG/*Thüsing* Rn. 15). Der BR kann nur die Entfernung des ArbN von seinem derzeitigen Arbeitsplatz (ggf. aus der Betriebsabteilung) fordern, nicht dagegen den Arbeitsplatz bestimmen, auf den der ArbN bei einer Versetzung kommen soll (hM; LAG Hamm 23.10.2009 – 10 TaBV 39/09, AA 2010, 133). Insoweit hat der BR aber ein MBR nach § 99 (→ Rn. 13; → § 99 Rn. 118ff.). Die Durchführung der Kündigung oder der Versetzung (ggf. auf Grund einer Änderungskündigung, KR/*Etzel/Rinck* Rn. 26, 32), obliegt dem ArbGeb. (§ 77 Abs. 1). Eine weitere Beteiligung des BR nach §§ 99, 102 bzw. § 103 entfällt, wenn der ArbGeb. im Einzelfall dem Verlangen des BR, eine bestimmte Maßnahme durchzuführen, nachkommt (BAG 15.5.1997 – 2 AZR 519/96, NZA 1997,1107; BAG 28.3.2017 – 2 AZR 551/16, NZA 2017, 985; HaKo-BetrVG/*Braasch* Rn. 11; WPK/*Preis* Rn. 3; HWGNRH/*Huke* Rn. 10; Richardi BetrVG/*Thüsing* Rn. 17; KR/*Etzel/Rinck* Rn. 32; *Berkowsky* Änderungskündigung § 14 Rn. 48; → Rn. 13; → § 102 Rn. 46).

Der ArbGeb. hat den **Sachverhalt in eigener Verantwortung zu prüfen;** das 10
Initiativrecht des BR nach § 104 schafft **keinen neuen Kündigungs- oder Versetzungsgrund,** sondern setzt einen solchen voraus (BAG 15.5.1997 – 2 AZR 519/96, NZA 1997, 1107; 28.3.2017 – 2 AZR 551/16, NZA 2017, 985; DKKW/*Bachner* Rn. 7; diff. Richardi BetrVG/*Thüsing* Rn. 16). Dh es müssen die in § 104 niedergelegten Voraussetzungen für eine berechtigtes Entlassungsverlangen erfüllt sein; nicht die nach dem KSchG (BAG 28.3.2017 – 2 AZR 551/16, NZA 2017, 985; **aA** *KR/Etzel/Rinck* Rn. 19). Kommt der ArbGeb. zu dem Ergebnis, dass das Verlangen des BR sachlich nicht berechtigt ist, so hat er auf Grund seiner Fürsorgepflicht alle ihm von der Rechtsordnung zur Verfügung gestellten Mittel zu nutzen, um einer durch das Verhalten der anderen BelegschaftsMitgl. drohenden Beeinträchtigung der Rechtsposition eines ArbN zu begegnen (zB wenn der BR bei Nichtentlassung eines nichtorganisierten BelegschaftsMitgl. mit Streik oder Kündigung seitens der ArbN droht), es sei denn, eine derartige Fürsorge würde zu einer erheblichen Gefährdung oder gar Vernichtung des Betriebs führen (BAG 21.2.1957 – 2 AZR 410/54, AP KSchG § 1 Nr. 22 mit zust. Anm. *Herschel* 10.10.1957 – 2 AZR 32/56, AP BGB § 626 Druckkündigung Nr. 1; 11.2.1960 – 5 AZR 210/58, AP BGB § 626 Druckkündigung Nr. 3; 26.1.1962 – 2 AZR 244/61, AP BGB § 626 Druckkündigung Nr. 8; 18.9.1975 – 2 AZR 311/74, AP BGB § 626 Druckkündigung Nr. 10, 10.3.1977 – 4 AZR 675/75, AP ZPO § 313 Nr. 9). Auch der ArbN hat allerdings zu einer möglichst friedlichen Lösung des Konflikts beizutragen, zB freiwillige Annahme eines anderen, gleichwertigen Arbeitsplatzes (BAG 11.2.1960 – 5 AZR 210/58, AP BGB § 626 Druckkündigung Nr. 3). Der ArbGeb. darf sich nicht auf eine Drucksituation berufen, die er selbst in vorwerfbarer Weise herbeigeführt hat (BAG 26.1.1962 – 2 AZR 244/61, AP BGB § 626 Druckkündigung Nr. 8; ArbG Berlin 16.6.1987 – 24 Ca 319/86, NZA 1987, 637 betr. Boykott eines aidsinfizierten ArbN). Kann der **ArbGeb. dem Druck** des BR bzw. der ArbNschaft **nicht entgehen,** so dürfte auch eine an sich aus persönlichen Gründen ungerechtfertigte Kündigung betriebsbedingt iSd § 1 Abs. 2 KSchG sein (BAG 19.6.1986 – 2 AZR 563/85, AP KSchG 1969 § 1 Betriebsbedingte Kündigung Nr. 33).

Verliert der ArbN durch eine derartige **„Druckkündigung“** (*Bulla* FS Hueck, 1959, 11
25) **seinen Arbeitsplatz,** ohne dass die Voraussetzungen des § 104 vorliegen, so stehen ihm **Schadensersatzansprüche** nach § 823 Abs. 1 BGB zu, da das Recht am Arbeitsplatz ein absolutes Recht iS dieser Bestimmung ist (**aA** GK-BetrVG/*Raab* Rn. 33), uU

auch auf Grund des § 826 BGB wegen sittenwidriger Schädigung (DKKW/*Bachner* Rn. 14; HWGNRH/*Huke* Rn. 20; GK-BetrVG/*Raab* Rn. 33; KR/*Etzel/Rinck* Rn. 81). Der Anspruch richtet sich gegen jedes BRMitgl. und jeden sonstigen ArbN oder Dritten, der sich an der Ausübung des rechtswidrigen Drucks beteiligt hat (hM), aber nicht gegen den ArbGeb., wenn dieser das ihm Zumutbare getan hat (so aber *Heinze* Personalplanung Rn. 696; wie hier HWGNRH/*Huke* Rn. 20).

12 Entspricht der ArbGeb. dem Verlangen des BR und kündigt er das Arbeitsverhältnis des ArbN (je nach der Schwere des Verstoßes und seiner Art mit oder ohne Einhaltung einer Kündigungsfrist), so kann der betroffene ArbN vor dem ArbG Klage erheben (soweit für sein Arbeitsverhältnis das KSchG gilt). Die **Einigung zwischen ArbGeb. und BR** über die Vornahme der **Kündigung bindet das ArbG nicht,** vielmehr muss dieses den Tatbestand frei würdigen und über die Wirksamkeit der Kündigung entscheiden (hM). Die Entscheidung des ArbG ergeht im Urteilsverfahren.

13 Entspricht der ArbGeb. dem Verlangen des BR auf **Versetzung,** so unterliegt diese im Hinblick auf den Arbeitsplatz, auf den der zu Versetzende kommen soll, dem MBR des BR nach § 99, es sei denn, der ArbGeb. folgt einem konkreten Vorschlag des BR (KR/*Etzel/Rinck* Rn. 32). Ist der ArbN nach dem Arbeitsvertrag nicht verpflichtet, der Versetzung Folge zu leisten, so kann der ArbGeb. eine Änderungskündigung aussprechen, die ihrerseits dem MBR nach § 99 bzw. § 102 unterliegt (Richardi BetrVG/*Thüsing* Rn. 21).

IV. Anrufung und Entscheidung des Arbeitsgerichts

14 **Weigert sich der ArbGeb.,** die vom BR beantragte Kündigung oder Versetzung vorzunehmen, so kann der **BR das ArbG anrufen,** mit dem Antrag, dem ArbGeb. die Durchführung dieser Maßnahme aufzugeben. Das ArbG entscheidet im **BeschlVerf.** (§ 2a ArbGG). In diesem Verfahren hat der BR lediglich den Sachverhalt darzulegen, da im BeschlVerf. das ArbG von Amts wegen zur Aufklärung verpflichtet ist. Der **betroffene ArbN** ist am Verfahren beteiligt, dh er ist insbes. nach § 83 Abs. 3 ArbGG zu hören (BAG 28.3.2017 – 2 AZR 551/16, NZA 2017, 985; LAG BW 24.1.2002 – 4 TaBV 1/01, ArbuR 2002, 116; Richardi BetrVG/*Thüsing* Rn. 22; DKKW/*Bachner* Rn. 15; *Husemann/Tophof* NZA 2017, 1242 [1243]; **aA** GK-BetrVG/*Raab* Rn. 27).

15 Eine **Frist für die Stellung des Antrages ist nicht festgelegt.** Ist verhältnismäßig lange Zeit nach der Ablehnung des Verlangens durch den ArbGeb. vergangen, hat sich inzwischen der Betrieb über die Vorfälle beruhigt und hat der betreffende ArbN zu erkennen gegeben, dass er sich das Eingreifen des BR zu Herzen genommen hat, so wird man in seinem Interesse annehmen müssen, dass der BR den Antrag nicht mehr mit Erfolg wird stellen können (Verwirkung; GK-BetrVG/*Raab* Rn. 27; Richardi BetrVG/*Thüsing* Rn. 23; SWS Rn. 7). Als Richtlinie kann die **Frist von drei Monaten** für die Stellung von Strafanträgen herangezogen werden (HWGNRH/*Huke* Rn. 22; KR/*Etzel/Rinck* Rn. 46; **aA** APS/*Linck* BetrVG § 104 Rn. 21, der je nach Schwere der Betriebsstörung auch eine längere Frist noch für ausreichend ansieht).

16 Gibt das **ArbG dem Antrag des BR nicht statt,** so gilt das Verlangen des BR als nicht gestellt. Die Rechtsstellung des ArbN bleibt dann unberührt. Der BR ist jedoch nicht gehindert, bei erneuten, uU schwerwiegenderen Verstößen des betreffenden ArbN die früheren Handlungen, die im ersten Verfahren zur Begründung des Verlangens nicht ausreichten, in einem neuen Verfahren zur Unterstützung seines Antrags mit heranzuziehen.

17 Stellt das **Gericht fest, dass das Verlangen** des BR **auf Entlassung** des ArbN **begründet** ist, so ist der ArbGeb. verpflichtet, ohne schuldhaftes Zögern nach Eintritt der Rechtskraft des Beschlusses das Arbeitsverhältnis des ArbN durch **Kündigung zum nächstzulässigen Kündigungstermin** aufzulösen (BAG 28.3.2017 –

2 AZR 551/16, NZA 2017, 985; DKKW/*Bachner* Rn. 17; *Meisel* Mitwirkung BR Rn. 708; HaKo-BetrVG/*Braasch* Rn. 13; Richardi BetrVG/*Thüsing* Rn. 25 legt dagegen die Betonung allein auf die Beendigung der Beschäftigung, ohne Hinweis darauf, in welchem Zeitraum diese zu erfolgen hat). Handelt es sich um einen ordentlich unkündbaren ArbN, hat der ArbGeb. eine außerordentliche Kündigung mit Auslauffrist auszusprechen (BAG 28.3.2017 – 2 AZR 551/16, NZA 2017, 985). Der ArbGeb. kann dem Verlangen auf Entlassung auch durch Abschluss eines Aufhebungsvertrages nachkommen (BAG 28.3.2017 – 2 AZR 551/16, NZA 2017, 985; APS/*Linck* BetrVG § 104 Rn. 18, 29). Der ArbN ist, falls das KSchG für sein Arbeitsverhältnis gilt, nicht gehindert, Klage nach diesem G beim ArbG zu erheben oder die Kündigung in anderer Weise durch Anrufung des ArbG anzugreifen. Er wird jedoch mit der Klage durch **Sachurteil** abzuweisen sein, da der Beschluss des ArbG präjudizielle Wirkung hat (BAG 28.3.2017 – 2 AZR 551/16, NZA 2017, 985; DKKW/*Bachner* Rn. 19; Richardi BetrVG/*Thüsing* Rn. 27; KR/*Etzel/Rinck* Rn. 85; **aA** GK-BetrVG/*Raab* Rn. 35) und ein dringendes Bedürfnis iSd § 1 Abs. 2 S. 1 KSchG begründet (BAG 28.3.2017 – 2 AZR 551/16, NZA 2017, 985). Vgl. auch → § 103 Rn. 47.

Stellt das Gericht fest, dass das **Verlangen** des BR **auf Versetzung begründet** ist, so hat der ArbGeb. den betreffenden ArbN unverzüglich nach Eintritt der Rechtskraft des Beschlusses an einen **anderen Arbeitsplatz zu versetzen,** wenn er diese Möglichkeit nach dem Arbeitsvertrag kraft Direktionsrechts hat. Die Versetzung auf einen bestimmten anderen Arbeitsplatz kann dem ArbGeb. aber nicht vorgeschrieben werden (*Heinze* Personalplanung Rn. 700). Sieht der Arbeitsvertrag des betroffenen ArbN ein derartiges Weisungsrecht des ArbGeb. nicht vor und ist der ArbN mit der Versetzung nicht einverstanden, so muss der ArbGeb. eine Änderungskündigung aussprechen, die dem MBR nach § 99 bzw. § 102 unterliegt (→ § 102 Rn. 9 ff.). 18

V. Zwangsgeldverfahren

Kommt der **ArbGeb. dem rechtskräftigen Beschluss** des ArbG auf Entlassung oder Versetzung des ArbN **nicht nach,** so kann der BR nunmehr den Antrag an das ArbG stellen, den ArbGeb. durch Verhängung von **Zwangsgeld** zur Befolgung der gerichtlichen Anordnung anzuhalten. Es handelt sich, wie in § 101, um eine Zwangsmaßnahme iSd § 888 ZPO. Daneben kommt ein Verfahren nach § 23 Abs. 3 nicht in Betracht (DKKW/*Bachner* Rn. 21; HaKo-BetrVG/*Braasch* Rn. 13; HWGNRH/*Huke* Rn. 26; *Heinze* DB 1983 Beil. 9, 19). Wegen näherer Einzelheiten → § 101 Rn. 11 f. 19

§ 105 Leitende Angestellte

Eine beabsichtigte Einstellung oder personelle Veränderung eines in § 5 Abs. 3 genannten leitenden Angestellten ist dem Betriebsrat rechtzeitig mitzuteilen.

Inhaltsübersicht

I. Vorbemerkung

Gem. § 5 Abs. 3 findet das G auf **leitende Ang. nur in den ausdrücklich genannten Fällen** Anwendung. Demzufolge besteht auch kein MBR bei personellen 1

Maßnahmen, die diesen Personenkreis angehen, auch nicht, wenn ein schon im Betrieb tätiger ArbN zum leitenden Ang. befördert wird (→ § 99 Rn. 114) oder umgekehrt ihm diese Befugnisse entzogen werden (DKKW/*Bachner* Rn. 2; HaKo-BetrVG/*Braasch* Rn. 4; GK-BetrVG/*Raab* Rn. 3; Richardi BetrVG/*Thüsing* Rn. 5; HWGNRH/*Huke* Rn. 3). Einer Zustimmung des BR bedarf es auch nicht, wenn der leitende Ang. zunächst nur befristet zur Probe beschäftigt wird (BAG 16.4.2002 – 1 ABR 23/01, AP BetrVG 1972 § 5 Nr. 69). Der BR ist aber nach § 99 zur beteiligen, wenn ein ATAng. in die höchste Tarifgruppe herabgestuft werden soll (BAG 28.1.1986 – 1 ABR 8/84, AP BetrVG 1972 § 99 Nr. 32). In Zweifelsfällen empfiehlt es sich für den ArbGeb., in jedem Fall das Anhörungsverfahren nach § 102 Abs. 1 vorsorglich durchzuführen unter entspr. eingehender Unterrichtung des BR (→ Rn. 9). Eine Information nach § 105 kann nämlich nicht ohne weiteres in eine Anhörung nach § 102 umgedeutet werden (BAG 19.8.1975 – 1 AZR 565/74, AP BetrVG 1972 § 105 Nr. 1; 26.5.1977 – 2 AZR 135/76, AP BetrVG 1972 § 102 Nr. 13; 7.12.1979 – 7 AZR 1063/77, AP BetrVG 1972 § 102 Nr. 21; ErfK/*Kania* Rn. 2; → § 102 Rn. 22). Dies gilt selbst dann, wenn der BR und (oder) der ArbGeb. und der Ang. selbst (irrig) der Meinung waren, es handele sich um einen leitenden Ang. (BAG 19.8.1975 – 1 AZR 613/74, AP BetrVG 1972 § 102 Nr. 5; 30.5.1978 – 1 AZR 255/76, EzA § 105 BetrVG 72 Nr. 3; DKKW/*Bachner* Rn. 10; HWGNRH/*Huke* Rn. 10 wollen den Gedanken der Verwirkung anwenden, wenn der Ang. sich erst während des Prozesses auf die Unwirksamkeit der Kündigung beruft, weil er in Wahrheit kein leitender Ang. sei und der BR nach § 102 hätte gehört werden müssen). BR und ArbGeb. können sich nicht darüber „einigen", dass ein Ang. leitender Ang. ist. Es kommt vielmehr auf die **objektive Rechtslage** an. Der Rechtsstatus des Ang. ist in einem Kündigungsschutzprozess als Vorfrage mit zu klären (BAG 19.8.1975 – 1 AZR 613/74, AP BetrVG 1972 § 102 Nr. 5; DKKW/*Bachner* Rn. 9). Die Zuordnung von Ang. nach § 18a gilt nur für die Wahlen (→ Rn. 9; → § 18a Rn. 63; *Dänzer-Vanotti* ArbuR 1989, 204).

2 Andererseits sind Einstellungen und personelle Veränderungen leitender Ang. für die ArbNschaft des Betriebes von erheblicher praktischer Bedeutung, da sie vielfach Funktionen des ArbGeb. wahrnehmen. Der BR soll daher auf Grund der besonderen Informationspflicht des ArbGeb. nach § 105 **frühzeitig von derartigen Maßnahmen unterrichtet** werden. Für Veränderungen des Personenkreises des **§ 5 Abs. 2** besteht keine ausdrückliche Mitteilungspflicht. Sie ergibt sich aber aus dem Gebot der vertrauensvollen Zusammenarbeit auch für VorstandsMitgl. und Geschäftsführer (DKKW/*Bachner* Rn. 3; KR/*Etzel*/*Rinck* Rn. 3).

3 Entspr. Vorschriften: § 77 Abs. 1 BPersVG, § 31 Abs. 1 SprAuG.

II. Mitteilung über personelle Veränderungen

4 Die Mitteilungspflicht besteht bei Einstellung und anderen personellen Veränderungen. Der Begriff der Einstellung ist derselbe wie in § 99 Abs. 1 (→ § 99 Rn. 30ff.). „Personelle Veränderungen" sind nicht nur Umgruppierungen, Versetzungen und Entlassungen, sondern **jede Änderung der Führungsfunktion** des leitenden Ang., seiner Stellung in der Organisation des Betriebes (Unternehmens), auch ein Ausscheiden „im gegenseitigen Einverständnis", eine Suspendierung oder eine Kündigung durch den leitenden Ang. selbst (insoweit **anders** die **hM,** wie hier DKKW/*Bachner* Rn. 5). Der Sinn des von § 99 Abs. 1 abweichenden Wortlauts ist es, den BR und damit die ArbN über alle Veränderungen der Führungsfunktion leitender Ang. zu informieren (Richardi BetrVG/*Thüsing* Rn. 7; *Heinze* Personalplanung Rn. 417; KR/*Etzel*/*Rinck* Rn. 25; HWGNRH/*Huke* Rn. 11, aber nicht für Ein- und Umgruppierungen). Wird der leitende Ang. aus Anlass der Beendigung des Arbeitsvertrages von der Wahrnehmung seiner Aufgaben freigestellt, so ändert dies nichts an seinem rechtlichen Status als leitender Ang.; die Freistellung führt nicht

dazu, dass nunmehr der BR nach § 102 anzuhören ist (BAG 23.3.1976 – 1 AZR 314/75, AP BetrVG 1972 § 5 Nr. 14; 18.8.1982 – 7 AZR 235/80, BeckRS 1982, 05132 nv; *Powietzka/Hager* DB 2006, 102; **aA** ArbG München 26.8.2004 – 28 Ca 12794/03, NZA-RR 2005, 194).

5 Ist die Auskunftspflicht dem Gegenstand nach im Verhältnis zu der über andere ArbN erweitert, so ergibt sich ihrem Umfang nach häufig eine Einschränkung, da die bei leitenden Ang. übliche einzelvertragliche Abrede von Arbeitsbedingungen über den Tarifsätzen grds. nicht mitzuteilen ist (Richardi BetrVG/*Thüsing* Rn. 12). IÜ sind zur Person und zum Arbeitsplatz grds. die gleichen Angaben zu machen wie bei anderen ArbN (einschränkend HWGNRH/*Huke* Rn. 12).

6 Die Mitteilung hat **„rechtzeitig"** zu geschehen, dh zu einem Zeitpunkt, zu dem der BR noch die Möglichkeit hat, sich vor Durchführung der Maßnahmen zu äußern und die ArbNschaft zu unterrichten (→ § 99 Rn. 162bf.; hM; Richardi BetrVG/*Thüsing* Rn. 15 hält eine Unterrichtung nach Vertragsabschluss, jedoch vor Einstellung eines leitenden Ang. für ausreichend, wenn ein „schutzwürdiges" Interesse an Geheimhaltung besteht; der BR ist aber ggf. selbst noch zur Geheimhaltung verpflichtet; vermittelnd KR/*Etzel/Rinck* Rn. 31f. hält die Unterrichtung mindestens eine Woche vorher für ausreichend, aber auch erforderlich). Der BR darf nicht bei Empfang der Mitteilung vor vollendeten Tatsachen stehen.

7 Hat der **BR Bedenken oder Anregungen,** so kann er diese dem ArbGeb. mitteilen. Er kann solche Bedenken (auch im Interesse des betr. Ang.) auf § 75 Abs. 1 S. 1 stützen. Der ArbGeb. ist nach § 74 Abs. 1 verpflichtet, sachlich hierauf einzugehen (hM). Jedoch muss er nicht wie im Falle des § 99 Abs. 3 eine Frist von einer Woche abwarten, bevor er die personelle Maßnahme durchführen kann (DKKW/*Bachner* Rn. 6).

8 Besteht ein **GesBR** und erstreckt sich der Aufgabenbereich des leitenden Ang. auf mehrere Betriebe des Unternehmens, so ist **auch der GesBR** zu verständigen (§ 51 Abs. 5), nicht etwa nur der BR der Hauptverwaltung (ebenso Richardi BetrVG/*Thüsing* Rn. 16; HaKo-BetrVG/*Braasch* Rn. 5; ErfK/*Kania* Rn. 3; **aA;** HWGNRH/*Huke* Rn. 14: nur GesBR bzw. KBR, wenn leitender Ang. ausschl. Funktionen im Unternehmens- bzw. Konzernbereich wahrnimmt). Entspr. gilt für den KBR (§ 59 Abs. 1).

9 **Verstöße gegen § 105** sind nicht strafbar, da die Aufklärungs- und Auskunftspflichten, bei deren Verletzung Geldbußen möglich sind, in § 121 Abs. 1 ohne Erwähnung des § 105 erschöpfend aufgezählt sind. Auch ist eine Kündigung nicht wegen Verletzung der Informationspflicht gegenüber dem BR unwirksam (BAG 25.3.1976 – 1 AZR 192/75, AP BetrVG 1972 § 5 Nr. 13), ggf. aber wegen Nichtanhörung des Sprecherausschusses entgegen § 31 SprAuG. Der ArbGeb. wird daher in Zweifelsfällen der Zuordnung zu den leitenden Ang. vorsorglich sowohl den BR als auch den Sprecherausschuss anhören müssen, will er die Unwirksamkeit der Kündigung aus formellen Gründen vermeiden (*Bauer* NZA 1989 Beil. 1, 27; GK-BetrVG/*Raab* Rn. 13; WPK/*Preis* Rn. 3).

Sechster Abschnitt. Wirtschaftliche Angelegenheiten

Erster Unterabschnitt. Unterrichtung in wirtschaftlichen Angelegenheiten

§ 106 Wirtschaftsausschuss

(1) [1] **In allen Unternehmen mit in der Regel mehr als einhundert ständig beschäftigten Arbeitnehmern ist ein Wirtschaftsausschuss zu bilden.** [2] **Der Wirtschaftsausschuss hat die Aufgabe, wirtschaftliche Angelegenheiten mit dem Unternehmer zu beraten und den Betriebsrat zu unterrichten.**

(2) [1]Der Unternehmer hat den Wirtschaftsausschuss rechtzeitig und umfassend über die wirtschaftlichen Angelegenheiten des Unternehmens unter Vorlage der erforderlichen Unterlagen zu unterrichten, soweit dadurch nicht die Betriebs- und Geschäftsgeheimnisse des Unternehmens gefährdet werden, sowie die sich daraus ergebenden Auswirkungen auf die Personalplanung darzustellen. [2]Zu den erforderlichen Unterlagen gehört in den Fällen des Absatzes 3 Nr. 9a insbesondere die Angabe über den potentiellen Erwerber und dessen Absichten im Hinblick auf die künftige Geschäftstätigkeit des Unternehmens sowie die sich daraus ergebenden Auswirkungen auf die Arbeitnehmer; Gleiches gilt, wenn im Vorfeld der Übernahme des Unternehmens ein Bieterverfahren durchgeführt wird.

(3) Zu den wirtschaftlichen Angelegenheiten im Sinne dieser Vorschrift gehören insbesondere

1. die wirtschaftliche und finanzielle Lage des Unternehmens;
2. die Produktions- und Absatzlage;
3. das Produktions- und Investitionsprogramm;
4. Rationalisierungsvorhaben;
5. Fabrikations- und Arbeitsmethoden, insbesondere die Einführung neuer Arbeitsmethoden;
5a. Fragen des betrieblichen Umweltschutzes;
6. die Einschränkung oder Stilllegung von Betrieben oder von Betriebsteilen;
7. die Verlegung von Betrieben oder Betriebsteilen;
8. der Zusammenschluss oder die Spaltung von Unternehmen oder Betrieben;
9. die Änderung der Betriebsorganisation oder des Betriebszwecks;
9a. die Übernahme des Unternehmens, wenn hiermit der Erwerb der Kontrolle verbunden ist, sowie
10. sonstige Vorgänge und Vorhaben, welche die Interessen der Arbeitnehmer des Unternehmens wesentlich berühren können.

Inhaltsübersicht

I. Vorbemerkung

Der 6. Abschnitt befasst sich mit den **Beteiligungsrechten** in **wirtschaftlichen Angelegenheiten.** Im 1. Unterabschnitt (§§ 106–110) sind die Bildung eines WiAusschusses und seine Aufgabenstellung geregelt. Der 2. Unterabschnitt (§§ 111–113) behandelt die Rechte des BR bei Betriebsänderungen. 1

Der WiAusschuss hat die **Aufgabe,** wirtschaftliche Angelegenheiten mit dem Unternehmer zu beraten und dann den BR zu unterrichten (Abs. 1 S. 2; zu MusterBVen s. Bachner EurBR/*Heilmann* S. 365ff.). Er ist ein **Hilfsorgan** des BR (BAG 18.11.1980 – 1 ABR 31/78, AP BetrVG 1972 § 108 Nr. 2; 5.2.1991 – 1 ABR 24/90, AP BetrVG 1972 § 106 Nr. 10; 7.4.2004 – 7 ABR 41/03, AP BetrVG 1972 § 106 Nr. 17; Richardi BetrVG/*Annuß* Rn. 4; DKKW/*Däubler* Rn. 2; MHdB ArbR/*Stamer* § 307 Rn. 1; ErfK/*Kania* Rn. 1) und soll diesen insbes. bei der Wahrnehmung seiner MBR und Mitwirkungsrechte in wirtschaftlichen Angelegenheiten (§§ 111–112a) unterstützen. 2

Die **Errichtung** des WiAusschusses ist **zwingend** vorgeschrieben. Der BR (GesBR) hat ihn zu errichten und bestimmt seine Mitgl. (§ 107). Der **BR** (GesBR) kann die Aufgaben des WiAusschusses **nicht** selbst **übernehmen;** das gilt auch, wenn ein GesBR – gesetzwidrig – nicht errichtet oder aber untätig bleibt (Richardi BetrVG/*Annuß* § 106 Rn. 2; *Salomon* NZA 2019, 283, 285; →§ 50 Rn. 10). Eine **Ausnahme** hiervon sieht der durch das Risikobegrenzungsgesetz v. 12.8.2008 (BGBl. I S. 1666) neu eingefügte **§ 109a** bei Unternehmensübernahme vor. Zur Möglichkeit, die Aufgaben des WiAusschusses auf einen anderen Ausschuss zu übertragen → § 107 Rn. 29. 3

Der WiAusschuss wird für das **Unternehmen** gebildet, nicht für einen oder mehrere Betriebe. Er ist bewusst klein gehalten, um eine vertrauensvolle Zusammenarbeit zu gewährleisten. Für **Konzerne** ist die Errichtung eines WiAusschusses an der Konzernspitze nicht vorgesehen, obwohl dort in erheblichem Umfang über wirtschaftliche Angelegenheiten entschieden wird und deshalb für den KBR ein WiAusschusses sinnvoll wäre (*Edenfeld* DB 2015, 679 [680]). Das BAG lehnt eine entspr. erweiternde Auslegung des § 106 Abs. 1 ab (BAG 23.8.1989 – 7 ABR 39/88, AP BetrVG 1972 § 106 Nr. 7; zust. Richardi BetrVG/*Annuß* Rn. 6, 9). Der KBR kann jedoch einen Konzernbetriebsausschuss und weitere Ausschüsse bilden und ihnen Aufgaben, auch die eines WiAusschusses, übertragen (→ § 59 Rn. 7ff.). 4

In Unternehmen und Unternehmensgruppen (Konzernen), die in mehreren Staaten der EU tätig sind und eine gewisse Größe haben, werden **Europäische BR** gebildet. Der EBR hat vergleichbare Aufgaben wie der WiAusschuss auf der innerstaatlichen Ebene (vgl. Anh. 3 Übersicht EBRG §§ 29ff.). Entspr. gilt für den SE-BR und den SCE-BR (→ Anh. 3 EBRG Rn. 5f.). 5

Die Vorschriften dieses Unterabschnitts (§§ 106–110) finden nach § 118 Abs. 1 keine Anwendung auf **Tendenzunternehmen** (BAG 22.7.2014 – 1 ABR 93/12, NZA 2014, 1417; → § 118 Rn. 43). Der Unternehmer (ArbGeb.) kann auf den Tendenzschutz dann verzichten, wenn dieser sich aus einer karitativen oder erzieherischen Zwecksetzung ergibt (BAG 5.10.2000 – 1 ABR 14/00, AP BetrVG 1972 § 118 Nr. 69. 6

§ 106 regelt in Abs. 1 die grundsätzlichen **Aufgaben** des WiAusschusses, in Abs. 2 die **Auskunftspflicht** des Unternehmers über die wirtschaftlichen Angelegenheiten des Unternehmens, der Abs. 3 enthält eine beispielhafte Aufzählung von **wirtschaftlichen Fragen,** auf die sich die Unterrichtungspflicht des Unternehmers bezieht. 7

Das **Risikobegrenzungsgesetz** v. 12.8.2008 (BGBl. I S. 1666) hat die Beteiligungsrechte des WiAusschusses und des BR bei Übernahme eines Unternehmens konkretisiert und erweitert. Ziel dieses Gesetzes ist es, die Transparenz bei Unternehmenskäufen durch Finanzinvestoren zu erhöhen und unerwünschten Entwicklungen in Bereichen, in denen Finanzinvestoren tätig sind, entgegenzuwirken. Auch die 8 im Unternehmen tätigen Akteure, also BR und WiAusschuss, sollen in die Lage versetzt werden, dieses Ziel zu erreichen (BT-Drs. 16/7438, 8). Dafür sind die rechtlichen Voraussetzungen verbessert worden (→ Rn. 80 ff., § 109a; → Rn. 12a).

9 Der Katalog der wirtschaftlichen Angelegenheiten ist um **Nr. 9a** in **§ 106 Abs. 3** erweitert worden; sie stellt klar, dass der Unternehmer den WiAusschuss rechtzeitig und umfassend über eine geplante Übernahme des Unternehmens informieren muss, wenn damit der Erwerb der Kontrolle über das Unternehmen verbunden ist (→ Rn. 80 ff.). Zu den vorzulegenden Unterlagen **(Abs. 2 S. 2)** gehören insbes. Angaben über den potentiellen Erwerber und dessen Absichten hinsichtlich der künftigen Geschäftstätigkeit des Unternehmens sowie die sich daraus ergebenden Auswirkungen auf die ArbN (→ Rn. 114 ff.).

10 Wegen der Brisanz der Thematik macht das **Risikobegrenzungsgesetz** eine Ausnahme von dem Grundsatz, dass bei Fehlen eines WiAusschusses der BR (GesBR) dessen Aufgabe nicht übernehmen kann. Der neue **§ 109a** sieht vor, dass in Unternehmen, in denen **kein WiAusschuss** besteht, der Unternehmer den BR entspr. § 106 Abs. 1 u. 2 bei einer Unternehmensübernahme zu beteiligen hat. Damit wird erreicht, dass auch in Unternehmen mit weniger als 101 ArbN über den Erwerb wesentlicher Anteile durch Investoren zu unterrichten ist.

11 Beteiligungsrechte in wirtschaftlichen Angelegenheiten werden auch **außerhalb des BetrVG** in Vorschriften spezieller G begründet (vgl. *Engels* ArbuR 2009, 10 [26 ff., 65 ff.]). Sie ergänzen idR die allgemeinen Vorschriften des BetrVG und sind neben diesen anzuwenden. Hier sind insbes. das **UmwG,** das **MgVG** und das **WpÜG** zu nennen. Nach den §§ 5 Abs. 3, 122e, 126 Abs. 3, 176, 177, 194 Abs. 2 UmwG müssen die gesellschaftsrechtlichen Verträge oder ihre Entwürfe den **zuständigen BR** der betroffenen Rechtsträger spätestens einen Monat vor dem Vollzug zugeleitet werden. Das ist der Tag der Versammlung der Anteilsinhaber jedes beteiligten Rechtsträgers, die über die Zustimmung zu dem gesellschaftsrechtlichen Vertrag beschließen soll (→ Rn. 71 ff.).

12 Das für **börsennotierte Unternehmen** geltende **WpüG** bestimmt in seinen §§ 10 Abs. 5 S. 2, 14 Abs. 4 S. 2, § 27 (s. dazu *Engels* ArbuR 2009, 10 [65 ff.] mwN; FS Willemsen/*Seibt* S. 509 ff.), dass der Vorstand der Zielgesellschaft den **zuständigen BR** über die Mitteilung des Bieters, dass dieser die Entscheidung zur Abgabe eines Angebots zum Erwerb von Wertpapieren gefasst hat, zu unterrichten und ihm unverzüglich die veröffentlichte Angebotsunterlage zu übermitteln hat. Die Angebotsunterlage muss ua die Absicht des Bieters bez. der künftigen Geschäftstätigkeit offenlegen, Angaben über die Situation der ArbN und ihrer Vertretungen enthalten sowie über geplante wesentliche Änderungen der Beschäftigungsbedingungen einschließlich der insoweit vorgesehenen Maßnahmen informieren (vgl. Gesetzesbegründung BT-Drs. 14/7034, 41, 16/1003, 18; FS Willemsen/*Seibt* S. 509, 514 ff.). Vorstand und AR der Zielgesellschaft haben eine begründete Stellungnahme zu dem Angebot abzugeben und sie gleichzeitig mit deren Veröffentlichung dem zuständigen BR zuzuleiten. Dieser zu veröffentlichenden Stellungnahme ist eine Stellungnahme des BR, die ein wichtiges Instrument der politischen Einflussnahme auf die geplante Übernahme ist (WHSS Umstrukturierung/*Schweibert* Kap. C Rn. 475a), in dem Angebot beizufügen. Diese Regelungen gelten auch für **Übernahmeangebote** (vgl. § 34 WpÜG). Auf diese Vorschriften wird im Zusammenhang mit den durch das **Risikobegrenzungsgesetz** erfolgten Ergänzungsregelungen in § 106 eingegangen (→ Rn. 80 ff. und zu Nr. 10 → Rn. 131).

12a Das G zur **Umsetzung der RL 2011/61/EU** über die **Verwalter alternativer Investmentfonds** (AIFM-Umsetzungsgesetz – AIFM-UmsG) vom 4.7.2013 (BGBl. I S. 1981) schafft ein neues Kapitalanlagegesetzbuch (KAGB) für sämtliche Fonds, unabhängig von ihrer rechtlichen Konstruktion (insbes. Hedgefonds, Infrastruktur- und Rohstofffonds, Erneuerbare-Energie- und Immobilienfonds sowie in Private Equity investierende Fonds; s. *Mujan* BB 2013, 1653) und ihre Manager. Von betriebsverfassungsrechtlichem Belang sind §§ 287 ff. KAGB (ehem. AIFM-UmsG);

sie schränken die Beteiligungsrechte nach dem BetrVG nicht ein. Sie enthalten bes. Vorschriften für AIF, die die Kontrolle über nicht börsennotierte Unternehmen und Emittenten erlangen (Näheres → Rn. 38a, 87a, 101a, 113a, 114a).

Das im G zur **Restrukturierung** und geordneten Abwicklung von **Kreditinstituten** (RestrukturierungsG) vom 9.12.2010 (BGBl. I S. 1900) enthaltene **KredReorgG** (Art. 1) und die Änderung des KWG (Art. 2) enthalten eine Reihe von Vorschriften zum Sanierungs- und Reorganisationsverfahren, die eine Einschaltung des WiAusschusses bedingen. (Näheres → Rn. 38b ff.). 12b

Das G zur **Abschirmung von Risiken** und zur **Planung der Sanierung** und Abwicklung von **Kreditinstituten** und Finanzgruppen vom 7.8.2013 BGBl. I S. 3090) ergänzt die im Restrukturierungsgesetz (→ Rn. 12b) für den Krisenfall vorgesehenen Maßnahmen. Hiernach haben systemrelevante Kreditinstitute und die BaFin bereits vor einem möglichen Krisenfall Maßnahmen zur Sanierung bzw. zur geordneten Abwicklung einer Bank zu planen. Auf diese in einem sehr frühen Stadium erfolgenden Planungen mit eventuell nachteiligen Folgen zulasten der ArbN und ihrer Vertretung kann der WiAuschuss Einfluss nehmen (→ Rn. 38h ff., 53a). 12c

Entspr. Vorschriften: § 32 Abs. 1 SprAuG, §§ 29, 30 EBRG, §§ 28, 29 SEBG, §§ 28, 29 SCEBG. 13

II. Voraussetzung für Errichtung

Die Errichtung des WiAusschusses ist vorgeschrieben, wenn im Unternehmen **in der Regel** mehr als **100 ArbN** ständig beschäftigt werden; zu den Begriffen der **„in der Regel"** und **„ständig beschäftigten"** ArbN s. die Erläuterungen in → § 1 Rn. 271 ff., 276 ff., → § 9 Rn. 11 ff. Vorübergehende Schwankungen in der Belegschaftsstärke bleiben außer Betracht (BAG 7.4.2004 – 7 ABR 41/03, AP BetrVG 1972 § 106 Nr. 17). **Sinkt** die **Belegschaftsstärke** im Unternehmen dauerhaft auf weniger als 101 ArbN, endet das Amt des WiAusschusses unabhängig davon, ob die Amtszeit des ihn bestellenden BR noch andauert (BAG 7.4.2004 – 7 ABR 41/03, AP BetrVG 1972 § 106 Nr. 17 mwN; **aA** DKKW/*Däubler* Rn. 14; GHR Wirtschaftsausschuss Rn. 277). Das Amt des WiAusschusses endet nicht mit Beginn der Restmandatsphase des BR gem. § 21b (LAG Bln-Bbg 23.7.2015 – 26 TaBV 857/15, BeckRS 2015, 72882). 14

Für die Feststellung der Belegschaftsstärke gilt der **betriebsverfassungsrechtliche ArbN-Begriff** (→ § 5 Rn. 15 ff.). Insbes. zählen die in § 5 Abs. 2 genannten Personen, selbst wenn sie ArbN sind, und leitende Ang. nicht mit (DKKW/*Däubler* Rn. 5; GK-BetrVG/*Oetker* Rn. 35; Richardi BetrVG/*Annuß* Rn. 11; **aA** Schaub ArbR-HdB/*Koch* § 243 Rn. 2), wohl aber Auszubildende und erwerbsfähige Leistungsberechtigte iSv § 16e SGB II, soweit sie nicht als Ein-Euro-Jobber tätig sind (→ § 5 Rn. 154 f. mwN; **aA** bez. Ein-Euro-Jobber DKKW/*Däubler* Rn. 5; Schaub ArbR-HdB/*Koch* § 243 Rn. 2). Nunmehr sind nach der neuen BAG-Rspr. (13.3.2013 – 7 ABR 69/11, NZA 2013, 789; → § 9 Rn. 25a, → § 99 Rn. 8b) auch **LeihArbN** bei der Feststellung der Belegschaftsstärke zu berücksichtigen, wenn ein ständiger Arbeitsplatz vorübergehend mit LeihArbN besetzt wird (→ § 1 Rn. 367). Auf die **Wahlberechtigung** der ArbN kommt es hier nicht an (hM; s. DKKW/*Däubler* Rn. 5). 15

Hat ein Unternehmen mehrere Betriebe, werden die ArbN aller Betriebe zusammengezählt. Auf die Größe der einzelnen Betriebe und darauf, ob sie einen BR haben, kommt es nicht an. Es muss jedoch, wie sich aus § 107 Abs. 2 ergibt, mindestens für einen dieser Betriebe ein BR errichtet sein, denn die Mitgl. des WiAusschusses können nur vom BR bestimmt werden. 16

Der WiAusschuss wird stets **für das ganze Unternehmen** (→ § 1 Rn. 226) unbeschadet der Zahl seiner Betriebe gebildet; deshalb ist auch die Errichtung mehrerer WiAusschüsse, etwa für räumlich benachbarte oder im Produktionsprozess bes. 17

nah zusammenhängende Betriebe ausgeschlossen; zu Fallgestaltungen bei unternehmensübergreifender Spartenorganisation *Edenfeld* DB 2015, 679 [680 ff.]

18 Bilden mehrere Unternehmen einen einheitlichen Betrieb (**Gemeinschaftsbetrieb,** → § 1 Rn. 108 ff.) mit zusammen mehr als 100 ArbN, so ist bei der Trägergruppe analog § 106 ein WiAusschuss zu bilden, selbst wenn diese Unternehmen jeweils für sich alleine diese ArbNZahl nicht erreichen und rechtlich selbständig bleiben (BAG 1.8.1990 – 7 ABR 91/88, AP BetrVG 1972 § 106 Nr. 8; LAG BW 9.10.2013 – 10 TaBV 2/13, BeckRS 2014, 67294; DKKW/*Däubler* Rn. 20; MHdB ArbR/*Stamer* § 307 Rn. 5; ErfK/*Kania* Rn. 2; *Edenfeld* DB 2015, 679 [681]; *Salamon* NZA 2017, 891, 893 f.; **aA** Richardi BetrVG/*Annuß* Rn. 12 betr. Berechnung des Schwellenwerts).

18a Gleiches gilt, wenn die Gruppe der Trägerunternehmen gemeinsam **mehrere Gemeinschaftsbetriebe** führt und alle oder einzelne Trägerunternehmen den Schwellenwert von mehr als 100 ArbN nicht erreichen. Analog § 106 ist ein einheitlicher, für alle Trägerunternehmen zuständiger WiAusschuss zu bilden (GK-BetrVG/*Oetker* Rn. 22; *Salamon* NZA 2017, 891, 894). Bei dieser Fallgestaltung (Existenz mehrerer Gemeinschaftsbetriebe) ergeben sich jedoch bei der Bestellung der WiAusschuss-Mitgl. Probleme, weil die dortigen BR nach BAG (13.2.2007 – 1 AZR 184/06, NZA 2007, 825) keinen GesBR bilden können (**aA** GK-BetrVG/*Kreutz* § 47 Rn. 22). Diese Probleme wären vermeidbar, wenn man im Hinblick auf die Konzeption des § 47 Abs. 9, der eine partiell unternehmensübergreifende Zuständigkeit des GesBR anerkennt (→ Rn. 18b), die Errichtung eines GesBR zuließe, wenn Trägerunternehmen sich zur gemeinsamen Führung mehrerer Betriebe verabredet haben und diese BR haben (s. GK-BetrVG/*Kreutz* § 47 Rn. 22; *Konzen* Unternehmensaufspaltungen S. 119; *Konzen* ArbuR 1985, 341, 353 f.; *Windbichler* Konzern-ArbR S. 294; aber auch → § 47 Rn. 10, 80). Denkbar und weniger angreifbar ist eine **analoge Anwendung von § 11 Abs. 3 Buchst. c EBRG** (→ Anh. 2 Übersicht Rn. 50) in der Weise, dass die Bestellung der WiAusschuss-Mitgl. durch die BRVors. und ihre Stellvertr. der jeweiligen Gemeinschaftsbetriebe in einer gemeinsamen Sitzung erfolgt und dazu mit einem Stimmengewicht entspr. § 47 Abs. 7 ausgestattet werden (Lösungsversuche über TV/BV gem. § 3 Abs. 1 Nr. 1 oder 3 dürften schwierig sein, → § 3 Rn. 25 ff., 46 ff.).

18b Haben die Trägerunternehmen weitere Betriebe, wird bei jedem Unternehmen ein WiAusschuss gebildet. Alle ArbN des Gemeinschaftsbetriebs zählen bei jedem Unternehmen mit. Dem BR eines Gemeinschaftsunternehmens darf die Unterstützung durch einen WiAusschuss nicht versagt werden. Das gilt unabhängig davon, zu welchem Unternehmen die ArbVerh. begründet sind (MHdB ArbR/*Joost* § 231 Rn. 5; *Salamon* NZA 2017, 891, 894).

18c Grundsätzlich bewirkt eine **konzernrechtliche Verbindung** zwischen den Trägerunternehmen keine Besonderheiten für die Errichtung und Zuständigkeit eines WiAusschusses (s. GK-BetrVG/*Oetker* Rn. 26 ff.; *Salamon* NZA 2017, 891, 894), so dass auch hier die in → Rn. 18–18b genannten Grundsätze Anwendung finden. Das **sieht** das **BAG** (22.3.2016 – 1 ABR 10/14, NZA 2016, 969; zustimmende Anm. *Weller* BB 2016, 1792) nunmehr für den Fall **anders,** dass ein herrschendes Unternehmen und ein in seinem alleinigen Eigentum stehendes abhängiges Unternehmen nur einen Gemeinschaftsbetrieb führen, wenn alleine das herrschende Unternehmen mehr als 100 ArbN hat. Dann soll ausschließlich bei dem herrschenden Unternehmen der WiAusschuss zu bilden sein. Denn dieses sei „aufgrund seines beherrschenden Einflusses auf das abhängige Unternehmen (§ 17 Abs. 1 AktG) zugleich in der Lage, den bei ihm gebildeten WiAusschuss auch über die wirtschaftlichen Angelegenheiten des in seinem Eigentum stehenden abhängigen Unternehmens zu unterrichten".

18d Diese eher **gesellschaftsrechtlich** geprägte **Begründung** des **BAG** greift zu kurz. Sie stellt zu sehr auf die bestehenden Unterrichtungsmöglichkeiten der Muttergesellschaft ab. Sie lässt den betriebsverfassungsrechtlichen Aspekt außer Acht, dass dem

BR des Gemeinschaftsbetriebs mit dem WiAusschuss ein Hilfsorgan zur Verfügung zu stellen ist, das einen durchsetzbaren Rechtsanspruch auf Unterrichtung und Beratung gegenüber jedem Trägerunternehmen hat. Das kann ein beim herrschenden Unternehmen angesiedelter WiAusschuss nicht leisten. Seine Zuständigkeit ist auf die wirtschaftlichen Belange dieses Unternehmens begrenzt (GK-BetrVG/*Oetker* Rn. 28; *Salamon* NZA 2017, 891, 894); ihm stehen für wirtschaftliche Angelegenheiten der Tochtergesellschaft und ihrer Betriebe keine gleichberechtigten Teilhaberechte zu. Deshalb muss auch dann, wenn ein herrschendes und ein abhängiges Unternehmen einen Gemeinschaftsbetrieb führen, dort ein WiAusschuss gebildet werden können (*Salamon* NZA 2017, 891, 894).

Hat ein Unternehmen **Betriebe** im Inland und **im Ausland,** zählen die in den ausländischen Betrieben beschäftigten ArbN bei der Ermittlung der für die Errichtung des WiAusschusses maßgebenden Zahl nicht mit (GK-BetrVG/*Oetker* Rn. 43; HWGNRH/*Hess* Rn. 10; Richardi BetrVG/*Annuß* Rn. 13; *Löwisch/Kaiser* Rn. 5; MHdB ArbR/*Stamer* § 307 Rn. 10; Schaub ArbR-HdB/*Koch* § 243 Rn. 3; **aA** DKKW/*Däubler* Rn. 28; GHR Wirtschaftsausschuss Rn. 283). Nur inländische InteressenVertr. können im Inland einen WiAusschuss bilden. Die ausländischen ArbN können aber Mitgl. des WiAusschusses werden (→ § 107 Rn. 7). 19

Der WiAusschuss ist auch für die **inländischen Betriebe** eines Unternehmens mit **Sitz im Ausland** zu errichten, wenn die inländischen Betriebe organisatorisch zusammengefasst sind und die maßgebende ArbNZahl erreichen (→ § 1 Rn. 20; BAG 1.10.1974 – 1 ABR 77/73, AP BetrVG 1972 § 106 Nr. 1; 31.10.1975 – 1 ABR 4/74, AP BetrVG 1972 § 106 Nr. 2; GK-BetrVG/*Oetker* Rn. 44; Richardi BetrVG/*Annuß* Rn. 14). 20

Die Norm des § 106 ist zwingend. Sie ist auf **kleinere Unternehmen** auch nicht entspr. anzuwenden. Der BR (GesBR) eines kleineren Unternehmens kann keinen WiAusschuss bilden. Ihm stehen auch die Rechte eines WiAusschusses nicht selbst zu (BAG 5.2.1991 – 1 ABR 24/90, AP BetrVG 1972 § 106 Nr. 10; GK-BetrVG/*Oetker* Rn. 45; Richardi BetrVG/*Annuß* Rn. 15f.; MHdB ArbR/*Stamer* § 307 Rn. 6; ErfK/*Kania* Rn. 2); eine **Ausnahme** lässt **§ 109a** bei Unternehmensübernahme zu (Näheres dort). Werden für **kleinere Unternehmen** entspr. **Ausschüsse** auf Grund freiwilliger BV errichtet, so haben diese nicht die gesetzlichen Befugnisse des WiAusschusses. Ihre Funktionen richten sich nach den durch freiwillige BV getroffenen Abmachungen, die allerdings die Regelung des BetrVG übernehmen können. 21

Unabhängig vom Bestehen eines WiAusschusses ist auch der BR über wirtschaftliche Fragen nach **§ 80 Abs. 2** zu unterrichten, soweit er die Auskünfte zur Durchführung seiner Aufgaben benötigt. Diese Anspruchsgrundlage des BR und die des WiAusschusses nach § 106 Abs. 2 schließen nicht einander aus, sie stehen nebeneinander (BAG 5.2.1991 – 1 ABR 24/90, AP BetrVG 1972 § 106 Nr. 10). Der BR hat aber kein allgemeines Einblicksrecht in die Jahresbilanz (LAG Köln 8.9.1987 – 11 Ta BV 32/87, NZA 1988, 210) oder den Wirtschaftsprüfungsbericht zum Jahresabschluss (BAG 5.2.1991 – 1 ABR 24/90, AP BetrVG 1972 § 106 Nr. 10). 22

III. Allgemeine Aufgaben

Der WiAusschuss hat die allgemeine Aufgabe, als bes. betriebsverfassungsrechtliches Organ die **Zusammenarbeit und Information zwischen Unternehmer und BR (GesBR) in wirtschaftlichen Angelegenheiten zu fördern.** Er hat aber kein MBR. Die Fragen der Unternehmenspolitik sollen frühzeitig vorbesprochen und abgeklärt werden, bevor auf Grund konkreter Planung die Unterrichtungs- und Beratungsrechte des BR einsetzen (*Stück/Wein* DB 2005, 334). Das gilt insbes. in Krisenzeiten (zu Hilfestellungen *Eisbach/Schneider* AiB 2011, 654; *Hase* AiB 2012, 112ff.; *Kischewski/Hoffmann/Lerch* AiB 2010, 672; *Vogt/Beckmann* AiB 2013, 355ff.). Die Beratungen dienen der Vorbereitung einer Entscheidung, zB bei neuen Anlagen und 23

Verfahren (§ 90) und in personellen Angelegenheiten nach §§ 92ff., hier insbes. bei den komplexen Fragen der Personalplanung, aber auch, wie die neuen, mit dem Risikobegrenzungsgesetz erfolgten Ergänzungen in Abs. 2 u. 3 verdeutlichen, bei einer oft mit weitreichenden Folgen für die ArbN verbundenen Unternehmensübernahme. Insbes. in diesem Zusammenhang müssen auch Fragen der Beschäftigungssicherung (§ 92a) im WiAusschuss beraten werden.

24 Der WiAusschuss kann auch **eigene Vorschläge** und Initiativen in die Beratungen einbringen (DKKW/*Däubler* Rn. 37; ErfK/*Kania* Rn. 3). Zu einer offensiven WiAusschussarbeit gehört es auch, zusammen mit dem BR (GesBR) ein eigenes Kennzahlensystem zur Früherkennung von Unternehmenskrisen zu entwickeln (ausf. *Cox/Offermann* Wirtschaftsausschuss S. 43ff., 65ff.; GHR Wirtschaftsausschuss Rn. 180ff.). Unabhängig davon bestehen die Unterrichtungs- und Beratungsrechte des BR wegen geplanter Betriebsänderungen (→ § 111 Rn. 102ff.).

25 § 106 Abs. 1 stellt als allgemeine Aufgabe des WiAusschusses heraus:

a) **Beratung wirtschaftlicher Angelegenheiten mit dem Unternehmer.** Die regelmäßige Beratung wird dadurch gefördert, dass der WiAusschuss monatlich einmal zusammentritt und an seinen Sitzungen der Unternehmer oder sein Vertr. teilzunehmen hat (§ 108).

b) **Unterrichtung des BR** über das Ergebnis aller Beratungen und aller erhaltenen Auskünfte (→ § 108 Rn. 26). Der Umfang der Unterrichtungspflicht kann wegen der Gefährdung von Betriebs- und Geschäftsgeheimnissen beschränkt sein (→ Rn. 43ff., 129). Keine Beschränkungen ergeben sich aus dem neuen Geschäftsgeheimnisgesetz (→ § 79 Rn. 3aff.). Da nach § 79 Abs. 1 keine Schweigepflicht gegenüber dem BR besteht, kann der WiAusschuss diese Aufgabe ungehindert wahrnehmen. Die Unterrichtung kann mündlich erfolgen. Sie erfolgt durch den Ausschuss, der einzelne Mitgl. mit dieser Aufgabe betrauen kann (MHdB ArbR/*Stamer* § 307 Rn. 62).

26 Abs. 1 erwähnt nicht ausdrücklich den Grundsatz der **„vertrauensvollen Zusammenarbeit"**; dieser gilt jedoch auch hier, zumal der WiAusschuss als Informations- und Beratungsgremium die Tätigkeit des BR (GesBR) unterstützt, der seinerseits nach § 2 Abs. 1 zur vertrauensvollen Zusammenarbeit mit dem ArbGeb. verpflichtet ist.

27 Bestehen im Unternehmen mehrere Betriebe mit BR, so hat der WiAusschuss den **GesBR** zu unterrichten, wenn die betr. Angelegenheit in dessen Zuständigkeit fällt (→ § 50 Rn. 58), anderenfalls ist der jeweilige **BR** zu unterrichten. Dies gilt insbes., wenn der BR im WiAusschuss nicht vertreten ist. Daraus, dass der GesBR in den institutionellen Fragen des WiAusschusses (vgl. § 107 Abs. 2 S. 2) zuständig ist, ist nicht notwendigerweise abzuleiten, dass dieser auch in den sachlichen Fragen der Information stets der gesetzliche Adressat ist.

IV. Unterrichtungspflicht des Unternehmers

28 Anders als in den meisten Vorschriften des BetrVG ist in den §§ 106ff. der **Unternehmer in dieser seiner Eigenschaft** und nicht in seiner Funktion als ArbGeb. angesprochen. Damit tritt dem WiAusschuss derjenige gegenüber, der die wirtschaftlichen Ziele verfolgt, denen die arbeitstechnische Leistung des Betriebs zu dienen bestimmt ist (→ § 1 Rn. 226ff.), und der die Unternehmensziele, den finanziellen Rahmen und damit die Planungs- und Leistungsvorgaben der Betriebe festsetzt.

29 Der Unternehmer muss den WiAusschuss von sich aus **unaufgefordert** unterrichten; der WiAusschuss braucht seine Rechte nicht ausdrücklich geltend zu machen (DKKW/*Däubler* Rn. 56; WHSS Umstrukturierung/*Schweibert* Kap. C Rn. 494; *Hjort* AiB 2009, 132f.). Die Verletzung der Unterrichtungspflicht ist eine Ordnungswidrigkeit iSv § 121.

Rechtzeitige Unterrichtung heißt, der Unternehmer hat den WiAusschuss vor einer Entscheidung zu unterrichten. Der WiAusschuss muss vor dem BR unterrichtet werden, sonst ist eine Beratung sinnlos. Der BR muss seine Beteiligungsrechte noch wahrnehmen und noch auf die Willensbildung des Unternehmers Einfluss nehmen können (BAG 20.11.1984 – 1 ABR 64/82, AP BetrVG 1972 § 106 Nr. 3; Richardi BetrVG/*Annuß* Rn. 24; ErfK/*Kania* Rn. 4; *Rumpff/Boewer* Mitbestimmung S. 193). Schon der Entschluss zur Planung (zu unternehmensinternen Planungssystemen GHR Wirtschaftsausschuss Rn. 37 ff.) kann Unterrichtungspflichten auslösen, weil Ziele und Wege erörtert werden sollen (DKKW/*Däubler* Rn. 44; *Cox/Offermann* Wirtschaftsausschuss S. 37 f.; *Hjort* AiB 2005, 201 f.; *Sieg/Maschmann* Unternehmensumstrukturierung Rn. 467). Die rechtzeitige Unterrichtung ist insbes. beim Unternehmensverkauf wichtig, weil es hier oft um die Frage der Arbeitsplatzsicherheit geht (s. zu den einzelnen Phasen eines Unternehmensverkaufs *Rothkegel/Cavelius* AiB 2012, 108 ff., die aber die Handlungsmöglichkeiten des WiAusschusses übersehen). 30

Die rechtzeitige Unterrichtung des WiAusschusses ist insbes. auch bei Einführung und Änderung einer **Matrixorganisation** der erfassten Unternehmen erforderlich. Seine Informationsrechte bestehen bereits in frühen Planungs- und Konzeptphasen, um Einfluss nehmen zu können (→ Rn. 31 ff.). Der ArbGeb. (Betriebsinhaber) wird erst später über die Schnittstellen in den funktionalen Linien des Matrixmanagement informiert und darüber, dass sein Betrieb von auf übergeordneter Ebene des Matrixmanagement entwickelten Planungen und Veränderungen betroffen sein wird (Maschmann/Fritz Matrixorganisationen/*Spieler* Kap. 3 Rn. 518). 30a

Aus der Hilfsfunktion des WiAusschusses für den BR (GesBR) folgt eine **Vorverlagerung der Unterrichtung** (so zutr. GK-BetrVG/*Oetker* Rn. 118) insbes. in Fällen, in denen **Spezialgesetze** wie das **UmwG** und **WPÜG** Ansprüche des **„zuständigen Betriebsrats"** (idR der GesBR; vgl. FS Willemsen/*Dzida* S. 95, 96 ff.) auf Mitwirkung in wirtschaftlichen Angelegenheiten vorsehen und den Unternehmen die Erfüllung dieser Ansprüche innerhalb bestimmter Fristen auferlegen (vgl. §§ 5 Abs. 3, 126 Abs. 3 UmwG: → Rn. 11, 12). Vor einer Unterrichtung des zuständigen BR hat das Unternehmen die Angelegenheit mit dem WiAusschuss zu beraten und diesem ist ausreichend Zeit zu gewähren, dass er dem zuständigen BR über die Beratung berichten kann (vgl. *Semler/Stengel* UmwG § 5 Rn. 80; *Engels* ArbuR 2009, 10 [27 f.]; zu Abs. 3 Nr. 9a → Rn. 110 ff.). 31

Eine Vorverlagerung der Unterrichtung (→ Rn. 31) ist auch in **Unternehmen** sicherzustellen, die einem **Konzern** angehören. Werden in der Konzernspitze Maßnahmen geplant, die (auch) das Konzernunternehmen betreffen und zu den nach § 106 unterrichtungspflichtigen Angelegenheiten gehören, hat das Konzernunternehmen, falls es nicht in die Planungen des Konzerns einbezogen und unwissend ist, die Pflicht, sich die erforderlichen **Informationen** bei der Konzernspitze **zu beschaffen** und sie dem bei ihm angesiedelten WiAusschuss zur Verfügung zu stellen. Ohne einen derartigen Informationsbeschaffungsanspruch, der in ähnlich gelagerten Fällen anerkannt wird (→ Rn. 100 f.; → § 109a Rn. 8; LAG Nds 3.11.2009 – 1 TaBV 63/09, NZA-RR 2010, 142 zu einem Informationsdurchgriffsanspruch und dazu DKKW/*Däubler* Rn. 91), kann der WiAusschuss seine gesetzlich vorgegebene Hilfsfunktion für den BR nicht erfüllen (BAG 17.12.2019 – 1 ABR 35/18 ausf. *Lerch/Weinbrenner* NZA 2013, 355 ff.; *Hijort* ArbuR 2018, 224). 31a

Die Unterrichtungspflicht kann eintreten, **bevor** eine **ad-hoc-Publizitätsverpflichtung** nach **Art. 17 MMVO** entsteht; die ad-hoc-Publizitätsverpflichtung setzt ein, wenn eine neue Tatsache im Tätigkeitsbereich der AG eingetreten ist, die wegen der Auswirkungen auf die Vermögens- und Finanzlage oder auf den allgemeinen Geschäftsverlauf der AG geeignet ist, den Börsenpreis der Wertpapiere erheblich zu beeinflussen. Beide Verpflichtungen bestehen unabhängig voneinander. 32

Verspätet ist die Unterrichtung jedenfalls immer dann, wenn Entscheidungen im zuständigen Unternehmensorgan (Vorstand, Geschäftsführung) bereits gefallen sind (ErfK/*Kania* Rn. 4; *Hjort* AiB 2009, 132 [133]). 33

34 **Umfassend** ist die Unterrichtung, wenn der WiAusschuss alle Informationen erhält, die für eine sinnvolle Beratung der Angelegenheit erforderlich sind. Unternehmer und die Mitgl. des WiAusschusses müssen über die gleichen Informationen **(Informationsparität)** verfügen (LAG Köln 14.1.2004 – 8 TaBV 72/03, NZA-RR 2005, 32; *Sieg/Maschmann* Unternehmensumstrukturierung Rn. 467; WHSS Umstrukturierung/*Schweibert* Kap. C Rn. 493). Gegenstand der Unterrichtung sind die Maßnahme selbst, aber auch schon Vorüberlegungen zu Maßnahmen von gewisser Brisanz, ihre Auswirkungen, aber auch ihre Gründe (vgl. Richardi BetrVG/*Annuß* Rn. 25). Zur umfassenden Information gehören ferner Glaubwürdigkeit und Verständlichkeit (BAG 17.3.1987 – 1 ABR 59/85, AP BetrVG 1972 § 80 Nr. 29) und sie muss der Wahrheit entsprechen (GK-BetrVG/*Oetker* Rn. 123). Der WiAusschuss muss aufgrund der Information zu einer sachgemäßen Beratung und zu eigenen Vorschlägen in der Lage sein.

35 Eine umfassende Unterrichtung erfordert auch die Mitteilung von **Insiderinformationen** (s. Art. 7 MMVO). Dass das öffentliche Bekanntwerden von Umständen, die geeignet sind, den Kurswert eines Insiderpapiers erheblich zu beeinflussen, steht dem nicht entgegen. Das Verbot des Art. 14 Buchst. c MMVO greift nicht, da die Mitteilung von Insiderinformationen an den WiAusschuss nicht „unrechtmäßig" erfolgt (sa Art. 10 Abs. 1 S. 1 Halbs. 2 MMVO), sondern durch § 106 Abs. 2 gedeckt ist (GK-BetrVG/*Oetker* Rn. 122; DKKW/*Däubler* Rn. 59; Richardi BetrVG/*Annuß* Rn. 32; FS Willemsen/*Seibt* S. 509, 522 f.; **aA** *Röder/Merten* NZA 2005, 268 [271 f.]).

36 Bei der Unterrichtung sind insbes. die Auswirkungen der unternehmerischen Planungen „auf die Personalplanung" darzustellen. Die **Personalplanung** (→ § 92 Rn. 5 ff.) erfolgt idR jedenfalls in ihren Zieldaten bereits im Zusammenhang mit der Aufstellung der für die Gesamtplanung des Unternehmens zu erarbeitenden Teilpläne für Absatz, Produktion, Investitionen, Finanzpolitik. Zum Umfang der Unterrichtungspflichten bei **Unternehmensumstrukturierungen** (vgl. BKMT ArbR Unternehmensumwandlung § 4 Rn. 293 ff.).

37 Die Unterrichtung erfolgt **„unter Vorlage der erforderlichen Unterlagen"**, ohne dass es insoweit eines ausdrücklichem Verlangens des WiAusschusses (wie im Falle des § 80 Abs. 2 S. 2) bedarf. Derartige Unterlagen sind zB

– der **Jahresabschluss,** der nach § 242 HGB die Bilanz sowie die Gewinn- und Verlustrechnung umfasst (BAG 8.8.1989 – 1 ABR 61/88, AP BetrVG 1972 § 106 Nr. 6; vgl. *Godorr* AiB 2011, 463 f.; zu den Folgen des erweiterten Umsatzbegriffs auf Kennzahlen *Rothkegel/Eisbach* AiB 2017 H. 9 S. 48 ff.), der **Wirtschaftsprüfungsbericht** nach § 321 HGB (BAG 8.8.1989 – 1 ABR 61/88, AP BetrVG 1972 § 106 Nr. 6); die Verpflichtung wird nicht durch § 108 Abs. 5 eingeschränkt. Die Verpflichtungen bestehen nebeneinander (Richardi BetrVG/*Annuß* Rn. 28; *Dütz/Vogg* SAE 1991, 231; **aA** HWGNRH/*Hess* § 108 Rn. 24; *Rumpff/Boewer* Mitbestimmung S. 184),
– **sonstige Berichte** (zB einer Unternehmensberatung, HessLAG 1.9.1988 – 12 TaBV 46/88, NZA 1989, 193), **Pläne** zur Verbesserung der Arbeitsmethoden, Organisations- und Rationalisierungspläne, für ein **Working Capital Management** – WCM (vgl. *RothkegelSchur* AiB 2017 H. 6 S. 30 ff.; Bilanzen (s. *Eisbach/Rothkegel/Schneider* AiB 2010, 373 ff., AiB 2011, 537 ff.; zu betriebswirtschaftlichen Begriffen *Rothkegel/Schneider* AiB 2017 H. 10 S. 23 f.), Gewinn- und Verlustrechnungen, Betriebsabrechnungsbögen und **Erfolgsberechnungen** (BAG 17.9.1991 – 1 ABR 74/90, AP BetrVG 1972 § 106 Nr. 13), Betriebsstatistiken, Marktanalysen (OLG Karlsruhe 7.6.1985 – 1 Ss 68/85, NZA 1985, 570), Mittelfristplanung wie Zusammenstellung unternehmensrelevanter Daten einschl. der sich daraus ergebenden Auswirkungen (LAG Köln 14.1.2004 – 8 TaBV 72/03, NZA-RR 2005, 32), Management-Report zur Steuerung des Geschäftsfeldes (LAG Köln 14.1.2004 – 8 TaBV 72/03, NZA-RR 2005, 32), **Bewertung** des Unternehmens durch **Rating-Agenturen** (vgl. DKKW/*Däubler* Rn. 70).

– Unterlagen über Lohn- und Leistungsbewertungen sowie **Investitionsplanungen,** Unterlagen zur Ermittlung des **Personalbedarfs** an Hand der Gegebenheiten und der Planziele des Unternehmens (weitere Beispiele bei GHR Wirtschaftsausschuss Rn. 394). Dazu gehören alle Unterlagen, die in Zusammenhang mit dem **Einsatz** von **Fremdpersonal** in Form von LeihArb oder Fremdfirmen-Einsatz stehen (→ Rn. 130; → § 80 Rn. 63), also die zugrunde liegenden Verträge (vgl. *Ulber* AÜG § 14 Rn. 129) und vor allem die Berechnungsunterlagen zur Ermittlung der durch Fremdeinsatz erzielten Kosteneinsparungen, die im Rahmen der Personalplanung (s. Abs. 2 S. 1) Bedeutung erlangen können.

Mit dem **Risikobegrenzungsgesetz** v. 12.8.2008 (BGBl. I S. 1666) ist Abs. 2 ergänzt worden. Der neue S. 2 nennt in Anlehnung an § 11 WpÜG nicht abschließende Beispiele für erforderliche Unterlagen bei **Unternehmensübernahme** (Abs. 3 Nr. 9a). Hier geht es insbes. um Angaben über den potenziellen Erwerber und dessen Absichten bez. der künftigen Geschäftstätigkeit des Unternehmens sowie die sich daraus ergebenden Auswirkungen auf die ArbN; Gleiches soll gelten, wenn der Unternehmensübernahme ein Bieterverfahren vorgeschaltet ist. Näheres zum Gesamtkomplex → Rn. 114 ff. **38**

Die Regelung das Abs. 2 S. 2 iVm Abs. 3 Nr. 9a gilt für jede Form einer Unternehmensübernahme mit Kontrollerwerb. Deshalb findet sie auch auf alle der in §§ 287 f. KAGB geregelten Fälle Anwendung, in denen **AIF-Kapitalverwaltungsgesellschaften** die Kontrolle über nicht börsennotierte Unternehmen und Emittenten erlangen und zwar selbst dann, wenn sie zu denjenigen Zielunternehmen gehören, die gem. § 287 Abs. 2 KAGB zur Nichtanwendung der §§ 287–292 KAGB führen, wie zB kleinere und mittlere Unternehmen. Denn die Beteiligungsrechte der ArbN nach dem BetrVG werden durch die §§ 287 ff. KAGB nicht eingeschränkt (vgl. BT-Drs. 17/12294, 277 zum ehem. AIFM-UmsG). **38a**

Gerät ein **Kreditinstitut** in wirtschaftliche Schwierigkeiten, hat es nach Maßgabe des § 2 Abs. 1 **KredReorgG das** Sanierungsverfahren durch Anzeige bei der Bundesanstalt einzuleiten und einen **Sanierungsplan** vorzulegen (vgl. zum Ganzen *Schuster/Westpfahl* DB 2011, 221 ff. [282 ff.]; *Schabert* DB 2011 Beil. Heft 13, 6 ff.). Der Sanierungsplan (§ 2 Abs. 2 KredReorgG), der alle zur Sanierung geeignete Maßnahmen ua solche zur Erhaltung der unternehmerischen Einheit und der Rettung von Arbeitsplätzen zum Gegenstand hat (so GBegründung BR-Drs. 534/10, 69), ist vor Einleitung des Sanierungsverfahrens mit dem WiAusschuss zu beraten und ihm die Endfassung ebenfalls vorzulegen. Dies entspricht der GBegründung (BR-Drs. 534/10, 60); sie stellt ausdrücklich klar, dass die **Beteiligungsrechte** des BR – und damit auch dessen Hilfsorgan WiAusschuss – nach dem BetrVG **unberührt** bleiben. **38b**

Dem Kreditinstitut steht auch bezüglich der Person des **Sanierungsberaters** ein Vorschlagsrecht zu. Da dieser den Sanierungsplan umzusetzten hat (§ 6 Abs. 1 KredReorgG) und dazu geeignet sein soll, hat das Institut vor Ausübung seines Vorschlagsrechts die Personalie mit dem WiAusschuss zu beraten. Da der Sanierungsberater sich aufgrund der in § 4 Abs. 1 Nr. 1–6 KredReorgG über umfassende Rechte zur Informationsgewinnung die notwendige Einsicht in die Geschäftsabläufe und die finanzielle Lage des Kreditinstituts verschaffen und in ausreichendem Maße das operative Geschäft des Instituts beeinflussen kann (GBegründung BR-Drs. 534/10, 71), nimmt er wirtschaftliche Angelegenheiten wahr, über deren Fortgang der WiAusschuss ebenfalls zu unterrichten ist. Dem steht nicht entgegen, dass der Sanierungsberater unter der Aufsicht des OLG steht. **38c**

Ist eine Sanierung des Kreditinstitus erfolglos oder von vornherein aussichtslos, kann unter Vorlage eines **Reorganisationsplans** das Reorganisationsverfahren bei der Bundesanstalt eingeleitet werden (§ 7 KredReorgG). Der Reorganisationsplan enthält weitreichendere Maßnahmen als der Sanierungsplan (vgl. §§ 8 ff. KredReorgG). So stellt die Ausgliederung (§ 11 KredReorgG) ein wesentliches Instrument der Reorganisation des Kreditinstituts dar. Durch Ausgliederung können bestimmte **38d**

Teile des Unternehmens zur Neugründung oder zur Aufnahme durch Übertragung an einen oder mehrere Rechtsträger aus dem Kreditinstitut ausgelagert werden. Die Übertragung der Vermögenswerte des Kreditinstituts im Wege der Gesamtrechtsnachfolge oder partiellen Gesamtrechtsnachfolge auf einen oder mehrere Rechtsträger ermöglicht eine Aufteilung des Geschäfts in schlechte und gesunde Teile bzw. nach Geschäftsbereichen (GBegründung BR-Drs. 534/10, 77 f.).

38e Wegen der damit verbundenen **Auswirkungen** für die **Belegschaft** muss der Reorganisationsplan außer Angaben über Name und Sitz des übernehmenden Rechtsträgers, zum Vermögensübergang und die finanzielle Gegenleistung Angaben über die Folgen der Ausgliederung für die ArbN und ihre Vertretungen sowie die insoweit vorgesehene Maßnahmen enthalten (§ 11 Abs. 1 KredReorgG iVm § 136 Abs. 1 Nr. 1–3, 5 SAG). Außerdem darf es zu keinem Eingriff in Forderungen von ArbN auf **Arbeitsentgelt** und von Versorgungsberechtigten auf betriebliche Altersversorgung kommen (§ 12 Abs. 3 KredReorgG). Das alles sind Themen, die eine frühzeitige Unterrichtung und Beratung des WiAusschusses erfordern, bevor der Reorganisationsplan aufgestellt wird (vgl. auch GBegründung BR-Drs. 534/10, 61). Was den **Reorganisationsberater** angeht, gelten die Vorschriften über den Sanierungsberater entspr. (GBegründung BR-Drs. 534/10, 74 zu § 7 Abs. 5 KredReorgG), so dass bez. der Mitwirkung des WiAusschuss insoweit auf → Rn. 38b verwiesen werden kann.

38f Mit den im Rahmen des RestrukturierungsG erfolgten **Neuregelungen** in den **§§ 45 ff. KWG** werden die hoheitlichen Handlungsinstrumente der Bundesanstalt zur Restrukturierung eines gefährdeten Kreditinstituts erweitert (GBegründung BR-Drs. 534/10, 62). Verlangt die Bundesanstalt vom Institut einen **Restrukturierungsplan,** wie und in welchem Zeitraum die Eigenmittelausstattung oder Liquidität des Instituts nachhaltig wiederhergestellt werden soll (§ 45 Abs. 2 S. 1 Nr. 7 u. S. 2 KWG), hat das Institut die vorzuschlagenden Maßnahmen mit dem WiAusschuss rechtzeitig zu beraten.

38g Die Bundesanstalt kann einen **Sonderbeauftragten** bestellen und ihm ua die Aufgabe übertragen, einen Restrukturierungsplan für das Institut zu erstellen (§ 45c Abs. 1, Abs. 2 Nr. 7 KWG). Dann ist der Sonderbeauftragte, der diese wirtschaftliche Angelegenheit anstelle des Instituts als Unternehmer wahrnimmt (s. § 45c Abs. 1 u. 3 KWG sowie GBegründung BR-Drs. 534/10, 91 f.) verpflichtet, mit dem WiAusschuss über den Restrukturierungsplan zu beraten, bevor dieser der Bundesanstalt zugeleitet wird. Die Rechte des WiAusschusses werden auch bei diesem Verfahren nicht verkürzt (GBegründung BR-Drs. 534/10, 60).

38h Im Unterschied zum Sanierungsverfahren nach §§ 2 ff. KredReorgG (→ Rn. 38b ff.) verpflichtet das neue **G zur Sanierung und Abwicklung von Instituten und Finanzgruppen – SAG –** (→ Einl. Rn. 91) sog CRR-Kreditinstitute und CRR-Wertpapierfirmen (vgl. § 1, 2 Abs. 1 SAG) dazu, bereits **vor** einem möglichen **Krisenfall** vorausschauend Maßnahmen für eine eventuell notwendige Sanierung des Instituts zu planen, um besser auf eine Krise vorbereitet zu sein (§ 12 SAG; s. dazu BT-Drs. 18/2575, 141, 147). Den Sanierungsplan reichen die Institute der Aufsichtsbehörde nach entspr. Aufforderung und der Deutschen Bundesbank zur Prüfung ein (§ 12 Abs. 3 SAG).

38i Die in §§ 13, 14 SAG enthaltenen Vorgaben für die Ausgestaltung des **vorsorglichen Sanierungsplans** erfordern die Beteiligung des WiAusschusses. Der vorsorgliche Sanierungsplan muss ua eine Darstellung der für die Wiederherstellung der finanziellen Stabilität der Bank(engruppen) im Krisenfall geeigneten Handlungsoptionen und deren Folgen für die ArbN und ihre Vertretungen sowie die Festlegung von Indikatoren enthalten, die eine rechtzeitige Durchführung von Handlungsoptionen zur Überwindung der Krise aus eigener Kraft ermöglichen. Dass es hier nur um eine **abstrakte,** nicht anlassbezogene **Planung** geht, die zu keinem Automatismus für die Umsetzung der einen oder anderen Handlungsoption führt, **steht** der Anwendung des **§ 106 Abs. 2 nicht entgegen** (vgl. Gesetzesbegründung BT-Drs. 18/2575, 150). Der Umfang der Einflussnahme des WiAusschusses hängt davon ab, ob und inwieweit von den Verordnungsermächtigungen im neuen § 21a SAG Gebrauch gemacht wird.

Bei der Erstellung des vorsorglichen Sanierungsplans und bei seiner Aktualisierung (§ 12 Abs. 4 SAG) handelt es sich um eine **wirtschaftliche Angelegenheit** iSv § 106. Der Plan ist Grundlage für das wirtschaftliche und finanzielle Überleben der jeweiligen Bank(engruppe) bei einer heraufziehenden Krise. Zur Überwindung der Krise können im Sanierungsplan Umstrukturierungen im Unternehmen/Konzern, Änderung der Betriebsorganisation, Einstellen oder Umgestaltung von Geschäftsfeldern und weitere Maßnahmen als erforderlich dargestellt sein, die sich für die ArbN nachteilig auswirken. Da § 106 nicht erst bei konkreten, geplanten Maßnahmen wie zB bei § 111, sondern immer dann greift, wenn es allgemein um wirtschaftliche Angelegenheiten geht, ist der WiAusschuss einzuschalten. Nur so kann er auch seiner gesetzlichen Verpflichtung nachkommen, wirtschaftliche Angelegenheiten mit dem ArbGeb. zu beraten und ihm bereits im Vorfeld die Sichtweise der ArbN darzulegen. Dadurch wird das Institut in die Lage versetzt, der Aufsichtsbehörde belastbare Handlungsoptionen hinsichtlich der ArbN im Sanierungsplan zu unterbreiten. Das wiederum erleichtert der Aufsichtsbehörde die Prüfung des Sanierungsplans (§ 15 SAG) in Bezug auf die Folgen für die ArbN. **38j**

Auch können die Institute und gruppenangehörige Unternehmen nicht unter Hinweis auf §§ 4, 5 SAG über die **Vertraulichkeit** von Informationen und die Verschwiegenheitspflicht die Beteiligung des WiAusschusses an der Erstellung oder Aktualisierung des Sanierungsplans ablehnen. Nach der hier einschlägigen Spezialvorschrift des § 21 SAG gilt die Vertraulichkeitspflicht nicht gegenüber den an der Erstellung und Umsetzung des Sanierungsplans Beteiligten (sa Gesetzesbegründung BT-Drs. 18/2575, 150). **38k**

Hat das Institut nach Mängelrüge der Aufsichtsbehörde einen **überarbeiteten Sanierungsplan** vorzulegen (§ 16 SAG), ist der WiAusschuss über die Mängelrüge zu informieren und zur Überarbeitung des Plans hinzuzuziehen. Das gilt auch dann, wenn die Aufsichtsbehörde andere als unmittelbar die ArbN betreffende Aspekte des Sanierungsplans bemängelt hat. Das folgt aus der weit gefassten Generalklausel des § 106 Abs. 3 Nr. 1, die eine Zuständigkeit des WiAusschusses für die Erörterung auch der allgemeinen wirtschaftlichen und finanziellen Lage des Unternehmens, einschließlich einer möglichen Risikolage begründet (→ Rn. 52f.). **38l**

Legt das Institut keinen oder einen nur mangelhaft überarbeiteten Sanierungsplan vor, kann die Aufsichtsbehörde ihm gegenüber die aus ihrer Sicht erforderlichen Maßnahmen für eine **Nachbesserung** des Sanierungsplans **anordnen** (§ 16 Abs. 3, 4 SAG). Auf die Anordnung der Aufsichtsbehörde hat der WiAusschuss keinen Einfluss; umso wichtiger ist es, ihn als Kenner der Probleme vor Ort bei der Erstellung des Sanierungsplans einzubeziehen (→ Rn. 38i), um möglicherweise Fehler oder Schwachstellen des Plans bei dessen Erarbeitung zu vermeiden. Auch zur Ausgestaltung der Nachbesserungsmaßnahmen ist der WiAusschuss aufgrund seiner umfassenden Zuständigkeit (→ Rn. 38j) dann hinzuzuziehen, wenn die Anordnung dem Institut Spielraum für Alternativen lässt. Auf jeden Fall ist der WiAusschuss über die Anordnung zu unterrichten (vgl. Gesetzesbegründung BT-Drs. 18/2575, 150). **38m**

Soweit die **Mängel** so schwerwiegend sind, dass sie sich **nicht** durch Nachbesserung des Sanierungsplans **beheben** lassen, kann die Aufsichtsbehörde so weitreichende Maßnahmen verlangen wie zB die Änderung der Organisation der Unternehmensführung in der Weise, dass Handlungsoptionen aus dem Sanierungsplan rechtzeitig und zügig umgesetzt werden können (§ 16 Abs. 5 SAG). Vor Erlass derartiger Maßnahmen hat die Aufsichtsbehörde unter dem Gesichtspunkt der Erforderlichkeit dem Institut Gelegenheit zu geben, **Unzulänglichkeiten** der Planung **selbst** zu **beseitigen** und Abhilfe zu schaffen (vgl. Gesetzesbegründung BT-Drs. 18/2575, 149). Das Institut hat den WiAusschuss rechtzeitig zu beteiligen und ihm Gelegenheit zur Unterbreitung von Vorschlägen zu geben. Insbes. dann, wenn es um eine von der Aufsichtsbehörde geforderte Optimierung der unternehmensinternen Entscheidungs- **38n** verfahren zur Umsetzung des Sanierungsplans geht, ist der WiAusschuss aufgrund seiner Kenntnis des operativen Geschehens vor Ort ein kompetenter Gesprächspartner für die Bank, um Verbesserungsvorschläge für eine rechtzeitige und zügige Umsetzung von Handlungsoptionen aus dem Sanierungsplan zu machen.

38o Die Aufsichtsbehörde kann bei signifikant verschlechterter wirtschaftlicher Situation eines Instituts **Frühinterventionsmaßnahmen** anordnen wie Aktualisierung des Sanierungsplans, Umsetzung von im Sanierungsplan genannten Handlungsoptionen, Erstellung einer Situationsanalyse und eines Plans zur Überwindung bestehender Probleme einschließlich eines Zeitplans (§ 36 SAG). Auch hierbei sind die Beteiligungsrechte nach dem BetrVG zu beachten, wie § 36 Abs. 3 SAG ausdrücklich klarstellt (sa Gesetzesbegründung BT-Drs. 18/2575, 155).

38p Auf den **Abwicklungsplan** (§§ 40ff. SAG), den die Abwicklungsbehörde unter Beteiligung der Aufsichtsbehörde für jedes Institut für den Fall der Bestandsgefährdung (§§ 62ff. SAG) erstellt, kann der WiAusschuss keinen unmittelbaren Einfluss nehmen. Er kann aber **mittelbar Einfluss** auf die Ausgestaltung des Abwicklungsplans nehmen:

38q Eine solche Einflussmöglichkeit des WiAusschusses folgt aus der **Mitwirkungspflicht** des **Instituts** bei der Erstellung und Aktualisierung des Abwicklungsplans (§ 42 Abs. 1 SAG). Danach hat das Institut der Abwicklungsbehörde alle im Rahmen der Abwicklungsplanung erforderlichen Informationen und Analysen zu übermitteln. Inhalt des Abwicklungsplans sind ua eine Analyse der Auswirkungen des Abwicklungsplans auf die ArbN und ihre Vertreter, eine Beschreibung der wesentlichen Prozesse und Systeme zur Fortführung des Geschäftbetriebs des Instituts sowie dessen Einschätzung in Bezug auf den Abwicklungsplan (s. § 40 Abs. 3 Nr. 14, 17, 18 SAG). Das sind Themen, die die ArbN unmittelbar betreffen und je nach Ausgestaltung des Abwicklungsplans bei dessen Umsetzung zum Verlust von Arbeitsplätzen führen kann. Da der Abwicklungsplan bei Eintritt des Krisenfalls Grundlage behördlichen Handelns ist und das Institut bindet, laufen Beteiligungsrechte nach dem BetrVG mangels einer Entscheidungsfreiheit des Instituts (ArbGeb.) leer. Deshalb hat das Institut den **WiAusschusses** als Sachwalter der ArbN-Interessen nach § 106 BetrVG im **Vorfeld** der Erstellung des **Abwicklungsplans** zu **beteiligen** und ihm Gelegenheit zu geben, seine Sicht der Dinge insbes. bez. der ArbN darzulegen.

38r Wenn die Abwicklungsbehörde feststellt, dass der **Abwicklungsfähigkeit** eines Instituts wesentliche **Hindernisse** entgegenstehen, hat das Institut der Behörde geeignete Maßnahmen zur Beseitigung oder zum Abbau der Hindernisse vorzuschlagen. Hält die Behörde diese Vorschläge für ungeeignet, ordnet die Behörde alternative Maßnahmen an und das Institut muss innerhalb 1 Monats einen entspr. Umsetzungsplan erstellen (§ 59 Abs. 1, 2, 4 SAG). Auch in diesen beiden Fällen hat das Institut den WiAusschuss hinzuzuziehen und mit ihm die Vorschläge zur Beseitigung der Abwicklungshindernisse und ggf. die Erstellung des Umsetzungsplans für die behördlichen Maßnahmen zu beraten, zumal es um so einschneidende Maßnahmen wie Einschränkung oder Einstellung von Geschäftsaktivitäten oder des Vertriebs neuer oder existierender Produkte sowie Änderungen der rechtlichen oder operativen Institutsstruktur geht, die idR mit Gefahren für die Arbeitsplätze verbunden sind.

38s Falls das Institut die Ansicht des WiAusschusses in den vorgenannten Angelegenheiten teilt und sich zu eigen macht, sollte es seine Stellungnahme gegenüber der Abwicklungsbehörde entsprechend abfassen und auf die Übereinstimmung mit dem WiAusschuss hinweisen. Falls der **WiAusschuss** anderer Meinung ist, sollte das Institut die **Stellungnahme** des WiAusschusses seiner Äußerung gegenüber der Abwicklungsbehörde **beifügen.** So kann diese frühzeitig erkennen, wo es bei Eintritt des Krisenfalles zu Schwierigkeiten mit der ArbN-Vertr. kommen kann und wie dies eventuell vermieden werden kann.

38t Wählt die Behörde als Abwicklungsinstrument eine rekapitalisierende Gläubigerbeteiligung (§§ 89ff. SAG), kann der WiAusschuss über seine Beteiligungsrechte bei der Erstellung des **Restrukturierungsplans** (§§ 103ff. SAG) auf die vollständige oder teilweise Fortführung der Geschäftstätigkeit des Instituts oder des gruppenangehörigen Unternehmens Einfluss nehmen (vgl. Gesetzesbegründung BT-Drs. 18/2575, 178). Dieser Plan muss ua Maßnahmen zur Wiederherstellung der Überlebensfähigkeit des Instituts und die Folgen dieser Maßnahmen für die ArbN beschreiben, insbes. die Restrukturierung von Geschäftsaktivitäten sowie Änderungen der operativen Systeme und der Institutsinfrastruktur (§ 103 Abs. 2, 3 SAG). Hier kann der WiAusschuss seine vor Ort gewonnenen Kenntnisse praxistauglich einbringen. Gleiches gilt, wenn nach Maßgabe des § 104 Abs. 2, 3 SAG ein **geänderter Restrukturierungsplan** vorgelegt werden muss. Der WiAusschuss ist auch an dem nach behördlicher Genehmigung des Restrukturierungsplans zu erfolgende halbjährige **Bericht** des Instituts gegenüber der Abwicklungsbehörde ebenso zu beteiligen wie an einer eventuell zur Erreichung des Restrukturierungsziels erforderlichen **Überarbeitung** des **Plans** (§ 105 SAG).

Ordnet die Behörde für die Abwicklung des Instituts das Instrument der **Unternehmensveräußerung** oder das der **Übertragung** auf ein Brückeninstitut an (§§ 107 ff. SAG), so wird dieser behördliche Akt vollzogen, ohne dass der WiAusschuss – anders als bei der rekapitalisierenden Gläubigerbeteiligung (→ Rn. 38t) – auf die Übertragungsanordnung Einfluss nehmen kann (s. §§ 137 ff. SAG); seine Einflussmöglichkeiten beschränken sich hier auf die der Anordnung vorgelagerte Phase der behördlichen Entscheidungsfindung (→ Rn. 38i ff.). Erst bei den sich aus der Übertragungsanordung ergebenden Auswirkungen auf die ArbN und ihre Vertretungen greifen die Vorschriften des BetrVG, insbes. §§ 106 ff., 111 ff.; das Gleiche gilt für die ArbN und ihre Vertretungen im übernehmenden Rechtsträger. **38u**

Nach § 68 Abs. 3 SAG **informiert** bei **Abwicklungsmaßnahmen** die Abwicklungsbehörde den **BR** des Instituts oder des gruppenangehörigen Unternehmens; das kann in der Weise geschehen, dass der **WiAusschuss** als das insoweit zuständige Hilfsorgan des BR (→ Rn. 2) informiert wird. Die Information soll aber nur erfolgen, soweit dies ohne Beeinträchtigung der Abwicklungsziele möglich ist. Erfolgt keine Information durch die Abwicklungsbehörde, hat sie durch das Institut nach § 106 Abs. 2 iVm Abs. 3 Nr. 1, 6, 8, 9, 9a oder 10 je nach Ausgestaltung der Abwicklungsmaßnahme zu erfolgen. Dem dürften Betriebs- und Geschäftsgeheimnisse grds. nicht entgegenstehen (→ Rn. 44). **38v**

Vorzulegen sind Unterlagen, die dem Unternehmer zur Verfügung stehen, gleichgültig ob er sie selbst oder ob Dritte sie angefertigt haben (HessLAG 19.3.1996 – 4 TaBV 12/96, AiB 1996, 668). Aus dem Grundsatz der vertrauensvollen Zusammenarbeit (→ Rn. 26) kann sich ergeben, dass der Unternehmer eine Unterlage eigens zwecks **Vorlage** für den WiAusschuss **anzufertigen** hat, wenn dies für eine sinnvolle Unterrichtung erforderlich ist, wie dies bei komplexen Sachverhalten (zB Unternehmensübernahme; → Rn. 115, 122, 127) zutreffen dürfte (weitergehend *Föhr* DB 1976, 1378 [1382]; **aA** GK-BetrVG/*Oetker* Rn. 131; MHdB ArbR/*Stamer* § 307 Rn. 49). **39**

Der WiAusschuss hat Anspruch darauf, dass ihm die **Unterlagen zur Einsichtnahme vorgelegt** werden (vgl. § 108 Abs. 3) und die Unterrichtung unter Hinweis auf sie erfolgt; eine Darstellung ausschließlich in Form einer Präsentation über Beamer oder Folien reicht nicht aus (*Cox/Offermann* Wirtschaftsausschuss S. 28). Der Unternehmer hat in seinen Berichten die Unterlagen zu verwerten. Die Mitgl. des WiAusschusses können sich **schriftliche Aufzeichnungen machen.** Sie dürfen sich gegen den Willen des Unternehmers keine Abschriften oder Ablichtungen anfertigen (BAG 20.11.1984 – 1 ABR 64/82, AP BetrVG 1972 § 106 Nr. 3; Richardi BetrVG/*Annuß* Rn. 31). **40**

Obwohl „Vorlage" nicht gleichbedeutend mit „Überlassen" ist, hat der Unternehmer dem WiAusschuss umfangreiche Aufstellungen, Listen uä auch schon **vor der Sitzung** in Fotokopie zu **übergeben** oder diese Unterlagen auch im Original für kurze Zeit auszuhändigen, da deren Auswertung und sofortige Beratung im zeitlichen Rahmen einer Sitzung (§ 108) gar nicht möglich ist (BAG 20.11.1984 – 1 ABR **41**

64/82, AP BetrVG 1972 § 106 Nr. 3; DKKW/*Däubler* Rn. 49; GK-BetrVG/*Oetker* Rn. 137ff.; ErfK/*Kania* Rn. 6; **aA** MHdB ArbR/*Stamer* § 307 Rn. 53). Allerdings sind diese Unterlagen nach Ansicht des BAG (20.11.1984 – 1 ABR 64/82, AP BetrVG 1972 § 106 Nr. 3) spätestens bei Beendigung der Sitzung zurückzugeben.

42 Die Mitgl. des WiAusschusses dürfen sich ohne Zustimmung des Unternehmers wegen der Vertraulichkeit der Unterlagen auch keine Fotokopien selbst anfertigen. Sie haben aber das Recht, ohne den Unternehmer zu einer **vorbereitenden** (Informations-)**Sitzung** zusammenzutreten (BAG 16.3.1982 – 1 AZR 406/80, AP BetrVG 1972 § 108 Nr. 3; DKKW/*Däubler* Rn. 50f.; ErfK/*Kania* Rn. 6; MHdB ArbR/*Stamer* § 307 Rn. 54;). Die allgemeine Unterrichtungspflicht nach § 80 Abs. 2 gilt hier nicht, da sich diese nur auf den BR bezieht.

43 Sowohl der Umfang der Unterrichtung und Beratung als auch die Heranziehung und Vorlage von Unterlagen wird **beschränkt** durch das Recht des Unternehmers, die Auskunftserteilung zu verweigern, soweit dadurch **Betriebs- und Geschäftsgeheimnisse** gefährdet werden; weitere Beschränkungen ergeben sich aus dem neuen Geschäftsgeheimnisgesetz nicht (→ § 79 Rn. 3ff.). Das dürfte auch für vertraglich geheim zu haltende Betriebs- und Geschäftsgeheimnisse von Geschäftspartnern gelten (Schaub ArbR-HdB/*Koch* § 243 Rn. 14; → Rn. 35). Gleiches gilt für die Unterrichtungspflicht der Kreditinstitute im Rahmen der Sanierung nach den §§ 47ff. KWG (→ Rn. 38bff.; → Rn. 38hff.).

44 Der Unternehmer muss nach pflichtgemäßer Prüfung der objektiv begründeten Ansicht sein, dass durch die Mitteilung an die Mitgl. des WiAusschusses eine **Gefährdung** der Betriebs- oder Geschäftsgeheimnisse eintreten könnte, obwohl diese nach § 79 Abs. 2 zur Geheimhaltung verpflichtet sind. Eine solche Gefährdung kommt wegen der in Abs. 3 genannten Tatbestände, die praktisch immer schon Betriebs- und Geschäftsgeheimnisse enthalten, nur in Ausnahmefällen in Betracht (BAG 11.7.2000 – 1 ABR 43/99, AP BetrVG 1972 § 109 Nr. 2; LAG Köln 14.1.2004 – 8 TaBV 72/03, NZA-RR 2005, 32; WHSS Umstrukturierung/*Schweibert* Kap. C Rn. 499).

45 Die Gefährdung kann sowohl **objektiv** im Hinblick auf die Bedeutung der völligen Geheimhaltung einer bestimmten Tatsache für Bestand oder Entwicklung des Unternehmens bestehen, als auch **(subjektiv)** in der Person eines oder mehrerer Mitgl. des WiAusschusses begründet sein (BAG 11.7.2000 – 1 ABR 43/99, AP BetrVG 1972 § 109 Nr. 2; Richardi BetrVG/*Annuß* Rn. 34; DKKW/*Däubler* Rn. 62; *Stück/Wein* DB 2005, 335; enger GK-BetrVG/*Oetker* Rn. 144f.; *Oetker* FS Wißmann, 2005, 396 [403]). Letztlich entscheidet nach **§ 109** die **E-Stelle** über den Umfang der Unterrichtungspflicht (BAG 8.8.1989 – 1 ABR 61/88, AP BetrVG 1972 § 106 Nr. 6; → § 109 Rn. 2ff.).

46 Unabhängig vom Schutz der Betriebs- und Geschäftsgeheimnisse sind die **Mitgl.** des **WiAusschusses** verpflichtet, die ihnen wegen ihrer Zugehörigkeit zum WiAusschuss bekannt gewordenen Tatsachen, die vom Unternehmer ausdrücklich als geheimhaltungsbedürftig bezeichnet worden sind, nicht zu offenbaren (§ 79). Diese Pflicht gilt nicht gegenüber dem BR.

47 Verweigert der Unternehmer eine Auskunft, zu deren Erteilung er (ggf. nach Entscheidung der E-Stelle) verpflichtet ist, oder erteilt er sie wahrheitswidrig, verspätet oder unvollständig (zB verweigert er die Auskunft über wichtige Vorkommnisse, die für die Beantwortung einer Frage von Bedeutung sind), so kann diese **Ordnungswidrigkeit** mit einer Geldbuße bis zu 10000 EUR geahndet werden (§ 121). Ggf. kommen auch Maßnahmen nach § 23 Abs. 3 in Frage.

V. Wirtschaftliche Angelegenheiten

48 In Abs. 3 werden **beispielhaft** die wichtigsten wirtschaftlichen Angelegenheiten aufgezählt. Der **Katalog ist nicht erschöpfend,** wie sich aus dem Wort „insbesondere" ergibt (hM). Er zählt nur auf, welche Gegenstände jedenfalls bei Unterrichtung des WiAusschusses über die wirtschaftlichen Angelegenheiten des Unternehmens anzusprechen sind. So gilt die Unterrichtungspflicht auch für **Dienstleistungsunternehmen,** obwohl in Abs. 3 Nr. 2, 3 u. 5 beispielhaft auf „Produktion" bzw. „Fabrikation", nicht dagegen auf die entspr. Vorgänge bei Planung und Erbringung von Dienstleistungen abgestellt ist. **Nr. 10** ist zudem eine **beschränkte Generalklausel.** Aus dieser den Katalog abrundenden Klausel kann jedoch nicht im Umkehrschluss abgeleitet werden, dass wirtschaftliche Angelegenheiten iSd § 106 nur solche sind, die die Interessen der ArbN wesentlich berühren (so aber HWGNRH/*Hess* Rn. 43; Richardi BetrVG/*Annuß* Rn. 38; wie hier GK-BetrVG/*Oetker* Rn. 58f.; DKKW/*Däubler* Rn. 66).

Der Katalog gibt keinen Anhaltspunkt dafür, dass zu den wirtschaftlichen Angelegenheiten auch die **laufende Geschäftsführung** zu rechnen ist, dh die zur Durchführung der mitgeteilten Planungen und Vorhaben erfolgenden unternehmerischen Handlungen, soweit sie die Interessen der ArbNschaft nicht berühren (Richardi BetrVG/*Annuß* Rn. 38; iErg auch GK-BetrVG/*Oetker* Rn. 56), falls derartige Geschäftsführungsmaßnahmen nicht ausdrücklich in § 106 Abs. 3 angesprochen sind. **49**

Andererseits verpflichtet der Katalog (insbes. in den Fällen der Nr. 6–9, 10) den Unternehmer, über die dort aufgeführten Betriebsänderungen zu berichten, auch wenn er ihre **Durchführung auf nachgeordnete Teilebenen** delegiert hat. Auch gegenüber den im Katalog aufgeführten Materien gilt die Beschränkung der Auskunftspflicht bei Gefährdung von Geschäfts- und Betriebsgeheimnissen. Die Tatbestände überschneiden sich dem Mitteilungsgegenstand nach teilweise mit denen des § 111. Für die Zuständigkeit des WiAusschusses ist aber **nicht Voraussetzung,** dass die wirtschaftlichen Angelegenheiten **wesentliche Nachteile** für die ArbN haben können. **50**

Zu den wirtschaftlichen Angelegenheiten gehören insbes.: **51**

1. Wirtschaftliche und finanzielle Lage des Unternehmens (Nr. 1)

Der Informationspflicht über die allgemeine wirtschaftliche und finanzielle Lage des Unternehmens (nicht der privaten finanziellen Verhältnisse des Unternehmers selbst) ist laufend zu genügen. Sie geht der Vorlage und Erläuterung des Jahresabschlusses zeitlich voraus (vgl. § 108 Abs. 5). Zur wirtschaftlichen und finanziellen Lage gehören **alle auf das Unternehmen einwirkenden Gegebenheiten,** die für die unternehmerische Planung von Bedeutung sind. **52**

In diesem Sinne ist die Bestimmung eine **Generalklausel** (DKKW/*Däubler* Rn. 69) und betrifft insbes. Verluste, Gewinne (zur Gewinn- und Verlustrechnung *Cremer/Cremer* Aib 2019 H. 4 S. 23ff.), Risikolage (dh die Frage, ob die Produktion mit bes. kaufmännischen Risiken für die Zukunft belastet ist, Kreditschwierigkeiten), Versorgungslage mit Roh- und Betriebsstoffen, Energieversorgung, Preisgestaltung und deren Kalkulationsgrundlage (GK-BetrVG/*Oetker* Rn. 66ff.; Richardi BetrVG/*Annuß* Rn. 40; **aA** zur Preisgestaltung HWGNRH/*Hess* Rn. 44 wegen des Vorliegens von Geschäftsgeheimnissen; *Stück/Wein* DB 2005, 334 [336]). Hierzu zählen Fragen des Beschaffungsmanagaments, das eine unter Zeit-, Kosten- und Qualitätsaspekten optimale Versorgung des Unternehmens mit Gütern und Dienstleistungen durch externe Lieferanten sicherzustellen hat (s. hierzu *Balkenhol/Rüffer* AiB 2012, 467ff.), insbes. Fragen der Rohstoffbeschaffung und -kosten, Versorgung des Betriebs mit Kohle und Energie, weiter Außenstände, die steuerliche Belastung, die sozialen Aufwendungen, Konjunktur, Konkurrenz, wirtschaftliche Entwicklung der Branche, Exportabhängigkeit und Wechselkurse, Auftragsbestand, monatliche Erfolgsrechnungen (BAG 17.9.1991 – 1 ABR 74/90, AP BetrVG 1972 § 106 Nr. 13), Lieferzeiten und Liquidität. **53**

Wird in einem **Kreditinstitut,** das in wirtschaftliche Schwierigkeiten geraten ist, **53a**
ein Sanierungs- oder Reorganisationsverfahren nach Maßgabe des § 2 Abs. 1, § 7

KredReorgG eingeleitet, geht es darum, wie die wirtschaftliche und finanzielle Lage des Instituts verbessert werden kann (Einzelheiten → Rn. 38b ff.). Aber auch schon dann, wenn die vom SAG erfassten systemrelevanten Finanzinstitute verpflichtet sind, bereits **vor** einem möglichen **Krisenfall** vorausschauend Maßnahmen für eine eventuell notwendige Sanierung oder Abwicklung eines Instituts zu planen, geht es darum, wie die wirtschaftliche und finanzielle Lage des jeweiligen Instituts in Krisenzeiten abgesichert werden kann (→ Rn. 38h ff.).

54 Vor allem gehört hierher die Absicht, die **Eröffnung eines Insolvenzverfahrens** zu beantragen, und die Antragstellung durch einen Gläubiger des Unternehmens (DKKW/*Däubler* Rn. 69; GK-BetrVG/*Oetker* Rn. 70; Richardi BetrVG/*Annuß* Rn. 41; zum Schutzschirmverfahren gem. § 270b InsO und ArbN-Beteiligung s. *Krolop* ZfA 2015, 287 ff.).

2. Produktions- und Absatzlage (Nr. 2)

55 Bei Erläuterung der **Absatzlage** sind die für den Absatz (Vertrieb, Umsatz, Verkauf) der Erzeugnisse oder Dienstleistungen des Unternehmens bestehenden Gegebenheiten und Entwicklungen, insbes. die binnen- und außenwirtschaftliche Marktlage darzustellen, und zwar an Hand der Verkaufs- und Umsatzstatistiken des Unternehmens und der Unterlagen der Marktforschung. Die Analyse der Absatzlage ist Voraussetzung für die Aufstellung des **Absatzprogramms.**

56 Die Darstellung der **Produktionslage** ist die weitgehend von der Absatzlage ausgehende Analyse des Kapazitätsbestands bzw. der Auslastung der Betriebe, der Höhe der Lagerbestände, ggf. des Bedarfs an Betriebsmitteln sowie Roh- und Hilfsstoffen. Hier wirken sich Working Capital Management Projekte aus (vgl. *RothkegelSchur* AiB 2017 H. 6 S. 30 ff.). Es ist hier gemeint das Verhältnis der Gütermenge und -art, die erzeugt werden könnte (Kapazität), zur tatsächlichen Erzeugung, aufgegliedert nach Typen und Warenarten; die Hemmnisse, die einer Steigerung der Produktion entgegenstehen, und die Möglichkeiten ihrer Beseitigung, Produktionsausfälle durch höhere Gewalt, Streik, gewerbliche Auflagen. Die Untersuchung der Produktionslage ist Voraussetzung für die Erarbeitung des **Produktionsprogramms.**

3. Produktions- und Investitionsprogramm (Nr. 3)

57 Das **Produktionsprogramm** wird im Hinblick auf die Gegebenheiten der Beschaffungsmärkte und der Kapazität der Produktionsbereiche aufgestellt; es legt fest, welche Waren oder Dienstleistungen für einen bestimmten Zeitraum mittel- oder langfristig erzeugt werden sollen (DKKW/*Däubler* Rn. 72; GK-BetrVG/*Oetker* Rn. 73; HWGNRH/*Hess* Rn. 51). Damit legt es die zu erbringende arbeitstechnische Leistung der Betriebe fest. Es geht vom **Absatzprogramm** aus, dass seinerseits aufgestellt wird, um entspr. den Leistungsmöglichkeiten der Betriebe den voraussichtlichen Bedarf des Absatzmarktes zu befriedigen.

58 Durch das **Investitionsprogramm** wird festgelegt, welche Investitionsprojekte oder Einzelinvestitionen (kurz-, mittel- oder langfristig) durchgeführt werden sollen, insbes. durch Entwicklung und Beschaffung von Betriebsstätten und Betriebsmitteln im Rahmen der auf Grund der Finanzplanung zur Verfügung stehenden Finanzmittel sowie unter Berücksichtigung der Absatzplanung und Personalplanung. Die Aufstellung eines Investitionsprogramms kann Auswirkungen auf die Personalplanung haben und ist deshalb bes. wichtig (GK-BetrVG/*Oetker* Rn. 74; HWGNRH/*Hess* Rn. 52; Richardi BetrVG/*Annuß* Rn. 44). Ggf. können durch das Investitionsprogramm nachgeordneten Ebenen des Unternehmens (zB den einzelnen Betrieben) eigene Budgets zur Bestreitung von Kleininvestitionen zur Verfügung gestellt werden. Bei Durchführung des Investitionsprogramms in den Betrieben sind die BR idR zu beteiligen (§§ 90, 92, ggf. § 111).

Bei Erläuterung des Produktions- und Investitionsprogramms muss insb. auf Vorhaben eingegangen werden, die im Rahmen von **Industrie/Arbeit 4.0** realisiert werden sollen. Die gilt zB für Maßnahmen, die vorgesehen sind, um Produktionsanlagen digital zu vernetzen, die logistischen Abläufe im innerbetrieblichen bzw. engeren Produktionsumfeld durch autonome Systeme zu verbessern oder robotische Systeme in die innerbetriebliche Produktionsumgebung zu integrieren (vgl. BMWi, Autonomik für Industrie 4.0, S. 2 ff.). **58a**

4. Rationalisierungsvorhaben (Nr. 4)

Die Rationalisierung hat die zweckmäßigere Gestaltung der Arbeitsvorgänge (auch im Verwaltungsbereich) zum Ziel, um die Wirtschaftlichkeit des Unternehmens zu steigern, sei es durch Normung und Typisierung der Produkte oder des Arbeitsablaufs, sei es durch **Rationalisierungsinvestitionen** zur Einführung arbeitssparender oder qualitätsverbessernder Technologien (Einsatz von EDV-Anlagen, digitale Vernetzung von Produktionsanlagen, Einsatz von Robotern, Mikroprozessoren, Datensichtgeräten, NC- oder CNC-Maschinen, des computerunterstützten Konstruierens-CAD), sei es durch **betriebsorganisatorische Maßnahmen.** Es werden alle Vorhaben erfasst, die in Anwendung wissenschaftlicher Erkenntnisse die Leistungen des Betriebes verbessern, insbes. den Aufwand an menschlicher Arbeit, aber auch an Zeit, Energie, Material und Kapital herabsetzen (DKKW/*Däubler* Rn. 74; HWGNRH/*Hess* Rn. 53). **59**

Ziel ist neben der Erhöhung der Wirtschaftlichkeit gleichrangig die **Erzielung menschengerechter Arbeitsbedingungen.** Rationalisierungsvorhaben fallen teilweise zugleich unter Nr. 3, 5 u. 9. Die Mitteilungspflicht des Unternehmers erstreckt sich auf solche Rationalisierungsvorhaben, die über den Rahmen der bereits in den Betrieben eingeführten Methoden hinausgehen oder diese ändern. Das gilt ua für Restrukturierungsmaßnahmen (wie Outsourcing, Offshoring, Schaffung virtueller Strukturen), die Unternehmen leistungsfähiger, rentabler und effizienter machen sollen (*Wedde* AiB 2008, 13 ff.). Hier sind vor allem die mit Realisierung der **Industrie 4.0** verbundenen Auswirkungen zu nennen wie die angestrebte digitale Steuerung von Produktionsprozessen aus der Entfernung, ohne dass ArbN vor Ort sein müssen, (vgl. *Günther/Böglmüller* NZA 2015, 1025 ff.; *Neufeld* AuA 2015, 504 ff.; sa BMAS Grünbuch **Arbeiten 4.0** S. 64 ff.). Soweit der Personalbedarf oder -einsatz sich infolge der angestrebten Rationalisierung ändern kann, ist hierauf gem. Abs. 2 hinzuweisen. Auf diesem Gebiet bestehen die Beteiligungsrechte des BR bei der Planung der in den Betrieben durchzuführenden Maßnahmen nach §§ 90, 92, bzw. bei geplanten Betriebsänderungen mit nachteiligen Folgen für die ArbN nach § 111. **60**

5. Fabrikations- und Arbeitsmethoden (Nr. 5)

Der Begriff der „Fabrikationsmethode“ beschreibt das planmäßige Vorgehen bei der Gütererzeugung. Gemeint ist der Ablauf der Gütererzeugung unter **technischen Gesichtspunkten** (vgl. GK-BetrVG/*Oetker* Rn. 77; DKKW/*Däubler* Rn. 77). Arbeitsmethode ist ein Begriff der Arbeitswissenschaften. Er beschreibt das Vorgehen bei der Gütererzeugung und der Erbringung von Dienstleistungen unter dem **arbeitswissenschaftlichen** Gesichtspunkt der menschlichen Arbeitskraft. Beide Begriffe beschreiben zusammen die Produktion. Technische und arbeitswissenschaftliche Aspekte sind damit gleichermaßen Beratungsgegenstand im WiAusschuss (Richardi BetrVG/*Annuß* Rn. 47; → § 90 Rn. 34). **61**

Technologisch lässt sich die Produktion durch den jeweiligen **Stand der Technik** beschreiben. Arbeitstechnisch ist von Bedeutung, **in welchem Umfang Maschinen** oder andere **technische Anlagen** oder **Einrichtungen** eingesetzt werden (zB die mit **Industrie/Arbeit 4.0** verbundene **Digitalisierung** der Unternehmen, die ua eine Verlagerung der Arbeit vom Betrieb zum **Home Office** (→ § 5 Rn. 193 ff., **62**

309) oder **Mobile Office** (→ § 5 Rn. 186 ff.) ermöglicht, ob Einzel- oder Massenfertigung stattfindet, ob Sorten- oder Serienfertigung. Es lassen sich auch handwerkliche und industrielle Arbeitsmethoden (Reihen-, Fließbandfertigung, Roboter) unterscheiden. Arbeitsmethoden werden durch Zerlegen der Arbeit in einzelne Abschnitte ermittelt. Arbeitsmethoden gibt es deshalb nicht nur bei der Erzeugung von Gütern. Auch bei der Erbringung von Dienstleistungen lassen sich einzelne Arbeitsmethoden beschreiben und feststellen, zB Gruppenarbeit, Bildung autonomer Teams in agilen hierarchielosen Arbeitseinheiten (*Günther/Böglmüller* NZA 2017, 546, 547), die Zerstückelung von Arbeitsaufgaben, um bestimmte Arbeitsanteile auszulagern und über Internet-Plattformen in **Crowdworking** erledigen zu lassen (*Kocher/Hensel* NZA 2016, 984 ff.; *Krause* NZA 2016, 1004, 1007; *Meyer-Michaelis/Falter/Schäfer* DB 2016, 2543; *Wedde* AiB Sonderausgabe Sept. 2015, S. 26, 28).

63 Der WiAusschuss ist über alle neuen Fabrikations- und Arbeitsmethoden zu unterrichten. Er hat auch zu **beraten** über solche Fabrikations- und Arbeitsmethoden, die im Unternehmen entwickelt werden sollen, zB die rechnergesteuerten Textsysteme im graphischen Gewerbe, die Einführung von Bildschirmarbeitsplätzen, die Einführung oder Änderung der Fließbandarbeit, die Einzel- oder Gruppenarbeit, Schichtarbeit, gleitende Arbeitszeit, Kontrolleinrichtungen (DKKW/*Däubler* Rn. 78; **aA** GK-BetrVG/*Oetker* Rn. 78 zu Kontrollmaßnahmen). Große Herausforderungen für WiAusschuss und BR werden sich in Zusammenhang mit der Realisierung der **Industrie 4.0** und den damit verbundenen Auswirkungen auf die Arbeitswelt stellen: Durch digitale Vernetzung von Werkstücken, Maschinen, ArbN und Kunden werden Produktionsprozesse neu gestaltet und damit die Fabrikations- und Arbeitsmethoden nachhaltig verändert bzw. neue Arbeitsmethoden eingeführt (vgl. *Günther/Böglmüller* NZA 2015, 1025 ff.; *Neufeld* AuA 2015, 504 ff.; sa BMAS Grünbuch **Arbeiten 4.0** S. 64 ff.).

64 Die Informations- und Beratungsrechte des WiAusschusses werden **ergänzt** durch die Rechte des BR nach § 90 Nr. 2–4, § 91 und § 111 Nr. 5 (s. dortige Kommentierung). Die MBR nach § 87 Abs. 1 Nr. 2, 6 u. 10 bleiben unberührt.

6. Fragen des betrieblichen Umweltschutzes (Nr. 5a)

65 Fragen des Umweltschutzes gehören zu den wirtschaftlichen Angelegenheiten eines Unternehmens. Sie haben – positive oder negative – Auswirkungen auf die Produktion, den Absatz und damit auch auf die Arbeitsplätze der im Unternehmen beschäftigten ArbN. Der **Umweltschutz** ist ein **bedeutsamer betriebswirtschaftlicher Faktor.** Maßnahmen des Umweltschutzes beeinflussen die Kosten und das Ansehen des Unternehmens in der Öffentlichkeit.

66 Die Beteiligungsrechte betreffen den **„betrieblichen"** Umweltschutz. Die Vorschrift bezieht sich insoweit auf § 89 Abs. 3. Dort wird „betrieblicher Umweltschutz" definiert (→ § 89 Rn. 8 ff.). Mit der Einschränkung „betrieblich" sollen die Beteiligungsrechte beschränkt werden auf die Fragen, die das Unternehmen unmittelbar betreffen. Ein **Unternehmensbezug** ist immer erforderlich (DKKW/*Däubler* Rn. 80; GK-BetrVG/*Oetker* Rn. 79; HWGNRH/*Hess* Rn. 58). Insoweit besteht ein Bezug zu den Aufgaben des WiAusschusses. Es geht zB um die Festlegung der umweltpolitischen Ziele des Unternehmens, um die Umweltvorsorge bei Einführung neuer Produkte, um die Verbesserung der Umweltverträglichkeit von Produktionsverfahren. Weder mit § 89 noch mit § 106 lässt sich ein allgemeines umweltpolitisches Mandat des WiAusschusses (BR) begründen (unbegründet daher die Kritik von *Schiefer/Korte* NZA 2001, 356).

7. Einschränkung oder Stilllegung von Betrieben und Betriebsteilen (Nr. 6)

67 Die Bestimmung entspricht § 111 Nr. 1 (→ § 111 Rn. 63 ff.) mit der Maßgabe, dass der WiAusschuss auch über Veränderungen bei kleineren (nicht wesentlichen)

Betriebsteilen zu unterrichten ist, und es auf befürchtete Nachteile für die ArbN nicht ankommt. Der WiAusschuss muss auch unterrichtet werden, wenn ein betriebsratsloser Betrieb stillgelegt werden soll (ebenso GK-BetrVG/*Oetker* Rn. 82; HWGNRH/*Hess* Rn. 59; Richardi BetrVG/*Annuß* Rn. 50, aber **aA** bei kleineren Betriebsteilen). Der WiAusschuss nimmt unternehmensbezogene Aufgaben wahr (BAG 9.5.1995 – 1 ABR 61/94, AP BetrVG 1972 § 106 Nr. 12).

8. Verlegung von Betrieben oder Betriebsteilen (Nr. 7)

Die Regelung entspricht § 111 Nr. 2 (→ § 111 Rn. 81 f.) mit der Maßgabe, dass auch über die Verlegung kleinerer Betriebsteile zu berichten ist, und es auf befürchtete Nachteile für ArbN nicht ankommt. Hier wird ua die im Rahmen von Industrie/Arbeit 4.0 vorgesehene (teilweise) Verlagerung der Arbeit aus dem Betrieb in das **Home Office** (→ § 5 Rn. 193 ff., 309 ff.) oder **Mobile Office** (→ § 5 Rn. 186 ff.) und die Maßnahmen zu thematisieren sein, wie diese externe Arbeit organisiert und der Schutz der betroffenen ArbN vor den mit der Auslagerung der Arbeit verbundenen Gefahren realisiert werden kann. 68

9. Zusammenschluss oder Spaltung von Unternehmen oder Betrieben (Nr. 8)

Die Regelung entspricht § 111 Nr. 3 (→ § 111 Rn. 83 ff.). Ob Nachteile für die ArbN entstehen können, ist hier unerheblich. Zum Zusammenschluss von Unternehmen → Rn. 71 ff. Zu den wirtschaftlichen Angelegenheiten, über die der Unternehmer den WiAusschuss zu informieren und mit ihm zu beraten hat, gehören der **Zusammenschluss** und die **Spaltung** von Unternehmen oder Betrieben. Nr. 8 betrifft **Unternehmensspaltungen** iSd UmwG, aber auch Betriebsspaltungen, die sich innerhalb eines Unternehmens vollziehen, ohne dass damit eine Einzelrechts- oder Gesamtrechtsnachfolge verbunden ist (GK-BetrVG/*Oetker* Rn. 87; *Balkenhol/Steinhaus* AiB 2016 H. 9 S. 45 ff.). § 111 ist betriebsbezogen, er betrifft nur Betriebsänderungen. 69

Die **weiteren Beteiligungsrechte** aus dem BetrVG bleiben unberührt (zB Unterrichtungsrechte nach § 80 Abs. 2 und die Beteiligung in Fällen von Betriebsänderungen gem. §§ 111 ff.). 70

Neben den allgemeinen Unterrichtungspflichten enthält das **UmwG** (→ Rn. 11; → § 1 Rn. 238 ff.) weitere spezielle Unterrichtungspflichten. Die Umwandlung (Verschmelzung/Fusion, Vermögensübertragung, Spaltung) betrifft die Unternehmensebene. Das UmwG verpflichtet den Unternehmer, die BR über die „**Folgen der Umwandlung** für die ArbN und ihre Vertr. sowie die insoweit vorgesehenen Maßnahmen" zu **unterrichten** (vgl. § 5 Abs. 1 Nr. 9, § 122e, § 126 Abs. 1 Nr. 11, Abs. 3, § 136, § 176, § 177, § 194 Abs. 1 Nr. 7, Abs. 2 UmwG). Bei den Folgen für die ArbN handelt es sich um diejenigen, die durch die Umwandlung unmittelbar bewirkt werden. Es kommen alle Formen der Umwandlung (→ § 1 Rn. 240 ff.) in Betracht (Zu Handlungsansätzen für BR bei Fusionen s. *Skudelny-Stumpf* AiB 2009, 569 ff.). 71

Der WiAusschuss muss schon im **Planungsstadium** und **vor** dem **BR** (→ Rn. 30 f.) informiert werden, welche Betriebe und Betriebsteile und welche ArbVerh. bei einer Umwandlung auf welchen Rechtsträger übergehen, ob mit dem Wechsel ein Wechsel in einen anderen Tarifbereich verbunden ist, ob BV wegen Verlusts der Betriebsidentität enden, ob sich der BR verkleinert oder ein GesBR wegfällt. Weil auch über die vorgesehenen Maßnahmen zu unterrichten ist, muss auch über die weiteren Folgen nach der Umwandlung (Spaltung) informiert werden. Dabei wird es sich um personelle Maßnahmen (Versetzungen, Umschulungen, Entlassungen) oder um Betriebsänderungen (Interessenausgleich, Sozialplan) handeln (ausf. hierzu BKMT ArbR Unternehmensumwandlung § 4 Rn. 309 ff.). 72

73 Der gesellschaftsrechtliche **Umwandlungsvertrag** (Verschmelzungsvertrag, Spaltungsvertrag oder -plan, Umwandlungsbeschluss) ist spätestens einen Monat vor dem Tag der Verslg. der Anteilsinhaber jedes beteiligten Unternehmens dem jeweils zuständigen BR zuzuleiten. Besteht das Unternehmen aus mehreren Betrieben, ist der GesBR zuständig, weil die Umwandlungen unternehmensbezogen sind und sich auch die Abspaltung nur eines Betriebs auf die anderen Betriebe auswirken kann. Allerdings sollen auch alle EinzelBR des Unternehmens den Vertrag erhalten, selbst wenn „ihr" Betrieb durch die Umwandlung nicht unmittelbar berührt wird (*Wlotzke* DB 1995, 45).

73a Die bedeutendste Neuerung im Dritten G zur Änderung des UmwG v. 11.7.2011 (BGBl. I S. 1338) ist der sog **umwandlungsrechtliche Squeeze-out,** eine Kombination aus dem Ausschluss der Minderheitsaktionäre einer Aktiengesellschaft und einer anschließenden konzerninternen Verschmelzung der Aktiengesellschaft auf den Großaktionär. Da in diesem Fall **weder** bei der übernehmenden Muttergesellschaft **noch** bei der übertragenden Tochtergesellschaft eine Versammlung der Anteilseigner erforderlich ist, stellt der neu gefasste § 62 Abs. 4 S. 4 UmwG sicher, dass die Pflicht zur **Zuleitung** des **Verschmelzungsvertrags** gem. § 5 Abs. 3 UmwG an den zuständigen BR (→ Rn. 73) auch im Rahmen einer **Konzernverschmelzung** fristgerecht erfüllt wird. Für den Fall, dass die Versammlung nur bei dem übernehmenden Unternehmen entfällt, ist eine zusätzliche Regelung mit Hinweis auf die Praxis für nicht erforderlich gehalten worden; danach wird zur Berechnung der Frist zur Erfüllung der Zuleitungsverpflichtung gegenüber dem zuständigen BR des übernehmenden Unternehmens an den Tag der Versammlung beim übertragenden Unternehmen angeknüpft (Beschlussempfehlung u. Bericht d. Rechtsausschusses, BT-Drs. 17/5930, 11; *Freytag/Müller-Etienne* BB 2011, 1731 [1732]; *Simon/Merkelbach* DB 2011, 1317 [1320]; zum „Squeeze-out" *Kiefner/Brügel* AG 2011, 525 ff.).

73b Umwandlungen in all ihren Formen nach dem UmwG werden erst mit Eintragung in das Handelsregister wirksam (s. insbes. §§ 20, 36 Abs. 1, § 131 Abs. 1, 135 Abs. 1, 176 Abs. 1 UmwG). Der Anmeldung der Umwandlung zur Eintragung in das Handelsregister sind als Anlagen ua der Umwandlungsvertrag sowie ein Nachweis über die rechtzeitige Zuleitung des Umwandlungsvertrags oder seines Entwurfs an den zuständigen BR beizufügen (vgl. §§ 16, 17 UmwG). Enthält der Umwandlungsvertrag oder -beschluss nicht die notwendigen Mindestangaben (→ Rn. 71 f.), muss das Registergericht die Eintragung der Umwandlung ablehnen (OLG Düsseldorf 15.5.1998, AiB 1998, 594; *Müller* AiB 2011, 259). Da nicht auszuschließen ist, dass in der Zeit zwischen Zuleitung des Vertrags oder Entwurfs an den BR und Anmeldung zum Handelsregister der ursprüngliche Vertragstext geändert worden ist, sollte der BR – falls ihm nicht der endgültige Text nochmals nach § 5 Abs. 3 UmwG zugeleitet worden ist (s. *Semler/Stengel* UmwG § 5 Rn. 147) – den Empfang der Unterlage in der Weise bestätigen, dass er in seinem Bestätigungsschreiben das Datum des ihm zugeleiteten Vertragstextes nennt und auf die beigefügte Kopie dieses Textes Bezug nimmt. Weicht der beim Registergericht eingereichte Vertragstext in wesentlichen Punkten wie Auswirkungen auf die Unternehmensstruktur oder Folgen für die ArbN und ArbNVertr. von dem ursprünglichen, dem BR zugeleiteten Text ab, wird das Gericht hierin ein Eintragungshindernis unter dem Gesichtspunkt einer nicht gesetzeskonformen Beteiligung des BR sehen (BKMT ArbR Unternehmensumwandlung § 4 Rn. 284; *Semler/Stengel* UmwG § 5 Rn. 147; *Müller* AiB 2011, 259).

74 Bei **grenzüberschreitenden Verschmelzungen** kommen die vorgenannten Grundsätze ebenfalls zum Tragen. Das gewährleisten das **MgVG** v. 21.12.2006 (→ Einl. Rn. 73; → § 1 Rn. 276) und die durch das **Zweite G zur Änderung des UmwG** v. 19.4.2007 (→ Einl. Rn. 74) eingefügten §§ 122a ff. UmwG (sa *Engels* ArbuR 2009, 10 [26 ff.]).

75 Die Vorschrift des § 29 S. 1 **MgVG** stellt sicher, dass die Regelungen über **ArbNVertr.** und deren Strukturen (also das BetrVG, BR, GesBR, KBR, WiAusschuss, ArbNVertr. nach § 3) in einer beteiligten inländischen Gesellschaft, die durch die

Verschmelzung als eigenständige juristische Personen erlischt, nach Eintragung der aus der grenzüberschreitenden Verschmelzung hervorgehenden Gesellschaft **fortbestehen,** selbst wenn deren Sitz in einem anderen MS liegt (BT-Drs. 16/2922; → Rn. 19). Nach § 29 S. 2 MgVG hat die Leitung dieser Gesellschaft zu gewährleisten, dass ArbNVertr. ihre Aufgaben weiterhin wahrnehmen können. Folglich hat sie auch den WiAusschuss gem. §§ 106ff. zu beteiligen. Da dieser den BR bzw. GesBR über die grenzübergreifende Verschmelzung zu unterrichten hat, ist der WiAusschuss vor dem BR bzw. GesBR zu informieren (*Engels* ArbuR 2009, 10 [28]); *Simon/Hinrichs* NZA 2008, 391 [395f.]). Zu den bes. Informationsrechten des § 6 MgVG → § 1 Rn. 182b; und *Engels* ArbuR 2009, 10 (28f.)).

Nach § 122c UmwG haben die Vertretungsorgane der beteiligten Gesellschaften einen gemeinsamen **Verschmelzungsplan** aufzustellen, der ua Angaben über die voraussichtlichen Auswirkungen der Verschmelzung auf die Beschäftigung enthalten muss. Er hat folglich Auskunft zu geben zB über geplante Entlassungen, Versetzungen, Weitergeltungen von TV, Verlagerung oder Zusammenlegung von Betrieben, Änderung der ArbNVertr.Struktur, geplante Abfederung der Maßnahme durch Interessenausgleich, Beschäftigungs- und Sozialplan (BKMT ArbR Unternehmensumwandlung § 4 Rn. 267ff.; *Engels* ArbuR 2009, 10 [27]). 76

In dem nach § 122e UmwG ebenfalls zu erstellenden **Verschmelzungsbericht** sind die Auswirkungen der grenzüberschreitenden Verschmelzung auf die Gläubiger und ArbN zu erläutern. In ihm sind die bereits im Plan enthaltenen Angaben zu konkretisieren und zu ergänzen. Sowohl der Verschmelzungsplan (umstr.; wie hier *Engels* ArbuR 2009, 10 [26f.] mwN) als auch der Verschmelzungsbericht sind dem zuständigen BR, oder falls es keinen BR gibt, den ArbN der an der Verschmelzung beteiligten Gesellschaft spätestens einen Monat vor der Verslg. der Anteilsinhaber, die über die Zustimmung zum Verschmelzungsplan beschließen soll, zugänglich zu machen (Näheres s. *Engels* ArbuR 2009, 10 [26ff.]). 77

10. Änderung der Betriebsorganisation oder des Betriebszwecks (Nr. 9)

Unter **Betriebsorganisation** ist das bestehende Ordnungsgefüge für die Verbindung von Betriebszweck im Betrieb arbeitender Menschen und Betriebsanlagen mit dem Ziele der (optimalen) Erfüllung der Betriebsaufgaben zu verstehen, (BAG 22.5.1979 – 1 AZR 848/76, AP BetrVG 1972 § 111 Nr. 3; 22.5.1979 – 1 ABR 17/77, AP BetrVG 1972 § 111 Nr. 4). Der **Betriebszweck** wird vom Unternehmer zur Erreichung der jeweiligen Unternehmensziele bestimmt; er ist Ergebnis der Absatz- und Produktionsplanung, durch die den Betrieben Aufgaben der Gütererzeugung oder der Dienstleistung zugewiesen werden. 78

Die Informationspflicht nach Abs. 3 Nr. 9 erfasst **jede** vom Unternehmer in Betracht gezogene **Änderung,** nicht nur – wie bei dem vergleichbaren Tatbestand in § 111 Nr. 4 (→ § 111 Rn. 91ff.) – geplante „grundlegende Änderungen" (DKKW/*Däubler* Rn. 85; ErfK/*Kania* Rn. 16; GK-BetrVG/*Oetker* Rn. 89; **aA Richardi BetrVG**/*Annuß* Rn. 55; → § 111 Rn. 90ff.). Das ist bei einer Neuordnung der Führungsebenen – zB zwecks Anhebung des Frauenanteils in den beiden Führungsebenen unterhalb des Vorstands gem. § 76 Abs. 4 AktG – der Fall, unabhängig vom Status der dort eingesetzten Personen (zu eng *Röder/Arnold* NZA 2015, 1281 [1287]). Working Capital Management Projekte sind idR mit Auswirkungen auf die Betriebsorganisation verbunden (vgl. *RothkegelSchur* AiB 2017 H. 6 S. 30ff.). Mit – allerdings – grundlegenden Änderungen der Betriebsorganisation ist die Realisierung der **Industrie 4.0** verbunden. Die digitale Vernetzung von Werkstücken, Maschinen, ArbN und Kunden erfordert eine diesen Umständen angepasste, neue Betriebsorganisation, wenn sich die neu gestalteten Produktionsprozesse optimal auswirken sollen (vgl. *Günther/Böglmüller* NZA 2015, 1025ff.; *Neufeld* AuA 2015, 504ff.; sa BMAS Grünbuch **Arbeiten 4.0** S. 64ff.). 79

79a Die Einführung von **Matrixstrukturen** (→ § 5 Rn. 226a, 226c) bewirkt, dass neben den vertikalen Hierarchien innerhalb eines Unternehmens oder einzelner Unternehmen im Konzern ein horizontaler Hierarchieaufbau in Form von betriebs- bzw. unternehmensübergreifenden Funktions- und Produktionsbereichen tritt. Um die durch die Matrix-Organisation vorgegebene Arbeitsorganisation realisieren zu können, wird der steuernden Einheit ein betriebs- oder unternehmensübergreifendes **fachliches Weisungsrecht** gegenüber den ArbN anderer Betriebe oder Konzernunternehmen übertragen. Die Einführung oder Änderung einer Matrixstruktur führt zu einer nachhaltigen Änderung der Binnenstruktur der betroffenen Betriebe und Unternehmen und verpflichtet zu einer Unterrichtung des WiAusschusses nach Nr. 9 (Maschmann/Fritz Matrixorganisationen/*Spieler* Kap. 3 Rn. 516; *Bachner* NZA 2019, 134, 140).

79b Die in einem systemrelevanten Kreditinstitut, das in wirtschaftliche Schwierigkeiten geraten ist, durchzuführenden **Sanierungs-, Reorganisations**- oder **Restrukturierunsverfahren** nach Maßgabe des § 2 Abs. 1, § 7 KredReorgG, § 45 Abs. 2 S. 1 Nr. 7, S. 2 KWG (→ Rn. 38a ff.) sind oftmals mit Änderungen der Betriebsorganisation verbunden.

11. Übernahme des Unternehmens mit Kontrollerwerb (Nr. 9a)

80 Durch die mit Art. 4 des **Risikobegrenzungsgesetzes** (→ Rn. 8 ff.) neu eingefügte Nr. 9a wird der Katalog der wirtschaftlichen Angelegenheiten in Abs. 3 erweitert. Sie begründet für den Fall, dass es zu einer Unternehmensübernahme kommt und diese mit dem Erwerb der Kontrolle über das Unternehmen verbunden ist, eine rechtzeitige und umfassende Unterrichtung des WiAusschusses hierüber. Sie gilt unabhängig davon, ob ein börsennotiertes oder ein nicht börsennotiertes Unternehmen übernommen wird (vgl. *Joost* FS Kreutz, 2010, 161 [164]) und von wem es übernommen wird (→ Rn. 38a). Nach dem Wortlaut der Nr. 9a ist eine Unternehmensübernahme im Wege des Erwerbs von Geschäftsanteilen oder Aktien an der Zielgesellschaft (Unternehmen) erfasst („share deal", also nicht der „asset deal": Erwerb von Vermögensgegenständen des Unternehmens; LAG BW 9.10.2013 – 10 TaBV 2/13, BeckRS 2014, 67294; GK-BetrVG/*Oetker* Rn. 92; Richardi BetrVG/*Annuß* Rn. 55a; *Liebers/Erren/Weiß* NZA 2009, 1063 [1064]; *Vogt/Bedkowski* NZG 2008, 725; **aA** MHdB ArbR/*Stamer* § 307 Rn. 34; *Joost* FS Kreutz, 2010, 161 [165]). Dabei erfolgt ein Wechsel der Anteilseigner (Gesellschafter); die Zielgesellschaft (Unternehmen) selbst bleibt durch diese Transaktion unberührt (BeckFormB M&A *Seibt* A. II.).

81 Nr. 9a enthält gegenüber Nr. 10 eine **Spezialregelung** für Unternehmensübernahmen und geht ihr, soweit die Voraussetzungen der Nr. 9a vorliegen, insoweit vor (vgl. GK-BetrVG/*Oetker* Rn. 101; *Löwisch/Kaiser* Rn. 35). Sie greift – anders als Nr. 10 – unabhängig davon, ob die Unternehmensübernahme die Interessen der ArbN des Unternehmens wesentlich berühren kann (GK-BetrVG/*Oetker* Rn. 100); sie lässt die sich **allein auf gesellschaftsrechtlicher Ebene** vollziehenden Transaktionen für eine Unterrichtung des WiAusschusses ausreichen (vgl. *Schröder/Falter* NZA 2008, 1097 [1099]). Zum anderen setzt sie voraus, dass die Übernahme mit einer Änderung der Kontrolle über das Unternehmen verbunden ist, was Nr. 10 nicht fordert.

a) Kontrollerwerb

82 Vorbild für die Regelung der Nr. 9a sind die übernahmerechtlichen Vorschriften des **WpÜG.** Dieses G gilt für börsennotierte Unternehmen. Es sieht bei Unternehmensübernahme umfangreiche und detaillierte Mitwirkungsrechte des zuständigen BR nach §§ 29, 34 iVm §§ 10 Abs. 5 S. 2, 14 Abs. 4 S. 2, § 27 vor (→ Rn. 12). Für nicht börsennotierte Unternehmen gab es bisher keine derartigen speziellen Informa-

tionspflichten. Nunmehr soll die Belegschaft **nicht börsennotierter Unternehmen in gleicher Weise** über eine Unternehmensübernahme wie die ArbN börsennotierter Unternehmen unterrichtet werden, wenn sich die Kontrolle über das Unternehmen ändert (so Gesetzesbegründung BT-Drs. 16/7438, 9; LAG BW 9.10.2013 – 10 TaBV 2/13, BeckRS 2014, 67294). Das ist nach der Gesetzesbegründung (BT-Drs. 16/7438, 15) unter Hinweis auf **§ 29 Abs. 2 WpÜG** dann der Fall, wenn mindestens **30 % der Stimmrechte** an dem Unternehmen gehalten werden.

Schon bei der seinerzeitigen Diskussion um die jetzt in Bezug genommene Vorschrift des § 29 Abs. 2 WpÜG ist befürchtet worden, dass eine starre Schwelle in § 29 Abs. 2 WpÜG unterschiedliche Gegebenheiten in einzelnen Gesellschaften nicht ausreichend berücksichtigen könne und deshalb für eine Kontrolle das Innehaben der einfachen Mehrheit der Stimmrechte oder die Hauptversammlungsmehrheit zu fordern sei (vgl. *Angerer/Geibel/Süßmann* WpÜG § 29 Rn. 18; *Mülbert* ZIP 2001, 1221 [1225]). Der Gesetzgeber hat sich dennoch **für** den **starren Schwellenwert** von 30% der Stimmrechte entschieden. Er ist davon ausgegangen, dass unter Berücksichtigung der üblichen Präsenzen in den Hauptversammlungen börsennotierter Unternehmen bei Erreichen eines solchen Schwellenwerts dort idR eine Mehrheit zu erzielen und damit die Ausübung von Kontrolle möglich sein dürfte (BT-Drs. 14/7034, 53; *Angerer/Geibel/Süßmann* WpÜG § 29 Rn. 17). 83

Die gleiche Diskussion um eine starre Schwelle von **30 %** der Stimmrechte zur Vermutung der Kontrolle wird zur neuen **Nr. 9a** geführt und diese Schwelle **für nicht börsennotierte Unternehmen abgelehnt** (ErfK/*Kania* Rn. 16a; HaKo-BetrVG/*Steffan* Rn. 31; GK-BetrVG/*Oetker* Rn. 98; Richardi BetrVG/*Annuß* Rn. 55a; *Liebers/Erren/Weiß* NZA 2009, 1063 [1064]; *Löw* DB 2008, 758 [759]; *Schröder/Falter* NZA 2008, 1097 [1099]; *Simon/Dobel* BB 2008, 1955 [1956]; *Thüsing* ZIP 2008, 106 [108]). Noch während des Gesetzgebungsverfahrens ist in der **Literatur** der **Formulierungsvorschlag** gemacht worden festzuschreiben, dass es außerhalb des Anwendungsbereichs des WpÜG auf den Erwerb der Mehrheit der Stimmrechte an dem Unternehmen („des Eigentums an der Gesellschaft") ankommen soll (so *Thüsing* ZIP 2008, 106 [108]). 84

Diesem Vorschlag ist der **Gesetzgeber nicht gefolgt.** Auch im abschließenden Bericht des federführenden Finanzausschusses (s. BT-Drs. 16/9821, 10ff.) ist die Frage nicht erörtert und sind keine von der Gesetzesbegründung zu Nr. 9a abweichende Ausführungen gemacht worden. Das mit dem Risikobegrenzungsgesetz verfolgte Hauptanliegen, unerwünschten Aktivitäten von Finanzinvestoren zu erschweren und die **rechtlichen Voraussetzungen** für eine **bessere Information** aller Akteure zu verbessern (so Gesetzesbegründung BT-Drs. 16/7438, 8), ist nach Ansicht des Gesetzgebers für den WiAusschuss am ehesten im Wege einer **generalisierenden Betrachtungsweise** mit Hilfe einer festen und ausschließlich quantitative **Schwelle von 30 % der Stimmrechte** zu erreichen. 85

Die Schwelle von 30% der Stimmrechte gilt also grds. **sowohl** für **börsennotierte** als auch für **nicht börsennotierte Unternehmen,** um die Unterrichtung des WiAusschusses bei Unternehmensübernahme nach Nr. 9a auszulösen (Schaub ArbR-HdB/*Koch* § 243 Rn. 24a; **aA** die in → Rn. 84 genannten Autoren; bei *Löw* und *Thüsing* unklar, ob dies auch für AGs gilt). Die oftmals zu beobachtende Interdependenz von 30% der Stimmrechte einerseits und Kontrollerwerb andererseits bei börsennotierten Unternehmen (→ Rn. 83) dürfte weitgehend auch auf nicht börsennotierte **AG** wegen der jeweils gleichen Gesellschaftsform zutreffen (ähnlich *Fleischer* ZfA 2009, 787 [814f.], der eine widerlegliche Kontrollvermutung annimmt). 86

Abweichungen von dem Grundsatz einer uneingeschränkten Geltung des Schwellenwertes von 30% der Stimmrechte sind in **Ausnahmefällen** bei nicht börsennotierten Unternehmen denkbar. Wenn ein solches Unternehmen darlegen kann, dass mit dem Erwerb von 30% der Stimmrechte offensichtlich keine Änderung der Kontrolle über das Unternehmen verbunden ist, findet Nr. 9a keine Anwendung. Das ist 87 zB bei einer Familien-GmbH der Fall, dessen Mehrheitseigentümer weiterhin über eine 70%-Beteiligung verfügt und damit offensichtlich keine Kontrolländerung eintritt (vgl. *Thüsing* ZIP 2008, 106 [108]). Umgekehrt kann der Erwerb von zB 10% der Stimmrechte bei Streubesitz iÜ zur Kontrollausübung ausreichen (vgl. GK-BetrVG/*Oetker* Rn. 99).

87a Eine **weitere Ausnahme** enthält § 288 Abs. 1 KAGB. Für die Zwecke der §§ 287–292 KAGB, die den Kontrollerwerb von Unternehmen durch AIF regeln, bedeutet Kontrolle im Fall **nicht börsennotierter Unternehmen** die Erlangung von **mehr** als **50 % der Stimmen** dieser Unternehmen. Die Kontrolle in Bezug auf **Emittenten** wird für die Zwecke des § 290 KAGB (Offenlegungspflicht bei Kontrollerlangung) und § 292 KAGB (Zerschlagung von Unternehmen) nach § 288 Abs. 3 KAGB iVm Art. 5 Abs. 3 der RL 2004/25/EG betr. Übernahmeangebote gem. dem Recht des Sitzstaats, also für D nach § 29 Abs. 2 WpÜG definiert und damit das Halten von **mindestens 30 % der Stimmrechte** an dem Zielunternehmen (→ Rn. 82 ff.).

88 In Fällen, in denen **kein Wechsel** der **Kontrolle** über das Unternehmen erfolgt, ist Nr. 10 anwendbar, soweit deren Voraussetzungen erfüllt sind (GK-BetrVG/*Oetker* Rn. 102, 103; *Löwisch/Kaiser* Rn. 35; **aA** *Simon/Dobel* BB 2008, 1955 [1956]).

89 Wird die Kontrolle über eine **Konzernmuttergesellschaft** erworben, wird indirekt auch die Kontrolle über die Tochtergesellschaft(en) erlangt. Dieser **indirekte Kontrollerwerb** erfüllt nicht den Tatbestand der Nr. 9a bez. der Tochtergesellschaft(en). Es fehlt hier an einer Unternehmensübernahme. Diese setzt eine Veränderung in der Gesellschafterstruktur voraus. Der Erwerb von Geschäftsanteilen (ausschließlich) an der Muttergesellschaft lässt die Gesellschafterstruktur der Tochtergesellschaft(en) unberührt (vgl. GK-BetrVG/*Oetker* Rn. 101; Richardi BetrVG/*Annuß* Rn. 55a; MHdB ArbR/*Stamer* § 307 Rn. 36; *Brems/Croonenbrock* BB 2017, 1513, 1514; *Liebers/Erren/Weiß* NZA 2009, 1063 [1065]; *Simon/Dobel* BB 2008, 1955 [1956]; *Vogt/Bedkowski* NZG 2008, 725 [727]). Allerdings ist beim indirekten Kontrollerwerb Nr. 10 zu beachten. Hält dagegen die Konzernmuttergesellschaft mindestens 30% der Anteile an einer, mehreren oder allen Tochtergesellschaften, dann verändert sich auch deren Gesellschafterstruktur in einer Weise, die einen **direkten Kontrollerwerb** über die jeweiligen Tochtergesellschaften darstellt und eine Unterrichtungspflicht auch gegenüber den dortigen WiAusschüsse nach Nr. 9a begründet (→ Rn. 100; **aA** wohl *Brems/Croonenbrock* BB 2017, 1513, 1514; *Vogt/Bedkowski* NZG 2008, 725 [727] zu undifferenziert).

b) Unterrichtungspflicht des Unternehmers

90 Die Pflicht zur Unterrichtung des WiAusschusses über die Unternehmensübernahme obliegt dem Unternehmer (→ Rn. 28 ff.), also dem Vorstand oder der Geschäftsführung der zu übernehmenden Gesellschaft (Zielgesellschaft). Die Übernahme des Unternehmens erfolgt mittels **Veräußerung** der **Gesellschaftsanteile** an der Zielgesellschaft durch die **Gesellschafter,** nicht durch den Unternehmer. Aus dieser Personenverschiedenheit von unterrichtungsverpflichtetem Unternehmer einerseits und Veräußerer der Geschäftsanteile andererseits ergeben sich aber aufgrund der **Rechtslage** und der **einschlägigen Praxis** in aller Regel keine größeren Probleme für die Geschäftsleitung der Zielgesellschaft, den WiAusschuss über die Unternehmensübernahme und ihre Modalitäten zu unterrichten (vgl. *Löwisch/Kaiser* Rn. 45; **aA** DKKW/*Däubler* Rn. 87; MHdB ArbR/*Stamer* § 307 Rn. 37; *Löw* DB 2008, 758 f.; *Simon/Dobel* BB 2008, 1955 [1956]; *Schröder/Falter* NZA 2008, 1097 [1099]; *Thüsing* ZIP 2008, 106 ff.; *Vogt/Bedkowski* NZG 2008, 725 [727]).

91 Bei **börsennotierten** Unternehmen hat der Bieter nach §§ 29, 34 iVm §§ 10 Abs. 5 S. 1, 14 Abs. 4 S. 1 WpÜG den Vorstand der Zielgesellschaft über die Unternehmensübernahme ausf. zu unterrichten (ebenso *Simon/Dobel* BB 2008, 1955 [1956]; unzutreffend *Schröder/Falter* NZA 2008, 1097 [1099]), so dass er in der Lage ist, den WiAusschuss über die Unternehmensübernahme zu unterrichten. Außerdem treffen die Hinweise in → Rn. 92 ff. auch auf börsennotierte Unternehmen zu.

Bei **nicht börsennotierten** Unternehmen bestehen idR ebenfalls **keine Probleme** (**aA** *Löw* DB 2008, 758 f.; *Simon/Dobel* BB 2008, 1955 [1956]; *Schröder/Falter* NZA 2008, 1097 [1099]; *Thüsing* ZIP 2008, 106 ff.). Die Geschäftsleitungen dieser Unternehmen sind in **rechtlicher** und **tatsächlicher** Hinsicht so stark in die Übernahme eingebunden, dass sie ihre Unterrichtungspflichten gegenüber dem WiAusschuss nachkommen können (vgl. *Nagel/Hopfe* ZIP 2010, 817 f.); ein Informationsanspruch gegenüber dem potentiellen Erwerber besteht nicht (*Fleischer* ZfA 2009, 787 [800 ff.]). 92

Gem. § 76 AktG liegt die Geschäftsführungsbefugnis einer (nicht börsennotierten) **AG** allein beim Vorstand. Zu den **Geschäftsführungsmaßnahmen** gehört auch der **Erwerb** bzw. die **Veräußerung** von **Beteiligungen** (*Hüffer/Koch* AktG § 76 Rn. 43 f.). Ebenso obliegt den Geschäftsführern einer **GmbH** auch ohne ausdrückliche Regelung im GmbHG die Geschäftsführung der Gesellschaft zur Wahrnehmung der operativen Leitungsaufgaben, zu denen auch der Beteiligungserwerb zählt (hM; *Baumbach/Hueck* GmbHG § 35 Rn. 87). Es kommt noch hinzu, dass in 80% und mehr der Gesellschaften alle **Geschäftsführer** zugleich **Gesellschafter** sind (*Baumbach/Hueck* GmbHG Vor § 35 Rn. 4). 93

Eine Veräußerung größerer Gesellschaftsanteile ohne Wissen der Geschäftsleitung des Zielunternehmens ist unrealistisch. Ganz überwiegend werden Kontakte unmittelbar durch **Absprachen** auf **Vorstands-** oder **Geschäftsführungsebene** geknüpft. **Käufer** von Gesellschaftsanteilen sind auf die **Zusammenarbeit** mit der **Geschäftsleitung** der Zielgesellschaft angewiesen (vgl. *Fleischer* ZfA 2009, 787 [795]). Diese verfügt über die für einen Kauf interessanten Informationen aus dem operativen und strategischen Bereich. Aus den Verhandlungen und Gesprächen lassen sich für die Geschäftsleitung Rückschlüsse über die mit der beabsichtigten Übernahme verfolgten Ziele ziehen, wenn diese nicht ohnehin offen angesprochen werden. 94

Bei Übernahmen durch **Finanzinvestoren** ist die Einbindung des Managements der Zielgesellschaft sogar von größter Bedeutung. **Private-Equity-Transaktionen** sind nur erfolgreich, wenn es gelingt, die Geschäftsleitung der Zielgesellschaft auf einen **gemeinsamen Businessplan** festzulegen, der in der Investmentzeit realisiert werden soll (s. *Fleischer* ZfA 2009, 787 [796]). Ist die wirtschaftliche Übereinstimmung (sog Alignment) zwischen Finanzinvestor und operativem Management ein Kernelement dieser Transaktionen (EKM Private Equity S. 10 Rn. 16, S. 11 Rn. 20, S. 13 Rn. 27, S. 415 ff. Rn. 1, 5 f.), folgen daraus nicht nur umfangreiche Kenntnisse, sondern darüber hinaus große Einflussmöglichkeiten der Geschäftsleitung der Zielgesellschaft auf die zukünftige Planungen des Unternehmens. 95

Häufig werden bei (insbes. freundlichen) Übernahmen ein sog **Business Combination Agreement** zwischen Bieter und Zielgesellschaft abgeschlossen. Hierin werden Eckpunkte des Übernahmeangebots geregelt, insbes. Gegenleistung und Bedingungen, Absichten des Bieters bez. der Zielgesellschaft, etwaige Folgen der Übernahme für die ArbN und ihre Vertretungen sowie die Verpflichtung der Zielgesellschaft, das Übernahmeangebot zu unterstützen (BeckFormB M&A *Seibt* B.IX.2 Anm.3.). Auch hier ist die Geschäftsleitung der Zielgesellschaft zu einer Unterrichtung des WiAusschusses in der Lage (vgl. FS Willemsen/*Seibt* S. 509, 518, 521 f.). 96

Bei der Veräußerung von Tochtergesellschaften größerer Konzerne werden üblicherweise auf beiden Seiten **Verhandlungskommissionen** gebildet. Verhandlungsführer sind, abhängig von der Bedeutung des Veräußerungsobjekts, oft ein oder mehrere Personen auf Vorstands- oder Geschäftsführerebene. Hinzukommen die jeweiligen Fachleute aus den Abteilungen für Finanzen, Planung sowie Marketing und Vertrieb. 97

Ohne Einschaltung und Mitwirkung der Geschäftsleitung der Zielgesellschaft könnte auch keine **due diligence,** die einen Unternehmenskauf vorbereitende Prüfung des Kaufobjekts (vgl. dazu EKM Private Equity S. 35 ff. Rn. 1 ff.; WHSS Um- 98 strukturierung/*Seibt/Hohenstatt* Kap. K Rn. 20 ff.; *Fleischer* ZfA 2009, 787 [795]), erfolgen, wobei dies vor allem für die immer häufiger vom Verkäufer durchgeführte vendor due diligence (EKM Private Equity S. 37 Rn. 3) zutrifft. Da die due diligence vor allem auch **zukunftsbezogen** ist und der Evaluation bzw. Bestimmung einer angemessenen Gegenleistung und der Transaktionsstruktur dient (BeckFormB M&A *Seibt* B. VI.3 Anm. 1.), ist die Geschäftsleitung der Zielgesellschaft über die Modalitäten der beabsichtigte Unternehmensübernahme und die damit verbundene Zielsetzung des Käufers informiert. Sie verfügt über die für eine Unterrichtung des WiAusschusses erforderlichen Kenntnisse

99 Aus alledem folgt, dass in der Praxis die Geschäftsleitung der Zielgesellschaft sehr stark in die Veräußerung von Gesellschaftsanteilen involviert und sie damit auch in **nicht börsennotierten Unternehmen in der Lage** ist, ihre Pflicht zur **Unterrichtung des WiAusschusses** über die Unternehmensübernahme zu erfüllen.

100 In Ausnahmefällen ist **mangelnde Kenntnis** der **Zielgesellschaft** von einer drohenden Übernahme – theoretisch – denkbar: Die Konzernmuttergesellschaft hält Anteile an einer nicht börsennotierten Tochtergesellschaft und will 30 % ihrer Anteile an der Tochtergesellschaft veräußern, ohne deren Geschäftsleitung einzubeziehen. Diese verfügt dann nicht über die für eine Unterrichtung des WiAusschusses erforderlichen Kenntnisse. Um den Unterrichtungsanspruch des WiAusschusses nach Nr. 9a nicht leer laufen zu lassen, ist in **Anlehnung** an die Rspr. des **EuGH** (15.7.2004 – C 349/01, AP EBRG § 5 Nr. 5) zur Bildung eines **EBR** von einer Verpflichtung der **Muttergesellschaft** auszugehen, der Geschäftsleitung der **Tochtergesellschaft** die **Auskünfte** zu erteilen, die sie dem dortigen WiAusschuss schuldet (iErg ähnlich GK-BetrVG/*Oetker* Rn. 126; **aA** *Löw* DB 2008, 758 [759]; → § 109a Rn. 8 zu einem anderen Lösungsweg).

101 Dies entspricht sinngemäß einem Beschl. des **LAG Nürnberg** v. 21.2.2002 (NZA-RR 2002, 247): Die Muttergesellschaft mit Sitz im Ausland hat entschieden, den ArbN einer Tochtergesellschaft Aktienoptionen zu gewähren. Gegenüber dem vom BR geltend gemachte MBR nach § 87 Abs. 1 Nr. 10 kann sich die Geschäftsleitung der Tochtergesellschaft nicht darauf berufen, sie habe keine Kenntnis von den Verteilungsgrundsätzen der Muttergesellschaft. Das **MBR** des BR **scheitere nicht** daran, dass die Geschäftsleitung der Tochtergesellschaft **nicht über alles** die **eigene Firma Betreffende** informiert werde.

101a Das KAGB enthält bes. Vorschriften über Mitteilungs- und Offenlegungspflichten bei Kontrollübernahme durch AIF. Die **AIF-Kapitalverwaltungsgesellschaft** hat das übernommene Unternehmen nach Maßgabe der §§ 289 u. 290 KAGB ua über den Kontrollerwerb, das Datum des Kontrollerwerbs und die Bedingungen, unter denen die Kontrolle erlangt wurde, zu informieren. Sie hat außerdem sicherzustellen, dass dem Zielunternehmen die Absichten des AIF hinsichtlich der zukünftigen Geschäftsentwicklung des nicht börsennotierten Unternehmens sowie die voraussichtlichen Auswirkungen auf die dortige Beschäftigung und wesentliche Änderungen der Arbeitsbedingungen offengelegt werden. Gleichzeitig hat sich die AIF-Kapitalverwaltungsgesellschaft dafür einzusetzen, dass der Vorstand des Zielunternehmens die ArbN-Vertr. über diese Angelegenheiten ordnungsgemäß informiert. Diese Vorschriften erleichtern es dem Zielunternehmen, seine Unterrichtungspflicht gegenüber dem WiAusschuss nach § 106 zu erfüllen, der auch bei Kontrollübernahme durch AIF uneingeschränkt gilt (vgl. BT-Drs. 17/12294, 277 zum ehem. AIFM-UmsG).

c) Rechtzeitige Unterrichtung und Beratung

102 Die Unterrichtung über die Unternehmensübernahme hat **rechtzeitig** zu erfolgen (→ Rn. 30 ff.). Die Ansicht, die Geschäftsleitung schulde schon deshalb keine rechtzeitige Unterrichtung, weil die Unternehmensübernahme kein mitbestimmungspflichtiger Vorgang sei (so *Schröder/Falter* NZA 2008, 1097 [1098]), verkennt, dass auch andere Tatbestände des Abs. 3 (zB Nr. 1–3) nicht der MB des BR unterliegen und dennoch Gegenstand einer rechtzeitigen Information sind (hM). Ebenso wenig kann die Pflicht zur rechtzeitigen Unterrichtung mit der fehlenden Wechselwirkung zwischen Unternehmensübernahme und erheblichen sozialen Auswirkungen begründet werden. Allein die gesellschaftsrechtlichen Vorgänge einer Unternehmensübernahme mit Kontrollerwerb lösen die Verpflichtung zur rechtzeitigen Unterrichtung aus (→ Rn. 81; FS Willemsen/*Seibt* S. 509, 520 ff.; *Thüsing* ZIP 2008, 106; **aA** *Schröder/Falter* NZA 2008, 1097 [1098]).

103 Zur **Bestimmung** der **Rechtzeitigkeit** gibt es wegen der Vielgestaltigkeit der Tatbestände einer Unternehmensübernahme und ihrer Begleitumstände (→ Rn. 92 ff.) keinen allgemeingültigen Maßstab. Es kommt auf den konkreten Einzelfall an, wie die Unternehmensübernahme erfolgt und von der Geschäftsleitung der Zielgesellschaft mitgestaltet oder begleitet wird. **Spätestens** ist der WiAusschuss immer dann zu unterrichten, **bevor** die Vertragsbedingungen für die Übernahme und ihre Gestaltung **bindend geregelt** werden (*Löwisch/Kaiser* Rn. 42; WHSS Umstrukturierung/*Schweibert* Kap. C Rn. 489d; *Liebers/Erren/Weiß* NZA 2009, 1063 [1067]; sa *Nagel/Hopfe* ZIP 2010, 817 [818]). Nur so kann der WiAusschuss sein Beratungsrecht (Abs. 1 S. 2) sinnvoll ausüben und auf den Willenbildungsprozess der Geschäftsleitung, die in rechtlicher und tatsächlicher Hinsicht über weitreichende Mitgestaltungsbefugnisse bei der Übernahme verfügt (→ Rn. 92 ff.; **aA** *Thüsing* ZIP 2008, 106 f.; *Vogt/Bedkowski* NZG 2008, 725 [728]), Einfluss nehmen (GK-BetrVG/*Oetker* Rn. 115 f.).

104 Zieht sich die Unternehmensübernahme länger hin und wird wegen ihrer Komplexität in mehreren, thematisch gegliederten Teilbereichen (zB Finanzen einschließlich Gegenleistung für die Übernahme und Sicherheitsleistungen, Investitionen, Umweltschutz, künftige Geschäftstätigkeit, Standortfragen; vgl. § 10 Abs. 2 WpÜG) zeitlich versetzt verhandelt, so ist der WiAusschuss **vor Abschluss** der jeweiligen Verhandlung der Einzelthemen von der Geschäftsleitung, also **mehrmals sukzessiv** zu **unterrichten.** Eine mehrmalige sukzessive Informationspflicht entsteht auch dann, wenn sich der Kreis der potentiellen Erwerber im Laufe des Prozesses erweitert.

105 Ein **früherer** als der in → Rn. 103 genannte **Zeitpunkt** für eine rechtzeitige Unterrichtung ergibt sich, wenn **Handlungen** der Geschäftsleitung im **Vorfeld** der Übernahme **präjudizierende Wirkung** auf die spätere Gestaltung der Unternehmensübernahme bzw. der diesbez. Vertragsbedingungen haben. Dann hat die Geschäftsleitung eine Unterrichtung und Beratung des WiAusschusses vor Schaffung dieser Tatbestände durchzuführen (Schaub ArbR-HdB/*Koch* § 243 Rn. 24c). Das ist zB bei der Festlegung eines gemeinsamen **Businessplans** mit dem Erwerber (→ Rn. 95) oder dem Abschluss eines **Business Combination Agreement** (→ Rn. 96) der Fall.

106 Gleiches gilt bei einer Verpflichtung zur Annahme eines Übernahmeangebots. Ein solches häufig im Vorfeld eines Übernahmeverfahrens vereinbartes **Irrevocable Undertaking** ist ein rechtsverbindlicher Vorvertrag, der zum Abschluss eines Kauf- und Übertragungsvertrages über die von Aktionären an der Zielgesellschaft gehaltenen Aktien auf der Grundlage des Übernahmeangebots und gem. den in der Angebotsunterlage niedergelegten Bedingungen verpflichtet (BeckFormB M&A *Seibt* E.I Anm. 1 ff.). Er wird idR innerhalb des gesetzl. Referenzzeitraums für maßgebliche Vorerwerbe von sechs Monaten vor der Veröffentlichung der Angebotsunterlage (vgl. § 31 Abs. 6 WpÜG, § 4 WpÜG-AngebotsVO) geschlossen (BeckFormB M&A *Seibt* E.I Anm. 2).

107 Bei **freundlichen Übernahmeangeboten** insbes. durch **Private Equity** werden ebenfalls die Übernahme und ihre Modalitäten schon **vor** dem **Bieterverfahren** festgelegt (EKM Private Equity S. 144 Rn. 18). Bieter und Zielgesellschaft treffen vor der Veröffentlichung der Übernahmeabsicht durch den Bieter (§ 10 Abs. 1 WpÜG) eine **Vereinbarung** über die Eckpunkte des Übernahmeangebots. In ihr werden typischerweise Absichtserklärungen bzw. **Zusagen** hinsichtlich künftiger **Unter-**

nehmenspolitik, Strategie, Standorte, **Arbeitsplätze** usw gegeben (EKM Private Equity S. 144 Rn. 18 f.).

108 Die in → Rn. 95 ff. geschilderte **Praxis** belegt, dass bei der Übernahme **börsennotierter Unternehmen** nicht generell von einer rechtzeitigen Unterrichtung ausgegangen werden kann, wenn sie zeitgleich mit der schriftlichen Mitteilung des Bieters über die Veröffentlichung seines Übernahmeangebots und Zuleitung der Angebotsunterlage an den Vorstand des Zielunternehmens (§§ 10 Abs. 5, 14 Abs. 4 WpÜG; FS Willemsen/*Seibt* S. 509, 520 ff.) erfolgt (so aber *Simon/Dobel* BB 2008, 1955 [1957]). Es wird schon übersehen, dass die genannten Vorschriften des WpÜG nur den Zeitpunkt für die Vorlage von Unterlagen an den zutreffenden BR betreffen, **nicht** den **Zeitpunkt** der **Unterrichtung** des **WiAusschusses,** der nach dem BetrVG ohnehin vor dem BR einzuschalten ist (vgl. GK-BetrVG/*Oetker* Rn. 118; → Rn. 30; **aA** *Schröder/Falter* NZA 2008, 1097 [1100]).

109 Der **vorzeitigen Information** des WiAusschuss steht auch **§ 14 Abs. 2 S. 2 WpÜG nicht entgegen,** der eine Bekanntgabe der Angebotsunterlage vor ihrer Veröffentlichung verbietet (Schaub ArbR-HdB/*Koch* § 243 Rn. 24c; FS Willemsen/*Seibt* S. 509, 522 ff.: **aA** *Schröder/Falter* NZA 2008, 1097 [1100]). Dieses Verbot steht in innerem Zusammenhang mit der Aufsichtsfunktion der BaFin und hat nur verfahrensrechtlichen Charakter. Es schließt die gängige Praxis nicht aus, die Angebotsunterlage bereits im Vorfeld dem Vorstand der Zielgesellschaft zwecks Prüfung, Einschaltung von WiAusschuss und zuständigem BR sowie Erarbeitung einer Empfehlung für die Wertpapierinhaber zwecks Annahme des Angebots zuzuleiten (*Angerer/Geibel/Süßmann* WpÜG § 14 Rn. 41 ff., 43).

110 Als Fazit ist festzuhalten: Eine **rechtzeitige** Unterrichtung des WiAusschusses setzt voraus, dass er **vor Abschluss** einer dem Bieterverfahren **vorgelagerten Vereinbarung** oder Zusage über Eckpunkte des Übernahmeangebots von der Zielgesellschaft zu unterrichten ist.

111 Ohne derart frühzeitige Festlegungen kann bei einem Auktionsverfahren der entscheidende Zeitpunkt für eine rechtzeitige Unterrichtung auch schon nach dem **positiven Abschluss** der **due diligence** liegen, wenn die konkreten Vertragsverhandlungen begonnen haben. Dann ist die Erwerbsabsicht hinreichend konkret und potentielle Erwerber sind in der Lage, zB etwas zu der von ihnen beabsichtigten künftigen Geschäftstätigkeit des Unternehmens zu sagen (ErfK/*Kania* Rn. 6a; HaKo-BetrVG/*Steffan* Rn. 19; *Löw* DB 2008, 758 [760]; **aA** *Schröder/Falter* NZA 2008, 1097 [1099 f.]; *Simon/Dobel* BB 2008, 1955 [1957]). In jedem Fall **zu spät** ist der Zeitpunkt des **Zuschlags** an einen der potentiellen Erwerber; dann ist kein sinnvoller Dialog mit dem WiAusschuss über verschiedene Alternativen mehr möglich.

112 Eine rechtzeitige Unterrichtung hat außerdem so frühzeitig zu erfolgen, dass für den WiAusschuss ausreichend Zeit für eine **Beratung** der Übernahme mit dem Unternehmer nach Abs. 1 S. 2 verbleibt (für eine Beratungspflicht BAG 22.3.2016 – 1 ABR 10/14, NZA 2016, 969; GK-BetrVG/*Oetker* Rn. 113, 115, 117; **aA** – keine Beratung – Richardi BetrVG/*Annuß* Rn. 26e; *Liebers/Erren/Weiß* NZA 2009, 1063 [1067]; *Löw* DB 2008, 758 [760]; *Simon/Dobel* BB 2008, 1955 [1957]; *Thüsing* ZIP 2008, 106 [107]; *Vogt/Bedkowski* NZG 2008, 725 [728]). Eine Beratung ist **erforderlich,** um der Geschäftsleitung des Zielunternehmens die Haltung der Belegschaft zu der Übernahme darzulegen, sie für arbeitnehmerfreundlichere Modalitäten der Übernahme zu gewinnen und ihr Gründe aus ArbNSicht zu nennen, die für einen bestimmten Erwerber sprechen. Eine Beratung ist auch **sinnvoll;** denn sowohl nach der Rechtslage (→ Rn. 92 f.), vor allem aber auch nach der Verfahrenspraxis (→ Rn. 94 ff.) verfügen die Geschäftsleitungen über erheblichen Einfluss und Gestaltungsmöglichkeiten bei Unternehmensübernahmen, die es seitens des WiAusschusses zugunsten der ArbN zu nutzen gilt.

113 Den Handlungsmöglichkeiten der Geschäftsleitung des Zielunternehmens steht § 33 WpÜG nicht entgegen (**aA** *Thüsing* ZIP 2008, 106 [107]). Es gibt weder eine kapitalmarktrechtliche noch eine aktienrechtliche **Neutralitätspflicht,** nach der sich

Vorstand und AR der Zielgesellschaft „neutral" zu dem Übernahmeangebot zu verhalten hätten (*Angerer/Geibel/Süßmann* WpÜG § 33 Rn. 10ff.; *Hüffer/Koch* AktG § 76 Rn. 40ff.). Sie können vielmehr für oder gegen das Angebot Stellung nehmen und Maßnahmen zur Abwehr eines Angebots ergreifen, zB sich um einen **„weißen Riesen"** bemühen, im Rahmen der Geschäftsführungsbefugnis des Vorstands gem. § 76 AktG oder auf Grundlage von Ermächtigungsbeschlüssen der Hauptversammlung Handlungen vornehmen oder Geschäfte tätigen, durch die der Bieter objektiv behindert werden kann, oder die Hauptversammlung einberufen, um weitere Maßnahmen zu beschließen (*Angerer/Geibel/Süßmann* WpÜG § 33 Rn. 10ff.).

Die in den → Rn. 102ff. dargelegten Grundsätze für eine rechtzeitige Unterrichtung und Beratung gelten auch für die in §§ 287ff. KAGB geregelten Fälle, in denen **AIF-Kapitalverwaltungsgesellschaften** die Kontrolle über nicht börsennotierte Unternehmen und Emittenten erlangen. Für die Geltung des § 106 ist auch unerheblich, ob die Zielunternehmen gem. § 287 Abs. 2 KAGB als kleinere oder mittlere nicht börsennotierte Unternehmen von der Anwendung der §§ 287–292 KAGB ausgenommen sind. Denn die Beteiligungsrechte der ArbN nach dem BetrVG werden durch die §§ 287ff. KAGB nicht eingeschränkt (vgl. BT-Drs. 17/12294, 277 zum ehem. AIFM-UmsG). Deshalb kann auch der nach § 106 Abs. 2 maßgebende Zeitpunkt einer rechtzeitigen Information des WiAusschusses durch das Zielunternehmen nicht unter Hinweis auf § 289 Abs. 5 KAGB hinausgeschoben werden. Denn dort geht es ausschließlich um zeitliche Festlegungen („so rasch wie möglich, aber nicht später als 10 Arbeitstage nach dem Tag" des Kontrollerwerbs), innerhalb derer die AIF-Kapitalverwaltungsgesellschaft ihre Mitteilungspflichten gegenüber dem Zielunternehmen nach § 289 Abs. 2–4 KAGB (→ Rn. 101a) zu erfüllen hat. Sollte das Zielunternehmen aufgrund der in → Rn. 92ff., 104ff. beschriebenen oder ähnlichen Verfahren über relevante Informationen zur Übernahme verfügen, hat es den WiAusschuss hierüber unaufgefordert und vor dem in § 289 Abs. 5 KAGB genannten Zeitpunkt zu informieren sowie die Angelegenheit mit ihm zu beraten, um ihm eine Einflussnahme zu ermöglichen (→ Rn. 112). 113a

d) Erforderliche Unterlagen

Der durch Art. 4 des **Risikobegrenzungsgesetzes** (→ Rn. 8ff.) in **Abs. 2** angefügte **S. 2** konkretisiert unter dem Gesichtspunkt einer umfassenden Unterrichtung (→ Rn. 23ff.) die dem WiAusschuss bei der Unternehmensübernahme zusätzlich vorzulegenden erforderlichen Unterlagen. Hierzu gehören insbes. Unterlagen mit Angaben über den potenziellen Erwerber und dessen Absichten hinsichtlich der künftigen Geschäftstätigkeit des Unternehmens sowie die sich daraus ergebenden Auswirkungen auf die ArbN. Gleiches gilt, wenn der Unternehmensübernahme ein Bieterverfahren vorgeschaltet ist. 114

Die Regelung des Abs. 2 S. 2 gilt für jede Form einer Unternehmensübernahme mit Kontrollerwerb, also auch für die in §§ 287ff. KAGB geregelten Fälle, in denen **AIF-Kapitalverwaltungsgesellschaften** die Kontrolle über nicht börsennotierte Unternehmen und Emittenten erwerben. Diese Zielunternehmen haben selbst dann ihre Pflichten aus Abs. 2 S. 2 zu erfüllen, wenn sie zu den Unternehmen gehören, die gem. § 287 Abs. 2 KAGB von der Anwendung der §§ 287–292 KAGB ausgenommen sind, wie zB kleinere und mittlere Unternehmen (→ Rn. 38a). Denn die Beteiligungsrechte der ArbN werden durch die §§ 287ff. KAGB nicht eingeschränkt (vgl. BT-Drs. 17/12294, 277 so zum ehem. AIFM-UmsG). 114a

Indem der neue S. 2 des Abs. 2 die erforderlichen Unterlagen ausdrücklich benennt, wird erstmalig im BetrVG dem Unternehmer die Vorlage eines **bestimmten Mindestkatalogs** von **Unterlagen** auferlegt. Das hat zur weiteren Folge, dass dann, wenn Unterlagen mit den verlangten Angaben nicht existieren, diese **zu erstellen sind** (LAG BW 9.10.2013 – 10 TaBV 2/13, BeckRS 2014, 67294; Schaub ArbR-HdB/*Koch* § 243 Rn. 24b; *Thüsing* ZIP 2008, 106 [107f.]; wohl auch *Liebers/Erren/* 115

Weiß NZA 2009, 1063 [1066]; **aA** MHdB ArbR/*Stamer* § 307 Rn. 37; Richardi BetrVG/*Annuß* Rn. 26a; *Fleischer* ZfA 2009, 787 [797]; *Simon/Dobel* BB 2008, 1955 [1957]). Das kann bei der Übernahme nicht börsennotierten Unternehmen, für die das WpÜG (vgl. dessen § 11) mit seiner Verpflichtung zur Erstellung derartiger Unterlagen nicht gilt, eine Rolle spielen.

116 Unerheblich ist, ob es sich um Unterlagen des Unternehmers oder des Erwerbers handelt. Entscheidend ist, dass sie die geforderten **Mindestangaben** enthalten.

117 Dazu gehört die Angabe über den **potentiellen Erwerber.** Das sind Personen, die in **konkrete Vertragsverhandlungen** eintreten und damit ihre Erwerbsabsicht dartun. Entspr. gilt bei Durchführung eines Bieterverfahrens. In einem üblichen **Bieterverfahren** (Versand von Informationsmaterial, Abgabe unverbindlicher Gebote, Einsicht in Unternehmensunterlagen, Abgabe der sog Binding Offers – verbindliche Angebote, dann Vertragsverhandlungen und anschließend Entscheidung über den Verkauf), sind nur diejenigen potentielle Erwerber, die ein **verbindliches Angebot** abgeben (Richardi BetrVG/*Annuß* Rn. 26b). Bloße Interessenbekundungen reichen nicht aus (Bericht des Finanzausschusses BT-Drs. 16/9821, 11; *Löwisch/Kaiser* Rn. 42).

118 Potentielle Erwerber sind auch Erwerber, die bereits **im Vorfeld Zusagen** oder Absichtserklärungen hinsichtlich der Unternehmensübernahme und ihre Modalitäten machen. Das ist insbes. der Fall bei der Festlegung eines **Businessplans** (→ Rn. 95, 105) oder der **späteren Unternehmenspolitik** (→ Rn. 107) sowie beim Abschluss eines **Business Combination Agreement** (→ Rn. 96) oder eines **Irrevocable undertaking** (→ Rn. 106).

119 Hat das Unternehmen die Wahl zwischen **mehreren potentiellen Erwerbern,** hat es dem WiAusschuss die geforderten Angaben gem. Abs. 2 S. 2 zu allen potentiellen Erwerbern zu machen (vgl. BT-Drs. 16/9821, 11). Nur dann kann der WiAusschuss sich im Rahmen der Beratung mit dem Unternehmen für den aus Sicht der Belegschaft vorzugswürdigen Erwerber aussprechen.

120 Die in Abs. 2 S. 2 geforderten **Unterlagen** mit Angaben über die potentiellen Erwerber und ihre Absichten bereiten bei Übernahme **börsennotierter Unternehmen** keine größeren Schwierigkeiten. Diese und noch weitere Angaben müssen im Übernahmeangebot gem. § 11 Abs. 2 iVm § 39 WpÜG enthalten sein. Allerdings sind die Unterlagen mit diesen Informationen dem WiAusschuss rechtzeitig, idR **vor** der **Veröffentlichung** des Übernahmeangebots vorzulegen (→ Rn. 102 ff., → Rn. 108). Das betrifft auch diejenigen Angaben in § 11 Abs. 2 WpÜG, die in Abs. 2 S. 2 nicht ausdrücklich erwähnt, aber aufgrund der dortigen **Insbesondere-Regelung** (nicht abschließender Mindestkatalog) wegen ihrer Bedeutung miterfasst sind.

121 Das gilt insbes. für Angaben zur **finanziellen** und **wirtschaftlichen Bedeutung** der Übernahme für die Zielgesellschaft. Diese bemisst sich, wie **§ 11 Abs. 2 S. 2 Nr. 4** und **S. 3 Nr. 1** iVm § 39 WpÜG für das **Übernahmeangebot** festlegt, entscheidend danach, wie geartet und wie hoch die für die Wertpapiere der Zielgesellschaft gebotene **Gegenleistung** aussieht, wie sichergestellt wird, dass dem Bieter die zur Erfüllung des Angebots notwendigen Mittel zur Verfügung stehen und welche Auswirkungen eines erfolgreichen Übernahmeangebots auf die Vermögens-, Finanz- und Ertragslage des Bieters haben. Unterlagen mit entspr. Angaben sind dem WiAusschuss vorzulegen, damit er sich ein Bild von der finanzielle und wirtschaftlichen Potenz der Erwerber machen kann (GK-BetrVG/*Oetker* Rn. 125; *Löwisch/Kaiser* Rn. 43; MHdB ArbR/*Stamer* § 307 Rn. 37; **aA** *Löw* DB 2008, 758 [760]).

122 Sollten **Unterlagen** mit vorstehenden Angaben vor der Veröffentlichung des Übernahmeangebots noch nicht existieren, sind sie von der Geschäftsleitung des Zielunternehmen **zu erstellen** (→ Rn. 115). Dazu ist sie aufgrund ihrer rechtlichen und tatsächlichen Einbindung in den Prozess der Unternehmensübernahme (→ Rn. 91 ff.) in der Lage.

123 Vorzulegen ist dem WiAusschuss auch die dem Vorstand und AR der Zielgesellschaft nach **§ 27 WpÜG** obliegende **begründete Stellungnahme** zu den voraus-

sichtlichen Folgen eines erfolgreichen Übernahmeangebots für die Zielgesellschaft, die ArbN und ihre Vertretungen, die Beschäftigungsbedingungen und die Standorte der Zielgesellschaft (*Engels* ArbuR 2009, 10 [66]; FS Willemsen/*Seibt* S. 509, 515ff.). Vor Abgabe dieser Stellungnahme ist deren Inhalt mit dem WiAusschuss zu beraten. Der Stellungnahme kann der WiAusschuss entnehmen, ob und inwieweit der Vorstand seine Anregungen übernommen hat und wie er den BR bei dessen Stellungnahme (s. § 27 Abs. 2 WpÜG; *Engels* ArbuR 2009, 10 [66]) am besten argumentativ unterstützt.

Aufgrund des angestrebten Gleichklangs zwischen den Informationen in börsennotierten Unternehmen und nicht börsennotierten Unternehmen (Gesetzesbegründung BT-Drs. 16/7438, 9) hat der WiAusschuss in **nicht börsennotierten Unternehmen** Anspruch auf Vorlage von Unterlagen mit Angaben, die denen in § 11 Abs. 2 WpÜG **genannten** entsprechen. **124**

Dazu gehört insbes. der **Vertrag** zur **Veräußerung** der **Gesellschaftsanteile** (ArbG Berlin 6.9.2010 – 48 BV 11747/10, AiB 2011, 260; Schaub ArbR-HdB/*Koch* § 243 Rn. 24b; *Peter* AiB 2011, 261f.; aber → Rn. 126). Er gibt Aufschluss über die **Gegenleistung** (ua Kaufpreis) und evt. auch über die Sicherheitsleistungen des Käufers. Die Kenntnis dieser Daten und die Möglichkeit ihrer Bewertung sind für den Willensbildungsprozess innerhalb des WiAusschusses, ob er sich gegenüber der Geschäftsleitung für oder gegen den Erwerber oder einen bestimmten Erwerber aussprechen soll, von großer Bedeutung. **125**

Die **Gegenansicht** (*Löwisch/Kaiser* Rn. 40; MHdB ArbR/*Stamer* § 307 Rn. 37; *Löw* DB 2008, 758 [760]; *Simon/Dobel* BB 2008, 1955 [1957f.]; *Schröder/Falter* NZA 2008, 1097f.), die eine Pflicht zur Vorlage des Veräußerungsvertrags verneint, beruft sich auf eine alte Entscheidung des BAG (22.1.1999 – 1 ABR 38/89, AP BetrVG 1972 § 106 Nr. 9), die angesichts der neuen Nr. 9a überholt ist. Die seinerzeit entscheidungserhebliche Nr. 10 mit ihrer beschränkten Generalklausel (→ Rn. 130ff.) ist durch die Spezialvorschrift der Nr. 9a verdrängt worden (→ Rn. 81). Diese erklärt den gesellschaftsrechtlichen Vorgang der Unternehmensübernahme als solchen zur wirtschaftlichen Angelegenheit. Damit wird der Veräußerungsvertrag automatisch zu einer vorlagepflichtigen Unterlage gem. Abs. 2 S. 2, die auch Gegenstand der Beratung nach Abs. 1 S. 2 ist (**aA** LAG BW 9.10.2013 – 10 TaBV 2/13, BeckRS 2014, 67294; *Simon/Dobel* BB 2008, 1955 [1957f.], die Einflussmöglichkeiten des WiAusschusses gem. → Rn. 93ff. übersehen). **126**

Soweit die Geschäftsleitung **nicht börsennotierter Unternehmen** über keine **Unterlagen** über die Absichten der potentiellen Erwerber bez. der beabsichtigten Geschäftstätigkeit des Unternehmens und die sich ergebenden Auswirkungen auf die ArbN verfügt, hat sie diese zu **erstellen** (→ Rn. 115) und ist dazu auch in der Lage (→ Rn. 122, 91ff.). **127**

Die Unterlagen müssen vor allem Angaben über Sitz und Standort wesentlicher Unternehmensteile und über die beabsichtigte Verwendung des Vermögens des Zielunternehmens sowie über dessen künftige Verpflichtungen enthalten. Außerdem haben sie über die **Situation** der **ArbN** und ihrer Vertretungen sowie über geplante wesentliche Änderungen der Beschäftigungsbedingungen einschließlich der insoweit vorgesehenen Maßnahmen zu informieren (vgl. GK-BetrVG/*Oetker* Rn. 125; MHdB ArbR/*Stamer* § 307 Rn. 37; FS Willemsen/*Seibt* S. 509, 315ff.; *Liebers/Erren/Weiß* NZA 2009, 1063 [1066]). Dem Erwerber obliegen also Angaben auch über die **mittelbaren Folgen** der **Übernahme,** wie zB über Gründung oder Entflechtung eines Konzerns, Zusammenlegung oder Spaltung von Unternehmen oder Betrieben, Vergrößerung, Verkleinerung oder Verlust von BRGremien, Geltung von TV und BV, Personalabbau und die insoweit beabsichtigten Maßnahmen zur Vermeidung oder Abfederung von wirtschaftlichen Nachteilen der betroffenen ArbN (so zum entspr. heranzuziehenden WpÜG *Angerer/Geibel/Süßmann* WpÜG § 11 Rn. 25ff.; *Engels* ArbuR 2009, 10 [65]). **128**

e) Geheimhaltung

129 Der Gesetzgeber hat durch die Neuregelungen bei der Unternehmensübernahme keine zusätzlichen Risiken bez. der Weitergabe von Betriebs- und Geschäftsgeheimnisse gesehen und deshalb von Sonderregelungen abgesehen (so Ausschussbericht BT-Drs. 16/9821, 11; *Liebers/Erren/Weiß* NZA 2009, 1063 [1067 ff.]). Es gelten die allgemeinen Regelungen des Abs. 1 S. 1 (→ Rn. 43 ff.; → § 79 Rn. 3 ff.; zu Insiderinformationen → Rn. 35).

12. Sonstige für die Arbeitnehmer bedeutsame Vorgänge und Vorhaben (Nr. 10)

130 Nr. 10 enthält eine **beschränkte Generalklausel** (hM: DKKW/*Däubler* Rn. 89; GK-BetrVG/*Oetker* Rn. 103 f.). Sie erfasst alle nicht bereits in den Nr. 1–9a aufgeführten Fragen, die das wirtschaftliche Leben des Unternehmens in entscheidenden Punkten betreffen. Voraussetzung ist, dass die Interessen der ArbN des Unternehmens wesentlich berührt werden können (BAG 11.7.2000 – 1 ABR 43/99, AP BetrVG 1972 § 109 Nr. 2). Das ist zB der Fall, wenn das Unternehmen plant, bestimmte Tätigkeiten nicht mehr durch eigenes Stammpersonal, sondern durch Einsatz von **Fremdpersonal** in Form von LeihArb oder durch Beauftragung von Fremdfirmen auf der Grundlage von Dienst-, Werk- oder Industriedienstleistungsverträgen (→ § 5 Rn. 279) oder im Rahmen von **Crowdworking/Crowdsourcing** (s. hierzu *Däubler/Klebe* NZA 2015, 1032 ff.; *Wedde* AiB Sonderausgabe Sept. 2015, S. 26 ff.; → § 5 Rn. 85b) verrichtet werden sollen. Das hat zudem Auswirkungen auf die Personalplanung (s. Abs. 2 S. 1), wenn eigene Personalreserven aufgelöst und der Vertretungsbedarf (zB bei Krankheit, Urlaub, Mutterschutz) oder sogar der normale Personalbedarf für bestehende oder neue Tätigkeitsfelder durch Fremdpersonal abgedeckt werden soll (*Schüren/Hamann* AÜG § 14 Rn. 344; *Ulber* AÜG § 14 Rn. 128; *Walle* NZA 1999, 518 [520]).

130a Werden **Matrix-Strukturen** (→ § 5 Rn. 226a ff.) im Unternehmen oder Konzern eingeführt (*Bachner* NZA 2019, 134 ff.; *Kort* NZA 2013, 1318 [1325]) und entscheidet der Vertrags-ArbGeb., dass ArbN bei der steuernden Einheit eingesetzt werden, so hat das für sie weitreichende Folgen. Das fachliche Weisungsrecht wird ihnen gegenüber von nun an durch neue Vorgesetzte ausgeübt, denen sie zuarbeiten müssen. Das bedeutet für die betroffenen ArbN eine partielle Einbindung in eine andere Arbeitsorganisation und begründet für sie ein anderes „Arbeitsregime" mit erheblichen Auswirkungen (→ § 99 Rn. 37a, 139c). Der Umfang des Informationsrechts des WiAusschusses reicht soweit, wie die aktive Tätigkeit des Unternehmens oder seine passive Betroffenheit infolge der Einführung von Matrix-Strukturen reichen. Dieses grds. auf das Unternehmen begrenzte **Informationsrecht** des WiAusschusses kann sich zB dann **erweitern,** wenn das Unternehmen in die Matrixstrukturen eines internationalen Konzerns mit Sitz im Ausland einbezogen ist. Ein (Miss-)Erfolg im Ausland oder Investitionen in ausländische Geschäftstätigkeiten können Folgen auch für die Geschäftstätigkeit des deutschen Unternehmens haben, so dass dessen WiAusschuss über derartige ausländische Sachverhalte zu informieren ist (*Bachner* NZA 2019, 134, 140 f.; *Kort* NZA 2013, 1318 [1325]; *Weller* AuA 2013, 344 [346]; zur Zuständigkeit des EBR → Anh. 3 Rn. 7 ff., 63 ff., 88 ff.).

130b Die Realisierung der **Industrie 4.0** mit ihrer digitalen Vernetzung von Werkstücken, Maschinen, ArbN und Kunden verändert das Anforderungs- und Aufgabenprofil vieler ArbN nachhaltig und berührt die Interessen der hiervon betroffenen ArbN wesentlich. Den Schwerpunkt der betrieblichen Arbeit bilden nicht mehr ausführende Tätigkeiten, sondern solche im Bereich von Planung und Organisation. Das erfordert eine grundlegende Umstellung der betroffenen ArbN, die nur gelingen kann, wenn ihnen die digitale Kompetenz als neue Schlüsselqualifikation durch betriebliche und außerbetriebliche Weiterbildung vermittelt wird und sie durch eine adäquate

Personalplanung begleitet werden (vgl. *Günther/Böglmüller* NZA 2015, 1025 ff.; *Neufeld* AuA 2015, 504 ff.; sa BMAS Grünbuch **Arbeiten 4.0** S. 64 ff.).

Hierher gehören zB auch **Rechtsstreitigkeiten,** die für das Unternehmen von grundlegender Bedeutung sind; die Auswirkung der **Steuerpolitik** und sonstiger Maßnahmen der öffentlichen Hand (Zölle, Liberalisierung, Einfuhrsperren), Maßnahmen des Auslands, die Auswirkungen auf die wirtschaftliche Tätigkeit des Unternehmens haben werden; allgemeine **wirtschaftliche Lage** der **Branche,** insbes. Szenarien zur Absicherung der wirtschaftlichen und finanziellen Lage in Krisenzeiten für Banken (→ Rn. 38h); Zusammenarbeit mit anderen Unternehmen (WHSS Umstrukturierung/*Schweibert* Kap. C Rn. 491; Verlagerung der Produktion **ins Ausland;** Durchführung von **Pilotprojekten** über neue Dienstleistungen und Produkte, wenn die Ergebnisse Auswirkungen auf die Beschäftigungsverhältnisse der ArbN haben können (BAG 11.7.2000 – 1 ABR 43/99, AP BetrVG 1972 § 109 Nr. 2); Ausgliederungen von Dienstleistungen (BAG 11.7.2000 – 1 ABR 43/99, AP BetrVG 1972 § 109 Nr. 2), **Konzentrationsvorgänge,** Veräußerung von **Geschäftsanteilen** einer GmbH – ohne dass damit ein Kontrollerwerb verbunden ist (s. Nr. 9a) – und deren mögliche Auswirkungen auf Geschäftspolitik u. -führung (aber ohne Vorlage der notariellen Veräußerungsverträge, BAG 22.1.1991 – 1 ABR 38/89, AP BetrVG 1972 § 106 Nr. 9), die **Übernahme** des **Unternehmens,** die nicht von Nr. 9a erfasst wird, und der **Übergang des Unternehmens,** eines **Betriebs** oder **Betriebsteils** auf einen anderen Inhaber (§ 613a BGB, → § 111 Rn. 49 ff.); Art und Umfang von Sozialaufwendungen und freiwilligen Sozialleistungen. 131

Bei der **Übernahme** eines börsennotierten **Unternehmens ohne** gleichzeitigen **Kontrollerwerb** als auch beim bloßen Erwerb von Wertpapieren des Zielunternehmens sehen die §§ 10 Abs. 5, 11 Abs. 2, 14 Abs. 4, § 27 WpÜG die gleichen Mitwirkungsrechte des zuständigen BR wie bei einer Unternehmensübernahme mit Kontrollerwerb vor (vgl. *Engels* ArbuR 2009, 10 [65 ff.]). Damit verfügt auch der WiAusschuss nach Maßgabe des WpÜG iVm Nr. 10 über die gleichen Rechte. Folglich gilt hier das zu börsennotierten Unternehmen in den → Rn. 12, 90 ff., insbes. 106 ff. Ausgeführte entsprechend. 132

VI. Streitigkeiten

Bei Streitigkeiten über die Zulässigkeit der Bildung eines WiAusschusses und die Frage, ob es sich um wirtschaftliche Angelegenheiten nach Abs. 2, 3 handelt, oder etwa nur um die laufende Geschäftsführung oder die persönlichen wirtschaftlichen Verhältnisse des Unternehmers entscheidet das ArbG nach § 2a ArbGG im **Beschl-Verf.** (→ Anh. 1 Rn. 1 ff.; HessLAG 1.8.2006 – 4 TaBV 111/06, NZA-RR 2007, 199 ff.). Beteiligt auf der ArbNSeite ist der BR (GesBR), nicht der WiAusschuss (BAG 15.3.2006 – 7 ABR 24/05, AP BetrVG 1972 § 118 Nr. 79). Bei einem Streit über die Erteilung einer **Auskunft** entscheidet nach § 109 zunächst die **E-Stelle.** Verletzungen der Auskunftspflicht nach § 106 Abs. 2 sind außerdem Ordnungswidrigkeiten (vgl. § 121). 133

§ 107 Bestellung und Zusammensetzung des Wirtschaftsausschusses

(1) [1]**Der Wirtschaftsausschuss besteht aus mindestens drei und höchstens sieben Mitgliedern, die dem Unternehmen angehören müssen, darunter mindestens einem Betriebsratsmitglied.** [2]**Zu Mitgliedern des Wirtschaftsausschusses können auch die in § 5 Abs. 3 genannten Angestellten bestimmt werden.** [3]**Die Mitglieder sollen die zur Erfüllung ihrer Aufgaben erforderliche fachliche und persönliche Eignung besitzen.**

(2) [1]**Die Mitglieder des Wirtschaftsausschusses werden vom Betriebsrat für die Dauer seiner Amtszeit bestimmt.** [2]**Besteht ein Gesamtbetriebsrat, so bestimmt dieser die Mitglieder des Wirtschaftsausschusses; die Amtszeit der Mitglieder endet in diesem Fall in dem Zeitpunkt, in dem die Amtszeit der Mehrheit der Mitglieder des Gesamtbetriebsrats, die an der Bestimmung mitzuwirken berechtigt waren, abgelaufen ist.** [3]**Die Mitglieder des Wirtschaftsausschusses können jederzeit abberufen werden; auf die Abberufung sind die Sätze 1 und 2 entsprechend anzuwenden.**

(3) [1]**Der Betriebsrat kann mit der Mehrheit der Stimmen seiner Mitglieder beschließen, die Aufgaben des Wirtschaftsausschusses einem Ausschuss des Betriebsrats zu übertragen.** [2]**Die Zahl der Mitglieder des Ausschusses darf die Zahl der Mitglieder des Betriebsausschusses nicht überschreiten.** [3]**Der Betriebsrat kann jedoch weitere Arbeitnehmer einschließlich der in § 5 Abs. 3 genannten leitenden Angestellten bis zur selben Zahl, wie der Ausschuss Mitglieder hat, in den Ausschuss berufen; für die Beschlussfassung gilt Satz 1.** [4]**Für die Verschwiegenheitspflicht der in Satz 3 bezeichneten weiteren Arbeitnehmer gilt § 79 entsprechend.** [5]**Für die Abänderung und den Widerruf der Beschlüsse nach den Sätzen 1 bis 3 sind die gleichen Stimmenmehrheiten erforderlich wie für die Beschlüsse nach den Sätzen 1 bis 3.** [6]**Ist in einem Unternehmen ein Gesamtbetriebsrat errichtet, so beschließt dieser über die anderweitige Wahrnehmung der Aufgaben des Wirtschaftsausschusses; die Sätze 1 bis 5 gelten entsprechend.**

Inhaltsübersicht

I. Vorbemerkung

1 § 107 behandelt Bestellung und Zusammensetzung, Voraussetzungen für die Mitgliedschaft sowie die Amtszeit des WiAusschusses. Nach Abs. 3 kann ein Ausschuss des BR (GesBR) unmittelbar die Aufgaben des WiAusschusses übernehmen. Wegen Teilnahme des Unternehmers vgl. § 108 Abs. 2 (→ § 108 Rn. 12).

2 Entspr. Vorschrift: Keine.

II. Zusammensetzung

3 Der WiAusschuss besteht aus **mindestens drei und höchsten sieben Mitgl.** Über die Größe des Ausschusses innerhalb des gesetzlichen Rahmens **bestimmt allein der BR (GesBR).** Es ist nicht ersichtlich, dass der WiAusschuss eine ungerade MitglZahl haben müsse, zumal keine formellen Beschlüsse zu fassen sind (→ § 108 Rn. 11; hM: DKKW/*Däubler* Rn. 3; GK-BetrVG/*Oetker* Rn. 4 f.). Eine Staffelung der MitglZahl nach der Größe des Unternehmens besteht nicht.

4 Ein Vors. ist im G nicht vorgesehen, ein Mitgl. wird aber in der Praxis geschäftsleitende Aufgaben übernehmen.

5 Alle Mitgl. des WiAusschusses müssen dem **Unternehmen angehören,** dh in ihm tätig sein. Es können kraft ausdrücklicher Erwähnung in Abs. 1 S. 2 **auch leitende Ang.** (§ 5 Abs. 3), wenn sie hierzu bereit sind, dem WiAusschuss als Mitgl.

angehören. Sie können weder gezwungen werden, Mitgl. zu werden, noch haben sie einen Rechtsanspruch auf Vertr. im WiAusschuss (DKKW/*Däubler* Rn. 9; Richardi BetrVG/*Annuß* Rn. 4). Ihre Bestellung kann wegen ihres Sachverstandes für die Beurteilung wirtschaftlicher Fragen zweckmäßig sein. Sind leitende Ang. zu Mitgl. des WiAusschusses bestellt, stehen sie insoweit dem ArbGeb. nicht mehr zu dessen Unterstützung zur Verfügung. Nicht zum Mitgl. des WiAusschusses berufen werden kann der Personenkreis des § 5 Abs. 2 Nr. 1 u. 2 (GK-BetrVG/*Oetker* Rn. 7, 11; Richardi BetrVG/*Annuß* Rn. 5; ErfK/*Kania* Rn. 3).

Die **Zugehörigkeit zum Unternehmen** ist hier als Eingliederung in die perso- 6 nelle Organisation des Unternehmens zu verstehen; dh Unternehmensangehörige sind Personen, die an der wirtschaftlichen und betrieblichen Tätigkeit des Unternehmens in irgendeiner Funktion ständig und nicht nur vorübergehend mitwirken, ohne ArbN sein zu müssen (DKKW/*Däubler* Rn. 7; Richardi BetrVG/*Annuß* Rn. 5). Die **Mitgliedschaft im AR** einer AG allein begründet nicht die Unternehmenszugehörigkeit iSd Gesetzes, da die Tätigkeit des AR sich im Wesentlichen auf eine Überwachung der Geschäftsführung beschränkt (vgl. § 111 AktG). Auch Aktionäre einer AG oder Genossen einer Genossenschaft gehören dem Unternehmen nicht an, sofern sie nicht im Unternehmen tätig sind (DKKW/*Däubler* Rn. 8; GK-BetrVG/*Oetker* Rn. 7).

Auch **ArbN ausländischer Betriebe** des Unternehmens kommen als Mitgl. des 7 WiAusschusses in Betracht (DKKW/*Däubler* Rn. 10; ErfK/*Kania* Rn. 3; WPK/*Preis* Rn. 1; **aA** GK-BetrVG/*Oetker* Rn. 9; HWGNRH/*Hess* Rn. 7; Richardi BetrVG/*Annuß* Rn. 6). Sie sind von Entscheidungen im Unternehmen betroffen, auch wenn sie bei Ermittlung der Unternehmensgröße nicht mitzählen (→ § 106 Rn. 19).

Mindestens ein Mitgl. des WiAusschusses muss **zugleich einem BR des Un-** 8 **ternehmens angehören.** Besteht ein GesBR, so liegt es in dessen Hand, ob er ein Mitgl. aus seinen Reihen entsenden will. Notwendig ist dies aber nicht (DKKW/*Däubler* Rn. 11; GK-BetrVG/*Oetker* Rn. 12; MHdB ArbR/*Stamer* § 307 Rn. 17; Richardi BetrVG/*Annuß* Rn. 7). Möglich ist auch, dass alle Mitgl. des WiAusschusses Mitgl. eines BR sind.

Wer als BRMitgl. zum Mitgl. des WiAusschusses bestimmt ist, verliert diese Funk- 9 tion mit Beendigung der Mitgliedschaft im BR (→ § 24 Rn. 8; *Löwisch/Kaiser* Rn. 2; **aA** GK-BetrVG/*Oetker* Rn. 35). Das gilt auch, wenn mehrere BRMitgl. dem Ausschuss angehören. Denn es lässt sich nicht feststellen, wer nun das dem WiAusschuss notwendig angehörende BRMitgl. sein soll (**aA** Richardi BetrVG/*Annuß* Rn. 23, sofern noch ein BRMitgl. weiterhin dem WiAusschuss angehört; DKKW/*Däubler* Rn. 28; MHdB ArbR/*Stamer* § 307 § 231 Rn. 107).

Das G verlangt ausdrücklich, dass alle Mitgl. die zur Erfüllung ihrer Aufgaben er- 10 forderliche **fachliche und persönliche Eignung** besitzen sollen. Die **fachliche Eignung** ist die Fähigkeit, die Unterrichtung zu verstehen, um tatsächlich im WiAusschuss mitarbeiten zu können. Dazu gehören weniger Beherrschung der Bilanzkunde und bes. volks- und betriebswirtschaftliche Kenntnisse, als praktische Erfahrungen im Betrieb, die zum Verständnis der wirtschaftlichen, finanziellen und technischen Gegebenheiten des Unternehmens ausreichen. Nach Ansicht des BAG (18.7.1978 – 1 ABR 34/75, AP BetrVG 1972 § 108 Nr. 1) sollen die Mitgl. des WiAusschusses idR fähig sein, den Jahresabschluss anhand der gegebenen Erläuterungen zu verstehen und gezielte Fragen zu stellen. Mit dieser Entscheidung legt das Gericht der **Sollvorschrift** des Abs. 1 S. 3 entgegen dem G den Charakter einer schwachen Mussvorschrift bei (wie hier DKKW/*Däubler* Rn. 14; GK-BetrVG/*Oetker* Rn. 20; ErfK/*Kania* Rn. 4; strenger Richardi BetrVG/*Annuß* Rn. 9). Welche ArbN der BR (GesBR) in den WiAusschuss berufen kann, hängt aber weitgehend von der personellen Zusammensetzung der Belegschaft ab. So wird es zB in einem Mittelbetrieb, der vorwiegend gewerbliche Leistungen technischer oder baulicher Art erbringt, schwieriger sein, nach den Maßstäben des BAG geeignete (bilanzkundige) Mitgl. für den WiAusschuss zu finden, als in den Betrieben eines Kreditinstituts. Die Zusammensetzung des WiAusschusses kann Folgen haben für die Berechtigung, einen Sachverständigen hinzuziehen zu können.

11 **Persönliche Eignung** ist: Gesunder Menschenverstand, Zuverlässigkeit, Loyalität und Diskretion. Sonstige Voraussetzungen für die Mitgliedschaft im WiAusschuss stellt das G nicht auf, so dass dem BR ein verhältnismäßig großes Maß an Ermessensfreiheit bei der Auswahl gegeben ist. Bes. Charaktereigenschaften sind keine Voraussetzung (DKKW/*Däubler* Rn. 13; GK-BetrVG/*Oetker* Rn. 19; HWGNRH/*Hess* Rn. 11).

12 Die **Entscheidung** darüber, wer persönlich und fachlich geeignet ist, obliegt **allein dem bestimmenden BR (GesBR).** Die qualitativen Anforderungen haben nur die Bedeutung eines Hinweises; sie haben keine Auswirkungen auf eine ordnungsgemäße Zusammensetzung (DKKW/*Däubler* Rn. 14; GK-BetrVG/*Oetker* Rn. 20; ErfK/*Kania* Rn. 4; **aA** HWGNRH/*Hess* Rn. 14). Auf jeden Fall muss der BR (GesBR) einen WiAusschuss bilden können.

III. Bestellung und Abberufung der Mitglieder, Amtszeit

13 In Unternehmen mit **einem Betrieb** bestellt der **BR** die Mitgl. des WiAusschusses mit einfacher Stimmenmehrheit durch Beschluss (§ 33). Jedes Mitgl. ist einzeln zu wählen. Einen bes. Minderheitenschutz wie für die Ausschüsse des BR gibt es nicht (GK-BetrVG/*Oetker* Rn. 26; HWGNRH/*Hess* Rn. 18; Richardi BetrVG/*Annuß* Rn. 13; *Engels/Natter* BB 1989 Beil. 8, 22). Zu den Besonderheiten bei **Gemeinschaftsbetrieben** → § 106 Rn 18 ff.

14 Die **Amtszeit** ist mit der des BR gekoppelt, beträgt also im Regelfall vier Jahre (§ 107 Abs. 2 S. 1 iVm § 21; vgl. aber auch die Fälle des vorzeitigen Endes oder einer Verlängerung der Amtszeit des BR nach § 13. Im Fall des § 13 Abs. 2 Nr. 1 endet die Amtszeit der Mitgl. des WiAusschusses erst mit der Beendigung der Amtszeit des BR; das ist die Bekanntgabe des Wahlergebnisses nach einer Neuwahl, HessLAG 17.8.1993 – 4 TaBV 61/93, DB 1994, 1248). Vor Ablauf der Amtszeit des WiAusschusses erlischt die Mitgliedschaft des einzelnen Mitgl. außer im Fall des Endes der Mitgliedschaft im BR (→ § 24 Rn. 8; **aA** GK-BetrVG/*Oetker* Rn. 35) durch Amtsniederlegung im WiAusschuss (→ § 24 Rn. 9) oder Abberufung. Das Amt wird freiwillig übernommen (DKKW/*Däubler* Rn. 25). Das Mitgl. kann es ohne Grund aufgeben. Scheidet ein Mitgl. aus dem Unternehmen aus, endet auch das Amt im WiAusschuss kraft G (DKKW/*Däubler* Rn. 26; GK-BetrVG/*Oetker* Rn. 36; HWGNRH/*Hess* Rn. 22).

15 Abs. 2 S. 3 sieht vor, dass der bestellende BR jederzeit und ohne bes. Grund ein Mitgl. durch einfachen Mehrheitsbeschluss **abberufen** kann (DKKW/*Däubler* Rn. 24; GK-BetrVG/*Oetker* Rn. 32; Richardi BetrVG/*Annuß* Rn. 21; Schaub/*Koch* § 243 Rn 7). Das Mitgl. des WiAusschusses ist auf das Vertrauen des bestellenden BR angewiesen (ErfK/*Kania* Rn. 10).

16 Es ist zweckmäßig, dass für jeweils ein Mitgl. des WiAusschusses je ein **ErsMitgl.** generell für den Fall der **Verhinderung** des ordentlichen Mitgl. bestellt wird. Dieses Mitgl. kann auch zum Nachrücken bestimmt werden. Werden mehrere ErsMitgl. bestellt, muss die Reihenfolge des Nachrückens festgelegt werden (Richardi BetrVG/*Annuß* Rn. 14).

17 Das Amt des einzelnen Mitgl. kann vor Ablauf der Amtszeit des WiAusschusses enden. Die Mitgliedschaft endet durch Abberufung (→ Rn. 15), durch Amtsniederlegung (→ Rn. 14), mit dem Amt als BRMitgl. (→ Rn. 9). In allen Fällen des **Erlöschens der Mitgliedschaft** einzelner Personen rückt das ErsMitgl. nach, notfalls ist für den Rest der Amtszeit ein anderes Mitgl. zu bestellen.

18 Besteht ein Unternehmen aus **mehreren Betrieben** mit BR, so bestellt der **GesBR** die Mitgl. des WiAusschusses mit der einfachen Mehrheit seiner anwesenden Stimmen, nicht mit der Mehrheit der Zahl seiner Mitgl. (vgl. § 47 Abs. 7, 8). Dasselbe gilt für die Abberufung (Richardi BetrVG/*Annuß* Rn. 13).

Da der GesBR keine **Amtszeit** hat (→ § 47 Rn. 26), richtet sich die Amtszeit der Mitgl. des WiAusschusses nach der Mehrheit der Mitgl. des GesBR ohne Rücksicht auf deren Stimmenzahl nach § 47 Abs. 7, 8. Die Amtszeit eines GesBRMitgl. endet mit der Amtszeit des BR, der es entsandt hat (→ § 47 Rn. 35 ff.). 19

Beispiel:

Besteht der GesBR aus 12 Personen (je 2 Vertreter aus 6 Betrieben), so beginnt die Amtszeit der Mitgl. des WiAusschusses am Tage des Beschlusses über ihre Bestellung. Sie endet, wenn die Amtszeit der BR von vier Betrieben abgelaufen ist. ZB es läuft ab

die Amtszeit des BR des Betriebs A am	5.3.2018
die Amtszeit des BR des Betriebs B am	7.3.2018
die Amtszeit des BR des Betriebs C am	18.4.2018
die Amtszeit des BR des Betriebs D am	6.5.2018
die Amtszeit des BR des Betriebs E am	10.5.2018
die Amtszeit des BR des Betriebs F am	31.5.2018

dann endet die Amtszeit der Mitgl. des WiAusschusses am 6.5.

Besteht kein GesBR, obwohl ein GesBR gebildet werden könnte, so kann der **WiAusschuss nicht gebildet** werden (hM: DKKW/*Däubler* Rn. 16; ErfK/*Kania* Rn. 5; GK-BetrVG/*Oetker* Rn. 23; Richardi BetrVG/*Annuß* Rn. 11; MHdB ArbR/*Stamer* § 307 Rn. 12; HWGNRH/*Hess* Rn. 17). 20

Anders ist die Rechtslage, wenn in einem Unternehmen **nur ein Betrieb betriebsratsfähig** ist. Dann kann kein GesBR gebildet werden. Der einzige BR bestimmt dann die Mitgl. des WiAusschusses (Richardi BetrVG/*Annuß* Rn. 12; MHdB ArbR/*Stamer* § 307 Rn. 12; *Cox/Offermann* Wirtschaftsausschuss S. 19; ErfK/*Kania* Rn. 5). Dasselbe gilt, wenn in einem Unternehmen mit mehreren betriebsratsfähigen Betrieben **nur ein Betrieb einen BR** hat (DKKW/*Däubler* Rn. 17; GHR Wirtschaftsausschuss Rn. 282). Die ArbN des Betriebs, die einen BR gebildet haben, können nicht darunter leiden, dass in anderen betriebsratsfähigen Betrieben kein BR gebildet wurde; die Sicherung der wichtigen Unterrichtungs- und Beratungsansprüche geht vor (Richardi BetrVG/*Annuß* Rn. 12). 21

Ist ein in den GesBR entsandtes Mitgl. eines BR aus persönlichen Gründen vorzeitig aus seinem BR und damit aus dem GesBR ausgeschieden (zB Amtsniederlegung, Beendigung des ArbVerh., Verlust der Wählbarkeit, Ausschluss durch das ArbG, Tod, → § 24 Rn. 39) oder abberufen worden (→ Rn. 15), so tritt gem. § 47 Abs. 3 an seine Stelle ein Mitgl. des BR für den Rest seiner Amtszeit in den GesBR ein. Derartige **Personenwechsel innerhalb des GesBR** sind für die Amtsdauer der Mitgl. des WiAusschusses unerheblich (DKKW/*Däubler* Rn. 23; Richardi BetrVG/*Annuß* Rn. 18). Wird dagegen der ganze BR durch Beschluss des ArbG (§ 23) aufgelöst, so ist dies für die Amtszeit der Mitgl. des WiAusschusses erheblich. (Wird zB der BR D nach dem obigen Beispiel (→ Rn. 19) am 3.1.2014 durch das ArbG aufgelöst, so endet die Amtszeit der Mitgl. des WiAusschusses schon am 18.4.2014). 22

Gem. § 51 Abs. 3 genügt für die Beschlussfassung des GesBR über die Bestimmung der Mitgl. des WiAusschusses die Teilnahme von mindestens der Hälfte der Mitgl. des GesBR, die mindestens die Hälfte aller Stimmen vertreten (§ 47 Abs. 7). 23

IV. Rechtsstellung der Mitglieder

Die Tätigkeit im WiAusschuss ist **ehrenamtlich.** Die Vorschrift des § 37 Abs. 2 u. 3 ist entspr. anzuwenden (*Cox/Offermann* Wirtschaftsausschuss S. 26). Die Mitgl. sind von der Arbeit freizustellen. Versäumnisse von Arbeitszeit, die durch die Teilnahme an den Beratungen des WiAusschusses entstehen, berechtigen den ArbGeb. nicht zur Minderung des Arbeitsentgelts (DKKW/*Däubler* Rn. 30; GK-BetrVG/*Oetker* Rn. 38; HWGNRH/*Hess* Rn. 28; MHdB ArbR/*Stamer* § 307 Rn. 111). 24

25 Eine entspr. Anwendung des § 37 Abs. 6 über erforderliche **Schulungen** ist im Interesse der Funktionsfähigkeit des WiAusschusses geboten. Alle Mitgl., nicht nur die Mitgl. des BR, müssen über die erforderlichen Kenntnisse verfügen (LAG Hamm 13.10.1999 – 3 TaBV 44/99, NZA-RR 2000, 641; DKKW/*Däubler* Rn. 32; Richardi BetrVG/*Annuß* Rn. 28; wohl auch ErfK/*Kania* Rn. 13; **aA** BAG 6.11.1973 – 1 ABR 8/73, AP BetrVG 1972 § 37 Nr. 5, mit insoweit krit. Anm. von *Kittner;* HWGNRH/*Hess* Rn. 30; GK-BetrVG/*Oetker* Rn. 39 f.). Später hat das BAG seine abl. Rspr. eingeschränkt (BAG 11.11.1998 – 7 AZR 491/97, AP BetrVG 1972 § 37 Nr. 129); Ausnahmen sind möglich bei neugewählten BR oder wenn kein ArbN mit entspr. Qualifikation zu finden ist (vgl. MHdB ArbR/*Stamer* § 307 Rn. 112). Das gilt sowohl für die Lohnfortzahlung, als auch für die Kostentragung (→ § 37 Rn. 102). Die Teilnahme an Schulungen ist nur dann nicht erforderlich, wenn die erforderlichen Kenntnisse schon vorhanden sind, zB Grundkenntnisse der Betriebswirtschaft (→ Rn. 10). Da auch ein Mitgl. der SchwbVertr. an den Sitzungen des WiAusschusses teilnehmen darf (→ § 108 Rn. 23), hat der BR einen Anspruch darauf, dass dieses Mitgl. der SchwbVertr. an Schulungs- und Bildungsveranstaltungen nach § 37 Abs. 6 teilnehmen kann (LAG Hmb 12.11.1996 – 6 Sa 51/96, AiB 1997, 542).

26 Die Mitgl. des WiAusschusses gehören nicht zu dem Personenkreis, der nach § 15 KSchG bes. Kündigungsschutz genießt. Ein **relativer Kündigungsschutz** besteht nach § 78 S. 2. Eine Kündigung ist nichtig, wenn sie wegen der Tätigkeit im WiAusschuss erfolgt (DKKW/*Däubler* Rn. 33; Richardi BetrVG/*Annuß* Rn. 29; MHdB ArbR/*Stamer* § 307 Rn. 115; HWGNRH/*Hess* Rn. 32). Die Vorschriften über die wirtschaftliche und berufliche Absicherung (§ 37 Abs. 4 u. 5) sind nicht entspr. anzuwenden (GK-BetrVG/*Oetker* Rn. 42; Richardi BetrVG/*Annuß* Rn. 30; **aA** DKKW/*Däubler* Rn. 30). Die Mitgl. des WiAusschusses dürfen wegen ihrer Tätigkeit aber **nicht benachteiligt** werden, auch nicht in ihrer beruflichen Entwicklung (§ 78 S. 2).

27 Die durch die Tätigkeit des WiAusschusses entstehenden **Kosten trägt in entspr. Anwendung des § 40 der Unternehmer,** da diese Kosten durch die Tätigkeit des BR (GesBR) erforderlich werden und die Bildung eines WiAusschusses nach dem G obligatorisch ist (BAG 17.10.1990 – 7 ABR 69/89, AP BetrVG 1972 § 108 Nr. 8 betr. Büropersonal, aber keine Hinzuziehung eines weiteren BRMitgl. als Protokollführer). Auch ist es verboten, den WiAusschuss in seiner Tätigkeit zu stören oder zu behindern oder dessen einzelne Mitgl. um ihrer Tätigkeit willen zu benachteiligen oder zu begünstigen (§ 78 und die Strafvorschrift in § 119 Abs. 1 Nr. 2 u. 3).

28 Die Mitgl. des WiAusschusses unterliegen der Geheimhaltungspflicht nach § 79. Die Verletzung kann nach § 120 bestraft werden.

V. Übertragung der Aufgaben auf Ausschuss des Betriebsrats

29 Abs. 3 ermöglicht eine Anpassung an die bes. Verhältnisse der einzelnen Unternehmen. Da der BR (GesBR) ohnehin alle Mitgl. des WiAusschusses bestellt, hat er die Möglichkeit, von der Bildung dieses bes. Gremiums überhaupt abzusehen und diese Aufgaben einem **bes. Ausschuss des BR** (§ 28) bzw. GesBR (§ 51 Abs. 1) **zu übertragen, ggf. auch dem BetrAusschuss** nach § 27 (hM; DKKW/*Däubler* Rn. 35; GK-BetrVG/*Oetker* Rn. 49; HWGNRH/*Hess* Rn. 34; Schaub/*Koch* § 243 Rn 8). Die Übertragung ist davon abhängig, dass die Mehrheit der Mitgl. des BR bzw. die Mehrheit der Stimmen der Mitgl. des GesBR (§ 47 Abs. 7) dies beschließt (absolute Mehrheit).

30 Für Bestellung und Zusammensetzung gilt § 28 Abs. 1 u. 2 entspr. (DKKW/*Däubler* Rn. 35; Richardi BetrVG/*Annuß* Rn. 38). Abs. 3 enthält eine eigenständige Regelung; insbes. wird nicht auf Abs. 1 verwiesen, so dass die aus der Sollvorschrift des Abs. 1 S. 3 abgeleiteten Kriterien für die Auswahl der Mitgl. des WiAusschusses

nicht unmittelbar zutreffen. Allerdings liegt es im eigenen Interesse des BR (GesBR), entspr. qualifizierte Personen in den Ausschuss nach Abs. 3 zu bestellen.

Da sich die Höchstzahl der Mitgl. an der des BetrAusschusses orientiert, kommt die Übertragung der Aufgaben des WiAusschusses auf einen **bes. Ausschuss des BR nur** in Betracht, wenn der **BR mindestens neun Mitgl.** hat, dh der Betrieb idR mindestens 201 ArbN beschäftigt (§ 27 Abs. 1 iVm § 9; DKKW/*Däubler* Rn. 36; GK-BetrVG/*Oetker* Rn. 51; ErfK/*Kania* Rn. 16; Richardi BetrVG/*Annuß* Rn. 36; **aA** *Löwisch/Kaiser* Rn. 11: ab 101 ArbN). 31

In **kleineren Betrieben** dürfte für eine derartige Delegierung kein Bedürfnis bestehen. Es dürfte aber zulässig sein, dass **faktisch** der **BR** selbst die Aufgaben des **WiAusschusses** übernimmt, wenn er **höchstens 7 Mitgl.** hat, die er nach Abs. 1 S. 1 sämtlich in den WiAusschuss berufen kann (DKKW/*Däubler* Rn. 42; ErfK/*Kania* Rn. 17; GK-BetrVG/*Oetker* Rn. 51; Richardi BetrVG/*Annuß* Rn. 37; *Oetker/Lunk* DB 1990, 2320; Schaub/*Koch* § 243 Rn 9). 32

Ist in einem Unternehmen ein GesBR errichtet, so beschließt dieser mit der Mehrheit der Stimmen über die anderweitige Wahrnehmung der Aufgaben des WiAusschusses. Der GesBR kann die Aufgaben des WiAusschusses einem Ausschuss des GesBR übertragen, auch dem GesBetrAusschuss (Schaub/*Koch* § 243 Rn 10). Die Zahl der Mitgl. des Ausschusses darf die Zahl der Mitgl. des GesBetrAusschusses nicht überschreiten (Abs. 3 S. 6 iV mit S. 2). Der GesBR kann selbst die Aufgaben übernehmen (**aA** GK-BetrVG/*Oetker* Rn. 59; *Löwisch/Kaiser* Rn. 11; Richardi BetrVG/*Annuß* Rn. 43). Dagegen kann der GesBR die Aufgaben des WiAusschusses nicht auf einzelne BR oder deren Ausschüsse übertragen. Der WiAusschuss des GesBR ist ein Organ auf der Unternehmensebene (vgl. Richardi BetrVG/*Annuß* Rn. 43). 33

Die **Zahl der AusschussMitgl.** darf bis zur Zahl der Mitgl. des BetrAusschusses (§§ 27, 51: 5–11 je nach Größe des BR bzw. GesBR) in beliebiger Höhe festgesetzt werden. Es braucht keine ungerade Zahl zu sein. 34

Der BR (GesBR) hat auch das Recht, bis zur gleichen Zahl **weitere ArbN,** die nicht dem BR angehören müssen (aber können) oder auch zu den leitenden Ang. (§ 5 Abs. 3) rechnen können, hinzu zu wählen. Die **Höchstzahl** der AusschussMitgl. beträgt also **22.** Auch für die Erweiterung des Ausschusses ist absolute Mehrheit der Mitgl. erforderlich (→ Rn. 29; GK-BetrVG/*Oetker* Rn. 53). Damit besteht die Möglichkeit, die Sachkunde von ArbN außerhalb des BR nutzbar zu machen. Die hinzugewählten ArbN haben die gleichen Rechte und Pflichten wie die Mitgl. des BR. Für deren Verschwiegenheitspflicht gelten gleichfalls §§ 79, 120. 35

Die **Vorschriften über die Verhältniswahl** (§ 27 Abs. 1 S. 3ff. für den BetrAusschuss, § 28 Abs. 1 S. 2 für die weiteren Ausschüsse des BR) gelten jedenfalls nicht für den Fall, dass der GesBR die Aufgaben des WiAusschusses einem seiner Ausschüsse überträgt (→ § 51 Rn. 20, 32). Sie gelten ferner nicht für die Entsendung weiterer Mitgl. (→ Rn. 33f.) in den Ausschuss des BR oder GesBR. Die Grundsätze über die Verhältniswahl sind andererseits anzuwenden, wenn der BetrAusschuss oder ein anderer Ausschuss des BR die Aufgaben des WiAusschusses zusätzlich übernimmt. Zweifelhaft ist die Rechtslage, wenn der BR die Aufgaben des WiAusschusses einem bes. Ausschuss zur alleinigen Wahrnehmung überträgt. Im Hinblick auf die gewünschten fachlichen und persönlichen Voraussetzungen der Mitgl. (Abs. 1 S. 3), die jederzeitige Abberufungsmöglichkeit (Abs. 2 S. 3) und die mögliche Entsendung weiterer Mitgl. (Abs. 3 S. 3) wird man davon ausgehen können, dass für diesen bes. Ausschuss des BR, ebenso wie für einen entspr. Ausschuss des GesBR, nicht die Vorschriften über die Verhältniswahl wie für andere Ausschüsse des BR gelten (DKKW/*Däubler* Rn. 38). 36

Der BR (GesBR) kann jederzeit die Übertragung der Aufgaben des WiAusschusses auf den bes. Ausschuss oder die Heranziehung weiterer Mitgl. widerrufen. Er kann auch die MitglZahl innerhalb der vorgegebenen Höchstgrenzen ändern. Zur Beschlussfassung ist jeweils absolute Mehrheit erforderlich (GK-BetrVG/*Oetker* 37

Rn. 53; *Löwisch/Kaiser* Rn. 14; Richardi BetrVG/*Annuß* Rn. 46; HWGNRH/*Hess* Rn. 38).

VI. Streitigkeiten

38 Alle Streitigkeiten über die Errichtung, Zusammensetzung und Amtszeit des WiAusschusses entscheidet das **ArbG im BeschlVerf.** nach § 2a ArbGG (→ Anh. 1 Rn. 1 ff.). Dazu gehört auch ein Streit über die Frage der Größe des Ausschusses. Gleiches gilt bei Meinungsverschiedenheiten über die Tragung der persönlichen und sächlichen Kosten des Ausschusses durch den Unternehmer. Ein etwa schon gebildeter WiAusschuss hat weder Beteiligtenrechte noch Antragsbefugnis (GK-BetrVG/*Oetker* Rn. 63), weil er nur eine Art Hilfsorgan für den BR (GesBR) ist; auch die Kompetenzzuweisung in § 109 an den BR legt dies nahe (stRspr, BAG 22.1.1991 – 1 ABR 38/89, AP BetrVG 1972 § 106 Nr. 9).

39 Lohn- und Gehaltsansprüche sowie Ansprüche auf Freizeitausgleich sind im Urteilsverf. geltend zu machen (DKKW/*Däubler* Rn. 44; GK-BetrVG/*Oetker* Rn. 62).

§ 108 Sitzungen

(1) **Der Wirtschaftsausschuss soll monatlich einmal zusammentreten.**

(2) [1] **An den Sitzungen des Wirtschaftsausschusses hat der Unternehmer oder sein Vertreter teilzunehmen.** [2] **Er kann sachkundige Arbeitnehmer des Unternehmens einschließlich der in § 5 Abs. 3 genannten Angestellten hinzuziehen.** [3] **Für die Hinzuziehung und die Verschwiegenheitspflicht von Sachverständigen gilt § 80 Abs. 3 und 4 entsprechend.**

(3) **Die Mitglieder des Wirtschaftsausschusses sind berechtigt, in die nach § 106 Abs. 2 vorzulegenden Unterlagen Einsicht zu nehmen.**

(4) **Der Wirtschaftsausschuss hat über jede Sitzung dem Betriebsrat unverzüglich und vollständig zu berichten.**

(5) **Der Jahresabschluss ist dem Wirtschaftsausschuss unter Beteiligung des Betriebsrats zu erläutern.**

(6) **Hat der Betriebsrat oder der Gesamtbetriebsrat eine anderweitige Wahrnehmung der Aufgaben des Wirtschaftsausschusses beschlossen, so gelten die Absätze 1 bis 5 entsprechend.**

Inhaltsübersicht

I. Vorbemerkung

1 Die Vorschrift enthält organisatorische Bestimmungen über die Sitzungen des WiAusschusses, über deren Teilnehmer und die Hinzuziehung von Sachverständigen. Sie enthält auch weitere Bestimmungen über die Rechte und Pflichten des WiAusschusses; insoweit ergänzt sie § 106. Hervorgehoben wird die Verpflichtung zur Unterrichtung des BR (GesBR). Entspr. Vorschrift im **BPersVG 74:** Keine.

II. Sitzungen

2 Das G spricht in Abs. 1 lediglich aus, dass die Sitzungen des WiAusschusses **einmal im Monat** stattfinden sollen. Hiervon kann abgewichen werden, wenn nicht genügend Beratungsgegenstände anstehen oder wegen dringender wirtschaftlicher Entscheidungen zwischenzeitlich eine Sitzung erforderlich ist (DKKW/*Däubler* Rn. 3; GK-BetrVG/*Oetker* Rn. 7; Richardi BetrVG/*Annuß* Rn. 7).

3 IÜ enthält § 108 keine Bestimmungen über die GO des WiAusschusses. Die Bedeutung des WiAusschusses liegt in der sachlichen, aber zwanglosen Aussprache, im Austausch von Unterrichtungen, Erfahrungen und Ratschlägen. Deshalb ist es auch nicht zweckmäßig, die Tätigkeit des WiAusschusses durch eine **GO** zu binden. Die Wahl eines **Vors.** ist möglich, aber bei diesem Gremium, dessen Aufgabe nur in der Beratung besteht, nicht erforderlich. Es wird aber zweckmäßig sein, eine gewisse Geschäftsverteilung unter den Mitgl. des WiAusschusses vorzunehmen. Da er ein Hilfsorgan des BR ist, sind die Grundregeln über dessen Organisation und Geschäftsführung soweit erforderlich entspr. anzuwenden (LAG Bln-Bbg 20.1.2015 – 7 TaBV 2158/14, BeckRS 2015, 67407; ErfK/*Kania* Rn. 2; MHdB ArbR/*Stamer* § 307 Rn. 72; Richardi BetrVG/*Annuß* Rn. 3).

4 Das gilt für die **Einberufung** der Sitzungen. In der Regel wird der WiAusschuss sich konstituieren und bestimmte geschäftsleitende Aufgaben auf einzelne Mitgl. übertragen, die insbes. die Einladungen übernehmen. Der Zeitpunkt der Sitzungen ist dann von Fall zu Fall oder generell im Voraus durch Absprache mit dem Unternehmer festzulegen, da dessen Teilnahme für die Tätigkeit des WiAusschusses von wesentlicher Bedeutung und deshalb vorgeschrieben ist. Zweckmäßig ist es, dem Unternehmer anstehende Fragen vorher mitzuteilen, damit er sich auf die Sitzung vorbereiten kann.

5 Die **Tagesordnung** der jeweiligen Sitzung des WiAusschusses wird weitgehend bestimmt durch die in § 106 Abs. 2 u. 3 genannten Gegenstände, über die der Unternehmer unaufgefordert rechtzeitig und umfassend zu berichten hat.

6 Erscheint der Unternehmer oder sein Vertr. zu dem vereinbarten Termin nicht oder erklärt er, nicht verhandeln zu wollen, so kann bei groben Verstößen nach § 23 Abs. 3 verfahren werden. Bestreitet der Unternehmer die ordnungsgemäße Errichtung oder Geschäftsführung des WiAusschusses, so entscheidet das ArbG im Beschl-Verf. (→ Rn. 40).

7 Die Sitzungen sind **nicht öffentlich.** Das ergibt sich aus der Vertraulichkeit der meisten Beratungsgegenstände und der entspr. Anwendung des § 30 (hM; DKKW/*Däubler* Rn. 7; GK-BetrVG/*Oetker* Rn. 11). Personen, die zur Teilnahme nicht berechtigt sind, dürfen grds. nicht anwesend sein.

8 Die Aufnahme einer **Sitzungsniederschrift** ist nicht erforderlich (Richardi BetrVG/*Annuß* Rn. 10; WPK/*Preis* Rn. 1; **aA** GK-BetrVG/*Oetker* Rn. 13). Wegen der Protokollführung BAG 17.10.1990 – 7 ABR 69/89, AP BetrVG 1972 § 108 Nr. 8.

9 Die Sitzungen finden regelmäßig **während der Arbeitszeit** unter Erstattung des Lohnausfalles durch den Unternehmer statt (hM; DKKW/*Däubler* Rn. 5; GK-BetrVG/*Oetker* Rn. 9f.; HWGNRH/*Hess* Rn. 2f.). Die Mitgl. haben Anspruch auf Arbeitsbefreiung unter Fortzahlung des Arbeitsentgelts. § 37 Abs. 2 u. 3 gelten entspr. (GK-BetrVG/*Oetker* Rn. 10).

10 Die **Kosten** für die Sitzungen hat der Unternehmer zu tragen. Notwendige Aufwendungen eines Mitgl. (zB Reisekosten) sind zu erstatten (GK-BetrVG/*Oetker* Rn. 14; Richardi BetrVG/*Annuß* Rn. 11).

11 Das G sieht **kein Verfahren** für Beschlüsse des WiAusschusses vor, da es grds. nicht dessen Aufgabe ist, förmliche Beschlüsse zu fassen. Vielmehr bleibt die Beschlussfassung dem BR (GesBR) und dem Unternehmer, als den „handelnden" Organen vorbehalten. Ist jedoch eine Meinungsbildung innerhalb des WiAusschusses

und ein entspr. Beschluss erforderlich (→ Rn. 18; → § 109 Rn. 6), ist § 33 analog anzuwenden (GK-BetrVG/*Oetker* Rn. 12; WPK/*Preis* Rn. 1).

III. Teilnahme des Unternehmers und anderer Personen

12 Nach Abs. 2 S. 1 hat der **Unternehmer oder sein Vertr.** an **allen Sitzungen** des WiAusschusses **teilzunehmen.** Unternehmer ist bei Einzelfirmen der Inhaber, bei juristischen Personen oder anderen Personengesamtheiten mindestens ein Mitgl. des gesetzlichen VertrOrgans bzw. eine zur Vertr. oder Geschäftsführung berufene Person (Näheres → § 1 Rn. 235 ff.; → § 5 Rn. 327 ff.).

13 Der WiAusschuss kann zur Vorbereitung der Sitzung mit dem Unternehmer auch ohne diesen zu einer Sitzung zusammentreten (BAG 16.3.1982 – 1 AZR 406/80, AP BetrVG 1972 § 108 Nr. 3; GK-BetrVG/*Oetker* Rn. 16). Das gilt auch, wenn der Unternehmer sich weigert, an der Sitzung des WiAusschusses teilzunehmen (DKKW/*Däubler* Rn. 8). Ein solches Verhalten kann einen groben Verstoß iSv § 23 Abs. 3 darstellen (ErfK/*Kania* Rn. 6).

14 Insbes. bei Einzelunternehmen kann der Unternehmer verhindert sein. Dann hat er seinen Vertr. zu entsenden. **Vertr.** ist diejenige Person, die nach Satzung, GO oder Organisation des Unternehmens allgemein als rangnächster in der Betriebshierarchie ggf. an Stelle des Unternehmers die Verantwortung trägt, insbes. ein leitender Ang., der Generalvollmacht oder Prokura hat (vgl. § 5 Abs. 3 Nr. 2, → § 5 Rn. 373 ff.; DKKW/*Däubler* Rn. 11; HWGNRH/*Hess* Rn. 7; GK-BetrVG/*Oetker* Rn. 21; Richardi BetrVG/*Annuß* Rn. 15 f.) und in der Lage ist, die vorgeschriebenen Unterrichtungen rechtzeitig und umfassend vorzunehmen. Die Entsendung irgendeines Bevollmächtigten reicht nicht aus.

15 Darüber, ob der Unternehmer selbst die Sitzung wahrnehmen will oder seinen Vertr. entsendet, entscheidet der Unternehmer (DKKW/*Däubler* Rn. 12; GK-BetrVG/*Oetker* Rn. 23; *Richardi BetrVG/Annuß* Rn. 16). Der WiAusschuss kann weder das persönliche Erscheinen des Unternehmers oder die Entsendung eines bestimmten Mitgl. des VertrOrgans oder eines bestimmten Gesellschafters verlangen (*Dütz* FS Westermann, 2008, 43).

16 Es besteht keine originäre Alleinzuständigkeit des **Arbeitsdirektors** (§ 33 MitbestG, § 13 Montan-MitbestG, § 13 MitbestErgG), den Vorst. gegenüber dem WiAusschuss zu vertreten. Jedenfalls dürfte diese Aufgabe nicht zu dem unabdingbaren Mindestressort dieses VorstMitgl. gehören (hierzu WKS/*Schubert* MitbestG § 38 Rn. 28 ff.). Vielmehr sollten diejenigen VorstMitgl., die fachlich jeweils zuständig sind (unbeschadet der Gesamtverantwortung sämtlicher VorstMitgl.), den angesprochenen Gegenstand mit dem WiAusschuss erörtern. Dies schließt die Teilnahme des Arbeitsdirektors im Hinblick auf den sozialen Bezug der Beratungen nicht aus (GK-BetrVG/*Oetker* Rn. 19). Keine Vertr. iSd Abs. 2 S. 1 sind sonstige ArbN in untergeordneter Stellung, die der Unternehmer etwa im Einzelfall bestellt. Derartige sachkundige ArbN kann der Unternehmer lediglich zu seiner Unterstützung zuziehen.

17 Der Unternehmer kann nach Abs. 2 S. 2 weitere **sachkundige ArbN** des Unternehmens, einschl. leitender Ang., **zuziehen.** Es steht ihm frei, welche und wie viele ArbN er beizieht, da es sich um ein Beratungsgremium ohne Abstimmungen handelt (DKKW/*Däubler* Rn. 20; ErfK/*Kania* Rn. 7; Richardi BetrVG/*Annuß* Rn. 18). Die Zuziehung kann auf einzelne Beratungsgegenstände beschränkt werden. Eine ausdrückliche Festlegung der **Verschwiegenheitspflicht** für diese ArbN fehlt, ergibt sich aber aus allgemeinen arbeitsrechtlichen und zivilrechtlichen (Recht am eingerichteten Gewerbebetrieb) Gesichtspunkten; ihre Verletzung ist in § 120 Abs. 1 Nr. 4 ausdrücklich unter Strafe gestellt (→ § 120 Rn. 4; GK-BetrVG/*Oetker* Rn. 31; HWGNRH/*Hess* Rn. 9; Richardi BetrVG/*Annuß* Rn. 19). Vgl. auch → § 79 Rn. 17.

18 Die Hinzuziehung von **Sachverständigen** (insbes. solche außerhalb des Unternehmens) bedarf nach Abs. 2 S. 3 einer näheren **Vereinbarung zwischen Unternehmer und WiAusschuss** (vgl. § 80 Abs. 3, → § 80 Rn. 86 f.; LAG Bln-Bbg 20.1.2015 – 7 TaBV 2158/14, BeckRS 2015, 67407; DKKW/*Däubler* Rn. 24; ErfK/*Kania* Rn. 8; **aA** GK-BetrVG/*Oetker* Rn. 35). Eine solche Vereinbarung ist erforderlich, wenn der WiAusschuss selbst einen Sachverständigen zuziehen will. Sie ist auch erforderlich, wenn der Unternehmer solche Personen zuziehen will (**aA** Richardi BetrVG/*Annuß* Rn. 21; *Dütz* FS Westermann, 2008, 44 mit der Begründung, dieser Fall sei in Abs. 2 S. 3 nicht geregelt). Es ist aber zu berücksichtigen, dass im Regelfall die Mitgl. des WiAusschusses ohnehin selbst die fachliche Eignung besitzen sollen (BAG 18.7.1978 – 1 ABR 34/75, AP BetrVG 1972 § 108 Nr. 1; gegen jede Einschränkung der Zuziehung: DKKW/*Däubler* Rn. 21).

19 Für die **sachlichen Voraussetzungen** der Zuziehung eines Sachverständigen gilt § 80 Abs. 3 analog (→ § 80 Rn. 86 ff.). Dessen Beauftragung setzt einen entspr. Beschluss des WiAusschusses über die Erforderlichkeit der Hinzuziehung eines Sachverständigen zur Bewältigung der konkreten Aufgabenstellung im WiAusschuss voraus. Die erforderliche Vereinbarung muss mindestens Person des Gutachters, Kosten und Gutachtenthema nennen (LAG Bln-Bbg 20.1.2015 – 7 TaBV 2158/14, BeckRS 2015, 67407 mwN; DKKW/*Däubler* Rn. 23; ErfK/*Kania* Rn. 8; GK-BetrVG/*Oetker* Rn. 34 f.; Richardi BetrVG/*Annuß* Rn. 21). Sie muss zwischen Unternehmer und WiAusschuss getroffen werden (DKKW/*Däubler* Rn. 24; ErfK/*Kania* Rn. 8; **aA** GHR Wirtschaftsausschuss Rn. 345).

19a Der WiAusschuss organisiert seine Arbeit grds. selbst. Der BR (GesBR) ist aber berechtigt, Ansprüche des WiAusschusses durchzusetzen. Die bes. **Fachkunde** der **Mitgl.** des WiAusschusses kann nicht immer vorausgesetzt werden. Sie kann zB nicht gefordert werden, wenn der BR die Aufgaben des WiAusschusses auf einen Ausschuss des BR übertragen hat oder diese Aufgaben etwa selbst wahrnimmt (→ § 107 Rn. 31), zumal § 107 Abs. 2 eine eigenständige Regelung enthält und nicht auf § 107 Abs. 1 verweist. Eine restriktive Handhabung verhindert oft den sachgerechten Dialog und erschwert die Zusammenarbeit. Sie ist nicht angebracht (DKKW/*Däubler* Rn. 25). Bei Meinungsverschiedenheiten über die Notwendigkeit, einen Sachverständigen hinzuzuziehen, entscheidet das ArbG im BeschlVerf. (BAG 18.7.1978 – 1 ABR 34/75, AP BetrVG 1972 § 108 Nr. 1).

20 Für die Verschwiegenheitspflicht der Sachverständigen gilt über § 80 Abs. 4 § 79 Abs. 2 entspr.

21 Die **Teilnahme eines Gewerkschaftsbeauftragten ist** in entspr. Anwendung des § 31 **zulässig** (hM: BAG 18.11.1980 – 1 ABR 31/78, AP BetrVG 1972 § 108 Nr. 2; 25.6.1987 – 6 ABR 45/85, AP BetrVG 1972 § 108 Nr. 6; DKKW/*Däubler* Rn. 15; ErfK/*Kania* Rn. 9; GK-BetrVG/*Oetker* Rn. 37 f.; HWGNRH/*Hess* Rn. 12; MHdB ArbR/*Stamer* § 307 Rn. 87 Richardi BetrVG/*Annuß* Rn. 23). Die Gewerkschaft muss im BR vertreten sein (BAG 18.11.1980 – 1 ABR 31/78, AP BetrVG 1972 § 108 Nr. 2). Wird der WiAusschuss von einem GesBR bestellt, genügt, dass die Gewerkschaft in einem EinzelBR vertreten ist (Richardi BetrVG/*Annuß* Rn. 25).

22 Voraussetzung ist weiter, dass ein Viertel der Mitgl. des BR bzw. des GesBR den Antrag stellt oder ein Beschluss des BR bzw. des GesBR vorliegt (Richardi BetrVG/*Annuß* Rn. 26). Hat der BR bzw. der GesBR dem WiAusschuss eine Ermächtigung erteilt, so kann dieser auch selbst mit Mehrheit die Zuziehung beschließen (BAG 18.11.1980 – 1 ABR 31/78, AP BetrVG 1972 § 108 Nr. 2; *Cox/Offermann* Wirtschaftsausschuss S. 31). Nach Ansicht des BAG (25.6.1987 – 6 ABR 45/85, AP BetrVG 1972 § 108 Nr. 6) kann die Teilnahme von Gewerkschaftsbeauftragten aber jeweils nur für eine konkrete Sitzung beschlossen werden, nicht generell für alle zukünftigen Fälle (ErfK/*Kania* Rn. 9; **aA** DKKW/*Däubler* Rn. 18; GHR Wirtschaftsausschuss Rn. 337; offen gelassen von BAG 28.2.1990 – 7 ABR 22/89, AP BetrVG 1972 § 31 Nr. 1). Der Gewerkschaftsbeauftragte unterliegt der Geheimhaltungspflicht im gleichen Umfang wie die Mitgl. des WiAusschusses. Diese Pflicht

besteht auch gegenüber der Gewerkschaft selbst. Die Anwesenheit eines Gewerkschaftsbeauftragten schränkt deshalb die Unterrichtungspflicht des Unternehmers nicht weiter ein, selbst wenn er eine Verwertung der erlangten Kenntnisse bei Tarifverhandlungen befürchtet (BAG 11.7.2000 – 1 ABR 43/99, AP BetrVG 1972 § 109 Nr. 2; so jetzt auch Richardi BetrVG/*Annuß* Rn. 28).

23 Die **SchwbVertr.** kann nach § 178 Abs. 4 SGB IX an allen Sitzungen teilnehmen (hM: BAG 4.6.1987 – 6 ABR 70/85, AP SchwbG § 22 Nr. 2).

24 Der ArbGeb. kann in entspr. Anwendung des § 29 Abs. 4 S. 2 seinerseits einen Verbandsvertr. zuziehen (hM: BAG 18.11.1980 – 1 ABR 31/78, AP BetrVG 1972 § 108 Nr. 2).

IV. Einsicht in Unterlagen

25 Für die Rechte und Pflichten des WiAusschusses enthalten Abs. 3–5 eine den § 106 ergänzende Regelung. Abs. 3 stellt klar, dass alle Mitgl. des WiAusschusses ein umfassendes Einsichtsrecht in die vom Unternehmer gem. § 106 Abs. 2 vorzulegenden Unterlagen (→ § 106 Rn. 37 ff., 114 ff.) haben. Die Unterlagen müssen in den Sitzungen des WiAusschusses zur Verfügung stehen (DKKW/*Däubler* Rn. 28; GK-BetrVG/*Oetker* Rn. 51; HWGNRH/*Hess* Rn. 17; *Richardi BetrVG/Annuß* Rn. 33). Beide Vorschriften (Vorlagepflicht und Einsichtsrecht) ergänzen sich. Zu Einzelheiten → § 106 Rn. 40 ff.

V. Bericht an Betriebsrat

26 Der WiAusschuss hat nach Abs. 4 in Konkretisierung der Verpflichtung nach § 106 Abs. 1 S. 2 **unverzüglich nach jeder Sitzung** dem BR bzw. GesBR einen vollständigen **Bericht** über die Sitzung zu geben (→ § 106 Rn. 25). Die Übersendung des Protokolls ist nicht ausreichend (DKKW/*Däubler* Rn. 29; GK-BetrVG/*Oetker* Rn. 58; Richardi BetrVG/*Annuß* Rn. 34 f.; **aA** HWGNRH/*Hess* Rn. 43). Eine Unterrichtung des GesBR reicht dann nicht aus, wenn im GesBR nicht sämtliche BR vertreten sind (DKKW/*Däubler* Rn. 29; zu weitgehend *Cox/Offermann* Wirtschaftsausschuss S. 33: Unterrichtung von GesBR und allen betroffenen BR; **aA** GK-BetrVG/*Oetker* Rn. 59). Durch diese Unterrichtung soll erreicht werden, dass der BR (GesBR) ständig über die aktuelle wirtschaftliche Lage des Unternehmens informiert ist. Auch mitgeteilte Betriebs- und Geschäftsgeheimnisse sind nicht zurückzuhalten, aber auf deren Geheimhaltung durch den BR (GesBR) hinzuweisen.

27 Im Allgemeinen sollen alle Mitgl. des WiAusschusses die Unterrichtung vornehmen, damit der Gang der Beratungen nicht nur durch eine Person weitergegeben wird. Mit Zustimmung des BR (GesBR) wird aber auch die Unterrichtung **durch ein Mitgl.** des WiAusschusses genügen (ErfK/*Kania* Rn. 11; HWGNRH/*Hess* Rn. 44; einschr. – auch ohne Zustimmung – Richardi BetrVG/*Annuß* Rn. 35; GK-BetrVG/*Oetker* Rn. 60).

VI. Erläuterung des Jahresabschlusses

28 Der Unternehmer hat dem WiAusschuss unter Beteiligung des BR (GesBR) in gemeinsamer Sitzung den Jahresabschluss gem. Abs. 5 zu erläutern. Unter Jahresabschluss ist die **Jahresbilanz** (Handelsbilanz) und die **Gewinn- und Verlustrechnung** zu verstehen (§ 242 Abs. 3 HGB). Für alle Kaufleute und Handelsgesellschaften gelten einheitlich die §§ 242 ff. HGB. Ergänzende Vorschriften bestehen für Kapitalgesellschaften (AG, KGaA und GmbH, §§ 264 ff. HGB; zum Mindestberichtswesen der Gesellschaften s. *Cox/Offermann* Wirtschaftsausschuss S. 81 ff.; GHR

Wirtschaftsausschuss Rn. 431 ff. iVm → Rn. 115 ff.; zu Sondereffekten in Jahresabschlüssen *Eisbach/Rothkegel* AiB 2013, 21 ff.). Der Jahresabschluss der Kapitalgesellschaften ist um einen **Anhang** (§§ 284 ff. HGB) zu erweitern. Er ist damit Teil des Jahresabschlusses bei Kapitalgesellschaften (GK-BetrVG/*Oetker* Rn. 64; Richardi BetrVG/*Annuß* Rn. 37; *Cox/Offermann* Wirtschaftsausschuss S. 81; *Oetker* NZA 2001, 691 mwN; zur Verschärfung der Veröffentlichungspflicht von Jahresabschlüssen *Cox/Offermann* AiB 2007, 267 ff.).

Der **Lagebericht** soll eingehen auf Vorgänge von bes. Bedeutung nach Schluss des Geschäftsjahres, die voraussichtliche Entwicklung der Gesellschaft und den Bereich Forschung und Entwicklung (§ 289 HGB). Der Anhang bildet mit der Bilanz und der Gewinn- und Verlustrechnung eine Einheit (§ 264 Abs. 1 HGB). Die Erläuterungspflicht entfällt nicht deshalb, weil der Lagebericht verständlicher ist als der Jahresabschluss. Denn Erläutern heißt Erklären der Positionen und die Darstellung der Zusammenhänge sowie das Eingehen auf Nachfragen und deren Beantwortung (→ Rn. 34). Insoweit bilden der Jahresabschluss und der Lagebericht eine Einheit. Das eine ist ohne das andere nicht verständlich. Deshalb erstreckt sich die Erläuterungspflicht auf den Lagebericht (DKKW/*Däubler* Rn. 35; Richardi BetrVG/*Annuß* Rn. 37; ErfK/*Kania* Rn. 12; *Cox/Offermann* Wirtschaftsausschuss S. 82; GHR Wirtschaftsausschuss Rn. 433 iVm → Rn. 115 ff.; **aA** GK-BetrVG/*Oetker* Rn. 65; HWGNRH/*Hess* Rn. 20 ff.; *Oetker* NZA 2001, 692). 29

Die **Steuerbilanz** ist kein Bestandteil des Jahresabschlusses. Ihre Einbeziehung in die Erläuterungspflicht ist aber vom Zweck der Bestimmung her geboten, weil steuerrechtliche Gesichtspunkte für das Verständnis der wirtschaftlichen Lage des Unternehmens von Bedeutung ist (DKKW/*Däubler* Rn. 37; HaKo-BetrVG/*Steffan* Rn. 7; Richardi BetrVG/*Annuß* Rn. 40; ErfK/*Kania* Rn. 14; **aA** GK-BetrVG/*Oetker* Rn. 68; HWGNRH/*Hess* Rn. 21; *Oetker* NZA 2001, 692). Nur soweit die Steuerbilanz die persönlichen Verhältnisse des Unternehmers betrifft, besteht keine Erläuterungspflicht (Richardi BetrVG/*Annuß* Rn. 40; *Oetker* NZA 2001, 692). 30

Jahresabschluss ist auch der **Konzernabschluss** (§§ 290 ff. HGB, DKKW/*Däubler* Rn. 34; HaKo-BetrVG/*Steffan* Rn. 7; Richardi BetrVG/*Annuß* Rn. 38; *Martens* DB 1988, 1231; **aA** GK-BetrVG/*Oetker* Rn. 66; HWGNRH/*Hess* Rn. 21; WPK/*Preis* Rn. 7; *Oetker* NZA 2001, 693). Die Erläuterung des Konzernabschlusses ist bei konzerngebundenen Unternehmen zur umfassenden Information über die wirtschaftlichen Angelegenheiten des Unternehmens notwendig (insoweit noch zust. *Oetker* NZA 2001, 693). 31

Jahresabschluss und Lagebericht von mittleren und großen Kapitalgesellschaften sowie von Konzernen sind durch einen **Abschlussprüfer** zu prüfen (§ 316 HGB). Erst danach kann der Jahresabschluss festgestellt werden. Zu den vorzulegenden Berichten gehört auch, ebenso wie für den AR (§ 170 Abs. 1 AktG), die **Vorlage des Wirtschaftsprüfungsberichts des Abschlussprüfers** (soweit gesetzlich vorgeschrieben, → Rn. 29) zur Einsicht (BAG 8.8.1989 – 1 ABR 61/88, AP BetrVG 1972 § 106 Nr. 6; DKKW/*Däubler* Rn. 36; Richardi BetrVG/*Annuß* Rn. 39; GK-BetrVG/*Oetker* Rn. 67; MHdB ArbR/*Stamer* § 307 Rn. 51; ErfK/*Kania* Rn. 14; *Bösche/Grimberg* ArbuR 1987, 133; 121; **aA** *Hommelhoff* ZIP 1990, 218; *Oetker* NZA 2001, 692). Soweit die Handelsbilanz unter Beachtung der steuerrechtlichen Vorschriften berichtigt wird, muss auch dies mitgeteilt werden. Nur so kann die wirtschaftliche Lage des Unternehmens richtig beurteilt werden. 32

Zum **Zeitpunkt** der Erläuterung enthält § 108 keine ausdrückliche Bestimmung. Die Regelung in Abs. 5 beschränkt sich auf eine Erläuterung des Jahresabschlusses. Er muss also bereits fertig gestellt sein (GK-BetrVG/*Oetker* Rn. 71 mwN). Bei Kapitalgesellschaften richtet sich der Zeitpunkt nach 264 Abs. 1 S. 2 u. 3 HGB bzw. für den Fall der Prüfungspflicht nach der Erteilung des Bestätigungsvermerks durch den Abschlussprüfer (§ 322 HGB). Die Feststellung des Jahresabschlusses durch den AR ist demgegenüber nicht abzuwarten (DKKW/*Däubler* Rn. 38; ErfK/*Kania* Rn. 13; GK-BetrVG/*Oetker* Rn. 71). Für den Jahresabschluss von Einzelkaufleuten und Personal- 33 gesellschaften enthält das HGB keine Fristen. Er ist sofort nach Fertigstellung zu erläutern.

34 Zum **Inhalt** der Erläuterungspflicht: Der Unternehmer muss ggf. unter Zuziehung sachkundiger Mitarbeiter des Unternehmens die Bedeutung der einzelnen Bilanzposten erklären und ihre Zusammenhänge darstellen. Fragen von Mitgl. des WiAusschusses und des BR sind sachgemäß zu beantworten (BAG 18.7.1978 – 1 ABR 34/75, AP BetrVG 1972 § 108 Nr. 1). Die Erläuterung muss so ausf. sein, dass sich der WiAusschuss ein umfassendes Bild machen kann und über einen mit dem Unternehmer vergleichbaren Informationsstand verfügt (*Oetker* NZA 2001, 693; *Boesche/Grimberg* AuR 1987, 136).

35 Der Unternehmer ist im Rahmen seiner Erläuterungspflicht auch verpflichtet, den Jahresabschluss und die Ergänzungen (→ Rn 28 ff.) **vorzulegen.** Eine Erläuterung ist ohne Kenntnis des zu erläuternden Gegenstands nicht sinnvoll denkbar (*Boesche/Grimberg* AuR 1987, 136; *Oetker* NZA 2001, 694). IÜ ist § 108 Abs. 5 auch nicht als Einschränkung des § 106 Abs. 2 zu verstehen. § 108 Abs. 5 will dem gesteigerten Informationsbedürfnis am Jahresabschluss gerecht werden (*Oetker* NZA 2001, 694).

36 Der BR und die Mitgl. des WiAusschusses haben das Recht, Einsicht in die vorzulegenden Unterlagen zu nehmen. Die Vorlagepflicht ist nur dann sinnvoll, wenn die Beteiligten an der Bilanzsitzung auch Einsicht nehmen (*Oetker* NZA 2001, 695) und sich **Notizen und Aufzeichnungen** machen können (DKKW/*Däubler* Rn. 39; ErfK/*Kania* Rn. 14; GK-BetrVG/*Oetker* Rn. 74; HWGNRH/*Hess* Rn. 27; Richardi BetrVG/*Annuß* Rn. 45). Dabei können nicht nur die Mitgl. des WiAusschusses, sondern auch die der BR (GesBR) Fragen stellen. Nach dem Gebot der vertrauensvollen Zusammenarbeit ist der Unternehmer verpflichtet, den Mitgl. des WiAusschusses ein Exemplar des Jahresabschlusses auszuhändigen, soweit dieser zu **veröffentlichen ist** (Schaub ArbR-HdB/*Koch* § 243 Rn 26), dh bei Kapitalgesellschaften (§ 325 HGB) und großen Genossenschaften (§ 339 HGB). In diesen Fällen ist jedem Mitgl. des BR und des WiAusschusses ein Exemplar auszuhändigen (Richardi BetrVG/*Annuß* Rn. 42).

37 Teilnehmer an der **„Bilanzsitzung"** sind alle Mitgl. des BR und die Mitgl. des WiAusschusses. Jedes Mitgl. des BR hat ein Recht zur Teilnahme. Der BR hat jedoch die Möglichkeit, einzelne Mitgl. mit der Wahrnehmung seines Beteiligungsrechts zu beauftragen, dann haben nur diese ein Teilnahmerecht (*Oetker* NZA 2001, 696). Besteht im Unternehmen ein GesBR, übt dieser das Beteiligungsrecht aus. Er ist zuständig für das Gesamtunternehmen. Mitgl. des KBR haben kein Teilnahmerecht. Es geht um Angelegenheiten des Unternehmens (*Oetker* NZA 2001, 696).

38 Bei Kapitalgesellschaften ist neben der Einreichung des Jahresabschlusses beim Registergericht (Amtsgericht) auch dessen Veröffentlichung im BAnz. vorgesehen, wobei Erleichterungen für kleinere und mittlere Gesellschaften vorgesehen sind (§§ 325 ff. HGB). Kommen die gesetzlichen Vertr. ihren Offenlegungspflichten nicht nach, so kann ua der GesBR (BR, KBR) beim Registergericht beantragen, die Mitgl. des VertrOrgans durch Zwangsgelder zur Einhaltung der Vorschriften anzuhalten (§ 335 HGB).

VII. Entsprechende Anwendung für den Ausschuss des Betriebsrats

39 Abs. 6 regelt rechtstechnisch die entspr. Anwendung des § 108 Abs. 1–5, wenn die Aufgaben des WiAusschusses gem. § 107 Abs. 3 von einem Ausschuss des BR (GesBR) wahrgenommen werden (→ § 107 Rn. 29, 37).

VIII. Streitigkeiten

40 Alle Streitigkeiten über die **Geschäftsführung** des WiAusschusses oder eines nach § 107 Abs. 3 gebildeten anderen Ausschusses, seine Zuständigkeit (insbes. die Ausle-

gung des Begriffs der wirtschaftlichen Angelegenheiten), die Berechtigung zur Teilnahme und die **Ordnungsmäßigkeit der Unterrichtung** durch den Unternehmer entscheidet das ArbG im **BeschlVerf.** (§ 2a ArbGG; → Anh. 1 § 1 Rn. 1ff.; HessLAG 1.8.2006 – 4 TaBV 111/06, NZA-RR 2007, 199ff.; DKKW/*Däubler* Rn. 43). Gleiches gilt für die Zuziehung eines **Sachverständigen** (→ § 80 Rn. 93; BAG 18.7.1978 – 1 ABR 34/75, AP BetrVG 1972 § 108 Nr. 1). Die Frage der Erforderlichkeit der Zuziehung ist eine Rechtsfrage. Antragsberechtigt sind der Unternehmer und der BR; der WiAusschuss ist nicht Beteiligter.

Das ArbG entscheidet im BeschlVerf. auch Streitigkeiten über das **Einsichtsrecht** 41
nach Abs. 3 und über Zeitpunkt u. Umfang des Unterrichtungsanspruchs. Nur bei Meinungsverschiedenheiten über die Frage, ob der Unternehmer in einer unstreitig wirtschaftlichen Angelegenheit eine **konkrete Auskunft** geben muss und in welchem Umfang, entscheidet zunächst die **E-Stelle** (→ § 109 Rn. 6ff.).

Verstöße gegen die Unterrichtungspflichten (unvollständig, wahrheitswidrig, ver- 42
spätet) nach § 106 Abs. 2 und § 108 Abs. 5 werden als Ordnungswidrigkeiten mit Geldbußen bis zu 10000 EUR geahndet (§ 121).

§ 109 Beilegung von Meinungsverschiedenheiten

[1] Wird eine Auskunft über wirtschaftliche Angelegenheiten des Unternehmens im Sinn des § 106 entgegen dem Verlangen des Wirtschaftsausschusses nicht, nicht rechtzeitig oder nur ungenügend erteilt und kommt hierüber zwischen Unternehmer und Betriebsrat eine Einigung nicht zustande, so entscheidet die Einigungsstelle. [2] Der Spruch der Einigungsstelle ersetzt die Einigung zwischen Arbeitgeber und Betriebsrat. [3] Die Einigungsstelle kann, wenn dies für ihre Entscheidung erforderlich ist, Sachverständige anhören; § 80 Abs. 4 gilt entsprechend. [4] Hat der Betriebsrat oder der Gesamtbetriebsrat eine anderweitige Wahrnehmung der Aufgaben des Wirtschaftsausschusses beschlossen, so gilt Satz 1 entsprechend.

Inhaltsübersicht

I. Vorbemerkung

Das Verf. nach § 109 ist nur vorgesehen für Meinungsverschiedenheiten über den 1
konkreten **Umfang der Auskunftspflicht** nach § 106 Abs. 2 einschließlich der Vorlage der erforderlichen Unterlagen und die Modalitäten ihrer Vorlage, zB in elektronischer Form (BAG 12.2.2019 – 1 ABR 37/17, NZA 2019, 787; GK-BetrVG/*Oetker* Rn. 9). Das ist ein Streit über Rechtsfragen (BAG 12.2.2019 – 1 ABR 37/17, NZA 2019, 787). Über Rechtsfragen entscheidet an sich das Gericht (→ Anh. 1 Rn. 11ff.). Die E-Stelle als innerbetriebliche Schlichtungsstelle wird aus Gründen der Zweckmäßigkeit eingeschaltet. Das Verf. vor der E-Stelle ist anders als das Gerichtsverf. nicht öffentlich. Es dient dem Schutz sensibler Unternehmensdaten, indem Streitigkeiten über Auskünfte über solche Daten möglichst betriebsintern beigelegt werden sollen (HessLAG 1.8.2006 – 4 TaBV 111/06, NZA-RR 2007, 199ff.). Das gilt auch in der Phase des Restmandats des BR (§ 21b) die die Existenz des WiAuss-

chusses unberührt lässt (so LAG Bln-Bbg 23.7.2015 – 26 TaBV 857/15, BeckRS 2015, 72882; → § 106 Rn. 14). Sie entscheidet darüber, ob eine Auskunft über wirtschaftliche Angelegenheiten des Unternehmens nicht, nicht rechtzeitig oder nur unvollständig erteilt wurde und weitere Auskünfte erforderlich sind. Dabei muss sie als Vorfrage prüfen, ob die verlangte Auskunft sich auf eine wirtschaftliche Angelegenheit iSd § 106 bezieht.

II. Zuständigkeit der Einigungsstelle

2 Die E-Stelle entscheidet über die Auskunftspflicht des Unternehmers im konkreten Fall. Geht der Streit darum, ob eine Frage überhaupt zu den wirtschaftlichen Angelegenheiten und damit zur Zuständigkeit des WiAusschusses gehört, so ist die E-Stelle offensichtlich unzuständig (HessLAG 1.8.2006 – 4 TaBV 111/06, NZA-RR 2007, 199 ff.). Hierüber entscheiden die **ArbG** im BeschlVerf. (BAG 11.7.2000 – 1 ABR 43/99, AP BetrVG 1972 § 109 Nr. 2; Richardi BetrVG/*Annuß* Rn. 5; → § 76 Rn. 31 ff.). Dagegen ist sie nicht offensichtlich unzuständig, wenn die Auskunft über die Vermögensübertragung von einer Konzernholdinggesellschaft verlangt wird, nachdem durch Umstrukturierung ein Gemeinschaftsbetrieb mit mehreren GmbHs geschaffen worden ist und die Holdinggesellschaft dort in Personalfragen „das Sagen" hat (LAG Nds 3.11.2009 – 1 TaBV 63/09, NZA-RR 2010, 142).

2a Der Streit über die Auskunftserteilung oder die Entscheidung der E-Stelle wird zwischen ArbGeb. und BR ausgetragen; die E-Stelle und der WiAusschuss sind nicht zu beteiligen (BAG 11.7.2000 – 1 ABR 43/99, AP BetrVG 1972 § 109 Nr. 2).

3 Während die Unterrichtungspflicht nach § 108 Abs. 5 verhältnismäßig klar umschrieben ist, kann die Durchführung des § 106 Abs. 2 in der Praxis durchaus Schwierigkeiten bereiten, so dass der Unternehmer und die Mitgl. des WiAusschusses verschiedener Ansicht, insbes. auch über das Vorliegen eines Betriebs- und Geschäftsgeheimnisses sein können. Das G regelt das Verf. zur Beilegung und Entscheidung derartiger Meinungsverschiedenheiten in § 109 selbständig.

4 Das **Verf. nach § 109 gilt auch** für den Fall, dass der Unternehmer die **Auskunft unter Berufung auf** ein **Betriebs- oder Geschäftsgeheimnis verweigert** (BAG 11.7.2000 – 1 ABR 43/99, AP BetrVG 1972 § 109 Nr. 2; DKKW/*Däubler* Rn. 4; Richardi BetrVG/*Annuß* Rn. 6; nur bei offensichtlichem Rechtsmissbrauch des ArbGeb.: HWGNRH/*Hess* Rn. 15). Falls man insoweit jede Überprüfungsmöglichkeit verneint, wird eine Umgehung der Auskunftspflichten durch den Unternehmer praktisch kaum zu vermeiden sein. Überdies braucht der ArbGeb. der E-Stelle nicht das Geschäftsgeheimnis zu offenbaren, sondern nur **glaubhaft zu machen,** dass er die Auskunft wegen der **Gefährdung von Geschäftsgeheimnissen** verweigern müsse (LAG Düsseldorf 13.3.1978 – 21 Ta BV 3/78, DB 1978, 1695; DKKW/*Däubler* Rn. 4; GK-BetrVG/*Oetker* Rn. 12 f.; MHdB ArbR/*Stamer* § 307 Rn. 131;Richardi BetrVG/*Annuß* Rn. 8).

5 Die **E-Stelle** entscheidet insoweit im Interesse des Schutzes von Betriebs- oder Geschäftsgeheimnissen zwar trotz rechtssystematischer Bedenken über eine **Rechtsfrage** (BAG 12.2.2019 – 1 ABR 37/17, NZA 2019, 787; 8.8.1989 – 1 ABR 61/88, AP BetrVG 1972 § 106 Nr. 6; 11.7.2000 – 1 ABR 43/99, AP BetrVG 1972 § 109 Nr. 2). Deren **Spruch** kann aber im arbeitsgerichtlichen **BeschlVerf. in vollem Umfang nachgeprüft** werden (BAG 11.7.2000 – 1 ABR 43/99, AP BetrVG 1972 § 109 Nr. 2). Einstw. Vfg. auf Einsicht in Unterlagen vor Entscheidung der E-Stelle würden deren Spruch vorgreifen u. sind abzulehnen (ArbG Wetzlar 28.2.1989 – 1 BVGa 4/89, NZA 1989, 443).

5a Aufgrund der **gesetzlichen Primärzuständigkeit** der E-Stelle sind Unternehmer und BR (GesBR) gezwungen, bei Konflikten über ein Auskunftsverlangen des WiAusschusses vor Anrufung der ArbG eine Entscheidung der E-Stelle herbeizuführen. Ohne Einhaltung des innerbetrieblichen Konfliktlösungsverfahren nach § 109 ist ein BeschlVerf unzulässig (BAG 12.2.2019 – 1 ABR 37/17, NZA 2019, 787).

III. Verfahren der Einigungsstelle

1. Verlangen auf Auskunft in wirtschaftlichen Angelegenheiten

Für die Einleitung eines Verf. nach § 109 bestehen folgende Voraussetzungen: 6
Es bedarf eines **ausdrücklichen,** an den Unternehmer oder seinen Vertr. gerichteten **Verlangens** des **WiAusschusses** auf Auskunftserteilung über wirtschaftliche Fragen gem. § 106, dh auf Erteilung einer konkret verlangten Auskunft. Hierüber hat der WiAusschuss oder der nach § 107 Abs. 3 gebildete Ausschuss einen ordnungsgemäßen **Beschluss** zu fassen, auf den § 33 analog anzuwenden ist (LAG SchlH 24.11.2016 – TaBV 40/16, BeckRS 2016, 74959; LAG Düsseldorf 26.2.2016 – 4 TaBV 8/16, BeckRS 2016, 67519; LAG Nds 3.11.2009 – 1 TaBV 63/09, NZA-RR 2010, 142; GK-BetrVG/*Oetker* Rn. 17; HWGNRH/*Hess* Rn. 16; Richardi BetrVG/*Annuß* Rn. 10ff.). Der Unternehmer muss daraufhin die Auskunft überhaupt nicht, unvollständig, verspätet oder ohne Vorlage der erforderlichen Unterlagen erteilt haben. Fehlt der Beschluss des WiAusschusses, ist die vom BR gleichwohl angerufene E-Stelle offensichtlich unzuständig (LAG SchlH 24.11.2016 – TaBV 40/16, BeckRS 2016, 74959; LAG Düsseldorf 26.2.2016 – 4 TaBV 8/16, BeckRS 2016, 67519).

2. Verständigung zwischen Unternehmer und Betriebsrat

7 Im Streitfall ist zunächst der **BR (GesBR)** einzuschalten. Zwischen ihm und dem **Unternehmer** soll ein Ausgleich angestrebt werden. Der WiAusschuss, der nur Hilfsfunktionen für den BR, aber keine Entscheidungsbefugnisse hat (BAG 15.3.2006 – 7 ABR 24/05, AP BetrVG 1972 § 118 Nr. 79), muss sich an den BR (GesBR) wenden, der sich seinerseits, falls er das Verlangen für berechtigt erachtet (rechtsähnlich § 80 Abs. 1 Nr. 3), mit dem Unternehmer in Verbindung setzen kann. Hierbei gilt § 74 Abs. 1 S. 2 entspr., dh Unternehmer und BR (GesBR) haben mit dem ernsten Willen zur Einigung über eine Beilegung der Meinungsverschiedenheit zu verhandeln. Der BR (GesBR) ist auch zuständig, wenn ein bes. Ausschuss nach § 107 Abs. 3 die Aufgaben des WiAusschusses übernommen hat, sofern er nicht nach § 28 Abs. 1 S. 2 ermächtigt ist (DKKW/*Däubler* Rn. 8; GK-BetrVG/*Oetker* Rn. 19).

8 Einigen sich Unternehmer und BR (GesBR) darüber, dass die verweigerte Auskunft an den WiAusschuss zu erteilen ist, so hat der Unternehmer sie unverzüglich vollständig und wahrheitsgemäß zu erteilen (BAG 8.8.1989 – 1 ABR 61/88, AP BetrVG 1972 § 106 Nr. 6). Die **Einigung** ist **bindend.** Sie kann im BeschlVerf. durchgesetzt werden (DKKW/*Däubler* Rn. 7; HWGNRH/*Hess* Rn. 17; GK-BetrVG/*Oetker* Rn. 20ff.). Wird eine Verständigung darüber erzielt, dass die Auskunftserteilung nicht gewünscht werden soll, so bindet diese Erklärung des BR auch die Mitgl. des WiAusschusses (hM). Es handelt sich um eine nicht formbedürftige betriebliche Regelung (DKKW/*Däubler* Rn. 7; Richardi BetrVG/*Annuß* Rn. 13; → § 77 Rn. 216ff.).

3. Entscheidung der Einigungsstelle

9 Kann die **Meinungsverschiedenheit** zwischen Unternehmer und BR **nicht** gütlich **beigelegt** werden, so entscheidet die E-Stelle (wegen anschließender Anrufung des ArbG → Rn. 12f.) darüber, ob, wann und in welcher Weise eine Auskunft unter Vorlage welcher Unterlagen zu erteilen ist (HessLAG 1.8.2006 – 4 TaBV 111/06, NZA-RR 2007, 199ff.). Für das Verf. gelten die allgemeinen Vorschriften (→ § 76 Rn. 56ff.; DKKW/*Däubler* Rn. 9; GK-BetrVG/*Oetker* Rn. 33).

9a In Ergänzung zu den Ausführungen zur offensichtlichen Unzuständigkeit der E-Stelle (→ § 76 Rn. 31 ff.) ist für das Verfahren nach § 109 darauf hinzuweisen, dass das Auskunftsverlangen gegenüber dem Unternehmer nur aufgrund eines Beschlusses des WiAusschusses realisiert werden kann (→ Rn. 6). Ist ein solcher Beschluss nicht zustande gekommen, gilt die vom BR dennoch angerufene E-Stelle als offensichtlich unzuständig (LAG SchlH 24.11.2016 – TaBV 40/16, BeckRS 2016, 74959; LAG Düsseldorf 26.2.2016 – 4 TaBV 8/16, BeckRS 2016, 67519). Dagegen führt eine Auseinandersetzung über die Existenz bzw. die wirksame Bildung des WiAusschusses nicht zur offensichtlichen Unzuständigkeit der E-Stelle, die diese Frage im Rahmen des § 109 als Bestandteil ihrer Zuständigkeitsprüfung mit zu behandeln hat (LAG Köln 27.5.2016 – 10 TaBV 28/16, BeckRS 2016, 72528; → § 76 Rn. 35).

9b Der Spruch der E-Stelle ersetzt die Einigung zwischen Unternehmer (ArbGeb.) und BR. Entscheidet die E-Stelle dahin, dass der Unternehmer zur Erteilung der Auskunft verpflichtet ist und weigert sich dieser dennoch, der Verpflichtung nachzukommen, so macht er sich einer Ordnungswidrigkeit schuldig (§ 121). Bei groben Verstößen gegen die Unterrichtungspflicht kann ein Verf. nach § 23 Abs. 3 in Betracht kommen.

10 Die E-Stelle kann erforderlichenfalls **Sachverständige anhören.** Es bedarf hier **keiner** entspr. **Vereinbarung** zwischen BR und ArbGeb. (anders § 80 Abs. 3 und § 108 Abs. 2 S. 3; GK-BetrVG/*Oetker* Rn. 34; ErfK/*Kania* Rn. 4; HWGNRH/*Hess* Rn. 28; MHdB ArbR/*Stamer* § 307 Rn. 130; Richardi BetrVG/*Annuß* Rn. 16). Streit über Erforderlichkeit der Anhörung (Kosten des Sachverständigen) entscheiden die ArbG im **BeschlVerf.** (§ 2a ArbGG). Beteiligte sind BR, Unternehmer und in diesem Sonderfall die E-Stelle, vertreten durch ihren Vors. Die Sachverständigen unterliegen der Geheimhaltungspflicht nach § 79.

11 Die Übertragung der Entscheidungsbefugnis der E-Stelle auf **tarifliche Schlichtungsstellen,** wie sie § 76 Abs. 8 vorsieht, ist **zulässig** (DKKW/*Däubler* Rn. 11; Richardi BetrVG/*Annuß* Rn. 17; HWGNRH/*Hess* Rn. 26 nur bei überbetrieblicher Vereinheitlichung).

4. Erzwingung der Auskunftserteilung

12 Kommt der Unternehmer der Entscheidung der E-Stelle (→ Rn. 9) oder der freiwilligen Vereinbarung über die Erteilung einer Auskunft (→ Rn. 8) nicht nach, so kann der BR (GesBR), nicht der WiAusschuss, beim zuständigen ArbG die **Verurteilung des Unternehmers** zur Auskunftserteilung beantragen (GK-BetrVG/*Oetker* Rn. 41; HWGNRH/*Hess* Rn. 33; ErfK/*Kania* Rn. 6; Richardi BetrVG/*Annuß* Rn. 21). Das ArbG entscheidet im **Beschl.Verf.** Dabei ist als Vorfrage die Rechtmäßigkeit des Spruchs der E-Stelle in vollem Umfang nachzuprüfen, da die E-Stelle im Rahmen des § 109 über Rechtsfragen zu befinden hat (so jetzt auch BAG 11.7.2000 – 1 ABR 43/99, AP BetrVG 1972 § 109 Nr. 2; Richardi BetrVG/*Annuß* Rn. 19; *Nause* FS 100 Jahre BetrVR S. 509, 515; **aA** GK-BetrVG/*Oetker* Rn. 36 ff.; → Rn. 5).

13 Aus dem rechtskräftigen Beschluss kann gem. § 85 Abs. 1 ArbGG die Zwangsvollstreckung nach den Vorschriften der ZPO betrieben werden. Da es sich bei der Auskunftserteilung um eine unvertretbare Handlung handelt, hat das ArbG auf Antrag den Unternehmer durch Zwangsgeld zur Erteilung der Auskunft anzuhalten (§ 888 ZPO). Daneben kommt ein Verf. nach § 23 Abs. 3 nicht in Betracht (*Heinze* DB 1983, Beil. 9, 20). Die ArbG entscheiden auch bei Streit über die Zuständigkeit der E-Stelle (→ Rn. 1) und die Erläuterung des Jahresabschlusses (→ § 108 Rn. 28 ff., 40). In Eilfällen kann nach Spruch der E-Stelle eine einstw. Vfg. ergehen (DKKW/*Däubler* Rn. 16; ErfK/*Kania* Rn. 8).

14 Entscheidet die E-Stelle gegen den BR (GesBR), kann dieser das ArbG anrufen, um seinen Unterrichtungsanspruch durchzusetzen. Der Spruch der E-Stelle ist auch in diesem Fall voll überprüfbar.

§ 109a Unternehmensübernahme

In Unternehmen, in denen kein Wirtschaftsausschuss besteht, ist im Fall des § 106 Abs. 3 Nr. 9a der Betriebsrat entsprechend § 106 Abs. 1 und 2 zu beteiligen; § 109 gilt entsprechend.

Inhaltsübersicht

I. Vorbemerkung

1 Durch Art. 4 des **Risikobegrenzungsgesetzes** v. 12.8.2008 (BGBl. I S. 1666) ist **§ 109a** in das G neu eingefügt worden. Er sieht vor, dass in Unternehmen, in denen **kein WiAusschuss** besteht, der Unternehmer den BR entspr. § 106 Abs. 1 u. 2 bei einer **Unternehmensübernahme** nach § 106 Abs. 3 Nr. 9a zu beteiligen hat. Er gilt für jede Form einer Unternehmensübernahme mit Kontrollerwerb. Deshalb findet er auch auf alle der in §§ 287f. des KAGB geregelten Fälle Anwendung, in denen **AIF-Kapitalverwaltungsgesellschaften** die Kontrolle über nicht börsennotierte Unternehmen und Emittenten erlangen (→ § 106 Rn. 38a, 87a, 101a, 113a, 114a). Wegen der schützenswerten Interessen der Belegschaft, über den Erwerb wesentlicher Anteile durch Investoren auch in **kleineren Unternehmen** informiert zu werden und evtl. Einfluss nehmen zu können (vgl. BT-Drs. 16/7438, 15), wird eine Ausnahme von dem Grundsatz zugelassen, dass bei Fehlen eines WiAusschusses der BR (GesBR) dessen Aufgabe nicht übernehmen kann. Die Vorschrift findet keine Anwendung auf Tendenzunternehmen (→ § 106 Rn. 6).

II. Voraussetzung für die Beteiligung des Betriebsrats

2 Dem BR fällt die Wahrnehmung der Aufgaben des WiAusschusses **nur** im Fall der **Unternehmensübernahme** mit **Kontrollerwerb** nach § 106 Abs. 3 Nr. 9a zu; besteht im Unternehmen ein GesBR, übernimmt er – oder wenn es dort einen unternehmenseinheitlichen BR nach § 3 Abs. 1 Nr. 1a gibt – dieser die Aufgaben des WiAusschusses (DKKW/*Däubler* Rn. 2; GK-BetrVG/*Oetker* Rn. 6). In allen anderen Fällen bleibt es bei dem Grundsatz, dass der BR (GesBR) nicht an die Stelle des WiAusschusses treten kann (→ § 106 Rn. 3).

3 Der BR (GesBR) übernimmt die Funktionen eines WiAusschusses in Unternehmen, in denen **kein WiAusschuss** besteht. Die **Gründe** für das Fehlen eines WiAusschuss spielen keine Rolle; sie können **rechtlicher** oder **tatsächlicher** Art sein. **Folgende Fälle** kommen in Betracht:

4 Ein Unternehmen erreicht nicht den Schwellenwert des § 106 Abs. 1 S. 1 und hat **nur 100 oder weniger** ständig beschäftigte **ArbN** (DKKW/*Däubler* Rn. 1; GK-BetrVG/*Oetker* Rn. 6; ErfK/*Kania* Rn. 1; HWGNRH/*Hess* Rn. 3; Richardi BetrVG/*Annuß* Rn. 2; *Löw* DB 2008, 758 [759]; *Schröder/Falter* NZA 2008, 1097 [1101]; *Simon/Dobel* BB 2008, 1955 [1958]; *Thüsing* ZIP 2008, 106 [108]; *Hjort* AiB 2009, 132 [135]; **aA** *Löwisch/Kaiser* Rn. 1; *Löwisch* DB 2008, 2834f.; Näheres zum Schwellenwert → § 106 Rn. 14ff.). Das Gleiche gilt, wenn die Belegschaftsstärke im Unternehmen dauerhaft auf weniger als 101 ArbN sinkt und das Amt des WiAusschusses endet (→ § 106 Rn. 14); hier wächst die Zuständigkeit des untergehenden WiAusschusses hinsichtlich des Unternehmensübergangs dem BR (GesBR) zu.

5 In einem Unternehmen mit **mehr als 100** ständig beschäftigten **ArbN** bestimmt der BR oder, wenn mehrere BR bestehen, der GesBR entgegen § 107 Abs. 2 keine Mitgl. des WiAusschusses, obwohl die **gesetzlichen Voraussetzungen** für die Errichtung eines WiAusschuss **gegeben** sind (→ § 107 Rn. 3, 18; DKKW/*Däubler* Rn. 1; GK-BetrVG/*Oetker* Rn. 8; *Löwisch* DB 2008, 2834f.; *Ratayczak* AiB 2008, 130 [131]; **aA** HaKo-BetrVG/*Steffan* Rn. 1; ErfK/*Kania* Rn. 1; HWGNRH/*Hess* Rn. 4; Richardi BetrVG/*Annuß* Rn. 2).

6 In einem Unternehmen mit **mehreren Betriebsräten** wird **kein GesBR** gebildet mit der Folge, dass auch ein WiAusschuss nicht gebildet werden kann (→ § 107 Rn. 20). Hier sind die einzelnen BR entspr. § 106 Abs. 1 u. 2 zu beteiligen.

7 Besteht kein WiAusschuss, weil der BR (GesBR) dessen **Aufgaben** einem bes. **BR**-(GesBR-)**Ausschuss** gem. § 107 Abs. 3 übertragen hat (→ § 107 Rn. 29ff.), findet § 109a keine Anwendung (GK-BetrVG/*Oetker* Rn. 7). Der BR-(GesBR-) Ausschuss ersetzt den WiAusschuss. Er nimmt dessen Stellung ein und verfügt über dieselben Rechte und Pflichten wie ein WiAusschuss, so dass für eine Anwendung des § 109a kein Raum ist.

8 Die Vorschrift gilt nur für Unternehmen, nicht für Konzerne, für die ein WiAusschuss nicht vorgesehen ist (→ § 106 Rn. 4). Eine **analoge Anwendung** des **§ 109a** auf **Konzerne** und den **KBR** kommt **ausnahmsweise** dann in Betracht, wenn das Ziel des Risikobegrenzungsgesetzes, durch die neuen Regelungen des § 106 Abs. 2 S. 2 und Abs. 3 Nr. 9a mehr Transparenz für die Belegschaft bei Unternehmensübernahmen zu schaffen (s. Gesetzesbegründung BT-Drs. 16/7438, 8), dadurch unterlaufen wird, dass die Konzernmuttergesellschaft eine Tochtergesellschaft ohne deren Einbeziehung veräußert (→ § 106 Rn. 100). Um dem wirksam zu begegnen, ist der KBR entsprechend § 109a zu beteiligen.

III. Rechte des den Wirtschaftsausschuss ersetzenden Betriebrats

9 Der den WiAusschuss ersetzende BR (GesBR) hat im Fall der Unternehmensübernahme mit Kontrollerwerb (§ 106 Abs. 3 Nr. 9a) gegenüber dem Unternehmer die **Unterrichtungs-** und **Beratungsrechte** nach § 106 Abs. 1 u. 2 (insbes. → § 106 Rn. 80ff., 90ff.). Eine Aberkennung der Beratungsrechte (so GK-BetrVG/*Oetker* Rn. 16ff.) widerspricht dem eindeutigen Wortlaut des G. Zudem würde dem BR die Möglichkeit genommen, auf die Ausgestaltung der Unternehmensübernahme Einfluss zu nehmen (→ § 106 Rn. 112 iVm → Rn. 92ff.) und sich für die betroffenen ArbN einzusetzen. Zur **Durchsetzung** der Rechte des den WiAusschuss ersetzenden BR kann dieser nach Maßgabe des § 109 (s. dortige Rn.) die ES-Stelle anrufen.

10 Für die Beantwortung der Fragen, die sich dem BR (GesBR) bei einer Unternehmensübernahme in gleicher Weise wie dem WiAusschuss stellen können, wird auf die Ausführungen zu → **§ 106 Rn. 80–129** verwiesen.

11 Bei der Übernahme eines **börsennotierten Unternehmens** gelten die Vorschriften des WpÜG neben § 109a (GK-BetrVG/*Oetker* Rn. 28f.). Hier ist darauf zu achten, dass zwar Art, Inhalt und Umfang der Unterrichtung über die Unternehmensübernahme in § 11 Abs. 2 iVm § 39 WpÜG festgelegt sind, das gilt aber nicht für den Zeitpunkt der Unterrichtung des den WiAusschuss ersetzenden BR (**aA** *Simon/Dobel* BB 2008, 1955 [1958]). In dieser Funktion ist er eben nicht der „zuständige BR" iSv § 14 Abs. 4 S. 2 WpÜG, den der Vorstand der Zielgesellschaft erst nach der Veröffentlichung des Übernahmeangebots durch dessen Übermittlung zu unterrichten hat. Er hat die Aufgaben und Befugnisse eines WiAusschusses gem. §§ 106, 109a und ist deshalb bereits vor der Veröffentlichung des Übernahmeangebots zu unterrichten (wohl auch GK-BetrVG/*Oetker* Rn. 29). Dass dies erforderlich und zulässig ist, belegen die Ausführungen in → § 106 Rn. 102ff., insbes. → Rn. 108ff.

Bei der Kontrollübernahme durch AIF enthält das KAGB bes. Vorschriften über Mitteilungs- und Offenlegungspflichten. Auf die in → § 106 Rn. 38a, 87a, 101a, 113a, 114a erläuterten Besonderheiten, die der den WiAusschuss ersetzende BR zu beachten hat, wird verwiesen. 11a

IV. Streitigkeiten

Bei Streitigkeiten darüber, ob die Anwendungsvoraussetzungen des § 109a vorliegen, entscheidet das ArbG nach § 2a ArbGG im **BeschlVerf.** (→ Anh. 1 Rn. 1 ff.). Bei einem Streit über die Erteilung einer **Auskunft** entscheidet nach § 109 zunächst die **E-Stelle.** Verletzungen der Auskunftspflicht nach § 106 Abs. 2 sind außerdem Ordnungswidrigkeiten (vgl. § 121). 12

§ 110 Unterrichtung der Arbeitnehmer

(1) **In Unternehmen mit in der Regel mehr als 1000 ständig beschäftigten Arbeitnehmern hat der Unternehmer mindestens einmal in jedem Kalendervierteljahr nach vorheriger Abstimmung mit dem Wirtschaftsausschuss oder den in § 107 Abs. 3 genannten Stellen und dem Betriebsrat die Arbeitnehmer schriftlich über die wirtschaftliche Lage und Entwicklung des Unternehmens zu unterrichten.**

(2) [1]**In Unternehmen, die die Voraussetzungen des Absatzes 1 nicht erfüllen, aber in der Regel mehr als zwanzig wahlberechtigte ständige Arbeitnehmer beschäftigen, gilt Absatz 1 mit der Maßgabe, dass die Unterrichtung der Arbeitnehmer mündlich erfolgen kann.** [2]**Ist in diesen Unternehmen ein Wirtschaftsausschuss nicht zu errichten, so erfolgt die Unterrichtung nach vorheriger Abstimmung mit dem Betriebsrat.**

Inhaltsübersicht

I. Vorbemerkung

Diese Vorschrift betrifft die vierteljährliche Unterrichtung der ArbN über die wirtschaftliche Lage und Entwicklung des Unternehmens. Sie unterscheidet Unternehmen mit in der Regel (→ § 1 Rn. 271 ff.) mehr als 1000 ständig beschäftigten ArbN (Abs. 1, schriftliche Unterrichtung) und Unternehmen mit in der Regel mehr als 20 wahlberechtigten, ständigen ArbN (Abs. 2, mündliche Unterrichtung). Der Inhalt der Unterrichtungspflicht ist aber der gleiche. Unberührt bleiben die Verpflichtung des ArbGeb., in einer BetrVerslg. über die wirtschaftliche Lage und Entwicklung des Betriebs zu berichten (→ § 43 Rn. 19 ff.) und die Bestimmungen über den Tätigkeitsbericht des BR in der BetrVerslg. 1

Entspr. Vorschrift im **BPersVG 74:** Keine. 2

II. Vierteljahresbericht in größeren Unternehmen

Die vierteljährliche Unterrichtung der ArbN über Lage und Entwicklung des Unternehmens erfolgt durch den Unternehmer **nach vorheriger Abstimmung** 3 mit dem WiAusschuss (bzw. Ausschuss nach § 107 Abs. 3) und dem BR (GesBR). Sinn der Vorschrift ist, dass Inhalt und Umfang des Berichts vor der Erstattung zunächst mit dem WiAusschuss und dem BR erörtert werden. Es ist nicht erforderlich, dass eine völlige Übereinstimmung über den Bericht erzielt wird; jedenfalls aber muss das Benehmen hergestellt und WiAusschuss und BR Gelegenheit zur Stellungnahme gegeben werden (DKKW/*Däubler* Rn. 11; GK-BetrVG/*Oetker* Rn. 20; Richardi BetrVG/*Annuß* Rn. 4). Verantwortlich für die Erstattung ist aber der Unternehmer. Letzten Endes hat er den Bericht so zu erstatten, wie er es für richtig hält.

4 Kommt eine Einigung über den Inhalt des Berichts nicht zustande, haben BR (GesBR) und WiAusschuss das Recht, die Aufnahme ihrer Sicht in den Bericht oder die Verteilung eines „Alternativberichts" zu verlangen (DKKW/*Däubler* Rn. 12; ErfK/*Kania* Rn. 6: nur Alternativbericht; **aA** BAG 14.5.2013 – 1 ABR 4/12, NZA 2013, 1223; GK-BetrVG/*Oetker* Rn. 24; HWGNRH/*Hess* Rn. 11 ff.; MHdB ArbR*Stamer* § 307 Rn. 69; Richardi BetrVG/*Annuß* Rn. 5; *Rumpff/Boewer* Mitbestimmung S. 248). Andernfalls wäre die Einschaltung des WiAusschusses und des BR eine reine Formalität und würde dem falschen Eindruck einer gemeinsamen Beurteilung Vorschub leisten und könnte die ArbN, da eine zeitgleiche Reaktion ihrer Vertr. zum Bericht ausgeschlossen wäre, unnötig beunruhigen. Das Recht des BR, auf BetrVerslg. zu informieren, ist auch deshalb nicht gleichwertig, weil GesBR und WiAusschuss kein originäres Teilnahmerecht haben (→ § 42 Rn. 23). Jedenfalls kann der BR in seinem Tätigkeitsbericht in der BetrVerslg. auch auf die wirtschaftliche Lage des Unternehmens aus seiner Sicht eingehen.

5 Der Vierteljahresbericht muss in Unternehmen mit mehr als 1000 ständig beschäftigten ArbN (→ § 5 Rn. 15 ff.; → § 106 Rn. 14 f.) **schriftlich** in der Weise erstattet werden, dass jedes Belegschaftsmitgl. mühelos davon Kenntnis erhalten kann (hM). Geeignet hierfür sind insbes. Intranet, Werkzeitungen, Anschlag am schwarzen Brett (MHdB ArbR/*Stamer* § 307 Rn. 67; GK-BetrVG/*Oetker* Rn. 27 f. der das schwarze Brett bei längeren Berichten für ungeeignet hält; nach ErfK/*Kania* Rn. 3, DKKW/*Däubler* Rn. 9 u. Richardi BetrVG/*Annuß* Rn. 6 genügt ein Anschlag am schwarzen Brett nicht), E-Mail, Vervielfältigung und Verteilung an die Unternehmensangehörigen, insbes. in den vierteljährlichen BetrVerslg.

6 Werden **ausländische ArbN** nicht nur vereinzelt beschäftigt, die keine hinreichenden Sprachkenntnisse haben, muss der Bericht übersetzt werden (hM: DKKW/*Däubler* Rn. 10; ErfK/*Kania* Rn. 3; GK-BetrVG/*Oetker* Rn. 30).

7 Der vierteljährliche Lagebericht soll den **ArbN in groben Zügen einen Überblick über die Wirtschaftslage des Unternehmens** und seiner Betriebe, die wirtschaftlichen und sozialen Leistungen, die Schwierigkeiten, die Marktlage und die Entwicklung, die das Unternehmen und seine Betriebe seit dem letzten Bericht genommen haben, sowie die Aussichten für die künftige Entwicklung gewähren. Da dieser Bericht sämtlichen Belegschaftsmitgl. (also nicht – wie bei der Unterrichtung des BR und des WiAusschusses – einem verhältnismäßig kleinen Personenkreis) erstattet wird, muss er sich notwendigerweise auf eine Zusammenfassung solcher Angaben beschränken, deren Bekanntwerden die Wettbewerbsfähigkeit des Unternehmens nicht beeinträchtigen kann (HWGNRH/*Hess* Rn. 7; MHdB ArbR/*Stamer* § 307 Rn. 66; Richardi BetrVG/*Annuß* Rn. 9; **aA** DKKW/*Däubler* Rn. 7; GK-BetrVG/*Oetker* Rn. 12). Anhaltspunkt über den Umfang der Unterrichtung können die Mitteilungen an die Aktionäre sein. ArbN sind aber eher an der Sicherheit der Arbeitsplätze interessiert. Darauf ist Rücksicht zu nehmen (DKKW/*Däubler* Rn. 6). Angaben, durch die **Betriebs- oder Geschäftsgeheimnisse** gefährdet werden könnten, braucht der Bericht nicht zu enthalten.

8 Der Vierteljahresbericht nach § 110 überschneidet sich teilweise mit den jährlichen Berichten in der BetrVerslg. gem. § 43 Abs. 2 S. 3 (und der BRVerslg. nach § 53 Abs. 2 Nr. 2) und kann auch dort erstattet werden (→ § 43 Rn. 24).

III. Vierteljahresbericht in kleineren Unternehmen

In Unternehmen, die die ArbNZahl des Abs. 1 nicht erreichen, aber **in der Regel** (→ § 1 Rn. 271 ff.) doch **mehr als 20 wahlberechtigte, ständige ArbN** beschäftigen, gelten die Ausführungen zu Abs. 1 (→ Rn. 3–8) mit der Maßgabe, dass die Unterrichtung **nur mündlich** zu erfolgen braucht, zweckmäßig in den regelmäßigen Betr.- oder AbtVerslg. (→ § 43 Rn. 24). 9

Besteht kein WiAusschuss, weil das Unternehmen nicht mehr als 100 ArbN ständig beschäftigt (§ 106 Abs. 1), so hat sich der Unternehmer lediglich mit dem BR (GesBR) abzustimmen (§ 110 Abs. 2 S. 2). Das Gleiche gilt, wenn kein WiAusschuss gebildet ist (Richardi BetrVG/*Annuß* Rn. 4; GK-BetrVG/*Oetker* Rn. 20). 9a

IV. Streitigkeiten

Besteht zwischen Unternehmer und BR Streit über die (ordnungsgemäße) vierteljährliche Unterrichtung der ArbN, so entscheiden hierüber die ArbG im **BeschlVerf.** nach § 2a ArbGG (→ Anh. 3 Rn. 1 ff.; DKKW/*Däubler* Rn. 17; GK-BetrVG/*Oetker* Rn. 34; Richardi BetrVG/*Annuß* Rn. 12; *Dütz* FS Westermann, 2008, 53). Antragsberechtigt sind der ArbGeb., der BR und der GesBR. 10

Die Verletzung der Unterrichtungspflicht kann als Ordnungswidrigkeit mit einer Geldbuße bis zu 10 000 EUR geahndet werden (§ 121). 11

Zweiter Unterabschnitt. Betriebsänderungen

§ 111 Betriebsänderungen

[1] In Unternehmen mit in der Regel mehr als zwanzig wahlberechtigten Arbeitnehmern hat der Unternehmer den Betriebsrat über geplante Betriebsänderungen, die wesentliche Nachteile für die Belegschaft oder erhebliche Teile der Belegschaft zur Folge haben können, rechtzeitig und umfassend zu unterrichten und die geplanten Betriebsänderungen mit dem Betriebsrat zu beraten. [2] Der Betriebsrat kann in Unternehmen mit mehr als 300 Arbeitnehmern zu seiner Unterstützung einen Berater hinzuziehen; § 80 Abs. 4 gilt entsprechend; im Übrigen bleibt § 80 Abs. 3 unberührt. [3] Als Betriebsänderung im Sinne des Satzes 1 gelten

1. Einschränkung und Stilllegung des ganzen Betriebs oder von wesentlichen Betriebsteilen,
2. Verlegung des ganzen Betriebs oder von wesentlichen Betriebsteilen,
3. Zusammenschluss mit anderen Betrieben oder die Spaltung von Betrieben,
4. grundlegende Änderungen der Betriebsorganisation, des Betriebszwecks oder der Betriebsanlagen,
5. Einführung grundlegend neuer Arbeitsmethoden und Fertigungsverfahren.

Inhaltsübersicht

I. Vorbemerkung

1 Die §§ 111–113 regeln das **MBR** des BR **bei Betriebsänderungen,** die wesentl. Nachteile für die ArbN zur Folge haben können. Ihr Zweck ist, die ArbN bei Durchführung von Betriebsänderungen zu beteiligen und die ihnen dadurch entstehenden wirtschaftlichen Nachteile auszugleichen oder jedenfalls abzumildern. Soweit mit einer Betriebsänderung eine Massenentlassung iSd RL 98/59/EG v. 20.7.1998 (MassenentlassungsRL; vgl. dazu *Wißmann* RdA 1998, 221 ff.; EuGH 27.1.2005 – C-188/03, NZA 2005, 213 – Junk; 16.7.2009 – C-12/08, AP RL 98/59/EG Nr. 5 – Mono Car Styling; 10.9.2009 – C-44/08, NZA 2009, 1083 – Akavan Erityisalojen Keskusliitto; 3.3.2011 – C-235–239/10, NZA 2011, 337 – Claes; 21.9.2017 – C-149/16, NZA 2017, 1323 – Socha; BVerfG 25.2.2010 – 1 BvR 230/09, NZA 2010, 439) verbunden ist, ist dies bei der Auslegung der §§ 111 ff. zu beachten (BAG 22.7.2003 – 1 AZR 541/02, NZA 2004, 93). Von Bedeutung für die Anwendung und Auslegung des § 111 kann auch die RL 2002/14/EG zur Festlegung eines allgemeinen Rahmens für die Unterrichtung und Anhörung der ArbN in der Europäischen Gemeinschaft (Rahmen-RL 2002/14/EG) sein (vgl. dazu *Franzen* FS Birk, 2008, 97 ff.). Die Beteiligung des BR nach § 111 lässt dessen sonstige Beteiligungsrechte unberührt. Betriebsänderungen sind häufig mit personellen Einzelmaßnahmen verbunden, bei denen der BR nach §§ 99, 102 mitzubestimmen hat.

2 Die in den §§ 111–113 verwendeten Begriffe **„Unternehmer"** und **„Arbeitgeber"** bezeichnen beide diejenige Rechtsperson, die Inhaber des Betriebs und Arbeitgeber der dort beschäftigten ArbN ist (BAG 15.1.1991 – 1 AZR 94/90, NZA 1991, 681). Zum „BetriebsArbGeb." und zum „VertragsArbGeb.", insbes. im Gemeinschaftsbetrieb → § 1 Rn. 145, 148, 324, 325.

3 Während es bis zum Inkrafttreten des BetrVerf-ReformG für das Entstehen von Beteiligungsrechten nach § 111 S. 1 auf die Größe des Betriebs ankam, ist nun die **Größe des Unternehmens** maßgeblich (→ Rn. 18 ff.; BAG 9.11.2010 – 1 AZR 708/09, NZA 2011, 466). Neu eingeführt wurde durch S. 2 das Recht des BR, in Unternehmen mit mehr als 300 ArbN zu seiner Unterstützung einen Berater hinzuzuziehen (→ Rn. 117 ff.).

4 In wirtschaftlichen Angelegenheiten kommt es häufig zu **Interessenkonflikten** zwischen Unternehmer und ArbN. Während der Unternehmer seine Entscheidungen

über die Einschränkung oder Stilllegung von Betrieben oder Betriebsteilen, über Verlegungen, Zusammenschlüsse oder Spaltungen, über Änderungen der Betriebsorganisation oder die Einführung neuer Arbeitsmethoden und Fertigungstechniken in erster Linie unter wirtschaftlichen Gesichtspunkten zu treffen hat, haben die ArbN berechtigte Interessen an der Erhaltung ihrer Arbeitsplätze und an sozialverträglichen Lösungen bei Stilllegungen, Einschränkungen oder Rationalisierungen. Für sie und ihre Familien sind die Arbeitsplätze regelmäßig die wirtschaftliche Existenzgrundlage.

Die §§ 111 ff. regeln diesen Konflikt, indem sie dem BR bei bestimmten Betriebs- 5
änderungen Beteiligungsrechte verleihen. Betriebsänderungen im Sinne von § 111 lösen Ansprüche des BR auf **Unterrichtung und Beratung** aus. Dabei ist ein **Interessenausgleich** anzustreben. In diesem wird festgelegt, ob, wann und wie die vom Unternehmer beabsichtigte Betriebsänderung durchgeführt werden soll. Der BR kann in diesem Verf. die Interessen der ArbN geltend machen. Es soll eine Lösung gefunden werden, die sowohl den wirtschaftlichen Interessen des Unternehmers als auch den sozialen Belangen der ArbN gerecht wird. Dabei hat der Unternehmer alle Verständigungsmöglichkeiten auszuschöpfen. Letztlich entscheidet er jedoch allein, wenn es nach Ausschöpfung aller Verständigungsmöglichkeiten nicht zu einem Interessenausgleich kommt. Die **Entscheidungsfreiheit des Unternehmers** in wirtschaftlichen Angelegenheiten bleibt also in vollem Umfang erhalten (vgl. zur Frage der Zulässigkeit eines Arbeitskampfes um tarifliche Regelungen bei einer Betriebsänderung → §§ 112, 112a Rn. 184 ff.).

Kommt es zu einer Betriebsänderung, die wirtschaftliche Nachteile für die ArbN 6
(Entlassungen, Versetzungen) mit sich bringt, muss ein **Sozialplan** aufgestellt werden. Auf diesen sollen sich Unternehmer und BR einigen. Kommt eine Einigung nicht zustande, kann der BR einen Sozialplan grds. auch erzwingen (zu Ausnahmen → §§ 112, 112a Rn. 100 ff.). Die E-Stelle kann den Sozialplan gegen den Willen des Unternehmers beschließen.

Die **finanziellen Auswirkungen des Sozialplans können die Entschei- 7
dungen** des Unternehmers **über** Art und Umfang einer **Betriebsänderung beeinflussen.** Die Möglichkeit des BR, einen Sozialplan durch einen Spruch der Einigungsstelle zu erzwingen, kann daher dazu beitragen, dass sich der Unternehmer nicht leichtfertig und ohne Rücksicht auf die sozialen Interessen der Belegschaft zu einer Betriebsänderung entschließt und dass er sie in einer für die ArbN möglichst schonenden Form durchführt (BAG 22.5.1979 – 1 ABR 17/77, NJW 1980, 83; 20.4.1982 – 1 ABR 3/80, AP BetrVG 1972 § 112 Nr. 15). In der Praxis wird deshalb häufig gleichzeitig über Interessenausgleich und Sozialplan verhandelt.

Die **leitenden Ang.** iSv § 5 Abs. 3 werden nicht vom BR, sondern von einem im 8
Betrieb gem. § 1 SprAuG gewählten Sprecherausschuss vertreten. Diesen muss der Unternehmer gem. § 32 Abs. 2 S. 1 SprAuG über geplante Betriebsänderungen, die wesentliche Nachteile für die leitenden Ang. zur Folge haben können, rechtzeitig und umfassend unterrichten. Wenn leitenden Ang. infolge der geplanten Betriebsänderung wesentliche Nachteile entstehen, hat der Unternehmer nach § 32 Abs. 2 S. 2 SprAuG mit dem Sprecherausschuss über Maßnahmen zum Ausgleich oder zur Milderung dieser Nachteile zu beraten. Verhandlungen über einen Interessenausgleich sind nicht vorgeschrieben. Ein Sozialplan für leitende Ang. kann nicht erzwungen, aber freiwillig und mit normativer Wirkung (§ 28 Abs. 2 S. 1 SprAuG) vereinbart werden (GK-BetrVG/*Oetker* Rn. 7 mwN).

Betriebsänderungen und ihre Folgen können Gegenstand tariflicher Regelungen 9
sein **(Rationalisierungsschutzabkommen).** Nach § 112 Abs. 1 S. 4 gilt die Regelungssperre des § 77 Abs. 3 nicht für Sozialpläne. Die Betriebsparteien können nicht nur im Anwendungsbereich von VerbandsTV, sondern auch neben einem FirmenTV einen Sozialplan vereinbaren (BAG 13.4.1994 – 3 AZR 725/93, NZA 1995, 690). TV enthalten **Mindestbedingungen.** Ein Sozialplan kann über eine tarifliche Regelung hinausgehen. Er darf sie aber, falls das im TV nicht ausdrücklich zugelassen

wurde, nicht unterschreiten (→ §§ 112, 112a Rn. 183; Richardi BetrVG/*Annuß* § 112 Rn. 178ff.; GK-BetrVG/*Oetker* §§ 112, 112a Rn. 181f.).

10 In wirtschaftlichen Angelegenheiten ist auch der **WiAusschuss** zu beteiligen (§ 106). Die dort genannten Angelegenheiten sind zu einem erheblichen Teil identisch mit den Tatbeständen, die als Betriebsänderung iSv § 111 gelten. Die Beteiligungsrechte bestehen nebeneinander. Der WiAusschuss hat dem BR unverzüglich über die ihm gegenüber durchgeführte Unterrichtung und Beratung zu berichten (vgl. § 108 Abs. 4).

11 Auch die Unterrichtungspflichten des ArbGeb. in der **BetrVerslg.** (§ 43 Abs. 2 S. 3), in der **BRVerslg.** (§ 53 Abs. 2 Nr. 2) und gegenüber den **ArbN** nach § 110 sind unabhängig von den Unterrichtungspflichten des § 111.

12 Das **UmwG** (→ § 1 Rn. 238ff.) verpflichtet den Unternehmer, die BR über die Folgen der Umwandlung für die ArbN und ihre Vertretungen sowie die insoweit vorgesehenen Maßnahmen zu unterrichten (vgl. § 5 Abs. 1 Nr. 9, Abs. 3, § 126 Abs. 1 Nr. 11, Abs. 3, § 136, § 176 Abs. 1, § 177, § 194 Abs. 1 Nr. 7, Abs. 2 UmwG). Diese Unterrichtungspflichten bestehen neben den Unterrichtungs- und Beratungspflichten nach § 111. Soweit die Umwandlung von Unternehmen auch Auswirkungen auf die betriebliche Organisation hat, können Beteiligungsrechte des BR nach §§ 111ff. bestehen (→ Rn. 56ff.). Von Bedeutung für die ArbN ist im Falle einer Unternehmensspaltung die sich aus § 134 Abs. 1 UmwG ergebende Nachhaftung der Anlagegesellschaft für Forderungen nach §§ 111–113 (→ § 1 Rn. 265; *Bauer/Lingemann* NZA 1994, 1057 [1062]; DKKW/*Däubler* Rn. 98).

12a Maßnahmen nach dem **KredReorgG** v. 9.12.2010 (BGBl. I S. 1900; → § 106 Rn. 12a, 38a u. b, 53a u. 78a), insbes. die darin vorgesehenen Sanierungs- und Reorganisationsverfahren, Maßnahmen nach §§ 45ff. **KWG** (→ § 106 Rn. 12a, 38c–f) sowie Maßnahmen nach dem G zur Sanierung und Abwicklung von Instituten und Finanzgruppen – **SAG** – (→ § 106 Rn. 38h–q) lassen die Beteiligungsrechte des BR nach §§ 111ff. unberührt. In § 36 Abs. 3 SAG ist ausdrücklich klargestellt, dass das Institut durch die der Aufsichtsbehörde nach § 36 Abs. 1 SAG möglichen Frühinterventionsmaßnahmen nicht von seiner Verpflichtung zur Einhaltung der Beteiligungsrechte nach dem BetrVG entbunden ist. Auch bei der Umsetzung des Restrukturierungsplans bleiben, wie es in der Gesetzesbegründung zu § 105 SAG ausdrücklich heißt, die Beteiligungsrechte des BR unberührt (BT-Drs. 18/2575, 178).

12b Auch die nach **§ 47 Abs. 1 KWG** (eingefügt durch das G zur Abschirmung von Risiken und zur Planung der Sanierung und Abwicklung von Kreditinstituten und Finanzgruppen v. 7.8.2013, BGBl. I S. 3090) begründete Pflicht der als potentiell systemgefährdend eingestuften Kreditinstitute, vorsorglich und ohne Bestehen einer konkreten Gefährdung, einen Sanierungsplan aufzustellen, beseitigt nicht die Pflicht, bei Eintritt eines konkreten Krisenfalls den BR nach §§ 111ff. zu beteiligen. Es müssen auch nicht etwa die in der vorsorglichen Sanierungsplanung benannten Handlungsoptionen unverändert umgesetzt werden (BT-Drs. 17/12601, 38).

13 Beim Verständnis und der Auslegung der §§ 111ff. sind wegen des Grundsatzes der **richtlinienkonformen Auslegung** des nationalen Rechts (insbes. EuGH 5.10.2004 – C-397/01, AP EWG/RL 93/104 Nr. 12 – Pfeifer) zunehmend gemeinschaftsrechtliche Regelungen zu berücksichtigen. Bei Betriebsänderungen können insbes. die RL 98/59/EG v. 20.7.1998 **(MassenentlassungsRL),** die RL 2001/23/EG v. 12.3.2001 **(BetriebsübergangsRL)** und die RL 2002/14/EG v. 11.3.2002 **(MitwirkungsRL)** von Bedeutung sein (vgl. *Franzen* FS Birk, 2008, 97ff.). Die RL 2002/14/EG führt allerdings auch iVm. Art. 27 GRC nicht dazu, dass eine mit ihr unvereinbare nationale Bestimmung in einem Rechtsstreit zwischen Privaten unanwendbar wäre (vgl. EuGH 15.1.2014 C-176/12, NZA 2014, 193 Rn. 51); vielmehr können in einem solchen Fall Schadensersatzansprüche gegen den Staat entstehen, der seiner Verpflichtung zur Umsetzung der RL nicht ordnungsgemäß nachgekommen ist (vgl. EuGH 15.1.2014 C-176/12, NZA 2014, 193 Rn. 50).

Zur funktionalen **Zuständigkeit von BR GesBR und KBR** vgl. iE → **§ 50 Rn. 59, 60; → § 58 Rn. 15, 16 mwN.** Nach **§ 50 Abs. 1 S. 1 Hs. 2** ist der GesBR im Rahmen seiner originären Zuständigkeit auch zuständig für **BRlose Betriebe** (→ Rn. 19). 14

Kommen auf der ArbNSeite als Verhandlungspartner sowohl der BR als auch der GesBR in Betracht, muss der ArbGeb. bei **Zweifeln über den zuständigen Verhandlungspartner** die in Betracht kommenden ArbNVertr. zur Klärung der Zuständigkeit auffordern. Verhandelt er nicht mit dem zuständigen Partner, trägt er das Risiko, dass sein Verhandlungsversuch betr. den Interessensausgleich als unzureichend gewertet wird (BAG 24.1.1996 – 1 AZR 542/95, NZA 1996, 1107). 15

Der **KBR** wird selten zuständig sein (→ § 58 Rn. 15). In Betracht kommen kann seine Zuständigkeit uU bei unternehmensüberschreitenden Zusammenlegungen von Betrieben eines Konzerns oder bei einer konzernweiten Umstrukturierung, bei der die Änderungen in den einzelnen Betrieben in wechselseitiger Abhängigkeit voneinander stehen. 16

Entspr. Vorschriften im **BPersVG:** § 76 Abs. 2 Nr. 7, § 78 Abs. 1 Nr. 2; im **SprAuG:** § 32 Abs. 2 (nur Unterrichtung und Beratung). 17

II. Allgemeine Voraussetzungen einer Betriebsänderung

1. Unternehmensgröße

Die Beteiligungsrechte des BR in wirtschaftlichen Angelegenheiten sind von einer bestimmten **Unternehmensgröße** abhängig. Sie bestehen nur dann, wenn im Unternehmen in der Regel mehr als 20 wahlberechtigte ArbN beschäftigt werden. 18

Abzustellen ist auf das Unternehmen. Diese **Bezugsgröße** ist sachgerechter als die frühere Bezugsgröße „Betrieb". Der Zweck der Norm, kleinere Unternehmen vor zu starker finanzieller Belastung durch Sozialpläne zu schützen, soll tatsächlich nur diesen Unternehmen zugutekommen (BT-Drs. 14/5741, 51; BAG 9.11.2010 – 1 AZR 708/09, NZA 2011, 466; *Engels/Trebinger/Löhr-Steinhaus* DB 2001, 540). Allein entscheidend ist die Gesamtzahl der Arbeitnehmer des Unternehmens; unerheblich ist, ob diese in einer oder mehreren Betriebseinheiten eingesetzt werden (vgl. BT-Drs. 14/5741, 51; BAG 9.11.2010 – 1 AZR 708/09, NZA 2011, 466). Zur Vermeidung von gegen Art. 3 Abs. 1 GG verstoßenden Wertungswidersprüchen hatte das BAG bereits zu § 111 aF entschieden, dass es für die MBR nach §§ 111 ff. entgegen dem Gesetzeswortlaut jedenfalls dann auf die Anzahl der Beschäftigten des gesamten Unternehmens ankomme, wenn mehrere Betriebe betroffen sind und der GesBR zuständig ist (BAG 8.6.1999 – 1 AZR 831/98, NZA 1999, 1168, 23.9.2003 – 1 AZR 576/02, NZA 2004, 440). Somit ist auch für **kleinere Betriebe** ein Interessenausgleich zu versuchen und ein Sozialplan zu vereinbaren, sofern nur im Unternehmen in der Regel mehr als 20 wahlberechtigte ArbN beschäftigt sind (BAG 9.11.2010 – 1 AZR 708/09, NZA 2011, 466; GK-BetrVG/*Oetker* Rn. 11, 13). Dies gilt gem. § 50 Abs. 1 S. 1 Hs. 2 auch für BRlose Betriebe, sofern ein GesBR gebildet und dieser aufgrund einer betriebsübergreifenden Betriebsänderung originär zuständig ist (BAG 15.12.2011 – 8 AZR 692/10, NZA-RR 2012, 570; GK-BetrVG/*Oetker* Rn. 39; Richardi BetrVG/*Annuß* Rn. 29). Das Abstellen auf die Unternehmensgröße ist unionsrechtlich unproblematisch, solange es nicht zur Verkürzung der in das in Art. 2–4 der RL 98/59/EG (MassenentlassungsRL) vorgesehene Informations- und Konsultationsrechte führt (EuGH 13.5.2015 – C-392/13, NZA 2015, 669 – Canas; 13.5.2015 – C-182/13, NZA 2015, 731 – Lyttle) 19

Betreiben zwei oder mehrere Unternehmen, die jeweils nicht mehr als 20 wahlberechtigte Arbeitnehmer beschäftigen, einen gemeinsamen Betrieb (§ 1 Abs. 1 S. 2) mit mehr als 20 wahlberechtigten Arbeitnehmern, ist umstritten, ob der für den **Gemeinschaftsbetrieb** gebildete BR Beteiligungsrechte nach §§ 111 ff. besitzt. 20

21 Ein Teil des Schrifttums **verneint** dies (so *Annuß* NZA 2001, 367 [369]; *Löwisch* BB 2001, 1790 [1797]; *Löwisch* NZA-Sonderbeilage Heft 24/2001, 40 [46]; *Reichold* NZA 2001, 857 [864f.]; *Schubert* ZfA 2004, 253 [275ff.]; Richardi BetrVG/*Annuß* Rn. 26; ErfK/*Kania* Rn. 5; vgl. auch WHSS-Umstrukturierung/*Schweibert* Kap. C Rn. 10f.). Begründet wird dies vor allem mit dem Zweck des Schwellenwertes, nach dem weniger leistungsfähige Unternehmen vor zu starker **finanzieller Belastung** geschützt werden sollen.

22 Ein anderer Teil des Schrifttums hält dagegen die **Beschäftigtenzahl in dem gemeinsamen Betrieb** für **maßgeblich** (*Hanau* ZIP 2001, 1981 [1986]; DKKW/*Däubler* Rn. 33; *Boecken* FS 50 Jahre BAG, 2004, 931ff.; GK-BetrVG/*Oetker* Rn. 16). Begründet wird dies vor allem mit der Erwägung, dass die bisherige Rechtslage, nach der die Beschäftigtenzahl im Gemeinschaftsbetrieb maßgeblich war (BAG 11.11.1997 – 1 ABR 6/97, NZA 1998, 723), durch das **BetrVerf-ReformG nicht zum Nachteil der Arbeitnehmer** verändert werden sollte. Auch wird darauf verwiesen, dass in einem Gemeinschaftsbetrieb mit in der Regel mehr als 100 beschäftigten ArbN ein WiAusschuss nach § 106 auch dann zu errichten sei, wenn keines der beteiligten Unternehmen für sich allein diese Beschäftigtenzahl erreiche (BAG 1.8.1990 – 7 ABR 91/88, NZA 1991, 643).

23 Zutreffend dürfte es sein, in diesen Fällen **nach dem Gegenstand der Beteiligungsrechte** zu **differenzieren** (grds. zust. MHdB ArbR/*Leder* § 346 Rn. 2). Soweit es um die Unterrichtungs- und Beratungsrechte und die Verpflichtung zum Versuch eines Interessenausgleichs geht, dürfte nach dem Sinn und Zweck des Beteiligungsrechts auf die Zahl der in dem gemeinsamen Betrieb beschäftigten ArbN abzustellen und die – jedenfalls analoge – Anwendung des § 111 S. 1 sowie ggf. auch des § 113 Abs. 3 geboten sein (vgl. *Wißmann* FS 25 Jahre ARGE Arbeitsrecht im DAV, 2006, 1039 [1050f.]). Über einen **Interessenausgleich** ist in einem Gemeinschaftsbetrieb regelmäßig mit dem „gewillkürten Betriebsarbeitgeber" (*Wißmann* NZA 2001, 409 [410]), also mit der Gemeinschaft der den Betrieb führenden Unternehmen zu verhandeln (BAG 12.11.2002 – 1 AZR 632/01, NZA 2003, 676; *Wißmann* FS 25 Jahre ARGE Arbeitsrecht im DAV, 2006, 1039 [1052]). Dem steht die etwa geringere wirtschaftliche Leistungsfähigkeit kleinerer Unternehmen nicht entgegen. Da ein Interessenausgleich nicht über die E-Stelle erzwingbar ist, werden die Unternehmen durch die Verpflichtung, den BR zu unterrichten und den Versuch eines Interessenausgleichs zu unternehmen, nicht finanziell unzumutbar belastet. Dieses Verständnis entspricht der RspR. des EuGH zu Art. 1 der RL 98/59/EG; danach darf eine nationale Regelung als Referenzeinheit statt des Betriebs nicht das Unternehmen vorsehen, wenn das zur Folge hätte, dass das in Art. 2–4 der RL vorgesehene Informations- und Konsultationsverfahren vereitelt würde (EuGH 13.5.2015 – C-392/13, NZA 2015, 669 – Canas; 13.5.2015 – C-182/13, NZA 2015, 731 – Lyttle). Für die Verpflichtung zum Abschluss eines **Sozialplans** dürfte dagegen in einem Gemeinschaftsbetrieb nach dem Sinn und Zweck des Schwellenwerts die Beschäftigtenzahl des Vertragsarbeitgebers maßgeblich sein (vgl. *Wißmann* FS 25 Jahre ARGE Arbeitsrecht im DAV, 2006, 1039 [1050]; **aA** GK-BetrVG/*Oetker* Rn. 16; abl. auch WHSS-Umstrukturierung/*Schweibert* Kap. C Rn. 11). Ein durch Spruch der E-Stelle erzwingbarer Sozialplan ist für das Unternehmen mit erheblichen finanziellen Belastungen verbunden. Den Arbeitgeber vor diesen zu schützen, ist Zweck des Schwellenwerts. Außerdem geht es bei einem Sozialplan nach seinem Gegenstand anders als beim Interessenausgleich nicht um das Schicksal des Gemeinschaftsbetriebs, sondern um Kompensationen für die einzelnen ArbN (BAG 12.11.2002 – 1 AZR 632/01, NZA 2003, 676).

24 Die „Unternehmensgröße" ist nur eine Voraussetzung für das Entstehen von Beteiligungsrechten. Erforderlich ist außerdem das Vorliegen von **Betriebsänderungen** iSv § 111 S. 3. Diese sind entspr. den unverändert gebliebenen Tatbeständen betriebsbezogen zu beurteilen (BT-Drs. 14/5741, 51; *Annuß* NZA 2001, 367 [369]; *Engels/Trebinger/Löhr-Steinhaus* DB 2001, 540; *Reichold* NZA 2001, 857 [865]; GK-BetrVG/

Oetker Rn. 18). Der Katalog des S. 3 ist deshalb auch auf Kleinbetriebe unter 21 ArbN anzuwenden.

25 Berücksichtigt werden nur **ArbN** (→ § 5 Rn. 15ff.). Zu diesen gehören auch die **Heimarbeiter,** die in der Hauptsache für diesen Betrieb arbeiten. **Leiharbeitnehmer** sind zu berücksichtigen, wenn sie länger als drei Monate in dem Betrieb eingesetzt werden und damit nach § 7 S. 2 wahlberechtigt sind. Das folgt seit dem 1.4.2017 ohne weiteres aus dem zu diesem Zeitpunkt in Kraft getretenen § 14 Abs. 2 S. 4 AÜG. Es entspricht dem Sinn und Zweck des Schwellenwerts des § 111 S. 1, kleine Unternehmen vor zu hoher finanzieller Belastung zu schützen, und war bereits vor dem 1.4.2017 die überwiegende Auffassung in Rspr. und Schrifttum (vgl. BAG 18.10.2011 – 1 AZR 335/10, NZA 2012, 221; GK-BetrVG/*Oetker* Rn. 27; Richardi BetrVG/*Annuß* Rn. 23; *Boemke* JuS 2012, 1036; *Haas/Hoppe* NZA 2013, 294; *Hamann* Anm. zu AP BetrVG 1972 § 111 Nr. 70; *Linsenmaier/Kiel* RdA 2014, 135, 148; **aA** *Rieble* NZA 2012, 485; *Fandel/Zanotti* BB 2012, 970; *Tschöpe* NJW 2012, 2161). Das bedeutet aber nicht, dass Leiharbeitnehmer auch im Rahmen von S. 3 Nr. 1 zu berücksichtigen sind (vgl. dazu → Rn. 77). Nach dem durch Art. 9 des G zur Errichtung eines Bundesaufsichtsamtes für Flugsicherung und zur Änderung und Anpassung weiterer Vorschriften v. 29.7.2009 (BGBl. I S. 2424) in das BetrVG neu eingefügten § 5 Abs. 1 S. 3 sind wohl auch **Beamte** und **Soldaten** zu berücksichtigen, die in Betrieben privatrechtlich organisierter Unternehmen tätig sind (vgl. zu deren Berücksichtigung bei den organisatorischen Schwellenwerten BAG 15.12.2011 – 7 ABR 65/10, NZA 2012, 519). Zu den ArbN gehören nicht die **freien Mitarbeiter** und die **FremdfirmenArbN.** Auch die in § 5 Abs. 2 genannten Personen gelten nicht als ArbN iSd BetrVG. Schließlich gehören auch die **leitenden Ang.** (§ 5 Abs. 3) nicht zu den ArbN iSd § 111. Nicht berücksichtigt werden die ArbN, die auf Grund einer Förderungsmaßnahme der AA nach §§ 229ff. SGB III beschäftigt werden (vgl. auch § 231 Abs. 2 SGB III; → § 1 Rn. 361).

26 Der zeitliche Umfang der Beschäftigung der ArbN ist nicht von Bedeutung. **Teilzeitbeschäftigte** zählen mit (BAG 22.2.1983 – 1 AZR 260/81, NJW 1984, 323; 29.1.1992 – 7 ABR 27/91, NZA 1992, 894; → § 5 Rn. 175). Im Unterschied zu § 106 Abs. 1 S. 1 kommt es auch nicht darauf an, ob die ArbN ständig beschäftigt sind (GK-BetrVG/*Oetker* Rn. 25). Deshalb gehören auch **befristet beschäftigte ArbN** dazu, sofern sie auf regelmäßig besetzten Arbeitsplätzen eingesetzt werden (vgl. Richardi BetrVG/*Annuß* Rn. 23). Bei nur zeitweilig beschäftigten ArbN kommt es darauf an, ob sie normalerweise während des größten Teils eines Jahres beschäftigt werden. Eine Ausnahme gilt für reine Kampagnebetriebe, die überhaupt nur während eines Teils des Jahres arbeiten; in diesen ist die Beschäftigtenzahl während der Kampagne maßgebend (BAG 16.11.2004 – 1 AZR 642/03, NJOZ 2005, 4140).

27 Die ArbN müssen **„in der Regel"** in dem von einer Betriebsänderung betroffenen Betrieb beschäftigt werden. Die Vorschrift stellt auf die Beschäftigtenzahl des Betriebs im regelmäßigen, nicht vorübergehenden Zustand ab. Maßgebend ist die Zahl, die für den Betrieb im Allgemeinen kennzeichnend ist (BAG 16.11.2004 – 1 AZR 642/03, NJOZ 2005, 4140). Das erfordert eine wertende Gesamtwürdigung, die grds. sowohl einen Rückblick als auch eine Prognose der weiteren Entwicklung des Betriebs einschließt. Im Fall der Betriebsstilllegung kommt allerdings nur ein Rückblick auf die bisherige Belegschaftsstärke in Betracht (BAG 16.11.2004 – 1 AZR 642/03, NJOZ 2005, 4140). Eine vorübergehende Erhöhung der Personalstärke infolge außergewöhnlichen Arbeitsanfalls hat ebenso außer Betracht zu bleiben wie eine vorübergehende Verringerung der Belegschaft wegen eines zeitweisen Arbeitsrückgangs (→ § 1 Rn. 360ff.). Der Begriff „in der Regel" ist ein unbestimmter Rechtsbegriff; die Beurteilung durch das LAG unterliegt insoweit nur einer eingeschränkten revisionsrechtlichen Kontrolle.

28 **Maßgeblicher Zeitpunkt:** Gegenstand der Beteiligungsrechte ist die jeweilige, auf eine Änderung abzielende Entscheidung des Unternehmers (BAG 28.3.2006 – 1 ABR 5/05, NZA 2006, 932; *Oetker* Anm. zu AP BetrVG 1972 § 112a Nr. 12). Es

kommt grds. auf den Zeitpunkt **jeder geplanten Betriebsänderung** an. Eine erste Betriebsänderung kann schon zu einer Verringerung der ArbNZahl führen. Dann kommt es bei einer weiteren Betriebsänderung, die unabhängig von der ersten Betriebsänderung geplant wird, auf die Zahl der in diesem Zeitpunkt beschäftigten ArbN an.

29 Die Größe des Unternehmens muss für den **Zeitpunkt** ermittelt werden, **zu dem der Unternehmer mit der Betriebsänderung beginnt.** Das ist der Zeitpunkt, in dem die Planung abgeschlossen ist; bei einer Betriebsstilllegung ist das grds. der Stilllegungsbeschluss (BAG 9.5.1995 – 1 ABR 51/94, NZA 1996, 166; 10.12.1996 – 1 ABR 43/96, NZA 1997, 733; 16.11.2004 – 1 AZR 642/03, NJOZ 2005, 4140; → **Rn. 110**).

30 Handelt es sich um eine **einheitliche Maßnahme,** ist die Zahl der bei Einleitung dieser Maßnahme beschäftigten ArbN maßgeblich. Für eine einheitliche Maßnahme kann ein enger zeitlicher Zusammenhang sprechen (BAG 9.5.1995 – 1 ABR 51/94, NZA 1996, 166; aber auch BAG 28.3.2006 – 1 ABR 5/05, NZA 2006, 932). Im Fall der Betriebsstilllegung ist nur ein Rückblick auf die bisherige Belegschaftsstärke erforderlich (BAG 9.5.1995 – 1 ABR 51/94, NZA 1996, 166; 16.11.2004 – 1 AZR 642/03, NJOZ 2005, 4140). Auch im Fall eines Personalabbaus kann sich die Ermittlung der regelmäßigen Belegschaftsstärke nur auf den vorangehenden Zustand beziehen (BAG 10.12.1996 – 1 ABR 43/96, NZA 1997, 733).

31 Die ArbN müssen iSv § 7 **wahlberechtigt** sein (→ § 7 Rn. 6 ff.).

32 In **kleineren Unternehmen,** die den Schwellenwert des S. 1 nicht überschreiten, bestehen keine Beteiligungsrechte des BR nach §§ 111 ff. Freiwillige BV (§ 88) sind jedoch möglich (vgl. zur (Un-)Möglichkeit einer Namensliste → §§ 112, 112a Rn. 54).

2. Bestehen eines Betriebsrats

33 Die Beteiligungsrechte sind grds. vom **Bestehen eines BR** in dem Betrieb abhängig, der von der Betriebsänderung betroffen ist. Bei einem betriebsratslosen Betrieb ist die originäre Zuständigkeit eines GesBR nach § 50 Abs. 1 S. 1 Hs. 2 ausreichend. Auch hierfür ist der Zeitpunkt maßgebend, an dem sich der Unternehmer zu einer Betriebsänderung entschließt (BAG 28.10.1992 – 10 ABR 75/91, NZA 1993, 420; Richardi BetrVG/*Annuß* Rn. 27). Zur Betriebsänderung in einem Luftfahrtunternehmen mit mehreren Interessenvertr. (Boden-, Cockpit- und Kabinenpersonal) BAG 26.4.2007 – 8 AZR 695/05, NJOZ 2008, 108.

34 Wird der BR erst gewählt, nachdem der Unternehmer **schon** mit der **Betriebsänderung begonnen** hat, stehen ihm keine Beteiligungsrechte hinsichtlich dieser Betriebsänderung mehr zu. Dies gilt auch dann, wenn dem Unternehmer im Zeitpunkt seines Beschlusses bekannt war, dass ein BR gewählt werden soll (BAG 28.10.1992 – 10 ABR 75/91, NZA 1993, 420; ErfK/*Kania* Rn. 6; GK-BetrVG/*Oetker* Rn. 38; Richardi BetrVG/*Annuß* Rn. 27; **aA** DKKW/*Däubler* Rn. 154 f.). Der Arbgeb. muss bei seiner unternehmerischen Planung und bei ihrer Durchführung die Konstituierung eines BR nicht abwarten. Führt er allerdings eine Betriebsänderung erst nach der Konstituierung des Betriebsrats durch und ist streitig, wann er den abschließenden Entschluss zu der Betriebsänderung gefasst hat, kann es Sache des ArbGeb. sein, näher darzutun, dass dies bereits vor der Konstituierung der Fall war.

35 Der BR behält auch nach der Stilllegung, Spaltung oder Zusammenlegung eines Betriebs gem. § 21b ein **Restmandat** bis zur Abwicklung all seiner mit der Betriebsänderung zusammenhängenden Aufgaben.

3. Tendenzunternehmen

36 Nach § 118 Abs. 1 S. 2 sind die §§ 111–113 auf **Tendenzunternehmen** nur insoweit anzuwenden, als sie den Ausgleich oder die Milderung wirtschaftlicher

Nachteile für die ArbN infolge von Betriebsänderungen regeln (→ § 118 Rn. 46f.). Dies bedeutet nicht, dass der BR nur die Aufstellung eines Sozialplans verlangen könnte. Vielmehr muss der ArbGeb. den BR auch in Tendenzunternehmen rechtzeitig und umfassend **so über die geplante Betriebsänderung unterrichten, dass dieser eigene Vorstellungen über einen Sozialplan entwickeln kann.** Die Verletzung dieser Pflicht ist durch § 113 Abs. 3 sanktioniert, nicht dagegen der unterlassene Versuch eines Interessenausgleichs (BAG 27.10.1998 – 1 AZR 766/97, NZA 1999, 328; 18.11.2003 – 1 AZR 637/02, NZA 2004, 741; 30.3.2004 – 1 AZR 7/03, NZA 2004, 931; *Bauer* FS Wißmann, 2005, 215 [220f.]; *Lunk* NZA 2005, 841 [846ff.]). Er muss ihm dazu aber zunächst nur die „Basisdaten" mitteilen (BAG 18.11.2003 – 1 AZR 637/02, NZA 2004, 741; 30.3.2004 – 1 AZR 7/03, NZA 2004, 931). In Unternehmen ohne Tendenzschutz obliegt es dem ArbGeb. im eigenen Interesse, die Unterrichtung so rechtzeitig vorzunehmen, dass noch genügend Zeit für die Durchführung des Interessenausgleichsverfahrens bleibt. Zuvor kann er mit der Betriebsänderung wegen der Sanktion des § 113 Abs. 3 nicht beginnen. Dies lässt sich auf Tendenzunternehmen nicht übertragen. Hier muss die Unterrichtung so erfolgen, dass der BR noch Vorstellungen über einen Sozialplan entwickeln kann. Der hierfür erforderliche Zeitraum lässt sich nicht starr und generell festlegen, sondern hängt von den Umständen des Einzelfalls ab. Meist dürfte ein Monat genügen (so auch *Bauer* FS Wißmann, 2005, 215 [221]; vgl. aber auch BAG 27.10.1998 – 1 AZR 766/97, NZA 1999, 328, das „als grobe Orientierung" die Zeitvorgaben in § 113 Abs. 3 S. 2 u. 3 in der bis zum 31.12.1998 geltenden Fassung v. 25.9.1996 nennt). In einem von einem Tendenzunternehmen und einem Nicht-Tendenzunternehmen geführten Gemeinschaftsbetrieb (§ 1 Abs. 1 S. 2) kann möglicherweise das Nicht-Tendenzunternehmen von der sich aus § 118 Abs. 1 S. 2 ergebenden Privilegierung des Tendenzunternehmens dann profitieren, wenn in dem Betrieb die tendenzbezogenen Tätigkeiten überwiegen (vgl. *Lunk* NZA 2005, 841 [846ff.]).

4. Insolvenz des Unternehmers

Die §§ 111ff. gelten grds. auch für Betriebsänderungen nach der Eröffnung eines 37
Insolvenzverfahrens. Die §§ 121ff. InsO setzen die Anwendbarkeit der §§ 111ff. voraus (BAG 22.7.2003 – 1 AZR 541/02, AP BetrVG 1972 § 113 Nr. 42; vgl. auch *Schmädicke/Fackler* NZA 2012, 1199; *Hinkel/Pantlein* FS Wellensiek, 2011, 713). Die sich aus §§ 121ff. InsO ergebenden zahlreichen Besonderheiten werden im jeweiligen Sachzusammenhang erörtert (→ §§ 112, 112a Rn. 54ff.; → Rn. 254ff.). Auch die Art. 1–3 der MassenentlassungsRL sind anwendbar, wenn die Auflösung und Liquidation eines Betriebs wegen Insolvenz gerichtlich angeordnet wird (EuGH 3.3.2011 – C-235–239/10, NZA 2011, 337 – Claes).

Für die Beteiligungsrechte des BR ist es unerheblich, ob sich die Betriebsänderung 38
aus einer **wirtschaftlichen Notlage** ergibt. Sie bestehen auch bei Betriebsänderungen, die durch die wirtschaftliche Situation mehr oder weniger diktiert werden (BAG 9.7.1985 – 1 AZR 323/83, NZA 1986, 100; 22.7.2003 – 1 AZR 541/02, NZA 2004, 93). Nach der Eröffnung eines Insolvenzverf. tritt der Insolvenzverwalter an die Stelle des Unternehmers (→ § 1 Rn. 326f.).

Die Eröffnung des Insolvenzverf. ist selbst keine Betriebsänderung. Der BR ist bei 39
der **Stellung des Insolvenzantrags** nicht zu beteiligen (Richardi BetrVG/*Annuß* Rn. 36; MHdB ArbR/*Leder* § 350 Rn. 2).

5. Betriebsänderung und wesentliche Nachteile

§ 111 S. 1 sieht das MBR des BR generalklauselartig für geplante Betriebsände- 40
rungen vor, die wesentlichen Nachteile für die ganze Belegschaft oder erhebliche Teile zur Folge haben können. § 111 S. 3 zählt beispielhaft und nicht abschließend auf, welche Tatbestände in jedem Fall als Betriebsänderungen iSd S. 1 gelten.

41 **Betriebsänderung iSv § 111 S. 1** ist grds. jede Änderung der betrieblichen Organisation, der Struktur, des Tätigkeitsbereichs, der Arbeitsweise, der Fertigung, des Standorts und dgl., sofern sie wesentliche Nachteile für die Belegschaft oder erhebliche Teile derselben zur Folge haben kann.

42 Dagegen ist bei den in **S. 3** genannten Tatbeständen nicht zu prüfen, ob solche Nachteile zu erwarten sind. Die **nachteiligen Folgen** werden vielmehr bei den in S. 3 genannten Maßnahmen **fingiert** (BAG 17.8.1982 – 1 ABR 40/80, NJW 1983, 1870; 10.12.1996 – 1 ABR 32/96, NZA 1997, 898; 9.11.2010 – 1 AZR 708/09, NZA 2011, 466). Die tatsächlich entstehenden Nachteile werden erst bei der Aufstellung eines Sozialplans geprüft (BAG 25.1.2000 – 1 ABR 1/99, NZA 2000, 1069).

43 Die Beteiligungsrechte des BR nach den §§ 111, 112 bestehen somit in den Fällen des § 111 S. 3 auch dann, wenn die konkrete Betriebsänderung im Einzelfall keine wesentlichen Nachteile für die Belegschaft oder wesentliche Teile davon erwarten lässt (BAG 17.8.1982 – 1 ABR 40/80, NJW 1983, 1870). Wenngleich hiernach der Relativsatz in S. 1 keine selbständige Bedeutung für die in S. 3 genannten Betriebsänderungen hat, kann er doch bei der Auslegung der Tatbestände des S. 3 als **Interpretationshilfe** herangezogen werden (GK-BetrVG/*Oetker* Rn. 65; Richardi BetrVG/*Annuß* Rn. 47). Die ArbN müssen **wahlberechtigt** sein (→ § 7 Rn. 6 ff.).

44 Nach zutreffender, wenn auch umstrittener Auffassung enthält **S. 3 keine abschließende Aufzählung** der mitbestimmungspflichtigen Tatbestände. Vielmehr sind nach S. 1 auch mitbestimmungspflichtige Betriebsänderungen denkbar, die nicht unter S. 3 fallen (vgl. GK-BetrVG/*Oetker* Rn. 57 f. mwN; DKKW/*Däubler* Rn. 46; WPK/*Preis/Bender* Rn. 11; **aA** Richardi BetrVG/*Annuß* Rn. 41–43; HWGNRH/*Hess* Rn. 47 ff. mwN; offen gelassen in BAG 6.12.1988 – 1 ABR 47/87, NZA 1989, 399). Da die praktisch relevanten Fälle durch S. 3 erfasst sind, hat der Streit eher theoretische Bedeutung (HaKo-BetrVG/*Steffan* Rn. 18).

45 Da nach zutreffender Auffassung (→ Rn. 42, 43) bei Maßnahmen iSd S. 3 die wesentlichen Nachteile fingiert werden, bedürfen sie in diesen Fällen bei der Prüfung des MBR keiner weiteren gesonderten Feststellung.

46 Liegt dagegen kein privilegierter Tatbestand nach S. 3 vor, setzt das MBR nach der Generalklausel des S. 1 voraus, dass die geplante Betriebsänderung wesentliche Nachteile für die Belegschaft oder wesentliche Teile der Belegschaft zur Folge haben kann (vgl. GK-BetrVG/*Oetker* Rn. 183 ff.). Erforderlich ist nicht, dass die Nachteile sicher vorherzusehen sind. Es genügt, dass sie bei objektiver Beurteilung eintreten können.

47 Die wesentlichen **Nachteile,** welche die Verpflichtung des Unternehmers zur Unterrichtung und Beratung des BR über einen Interessenausgleich zur Folge haben, können **materieller und immaterieller Art** sein. Materiell sind wirtschaftliche Nachteile wie der Verlust des Arbeitsplatzes, die Minderung des Arbeitsentgelts oder höhere Fahrtkosten (DKKW/*Däubler* Rn. 117; GK-BetrVG/*Oetker* Rn. 183; ErfK/*Kania* Rn. 9). Immateriell sind Beeinträchtigungen und Belastungen durch Leistungsverdichtungen und Kontrollen, Qualifikationsverluste durch geringere Anforderungen an die Arbeit (DKKW/*Däubler* Rn. 117; ErfK/*Kania* Rn. 9). Die Nachteile sind unwesentlich, wenn sie nach einer gewissen Einarbeitungszeit wieder verschwinden (DKKW/*Däubler* Rn. 117).

48 Für S. 1 ist Voraussetzung außerdem, dass die zu besorgenden Nachteile bei der Belegschaft oder zumindest **erheblichen Teilen der Belegschaft** eintreten. Dabei kann an den Begriff des wesentlichen Betriebsteils iSv S. 3 Nr. 1 u. 2 angeknüpft werden. Dementsprechend sind die Grenzwerte des § 17 Abs. 1 S. 1 KSchG heranzuziehen, wobei ebenso wie bei der Betriebseinschränkung mindestens 5% der Belegschaft betroffen sein müssen und es sich um eine einheitliche unternehmerische Planung handeln muss (BAG 7.8.1990 – 1 AZR 445/89, NZA 1991, 113; 28.3.2006 – 1 ABR 5/05, NZA 2006, 932; 9.11.2010 – 1 AZR 708/09, NZA 2011, 466; GK-BetrVG/*Oetker* Rn. 190; DKKW/*Däubler* Rn. 64). Die Grenzwerte des § 17 Abs. 1 S. 1 KSchG passen allerdings nicht für Betriebe mit weniger als 21 ArbN, in denen – sofern das Unternehmen mehr als 20 ArbN beschäftigt – nach der Novellierung des

BetrVG nun auch eine mitbestimmungspflichtige Betriebsänderung möglich ist (→ Rn. 3, 19). Hier liegt eine Betriebsänderung dann vor, wenn durch den Personalabbau mindestens sechs ArbN betroffen sind (BAG 9.11.2010 – 1 AZR 708/09, NZA 2011, 466; *Löwisch* BB 2001, 1790 [1797]; **aA** WPK/*Preis/Bender* Rn. 14; DKKW/*Däubler* Rn. 65; GK-BetrVG/*Oetker* Rn. 102). In den Fällen des S. 3 kommt es – sofern es nicht um die Frage des wesentlichen Betriebsteils geht – für das MBR des BR ohnehin auf die Zahl der ArbN nicht an.

III. Betriebsübergang und Änderungen der Unternehmensstruktur

1. Betriebs- und Betriebsteilübergang

Betriebe sind – mit Ausnahme der Gemeinschaftsbetriebe mehrerer Unternehmen (§ 1 Abs. 1 S. 2) – rechtlich einem Unternehmen zugeordnet (→ § 1 Rn. 226). Ein Betrieb besteht aus einzelnen Vermögensgegenständen. Die rechtliche Zuordnung dieser Vermögensgegenstände kann sich ändern entweder durch Übertragung des Betriebs oder von Betriebsteilen auf einen anderen Unternehmer (§ 613a BGB; → Rn. 50ff.; → § 1 Rn. 161ff.) oder durch Umwandlungen iSv § 1 UmwG (→ Rn. 56ff.). 49

Geht der Betrieb als Ganzes auf einen Erwerber über, liegt **allein** darin nach überwiegender Auffassung in Rspr. und Schrifttum **keine Betriebsänderung** iSv §§ 111ff. (BAG 25.1.2000 – 1 ABR 1/99, NZA 2000, 1069; 16.5.2002 – 8 AZR 319/01, NZA 2003, 93; 26.4.2007 – 8 AZR 695/05, NJOZ 2008, 108; 14.4.2015 – 1 AZR 794/13, NZA 2015, 1147; 14.4.2015 – 1 AZR 223/14, NZA 2015, 1212; *Moll* RdA 2003, 129 [131]; ErfK/*Kania* Rn. 12; GK-BetrVG/*Oetker* Rn. 176; Richardi BetrVG/*Annuß* Rn. 124; MHdB ArbR/*Leder* § 345 Rn. 36; WPK/*Preis/Bender* Rn. 16; HWGNRH/*Hess* Rn. 169; HaKO-BetrVG/*Steffan* Rn. 30; **aA** DKKW/*Däubler* Rn. 125). Dies.ist auch unionsrechtlich nicht zu beanstanden (GK-BetrVG/*Oetker* § 111 Rn. 182; **aA** wohl *Karthaus* ArbuR 2007, 114). Auch Art. 4 Abs. 2c RL 2002/14/EG verlangt Entscheidungen des ArbGeb., die wesentliche Veränderungen der Arbeitsorganisation oder der Arbeitsverträge mit sich bringen können. Allerdings kann ein **Betriebsinhaberwechsel** mit erheblichen Nachteilen für die ArbN verbunden sein (zB Schmälerung der Haftungsmasse, Herauswachsen aus der Sozialplanpflicht). Dementsprechend gehört es auch zu den möglichen Folgen, über die der Veräußerer die ArbN nach § 613a Abs. 5 BGB unterrichten muss, wenn es sich beim Betriebserwerber um eine nach § 112a Abs. 2 S. 1 Neugründung handelt (BAG 14.11.2013 – 8 AZR 824/12, NZA 2014, 610). Gleichwohl fällt ein reiner Betriebsinhaberwechsel nicht unter die Tatbestände des S. 3. Auch eine Betriebsänderung iSv S. 1 liegt nicht vor, da der Wechsel des ArbGeb. an der Betriebsorganisation nichts ändert und regelmäßig nicht von der Möglichkeit wesentlicher Nachteile für die Belegschaft auszugehen ist. Die ArbN sind also durch § 111 rechtlich nicht vor einer mit der Auswechslung des Betriebsinhabers etwa verbundenen **Verringerung der Haftungsmasse** geschützt (BAG 10.12.1996 – 1 ABR 32/96, NZA 1997, 898; 25.1.2000 – 1 ABR 1/99, NZA 2000, 1069). Allerdings kann eine ausschließlich zum Zwecke der Stilllegung erfolgende Betriebsveräußerung uU noch dem Veräußerer als Betriebsstilllegung iSv S. 3 Nr. 1 zuzurechnen sein (MHdB ArbR/*Leder* § 345 Rn. 37; offen gelassen in BAG 17.3.1987 – 1 ABR 47/85, NZA 1987, 523). Im Anwendungsbereich des UmwG folgt außerdem ein beträchtlicher Schutz der ArbN vor einer Minderung der Haftungsmasse aus der **Nachhaftung der Anlagegesellschaft** nach § 134 Abs. 1, Abs. 3 UmwG (→ § 1 Rn. 265; *Bauer/Lingemann* NZA 1994, 1057 [1062]). 50

Anlässlich eines Betriebsübergangs kann es zu Maßnahmen kommen, die als solche **Betriebsänderungen** iSv § 111 darstellen und bei denen die Beteiligungsrechte des BR zu beachten sind (BAG 25.1.2000 – 1 ABR 1/99, NZA 2000, 1069; 51

14.4.2015 – 1 AZR 223/14, NZA 2015, 1212; *Moll* RdA 2003, 129 [134]; Richardi BetrVG/*Annuß* Rn. 128, 133; DKKW/*Däubler* Rn. 127).

52 Ein **Betriebsteilübergang** ist regelmäßig mit einer mitbestimmungspflichtigen Spaltung des Betriebs iSv S. 3 Nr. 3 verbunden (BAG 10.12.1996 – 1 ABR 32/96, NZA 1997, 898; ErfK/*Kania* Rn. 12; DKKW/*Däubler* Rn. 130; WPK/*Preis/Bender* Rn. 18; HaKo-BetrVG/*Steffan* Rn. 31).

53 In diesem Fall sind in einem durch Spruch der E-Stelle zustande kommenden Sozialplan nur die **Nachteile** auszugleichen, die **durch** die **Betriebsaufspaltung** verursacht werden, nicht dagegen diejenigen, die durch den Betriebsteilübergang entstehen (BAG 25.1.2000 – 1 ABR 1/99, NZA 2000, 1069; MHdB ArbR/*Leder* § 345 Rn. 38). Für einvernehmlich vereinbarte Sozialpläne besteht keine solche Beschränkung.

54 Zuständig für Verhandlungen über Interessenausgleich und Sozialplan für die verbleibenden und die übergehenden ArbN ist der **BR des bisherigen Betriebs** (BAG 16.6.1987 – 1 ABR 41/85, NZA 1987, 671). Wird der übergehende Betriebsteil in einen anderen Betrieb eingegliedert, wird für künftige Maßnahmen dessen BR zuständig. Bleibt er selbständig, wird er betriebsratslos. Der BR des alten Betriebs behält aber gem. § 21a Abs. 1 S. 1 ein **Übergangsmandat.**

55 In der Praxis ist bisweilen zweifelhaft, ob eine vollständige, bzw. teilweise **Betriebsstillegung iSv S. 3 Nr. 1 oder ein Betriebs- bzw. Betriebsteilübergang iSv § 613a Abs. 1 S. 1 BGB** vorliegt. Im Hinblick auf diese Ungewissheit können die Betriebsparteien nach der Rspr. des BAG einen Sozialplan vorsorglich für den Fall vereinbaren, dass entgegen ihrer beiderseitigen Annahme kein Betriebsübergang vorliegt und in den vorsorglich ausgesprochenen Kündigungen eine Betriebsänderung zu sehen ist (BAG 1.4.1998 – 10 ABR 17/97, NZA 1998, 768). Auch können sie die Anwendung eines Sozialplans im Wege einer auflösenden Bedingung für den Fall ausschließen, dass es wegen eines Betriebs- oder Betriebsteilübergangs nicht zu der Betriebs- oder Betriebsteilstilllegung kommt. Allerdings dürfen sie Sozialplanansprüche der ArbN nicht davon abhängig machen, dass diese zuvor eine erfolglose Klage gegen den etwaigen Betriebserwerber geführt haben. Eine derartige Bedingung ist für den ArbN unzumutbar und nach § 75 Abs. 1 S. 1 unzulässig (BAG 22.7.2003 – 1 AZR 575/02, AP BetrVG 1972 § 112 Nr. 160).

2. Änderungen der Unternehmensstruktur

56 **Vorgänge,** die sich ausschließlich **auf der Ebene des Unternehmens** abspielen, lösen keine Beteiligungsrechte des BR nach § 111 aus (*Maschmann* NZA 2009 Beil. 1, 32). Das gilt insbes. für die **Umwandlungen nach dem UmwG** (→ § 1 Rn. 238 ff.).

57 **Umwandlungen** nach dem UmwG führen auf Unternehmensebene im Wege der Gesamtrechtsnachfolge oder durch Wechsel der Rechtsform zu Vermögensübertragungen. Sie sind nicht notwendig mit Änderungen der betrieblichen Organisationsstruktur verbunden und stellen daher **als solche keine Betriebsänderungen** dar.

58 Umwandlungen nach dem UmwG lösen allerdings **Unterrichtungsansprüche** des BR oder des WiAusschusses aus. Nach § 106 Abs. 3 Nr. 8, Abs. 2 hat der Unternehmer den WiAusschuss im Falle des Zusammenschlusses oder der Spaltung von Unternehmen zu unterrichten. Ist mit einer Unternehmensübernahme der Erwerb der Kontrolle verbunden, hat der Unternehmer nach § 106 Abs. 3 Nr. 9a, Abs. 2 den WiAusschuss und bei dessen Fehlen nach § 109a den BR zu unterrichten. Zu den Unterrichtungspflichten nach dem UmwG → Rn. 12; → § 106 Rn. 71.

59 Änderungen auf der Unternehmensebene können mit Änderungen der betrieblichen Organisation zusammentreffen. Das ist insbes. der Fall, wenn mit einer **Spaltung des Unternehmens** eine **Spaltung des Betriebs** iSv S. 3 Nr. 3 verbunden ist (BAG 10.12.1996 – 1 ABR 32/96, NZA 1997, 898; GK-BetrVG/*Oetker* Rn. 139

mwN; DKKW/*Däubler* Rn. 100). Dann ist der BR nach § 111 zu beteiligen. Kommt es hierbei zu einem Interessenausgleich, in dem ArbN namentlich bezeichnet werden, die nach der Umwandlung einem bestimmten Betrieb oder Betriebsteil zugeordnet werden, so kann nach § 323 Abs. 2 UmwG die **Zuordnung der ArbN** durch das ArbG nur auf grobe Fehlerhaftigkeit überprüft werden (vgl. dazu *Roloff/Plum* ZIP 2019/2288). Das Verhältnis von § 323 Abs. 2 UmwG zu dem gem. § 324 UmwG ebenfalls anwendbaren § 613a Abs. 1 S. 1 BGB ist ebenso problematisch wie die Vereinbarkeit mit der RL 2001/23/EG (Betriebsübergangsrichtlinie; → §§ 112, 112a Rn. 94f.; GK-BetrVG/*Oetker* §§ 112, 112a Rn. 123; *Bauer/Lingemann* NZA 1994, 1057 [1061]). Hat eine Spaltung oder Teilübertragung eines Unternehmens die Spaltung eines Betriebes zur Folge und entfallen dadurch Rechte des BR, so kann nach § 325 Abs. 2 UmwG deren Fortgeltung durch BV oder TV vereinbart werden (→ § 1 Rn. 260ff.). Erfolgt eine Spaltung des Betriebs im Zusammenhang mit einer Umwandlung nach dem UmwG, hat der bisherige BR ein Übergangsmandat nach § 21a Abs. 3, Abs. 1.

Bleibt trotz Unternehmensspaltung oder Vermögensteilübertragung die einheitliche Organisation des Betriebs erhalten, wird gem. § 1 Abs. 2 Nr. 2 vermutet, dass die beteiligten Unternehmen den **Betrieb gemeinsam führen** (→ § 1 Rn. 133ff.). Es liegt keine Betriebsänderung vor. Der BR bleibt im Amt. Zur mitbestimmungspflichtigen Betriebsspaltung kommt es erst, wenn der Gemeinschaftsbetrieb aufgelöst wird (*Maschmann* NZA 2009 Beil. 1, 32). Bei der Spaltung des Unternehmens in eine Anlage- und eine Betriebsgesellschaft haftet die Anlagegesellschaft nach § 134 Abs. 1 UmwG für Forderungen der ArbN, die binnen fünf Jahren nach der Spaltung auf Grund der §§ 111–113 BetrVG begründet werden. **60**

Werden durch Verschmelzung selbständige **Betriebe zusammengelegt,** ist dies eine mitbestimmungspflichtige Betriebsänderung nach S. 2 Nr. 3. Der BR des zahlenmäßig größten Betriebs hat ein Übergangsmandat nach § 21a Abs. 3, Abs. 2. **61**

IV. Die einzelnen Fälle einer Betriebsänderung

Nach S. 3 gelten bestimmte Maßnahmen des Unternehmers ohne weiteres als Betriebsänderungen. Die wesentlichen Nachteile für die Belegschaft oder Teile davon werden fingiert (→ Rn. 42; BAG 9.11.2010 – 1 AZR 708/09, NZA 2011, 466). Eine geplante Maßnahme des Unternehmers kann mehrere Tatbestände einer Betriebsänderung iSv S. 3 erfüllen. Mehrere Maßnahmen des Unternehmers auf Grund jeweils neuer Planungen und Entscheidungen lösen jeweils die Beteiligungsrechte des BR aus. **62**

1. Einschränkung und Stilllegung des ganzen Betriebs oder wesentlicher Betriebsteile, Personalabbau

Wenngleich es seit dem BetrVerf-ReformG für das MBR nach § 111 nicht mehr auf die Betriebs-, sondern nun auf die Unternehmensgröße ankommt, ist der **Betriebsbegriff** im Rahmen von S. 3 weiterhin von Bedeutung. Maßgeblich ist der Betriebsbegriff, der den anderen Bestimmungen des BetrVG zugrunde liegt (GK-BetrVG/*Oetker* Rn. 13 mwN). **63**

Die Frage, ob ein Betriebsteil ein Betrieb iSv § 111 ist, beurteilt sich nach **§ 4.** Sind nach **§ 3** durch TV oder BV abweichende betriebsverfassungsrechtliche Organisationseinheiten gebildet, so sind diese auch im Rahmen des § 111 S. 3 maßgeblich (→ § 3 Rn. 77; GK-BetrVG/*Oetker* Rn. 21, 69; *Ludwig/Glau* BB 2019, 309). Allein der Abschluss eines TV nach § 3 Abs. 1 Nr. 1b oder die Beendigung eines solchen sind aber ohne organisatorische Änderungen keine Betriebsänderung iSv S. 3 Nr. 3 (*Trebeck/Kania* BB 2014, 1595 [1596]). **64**

a) Stilllegung eines Betriebs oder Betriebsteils

65 **Betriebsstilllegung** ist nach der stRspr des BAG die Auflösung der zwischen Arbeitgeber und Arbeitnehmern bestehenden Betriebs- und Produktionsgemeinschaft, die ihre Veranlassung und zugleich ihren unmittelbaren Ausdruck darin findet, dass der Arbeitgeber die wirtschaftliche Betätigung in der ernstlichen Absicht einstellt, den bisherigen Betriebszweck dauernd oder für eine ihrer Dauer nach unbestimmte, wirtschaftlich nicht unerhebliche Zeitspanne nicht weiterzuverfolgen (BAG 21.6.2001 – 2 AZR 137/00, NZA 2002, 212 mwN; vgl. ferner Richardi BetrVG/*Annuß* Rn. 56 ff.). Die Produktionseinstellung ist erst dann eine Stilllegung, wenn die ArbVerh. aufgelöst werden (BAG 30.5.2006 – 1 AZR 25/05, NZA 2006, 1122; HWGNRH/*Hess* Rn. 167; Richardi BetrVG/*Annuß* Rn. 60). Bei einer juristischen Person oder einer GmbH & Co. KG bedarf eine Betriebsstilllegung keines Beschlusses des für die Auflösung der Gesellschaft zuständigen Organs (BAG 11.3.1998 – 2 AZR 414/97, NZA 1998, 879; 5.4.2001 – 2 AZR 696/99, NZA 2001, 949). Wird der Betrieb alsbald nach einer Ruhepause wiedereröffnet, spricht das gegen eine ernsthafte Stilllegungsabsicht (BAG 27.9.1984 – 2 AZR 309/83, NZA 1985, 493; HaKo-BetrVG/*Steffan* Rn. 21).

66 Keine Betriebsstilllegung iSd S. 3 Nr. 1 liegt nach allgemeiner Auffassung vor, wenn die Auflösung der Betriebsorganisation sich notwendig aus der **Eigenart des Betriebes** ergibt. Dies ist der Fall, wenn ein von vorne herein nur für einen zeitlich begrenzten Zweck errichteter Betrieb nach der Zweckerreichung nicht fortgeführt wird. Gleiches gilt bei sog **Saison- und Kampagnebetrieben** (vgl. GK-BetrVG/*Oetker* Rn. 83; DKKW/*Däubler* Rn. 135; MHdB ArbR/*Leder* § 345 Rn. 17). Die Weiterbeschäftigung weniger ArbN mit Abwicklungsarbeiten steht der Annahme einer Stilllegung nicht entgegen (BAG 14.10.1982 – 2 AZR 568/80, NJW 1984, 381).

67 **Betriebsstilllegung und Betriebsübergang** nach § 613a BGB schließen sich aus (BAG 26.4.2007 – 8 AZR 695/05, NJOZ 2008, 108 mwN). Eine Betriebsveräußerung ist daher als solche nicht nach § 111 mitbestimmungspflichtig (vgl. aber zur gemeinschaftsrechtlichen Problematik → Rn. 50). Mit ihr können aber Betriebsänderungen verbunden sein (→ Rn. 50). Sind alle Arbeitsverhältnisse vor dem Betriebsübergang wirksam beendet, ist der Betrieb iSv S. 3 Nr. 1 stillgelegt. Daran ändert die nachfolgende Veräußerung der Betriebsmittel nichts (BAG 21.10.1980 – 1 AZR 145/79, NJW 1981, 2599).

68 Die **Verlegung** des Betriebes iSv S. 3 Nr. 2 ist **keine Stilllegung,** wenn die Belegschaft erhalten bleibt (GK-BetrVG/*Oetker* Rn. 76). Wird dagegen – mangels entsprechender Verpflichtung, Bereitschaft oder Fähigkeit – der wesentliche Teil der bisherigen Belegschaft am neuen Standort nicht weiterbeschäftigt, sondern eine neue Belegschaft eingestellt, handelt es sich regelmäßig um eine Betriebsstilllegung und eine anschließende Neuerrichtung (→ Rn. 81, BAG 12.2.1987 – 2 AZR 247/86, NZA 1988, 170; GK-BetrVG/*Oetker* Rn. 77, 136 mwN; HWGNRH/*Hess* Rn. 174, 178).

69 Auch ein **wesentlicher Betriebsteil** kann stillgelegt werden. Mit Betriebsteil ist keine Betriebsabteilung im Rechtssinne (§ 4, § 15 Abs. 5 KSchG) gemeint. Erforderlich, aber auch ausreichend ist eine betriebswirtschaftlich oder technisch abgrenzbare Organisation innerhalb der Betriebsorganisation (Richardi BetrVG/*Annuß* Rn. 82; MHdB ArbR/*Leder* § 345 Rn. 12), die auch für den ganzen Betrieb „wesentlich" sein muss. Wesentlich ist der Betriebsteil jedenfalls dann, wenn in ihm ein erheblicher Teil der Gesamtbelegschaft beschäftigt wird **(quantitative Betrachtung).** Dies ist der Fall, wenn die Zahlenwerte des § 17 KSchG erfüllt und im Betriebsteil mindestens 5% der Belegschaft tätig sind (BAG 7.8.1990 – 1 AZR 445/89, NZA 1991, 113; 27.6.2002 – 2 AZR 489/01, NJOZ 2003, 1612; 9.11.2010 – 1 AZR 708/09, NZA 2011, 466). Der bloße Personalabbau in einem Betriebsteil reicht nur dann aus, wenn bezogen auf den Gesamtbetrieb die Zahlenwerte des § 17 Abs. 1 KSchG erreicht

werden (BAG 9.11.2010 – 1 AZR 708/09, NZA 2011, 466; DKKW/*Däubler* Rn. 67; Richardi BetrVG/*Annuß* Rn. 85; *Matthes* FS Gaul, 1992, 397 [399, 404]). Bei einem Beschluss der ArbN eines Betriebsteils ohne BR nach § 4 Abs. 1 S. 2, an der Wahl des BR im Hauptbetrieb teilzunehmen, sind die Teileinheiten iSv §§ 111 ff. als Gesamtbetrieb anzusehen (vgl. *Bayreuther* NZA 2011, 727; **aA** LAG München 26.1.2011 – 11 TaBV 77/10, NZA-RR 2011, 299).

Ob ein Betriebsteil, der diese zahlenmäßigen Schwellenwerte nicht erreicht, wegen seiner Bedeutung für den Betrieb gleichwohl als „wesentlich" erachtet werden kann **(qualitative Betrachtung),** ist nicht abschließend geklärt. Das BAG hat die Frage bislang offen gelassen, in den entschiedenen Fällen einen wesentlichen Betriebsteil aber jeweils verneint (BAG 7.8.1990 – 1 AZR 445/89, NZA 1991, 113; 28.3.2006 – 1 ABR 5/05, NZA 2006, 932). **70**

b) Einschränkung des Betriebs oder eines Betriebsteils

Unter **Einschränkung des Betriebs** ist eine Herabsetzung der Leistungsfähigkeit des Betriebs zu verstehen, die sowohl durch eine Verringerung der sächlichen Betriebsmittel als auch durch Einschränkung der Zahl der ArbN bedingt sein kann (BAG 28.4.1993 – 10 AZR 38/92, NZA 1993, 1142). **71**

Bei der **Betriebseinschränkung** wird der Betriebszweck weiter verfolgt, aber die **Leistung der Betriebsanlagen herabgesetzt,** zB durch Außerbetriebsetzung von Maschinen. Die Einschränkung muss ungewöhnlich sein. Betriebstypische Schwankungen (Winterpause, Sommerloch) sind unerheblich. Eine (zeitlich) **geringere Ausnutzung der Betriebsanlagen** (Verkürzung der Arbeitszeit, geringere Schichtzahl) genügt allein jedenfalls nicht. Vielmehr muss die Entlassung von ArbN hinzukommen. Unberührt bleibt das MBR nach § 87 Abs. 1 Nr. 2 u. 3. Die Ausgliederung eines Bereiches kann eine Betriebseinschränkung iSv S. 3 Nr. 1 sein (*Bauer* DB 1994, 219); zugleich wird häufig ein Fall der Nr. 3 oder 4 vorliegen. **72**

c) Betriebseinschränkung durch reinen Personalabbau

Ein bloßer **Personalabbau** kann eine Betriebseinschränkung iSv S. 3 Nr. 1 sein, auch wenn die sächlichen Betriebsmittel unverändert beibehalten werden. Dies war stRspr des BAG (BAG 6.12.1988 – 1 ABR 47/87, NZA 1989, 399; 7.8.1990 – 1 AZR 445/89, NZA 1991, 113) und wurde durch § 112a Abs. 1 BetrVG 1972 bestätigt: Eine Betriebsänderung kann daher allein in der Entlassung von ArbN liegen (BAG 28.3.2006 – 1 ABR 5/05, NZA 2006, 932; 9.11.2010 – 1 AZR 708/09, NZA 2011, 466; 17.3.2016 – 2 AZR 182/15, NZA 2016, 1072 Rn. 29). **73**

Eine Betriebsänderung liegt nur vor, wenn eine größere Anzahl von ArbN betroffen ist. Betroffen sind alle ArbN, deren Arbeitsplätze wegfallen sollen. Bezugsgröße ist nicht etwa die Zahl der im Unternehmen, sondern die Zahl der im Betrieb beschäftigten ArbN (BAG 19.7.2012 – 2 AZR 386/11, NZA 2013, 333). Maßgeblich sind grdstzl. die Zahlen und Prozentangaben in **§ 17 Abs. 1 KSchG;** in größeren Betrieben müssen aber mindestens 5% der Belegschaft betroffen sein (stRspr, BAG 28.3.2006 – 1 ABR 5/05, NZA 2006, 932; 9.11.2010 – 1 AZR 708/09, NZA 2011, 466). **74**

Danach gilt folgende **Staffel:** **75**

Betriebe mit idR 21–59 ArbN	mehr als 5 ArbN
Betriebe mit idR 60–499 ArbN	10% der ArbN oder aber mehr als 25 ArbN
Betriebe mit idR 500–599 ArbN	mindestens 30 ArbN
Betriebe mit idR über 600 ArbN	mindestens 5% der ArbN

Bei Unternehmen mit idR mehr als 20 wahlberechtigten ArbN ist § 111 auch in **kleineren Betrieben** anwendbar. Bei einem Personalabbau kann hier nicht auf die Staffel des § 17 Abs. 1 KSchG zurückgegriffen werden (→ Rn. 48). In einem solchen Fall ist eine beachtliche Einschränkung des ganzen Betriebs oder eines wesentlichen **75a**

Betriebsteils nur anzunehmen, wenn mindestens 6 ArbN von der Entlassung betroffen sind (→ Rn. 48; BAG 9.11.2010 – 1 AZR 708/09, NZA 2011, 466). Nicht abschließend geklärt ist in der Rspr., ob ein im Rahmen von S. 3 Nr. 1 beachtlicher Personalabbau auch vorliegen kann, wenn die Schwellenwerte des § 17 Abs. 1 KSchG geringfügig unterschritten werden (offen gelassen BAG 7.8.1990 – 1 AZR 445/89, NZA 1991, 113).

76 Anders als nach § 17 Abs. 1 KSchG ist nicht notwendig, dass der Personalabbau innerhalb von 30 Kalendertagen erfolgt. Erforderlich, aber auch ausreichend ist, dass er auf einer **einheitlichen unternehmerischen Planung** beruht (BAG 8.6.1999 – 1 AZR 696/98, BeckRS 1999, 30779066; 28.3.2006 – 1 ABR 5/05, NZA 2006, 932; 17.3.2016 – 2 AZR 182/15, NZA 2016, 1072 Rn. 30; GK-BetrVG/*Oetker* Rn. 105 mwN). Maßgeblich ist die unternehmerische Entscheidung, aus der sich ergibt, wie viele ArbN voraussichtlich insgesamt entlassen werden. Eine einheitliche Planungsentscheidung kann auch eine stufenweise Durchführung vorsehen. Dabei kann ein enger zeitlicher Zusammenhang zwischen **mehreren Entlassungswellen** ein wesentliches Indiz für eine von Anfang an einheitliche Planung sein (BAG 28.3.2006 – 1 ABR 5/05, NZA 2006, 932 mwN; 17.3.2016 – 2 AZR 182/15, NZA 2016, 1072 Rn. 30; WPK/*Preis/Bender* Rn. 12). Eine spätere Entlassungswelle kann aber auch auf einer neuen Planungsentscheidung des ArbGeb. beruhen. Dies gilt insbes. wenn nach der ersten Entlassungswelle neue, ursprünglich nicht vorgesehene Umstände eingetreten sind. Erfolgt die neue Planung erst nach Durchführung der ersten Entlassungswelle, sind die Zahlen nicht zusammenzurechnen (BAG 28.3.2006 – 1 ABR 5/05, NZA 2006, 932; 17.3.2016 – 2 AZR 182/15, NZA 2016, 1072 Rn. 30).

77 Bei der Staffel des § 17 Abs. 1 KSchG ist für die Ermittlung der Zahl der **idR** im Betrieb beschäftigten ArbN weder eine Stichtags- noch eine Durchschnittsbetrachtung, sondern die Anzahl der bei gewöhnlichem Geschäftsgang beschäftigten ArbN maßgeblich (vgl. BAG 16.11.2017 – 2 AZR 90/17 (A), NZA 2018, 245, Rn. 17, das jedoch zur Auslegung von Art. 1 UAbs. 1 Buchst. a RL 98/59/EG den EuGH angerufen hat; das Vorabentscheidungsersuchen hat sich erledigt, da sich die Parteien des Verfahrens – 2 AZR 90/17 – verglichen haben). **Leiharbeitnehmer** sind im Rahmen von S. 3 Nr. 1 – anders als bei S. 1 (vgl. → Rn. 25) – nicht zu berücksichtigen, und zwar weder bei der Belegschaftsstärke noch bei der Anzahl der „entlassenen" ArbN (GK-BetrVG/*Oetker* Rn. 98; *Bayreuther* NZA 2016, 1304). Dies ließ sich früher auch anders beurteilen (vgl. *Linsenmaier/Kiel* RdA 2014, 135 [156]), folgt aber seit dem 1.4.2017 zumindest mittelbar aus § 14 Abs. 2 S. 4 AÜG, der bei der Ermittlung der Schwellenwerte des § 112a die Leiharbeitnehmer ausdrücklich ausnimmt. Es würde zu Wertungswidersprüchen führen, sie im Rahmen von S. 3 Nr. 1 gleichwohl zu berücksichtigen (GK-BetrVG/*Oetker* Rn. 98). Das BAG geht davon aus, dass Leiharbeitnehmer vom Entleiher nicht „entlassen" werden können (vgl. BAG 16.11.2017 – 2 AZR 90/17 (A), NZA 2018, 245, Rn. 23), hält aber ihre Berücksichtigung bei der Belegschaftsstärke für möglich und hatte ua auch wegen dieser Frage den EuGH angerufen (BAG 16.11.2017 – 2 AZR 90/17 (A), NZA 2018, 245; die Anfrage hat sich jedoch aufgrund eines Vergleichs erledigt). Eine solch „gespaltene Berücksichtigung" überzeugt nicht (GK-BetrVG/*Oetker* Rn. 98; *Linsenmaier/Kiel* RdA 2014, 135 [156]; **aA** *Ludwig/Hinze* NZA 2018, 841 [842]). Sie reduziert im Ergebnis in Betrieben mit zahlreichen Leiharbeitnehmern die Mitbestimmung des BR beim Personalabbau, ohne dass hierfür ein sachlicher Grund ersichtlich wäre. **Teilzeitbeschäftigte** zählen mit, soweit es darum geht, ob der Personalabbau schon allein eine Betriebsänderung darstellt.

78 Einzubeziehen in die Berechnung sind nicht nur die vom ArbGeb. betriebsbedingt gekündigten ArbN, sondern auch die ArbN, deren ArbVerh. auf Grund eines arbeitgeberseitig veranlassten **Aufhebungsvertrags** endet. Dies folgt bereits aus § 112a Abs. 1 S. 2 (→ §§ 112, 112a Rn. 104). Danach gilt als Entlassung auch das vom ArbGeb. aus Gründen der Betriebsänderung veranlasste Ausscheiden auf Grund von

Aufhebungsverträgen. Für vom ArbGeb. veranlasste **Eigenkündigungen** gilt nach dem Normzweck nichts anderes. Auch sie sind bei der Beurteilung, ob ein bloßer Personalabbau eine Betriebsänderung darstellt, mitzuzählen (BAG 23.8.1988 – 1 AZR 276/87, AP BetrVG 1972 § 113 Nr. 17; 10.12.1996 – 1 AZR 290/96, NZA 1997, 787; GK-BetrVG/*Oetker* Rn. 107 mwN). Vom ArbGeb. veranlasst sind Aufhebungsvertrag oder Eigenkündigung, wenn dieser bei dem ArbN die Erwartung hervorgerufen hat, mit der eigenen Initiative komme er einer sonst notwendig werdenden betriebsbedingten Kündigung des ArbGeb. nur zuvor. Dabei kommt es nicht darauf an, ob der ArbGeb. die Absicht hatte, den ArbN zu einer Eigenkündigung zu bewegen. Entscheidend ist vielmehr, ob die Erwartung des ArbN, sein Arbeitsplatz werde entfallen, auf Grund des Verhaltens des ArbGeb. objektiv gerechtfertigt war (BAG 22.7.2003 – 1 AZR 575/02, AP BetrVG 1972 § 112 Nr. 160; 13.2.2007 – 1 AZR 184/06, NZA 2007, 825). Mitzuzählen sind auch ArbN, die in andere Betriebe des Unternehmens (Konzerns) versetzt werden (Richardi BetrVG/*Annuß* Rn. 76; DKKW/*Däubler* Rn. 79). Auch die ArbN, die einem Übergang ihres ArbVerh. auf den Erwerber eines Betriebsteils widersprochen haben und deshalb betriebsbedingt gekündigt werden, zählen mit (BAG 10.12.1996 – 1 AZR 290/96, NZA 1997, 787).

Bei einer **Änderungskündigung** kommt es darauf an, ob der betroffene ArbN diese zumindest unter Vorbehalt angenommen hat. In diesem Fall besteht das ArbVerh. fort und der ArbN zählt nicht mit. 79

Entsprechend dem sozialen Schutzzweck der §§ 111 ff. können für die Erheblichkeit einer Personalreduzierung nur die ArbN berücksichtigt werden, die aus betriebsbedingten Gründen den Arbeitsplatz verlieren. Daher bleiben die Mitarbeiter außer Betracht, die aus – nicht nur vorgeschobenen – **personen- oder verhaltensbedingten Gründen** gekündigt werden oder deren Arbeitsverhältnis unabhängig von betriebsbedingten Gründen infolge **Fristablauf** endet (BAG 2.8.1983 – 1 AZR 516/81, NJW 1984, 1781; GK-BetrVG/*Oetker* Rn. 110; ErfK/*Kania* Rn. 11; Richardi BetrVG/*Annuß* Rn. 78; MHdB ArbR/*Leder* § 349 Rn. 9; diff. DKKW/*Däubler* Rn. 80). 80

2. Verlegung des ganzen Betriebs oder von wesentlichen Betriebsteilen

Nr. 2 gilt nur für ortsgebundene Betriebe und Betriebsteile, nicht dagegen für solche, die ihrer Art nach auf einen ständigen Ortswechsel angelegt sind, wie etwa ein Jahrmarktunternehmen, ein Wanderzirkus oder ein Tourneetheater (vgl. HWGNRH/*Hess* Rn. 199 mwN). Verlegung ist **jede nicht nur geringfügige Veränderung der örtlichen Lage** des Betriebs oder von wesentlichen Betriebsteilen unter Weiterbeschäftigung der gesamten oder des größeren Teils der Belegschaft. Eine solche ist zB gegeben bei der Verlegung vom Zentrum an den Stadtrand oder an einen 4,3 km entfernten Ort (BAG 17.8.1982 – 1 ABR 40/80, NJW 1983, 1870) oder auch bei der Verlagerung eines Betriebs innerhalb einer Gemeinde um 3 km (BAG 27.6.2006 – 1 ABR 35/05, NZA 2006, 1289), nicht dagegen beim Umzug von einer Straßenseite auf die andere. Nach LAG Köln (27.10.2016 – 7 TaBV 54/16, BeckRS 2016, 115616) soll die E-Stelle bei Verlegung eines Betriebs um ca. 350m und Wegfall des kostenlosen Betriebsparkplatzes jedenfalls nicht offensichtlich unzuständig sein. Meinungsverschiedenheiten werden in der Praxis dann entstehen, wenn durch die Verlegung Entlassungen ortsgebundener Arbeitskräfte oder Erschwerungen der Arbeit oder der Wege vom und zum Arbeitsplatz zu erwarten sind. Für das MBR ist es unerheblich, ob die ArbN kraft Arbeitsvertrages verpflichtet sind, am neuen Arbeitsort die Arbeit fortzusetzen oder ob es einer Änderungskündigung bedarf, für die zusätzlich das personelle MBR in Betracht kommt (Richardi BetrVG/*Annuß* Rn. 91; DKKW/*Däubler* Rn. 87). 81

82 Werden wesentliche Teile der Belegschaft **am neuen Arbeitsort nicht weiterbeschäftigt,** so handelt es sich um eine **Betriebsstilllegung** und anschließende Neuerrichtung des Betriebes (→ Rn. 68; BAG 12.2.1987 – 2 AZR 247/86, NZA 1988, 170; Richardi BetrVG/*Annuß* Rn. 91; DKKW/*Däubler* Rn. 89). Maßgeblich ist, ob die Identität des Betriebs trotz des Ortswechsels erhalten bleibt. Wann dies der Fall ist, lässt sich meist nur im Wege einer wertenden Einzelfallbeurteilung beantworten. Die Kontinuität de Belegschaft spielt dabei eine wesentliche Rolle. Ob ein Betrieb iSv S. 3 Nr. 2 ins Ausland verlegt werden kann (so zB DKKW/*Däubler* Rn. 92) oder ob in diesem Fall stets eine Stilllegung vorliegt (so zB Richardi BetrVG/*Annuß* Rn. 95), ist umstritten. In jedem Fall ist der BR zu beteiligen. Darüber hinaus kommen Mitwirkungsrechte des EBR in Betracht (→ Anh. 2 EBRG Rn. 88ff.; *Maiß/Pauken* BB 2013, 1589).

3. Zusammenschluss und Spaltung von Betrieben

83 Anders als § 106 Abs. 3 Nr. 8, der auch den Zusammenschluss oder die Spaltung von Unternehmen betrifft (→ Rn. 56ff., → § 1 Rn. 240ff.), erfasst S. 3 Nr. 3 grds. nur den Zusammenschluss oder die Spaltung von Betrieben, also Änderungen auf der betrieblichen Ebene. Ist allerdings mit dem Zusammenschluss oder der Spaltung von Unternehmen zugleich der Zusammenschluss oder die Spaltung von Betrieben verbunden unterfällt der Vorgang S. 3 Nr. 3 (vgl. GK-BetrVG/*Oetker* Rn. 141).

84 Der **Zusammenschluss** eines Betriebes mit einem anderen kann auf zweierlei Weise erfolgen. Zum einen kann aus den bisherigen Betrieben unter Verlust ihrer Identität ein neuer Betrieb gebildet werden (GK-BetrVG/*Oetker* Rn. 142 mwN). Zum andern kann ein Betrieb unter Aufrechterhaltung seiner eigenen Identität einen anderen Betrieb aufnehmen (GK-BetrVG/*Oetker* Rn. 143 mwN). Die Betriebe können verschiedenen Unternehmen angehören. Dann erfordert aber der Zusammenschluss eine einheitliche unternehmerische Leitung (→ § 1 Rn. 108ff.). Es entsteht in diesem Fall ein Gemeinschaftsbetrieb iSv § 1 Abs. 1 S. 2. Zuständig zumindest für den Versuch eines Interessenausgleichs ist bei mehreren Betrieben desselben Unternehmens regelmäßig der GesBR (→ § 50 Rn. 59; BAG 24.1.1996 – 1 AZR 542/95, NZA 1996, 1107), bei Überschreitung der Unternehmensgrenzen in einem Konzern der KBR. Der Abschluss eines TV nach § 3 Abs. 1 Nr. 1b ist, solange die organisatorischen Rahmenbedingungen nicht geändert werden, allein auch keine Betriebsänderung iSv S. 3 Nr. 3 (GK-BetrVG/*Franzen* § 3 Rn. 62; DKKW/*Trümner* § 3 Rn. 196; *Trebeck/Kania* BB 2014, 1595 [1596]).

85 Unter S. 1 Nr. 3 fallen nach überwiegender Auffassung auch **Betriebsteile,** die **nach § 4** als selbständige Betriebe gelten (GK-BetrVG/*Oetker* Rn. 140; ErfK/*Kania* Rn. 15). Nicht von Nr. 3 erfasst werden nach dessen eindeutigem Wortlaut dagegen **sonstige Betriebsteile** (ErfK/*Kania* Rn. 15). Beim Zusammenschluss von Betriebsteilen kann aber eine grundlegende Änderung der Betriebsorganisation iSv S. 3 Nr. 4 vorliegen oder die Generalklausel des S. 1 eingreifen. Dies gilt insbes., wenn die Betriebsgrenzen überschritten werden (vgl. DKKW/*Däubler* Rn. 94).

86 Die **Spaltung eines** bisher organisatorisch **einheitlichen Betriebs** kann innerhalb eines Unternehmens erfolgen und zu zwei neuen selbständigen Betrieben führen, in denen der ArbGeb. derselbe bleibt. Sie kann auch in der Abspaltung eines Betriebsteils und dessen Übertragung auf einen neuen Betriebsinhaber liegen (§ 613a Abs. 1 S. 1 BGB, → Rn. 49ff., 87). Die Spaltung setzt voraus, dass zumindest zwei neue Einheiten entstehen; die Stilllegung eines Betriebsteils ist keine Spaltung (BAG 18.3.2008 – 1 ABR 77/06, NZA 2008, 957). Auch die mit der Beendigung eines TV nach § 3 Abs. 1 Nr. 1b verbundene Wiederherstellung der gesetzlichen ArbN-Vertrstruktur ist ohne organisatorische Änderung keine Betriebsspaltung nach S. 3 Nr. 3 (*Trebeck/Kania* BB 2014, 1595).

87 Eine Betriebsänderung iSv Nr. 3 liegt ua vor, wenn der ArbGeb. einen **Betriebsteil ausgliedert,** um ihn gem. § 613a Abs. 1 S. 1 BGB auf ein anderes Unter-

nehmen zu übertragen (BAG 10.12.1996 – 1 ABR 32/96, NZA 1997, 898; GK-BetrVG/*Oetker* Rn. 148). Dabei kommt es nicht darauf an, ob es sich bei dem abgespaltenen Teil um einen wesentlichen oder erheblichen Teil des Betriebs handelt (BAG 18.3.2008 – 1 ABR 77/06, NZA 2008, 957; **aA** *Meyer/Röger* BB 2009, 894 [896f.]). Ausreichend ist in jedem Fall, wenn eine „veräußerungsfähige Einheit" abgespalten wird (BAG 10.12.1996 – 1 ABR 32/96, NZA 1997, 898; GK-BetrVG/*Oetker* Rn. 148; DKKW/*Däubler* Rn. 100; vgl. auch *Kleinebrink/Commandeur* NZA 2007, 113).

Die Spaltung eines Betriebs kann schließlich auch mit einer **Spaltung des Unternehmens** nach dem UmwG verbunden sein (→ Rn. 56ff.; → § 1 Rn. 242ff., 254ff.). Die Spaltung des Unternehmens stellt allein jedoch keine Betriebsänderung dar (MHdB ArbR/*Leder* § 345 Rn. 24). Ohne betriebsorganisatorische Änderung führt sie nicht zu einer Spaltung des bisher einem Unternehmen gehörenden Betriebs. Vielmehr wird nach § 1 Abs. 2 Nr. 2 ein Gemeinschaftsbetrieb vermutet, wenn nach der Unternehmensspaltung Betriebsteile nun verschiedenen Unternehmen zuzuordnen sind. 88

In Fällen der **Aufspaltung** wird der Ursprungsbetrieb aufgelöst; der BR erhält unter den Voraussetzungen des § 21a Abs. 1 S. 1 ein zeitlich befristetes **Übergangsmandat** in den Betriebsteilen und behält nach § 21b ein **Restmandat** für den Ursprungsbetrieb (BAG 18.3.2008 – 1 ABR 77/06, NZA 2008, 957). In Fällen der **Abspaltung** besteht der Ursprungsbetrieb fort. Sein BR bleibt im Amt und hat hinsichtlich der Abspaltung nach §§ 111ff. mitzubestimmen. Für die abgespaltenen Teile hat er nach § 21a Abs. 1 S. 1 ein zeitlich befristetes **Übergangsmandat** (BAG 18.3.2008 – 1 ABR 77/06, NZA 2008, 957; → § 21a Rn. 9a). Dies gilt aber nicht, wenn die abgespaltene Einheit in einen neuen Betrieb mit bestehendem BR eingegliedert wird (vgl. dazu *Linsenmaier* RdA 2017, 128, 130ff.). 89

4. Grundlegende Änderungen der Betriebsorganisation, des Betriebszwecks oder der Betriebsanlagen

Die unter Nr. 4 u. 5 genannten Änderungen sind bisweilen **schwer** voneinander **abgrenzbar,** weil sie vielfach ineinander übergehen. Das ist aber in der Praxis unschädlich, weil die Tatbestände alternativ nebeneinander stehen (BAG 17.12.1985 – 1 ABR 78/83, NZA 1986, 804; Richardi BetrVG/*Annuß* Rn. 107; GK-BetrVG/*Oetker* Rn. 152). 90

Grundlegende Änderungen von Betriebsorganisation, Betriebszweck oder Betriebsanlagen können erhebliche Auswirkungen auf die Arbeitsweise, die Arbeitsbedingungen und die Zahl der Arbeitsplätze haben. Daher ist der BR im Interesse der ArbN zu beteiligen. 91

Eine Änderung der **Betriebsorganisation** iSd Nr. 4 liegt vor, wenn der Betriebsaufbau, insbes. hinsichtlich Zuständigkeiten und Verantwortung, umgewandelt wird (BAG 18.3.2008 – 1 ABR 77/06, NZA 2008, 957; 22.3.2016 – 1 ABR 12/14, NZA 2017, 894 Rn. 17). Entgegen einem im Schrifttum vertretenen recht engen Verständnis kommt ein MBR nach Nr. 4 nicht nur in Betracht, wenn sich der Betriebsaufbau oder die Organisation des Leitungsapparates ändern (in dieser Richtung aber Richardi BetrVG/*Annuß* Rn. 108). Die Betriebsorganisation wird nicht nur in Fällen der Zentralisierung oder Dezentralisierung von Zuständigkeiten oder bei der Umorganisation von Sparten oder der Neugliederung von Betriebsabteilungen geändert, sondern zB auch beim Übergang zur Gruppenarbeit. Das „outsourcing" von Aufgaben auf selbständige Handelsvertreter (BAG 18.11.2003 – 1 AZR 637/02, NZA 2004, 741) und ähnliche Maßnahmen (→ § 90 Rn. 27; *Hunold* NZA 1993, 723; ErfK/*Kania* Rn. 17; DKKW/*Däubler* Rn. 105) können mit einer Änderung der Betriebsorganisation verbunden sein. Die Einführung von Matrix-Strukturen kann eine grundlegende Änderung der Betriebsorganisation darstellen (*Kort* NZA 2013, 1318 [1326]). Die Übertragung der Aufgaben der technischen Anzeigenproduktion 92

(Satzherstellung) eines Zeitungsverlags auf ein externes Unternehmen hat das BAG nicht als grundlegende Änderung der Betriebsorganisation angesehen, da sich in dem zugrunde liegenden Fall an der Arbeitsweise und den Arbeitsbedingungen des ganz überwiegenden Teils der Belegschaft des Betriebs nichts änderte (BAG 18.3.2008 – 1 ABR 77/06, NZA 2008, 957). Die Spaltung eines Betriebs ist ebenfalls eine Änderung der Betriebsorganisation (BAG 16.6.1987 – 1 ABR 41/85, NZA 1987, 671; Richardi BetrVG/*Annuß* Rn. 109; GK-BetrVG/*Oetker* Rn. 148). Sie fällt darüber hinaus unter Nr. 3 (→ Rn. 86ff.).

93 **Betriebszweck** iSd Nr. 4 ist der mit dem Betrieb verfolgte arbeitstechnische Zweck (BAG 17.12.1985 – 1 ABR 78/83, NZA 1986, 804; 16.6.1987 – 1 ABR 41/85, NZA 1987, 671; GK-BetrVG/*Oetker* Rn. 156 mwN). Er wird geändert, wenn der ArbGeb. den bisherigen Betriebszweck durch einen anderen ersetzt oder um einen weiteren Betriebszweck ergänzt oder einen von mehreren arbeitstechnischen Zwecken nicht mehr weiter verfolgt (GK-BetrVG/*Oetker* Rn. 158 mwN; DKKW/*Däubler* Rn. 106). Eine grundlegende Änderung des Betriebszwecks verneint hat das BAG, als in einem Schlachthof, in dem zuvor Rinder und Schweine von denselben ArbN abwechselnd geschlachtet wurden, künftig nur noch Schweine geschlachtet werden sollten (BAG 28.4.1993 – 10 AZR 38/92, NZA 1993, 1142). Bei einem Dienstleistungsunternehmen ändert sich der Betriebszweck, wenn andere Dienstleistungen als bisher angeboten werden sollen (BAG 17.12.1985 – 1 ABR 78/83, NZA 1986, 804, Einrichtung von Automatenspielen neben dem klassischen Glücksspiel an Spieltischen). Eine grundlegende Änderung der Betriebsorganisation und des Betriebszwecks liegt zB vor, wenn ein Versicherungsunternehmen beschließt, den eigenen Vertrieb aufzugeben und ihn künftig nur noch durch freie Handelsvertreter durchführen zu lassen (BAG 8.6.1999 – 1 AZR 831/98, NZA 1999, 1168; 23.9.2003 – 1 AZR 576/02, NZA 2004, 440). Ob die Änderung des Betriebszwecks auf einer Veränderung der Marktlage beruht, spielt keine Rolle (Richardi BetrVG/*Annuß* Rn. 113). Wegen der Unterrichtung des Wi-Ausschusses vgl. § 106 Abs. 3 Nr. 9.

94 Unter **Betriebsanlagen** ist die sächliche Einrichtung des Betriebs zu verstehen. Zu dieser gehören alle Gegenstände, die nicht zur Veräußerung bestimmt sind, sondern zur Verwirklichung des arbeitstechnischen Zwecks eingesetzt werden (BAG 26.10.1982 – 1 ABR 11/81, NJW 1983, 2838; GK-BetrVG/*Oetker* Rn. 160; Richardi BetrVG/*Annuß* Rn. 114). Auch die Änderung von einzelnen Betriebsanlagen kann unter Nr. 4 fallen (BAG 26.10.1982 – 1 ABR 11/81, NJW 1983, 2838). Erfasst werden Anlagen in allen Betriebsbereichen. Eine Änderung der Betriebsanlagen kann daher vorliegen beim Bau neuer Werkhallen, bei der Einführung neuer Maschinen, eines neuen EDV-Systems, von Datensichtgeräten (BAG 26.10.1982 – 1 ABR 11/81, NJW 1983, 2838) oder von Telearbeitsplätzen.

95 Die Änderung der Betriebsorganisation, des Betriebszwecks oder der Betriebsanlagen muss **grundlegend** sein. Das ist sie, wenn sie sich auf den Betriebsablauf in erheblicher Weise auswirkt. Maßgeblich ist der Grad der Veränderung. Es kommt entscheidend darauf an, ob die Änderung einschneidende Auswirkungen auf den Betriebsablauf, die Arbeitsweise oder die Arbeitsbedingungen der ArbN hat (BAG 18.3.2008 – 1 ABR 77/06, NZA 2008, 957; 22.3.2016 – 1 ABR 12/14, NZA 2017, 894 Rn. 17) oder mit einem „Sprung" in der technischen Entwicklung verbunden ist (vgl. DKKW/*Däubler* Rn. 108; GK-BetrVG/*Oetker* Rn. 166; *Röder/Gebert* NZA 2017, 1289, 1291). So stellt zB die Umstellung auf EDV oder auf CNC-gesteuerte Maschinen regelmäßig eine grundlegende Änderung dar. Auch die Einführung neuer oder die tiefgreifende Änderung der EDV-Software dürfte häufig grundlegend sein. Dabei kann die erforderliche Einarbeitungszeit ein wichtiger Anhaltspunkt sein. Der normale Ersatz abgenutzter Maschinen fällt nicht unter Nr. 4. In Zweifelsfällen kann die Generalklausel des S. 1 herangezogen und berücksichtigt werden, ob die Änderung wesentliche Nachteile für die Belegschaft oder für erhebliche Teile davon zur Folge haben kann (BAG 26.10.1982 – 1 ABR 11/81, NJW 1983, 2838; GK-BetrVG/*Oetker* Rn. 167).

Bei einer grundlegenden Änderung von Betriebsanlagen kommt neben der Mitbestimmung nach §§ 111 ff. auch ein MBR nach **§ 97 Abs. 2** in Betracht (→ § 97 Rn. 11 ff.). 96

5. Einführung grundlegend neuer Arbeitsmethoden und Fertigungsverfahren

Die Tatbestände der Nr. 5 überschneiden sich zu einem erheblichen Teil mit denen der Nr. 4. Während in Nr. 4 die sächlichen Arbeitsmittel im Vordergrund stehen, geht es in Nr. 5 mehr darum, wie die menschliche Arbeitskraft zur Verfolgung der arbeitstechnischen Zwecke eingesetzt wird (DKKW/*Däubler* Rn. 112). 97

Die **Arbeitsmethode** in Nr. 5 bezeichnet die jeweilige Art, eine Arbeit systematisch abzuwickeln; das betrifft insbesondere die Strukturierung des Arbeitsablaufs und den Einsatz technischer Hilfsmittel (BAG 22.3.2016 – 1 ABR 12/14, NZA 2017, 894 Rn. 19). Eine Änderung der Arbeitsmethode liegt zB vor beim Übergang zum Ein-Personen-Betrieb in Omnibussen und Straßenbahnen oder bei der Einführung von Gruppenarbeit (Richardi BetrVG/*Annuß* Rn. 120; DKKW/*Däubler* Rn. 113). Technologische Veränderungen im Rahmen von Industrie 4.0 und E-Mobilität werden häufig mit einer Betriebsänderung iSv Nr. 5 verbunden sein (vgl. *Röder/Gebert* NZA 2017, 1289, 1291). 98

Der Begriff der **Fertigungsverfahren** in Nr. 5 ist identisch mit dem der Fabrikationsmethode in § 106 Abs. 3 Nr. 5 (BAG 22.3.2016 – 1 ABR 12/14, NZA 2017, 894 Rn. 20; Richardi BetrVG/*Annuß* Rn. 121; GK-BetrVG/*Oetker* Rn. 175). Es geht dabei um das planmäßige technische Vorgehen bei der Erzeugung von Gütern (→ § 106 Rn. 61 f.). 99

Nr. 5 setzt grundlegend **neue** Arbeitsmethoden und Fertigungsverfahren voraus. Die Beurteilung richtet sich hierbei nicht nach der allgemeinen technischen Entwicklung, sondern nach den konkreten Verhältnissen des jeweiligen Betriebs (Richardi BetrVG/*Annuß* Rn. 123; GK-BetrVG/*Oetker* Rn. 176). Die einzuführende Methode muss die bisherige entweder ersetzen oder neben dieser eingesetzt werden. Die Veränderung bereits vorhandener Methoden genügt nicht. 100

Ebenso wie nach Nr. 4 besteht das MBR nur bei **grundlegenden** Veränderungen (→ Rn. 95). Diese erfordert grds. eine qualitative Bewertung. Der grundlegende Charakter der neuen Arbeitsmethode oder des neuen Fertigungsverfahrens kann sich aber auch aus der Zahl der von ihr betroffenen ArbN oder dem Gewicht der Auswirkungen auf die Beschäftigten ergeben (vgl. BAG 22.3.2016 – 1 ABR 12/14, NZA 2017, 894 Rn. 21; GK-BetrVG/*Oetker* Rn. 178). 101

V. Unterrichtung und Beratung – Massenentlassungsanzeigeverfahren

Anders als beim Sozialplan, den der BR gem. § 112 Abs. 4 auch gegen den Willen des ArbGeb. durch einen Spruch des E-Stelle erzwingen kann (vgl. aber die Einschränkungen und Ausnahmen in § 112a), hat der BR bei der Frage, ob und wie der ArbGeb. eine Betriebsänderung durchführt, **kein volles Mitbestimmungsrecht,** sondern nur ein eingeschränktes Mitwirkungsrecht (vgl. zur **dogmatischen Struktur** des Beteiligungsrechts nach § 111 GK-BetrVG/*Oetker* Rn. 191 ff.; Richardi BetrVG/*Annuß* Rn. 139–142). Er kann die Durchführung der Betriebsänderung gegen den Willen des ArbGeb. letztlich weder verhindern noch eine andere Durchführung erzwingen. Der ArbGeb. ist vielmehr nach § 111 S. 1 lediglich verpflichtet, den BR über geplante Betriebsänderungen zu unterrichten und diese mit ihm zu beraten. Ziel der Beratungen ist ein Interessenausgleich über die geplante Betriebsänderung (§ 112 Abs. 1 S. 1). **Erzwingen kann der BR den Interessenausgleich nicht** (zur Frage der Zulässigkeit eines Arbeitskampfes zur Erzwingung tariflicher Vereinba- 102 rungen bei Betriebsänderungen → §§ 112, 112a Rn. 184ff.). Die E-Stelle ist insoweit zu keinem Spruch befugt. Der ArbGeb. muss allerdings alle Möglichkeiten einer Einigung über den Interessenausgleich ausschöpfen und dazu erforderlichenfalls auch die E-Stelle anrufen und das E-Stellenverfahren durchführen (→ § 113 Rn. 18 mwN). Andernfalls drohen ihm die Sanktionen des § 113 Abs. 3. Der Beteiligung nach § 111 zeitlich vorgelagert ist in Unternehmen mit einem WiAusschuss regelmäßig dessen Unterrichtung nach § 106 Abs. 2. Die Tatbestände des § 111 S. 3 entsprechen weitgehend denen des § 106 Abs. 3 Nr. 5, 6, 7, 8 u. 9 (→ § 106 Rn. 61–64, 67–79).

1. Massenentlassungsanzeige nach § 17 Abs. 1 KSchG

103 Wenn die Betriebsänderung in einer **Massenentlassung iSv § 17 Abs. 1 KSchG** besteht, trifft den ArbGeb. unabhängig von § 111 **gegenüber** der **Agentur für Arbeit die Anzeigepflicht** nach § 17 Abs. 1 u. 3 KSchG sowie **gegenüber** dem **BR** die **Unterrichtungspflicht nach § 17 Abs. 2 S. 1 KSchG** (BAG 30.3.2004 – 1 AZR 7/03, NZA 2004, 931; 22.4.2010 – 6 AZR 948/08, NZA 2010, 1057; 20.9.2012 – 6 AZR 155/11, NZA 2013, 32; 26.2.2015 – 2 AZR 955/13, NZA 2015, 881; HaKo-BetrVG/*Pfeiffer* KSchG § 17 Rn. 42ff.; *Reinhard* RdA 2007, 207 [212]; *Weber* ArbuR 2008, 365 [369]; *Grau/Sittard* BB 2011, 1845; *Moll/Katerndahl* RdA 2013, 159). Danach muss der ArbGeb. den BR schriftlich insbes. unterrichten über die in § 17 Abs. 2 S. 1 Nr. 1–6 KSchG genannten Umstände, also über die Gründe für die geplanten Entlassungen, die Zahl und die Berufsgruppen der zu entlassenden sowie der in der Regel beschäftigten ArbN, den vorgesehenen Entlassungszeitraum, die Kriterien für die Auswahl der zu entlassenden ArbN sowie für die Berechnung etwaiger Abfindungen (zur Darlegungs- und Beweislast BAG 13.12.2012 – 6 AZR 5/12, NZI 2013, 447; zur Frage, ob LeihArbN bei der Beschäftigtenzahl iSv. § 17 Abs. 1 KSchG zu berücksichtigen sind, BAG 16.11.2017 – 2 AZR 90/17 (A), ArbR 2017, 591). Die Unterrichtung muss nicht den Anforderungen des § 126 BGB genügen; vielmehr ist die Wahrung der **Textform entspr. § 126b BGB ausreichend** (BAG 22.9.2016 – 2 AZR 276/16, NZA 2017, 175 Rn. 42ff.). Die Unterrichtung muss so rechtzeitig erfolgen, dass eine anschließende Beratung zwischen ArbGeb. und BR noch sinnvoll ist (*Grau/Sittard* BB 2011, 1845; *Niklas/Köhler* NZA 2010, 913). Auch der EuGH hat betont, dass die Konsultation vor der Entscheidung des ArbGeb. stattfinden müsse, da andernfalls das Konsultationsverfahren, das Kündigungen gerade verhindern solle, leer liefe (EuGH 10.9.2009 – C-44/08, NZA 2009, 1083 – Akavan Erityisalojen Keskusliitto).

103a Nach **§ 17 Abs. 2 S. 2 KSchG** haben die Betriebsparteien insbes. die Möglichkeiten zu beraten, Entlassungen zu vermeiden oder einzuschränken oder ihre Folgen zu mildern. Dies entspricht Art. 2 Abs. 1–3 der RL 98/59/EG v. 20.7.1998 (**MassenentlassungsRL;** vgl. dazu *Wißmann* RdA 1998, 221 [224]; EuGH 10.9.2009 – C-44/08, NZA 2009, 1083 – Akavan Erityisalojen Keskusliitto; BAG 14.4.2015 – 1 AZR 794/13, NZA 2015, 1147). In den Entscheidungen vom 30.4.2015 (– C-80/14, NZA 2015, 601 – US-DAW), 13.5.2015 (– C-182/13, NZA 2015, 731 – Lyttle) und vom 13.5.2015 (– C-392/13, NZA 2015, 669) hat der EuGH den **Betriebsbegriff** konkretisiert (vgl. dazu auch *Kleinebrink/Commandeur* NZA 2015, 853; *Klein* ZESAR 2016, 330; *Maschmann* EuZA 2015, 488; *Weber* NZA 2016, 727). Im Urteil vom 9.7.2015 (– C-229/14, NZA 2015, 861 – Balkaya) hat er den **Arbeitnehmerbegriff** näher bestimmt und entschieden, dass darunter unter bestimmten Umständen auch Geschäftsführer sowie Praktikanten fallen (vgl. dazu *Hohenstatt/Naber* EuZA 2016, 22; *Klein* AuR 2016, 76; *Morgenbrodt* ZESAR 2017, 17; *Lunk/Hildebrand* NZA 2016, 129; *Weber* NZA 2016, 727, 731). In den Urteilen vom 11.11.2015 (– C-422/14, NZA 2015, 1441 – Pujante Rivera) und vom 21.9.2017 (– C-149/16, NZA 2017, 1323 – Socha sowie – C-429/16, NZA 2017, 1325 – Ciupa) hat er entschieden, dass eine **Entlassung** dann vorliegt, wenn ein ArbGeb. einseitig und zulasten des ArbN aus nicht in dessen Person liegenden Gründen eine erhebliche Änderung der wesentlichen Bestandteile des Arbeitsvertrags vornimmt (vgl. dazu *Franzen* NZA 2016, 26; *Weber* NZA 2016, 727, 730). Im Urteil vom 21.12.2016 (– C-201/15, NZA 2017, 167 – AGET Iraklis) hat er dahin erkannt, dass eine **zu weitgehende Untersagung von Massenentlassungen** durch nationales Recht gegen die in Art. 49 AEUV garantierte Niederlassungsfreiheit verstoßen kann. Zum Begriff des **„beherrschenden Unternehmens"** sind beim EuGH mehrere Vorabentscheidungsersuchen des LAG Berlin-Brandenburg anhängig (vgl. *Heuschmid/Hlava* NZA 2017, 1312, 1314).

Der ArbGeb. unterliegt **im Konsultationsverfahren keinem Einigungszwang** (BAG 22.9.2016 -2 AZR 276/16, NZA 2017, 175 Rn. 50; *Spelge* NZA Beilage 3/2017 S. 108). Erforderlich ist aber ein ernsthaftes Verhandeln mit dem Ziel der Einigung (BAG 22.9.2016 -2 AZR 276/16, NZA 2017, 175 Rn. 50; vgl. auch Art. 2 Abs. 1 RL 98/59/EG). Der BR muss die Möglichkeit haben, konstruktive Vorschläge zu unterbreiten (vgl. Art. 2 Abs. 3 der RL 98/59/EG; *Spelge* NZA Beilage 3/2017 S. 108). Ein vor der „Entlassung" abgeschlossener Versuch eines Interessenausgleichs erfüllt die Beratungspflicht nach § 17 Abs. 2 S. 2 KSchG. Weder nach nationalem Recht noch nach der MassenentlassungsRL ist eine Einigung mit dem BR erforderlich (BAG 20.11.2001 – 1 AZR 97/01, NZA 2002, 992; 30.3.2004 – 1 AZR 7/03, NZA 2004, 931; *Grau/Sittard* BB 2011, 1845). Das Interessenausgleichsverfahren nach § 111 BetrVG, § 125 InsO kann mit der Erfüllung der Unterrichtungspflicht des ArbGeb. gegenüber dem BR nach § 17 Abs. 2 S. 1 KSchG verbunden werden (BAG 20.9.2012 – 6 AZR 155/11, NZA 2013, 32; 26.2.2015 – 2 AZR 955/13, NZA 2015, 881; *Moll/Katerndahl* RdA 2013, 159). Dabei muss allerdings hinreichend klargestellt werden, dass und welche Verfahren gleichzeitig durchgeführt werden sollen (BAG 18.1.2012 – 6 AZR 407/10, NZA 2012, 817; 20.9.2012 – 6 AZR 155/11, NZA 2013, 32; 26.2.2015 – 2 AZR 955/13, NZA 2015, 881). 103b

Die Verletzung dieser dem BR gegenüber bestehenden Unterrichtungs- und Konsultationspflichten hat **Auswirkungen auf** die vom ArbGeb. ausgesprochenen **Kündigungen.** Wie der EuGH im Urteil v. 27.1.2005 (C-188/03, AP KSchG 1969 § 17 Nr. 18 – Junk; vgl. dazu etwa *Bauer/Krieger/Powietzka* DB 2005, 445; *Bauer/Krieger/Powietzka* BB 2006, 2023; *Dornbusch/Wolf* BB 2005, 885; *Nicolai* NZA 2005, 206) entschieden hat, ist – nicht, wie früher vom BAG angenommen, erst die tatsächliche Beendigung, sondern vielmehr – bereits der Ausspruch der Kündigung die „Entlassung" iSd RL 98/59/EG. Dem hat sich das BAG grds. angeschlossen (BAG 23.3.2006 – 2 AZR 343/05, NZA 2006, 971; 13.7.2006 – 6 AZR 198/06, NZA 2007, 25; 22.4.2010 – 6 AZR 948/07, NZA 2010, 1057; 26.1.2017 – 6 AZR 442/16, NZA 2017, 577 Rn. 23), in „Altfällen" dem ArbGeb. allerdings noch „Vertrauensschutz" eingeräumt (BAG 23.3.2006 – 2 AZR 343/05, NZA 2006, 971; 13.7.2006 – 6 AZR 198/06, NZA 2007, 25; 22.4.2010 – 6 AZR 948/07, NZA 2010, 1057). Letzteres durfte es freilich nicht, ohne zuvor nach Art. 267 AEUV durch den EuGH geklärt zu haben, ob die Gewährung von Vertrauensschutz mit Unionsrecht vereinbar ist (BVerfG 10.12.2014 – 2 BvR 1549/07, NZA 2015, 375; vgl. zur [Un-]Zulässigkeit der Gewährung von Vertrauensschutz durch ein nationales Gericht bei zuvor unionsrechtswidriger nationaler Rspr. EuGH 19.4.2016 – C-441/14, NZA 2016, 537 – Dansk Industri – Rn. 38ff.). Bei Massenentlassungen muss daher die Anzeige an die Agentur für Arbeit nach § 17 Abs. 1, Abs. 3 KSchG vor dem Ausspruch der Kündigungen erfolgen. Bei ArbN in Elternzeit ist Entlassung iSd § 17 KSchG aus Gründen des Art. 3 Abs. 1 GG bereits der Eingang des Antrags auf Zustimmung zur Kündigung bei der zuständigen Behörde (BAG 26.1.2017 – 6 AZR 442/16, NZA 2017, 577 im Anschluss an BVerfG 8.6.2016 – 1 BvR 3634/13, NZA 2016, 939) 103c

Die sich aus der **Verletzung der Anzeigepflicht** ergebenden **Rechtsfolgen** waren lange Zeit ungeklärt (BVerfG 25.2.2010 – 1 BvR 230/09, NZA 2010, 439 mwN; BAG 7.7.2011 – 6 AZR 248/10, NZA 2011, 1108). Eine – mit § 102 Abs. 1 103d

S. 3 BetrVG vergleichbare – gesetzliche Regelung, die für diesen Fall die Unwirksamkeit der Kündigung ausdrücklich bestimmt, gibt es nicht. Allerdings werden nach § 18 Abs. 1 Hs. 1 KSchG Entlassungen, die nach § 17 KSchG anzuzeigen sind, vor Ablauf eines Monats nach Eingang der Anzeige bei der Agentur für Arbeit nur mit deren Zustimmung wirksam. Dabei kann der Begriff der „Entlassung" in § 18 KSchG nicht anders verstanden werden als in § 17 KSchG (BAG 22.4.2010 – 6 AZR 948/07, NZA 2010, 1057). Unter ihm ist somit der Ausspruch der Kündigung zu verstehen (BAG 23.3.2006 – 2 AZR 343/05, NZA 2006, 971; 13.7.2006 – 6 AZR 198/06, NZA 2007, 25; 22.4.2010 – 6 AZR 948/07, NZA 2010, 1057). Da aber die Anzeige vor der Kündigung erfolgen muss, kann folgerichtig eine vor einer wirksamen Anzeige ausgesprochene Kündigung **keine das Arbeitsverhältnis beendende Wirkung** mehr entfalten (BAG 22.4.2010 – 6 AZR 948/07, NZA 2010, 1057; 7.7.2011 – 6 AZR 248/10, NZA 2011, 1108 „regelmäßig"; jedenfalls iErg ebenso HaKo-BetrVG/*Pfeiffer* KSchG § 17 Rn. 82; ErfK/*Kiel* KSchG § 17 Rn. 35 ff., KSchG § 18 Rn. 14; *Reinhard* RdA 2007, 207 [214]; *Weber* ArbuR 2008, 365 [375]; *Grau/Sittard* BB 2011, 1845). Das BAG hatte die Frage in zahlreichen Entscheidungen offen gelassen, weil es dem ArbGeb. für Kündigungen, die vor der dem Urteil des EuGH v. 27.1.2005 (C-188/03, AP KSchG 1969 § 17 Nr. 18 – Junk) ausgesprochen wurden, „Vertrauensschutz" auf seine bisherige Rspr. zubilligte (BAG 23.3.2006 – 2 AZR 343/05, NZA 2006, 971; 13.7.2006 – 6 AZR 198/06, NZA 2007, 25; 26.7.2007 – 8 AZR 769/06, NZA 2008, 112; 8.11.2007 – 2 AZR 554/05, AP KSchG 1969 § 17 Nr. 28). Nach dem Beschluss des BVerfG v. 10.12.2014 (2 BvR 1549/07, NZA 2015, 375) durfte das BAG allerdings nicht unter Berufung auf den Grundsatz des Vertrauensschutzes auf der Grundlage seiner früheren Rspr. entscheiden, ohne zuvor nach Art. 267 AEUV durch den EuGH geklärt zu haben, ob die Gewährung von Vertrauensschutz mit Unionsrecht vereinbar ist. Mit Urteil v. 22.11.2012 (2 AZR 371/11, NZA 2013, 845) hat das BAG ausdrücklich entschieden, dass eine **Kündigung,** bei deren Zugang eine nach § 17 Abs. 1 KSchG anzeigepflichtige Massenentlassung nicht wirksam angezeigt ist, **nichtig** ist. Es hat zu Recht § 17 Abs. 1 iVm Abs. 3 S. 2, S. 3 KSchG als Verbotsgesetz iSv § 134 BGB erachtet (BAG 22.11.2012 – 2 AZR 371/11, NZA 2013, 845; 13.6.2019 – 6 AZR 459/18, BeckRS 2019, 21908 Rn. 22). Maßgeblicher Beurteilungszeitpunkt ist der Zugang der Kündigung (BAG 13.6.2019 – 6 AZR 459/18, BeckRS 2019, 21908 Rn. 34). Auch wenn vor Ausspruch einer Kündigung ein nach § 17 Abs. 2 KSchG erforderliches Konsultationsverfahren nicht durchgeführt wurde, ist die Kündigung wegen Verstoßes gegen eine ges. Verbot iSv § 134 BGB rechtsunwirksam (BAG 21.3.2013 – 2 AZR 60/12, NZA 2013, 966). Die Durchführung des Konsultationsverfahrens nach § 17 Abs. 2 KSchG ist auch dann nicht entbehrlich, wenn der Betrieb stillgelegt werden soll und alle ArbN entlassen werden (BAG 13.12.2012 – 6 AZR 752/11, AP KSchG 1969 § 17 Nr. 44).

103e Die nach § 17 Abs. 1 KSchG erforderliche **Anzeige** an die Agentur für Arbeit muss **die in § 17 Abs. 3 S. 4 KSchG genannten Angaben** enthalten. Außerdem ist sie nach **§ 17 Abs. 3 S. 2 u. 3 KSchG** nur wirksam, wenn ihr entweder eine **Stellungnahme des BR** zu den geplanten Entlassungen beigefügt ist **oder** der ArbGeb. **glaubhaft** macht, dass er den BR mindestens zwei Wochen vor der Anzeige nach § 17 Abs. 2 S. 1 **unterrichtet** hat und er den **Stand der Beratungen** darlegt (vgl. BAG 28.6.2012 – 6 AZR 780/10, NZA 2012, 1029; 22.9.2016 – 2 AZR 276/16, NZA 2017, 175; *Sittard/Knoll* BB 2013, 2037). Die Stellungnahme des BR nach § 17 Abs. 3 S. 2 KSchG ist Wirksamkeitsvoraussetzung für die Massenentlassungsanzeige (BAG 28.6.2012 – 6 AZR 780/10, NZA 2012, 1029). Sie genügt den gesetzlichen Anforderungen des § 17 Abs. 3 S. 2 KSchG nur, wenn sie sich auf die angezeigten Kündigungen bezieht und eine abschließende Meinungsäußerung des BR zu diesen Kündigungen enthält (BAG 28.6.2012 – 6 AZR 780/10, NZA 2012, 1029; 22.11.2012 – 2 AZR 371/11, NZA 2013, 845; 26.2.2015 – 2 AZR 955/13, NZA 2015, 881).

Ein **Interessenausgleich mit Namensliste** ersetzt nach § 1 Abs. 5 S. 4 KSchG die Stellungnahme des BR nach § 17 Abs. 3 S. 2 KSchG. Bei einem **Interessenausgleich ohne Namensliste** ist das zwar nicht der Fall (BAG 23.3.2012 – 6 AZR 596/10, NZA 2012, 1058). Da § 17 Abs. 3 S. 2 KSchG nicht verlangt, dass die Stellungnahme des BR in einem eigenständigen Dokument enthalten ist, genügt aber auch eine in den Interessenausgleich ohne Namensliste integrierte abschließende Stellungnahme des BR, wenn sie erkennen lässt, dass sie sich auf die angezeigten Kündigungen bezieht (BAG 23.3.2012 – 6 AZR 596/10, NZA 2012, 1058; 22.11.2012 – 2 AZR 371/11, NZA 2013, 845; *Moll/Katerndahl* RdA 2013, 159). Wird ein geplanter Personalabbau auf der Grundlage eines unternehmenseinheitlichen Konzepts durchgeführt und sind mehrere Betriebe von der Betriebsänderung betroffen, ist des GesBR nach § 50 Abs. 1 zuständig für den Interessenausgleich mit Namensliste; dieser ersetzt in einem solchen Fall die Stellungnahme nach § 17 Abs. 3 S. 2 KSchG (BAG 20.9.2012 – 6 AZR 155/11, NZA 2013, 32; *Moll/Katerndahl* RdA 2013, 159). Gespräche mit dem Wirtschaftsausschuss oder die Einholung persönlicher Äußerungen des BRVors. genügen nicht (BAG 26.2.2015 – 2 AZR 955/13, NZA 2015, 881). Genügt die Anzeige nicht den – formalen – Erfordernissen des § 17 Abs. 3 S. 2–4 KSchG, können die gleichwohl ausgesprochenen Kündigungen die Arbeitsverhältnisse nicht wirksam beenden (BAG 28.6.2012 – 6 AZR 780/10, NZA 2012, 1029; 22.11.2012 – 2 AZR 371/11, NZA 2013, 845; 13.12.2012 – 6 AZR 752/11, AP KSchG 1969 § 17 Nr. 44). Ein von der AA erlassener Verwaltungsakt nach § 18 Abs. 1 oder 2 KSchG entfaltet keine Bindungswirkung zu Lasten der ArbN (BAG 28.6.2012 – 6 AZR 780/10, NZA 2012, 1029 unter Aufgabe der früheren Rspr. des BAG, insbes. des Urteils v. 28.5.2009 – 8 AZR 273/08, NZA 2009, 1267). In der Insolvenz ersetzt gem. § 125 Abs. 2 InsO ein Interessenausgleich nach § 125 Abs. 1 InsO (→ §§ 112, 112a Rn. 78 ff.) die Stellungnahme des BR nach § 17 Abs. 3 S. 2 KSchG. Dies gilt auch, wenn der Insolvenzverwalter aufgrund einer betriebsübergreifenden Betriebsänderung mit dem GesBR einen Interessenausgleich mit Namensliste abgeschlossen hat und dieser der Massenentlassungsanzeige beigefügt wird (BAG 7.7.2011 – 6 AZR 248/10, NZA 2011, 1108). **103f**

Anzeigepflichtige Kündigungen dürfen bereits unmittelbar nach Eingang der Anzeige bei der Agentur für Arbeit ausgesprochen werden. Sie beenden aber, sofern der **Kündigungstermin vor Ablauf der einmonatigen Sperrfrist des § 18 Abs. 1 KSchG** liegt und keine Zustimmung der Agentur zu einem früheren Zeitpunkt vorliegt, das ArbVerh. nicht zu dem in der Kündigungserklärung genannten Zeitpunkt, sondern erst mit Ablauf eines Monats nach Eingang der Anzeige (BAG 6.11.2008 – 2 AZR 935/07, NZA 2009, 1013; 28.5.2009 – 8 AZR 273/08, NZA 2009, 1267). **103g**

Die **Verletzung der** in **§ 17 Abs. 2 S. 1 u. 2** KSchG vorgeschriebenen **Konsultationspflicht** führt zur Unwirksamkeit der gleichwohl ausgesprochenen Kündigungen (→ Rn. 103b u. c). Ob darüber hinaus – insbes. zur Durchsetzung der sich aus der RL 98/59/EG ergebenden Verpflichtungen ein materiellrechtlicher Anspruch des BR auf Unterlassung der Massenentlassung oder im Wege des einstweiligen Rechtsschutzes nach § 938 Abs. 2 ZPO die zeitweilige Untersagung der Durchführung der Massenentlassung in Betracht kommt, ist noch nicht abschließend geklärt (vgl. zu den unterschiedlichen Sanktionsmöglichkeiten *Reinhard* RdA 2007, 207 [211 ff.]; *Weber* ArbuR 2008, 365 [373 ff.]; → Rn. 138). Der Umstand, dass der EuGH die kollektive Natur des in der MassenentlassungsRL garantierten Informations- und Konsultationsrechts betont (EuGH 16.7.2009 – C-12/08, AP RL 98/59/EG Nr. 5 Rn. 40, 42, 50 – Mono Car Styling), könnte dafür sprechen, die effektive Verwirklichung dieses Rechts auch durch kollektivrechtliche Instrumente und nicht allein durch individualrechtliche Sanktionen durchzusetzen. Das BAG hat – freilich noch vor der Entscheidung des EuGH v. 27.1.2005 (C-188/03, AP KSchG 1969 § 17 Nr. 18 – Junk) – für einen solchen Fall in einem Tendenzunternehmen einen Anspruch auf Nachteilsausgleich verneint; ein solcher lasse sich weder auf § 18 KSchG noch auf § 113 Abs. 3 BetrVG stützen (BAG 18.11.2003 – 1 AZR 637/02, NZA 2004, 741). **103h**

103i Die **Verhandlungen vor der E-Stelle** über einen Interessenausgleich gehören **nicht** mehr zu der **durch Art. 2 der MassenentlassungsRL vorgeschriebenen Konsultation** (BAG 30.3.2004 – 1 AZR 7/03, NZA 2004, 931; BVerfG 25.2.2010 – 1 BvR 230/09, NZA 2010, 439; *Bauer/Krieger/Powietzka* BB 2006, 2023 [2025]; vgl. aber auch die später zurückgenommene Vorlage des ArbG Berlin an den EuGH v. 21.2.2006 – 79 Ca 22399/05, NZA 2006, 739).

2. Der Verpflichtete

104 **Unternehmer** iSd §§ 111 ff. ist der Inhaber des Betriebs, der die Betriebsänderung plant. Dies gilt auch **in einem konzernabhängigen Unternehmen.** Das herrschende Unternehmen ist nicht Unternehmen iSv § 111 (BAG 15.1.1991 – 1 AZR 94/90, NZA 1991, 681; 14.4.2015 – 1 AZR 794/13, NZA 2015, 1147). Das beherrschte Unternehmen kann sich gegenüber dem BR nicht auf Unkenntnis oder Unzuständigkeit berufen (EuGH 10.9.2009 – C-44/08, NZA 2009, 1083 – Akavan Erityisalojen Keskusliitto; BAG 14.4.2015 – 1 AZR 794/13, NZA 2015, 1147; DKKW/*Däubler* Rn. 160). Nach Art. 2 Abs. 4 RL 98/59/EG (vgl. zum Begriff des „beherrschenden Unternehmens" EuGH 7.8.2018 – C-61/17, NZA 2018, 1051 – Bichat) muss das beherrschte Unternehmen die sich aus der RL ergebenden Informations- und Konsultationspflichten auch dann erfüllen, wenn eine Entscheidung über eine Massenentlassung nicht von ihm selbst, sondern von einem beherrschenden Unternehmen getroffen wurde (EuGH 10.9.2009 – C-44/08, NZA 2009, 1083 – Akavan Erityisalojen Keskusliitto; BAG 14.4.2015 – 1 AZR 794/13, NZA 2015, 1147). Bei einem konzernweiten Interessenausgleich ist allerdings die Konzernspitze Verhandlungspartner des KBR (BAG 16.7.2017 – 1 AZR 546/15, BeckRS 2017, 129605 Rn. 35).

105 Schwierigkeiten bereiten kann „die **Suche nach dem Arbeitgeber**" (*Wißmann* NZA 2001, 409 ff.) in einem **gemeinsamen Betrieb** mehrerer Unternehmen (→ § 1 Rn. 146 ff.). Verhandlungen über das Ob und Wie der Stilllegung, also über einen Interessenausgleich sind in diesem Fall regelmäßig mit dem sog „Betriebsarbeitgeber", also allen den Betrieb gemeinsam führenden Unternehmen oder der von diesen bestellten Betriebsleitung zu führen (BAG 12.11.2002 – 1 AZR 632/01, NZA 2003, 676; *Wißmann* NZA 2001, 409 [411]; *Däubler* FS Zeuner, 1994, 19 [27 f.]; *Seel* MDR 2010, 7). Ein Sozialplan kann aber hinsichtlich der einzelnen ArbN wohl nur gegenüber dem jeweiligen Vertragsarbeitgeber erzwungen werden (BAG 12.11.2002 – 1 AZR 632/01, NZA 2003, 676; 11.11.1997 – 1 ABR 6/97, NZA 1998, 723; *Wißmann* NZA 2001, 409 [411]; *Gaul* NZA 2003, 695 [700 f.]).

106 Wird über das Vermögen des Unternehmens das Insolvenzverf. eröffnet, hat der **Insolvenzverwalter** die Pflichten des Unternehmers zu erfüllen. Er tritt an dessen Stelle (→ § 1 Rn. 326 f.; BAG 22.7.2003 – 1 AZR 541/02, NZA 2004, 93).

3. Zeitpunkt der Unterrichtung

107 Der BR ist nach S. 1 **rechtzeitig** zu unterrichten. Er soll durch die Unterrichtung in die Lage versetzt werden, auf das Ob und Wie der geplanten Betriebsänderung Einfluss nehmen zu können (BAG 20.11.2001 – 1 AZR 97/01, NZA 2002, 992; GK-BetrVG/*Oetker* Rn. 201). Verletzt der ArbGeb. seine Pflicht, haben die ArbN nach § 113 Abs. 3 einen Anspruch auf Nachteilsausgleich (→ § 113 Rn. 13 ff.).

108 Hierzu ist einerseits erforderlich, dass sich die Planung des Unternehmers in gewissem Umfang bereits verdichtet hat. Vorüberlegungen sind allein noch keine Planung. Um eine sinnvolle Beratung mit dem BR zu ermöglichen, müssen **Art und Umfang der geplanten Betriebsänderung bekannt und konkretisiert** sein (BAG 20.11.2001 – 1 AZR 97/01, NZA 2002, 992; 30.5.2006 – 1 AZR 25/05, NZA 2006, 1122; GK-BetrVG/*Oetker* Rn. 203; *Rieble* NZA 2004, 1029 [1030]). Im Stadium reiner Vorüberlegungen hat der BR noch kein Unterrichtungs- und Beratungs-

recht (*Seel* MDR 2010, 7). Er kann aber nach **§ 92a Abs. 1 S. 1** von sich aus dem ArbGeb. Vorschläge zur Sicherung und Förderung der Beschäftigung machen, die dieser wiederum nach **§ 92a Abs. 2** mit dem BR beraten muss. Zur Abgrenzung von Vorbereitungshandlung und Beginn der Betriebsänderung und zu unterschiedlichen Fallgestaltungen *Langner/Widhammer* NZA 2011, 430.

Andererseits darf der Unternehmer vor der Beratung mit dem BR aber auch noch **keine vollendeten Tatsachen** geschaffen haben (BAG 4.12.2002 – 10 AZR 16/02, NZA 2003, 665; 22.11.2005 – 1 AZR 407/04, NZA 2007, 736; 30.5.2006 – 1 AZR 25/05, NZA 2006, 1122; 14.4.2015 – 1 AZR 794/13, NZA 2015, 1147; vgl. für die Unterrichtung und Konsultation bei einer Massenentlassung auch EuGH 27.1.2005 – C-188/03, AP KSchG 1969 § 17 Nr. 18 – Junk; 10.9.2009 – C-44/08, NZA 2009, 1083 – Akavan Erityisalojen Keskusliitto). Der BR muss auf das Ob und Wie der Betriebsänderung noch Einfluss nehmen können. Es ist aber unschädlich, wenn der ArbGeb. – etwa durch Beschluss der Gesellschafterversammlung – den Entschluss zur Betriebsänderung bereits gefasst hat, ohne sich zuvor mit dem BR beraten zu haben (BAG 30.5.2006 – 1 AZR 25/05, NZA 2006, 1122; GK-BetrVG/*Oetker* Rn. 205). Die Geschäftsführung der Gesellschaft kann die sich aus den Verhandlungen mit dem BR ergebenden Alternativen an die Gesellschafter weiterleiten, um ggf. eine Änderung der Pläne herbeizuführen (BAG 20.11.2001 – 1 AZR 97/01, NZA 2002, 992; 30.3.2004 – 1 AZR 7/03, NZA 2004, 931). Daher dürfte es auch nicht immer schädlich sein, wenn andere Gesellschaftsorgane (Aufsichtsrat) bereits um Zustimmung zu der Betriebsänderung ersucht wurden (Richardi BetrVG/*Annuß* Rn. 147; **aA** DKKW/*Däubler* Rn. 162; ErfK/*Kania* Rn. 22; GK-BetrVG/*Oetker* Rn. 205; BAG 14.9.1976 – 1 AZR 784/75, AP BetrVG 1972 § 113 Nr. 2). Nach der Rspr. des EuGH entsteht die Informations- und Konsultationspflicht nach der MassenentlassungsRL für das betroffene Tochterunternehmen bereits dann, wenn innerhalb eines Konzern die Muttergesellschaft strategische Entscheidungen trifft, welche das Tochterunternehmen zwingen, Massenentlassungen ins Auge zu fassen oder zu planen (EuGH 10.9.2009 – C-44/08, NZA 2009, 1083 – Akavan Erityisalojen Keskusliitto). Das dürfte bei der Auslegung von § 111 zu berücksichtigen sein, auch wenn die Umsetzung der MassenentlassungsRL durch § 17 Abs. 1 bis 3 KSchG erfolgt ist (vgl. BAG 14.4 2015 – 1 AZR 794/13, NZA 2015, 1147 Rn. 18f.; **aA** *Salamon/von Stechow* NZA 2016, 85, 87). 109

Die Unterrichtung ist **nicht mehr rechtzeitig, wenn** der ArbGeb. mit der Durchführung der Betriebsänderung bereits begonnen hat (BAG 30.5.2006 – 1 AZR 25/05, NZA 2006, 1122 mwN; DKKW/*Däubler* Rn. 162; ErfK/*Kania* Rn. 22; WPK/*Preis/Bender* Rn. 31; GK-BetrVG/*Oetker* Rn. 202; Richardi BetrVG/*Annuß* Rn. 148). Mit der Durchführung einer Betriebsstilllegung beginnt der Unternehmer, sobald er **unumkehrbare Maßnahmen zur Auflösung der betrieblichen Organisation** getroffen hat (BAG 30.5.2006 – 1 AZR 25/05, NZA 2006, 1122 mwN; 14.4.2015 – 1 AZR 794/13, NZA 2015, 1147; 14.4.2015 – 1 AZR 223/14, NZA 2015, 1212; 14.4.2015 – 1 AZR 795/13, BeckRS 2015, 70737; 7.11.2017 – 1 AZR 186/16, NZA 2018, 464 Rn. 21; *Langner/Widhammer* NZA 2011, 430). Noch kein Beginn der Betriebsstilllegung sind in der Regel der Stilllegungsentschluss und dessen Verlautbarung, die bloße Einstellung der Produktion, die – widerrufliche - Freistellung von ArbN (BAG 7.11.2017 – 1 AZR 186/16, NZA 2018, 464 Rn. 24) oder auch die Kündigung einiger Ausbildungsverhältnisse (BAG 22.11.2005 – 1 AZR 407/04, NZA 2007, 736; 30.5.2006 – 1 AZR 25/05, NZA 2006, 1122 mwN und Klarstellung zu BAG 22.7.2003 – 1 AZR 541/02, NZA 2004, 875). Auch mit der Anhörung des BR zu den beabsichtigten Kündigungen nach § 102 und mit einer Massenentlassungsanzeige nach § 17 KSchG beginnt der ArbGeb. nach der Rspr. des BAG noch nicht mit der Betriebsstilllegung (BAG 14.4.2015 – 1 AZR 794/13, NZA 2015, 1147). Ebenso ist danach die tatsächliche Einstellung der betrieblichen Tätigkeit allein noch kein Beginn der Betriebsstillegung, da sie keine unumkehrbare Maßnahme darstelle, sondern rückgängig gemacht werden könne (BAG 14.4.2015 – 1 AZR 110

794/13, NZA 2015, 1147). Dies birgt allerdings die Gefahr, dass der BR erst zu einem Zeitpunkt eingeschaltet wird, zu dem die „Würfel schon endgültig gefallen" sind. Dadurch kann der Zweck der Unterrichtungs- und Beratungspflicht gefährdet sein. Jedenfalls beginnt die Durchführung der Betriebsänderung auch nach der Rspr. **spätestens mit dem Ausspruch der Kündigungen** (BAG 23.9.2003 – 1 AZR 576/02, NZA 2004, 440; 30.5.2006 – 1 AZR 25/05, NZA 2006, 1122; 14.4.2015 – 1 AZR 794/13, NZA 2015, 1147; 7.11.2017 – 1 AZR 186/16, NZA 2018, 464 Rn. 25) oder mit der Veräußerung von zur Fortführung des Betriebs erforderlichen Betriebsmitteln (BAG 30.5.2006 – 1 AZR 25/05, NZA 2006, 1122; 14.4.2015 – 1 AZR 794/13, NZA 2015, 1147). Auch wenn der ArbGeb. im Hinblick auf die geplante Betriebsänderung zunächst nur die ArbVerh. der leitenden Ang. kündigt, hat er bereits mit der Aufgabe der Betriebsorganisation und damit der Betriebsänderung begonnen (BAG 4.6.2003 – 10 AZR 586/02, NZA 2003, 1087). Gleiches gilt, wenn ein Flugunternehmen das „Handling" auf einem Flughafen auf ein Fremdunternehmen überträgt (BAG 16.5.2007 – 8 AZR 693/06, NZA 2007, 1296).

4. Gegenstand und Form der Unterrichtung

111 Die Unterrichtung muss **umfassend** sein. Der Unternehmer muss die Gründe für die geplante Betriebsänderung darlegen, den Inhalt einer möglichen Maßnahme und die Auswirkungen auf die ArbN beschreiben. Auch der Zeitplan muss genannt werden. Der BR muss sich von der geplanten Maßnahme und deren Auswirkung ein vollständiges Bild machen können. Hat der Unternehmer zwischen mehreren **Alternativen** gewählt, muss er den BR über die Alternativen informieren und darlegen, warum er sich für die beabsichtigte Maßnahme entschieden hat (*Bauer/Göpfert* DB 1997, 1468; GK-BetrVG/*Oetker* Rn. 197). Der BR ist auch über die sozialen Folgen der geplanten Betriebsänderung zu unterrichten (BAG 18.11.2003 – 1 AZR 637/02, NZA 2004, 741; 30.3.2004 – 1 AZR 7/03, NZA 2004, 931; GK-BetrVG/*Oetker* Rn. 196). Die vorherige Unterrichtung des WiAusschusses entbindet den Unternehmer nicht von seiner Informationspflicht gegenüber dem BR. Geschäfts- und Betriebsgeheimnisse schränken die Unterrichtungspflicht nicht ein (DKKW/*Däubler* Rn. 164; GK-BetrVG/*Oetker* Rn. 198; ErfK/*Kania* Rn. 23; WPK/*Preis/Bender* Rn. 32; Richardi BetrVG/*Annuß* Rn. 152).

112 Für die Unterrichtung ist **keine bestimmte Form** vorgeschrieben. Sie kann daher grds. auch mündlich erfolgen (WPK/*Preis/Bender* Rn. 33).

113 Anders als § 106 Abs. 2 schreibt § 111 auch nicht ausdrücklich die Vorlage der erforderlichen **Unterlagen** vor. Die entsprechende Verpflichtung folgt aber aus § 80 Abs. 2 S. 2 (ErfK/*Kania* Rn. 23; WPK/*Preis/Bender* Rn. 32). Zu den Unterlagen zählen auch Gutachten von Unternehmensberatern, Wirtschaftsprüferberichte und Bilanzen (DKKW/*Däubler* Rn. 164). Der Unternehmer muss nur die Unterlagen zur Verfügung stellen, über die er selbst verfügt.

5. Beratung mit dem Betriebsrat

114 Der Unternehmer hat nach S. 1 den BR zu unterrichten und mit ihm zu beraten. **Originär zuständig** ist grds. der **BR** des betroffenen Betriebs. Zur Zuständigkeit des **GesBR → § 50 Rn. 59.** Zur Zuständigkeit des **KBR → § 58 Rn. 15.** Ist der GesBR originär zuständig, kann er gem. § 50 Abs. 1 S. 1 Hs. 2 die Beteiligungsrechte auch für die betroffenen **BRlosen Betriebe** wahrnehmen (→ § 50 Rn. 29; GK-BetrVG/*Oetker* Rn. 259; DKKW/*Däubler* Rn. 148). Er ist aber nicht berechtigt, in BRlosen Betrieben die Rolle des örtl. BR zu übernehmen und Angelegenheiten zu regeln, für die der örtl. BR zuständig wäre (→ § 50 Rn. 33; GK-BetrVG/*Oetker* Rn. 259).

115 **Gegenstand** der Beratung ist die geplante Betriebsänderung. Es geht zum einen darum, ob und wie die Betriebsänderung durchgeführt wird (Interessenausgleich).

Zum andern geht es um die Frage, ob und in welchem Umfang Nachteile für die ArbN auszugleichen oder zu mildern sind (Sozialplan).

Kommt keine Einigung zustande, so ist die **E-Stelle** anzurufen (§ 112 Abs. 2, → §§ 112, 112a Rn. 32 ff.). Diese kann einen Spruch nur über einen Sozialplan, nicht aber über einen Interessenausgleich fassen. 116

VI. Die Hinzuziehung eines Beraters

Bei Betriebsänderungen nach S. 1 kann der BR nach dem – durch das BetrVerf-ReformG eingefügten – S. 2 in Unternehmen mit mehr als 300 ArbN einen **Berater zu seiner Unterstützung hinzuziehen,** ohne eine Vereinbarung mit dem ArbGeb. zu treffen (vgl. dazu BAG 14.12.2016 – 7 ABR 8/15, NZA 2017, 514; *Oetker* NZA 2002, 465 ff.; *Kleinebrink* ArbRB 03, 212 ff.; *Rose/Grimmer* DB 2003, 1790 ff.). Der Gesetzgeber sah dies als erforderlich an, weil sich das Verfahren zur Hinzuziehung eines Sachverständigen nach § 80 Abs. 3 als zu zeitaufwendig erwiesen habe (BAG 14.12.2016 – 7 ABR 8/15, NZA 2017, 514 Rn. 13). 117

Voraussetzung ist, dass in dem Unternehmen mehr als 300 ArbN beschäftigt sind. Wie in S. 1 ist auch hier grds. nicht die Betriebs-, sondern die **Unternehmensgröße** maßgeblich. Auch der BR kleinerer Betriebe kann daher einen Berater hinzuziehen, wenn der Betrieb zu einem Unternehmen mit mehr als 300 ArbN gehört. Unklar ist die Rechtslage, wenn zwar in einem **gemeinsamen Betrieb** mehrerer Unternehmen (§ 1 Abs. 1 S. 2), nicht aber jeweils bei den Trägerunternehmen mehr als 300 ArbN beschäftigt sind (vgl. zur entsprechenden Problematik in S. 1 Rn. 20–23). Der Gesetzgeber hat diese Fallgestaltung planwidrig nicht geregelt. Dies rechtfertigt nach dem Sinn und Zweck des G die entsprechende Anwendung des S. 2 (vgl. GK-BetrVG/*Oetker* Rn. 222; *Oetker* NZA 2002, 465 [466]; *Schubert* ZfA 2004, 253 [279 f.]; *Annuß* NZA 2001, 367 [369]; **aA** *Kleinebrink* ArbRB 2003, 212). Die Regelung dient dazu, dass der BR abweichend von dem zeitaufwändigen Verfahren nach § 80 Abs. 3 bei einer Betriebsänderung einen Berater auch ohne vorherige Vereinbarung mit dem ArbGeb. hinzuziehen kann; wegen ihrer **Kostenrelevanz** soll sie aber nur in Unternehmen mit mehr als 300 ArbN gelten (BT-Drs. 14/5741, 52). In einem gemeinsamen Betrieb mit mehr als 300 ArbN steht die Kostenbelastung der erforderlichen Heranziehung eines Beraters bei einer Betriebsänderung jedenfalls nicht in dem gleichen Maß entgegen wie in den Fällen, in denen sich das Unternehmen nicht mit anderen zur gemeinsamen Führung einer solchen Wirtschaftsbetriebs verbunden hat. Der gemeinsame Betrieb bildet vielmehr in seiner Gesamtheit ein **wirtschaftliches Potential,** das die mit der Heranziehung des Beraters verbundene finanzielle Belastung rechtfertigt. Diese trifft auch nicht den einzelnen Unternehmer, sondern deren Gesamtheit, denn die Beratung ist begrenzt auf das Interessenausgleichsverfahren (→ Rn. 119). Sie betrifft damit den gemeinsamen Betrieb. Dementsprechend können die Unternehmen die **Kosten** untereinander **aufteilen** (*Schubert* ZfA 2004, 253 [279 f.]). Außerdem entsteht die Pflicht zur Kostenerstattung ohnehin nur, wenn der BR die Heranziehung des Beraters für erforderlich halten durfte (→ Rn. 123 f.). Maßgeblich für den Schwellenwert von 300 ArbN ist die regelmäßige Beschäftigtenzahl. Das Fehlen der ansonsten üblichen Worte „in der Regel" beruht ersichtlich auf einem Redaktionsversehen (GK-BetrVG/*Oetker* Rn. 212; *Oetker* NZA 2002, 465 [467]). Auf die Wahlberechtigung kommt es nicht an (GK-BetrVG/*Oetker* Rn. 223). Teilzeitkräfte zählen mit (*Oetker* NZA 2002, 465 [467]). 118

Gegenstand der Beratung sind das Ob und Wie der Betriebsänderung, also der **Interessenausgleich, nicht** dagegen der **Sozialplan** (*Rose/Grimmer* DB 2003, 1790 [1795]; *Kleinebrink* ArbRB 2003, 212 [213]; *Oetker* NZA 2002, 465 [469]; HaKo-BetrVG/*Steffan* Rn. 45; vgl. auch *Engels/Trebinger/Löhr-Steinhaus* DB 2001, 532 [540]; **aA** *Manske* FS 25 Jahre ARGE Arbeitsrecht im DAV, 2006, 953 [955 ff.]; wohl auch DKKW/*Däubler* Rn. 171; vgl. dazu, dass es sich bei Interessenausgleich und 119

Sozialplan um unterschiedliche Gegenstände handelt, BAG 3.5.2006 – 1 ABR 15/05, NZA 2007, 1245; → §§ 112, 112a Rn. 2ff.). Dies folgt aus der systematischen Stellung des S. 2 und entspricht dem Sinn und Zweck der Regelung. Durch die Beratung soll der BR in die Lage versetzt werden, die Auswirkungen einer geplanten Betriebsänderung rasch zu erfassen und in kurzer Zeit mit Hilfe eines externen Sachverstands fundierte Alternativvorschläge so rechtzeitig zu erarbeiten, dass er auf die Entscheidung des ArbGeb. noch Einfluss nehmen kann (BT-Drs. 14/5741, 52; BAG 14.12.2016 – 7 ABR 8/15, NZA 2017, 514 Rn. 13). Damit bezieht sie sich auf die Gegenstände der Interessenausgleichsverhandlungen. Die Möglichkeit, den Berater auch ohne vorherige Vereinbarung mit dem ArbGeb. hinzuzuziehen, trägt insbes. dem Interesse beider Betriebspartner an einer Beschleunigung des Verfahrens Rechnung (BT-Drs. 14/5741, 52). Auch dieses Beschleunigungsinteresse gilt für die Verhandlungen über den Interessenausgleich in stärkerem Maße als für diejenigen über den Sozialplan. Dies schließt für die Sozialplanverhandlungen die Hinzuziehung eines Sachverständigen nach Maßgabe des § 80 Abs. 3 nicht aus. Der Berater kann – anders als der Sachverständige nach § 80 Abs. 3 (→ § 80 Rn. 87) – auf Wunsch des BR auch an den Verhandlungen mit dem ArbGeb. beratend teilnehmen (*Manske* FS 25 Jahre ARGE Arbeitsrecht im DAV, 2006, 953 [958ff.]; GK-BetrVG/*Oetker* Rn. 266; DKKW/*Däubler* Rn. 171; Richardi BetrVG/*Annuß* Rn. 55; **aA** *Rose/Grimmer* DB 2003, 1790 [1792]; *Klapper,* Unterstützung des BR durch in- und externen Sachverstand Diss. 2007, 440ff.). Das entspricht dem Wortlaut der Regelung als auch dem Interesse an besonderer Beschleunigung. **Aufgabe eines Beraters** ist es, die fehlende Sachkunde des BR zu ersetzen, ihn also hinsichtlich konkreter Fragestellungen zu beraten, um ihn in die Lage zu versetzen, die Verhandlungen mit dem ArbGeb. sachkundig führen zu können (BAG 14.12.2016 – 7 ABR 8/15, NZA 2017, 514 Rn. 14). Eine Tätigkeit als Berater kommt zB in Betracht, wenn es um den Entwurf eines schwierigen Interessenausgleichs geht (BAG 14.12.2016 – 7 ABR 8/15, NZA 2017, 514 Rn. 14). Dagegen ist es nicht Aufgabe eines Beraters, als Vertreter des BR aufzutreten und Verhandlungen mit dem ArbGeb. zu führen (BAG 14.12.2016 – 7 ABR 8/15, NZA 2017, 514 Rn. 14).

120 Die **Person des Beraters** wird im G nicht näher beschrieben. Eine formale Qualifikation (zB Rechtsanwalt, Wirtschaftsprüfer) wird nicht vorausgesetzt. Insbes. ist der Kreis der Berater nicht auf die anerkannten Beratungsberufe beschränkt (*Däubler* ArbuR 2001, 285 [286]; GK-BetrVG/*Oetker* Rn. 213; *Oetker* NZA 2002, 465 [467]). In Frage kommt insbes. die Beratung in technischen, betriebswirtschaftlichen und arbeitswissenschaftlichen Fragen. Aber auch die Hinzuziehung eines rechtlichen Beraters, also auch eines **Rechtsanwalts** ist möglich (vgl. BAG 14.12.2016 – 7 ABR 8/15, NZA 2017, 514 Rn. 14; *Löwisch* Sonderbeilage NZA Heft 24/2001, 40 [46]; *Reichold* NZA 2001, 857 [865]; *Däubler* ArbuR 2001, 285 [286]; *Lingemann* NZA 2002, 939; *Manske* FS 25 Jahre ARGE Arbeitsrecht im DAV, 2006, 953 [957]; zu § 80 Abs. 3 BAG 16.11.2005 – 7 ABR 12/05, NZA 2006, 553; 25.6.2014 – 7 ABR 70/12, NZA 2015, 629; **aA** GK-BetrVG/*Oetker* Rn. 212; *Oetker* NZA 2002, 465 [467ff.]).

121 Nach dem Sinn und Zweck des G kann der BR auch **mehr als einen Berater** hinzuziehen, sofern dies wegen des unterschiedlichen Fachwissens auf mehreren Gebieten erforderlich ist (*Däubler* ArbuR 2001, 285 [286]; Richardi BetrVG/*Annuß* Rn. 54; WPK/*Preis/Bender* Rn. 35; GK-BetrVG/*Oetker* Rn. 217; *Oetker* NZA 2002, 465 [471]; **aA** *Rose/Grimmer* DB 2003, 1790 [1792]; *Kleinebrink* ArbRB 2003, 212 [213]).

122 Die Heranziehung des Beraters muss zur Erfüllung der dem BR im Rahmen von § 111 gestellten Aufgaben erforderlich sein. Die **Erforderlichkeit** der Heranziehung wird vom Gesetzgeber nicht generell unterstellt. Vielmehr muss der BR – ebenso wie bei der Beauftragung eines Rechtsanwalts in einem arbeitsgerichtlichen Beschlussverfahren (iE BAG 20.10.1999 – 7 ABR 25/98, NZA 2000, 556) oder bei der Hinzuziehung eines Sachverständigen nach § 80 Abs. 3 (dazu – allerdings recht streng –

BAG 16.11.2005 – 7 ABR 12/05, NZA 2006, 553) – nach Maßgabe der konkreten Umstände des Einzelfalls prüfen, ob die Heranziehung des Beraters auch unter Berücksichtigung der dem ArbGeb. hierdurch entstehenden Kosten erforderlich ist (ebenso im Ergebnis *Reichold* NZA 2001, 857 [865]; Richardi BetrVG/*Annuß* Rn. 53 mwN; GK-BetrVG/*Oetker* Rn. 226; *Oetker* NZA 2002, 465 [469ff.]; **aA** *Däubler* ArbuR 2001, 285 [286]; *Manske* FS 25 Jahre ARGE Arbeitsrecht im DAV, 2006, 953 [957]).

Dabei können die vom BAG zu § 80 Abs. 3 entwickelten Grundsätze (insbes. BAG 16.11.2005 – 7 ABR 12/05, NZA 2006, 553; 25.6.2014 – 7 ABR 70/12, NZA 2015, 629) herangezogen werden (GK-BetrVG/*Oetker* Rn. 213). Eine unkritische, uneingeschränkte Übertragung erscheint freilich problematisch. Auch der Gesetzgeber geht ausweislich der Gesetzesbegründung davon aus, bei „Unternehmensumstrukturierungen … im Zeitalter der Globalisierung" gehe es oft um „hochkomplizierte Fragestellungen", bei denen der BR „seine Beteiligungsrechte in der Regel nicht ohne fremden Sachverstand wirksam ausüben" kann (BT-Drs. 14/5741, 51ff.). Die Verhandlungssituation zwischen ArbGeb. und BR ist gerade bei Betriebsänderungen von starken Interessengegensätzen gekennzeichnet (→ Rn. 4). Der BR muss sich daher nicht etwa generell darauf verweisen lassen, dass auch **betriebs- oder unternehmensinterne Berater** in ausreichendem Maße zur Verfügung stehen (Richardi BetrVG/*Annuß* Rn. 53; *Annuß* NZA 2001, 367 [369]; GK-BetrVG/*Oetker* Rn. 229; HaKo-BetrVG/*Steffan* Rn. 47). Im Rahmen der Beurteilung der Erforderlichkeit (→ Rn. 122) muss er allerdings prüfen, ob nicht ebenso geeignete, kostengünstigere Erkenntnismöglichkeiten zur Verfügung stehen (vgl. zu § 80 Abs. 3 BAG 25.6.2014 – 7 ABR 70/12, NZA 2015, 629). Von der Möglichkeit des § 80 Abs. 2 S. 3 kann der BR Gebrauch machen, muss es aber nicht. Dies gilt zumindest dann, wenn es – wie meistens – auch darum geht, fundierte Alternativvorschläge zu den Vorstellungen des ArbGeb. zu entwickeln (*Oetker* NZA 2002, 465 [470]). Die Heranziehung ist regelmäßig nicht erforderlich, wenn BRMitglieder über fundierte, zuverlässige Kenntnisse bereits verfügen. **123**

Der BR entscheidet nach **pflichtgemäßem Ermessen** durch Beschluss. In diesem ist der Berater namentlich zu bezeichnen (*Oetker* NZA 2002, 465 [471]; vgl. zu § 80 Abs. 3 BAG 19.4.1989 – 7 ABR 87/87, NZA 1989, 936). Die Erforderlichkeit der Heranziehung des Beraters und ein mit diesem geschlossene Honorarvereinbarung unterliegen der **arbeitsgerichtlichen Kontrolle.** Diese ist aber – wie in den sonstigen Fällen des § 40 – auf die Prüfung beschränkt, ob die Heranziehung sowie eine erteilte Honorarzusage unter den konkreten Umständen der Erledigung der gesetzlichen Aufgaben des BR diente und ob dieser neben den Interessen der Belegschaft auch die berechtigten Interessen des ArbGeb. insbes. an der Begrenzung der Kosten berücksichtigt hat (BAG 20.10.1999 – 7 ABR 25/98, NZA 2000, 556; vgl. zu § 80 Abs. 3 BAG 25.6.2014 – 7 ABR 70/12, NZA 2015, 629). Im Falle eines ordnungsgemäßen Beschlusses des BR hat der ArbGeb. die **Kosten** der Heranziehung des Beraters nach **§ 40 Abs. 1** zu tragen (BAG 9.12.2009 – 7 ABR 90/07, NZA 2010, 461). Er hat den BR von seiner Honorarverpflichtung gegenüber dem Berater freizustellen. Tritt der BR seinen **Freistellungsanspruch** gegen den ArbGeb. an den Berater ab, so wandelt sich der Freistellungsanspruch des BR in einen Zahlungsanspruch des Beraters um (BAG 24.10.2001 – 7 ABR 20/00, NZA 2003, 53; 9.12.2009 – 7 ABR 90/07, NZA 2010, 461). Hat der BR vor der Eröffnung des **Insolvenzverfahrens** über das Vermögen des ArbGeb. gem. Abs. 1 S. 2 einen Rechtsanwalt als Berater herangezogen und dauerte dessen Tätigkeit bis nach der Insolvenzeröffnung an, sind die Honoraransprüche für die bis zur Insolvenzeröffnung erbrachten Beratungsleistungen keine Masseverbindlichkeiten, sondern Insolvenzforderungen (BAG 9.12.2009 – 7 ABR 90/07, NZA 2010, 461). Die Vereinbarung mit dem Berater schließt nach § 26 Abs. 2 S. 1 regelmäßig der BRVors. Aufgrund eines Urteils des **BGH v. 25.10.2012** (**III ZR 266/11, NZA 2012, 1382**) kann der BRVors. hierbei Gefahr laufen, dem beauftragten Berater oder Rechtsanwalt nach **124**

§ 179 Abs. 1 u. 2 BGB (analog) zu haften, wenn der BR die Beauftragung nicht für erforderlich halten durfte. Allerdings erscheint im Hinblick auf den ehrenamtlichen Charakter der BRTätigkeit eine Beschränkung der **Haftung** des BRVors. geboten (→ **§ 1 Rn. 308 ff.**). Da der BR über die Hinzuziehung des Beraters ohne Abstimmung mit dem ArbGeb. nach pflichtgemäßem Ermessen alleine entscheiden kann, ist für einen Antrag des BR auf Erlass einer **einstw. Vfg.** kein Raum (*Mückl/Polzer* DB 2018, 2177).

125 Bestehen gesetzliche Regeln für die Vergütung eines Beraters, sind diese maßgeblich. Für einen beratenden Rechtsanwalt gilt das **RVG.** Eine **Honorarzusage,** die zu einer höheren Vergütung führt, darf der BR regelmäßig nicht für erforderlich halten. In Ausnahmefällen dürfen auch höhere Vergütungen, zB Zeithonorare, zugesagt werden (zur vergleichbaren Situation bei der Tätigkeit eines Rechtsanwalts im BeschlVerf. BAG 20.10.1999 – 7 ABR 25/98, NZA 2000, 556). Dies kann der Fall sein, wenn kein sachkundiger Berater bereit ist, zu den gesetzlichen Gebühren tätig zu werden. Bestehen keine gesetzlichen Bestimmungen zur Berechnung der Vergütung, wird das marktübliche Honorar nach § 612 Abs. 2 BGB geschuldet. Lässt sich auch dieses nicht ermitteln, setzt der Berater das Honorar nach § 316 iVm § 315 Abs. 1 BGB fest (*Natzel* NZA 2001, 874; *Oetker* NZA 2002, 465 [472]). Der Rechtsanwalt kann im Falle ausschließlich interner Beratung nur nach § 34 RVG abrechnen, im Falle der externen, verhandlungsbegleitenden Beratung dagegen eine Geschäftsgebühr verlangen. Eine zusätzliche Einigungsgebühr fällt auch beim Abschluss eines Interessenausgleichs nicht an.

126 Der Berater unterliegt gem. S. 2 Hs. 2 iVm § 80 Abs. 4 hinsichtlich der ihm bekannt werdenden Betriebs- und Geschäftsgeheimnisse der **Verschwiegenheitspflicht** des § 79. Beauftragt der BR einen Rechtsanwalt, ihn bei Verhandlungen über einen Interessenausgleich und Sozialplan zu beraten und zu vertreten, folgt daraus kein Mandat zur Vertretung der einzelnen ArbN. Der vom BR mit dem Rechtsanwalt geschlossene Anwaltsvertrag ist in der Regel auch kein Vertrag mit Schutzwirkung zugunsten der ArbN (BAG 24.8.2006 – 8 AZR 414/05, NZA 2007, 51).

127 Gem. S. 2 Hs. 3 bleibt **§ 80 Abs. 3 unberührt.** Damit ist klargestellt, dass in Betrieben mit weniger als 301 ArbN der BR auch weiterhin zu seiner Unterstützung einen Sachverständigen nach Maßgabe des § 80 Abs. 3 hinzuziehen kann (BT-Drs. 14/6352, 59).

VII. Die Durchsetzung und Sicherung der Beteiligungsrechte

128 Die Ansprüche des BR auf Unterrichtung und Beratung werden indirekt individualrechtlich gesichert. Der BR kann sie außerdem im arbeitsgerichtlichen Beschlussverfahren verfolgen. Umstritten ist, ob die Beteiligungsrechte auch einen Anspruch des BR auf Unterlassung der Betriebsänderung rechtfertigen.

1. Die individualrechtliche Sicherung

129 Die **Rechte des BR** auf Unterrichtung, Beratung und den Versuch eines Interessenausgleichs werden **mittelbar durch individualrechtliche Sanktionen gesichert,** die dem ArbGeb. im Falle der Verletzung der Beteiligungsrechte drohen. Allerdings hat die Verletzung der Beteiligungsrechte nicht wie bei einer Kündigung gem. § 102 Abs. 1 S. 3 oder in Fällen der zwingenden Mitbestimmung entsprechend der Theorie der Wirksamkeitsvoraussetzung (→ § 87 Rn. 599; BAG 11.6.2002 – 1 AZR 390/01, NZA 2003, 570) die individualrechtliche Unwirksamkeit der Maßnahme zur Folge (vgl. zur Verletzung der Unterrichtungs- und Konsultationspflicht nach § 17 Abs. 2 KSchG bei Massenentlassungen aber → Rn. 103). Unterlässt der ArbGeb. bei einer Betriebsänderung den Versuch eines Interessenausgleichs, führt dies vielmehr gem. § 113 Abs. 3, Abs. 1 dazu, dass die betroffenen ArbN einen **An-**

spruch auf Nachteilsausgleich haben. Die den Verhandlungsanspruch mittelbar sichernde Bestimmung kommt auch zur Anwendung, wenn der ArbGeb. die Durchführung eines Einigungsstellenverfahrens unterlassen hat (BAG 20.11.2001 – 1 AZR 97/01, NZA 2002, 992). Durch § 113 Abs. 3 wird der ArbGeb. zwar mittelbar angehalten, die Beteiligungsrechte des BR zu beachten. Dem BR gibt die Bestimmung aber keinen gerichtlich durchsetzbaren Anspruch.

2. Die kollektivrechtliche Durchsetzung und Sicherung

130 Der BR kann den Anspruch auf Unterrichtung und auf eine mit dem Ziel eines Interessenausgleichs geführte Beratung grds. im Wege eines **Leistungsantrags im arbeitsgerichtlichen Beschlussverfahren** verfolgen. Dieser Weg wird in der Praxis allerdings häufig zu langwierig sein, zumal gem. § 85 Abs. 1 S. 1 ArbGG die Zwangsvollstreckung nur aus rechtskräftigen Beschlüssen stattfindet. Bis ein solcher vorliegt, wird die Betriebsänderung oft schon durchgeführt sein. Eine effektive gerichtliche Durchsetzung des Unterrichtungs- und Beratungsanspruchs wird daher regelmäßig nur im Wege einer einstweiligen Verfügung nach § 85 Abs. 2 S. 1 ArbGG in Betracht kommen. Dabei handelt es sich um eine auf die Vornahme – unvertretbarer – Handlungen gerichtete Leistungsverfügung, die erforderlichenfalls über die Androhung und Festsetzung von Zwangsgeld (§ 888 ZPO) zu vollstrecken ist.

131 Heftig umstritten ist, ob der BR außerdem zur Wahrung seiner Rechte auf Beratung und damit zur Sicherung der Möglichkeit, auf die Willensbildung des ArbGeb. Einfluss zu nehmen, einen **Anspruch auf Unterlassung** aller Maßnahmen hat, welche die Betriebsänderung ausmachen oder sie unwiderruflich vorwegnehmen (zB Ausspruch von Kündigungen, Abtransport der wesentlichen materiellen Betriebsmittel). Vgl. „zur Dogmatik des allgemeinen betriebsverfassungsrechtlichen Unterlassungsanspruchs" *Lobinger* ZfA 2004, 101 ff. Eine Zusammenstellung der LAG-Entscheidungen findet sich bei *Seel* MDR 2010, 7.

132 **Bejaht** wird ein entsprechender Unterlassungsanspruch in Schrifttum und Rspr. zB von *Derleder* ArbuR 1995, 17; *Fauser/Nacken* NZA 2006, 1136; *Fischer* ArbuR 1997, 177; *Heither* FS Däubler, 1999, 338; *Lobinger* FS Richardi, 2007, 657 [673 ff.]; *Zabel* ArbuR 2008, 173; *Zwanziger* BB 1998, 480; LAG Bln 7.9.1995 – 10 TaBV 5/95, AP BetrVG 1972 § 111 Nr. 36; LAG Hmb 26.6.1997 – 8 Sa 412/95, NZA-RR 1997, 196; LAG Thüringen 18.8.2003 – 1 Ta 104/03, ZIP 2004, 1118; Hess-LAG 27.6.2007 – 4 TaBVGa 137/07, BeckRS 2007, 47237; LAG Hamm 30.7.2007 – 10 TaBVGa 17/07, BeckRS 2007, 46756; LAG München 22.12.2008 – 6 TaBVGa 6/08, BB 2010, 896.

133 **Ausdrücklich verneint** wird der Anspruch zB von *Bauer* DB 1994, 217 [224 f.]; *Bauer* FS Wißmann, 2005, 215 [224 ff.], *Bauer/Krieger* BB 2010, 53; *Bengelsdorf* DB 1990, 1233 [1235 ff.]; *Hohenstatt* NZA 1998, 846 [850 f.]; *Lipinski* BB 2002, 2226; *Raab* ZfA 1997, 246; *Walter* ZfA 2005, 45 [72 ff.]; HWGNRH/*Hess* Rn. 25o ff.; WPK/*Preis/Bender* Rn. 38; GK-BetrVG/*Oetker* Rn. 284 ff.; WHSS-Umstrukturierung/*Schweibert* Kap. C Rn. 366 ff.; MHdB ArbR/*Leder* § 347 Rn. 48; *Weber* AuR 2008, 365 [378 ff.]; *Rebel* Nachteilsausgleich S. 285 ff.; *Völksen* RdA 2010, 354; LAG SchlH 13.1.1992 – 4 TaBV 54/91, BB 1992 Heft 17, 1210; LAG Düsseldorf 19.11.1996 – 8 TaBV 80/96, NZA-RR 1997, 297. Etwas widersprüchlich Richardi BetrVG/*Annuß* Rn. 168, der den Unterlassungsanspruch einerseits grds. ablehnt, ihn aber andererseits wegen der RL 2002/14/EG im Wege richtlinienkonformer Auslegung anerkennen will.

134 Das **BAG** hat die Frage bislang nicht beantwortet. Es hat allerdings entschieden, dass der BR bei Verletzung seiner MBR nach § 87 einen Anspruch auf Unterlassung der mitbestimmungswidrigen Maßnahmen hat, obwohl ein solcher gesetzlich nicht ausdrücklich vorgesehen ist. Dieser Unterlassungsanspruch setze auch keine grobe Pflichtverletzung voraus (BAG 3.5.1994 – 1 ABR 24/93, NZA 1995, 40). Das BAG hat dies aber ausdrücklich nur für die MBR in sozialen Angelegenheiten entschieden.

Für einen Unterlassungsanspruch komme es auf die einzelnen Mitbestimmungstatbestände, deren konkrete gesetzliche Ausgestaltung und die Art der Rechtsverletzung an. Es sei daher nicht widersprüchlich, einen Unterlassungsanspruch bei Verstößen gegen § 87 zu bejahen, ihn aber im Zusammenhang mit der Mitbestimmung bei personellen Einzelmaßnahmen oder in wirtschaftlichen Angelegenheiten zu verneinen (BAG 3.5.1994 – 1 ABR 24/93, NZA 1995, 40).

135 Der BR hat bei Verletzung seiner Beteiligungsrechte nach § 111 **materiellrechtlich keinen Anspruch** gegen den ArbGeb. **auf Unterlassung der Durchführung der Betriebsänderung.** Das BetrVG sieht einen derartigen Anspruch nicht vor. Der Gesetzgeber hat trotz dahin gehender Initiativen des DGB und der Bundestagsfraktion der PDS das BetrVerf-ReformG nicht zum Anlass genommen, einen entsprechenden Unterlassungsanspruch des BR in das BetrVG aufzunehmen. Der Unterlassungsanspruch ergibt sich auch nicht zwingend aus Struktur und Funktion der Beteiligungsrechte des BR bei Betriebsänderungen. Die MBR des BR nach § 87 und nach § 111 unterscheiden sich insoweit beträchtlich. Anders als in sozialen Angelegenheiten ist das Beteiligungsrecht des BR bei der Entscheidung über das Ob und Wie einer Betriebsänderung nicht als volles MBR ausgestaltet. Der BR muss unterrichtet und es muss mit ihm beraten werden. Die unternehmerische Maßnahme bedarf aber zu ihrer Wirksamkeit nicht seiner Zustimmung. Die Verletzung des MBR nach § 87 führt nach der Theorie der Wirksamkeitsvoraussetzung (→ § 87 Rn. 599) zur Unwirksamkeit der Maßnahme. Daher ist es konsequent, dem BR einen Anspruch auf Unterlassung der unwirksamen Maßnahme zuzuerkennen. Eine Verletzung der Beteiligungsrechte nach § 111 hat dagegen nicht die Unwirksamkeit der Betriebsänderung zur Folge. Daher ist mit den Unterrichtungs- und Beteiligungsrechten nach § 111 nicht notwendig ein Unterlassungsanspruch verbunden.

136 Die Verneinung eines materiellrechtlichen Unterlassungsanspruchs bedeutet nicht, dass damit dem BR die Durchsetzung seiner Beteiligungsrechte bei Betriebsänderungen unmöglich würde.

137 Allerdings wird die **Wahrnehmung der Beteiligungsrechte vereitelt,** wenn der Unternehmer die Betriebsänderung ohne Unterrichtung und Beratung mit dem BR durchführt. Eine nachträgliche Unterrichtung und Beratung hat keinen Sinn und kann die Interessen der ArbN nicht mehr zur Geltung bringen (MHdB ArbR/*Matthes* 3. Aufl. § 270 Rn. 49). Auch stellt die Sanktion des **§ 113 Abs. 3 keine hinreichende Absicherung der Beteiligungsrechte des BR** dar. Dabei kann dahin stehen, ob der Sanktion in der Praxis präventive Wirkung zukommt oder ob es sich um eine „stumpfes Schwert" handelt (so *Bertzbach* FS Heinrichs, 1998, 6; *Heither* FS Däubler, 1999, 338 [341]). Denn jedenfalls steht dieses „Schwert" nicht dem BR, sondern nur den einzelnen ArbN zur Verfügung.

138 Die effektive Durchsetzung der Unterrichtungs- und Beratungsrechte des BR bei Betriebsänderungen ist nicht durch die zweifelhafte Konstruktion materiellrechtlicher Unterlassungsansprüche, sondern durch die konsequente Anwendung der Instrumente zu gewährleisten, welche die Verfahrensordnungen für den **einstweiligen Rechtsschutz** zur Verfügung stellen. Der BR kann die ihm nach § 111 S. 1 materiellrechtlich zustehenden Ansprüche auf Beratung und Unterrichtung, sofern das Verhalten des ArbGeb. diese zu vereiteln droht, im Wege des einstweiligen Rechtsschutzes verfolgen. Nach § 85 Abs. 2 S. 1 ArbGG ist auch im Beschlussverf. der Erlass einer einstweiligen Verfügung zulässig. Nach § 85 Abs. 2 S. 2 ArbGG sind – mit gewissen Modifikationen – die Vorschriften der ZPO anwendbar. Gem. § 935 ZPO sind einstweilige Verfügungen in Bezug auf den Streitgegenstand zulässig, wenn zu besorgen ist, dass durch eine Veränderung des bestehenden Zustandes die Verwirklichung des Rechts einer Partei vereitelt oder wesentlich erschwert werden könnte. Dies wird hinsichtlich der Beratungs- und Unterrichtungsrechte des BR meist der Fall sein, wenn der Unternehmer im Begriff ist, die beabsichtigte Betriebsänderung ohne Beteiligung des BR durchzuführen. Zum Zweck der Sicherung der Beteiligungsrechte des BR kann daher der Erlass einer einstweiligen Verfügung geboten sein. Dabei be-

stimmt das (Arbeits-)Gericht gem. § 938 Abs. 1 ZPO nach freiem Ermessen, welche **Anordnungen zur Erreichung des Zwecks** erforderlich sind. Nach **§ 938 Abs. 2 ZPO** kann die einstweilige Verfügung ua auch darin bestehen, dass dem Gegner eine Handlung verboten wird. Ein derartiges **Verbot** kann sich auf die Durchführung der Betriebsänderung beziehen. Insbes. eröffnet § 938 Abs. 2 ZPO dem Gericht die Möglichkeit, zur Sicherung der Beteiligungsrechte des BR vorübergehend die Maßnahmen zu untersagen, die bereits die Betriebsänderung ausmachen, wie etwa den Abtransport von Maschinen oder den Ausspruch von Kündigungen (ArbG Hamburg 25.1.2007 – 25 GaBV 1/07, BeckRS 2008, 56071; Düwell/Lipke/*Koch* ArbGG § 85 Rn. 30 mwN; **aA** HWGNRH/*Hess* Rn. 253 mit zahlr. Rspr.-Nachw. für beide Auffassungen; WPK/*Preis/Bender* Rn. 38; *Rebel* Nachteilsausgleich S. 299 f.; *Grambow* BB 2017, 1909, 1911). Damit werden nicht etwa die speziellen gesetzlichen Wertungen des BetrVG unterlaufen (so aber GK-BetrVG/*Oetker* Rn. 289), sondern es wird in systemkonformer Weise die Verwirklichung der **Beteiligungsrechte des BR verfahrensrechtlich gewährleistet.** Das ArbG muss aber mit einem derartigen Verbot insbes. wegen der erheblichen wirtschaftlichen Folgen vorsichtig umgehen, die Interessen sorgfältig abwägen und **hohe Anforderungen an die Glaubhaftmachung** von Verfügungsanspruch und Verfügungsgrund stellen. Dies gilt umso mehr, als wegen der Vermögenslosigkeit des BR gem. § 85 Abs. 2 S. 2 ArbGG die Bestimmung des § 945 ZPO keine Anwendung findet und daher der ArbGeb. **keinen Schadensersatz** beanspruchen kann, wenn sich nachträglich herausstellt, dass die Anordnung der einstweiligen Verfügung ungerechtfertigt war (vgl. *Schmädicke* NZA 2004, 295, der deshalb – zu Unrecht – das Vorliegen eines Verfügungsgrundes in diesen Fällen generell verneint).

Bei schweren Verstößen des Unternehmers gegen die Unterrichtungs- und Bera- 139
tungspflicht kommt auch ein Verf. nach **§ 23 Abs. 3** in Betracht. Da sich Betriebsänderungen in der Regel nicht in gleicher Weise wiederholen, dürfte dies in der Praxis eher selten der Fall sein (vgl. *Rebel* Nachteilsausgleich S. 280 ff.).

Daneben handelt der Unternehmer gem. **§ 121 Abs. 1** ordnungswidrig, wenn er 140
die Unterrichtungspflicht nach § 111 nicht, wahrheitswidrig, unvollständig oder verspätet erfüllt (*Rebel* Nachteilsausgleich S. 301).

VIII. Rechtsstreitigkeiten

Der BR kann den Unternehmer im Beschlussverf. auf **Erfüllung der Unterrich-** 141
tungs- und Beratungspflicht in Anspruch nehmen. Ein entsprechender Beschluss wird nach § 888 ZPO vollstreckt. Der Erlass einer einstweiligen Verfügung ist möglich und für die Praxis bedeutsam (→ Rn. 138).

Der Streit über die Frage, ob eine Maßnahme Beteiligungsrechte des BR nach 142
§ 111 auslöst, kann von den Betriebsparteien im **BeschlussVerf.** im Wege eines Feststellungsantrags geklärt werden. Zu den **Besonderheiten des BeschlVerf.** vgl. **Anh. 3.** Ist die Betriebsänderung bereits durchgeführt, kann regelmäßig nur noch die Verpflichtung zur Aufstellung eines Sozialplans festgestellt werden (BAG 17.12.1985 - 1 ABR 78/83, NZA 1986, 804; 10.11.1987 – 1 AZR 360/86, NZA 1988, 287).

Ein arbeitsgerichtlicher Beschluss, wonach eine Betriebsänderung vorliegt, bindet 143
ArbGeb. und BR und entfaltet auch **Bindungswirkung** für etwaige Ansprüche nach § 113 Abs. 3 (BAG 10.11.1987 – 1 AZR 360/86, NZA 1988, 287).

Eine **E-Stelle** muss erforderlichenfalls bei der Prüfung ihrer Regelungskompetenz 144
das Vorliegen einer Betriebsänderung als Vorfrage beurteilen. Sie „entscheidet“ diese Rechtsfrage aber nicht. Dies ist vielmehr, ggf. auch im Rahmen eines Vorabentscheidungsverfahrens, Sache der Gerichte (BAG 10.12.2002 – 1 ABR 27/01, AP BetrVG 1972 § 95 Nr. 43; *Schmidt,* JbArbR, Bd. 40, S. 121, 122 f.).

§ 112 Interessenausgleich über die Betriebsänderung, Sozialplan

(1) [1]**Kommt zwischen Unternehmer und Betriebsrat ein Interessenausgleich über die geplante Betriebsänderung zustande, so ist dieser schriftlich niederzulegen und vom Unternehmer und Betriebsrat zu unterschreiben.** [2]**Das Gleiche gilt für eine Einigung über den Ausgleich oder die Milderung der wirtschaftlichen Nachteile, die den Arbeitnehmern infolge der geplanten Betriebsänderung entstehen (Sozialplan).** [3]**Der Sozialplan hat die Wirkung einer Betriebsvereinbarung.** [4]**§ 77 Abs. 3 ist auf den Sozialplan nicht anzuwenden.**

(2) [1]**Kommt ein Interessenausgleich über die geplante Betriebsänderung oder eine Einigung über den Sozialplan nicht zustande, so können der Unternehmer oder der Betriebsrat den Vorstand der Bundesagentur für Arbeit um Vermittlung ersuchen, der Vorstand kann die Aufgabe auf andere Bedienstete der Bundesagentur für Arbeit übertragen.** [2]**Erfolgt kein Vermittlungsersuchen oder bleibt der Vermittlungsversuch ergebnislos, so können der Unternehmer oder der Betriebsrat die Einigungsstelle anrufen.** [3]**Auf Ersuchen des Vorsitzenden der Einigungsstelle nimmt ein Mitglied des Vorstands der Bundesagentur für Arbeit oder ein vom Vorstand der Bundesagentur für Arbeit benannter Bediensteter der Bundesagentur für Arbeit an der Verhandlung teil.**

(3) [1]**Unternehmer und Betriebsrat sollen der Einigungsstelle Vorschläge zur Beilegung der Meinungsverschiedenheiten über den Interessenausgleich und den Sozialplan machen.** [2]**Die Einigungsstelle hat eine Einigung der Parteien zu versuchen.** [3]**Kommt eine Einigung zustande, so ist sie schriftlich niederzulegen und von den Parteien und vom Vorsitzenden zu unterschreiben.**

(4) [1]**Kommt eine Einigung über den Sozialplan nicht zustande, so entscheidet die Einigungsstelle über die Aufstellung eines Sozialplans.** [2]**Der Spruch der Einigungsstelle ersetzt die Einigung zwischen Arbeitgeber und Betriebsrat.**

(5) [1]**Die Einigungsstelle hat bei ihrer Entscheidung nach Absatz 4 sowohl die sozialen Belange der betroffenen Arbeitnehmer zu berücksichtigen als auch auf die wirtschaftliche Vertretbarkeit ihrer Entscheidung für das Unternehmen zu achten.** [2]**Dabei hat die Einigungsstelle sich im Rahmen billigen Ermessens insbesondere von folgenden Grundsätzen leiten zu lassen:**

1. **Sie soll beim Ausgleich oder bei der Milderung wirtschaftlicher Nachteile, insbesondere durch Einkommensminderung, Wegfall von Sonderleistungen oder Verlust von Anwartschaften auf betriebliche Altersversorgung, Umzugskosten oder erhöhte Fahrtkosten, Leistungen vorsehen, die in der Regel den Gegebenheiten des Einzelfalles Rechnung tragen.**
2. **Sie hat die Aussichten der betroffenen Arbeitnehmer auf dem Arbeitsmarkt zu berücksichtigen. Sie soll Arbeitnehmer von Leistungen ausschließen, die in einem zumutbaren Arbeitsverhältnis im selben Betrieb oder in einem anderen Betrieb des Unternehmens oder eines zum Konzern gehörenden Unternehmens weiterbeschäftigt werden können und die Weiterbeschäftigung ablehnen; die mögliche Weiterbeschäftigung an einem anderen Ort begründet für sich allein nicht die Unzumutbarkeit.**

2a. **Sie soll insbesondere die im Dritten Buch des Sozialgesetzbuches vorgesehenen Förderungsmöglichkeiten zur Vermeidung von Arbeitslosigkeit berücksichtigen.**

3. **Sie hat bei der Bemessung des Gesamtbetrages der Sozialplanleistungen darauf zu achten, dass der Fortbestand des Unternehmens oder die nach Durchführung der Betriebsänderung verbleibenden Arbeitsplätze nicht gefährdet werden.**

§ 112a Erzwingbarer Sozialplan bei Personalabbau, Neugründungen

(1) [1]**Besteht eine geplante Betriebsänderung im Sinne des § 111 Satz 3 Nr. 1 allein in der Entlassung von Arbeitnehmern, so findet § 112 Abs. 4 und 5 nur Anwendung, wenn**

1. in Betrieben mit in der Regel weniger als 60 Arbeitnehmern 20 vom Hundert der regelmäßig beschäftigten Arbeitnehmer, aber mindestens 6 Arbeitnehmer,

2. in Betrieben mit in der Regel mindestens 60 und weniger als 250 Arbeitnehmern 20 vom Hundert der regelmäßig beschäftigten Arbeitnehmer oder mindestens 37 Arbeitnehmer,

3. in Betrieben mit in der Regel mindestens 250 und weniger als 500 Arbeitnehmern 15 vom Hundert der regelmäßig beschäftigten Arbeitnehmer oder mindestens 60 Arbeitnehmer,

4. in Betrieben mit in der Regel mindestens 500 Arbeitnehmern 10 vom Hundert der regelmäßig beschäftigten Arbeitnehmer, aber mindestens 60 Arbeitnehmer

aus betriebsbedingten Gründen entlassen werden sollen. [2]**Als Entlassung gilt auch das vom Arbeitgeber aus Gründen der Betriebsänderung veranlasste Ausscheiden von Arbeitnehmern aufgrund von Aufhebungsverträgen.**

(2) [1]**§ 112 Abs. 4 und 5 findet keine Anwendung auf Betriebe eines Unternehmens in den ersten vier Jahren nach seiner Gründung.** [2]**Dies gilt nicht für Neugründungen im Zusammenhang mit der rechtlichen Umstrukturierung von Unternehmen und Konzernen.** [3]**Maßgebend für den Zeitpunkt der Gründung ist die Aufnahme einer Erwerbstätigkeit, die nach § 138 der Abgabenordnung dem Finanzamt mitzuteilen ist.**

Inhaltsübersicht

I. Vorbemerkung

1 Die §§ 112, 112a regeln Voraussetzungen, Zustandekommen und Inhalt von **Interessenausgleich und Sozialplan.** Nach dem durch das **BetrVerf-ReformG** eingefügten § 112 Abs. 5 Nr. 2a hat die E-Stelle bei der Aufstellung von Sozialplänen mit den **im SGB III vorgesehenen Förderungsmöglichkeiten** einen weiteren wichtigen Gesichtspunkt zu berücksichtigen. Durch Art. 81 des Dritten Gesetzes für moderne Dienstleistungen am Arbeitsmarkt v. 23.12.2003 – **„Hartz III"** – (BGBl. I S. 2848) wurden mit Wirkung **ab 1.1.2004** die bisherigen Bestimmungen über Zuschüsse zu Sozialplanmaßnahmen in §§ 254–259 SGB III durch die Regelungen in § 216a SGB III über Leistungen zur Förderung der Teilnahme an Transfermaßnahmen abgelöst und die Bestimmungen über das sog Strukturkurzarbeitergeld in § 175 SGB III durch die Regelungen in § 216b SGB III über das sog Transferkurzarbeitergeld ersetzt.. Durch das am **1.1.2011** in Kraft getretene **„Beschäftigtenchancengesetz"** und das **Eingliederungschancengesetz vom 20.12.2011** erfolgte eine grundlegende Neuordnung, durch die § 216a SGB III zu **§ 110 SGB III** und § 216b SGB III zu **§ 111 SGB III** wurde (→ **Rn. 223 ff.**). Bereits zum 1.1.2004 trat mit der Anfügung des § 1 Abs. 5 KSchG („Namensliste") durch Art. 1 des **G zu Reformen am Arbeitsmarkt** v. 24.12.2003 (BGBl. I S. 3002) eine wesentliche Änderung in der Bedeutung des Interessenausgleichs ein (→ Rn. 49 ff.).

2 Wenngleich in der Praxis die Verhandlungen über **Interessenausgleich und Sozialplan** häufig verbunden werden, **unterscheiden sich** die beiden Rechtsinstitute wesentlich **in Inhalt, Funktion, Zustandekommen** und **Wirkungsweise** (BAG 22.7.2003 – 1 AZR 541/02, NZA 2004, 93; 30.11.2016 – 10 AZR 805/15, BeckRS 2016, 112855 Rn. 26; *Wißmann* FS 25 Jahre ARGE Arbeitsrecht im DAV, 2006, 1037 [1039 f.]) Gegenstand des **Interessenausgleichs** ist die Frage, **ob, wann und wie** eine **Betriebsänderung durchgeführt** wird. Dagegen geht es beim **Sozialplan** darum, wie die **wirtschaftlichen Nachteile ausgeglichen oder abgemildert** werden, die den ArbN infolge der Betriebsänderung entstehen. Daher kann die E-Stelle in einem Sozialplan dem ArbGeb. nicht die Durchführung der Betriebsänderung vorschreiben. Sie kann verbindlich nur die Milderung oder den Ausgleich von Nachteilen regeln, nicht deren Eintritt verhindern (BAG 17.9.1991 – 1 ABR 23/91, NZA 1992, 227). Der virtuelle befristete Verbleib von ArbN an einem geschlossenen Standort ist eine Maßnahme zur Milderung der wirtschaftlichen Nachteile und damit nicht Teil eines Interessenausgleichs, sondern vielmehr eines Sozialplan (BAG 30.11.2016 – 10 AZR 805/15, BeckRS 2016, 112855 Rn. 27 ff.). Fraglich erscheint, ob Umschulungs- und Qualifizierungsmaßnahmen anlässlich einer eine Betriebsände-

rung iSv § 111 S. 3 Nr. 4 und/oder Nr. 5 darstellenden technologischen Veränderung dem Ausgleich oder der Milderung wirtschaftlicher Nachteile dienen und damit Gegenstand eines erzwingbaren Sozialplans sein können oder ob sie nur Gegenstand eines nicht erzwingbaren Interessenausgleichs oder einer freiwilligen BV sein können (vgl. dazu sowie zur Mitbestimmung nach § 97 Abs. 2 *Röder/Gebert* NZA 2017, 1289, 1291 ff.).

Die **Intensität und Durchsetzbarkeit** der Beteiligungsrechte des BR ist unterschiedlich. Der ArbGeb. hat einen Interessenausgleich zwar ernsthaft zu versuchen. Der BR kann ihn aber gegen den Willen des ArbGeb. nicht erzwingen. Die ggf. anzurufende E-Stelle kann keinen Spruch über das Ob und Wie einer Betriebsänderung fassen, sondern lediglich auf eine gütliche Einigung hinwirken. Damit verbleibt die unternehmerisch-wirtschaftliche Entscheidungsbefugnis letztlich allein beim ArbGeb. Einen Sozialplan kann dagegen der BR mit Ausnahme der in § 112a genannten Fälle (→ Rn. 100 ff.) erzwingen. Die E-Stelle entscheidet ggf. auch gegen den Willen des ArbGeb. verbindlich über den Inhalt des Sozialplans. 3

Auch die **Sicherung des MBR** des BR bei Interessenausgleich und Sozialplan ist unterschiedlich ausgestaltet. Die Verletzung der Pflicht zum Versuch eines Interessenausgleichs hat gem. § 113 Abs. 3 Ansprüche der ArbN auf Nachteilsausgleich zur Folge. Den Abschluss eines Sozialplans kann der BR durch die Errichtung einer E-Stelle – erforderlichenfalls gem. § 100 ArbGG – durchsetzen. 4

Rechtsnatur und **rechtliche Wirkungen** von Interessenausgleich und Sozialplan sind ebenfalls unterschiedlich. Ein Sozialplan hat nach der ausdrücklichen gesetzlichen Regelung des § 112 Abs. 1 S. 3 die Wirkung einer BV. Er begründet damit normativ Ansprüche der einzelnen Arbeitnehmer. Es handelt sich um eine BV besonderer Art, auf welche die Regelungen und Grundsätze zur BV entspr. anzuwenden sind (→ Rn. 174 ff.). Dagegen sind die Wirkungen eines Interessenausgleichs im G nicht ausdrücklich beschrieben (→ Rn. 43 ff.). Insbes. sieht das G nicht etwa einen gerichtlich durchsetzbaren Anspruch der ArbN auf Einhaltung des Interessenausgleichs, sondern in § 113 Abs. 1 u. 2 für den Fall des Abweichens des Unternehmers vom Interessenausgleich Ansprüche der ArbN auf Nachteilsausgleich vor. 5

Die erheblichen Unterschiede zwischen Interessenausgleich und Sozialplan macht § 118 Abs. 1 S. 2 für **Tendenzunternehmen** deutlich (BAG 18.11.2003 – 1 AZR 637/02, NZA 2004, 741; *Wißmann* FS 25 Jahre ARGE Arbeitsrecht im DAV, 2006, 1037 [1040]). Hier ist der ArbGeb. zur Unterrichtung und Beratung, nicht aber zum Versuch eines Interessenausgleichs verpflichtet. Einen Sozialplan kann der BR dagegen verlangen (→ § 111 Rn. 36; → § 118 Rn. 46). 6

In der **Insolvenz** des Unternehmens gibt es hinsichtlich Interessenausgleich und Sozialplan gleichfalls erhebliche Abweichungen (vgl. zum Interessenausgleich → Rn. 67 ff.; zum Sozialplan → Rn. 287 ff.). 7

Unabhängig von einem Interessenausgleich sind die **weiteren MBR** vor und bei der Durchführung der Betriebsänderung, insbes. nach **§§ 87 Abs. 1 Nr. 3 u. 6, 90, 98, 99, 102 u. 106.** Eine Einigung über personelle Abbaumaßnahmen ersetzt nicht die Kündigungen und beseitigt nicht das **Anhörungsrecht** des BR **nach § 102** (BAG 19.1.1999 – 1 AZR 342/98, NZA 1999, 949). Der BR kann die Initiative zur **Einführung von Kurzarbeit** ergreifen (→ § 87 Rn. 159) und so versuchen, die Betriebsänderung durch Personalabbau entweder überhaupt oder doch zumindest in dem geplanten Umfang und (oder) zu dem vorgesehenen Zeitpunkt zu verhindern. Der Umstand, dass durch eine ggf. über § 87 Abs. 1 Nr. 3 BetrVG vom BR erzwungene Kurzarbeit Daten gesetzt werden, welche die unternehmerische Freiheit zur Betriebseinschränkung berühren, steht dem MBR nicht entgegen (BAG 4.3.1986 – 1 ABR 15/84, NZA 1986, 432). 8

Entspr. Vorschrift im **BPersVG:** § 75 Abs. 3 Nr. 13. 9

II. Interessenausgleich

1. Gegenstand, Bedeutung und Inhalt des Interessenausgleichs

10 **Gegenstand** des Interessenausgleichs ist ausschließlich die konkret **geplante Betriebsänderung.** Anders als ein vorsorglicher (Rahmen-)Sozialplan kann ein Interessenausgleich nicht für etwaige künftige, noch nicht konkret geplante Betriebsänderungen vereinbart werden (HWGNRH/*Hess* § 112 Rn. 19). Er ist seiner Natur nach auf den Einzelfall bezogen und kann nicht „auf Vorrat" geschlossen werden (*Wißmann* FS 25 Jahre ARGE Arbeitsrecht im DAV, 2006, 1037 [1054]; WPK/*Preis/Bender* Rn. 4). Der BR soll auf die Gestaltung der konkreten Betriebsänderung Einfluss nehmen können. Dies schließt vorweggenommene Regelungen für künftige in ihren Einzelheiten noch nicht absehbare Maßnahmen aus. In einer solchen Regelung läge vielmehr ein unzulässiger Verzicht des BR auf die Mitgestaltung der künftigen Betriebsänderung (BAG 19.1.1999 – 1 AZR 342/98, NZA 1999, 949 mwN).

11 Ist eine **Betriebsänderung bereits durchgeführt,** ist für einen Interessenausgleich ebenfalls kein Raum mehr (Richardi BetrVG/*Annuß* § 112 Rn. 16). Regelungen über die Modalitäten einer schon vollzogenen Betriebsänderung sind nicht möglich. In diesem Fall kommen nur noch Ansprüche der ArbN auf Nachteilsausgleich nach § 113 Abs. 3 in Betracht.

12 Erforderlich ist der Versuch eines Interessenausgleichs **bei allen in § 111 Abs. 1 genannten Betriebsänderungen** (→ § 111 Rn. 40–111). Ein Interessenausgleich ist daher auch dann zu versuchen, wenn ein Sozialplan deshalb nicht erzwungen werden kann, weil bei einem Personalabbau die Zahlen des § 112a Abs. 1 S. 1 nicht erreicht sind oder eine Neugründung iSv § 112a Abs. 2 vorliegt (ErfK/*Kania* Rn. 4). In diesen Fällen kommt einem etwaigen Interessenausgleich sogar eine besondere Bedeutung zu.

13 Durch einen Interessenausgleich werden die **Modalitäten** der **Betriebsänderung** geregelt, nicht deren Folgen. Unternehmer und BR verständigen sich in ihm darüber, **ob, wann und wie** die geplante Betriebsänderung durchgeführt werden soll (BAG 9.7.1985 – 1 AZR 323/83, NZA 1986, 100; 27.10.1987 – 1 ABR 9/86, NZA 1988, 203; 17.9.1991 – 1 ABR 23/91, NZA 1992, 227; 20.4.1994 – 10 AZR 186/93, NZA 1995, 89; Richardi BetrVG/*Annuß* § 112 Rn. 18).

14 In Zeiten, die von tiefgreifenden und immer rascheren Umstrukturierungsprozessen, Globalisierung und hoher Arbeitslosigkeit gekennzeichnet sind, gewinnt der Interessenausgleich an **Bedeutung.** Sozialpläne können häufig den Verlust des Arbeitsplatzes nicht mehr ausgleichen, sondern allenfalls abmildern. Gefragt sind daher intelligente Lösungen in einem Interessenausgleich, die nach Möglichkeit bereits den Eintritt erheblicher Nachteile für die ArbN, allen voran den Verlust des Arbeitsplatzes vermeiden, ohne die erforderlichen Rationalisierungs- und Modernisierungsprozesse in Betrieb und Unternehmen zu verhindern.

15 Dabei kann die vertrauensvolle **Einbindung des BR in den Entscheidungsprozess des ArbGeb.** durchaus auch für das Unternehmen nützlich sein. Für dieses ist häufig ein intelligenter Interessenausgleich ebenfalls sinnvoller als ein teurer Sozialplan, durch den die Belegschaft nach den Grundsätzen der sozialen Auswahl ausgedünnt wird. Zwar wird der BR in den Beratungen über einen Interessenausgleich entspr. seiner betriebsverfassungsrechtlichen Aufgabe vor allem die Interessen der von ihm repräsentierten Belegschaft geltend machen, die häufig mit den Interessen des Unternehmens insbes. an einer Kostensenkung nicht übereinstimmen. Gleichwohl hat aber auch die Belegschaft ein Interesse am Fortbestand eines gesunden Unternehmens. Daher wird der BR im wohlverstandenen Interesse der ArbN das Knowhow, das er auf Grund seiner Nähe zur Belegschaft und den betrieblichen Abläufen besitzt, dazu verwenden, gemeinsam mit dem ArbGeb. nach betriebswirtschaftlich

sinnvollen und sozialverträglichen Lösungen zu suchen. Dies erhöht nicht zuletzt auch die Akzeptanz der Entscheidungen des ArbGeb. bei der Belegschaft.

Der Interessenausgleich kann in der uneingeschränkten **Zustimmung** des BR zu der geplanten Betriebsänderung bestehen (Richardi BetrVG/*Annuß* § 112 Rn. 19). Der Unternehmer kann diese dann wie geplant durchführen. Er darf aber von der Planung ohne erneute Beteiligung des BR nicht abweichen. Anderenfalls setzt er sich gem. § 113 Abs. 1 u. 2 Ansprüchen der ArbN auf Nachteilsausgleich aus. Die Zustimmung des BR zur geplanten Betriebsänderung entbindet den ArbGeb. nicht von der Verpflichtung zum Abschluss eines Sozialplans. **16**

Die Betriebsparteien können als Interessenausgleich auch vereinbaren, dass die geplante **Betriebsänderung unterbleibt** (Richardi BetrVG/*Annuß* § 112 Rn. 20). In diesem Fall ist kein Raum für einen Sozialplan. Führt der ArbGeb. die Betriebsänderung ganz oder teilweise gleichwohl durch, begründet dies Ansprüche der ArbN auf Nachteilsausgleich nach § 113 Abs. 1 u. 2. **17**

In den meisten Fällen geht es darum, ob und wie der ArbGeb. die geplante **Betriebsänderung** zu **modifizieren** bereit ist. Der BR kann – ggf. nach Inanspruchnahme eines Beraters nach § 111 Abs. 1 S. 2 – Alternativen zu den Plänen des ArbGeb. vorschlagen. Ziel des BR wird es dabei regelmäßig sein, nach Möglichkeit bereits den Eintritt schwerwiegender Nachteile für die ArbN zu verhindern und den ArbGeb. – ggf. auch unter Hinweis auf die mit einem späteren Sozialplan verbundenen wirtschaftlichen Belastungen – zu weniger einschneidenden Maßnahmen zu bewegen. **18**

Je nach Art der Betriebsänderung kommen im Interessenausgleich **unterschiedliche Regelungen** in Betracht. Veränderungen der ursprünglichen Planung der Betriebsänderung können in zeitlicher, qualitativer und quantitativer Hinsicht vereinbart werden, zB Betriebseinschränkung statt Stilllegung, Kündigungsverbote, Entlassungstermin, Freistellungen, Maßnahmen zur menschengerechten Arbeitsplatzgestaltung, Umschulungs-, Fortbildungs- und Qualifizierungsmaßnahmen (vgl. zu den möglichen Gegenständen eines Interessenausgleichs *Bauer* FS Willemsen 2018, 21 [22]). **19**

Insbes. bei Teilstilllegungen oder bei einem reinen Personalabbau können in einem Interessenausgleich **Auswahlrichtlinien** für die erforderlichen Kündigungen iSd § 95 Abs. 1 S. 1 vereinbart werden. Seit dem 1.1.2004 ist die sog **„Namensliste"** im Interessenausgleich auch wieder außerhalb der Insolvenz (vgl. dort § 125 InsO, → Rn. 79ff.) von Bedeutung (→ Rn. 49ff.). **20**

2. Zustandekommen eines Interessenausgleichs

Das BetrVG sieht für das Zustandekommen eines Interessenausgleichs in § 112 Abs. 1–3 ein bestimmtes Verf. vor. Der Abschluss eines Interessenausgleichs ist aber für beide Betriebsparteien **freiwillig** (GK-BetrVG/*Oetker* Rn. 39). Weder der ArbGeb. noch der BR können ihn erzwingen. Anders als beim Sozialplan kann die E-Stelle die Einigung der Betriebsparteien nicht ersetzen. **21**

a) Der innerbetrieblich vereinbarte Interessenausgleich

Die **Initiativlast** für den Abschluss eines Interessenausgleichs liegt beim **ArbGeb.** (BAG 24.1.1996 – 1 AZR 542/95, NZA 1996, 1107). Er muss sich um Verhandlungen mit dem BR bemühen und diese mit dem ernsthaften Willen zur Einigung führen (ErfK/*Kania* Rn. 6ff.; WPK/*Preis/Bender* Rn. 9). Eine bestimmte Verhandlungsdauer ist nicht vorgeschrieben (→ § 113 Rn. 19). Ohne den ausreichenden Versuch eines Interessenausgleichs darf der ArbGeb. die Betriebsänderung nicht durchführen. Andernfalls setzt er sich Ansprüchen der ArbN nach § 113 Abs. 3 aus. **22**

Der **BR** ist **verpflichtet,** sich auf Verhandlungen mit dem ArbGeb. **einzulassen.** Er muss diese ebenso wie der ArbGeb. mit dem ernsthaften Willen zu einer Einigung führen. Er kann seine Zustimmung zu einem Interessenausgleich von dem Abschluss **23** eines Sozialplans abhängig machen (BAG 17.9.1974 – 1 AZR 16/74, NJW 1975, 182; GK-BetrVG/*Oetker* Rn. 41; Richardi BetrVG/*Annuß* § 112 Rn. 24; **aA** HWGNRH/*Hess* Rn. 96). Er kann hierdurch das Verf. zur Herbeiführung eines Interessenausgleichs aber nicht dauerhaft blockieren. Der ArbGeb. kann vielmehr die E-Stelle anrufen. Diese muss nicht abwarten, bis ein Sozialplan freiwillig abgeschlossen oder durch eigenen Spruch zustande gekommen ist. Sie hat vielmehr die Verhandlungen für gescheitert zu erklären, wenn die Verhandlungsmöglichkeiten ausgeschöpft sind (→ Rn. 42). Der ArbGeb. kann dann die Betriebsänderung durchführen. Seine Pflicht zum Abschluss eines Sozialplans bleibt dadurch unberührt.

24 Ein Interessenausgleich ist schriftlich niederzulegen und vom Unternehmer und dem BRVors. zu unterschreiben (BAG 9.7.1985 – 1 AZR 323/83, NZA 1986, 100). Das **Schriftformerfordernis** dient nicht dem Übereilungsschutz, sondern der **Normenklarheit.** Die Schriftform soll Zweifel über den Inhalt der vereinbarten Norm ausschließen (BAG 14.11.2006 – 1 AZR 40/06, NZA 2007, 339; 12.5.2010 – 2 AZR 551/08, NZA 2011, 114). Die Wahrung der **Schriftform ist Wirksamkeitsvoraussetzung.** Eine mündliche Vereinbarung genügt nicht (BAG 9.7.1985 – 1 AZR 323/83, NZA 1986, 100; 26.10.2004 – 1 AZR 493/03, NZA 2005, 237; DKKW/*Däubler* Rn. 18; GK-BetrVG/*Oetker* Rn. 45 ff.; Richardi BetrVG/*Annuß* § 112 Rn. 28; HWGNRH/*Hess* § 112 Rn. 30; WPK/*Preis/Bender* Rn. 13; *Raab* FS Konzen, 2006, 719 [740]; → § 77 Rn. 21). Die **elektronische Form** genügt nicht (vgl. GK-BetrVG/*Oetker* Rn. 48; Richardi BetrVG/*Annuß* § 112 Rn. 27; WPK/*Preis/Bender* Rn. 13). Es gilt insoweit nichts anderes als für BV, bei denen das BetrVG ebenfalls die schriftliche Niederlegung und die Unterzeichnung verlangt (ausf. § 77 Rn. 21e). Es ist nicht erforderlich, dass der Interessenausgleich in einer gesonderten Urkunde niedergelegt und als solcher ausdrücklich bezeichnet wird. Auch auf die Bezeichnung kommt es nicht an. Maßgebend ist nur der Inhalt einer Einigung über eine Betriebsänderung (BAG 20.4.1994 – 10 AZR 186/93, NZA 1995, 89). Es ist vielfach üblich, Interessenausgleich und Sozialplan in einer Urkunde niederzulegen. Die Einigung über einen Sozialplan stellt aber nicht notwendig zugleich eine Einigung über den Interessenausgleich dar. Werden aber in einer Urkunde bestimmte Maßnahmen des Unternehmers (zB Personalabbau) als berechtigt anerkannt, kann darin ein Interessenausgleich liegen (BAG 20.4.1994 – 10 AZR 186/93, NZA 1995, 89). Zur Schriftform der Namensliste in einem Interessenausgleich → Rn. 55.

25 **Zuständig** für die Vereinbarung ist grds. der **BR** des betroffenen Betriebs. Nur wenn die Betriebsänderung, wie zB bei einer Zusammenlegung, mehrere Betriebe eines Unternehmens betrifft und eine betriebsübergreifende Regelung notwendig macht, ist der **GesBR** zuständig (→ § 111 Rn. 114; → **§ 50 Rn. 59;** BAG 24.1.1996 – 1 AZR 542/95, NZA 1996, 1107; 11.12.2001 – 1 AZR 193/01, NZA 2002, 688; 3.5.2006 – 1 ABR 15/05, NZA 2007, 1245; *Wißmann* FS 25 Jahre ARGE Arbeitsrecht im DAV, 2006, 1039 [1042]). Zur Zuständigkeit des **KBR** → **§ 58** Rn. **15.** Ist der GesBR für den Interessenausgleich zuständig, so ist er dies auch für eine **Namensliste.** Dagegen folgt aus der Zuständigkeit des GesBR für den Abschluss des Interessenausgleichs nicht ohne weiteres seine Zuständigkeit auch für den Abschluss eines **Sozialplans** (→ Rn. 130; BAG 3.5.2006 – 1 ABR 15/05, NZA 2007, 1245).

26 **Zuständig** für den Abschluss eines Interessenausgleichs **auf Arbeitgeberseite** ist grds. das einzelne Unternehmen, also der Rechtsträger. Schwierigkeiten können sich ergeben bei einer unternehmensübergreifenden Betriebsänderung im **Konzern** (vgl. dazu *Wißmann* FS 25 Jahre ARGE Arbeitsrecht im DAV, 2006, 1039 [1045 ff.]). Die Initiativlast liegt insoweit zunächst beim „Konzernarbeitgeber" (→ § 58 Rn. 6), also beim herrschenden Unternehmen (vgl. BAG 18.7.2017 – 1 AZR 546/15, BeckRS 2017, 129605 Rn. 35). Darüber hinaus dürfte es aber auch erforderlich sein, dass sich die beherrschten Unternehmen, die letztlich die Betriebsänderung durchführen, an den Interessenausgleichsverhandlungen beteiligen (vgl. *Wißmann* FS 25 Jahre ARGE Arbeitsrecht im DAV, 2006, 1039 [1045 f.]). Dies gilt insbes. im Falle einer Massenentlassung, bei der die Konsultationspflicht nach Art. 2 Abs. 4 RL 98/59/EG (MassenentlassungsRL) auch für die betroffenen Tochterunternehmen besteht (vgl. *Wißmann* FS 25 Jahre ARGE Arbeitsrecht im DAV, 2006, 1039 [1046]). Ansprüche aus § 113 Abs. 3 richten sich wohl regelmäßig gegen den Konzernarbeitgeber (*Wißmann* FS 25 Jahre ARGE Arbeitsrecht im DAV, 2006, 1039 [1046]; *Schmitt-Rolfes* FS 50 Jahre BAG, 2004, 1081 [1096]).

b) Die Einschaltung des Vorstands der Bundesagentur für Arbeit

Scheitert der Versuch eines innerbetrieblichen Interessenausgleichs, kann nach § 112 Abs. 2 jede Seite den **Vorstand der BA** um Vermittlung ersuchen. Dieser kennt die Verhältnisse am Arbeitsmarkt und die im SGB III vorgesehenen Förderungsmöglichkeiten zur Vermeidung von Arbeitslosigkeit (vgl. *Rolfs* NZA 1998, 20; Richardi BetrVG/*Annuß* § 112 Rn. 212). 27

Jede Betriebspartei kann um Vermittlung ersuchen. Im Insolvenzverf. können Insolvenzverwalter und BR die Vermittlung gem. § 121 InsO im Interesse der Verfahrensbeschleunigung aber nur gemeinsam verlangen. 28

Die Einschaltung des Vorstands der BA ist **keine Voraussetzung für die Anrufung der E-Stelle** (GK-BetrVG/*Oetker* Rn. 294; Richardi BetrVG/*Annuß* § 112 Rn. 219). Einvernehmlich können die Betriebsparteien auch jede andere Person um Vermittlung ersuchen (GK-BetrVG/*Oetker* Rn. 274). Die einseitige Anrufung anderer Vermittlungspersonen sieht das G jedoch nicht vor (GK-BetrVG/*Oetker* Rn. 273). 29

Der Vorstand der BA ist **zur Vermittlungstätigkeit verpflichtet** (GK-BetrVG/*Oetker* Rn. 277; Richardi BetrVG/*Annuß* § 112 Rn. 221). Er kann nach Abs. 2 S. 1 die Aufgabe auf andere Bedienstete der BA übertragen. Mit Beschluss Nr. 53/2004 vom 23.8.2004 hat der Vorstand der BA von dieser Möglichkeit Gebrauch gemacht und die Aufgabe auf die Geschäftsführungen der Regionaldirektionen übertragen sowie diesen die Möglichkeit der weiteren Delegation auf andere Bedienstete der BA eröffnet. 30

Die **Gestaltung des Vermittlungsverf.** steht im Ermessen des Vorstands der BA, bzw. des von diesem beauftragten Bediensteten (GK-BetrVG/*Oetker* Rn. 286). Ausdrücklich sieht das G keinen Einlassungszwang für die andere Seite vor (GK-BetrVG/*Oetker* Rn. 287). Eine entsprechende Verpflichtung zur Beteiligung an dem Vermittlungsverf. folgt aber wohl gem. § 2 Abs. 1 aus dem Gebot der vertrauensvollen Zusammenarbeit (Richardi BetrVG/*Annuß* § 112 Rn. 220 mwN; **aA** *Bauer* FS Willemsen 2018, 21 [25]). Jede Seite kann das Vermittlungsverf. jederzeit durch die Anrufung der E-Stelle abbrechen (*Bauer* FS Willemsen 2018, 21 [25]); damit steht fest dass der Vermittlungsversuch erfolglos geblieben ist (GK-BetrVG/*Oetker* Rn. 289). 31

c) Die Einigungsstelle

Kommt es nicht zu einem Vermittlungsversuch oder bleibt die Vermittlung erfolglos, kann gem. § 112 Abs. 2 S. 2 jede Seite die **E-Stelle** anrufen. 32

Für den **BR** ist die Anrufung der E-Stelle eine **Möglichkeit. Für** den **ArbGeb.** ist sie dagegen eine **Obliegenheit.** Er hat ohne Durchführung des E-StellenVerf. keinen ausreichenden Versuch eines Interessenausgleichs unternommen (BAG 20.11.2001 – 1 AZR 97/01, NZA 2002, 992). Führt er die Betriebsänderung ohne das E-StellenVerf. durch, begründet dies Ansprüche der ArbN auf Nachteilsausgleich nach § 113 Abs. 3 (BAG 18.12.1984 – 1 AZR 176/82, NZA 1985, 400; 20.11.2001 – 1 AZR 97/01, NZA 2002, 992). 33

Die **Anrufung und Bildung** der E-Stelle erfolgt nach den allgemeinen Grundsätzen (→ § 76 Rn. 7ff.). Der Unternehmer oder der BR muss die **andere Seite auffordern,** sich an der Errichtung der E-Stelle zu beteiligen (GK-BetrVG/*Oetker* Rn. 297). Hierzu muss insbes. der **Gegenstand der Verhandlungen** mitgeteilt und 34 angegeben werden, ob lediglich über den Interessenausgleich oder auch über einen Sozialplan verhandelt werden soll (GK-BetrVG/*Oetker* Rn. 298).

35 Sofern keine ständige E-Stelle errichtet ist, sind außerdem ein **E-StellenVors.** und die **Zahl der Beisitzer** vorzuschlagen. Kommt insoweit keine Einigung zustande, so entscheidet auf entsprechenden Antrag gem. § 76 Abs. 2 S. 2 u. 3 BetrVG, § 100 Abs. 1 S. 1 ArbGG der Vors. einer Kammer des **ArbG.** Dieser **kann** den **Antrag auf Errichtung der E-Stelle** gem. § 100 Abs. 1 S. 2 ArbGG **nur zurückweisen, wenn** die E-Stelle **offensichtlich unzuständig** ist (→ § 76 Rn. 21 ff.).

36 Auch für das **Verf. vor der E-Stelle** gelten die allgemeinen Grundsätze (→ § 76 Rn. 37 ff.). Die Ausgestaltung ist somit weitgehend frei (Richardi BetrVG/*Annuß* § 112 Rn. 233). Ruft eine Betriebspartei die E-Stelle an, so muss sich die andere Seite auf die Verhandlungen **einlassen** (Richardi BetrVG/*Annuß* § 112 Rn. 229).

37 Die E-Stelle hat als **Vorfrage** zu prüfen, **ob** sie für die Streitigkeit **zuständig** ist. Verneint sie ihre Zuständigkeit, so stellt sie ihre Tätigkeit ein. Ein entsprechender Beschluss bindet die Betriebsparteien aber nicht. Sie können die mitbestimmungsrechtliche Lage gerichtlich prüfen lassen. Stellt das Gericht das Bestehen eines in der E-Stelle zu verfolgenden Beteiligungsrechts und damit deren Zuständigkeit fest, so hat diese das Verf. fortzusetzen (BAG 10.12.2002 – 1 ABR 27/01, BeckRS 2003, 41197; *Schmidt* JbArbR Bd. 40, S. 121, 122).

38 Gem. § 112 Abs. 2 S. 3 kann der Vors. der E-Stelle ein Mitglied des Vorstands der **BA** oder einen von diesem benannten Bediensteten der BA wegen deren besonderer Sachkunde um **Teilnahme an der Verhandlung** ersuchen. Diese sind verpflichtet, dem Ersuchen nachzukommen (GK-BetrVG/*Oetker* Rn. 305).

39 Ist die E-Stelle sowohl wegen des Interessenausgleichs als auch wegen des Sozialplans angerufen, so kann sie **über beide Gegenstände gemeinsam verhandeln.** Das G sieht dies, wie in § 112 Abs. 2 u. 3 deutlich wird, sogar als Normalfall an (Richardi BetrVG/*Annuß* § 112 Rn. 209). Die gemeinsame Verhandlung wird häufig zweckmäßig sein (HWGNRH/*Hess* § 112 Rn. 104; → Rn. 126). Zwar handelt es sich bei Interessenausgleich und Sozialplan um unterschiedliche Gegenstände (→ Rn. 2 ff.). Gleichwohl hängen die Modalitäten der Betriebsänderung (Interessenausgleich) und der Ausgleich oder die Milderung der durch die Betriebsänderung den ArbN entstehenden Nachteile (Sozialplan) eng zusammen. Dies wird besonders deutlich, wenn der BR die Zustimmung zu einem Interessenausgleich vom Abschluss eines Sozialplans abhängig macht (→ Rn. 23). Zwingend ist die gemeinsame Verhandlung aber nicht. Eine getrennte Verhandlung wird zB in Betracht kommen, wenn für den Interessenausgleich der GesBR und für den Sozialplan die örtlichen BR zuständig sind (BAG 11.12.2001 – 1 AZR 193/01, NZA 2002, 688). Auch dann ist freilich eine Verbindung der Verf. wohl nicht ausgeschlossen. Aus Gründen der Rechtssicherheit und Rechtsklarheit kann es sinnvoll sein, die Einigung über Interessenausgleich und Sozialplan in zwei getrennten Urkunden niederzulegen (vgl. *Bauer* FS Willemsen 2018, 21 [23]).

40 Nach § 112 Abs. 3 S. 1 haben zunächst die Betriebsparteien selbst **Vorschläge** zur Überbrückung der Meinungsverschiedenheiten zu machen. Die E-Stelle hat gem. § 112 Abs. 3 S. 3 eine **Einigung** der Parteien zu **versuchen.** Sie hat zu klären, worin die Meinungsverschiedenheiten bestehen und mit den Betriebsparteien zu beraten, wie eine Verständigung erzielt werden kann. Zur Aufklärung des Sachverhalts kann sie die Beteiligten zur **Vorlage von Unterlagen** auffordern. Erforderlichenfalls kann sie auch einen **Sachverständigen** hinzuziehen.

41 Eine Einigung ist gem. § 112 Abs. 3 S. 3 in vollem **Wortlaut schriftlich niederzulegen** und vom Unternehmer, dem BR-Vors. und dem Vors. der E-Stelle zu **unterschreiben.** Die Unterschrift des BR-Vors. muss durch einen entspr. Beschluss des BR gedeckt sein (BAG 17.2.1981 – 1 AZR 290/78, NJW 1982, 69; GK-BetrVG/*Oetker* Rn. 51). Zweifelhaft erscheint, ob es genügt, wenn der Beschluss des BR zwar nicht die einzelnen Formulierungen deckt, der vom BR-Vors. unterzeichnete Interessenausgleich aber von seinem Gehalt her auf der „Linie“ des vom BR gefassten

Beschlusses liegt (so aber BAG 24.2.2000 – 8 AZR 180/99, NZA 2000, 785; vgl. auch *Linsenmaier* FS Wißmann, 2005, 378 [383]). Bei Nichteinhaltung der Schriftform ist ein Interessenausgleich nicht wirksam zustande gekommen (BAG 9.7.1985 – 1 AZR 323/83, NZA 1986, 100). Die Einigung muss nicht als Interessenausgleich bezeichnet sein. Auch im Abschluss eines Sozialplans kann je nach den Umständen die Zustimmung des BR zu einer Betriebsänderung liegen (BAG 20.4.1994 – 10 AZR 186/93, NZA 1995, 89).

Das G enthält keine Regelungen über die zeitliche Mindest- oder Höchstdauer des Verf. vor der E-Stelle (→ § 113 Rn. 19 mwN). Das **Scheitern des Versuchs eines Interessenausgleichs in der E-Stelle** (vgl. BAG 16.8.2011 – 1 AZR 44/10, BeckRS 2011, 78171; *Bauer* FS Willemsen 2018, 21; DKKW/*Däubler* Rn. 13ff.; *Hesse* FS 25 Jahre ARGE Arbeitsrecht im DAV 2006, 879; *Hohenstatt/Willemsen* FS 100 Jahre BetrVR 2020, 205 [216]; *Kania/Joppich* NZA 2005, 749; GK-BetrVG/*Oetker* § 113 Rn. 55) ist insofern von beträchtlicher wirtschaftlicher Bedeutung, als der ArbGeb. von diesem Zeitpunkt an die Betriebsänderung ohne die Sanktion des § 113 Abs. 3 durchführen kann. Das G enthält auch keine Regelung, wann von einem Scheitern der Interessenausgleichsverhandlungen auszugehen ist. Die Praxis hat sich auf die Rspr. des BAG einzustellen, nach der eine förmliche Entscheidung der E-Stelle über das Scheitern der Verhandlungen weder erforderlich noch ausreichend ist, da es sich insoweit um eine Rechtsfrage handele (BAG 16.8.2011 – 1 AZR 44/10, BeckRS 2011, 78171 Rn. 12ff., 16). Gleichwohl können Streitigkeiten über die Frage, ob der Versuch eines Interessenausgleichs erfolgt und gescheitert ist, vermieden werden, wenn dies durch eine im Protokoll der E-Stelle wiedergegebene übereinstimmende Erklärung beider Betriebsparteien festgehalten wird (vgl. *Hesse* FS 25 Jahre ARGE Arbeitsrecht im DAV, 2006, 879 [883]). Dass der Gesetzgeber durchaus im Normalfall eine gewisse Verhandlungsdauer voraussetzt, ergibt sich – im Umkehrschluss – aus § 122 InsO (→ Rn. 69ff.). 42

3. Rechtscharakter und Wirkungen eines Interessenausgleichs

Das G sagt ausdrücklich nichts über den **Rechtscharakter** eines wirksam vereinbarten Interessenausgleichs. Im Umkehrschluss lässt sich lediglich aus § 112 Abs. 1 S. 3 entnehmen, dass dem Interessenausgleich anders als dem Sozialplan nicht die Wirkung einer BV zukommt. Er ist jedenfalls keine Rechtsnorm (BAG 23.9.2003 – 1 AZR 576/02, NZA 2004, 440). Dem ArbGeb. drohen aber gem. § 113 Abs. 1 u. 2 für den Fall einer ohne zwingenden Grund vorgenommenen Abweichung vom Interessenausgleich individualrechtliche Sanktionen. 43

Weitgehend Einigkeit besteht darüber, dass es sich beim Interessenausgleich nicht um eine BV, sondern um eine **kollektive Vereinbarung** besonderer Art handelt (BAG 20.4.1994 – 10 AZR 186/93, NZA 1995, 89; BGH 15.11.2000 – XII ZR 197/98, NJW 2001, 439; ErfK/*Kania* Rn. 9; WPK/*Preis/Bender* Rn. 16; GK-BetrVG/*Oetker* Rn. 72). Er begründet ein kollektivrechtliches Schuldverhältnis (GK-BetrVG/*Oetker* Rn. 73) und bindet den ArbGeb., die Betriebsänderung in der im Interessenausgleich vorgesehenen Art und Weise durchzuführen. 44

Umstritten ist in Rspr. und Schrifttum, ob der BR einen gerichtlich durchsetzbaren **Anspruch** gegen den ArbGeb. hat, die **Betriebsänderung so,** wie im Interessenausgleich vorgesehen, **durchzuführen** und davon **abweichende Maßnahmen** zu **unterlassen.** Überwiegend wird ein derartiger Anspruch grds. verneint (BAG 28.8.1991 – 7 ABR 72/90, NZA 1992, 41; ErfK/*Kania* Rn. 9; WPK/*Preis/Bender* Rn. 16; Richardi BetrVG/*Annuß* § 112 Rn. 47), teils aber auch bejaht (vgl. *Zwanziger* BB 1998, 478; DKKW/*Däubler* Rn. 23ff.). **Entscheidend** dürfte die **Auslegung** der zwischen ArbGeb. und BR getroffenen Vereinbarung sein (vgl. GK-BetrVG/*Oetker* Rn. 73, 79). Die Betriebsparteien haben es in der Hand, im Interessenausgleich einen eigenständigen Erfüllungsanspruch des BR zu begründen (so auch MHdB ArbR/*Leder* § 347 Rn. 34 Fn. 67). Von einem entspr. Verpflichtungswillen 45 des ArbGeb., der zum Abschluss eines Interessenausgleichs nicht verpflichtet ist, kann allerdings nicht ohne weiteres ausgegangen werden. Entscheidend sind insoweit die Umstände des Einzelfalls.

46 Ein Interessenausgleich entfaltet grds. **keine normative Wirkung** für die ArbVerh. der ArbN (BAG 20.4.1994 – 10 AZR 186/93, NZA 1995, 89; 23.9.2003 – 1 AZR 576/02, NZA 2004, 440; 14.11.2006 – 1 AZR 40/06, NZA 2007, 339; BGH 15.11.2000 – XII ZR 197/98, NJW 2001, 439; ErfK/*Kania* Rn. 9; GK-BetrVG/*Oetker* Rn. 74; WPK/*Preis/Bender* Rn. 16).

47 Häufig enthalten **aber** Vereinbarungen über einen Interessenausgleich nicht nur Regelungen über die Durchführung der Betriebsänderung selbst, sondern auch Folgeregelungen, die ihrer Art nach Geltung für die ArbVerh. beanspruchen und den ArbN Rechte oder Ansprüche einräumen (zB Kündigungsverbote, Anspruch auf Umschulungs- oder Fortbildungsmaßnahme). Ein derartiger **„qualifizierter" Interessenausgleich** ist eine gemischte Vereinbarung, die auch die Rechtsnatur einer freiwilligen BV aufweist (BGH 15.11.2000 – XII ZR 197/98, NJW 2001, 439; GK-BetrVG/*Oetker* Rn. 75; Richardi BetrVG/*Annuß* § 112 Rn. 46; MHdB ArbR/*Leder* § 347 Rn. 35). Auf derartige Bestimmungen kann sich der einzelne ArbN gegenüber dem ArbGeb. berufen (BAG 14.11.2006 – 1 AZR 40/06, NZA 2007, 339).

48 Materiellrechtliche Wirkungen für die ArbVerh. der betroffenen ArbN entfaltet ein Interessenausgleich in den Fällen des § 323 Abs. 2 UmwG (**Zuordnung von ArbN** zu einem Betrieb, → Rn. 94 f.), des § 1 Abs. 5 KSchG und des § 125 Abs. 1 S. 1 InsO (**Namensliste** der zu kündigenden ArbN, → Rn. 49 ff., 79 ff.).

4. Namensliste, Insolvenz und Zuordnung von Arbeitnehmern

a) Namensliste

49 Durch das **G zu Reformen am Arbeitsmarkt v. 24.12.2003** (BGBl. I S. 3002) hat der Gesetzgeber mWv 1.1.2004 erneut auch außerhalb der Insolvenz für Kündigungen aufgrund einer Betriebsänderung in **§ 1 Abs. 5 KSchG** die sog **Namensliste** eingeführt. Die Vorschrift war schon einmal zum 1.10.1996 durch das Arbeitsrechtliche Beschäftigungsförderungsgesetz v. 25.9.1996 (BGBl. I S. 1476) eingeführt, durch das G zu Korrekturen in der Sozialversicherung und zur Sicherung der Arbeitnehmerrechte v. 9.12.1998 – „Korrekturgesetz" – (BGBl. I S. 3843) aber wieder ersatzlos gestrichen worden (vgl. dazu ua *Jaeger* FS 25 Jahre ARGE Arbeitsrecht im DAV, 2006, 889; HaKo-BetrVG/*Gallner* KSchG § 1 Rn. 671 ff.; *Thüsing/Stelljes* BB 2003, 1673 [1676 f.]; *Thüsing/Wege* BB 2005, 213; *Gaul* BB 2004, 2686; *Fischer* BB 2004, 1001; *Zimmer/Rupp* FA 2005, 259). Die Bestimmung lautet:

„Sind bei einer Kündigung auf Grund einer Betriebsänderung nach § 111 des Betriebsverfassungsgesetzes die Arbeitnehmer, denen gekündigt werden soll, in einem Interessenausgleich zwischen Arbeitgeber und Betriebsrat namentlich bezeichnet, so wird vermutet, dass die Kündigung durch dringende betriebliche Erfordernisse im Sinne des Absatzes 2 bedingt ist. Die soziale Auswahl der Arbeitnehmer kann nur auf grobe Fehlerhaftigkeit überprüft werden. Die Sätze 1 und 2 gelten nicht, soweit sich die Sachlage nach Zustandekommen des Interessenausgleichs wesentlich geändert hat. Der Interessenausgleich nach Satz 1 ersetzt die Stellungnahme des Betriebsrates nach § 17 Abs. 3 Satz 2."

50 Die Bestimmung ist **verfassungsgemäß** (BAG 6.9.2007 – 2 AZR 715/06, NZA 2008, 633; zu unionsrechtlichen Bedenken, insb. im Hinblick auf mögliche Altersdiskriminierung, *Buschmann* FS Wank S. 63 ff.). Zu ihrem Verständnis kann die Rspr. des BAG zur Namensliste nach § 1 Abs. 5 KSchG „aF" herangezogen werden (insbes. BAG 7.5.1998 – 2 AZR 55/98, NZA 1998, 1110; 7.5.1998 – 2 AZR 536/97, NZA 1998, 933, 21.1.1999 – 2 AZR 148/99, NZA 1999, 1039; 20.5.1999 – 2 AZR 532/98, NZA 1999, 1101, 24.2.2000 – 8 AZR 180/99, NZA 2000, 785; 22.1.2004 – 2 AZR 111/02, NJOZ 2005, 5103).

51 Nach § 1 Abs. 5 S. 1 KSchG, der **inhaltlich weitgehend § 125 InsO** entspricht (→ Rn. 79 ff.), wird bei einer Kündigung auf Grund einer Betriebsänderung nach

§ 111 vermutet, dass die Kündigung der ArbN, die in einem Interessenausgleich zwischen ArbG und BR namentlich benannt sind, durch dringende betriebliche Erfordernisse iSv § 1 Abs. 2 KSchG bedingt ist. Auch kann nach § 1 Abs. 5 S. 2 KSchG die soziale Auswahl nur auf grobe Fehlerhaftigkeit überprüft werden. Dies gilt nach § 1 Abs. 5 S. 3 KSchG aber dann nicht, wenn sich die Sachlage nach Zustandekommen des Interessenausgleichs wesentlich geändert hat. Gem. § 1 Abs. 5 S. 4 KSchG ersetzt der Interessenausgleich nach S. 1 außerdem die bei einer Massenentlassung nach § 17 Abs. 3 S. 2 KSchG erforderliche Stellungnahme des BR.

Voraussetzung für die Anwendbarkeit des § 1 Abs. 5 KSchG ist eine **Kündigung auf Grund einer Betriebsänderung.** Die Bestimmung verweist ausdrücklich auf § 111 BetrVG. Sie setzt damit eine Betriebsänderung voraus. Erforderlich ist daher einer der in § 111, insbes. in S. 3 genannten Tatbestände (BAG 3.4.2008 – 2 AZR 879/06, NZA 2008, 1060; *Gaul* BB 2004, 2686 [2687]; *Däubler* NZA 2004, 177 [183]; *Jaeger* FS 25 Jahre ARGE Arbeitsrecht im DAV, 2006, 889 [890]; **aA** *Thüsing/Wege* BB 2005, 213 [214f.]). Erforderlich ist ferner, dass die Betriebsänderung für die Kündigung kausal war. Schließlich muss der ArbN im Interessenausgleich als zu kündigender ArbN namentlich genannt sein. Diese Voraussetzungen muss der ArbGeb. dartun und ggf. beweisen (BAG 22.1.2004 – 2 AZR 111/02, NJOZ 2005, 5103; 31.5.2007 – 2 AZR 254/06, NZA 2007, 1307; 3.4.2008 – 2 AZR 879/06, NZA 2008, 1060; 17.3.2016 – 2 AZR 182/15, NZA 2016, 1072 Rn. 26). 52

Die Regelung gilt auch für betriebsbedingte **Änderungskündigungen** (BAG 19.6.2007 – 2 AZR 304/06, NZA 2008, 103; ErfK/*Oetker* KSchG § 1 Rn. 363). Da für **Tendenzbetriebe** ein Interessenausgleich gem. § 118 Abs. 1 S. 2 nicht vorgesehen ist, dürfte eine Namensliste iSv § 1 Abs. 5 KSchG wohl nicht möglich sein (Richardi BetrVG/*Annuß* Rn. 22a; *Gaul* BB 2004, 2686 [2689]; *Däubler* NZA 2004, 177 [182]; *Quecke* RdA 2004, 86 [90]; **aA** *Thüsing/Wege* BB 2005, 213 [215f.]; *Bauer* FS Wißmann, 2005, 215 [228]). 53

Keine Voraussetzung ist nach dem Sinn und Zweck der Regelung wohl eine bestimmte **Unternehmensgröße.** Der – nicht mehr auf Betriebe, sondern auf das Unternehmen abstellende – Schwellenwert des § 111 S. 1 dient dem Schutz kleiner Unternehmen vor finanziellen Belastungen. Sein Zweck ist es nicht, größere Unternehmen in der Insolvenz gegenüber kleineren Unternehmen besser zu stellen. Daher kann auch in Unternehmen mit idR nicht mehr als 20 wahlberechtigten ArbN der Insolvenzverwalter mit dem BR einen Interessenausgleich iSv § 125 InsO vereinbaren (**aA aber die ganz hM,** vgl. etwa *Thüsing/Wege* BB 2005, 213 [215] mwN; *Däubler* NZA 2004, 177 [183]; *Willemsen/Annuß* NJW 2004, 177 [180]; *Quecke* RdA 2004, 86 [90]; *Gaul* BB 2005, 2686 [2687]; Richardi BetrVG/*Annuß* Rn. 22b; ErfK/*Gallner* InsO § 125 Rn. 3; KR/*Weigand* InsO § 125 Rn. 6; ausdrücklich offen gelassen zu § 126 InsO von BAG 29.6.2000 – 8 ABR 44/99, NZA 2000, 1180). 54

Die für einen Interessenausgleich geltenden **Formvorschriften** (→ Rn. 24) müssen gewahrt sein. Erforderlich ist daher nach § 112 Abs. 1 S. 1 die Unterschrift des BRVors. und des Arbeitgebers. Auf das gesetzliche Schriftformerfordernis sind nach der Rspr. des Zweiten Senats des BAG die §§ 125, 126 BGB anwendbar (vgl. BAG 7.5.1998 – 2 AZR 55/98, NZA 1998, 1110; 10.6.2010 – 2 AZR 420/09, NZA 2010, 1352 Rn. 16; 19.7.2012 – 2 AZR 352/11, NZA 2013, 86 Rn. 20; vgl. zur Rspr. von Erstem und Drittem Senat des BAG aber auch § 77 Rn. 21). Das Schriftformerfordernis erstreckt sich auch auf die Namensliste. Ausreichend ist, wenn Interessenausgleich und Namensliste eine einheitliche Urkunde bilden (BAG 10.6.2010 – 2 AZR 420/09, NZA 2010, 1352 Rn. 16; 19.7.2012 – 2 AZR 352/11, NZA 2013, 86 Rn. 20). Das ist der Fall, wenn sowohl Interessenausgleich als auch Namensliste unterschrieben und von Anfang an körperlich verbunden sind (BAG 10.6.2010 – 2 AZR 420/09, NZA 2010, 1352 Rn. 16). Ausreichend ist auch, wenn der Interessenausgleich selbst unterschrieben ist, in ihm auf die als Anlage beigefügte – nicht gesondert unterschriebene – Namensliste ausdrücklich Bezug genommen wird und Interessenausgleich und Anlage bei dessen Unterzeichnung mit einer Heftmaschine 55 körperlich derart verbunden waren, dass eine Lösung nur durch Gewaltanwendung (Lösen der Heftklammer) möglich war (BAG 19.7.2012 – 2 AZR 352/11, NZA 2013, 86 Rn. 20). Anders als nach der Rspr. des Ersten und Dritten Senats des BAG zu § 77 Abs. 2 (vgl. § 77 Rn. 21, 23) wäre danach ohne eine körperliche Verbindung allein die eindeutige Verweisung auf eine bereits schriftlich vorliegende, aber nicht unterzeichnete Namensliste nicht ausreichend. Wird die Namensliste erst später getrennt vom Interessenausgleich erstellt, so ist zur Wahrung der Schriftform ausreichend, aber auch erforderlich, dass im Interessenausgleich auf die zu erstellende Namensliste verwiesen wird, die erstellte Namensliste von den Betriebsparteien unterschrieben worden ist und die Liste ihrerseits eindeutig auf den Interessenausgleich Bezug nimmt (BAG 12.5.2010 – 2 AZR 551/08, NZA 2011, 114 Rn. 24; 10.6.2010 – 2 AZR 420/09, NZA 2010, 1352 Rn. 16; 19.7.2012 – 2 AZR 352/11, NZA 2013, 86 Rn. 20; 21.9.2011 – 7 ABR 54/10, NZA-RR 2012, 186). Ohne eine solche Rückverweisung stellen Interessenausgleich und Namensliste keine einheitliche Urkunde dar (BAG 12.5.2010 – 2 AZR 551/08, NZA 2011, 114 Rn. 24; zur Frage, ob eine E-Stellensitzung zur Wirksamkeit des Interessenausgleichs vor dessen Unterzeichnung unterbrochen werden muss, um einen Beschluss des BR herbeizuführen, BAG 24.2.2000 – 8 AZR 180/99, NZA 2000, 785). In der Namensliste müssen im Regelfall die **zu kündigenden ArbN namentlich abschließend zweifelsfrei benannt** sein (BAG 22.1.2004 – 2 AZR 111/02, NJOZ 2005, 5103; ErfK/*Oetker* KSchG § 1 Rn. 362). Ist über eine Betriebsänderung, die auf einer einheitlichen Planung beruht, ein wirksamer Interessenausgleich zustande gekommen, ist für die Vermutungswirkung nach § 1 Abs. 5 KSchG nicht erforderlich, dass die Namen der zu kündigenden ArbN in einer einheitlichen Namensliste zusammengefasst sind; die Betriebsparteien können vielmehr zeitlich gestaffelt entsprechend den geplanten Entlassungswellen jeweils eine vollständige Namensliste aufstellen (BAG 17.3.2016 – 2 AZR 182/15, NZA 2016, 1072 Rn. 33). Ein Interessenausgleich nur über Teile eines geplanten Stellenabbaus reicht dagegen nicht aus (BAG 17.3.2016 – 2 AZR 182/15, NZA 2016, 1072 Rn. 34ff.; **aA** *Salamon* Anm. AP KSchG 1969 § 1 Namensliste Nr. 26).

56 Nach der Rspr. des BAG steht ein Verstoß einer Namensliste gegen Vorschriften des AGG oder gegen gemeinschaftsrechtliche Diskriminierungsverbote, insbes. das **Verbot der Altersdiskriminierung,** der Wirksamkeit der Namensliste und ihrer Vermutungswirkung nach § 1 Abs. 5 S. 1 KSchG nicht entgegen (BAG 6.11.2008 – 2 AZR 523/07, NZA 2009, 361; → Rn. 85; **aA** *Mohr* SAE 2007, 353 [354]; *Temming,* Altersdiskriminierung im Arbeitsleben, 2008, S. 561). Dies erscheint angesichts § 7 Abs. 2 AGG bedenklich. Allerdings geht auch das BAG davon aus, dass in einem solchen Fall die konkrete Sozialauswahl grob fehlerhaft sein kann (BAG 6.11.2008 – 2 AZR 523/07, NZA 2009, 361). Das AGG und die RL 2000/78/EG stehen einer auf einer Altersgruppenbildung aufbauenden Namensliste nicht entgegen (BAG 6.11.2008 – 2 AZR 523/07, NZA 2009, 361 15.12.2011 – 2 AZR 42/10, NZA 2012, 1044; 28.6.2012 – 6 AZR 682/10, NZA 2012, 1090; 19.7.2012 – 2 AZR 352/11, NZA 2013, 86; 19.12.2013 – 6 AZR 790/12, NZA-RR 2014, 185; *Lingemann/Beck* NZA 2009, 577; *Benecke* ArbuR 2009, 326; vgl. ferner zur Rechtslage vor dem Inkrafttreten des AGG BAG 12.3.2009 – 2 AZR 418/07, NZA 2009, 1023). Die Altersgruppenbildung kann zur **Aufrechterhaltung einer ausgewogenen betrieblichen Altersstruktur** gerechtfertigt sein (BAG 15.12.2011 – 2 AZR 42/10, NZA 2012, 1044; 26.3.2015 – 2 AZR 478/13, BeckRS 2015, 68083). Diese bildet ein legitimes, im Allgemeininteresse liegendes Ziel (BAG 15.12.2011 – 2 AZR 42/10, NZA 2012, 1044; 28.6.2012 – 6 AZR 682/10, NZA 2012, 1090; 19.7.2012 – 2 AZR 352/11, NZA 2013, 86; vgl. dazu, dass legitime Ziele iSv Art. 6 Abs. 1 der RL 2000/78/EG nur solche von Allgemeininteresse, insbes. sozialpolitische Ziele aus den Bereichen Beschäftigungspolitik, Arbeitsmarkt und berufliche Bildung sind, EuGH 5.3.2009 – C-388/07, NZA 2009, 305 – Age Concern England; 18.6.2009 – C-88/08, NZA 2009, 891 – Hütter; 13.9.2011 – C-447/09, NZA 2011, 1039 –

Prigge). Eine Altersgruppenbildung ist zur Erhaltung der Altersstruktur der Belegschaft allerdings nur geeignet, wenn sie dazu führt, dass die bestehende Struktur bewahrt bleibt (BAG 26.3.2015 – 2 AZR 478/13, NZA 2015, 1122). Sind mehrere Gruppen vergleichbarer ArbN betroffen, muss deshalb eine proportionale Berücksichtigung aller Altersgruppen auch innerhalb der jeweiligen Vergleichsgruppen möglich sein (BAG 19.7.2012 – 2 AZR 352/11, NZA 2013, 86). Anders als § 125 Abs. 1 S. 1 Nr. 2 Hs. 2 InsO (→ Rn. 85c) ermöglicht § 1 Abs. 3, § 1 Abs. 5 KSchG **nicht** die **Schaffung einer ausgewogenen Altersstruktur;** diese ist allein durch das Ziel der Sanierung eines insolventen Unternehmens gerechtfertigt (BAG 26.3.2015 – 2 AZR 478/13, NZA 2015, 1122).

Zuständig für die Vereinbarung der Namensliste ist meist der örtliche BR. Ist für den Abschluss des Interessenausgleichs der GesBR oder gar der KBR zuständig, so ist er dies auch für die Namensliste (→ § 50 Rn. 60; BAG 19.7.2012 – 2 AZR 386/11, NZA 2013, 333; *Ohlendorf/Salamon* NZA 2006, 131; *Zimmer/Rupp* FA 2005, 259; *Gaul* BB 2004, 2686 [2687]; **aA** *Fischer* BB 2004, 1001; APS/*Kiel* KSchG § 1 Rn. 795). **57**

Der **Zeitpunkt** der Erstellung der Namensliste kann auch nach der Erstellung des Interessenausgleichs liegen. Erforderlich ist dann ihre Unterzeichnung und eine ausdrückliche Bezugnahme auf den Interessenausgleich oder eine körperliche Verbindung mit diesem. Die Erstellung der Namensliste muss aber vor dem Ausspruch der Kündigungen liegen (*Jaeger* FS 25 Jahre ARGE Arbeitsrecht im DAV, 2006, 889 [894]). **58**

Die Erstellung eines Interessenausgleichs mit Namensliste entbindet den ArbGeb. nicht von der **Pflicht zur Anhörung des BR** zu den auszusprechenden Kündigungen **nach § 102.** Die BRAnhörung unterliegt insoweit keinen erleichterten Anforderungen (BAG 23.10.2008 – 2 AZR 163/07, AP KSchG 1969 § 1 Namensliste Nr. 18; ErfK/*Oetker* KSchG § 1 Rn. 362; **aA** *Röder/Krieger* DB 2005, 2578 [2581]). Der ArbGeb. kann sie aber mit den Verhandlungen über den Interessenausgleich verbinden (BAG 20.5.1999 – 2 AZR 532/98, NZA 1999, 1101). **59**

Liegt ein formwirksamer Interessenausgleich mit Namensliste vor, wird gem. § 1 Abs. 5 S. 1 KSchG **vermutet,** dass die Kündigung der bezeichneten ArbN durch **dringende betriebliche Erfordernisse** iSv § 1 Abs. 2 KSchG bedingt ist (vgl. zu der etwas abweichenden Formulierung in § 125 Abs. 1 S. 1 Nr. 1 InsO → Rn. 81). Es handelt sich um eine **gesetzliche Vermutung nach § 292 ZPO** (BAG 27.9.2012 – 2 AZR 516/11, NZA 2013, 880). Der ArbGeb. muss im Prozess nur die Vermutungslage darlegen. Der ArbN muss dann den vollen Nachweis führen, dass die Kündigung nicht durch dringende betriebliche Erfordernisse bedingt ist (BAG 7.5.1998 – 2 AZR 536/97, NZA 1998, 933). Um die Vermutungswirkung zu widerlegen, muss er substantiiert Tatsachen vortragen, die den gesetzlich vermuteten Umstand ausschließen; eine bloße Erschütterung der Vermutung genügt nicht (BAG 26.4.2007 – 8 AZR 695/05, NJOZ 2008, 108; 23.10.2008 – 2 AZR 163/07, AP KSchG 1969 § 1 Namensliste Nr. 18; 27.9.2012 – 2 AZR 516/11, NZA 2013, 880). Dem ArbN können allerdings bei der Führung des Gegenbeweises gewisse Erleichterungen nach den Regeln der abgestuften Darlegungs- und Beweislast zugutekommen (BAG 27.9.2012 – 2 AZR 516/11, NZA 2013, 880). **60**

Die **Vermutungswirkung** des § 1 Abs. 5 S. 1 KSchG erstreckt sich **auch** auf das **Nichtvorliegen einer anderweitigen Beschäftigungsmöglichkeit im Betrieb** (BT-Drs. 15/1204, 11; BAG 7.5.1998 – 2 AZR 536/97, NZA 1998, 933; 23.10.2008 – 2 AZR 163/07, AP KSchG 1969 § 1 Namensliste Nr. 18; 27.9.2012 – 2 AZR 516/11, NZA 2013, 880). **61**

Die Vermutung der **fehlenden Weiterbeschäftigungsmöglichkeit** erstreckt sich grds. auch auf **andere Betriebe im selben Unternehmen** (BAG 6.9.2007 – 2 AZR 715/06, NZA 2008, 633; 15.12.2011 – 2 AZR 42/10, NZA 2012, 1044; 19.7.2012 – 2 AZR 386/11, NZA 2013, 333; APS/*Kiel* § 1 Rn. 799; *Gaul* AuA 1998, 168 [169]; *Preis* NZA 1997, 1073 [1086]; *Willemsen/Annuß* NJW 2004, 177 **62**

[180]; vgl. zu dem nach seinem Wortlaut sogar engeren § 125 Abs. 1 S. 1 Nr. 1 InsO → Rn. 81 mwN; **aA** *Fischermeier* NZA 1997, 1089 [1097]; *Jaeger* FS 25 Jahre ARGE Arbeitsrecht im DAV, 2006, 889 [900]; *Kothe* BB 1998, 946 [950]; HaKo-BetrVG/*Gallner* KSchG § 1 Rn. 679 mwN). Nach dem Wortlaut des § 1 Abs. 5 S. 1 KSchG betrifft seine Vermutung alle Aspekte der Betriebsbedingtheit der Kündigung und damit auch die fehlende Weiterbeschäftigungsmöglichkeit in einem anderen Betrieb desselben Unternehmens. Für dieses Verständnis sprechen auch die Gesetzesbegründung (vgl. BT-Drs. 15/1204, 11) und der Gesetzeszweck, Kündigungen, die auf Grund Betriebsänderungen notwendig werden, einfach, rechtssicher und zugleich sozial ausgewogen zu gestalten (BAG 6.9.2007 – 2 AZR 715/06, NZA 2008, 633). Dem kann nicht erfolgreich entgegengehalten werden, der BR verfüge insoweit nicht über die erforderlichen Kenntnisse. Vielmehr macht § 102 Abs. 3 Nr. 3 deutlich, dass das G entsprechende Kenntnisse des BR voraussetzt. Eine Ausnahme von dieser Vermutung ist nach der Rspr. des BAG geboten, wenn der ArbN in erheblicher Weise bestreitet, dass sich der BR mit Weiterbeschäftigungsmöglichkeiten in anderen Betrieben überhaupt nicht befasst hat, und darüber hinaus konkrete Anhaltspunkte für solche Beschäftigungsmöglichkeiten vorträgt (BAG 6.9.2007 – 2 AZR 715/06, NZA 2008, 633). Will der ArbN im Prozess die Vermutung der fehlenden Weiterbeschäftigungsmöglichkeit widerlegen, muss er substantiiert aufzeigen, dass im Betrieb ein vergleichbarer Arbeitsplatz oder ein solcher zu schlechteren, aber zumutbaren Arbeitsbedingungen frei war (BAG 15.12.2011 – 2 AZR 42/10, NZA 2012, 1044).

63 Die **Überprüfung der sozialen Auswahl** ist nach § 1 Abs. 5 S. 2 KSchG **auf grobe Fehlerhaftigkeit beschränkt.** Der Prüfungsmaßstab der groben Fehlerhaftigkeit gilt nicht nur für die sozialen Indikatoren und deren Gewichtung selbst, sondern auch auf die Bildung der auswahlrelevanten Gruppen (BAG 28.8.2003 – 2 AZR 368/02, NZA 2004, 432 mwN; 21.7.2005 – 6 AZR 592/04, NZA 2006, 162, 21.9.2006 – 2 AZR 284/06, BeckRS 2007, 44268; 10.6.2010 – 2 AZR 420/09, NZA 2010, 1352; 15.12.2011 – 2 AZR 42/10, NZA 2012, 1044). Grob fehlerhaft ist die soziale Auswahl **nur, wenn ein evidenter Fehler** vorliegt und der Interessenausgleich, insbes. bei der Gewichtung der Auswahlkriterien, **jede Ausgewogenheit vermissen lässt** (BT-Drs. 15/1204, 12; BAG 21.1.1999 – 2 AZR 624/98, AP KSchG 1969 § 1 Namensliste Nr. 3; 28.8.2003 – 2 AZR 368/02, NZA 2004, 432; 21.7.2005 – 6 AZR 592/04, NZA 2006, 162; 21.9.2006 – 2 AZR 284/06, BeckRS 2007, 44268; 10.6.2010 – 2 AZR 420/09, NZA 2010, 1352; 24.10.2013 – 6 AZR 854/11, NZA 2014, 46).

64 Der ArbN kann allerdings auch bei Vorliegen einer Namensliste im Kündigungsschutzprozess nach § 1 Abs. 3 S. 1 Hs. 2 KSchG vom ArbGeb. **Auskunft** über die Gründe verlangen, die zu der getroffenen Sozialauswahl geführt haben (BAG 22.1.2004 – 2 AZR 111/02, NJOZ 2005, 5103; 17.11.2005 – 6 AZR 107/05, NZA 2006, 661; *Gaul* BB 2004, 2686 [2690]; **aA** *Röder/Krieger* DB 2005, 2578 [2581]). Unterlässt der ArbGeb. die Auskunft, ist die Kündigung ohne weiteres unwirksam (BAG 10.2.1999 – 2 AZR 716/98, NZA 1999, 702; *Jaeger* FS 25 Jahre ARGE Arbeitsrecht im DAV, 2006, 889 [902]).

65 Nach § 1 Abs. 5 S. 3 KSchG kommt die Vermutung der Betriebsbedingtheit und die Beschränkung der Überprüfbarkeit der Sozialauswahl dann nicht zur Anwendung, wenn sich die Sachlage nach dem Zustandekommen des Interessenausgleichs so wesentlich geändert hat, dass von einem **Wegfall der Geschäftsgrundlage** auszugehen ist (BAG 22.1.2004 – 2 AZR 111/02, NJOZ 2005, 5103; 12.3.2009 – 2 AZR 418/07, NZA 2009, 1023). Wesentlich ist die Änderung, wenn zumindest einer der Betriebspartner den Interessenausgleich in Kenntnis der späteren Änderung so nicht abgeschlossen hätte (BAG 23.10.2008 – 2 AZR 163/07, AP KSchG 1969 § 1 Namensliste Nr. 18; 12.3.2009 – 2 AZR 418/07, NZA 2009, 1023; *Jaeger* FS 25 Jahre ARGE Arbeitsrecht im DAV, 2006, 889 [904]).

66 Durch einen **Interessenausgleich mit Namensliste verschlechtert** sich die **Position des betroffenen ArbN im Kündigungsschutzprozess** ganz erheblich

(*Janzen* AuR 2013, 203). Der BR trägt daher bei dem Abschluss eines derartigen Interessenausgleichs eine hohe Verantwortung. Die Gefahr, dass es zu Koppelungsgeschäften oder sachfremden Entscheidungen kommt, denen der betroffene ArbN weitgehend wehrlos gegenübersteht, ist nicht von der Hand zu weisen (*Thüsing/Stelljes* BB 2003, 1673 [1676]; vgl. auch *Kohte* BB 1998, 946 [953]). Der BR muss vor dem Abschluss eines derartigen Interessenausgleichs die Kündigungsgründe, die Möglichkeit der Weiterbeschäftigung auch in einem anderen Betrieb des Unternehmens und die soziale Auswahl äußerst sorgfältig prüfen.

b) Der Interessenausgleich in der Insolvenz

Wie jeder andere ArbGeb. ist grds. auch der **Insolvenzverwalter** in Unterneh- **67** men mit in der Regel mehr als 20 wahlberechtigten ArbN bei Betriebsänderungen verpflichtet, den BR zu unterrichten und den Versuch eines **Interessenausgleichs** zu unternehmen (BAG 22.7.2003 – 1 AZR 541/02, NZA 2004, 93; *Schrader/Straube* ZInsO 2005, 910). Dies gilt auch, wenn der BR erst nach der Eröffnung des InsVerf. errichtet wurde (BAG 18.11.2003 – 1 AZR 30/03, NZA 2004, 220). Der Insolvenzverwalter kann die Beteiligung des BR nicht mit der Begründung unterlassen, die Betriebsstilllegung sei unausweichliche Folge einer wirtschaftlichen Zwangslage und es gebe keine sinnvolle Alternative (BAG 22.7.2003 – 1 AZR 541/02, NZA 2004, 93; 18.11.2003 – 1 AZR 30/03, NZA 2004, 220; 7.11.2017 – 1 AZR 186/16, NZA 2018, 464 Rn. 31; HK-InsO/*Linck* § 122 Rn. 1; *Schrader/Straube* ZInsO 2005, 910 [911]). Nach der InsO gelten allerdings im Interesse einer zügigen Abwicklung des InsVerf. einige Besonderheiten.

So ist der Insolvenzverwalter nicht verpflichtet, sich auf ein gem. § 112 Abs. 2 S. 1 **68** an den Vorstand der BA gerichtetes Vermittlungsersuchen des BR einzulassen. Denn ein **Vermittlungsversuch** findet nach dem der Verfahrensbeschleunigung dienenden § 121 InsO nur statt, wenn Insolvenzverwalter und BR gemeinsam darum ersuchen (DKKW/*Däubler* Anh. §§ 111–113 InsO § 121 Rn. 2).

§ 122 InsO (vgl. dazu *Giesen* ZIP 1998, 142; *Lakies* RdA 1997, 145; *Lakies* BB **69** 1999, 206; *Schrader/Straube* ZinsO 2005, 910 [913f.]; HK-InsO/*Linck* § 122 Rn. 1ff.; *Schmädicke/Fackler* NZA 2013, 1199) eröffnet dem Insolvenzverwalter die Möglichkeit, nach **3-wöchigen ergebnislosen Verhandlungen** über einen Interessenausgleich Betriebsänderungen durchzuführen, ohne zuvor das bisweilen zeitaufwändige Verf. nach § 112 Abs. 2 ausgeschöpft zu haben (BAG 22.7.2003 – 1 AZR 541/02, NZA 2004, 93). „Um Missbräuchen vorzubeugen“ (BT-Drs. 12/2443, 154) muss der Insolvenzverwalter allerdings zuvor die **Zustimmung des ArbG** einholen (HK-InsO/*Linck* § 122 Rn. 4).

Den **Antrag** auf Zustimmung des ArbG zur Durchführung der Betriebsänderung **70** kann der Insolvenzverwalter gem. § 122 Abs. 1 S. 1 InsO stellen, wenn ein Interessenausgleich nicht innerhalb von drei Wochen nach Verhandlungsbeginn oder schriftlicher Aufforderung zur Aufnahme von Verhandlungen zustande gekommen ist. Maßgeblich ist der jeweils frühere Zeitpunkt. Voraussetzung für den Lauf der Frist ist aber, dass der Insolvenzverwalter den BR zuvor umfassend unterrichtet hat (FK-InsO/*Eisenbeis* § 122 Rn. 11; HK-InsO/*Linck* § 122 Rn. 7, 8; Braun/*Wolf* InsO § 122 Rn. 3; DKKW/*Däubler* Anh. §§ 111–113, InsO § 122 Rn. 4; *Schmädicke/Fackler* NZA 2013, 1199).

Ausreichend ist grds., dass seit Beginn der Verhandlungen oder der Aufforderung **71** zu diesen drei Wochen vergangen sind. Auf die rechtlich kaum fassbare „Intensität“ der Verhandlungen kommt es nicht an (so aber DKKW/*Däubler* Anh. §§ 111–113 InsO § 122 Rn. 5). Ein reines **Scheinangebot** zu Verhandlungen genügt allerdings nicht (vgl. *Zwanziger* InsO § 122 Rn. 25; HWK/*Annuß* InsO § 122 Rn. 3; HK-InsO/*Linck* § 122 Rn. 12; *Schmädicke/Fackler* NZA 2013, 1199).

Für das **Zustimmungsverfahren** vor dem ArbG gelten gem. § 122 Abs. 2 S. 2 **72** InsO die Vorschriften des ArbGG über das **BeschlVerf.** Zuständig ist gem. § 82

Abs. 1 S. 1 ArbGG das Gericht, in dessen Bezirk der Betrieb liegt. Am Verf. zu beteiligen sind gem. § 122 Abs. 2 S. 2 Hs. 2 InsO der Insolvenzverwalter und der BR. Im Antrag sind die geplanten Betriebsänderungen genau zu bezeichnen. Das Gericht erforscht den Sachverhalt gem. § 83 Abs. 1 S. 1 ArbGG im Rahmen der gestellten Anträge von Amts wegen HK-InsO/*Linck* § 122 Rn. 18). Gem. § 122 Abs. 2 S. 3 InsO ist das Verf. nach Maßgabe des § 61a Abs. 3–6 ArbGG vorrangig zu erledigen (vgl. *Zwanziger* InsO § 122 Rn. 39).

73 Das ArbG erteilt die Zustimmung, wenn die wirtschaftliche Lage des Unternehmens auch unter Berücksichtigung der sozialen Belange der ArbN die Durchführung der Betriebsänderung ohne die vorherige Durchführung des Verf. nach § 112 Abs. 2 erfordert. Voraussetzung ist, dass wirtschaftlich die mit der Anrufung der E-Stelle verbundene Verzögerung nicht vertretbar erscheint. Erforderlich ist eine **besondere Eilbedürftigkeit** (*Lakies* BB 1999, 206; *Zwanziger* InsO § 122 Rn. 27; *Schmädicke/Fackler* NZA 2013, 1199). Der allgemeine Hinweis auf die Insolvenz genügt nicht (ArbG Berlin 26.3.1998 – 5 BV 5735/98, BeckRS 1998, 30888904). Zu berücksichtigen sind nicht nur die sich aus der wirtschaftlichen Lage des Unternehmens ergebenden Erfordernisse einer beschleunigten Durchführung der Betriebsänderung, sondern auch die sozialen Belange der ArbN und deren Interesse an einem vor der E-Stelle zu versuchenden Interessenausgleich (vgl. *Zwanziger* InsO § 122 Rn. 27; HK-InsO/*Linck* § 122 Rn. 15).

74 **Wenn das ArbG die Zustimmung erteilt,** kann der Insolvenzverwalter die **Betriebsänderung** durchführen, **ohne** die **E-Stelle** anzurufen und ohne sich Ansprüchen der ArbN auf Nachteilsausgleich nach § 113 Abs. 3 auszusetzen (HK-InsO/*Linck* § 122 Rn. 16; *Schmädicke/Fackler* NZA 2013, 1199). Die Verpflichtung zur Aufstellung des Sozialplans bleibt unberührt. **Lehnt das ArbG die Zustimmung ab,** muss der Insolvenzverwalter wie jeder andere ArbGeb. gem. § 112 Abs. 2 S. 2 die **E-Stelle** anrufen und dort den Versuch eines Interessenausgleichs unternehmen. Zu beachten ist ferner, dass das **Insolvenzgericht** unter bestimmten Voraussetzungen gem. **§ 158 Abs. 2 S. 2 InsO** auf Antrag des Schuldners dem Insolvenzverwalter zeitweilig die Stilllegung des Unternehmens untersagen kann (vgl. FK-InsO/*Eisenbeis* § 122 Rn. 7; HK-InsO/*Linck* § 122 Rn. 17).

75 Nach § 122 Abs. 3 S. 1 InsO gibt es gegen den Beschluss des ArbG **keine Beschwerde.** Das ArbG hat aber gem. § 122 Abs. 3 S. 2 Hs. 2 InsO in entspr. Anwendung des § 72 Abs. 2 ArbGG die **Rechtsbeschwerde** an das BAG **zuzulassen.** Dies ist der Fall, wenn die Rechtssache grundsätzliche Bedeutung hat (§ 72 Abs. 2 Nr. 1 ArbGG) oder wenn die Entscheidung des ArbG auf einer Divergenz iSd entspr. geltenden § 72 Abs. 2 Nr. 2 ArbGG beruht. **Divergenzfähig** sind nur Entscheidungen des BVerfG, des Gemeinsamen Senats der obersten Gerichtshöfe des Bundes und des BAG (so wohl auch MüKo-InsO/*Löwisch/Caspers* §§ 121, 122 Rn. 49). Keine Verpflichtung zur Zulassung der Rechtsbeschwerde besteht, wenn das ArbG von der Entscheidung eines anderen ArbG oder eines LAG abweicht. Das ArbG ist kein LAG und kann daher nicht von einer anderen Kammer desselben LAG und auch nicht von einem „anderen" LAG divergieren. Es besteht auch Veranlassung, über den Wortlaut des § 72 Abs. 2 Nr. 2 ArbGG hinaus eine Zulassungspflicht bei einer Abweichung von der Entscheidung eines anderen ArbG anzunehmen (*Rummel* DB 1997, 775; **aA** *Müller* NZA 1998, 1319; *Zwanziger* InsO § 122 Rn. 55; DKKW/*Däubler* Anh. §§ 111–113 InsO § 122 Rn. 13). § 122 InsO dient der Beschleunigung des Verf. Aus diesem Grund ist weder die Möglichkeit einer Beschwerde noch die Möglichkeit einer Nichtzulassungsbeschwerde gegen die Nichtzulassung der Rechtsbeschwerde vorgesehen (→ Rn. 63). Dieser Zweck würde unterlaufen, wenn das ArbG verpflichtet wäre, festzustellen, ob es in der Bundesrepublik divergierende erstinstanzliche Entscheidungen gibt. IÜ wäre das Verhältnis dieser Entscheidungen zu den Entscheidungen von LAG dann ungeklärt. Dass der Gesetzgeber divergierende erstinstanzliche Entscheidungen hinnimmt, macht auch § 64 Abs. 3 ArbGG deutlich. An die Zulassung der Rechtsbeschwerde durch das ArbG ist das BAG gem. § 122 Abs. 3 S. 2 InsO iVm § 72 Abs. 3 ArbGG gebunden.

Gegen die Nichtzulassung der Rechtsbeschwerde durch das ArbG findet **keine Nichtzulassungsbeschwerde** statt (vgl. zu § 126 InsO BAG 14.8.2001 – 2 ABN 20/01, AP ArbGG 1979 § 72a Divergenz Nr. 44 mwN; HK-InsO/*Linck* § 122 Rn. 19). § 122 Abs. 3 S. 2 InsO verweist nicht auf § 72a ArbGG. 76

Der BR wird im Verf. nach § 122 InsO idR die **Beauftragung eines Rechtsanwalts** für erforderlich halten dürfen. Der ArbGeb. hat nach § 40 die dadurch entstehenden Kosten zu tragen (→ § 40 Rn. 21 ff.). Diese sind Masseverbindlichkeiten iSv § 55 Abs. 1 Nr. 1 InsO (HK-InsO/*Linck* § 122 Rn. 18). 77

Nach § 122 Abs. 1 S. 3 InsO ist der Insolvenzverwalter durch Einleitung des Verf. auf Zustimmung des ArbG zur Durchführung der Betriebsänderung nicht gehindert, einen **Interessenausgleich nach § 125 InsO** zustande zu bringen oder einen Feststellungsantrag nach § 126 InsO zu stellen. Der in § 125 InsO vorgesehene besondere Interessenausgleich soll eine erfolgreiche Sanierung insolventer Unternehmen fördern und im Insolvenzfall zusätzliche Kündigungserleichterungen schaffen (BAG 28.8.2003 – 2 AZR 368/02, NZA 2004, 432). Die Bestimmung dient der Förderung der „übertragenden Sanierung". Es soll verhindert werden, dass eine beabsichtigte, mit Rationalisierungsmaßnahmen verbundene Betriebsveräußerung daran scheitert, dass der potenzielle Erwerber nicht übersehen kann, welche ArbVerh. auf ihn übergehen (HK-InsO/*Linck* § 125 Rn. 1). Die Bestimmung führt – ebenso wie § 1 Abs. 5 KSchG (→ Rn. 49 ff.) – zu einer Einschränkung des Kündigungsschutzes der im Interessenausgleich namentlich bezeichneten ArbN. Ein Interessenausgleich nach § 125 InsO macht die nach § 102 Abs. 1 erforderliche Anhörung des BR zu den einzelnen Kündigungen nicht entbehrlich. Die BRAnhörung unterliegt grds. auch keinen erleichterten Anforderungen (BAG 28.8.2003 – 2 AZR 377/02, AP BetrVG 1972 § 102 Nr. 134). Gem. § 125 Abs. 2 InsO ersetzt in der Insolvenz ein Interessenausgleich nach § 123 Abs. 1 InsO die Stellungnahme des BR nach § 17 Abs. 3 S. 2 KSchG. Dies gilt auch, wenn der Insolvenzverwalter aufgrund einer betriebsübergreifenden Betriebsänderung mit dem GesamtBR einen Interessenausgleich mit Namensliste abgeschlossen hat und dieser der Massenentlassungsanzeige beigefügt wird (BAG 7.7.2011 – 6 AZR 248/10, NZA 2011, 1108; vgl. dazu *Schramm/Kuhnke* NZA 2011, 1071). 78

Die **Voraussetzungen** für eine wirksame Namensliste nach § 125 Abs. 1 InsO sind dieselben wie nach § 1 Abs. 5 KSchG (→ Rn. 49 ff.; vgl. auch *Hinkel/Pantlein* FS Wellensiek, 2011, 713). **Vor Eröffnung des Insolvenzverfahrens** findet § 125 InsO zwar keine Anwendung (BAG 28.6.2012 – 6 AZR 780/10, NZA 2012, 1029). Ein von dem Schuldner und dem BR mit Zustimmung des vorläufigen (schwachen) Insolvenzverwalter geschlossener Interessenausgleich mit Namensliste entfaltet aber die Wirkungen des § 1 Abs. 5 KSchG (BAG 28.6.2012 – 6 AZR 780/10, NZA 2012, 1029). Bei grenzüberschreitenden Insolvenzen kann auch ein ausländischer Administrator als Insolvenzverwalter angesehen werden (BAG 20.9.2012 – 6 AZR 253/11, NZA 2013, 797; dazu *Zange* BB 2013, 511). 79

Liegen die Voraussetzungen des § 125 Abs. 1 S. 1 InsO vor, so wird gem. Nr. 1 vermutet, dass die Kündigung der ArbVerh. der bezeichneten ArbN durch dringende betriebliche Erfordernisse, die einer Weiterbeschäftigung in diesem Betrieb oder einer Weiterbeschäftigung zu unveränderten Arbeitsbedingungen entgegenstehen, bedingt ist. Es handelt sich um eine **gesetzliche Vermutung nach § 292 ZPO** (HK-InsO/*Linck* § 125 Rn. 24; vgl. zu § 1 Abs. 5 S. 1 KSchG → Rn. 60). Die Vermutung kann vom ArbN widerlegt werden (→ Rn. 60; BAG 18.10.2012 – 6 AZR 289/11, NZA-RR 2013, 68). Ein im Interessenausgleich zugelassener Einsatz von LeiharbN genügt dafür nach der Rspr. des BAG noch nicht (BAG 18.10.2012 – 6 AZR 289/11, NZA-RR 2013, 68). 80

Die gesetzliche Vermutung bezieht sich **wohl nicht nur auf fehlende Weiterbeschäftigungsmöglichkeiten im Betrieb, sondern grds. auch auf andere Betriebe im selben Unternehmen** (BAG 20.9.2006 – 6 AZR 249/05, NZA 2007, 387; *Gaul* BB 2004, 2686 [2689]; *Lakies* BB 1999, 207 f.; ErfK/*Gallner* § 125 Rn. 7; 81

HK-InsO/*Linck* § 125 Rn. 20; APS/*Dörner* InsO § 125 Rn. 24; *Zwanziger* InsO § 125 Rn. 47; **aA** *Fischermeier* NZA 1997, 1096f.; DKKW/*Däubler* Anh. §§ 111–113 InsO § 125 Rn. 16). Zwar ist der Wortlaut des § 125 Abs. 1 S. 1 Nr. 1 InsO enger als der des § 1 Abs. 5 S. 1 KSchG (→ Rn. 62). Für ein weites Verständnis spricht aber der gebotene Gleichklang der beiden Vorschriften (vgl. HK-InsO/*Linck* § 125 Rn. 20).

82 Nach § 125 Abs. 1 S. 1 Nr. 2 InsO kann die **soziale Auswahl** der ArbN **nur** im Hinblick auf die Dauer der **Betriebszugehörigkeit,** das **Lebensalter** und die **Unterhaltspflichten** und auch insoweit **nur grobe Fehlerhaftigkeit** nachgeprüft werden (BAG 20.9.2012 – 6 AZR 483/11, NZA 2013, 94). Damit werden zum einen die **Beurteilungskriterien** beschränkt (vgl. *Zwanziger* InsO § 125 Rn. 55ff.; ErfK/*Gallner* InsO § 125 Rn. 12), zum anderen der **Beurteilungsmaßstab** geändert (vgl. *Zwanziger* InsO § 125 Rn. 63ff.). Der Prüfungsmaßstab der groben Fehlerhaftigkeit bezieht sich nicht nur auf die sozialen Indikatoren und deren Gewichtung; vielmehr wird die gesamte soziale Auswahl, also insbes. auch die Bildung der auswahlrelevanten Gruppen, nur auf ihre grobe Fehlerhaftigkeit überprüft (→ Rn. 63; GK-BetrVG/*Oetker* Rn. 105; HK-InsO/*Linck* § 125 Rn. 27; ErfK/*Gallner* InsO § 125 Rn. 9). Eine Sozialauswahl, der eine Verkennung des Betriebsbegriffs zugrunde liegt, ist nur dann grob fehlerhaft, wenn die Fehlerhaftigkeit „ins Auge springt" (BAG 20.9.2012 – 6 AZR 483/11, NZA 2013, 94).

83 Auch in der Insolvenz hat die Sozialauswahl auf den **gesamten Betrieb** bezogen zu erfolgen (BAG 28.10.2004 – 8 AZR 391/03, NZA 2005, 285; ErfK/*Gallner* InsO § 125 Rn. 10). Ob ein Verstoß hiergegen eine grobe Fehlerhaftigkeit der Sozialauswahl zur Folge hat, hat das BAG bislang offen gelassen (BAG 17.11.2005 – 6 AZR 107/05, NZA 2006, 661). Bei der fehlerhaften Annahme, eine Beschäftigungsfiliale sei ein eigenständiger Betrieb, hat es eine grobe Fehlerhaftigkeit verneint (BAG 3.4.2008 – 2 AZR 879/06, NZA 2008, 1060).

84 Auch wenn ein ArbN in die Namensliste aufgenommen ist, muss der Insolvenzverwalter ihm auf Verlangen nach § 1 Abs. 3 S. 3 Hs. 2 KSchG die Gründe mitteilen, die zu der getroffenen Sozialauswahl geführt haben. Erst nach Erfüllung der **Auskunftspflicht** trägt der ArbN die volle Darlegungslast für die Fehlerhaftigkeit der Sozialauswahl (HK-InsO/*Linck* § 125 Rn. 39). Es genügt dabei nicht, dass er die gesetzliche Vermutung erschüttert; er muss vielmehr das Gegenteil beweisen (BAG 17.11.2005 – 6 AZR 107/05, NZA 2006, 661).

85 Nach § 125 Abs. 1 S. 1 Nr. 2 Hs. 2 InsO ist die soziale Auswahl ferner nicht zu beanstanden, wenn eine **ausgewogene Personalstruktur erhalten oder geschaffen** wird. Die Vorschrift erlaubt damit – anders als § 1 Abs. 5 KSchG – auch Eingriffe in bestehende Personalstrukturen zur Steigerung der Leistungsfähigkeit des Betriebs (BAG 28.8.2003 – 2 AZR 368/02, NZA 2004, 432). Dem Insolvenzverwalter wird die Möglichkeit eröffnet, personalpolitische Fehlentwicklungen durch die Sozialauswahl zu korrigieren (ErfK/*Gallner* InsO § 125 Rn. 14; HK-InsO/*Linck* § 125 Rn. 31). Dabei ist Personalstruktur nicht mit Altersstruktur gleichzusetzen, sondern in einem umfassenderen Sinn zu verstehen (BAG 28.8.2003 – 2 AZR 368/02, NZA 2004, 432). Auch die Frage, ob die angestrebte Personalstruktur ausgewogen ist, ist nach der Rspr. des BAG nur auf grobe Fehlerhaftigkeit überprüfbar (BAG 28.8.2003 – 2 AZR 368/02, NZA 2004, 432; *Zwanziger* InsO § 125 Rn. 70). Im Prozess muss aber der InsVerw. darlegen, wie die Personalstruktur beschaffen ist und welche Struktur erreicht werden soll (HK-InsO/*Linck* § 125 Rn. 31).

85a Die **Bildung von Altersgruppen** ist nach der Rspr. des BAG grds. nicht zu beanstanden (BAG 6.11.2008 – 2 AZR 523/07, NZA 2009, 361; 15.12.2011 – 2 AZR 42/10, NZA 2012, 1044; 28.6.2012 – 6 AZR 682/10, NZA 2012, 1090; 19.7.2012 – 2 AZR 352/11, NZA 2013, 86; 19.12.2013 – 6 AZR 790/12, NZA-RR 2014, 185; → Rn. 56). Sie ist im Anwendungsbereich des AGG bei Massenkündigungen nach § 10 S. 1 u. 2 AGG gerechtfertigt (BAG 6.11.2008 – 2 AZR 523/07, NZA 2009, 361; 15.12.2011 – 2 AZR 42/10, NZA 2012, 1044; 28.6.2012 – 6 AZR

682/10, NZA 2012, 1090; vgl. zur Rechtslage vor Geltung des AGG BAG 19.6. 2007 – 2 AZR 304/06, NZA 2008, 103; 12.3.2009 – 2 AZR 418/07, NZA 2009, 1023).

Jedenfalls eine der **Erhaltung der vorhandenen Altersstruktur** dienende Altersgruppenbildung verletzt keine Diskriminierungsverbote; sie stellt ein nicht nur im Interesse einzelner ArbGeb., sondern im Allgemeininteresse liegendes Ziel des Gesetzgebers dar (BAG 15.12.2011 – 2 AZR 42/10, NZA 2012, 1044; 28.6.2012 – 6 AZR 682/10, NZA 2012, 1090; vgl. auch ErfK/*Gallner* InsO § 125 Rn. 15; HK-InsO/*Linck* § 125 Rn. 31). Eine Altersgruppenbildung ist zur Erhaltung der Altersstruktur der Belegschaft allerdings nur geeignet, wenn sie dazu führt, dass die bestehende Struktur bewahrt bleibt. Sind mehrere Gruppen vergleichbarer ArbN betroffen, muss deshalb eine proportionale Berücksichtigung aller Altersgruppen auch innerhalb der jeweiligen Vergleichsgruppen möglich sein (BAG 19.7.2012 – 2 AZR 352/11, NZA 2013, 86). **85b**

Auch die durch § 125 Abs. 1 S. 1 Nr. 2 Hs. 2 InsO eröffnete Möglichkeit der **Schaffung einer ausgewogenen Altersstruktur** durch Bildung von Altersgruppen verletzt nach der Rspr. des BAG nicht das unionsrechtliche Verbot der Altersdiskriminierung, sondern ist durch das legitime Ziel der Sanierung eines insolventen Unternehmens gerechtfertigt (BAG 19.12.2013 – 6 AZR 790/12, NZA-RR 2014, 185; 26.3.2015 – 2 AZR 478/13, NZA 2015, 1122; die Frage noch ausdrücklich offen lassend 24.10.2013 – 6 AZR 854/11, NZA 2014, 46). Im Prozess muss der kündigende Insolvenzverwalter allerdings darlegen, welche Altersstruktur die Betriebspartner schaffen wollten und aus welchem Grund dies erforderlich war; hierzu muss ein Sanierungskonzept deutlich werden (BAG 19.12.2013 – 6 AZR 790/12, NZA-RR 2014, 185). **85c**

Die **Berücksichtigung von Unterhaltspflichten** gegenüber Kindern kann sich auf diejenigen beschränken, die aus der Lohnsteuerkarte entnommen werden können (BAG 28.6.2012 – 6 AZR 682/10, NZA 2012, 1090). Die Verpflichtung zur Gewährung von Familienunterhalt an den mit dem ArbN in ehelicher Lebensgemeinschaft lebenden Ehegatten nach § 1360 BGB darf nicht gänzlich außer Betracht bleiben (BAG 28.6.2012 – 6 AZR 682/10, NZA 2012, 1090). **85d**

Bei der **Kündigung schwerbehinderter Menschen** soll das Integrationsamt gem. **§ 172 Abs. 3 SGB IX** die Zustimmung erteilen, wenn – ua – der schwerbehinderte Mensch in einem Interessenausgleich nach § 125 InsO namentlich als einer der zu entlassenden ArbN bezeichnet ist (vgl. *Zwanziger* InsO § 125 Rn. 138; ErfK/*Gallner* InsO § 125 Rn. 12). **86**

Ergänzt wird § 125 InsO durch **§ 128 InsO.** Der Insolvenzverwalter kann danach mit dem BR einen Interessenausgleich iSv § 125 InsO auch dann vereinbaren, wenn die beabsichtigte **Betriebsänderung erst nach einer Betriebsveräußerung** durchgeführt werden soll. Nach dem Betriebsübergang kann sich dann der Betriebserwerber auf die kündigungsrechtliche Privilegierung nach § 125 InsO berufen (GK-BetrVG/*Oetker* Rn. 110 ff.). Nach § 128 Abs. 2 InsO erstreckt sich die Vermutung des § 125 Abs. 1 S. 1 Nr. 1 InsO auch darauf, dass die Kündigung nicht wegen des Betriebsübergangs erfolgte (ErfK/*Gallner* § 128 Rn. 2; HK-InsO/*Linck* § 128 Rn. 3; DKKW/*Däubler* Anh. §§ 111–113, InsO § 128 Rn. 5). § 128 InsO findet nach seinem Sinn und Zweck auch auf die Veräußerung von Betriebsteilen Anwendung (GK-BetrVG/*Oetker* Rn. 115; **aA** DKKW/*Däubler* Anh. §§ 111–113 InsO § 128 Rn. 6). Durch die Bestimmung sollen in der Insolvenz die Schwierigkeiten verringert werden, die sich aus § 613a BGB für die Veräußerung von Betrieben oder Betriebsteilen ergeben (vgl. BT-Drs. 12/2443, 150). **87**

§ 126 InsO ermöglicht dem Insolvenzverwalter, **in einem arbeitsgerichtlichen BeschlVerf. feststellen** zu lassen, **dass die Kündigung** bestimmter namentlich bezeichneter ArbN durch dringende betriebliche Erfordernisse bedingt und sozial **gerechtfertigt** ist (vgl. dazu *Rieble* NZA 2007, 1393; ErfK/*Gallner* § 126 Rn. 1; HK-InsO/*Linck* § 126 Rn. 1). Dies gilt für beabsichtigte und für bereits ausgespro- **88**

chene Kündigungen (BAG 29.6.2000 – 8 ABR 44/99, NZA 2000, 1180 mwN). Der Insolvenzverwalter kann das Verf. einleiten, wenn es im Betrieb keinen BR gibt oder aus anderen Gründen innerhalb von drei Wochen nach Verhandlungsbeginn oder schriftlicher Aufforderung zur Aufnahme von Verhandlungen ein Interessenausgleich nach § 125 Abs. 1 InsO nicht zustande gekommen ist.

89 Voraussetzung für die Anwendbarkeit des § 126 InsO ist das Vorliegen einer **Betriebsänderung iSv § 111.** Die Bestimmung ist daher nicht anwendbar, wenn der Insolvenzverwalter ohne Betriebsänderung einzelne betriebsbedingte Kündigungen aussprechen will (*Zwanziger* InsO § 126 Rn. 9 mwN; HK-InsO/*Linck* § 126 Rn. 5; **aA** ErfK/*Gallner* InsO § 126 Rn. 1 mwN; *Rieble* NZA 2009, 1393 [1394]). Keine Voraussetzung ist aber die Überschreitung des Schwellenwerts des § 111 S. 1. § 126 InsO ist daher auch anwendbar in Unternehmen mit nicht mehr als 20 wahlberechtigten ArbN (DKKW/*Däubler* Anh. §§ 111–113 InsO § 126 Rn. 7 mwN; KR/*Weigand* InsO § 126 Rn. 3; **aA** HK-InsO/*Linck* § 126 Rn. 1; *Zwanziger* InsO § 126 Rn. 9; offen gelassen in BAG 29.6.2000 – 8 ABR 44/99, NZA 2000, 1180). Nach § 128 Abs. 1 InsO wird die Anwendung des § 126 InsO nicht dadurch ausgeschlossen, dass die Betriebsänderung erst nach einer Betriebsveräußerung durchgeführt werden soll.

90 Für das Verf. gelten gem. § 126 Abs. 2 S. 1 InsO die Vorschriften über das **arbeitsgerichtliche BeschlVerf.** entsprechend. Zu beteiligen sind gem. § 126 Abs. 2 S. 1 Hs. 2 InsO der **Insolvenzverwalter,** der **BR** und die **betroffenen ArbN,** soweit sie sich nicht mit der Beendigung der ArbVerh. oder den geänderten Arbeitsbedingungen einverstanden erklärt haben (BAG 29.6.2000 – 8 ABR 44/99, NZA 2000, 1180). Gibt es keinen BR, sind neben dem Insolvenzverwalter nur die betroffenen ArbN beteiligt. Ist eine Betriebsveräußerung beabsichtigt, ist außerdem gem. § 128 Abs. 1 S. 2 InsO der **Betriebserwerber** zu beteiligen. Der Insolvenzverwalter muss in dem Antrag die zu kündigenden ArbN namentlich bezeichnen (*Zwanziger* InsO § 126 Rn. 28). Er muss dartun, dass es in dem Betrieb keinen BR gibt oder dass seit der umfassenden Unterrichtung des BR drei Wochen vergangen sind. Er muss die Betriebsänderung beschreiben und darlegen, dass die beabsichtigten oder bereits ausgesprochenen Kündigungen durch dringende betriebliche Erfordernisse bedingt sind. Außerdem hat er Betriebszugehörigkeit, Lebensalter und Unterhaltspflichten sämtlicher vergleichbarer ArbN und die Kriterien für die soziale Auswahl anzugeben (vgl. *Lakies* BB 1999, 208; HK-InsO/*Linck* § 126 Rn. 13). Das ArbG muss diese Tatsachen gem. § 83 Abs. 1 S. 1 ArbGG aber auch von Amts wegen ermitteln. Es hat das Verf. gem. § 126 Abs. 2 S. 2, § 122 Abs. 2 S. 3 InsO nach Maßgabe des § 61a Abs. 3–6 ArbGG vorrangig zu erledigen.

91 Das ArbG hat in vollem Umfang das Vorliegen dringender **betrieblicher Erfordernisse** zu **prüfen** (*Zwanziger* InsO § 126 Rn. 42; HK-InsO/*Linck* § 126 Rn. 13). Eine fehlerhafte soziale Auswahl müssen aber die betroffenen ArbN aufzeigen (BAG 29.6.2000 – 8 ABR 44/99, NZA 2000, 1180). Dabei kommt es nur auf die in § 126 Abs. 1 S. 2 InsO genannten Kriterien an (*Zwanziger* InsO § 126 Rn. 43). Wurden die Kündigungen bereits von einem vorläufigen Insolvenzverwalter ausgesprochen, muss das Gericht auch dessen Kündigungsbefugnis prüfen (BAG 29.6.2000 – 8 ABR 44/99, NZA 2000, 1180). Zu einer Betriebsstilllegung ist der vorläufige Insolvenzverwalter nach § 22 InsO meist nicht befugt (BAG 29.6.2000 – 8 ABR 44/99, NZA 2000, 1180). Sonstige Unwirksamkeitsgründe sind allerdings im Verf. nach § 126 InsO nicht zu prüfen (BAG 29.6.2000 – 8 ABR 44/99, NZA 2000, 1180; HK-InsO/*Linck* § 126 Rn. 15; **aA** *Zwanziger* InsO § 126 Rn. 49).

92 Gewinnt das Gericht die Überzeugung (§ 84 S. 1 ArbGG), dass die Kündigungen durch dringende betriebliche Erfordernisse bedingt sind und die soziale Auswahl nicht zu beanstanden ist, stellt es fest, dass die Kündigungen der namentlich iE zu bezeichnenden ArbN sozial gerechtfertigt sind. Andernfalls weist es den Antrag ab. Das Gericht kann dem Antrag auch teilweise entsprechen und ihn iÜ abweisen. Die rechtskräftige Entscheidung entfaltet gem. § 127 Abs. 1 S. 2 InsO **Bindungswir-**

kung für spätere oder bereits erhobene **KSchutzklagen.** Eine Ausnahme gilt nur, wenn sich die Sachlage nach dem Schluss der letzten mündlichen Verhandlung wesentlich geändert hat. KSchutzverf. sind gem. § 127 Abs. 2 InsO bis zur Rechtskraft der Entscheidung im Verf. nach § 126 InsO auszusetzen.

Gegen den Beschluss des ArbG findet gem. § 126 Abs. 2 S. 2 iVm § 122 Abs. 3 InsO **keine Beschwerde,** sondern lediglich im Falle ihrer Zulassung durch das ArbG die Rechtsbeschwerde an das BAG statt (→ Rn. 75 f.). Die Möglichkeit der Nichtzulassungsbeschwerde besteht nicht (BAG 14.8.2001 – 2 ABN 20/01, AP ArbGG 1979 § 72a Divergenz). Eine zugelassene Rechtsbeschwerde kann jeder beteiligte ArbN einlegen. Sie wirkt nicht zugunsten der anderen ArbN (BAG 29.6.2000 – 8 ABR 44/99, NZA 2000, 1180). Gerichtskosten werden gem. § 2 Abs. 2 GKG für das Verf. nach § 126 InsO nicht erhoben. Hinsichtlich der **außergerichtlichen Kosten** der Verfahrensbeteiligten gilt nach § 126 Abs. 3 S. 1 InsO für den ersten Rechtszug **§ 12a Abs. 1 S. 1 ArbGG entspr.** Nach dieser Vorschrift besteht kein Anspruch der obsiegenden Partei auf Entschädigung wegen Zeitversäumnis und auf Erstattung der Kosten für die Zuziehung eines Prozessbevollmächtigten. Die Erstattung sonstiger Kosten – wie zB Reisekosten – wird dadurch nicht ausgeschlossen. Der Verweis in § 126 Abs. 3 S. 1 InsO könnte daher dahin verstanden werden, dass anders als sonst im BeschlVerf. (BAG 20.4.1999 – 1 ABR 13/98, NZA 1999, 1235; GK-ArbGG/*Wenzel* § 12 Rn. 433 mwN) ausnahmsweise eine Kostenentscheidung zu ergehen hat. Wie sich aus den Gesetzesmaterialien (BT-Drs. 12/2443, 150) ergibt, wollte der Gesetzgeber jedoch für das erstinstanzliche Verf. nicht die Pflicht zur Erstattung außergerichtlicher Kosten einführen. Daher ist **im ersten Rechtszug eine Kostenentscheidung entbehrlich.** Der BR hat gegen den Insolvenzverwalter gem. § 40 BetrVG einen materiellrechtlichen Anspruch auf Erstattung der Kosten für die Hinzuziehung eines Verfahrensbevollmächtigten (*Lakies* RdA 1997, 154; *Lakies* BB 1999, 209; *Müller* NZA 1998, 1320). **Anders als sonst in BeschlVerf.** besteht dagegen nach § 126 Abs. 3 S. 2 InsO ein **Kostenerstattungsanspruch für das Rechtsbeschwerdeverf.** In diesem muss daher eine Kostenentscheidung ergehen (BAG 20.1.2000 – 2 ABR 30/99, NZA 2001, 170). Bei dieser finden die §§ 91 ff. ZPO Anwendung (*Lakies* RdA 1997, 154; *Lakies* BB 1999, 209). Dadurch soll gewährleistet werden, dass ein ArbN, der im Rechtsbeschwerdeverf. obsiegt, die Kosten seines Prozessbevollmächtigten ersetzt bekommt (BT-Drs. 12/2443, 150). Die Bestimmung kann aber auch zur Folge haben, dass der ArbN die außergerichtlichen Kosten des erfolgreichen Insolvenzverwalters erstatten muss (*Müller* NZA 1998, 1320). Darunter fallen aber nicht die Kosten des am Rechtsbeschwerdeverf. beteiligten BR. Diese hat vielmehr, wenn sie erforderlich waren, nach dem insoweit vorgehenden § 40 BetrVG der Insolvenzverwalter zu tragen. 93

c) Zuordnung von Arbeitnehmern nach Umwandlung

Stellt sich die **Umwandlung** (Verschmelzung, Spaltung oder Vermögensübertragung) eines Unternehmens (→ § 1 Rn. 156 ff.; → § 111 Rn. 56 ff.) zugleich als **Betriebsänderung** iSv § 111 dar, so können die ArbN den neuen Betrieben in einem Interessenausgleich **namentlich zugeordnet** werden. Nach § 323 Abs. 2 UmwG kann in diesem Fall das ArbG die Zuordnung nur auf „grobe Fehlerhaftigkeit" überprüfen (vgl. dazu BAG 19.10.2017 – 8 AZR 63/16 – NZA 2018, 370 Rn. 37 ff.; *Roloff/Plum* ZIP 2019, 2288; → § 1 Rn. 266). 94

Ist die Umwandlung mit einem Betriebs- oder Betriebsteilübergang verbunden, geht der zwingende § 613a Abs. 1 S. 1 BGB der Regelung des § 323 Abs. 2 UmwG vor (vgl. BAG 19.10.2017 – 8 AZR 63/16 – NZA 2018, 370 Rn. 37 ff.). Eine gegen § 613a Abs. 1 S. 1 BGB verstoßende Zuordnung ist grob fehlerhaft iSv. § 323 Abs. 2 BGB und daher unverbindl. (BAG 19.10.2017 – 8 AZR 63/16 – NZA 2018, 370 Rn. 37 ff.). Liegt ein Betriebs- oder Betriebsteilübergang vor, ist ein Interessenausgleich daher idR nur für die ArbVerh. von Bedeutung, deren Zuordnung zweifelhaft ist, weil 95 der ArbN seine Tätigkeit in mehreren Betrieben oder Betriebsteilen erbringt (vgl. BAG 19.10.2017 – 8 AZR 63/16 – NZA 2018, 370 Rn. 44).

III. Sozialplan

1. Allgemeine Voraussetzungen

96 Der Sozialplan ist nach der **Legaldefinition** des § 112 Abs. 1 S. 2 die Einigung zwischen Unternehmer und BR über den Ausgleich oder die Milderung der wirtschaftlichen Nachteile, die den ArbN infolge der geplanten Betriebsänderung entstehen. Er ist bei jeder Betriebsänderung aufzustellen. Ausnahmen sind in § 112a geregelt (→ Rn. 100 ff.). §§ 112, 112a gelten für den Abschluss eines Sozialplans auch in Tendenzbetrieben (→ § 118 Rn. 47). Zu einem zwischen ArbGeb. und Sprecherausschuss vereinbarten Sozialplan für leitende Angestellte BAG 10.2.2009 – 1 AZR 767/07, NZA 2009, 970.

97 Die Aufstellung eines Sozialplans ist – anders als ein Interessenausgleich – gem. § 112 Abs. 4 grds. über die E-Stelle erzwingbar. Hinsichtlich des möglichen Inhalts und den bei der Aufstellung zu beachtenden Grundsätzen bestehen erhebliche **Unterschiede** zwischen Sozialplänen, die auf einer **freiwilligen Vereinbarung** beruhen und solchen, die durch **Spruch einer E-Stelle** zustande kommen (vgl. *Schmidt* FS Kreutz, 2010, 451). Bei Vereinbarungen über einen Sozialplan sind die Betriebsparteien in ihrer Regelungsbefugnis in erheblichem Umfang frei (→ Rn. 127 ff.). Regeln sie über § 112 Abs. 1 S. 2 hinaus nicht nur den Ausgleich oder die Milderung wirtschaftlicher Nachteile, handelt es sich der Sache nach nicht mehr nur um einen Sozialplan, sondern um eine den Betriebsparteien auf Grund ihrer Betriebsverfassungsautonomie mögliche freiwillige BV. Solche freiwilligen BV sind auch die sog Rahmensozialpläne (→ Rn. 99). In einem durch Spruch der E-Stelle zustande gekommenen Sozialplan dürfen dagegen nur Regelungen über den Ausgleich oder die Milderung der durch die konkrete Betriebsänderung entstehenden wirtschaftlichen Nachteile getroffen werden. Außerdem hat die E-Stelle die in Abs. 5 genannten Grundsätze zu beachten.

98 Die Verpflichtung zur Aufstellung eines Sozialplans besteht unabhängig davon, ob der Unternehmer einen Interessenausgleich mit dem BR versucht oder erreicht hat. Sie besteht **auch noch nach Durchführung der Betriebsänderung** (BAG 15.10.1979 – 1 ABR 49/77, AP BetrVG 1972 § 111 Nr. 5; GK-BetrVG/*Oetker* Rn. 146). Dies gilt auch, wenn der Unternehmer keinen Interessenausgleich versucht hat. Die in diesem Fall den ArbN nach § 113 Abs. 3 zustehenden Ansprüche auf Nachteilsausgleich lassen die Verpflichtung zum Abschluss eines Sozialplans nicht entfallen (zur etwaigen Anrechnung → § 113 Rn. 33).

99 Bestehen Unsicherheiten darüber, ob eine Betriebsänderung vorliegt, können ArbGeb. und BR **vorsorglich** einen **Sozialplan** für den Fall vereinbaren, dass es sich bei den Maßnahmen um eine Betriebsänderung handelt (BAG 1.4.1998 – 10 ABR 17/97, NZA 1998, 768; 22.7.2003 – 1 AZR 575/02, AP BetrVG 1972 § 112 Nr. 160; 15.5.2007 – 1 AZR 370/06, AP BetrVG 1972 § 112 Nr. 188; 17.4.2012 – 1 AZR 119/11, NZA 2012, 1240; 22.3.2016 – 1 ABR 12/14, NZA 2017, 894 Rn. 12). Stellt sich in diesem Fall heraus, dass tatsächlich keine Betriebsänderung, sondern etwa ein Betriebsübergang vorliegt, können Ansprüche aus dem vorsorglich vereinbarten Sozialplan entfallen. Die Betriebsparteien können die Sozialplanansprüche aber nicht wirksam davon abhängig machen, dass der ArbN zuvor erfolglos eine Klage gegen den etwaigen Betriebserwerber geführt hat (BAG 22.7.2003 – 1 AZR 575/02, AP BetrVG 1972 § 112 Nr. 160). Erzwungen werden kann ein derartiger (aufschiebend oder auflösend) bedingter Sozialplan nicht. Die E-Stelle muss sich im Rahmen ihrer Zuständigkeitsprüfung vielmehr schlüssig werden, ob eine sozialplanpflichtige Betriebsänderung vorliegt oder nicht. Die Aufstellung von **Rahmen-** oder

Dauersozialplänen für künftige, noch nicht konkret geplante Betriebsänderungen fällt nicht unter §§ 111 ff. Sie ist freiwillig möglich, aber nicht erzwingbar (BAG 11.12.2007 – 1 AZR 824/06, NZA-RR 2008, 298; 22.3.2016 – 1 ABR 12/14, NZA 2017, 894 Rn. 12; GK-BetrVG/*Oetker* Rn. 143 f.). Für derartige Rahmensozialpläne gilt § 112 Abs. 1 S. 4 nicht; daher unterfallen sie der tariflichen Regelungssperre des § 77 Abs. 3 S. 1 (→ Rn. 222). Sie schränken die MBR des BR bei konkret eintretenden Betriebsänderungen grds. nicht ein (DKKW/*Däubler* Rn. 195). Eine Einschränkung gilt, wenn bei Abschluss eines Sozialplans die Betriebsänderung bereits „in groben Umrissen abschätzbar" ist. In diesem Fall ist das MBR des BR hinsichtlich des Sozialplans verbraucht (BAG 26.8.1997 – 1 ABR 12/97, NZA 1998, 216; ErfK/*Kania* Rn. 15). Über einen Interessenausgleich muss aber dennoch verhandelt werden (BAG 19.1.1999 – 1 AZR 342/98, NZA 1999, 949, 11.12.2001 – 1 AZR 193/01, NZA 2002, 688; DKKW/*Däubler* Rn. 197). Freiwillige vorsorgliche Rahmensozialpläne für eventuelle künftige im Konzernverbund erfolgende Betriebsänderungen gelten regelmäßig nur, solange ein Unternehmen dem Konzernverbund angehört; jedenfalls ohne entsprechende Anhaltspunkte ist nicht anzunehmen, dass ein Unternehmen die mit einem freiwilligen Rahmensozialplan verbundenen finanziellen Belastungen auch für Betriebsänderungen eingehen will, die erst nach einem Ausscheiden aus dem Konzernverbund stattfinden (BAG 11.12.2007 – 1 AZR 824/06, NZA-RR 2008, 298). Die Betriebsparteien können freiwillige Dauer- oder Rahmensozialpläne anlässlich einer konkret anstehenden Betriebsänderung einvernehmlich abändern (BAG 14.11.2006 – 1 AZR 40/06, NZA 2007, 339; 19.2.2008 – 1 AZR 1004/06, NZA 2008, 719; 17.4.2012 – 1 AZR 119/11, NZA 2012, 1240). Rahmensozialpläne sind kündbar. Da sie nicht erzwingbar sind, entfalten sie keine Nachwirkung nach § 77 Abs. 6.

2. Einschränkungen der Erzwingbarkeit (§ 112a)

Nach § 112a ist in bestimmten Fällen trotz Vorliegens einer Betriebsänderung ein **Sozialplan nicht erzwingbar.** Die durch das BeschFG 1985 eingeführte Bestimmung soll zum einen dazu beitragen, dass ein Unternehmer nicht wegen der Sozialplanpflichtigkeit eines Personalabbaus von Neueinstellungen absieht. Zum anderen soll die Neugründung von Unternehmen erleichtert werden (Richardi BetrVG/*Annuß* § 112a Rn. 1). **100**

a) Ausschließlicher Personalabbau

§ 112a Abs. 1 schränkt die Sozialplanpflicht nach § 112 Abs. 4 ein, wenn eine geplante Betriebsänderung **„allein"** in der **Entlassung** von ArbN besteht und bestimmte Schwellenwerte nicht überschritten werden. Die Vorschrift kommt trotz ihres etwas missverständlichen Wortlauts auch dann zur Anwendung, wenn zu dem Personalabbau weitere Maßnahmen des ArbGeb. hinzukommen. Unanwendbar ist sie erst, wenn diese weiteren Maßnahmen allein oder zusammen mit dem Personalabbau eine Betriebsänderung iSv § 111 S. 3 darstellen. Erst dann ist ein Sozialplan erzwingbar. Dieses Verständnis der Vorschrift entspricht ihrem Sinn und Zweck und der Gesetzessystematik (BAG 28.3.2006 – 1 ABR 5/05, NZA 2006, 932; *Oetker* Anm. zu AP BetrVG 1972 § 112a Nr. 12; WPK/*Preis/Bender* Rn. 31; *Richardi* § 112a Rn. 5; DKKW/*Däubler* Rn. 72). **101**

Dementsprechend genügt zB die zusätzlich zum Personalabbau erfolgende Veräußerung einiger Maschinen nicht zur Unanwendbarkeit des § 112a Abs. 1; erst wenn diese Maschinen ggf. gemeinsam mit dem abgebauten Personal einen **wesentlichen Betriebsteil iSv § 111 S. 3 Nr. 1** darstellen, liegt eine sozialplanpflichtige Maßnahme vor (BAG 28.3.2006 – 1 ABR 5/05, NZA 2006, 932; 6.12.1988 – 1 ABR 47/87, NZA 1989, 399). **102**

103 Bei **reinem Personalabbau** sind für die Sozialplanpflichtigkeit nicht die Zahlen und Prozentangaben des § 17 Abs. 1 KSchG maßgeblich (→ § 111 Rn. 74, 75), sondern die Staffel des § 112a Abs. 1 S. 1 (BAG 28.3.2006 – 1 ABR 5/05, NZA 2006, 932; 9.11.2010 – 1 AZR 708/09, NZA 2011, 466). Danach ist bei bloßem Personalabbau ein Sozialplan nur erzwingbar, wenn in Betrieben mit idR (→ § 1 Rn. 360ff.; → § 111 Rn. 27)

bis zu 59 ArbN	20% der ArbN, aber mindestens 6 ArbN
60–249 ArbN	20% der ArbN oder mindestens 37 ArbN
250–499 ArbN	15% der ArbN oder mindestens 60 ArbN
500–599 ArbN	60 ArbN
ab 600 ArbN	10% der ArbN

aus betriebsbedingten Gründen entlassen werden. Es gelten die Grundsätze, die zum Personalabbau als Betriebsänderung entwickelt wurden (→ § 111 Rn. 74ff.). Anders als bei den übrigen Schwellenwerten des BetrVG werden **LeihArbN** nach der ausdrücklichen Regelung des zum 1.4.2017 in Kraft getretenen § 14 Abs. 2 S. 4 AÜG im Rahmen von § 112a nicht berücksichtigt.

104 Aus betriebsbedingten Gründen **entlassen** iSv § 112a Abs. 1 S. 1 sind nicht nur die ArbN, denen der ArbGeb. kündigt. Als Entlassung gilt vielmehr nach § 112a Abs. 1 S. 2 auch das vom ArbGeb. aus Gründen der Betriebsänderung veranlasste Ausscheiden auf Grund von **Aufhebungsverträgen.** Gleichzustellen ist die vom ArbGeb. veranlasste **Eigenkündigung** des ArbN (BAG 23.8.1988 – 1 AZR 276/87, NZA 1989, 31; → Rn. 192f. mwN). Durch den ArbGeb. veranlasst ist ein Aufhebungsvertrag oder eine Eigenkündigung, wenn der ArbGeb. bei dem ArbN im Hinblick auf eine konkret geplante Betriebsänderung die berechtigte Annahme hervorgerufen hat, mit der eigenen Initiative komme er einer sonst notwendig werdenden betriebsbedingten Kündigung des ArbGeb. zuvor (BAG 22.7.2003 – 1 AZR 575/02, AP BetrVG 1972 § 112 Nr. 160; 26.10.2004 – 1 AZR 503/03, NJOZ 2005, 4454; 13.12.2005 – 1 AZR 551/04, NJOZ 2006, 4673). Dies ist insbes. der Fall, wenn der ArbGeb. dem ArbN mitgeteilt hat, er habe für ihn nach Durchführung der Betriebsänderung keine Beschäftigung mehr (BAG 15.1.1991 – 1 AZR 80/90, NZA 1991, 692; 28.10.1992 – 10 AZR 406/91, NZA 1993, 422; 29.10.2002 – 1 AZR 80/02, NJOZ 2003, 1859; 25.3.2003 – 1 AZR 169/02, NJOZ 2004, 226). § 112a Abs. 1 S. 2 und die dazu entwickelte Rspr. ist auch maßgeblich, wenn es um „Entlassungen" iSv § 113 Abs. 3 (→ § 113 Rn. 22), die Auslegung und Wirksamkeit von Sozialplänen (→ Rn. 175) oder um Entlassungen iSv § 123 Abs. 1 InsO (→ Rn. 296) geht.

105 Werden die Grenzzahlen bei einem **stufenweisen Abbau** erreicht, kommt es darauf an, ob dieser auf einer **einheitlichen unternehmerischen Planung** beruht (→ § **111** Rn. **76;** BAG 28.3.2006 – 1 ABR 5/05, NZA 2006, 932).

b) Neugegründete Unternehmen

106 § 112a Abs. 2 schließt die Anwendung des § 112 Abs. 4u. 5 auf Betriebe **neu gegründeter Unternehmen** für vier Jahre aus. Ein Sozialplan ist dann nicht erzwingbar. § 112a Abs. 2 gilt für alle Betriebsänderungen. Die Betriebsparteien können aber freiwillig einen Sozialplan vereinbaren. Auch können sie gem. § 76 Abs. 6 S. 1 gemeinsam die E-Stelle anrufen. Deren Spruch ersetzt gem. § 76 Abs. 6 S. 2 die Einigung der Betriebsparteien aber nur, wenn diese sich dem Spruch im Voraus entwerfen oder ihn nachträglich annehmen (BAG 6.12.1988 – 1 ABR 47/87, NZA 1989, 399).

107 Begünstigt werden junge Unternehmen. Entscheidend ist allein das **Alter des Unternehmens,** nicht das Alter des Betriebs (BAG 22.2.1995 – 10 ABR 23/94, NZA 1995, 697; 10.12.1996 – 1 ABR 32/96, NZA 1997, 898; 27.6.2006 – 1 ABR 18/05, NZA 2007, 106; GK-BetrVG/*Oetker* Rn. 325 mwN; ErfK/*Kania* Rn. 17; MHdB ArbR/*Leder* § 348 Rn. 43; *Richardi* § 112a Rn. 13; WPK/*Preis*/*Bender* Rn. 33).

Die Privilegierung des § 112a Abs. 2 gilt daher nicht für Unternehmen, die mehr als vier Jahre bestehen, wenn sie einen **neuen Betrieb** gründen (BAG 27.6.2006 – 1 ABR 18/05, NZA 2007, 106; *Richardi* § 112a Rn. 13; WPK/*Preis*/*Bender* Rn. 33; GK-BetrVG/*Oetker* Rn. 323f.; DKKW/*Däubler* Rn. 74). In diesem Betrieb sind Betriebsänderungen von Anfang an sozialplanpflichtig. 108

Dagegen findet § 112a Abs. 2 Anwendung, wenn ein **neu gegründetes Unternehmen** einen Betrieb übernommen hat, der bereits länger als vier Jahre bestand (BAG 27.6.2006 – 1 ABR 18/05, NZA 2007, 106 1972 mwN; GK-BetrVG/*Oetker* Rn. 326 mwN; ErfK/*Kania* Rn. 17; *Richardi* § 112a Rn. 15; WPK/*Preis*/*Bender* Rn. 34; *Fuhlrott* ArbR 2011, 109; krit. DKKW/*Däubler* Rn. 75). Die Privilegierung endet dementsprechend auch nicht, wenn ein von einem neu gegründeten Unternehmen übernommener Betrieb während der ersten vier Jahre nach der Unternehmensgründung vier Jahre alt wird. 109

Hierfür sprechen der Wortlaut, der Sinn und Zweck der Regelung und praktische Bedürfnisse. Bereits der **Wortlaut** der Bestimmung ist insoweit eindeutig. Die Auslegung entspricht auch dem vom Gesetzgeber verfolgten **Zweck der Regelung** (BAG 27.6.2006 – 1 ABR 18/05, NZA 2007, 106). Wären junge Unternehmen in übernommenen älteren Betrieben schon in den ersten vier Jahren sozialplanpflichtig, würde die neue unternehmerische Tätigkeit, die der Gesetzgeber fördern will, erschwert (BAG 10.12.1996 – 1 ABR 32/96, NZA 1997, 898). Für die Auslegung sprechen ferner Gründe der **Rechtssicherheit.** Als maßgeblicher Zeitpunkt der Gründung des Unternehmens ist in § 112a Abs. 2 S. 3 ausdrücklich die nach § 138 AO dem Finanzamt mitzuteilende Aufnahme einer Erwerbstätigkeit festgestellt. Dagegen fehlt es an der Bestimmung des Alters eines Betriebs. Dieses lässt sich häufig – insbes. bei Spaltungen, Zusammenlegungen, Bildung von Gemeinschaftsbetrieben – auch keineswegs ohne weiteres feststellen. 110

Die Auslegung steht nicht im Widerspruch zu **§ 613a BGB** und ist weder verfassungsrechtlich noch unionsrechtlich zu beanstanden (BAG 27.6.2006 – 1 ABR 18/05, NZA 2007, 106). Allerdings verlieren die ArbN eines älteren Betriebs bei der Übernahme durch ein neu gegründetes Unternehmen für den Fall einer in den nächsten vier Jahre erfolgenden Betriebsänderung die Chance auf einen erzwingbaren Sozialplan. Diese Aussicht ist aber kein Recht iSv § 613a BGB (BAG 27.6.2006 – 1 ABR 18/05, NZA 2007, 106). Immerhin handelt es sich aber um eine „rechtliche Veränderung", die „unmittelbar die Rechtspositionen der übergehenden ArbVerh. berührt", und über die daher die vom Betriebsübergang betroffenen ArbN nach § 613a Abs. 5 BGB zu unterrichten sind (BAG 14.11.2013 – 8 AZR 824/112, NZA 2014, 610; 15.12.2016 – 8 AZR 612/15, NZA 2017, 783; *C. Meyer* FS 100 Jahre BetrVR 2020, 481 [491ff.]; → § 1 Rn. 181, 184). Die **RL 2001/23/EG (Betriebsübergangs-RL)** gebietet keine andere Auslegung (BAG 27.6.2006 – 1 ABR 18/05, NZA 2007, 106; *Richardi* § 112a Rn. 15; WPK/*Preis*/*Bender* Rn. 34; **aA** DKKW/*Däubler* Rn. 76). Nach deren Art. 3 Nr. 1 gehen die Rechte und Pflichten des Veräußerers aus einem zum Zeitpunkt des Übergangs bestehenden Arbeitsvertrag oder ArbVerh. auf Grund des Übergangs auf den Erwerber über. Zu diesen individualrechtlichen Pflichten des Veräußerers gehört nicht seine kollektivrechtliche Verpflichtung, im Falle einer Betriebsveräußerung einen Sozialplan abzuschließen (BAG 13.6.1989 – 1 ABR 4/88, NZA 1989, 974; 27.6.2006 – 1 ABR 18/05, NZA 2007, 106). Die Betriebsübergangs-RL gebietet nicht die unveränderte Fortgeltung betriebsverfassungsrechtlicher Rechtspflichten beim Betriebserwerber. Dies erscheint eindeutig. Das BAG hat daher zu Recht von einer Anrufung des EuGH nach Art. 234 EG (jetzt: Art. 267 Abs. 3 AEUV) abgesehen (BAG 27.6.2006 – 1 ABR 18/05, NZA 2007, 106). 111

Die Gefahr einer durch § 112a Abs. 2 möglichen **„Flucht aus der Sozialplanpflichtigkeit"** durch Übertragung von Betrieben oder Betriebsteilen auf neu gegründete Unternehmen ist allerdings nicht völlig von der Hand zu weisen (dies jedenfalls ansprechend und ua daraus die Einbeziehung in die Unterrichtungspflicht 112 nach § 613a Abs. 5 BGB ableitend, BAG 14.11.2013 – 8 AZR 824/12, NZA 2014, 610). Die Vorschrift ist daher rechtspolitisch nicht unbedenklich. Die Fluchtmöglichkeiten sind allerdings beschränkt (BAG 10.12.1996 – 1 ABR 32/96, NZA 1997, 898). Insbes. gilt die Privilegierung des § 112a Abs. 2 S. 1 gem. Abs. 2 S. 2 nicht für Neugründungen im **Zusammenhang mit** der rechtlichen **Umstrukturierung von Unternehmen und Konzernen.** Damit will der Gesetzgeber verhindern, dass Unternehmen, die bei der Umstrukturierung von Unternehmen und Konzernen neu gegründet werden, von der Sozialplanpflicht befreit sind (vgl. BT-Drs. 10/2102, 28; BAG 22.2.1995 – 10 ABR 21/94, NZA 1995, 699; 22.2.1995 – 10 ABR 23/94, NZA 1995, 697). Zu solchen Neugründungen gehören die Verschmelzung bestehender auf neu gegründete Unternehmen, die Auflösung eines Unternehmens unter Übertragung seines Vermögens auf ein neu gegründetes Unternehmen, die Aufspaltung eines Unternehmens auf mehrere neu gegründete Unternehmen und die Abspaltung von Teilen bestehender Unternehmen auf neu gegründete Tochtergesellschaften (BT-Drs. 10/2102, 28; BAG 27.6.2006 – 1 ABR 18/05, NZA 2007, 106). Streitig ist, ob die Beschränkung des § 112a Abs. 2 S. 2 nur für Unterordnungs- oder auch für Gleichordnungskonzerne gilt (bejahend *Trümner/Weinbrenner* ArbuR 2010, 248; verneinend Richardi BetrVG/*Annuß* § 112a Rn. 19). Da § 112a Abs. 2 S. 2 – anders als § 8 Abs. 1 S. 2 und § 54 Abs. 1 S. 1 – nicht den Klammerzusatz „§ 18 Abs. 1 des Aktiengesetzes" enthält, erscheint es auch im Hinblick auf den Zweck des § 112a Abs. 2 S. 2 und auf die mit § 112a Abs. 2 S. 1 verbundene Gefahr der „Flucht aus der Sozialplanpflichtigkeit" gerechtfertigt, § 112a Abs. 2 S. 2 weit auszulegen und auch auf Gleichordnungskonzerne anzuwenden.

113 Umstritten ist das für den **Ablauf der Vier-Jahres-Frist** maßgebliche Ereignis (Entschluss zur Durchführung; Beginn der Durchführung – so DKKW/*Däubler* Rn. 74 –; Ende der Durchführung; Spruch der E-Stelle – so GK-BetrVG/*Oetker* Rn. 329). Richtig dürfte es aus Gründen der Rechtssicherheit und Rechtsklarheit sein, auf den Beginn der Betriebsänderung abzustellen. Dies ist das erste zuverlässig objektivierbare Ereignis (ebenso *Fuhlrott* ArbR 2011, 109).

114 Die **Gestaltungsformen der Umstrukturierung** sind **vielfältig** (vgl. die Beispiele in der Gesetzesbegründung BT-Drs. 10/2102, 28). Im Wesentlichen sind die in § 1 Abs. 1 UmwG genannten Umstrukturierungen (→ § 1 Rn. 238 ff.) angesprochen (*Richardi* § 112a Rn. 18). Die in der Gesetzesbegründung genannten Beispiele sind aber nur beispielhaft und nicht abschließend. Es ist nicht notwendig, dass ein bestehendes Unternehmen in seiner Struktur verändert wird. Ein Fall des § 112a Abs. 2 S. 2 liegt daher auch vor, wenn der Alleingesellschafter und Geschäftsführer einer älteren KG eine neue GmbH gründet und diese von der KG einen Betrieb übernimmt; die GmbH kann sich dann nicht auf die Privilegierung des § 112a Abs. 2 S. 1 berufen (BAG 22.2.1995 – 10 ABR 21/94, NZA 1995, 699; *Richardi* § 112a Rn. 18). Dasselbe gilt, wenn zwei Unternehmen einem neu gegründeten Unternehmen jeweils einen Betrieb übertragen, der von dem neuen Unternehmen fortgeführt werden soll (BAG 22.2.1995 – 10 ABR 23/94, NZA 1995, 697; *Richardi* § 112a Rn. 18). Ein Fall des § 112a Abs. 2 S. 2 liegt nach der Rspr. des BAG aber nicht vor, wenn innerhalb eines Konzerns ohne Änderung der rechtlichen Struktur schon bestehender Unternehmen eine Tochtergesellschaft zur Verfolgung neuer bislang nicht wahrgenommener Aktivitäten gegründet wird (vgl. BAG 12.6.2019 – 7 AZR 317/17, NZA 2019, 1568 Rn. 17 ff.).

115 Die Beschränkung der Fluchtmöglichkeiten durch § 112a Abs. 2 S. 2 wird verstärkt durch die für Fälle der Vermögensaufspaltung in **§ 134 Abs. 1 UmwG** normierte 5-jährige **Nachhaftung der Anlagegesellschaft** für Ansprüche auf Grund der §§ 111–113 BetrVG **(BAG 15.3.2011 – 1 ABR 97/09, NZA 2011, 1112).**

116 Die Fluchtmöglichkeiten aus der Sozialplanpflicht sind schließlich auch durch den **institutionellen Rechtsmissbrauch** begrenzt. Ein solcher kommt in Betracht, wenn die Übertragung eines Betriebs auf ein neu gegründetes Unternehmen in der kollusiv verfolgten Absicht erfolgt, den Betrieb anschließend sozialplanfrei stillzulegen

(BAG 13.6.1989 – 1 ABR 14/88, NZA 1989, 974; 27.6.2006 – 1 ABR 18/05, NZA 2007, 106).

3. Der vereinbarte Sozialplan

Sozialpläne kommen entweder durch eine einvernehmliche **Vereinbarung** zwischen ArbGeb. und BR (GesBR) **oder** durch Spruch der **E-Stelle** (→ Rn. 252 ff.) zustande. Der Zweck ist in beiden Fällen derselbe. Bei der Ausgestaltung vereinbarter Sozialpläne sind die Betriebsparteien aber wesentlich freier als die E-Stelle. 117

a) Gegenstand und Zweck

Der Sozialplan ist nach der Legaldefinition in § 112 Abs. 1 S. 2 die Einigung über den **Ausgleich** oder die **Milderung** der **wirtschaftlichen Nachteile,** die den ArbN infolge der geplanten Betriebsänderung entstehen. Es muss sich daher um vermögenswerte Nachteile handeln, wie insbes. den Verlust des Arbeitsplatzes, Einkommensminderungen, Wegfall von Sonderleistungen, Verlust von Anwartschaften auf betriebliche Altersversorgung, Umzugs- oder erhöhte Fahrtkosten (vgl. § 112 Abs. 5 Nr. 1). Nicht auszugleichen sind dagegen immaterielle Beeinträchtigungen (DKKW/*Däubler* Rn. 80; Richardi BetrVG/*Annuß* § 112 Rn. 84; ErfK/*Kania* Rn. 12; *Schmidt* FS Kreutz, 2010, 451 [453]). Zwar können die immateriellen Beeinträchtigungen (Verlust sozialer Beziehungen, Entwertung eines langjährigen Wissens) den ArbN bisweilen stärker belasten als wirtschaftliche Nachteile. Der Gesetzeswortlaut ist insoweit aber eindeutig. Für die nach der Funktion des Sozialplans zumindest erforderliche „Milderung" genügt nicht bereits jede wirtschaftliche Leistung unabhängig von ihrem Wert. Vielmehr muss es sich um eine **„substanzielle" Milderung** und eine **„spürbare" Entlastung** der ArbN handeln (BAG 24.8.2004 – 1 ABR 23/03, NZA 2005, 302). 118

Die durch den Sozialplan auszugleichenden oder abzumildernden wirtschaftlichen Nachteile müssen den **Arbeitnehmern** entstehen. Einzubeziehen in den Sozialplan sind daher die gem. § 5 Abs. 1 S. 2 als ArbN geltenden in **Heimarbeit** Beschäftigten, die in der Hauptsache für den Betrieb arbeiten (DKKW/*Däubler* Rn. 88; *Schmidt* NZA 1989, 126). Nicht in Betracht kommt dagegen eine Einbeziehung der **leitenden Ang.** (§ 5 Abs. 3). Für diese ist der BR nicht zuständig. Ein Sozialplan kann für die leitenden Ang. nur vom Sprecherausschuss geschlossen werden (BAG 10.2.2009 – 1 AZR 767/07, NZA 2009, 970; DKKW/*Däubler* Rn. 92). 119

Nicht einheitlich beurteilt wird der **Zweck eines Sozialplans.** Dabei geht es insbes. darum, ob ein Sozialplan eine **vergangenheitsbezogene Entschädigungsfunktion oder** eine **zukunftsbezogene Überbrückungsfunktion** hat (vgl. ErfK/*Kania* Rn. 12; GK-BetrVG/*Oetker* Rn. 136 ff.; *Temming* RdA 2008, 205). Dies ist für die Ausgestaltung eines Sozialplans von entscheidender Bedeutung. Wird die Entschädigungsfunktion betont, ist vor allem der bislang erworbene Besitzstand und damit insbes. auch die Beschäftigungsdauer maßgeblich. Liegt der Schwerpunkt eines Sozialplans bei der Überbrückung und Vorsorge, sind vor allem die künftig erwachsenden Nachteile zu prognostizieren. 120

Das **BAG** sah **zunächst** den Zweck des Sozialplans **sowohl** in der Entschädigung **als auch** in der Überbrückung (BAG GS 13.12.1978 – GS 1/77, NJW 1979, 774). In **neueren Entscheidungen** betont es dagegen stets die **zukunftsorientierte Ausgleichs- und Überbrückungsfunktion** (BAG 24.8.2004 – 1 ABR 23/03, NZA 2005, 302; 31.5.2005 – 1 AZR 254/04, NZA 2005, 997; 30.9.2008 – 1 AZR 684/07, NZA 2009, 386; 11.11.2008 – 1 AZR 475/07, NZA 2009, 210; 20.1.2009 – 1 AZR 740/07, NZA 2009, 495; 9.12.2014 – 1 AZR 102/13, NZA 2015, 365; 26.9.2017 – 1 AZR 137/15, BeckRS 2017, 134468 Rn. 17). Normzweck des § 112 Abs. 1 S. 2 sei es, die künftigen Nachteile auszugleichen, die den ArbN durch die Betriebsänderung entstehen können. Es gehe nicht um eine Entschädigung für den Verlust des Besitzstands. Insbes. sei eine Sozialplanabfindung keine nachträgliche Vergütung für in der Vergangenheit geleistete Dienste (BAG 30.9.2008 – 1 AZR 121

684/07, NZA 2009, 386; 11.11.2008 – 1 AZR 475/07, NZA 2009, 210; 20.1.2009 – 1 AZR 740/07, NZA 2009, 495; 9.12.2014 – 1 AZR 102/13, NZA 2015, 365; 26.9.2017 – 1 AZR 137/15, BeckRS 2017, 134468 Rn. 17). Bisweilen formuliert das BAG aber auch, der Sozialplan habe sowohl eine vergangenheitsbezogene Entschädigungsfunktion als auch eine zukunftsbezogene Überbrückungsfunktion (so BAG 28.3.2007 – 10 AZR 719/05, NZA 2007, 1066). Wenngleich das BAG ganz überwiegend die zukunftsbezogene Funktion des Sozialplans betont, lässt es letztlich für die Berücksichtigung des in der Vergangenheit erworbenen Besitzstands doch – zu Recht – breiten Raum. Insbes. ist es nach seiner stRspr zulässig, bei der Höhe der Sozialplanabfindungen auf das vergangenheitsbezogene Kriterium der Betriebszugehörigkeit abzustellen (→ Rn. 135; BAG 14.8.2001 – 1 AZR 760/00, NZA 2002, 451; 12.11.2002 – 1 AZR 58/02, NZA 2003, 1287; 13.3.2007 – 1 AZR 262/06, NZA 2008, 190; 26.5.2009 – 1 AZR 198/08, NZA 2009, 849).

122 Das BAG stellt **zu Recht in erster Linie auf die zukunftsbezogene Ausgleichs- und Überbrückungsfunktion von Sozialplänen** ab (BAG 11.11.2008 – 1 AZR 475/07, NZA 2009, 210; 20.4.2010 – 1 AZR 988/08, NZA 2010, 1018; 9.12.2014 – 1 AZR 102/13, NZA 2015, 365; 26.9.2017 – 1 AZR 137/15, BeckRS 2017, 134468 Rn. 17; ebenso ErfK/*Oetker* Rn. 131 mwN; **aA** dezidiert *Temming* RdA 2008, 205). Die Richtigkeit dieses Verständnisses folgt bereits aus der „Legaldefinition" des Sozialplans in Abs. 1 S. 2. Wenn dieser die infolge der Betriebsänderung zu besorgenden wirtschaftlichen Nachteile ausgleichen oder abmildern soll, dann handelt es sich eben nicht um eine Entschädigung für während des Arbeitsverhältnisses erlittene Nachteile. Vielmehr geht es darum, den Verlust der mit dem bisherigen Arbeitsverhältnis verbundenen Vorteile erträglich zu gestalten (*Linsenmaier* FS Etzel, 2011, 239 [242]). Die Beurteilung dieses Verlustes verlangt nach einer zukunftsbezogenen prognostischen Betrachtung. Dies macht insbes. Abs. 5 S. 2 Nr. 2 deutlich. **Allerdings** können die durch eine Betriebsänderung für einen ArbN künftig zu besorgenden Nachteile nicht ohne **Berücksichtigung der in der Vergangenheit erworbenen Besitzstände und Anwartschaften** beurteilt werden. Vielmehr gehören auch der Verlust des Bestandsschutzes und der Anwartschaften, die der ArbN im bisherigen ArbVerh. erlangt hat, und die maßgebend insbes. von dessen Dauer bestimmt sind, zu den Nachteilen, die dem ArbN bei einer Entlassung entstehen. Diese Nachteile verbleiben ihm selbst dann, wenn er alsbald eine neue Stelle findet (BAG 22.7.2003 – 1 AZR 575/02, AP BetrVG 1972 § 112 Nr. 160; 13.3.2007 – 1 AZR 262/06, NZA 2008, 190).

123 Der Sozialplan hat außerdem eine **Befriedungsfunktion** (BAG 14.8.2001 – 1 AZR 760/00, NZA 2002, 451, 12.11.2002 – 1 AZR 58/02, NZA 2003, 1287; 31.5.2005 – 1 AZR 254/04, NZA 2005, 997). Auch diese rechtfertigt es, auf eindeutige und plausible Kriterien wie Lebensalter und Betriebszugehörigkeit abzustellen (BAG 31.5.2005 – 1 AZR 254/04, NZA 2005, 997). Diese haben insbes. auch den Vorzug hoher **Transparenz** und **Praktikabilität** (BAG 14.8.2001 – 1 AZR 760/00, NZA 2002, 451, 12.11.2002 – 1 AZR 58/02, NZA 2003, 1287).

124 Der **Zweck des Sozialplans,** die durch eine Betriebsänderung entstehenden wirtschaftlichen Nachteile auszugleichen oder abzumildern, **verbietet** es, in ihm seinerseits **Belastungen für die ArbN,** wie Lohnkürzungen, die Verkürzung der Kündigungsfristen oder die Aufhebung von Versorgungsanwartschaften vorzusehen (BAG 24.3.1981 – 1 AZR 805/78, NJW 1982, 70; ErfK/*Kania* Rn. 23; Richardi BetrVG/*Annuß* § 112 Rn. 89; DKKW/*Däubler* Rn. 84). Auch verbietet er Differenzierungen, die ausschließlich betrieblichen Interessen an der Erhaltung der eingearbeiteten Belegschaft dienen (BAG 31.5.2005 – 1 AZR 254/04, NZA 2005, 997; 13.2.2007 – 1 AZR 163/06, NZA 2007, 756; 6.11.2007 – 1 AZR 960/06, NZA 2008, 232).

b) Zustandekommen

125 Das **Verf. zur Aufstellung** eines Sozialplans ist in § 112 Abs. 1–4 geregelt. Es entspricht zunächst dem Verf. zur Herbeiführung eines Interessenausgleichs (→ Rn. 21 ff.).

Wenngleich sich **Interessenausgleich und Sozialplan** in Gegenstand, Durchsetzbarkeit und Wirksamkeit wesentlich unterscheiden (→ Rn. 2 ff.), werden in der Praxis die Verhandlungen häufig verbunden (→ Rn. 39). Diese **Verbindung** ist meist sinnvoll, da das Ob, Wann und Wie einer Betriebsänderung einerseits und die Regelung der Folgen der Betriebsänderung andererseits in innerem, teilweise vorgreiflichen Zusammenhang stehen (BAG 20.4.1982 – 1 ABR 3/80, AP BetrVG 1972 § 112 Nr. 15). Zum einen lassen sich die im Sozialplan auszugleichenden oder zumindest zu mildernden Nachteile zuverlässig nur beurteilen, wenn über Art und Umfang der Betriebsänderung Klarheit besteht. Zum anderen können die mit einem Sozialplan für den ArbGeb. verbundenen wirtschaftlichen Belastungen für die unternehmerischen Entscheidungen bei der Betriebsänderung von Bedeutung sein und ihn davon abhalten, sich leichtfertig und ohne Rücksicht auf die sozialen Belange der Belegschaft zu einer Betriebsänderung zu entschließen (BAG 20.4.1982 – 1 ABR 3/80, AP BetrVG 1972 § 112 Nr. 15). Schließlich kann der BR seine Zustimmung zu einem Interessenausgleich vom Abschluss eines Sozialplans abhängig machen (→ Rn. 23 mwN) und so die Durchführung der Betriebsänderung zwar nicht verhindern, aber doch in gewissem zeitlichen Umfang hinauszögern. Daher sind die Verhandlungen über Interessenausgleich und Sozialplan häufig ineinander verschränkt (vgl. zu einer „Verzahnung" von Interessenausgleich und Sozialplan auch BAG 11.12.2001 – 1 AZR 193/01, NZA 2002, 688). Aus Gründen der Rechtssicherheit und Rechtsklarheit kann es sinnvoll sein, die Einigung über Interessenausgleich und Sozialplan in zwei getrennten Urkunden niederzulegen (vgl. *Bauer* FS Willemsen 2018, 21 [23]). 126

Kommt ein **Interessenausgleich** zustande, bildet dieser die **Grundlage der Sozialplanverhandlungen.** Scheitert der Versuch eines Interessenausgleichs endgültig, muss mit dem Sozialplan nicht etwa abgewartet werden, bis die Betriebsänderung durchgeführt ist. Der Sozialplan soll vielmehr auch in diesem Fall vor der Betriebsänderung aufgestellt werden. Grundlage hierfür ist die erklärte Absicht, wie der ArbGeb. die Betriebsänderung durchführen will. 127

Gibt der ArbGeb. nach Abschluss eines Sozialplans die beabsichtigte Betriebsänderung ersatzlos auf, ist der Sozialplan gegenstandslos. Entschließt er sich zu einer neuen, anderen Betriebsänderung, so beginnt das Verf. nach §§ 111 ff. von neuem. Ggf. ist auch ein **neuer Sozialplan** aufzustellen, der den alten ganz oder teilweise ersetzen kann. Ist zunächst nur eine Teilstilllegung eines Betriebs vorgesehen, soll dann aber vor deren Durchführung der gesamte Betrieb stillgelegt werden, so ist unbeschadet eines früheren Sozialplanes ein neuer Sozialplan für alle ArbN aufzustellen (BAG 9.12.1981 – 5 AZR 549/79, NJW 1982, 1718). 128

Der Sozialplan bedarf nach § 112 Abs. 1 S. 2 der **Schriftform.** Er ist schriftlich niederzulegen und vom Unternehmer und dem BRVors. (oder seinem Vertr.) zu unterschreiben. Das Schriftformerfordernis dient demselben Zweck wie dasjenige des § 77 Abs. 2 S. 1 (→ § 77 Rn. 21c). Die Schriftform soll Zweifel über den Inhalt der vereinbarten Norm ausschließen (BAG 14.11.2006 – 1 AZR 40/06, NZA 2007, 339; *Raab* FS Konzen, 2006, 719 [737]). Eine schriftliche Verweisung auf genau bezeichnete andere schriftliche Regelungen reicht aus (BAG 14.11.2006 – 1 AZR 40/06, NZA 2007, 339 mwN; GK-BetrVG/*Oetker* Rn. 223). Ebenso wie für eine BV genügt die elektronische Form nicht (anders 28. Aufl.; → ausf. § 77 Rn. 21e; *Raab* FS Konzen, 2006, 719, 737; Richardi BetrVG/*Annuß* Rn. 78). Die Wahrung der Schriftform ist Wirksamkeitsvoraussetzung (*Raab* FS Konzen, 2006, 719 [737]; Richardi BetrVG/*Annuß* § 112 Rn. 78; DKKW/*Däubler* Rn. 66; GK-BetrVG/*Oetker* Rn. 225). Kommt eine Einigung erst in der E-Stelle zustande, ist der Sozialplan nach Abs. 3 S. 3 von den Betriebsparteien und vom Vors. der E-Stelle zu unterschreiben. Dessen Unterschrift ist keine Wirksamkeitsvoraussetzung, weil die Betriebsparteien jederzeit eine Vereinbarung treffen können (Richardi BetrVG/*Annuß* § 112 Rn. 79). Anders ist dies, wenn der Spruch der E-Stelle gemäß § 112 Abs. 4 S. 2 die Einigung zwischen ArbGeb. und BR ersetzt. Dieser Spruch bedarf zu seiner Wirksamkeit gemäß § 76 Abs. 4 S. 3 der Unterzeichnung durch den Vors. 129

130 **Zuständig** für den Abschluss eines Sozialplans ist grds. der **örtliche BR.** Eine originäre Zuständigkeit des **GesBR** ist nach § 50 Abs. 1 dann gegeben, wenn ein zwingendes Bedürfnis nach einer betriebsübergreifenden Regelung besteht (→ **§ 50** Rn. **59;** BAG 11.12.2001 – 1 AZR 193/01, NZA 2002, 688; 3.5.2006 – 1 ABR 15/05, NZA 2007, 1245). Aus der Zuständigkeit des GesBR zum Abschluss des Interessenausgleichs (→ Rn. 25) folgt nicht notwendig seine Zuständigkeit für den Abschluss auch des Sozialplans (→ **§ 50 Rn. 60 mwN;** BAG 11.12.2001 – 1 AZR 193/01, NZA 2002, 688; 3.5.2006 – 1 ABR 15/05, NZA 2007, 1245; *Joussen* RdA 2007, 114). Auch wenn – wie zB bei der Zusammenlegung mehrerer Betriebe – eine überbetriebliche Angelegenheit vorliegt, bedeutet dies nicht, dass auch ein Sozialplan notwendig nur betriebsübergreifend geschlossen werden könnte. Eine solche Notwendigkeit ergibt sich weder aus dem Umstand, dass die finanziellen Mittel von ein und demselben ArbGeb. zur Verfügung gestellt werden, noch aus dem Gleichbehandlungsgrundsatz (BAG 3.5.2006 – 1 ABR 15/05, NZA 2007, 1245; *Wißmann* FS 25 Jahre ARGE Arbeitsrecht im DAV, 2006, 1039 [1043 f.]). Der GesBR ist aber zuständig, wenn ein mit dem ArbGeb. vereinbartes, das gesamte Unternehmen betreffendes Sanierungskonzept nur auf der Grundlage eines bestimmten, auf das gesamte Unternehmen bezogenen Sozialplanvolumens realisiert werden kann (BAG 11.12.2001 – 1 AZR 193/01, NZA 2002, 688; 23.10.2002 – 7 ABR 55/01, NJOZ 2003, 3369; 3.5.2006 – 1 ABR 15/05, NZA 2007, 1245).

131 Adressat der Sozialplanverhandlungen auf Unternehmensseite ist der ArbGeb. Wer dieser ist, kann im **Gemeinschaftsbetrieb** zweifelhaft sein (→ § 111 Rn. 105; *Wißmann* NZA 2001, 411). In Betracht kommt ein gemeinsamer Sozialplan mit allen den Gemeinschaftsbetrieb führenden ArbGeb. – sei es mit, sei es ohne gesamtschuldnerische Haftung (BAG 12.11.2002 – 1 AZR 632/01, NZA 2003, 676; *Gaul* NZA 2003, 700; *Schmidt* FS Kreutz, 2010, 451 [455]) – oder getrennte Sozialpläne mit den jeweiligen Vertrags-ArbGeb. in Betracht. Die Entscheidung hierüber obliegt zunächst der Dispositionsbefugnis der Betriebsparteien (BAG 12.11.2002 – 1 AZR 632/01, NZA 2003, 676). Erzwungen werden kann ein Sozialplan aber wohl nur im Verhältnis zum jeweiligen VertragsArbGeb. (*Gaul* NZA 2003, 700 f.; vgl. ferner *Däubler* FS Zeuner, 1994, 19 [27 f.]). Falls sich die Betriebsparteien nicht einigen, sind wohl sogar mehrere E-Stellen für den Abschluss von Sozialplänen zu errichten.

132 Ist eine Betriebsänderung im **Zusammenhang mit einer Betriebsveräußerung** geplant, so ist bis zum Betriebsübergang der bisherige ArbGeb. zuständig. Danach tritt der Betriebserwerber an seine Stelle. Ein bei Betriebsübergang bereits abgeschlossener Sozialplan wirkt nicht nur gem. § 613a Abs. 1 S. 2 BGB in den einzelnen ArbVerh., sondern normativ beim Betriebserwerber fort. Dies gilt aber nur dann, wenn die Identität des Betriebs erhalten bleibt (BAG 15.1.2002 – 1 AZR 58/01, NZA 2002, 1034). Bei einem Betriebsübergang in der Insolvenz dürfte die Haftung des Betriebserwerbers ausscheiden (→ Rn. 317).

133 Geht ein Betrieb durch Stilllegung, Spaltung oder Zusammenlegung unter, so behält dessen BR gem. § 21b ein **Restmandat** für den Abschluss eines Sozialplans (→ § 21b Rn. 1 ff.; zum früheren Recht BAG 1.4.1998 – 10 ABR 17/97, NZA 1998, 768; 5.10.2000 – 1 AZR 48/00, NZA 2001, 849). Das Restmandat ist von dem BR auszuüben, der bei der Beendigung des Vollmandats im Amt war. Das Weiterbestehen eines ArbVerh. der BR-Mitgl. ist nicht erforderlich. Das Restmandat **endet,** wenn im Zusammenhang mit der Betriebsstilllegung keine Verhandlungsgegenstände mehr offen sind oder wenn kein BR-Mitgl. mehr bereit ist, das Restmandat auszufüllen (BAG 5.10.2000 – 1 AZR 48/00, NZA 2001, 849). Das Restmandat besteht auch für die **bereits ausgeschiedenen ArbN.** Sozialpläne kommen häufig erst nach der Durchführung der Betriebsänderung und damit nach dem Ausscheiden der von der Betriebsstilllegung betroffenen ArbN zustande. Da das G die Durchführung einer Betriebsänderung bereits vor dem Abschluss eines Sozialplans erlaubt, sind die Betriebsparteien auch zu nachträglichen Regelungen gegenüber den bereits ausgeschiedenen ArbN berechtigt (BAG 5.10.2000 – 1 AZR 48/00, NZA 2001, 849).

c) Inhalt

Die Betriebsparteien haben bei der Aufstellung von Sozialplänen **tatsächliche Beurteilungsspielräume** und **normative Gestaltungsspielräume** (BAG 6.11.2007 – 1 AZR 960/06, NZA 2008, 232; 19.2.2008 – 1 AZR 1004/06, NZA 2008, 719; 30.9.2008 – 1 AZR 684/07, NZA 2009, 386; 11.11.2008 – 1 AZR 475/07, NZA 2009, 210; 20.1.2009 – 1 AZR 740/07, NZA 2009, 495). 134

Der **Beurteilungsspielraum** betrifft die **tatsächliche Einschätzung der** sich aus der Betriebsänderung für die ArbN ergebenden **wirtschaftlichen Nachteile** (BAG 11.11.2008 – 1 AZR 475/07, NZA 2009, 210). Diese lassen sich regelmäßig nicht in allen Einzelheiten sicher voraussagen. Vielmehr hängen bei der Beendigung von Arbeitsverhältnissen, die häufig Folge einer Betriebsänderung sind, die Chancen der einzelnen ArbN, in absehbarer Zeit eine gleichwertige neue Arbeitsstelle zu finden, von einer Vielzahl von Umständen ab. Insoweit kommen die Betriebsparteien regelmäßig nicht umhin, eine **Prognose** anzustellen (BAG 11.11.2008 – 1 AZR 475/07, NZA 2009, 210). Dabei sind auch **pauschalierende und typisierende Betrachtungen** zulässig (BAG 13.2.2007 – 1 AZR 163/06, NZA 2007, 756; 11.11.2008 – 1 AZR 475/07, NZA 2009, 210; 20.1.2009 – 1 AZR 740/07, NZA 2009, 495; 9.12.2014 – 1 AZR 102/13, NZA 2015, 365; WPK/*Preis/Bender* Rn. 28). 135

Für die Ermittlung der Nachteile ist der **Zeitpunkt** zugrunde zu legen, zu dem der Sozialplan abgeschlossen werden soll. Dieser liegt nach Wortlaut – „geplante Betriebsänderung" – und Konzeption des G **vor der Betriebsänderung.** Ausgehend von diesem Zeitpunkt ist eine **vorausschauende Betrachtungsweise** geboten (BAG 23.4.1985 – 1 ABR 3/81, NZA 1985, 628; 5.10.2000 – 1 AZR 48/00, NZA 2001, 849; 14.8.2001 – 1 AZR 760/00, NZA 2002, 451; 24.8.2004 – 1 ABR 23/03, NZA 2005, 302). Maßgeblich sind daher auch bei einem späteren Abschluss des Sozialplans nicht die zu diesem Zeitpunkt tatsächlich eingetretenen Nachteile, sondern diejenigen, mit denen im Zeitpunkt der Betriebsstilllegung typischerweise zu rechnen war (BAG 23.4.1985 – 1 ABR 3/81, NZA 1985, 628; WPK/*Preis/Bender* Rn. 29; DKKW/*Däubler* Rn. 82; **aA** *v. Hoyningen-Huene* RdA 1986, 110, Zeitpunkt des tatsächlichen Abschlusses des Sozialplans). 136

Auch wenn jedenfalls der Schwerpunkt eines Sozialplans in seiner Überbrückungsfunktion liegt, ist es nicht zu beanstanden, wenn die Betriebsparteien auch auf vergangenheitsbezogene Kriterien abstellen. Auch das BAG lässt für die Berücksichtigung des in der Vergangenheit erworbenen Besitzstands – zu Recht – breiten Raum. Insbes. ist es zulässig, bei der Höhe der Sozialplanabfindungen das vergangenheitsbezogene Kriterium der **Betriebszugehörigkeit** zu berücksichtigen (BAG 14.8.2001 – 1 AZR 760/00, NZA 2002, 451; 12.11.2002 – 1 AZR 58/02, NZA 2003, 1287; 13.3.2007 – 1 AZR 262/06, NZA 2008, 190; 26.5.2009 – 1 AZR 198/08, NZA 2009, 849; → **Rn. 155**). Zum einen wird der durch den Sozialplan auszugleichende oder abzumildernde Verlust des Arbeitsplatzes maßgeblich auch durch die Dauer der Betriebszugehörigkeit bestimmt. Zum andern dürfen die Betriebsparteien typisierend davon ausgehen, dass sich mit der Dauer der Betriebszugehörigkeit die Qualifikation des ArbN zunehmend auf die spezifischen Bedürfnisse des bisherigen Beschäftigungsbetriebs verengt und damit seine Chancen auf dem Arbeitsmarkt abnehmen (BAG 26.5.2009 – 1 AZR 198/08, NZA 2009, 849; *Linsenmaier* FS Etzel, 2011, 239 [243]). Ausschließlich auf die Betriebszugehörigkeit abzustellen, ist allerdings nur dann unbedenklich, wenn sich die übrigen sozialplanrelevanten Faktoren, wie etwa Lebensalter und Unterhaltspflichten nicht wesentlich unterscheiden (BAG 12.11.2002 – 1 AZR 58/02, NZA 2003, 1287). 137

Das Ansteigen von Sozialplanabfindungen mit zunehmender Betriebszugehörigkeit führt regelmäßig zu einer mittelbaren Benachteiligung jüngerer ArbN iSv § 3 Abs. 2 AGG. Diese **mittelbare Altersdiskriminierung** ist aber durch ein legitimes Ziel gerechtfertigt. Dies folgt bereits aus § 10 S. 3 Nr. 6 AGG (→ **Rn. 153**). Diese Be- 137a stimmung ist, soweit sie den Betriebsparteien die Differenzierung von Sozialplanleistungen nach der Betriebszugehörigkeit gestattet, mit der RL 2000/78/EG vereinbar (BAG 26.5.2009 – 1 AZR 198/08, NZA 2009, 849; *Linsenmaier* FS Etzel, 2011, 239 [243]). Es entspricht einem allgemeinen sozialpolitischen Interesse, dass Sozialpläne danach unterscheiden können, welche wirtschaftlichen Nachteile ArbN drohen, die durch eine Betriebsänderung ihren Arbeitsplatz verlieren (BAG 26.5.2009 – 1 AZR 198/08, NZA 2009, 849). Die Auslegung eines auf die Betriebszugehörigkeit abstellenden Sozialplans wird regelmäßig ergeben, dass frühere Dienstzeiten bei demselben ArbGeb. nur zu berücksichtigen sind, wenn zwischen den Arbeitsverhältnissen ein enger sachlicher Zusammenhang bestand oder wenn die Arbeitsvertragsparteien eine entsprechende Vereinbarung getroffen haben (BAG 13.3.2007 – 1 AZR 262/06, NZA 2008, 190).

137b Einigermaßen zuverlässig lassen sich die Abmilderungen der Nachteile einschätzen, die sich aus **Leistungen der Arbeitslosen- und Rentenversicherung** ergeben. Diese Leistungen können die Betriebsparteien berücksichtigen, auch wenn sie nicht vom ArbGeb., sondern von der Versichertengemeinschaft oder vom Staat erbracht werden (BAG 11.11.2008 – 1 AZR 475/07, NZA 2009, 210). Zwar hängt die Höhe einer gesetzlichen Altersrente und die damit verbundene wirtschaftliche Absicherung von individuell unterschiedlichen Versicherungsverläufen ab. Dennoch sind insoweit Pauschalierungen zulässig (BAG 11.11.2008 – 1 AZR 475/07, NZA 2009, 210). Daher ist die **typisierende Annahme, rentenberechtigte oder rentennahe ArbN seien regelmäßig wirtschaftlich stärker abgesichert** als rentenferne Jahrgänge, nicht zu beanstanden (BAG 30.9.2008 – 1 AZR 684/07, NZA 2009, 386; 11.11.2008 – 1 AZR 475/07, NZA 2009, 210; 20.1.2009 – 1 AZR 740/07, NZA 2009, 495; 26.5.2009 – 1 AZR 198/08, NZA 2009, 849; 9.12.2014 – 1 AZR 102/13, NZA 2015, 365; *Linsenmaier* FS Etzel, 2011, 239 [245] → **Rn. 154 ff.**). Dementsprechend gestattet § 10 S. 3 Nr. 6 AGG sogar ausdrücklich den Ausschluss von Sozialplanleistungen, wenn Beschäftigte wirtschaftlich abgesichert sind, weil sie, ggf. nach Bezug von Arbeitslosengeld, rentenberechtigt sind. Auch diese Regelung ist gemeinschaftsrechtskonform (BAG 26.5.2009 – 1 AZR 198/08, NZA 2009, 849). Hängt die Möglichkeit des vorzeitigen Bezugs einer Altersrente von einem bestimmten Alter und/oder Geschlecht ab, liegt in der nachteiligen Berücksichtigung dieser Möglichkeit keine unzulässige Alters- oder Geschlechtsdiskriminierung (BAG 30.9.2008 – 1 AZR 684/07, NZA 2009, 386).

138 Der **Gestaltungsspielraum** der Betriebsparteien betrifft die Frage, ob, in welchem Umfang und wie sie die von ihnen prognostizierten wirtschaftlichen Nachteile ausgleichen oder abmildern (BAG 11.11.2008 – 1 AZR 475/07, NZA 2009, 210). Hierbei haben sie einen **weiten Ermessensspielraum.** In dessen Rahmen können sie nach der Vermeidbarkeit der Nachteile unterscheiden und sind insbes. nicht gehalten, alle erdenklichen Nachteile zu entschädigen auszugleichen (BAG 19.2.2008 – 1 AZR 1004/06, NZA 2008, 719; 20.5.2008 – 1 AZR 203/07, NZA-RR 2008, 636; 30.9.2008 – 1 AZR 684/07, NZA 2009, 386; 11.11.2008 – 1 AZR 475/07, NZA 2009, 210; 9.12.2014 – 1 AZR 102/13, NZA 2015, 365; Richardi BetrVG/*Annuß* § 112 Rn. 101).

139 Die Betriebsparteien haben allerdings die **Funktion des Sozialplans** und den **Normzweck** des § 112 Abs. 1 S. 2, **zwingendes Gesetzesrecht,** insbes. den **betriebsverfassungsrechtlichen Gleichbehandlungsgrundsatz** sowie **grundgesetzliche, unionsrechtliche und einfachgesetzliche Diskriminierungsverbote** zu beachten (→ **Rn. 144 ff.;** BAG 19.2.2008 – 1 AZR 1004/06, NZA 2008, 719; 20.5.2008 – 1 AZR 203/07, NZA-RR 2008, 636; 30.9.2008 – 1 AZR 684/07, NZA 2009, 386; 11.11.2008 – 1 AZR 475/07, NZA 2009, 210; 20.1.2009 – 1 AZR 740/07, NZA 2009, 495; 26.5.2009 – 1 AZR 198/08, NZA 2009, 849). An die für die E-Stelle geltenden Grundsätze für die Ermessensausübung (§ 112 Abs. 5) sind sie bei der einvernehmlichen Vereinbarung eines Sozialplans dagegen nicht unmittelbar gebunden (Richardi BetrVG/*Annuß* § 112 Rn. 82). Gleichwohl ist es regelmäßig sinnvoll, wenn auch die Betriebsparteien in einvernehmlichen Sozialplänen die in § 112 Abs. 5 S. 2 zum Ausdruck kommenden gesetzgeberischen Wertungen berücksichtigen.

Die Betriebsparteien sind nicht gehalten, Sozialplanleistungen nach einer **abstrakten Formel** zu bestimmen. Sie können die Leistungen – insbes. in kleineren Betrieben – auch nach den ihnen bekannten Verhältnissen der ArbN individuell festlegen (BAG 12.12.1985 – 1 AZR 40/84, NZA 1985, 717). Vgl. zu „Möglichkeiten der Festlegung von Abfindungsleistungen in Sozialplänen" und zu **Musterformulierungen** *Kleinebrink* ArbRB 04, 254. Die Betriebsparteien sind nicht verpflichtet, sich innerhalb eines Sozialplans auf eine Berechnungsformel zu beschränken. Vielmehr gehört es zu ihrem Gestaltungsspielraum, verschiedene Formeln zu kombinieren (BAG 26.5.2009 – 1 AZR 198/08, NZA 2009, 849; 26.5.2009 – 1 AZR 212/08, BeckRS 2009, 74686). 140

Je nach Art der Betriebsänderung und der dadurch entstehenden Nachteile können **unterschiedliche Sozialplanleistungen** sachgerecht sein. Bei Betriebsstilllegungen oder -einschränkungen, die zu Entlassungen und zum Verlust des Arbeitsplatzes führen, kommen insbes. **einmalige Abfindungen** in Betracht (vgl. dazu *Kleinebrink* ArbRB 2004, 254). Es können aber auch **andere Sozialplanleistungen** vorgesehen werden, wie zB laufende Überbrückungsgelder zur Aufstockung des Arbeitslosengeldes, die Aufrechterhaltung von Versorgungsanwartschaften (BAG 13.2.1975 – 3 AZR 24/74, VersR 1975, 819; 7.8.1975 – 3 AZR 505/74, AP BGB § 242 Ruhegehalt Nr. 169), ArbGeb.Darlehen, Beibehaltung von Werkswohnungen, Übernahme von Bewerbungskosten, Beihilfen für Umschulungs- und Fortbildungsmaßnahmen, Anspruch auf bevorzugte Wiedereinstellung (BAG 18.12.1990 – 1 ABR 37/90, AP BetrVG 1972 § 99 Nr. 85; DKKW/*Däubler* Rn. 183). 141

Bei **Versetzungen** kommen insbes. die Erstattung von **Umzugs- oder Fahrtkosten** sowie die Zahlung einer **Trennungsentschädigung** in Betracht (vgl. DKKW/*Däubler* Rn. 173). Bei Einführung grdl. **neuer Arbeitsmethoden und Fertigungsverfahren** kann die Übernahme von **Umschulungs- und Fortbildungskosten** angezeigt sein (vgl. DKKW/*Däubler* Rn. 175). 142

Häufig empfiehlt sich ein **Sonderfonds für** unvorhergesehene **Härtefälle** (vgl. DKKW/*Däubler* Rn. 178). Eine **Höchstbegrenzung** des Gesamtvolumens des Sozialplans besteht außerhalb des Insolvenzverf. (→ Rn. 287 ff.) nicht. 143

d) Schranken der Regelungsbefugnis – Gleichbehandlungsgrundsatz

Bei der Vereinbarung eines Sozialplans haben ArbGeb. und BR zwar einen weiten Gestaltungsspielraum (→ Rn. 134 ff.). Auch ist es bei einem gerichtlichen Streit über Sozialplanansprüche nicht Sache der Gerichte, nach einer besseren Lösung als der von den Betriebsparteien gewählten zu suchen. Gleichwohl unterliegen Sozialpläne der gerichtlichen Rechtmäßigkeitskontrolle. Diese ist vor allem darauf gerichtet, ob die Sozialplangestaltung mit höherrangigem Recht vereinbar ist. Dazu gehört insbes. der **betriebsverfassungsrechtliche Gleichbehandlungsgrundsatz,** dem wiederum der allgemeine Gleichheitssatz des Art. 3 Abs. 1 GG zugrunde liegt (BAG 22.3.2005 – 1 AZR 49/04, NZA 2005, 773; 31.5.2005 – 1 AZR 254/04, NZA 2005, 997; 13.2.2007 – 1 AZR 163/06, NZA 2007, 756; 30.9.2008 – 1 AZR 684/07, NZA 2009, 386; 11.11.2008 – 1 AZR 475/07, NZA 2009, 210; 20.1.2009 – 1 AZR 740/07, NZA 2009, 495; 9.12.2014 – 1 AZR 102/13, NZA 2015, 365; ob die Betriebsparteien wie der Gesetzgeber unmittelbar an den Gleichheitssatz gebunden sind, hat das BVerfG 25.3.2015 – 1 BvR 2803/11, NZA 2015, 1248 Rn. 7 offen gelassen). Er verbietet eine sachfremde Schlechterstellung einzelner ArbN gegenüber anderen ArbN in vergleichbarer Lage. Eine unterschiedliche Behandlung ist sachfremd, wenn es keine billigenswerten Gründe gibt (BAG 19.7.1995 – 10 AZR 885/94, NZA 1996, 271; 18.9.2001 – 3 AZR 656/00, NZA 2002, 148). Daher dürfen Arbeiter und Angestellte allein wegen ihres Status bei Sozialplanleistungen nicht unterschied- 144 lich behandelt werden (DKKW/*Däubler* Rn. 95; ErfK/*Kania* Rn. 26). Maßgeblich für die Beurteilung ist vor allem der mit der Sozialplanregelung verfolgte Zweck (BAG 31.5.2005 – 1 AZR 254/04, NZA 2005, 997; 13.2.2007 – 1 AZR 163/06, NZA 2007, 756; 20.1.2009 – 1 AZR 740/07, NZA 2009, 495; 26.5.2009 – 1 AZR 198/08, NZA 2009, 849; 26.5.2009 – 1 AZR 212/08, BeckRS 2009, 74686; *Linsenmaier* FS Etzel, 2011, 239 [241]). Der Gleichbehandlungsgrundsatz ist auch zugunsten derjenigen ArbN anzuwenden, die auf der Grundlage eines früheren Sozialplans schon aus dem Betrieb ausgeschieden sind (BAG 11.2.1998 – 10 AZR 22/97, NZA 1998, 895; ErfK/*Kania* Rn. 26). Er kommt aber nicht zur Anwendung, wenn später wegen einer weiteren Betriebsänderung ein besserer Sozialplan geschlossen wird als derjenige, der für die frühere Betriebsänderung geschlossen wurde, von der der ArbN betroffen war. Dem steht bereits entgegen, dass es sich in einem solchen Fall um zwei verschiedene betriebsverfassungsrechtliche Angelegenheiten handelt, die unterschiedlich geregelt werden können (BAG 23.3.2010 – 1 AZR 981/08, AP BetrVG 1972 § 112 Nr. 207). Es verstößt nicht gegen den betriebsverfassungsrechtlichen Gleichbehandlungsgrundsatz, wenn die Betriebsparteien nur die ArbN in den Geltungsbereich eines Sozialplans einbeziehen, die zum Zeitpunkt seines Inkrafttretens in einem Arbeitsverhältnis zum ArbGeb. stehen (BAG 14.12.2010 – 1 AZR 279/09, NZA-RR 2011, 182).

145 Neben dem seit jeher von den Betriebsparteien zu beachtenden betriebsverfassungsrechtlichen Gleichbehandlungsgrundsatz und grundrechtlichen Wertungen müssen diese bei der Aufstellung von Sozialplänen insbes. auch die **Diskriminierungsverbote** des am 18.8.2006 in Kraft getretenen **Allgemeinen Gleichbehandlungsgesetzes – AGG** v. 14.8.2006 (BGBl. I S. 1897) berücksichtigen (→ **§ 75 Rn. 58 ff., 96;** BAG 26.5.2009 – 1 AZR 198/08, NZA 2009, 849; BGK AGG § 10 Rn. 51 ff.; HK-AGG/*Brors* AGG § 10 Rn. 129 ff.; *Thüsing* Arbeitsrechtlicher Diskriminierungsschutz Rn. 446 ff.; *Annuß* BB 2006, 1629 [1634]; *Besgen* BB 2007, 213 [218]; *Krieger/Arnold* NZA 2009, 1153). Das AGG verbietet in § 7 Abs. 1 AGG die Benachteiligung von Beschäftigten wegen eines der in § 1 AGG genannten Gründe. Danach sind verboten Benachteiligungen aus Gründen der **Rasse** oder wegen der **ethnischen Herkunft,** des **Geschlechts,** der **Religion** oder **Weltanschauung,** einer **Behinderung,** des **Alters** oder der **sexuellen Identität.** Das entspricht weitgehend den Benachteiligungsverboten des § 75 Abs. 1. Diese Bestimmung ist durch die Einfügung der Benachteiligungsverbote aus Gründen der Rasse, der ethnischen Herkunft, Weltanschauung, Behinderung, und des Alters an die Terminologie des in Umsetzung der RL 2000/43/EG, 2000/78/EG u. 2002/73/EG erlassenen AGG angepasst worden. Darüber hinaus enthält § 75 Abs. 1 noch das Benachteiligungsverbot aus Gründen der **politischen oder gewerkschaftlichen Betätigung oder Einstellung** (→ § 75 Rn. 97–103; BAG 12.2.1985 – 1 AZR 40/84, NZA 1985, 717). **Ausländer** dürfen bei Sozialabfindungen nicht schlechter gestellt werden (ErfK/*Kania* Rn. 26). Nach § 7 Abs. 2 AGG sind Bestimmungen in Vereinbarungen, die gegen das Benachteiligungsverbot verstoßen, unwirksam. Damit hat der nationale Gesetzgeber dem sich aus Art. 16b RL 2000/78/EG ergebenden Gebot Rechnung getragen, Bestimmungen in „Betriebsordnungen" für nichtig zu erklären, die mit dem Gleichbehandlungsgrundsatz nicht vereinbar sind. Zu diesen Betriebsordnungen gehören auch Sozialpläne. Diese regeln „Entlassungsbedingungen … in … kollektivrechtlichen Vereinbarungen … bei der … Beendigung eines Beschäftigungsverhältnisses" iSv § 2 Abs. 1 Nr. 2 AGG. Dass Sozialpläne in den Anwendungsbereich des AGG fallen, zeigt auch § 10 S. 3 Nr. 6 AGG.

146 Die Bestimmungen des AGG finden allerdings auf **Sozialpläne,** die **vor** seinem Inkrafttreten am **18.8.2006** geschlossen wurden, ebenso wenig unmittelbar Anwendung wie § 75 Abs. 1 in der seit dem 18.8.2006 geltenden Fassung (BAG 30.9.2008 – 1 AZR 684/07, NZA 2009, 386; 11.11.2008 – 1 AZR 475/07, NZA 2009, 210; 20.1.2009 – 1 AZR 740/07, NZA 2009, 495; 26.5.2009 – 1 AZR 212/08, BeckRS 2009, 74686). Gleiches gilt für gemeinschaftsrechtliche Diskriminierungsverbote für die Zeit vor ihrer nationalen Umsetzung, bzw. vor Ablauf der Umsetzungsfrist. Ein von den Gerichten der Mitgliedsstaaten zu beachtendes gemeinschaftsrechtliches Verbot setzt einen gemeinschaftsrechtlichen Bezug der möglicherweise diskriminierenden Behandlung voraus (BAG 30.9.2008 – 1 AZR 684/07, NZA 2009, 386; 11.11.2008 – 1 AZR 475/07, NZA 2009, 210; 20.1.2009 – 1 AZR 740/07, NZA 2009, 495; 26.5.2009 – 1 AZR 212/08, BeckRS 2009, 74686). Sozialpläne sind keine staatlichen Maßnahmen zur Umsetzung gemeinschaftsrechtlicher Richtlinien. Daher ist ein gemeinschaftsrechtlicher Bezug nicht gegeben, solange eine Richtlinie nicht umgesetzt ist oder hätte umgesetzt werden müssen (BAG 30.9.2008 – 1 AZR 684/07, NZA 2009, 386; 11.11.2008 – 1 AZR 475/07, NZA 2009, 210; 20.1.2009 – 1 AZR 740/07, NZA 2009, 95; EuGH 23.9.2008 – C-427/06, NZA 2008, 111 – Bartsch).

Die **in § 1 AGG genannten Gründe verbieten** – mit Ausnahme der Merkmale Geschlecht, Behinderung und Alter – bei Sozialplänen **regelmäßig jegliche Differenzierung.** An die Rasse, die ethnische Herkunft, die Religion, die Weltanschauung, die sexuelle Identität oder eine politische oder gewerkschaftliche Betätigung oder Einstellung dürfen die Betriebsparteien – etwa bei der Höhe von Abfindungen oder anderen Überbrückungsleistungen – grds. nicht anknüpfen. Sie dürfen ArbN deshalb grds. weder benachteiligen noch bevorzugen. Auch eine „positive Diskriminierung", also eine Bevorzugung wegen eines dieser Merkmale dürfte regelmäßig ausgeschlossen sein. Zwar ist nach § 5 AGG eine unterschiedliche Behandlung zulässig, wenn durch geeignete und angemessene Maßnahmen bestehende Nachteile wegen eines in § 1 AGG genannten Grundes verhindert oder ausgeglichen werden sollen. Eine positive Diskriminierung wäre aber wohl im Hinblick auf § 75 Abs. 1, der Ausdruck des allgemeinen Gleichheitssatzes des Art. 3 Abs. 1 GG ist, bedenklich (vgl. aber auch HK-AGG/*Hinrichs/Zimmer* AGG § 5 Rn. 9 mwN; BGK AGG § 5 Rn. 8f.; *Thüsing* Arbeitsrechtlicher Diskriminierungsschutz Rn. 389ff.). Art. 3 Abs. 1 GG verbietet nicht nur die Benachteiligung, sondern auch die Bevorzugung. 147

Zur Beseitigung bestehender Nachteile zwischen **Frauen und Männern** sieht Art. 3 Abs. 2 S. 2 GG kompensatorische Maßnahmen vor. Daher wäre es wohl grds. nicht ausgeschlossen, in Sozialplänen einen erhöhten Nachteilsausgleich für weibliche ArbN vorzusehen, wenn die Betriebsparteien aufgrund ihrer Einschätzungsprärogative zu der Beurteilung gelangen sollten, dass die Chancen auf dem Arbeitsmarkt signifikant schlechter seien. Auch steht nach einem Urteil des EuGH v. 9.12.2004 (C-19/02, BeckRS 2004, 78253 – Hlozek) Gemeinschaftsrecht einem Sozialplan nicht entgegen, der für ein Überbrückungsgeld eine unterschiedliche Altersregelung für Männer und Frauen enthält, wenn sich diese nach dem nationalen gesetzlichen System der vorzeitigen Alterspension in unterschiedlichen Situationen befinden. 148

Wie sich aus Art. 3 Abs. 3 S. 2 GG ergibt, geht das GG auch bei **behinderten Menschen** von der Möglichkeit der **Bevorzugung** aus. Der Förderungs- und Integrationsauftrag des Sozialstaatsprinzips soll erkennbar verstärkt werden (ErfK/*Schmidt* GG Art. 3 Rn. 77 mwN). Daher erscheint die **„positive Diskriminierung"** von behinderten Menschen unbedenklich (vgl. HK-AGG/*Hinrichs/Zimmer* AGG § 5 Rn. 44; *Thüsing,* Arbeitsrechtlicher Diskriminierungsschutz Rn. 407f.; *Wendeling-Schröder* NZA 2004, 1320 [1322]; BAG 6.11.2007 – 1 AZR 960/06, NZA 2008, 232). Eine unmittelbar an das Merkmal der Behinderung knüpfende Bemessung einer Sozialplanabfindung ist unwirksam, wenn sie schwerbehinderte ArbN schlechter stellt (BAG 17.11.2015 – 1 AZR 938/13, NZA 2016, 501). Eine Regelung, die eine geringere Abfindung für ArbN vorsieht, die wegen ihrer Schwerbehinderung rentenberechtigt sind, stellt eine unzulässige unmittelbar an das Merkmal der Behinderung knüpfende Ungleichbehandlung dar (BAG 17.11.2015 – 1 AZR 938/13, NZA 2016, 501; dem Ergebnis zustimmend, aber kritisch gegenüber der Begründung *Maschmann* Anm. AP BetrVG 1972 § 112 Nr. 232). Die etwas andere frühere Rspr. (BAG 11.11.2008 – 1 AZR 475/07, NZA 2009, 210) ist insoweit überholt; sie war auch nicht geeignet, dem ArbGeb. Vertrauensschutz zu vermitteln BAG 17.11.2015 – 1 AZR 938/13, NZA 2016, 501 Rn. 33). 149

150 Das **Lebensalter, die Betriebszugehörigkeit** und die **Rentennähe** sind in **§ 10 S. 3 Nr. 6 AGG** als Umstände, die eine Differenzierung in Sozialplänen rechtfertigen, ausdrücklich genannt (BAG 23.3.2010 – 1 AZR 832/08, NZA 2010, 774; 12.4.2011 – 1 AZR 743/09, NZA 2011, 985; 9.12.2014 – 1 AZR 102/13, NZA 2015, 365; vgl. generell zur Zulässigkeit **unterschiedlicher Behandlung wegen des Alters** nach dem AGG *Thüsing* Arbeitsrechtlicher Diskriminierungsschutz Rn. 411 ff.; vgl. zum Verbot der Altersdiskriminierung im Gemeinschaftsrecht *Preis* NZA 2006, 401; zur RL 2000/78/EG und dem Lebensalter als Differenzierungskriterium in Sozialplänen *Schweibert* FS 25 Jahre ARGE Arbeitsrecht im DAV, 2006, 1001; *Linsenmaier* RdA 2003 Sonderbeilage Heft 5, 22, 32 f.; *Temming* RdA 2008, 205).

151 Der nationale Gesetzgeber hat durch § 10 S. 3 Nr. 6 AGG zusammen mit den im Zusammenhang mit den nach Art. 16b RL 2000/78/EG erforderlichen Maßnahmen den Betriebsparteien die Möglichkeit einer nach Lebensalter differenzierenden Ausgestaltung von Abfindungsregelungen eröffnet (BAG 23.3.2010 – 1 AZR 832/08, NZA 2010, 774; 12.4.2011 – 1 AZR 743/09, NZA 2011, 985; 9.12.2014 – 1 AZR 102/13, NZA 2015, 365; vgl. auch *Löwisch/Caspers/Neumann* Beschäftigung und demographischer Wandel, 2003, S. 32). § 10 S. 3 Nr. 6 AGG zieht die gesetzgeberische Konsequenz aus dem Umstand, dass das **Alter** – anders als die anderen verbotenen Diskriminierungsmerkmale – keine binäre, sondern eine **lineare Eigenschaft** ist, die sich im Laufe eines Lebens ständig verändert (*Linsenmaier* RdA 2003 Sonderbeilage Heft 5, 22, 25). Zugleich ist das Lebensalter stets relativ. Daher ist es folgerichtig, wenn § 10 S. 3 Nr. 6 AGG „nach Alter … gestaffelte Abfindungsregelungen" vorsieht.

152 Die Regelung in **§ 10 S. 3 Nr. 6 AGG** ist, soweit sie die unmittelbare oder – vermittelt über Betriebszugehörigkeit oder Rentennähe – mittelbare Altersdiskriminierung gestattet, unionsrechtlich nicht zu beanstanden. Insbes. **verstößt** sie **nicht gegen die RL 2000/78/EG** (BAG 23.3.2010 – 1 AZR 832/08, NZA 2010, 774; 12.4.2011 – 1 AZR 743/09, NZA 2011, 985; 12.4.2011 – 1 AZR 764/09, NZA 2011, 988; 26.3.2013 – 1 AZR 813/11, NZA 2013, 921; 9.12.2014 – 1 AZR 102/13, NZA 2015, 365; vgl. auch 7.5.2019 – 1 ABR 54/17, NZA 2019, 1295). Der deutsche Gesetzgeber verfolgt mit der Vorschrift ein iSv Art. 6 Abs. 1 S. 1 der Richtlinie legitimes sozialpolitisches Ziel. Dieses besteht darin, es den Betriebsparteien zu ermöglichen, in Sozialplänen danach zu unterscheiden, welche wirtschaftlichen Nachteile den ArbN drohen, die durch eine Betriebsänderung ihren Arbeitsplatz verlieren (BAG 26.5.2009 – 1 AZR 198/08, NZA 2009, 849; 23.3.2010 – 1 AZR 832/08, NZA 2010, 774; 12.4.2011 – 1 AZR 743/09, NZA 2011, 985; 12.4.2011 – 1 AZR 764/09, NZA 2011, 988; 26.3.2013 – 1 AZR 813/11, NZA 2013, 921; 23.4.2013 – 1 AZR 916/11, NZA 2013, 980).

153 **§ 10 S. 3 Nr. 6 Alt. 1 AGG** gestattet **nach dem Lebensalter gestaffelte Abfindungsregelungen.** Dies ermöglicht es, in Sozialplänen die Abfindungen mit zunehmendem Lebensalter zunächst ansteigen zu lassen. Eine solche **Progression** ist sachgerecht (BAG 26.5.2009 – 1 AZR 198/08, NZA 2009, 849; 12.4.2011 – 1 AZR 743/09, NZA 2011, 985; 12.4.2011 – 1 AZR 764/09, NZA 2011, 988). Wie das BAG im Urteil v. 12.4.2011 (1 AZR 743/09, NZA 2011, 985) unter Heranziehung statistischer Daten der Bundesagentur näher ausgeführt hat, dürfen die Betriebsparteien – jedenfalls unter den derzeitigen wirtschaftlichen Rahmenbedingungen – im Rahmen ihres Beurteilungsspielraums davon ausgehen, dass sich die Arbeitsmarktchancen der von einer Betriebsänderung betroffenen ArbN mit zunehmendem Alter fortschreitend verschlechtern. Daher stellt es keine unzulässige Diskriminierung jüngerer ArbN dar, wenn sich die Sozialplanabfindungen mit steigendem Lebensalter erhöhen (BAG 12.4.2011 – 1 AZR 743/09, NZA 2011, 985; 12.4.2011 – 1 AZR 764/09, NZA 2011, 988; *Linsenmaier* FS Etzel, 2011, 239 [244]; *Mohr* RdA 2010, 44; *Schmidt* FS Kreutz, 2010, 451, 459; *Thüsing* Arbeitsrechtlicher Diskriminierungsschutz Rn. 445; *Thüsing/Pötters* Anm. zu AP BetrVG 1972 § 112 Nr. 215; **aA** *Annuß*

BB 2006, 1629; *Schweibert* FS 25 Jahre ARGE Arbeitsrecht im DAV, 2006, 1001 [1010]; *Lingemann/Gotham* NZA 2007, 663; diff. HK-AGG/*Brors* AGG § 10 Rn. 106).

Nach **§ 10 S. 3 Nr. 6 Alt. 2 AGG** sind Regelungen in Sozialplänen zulässig, die „Beschäftigte von den Leistungen des Sozialplans ausgeschlossen haben, die wirtschaftlich abgesichert sind, weil sie, ggf. nach Bezug von Arbeitslosengeld, rentenberechtigt sind" (vgl. zur Rechtslage vor Geltung des AGG BAG 30.9.2008 – 1 AZR 684/07, NZA 2009, 386; 11.11.2008 – 1 AZR 475/07, NZA 2009, 210; 20.1.2009 – 1 AZR 740/07, NZA 2009, 495; 26.5.2009 – 1 AZR 212/08, BeckRS 2009, 74686; zur Rechtslage nach dem AGG BAG 26.5.2009 – 1 AZR 198/08, NZA 2009, 849; 23.3.2010 – 1 AZR 832/08, NZA 2010, 774; 26.3.2013 – 1 AZR 813/11, NZA 2013, 921; 26.3.2013 – 1 AZR 857/11, BeckRS 2013, 70787; 23.4.2013 – 1 AZR 916/11, NJW 2013, 2619; 9.12.2014 – 1 AZR 102/13, NZA 2015, 365; 7.5.2019 – 1 ABR 54/17, NZA 2019, 1295Rn. 33ff.; HK-AGG/*Brors* AGG § 10 Rn. 108; *Giesen* EuZA 2011, 383; *Grünberger/Sagan* EuZA 2013, 324; ErfK/*Kania* Rn. 24a; *Krieger/Arnold* NZA 2009, 1153; *Linsenmaier* FS Etzel, 2011, 239 [245]; *Mohr* RdA 2010, 44; *Preis* NZA 2010, 1323; ErfK/*Schlachter* AGG § 10 Rn. 16; *Schmidt* FS Kreutz, 2010, 451, 460; *Seiwerth* ZESAR 2013, 319; *Thüsing* Arbeitsrechtlicher Diskriminierungsschutz Rn. 445, 449; *Willemsen* RdA 2013, 166; *Zange* NZA 2013, 601). Da das AGG der Umsetzung der RL 2000/78/EG dient, ist bei der Anwendung von § 10 AGG immer die einschlägige Rspr. des EuGH zu berücksichtigen (→ Rn. 154a). Im Übrigen gilt es, sorgfältig zwischen den möglichen Fallkonstellationen zu unterscheiden. Dies sind zunächst die Fälle, die § 10 S. 3 Nr. 6 Alt. 2 AGG nach dessen Wortlaut zweifelsfrei unterfallen (→ Rn. 154b). Darüber hinaus gibt es Sozialplanregelungen, die nicht ohne Weiteres vom Wortlaut des § 10 S. 3 Nr. 6 Alt. 2 AGG gedeckt sind. Zum einen sind dies die Fälle, in denen rentennahe ArbN nicht vollständig von den Sozialplanleistungen ausgeschlossen werden, sondern die Abfindungen nur der Höhe nach reduziert werden oder ein Systemwechsel in der Berechnung stattfindet (→ Rn. 154c). Zum andern sind dies Fälle, in denen sich der Anspruch auf gesetzliche Altersrente nicht nahtlos an das Ende des ArbVerh. oder den Bezug von Arbeitslosengeld I anschließt (→ Rn. 154d). Zu beachten ist ferner, dass auch bei Vorliegen der Voraussetzungen des § 10 S. 3 Nr. 6 Alt. 2 AGG eine weitere Verhältnismäßigkeitsprüfung nach § 10 S. 2 AGG erforderlich ist (→ Rn. 154e). Sorgfältig zu unterscheiden sind schließlich die Fälle, in denen der Anspruch auf (vorgezogene) Rente an die Schwerbehinderung anknüpft (→ Rn. 154f). **154**

Die Rspr. des **EuGH** zur Zulässigkeit des Ausschlusses oder der Einschränkung von Ansprüchen aus dem ArbVerh. aufgrund der Möglichkeit, eine gesetzliche Rente in Anspruch zu nehmen, erscheint nicht ganz einheitlich. In einem Urteil vom 12.10.2010 (C-499/08, NZA 2010, 1341 – **Ole Andersen**) erachtete er eine dänische Abfindungsregelung für unverhältnismäßig, weil diese auch ArbN ausschließe, die zwar eine Altersrente beziehen könnten, hierauf aber vorübergehend verzichten möchten, um ihre berufliche Laufbahn weiterzuverfolgen. Er nahm dabei – anders als in dem am selben Tag ergangenen Urteil zu einer tariflichen Altersgrenze von 65 Jahren (EuGH 12.10.2010 – C-45/09, NZA 2010, 1167 – **Rosenbladt**) – eine sehr strenge Verhältnismäßigkeitsprüfung vor (vgl. dazu *Preis* NZA 2010, 1323). Dagegen entschied der EuGH im Urteil v. 6.12.2012 (C-152/11, NZA 2012, 1435 – **Odar**), eine Ungleichbehandlung von älteren ArbN bei der Berechnung der Sozialplanabfindung könne durch ein legitimes Ziel iSv Art. 6 Abs. 1 RL 2000/78/EG gerechtfertigt sein, wenn der Sozialplan die Gewährung eines Ausgleichs für die Zukunft, den Schutz der jüngeren ArbN sowie die Unterstützung bei ihrer beruflichen Wiedereingliederung und eine gerechte Verteilung der begrenzten finanziellen Mittel bezwecke (EuGH 6.12.2012 – C-152/11, NZA 2012, 1435 – Odar Rn. 40ff.); eine Minderung der Abfindung bei ArbN. die zum Zeitpunkt der Entlassung wirtschaftlich abgesichert seien, sei im Hinblick auf die begrenzten Mittel und das Ziel eines **154a**

Sozialplans, ArbN, für die sich der Übergang in eine neu Beschäftigung als schwierig erweise, nicht unangemessen (EuGH 6.12.2012 – C-152/11, NZA 2012, 1435 – Odar Rn. 48; vgl. dazu *Seiwerth* ZESAR 2013, 319). Im Urteil v. 26.2.2015 (C-515/13, NZA 2015, 473 – **Landin**) entschied der EuGH auf die Vorlage eines dänischen Gerichts, es sei unionsrechtlich nicht zu beanstanden, dass der – an der Dauer der Betriebszugehörigkeit orientierte – Anspruch auf eine „Entlassungsentschädigung" entfalle, wenn der ArbN ab dem Zeitpunkt seiner Entlassung eine „Volksrente" tatsächlich beziehe oder einen Anspruch darauf habe (EuGH 26.2.2015 – C-515/13, NZA 2015, 473 – Landin). Den entscheidenden Unterschied gegenüber der Entscheidung v. 12.10.2010 (C-499/08, NZA 2010, 1341 – Ole Andersen) sah der EuGH darin, dass es sich anders als dort nicht um die Möglichkeit der Inanspruchnahme einer vorzeitigen, niedrigeren Altersrente, sondern um die Regelaltersrente handelte (EuGH 26.2.2015 – C-515/13, NZA 2015, 473 – Landin). Im Urteil vom 19.4.2016 (– C-441/14, NZA 2016, 537 – **Dansk Industri;** vgl. dazu *Heuschmid* ArbuR 2016, 422) erachtete der EuGH eine- dänische - Regelung für unionsrechtswidrig, nach der ArbN unabhängig davon, ob sie sich dafür entscheiden, auf dem Arbeitsmarkt zu verbleiben, oder beschließen, in Rente zu gehen, keine Entlassungsabfindung beziehen können, wenn sie Anspruch auf Altersrente haben, die von ihrem ArbGeb. aus einem Rentensystem gezahlt wird, dem sie vor Vollendung ihres 50. Lebensjahrs beigetreten sind; auch in diesem Fall war der ArbN vor Erreichen der Regelaltersgrenze ausgeschieden. Im Urteil vom 19.9.2018 (- C-312/17, NZA 2018, 1268 – **Bedi**) hielt der EuGH zwar die konkrete, für die Stationierungsstreitkräfte in der Bundesrepublik getroffene tarifliche Regelung im Ergebnis wegen der mit ihr verbundenen Diskriminierung von Schwerbehinderten für unionsrechtswidrig, führte aber ausdrücklich aus, eine tarifliche Regelung, wonach die Zahlung einer vom ArbGeb. gewährten Überbrückungshilfe endet, wenn ein ArbN eine vorgezogene Altersrente beziehen könne, sei in Anbetracht des Zwecks der Beihilfe, nach dem Ende des ArbVerh. eine vom ArbGeb. gewährte freiwillig gewährte zeitlich begrenzte zusätzliche Unterstützung zu leisten, bis der ArbN einen wirtschaftlichen Schutz durch eine Altersrente aus der gesetzlichen Rentenversicherung erlange, nicht unangemessen (EuGH 19.9.2018 – C-312/17, NZA 2018, 1268 – Bedi, Rn. 64).

154b Hiernach geht das **BAG** – auch ohne Anrufung des EuGH (vgl. dazu etwa BAG 23.3.2010 – 1 AZR 832/08, NZA 2010, 774 Rn. 18; 26.3.2013 – 1 AZR 813/11, NZA 2013, 921 Rn. 37f.; 7.5.2019 – 1 ABR 54/17, NZA 2019, 1295 Rn. 45ff.) – zu Recht davon aus, dass § 10 S. 3 Nr. 6 Alt. 2 AGG mit der RL 2000/78/EG vereinbar ist (vgl. etwa BAG 26.5.2009 1 AZR 198/08, NZA 2009, 849 Rn. 49; 23.10.2010 – 1 AZR 832/08, Rn. 17; 7.5.2019 – 1 ABR 54/17, NZA 2019, 1295 Rn. 36, 46) und bei Vorliegen seiner tatbestandlichen Voraussetzungen grds. – d.h. unter Maßgabe der weiteren nach § 10 S. 2 AGG vorzunehmenden Verhältnismäßigkeitsprüfung (→ Rn. 154e) - den **Ausschluss von Leistungen aus einem Sozialplan** wegen der Möglichkeit der Inanspruchnahme einer gesetzlichen Altersrente rechtfertigt (vgl. BAG 9.12.2014 – 1 AZR 102/13, NZA 2015, 365 Rn. 22ff.; 7.5.2019 – 1 ABR 54/17, NZA 2019, 1295 Rn. 33ff.) Dabei kann – auch in unionsrechtlicher Perspektive – nicht genug betont werden, dass es nach dem Zweck von Sozialplänen nicht um ein zusätzliches Entgelt für geleistete Dienste, sondern im Rahmen einer zukunftsgerichteten Betrachtung um die Überbrückung der voraussichtlichen Arbeitslosigkeit und den Ausgleich oder die Abmilderung der dadurch entstehenden wirtschaftlichen Nachteile geht (BAG 11.11.2008 – 1 AZR 475/07, NZA 2009, 210; 20.4.2010 – 1 AZR 988/08, NZA 2010, 1018; 26.3.2013 – 1 AZR 813/11, NZA 2013, 921; 23.4.2013 – 1 AZR 916/11, NZA 2013, 980). Die Abfindung von rentennahen Jahrgängen muss auch nicht etwa mindestens die Hälfte der für andere ArbN geltenden Abfindungsformel betragen; insbes. lässt sich das dem Urteil des EuGH v. 6.12.2012 (C-152/11, NZA 2012, 1435 – Odar) nicht entnehmen (BAG 26.3.2013 – 1 AZR 813/11, NZA 2013, 921 Rn. 39ff.; 23.4.2013 – 1 AZR 916/11, NZA 2013, 980 Rn. 37ff.).

Vom Wortlaut des § 10 S. 3 Nr. 6 Alt. 2 AGG nicht ohne Weiteres gedeckt sind Regelungen in Sozialplänen, die wegen des möglichen Rentenbezugs Leistungen aus dem Sozialplan nicht vollständig ausschließen, sondern **geringere Sozialplanabfindungen** vorsehen oder einen **„Systemwechsel"** bei der Berechnung enthalten. Jedenfalls eine Reduzierung der Abfindungen lässt sich aber im Wege des argumentum a maiore ad minus unschwer mit § 10 S. 3 Nr. 6 Alt. 2 AGG rechtfertigen. Wenn die Betriebsparteien ArbN wegen des möglichen Rentenbezugs vollständig von Sozialplanleistungen ausschließen dürfen, so können sie erst recht die Leistungen (nur) reduzieren. So hat denn auch das BAG wiederholt zutreffend formuliert, durch die mit § 10 S. 3 Nr. 6 Alt. 2 AGG eröffnete Gestaltungsmöglichkeit könne das Anwachsen der Abfindungshöhe bei abnehmender Schutzbedürftigkeit im Interesse der Verteilungsgerechtigkeit zu Gunsten der jüngeren ArbN begrenzt werden (BAG 23.3.2010 – 1 AZR 832/08, NZA 2010, 774 Rn. 17; 9.12.2014 – 1 AZR 102/13, NZA 2015, 365 Rn. 22). Es spricht einiges dafür, dass sich – mit dem Erst-recht-Schluss – aus § 10 S. 3 Nr. 6 Alt. 2 AGG auch die mit einem „Systemwechsel" verbundene unterschiedliche Berechnung der Sozialplanleistungen rentennaher ArbN rechtfertigen ließe. Im Urteil vom 16.7.2019 (1 AZR 842/16, BeckRS 2019, 19793) ist das BAG diesen Weg nicht gegangen, sondern hat die mit der vom Lebensalter abhängige unterschiedliche Berechnung der Abfindung mit der – generellen – Bestimmung des § 10 S. 1 AGG gerechtfertigt (BAG 16.7.2019 – 1 AZR 842/16, BeckRS 2019, 19793 Rn. 27 ff.). **154c**

Ebenfalls nicht unmittelbar durch den Wortlaut des § 10 S. 3 Nr. 6 Alt. 2 AGG gedeckt sind Regelungen, die den Ausschluss oder die Reduzierung von Sozialplanleistungen für Fälle vorsehen, in denen sich die Möglichkeit, **Altersrente** zu beziehen, **nicht unmittelbar an das Ende des ArbVerh. oder den Bezug von Arbeitslosengeld I** anschließt. Das BAG ging bislang davon aus, dass auch auf diese Fälle § 10 S. 3 Nr. 6 Alt. 2 AGG anwendbar sei, wenn die Abfindung ausreichend bemessen sei, um die wirtschaftlichen Nachteile auszugleichen, die die ArbN in der Zeit nach der Erfüllung ihres Arbeitslosengeldanspruchs bis zum frühestmöglichen Bezug einer Altersrente erleiden (vgl. etwa BAG 23.3.2010 – 1 AZR 832/08, NZA 2010, 774 Rn. 19; 26.3.2013 – 1 AZR 813/11, NZA 2013, 921 Rn. 25; 23.4.2013 – 1 AZR 916/11, NZA 2013, 980 Rn. 20). In ihrem Ergebnis erscheint diese Rspr. zutreffend, ließe sich dogmatisch aber wohl stimmiger mit der – vom BAG im Urteil vom 16.7.2019 (1 AZR 842/16, BeckRS 2019, 19793 Rn. 27 ff.) herangezogenen - generellen Regelung des § 10 S. 1 AGG begründen. **154d**

Allein die Erfüllung der tatbestandlichen Voraussetzungen des § 10 S. 3 Nr. 6 Alt. 2 AGG rechtfertigt nicht in jedem Fall den Ausschluss oder die Reduzierung der Sozialplanleistungen. Vielmehr unterliegt die Ausgestaltung des den Betriebsparteien durch § 10 S. 3 Nr. 6 Alt. 2 AGG eröffneten Gestaltungs- und Beurteilungsspielraums noch einer **weiteren Verhältnismäßigkeitsprüfung nach § 10 S. 2 AGG.** Die von den Betriebsparteien gewählte Sozialplangestaltung muss geeignet sein, das mit § 10 S. 3 Nr. 6 Alt. 2 AGG verfolgte Ziel tatsächlich zu fördern, und darf die Interessen der benachteiligten (Alters-)Gruppe nicht unverhältnismäßig stark vernachlässigen (BAG 23.4.2013 – 1 AZR 916/11, NZA 2013, 980 Rn. 21; 9.12.2014 – 1 AZR 102/13, NZA 2015, 365 Rn. 25; 7.5.2019 – 1 ABR 54/17, NZA 2019, 1295 Rn. 37). **154e**

Sorgfältig zu unterscheiden von den Fällen der (Regel-)Altersrente sind die Fallgestaltungen, in denen ein ArbN aufgrund seiner **Schwerbehinderung** einen Anspruch auf vorgezogene Rente hat. Diese Möglichkeit rechtfertigt idR keine Kürzung der Sozialplanleistungen. Vielmehr liegt darin jedenfalls dann eine mittelbare Benachteiligung und unzulässige Ungleichhandlung schwerbehinderter Menschen, wenn deren Abfindung geringer ist als diejenige von vergleichbaren nicht behinderten ArbN (vgl. EuGH 6.12.2012 – C-152/11, NZA 2012, 1435 – Odar Rn. 67 ff.; 19.9.2018 – C-312/17, NZA 2018, 1268- Bedi; BAG 17.11.2015 – 1 AZR 938/13, NZA 2016, 501; 16.7.2019 – 1 AZR 842/16, BeckRS 2019, 19793 Rn. 10 ff.). Die **154f**

Entscheidung des BAG vom 7.6.2011 (– 1 AZR 34/10, NZA 2011, 1370) dürfte durch die neuere Rspr. überholt sein. Eine auf dem Merkmal der Behinderung beruhende mittelbare Benachteiligung iSd §§ 1, 3 Abs. 2, 7 Abs. 1 AGG liegt allerdings nicht vor, wenn sich die Höhe der Sozialplanabfindung für rentennahe ArbN nach der Bezugsmöglichkeit einer vorgezogenen Rente wegen Arbeitslosigkeit richtet und schwerbehinderte ArbN die gleiche Sozialplanabfindung erhalten wie nicht behinderte ArbN, liegt (BAG 23.4.2013 – 1 AZR 916/11, NZA 2013, 980 Rn. 32). Die auf einer unzulässigen mittelbaren Diskriminierung Schwerbehinderter beruhende Unwirksamkeit einer Sozialplanregelung führt dazu, dass der schwerbehinderte ArbN die Leistungen verlangen kann, die ihm zustünden, wenn er nicht schwerbehindert wäre 16.7.2019 – 1 AZR 842/16, BeckRS 2019, 19793 Rn. 22).

155 Regelmäßig ist in Sozialplänen die **Betriebszugehörigkeit** ein für die Abfindungshöhe maßgeblicher Faktor. Dies ist trotz der zukunftsbezogenen Überbrückungsfunktion des Sozialplans sachgerecht. Die Betriebsparteien dürfen typisierend davon ausgehen, der wirtschaftliche Verlust, den es mit dem Sozialplan auszugleichen oder abzumildern gilt, steige mit zunehmender Betriebszugehörigkeit und es nehme wegen der Verengung der beruflichen Qualifikation mit langer Betriebszugehörigkeit die Vermittelbarkeit auf dem Arbeitsmarkt tendenziell ab (BAG 14.8.2001 – 1 AZR 760/00, NZA 2002, 451; 13.3.2007 – 1 AZR 262/06, NZA 2008, 190; 26.5.2009 – 1 AZR 198/08, NZA 2009, 849). Die Berücksichtigung der Betriebszugehörigkeit bei der Abfindungshöhe führt zwar zu einer mittelbaren Benachteiligung jüngerer Arbeitnehmer (BAG 26.5.2009 – 1 AZR 198/08, NZA 2009, 849; HK-AGG/*Brors* AGG § 10 Rn. 107). Diese ist aber ebenfalls durch § 10 S. 3 Nr. 6 AGG gerechtfertigt (BAG 26.5.2009 – 1 AZR 198/08, NZA 2009, 849; *Linsenmaier* FS Etzel, 2011, 239 [243]; *Mohr* RdA 2010, 44). Bedenklich kann die ausschließliche Berücksichtigung der Beschäftigungsdauer allerdings sein, wenn sich bei den ArbN die anderen sozialplanrelevanten Faktoren erheblich unterscheiden (BAG 12.11.2002 – 1 AZR 58/02, NZA 2003, 1287). Die Betriebsparteien können nach der Rspr. des BAG in einem Sozialplan regeln, dass für die Bemessung einer Abfindung nur die Betriebszugehörigkeit beim ArbGeb. und seinem Rechtsvorgänger, nicht dagegen die in einem Überleitungsvertrag anerkannte oder nach einer Förderungsverordnung der ehemaligen DDR anzurechnende Beschäftigungszeit zu berücksichtigen ist (BAG 16.3.1994 – 10 AZR 606/93, NZA 1994, 1147; 30.3.1994 – 10 AZR 352/93, NZA 1995, 88).

156 Keinen diskriminierungsrechtlichen Bedenken begegnen **Höchstbetragsklauseln,** die die mit zunehmendem Lebensalter und/oder zunehmender Betriebszugehörigkeit steigende Abfindung auf einen bestimmten Höchstbetrag begrenzen (vgl. zum Rechtszustand vor dem Inkrafttreten des AGG BAG 19.10.1999 – 1 AZR 838/98, NZA 2000, 732; 2.10.2007 – 1 AZN 793/07, NJOZ 2008, 2931; 21.7.2009 – 1 AZR 566/08, NZA 2009, 1107; vgl. zum AGG *Krieger/Arnold* NZA 2009, 153; BGK AGG § 10 Rn. 54; *Linsenmaier* FS Etzel, 2011, 239 [248]; *Thüsing* Arbeitsrechtlicher Diskriminierungsschutz Rn. 448; *Willemsen* RdA 2013, 166 [170 f.]). Dabei geht es, wie bisweilen übersehen wird, gar nicht um die Rechtfertigung einer Benachteiligung älterer ArbN. Eine Höchstbetragsklausel benachteiligt ältere ArbN nicht. Sie begrenzt vielmehr deren mit der Altersstaffelung verbundene Bevorzugung (BAG 2.10.2007 – 1 AZN 793/07, NJOZ 2008, 2931; 21.7.2009 – 1 AZR 566/08, NZA 2009, 1107; *Schmidt* FS Kreutz, 2010, 451 [460]). Dies liegt im Gestaltungsspielraum der Betriebsparteien. Auch bei einem bereits nach dem AGG zu beurteilenden Sozialplan hat das BAG eine Höchstbegrenzung zu Recht nicht beanstandet (BAG 26.5.2009 – 1 AZR 198/08, NZA 2009, 849; **aA** *Jacobs/Malorny* NZA 2018, 557).

157 Die Betriebsparteien können bestimmen. dass sich die Abfindungshöhe nach der **zuletzt bezogenen Monatsvergütung** richtet (BAG 22.9.2009 – 1 AZR 316/08, AP BetrVG 1972 § 112 Nr. 204; 26.9.2017 – 1 AZR 137/15, BeckRS 2017, 134468 Rn. 17; *Linsenmaier* FS Etzel, 2011, 239 [242]). Auch das G stellt in dem in § 113

Abs. 1 Hs. 2 in Bezug genommenen § 10 Abs. 3 KSchG nicht auf absolute Beträge, sondern auf den letzten Monatsverdienst des einzelnen ArbN ab. Dies gilt auch für **teilzeitbeschäftigte ArbN.** Es steht mit § 4 Abs. 1 S. 2 TzBfG in Einklang, wenn ein ArbN eine Abfindung in dem Umfang erhält, der dem Anteil seiner Arbeitszeit an der Arbeitszeit eines vergleichbaren vollzeitbeschäftigten ArbN entspricht (BAG 28.10.1992 – 10 AZR 129/92, NZA 1993, 717; 22.9.2009 – 1 AZR 316/08, AP BetrVG 1972 § 112 Nr. 204). Im Falle der Beendigung des Arbeitsverhältnisses während einer **Elternteilzeit** iSv. § 15 Abs. 5 BEEG dürfte aber idR eine (zeit-)anteilige Kürzung der Abfindung nicht zulässig sein. Ob sich dies zwingend aus § 5 Nr. 2 RL 2010/18/EU (vgl. dazu EuGH 22.10.2009 – C-116/08, NZA 2010, 29 – Meerts; *Mohnke* BB 2010, 641; *Köhler/Wolff* ZESAR 2012, 468 [470]) ergibt, erscheint allerdings zweifelhaft. Das BAG hat die Frage offen gelassen (BAG 15.5.2018 – 1 AZR 20/17, NZA 2018, 1198 Rn. 14). Es dürfte aber idR eine sachlich nicht gerechtfertigte Differenzierung gegenüber den ArbN vorliegen, deren Arbeitsverhältnis während der Elternzeit vollständig ruhte und die deshalb die Abfindung auf der Grundlage ihrer Vollzeitbeschäftigung erhalten (BAG 15.5.2018 – 1 AZR 20/17, NZA 2018, 1198 Rn. 17 ff.; vgl. auch 26.9.2017 – 1 AZR 717/15, NZA 2018, 803 Rn. 56). Die Betriebsparteien dürfen auch auf einen Beschäftigungsquotienten (Verhältnis von Teilzeit und Vollzeit insgesamt) abstellen (BAG 14.8.2001 – 1 AZR 760/00, NZA 2002, 451; 22.9.2009 – 1 AZR 316/08, AP BetrVG 1972 § 112 Nr. 204). Ebenso können Sozialpläne regeln, dass in Fällen, in denen sich die individuelle Arbeitszeit in der näheren Vergangenheit wesentlich geändert hat, nicht das letzte Entgelt, sondern eine die gesamte Betriebszugehörigkeit einbeziehende Durchschnittsberechnung maßgeblich ist (BAG 22.9.2009 – 1 AZR 316/08, AP BetrVG 1972 § 112 Nr. 204; 26.9.2017 – 1 AZR 137/15, BeckRS 2017, 134468 Rn. 17; *Linsenmaier* FS Etzel, 2011, 239 [242]).

Die Zahlung von Abfindungen kann auf die ArbN beschränkt werden, denen **kein** 158
zumutbarer anderer Arbeitsplatz angeboten werden kann oder die noch keine andere Beschäftigung gefunden haben (BAG 17.2.1981 – 1 AZR 290/78, NJW 1982, 69). Es dürfen ArbN ausgeschlossen werden, die einen zumutbaren gleichwertigen und gleichbezahlten **Arbeitsplatz** in einem anderen Betrieb des Unternehmens oder Konzerns **ablehnen** (BAG 28.9.1988 – 1 ABR 23/87, NZA 1989, 186; 6.11.2007 – 1 AZR 960/06, NZA 2008, 232; 8.12.2015 – 1 AZR 595/14, NZA 2016, 767 Rn. 24; *Linsenmaier* FS Etzel, 2011, 239 [251]). Dies folgt allerdings für einvernehmliche Sozialpläne nicht etwa zwingend aus § 112 Abs. 5 S. 2 Nr. 2; dieser bindet nur die E-Stelle und nicht die Betriebsparteien (BAG 15.12.1998 – 1 AZR 332/98, NZA 1999, 667; 6.11.2007 – 1 AZR 960/06, NZA 2008, 232; 8.12.2015 – 1 AZR 595/14, NZA 2016, 767 Rn. 24). Immerhin kann der Regelung aber der allgemeine Gedanke entnommen werden, dass kein oder nur ein geringerer Ausgleich von Nachteilen erforderlich ist, wenn ein ArbN einen ihm zumutbaren Arbeitsplatz ausschlägt (BAG 15.12.1998 – 1 AZR 332/98, NZA 1999, 667; 6.11.2007 – 1 AZR 960/06, NZA 2008, 232; 8.12.2015 – 1 AZR 595/14, NZA 2016, 767 Rn. 24; vgl. auch zur „vorzeitigen" Eigenkündigung BAG 9.11.1994 – 10 AZR 281/94, NZA 1995, 644, 13.2.2007 – 1 AZR 163/06, NZA 2007, 756). Außerdem entspricht es Sinn und Zweck eines Sozialplans, den Verlust von Arbeitsplätzen möglichst zu vermeiden (BAG 28.9.1988 – 1 ABR 23/87, NZA 1989, 186, 13.2.2007 – 1 AZR 163/06, NZA 2007, 756). Eine zumutbare Weiterbeschäftigungsmöglichkeit, die den Ausschluss von Sozialplanleistungen rechtfertigen kann, liegt allerdings nur bei einer tatsächlichen und allein vom Willen des ArbN abhängigen Beschäftigungsmöglichkeit bei dem alten oder neuen Vertragsarbeitgeber vor (BAG 8.12.2015 – 1 AZR 595/14, NZA 2016, 767 Rn. 33). Das Ziel, dem ArbGeb. an einem anderen Betriebssitz eine möglichst eingearbeitete und qualifizierte Belegschaft zu erhalten, rechtfertigt den Ausschluss oder die Reduzierung von Sozialplansprüchen nicht; es entspräche nicht dem Zweck eines Sozialplans, der darauf gerichtet ist, wirtschaftliche Nachteile der ArbN auszugleichen (BAG 6.11.2007 – 1 AZR 960/06, NZA 2008, 232 unter Auf-

gabe von BAG 28.9.1988 – 1 ABR 23/87, NZA 1989, 186; 9.11.1994 – 10 AZR 281/94, NZA 1995, 644; 19.7.1995 – 10 AZR 885/94, NZA 1996, 271; vgl. auch schon BAG 13.2.2007 – 1 AZR 163/06, NZA 2007, 756; vgl. zur „Turboprämie" → Rn. 169; BAG 31.5.2005 – 1 AZR 254/04, NZA 2005, 997; 9.12.2014 – 1 AZR 146/13, NZA 2015, 438).

159 Die Betriebsparteien sind befugt, im Sozialplan zu **regeln, unter welchen Voraussetzungen ein Arbeitsplatz zumutbar** ist; sie haben insoweit einen erheblichen Beurteilungsspielraum (BAG 8.12.2015 – 1 AZR 595/14, NZA 2016, 767 Rn. 30). Der Sozialplan kann näher festlegen, welches Arbeitsplatzangebot zumutbar ist (BAG 28.9.1988 – 1 ABR 23/87, NZA 1989, 186; 19.6.1996 – 10 AZR 23/96, NZA 1997, 562; *Linsenmaier* FS Etzel, 2011, 239 [251]). Dies ist in der Regel auch sinnvoll, bringt doch eine Generalklausel, die sich auf den Begriff der „Unzumutbarkeit" oder der „sozialen Härte" beschränkt, erhebliche Auslegungs- und Anwendungsschwierigkeiten mit sich. § 121 SGB III findet keine entsprechende Anwendung (BAG 6.11.2007 – 1 AZR 960/06, NZA 2008, 232). Er betrifft das öffentlich-rechtliche Verhältnis zwischen dem Staat und den Arbeitslosen; dagegen regeln die Betriebsparteien das privatrechtliche Verhältnis zwischen ArbGeb. und ArbN. Die Interessenlage ist auch nicht etwa identisch. Die Betriebsparteien können regeln, dass familiäre Bindungen einen Ortswechsel unzumutbar machen (vgl. § 121 Abs. 4 S. 7 SGB III). Sie müssen dies aber nicht. Eine entsprechende Verpflichtung ergibt sich auch nicht aus Art. 6 GG. Dessen Wertungen verpflichten die Betriebsparteien zwar, ArbN nicht wegen einer ehelichen Gemeinschaft zu benachteiligen; sie verpflichten sie aber nicht, diese ArbN gegenüber anderen zu bevorzugen (BAG 6.11.2007 – 1 AZR 960/06, NZA 2008, 232; *Linsenmaier* FS Etzel, 2011, 239 [252]). Im Rahmen des Gestaltungsspielraums der Betriebsparteien liegt es auch, für ArbN, die ein nach dem Sozialplan eigentlich „unzumutbares" Arbeitsangebot bei einem anderen Konzernunternehmen gleichwohl annehmen, vorzusehen, dass sie keine Abfindung erhalten, wenn sie ihr neues Arbeitsverhältnis vor Ablauf einer bestimmten Erprobungszeit selbst kündigen (BAG 20.4.2010 – 1 AZR 988/08, NZA 2010, 1018).

160 Ein Sozialplan kann Abfindungsansprüche für ArbN ausschließen, die durch **„Vermittlung"** des ArbGeb. einen **neuen Arbeitsplatz** erhalten (BAG 22.3.2005 – 1 AZR 3/04, NZA 2005, 831 mwN). Dabei kann der Sozialplan unter „Vermittlung" jeden Beitrag des ArbGeb. verstehen, der das neue ArbVerh. möglich macht (BAG 19.6.1996 – 10 AZR 23/96, NZA 1997, 562; 20.1.2009 – 1 AZR 740/07, NZA 2009, 495). Maßgeblich ist die Auslegung des jeweiligen Sozialplans (*Linsenmaier* FS Etzel, 2011, 239 [252]). Voraussetzung für eine solche Herausnahme aus dem Kreis der Anspruchsberechtigten ist nicht, dass in dem neuen ArbVerh. der bislang erworbene Besitzstand in vollem Umfang erhalten bleibt. Auch muss innerhalb der Gruppe der ArbN, denen ein neuer Arbeitsplatz vermittelt wird, nicht notwendig nochmals danach differenziert werden, ob die bisherige Betriebszugehörigkeit im neuen ArbVerh. vollständig, teilweise oder gar nicht angerechnet wird (BAG 22.3.2005 – 1 AZR 3/04, NZA 2005, 831). Auch die Situation der ArbN zum Zeitpunkt des Ausscheidens darf berücksichtigt werden (BAG 11.2.1998 – 10 AZR 22/97, NZA 1998, 895).

161 Ein Ausschluss oder eine geringere Zahlung ist zulässig, wenn ArbN dem Übergang ihres ArbVerh. ohne berechtigten Grund **nach § 613a BGB widersprechen** (BAG 5.2.1997 – 10 AZR 553/96, NZA 1998, 158; 22.7.2003 – 1 AZR 575/02, AP BetrVG 1972 § 112 Nr. 160). Die Betriebsparteien sind bei einem vereinbarten Sozialplan aber hierzu nicht verpflichtet. Für ArbN, die wegen ihres Widerspruchs gegen den Übergang ihres ArbVerh. entlassen werden, kann der Sozialplan die üblichen Abfindungen vorsehen. § 112 Abs. 5 S. 2 Nr. 2 lässt sich zwar der allgemeine Gedanke entnehmen, dass ein Ausgleich von Nachteilen nicht erforderlich ist, wenn dem ArbN ein zumutbarer anderer Arbeitsplatz angeboten wird. Es steht aber im Ermessen der Betriebsparteien, wie sie die Frage der Zumutbarkeit beantworten (BAG 19.6.1996 – 10 AZR 23/96, NZA 1997, 562; 15.12.1998 – 1 AZR 332/98,

NZA 1999, 667; 6.11.2007 – 1 AZR 960/06, NZA 2008, 232). Diese können eine Reduzierung der Abfindung auch dann vorziehen, wenn die E-Stelle dazu nicht verpflichtet wäre (BAG 6.11.2007 – 1 AZR 960/06, NZA 2008, 232).

Mit dem Gleichbehandlungsgrundsatz vereinbar ist es, wenn die Betriebsparteien im Sozialplan zwischen ArbN unterscheiden, denen infolge der Betriebsänderung gekündigt worden ist und solchen, die ihr ArbVerh. durch eine **Eigenkündigung** oder einen **Aufhebungsvertrag** beendet haben (BAG 19.7.1995 – 10 AZR 885/94, NZA 1996, 271). Die Betriebsparteien können typisierend davon ausgehen, dass ArbN, die ihr ArbVerh. selbst beenden, schon einen neuen Arbeitsplatz gefunden haben und sie daher der Verlust ihres Arbeitsplatzes im Betrieb nicht so schwer trifft wie gekündigte ArbN (BAG 13.2.2007 – 1 AZR 163/06, NZA 2007, 756; 19.2.2008 – 1 AZR 1004/06, NZA 2008, 719; 10.2.2009 – 1 AZR 767/07, NZA 2009, 970; 1.2.2011 – 1 AZR 417/09, NZA 2011, 880; 12.4.2011 – 1 AZR 505/09, NZA 2011, 1302; *Linsenmaier* FS Etzel, 2011, 239 [248]). Zwar können auch diese ArbN einen – allerdings geringeren – wirtschaftlichen Nachteil erleiden. Die Betriebsparteien sind aber frei in ihrer Entscheidung, ob diese ArbN dafür einen geringeren oder auch gar keinen Ausgleich erhalten sollen (BAG 11.8.1993 – 10 AZR 558/92, NZA 1994, 139; 20.4.1994 – 10 AZR 323/93, NZA 1995, 489; 19.7.1995 – 10 AZR 885/94, NZA 1996, 271). Für ArbN, die aufgrund der **Befristung** ihres Arbeitsvertrags – ohnehin – ausscheiden, muss ein Sozialplan nicht etwa wegen des betriebsverfassungsrechtlichen Gleichbehandlungsgrundsatzes oder wegen des Differenzierungsverbots des § 4 Abs. 2 S. 2 TzBfG Leistungen vorsehen. Dem steht auch das Urteil des EuGH vom 14.9.2016 (– C-596/14, NZA 2016, 1193 – Ana de Diego Porras) nicht entgegen. Allerdings hat darin der EuGH eine spanische gesetzliche Regelung, die für Ausgleichszahlungen bei Vertragsbeendigung zwischen Dauerbeschäftigten und befristet Beschäftigten differenziert, als unvereinbar mit § 4 Nr. 1 der Rahmenvereinbarung über befristete Arbeitsverträge im Anhang der RL 1999/70/EG erachtet. Der entscheidende Unterschied zu der spanischen Regelung liegt aber darin, dass § 112 Abs. 1 S. 2 – in unionsrechtlich nicht zu beanstandender Weise – voraussetzt, dass den ArbN „infolge der geplanten Betriebsänderung" wirtschaftliche Nachteile entstehen (so auch *Hohenstatt* NZA 2016, 1446, 1449). Dies ist regelmäßig bei den befristet beschäftigten ebenso wie bei den aufgrund eines nicht vom ArbGeb. veranlassten Aufhebungsvertrags ausscheidenden ArbN nicht der Fall. Etwas Anderes könnte allerdings gelten, wenn bereits die Befristung des Arbeitsverhältnisses im Hinblick auf eine geplante Betriebsänderung vereinbart wurde. 162

Wenn die **Eigenkündigung oder der Aufhebungsvertrag vom ArbGeb. veranlasst** worden ist, sind diese ArbN mit denen gleich zu behandeln, denen vom ArbGeb. gekündigt worden ist (BAG 29.10.2002 – 1 AZR 80/02, NJOZ 2003, 1859; 25.3.2003 – 1 AZR 169/02, NJOZ 2004, 226; 19.2.2008 – 1 AZR 1004/06, NZA 2008, 719; 20.5.2008 – 1 AZR 203/07, NZA-RR 2008, 636; 10.2.2009 – 1 AZR 767/07, NZA 2009, 970; *Linsenmaier* FS Etzel, 2011, 239 [249]). Vom ArbGeb. veranlasst ist eine Eigenkündigung oder ein Aufhebungsvertrag, wenn der ArbGeb. beim ArbN im Hinblick auf eine konkret geplante Betriebsänderung die **berechtigte Annahme** hervorgerufen hat, **er komme** mit der eigenen Initiative zur Beendigung des ArbVerh. einer sonst notwendig werdenden **betriebsbedingten Kündigung des ArbGeb. nur zuvor** (BAG 22.7.2003 – 1 AZR 575/02, AP BetrVG 1972 § 112 Nr. 160; 26.10.2004 – 1 AZR 503/03, NJOZ 2005, 4454; 13.12.2005 – 1 AZR 551/04, NJOZ 2006, 4673; 20.5.2008 – 1 AZR 163/06, NZA-RR 2008, 636). Ob das geschehen ist, ist eine Frage des Einzelfalls. Entscheidend sind die dem ArbN im Zeitpunkt seiner Kündigung bekannten Umstände (BAG 20.5.2008 – 1 AZR 163/06, NZA-RR 2008, 636). Der bloße Hinweis auf eine unsichere Lage des Unternehmens, auf notwendig werdende Betriebsänderungen und die nicht auszuschließende Möglichkeit des Arbeitsplatzverlustes genügt regelmäßig nicht, um in diesem Sinn einen vom ArbGeb. gesetzten Anlass anzunehmen. Anders ist es dagegen, wenn der ArbGeb. dem ArbN mitgeteilt hat, er habe für 163 ihn nach Durchführung der Betriebsänderung keine Beschäftigungsmöglichkeit mehr (BAG 15.1.1991 – 1 AZR 80/90, NZA 1991, 692; 28.10.1992 – 10 AZR 406/91, NZA 1993, 422; 25.3.2003 – 1 AZR 169/02, NJOZ 2004, 226). In einem einvernehmlich zustande gekommenen Sozialplan können die Betriebsparteien die Klärung der Frage, ob die Eigenkündigung eines ArbN vom ArbGeb. veranlasst war, dadurch herbeiführen, dass der ArbGeb. der Kündigung innerhalb einer bestimmten Frist widersprechen und die Fortsetzung des ArbVerh. anbieten kann (BAG 6.8.2002 – 1 AZR 247/01, NZA 2003, 449; 26.10.2004 – 1 AZR 503/03, NJOZ 2005, 4454; 19.2.2008 – 1 AZR 1004/06, NZA 2008, 719). Die Berechtigung der Annahme des ArbN, er komme durch eine Eigenkündigung der Kündigung des ArbGeb. nur zuvor, kann in einem Sozialplan insbes. bei ungewissen, langfristigen Entwicklungen durch Stichtagsregelungen verhindert werden (BAG 10.2.2009 – 1 AZR 767/07, NZA 2009, 970; 15.3.2011 – 1 AZR 808/09, NZA 2011, 944). Solange der ArbGeb. dem ArbN den voraussichtlichen Termin seines Ausscheidens noch nicht mitgeteilt hat, wird dieser häufig berechtigterweise noch nicht davon ausgehen dürfen, er komme mit einer Eigenkündigung einer betriebsbedingten Kündigung des ArbGeb. nur zuvor (BAG 15.3.2011 – 1 AZR 808/09, NZA 2011, 944). Nicht mehr vom ArbGeb. veranlasst ist eine vom ArbN ausgesprochene Eigenkündigung, wenn der ArbGeb. zuvor die Durchführung der beabsichtigten Betriebsänderung endgültig aufgegeben und den ArbN hiervon in Kenntnis gesetzt hat; dies muss nicht notwendig schriftlich geschehen (BAG 26.10.2004 – 1 AZR 503/03, NJOZ 2005, 4454). Nimmt ein ArbN eine Änderungskündigung des ArbGeb. unter dem Vorbehalt ihrer sozialen Rechtfertigung an, entsteht regelmäßig kein Abfindungsanspruch, wenn dieser im Sozialplan für den Fall der Beendigung des ArbVerh. vorgesehen ist; dies gilt auch dann, wenn die Parteien in dem sich anschließenden Änderungsschutzprozess einen Abfindungsvergleich schließen (BAG 13.12.2005 – 1 AZR 551/04, NJOZ 2006, 4673).

164 Die Betriebsparteien können in Sozialplänen **Stichtagsregelungen** vorsehen. Sie haben dabei erhebliche Ermessensspielräume (BAG 19.2.2008 – 1 AZR 1004/06, NZA 2008, 719; 18.5.2010 – 1 AZR 187/09, NZA 2010, 1304). Stichtagsregelungen sind häufig mit Härten verbunden. Diese müssen im Interesse der Rechtssicherheit hingenommen werden, wenn der Zeitpunkt sachlich vertretbar ist und dies auch für die zwischen den Gruppen gezogenen Grenzen zutrifft (BAG 22.3.2005 – 1 AZR 49/04, NZA 2005, 773; 19.2.2008 – 1 AZR 1004/06, NZA 2008, 719; 30.9.2008 – 1 AZR 684/07, NZA 2009, 386; 11.11.2008 – 1 AZR 475/07, NZA 2009, 210; 20.1.2009 – 1 AZR 740/07, NZA 2009, 495; 26.5.2009 – 1 AZR 198/08, NZA 2009, 849; 22.9.2009 – 1 AZR 316/08, AP BetrVG 1972 § 112 Nr. 204; 18.5.2010 – 1 AZR 187/09, NZA 2010, 1304). Stichtage in Sozialplänen müssen sich an deren Zweck orientieren. Stichtagsregelungen für „vorzeitige" Eigenkündigungen sind daher nicht zu beanstanden, sofern sie Ausdruck der typisierenden Beurteilung der Betriebsparteien sind, dass frühzeitig selbst kündigende ArbN ihr Arbeitsverhältnis nicht aufgrund der Betriebsänderung beenden oder ihnen durch eine Betriebsänderung geringere oder gar keine wirtschaftlichen Nachteile zu besorgen haben (BAG 19.2.2008 – 1 AZR 1004/06, NZA 2008, 719; 10.2.2009 – 1 AZR 767/07, NZA 2009, 970; 1.2.2011 – 1 AZR 417/09, NZA 2011, 880; 12.4.2011 – 1 AZR 505/09, NZA 2011, 1302). Sachlich gerechtfertigt ist es auch, auf den Zeitpunkt des Scheiterns der Interessenausgleichsverhandlungen (BAG 30.11.1994 – 10 AZR 578/93, NZA 1995, 492), die Bekanntgabe des Stilllegungsbeschlusses an den BR (BAG 13.11.1996 – 10 AZR 340/96, NZA 1997, 390) oder den Abschluss der Sozialplanverhandlungen (BAG 12.4.2011 – 1 AZR 505/09, NZA 2011, 1302) abzustellen. Gleiches gilt, wenn der Stichtag in nahem zeitlichem Zusammenhang zum Abschluss des Interessenausgleichs steht (BAG 24.1.1996 – 10 AZR 155/95, NZA 1996, 834).

165 Dagegen sind Stichtagsregelungen **nicht gerechtfertigt, wenn** ihr Sinn und Zweck **ausschließlich** darin besteht, die **personelle Zusammensetzung** der Belegschaft bis zu einem bestimmten Zeitpunkt zu sichern (BAG 19.2.2008 – 1 AZR

1004/06, NZA 2008, 719; anders noch BAG 19.7.1995 – 10 AZR 885/94, NZA 1996, 271). Diesem betrieblichen Interesse kann nur durch andere zusätzliche Leistungen im Rahmen einer freiwilligen BV Rechnung getragen werden (BAG 19.2.2008 – 1 AZR 1004/06, NZA 2008, 719; 22.9.2009 – 1 AZR 316/08, AP BetrVG 1972 § 112 Nr. 204).

Die **Elternzeit** dürfen die Betriebsparteien bei der Bemessung der Sozialplanab- 166
findung nicht unberücksichtigt lassen (BAG 12.11.2002 – 1 AZR 58/02, NZA 2003, 1287; 21.10.2003 – 1 AZR 407/02, NZA 2004, 559; 6.11.2007 – 1 AZR 960/06, NZA 2008, 232; 22.9.2009 – 1 AZR 316/08, AP BetrVG 1972 § 112 Nr. 204; vgl. auch 26.9.2017 – 1 AZR 717/15, NZA 2018, 803, 15.5.2018 – 1 AZR 20/17, NZA 2018, 1198; EuGH 22.10.2009 – C-116/08, NZA 2010, 29 – Meerts). Die Herausnahme dieser Zeiten widerspricht den in Art. 6 GG enthaltenen Wertungen, die nach § 75 Abs. 1 auch von den Betriebsparteien zu beachten sind. Zwar richtet sich Art. 6 GG nicht unmittelbar an die Betriebsparteien. Er begründet aber eine Schutzpflicht des Staates, welche die Gerichte bei der Anwendung von Generalklauseln und sonstiger auslegungsbedürftiger Begriffe und damit auch des § 75 Abs. 1 S. 1 zu beachten haben (BAG 12.11.2002 – 1 AZR 58/02, NZA 2003, 1287, 21.10.2003 – 1 AZR 407/02, NZA 2004, 559). Zur **Elternteilzeit iSv § 15 Abs. 5 BEEG** vgl. → Rn. 157. Aus Art. 6 GG folgt allerdings für die Betriebsparteien nicht die Pflicht, verheiratete Arbeitnehmer oder solche, die mit ihren Kindern in häuslicher Gemeinschaft leben, gegenüber unverheirateten, kinderlosen ArbN zu bevorzugen (BAG 6.11.2007 – 1 AZR 960/06, NZA 2008, 232; 22.9.2009 – 1 AZR 316/08, AP BetrVG 1972 § 112 Nr. 204).

Zulässig ist es, bei der Sozialplanabfindung nur solche **Kinder** zu berücksichtigen, 167
die in der **Lohnsteuerkarte** eingetragen sind (BAG 12.3.1997 – 10 AZR 648/96, NZA 1997, 1058; DKKW/*Däubler* Rn. 105).

Die Zahlung einer Abfindung darf nicht davon abhängig gemacht werden, dass die 168
ArbN keine **Kündigungsschutzklage** erheben (BAG 31.5.2005 – 1 AZR 254/04, NZA 2005, 997; *Linsenmaier* FS Etzel, 2011, 239 [250]). Daran hat sich durch § 1a KSchG nichts geändert (BAG 31.5.2005 – 1 AZR 254/04, NZA 2005, 997; **aA** *Busch* BB 2004, 267; *Hanau* ZIP 2004, 1169 [1177ff.]; *Raab* RdA 2005, 1 [10f.]). Eine solche Bedingung verstößt gegen den Zweck eines Sozialplans. Die mit ihr verbundene Gruppenbildung ist mit dem betriebsverfassungsrechtlichen Gleichbehandlungsgrundsatz des § 75 Abs. 1 S. 1 nicht vereinbar (BAG 31.5.2005 – 1 AZR 254/04, NZA 2005, 997).

Die Betriebsparteien können aber anlässlich einer Betriebsänderung **zusätzlich** zu 169
einem Sozialplan in einer freiwilligen BV (→ § 88 Rn. 3) im Interesse des ArbGeb. an alsbaldiger Planungssicherheit Leistungen davon abhängig machen, dass der ArbN von einer Kündigungsschutzklage absieht oder nach Abschluss der BV einen Aufhebungsvertrag schließt. Die Vereinbarung einer solchen **„Turboprämie"** ist zulässig (BAG 31.5.2005 – 1 AZR 254/04, NZA 2005, 997; 18.5.2010 – 1 AZR 187/09, NZA 2010, 1304; 9.12.2014 – 1 AZR 146/13, NZA 2015, 438; *Linsenmaier* FS Etzel, 2011, 239 [250]). Dadurch wird weder der betriebsverfassungsrechtliche Gleichbehandlungsgrundsatz des § 75 Abs. 1 S. 1 BetrVG verletzt, noch gegen das Maßregelungsverbot des § 612a BGB verstoßen (BAG 31.5.2005 – 1 AZR 254/04, NZA 2005, 997; 9.12.2014 – 1 AZR 146/13, NZA 2015, 438; vgl. auch LAG SchlH 27.7.2016 – 3 TaBV 3/16, BeckRS 2016, 74523). Die Zulässigkeit einer derartigen Regelung entspricht der in § 1a KSchG zum Ausdruck kommenden Wertung. Durch eine derartige BV darf allerdings nicht das Verbot umgangen werden, Sozialplanleistungen vom Verzicht auf die Erhebung einer Kündigungsschutzklage abhängig zu machen (BAG 31.5.2005 – 1 AZR 254/04, NZA 2005, 997; 9.12.2014 – 1 AZR 146/13, NZA 2015, 438). Ob eine Umgehung vorliegt, hängt von den Umständen des Einzelfalls ab; dabei kann insbes. das Verhältnis von Sozialplanvolumen und Höhe der „Turboprämie" von Bedeutung sein. ArbN dürfen nicht deshalb von einer solchen Sonderprämie ausgeschlossen werden, weil sie eine (Anschluss-)Beschäftigung

haben (vgl. BAG 8.12.2015 – 1 AZR 595/14, NZA 2016, 767 Rn. 38ff.). Durch eine ebenfalls in einer freiwilligen BV iSv § 88 zu vereinbarenden **„Bleibeprämie“** oder **„Treueprämie“** können ArbN veranlasst werden, von der ihnen grds. eröffneten Möglichkeit zur fristgerechten Kündigung keinen Gebrauch zu machen (BAG 19.2.2008 – 1 AZR 1004/06, NZA 2008, 719; 9.12.2014 – 1 AZR 406/13, NZA 2015, 557; *Linsenmaier* FS Etzel, 2011, 239 [250]). Bei einer solchen darf wegen des betriebsverfassungsrechtlichen Gleichbehandlungsgrundsatzes und wegen des Differenzierungsverbots des § 4 Abs. 2 TzBfG nicht zwischen unbefristet und befristet Beschäftigten unterschieden werden (BAG 9.12.2014 – 1 AZR 406/13, NZA 2015, 557 Rn. 24ff.; *Hohenstatt* NZA 2016, 1446, 1448; vgl. auch EuGH 14.9.2016 – C-596/14, NZA 2016, 1193 – Ana de Diego Porras).

170 Zulässig ist auch eine Regelung, nach der die Fälligkeit erst dann eintritt, wenn der Kündigungsschutzprozess rechtskräftig abgeschlossen ist, oder nach der Abfindungen nach dem KSchG auf die Sozialplanabfindung anzurechnen sind (BAG 20.6.1985 – 2 AZR 427/84, NZA 1986, 258). Vgl. zu einer „Turboprämie“ in einem freiwilligen **kirchlichen Rationalisierungsschutzabkommen** BAG 3.5.2006 – 4 AZR 189/05, NZA 2006, 11420. Vgl. zur Zulässigkeit eines **in einem TV vorgesehenen Abfindungsausschlusses** bei Erhebung einer Kündigungsschutzklage BAG 6.12.2006 – 4 AZR 798/05, NZA 2007, 821.

171 Auch wenn der Zweck eines Sozialplans – Ausgleich oder Abmilderung der durch eine Betriebsänderung entstehenden wirtschaftlichen Nachteile – ein anderer ist als der Gesetzeszweck des § 1a KSchG – Vermeidung von KSchutzklagen und Planungssicherheit des ArbGeb. –, so können die Betriebsparteien gleichwohl in einem Sozialplan regeln, dass **Abfindungen** nach § 1a KSchG auf die Sozialplanabfindung **angerechnet** werden (BAG 19.6.2007 – 1 AZR 340/06, NZA 2007, 1357). Denn die Abfindung bewirkt für den ArbN den Ausgleich oder die Abmilderung wirtschaftlicher Nachteile. Diese Leistungsidentität rechtfertigt die Anrechnung.

172 Die nach § 75 Abs. 1 S. 1 zu beachtenden Grundsätze von Recht und Billigkeit verbieten es auch, dass ein Anspruch auf Sozialplanleistungen von **Bedingungen** abhängig gemacht wird, **deren Erfüllung für den ArbN unzumutbar ist** (BAG 22.7.2003 – 1 AZR 575/02, AP BetrVG 1972 § 112 Nr. 160). Unwirksam ist daher die Bestimmung, nach der nur die ArbN eine Abfindung erhalten, die einen etwaigen Betriebserwerber wegen eines möglicherweise vorliegenden Betriebsübergangs erfolglos verklagt haben (BAG 22.7.2003 – 1 AZR 575/02, AP BetrVG 1972 § 112 Nr. 160; *Linsenmaier* FS Etzel, 2011, 239 [252]).

173 Wird der Gleichbehandlungsgrundsatz oder das Diskriminierungsverbot verletzt, können die benachteiligten ArbN grds. **Gleichbehandlung mit den begünstigten ArbN** verlangen. Nur auf diese Weise lässt sich der Grundsatz der Gleichbehandlung tatsächlich verwirklichen (BAG 15.1.1991 – 1 AZR 80/90, NZA 1991, 692; DKKW/*Däubler* Rn. 112; *Linsenmaier* FS Etzel, 2011, 239 [253]; HK-AGG/*Brors* AGG § 10 Rn. 109). Die damit mittelbar verbundene Erhöhung des Sozialplanvolumens ist dann hinzunehmen, wenn die Mehrbelastung des ArbGeb. durch die Korrektur im Verhältnis zum Gesamtvolumen nicht ins Gewicht fällt (BAG 12.11.2002 – 1 AZR 58/02, NZA 2003, 1287; 21.10.2003 – 1 AZR 407/02, NZA 2004, 559; 24.8.2004 – 1 ABR 23/03, NZA 2005, 302). Auf die Zahl der betroffenen ArbN kommt es nicht an (BAG 21.10.2003 – 1 AZR 407/02, NZA 2004, 559). Bei schwer wiegenden Änderungen des Gesamtvolumens stellt sich allerdings die Frage der Teil-/Gesamtnichtigkeit (→ Rn. 176) sowie des Wegfalls der Geschäftsgrundlage (vgl. DKKW/*Däubler* Rn. 112; → Rn. 219ff.). Bei einer gegen das Verbot der Altersdiskriminierung verstoßenden BV über die Grundsätze der Dienstplangestaltung hat das BAG eine **„Anpassung nach oben“** abgelehnt, wenn eine solche tatsächlich betrieblich nicht durchführbar ist (BAG 14.5.2013 – 1 AZR 44/12, NZA 2013, 1160). In einem solchen Fall muss die weitere Anwendung der unzulässig differenzierenden Regelung für die Zukunft insgesamt, also auch hinsichtlich der begünstigten ArbN unterbleiben (BAG 14.5.2013 – 1 AZR 44/12, NZA 2013, 1160). Im Falle der Gesamtnichtigkeit eines Sozialplans bleibt dem benachteiligten ArbN wohl allenfalls der mühsame sowie wegen § 256 Abs. 1 ZPO nicht unproblematische Weg, auf die Feststellung der Nichtigkeit des Sozialplans zu klagen und so die Betriebsparteien zum Abschluss eines neuen diskriminierungsfreien Sozialplans zu veranlassen (vgl. HK-AGG/*Brors* AGG § 10 Rn. 109).

e) Rechtsnatur, Auslegung, Rechtswirkungen und Verhältnis zum Tarifvertrag

Die **Rechtsnatur** eines Sozialplans ist im BetrVG nicht ausdrücklich festgelegt. Er hat nach § 112 Abs. 2 S. 3 die **„Wirkung einer Betriebsvereinbarung“.** Daher bezeichnet und behandelt das BAG den Sozialplan in stRspr zutreffend als **„Betriebsvereinbarung besonderer Art“** (BAG 12.11.2002 – 1 AZR 632/01, NZA 2003, 676; 25.3.2003 – 1 AZR 169/02, NJOZ 2004, 226; vgl. ferner die Nachw. bei GK-BetrVG/*Oetker* Rn. 160). Die wichtigste Besonderheit gegenüber sonstigen BV liegt darin, dass nach § 112 Abs. 1 S. 4 der Tarifvorbehalt des § 77 Abs. 3 auf Sozialpläne keine Anwendung findet. **174**

Der Rechtscharakter von Sozialplänen ist maßgeblich für ihre **Auslegung.** Nach der stRspr des BAG sind Sozialpläne als „Betriebsvereinbarungen besonderer Art“ nicht etwa wie privatrechtliche Verträge gem. §§ 133, 157 BGB, sondern **wegen** ihrer aus § 77 Abs. 4 S. 1, § 112 Abs. 1 S. 3 folgenden **normativen Wirkung wie TV** auszulegen (BAG 12.11.2002 – 1 AZR 632/01, NZA 2003, 676; 13.2.2007 – 1 AZR 163/06, NZA 2007, 756; 26.5.2009 – 1 AZR 198/08, NZA 2009, 849). Auszugehen ist dementsprechend zunächst vom **Wortlaut** und dem durch ihn vermittelten **Wortsinn.** Darüber hinaus kommt es auf den **Gesamtzusammenhang** und die **Systematik** der Bestimmung an. Von besonderer Bedeutung sind ferner der **Sinn und Zweck** der Regelung. Der **tatsächliche Wille** der Betriebsparteien ist zu berücksichtigen, soweit er in dem Regelungswerk seinen Niederschlag gefunden hat. Im Zweifel gebührt derjenigen Auslegung der Vorzug, die zu einem **sachgerechten, zweckorientierten, praktisch brauchbaren** und gesetzeskonformen Verständnis der Regelung führt (BAG 12.11.2002 – 1 AZR 632/01, NZA 2003, 676; 13.2.2007 – 1 AZR 163/06, NZA 2007, 756; 26.5.2009 – 1 AZR 198/08, NZA 2009, 849). Dabei ist insbes. auch der **Grundsatz der möglichst gesetzeskonformen Auslegung** von Bedeutung (*Schmidt* FS Kreutz, 2010, 451 [457]). Der Wille der Betriebsparteien geht im Regelfall dahin, eine wirksame gesetzeskonforme Regelung zu treffen (BAG 14.11.2006 – 1 AZR 40/06, NZA 2007, 339). Daher ist es weder gerechtfertigt noch sinnvoll, Sozialplanbestimmungen so auszulegen, dass sie sich als gesetzwidrig erweisen, um sodann Problemen der Teil- oder Gesamtnichtigkeit, der Lückenfüllung oder der Reparatur über die Anwendung des Gleichheitssatzes gegenüber zu stehen. Diese Auslegungsgrundsätze gelten auch für Sozialpläne, die zwischen ArbGeb. und Sprecherausschuss mit normativer Wirkung gem. § 28 Abs. 2 S. 1 SprAuG vereinbart werden (BAG 10.2.2009 – 1 AZR 767/07, NZA 2009, 970). **175**

Der Rechtscharakter von Sozialplänen ist auch maßgeblich für die Rechtsfolgen im Falle der **Teilnichtigkeit des Sozialplans.** Insbes. findet § 139 BGB keine unmittelbare Anwendung (GK-BetrVG/*Oetker* Rn. 166; Palandt/*Ellenberger* BGB § 139 Rn. 3; **aA** *Kreutz* FS Säcker, 2012, 247 [251 ff.]). Es kommt daher nicht darauf an, ob die Betriebsparteien den Sozialplan auch geschlossen hätten, wenn sie die Unwirksamkeit einzelner Bestimmungen erkannt hätten. Die Teilunwirksamkeit führt im Zweifel nicht zur Gesamtnichtigkeit. Aus dem **Normencharakter** des Sozialplans folgt vielmehr, dass grds. der verbleibende wirksame Teil aufrecht zu erhalten ist, wenn er auch ohne die unwirksamen Bestimmungen noch eine weiterhin sinnvolle Regelung darstellt (vgl. zur gleichen Problematik bei BV → **§ 77 Rn. 103**). Die Unwirksamkeit einzelner Bestimmungen führt nur dann zur Unwirksamkeit des gesamten Sozialplans, wenn der unwirksame Teil so wesentlich für die Gesamtregelung ist, dass sie ohne diese keine sinnvolle Einheit mehr darstellt (BAG 25.1.2000 – 1 ABR **176**

1/99, NZA 2000, 1069; 24.8.2004 – 1 ABR 23/03, NZA 2005, 302; GK-BetrVG/*Oetker* Rn. 167). Die Teilnichtigkeit kann zu Regelungslücken führen. Eine Lückenschließung durch die Gerichte ist jedenfalls dann möglich, wenn zwingendes Recht, insbes. der betriebsverfassungsrechtliche Gleichbehandlungsgrundsatz, nur eine Lösung zulässt. Sind dagegen mehrere gesetzeskonforme Lösungen denkbar, kommt eine Lückenschließung durch ergänzende Auslegung des Sozialplans nur in Betracht, wenn zuverlässig feststellbar ist, welche Regelung die Betriebsparteien getroffen hätten, wenn sie die Teilnichtigkeit des Sozialplans erkannt hätten (vgl. für eine BV BAG 10.2.2009 – 3 AZR 653/07, NZA 2009, 796; für einen TV BAG 20.7.2000 – 6 AZR 347/99, NZA 2001, 559). Andernfalls ist es Sache der Betriebsparteien, die Lücke zu schließen.

177 Die **Rechtswirkungen** eines Sozialplans sind nach der ausdrücklichen Regelung des § 112 Abs. 1 S. 3 die einer BV. Demgemäß gelten die Bestimmungen eines Sozialplans für die von seinem Geltungsbereich erfassten ArbVerh. nach § 77 Abs. 4 S. 1 unmittelbar und zwingend. Sie begründen normativ **unmittelbare Ansprüche der ArbN** gegen den ArbGeb. (BAG 17.10.1989 – 1 ABR 75/88, NZA 1990, 441; 28.3.2007 – 10 AZR 719/05, NZA 2007, 1066; BGH 15.11.2000 – XII ZR 197/98, NJW 2001, 439; GK-BetrVG/*Oetker* Rn. 161). Normative Wirkung kann ein Sozialplan nur entfalten, wenn in ihm eindeutige, hinreichend bestimmte Regelungen getroffen sind. Lassen seine Regelungen eine klare Inhaltsbestimmung nicht zu, so bleiben sie wirkungslos. Ein Sozialplan iSv Abs. 1 S. 2, S. 3, Abs. 4 S. 1 ist dann nicht aufgestellt (BAG 26.5.2009 – 1 ABR 12/08, NZA-RR 2009, 588). Die **Betriebsparteien** oder eine **E-Stelle dürfen** daher **nicht offenlassen, ob** überhaupt und ggf. in welchem Umfang **Leistungsansprüche** der ArbN **entstehen.** Andernfalls haben sie ihren Regelungsauftrag nicht erfüllt. Der Spruch einer E-Stelle ist in diesem Fall unwirksam (BAG 26.5.2009 – 1 ABR 12/08, NZA-RR 2009, 588).

178 Nach § 77 Abs. 1 S. 1 besteht außerdem eine kollektivrechtliche **Pflicht des ArbGeb. zur Durchführung** der Vereinbarung. Der BR hat daher auch einen Anspruch auf Durchführung der Bestimmungen des Sozialplans. Gleichwohl hat dieser Anspruch nicht die Befugnis des BR zum Inhalt, die Erfüllung der einzelnen Ansprüche der ArbN in einem arbeitsgerichtlichen BeschlVerf. zu verfolgen (BAG 17.10.1989 – 1 ABR 75/88, NZA 1990, 441; GK-BetrVG/*Oetker* Rn. 161). Die Abgrenzung kann im Einzelfall Schwierigkeiten bereiten, vor allem weil ein lediglich auf „Durchführung" eines Sozialplans gerichteter Antrag regelmäßig nicht hinreichend bestimmt iSv § 253 Abs. 2 Nr. 2 ZPO ist und daher die Handlungen angegeben werden müssen, die zur Durchführung erforderlich sind.

179 Zu den Rechtswirkungen einer BV gehört grds. auch deren **Nachwirkung** gem. § 77 Abs. 6 (→ § 77 Rn. 177 ff.). Diese ist allerdings beim Sozialplan von eingeschränkter Bedeutung, da dieser nicht auf Dauer angelegt, sondern auf eine konkrete Betriebsänderung bezogen ist. Dementsprechend können auch bei einem für eine bestimmte Betriebsänderung geschlossenen Sozialplan grds. allenfalls etwaige darin enthaltene Dauerregelungen gekündigt werden (aber → Rn. 216; vgl. auch *Bonanni/Mückl* ArbRB 2009, 242). Bei diesen kommt dann eine Nachwirkung in Betracht (BAG 10.8.1994 – 10 ABR 61/93, NZA 1995, 314). Ein auf Dauer angelegter Rahmensozialplan entfaltet dagegen nach fristgemäßer Kündigung grds. keine Nachwirkung gem. § 77 Abs. 6, da er nicht durch Spruch der E-Stelle erzwungen werden kann (vgl. GK-BetrVG/*Oetker* Rn. 173).

180 Der Normencharakter eines Sozialplans schließt **individuelle Vereinbarungen** zwischen ArbGeb. und ArbN nicht aus. Diese sind aber nur wirksam, wenn sie für den ArbN günstiger sind. Das **Günstigkeitsprinzip** (→ § 77 Rn. 196 ff.) gilt auch für Sozialpläne (BAG 27.1.2004 – 1 AZR 148/03, NZA 2004, 667; 30.3.2004 – 1 AZR 85/03, NJOZ 2004, 3661; GK-BetrVG/*Oetker* Rn. 168). Ein **Verzicht auf** einen **Sozialplananspruch** ist danach zulässig, wenn zweifelsfrei feststellbar ist, dass die Abweichung vom Sozialplan die für den ArbN günstigere Regelung ist. Maßgeblich ist ein objektiver Beurteilungsmaßstab. Abzustellen ist auf den Zeitpunkt, zu dem sich Sozialplan und einzelvertragliche Abrede erstmals konkurrierend gegenüberstehen (BAG 27.1.2004 – 1 AZR 148/03, NZA 2004, 667). Es ist ein sog **Sachgruppenvergleich** vorzunehmen (BAG 20.4.1999 – 1 ABR 72/98, NZA 1999, 887). Bei Leistungen, die funktional nicht äquivalent sind, ist ein Günstigkeitsvergleich regelmäßig nicht möglich. Gleiches gilt, wenn die zu vergleichenden Leistungen mit unterschiedlichen Gegenleistungen verbunden sind (BAG 27.1.2004 – 1 AZR 148/03, NZA 2004, 667; 30.3.2004 – 1 AZR 85/03, NJOZ 2004, 3661). Mittelbare Fernwirkungen (zB für das Arbeitslosengeld) und unwahrscheinliche Kausalverläufe (wie zB Unfall, Tod, Krankheit) bleiben regelmäßig außer Betracht. Ist nicht zweifelsfrei feststellbar, dass die Abweichung für den ArbN günstiger ist, bleibt es bei der zwingenden Geltung des Sozialplans (BAG 27.1.2004 – 1 AZR 148/03, NZA 2004, 667; 30.3.2004 – 1 AZR 85/03, NJOZ 2004, 3661).

Die Betriebsparteien können in einem Sozialplan regeln, dass **Abfindungen** nach 181
§ 1a KSchG auf die Sozialplanabfindung **angerechnet** werden (BAG 19.6.2007 – 1 AZR 340/06, NZA 2007, 1357). Gleiches gilt für individuell vereinbarte Abfindungen, sofern diese dem Ausgleich von wirtschaftlichen Nachteilen aus der Betriebsänderung dienen. Die Anrechnung von Leistungen, die aus anderen Gründen gezahlt werden, kann ein Sozialplan freilich nicht vorsehen. Voraussetzung für eine Anrechnung ist vielmehr die zumindest partielle Identität der Leistungszwecke. Zur **Anrechnung auf den Nachteilsausgleich** → § 113 Rn. 32f.

Ein wesentlicher Unterschied zu sonstigen BV besteht beim **Verhältnis zwischen** 182
Sozialplan und TV. Ein TV und ein betrieblicher Sozialplan sind grds. nebeneinander möglich (BAG 6.12.2006 – 4 AZR 798/05, NZA 2007, 821; 24.4.2007 – 1 AZR 252/06, NZA 2007, 987; vgl. auch *Kuhn/Willemsen* NZA 2012, 593). Nach § 112 Abs. 1 S. 4 ist der ansonsten geltende **Tarifvorbehalt des § 77 Abs. 3 nicht anwendbar** (BAG 14.11.2006 – 1 AZR 40/06, NZA 2007, 339). Die Betriebsparteien können daher in einem Sozialplan Regelungen treffen, die von einem für den Betrieb geltenden Tarifvertrag – insbes. von etwaigen tariflichen Rationalisierungsschutzabkommen – abweichen (GK-BetrVG/*Oetker* Rn. 174). Dies gilt nicht nur für Verbands-, sondern auch für FirmenTV (BAG 13.4.1994 – 3 AZR 725/93, NZA 1995, 690; 6.12.2006 – 4 AZR 798/05, NZA 2007, 821; GK-BetrVG/*Oetker* Rn. 176; DKKW/*Däubler* Rn. 114).

Bei einer **Konkurrenz von Sozialplan und Tarifvertrag** gilt das **Günstig-** 183
keitsprinzip (BAG 6.12.2006 – 4 AZR 798/05, NZA 2007, 821). Bestimmungen in einem Sozialplan kommen daher nur zur Anwendung, wenn sie zugunsten der ArbN vom TV abweichen oder wenn dieser für die ArbN ungünstigere Regelungen ausdrücklich gestattet (BAG 11.7.1995 – 3 AZR 8/95, NZA 1996, 264; GK-BetrVG/*Oetker* Rn. 181; DKKW/*Däubler* Rn. 116). Beim Günstigkeitsvergleich darf nicht die „Rosinentheorie" angewandt werden (vgl. DKKW/*Däubler* Rn. 114). Vielmehr ist wie auch sonst bei § 4 Abs. 3 TVG ein Sachgruppenvergleich anzustellen (GK-BetrVG/*Oetker* Rn. 181; → § 77 Rn. 199ff.). Die Betriebsparteien können in einem Sozialplan durch eine **„Anrechnungsklausel"** regeln, dass Leistungen des ArbGeb., die dieser aufgrund eines TV erbringt, Sozialplanansprüche erfüllen, wenn sie dem Ausgleich oder der Abmilderung von Nachteilen dienen, die den ArbN durch die Betriebsänderung entstehen (BAG 14.11.2006 – 1 AZR 40/06, NZA 2007, 339). Sie regeln dadurch nicht das Schicksal tariflicher, sondern betrieblicher Leistungen. Der Prüfungsmaßstab für die Ausgestaltung von tariflichen Sozialplänen ist nicht identisch mit demjenigen für betriebliche Sozialpläne (vgl. *Kuhn/Willemsen* NZA 2012, 593; *Willemsen* RdA 2013, 166 [175]). Allerdings haben auch die TVParteien den Gleichheitssatz und gesetzliche sowie unionsrechtliche Diskriminierungsverbote zu beachten (vgl. *Willemsen* RdA 2013, 166 [175]).

Heftig **umstritten** war, **ob** (ergänzende) **tarifliche Sozialpläne durch einen** 184
Streik erzwungen werden können (LAG Hamm 31.5.2000 – 18 Sa 858/00, AP GG Art. 9 Arbeitskampf Nr. 158; LAG SchlH 27.3.2003 – 5 Sa 137/03, NZA-RR 2003, 592; LAG Nds 2.6.2004 – 7 Sa 819/04, NZA-RR 2005, 200; *Bauer/Krieger*

NZA 2004, 1019; BKS-*Wankel* TVG § 1 Rn. 185ff., AKR Rn. 31ff.; ErfK/*Linsenmaier* GG Art. 9 Rn. 116; *Franzen* ZfA 2005, 315; *Gaul* RdA 2008, 13; *Hanau/Thüsing* ZTR 2001, 49; *Hohenstatt/Schramm* DB 2004, 2214; *Kühling/Bertelsmann* NZA 2005, 1017; *Lieb* DB 1999, 2058; C. *Meyer* DB 2005, 830; C. *Meyer* ZTR 2005, 394; *Nicolai* SAE 2004, 240; *Nicolai* RdA 2006, 33; *Rieble* RdA 2005, 200; *Rolfs/Clemens* NZA 2004, 410; *Schiefer/Worzalla* DB 2006, 46; *Thüsing/Ricken*, JbArbR, Bd. 42, 2005, 113ff.; *Wendeling-Schröder* NZA 1998, 624; *Zabel* AiB 2005, 105; *Krieger/Wiese* BB 2010, 568). Das **BAG** hat einen Großteil der hierfür wesentlichen Fragen in dem **Grundsatzurteil v. 24.4.2007** (1 AZR 252/06, NZA 2007, 987) beantwortet. Danach ist ein **Streik,** der **zur Herbeiführung eines tariflichen Nachteilsausgleichs** geführt wird, **grds. zulässig** (zu „Gegenmaßnahmen der Arbeitgeberseite" *Lipinski/Ferme* DB 2007, 1250).

185 Ansprüche auf einen Ausgleich der durch Betriebsänderungen den ArbN entstehenden wirtschaftlichen Nachteile sind tariflich regelbar. Die entsprechende Regelungskompetenz der TVParteien folgt bereits aus Art. 9 Abs. 3 GG (BAG 24.4.2007 – 1 AZR 252/06, NZA 2007, 987). Forderungen nach dem Abschluss eines TV über Abfindungsregelungen oder verlängerte Kündigungsfristen sind auf ein nach § 1 Abs. 1 TVG **zulässiges tarifliches Regelungsziel** gerichtet (BAG 24.4.2007 – 1 AZR 252/06, NZA 2007, 987; 6.12.2006 – 4 AZR 798/05, NZA 2007, 821; *Fischinger,* Arbeitskämpfe bei Standortverlagerung und -schließung, 2006, 109 mwN; *Rolfs/Clemens* DB 2003, 1678 [1681]; Wiedemann/*Thüsing* TVG § 1 Rn. 705). Die TVParteien haben die entsprechende Regelungskompetenz auch für Betriebe mit BR. Dem stehen nicht etwa die §§ 111ff. entgegen. Diese entfalten keine Sperrwirkung gegenüber tariflichen Sozialplänen (BAG 6.12.2006 – 4 AZR 798/05, NZA 2007, 821; 24.4.2007 – 1 AZR 252/06, NZA 2007, 987; *Bauer/Krieger* NZA 2004, 1019 [1022]; NK-TVG/*Zwanziger* TVG § 4 Rn. 1018c; *Franzen* ZfA 2005, 315 [331ff.]; *Gaul* RdA 2008, 13 [14]; *Hohenstatt/Schramm* DB 2004, 2214 [2217]; *Kühling/Bertelsmann* NZA 2005, 1017 [1020]; *Reichold* BB 2004, 2814 [2817]; *Thüsing/Ricken,* JbArbR, Bd. 42, 2005, 113, 122; *Zabel* AiB 2005, 105 [106]; **aA** *Nicolai* SAE 2004, 240 [248ff.]; *Nicolai* RdA 2006, 33 [34ff.]; C. *Meyer* DB 2005, 830 [831f.]; *Schiefer/Worzalla* DB 2006, 46 [47]). Wie sich aus § 112 Abs. 1 S. 4 ergibt, geht das G von einem möglichen Nebeneinander betriebsverfassungsrechtlicher und tariflicher Regelungen aus (BAG 6.12.2006 – 4 AZR 798/05, NZA 2007, 821; 24.4.2007 – 1 AZR 252/06, NZA 2007, 987).

186 Streiks zur Erzwingung von TV zur Regelung von Abfindungszahlungen wegen einer konkreten Betriebsänderung sind auch nicht deshalb rechtswidrig, weil solche TV nicht mit **Mitteln des Arbeitskampfes** erzwungen werden könnten (BAG 24.4.2007 – 1 AZR 252/06, NZA 2007, 987). Derartige Streiks verstoßen nicht etwa generell gegen den **Verhältnismäßigkeitsgrundsatz** (BAG 24.4.2007 – 1 AZR 252/06, NZA 2007, 987; **aA** *Thüsing/Ricken,* JbArbR, Bd. 42, 2005, 113, 126ff.; *Kappenhagen/Lambrich* BB 2007, 2238 [2240]; *Ricken* ZfA 2008, 283 [291ff.]). Der arbeitskampfrechtliche Grundsatz der Verhältnismäßigkeit, insbes. das ultima-ratio-Prinzip betrifft nur das Verhältnis der TVParteien untereinander. Deshalb kann die Gewerkschaft, deren Forderungen nach einem Tarifsozialplan vom einzelnen ArbGeb. oder vom ArbGebVerband zurückgewiesen werden, nicht darauf verwiesen werden, sie müsse vor Arbeitskampfmaßnahmen abwarten, was bei den möglicherweise langwierigen und erst nach der Betriebsänderung abgeschlossenen Sozialplanverhandlungen zwischen ArbGeb. und BR – uU erst nach einem E-Stellen-Verfahren – herauskommt (BAG 24.4.2007 – 1 AZR 252/06, NZA 2007, 987). Eine etwaige „Zangenwirkung" kann im Hinblick auf die Koalitionsbetätigungsgarantie nicht zu Lasten der TVParteien aufgelöst werden (BAG 24.4.2007 – 1 AZR 252/06, NZA 2007, 987; *Löwisch* DB 2005, 554 [559]).

187 Auch **sehr weitreichende Forderungen** – etwa nach sehr langen Kündigungsfristen oder sehr hohen Abfindungen – führen nicht zur Rechtswidrigkeit des zu ihrer Durchsetzung geführten Streiks (BAG 24.4.2007 – 1 AZR 252/06, NZA 2007,

987; *Gaul* RdA 2008, 13 [18 f.]; ErfK/*Linsenmaier* GG Art. 9 Rn. 116). Streikforderungen einer Gewerkschaft, deren Gegenstand grds. tariflich regelbar ist, unterliegen **keiner gerichtlichen Übermaßkontrolle** (BAG 24.4.2007 – 1 AZR 252/06, NZA 2007, 987; *Kühling/Bertelsmann* NZA 2005, 1017 [1026]). Zu der durch Art. 9 Abs. 3 GG geschützten Betätigungsfreiheit gehört auch, über das als erforderlich angesehene Maß einer Streikforderung entscheiden zu können. Die Grenze liegt erst dort, wo die Streikforderung gezielt auf die wirtschaftliche Existenzvernichtung des Gegners gerichtet und damit vom Schutzbereich des Art. 9 Abs. 3 GG nicht mehr gedeckt ist (BAG 24.4.2007 – 1 AZR 252/06, NZA 2007, 987). Es findet grds. auch keine gerichtliche Kontrolle dahin statt, ob etwa die Streikforderungen „prohibitiven" Charakter haben (vgl. *Hohenstatt/Schramm* DB 2004, 2214 [2215]) und mittelbar auf die Verhinderung der Betriebsänderung selbst gerichtet sind. Maßgeblich für den Inhalt der mit einem Streik verfolgten Ziele sind vielmehr die dem Gegner in Form des konkreten Streikbeschlusses übermittelten Tarifforderungen (BAG 24.4.2007 – 1 AZR 252/06, NZA 2007, 987; BVerfG 4.7.1995 – 1 BvF 2/86, NJW 1996, 185; problematisch daher HessLAG 9.9.2015 – 9 SaGa 1082/15, NZA 2015, 1337).

Eine Schranke für den Streik um einen Firmensozialplan kann sich aus der **relativen Friedenspflicht** ergeben, wenn die Folgen von Betriebsänderungen schon durch **tarifliche Rationalisierungsschutzabkommen** geregelt sind (BAG 10.12.2002 – 1 AZR 96/02, NZA 2003, 734; 24.4.2007 – 1 AZR 252/06, NZA 2007, 987; *Bauer/Krieger* NZA 2004, 1019 [1022]; *Gaul* RdA 2008, 13 [15 f.]; *Rieble* RdA 2005, 200 [202]; *Lindemann/Dannhorst* BB 2008, 1226). Entscheidend dafür ist, ob die TVParteien die Sachmaterie bereits erkennbar umfassend geregelt haben. Das ist durch Auslegung zu ermitteln (vgl. zu einigen praktisch relevanten Rationalisierungsschutzabkommen *Lindemann/Dannhorst* BB 2008, 1226 [1229 f.]). 188

Ein Streik kann nicht nur um einen mit dem einzelnen ArbGeb. abzuschließenden FirmenTV (BAG 10.12.2002 – 1 AZR 96/02, NZA 2003, 734; *Kühling/Bertelsmann* NZA 2005, 1017 f.; **aA** zB *Lieb* DB 1999, 2058; *Rolfs/Clemens* NZA 2004, 410 [411 f.]), sondern ebenso um einen mit dem ArbGebVerband abzuschließenden **firmenbezogenen VerbandsTV** geführt werden (BAG 24.4.2007 – 1 AZR 252/06, NZA 2007, 987). Seiner Zulässigkeit steht auch nicht entgegen, wenn zugleich Verhandlungen über einen FlächenTV stattfinden (BAG 24.4.2007 – 1 AZR 252/06, NZA 2007, 987). 189

Die **Beteiligungsrechte des BR nach §§ 111 ff.** sind während des Streiks um einen Tarifsozialplan **nicht suspendiert.** Insbes. darf der ArbGeb. in einem solchen Fall die Betriebsänderung nicht etwa ohne den Versuch eines Interessenausgleichs durchführen; andernfalls setzt er sich der Sanktion des § 113 Abs. 3 BetrVG aus (**aA** aber *Willemsen/Stamer* NZA 2007, 412 [415 ff.]; *Gaul* RdA 2008, 13 [22]; *Lipinski/Ferme* DB 2007, 1250 [1252]; *Kappenhagen/Lambrich* BB 2007, 2238 [2240]). Arbeitskämpfe lassen die MBR des BR grds. unberührt. Eine Suspendierung von MBR kommt nur insoweit in Betracht, als durch diese die Arbeitskampffreiheit des ArbGeb. tatsächlich eingeschränkt wird. Dazu müssen sie geeignet sein, den ArbGeb. an der Durchführung einer beabsichtigten kampfbedingten Maßnahme vorübergehend zu hindern und auf diese Weise zusätzlichen Druck auf ihn auszuüben (BAG 10.12.2002 – 1 ABR 7/02, NZA 2004, 223 mwN; 13.12.2011 – 1 ABR 2/10, NZA 2012, 571; → § 74 Rn. 21 f.; ErfK/*Linsenmaier* GG Art. 9 Rn. 156 ff.). Mit Unterrichtungsansprüchen des BR sind solche Beeinträchtigungen nicht verbunden. Sie hindern den ArbGeb. nicht, sich arbeitskampfbezogen zu betätigen (BAG 10.12.2002 – 1 ABR 7/02, NZA 2004, 223). Dies gilt auch für die dem BR durch § 111 S. 1 eingeräumten Unterrichtungs- und Beratungsrechte. Es ist auch nicht etwa aus Gründen der Arbeitskampfparität geboten, dem ArbGeb. vor dem Versuch des Interessenausgleichs die Durchführung der Betriebsänderung, insbes. einer Betriebsstilllegung zu gestatten, kann sich doch der ArbGeb gegenüber dem Streik mit den üblichen Mitteln des Arbeitskampfes zur Wehr setzen. Auch das Verlangen des BR nach dem Abschluss eines 190

Sozialplans und die Anrufung der E-Stelle nach § 112 Abs. 4 zur Durchsetzung dieses Anspruchs ist parallel zu einem Arbeitskampf nicht ausgeschlossen. Bei einem Spruch über einen Sozialplan wird die E-Stelle allerdings regelmäßig gehalten sein, Regelungen über die Anrechnung etwaiger tariflicher Leistungen auf den betrieblichen Sozialplan zu treffen.

191 Ausdrücklich nicht entschieden hat das BAG die Frage, ob ein **Streik** zulässig ist, **mit dem bereits die Betriebsstilllegung oder -verlagerung selbst verhindert** – und ein BeschäftigungssicherungsTV erzwungen – werden soll (vgl. zum Meinungsstand *Kühling/Bertelsmann* NZA 2005, 1017 [1022]; ErfK/*Linsenmaier* GG Art. 9 Rn. 116). Wer maßgeblich auf das in Teil II Art. 6 Nr. 4 ESC garantierte „Streikrecht im Falle von Interessenkonflikten" abstellt, wird geneigt sein, sogar dieses weitergehende Kampfziel für zulässig erachten (so BKS-*Wankel* AKR Rn. 27; ebenso mit leichten Einschränkungen *Kühling/Bertelsmann* NZA 2005, 1017 [1026]; **aA** *Nicolai* SAE 2004, 240; 241; *Gaul* RdA 2008, 13 [18]; *Hanau/Thüsing* ZTR 2001, 49 [52]; *Franzen* ZfA 2005, 315 [337]; diff. ErfK/*Linsenmaier* GG Art. 9 Rn. 116). Dagegen könnte sich aus den Regelungen des § 112, nach denen nur ein Sozialplan, nicht dagegen ein – wie auch immer gearteter – Interessenausgleich erzwungen werden kann, die – ihrerseits wieder an Art. 9 Abs. 3 GG zu messende – Wertung des deutschen Gesetzgebers ergeben, der ArbGeb. könne gegen seinen Willen nicht zur Fortführung eines Betriebs gezwungen werden. Die durch **Art. 12 Abs. 1 GG** gewährleistete, grds. tariffreie Unternehmensautonomie und die sich auf die sozialen Folgewirkungen unternehmerischer Entscheidungen erstreckende, durch **Art. 9 Abs. 3 GG** geschützte Tarifautonomie lassen sich häufig nicht scharf trennen (BAG 3.4.1990 – 1 AZR 123/89, NZA 1990, 886; *Kühling/Bertelsmann* NZA 2005, 1017 [1021]; ErfK/*Linsenmaier* GG Art. 9 Rn. 116). Dies gilt gerade auch dort, wo es um die Stilllegung oder Verlagerung eines Betriebs geht. Diese betreffen einerseits die unternehmerische Autonomie, andererseits aber auch die Wirtschafts- und Arbeitsbedingungen iSv Art. 9 Abs. 3 S. 1 GG (*Kühling/Bertelsmann* NZA 2005, 1017 [1023]). Es dürfte daher erforderlich sein, **praktische Konkordanz zwischen den kollidierenden Grundrechten** herzustellen (vgl. *Hohenstatt/Schramm* DB 2004, 2214; *Kühling/Bertelsmann* NZA 2005, 1017 [1022ff.]; *Thüsing/Ricken,* JbArbR, Bd. 42, 2005, 113, 119; *Franzen* ZfA 2005, 315 [335]; vgl. auch ErfK/*Linsenmaier* GG Art. 9 Rn. 74, 116). Eine Entscheidung des BAG steht insoweit noch aus (vgl. aber HessLAG 9.9.2015 – 9 SaGa 1082/15, NZA 2015, 1337). Durch Streiks, die sich gegen Betriebsverlagerungen innerhalb der europäischen Gemeinschaft richten, können unionsrechtliche Grundfreiheiten, insbes. der freie Dienstleistungsverkehr (Art. 49 EG) und die Niederlassungsfreiheit (Art. 43 EG) berührt sein. Das Verhältnis von nationalem, verfassungsrechtlich innerhalb der Gemeinschaft unterschiedlich gewährleistetem und ausgestaltetem Arbeitskampfrecht einerseits und unionsrechtlichen Grundfreiheiten andererseits ist noch nicht abschließend geklärt (EuGH 11.12.2007 – C-438/05, AP EG Art. 43 Nr. 3 – Viking; 18.12.2007 – C-341/05, AP EG Art. 49 Nr. 15 – Laval; BKS-*Wankel* AKR Rn. 28f.; *Däubler* ArbuR 2008, 409; *Kocher* ArbuR 2008, 13; *Krieger/Wiese* BB 2010, 568; ErfK/*Linsenmaier* GG Art. 9 Rn. 109f.; *Wißmann* ArbuR 2009, 149; *Zwanziger* DB 2008, 294). Da das Tarifvertrags- und Arbeitskampfrecht unionsrechtlich nicht vollständig determiniert ist, ist die Rechtsmäßigkeit von Arbeitskampfmaßnahmen primär an Art. 9 Abs. 3 GG und nicht etwa an Art. 28 GRC zu prüfen (vgl. BVerfG 6.11.2019 – 1 BvR 16/13, BeckRS 2019, 29201 Rn. 42ff.).

192 Anwendbar ist der Tarifvorbehalt des § 77 Abs. 3 insoweit, als ein einvernehmlich vereinbarter Sozialplan Regelungen enthält, die über den Ausgleich oder die Milderung der durch die Betriebsänderung entstehenden Nachteile hinausgehen (GK-BetrVG/*Oetker* Rn. 179; DKKW/*Däubler* Rn. 114; Richardi BetrVG/*Annuß* § 112 Rn. 180). Dies gilt insbes. auch für freiwillig vereinbarte „vorsorgliche" Sozialpläne und für „Rahmensozialpläne". Diese sind daher nur zulässig, soweit es keine tarifvertraglichen Regelungen gibt oder diese den Abschluss von Rahmensozialplänen gestatten. Andernfalls sind selbst günstigere **Rahmensozialpläne durch den Tarif-**

vorbehalt des § 77 Abs. 3 gesperrt (BAG 14.11.2006 – 1 AZR 40/06, NZA 2007, 339).

f) Individual-, pfändungs-, steuer- und sozialrechtliche Behandlung von Sozialplanansprüchen

Der **Zeitpunkt des Entstehens** von Sozialplanansprüchen ist vor allem von Bedeutung für ihre Übertragbarkeit, die Vererblichkeit (→ Rn. 232) und den Beginn etwaiger an die Entstehung des Anspruchs anknüpfender tariflicher Ausschlussfristen. Es ist Sache der Betriebsparteien zu regeln, wann Ansprüche aus einem Sozialplan entstehen. Erforderlichenfalls ist der Zeitpunkt im Wege der Auslegung des Sozialplans festzustellen (BAG 27.6.2006 – 1 AZR 322/05, NZA 2006, 1238). Aus dem Sinn und Zweck von Sozialplanansprüchen, die dem ArbN durch eine Betriebsänderung entstehenden wirtschaftliche Nachteile auszugleichen, wird sich häufig ergeben, dass der Abfindungsanspruch erst mit dem betriebsbedingten Ausscheiden aus dem Betrieb entsteht (BAG 25.9.1996 – 10 AZR 311/96, NZA 1997, 163; 27.6.2006 – 1 AZR 22/05, NZA 2006, 1238 mwN; so auch für ein tarifliches Rationalisierungsschutzabkommen BAG 22.5. 1996 – 10 AZR 907/95, NZA 1997, 386; vgl. aber auch BAG 13.12.1994 – 3 AZR 357/94, NZA 1996, 139 und zu einem in einem Prozessvergleich vereinbarten Abfindungsanspruch BAG 22.5.2003 – 2 AZR 250/02, NJOZ 2005, 816). 193

Nicht notwendig identisch mit dem Entstehen des Anspruchs ist seine **Fälligkeit,** also der Zeitpunkt, zu dem der ArbN die Leistung verlangen kann (vgl. § 271 BGB). Dieser Zeitpunkt kann hinausgeschoben werden, zB bis zum rechtskräftigen Abschluss eines Kündigungsschutzprozesses (→ Rn. 170; BAG 20.6.1985 – 2 AZR 27/84, NZA 1986, 258). Die Fälligkeit ist häufig von Bedeutung für den Lauf tariflicher Ausschlussfristen. Fehlt eine Fälligkeitsregelung im Sozialplan, wird die Abfindung regelmäßig am Ende des Arbeitsverhältnisses fällig (BAG 30.3.2004 – 1 AZR 5/03, NJOZ 2004, 3661). 194

Ein **Verzicht** des ArbN auf Ansprüche aus einem Sozialplan ist wegen § 77 Abs. 4 S. 2 grds. nur mit Zustimmung des BR möglich (BAG 25.4.2017 – 1 AZR 714/15, NZA 2017, 1467 Rn. 16; GK-BetrVG/*Oetker* Rn. 190; DKKW/*Däubler* Rn. 208; Richardi BetrVG/*Annuß* § 112 Rn. 190). Eine Ausnahme hiervon kann bei einem Tatsachenvergleich in Betracht kommen (BAG 31.7.1996 – 10 AZR 138/96, NZA 1997, 167; 25.4.2017 – 1 AZR 714/15, NZA 2017, 1467 Rn. 17; DKKW/*Däubler* Rn. 208). Ein Verzicht kann wegen des Günstigkeitsprinzips außerdem dann wirksam sein, wenn er Teil einer Individualvereinbarung ist, durch die sich der ArbN – bei dem gebotenen Sachgruppenvergleich – insgesamt besser stellt (→ § 77 Rn. 135; BAG 27.1.2004 – 1 AZR 148/03, NZA 2004, 667; 30.3.2004 – 1 AZR 85/03 - NJOZ 2004, 3661). 195

Ein Sozialplan kann gem. § 77 Abs. 4 S. 4 iVm § 112 Abs. 1 S. 3 selbst **Ausschlussfristen** für die Geltendmachung der in ihm festgelegten Ansprüche vorsehen (GK-BetrVG/*Oetker* Rn. 191; DKKW/*Däubler* Rn. 209; Richardi BetrVG/*Annuß* § 112 Rn. 191). 196

Sozialplanansprüche können gem. § 77 Abs. 4 S. 4 iVm § 112 Abs. 1 S. 3 von **tariflichen Ausschlussfristen** erfasst werden. Erfasst eine tarifliche Ausschlussfrist allgemein Ansprüche aus dem ArbVerh., so gilt sie idR auch für einen Anspruch auf Zahlung einer einmaligen Abfindung aus einem Sozialplan (BAG 30.11.1994 – 10 AZR 79/94, NZA 1995, 643; 27.3.1996 – 10 AZR 668/95, NZA 1996, 986; 27.1.2004 – 1 AZR 148/03, NZA 2004, 667; GK-BetrVG/*Oetker* Rn. 191). **Individualvertragliche Ausschlussfristen** erfassen wegen § 77 Abs. 4 S. 4 iVm § 112 Abs. 1 S. 3 Sozialplanansprüche grds. nicht. Wird ein TV individualvertraglich insgesamt in Bezug genommen, so gelten seine Ausschlussfristen auch für Sozialplanansprüche (BAG 27.1.2004 – 1 AZR 148/03, NZA 2004, 667). Jedenfalls in diesem Fall ist davon auszugehen, dass die beiderseitigen Interessen durch die tarifvertragliche Regelung ausgewogen berücksichtigt sind. Davon kann aber wohl nicht ohne Weiteres ausgegangen werden, wenn individualvertraglich nur Teile eines TV, insbes. etwa 197 ausschließlich dessen Ausschlussfristen, in Bezug genommen werden (offen gelassen in BAG 27.1.2004 – 1 AZR 148/03, NZA 2004, 667).

198 Sozialplanansprüche unterliegen gem. § 195 BGB der **regelmäßigen Verjährung** von drei Jahren. Der frühere Streit, ob die 30-jährige Verjährungsfrist des § 195 BGB aF oder die kurzen Verjährungsfristen des § 196 Abs. 1 Nr. 8 u. 9 BGB aF Anwendung finden, hat sich damit erledigt. Das BAG hatte sich gegen die kurzen Verjährungsfristen entschieden und dies vor allem damit begründet, dass Sozialplanansprüche kein Entgelt für geleistete Dienste sind, sondern eine zukunftsbezogene Überbrückungsfunktion haben (BAG 30.10.2001 – 1 AZR 65/01, NZA 2002, 449).

199 Leistungen aus einem Sozialplan gehören zum Arbeitseinkommen iSv § 850 Abs. 2, 4 ZPO und sind daher gem. § 850 Abs. 1 ZPO nach Maßgabe der §§ 850a bis i ZPO **pfändbar.** Dies gilt insbes. auch für **Abfindungen,** die ArbN wegen der Beendigung des ArbVerh. erhalten. Sie unterliegen nicht den Pfändungsbeschränkungen nach § 850c ZPO. Der ArbN kann aber gem. § 850i ZPO auf Antrag beim Vollstreckungsgericht Pfändungsschutz erlangen (BAG 13.11.1991 – 4 AZR 20/91, NZA 1992, 384).

200 Bei **regelmäßig wiederkehrenden Ausgleichsleistungen** gelten die Pfändungsbeschränkungen des § 850c ZPO (GK-BetrVG/*Oetker* Rn. 202). Werden dem ArbN auf Grund des Sozialplans Aufwendungsentschädigungen, Auslösungsgelder oder sonstige soziale Zulagen für auswärtige Beschäftigungen gezahlt, sind diese nach **§ 850a Nr. 3 ZPO** unpfändbar (GK-BetrVG/*Oetker* Rn. 202).

201 Soweit Sozialplanansprüche nicht der Pfändung unterworfen sind, gilt das **Aufrechnungsverbot** nach § 394 Abs. 1 BGB (GK-BetrVG/*Oetker* Rn. 204). In diesem Fall findet auch das **Abtretungsverbot** des § 400 BGB Anwendung (GK-BetrVG/*Oetker* Rn. 204), das allerdings dann nicht gilt, wenn der ArbN vom Abtretungsempfänger eine wirtschaftlich gleichwertige Leistung erhält (Palandt/*Grüneberg* BGB § 400 Rn. 3).

202 Sind Sozialplanansprüche einmal entstanden (→ Rn. 193), so sind sie grds. auch **vererblich** (BAG 27.6.2006 – 1 AZR 322/05, NZA 2006, 1238; GK-BetrVG/*Oetker* Rn. 199; Richardi BetrVG/*Annuß* § 112 Rn. 199). Ein Abfindungsanspruch kann nicht vererbt werden, wenn er zum Zeitpunkt des Todes des ArbN noch nicht entstanden war (BAG 27.6.2006 – 1 AZR 322/05, NZA 2006, 1238).

203 Sozialplanleistungen gehören zu den Einkünften aus nichtselbständiger Tätigkeit iSd § 19 Abs. 1 S. 1 Nr. 1 EStG und sind daher **grds. zu versteuern** (GK-BetrVG/*Oetker* Rn. 490 ff.; Richardi BetrVG/*Annuß* § 112 Rn. 196; *Bolsmann/Maaß* ArbR-Aktuell 2011, 287; Küttner Personalbuch/*Seidel,* Abfindung Rn. 41 ff.; 21.7.2009 – 1 AZR 167/08, NZA 2009, 1213). Allerdings kommen dem ArbN **Steuerbefreiungen** und **Tarifermäßigungen** zugute. Nach § 42e EStG besteht die Möglichkeit, beim Finanzamt eine Lohnsteueranrufungsauskunft einzuholen.

204 Von Bedeutung war früher insbes. **§ 3 Nr. 9 EStG.** Danach waren Abfindungen, die mit Rücksicht auf eine vom ArbGeb. veranlasste Auflösung des ArbVerh. gezahlt werden, in bestimmtem Umfang steuerfrei. Hatte der ArbN das 50. bzw. 55. Lebensjahr vollendet und das ArbVerh. mindestens 15, bzw. 20 Jahre bestanden, waren 9000 EUR, bzw. 11 000 EUR steuerfrei.

205 Durch Art. 1 Nr. 1a des G zum Einstieg in ein steuerliches Sofortprogramm vom 22.12.2005 (BGBl. I S. 3682) wurde § 3 Nr. 9 EStG mWv 1.1.2006 aufgehoben. Nach **§ 52 Abs. 4a EStG nF** ist die Bestimmung aber weiterhin anzuwenden auf **vor dem 1.1.2006 entstandene Ansprüche,** soweit die Abfindungen dem ArbN vor dem 1.1.2008 zufließen. Zum „Entstanden"-Sein genügt es – abw. von → Rn. 193 – steuerrechtlich wohl, dass der Anspruch noch im Jahr 2005 „individualisiert" wurde (vgl. BT-Drs. 16/255, 7). Dies ist der Fall, wenn Kündigung oder Aufhebungsvertrag 2005 erfolgten. Möglicherweise genügt auch die Benennung eines ArbN in einer Namensliste zum Interessenausgleich.

206 Sofern § 3 Nr. 9 EStG nicht mehr anwendbar ist oder seine Höchstgrenzen überschritten sind, sind die Abfindungen als **außerordentliche Einkünfte nach § 24 Nr. 1, 34 EStG** zu versteuern. Dabei können den ArbN Tarifermäßigungen zugutekommen (vgl. GK-BetrVG/*Oetker* Rn. 507f.; *Bolsmann/Maaß* ArbRAktuell 2011, 287). Der ArbGeb. schuldet dem ArbN grds. eine „Brutto"-Vergütung. Die Steuerlast trägt nach § 38 Abs. 2 EStG grds. der ArbN. Dies kann in einem Sozialplan anders geregelt werden, muss dann aber in diesem deutlich zum Ausdruck kommen (BAG 21.7.2009 – 1 AZR 167/08, NZA 2009, 1213).

Leistungen aus Sozialplänen, insbes. Abfindungen, sind keine **sozialversicherungspflichtigen Leistungen** (*Bolsmann/Maaß* ArbRAktuell 2011, 287; Küttner Personalbuch/*Voelzke,* Abfindung Rn. 52). Sie werden nicht für Zeiten des ArbVerh. gezahlt und sind kein Arbeitsentgelt iSv § 14 SGB IV (HWGNRH/*Hess* § 112 Rn. 726). Eine Ausnahme gilt nur dann, wenn in der Abfindung ein Lohnanspruch oder ein Urlaubsabgeltungsanspruch enthalten ist. In Finanz- und Kreditleistungsinstituten sind nach § 5 Abs. 6 Nr. 1b Institutsvergütungsverordnung Abfindungen aufgrund eines Sozialplans „privilegiert" (vgl. *Freihube/Christoffer* DB 2018, 827; *Schelz* FS 100 Jahre BetrVR 2020, 641 [648ff.]). 207

Die Zahlungen von Sozialplanabfindungen lassen **grds.** – nämlich im Falle fristgemäßer Beendigung – den Anspruch des ArbN auf Arbeitslosengeld unberührt (GK-BetrVG/*Oetker* Rn. 197; Richardi BetrVG/*Annuß* § 112 Rn. 198). Sie sind kein Arbeitsentgelt iSv § 143 Abs. 1 SGB III. Dies folgt – im Umkehrschluss – schon aus § 158 SGB III (vgl. GK-BetrVG/*Oetker* Rn. 197). Ebenso wenig haben sie eine Sperrzeit nach § 159 SGB III zur Folge. 208

Lediglich dann, wenn das **ArbVerh. ohne Einhaltung** einer **der ordentlichen Kündigungsfrist** des ArbGeb. entspr. Frist beendet worden ist, ruht der Anspruch auf Arbeitslosengeld gem. **§ 158 Abs. 1 S. 1 SGB III** bis zum Tag, an dem das ArbVerh. bei Einhaltung dieser Frist geendet hätte. Maßgeblich ist die objektiv nach Gesetz, TV, BV oder Einzelarbeitsvertrag geltende Frist (ErfK/*Rolfs* SGB III § 158 Rn. 20). Dazu zählt auch die in der Insolvenz des ArbGeb. verkürzte Frist des § 113 InsO (BAG 16.6.1999 – 4 AZR 191/98, NJW 2000, 972). Ist die ordentliche Kündigung – etwa durch TV oder bei BR-Mitgliedern – ausgeschlossen, so gilt gem. § 158 Abs. 1 S. 3 SGB III bei zeitlich unbegrenztem Ausschluss eine Kündigungsfrist von 18 Monaten, bei zeitlich begrenztem Ausschluss die Kündigungsfrist, die ohne den Ausschluss maßgeblich wäre. Nach § 158 Abs. 2 S. 1 SGB III ruht der Anspruch auf Arbeitslosengeld längstens ein Jahr. Außerdem ruht er gem. § 158 Abs. 2 S. 2 Nr. 1 SGB III längstens bis zu dem Tag, an dem der ArbN bei Fortführung des ArbVerh. einen Betrag von 60% der Abfindung verdient hätte. Dieser Anrechnungsbetrag von 60% vermindert sich nach § 158 Abs. 2 S. 3 GB III für je fünf Lebensjahre nach Vollendung des 35. Lebensjahr und für je fünf Jahre Betriebszugehörigkeit um jeweils um 5%, beträgt aber mindestens 25% der Abfindung. 209

Beispiel: 210

Ein 55 Jahre alter ArbN mit einem Bruttomonatseinkommen von 3000 EUR wird nach 25-jähriger Betriebszugehörigkeit entlassen. Eine ordentliche Kündigung wäre nicht mehr zulässig gewesen. Der ArbN erhält eine Abfindung von 30 000 EUR.

Da eine ordentliche Kündigung zeitlich unbegrenzt ausgeschlossen ist, gilt eine fiktive Kündigungsfrist von 18 Monaten. Der Anspruch ruht jedoch längstens ein Jahr. 60 % der Abfindung werden allenfalls berücksichtigt. 20 % der Abfindung sind für das höhere Lebensalter und 25 % für die längere Betriebszugehörigkeit abzuziehen. Das ergäbe einen anrechenbaren Teil von 15 % der Abfindung. 25 % sind jedoch mindestens anzurechnen. Das sind 7500 EUR. Dieser Betrag wäre bei Fortführung des ArbVerh. in $2^1/_2$ Monaten ins Verdienen gekommen. So lange ruht der Anspruch auf Arbeitslosengeld.

Entlassungsentschädigung iSd § 158 SGB III ist jede Leistung, die für die Zeit nach der Tätigkeit des ArbN wegen deren Beendigung gezahlt wird (vgl. ErfK/*Rolfs* SGB III § 158 Rn. 3). Auf den Zeitpunkt der Entstehung und der Fälligkeit kommt es nicht an (ErfK/*Rolfs* SGB III § 158 Rn. 4). Erforderlich ist nur ein kausaler Zusammenhang zwischen dem Verlust des Arbeitsplatzes und der an den ArbN gezahlten Leistung (ErfK/*Rolfs* SGB III § 158 Rn. 7). 211

212 Der Ruhenszeitraum wird – anders als bei der Sperrzeit – nicht auf die Anspruchsdauer angerechnet, so dass sich die gem. §§ 147 ff. SGB III errechnete Anspruchsdauer infolge des Ruhens nicht verkürzt, sondern der **Anspruchszeitraum lediglich zeitlich verschoben** wird (ErfK/*Rolfs* SGB III § 158 Rn. 36).

213 Sozialplanabfindungen sind iSv § 19 Abs. 2 SGB II zu berücksichtigendes Einkommen und mindern daher den Anspruch auf **ALG II.** Auch die gem. § 13 SGB II erlassene Verordnung zur Berechnung von Einkommen sowie zur Nichtberücksichtigung von Einkommen und Vermögen beim ALG II/Sozialgeld v. 20.10.2004 (BGBl. I S. 2622) sieht insoweit keine Ausnahme vor.

g) Kündigung und Änderung von Sozialplänen

214 Ein Sozialplan kann grds. wie jede BV **einvernehmlich aufgehoben** oder **abgeändert** oder durch einen anderen Sozialplan **ersetzt** werden. Die Betriebsparteien können einen Sozialplan grds. auch zum Nachteil der ArbN abändern oder durch einen für sämtliche oder einzelne ArbN ungünstigeren Sozialplan ersetzen (BAG 5.10.2000 – 1 AZR 48/00, NZA 2001, 849; 12.11.2002 – 1 AZR 58/02, NZA 2003, 1287; 2.10.2007 – 1 AZR 815/06, NZA-RR 2008, 242; vgl. zur verschlechternden Abänderung einer im Anwendungsbereich einer kirchlichen Mitarbeitervertretungsordnung geschlossenen Dienstvereinbarung BAG 19.6.2007 – 1 AZR 340/06, NZA 2007, 1357; GK-BetrVG/*Oetker* Rn. 230; DKKW/*Däubler* Rn. 202; Richardi BetrVG/*Annuß* § 112 Rn. 183). Es gilt das **Ablösungsprinzip.** Der neue Sozialplan tritt an die Stelle des bisherigen (BAG 10.8.1994 – 10 ABR 61/93, NZA 1995, 314; 5.10.2000 – 1 AZR 48/00, NZA 2001, 849; GK-BetrVG/*Oetker* Rn. 233).

215 Allerdings ist die verschlechternde Abänderung eines Sozialplans nicht ohne weiteres und uneingeschränkt zulässig. Die Betriebsparteien können durch eine neue BV oder einen abändernden Sozialplan bereits entstandene Ansprüche der ArbN grds. nicht entfallen lassen (BAG 12.11.2002 – 1 AZR 58/02, NZA 2003, 1287; 19.6.2007 – 1 AZR 340/06, NZA 2007, 1357; 2.10.2007 – 1 AZR 815/06, NZA-RR 2008, 242). Es gelten vielmehr insoweit die zur **echten** und **unechten Rückwirkung** entwickelten Regeln und die Grundsätze der **Verhältnismäßigkeit** und des **Vertrauensschutzes** (→ § 77 Rn. 194). Eine Verschlechterung der bisherigen Regelungen kommt danach dann in Betracht, wenn die ArbN mit einer rückwirkenden Verschlechterung rechnen mussten oder wenn wegen Wegfalls der Geschäftsgrundlage eine Anpassung an die geänderten tatsächlichen Verhältnisse erforderlich ist (BAG 5.10.2000 – 1 AZR 48/00, NZA 2001, 849; ausdrücklich offen gelassen in BAG 21.10.2003 – 1 AZR 407/02, NZA 2004, 559). Auch in diesem Fall müssen die Eingriffe in die bereits entstandenen Ansprüche am Zweck der Maßnahme gemessen geeignet, erforderlich und proportional sein (BAG 5.10.2000 – 1 AZR 48/00, NZA 2001, 849; 19.6.2007 – 1 AZR 340/06, NZA 2007, 1357; 2.10.2007 – 1 AZR 815/06, NZA-RR 2008, 242). Eine noch vor Auszahlung der Sozialplanabfindung nachträglich in einen Sozialplan aufgenommene Anrechnungsklausel, nach der Abfindungen nach § 1a KSchG auf Sozialplanabfindungen angerechnet werden, stellt einen Fall unechter Rückwirkung dar, verletzt aber nicht den Grundsatz der Verhältnismäßigkeit (BAG 19.6.2007 – 1 AZR 340/06, NZA 2007, 1357; *Linsenmaier* FS Kreutz, 2010, 271 [281]; **aA** *Gehlhaar* BB 2007, 2805). Gleiches gilt, wenn die Betriebsparteien noch vor Auszahlung der Sozialplanabfindungen bei einem feststehenden Gesamtvolumen die Berechnungsformel ändern und die ArbN mangels Kenntnis der persönlichen Daten der anderen ArbN für sich noch keinen bestimmten Abfindungsbetrag errechnen konnten (BAG 2.10.2007 – 1 AZR 815/06, NZA-RR 2008, 242; *Linsenmaier* FS Kreutz, 2010, 271 [281 f.]). Den Fälligkeitstermin für Sozialplanabfindungen darf eine E-Stelle nicht ersatzlos streichen (BAG 21.10.2003 – 1 AZR 407/02, NZA 2004, 559).

216 Ein Sozialplan iSv § 112 Abs. 1 S. 2 betrifft regelmäßig nur eine bestimmte Betriebsänderung. Anders als eine für eine unbestimmte Dauer geschlossene BV kann

er daher grds. zumindest **insgesamt nicht ordentlich gekündigt** werden (BAG 10.8.1994 – 10 ABR 61/93, NZA 1995, 314; GK-BetrVG/*Oetker* Rn. 238; DKKW/*Däubler* Rn. 203; Richardi BetrVG/*Annuß* § 112 Rn. 185; HWGNRH/*Hess* § 112 Rn. 697). Eine ordentliche (Teil-)Kündigung kommt allenfalls hinsichtlich der in einem Sozialplan vorgesehenen Dauerregelungen in Betracht, wenn ein bestimmter wirtschaftlicher Nachteil durch laufende Leistungen ausgeglichen oder gemildert werden soll (GK-BetrVG/*Oetker* Rn. 239; offen gelassen in BAG 10.8.1994 – 10 ABR 61/93, NZA 1995, 314). Auch hiergegen bestehen aber schwerwiegende Bedenken. Denn anders als bei einem vorsorglichen Sozialplan oder einem Rahmensozialplan sollen die Dauerregelungen in einem für eine bestimmt Betriebsänderung geschlossenen Sozialplan die durch diese Betriebsänderung konkret entstehenden Nachteile ausgleichen oder abmildern. Damit verträgt sich die ordentliche Kündigung nicht (vgl. Richardi BetrVG/*Annuß* § 112 Rn. 185).

Danach kommt allenfalls eine – gesetzlich allerdings nicht vorgesehene – **außerordentliche Kündigung** in Betracht (BAG 10.8.1994 – 10 ABR 61/93, NZA 1995, 314; GK-BetrVG/*Oetker* Rn. 243 ff.; Richardi BetrVG/*Annuß* § 112 Rn. 186; HWGNRH/*Hess* § 112 Rn. 698 ff.; **abl.** DKKW/*Däubler* Rn. 203). Dies gilt freilich allenfalls hinsichtlich der noch nicht entstandenen Ansprüche aus Dauerregelungen in einem Sozialplan (GK-BetrVG/*Oetker* Rn. 243, 247; *Bonanni/Mückl* ArbRB 2009, 242 [243]). Auch insoweit spricht aber vieles dafür, die Betriebsparteien auf die bei Wegfall der Geschäftsgrundlage bestehenden Möglichkeiten zur Anpassung zu verweisen (→ Rn. 219). Bereits entstandene Ansprüche können durch eine außerordentliche Kündigung ohnehin nicht beseitigt werden (GK-BetrVG/*Oetker* Rn. 247). IÜ wirken selbst im Falle einer wirksamen außerordentlichen (Teil-)Kündigung die Dauerregelungen gem. § 77 Abs. 6 nach (BAG 10.8.1994 – 10 ABR 61/93, NZA 1995, 314; Richardi BetrVG/*Annuß* § 112 Rn. 186; **aA** GK-BetrVG/*Oetker* Rn. 246). **217**

Anderes gilt für freiwillige vorsorgliche **(Rahmen-)Sozialpläne,** die sich nicht auf eine bestimmte Betriebsänderung beziehen. Diese sind gem. § 77 Abs. 5 ordentlich kündbar. Sie entfalten keine Nachwirkung gem. § 77 Abs. 6, da sie nicht erzwingbar sind. **218**

Ist die **Geschäftsgrundlage** für einen Sozialplan nachträglich **weggefallen** (zum Wegfall der GG bei BV → § 77 Rn. 152) und deshalb dem ArbGeb. oder auch der Belegschaft das Festhalten an dem bisherigen Sozialplan nicht mehr zumutbar, so können ArbGeb. oder BR nach allgemeiner Auffassung eine **Anpassung** des Sozialplans an die veränderten tatsächlichen Verhältnisse verlangen (BAG 10.8.1994 – 10 ABR 61/93, NZA 1995, 314; 28.8.1996 – 10 AZR 886/95, NZA 1997, 109; GK-BetrVG/*Oetker* Rn. 248 ff.; Richardi BetrVG/*Annuß* § 112 Rn. 187; ErfK/*Kania* Rn. 41; DKKW/*Däubler* Rn. 204; *Bonanni/Mückl* ArbRB 2009, 242 [244]). Verweigert der andere Teil die Anpassung, kann die E-Stelle angerufen werden. Diese hat darüber zu befinden, ob die Geschäftsgrundlage weggefallen ist, und ggf. eine Neuregelung zu beschließen (BAG 10.8.1994 – 10 ABR 61/93, NZA 1995, 314; Richardi BetrVG/*Annuß* § 112 Rn. 187; ErfK/*Kania* Rn. 42). Ist der Betrieb bereits stillgelegt, hat dessen BR auch für den Abschluss des abändernden Sozialplans gem. § 21b ein Restmandat (vgl. zur früheren Rechtslage BAG 5.10.2000 – 1 AZR 48/00, NZA 2001, 849). **219**

Ein Wegfall der Geschäftsgrundlage (vgl. für privatrechtliche Verträge § 313 Abs. 1 u. 2 BGB) kann vorliegen, wenn die Betriebsparteien bei Abschluss des Sozialplans von **tatsächlichen Verhältnissen** ausgegangen sind, die sich später als **unzutreffend** erweisen. Dies kann zB der Fall sein, wenn die von einem Dritten – etwa der Bundesanstalt für vereinigungsbedingte Sonderaufgaben (früher Treuhandanstalt) – erwarteten Mittel nicht zur Verfügung gestellt werden (BAG 10.8.1994 – 10 ABR 61/93, NZA 1995, 314) oder der Betrieb entgegen der ursprünglichen Planung nicht stillgelegt, sondern von einem Dritten übernommen wird (BAG 28.8.1996 – 10 AZR 886/95, NZA 1997, 109). Voraussetzung für eine Änderung des Sozialplans ist ferner, **220** dass das Festhalten daran für eine Seite unzumutbar geworden ist. Unzumutbarkeit setzt idR voraus, dass das Festhalten an dem Sozialplan zu untragbaren, mit Recht und Gerechtigkeit nicht zu vereinbarenden Ergebnissen führen würde. Dies erfordert eine umfassende Interessenabwägung unter Würdigung aller Umstände (vgl. zur Unzumutbarkeit des Festhaltens an einer Gesamtversorgungszusage BAG 19.2.2008 – 3 AZR 290/06, NZA-RR 2008, 600).

221 Der Wegfall der Geschäftsgrundlage führt nicht etwa zum Wegfall des bisherigen Sozialplans (→ § 77 Rn. 152; *Bonanni/Mückl* ArbRB 2009, 242 [244]). Vielmehr gilt dieser, bis ein abändernder Sozialplan zustande gekommen ist. Dies kann sowohl durch Vereinbarung der Betriebsparteien als auch durch einen diese ersetzenden Spruch der E-Stelle geschehen. In dem ablösenden Sozialplan können auch **bereits entstandene Ansprüche der ArbN eingeschränkt** werden. Die ArbN können nicht unbedingt darauf vertrauen, dass Ansprüche auch dann erhalten bleiben, wenn die Geschäftsgrundlage für den Abschluss des Sozialplans weggefallen ist. Die Grundsätze der Verhältnismäßigkeit und des Vertrauensschutzes sind jedoch zu beachten (→ Rn. 245; BAG 10.8.1994 – 10 ABR 61/93, NZA 1995, 314; 5.10.2000 – 1 AZR 48/00, NZA 2001, 849; *Linsenmaier* FS Kreutz, 2010, 271 [281 f.]).

h) Der Transfersozialplan

222 Von besonderer Bedeutung ist seit dem 1.1.2002 der sog **„Transfersozialplan"**. Das SGB III sieht im Rahmen der „aktiven Arbeitsförderung" (§ 3 Abs. 2 u. 3 SGB III) zahlreiche Förderungsmöglichkeiten zur Vermeidung von Arbeitslosigkeit vor, welche die E-Stelle nach dem eigens eingefügten § 112 Abs. 5 Nr. 2a beachten soll (→ Rn. 243 ff.) und die auch für den von den Betriebsparteien vereinbarten Sozialplan von erheblicher Bedeutung sind. Insbes. sah das SGB III in der vom 1.1.2002 bis zum 31.12.2003 geltenden Fassung in §§ 254–259 vor, dass Maßnahmen in einem Sozialplan zur Eingliederung von ArbN in den Arbeitsmarkt durch Zuschüsse gefördert werden können (zu Transfersozialplänen *Bauer* NZA 2001, 375; *Bepler* ArbuR 1999, 219; *Engels/Trebinger/Löhr-Steinhaus* DB 2001, 539; *Heither/Martin/Rolfs* NZA 1998, 17; *Sigle* FA 2013, 73; *Schindele* ArbRAktuell 2013, 512; *Wendeling-Schröder/Welkoborsky* NZA 2003, 1370; *Welkoborsky* AiB 2009, 428; *Wolff* NZA 1999, 622; DKKW/*Däubler* Rn. 227 ff.; GK-BetrVG/*Oetker* Rn. 511 ff.).

223 Durch das **Dritte Gesetz für moderne Dienstleistungen am Arbeitsmarkt v. 23.12.2003 – „Hartz III" –** (BGBl. I S. 2848) löste der Gesetzgeber die früheren Regelungen über Zuschüsse zu Sozialplanmaßnahmen in §§ 254–259 SGB III durch die in **§ 216a SGB III** geregelten **Leistungen zur Förderung der Teilnahme an Transfermaßnahmen** ab (vgl. dazu BT-Drs. 15/1515, 90 ff.; *Gaul/Bonanni/Otto* DB 2003, 2386; *C. Meyer* BB 2004, 490; *Mengel/Ullrich* BB 2005, 1109; *Lembke* BB 2004, 773 [780 ff.]; *Sieg* NZA 2005, 9 [12 f.]). Dabei hielt er an dem Ziel fest, durch ein Anreizsystem die bei Betriebsänderungen verantwortlich Handelnden dazu zu bewegen, für die von Arbeitslosigkeit bedrohten ArbN beschäftigungswirksame Maßnahmen vorzusehen, anstatt ihnen Abfindungen zu gewähren (vgl. BT-Drs. 13/4941, 197; BT-Drs. 15/1515, 91). Der direkte Übergang aus dem alten in ein neues ArbVerh. soll gefördert werden. Indem sich die BA an den Kosten der Transfermaßnahmen beteiligt, soll insbes. auch für die Betriebsparteien ein Anreiz geschaffen werden, die bisweilen nicht unbeträchtlichen Sozialplanmittel nicht lediglich für Abfindungen, sondern beschäftigungswirksam einzusetzen. Durch das am **1.1.2011** in Kraft getretene G v. 24.10.2010 (BGBl. I S. 1417; sog **„Beschäftigtenchancengesetz"**) wurden sowohl bei der Förderung der Teilnahme an Transfermaßnahmen (§ 216a SGB III) als auch beim Transferkurzarbeitergeld (§ 216b SGB III) etliche Änderungen vorgenommen (vgl. dazu *Böhnke/Kreuziger* AuA 2011, 14; *Diller* FA 2011, 135; *Homburg* AiB 2011, 11; *Paulsen* AuA 2010, 640; *Mückl* ArbRAktuell 2010, 515; *Thannheiser* AiB 2011, 222; *Rolf/Riechwald* BB 2011, 2805). Die Neuregelungen sahen keine Übergangsbestimmungen vor. Sie waren daher nur auf Neufälle ab dem 1.1.2011

anzuwenden. Leistungsfälle, die in 2011 entstehen, aber auf Sozialplan- oder Interessenausgleichsverhandlungen/Abstimmungsgesprächen etc, der Betriebsparteien aus 2010 beruhen, waren nach den Geschäftsanweisungen der Bundesagentur für Arbeit (GA der BA) hinsichtlich der Beratungspflicht gem. § 216a Abs. 1 Nr. 1 SGB III und § 216b Abs. 1 Nr. 4 SGB III nach der bis 31.12.2010 geltenden Rechtlage zu behandeln. Durch das **G zur Verbesserung der Eingliederungschancen am Arbeitsmarkt v. 20.12.2011** (BGBl. I S. 2854; **Eingliederungschancengesetz**) wurde das SGB III größtenteils mWz 1.4.2012 grdl. systematisch neu geordnet und teilweise auch inhaltlich geändert (vgl. dazu *Lauterbach* NJ 2012, 366; *Voelzke* NZA 2012, 177; *Apidopoulos* in NK-SGB III § 110 Rn. 12f.). Dabei wurde der bisherige § 216a SGB III zu § 110 SGB III (→ Rn. 224–235), der bisherige § 216b SGB III zu § 111 III SGB (→ Rn. 236–251). Neu eingeführt wurde mit § 134 SGB III – befristet für die Zeit bis zum 31.12.2014 – die „Erfolgsabhängige Pauschale bei Transfermaßnahmen" (→ Rn. 251a). Für die praktische Arbeit bedeutsam sind die **Geschäftsanweisungen der Bundesagentur für Arbeit zu Transferleistungen und zum Transferkurzarbeitergeld** (Anlage 1 zur Weisung 201612017 vom 20.12.2016; im Folgenden **GA der BA**) sowie die Hinweise zum Verfahren (Anlage 2 zur Weisung 201612017 vom 20.12.2016).

Die als Leistung an den ArbN ausgestaltete Förderung ist nach § 110 SGB III von **224** mehreren **Voraussetzungen** abhängig. Wenn diese **kumulativ** vorliegen, besteht ein **Rechtsanspruch** auf die Leistung (BT-Drs. 15/1515, 91). Dies soll die Planungssicherheit der Betriebsparteien bei den Restrukturierungsprozessen und die Akzeptanz des beschäftigungswirksamen Instruments erhöhen.

Voraussetzung ist nach **§ 110 Abs. 1 S. 1 SGB III** zunächst, dass es sich um **225** ArbN handelt, die auf Grund von Betriebsänderungen oder im Anschluss an die Beendigung eines Berufsausbildungsverhältnisses von Arbeitslosigkeit bedroht sind (vgl. dazu GA der BA § 110 Abs. 1 SGB III [7] und [8]).

Von Arbeitslosigkeit bedroht iSv. § 17 SGB III ist der versicherungspflichtig **225a** Beschäftigte, der alsbald mit der Beendigung der Beschäftigung rechnen muss und voraussichtlich danach arbeitslos wird (vgl. GK-BetrVG/*Oetker* Rn. 518ff.). Mit der alsbaldigen Beendigung der Beschäftigung rechnen muss insbes. der in einem Interessenausgleich namentlich bezeichnete (§ 1 Abs. 5 S. 1 KSchG) ArbN (GA der BA § 110 Abs. 1 SGB III [7]). Nicht erforderlich ist, dass eine bevorstehende oder bereits ausgesprochene Kündigung rechtswirksam ist (BSG 18.6.2013 – B 11 AL 41/13 B, BeckRS 2013,70406 Rn. 5).

Als **Betriebsänderungen** iSv § 110 Abs. 1 S. 1 SGB III gelten gem. § 110 Abs. 1 **225b** S. 3 SGB III Betriebsänderungen iSd § 111 BetrVG, und zwar „unabhängig von der Unternehmensgröße und unabhängig davon, ob im jeweiligen Betrieb das BetrVG anzuwenden ist". Es wird somit ausdrücklich angeknüpft an den betriebsverfassungsrechtlichen Begriff der Betriebsänderung (BT-Drs. 15/1515, 91). Der Schwellenwert des § 111 S. 1 von in der Regel mehr als 20 wahlberechtigten ArbN muss aber nicht erreicht sein. Vielmehr sind nach § 110 Abs. 1 S. 3 SGB III Transfermaßnahmen unabhängig von der Unternehmensgröße förderungsfähig (*Gaul/Bonanni/Otto* DB 2003, 2386 [2387]; Brand/*Kühl* SGB III § 110 Rn. 5; *Mengel/Ullrich* BB 2005, 1109 [1110]). Da es auf die Anwendung des BetrVG nicht ankommt, sind auch die ArbN von Religionsgemeinschaften und ihren karitativen und erzieherischen Einrichtungen (§ 118 Abs. 2) förderungsfähig (GA der BA § 110 Abs. 1 SGB III [2]; Brand/*Kühl* SGB III § 110 Rn. 6; *Mengel/Ullrich* BB 2005, 1113). Grds. ausgeschlossen sind aber nach § 110 Abs. 3 S. 3 SGB III die ArbN des öffentlichen Dienstes mit Ausnahme der Beschäftigten von Unternehmen, die in selbständiger Rechtsform erwerbswirtschaftlich betrieben werden, also zB Verkehrsgesellschaften in öffentlicher Hand oder Sparkassen (vgl. GA der BA § 110 Abs. 3 SGB III [5]). unabhängig vom Vorliegen einer Betriebsänderung in die Förderung aufgenommen sind nach § 110 Abs. 1 S. 1 SGB III auch ArbN, denen im Anschluss an ihr Berufsausbildungsverhältnis die Arbeitslosigkeit droht (vgl. Brand/*Kühl* SGB III § 110 Rn. 10; GA der BA § 110 Abs. 1 SGB III [1]).

226 Zweite Voraussetzung ist nach **§ 110 Abs. 1 S. 1 Nr. 1 SGB III,** dass „sich die Betriebsparteien im Vorfeld der Entscheidung über die Einführung von Transfermaßnahmen, insbes. im Rahmen ihrer Verhandlungen über einen die Integration der Arbeitnehmer fördernden Interessenausgleich oder Sozialplan nach § 112 des Betriebsverfassungsgesetzes, **durch die Agentur für Arbeit beraten lassen**" (vgl. dazu Brand/*Kühl* SGB III § 110 Rn. 12). Diese verpflichtende Beratung stellt eine „Förderungsvoraussetzung dar, deren Nichteinhaltung einen eigenen Ablehnungstatbestand bildet" (GA der BA § 110 Abs. 1 SGB III zu Abs. 1 S. 1 Nr. 1. Nach der Gesetzesbegründung soll sie sicherstellen, dass die AA die Betriebsparteien frühzeitig über arbeitsmarktpolitisch sinnvolle Maßnahmen zur Eingliederung der von Arbeitslosigkeit bedrohten Arbeitnehmer beraten können. Ferner soll sie dazu beitragen, dass die Fördervoraussetzungen nach § 110 SGB III in einem Interessenausgleich und Sozialplan berücksichtigt werden. Darüber hinaus kann frühzeitig über die Höhe der Leistungen und das Verfahren informiert werden. Zu den wesentlichen Beratungsinhalten hat die BA eine Formular für den entspr. **Beratungsvermerk** entwickelt (vgl. GA der BA § 110 Abs. 1 SGB III [9]). In Betrieben ohne BR sollte statt der dort nicht möglichen Beratung mit dem BR eine Betriebsversammlung stattfinden (vgl. GA der BA § 110 Abs. 1 SGB III zu Abs. 1 S. 1 Nr. 1). Für die Beratung wird ein „Kompetenzteam" gebildet (GA der BA § 110 Abs. 1 SGB III [11]).

227 Dritte Voraussetzung ist nach § 110 Abs. 1 S. 1 Nr. 2 SGB III, dass die **Maßnahme von einem Dritten,** also von einem vom ArbGeb. verschiedenen Rechtsträger angeboten wird (GA der BA § 110 Abs. 1 SGB III [14]; *C. Meyer* BB 2004, 490 [491]; *Mengel/Ullrich* BB 2005, 1109 [1111]). Es muss sich um einen zertifizierten Dritten handeln, der den Nachweis der Trägerzulassung für den Fachbereich Transfer hat (vgl. §§ 176, 178 SGB III; GA der BA § 110 Abs. 1 SGB III [14]. Die Auswahl des Dritten obliegt den Betriebsparteien (GA der BA § 110 Abs. 1 SGB III [14]).

228 Vierte Voraussetzung ist nach § 110 Abs. 1 S. 1 Nr. 3 SGB III, dass die vorgesehene, zu fördernde Maßnahme der **Eingliederung** der ArbN in den Arbeitsmarkt dienen. Als **beschäftigungsfördernde Maßnahmen** kommen alle Leistungen der aktiven Arbeitsförderung in Betracht (*Kopp* NZS 1997, 457; *Wolff* NZA 1998, 20; GK-BetrVG/*Oetker* Rn. 532f.), also zB Maßnahmen zur Feststellung der Leistungsfähigkeit, der Arbeitsmarktchancen und des Qualifikationsbedarfs der ArbN („Profiling"), Maßnahmen des Betriebs oder einer außerbetrieblichen Einrichtung zum erfolgreichen Abschluss einer bereits begonnenen Berufsausbildung oder einer beruflichen Weiterbildung, zur Förderung der Aufnahme einer Beschäftigung, wie Mobilitätsbeihilfen nach den §§ 53, 54 SGB III und Einstellungszuschüsse für ArbVerh. bei anderen ArbGeb. oder auch Maßnahmen zur Vorbereitung der Gründung und Begleitung einer selbständigen Existenz (vgl. dazu GA der BA § 110 Abs. 2 SGB III [3]; *Kopp* NZS 1997, 457; *Matthes* RdA 1999, 181).

229 Fünfte Voraussetzung ist nach § 110 Abs. 1 Nr. 4 SGB III, dass die **Durchführung der Maßnahme gesichert** ist . Es muss gewährleistet sein, dass der Träger der Maßnahme diese tatsächlich durchführt und die vom ArbGeb. zugesagten Mittel zur Verfügung stehen (vgl. *C. Meyer* NZA 1998, 513 [515f.]; GK-BetrVG/*Oetker* Rn. 543f.; vgl. auch GA der BA § 110 Abs. 1 SGB III [16] iVm § 111 Abs. 3 [1] bis [3]). Hierzu muss der ArbGeb. ein Gesamtfinanzierungskonzept vorlegen (Brand/*Kühl* § 110 Rn. 15).

230 Die Qualitätssicherung wird darüber bewirkt, dass die Träger der Transfermaßnahmen (§ 21 SGB III) der Zulassung durch eine fachkundige Stelle nach §§ 176ff. SGB III bedürfen (vgl. vgl. GA der BA § 110 Abs. 1 SGB III [16] iVm. § 111 Abs. 3 [1]). Die Trägerzulassung setzt nach § 178 Nr. 4 SGB III ua voraus, dass der Träger ein System zur Qualitätssicherung anwendet (vgl. dazu Brand/*Kühl* SGB III § 178 Rn. 6).

231 Nach § 110 Abs. 1 S. 2 SGB III sind förderungsfähig alle Transfermaßnahmen, an deren Finanzierung sich der **ArbGeb. angemessen beteiligt.** Dies schließt eine Förderung aus, wenn die Maßnahmekosten durch eine finanzielle Beteiligung Dritter

und die Zuschussgewährung abgedeckt würden. Von einer angemessenen Eigenbeteiligung ist der GA der BA auszugehen, wenn der Arbeitgeber die ihm tatsächlich entstehenden Maßnahmekosten (Maßnahmekosten abzüglich evtl. Leistungen Dritter) zu mindestens 50 Prozent trägt. Die Beteiligung kann in einem Sozialplan vereinbart werden (vgl. zu der von der BA empfohlenen Formulierung GA der BA § 110 Abs. 1 SGB III [10]). Dies kann auch durch einen Spruch der E-Stelle geschehen (→ Rn. 274). Die Finanzierungszusage kann ferner auf Grund einer sonstigen kollektiv- oder individualrechtlichen Vereinbarung abgegeben werden (BT-Drs. 15/1515, 91).

Ausgeschlossen ist eine Förderung gem. § 110 Abs. 3 S. 1 SGB III dann, wenn 232 die Maßnahme dazu dient, den ArbN auf eine Anschlussbeschäftigung im gleichen Betrieb oder in einem anderen Betrieb des Unternehmens oder auch des Konzerns vorzubereiten. Es sollen sowohl **unerwünschte „Mitnahmeeffekte"** als auch **Wettbewerbsverzerrungen** vermieden werden (vgl. *Rolfs* NZA 1998, 21; GK-BetrVG/BetrVG/*Oetker* Rn. 546). Unternehmen sollen die öffentliche Förderung nicht zu Lasten der Beitragszahler für ihre Eigeninteressen benutzen (BT-Drs. 15/1515, 91). Ausgeschlossen ist die Förderung nach § 110 Abs. 3 S. 2 SGB III außerdem, wenn der ArbGeb. aufgrund gesetzlicher oder vertraglicher Regelungen zur Durchführung der Maßnahme ohnehin verpflichtet ist (BT-Drs. 15/1515, 91; GK-BetrVG/*Oetker* Rn. 547). „Bestehende Verpflichtungen" iSv § 110 Abs. 3 S. 2 SGB III sind aber nur solche, die bereits zuvor bestanden. Dazu gehören dazu auch vertragliche Regelungen, Betriebsvereinbarungen, Sozialpläne oder sozialplanähnlichen Vereinbarungen, in denen sich der Arbeitgeber zur alleinigen Finanzierung von Eingliederungsmaßnahmen bereit erklärt hat (vgl. GA der BA § 110 Abs. 3 SGB III [2]) Von der Förderung ausgeschlossen sind schließlich nach § 110 Abs. 3 S. 3 SGB III ArbN des öffentlichen Dienstes mit Ausnahme der Beschäftigten von Unternehmen, die in selbständiger Rechtsform erwerbswirtschaftlich betrieben werden (vgl. GA der BA § 110 Abs. 3 SGB III [5]).

Nach § 110 Abs. 2 S. 1 SGB III wird die Förderung als Zuschuss gewährt. Dessen 233 **Höhe** beträgt nach § 110 Abs. 2 S. 2 SGB III 50% der erforderlichen und angemessenen Maßnahmekosten, höchstens jedoch 2.500 EUR je geförderten ArbN (vgl. dazu GA der BA § 110 Abs. 2 SGB III [2]). Erforderlich sind nach der Gesetzesbegründung Maßnahmekosten, wenn keine günstigere Maßnahme verfügbar ist, durch die das verfolgte Ziel gleichermaßen erreicht werden kann. Das Kriterium der Angemessenheit der Maßnahmekosten erlaubt die notwendige Feststellung der Verhältnismäßigkeit zwischen dem verfolgten Ziel und den eingesetzten Mitteln. Bezuschusst werden ausschließlich die tatsächlich anfallenden Maßnahmekosten. Zuschüsse zur Finanzierung der Lebenshaltungskosten werden nicht gewährt (BT-Drs. 15/1515, 91). Zu den berücksichtigungsfähigen Kosten vgl. ausführlich GA der BA § 110 Abs. 2 SGB III [4] bis [9].

Während der Teilnahme an Transfermaßnahmen sind nach § 110 Abs. 5 SGB III 234 **andere Leistungen** der aktiven Arbeitsförderung mit gleichartiger Zielsetzung (zB Transferkurzarbeitergeld nach § 111 SGB III) ausgeschlossen (vgl. *Lembke* BB 2004, 773 [781]).

Leistungen zur Förderung der Teilnahme an Transfermaßnahmen sind nach § 323 235 Abs. 2 S. 1 SGB III vom ArbGeb. schriftlich unter Beifügung einer Stellungnahme der Betriebsvertretung zu beantragen. Nach § 323 Abs. 2 S. 2 SGB III kann der **Antrag** auch von der Betriebsvertretung gestellt werden. Gem. § 325 Abs. 5 SGB III muss der Antrag innerhalb von drei Monaten nach Ablauf des Monats gestellt werden, in dem die zu fördernde Maßnahme beginnt. Zuständig ist nach § 327 Abs. 3 S. 3 SGB III die AA, in deren Bezirk der Betrieb des ArbGeb. liegt. Nach § 320 Abs. 4a SGB III hat der ArbGeb. der AA die Voraussetzungen für die Erbringung von Leistungen zur Förderung der Teilnahme an Transfermaßnahmen nachzuweisen.

Nach **§ 111 SGB III** (zuvor: § 216b SGB III; davor: § 175 SGB III) haben ArbN 236 „zur Vermeidung von Entlassungen und zur Verbesserung ihrer Vermittlungschancen" unter bestimmten Voraussetzungen „Anspruch auf Kurzarbeitergeld zur Förderung der Eingliederung bei betrieblichen Restrukturierungen **(Transferkurzarbeitergeld)**" (vgl. dazu insbes. GA der BA § 111 SGB III [2]; vgl. auch GK-BetrVG/*Oetker* Rn. 554ff.; *Mutschler* in NK-SGB III § 111; *Gaul* DB 2003, 2386; *C. Meyer* BB 2004, 490; *Mengel/Ullrich* BB 2005, 1109; *Krieger/Fischinger* NJW 2007, 2289; *Lembke* BB 2004, 773; *Sieg* NZA 2005, 9 [13f.]; *Stück* MDR 2005, 361; *Welkoborsky* NZS 2004, 509; *Praß/Sämisch* ZInsO 2004, 1284). Ziel der Regelung ist nach ihrem Abs. 1 die Vermeidung von Entlassungen und die Verbesserung der Vermittlungsaussichten von ArbN.

237 § 111 Abs. 1 SGB III benennt die **Voraussetzungen** für den Anspruch auf Transfer-Kug. Die unter Nr. 1–3 genannten Voraussetzungen orientieren sich an der Systematik der Vorschriften über das konjunkturelle Kurzarbeitergeld in §§ 95ff. SGB III. Die in § 111 Abs. 1 Nr. 2 u. 3 SGB III lediglich pauschal bezeichneten betrieblichen und persönlichen Voraussetzungen sind in § 111 Abs. 3 u. 4 SGB III näher beschrieben. Mit der durch das Beschäftigtenchancengesetz neu eingefügten Nr. 4 soll nach der Gesetzesbegründung sichergestellt werden, dass die AA die Betriebsparteien so früh wie möglich über Fördermöglichkeiten und Fördervoraussetzungen beraten können.

238 Voraussetzung für den Anspruch auf Transfer-Kug ist nach § 111 Abs. 1 Nr. 1 SGB III, dass die ArbN von einem **dauerhaften unvermeidbaren Arbeitsausfall** mit Entgeltausfall betroffen sind. Ein solcher liegt nach § 111 Abs. 2 SGB III vor, wenn infolge einer Betriebsänderung iSd § 110 Abs. 1 S. 3 SGB III (→ Rn. 225) die Beschäftigungsmöglichkeiten für die ArbN nicht nur vorübergehend entfallen. Von einem dauerhaften Arbeitsausfall ist auszugehen, wenn der betroffene Betrieb in absehbarer Zeit die aufgebauten Arbeitskapazitäten nicht mehr benötigt. Er wird regelmäßig „unvermeidbar" sein. Vermeidbar wird er nur ausnahmsweise dann sein, wenn von vorneherein klar war, dass nur ein vorübergehender Arbeitskräftebedarf besteht und dennoch auf Dauer angelegte Arbeitskapazitäten geschaffen wurden (BT-Drs. 15/1515, 92).

239 Die **betrieblichen Voraussetzungen** iSv § 111 Abs. 1 Nr. 2 SGB III liegen vor, wenn die in § 111 Abs. 3 Nr. 1–4 SGB III genannten Voraussetzungen erfüllt sind.

240 Erste betriebliche Voraussetzung ist nach § 110 Abs. 3 Nr. 1 SGB III, dass in einem Betrieb **Personalanpassungsmaßnahmen aufgrund einer Betriebsänderung** durchgeführt werden. Maßgeblich ist danach der Betrieb und nicht etwa das Unternehmen. Betriebsänderungen sind – aber unabhängig von der Unternehmensgröße und der Anwendung des BetrVG im jeweiligen Betrieb – solche iSv §§ 111ff. (vgl. § 110 Abs. 1 S. 3 SGB III, → **Rn. 225**).

241 Zweite betriebliche Voraussetzung ist nach § 111 Abs. 3 Nr. 2 SGB III, dass die vom Arbeitsausfall betroffenen ArbN zur Vermeidung von Entlassungen und zur Verbesserung ihrer Eingliederungschancen in einer **betriebsorganisatorisch eigenständigen Einheit (beE)** zusammengefasst werden (vgl. GA der BA § 111 Abs. 3 SGB III [2]; BAG 15.4.2015 – 4 AZR 796/13, NZA 2015, 1388; 16.12.2015 – 5 AZR 567/14, NZA 2016, 438 Rn. 19). Die beE kann als **interne unselbständige beE** im bisherigen Betrieb gebildet werden. In diesem Fall ist eine eindeutige Trennung zwischen den ArbN des Betriebs und der beE unerlässlich (vgl. GA der BA § 111 Abs. 3 SGB III [2]; *Bachner/Schindele* NZA 1999, 132; *Welkoborsky* NZS 2004, 509 [514]; Brand/*Kühl* SGB III § 111 Rn. 10; *Mutschler* in NK-SGB III § 111 Rn. 23). Regelmäßig werden die beE aber einem neuen Rechträger als **selbständige Beschäftigungs- und Qualifizierungsgesellschaft (BQG)** zugeordnet (vgl. GA der BA § 111 Abs. 3 SGB III [2]; *Bachner/Schindele* NZA 1999, 132; DKKW/*Däubler* Rn. 253; *Stück* MDR 2005, 361 [362ff.]; *Krieger/Fischinger* NJW 2007, 2289).

241a Der Wechsel in die beE erfolgt in diesen Fällen idR durch einen **dreiseitigen Vertrag zwischen bisherigem ArbGeb., Transfergesellschaft und ArbN** (vgl. GA der BA § 111 Abs. 3 SGB III [3]; *Lembke* BB 2004, 773 [775]; *Lembke* BB 2005, 670; Küttner Personalbuch/*Kania,* Beschäftigungsgesellschaft Rn. 3; *Mengel/Ullrich*

BB 2005, 1109 [1116]; eing. zum „BQG-Modell als Sanierungsinstrument" im Insolvenzverfahren *Hornung* FS Wellensiek, 2011, 723). Durch diesen wird das ArbVerh. beim bisherigen ArbGeb. beendet und ein befristeter Arbeitsvertrag mit der Transfergesellschaft geschlossen (GA der BA § 111 Abs. 3 SGB III [3]). Außerdem können darin die Beschäftigungsbedingungen geregelt werden (GA der BA § 111 Abs. 3 SGB III [2]). Ihre frühere Auffassung, die Beschäftigungsbedingungen der ArbN in der beE könnten „im Sozialplan oder in einer anderen BV zwischen den Betriebsparteien geregelt werden", hat die BA – soweit ersichtlich – zu Recht aufgegeben.

Nach der Rspr. des BAG ist der Abschluss eines **Aufhebungsvertrags mit einem Betriebserwerber im Zusammenhang mit dem Abschluss eines Arbeitsvertrags mit einer BQG** trotz eines anschließenden Betriebsübergangs grds. wirksam, wenn die Vereinbarung auf das endgültige Ausscheiden des ArbN aus dem Betrieb gerichtet ist (BAG 18.8.2005 – 8 AZR 523/04, NZA 2006, 145; 23.11.2006 – 8 AZR 349/06, NZA 2007, 866 mwN; 18.8.2011 – 8 AZR 312/10, NZA 2012, 152; zust. *Krieger/Fischinger* NJW 2007, 2289 [2291]; skeptisch ErfK/*Preis* BGB § 613a Rn. 159; vgl. ferner *Fuhlrott* BB 2013, 2042). Der Aufhebungsvertrag ist aber nach § 134 BGB unwirksam, wenn § 613a BGB umgangen wird. Das ist der Fall, wenn die Übernahme in die BQG nur zum Schein vorgeschoben oder dem ArbN die Einstellung bei einem Betriebserwerber bereits verbindlich in Aussicht gestellt wird (BAG 23.11.2006 – 8 AZR 349/06, NZA 2007, 866; 18.8.2011 – 8 AZR 312/10, NZA 2012, 152; 25.10.2012 – 8 AZR 575/11, NZA 2013, 203; vgl. dazu auch *Fuhlrott* BB 2013, 2042; *Hornung* FS Wellensiek, 2011, 723 [735 ff.]; *C. Meyer* SAE 2012, 89; *Thum* BB 2013, 1525; *Sigle* FA 2013, 73). Ein Indiz für eine lediglich vorgeschobene Übernahme in die BQG kann in einer äußerst kurzen Verweildauer in der BQG liegen (BAG 18.8.2011 – 8 AZR 312/10, NZA 2012, 152; 25.10.2012 – 8 AZR 575/11, NZA 2013, 203; *Thum* BB 2013, 1525). 241b

Die Zusammenfassung in der beE muss ferner **zur Vermeidung von Entlassungen und zur Verbesserung ihrer Eingliederungschancen** erfolgen. Diese Voraussetzung ist nicht mehr erfüllbar, wenn die in die beE zu übernehmenden ArbN bereits arbeitslos geworden sind und ihr Beschäftigungsverhältnis iSd § 25 Abs. 1 S. 1 SGB III beendet ist (vgl. GA der BA § 111 Abs. 3 SGB III [5]). 241c

Wohl bekanntestes Transfermodell ist das Modell **„Vivento"**, der internen unselbständigen beE der Deutschen Telekom (DTAG), dem der zwischen der DTAG und ver.di geschlossene TV Rationalisierungsschutz und Beschäftigungssicherung (TV Ratio) v. 29.6.2002 zugrundeliegt und bei dem der BQG nicht nur Arbeitnehmer, sondern auch Beamte zugewiesen wurden (vgl. dazu etwa *Blatt* NZA 2005 Beil. 1, 14; *Hümmerich/Welslau* NZA 2005, 610; *Stück* MDR 2005, 361 [363]; zur (Un-)Zulässigkeit einer ausschließlich auf den TV Ratio gestützten Versetzung LAG Bbg 30.6.2005 – 9 Sa 79/05, BeckRS 2005, 42503, das Revisionsverfahren – 9 AZR 490/05 – wurde durch Vergleich erledigt; zur Rechtswidrigkeit der Versetzung von Beamten zu Vivento vgl. BVerwG 22.6.2006 – 2 C 26/05, NVwZ 2007, 101; zum Anspruch auf eine „amtsangemessene Beschäftigung" BVerwG 18.9.2008 – 2 C 126/07, NVwZ 2009, 187). 241d

Dritte betriebliche Voraussetzung ist nach § 111 Abs. 3 Nr. 3 SGB III, dass die **Organisation und Mittelausstattung der beE den angestrebten Integrationserfolg erwarten lassen.** Nach der Gesetzesbegründung – zum Beschäftigtenchancengesetz – soll sichergestellt werden, dass der vom ehemaligen ArbGeb. beauftragte Transferanbieter oder die im Betrieb geschaffene Einheit die organisatorische und finanzielle Gewähr für eine erfolgreiche Eingliederungsarbeit bietet. Nach GA der BA § 111 Abs. 3 SGB III zu Abs. 3 S. 1 Nr. 3 und 4 und S. 2 (2) kann eine gesicherte Mittelausstattung aufgrund der abgeschlossenen Vereinbarung zwischen personalabgebendem Betrieb und Transfergesellschaft regelmäßig unterstellt werden. 242

Vierte betriebliche Voraussetzung ist nach § 111 Abs. 3 Nr. 4 S. 1 SGB III, dass ein **System zur Sicherung der Qualität** angewendet wird. Nach GA der BA § 111 243

Abs. 3 SGB III zu Abs. 3 S. 1 Nr. 3 und 4 und S. 2 (1) ist diese Voraussetzung durch die Zulassung des Trägers nach § 178 SGB III als gegeben anzusehen. Nur im Fall der internen beE sind danach die Merkmale eines Qualitätssicherungssystems von Bedeutung. Dabei sind die Grundsätze für die Zulassung nach § 178 SGB III heranzuziehen (GA der BA § 111 Abs. 3 SGB III zu Abs. 3 S. 1 Nr. 3 und 4 und S. 2 [3]). Als Instrument zur Sicherung der Qualität und als Nachweis der Aktivitäten aller Beteiligten dient eine individuell zu führende „Transfermappe" (vgl. GA der BA § 111 Abs. 3 SGB III zu Abs. 3 S. 1 Nr. 3 und 4 und S. 2 [4]).

244 Anspruch auf Transfer-Kug kann auch in der **Insolvenz** bestehen (vgl. dazu näher GA der BA § 111 Abs. 3 SGB III [6] und [7]; *Praß/Sämisch* ZInsO 2004, 1284). Wenn der Insolvenzverwalter die ArbN gekündigt hat, können die Voraussetzungen des § 111 SGB III aber nur so lange erfüllt werden, als die Entlassungen nicht wirksam geworden sind (vgl. GA der BA § 111 Abs. 3 SGB III [7]). Beabsichtigt der Insolvenzverwalter im Zuge der Durchführung einer Betriebsänderung auch die gekündigten ArbN einer beE zuzuführen, können diese ArbN nur dann Transfer-KuG erhalten, wenn sich die Parteien auf die ungekündigte Fortsetzung des Arbeitsverhältnisses einigen und eine „Rücknahme" der Kündigung vereinbart wird (vgl. GA der BA § 111 Abs. 3 SGB III [7]). Von einer Entlassung ist dagegen nach den GA der BA auszugehen, wenn der ArbN bereits aufgrund einer unwiderruflichen Freistellung aus dem Betrieb ausgeschieden ist (vgl. GA der BA § 111 Abs. 3 SGB III [7]).

245 Die **persönlichen Voraussetzungen** nach § 111 Abs. 1 Nr. 3, Abs. 4 SGB III (vgl. dazu GA der BA § 111 Abs. 4 SGB III) sind erfüllt, wenn der ArbN

1. von Arbeitslosigkeit bedroht ist,
2. nach Beginn des Arbeitsausfalls eine versicherungspflichtige Beschäftigung
   a) fortsetzt oder
   b) im Anschluss an die Beendigung eines Berufsausbildungsverhältnisses aufnimmt,
3. nicht vom Kurzarbeitergeldbezug ausgeschlossen ist und
4. sich vor der Überleitung in die beE aus Anlass der Betriebsänderung bei der Agentur für Arbeit arbeitssuchend meldet und an einer arbeitsmarktlich zweckmäßigen Maßnahme zur Feststellung der Eingliederungsaussichten teilgenommen hat; können in berechtigten Ausnahmefällen trotz Mithilfe der Agentur für Arbeit die notwendigen Feststellungsmaßnahmen nicht rechtzeitig durchgeführt werden, sind diese im unmittelbaren Anschluss an die Überleitung innerhalb eines Monats nachzuholen.

245a Für die Annahme der **Bedrohung von Arbeitslosigkeit** iSv §§ 17, 111 Abs. 4 Nr. 1 SGB III genügt die ernste Absicht des Arbeitgebers, den ArbN zu entlassen (vgl. GA der BA § 110 Abs. 1 SGB III [7]). Auch eine beabsichtigte rechtswidrige Kündigung rechtfertigt den Schluss auf die drohende Arbeitslosigkeit (vgl. BSG 18.6.2013 – B 11 AL 41/13 B, BeckRS 2013, 70406 Rn. 5). Auch ordentlich unkündbare ArbN können von Arbeitslosigkeit bedroht sein (GA der BA § 110 Abs. 1 SGB III [7]).

245b Unabdingbare persönliche Voraussetzung ist nach § 111 Abs. 4 Nr. 4 SGB III, dass der ArbN vor der Überleitung in die beE **an einer arbeitsmarktlich zweckmäßigen Maßnahme zur Feststellung der Eingliederungsaussichten teilgenommen** hat. Diese Vorschaltung eines „Profiling-Moduls" bezweckt die „Aktivierung der ArbN" (BT-Drs. 15/1515, 92). § 111 Abs. 4 Nr. 4 Hs. 2 SGB III sieht für „berechtigte Ausnahmefälle" einer spätere Nachholung der Profiling-Maßnahme vor (vgl. dazu GA der BA § 111 Abs. 4 SGB III zu Abs. 4 Nr. 4).

246 Nach § 111 Abs. 1 Nr. 4 SGB III müssen sich „die **Betriebsparteien im Vorfeld** der Entscheidung über die Inanspruchnahme von Transfer-Kug, insbes. im Rahmen ihrer Verhandlungen über einen die Integration der Arbeitnehmer fördernden Interessenausgleich oder Sozialplan nach § 112 BetrVG, **durch die Agentur für Arbeit beraten lassen**". Dies entspricht der Beratungspflicht nach § 110 Abs. 1 S. 1 Nr. 1 SGB III (→ **Rn. 226**).

Nach § 111 Abs. 1 Nr. 5 SGB III muss schließlich der dauerhafte Arbeitsausfall der AA angezeigt worden sein. Das **Anzeigeverfahren** richtet sich gem. § 111 Abs. 6 SGB III nach § 99 SGB III. Der ArbGeb. muss daher nach § 99 Abs. 1 S. 3 SGB III der Anzeige eine Stellungnahme der Betriebsvertretung beifügen und nach § 99 Abs. 1 S. 4 SGB III die betrieblichen Voraussetzungen und den dauerhaften Arbeitsausfall glaubhaft machen (BT-Drs. 15/1515, 92). 247

Nach § 111 Abs. 8 SGB III ist der **Anspruch ausgeschlossen,** wenn die ArbN nur vorübergehend in der beE zusammengefasst werden, um anschließend einen anderen Arbeitsplatz im gleichen Betrieb oder einem anderen Betrieb desselben Unternehmens oder Konzerns zu besetzen. Dadurch soll verhindert werden, dass sich Betriebe durch planmäßiges Vorgehen von Personal- und Qualifizierungskosten zu Lasten der AA befreien (GA der BA § 111 Abs. 8 SGB III). Der Verweis in § 111 Abs. 7 S. 2 SGB III auf § 110 Abs. 3 S. 3 SGB III hat zur Folge, dass ArbN des öffentlichen Dienstes keinen Anspruch auf Transfer-Kug haben, sofern es sich nicht um Beschäftigte von Unternehmen handelt, die in selbständiger Rechtsform erwerbswirtschaftlich betrieben werden (Brand/*Kühl* SGB III § 111 Rn. 29). 248

Nach § 111 Abs. 7 S. 1 SGB III muss der ArbGeb. während des Bezugs des Transfer-Kug dem geförderten ArbN **Vermittlungsvorschläge** unterbreiten. Stellen ArbGeb. oder AA fest, dass ArbN Qualifizierungsdefizite aufweisen, soll der ArbGeb. nach § 111 Abs. 7 S. 2 SGB III geeignete Maßnahmen zur Verbesserung der Eingliederungsaussichten anbieten (vgl. GA der BA § 111 Abs. 7 SGB III [1] und [2]; Brand/*Kühl* SGB III § 111Rn. 25). 249

Die nach § 111 Abs. 9 SGB III in der bis zum 31.7.2016 geltenden Fassung bestehende **Informationspflicht des ArbGeb.** wurde durch G vom 18.7.2016 (BGBl. I S. 1710) aufgehoben (vgl. Brand/*Kühl* SGB III § 111 Rn. 31). 249a

Die durch G vom 18.7.2016 (BGBl. I S. 1710) mit Wirkung vom 1.8.2016 eingefügte Bestimmung des **§ 111a Abs. 1 und 2 SGB III** sieht unter bestimmten Voraussetzungen die **Förderung von Weiterbildungsmaßnahmen** während des Transfer-Kug-Bezugs vor (vgl. dazu die Anlage 2 zur Weisung 201612017 der BA vom 20.12.2016; Brand/*Kühl* SGB III § 111a Rn. 1 ff.; *Mutschler* in NK-SGB III § 111a Rn. 1 ff.). 249b

Das Transfer-Kug ist eine beitragsfinanzierte **Entgeltersatzleistung für den durch den Arbeitsausfall erlittenen Nettoentgeltverlust** (BAG 16.12.2015 – 5 AZR 567/14, NZA 2016, 438 Rn. 21 mwN; Brand/*Kühl* SGB III § 111 Rn. 2). Es ist nicht steuerpflichtig; die Sozialversicherungsbeiträge trägt allein der ArbGeb. (BAG 16.12.2015 – 5 AZR 567/14, NZA 2016, 438 Rn. 25). Ist im Transferarbeitsverhältnis ein Zuschuss zum Transfer-Kug vorgesehen, trifft den ArbN die sich daraus ergebende Abgaben- und Beitragslast (BAG 16.12.2015 – 5 AZR 567/14, NZA 2016, 438 Rn. 27). Nach § 111 Abs. 1 S. 2 SGB III beträgt die **Bezugsfrist** für das Transfer-Kug längstens 12 Monate. 250

Der ArbGeb. kann sich in einem vereinbarten **Sozialplan** verpflichten, eine beE iSv § 111 SGB III zu schaffen und dort bestimmte Qualifizierungsmaßnahmen durchzuführen (DKKW/*Däubler* Rn. 256; zur Frage der Erzwingbarkeit → Rn. 278 f.). Es handelt sich der Sache nach nicht um eine Regelung über den Ausgleich oder die Milderung der durch eine Betriebsänderung entstehenden Nachteile, sondern um das „Wie“ der Betriebsänderung und damit um eine Materie, die Gegenstand des nicht erzwingbaren Interessenausgleichs ist (*Bachner/Schindele* NZA 1999, 134). Für Personalanpassungsmaßnahmen auf diesem Wege kann es gute Gründe geben (vgl. *Bachner/Schindele* NZA 1999, 135 f.; *Growe* AiB 1998, 264; vgl. aber auch JRH/*Röder/Baeck* Kap. 28 Rn. 197 ff.). Die ArbN bleiben vorläufig in einem ArbVerh. und können sich aus diesem heraus auf andere ArbVerh. bewerben. Für den ArbGeb. vermindert sich die Gefahr von Kündigungsschutzprozessen und langwierigen Auseinandersetzungen vor den ArbG (*Krieger/Fischinger* NJW 2007, 2289). 251

Durch das Eingliederungschancengesetz zum 1.4.2013 neu eingefügt wurde mit **§ 134 SGB III** eine Regelung über die **„erfolgsabhängige Pauschale bei Trans-** 251a

fermaßnahmen". Sie sollte die Job-to-Job-Vermittlung bei Transfermaßnahmen beschleunigen (BT-Drs. 17/6277, 104) und galt für Transfermaßnahmen, die bis zum 31.12.2014 abgeschlossen waren. Durch G vom 18.7.2016 (BGBl. I S. 1710) wurde die Regelung mit Wirkung vom 1.8.2016 aufgehoben.

4. Der von der Einigungsstelle beschlossene Sozialplan

a) Kompetenz und Abwägungsklausel

252 Gelingt in den Verhandlungen vor der E-Stelle keine Einigung der Betriebsparteien über die Aufstellung eines Sozialplans, so entscheidet gem. § 112 Abs. 4 S. 1 die **E-Stelle.** Deren **Spruch** ersetzt nach § 112 Abs. 4 S. 2 die Einigung zwischen ArbGeb. und BR. Auch in diesen Fällen hat der Sozialplan die Wirkung einer BV. Die Regelung ist **verfassungsgemäß.** Sie verstößt nicht gegen Art. 14 GG. Dieses Grundrecht schützt den Eigentümer nicht gegen die Auferlegung von Geldleistungspflichten, solange die Substanz des Eigentums erhalten bleibt. Außerdem wird nur die Sozialbindung des Eigentums konkretisiert. Da das Beteiligungsrecht des BR letztlich die unternehmerische Entscheidung nicht beeinträchtigt, werden auch Art. 12 und Art. 2 GG nicht verletzt (Richardi BetrVG/*Annuß* § 112 Rn. 9 ff.).

253 Die **Kompetenz** der E-Stelle ist **durch § 112 Abs. 1 S. 2 begrenzt** (vgl. Richardi BetrVG/*Annuß* § 112 Rn. 136). Sie darf nur Regelungen beschließen, die darauf gerichtet sind, die wirtschaftlichen Nachteile auszugleichen oder zu mildern, die den ArbN durch die beabsichtigte oder bereits durchgeführte beteiligungspflichtige Betriebsänderung entstehen. Sie überschreitet daher zum einen ihre Kompetenz, wenn sie Nachteile ausgleichen will, die auf einer Maßnahme beruhen, die – wie zB ein Betriebsübergang – keine Betriebsänderung iSd §§ 111 ff. darstellt (BAG 25.1.2000 – 1 ABR 1/99, NZA 2000, 1069). Dementsprechend ist sie nicht befugt, den bei einem Betriebsübergang auf ein junges Unternehmen wegen § 112a Abs. 2 eintretenden Verlust der Sozialplananwartschaft oder die Verringerung der Haftungsmasse auszugleichen (BAG 10.12.1996 – 1 ABR 32/96, NZA 1997, 898; 25.1.2000 – 1 ABR 1/99, NZA 2000, 1069). Ebenso überschreitet sie ihre Kompetenz, wenn sie Regelungen trifft, welche die Durchführung der Betriebsänderung selbst betreffen, wie zB Kündigungsverbote (BAG 17.9.1991 – 1 ABR 23/91, NZA 1992, 227; Richardi BetrVG/*Annuß* § 112 Rn. 136; *Röder/Gebert* NZA 2017, 1289, 1292). Derartige Regelungen können nur Gegenstand eines nicht erzwingbaren Interessenausgleichs sein. Überschreitet die E-Stelle ihre Kompetenz, ist ihr Spruch – ggf. teilweise (→ Rn. 176) – unwirksam. Andererseits muss die E-Stelle aber auch eine bestimmte Regelung treffen. Sie kann nicht offenlassen, ob und in welchem Umfang Leistungsansprüche der ArbN entstehen. Andernfalls hat sie ihren Regelungsauftrag nicht erfüllt (BAG 26.5.2009 – 1 ABR 12/08, NZA-RR 2009, 588).

254 Bei ihrem Spruch ist die E-Stelle ebenso wie die Betriebsparteien an **höherrangiges Recht** und damit insbes. gem. § 75 an die Grundsätze von Recht und Billigkeit sowie an den Gleichbehandlungsgrundsatz gebunden (→ **Rn. 144 ff.**). Darüber hinaus hat sie **nach § 112 Abs. 5 S. 1 u. 2** bei ihrer Entscheidung **weitere gesetzliche Vorgaben** zu beachten (BAG 6.5.2003 – 1 ABR 11/02, NZA 2004, 108). Die darin beschriebenen Grundsätze konkretisieren die allgemeine für die E-Stelle geltende **Abwägungsklausel** des § 76 Abs. 5 S. 3 (→ § 76 Rn. 87; GK-BetrVG/*Oetker* Rn. 435).

255 Nach **§ 112 Abs. 5 S. 1** hat die E-Stelle bei ihrer Entscheidung zum einen die **sozialen Belange der betroffenen ArbN** zu berücksichtigen. Diese bestimmen den Sozialplanbedarf und die regelmäßige **Untergrenze** des Sozialplans. Es liegt im **Ermessen** der E-Stelle festzulegen, ob und welche Nachteile – ganz oder teilweise – ausgeglichen und welche lediglich gemildert werden sollen (BAG 7.5.2019 – 1 ABR 54/17, NZA 2019, 1295Rn. 20). Hierbei verfügt sie über einen Gestaltungsspielraum (BAG 7.5.2019 – 1 ABR 54/17, NZA 2019, 1295 Rn. 20). Die E-Stelle muss aber grds. mindestens Leistungen vorsehen, die noch als **substantielle, spürbare Milderung der wirtschaftlichen Nachteile** angesehen werden können (BAG 24.8.2004 – 1 ABR 23/03, NZA 2005, 302; 7.5.2019 – 1 ABR 54/17, NZA 2019, 1295 Rn. 21; *Scholz* BB 2006, 1498 [1499]). Will ein BR den Spruch der E-Stelle mit der Begründung anfechten, dessen Gesamtvolumen sei zu gering, muss er darlegen, dass der Sozialplan nicht einmal eine substantielle Milderung der Nachteile vorsieht (BAG 24.8.2004 – 1 ABR 23/03, NZA 2005, 302). Die wirtschaftlichen Verhältnisse des Unternehmens können es im Einzelfall ausnahmsweise gebieten, selbst von einer substantiellen Milderung der wirtschaftlichen Nachteile der ArbN abzusehen (BAG 24.8.2004 – 1 ABR 23/03, NZA 2005, 302; *Scholz* BB 2006, 1498 [1500]).

Die E-Stelle darf – anders als die Betriebsparteien in einem einvernehmlichen Sozialplan – keine weitergehenden Leistungen vorsehen, als selbst für den vollen Ausgleich aller wirtschaftlichen Nachteile der ArbN erforderlich sind (BAG 6.5.2003 – 1 ABR 11/02, NZA 2004, 108; 24.8.2004 – 1 ABR 23/03, NZA 2005, 302; 7.5.2019 – 1 ABR 54/17, NZA 2019, 1295 Rn. 21; GK-BetrVG/*Oetker* Rn. 437; Richardi BetrVG/*Annuß* § 112 Rn. 141; *Scholz* BB 2006, 1498). Dies bildet eine – von zwei – **Obergrenzen des Sozialplans.** Die E-Stelle hat ferner gem. § 112 Abs. 5 S. 1 auf die **wirtschaftliche Vertretbarkeit ihrer Entscheidung für das Unternehmen** zu achten (vgl. *Gaul* BB 2004, 2004; *Giese* FS Wißmann, 2005, 314 ff.; *Deininger-Stierand* NZA 2017, 420). Diese markiert die zweite Obergrenze. Die geforderte Beachtung der wirtschaftlichen Vertretbarkeit hat gegenüber den sozialen Belangen der ArbN eine Korrekturfunktion (BAG 6.5.2003 – 1 ABR 11/02, NZA 2004, 108; 15.3.2011 – 1 ABR 97/09, NZA 2011, 1112; 22.1.2013 – 1 ABR 85/11, NZA-RR 2013, 409; *v. Hoyningen-Huene* RdA 1986, 103; Richardi BetrVG/*Annuß* § 112 Rn. 140). Sie bildet eine zusätzliche Ermessensgrenze (BAG 6.5.2003 – 1 ABR 11/02, NZA 2004, 108; 22.1.2013 – 1 ABR 85/11, NZA-RR 2013, 409). 256

Im G ist nicht ausdrücklich definiert, wann ein Sozialplan wirtschaftlich vertretbar ist. Ebenso wenig schreibt das G ein bestimmtes Sozialplanvolumen vor (BAG 14.9.1994 – 10 ABR 7/94, NZA 1995, 440). Aus § 112 Abs. 5 S. 2 Nr. 3, wo eine Obergrenze bei der Gefährdung des Fortbestands des Unternehmens und der verbleibenden Arbeitsplätze gezogen ist, wird aber deutlich, dass das G die Vertretbarkeit auch einschneidender Belastungen des Unternehmens bis an den Rand der Bestandsgefährdung als möglich ansieht (BAG 6.5.2003 – 1 ABR 11/02, NZA 2004, 108). Wie schwer die Belastungen sein dürfen, lässt sich **nicht abstrakt** beurteilen, **sondern** richtet sich nach den **Gegebenheiten des Einzelfalls** (BAG 14.9.1994 – 10 ABR 7/94, NZA 1995, 440, 6.5.2003 – 1 ABR 11/02, NZA 2004, 108; 15.3.2011 – 1 ABR 97/09, NZA 2011, 1112; 22.1.2013 – 1 ABR 85/11, NZA-RR 2013, 409). Dabei können Umstände wie **Verbindlichkeiten, Verluste, Überschuldung, Liquiditätsschwierigkeiten** einerseits sowie **Personalkosteneinsparungen und Grundvermögen** andererseits berücksichtigt werden (BAG 14.9.1994 – 10 ABR 7/94, NZA 1995, 440; vgl. auch *Deininger-Stierand* NZA 2017, 420). Eine Rolle spielt insbes. auch, welche Einsparungen für das Unternehmen mit der Betriebsänderung verbunden sind (BAG 6.5.2003 – 1 ABR 11/02, NZA 2004, 108; 22.1.2013 – 1 ABR 85/11, NZA-RR 2013, 409). So hat das BAG Aufwendungen für einen Sozialplan jedenfalls in Höhe des Einspareffekts für ein Jahr für vertretbar gehalten (BAG 27.10.1987 – 1 ABR 9/86, NZA 1988, 203). Eine absolute Höchstgrenze ist damit aber nicht festgelegt (BAG 6.5.2003 – 1 ABR 11/02, NZA 2004, 108). Je härter die Betriebsänderung die ArbN trifft, umso größere Belastungen sind für das Unternehmen hinnehmbar (BAG 6.5.2003 – 1 ABR 11/02, NZA 2004, 108; krit. *Lessner* SAE 2004, 257; *Giese* FS Wißmann, 2005, 314 ff.). 256a

Nach der **Rspr.** des BAG ist die Grenze der wirtschaftlichen Vertretbarkeit „regelmäßig" überschritten, wenn die Erfüllung der Sozialplanverbindlichkeiten zu einer Illiquidität, zur bilanziellen Überschuldung oder zu einer nicht mehr vertretbaren Schmälerung des Eigenkapitals führt (BAG 15.3.2011 – 1 ABR 97/09, NZA 2011, 1112; 22.1.2013 – 1 ABR 85/11, NZA-RR 2013, 409). Allerdings führt das BAG 256b im selben Zusammenhang ausdrücklich aus, der Umstand, dass ein Unternehmen bereits in wirtschaftlichen Schwierigkeiten befinde, entbinde es nach den Wertungen des BetrVG nicht von der Notwendigkeit, weitere Belastungen durch einen Sozialplan auf sich zu nehmen; sogar in der Insolvenz seien Betriebsänderungen gem. § 123 InsO sozialplanpflichtig (BAG 15.3.2011 – 1 ABR 97/09, NZA 2011, 1112; 22.1.2013 – 1 ABR 85/11, NZA-RR 2013, 409). Auch dürfe bei einer vollständigen Betriebsstilllegung nicht außer Acht bleiben, dass nach Durchführung der Betriebsänderung keine Arbeitsplätze mehr vorhanden sind, die durch den Gesamtbetrag der Sozialplanleistungen gefährdet werden könnten (BAG 22.1.2013 – 1 ABR 85/11, NZA-RR 2013, 409).

256c In der Tat wäre es jedenfalls bei einer vollständigen Betriebsstilllegung schwer verständlich, dass den vom Verlust ihres Arbeitsplatzes regelmäßig hart betroffenen ArbN im Hinblick auf das Eigenkapital des Unternehmens oder wegen der Interessen künftiger Insolvenzgläubiger nur geringe oder gar keinerlei Abfindungsleistungen zustehen sollen. Sonstigen Gläubigern eines Unternehmens kann hinsichtlich des Grundes oder der Höhe ihrer Forderungen nicht die geringe oder bedrohte Liquidität des Unternehmens entgegengehalten werden. Auch erzwingbare Sozialpläne sind nach der gesetzlichen Konzeption nicht lediglich eine von der Leistungsfähigkeit des Unternehmens abhängige Chance, sondern Ausdruck und Ergebnis einer **kollektiven Rechtsposition der von einer Betriebsänderung betroffenen Belegschaft.** Zwar ist nicht zu verkennen, dass durch § 112 Abs. 5 S. 1, S. 2 Nr. 3 eine Relation zwischen der Höhe von Sozialplansprüchen und der wirtschaftlichen Situation des Unternehmens hergestellt wird. Gleichwohl widerspräche es den Wertungen der §§ 112, 112a und des § 123 InsO, wenn bei Betriebsstillegungen eines am Rande der Insolvenz stehenden Unternehmens der – über die E-Stelle durchzusetzende – „Anspruch" der Belegschaft auf den Abschluss eines ihre wirtschaftlichen Nachteile abmildernden Sozialplans mit der Begründung „abgewehrt" werden könnte, gerade mit den durch den Sozialplan entstehenden Verpflichtungen werde die Grenze zur Insolvenz überschritten. IÜ zeigt die Regelung in § 124 InsO, dass der Gesetzgeber durchaus auch den Fall eines kurz vor der Eröffnung des Insolvenzverfahrens geschlossenen Sozialplans gesehen hat. Die Grenzziehung zwischen den berechtigten Interessen der ArbN an einer nennenswerten Abmilderung ihrer wirtschaftlichen Nachteile und der Vermeidung einer eben dadurch verursachten Insolvenz des Unternehmens erscheint freilich äußerst schwierig und verlangt insbes. von der E-Stelle **Augenmaß.**

256d Noch nicht abschließend geklärt ist auch, ob ein Sozialplan wirksam unter die **auflösende Bedingung der Eröffnung des Insolvenzverfahrens** über das Vermögen des ArbGeb. gestellt werden kann. Es spricht einiges dafür, dass das aus Gründen des mit den §§ 123, 124 InsO auch intendierten Schutzes der Insolvenzgläubiger nicht möglich ist (so auch LAG Nds 24.9.2009 – 4 TaBV 45/08, BeckRS 2009, 74358, die Rechtsbeschwerde – 1 ABR 128/09 – wurde zurückgenommen; → Rn. 328–330).

257 Maßgeblich sind die wirtschaftlichen Verhältnisse des **Unternehmens,** nicht des Betriebs (Richardi BetrVG/*Annuß* § 112 Rn. 144; GK-BetrVG/*Oetker* Rn. 441).

257a Bei einer **Aufspaltung** eines Unternehmens in eine **Betriebs- und Anlagegesellschaft** sind aber in zumindest entspr. Anwendung des **§ 134 UmwG** auch die wirtschaftlichen Verhältnisse der Anlagegesellschaft zu berücksichtigen (BAG 15.3.2011 – 1 ABR 97/09, NZA 2011, 1112; *Ahrendt* RdA 2012, 340 [341]; *Oetker* Anm. EzA BetrVG 2001 § 112 Nr. 41; ErfK/*Kania* Rn. 38; *Schweibert* NZA 2016, 321, 326). Unter § 134 UmwG fallen nicht nur die Aufspaltung iSv § 123 Abs. 1 UmwG und die Abspaltung iSv 123 Abs. 2 UmwG, sondern auch die Ausgliederung iSv § 123 Abs. 3 UmwG. Der Wortlaut des § 134 Abs. 1 UmwG ist zwar insoweit nicht eindeutig. § 134 Abs. 2 UmwG spricht aber ohne weitere Differenzierung von „der Spaltung". Eine Art der Spaltung ist, wie sich bereits aus der Überschrift des § 123 UmwG ergibt, die Ausgliederung nach § 123 Abs. 3 UmwG. IÜ entspricht es Sinn und Zweck des § 134 Abs. 1 UmwG, die Bestimmung auch auf Fälle der Ausgliederung anzuwenden (BAG 15.3.2011 – 1 ABR 97/09, NZA 2011, 1112; zust. *Oetker* Anm. EzA BetrVG 2001 § 112 Nr. 41).

Der **„Bemessungsdurchgriff" auf die Anlagegesellschaft** ist allerdings **nicht unbeschränkt;** er ist vielmehr der Höhe nach auf die bei der Spaltung entzogenen Vermögensbestandteile begrenzt (BAG 15.3.2011 – 1 ABR 97/09, NZA 2011, 1112; zust. *Röger/Tholuck* NZA 2012, 294 [297]; krit. insoweit *Oetker* Anm. EzA BetrVG 2001 § 112 Nr. 41). Auch wenn das Unternehmen Teil eines Konzerns ist, sind grds. die Verhältnisse des Unternehmens maßgeblich. Dieses führt die Betriebsänderung durch, schließt ggf. die Vereinbarung über den Sozialplan ab und hat die daraus resultierenden Ansprüche zu erfüllen. Eine **generelle konzerndimensionale Betrachtung** ist daher **nicht gerechtfertigt** (BAG 15.3.2011 – 1 ABR 97/09, NZA 2011, 1112; 22.1.2013 – 1 ABR 85/11, NZA-RR 2013, 409; GK-BetrVG/*Oetker* Rn. 446; Richardi BetrVG/*Annuß* § 112 Rn. 145; *Gaul* NZA 2003, 698 f.; *Schweibert* NZA 2016, 321, 322). 257b

Die Frage, ob bei der Dotierung eines Sozialplans und dessen wirtschaftlicher Vertretbarkeit iSv Abs. 5 S. 1 ein **Berechnungs- oder Bemessungsdurchgriff** in Betracht kommt, mit dem das Vermögen des herrschenden Unternehmens oder eines (Allein-)Gesellschafters berücksichtigt wird, ist noch nicht abschließend geklärt (vgl. dazu BAG 24.8.2004 – 1 ABR 23/03, NZA 2005, 302; 15.3.2011 – 1 ABR 97/09, NZA 2011, 1112; GK-BetrVG/*Oetker* Rn. 445 ff.; DKKW/*Däubler* Rn. 187; *Gaul* BB 2004, 1498 [1501 ff.]; *Scholz* BB 2006, 1498 [1501 ff.]; *Gaul/Schmidt* DB 2014, 300; *Löwisch* ZIP 2015, 209; *Schweibert* NZA 2016, 321). 258

Nachdem der BGH die früher von ihm vertretenen Haftungsgrundsätze im sog qualifiziert faktischen Konzern (BGH 29.3.1993 – II ZR 265/92, AP AktG § 303 Nr. 2 – TBB) mit Urteil v. 17.9.2001 (II ZR 178/99, NJW 2001, 3622 – Bremer Vulkan) geändert und auf eine neue dogmatische Grundlage gestellt hat, bestimmt sich die Haftung des Alleingesellschafters einer GmbH bei dessen Eingriff in deren Gesellschaftsvermögen nunmehr nach den Grundsätzen der **„Existenzvernichtungshaftung"** als besonderer Fallgruppe einer vorsätzlichen sittenwidrigen Schädigung Nach diesem Modell der **Innenhaftung** haftet ein Gesellschafter der Gesellschaft, wenn er missbräuchlich das zweckgebundene Gesellschaftsvermögen schädigt (BGH 16.7.2007 – II ZR 3/04, NJW 2007, 2689 – Trihotel; 26.4.2008 – II ZR 264/06, NJW 2008, 2437 – Gamma; 9.2.2009 – II ZR 282/07, NJW 2009, 2127 – Sanitary; ebenso BAG 15.1.2013 – 3 AZR 638/10, NZA 2014, 87). Der Schadensersatzanspruch gegen den Gesellschafter gehört zum Vermögen der Gesellschaft. Daher erscheint es gerechtfertigt, ihn bei der Beurteilung der Vermögenslage der Gesellschaft und der wirtschaftlichen Vertretbarkeit eines Sozialplans zu berücksichtigen (deutlich in diese Richtung – „spricht vieles dafür" –, wenngleich nicht abschließend entschieden BAG 15.3.2011 – 1 ABR 97/09, NZA 2011, 1112; ebenso *Ahrendt* RdA 2012, 340 [345]; wohl auch *Oetker* Anm. EzA BetrVG 2001 § 112 Nr. 41 mwN; abl. mit ausführlicher Begründung *Wutte* ZfA 2016, 261, 278 ff.). Eine Gesellschaft, deren Vermögen von ihrem Alleingesellschafter oder dem sie beherrschenden Unternehmen missbräuchlich vorsätzlich und kompensationslos geschädigt wurde, kann sich daher gegenüber dem Anspruch des BR auf Abschluss auf einen substantiellen Nachteilsausgleich gerichteten Sozialplans, nicht darauf berufen, dieser gefährde den Bestand des Unternehmens. Sehr stark eingeschränkt wird der Anwendungsbereich der Existenzvernichtungshaftung, wenn man für sie eine „insolvenzverursachende oder -vertiefende Selbstbedienung" des Gesellschafters verlangt (so wohl BGH 28.4.2008 – II ZR 264/06, NJW 2008, 2437 – Gamma Rn. 13; BAG 15.1.2013 – 3 AZR 638/10, NZA 2014, 87 Rn. 35). Dann ist sie nämlich zur Begründung eines Haftungsdurchgriffs auf die Muttergesellschaft zur Finanzierung eines Sozialplans, der außerhalb eines Insolvenzverfahrens aufgestellt wird, von vorneherein untauglich (*Schweibert* NZA 2016, 321, 325). 258a

Darüber hinaus wird die Frage, ob ein Gesellschafter der Gesellschaft missbräuchlich Vermögen entzogen oder ein herrschende Unternehmen seine Leitungsmacht missbraucht und auf die Belange des abhängigen Unternehmens willkürlich keine 258b

Rücksicht genommen hat, in der Praxis häufig schwierig zu beantworten sein (BGH 29.3.1993 – II ZR 265/92, AP AktG § 303 Nr. 2 – TBB; BAG 4.10.1994 – 3 AZR 910/93, NZA 1995, 368; *Gaul* NZA 2003, 699, DKKW/*Däubler* Rn. 191). Managementfehler beim Betrieb des Gesellschaftsunternehmens genügen allein nicht (vgl. BGH 13.12.2004 – II ZR 256/02, NZG 2005, 214). Auch eine „Unterkapitalisierung" ist allein nicht ausreichend (BGH 26.4.2008 – II ZR 264/06, NJW 2008, 2437 – Gamma; BAG 15.3.2011 – 1 ABR 97/09, NZA 2011, 1112; *Ahrendt* RdA 2012, 340 [345]). Erforderlich ist vielmehr ein gezielter, betriebsfremden Zwecken dienender Eingriff des Gesellschafters in das Gesellschaftsvermögen (BGH 13.12.2004 – II ZR 256/02, NZG 2005, 214). Ein solcher kann insbes. bei konzerninternen Geschäften und Transaktionen vorliegen, bei denen das Verhältnis von Leistung und Gegenleistung offenkundig auf Kosten des beherrschten Unternehmens gestört ist (vgl. *Scholz* BB 2008, 1498 [1503]).

258c Jedenfalls im Bereich der **betrieblichen Altersversorgung** erfolgt bei Bestehen eines **Beherrschungsvertrags** ein Berechnungsdurchgriff auf die wirtschaftliche Lage des herrschenden Unternehmens dann, aber auch nur dann, wenn sich die durch den Beherrschungsvertrag für den Versorgungsempfänger begründete Gefahrenlage verwirklicht hat (BAG 10.3.2015 – 3 AZR 739/13, NZA 2015, 1187 Rn. 22 ff. unter Aufgabe der früheren Rspr. vom 26.5.2009 – 3 AZR 369/07, NZA 2010, 641 Rn. 31 und vom 17.6.2014 – 3 AZR 298/13, BeckRS 2014, 72951 Rn. 80; BGH 27.9.2016 – II ZR 57/15, NZA 2016, 1470; *Döring* DB 2017, 230; *Schweibert* NZA 2016, 321, 322 f.; **abl.** *Schäfer* NZG 2016, 1321). Dass diese ausdrücklich mit einer „Zweckorientierten – teleologischen – Auslegung" des § 16 BetrAVG begründete Rspr. (vgl. BAG 10.3.2015 – 3 AZR 739/13, NZA 2015, 1187 Rn. 35) ohne Weiteres auf Sozialpläne übertragen werden kann, erscheint freilich nicht selbstverständlich (so aber wohl *Schweibert* NZA 2016, 321, 322 f.).

258d Sog. **Patronatserklärungen** werden in der Praxis kaum einmal geeignet sein, einen Durchgriff auf das Vermögen der Muttergesellschaft zu begründen (vgl. *Schweibert* NZA 2016, 321, 323 f.).

259 Im **Gemeinschaftsbetrieb** mehrerer Unternehmen kann zweifelhaft sein, ob auf die wirtschaftlichen Verhältnisse sämtlicher Unternehmen oder des jeweiligen Vertrags-ArbGeb. abzustellen ist. Das BAG hat die Frage bislang offen gelassen (BAG 11.11.1997 – 1 ABR 6/97, NZA 1998, 723; 12.11.2002 – 1 AZR 632/01, NZA 2003, 676). Da Adressat der Sozialplanverhandlungen und Schuldner der Sozialplanansprüche der jeweilige Vertrags-ArbGeb. ist (→ Rn. 131; *Gaul* NZA 2003, 700 f.; *Wißmann* FS 25 Jahre ARGE Arbeitsrecht im DAV, 2006, 1037 [1050]), dürfte auch dessen wirtschaftliche Leistungsfähigkeit bei der Bemessung des für seine ArbN abzuschließenden Sozialplans entscheidend sein (Richardi BetrVG/*Annuß* § 112 Rn. 144, 168; **aA** *Gaul* NZA 2003, 700; DKKW/*Däubler* Rn. 152).

260 § 112 Abs. 5 stellt ausdrücklich klar, dass die E-Stelle wie auch in anderen Fällen gem. § 76 Abs. 5 S. 3 nach **billigem Ermessen** (→ § 76 Rn. 87) zu entscheiden hat. Allerdings werden durch die gesetzlichen Vorgaben **Richtlinien** für die Ausübung des Ermessens gegeben (BAG 26.5.1988 – 1 ABR 11/87, NZA 1989, 26). Die Geltendmachung einer Ermessensüberschreitung kann nur binnen einer Ausschlussfrist von zwei Wochen erfolgen (→ § 76 Rn. 105 ff.). Die **gerichtliche Überprüfung** bezieht sich dabei allein auf die getroffene Regelung selbst. Es kommt also nicht auf die von der E-Stelle angestellten Erwägungen, sondern lediglich darauf an, ob sich die Regelung iErg als billiger Ausgleich der Interessen von ArbGeb. und Belegschaft darstellt (BAG 6.5.2003 – 1 ABR 11/02, NZA 2004, 108; 24.8.2004 – 1 ABR 23/03, NZA 2005, 302; 7.5.2019 – 1 ABR 54/17, NZA 2019, 1295 Rn. 18). Dagegen ist letztlich ohne Bedeutung, ob die von der E-Stelle angenommenen tatsächlichen und rechtlichen Umstände zutreffen und ihre Überlegungen frei von Fehlern sind (→ § 76 Rn. 105 mwN; BAG 6.5.2003 – 1 ABR 11/02, NZA 2004, 108; 24.8.2004 – 1 ABR 23/03, NZA 2005, 302; 7.5.2019 – 1 ABR 54/17, NZA 2019, 1295 Rn. 18).

b) Gegebenheiten des Einzelfalls

Nach § 112 Abs. 5 S. 2 Nr. 1 soll die E-Stelle beim Ausgleich oder bei der Milderung wirtschaftlicher Nachteile – insbes. durch Einkommensminderung, Wegfall von Sonderleistungen oder Verlust von Anwartschaften auf betriebliche Altersversorgung, Umzugskosten oder erhöhte Fahrtkosten – Leistungen vorsehen, die in der Regel den **Gegebenheiten des Einzelfalls** Rechnung tragen. Wie das Wort „insbesondere" zeigt, sind die genannten Nachteile nicht abschließend (GK-BetrVG/*Oetker* Rn. 464). Auch der Verlust des Arbeitsplatzes und die zum Ausgleich festgelegten Abfindungen sind an Nr. 1 zu messen (BAG 14.9.1994 – 10 ABR 7/94, NZA 1995, 440; GK-BetrVG/*Oetker* Rn. 465 mwN). 261

§ 112 Abs. 5 S. 2 Nr. 1 soll nach der Gesetzesbegründung (BT-Drs. 10/2102, 17) die E-Stelle anhalten, sich um den Ausgleich feststellbarer oder zu erwartender materieller Einbußen des ArbN im Einzelfall zu bemühen und weniger generell pauschale Abfindungssummen festzusetzen. Die E-Stelle muss daher den **Ausgleich** der Nachteile **möglichst konkret** vornehmen (BAG 14.9.1994 – 10 ABR 7/94, NZA 1995, 440). 262

Einer Berücksichtigung der individuellen Nachteile steht vielfach entgegen, dass ein Sozialplan schnell aufgestellt und abgewickelt werden soll, so dass sich oft zum Zeitpunkt seiner Aufstellung noch nicht beurteilen lässt, welche Nachteile der einzelne ArbN zu erwarten hat. Dann können Ausgleichsleistungen für **typischerweise zu erwartende Nachteile** vielfach doch **nur pauschaliert** vorhergesagt werden (Richardi BetrVG/*Annuß* § 112 Rn. 151; ErfK/*Kania* Rn. 32; MHdB ArbR/*Matthes* § 270 Rn. 18). Die E-Stelle darf bei der Beurteilung der den ArbN entstehenden Nachteile pauschale und typische Annahmen zugrunde legen. Sie kann daher zB hinsichtlich der Aussichten auf dem Arbeitsmarkt nach dem Alter der ArbN differenzieren und Altersgruppen bilden (BAG 24.8.2004 – 1 ABR 23/03, NZA 2005, 302; zum einvernehmlichen Sozialplan → **Rn. 134 ff.**). Neben der Gewährung eines Grundbetrages nach einem **Punktesystem** können weitere einmalige oder laufende Leistungen (bis zu einem bestimmten Endtermin) für die ArbN vorgesehen werden, denen zukünftig weitere wirtschaftliche Nachteile entstehen, zB Einkommensminderungen durch eine nunmehr schlechter bezahlte Tätigkeit oder Arbeitslosigkeit, erhöhte Fahrtkosten. Dann ist die Bildung eines Sonderfonds erforderlich. Spätere Leistungen aus Sozialplänen müssen aber in den Anspruchsvoraussetzungen schon konkret geregelt werden. Diese Ansprüche sind im Rahmen des Gesamtvolumens des Sozialplans (→ Rn. 280 ff.) zu begleichen. 263

Die E-Stelle überschreitet grds. ihr Ermessen, wenn sie für alle infolge einer Betriebsänderung entlassenen ArbN ohne Unterschied Abfindungen festsetzt, deren Höhe sich ohne weitere Differenzierung – insbes. nach Alter, familiären Belastungen, Schwerbehinderteneigenschaft usw – allein nach dem Monatseinkommen und der Dauer der Betriebszugehörigkeit richtet (BAG 14.9.1994 – 10 ABR 7/94, NZA 1995, 440). Eine Ausnahme gilt aber dann, wenn sich die anderen sozialplanrelevanten Daten der ArbN nicht wesentlich unterscheiden (zum vereinbarten Sozialplan → Rn. 135, 155 f.; BAG 12.11.2002 – 1 AZR 58/02, NZA 2003, 1287). 264

c) Aussichten auf dem Arbeitsmarkt und Weiterbeschäftigungsmöglichkeit

Nach § 112 Abs. 5 S. 2 Nr. 2 S. 1 hat die E-Stelle weiter die **Aussichten der betroffenen ArbN auf dem Arbeitsmarkt** zu prüfen. Damit wird ihr eine schwierige Aufgabe übertragen. Der Vorstand der BA (→ Rn. 27) oder ein von diesem benannter Bediensteter der BA können dabei als Sachverständige hilfreich sein. Die zu prognostizierenden Aussichten auf dem Arbeitsmarkt hängen von zahlreichen Faktoren, wie insbes. Lebensalter, Behinderung, Beruf, Ausbildung, Qualifikation usw ab. Daher können nach diesen Merkmalen bei der Höhe der Sozialplanabfindungen 265

Gruppenbildungen erfolgen (GK-BetrVG/*Oetker* Rn. 470). Häufig werden für erfahrungsgemäß schwieriger zu vermittelnde ArbN Zuschläge vorgesehen.

266 Nach Abs. 5 S. 2 Nr. 2 S. 2 soll die E-Stelle die **ArbN** von Leistungen **ausschließen,** die in demselben Betrieb oder in einem anderen Betrieb des Unternehmens oder Konzerns **weiterbeschäftigt werden können und** dies trotz **zumutbarer Arbeitsbedingungen ablehnen.**

267 Das Angebot kann **vom selben Unternehmen** oder von einem anderen **zum selben Konzern gehörenden Unternehmen** kommen. Der Ausschlusstatbestand des § 112 Abs. 5 S. 2 Nr. 2 S. 2 ist nach dem Sinn und Zweck der Vorschrift aber auch dann anwendbar, wenn der ArbN einem Übergang seines ArbVerh. nach **§ 613a BGB** widerspricht und ihm deshalb gekündigt werden muss (vgl. GK-BetrVG/*Oetker* Rn. 471; vgl. zum vereinbarten Sozialplan → Rn. 161; BAG 5.2.1997 – 10 AZR 553/96, NZA 1998, 158; 6.11.2007 – 1 AZR 960/06, NZA 2008, 232). Das **Arbeitsplatzangebot eines anderen ArbGeb.** (außerhalb des Unternehmens oder Konzerns) fällt nicht unter § 112 Abs. 5 Nr. 2 S. 2. Es ist aber im Rahmen der Aussichten auf dem Arbeitsmarkt zu berücksichtigen (GK-BetrVG/*Oetker* Rn. 472).

268 Das dem ArbN gemachte Angebot muss für diesen **zumutbar** sein. Die Zumutbarkeit setzt grds. voraus, dass die angebotenen **Arbeitsbedingungen gleichwertig** sind (GK-BetrVG/*Oetker* Rn. 473; Richardi BetrVG/*Annuß* § 112 Rn. 156 f.; ErfK/*Kania* Rn. 35). Sie müssen nicht unbedingt gleichartig sein (GK-BetrVG/*Oetker* Rn. 473; Richardi BetrVG/*Annuß* § 112 Rn. 157). Die Gleichwertigkeit muss grds. sowohl in **rechtlicher,** als auch in **finanzieller und beruflicher Hinsicht** gegeben sein (GK-BetrVG/*Oetker* Rn. 474 Richardi BetrVG/*Annuß* § 112 Rn. 157; ErfK/*Kania* Rn. 35).

269 Die Gleichwertigkeit in rechtlicher Hinsicht setzt insbes. voraus, dass dem ArbN die bisherige **kündigungsschutzrechtliche Stellung** erhalten bleibt (vgl. BT-Drs. 10/2102, 27; Richardi BetrVG/*Annuß* § 112 Rn. 156; GK-BetrVG/*Oetker* Rn. 474). Bei einem Wechsel zu einem anderen Konzernunternehmen muss dieses der neue ArbGeb. verbindlich zusichern (BT-Drs. 10/2102, 27; Richardi BetrVG/*Annuß* § 112 Rn. 155 f.). Auch die bisherige Betriebszugehörigkeit muss angerechnet werden. Dem ArbN müssen die gesetzlichen oder vertraglichen Kündigungsfristen erhalten bleiben (DKKW/*Däubler* Rn. 138 ff.; ErfK/*Kania* Rn. 35; GK-BetrVG/*Oetker* Rn. 474).

270 Welche **Arbeitsbedingungen** dem ArbN im Hinblick auf **Art, Ort und Vergütung** der Tätigkeit zumutbar sind, hat die E-Stelle nach pflichtgemäßem **Ermessen** zu beurteilen (BAG 28.9.1988 – 1 ABR 23/87, NZA 1989, 186; Richardi BetrVG/*Annuß* § 112 Rn. 158). Sie kann grds. die Gesichtspunkte generalklauselartig bezeichnen, einen Katalog von Unzumutbarkeitstatbeständen festlegen, zumutbare Arbeitsplätze im Sozialplan bereits konkret benennen oder die Beurteilung im Einzelfall einem paritätischen Ausschuss übertragen (BAG 28.9.1988 – 1 ABR 23/87, NZA 1989, 186; Richardi BetrVG/*Annuß* § 112 Rn. 158). Unbestimmte, nicht näher präzisierte Rechtsbegriffe sollten allerdings im Interesse der Normadressaten und zur Vermeidung von Rechtsstreitigkeiten möglichst nicht verwendet werden. Die **Zumutbarkeitsregelungen in § 140 SGB III** sind **nicht maßgebend** (GK-BetrVG/*Oetker* Rn. 476; ErfK/*Kania* Rn. 34; WPK/*Preis/Bender* Rn. 69; vgl. zu einem einvernehmlichen Sozialplan BAG 6.11.2007 – 1 AZR 960/06, NZA 2008, 232). Der Begriff der „Zumutbarkeit" iSv § 112 Abs. 5 S. 2 Nr. 2 S. 2 ist schon wegen der unterschiedlichen Normziele nicht identisch mit dem des § 140 SGB III. Es geht hier nicht um die Belastung der Beitragszahler, sondern um die Frage, ob die Ablehnung eines Angebots auf anderweitige Weiterbeschäftigung den Ausschluss von Sozialplanleistungen gebietet.

271 Zumutbar ist grds. nur eine Tätigkeit entspr. der beruflichen **Qualifikation** und mit einer **Vergütung,** die der bisherigen tariflichen Eingruppierung entspricht. Eine etwas geringere Vergütung steht aber der Zumutbarkeit nicht entgegen (BAG

28.9.1988 – 1 ABR 23/87, NZA 1989, 186; WPK/*Preis/Bender* Rn. 72). Der Wegfall von Überstunden am neuen Arbeitsplatz ist zumutbar (ErfK/*Kania* Rn. 35). Trotz finanzieller Einbußen kann ein neues Arbeitsplatzangebot insbes. dann zumutbar sein, wenn zusätzlich Ausgleichsleistungen nach § 112 Abs. 5 Nr. 1 gewährt werden. Ein Facharbeiter muss aber grds. als solcher weiterbeschäftigt werden. Eine Tätigkeit in einer geringeren Tarifgruppe ist selbst bei Lohnausgleich meist nicht zumutbar. Eine geringere Stellung in der Hierarchie des Unternehmens muss aber uU hingenommen werden. Von den ArbN wird auch verlangt werden können, dass sie sich Umschulungsmaßnahmen für eine gleichwertige Tätigkeit unterziehen.

Eine mit einer **Einkommensminderung** verbundene **Arbeitszeitverkürzung** **271a** kann in gewissem Umfang zumutbar sein (vgl. WPK/*Preis/Bender* Rn. 72; sehr weitgehend zu einem tariflichen Sozialplan aber BAG 28.2.2002 – 6 AZR 525/01, NJOZ 2003, 1323; 18.4.1996 – 6 AZR 607/95, NZA 1997, 553).

Ein erforderlicher **Ortswechsel** macht, wie § 112 Abs. 5 S. 2 Nr. 2 S. 2 Hs. 2 **272** ausdrücklich bestimmt, die Weiterbeschäftigung **für sich allein nicht unzumutbar.** Weitere Umstände wie etwa ein hohes Lebensalter, Schwerbehinderteneigenschaft, Pflege von Familienangehörigen, erforderliche Umschulung von Kindern können aber zur Unzumutbarkeit führen (GK-BetrVG/*Oetker* Rn. 475). Die E-Stelle kann derartige Umstände berücksichtigen, muss dies aber nicht (vgl. zu einem einvernehmlichen Sozialplan BAG 6.11.2007 – 1 AZR 960/06, NZA 2008, 232). Auch insoweit ist für eine analoge Anwendung des § 140 Abs. 4 SGB III kein Raum. Der Sozialplan kann wegen des mit der Verlegung eines Betriebs für den ArbN mit der Fortsetzung des Arbeitsverhältnisses verbundenen Mehraufwands einen finanziellen Ausgleich vorsehen.

d) Berücksichtigung von Förderungsmöglichkeiten

Nach dem durch das BetrVerf-ReformG neu eingefügten § 112 Abs. 5 S. 2 Nr. 2a **273** soll die E-Stelle bei der Aufstellung des Sozialplans insbes. die im SGB III vorgesehenen **Förderungsmöglichkeiten zur Vermeidung von Arbeitslosigkeit berücksichtigen** (vgl. BT-Drs. 14/5741, 52). Die Vorschrift steht in engem Zusammenhang mit der Verpflichtung der ArbGeb. nach § 2 Abs. 2 SGB III, bei ihren Entscheidungen verantwortungsvoll die Auswirkungen auf die Beschäftigung der ArbN einzubeziehen, und dem Recht des BR nach dem durch das BetrVerf-ReformG eingeführten § 92a, Vorschläge zur Sicherung und Förderung der Beschäftigung zu machen (→ § 92a Rn. 1ff.; *Wendeling-Schröder/Welkoborsky* NZA 2003, 1370).

Die Verpflichtung der E-Stelle dient dazu, den Abschluss sog **„Transfer-** **274** **Sozialpläne“** (→ Rn. 222ff.) zu fördern und dafür zu sorgen, dass die vorhandenen Sozialplanmittel nicht nur für Abfindungen sondern zur Förderung einer Anschlusstätigkeit bei einem anderen ArbGeb., zur inner- oder außerbetrieblichen Weiterqualifizierung oder zur Vorbereitung einer selbständigen Existenz eingesetzt werden. Der Sozialplan soll den häufig ausschließlichen Abfindungscharakter verlieren und zu einem Instrument der Beschäftigungssicherung werden (→ Rn. 132; *Bauer* NZA 2001, 377; *Engels/Trebinger/Löhr-Steinhaus* DB 2001, 539; *Rolfs* NZA 1998, 17).

Das **Transferkurzarbeitergeld nach § 111 SGB III** ist ebenso wie die Förde- **275** rung der Teilnahme an Transfermaßnahmen nach § 110 SGB III eine Transferleistung, die zu den in § 112 Abs. 5 S. 2 Nr. 2a angesprochenen Förderungsmöglichkeiten gehört (*Gaul/Bonanni/Otto* DB 2003, 2386 [2390]). Die E-Stelle muss daher beide Förderungsmöglichkeiten berücksichtigen.

Die **Förderungsmöglichkeiten und** ihre **Voraussetzungen** sind in **276** → Rn. **222ff.** näher dargestellt.

Anders als die Betriebsparteien bei einer freiwilligen Vereinbarung über einen So- **277** zialplan muss die E-Stelle sorgfältig die **Grenzen zwischen einem Sozialplan und einem Interessenausgleich beachten.** Sie darf in ihrem Spruch über einen Sozialplan keine Regelungen über die Modalitäten der Betriebsänderung treffen. Die

Grenzziehung kann im Einzelfall gerade bei Transfer-Sozialplänen Schwierigkeiten bereiten (vgl. dazu *Wendeling-Schröder/Welkoborsky* NZA 2003, 1370 [1375 ff.]).

278 Unzulässig dürfte es sein, den ArbGeb. durch **Spruch der E-Stelle** zu verpflichten, eine betriebsorganisatorische selbständige Einheit iSv § 111 Abs. 3 Nr. 2 SGB III **(beE)** zu errichten, um so die Möglichkeit zum Bezug von Transferkurzarbeitergeld zu schaffen (*Bachner/Schindele* NZA 1999, 130 [134]; Richardi BetrVG/*Annuß* § 112 Rn. 163; *Gaul/Bonanni/Otto* DB 2003, 2386 [2390]; *Krieger/Fischinger* NJW 2007, 2289 [2293]; *Behrendt* BB 2015, 2752; **aA** ArbG Berlin 7.7.2015 – 13 BV 1848/15, BeckRS 2015, 72754; DKKW/*Däubler* Rn. 256; vgl. zum Streitstand ferner *Schütte* NZA 2013, 249). Denn dadurch wird in die unternehmerische Entscheidungsfreiheit eingegriffen.

279 Nicht ausgeschlossen erscheint es dagegen, dem ArbGeb. durch Spruch der E-Stelle unter Berücksichtigung der wirtschaftlichen Vertretbarkeit aufzugeben, die erforderlichen **finanziellen Mittel für** eine **Transfergesellschaft (BQG)** zur Verfügung zu stellen, um den von der Betriebsänderung betroffenen ArbN den Wechsel in diese Gesellschaft zu ermöglichen. Die damit verbundene wirtschaftliche Belastung kann dem ArbGeb. auch gegen seinen Willen auferlegt werden (*Gaul/Bonanni/Otto* DB 2003, 2386 [2390]; *Krieger/Fischinger* NJW 2007, 2289 [2293]).

e) Gesamtvolumen des Sozialplans

280 Bereits gem. § 112 Abs. 5 S. 1 muss die E-Stelle bei der Aufstellung eines Sozialplans auf die wirtschaftliche Vertretbarkeit ihrer Entscheidung für das Unternehmen achten (→ Rn. 256 ff.; *Gaul* BB 2004, 1498; *Scholz* BB 2006, 1498 [1499 f.]). Diese Verpflichtung wird ergänzt durch § 112 Abs. 5 S. 2 Nr. 3. Danach hat die E-Stelle bei der **Bemessung des Gesamtbetrags der Sozialplanleistungen** darauf zu achten, dass der Fortbestand des Unternehmens oder die nach Durchführung der Betriebsänderung verbleibenden Arbeitsplätze nicht gefährdet werden. Damit wird eine Grenze für die zulässige Belastung des Unternehmens gezogen (BAG 6.5.2003 – 1 ABR 11/02, NZA 2004, 108).

281 Die Grenze nach § 112 Abs. 5 S. 2 Nr. 3 ist nicht identisch mit der wirtschaftlichen Vertretbarkeit iSv § 112 Abs. 5 S. 1. Sie stellt vielmehr die **äußerste Grenze der Vertretbarkeit** dar. Dementsprechend ist ein Sozialplanvolumen, das nicht zur Bestandsgefährdung des Unternehmens oder verbleibender Arbeitsplätze führt, nicht deshalb bereits stets iSv § 112 Abs. 5 S. 1 wirtschaftlich vertretbar. Vielmehr bedarf auch bei Einhaltung der Grenze des § 112 Abs. 5 S. 2 Nr. 3 die wirtschaftliche Vertretbarkeit iSv § 112 Abs. 5 S. 1 einer gesonderten Abwägung (BAG 6.5.2003 – 1 ABR 11/02, NZA 2004, 108; *Scholz* BB 2006, 1498 [1500]). Dabei wird eine Belastung bis zur Grenze des § 112 Abs. 5 S. 2 Nr. 3 am ehesten bei einer Betriebsänderung vertretbar sein, die zur Entlassung eines großen Teils der Belegschaft führt und ein wirtschaftlich wenig leistungsfähiges Unternehmen betrifft (BAG 6.5.2003 – 1 ABR 11/02, NZA 2004, 108).

282 Eine **absolute Obergrenze** für das Gesamtvolumen eines Sozialplans fordert das G – außerhalb der Insolvenz (vgl. dort § 123 Abs. 1 u. 2 InsO, → Rn. 294 ff.) – nicht. Für eine entspr. Anwendung des § 113 Abs. 1, Abs. 3 ist kein Raum (BAG 6.5.2003 – 1 ABR 11/02, NZA 2004, 108; Richardi BetrVG/*Annuß* § 112 Rn. 165; GK-BetrVG/*Oetker* Rn. 487 mwN; **aA** wohl *Hohenstatt/Stamer* DB 2005, 2410 [2414]).

283 Die E-Stelle ist nicht verpflichtet, **abstrakte Höchstbeträge** für die einzelnen Abfindungen festzulegen (BAG 6.5.2003 – 1 ABR 11/02, NZA 2004, 108). Sie kann dies aber tun, ohne damit notwendig gegen den Gleichbehandlungsgrundsatz zu verstoßen (BAG 6.5.2003 – 1 ABR 11/02, NZA 2004, 108; 21.7.2009 – 1 AZR 566/08, NZA 2009, 1107).

284 Die Frage, wann der Bestand des Unternehmens oder die nach der Betriebsänderung verbleibenden Arbeitsplätze gefährdet sind, wird sich konkret oft nur schwer

beantworten lassen (zum praktischen Vorgehen *Domning/Krasshöfer* NZA 2019, 822). Bei Zweifeln kann es erforderlich sein, einen betriebswirtschaftlichen **Sachverständigen** hinzuzuziehen (Richardi BetrVG/*Annuß* § 112 Rn. 167; *v. Hoyningen-Huene* RdA 1986, 110). Ficht der ArbGeb. den Sozialplan an, hat er schlüssig darzulegen, dass die Regelungen die Grenze der wirtschaftlichen Vertretbarkeit für das Unternehmen überschreiten (BAG 22.1.2013 – 1 ABR 85/11, NZA-RR 2013, 409).

Stellt sich nach der Aufstellung des Sozialplans durch die E-Stelle heraus, dass die Grenzen des § 112 Abs. 5 S. 2 Nr. 3 überschritten sind, kann eine **Anpassung wegen Wegfalls der Geschäftsgrundlage** in Betracht kommen (→ Rn. 219). **285**

Die in den neuen Bundesländern von der **Treuhandanstalt** (seit 1.1.1995: Bundesanstalt für vereinigungsbedingte Sonderaufgaben) privatisierten Unternehmen verfügten häufig über keine hinreichenden Mittel, um Sozialpläne auch nur ansatzweise angemessen zu dotieren. Daher unterzeichneten die Treuhandanstalt, DGB und DAG am 13.4.1991 eine gemeinsame Erklärung, durch die eine gewisse Mindestdotierung von Sozialplänen sichergestellt werden sollte (abgedruckt in RdA 1991, 289 ff.; vgl. dazu 21. Aufl. 2002, Rn. 244–253; *Däubler* AiB 1991, 179; *Berg/Schneider* AiB 1991, 296; DKKW/*Däubler* 5. Aufl. 1996 Rn. 121 ff.; Richardi BetrVG/*Annuß* Rn. 170). **286**

5. Der Sozialplan in der Insolvenz

Sozialpläne gibt es auch in der Insolvenz eines Unternehmens. **Auch im Insolvenzverf.** finden **grds.** neben den Vorschriften über den Interessenausgleich (→ Rn. 67 ff.) die Vorschriften über den **Sozialplan** Anwendung (BAG 22.7.2003 – 1 AZR 541/02, NZA 2004, 93; 18.11.2003 – 1 AZR 30/03, NZA 2004, 220). Die InsO enthält allerdings einige Sonderregelungen (vgl. dazu etwa *Ahrends* ZInsO 13/2003; *Boemke/Tietze* DB 1999, 1389; *Heinze* NZA 1999, 57; *Lakies* BB 1999, 206 [209]; FK-InsO/*Eisenbeis* §§ 123, 124; HK-InsO/*Linck* §§ 123, 124; MüKo-InsO/*Löwisch/Caspers* §§ 123, 124; *Zwanziger* InsO §§ 123, 124; *Kohnen/Römer* ZInsO 2010, 1206; *Eisemann* NZA 2019, 81 [84 ff.]). Auf Konkurs- und Vergleichsverf., die vor dem 1.1.1999 eröffnet wurden, sind gem. Art. 103 EGInsO die zuvor geltenden Vorschriften der KO und des G über den Sozialplan im Konkurs- und Vergleichsverfahren v. 20.2.1985 (SozplKonkG; vgl. die Erl. in Fitting, 19. Aufl., Anh. 3) anzuwenden (BAG 15.1.2002 – 1 AZR 58/01, NZA 2002, 1034; 12.11.2002 – 1 AZR 632/01, NZA 2003, 676). **287**

Zu **unterscheiden** ist insbes. zwischen Sozialplänen, die noch **vor Eröffnung** des Insolvenzverf. aufgestellt wurden (→ Rn. 318 ff.), und solchen, die **nach Eröffnung** des Insolvenzverf. zustande gekommen sind (→ Rn. 289 ff.). **288**

a) Voraussetzungen und Zustandekommen von Sozialplänen im Insolvenzverfahren

Ebenso wie jeder andere ArbGeb. hat auch der Insolvenzverwalter in Unternehmen mit in der Regel mehr als 20 wahlberechtigten ArbN im Falle einer Betriebsänderung mit dem BR grds. einen Sozialplan abzuschließen. **Sozialplanpflichtig** sind auch in der Insolvenz **alle Betriebsänderungen** iSv § 111. Zwar wird die Insolvenz häufig die Liquidation des Unternehmens, die Stilllegung des Betriebs und die Entlassung der ArbN zur Folge haben. In Fällen der übertragenden und der fortführenden Sanierung (vgl. etwa FK-InsO/*Jaffé* § 220 Rn. 24 ff., Rn. 57 ff.) kommen aber auch andere Betriebsänderungen, wie etwa grundlegende Änderungen der Betriebsorganisation oder des Betriebszwecks, Betriebsteilstilllegungen oder andere in § 111 Abs. 1 S. 2 Nr. 1–5 genannte Maßnahmen in Betracht (→ Rn. 308). Die Eröffnung des Insolvenzverf. selbst ist keine Betriebsänderung (HK-InsO/*Linck* § 123 Rn. 3). **289**

Bei der Insolvenz **neu gegründeter Unternehmen** ist nach § 112a Abs. 2 S. 1 ein Sozialplan in den ersten vier Jahren nach der Gründung nicht erzwingbar (HK-InsO/*Linck* § 123 Rn. 8). **290**

291 Die §§ 111ff. gelten auch in den Fällen, in denen ein **Insolvenzplan nach §§ 217ff. InsO** aufgestellt wird. In diesem können zwar die Befriedigung der Gläubiger, die Verwertung der Masse und ihre Verteilung sowie die Schuldnerhaftung abweichend von den Bestimmungen der InsO geregelt werden. Die arbeitsrechtlichen Schutzbestimmungen werden aber nicht außer Kraft gesetzt (*Boemke/Tietze* DB 1999, 1390).

292 Für das Verf. zur Aufstellung eines Sozialplans besteht nur eine Besonderheit. Nach **§ 121 InsO** wird der Vorstand der BA nur dann beteiligt, wenn beide Seiten dies beantragen. Weigert sich entweder der Insolvenzverwalter oder der BR, kann die E-Stelle unmittelbar angerufen werden.

b) Inhalt und Umfang des Sozialplans

293 Auch im Insolvenzverf. sind die **Betriebsparteien und die E-Stelle** nach Maßgabe der betriebsverfassungsrechtlichen Bestimmungen **grds. frei** in ihrer Entscheidung, ob und wie die den ArbN durch die Betriebsänderung entstehenden Nachteile ausgeglichen werden sollen (*Boemke/Tietze* DB 1999, 1391). Hinsichtlich des zulässigen **Umfangs** des Sozialplans ergeben sich aber **Besonderheiten aus § 123 InsO.** Die dem früheren § 2 SozplKonkG (vgl. dazu die Erl. in 19. Aufl., Anh. 3a) entsprechende Bestimmung schafft einen Ausgleich zwischen den Interessen der durch die Insolvenz betroffenen ArbN und der sonstigen Insolvenzgläubiger (HK-InsO/*Linck* § 123 Rn. 1).

294 **§ 123 Abs. 1 InsO** begrenzt das zulässige Gesamtvolumen eines in der Insolvenz aufgestellten Sozialplans jedenfalls in den Fällen, in denen ausschließlich die durch Entlassungen entstehenden Nachteile ausgeglichen werden sollen (vgl. zu anderen Betriebsänderungen → Rn. 308), auf einen **Gesamtbetrag von bis zu $2^1/_2$ Monatsverdiensten.** Die absolute Obergrenze gilt auch, wenn ein Insolvenzplan nach §§ 217ff. InsO aufgestellt ist (HK-InsO/*Linck* § 123 Rn. 10; *Eisemann* NZA 2019, 81 [84]). Innerhalb dieses Volumens können die Betriebsparteien oder die E-Stelle den Sozialplan ausgestalten. Die E-Stelle hat bei einem Spruch die Grundsätze des § 112 Abs. 5 zu beachten. Für § 112 Abs. 5 S. 2 Nr. 3 ist allerdings dann kein Raum, wenn ein Betrieb vollständig stillgelegt und das Unternehmen liquidiert wird. Nicht jeder ArbN, der bei der Berechnung des zulässigen Gesamtvolumens mitzählt, muss deshalb auch bei der Verteilung berücksichtigt werden. Es handelt sich um eine absolute Obergrenze (HK-InsO/*Linck* § 123 Rn. 10f.). Eine Durchbrechung der im Interesse der übrigen Insolvenzgläubiger vorgesehenen Grenze ist wohl auch unter dem Gesichtspunkt des Berechnungsdurchgriffs (→ Rn. 258) nicht möglich (*Schwarzburg* NZA 2009, 176, **aA** *Roden* NZA 2009, 659).

295 Für das zulässige Gesamtvolumen kommt es – grds. (aber → Rn. 308) – darauf an, welche ArbN **von einer Entlassung betroffen** sind. Maßgeblich ist der betriebsverfassungsrechtliche ArbNBegriff (DKKW/*Däubler* Anh. §§ 111–113 InsO § 123 Rn. 5). Mitzuzählen sind daher auch Teilzeitkräfte sowie gem. § 5 Abs. 1 S. 2 die in Heimarbeit Beschäftigten, die in der Hauptsache für den Betrieb arbeiten (DKKW/*Däubler* Anh. §§ 111–113 InsO § 123 Rn. 5; HK-InsO/*Linck* § 123 Rn. 13). Keine Berücksichtigung finden leitende Angestellte iSv § 5 Abs. 3 (*Boemke/Tietze* DB 1999, 1389, 1391).

296 Von einer Entlassung betroffen sind nicht nur die ArbN, denen der Insolvenzverwalter kündigt. Einzurechnen sind auch die ArbN, die auf Veranlassung des ArbGeb. einen **Aufhebungsvertrag** geschlossen oder eine **Eigenkündigung** ausgesprochen haben, um einer Kündigung des ArbGeb. zuvorzukommen (*Boemke/Tietze* DB 1999, 1389, 1391; DKKW/*Däubler* Anh. §§ 111–113 InsO § 123 Rn. 4; HK-InsO/*Linck* § 123 Rn. 14). Dies entspricht § 112a Abs. 1 S. 2 (→ Rn. 104). Vom Insolvenzverwalter veranlasst ist ein Aufhebungsvertrag oder eine Eigenkündigung des ArbN, wenn der Insolvenzverwalter bei dem ArbN im Hinblick auf eine konkret geplante Betriebsänderung die berechtigte Annahme hervorgerufen hat, mit der eigenen Ini-

tiative zur Beendigung des ArbVerh. komme er einer sonst notwendig werdenden betriebsbedingten Kündigung des Insolvenzverwalters nur zuvor (BAG 29.10.2002 – 1 AZR 80/02, NJOZ 2003, 1859; 25.3.2003 – 1 AZR 169/02, NJOZ 2004, 226 mwN).

Wegen der Bestimmung des Monatsverdienstes verweist § 123 Abs. 1 InsO auf **§ 10 Abs. 3 KSchG.** Danach gilt als Monatsverdienst, was dem ArbN bei der für ihn maßgebenden regelmäßigen Arbeitszeit in dem Monat zusteht, in dem das ArbVerh. endet. **297**

Der **Bemessungszeitraum** kann Schwierigkeiten bereiten, da bei Aufstellung des Sozialplans bisweilen noch nicht genau feststehen wird, wie hoch der Monatsverdienst in dem Monat sein wird, in dem die einzelnen ArbVerh. enden (vgl. *Boemke/Tietze* DB 1999, 1389, 1391; DKKW/*Däubler* Anh. §§ 111–113 InsO § 123 Rn. 10–12; GK-BetrVG/*Oetker* Rn. 407; *Zwanziger* InsO § 123 Rn. 19). Dieser Zeitpunkt wird häufig in der Zukunft liegen und sich bei den ArbN darüber hinaus individuell unterscheiden. Teilweise wird daher im Wege korrigierender Gesetzesauslegung auf den Zeitpunkt des Abschlusses des Sozialplans oder den Zeitpunkt der Durchführung der Betriebsänderung bzw. den Zeitpunkt abgestellt, zu dem die Mehrzahl der ArbN entlassen wird (vgl. zum Meinungsstand GK-BetrVG/*Oetker* Rn. 407). Am sichersten dürfte es stattdessen sein, den **Gesamtbetrag und die einzelnen Beträge** zunächst **nicht absolut** festzulegen, **sondern** ein Gesamtvolumen **abstrakt** vorzusehen und die **Verteilungsrelationen** zu bestimmen (vgl. DKKW/*Däubler* Anh. §§ 111–113 InsO § 123 Rn. 13; *Zwanziger* InsO § 123 Rn. 29; HK-InsO/*Linck* § 123 Rn. 16). Zur abstrakten Festlegung des Gesamtbetrags ist anzugeben, welche ArbN mit welchen Einkommensbestandteilen bezogen auf welchen – ggf. künftigen – Monat zu berücksichtigen sind. Die Verteilung kann über eine Punktesystem festgelegt werden (vgl. *Zwanziger* InsO § 123 Rn. 30). **298**

Bei der Ermittlung des Monatsverdienstes der einzelnen betroffenen ArbN ist gem. § 10 Abs. 3 KSchG nicht auf die regelmäßige betriebliche, sondern auf die jeweilige **individuelle Arbeitszeit** abzustellen. Schwankungen der Arbeitszeit – Kurzarbeit und Überstunden – sind nicht zu berücksichtigen. Sind jedoch Überstunden über einen längeren Zeitraum hinweg angefallen, sind sie einzubeziehen (*Boemke/Tietze* DB 1999, 1389, 1391; DKKW/*Däubler* Anh. §§ 111–113 InsO § 123 Rn. 8). **299**

Zu den **Geldbezügen** gehören alle **Grundvergütungen** (Gehalt, Zeitlohn, Fixum). Maßgebend ist der Bruttobetrag ohne Abzüge für Lohnsteuer und Sozialversicherung (DKKW/*Däubler* Anh. §§ 111–113 InsO § 123 Rn. 8). Bei Akkordlöhnern ist der **Akkordverdienst** zu errechnen, den sie in dem maßgebenden Bemessungsmonat unter Zugrundelegung der für sie maßgebenden Arbeitszeit erzielt haben oder – bei Störungen – erzielt hätten. Zu den Geldbezügen gehören auch alle geschuldeten **Zulagen** (Gefahrenzulagen, Erschwerniszulagen, Schicht- und Nachtarbeitszuschläge). Weiter gehören alle Leistungen dazu, die nicht den Charakter von reinem Aufwendungsersatz haben. Fallen Aufwendungen nur an, wenn der ArbN tatsächlich arbeitet (Spesen, Fahrtkostenzuschüsse), gehört der Ersatz dieser Aufwendungen nicht zum Arbeitsverdienst. Zu den Geldbezügen gehören jedoch die vertraglich oder tariflich vorgesehenen **Sonderzahlungen** (13. oder 14. Gehalt, Jahresabschlussvergütungen, Weihnachtsgeld usw). Sind solche Leistungen auf einen längeren Zeitraum bezogen (Jahr, Halbjahr), werden sie anteilig auf einen Monat umgerechnet (*Boemke/Tietze* DB 1999, 1389, 1391). Das gilt auch für das vertraglich vereinbarte oder tariflich vorgesehene Urlaubsgeld. **300**

Zum Monatsverdienst gehören alle vom ArbGeb. geschuldeten **Sachbezüge.** Sie sind in Geld umzurechnen (zB Deputate in der Landwirtschaft, im Bergbau, Überlassung von Werkswohnungen usw). § 10 Abs. 3 KSchG enthält keine Verweisung auf die in der Sachbezugsverordnung (vgl. § 17 Abs. 1 Nr. 4 SGB IV) festgesetzten Werte. Maßgebend ist vielmehr der Marktwert. Für die Ermittlung der Verdienste ist es unerheblich, ob der ArbN bis zum Ablauf der Kündigungsfrist beschäftigt wird; **Frei-** **301**

stellungen, Urlaub, längere **Krankheit** usw wirken sich auf die Berechnung nicht aus (DKKW/*Däubler* Anh. §§ 111–113 InsO § 123 Rn. 9).

302 Der zulässige Gesamtbetrag ergibt sich, wenn die Monatsverdienste aller betroffenen ArbN mit 2,5 multipliziert werden. Besonderheiten können sich in einem von mehreren Unternehmen gemeinsam geführten **Gemeinschaftsbetrieb** iSv § 1 Abs. 1 S. 2 ergeben. Wird über das Vermögen eines oder auch sämtlicher beteiligter Unternehmen das Insolvenzverfahren eröffnet, ist dadurch nicht notwendig der Gemeinschaftsbetrieb aufgelöst. An die Stelle der (Vertrags-)ArbGeb. tritt der jeweilige Insolvenzverwalter. Im Falle von Betriebsänderungen, insbes. auch einer Stilllegung des Gemeinschaftsbetriebs, sind ggf. mehrere Sozialpläne mit den jeweiligen Vertrags-ArbGeb. der ArbN, bzw. den Insolvenzverwaltern abzuschließen. Diese können wohl in einem Sozialplan zusammengefasst werden. Bei der Ermittlung der – mehreren – nach § 123 Abs. 1 InsO zulässigen Gesamtbeträge zählen jeweils nur die ArbN des jeweiligen Vertrags-ArbGeb., nicht dagegen alle ArbN des Gemeinschaftsbetriebs (vgl. zu § 2 SozplKonkG BAG 12.11.2002 – 1 AZR 632/01, NZA 2003, 676). Eine gesamtschuldnerische Verpflichtung mehrerer insolvent gewordener Unternehmen dürfen die Insolvenzverwalter nicht eingehen (BAG 12.11.2002 – 1 AZR 632/01, NZA 2003, 676; HK-InsO/*Linck* § 123 Rn. 17).

303 Sinnvoll kann es sein, **vorsorglich Anpassungsregelungen** für den Fall vorzusehen, dass die zulässigen Grenzen ungewollt überschritten werden (vgl. *Lakies* BB 1999, 210; HK-InsO/*Linck* § 123 Rn. 19).

c) Rechtsfolgen bei Überschreitung des nach § 123 Abs. 1 InsO zulässigen Gesamtvolumens

304 Wird der zulässige Höchstbetrag überschritten, ist der **Sozialplan insgesamt unwirksam** (vgl. *Boemke/Tietze* DB 1999, 1392; *Lakies* BB 1999, 210; GK-BetrVG/*Oetker* Rn. 414; *Schwarzburg* NZA 2009, 176; DKKW/*Däubler* Anh. §§ 111–113 InsO § 123 Rn. 15; HK-InsO/*Linck* § 123 Rn. 18). Die Nichtigkeit wirkt **nicht nur relativ** gegenüber den Insolvenzgläubigern, sondern absolut (*Zwanziger* InsO § 123 Rn. 37). Die Nichtigkeit betrifft sowohl vereinbarte Sozialpläne als auch solche, die von der E-Stelle aufgestellt werden.

305 Die Nichtigkeit lässt sich durch Verwendung eines Punktesystems (→ Rn. 298) oder durch vorsorgliche **Nachbesserungsklauseln** vermeiden, in denen Regelungen für den Fall der Überschreitung des zulässigen Gesamtvolumens vorgesehen sind (vgl. GK-BetrVG/*Oetker* Rn. 415; HK-InsO/*Linck* § 123 Rn. 19; *Kohnen/Römer* ZInsO 2010, 1206).

306 Bei Überschreitung der Grenze des § 123 Abs. 1 InsO kommt außerdem eine **geltungserhaltende Reduktion** in – entsprechender – Anwendung des § 140 BGB in Betracht (vgl. DKKW/*Däubler* Anh. §§ 111–113 InsO § 123 Rn. 16; GK-BetrVG/*Oetker* Rn. 416; *Zwanziger* InsO § 123 Rn. 37). Diese ist dann angezeigt, wenn die Parteien in Kenntnis der Nichtigkeit wegen Überschreitens der zulässigen Höchstgrenze den Sozialplan mit einem geringeren Volumen und proportional gekürzten Ansprüchen aufgestellt hätten. In diesem Fall können die Ansprüche anteilig gekürzt werden. Dies setzt allerdings voraus, dass die Verteilungsmaßstäbe eindeutig erkennbar sind und durch eine anteilige Kürzung nicht berührt werden (*Boemke/Tietze* DB 1999, 1389, 1392; DKKW/*Däubler* Anh. §§ 111–113 InsO § 123 Rn. 16; GK-BetrVG/*Oetker* Rn. 416; HK-InsO/*Linck* § 123 Rn. 20). Wären in Kenntnis des Überschreitens der Höchstgrenzen andere Verteilungsmaßstäbe gesetzt worden, bleibt es bei der Nichtigkeit des Sozialplans (*Boemke/Tietze* DB 1999, 1389, 1392; DKKW/*Däubler* Anh. §§ 111–113 InsO § 123 Rn. 16; *Zwanziger* InsO § 123 Rn. 37).

307 Die **Nichtigkeit** der Vereinbarung und die Nichtigkeit des Spruchs der E-Stelle **können jederzeit,** also auch außerhalb der Frist des § 76 Abs. 5, **geltend gemacht werden** (*Boemke/Tietze* DB 1999, 1389, 1392; DKKW/*Däubler* Anh. §§ 111–113 InsO § 123 Rn. 15; GK-BetrVG/*Oetker* Rn. 417). Ist ein Sozialplan nichtig, werden

neue Verhandlungen, Vereinbarungen sowie ggf. ein erneutes Tätigwerden der E-Stelle **erforderlich.** Aus einem nichtigen Sozialplan kann der einzelne ArbN keine Ansprüche herleiten (HK-InsO/*Linck* § 123 Rn. 20).

d) Anwendbarkeit des § 123 Abs. 1 InsO auf sonstige Betriebsänderungen

Höchst zweifelhaft und von nicht unerheblicher Bedeutung ist die Frage, ob und ggf. wie die Höchstgrenzen des § 123 Abs. 1 InsO auch Anwendung finden, wenn der Insolvenzverwalter im Zusammenhang mit einer Betriebsänderung **andere Maßnahmen als (ausschließlich) Entlassungen** beabsichtigt (vgl. dazu etwa *Boemke/Tietze* DB 1999, 1389, 1392f.; DKKW/*Däubler* Anh. §§ 111–113 InsO § 123 Rn. 23; GK-BetrVG/*Oetker* Rn. 400f.; MüKo-InsO/*Löwisch/Caspers* InsO § 123 Rn. 26; *Zwanziger* InsO § 123 Rn. 52). Die wohl noch überwiegende Auffassung geht dahin, dass insbes. wegen des Wortlauts des § 123 Abs. 1 InsO dieser auf sonstige Maßnahmen nicht anwendbar sei. Daraus wird sodann der Schluss gezogen, dass es für diese sonstigen Sozialplanleistungen keine gesetzliche Obergrenze gebe (vgl. *Boemke/Tietze* DB 1999, 1389, 1392f.; DKKW/*Däubler* Anh. §§ 111–113 InsO § 123 Rn. 23). Diese Auffassung führt aber zu **unauflösbaren Wertungswidersprüchen.** Diese werden vor allem dann deutlich, wenn ein Sozialplan aufgestellt werden soll für eine Betriebsänderung, die sowohl mit Entlassungen als auch mit anderen Maßnahmen, wie zB Versetzungen, Rationalisierungsmaßnahmen oder ähnlichem verbunden ist, und der Sozialplan daher sowohl Entlassungsabfindungen als auch andere Leistungen, wie zB Umzugskostenzuschüsse, Fahrgelderstattungen, Verdienstausgleich enthalten soll. In einem solchen Fall erscheint es weder sach- und systemgerecht, das Gesamtvolumen des Sozialplans auf das $2^1/_2$-fache des Monatsverdienstes der zu entlassenden ArbN zu beschränken, noch wegen der sonstigen Maßnahmen eine Obergrenze gänzlich abzulehnen. Vielmehr hat der Gesetzgeber derartige Fallgestaltungen erkennbar planwidrig nicht bedacht (vgl. DKKW/*Däubler* Anh. §§ 111–113 InsO § 123 Rn. 23). Dies rechtfertigt die **analoge Anwendung des § 123 Abs. 1 InsO** (so iErg auch GK-BetrVG/*Oetker* Rn. 401; *Zwanziger* InsO § 123 Rn. 52) und führt dazu, dass bei einer derart gemischten Betriebsänderung, aber auch bei Betriebsänderungen, die mit gar keinen Entlassungen verbunden sind, die **betroffenen ArbN** bei der Ermittlung des Gesamtvolumens zu berücksichtigen sind (HK-InsO/*Linck* § 123 Rn. 5). BR und Insolvenz-verwalter oder E-Stelle müssen freilich das hierdurch eröffnete Gesamtvolumen nicht ausschöpfen. Zugleich führt dies zwanglos zu dem systemgerechten Ergebnis, dass sämtliche Sozialplanleistungen Masseverbindlichkeiten iSv § 123 Abs. 2 S. 1 InsO sind und den Beschränkungen des § 123 Abs. 2 S. 2 u. 3 InsO unterfallen (so iErg auch *Boemke/Tietze* DB 1999, 1389, 1392). 308

e) Einordnung als Masseverbindlichkeit, relative Berichtigungssperre, Vollstreckungsverbot und Haftungsbeschränkung des Betriebserwerbers

Nach **§ 123 Abs. 2 S. 1 InsO** sind die Verbindlichkeiten aus einem solchen – nach der Eröffnung des Insolvenzverf. aufgestellten – Sozialplan **Masseverbindlichkeiten.** Dies ergibt sich außerdem bereits aus § 55 Abs. 1 Nr. 1 InsO und könnte allenfalls bei von der E-Stelle aufgestellten Sozialplänen zweifelhaft sein. § 123 Abs. 2 S. 1 InsO gilt nicht nur für die Sozialpläne, die für entlassene ArbN Abfindungen vorsehen (→ Rn. 293ff.), sondern auch für sonstige Sozialplanleistungen (→ Rn. 308). Als Masseverbindlichkeiten sind die Sozialplanforderungen gem. § 53 InsO **vorweg zu berichtigen** (BAG 29.10.2002 – 1 AZR 80/02, NJOZ 2003, 1859). Die Anmeldung und Feststellung der Forderung zur Insolvenztabelle entfällt (*Boemke/Tietze* DB 1999, 1389, 1393; HK-InsO/*Linck* § 123 Rn. 27). Im Anwendungsbereich des G zur Sanierung und Abwicklung von Instituten und Finanzgruppen (SAG) sind nach **§ 148 SAG** Ansprüche aus einem Sozialplan, der nach der Be- 309 kanntgabe der Aufsichtsbehörde über die Bestandsgefährdung geschlossen wurde, vom Instrument der Gläubigerbeteiligung ausgenommen, soweit sie im hypothetischen Insolvenzfall mit überwiegender Wahrscheinlichkeit in einem Sozialplan nach § 123 Abs. 1 InsO enthalten gewesen und als Masseverbindlichkeiten nach § 123 Abs. 2 InsO beglichen worden wären (vgl. auch BT-Drs. 18/2575, 188).

310 Gleichwohl rangieren die Sozialplanansprüche iErg nur als „letztrangige Masseverbindlichkeiten" (Braun/*Wolf* InsO § 123 Rn. 12; HK-InsO/*Linck* § 123 Rn. 25). Dies ist die Konsequenz aus der **relativen Berichtigungssperre** des **§ 123 Abs. 2 S. 2 InsO.** Danach darf für die Berichtigung (Erfüllung) der Sozialplanforderungen nicht mehr als ein Drittel der Masse verwendet werden, die ohne den Sozialplan für die Verteilung an die Insolvenzgläubiger zur Verfügung stünde. Übersteigt der Gesamtbetrag aller Sozialplanforderungen diese Grenze, so werden nach § 123 Abs. 2 S. 2 InsO die einzelnen Sozialplanforderungen anteilig gekürzt. Dies entspricht der früheren Regelung in § 4 SozplKonkG. § 123 Abs. 2 S. 2 InsO gilt nicht in Fällen, in denen ein Insolvenzplan nach § 217 ff. InsO aufgestellt ist (HK-InsO/*Linck* § 123 Rn. 10; *Eisemann* NZA 2019, 81 [84]).

311 Die relative Berichtigungssperre ist wie folgt zu ermitteln (vgl. MüKo-InsO/*Löwisch/Caspers* § 123 Rn. 61; *Zwanziger* InsO § 123 Rn. 23; HK-InsO/*Linck* § 123 Rn. 22): Zunächst ist eine **fiktive Teilungsmasse** zu bilden. Hierzu sind von der insgesamt vorhandenen Masse zunächst die Aus- und Absonderungen (§§ 47 ff. InsO) sowie Aufrechnungen (§§ 94 ff. InsO) abzusetzen und sodann sowohl die Kosten des Insolvenzverf. (§ 54 InsO) als auch alle sonstigen Masseverbindlichkeiten (§ 55 InsO) abzuziehen. Diese fiktive Teilungsmasse ist sodann nochmals durch drei zu teilen. Der so ermittelte Betrag stellt sodann die Obergrenze dar, bis zu der die Sozialplanansprüche befriedigt werden dürfen. Die relative Berichtigungssperre führt dazu, dass ggf. die Ansprüche der einzelnen ArbN nur in einem entspr. Verhältnis erfüllt werden.

Beispiel:

Der Sozialplan hat ein Volumen von 50 000 EUR. Die fiktive Teilungsmasse beträgt 105 000 EUR. Sozialplanforderungen dürfen deshalb insgesamt nur bis zur Höhe von 35 000 EUR berichtigt werden. Jeder ArbN erhält nur $^{7}/_{10}$ seines Sozialplananspruchs. Steht ihm eine Abfindung von 2500 EUR zu, erhält er tatsächlich nur 1750 EUR.

312 Diese Kürzung im Insolvenzverf. hat **keine Auswirkungen auf den Bestand der Forderung** aus dem Sozialplan. Die Forderung bleibt unabhängig von ihrer Erfüllbarkeit im Insolvenzverf. in voller Höhe bestehen. Nach Abschluss des Insolvenzverf. kann der ArbN seine Forderung gegen seinen früheren ArbGeb. (Insolvenzschuldner) nach § 215 Abs. 2, § 201 Abs. 1 InsO geltend machen.

313 Die Berichtigungssperre gilt für **alle Sozialplanforderungen** während des laufenden Insolvenzverf. Werden mehrere Sozialpläne nacheinander aufgestellt, darf zur Begleichung sämtlicher Forderungen nicht mehr als ein Drittel der Masse verwandt werden (*Boemke/Tietze* DB 1999, 1389, 1393; *Lakies* BB 1999, 210; *Schaub* DB 1999, 217). Die Berichtigungssperre gilt nicht nur für Sozialpläne, die Abfindungen wegen Entlassungen vorsehen, sondern auch für andere Sozialplanleistungen (→ Rn. 308).

314 In einem **Insolvenzplan** kann von der Verteilungsvorschrift des § 123 Abs. 2 InsO abgewichen werden, und zwar sowohl zugunsten als auch zu Lasten der Sozialplangläubiger (*Boemke/Tietze* DB 1999, 1389, 1393; KBP/*Moll* InsO §§ 123, 124 Rn. 79).

315 Eine weitere Einschränkung für die Durchsetzbarkeit der Ansprüche aus einem Sozialplan folgt aus § 123 Abs. 3 S. 2 InsO. Danach können die ArbN wegen ihrer Sozialplanforderungen nicht die Zwangsvollstreckung in die Masse betreiben. Dies hat auch Folgen für die gerichtliche Durchsetzung von Sozialplanansprüchen gegen den Insolvenzverwalter. Nach überwiegender Auffassung entfällt wegen des **Vollstreckungsverbots** nämlich das **Rechtsschutzbedürfnis** für eine Leistungsklage (BAG 31.7.2002 – 10 AZR 275/01, NZA 2002, 1332; 11.12.2001 – 9 AZR 459/00, NZA

2002, 975; 29.10.2002 – 1 AZR 80/02, NJOZ 2003, 1859; 22.7.2003 – 1 AZR 541/02, NZA 2004, 93; 22.11.2005 – 1 AZR 458/04, NZA 2006, 220; 18.7.2017 – 1 AZR 546/15, BeckRS 2017, 129605 Rn. 26; BGH 3.4.2003 – IX ZR 101/02, NJW 2003, 2454; *Zwanziger* InsO § 123 Rn. 47). Dem ArbN ist daher anzuraten, stattdessen eine **Feststellungsklage** zu erheben. Dieser steht der ansonsten zu beachtende Vorrang der Leistungsklage nicht entgegen (BAG 29.10.2002 – 1 AZR 80/02, NJOZ 2003, 1859; 22.7.2003 – 1 AZR 541/02, NZA 2004, 93; 22.11.2005 – 1 AZR 458/04, NZA 2006, 220; 18.7.2017 – 1 AZR 546/15, BeckRS 2017, 129605 Rn. 26; HK-InsO/*Linck* § 123 Rn. 27).

Die ArbN sind auf eine baldige Auszahlung der Abfindung angewiesen, wenn der **316** Zweck des Sozialplans, die Nachteile einer Entlassung zu mildern, erreicht werden soll. § 123 Abs. 3 S. 1 InsO sieht deshalb vor, dass der Insolvenzverwalter bei hinreichend vorhandenen Barmitteln mit Zustimmung des Insolvenzgerichts **Abschlagszahlungen** vornehmen soll (HK-InsO/*Linck* § 123 Rn. 28). Zur **Verjährung** von Sozialplanansprüchen in der Insolvenz vgl. *Pott* NZI 2015, 539.

Fraglich kann die Haftung eines etwaigen **Betriebs- oder Betriebsteilerwerbers** **317** für in der Insolvenz entstandene Sozialplanansprüche sein. Für das früher geltende Konkursrecht schied nach der Rspr. des BAG eine Haftung des Betriebserwerbers für Abfindungsansprüche aus einem vor Konkurseröffnung geschlossenen Sozialplan auf Grund einer teleologischen Reduktion des § 613a BGB aus (BAG 15.1.2002 – 1 AZR 58/01, NZA 2002, 1034 mwN). Das BAG hat dies auch angenommen für Abfindungsansprüche aus einem vom Konkursverwalter nach § 2 SozplKonkG geschlossenen Sozialplan, und zwar auch im Fall der normativen Fortgeltung des Sozialplans, die bei der Wahrung der Betriebsidentität eintritt (BAG 15.1.2002 – 1 AZR 58/01, NZA 2002, 1034). Das BAG hat zwar jeglichen Hinweis auf die Rechtslage nach der InsO vermieden. Die Interessenlage dürfte aber vergleichbar sein. Entscheidender Gesichtspunkt ist bei der Rspr. des BAG, dass sich die Haftung des Betriebserwerbers iErg zu Lasten der Insolvenzgläubiger auswirken würde, weil ein Betriebserwerber im Falle seiner Haftung für die Sozialplanansprüche nur einen entspr. geringeren Kaufpreis für den Betrieb bezahlen und auf diese Weise den Insolvenzgläubigern Haftungsmasse entzogen oder gar die Betriebsveräußerung unmöglich würde. Diese Erwägungen treffen für die Rechtslage nach der InsO gleichermaßen zu.

f) Sozialpläne vor Eröffnung des Insolvenzverfahrens

Für **Sozialpläne,** die **vor der Eröffnung des Insolvenzverf.,** aber nicht früher **318** als drei Monate vor dem Eröffnungsantrag aufgestellt werden, sieht § 124 InsO eine beiderseitige **Widerrufsmöglichkeit** vor. Sozialpläne, die in dieser Zeit aufgestellt wurden, sollen typischerweise bereits Nachteile ausgleichen, die mit dem Eintritt der Insolvenz im Zusammenhang stehen. Es erscheint daher angemessen, die durch solche Sozialpläne begünstigten ArbN weitgehend den ArbN gleichzustellen, denen Forderungen aus einem im Insolvenzverf. aufgestellten Sozialplan zustehen (Braun/*Wolf* InsO § 124 Rn. 1).

Maßgebend für die Frist ist der Antrag auf **Eröffnung des Insolvenzverfahrens.** **319** Sozialpläne, die im Zeitraum von drei Monaten vor dem Antrag aufgestellt werden, sind Sozialpläne der **„kritischen Phase“.** Diese reicht bis zur Eröffnung des InsVerf. Der Zeitpunkt des Antrags auf Eröffnung ergibt sich aus Akten des Insolvenzgerichts. Zwischen dem Antrag auf Eröffnung des Verf. und der Eröffnung selbst kann ein längerer Zeitraum liegen. Wird in diesem Zeitraum ein Sozialplan aufgestellt, ist er ebenfalls nach § 124 InsO zu behandeln, nicht nach § 123 InsO (DKKW/*Däubler* Anh. §§ 111–113 InsO § 124 Rn. 9; HK-InsO/*Linck* § 124 Rn. 1).

Aufgestellt ist der Sozialplan, wenn ArbGeb. und BR sich geeinigt haben oder die **320** Einigung durch die E-Stelle ersetzt worden ist. Im Falle einer Einigung ist maßgeblich der Zeitpunkt, in dem der Sozialplan gem. § 112 Abs. 1 S. 1 u. 2 von Unternehmer und BR unterschrieben ist (HK-InsO/*Linck* § 124 Rn. 2).

321 Für die **Fristberechnung** gilt § 188 Abs. 2 u. 3 BGB (HK-InsO/*Linck* § 124 Rn. 2). Es ist daher vom Tag des Antrags auf Eröffnung des Insolvenzverf. drei Monate zurückzurechnen. Bei einem Eingang des Antrags am 20.5. werden alle seit einschließlich 20.2. abgeschlossenen Sozialpläne erfasst (§ 188 Abs. 2 BGB). Bei einem Antragseingang am 31.7. rechnet die Frist ab einschließlich 30.4. (§ 188 Abs. 3 BGB).

322 Sozialpläne die in der sog „kritischen Phase" aufgestellt wurden, können sowohl vom Insolvenzverwalter als auch vom BR **widerrufen** werden. Beide Seiten haben insofern ein Wahlrecht. Der Widerruf ist weder an eine **Frist** noch an einen besonderen **Grund** gebunden (Braun/*Wolf* InsO § 124 Rn. 4; HK-InsO/*Linck* § 124 Rn. 3). Ein Widerruf des BR setzt einen ordnungsgemäßen **BR-Beschluss** voraus. Das **Restmandat** des BR nach § 21b erstreckt sich auch auf den Widerruf. Der Widerruf ist gegenüber dem jeweils anderen Teil zu erklären. Dies gilt auch dann, wenn der Sozialplan durch Spruch der E-Stelle zustande gekommen ist (HK-InsO/*Linck* § 124 Rn. 3). Der Widerruf wird mit **Zugang** (§ 130 BGB) bei der jeweils anderen Betriebspartei wirksam.

323 Der **Sozialplan entfällt** mit dem Widerruf **rückwirkend** und entfaltet grds. keine Wirkungen mehr. Insbes. können aus dem widerrufenen Sozialplan keine Ansprüche mehr geltend gemacht werden (HK-InsO/*Linck* § 124 Rn. 6). Mit dem Wegfall des Sozialplans lebt aber die Sozialplanpflicht wegen der Betriebsänderung wieder auf (HK-InsO/*Linck* § 124 Rn. 8). Dies gilt auch dann, wenn die Betriebsänderung bereits durchgeführt wurde (Braun/*Wolf* InsO § 124 Rn. 6). Insolvenzverwalter und BR müssen sich erneut auf einen Sozialplan einigen oder notfalls die E-Stelle entscheiden lassen. Für den neu abzuschließenden Sozialplan gilt § 123 InsO (Braun/*Wolf* InsO § 124 Rn. 6).

324 Bei der **Aufstellung des neuen Sozialplans** können gem. § 124 Abs. 2 InsO ArbN berücksichtigt werden, denen bereits aus dem früheren Sozialplan Leistungen zustanden. Die Betriebsparteien können unter Beachtung des Gleichbehandlungsgrundsatzes ArbN nun aber auch unberücksichtigt lassen. Die Inhalte und Verhältnisse des widerrufenen Sozialplans entfalten auch insoweit keine Bindungswirkung (Braun/*Wolf* InsO § 124 Rn. 7; HK-InsO/*Linck* § 124 Rn. 8).

325 Mit dem Widerruf des Sozialplans entfällt zwar der Rechtsgrund für die daraus bereits erbrachten Leistungen. Diese können aber gem. § 124 Abs. 3 S. 2 InsO **nicht** wegen des Widerrufs **zurückgefordert** werden (HK-InsO/*Linck* § 124 Rn. 7). Nach § 124 Abs. 3 S. 3 InsO sind die bereits erbrachten Leistungen jedoch bei der Aufstellung eines neuen Sozialplans bis zur Höhe von 2 1/2 Monatsverdiensten abzusetzen (HK-InsO/*Linck* § 124 Rn. 9). Zur Vermeidung von Missverständnissen und Streitigkeiten sollten die Betriebsparteien in dem neuen Sozialplan zweifelsfrei **regeln, ob** und ggf. in welcher Höhe die bereits erbrachten Zahlungen auf die neu festgelegten Leistungen **anzurechnen** sind.

326 Die **Entscheidung, ob ein Widerruf des alten Sozialplans sinnvoll** ist, kann sowohl für den BR als auch für den Insolvenzverwalter **schwierig** sein. Sie hängt von den Umständen des **Einzelfalls,** insbes. von der vorhandenen Masse, der Höhe von Masse- und Insolvenzforderungen sowie den bereits erbrachten Zahlungen ab. Zwar sind einerseits die Ansprüche aus dem alten Sozialplan häufig absolut höher, da für sie noch nicht die Grenzen des § 123 Abs. 1 InsO galten. Andererseits handelt es sich aber bei den Forderungen aus dem alten Sozialplan um einfache Insolvenzforderungen, während die Forderungen aus dem neuen Sozialplan gem. § 123 Abs. 2 InsO – allerdings letztrangige – Masseverbindlichkeiten sind.

327 Forderungen aus einem nicht widerrufenen oder bereits vor der „kritischen Phase" abgeschlossenen und daher nicht widerrufbaren Sozialplan sind keine Masseverbindlichkeiten, sondern **Insolvenzforderungen iSv § 38 InsO,** die nach §§ 174 ff. InsO am Verteilungsverfahren teilnehmen (BAG 31.7.2002 – 10 AZR 275/01, NZA 2002, 1332 mwN; *Boemke/Tietze* DB 1999, 1389, 1394; DKKW/*Däubler* Anh. §§ 111–113 InsO § 124 Rn. 1; HK-InsO/*Linck* § 124 Rn. 10; *Zwanziger* InsO § 124 Rn. 13).

Eine Ausnahme gilt nur, wenn der Sozialplan von einem vorläufigen Insolvenzverwalter mit Verfügungsbefugnis nach § 21 Abs. 2 Nr. 1, § 22 InsO (sog starker Insolvenzverwalter) abgeschlossen wurde; dann gelten nämlich die Ansprüche nach § 55 Abs. 2 InsO als Masseverbindlichkeiten (BAG 31.7.2002 – 10 AZR 275/01, NZA 2002, 1332).

Streitig kann sein, ob es Möglichkeiten gibt, sich auch noch von **Sozialplänen** zu lösen, die bereits **vor der sog „kritischen Phase“** abgeschlossen wurden (vgl. dazu *Boemke/Tietze* DB 1999, 1389, 1395 mwN). Eine **ordentliche Kündigung** des Sozialplans wird regelmäßig nicht in Betracht kommen. Sie wäre mit dem auf eine konkrete Betriebsänderung bezogenen Charakter eines Sozialplans nicht vereinbar. 328

Zu denken wäre daher allenfalls an eine **außerordentliche Kündigung** oder an die Anrufung der E-Stelle mit der Begründung, durch die Insolvenz sei die **Geschäftsgrundlage** für den früher abgeschlossenen Sozialplan entfallen. Dies könnte deshalb der Fall sein, weil zum Zeitpunkt des Abschlusses des alten Sozialplans normalerweise noch damit gerechnet wird, dass die daraus resultierenden Ansprüche tatsächlich befriedigt werden. 329

Gleichwohl ist die **Eröffnung eines Insolvenzverf.** jedenfalls nach der neuen InsO **kein hinreichender Grund,** um einen Wegfall der Geschäftsgrundlage annehmen zu können (HK-InsO/*Linck* § 124 Rn. 11). In gewissem Sinne ist die Insolvenz eines Schuldners in allen Vertragsbeziehungen ein Wegfall der Geschäftsgrundlage. Der Gesetzgeber hat diesen Fall aber mit der InsO geregelt. Dies gilt in besonderem Maße für Sozialpläne. Für diese hat er mit § 124 InsO sogar eine ausdrückliche Regelung getroffen (*Boemke/Tietze* DB 1999, 1389, 1395; vgl. auch *C. Meyer* FS 100 Jahre BetrVR 2020, 481 [495 f.]). Eine Anwendung der Grundsätze über den Wegfall der Geschäftsgrundlage ist auch aus Gründen der Rechtssicherheit und wegen der Interessen der übrigen Insolvenzgläubiger nicht möglich. Ein Sozialplan kann aus Gründen der Rechtsklarheit und wegen des mit den §§ 123, 124 InsO auch intendierten Schutzes der Insolvenzgläubiger nicht wirksam unter die auflösende Bedingung der Eröffnung des Insolvenzverfahrens über das Vermögen des ArbGeb. gestellt werden (LAG Nds 24.9.2009 – 4 TaBV 45/08, BeckRS 2009, 74358, die Rechtsbeschwerde – 1 ABR 128/09 – wurde zurückgenommen; HK-InsO/*Linck* § 124 Rn. 11). 330

IV. Streitigkeiten

Besteht zwischen den Betriebsparteien Streit darüber, ob der ArbGeb. auf Grund einer Betriebsänderung zur Unterrichtung des und Beratung mit dem BR sowie zum Versuch eines Interessenausgleichs verpflichtet ist, kann der BR seine Ansprüche im **arbeitsgerichtlichen BeschlVerf.** verfolgen (→ § 111 Rn. 130 ff.; → Rn. 141). Zu den **Besonderheiten des BeschlVerf.** vgl. **Anh. 3.** 331

Ist zwischen den Betriebsparteien die Verpflichtung des ArbGeb. zum Abschluss eines Sozialplans streitig, kann der BR eine etwa bereits gebildete ständige **E-Stelle anrufen oder** gem. § 76 Abs. 2 S. 2 u. 3 BetrVG, § 100 Abs. 1 S. 1 ArbGG beim ArbG die **Errichtung einer E-Stelle beantragen.** Das ArbG kann den Antrag nach § 100 Abs. 1 S. 2 ArbGG nur bei offensichtlicher Unzuständigkeit abweisen. Die E-Stelle hat ihre Zuständigkeit in eigener Verantwortung zu beurteilen und hierbei zu prüfen, ob eine sozialplanpflichtige Betriebsänderung vorliegt. Bejaht sie ihre Zuständigkeit und kommt eine Einigung über einen Sozialplan nicht zustande, stellt die E-Stelle durch Spruch gem. § 112 Abs. 4 S. 1 einen Sozialplan auf. Verneint sie ihre Zuständigkeit, stellt sie ihre Tätigkeit – ggf. durch ausdrücklichen, deklaratorischen Beschluss – ein (BAG 28.5.2002 – 1 ABR 37/01, NZA 2003, 171). 332

Die Betriebsparteien haben unter bestimmten Umständen die Möglichkeit, die „Zuständigkeit“ der E-Stelle bereits vorab oder auch parallel zu einem E-Stellenverf. in einem sog **Vorabentscheidungsverf.** gerichtlich prüfen zu lassen (→ Anh. 3 333

Rn. 12). Der Sache nach handelt es sich dabei um die gerichtliche Klärung der Frage, ob eine mitbestimmungspflichtige Angelegenheit vorliegt. Diese Frage bildet im Verhältnis der Betriebsparteien ein Rechtsverhältnis iSv § 256 Abs. 1 ZPO, das einer gerichtlichen Feststellung grds. zugänglich ist. Ein ihre Zuständigkeit feststellender Zwischenbeschluss einer E-Stelle ist allerdings dann nicht mehr gesondert gerichtlich anfechtbar, wenn bereits vor der gerichtlichen Anhörung im Verf. erster Instanz der Spruch der E-Stelle über den Sozialplan vorliegt (BAG 22.1.2002 – 3 ABR 28/01, AP BetrVG 1972 § 76 E-Stelle Nr. 16). Um ein Vorabentscheidungsverf. in diesem Sinne handelt es sich der Sache nach auch, wenn ein Beschluss der E-Stelle angegriffen wird, durch welche sich diese für unzuständig erklärt und ihre Tätigkeit eingestellt hat (BAG 10.12.2002 – 1 ABR 27/01, BeckRS 2003, 41197).

334 Stellt das Gericht das Vorliegen einer beteiligungspflichtigen, durch Spruch der E-Stelle zu entscheidenden betriebsverfassungsrechtlichen Regelungsstreitigkeit rechtskräftig fest, ist dies für die Beteiligten sowie die E-Stelle **bindend.** Diese hat ihre etwa eingestellte Tätigkeit wieder aufzunehmen und eine Sachregelung zu treffen (BAG 10.12.2002 – 1 ABR 27/01, BeckRS 2003, 41197). Verneint das Gericht rechtskräftig das Vorliegen eines beteiligungspflichtigen Tatbestands, stellt die E-Stelle ihre Tätigkeit endgültig ein.

335 Jede der beiden Betriebsparteien kann die Unwirksamkeit eines Sozialplans gerichtlich geltend machen. Dies gilt auch dann, wenn sie dem Sozialplan – sei es vor, sei es in einem E-Stellenverf. – zugestimmt hat. Die Zustimmung nimmt der Betriebspartei grds. weder prozessual noch materiellrechtlich die Befugnis, die Unwirksamkeit einer BV geltend zu machen (BAG 18.2.2003 – 1 ABR 2/02, NZA 2003, 742). Sie kann hierzu sogar nach § 80 Abs. 1 S. 1 verpflichtet sein. Dies gilt auch für einen Sozialplan. Der **Streit über die Wirksamkeit** ist von den Betriebsparteien im **arbeitsgerichtlichen BeschlVerf.** auszutragen. Der Sozialplan kann als betriebsverfassungsrechtliches Rechtsverhältnis iSv § 256 Abs. 1 ZPO erachtet werden, dessen Bestehen oder Nichtbestehen einer gerichtlichen Feststellung zugänglich ist. Als Unwirksamkeitsgründe kommen insbes. Verletzungen höherrangigen Rechts in Betracht. Auch die Zuständigkeit von BR oder GesBR ist erforderlichenfalls von Amts wegen zu prüfen.

336 Einen durch Spruch der E-Stelle aufgestellten Sozialplan können die Betriebsparteien ebenfalls im arbeitsgerichtlichen BeschlVerf. angreifen. Die **gerichtliche Entscheidung über die Wirksamkeit des Spruchs der E-Stelle** hat gem. § 76 Abs. 5 **feststellende und nicht rechtsgestaltende Wirkung.** Deshalb ist die Feststellung der Unwirksamkeit des Spruchs und nicht seine Aufhebung zu beantragen (BAG 28.5.2002 – 1 ABR 37/01, NZA 2003, 171; 6.5.2003 – 1 ABR 11/02, NZA 2004, 108). Verstöße gegen zwingendes höherrangiges Recht können zeitlich unbegrenzt geltend gemacht werden. Die Überschreitung der Grenzen des Ermessens können dagegen ArbGeb. oder BR gem. § 76 Abs. 5 S. 4 nur binnen einer Frist von zwei Wochen nach Zuleitung des Beschlusses der E-Stelle gerichtlich geltend machen. Dies betrifft insbes. die Behauptung, die E-Stelle habe die in § 76 Abs. 5 genannten Grundsätze verletzt. Zum **Wert des Gegenstands der anwaltlichen Tätigkeit** bei gerichtlicher Anfechtung eines Spruchs der E-Stelle wegen überhöhten Sozialplanvolumens BAG 9.11.2004 – 1 ABR 11/02 (A), NZA 2005, 70, wegen zu niedrigen Sozialplanvolumens BAG 20.7.2005 – 1 ABR 23/03 (A), BeckRS 2005, 42514.

337 Der BR kann auch seinen aus § 77 Abs. 1 S. 1 oder aus dem Sozialplan selbst folgenden **Anspruch** gegen den ArbGeb. **auf Durchführung** der Regelungen des Sozialplans im Wege des arbeitsgerichtlichen BeschlVerf. verfolgen. Er kann aber nicht an Stelle der ArbN deren Individualansprüche geltend machen (→ Rn. 178; BAG 17.10.1989 – 1 ABR 75/88, NZA 1990, 441; 21.1.2003 – 1 ABR 9/02, NZA 2003, 1097; **aA** DKKW/*Däubler* Rn. 225).

338 Fraglich erscheint, ob Gegenstand eines BeschlVerf. auch **Inhalt, Anwendbarkeit und Auslegung eines Sozialplans** sein können (so wohl DKKW/*Däubler*

Rn. 224). Insbes. kann zweifelhaft sein, ob es sich insoweit um ein betriebsverfassungsrechtliches Rechtsverhältnis iSv § 256 Abs. 1 ZPO handelt. Nachdem der BR vom ArbGeb. die (ordnungsgemäße) Durchführung einer BV verlangen kann (→ Rn. 337), erscheint es konsequent, ihm auch die Möglichkeit zu eröffnen, einen Streit über Inhalt, Anwendbarkeit und Auslegung eines Sozialplans im BeschlVerf. zu klären (BAG 10.2.2009 – 1 ABR 94/07, NZA 2009, 562).

Der einzelne **ArbN** kann **Ansprüche** aus einem Sozialplan **im Urteilsverf.** einklagen. Wirksamkeit und Auslegung des Sozialplans sind dann ggf. als Vorfrage zu prüfen. Die Zuständigkeit von BR oder GesBR ist vom Gericht nur zu prüfen, wenn eine Seite diese bestreitet oder sich Zweifel aufdrängen (BAG 20.2.2001 – 1 AZR 233/00, NZA 2001, 903). Der ArbN kann insbes. geltend machen, er sei unter Verletzung des Gleichbehandlungsgrundsatzes von Leistungen ausgeschlossen worden, und Gleichbehandlung mit den Begünstigten verlangen (→ Rn. 173; BAG 15.1.1991 – 1 AZR 80/90, NZA 1991, 692). Der einzelne ArbN kann sich aber im Individualverf. nicht erfolgreich darauf berufen, die Betriebsparteien oder die E-Stelle hätten bei der Festlegung des Gesamtvolumens des Sozialplans ermessensfehlerhaft gehandelt (BAG 17.2.1981 – 1 AZR 290/78, NJW 1982, 69). 339

§ 113 Nachteilsausgleich

(1) **Weicht der Unternehmer von einem Interessenausgleich über die geplante Betriebsänderung ohne zwingenden Grund ab, so können Arbeitnehmer, die infolge dieser Abweichung entlassen werden, beim Arbeitsgericht Klage erheben mit dem Antrag, den Arbeitgeber zur Zahlung von Abfindungen zu verurteilen; § 10 des Kündigungsschutzgesetzes gilt entsprechend.**

(2) **Erleiden Arbeitnehmer infolge einer Abweichung nach Absatz 1 andere wirtschaftliche Nachteile, so hat der Unternehmer diese Nachteile bis zu einem Zeitraum von zwölf Monaten auszugleichen.**

(3) **Die Absätze 1 und 2 gelten entsprechend, wenn der Unternehmer eine geplante Betriebsänderung nach § 111 durchführt, ohne über sie einen Interessenausgleich mit dem Betriebsrat versucht zu haben, und infolge der Maßnahme Arbeitnehmer entlassen werden oder andere wirtschaftliche Nachteile erleiden.**

Inhaltsübersicht

I. Vorbemerkung

Die Vorschrift regelt in Abs. 1 die **individualrechtlichen Folgen** eines Abweichens des Unternehmers vom Interessenausgleich durch einen Anspruch auf Abfindung bei Entlassungen. Abs. 2 sieht zusätzlich einen zeitlich begrenzten Ausgleich sonstiger, dh nicht durch Entlassungen bedingter wirtschaftlicher Nachteile vor. Nach Abs. 3 gelten die Abs. 1 u. 2 entspr., wenn der Unternehmer eine Betriebsänderung durchführt, ohne einen Interessenausgleich versucht zu haben. 1

2 § 113 dient zum einen dazu, ArbN einen Anspruch auf Ausgleich von wirtschaftlichen Nachteile zu verschaffen, die ihnen dadurch entstehen, dass der ArbGeb. bei einer Betriebsänderung ohne zwingenden Grund von einem mit dem BR vereinbarten Interessenausgleich abweicht oder gar bereits den Versuch eines Interessenausgleichs unterlässt. Da die Nachteile damit zumindest auch auf der Betriebsänderung selbst beruhen, besteht zwischen dem Anspruch auf Nachteilsausgleich nach § 113 und Sozialplanansprüchen eine zumindest partielle Zweckidentität (BAG 20.11.2001 – 1 AZR 97/01, NZA 2002, 992; 4.12.2002 – 10 AZR 16/02, NZA 2003, 665). Vor allem ist § 113 aber eine **Sanktionsnorm** (*Rebel* Nachteilsausgleich S. 34 ff.). Sie will betriebsverfassungsrechtliche Rechte des BR sichern (BAG 20.11.2001 – 1 AZR 97/01, NZA 2002, 992; 4.12.2002 – 10 AZR 16/02, NZA 2003, 665). Als Sanktionsmittel werden dem ArbN individualrechtliche Ausgleichsansprüche eingeräumt (ErfK/*Kania* Rn. 1). Diese entstehen unabhängig vom Verschulden des ArbGeb. (→ Rn. 16) und grds. auch unabhängig von Ansprüchen aus einem Sozialplan (→ Rn. 33).

3 § 113 gilt für **alle Betriebsänderungen** und damit auch dann, wenn kein erzwingbarer Anspruch auf Abschluss eines Sozialplanes besteht (→ §§ 112, 112a Rn. 100 ff.; BAG – 1 AZR 687/87, NZA 1989, 278; ErfK/*Kania* Rn. 3).

4 In **Tendenzbetrieben** sind §§ 111–113 gem. § 118 Abs. 1 S. 2 nur insoweit anzuwenden, als sie den Ausgleich oder die Milderung wirtschaftlicher Nachteile für die ArbN infolge von Betriebsänderungen regeln. Für die Anwendung des Abs. 1 u. 2 dürfte daher in Tendenzbetrieben kein Raum sein. Die Bestimmungen setzen jeweils einen Interessenausgleich voraus, den es in Tendenzunternehmen nicht gibt und den der Unternehmer auch nicht versuchen muss. Dagegen kommt ein Nachteilsausgleich nach Abs. 3 dann in Betracht, wenn der ArbGeb. eine Betriebsänderung durchführt, ohne den BR rechtzeitig unterrichtet und Verhandlungen über einen Sozialplan ermöglicht zu haben (→ § 118 Rn. 47; BAG 27.10.1998 – 1 AZR 766/97, NZA 1999, 328; 18.11.2003 – 1 AZR 637/02, NZA 2004, 741; 30.3.2004 – 1 AZR 7/03, NZA 2004, 931; DKKW/*Wedde* § 118 Rn. 70, 71; **aA** GK-BetrVG/*Weber* § 118 Rn. 152; *Rebel* Nachteilsausgleich S. 94 ff.). Anders als die §§ 106–110 hat der Gesetzgeber die §§ 111–113 nicht für unanwendbar, sondern eingeschränkt für anwendbar erklärt. Wenn daher für § 113 überhaupt ein Anwendungsbereich verbleiben soll, dann für seinen Abs. 3. Dies ergibt auch Sinn. Sanktioniert wird durch Abs. 3 auch die Verletzung der Unterrichtungspflicht nach § 111 S. 1. Diese Unterrichtung dient zwar in erster Linie den Beratungen über einen Interessenausgleich. Sie ist für den BR aber auch hilfreich bei Verhandlungen über einen Sozialplan. Nicht erforderlich ist allerdings, dass der ArbGeb. dem BR bereits sämtliche später möglicherweise tatsächlich relevant werdenden Informationen erteilt; es genügen vielmehr zunächst „Basisinformationen", die es dem BR ermöglichen, einigermaßen fundiert einzuschätzen, auf welche Regelungen eines Sozialplans sich die Betroffenen einzustellen haben (BAG 18.11.2003 – 1 AZR 637/02, NZA 2004, 741; 30.3.2004 – 1 AZR 7/03, NZA 2004, 931). Der auch im Tendenzbetrieb bestehende Anspruch auf Unterrichtung über die beabsichtigte Betriebsänderung wird durch die individualrechtlichen Ansprüche der ArbN auf Nachteilsausgleich gesichert. Auf den Tendenzschutz kann sich der ArbGeb., der seine Unterrichtungspflichten verletzt, nicht berufen. Die nach § 118 Abs. 1 S. 2 iVm § 111 S. 1 in Tendenzbetrieben bestehende Pflicht des ArbGeb., dem BR die Informationen zu erteilen, die dieser benötigt, um sein MBR bei einem Sozialplan auszuüben, gilt **auch in nicht tendenzgeschützten Betrieben,** dort neben der Pflicht zur Erteilung der auf einen Interessenausgleich bezogenen Informationen (BAG 30.3.2004 – 1 AZR 7/03, NZA 2004, 931).

5 Die Vorschrift gilt auch in der **Insolvenz** (→ § 111 Rn. 37–39; BAG 22.7.2003 – 1 AZR 541/02, NZA 2004, 93; *Rebel* Nachteilsausgleich S. 228 ff.). Der Insolvenzverwalter kann sich nicht darauf berufen, die Beteiligung des BR sei wegen der schlechten wirtschaftlichen Situation ausnahmsweise entbehrlich. Unterlässt der In-

solvenzverwalter den Versuch eines Interessenausgleichs, haben die ArbN gem. Abs. 3 einen Anspruch auf Nachteilsausgleich (BAG 22.7.2003 – 1 AZR 541/02, NZA 2004, 93). Zur insolvenzrechtlichen Einordnung der Ansprüche und zur Klageart → Rn. 40, 41.

Entspr. Vorschrift im **BPersVG:** Keine. 6

II. Abweichen vom Interessenausgleich

Der Unternehmer muss sich grds. sowohl dem BR als auch den ArbN gegenüber an einen erzielten Interessenausgleich über die geplante Maßnahme halten (näher → §§ 112, 112a Rn. 45 f.). Der Anspruch aus Abs. 2 iVm Abs. 1 dient in erster Linie der Einhaltung des abgeschlossenen Interessenausgleichs über die Betriebsänderung und schützt dabei mittelbar die Interessen der von dieser betroffenen ArbN (BAG 22.1.2013 – 1 AZR 873/11, NJOZ 113, 1944). Ein Anspruch steht daher nur den ArbN zu, deren Arbeitsverhältnis **von der Betriebsänderung unmittelbar nachteilig betroffen** ist (BAG 22.1.2013 – 1 AZR 873/11, NJOZ 113, 1944). 7

Der ArbGeb. darf von dem Interessenausgleich nur aus **zwingenden Gründen abweichen.** In Betracht kommen nur nachträglich entstandene oder erkennbar gewordene Umstände (BAG 17.9.1974 – 1 AZR 16/74, NJW 1975, 182; Richardi BetrVG/*Annuß* Rn. 15; DKKW/*Däubler* Rn. 5; GK-BetrVG/*Oetker* Rn. 31; ErfK/*Kania* Rn. 4). Ein wichtiger Grund genügt nicht. „Zwingend" ist ein Grund zur Abweichung vielmehr nur, wenn einem verständigen, verantwortungsbewussten Unternehmer im Interesse des Unternehmens und seiner ArbNschaft – insbes. zur Abwendung unmittelbar drohender Gefahren – **praktisch keine andere Wahl** bleibt. An die Notwendigkeit der Abweichung ist ein strenger Maßstab anzulegen (vgl. Richardi BetrVG/*Annuß* Rn. 13 ff.; GK-BetrVG/*Oetker* Rn. 32 ff.; ErfK/*Kania* Rn. 4). Beispiele können sein die Entziehung eines entscheidenden Bankkredits, der überraschende Verlust von Großaufträgen, die Insolvenz eines Hauptkunden oder ein schwerwiegender Rohstoff- oder Energiemangel (vgl. ErfK/*Kania* Rn. 4). 8

Da sich der Unternehmer auf einen Ausnahmetatbestand beruft, ist er im Streitfall **darlegungs- u. beweispflichtig** dafür, dass er aus zwingenden Gründen von der erzielten Einigung abweichen musste (GK-BetrVG/*Oetker* Rn. 36; ErfK/*Kania* Rn. 4). 9

Die Abweichung von einem Interessenausgleich ist allein **keine neue Betriebsänderung.** Anderes gilt bei einer völlig anderen Maßnahme (zB Stilllegung statt Verlegung); an dieser ist der BR erneut zu beteiligen (vgl. DKKW/*Däubler* Rn. 6). Keine Abweichung iSv Abs. 1 liegt vor, wenn der ArbGeb. die Betriebsänderung ganz unterlässt (DKKW/*Däubler* Rn. 6). 10

Entscheidender **Zeitpunkt für die Beurteilung** der Notwendigkeit der Abweichung ist die Durchführung der Maßnahme. Es kommt also nicht darauf an, ob sich die wirtschaftliche Entscheidung des Unternehmers nachträglich als sachlich richtig oder falsch erweist (GK-BetrVG/*Oetker* Rn. 35; Richardi BetrVG/*Annuß* Rn. 17). 11

Die **Nichterfüllung eines Sozialplans** fällt nicht unter § 113 (DKKW/*Däubler* Rn. 8; Richardi BetrVG/*Annuß* Rn. 12). Die ArbN können auf Erfüllung bestehen und die Sozialplanansprüche einklagen (→ §§ 112, 112a Rn. 177, 339). 12

III. Unterbliebener Versuch eines Interessenausgleichs

Der Abweichung von einem Interessenausgleich stellt das G in **Abs. 3** den Fall gleich, in dem der Unternehmer die Unterrichtung des BR oder den Versuch eines **Interessenausgleichs gänzlich unterlässt** oder **mit der Betriebsänderung vor Abschluss des Interessenausgleichsverfahrens beginnt.** Der Verweis auf Abs. 1 u. 2 betrifft nur die Rechtsfolgen, nicht die Anspruchsvoraussetzungen (BAG 13

18.12.1984 – 1 AZR 176/82, NZA 1985, 400; ErfK/*Kania* Rn. 9). Diese ergeben sich allein aus Abs. 3.

14 Der **Anspruch** nach Abs. 3 **entsteht, wenn** der **Unternehmer ohne den hinreichenden Versuch eines Interessenausgleichs die Betriebsänderung durchführt** und deshalb ArbN entlassen werden oder andere wirtschaftliche Nachteile erleiden. **Der ArbGeb. führt eine Betriebsänderung durch, wenn er mit ihr beginnt und vollendete, unumkehrbare Tatsachen schafft** (→ **§ 111** Rn. **109 f.;** BAG 14.4.2015 – 1 AZR 794/13, NZA 2015, 1147; 18.7.2017 – 1 AZR 546/15, BeckRS 2017, 129605 Rn. 38; 7.11.2017 – 1 AZR 186/16, NZA 2018, 464 Rn. 21). Ein Verstoß des ArbGeb. gegen seine Anzeigepflicht nach § 17 Abs. 3 KSchG (→ § 111 Rn. 103) begründet keinen Anspruch nach Abs. 3 (BAG 30.3.2004 – 1 AZR 7/03, NZA 2004, 931).

15 Abs. 3 ist **auch anwendbar, wenn zwingende Gründe für eine Betriebsänderung vorliegen,** das Verf. nach §§ 111, 112 aber nicht eingehalten wurde. Die Verpflichtung des ArbGeb., den BR zu unterrichten und mit ihm einen Interessenausgleich zu versuchen, entfällt nicht bei Maßnahmen, die mehr oder weniger durch die wirtschaftliche Situation „diktiert" werden (BAG 9.7.1985 – 1 AZR 323/83, NZA 1986, 100; 22.7.2003 – 1 AZR 541/02, NZA 2004, 875). Bei einem Interessenausgleich geht es nicht nur darum, ob, sondern insbes. auch wie eine erforderliche Betriebsänderung durchgeführt werden soll (BAG 22.7.2003 – 1 AZR 541/02, NZA 2004, 875). Eine teleologische Reduktion kommt, wenn überhaupt, allenfalls in ganz besonderen Ausnahmefällen in Betracht, in denen weder für das Ob noch für das Wie der Durchführung der Betriebsänderung irgendwelche Alternativen möglich erscheinen (vgl. GK-BetrVG/*Oetker* Rn. 58; WPK/*Preis/Bender* Rn. 14; *Rebel* Nachteilsausgleich *S.* 178 f.).

16 Für den Anspruch auf Nachteilsausgleich kommt es auf ein **Verschulden** des Unternehmers nicht an. Es genügt ein objektiv betriebsverfassungswidriges Verhalten (BAG 20.11.2001 – 1 AZR 97/01, NZA 2002, 992; 23.9.2003 – 1 AZR 576/02, NZA 2004, 440; Richardi BetrVG/*Annuß* Rn. 28; GK-BetrVG/*Oetker* Rn. 39; ErfK/*Kania* Rn. 1).

17 Um einen Anspruch nach Abs. 3 zu vermeiden muss der Unternehmer **vor der tatsächlichen Durchführung der Betriebsänderung alle Möglichkeiten einer Einigung über den Interessenausgleich ausschöpfen** (BAG 20.11.2001 – 1 AZR 97/01, NZA 2002, 992, 26.10.2004 – 1 AZR 493/03, NZA 2005, 237; 16.5.2007 – 8 AZR 693/06, NZA 2007, 1296). Mit formlosen Mitteilungen des BRVors., der Betriebsänderung werde zugestimmt oder ein Interessenausgleich sei überflüssig, darf er sich grds. nicht begnügen (BAG 26.10.2004 – 1 AZR 493/03, NZA 2005, 237; 16.5.2007 – 8 AZR 693/06, NZA 2007, 1296). Der BR kann auf seine gesetzlich vorgeschriebene Beteiligung an der Entscheidung über das Ob, Wann und Wie der Betriebsänderung auch nicht wirksam verzichten (BAG 26.10.2004 – 1 AZR 493/03, NZA 2005, 237). Der ArbGeb. muss erforderlichenfalls das Verfahren nach § 112 Abs. 2 voll ausschöpfen (BAG 26.10.2004 – 1 AZR 493/03, NZA 2005, 237, 21.7.2005 – 6 AZR 592/04, NZA 2006, 162).

18 Der ArbGeb. muss **notfalls die E-Stelle anrufen** und das E-Stellenverfahren durchführen (BAG 20.11.2001 – 1 AZR 97/01, NZA 2002, 992; 26.10.2004 – 1 AZR 493/03, NZA 2005, 237; 7.11.2017 – 1 AZR 186/16, NZA 2018, 464 Rn. 30; abl. *Hohenstatt/Willemsen* FS 100 Jahre BetrVR 2020, 205). Ausnahmen von dieser Obliegenheit kommen in Betracht, wenn der BR seine Tätigkeit gänzlich eingestellt hat oder der BRVors. trotz eines ordnungsgemäßen BRBeschlusses über die Zustimmung zur Betriebsänderung dem Verlangen des ArbGeb. nach schriftlicher Niederlegung nicht nachkommt (BAG 6.8.1991 – 1 AZR 642/90, BeckRS 1991, 30738298; 26.10.2004 – 1 AZR 493/03, NZA 2005, 237) oder wenn der BR eindeutig ausdrückt, seinen Informations- und Beratungsanspruch nach S. 1 auch ohne Durchführung des Verfahrens nach § 112 Abs. 2 als erfüllt anzusehen (ausdrücklich offengelassen in BAG 7.11.2017 – 1 AZR 186/16, NZA 2018, 464 Rn. 30). Zu-

mindest der hinreichende „Versuch" eines Interessenausgleichs liegt vor, wenn die Betriebsparteien einen aufschiebend bedingten Interessenausgleich geschlossen haben (BAG 21.7.2005 – 6 AZR 592/04, NZA 2006, 162; *Salamon/von Stechow* NZA 2016, 85, 89; offen gelassen hat das BAG allerdings die Frage, ob ein Interessenausgleich unter einer aufschiebenden oder auflösenden Bedingung überhaupt geschlossen werden kann). Der ArbGeb. muss die Verhandlungen vor der E-Stelle mit dem **ernsthaften Bemühen um einen Interessenausgleich** führen (GK-BetrVG/*Oetker* Rn. 49). Dies setzt zumindest voraus, dass er sich die Alternativvorschläge des BR anhört und sich mit diesen inhaltlich befasst (GK-BetrVG/*Oetker* Rn. 49).

Eine bestimmte **Verhandlungsdauer** ist nicht vorgeschrieben. Die zeitweilig in Abs. 3 S. 2 u. 3 enthaltene, zum 1.1.1999 entfallene Frist von zwei bzw. drei Monaten ist nicht mehr von Bedeutung (BAG 16.5.2007 – 8 AZR 693/06, NZA 2007, 1296; GK/*Oetker* Rn. 50; WPK/*Preis/Bender* §§ 112, 112a Rn. 11). Sie stellt weder eine Mindest- noch eine Höchstfrist dar. Die erforderliche Verhandlungsdauer hängt sehr von den Umständen des Einzelfalls und der Komplexität der Angelegenheit ab (vgl. HaKo-BetrVG/*Steffan* Rn. 8). Es ist sinnvoll, den Zeitpunkt des Scheiterns der Verhandlungen vor der E-Stelle zweifelsfrei festzuhalten. Zur Frage, wann von einem endgültigen Scheitern ausgegangen werden kann, → §§ 112, 112a Rn. 42. 19

Der Unternehmer muss mit der **zuständigen InteressenVertr.** verhandeln (→ § 111 Rn. 114; vgl. auch BAG 18.7.2017 – 1 AZR 546/15, BeckRS 2017, 129605). Bei übereinstimmenden Äußerungen von BR und GesBR darf der Unternehmer das gemeinsam bezeichnete Organ für zuständig halten. Bei unklarer Zuständigkeit reicht es aus, wenn der Unternehmer alles ihm zur Klärung Zumutbare unternimmt. Weist er ohne weiteres einen der möglichen Verhandlungspartner zurück so trägt er das Risiko, dass sein Verhandlungsversuch als unzureichend gewertet wird, weil der zurückgewiesene Verhandlungspartner zuständig war (BAG 24.1.1996 – 1 AZR 542/95, NZA 1996, 1107, GK-BetrVG/*Oetker* Rn. 50). 20

IV. Entlassung von Arbeitnehmern

Unter **Entlassung iSv Abs. 3** sind nicht nur Kündigungen zu verstehen. Es geht vielmehr um das tatsächliche Ausscheiden des ArbN aus dem Betrieb. 21

Die Entlassung muss nicht auf einer **Kündigung durch den ArbGeb.** beruhen. Entlassen ist ein ArbN, wenn sein ArbVerh. auf Veranlassung des ArbGeb. tatsächlich beendet wird. Die Entlassung kann daher auch Folge eines **Aufhebungsvertrags** oder einer vom ArbGeb. veranlassten **Eigenkündigung** des ArbN sein (→ § 111 Rn. 78, → §§ 112, 112a Rn. 104; BAG 4.7.1989 – 1 ABR 35/88, NZA 1990, 280; 29.10.2002 – 1 AZR 80/02, NJOZ 2003, 1859; 25.3.2003 – 1 AZR 169/02, NJOZ 2004, 226; 22.7.2003 – 1 AZR 575/02, AP BetrVG 1972 § 112 Nr. 160; GK-BetrVG/*Oetker* Rn. 69f.; Richardi BetrVG/*Annuß* Rn. 42; DKKW/*Däubler* Rn. 17; ErfK/*Kania* Rn. 5). 22

Voraussetzung für Abfindungsansprüche nach Abs. 3 ist, dass die Kündigung **tatsächlich** zur **Beendigung** des ArbVerh. führt (BAG 31.10.1995 – 1 AZR 372/95, NZA 1996, 499; 14.12.2004 – 1 AZR 504/03, NZA 2005, 818; DKKW/*Däubler* Rn. 18; GK-BetrVG/*Oetker* Rn. 65). Dies ist zum einen der Fall, wenn die Kündigung wirksam ist. Der ArbN kann aber auch eine unwirksame Kündigung akzeptieren. Dann liegt ebenfalls eine Entlassung iSv Abs. 3 vor. Der ArbGeb. kann sich gegenüber dem Abfindungsanspruch nicht darauf berufen, die von ihm selbst ausgesprochene Kündigung sei unwirksam gewesen (DKKW/*Däubler* Rn. 17; GK-BetrVG/*Oetker* Rn. 67). Keine Entlassung liegt aber vor, wenn der ArbN im Wege einer Kündigungsschutzklage die Rechtsunwirksamkeit einer Kündigung erfolgreich hat feststellen lassen (BAG 31.10.1995 – 1 AZR 372/95, NZA 1996, 499; 14.12.2004 – 1 AZR 504/03, NZA 2005, 818; GK-BetrVG/*Oetker* Rn. 67). Gleiches gilt, wenn eine Kündigung später vom ArbGeb. im Einvernehmen mit dem 23

ArbN „zurückgenommen" wird (BAG 14.12.2004 – 1 AZR 504/03, NZA 2005, 818).

V. Andere wirtschaftliche Nachteile

24 Einen Anspruch auf Nachteilsausgleich haben nach Abs. 2 auch die ArbN, die zwar nicht entlassen werden, die aber auf Grund der Abweichung von einem Interessenausgleich oder beim unterbliebenen Versuch eines Interessenausgleichs durch die Betriebsänderung **andere wirtschaftliche Nachteile** erleiden.

25 Erforderlich sind **vermögenswerte Nachteile,** die in Geld ausgeglichen werden können. Rein immaterielle Nachteile genügen nicht (DKKW/*Däubler* Rn. 23; GK-BetrVG/*Oetker* Rn. 73). In Betracht kommen zB erhöhte Fahrtkosten bei Betriebsverlegungen (GK-BetrVG/*Oetker* Rn. 74) oder Lohneinbußen bei grdl. neuen Arbeitsmethoden (wegen des Inhalts des Nachteilsausgleich → Rn. 34).

VI. Kausalität

26 Zwischen Betriebsänderung und Entlassung oder anderen wirtschaftlichen Nachteilen muss ein **Ursachenzusammenhang** bestehen (DKKW/*Däubler* Rn. 18; GK-BetrVG/*Oetker* Rn. 75; Richardi BetrVG/*Annuß* Rn. 19ff.). Einen Anspruch auf Nachteilsausgleich haben nur solche ArbN, die von der Betriebsänderung selbst nachteilig betroffen werden (BAG 22.1.2013 – 1 AZR 873/11, NJOZ 2013, 1944). Ausreichend ist ein mittelbarer, aber noch adäquater Zusammenhang (GK-BetrVG/*Oetker* Rn. 76; Richardi BetrVG/*Annuß* Rn. 20).

27 Anspruch auf Nachteilsausgleich haben auch die ArbN, denen ohne Versuch eines Interessenausgleich gekündigt wird, weil sie dem Übergang ihres ArbVerh. aufgrund eines – eine Betriebsänderung darstellenden – Betriebsteilübergangs **widersprochen** haben (BAG 10.12.1996 – 1 AZR 290/96, NZA 1997, 787; GK-BetrVG/*Oetker* Rn. 78).

28 Den Zusammenhang zwischen der Abweichung und der Entlassung hat der ArbN **darzulegen** und zu **beweisen.** Bei der Stilllegung oder Einschränkung von Betrieben oder Betriebsteilen (§ 111 Abs. 1 S. 3 Nr. 1) wird die Feststellung der Kausalität meist keine Schwierigkeiten bereiten. Werden bei Betriebsverlegungen (§ 111 Abs. 1 S. 3 Nr. 2) ArbN entlassen, liegt der Kausalzusammenhang gleichfalls regelmäßig nahe. Entlassungen, die in zeitlichem Zusammenhang mit anderen Betriebsänderungen nach § 111 Abs. 1 S. 3 Nr. 3–5 stehen, werden ebenfalls häufig durch diese bedingt sein. Bei einem engen zeitlichen Zusammenhang dürfte es im Rechtsstreit nach den Grundsätzen der abgestuften Darlegungs- und Einlassungslast regelmäßig Sache des ArbGeb. sein, darzutun, dass und warum die Entlassung nichts mit der Betriebsänderung zu tun hat. IÜ kann die Beweisführung nach den Grundsätzen des **Beweises des ersten Anscheins** erleichtert sein (Richardi BetrVG/*Annuß* Rn. 22). Dieser liegt insbes. bei einem engen zeitlichen Zusammenhang zwischen Betriebsänderung und Entlassung nahe (GK-BetrVG/*Oetker* Rn. 79).

VII. Inhalt des Nachteilsausgleichs

29 Der **Inhalt des Nachteilsausgleichs** ist davon abhängig, ob der ArbN entlassen wird oder ob er andere wirtschaftliche Nachteile erleidet. Bei einer Entlassung kann er nach Abs. 1 eine Abfindung beanspruchen (→ Rn. 30ff.). Erleidet er andere wirtschaftliche Nachteile, so sind diese nach Abs. 2 bis zu einem Zeitraum von 12 Monaten auszugleichen (→ Rn. 34).

Wird der ArbN unter Abweichung von einem Interessenausgleich **entlassen,** hat das ArbG den ArbGeb. auf Antrag des ArbN zur Zahlung einer **Abfindung** zu verurteilen. Voraussetzung ist, dass der ArbN den Arbeitsplatz tatsächlich verliert (→ Rn. 23). Hinsichtlich der **Höhe der Abfindung** verweist Abs. 1 Hs. 2 auf § 10 KSchG. Dieser sieht je nach Lebensalter und Beschäftigungsdauer einen Rahmen von bis zu 12, 15 oder 18 Monatsverdiensten vor. Innerhalb dieses Rahmens sind wichtige Faktoren bei der Bemessung der Abfindung insbes. das Alter des ArbN, dessen Betriebszugehörigkeit und seine Aussichten auf dem Arbeitsmarkt (BAG 13.6.1989 – 1 AZR 819/87, NZA 1989, 894; 22.7.2003 – 1 AZR 541/02, NZA 2004, 93; 18.10.2011 – 1 AZR 335/10, NZA 2012, 221; 7.11.2017 – 1 AZR 186/16, NZA 2018, 464 Rn. 35). Das Gericht kann ferner das Ausmaß des betriebsverfassungswidrigen Verhaltens des ArbGeb. berücksichtigen (BAG 20.11.2001 – 1 AZR 97/01, NZA 2002, 992; 4.12.2002 – 10 AZR 16/02, NZA 2003, 665; 24.8.2006 – 8 AZR 317/05, NZA 2007, 1287; 18.10.2011 – 1 AZR 335/10, NZA 2012, 221; 7.11.2017 – 1 AZR 186/16, NZA 2018, 464 Rn. 35; GK-BetrVG/*Oetker* Rn. 95). Dagegen spielen die wirtschaftlichen Verhältnisse des ArbGeb. für die Höhe der Abfindung keine Rolle (BAG 20.11.2001 – 1 AZR 97/01, NZA 2002, 992; 22.7.2003 – 1 AZR 541/02, NZA 2004, 93; 18.10.2011 – 1 AZR 335/10, NZA 2012, 221; 7.11.2017 – 1 AZR 186/16, NZA 2018, 464 Rn. 35; DKKW/*Däubler* Rn. 20; GK-BetrVG/*Oetker* Rn. 96; Richardi BetrVG/*Annuß* Rn. 49). Dies folgt aus dem Sanktionscharakter des Nachteilsausgleichs. Die Bemessung der Abfindung steht grds. im Beurteilungsspielraum des Tatsachengerichts und ist durch Revisionsgericht nur eingeschränkt überprüfbar (BAG 7.11.2017 – 1 AZR 186/16, NZA 2018, 464 Rn. 36). 30

Der Rahmen des § 10 Abs. 1 u. 2 KSchG iVm § 113 Abs. 1 Hs. 2 gilt auch in der **Insolvenz.** Der Nachteilsausgleich ist nicht etwa in entsprechender Anwendung des § 123 Abs. 1 InsO auf $2^1/_2$ Monatsverdienste begrenzt (BAG 22.7.2003 – 1 AZR 541/02, NZA 2004, 93; GK-BetrVG/*Oetker* Rn. 97). Auch die Interessen der anderen Insolvenzgläubiger gebieten weder eine Begrenzung noch eine Minderung des Anspruchs auf Nachteilsausgleich (BAG 22.7.2003 – 1 AZR 541/02, NZA 2004, 93). 31

Schwierigkeiten kann das **Verhältnis zwischen** dem Anspruch auf **Nachteilsausgleich und** einem **Sozialplananspruch** bereiten. Nach der **Rspr. des BAG** sind „Abfindungen aufgrund eines Sozialplans und aufgrund eines gesetzlichen Nachteilsausgleichs – im Wege der Erfüllungswirkung gem. § 362 Abs. 1 BGB - verrechenbar“ (BAG 12.2.2019 – 1 AZR 279/17, NZA 2019, 719 Leitsatz; vgl. auch schon 13.6.1989 – 1 AZR 819/87, NZA 1989, 894 zu B III 3a; 20.11.2001 – 1 AZR 97/01, NZA 2002, 992; 16.5.2007 – 8 AZR 693/06, NZA 2007, 1296 Rn. 39; ebenso Richardi BetrVG/*Annuß* § 112 Rn. 204, § 113 Rn. 65; *Leuchten/Lipinski* NZA 2003, 1361; *Reuther* NZA 2019, 759; **aA** DKKW/*Däubler* §§ 112, 112a Rn. 123; ErfK/*Kania* Rn. 2; *Hinrichs* Massenentlassungen S. 180 ff.; *Weber* AuR 2008, 365, 378; krit. zumindest gegenüber einer vollständigen Anrechnung GK-BetrVG/*Oetker* Rn. 109; *Hanau* NZA 1996, 841, 845; *Oetker* NZA 1998, 1193, 1198; *Wißmann* RdA 1998, 221, 227; *Rebel* Nachteilsausgleich S. 64 ff.) Das BAG begründet dies mit der (teilweisen) Zweckidentität von Nachteilsausgleich und Sozialplanabfindung, die beide dem Ausgleich wirtschaftlicher Nachteile dienten (BAG 12.2.2019 – 1 AZR 279/17, NZA 2019, 719 Rn. 14 ff.). Der insoweit von § 113 Abs. 3 auch verfolgte Sanktionszweck werde dadurch nicht aufgehoben (BAG 12.2.2019 – 1 AZR 279/17, NZA 2019, 719 Rn. 17). Auch Art. 6 RL 98/59/EG als Ausprägung des allgemeinen unionsrechtlichen Gebots des effet utile gebiete nicht, den Nachteilsausgleich auf jeden Fall (in voller Höhe) neben einer Sozialplanabfindung fordern zu können (BAG 12.2.2019 – 1 AZR 279/17, NZA 2019, 719 Rn. 18 ff.). Die bei einem Verstoß gegen das in § 17 Abs. 2 KSchG geregelte Konsultationsverfahren eintretende Rechtsfolge der Unwirksamkeit der Kündigung (vgl. BAG 21.3.2013 – 2 AZR 60/12, NZA 2013, 966) sei eine hinreichend wirksame 32

Sanktion iSv Art. 6 RL 98/59/EG (BAG 12.2.2019 – 1 AZR 279/17, NZA 2019, 719 Rn. 20f.).

33 Mit seinem Urteil vom 12.2.2019 (1 AZR 279/17, NZA 2019, 719) hat das BAG die im Schrifttum geäußerten unionsrechtlichen Bedenken, bei einer wechselseitigen Anrechnung fehle es an einer ausreichenden Sanktion iSv Art. 6 RL 98/59/EG (vgl. dazu 29. Aufl. § 113 Rn. 32 mwN), jedenfalls für all die Fälle, in denen die Verletzung der Konsultationspflicht nach § 17 Abs. 2 KSchG die Unwirksamkeit der Kündigung zur Folge hat, recht überzeugend ausgeräumt (skeptisch allerdings weiterhin *Schubert* EWiR 2019, 381; *Oberthür* FS 100 Jahre BetrVR 2020, 549). Rechtsdogmatisch handelt sich bei der Entscheidung um eine schon lange in der Rspr. des BAG angelegte, nun **im Rahmen des § 362 Abs. 1 BGB verortete** und im Ergebnis gut vertretbare **richterliche Rechtsfortbildung.** Dabei gilt es allerdings im Ausgangspunkt zu beachten, dass der gesetzliche Anspruch auf einen Nachteilsausgleich nach Abs. 3 iVm Abs. 1 einerseits und Abfindungsansprüche aus einem Sozialplan andererseits grds. voneinander unabhängige Ansprüche sind, die nebeneinander bestehen (vgl. GK-BetrVG/*Oetker* Rn. 106; Richardi BetrVG/*Annuß* Rn. 65). Die Ansprüche unterscheiden sich in ihrer Rechtsquelle und ihren tatbestandlichen Voraussetzungen und sind in ihrer Entstehung weder dem Grunde noch der Höhe nach voneinander abhängig. Eine gesetzliche Regelung, nach der ein Anspruch auf einen Nachteilsausgleich um den Betrag einer Sozialplanabfindung zu mindern wäre, gibt es nicht. Die unterschiedlichen Ansprüche stehen auch weder im Verhältnis der Gesetzes- noch der Anspruchskonkurrenz (so allerdings Richardi BetrVG/*Annuß* § 112 Rn. 204). Vielmehr handelt es sich um einen Fall der Anspruchsmehrheit. Eine automatische wechselseitige „Verrechnung" erscheint daher keineswegs selbstverständlich. Vielmehr richtet sich im Zivilrecht die „Anrechnung der Leistung auf mehrere Forderungen" grds. nach § 366 Abs. 1 und 2 BGB. Die vom BAG angenommene automatische wechselseitige Anrechnung ist daher Ergebnis richterlicher Rechtsfortbildung. Den entscheidenden Grund hierfür sieht das BAG in der (teilweisen) Zweckidentität von Nachteilsausgleich und Sozialplanabfindung. Zutreffend führt es insoweit aus, der Nachteilsausgleich nach Abs. 3 diene jedenfalls auch dazu, dass ArbN eine wirtschaftliche „Entschädigung dafür erhalten, dass eine im Gesetz vorgesehen Beteiligung unterblieben und damit eine Chance nicht genutzt worden ist, einen Interessenausgleich zu finden, der Entlassungen vermeidet oder andere wirtschaftliche Nachteile abmildert" (BAG 12.2.2019 – 1 AZR 279/17, NZA 2019, 719 Rn. 16). Es geht insoweit also ebenso wie beim Sozialplan auch um den Ausgleich der mit der Betriebsänderung verbundenen wirtschaftlichen Nachteile. Der weitere Zweck des Abs. 3, das betriebsverfassungswidrige Verhalten des ArbGeb. zu sanktionieren, ist freilich nicht identisch mit dem Zweck eines Sozialplans. Das BAG hat aber bereits im Urteil vom 20.11.2001 (1 AZR 97/01, NZA 2002, 992, zu II 1c) ausführlich und nachvollziehbar begründet, warum eine Verrechenbarkeit von Nachteilsausgleich und Sozialplananspruch den Sanktionszweck des § 113 Abs. 3 nicht aufhebe. Folgt man dem, so lässt sich in der Tat beim Verhältnis von Nachteilsausgleich und Sozialplanabfindung eine planwidrige gesetzliche Regelungslücke konstatieren, die über die zivilrechtlich zur Anspruchskonkurrenz entwickelten Grundsätze gefüllt werden kann. Die Praxis wird sich jedenfalls auf diese Rspr. einzustellen haben. Nicht ausdrücklich entschieden hat das BAG im Urteil 12.2.2019 (1 AZR 279/17, NZA 2019, 719), ob es an der Aussage im Urteil vom 20.11.2001 (– 1 AZR 97/01, NZA 2002, 992, zu II 1c) festhält, wonach es den Betriebsparteien unbenommen sei, im Sozialplan ein entsprechendes Verrechnungsverbot zu vereinbaren, oder ob es nun eine solche Regelung für unwirksam oder unbeachtlich hielte.

34 Wird der ArbN nicht entlassen, sondern erleidet er **andere wirtschaftliche Nachteile** (→ Rn. 24, 25), kann er nach Abs. 2 deren Ausgleich verlangen. Der Anspruch ist begrenzt auf die Dauer von 12 Monaten. Fällt der Nachteil bereits innerhalb eines Jahres weg, besteht für den Rest des Jahres kein Anspruch (GK-BetrVG/*Oetker* Rn. 115; ErfK/*Kania* Rn. 7; Richardi BetrVG/*Annuß* Rn. 54). Für

die während eines Jahres entstehenden Nachteile (zB höhere Fahrtkosten, Lohneinbußen) ist ein voller finanzieller Ausgleich zu leisten. Die Höhe ist erforderlichenfalls nach § 287 Abs. 1 ZPO zu schätzen (ErfK/*Kania* Rn. 7).

VIII. Streitigkeiten, Insolvenz

Den Anspruch auf Nachteilsausgleich kann der ArbN gem. § 2 Abs. 1 Nr. 3a ArbGG im Wege der **Leistungsklage** vor den Arbeitsgerichten verfolgen (GK-BetrVG/*Oetker* Rn. 116; Richardi BetrVG/*Annuß* Rn. 55). 35

Im Falle einer Entlassung ist der Klageantrag auf die Verurteilung zur Zahlung einer **Abfindung** zu richten. Deren Höhe muss nicht beziffert, sondern kann in das **Ermessen des Gerichts** gestellt werden (BAG 22.2.1983 – 1 AZR 260/81, NJW 1984, 323; GK-BetrVG/*Oetker* Rn. 98). Der ArbN muss aber die für die Höhe der Abfindung maßgeblichen Umstände angeben, wie etwa die Höhe seines Verdienstes, sein Lebensalter und seine Beschäftigungsdauer. Die Festsetzung des Nachteilsausgleichs durch das LAG ist **revisionsrechtlich nur in eingeschränktem Umfang überprüfbar** (BAG 10.12.1996 – 1 AZR 290/96, NZA 1997, 787; 16.5.2007 – 8 AZR 693/06, NZA 2007, 1296). 36

Wird gem. Abs. 2 der **Ausgleich anderer Nachteile** verlangt, ist der Klageantrag grds. zu **beziffern.** Eine Ausnahme kann in Betracht kommen, wenn dem ArbN die Ermittlung der Höhe seines Anspruchs unmöglich oder unzumutbar und die Höhe gem. § 287 Abs. 1 ZPO zu schätzen ist (Thomas/Putzo ZPO § 253 Rn. 12 mwN). 37

Wenn der ArbN die auf Grund der Betriebsänderung ausgesprochene Kündigung für unwirksam hält, kann er **Kündigungsschutzklage** erheben und mit dieser hilfsweise für den Fall des Unterliegens einen Antrag auf Zahlung einer Abfindung nach Abs. 1, 3 stellen (GK-BetrVG/*Oetker* Rn. 86, 117; Richardi BetrVG/*Annuß* Rn. 46). Er kann aber nicht kumulativ sowohl mit der Kündigungsschutzklage als auch mit einem Anspruch auf Nachteilsausgleich Erfolg haben (→ Rn. 23; BAG 31.10.1995 – 1 AZR 372/95, NZA 1996, 499). Erhebt der ArbN getrennt sowohl eine Kündigungsschutzklage als auch eine Abfindungsklage nach Abs. 1, 3, so ist das Verfahren über den Anspruch auf Nachteilsausgleich gem. § 148 ZPO bis zur Entscheidung über die vorgreifliche Kündigungsschutzklage auszusetzen (GK-BetrVG/*Oetker* Rn. 86). 38

Ist vorab in einem **BeschlVerf.** darüber entschieden worden, ob eine Maßnahme eine Betriebsänderung darstellt (→ § 111 Rn. 143), so entfaltet diese Entscheidung **präjudizielle Wirkung** für die Abfindungsklage. Das Gericht ist in dem Verfahren über den Nachteilsausgleich nach § 113 an die Entscheidung in dem vorangegangenen Beschlussverfahren gebunden (BAG 10.11.1987 – 1 AZR 360/86, NZA 1988, 287). Entsprechendes gilt für die rechtskräftige gerichtliche Feststellung in einem Verfahren nach § 18 Abs. 2, ob zwei Unternehmen einen gemeinsamen Betrieb bilden. Die Entscheidung im BeschlVerf. bindet auch den einzelnen ArbN, wenn er eine Klage nach § 113 erhebt (BAG 9.4.1991 – 1 AZR 488/90, NZA 1991, 812). Zum Schwellenwert des § 111 im Gemeinschaftsbetrieb → § 111 Rn. 20ff. 39

In der **Insolvenz** des Unternehmens sind vom Gericht zugesprochene Abfindungen keine Masseverbindlichkeiten, sondern nach § 38 InsO zu berichtigende Insolvenzforderungen, wenn sich der **Unternehmer noch vor Eröffnung des Insolvenzverfahrens betriebsverfassungswidrig verhalten** hat (BAGv7.11.2017 – 1 AZR 186/16, NZA 2018, 464 Rn. 17; GK-BetrVG/*Oetker* Rn. 99). Dies gilt auch, wenn der Gemeinschuldner die Kündigungen in Absprache mit dem vorläufigen Insolvenzverwalter ausgesprochen hat (BAG 4.12.2002 – 10 AZR 16/02, NZA 2003, 665; 8.4.2003 – 2 AZR 15/02, NJOZ 2004, 1046). Der ArbN muss in diesem Fall seine **Forderung** gem. § 174 InsO schriftlich beim Insolvenzverwalter **anmelden.** Liegt über die Forderung ein vollstreckbarer Titel vor, ist es gem. § 179 Abs. 2 40

InsO Sache des Insolvenzverwalters oder eines anderen Insolvenzgläubigers, einen etwaigen Widerspruch zu betreiben.

41 Wird dagegen die **Betriebsänderung nach Eröffnung des Insolvenzverfahrens durchgeführt** und verhält sich der Insolvenzverwalter hierbei betriebsverfassungswidrig (→ § 112 Rn. 54ff.), so ist der Anspruch auf Nachteilsausgleich eine **Masseverbindlichkeit** iSv § 55 Abs. 1 Nr. 1 InsO (vgl. BAG 22.7.2003 – 1 AZR 541/02, NZA 2004, 93; 30.5.2006 – 1 AZR 25/05, NZA 2006, 1122; 7.11.2017 – 1 AZR 186/16, NZA 2018, 464 Rn. 17; GK-BetrVG/*Oetker* Rn. 100; *Schrader/Straube* ZInsO 2005, 910 [916f.]). Er ist grds. im Wege einer Leistungsklage gegen den Insolvenzverwalter zu verfolgen (BAG 4.6.2003 – 10 AZR 586/02, NZA 2003, 1087; 30.5.2006 – 1 AZR 25/05, NZA 2006, 1122; *Straube* ZInsO 2005, 910 [916f.]). Sobald dieser die **Unzulänglichkeit der Masse** anzeigt, wird nach § 210 InsO die Vollstreckung einer zuvor begründeten Masseverbindlichkeit nach § 209 Abs. 1 Nr. 3 InsO unzulässig. Nach überwiegender Auffassung in Rspr. und Schrifttum lässt das Vollstreckungsverbot das Rechtsschutzbedürfnis für eine Leistungsklage entfallen (BAG 11.12.2001 – 9 AZR 459/00, NZA 2002, 975; 4.6.2003 – 10 AZR 586/02, NZA 2003, 1087; 18.7.2017 – 1 AZR 546/15, BeckRS 2017, 129605 Rn. 26; BGH 3.4.2003 – IX ZR 101/02, NJW 2003, 2454; Braun/*Kießner* InsO § 210 Rn. 7). In diesem Fall kann der ArbN seinen Anspruch gegen den Insolvenzverwalter im Wege der Feststellungsklage nach § 256 Abs. 1 ZPO geltend machen (BAG 29.10.2002 – 1 AZR 80/02, NJOZ 2003, 1859; 22.7.2003 – 1 AZR 541/02, NZA 2004, 93; 18.7.2017 – 1 AZR 546/15, BeckRS 2017, 129605 Rn. 26). Wird der Anspruch auf Nachteilsausgleich erst nach Anzeige der Masseunzulänglichkeit begründet, handelt es sich um keine Altmasseverbindlichkeit nach § 209 Abs. 1 Nr. 3, sondern um eine Neumasseverbindlichkeit nach § 209 Abs. 1 Nr. 2 InsO. Auf diese findet das Vollstreckungsverbot des § 210 InsO keine unmittelbare Anwendung. Die sog Neumasseverbindlichkeiten sind daher grds. weiterhin im Wege der Leistungsklage zu verfolgen (BAG 4.6.2003 – 10 AZR 586/02, NZA 2003, 1087; 18.11.2003 – 1 AZR 30/03, NZA 2004, 220; 30.5.2006 – 1 AZR 25/05, NZA 2006, 1122; *Straube* ZInsO 2005, 910 [917f.]). Ist aber ungewiss, ob die Masse zur vor vollständigen Befriedigung auch nur der Neumasseverbindlichkeiten ausreicht, dürfte auch eine Feststellungsklage zulässig sein (BAG 4.6.2003 – 10 AZR 586/02, NZA 2003, 1087; 18.11.2003 – 1 AZR 30/03, NZA 2004, 220; BGH 3.4.2003 – IX ZR 101/02, NJW 2003, 2454).

IX. Steuer-, sozialversicherungs- und pfändungsrechtliche Behandlung und individualrechtliche Verfügbarkeit

42 **Steuerrechtlich** werden alle **Abfindungen** wegen einer vom ArbGeb. veranlassten oder gerichtlich ausgesprochenen Auflösung des ArbVerh. sowie Zahlungen auf Grund eines Sozialplans gleich behandelt. Sie waren bis 31.12.2005 nach Maßgabe des § 3 Nr. 9 EStG steuerfrei (zur Gesetzesänderung → §§ 112, 112a Rn. 205). Sie sind als außerordentliche Einkünfte nach §§ 24 Nr. 1, 34 EStG zu versteuern.

43 Beim **Ausgleich anderer Nachteile** gem. Abs. 2 gibt es grds. keine Steuerbefreiung oder -ermäßigung (Richardi BetrVG/*Annuß* Rn. 57; Küttner Personalbuch/*Seidel* Nachteilsausgleich Rn. 19). Für Fahrtkosten und Umzugskosten gilt aber § 3 Nr. 16 EStG. Leistungen des ArbGeb. für doppelte Haushaltsführung unterliegen zwar dem Lohnsteuerabzug, der ArbN kann aber insoweit Werbungskosten geltend machen (§ 9 Abs. 1 Nr. 5 EStG).

44 Zur **sozialversicherungsrechtlichen Behandlung** der Ansprüche → §§ 112, 112a Rn. 237; Küttner Personalbuch/*Voelzke* Nachteilsausgleich Rn. 21). Der Abfindungsanspruch ist kein Arbeitsentgelt im sozialversicherungsrechtlichen Sinn. Er kann nach § 158 SGB III zum Ruhen des Anspruchs auf Arbeitslosengeld führen, wenn das Arbeitsverhältnis ohne Einhaltung der für die ordentliche Kündigung des Arb-

Geb. geltenden Frist beendet worden ist (→ §§ 112, 112a Rn. 239; GK-BetrVG/*Oetker* Rn. 104).

Pfändungsrechtlich sind Abfindungen Arbeitseinkommen iSv § 850 Abs. 2, 4 ZPO. Sie unterliegen nicht den Pfändungsbeschränkungen nach § 850c ZPO. Der ArbN kann aber gem. § 850i ZPO beim Vollstreckungsgericht Pfändungsschutz beantragen (BAG 13.11.1991 – 4 AZR 20/91, NZA 1992, 384). 45

Die Betriebs- oder Arbeitsvertragsparteien können Ansprüche nach § 113 Abs. 3 im Voraus **nicht ausschließen** (BAG 20.11.2001 – 1 AZR 97/01, NZA 2002, 992; 23.9.2003 – 1 AZR 576/02, NZA 2004, 440). Auf einen bereits entstandenen Anspruch kann der ArbN aber – etwa in einem Aufhebungsvertrag – wirksam **verzichten** (BAG 23.9.2003 – 1 AZR 576/02, NZA 2004, 4402). Der Sanktionscharakter steht dem nicht entgegen. Der ArbN hat es in der Hand, ob er einen Anspruch geltend macht oder nicht. Eine entspr. Anwendung des § 77 Abs. 4 S. 2 ist nicht möglich (Richardi BetrVG/*Annuß* Rn. 64; *Keller* NZA 1997, 519). Der Anspruch ist entstanden, wenn der Unternehmer mit der Betriebsänderung beginnt (→ Rn. 14; *Hunold* NZA-RR 2004, 561 [563]; **aA** wohl *Rebel* Nachteilsausgleich S. 47; noch sehr viel weitergehend zu Unrecht GK-BetrVG/*Oetker* Rn. 81, 89: erst mit Urteil des Arbeitsgerichts). 46

Abfindungsansprüche sind nicht höchstpersönlich. Sie können daher **abgetreten** und **vererbt** werden. 47

Ansprüche auf Nachteilsausgleich unterfallen **tariflichen Ausschlussfristen** jedenfalls dann, wenn diese Ansprüche aus dem ArbVerh. oder solche erfassen, die damit in Zusammenhang stehen (BAG 22.2.1983 – 1 AZR 260/81, NJW 1984, 3232; 21.10.1997 – 1 AZR 138/97, BeckRS 1997, 30940992; Richardi BetrVG/*Annuß* Rn. 63). 48

Fünfter Teil. Besondere Vorschriften für einzelne Betriebsarten

Erster Abschnitt. Seeschifffahrt

§ 114 Grundsätze

(1) **Auf Seeschifffahrtsunternehmen und ihre Betriebe ist dieses Gesetz anzuwenden, soweit sich aus den Vorschriften dieses Abschnitts nichts anderes ergibt.**

(2) [1] **Seeschifffahrtsunternehmen im Sinne dieses Gesetzes ist ein Unternehmen, das Handelsschifffahrt betreibt und seinen Sitz im Geltungsbereich dieses Gesetzes hat.** [2] **Ein Seeschifffahrtsunternehmen im Sinne dieses Abschnitts betreibt auch, wer als Korrespondenzreeder, Vertragsreeder, Ausrüster oder aufgrund eines ähnlichen Rechtsverhältnisses Schiffe zum Erwerb durch die Seeschifffahrt verwendet, wenn er Arbeitgeber des Kapitäns und der Besatzungsmitglieder ist oder überwiegend die Befugnisse des Arbeitgebers ausübt.**

(3) **Als Seebetrieb im Sinne dieses Gesetzes gilt die Gesamtheit der Schiffe eines Seeschifffahrtsunternehmens einschließlich der in Absatz 2 Satz 2 genannten Schiffe.**

(4) [1] **Schiffe im Sinne dieses Gesetzes sind Kauffahrteischiffe, die nach dem Flaggenrechtsgesetz die Bundesflagge führen.** [2] **Schiffe, die in der Regel binnen 24 Stunden nach dem Auslaufen an den Sitz eines Landbetriebs zurückkehren, gelten als Teil dieses Landbetriebs des Seeschifffahrtsunternehmens.**

(5) **Jugend- und Auszubildendenvertretungen werden nur für die Landbetriebe von Seeschifffahrtsunternehmen gebildet.**

(6) **Besatzungsmitglieder im Sinne dieses Gesetzes sind die in einem Heuer- oder Berufsausbildungsverhältnis zu einem Seeschifffahrtsunternehmen stehenden im Seebetrieb beschäftigten Personen mit Ausnahme des Kapitäns.**

§ 115 Bordvertretung

(1) [1] **Auf Schiffen, die mit in der Regel mindestens fünf wahlberechtigten Besatzungsmitgliedern besetzt sind, von denen drei wählbar sind, wird eine Bordvertretung gewählt.** [2] **Auf die Bordvertretung finden, soweit sich aus diesem Gesetz oder aus anderen gesetzlichen Vorschriften nicht etwas anderes ergibt, die Vorschriften über die Rechte und Pflichten des Betriebsrats und die Rechtsstellung seiner Mitglieder Anwendung.**

(2) **Die Vorschriften über die Wahl und Zusammensetzung des Betriebsrats finden mit folgender Maßgabe Anwendung:**

1. **Wahlberechtigt sind alle Besatzungsmitglieder des Schiffes.**
2. **Wählbar sind die Besatzungsmitglieder des Schiffes, die am Wahltag das 18. Lebensjahr vollendet haben und ein Jahr Besatzungsmitglied eines Schiffes waren, das nach dem Flaggenrechtsgesetz die Bundesflagge führt. § 8 Abs. 1 Satz 3 bleibt unberührt.**
3. **Die Bordvertretung besteht auf Schiffen mit in der Regel**

5 bis 20 wahlberechtigten Besatzungsmitgliedern	**aus einer Person,**
21 bis 75 wahlberechtigten Besatzungsmitgliedern	**aus drei Mitgliedern,**
über 75 wahlberechtigten Besatzungsmitgliedern	**aus fünf Mitgliedern.**

4. **(weggefallen)**

5. § 13 Abs. 1 und 3 findet keine Anwendung. Die Bordvertretung ist vor Ablauf ihrer Amtszeit unter den in § 13 Abs. 2 Nr. 2 bis 5 genannten Voraussetzungen neu zu wählen.
6. Die wahlberechtigten Besatzungsmitglieder können mit der Mehrheit aller Stimmen beschließen, die Wahl der Bordvertretung binnen 24 Stunden durchzuführen.
7. Die in § 16 Abs. 1 Satz 1 genannte Frist wird auf zwei Wochen, die in § 16 Abs. 2 Satz 1 genannte Frist wird auf eine Woche verkürzt.
8. Bestellt die im Amt befindliche Bordvertretung nicht rechtzeitig einen Wahlvorstand oder besteht keine Bordvertretung, wird der Wahlvorstand in einer Bordversammlung von der Mehrheit der anwesenden Besatzungsmitglieder gewählt; § 17 Abs. 3 gilt entsprechend. Kann aus Gründen der Aufrechterhaltung des ordnungsgemäßen Schiffsbetriebs eine Bordversammlung nicht stattfinden, so kann der Kapitän auf Antrag von drei Wahlberechtigten den Wahlvorstand bestellen. Bestellt der Kapitän den Wahlvorstand nicht, so ist der Seebetriebsrat berechtigt, den Wahlvorstand zu bestellen. Die Vorschriften über die Bestellung des Wahlvorstands durch das Arbeitsgericht bleiben unberührt.
9. Die Frist für die Wahlanfechtung beginnt für Besatzungsmitglieder an Bord, wenn das Schiff nach Bekanntgabe des Wahlergebnisses erstmalig einen Hafen im Geltungsbereich dieses Gesetzes oder einen Hafen, in dem ein Seemannsamt seinen Sitz hat, anläuft. Die Wahlanfechtung kann auch zu Protokoll des Seemannsamtes erklärt werden. Wird die Wahl zur Bordvertretung angefochten, zieht das Seemannsamt die an Bord befindlichen Wahlunterlagen ein. Die Anfechtungserklärung und die eingezogenen Wahlunterlagen sind vom Seemannsamt unverzüglich an das für die Anfechtung zuständige Arbeitsgericht weiterzuleiten.

(3) Auf die Amtszeit der Bordvertretung finden die §§ 21, 22 bis 25 mit der Maßgabe Anwendung, dass
1. die Amtszeit ein Jahr beträgt,
2. die Mitgliedschaft in der Bordvertretung auch endet, wenn das Besatzungsmitglied den Dienst an Bord beendet, es sei denn, dass es den Dienst an Bord vor Ablauf der Amtszeit nach Nummer 1 wieder antritt.

(4) [1] Für die Geschäftsführung der Bordvertretung gelten die §§ 26 bis 36, § 37 Abs. 1 bis 3 sowie die §§ 39 bis 41 entsprechend. [2] § 40 Abs. 2 ist mit der Maßgabe anzuwenden, dass die Bordvertretung in dem für ihre Tätigkeit erforderlichen Umfang auch die für die Verbindung des Schiffes zur Reederei eingerichteten Mittel zur beschleunigten Übermittlung von Nachrichten in Anspruch nehmen kann.

(5) [1] Die §§ 42 bis 46 über die Betriebsversammlung finden für die Versammlung der Besatzungsmitglieder eines Schiffes (Bordversammlung) entsprechende Anwendung. [2] Auf Verlangen der Bordvertretung hat der Kapitän der Bordversammlung einen Bericht über die Schiffsreise und die damit zusammenhängenden Angelegenheiten zu erstatten. [3] Er hat Fragen, die den Schiffsbetrieb, die Schiffsreise und die Schiffssicherheit betreffen, zu beantworten.

(6) Die §§ 47 bis 59 über den Gesamtbetriebsrat und den Konzernbetriebsrat finden für die Bordvertretung keine Anwendung.

(7) Die §§ 74 bis 105 über die Mitwirkung und Mitbestimmung der Arbeitnehmer finden auf die Bordvertretung mit folgender Maßgabe Anwendung:
1. Die Bordvertretung ist zuständig für die Behandlung derjenigen nach diesem Gesetz der Mitwirkung und Mitbestimmung des Betriebsrats unterliegenden Angelegenheiten, die den Bordbetrieb oder die Besatzungsmitglieder des Schiffes betreffen und deren Regelung dem Kapitän aufgrund gesetzlicher Vorschriften oder der ihm von der Reederei übertragenen Befugnisse obliegt.

2. Kommt es zwischen Kapitän und Bordvertretung in einer der Mitwirkung oder Mitbestimmung der Bordvertretung unterliegenden Angelegenheit nicht zu einer Einigung, so kann die Angelegenheit von der Bordvertretung an den Seebetriebsrat abgegeben werden. Der Seebetriebsrat hat die Bordvertretung über die weitere Behandlung der Angelegenheit zu unterrichten. Bordvertretung und Kapitän dürfen die Einigungsstelle oder das Arbeitsgericht nur anrufen, wenn ein Seebetriebsrat nicht gewählt ist.
3. Bordvertretung und Kapitän können im Rahmen ihrer Zuständigkeiten Bordvereinbarungen abschließen. Die Vorschriften über Betriebsvereinbarungen gelten für Bordvereinbarungen entsprechend. Bordvereinbarungen sind unzulässig, soweit eine Angelegenheit durch eine Betriebsvereinbarung zwischen Seebetriebsrat und Arbeitgeber geregelt ist.
4. In Angelegenheiten, die der Mitbestimmung der Bordvertretung unterliegen, kann der Kapitän, auch wenn eine Einigung mit der Bordvertretung noch nicht erzielt ist, vorläufige Regelungen treffen, wenn dies zur Aufrechterhaltung des ordnungsgemäßen Schiffsbetriebs dringend erforderlich ist. Den von der Anordnung betroffenen Besatzungsmitgliedern ist die Vorläufigkeit der Regelung bekannt zu geben. Soweit die vorläufige Regelung der endgültigen Regelung nicht entspricht, hat das Schifffahrtsunternehmen Nachteile auszugleichen, die den Besatzungsmitgliedern durch die vorläufige Regelung entstanden sind.
5. Die Bordvertretung hat das Recht auf regelmäßige und umfassende Unterrichtung über den Schiffsbetrieb. Die erforderlichen Unterlagen sind der Bordvertretung vorzulegen. Zum Schiffsbetrieb gehören insbesondere die Schiffssicherheit, die Reiserouten, die voraussichtlichen Ankunfts- und Abfahrtszeiten sowie die zu befördernde Ladung.
6. Auf Verlangen der Bordvertretung hat der Kapitän ihr Einsicht in die an Bord befindlichen Schiffstagebücher zu gewähren. In den Fällen, in denen der Kapitän eine Eintragung über Angelegenheiten macht, die der Mitwirkung oder Mitbestimmung der Bordvertretung unterliegen, kann diese eine Abschrift der Eintragung verlangen und Erklärungen zum Schiffstagebuch abgeben. In den Fällen, in denen über eine der Mitwirkung oder Mitbestimmung der Bordvertretung unterliegenden Angelegenheit eine Einigung zwischen Kapitän und Bordvertretung nicht erzielt wird, kann die Bordvertretung dies zum Schiffstagebuch erklären und eine Abschrift dieser Eintragung verlangen.
7. Die Zuständigkeit der Bordvertretung im Rahmen des Arbeitsschutzes bezieht sich auch auf die Schiffssicherheit und die Zusammenarbeit mit den insoweit zuständigen Behörden und sonstigen in Betracht kommenden Stellen.

§ 116 Seebetriebsrat

(1) [1]In Seebetrieben werden Seebetriebsräte gewählt. [2]Auf die Seebetriebsräte finden, soweit sich aus diesem Gesetz oder aus anderen gesetzlichen Vorschriften nicht etwas anderes ergibt, die Vorschriften über die Rechte und Pflichten des Betriebsrats und die Rechtsstellung seiner Mitglieder Anwendung.

(2) Die Vorschriften über die Wahl, Zusammensetzung und Amtszeit des Betriebsrats finden mit folgender Maßgabe Anwendung:
1. Wahlberechtigt zum Seebetriebsrat sind alle zum Seeschifffahrtsunternehmen gehörenden Besatzungsmitglieder.
2. Für die Wählbarkeit zum Seebetriebsrat gilt § 8 mit der Maßgabe, dass
   a) in Seeschifffahrtsunternehmen, zu denen mehr als acht Schiffe gehören oder in denen in der Regel mehr als 250 Besatzungsmitglieder beschäftigt

sind, nur nach § 115 Abs. 2 Nr. 2 wählbare Besatzungsmitglieder wählbar sind;

b) in den Fällen, in denen die Voraussetzungen des Buchstabens a nicht vorliegen, nur Arbeitnehmer wählbar sind, die nach § 8 die Wählbarkeit im Landbetrieb des Seeschifffahrtsunternehmens besitzen, es sei denn, dass der Arbeitgeber mit der Wahl von Besatzungsmitgliedern einverstanden ist.

3. Der Seebetriebsrat besteht in Seebetrieben mit in der Regel
5 bis 400 wahlberechtigten Besatzungsmitgliedern aus einer Person,
401 bis 800 wahlberechtigten Besatzungsmitgliedern aus drei Mitgliedern,
über 800 wahlberechtigten Besatzungsmitgliedern aus fünf Mitgliedern.

4. Ein Wahlvorschlag ist gültig, wenn er im Fall des § 14 Abs. 4 Satz 1 erster Halbsatz und Satz 2 mindestens von drei wahlberechtigten Besatzungsmitgliedern unterschrieben ist.

5. § 14a findet keine Anwendung.

6. Die in § 16 Abs. 1 Satz 1 genannte Frist wird auf drei Monate, die in § 16 Abs. 2 Satz 1 genannte Frist auf zwei Monate verlängert.

7. Zu Mitgliedern des Wahlvorstands können auch im Landbetrieb des Seeschifffahrtsunternehmens beschäftigte Arbeitnehmer bestellt werden. § 17 Abs. 2 bis 4 findet keine Anwendung. Besteht kein Seebetriebsrat, so bestellt der Gesamtbetriebsrat oder, falls ein solcher nicht besteht, der Konzernbetriebsrat den Wahlvorstand. Besteht weder ein Gesamtbetriebsrat noch ein Konzernbetriebsrat, wird der Wahlvorstand gemeinsam vom Arbeitgeber und den im Seebetrieb vertretenen Gewerkschaften bestellt; Gleiches gilt, wenn der Gesamtbetriebsrat oder der Konzernbetriebsrat die Bestellung des Wahlvorstands nach Satz 3 unterlässt. Einigen sich Arbeitgeber und Gewerkschaften nicht, so bestellt ihn das Arbeitsgericht auf Antrag des Arbeitgebers, einer im Seebetrieb vertretenen Gewerkschaft oder von mindestens drei wahlberechtigten Besatzungsmitgliedern. § 16 Abs. 2 Satz 2 und 3 gilt entsprechend.

8. Die Frist für die Wahlanfechtung nach § 19 Abs. 2 beginnt für Besatzungsmitglieder an Bord, wenn das Schiff nach Bekanntgabe des Wahlergebnisses erstmalig einen Hafen im Geltungsbereich dieses Gesetzes oder einen Hafen, in dem ein Seemannsamt seinen Sitz hat, anläuft. Nach Ablauf von drei Monaten seit Bekanntgabe des Wahlergebnisses ist eine Wahlanfechtung unzulässig. Die Wahlanfechtung kann auch zu Protokoll des Seemannsamtes erklärt werden. Die Anfechtungserklärung ist vom Seemannsamt unverzüglich an das für die Anfechtung zuständige Arbeitsgericht weiterzuleiten.

9. Die Mitgliedschaft im Seebetriebsrat endet, wenn der Seebetriebsrat aus Besatzungsmitgliedern besteht, auch, wenn das Mitglied des Seebetriebsrats nicht mehr Besatzungsmitglied ist. Die Eigenschaft als Besatzungsmitglied wird durch die Tätigkeit im Seebetriebsrat oder durch eine Beschäftigung gemäß Absatz 3 Nr. 2 nicht berührt.

(3) **Die §§ 26 bis 41 über die Geschäftsführung des Betriebsrats finden auf den Seebetriebsrat mit folgender Maßgabe Anwendung:**

1. In Angelegenheiten, in denen der Seebetriebsrat nach diesem Gesetz innerhalb einer bestimmten Frist Stellung zu nehmen hat, kann er, abweichend von § 33 Abs. 2, ohne Rücksicht auf die Zahl der zur Sitzung erschienenen Mitglieder einen Beschluss fassen, wenn die Mitglieder ordnungsgemäß geladen worden sind.

2. Soweit die Mitglieder des Seebetriebsrats nicht freizustellen sind, sind sie so zu beschäftigen, dass sie durch ihre Tätigkeit nicht gehindert sind, die Aufgaben des Seebetriebsrats wahrzunehmen. Der Arbeitsplatz soll den Fähigkeiten und Kenntnissen des Mitglieds des Seebetriebsrats und seiner bisheri-

gen beruflichen Stellung entsprechen. Der Arbeitsplatz ist im Einvernehmen mit dem Seebetriebsrat zu bestimmen. Kommt eine Einigung über die Bestimmung des Arbeitsplatzes nicht zustande, so entscheidet die Einigungsstelle. Der Spruch der Einigungsstelle ersetzt die Einigung zwischen Arbeitgeber und Seebetriebsrat.

3. **Den Mitgliedern des Seebetriebsrats, die Besatzungsmitglieder sind, ist die Heuer auch dann fortzuzahlen, wenn sie im Landbetrieb beschäftigt werden. Sachbezüge sind angemessen abzugelten. Ist der neue Arbeitsplatz höherwertig, so ist das diesem Arbeitsplatz entsprechende Arbeitsentgelt zu zahlen.**
4. **Unter Berücksichtigung der örtlichen Verhältnisse ist über die Unterkunft der in den Seebetriebsrat gewählten Besatzungsmitglieder eine Regelung zwischen dem Seebetriebsrat und dem Arbeitgeber zu treffen, wenn der Arbeitsplatz sich nicht am Wohnort befindet. Kommt eine Einigung nicht zustande, so entscheidet die Einigungsstelle. Der Spruch der Einigungsstelle ersetzt die Einigung zwischen Arbeitgeber und Seebetriebsrat.**
5. **Der Seebetriebsrat hat das Recht, jedes zum Seebetrieb gehörende Schiff zu betreten, dort im Rahmen seiner Aufgaben tätig zu werden sowie an den Sitzungen der Bordvertretung teilzunehmen. § 115 Abs. 7 Nr. 5 Satz 1 gilt entsprechend.**
6. **Liegt ein Schiff in einem Hafen innerhalb des Geltungsbereichs dieses Gesetzes, so kann der Seebetriebsrat nach Unterrichtung des Kapitäns Sprechstunden an Bord abhalten und Bordversammlungen der Besatzungsmitglieder durchführen.**
7. **Läuft ein Schiff innerhalb eines Kalenderjahres keinen Hafen im Geltungsbereich dieses Gesetzes an, so gelten die Nummern 5 und 6 für europäische Häfen. Die Schleusen des Nordostseekanals gelten nicht als Häfen.**
8. **Im Einvernehmen mit dem Arbeitgeber können Sprechstunden und Bordversammlungen, abweichend von den Nummern 6 und 7, auch in anderen Liegehäfen des Schiffes durchgeführt werden, wenn ein dringendes Bedürfnis hierfür besteht. Kommt eine Einigung nicht zustande, so entscheidet die Einigungsstelle. Der Spruch der Einigungsstelle ersetzt die Einigung zwischen Arbeitgeber und Seebetriebsrat.**

(4) **Die §§ 42 bis 46 über die Betriebsversammlung finden auf den Seebetrieb keine Anwendung.**

(5) **Für den Seebetrieb nimmt der Seebetriebsrat die in den §§ 47 bis 59 dem Betriebsrat übertragenen Aufgaben, Befugnisse und Pflichten wahr.**

(6) **Die §§ 74 bis 113 über die Mitwirkung und Mitbestimmung der Arbeitnehmer finden auf den Seebetriebsrat mit folgender Maßgabe Anwendung:**

1. **Der Seebetriebsrat ist zuständig für die Behandlung derjenigen nach diesem Gesetz der Mitwirkung oder Mitbestimmung des Betriebsrats unterliegenden Angelegenheiten,**
   a) **die alle oder mehrere Schiffe des Seebetriebs oder die Besatzungsmitglieder aller oder mehrerer Schiffe des Seebetriebs betreffen,**
   b) **die nach § 115 Abs. 7 Nr. 2 von der Bordvertretung abgegeben worden sind oder**
   c) **für die nicht die Zuständigkeit der Bordvertretung nach § 115 Abs. 7 Nr. 1 gegeben ist.**
2. **Der Seebetriebsrat ist regelmäßig und umfassend über den Schiffsbetrieb des Seeschifffahrtsunternehmens zu unterrichten. Die erforderlichen Unterlagen sind ihm vorzulegen.**

Zweiter Abschnitt. Luftfahrt

§ 117 Geltung für die Luftfahrt

(1) [1]**Auf Landbetriebe von Luftfahrtunternehmen ist dieses Gesetz anzuwenden.** [2]**Auf im Flugbetrieb beschäftigte Arbeitnehmer von Luftfahrtunternehmen ist dieses Gesetz anzuwenden, wenn keine Vertretung durch Tarifvertrag nach Absatz 2 Satz 1 errichtet ist.**

(2) [1]**Für im Flugbetrieb beschäftigte Arbeitnehmer von Luftfahrtunternehmen kann durch Tarifvertrag eine Vertretung errichtet werden.** [2]**Über die Zusammenarbeit dieser Vertretung mit den nach diesem Gesetz zu errichtenden Vertretungen der Arbeitnehmer der Landbetriebe des Luftfahrtunternehmens kann der Tarifvertrag von diesem Gesetz abweichende Regelungen vorsehen.** [3]**Auf einen Tarifvertrag nach den Sätzen 1 und 2 ist § 4 Absatz 5 des Tarifvertragsgesetzes anzuwenden.**

Inhaltsübersicht

I. Vorbemerkung

Die Vorschrift regelt die **Anwendbarkeit des G auf die Betriebe von Luftfahrtunternehmen** (vgl. zur historischen Entwicklung *Jacobs/Frieling* FS 100 Jahre BetrVR 2020, 243). Sie hat durch Art. 4e des G zur Stärkung der Chancen für Qualifizierung und für mehr Schutz in der Arbeitslosenversicherung **(Qualifizierungschancengesetz)** vom 18.12.2018 (BGBl. 2018 I S. 2651), der nach Art. 6 Abs. 4 des QualifizierungschancenG am 1.5.2019 in Kraft trat, wesentliche Ergänzungen erfahren (vgl. dazu *Gaul* FS 100 Jahre BetrVR 2020, 143; *Jacobs/Frieling* FS 100 Jahre BetrVR 2020, 243). Nach der bis zum 30.4.2019 geltenden Rechtslage war das BetrVG nach ganz herrschender Auffassung auf die im Flugbetrieb beschäftigten ArbN vollständig unanwendbar (vgl. BAG 20.2.2001 – 1 ABR 27/00, NZA 2001, 1089 zu B II 1; GK-BetrVG/*Franzen* Rn. 8 ff.; ErfK/*Kania* Rn. 1; WPK/*Bender* Rn. 1; HaKo-BetrVG/*Kloppenburg* Rn. 4; *Bayreuther* NZA 2010, 262; *Darányi* S. 45 ff.; vgl. aber auch DKKW/*Däubler* Rn. 4 f. und *Darányi* S. 109 ff. die die Bereichsausnahme wegen Verstoßes gegen Art. 3 Abs. 1 GG – zu Unrecht – für verfassungswidrig hielten). Der Wortlaut des G war zwar insoweit nicht zwingend (DKKW/*Däubler* Rn. 11; **aA** *Bayreuther* NZA 2010, 262). Für eine vollständige Herausnahme sprachen allerdings der Gesamtzusammenhang der Abs. 1 u. 2 und die Gesetzesbegründung (vgl. BT-Drs. VI/1786, 58; *Darányi* S. 46; *Jacobs/Frieling* FS 100 Jahre BetrVR 2020, 243 [246]). Gleichwohl wurde in diesem Kommentar die Auffassung vertreten, aus Gründen des Unionsrechts sei eine einschränkende Auslegung der Bereichsausnahme dahin geboten, dass sie nur die Flugbetriebe erfasse, für die durch einen gem. Abs. 2 S. 1 geschlossenen TV eine ArbNVertr. errichtet werden 1 kann, während für Flugbetriebe, für die ein solcher TV nicht geschlossen sei, die Bildung eines – ggf. für Land- und Luftbetrieb einheitlichen – BR möglich sei (vgl. dazu ausführlich **29. Aufl. § 117 Rn. 6a bis 6d;** abl. *Darányi* S. 104f.; vgl. auch *Linsenmaier* FS 100 Jahre BetrVR 2020, 409 [417ff.]). Das BAG hatte sich in den Beschlüssen vom 17.3.2015 (1 ABR 59/13, NZA-RR 2015, 719 Rn. 31,) und vom 19.12.2018 (7 ABR 79/16, NZA 2019, 940 Rn. 28) zwar auf vorliegende Kommentierung bezogen, die Frage aber nicht entschieden.

2 Seit dem 1.5.2019 bestimmt nun Abs. 1 S. 2 ausdrücklich, dass das BetrVG auf im Flugbetrieb beschäftigte ArbN anzuwenden ist, wenn keine Vertr. durch TV nach Abs. 2 S. 1 errichtet ist. Dazu heißt es in der Gesetzesbegründung, mit der Ergänzung werde „**klargestellt,** dass auch für die im Flugbetrieb beschäftigten ArbN das BetrVG Anwendung findet, wenn für sie keine Vertretung nach einem TV nach Abs. 2 S. 1 des BetrVG errichtet ist". Damit werde „die in Literatur und Rspr. bestehende **Rechtsunsicherheit,** ob die im Flugbetrieb beschäftigten ArbN einen BR nach den Voraussetzungen des BetrVG wählen können, wenn es keinen TV gibt, **beseitigt**" (BT-Drs. 19/6146, S. 30f.). Die Ergänzung ist sinnvoll, war die Frage doch in der Tat heftig umstritten. Sie ist entgegen einigen kritischen Stimmen im Schrifttum (vgl. etwa *Ludwig* BB 2019, 180; *Müller/Becker* BB 2019, 884; *Vielmeier* NZA 2018, 1530) auch in der Sache zu begrüßen (so auch *Jacobs/Frieling* FS 100 Jahre BetrVR 2020, 243 [245]). Für die richtige Auslegung der früheren Fassung des § 117 kann daraus allein allerdings wohl nichts Zwingendes abgeleitet werden. Durch Art. 4e des QualifizierungschancenG wurde ferner Abs. 2 um einen neuen S. 3 ergänzt, der klarstellt, dass TV über eine Vertr. der im Flugbetrieb beschäftigten ArbN der Nachwirkung des § 4 Abs. 5 TVG unterfallen.

3 Das G differenziert zwischen den Landbetrieben und den Flugbetrieben von Luftfahrtunternehmen. Während Abs. 1 S. 1 für die Landbetriebe die uneingeschränkte Geltung des BetrVG anordnet, ist es nach Abs. 1 S. 2 auf die im Flugbetrieb beschäftigten ArbN (nur) anwendbar, wenn keine Vertr. durch TV nach Abs. 2 S. 1 errichtet ist. Die Differenzierung ist **verfassungsgemäß.** Sie war dies bereits vor der Anfügung des Abs. 1 S. 2 (vgl. BAG 5.11.1985 – 1 ABR 56/83, AP BetrVG 1972 § 117 Nr. 4; 14.10.1986 – 1 ABR 13/85, AP BetrVG 1972 § 117 Nr. 5; 20.2.2001 – 1 ABR 27/00, NZA 2001, 1089 zu B II 1; 24.6.2008 – 9 AZR 313/07, NZA 2008, 1309; 17.3.2015 – 1 ABR 59/13, NZA-RR 2015, 419 Rn. 31; ErfK/*Kania* Rn. 1; GK-BetrVG/*Franzen* Rn. 10; Richardi BetrVG/*Forst* Rn. 3; WPK/*Bender* Rn. 2; **aA** DKKW/*Däubler* Rn. 4ff.; *Jacobs/Frieling* FS 100 Jahre BetrVR 2020, 243 [246]; letztlich offen gelassen, allerdings wohl deutlich für die verfassungsrechtliche Zulässigkeit BVerfG 12.2.2014 – 1 BvL 7/11, NZA 2014, 981). Das gilt erst recht, seitdem durch Abs. 1 S. 2 klargestellt ist, dass bei Fehlen einer tariflichen Regelung iSv. Abs. 2 S. 1 das BetrVG zur Anwendung kommt. Die Differenzierung verstößt insb. nicht gegen Art. 3 Abs. 1 GG (ebenso *Jacobs/Frieling* FS 100 Jahre BetrVR 2020, 243 [252f.]). Indem der Gesetzgeber die Möglichkeit eröffnet, durch TV Interessenvertretungen zu errichten, die an die Stelle der gesetzlichen Vertretungsorgane treten, trägt er den **Besonderheiten des Flugbetriebs** und der typischerweise gegebenen Ortsungebundenheit des dort beschäftigten Personenkreises Rechnung, die eine aktive Mitarbeit in einem betriebsverfassungsrechtlichen Gremium erheblich erschwert (BAG 17.3.2015 – 1 ABR 59/13, NZA-RR 2015, 419). Er bewegt sich innerhalb der ihm zustehenden Einschätzungsprärogative, wenn er diese Schwierigkeiten für gewichtiger hält als in Fällen, in denen in einem Betrieb eine Vielzahl von Außendienstmitarbeitern oder LKW-Fahrern beschäftigt sind (GK-BetrVG/*Franzen* Rn. 10). Die Differenzierung ist gemessen an ihrem Ziel und dem Gewicht der Differenzierungsgründe nicht willkürlich (vgl. zur Prüfungsformel ErfK/*Schmidt* GG Art. 3 Rn. 33ff. mwN).

II. Geltungsbereich

1. Luftfahrtunternehmen

4 Das G gilt für die Landbetriebe und Luftbetriebe von Luftfahrtunternehmen. Es definiert den **Begriff des Luftfahrtunternehmens** nicht. Das BAG versteht den Begriff zu Recht nicht in Anlehnung an § 20 Abs. 1 LuftVG (so noch BAG 14.10.1986 – 1 ABR 13/85, AP BetrVG 1972 § 117 Nr. 5), sondern stellt auf den vom Gesetzgeber verfolgten **Regelungszweck** ab (BAG 20.2.2001 – 1 ABR 27/00, NZA 2001, 1089; zust. GK-BetrVG/*Franzen* Rn. 4; WPK/*Bender* Rn. 3; HaKo-BetrVG/*Kloppenburg* Rn. 8; Richardi BetrVG/*Forst* Rn. 7). Die Abgrenzung hat daher danach zu erfolgen, ob aufgrund des Unternehmenszwecks ein darauf gerichteter Flugbetrieb eingerichtet wurde, dessen arbeitsrechtliche Organisation die durch Abs. 1 S. 2, Abs. 2 S. 1 vorgesehene Herausnahme aus der gesetzlichen Betriebsverfassung rechtfertigt (BAG 20.2.2001 – 1 ABR 27/00, NZA 2001, 1089 zu B II 2; GK-BetrVG/*Franzen* Rn. 4; WPK/*Bender* Rn. 3). Die Bereichsausnahme für das fliegende Personal beruht auf dessen besonderer Tätigkeit. Für die im Flugbetrieb eingesetzten ArbN ist es wegen einer **typischerweise fehlenden Ortsgebundenheit** und der damit einhergehenden wechselnden Aufenthalte an unterschiedlichen Flughäfen im In- und Ausland besonders schwierig, zusammen mit den ArbN des Landbetriebs eine Interessenvertretung nach den Grundsätzen des BetrVG zu organisieren und sich an dieser aktiv zu beteiligen (vgl. BT-Drs. IV/1786, 58; BAG 13.10.1981 – 1 ABR 35/79, AP BetrVG 1972 § 117 Nr. 1; 20.2.2001 – 1 ABR 27/00, NZA 2001, 1089). Dagegen führen kurzfristige Ortsabwesenheiten zu keinen besonderen Schwierigkeiten in der betriebsverfassungsrechtlichen Organisation (GK-BetrVG/*Franzen* Rn. 4; *Darányi* S. 48 f.). Ein Luftrettungsdienst, der von bundesweit verteilten Stützpunkten Hubschrauber für die Luftrettung jeweils ortsnah einsetzt, ist daher kein Flugunternehmen iSd G (BAG 20.2.2001 – 1 ABR 27/00, NZA 2001, 1089). Das gilt auch für Unternehmen, die Rundflüge veranstalten oder Ballonfahrten durchführen (GK-BetrVG/*Franzen* Rn. 4).

2. Einheitlicher Land- und Luftbetrieb

5 Spätestens seit der Anfügung des Abs. 1 S. 2 und der dadurch –zweifelsfrei - eröffneten Möglichkeit der Anwendung des BetrVG auch auf Luftbetriebe stellt sich die Frage, ob Luftfahrtunternehmen bei entspr. Organisation auch einen **einheitlichen Land- und Luftbetrieb** führen können, für den dann – jedenfalls bei Fehlen von tariflichen Regelungen iSv Abs. 1 S. 2, Abs. 2 S. 1 - lediglich ein einheitlicher BR entspr. den Bestimmungen des BetrVG zu errichten wäre. Das BAG hat die Frage bereits im Beschluss vom 22.11.2005 (1 ABR 49/04, NZA 2006, 389 Rn. 20), also lange vor der Einfügung des Abs. 1 S. 2, aber auch im Beschluss vom 12.6.2019 (1 ABR 39/17, BeckRS 2019, 19791 Rn. 17) thematisiert, sie jedoch jeweils als nicht entscheidungserheblich erachtet und dementsprechend nicht beantwortet (vgl. auch BAG 14.10.1986 – 1 ABR 13/85, AP BetrVG 1972 § 117 Nr. 3, zu B II 3a, wonach „der Luftbetrieb i. S. von § 117 Abs. 2 BetrVG möglicherweise kein eigener selbständiger Betrieb" sei). Das SächsLAG hat noch zur früheren Fassung des § 117 entschieden, selbst im Falle der Notwendigkeit einer RL-konformen Auslegung des § 117 führe diese jedenfalls nicht dazu, dass ein gemeinsamer BR für den Land- und Luftbetrieb errichtet werden könne (SächsLAG 8.11.2016 – 3 TaBV 16/16, BeckRS 2016, 111846 Rn. 27 f.; die dagegen eingelegte Rechtsbeschwerde wurde vom BAG mit Beschluss vom 19.12.2018 – 7 ABR 79/16, NZA 2019, 940 als unzulässig verworfen). Die Beantwortung der Frage erscheint nicht selbstverständlich.

6 Nach dem von der Rspr. entwickelten, am Sinn und Zweck des BetrVG orientierten betriebsverfassungsrechtlichen Betriebsbegriff (→ § 1 Rn. 93 ff.) erscheint bei

einheitlicher Leitung ein einheitlicher Land- und Luftbetrieb keineswegs ausgeschlossen (so Gaul FS 100 Jahre BetrVR 2020 143 [151 f.]). Auch wird in Teilen des Schrifttums die Auffassung vertreten, Abs. 2 schaffe für das fliegende Personal keinen neuen Betrieb (vgl. DKKW/*Däubler* Rn. 7; GK-BetrVG/*Franzen* Rn. 12; *Darányi* S. 57). Die Konzeption des § 117 spricht aber eher dafür, in Luftfahrtunternehmen selbst bei einer einheitlichen Organisation **betriebsverfassungsrechtlich** stets konsequent **zwischen Land- und Luftbetrieben zu unterscheiden** (ebenso ErfK/*Kania* Rn. 5). Der Gesetzgeber verwendet ausdrücklich die Begriffe „Landbetrieb" und „Luftbetrieb", differenziert zwischen diesen und knüpft daran unterschiedliche Rechtsfolgen. Während für Landbetriebe außerhalb des § 3 die Möglichkeit versperrt ist, abweichend vom G durch TV Interessenvertretungen zu errichten, wird sie für Luftbetriebe ausdrücklich eröffnet. Es widerspräche ersichtlich dem Willen des Gesetzgebers, wenn durch die Annahme eines einheitlichen Land- und Luftbetriebs den TVParteien die ihnen durch Abs. 2 S. 1 eröffneten Möglichkeiten genommen würden. Auch die Lösung, beim Vorliegen von TV nach Abs. 1 S. 2, Abs. 2 S. 1 von zwei getrennten Betrieben, bei Fehlen eines entspr. TV dagegen von einem einheitlichen Betrieb auszugehen, erscheint wenig stimmig. Sie würde bei Umstrukturierungen, insb. bei Zusammenlegungen und Spaltungen sowie bei Neuabschluss von TV nach Abs. 2 S. 1 zu erheblichen Schwierigkeiten führen. Auch die in Abs. 2 S. 2 vorgesehene Möglichkeit tariflicher „Kooperationsvereinbarungen" zwischen Land- und Luftbetrieben (→ Rn. 29 ff.) deutet darauf hin, dass der Gesetzgeber konzeptionell zwischen betriebsverfassungsrechtlich zu trennenden Bereichen ausgeht. Es bleibt allerdings abzuwarten, welchen Weg die Rspr. insoweit bei der Entscheidung über geeignete Sachverhalte einschlägt.

3. Landbetrieb

7 Auf die **Landbetriebe** von Luftfahrtunternehmen findet nach Abs. 1 S. 1 das BetrVG ausnahmslos Anwendung. Landbetriebe erbringen Leistungen, die dem Flugbetrieb mittelbar dienen, indem sie die unmittelbare Beförderungstätigkeit technisch, organisatorisch und kaufmännisch möglich machen und alle Aktivitäten verwalten (BAG 14.10.1986 – 1 ABR 13/85, AP BetrVG 1972 § 117 Nr. 5 zu B II 3a). Zu diesen gehören insbes. die Verwaltungen, Hangars, Reparaturwerkstätten, Verkaufsbüros, Flughafenschalter. Wird ein Flughafen von einem Luftfahrtunternehmen betrieben, so gehört auch er zum Landbetrieb. Meist sind aber Flughafenbetreiber und Luftfahrtunternehmen rechtlich selbständig. Dann ist der Flughafen kein Landbetrieb iSv Abs. 1 S. 1 (GK-BetrVG/*Franzen* Rn. 6; Richardi BetrVG/*Forst* Rn. 10). Die Aufgaben der Flugsicherung sind zum 1.1.1993 von der Bundesanstalt für Flugsicherung auf ein privatrechtliches Unternehmen, die Deutsche Flugsicherung GmbH (DFS), übertragen worden (→ § 1 Rn. 78). Auf sie findet das BetrVG uneingeschränkt Anwendung. Ob der Landbetrieb einen Betrieb bildet, oder ob es sich um mehrere Betriebe handelt, hängt von der der Organisation des Luftfahrtunternehmens ab (Richardi BetrVG/*Forst* Rn. 14). Es gelten insoweit die allgemeinen Grundsätze. Bei der Feststellung der Zahl der in den Landbetrieben tätigen ArbN zählen die Besatzungsangehörigen der Luftfahrzeuge nicht mit (GK-BetrVG/*Franzen* Rn. 7; Richardi BetrVG/*Forst* Rn. 14).

4. Flugbetrieb

8 **Flugbetrieb** eines Luftfahrtunternehmens ist der Teil, dessen arbeitstechnischer Zweck unmittelbar darauf gerichtet ist, die Beförderung von Personen und Gütern durch Luftfahrzeuge tatsächlich auszuführen (BAG 14.10.1986 – 1 ABR 13/85, AP BetrVG 1972 § 117 Nr. 5 zu B II 3a). Zu den „im Flugbetrieb beschäftigten ArbN" gehören die ArbN, deren arbeitsvertraglich geschuldete Gesamttätigkeit durch die Beförderung von Personen und Gütern durch Luftfahrzeuge geprägt wird. Das sind

ArbN, die entweder unmittelbar eine Beförderungstätigkeit ausüben bzw. unmittelbar daran mitwirken, Personen oder Sachen während der Beförderung betreuen oder mit der Beförderung verbundene Dienstleistungen erbringen (BAG 14.10.1986 – 1 ABR 13/85, AP BetrVG 1972 § 117 Nr. 5 zu B II 3a). Auf den quantitativen Anteil der unmittelbar in der Luft verbrachten Zeit kommt es nicht entscheidend an; **maßgeblich** ist vielmehr, ob die fliegende Tätigkeit der Gesamttätigkeit **„das Gepräge"** gibt (BAG 14.10.1986 – 1 ABR 13/85, AP BetrVG 1972 § 117 Nr. 5; GK-BetrVG/*Franzen* Rn. 9; Richardi BetrVG/*Forst* Rn. 12; *Darányi* S. 50; krit. DKKW/*Däubler* Rn. 8). Flugzeugführer, Flugingenieure oder Flugbegleiter, die nur gelegentlich zu Ausbildungs- und Kontrollzwecken fliegen, sind daher kein fliegendes Personal. Gleiches gilt für Mitarbeiter in Wartungs-, Prüf- oder Kontrolldiensten (*Schmid/Roßmann,* Das Arbeitsverh. der Besatzungsmitglieder von Luftfahrtunternehmen, 1997, Rn. 507 ff.). Die für das fliegende Personal Verantwortlichen, die nur noch für den Erhalt einer Erlaubnis oder Berechtigung fliegen, bzw. zu Übungs- oder Kontrollzwecken fliegen, sind Beschäftigte des Landbetriebes. Das gilt auch für Flugbetriebsleiter oder Piloten, die nur oder überwiegend am Flugsimulator ausbilden, für Lehrflugingenieure, Ausbildungsleiter, Lehrpurser ua (vgl. *Schmid/Roßmann,* Das Arbeitsverh. der Besatzungsmitglieder von Luftfahrtunternehmen, 1997, Rn. 508).

Schwierigkeiten kann die Frage bereiten, ob es **innerhalb des „Flugbetriebs" nur einen Betrieb oder mehrere Betriebe** geben kann und wie diese ggf. abzugrenzen sind (vgl. *Ludwig* BB 2019, 180 [181 f.]; *Vielmeier* NZA 2018, 1530 [1532 f.]; ErfK/*Kania* Rn. 5). Anders als § 114, der in Abs. 3 ausdrücklich bestimmt, dass als Seebetrieb die Gesamtheit der Schiffe eines Schifffahrtsunternehmens gilt, sieht § 117 Entsprechendes für Luftfahrtunternehmen nicht vor. § 24 Abs. 2 KSchG regelt zwar, dass die Luftfahrzeuge eines Luftverkehrsbetriebs als Betrieb iSd KSchG gelten (vgl. dazu HaKo-BetrVG/*Kloppenburg* Rn. 13). Daraus können jedoch für die Betriebsverfassung keine (Rück-)Schlüsse gezogen werden (vgl. auch *Ludwig* NZA 2019, 180 [181]). Hier ist vielmehr zu differenzieren. 9

Soweit es **keinen TV nach Abs. 2 S. 1** gibt und daher nach Abs. 1 S. 2 auch auf den Flugbetrieb das BetrVG anzuwenden ist, finden die von der Rspr. zum Betriebsbegriff entwickelten allgemeinen Grundsätze Anwendung (ebenso *Jacobs/Frieling* FS 100 Jahre BetrVR 2020, 243 [253 f.]). Maßgeblich ist daher die vom Luftfahrtunternehmen vorgegebene Organisation (ebenso *Gaul* FS 100 Jahr BetrVR 2020 143 [147 ff.]). Es kommt somit darauf an, ob das Luftfahrtunternehmen eine einheitliche Leitungsmacht insb. in personellen und sozialen Angelegenheit für das gesamte fliegende Personal oder mehrere Leitungen eingerichtet hat. Dabei sind unterschiedliche Ausgestaltungen möglich. So können standortbezogene und/oder für das Cockpit- und Kabinenpersonal getrennte Leitungen eingerichtet werden. Je nachdem wird von einem oder mehreren Betrieben innerhalb des Flugbetriebs auszugehen sein ebenso *Jacobs/Frieling* FS 100 Jahre BetrVR 2020, 243 [254]; *Gaul* FS 100 Jahr BetrVR 2020 143 [147 ff.]). 10

Soweit für das fliegende Personal aufgrund von **TV nach Abs. 2 S. 1** Interessenvertretungen errichtet sind, sind die tariflichen Regelungen maßgebend. Diese können grds. **für das gesamte fliegende Personal einheitlich** geschlossen werden. Dies setzt allerdings voraus, dass die tarifschließende Gewerkschaft nach ihrer Satzung für das gesamte Personal tarifzuständig ist (vgl. BAG 14.1.2014 – 1 ABR 66/12, NZA 2014, 910 Rn. 51). Derzeit ist das im Bereich der Luftfahrt nur die Gewerkschaft ver.di (vgl. BAG 14.1.2014 – 1 ABR 66/12, NZA 2014, 910 Rn. 55). Dagegen beanspruchen die in diesem Bereich starken Gewerkschaften Vereinigung Cockpit eV (VC) und die Unabhängigen Flugbegleiter Organisation eV (UFO) die Tarifzuständigkeit **jeweils nur für einen Teil des fliegenden Personals** (vgl. BAG 14.1.2014 – 1 ABR 66/12, NZA 2014, 910 Rn. 53 f.). Insb. dies hat in der Praxis dazu geführt, dass jeweils gesonderte TV für das Cockpitpersonal einerseits und das Kabinenpersonal andererseits geschlossen wurden. Bei Vorliegen eines TV nach Abs. 2 S. 1 gilt zwar für die im Flugbetrieb beschäftigten ArbN das BetrVG nicht. 11

Gleichwohl gehören sie zum Unternehmen. Soweit es daher für MBR im Bodenbetrieb auf die Anzahl der ArbN im Unternehmen ankommt, zählen die im Flugbetrieb beschäftigten ArbN mit (HaKo-BetrVG/*Kloppenburg* Rn. 6).

12 Besondere Aufmerksamkeit verdienen gerade bei Luftfahrtunternehmen die Fälle mit **Auslandsbezug** (vgl. *Darányi* S. 52ff.) Dabei geht es zum einen um den Einsatz des fliegenden Personals deutscher Luftfahrtunternehmen auf ausländischen (Teil-) Strecken. Der Anwendbarkeit des deutschen Betriebsverfassungsrechts, bzw. der nach Abs. 2 S. 1 geschlossenen TV, insb. der danach bestehenden Mitwirkungsrechte steht regelmäßig nicht entgegen, dass die Arbeit zeitweilig im Ausland geleistet wird. Vielmehr handelt es sich um eine für den Flugbetrieb typische „Ausstrahlungswirkung" des deutschen BetrVG (vgl. BAG 10.9.1985 – 1 ABR 28/83, AP BetrVG 1972 § 117 Nr. 3 zu B IV 1b mit zust. Anm. *Beitzke;* vgl. auch *Darányi* S. 58).

13 Zum anderen geht es um die Fallgestaltungen, in denen in einem **ausländischen Luftfahrtunternehmen** die **Führung des fliegenden Personals aus dem Ausland** erfolgt (vgl. *Vielmeier* NZA 2018, 1530 [1531]; DKKW/*Däubler* Rn. 22; *Jacobs/Frieling* FS 100 Jahre BetrVR 2020, 243 [255]). In diesen Fällen kann sogar die Anwendung des deutschen Betriebsverfassungsrechts zweifelhaft sein. Es wird insoweit maßgeblich darauf ankommen, ob es im Inland ein betriebliches „Substrat", also eine organisatorische Zusammenfassung sachlicher und immaterieller Mittel gibt, die als „Betrieb" erachtet werden können (vgl. auch Schaub ArbR-Hdb/*Koch* § 211 Rn. 24, der darauf abstellt, ob im Inland eine „zumindest rudimentäre Leitungsmacht in personellen und sozialen Angelegenheiten" ausgeübt wird). Dabei dürften die Anforderungen an eine solche „homebase" aus Gründen einer mitbestimmungsfreundlichen Auslegung nicht allzu hoch sein (vgl. zum Begriff der „Heimatbasis" iSv. Anhang III der VO Nr. 3922/91 aber auch EuGH 14.9.2017 – C-168/16, NZA 2017, 1477 Rn. 70ff.). Allein die Fremdsteuerung aus dem Ausland dürfte der Errichtung eines BR nicht entgegenstehen (**aA** *Jacobs/Frieling* FS 100 Jahre BetrVR 2020, 243 [255]; vgl. zu der Problematik der ausländischen Leitungsmacht auch ausführlich → § 54 Rn. 34 bis 34j).

III. Sperrwirkung des Abs. 1 S. 2

14 Mit dem durch Art. 4e des QualifizierungschancenG neu eingefügten Abs. 1 S. 2 ist mit Wirkung vom 1.5.2019 klargestellt, dass auch auf im Flugbetrieb beschäftigte ArbN das BetrVG anzuwenden ist, „wenn **keine Vertretung durch TV nach Abs. 2 S. 1 errichtet** ist". Nach dem reinen Wortlaut des Abs. 1 S. 2 wäre das BetrVG erst dann nicht (mehr) anwendbar, wenn die Vertr. nach dem TV tatsächlich errichtet ist. Allein die Existenz des TV stünde danach der Anwendbarkeit des BetrVG nicht entgegen. Dieses Verständnis wäre aber ersichtlich überschießend. Ausweislich der Gesetzesbegründung ging es dem Gesetzgeber darum, „die in Literatur und Rspr. bestehende Rechtsunsicherheit" zu beseitigen, „ob die im Flugbetrieb beschäftigten ArbN einen BR nach den Voraussetzungen des Betriebsverfassungsrechts wählen können, wenn es keinen TV gibt" (BT-Drs. 19/6146, 31). Auch in dieser Kommentierung wurde eine unionsrechtskonforme Auslegung des Abs. 1 aF nur für die Fälle gefordert, in denen mangels eines entspr. TV die Errichtung einer Personalvertretung nicht möglich war (vgl. 29. Aufl. § 117 Rn. 1, 6 bis 6d). Daher sperrt allein das Vorliegen eines TV nach Abs. 2 S. 1 die Bildung eines BR nach dem BetrVG, ohne dass es darauf ankäme, ob eine Vertr, nach diesem TV tatsächlich errichtet ist (so auch *Müller/Becker* BB 2019, 884 [886f.] wohl auch ErfK/*Kania* Rn. 6).

15 Ein TV nach Abs. 2 S. 1 muss nicht zwingend für das gesamte fliegende Personal geschlossen werden (vgl. ausführlich *Darányi* S. 157ff.). Vielmehr ist es insb. aufgrund der jeweils begrenzten Tarifzuständigkeit der Gewerkschaften VC und UFO (→ Rn. 11) eine in der Luftfahrtbranche gängige und zulässige Praxis, **TV nur für einen Teil des fliegenden Personals** zu schließen (vgl. Richardi BetrVG/*Forst*

Rn. 24; GK-BetrVG/*Franzen* Rn. 17; *Darányi* S. 157ff.). Gibt es in einem Luftfahrtunternehmen nur für einen Teil des fliegenden Personals einen – wirksamen - TV nach Abs. 2 S. 1, kommt konsequenterweise auf das übrige fliegende Personal das BetrVG zur Anwendung. Diese ArbN können dann einen eigenen BR nach Abs. 1 S. 2 wählen.

Nach dem Inkrafttreten eines TV nach Abs. 2 S. 1 darf ein BR nach dem BetrVG nicht mehr errichtet werden. Dies bedeutet wohl auch, dass sich ein bereits eingeleitetes Verfahren zur Wahl eines gesetzlichen BR erledigt. (ebenso iE *Müller/Becker* BB 2018, 884 [887]; **aA** wohl *Jacobs/Frieling* FS 100 Jahre BetrVR 2020, 243 [256], nach denen die Verdrängungswirkung erst mit dem Beginn der Amtszeit der tariflichen Vertretung eintritt). Fraglich ist dagegen, welche Auswirkung der Abschluss eines TV nach Abs. 2 S. 1 auf die **(Fort-)Existenz eines wirksam nach dem BetrVG gewählten BR** hat. Während insoweit § 3 Abs. 4 für Vereinbarungen nach § 3 Abs. 1 Nr. 1 bis 3 eine ausdrückliche Regelung enthält (→ § 3 Rn. 73 bis 75), fehlt es für TV nach Abs. 2 S. 1 an einer entspr. Bestimmung. Abs. 1 S. 2 hat auch nicht etwa zur Folge, dass bereits mit dem Inkrafttreten eines solchen TV das BetrVG unanwendbar wäre. Gesperrt ist vielmehr nur die Wahl eines gesetzlichen BR (→ Rn. 14). Ein Fall, in dem die Amtszeit des BR nach den Bestimmungen des BetrVG vorzeitig endet, liegt nicht vor. Der Gesetzgeber hat vielmehr davon abgesehen, § 21 zu ergänzen. Der Abschluss eines TV hat daher nicht zur Folge, dass das Amt eines nach dem BetrVG gewählten BR vorzeitig endet (so wohl auch *Müller/Becker* BB 2018, 884 [887]). Das bedeutet aber auch, dass bis zum Ablauf der regulären Amtszeit des nach dem BetrVG gewählten BR nicht parallel eine Personalvertretung nach dem TV gewählt werden kann (**aA** wohl *Müller/Becker* BB 2018, 884 [887]). Das Verhältnis der beiden Organe zueinander wäre völlig unklar. Die Errichtung der Personalvertretung nach dem TV ist daher erst nach dem Ende der Amtszeit des regulär gewählten BR möglich (**aA** *Jacobs/Frieling* FS 100 Jahre BetrVR 2020, 243 [256], nach denen in analoger Anwendung des § 21 S. 4 die Amtszeit des gesetzlichen BR mit der Errichtung einer tariflichen Personalvertretung enden soll; im Ergebnis so auch ErfK/*Kania* Rn. 7). 16

IV. Tarifverträge nach Abs. 2 S. 1

Nach Abs. 2 S. 1 kann für das fliegende Personal **durch TV** eine – **vom G abweichende** – **Vertr.** errichtet werden. Die den TV schließende **Gewerkschaft** muss **tariffähig** und **tarifzuständig** sein (BAG 14.1.2014 – 1 ABR 66/12, NZA 2014, 910 Rn. 51). Der TV erfordert wegen der notwendig einheitlichen Geltung die satzungsmäßige Tarifzuständigkeit für alle ArbVerh. in den erfassten betrieblichen Einheiten (BAG 14.1.2014 – 1 ABR 66/12, NZA 2014, 910 Rn. 51; *Jacobs/Frieling* FS 100 Jahre BetrVR 2020, 243 [247]). Aus § 3 Abs. 2 TVG ergibt sich nichts Anderes. Diese Bestimmung regelt zwar für betriebliche und betriebsverfassungsrechtliche Normen eine Ausnahme von dem Grundsatz, wonach die Rechtsnormen eines TV nur zwischen beiderseits Tarifgebundenen Anwendung finden; sie erweitert aber nicht die Tarifzuständigkeit einer Gewerkschaft (BAG 14.1.2014 – 1 ABR 66/12, NZA 2014, 910 Rn. 51). Fehlt es an dieser, ist ein gleichwohl geschlossener TV unwirksam (BAG 29.7.2008 – 7 ABR 27/08, NZA 2009, 1424; 14.1.2014 – 1 ABR 66/12, NZA 2014, 910 Rn. 50). 17

Sind **mehrere Gewerkschaften tarifzuständig,** kann grds. mit jeder von ihnen eine TV nach Abs. 2 S. 1 u. 2 abgeschlossen werden (vgl. zu TV nach § 3 die Erläuterungen zu → § 3 Rn. 16aff.; HaKo-BetrVG/*Kloppenburg* Rn. 4). Auf deren Repräsentativität kommt es nicht an (→ § 3 Rn. 16c). Dies folgt spätestens aus dem durch das **Tarifeinheitsgesetz** (vgl. zur Frage der Verfassungsmäßigkeit BVerfG 11.7.2017 – 1 BvR 1571/15, NZA 2017, 915) eingefügten § 4a Abs. 2 S. 1 TVG, nach dem ein ArbGeb. nach § 3 TVG an mehrere TV unterschiedlicher Gewerkschaften gebunden 18 sein kann. Für Rechtsnormen eines TV über eine betriebsverfassungsrechtliche Frage nach § 117 Abs. 2 bestimmt § 4a Abs. 3 TVG ausdrücklich, dass § 4a Abs. 2 S. 2 TVG nur gilt, wenn diese betriebsverfassungsrechtliche Frage bereits durch den TV einer anderen Gewerkschaft geregelt ist. Anders als bei tariflichen Inhaltsnormen wird eine auflösungsbedürftige Tarifkollision also nicht in jedem Fall der Überschneidung der Geltungsbereiche unterschiedlicher TV angenommen. Soweit TV unterschiedlicher Gewerkschaften, etwa der VC und von UFO Regelungen nur für die jeweilige ArbNGruppe (Cockpitpersonal, Kabinenpersonal) treffen, stellt sich daher das Kollisionsproblem nicht (vgl. Richardi BetrVG/*Forst* Rn. 24f.; GK-BetrVG/*Franzen* Rn. 17; DKKW-*Däubler* Rn. 12; *Jacobs/Frieling* FS 100 Jahre BetrVR 2020, 243 [251]).

19 Falls sich dagegen mehrere TV mit unterschiedlichen betriebsverfassungsrechtlichen Regelungen in ihrem Geltungsbereich überschneiden und Geltung für mehrere ArbNGruppen beanspruchen, liegt eine notwendig aufzulösende **Tarifkonkurrenz** vor. In diesem Fall wird man darauf abstellen müssen, welche Gewerkschaft im tariflichen Geltungsbereich die meisten Mitglieder hat (vgl. DKKW-*Däubler* Rn. 12; GK-BetrVG/*Franzen* Rn. 17; *Darányi* S. 176 ff: *Jacobs/Frieling* FS 100 Jahre BetrVR 2020, 243 [250]; **aA** *Löwisch/Rieble* TVG § 4a Rn. 347ff., die meinen, durch das TEG sei die Anwendung des Mehrheitsprinzips bei tariflichen Betriebsnormen gesperrt; zu den Schwierigkeiten der Mehrheitsfeststellung → **§ 3 Rn. 16f**). Danach kommt es nicht auf den gesamten Flugbetrieb, sondern auf den jeweils geregelten Vertretungsbereich also zB. Cockpit, Kabine – an (vgl. DKKW-*Däubler* Rn. 12).

20 TV nach Abs. 2 können jedenfalls nach der zu § 117 aF ganz überwiegenden Auffassung mit **arbeitskampfrechtlichen Mitteln** erzwungen werden (GK-BetrVG/*Franzen* Rn. 11, 14; DKKW/*Däubler* Rn. 13; *Bayreuther* NZA 2010, 262; *Darányi* S. 190ff.; *Forst* ZESAR 2012, 164; ebenso zum neuen Recht *Jacobs/Frieling* FS 100 Jahre BetrVR 2020, 243 [247]).

21 Die Ausgestaltung der Betriebsverfassung von der Kampfstärke der Koalitionen abhängig zu machen, erscheint allerdings **nicht unproblematisch.** Dies gilt umso mehr, als die Geltung betriebsverfassungsrechtlicher Tarifnormen gegenüber den „Außenseitern" nicht mitgliedschaftlich legitimiert ist (vgl. zu dem Legitimationsproblem von TV nach Abs. 2 S. 1 *Darányi* S. 82ff.). Der Gesetzgeber hat die Frage der Erstreikbarkeit von TV nach Abs. 2 S. 1 nicht beantwortet. Allerdings ist durch die Anfügung des Abs. 1 S. 2 dem – freilich nach hier vertretener Auffassung (vgl. 29. Aufl. Rn. 6 bis 6d) schon für die bisherige Rechtslage nicht zwingenden – im Schrifttum vorgebrachten Argument, ohne die Erstreikbarkeit wäre die Errichtung einer ArbNVertr. für das fliegende Personal vom Wohlwollen der ArbG-Seite abhängig (so DKKW/*Däubler* Rn. 13), die Grundlage entzogen, da bei Fehlen eines TV das BetrVG zur Anwendung kommt. Nachdem sich der Gesetzgeber bislang nicht zu der Frage verhält, wird im Streitfall die Rspr. im Wege der Ausgestaltung des Arbeitskampfrechts zu entscheiden haben, ob der Abschluss eines TV nach Abs. 2 S. 1 ein zulässiges Streikziel ist. Aus der durch Art. 9 Abs. 3 GG gewährleisteten gewerkschaftlichen Betätigungsfreiheit folgt das nicht zwingend. Der Gesetzgeber hat durch das gesamte BetrVG die Gestaltungsfreiheit der TVParteien im Bereich der betrieblichen Mitbestimmung in zulässiger Weise – mit den gebotenen Maßgaben (vgl. insb. § 77 Abs. 3) – beschränkt (vgl. zur Beschränkung durch das MitbestG BVerfG 1.3.1979 – 1 BvR 532/77, NJW 1979, 699 zu C IV 2). Wenn er daher, wie durch Abs. 2 S. 1 den TVParteien partiell Gestaltungsmöglichkeiten eröffnet, ist das nicht notwendig mit der Konsequenz verbunden, um derartige TV auch Arbeitskämpfe führen zu können (vgl. zu der Problematik auch § 3 Rn. 20, § 47 Rn. 52, 82; § 55 Rn. 20; vgl. zum Verhältnis von Tarifautonomie und der durch das BetrVG eröffneten Regelungsbefugnis der TVParteien *K. Schmidt* FS 100 Jahre BetrVR 2020, 693).

22 Die TVParteien haben bei TV über eine Interessenvertretungen nach Abs. 2 S. 1 einen beträchtlichen **Gestaltungsspielraum.** Sie können sich darauf beschränken, im Wesentlichen die Vorschriften des BetrVG zu übernehmen. Sie können aber die Organisation der Interessenvertretung und deren Beteiligungsrechte auch anders gestalten (BAG 5.11.1985 – 1 ABR 56/83, AP BetrVG 1972 § 117 Nr. 4; 17.3.2015 – 1 ABR 59/13, NZA-RR 2015, 419 Rn. 32; GK-BetrVG/*Franzen* Rn. 19; Richardi BetrVG/*Forst* Rn. 19; WPK/*Bender* Rn. 9; *Jacobs/Frieling* FS 100 Jahre BetrVR 2020, 243 [248]; einschränkend DKKW/*Däubler* Rn. 15).

Die TVParteien haben für den Bereich der Luftfahrunternehmen **unterschiedliche Modelle** entwickelt (vgl. zu den verschiedenen TV iE GK-BetrVG/*Franzen* Rn. 20; *Darányi* S. 22ff.). Teilweise ist die Errichtung einer einheitlichen Personalvertretung für das gesamte Bordpersonal vorgesehen. Andere TV sehen ausdifferenzierte Gruppenvertretungen vor, die dann wiederum eine Gesamtvertretung bilden. Dies ist aber nur dann möglich, wenn die tarifschließende Gewerkschaft nach ihrer Satzung für sämtliche ArbN zuständig ist (→ Rn. 11, 17; BAG 14.1.2014 – 1 ABR 66/12, NZA 2014, 910 Rn. 51). Ist eine Gesamtvertretung nicht vorgesehen oder soll eine für das Boden- und das Luftpersonal gemeinsame Regelung getroffen werden, kann eine „mehrgliedrige betriebsverfassungsrechtliche Vereinbarung" in Betracht kommen, an der auf ArbNSeite mehrere Interessenvertretungen beteiligt sind (vgl. zu einem mehrgliedrigen Interessenausgleich mit Namensliste bei einem in Insolvenz geratenen Luftfahrtunternehmen BAG 26.4.2007 – 8 AZR 695/05, NJOZ 2008, 108 Rn. 46 bis 49). Mangels entspr. Konfliktlösungsmechanismen kann diese aber wohl nur freiwillig zustandekommen. Außerdem gilt es, den Grundsatz der Rechtsquellenklarheit zu beachten. Der Geltungsbereich eines TV über die Errichtung einer betrieblichen Vertretung für das fliegende Personal kann sich auf die vom Unternehmen auf ausländischen Teilstrecken betriebenen Flugzeuge erstrecken (BAG 10.9.1985 – 1 ABR 15/83, AP BetrVG 1972 § 117 Nr. 3; Richardi BetrVG/*Forst* Rn. 13; *Bayreuther* NZA 2010, 262; → § 1 Rn. 16). 23

24 Die TVParteien können die **Mitbestimmung** und **Mitwirkung** der ArbNVertretung in derselben Weise ausgestalten, wie diese im BetrVG geregelt ist, oder schlicht auf das BetrVG Bezug nehmen (vgl. etwa BAG 12.6.2019 – 1 ABR 39/17, BeckRS 2019, 19791 Rn. 16). Sie müssen das jedoch nicht (BAG 17.3.2015 – 1 ABR 59/13, NZA-RR 2015, 419 Rn. 32; GK-BetrVG/Franzen Rn. 19). Sie können insbes. wegen der für den Flugbetrieb geltenden Besonderheiten abweichende Regelungen treffen (*Jacobs/Frieling* FS 100 Jahre BetrVR 2020, 243 [248]; ErfK/*Kania* Rn. 3). Dem stehen grds. weder Art. 3 GG noch unionsrechtliche Vorschriften entgegen (BAG 17.3.2015 – 1 ABR 59/13, NZA-RR 2015, 419 Rn. 32; einschränkend DKKW/*Däubler* Rn. 15). Diese können allerdings zur Beantwortung der Frage herangezogen werden, welcher **Mindeststandard** an Beteiligungsrechten erreicht sein muss (vgl. auch BAG 17.3.2015 – 1 ABR 59/13, NZA-RR 2015, 419 Rn. 32; GK-BetrVG/*Franzen* Rn. 11, 19; Richardi BetrVG/*Forst* Rn. 19). Offen erscheint auch, ob bei Unterschreitung eines solchen Mindeststandards die gesetzlichen Regelungen analog oder zur Lückenfüllung herangezogen werden können und/oder müssen (vgl. zur Mitbestimmung der Gruppenvertretung bei Versetzungen BAG 22.11.2005 – 1 ABR 49/04, NZA 2006, 389; 11.12.2007 – 1 ABR 73/06, NZA-RR 2008, 35; 17.3.2015 – 1 ABR 59/13, NZA-RR 2015, 419).

25 Aufgrund der Besonderheiten des Luftbetriebs von erheblicher Bedeutung ist die Mitwirkung der Personalvertretung bei Rahmenplänen für die **Besatzungsumläufe** und für Mehrflugdienststunden. Hier können tarifliche Abweichungen von § 87 Abs. 1 Nr. 2 und 3 sinnvoll sein (vgl. dazu LAG Köln 25.4.2012 – 3 TaBV 84/11, BeckRS 2012, 72724; HaKo-BetrVG/*Kloppenburg* Rn. 12).

26 Bei **Betriebsänderungen** kann es zu Schwierigkeiten führen, wenn die unternehmerischen Entscheidungen und Maßnahmen sich nicht auf die Belegschaft beschränken, für die jeweils eine Interessenvertretung nach Abs. 2 S. 1 errichtet ist. Dies kann etwa der Fall sein, wenn eine Betriebsänderung den gesamten Luftbetrieb betrifft, aber für das Kabinen- und das Cockpitpersonal durch unterschiedliche TV jeweils eigene Interessenvertretungen gebildet sind und es an einer Gesamtvertretung fehlt (vgl. zu einer solchen Fallgestaltung LAG Bln-Bbg 17.4.2019 – 15 Sa 2026/18, BeckRS 2019, 10733, Revision beim BAG anhängig unter dem Aktenzeichen

1 AZR 224/19). Im Bereich der gesetzlichen Betriebsverfassung könnte das wegen des sich insb. aus §§ 50 Abs. 1 S. 1, 58 Abs. 1 S. 1 ergebenden Grundsatzes der strikten Zuständigkeitstrennung (vgl. → § 50 Rn. 9) den Wegfall des MBR zur Folge haben, wenn eine Regelung, die sich auf die jeweils repräsentierte Belegschaft beschränkt, nicht möglich ist (vgl. aber auch → § 54 Rn. 34b ff.). Im Bereich der durch TV nach Abs. 2 S. 1 „gewillkürten Strukturen" wird man, sofern es keine § 50 Abs. 1 S. 1 entspr. tarifliche Regelung gibt, sorgfältig zu prüfen haben, ob und wie ggf. ein nach dem einschlägigen TV vorgesehenes MBR sinnvoll verwirklicht werden kann. Ein durch einen TV Kabine und/oder einen TV Cockpit in entspr. Anwendung der §§ 111 ff. vorgesehenes MBR bei der Stilllegung des Luftbetriebs muss nicht zwingend an der – personell begrenzten – Zuständigkeit der jeweiligen Interessenvertretung scheitern. Als Instrument der Mitbestimmung kommen sowohl eingliedrige als auch mehrgliedrige Vereinbarungen in Betracht (vgl. zu einem mehrgliedrigen Interessenausgleich in der Luftfahrt BAG 26.4.2007 – 8 AZR 695/05, BeckRS 2007, 46205 Rn. 47 ff.). Auch darf das Unternehmen in einem solchen Fall vor dem Versuch eines Interessenausgleichs mit der jeweiligen Interessenvertretung nicht vollendete Tatsachen schaffen, indem es gegenüber dem von dieser Interessenvertretung nicht repräsentierten Teil des Flugbetriebs kündigt (**aA** LAG Bln-Bbg 17.4.2019 – 15 Sa 2026/18, BeckRS 2019, 10733). Mangels entspr. Konfliktlösungsmechanismen dürften allerdings mehrgliedrige Vereinbarungen nicht erzwingbar sein (vgl. LAG Bln-Bbg 17.4.2019 – 15 Sa 2026/18, BeckRS 2019, 10733 Rn. 133; vgl. auch → Rn. 29 ff.).

V. Nachwirkung von Tarifverträgen

27 Nach der bis 30.4.2019 geltenden Rechtslage war umstritten, ob TV nach Abs. 2 S. 1 gemäß § 4 Abs. 5 TVG **Nachwirkung** entfalten (verneinend: 29. Aufl. Rn. 9; *Jacobs/Krois* ZTR 2011, 643; *Darányi* S. 185 ff.; **aA** GK-BetrVG *Franzen* Rn. 16; Richardi BetrVG/*Forst* Rn. 20; diff. *Weber/Gräf* RdA 2012, 95). Mit dem durch das QualifizierungschancenG angefügten Abs. 2 S. 3 hat der Gesetzgeber die Streitfrage entschieden. Die tariflichen Regelungen zur Personalvertretung gelten danach solange weiter, bis sie durch eine andere Abmachung ersetzt werden (vgl. BT-Drs. 19/6146, 31). Damit hat praktisch weder der ArbG noch die Gewerkschaft eine realistische Möglichkeit, ohne Zustimmung des Tarifpartners zur gesetzlichen Betriebsverfassung zurückzukehren. Das ist aber ersichtlich vom Gesetzgeber so gewollt.

28 Die mit § 4 Abs. 5 TVG insb. bei betriebsverfassungsrechtlichen Normen verbundene Gefahr der **„Ewigkeitsbindung"** – insb. bei Auflösung der Gewerkschaft, bei Verlust der Tariffähigkeit sowie bei Herauswandern aus der Tarifzuständigkeit (vgl. dazu *Löwisch/Rieble* § 4 Rn. 762, 764) - ist freilich nicht völlig von der Hand zu weisen. Auch das BAG hat schon einmal für betriebliche Normen darauf hingewiesen, es erscheine fraglich, ob sich mit der Überbrückungsfunktion des § 4 Abs. 5 TVG eine unbegrenzte Nachwirkung vertrage, wenn diese nur durch einen TV beseitigt werden könne (vgl. BAG 26.4.1990 – 1 ABR 84/87, NZA 1990, 850, zu B.V 3b). Die im Schrifttum zur Beendigung der Nachwirkung vorgeschlagene „Notbremse" des Betriebsübergangs (so *Löwisch/Rieble* § 4 Rn. 768) ist keine dogmatisch befriedigende Lösung des Problems. Die TVParteien sind freilich trotz Abs. 2 S. 3 nicht gehindert, bereits in dem TV über die Personalvertretung dessen Nachwirkung ausdrücklich auszuschließen (*Jacobs/Frieling* FS 100 Jahre BetrVR 2020, 243 [250]; **aA** *Ludwig* BB 2019, 180 [183]). Die Nachwirkung eines TV nach § 4 Abs. 5 TVG kann von den TVParteien abbedungen werden (BAG 11.1.2011 – 1 AZR 310/09, BeckRS 2011, 72569 Rn. 14; 16.5.2012 – 4 AZR 366/10, NZA 2013, 220 Rn. 21). Es ist nicht ersichtlich, dass diese Tarifdispositivität durch Abs. 2 S. 3 beseitigt werden sollte. Aus dem Umstand, dass der Gesetzgeber die Nachwirkung für TV nach Abs. 2 S. 1 und 2 in Abs. 2 S. 3 ausdrücklich angeordnet hat, können für die Frage der Nachwirkung

von TV nach § 3 Abs. 1 Nr. 1 bis 3 (vgl. → § 3 Rn. 84) keine zwingenden (Rück-) Schlüsse gezogen werden.

VI. GBR, KBR und Kooperationsvereinbarungen

Noch wenig erörtert wird die Frage, ob und wie in Land- und Luftbetrieben GBR und KBR zu errichten sind und wie das **Verhältnis von nach Abs. 2 S. 1 errichteten Personalvertretungen untereinander sowie gegenüber den gesetzlichen Vertretungsorganen** ist. In Rspr. und Schrifttum weitgehend ungeklärt ist auch, wie sich die Mitwirkung und Mitbestimmung in Angelegenheiten gestaltet, die mehrere Einheiten betreffen und nicht durch die Vertretungsorgane innerhalb ihrer Einheit geregelt werden können. Für die gesetzliche Betriebsverfassung ist die Problematik durch die Errichtung von GBR und KBR sowie die §§ 50 Abs. 1S. 1, 58 Abs. 1 S. 1 geregelt. Für Luftfahrtunternehmen findet sich hierzu lediglich die Bestimmung des **Abs. 2 S. 2,** wonach über die Zusammenarbeit der nach Abs. 2 S. 1 errichteten Vertr. mit den nach dem BetrVG zu errichtenden Vertr. der Landbetriebe des Luftfahrtunternehmens der TV vom BetrVG abweichende Regelungen vorsehen kann. 29

Recht unproblematisch erscheinen die Fälle, in denen ein TV nach Abs. 2 S. 1 nicht abgeschlossen wurde und daher nach Abs. 1 S. 2 das BetrVG uneingeschränkt zur Anwendung kommt. Hier ist von den für den Landbetrieb und den Luftbetrieb gebildeten BR gemäß § 47 Abs. 1 und 2 BetrVG ein **GBR** zu errichten (*vgl. Jacobs/Frieling* FS 100 Jahre BetrVR 2020 243, [255]). Dieser ist nach § 50 Abs. 1 zuständig für die Behandlung von Angelegenheiten, die das gesamte Luftfahrtunternehmen oder mehrere Betriebe betreffen und nicht durch die BR in den einzelnen Betrieben geregelt werden können. Gehört das Luftfahrtunternehmen zu einem Konzern, in dem keine TV nach Abs. 2 S. 1 geschlossen wurden, kann nach Maßgabe des § 54 Abs. 1 ein **KBR** errichtet werden. Hat das herrschende Unternehmen seinen Sitz im Ausland, ist bei fehlender inländischer Teilkonzernspitze nach der Rspr. des BAG die Errichtung eines KBR nicht möglich (vgl. zu der Problematik → § 54 Rn. 34 bis 34i). 30

Sind in einem Luftfahrtunternehmen ein oder mehrere TV nach Abs. 2 S. 1 geschlossen und auf dieser Grundlage Personalvertretungen errichtet, so kann, sofern die TV dies vorsehen (→ Rn. 22f.), eine **Gesamtvertretung** gebildet werden. Wenn die beteiligten Gewerkschaften nach ihrer Satzung nicht für alle ArbN zuständig sind, ist das nur in einem mehrgliedrigen TV möglich (vgl. auch Schaub ArbR-Hdb/*Koch* § 211 Rn. 24, der eine umfassende Tarifzuständigkeit der abschließenden Gewerkschaft für alle erfassten ArbN verlangt). Falls es innerhalb des Landbetriebs mehrere Betriebe gibt oder die TV nur einen Teil des Luftbetriebs erfassen und für den restlichen Teil ein gesetzlicher BR gebildet ist, können diese Betriebe wohl in jedenfalls entspr. Anwendung des § 47 Abs. 1 und 2 für diese Betriebe einen GBR errichten, der allerdings nicht für die Behandlung aller Angelegenheiten des Luftfahrtunternehmens, sondern nur für die Angelegenheiten zuständig ist, die die von ihm repräsentierten BR betreffen und von diesen innerhalb ihrer Betriebe nicht geregelt werden können. 31

Soweit es um das Verhältnis von nach Abs. 2 S. 1 errichteten tariflichen Personalvertretungen untereinander sowie um das Verhältnis zu den Landbetrieben und den in ihnen errichteten Vertretungsorgane geht, enthält das G keine unmittelbare Lösung. Der Gesetzgeber geht hier davon aus, dass diese **„Zusammenarbeit" durch Kooperationsvereinbarungen nach Abs. 2 S. 2 geregelt** werden kann (vgl. dazu BAG 14.10.1986 – 1 ABR 13/85, AP BetrVG 1972 § 117 Nr. 5 zu B II 4; 22.11.2005 – 1 ABR 49/04, NZA 2006, 389 Rn. 22; ArbG Frankfurt 26.8.2003 – 4 BV 598/02, NZA-RR 2004, 168; GK-BetrVG/*Franzen* Rn. 23; Richardi BetrVG/*Forst* Rn. 19; DKKW/*Däubler* Rn. 21). Im Schrifttum wird teilweise die Auffassung vertreten, Abs. 2 S. 2 habe bislang „kaum Bedeutung erlangt" (DKKW/ 32

Däubler Rn. 21) und es sei „wenn überhaupt nur zu unvollständigen Regelungsversuchen gekommen“ (*Darányi* S. 204). Allerdings wird auch darauf hingewiesen, dass sich Regelungen zur Bestellung, Zusammensetzung und Arbeitsweise des WiAusschusses in mehreren TV der Luftfahrtbranche finden (vgl. die Nachweise bei GK-BetrVG/*Franzen* Rn. 23).

33 Nicht unproblematisch erscheint es bereits, wenn durch derartige Vereinbarungen auch **Rechtspositionen der nach dem BetrVG errichteten BR der Landbetriebe** tangiert sind. Rspr. (vgl. BAG 14.10.1986 – 1 ABR 13/85, AP BetrVG 1972 § 117 Nr. 5 zu B II 4) und Schrifttum (vgl. GK-BetrVG/*Franzen* Rn. 23) halten dies allerdings für zulässig und sehen die Rechtfertigung dafür gerade in Abs. 2 S. 2.

34 In der derzeitigen Tariflandschaft der Luftfahrtbranche werden Vereinbarungen nach Abs. 2 S. 2 aber häufig an einer anderen rechtlichen Hürde scheitern. Nach der zutr. Rspr. des BAG erfordert nämlich ein „TV über die Ausgestaltung von Beteiligungsrechten des BR (…) wegen der betriebseinheitlichen Geltung von betriebsverfassungsrechtlichen Normen grds. die satzungsmäßige **Tarifzuständigkeit** der abschließenden Gewerkschaft für alle ArbVerh. der erfassten betrieblichen Einheiten“ (BAG 14.1.2014 – 1 ABR 66/12, NZA 2014, 910 Rn. 51; vgl. auch 29.7.2009 – 7 ABR 27/08, NZA 2009, 1424 Rn. 25). Die für die Luftfahrt neben ver.di bedeutsamen Spartengewerkschaften VC und UFO beanspruchen nach ihren Satzungen aber die Tarifzuständigkeit jeweils nur für einen Teil des fliegenden Personals. Sie sind daher für den jeweils anderen Teil des fliegenden Personals sowie für das Bodenpersonal nicht tarifzuständig. Damit entfällt ihre Kompetenz, auch für diese ArbN TV abzuschließen. Hierdurch können in Angelegenheiten, die nur betriebs-/bereichsübergreifend einheitlich geregelt werden können, Mitbestimmungslücken entstehen, da (Gesamt-)Vertretungsorgane, die insoweit die Mitbestimmung wahrnehmen könnten, nicht errichtet werden können. In Betracht kommt insoweit der Abschluss „mehrgliedriger Vereinbarungen“ mit den mehreren Personalvertretungen (→ Rn. 23, 26). Mangels entspr. Konfliktlösungsmechanismen können dies aber nur freiwillig abgeschlossen werden.

VII. Streitigkeiten

35 Über Streitigkeiten zwischen BR und ArbGeb. des Landbetriebs entscheiden die ArbG nach § 2a ArbGG im **BeschlussVerf.** Das ist auch die zutreffende Verfahrensart für die Klärung von Meinungsverschiedenheiten der durch TV nach Abs. 2S. 1 gebildeten Betriebsparteien. Auch insoweit handelt es sich um Fragen der betrieblichen Ordnung, die nach § 2a ArbGG dem Beschlussverfahren zugewiesen sind. Eine gemäß einem TV nach Abs. 2 S. 1 gebildete Personalvertretung ist in einem BeschlussVerf. gem. § 10 ArbGG **beteiligtenfähig** (BAG 22.11.2005 – 1 ABR 49/04, NZA 2006, 389; 11.12.2007 – 1 ABR 73/06, NZA-RR 2008, 353). Vgl. zur **internationalen und örtlichen Zuständigkeit** bei einem im Ausland ansässigen Flugunternehmen, das an einem inländischen Flughafen eine Basis unterhält, ausf. LAG Bln-Bbg 8.2.2011 – 7 TaBV 2744/10, BeckRS 2011, 71722 sowie EuGH 14.9.2017 – C-168/16, NZA 2017, 1477. Zu den **Besonderheiten des BeschlVerf.** vgl. **Anh. 3.**

Dritter Abschnitt. Tendenzbetriebe und Religionsgemeinschaften

§ 118 Geltung für Tendenzbetriebe und Religionsgemeinschaften

(1) [1] **Auf Unternehmen und Betriebe, die unmittelbar und überwiegend**

1. politischen, koalitionspolitischen, konfessionellen, karitativen, erzieherischen, wissenschaftlichen oder künstlerischen Bestimmungen oder

2. Zwecken der Berichterstattung oder Meinungsäußerung, auf die Artikel 5 Abs. 1 Satz 2 des Grundgesetzes Anwendung findet,

dienen, finden die Vorschriften dieses Gesetzes keine Anwendung, soweit die Eigenart des Unternehmens oder des Betriebs dem entgegensteht. [2]Die §§ 106 bis 110 sind nicht, die §§ 111 bis 113 nur insoweit anzuwenden, als sie den Ausgleich oder die Milderung wirtschaftlicher Nachteile für die Arbeitnehmer infolge von Betriebsänderungen regeln.

(2) **Dieses Gesetz findet keine Anwendung auf Religionsgemeinschaften und ihre karitativen und erzieherischen Einrichtungen unbeschadet deren Rechtsform.**

Inhaltsübersicht

I. Vorbemerkung

Die Vorschrift bringt in Abs. 1 für bestimmte Unternehmen und Betriebe mit Rücksicht auf deren Eigenart (**„Tendenzbetriebe"**) Ausnahmen von Bestimmungen des BetrVG. Sie nimmt nach Abs. 2 **Religionsgemeinschaften** und deren karitative und erzieherische Einrichtungen vom Geltungsbereich des G insgesamt aus. Das Selbstbestimmungsrecht der Religionsgemeinschaften bei der Erfüllung ihres Sendungsauftrags soll nicht durch die Mitsprache der ArbN beschränkt werden (*Kühling* ArbuR 2007, 138). 1

§ 118 dient nicht allein dem Schutz der in der Vorschrift aufgeführten Zielsetzungen um ihrer selbst willen. In erster Linie hat die Norm einen **Grundrechtsbezug.** Mit ihr gestaltet der Gesetzgeber die Freiheitsrechte der Art. 4 GG, Art. 5 GG und Art. 9 Abs. 3 GG aus (BAG 20.4.2010 – 1 ABR 78/08, NZA 2010, 902; BVerfG 30.4.2015 – 1 BvR 2274/12, NZA 2015, 820). Ein solcher Bezug fehlt aber bei karitativen – und außerhalb des durch Art. 7 Abs. 4, 5 GG geschützten Bereichs – auch bei erzieherischen Zielsetzungen (BAG 5.10.2000 – 1 ABR 14/00, NZA 2001, 1325). Das verlangt nach anderen Maßstäben für die Auslegung und Anwendung der Eigenartsklausel (BAG 22.5.2012 – 1 ABR 7/11, NZA-RR 2013, 78). Denn hier beruht die eingeschränkte Geltung der Betriebsverfassung nur auf dem besonderen Zweck solcher Unternehmen/Betriebe (*Thüsing/Pötters* RdA 2011, 280). Die damit verbundene Privilegierung ist mit Art. 3 GG vereinbar (BAG 14.9.2010 – 1 ABR 29/09, NZA 2011, 225; BVerfG 30.4.2015 – 1 BvR 2274/12, NZA 2015, 820). Mit der Ausnahmevorschrift des § 118 Abs. 2 werden das Grundrecht der freien Religionsausübung und die Verfassungsgarantie der kirchlichen Selbstbestimmung zur Entfaltung gebracht (BT-Drs. VI/2729, 17; ErfK/*Schmidt* GG Art. 4 Rn. 57, GG Art. 5 2

Rn. 79 ff.). Diese Zwecke sind bei der Auslegung der Vorschrift zu berücksichtigen (ErfK/*Kania* Rn. 2).

3 § 118 geht zurück auf § 81 BetrVG 1952, der die Mitbestimmung in Betrieben beschränkte, die politischen, gewerkschaftlichen, konfessionellen, karitativen, erzieherischen, wissenschaftlichen, künstlerischen oder ähnlichen Bestimmungen dienten und Religionsgemeinschaften einschließlich ihrer karitativen und erzieherischen Einrichtungen vom Geltungsbereich des G ausschloss (zur Rechtsentwicklung vgl. GK-BetrVG/*Weber* Rn. 4 ff.). Demgegenüber versucht das BetrVG 1972 den Ausnahmetatbestand zu präzisieren. Es beschränkt den Tendenzschutz auf Unternehmen und Betriebe, soweit sie die genannten Bestimmungen oder Zwecke „unmittelbar und überwiegend" verfolgen. Die Sonderstellung gilt uU nur für einzelne Betriebe eines Unternehmens. Um einer zweckwidrigen Ausweitung der Sondervorschrift entgegenzuwirken, wurde im BetrVG 1972 der Hinweis auf „ähnliche Bestimmungen" gestrichen. Damit entfällt eine **analoge Anwendung** der Sondervorschrift des § 118 Abs. 1 (DKKW/*Wedde* Rn. 1; Richardi BetrVG/*Forst* Rn. 49). Die **Aufzählung ist erschöpfend.** Das BAG schließt allerdings eine Analogie unter Hinweis auf den Normzweck bei Änderung der rechtlichen oder tatsächlichen Verhältnisse, die eine Regelungslücke zur Folge haben, nicht aus (BAG 23.3.1999 – 1 ABR 28/97, NZA 1999, 1347). Da § 118 Abs. 1 nicht jede geistig-ideelle Zielsetzung schützt, sondern eine gezielte Auswahl trifft, ist die Feststellung einer analogiefähigen Lücke aber kaum vorstellbar (GK-BetrVG/*Weber* Rn. 39).

4 Entspr. Vorschriften: § 77 Abs. 1, § 95 Abs. 1, § 112 BPersVG, § 1 Abs. 3 Nr. 2, § 32 Abs. 1 S. 2, Abs. 2 SprAuG, § 31 EBRG.

II. Unternehmen und Betriebe

5 Das G gilt zwar für den Betrieb. Der Betrieb verfolgt aber nur einen arbeitstechnischen Zweck (→ § 1 Rn. 93). Eine **Tendenz kann daher nur das Unternehmen** haben (hM; GK-BetrVG/*Weber* Rn. 52). Deshalb führt das G zur Klarstellung neben dem Betrieb auch das Unternehmen auf. In Unternehmen mit mehreren Betrieben oder nach § 4 selbständigen Betriebsteilen erstreckt sich die Tendenz des Unternehmens nicht zwangsläufig auf alle Betriebe. Umgekehrt vermittelt nicht schon ein Tendenzbetrieb allen anderen (neutralen) Betrieben des Unternehmens die Tendenz (BVerfG 29.4.2003 – 1 BvR 62/99, NZA 2003, 864). Die Voraussetzungen des Abs. 1 sind vielmehr für **jeden Betrieb gesondert zu prüfen** (HWGNRH/*Hess* Rn. 6; WPK/*Bender* Rn. 8; krit. Richardi BetrVG/*Forst* Rn. 28). Ein tendenzneutrales Unternehmen kann keinen Tendenzbetrieb unterhalten. Das hat seinen Grund darin, dass der Betrieb als arbeitstechnische Teilorganisation des Unternehmens keinen andern Zweck verfolgen kann als das Unternehmen selbst (BAG 27.7.1993 – 1 ABR 8/93, NZA 1994, 329).

6 Bei sog **Mischunternehmen,** die sowohl tendenzgeschützte als auch tendenzneutrale Zwecke verfolgen, kommt es auf die überwiegende Zielsetzung auf der Ebene des jeweiligen Betriebes an (WPK/*Bender* Rn. 14). Dabei ist nicht das „Gepräge" maßgebend (zu der vom BAG aufgegebenen Geprägetheorie BAG 22.5.1979 – 1 ABR 100/77, AP BetrVG 1952 § 81 Nr. 13, die allerdings im Schrifttum eine Renaissance erlebt vgl. Übersicht bei *Gillen/Hörle* NZA 2003, 1225), sondern **quantitative Gesichtspunkte,** wie der Einsatz sachlicher und insbes. personeller Mittel („Arbeitszeitmenge") für Tendenzzwecke (→ Rn. 14; ErfK/*Kania* Rn. 7; DKKW/*Wedde* Rn. 13; Richardi BetrVG/*Forst* Rn. 52; *Bauer/Mengel* NZA 2001, 307; BAG 27.7.1993 – 1 ABR 8/93, NZA 1994, 329: 10 vH Wortbeiträge und 50 vH moderierte Musikbeiträge für Zwecke der Berichterstattung und Meinungsäußerung ausreichend; **aA** Geprägetheorie HWGNRH/*Hess* Rn. 12;). Ein zahlenmäßiges Übergewicht sog Tendenzträger ist nicht gefordert (BAG 20.11.1990 – 1 ABR 87/89, NZA 1991, 513). Das Überwiegen der Tendenz im ganzen Unternehmen ist maßge-

bend für die Frage der **Errichtung eines WiAusschusses.** Dieser wird nicht für den Betrieb, sondern das Unternehmen errichtet (→ Rn. 43). Gesellschaftsrechtliche Verflechtungen eines rechtlich selbständigen Unternehmens mit einem anderen Unternehmen bleiben außer Betracht (BAG 30.6.1981 – 1 ABR 30/79, NJW 1982, 125). Dagegen werden die MBR bei Betriebsänderungen nach §§ 111 ff. im Betrieb verwirklicht, so dass es auf dessen Tendenzcharakter ankommt. Entspr. gilt regelmäßig für soziale und personelle MBR, es sei denn, sie ist unternehmensbezogen und fällt deshalb in den Zuständigkeitsbereich des **GesBR** (§ 50 Abs. 1). Werden ausnahmsweise zwischen Unternehmer und GesBR tendenzbezogene Maßnahmen vereinbart, zB über das Verhalten der ArbN (→ Rn. 42), die aus besonderen Gründen einheitlich für alle Tendenzbetriebe gelten sollen, erfassen solche BV nicht die tendenzneutralen Betriebe des Unternehmens. Insoweit fehlt dem GesBR die Regelungskompetenz.

Sind mehrere Unternehmen in einem **Konzern** oder in anderer Weise verbunden, kommt es ausschließlich auf das einzelne Unternehmen bzw. den einzelnen Betrieb an, dessen Tendenzeigenschaft jeweils gesondert zu prüfen ist (BAG 30.6.1981 – 1 ABR 30/79, NJW 1982, 125; BVerfG 29.4.2003 – 1 BvR 62/99, NZA 2003, 864). Auf den Betrieb ist auch beim **Tendenzgemeinschaftsbetrieb** abzustellen, der durch gemeinsame Betriebsführung eines Tendenzunternehmens und eines Nicht-Tendenzunternehmens entsteht (**aA** *Lunk* NZA 2005, 841). 7

Die Eigenschaft als Tendenzbetrieb (bzw. -unternehmen) nach Abs. 1 setzt voraus, dass der Betrieb/Unternehmen einer **geistig-ideellen Zielrichtung** dient. Dieses „zweckhafte Wollen" muss ein bestimmtes Niveau aufweisen, also ernst zu nehmen sein. Auf die Rechtsform des Trägers des Betriebes kommt es ebenso wenig an, wie auf die konkreten persönlichen Überzeugungen des Betriebsinhabers. Auch die Motivation des Unternehmers ist unerheblich, maßgebend ist die Art des Unternehmens (BAG 1.9.1987 – 1 ABR 23/86, NZA 1988, 97). Beispielsweise ist die einer Partei oder Gewerkschaft gehörende Gastwirtschaft kein Tendenzbetrieb, umgekehrt aber uU das karitativen Zwecken dienende Erholungsheim einer Privatperson. 8

Das Unternehmen muss **keine einseitige geistig-ideelle Zielsetzung** verfolgen. Eine solche – am Wort Tendenz in der Normüberschrift ausgerichtete – Auffassung ist mit dem Zweck des § 118 (→ Rn. 2) unvereinbar. § 118 will in erster Linie die geistige Freiheit fördern, die objektive Wissens- und Wertevermittlung oder Forschung, weniger subjektive, einseitige Zielsetzungen. Es können auch mehrere der in Abs. 1 genannten Ziele nebeneinander verfolgt werden (BAG 15.2.1989, 23.3.1999 – 1 ABR 28/98, NZA 1999, 1347). 9

Der Betrieb kann neben ideellen Zielen zugleich der **Gewinnerzielung** dienen (BAG 27.7.1993 – 1 ABR 8/93, NZA 1994, 329). Ein Gewinnstreben steht der Verfolgung geistig-ideeller Ziele nicht entgegen. Es ist häufig notwendige Voraussetzung für eine derartige Bestimmung. Gewinnstreben und „Tendenz" sind keine gegeneinander abwägbare Größen (GK-BetrVG/*Weber* Rn. 23). Bei karitativen Einrichtungen gilt das allerdings nicht (→ Rn. 18). 10

Andererseits ist eine ideelle Zielrichtung nicht mehr gegeben, wenn **rein kommerzielle Gesichtspunkte im Vordergrund** stehen, selbst wenn der Unternehmer dabei gewisse ethische oder ideelle Zielsetzungen zu achten hat, zB die Behandlung der Patienten in einem kommerziell betriebenen Krankenhaus, die sich insoweit nicht nachteilig von der Behandlung in einem karitativen Krankenhaus unterscheidet. Dann achtet der ArbGeb. die ideelle Zielrichtung, verfolgt sie aber nicht, er ist nicht karitativ tätig (DKKW/*Wedde* Rn. 22; BAG 21.11.1975 – 1 ABR 12/75, NJW 1976, 1165). 11

Der **Tendenzschutz setzt voraus,** dass Betrieb/Unternehmen dazu bestimmt ist, die durch § 118 geschützte Tendenz zu verwirklichen. Dazu muss deren Zweck der Tendenzverfolgung dienen. Das kommt in den Tatbestandsmerkmalen „unmittelbar" und „überwiegend" zum Ausdruck (BAG 21.7.1998 – 1 ABR 2/98, NZA 1999, 277; krit. Richardi BetrVG/*Forst* Rn. 51 ff.). 12

13 **Unmittelbar:** Der Betriebszweck selbst muss auf die Tendenz ausgerichtet sein und nicht bloß seiner wirtschaftlichen Tätigkeit nach geeignet sein, den eigentlichen Tendenzbetrieb zu unterstützen (WPK/*Bender* Rn. 11). Es genügt daher nicht, dass die Überschüsse eines Betriebes (zB Hotel) der Finanzierung eines Tendenzbetriebes (zB Krankenhaus) dienen oder mittelbar die wirtschaftliche Grundlage einer Tendenztätigkeit gesichert wird, zB durch die Gema. Gefordert ist ein **direkter Bezug zwischen Zweck und Tendenz** (BAG 22.7.2014 – 1 ABR 93/12, NZA 2014, 1417).

14 **Überwiegend:** Bei Mischbetrieben (→ Rn. 10) muss ein quantitatives Übergewicht unmittelbar tendenzbezogener Tätigkeiten vorhanden sein (HWGNRH/*Hess* Rn. 10). Die von § 118 geschützten geistig-ideellen Zielsetzungen dürfen keine untergeordnete Rolle spielen. Es gilt das **quantitativ-numerische Prinzip** (BAG 23.3.1999 – 1 ABR 28/98, NZA 1999, 1347; DKKW/*Wedde* Rn. 12; *Bauer/Mengel* NZA 2001, 30). Dafür kommt es nicht auf Umsatz oder Gewinnzahlen an, sondern darauf, in welchem Umfang die personellen/sachlichen Mittel zur Verwirklichung tendenzgeschützter Ziele eingesetzt werden (BAG 21.6.1989 – 7 ABR 58/87, NZA 1990, 402). So wird etwa eine Druckerei, die im wesentlichen Akzidenzgeschäfte betreibt, nicht durch die Herstellung eines Heimatblatts zum Tendenzbetrieb.

III. Geschützte Bestimmungen

1. Geistig-ideelle Bestimmungen (Abs. 1 Nr. 1)

15 Die Betriebe (Unternehmen) können **politischen Bestimmungen** dienen. Politisch ist nicht nur iSv parteipolitisch zu verstehen (BAG 23.3.1999 – 1 ABR 28/98, NZA 1999, 134; GK-BetrVG/*Weber* Rn. 78 (hM); **aA** DKKW/*Wedde* Rn. 25). Eine solche Einschränkung widerspräche dem Wortlaut der Vorschrift und deren Zweck. Die Beschränkung der Beteiligungsrechte des BR soll ermöglichen, dass Bürger ihr Recht ausüben können, im Interesse der Allgemeinheit auf die Gestaltung des öffentlichen Lebens Einfluss zu nehmen. Dieser Zweck bestimmt die Anforderungen an den Politikbegriff der Vorschrift. Ein Unternehmen dient einer politischen Bestimmung, wenn seine Zielsetzung darin besteht, zur Gestaltung öffentlicher Aufgaben im Interesse der Allgemeinheit die Willensbildung des demokratisch verfassten Staates beeinflussen zu wollen (BAG 21.7.1998 – 1 ABR 2/98, NZA 1999, 277). Eine bloße Einflussnahme auf die gesellschaftliche Ordnung genügt dafür nicht (BAG 23.3.1999 – 1 ABR 28/98, NZA 1999, 134). Der Tendenzcharakter fehlt deshalb, wenn ein Unternehmen politischer Tendenz im Auftrag und nach Vorgabe staatlicher Stellen tätig wird (BAG 21.7.1998 – 1 ABR 2/98, NZA 1999, 277). Der Tendenzschutz bezweckt nicht den Schutz staatlichen Handelns. Zu den Betrieben mit **politischer Zweckbestimmung** gehören ua der Verwaltungsapparat der politischen Parteien mit Geschäftsstellen, Büros, Sekretariaten, zugehörigen Frauen-, Senioren- und Jugendgruppen, sog Arbeitsgemeinschaften usw, wirtschaftspolitische und sozialpolitische Vereinigungen (zB Verbände der Behinderten oder Vertriebenen, Bundesverband der Deutschen Industrie, Wirtschaftsverbände). Sport- oder Sportfördervereine oder Interessenverbände (zB Mieterverein) sind keine Unternehmen politischer Zweckbestimmung (Richardi BetrVG/*Forst* Rn. 66).

16 Gegenüber § 81 BetrVG 1952 wurde das Wort „gewerkschaftliche Bestimmungen" durch **koalitionspolitische Bestimmungen** ersetzt, um die Einbeziehung der ArbGebVerbände zu verdeutlichen. Damit soll der verfassungsrechtlich gewährleisteten Koalitionsfreiheit des **Art. 9 Abs. 3 GG** Rechnung getragen werden. Die koalitionspolitische Bestimmung muss deswegen auf die Gestaltung der Arbeits- und Wirtschaftsbedingungen gerichtet sein (GK-BetrVG/*Weber* Rn. 86), wozu etwa auch die Aufgabe der DGB-Rechtschutz GmbH zählt (LAG BW 10.5.2005 – 6 TaBV 11/04, ArbuR 2006, 133; DKKW/*Wedde* Rn. 28). Rechtlich selbständige wirtschaftliche Unternehmen der Gewerkschaften und ArbGebVerbände (Versicherungen,

Banken, Wohnungsbaugesellschaften, Konsumvereine) und Einrichtungen der Tarifvertragsparteien (Zusatzversorgungs-, Urlaubs-, Lohnausgleichskassen) fallen nicht unter § 118, wohl aber verbandsinterne Bildungs- und Schulungseinrichtungen oder Forschungsinstitute (ErfK/*Kania* Rn. 9).

Betriebe oder Unternehmen mit unmittelbar und überwiegend **konfessionellen Bestimmungen** sind solche, deren Zielsetzung Ausdruck eines konkreten allgemeinen Glaubensbekenntnisses ist (DKKW/*Wedde* Rn. 30; GK-BetrVG/*Weber* Rn. 89). Sie müssen rechtlich selbständig und nicht schon nach Abs. 2 vom Geltungsbereich des G ausgenommen sein. Von Abs. 1 werden etwa erfasst Bildungsvereinigungen, Frauen-, Männer-, Jugendgruppen, Missionsvereine (HWGNRH/*Hess* Rn. 22; Richardi BetrVG/*Forst* Rn. 69). **17**

Karitativ ist eine Tätigkeit im Dienste Hilfsbedürftiger, insbes. körperlich oder geistig oder seelisch leidender Menschen (BAG 15.3.2006 – 7 ABR 24/05, NZA 2006, 1422; 14.5.2013 – 1 ABR 10/12, AP BetrVG 1972 § 118 Nr. 86; zur weitergehenden Begriffsbestimmung *Thüsing/Pötters* RdA 2011, 280). Die Zielsetzung des Unternehmens muss darauf gerichtet sein, die inneren oder äußeren Nöte solch Hilfebedürftiger abzuwehren oder zu lindern (BAG 12.11.2002 – 1 ABR 60/01, NZA 2004, 1289). Dafür muss der Tendenzzweck im Betrieb/Unternehmen selbst verwirklicht werden. Die karitative Tätigkeit muss den Hilfebedürftigen direkt und ohne Einschaltung Dritter zugutekommen (BAG 22.5.2012 – 1 ABR 7/11, NZA-RR 2013, 78; BVerfG 30.4.2015 – 1 BvR 2274/12, NZA 2015, 820). Allerdings braucht die Tätigkeit weder für die dafür eingesetzten ArbN oder sonstige Beschäftigte noch für das Unternehmen oder den Betrieb völlig uneigennützig zu sein (BAG 7.4.1981 – 1 ABR 83/78, AP BetrVG 1972 § 118 Nr. 16; GK-BetrVG/*Weber* Rn. 98; Richardi BetrVG/*Forst* Rn. 72; HWGNRH/*Hess* Rn. 25; DKKW/*Wedde* Rn. 31). **Kostendeckende Einnahmen** können erzielt werden, doch darf die Betätigung nicht mit der Absicht der Gewinnerzielung erfolgen (BAG 29.6.1988 – 7 ABR 15/87, NZA 1989, 431). Der Dienst muss nicht auf Grund christlicher Überzeugung ausgeübt werden. Unerheblich ist, ob die Betätigung zugleich eine dem Staat zugewiesene sozialpolitische Aufgabe betrifft (BAG 7.4.1981 – 1 ABR 83/78, AP BetrVG 1972 § 118 Nr. 16). Allerdings darf das Unternehmen nicht von G wegen unmittelbar zur Hilfeleistung verpflichtet sein; dann läge keine karitative und damit freiwillige Hilfeleistung mehr vor (BAG 22.11.1995 – 7 ABR 12/95, NZA 1996, 1056). Da das G allein auf das Unternehmen selbst abstellt, kann ein in privater Rechtsform betriebenes Krankenhaus auch dann eine karitative Einrichtung sein, wenn die Anteile nur von einer Gebietskörperschaft gehalten werden, die ihrerseits gesetzlich dazu verpflichtet ist, die bedarfsgerechte Versorgung der Bevölkerung mit leistungsfähigen Krankenhäusern sicherzustellen (BAG 24.5.1995 – 7 ABR 58/94, NZA 1996, 444). Die Aufnahme eines privatrechtlich organisierten Krankenhauses in den staatlichen Krankenhausplan führt nicht dazu, dass der Krankenhausträger nunmehr zum Betreiben des Krankenhauses gesetzlich verpflichtet ist und damit dessen karitative Bestimmung entfällt (BAG 22.11.1995 – 7 ABR 12/95, NZA 1996, 10). **18**

Beispiele für Betriebe/Unternehmen mit **karitativer Zielsetzung:**

Deutsches Rotes Kreuz ausgenommen dessen Blutspendedienst (BAG 22.5.2012 – 1 ABR 7/11, NZA-RR 2013, 78, Arbeiterwohlfahrt, private Fürsorgevereine, Krankenhäuser (wegen kommerziell betriebener Kliniken → Rn. 14); wohl auch Heime für Drogengefährdete, Familienhilfswerke und Familienberatungsstellen, Müttergenesungswerk, Deutsche Krebshilfe, Bergwacht, Deutsche Gesellschaft zur Rettung Schiffbrüchiger, Volksbund Deutscher Kriegsgräberfürsorge (BAG 8.12.1970 – 1 ABR 20/70, AP BetrVG § 59 Nr. 28), Werkstatt für Behinderte iSv § 219 SGB IX (BAG 22.7.2014 – 1 ABR 93/12, NZA 2014, 679), Berufsförderungswerke für Behinderte (BAG 31.1.1995 – 1 ABR 35/94, NZA 1995, 1059).

Aus der Zuordnung eines Betriebs zu einem der vorgenannten Rechtsträger (DRK, AWO etc) folgt nicht zwingend dessen karitative Zielsetzung. Das Vorliegen **18a** einer **karitativen Bestimmung ist** für jeden Betrieb **gesondert zu prüfen** (BAG 12.11.2002 – 1 ABR 69/01, NZA 2004, 1289).

19 Für Sanatorien, Kinderheime, Erholungsheime, Altenheime und Dialysezentren (BAG 18.4.1989 – 1 ABR 97/87, NZA 1989, 804), die mit der Absicht der Gewinnerzielung betrieben werden, gilt § 118 nicht (DKKW/*Wedde* Rn. 38). Soweit diese Betriebe Einrichtungen von Religionsgemeinschaften sind, gilt die Bereichsausnahme nach § 118 Abs. 2. Vom BetrVG ausgenommen sind nach § 130 zudem die öffentlich-rechtlich organisierten karitativen Betriebe (zB Krankenhäuser, Kinderheime). Für diese gelten die PersVG der Länder.

20 **Erzieherischen Bestimmungen** dienen die Bildungseinrichtungen allgemeinbildender und berufsbildender Art, die durch planmäßiges und methodisches Unterrichten in mehreren aus- oder berufsbildenden Fächern die Persönlichkeit des Menschen formen (BAG 23.3.1999 – 1 ABR 28/98, NZA 1999, 1347). Die reine Wissensvermittlung darf nicht im Vordergrund stehen (GK-BetrVG/*Weber* Rn. 107). Vielmehr müssen solche Bildungseinrichtungen auf die Entfaltung und das Formen der Persönlichkeit des Menschen gerichtet sein (BAG 21.6.1989 – 7 ABR 58/87, NZA 1990, 402; ErfK/*Kania* Rn. 12; Richardi BetrVG/*Forst* Rn. 77; *Küchenhoff* NZA 1992, 679). Erzieherische Zwecke verfolgen ua: Privatschulen aller Art (BAG 13.6.1989 – 1 ABR 15/88, NZA 1990, 235), Berufsbildungswerke (BAG 14.4.1988 – 6 ABR 36/86, NJW 1988, 3283; *Küchenhoff* NZA 1992, 679), Berufsförderungswerke zur Wiedereingliederung Behinderter in das Berufsleben (BAG 31.1.1995 – 1 ABR 35/94, NZA 1995, 1059); uU Berufsbildungswerke einer Gewerkschaft (BAG 3.7.1990 – 1 ABR 36/98, NZA 1990, 903; offen gelassen für Berufsbildungszentren auf Basis der früheren §§ 40ff. AFG: BAG 9.12.1992 – 7 ABR 3/92, BeckRS 1992, 30743489); private Erziehungsanstalten, Internate, aber auch Volkshochschulen und Fernlehrinstitute (vgl. Art. 7 Abs. 4 S. 1 GG; Richardi BetrVG/*Forst* Rn. 78; **aA** einschränkend DKKW/*Wedde* Rn. 40) jedoch **nicht** Autofahrschulen oder etwa Sprachschulen, die ausschließlich Fremdsprachen nach einer bestimmten Methode unterrichten (BAG 7.4.1981 – 1 ABR 62/78, AP BetrVG 1972 § 118 Nr. 17; DKKW/*Wedde* Rn. 41) oder ein Verein, der Materialien für den Deutschunterricht im Ausland zur Verfügung stellt (BAG 21.7.1998 – 1 ABR 2/98, NZA 1999, 277). Für **Kindertageseinrichtungen** auf der Ebene des Bundesrechts, konkretisiert etwa § 22 Abs. 2, 3 SGB VIII (bzw. entsprechende G der Länder) deren Ziele und Aufgaben. Sie reichen von einer Betreuung bis hin zur Erziehung und Bildung der Kinder. Hier bestimmt sich das Vorliegen eines Tendenzbetriebs entsprechend dem praktizierten Konzept des Trägers (weitergehend *Stölzel* NZA 2009, 239). Soweit derartige Betriebe Einrichtungen von Religionsgemeinschaften sind, fallen sie unter Abs. 2 und sind von der Geltung des G ohnehin ausgenommen, zB konfessionelle Privatschulen und konfessionelle Erziehungsanstalten. Soweit sie von der öffentlichen Hand betrieben werden gilt das PersVG des jeweiligen Landes (§ 130).

21 Art. 5 Abs. 3 GG garantiert die Wissenschaftsfreiheit. Diese Gewährleistung ist bei der Auslegung des Begriffs der **wissenschaftlichen Bestimmung** heranzuziehen. Wissenschaftlich ist demnach jede Tätigkeit, die nach Inhalt und Form als ernsthafter Versuch zur Ermittlung der Wahrheit anzusehen ist (BAG 21.7.1998 – 1 ABR 2/98, NZA 1999, 277). Der Betrieb/das Unternehmen muss insgesamt dazu bestimmt sein, die jeweilige geistig-ideelle Zielsetzung zu verwirklichen (BAG 15.2.1989 – 7 ABR 12/87, NZA 1990, 240). Der bloße Einsatz wissenschaftlicher Methoden zur Verfolgung der Betriebs-/Unternehmenszwecke reicht dafür nicht aus (BAG 21.7.1998 – 1 ABR 2/98, NZA 1999, 277). Wissenschaftlichen Bestimmungen dienen zB: Bibliotheken (soweit sie selbst Forschung oder Lehre auf dem Gebiet der Bibliothekswissenschaft betreiben, BAG 20.11.1990 – 1 ABR 87/89, NZA 1991, 513), wissenschaftliche Buch- und Zeitschriftenverlage (soweit sie nicht unter Nr. 2 einzuordnen sind, → Rn. 26), Forschungsinstitute, auch soweit sie unabhängig von den Universitäten Forschung betreiben (zB Max-Planck-Institute). Der weite Wissenschaftsbegriff der Vorschrift lässt keine Differenzierung zwischen grundlagen- oder

anwendungsbezogener Forschung zu (Richardi BetrVG/*Forst* Rn. 81; verneinend für Großforschungseinrichtungen: *Wendeling-Schröder* ArbuR 1984, 328; **aA**). Keine Tendenz verfolgt die rein kommerzielle Forschung (zB Forschungsabteilung eines Pharmabetriebs; ebenso BAG 21.6.1989 – 7 ABR 58/87, NZA 1990, 402; DKKW/*Wedde* Rn. 43; HWGNRH/*Hess* Rn. 55; Richardi BetrVG/*Forst* Rn. 81). In derartigen Betrieben/Unternehmen ist die MB nicht eingeschränkt.

Unter **Kunst** ist wie in Art. 5 Abs. 3 S. 1 GG die Gestaltung eines seelisch-geistigen Gehalts durch eine eigenwertige Form nach bestimmten Gesetzen zu verstehen, wobei die Gestaltungsmittel und -gesetze bei jeder Kunst verschieden sind. Auf jeden Fall muss eine schöpferische Begabung und Gestaltung (Leistung) gegeben sein (BAG 15.2.1989 – 7 ABR 12/87, NZA 1990, 240; ErfK/*Kania* Rn. 14; HWGNRH/*Hess* Rn. 57). Geschützt ist sowohl die eigentliche künstlerische Betätigung (Werkbereich) als auch die Darbietung und Verbreitung eines Kunstwerks (Wirkbereich). Zum Schutzbereich BVerfG 13.6.2007 – 1 BvR 1783/05, NJW 2008, 39. **Künstlerischen Bestimmungen** dienen Werke der Sprache, der Musik, der darstellenden und bildenden Kunst, einschl. des Films (vgl. § 2 Urheberrechtsgesetz). Die künstlerische Zweckbestimmung muss eine unmittelbare sein. Eine nur wirtschaftliche Unterstützung eines Tendenzunternehmens/Tendenzbetriebs genügt hierfür nicht. Auch eine Produktionsgesellschaft kann Tendenzschutz genießen, wenn ihr Unternehmenszweck auf die Produktion tendenzgeschützter Veranstaltungen gerichtet ist. 22

Als **Beispiele** für künstlerische Betriebe (Unternehmen) sind zu nennen: Theater (BAG 13.2.2007 – 1 ABR 14/06, NZA 2007, 1121) einschl. Musical-Theater, Filmherstellungsbetriebe (nicht aber Lichtspieltheater), Kleinkunstbühnen, Konzertagenturen, Musikverlage, Symphonieorchester (BAG 3.11.1982 – 7 AZR 5/81, NJW 1983, 1221) sowie Revuen und Zirkus-Unternehmen (hM, vgl. GK-BetrVG/*Weber* Rn. 123).

Reine Tanz- und Unterhaltungsstätten haben **keine geschützte Tendenz,** ebenso nicht Verwertungsgesellschaften von Urheberrechten (Gema; BAG 8.3.1983 – 1 ABR 44/81, NJW 1984, 1144; *Löwisch* FS Caemmerer, 1978, 566), Betriebe der Herstellung von Tonträgern (Schallplatten, CD, Musikcassetten) und der Musikhandel. Buchverlage, die literarische oder musikalische Werke verlegen, fallen unter Nr. 1, ausgenommen Buchhandlungen (→ Rn. 26, 28; Richardi BetrVG/*Forst* Rn. 90). 22a

Bei **Theatern und Orchestern** nehmen vielfach Orchester-, Chor- und Solovorstände die Interessen des künstlerischen Personals wahr. Das schränkt die Befugnisse des BR nicht ein. Soweit die PersVG der Länder anzuwenden sind (§ 130), enthalten diese zT Sonderregelungen für Bedienstete mit künstlerischer Tätigkeit. 22b

2. Berichterstattung oder Meinungsäußerung (Abs. 1 Nr. 2)

Die von **Art. 5 Abs. 1 S. 2 GG** garantierte Pressefreiheit und Freiheit der Berichterstattung durch Rundfunk und Film (Fernsehen) wird in Abs. 1 Nr. 2 ausdrücklich genannt. Dasselbe gilt für Meinungsäußerungen, obwohl diese in Art. 5 Abs. 1 S. 1 und nicht in Art. 5 Abs. 1 S. 2 GG garantiert werden (krit. Richardi BetrVG/*Forst* Rn. 93). Das Grundrecht gewährleistet die publizistische Betätigung von der Informationsbeschaffung bis hin zu zur Verbreitung von Tatsachen und Meinungen. Dieser Schutzbereich erfasst den gesamten Inhalt eines Presseerzeugnisses, also auch die darin enthaltenen Werbeanzeigen (BVerfG 12.12.2000 – 1 BvR 1762/95, NJW 2001, 591; BAG 20.4.2010 – 1 ABR 78/08, NZA 2010, 902). Soweit aber ein Verlag (eine Druckerei) sich ausschließlich oder überwiegend auf die Herausgabe von Anzeigenblättern, amtlichen Mitteilungen, Formularen, Adressen- oder Telefonbüchern usw beschränkt, liegt eine tendenzneutrale Betätigung vor, die nicht der Berichterstattung oder Meinungsäußerung dient. In derartigen Fällen sind 23 die MBR des BR nicht eingeschränkt; § 118 Abs. 1 findet keine Anwendung (BAG 27.8.1968 – 1 ABR 3/67, AP BetrVG § 81 Nr. 10; HWGNRH/*Hess* Rn. 69; Richardi BetrVG/*Forst* Rn. 98; *Bauer/Lingemann* NZA 1995, 813 [814]). § 118 Abs. 1 S. 1 verlangt nicht, dass die Zwecksetzung nichtwirtschaftlicher Art ist.

24 § 118 Abs. 1 S. 1 Nr. 2 enthält eine **grundrechtsausgestaltende Regelung** und keine grundrechtsbeschränkende (BVerfG 30.4.2015 – 1 BvR 2274/12, NZA 2015, 820). Bei ihrer Anwendung und Auslegung kommt es deshalb nicht auf das Gewicht der durch das MBR geschützten Interessen der ArbN an. Dem BR steht kein Einfluss auf die Tendenz zu, weil damit eine Beschränkung der durch Art. 5 Abs. 1 GG geschützten Freiheiten verbunden wäre. Dabei gewährleistet die Pressefreiheit das Recht, die Tendenz einer Zeitung festzulegen, beizubehalten, zu ändern und diese Tendenz zu verwirklichen (BVerfG 15.12.1999 – 1 BvR 505/95, NZA 2000, 264). Vergleichbares gilt für die Rundfunkfreiheit, nach der Auswahl, Inhalt und Gestaltung des Programms Sache des Rundfunks bleiben und sich an publizistischen Kriterien ausrichten (BVerfG 15.12.1999 – 1 BvR 729/92, NZA 2000, 217).

25 Betriebe (Unternehmen) dienen insbes. der Berichterstattung oder Meinungsäußerung (BAG 30.5.2006 – 1 ABR 17/05, NZA 2006, 1291), wenn sie **Zeitungen oder Zeitschriften** (Tageszeitungen oder periodische Zeitschriften politischen oder auch ideellen oder fachlichen Inhalts) herausgeben (BAG 18.11.2003 – 1 AZR 637/02, NZA 2004, 741). Dabei spielt es keine Rolle, ob das Druckerzeugnis politisch gebunden ist oder nicht (Generalanzeiger, Heimatblätter). Letztere dienen jedenfalls der Berichterstattung (BAG 9.12.1975 – 1 ABR 37/74, AP BetrVG 1972 § 118 Nr. 7).

26 Auch **Buch- und Zeitschriftenverlage** sind im Regelfall Tendenzbetriebe. Soweit die Druckerzeugnisse nicht unmittelbar der Berichterstattung oder Meinungsäußerung (Abs. 1 Nr. 2) dienen, können sie dennoch geistig-ideelle Ziele iSd Abs. 1 Nr. 1, insbes. erzieherischer, wissenschaftlicher oder künstlerischer Art verfolgen. Das gilt auch bei breiter Streuung des Verlagsprogramms, sei es auf dem Gebiet der Fachliteratur oder Belletristik (BAG 15.2.1989 – 7 ABR 12/87, NZA 1990, 240; GK-BetrVG/*Weber* Rn. 135; Richardi BetrVG/*Forst* Rn. 97).

27 Umfasst der **Presseverlag** in einem einheitlichen Betrieb zugleich die **Druckerei,** die ausschließlich eigene Presseerzeugnisse herstellt, erstreckt sich die Tendenzeigenschaft auch auf die Druckerei als unselbständige Betriebsabteilung (BAG 27.8.1968 – 1 ABR 4/67, AP BetrVG § 81 Nr. 11). Etwas anderes gilt, wenn die Druckerei **Betriebsteil** des Zeitungsbetriebs iSd § 4 ist. In diesem Falle ist der Betriebsteil nur dann Tendenzbetrieb, wenn er ausschließlich den Druck dieser Zeitungen oder Zeitschriften mit Tendenzcharakter zur Aufgabe hat, oder diese Aufgabe im Betrieb überwiegt und nicht etwa der Druck verlagsfremder Erzeugnisse (BAG 31.10.1975 – 1 ABR 64/74, AP BetrVG 1972 § 118 Nr. 3). **Reine Lohndruckereien,** die als selbständige Betriebe (Unternehmen) für Tendenzunternehmen Lohnaufträge durchführen, genießen keinen Tendenzschutz (BAG 30.6.1981 – 1 ABR 30/79, NJW 1982, 125). Sie verfolgen ebenso wenig eine geistig-ideelle Zielsetzung wie zB die Papierfabrik, die das notwendige Papier liefert.

28 Zwecken der Berichterstattung oder Meinungsäußerung iSd § 5 Abs. 1 S. 2 GG dienen **auch Rundfunk** (BAG 27.7.1993 – 1 ABR 8/93, NZA 1994, 329; zu Lokalfunkstationen in NRW *Pahde-Syrbe* ArbuR 1994, 333), **Film und Nachrichtenbüros** (hM), dagegen nicht der **Handel mit Zeitungen, Zeitschriften und Büchern,** die Buchgemeinschaften (soweit nicht mit Buchverlagen verbunden) und die Lesezirkel. Sie bezwecken weder Berichterstattung noch Meinungsäußerung, sondern verteilen lediglich darauf gerichteten Erzeugnisse (DKKW/*Wedde* Rn. 55). Dies gilt auch bei sog „wissenschaftliche Buchhandlungen“ oder Hersteller von Werbefilmen (GK-BetrVG/*Weber* Rn. 134). Bei den privaten **Rundfunk-** und **Fernsehsendern** muss gewährleistet sein, dass der BR zum Schutze der grundrechtlich geschützten Rundfunkfreiheit keinen Einfluss auf die Programmgestaltung und damit auf die Tendenz der Privaten nehmen kann. Unerheblich ist, dass sich diese Rundfunk- oder

Fernsehveranstalter über Werbeeinnahmen finanzieren. Soweit Rundfunk und Fernsehanstalten Körperschaften des öffentlichen Rechts sind, fallen sie ohnehin aus dem Anwendungsbereich des BetrVG (§ 130). Für sie gelten vielfach Sonderregelungen in den PersVG der Länder.

IV. Einschränkung der Beteiligungsrechte

1. Eigenartsklausel

Auf Tendenzbetriebe (Unternehmen) finden die Vorschriften dieses G, insbes. über die Beteiligung des BR in sozialen und personellen Angelegenheiten und bei der Gestaltung von Arbeitsplatz, Arbeitsablauf und Arbeitsumgebung keine Anwendung, „soweit die **Eigenart des Unternehmens oder des Betriebes dem entgegensteht**" (Abs. 1 S. 1 aE). Hierfür kommt es darauf an, ob die Einschränkung der Beteiligungsrechte durch die Tendenz bedingt oder doch im Hinblick auf die Tendenz erforderlich ist, weil sonst deren Verwirklichung durch Beteiligungsrechte des BR ggf. verhindert oder ernstlich beeinträchtigt werden könnte (BAG 21.9.1993 – 1 ABR 28/93, NZA 1994, 375). Es ist in jedem **konkreten Einzelfall** zu prüfen, ob und inwieweit die Eigenart des Unternehmens oder des Betriebes der Beteiligung des BR entgegensteht (BAG 30.5.2006 – 1 ABR 17/05, NZA 2006, 1291). Das entscheidet sich nach dem Gegenstand der MB oder der Beteiligung und danach, welche Beschäftigten von der jeweiligen Maßnahme betroffen sind (GK-BetrVG/*Weber* Rn. 139). 29

2. Tendenzbedingte Einschränkungen

Entscheidend kommt es auf die **Tendenznähe der Maßnahme** und darauf an, inwieweit die von einer Maßnahme betroffene Person den Tendenzcharakter mit verwirklicht, also **Tendenzträger** ist. Beide Gesichtspunkte müssen zusammentreffen, wenn das MBR entfallen oder eingeschränkt werden soll (DKKW/*Wedde* Rn. 56; Richardi BetrVG/*Forst* Rn. 103; WPK/*Bender* Rn. 47; krit. *Rüthers/Franke* DB 1992, 374). So hat zB die Arbeitszeit für Raumpflegerinnen in einem Verlag nichts mit einer Tendenz nach § 118 Abs. 1 Nr. 2 zu tun, wohl aber die Kündigung eines Zeitungsredakteurs, der fortgesetzt gegen die allgemeine Linie des Blattes verstößt. **Tendenzträger** können nur ArbN sein, für deren Tätigkeit die durch § 118 geschützte Tendenz des Betriebs/Unternehmens inhaltlich prägend ist (BAG 30.5.2006 – 1 ABR 17/05, NZA 2006, 1291). Dazu müssen sie in bestimmender Weise auf die jeweilige Tendenzverwirklichung auch Einfluss nehmen. Eine bloße Mitwirkung bei der Tendenzverfolgung genügt nicht. Vielmehr müssen ihnen zumindest in einem nicht völlig unbedeutendem Umfang Arbeiten übertragen sein, durch deren Erfüllung sie die Tendenzverwirklichung des ArbGeb. maßgeblich beeinflussen (BAG 20.4.2010 – 1 ABR 78/08, NZA 2010, 902). Besonderheiten gelten für **Tendenzträger in karitativen oder erzieherischen Einrichtungen** (→ Rn. 2). Denn bei Betrieben oder Unternehmen, die diesen Bestimmungen dienen, beruht die eingeschränkte Geltung des BetrVG ausschließlich auf deren Unternehmenszweck. Anders als bei den übrigen in § 118 Abs. 1 aufgeführten Betrieben/Unternehmen fehlt es an einem besonderen Bezug zu grundrechtlich geschützten Freiheitsrechten. Tendenzträger in karitativen oder erzieherischen Betrieben/Unternehmen können aus Gründen einer geringeren Schutzbedürftigkeit des ArbGeb. daher nur solche ArbN sein, die bei tendenzbezogenen Tätigkeitsinhalten im Wesentlichen frei über die Aufgabenerledigung entscheiden können. Daran fehlt es, wenn sie über keinen oder allenfalls geringen Gestaltungsspielraum verfügen, weil sie beispielsweise einem umfassenden Weisungsrecht oder tendenzbezogenen Sachzwängen ausgesetzt sind. Selbst eine Vorgesetztenstellung begründet in diesen Fällen nicht zwin- 30 gend die Tendenzträgereigenschaft. Hinzu kommen muss, dass sich ihre Weisungen selbst unmittelbar auf die vom ArbGeb. verwirklichte karitative oder erzieherische Tendenz auswirken. Zwar setzt das nicht zwingend eine tendenzbezogene Alleinentscheidungsbefugnis voraus, doch muss zumindest eine bedeutende planerische, konzeptionelle oder administrative Einflussnahme auf die Tendenz möglich sein, die der ArbGeb. nicht einfach übergehen kann. Neben diesen inhaltlichen Anforderungen bedarf es bei karitativer/erzieherischer Tendenzbestimmung des ArbGeb. für das Vorliegen der Tendenzträgerschaft auch, dass der Anteil der tendenzbezogenen Arbeitsaufgaben einen bedeutenden Teil der Gesamtarbeitszeit ausmacht (BAG 14.5.2013 – 1 ABR 10/12, AP BetrVG 1972 § 118 Nr. 86; 14.9.2010 – 1 ABR 29/09, NZA 2011, 225). Aus diesem Grund sind etwa die vom DRK im Rettungsdienst eingesetzten **Rettungskräfte** keine (karitativen) Tendenzträger, da ihnen die Ausübung ihres Dienstes durch Sachzwänge der geforderten Arbeitsleistung, Richtlinien und Weisungen umfassend vorgegeben ist (BAG 12.11.2002 – 1 ABR 60/01, NZA 2004, 1289). Gleiches kann auch für **pädagogische Mitarbeiter** einer karitativen Einrichtung gelten (BAG 14.9.2010 – 1 ABR 29/09, NZA 2011, 225) oder für deren Schulassistenten, die behinderte oder von Behinderung bedrohte Schüler während des Schulbesuchs begleiten und Hilfestellungen leisten (BAG 14.5.2013 – 1 ABR 10/12, AP BetrVG 1972 § 118 Nr. 86). Andere **Tendenzträger sind:** Psychologen und Lehrkräfte eines Berufsförderungswerks (BAG 31.1.1995 – 1 ABR 35/94, NZA 1995, 1059); Lehrer an Schulen (BAG 22.5.1979 – 1 ABR 75/77, AP BetrVG 1972 § 118 Nr. 12); hauptamtliche Gewerkschaftsfunktionäre (BAG 6.12.1979 – 2 AZR 1055/77, AP KSchG § 1 Verhaltensbedingte Kündigung Nr. 2); Orchestermusiker (BAG 4.8.1981 – 1 ABR 106/79, NJW 1982, 671); Schriftleiter, Ressortleiter, Redakteure einschl. Anzeigenredakteure (BAG 30.5.2006 – 1 ABR 17/05, NZA 2006, 1291; 20.4.2010 – 1 ABR 78/08, NZA 2010, 902).

a) Organisation der Betriebsverfassung

31 Bei den **organisatorischen** (§§ 1–73b) und den **allgemeinen Vorschriften** des G über die Beteiligung des BR (§§ 74–86a) wird sich kaum eine Einschränkung des MBR ergeben (Richardi BetrVG/*Forst* Rn. 123; *Richter* DB 1991, 2661), zB nicht für den Einblick in die Lohn- und Gehaltslisten (BAG 30.6.1981 – 1 ABR 26/79, NJW 1982, 123), auch in Bezug auf die Tendenzträger, denn der Dienst für die Tendenz macht die Höhe der Bezüge nicht zu einer schutzwürdigen Angelegenheit (BAG 13.2.2007 – 1 ABR 14/06, NZA 2007, 1121); nicht für den Jahresbericht des ArbGeb. in der BetrVerslg. nach § 43 Abs. 2 S. 2 (BAG 8.3.1977 – 1 ABR 18/75, AP BetrVG 1972 § 43 Nr. 1).

b) Soziale Angelegenheiten

32 In **sozialen Angelegenheiten** (§§ 87–89) wird im Allgemeinen eine Einschränkung der MBR nicht in Betracht kommen, weil es in aller Regel um den **wertneutralen Arbeitsablauf des Betriebes** geht (BAG 14.1.1992 – 1 ABR 35/91, NZA 1992, 512; BVerfG 15.12.1999 – 1 BvR 505/95, AP BetrVG 1972 § 118 Nr. 67; krit. Richardi BetrVG/*Forst* Rn. 137; *Richter* DB 1991, 2661). Allerdings können bes. Probleme bei der Frage der Ordnung des Betriebes und des Verhaltens der ArbN (§ 87 Abs. 1 Nr. 1, → Rn. 42) oder auch hinsichtlich der Arbeitszeit (vgl. § 87 Abs. 1 Nr. 2, 3; ErfK/*Kania* Rn. 22) auftreten, zB in karitativen Einrichtungen aus therapeutischen Gründen, in Ganztagsschulen aus erzieherischen Gründen (BAG 13.1.1987 – 1 ABR 49/85, AP BetrVG 1972 § 118 Nr. 33) oder in Presseunternehmen wegen der Aktualität oder Unabhängigkeit der Berichterstattung (BAG 28.5.2002 – 1 ABR 32/01, NZA 2003, 166; Richardi BetrVG/*Forst* Rn. 140). Geht es um den organisatorisch-technischen Arbeitsablauf oder die Verteilung der Arbeitszeit oder die Kalkulation von Arbeitszeitvorgaben, bleibt auch bezüglich der Tendenzträger das MBR erhalten (BVerfG 15.12.1999 – 1 BvR 505/95, AP BetrVG

1972 § 118 Nr. 67; BAG 30.1.1990 – 1 ABR 101/88, NZA 1990, 693, MB bei Dauer, nicht Lage der Arbeitszeit von Redakteuren an einzelnen Arbeitstagen; 14.1.1992 – 1 ABR 35/91, NZA 1992, 512, MB bei Beginn und Ende der täglichen Arbeitszeit sowie Verteilung der Arbeitszeit auf die einzelnen Wochentage einschl. Gleitzeitregelung; 11.2.1992 – 1 ABR 49/91, NZA 1992, 705, MB bei Festlegung des Endes der täglichen Arbeitszeit, wenn die für die Aktualität der Berichterstattung relevanten Entscheidungen des ArbGeb. wie Redaktionsschluss, Lage und Dauer der Redaktionskonferenzen, Besetzung der Redaktionen mitbestimmungsfrei bleiben). Für Theaterproben (BAG 4.8.1981 – 1 ABR 106/79, NJW 1982, 671); für Pflegekräfte (BAG 6.11.1990 – 1 ABR 88/89, NZA 1991, 355); für Lehrkräfte (BAG 13.6.1989 – 1 ABR 15/88, NZA 1990, 235 betr. Höchstgrenzen für Vertretungsstunden). Bei Forschungszulagen ist eine das MBR aus § 87 Abs. 1 Nr. 10 nicht ausgeschlossen (BAG 13.2.1990 – 1 ABR 13/89, NZA 1990, 575), allenfalls bei besonderen Entgeltformen zur Förderung der Tendenz (BAG 31.1.1984 – 1 AZR 174/81, NZA 1984, 167). Auch bei den Fragen der Gestaltung von Arbeitsplatz, Arbeitsablauf und Arbeitsumgebung **(§§ 90–91)** wird kaum eine Einschränkung der MBR im Hinblick auf eine Tendenz in Betracht kommen (GK-BetrVG/*Weber* Rn. 200). Gleiches gilt für das Vorschlagsrecht des BR für Maßnahmen der Beschäftigungssicherung (§ 92a), die der ArbGeb. lediglich zu prüfen hat (DKKW/*Wedde* Rn. 100; ohne Beratungspflicht; Richardi BetrVG/*Forst* Rn. 149).

c) Personelle Maßnahmen

Eher kann sich die geistig-ideelle Zielsetzung bei **personellen Maßnahmen** auswirken und deshalb gerade in personellen Angelegenheiten zu nicht unerheblichen Einschränkungen des MBR des BR gegenüber bestimmten ArbN führen (*Richter* DB 1991, 2661). Dabei ist bei der Übernahme eines LeihArbN auf den Entleiherbetrieb abzustellen (LAG Nds 26.11.2007 – 6 TaBV 33/07, BeckRS 2008, 53428). **Tendenzneutral** sind nur die allgemeinen personellen Angelegenheiten der **§§ 92–98.** Das gilt etwa hinsichtlich der Beteiligungsrechte des BR bei der Personalplanung (BAG 6.11.1990 – 1 ABR 60/89, NZA 1991, 358), der innerbetrieblichen Stellenausschreibung, auch für Tendenzträger (§ 93; BAG 30.1.1979 – 1 ABR 78/76, AP BetrVG 1972 § 118 Nr. 11) und der Berufsbildung (Richardi BetrVG/*Forst* Rn. 155). Die Beteiligungsrechte entfallen lediglich für Personalfragebogen (BAG 21.9.1993 – 1 ABR 28/83, NZA 1994, 375), Beurteilungsgrundsätze und AuswahlRL, die sich auf Tendenzträger beziehen (ErfK/*Kania* Rn. 24; GK-BetrVG/*Weber* Rn. 207 ff.) oder bei der Auswahl von Tendenzträgern zur Teilnahme an einer Berufsbildungsmaßnahme nach § 98 Abs. 3; hier ist in der Regel von einer Tendenzbezogenheit der Auswahlentscheidung auszugehen (BAG 30.5.2006 – 1 ABR 17/05, NZA 2006, 1291). 33

Welche ArbN ausgenommen sind, wird weitgehend von den Verhältnissen des einzelnen Tendenzbetriebes abhängen. ArbN, die bestimmte **Tätigkeiten** verrichten, wie sie unabhängig von der Eigenart des Tendenzbetriebes **in jedem Betrieb anfallen** (zB Stenotypistinnen, Buchhalter, Bürogehilfin, Registratoren, Lagerarbeiter usw), werden von der Eigenart des Tendenzbetriebs nicht berührt. Für personelle Maßnahmen ihnen gegenüber kommen daher die Vorschriften des BetrVG in vollem Umfange zur Anwendung (aber auch → Rn. 42). 34

Eine Einschränkung der Beteiligungsrechte des BR kommt vor allem bei **personellen Einzelmaßnahmen gegenüber Tendenzträgern** in Betracht (BAG 12.11.2002 – 1 ABR 60/01, NZA 2004, 1289). Die personellen MBR (also insbes. das Zustimmungsverweigerungsrecht nach § 99 Abs. 2, das Widerspruchsrecht nach § 102 Abs. 3 und der Weiterbeschäftigungsanspruch nach § 102 Abs. 5, aber nicht die Informationspflichten des ArbGeb. nach § 99 Abs. 1 und § 102 Abs. 1) entfallen bei tendenzbedingten (nicht bei aus sonstigen Gründen vorgesehen) personellen Maßnahmen gegenüber solchen ArbN, die **Tendenzträger** sind. Die Tendenzträgerei- 35 genschaft ist jeweils individuell nach den unter → Rn. 30 dargestellten Kriterien zu bestimmen.

36 Für die Beschränkung oder der Ausschluss der MB in den personellen Angelegenheiten kommt es auf den **Tendenzcharakter der jeweiligen Maßnahme** an (DKKW/*Wedde* Rn. 77). Für die Tendenzbedingtheit einer personellen Maßnahme kann bei Tendenzträgern eine tatsächliche Vermutung sprechen, insbes. bei **Einstellungen,** weil sich fachliche und tendenzspezifische Eignung kaum trennen lassen (BAG 7.11.1975 – 1 ABR 78/74, AP BetrVG 1972 § 99 Nr. 3; Richardi BetrVG/*Forst* Rn. 156; ErfK/*Kania* Rn. 25; **aA** DKKW/*Wedde* Rn. 103). Auch bei **Versetzungen** von Tendenzträgern ist in der Regel von der Tendenzbedingtheit einer solchen Maßnahme auszugehen (BAG 27.7.1993 – 1 ABR 8/93, NZA 1994, 329). Die Beteiligungsrechte entfallen nicht hinsichtlich der **Ein- oder Umgruppierung** (BAG 7.9.1988 – 4 ABR 32/88, NZA 1989, 857; DKKW/*Wedde* Rn. 107; Richardi BetrVG/*Forst* Rn. 159). Das folgt aus dem Mitbeurteilungsrecht des BR, das Gegenstand des MBR bei der Eingruppierung ist. Auch ist die Stelle eines Tendenzträgers auf Verlangen des BR auszuschreiben (§ 93). Durch eine solche Verpflichtung wird die Tendenzbestimmung und -verwirklichung nicht ernsthaft beeinträchtigt (BAG 1.2.2011 – 1 ABR 79/09, NZA 2011, 703). Aus dem Fehlen der Sanktionsmöglichkeit des § 99 Abs. 2 Nr. 5 folgt nichts Gegenteiliges.

37 Dagegen sind die **Unterrichtungs- und Anhörungsrechte** des BR bei personellen Einzelmaßnahmen nicht ausgeschlossen (GK-BetrVG/*Weber* Rn. 217). Die Rechte des BR nach **§ 99 Abs. 1** und **§ 102 Abs. 1** bleiben auch bei tendenzbedingten Maßnahmen gegenüber Tendenzträgern bestehen (BAG 19.5.1981 – 1 ABR 39/79, AP BetrVG 1972 § 118 Nr. 21 – Einstellung; 27.7.1993 – 1 ABR 8/93, NZA 1994, 329 – Versetzung; BAG 7.11.1975 – 1 AZR 282/74, NJW 1976, 727 – Kündigung, dazu BVerfG 6.11.1979 – 1 BvR 81/76, NJW 1980, 1093). Die bloße Information des BR und dessen Anhörung beeinträchtigt die Tendenz nicht. Der BR kann auch schriftlich Bedenken geltend machen, die der ArbGeb. ernsthaft prüfen muss (BAG 19.5.1981 – 1 ABR 109/78, NJW 1982, 124. Eine vorläufige Durchführung der Maßnahme gem. § 100 vor Ablauf der Wochenfrist des BR zur Stellungnahme kommt nur ganz ausnahmsweise in Betracht (BAG 8.5.1990 – 1 ABR 33/89, NZA 1990, 901). Vernachlässigt der ArbGeb. seine Informationspflichten, treffen ihn die Rechtsfolgen des § 101 bzw. § 102 Abs. 1 S. 3.

38 Eine Kündigung ist keine tendenzbedingte Maßnahme. Der BR ist daher stets vor dem Ausspruch einer **Kündigung zu hören** (GK-BetrVG/*Weber* Rn. 221 (hM); **aA** HWGNRH/*Hess* Rn. 126; *Dzida/Hohenstatt* NZA 2004, 1084). Dem BR sind alle Gründe für eine beabsichtigte Kündigung mitzuteilen, nicht nur die tendenzneutralen (BAG 7.11.1975 – 1 AZR 282/74, NJW 1976, 727; DKKW/*Wedde* Rn. 114; Richardi BetrVG/*Forst* Rn. 160). Bei einer **ausschließlich tendenzbedingten Kündigung** steht dem BR kein Widerspruchsrecht nach § 102 Abs. 3 zu (BAG 7.11.1975 – 1 AZR 282/74, NJW 1976, 727; Widerspruch zulassend GK-BetrVG/*Weber* Rn. 222). Das schließt das Entstehen eines Weiterbeschäftigungsanspruchs nach § 102 Abs. 5 aus (so auch GK-BetrVG/*Weber* Rn. 222, wegen tendenzbedingter Beschränkung des Weiterbeschäftigungsanspruchs; Richardi BetrVG/*Forst* Rn. 162; **aA** DKKW/*Wedde* Rn. 110).

39 Handelt es um eine Kündigung wegen **Leistungsmängel** ohne unmittelbaren Bezug zum Tendenzzweck (BAG 3.11.1982 – 7 AZR 5/81, NJW 1983, 1221) oder aus **betriebsbedingten Gründen,** steht der Tendenzschutz einem Widerspruch nach § 102 Abs. 3 nicht entgegen (BAG 7.11.1975 – 1 AZR 282/74, NJW 1976, 727; DKKW/*Wedde* Rn. 113). Soweit solche Personen iSd § 5 Abs. 3 in leitender Stellung tätig sind, unterliegen sie dem personellen MBR ohnehin nicht. Über personelle Maßnahmen gegenüber diesem Personenkreis, ist der BR nach § 105 zu informieren.

40 **Tendenzbedingte außerordentliche Kündigungen** von **BRMitgl.,** die ihrerseits Tendenzträger sind, unterliegen ebenfalls dem Anhörungsgebot des **§ 102 Abs. 1** (GK-BetrVG/*Weber* Rn. 223; Richardi BetrVG/*Forst* Rn. 125), jedoch nicht

der Zustimmung nach § 103 Abs. 1 (BAG 28.8.2003 – 2 ABR 48/02, NZA 2004, 501; **aA** DKKW/*Wedde* Rn. 116). § 78a gilt auch für Tendenzträger. Tendenzbedingte Gründe, die gegen eine Übernahme in ein Arbeitsverhältnis sprechen könnten, sind im Rahmen der Unzumutbarkeit der **Weiterbeschäftigung nach § 78a** Abs. 4 zu prüfen (BAG 23.6.1983 – 6 AZR 595/80, NJW 1984, 1779).

41 Die Eigenart des Tendenzbetriebs hindert den BR nicht, nach **§ 104** die Entlassung oder Versetzung eines ArbN verlangen zu können. Auch die Verfolgung geistig-ideeller Zielsetzungen kann das Festhalten an einem ArbN, der den Betriebsfrieden stört oder sich gesetzeswidrig verhält, nicht rechtfertigen (Richardi BetrVG/*Forst* Rn. 165). Sofern ein bestimmtes Verhalten des ArbN im Hinblick auf die Tendenz verlangt werden kann (→ Rn. 42), ist der BR wegen eines solchen Verhaltens nicht berechtigt, von seinem Initiativrecht nach § 104 Gebrauch zu machen (**aA** DKKW/*Wedde* Rn. 117).

42 Die Tendenz des Beschäftigungsbetriebes kann ein **bestimmtes innerdienstliches oder außerdienstliches Verhalten der ArbN** erfordern. Ein Verstoß dagegen kann zu einer Kündigung berechtigen. Im Wesentlichen kommt es hierfür auf die Tendenznähe des ArbN an und darauf, ob er aktiv gegen die Tendenz Stellung nimmt, oder nur sein Privatleben nicht nach der Tendenz ausrichtet (LAG Bln 6.12.1982 – 9 Sa 80/82, EzA § 1 KSchG Tendenzbetrieb Nr. 11 für den Redakteur einer Tageszeitung; BAG 6.12.1979 – 2 AZR 1055/77, AP KSchG 1969 § 1 Verhaltensbedingte Kündigung betr. Rechtsschutzsekretär einer Gewerkschaft Nr. 2; 24.5.1989 – 2 AZR 285/88, NJW 1990, 203 betr. Arzt in Forschungseinrichtung). In Betrieben mit politischer oder koalitionspolitischer Tendenz können uU Mitgliedschaft in dem Verband und aktives Eintreten für dessen Ziele vorausgesetzt werden; **§ 75 gilt insoweit nicht** (→ § 75 Rn. 135). Im **außerdienstlichen Bereich** kann keine volle Unterwerfung unter die Zielsetzungen des ArbGeb. verlangt werden. Insoweit kommt bei einer Abwägung der berechtigten tendenzbedingten Belange des ArbGeb. gegenüber den Grundrechten des einzelnen ArbN (Art. 2 Abs. 1, Art. 5 Abs. 1 GG) diesen ein stärkeres Gewicht zu.

d) Wirtschaftliche Angelegenheiten

43 In den **wirtschaftlichen Angelegenheiten** ist zu differenzieren: § 118 Abs. 1 S. 2 ordnet ausdrücklich an, dass in Tendenzunternehmen **kein WiAusschuss** zu errichten ist (§§ 106–109) und auch die Unterrichtung der ArbN nach § 110 entfällt. Das erfasst auch die in § 106, § 109a neu eingefügte Unterrichtungspflicht wegen bevorstehender Unternehmensübernahme. Der ArbGeb. bleibt aber zu seinem jährlichen Bericht in der BetrVerslg. verpflichtet (BAG 8.3.1977 – 1 ABR 18/75, AP BetrVG 1972 § 43 Nr. 1). Die Regelung des § 118 Abs. 1 S. 2 ist zwar verfassungsgemäß (BVerfG 30.4.2015 – 1 BvR 2274/12, NZA 2015, 820; GK-BetrVG/*Weber* Rn. 141; ErfK/*Kania* Rn. 17; zweifelnd DKKW/*Wedde* Rn. 3) doch rechtspolitisch nicht geboten, da der WiAusschuss als Beratungs- und Informationsgremium keine Möglichkeit hat, die Tendenz zu beeinflussen. Nicht geklärt ist, ob die Regelung in Einklang mit der RL 2002/14/EG v. 11.3.2002 zur Festlegung eines allgemeinen Rahmens für die Unterrichtung und Anhörung der ArbN in der Europäischen Gemeinschaft steht (dazu GK-BetrVG/*Weber* Rn. 142).

44 Der WiAusschuss ist stets auf das Unternehmen bezogen. Besondere Schwierigkeiten bereitet die Anwendung des Abs. 1 S. 2 bei **Unternehmen mit mehreren Betrieben,** die nicht ausschließlich geschützte Bestimmungen iSd Abs. 1 S. 1 verfolgen. Dazu bedarf es der Prüfung, ob insgesamt die tendenzneutralen Zwecke überwiegen. Für die Bildung eines WiAusschusses kommt es in einem Mischunternehmen nach der Rspr. des BAG auf quantitative Gesichtspunkte an. Entscheidend ist, in welchem Umfang und mit welcher Intensität es seine Tätigkeit den tendenzgeschützten Bestimmungen im Vergleich zu tendenzneutralen Zielen widmet. Abzustellen ist auf den Umfang, in dem das Unternehmen seine personellen und sonstigen Mittel zur

Tendenzverwirklichung einsetzt. Bei personalintensivem Einsatz kommt es auf die Arbeitsmenge an (BAG 15.3.2006 – 7 ABR 24/05, NZA 2006, 1422): Kein taugliches Abgrenzungskriterium sind stets variierende Umsatzzahlen. Auch soweit ein WiAus-schuss zu bilden ist, ist er nur für die tendenzneutralen und nicht auch für die Tendenzbetriebe des Unternehmens zuständig.

45 Bildet der Betrieb einer **Lohndruckerei** ein rechtlich selbständiges Unternehmen, so ist ein WiAusschuss auch dann zu bilden, wenn eine wirtschaftliche und personelle Verflechtung mit dem weiteren Unternehmen eines Zeitungsverlages besteht; denn die Druckerei dient nicht „unmittelbar" einer Tendenz (BAG 31.10.1975 – 1 ABR 64/74, AP BetrVG 1972 § 118 Nr. 3). Ein WiAusschuss ist auch zu errichten, wenn ein reines Druckereiunternehmen abhängiges Unternehmen eines Konzerns ist (BAG 30.6.1981 – 1 ABR 30/79, NJW 1982, 125). Dadurch wird die Tendenz des Konzerns nicht beeinflusst, weil die Beratung im WiAusschuss der Druckerei sich nur auf dieses Unternehmen erstreckt, das lediglich der technischen Verwirklichung der Tendenz dient.

46 Abs. 1 sieht ausdrücklich vor, dass die **§§ 111–113** auch in Tendenzunternehmen (-betrieben) insoweit anzuwenden sind, als sie den **Ausgleich oder die Milderung wirtschaftlicher Nachteile** für die ArbN bei Betriebsänderungen betreffen (§ 112 Abs. 1 S. 2). Die Vorschrift enthält einen Anwendungsbefehl, der sich auch auf § 113 erstreckt (BAG 23.3.1999 – 1 AZR 766/97, NZA 1999, 328; **aA** in Bezug auf § 113 HWGNRH/*Hess* Rn. 145; Richardi BetrVG/*Forst* Rn. 107; für uneingeschränkte Anwendung des § 113 DKKW/*Wedde* Rn. 71). Maßgebend ist die Tendenz des konkreten Betriebes, aber nicht des Unternehmens. Das Beteiligungsrecht besteht nicht bei der Entscheidung über den Grund der Maßnahme, wohl aber deren Folgen.

47 Demgemäß sind die §§ 111–113 wie folgt anzuwenden:

§ 111: **Unterrichtung und Beratung** über eine Betriebsänderung im Hinblick auf die Vermeidung wesentlicher Nachteile für die ArbN (HWGNRH/*Hess* Rn. 143; Richardi BetrVG/*Forst* Rn. 105; GK-BetrVG/*Weber* Rn. 156; **aA** betr. Beratung *Bauer/Lingemann* NZA 1995, 813 [815]), rechtzeitig vor Durchführung der Betriebsänderung, damit der BR auch in einem Tendenzunternehmen über angemessene Informationen über die durch Sozialplan auszugleichenden Nachteile verfügt (BAG 27.10.1999 – 1 AZR 766/97, NZA 1999, 328). Allerdings ist nach Normzweck und Systematik der Vorschriften der ernsthafte Versuch eines Interessenausgleichs nicht geboten; die E-Stelle muss deshalb nicht angerufen werden. Im Tendenzbetrieb ist die Beteiligung des BR auf die Folgen des Interessenausgleichs beschränkt. Sie erstreckt sich nicht auf deren Ob und Wie (hM GK-BetrVG/*Weber* Rn. 154 mwN). Der ArbGeb. ist von Verfassungs wegen aber nicht gehindert, mit dem BR einen freiwilligen Interessenausgleich zu vereinbaren (*Gillen/Hörle* NZA 2003, 1225).

§§ 112, 112a: Gelten **nur für den Abschluss eines Sozialplans** (BAG 17.8.1982 – 1 ABR 40/80, NJW 1983, 1870), nicht hinsichtlich eines Interessenausgleichs. Bei Meinungsverschiedenheiten sind die in diesen Vorschriften vorgesehenen Konfliktlösungen wegen der Tendenz nicht beschränkt. Die (mögliche) Einschaltung des Vorstands der Bundesagentur für Arbeit sowie die Zuständigkeit der E-Stelle für den Sozialplan bleiben erhalten (GK-BetrVG/*Weber* Rn. 151).

§ 113 Abs. 3: mit der Maßgabe, dass an Stelle der **Verhandlung über** den Interessenausgleich, die über den damit in innerem Zusammenhang stehenden **Sozialplan** tritt (§ 113 Abs. 1 u. 2 ist nur über die Bezugnahme in Abs. 3 anwendbar). Der Unternehmer soll den BR – auch eines Tendenzbetriebes – nicht vor vollendete Tatsachen stellen (BAG 18.11.2003 – 1 AZR 637/02, NZA 2004, 741; GK-BetrVG/*Weber* Rn. 160, der allerdings eine Beratungspflicht über den Sozialplan vor

Durchführung der Betriebsänderung ablehnt; DKKW/*Wedde* Rn. 71 für unbeschränkte Anwendbarkeit des § 113, **aA** HWGNRH/*Hess* Rn. 146, Richardi BetrVG/*Forst*Rn. 107, einschränkend *Bauer* FS *Wißmann,* 2005, 215). Der Sozialplan kann außerdem noch gem. §§ 112, 112a durchgesetzt werden. In Tendenzbetrieben ist § 113 Abs. 3 anzuwenden, wenn der ArbGeb. eine Betriebsänderung durchführt, ohne den BR rechtzeitig zu unterrichten und Verhandlungen über einen Sozialplan zu ermöglichen (BAG 27.10.1998 – 1 AZR 766/97, NZA 1999, 328). Eine Pflichtverletzung des ArbGeb., die den Anspruch auf Nachteilsausgleich begründet, folgt aus dem unterlassenen Bemühen, eine Einigung mit dem BR zu erzielen (**aA** *Gillen/Hörle* NZA 2003, 1231). Nicht geklärt hat das BAG, ob ein Anspruch auf Nachteilsausgleich entsteht, wenn der ArbGeb. ohne zwingenden Grund von einem Interessenausgleich abweicht (§ 113 Abs. 1). In diesem Fall dürfte ein Anspruch auf Nachteilsausgleich gegeben sein. Insoweit handelt es sich um einen freiwilligen Interessenausgleich, der mit betriebsverfassungsrechtlichen Mitteln durchzusetzen ist. Dazu gehört auch der Nachteilsausgleich (GK-BetrVG/*Weber* Rn. 153, 159).

Gem. **§ 613a BGB** gehen die Arbeitsverhältnisse aller ArbN in Tendenzbetrieben 48 auf den neuen Betriebsinhaber über, also auch die der **Tendenzträger.** Es handelt sich um eine bürgerlich-rechtliche Vorschrift. Für sie gelten die Beschränkungen des § 118 nicht (BAG 7.11.1975 – 1 ABR 78/74, AP BetrVG 1972 § 99 Nr. 3).

V. Freiwillige Vereinbarungen

Der Tendenzschutz des § 118 soll dem ArbGeb. die Verwirklichung grundrechtlich 49 geschützter Ziele nach eigenen Vorstellungen ermöglichen. Der ArbGeb. kann deshalb dem BR ein MBR in tendenzrelevanten Fragen freiwillig einräumen (BAG 31.1.1995 – 1 ABR 35/94, NZA 1995, 1059) oder darauf verzichten (BAG 5.10.2000 – 1 ABR 14/00, NZA 2001, 1325). Das gilt für alle in Abs. 1 genannten Zielsetzungen.

Verleger können durch sog **Redaktionsstatute** über § 118 Abs. 1 S. 1 hinaus ge- 50 hende Beteiligungsrechte gewährleisten. Solche Statuten zwischen Verlegern und Redakteuren sollen die „innere Pressefreiheit" sichern. Innerhalb des Rahmens der allgemeinen Tendenz des Presseorgans soll kein Gewissenszwang auf die Redakteure ausgeübt und ein Mitspracherecht in journalistischen Fragen bei der Gestaltung des Presseerzeugnisses gewährt werden. Redaktionsstatute dienen vor allem dazu, konkurrierende wechselseitige Grundrechtspositionen zum Ausgleich zu bringen (*Rüthers* RdA 2002, 360). Solche Vereinbarungen sind mit Art. 5 Abs. 1 GG vereinbar, soweit damit kein völliger Grundrechtsverzicht verbunden ist. Oberhalb dieser Grenze sind Verleger von Verfassungs wegen nicht gehindert, durch individualrechtliche Vereinbarungen das tendenzbezogene Direktionsrecht zu beschränken und Tendenzbestimmungskompetenzen auf Redakteure zu übertragen. Auch das ist Ausdruck der verfassungsrechtlichen geschützten Tendenz (vgl. *Maunz/Dürig-Herzog* GG Art. 5 Abs. 1, 2 Rn. 174).

Redaktionsstatute dürfen nicht im **Widerspruch zu den Organisationsvor-** 51 **schriften des G** stehen. Die Befugnisse des BR dürfen durch ein solches Statut nicht eingeschränkt werden. Die Kompetenzen der Sondervertretungen (Redaktionsräte) müssen deshalb auf Tendenzangelegenheiten beschränkt sein, die der Mitbestimmung und Mitwirkung des BR nach § 118 Abs. 1 entzogen sind (BAG 19.6.2001 – 1 AZR 463/00, NZA 2002, 397).

Redaktionsstatute haben in der Regel individualrechtlichen Charakter. Sie kom- 52 men häufig im Wege **arbeitsvertraglicher Einheitsregelungen/Gesamtzusage** zustande. Gesellschaftsrechtliche oder vereinsrechtliche Beziehungen zwischen Verleger und Redakteur werden dadurch nicht begründet (BAG 19.6.2001 – 1 AZR 463/00, NZA 2002, 397). Nicht möglich ist der Abschluss einer **BV.** Der BR ist hierfür mangels Regelungskompetenz nicht zuständig (GK-BetrVG/*Weber* Rn. 46; Richardi BetrVG/*Forst* Rn. 213; **aA wohl** DKKW/*Wedde* Rn. 121). Auf diese Fragen beschränkte Regelungen können auch durch **TV** getroffen werden (umstr., zum Meinungsstand GK-BetrVG/*Weber* Rn. 40 ff.). Die Regelungskompetenz der TV-Parteien ist durch Art. 9 Abs. 3 GG gedeckt. Redaktionsstatute betreffen die Beteiligung von Redakteuren an personellen und betrieblichen Entscheidungen. Das ist Teil des durch Art. 9 Abs. 3 GG gewährleisteten Rechts zur Regelung von Arbeits- und Wirtschaftsbedingungen.

53 Arbeitsvertragliche Redaktionsstatute können, soweit kein **Widerrufsrecht** des Verlegers vereinbart ist, durch Kündigung beseitigt werden. Eine Teilkündigung ist unzulässig (BAG 19.6.2001 – 1 AZR 463/00, NZA 2002, 397). Fehlt eine gesonderte Vereinbarung zur **Kündigung** des Redaktionsstatuts, kann es als Teil des Arbeitsverhältnisses nur durch eine Änderungs- oder eine Beendigungskündigung beseitigt werden. Bei der Prüfung der sozialen Rechtfertigung einer solchen Kündigung ist die grundrechtliche Gewährleistung des Art. 5 Abs. 1 GG zu beachten. Die Tendenzentscheidung des ArbGeb. entspricht der unternehmerischen Entscheidung im Rahmen einer betriebsbedingten Kündigung. Sie unterliegt nur einer Willkürkontrolle.

VI. Bereichsausnahme für Religionsgemeinschaften

1. Religionsgemeinschaft

54 Der Begriff der Religionsgemeinschaften des Abs. 2 entspricht dem der Religionsgesellschaft des Art. 137 Abs. 3 WRV iVm Art. 140 GG (BAG 24.7.1991 – 7 ABR 34/90, NZA 1991, 977) und damit der grundgesetzlich geschützten Religionsfreiheit des Art. 4 GG (BVerfG 5.2.1991 – 2 BvR 263/86, NJW 1991, 2623; *Thüsing* RdA 2003, 210; krit. *Däubler* RdA 2003, 204). Er erfasst nicht nur die christlichen Religionen. **Religionsgemeinschaften** sind neben den allgemein anerkannten christlichen auch **Glaubensgemeinschaften weltanschaulicher Art** (vgl. Art. 137 WRV iVm Art. 140 GG; DKKW/*Wedde* Rn. 124; Richardi BetrVG/*Forst* Rn. 174; GK-BetrVG/*Weber* Rn. 229 ff.: WPK/*Bender* Rn. 73 auch Weltanschauungsgemeinschaft ohne religiösen Bezug). Ob es sich um eine Religionsgemeinschaft handelt, haben die ArbG zu prüfen. Keine Religionsgemeinschaft ist die Scientology-Sekte, deren religiöse und weltanschaulichen Lehren nur als Vorwand für die Verfolgung wirtschaftlicher Zwecke dienen (BAG 22.3.1995 – 5 AZB 21/94, NZA 1995, 823.

55 Auf Religionsgemeinschaften, die Körperschaften des öffentlichen Rechts sind, findet das BetrVG wegen § 130 ohnehin keine Anwendung. Körperschaften des öffentlichen Rechts sind im Bereich der **römisch-katholischen Kirche** die Bistümer und der Verband der Diözesen. Bei den **evangelischen Landeskirchen** sind das die Zusammenschlüsse in der Evangelischen Kirche in Deutschland (EKD), die Evangelischen Kirche der Union (EKU) und die Vereinigte Evangelisch-Lutherische Kirche Deutschlands (VELKD) sowie die evangelische Freikirchen. Öffentlich-rechtliche Körperschaften sind darüber hinaus die **jüdischen Kultusgemeinden** und der Zentralrat der Juden in Deutschland. Den Status einer öffentlich-rechtlichen Körperschaft haben außerdem die Niederlassungen der **Orden und religiösen Kongregation** nach Art. 182 der Bayrischen Verfassung und dem mit dem Heiligen Stuhl geschlossenen Konkordat v. 29.3.1924 (Richardi BetrVG/*Forst* Rn. 177). Diese Körperschaften sind wegen § 112 BPersVG auch vom Geltungsbereich des Personalvertretungsrechts ausgenommen.

56 Die **Bereichsausnahme** in Abs. 2 ist deshalb von **Bedeutung** für die privatrechtlich organisierten Religionsgemeinschaften sowie die privatrechtlich organisierten

und deshalb rechtlich selbständigen vor allem erzieherischen und karitativen Einrichtungen der öffentlich-rechtlich verfassten Kirchen. Jenen steht es von Verfassungs wegen frei, sich **privatrechtlicher Handlungsformen zur Erfüllung ihres religiösen Auftrags** zu bedienen (BVerfG 22.10.2014 – 2 BvR 661/12, NZA 2014, 1387). Dazu zählt auch deren Pressearbeit, der in der Rechtsform eines Vereins organisiert ist (BAG 24.7.1991 – 7 ABR 34/90, NZA 1991, 977 Nach der Auffassung des BVerfG, an die das BAG gebunden ist, muss die Kirche nach ihrem Selbstverständnis selbst über ihre Betätigung bestimmen können. Dieser Befugnis trägt das BetrVG mit der Bereichsausnahme in Abs. 2 Rechnung. Nach der stRspr des BVerfG gehört zu dem den Religionsgemeinschaften zustehenden Freiheitsraum nämlich auch das Recht, Vertretungsorgane entsprechend dem Charakter der Religionsgemeinschaft für die bei ihr tätigen ArbN einzurichten und zu gestalten (BVerfG 11.10.1977 – 2 BvR 209/76, NJW 1978, 58). Die Bereichsausnahme verstößt danach nicht gegen das Sozialstaatsprinzip (BAG 6.12.1977 – 1 ABR 28/77, AP BetrVG 1972 § 118 Nr. 10). Damit entscheidet nach der stRspr des BVerfG die Kirche darüber, was zu ihren Einrichtungen nach § 118 Abs. 2 zählt (BVerfG 22.10.2014 – 2 BvR 661/12, NZA 2014, 1387).

2. Privatrechtliche Einrichtungen einer Religionsgemeinschaft

Abs. 2 nimmt nur die privatrechtlich organisierten **karitativen oder erzieherischen Einrichtungen** (zB Verein, Stiftung, GmbH) von der Anwendung des G aus, andere nicht (DKKW/*Wedde* Rn. 123; Richardi BetrVG/*Forst* Rn. 186). Diese können aber unter Abs. 1 fallen. Hat eine solche Einrichtung den Status einer öffentlich-rechtlichen Körperschaft, gilt das BetrVG nicht (§ 130). Sind Wirtschaftsbetriebe Regie- oder Eigenbetriebe einer öffentlich-rechtlich organisierten Religionsgemeinschaft, findet das BetrVG wegen § 130 keine Anwendung. 57

Soweit die Religionsgemeinschaften über ihren **eigentlichen Verwaltungsapparat hinaus Einrichtungen** irgendwelcher Art betreiben, zählen diese nicht mehr zur Religionsgemeinschaft. Sie sind dann entweder Betriebe, die konfessionellen Bestimmungen dienen und deshalb unter Abs. 1 fallen, oder sie zählen, wenn sie karitative oder erzieherische Zwecke verfolgen, zu den Einrichtungen des Abs. 2, auf die das BetrVG keine Anwendung findet (Schulen, Krankenhäuser [BAG 21.11.1975 – 1 ABR 12/75, NJW 1976, 1165], Kindergärten [BAG 25.4.1978, 11.3.1986 – 1 ABR 26/84, NJW 1986, 2591], Jugenddorf (BAG 30.4.1997 – 7 ABR 69/95, NZA 1997, 1240), Altersheime, Waisenhäuser, Diakonisches Werk eV [BAG 6.12.1977 – 1 ABR 28/77, AP BetrVG 1972 § 118 Nr. 10], Innere Mission, Caritasverband eV BAG 31.7.2002 – 7 ABR 12/01, NZA 2002, 1409). 58

Ob das Wirken einer Einrichtung „karitativ" oder „erzieherisch" ist und dieses zum religiösen Selbstverständnis der Religionsgemeinschaft gehört, bestimmt sich nach dem **Selbstverständnis der Religionsgemeinschaft.** Das schließt eine **gerichtliche Kontrolle** nicht aus (BVerfG 22.10.2014 – 2 BvR 661/12, NZA 2014, 1387). Die ArbG haben zu prüfen, welchen Inhalt die Religionsgemeinschaft den in § 118 Abs. 2 genannten Zwecken geben und ob die betroffene Einrichtung nach ihrer Aufgabenstellung und Zwecksetzung diesen Vorgaben entspricht. Dafür sind im Einzelfall – ggf. durch Einholung entsprechender kirchenrechtlicher Auskünfte – die darauf bezogenen Grundsätze der Religionsgemeinschaft zu ermitteln und die Möglichkeiten zur Einflussnahme festzustellen (BAG 23.10.2002 – 7 ABR 59/01, NZA 2004, 334; BVerfG 22.10.2014 – 2 BvR 661/12, NZA 2014, 1387). Zu berücksichtigen ist, dass das Definitionsrecht der Religionsgemeinschaften allein Inhalt und Tragweite ihres Sendungsauftrags betrifft (*Kühling* ArbuR 2007, 138): 59

Für die Zuordnung einer rechtlich selbständigen Einrichtung zu einer Religionsgemeinschaft reicht es nicht aus, dass die Einrichtung nach Aufgabe und Zweck auf die Verwirklichung des selbstgesetzten Auftrags der Religionsgemeinschaft gerichtet ist. Die Bereichsausnahme nach Abs. 2 verlangt weiter (*Dütz* Anm. AP BetrVG 1972 60

§ 118 Nr. 72), dass die Religionsgemeinschaft über ein **Mindestmaß an Einflussmöglichkeiten** verfügt, um auf Dauer eine Übereinstimmung der religiösen Betätigung der Einrichtung mit ihren Vorstellungen gewährleisten zu können (BVerfG 22.10.2014 – 2 BvR 661/12, NZA 2014, 1387). Dieser Einfluss kann satzungsrechtlich abgesichert sein. Er kann sich auch personellen Verflechtungen ergeben. In allen Fällen muss die Religionsgemeinschaft in der Lage sein, einen etwaigen Dissens in religiösen Angelegenheiten zwischen ihr und der jeweiligen Einrichtung zu unterbinden, sich also durchzusetzen (DKKW/*Wedde* Rn. 127). Das wird bei einer historisch gewachsenen Mitgliedschaft im Diakonischen Werk regelmäßig der Fall sein (BAG 30.4.1997 – 7 ABR 60/95, NZA 1997, 1240), zwingend ist das nicht (BAG 5.12.2007 – 7 ABR 72/06, NZA 2008, 653). Die bloße Möglichkeit der Einflussnahme, etwa durch die Verhängung von Kirchenstrafen gegenüber den Beschäftigten, genügt dafür nicht (*Thüsing* Anm. AP BetrVG 1972 § 118 Nr. 70). Eben so wenig dürfte die Möglichkeit des Ausschlusses aus dem Diakonischen Werk genügen, da dieses Mittel nur Folge einer fehlenden Einflussmöglichkeit ist, eine solche also nicht belegen kann. Ob sich die Religionsgemeinschaft in religiösen Fragen gegenüber der Einrichtung durchsetzen kann, ist von den Gerichten für Arbeitssachen zu kontrollieren (BAG 23.10.2002 – 7 ABR 59/01, NZA 2004, 334). In einem solchen Verfahren kann die Religionsgemeinschaft bzw. ihre Untergliederung nicht als Nebenintervenient nach § 66 ZPO zur Unterstützung des ArbGeb. dem Verfahren beitreten.

61 Auch bei einer in der **Rechtsform einer GmbH** betriebenen katholischen Wohnungsbau- und Siedlungsgemeinschaft, die eine 100%ige Tochter eines Erzbistums und eines Caritasverbandes ist, bedarf es der gesonderten Prüfung, ob der durch sie verfolgte Zweck und die konkrete Art ihrer Betätigung nach dem Selbstverständnis der katholischen Kirche als karitativ anzusehen ist (BAG 23.10.2002 – 7 ABR 59/01, NZA 2004, 334). Insgesamt verdeutlicht und präzisiert die jüngere Rspr. des BAG die trotz der Beachtung des kirchlichen Selbstverständnisses verbleibende Kontrollbefugnisse der ArbG (*Reichold* NZA 2009, 1377). Das hat das BVerfG bestätigt (BVerfG 22.10.2014 – 2 BvR 661/12, NZA 2014, 1387).

62 Aus diesem Grund ist auch bei **gemischt kirchlich-weltlichen Unternehmen,** also solchen, an denen sich die Religionsgemeinschaft nur beteiligt, nicht allein auf den Rechtsträger, sondern darauf abzustellen, ob der Religionsgemeinschaft ein hinreichender Einfluss iSd Rspr. des BVerfG bleibt (Richardi BetrVG/*Forst* Rn. 193) aber auch, ob diese Betätigung dem Selbstverständnis der Religionsgemeinschaft nach karitativ oder erzieherisch ist.

VII. Streitigkeiten

63 Meinungsverschiedenheiten über die Frage, ob und inwieweit die Anwendung des BetrVG nach Abs. 1 eingeschränkt ist oder nach Abs. 2 überhaupt entfällt, entscheiden die ArbG im **BeschlVerf.** (→ ArbGG Rn. 7 ff.). Das Vorliegen einer Bereichsausnahme nach § 118 Abs. 2 kann im Wege eines Feststellungsantrags geklärt werden; für die abstrakte Feststellung der Tendenzeigenschaft nach Abs. 1 gilt das nach der neueren Rspr. des BAG nicht, da ein solcher Antrag nicht auf die Feststellung eines konkreten Rechtsverhältnisses gerichtet ist (BAG 22.7.2014 – 1 ABR 93/12, NZA 2014, 679; 14.12.2010 – 1 ABR 93/09, NZA 2011, 473; → ArbGG Rn. 17). Hingegen ist die Klärung des Bestehens eines MBR in Bezug auf eine Gruppe von ArbN, deren Tendenzschutz zwischen den Betriebsparteien umstritten ist, unbedenklich. Allerdings muss die Gruppe im Antrag so konkret beschrieben werden, dass die Streitfrage mit Rechtskraftwirkung zwischen den Beteiligten entschieden werden kann (BAG 7.2.2012 – 1 ABR 58/10, NZA 2012, 878). In einem BeschlVerf. über die Berechtigung des BR zur Bestellung eines WiAusschusses ist ein bereits gegründeter WiAusschuss nicht zu beteiligen (BAG 15.3.2006 – 7 ABR 24/05, NZA 2006, 1422).

Über die Bereichsausnahme nach Abs. 2 dürfte regelmäßig im Wahlanfechtungsverfahren zu entscheiden sein. In diesen Verf. trägt derjenige die Darlegungslast, der sich auf die Geltung der Bereichsausnahme beruft. Handelt es sich um eine privatrechtlich organisierte Religionsgemeinschaft, sind die Merkmale einer Religionsgemeinschaft iSd Art. 140 GG iVm Art. 136 WRV vorzutragen. Ist dagegen die Geltung der Bereichsausnahme für eine privatrechtlich organisierte karitative oder erzieherische Einrichtung umstritten, an denen eine der verfassten Kirchen beteiligt ist, hat der ArbGeb. vorzutragen, dass die Einrichtung nach Aufgabe und Zweck entsprechend dem Selbstverständnis der jeweiligen Kirche den in Abs. 2 genannten Zwecken dient und die Kirche auch in der Lage ist, sich bei einem Dissens in religiösen Fragen durchzusetzen. Als Vorfrage kann über die Anwendung des § 118, dh die Nichtanwendung des BetrVG auch im **UrteilsVerf.** entschieden werden, zB in einem Kündigungsschutzprozess. Ist streitig, ob es sich um eine personelle Maßnahme mit Tendenzbezug handelt, so darf der ArbGeb. diese auch ohne Zustimmung des BR oder gerichtliche Ersetzung dieser Zustimmung zunächst durchführen. Er trägt dann aber das Risiko, dass ihm auf Antrag des BR die Aufrechterhaltung der Maßnahme nach § 101 untersagt wird (BAG 1.9.1987 – 1 ABR 23/86, NZA 1988, 97). Wird allerdings die auch in Tendenzbetrieben bestehende Anhörungspflicht (→ Rn. 37) verletzt, so kann der BR allein deshalb das Verfahren nach § 101 betreiben (BAG 1.9.1987 – 1 ABR 22/86, NJW 1988, 370). Rechte aus einem vertraglich vereinbarten **Redaktionsstatut** sind vor dem ArbG im UrteilsVerf. geltend zu machen. Es handelt sich um eine Streitigkeit aus dem Arbeitsvertrag (BAG 21.5.1999 – 5 AZB 31/98, NZA 1999, 837). **63a**

Sechster Teil. Straf- und Bußgeldvorschriften

§ 119 Straftaten gegen Betriebsverfassungsorgane und ihre Mitglieder

(1) **Mit Freiheitsstrafe bis zu einem Jahr oder mit Geldstrafe wird bestraft, wer**

1. eine Wahl des Betriebsrats, der Jugend- und Auszubildendenvertretung, der Bordvertretung, des Seebetriebsrats oder der in § 3 Abs. 1 Nr. 1 bis 3 oder 5 bezeichneten Vertretungen der Arbeitnehmer behindert oder durch Zufügung oder Androhung von Nachteilen oder durch Gewährung oder Versprechen von Vorteilen beeinflusst,

2. die Tätigkeit des Betriebsrats, des Gesamtbetriebsrats, des Konzernbetriebsrats, der Jugend- und Auszubildendenvertretung, der Gesamt-Jugend- und Auszubildendenvertretung, der Konzern-Jugend- und Auszubildendenvertretung, der Bordvertretung, des Seebetriebsrats, der in § 3 Abs. 1 bezeichneten Vertretungen der Arbeitnehmer, der Einigungsstelle, der in § 76 Abs. 8 bezeichneten tariflichen Schlichtungsstelle, der in § 86 bezeichneten betrieblichen Beschwerdestelle oder des Wirtschaftsausschusses behindert oder stört, oder

3. ein Mitglied oder ein Ersatzmitglied des Betriebsrats, des Gesamtbetriebsrats, des Konzernbetriebsrats, der Jugend- und Auszubildendenvertretung, der Gesamt-Jugend- und Auszubildendenvertretung, der Konzern-Jugend- und Auszubildendenvertretung, der Bordvertretung, des Seebetriebsrats, der in § 3 Abs. 1 bezeichneten Vertretungen der Arbeitnehmer, der Einigungsstelle, der in § 76 Abs. 8 bezeichneten Schlichtungsstelle, der in § 86 bezeichneten betrieblichen Beschwerdestelle oder des Wirtschaftsausschusses um seiner Tätigkeit willen oder eine Auskunftsperson nach § 80 Abs. 2 Satz 4 um ihrer Tätigkeit willen benachteiligt oder begünstigt.

(2) **Die Tat wird nur auf Antrag des Betriebsrats, des Gesamtbetriebsrats, des Konzernbetriebsrats, der Bordvertretung, des Seebetriebsrats, einer der in § 3 Abs. 1 bezeichneten Vertretungen der Arbeitnehmer, des Wahlvorstands, des Unternehmers oder einer im Betrieb vertretenen Gewerkschaft verfolgt.**

Inhaltsübersicht

I. Vorbemerkung

1 Der Sechste Teil des G enthält die Straf- und Bußgeldvorschriften. Die **Straftatbestände** des **§ 119** beziehen sich auf die Behinderung (§ 20 Abs. 1) oder rechtswidrige Beeinflussung (§ 20 Abs. 2) der im BetrVG vorgesehenen Wahlen, die Störung oder Behinderung der Tätigkeit der Betriebsverfassungsorgane (§ 78 S. 1) und die Benachteiligung oder Begünstigung ihrer Mitgl. oder Dritter, die bestimmte betriebsverfassungsrechtliche Funktionen ausüben (§ 78 S. 2). Ein Verstoß gegen diese Bestimmungen ist wegen § 119 strafbewehrt (*Dzida/Mehrens* NZA 2013, 753). Für die betriebsrats- oder gremieninternen Wahlen gelten sie nicht (GK-BetrVG/*Oetker* Rn 19). Der durch die Strafvorschriften geschützte Personenkreis ist durch das

BetrVerf-ReformG erweitert worden. Es handelt sich um Folgeänderungen, die auf die Änderungen des § 3 Abs. 1 und die Schaffung einer KJugAzubiVertr. zurückgehen. Geschützt wird außerdem die Auskunftsperson nach § 80 Abs. 2 S. 3. Die Strafvorschriften richten sich nicht nur gegen den ArbGeb. (Unternehmer) oder seine Vertr., sondern **gegen jedermann,** also gegen ArbN, Betriebsangehörige, die nach § 5 Abs. 2 nicht als ArbN gelten, leitende Ang. (§ 5 Abs. 3) und auch gegen außenstehende Dritte (hM; ausf. zum strafrechtl. Schutz betriebsverfassungsrechtl. Organe *Dannecker* FS *Gitter,* 1995, 167 ff.; *Reinecke* ArbuR 1997, 139 ff.; *Zimmermann* ArbR 2014, 278). Die Einleitung eines Strafverfahrens nach § 119 schließt ein Verfahren nach § 23 Abs. 3 gegenüber dem ArbGeb. nicht aus. Auch können weitere Tatbestände des allgemeinen Strafrechts in Betracht kommen wie etwa Ehrschutzdelikte (§§ 185 ff. StGB), Nötigung (§ 240 StGB), Erpressung (§ 253 StGB) oder Vermögensdelikte wie Betrug (§ 263 StGB) oder Untreue (§ 266 StGB). Ebenfalls um eine Folgeänderung handelt es sich bei der Anpassung der Nr. 3 an die durch das AÜG-ÄndG bewirkte Ergänzung des § 80 (BT-Drs. 18/9232, S. 32).

Entspr. Vorschriften: § 34 SprAuG, § 44 Abs. 1 Nr. 2, Abs. 3 EBRG. 2

II. Die einzelnen Tatbestände

Hinsichtlich der Tathandlung der Wahlbeeinflussung oder Wahlbehinderung 3
(§ 20), der Behinderung oder Störung der Amtsführung (§ 78 S. 1) sowie der Benachteiligung oder einer unerlaubten Begünstigung (§ 78 S. 2) wird auf die Kommentierung der jeweils zugrundeliegenden Vorschriften verwiesen. Trotz seiner weiten Fassung wahrt § 119 das strafrechtl. Bestimmtheitsgebot des Art. 103 Abs. 2 GG (*Pletke* ArbR 2018, 247; *Pasewaldt* ZIS 2007, 75; BGH 13.9.2010 – 1 StR 220/09, NJW 2011, 88).

1. Tatbestand der Nr. 1

Der Tatbestand der Nr. 1 schützt die **Integrität der Wahl des BR,** also die Frei- 4
heit der Willensbetätigung der Wahlbeteiligten (BGH 13.9.2010 – 1 StR 220/09, NJW 2011, 88). Dieser Wahlschutz zielt letztlich auf die Sicherung der Funktionsfähigkeit der betriebsverfassungsrechtl. Organe und dient damit dem Schutz der MB (*Pasewaldt* ZIS 2007, 75). Bei der zweiten Alt. geht es um den **Schutz der Willensbildung des Wählers,** auf dessen Entschließung nicht in einer von der Rechtsordnung missbilligten Weise eingewirkt werden soll, weshalb es auf einen zeitlichen Zusammenhang zwischen Beeinflussungshandlung und Wahl nicht ankommt (BGH 13.9.2010 – 1 StR 220/09, NJW 2011, 88). Es handelt sich um Erfolgsdelikte; bei der ersten Alt. liegt der Erfolg im Eintritt einer konkreten Gefährdung, bei der zweiten Alt. in der Herbeiführung einer veränderten Kandidatur oder Stimmabgabe (WPK/*Preis* Rn. 14 ff.; *Pasewaldt* ZIS 2007, 75). Da der BR nach § 14 Abs. 1 in geheimer Wahl gewählt wird, bedarf es keines Kausalitätsnachweises, in welch konkreten Umfang die Tathandlung das Wahlergebnis beeinflusst hat (BGH 13.9.2010 – 1 StR 220/09, NJW 2011, 88). Einer Kausalität zwischen Tathandlung und dem Wahlergebnis bedarf es also nicht (*Dzida/Mehrens* NZA 2014, 753). Zulässig bleibt die **Wahlpropaganda** (LAG Köln 15.10.1993 – 13 TaBV 36/93, NZA 1994, 431), jedoch keine vom ArbGeb. finanzierte. Diesen trifft ein Neutralitätsgebot (*Maschmann* BB 2010, 245). Da nur ein Wahlrecht, aber keine Wahlpflicht besteht, ist die Wahlenthaltung von ArbN keine Wahlbehinderung. IÜ ist unter einer Behinderung oder Beeinflussung der Wahl jedes Tun oder pflichtwidrige Unterlassen zu verstehen, das zu einem ungewöhnlichen Ablauf des Wahlvorganges führt (→ § 20 Rn. 7 ff.). Nach Nr. 1 können etwa strafbar sein (Übersicht bei *Maschmann* BB 2010, 245):

– Verhinderung/Behinderung einer BetrVerslg. zur Bestellung eines Wahlvorst. durch unwahre Angaben (BayObLG 29.7.1980 – 4 St 173/80, AP BetrVG 1972

§ 119 Nr. 1; LG Siegen 13.11.1986 – 6 Ls 25 Js 354/84 S 2/85, AiB 1992, 41; *Boldt/Gosch* AiB 1997, 560);
- Manipulation der Wahlunterlagen nach Stimmabgabe (LG Braunschweig 28.4.1999 – 37 Ns 703 Js 15338/98, NStZ-RR 2000, 93);
- Hausverbot gegen Mitgl. des Wahlvorstands oder Zugangsverbot für den Beauftragten einer im Betrieb vertretenen Gewerkschaft (LG Siegen – 6 Ls 25 JS 354/84 S 2/85, AiB 1992, 41 ff.);
- Verweigerung von Wahlunterlagen (AG Detmold 24.8.1978 – 7 Ls 2 Js 553/77, BB 1979, 783);
- wahrheitswidrige Angaben zum Schwellenwert für die Durchführung des vereinfachten Wahlverfahrens nach § 14a Abs. 1;
- Nötigung zum Abschluss eines Änderungsvertrags eines Wahlbewerbers, um durch dessen Versetzung und damit verbundenem Wegfall des aktiven wie passiven Wahlrechts die Wahl des BR zu verhindern oder erschweren (LG Marburg 10.5.2007 – 2 Ns 2 Js 18719/05, AiB 2008, 108);
- verdeckte finanzielle Unterstützung einer Wahlvorschlagsliste, deren Kandidaten sich deshalb nachhaltiger präsentieren können (BGH 13.9.2010 – 1 StR 220/09, NJW 2011, 88);
- infrastrukturelle Unterstützung einer Wahlvorschlagsliste durch den ArbGeb.;
- Inaussichtstellen beruflicher oder finanzieller Vorteile für einzelne ArbN oder eine Gruppe von ArbN, um sie zur Kandidatur zu bewegen (BGH 13.9.2010 – 1 StR 220/09, NJW 2011, 88).

5 Entspr. gilt für die Wahl der anderen in Nr. 1 genannten **Betriebsverfassungsorgane.** In §§ 63 Abs. 2, 115 Abs. 2, 116 Abs. 2 wird auf die Wahlvorschriften für den BR und damit auf § 20 verwiesen. Auch die Wahl der im Wege einer kollektivrechtlichen Vereinbarungslösung geschaffenen ANVertr. ist ebenfalls strafrechtlich gegen Behinderung oder rechtswidrige Beeinflussung geschützt wie die der übrigen Organe der Betriebsverfassung. Die Vorschrift gilt nicht für die Wahl der ArbN-Vertr. zum AR oder solcher betriebsverfassungsrechtlichen Organe, die auf Entsendung beruhen (DKKW/*Trümner* Rn. 13; GK-BetrVG/*Oetker* Rn 10; WPK/*Preis* Rn. 12).

6 Die bes. Vorschriften des StGB zum Schutze der Wahlen (§§ 107 ff.) betreffen allgemeine Wahlen für die Volksvertretungen. Sie sind auf die betriebsverfassungsrechtlichen Wahlen nicht anwendbar (vgl. § 108d StGB; Richardi BetrVG/*Annuß* Rn. 18). Ein Verstoß gegen Nr. 1 durch verschleierte Zuwendungen des ArbGeb. zur Unterstützung einer Wahlvorschlagsliste erfüllt nicht den Tatbestand der Untreue iSd § 266 StGB, der die Verletzung einer jedenfalls das betreute Vermögen mittelbar schützenden Vorschrift verlangt. Eine derartige Zweckbestimmung fehlt bei der Nr. 1 (BGH 13.9.2010 – 1 StR 220/09, NJW 2011, 88). Für solche Zahlungen gilt aber das Abzugsverbot des § 4 Abs. 5 Nr. 10 EStG, weshalb ein Steuerdelikt iSd § 370 Abs. 1 Nr. 1 AO vorliegen kann, soweit der ArbGeb. finanzielle Zuwendungen auch noch als Betriebsausgabe steuermindernd zum Abzug bringt (*Dzida/Mehrens* NZA 2013, 753).

2. Tatbestand der Nr. 2

7 Nr. 2 stellt die Behinderung oder Störung (vgl. § 78 S. 1) der Amtsführung der in Nr. 2 genannten Organe der Betriebsverfassung unter Strafe. Geschützt werden soll die **ungestörte Amtsführung** (HWGNRH/*Hess* Rn. 33; BAG 4.12.2013 – 7 ABR 7/12, NZA 2014, 803). **Schutzzweck** ist die Sicherung der Funktionsfähigkeit der Betriebsverfassung. Verboten ist demnach jede Maßnahme, die einen unzulässigen Eingriff in die Geschäftsführung dieser Stellen oder eine Behinderung oder Verhinderung der Ausübung ihrer Tätigkeit und damit auch die des einzelnen Mitglieds im Rahmen des BetrVG darstellt (ErfK/*Kania* Rn. 3; Richardi BetrVG/*Annuß* Rn. 20; WPK/*Preis* Rn. 22). Benachteiligung ist jede Schlechterstellung im Verhältnis zu anderen vergleichbaren ArbN, die arbeitsrechtlich gesehen ungerechtfertigt ist und

damit wegen der Amtstätigkeit erfolgt (OLG Düsseldorf 27.3.2008 – 2 Ss 110/07 – 88/07 III, EzA § 119 2001 BetrVG Nr. 2). Auch der Begriff der Behinderung ist umfassend zu verstehen und meint jede unzulässige Erschwerung, Störung oder Verhinderung der Betriebsratsarbeit (BAG 4.12.2013 – 7 ABR 7/12, NZA 2014, 803). Es handelt sich ebenfalls um ein Erfolgsdelikt; Behinderung oder Störung müssen tatsächlich eingetreten sein (*Pasewaldt* ZIS 2007, 75). **Tathandlungen können iE sein:** Verweigerung der Anhörung (BAG 20.9.1957 – 1 AZR 136/56, AP KSchG § 1 Nr. 34); Verbot gegenüber ArbN, sich an den BR zu wenden (DKKW/*Trümner* Rn. 14); Hausverbot für Mitgl. des BR/WahlVorstand (AG Bremen 6.4.1984 – 75 Ds 12 Js 11055/83, AiB 1992, 41 mAnm *Zabel*) oder Bedrängen des Wahlvorstandes (LG Siegen 13.11.1986 – 6 Ls 25 Js 354/84, AiB 1992, 42); Verweigerung des Zutrittsrechts zum Betrieb (ArbG Berlin 2.8.2013 – 28 BVGa 10241/13, ArbR 2013, 532), Rücktrittsaufforderung an den BR, anderenfalls Zulagen gestrichen würden (BayObLG 29.7.1980 – 4 St 173/80, AP BetrVG 1972 § 119 Nr. 1); Aushang mit der Empfehlung, eine BetrVerslg. nicht zu besuchen (OLG Stuttgart 9.9.1988 – 1 Ws 237/88, BB 1988, 2245); beharrliche Weigerung, die Kosten der BRTätigkeit zu tragen (§ 40); Verhinderung oder Unterbrechung von Telefonaten des BR (AG Passau 5.6.1985 – 9 Js 1262/85 , AiB 1992, 42); Verhinderung der Teilnahme von Gewerkschaftsvertretern an BRSitzungen trotz Vorliegens eines Beschlusses nach § 31 (DKKW/*Trümner* Rn. 14; nach OLG Stuttgart 21.12.1977 – 2 Ws 21/77, BB 1978, 450 keine Bestrafung, wenn Zutritt eines Gewerkschaftsvertreters zum BR außerhalb der BRSitzung verweigert wird); Vorenthalten erforderlicher Unterlagen nach § 80 Abs. 2; Weigerung BRMitgl. an Unfalluntersuchungen gem. § 89 Abs. 2 oder Besprechungen mit dem Sicherheitsbeauftragten nach § 89 Abs. 3 teilnehmen zu lassen. Strafbar ist auch die beharrliche Weigerung, überhaupt mit dem BR zusammenzuarbeiten, (DKKW/*Trümner* Rn. 14) oder die Forderung, gegen Gewährung von Vergünstigungen an die Belegschaft auf die Ausübung von Mitbestimmungsrechten zu verzichten (AiB 2001, 182). Auch die beharrliche Missachtung der Mitbestimmungsrechte kann den Tatbestand der Behinderung der Amtsführung erfüllen. Die Verletzung einer Auskunftspflicht ist nach § 121 eine Ordnungswidrigkeit.

Die Strafandrohung richtet sich nicht gegen die Mitgl. der Betriebsverfassungsorgane selbst, die in ihren eigenen Gremien Obstruktion betreiben; insoweit kommt ein Ausschluss nach § 23 Abs. 1 in Betracht (DKKW/*Trümner* Rn. 16; Richardi BetrVG/*Annuß* Rn. 20; ErfK/*Kania* Rn. 4; WPK/*Preis* Rn. 23; **aA** *Pasewaldt* ZIS 2007, 75; GK-BetrVG/*Oetker* Rn. 15 unter Hinweis auf den Schutzweck der Norm). Aus diesem Grund ist die Entgegennahme einer Begünstigung durch ein BRMitgl. nicht nach § 119 strafbar. 8

3. Tatbestand der Nr. 3

Strafbar ist nach Nr. 3 auch die **Benachteiligung oder Begünstigung** (→ § 78 Rn. 14 ff.) der **einzelnen Mitgl.** der in Nr. 3 genannten Stellen um ihrer Amtstätigkeit willen. Das betrifft auch amtierende ErsMitgl. (GK-BetrVG/*Oetker* Rn. 48). Die Nachteile oder Vergünstigungen müssen sich auf die persönliche Rechtstellung beziehen (Richardi BetrVG/*Annuß* Rn. 25). **Geschützt wird die Tätigkeit der Mitgl. betriebsverfassungsrechtl. Organe** um ihrer inneren Unabhängigkeit willen. Es handelt sich um eine Erfolgsdelikt; Vor- oder Nachteile müssen tatsächlich eingetreten sein (*Pasewaldt* ZIS 2007, 75). Strafbar kann etwa sein die Gewährung einer extrem unterschiedlichen Vergütung für den Vorsitzenden der E-Stelle und externe Beisitzer ohne eine sachliche Rechtfertigung gem. den Kriterien des § 76a Abs. 4 S. 3–5 (LAG München 11.1.1991 – 2 TaBV 57/90, AiB 1992, 49) oder die Mitgl. des BR zu zwingen, BRSitzungen außerhalb der betriebsüblichen Arbeitszeit und unter Verzicht auf entsprechende Vergütung durchzuführen (AiB 2001, 182). Strafbar kann auch sein die Zahlung gesetzlich nicht vorgesehener Vergütungen (Übernahme privater Ausgaben, rechtsgrundlose Sonderbonuszahlungen etc LG 9

Braunschweig 25.1.2007 – 6 KLs 48/06, BeckRS 2007, 16961). Damit ist nicht ohne Weiteres der Straftatbestand der Untreue (§ 266 StGb) erfüllt (BGH 13.9.2010 – 1 StR 220/09, NJW 2011, 88; krit. *Strauß* NZA 2018, 1372). Etwas anderes gilt, wenn dem Handelnden nach gesellschaftsrechtlichen oder unternehmensrechtlichen Grundsätzen betriebsverfassungsübergreifende Zahlungen verwehrt sind (BGH 20.6.2018 – 4 StR 561/17, NStZ-RR 2018, 349). ArbNVertr. im AR werden in der Nr. 3 nicht genannt; eine entsprechende Anwendung ist wegen des strafrechtlichen Analogieverbots nicht möglich (GK-BetrVG/*Oetker* Rn. 49). Die Strafbarkeit erfasst nur den Leistenden (*Moll/Roebers* NZA 2012, 57; *Fischer* BB 2007, 997). Das begünstigte Mitgl. selbst steht nach § 119 nicht unter Strafandrohung (*Strauß* NZA 2018, 1372); die Annahme der Vergünstigung ist deshalb nicht strafbar iSd Vorschrift (Richardi BetrVG/*Annuß* Rn. 27). Fordert das BRMitgl. eine solche Begünstigung, kann das eine strafbare Beihilfe nach § 27 StGB sein (*Fischer* BB 2007, 997). Wegen der Annahme einer Vergünstigung kann eine Amtsenthebung von BRMitgl. nach § 23 Abs. 1 wegen grober Verletzung der gesetzlichen Pflichten in Betracht kommen (HWGNRH/*Hess* Rn. 41). Die bloße Ankündigung einer Benachteiligung oder Begünstigung erfüllt nicht den Tatbestand dieses Erfolgsdelikts.

III. Schuldform und Strafhöhe

10 Die Bestrafung wegen eines Verstoßes gegen Nr. 1–3 setzt **vorsätzliches Verhalten** voraus; Fahrlässigkeit genügt nicht. Das ist in § 119 nicht ausdrücklich unter Strafe gestellt (DKKW/*Trümner* Rn. 33; *Pletke* ArbR 2018, 247; vgl. § 15 StGB). Der Vorsatz muss sich auf die Behinderung, die Störung, die Benachteiligung oder die Begünstigung erstrecken. Für den Vorsatz ist ausreichend das Wissen oder die Inkaufnahme, dass infolge eines Handelns oder Unterlassens sich ein Tatbestand der Nr. 1–3 verwirklicht (WPK/*Preis* Rn. 4); eine Begünstigungs- oder Benachteiligungsabsicht ist nicht zu verlangen (Richardi BetrVG/*Annuß* Rn. 26; *Pasewaldt* ZIS 2007, 80; *Latzel* wistra 2013, 334; **aA** GK-BetrVG/*Oetker* Rn. 54). Für den Vorsatz genügt, wenn der Täter zumindest billigend in Kauf nimmt, dass die benachteiligende Maßnahme aus arbeitsrechtlicher Sicht nicht gerechtfertigt ist (OLG Düsseldorf 27.3.2008 – III-2 Ss 110/07 – 88/07 III,, EzA § 119 BetrVG 2001 Nr. 2). § 119 zählt zum Nebenstrafrecht auf das gem. Art. 1 EGStGB die allgem. Regelungen zum Tatbestandsirrtum (§ 16 StGB) oder zum Verbotsirrtum (§ 17 StGB) Anwendung finden. Danach entfällt beim Tatbestandsirrtum der Vorsatz, hingegen beim Verbotsirrtum erst bei Unvermeidbarkeit die Schuld, was zur Strafmilderung (§ 49 StGB) führen kann. Das bestimmt sich nach den allgem. Grundsätzen (**aA** *Meyer* BB 2016, 2421).

11 Da es sich um ein Vergehen handelt (§ 12 Abs. 2 StGB), ist der Versuch mangels ausdrücklicher Erwähnung in § 119 straflos (§ 23 Abs. 1 StGB). Hingegen werden vorsätzliche Verstöße mit Freiheitsstrafe von einem Monat (§ 38 Abs. 2 StGB) bis zu einem Jahr oder mit Geldstrafe geahndet. Kommt nur eine Freiheitsstrafe unter 6 Monaten in Betracht, ist im Allgemeinen auf Geldstrafe zu erkennen (§ 47 Abs. 1 StGB). Eine Freiheitsstrafe statt einer Geldstrafe darf nur verhängt werden, wenn dies unerlässlich ist (§ 47 Abs. 2 StGB). Die **Höhe der Geldstrafe** kann zwischen fünf und dreihundertsechzig vollen Tagessätzen festgelegt werden (§ 40 Abs. 1 StGB; AG Detmold 24.8.1978 – 7 Ls 2 Js 553/77, BB 1979, 783, Geldstrafe von 30 Tagessätzen bei Weigerung, die Wahlunterlagen zur Verfügung zu stellen). Bei der Festsetzung der Höhe des Tagessatzes zwischen 1–5000 EUR sind die persönlichen und wirtschaftlichen Verhältnisse des Täters zu berücksichtigen. Liegt Bereicherung oder Versuch der Bereicherung vor, können **Geldstrafe und Freiheitsstrafe** verhängt werden (§ 41 StGB). Im Hinblick auf die Höhe der Strafandrohung sind alle nach § 119 verfolgbaren Handlungen Vergehen (§ 12 Abs. 2 StGB).

IV. Strafantrag

Sämtliche Verstöße nach § 119 sind **Antragsdelikte** (Abs. 2), was in Bezug auf den Straftatbestand des Nr. 3 die Effektivität der Strafverfolgung hinderlich ist (*Schemel/Slowinski* BB 2009, 82). Es darf keine Strafverfolgung von Amts wegen erfolgen. Der Antrag kann schriftlich zur Niederschrift der Strafverfolgungsbehörde (Staatsanwaltschaft, Gericht, Polizei) gestellt werden (§ 158 StPO). Mit dem Antrag wird deutlich, dass der Antragsteller eine Strafverfolgung verlangt. Daher kann er sich nicht auf eine bloße Strafanzeige beschränken, aus der kein Strafverfolgungswille hervorgeht (*Vogel/Luber* ArbR 2019, 193). Ein fehlender oder unwirksamer Strafantrag begründet ein zwingendes Prozesshindernis (krit. *Schweibert* NZA 2007, 1080). 12

Antragsberechtigt sind der BR auch soweit er die Geschäfte weiterführt (GK-BetrVG/*Oetker* Rn. 68), die anderen in Abs. 2 genannten Vertr. der ArbN, die im Betrieb vertr. Gewerkschaften (→ § 2 Rn. 23 ff.), der Wahlvorst. oder der Unternehmer, nicht hingegen die ArbN oder ein einzelnes BRMitgl. Das Antragsrecht der Gewerkschaften soll einen wirksameren Schutz der Organe der Betriebsverfassung sicherstellen. Sie können frei von persönlichen Rücksichten handeln. Den Antrag der weiteren Berechtigten kann der jeweilige Vors. nur auf Grund eines Beschlusses dieser Stellen (§ 26 Abs. 3) einreichen. Für die Wirksamkeit der Beschlussfassung gelten die allgem. Grundsätze. Das G enthält keine Anhaltspunkte dafür, dass die Beschlussfassung nur seitens der originären und vollständig versammelten Mitgl. gefällt werden kann (**aA** *Meyer* BB 2016, 2421). Der Wahlvorst. ist in erster Linie zuständig für Strafanträge wegen Behinderung oder Störung der Wahl des BR. Er muss den Strafantrag vor Einberufung der konstituierenden Sitzung des neu gewählten BR stellen (§ 29 Abs. 1). Mit der Einberufung erlischt das Amt des Wahlvorst. und die daran knüpfende Antragsbefugnis (*Vogel/Luber* ArbR 2019, 193). Das Strafantragsrecht des Unternehmers kann nicht durch Prokuristen ausgeübt werden. § 49 HGB ermächtigt diesen wegen des besonderen Schutzzwecks des § 119 nicht (BGH 17.9.2009 – 5 StR 521/08, NJW 2010, 98). 13

Der Strafantrag des BR ist **kein Grund zur fristlosen Entlassung** durch den angezeigten ArbGeb., es sei denn, die Anzeige ist rechtsmissbräuchlich erfolgt (WPK/*Preis* Rn. 35; LAG BW 25.10.1957 – VII Sa 39/57, AP BetrVG § 78 Nr. 2). Ein Auflösungsantrag nach § 23 Abs. 1 als Reaktion auf einen Strafantrag ist regelmäßig unbegründet (HWGNRH/*Hess* Rn. 17; GK-BetrVG/*Oetker* Rn. 83; Richardi BetrVG/*Annuß* Rn. 35). 14

Der Antrag ist **binnen drei Monaten** (§ 77b StGB) zu stellen. Die Frist beginnt mit dem Tag, an dem der BR (dh mindestens der Vors. der BR), der Wahlvorst., die Gewerkschaft, die anderen antragsberechtigten Vertr. der ArbN oder der Unternehmer von der Handlung oder Unterlassung und von der Person des Täters Kenntnis erhalten hat (§ 77b Abs. 2 S. 1 StGB). Sie endet mit Ablauf des Tages des dritten Monats, der dem Tag der Kenntnisnahme entspricht (§§ 187 Abs. 1, 188 Abs. 2 BGB). Für den Beginn der Frist kommt es auf das Ende der angezeigten Verstöße und die darauf bezogene Kenntnis des Anzeigenden an. Dabei ist jeder Einzelvorgang isoliert zu betrachten. Die zuständige Staatsanwaltschaft kann das Ermittlungsverfahren einstellen. Die Gründe hierfür sind dem Antragsteller mitzuteilen (§ 171 StPO). Gegen die Entscheidung über die Einstellung des Ermittlungsverfahrens kann das antragstellende Betriebsverfassungsorgan oder die antragstellende Gewerkschaft (DKKW/*Trümner* Rn. 28; **aA** GK-BetrVG/*Oetker* Rn. 87) binnen zwei Wochen Beschwerde bei der vorgesetzten Staatsanwaltschaft (Oberstaatsanwaltschaft, Generalstaatsanwalt) einlegen (vgl. § 172 StPO). Bleibt diese erfolglos, kann im Wege eines Klageerzwingungsverfahrens eine gerichtliche Entscheidung herbeigeführt werden. 15

Kenntnis ist anzunehmen, wenn ein vernünftiger Mensch auf Grund gewisser Tatsachen einen sicheren Schluss auf Tat und Täter ziehen kann. Verdacht genügt nicht (GK-BetrVG/*Oetker* Rn. 52). 16

17 Bei nicht rechtzeitig gestelltem Antrag entfällt eine Strafverfolgung.

18 Der **Antrag** kann bis zur Rechtskraft des eine Bestrafung aussprechenden Urteils zurückgenommen werden (§ 77d Abs. 1 S. 1 StGB). Ein zurückgenommener Antrag kann nicht erneut gestellt werden (§ 77d Abs. 1 S. 2 StGB).

19 Die **Verjährungsfrist** beträgt 3 Jahre gerechnet ab Tatbeendigung (§ 78 Abs. 3 Nr. 5 StGB). Zu präventiven Maßnahmen (*Zabel* ArbuR 1992, 335).

§ 120 Verletzung von Geheimnissen

(1) **Wer unbefugt ein fremdes Betriebs- oder Geschäftsgeheimnis offenbart, das ihm in seiner Eigenschaft als**

1. Mitglied oder Ersatzmitglied des Betriebsrats oder einer der in § 79 Abs. 2 bezeichneten Stellen,

2. Vertreter einer Gewerkschaft oder Arbeitgebervereinigung,

3. Sachverständiger, der vom Betriebsrat nach § 80 Abs. 3 hinzugezogen oder von der Einigungsstelle nach § 109 Satz 3 angehört worden ist,

3a. Berater, der vom Betriebsrat nach § 111 Satz 2 hinzugezogen worden ist,

3b. Auskunftsperson, die dem Betriebsrat nach § 80 Abs. 2 Satz 4 zur Verfügung gestellt worden ist, oder

4. Arbeitnehmer, der vom Betriebsrat nach § 107 Abs. 3 Satz 3 oder vom Wirtschaftsausschuss nach § 108 Abs. 2 Satz 2 hinzugezogen worden ist,

bekannt geworden und das vom Arbeitgeber ausdrücklich als geheimhaltungsbedürftig bezeichnet worden ist, wird mit Freiheitsstrafe bis zu einem Jahr oder mit Geldstrafe bestraft.

(2) **Ebenso wird bestraft, wer unbefugt ein fremdes Geheimnis eines Arbeitnehmers, namentlich ein zu dessen persönlichen Lebensbereich gehörendes Geheimnis, offenbart, das ihm in seiner Eigenschaft als Mitglied oder Ersatzmitglied des Betriebsrats oder einer der in § 79 Abs. 2 bezeichneten Stellen bekannt geworden ist und über das nach den Vorschriften dieses Gesetzes Stillschweigen zu bewahren ist.**

(3) [1] **Handelt der Täter gegen Entgelt oder in der Absicht, sich oder einen anderen zu bereichern oder einen anderen zu schädigen, so ist die Strafe Freiheitsstrafe bis zu zwei Jahren oder Geldstrafe.** [2] **Ebenso wird bestraft, wer unbefugt ein fremdes Geheimnis, namentlich ein Betriebs- oder Geschäftsgeheimnis, zu dessen Geheimhaltung er nach den Absätzen 1 oder 2 verpflichtet ist, verwertet.**

(4) **Die Absätze 1 bis 3 sind auch anzuwenden, wenn der Täter das fremde Geheimnis nach dem Tode des Betroffenen unbefugt offenbart oder verwertet.**

(5) [1] **Die Tat wird nur auf Antrag des Verletzten verfolgt.** [2] **Stirbt der Verletzte, so geht das Antragsrecht nach § 77 Abs. 2 des Strafgesetzbuches auf die Angehörigen über, wenn das Geheimnis zum persönlichen Lebensbereich des Verletzten gehört; in anderen Fällen geht es auf die Erben über.** [3] **Offenbart der Täter das Geheimnis nach dem Tode des Betroffenen, so gilt Satz 2 sinngemäß.**

Inhaltsübersicht

I. Vorbemerkung

Die Bestimmung ergänzt § 119. Sie stellt den **Bruch der Schweigepflicht** unter Strafe und hat mit der Erweiterung der Informationspflichten des Unternehmers durch das Risikobegrenzungsgesetz (§§ 106 Abs. 3 Nr. 9a, 109a) an Bedeutung gewonnen (*Schröder/Falter* NZA 2008, 1100). Den weitgehenden Auskunftspflichten des ArbGeb. (Unternehmers) muss ein entspr. **Geheimnisschutz** gegenüberstehen (ausf. *Hitzfeld* Geheimnisschutz S. 20ff.). Dieser Geheimnisschutz muss auch gegenüber Sachverständigen bestehen, die der BR nach § 80 Abs. 3 beauftragt. Nachdem das **BetrVerf-ReformG** dem BR die Möglichkeit eingeräumt hat, Berater bei Betriebsänderungen hinzuzuziehen (§ 111 S. 2) oder sich betriebsangehöriger Auskunftspersonen zu bedienen (§ 80 Abs. 2) muss auch für diesen Personenkreis eine Verletzung der gesetzlichen Verschwiegenheitspflicht (§ 79) strafbewehrt sein (BT-Drs. 14/5741, 53). Die Vorschrift dient weiter dem **Diskretionsschutz** der ArbN (HWGNRH/*Hess* Rn. 4). Infolge der Befassung des BR oder auch anderer Betriebsverfassungsorgane mit dem persönlichen Lebensbereich des einzelnen ArbN unterliegt dieser nach Abs. 2 dem Geheimnisschutz. Um eine bloße Folgeänderung handelt es sich bei der Anpassung der Nr. 3a an die durch das AÜG-ÄndG bewirkte Ergänzung des § 80 (BT-Drs. 18/9232, S. 32). Zu den Auswirkungen des GeschGehG v. 18.4.2019 (BGBl I 466) → § 79 Rn. 3a. 1

Entspr. Vorschriften: § 35 SprAuG, § 43, § 44 Abs. 1 Nr. 1, Abs. 2, 3 EBRG, § 237a SGB IX. 1a

II. Offenbaren von Betriebs- oder Geschäftsgeheimnissen

Die Strafvorschrift bezieht sich auf die **Geheimhaltungspflicht** des § 79, die auch nach den Ausscheiden aus dem BR oder nach Ablauf des Gutachtens- oder Beraterauftrags gilt. Es muss ein Betriebs- oder Geschäftsgeheimnis (→ § 79 Rn. 3ff.) vorliegen. Dieses muss der ArbGeb. ausdrücklich als geheimhaltungsbedürftig bezeichnet haben (→ § 79 Rn. 5). Die davon betroffenen Tatsachen, Erkenntnisse oder Unterlagen müssen einem Mitgl. des BR oder einer anderen in § 79 Abs. 2 bezeichneten Stelle sowie dem Personenkreis des Abs. 1 Nr. 1–4 in ihrer amtlichen Eigenschaft mitgeteilt worden sein. 2

Bestraft wird das **unbefugte Offenbaren** (WPK/*Preis* Rn. 11) Das soll zum Ausdruck bringen, dass die Offenbarung eines Betriebs- oder Geschäftsgeheimnisses nach allgemeinen strafrechtlichen Grundsätzen gerechtfertigt sein kann (GK-BetrVG/*Oetker* Rn. 21). Unbefugt ist die ohne Zustimmung des Geheimnisträgers erfolgte Mitteilung an Personen, die nicht einem der in § 79 genannten Betriebsverfassungsorgane angehören (→ § 79 Rn. 10, 16; *Hitzfeld* Geheimnisschutz S. 82). Nimmt der ArbGeb. seine Erklärung der Geheimhaltungsbedürftigkeit zurück, erfolgt die Weitergabe entsprechender Informationen nicht mehr unbefugt. Abs. 3 S. 2 stellt zudem das **Verwerten eines Geheimnisses** ausdrücklich unter Strafe. Das betrifft auch das Ausnutzen eines Geheimnisses für eigene wirtschaftliche Zwecke ohne das Geheimnis Dritten gegenüber offen zu legen (GK-BetrVG/*Oetker* Rn. 51). 3

Nach dem Straftatbestand des Abs. 1 richtet sich die Vorschrift gegen Mitgl. oder ErsMitgl. des BR, sowie die in § 79 Abs. 2 bezeichneten Stellen (Richardi BetrVG/*Annuß* Rn. 9; ErfK/*Kania* Rn. 2; einschränkend DKKW/*Trümner* Rn. 5 unter Hinnahme von Strafbarkeitslücken), Vertr. einer Gewerkschaft oder ArbGebVereinigung (Nr. 2), Sachverständige, die vom BR, vom WiAusschuss oder E-Stelle zugezogen worden sind (Nr. 3; §§ 80 Abs. 3 S. 2, 108 Abs. 2 S. 3, 109 S. 3), Berater und Auskunftspersonen, die der BR beauftragt hat (Nr. 3a und Nr. 3b) sowie ArbN, die der BR bzw. WiAusschuss gem. § 107 Abs. 3 S. 3, 4 oder der Unternehmer nach § 108 Abs. 2 S. 2 zusätzlich berufen bzw. zugezogen hat (Nr. 4). Insoweit enthält der Geset- 4 zeswortlaut ein Redaktionsversehen; nicht der WiAusschuss, sondern der Unternehmer zieht ArbN nach § 108 Abs. 2 S. 2 zu, → § 108 Rn. 18; GK-BetrVG/*Oetker* Rn. 35; Richardi BetrVG/*Annuß* Rn. 7; *Hitzfeld* Geheimnisschutz S. 82). Die Vorschrift betrifft nicht die **ArbN-Vertr. im AR.** Für sie gilt die Sondervorschrift des § 404 AktG.

III. Offenbaren persönlicher Geheimnisse eines Arbeitnehmers

5 Mitgl. des BR oder amtierende ErsMitgl., aber auch Mitgl. der anderen in § 79 Abs. 2 genannten Stellen erfahren im Rahmen ihrer Tätigkeit oft Dinge über einzelne ArbN (oder Bewerbers für einen Arbeitsplatz; Richardi BetrVG/*Annuß* Rn. 17) die nicht offenkundig, sondern nur einem eng begrenzten Personenkreis bekannt sind. Es kann sich insbes. um den ausdrücklich genannten **persönlichen Lebensbereich** handeln (Familienverhältnisse, Krankheiten, Vorstrafen), aber auch um die betrieblichen Belange des einzelnen ArbN (Verhältnis zu Kollegen und Vorgesetzten, soweit nicht allgemein bekannt, Beurteilungen, Personalakten, Lohnhöhe uä; GK-BetrVG/*Oetker* Rn. 42). Das „unbefugte" Offenbaren dieser Informationen ist nach Abs. 2 strafbar, soweit das **BetrVG ausdrücklich vorschreibt,** dass Stillschweigen zu bewahren ist (*Hitzfeld* Geheimnisschutz S. 143; WPK/*Preis* Rn. 18). Danach sind Arbeitnehmergeheimnisse geschützt wenn,

- der ArbN bei der Erörterung der Berechnung oder der Zusammensetzung seines Entgelts ein Mitgl. des BR hinzuzieht (§ 80 Abs. 2 S. 3),
- der ArbN zusammen mit einem Mitgl. des BR seine Personalakte einsieht (§ 83 Abs. 1 S. 2),
- der BR im Zusammenhang mit personellen Einzelmaßnahmen bestimmte Kenntnisse erlangt (§ 99 Abs. 1 S. 1 Nr. 3) oder
- der BR in Zusammenhang mit Kündigungen bestimmte Informationen über den ArbN erlangt (§ 102 Abs. 2 S. 5 iVm § 99 Abs. 1 S. 1 Nr. 3). In den beiden erstgenannten Fällen kann der ArbN das BRMitgl. von der Schweigepflicht, die selbst gegenüber anderen BRMitgl. gelten würde, entbinden.

6 Die Strafvorschrift schützt den ArbN aber nicht umfassend. Der BR hat keine strafrechtlich geschützte Schweigepflicht wie ein Arzt oder Anwalt. Die StPO enthält **kein entsprechendes Aussageverweigerungsrecht** für BR. Der ArbN ist auch nicht vor der Beschlagnahmung von Unterlagen, die er beim BR hinterlegt hat, geschützt (*Tag* BB 2001, 1578).

IV. Schuldform, Strafhöhe, Strafantrag

7 Bestraft wird **vorsätzliches** Handeln (→ § 119 Rn. 8). Der Strafrahmen entspricht dem des § 119 (→ § 119 Rn. 9).

8 **Strafverschärfung** tritt ein, wenn der Täter gegen Entgelt, dh eine vermögenswerte Gegenleistung (§ 11 Abs. 1 Nr. 9 StGB) handelt oder in der Absicht, dh mit dem unmittelbaren Willen und Zweck, entweder sich durch eine Gesetzesverletzung persönliche (wirtschaftliche) Vorteile zu verschaffen oder einer anderen Person solche Vorteile zuzuwenden oder einem anderen, insbes. dem Betrieb (Unternehmen) Schaden zuzufügen (Abs. 3 S. 1). Gleiches gilt nach Abs. 3 S. 2 für unbefugtes Verwerten (→ Rn. 3) fremder Geheimnisse. In diesen Fällen kann auf Freiheitsstrafe bis zu zwei Jahren oder Geldstrafe (→ § 119 Rn. 9) erkannt werden, bei (versuchter) Bereicherung auf beide Strafen (§ 41 StGB).

9 Die Tat wird nur auf **Antrag** des Verletzten verfolgt, also insbes. des ArbGeb. oder des betroffenen ArbN (Abs. 4 S. 1). Wegen Übergangs des Antragsrechts auf Angehörige bzw. Erben vgl. Abs. 4 S. 2 u. 3. Die Rücknahme des Antrags ist zulässig (→ § 119 Rn. 13–16). Nach **Verjährungseintritt** kann kein Antrag mehr gestellt

werden. Das Grunddelikt des unbefugten Offenbarens verjährt nach drei Jahren (§ 78 Abs. 3 Nr. 5 StGB). Der Qualifikationstatbestand des Offenbarens sowie die Verwertung verjähren nach fünf Jahren (§ 78 Abs. 3 Nr. 4 StGB).

Nach Aufhebung der §§ 17 und 19 UWG durch das GeschGehG vom 18.4.2019 (BGBl I 466) kommt bei § 120 eine **Konkurrenz mit den Straftatbeständen** des § 23 GeschGehG in Betracht. Zwar werden diese Straftatbestände nur auf Antrag verfolgt, jedoch kann die Strafverfolgungsbehörde bei Vorliegen eines besonderen öffentlichen Interesses an der Strafverfolgung von sich aus tätig werden (§ 23 Abs. 8 GeschGehG). 10

Die Strafvorschrift des § 42 BDSG nF ist neben § 120 Abs. 2 als Sondervorschrift nicht anwendbar (DKKW/*Trümner* Rn. 15; Richardi BetrVG/*Annuß* Rn. 31; ErfK/*Kania* Rn. 4). Eine **Idealkonkurrenz** mit § 203 Abs. 1 Nr. 3 StGB kann bei Rechtsanwälten als Mitgl. einer E-Stelle eintreten (GK-BetrVG/*Oetker* Rn. 77). Um Idealkonkurrenz handelt es sich auch bei dem unbefugten Offenbaren von Insidertatsachen iSd § 38 Abs. 1 Nr. 2 iVm § 14 Abs. 1 Nr. 2 WpHG (GK-BetrVG/*Oetker* Rn. 78). 11

§ 121 Bußgeldvorschriften

(1) **Ordnungswidrig handelt, wer eine der in § 90 Abs. 1, 2 Satz 1, § 92 Abs. 1 Satz 1 auch in Verbindung mit Abs. 3, § 99 Abs. 1, § 106 Abs. 2, § 108 Abs. 5, § 110 oder § 111 bezeichneten Aufklärungs- oder Auskunftspflichten nicht, wahrheitswidrig, unvollständig oder verspätet erfüllt.**

(2) **Die Ordnungswidrigkeit kann mit einer Geldbuße bis zu zehntausend Euro geahndet werden.**

Inhaltsübersicht

I. Vorbemerkung

Die Verletzung von Aufklärungs- oder Auskunftspflichten des ArbGeb. wird von der Vorschrift des § 121 erfasst. Sie wird als Ordnungswidrigkeit geahndet (*Schoof* AiB 1990, 461). Mit dem **BetrVerf-ReformG** hat der Gesetzgeber die Verletzung von Informationspflichten hinsichtlich betrieblicher Maßnahmen zur Gleichstellung der Geschlechter und solcher zur Förderung der Vereinbarkeit von Familien und Erwerbstätigkeit in den Katalog der Ordnungswidrigkeiten aufgenommen. Das ist die Konsequenz aus der Erweiterung der informationspflichtigen Tatbestände des § 92 (vgl. BT-Drs. 14/5741, 79; WPK/*Preis* Rn. 1). Gleiches gilt für die durch das **Risikobegrenzungsgesetz** v. 12.8.2008 zusätzlich normierten Informationspflichten des Unternehmers gegenüber dem WiAusschuss (§ 106 Abs. 2, 3; Einzelheiten bei → § 106 Rn. 8 ff.) oder dem BR (§ 109a; Einzelheiten bei → § 109a Rn. 1) im Falle der Unternehmensübernahme (*Löw* DB 2008, 758; *Simon/Dobel* BB 2008, 1955). 1

Einen entspr. Tatbestand enthält § 238 Abs. 1 Nr. 7 u. 8 SGB IX bei Verletzung der Unterrichtungspflichten des ArbGeb. gegenüber der SchwbVertr. § 121 wird ergänzt durch § 130 OWiG. Danach kann auch ein fahrlässiges Unterlassen erforderlicher Aufsichtsmaßnahmen eine Ordnungswidrigkeit sein, wenn der Betriebs- oder Unternehmensinhaber die Erfüllung der gesetzlichen Informationspflichten delegiert hat (GK-BetrVG/*Oetker* Rn. 45). 2

Entspr. Vorschrift: § 36 SprAuG, § 45 EBRG. 2a

II. Verletzung von Aufklärungs- oder Auskunftspflichten

3 Die Vorschrift dient der Durchsetzung von Informationsrechten des BR, denen keine weitergehenden Beteiligungsrechte folgen (ErfK/*Kania* Rn. 1). Sie zählt die Unterrichtungspflichten, deren Verletzung ordnungswidrig ist, **abschließend** auf (GK-BetrVG/*Oetker* Rn. 10; Richardi BetrVG/*Annuß* Rn. 3). Daneben kann die Verletzung von Unterrichtungspflichten auch den Straftatbestand des § 119 Abs. 1 Nr. 2 erfüllen, soweit damit eine Behinderung oder Störung der Überwachungstätigkeit des BR verbunden ist (DKKW/*Trümner* Rn. 3). Dessen ungeachtet kann der ArbGeb. nach § 23 Abs. 3 zur Erfüllung seiner Pflichten angehalten werden. Andererseits läuft der BR Gefahr, bei einer vorschnellen Anzeige seinerseits einem Amtsenthebungsverfahren ausgesetzt zu werden, das der ArbGeb. initiiert (ArbG Berlin 13.3.2013 – 4 BV 16641/12) Deshalb kann uU ein Verfahren auf Erlass einer einstw. Vfg. die Durchsetzung gesetzlicher Informationsrechte des BR effektiver sichern.

4 Als Ordnungswidrigkeit wird die Verletzung folgender Informationspflichten geahndet:
- Planung von Neubauten, technischen Anlagen, Arbeitsverfahren, Arbeitsabläufen, Arbeitsplätzen (§ 90 Abs. 1, 2 S. 1),
- Personalplanung (§ 92 Abs. 1 S. 1),
- betriebliche Maßnahmen zur Durchsetzung der Gleichstellung der Geschlechter (§ 80 Abs. 1 Nr. 2a iVm § 92 Abs. 3),
- betriebliche Maßnahmen zur Vereinbarkeit von Familie und Erwerbsleben (§ 80 Abs. 1 Nr. 2b iVm § 92 Abs. 3),
- personelle Einzelmaßnahmen (§ 99 Abs. 1, vgl. AiB 1989, 22),
- Unterrichtung des WiAusschusses (§ 106 Abs. 2),
- Erläuterung des Jahresabschlusses (§ 108 Abs. 5),
- Unterrichtung der ArbN über die wirtschaftliche Lage und Entwicklung des Unternehmens (§ 110),
- Unterrichtung des BR über geplante Betriebsänderungen (§ 111).

5 Ordnungswidrig ist das **Unterlassen** der Information, die **unvollständige,** die **wahrheitswidrige** oder die **verspätete** Unterrichtung. Nichterfüllung liegt vor, wenn eine Information gänzlich unterleibt. Die Unterrichtung ist wahrheitswidrig, wenn die mitgeteilten Tatsachen nicht der Wirklichkeit entsprechen. Dagegen bestimmen sich die Unvollständigkeit der Unterrichtung sowie deren Rechtzeitigkeit nach dem Zweck des jeweiligen Unterrichtsrechts (GK-BetrVG/*Oetker* Rn. 14). Ordnungswidrig kann nur der **ArbGeb. oder die von ihm beauftragten Personen** (§ 9 Abs. 2 OWiG) handeln. Sie sind nach dem G zur Information verpflichtet. Ist der ArbGeb. eine juristische Person oder eine Personenvereinigung, trifft die Auskunftspflicht die Mitglieder des vertretungsberechtigten Organs der Gesellschaft bzw. die vertretungsberechtigten Gesellschafter. Unterbliebene, wahrheitswidrige oder falsche Informationen des Bieters im Rahmen von Unternehmensübernahmen zur beabsichtigten Geschäftigkeit bleiben nach § 121 folgenlos (*Simon/Dobel* BB 2008, 1955).

6 Geahndet wird **nur vorsätzliches Handeln;** bedingter Vorsatz reicht aus. Fahrlässigkeit genügt nicht (§ 10 OWiG); Ausnahme → Rn. 2. Fehlendes Unrechtsbewusstsein schließt die Ordnungswidrigkeit aus, wenn der Irrtum nicht vorwerfbar ist (§ 11 OWiG). Auf fehlende Kenntnisse seiner gesetzlichen Informationspflichten kann sich der ArbGeb. nicht berufen Der versuchte Verstoß ist keine Ordnungswidrigkeit (§ 13 Abs. 2 OWiG).

7 Bei Verletzung der Auskunftspflichten (§ 121) kann die im Betrieb vertr. Gewerkschaft und (oder) der BR **Anzeige** bei der zuständigen Verfolgungsbehörde **erstatten** (§ 46 Abs. 1 OWiG iVm § 158 Abs. 1 StPO). Sachlich zuständig sind nach der Grundnorm des § 36 Abs. 1 Nr. 2a OWiG die fachlich zuständigen Landesbehörden, idR die jeweiligen Arbeitsministerien. Abweichende Regelungen nach § 36 Abs. 2

OWiG gelten in Nordrhein-Westfalen, Hessen (Regierungspräsidien/Regierungspräsident), Bayern (Kreisverwaltungsbehörden), Baden-Württemberg, Niedersachsen, Sachsen, Sachsen-Anhalt (Landkreise/Landratsämter) Rheinland-Pfalz (Aufsichts- und Dienstleistungsdirektion; vgl. die Einzelübersicht bei GK-BetrVG/*Oetker* Rn. 37).

Eine Einstellung des Verfahrens ist nach § 171 StPO iVm § 46 OWiG dem Anzei- 8
genden mitzuteilen. Ein Anspruch auf Mitteilung der Einstellungsgründe besteht nicht (WPK/*Preis* Rn. 19; **aA** DKKW/*Trümner* Rn. 28). Die Verfolgungsbehörde ist nicht gehindert, die Einstellungsgründe mitzuteilen. Gegen die Einstellung ist nur die Aufsichtsbeschwerde gegeben.

III. Verhängung der Geldbuße

Die **Höhe der Geldbuße** beträgt mindestens 5 EUR (§ 17 Abs. 1 OWiG) und 9
höchstens 10 000 EUR (§ 121 Abs. 2). Die Geldbuße kann bei **juristischen Personen** oder bei **Personenvereinigungen** nicht nur gegen Organmitglieder und vertretungsberechtigte Gesellschafter (§ 9 Abs. 1 Nr. 1 u. 2 OWiG), sondern uU auch gegen die juristische Person oder Personenvereinigung selbst verhängt werden (vgl. § 30 Abs. 1 OWiG). Bei der Festsetzung der Geldbuße ist die Bedeutung der Ordnungswidrigkeit, die Schwere des Vorwurfs und die wirtschaftlichen Verhältnisse des Täters zu berücksichtigen; deren Höhe soll die wirtschaftl. Vorteile der Ordnungswidrigkeit übersteigen (§ 17 Abs. 3 u. 4 OWiG). Liegt **gleichzeitig eine strafbare Handlung** vor, insbes. nach § 119 Abs. 1 Nr. 2, ist eine Geldbuße nur zu verhängen, wenn keine Bestrafung erfolgt (§ 21 OWiG).

Die Verfolgung von Ordnungswidrigkeiten liegt im **pflichtgemäßen Ermessen** 10
der Behörde (§ 47 Abs. 1 OWiG). **Ordnungswidrigkeiten verjähren** zwei Jahre nach Begehung der Handlung (§ 31 Abs. 2 Nr. 2 OWiG). Gegen den Bußgeldbescheid (§§ 65, 66 OWiG) kann binnen zwei Wochen nach Zustellung schriftlich oder zur Niederschrift der Behörde, die den Bußgeldbescheid erlassen hat, Einspruch eingelegt werden (§ 67 OWiG). Über den Einspruch entscheidet das Amtsgericht (§ 68 OWiG). Dessen Entscheidung kann nach § 79 OWiG mit der Rechtsbeschwerde angegriffen werden.

Siebenter Teil. Änderung von Gesetzen

§ 122 (Änderung des Bürgerlichen Gesetzbuches)

(gegenstandslos)

§ 123 (Änderung des Kündigungsschutzgesetzes)

(gegenstandslos)

§ 124 (Änderung des Arbeitsgerichtsgesetzes)

(gegenstandslos)

Achter Teil. Übergangs- und Schlussvorschriften

§ 125 Erstmalige Wahlen nach diesem Gesetz

(1) **Die erstmaligen Betriebsratswahlen nach § 13 Abs. 1 finden im Jahre 1972 statt.**

(2) [1]**Die erstmaligen Wahlen der Jugend- und Auszubildendenvertretung nach § 64 Abs. 1 Satz 1 finden im Jahre 1988 statt.** [2]**Die Amtszeit der Jugendvertretung endet mit der Bekanntgabe des Wahlergebnisses der neu gewählten Jugend- und Auszubildendenvertretung, spätestens am 30. November 1988.**

(3) **Auf Wahlen des Betriebsrats, der Bordvertretung, des Seebetriebsrats und der Jugend- und Auszubildendenvertretung, die nach dem 28. Juli 2001 eingeleitet werden, finden die Erste Verordnung zur Durchführung des Betriebsverfassungsgesetzes vom 16. Januar 1972 (BGBl. I S. 49), zuletzt geändert durch die Verordnung vom 16. Januar 1995 (BGBl. I S. 43), die Zweite Verordnung zur Durchführung des Betriebsverfassungsgesetzes vom 24. Oktober 1972 (BGBl. I S. 2029), zuletzt geändert durch die Verordnung vom 28. September 1989 (BGBl. I S. 1795) und die Verordnung zur Durchführung der Betriebsratswahlen bei den Postunternehmen vom 26. Juni 1995 (BGBl. I S. 871) bis zu deren Änderung entsprechende Anwendung.**

(4) **Ergänzend findet für das vereinfachte Wahlverfahren nach § 14a die Erste Verordnung zur Durchführung des Betriebsverfassungsgesetzes bis zu deren Änderung mit folgenden Maßgaben entsprechende Anwendung:**

1. **Die Frist für die Einladung zur Wahlversammlung zur Wahl des Wahlvorstands nach § 14a Abs. 1 des Gesetzes beträgt mindestens sieben Tage. Die Einladung muss Ort, Tag und Zeit der Wahlversammlung sowie den Hinweis enthalten, dass bis zum Ende dieser Wahlversammlung Wahlvorschläge zur Wahl des Betriebsrats gemacht werden können (§ 14a Abs. 2 des Gesetzes).**
2. **§ 3 findet wie folgt Anwendung:**
   a) **Im Fall des § 14a Abs. 1 des Gesetzes erlässt der Wahlvorstand auf der Wahlversammlung das Wahlausschreiben. Die Einspruchsfrist nach § 3 Abs. 2 Nr. 3 verkürzt sich auf drei Tage. Die Angabe nach § 3 Abs. 2 Nr. 4 muss die Zahl der Mindestsitze des Geschlechts in der Minderheit (§ 15 Abs. 2 des Gesetzes) enthalten. Die Wahlvorschläge sind abweichend von § 3 Abs. 2 Nr. 7 bis zum Abschluss der Wahlversammlung zur Wahl des Wahlvorstands bei diesem einzureichen. Ergänzend zu § 3 Abs. 2 Nr. 10 gibt der Wahlvorstand den Ort, Tag und Zeit der nachträglichen Stimmabgabe an (§ 14a Abs. 4 des Gesetzes).**
   b) **Im Fall des § 14a Abs. 3 des Gesetzes erlässt der Wahlvorstand unverzüglich das Wahlausschreiben mit den unter Buchstabe a genannten Maßgaben zu § 3 Abs. 2 Nr. 3, 4 und 10. Abweichend von § 3 Abs. 2 Nr. 7 sind die Wahlvorschläge spätestens eine Woche vor der Wahlversammlung zur Wahl des Betriebsrats (§ 14a Abs. 3 Satz 2 des Gesetzes) beim Wahlvorstand einzureichen.**
3. **Die Einspruchsfrist des § 4 Abs. 1 verkürzt sich auf drei Tage.**
4. **Die §§ 6 bis 8 und § 10 Abs. 2 finden entsprechende Anwendung mit der Maßgabe, dass die Wahl aufgrund von Wahlvorschlägen erfolgt. Im Fall des § 14a Abs. 1 des Gesetzes sind die Wahlvorschläge bis zum Abschluss der Wahlversammlung zur Wahl des Wahlvorstands bei diesem einzureichen; im Fall des § 14a Abs. 3 des Gesetzes sind die Wahlvorschläge spätestens eine Woche vor der Wahlversammlung zur Wahl des Betriebsrats (§ 14a Abs. 3 Satz 2 des Gesetzes) beim Wahlvorstand einzureichen.**
5. **§ 9 findet keine Anwendung.**

6. Auf das Wahlverfahren finden die §§ 21 ff. entsprechende Anwendung. Auf den Stimmzetteln sind die Bewerber in alphabetischer Reihenfolge unter Angabe von Familienname, Vorname und Art der Beschäftigung im Betrieb aufzuführen.

7. § 25 Abs. 5 bis 8 findet keine Anwendung.

8. § 26 Abs. 1 findet mit der Maßgabe Anwendung, dass der Wahlberechtigte sein Verlangen auf schriftliche Stimmabgabe spätestens drei Tage vor dem Tag der Wahlversammlung zur Wahl des Betriebsrats dem Wahlvorstand mitgeteilt haben muss.

9. § 31 findet entsprechende Anwendung mit der Maßgabe, dass die Wahl der Jugend- und Auszubildendenvertretung aufgrund von Wahlvorschlägen erfolgt.

1 Das Änderungsgesetz 1989 hat § 125 neu gefasst. Abs. 1 und 2 haben nur noch Bedeutung für die Festlegung des Jahres der regelmäßigen Wahlen zum BR bzw. zur JugAzubiVertr. Gemäß Abs. 3 gelten die neuen Vorschriften über Minderheitenschutz erstmals für BR, die ab 1.1.89 gewählt werden.

2 Zu der ab 1.1.89 geltenden Neufassung des BetrVG und dieser Vorschrift → Einleitung Rn. 50

3 Das am 28.7.01 in Kraft getretene **BetrVerf-ReformG** verlängerte nicht die Amtszeit bestehender BR oder JugAzubiVertr. (vgl. BT-Drucks. 14/5741 S. 53). Vielmehr galten für alle nach dem 28.7.2001 eingeleiteten Neuwahlen die Bestimmungen des BetrVerf-ReformG. Bis zum Inkrafttreten der WO vom 14.12.2001 (BGBl. I S. 3494) am 15.12.2001 war die bisherige WO entsprechend anwendbar. Diese erfasste nicht die Besonderheiten des mit dem BetrVerf-ReformG erstmals eingeführten vereinfachten Wahlverfahrens. Für dieses gab die Vorschrift des § 125 Abs. 4 bestimmte Maßgaben vor (vgl. BT-Drs. 14/6352 S. 3). Mit dem Inkrafttreten der WO 2001 sowie der WOP vom 27.2.2002 (BGBl. I S. 946) am 28.7.2002 sind diese Bestimmungen überholt. Hinsichtlich der bis dahin eingeleiteten BRWahlen vgl. *Däubler* DB 01, 1669, 1671.

§ 126 Ermächtigung zum Erlass von Wahlordnungen

Das Bundesministerium für Wirtschaft und Arbeit wird ermächtigt, mit Zustimmung des Bundesrates Rechtsverordnungen zu erlassen zur Regelung der in den §§ 7 bis 20, 60 bis 63, 115 und 116 bezeichneten Wahlen über

1. die Vorbereitung der Wahl, insbesondere die Aufstellung der Wählerlisten und die Errechnung der Vertreterzahl;

2. die Frist für die Einsichtnahme in die Wählerlisten und die Erhebung von Einsprüchen gegen sie;

3. die Vorschlagslisten und die Frist für ihre Einreichung;

4. das Wahlausschreiben und die Fristen für seine Bekanntmachung;

5. die Stimmabgabe;

5a. die Verteilung der Sitze im Betriebsrat, in der Bordvertretung, im Seebetriebsrat sowie in der Jugend- und Auszubildendenvertretung auf die Geschlechter, auch soweit die Sitze nicht gemäß § 15 Abs. 2 und § 62 Abs. 3 besetzt werden können;

6. die Feststellung des Wahlergebnisses und die Fristen für seine Bekanntmachung;

7. die Aufbewahrung der Wahlakten.

Inhaltsübersicht

I. Vorbemerkung

1 Die Vorschrift ermächtigt das jeweils zuständige Ministerium zum Erlass von RechtsVO, die das Verfahren der im BetrVG vorgesehenen Wahlen regeln. Diese RechtsVO bedürfen der Zustimmung des BR. Die Ermächtigung beschränkt sich auf die Wahlen der nach **diesem Gesetz** zu bildenden betriebsverfassungsrechtlichen Organe. Die durch das BetrVerf-ReformG eingeführte zwingende Geschlechterquote erfordert begleitende Regelungen in der WO zur Sitzverteilung und zum Verfahren, soweit nicht genügend Wahlbewerber des Minderheitsgeschlechts zur Besetzung der auf die Minderheit entfallenden Sitze vorhanden sind. Dem trägt das G durch die Erweiterung der Ermächtigungsgrundlage um die Nr. 5a Rechnung (vgl. BT-Drs. 14/5741 S. 53).

2 Die **Ermächtigung** des § 126 **zum Erlass der RechtsVO** entspricht den Erfordernissen des Art. 80 GG. Nach Art. 80 Abs. 1 S. 2 GG müssen Inhalt, Zweck und Ausmaß der erteilten Ermächtigung im G bestimmt werden. Das ist in § 126 hinreichend geschehen (*Richardi* BetrVG/*Annuß* Rn 2). Die jeweilige RechtsVO muss sich im Rahmen der in § 126 angeführten Regelungsgegenstände halten. Andere Fragen dürfen durch RechtsVO nicht geregelt werden (GK-*Weber* Rn. 2). Durch RechtsVO dürfen auch keine von den Vorschriften des BetrVG oder von sonstigen Gesetzesbestimmungen abweichenden Vorschriften getroffen werden.

3 Ermächtigt zum Erlass der WO ist der zuständige Minister für Arbeit. Er bedarf hierzu der **Zustimmung des Bundesrates.** Das Erfordernis der Zustimmung des Bundesrats ergibt sich aus Art. 80 Abs. 2 GG. Danach können RechtsVO, deren Rechtsgrundlage ein zustimmungsbedürftiges Gesetz ist, wiederum nur mit Zustimmung des Bundesrats erlassen werden. Das BetrVG ist ein Zustimmungsgesetz.

II. Gegenstand der Ermächtigung

4 Die Ermächtigung des § 126 erstreckt sich auf die nähere **Regelung der Wahlen** zum BR (§§ 7–20), zur JugAzubiVertr. (§§ 60–63), zur BordVertr. (§ 115) und zum SeeBR (§ 116). Zu den in den §§ 7–20 und § 115 bezeichneten Wahlen gehören außer der eigentlichen BRWahl bzw. der Wahl zur BordVertr. auch die Wahl des Wahlvorst. durch die Betr.- bzw. durch die Bordverslg. Die Ermächtigung deckt keine Regelungen zur Bestellung der Mitglieder von Ausschüssen des BR, GesBR oder KBR (*DKKW-Trümner* Rn 1; *HSWGNR* Rn 1). Der GesBR, der KBR, der WiAusschuss, die GJAV und die KJAV werden durch Beschluss des BR oder der JAV bestimmt. Für die Regeln zu deren Bestellung gilt § 126 nicht.

III. Wahlordnungen

5 Die in § 126 vorbehaltenen näheren Wahlvorschriften erfordern keineswegs deren Erlass in einer einzigen, einheitlich die Regelung aller Wahlen umfassenden WO. § 126 lässt vielmehr für die Regelung der verschiedenen Wahlen eine Mehrzahl von RechtsVO zu (*Richardi/Annuß* Rn. 2).

6 Die WO für die Wahl des BR ist in der Ersten Verordnung zur Durchführung des Betriebsverfassungsgesetzes vom 16.1.72 geregelt. Diese WO ist mehrfach geändert worden. Derzeit gilt die WO vom 11.12.01 (BGBl. I S. 3494).

6a Zu den Einzelheiten der Änderungen vgl. die Kommentierung zur WO Vorbem. Rn 2ff.

7 Die WO für die **Wahl der BR und der JAV** ist als Erste Verordnung zur Durchführung des Betriebsverfassungsgesetzes am 16.1.72 erlassen worden (vgl. BGBl. I

S. 49). Sie ist am 20.1.72 in Kraft getreten. In ihr sind die Vorschriften über die Wahl des BR (vgl. §§ 1–29) und über die Wahl der JAV enthalten (vgl. §§ 30 ff.). Auch diese WO ist in Bezug auf die JugAzubiVertr. mehrfach geändert worden. Vgl. die Kommentierung der WO, Vorbem. Rn 1.

8 Für die **Wahl der BordVertr. und des SeeBR** gilt die Zweite Verordnung zur Durchführung des Betriebsverfassungsgesetzes **(Wahlordnung Seeschifffahrt – WOS –)** vom 24.10.72 (BGBl. I S. 2029). Diese ist am 28.10.72 verkündet worden und entspr. § 63 WOS am 29.10.72 in Kraft getreten. Die WOS musste nach der Reform des G durch das BetrVerf-ReformG geändert werden (vgl. 125 Abs. 3 und Abs. 4). Bis zum Inkrafttreten der WOS vom 7.2.02 (BGBl. I S. 594) galten die bisherigen Vorschriften entsprechend.

9 Für die BRWahlen für die **Postunternehmen** sieht das BetrVerf-ReformG besondere Regelungen vor, um der betriebsverfassungsrechtlichen Zuordnung von Beamten entsprechen zu können (vgl. Art. 6 BetrVerf-ReformG). Im Übrigen galt die WO 72, soweit sich aus der WO für die Postunternehmen (WOP) keine Besonderheiten ergaben (WahlO Post vom 26. Juni 1995, BGBl. I S. 871). Nunmehr regelt die WOP vom 22.2.02 (BGBl. I S. 946) das Wahlverfahren in den Betrieben der Postunternehmen. Diese WOP ist am 28.2.02 in Kraft getreten (§ 8 WOP).

§ 127 Verweisungen

Soweit in anderen Vorschriften auf Vorschriften verwiesen wird oder Bezeichnungen verwendet werden, die durch dieses Gesetz aufgehoben oder geändert werden, treten an ihre Stelle die entsprechenden Vorschriften oder Bezeichnungen dieses Gesetzes.

1 Die Regelung geht auf die Ablösung des BetrVG 52 durch das BetrVG 1972 zurück. Insgesamt stellt sie aber klar, dass bei Verweisungen auf solche Vorschriften, die durch das BetrVG 1972 geändert oder ergänzt werden, die entsprechenden Bestimmungen des BetrVG 1972 gelten. Das gilt unabhängig davon, ob die bisherigen und die neuen Bestimmungen inhaltlich deckungsgleich sind. Maßgeblich ist der jeweilige Regelungsgehalt (GK-*Weber* Rn. 1).

§ 128 Bestehende abweichende Tarifverträge

Die im Zeitpunkt des Inkrafttretens dieses Gesetzes nach § 20 Abs. 3 des Betriebsverfassungsgesetzes vom 11. Oktober 1952 geltenden Tarifverträge über die Errichtung einer anderen Vertretung der Arbeitnehmer für Betriebe, in denen wegen ihrer Eigenart der Errichtung von Betriebsräten besondere Schwierigkeiten entgegenstehen, werden durch dieses Gesetz nicht berührt.

1 Nach § 20 Abs. 3 BetrVG 52 konnten durch TV für Betriebe, in denen wegen ihrer Eigenart der Errichtung von BR bes. Schwierigkeiten entgegenstanden, die **Errichtung einer anderen Vertr. der ArbN** dieser Betriebe bestimmt werden. Derartige TV bedurften zu ihrer Wirksamkeit ebenfalls der Zustimmung der obersten Arbeitsbehörde des Landes bzw. des BMA, wenn sich der räumliche Geltungsbereich des TV nicht auf ein Land beschränkte.

2 Die **TV nach § 20 Abs. 3 BetrVG 52** gelten nunmehr bis zu ihrer Beendigung, sei es in Form des Zeitablaufs, der Kündigung, der Aufhebung oder Ersetzung durch einen neuen TV, weiter. Das gilt für alle in den TV zulässigerweise enthaltenen, vom G abweichenden Regelungen. TV, die nach der früheren Vorschrift des § 3 Abs. 1 aF abgeschlossen wurden, bleiben unberührt (GK-*Weber* Rn. 3).

§ 129 Außerkrafttreten von Vorschriften

Aufgehoben durch das DrittelbG vom 18.5.04 (BGBl. I S. 974)

§ 130 Öffentlicher Dienst

Dieses Gesetz findet keine Anwendung auf Verwaltungen und Betriebe des Bundes, der Länder, der Gemeinden und sonstiger Körperschaften, Anstalten und Stiftungen des öffentlichen Rechts.

Inhaltsübersicht

I. Vorbemerkung

1 Die Vorschriften grenzen den **Geltungsbereich des BetrVG** zum öffentlichen Dienst ab, für den die PersVG des Bundes und der Länder gelten (→ § 1 Rn. 42).

II. Öffentlicher Dienst

2 Es gilt das PersVG des Bundes **(BPersVG),** das eine weitgehende Angleichung an das BetrVG 72 enthält. Das BPersVG betrifft nur die Bediensteten (Beamte, Ang. und Arb., vgl. § 4 BPersVG) des Bundes; für die Beschäftigten der Länder gelten deren personalvertretungsrechtliche Bestimmungen.

3 Die Vorschrift grenzt den Geltungsbereich des BetrVG gegenüber dem Personalvertretungsrecht des Bundes und der Länder lückenlos und ohne Überschneidungen ab.

4 Danach kommt es ausschließlich auf die **formelle Rechtsform** des Betriebes oder der Verwaltung an: Alle Betriebe mit privater Rechtsform, auch wenn sie der öffentlichen Hand – ausschließlich oder überwiegend – gehören (LAG BW 11.2.2016 – 3 TaBV 2/14, LAGE § 1 AÜG Nr. 17; VGH BW 4.3.2016 – PL 15 S 408/15, ZTR 2016, 480) oder die sog gemischtwirtschaftlichen Betriebe mit privater Rechtspersönlichkeit, unterliegen dem BetrVG; alle öffentlichen Verwaltungen sowie alle unmittelbar von der öffentlichen Hand geführten Betriebe (sog „Eigenbetriebe") fallen dagegen unter das PersVG des Bundes oder der Länder (BAG 30.7.1987 – 6 ABR 78/85, NZA 1988, 402; 18.1.1989 – 7 ABR 62/87, NZA 1989, 728; zur Unterscheidung Eigen- oder Regiebetrieb ErfK/*Kania* Rn. 3). Unmaßgeblich ist, wer wirtschaftlich gesehen Inhaber eines Betriebes ist, noch ob etwa TV für den öffentlichen Dienst angewandt werden (BAG 3.12.1985 – 4 ABR 60/85, AP BAT § 74 Nr. 2). Demnach fallen **Betriebskrankenkassen** als Körperschaften des öffentlichen Rechts (§ 29 Abs. 1 SGB IV) unter das PersVG (BAG 10.10.2006 – 1 AZR 811/05, NZA 2007, 637), obwohl ein privater Unternehmer ArbGeb. der in der Krankenkasse beschäftigten ArbN ist (DKKW/*Trümner* Rn. 6).

Beispiel:

Das städtische Wasserwerk wird in der Form einer privatrechtlichen AG betrieben; sämtliche Aktien befinden sich in Händen der Stadt; hier gilt das BetrVG. Wird das Wasserwerk dagegen unmittelbar von der Stadt betrieben (Eigenbetrieb) oder als Amt innerhalb einer Dienststelle als Regiebetrieb geführt, gilt das PersVG (DKKW/*Trümner* Rn. 4).

Auch kommt es nicht darauf an, ob und inwieweit eine öffentliche Verwaltung Hoheitsaufgaben wahrnimmt oder nicht. Es gilt stets das PersVG (hM). Für eine **Klosterbrauerei,** der die Eigenschaft einer Körperschaft des öffentlichen Rechts verliehen worden ist, gilt nicht das BetrVG, auch wenn die Anwendung des PersVG entfällt (BAG 30.7.1987 – 6 ABR 78/85, NZA 1988, 402). § 130 ist keine Auffangvorschrift.

5 Die Unterscheidung zwischen **öffentlichem Betrieb** (Betriebsverwaltung) und **öffentlicher Verwaltung** ist schwierig; die Grenzen sind fließend. Der Unterscheidung kommt indessen hier keine Bedeutung zu, da öffentliche Betriebe (Betriebsverwaltungen) und Verwaltungen gleicherweise nicht dem BetrVG unterliegen. So unterliegen sog Regiebetriebe dem PersVG, da sie Teil der Kommunalverwaltung sind. Ihnen fehlt eine eigene (privatrechtliche) Rechtspersönlichkeit wie eigenes Vermögen (DKKW/*Trümner* Rn. 4).

6 Sind an einem **Gemeinschaftsbetrieb** (→ § 1 Rn. 106) sowohl eine juristische Person des Privatrechts als auch eine Körperschaft des öffentlichen Rechts beteiligt, findet das BetrVG Anwendung, wenn sich die Betriebsführung mangels entgegenstehender Anhaltspunkte auf der Grundlage einer privatrechtlichen Vereinbarung in der Rechtsform einer BGB-Gesellschaft vollzieht (BAG 24.1.1996 – 7 ABR 10/95, NZA 1996, 1110). Die in einem solchen Betrieb eingesetzten Beamten waren ursprünglich weder wahlberechtigt noch wählbare ArbN (BAG 25.2.1998 – 7 ABR 11/97, NZA 1998, 838). Nunmehr ist durch § 5 Abs. 1 S. 3 klargestellt, dass es sich um solche des Gemeinschaftsbetriebs handelt. Die ArbN des öffentl. ArbGeb. werden vom BR des Gemeinschaftsbetriebs vertreten (BVerwG 13.6.2001 – 6 P 8.00, NZA 2002, 115).

7 Auf die Bediensteten bei den **internationalen und zwischenstaatlichen Organisationen,** die Einrichtungen auf dem Gebiet der Bundesrepublik unterhalten, findet das PersVG keine Anwendung. Solche Einrichtungen sind keine juristischen Personen des öffentlichen Rechts iSd § 1 BPersVG. Für sie gilt § 130 nicht. Deshalb ist das BetrVG anzuwenden, wenn im Inland ein Betrieb besteht und keine abweichende Regelung getroffen ist (→ § 1 Rn. 14, *Birk* FS *Schnorr v. Carolsfeld,* 1972, 71; Richardi BetrVG/*Annuß* Rn. 6).

8 Auf die ArbN bei den **alliierten Streitkräften** der NATO-Staaten findet das BPersVG mit erheblichen Einschränkungen der MBR Anwendung. Die Rechte der sog Betriebsvertretung der zivilen Arbeitskräfte bei einer Truppe bestimmen sich nach Art. 56 Abs. 9 Zusatzabkommen Natotruppenstatut (ZA-NTS) idF der am 29.3.1998 (BGBl. II S. 1691) in Kraft getretenen Änderungen nach dem Abkommen v. 18.3. 1993 (BGBl. 1994 II S. 2594) sowie der am 5.6.1998 in Kraft getretenen Änderungen nach dem Abkommen v. 16.5.1994 (BGBl. II S. 3710). Danach gilt grds. das BPersVG v. 15.3.1974 mit seinen späteren Änderungen bis einschließlich der v. 16.1. 1991. Die im BPersVG geregelten Mitbestimmungsrechte gelten jedoch nur nach Maßgabe des Abs. 6a des Unterzeichnungsprotokolls (UP) zu Art. 56 Abs. 9 ZA-NTS. Danach findet das BPersVG mit den Modifikationen des Abs. 6a ii–v UP zu Art. 56 Abs. 9 ZA-NTS Anwendung, soweit der Mitbestimmung im Einzelfall nicht besonders schutzwürdige militärische Interessen entgegenstehen. In diesen Fällen gilt das Mitwirkungsverfahren (Abs. 6b UP zu Art. 56 Abs. 9 ZA-NTS): vgl. *Altvater/Bacher/Hörter/Peiseler/Sabottig/Schneider/Vohs* BPersVG Anh. VII, Abschn. B.

9 Wegen **Bundeswehr** → § 1 Rn. 51.

III. Übergangsmandat bei Privatisierung

10 Eine Regelungslücke ergibt sich beim Wechsel von einer öffentlich-rechtlichen in eine privatrechtliche Organisationsform. Mit dem Stichtag der **Privatisierung** er-

lischt das Amt des PersR. Ein BR kann aber wegen der erforderlichen Wahlvorlaufzeit erst 6 bis 8 Wochen nach Geltung des BetrVG gebildet werden. Diese Regelungslücke hat der Gesetzgeber im Zuge einzelner Privatisierungen geschlossen. Das sind iE:

1. Übergangsmandat der örtlichen Personalräte bei der Bahn

§ 15 Abs. 1 DBGrG hat den örtlichen PersR derjenigen Dienststellen des BEV, die unter Beibehaltung ihrer organisatorischen Einheit als Betriebe, oder als nach damaligem Recht selbständige Betriebsteile oder Nebenbetriebe auf die DBAG übergegangen sind, ein bis zu drei Monate dauerndes Übergangsmandat verliehen. Durch TV konnte weiterhin bestimmt werden, welcher der von der Umstrukturierung der Dienststellen betroffenen örtlichen PersR Träger des Übergangsmandats sein soll (§ 15 Abs. 2 DBGrG; ausf. dazu *Engels/Mauß-Trebinger* RdA 1997, 217 [220f.]; *Engels/Müller/Mauß* DB 1994, 475ff.). 11

2. Übergangsmandat der Personalräte bei der Post

Aufgrund der bes. Struktur der Post ist nicht nur den bisherigen örtlichen PersR ein Übergangsmandat als BR für die Betriebe und Betriebsteile der privatisierten Postunternehmen, sondern auch den bisherigen HauptPersR ein Übergangsmandat als GesBR auf Unternehmensebene verliehen worden (§ 25 Abs. 1 S. 1 PostPersRG; vgl. BT-Drs. 12/8060, 85, 195; *Bacher* PersR 94, 489ff.). Danach galt der örtliche PersR als BR mit allen Rechten und Pflichten nach dem BetrVG und anderen G, mit Ausnahme des Rechts, die Mitgl. und Ersatzmitgl. des GesBR durch Entsendung nach § 47 Abs. 2 u. 3 zu bestimmen (*Engels/Mauß-Trebinger* RdA 1997, 217 [220f.]). 12

Die **Höchstdauer** des Übergangsmandats ist insbes. wegen des langwierigen Umstrukturierungsprozesses bei der Deutschen Bundespost Postdienst auf 24 Monate erhöht worden. Das Übergangsmandat der PersR und der HauptPersR endet idR vorher, sobald im Betrieb eines Postunternehmens ein BR gewählt und das Wahlergebnis bekanntgegeben ist (§ 25 Abs. 1 S. 2 u. 3 PostPersRG). Ab diesem Zeitpunkt können die neugewählten BR vor Ort den ihnen nach § 32 Abs. 1 Nr. 1 PostPersRG iVm § 47 Abs. 2 u. 3 zustehenden Einfluss auf die personelle Zusammensetzung des GesBR nehmen. Den in diesem Zeitpunkt noch bestehenden PersR steht dann ebenfalls das ihnen bisher vorenthaltene Entsendungsrecht zum GesBR zu (*Engels/Mauß-Trebinger* RdA 1997, 217 [221]). 13

3. Übergangsmandat bei sonstigen Umwandlungen

Bei der Umwandlung der Deutschen Siedlungs- und Landesrentenbank durch das **DSLBUmwG** v. 16.12.1999 (BGBl. I S. 2441) mit Ablauf des 31.12.1999 hatte der bisherige PersR die Aufgaben eines BR übergangsweise bis zur Neuwahl eines BR, längsten bis zum 30.6.2000 wahrzunehmen (§ 12 Abs. 1 DSLBUmwG). Das galt auch für die JugAzubiVertr. und die SchwerbVertr. (§ 12 Abs. 1 S. 2 DSLBUmwG). Entspr. ist der Gesetzgeber bei der Regelung der Rechtsstellung von Bundeswehrangehörigen bei Kooperationen zwischen der Bundeswehr und Wirtschaftsunternehmen durch das **BwKoopG v.** 30.7.2004 (BGBl. I S. 2027) verfahren. Nach dessen § 7 Abs. 1 nimmt der PR der zuweisenden Stelle im Rahmen eines Übergangsmandats in einem betriebsratsfähigen Kooperationsbetrieb, für den noch kein BR gebildet ist, längstens für die Dauer von zwölf Monaten die Aufgaben eines BR nach dem BetrVG wahr. Mit dem G zur Organisationsform in der gesetzlichen Rentenversicherung **(RVOrgG)** v. 9.12.2004 (BGBl. I S. 3242), das ua die Zahl der bundesunmittelbaren Rentenversicherungsträger reduziert und den Zusammenschluss der BfA mit dem privatrechtlich organisierten VDR eV regelt, hat der Gesetzgeber in Art. 83 § 4 Abs. 4 ebenfalls besondere Übergangsbestimmungen für die jeweiligen betrieblichen 14

Interessenvertretungen im Fall der Eingliederung von Dienststellen und Betrieben getroffen. Die nach dem BMpVerwPG v. 12.7.2006 (BGBl. I S. 1466) bei der BRD-Finanzagentur GmbH eingesetzten Beamten und ArbN der Bundeswertpapierverwaltung wurden übergangsweise von einem nach § 8 BMpVerwPG gebildeten erweiterten BR vertreten. Dieser hatte unverzüglich Neuwahlen einzuleiten; seine Amtszeit endete spätestens am 31.7.2007 (§ 8 Abs. 2 BMpVerwPG).

4. Generelles Übergangsmandat bei Privatisierung

15 Bei einer Privatisierung endet das Amt des PersR. Die ArbN verbleiben indessen in der bisherigen betrieblichen Organisation. Allein die Änderung der Rechtsform der Betriebsorganisation hat den Verlust der bisherigen personalvertretungsrechtlichen Repräsentation zur Folge. Dieses allgemeine Prinzip galt ursprünglich für alle ArbN des öffentlichen Dienstes. In der Folgezeit hat aber der Gesetzgeber bei den vorgenannten Privatisierungen nach einem einheitlichen Muster ein gesetzliches Übergangsmandat anerkannt. Dadurch kommt es bei anderen Privatisierungen zu einer Schutzlücke für die betroffenen ArbN, für die es keine sachliche Rechtfertigung gibt. Auch wenn der Gesetzgeber diese Schutzlücke hätte schließen können, so lässt dessen Untätigkeit nicht das Bedürfnis nach Rechtsfortbildung entfallen (**aA** GK-BetrVG/*Weber* Rn. 10). Zu Schließung der Schutzlücke bedarf es daher der **Anerkennung eines Übergangsmandats für alle Privatisierungsvorgänge** (BAG 31.5.2000 – 7 ABR 78/98, NZA 2000, 1350; WPK/*Preis* Rn. 6; **aA** LAG Köln 10.3.2000 – 13 TaBV 9/00, NZA-RR 2001, 423; Richardi BetrVG/*Annuß* Rn. 13; *Besgen/Langner* NZA 2003, 1239; *Schipp* NZA 1994, 865 [869]; *Bauer/Lingemann* NZA 1994, 1057 ff.; *Kast/Freihube* DB 2004, 2530). Wie hier DKKW/*Trümner* Rn. 11; *Engels* FS *Wlotzke,* 1996, 279 [289 f.]; Altvater/*Bacher/Hörter/Peiseler/Sabottig/Schneider/Vohs* BPersVG § 1 Rn. 9d; *Frohner* PersR 95, 104; *Hammer* PR 1997, 54 [61]; ähnlich *Schlachter* RdA 1993, 313 [316]; *Trümner* PersR 93, 473 [480].

16 Unabhängig davon ist die **Anerkennung eines Übergangsmandats** auch nach **Unionsrecht** geboten (→ § 21a Rn. 3). Die RL 2001/23/EG (Einzelheiten → § 21a Rn. 3) erfasst nach ihrem Art. 1 Abs. 1c auch öffentlich rechtliche Unternehmen, die eine wirtschaftliche Tätigkeit ausüben, unabhängig davon, ob sie Erwerbszwecke verfolgen oder nicht. Die RL nimmt nur behördeninterne Umstrukturierungen oder die Übertragung von Verwaltungsaufgaben von einer Behörde auf die andere von ihrem Geltungsbereich aus. In den Fällen der Privatisierung, die zum Verlust der bisherigen Arbeitnehmervertretung führt, ist daher ein Übergangsmandat zwingend (*Löwisch/Schmidt-Kessel* BB 2001, 2162; v. *Roetteken* NZA 2001, 414; **aA** *Besgen/Langner* NZA 2003, 1239; *Pawlak/Leydecker* ZTR 2008, 74).

17 Für ein **generelles Übergangsmandat bei Privatisierungen** dürfte Folgendes gelten: Der PersR erhält automatisch ein Übergangsmandat zur weiteren Interessenvertretung der ArbN und der nun als ArbN iSd BetrVG geltenden Beamten. Das Übergangsmandat dauert bis zur Wahl eines BR, längstens sechs Monate (vgl. § 21a; 3 Monate Richardi BetrVG/*Annuß* Rn. 13; *Engels* FS *Wlotzke,* 1996, 279 [290]).

18 Der (Übergangs-)PersR bleibt als Organ und in seiner **personellen Zusammensetzung** bestehen und gilt als BR (*Engels/Müller/Mauß* DB 1994, 476). Statt des personalvertretungsrechtlichen Beschlussfassungsrechts der jeweiligen Gruppe (vgl. § 38 BPersVG) gilt das betriebsverfassungsrechtliche Beschlussfassungsrecht nach § 33 (*Engels* FS *Wlotzke,* 1996, 279 [290]; *Engels/Müller/Mauß* DB 1994, 476).

19 Der (Übergangs-)PersR hat die gleichen (Beteiligungs-)**Rechte und Pflichten** nach dem BetrVG wie ein BR. Er hat insbes. unverzüglich einen Wahlvorst. zu bestellen.

§ 131 (Berlin-Klausel)

(gegenstandslos)

§ 132 (Inkrafttreten)

In seiner ursprünglichen Fassung ist das BetrVG am 19. Januar 1972 in Kraft getreten; das **BetrVerf-ReformG** am 28. Juli 2001 (Art. 14). Allerdings gelten für die in diesem Zeitpunkt bestehenden BR die Änderungen des § 8 (Zahl der BRMitgl.), des § 15 (Zusammensetzung des BR) nach Beschäftigungsarten und Geschlechter sowie des § 47 Abs. 2 (Entsenderecht des BR zum GBR) erst nach einer Neuwahl. 1

Anhang

1. Erste Verordnung zur Durchführung des Betriebsverfassungsgesetzes (Wahlordnung 2001)

Vom 11.12.2001 (BGBl. I S. 3494)

Geändert durch VO v. 23.6.2004 (BGBl. I S. 1393)

(FNA 801-7-1-1)

Inhaltsübersicht

Vorbemerkung

Die WO, die auf Grund des § 126 BetrVG vom BMA mit Zustimmung des Bundesrates erlassen worden ist, enthält nähere Regelungen zur Durchführung der in den §§ 7–20 und §§ 60–64 BetrVG enthaltenen Vorschriften über die Wahl des BR und der JAV Die Erläuterungen der WO sind daher im Zusammenhang mit den Kommentierungen dieser Vorschriften zu verwenden, die bereits eingehende Ausführungen über die Wahl, insbes. auch über den technischen Gang der Wahl, enthalten. 1

Die WO ist bisher dreimal **geändert** worden. Nach der **Reform des Betriebsverfassungsgesetzes** (BetrVerf-ReformG v. 23.7.2001, BGBl. I S. 1852, Bekanntmachung der Neufassung des BetrVG in BGBl. I S. 2518) ist die **WO neu gefasst** worden. Die bisherigen Änderungen der WO sind dabei erhalten geblieben. 2

Durch die VO v. 20.7.1988 (BGBl. I S. 1072) sind die Vorschriften über die Wahl der JugVertr. an die Änderungen des BetrVG durch das G zur Bildung von Jugend- und Auszubildendenvertretungen in den Betrieben v. 13.7.1988 (BGBl. I S. 1034) angepasst worden (zu diesen Gesetzesänderungen → BetrVG § 60 Rn. 2 ff.). 3

Durch die 2. ÄnderungsVO v. 28.9.1989 (BGBl. I S. 1793) sind zum einen die erforderlichen Anpassungen der Vorschriften der WO an die Änderungen des BetrVG 4 durch das Änderungsgesetz v. 20.12.1988 (BGBl. I S. 2312) erfolgt. Dieses G hat insbes. die Minderheitsrechte bei der Wahl des BR einschl. der Besetzung des Wahlvorst. erweitert, den Gewerkschaften ein allgemeines Vorschlagsrecht bei den Wahlen zum BR und zur JAV eingeräumt (→ BetrVG § 14 Rn. 61ff., → BetrVG § 60 Rn. 2) sowie ein neues Verfahren für die Zuordnung der leitenden Ang. vorgeschrieben (vgl. § 18a BetrVG). Zum anderen hat die 2. ÄnderungsVO den Datenschutz bei der Auslegung der Wählerlisten verbessert.

5 Mit der 3. ÄnderungsVO v. 16.1.1995 (BGBl. I S. 43) ist der im Gesetzgebungsverfahren zum 2. GleiBG (zu diesem G s. zB → BetrVG § 15 Rn. 11) getroffenen Vereinbarung entsprochen, in der WO dem Grundsatz des § 15 Abs. 2 BetrVG über die Berücksichtigung der Geschlechter im BR stärker als bisher im Rahmen der Vorbereitungen zu den BRWahlen Rechnung zu tragen (→ BetrVG § 15 Rn. 11; → BetrVG § 16 Rn. 31). So war im WA nun auch der Anteil der Geschlechter im Betrieb, getrennt nach den Gruppen der Arb. und Ang., anzugeben und stets auf den Grundsatz des § 15 Abs. 2 BetrVG hinzuweisen. Dies ist mit der Neufassung des § 15 Abs. 2 BetrVG überholt (→ BetrVG § 15 Rn. 11; § 3 Abs. 2 Nr. 4 u. 5 WO).

6 Aufgrund der grundlegenden Änderungen des Wahlrechts für die Wahl des BR und der JAV im BetrVerf-ReformG ist die **WO** (Erste Verordnung zur Durchführung des Betriebsverfassungsgesetzes – WO – BGBl. I S. 3494) neu gefasst worden. Die neue WO v. 11.12.2001 ist einen Tag nach ihrer Verkündung im Bundesgesetzblatt am 15.12.2001 **in Kraft getreten.** Schwerpunkte der Neufassung sind die Aufhebung der Gruppen der Arb. und Ang., die Sicherstellung der anteilmäßigen Vertretung des Geschlechts in der Minderheit im BR (§ 15 Abs. 2 BetrVG) und in der JAV (§ 62 Abs. 3 BetrVG), das vereinfachte Wahlverfahren (§§ 14a, 17a BetrVG) und das Wahlrecht für ArbN, die von einem anderen ArbGeb. zur Arbeitsleistung überlassen werden, wenn sie länger als drei Monate im Betrieb eingesetzt werden (§ 7 S. 2 BetrVG). Zudem eröffnet die neue WO die Möglichkeit, die im Betrieb vorhandene IuK-Technik im Rahmen der BRWahl und der Wahl der JAV zu nutzen. IÜ berücksichtigt die Neufassung der WO die sprachliche Gleichbehandlung von Frauen und Männern (vgl. BR-Drs. 838/01, 27).

7 Für die **Wahl der Bordvertr.** und **des SeeBR** enthält die Zweite Verordnung zur Durchführung des Betriebsverfassungsgesetzes (Wahlordnung Seeschifffahrt – WOS) v. 24.10.1972 (BGBl. I S. 2029), geändert durch VO v. 28.9.1989 (BGBl. I S. 1795), neugefasst durch VO v. 7.2.2002 (BGBl. I S. 594), nähere Regelungen.

8 Die **Wahl der Vertr. der ArbN im Aufsichtsrat** nach dem DrittelbG und der Widerruf ihrer Bestellung richtet sich nach der Verordnung zur Wahl der Aufsichtsratsmitglieder der Arbeitnehmer nach dem Drittelbeteiligungsgesetz (Wahlordnung zum Drittelbeteiligungsgesetz – WODrittelbG) v. 23.6.2004 (BGBl. I S. 1393). Die Wahl der ARMitgl. der ArbN nach dem MitbestG 1976 und dem MitbestErgG sind in eigenen WO geregelt. Für die Anwendung der WO zum MitbestErgG bestimmt § 22 MitbestErG, dass die Vorschriften der WO nach Aufhebung des Gruppenprinzips Arb./Ang. entsprechend gelten (Art. 10 BetrVerf-ReformG BGBl. I S. 1852 [1866, 1865]). Die drei Wahlordnungen zum MitbestG 1976 sind im Zusammenhang mit der Änderung des MitbestG 1976 durch das G zur Vereinfachung der Wahl der Arbeitnehmervertreter in den Aufsichtsrat v. 23.3.2002 (BGBl. I S. 1130) neu gefasst und wesentlich vereinfacht worden – Erste Wahlordnung zum Mitbestimmungsgesetz (1. WOMitbestG) v. 27.5.2002 – BGBl. I S. 1682 –; Zweite Wahlordnung zum Mitbestimmungsgesetz (2. WOMitbestG) v. 27.5.2002 – BGBl. I S. 1708 –; Dritte Wahlordnung zum Mitbestimmungsgesetz (3. WOMitbestG) v. 27.5.2002 – BGBl. I S. 1741 – (ausf. s. einführende Erläuterungen von KFK MitbestG, 2002).

9 Für die BRWahl in den **Postunternehmen** galt die WOP v. 26.6.1995 (BGBl. I S. 871) gem. § 125 Abs. 3 BetrVG bis zu deren Neufassung entsprechend. Am 28.2.2002 ist die neue Wahlordnung Post (WOP) v. 22.2.2002 (BGBl. I S. 946) in Kraft getreten. Die anstehenden regelmäßigen BRWahlen im Frühjahr 2002 konnten damit bereits nach den neuen Vorschriften durchgeführt werden. Zu den Grundzügen → BetrVG § 14 Rn. 72ff.

(hochgestellte Zahlen im Normtext verweisen auf die Rn. der Erläuterungen)

Erster Teil. Wahl des Betriebsrats (§ 14 des Gesetzes)

Erster Abschnitt. Allgemeine Vorschriften

§ 1 Wahlvorstand[1]

(1) **Die Leitung der Wahl obliegt dem Wahlvorstand.**[2]

(2) **Der Wahlvorstand kann sich eine schriftliche Geschäftsordnung geben.** [3]**Er kann Wahlberechtigte als Wahlhelferinnen und Wahlhelfer zu seiner Unterstützung bei der Durchführung der Stimmabgabe und bei der Stimmenzählung heranziehen.**[4]

(3) **Die Beschlüsse des Wahlvorstands werden mit einfacher Stimmenmehrheit seiner stimmberechtigten Mitglieder gefasst.**[5] **Über jede Sitzung**[6] **des Wahlvorstands ist eine Niederschrift aufzunehmen, die mindestens den Wortlaut der gefaßten Beschlüsse enthält. Die Niederschrift ist von der oder dem Vorsitzenden und einem weiteren stimmberechtigten Mitglied des Wahlvorstands zu unterzeichnen.**[7–9]

1 Die **Bestellung** und **Zusammensetzung des Wahlvorst.** sowie die Zahl seiner Mitgl. sind in §§ 16 u. 17 BetrVG geregelt (→ BetrVG § 16 Rn. 6ff., insbes. → Rn. 31 zur Berücksichtigung der Geschlechter; → BetrVG § 17 Rn. 4ff., 11ff., 32ff.). Bei Säumigkeit kann der Wahlvorst. nach § 18 Abs. 1 S. 2 BetrVG auf Antrag des Betriebsrats, von mindestens drei Wahlberechtigten oder einer im Betrieb vertretenen Gewerkschaft vom ArbG durch einen anderen Wahlvorst. ersetzt werden (Näheres → BetrVG § 18 Rn. 44ff.). Eine ohne Wahlvorst. durchgeführte BRWahl ist nichtig (→ BetrVG § 19 Rn. 5); eine von einem fehlerhaft bestellten oder besetzten Wahlvorst. durchgeführte BRWahl kann anfechtbar sein (DKKW/*Homburg* Rn. 1; → BetrVG § 19 Rn. 10ff.).

2 Der Wahlvorst., nicht der Vors. des Wahlvorst. (→ Rn. 5), hat die **Aufgabe,** die Wahl vorzubereiten, sie durchzuführen und das Wahlergebnis festzustellen (iE §§ 2ff. WO sowie → BetrVG § 18 Rn. 6ff.). Er hat den BR zur konstituierenden Sitzung einzuberufen (→ BetrVG § 29 Rn. 7ff.). Soweit Entscheidungen des Wahlvorst. durch Beschluss zu treffen sind, dürfen an ihm nur die **stimmberechtigten Mitgl.** des Wahlvorst. teilnehmen, nicht die von den Gewerkschaften nach § 16 Abs. 1 S. 6 BetrVG entsandten Mitgl. (→ Rn. 5; → BetrVG § 16 Rn. 54). Durch ausdrückliche Regelung der WO können darüber hinaus bestimmte Tätigkeiten iRd Wahlverfahrens ebenfalls nur von stimmberechtigten Mitgl. des Wahlvorst. wahrgenommen werden (vgl. § 1 Abs. 3 S. 3, § 3 Abs. 1 S. 1 und § 16 Abs. 2: Unterzeichnung der Sitzungsniederschrift, des Wahlausschreibens und der Wahlniederschrift; § 12 Abs. 2 u. 3 S. 1: Anwesenheit während der Stimmabgabe und Entgegennahme der Stimmzettel). Zur Berechtigung des Wahlvorst., einen **geschäftsführenden Ausschuss** zu bilden, → BetrVG § 18 Rn. 8.

3 Der Wahlvorst. – nicht der BR – kann eine **Geschäftsordnung** erlassen. Der Erlass einer Geschäftsordnung ist nicht zwingend vorgeschrieben. Wird sie erlassen, so muss auf jeden Fall die **Schriftform** gewahrt werden. Anderenfalls ist sie nichtig. Die Vorschriften der Geschäftsordnung müssen sich im Rahmen der WO und des BetrVG halten. Die Geschäftsordnung gilt nur für denjenigen Wahlvorst., der sie beschlossen hat (DKKW/*Homburg* Rn. 9; GK-BetrVG/*Jacobs* Rn. 1; Richardi BetrVG/*Forst* Rn. 9).

4 **Wahlhelfer** sind kein Mitgl. des Wahlvorst. Für sie gilt deshalb auch nicht der besondere Kündigungsschutz nach § 15 Abs. 3 KSchG und § 103 BetrVG, wohl jedoch der sich aus dem Behinderungs- und Benachteiligungsverbot des § 20 BetrVG ergebende relative Kündigungsschutz (→ BetrVG § 20 Rn. 12ff.). Die durch die Tätigkeit als Wahlhelfer bedingte Arbeitsversäumnis hat keine Minderung des Arbeitsentgelts zur Folge (→ BetrVG § 20 Rn. 43ff.; DKKW/*Homburg* Rn. 18; GK-BetrVG/*Jacobs* Rn. 17; Richardi BetrVG/*Forst* Rn. 12). Die **Aufgaben,** zu denen Wahlhelfer hinzugezogen werden können, sind in Abs. 2 S. 2 aufgezählt. Sie dürfen den Wahlvorst. bei der **Durchführung der Stimmabgabe** (vgl. § 12 Abs. 2) und bei der **Stimmenauszählung** (vgl. §§ 13 u. 22) unterstützen. Entscheidungen iRd Wahlverfahrens, insbes. über die Ungültigkeit von Stimmzetteln (vgl. § 11 Abs. 4, § 14 Abs. 2), hat allein der Wahlvorstand zu treffen, und zwar durch Beschluss seiner stimmberechtigten Mitgl. Die Auswahl der Wahlhelfer steht im Ermessen des Wahlvorst. (LAG Hamm 29.9.1961 – 4 BVTa 5/61, DB 1961, 1491); gleiches gilt für ihre Anzahl, jedoch muss sich diese iRd Erforderlichen halten. Der Wahlvorst. kann nur wahlberechtigte ArbN des Betriebs (nicht Außenstehende) zu Wahlhelfern bestellen (DKKW/*Homburg* Rn. 19). Die Aufgaben des Wahlhelfers können auch von den gem. § 16 Abs. 1 S. 6 BetrVG entsandten nicht stimmberechtigten Mitgl. des Wahlvorst. übernommen werden. Eine Verpflichtung zur Übernahme des Amtes als Wahlhelfer besteht nicht. Außer Wahlhelfern iSd Abs. 2 S. 2 kann der Wahlvorst. im Einvernehmen mit dem ArbGeb. erforderlichenfalls auch **andere Personen** zur Unterstützung seiner Arbeit heranziehen, zB eine Schreibkraft oder eine Bürohilfskraft zur Erledigung der erforderlichen Schreib- oder sonstigen Büroarbeiten.

5 Abs. 3 S. 1 stellt klar, dass der Wahlvorst. – ebenso wie der BR nach § 33 BetrVG – **Kollegialentscheidungen** trifft und dass auch für ihn der Beschluss in einer Sitzung die allein mögliche Form der Willensbildung ist. An der Beschlussfassung dürfen nur die stimmberechtigten Mitgl. des Wahlvorst. teilnehmen, nicht die gem. § 16 Abs. 1 S. 6 BetrVG von den Gewerkschaften in den Wahlvorst. entsandten nicht stimmberechtigten Mitgl. Ihre Teilnahme führt zur Unwirksamkeit des Beschlusses, falls sie entscheidungserheblich ist. Ebenso wie beim BR ist eine Beschlussfassung im Umlaufverfahren unzulässig (DKKW/*Homburg* Rn. 14; GK-BetrVG/*Jacobs* Rn. 8; Richardi BetrVG/*Forst* Rn. 13). Zur Wirksamkeit eines Beschlusses des Wahlvorst. ist die **einfache Stimmenmehrheit** seiner stimmberechtigten Mitgl. ausreichend (GK-BetrVG/*Jacobs* Rn. 11). Bei einem Wahlvorst. mit drei stimmberechtigten Mitgl. genügt also für eine Beschlussfassung die Zustimmung von zwei Mitgl. Dagegen ist nicht vorgeschrieben, dass alle stimmberechtigten Mitgl. des Wahlvorst. bei der Beschlussfassung anwesend sein müssen; wohl aber müssen alle Mitgl. zu der Sitzung eingeladen werden (GK-BetrVG/*Jacobs* Rn. 9; Richardi BetrVG/*Forst* Rn. 15). Die Ladung zu den Sitzungen des Wahlvorst. erfolgt durch den Vors. Dieser dürfte in entspr. Anwendung des § 29 Abs. 3 BetrVG zur Einberufung einer Sitzung verpflichtet sein, wenn ein Viertel der Mitgl. des Wahlvorst. dies beantragt (GK-BetrVG/*Jacobs* Rn. 9). Für die **Vertretungsbefugnis des Vors.** des Wahlvorst. gilt dasselbe wie für den BRVors.; er ist Vertr. in der Erklärung, nicht im Willen (GK-BetrVG/*Jacobs* Rn. 7. Näheres → BetrVG § 26 Rn. 38ff.). Erklärungen gegenüber dem Wahlvorst. sind in entspr. Anwendung des § 26 Abs. 3 BetrVG dem Vors. gegenüber abzugeben. An der Betriebsadresse des Wahlvorst. können Erklärungen jedoch auch gegenüber jedem anderen Mitgl. des Wahlvorst. abgegeben werden (GK-BetrVG/*Jacobs* Rn. 7; DKKW/*Homburg* Rn. 8; → § 3 Rn. 24f.).

6 Die **Sitzungen des Wahlvorst.** sind grds. **nicht öffentlich.** Jedoch kann auch der Wahlvorst. andere Personen, zB Auskunftspersonen, Sachverständige, Vertreter von Gewerkschaften, eine Schreibkraft, zu den Sitzungen hinzuziehen, soweit dies sachlich erforderlich ist (LAG MV 11.11.2013 – 5 TaBVGa 2/13, NZA-RR 2014, 130; ArbG Verden 7.10.2013 – 1 BVGa 1/13, NZA-RR 2014, 19; GK-BetrVG/*Jacobs* Rn. 12; Richardi BetrVG/*Forst* Rn. 13; weitergehend DKKW/*Homburg* Rn. 11, der auch öffentliche Sitzungen des Wahlvorst. für zulässig hält; → BetrVG

§ 30 Rn. 16f.). Die Stimmenauszählung und die Feststellung des Wahlergebnisses erfolgen allerdings stets öffentlich (vgl. § 13 WO; → BetrVG § 18 Rn. 21f.).

Der Wahlvorst. ist verpflichtet, über jede Sitzung eine **Niederschrift** anzufertigen, die vom Vors. und einem weiteren, und zwar stimmberechtigten Mitgl. des Wahlvorst. zu unterzeichnen ist. Die Niederschrift muss wenigstens den Wortlaut der gefassten Beschlüsse enthalten. Für die Wirksamkeit der Beschlüsse ist ihre Aufnahme in die Sitzungsniederschrift allerdings ohne Bedeutung (DKKW/*Homburg* Rn. 16; GK-BetrVG/*Jacobs* Rn. 15; Richardi BetrVG/*Forst* Rn. 16). Die Unterlassung der Niederschrift begründet für sich allein auch keine Anfechtung der Wahl. Insofern gelten dieselben Grundsätze wie für die Niederschriften des BR (→ BetrVG § 34 Rn. 26f.). Jedes Mitgl. des Wahlvorst., auch das nicht stimmberechtigte gem. § 16 Abs. 1 S. 6 BetrVG, hat das Recht, **Einblick in die Sitzungsniederschriften** und anderer Unterlagen des Wahlvorst. zu nehmen. Das gilt insbes. für nachrückende ErsMitgl. (GK-BetrVG/*Jacobs* Rn. 15). Die Niederschriften sind zunächst vom Wahlvorst. aufzubewahren und bei Beendigung seines Amtes dem neugewählten BR zu übergeben (GK-BetrVG/*Jacobs* Rn. 14). 7

Streitigkeiten über die Tätigkeit und Zuständigkeit des Wahlvorst. entscheiden die ArbG im BeschlVerf. (§§ 2a, 80ff. ArbGG). Solange der Wahlvorst. noch im Amt ist, ist er Beteiligter des BeschlVerf. Nach Erlöschen seines Amtes ist der Wahlvorst. nicht mehr berechtigt, Rechtsmittel gegen einen arbeitsgerichtlichen Beschluss im Zusammenhang mit der BRWahl einzulegen (BAG 14.11.1975 – 1 ABR 61/75, AP BetrVG 1972 § 18 Nr. 1). Entscheidungen und Maßnahmen des Wahlvorst. können **vor Abschluss der BRWahl selbständig** angegriffen werden (GK-BetrVG/*Jacobs* Rn. 19; → BetrVG § 18 Rn. 32ff.). Das gilt auch für die Zuordnung der leitenden Ang. iRd Wahlverfahrens (→ BetrVG § 18a Rn. 65). Zur Einschränkung der Einspruchsmöglichkeit gegen die Wählerliste in diesen Fällen → § 4 Rn. 9ff. **Antragsberechtigt** ist jeder, der durch Maßnahmen des Wahlvorst. in seinem aktiven oder passiven Wahlrecht betroffen wird (BAG 15.12.1972 – 1 ABR 8/72, AP BetrVG 1972 § 14 Nr. 1; Richardi BetrVG/*Thüsing* BetrVG § 16 Rn. 68; → BetrVG § 18 Rn. 43). 8

Nach Durchführung der BRWahl kommen bei Mängeln der Wahl nur noch ihre Anfechtung oder die Geltendmachung ihrer Nichtigkeit in Betracht. Dieses Verfahren ist gegen den BR oder, wenn nur die Wahl eines BRMitgl. angefochten wird, gegen das BRMitgl. zu richten. Über die Möglichkeit der Antragsumstellung → BetrVG § 18 Rn. 66. 9

§ 2 Wählerliste

(1) **Der Wahlvorstand hat für jede Betriebsratswahl eine Liste der Wahlberechtigten (Wählerliste), getrennt nach den Geschlechtern, aufzustellen.[1–3] Die Wahlberechtigten sollen[4] mit Familienname, Vorname und Geburtsdatum in alphabetischer Reihenfolge[5] aufgeführt werden. Die nach § 14 Abs. 2 Satz 1 des Arbeitnehmerüberlassungsgesetzes nicht passiv Wahlberechtigten sind in der Wählerliste auszuweisen.[5]**

(2) **Der Arbeitgeber hat dem Wahlvorstand alle für die Anfertigung der Wählerliste erforderlichen Auskünfte zu erteilen und die erforderlichen Unterlagen zur Verfügung zu stellen.[6] Er hat den Wahlvorstand insbesondere bei Feststellung der in § 5 Abs. 3 des Gesetzes genannten Personen zu unterstützen.[7]**

(3) **Das aktive und passive Wahlrecht steht nur Arbeitnehmerinnen und Arbeitnehmern zu, die in die Wählerliste eingetragen sind.[8] Wahlberechtigten Leiharbeitnehmerinnen und Leiharbeitnehmern im Sinne des Arbeitnehmerüberlassungsgesetzes steht nur das aktive Wahlrecht zu (§ 14 Abs. 2 Satz 1 des Arbeitnehmerüberlassungsgesetzes).**

(4) **Ein Abdruck der Wählerliste und ein Abdruck dieser Verordnung sind vom Tage der Einleitung der Wahl (§ 3 Abs. 1) bis zum Abschluss der Stimmabgabe**

an geeigneter Stelle im Betrieb zur Einsichtnahme auszulegen. Der Abdruck der Wählerliste soll die Geburtsdaten der Wahlberechtigten nicht enthalten.[9] Ergänzend können der Abdruck der Wählerliste und die Verordnung mittels der im Betrieb vorhandenen Informations- und Kommunikationstechnik bekannt gemacht werden.[11] Die Bekanntmachung ausschließlich in elektronischer Form ist nur zulässig, wenn alle Arbeitnehmerinnen und Arbeitnehmer von der Bekanntmachung Kenntnis erlangen können und Vorkehrungen getroffen werden, dass Änderungen der Bekanntmachung nur vom Wahlvorstand vorgenommen werden können.[11]

(5) **Der Wahlvorstand soll dafür sorgen, dass ausländische Arbeitnehmerinnen und Arbeitnehmer, die der deutschen Sprache nicht mächtig sind, vor Einleitung der Betriebsratswahl über Wahlverfahren, Aufstellung der Wähler- und Vorschlagslisten, Wahlvorgang und Stimmabgabe in geeigneter Weise unterrichtet werden.[12]**

1 Die **Wählerliste** ist für die Durchführung der BRWahl von **erheblicher Bedeutung.** Nur in die Wählerliste eingetragene ArbN können ihr aktives und passives Wahlrecht ausüben (vgl. Abs. 3; → Rn. 8; BAG 21.3.2017 – 7 ABR 19/15, NZA 2017, 1075). Hierzu gehören auch die Beamten, Soldaten und ArbN des öffentlichen Dienstes iSd § 5 Abs. 1 S. 3 BetrVG (BAG 15.8.2012 – 7 ABR 34/11, NZA 2013, 107; 12.9.2012 – 7 ABR 37/11, NZA-RR 2013, 197). Zur Wahlberechtigung und Wählbarkeit aller in Betracht kommender Personengruppen → BetrVG § 7 Rn. 5ff.; → BetrVG § 8 Rn. 5ff. Die Wählerliste ist getrennt nach den Geschlechtern aufzustellen, da im BR dem Geschlecht in der Minderheit nach § 15 Abs. 2 BetrVG Mindestsitze zustehen (→ BetrVG § 15 Rn. 11ff.). Soweit dem Wahlvorst. bekannt ist, dass dem Betrieb auch Personen des dritten Geschlechts (divers) iSd § 45b Personenstandsgesetz angehören, hat er sie in der Wählerliste dementsprechend auszuweisen. IdR hat man hierüber nur Kenntnis, wenn die betreffende Person dies dem Wahlvorst. anzeigt bzw. dies dem ArbGeb. bekannt ist (→ Rn. 6). Gibt es keine Anhaltspunkte dafür, dass im Betrieb Angehörige des dritten Geschlechts vertreten sind, stellt der Wahlvorst. die Wählerliste entspr. der ihm bekannten Geschlechter (Mann/Frau) auf. Einer Nachforschung des Wahlvorst. selbst bedarf es nicht (Persönlichkeitsschutz). Die Wählerliste muss bei Erlass des Wahlausschreibens vorliegen (§ 3 Abs. 2 Nr. 2). Der Wahlvorst. hat sie deshalb **unverzüglich** aufzustellen. Die Entscheidung über die Aufnahme oder Nichtaufnahme von ArbN in die Wählerliste trifft der Wahlvorst. durch Beschluss seiner stimmberechtigten Mitgl.

2 Wird die Wahl des BR zeitgleich mit der Wahl eines Sprecherausschusses für leitende Ang. eingeleitet oder ist dies zwar nicht der Fall, besteht jedoch ein betrieblicher oder Unternehmens-Sprecherausschuss, so ist bei der Bestimmung des Personenkreises der leitenden Ang. das besondere **Zuordnungsverfahren nach § 18a BetrVG** zu beachten (Näheres → BetrVG § 18a Rn. 6ff.). Wird im Rahmen dieses Zuordnungsverfahrens der Personenkreis der leitenden Ang. anders abgegrenzt, als dies der Wahlvorst. zunächst beschlossen hatte, – sei es durch einvernehmliche Regelung zwischen den Wahlvorst. für die BR- und die Sprecherausschusswahl, sei es zwischen dem BRWahlvorst. und dem Sprecherausschuss, sei es durch eine Entscheidung des Vermittlers – so ist der Wahlvorst. verpflichtet, die Wählerliste entsprechend zu ändern. Vor einer fristgerechten Beendigung des Zuordnungsverfahrens ist die Wählerliste noch nicht endgültig aufgestellt. Im Vereinfachte Wahlverfahren nach § 14a BetrVG findet § 18a BetrVG keine Anwendung (→ BetrVG § 18a Rn. 4).

3 Gegen unrichtige Eintragungen in die Wählerliste kann binnen einer Frist von zwei Wochen nach Erlass des Wahlausschreibens Einspruch eingelegt werden (vgl. § 4). Ein Einspruch ist jedoch grds. ausgeschlossen, wenn der Personenkreis der leitenden Ang. in dem Zuordnungsverfahren nach § 18a BetrVG festgestellt worden ist (→ § 4 Rn. 9). Scheiden ArbN aus dem Betrieb aus oder treten neue ArbN in den Betrieb ein, so ist die Wählerliste auch noch nach Ablauf der Einspruchsfrist bis zum

Tage vor Beginn der Stimmabgabe zu berichtigen (vgl. § 4 Abs. 3 S. 2;). Davon erfasst werden auch LeihArbN, denen das aktive Wahlrecht nach § 7 S. 2 BetrVG zusteht. Dies ist ua der Fall, wenn im Zeitpunkt ihres Eintritts in den Entleiherbetrieb feststeht, dass sie länger als drei Monate zur Arbeitsleistung überlassen werden; ihnen steht das aktive Wahlrecht ab dem ersten Tag im Entleiherbetrieb zu (→ BetrVG § 7 Rn. 60; BT-Drs. 14/5741, 36; ArbG Düsseldorf 2.6.2006 – 13 BV 55/06). Ebenso sind LeihArbN bis zum Tag vor der Stimmabgabe in die Wählerliste aufzunehmen, wenn zB durch eine fortgesetzte Überlassung des LeihArbN die drei-monatige Überlassungsdauer überschritten wird und ihm dadurch das aktive Wahlrecht noch vor dem Wahltag zuwächst (zu den möglichen Fallvarianten → BetrVG § 7 Rn. 59ff.). Zur Frage der Wahlberechtigung und Wählbarkeit von gekündigten ArbN → BetrVG § 7 Rn. 33ff.; → BetrVG § 8 Rn. 18ff. Berichtigungen und Ergänzungen der Wählerliste haben ebenso wie ihre Aufstellung durch Beschluss der stimmberechtigten Mitgl. des Wahlvorst. zu erfolgen. Die Entscheidungen des Wahlvorst. im Zusammenhang mit der Wählerliste können im arbeitsgerichtlichen BeschlVerf. angegriffen werden. Zur Frage, inwieweit die Durchführung des Einspruchsverfahrens Voraussetzung für die Anfechtung der BRWahl ist, → § 4 Rn. 2ff.; → BetrVG § 19 Rn. 14.

Abs. 1 S. 2 ist eine **Sollvorschrift.** Ihre Verletzung beeinträchtigt im Allgemeinen die Rechtmäßigkeit der Wahl nicht. Jedoch müssen die Angaben in der Wählerliste stets eine **Identifizierung der einzelnen ArbN** sowie die Beurteilung ihrer Wahlberechtigung ermöglichen. Deshalb ist die Angabe von Familienname, Vorname und Geburtstag (aber → Rn. 9) im Allgemeinen unerlässlich (DKKW/*Homburg* Rn. 4; Richardi BetrVG/*Forst* Rn. 9). Nach LAG BW (BetrR 1993, 98 – Ls.) setzt § 2 WO auch die Angabe des Datums des Eintritts der wahlberechtigten ArbN voraus. 4

Auch eine **andere Reihenfolge der Wahlberechtigten** ist zulässig, wenn sie nach den betrieblichen Gepflogenheiten zweckmäßig ist, zB Reihenfolge nach der Personal- oder Schichtnummer (DKKW/*Homburg* Rn. 4; GK-BetrVG/*Jacobs* Rn. 5). Grds. nicht vorgeschrieben ist die Angabe der Wählbarkeit der ArbN. Da jedoch Wahlberechtigung und Wählbarkeit auseinanderfallen können und die Kenntnis der Wählbarkeit für das Vorschlagsrecht bedeutsam ist, erscheint eine entspr. Kennzeichnung zweckmäßig. Dies kann auch in der Weise geschehen, dass man die nicht wählbaren ArbN entsprechend kennzeichnet. Verpflichtend vorgeschrieben ist dagegen in Abs. 1 S. 3, dass die nach § 14 Abs. 2 S. 1 AÜG nicht passiv wahlberechtigten LeihArbN in der Wählerliste auszuweisen sind. Durch die Kennzeichnung dieses Personenkreises in der Wählerliste wird sichergestellt, dass LeihArbN, die gem. § 14 Abs. 2 AÜG im Entleiherbetrieb nicht passiv wahlberechtigt sind, nicht als Bewerber für ein Betriebsratsmandat im Entleiherbetrieb in Betracht kommen. Diese Verpflichtung zu Kennzeichnung beschränkt sich ausschließlich auf LeihArbN nach dem AÜG. Andere Personengruppen, denen nach § 7 S. 2 BetrVG ein aktives Wahlrecht im Einsatzbetrieb zusteht, wie zB echte LeihArbN im Rahmen einer Konzernleihe, werden von dem Ausschluss des passiven Wahlrechts im Entleiherbetrieb nicht erfasst. Ihnen steht das aktive und passive Wahlrecht zu (→ BetrVG § 7 Rn. 41; → BetrVG § 8 Rn. 26ff.; DKKW/*Homburg* Rn. 5; *Schneider* AiB 2005, 271 [274]; **aA** BAG 10.3.2004 – 7 ABR 49/03, AP BetrVG 1972 § 7 Nr. 8; 17.2.2010 – 7 ABR 51/08, NZA 2010, 832; 10.10.2012 – 7 ABR 53/11, ZBVR online 2013/4, 12; Richardi BetrVG/*Forst* Rn. 2). 5

Durch die 2. ÄnderungsVO v. 28.9.1989 (BGBl. I S. 1793) ist ausdrücklich klargestellt worden, dass die Unterstützungspflicht des ArbGeb. bei der Aufstellung der Wählerliste eine ihm obliegende **Rechtspflicht** ist (so bisher schon die hM; vgl. DKKW/*Homburg* Rn. 24; GK-BetrVG/*Jacobs* Rn. 9; Richardi BetrVG/*Forst* Rn. 11). Der ArbGeb. hat demnach dem Wahlvorst. alle für die Aufstellung der Wählerliste erforderlichen Auskünfte zu erteilen und Unterlagen zur Verfügung zu stellen. Hierzu gehört auch Kenntnisse über Angehörige des Dritten Geschlechts (divers) iSd § 45b Personenstandsgesetz. Diese Pflichten hat der ArbGeb. in dem Umfang zu erfüllen, dass dem Wahlvorst. die Aufstellung der Wählerliste möglich ist. Die Erfül- 6 lung dieser Pflicht kann im Bedarfsfall durch eine gerichtliche Entscheidung, ggf. auch durch eine einstw. Verfg sichergestellt werden (GK-BetrVG/*Jacobs* Rn. 10; Richardi BetrVG/*Forst* Rn. 11; LAG SchlH 7.4.2011 – 4 TaBVGa 1/11, BeckRS 2011, 73471; LAG Hamm 14.3.2005 – 10 TaBV 31/05, NZA-RR 2005, 373; LAG Hamm 27.5.1977 – 3 Ta BV 35/77, DB 1977, 1269 [1271]). Steht im einstw. Verfg.Verf. die Verkennung des Betriebsbegriffs nicht mit großer Wahrscheinlichkeit fest, hat der ArbGeb. dem Wahlvorst. die benötigten Auskünfte zur Erstellung einer Wählerliste zu erteilen (LAG Nürnberg 8.2.2011 – 6 TaBVGa 17/10, DB 2011, 715 zur Annahme eines gemeinsamen Betriebs durch den Wahlvorst.; weitergehend HessLAG 20.2.2014 – 9 TaBVGa 19/14, juris: Grenze Nichtigkeit der BRWahl). Der ArbGeb., der sich weigert, den Wahlvorst. in dem erforderlichen Umfang bei der Aufstellung der Wählerliste zu unterstützen, behindert die Wahl (LAG SchlH 7.4.2011 – 4 TaBVGa 1/11, BeckRS 2011, 73471) und macht sich nach § 119 Abs. 1 Nr. 1 BetrVG strafbar (DKKW/*Homburg* Rn. 24; Richardi BetrVG/*Forst* Rn. 11a). Im vereinfachten, zweistufigen Wahlverfahren obliegt dem ArbGeb. die Pflicht, schon der einladenden Stelle alle für die Anfertigung der Wählerliste erforderlichen Unterlagen in einem versiegelten Umschlag auszuhändigen (§ 28 Abs. 2 WO; → § 28 Rn. 6).

7 Da die **Abgrenzung der leitenden Angestellten** im Einzelfall besonders schwierig sein kann, ist die Verpflichtung des ArbGeb., den Wahlvorst. bei der Feststellung dieses Personenkreises zu unterstützen, besonders hervorgehoben. Die gleiche Verpflichtung des ArbGeb. besteht, auch ohne dass dies ausdrücklich gesagt ist, hinsichtlich der in § 5 Abs. 2 BetrVG genannten Personen (GK-BetrVG/*Jacobs* Rn. 12; Richardi BetrVG/*Forst* Rn. 13). Das Gleiche gilt ferner, wenn zweifelhaft ist, ob im Betrieb tätige Personen als ArbN oder freie Mitarbeiter oder im Rahmen eines Werkvertrages Arbeitende anzusehen sind (**aA** wohl ArbG Augsburg 27.4.1988 – 1 BV Ga 4/88, BB 1989, 218) oder zur Arbeitsleistung iSv § 7 S. 2 BetrVG überlassen und damit wahlberechtigte ArbN sind. Der ArbGeb. hat dem Wahlvorst. alle **Auskünfte** und **Unterlagen** zu geben, die zur Beurteilung der Frage, ob ein ArbN zu den in § 5 Abs. 2 u. 3 genannten Personen gehört oder ob ein im Betrieb Tätiger als ArbN oder nach § 7 S. 2 wahlberechtigter ArbN (vgl. *Maschmann* DB 2001, 2446 [2447]) oder als freier Mitarbeiter anzusehen ist, erforderlich sind, zB Beschreibung der Arbeitsaufgaben des Betreffenden, seine Eingliederung in den Betrieb, Organisationspläne des Unternehmens, uU auch die Gehaltslisten (vgl. DKKW/*Homburg* Rn. 25; → BetrVG § 18a Rn. 53). Hinsichtlich der iSv § 7 S. 2 BetrVG zur Arbeitsleistung überlassenen ArbN eines anderen ArbGeb. ist auch die vorgesehene Überlassungsdauer, Tag des Eintritts, und im Fall der wiederholten Überlassung auch deren vorherigen Zeiträume anzugeben. Die Entscheidung, ob jemand als leitender Ang. oder als Nicht-ArbN iSv § 5 Abs. 2 BetrVG oder als freier Mitarbeiter anzusehen ist oder nicht und deshalb in die Wählerliste aufzunehmen ist oder nicht, trifft **allein der Wahlvorst.** (GK-BetrVG/*Jacobs* Rn. 12; Richardi BetrVG/*Forst* Rn. 14). Bei der Beurteilung individualrechtlicher Statusfragen steht in Grenzfällen dem Wahlvorst. ein nach pflichtgemäßem Ermessen auszufüllender Beurteilungsspielraum zu (HessLAG 10.2.2000, 12 TaBV 148/98, BB 2001, 1095 [1096] mwN). Das Gleiche gilt für die Entscheidung, ob jemand wahlberechtigter Arbeitnehmer iSv § 7 S. 2 BetrVG ist (vgl. *Maschmann* DB 2001, 2446 [2447]). Hinsichtlich der leitenden Ang. hat der Wahlvorst. im Falle des § 18a BetrVG das besondere Zuordnungsverfahren zu beachten (→ Rn. 2). IÜ kann gegen seine Entscheidung nach § 4 Einspruch eingelegt und danach ggf. ein arbeitsgerichtliches BeschlVerf. eingeleitet werden.

8 Die Aufnahme in die Wählerliste ist **formelle Voraussetzung** für die Ausübung des **aktiven** und **passiven Wahlrechts.** Ohne Eintragung in die Wählerliste kann ein ArbN von seinem Wahlrecht keinen Gebrauch machen. Andererseits begründet die Eintragung in die Wählerliste nicht das aktive oder passive Wahlrecht, wenn seine materiellen Voraussetzungen (→ BetrVG § 7 Rn. 5 ff.; → BetrVG § 8 Rn. 5 ff.) nicht vorliegen (BAG 21.3.2017 – 7 ABR 19/15, NZA 2017, 1075; 5.3.1974 – 1 ABR

19/73, AP BetrVG 1972 § 5 Nr. 1; DKKW/*Homburg* Rn. 22; Richardi BetrVG/*Forst* Rn. 6).

Die **ordnungsgemäße Anfertigung** sowie die **Auslegung** eines Abdrucks der Wählerliste bis zum Abschluss der Stimmabgabe sind wesentliche Voraussetzungen für die Durchführung der BRWahl. Verstöße hiergegen – nicht dagegen die Unterlassung der ebenfalls vorgeschriebenen Auslegung dieser Verordnung (insoweit **aA** GK-BetrVG/*Jacobs* Rn. 15) – begründen im Allgemeinen die Anfechtung der Wahl (BAG 2.8.2017 – 7 ABR 42/15, NZA 2018, 182; LAG Hamm 12.1.2009 – 10 TaBV 17/07, BeckRS 2009, 56424; DKKW/*Homburg* Rn. 19; Richardi BetrVG/*Forst* Rn. 20). Auszulegen ist nicht das Original, sondern ein **Abdruck** der Wählerliste. In diesem ist aus Gründen des insoweit vorrangigen Schutzes von persönlichen Daten der ArbN ihr Geburtsdatum grds. nicht anzugeben. Hat ein ArbN Zweifel, ob ein in der Wählerliste Eingetragener schon das 18. Lebensjahr vollendet hat und damit wahlberechtigt ist, kann er den Wahlvorst. um Überprüfung bitten oder auch formell Einspruch gegen die Wählerliste einlegen. Die Angabe des Geburtstags von ArbN in dem Abdruck der Wählerliste ist nur zulässig, wenn dies zur Identifizierung des ArbN unerlässlich ist, zB wenn mehrere ArbN des Betriebs denselben Vor- und Zunamen haben und eine Unterscheidung nach anderen Merkmalen, etwa der Betriebstätte oder Abteilung, nicht möglich ist. **9**

Die Auslegung des Abdrucks der Wählerliste erfolgt am zweckmäßigsten im Geschäftszimmer des Wahlvorst. oder, falls dieser kein eigenes Geschäftszimmer hat, in dem des BR, ggf. auch am Arbeitsplatz (Büro) des Vors. des Wahlvorst (LAG München 27.2.2007 – 8 TaBV 89/06, BeckRS 2009, 61908). Die Auslegung an mehreren Stellen des Betriebs ist zulässig und in größeren Betrieben zweckmäßig (GK-BetrVG/*Jacobs* Rn. 13). Jeder ArbN, auch der zur Arbeitsleistung überlassene iSd § 7 S. 2 BetrVG, hat das Recht, **Einblick in die ausgelegte Wählerliste** zu nehmen (GK-BetrVG/*Jacobs* Rn. 16). Eine hierzu notwendige Arbeitsversäumnis hat keine Minderung des Arbeitsentgelts zu Folge (vgl. § 20 Abs. 3 S. 2 BetrVG; ebenso DKKW/*Homburg* Rn. 19; GK-BetrVG/*Jacobs* Rn. 17). Wegen ihres Anfechtungsrechts haben auch ArbGeb. und Vertreter der im Betrieb vertretenen Gewerkschaften das Recht, die ausgelegten Wählerlisten einzusehen (GK-BetrVG/*Jacobs* Rn. 18; **aA** DKKW/*Homburg* Rn. 19 nicht der ArbGeb.). **10**

Neben der herkömmlichen Form der Bekanntmachung durch Auslegung eines Abdrucks der Wählerliste in Papierform kann die Bekanntmachung auch in elektronischer Form, dh mittels der im Betrieb vorhandenen **Informations- und Kommunikationstechnik,** wie zB Intranet erfolgen (§ 2 Abs. 4 S. 3, vgl. BR-Drs. 838/01, 28) Der in der WO verwandte **Begriff „elektronische Form"** ist **nicht identisch** mit dem in § 126a BGB verwandten Begriff. Die Bekanntmachung in elektronischer Form setzt daher zu ihrer Wirksamkeit kein qualifiziert signiertes Dokument iSd Vorschrift voraus (*Rudolph/Fricke* AiB 2005, 277 f.). Die **Bekanntmachung** ausschließlich in **elektronischer Form** ist jedoch nur dann zulässig, wenn sichergestellt ist, dass alle ArbN von der Bekanntmachung Kenntnis erlangen können. Dies ist zB dann der Fall, wenn allen ArbN der Zugang zum Intranet zusteht, sei es an ihrem eigenem PC oder anhand eines – ähnlich wie beim schwarzen Brett – für alle ArbN allgemein zugänglichen PC nebst Bedienungsanleitung (zweifelnd *Rudolph/Fricke* AiB 2005, 277 f.). Zudem müssen Vorkehrungen getroffen werden, dass nur der Wahlvorst. Änderungen an der Wählerliste vornehmen kann. So darf zB das Passwort nur WahlvorstMitgl. bekannt sein (LAG Nds 26.7.2007 – 4 TaBV 85/06, AE 2008, 47 f.; *Heil/Bergmann* AiB 2009, 363 [364]). Die technischen oder organisatorischen Rahmenbedingungen müssen so beschaffen sein, dass der Zugriff auf das in elektronischer Form bekannt gemachte Dokument ausschließlich durch den Wahlvorst. erfolgt. Der Wahlvorst. darf sich der Hilfe Dritter bedienen, setzt aber zusätzliche Sicherungsmaßnahmen gegen unbefugte Veränderungen voraus (BAG 12.6.2013 – 7 ABR 77/11, NZA 2013, 1368; *Schneider/Wedde* AuR 2007, 26 [28]; DKKW/*Homburg* § 2 Rn. 13; GK-BetrVG/*Jacobs* Rn. 14). Diese Voraussetzung ist nicht erfüllt, wenn neben dem Wahlvorst. auch andere Mitarbeiter des **11**

ArbGeb. wie zB die Systemadministratoren auch ohne Mitwirkung des Wahlvorst. auf das Dokument tatsächlich zugreifen können (BAG 21.1.2009 – 7 ABR 65/07, AP BetrVG 1972 § 19 Nr. 61; 12.6.2013 – 7 ABR 77/11, NZA 2013, 1368; Richardi BetrVG/*Forst* Rn. 16). Nicht ausreichend ist, dass die Systemadministratoren arbeitsrechtlich nicht berechtigt sind ohne Mitwirkung des Wahlvorst. Zugriff auf die Dokumente zu nehmen; sie müssen auch tatsächlich nicht in der Lage sein können, auf das Dokument ohne Mitwirkung des Wahlvorst. zuzugreifen, ansonsten liefe die Regelung weitgehend ins Leere (BAG 21.1.2009 – 7 ABR 65/07, AP BetrVG 1972 § 19 Nr. 61; **aA** *Jansen* DB 2006, 334f.). Ein Wertungswiderspruch zum Aushang zB des Wahlausschreibens ist damit nicht verbunden: etwaige Manipulationen an dem Wahlausschreiben in Papierform sind leichter erkennbar als Änderungen des elektronisch bekannt gemachten Dokuments (BAG 21.1.2009 – 7 ABR 65/07, AP BetrVG 1972 § 19 Nr. 61). Im **Wahlausschreiben** ist darauf hinzuweisen, wo und wie von der Wählerliste und der Verordnung im Fall der elektronischen Bekanntmachung **Kenntnis** genommen werden kann (vgl. § 3 Abs. 2 Nr. 2 WO, § 31 Abs. 1 Nr. 2 WO). Werden Änderungen in der Wählerliste vorgenommen, müssen diese in allen gewählten Bekanntmachungsformen bekannt gemacht werden (BAG 2.8.2017 – 7 ABR 42/15, NZA 2018, 182 → Rn. 9). Für **blinde oder stark sehbehinderte** wahlberechtigte ArbN ist die Bekanntmachung mittels der im Betrieb vorhandenen IuK-Technik möglich, wenn sie sie per Übertragung in Brailleschrift, Sprachausgabe oder starke Vergrößerung der Schrift zu Kenntnis nehmen können (HessLAG 24.9.2015 – 9 TaBV 12/15, juris). Eine Versendung per **E-Mail** an alle ArbN erfüllt nicht die Voraussetzungen an eine Bekanntmachung iSd VO (BAG 5.5.2004 – 7 ABR 44/03, AP WahlO BetrVG 1972 § 3 Nr. 1 zur Bekanntmachung des Wahlausschreibens; Richardi BetrVG/*Forst* Rn. 16; *Rudolph/Fricke* AiB 2005, 277 [279]; *Beckschulze* DB 2007, 1526 [1534]; **aA** wohl *Berg/Heilmann* AiB 2009, 363 [364]; *Jansen* DB 2006, 334f., will Rund-E-Mail zulassen, wenn diese entweder verschlüsselt ist oder Änderungen auf dem Weg zu den ArbN nicht möglich sind).

12 Durch Abs. 5 wird der Wahlvorst. im Hinblick auf die große Zahl **ausländischer ArbN** angehalten, diejenigen ausländischen ArbN des Betriebs, die der deutschen Sprache nicht mächtig sind, in geeigneter Weise über die BRWahl, über das Wahlverf., über die Aufstellung der Wähler- und Vorschlagslisten sowie über den Wahlvorgang und die Stimmabgabe zu unterrichten. **In welcher Form** diese Unterrichtung erfolgt, (zB durch ein Merkblatt in ausländischer Sprache oder durch einen Dolmetscher im Rahmen einer Versammlung dieser ausländischen ArbN des Betriebs), unterliegt der Entscheidung des Wahlvorst., der insoweit einen weiten Ermessensspielraum hat (*Herbert/Oberrath* NZA 2012, 1260 [1262]). Im Allgemeinen dürfte eine Übersetzung der Bekanntmachungen und Aushänge des Wahlvorst. allerdings stets erforderlich sein (LAG Hamm 17.5.1973 – 8 Ta BV 11/73, DB 1973, 1403; BAG 13.10.2004 – 7 ABR 5/04, AP WahlO BetrVG 1972 § 2 Nr. 1; *Rudolph/Fuhrmann* AiB 2014, 52ff.; **aA** GK-BetrVG/*Jacobs* Rn. 21). Dagegen ist der Entscheidungsspielraum des Wahlvorst., **ob** er eine entsprechende Unterrichtung der im Betrieb beschäftigten ausländischen ArbN durchführt, trotz der Tatsache, dass Abs. 5 lediglich eine Sollvorschrift ist, eng. Dies folgt aus der grundsätzlichen Bedeutung des aktiven und passiven Wahlrechts für die ArbN (zust. *Brill* BB 1978, 1574; ebenso BAG 13.10.2004 – 7 ABR 5/04, AP WahlO BetrVG 1972 § 2 Nr. 1; LAG Nds 16.6.2008 – 9 TaBV 14/07, AE 2009, 131). Ein Verstoß gegen die Vorschrift rechtfertigt deshalb die Anfechtung der Wahl, wenn die ausländischen ArbN nicht die erforderlichen Kenntnisse hatten, um sich an der BRWahl zu beteiligen (BAG 13.10.2004 – 7 ABR 5/04, AP WahlO BetrVG 1972 § 2 Nr. 1; LAG RhPf 22.7.2015 – 7 TaBV 7/15; GK-BetrVG/*Jacobs* Rn. 19; DKKW/*Homburg* Rn. 26; *Herbert/Oberrath* NZA 2012, 1260 [1262]; über den Umfang der fremdsprachlichen Unterrichtung LAG RhPf 22.7.2015 – 7 TaBV 7/15; LAG Hamm 17.5.1973 – 8 Ta BV 11/73, DB 1973, 1403: verneinend hinsichtlich der Aufforderung nach § 6 Abs. 6 WO bei Doppelunterzeichnung von Vorschlagslisten). Entscheidend ist, ob die Sprachkenntnisse ausreichen, um die zum Teil komplizierten Wahlvorschriften und den Inhalt des WA verstehen zu können. Im Zweifelsfall muss der Wahlvorst. von unzureichenden Sprachkenntnissen ausgehen; nicht ausreichend ist, dass die ausländischen ArbN über die für die tägliche Arbeit erforderlichen Deutschkenntnisse verfügen, wenn hierfür nur geringe Kenntnisse nötig sind (BAG 13.10.2004 – 7 ABR 5/04, AP WahlO BetrVG 1972 § 2 Nr. 1; LAG RhPf 22.7.2015 – 7 TaBV 7/15). In einem Betrieb mit einer Vielzahl von Nationalitäten ist eine Beschränkung auf die wesentlichen Hauptsprachen zulässig; Anhaltspunkt hierfür können die von der Geschäftsleitung zur Unterrichtung der ArbN benutzten geläufigen Sprachen sein (BAG 13.10.2004 – 7 ABR 5/04, AP WahlO BetrVG 1972 § 2 Nr. 1; *Herbert/Oberrath* NZA 2012, 1260 [1262]). Werden im Unternehmen zB auch komplizierte Anordnungen im Betrieb nicht in Fremdsprachen übersetzt, kann dies ein Indiz für den Wahlvorst. sein, dass die ausländischen ArbN über ausreichende Deutschkenntnisse verfügen, die es ihnen auch erlauben, die Wahlaushänge und das Wahlverfahren zu verstehen (So für Call-Center-Agenten LAG Hamm 27.10.2015 – 7 TaBV 19/15, ZBVR online 2016, Nr. 9, 8). Einer eigenständigen Prüfung ist der Wahlvorst. dadurch jedoch nicht enthoben.

§ 3 Wahlausschreiben[1]

(1) **Spätestens sechs Wochen vor dem ersten Tag der Stimmabgabe[4] erlässt der Wahlvorstand ein Wahlausschreiben, das von der oder dem Vorsitzenden und von mindestens einem weiteren stimmberechtigten Mitglied des Wahlvorstands zu unterschreiben ist.[5] Mit Erlass des Wahlausschreibens ist die Betriebsratswahl eingeleitet.[1–3] Der erste Tag der Stimmabgabe soll spätestens eine Woche vor dem Tag liegen, an dem die Amtszeit des Betriebsrats abläuft.[4]**

(2) **Das Wahlausschreiben muss folgende Angaben[6] enthalten:**

1. **das Datum seines Erlasses;[2]**
2. **die Bestimmung des Orts, an dem die Wählerliste und diese Verordnung ausliegen, sowie im Fall der Bekanntmachung in elektronischer Form (§ 2 Abs. 4 Satz 3 und 4) wo und wie von der Wählerliste und der Verordnung Kenntnis genommen werden kann;[7]**
3. **dass nur Arbeitnehmerinnen und Arbeitnehmer wählen oder gewählt werden können, die in die Wählerliste eingetragen sind, und dass Einsprüche[8] gegen die Wählerliste (§ 4) nur vor Ablauf von zwei Wochen seit dem Erlass des Wahlausschreibens schriftlich beim Wahlvorstand eingelegt werden können; der letzte Tag der Frist ist anzugeben;**
4. **den Anteil der Geschlechter und den Hinweis, dass das Geschlecht in der Minderheit im Betriebsrat entsprechend seinem zahlenmäßigen Verhältnis vertreten sein muss, wenn der Betriebsrat aus mindestens drei Mitgliedern besteht (§ 15 Abs. 2 des Gesetzes);[9, 10]**
5. **die Zahl der zu wählenden Betriebsratsmitglieder (§ 9 des Gesetzes) sowie die auf das Geschlecht in der Minderheit entfallenden Mindestsitze im Betriebsrat (§ 15 Abs. 2 des Gesetzes);[11]**
6. **die Mindestzahl von Wahlberechtigten, von denen ein Wahlvorschlag unterzeichnet sein muss (§ 14 Abs. 4 des Gesetzes);[12]**
7. **dass der Wahlvorschlag einer im Betrieb vertretenen Gewerkschaft von zwei Beauftragten unterzeichnet sein muss (§ 14 Abs. 5 des Gesetzes);[13]**
8. **dass Wahlvorschläge vor Ablauf von zwei Wochen seit dem Erlass des Wahlausschreibens beim Wahlvorstand in Form von Vorschlagslisten einzureichen sind, wenn mehr als drei Betriebsratsmitglieder zu wählen sind;[14, 15] der letzte Tag der Frist ist anzugeben;**
9. **dass die Stimmabgabe an die Wahlvorschläge gebunden ist und dass nur solche Wahlvorschläge berücksichtigt werden dürfen, die fristgerecht (Nr. 8) eingereicht sind;[16]**

10. die Bestimmung des Orts, an dem die Wahlvorschläge bis zum Abschluss der Stimmabgabe aushängen;[17]
11. Ort, Tag und Zeit der Stimmabgabe[18] sowie die Betriebsteile und Kleinstbetriebe, für die schriftliche Stimmabgabe (§ 24 Abs. 3)[23] beschlossen ist;
12. den Ort, an dem Einsprüche, Wahlvorschläge und sonstige Erklärungen gegenüber dem Wahlvorstand abzugeben sind (Betriebsadresse des Wahlvorstands);[24]
13. Ort Tag und Zeit der öffentlichen Stimmauszählung.[27]

(3) **Sofern es nach Größe, Eigenart oder Zusammensetzung der Arbeitnehmerschaft des Betriebs zweckmäßig ist, soll der Wahlvorstand im Wahlausschreiben darauf hinweisen, dass bei der Aufstellung von Wahlvorschlägen die einzelnen Organisationsbereiche und die verschiedenen Beschäftigungsarten berücksichtigt werden sollen.[28]**

(4) **Ein Abdruck des Wahlausschreibens ist vom Tage seines Erlasses bis zum letzten Tage der Stimmabgabe an einer oder mehreren geeigneten, den Wahlberechtigten zugänglichen Stellen vom Wahlvorstand auszuhängen und in gut lesbarem Zustand zu erhalten. Ergänzend kann das Wahlausschreiben mittels der im Betrieb vorhandenen Informations- und Kommunikationstechnik bekannt gemacht werden. § 2 Abs. 4 Satz 4 gilt entsprechend.[29, 30]**

1 Die Vorschrift legt den **Inhalt des WA** und den Zeitpunkt fest, in dem dieses zu erlassen ist. Das WA ist für die BRWahl von wesentlicher Bedeutung. Eine ohne WA durchgeführte Wahl ist auf jeden Fall anfechtbar (→ BetrVG § 19 Rn. 22). Mit **Erlass des WA** ist die Wahl iSd § 18 Abs. 1 S. 1 BetrVG **eingeleitet.** Wird das WA an mehreren Stellen des Betriebs ausgehängt, ist die Wahl mit dem letzten Aushang eingeleitet (LAG Hamm 26.2.1976 – 8 TaBV 103/75, DB 1976, 921; DKKW/*Homburg* Rn. 3; GK-BetrVG/*Jacobs* Rn. 3; Richardi BetrVG/*Forst* Rn. 1). Der Tag des Aushangs des WA und das Datum seines Erlasses sollten tunlichst übereinstimmen. Ist dies nicht der Fall, bestimmen sich insbes. Fristen, die mit dem Erlass des WA beginnen, allein nach dem Tag des Aushangs (LAG Nürnberg 16.4.2019 – 7 TaBV 21/18, DB 2019, 1912; DKKW/*Homburg* Rn. 3; GK-BetrVG/*Jacobs* Rn. 3). Der Tag des Aushangs sollte vom Wahlvorst. aktenmäßig festgehalten werden.

2 Der Zeitpunkt des Erlasses des WA hat **Bedeutung** für die Bestimmung der Größe des BR (→ BetrVG § 9 Rn. 34), für die Verteilung der BRSitze auf das Geschlecht in der Minderheit (→ BetrVG § 15 Rn. 15, 16) sowie für den Beginn folgender Fristen: Einreichungsfrist der Wahlvorschläge (§ 6 Abs. 1 S. 2), Einspruchsfrist gegen die Wählerliste (§ 4 Abs. 1), Tag der Stimmabgabe (§ 3 Abs. 1). Das dritte Geschlecht (divers) ist nicht das Geschlecht in der Minderheit iSd § 15 Abs. 2 BetrVG (→ BetrVG § 15 Rn. 11b).

3 Eine nachträgliche **Ergänzung** oder **Berichtigung** des WA ist zulässig, sofern sie so rechtzeitig erfolgt, dass sich die ArbN in ihrem Wahlverhalten im weiten Sinne, zB auch hinsichtlich ihres Wahlvorschlagsrechts, hierauf ordnungsgemäß einstellen können und eine Beeinträchtigung ihrer Wahlchancen bei objektiver Betrachtungsweise nicht zu befürchten ist (→ Rn. 14, 18). Ist dies nicht gewährleistet, zB in dem Fall, dass irrtümlich als selbständig angesehene Betriebsteile oder Kleinstbetriebe nachträglich in die Wahl einbezogen werden, ist ein neues WA zu erlassen.

4 Zwischen dem Erlass des WA und dem ersten Tag der Stimmabgabe muss mindestens ein Zeitraum von **sechs Wochen** liegen. Dies gilt nicht für den Erlass des WA im vereinfachten Wahlverfahren (vgl. § 31 Abs. 1, § 36 Abs. 2). Der Tag des Erlasses des WA ist nicht mitzuzählen (vgl. § 187 Abs. 1 BGB). Eine Verletzung der Mindestfrist stellt einen Verstoß gegen wesentliche Vorschriften über das Wahlverfahren dar, der uU die Anfechtung der Wahl nach § 19 BetrVG rechtfertigen kann (HessLAG 14.4.2011 – 9 TaBV 198/10, BeckRS 2011, 78204 DKKW/*Homburg* Rn. 4; Richardi BetrVG/*Forst* Rn. 2). Demgegenüber ist eine Verletzung der bloßen Sollvorschrift

des Abs. 1 S. 3, nach der der Wahltag spätestens eine Woche vor Ablauf der Amtszeit des bestehenden BR liegen soll, im Allgemeinen kein Anfechtungsgrund (vgl. Richardi BetrVG/*Forst* Rn. 3). Zwar sollte der Wahlvorst. die Wahl so zügig vorbereiten und durchführen, dass eine betriebsratslose Zeit vermieden wird. Sofern jedoch eine ordnungsgemäße Vorbereitung der Wahl die Einhaltung dieser Frist nicht zulässt, kann der Wahlvorst. den Wahltag anderweitig festlegen (GK-BetrVG/*Jacobs* Rn. 5; DKKW/*Homburg* Rn. 5). Wird das WA nachträglich in wesentlichen Punkten geändert, so dass ein neues WA zu erlassen ist (→ Rn. 3), ist der Tag der Stimmabgabe entsprechend zu verschieben (GK-BetrVG/*Jacobs* Rn. 5, 28).

Das WA ist von der oder dem Vors. und mindestens einem weiteren stimmberechtigten Mitgl. des Wahlvorst. zu **unterschreiben.** Die Unterschrift bloß der oder des Vors. oder die Mitunterzeichnung durch ein nicht stimmberechtigtes Mitgl. ist ein Verfahrensmangel. Dieser begründet allerdings nicht die Nichtigkeit der BRWahl; auch eine Anfechtbarkeit dürfte wohl kaum jemals in Betracht kommen, da nicht ersichtlich ist, wieso dieser Verfahrensmangel das Wahlergebnis beeinflussen kann (vgl. ArbG Gelsenkirchen 15.3.1968 – BV 5/68 BB 1968, 627; DKKW/*Homburg* Rn. 7; GK-BetrVG/*Jacobs* Rn. 6; Richardi BetrVG/*Forst* Rn. 4). Fehlt jede Unterschrift, ist das WA nicht erlassen. 5

Abs. 2 schreibt iE die Angaben vor, die das **WA grds. enthalten muss.** Bei der Wahl eines nur einköpfigen bzw. dreiköpfigen BR richtet sich der Inhalt des WA nach § 31 bzw. § 36 (→ § 31 Rn. 2ff.; → § 36 Rn. 6). Unterbleiben die vorgeschriebenen Mitteilungen, so stellt dies im Allgemeinen einen Verstoß gegen wesentliche Wahlvorschriften dar, der unter den Voraussetzungen des § 19 BetrVG die Anfechtung der Wahl rechtfertigen kann (BAG 11.3.1960 – 1 ABR 15/59, AP BetrVG § 18 Nr. 13; 19.11.2003 – 7 ABR 24/03, AP BetrVG 1972 § 19 Nr. 54; GK-BetrVG/*Jacobs* Rn. 7; DKKW/*Homburg* Rn. 10; Richardi BetrVG/*Forst* Rn. 6; aber → Rn. 18ff.). Das WA kann über die in Abs. 2 genannten weitere im Zusammenhang mit der Wahl stehende Angaben enthalten, falls dies sachdienlich erscheint, zB die Zusammensetzung des Wahlvorst. oder der Hinweis darauf, dass die Wahl des Betriebsrats auch dann durchgeführt wird, wenn kein Angehöriger des Geschlechts in der Minderheit sich zur Wahl zur Verfügung stellt bzw. vorgeschlagen wird. Allerdings sollte das WA nicht mit zu vielen zusätzlichen Angaben belastet werden, damit nicht die wesentlichen und zwingend vorgeschriebenen Mitteilungen optisch an Bedeutung verlieren (GK-BetrVG/*Jacobs* Rn. 25). Außerdem hat jede Wahlbeeinflussung zu unterbleiben (Richardi BetrVG/*Forst* Rn. 6). Unzulässig ist zB das WA mit dem Logo der Gewerkschaft zu versehen (ArbG Frankfurt (Oder) 26.6.2014 – 6 BV 11/14, juris mit zustimmender Anm. *Sachadae* juris PR-ArbR 3/2015 Anm. 4 ebenda). 6

Die **Auslegung des Abdrucks der Wählerliste** an mehreren Orten ist zulässig. Durch die Auslage soll den ArbN die Nachprüfung der Richtigkeit der Wählerliste ermöglicht werden (vgl. iE zur Wählerliste → § 2 Rn. 1ff.). Außer dem Ort sollte zweckmäßigerweise auch die Zeit angegeben werden, in der die Einsichtnahme möglich ist. Ist die Wählerliste auch in elektronischer Form bekannt gemacht worden, ist im WA ebenfalls anzugeben, wo und wie von der Wählerliste und der Verordnung Kenntnis genommen werden kann (→ § 2 Rn. 11). 7

Näheres über das Einspruchsverfahren vgl. § 4. Der **Einspruch** kann nur innerhalb der angegebenen **Ausschlussfrist von zwei Wochen** eingelegt werden. Die Berechnung der Frist bestimmt sich nach § 187 BGB (vgl. § 41). Sie beginnt am Tage nach Aushang bzw. elektronischer Bekanntmachung des WA; ist das WA an mehreren Stellen ausgehängt worden, am Tage nach dem letzten Aushang (LAG Hamm 26.2.1976 – 8 TaBV 103/75, DB 1976, 921). Wird das WA zB am 6.3.2002 erlassen, so müssen etwaige Einsprüche bis zum 20.3.2002 eingelegt sein. Dieser Tag ist als letzter Tag der Ausschlussfrist im WA anzugeben. Ist der letzte Tag der Frist ein Samstag, Sonntag oder gesetzlicher Feiertag, so läuft die Frist mit dem nächsten Werktag ab (§ 193 BGB). Der Wahlvorst. kann den Ablauf der Frist auf das **Ende der Dienststunden** am letzten Tag der Frist begrenzen, vorausgesetzt, der festgesetz- 8 te Fristablauf liegt nicht vor dem Ende der Arbeitszeit der überwiegenden Mehrheit der ArbN des Betriebs (BAG 4.10.1977 – 1 ABR 37/77, AP BetrVG 1972 § 18 Nr. 2; LAG Nürnberg 16.4.2019 – 7 TaBV 21/18, DB 2019, 1912; GK-BetrVG/*Jacobs* Rn. 10; Richardi BetrVG/*Forst* Rn. 17; zur WO 1952 vgl. zu § 6 WO: BAG 16.1.2018 – 7 ABR 11/16, NZA 2018, 797; 12.2.1960 – 1 ABR 13/59, AP BetrVG § 18 Nr. 11; 1.6.1966 – 1 ABR 16/65, AP WahlO z. BetrVG § 6 Nr. 2). Um hier keine Unklarheiten aufkommen zu lassen, muss der Wahlvorst. in diesen Fällen den Ablauf der Frist auch uhrzeitmäßig genau angeben.

9 Nach Nr. 4 muss im WA der **Anteil der Geschlechter** im Betrieb, angegeben werden. Aufgrund der Regelung in § 15 Abs. 2 BetrVG hat der Wahlvorst. darauf hinzuweisen, dass das Geschlecht, welches im Betrieb in der Minderheit ist (→ BetrVG § 15 Rn. 11b, 15 ff.), entsprechend seinem zahlenmäßigen Verhältnis im BR vertreten sein muss, wenn dieser aus mindestens drei Mitgl. besteht. Stellt der Wahlvorst. fest, dass im Zeitpunkt des WA eine gleiche Anzahl von Angehörigen der jeweiligen Geschlechter im Betrieb ist, entfällt dieser Teil der Angabe mangels eines feststellbaren Geschlechts in der Minderheit (→ BetrVG § 15 Rn. 19; → § 5 Rn. 2). Aufgrund dessen, dass das dritte Geschlecht nicht das Geschlecht in der Minderheit iSd § 15 Abs. 2 BetrVG ist (→ BetrVG § 15 Rn. 11b), muss der Wahlvorst. im WA hierzu keine Ausführungen machen.

10 Die **Zahl der zu wählenden BRMitgl.** hängt in Betrieben mit mehr als 51 wahlberechtigten ArbN von der Zahl der im Betrieb tätigen ArbN – ohne Rücksicht auf ihre Wahlberechtigung – ab. In diesen Betrieben muss der Wahlvorst. deshalb neben der Erstellung der Wählerliste auch die Zahl der regelmäßigen beschäftigten ArbN feststellen (iE → BetrVG § 9 Rn. 9 ff.).

11 Die Angabe der auf das Geschlecht in der Minderheit entfallenden Mindestsitze im BR muss bereits im WA enthalten sein (Nr. 5). Die Bestimmung der Mindestsitzzahl für das Geschlecht in der Minderheit erfolgt nach § 5 (→ § 5 Rn. 1; → BetrVG § 15 Rn. 15 ff.). Die unzutreffende Angabe rechtfertigt zur Anfechtung der BRWahl (BAG 10.3.2004 – 7 ABR 49/03, AP BetrVG 1972 § 7 Nr. 8; 13.3.2013 – 7 ABR 67/11, NZA-RR 2013, 575; → § 19 Rn. 20, 22, 27). Stellt der Wahlvorst. fest, dass im Betrieb beide Geschlechter gleich viele Angehörige haben, entfällt diese Angabe mangels eines feststellbaren Geschlechts in der Minderheit (→ BetrVG § 15 Rn. 19; → § 5 Rn. 2).

12 Für die Mitteilung der erforderlichen Unterschriften unter einen Wahlvorschlag ist ein bloßer Hinweis auf die Regelung des § 14 Abs. 4 BetrVG nicht ausreichend. Vielmehr ist die **genaue Angabe** der für einen gültigen Wahlvorschlag **erforderlichen Zahl von Unterschriften** notwendig, zB in einem Betrieb mit 100 ArbN die Angabe, dass der Wahlvorschlag der ArbN mindestens von fünf wahlberechtigten ArbN unterschrieben sein muss (GK-BetrVG/*Jacobs* Rn. 13; DKKW/*Homburg* Rn. 16; Richardi BetrVG/*Forst* Rn. 11). Da ein ArbN nicht mehrere Wahlvorschläge unterschreiben darf, empfiehlt es sich, hierauf ausdrücklich hinzuweisen. Zur Frage, wenn ein ArbN mehrere Wahlvorschläge unterschrieben hat, → § 6 Rn. 17. Eine Rücknahme der Unterschrift nach Einreichung des Wahlvorschlags ist für dessen Gültigkeit ohne Bedeutung (vgl. § 8 Abs. 1 Nr. 3; → BetrVG § 14 Rn. 55).

13 Zum Wahlvorschlagsrecht der Gewerkschaften → BetrVG § 14 Rn. 58 ff. Zum Erfordernis der Unterzeichnung durch zwei Beauftragte der Gewerkschaft → § 27 Rn. 3; → BetrVG § 14 Rn. 67.

14 Die **Frist für die Einreichung von Wahlvorschlägen** (§ 6 Abs. 1) ist im Regelfall die gleiche, wie für die Einlegung von Einsprüchen gegen die Richtigkeit der Wählerliste (→ Rn. 8). Auch hier ist der Ablauf der Frist mit Datum und ggf. Uhrzeit genau anzugeben. Eine Verlängerung oder Verkürzung der Zwei-Wochen-Frist ist unzulässig und führt zur Anfechtung der Wahl (BAG 9.12.1992 – 7 ABR 27/92, NZA 1993, 765). Werden die für Wahlvorschläge bedeutsamen Angaben (zB Zahl der auf das Geschlecht in der Minderheit entfallenden Mindestsitze im BR, Erhöhung der Zahl der erforderlichen Unterschriften) **im WA nachträglich geändert,**

so ist für den Fall, dass zwischen der Bekanntmachung der Änderung und dem Ablauf der Einreichungsfrist für Wahlvorschläge nicht mindestens eine Woche liegt, in entsprechender Anwendung des § 6 Abs. 2 S. 1 eine **Nachfrist** von einer Woche für die Einreichung von Wahlvorschlägen zu setzen (ebenso DKKW/*Homburg* Rn. 31; **aA** Richardi BetrVG/*Forst* Rn. 19f., der den Erlass eines neuen WA für notwendig hält; nach GK-BetrVG/*Jacobs* Rn. 29, ist in diesem Falle die Wahlvorschlagsfrist entsprechend zu verlängern). Die Gegenmeinung ist abzulehnen. Der Erlass eines neuen WA hätte stets eine Verschiebung des Wahltermins und damit uU eine betriebsratslose Zeit zur Folge, wenn nämlich der neue Wahltermin nach Ablauf der Amtszeit des bestehenden BR liegt. Das ist soweit wie vertretbar zu verhindern. Wird innerhalb der Einreichungsfrist für einen Wahlgang **keine gültige Vorschlagsliste** eingereicht, ist gem. § 9 eine Nachfrist von einer Woche für die Einreichung von Vorschlagslisten zu setzen.

Zur Einreichung von Wahlvorschlägen vgl. iE § 6 WO; → BetrVG § 14 Rn. 40ff. **15**

Die **Belehrung über die Stimmabgabe** und ihre Bindung an ordnungsgemäß **16** eingereichte Wahlvorschläge haben ausdrücklich und in verbaler Form zu erfolgen. Nicht ausreichend ist der bloße Hinweis auf die einschlägigen Vorschriften der WO.

Zur Bestimmung des Orts, an dem die Wahlvorschläge bis zum Abschluss der **17** Stimmabgabe aushängen vgl. § 10 WO.

Der **Tag der Stimmabgabe** soll spätestens eine Woche vor dem Ablauf der **18** Amtszeit des bestehenden BR liegen (Abs. 1 S. 3). Hierdurch soll eine betriebsratslose Zeit vermieden werden. Dies lässt sich insbes. in größeren Betrieben nur sicherstellen, wenn der Wahlvorst. möglichst frühzeitig bestellt wird. Eine Verletzung der Sollvorschrift des Abs. 1 S. 3 hat auf die Gültigkeit der Wahl keinen Einfluss. In größeren Betrieben und in Betrieben, in denen in mehreren Schichten gearbeitet wird, kann eine **Stimmabgabe über mehrere Tage** in Frage kommen. In diesem Fall soll der letzte Tag der Stimmabgabe spätestens eine Woche vor Ablauf der Amtszeit des bestehenden BR liegen.

Die Verpflichtung, im WA außer dem Tag bereits auch **Ort und Zeit der** **19** **Stimmabgabe** genau anzugeben, kann in Großbetrieben angesichts der zu treffenden notwendigen organisatorischen Maßnahmen und der Fülle der sonstigen Aufgaben, die der Wahlvorst. vor Erlass des WA zu erledigen hat, auf Schwierigkeiten stoßen. Im Gegensatz zum Wahltag als solchem, von dem die Wahlberechtigten schon deshalb rechtzeitig Kenntnis haben müssen, um ggf. wegen Abwesenheit vom Betrieb die Unterlagen für die schriftliche Stimmabgabe anfordern zu können, erscheint die genaue Kenntnis von Ort und Uhrzeit der Stimmabgabe bereits sechs Wochen vorher zur ordnungsgemäßen Ausübung des Wahlrechts nicht erforderlich. Deshalb ist der Wahlvorst., falls er aus sachlichen Gründen Ort und Uhrzeit der Stimmabgabe noch nicht im WA selbst genau angeben kann, berechtigt, sich insoweit im WA auf den Hinweis zu beschränken, dass Ort und Uhrzeit der Stimmabgabe durch einen besonderen und in gleicher Weise wie das WA bekannt zu gebenden Aushang rechtzeitig mitgeteilt werden (GK-BetrVG/*Jacobs* Rn. 19 *Boemke* BB 2009, 2758 [2760] (neun Tage vor der Wahl); hierzu auch § 6 Abs. 2 Nr. 12 WOS; BAG 19.9.1985 – 6 ABR 4/85, AP BetrVG 1972 § 19 Nr. 12, das auch ohne einen entsprechenden Hinweis im WA eine Ergänzung hinsichtlich des Ortes des Wahllokals zulässt, sofern sie so rechtzeitig erfolgt, dass für die Wahlberechtigten keine Einschränkung ihres Wahlrechts eintritt).

Besucht ein Wahlvorst. die Einzelnen **Filialen** eines Einzelhandelsunternehmens **20** nach einem bestimmten **„Tourenplan"**, so muss vorher die konkrete Zeit, in der die Stimmabgabe zur Wahl des BR möglich ist, festgelegt und in den einzelnen Filialen bekannt gemacht werden, sei es im WA selbst oder in einer späteren Ergänzung des WA (LAG Bbg 27.11.1998 – 5 TaBV 18/98, NZA-RR 1999, 418; LAG Düsseldorf 3.8.2007 – 9 TaBV 41/07, ArbuR 2008, 120).

Die Wahl findet **während der Arbeitszeit** statt (→ BetrVG § 20 Rn. 44). Jedoch **21** braucht die Zeit der Stimmabgabe nicht unbedingt mit der betrieblichen Arbeitszeit voll übereinzustimmen. So ist es zB zulässig, die Wahl auf sechs Stunden während der Arbeitszeit zu begrenzen, sofern diese Zeit ausreicht, um den ArbN die Ausübung ihres Wahlrechts in angemessener Weise zu ermöglichen; ferner ist es zulässig, in einem Betrieb, der in zwei Schichten arbeitet, die Wahlzeit so zu legen, dass sie teilweise in beide Schichten fällt (BAG 16.1.2018 – 7 ABR 11/16, NZA 2018, 797; DKKW/*Homburg* Rn. 23; *Boemke* BB 2009, 2758 [2760]).

22 Wird die im WA angegebene **Zeit für die Stimmabgabe nachträglich geändert** und die Änderung im Betrieb nur mündlich bekannt gemacht, so stellt dies einen die Wahlanfechtung begründenden Verstoß gegen wesentliche Wahlvorschriften dar (BAG 11.3.1960 – 1 ABR 15/59, AP BetrVG § 18 Nr. 13; LAG SchlH 21.6.2011 – 2 TaBV 41/10, BeckRS 2011, 78367; LAG Hamm 28.3.1974 – 8 Ta BV 13/74, DB 1974, 1241). Eine Änderung der Wahlstunden innerhalb des gleich bleibenden Wahltages im WA ist aber nicht zu beanstanden, wenn zwingende Gründe vorliegen und die Änderung so rechtzeitig bekannt gemacht wird, dass alle ArbN des Betriebs zweifelsfrei davon Kenntnis nehmen können (GK-BetrVG/*Jacobs* Rn. 19; DKKW/*Homburg* Rn. 33).

23 Zur schriftlichen Stimmabgabe vgl. §§ 24–26. Die Betriebsteile und Kleinstbetriebe, für die eine schriftliche Stimmabgabe beschlossen worden ist, sind im WA genau zu bezeichnen (GK-BetrVG/*Jacobs* Rn. 20). Hierbei ist klarzustellen, dass insoweit eine Urnenwahl nicht zulässig ist.

24 Erklärungen sind zwar dem Wahlvorst., nicht seinem Vors. gegenüber abzugeben. Jedoch ist in entsprechender Anwendung des § 26 Abs. 3 BetrVG der Vors. des Wahlvorst. berechtigt, dem Wahlvorst. gegenüber abzugebende Erklärungen entgegenzunehmen (→ § 1 Rn. 5).

25 In Frage kommt in erster Linie das **Arbeitszimmer des Wahlvorst.,** insbes. wenn dieses ständig besetzt ist, ferner der Arbeitsplatz des Vors. des Wahlvorst., wenn dieser ihn während der Arbeitszeit idR nicht verlässt. Für schriftliche Erklärungen kann es jedoch durchaus zweckmäßig sein, eine andere Stelle zu bezeichnen (DKKW/*Homburg* Rn. 25). Es dürfte sich ferner empfehlen, die Stunden anzugeben, in denen das mit der Entgegennahme von Einsprüchen, Vorschlagslisten usw betraute Mitgl. des Wahlvorst. anzutreffen ist; wird die Uhrzeit nicht angegeben, stellt dies keinen Mangel des Wahlausschreibens dar (BAG 16.1.2018 – 7 ABR 11/16, NZA 2018, 797).

26 Für die Wahrung einer Frist (zB zur Einreichung von Wahlvorschlägen) reicht es aus, wenn die Erklärung vor Ablauf der Frist dem Wahlvorst. an seiner Betriebsadresse zugeht. Das gilt auch dann, wenn zu diesem Zeitpunkt nicht der Vors. des Wahlvorst. oder sein Stellvertr. an der Betriebsadresse anwesend ist, sondern ein anderes Mitgl. des Wahlvorst. oder eine für den Wahlvorst. tätige Bürokraft (GK-BetrVG/*Jacobs* Rn. 22). Anderseits kann eine Erklärung dem Vors. des Wahlvorst. gegenüber auch außerhalb der Betriebsadresse fristwahrend abgegeben werden (**aA** wohl DKKW/*Homburg* Rn. 26).

27 Im WA ist auch Ort, Tag und Zeit der **öffentlichen Stimmauszählung** anzugeben. Die in § 18 Abs. 3 S. 1 BetrVG vorgeschriebene Öffentlichkeit der Stimmauszählung erfordert, dass Ort, und Zeitpunkt der Stimmauszählung vorher im Betrieb öffentlich bekannt gemacht werden (BAG 15.11.2000 – 7 ABR 53/99, AP BetrVG 1972 § 18 Nr. 10).

28 Die Vorschrift des Abs. 3 will dahinwirken, dass Wahlvorschläge möglichst eine die Organisation des Betriebs und die Struktur der ArbNschaft widerspiegelnde Zusammensetzung enthalten (iE → BetrVG § 15 Rn. 1 ff.). Die Vorschrift wird nur in größeren Betrieben von Bedeutung sein. Ihre Verletzung begründet keine Anfechtung der BRWahl (GK-BetrVG/*Jacobs* Rn. 24).

29 Das WA ist vom **Tag seines Erlasses bis zum Abschluss der Stimmabgabe** auszuhängen. Der Aushang hat im **Betrieb** so zu erfolgen, dass das Wahlausschreiben **allen Wahlberechtigten** zugänglich ist, dh diese von dem Inhalt des WA – zumindest in zumutbarer Weise – Kenntnis nehmen können. In einem Betrieb mit mehreren Betriebstätten in unterschiedlichen Orten muss ein Abdruck des WA grds. in

jeder Betriebsstätte ausgehängt werden (BAG 5.5.2004 – 7 ABR 44/03, AP WahlO BetrVG 1972 § 3 Nr. 1; 21.1.2009 – 7 ABR 65/07, AP BetrVG 1972 § 19 Nr. 61). Sind mehrere Betriebsstätten in einem Ort, kann der Aushang eines Abdrucks in der Hauptbetriebsstätte dieses Orts ausreichend sein, wenn sicher ist, dass die ArbN der anderen Betriebsstätten die Hauptbetriebsstätte regelmäßig aufsuchen und dadurch die Möglichkeit haben, das WA dort zu Kenntnis zu nehmen (so aber noch offen lassend BAG 5.5.2004 – 7 ABR 44/03, AP WahlO BetrVG 1972 § 3 Nr. 1). Nicht ausreichend ist, das Wahlausschreiben allen Wahlberechtigten zuzuleiten (BAG 5.5.2004 – 7 ABR 44/03, AP WahlO BetrVG 1972 § 3 Nr. 1) bzw. das WA nach Absprache mit dem ArbGeb. mangels anderer Räumlichkeiten des ArbGeb. im Privathaus des WahlVorst. auszuhängen (LAG Köln 16.8.2012 – 7 TaBV 20/12, AE 2013, 175). Um die Lesbarkeit zu sichern, empfiehlt es sich, das WA vor Verschmutzung, Verstaubung und Verblassen der Schrift zu schützen; ggf. muss der Wahlvorst. regelmäßig die Vollständigkeit und Lesbarkeit des WA überprüfen. Es handelt sich um eine wesentliche Wahlvorschrift. Verstöße hiergegen rechtfertigen zur Wahlanfechtung, da sie grds. geeignet sind, das Wahlergebnis zu beeinflussen (BAG 5.5.2004 – 7 ABR 44/03, AP WahlO BetrVG 1972 § 3 Nr. 1; GK-BetrVG/*Jacobs* Rn. 26). Ein zur Anfechtung berechtigender Wahlfehler liegt ggf. dann nicht vor, wenn zwar der Aushang des WA unzureichend war, aber die elektronische Bekanntmachung den Anforderungen des § 3 Abs. 4 iVm § 2 Abs. 4 S. 4 genügt (BAG 21.1.2009 – 7 ABR 65/07, AP BetrVG 1972 § 19 Nr. 61).

Neben der herkömmlichen Form der Bekanntmachung kann das WA auch **in elektronischer Form,** dh mittels der im Betrieb vorhandenen **IuK-Technik** bekannt gemacht werden. Das WA ausschließlich in elektronischer Form bekannt zu machen ist nur zulässig, wenn sichergestellt ist, dass a) alle ArbN von dem WA Kenntnis nehmen können und b) nur der Wahlvorst. Änderungen des WA vornehmen kann (→ § 2 Rn. 11; BAG 21.1.2009 – 7 ABR 65/07, AP BetrVG 1972 § 19 Nr. 61; *Rudolph/Fricke* AiB 2005, 277 [279]). Erfolgt die Bekanntmachung des WA nur **ergänzend** mittels IuK-Technik, ist allein der Aushang nach Abs. 4 S. 1 maßgeblich (BAG 5.5.2004 – 7 ABR 44/03, AP WahlO BetrVG 1972 § 3 Nr. 1). Der in der WO verwandte **Begriff „elektronische Form"** ist **nicht identisch** mit dem in § 126a BGB verwandten Begriff. Die Bekanntmachung in elektronischer Form setzt daher zu ihrer Wirksamkeit kein qualifiziert signiertes Dokument iSd vorgenannten Vorschrift voraus (*Rudolph/Fricke* AiB 2005, 277 f.). 30

§ 4 Einspruch gegen die Wählerliste

(1) **Einsprüche gegen die Richtigkeit[1] der Wählerliste können[2, 3] mit Wirksamkeit für die Betriebsratswahl nur vor Ablauf von zwei Wochen[4] seit Erlass des Wahlausschreibens beim Wahlvorstand[5, 6] schriftlich[7] eingelegt werden.**

(2) **Über Einsprüche nach Absatz 1 hat der Wahlvorstand unverzüglich zu entscheiden.[8] Der Einspruch ist ausgeschlossen, soweit er darauf gestützt wird, dass die Zuordnung nach § 18a des Gesetzes fehlerhaft erfolgt sei.[9, 10] Satz 2 gilt nicht, soweit die nach § 18a Abs. 1 oder 4 Satz 1 und 2 des Gesetzes am Zuordnungsverfahren Beteiligten die Zuordnung übereinstimmend[13] für offensichtlich fehlerhaft[11, 12, 14] halten. Wird der Einspruch für begründet erachtet, so ist die Wählerliste zu berichtigen. Die Entscheidung des Wahlvorstands ist der Arbeitnehmerin oder dem Arbeitnehmer, die oder der den Einspruch eingelegt hat, unverzüglich schriftlich mitzuteilen; die Entscheidung muss der Arbeitnehmerin oder dem Arbeitnehmer spätestens am Tage vor dem Beginn der Stimmabgabe zugehen.[8]**

(3) **Nach Ablauf der Einspruchsfrist soll der Wahlvorstand die Wählerliste nochmals auf ihre Vollständigkeit hin überprüfen. Im Übrigen kann nach Ab-**

lauf der Einspruchsfrist die Wählerliste nur bei Schreibfehlern, offenbaren Unrichtigkeiten, in Erledigung rechtzeitig eingelegter Einsprüche oder bei Eintritt von Wahlberechtigten in den Betrieb oder bei Ausscheiden aus dem Betrieb bis zum Tage vor dem Beginn der Stimmabgabe berichtigt oder ergänzt werden.[15]

1 Die **Wählerliste** ist **unrichtig,** wenn ein Wahlberechtigter nicht eingetragen oder ein Nichtwahlberechtigter eingetragen ist. Gegen andere Maßnahmen des Wahlvorst. als gegen die Richtigkeit der Wählerliste ist ein Einspruch nicht gegeben. Soweit diese Maßnahmen rechtswidrig sind, können sie jedoch vor dem ArbG sowohl im Laufe des Wahlverfahrens als auch nach Ablauf der Wahl durch Wahlanfechtung angegriffen werden (→ BetrVG § 18 Rn. 32ff.; → BetrVG § 19 Rn. 10ff.).

2 **Einspruchsberechtigt** ist, da der zu wählende BR alle ArbN vertritt, jeder ArbN, nicht nur der unmittelbar Betroffene (GK-BetrVG/*Jacobs* Rn. 2; Richardi BetrVG/*Forst* Rn. 4) sowie die nach § 7 S. 2 wahlberechtigten ArbN (*Maschmann* DB 2001, 2446 [2447]; Richardi BetrVG/*Forst* Rn. 4; GK-BetrVG/*Jacobs* Rn. 2); ferner derjenige, der sich zu Recht oder zu Unrecht für einen leitenden Ang. nach § 5 Abs. 3 BetrVG hält (LAG Hamm 27.4.1972 – 8 BVTa 5/72, DB 1972, 1297; zur Einschränkung der Einspruchsmöglichkeit nach einem Zuordnungsverfahren gem. § 18a BetrVG → Rn. 9ff.), aber auch ein gewähltes BRMitgl. (BAG 21.3.2017 – 7 ABR 19/15, NZA 2017, 1075).

3 **Nicht einspruchsberechtigt** sind dagegen der ArbGeb. und die im Betrieb vertretenen Gewerkschaften (BAG 29.3.1974 – 1 ABR 27/73, AP BetrVG 1972 § 19 Nr. 2; 25.6.1974 – 1 ABR 68/73, AP BetrVG 1972 § 19 Nr. 3; 11.3.1975 – 1 ABR 77/74, AP BetrVG 1972 § 24 Nr. 1; Richardi BetrVG/*Forst* Rn. 5; *Maschmann* DB 2001, 2446 [2447]; DKKW/*Homburg* Rn 16 hinsichtlich des ArbGeb.; **aA** GK-BetrVG/*Jacobs* Rn. 3; HWGNRH/*Nicolai* § 19 Rn. 8f.; *Bulla* DB 1977, 304; hinsichtlich der Gewerkschaft: DKKW/*Homburg* Rn. 16). Sie können jedoch ggf. rechtwidrige Maßnahmen des Wahlvorst. vor dem ArbG angreifen bzw. nach Ablauf der Wahl eine Wahlanfechtung durchführen (BAG 5.3.1974 – 1 ABR 19/73, AP BetrVG 1972 § 5 Nr. 1; → BetrVG § 18 Rn. 32ff.). Allerdings sollte der Wahlvorst. „Einsprüche“ von ArbGeb. oder den im Betrieb vertretenen Gewerkschaften zum Anlass nehmen, von sich aus die Richtigkeit der Wählerliste zu überprüfen, um eine Wahlanfechtung zu vermeiden.

4 Die Frist ist eine **Ausschlussfrist.** Ihre Berechnung bestimmt sich nach § 187 BGB. Die Frist beginnt am Tage, nach dem das WA ausgehängt ist bzw. im Fall der Bekanntmachung in ausschließlich elektronischer Form an dem Tag, an dem das WA in das System eingestellt worden ist und alle Arbeitnehmer von dem WA Kenntnis erlangen können. Sie endet zwei Wochen später mit Ablauf des Wochentages, der dem Aushangtag bzw. dem Tag der Einstellung in das elektronische System entspricht. Hierbei kommt es nicht darauf an, ob dieser Tag ein Arbeitstag ist; jedoch ist § 193 BGB zu beachten (→ § 3 Rn. 8). Hat der Wahlvorst. im Wahlausschreiben Dienststunden angegeben, so muss der Einspruch bis zum Ende der Dienststunden am letzten Tag der Frist beim Wahlvorst. eingegangen sein (→ § 3 Rn. 8). Verspätet eingelegte Einsprüche sollte der Wahlvorst. zu Beweiszwecken mit einem Eingangsvermerk versehen und zu den Wahlakten nehmen. Obwohl verspätete Einsprüche kein formelles Einspruchsverfahren nach Abs. 2 auslösen, können sie doch für den Wahlvorst. Veranlassung für eine Überprüfung der Wählerliste im Rahmen von Abs. 3 sein (→ Rn. 15; GK-BetrVG/*Jacobs* Rn. 6).

5 **Versäumen** einspruchsberechtigte ArbN, rechtzeitig **Einspruch einzulegen,** so sind sie in Bezug auf Fehler der Wählerliste nicht mehr zur **Wahlanfechtung** nach § 19 BetrVG befugt (HessLAG 27.1.1976 – 5 TaBV 38/75, BB 1976, 1271; LAG Nürnberg 31.5.2012 – 5 TaBV 36/11, AiB 2013, 393 mit zust. Anm. *Manske* AiB 2013, 395; Richardi BetrVG/*Thüsing* BetrVG § 19 Rn. 10; *Forschner* NZA 2016, 872; **aA** BAG 2.8.2017 – 7 ABR 42/15, NZA 2018, 182; DKKW/*Homburg* Rn. 15;

GK-BetrVG/*Jacobs* BetrVG § 19 Rn. 64f; HWGNRH/*Nicolai* § 19 BetrVG Rn. 11; *Bulla* DB 1977, 304; *Gnade* FS Herschel, 1982, 145; *Hanau* DB 1986, Beil. 4 S. 12; (→ BetrVG § 19 Rn. 14). Etwas anderes gilt, wenn sie an der rechtzeitigen Einlegung des Einspruchs arglistig gehindert worden sind (LAG Kiel 11.8.1959 – 3 TaBV 1/59, AP WahlO z. BetrVG § 4 Nr. 1) oder sonstwie verhindert sind (BAG 27.1.1993 – 7 ABR 37/92, AP BetrVG § 76 Nr. 29) oder der Fehler erst nach Ablauf der Einspruchsfrist entstanden ist (BAG 21.3.2017 – 7 ABR 19/15, NZA 2017, 1075). Durch die Nichteinlegung eines Einspruchs gegen die Richtigkeit der Wählerliste geht das Wahlanfechtungsrecht der ArbN wegen sonstiger Verstöße nicht verloren (BAG 21.3.2017 – 7 ABR 19/15, NZA 2017, 1075; BVerwG 21.11.1958 – VII P 3.58, AP PersVG § 9 Nr. 1). Das Anfechtungsrecht der im Betrieb vertretenen Gewerkschaften oder des ArbGeb. wegen Unrichtigkeit der Wählerliste besteht ohne Rücksicht darauf, ob ArbN gegen die Wählerliste Einspruch eingelegt haben (BAG 29.3.1974 – 1 ABR 27/73, AP BetrVG 1972 § 19 Nr. 2; 25.6.1974 – 1 ABR 68/73, AP BetrVG 1972 § 19 Nr. 3).

Einsprüche sind **beim Wahlvorst.** einzulegen. Sie sind deshalb an den Wahlvorst. 6
als solchen, nicht an ein Mitgl. des Wahlvorst. zu adressieren. Der Vors. des Wahlvorst. ist jedoch berechtigt, Erklärungen, die dem Wahlvorst. gegenüber abzugeben sind, entgegenzunehmen. Die Entgegennahme des Einspruchs durch den Vors. des Wahlvorst. reicht deshalb zur Wahrung der Frist aus. Das Gleiche gilt, wenn der Einspruch rechtzeitig im Wahlbüro abgegeben wird (→ § 3 Rn. 25).

Der Einspruch muss **schriftlich** eingelegt werden; er ist vom Einspruchsführer zu 7
unterschreiben (vgl. § 126 BGB). Telegraphische Übermittlung genügt ebenso wie Telefax (Richardi BetrVG/*Forst* Rn. 9; HWGNRH/*Huke/Nicolai* Rn. 44; **aA** GK-BetrVG/*Jacobs* Rn. 7). Ein mündlicher Einspruch ist rechtlich ohne Bedeutung; jedoch sollte der Wahlvorst. den ArbN auf die Notwendigkeit der Schriftform hinweisen (Kramer IT-Arbeitsrecht/*Neu* C Rn. 144). Eine **Begründung des Einspruchs** ist nicht vorgeschrieben; jedoch muss der Einspruchsführer angeben, in welcher Hinsicht die Wählerliste unrichtig sein soll (GK-BetrVG/*Jacobs* Rn. 7).

Der Wahlvorst. entscheidet über eingelegte Einsprüche durch **Beschluss seiner** 8
stimmberechtigten Mitgl. mit einfacher Stimmenmehrheit (DKKW/*Homburg* Rn. 17). Die Entscheidung über den Einspruch ist in die Sitzungsniederschrift aufzunehmen. Der Wahlvorst. hat über Einsprüche **unverzüglich** zu entscheiden und seine Entscheidung dem Einspruchsführer ebenfalls unverzüglich, spätestens jedoch am Tage vor der Stimmabgabe, mitzuteilen. Die Unterrichtung des Einspruchsführers über die Behandlung seines Einspruchs kann ebenfalls telegraphisch oder durch Telefax erfolgen (Richardi BetrVG/*Forst* Rn. 9; Kramer IT-Arbeitsrecht/*Neu* C Rn. 145; **aA** GK-BetrVG/*Jacobs* Rn. 8). Eine Begründung der Entscheidung des Wahlvorst. über einen Einspruch ist nicht vorgeschrieben, kann jedoch zweckmäßig sein. Weist der Wahlvorst. den Einspruch zurück, so kann der durch die Entscheidung unmittelbar betroffene Einspruchsführer die Entscheidung des ArbG beantragen (→ BetrVG § 18 Rn. 32ff.). Wird der Einspruch für begründet erachtet, sind alle Wählerlisten, dh das beim Wahlvorst. befindliche Original und alle im Betrieb ausgelegten Abdrucke entsprechend zu **berichtigen.** Wird die Wählerliste ausschließlich elektronisch geführt, ist die Berichtigung vom Wahlvorst. so vorzunehmen, dass hiervon alle ArbN Kenntnis erlangen. Die Berichtigung gehört zu den Amtspflichten des Wahlvorst. und muss spätestens am Tage vor Beginn der Stimmabgabe erfolgen (GK-BetrVG/*Jacobs* Rn. 9).

Diese Regelung steht in Zusammenhang mit § 18a BetrVG. Sie will verhindern, 9
dass eine Bestimmung des Personenkreises der **leitenden Ang.** im **Zuordnungsverfahren** nach § 18a BetrVG durch eine andere Entscheidung im Einspruchsverfahren wieder in Frage gestellt wird. Hierbei kommt es nicht darauf an, ob die Zuordnung durch eine einvernehmliche Regelung der beteiligten Wahlvorst. bzw., wenn nur eine Vertretung neu zu wählen ist, des Wahlvorst. für diese Wahl und der anderen, nicht neu zu wählenden Vertretung oder durch eine Entscheidung des Vermittlers

erfolgt ist (iE → BetrVG § 18a Rn. 6ff.). Mit diesem **Ausschluss der Einspruchsmöglichkeit** soll die grundsätzliche Bindung der Wahlvorst. an das Ergebnis des Zuordnungsverfahrens gesichert werden (vgl. hierzu auch die Regelung des § 18a Abs. 5 S. 2 BetrVG über den Ausschluss des Wahlanfechtungsrechts).

10 Der Ausschluss der Einspruchsmöglichkeit bezieht sich nur auf die Zuordnung der leitenden Ang., nicht auf andere Mängel der Wählerliste hinsichtlich dieses Personenkreises, zB einer falschen Namensangabe. Ausgeschlossen ist auch nur der Einspruch gegen die Wählerliste, nicht ein gerichtliches (Status-)Verfahren zur Klärung der Frage, ob ein Ang. leitender Ang. ist oder nicht (→ BetrVG § 18a Rn. 65ff.; dort auch Näheres zur Antragsberechtigung). Ergeht in einem Statusverfahren eine rechtskräftige Entscheidung oder auch einstweilige Verfügung und steht diese mit der im Zuordnungsverfahren getroffenen Entscheidung in Widerspruch, haben die Wahlvorst. die Wählerlisten – und zwar bis zum Tag vor Beginn der Stimmabgabe – entsprechend zu berichtigen (vgl. auch § 5 Abs. 4 Nr. 1 BetrVG).

11 Eine **Ausnahme** von dem grundsätzlichen Verbot einer Änderung der Zuordnungsentscheidung nach § 18a BetrVG im Einspruchsverfahren besteht dann, wenn die am Zuordnungsverfahren beteiligten Wahlvorst. bzw. die nicht neu zu wählende Vertr. die getroffene Zuordnung übereinstimmend für offensichtlich fehlerhaft halten (vgl. auch die Regelung des § 18a Abs. 5 S. 3 BetrVG; → § 18a Rn. 70f.). Als **offensichtlich fehlerhaft** ist eine Zuordnung anzusehen, wenn sich die Fehlerhaftigkeit dem mit den Gegebenheiten des Betriebs und Unternehmens Vertrauten geradezu aufdrängt (*Wlotzke* DB 1989, 126; *Löwisch/Kaiser/Wiebauer* § 18a BetrVG Rn. 22). Diese Ausnahmeregelung ermöglicht es zB, nach Abschluss des Zuordnungsverfahrens eintretende Veränderungen, etwa eine nachträgliche unstreitige Beförderung eines Ang. zum leitenden Ang., in der Wählerliste zu berücksichtigen. Eine derartige Berichtigung auf Grund nachträglicher Umstände ist von den Wahlvorst. nach gegenseitiger übereinstimmender Abstimmung auch dann vorzunehmen, wenn kein Einspruch eingelegt worden ist (→ Rn. 15).

12 Offensichtlich fehlerhaft kann die Zuordnung jedoch auch schon im Zeitpunkt ihrer Entscheidung sein. Dies ist zB der Fall, wenn offensichtlich die Abgrenzungskriterien des § 5 Abs. 3 u. 4 BetrVG und das zwischen diesen Absätzen bestehende Rangverhältnis missachtet worden ist (→ BetrVG § 18a Rn. 70; → BetrVG § 5 Rn. 416ff.) oder wenn bei der Zuordnung offensichtlich von falschen Annahmen ausgegangen worden ist, etwa weil der ArbGeb. über die Tätigkeit eines Ang. und seine Einordnung und Stellung im Betrieb oder Unternehmen falsche Angaben gemacht hat (*Löwisch/Kaiser/Wiebauer* § 18a BetrVG Rn. 22). Auch wenn die Frage, ob jemand leitender Ang. ist oder nicht, im Rahmen eines gerichtlichen Verfahrens inzidenter entschieden worden ist, zB in einem Kündigungsschutzverfahren, ist in der Regel eine offensichtliche Fehlerhaftigkeit anzunehmen.

13 Eine Berichtigung der Zuordnungsentscheidung im Rahmen eines Einspruchsverfahrens setzt neben ihrer offensichtlichen Fehlerhaftigkeit weiter voraus, dass die **beteiligten Wahlvorst.** (bzw. die nicht neu zu wählende Vertr.) die Zuordnung **übereinstimmend** für offensichtlich fehlerhaft halten. Durch dieses Erfordernis soll zum einen eine widerspruchsfreie Abgrenzung der zum BR und zum Sprecherausschuss wahlberechtigten und wählbaren ArbN und zum anderen die nur in diesem Fall eingreifende Einschränkung des Wahlanfechtungsrecht nach § 18a Abs. 5 S. 2 BetrVG sichergestellt werden. Die Entscheidung darüber, ob die Wahlvorst. eine offensichtliche Fehlerhaftigkeit bejahen, hat jeder beteiligte Wahlvorst. in einem ordnungsgemäßen Beschluss zu treffen. Erst nachdem übereinstimmende Beschlüsse vorliegen, sind die Wählerlisten entsprechend zu berichtigen. Ist eine Fehlerhaftigkeit der Zuordnung offensichtlich, dh klar erkennbar zu bejahen, sind die Wahlvorst. **verpflichtet** einen entsprechenden Berichtigungsbeschluss zu fassen. Das folgt aus ihrer generellen Pflicht, eine gesetz- und rechtmäßige Durchführung der Wahlen zu gewährleisten, wozu insbes. gehört, dem einzelnen ArbN die Ausübung seines aktiven und passiven Wahlrechts zu „seiner" Vertr. zu ermöglichen.

Ist zwar die getroffene Zuordnungsentscheidung fehlerhaft, ist die Fehlerhaftigkeit jedoch nicht offensichtlich oder ihre Offensichtlichkeit zweifelhaft, steht zwar das Einspruchsverfahren nach § 4 Abs. 1 u. 2 nicht offen. Jedoch ist es den beteiligten Wahlvorst. nicht untersagt, im Rahmen ihrer allgemeinen Verpflichtung, die Wählerlisten bis zum Tage vor Beginn der Stimmabgabe laufend auf ihre Richtigkeit und Vollständigkeit zu überprüfen (vgl. Abs. 3; → Rn. 15), auch in diesem Falle in beiderseitigem Einvernehmen die Wählerlisten entsprechend zu berichtigen. Denn es ist kein Grund ersichtlich, weswegen einvernehmliche Entscheidungen der beteiligten Wahlvorst. über die Zuordnung von leitenden Ang. nur iRd Zuordnungsverfahrens bis zur Aufstellung der Wählerliste, nicht jedoch auch noch später bis zum Tag vor Beginn der Stimmabgabe zulässig sein sollen, wenn die Wahlvorst. die im Zuordnungsverfahren erfolgte Entscheidung nachträglich übereinstimmend für falsch halten. 14

Obwohl Abs. 3 S. 1 lediglich als Sollvorschrift formuliert ist, ist der Wahlvorst. verpflichtet, auch **nach Ablauf der Einspruchsfrist** die Wählerliste laufend auf ihre Vollständigkeit zu überprüfen. Dies folgt daraus, dass die Eintragung in die Wählerliste Voraussetzung für die Ausübung des aktiven und passiven Wahlrechts ist und dieses soweit wie möglich gesichert werden muss. Diese laufende Überprüfung erstreckt sich insbes. darauf, dass alle wahlberechtigten ArbN des Betriebs, insbes. die neu in den Betrieb eingetretenen wahlberechtigten ArbN, in die Wählerliste aufgenommen sind. Ferner ist eine Änderung der Wählerliste in Form der Berichtigung von Schreibfehlern, und von offenbaren, dh klar erkennbaren Unrichtigkeiten (zB Streichung nicht mehr dem Betrieb angehöriger ArbN; Streichung eines ArbN, der am Wahltag noch nicht 18 Jahre alt ist; Aufnahme offensichtlich übersehener wahlberechtigter ArbN; Befolgung eines rechtskräftigen Beschlusses oder einer einstw. Vfg. eines ArbG zur Aufnahme oder Nichtaufnahme eines ArbN in die Wählerliste) zulässig. In anderen als den in Abs. 3 S. 1 genannten Fällen kann der Wahlvorst. die Wählerliste nicht berichtigen (BAG 27.1.1993 – 7 ABR 37/92, AP BetrVG 1952 § 76 Nr. 29; 21.3.2017 – 7 ABR 19/15, NZA 2017, 1075). Auch die zulässigen Berichtigungen und Ergänzungen erfordern einen entspr. Beschluss des Wahlvorst. (DKKW/*Homburg* Rn. 28; GK-BetrVG/*Jacobs* Rn. 15). Diese Änderungen und Ergänzungen sind nur bis zum Tage vor Beginn der Stimmabgabe zulässig (BAG 21.3.2017 – 7 ABR 19/15, NZA 2017, 1075; Richardi BetrVG/*Forst* Rn. 13). Korrekturen am Wahltag selbst sind unzulässig und berechtigen zur Wahlanfechtung (BAG 21.3.2017 – 7 ABR 19/15, NZA 2017, 1075). 15

§ 5 Bestimmung der Mindestsitze für das Geschlecht in der Minderheit

(1) **Der Wahlvorstand stellt fest, welches Geschlecht von seinem zahlenmäßigen Verhältnis im Betrieb in der Minderheit ist[2]. Sodann errechnet der Wahlvorstand den Mindestanteil der Betriebsratssitze für das Geschlecht in der Minderheit (§ 15 Abs. 2 des Gesetzes) nach den Grundsätzen der Verhältniswahl.[1] Zu diesem Zweck werden die Zahlen der am Tage des Erlasses des Wahlausschreibens im Betrieb beschäftigten Frauen und Männer in einer Reihe nebeneinander gestellt und beide durch 1, 2, 3, 4 usw. geteilt. Die ermittelten Teilzahlen sind nacheinander reihenweise unter den Zahlen der ersten Reihe aufzuführen, bis höhere Teilzahlen für die Zuweisung der zu verteilenden Sitze nicht mehr in Betracht kommen.**

(2) **Unter den so gefundenen Teilzahlen werden so viele Höchstzahlen ausgesondert und der Größe nach geordnet, wie Betriebsratsmitglieder zu wählen sind. Das Geschlecht in der Minderheit erhält so viele Mitgliedersitze zugeteilt, wie Höchstzahlen auf es entfallen. Wenn die niedrigste in Betracht kommende Höchstzahl auf beide Geschlechter zugleich entfällt, so entscheidet das Los darüber, welchem Geschlecht dieser Sitz zufällt.**

1 Die Vorschrift enthält eine Beschreibung des d'Hondtschen Systems für die Ermittlung der dem Geschlecht in der Minderheit zustehenden Mindestsitze im BR nach § 15 Abs. 2 BetrVG. Siehe dazu ausführlich unter → BetrVG § 15 Rn. 16ff. Angehörige des Dritten Geschlechts bleiben insoweit außer Betracht (→ BetrVG § 15 Rn. 11b, 17).

2 Eine Berechnung der Mindestsitzzahl für das Geschlecht in der Minderheit entfällt, wenn der Wahlvorst. nach Abs. 1 S. 1 feststellt, dass beide Geschlechter **gleich viele Angehörige** im Betrieb haben (Richardi BetrVG/*Forst* Rn. 2). Für die Ermittlung des Geschlechts in der Minderheit kommt es auf die Zahl der im Zeitpunkt des Erlass des WA im Betrieb beschäftigten ArbN, einschließlich der nicht wahlberechtigten ArbN und LeihArbN (§ 14 Abs. 2 S. 4 AÜG) an (→ BetrVG § 15 Rn. 15, 16). Die Verteilung der nach § 9 BetrVG festgestellten BRSitze erfolgt dann **unabhängig vom Geschlecht;** im Fall der **Verhältniswahl** nach § 15 Abs. 1–4 WO und im Fall der **Mehrheitswahl** in **entsprechender Anwendung des § 22 Abs. 2 S. 2, Abs. 3 WO.** Zugleich entfallen auch die in § 3 Abs. 2 Nr. 4 u. 5 WO maßgeblichen Angaben zur Vertretung des Geschlechts in der Minderheit im BR.

Zweiter Abschnitt. Wahl von mehr als drei Betriebsratsmitgliedern (aufgrund von Vorschlagslisten)

Erster Unterabschnitt. Einreichung und Bekanntmachung von Vorschlagslisten

§ 6 Vorschlagslisten

(1) **Sind mehr als drei Betriebsratsmitglieder zu wählen, so erfolgt die Wahl aufgrund von Vorschlagslisten.[2] Die Vorschlagslisten sind von den Wahlberechtigten vor Ablauf von zwei Wochen seit Erlass des Wahlausschreibens beim Wahlvorstand einzureichen.[3–6]**

(2) **Jede Vorschlagsliste soll mindestens doppelt so viele Bewerberinnen oder Bewerber aufweisen, wie Betriebsratsmitglieder zu wählen sind.[7]**

(3) **In jeder Vorschlagsliste sind die einzelnen Bewerberinnen oder Bewerber in erkennbarer Reihenfolge[8] unter fortlaufender Nummer und unter Angabe von Familienname, Vorname, Geburtsdatum und Art der Beschäftigung im Betrieb aufzuführen.[9] Die schriftliche Zustimmung der Bewerberinnen oder Bewerber zur Aufnahme in die Liste ist beizufügen.[10]**

(4) **Wenn kein anderer Unterzeichner der Vorschlagsliste ausdrücklich als Listenvertreter[11] bezeichnet ist, wird die oder der an erster Stelle Unterzeichnete als Listenvertreterin oder Listenvertreter angesehen. Diese Person ist berechtigt und verpflichtet, dem Wahlvorstand die zur Beseitigung von Beanstandungen erforderlichen Erklärungen abzugeben sowie Erklärungen und Entscheidungen des Wahlvorstands entgegenzunehmen.**

(5) **Die Unterschrift eines Wahlberechtigten zählt nur auf einer Vorschlagsliste.[12 ff.] Hat ein Wahlberechtigter mehrere Vorschlagslisten unterzeichnet, so hat er auf Aufforderung des Wahlvorstands[15] binnen einer ihm gesetzten angemessenen Frist, spätestens jedoch vor Ablauf von drei Arbeitstagen,[16] zu erklären, welche Unterschrift er aufrechterhält. Unterbleibt die fristgerechte Erklärung, so wird sein Name auf der zuerst eingereichten Vorschlagsliste gezählt und auf den übrigen Listen gestrichen; sind mehrere Vorschlagslisten, die von demselben**

Wahlberechtigten unterschrieben sind, gleichzeitig eingereicht worden, so entscheidet das Los darüber, auf welcher Vorschlagsliste die Unterschrift gilt.[17]

(6) **Eine Verbindung von Vorschlagslisten ist unzulässig.**

(7) **Eine Bewerberin oder ein Bewerber kann nur auf einer Vorschlagsliste vorgeschlagen werden. Ist der Name dieser Person mit ihrer schriftlichen Zustimmung auf mehreren Vorschlagslisten aufgeführt, so hat sie auf Aufforderung des Wahlvorstands vor Ablauf von drei Arbeitstagen zu erklären, welche Bewerbung sie aufrechterhält. Unterbleibt die fristgerechte Erklärung, so ist die Bewerberin oder der Bewerber auf sämtlichen Listen zu streichen.**[18, 19]

Mit der Aufhebung des Gruppenprinzips durch das BetrVerf-ReformG v. 23.7. 2001 (BGBl. I S. 1852) **wählen** die **ArbN** den BR **gemeinsam.** 1

Der Ausdruck „Vorschlagsliste" ist gewählt, weil die Wahl des BR im Allgemeinen als **Verhältniswahl,** dh als Listenwahl durchgeführt wird. Eine Mehrheitswahl findet lediglich statt, wenn nur ein Wahlvorschlag eingereicht worden ist oder der BR im vereinfachten Wahlverfahren nach § 14a BetrVG zu wählen ist (vgl. § 14 Abs. 2 S. 2 BetrVG). Ob nur ein Wahlvorschlag, dh nur eine gültige Vorschlagsliste eingereicht worden ist, ist jedoch erst nach Ablauf der Einreichungsfrist für die Wahlvorschläge feststellbar. Bei einer Vorschlagsliste müssen die Bewerber in erkennbarer Reihenfolge aufgeführt sein, da die Zuteilung der auf die Liste entfallenden BRSitze nach der Reihenfolge der Kandidaten auf der Liste erfolgt (vgl. § 15). Die Vorschlagslisten müssen **schriftlich eingereicht** werden und von einer **erforderlichen Anzahl wahlberechtigter ArbN unterzeichnet** sein. Näheres hierzu → BetrVG § 14 Rn. 40ff., 52f. Eine Ausnahme von dem Schriftlichkeitserfordernis der Wahlvorschläge besteht nur im vereinfachten zweistufigen Wahlverfahren (vgl. § 14a Abs. 2 S. 2 Hs. 2 BetrVG, → § 14a Rn. 31; § 33 Abs. 1 S. 2). 2

Die für die Einreichung von Vorschlagslisten gesetzte Frist von zwei Wochen nach Erlass des WA ist eine **Ausschlussfrist,** die weder verlängert noch verkürzt werden kann (BAG 9.12.1992 – 7 ABR 27/92, NZA 1993, 765; HessLAG 31.8.2006 – 9 TaBV 16/06, NZA-RR 2007, 198). Die Frist beginnt am Tage nach dem Aushang des WA; wird das WA an mehreren Stellen im Betrieb ausgehängt, ist der letzte Aushang maßgebend (LAG Hamm 26.2.1976 – 8 TaBV 103/75, BB 1976, 1075). Die Frist endet zwei Wochen später mit Ablauf desselben Wochentages, an dem das WA ausgehängt worden ist; der letzte Tag der Frist muss im WA angegeben werden (BAG 9.12.1992 – 7 ABR 27/92, NZA 1993, 765; → § 3 Rn. 14). Wird zB das WA am 6.3.2002 erlassen und ausgehängt, so läuft die Frist mit Ende des 20.3.2002 ab. Hat der Wahlvorst. im WA bestimmte Dienststunden angegeben, so müssen die Wahlvorschläge bis zum Ende der Dienststunden am letzten Tage der Frist (im obigen Beispielsfall also am 20.3.2002) bei ihm eingegangen sein. Hierbei ist allerdings zu beachten, dass die vom Wahlvorst. bestimmten Dienststunden nicht vor dem Ende der Arbeitszeit des überwiegenden Teils der ArbN enden darf (BAG 16.1.2018 – 7 ABR 11/16, NZA 2018, 797; 31.7.2015 – 3 TaBV 5/15, AiB 2016, 61; 12.2.1960 – 1 ABR 13/59, AP BetrVG § 18 Nr. 11; 4.10.1977 – 1 ABR 37/77, AP BetrVG 1972 § 18 Nr. 2; DKKW/*Homburg* Rn. 9; GK-BetrVG/*Jacobs* Rn. 5; → § 3 Rn. 8; **aA** LAG Köln 20.5.2015 – 5 TaBV 18/15, juris: Frist 24 Uhr in einem Schichtbetrieb). Eine Frist lediglich bis 12.00 Uhr in einem 24 Stunden-Schicht-Betrieb ist unzulässig (HessLAG 31.8.2006 – 9 TaBV 16/06, NZA-RR 2007, 198). Der letzte Tag der Frist ist **datum-** und **stundenmäßig im WA** anzugeben (→ § 3 Rn. 14). Behält der Wahlvorst. eine ihm bereits vor Erlass des WA zugeleitete Vorschlagsliste, so kann er diese nach Erlass des WA nicht mehr wegen vorzeitiger Einreichung zurückgeben. Diese Liste ist als mit Erlass des WA eingereicht anzusehen (BAG 7.7.2011 – 2 AZR 377/10, NZA 2012, 107; 19.4.2012 – 2 AZR 299/11, NZA 2013, 112; DKKW/*Homburg* Rn. 11; GK-BetrVG/*Jacobs* Rn. 5). Die Zurücknahme eines beim Wahlvorst. ordnungsgemäß eingereichten Wahlvorschlags ist nur mit Zustimmung aller Unterzeichner zulässig 3

(DKKW/*Homburg* Rn. 12). Für das vereinfachte Wahlverfahren gelten andere Fristen zur Einreichung von Wahlvorschlägen (→ BetrVG § 14a Rn. 34, § 33 Abs. 1 S. 2 WO, § 36 Abs. 5 S. 1 WO).

4 **Nach Ablauf der Frist** können grds. keine Wahlvorschläge mehr rechtswirksam eingereicht werden (vgl. § 8 Abs. 1). Zur Einhaltung der Ausschlussfrist reicht auch die Übermittlung der Wahlvorschläge per Telefax, wenn das Original nachgereicht wird (VG Hamburg 11.12.1992 – 1 FB 30/92, PersR 1993, 508 [509], weitergehender – auch ohne Nachreichung des Originals *Jakob* NZA 2006, 345ff.).

4a Eine **Ausnahme** besteht nur dann, wenn innerhalb der Frist **keine gültige Vorschlagsliste** eingereicht worden ist (vgl. § 9).

5 In diesem Fall hat der Wahlvorst. für die Einreichung von Wahlvorschlägen eine **Nachfrist von einer Woche** zu setzen. Diese Nachfrist ist in gleicher Weise bekannt zu machen wie das WA. Eine ergänzende Ankündigung per E-Mail ist grundsätzl. zulässig (Richardi BetrVG/*Forst* Rn. 6). Auch nach Ablauf der Nachfrist können rechtzeitig eingereichte, jedoch fehlerhafte Wahlvorschläge gem. § 8 Abs. 2 noch berichtigt werden.

6 Die Wahlvorschläge sind an die aus dem WA (§ 3 Abs. 2 Nr. 12) zu ersehende **Betriebsadresse des Wahlvorst.** zu richten und dem Wahlvorst. an dieser Stelle unmittelbar auszuhändigen oder ihm auf andere Weise, zB durch die Betriebspost, zuzuleiten. Der Wahlvorst. muss bis zum Ablauf der Frist zur Entgegennahme von Wahlvorschlägen bereit sein. Es genügt aber auch, wenn der Vors. des Wahlvorst. die Liste außerhalb der Betriebsadresse des Wahlvorst. entgegennimmt (→ § 3 Rn. 26; nach DKKW/*Homburg* Rn. 10 soll der Wahlvorst. dazu nicht verpflichtet sein).

7 Die Verletzung der reinen Ordnungsvorschrift des Absatzes 2 **(Sollvorschrift)** führt nicht zur Ungültigkeit der Vorschlagsliste, selbst dann nicht, wenn bei mehreren zu wählenden BRMitgl. eine Liste überhaupt nur eine Kandidatin oder einen Kandidaten enthält (BAG 29.6.1965 – 1 ABR 2/65, AP BetrVG § 13 Nr. 11; 10.12.2012 – 7 ABR 53/11, ZBVR online 2013/4, 12; 6.11.2013 – 7 ABR 65/11, NJOZ 2014, 1671; LAG Düsseldorf 4.7.2014 – 6 TaBV 24/14, NZA-RR 2014, 476; GK-BetrVG/*Jacobs* Rn. 7; DKKW/*Homburg* Rn. 14f.; Richardi BetrVG/*Forst* Rn. 8; **aA** *Heinze,* NZA 1988, 570, insbes. für den Fall, dass nicht durch andere Vorschlagslisten gewährleistet ist, dass deutlich mehr Bewerber zur Wahl stehen, als BRSitze zu vergeben sind). Mit der Formulierung „... sollen mindestens doppelt so viele Bewerberinnen oder Bewerber aufweisen ..." ist in der WO allein der Anforderung an eine die Gleichberechtigung der Frauen und Männer gerecht werdenden Sprache Rechnung getragen worden (vgl. BR-Drs. 838/01, 27). Nicht damit verbunden ist die Pflicht, zB bei einem neunköpfigen BR 18 Frauen u. 18 Männer bzw. wenn in einem neunköpfigen BR davon 4 Sitze mindestens dem Geschlecht in der Minderheit (Frauen) zusteht, nunmehr acht Frauen und zehn Männer vorzuschlagen. Für die Vorschlagslisten und die Wahlvorschläge insgesamt gibt es keine Vorgaben bzgl. deren Aufstellung. Es sind uneingeschränkt reine Frauenlisten, reine Männerlisten und gemischte Listen mit Frauen und Männern zulässig (vgl. Gesetzesbegründung BT-Drs. 14/5741, 53 zu Nr. 81; *Engels/Trebinger/Löhr-Steinhaus* DB 2001, 532 [541]). Lässt der Wahlvorst. eine derartige Liste nicht zu, so führt ein Wahlanfechtungsverfahren zur Ungültigkeit der BRWahl. Zur Berücksichtigung der Geschlechter bei der Aufstellung von Wahlvorschlägen → BetrVG § 15 Rn. 12ff.

8 Die erkennbare **Reihenfolge der Bewerberinnen und Bewerber** ist wichtig, weil bei Vorliegen mehrerer Vorschlagslisten die gewählten Bewerber sich grds. nach der Reihenfolge ihrer Benennung auf der Vorschlagsliste bestimmen (vgl. § 15 Abs. 4). Bei der Verhältniswahl ergibt sich nur dann etwas anderes, wenn das Geschlecht in der Minderheit danach noch nicht die ihm zustehenden Mindestsitze erlangt hat (vgl. § 15 Abs. 5 Nr. 4). Ist der BR dagegen im vereinfachten Wahlverfahren (vgl. § 14a BetrVG) und damit nach den Grundsätzen der Mehrheitswahl zu wählen, spielt die Reihenfolge der Bewerber keine Rolle (Richardi BetrVG/*Forst* Rn. 9; GK-BetrVG/*Jacobs* Rn. 8). Ob (noch) eine erkennbare Reihenfolge der Be-

werber vorliegt, ist nicht nach formalen Kriterien, sondern danach zu beurteilen, ob sich diese für einen unbefangenen und objektiven Dritten ohne Zweifel feststellen lässt (*Heinze* NZA 1988, 570). Sind die Bewerber auf der Vorschlagsliste nicht in erkennbarer Reihenfolge aufgeführt, so ist die Liste **ungültig** (vgl. § 8 Abs. 1 Nr. 2). Das gilt auch dann, wenn nur diese Liste eingereicht wird und die Wahl gem. § 20 nach den Grundsätzen der Mehrheitswahl durchzuführen ist (GK-BetrVG/*Jacobs* Rn. 8; Richardi BetrVG/*Forst* Rn. 9); denn im Zeitpunkt der Entscheidung des Wahlvorst. kann nicht abgesehen werden, ob nicht innerhalb der Einreichungsfrist noch weitere Wahlvorschläge eingehen. Der Wahlvorst. hat den Listenführer hierüber gem. § 7 Abs. 2 unverzüglich zu unterrichten. Eine neue ordnungsgemäße Liste kann nur innerhalb der allgemeinen Frist des § 6 Abs. 1 S. 2 beim Wahlvorst. neu eingereicht werden (GK-BetrVG/*Jacobs* Rn. 9; Richardi BetrVG/*Forst* Rn. 9).

Das **Fehlen der Berufsangabe im Wahlvorschlag** ist kein wesentlicher Verstoß 9
und rechtfertigt keine Wahlanfechtung, sofern die eindeutige Zuordnung und Individualisierung der Bewerberin oder des Bewerbers möglich bleibt (GK-BetrVG/*Jacobs* Rn. 10; Richardi BetrVG/*Forst* Rn. 10; *Heinze* NZA 1988, 571; **aA** BVerwG 10.1.2007 – 6 PB 18/06, PersR 2007, 171 zur unzureichenden Bezeichnung „Personalabteilung"). Entspr. gilt bei einer fehlerhaften Angabe des Namens, Vornamens (zB Angabe des Spitznamens) oder Geburtsdatums oder bei Fehlen des Vornamens oder Geburtsdatums.

Die Zustimmungserklärung ist schriftlich zu erteilen, dh von der Bewerberin oder 10
dem Bewerber zu unterschreiben (vgl. § 126 Abs. 1 BGB; LAG Hamm 20.5.2005 – 10 TaBV 94/04, BeckRS 2005, 42659; GK-BetrVG/*Jacobs* Rn. 11; OVG NRW 26.3.2013 – 20 A 2098/12, ZTR 2013, 407 zu § 9 Abs. 2 Hs. 1 BPersVWO; **aA** HessLAG 14.7.1988 – 12 TaBV 140/87, BB 1988, 2317; Richardi BetrVG/*Forst* Rn. 11). Nicht erforderlich ist allerdings, dass die Bewerber ihre **Zustimmung** jeweils gesondert schriftlich erklären. Vielmehr kann die schriftliche Zustimmung auch durch Unterschrift auf einer Vorschlagsliste gegeben werden (BAG 12.2.1960 – 1 ABR 13/59, AP BetrVG § 18 Nr. 11; DKKW/*Homburg* Rn. 30; GK-BetrVG/*Jacobs* Rn. 11; *Heinze* NZA 1988, 571). In diesem Fall kann die Unterschrift zugleich Stützunterschrift iSd § 14 Abs. 4 BetrVG sein, wenn ein entspr. Erklärungswille des Unterzeichners erkennbar ist (vgl. den Fall BAG 6.11.2013 – 7 ABR 65/11, NJOZ 2014, 1671, danach kann zurecht die Unterschrift des einzigen Wahlbewerbers auf der Liste – zumindest im Fall einer abgeschlossenen Vorschlagsliste – zugleich auch als Stützunterschrift gewertet werden; BAG 12.2.1960 – 1 ABR 13/59, AP BetrVG § 18 Nr. 11 mit zust. Anm. *v. Küchenhoff;* sa *Heinze* NZA 1988, 571). Bei nicht eindeutiger Zuordnung gilt sie im Zweifel nur als Stützunterschrift. Liegt die schriftliche Zustimmung der Bewerber nicht vor, ist nach § 8 Abs. 2 zu verfahren. Ausreichend ist, dass der Bewerber seine schriftliche Zustimmungserklärung unmittelbar beim Wahlvorst. einreicht (LAG SchlH 9.1.2017 – 3 TaBVGa 3/16, juris; nach DKKW/*Homburg* Rn. 30: muss Zeitgleichheit bei der Einreichung und Zustimmung vorliegen). Nach Ablauf der Frist gem. § 8 Abs. 2 ist eine Zustimmung auch dann nicht mehr zulässig, wenn die allgemeine Frist für die Einreichung von Wahlvorschlägen noch nicht abgelaufen ist (GK-BetrVG/*Jacobs* Rn. 11; insoweit **aA** Richardi BetrVG/*Forst* Rn. 11). Wird das Verfahren nach § 8 Abs. 2 nicht durchgeführt, so bleibt die **Wahl anfechtbar,** auch wenn die schriftliche Zustimmung des Bewerbers nach Ablauf der Frist zur Einreichung von Vorschlagslisten nachgeholt wird (BAG 1.6.1966 – 1 ABR 17/65, AP BetrVG § 18 Nr. 15; DKKW/*Homburg* Rn. 32). Eine **Rücknahme der Zustimmung** ist nicht zulässig (BVerwG 30.10.1964 – VII P 5.64, AP WahlO z. PersVG § 9 Nr. 1; LAG SchlH 9.1.2017 – 3 TaBVGa 3/16; DKKW/*Homburg* Rn. 34; **aA** GK-BetrVG/*Jacobs* Rn. 12; Richardi BetrVG/*Forst* Rn. 12; →BetrVG § 14 Rn. 56). Allerdings kann ein Wahlbewerber die Annahme der Wahl ablehnen (vgl. § 17 WO).

Jede Vorschlagsliste muss einen **Listenvertr.** haben, mit dem eventuelle Mängel 11
oder sonstige notwendig werdende Rückfragen erörtert werden können. Listenvertr. kann nur sein, wer den Wahlvorschlag mitunterschrieben hat. Ist oder wird nicht

ausdrücklich ein anderer Unterzeichner als Listenvertr. benannt, so gilt der an erster Stelle stehende Unterzeichner als Listenvertr. Bei Wahlvorschlägen der im Betrieb vertretenen Gewerkschaften (→ BetrVG § 14 Rn. 58ff.) ist mangels anderweitiger Bestimmung Listenvertreter der Beauftragte, der die Liste an erster Stelle unterschrieben hat (→ § 27 Rn. 4). Der Listenvertr. ist berechtigt, alle mit der Vorschlagsliste zusammenhängenden Erklärungen abzugeben und entgegenzunehmen. Er ist hierbei nicht an die Zustimmung der weiteren Unterzeichner der Liste gebunden. Der Listenvertr. ist jedoch nicht befugt, einen beim Wahlvorst. eingereichten Wahlvorschlag zurückzunehmen; denn er hat keine Verfügungsbefugnis über den Wahlvorschlag (BVerwGE 48, 317).

12 Die Urschrift der Vorschlagsliste ist von der nach § 14 Abs. 4 BetrVG erforderlichen **Mindestzahl von wahlberechtigten ArbN zu unterzeichnen** (→ BetrVG § 14 Rn. 45ff.), anderenfalls ist die Vorschlagsliste ungültig (vgl. § 8 Abs. 1, Abs. 2 Nr. 3). Wegen der Unterzeichnung durch Bewerber und Mitgl. des Wahlvorst. → BetrVG § 14 Rn. 51; → Rn. 10. Zum Vorschlagsrecht der Gewerkschaften vgl. § 27.

13 Die Unterschriften müssen auf dem Wahlvorschlag geleistet werden. Bestehen Wahlvorschlag und Unterschriftenliste aus mehreren Blättern, muss eindeutig und zweifelsfrei erkennbar sein, dass sich die geleisteten Unterschriften auf den betreffenden Wahlvorschlag beziehen und mit ihm eine einheitliche Urkunde bilden (BAG 25.5.2005 – 7 ABR 39/04, AP BetrVG 1972 § 14 Nr. 2). Danach ist dafür eine körperliche, gegen Trennung gesicherte feste Verbindung nicht zwingende Voraussetzung; ausreichend für die Zusammengehörigkeit können danach auch den Schriftstücken anhaftende Merkmale wie zB die Wiedergabe des Kennworts auf den einzelnen Blätter sein. Zur Vermeidung von Unklarheiten empfiehlt es sich auch weiterhin, die Bewerberliste und die Blätter mit den Stützunterschriften durch zB Zusammenheften, körperlich fest und gegen Trennung gesichert, zu einer einheitlich zusammenhängenden Urkunde zu verbinden (→ BetrVG § 14 Rn. 53; LAG Saarl 30.10.1995 – 2 TaBV 2/95, NZA-RR 1996, 172; LAG Brem 26.3.1998 – 1 Ta BV 9/98, NZA-RR 1998, 401; HessLAG 18.9.2003 – 9 TaBV 174/02, ArbuR 2004, 318; Richardi BetrVG/*Forst* Rn. 15; DKKW/*Homburg* Rn. 19). Die Verbindung muss von Anfang an, dh beim Leisten der ersten Stützunterschrift, bis zur letzten Stützunterschrift bestehen (LAG Saarl 30.10.1995 – 2 TaBV 2/95, NZA-RR 1996, 172). Unterschriften auf blanken Blättern, die erst später der Vorschlagsliste mit den in § 6 Abs. 3 vorgeschriebenen Angaben angeheftet werden, sind unzulässig. Andererseits ist es jedoch zulässig, dass eine Vorschlagsliste in **mehreren gleich lautenden Ausfertigungen** bei den ArbN zur Unterzeichnung umläuft; jedoch müssen alle Ausfertigungen inhaltlich übereinstimmen und sämtliche in § 6 Abs. 3 vorgeschriebenen Angaben enthalten (GK-BetrVG//*Jacobs* Rn. 17; DKKW/*Homburg* Rn. 23).

14 Eine nachträgliche **Rücknahme der Unterschrift** auf einem ordnungsgemäß eingereichten Wahlvorschlag hat – wenn nicht der Fall des § 8 Abs. 2 Nr. 3, § 6 Abs. 5 S. 2 u. 3 vorliegt (in diesem Falle ist nach § 8 Abs. 2 zu verfahren) – keine Bedeutung für die Gültigkeit der Liste (vgl. § 8 Abs. 1 S. 2 WO; BAG 1.6.1966 – 1 ABR 16/65, AP WahlO z. BetrVG § 6 Nr. 2; DKKW/*Homburg* Rn. 294). Vor Einreichung der Liste beim Wahlvorst. ist eine Rücknahme der Unterschrift durch Streichung zulässig; nach Einreichung hat sie durch schriftliche Erklärung gegenüber dem Wahlvorst., nicht gegenüber dem Listenvertreter, zu erfolgen (GK-BetrVG/*Jacobs* Rn. 19; BVerwG 5.2.1971 – VII P 9.70, AP WahlO z. PersVG § 10 Nr. 6; → BetrVG § 14 Rn. 54).

15 Die Aufforderung des Wahlvorst. ist **nicht formgebunden.** Sie kann deshalb schriftlich oder mündlich erfolgen. Im letzteren Fall sollte sie vom Wahlvorst. aktenkundig gemacht werden. Die Aufforderung gegenüber einem ausländischen ArbN kann in deutscher Sprache erfolgen (LAG Hamm 17.5.1973 – 8 Ta BV 11/73, DB 1973, 1403; GK-BetrVG/*Jacobs* Rn. 18).

16 Zum Begriff des Arbeitstages → § 41 Rn. 2. Die Erklärungsfrist dauert längstens drei Arbeitstage. Der Wahlvorst. kann eine kürzere Frist, zB zwei Arbeitstage, festlegen, sofern diese Frist angemessen ist. Nach Ablauf der Frist ist eine Erklärung nicht mehr zulässig. Vielmehr gilt dann die Unterschrift nur auf der zuerst eingereichten Liste (Abs. 5 S. 3). Gleiches gilt, wenn der ArbN erklärt, seine Unterschrift auf allen Vorschlagslisten zurückzuziehen; denn über die in Abs. 5 S. 2 genannte Regelung hinaus hat der Unterzeichner keine Dispositionsmöglichkeit über seine Unterschrift auf bereits eingereichten Vorschlagslisten mit Wirkung für die Gültigkeit der Listen (GK-BetrVG/*Jacobs* Rn. 18; vgl. auch § 8 Abs. 1 Nr. 3). Auf diese Folge ist der betreffende ArbN vom Wahlvorst. ausdrücklich hinzuweisen, anderenfalls kann die Wahl anfechtbar sein (LAG Hamm 29.10.1965 – 5 BVTa 8/65, DB 1966, 38; GK-BetrVG/*Jacobs* Rn. 18; DKKW/*Homburg* Rn. 40). Im vereinfachten zweistufigen Verfahren kommt die Frist von längstens drei Arbeitstagen nicht zum Tragen. Gem. § 33 Abs. 2 S. 2 muss derjenige, der mehrere Wahlvorschläge unterstützt, dem Wahlvorstand auf Aufforderung in der Wahlversammlung zur Wahl des Wahlvorstands erklären, welche Unterstützung er aufrecht erhält (→ § 33 Rn. 9). Im vereinfachten einstufigen Wahlverfahren gilt § 36 (→ § 36 Rn. 16).

Ob Listen gleichzeitig eingereicht worden sind, bestimmt sich nach den allgemeinen Grundsätzen über den Zugang von Erklärungen. Durch **Streichung von Unterschriften** kann deren Zahl unter die in § 14 Abs. 4 BetrVG festgelegte Mindestzahl sinken, wodurch die Vorschlagsliste nach § 8 Abs. 2 Nr. 3 ungültig wird, wenn nicht die Mindestzahl der erforderlichen Unterschriften nachgeholt wird (DKKW/*Homburg* Rn. 44). 17

Das Verbot der Kandidatur auf mehreren Vorschlagslisten ist die Folge des in Abs. 6 enthaltenen Verbots der Verbindung von Vorschlagslisten. Während bei der Unterzeichnung mehrerer Vorschlagslisten durch einen ArbN bei fehlender Erklärung nach Abs. 5 S. 3 die Unterzeichnung auf der zuerst eingereichten Vorschlagsliste gültig bleibt, ist ein Bewerber, der mit seiner Zustimmung auf mehreren Listen aufgeführt ist, **auf sämtlichen Listen zu streichen,** wenn er nicht binnen drei Arbeitstagen erklärt, welche Bewerbung er aufrechterhält. **Nach Ablauf der Frist** ist eine Erklärung nicht mehr zulässig; dies gilt auch dann, wenn die allgemeine Frist für die Einreichung von Wahlvorschlägen noch nicht abgelaufen ist (DKKW/*Homburg* Rn. 45; Richardi BetrVG/*Forst* Rn. 19). Allerdings kann der auf der Liste gestrichene Bewerber auf einem innerhalb der Einreichungsfrist eingereichten weiteren Wahlvorschlag erneut benannt werden. Die Regelung des Abs. 7 gilt nicht für die Wahl des BR im vereinfachten Wahlverfahren. Denn die BRWahl im vereinfachten Wahlverfahren findet gem. § 14 Abs. 2 BetrVG stets als Mehrheitswahl statt, so dass die Aufnahme eines Bewerbers in mehrere Wahlvorschläge insoweit keine Bedeutung hat (DKKW/*Homburg* Rn. 47; GK-BetrVG/*Jacobs* Rn. 22; Richardi BetrVG/*Forst* Rn. 20). 18

Liegen die Voraussetzungen des § 6 Abs. 7 nicht vor, so darf der Wahlvorst. Kandidaten von einer eingereichten Liste auch dann nicht streichen, wenn sie es selbst wünschen (vgl. BVerwG 30.10.1964 – VII P 5.64, AP WahlO z. PersVG § 9 Nr. 1; LAG SchlH 9.1.2017 – 3 TaBVGa 3/16, AE 2017, 117; DKKW/*Homburg* Rn. 34, 46; **aA** GK-BetrVG//*Jacobs* Rn. 12). Die ohne Einverständnis aller Unterzeichner vorgenommene Streichung einzelner oder mehrerer Kandidaten bedeutet eine inhaltliche Änderung des Wahlvorschlags; der Wahlvorschlag wird durch die Streichung unrichtig und ist kein gültiger Wahlvorschlag iSd BetrVG mehr (BAG 15.12.1972 – 1 ABR 8/72, AP BetrVG 1972 § 14 Nr. 1; LAG Düsseldorf 18.1.1982 – 10 TaBV 85/81, DB 1982, 1628; DKKW/*Homburg* Rn. 34). Der Kandidat hat jedoch die Möglichkeit innerhalb von drei Arbeitstagen seine Wahl abzulehnen (§ 17 Abs. 1). 19

§ 7 Prüfung der Vorschlagslisten

(1) **Der Wahlvorstand hat bei Überbringen der Vorschlagsliste oder, falls die Vorschlagsliste auf eine andere Weise eingereicht wird, der Listenvertreterin**

oder dem Listenvertreter den Zeitpunkt der Einreichung schriftlich zu bestätigen.[1]

(2) **Der Wahlvorstand hat die eingereichten Vorschlagslisten, wenn die Liste nicht mit einem Kennwort**[2] **versehen ist, mit Familienname und Vorname der beiden in der Liste an erster Stelle benannten Bewerber zu bezeichnen.**[3] **Er hat die Vorschlagsliste unverzüglich, möglichst binnen einer Frist von zwei Arbeitstagen nach ihrem Eingang, zu prüfen**[4–6] **und bei Ungültigkeit oder Beanstandung einer Liste die Listenvertreterin oder den Listenvertreter unverzüglich**[7] **schriftlich unter Angabe der Gründe zu unterrichten.**[8]

1 Die schriftliche Bestätigung des Zeitpunktes der Einreichung dient der **Sicherung des Beweises für Eingang und fristgerechte Einreichung** einer Vorschlagsliste. Da der Zeitpunkt der Einreichung der Liste nicht nur für ihre Gültigkeit, sondern uU auch bei Doppelunterzeichnungen von Bedeutung ist (vgl. § 6 Abs. 5), ist nicht nur der Tag der Einreichung, sondern auch die genaue Uhrzeit zu bestätigen. Unabhängig von der Bestätigung sollte der Wahlvorst. auf der Liste selbst einen Eingangsvermerk anbringen (DKKW/*Homburg* Rn. 2). Auch die Einreichung nach § 8 Abs. 2 berichtigter Vorschlagslisten ist zu bestätigen. Das Gleiche gilt für den Eingang einer verspätet eingereichten Liste (DKKW/*Homburg* Rn. 1). Die Bestätigung ist vom Wahlvorst. zu unterschreiben. Die Unterschrift eines Mitgl. des Wahlvorst. dürfte genügen; desgleichen die Unterschrift einer im Wahlbüro tätigen Hilfskraft des Wahlvorst. (GK-BetrVG/*Jacobs* Rn. 3; → § 3 Rn. 25). Der Überbringer einer Liste kann darauf bestehen, dass ihm die schriftliche Bestätigung sofort ausgehändigt wird. Der Wahlvorst. darf die Aushändigung nicht verweigern. Daher ist die Übergabe der Vorschlagsliste an dem im Wahlausschreiben bezeichneten Ort der sicherste Weg. Ist die Vorschlagsliste auf andere Weise eingereicht, zB durch die Werkpost, so kann die Bestätigung auf demselben Wege zugeleitet werden. Dies sollte umgehend geschehen, damit die Listenvertr. baldmöglichst von dem rechtzeitigen Eingang ihrer Liste Kenntnis erhalten und der Wahlvorst. vor Rückfragen verschont bleibt. Ist eine schriftliche Bestätigung unterblieben oder verloren gegangen, so kann der Beweis für die rechtzeitige Einreichung einer Vorschlagsliste auf andere Weise, zB durch Zeugen, geführt werden (DKKW/*Homburg* Rn. 2; GK-BetrVG/*Jacobs* Rn. 4).

2 Parteipolitische Kennworte, den Gegner diffamierende oder gegen ihn aufhetzende Kennworte sowie lächerlich machende, unsittliche oder irreführende Kennworte sind **unzulässig** (BAG 15.5.2013 – 7 ABR 40/11, NZA 2013, 1095; DKKW/*Homburg* Rn. 6; GK-BetrVG/*Jacobs* Rn. 6; Richardi BetrVG/*Forst* Rn. 2). Bei der Verwendung eines Kennworts darf **keine Verwechslungsgefahr** eintreten (BVerwG 13.5.1966 – VII P 5.65, AP PersVG § 21 Nr. 3; BAG 15.5.2013 – 7 ABR 40/11, NZA 2013, 1095). Dies ist gerade bei der Führung eines Gewerkschaftsnamens im Kennwort von Bedeutung. Nach BAG erweckt die Führung eines Gewerkschaftsnamens im Kennwort grds. den Eindruck, dass es sich um eine gewerkschaftlichen Wahlvorschlag iSd § 14 Abs. 5 BetrVG handelt (BAG 15.5.2013 – 7 ABR 40/11, NZA 2013, 1095; 26.10.2016 – 7 ABR 4/15, NZA-RR 2017, 194). Das bedeutet jedoch nicht, dass grds. jedweder Hinweis auf eine Gewerkschaft im Kennwort unzulässig ist bzw. diesen zu einem Wahlvorschlag iSd § 14 Abs. 5 BetrVG mit den entsprechenden Voraussetzungen macht. Zur Vermeidung einer Verwechslungsgefahr im oben genannten Sinne muss bei der Verwendung des Kennworts klar erkennbar sein, ob es sich um eine von der Gewerkschaft unterstützte Liste iSd § 14 Abs. 5 BetrVG handelt (BAG 15.5.2013 – 7 ABR 40/11, NZA 2013, 1095) oder lediglich eine Gewerkschaft unterstützende Liste von ArbN ist. Um eine lediglich die Gewerkschaft unterstützende bzw. gewerkschaftsnahe Liste handelt es sich zB bei der Verwendung eines auf eine Gewerkschaft hinweisenden Kennworts wie zB „Freunde der …“, „Unterstützer der …“ etc. Ein solches Kennwort macht deutlich, dass es sich trotz Nennung des Gewerkschaftsnamens nicht um einen gewerkschaftlichen Wahlvorschlag iSd § 14 Abs. 5 BetrVG handelt. Fehlt es an solchen klarstellenden Hinweisen,

führt dies jedoch nicht zur Ungültigkeit der Liste (BAG 15.5.2013 – 7 ABR 40/11, NZA 2013, 1095; 26.10.2016 – 7 ABR 4/15, NZA-RR 2017, 194). Vielmehr hat der Wahlvorst. in diesem Fall die Listenvertreter hierauf hinzuweisen und bei fehlender Abhilfe das irreführende Kennwort zu streichen und die Liste stattdessen mit den Namen der beiden Erstbenannten auf der Liste zu bezeichnen (BAG 15.5.2013 – 7 ABR 40/11, NZA 2013, 1095; 26.10.2016 – 7 ABR 4/15, NZA-RR 2017, 194). Unterlässt dies der Wahlvorst., ist die BRWahl insoweit anfechtbar (BAG 26.10.2016 – 7 ABR 4/15, NZA-RR 2017, 194). Das Kennwort „Unabhängig" kann in einem Wahlvorschlag auch dann verwandt werden, wenn die Kandidaten gewerkschaftlich organisiert sind (OVG NRW 27.10.1958 – VB 569/58, AP PersVG § 21 Nr. 1; GK-BetrVG/*Jacobs* Rn. 7; Richardi BetrVG/*Forst* Rn. 2). Kennworte für neue Listen müssen sich von denen gebräuchlicher Gewerkschaftslisten deutlich unterscheiden (BVerwG 13.5.1966 – VII P 5.65, AP PersVG § 21 Nr. 3). Der Wahlvorst. kann statt der Kennworte gebräuchliche Abkürzungen in die Stimmzettel einsetzen (BAG 3.6.1969 – 1 ABR 3/69, AP BetrVG § 18 Nr. 17). Ist das Kennwort unzulässig, so hat der Wahlvorst. den Listenführer hierüber unverzüglich zu unterrichten. Hat eine Liste kein Kennwort, darf der Wahlvorst. diese nicht selbst mit einem Kennwort versehen. In diesem Falle ist die Liste mit Familien- und Vornamen ihrer ersten beiden Bewerber zu bezeichnen.

Der Wahlvorst. bezeichnet die eingereichten Vorschlagslisten unmittelbar nach ihrem Eingang gem. Abs. 2 S. 1 und **prüft sie unverzüglich.** Er ist verpflichtet, rasch zu handeln, da bei schneller Beanstandung unheilbare Mängel, die nach § 8 Abs. 1 die Vorschlagsliste von vornherein ungültig machen, doch noch dadurch geheilt werden können, dass die Vorschlagsliste vor Ablauf der Einreichungsfrist erneut eingereicht wird. 3

Der Wahlvorst. hat jede innerhalb der Einreichungsfrist eingegangene Vorschlagsliste darauf zu prüfen, ob sie den vorgeschriebenen Erfordernissen entspricht. Diese Prüfung ist eine **Rechtspflicht des Wahlvorst.,** deren Verletzung als solche uU eine Wahlanfechtung rechtfertigen kann, zB wenn durch die verzögerte oder unterlassene Prüfung die rechtzeitige Einreichung einer neuen oder ergänzten Vorschlagsliste verhindert worden ist (BAG 21.1.2009 – 7 ABR 65/07, AP BetrVG 1972 § 19 Nr. 61; GK-BetrVG/*Jacobs* Rn. 12f.; DKKW/*Homburg* Rn. 7). Allerdings ist die Rechtspflicht nur verletzt, wenn der Wahlvorst. jegliche Prüfung unterlässt oder erkannte oder bei einer Prüfung nach bestem Gewissen erkennbare Mängel nicht beanstandet (BAG 2.2.1962 – 1 ABR 5/61, AP BetrVG § 13 Nr. 10). Die Prüfung muss stets mit der gebotenen Sorgfalt auf erkennbare Ungültigkeitsgründe erfolgen und darf nicht nur kursorisch oberflächlich erfolgen (BAG 21.1.2009 – 7 ABR 65/07, AP BetrVG 1972 § 19 Nr. 61; 16.1.2018 – 7 ABR 11/16, NZA 2018, 797). Eigene Nachforschungen sind zulässig (BAG 16.1.2018 – 7 ABR 11/16, NZA 2018, 797). Ergibt die Prüfung, dass die Liste den Erfordernissen nicht genügt, so ist entweder ihre **Ungültigkeit festzustellen** (wenn es sich um einen unheilbaren Mangel handelt – § 8 Abs. 1) oder sie ist **zu beanstanden** (wenn es sich um einen heilbaren Mangel handelt – § 8 Abs. 2). So ist zu prüfen, ob die Unterzeichner der Liste wahlberechtigte ArbN sind. Nicht vorschlagsberechtigte Unterzeichner sind zu streichen. Bei Vorschlagslisten der Gewerkschaften ist ua die ordnungsgemäße Unterzeichnung durch hierzu ermächtigte Beauftragte der Gewerkschaften zu prüfen. Hinsichtlich der vorgeschlagenen Bewerber ist zu prüfen, ob diese nach § 8 BetrVG wählbar sind. Die unberechtigte Streichung eines wählbaren Bewerbers rechtfertigt die Anfechtung der Wahl nach § 19 BetrVG ebenso wie die Zulassung einer ungültigen Vorschlagsliste oder die Nichtzulassung einer gültigen Vorschlagsliste. 4

Der Wahlvorst. ist nicht berechtigt, eine Ergänzung der Wahlvorschläge um zusätzliche, weder vom BetrVG noch der WO geforderten Angaben oder Kennzeichnungen zu verlangen oder derartige Ergänzungen selbst vorzunehmen, zB Ergänzung der Wahlvorschläge um Lichtbilder der Wahlbewerber (BAG 3.12.1987 – 6 ABR 79/85, AP BetrVG 1972 § 20 Nr. 13). 5

6 Die Prüfung muss **unverzüglich,** dh ohne schuldhaftes Zögern erfolgen. Grds. ist sie spätestens innerhalb von zwei Arbeitstagen nach Eingang der Vorschlagslisten vorzunehmen. Bei besonderen Ermittlungen kann jedoch eine Überschreitung der Frist von zwei Arbeitstagen gerechtfertigt sein, zB wenn wegen der Feststellung der ArbNEigenschaft eine Rückfrage bei der an einem anderen Ort befindlichen Hauptverwaltung erforderlich wird. Die Fristbestimmung dient dazu, dass Einreicher ungültiger Vorschlagslisten dies noch so rechtzeitig erfahren, dass sie innerhalb der Einreichungsfrist uU eine gültige Vorschlagsliste nachreichen können. Am letzten Tag der Frist hat der Wahlvorst. Vorkehrungen zu treffen, die ihn in die Lage versetzen, eingehende Wahlvorschläge möglichst sofort zu prüfen und die Listenvertreter ggf. über Mängel sofort unterrichten zu können (BAG 25.5.2005 – 7 ABR 39/04, AP BetrVG 1972 § 14 Nr. 2; 21.1.2009 – 7 ABR 65/07, AP BetrVG 1972 § 19 Nr. 61; 18.7.2012 – 7 ABR 21/11, NZA 2013, 168; 16.1.2018 – 7 ABR 11/16, NZA 2018, 797; zu einzelnen Fallvarianten s. HessLAG 18.9.2003 – 9 TaBV 174/02, ArbuR 2004, 318; LAG SchlH 14.2.2007 – 6 TaBV 27/06, BeckRS 2007, 44560). Verstößt der Wahlvorst. gegen seine unverzügliche Prüfungspflicht, rechtfertigt dies zur Anfechtung der BRWahl (BAG 25.5.2005 – 7 ABR 39/04, AP BetrVG 1972 § 14 Nr. 2; 18.7.2012 – 7 ABR 21/11, NZA 2013, 168; HessLAG 18.9.2003 – 9 TaBV 174/02, ArbuR 2004, 318; LAG Nürnberg 17.12.2003 – 7 TaBV 57/02, AiB 2005, 561 f.), es sei denn, auch eine sofort einberufene Sitzung hätte nicht mehr die Behebung des Mangels bewirken können (BAG 16.1.2018 – 7 ABR 11/16, NZA 2018, 797). Nach LAG Nürnberg 17.12.2003 – 7 TaBV 57/02, AiB 2005, 561 ist eine abschließende Prüfung durch Wahlvorst. drei Stunden vor Ablauf der Einreichungsfrist nicht mehr unverzüglich (mit zust. Anm. *Manske* AiB 2005, 562 f.).

7 Sofort nachdem der Wahlvorst. festgestellt hat, dass die Liste ungültig oder zu beanstanden ist, hat er die Listenvertreterin oder den **Listenvertreter** unter Angabe der Gründe hierüber zu **unterrichten.** Die Unterrichtung muss **schriftlich** erfolgen. Die beanstandete Liste darf der Wahlvorst. aus Beweisgründen nicht zurückgeben, da dann in einem eventuellen Anfechtungsverfahren nicht mehr feststellbar ist, ob die Liste nicht etwa gültig war oder ob die fristgerecht eingereichte neue Liste tatsächlich nur eine Ergänzung der beanstandeten und nicht ein unzulässiger neuer Wahlvorschlag ist (vgl. LAG SchlH 21.6.2011 – 2 TaBV 41/10, BeckRS 2011, 78367; offen gelassen von HessLAG 31.8.2006 – 9 TaBV 16/06, NZA-RR 2007, 198; GK-BetrVG/*Jacobs* Rn. 11; Richardi BetrVG/*Forst* Rn. 9; **aA** DKKW/*Homburg* Rn. 8, der Zurückbehalten einer Kopie für ausreichend hält). Wohl ist es zulässig und vielfach zweckmäßig, dem Listenführer eine Ablichtung der beanstandeten Liste auszuhändigen, damit ggf. auf dieser Ablichtung die Mängel behoben werden können. Eine Pflicht zur schnellen Unterrichtung besteht insbes. dann, wenn der Ablauf der Frist für die Einreichung der Liste unmittelbar bevorsteht (BAG 25.5.2005 – 7 ABR 39/04, AP BetrVG 1972 § 14 Nr. 2). Wird die Unterrichtung so verzögert, dass die sonst noch mögliche Einreichung einer neuen und einwandfreien Liste verhindert wird, kann ein Anfechtungsgrund vorliegen (BAG 4.11.1969 – 1 ABR 21/59, AP BetrVG § 13 Nr. 3; GK-BetrVG/*Jacobs* Rn. 10; Richardi BetrVG/*Forst* Rn. 7). Hat der Wahlvorst. den Verdacht, dass eine Vorschlagsliste gefälscht ist (zB weil die Liste Überklebungen, Streichungen oder Zusätze enthält), so hat er den Listenvertreter zur Stellungnahme aufzufordern (OVG NRW 27.10.1958 – VB 569/58, AP PersVG § 21 Nr. 1; DKKW/*Homburg* Rn. 8a).

8 Die Unterrichtung muss die **Mängel der Liste angeben.** Weiter wird der Wahlvorst. zweckmäßigerweise auf die sich aus § 8 Abs. 2 ergebende Frist für die Behebung der Mängel mit dem Hinweis aufmerksam machen, dass nach fruchtlosem Ablauf der Frist die Vorschlagsliste endgültig ungültig ist.

§ 8 Ungültige Vorschlagslisten

(1) **Ungültig sind Vorschlagslisten,**

1. die nicht fristgerecht eingereicht worden sind,

2. auf denen die Bewerberinnen oder Bewerber nicht in erkennbarer Reihenfolge aufgeführt sind,

3. die bei der Einreichung nicht die erforderliche Zahl von Unterschriften (§ 14 Abs. 4 des Gesetzes) aufweisen.[1 ff.] Die Rücknahme von Unterschriften auf einer eingereichten Vorschlagsliste beeinträchtigt deren Gültigkeit nicht; § 6 Abs. 5 bleibt unberührt.[6]

(2) **Ungültig sind auch Vorschlagslisten,[7]**

1. auf denen die Bewerberinnen oder Bewerber nicht in der in § 6 Abs. 3 bestimmten Weise bezeichnet sind,

2. wenn die schriftliche Zustimmung der Bewerberinnen oder Bewerber zur Aufnahme in die Vorschlagsliste nicht vorliegt,

3. wenn die Vorschlagsliste infolge von Streichung gemäß § 6 Abs. 5 nicht mehr die erforderliche Zahl von Unterschriften aufweist,

falls diese Mängel trotz Beanstandung nicht binnen einer Frist von drei Arbeitstagen[8] beseitigt werden.

1 Die Versäumung der für die Einreichung der Vorschlagslisten vorgesehenen Ausschlussfristen (§ 6 Abs. 1 S. 2) zieht ebenso wie die nicht erkennbare Reihenfolge der Kandidaten auf der Liste und die unzureichende Unterzeichnung von Vorschlagslisten durch vorschlagsberechtigte ArbN im Zeitpunkt der Einreichung der Liste (→ BetrVG § 14 Rn. 45 ff.) **stets die Ungültigkeit der Liste** nach sich. Gleiches gilt, wenn ein Wahlvorschlag der Gewerkschaft nicht gem. § 27 Abs. 2 von zwei Beauftragten unterschrieben ist (vgl. ArbG Siegen 26.4.1974 – BV 2/74, DB 1974, 1776). Die Ungültigkeit ist nach § 7 vom Wahlvorst. festzustellen und dem Listenvertr. unter Angabe der Gründe mitzuteilen. Ist die Frist für die Einreichung von Wahlvorschlägen noch nicht abgelaufen, so kann innerhalb der Frist ein neuer Wahlvorschlag eingereicht werden (DKKW/*Homburg* Rn. 1). Im Falle des Abs. 1 Nr. 3 ist es zulässig, dass die ungültige Liste innerhalb der Einreichungsfrist um die fehlenden Stützunterschriften ergänzt wird (GK-BetrVG/*Jacobs* Rn. 2). Ist eine gewerkschaftliche Vorschlagsliste von einem nicht bevollmächtigten Beauftragten unterzeichnet worden, kann innerhalb der Einreichungsfrist die Beauftragung nachgeholt werden. Ein Wahlvorschlag der vor Beginn der Einreichungsfrist bei Wahlvorst. eingereicht wird, hat nicht deren Unwirksamkeit zur Folge (BAG 19.4.2012 – 2 AZR 299/11, NZA 2013, 112).

2 Außer den in Abs. 1 Nr. 1–3 genannten Fällen ist eine Liste auch ungültig, wenn sie ohne Einverständnis aller Unterzeichner von einigen Unterzeichnern nachträglich geändert worden ist. Das bedeutet eine unzulässige inhaltliche Änderung der Vorschlagsliste (BAG 15.12.1972 – 1 ABR 8/72, AP BetrVG 1972 § 14 Nr. 1; DKKW/*Homburg* Rn. 3). Ebenfalls ungültig ist die Liste, wenn nachträglich ein Kandidat hinzugefügt wird und die danach gesammelten Stützunterschriften das Quorum nicht erfüllen (BAG 21.9.2009 – 7 ABR 65/07, AP BetrVG 1972 § 19 Nr. 61), aber auch dann, wenn zwar das gesetzliche Quorum erreicht wird, aber die nachträglich hinzugefügten Kandidaten nicht kenntlich gemacht worden sind (BAG 18.7.2012 – 7 ABR 21/11, NZA 2013, 168; 16.1.2018 – 7 ABR 11/16, NZA 2018, 797). Nach LAG Hmb (AiB 1998, 701m. zust. Anm. *Brinkmeier*) soll eine Vorschlagsliste, deren Stützunterschriften durch einen leitenden Ang. (Justitiar des ArbGeb.) gesammelt worden sind, ebenfalls unheilbar ungültig sein (→ BetrVG § 20 Rn. 23).

3 Ist auf einer Vorschlagsliste **bei ihrer Einreichung ein nicht wählbarer Kandidat** aufgeführt, so ist die Liste ungültig (BVerwG 27.5.1960 – VII P 13.59, AP WahlO z. PersVG § 10 Nr. 2; Nr. 10; LAG Hamm 12.1.2009 – 10 TaBV 17/07, BeckRS

2009, 56424; GK-BetrVG/*Jacobs* Rn. 9; DKKW/*Homburg* Rn. 3; Richardi BetrVG/*Forst* Rn. 4; **aA** *Heinze* NZA 1988, 573). Der Wahlvorst. darf die Liste nicht unverändert, dh mit dem nicht wählbaren Kandidaten zur Wahl stellen, da die Zulassung eines nicht wählbaren ArbN keine ordnungsgemäße Durchführung der Wahl ist. Er darf den nicht wählbaren Kandidaten jedoch auch nicht von der Liste streichen, da dies eine materielle Änderung des Wahlvorschlags darstellen würde, die grds. nur mit Zustimmung aller Unterzeichner zulässig ist (BAG 15.12.1972 – 1 ABR 8/72, AP BetrVG 1972 § 14 Nr. 1). Eine Nachfrist nach Abs. 2 Nr. 2 kommt in diesem Falle nicht in Betracht, da diese Regelung einen wählbaren Kandidaten voraussetzt. Der Wahlvorst. hat eine solche Liste unverzüglich beim Listenführer zu beanstanden, damit dieser ggf. noch innerhalb der Einreichungsfrist eine neue Liste mit den erforderlichen Unterschriften einreichen kann.

4 **Etwas anderes** muss allerdings für den Fall gelten, dass ein Wahlbewerber **nach Einreichung des Wahlvorschlags** und **nach Ablauf der Einreichungsfrist** die Wählbarkeit verliert, zB weil er aus dem Betrieb ausgeschieden oder verstorben ist. Eine Rückgabe der Liste zur Behebung des Mangels ist wegen Ablaufs der Einreichungsfrist nicht möglich. Die Liste insgesamt als ungültig anzusehen und sie nicht zur Wahl zuzulassen, würde für jede Liste ein erhebliches Risiko bedeuten, da derartige Fälle nie auszuschließen sind. Da in diesen Fällen den Listenunterzeichnern die Aufnahme des nicht wählbaren Kandidaten auf der Liste nicht vorzuwerfen ist, wird man den Wahlvorst. hier für befugt halten müssen, den nicht mehr wählbaren Kandidaten auf der Liste zu streichen und iÜ die Liste zur Wahl zuzulassen (DKKW/*Homburg* Rn. 4; iErg ebenso GK-BetrVG/*Jacobs* Rn. 9; Richardi BetrVG/*Forst* Rn. 4). Außer der Streichung hat der Wahlvorst. die Wähler auf den Verlust der Wählbarkeit des Wahlbewerbers in gleicher Weise und an denselben Stellen hinzuweisen, wie dies für die Bekanntmachung der Vorschlagslisten nach § 10 Abs. 2 erfolgt ist. Dies ist vor allem dann wichtig, wenn die Stimmzettel bereits gedruckt worden sind. Diese Ergänzung der Bekanntmachung ist den Unterlagen für die schriftliche Stimmabgabe beizufügen (ausführl. zur Problematik *Schneider* FS *Däubler,* 1999, 286 [289 f.]).

5 Der Verdacht einer Fälschung der Vorschlagsliste berechtigt den Wahlvorst. nicht, diese für ungültig zu erklären (OVG NRW 27.10.1958 – VB 569/58, AP PersVG § 21 Nr. 1). Wird eine Vorschlagsliste zu Unrecht als ungültig festgestellt, so ist die Wahl stets nach § 19 BetrVG anfechtbar. Wird innerhalb der Einreichungsfrist überhaupt keine gültige Liste eingereicht, ist nach § 9 eine Nachfrist von einer Woche zu setzen.

6 Diese Regelung hat den Zweck zu verhindern, dass auf ArbN, die bereits eine Liste unterzeichnet haben, eingewirkt wird, ihre Unterschrift zurückzuziehen, um auf diese Weise eine unerwünschte Liste zu Fall zu bringen. Die **Rücknahme einer Unterschrift nach Einreichung des Wahlvorschlags** ist grds. ohne Bedeutung; dies gilt nur dann nicht, wenn ein ArbN mehrere Vorschlagslisten unterzeichnet hat. In diesem Falle zählt nur die Unterschrift, die der ArbN im Verfahren nach § 6 Abs. 5 S. 2 aufrechterhält oder die bei einem Verschweigen des ArbN nach dieser Vorschrift als gültig fingiert wird. Auch wenn der Listenführer einer Vorschlagsliste Erklärungen wahlberechtigter ArbN einreicht, in denen sie ihre zuvor geleistete Unterschrift auf einer anderen Vorschlagsliste zurückziehen, bestimmt sich die Frage, welche der Unterschriften zählt, allein nach dem Verfahren des § 6 Abs. 5 S. 2 (BAG 1.6.1966 – 1 ABR 16/65, AP WahlO z. BetrVG § 6 Nr. 2; DKKW/*Homburg* Rn. 7). Nimmt der ArbN die Unterschrift auf allen Vorschlagslisten zurück, so ist die Rücknahme wie eine unterbliebene fristgerechte Erklärung nach § 6 Abs. 5 S. 3 zu behandeln (GK-BetrVG/*Jacobs* Rn. 4; Richardi BetrVG/*Forst* § 6 Rn. 16, 20; → § 6 Rn. 16). Führt die Streichung einer Unterschrift nach § 6 Abs. 5 dazu, dass die Liste nicht mehr die erforderliche Zahl von Unterschriften aufweist, so hat der Wahlvorst. den Listenführer eine Nachfrist von drei Arbeitstagen zur Behebung dieses Mangels zu setzen (vgl. Abs. 2 Nr. 3).

7 Die in Abs. 2 genannten Mängel sind **heilbare Mängel,** dh Mängel, die die Vorschlagsliste nicht von vornherein, sondern erst dann ungültig machen, wenn trotz der

Beanstandung die für die Beseitigung der Mängel zwingend vorgeschriebene Frist von drei Arbeitstagen fruchtlos abgelaufen ist. Der Wahlvorst. hat die in Abs. 2 genannten Mängel (iE → § 8 Rn. 7 ff.) dem Listenvertr. unter Angabe der Gründe mitzuteilen (§ 7 Abs. 2 S. 2). Unterbleibt die Mitteilung, so ist die Wahl anfechtbar (HessLAG 5.7.1965 – 1 Ta BV 1/65, DB 1965, 1746; GK-BetrVG/*Jacobs* Rn. 8; Richardi BetrVG/*Forst* Rn. 8; **aA** *Heinze* NZA 1988, 574).

Die **Frist** ist **zwingend** vorgeschrieben. Sie beträgt drei Arbeitstage und läuft von der Unterrichtung des Listenvertr. gem. § 7 Abs. 2 S. 2 an (LAG Düsseldorf 25.10.1961 – 6 BVTa 4/61, DB 1961, 1586). Der Tag der Mitteilung wird nicht mitgerechnet. Die Frist kann vom Wahlvorst. weder verlängert noch verkürzt werden (BAG 1.6.1966 – 1 ABR 16/65, AP WahlO z. BetrVG § 6 Nr. 2; GK-BetrVG/*Jacobs* Rn. 6; DKKW/*Homburg* Rn. 14; Richardi BetrVG/*Forst* Rn. 6). Zum Begriff „Arbeitstag" → § 41 Rn. 2. Ist die gesetzte Nachfrist kürzer als drei Arbeitstage, so kann die BRWahl angefochten werden (BAG 1.6.1966 – 1 ABR 16/65, AP WahlO z. BetrVG § 6 Nr. 2; GK-BetrVG/*Jacobs* Rn. 6). Läuft die Frist ab, ohne dass die Mängel behoben werden, so ist die Vorschlagsliste **endgültig ungültig.** Das gilt auch, wenn der beanstandete Mangel zwar behoben, die Liste jedoch neue Mängel enthält, die eine Nachbesserung iSd Abs. 2 erforderlich machen würden. Eine erneute Beanstandung mit Nachfristsetzung kommt nicht in Betracht (GK-BetrVG/*Jacobs* Rn. 7; DKKW/*Homburg* Rn. 12). Befinden sich auf der Ergänzungsliste nunmehr Doppelunterzeichner iSd § 6 Abs. 5, so ist deren Unterschrift auf der Ergänzungsliste zu streichen (ArbG Gelsenkirchen 15.3.1968 – BV 5/68, BB 1968, 627; GK-BetrVG/*Jacobs* Rn. 7; DKKW/*Homburg* Rn. 13; **aA** Richardi BetrVG/*Forst* Rn. 9, für den Fall, dass die Doppelunterschrift für die Gültigkeit der Ergänzungsliste von Bedeutung ist). 8

§ 9 Nachfrist für Vorschlagslisten

(1) **Ist nach Ablauf der in § 6 Abs. 1 genannten Frist keine gültige Vorschlagsliste eingereicht,[1, 2] so hat dies der Wahlvorstand sofort in der gleichen Weise bekanntzumachen[3–5] wie das Wahlausschreiben[6] und eine Nachfrist von einer Woche für die Einreichung von Vorschlagslisten zu setzen.[7] In der Bekanntmachung ist darauf hinzuweisen, dass die Wahl nur stattfinden kann, wenn innerhalb der Nachfrist mindestens eine gültige Vorschlagsliste eingereicht wird.[3]**

(2) **Wird trotz Bekanntmachung nach Absatz 1 eine gültige Vorschlagsliste nicht eingereicht, so hat der Wahlvorstand sofort bekannt zu machen, daß die Wahl nicht stattfindet.[8, 9]**

§ 6 Abs. 1 sieht für die Einreichung von Vorschlagslisten eine Ausschlussfrist von zwei Wochen seit Erlass des WA vor. Ist innerhalb dieser Einreichungsfrist zwar eine ungültige Liste, jedoch mit nach § 8 Abs. 2 heilbaren Mängeln eingereicht worden, so ist vor Setzung einer Nachfrist abzuwarten, ob die Mängel geheilt werden. Denn anderenfalls wäre der notwendige Hinweis des Wahlvorst. nach Abs. 1 S. 2 unrichtig (GK-BetrVG/*Jacobs* Rn. 1; DKKW/*Homburg* Rn. 2; Richardi BetrVG/*Forst* Rn. 1). 1

Ist eine Vorschlagsliste eingereicht worden, die jedoch keinen Kandidaten des Geschlechts in der Minderheit enthält, obwohl diesem nach § 15 Abs. 2 BetrVG Mindestsitze zustehen, so ist dennoch **keine Nachfrist** zur entsprechenden Auffüllung der Liste mit Vertretern dieses Geschlechts zu setzen; denn die eingereichte Vorschlagsliste ist gültig (→ BetrVG § 15 Rn. 12 ff.; → § 6 Rn. 7; *Engels/Trebinger/Löhr-Steinhaus* DB 2001, 532 [541]; GK-BetrVG/*Jacobs* Rn. 1). Dies gilt auch dann, wenn bei mehreren Vorschlagslisten keine Bewerber oder insgesamt weniger Bewerber des Geschlechts in der Minderheit für die Wahl des BR vorgeschlagen werden, als diesem Geschlecht Sitze im BR zustehen. Die von dem Geschlecht in der Minderheit nicht 2 besetzbaren Sitze sind mit erfolgreichen Wahlbewerbern des anderen Geschlechts zu besetzen (vgl. § 15 Abs. 5 Nr. 5, § 22 Abs. 4). Werden jedoch Vorschlagslisten mit insgesamt weniger Wahlbewerbern, als BRSitze zu besetzen sind eingereicht, hat der Wahlvorst. im Interesse, die Wahl eines der gesetzlichen Größe des § 9 BetrVG entsprechenden BR zu ermöglichen, eine Nachfrist zur Gewinnung weiterer Wahlbewerber zu setzen (GK-BetrVG/*Jacobs* Rn. 1; **aA** LAG Düsseldorf 4.7.2014 – 6 TaBV 24/14, NZA-RR 2014, 476). Läuft diese Frist erfolglos ab, so ist der BR in der Größe zu wählen, die der nächstniedrigen Staffel des § 9 BetrVG entspricht (→ BetrVG § 11 Rn. 8); nach LAG Düsseldorf 4.7.2014 – 6 TaBV 24/14, NZA-RR 2014, 476 findet § 11 BetrVG analog ohne vorherige Nachfristsetzung Anwendung.

3 Bekanntzumachen sind:
- die Tatsache, dass innerhalb der Einreichungsfrist (§ 6 Abs. 1) **keine gültigen Vorschlagslisten** eingegangen sind,
- die für die Einreichung von Vorschlagslisten zu setzende **Nachfrist** von einer Woche (Abs. 1 S. 1),
- der Hinweis, dass eine Wahl nur stattfinden kann, wenn innerhalb der Nachfrist **mindestens eine gültige Vorschlagsliste eingereicht** wird.

4 Sind insgesamt weniger Bewerber vorgeschlagen, als BRSitze zu besetzen sind (→ Rn. 2), ist dies bekannt zu machen und darauf hinzuweisen, dass, wenn keine weiteren Wahlbewerber vorgeschlagen werden, nur ein kleinerer BR in der Größe der nächst niedrigen Staffel des § 9 BetrVG gewählt werden kann.

5 Die Bekanntmachung hat **sofort,** dh am nächsten Arbeitstag nach Ablauf der Einreichungsfrist bzw. der Nachfrist nach § 8 Abs. 2, zu erfolgen (GK-BetrVG/*Jacobs* Rn. 2).

6 Die Bekanntmachung ist **wie das WA** vom Tage der Bekanntgabe an bis zum letzten Tag der Stimmabgabe **auszuhängen** und in gut lesbarem Zustand zu erhalten und ggf. auch elektronisch bekannt zu machen (vgl. § 3 Abs. 3). Ist das WA an mehreren Stellen des Betriebs ausgehängt worden, so muss auch die Bekanntmachung nach Abs. 1 an diesen Stellen ausgehängt werden.

7 Die **Nachfrist** beträgt **eine Woche** und läuft von der Bekanntmachung an. Ergeht die Bekanntmachung zB an einem Mittwoch, so ist der Mittwoch der folgenden Woche der letzte Tag der Nachfrist, an dem noch Vorschlagslisten eingereicht werden können. Für die innerhalb der Nachfrist eingereichten Vorschlagslisten gelten die §§ 6–8. Heilbare Mängel können innerhalb der Frist von § 8 Abs. 2 behoben werden (GK-BetrVG/*Jacobs* Rn. 5). Die Nachfrist hat zur Folge, dass eine etwa bereits zuvor, aber verspätet eingereichte Vorschlagsliste wieder zu berücksichtigen und jetzt als gültig zu behandeln ist (GK-BetrVG/*Jacobs* Rn. 5; Richardi BetrVG/*Forst* Rn. 3; **aA** DKKW/*Homburg* Rn. 5, der eine Rückgabe und erneute Einreichung der verspätet eingereichten Liste fordert).

8 Wird auch in der Nachfrist **keine gültige Vorschlagsliste** eingereicht, so steht damit fest, dass die Wahl unterbleibt. Es wird kein BR gewählt.

9 Ist keine gültige Vorschlagsliste eingereicht worden, so **erlischt** mit der Bekanntmachung, dass die Wahl nicht stattfindet, das **Amt des Wahlvorst.** Wenn dennoch eine BRWahl durchgeführt werden soll, muss ein neuer Wahlvorst. bestellt werden (DKKW/*Homburg* Rn. 6; GK-BetrVG/*Jacobs* Rn. 7; Richardi BetrVG/*Forst* Rn. 5).

§ 10 Bekanntmachung der Vorschlagslisten

(1) **Nach Ablauf der in § 6 Abs. 1, § 8 Abs. 2 und § 9 Abs. 1 genannten Fristen[1] ermittelt der Wahlvorstand durch das Los die Reihenfolge der Ordnungsnummern, die den eingereichten Vorschlagslisten zugeteilt werden (Liste 1 usw.). Die Listenvertreterin oder der Listenvertreter sind zu der Losentscheidung rechtzeitig einzuladen.[2]**

(2) **Spätestens eine Woche vor Beginn der Stimmabgabe[3] hat der Wahlvorstand die als gültig anerkannten Vorschlagslisten bis zum Abschluss der Stimmabgabe in gleicher Weise bekannt zu machen wie das Wahlausschreiben (§ 3 Abs. 4).[4]**

Die Bestimmung der Reihenfolge der Ordnungsnummern für die eingereichten gültigen Vorschlagslisten erfolgt erst, nachdem die für die Einreichung von Vorschlagslisten gesetzte Ausschlussfrist (vgl. § 6 Abs. 1) bzw. die zum gleichen Zweck gesetzte etwaige Nachfrist (vgl. § 9 Abs. 1) abgelaufen und innerhalb dieser Fristen gültige Vorschlagslisten eingegangen sind. Auch der Ablauf von Berichtigungsfristen nach § 6 Abs. 5 u. 7 sowie § 8 Abs. 2 ist abzuwarten (GK-BetrVG/*Jacobs* Rn. 1). 1

Ordnungsnummern sind nur von Bedeutung, wenn **mehrere Vorschläge,** eingereicht worden sind. Die Ordnungsnummern sind entscheidend für die **Reihenfolge der Vorschlagslisten auf den Stimmzetteln** (§ 11 Abs. 2). Diese Reihenfolge bestimmt sich nicht nach der Reihenfolge des Eingangs der Wahlvorschlagslisten beim Wahlvorst., sondern wird durch **Losentscheid** ermittelt. Zur Kritik am Losentscheid vgl. *Pinther,* ArbuR 1962, 83. Den Losentscheid hat der Wahlvorst. durchzuführen; er findet grds. in Gegenwart der Listenvertreter statt. Für die Zeit ihrer Teilnahme, die Teil der Ausübung des Wahlrechts iSv § 20 Abs. 2 S. 2 BetrVG ist, ist ihnen das Arbeitsentgelt fortzuzahlen (DKKW/*Homburg* Rn. 2). Bleiben die Listenvertreter dem Losentscheid fern, so ist dies unschädlich, wenn sie so rechtzeitig eingeladen worden sind, dass sie nach den betrieblichen Verhältnissen ohne Schwierigkeit zugegen sein konnten. Aus Beweisgründen dürfte sich die schriftliche Einladung der Listenvertreter empfehlen. Der Losentscheid selbst erfolgt **formlos** (DKKW/*Homburg* Rn. 3). Es genügt zB, wenn Zettel mit der Bezeichnung der einzelnen Listen in gleichartige Umschläge gesteckt, in ein Behältnis geworfen, gemischt und vom Wahlvorst. nach der Reihenfolge des Wiederherausnehmens nummeriert werden. Nicht vorgeschrieben ist, dass der Wahlvorst. über den Losentscheid eine **Niederschrift** aufzunehmen hat. Allerdings ist diese aus Beweiszwecken zu empfehlen (DKKW/*Homburg* Rn. 5). 2

Ist also zB die Stimmabgabe auf Mittwoch, den 17.4.2002 festgesetzt, so sind die als gültig anerkannten Vorschlagslisten spätestens am Dienstag der voraufgegangenen Woche, also dem 9.4.2002 bekanntzumachen. Wie das Wort „spätestens" zeigt, ist eine frühere Bekanntmachung nicht ausgeschlossen. Sie ist im Gegenteil im Interesse einer frühzeitigen Information der Wahlberechtigten zu empfehlen (DKKW/*Homburg* Rn. 6). Eine Pflicht, die Vorschlagslisten vor der Bekanntmachung nach Abs. 2 geheim zu halten, besteht nicht (BAG 4.11.1960 – 1 ABR 21/59, AP BetrVG § 13 Nr. 3; GK-BetrVG/*Jacobs* Rn. 5). 3

Die Vorschlagslisten sind **in vollständiger Form** unter Angabe der vom Wahlvorst. nach Maßgabe des Abs. 1 zugeteilten **Ordnungsnummer und des Kennworts** oder der nach Maßgabe des § 7 an die Stelle des Kennworts tretenden Angaben des Familiennamens und des Vornamens der beiden in der Liste an erster Stelle Benannten sowie unter genauer Anführung aller Wahlkandidaten mit Angabe ihres Familiennamens, Vornamens, Geburtsdatums und ihrer Berufsbezeichnung (vgl. § 6 Abs. 3) in derselben Weise wie das WA bekannt zu machen. Ist das WA an mehreren Stellen des Betriebs bekannt gemacht worden, so sind auch die Wahlvorschläge an diesen Stellen auszuhängen. Die Wahlvorschläge müssen bis zur Beendigung der Wahl ausgehängt bleiben. Nicht bekannt zu machen sind die den Wahlvorschlag tragenden Unterschriften. Sie sind zwar für die Gültigkeit des Wahlvorschlags von Bedeutung, gehören jedoch nicht zum Inhalt des Wahlvorschlags (DKKW/*Homburg* Rn. 8; Richardi BetrVG/*Forst* Rn. 2). Die Frist des § 10 Abs. 2 ist eine wesentliche Verfahrensvorschrift iSd § 19 BetrVG (DKKW/*Homburg* Rn. 9; GK-BetrVG/*Jacobs* Rn. 6; Richardi BetrVG/*Forst* Rn. 3). 4

Zweiter Unterabschnitt. Wahlverfahren bei mehreren Vorschlagslisten (§ 14 Abs. 2 S. 1 des Gesetzes)[1]

§ 11 Stimmabgabe

(1) **Die Wählerin oder der Wähler kann ihre oder seine Stimme nur für eine der als gültig anerkannten Vorschlagslisten abgeben.**[2] **Die Stimmabgabe erfolgt durch Abgabe von Stimmzetteln in den hierfür bestimmten Umschlägen (Wahlumschlägen).**

(2) **Auf den Stimmzetteln sind die Vorschlagslisten nach der Reihenfolge der Ordnungsnummern sowie unter Angabe der beiden an erster Stelle benannten Bewerberinnen oder Bewerber mit Familienname, Vorname und Art der Beschäftigung im Betrieb untereinander aufzuführen; bei Listen, die mit Kennworten versehen sind, ist auch das Kennwort anzugeben.**[3] **Die Stimmzettel für die Betriebsratswahl, müssen sämtlich die gleiche Größe, Farbe, Beschaffenheit und Beschriftung haben. Das Gleiche gilt für die Wahlumschläge.**[4]

(3) **Die Wählerin oder der Wähler kennzeichnet die von ihr oder ihm gewählte Vorschlagsliste durch Ankreuzen an der im Stimmzettel hierfür vorgesehenen Stelle.**[5, 6]

(4) **Stimmzettel, die mit einem besonderen Merkmal versehen sind oder aus denen sich der Wille der Wählerin oder des Wählers nicht unzweifelhaft ergibt oder die andere Angaben als die in Absatz 1 genannten Vorschlagslisten, einen Zusatz oder sonstige Änderungen enthalten, sind ungültig.**[7]

1 Dieser Unterabschnitt regelt das Wahlverfahren, wenn **mehrere gültige Vorschlagslisten** eingereicht worden sind. Ist nur eine gültige Vorschlagsliste eingereicht worden, gelten die §§ 20 ff. Für den Fall, dass der BR im vereinfachten Wahlverfahren zu wählen ist, gelten die §§ 28–37.

2 **Gewählt wird die Liste.** Die Wählerin oder der Wähler selbst hat keine Möglichkeit, die Liste durch Streichen oder Hinzusetzen von Namen auf dem Stimmzettel zu ändern. Solche Änderungen machen den Stimmzettel ungültig (vgl. Abs. 4).

3 Wegen Verwendung von Abkürzungen → § 7 Rn. 2. Unterbleibt die Angabe der beiden ersten Bewerber, so kann dies die Anfechtung der Wahl begründen (ArbG Wetzlar 12.6.1972 – BV 4/72, DB 1972, 1731).

4 Der Wahlvorst. hat für die Stimmabgabe Stimmzettel und Wahlumschläge zur Verfügung zu stellen. **Stimmzettel** und **Wahlumschläge** müssen gleich sein (vgl. Abs. 2 S. 3). Ein stärkerer Aufdruck eines Stimmkreises oder einer Vorschlagsliste macht die Wahl anfechtbar (BAG 14.1.1969 – 1 ABR 14/68, AP BetrVG § 13 Nr. 12). Ebenfalls unzulässig ist, anstelle der ersten beiden Listenbewerber alle zu benennen sowie pro Vorschlagsliste einen Stimmzettel zu verwenden (LAG SchlH 15.9.2011 – 5 TaBV 3/11, BeckRS 2013, 75010; LAG Köln 5.3.2012 – 5 TaBV 29/11, BeckRS 2012, 70783).

5 Der Wähler muss **persönlich wählen.** Stellvertretung ist nicht zulässig. Ist ein Wahlberechtigter durch Krankheit, Urlaub, Dienstreise oder dergleichen verhindert, an der Wahl teilzunehmen, so ist **schriftliche Stimmabgabe** möglich (vgl. §§ 24 ff.). Ist der Wähler infolge einer Behinderung bei der Stimmabgabe beeinträchtigt, ist es zulässig, dass ihn eine Person seines Vertrauens bei der Stimmabgabe behilflich ist (vgl. § 12 Abs. 4) (DKKW/*Homburg* Rn. 7). Dagegen ist es nicht zulässig, dass ein deutscher ArbN einem ausländischen Kollegen bei der Stimmabgabe behilflich ist (ArbG Bremen 12.05.1972 – 3 AZR 401/71, DB 1972, 1831; DKKW/*Homburg* Rn. 8; *Brill* BB 1978, 1574). Der Wahlvorst. hat dafür zu sorgen, dass den ausländischen ArbN der Stimmzettel, die auf ihm stehenden Listen und die notwendige Kennzeichnung in ausreichendem Maße bekannt sind (→ § 2 Rn. 12).

Die Wahl selbst erfolgt durch Ankreuzen der gewählten Vorschlagslisten auf dem Stimmzettel. Jedoch ist auch eine sonstige Kenntlichmachung der gewählten Liste auf dem Stimmzettel zulässig, sofern der **Wille des Wählers unzweifelhaft feststeht.** Deshalb ist ein Stimmzettel, auf dem der Wähler alle Vorschlagslisten bis auf eine durchgestrichen hat, gültig und die Stimme als für die nicht durchgestrichene Vorschlagsliste abgegeben anzusehen (GK-BetrVG/*Jacobs* Rn. 3; DKKW/*Homburg* Rn. 11; Richardi BetrVG/*Forst* Rn. 4). Da für die Stimmabgabe nicht die Form der Kennzeichnung, sondern die eindeutige Feststellung des Willens des Wählers das entscheidende Kriterium ist, ist – um zB in Großbetrieben eine maschinelle Auszählung der Stimmen (etwa durch ein EDV-Anlage) zu ermöglichen – auch eine „maschinengerechte" Kennzeichnung des Stimmzettels (zB durch eine Lochung) zulässig (Richardi BetrVG/*Forst* Rn. 4). Hierbei muss allerdings sichergestellt sein, dass die Wähler in ausreichendem Maße mit diesem Verfahren vertraut sind. Hat der Wähler einen Stimmzettel verschrieben, so ist ihm ein neuer auszuhändigen. Der verschriebene Stimmzettel ist ihm im Interesse des Wahlgeheimnisses zu belassen. Zur Frage, wenn ein Wahlumschlag mehrere Stimmzettel enthält, → § 14 Rn. 4. 6

Ungültig sind insbes. Stimmzettel, auf denen mehr als eine Vorschlagsliste angekreuzt ist, die mit einem besonderen Merkmal versehen sind, so dass die Person des Wählers bekannt werden kann, auf denen der Wähler zwischen zwei zum Ankreuzen vorgesehenen Stellen ankreuzt, so dass nicht ersichtlich ist, welche der beiden Vorschlagslisten der Wähler wählen wollte, die der Wähler mit seinem Namen unterschrieben oder auf denen er irgendwelche Vermerke, Erklärungen oder dergleichen angebracht hat, ebenso wenn er Namen von ArbN, die er wählen möchte, auf den Stimmzettel schreibt. Ungültig ist im Interesse des Wahlgeheimnisses (vgl. § 12 Abs. 3) ferner die Stimmabgabe, wenn der Stimmzettel nicht in einem Wahlumschlag abgegeben wird (DKKW/*Homburg* Rn. 13). Der Wahlvorst. hat eine solche Stimmabgabe zurückzuweisen. Über die Gültigkeit der Stimmabgabe entscheidet der **Wahlvorst. durch Beschluss** seiner stimmberechtigten Mitgl. (vgl. § 14 Abs. 1; DKKW/*Homburg* Rn. 14; GK-BetrVG/*Jacobs* Rn. 9; Richardi BetrVG/*Forst* Rn. 5). Die Entscheidung des Wahlvorst. ist im Rahmen eines Wahlanfechtungsverfahrens oder bei Geltendmachung der Nichtigkeit der Wahl gerichtlich überprüfbar. 7

§ 12 Wahlvorgang

(1) **Der Wahlvorstand hat geeignete Vorkehrungen für die unbeobachtete Bezeichnung der Stimmzettel im Wahlraum zu treffen[1–3] und für die Bereitstellung einer Wahlurne oder mehrerer Wahlurnen zu sorgen. Die Wahlurne muss vom Wahlvorstand verschlossen und so eingerichtet sein, dass die eingeworfenen Wahlumschläge nicht herausgenommen werden können, ohne dass die Urne geöffnet wird.[4]**

(2) **Während der Wahl müssen immer mindestens zwei stimmberechtigte Mitglieder des Wahlvorstands im Wahlraum anwesend sein; sind Wahlhelferinnen oder Wahlhelfer bestellt (§ 1 Abs. 2), so genügt die Anwesenheit eines stimmberechtigten Mitglieds des Wahlvorstands und einer Wahlhelferin oder eines Wahlhelfers.[5, 6]**

(3) **Die Wählerin oder der Wähler gibt ihren oder seinen Namen an und wirft den Wahlumschlag, in den der Stimmzettel eingelegt ist, in die Wahlurne ein, nachdem die Stimmabgabe in der Wählerliste vermerkt worden ist.[7–9]**

(4) **Wer infolge seiner Behinderung bei der Stimmabgabe beeinträchtigt ist, kann eine Person seines Vertrauens bestimmen, die ihm bei der Stimmabgabe behilflich sein soll, und teilt dies dem Wahlvorstand mit. Wahlbewerberinnen oder Wahlbewerber, Mitglieder des Wahlvorstands sowie Wahlhelferinnen und Wahlhelfer dürfen nicht zur Hilfeleistung herangezogen werden. Die Hilfeleis-**

tung beschränkt sich auf die Erfüllung der Wünsche der Wählerin oder des Wählers zur Stimmabgabe; die Person des Vertrauens darf gemeinsam mit der Wählerin oder dem Wähler die Wahlzelle aufsuchen. Sie ist zur Geheimhaltung der Kenntnisse verpflichtet, die sie bei der Hilfeleistung zur Stimmabgabe erlangt hat. Die Sätze 1 bis 4 gelten entsprechend für des Lesens unkundige Wählerinnen und Wähler.[10–12]

(5) **Nach Abschluss der Stimmabgabe**[13] **ist die Wahlurne zu versiegeln,**[14, 15] **wenn die Stimmenzählung nicht unmittelbar nach Beendigung der Wahl durchgeführt wird. Gleiches gilt, wenn die Stimmabgabe unterbrochen wird, insbesondere wenn sie an mehreren Tagen erfolgt.**

1 Die Vorschrift dient der **Sicherung der geheimen Stimmabgabe.** Wird an mehreren Stellen des Betriebs gewählt, so müssen die Vorkehrungen für das unbeobachtete Ankreuzen des Stimmzettels in jedem Wahlraum getroffen werden. Welche Vorkehrungen iE zu treffen sind, ist nicht vorgeschrieben. Ist der Wahlraum mit einem Nebenraum so verbunden, dass der Zutritt zum Nebenraum überwacht werden kann, so kann der Wähler zum Ankreuzen des Stimmzettels den Nebenraum benutzen (so auch LAG Düsseldorf 3.8.2009 – 9 TaBV 41/07, BeckRS 2007, 48394). Wo das nicht der Fall ist, ist ein Aufstellen von Wandschirmen, Trennwänden usw im Wahlraum selbst erforderlich (LAG Düsseldorf 13.12.2016 – 9 TaBV 85/16, ZBVR online 2/2017, 24). Zu den Vorkehrungen gehört auch, dass Schreibmaterial zum Ankreuzen der Stimmzettel in gebrauchsfähigem Zustand bereitliegt.

2 An den Grundsatz der geheimen Wahl sind **strenge Anforderungen** zu stellen (GK-BetrVG/*Jacobs* Rn. 1; Richardi BetrVG/*Forst* Rn. 1). Ist eine unbeobachtete Stimmabgabe nicht gesichert, der Wähler vielmehr gezwungen, unter den Augen anderer Personen den Stimmzettel anzukreuzen, so ist die Wahl stets nach § 19 BetrVG anfechtbar (LAG Düsseldorf 13.12.2016 – 9 TaBV 85/16, ZBVR online 2/2017, 24; DKKW/*Homburg* Rn. 1).

3 Andererseits kann der Wähler **nicht gezwungen** werden, die vom Wahlvorst. vorgesehenen Einrichtungen zum unbeobachteten Ankreuzen des Stimmzettels zu benutzen. Zwar sollte sich jeder Wähler der Anweisung fügen, sich an den zum Ankreuzen des Stimmzettels vorgesehenen Ort zu begeben und dort seine Wahl vorzunehmen. Man wird aber nicht verhindern können, dass ein Wähler doch uU anderen Personen die Möglichkeit gibt, den Stimmzettel einzusehen (GK-BetrVG/*Jacobs* Rn. 3).

4 Die **Wahlurne** ist ein verschließbares Behältnis aus Kunststoff, Holz oder einem sonstigen festen Material. Sie muss mit einem Schlitz versehen sein, durch den die Wahlumschläge eingeworfen werden. Der Schlitz muss so eingerichtet sein, dass die Wahlumschläge nicht wieder „herausgeangelt" werden können (LAG BW 21.11.2008 – 7 TaBV 3/08, NZA-RR 2009, 373 ff.). Der Wahlvorst. hat die Wahlurne, nachdem er sich vergewissert hat, dass sie leer ist, vor Beginn der Stimmabgabe zu verschließen. Zweckmäßigerweise wird er zugleich auch das Schloss der Wahlurne versiegeln. Über die Behandlung der Urne nach Abschluss der Stimmabgabe s. § 12 Abs. 5, § 14 (→ Rn. 14 f.). Die Wahlurnen dürfen während des Wahlgangs **nicht unbeaufsichtigt** bleiben (LAG Hamm 1.8.1952 – 2 Sa 265/52, BB 1953, 234; DKKW/*Homburg* Rn. 2) oder **während des Wahlgangs geöffnet** werden, um vorzeitig mit der Stimmauszählung zu beginnen.

5 Zur **Sicherung** des ordnungsmäßigen äußeren Ablaufs der **Stimmabgabe** müssen während der gesamten Zeit der Stimmabgabe grds. mindestens zwei stimmberechtigte Mitgl. des Wahlvorst. anwesend sein. Sind Wahlhelferinnen oder Wahlhelfer bestellt, genügt es, wenn neben der Wahlhelferin oder dem Wahlhelfer ein stimmberechtigtes Mitgl. im Wahlraum anwesend ist. Die Funktion eines Wahlhelfers kann auch von einem nicht stimmberechtigten Mitgl. des Wahlvorst. übernommen werden.

6 Die **Stimmabgabe** kann an **mehreren** im WA (§ 3 Abs. 2 Nr. 11) festgelegten **Orten gleichzeitig** stattfinden. Da in jedem Falle – auch wenn Wahlhelferinnen

oder Wahlhelfer bestellt worden sind – ein stimmberechtigtes WahlvorstMitgl. während der gesamten Wahl im Wahllokal anwesend sein muss, können äußerstenfalls so viele Orte für die Stimmabgabe festgelegt werden, wie der Wahlvorst. stimmberechtigte Mitgl. hat (DKKW/*Homburg* Rn. 5). Auch in diesem Falle müssen mindestens gleichviele Wahlhelfer bestellt worden sein, wobei allerdings auch auf die nicht stimmberechtigten Mitgl. des Wahlvorst. zurückgegriffen werden kann. Zur Möglichkeit der nachträglichen Erhöhung der Zahl der Mitgl. des Wahlvorst. → BetrVG § 16 Rn. 29.

Die Wählerin oder der Wähler legt den ausgefüllten Stimmzettel in den Wahlumschlag und gibt ihren oder seinen Namen an und wirft den Wahlumschlag in die Wahlurne, nachdem die Stimmabgabe in der Wählerliste vermerkt worden ist. **7**

§ 12 Abs. 3 ist eine wesentliche Vorschrift über das Wahlverfahren. Ein Verstoß hiergegen berechtigt zur Wahlanfechtung nach § 19 BetrVG (BAG 12.6.2013 – 7 ABR 77/11, NZA 2013, 1368). Der **Vermerk über die erfolgte Stimmabgabe,** der auch durch den Wahlhelfer angebracht werden kann, hat den Zweck zu verhindern, dass ein Wähler zweimal seine Stimme abgibt oder nicht zur Wahl berechtigte Personen eine Stimme abgeben (BAG 12.6.2013 – 7 ABR 77/11, NZA 2013, 1368). Deshalb ist zwingend vorgeschrieben, dass zuerst die Stimmabgabe zu vermerken ist und erst danach kann die Wählerin oder der Wähler den Wahlumschlag in die Urne einwerfen (BAG 12.6.2013 – 7 ABR 77/11, NZA 2013, 1368; LAG München 16.5.2017 – 6 TaBV 108/16, juris). Unzulässig ist es, die Wahlumschläge zurückzuhalten oder sonst von dem zwingend vorgeschriebenen Einwurf des Wahlumschlags in die Wahlurne abzuweichen. Verstöße hiergegen führen nach Maßgabe des § 19 BetrVG zur Anfechtbarkeit der Wahl (LAG Hamm 7.7.1976 – 3 TaBV 20/76, EzA § 19 BetrVG 1972 Nr. 9; LAG München 16.5.2017 – 6 TaBV 108/16, juris). Hat der Wahlvorst. mehrere Wahllokale eingerichtet, so muss er durch geeignete Maßnahmen sicherstellen, dass kein Wähler seine Stimme mehrfach abgeben kann. Das kann zB dadurch geschehen, dass für bestimmte Gruppen von ArbN jeweils ein bestimmtes Wahllokal festgelegt wird. Ferner kann der Wahlvorst. **„Wahlscheine"** ausgeben, die die ArbN zur Wahl in jedem Wahllokal berechtigen, die sie jedoch bei der Stimmabgabe vorzulegen und dem im Wahllokal anwesenden stimmberechtigten Mitgl. des Wahlvorst. abzugeben haben (GK-BetrVG/*Jacobs* Rn. 5; DKKW/*Homburg* Rn. 5). Bei der Verwendung von Wahlscheinen muss jedoch durch geeignete Maßnahmen sichergestellt werden, dass auch bei Verlust des Wahlscheins dem ArbN die Teilnahme an der Wahl noch möglich ist. Dies ist deshalb erforderlich, weil anderenfalls das Wahlrecht des ArbN in einer nicht vom BetrVG oder dieser WO abgedeckten Weise eingeschränkt würde. **8**

Wird die **Wählerliste** auch **elektronisch geführt,** hat der Wahlvorst. die Möglichkeit den **Vermerk der Stimmabgabe** in der elektronisch geführten Wählerliste zu vermerken (vgl. BR-Drs. 838/01, 28 zu § 2; BAG 12.6.2013 – 7 ABR 77/11, NZA 2013, 1368). Dies hat gerade für größere Betriebe mit Wahllokalen an unterschiedlichen Standorten den Vorteil, dass die ArbN entsprechend ihrem aktuellen Einsatzort in das in ihrer Nähe liegende Wahllokal gehen können. Eine aufwändige Zuweisung von Wahllokalen entfällt dadurch. **Sichergestellt** sein muss jedoch zur Vermeidung einer mehrfachen Stimmabgabe in verschiedenen Wahllokalen, dass der Eintrag der Stimmabgabe in der elektronisch geführten Wählerliste auch zugleich in den übrigen Wahllokalen vermerkt ist (BAG 12.6.2013 – 7 ABR 77/11, NZA 2013, 1368). Nicht zulässig ist, die Stimmabgabe anders als durch einen Vermerk in der Wählerliste nachzuweisen wie zB durch nachträgliche Auswertung von Protokollierungsdateien oder Zeugenbefragung (BAG 12.6.2013 – 7 ABR 77/11, NZA 2013, 1368). **9**

Ist die Wählerin oder der Wähler infolge einer Behinderung in der Stimmabgabe beeinträchtigt, besteht die Möglichkeit, eine Person des Vertrauens zu bestimmen, die der Wählerin bzw. dem Wähler bei der Stimmabgabe behilflich sein soll. Welche Art der Behinderung gegeben sein muss, wird nicht bestimmt. Eine Behinderung, die die **10** eigenständige Stimmabgabe beeinträchtigt, ist zB das Fehlen der Hände, Bestehen einer Schreibbehinderung durch eine Erkrankung etc (vgl. DKKW/*Homburg* Rn. 1; Altvater/*Bacher/Hörter/Peiseler/Sabottig/Schneider/Vohs* WO BPersVG § 16 Rn. 9). Wählerinnen und Wähler, die des Lesens unkundig sind können ebenfalls eine Hilfsperson bei der Stimmabgabe bestimmen (DKKW/*Homburg* Rn. 1).

11 Liegen die Voraussetzungen für die Hinzuziehung einer Hilfsperson nicht vor, hat der Wahlvorst. die Begleitung des Wähler durch eine Hilfsperson in die Wahlzelle zu untersagen.

12 Wahlbewerberinnen oder Wahlbewerber, Wahlhelferinnen und Wahlhelfer sowie Mitglieder des Wahlvorst. dürfen nicht zur Hilfeleistung herangezogen werden. IÜ hat der Wahlvorst. keinen Einfluss auf die Auswahl der Vertrauensperson. Die Hilfeleistung der Vertrauensperson hat sich auf die Erfüllung der Wünsche der Wählerin oder des Wählers zur Stimmabgabe zu beschränken (GK-BetrVG/*Jacobs* Rn. 6). Eine Wahlbeeinflussung ist unzulässig. Die Person des Vertrauens ist verpflichtet, die Kenntnisse, die sie bei der Hilfeleistung zur Stimmabgabe erlangt geheim zu halten.

13 **Abschluss der Stimmabgabe** ist der Zeitpunkt, an dem die für die Stimmabgabe im WA (§ 3 Abs. 2 Nr. 11) festgelegte Zeit abgelaufen ist. Erstreckt sich die Stimmabgabe über mehrere Tage, so ist sie am letzten Tag mit dem Ende der für die Stimmabgabe vorgesehenen Zeit abgeschlossen. Haben alle in der Wählerliste eingetragenen wahlberechtigten ArbN ihre Stimme abgegeben, so kann die Stimmabgabe schon vor dem festgelegten Ende der Stimmabgabe abgeschlossen werden. Mit der Auszählung der Stimmen muss allerdings wegen der vorgeschriebenen Öffentlichkeit der Stimmauszählung bis zu dem im WA festgesetzten Ende der Stimmabgabe gewartet werden (DKKW/*Homburg* Rn. 13).

14 Die Wahlurne ist zu versiegeln, nachdem die Stimmabgabe völlig abgeschlossen ist, es sei denn, die Stimmauszählung wird unmittelbar nach Beendigung der Wahl durchgeführt. Des Weiteren ist die Wahlurne bei jeder **Unterbrechung des Wahlganges** zu versiegeln. Denn nur dann ist sichergestellt, dass nicht unzulässigerweise weitere Stimmzettel in die Wahlurne geworfen werden (GK-BetrVG/*Jacobs* Rn. 7; DKKW/*Homburg* Rn. 11; Richardi BetrVG/*Forst* Rn. 5). Dies ist immer dann der Fall, wenn die Stimmabgabe an mehreren Tagen erfolgt, aber auch, wenn zB die BRWahl in einem Einzelhandelsunternehmen mittels **„mobiler Wahl-Teams"** durchgeführt wird. Auch hier ist, wenn die Wahlurne zu den einzelnen Filialen transportiert wird, für eine hinreichende Versiegelung der Wahlurne zu sorgen (LAG Bbg 27.11.1998 – 5 TaBV 18/98, NZA-RR 1999, 418; LAG BW 21.11.2008 – 7 TaBV 3/08, NZA-RR 2009, 373 ff.).

15 Die Versiegelung erfolgt durch **Zusiegeln** des Einwurfschlitzes für die Wahlumschläge. Es dürfte genügen, wenn die Einwurfsöffnung zugeklebt und der Klebestreifen von den im Wahlraum anwesenden Mitgl. des Wahlvorst. und Wahlhelfern unterschrieben wird, so dass die Öffnung der Urne nicht ohne Beschädigung des Streifens freigemacht werden kann (LAG Hamm 27.10.2015 – 7 TaBV 19/15, ZBVR online 2016 Nr. 9, 8; DKKW/*Homburg* Rn. 11; Richardi BetrVG/*Forst* Rn. 5). Vor Beseitigung der Versiegelung hat sich der Wahlvorst. davon zu überzeugen, dass der Verschluss unversehrt ist.

§ 13 Öffentliche Stimmauszählung

Unverzüglich[1] nach Abschluss der Wahl[2] nimmt der Wahlvorstand[3] öffentlich[4–6] die Auszählung der Stimmen vor und gibt das aufgrund der Auszählung sich ergebende Wahlergebnis bekannt.

1 Unverzüglich bedeutet ohne schuldhaftes Zögern. Die Auszählung muss sich nicht unbedingt an die Stimmabgabe anschließen. Sofern dies für die Mitgl. des Wahlvorst. und die Wahlhelfer nicht unzumutbar erscheint, sollte dies jedoch im Allgemeinen geschehen, um einen Verdacht zwischenzeitlicher Manipulationen überhaupt nicht aufkommen zu lassen. Im Allgemeinen wird die Auszählung der Stimmen jedoch spätestens an dem auf den Wahltag folgenden Arbeitstag zu erfolgen haben (GK-BetrVG/*Jacobs* Rn. 2; DKKW/*Homburg* Rn. 1). Das BAG hat bei einer AR-Wahl eine 20 minütige Pause zwischen Abschluss der Stimmabgabe und Beginn der Stimmauszählung als angemessen und damit unverzüglich erachtet (BAG 17.5.2017 – 7 ABR 22/15, NZA 2017, 1405).

Abschluss der Wahl ist der im WA für die Beendigung der Stimmabgabe genannte Zeitpunkt. Im Hinblick darauf, dass die Stimmauszählung öffentlich erfolgt, wird der Wahlvorst. im Allgemeinen auch dann, wenn bereits vorher alle wahlberechtigten ArbN ihre Stimme abgegeben haben, mit der Stimmauszählung bis zu dem im WA genannten Zeitpunkt des Endes der Stimmabgabe warten müssen. Im vereinfachten Wahlverfahren ist die Wahl im Fall der nachträglichen schriftlichen Stimmabgabe erst mit Ablauf der dazu gesetzten Frist abgeschlossen (vgl. § 34 Abs. 2, § 35 Abs. 3). 2

Die **Stimmauszählung** erfolgt durch den **gesamten Wahlvorst.,** nicht etwa nur durch den Vors. oder einzelne Mitgl. des Wahlvorst. Wahlhelfer können bei der Auszählung behilflich sein. Beschlüsse des Wahlvorst. über die Gültigkeit oder Ungültigkeit von Stimmen sind nur von den stimmberechtigten Mitgl. des Wahlvorst. zu fassen. 3

Die **Stimmauszählung** erfolgt **öffentlich** (vgl. § 18 Abs. 3 BetrVG). Öffentlich ist hier iSd **Betriebsöffentlichkeit** zu verstehen, dh die ArbN des Betriebs sowie sonstige am Ausgang der Wahl Interessierte, (zB Vertr. der im Betrieb vertretenen Gewerkschaften) dürfen bei der Stimmauszählung anwesend sein (DKKW/*Homburg* Rn. 4, 6; Richardi BetrVG/*Forst* Rn. 3; iE → BetrVG § 18 Rn. 23; zum Teilnahmerecht der im Betrieb vertretenen Gewerkschaften: BAG 16.4.2003 – 16.4.2003, AP BetrVG 1972 § 20 Nr. 21). Das Prinzip der öffentlichen Stimmauszählung ist nur gewahrt, wenn die anwesenden ArbN in der Lage sind, die Stimmauszählung zu verfolgen. Dazu gehört auch, dass die ArbN über Ort, Tag und Zeit der **öffentlichen Stimmauszählung** durch Bekanntmachung im Betrieb unterrichtet sind (BAG 15.11.2000 – 7 ABR 53/99, AP BetrVG 1972 § 18 Nr. 10). Nicht erforderlich ist, dass alle ArbN der Stimmauszählung beiwohnen können. Ist zB der vorhandene Raum zu klein, so kann weiteren Personen der Zutritt versagt werden (BAG 15.11.2000 – 7 ABR 53/99, AP BetrVG 1972 § 18 Nr. 10; LAG Hamm 29.9.1961 – 4 BV Ta 5/61, DB 1961, 1491; DKKW/*Homburg* Rn. 5; Richardi BetrVG/*Forst* Rn. 3). Den Interessierten muss jedoch ein ungehinderter Zugang zum Auszählungsraum möglich sein, was nicht gewährleistet ist, wenn dieser Raum erst auf Klingelzeichen geöffnet wird oder Ort, Tag und Zeit der Stimmauszählung nur einem „eingeweihten Kreis" bekannt ist (BAG 15.11.2000 – 7 ABR 53/99, AP BetrVG 1972 § 18 Nr. 10; LAG Berlin 16.11.1987 – 12 Ta BV 6/87, DB 1988, 504). 4

Bereits die Öffnung der Wahlurnen, nicht erst die Auszählung der Stimmen, erfolgt öffentlich (Richardi BetrVG/*Forst* Rn. 4). Auch die Fertigung der Wahlniederschrift nach § 17 gehört noch zur Stimmauszählung und hat öffentlich zu erfolgen (GK-BetrVG/*Jacobs* § 18 Rn. 32; Richardi BetrVG/*Forst* Rn. 4; **aA** DKKW/*Homburg* Rn. 8; → BetrVG § 18 Rn. 21). 5

Ein Verstoß gegen das Gebot der öffentlichen Stimmauszählung ist im Allgemeinen als ein erheblicher Verstoß gegen wesentliche Vorschriften des Wahlverfahrens anzusehen, der eine Anfechtung der Wahl rechtfertigen und uU sogar die Nichtigkeit der BRWahl zur Folge haben kann (vgl. BAG 10.7.2013 – 7 ABR 83/11, ArbuR 2013, 460; LAG Hamm 30.1.2015 – 13 TaBV 46/14, BeckRS 2015, 66714; DKKW/*Homburg* Rn. 7; Richardi BetrVG/Forst Rn. 5; einschränkend in Bezug auf die Nichtigkeit der Wahl GK-BetrVG/*Jacobs* Rn. 4). Erfolgt die Stimmauszählung vor dem im Wahlausschreiben festgesetzten Termin und ist hierdurch die Beobachtung des Auszählvorgangs nicht durchgehend gesichert, begründet dies grds. die Anfechtbarkeit der BRWahl, soweit der Verstoß nicht als bewusste Umgehung der öffentlichen Stimmauszählung angelegt war (LAG Hamm 30.1.2015 – 13 TaBV 46/14, BeckRS 2015, 66714). Wird im Falle einer maschinell vorzunehmenden Stimmaus- 6 zählung diese deshalb in die frühen Morgenstunden verlegt, weil anderenfalls die EDV-Anlage nicht zur Verfügung steht, so liegt darin kein Verstoß gegen das Gebot der öffentlichen Stimmauszählung (DKKW/*Homburg* Rn. 3). Die Ordungsgemäßheit der öffentlichen Stimmauszählung wird nicht dadurch beeinträchtigt, dass Personen während der Auszählung den Raum verlassen (ArbG Düsseldorf 28.11.2016 – 2 BV 286/16, AiB 2013, 60).

§ 14 Verfahren bei der Stimmauszählung

(1) **Nach Öffnung der Wahlurne[1] entnimmt der Wahlvorstand die Stimmzettel den Wahlumschlägen und zählt die auf jede Vorschlagsliste entfallenden Stimmen zusammen.[2] Dabei ist die Gültigkeit der Stimmzettel zu prüfen.[3]**

(2) **Befinden sich in einem Wahlumschlag mehrere gekennzeichnete Stimmzettel (§ 11 Abs. 3), so werden sie, wenn sie vollständig übereinstimmen, nur einfach gezählt, andernfalls als ungültig angesehen.[4]**

1 Die Wahlurne darf nur vom Wahlvorst. und nur in der nach § 13 vorgeschriebenen **öffentlichen Sitzung** geöffnet werden (Richardi BetrVG/*Forst* Rn. 1; DKKW/*Homburg* Rn. 1).

2 Die Benutzung einer **Datenverarbeitungsanlage** (zB Scanner) bei der Auszählung der Stimmen ist zulässig (ArbG Bremen 19.7.1972 – 3 Ca 3252/72, DB 1972, 1830; HessLAG 25.4.2018 – 16 TaBVGa 77/18, ArbRB 2018, 368; GK-BetrVG/*Jacobs* Rn. 3; DKKW/*Homburg* Rn. 4; Richardi BetrVG/*Forst* Rn. 3). Jedoch muss die Verantwortung des Wahlvorst. für eine ordnungsgemäße Stimmenauszählung gewährleistet bleiben. Er darf diese nicht an andere Personen, zB Datenerfassungskräfte delegieren, ohne eine Kontrolle dieser Personen und ihrer Tätigkeit durch den Wahlvorst. sicherzustellen (HessLAG 25.4.2018 – 16 TaBVGa 77/18, ArbRB 2018, 368 mit zust. Anm. *Denecke;* LAG Berlin 16.11.1987 – 12 Ta BV 6/87, DB 1988, 504; DKKW/*Homburg* Rn. 4).

3 Der Wahlvorst. hat – ggf. mit Unterstützung der Wahlhelfer (§ 1 Abs. 2 S. 2) – die Wahlumschläge zu öffnen, die Stimmzettel zu entnehmen und ihre Gültigkeit zu prüfen (vgl. § 11 Abs. 4). Der Wahlvorst. ermittelt, welche Vorschlagsliste auf den einzelnen Stimmzetteln durch Ankreuzen an der hierfür vorgesehenen Stelle gewählt ist (§ 11 Abs. 3), und stellt durch Zusammenzählen die auf jede Vorschlagsliste entfallenden Stimmen fest. Ist die Rechtmäßigkeit einer Stimmabgabe zweifelhaft, so entscheidet über ihre **Gültigkeit** oder **Ungültigkeit** der Wahlvorst. **durch Beschluss** seiner stimmberechtigten Mitgl. Der Beschluss ist im Rahmen der öffentlichen Stimmauszählung zu fassen (Richardi BetrVG/*Forst* Rn. 2). Ungültige Stimmzettel sollte der Wahlvorst. zweckmäßigerweise fortlaufend nummerieren und gesondert von den übrigen Stimmzetteln aufbewahren.

4 Die in einem Wahlumschlag einliegenden **mehreren Stimmzettel** sind als eine Stimme anzuerkennen, wenn sie übereinstimmend dieselbe Vorschlagsliste kennzeichnen. Ebenso ist der Fall zu behandeln, wenn in einem Wahlumschlag mehrere Stimmzettel eingelegt sind, aber nur einer nach § 11 Abs. 3 gekennzeichnet ist. Befinden sich dagegen in einem Wahlumschlag mehrere verschieden gekennzeichnete Stimmzettel, so sind sie sämtlich ungültig (DKKW/*Homburg* Rn. 6; GK-BetrVG/*Jacobs* Rn. 5).

§ 15 Verteilung der Betriebsratssitze auf die Vorschlagslisten[1]

(1) **Die Betriebsratssitze werden auf die Vorschlagslisten verteilt. Dazu werden die den einzelnen Vorschlagslisten zugefallenen Stimmenzahlen in einer Reihe nebeneinander gestellt und sämtlich durch 1, 2, 3, 4 usw. geteilt. Die ermittelten Teilzahlen sind nacheinander reihenweise unter den Zahlen der ersten Reihe**

aufzuführen, bis höhere Teilzahlen, für die Zuweisung der zu verteilenden Sitze nicht mehr in Betracht kommen.

(2) **Unter den so gefundenen Teilzahlen werden so viele Höchstzahlen ausgesondert und der Größe nach geordnet, wie Betriebsratsmitglieder zu wählen sind. Jede Vorschlagsliste erhält so viele Mitgliedersitze zugeteilt, wie Höchstzahlen auf sie entfallen.**[2] **Entfällt die niedrigste in Betracht kommende Höchstzahl auf mehrere Vorschlagslisten zugleich, so entscheidet das Los darüber, welcher Vorschlagsliste dieser Sitz zufällt.**

(3) **Wenn eine Vorschlagsliste weniger Bewerberinnen oder Bewerber enthält, als Höchstzahlen auf sie entfallen, so gehen die überschüssigen Mitgliedersitze auf die folgenden Höchstzahlen der anderen Vorschlagslisten über.**[3]

(4) **Die Reihenfolge der Bewerberinnen oder Bewerber innerhalb der einzelnen Vorschlagslisten bestimmt sich nach der Reihenfolge ihrer Benennung.**[4, 5]

(5) **Befindet sich unter den auf die Vorschlagslisten entfallenden Höchstzahlen nicht die erforderliche Mindestzahl von Angehörigen des Geschlechts in der Minderheit nach § 15 Abs. 2 des Gesetzes, so gilt Folgendes**[6]**:**

1. **An die Stelle der auf der Vorschlagsliste mit der niedrigsten Höchstzahl benannten Person, die nicht dem Geschlecht in der Minderheit angehört, tritt die in derselben Vorschlagsliste in der Reihenfolge nach ihre benannte, nicht berücksichtigte Person des Geschlechts in der Minderheit.**
2. **Enthält diese Vorschlagsliste keine Person des Geschlechts in der Minderheit, so geht dieser Sitz auf die Vorschlagsliste mit der folgenden, noch nicht berücksichtigten Höchstzahl und mit Angehörigen des Geschlechts in der Minderheit über. Entfällt die folgende Höchstzahl auf mehrere Vorschlagslisten zugleich, so entscheidet das Los darüber, welcher Vorschlagsliste dieser Sitz zufällt.**
3. **Das Verfahren nach den Nummern 1 und 2 ist so lange fortzusetzen, bis der Mindestanteil der Sitze des Geschlechts in der Minderheit nach § 15 Abs. 2 des Gesetzes erreicht ist.**
4. **Bei der Verteilung der Sitze des Geschlechts in der Minderheit sind auf den einzelnen Vorschlagslisten nur die Angehörigen dieses Geschlechts in der Reihenfolge ihrer Benennung zu berücksichtigen.**
5. **Verfügt keine andere Vorschlagsliste über Angehörige des Geschlechts in der Minderheit, verbleibt der Sitz bei der Vorschlagsliste, die zuletzt ihren Sitz zu Gunsten des Geschlechts in der Minderheit nach Nummer 1 hätte abgeben müssen.**[7, 8]

Die Vorschrift regelt die Verteilung der BRSitze auf die Vorschlagslisten (Abs. 1–4) 1
und das Verfahren zur Sicherstellung der Mindestsitze des Geschlechts in der Minderheit nach § 15 Abs. 2 BetrVG (Abs. 5). Das durch das BVerfG (10.10.2017 – 1 BvR 2019/16, NVWZ 2018, 877) anerkannte sog. „dritte Geschlecht" als weitere Geschlechterkategorie neben Männern und Frauen iSd Art. 3 Abs. 3 GG ist nicht das Minderheitengeschlecht iSd § 15 Abs. 2 BetrVG (→ BetrVG § 15 Rn. 11b). Da § 15 Abs. 2 BetrVG und dementsprechend auch die Regelung des § 15 Abs. 5 nur sichert, dass das Geschlecht in der Minderheit (idR Frauen) entsprechend seinem Verhältnis im BR vertreten sein muss, finden die Vorgaben des Abs. 5 uneingeschränkt auch dann Anwendung, wenn sich Personen des dritten Geschlechts zur Wahl gestellt haben (→ BetrVG § 15 Rn. 24; **aA** *Krois* in MHbdB ArbR Bd. 3 § 291 Rn. 164, der § 15 Abs. 2 BetrVG auf beide in der Minderheit befindlichen Geschlechter angewandt wissen will).

Die Berechnung der den einzelnen Vorschlagslisten zufallenden BRSitze erfolgt 2
nach dem **d'Hondtschen Höchstzahlensystem** (ausf. → BetrVG § 14 Rn. 24 ff.; → BetrVG § 15 Rn. 21 ff.). Die Anwendung des d'Hondtschen Höchstzahlensystems ist verfassungsgemäß (BAG 22.11.2017 – 7 ABR 35/16, NZA 2018, 604).

Beispiel:

Der BR besteht aus 15 Mitgl. Davon müssen nach der Berechnung nach § 5 mindestens sechs dem Geschlecht in der Minderheit angehören. Es wurden insges. 1.449 gültige Stimmen abgegeben.

Es standen drei Vorschlagslisten zur Wahl, davon erhielt

Liste 1 .... 982 Stimmen,
Liste 2 .... 311 Stimmen,
Liste 3 .... 156 Stimmen.

Liste 1	: 982	**Liste 2**	: 311	**Liste 3**	: 156
Mann	: 1 = 982	Frau	: 1 = 311	Frau	: 1 = 156
Mann	: 2 = 491	Mann	: 2 = 155,5	Frau	: 2 = 78
Mann	: 3 = 327,3	Frau	: 3 = 103,6	Frau	: 3 = 52
Mann	: 4 = 245,5	Mann	: 4 = 77,7		
Frau	: 5 = 196,4				
Mann	: 6 = 163,6				
Frau	: 7 = 140,28				
Mann	: 8 = 122,7				
Mann	: 9 = 109,1				
Frau	: 10 = 98,2				
Mann	: 11 = 89,2				

Die Liste 1 erhält 11 Sitze, die Liste 2 erhält 3 Sitze, auf die Liste 3 entfällt 1 Sitz.

3 Abs. 3 regelt den Fall, dass eine Vorschlagsliste weniger Bewerber hat, als Höchstzahlen auf sie entfallen und die insoweit überschüssigen Sitze von dieser Liste auf andere Listen mit den nächstfolgenden Höchstzahlen übergehen. Wenn also im Beispiel der → Rn. 2 die Liste 1 zwar nach den auf sie entfallenden Höchstzahlen 11 Sitze erhalten hätte, aber in ihr nur 10 Person benannt worden wären, so könnte die 11. auf sie entfallene Höchstzahl (89,2) von ihr nicht bedient werden. Gem. Abs. 3 ginge dieser Sitz dann auf eine andere Vorschlagsliste mit der nächstfolgenden Höchstzahl über. Dies ist im Beispiel → Rn. 2 die Höchstzahl 78 auf der Liste 3. Damit bekäme in diesem Fall die Liste 3 einen weiteren Sitz zugewiesen. Endergebnis: Die Liste 1 erhält zehn Sitze, die Liste 2 drei Sitze und die Liste 3 zwei Sitze.

4 Aus den einzelnen berücksichtigten Listen sind grds. die Bewerberinnen und Bewerber in der Reihenfolge gewählt, in der sie in der Liste aufgeführt sind (Abs. 4). Im Beispielsfall (→ Rn. 2) sind von der Liste 1 die Ersten elf Bewerberinnen und Bewerber, aus Liste 2 die Ersten drei und aus Liste 3 die erste Bewerberin gewählt. Damit besteht der BR aus neun Männern und sechs Frauen. Die Mindestsitzzahl für das Geschlecht in der Minderheit ist erfüllt. Weitere Beispiele → BetrVG § 15 Rn. 22 ff.

5 Die nicht gewählten Bewerber der jeweiligen Liste kommen als **ErsMitgl.** in Betracht (→ BetrVG § 25 Rn. 26 ff.).

6 **Befindet** sich unter den auf die Listen entfallenden Höchstzahlen **nicht** die erforderliche **Mindestsitzzahl von Angehörigen des Geschlechts in der Minderheit** nach § 15 Abs. 2 BetrVG, enthält Abs. 5 die notwendigen **Auffangregelungen,** um die gesetzliche Vorgabe des § 15 Abs. 2 BetrVG zu erfüllen. Diese Vorgehensweise gilt uneingeschränkt auch dann, wenn Angehörige des dritten Geschlechts (divers) zur BRWahl kandidiert haben (→ Rn. 1, BetrVG § 15 Rn. 24).

7 In einem **ersten Schritt** hat der Wahlvorst. die Person mit der niedrigsten Höchstzahl zu ermitteln, die nicht dem Geschlecht in der Minderheit angehört. An deren Stelle tritt die Person des Geschlechts in der Minderheit, die nach ihr auf derselben Vorschlagsliste benannt ist (Nr. 1). Enthält diese Vorschlagsliste keine Person, die dem Geschlecht in der Minderheit angehört, hat der Wahlvorst. in einem **zweiten Schritt** zu ermitteln, auf welche Vorschlagsliste dieser Sitz nach Nr. 2 mit der nächstfolgenden, noch nicht berücksichtigten Höchstzahl und mit Bewerbern des Geschlechts in der Minderheit übergeht. Dieses **Verfahren** ist solange **fortzuführen,**

bis der gesetzliche Mindestanteil an BRSitzen für das Geschlecht in der Minderheit erreicht ist (Nr. 3). Vgl. ausf. dazu mit Beispielsfällen → BetrVG § 15 Rn. 24ff.; zur Verfassungsmäßigkeit des § 15 Abs. 5 s. BAG 16.3.2005 – 7 ABR 40/04, AP BetrVG 1972 § 15 Nr. 3; LAG Nds 10.3.2011 – 5 TaBV 96/10, NZA-RR 2011, 465. Ist bei der Ermittlung des Wahlergebnisses lediglich die Verteilung der Sitze auf die Vorschlagslisten fehlerhaft vorgenommen worden, berechtigt dies zur Teilanfechtung (BAG 16.3.2005 – 7 ABR 40/04, AP BetrVG 1972 § 15 Nr. 3; → BetrVG § 19 Rn. 27; LAG Nds 10.3.2011 – 5 TaBV 96/10, NZA-RR 2011, 465).

Entsprechend der Vorgabe des § 126 Nr. 5a BetrVG regelt Abs. 5 Nr. 5 den Fall, **8**
dass **mangels ausreichender Kandidatur von Angehörigen des Geschlechts in der Minderheit** die für dieses Geschlecht gesetzlich vorgesehene Mindestzahl an BRSitzen nicht besetzt werden kann. In diesem Fall verbleiben die Sitze bei den jeweiligen Vorschlagslisten. Damit wird sichergestellt, dass die in § 9 BetrVG vorgegebene BRGröße des BR beibehalten wird (→ BetrVG § 15 Rn. 28).

Beispiel:

In dem Beispielsfall → Rn. 2 stehen der Liste 1 11 Sitze, der Liste 2 drei Sitze und der Liste 3 einen Sitz zu. Dem BR müssen mindestens sechs Frauen (hier das Geschlecht in der Minderheit) zustehen. Die Listen sind mit folgenden Bewerberinnen und Bewerber eingereicht worden:

Liste 1	**Liste 2**	**Liste 3**
Mann A	Mann M	Frau R
Mann B	Mann N (bzw. divers)	Frau S
Mann C	Frau O	Mann T
Mann D	Mann P	
Mann E	Mann Q	
Frau F		
Mann G		
Mann H		
Frau I		
Mann J (bzw. divers)		
Mann K		
Mann L		

Da sich die Reihenfolge der Bewerberinnen und Bewerber innerhalb der einzelnen Listen grds. nach der Reihenfolge ihrer Benennung richtet (Abs. 4), wären danach als Vertreter in den BR folgende Personen gewählt: Aus Liste 1 Herr A, Herr B, Herr C, Herr D, Herr E, Frau F, Herr G, Herr H, Frau I, Herr J und Herr K, aus Liste 2: Herr M, Herr N und Frau O sowie aus der Liste 3 Frau R. Danach bestünde der BR aus 11 Männern und vier Frauen. Den Frauen stehen jedoch mindestens sechs BRSitze zu. Nach Abs. 5 hat der Wahlvorst. nunmehr zu ermitteln, welche weiteren Frauen anstelle von Männern in den BR gewählt sind. Es fehlen noch zwei Sitze für das Geschlecht in der Minderheit.

Nach Nr. 1 ist die niedrigste Höchstzahl die 89,2 auf der Liste 1 (→ Rn. 2), an deren Rangfolge Herr K benannt ist. An dessen Stelle tritt eine nicht gewählte Person des Geschlechts in der Minderheit, die in derselben Vorschlagsliste nach ihm benannt ist. Da die Liste 1 jedoch über keine weitere Frau verfügt, hat der Wahlvorst. im zweiten Schritt die Vorschlagsliste mit der nächstfolgenden, noch nicht berücksichtigte Höchstzahl und Bewerbern des Geschlechts in der Minderheit zu ermitteln (Nr. 2). Die nächstfolgende, noch nicht berücksichtigte Höchstzahl ist die 78 auf Liste 3. Liste 3 verfügt auch über Bewerber des Geschlechts in der Minderheit, so dass der Sitz des Herrn K von Liste 1 auf Liste 3 an Frau S übergeht.

Jetzt fehlt nur noch ein Mindestsitz für das Geschlecht in der Minderheit. Gem. Nr. 3 ist das Verfahren nach Nr. 1 u. 2 fortzusetzen, dh der Wahlvorst. hat die nächst niedrige verteilte Höchstzahl mit einem Bewerber des anderen Geschlechts zu ermitteln. Die nächst niedrige verteilte Höchstzahl ist die 98,2 auf der Liste 1, an deren Rangfolge Herr J benannt ist. Da die Liste 1 über keine weiteren Frauen verfügt, hat der Wahlvorst. eine andere Vorschlagsliste mit der nächstfolgenden, noch nicht berücksichtigten Höchstzahl und Bewerbern des Geschlechts in der Minderheit zu ermitteln (Nr. 2). Die nächstfolgende, noch nicht berücksichtigte Höchstzahl ist die 77,7 auf der Liste 2 (die Höchstzahl 78 ist bereits vergeben worden). Die Liste 2 verfügt jedoch ebenfalls über keine weiteren Bewerberinnen des Geschlechts in der Minderheit. Der Sitz geht nicht auf die Liste 2 über. Auch die Liste 3 verfügt über keine weiteren Bewerberinnen, so dass insgesamt keine Vorschlagsliste mehr über Angehörige des Geschlechts in der Minderheit verfügt. Gem. Abs. 5 Nr. 5 verbleibt damit der zuletzt zu Gunsten des Geschlechts in der Minderheit zu verteilende BRSitz (hier der Sitz auf der Höchstzahl 98,2) auf der Liste 1. Herr J behält seinen Sitz.

Ergebnis: In den BR gewählt sind danach: Aus der Liste 1: Herr A, Herr B, Herr C, Herr D, Herr E, Frau F, Herr G, Herr H, Frau I und Herr J (bzw. divers), aus der Liste 2: Herr M, Herr N (bzw. divers) und Frau O sowie aus der Liste 3 Frau R und Frau S. Der BR setzt sich damit aus 10 Männern (bzw. 8 Männern und zwei Angehörigen des dritten Geschlechts (divers) sowie fünf Frauen zusammen.

9 **Lehnt eine Bewerberin** oder ein Bewerber die Wahl **ab,** so richtet sich die Ermittlung des an deren Stelle Gewählten nach § 17 Abs. 2 (→ § 17 Rn. 5; → BetrVG § 15 Rn. 29).

§ 16 Wahlniederschrift

(1) **Nachdem ermittelt ist, welche Arbeitnehmerinnen und Arbeitnehmer als Betriebsratsmitglieder gewählt sind,[3] hat der Wahlvorstand in einer Niederschrift festzustellen:[1, 2]**

1. **die Gesamtzahl der abgegebenen Wahlumschläge[3] und die Zahl der abgegebenen gültigen Stimmen;**
2. **die jeder Liste zugefallenen Stimmenzahlen;**
3. **die berechneten Höchstzahlen;[4]**
4. **die Verteilung der berechneten Höchstzahlen auf die Listen;**
5. **die Zahl der ungültigen Stimmen;[3]**
6. **die Namen der in den Betriebsrat gewählten Bewerberinnen und Bewerber;[5]**
7. **gegebenenfalls besondere während der Betriebsratswahl eingetretene Zwischenfälle oder sonstige Ereignisse.[6]**

(2) **Die Niederschrift ist von der oder dem Vorsitzenden und von mindestens einem weiteren stimmberechtigten Mitglied des Wahlvorstands zu unterschreiben.[7]**

1 Die Niederschrift wird durch **Beschluss** der stimmberechtigten Mitgl. des Wahlvorst. festgelegt. Sie muss mindestens die unter Nr. 1–7 genannten Angaben enthalten. Sie ist ein wichtiges Beweismittel, das die Nachprüfung des Wahlergebnisses (ggf. in einem Anfechtungsverfahren nach § 19 BetrVG) erleichtern soll. Ihre Erstellung erfolgt in der öffentlichen Sitzung nach § 13 (GK-BetrVG/*Jacobs* Rn. 1; Richardi BetrVG/*Forst* Rn. 1; **aA** DKKW/*Homburg* Rn. 2). Sie ist zu den Akten zu nehmen und bildet einen wesentlichen Bestandteil der Wahlakten. Eine Abschrift der Wahlniederschrift ist dem ArbGeb. und den im Betrieb vertretenen Gewerkschaften zu übersenden (vgl. § 18 Abs. 3 BetrVG).

2 Die **Unterlassung der Niederschrift** ist mit keinen Sanktionen bedroht. Irgendwelche Rechtsnachteile sind daher an ihr Fehlen nicht geknüpft. Fehlerhafte Angaben der Niederschrift ziehen keine rechtlichen Folgen nach sich. Insbesondere ist die Niederschrift nicht Wirksamkeitsvoraussetzung für die Feststellung des Wahlergebnisses (DKKW/*Homburg* Rn. 1; GK-BetrVG/*Jacobs* Rn. 5f.; Richardi BetrVG/*Forst* Rn. 2). Die Niederschrift kann bei Unrichtigkeiten nachträglich **berichtigt** werden, da sich das materielle Wahlergebnis allein nach den tatsächlich abgegebenen gültigen Stimmen, der richtigen Berechnung der Höchstzahlen und der richtigen Zuweisung der auf die einzelnen Listen entfallenden BRSitze entsprechend den Höchstzahlen bestimmt (DKKW/*Homburg* Rn. 7; GK-BetrVG/*Jacobs* Rn. 5). Die Frist für die Anfechtung der Wahl beginnt erst mit der Bekanntgabe des Wahlergebnisses nach § 18.

Die Zahl der abgegebenen Wahlumschläge ist zugleich die Zahl der abgegebenen Stimmen. Da gem. Nr. 1 auch die Zahl der gültigen Stimmen anzugeben ist, ergibt der Unterschiedsbetrag der beiden Zahlen die Zahl der vom Wahlvorst. für ungültig erklärten Stimmen (vgl. Nr. 5 sowie § 11 Abs. 4). 3

In die Niederschrift ist die **vollständige Ausrechnung der Höchstzahlen,** die auf die Vorschlagslisten entfallen, aufzunehmen. Näheres hierzu vgl. in den Erläuterungen zu § 15. 4

Mit der Feststellung, dass ein Wahlbewerber in den BR gewählt worden ist, unterliegt er den besonderen Schutzbestimmungen für betriebsverfassungsrechtliche Funktionsträger (zB Kündigungsschutz); es kommt nicht auf den Beginn der Amtszeit des BR oder der JAV an (BAG 22.9.1983 – 6 AZR 323/81, AP BetrVG 1972 § 78a Nr. 11; DKKW/*Homburg* Rn. 8). 5

Besondere Ereignisse oder Zwischenfälle sind zB die vorzeitige Schließung des Wahlraums, weil sämtliche wahlberechtigten ArbN gewählt haben, Proteste von ArbN, die nicht in der Wählerliste eingetragen waren und deshalb zur Stimmabgabe nicht zugelassen worden sind, etwaige Unterbrechung der Wahlhandlung und die Gründe hierfür (DKKW/*Homburg* Rn. 5; **aA** GK-BetrVG/*Jacobs* Rn. 4, der dies nur auf Ereignisse während der öffentlichen Stimmauszählung beschränkt wissen will); auch die verspätet eingegangenen Wahlbriefe sollten vermerkt werden. 6

Die Unterzeichnung der Niederschrift nur durch die oder den Vors. oder die Mitunterzeichnung durch ein nicht stimmberechtigtes Mitgl. des Wahlvorst. oder einen Wahlhelfer ist unzureichend. Es liegt keine ordnungsgemäße Niederschrift vor (→ § 3 Rn. 5). 7

§ 17 Benachrichtigung der Gewählten

(1) **Der Wahlvorstand hat die als Betriebsratsmitglieder gewählten Arbeitnehmerinnen und Arbeitnehmer[1] unverzüglich schriftlich von ihrer Wahl zu benachrichtigen.[2] Erklärt die gewählte Person nicht binnen drei Arbeitstagen nach Zugang der Benachrichtigung dem Wahlvorstand, dass sie die Wahl ablehne, so gilt die Wahl als angenommen.[3, 4]**

(2) **Lehnt eine gewählte Person die Wahl ab, so tritt an ihre Stelle die in derselben Vorschlagsliste in der Reihenfolge nach ihr benannte, nicht gewählte Person.[5, 6] Gehört die gewählte Person dem Geschlecht in der Minderheit an, so tritt an ihre Stelle die in derselben Vorschlagsliste in der Reihenfolge nach ihre benannte, nicht gewählte Person desselben Geschlechts, wenn ansonsten das Geschlecht in der Minderheit nicht die ihm nach § 15 Abs. 2 des Gesetzes zustehenden Mindestsitze erhält. § 15 Abs. 5 Nr. 2 bis 5 gilt entsprechend.**

Zu benachrichtigen sind die ArbN, die der Wahlvorst. nach § 15 als gewählt ermittelt und deren Namen er in der Niederschrift aufgeführt hat (vgl. § 16 Abs. 1 Nr. 6). Eine Benachrichtigung der in Frage kommenden ErsMitgl. (→ § 15 Rn. 5) ist nicht vorgeschrieben, aber zweckmäßig. 1

Es genügt die **einfache schriftliche Mitteilung** an den ArbN, dass er als BRMitgl. gewählt ist (DKKW/*Homburg* Rn. 1; Kramer IT-Arbeitsrecht/*Neu* C Rn. 111). Die Unterrichtung, die unverzüglich, dh ohne schuldhaftes Zögern nach den Feststellungen gem. § 16 zu erfolgen hat, hat **keine materiellrechtliche** (konstitutive) **Bedeutung** (DKKW/*Homburg* Rn. 1; GK-BetrVG/*Jacobs* Rn. 1; Richardi BetrVG/*Forst* Rn. 1). Es dürfte sich empfehlen darauf hinzuweisen, dass der Gewählte seine Wahl nur binnen drei Arbeitstagen ablehnen kann. 2

Es besteht **keine Pflicht zur Annahme der Wahl.** Die Erklärung des Gewählten an den Wahlvorst., dass er die Wahl ablehne, braucht nicht notwendig schriftlich zu erfolgen. Sie muss jedoch **eindeutig** sein. Die Erklärung kann rechtsverbindlich erst 3 nach Zugang der Benachrichtigung des Wahlvorst. über die Wahl abgegeben werden (vgl. den Wortlaut von Abs. 1 S. 2).

4 Die Frist beträgt **drei Arbeitstage** und läuft vom Tage nach Zugang der Benachrichtigung an. Zum Begriff des Arbeitstags → § 41 Rn. 2. Erhält zB der ArbN die Mitteilung am Donnerstag vor Pfingsten, so kann er bei der Fünf-Tage-Woche wegen des Pfingstmontags bis einschließlich Mittwoch nach Pfingsten dem Wahlvorst. erklären, dass er die Wahl ablehnt. Ist bis zum Ablauf der Frist eine Erklärung nicht beim Wahlvorst. eingegangen, so **gilt die Wahl als angenommen.** Der Gewählte ist iSd § 18 endgültig gewählt. Nach Ablauf der Erklärungsfrist kann er das Amt nur noch nach § 24 Abs. 1 Nr. 2 BetrVG niederlegen. Dies gilt auch dann, wenn die Amtszeit des BR noch nicht begonnen haben sollte (Richardi BetrVG/*Forst* Rn. 3). Die Amtsniederlegung ist nicht dem Wahlvorst., sondern dem BR gegenüber zu erklären (DKKW/*Homburg* Rn. 3; GK-BetrVG/*Jacobs* Rn. 6).

5 **Lehnt eine gewählte Person die Wahl ab,** so wird sie so behandelt, als sei sie nicht auf der Vorschlagsliste aufgeführt gewesen. An ihre Stelle tritt die in derselben Vorschlagsliste nach ihr benannte, nicht gewählte Person. Etwas anderes gilt nur dann, wenn die Ablehnung der Wahl durch eine gewählte Person dazu führt, dass die dem Geschlecht in der Minderheit zustehende Anzahl von Mindestsitzen nach § 15 Abs. 2 BetrVG nicht mehr erfüllt ist. In diesem Fall tritt an die Stelle der die Wahl ablehnenden Person derjenige Wahlbewerber, der dem Geschlecht in der Minderheit angehört und in derselben Vorschlagsliste in der Reihenfolge nach der die Wahl ablehnenden Person steht. Findet sich auf dieser Vorschlagsliste kein Angehöriger mehr des Geschlechts in der Minderheit, so geht dieser Sitz entsprechend den Regeln des § 15 Abs. 5 Nr. 2–5 auf die nächste Vorschlagsliste mit der nächsten, noch nicht berücksichtigten Höchstzahl und Angehörigen des Geschlechts in der Minderheit über. Erst wenn keine Vorschlagsliste mehr über Angehörige des Geschlechts in der Minderheit verfügt, verbleibt der Sitz auf der Vorschlagsliste und geht an einen Angehörigen eines anderen Geschlechts über, der in derselben Vorschlagsliste in der Reihenfolge nach der die Wahl ablehnenden Person benannt ist. Führt im umgekehrten Fall die Ablehnung der Wahl dazu, dass ein zunächst notwendig gewordener Listensprung nicht mehr erforderlich ist, weil durch den nachrückenden Kandidaten die Mindestsitzzahl für das Geschlecht in der Minderheit auch ohne den vorherigen Listensprung erreicht wird, ist das Wahlergebnis durch den Wahlvorst. entsprechend zu korrigieren, dh der dazu zuletzt als erforderlich durchgeführte Listensprung ist rückgängig zu machen (→ BetrVG § 19 Rn. 27; → WO § 18 Rn. 1). Zur Möglichkeit der Teilanfechtung und Korrektur des Wahlergebnisses in diesem Fall s. LAG Nds 3.3.2011 – 5 TaBV 96/10, NZA 2011, 465).

6 Die an die Stelle des ablehnenden gewählten Bewerbers tretende Person nimmt kraft Gesetzes die rechtliche Stellung des ablehnenden Bewerbers ein, die dieser innehatte, bevor er die Wahl nach Abs. 1 ablehnte. Sie ist gewählt, wie wenn sie von Anfang an gewählt worden wäre. Das Eintreten des neuen Wahlbewerbers anstelle des ablehnenden ist in einer **Niederschrift nach § 16,** ggf. durch Ergänzung der ursprünglichen Niederschrift, festzustellen (DKKW/*Homburg* Rn. 4; GK-BetrVG/*Jacobs* Rn. 5; Richardi BetrVG/*Forst* Rn. 5). Ebenfalls in die Niederschrift aufzunehmen ist der Fall des rückgängig gemachten Listensprungs → Rn. 5 aE. Der anstelle des ablehnenden **neu eintretende Bewerber** ist hierüber nach § 17 zu unterrichten. Auch ihm steht eine Erklärungsfrist von drei Arbeitstagen zur Verfügung (DKKW/*Homburg* Rn. 5; GK-BetrVG/*Jacobs* Rn. 5). Gleiches gilt für den gewählten Kandidaten, der zunächst aufgrund des als erforderlich erachteten Listensprungs nicht nach § 17 benachrichtigt worden ist.

§ 18 Bekanntmachung der Gewählten

Sobald die Namen der Betriebsratsmitglieder endgültig feststehen,[1] hat der Wahlvorstand sie durch zweiwöchigen Aushang in gleicher Weise bekannt zu

machen wie das Wahlausschreiben (§ 3 Abs. 4).[2, 3] Je eine Abschrift der Wahlniederschrift (§ 16) ist dem Arbeitgeber und den im Betrieb vertretenen Gewerkschaften unverzüglich zu übersenden.[4]

Die Namen der BRMitgl. stehen nach §§ 16 u. 17 endgültig fest, sobald die Gewählten die Wahl ausdrücklich angenommen haben oder die Erklärungsfrist abgelaufen ist, ohne dass die gewählten ArbN nach § 17 Abs. 1 S. 2 erklärt haben, dass sie die Wahl ablehnen, bzw. sobald der Wahlvorst. nach Ablauf der Erklärungsfrist festgestellt hat, wer von den zunächst gewählten ArbN die Wahl abgelehnt hat und wer nach § 17 Abs. 2 endgültig an ihre Stelle getreten ist. Das gleiche gilt, wenn die Ablehnung der Wahl durch einen Kandidaten auch zur Folge hat, dass ein zunächst notwendiger Listensprung nicht mehr erforderlich ist und rückgängig gemacht werden muss (→ § 17 Rn. 5). 1

Der Wahlvorst. hat diese Namen durch einen **zweiwöchigen Aushang** an den gleichen Stellen, an denen das WA ausgehängt war, bekannt zu machen. Auch diese Bekanntmachung ist von der bzw. dem Vors. und einem weiteren stimmberechtigten Mitgl. des Wahlvorst. zu unterzeichnen und in gut lesbarem Zustand zu halten (§ 3 Abs. 1 u. 4). Ob der Wahlvorst. neben der zwingend vorgeschriebenen Bekanntmachung der gewählten BRMitgl. auch eine Abschrift der Wahlniederschrift aushängt, steht in seinem Ermessen (DKKW/*Homburg* Rn. 4; GK-BetrVG/*Jacobs* Rn. 2). 2

Die Bekanntmachung der Namen der endgültig gewählten BRMitgl. setzt die **Frist für die Anfechtung der BRWahl** (§ 19 BetrVG) in Lauf. Erfolgt der Aushang an mehreren Stellen an verschiedenen Tagen, so ist für den Beginn der Anfechtungsfrist der letzte Aushang maßgebend. Der Tag des Aushangs zählt bei der Fristberechnung nicht mit (→ BetrVG § 19 Rn. 34). Zum Ablauf der Anfechtungsfrist, wenn das endgültig bekannt gemachte Wahlergebnis vom Wahlvorst. korrigiert wird → BetrVG § 19 Rn. 35. 3

→ BetrVG § 18 Rn. 27. 4

§ 19 Aufbewahrung der Wahlakten

Der Betriebsrat hat die Wahlakten[1, 2] mindestens bis zur Beendigung seiner Amtszeit aufzubewahren.[3]

Wahlakten sind die **gesamten Wahlunterlagen** im weitesten Sinne einschließlich der Stimmzettel. Dazu gehören ua die Sitzungsniederschriften, der Schriftwechsel des Wahlvorst., die Stimmzettel, die Niederschrift über das Wahlergebnis nach § 16, die abgenommenen Aushänge, das Wahlausschreiben (§ 3 Abs. 3), die Bekanntmachungen nach §§ 9, 10, auch Berechnungszettel und dergleichen. Zur Aufbewahrung verspätet eingehender Wahlbriefe vgl. § 26 Abs. 2. 1

Die Wahlakten können sowohl für die Anfechtung der BRWahl nach § 19 BetrVG als auch bei behaupteter Nichtigkeit der Wahl (→ BetrVG § 19 Rn. 4 ff.) von Bedeutung sein. Deshalb besteht auch ein **Einsichtsrecht** für ArbN, ArbG und jede im Betrieb vertretene Gewerkschaft (BAG 27.7.2005 – 7 ABR 54/04, AP WahlO BetrVG 1972 § 19 Nr. 1; GK-BetrVG/*Jacobs* Rn. 3; Richardi BetrVG/*Forst* Rn. 2). Das Einsichtsrecht gilt nicht uneingeschränkt für alle Bestandteile der Wahlakten. Können aus Bestandteilen der Wahlakten Rückschlüsse auf das Wahlverhalten einzelner ArbN gezogen werden (zB die mit Stimmabgabevermerke versehene Wählerliste), ist eine Einsichtnahme nur dann zulässig, wenn dargelegt werden kann, dass dies zur Prüfung der Ordnungsgemäßheit der Wahl erforderlich ist (BAG 27.7.2005 – 7 ABR 54/04, AP BetrVG 1972 § 19 WahlO Nr. 1; 12.6.2013 – 7 ABR 77/11, NZA 2013, 1368). Das Einsichtsrecht legitimiert keine Maßnahmen zur Aufklärung von Stimmdifferenzen; auch nicht iR einer Auswertung von Protokollierungsdateien einer elek- 2 tronischen Wählerliste (BAG 12.6.2013 – 7 ABR 77/11, NZA 2013, 1368). Eine gerichtliche Nachprüfung des Wahlverhaltens der ArbN – auch hinsichtl. der Motivlage, warum sie an der Wahl nicht teilgenommen haben, sind vor dem Hintergrund des verfassungsrechtlich geschützten Wahlgeheimnisses unzulässig (BAG 2.8.2017 – 7 ABR 42/15, NZA 2018, 182).

3 Der Wahlvorst. hat die entstandenen Wahlakten dem Vors. des BR, sobald sich dieser konstituiert hat, zum Zwecke der Aufbewahrung auszuhändigen (GK-BetrVG/*Jacobs* Rn. 1; Richardi BetrVG/*Forst* Rn. 1). Die Amtszeit des BR und damit die Aufbewahrungsdauer für die Akten ergibt sich aus §§ 21 u. 22 BetrVG. Gehen nach Übergabe der Wahlakten an den BR noch **Wahlbriefe** von Briefwählern ein, sind diese dem BR unmittelbar zuzuleiten. Dieser hat sie einen Monat nach Bekanntgabe des Wahlergebnisses ungeöffnet zu vernichten, es sei denn, die Wahl ist angefochten worden (vgl. § 26 Abs. 2).

Dritter Unterabschnitt. Wahlverfahren bei nur einer Vorschlagsliste (§ 14 Abs. 2 S. 2 erster Halbsatz des Gesetzes)

§ 20 Stimmabgabe

(1) **Ist nur eine gültige Vorschlagsliste eingereicht,[1] so kann die Wählerin oder der Wähler ihre oder seine Stimme nur für solche Bewerberinnen oder Bewerber abgeben, die in der Vorschlagsliste aufgeführt sind.[2]**

(2) **Auf den Stimmzetteln sind die Bewerberinnen oder Bewerber unter Angabe von Familienname, Vorname und Art der Beschäftigung im Betrieb in der Reihenfolge aufzuführen, in der sie auf der Vorschlagsliste benannt sind.[3]**

(3) **Die Wählerin oder der Wähler kennzeichnet die von ihr oder ihm gewählten Bewerberinnen oder Bewerber durch Ankreuzen an der hierfür im Stimmzettel vorgesehenen Stelle; es dürfen nicht mehr Bewerberinnen oder Bewerber angekreuzt werden, als Betriebsratsmitglieder[4] zu wählen sind.[5] § 11 Abs. 1 Satz 2,[3] Abs. 2 Satz 2 und 3,[6] Abs. 4,[7] §§ 12 und 13[8, 9] gelten entsprechend.**

1 Bei Vorliegen nur einer gültigen Vorschlagsliste werden die in dieser Liste aufgeführten Bewerber nach den **Grundsätzen der Mehrheitswahl** gewählt (iE → BetrVG § 14 Rn. 29ff.).

2 Gewählt wird hier nicht wie bei der Listenwahl (bei mehreren gültigen Vorschlagslisten) die Liste (vgl. § 11 Abs. 1), sondern Bewerber, die auf der einen gültigen Vorschlagsliste aufgeführt sind **(Personenwahl).** Die Wählerin bzw. der Wähler kann auswählen, welchen der auf der Liste stehenden Bewerberinnen oder Bewerber sie bzw. er die Stimme geben will. Für andere Personen, die nicht auf der Vorschlagsliste aufgeführt sind, kann die Wählerin bzw. der Wähler die Stimme nicht abgeben (DKKW/*Homburg* Rn. 3).

3 Die Mehrheitswahl der auf der Einzigen gültigen Vorschlagsliste aufgeführten Bewerberinnen oder Bewerber geschieht durch Abgabe von Stimmzetteln in den hierfür bestimmten Umschlägen (Wahlumschlägen; vgl. Abs. 3 S. 2 iVm § 11 Abs. 1 S. 2). Auf dem Stimmzettel erscheinen die Namen sämtlicher auf der Vorschlagsliste angeführten Bewerberinnen oder Bewerber mit Familiennamen, Vornamen und Berufsbezeichnungen; sie sind in der **Reihenfolge** aufzuführen, wie sie in der **Vorschlagsliste benannt** sind. Eine andere Reihenfolge ist unzulässig, da sie eine nicht erlaubte Wahlbeeinflussung darstellen kann (LAG Bln-Bbg 25.8.2011 – 25 TaBV 529/11, AiB 2013, 652; DKKW/*Homburg* Rn. 4; Richardi BetrVG/*Forst* Rn. 4; *Gün/Weidmann* AiB 2017, 20 [21]). Die Aufnahme eines Kennworts ist – anders als bei der Verhältniswahl (§ 11 Abs. 2 S. 1) – nicht zulässig und führt zur Anfechtbarkeit der Wahl (BAG 25.10.2017 – 7 ABR 2/16, NZA 2018, 252).

durch die Zahl der auf die Bewerber entfallenden Stimmen bestimmt. Kein ErsMitgl. ist der nicht gewählte Bewerber, auf den überhaupt keine Stimme entfallen ist (GK-BetrVG/*Jacobs* Rn. 2; Richardi BetrVG/*Forst* Rn. 2; LAG Düsseldorf 15.4.2011 – 6 Sa 857/10, NZA-RR 2011, 531). Entfallen auf mehrere ErsMitgl. gleich viele gültige Stimmen, ist zwischen ihnen die Reihenfolge des (möglichen) Nachrückens durch Losentscheid zu ermitteln (DKKW/*Homburg* Rn. 3). Gehört das Ausscheidende oder zu vertretende BRMitgl. dem Geschlecht in der Minderheit an und sinkt dadurch das Minderheitsgeschlecht unter seine gesetzliche Mindestzahl nach § 15 Abs. 2 BetrVG, so rückt ausnahmsweise der Bewerber mit der nächsthöchsten Stimmenzahl, der dem Geschlecht in der Minderheit angehört, als ErsMitgl. in den BR nach (→ BetrVG § 25 Rn. 30).

Erhalten insgesamt **weniger Bewerber eine Stimme,** als der BR nach § 9 BetrVG Sitze hat, so besteht der BR nur aus so vielen Mitgl., wie Kandidaten gewählt worden sind. Entspricht diese Zahl nicht einer der in § 9 BetrVG genannten BRGröße, so ist in entsprechender Anwendung des § 11 BetrVG die nächstniedrigere der gesetzlichen BRGrößen maßgebend (DKKW/*Homburg* § 11 Rn. 4; Richardi BetrVG/*Forst* Rn. 3; MHdB ArbR/*Joost* § 216 Rn. 95; Weber/Ehrich Einigungsstelle/*Hörchens/Oberthür* Teil B Rn. 129; **aA** GK-BetrVG/*Jacobs* § 11 Rn. 11f, wonach kein gesetzmäßiger BR bestehen soll). 9

§ 23 Wahlniederschrift, Bekanntmachung

(1) **Nachdem ermittelt ist, welche Arbeitnehmerinnen und Arbeitnehmer als Betriebsratsmitglieder gewählt sind, hat der Wahlvorstand eine Niederschrift[1] anzufertigen, in der außer den Angaben nach § 16 Abs. 1 Nr. 1, 5 bis 7 die jeder Bewerberin und jedem Bewerber zugefallenen Stimmenzahlen festzustellen sind.[2] § 16 Abs. 2,[3] § 17 Abs. 1,[4] §§ 18 und 19[5] gelten entsprechend.**

(2) **Lehnt eine gewählte Person die Wahl ab, so tritt an ihre Stelle die nicht gewählte Person mit der nächsthöchsten Stimmenzahl. Gehört die gewählte Person dem Geschlecht in der Minderheit an, so tritt an ihre Stelle die nicht gewählte Person dieses Geschlechts mit der nächsthöchsten Stimmenzahl, wenn ansonsten das Geschlecht in der Minderheit nicht die ihm nach § 15 Abs. 2 des Gesetzes zustehenden Mindestsitze erhalten würde. Gibt es keine weiteren Angehörigen dieses Geschlechts, auf die Stimmen entfallen sind, geht dieser Sitz auf die nicht gewählte Person des anderen Geschlechts mit der nächsthöchsten Stimmenzahl über.[6, 7]**

Über die Bedeutung der Niederschrift → § 16 Rn. 1. 1

Die **Niederschrift muss enthalten:** 2
- die Gesamtzahl der abgegebenen Wahlumschläge und die Zahl der abgegebenen gültigen Stimmen;
- die Zahl der jeden Bewerberin und jedem Bewerber zugefallenen Stimmen;
- die Zahl der ungültigen Stimmzettel;
- die Namen der in den BR gewählten Bewerberinnen und Bewerber;
- gegebenenfalls besondere während der BRWahl eingetretene Zwischenfälle oder sonstige Ereignisse.

Die Niederschrift ist von der oder dem Vors. des Wahlvorst. und einem weiteren stimmberechtigten Mitgl. zu unterschreiben. 3

Der Wahlvorst. hat die von ihm als gewählt ermittelten ArbN unverzüglich **schriftlich zu benachrichtigen.** Wenn der Gewählte nicht binnen drei Arbeitstagen nach Zugang der Benachrichtigung dem Wahlvorst. erklärt, dass er die Wahl ablehnt, gilt die Wahl als angenommen. 4

Zur Bekanntmachung des endgültigen Wahlergebnisses und zur Aufbewahrung der Wahlunterlagen vgl. §§ 18 u. 19. 5

6 An die Stelle des ablehnenden Bewerbers tritt grds. der Bewerber mit der nächst höchsten Stimmenzahl. Etwas anderes gilt nur dann, wenn die Ablehnung der Wahl durch eine gewählte Person dazu führt, dass die dem Geschlecht in der Minderheit zustehende Anzahl von Mindestsitzen nach § 15 Abs. 2 BetrVG nicht mehr erfüllt ist. In diesem Fall tritt an die Stelle der die Wahl ablehnenden Person derjenige Wahlbewerber, der dem Geschlecht in der Minderheit angehört und im Verhältnis zu den anderen Wahlbewerbern des Minderheitsgeschlechts die nächst höchste Stimmenzahl hat. Das dritte Geschlecht (divers) ist nicht das Geschlecht in der Minderheit iSd § 15 Abs. 2 BetrVG (→ BetrVG § 15 Rn. 11b).

Beispiel:

Der BR besteht aus 11 Mitgl. von denen mindestens vier Mitgl. dem Geschlecht in der Minderheit angehören müssen (hier Frauen):

1. Mann A	852 Stimmen
2. Frau B	525 Stimmen
3. Mann C	180 Stimmen
4. Mann D	375 Stimmen
5. Frau E	463 Stimmen
6. Mann F	764 Stimmen
7. Mann G (bzw. divers)	998 Stimmen
8. Frau H	222 Stimmen
9. Mann I (bzw. divers)	231 Stimmen
10. Frau J	188 Stimmen
11. Mann K	212 Stimmen
12. Mann L	341 Stimmen
13. Mann M	407 Stimmen
14. Frau N	65 Stimmen
15. Mann O	5 Stimmen
16. Mann P	47 Stimmen
17. Mann Q	28 Stimmen
18. Mann R	160 Stimmen
19. Mann S	517 Stimmen

Gewählt sind als Vertr. des Geschlechts in der Minderheit folgende Frauen: Nr. 2 (B), Nr. 5 (E), Nr. 8 (H) und Nr. 10 (J). Die 7 weiteren, vom Geschlecht unabhängige BRSitze gehen an die Nr. 7 (G), Nr. 1 (A), Nr. 6 (F), Nr. 19 (S), Nr. 13 (M), Nr. 4 (D) und Nr. 12 (L).

Da Frau J die Wahl ablehnt und nur mit ihr die Mindestsitzzahl 4 für das Geschlecht in der Minderheit erfüllt ist, geht der Sitz gem. § 23 Abs. 2 S. 2 auf Frau N mit der Stimmenzahl 65 (s. Nr. 14 der Liste) über, obwohl Bewerber des anderen Geschlechts mehr Stimmen erhalten haben.

7 Befindet sich unter den Wahlbewerbern kein weiterer Angehöriger des Geschlechts in der Minderheit mehr oder hat kein weiterer Angehöriger des Geschlechts in der Minderheit Stimmen erhalten, geht dieser Sitz auf die nicht gewählte Person des anderen Geschlechts mit der nächst höchsten Stimmenzahl über (Abs. 2 S. 3). Hätte also im obigen Beispielsfall Frau N 0 Stimmen erhalten, so wäre der Sitz an Herrn I (bzw. an I als Angehöriger des dritten Geschlechts (divers) mit 231 Stimmen (Nr. 9 der Liste) übergegangen.

Dritter Abschnitt. Schriftliche Stimmabgabe

§ 24 Voraussetzungen

(1) **Wahlberechtigten,[1] die im Zeitpunkt der Wahl wegen Abwesenheit vom Betrieb verhindert sind, ihre Stimme persönlich abzugeben,[2] hat der Wahlvorstand auf ihr Verlangen[3–5]**
1. das Wahlausschreiben,

2. die Vorschlagslisten,
3. den Stimmzettel und den Wahlumschlag,
4. eine vorgedruckte von der Wählerin oder dem Wähler abzugebende Erklärung, in der gegenüber dem Wahlvorstand zu versichern ist, dass der Stimmzettel persönlich gekennzeichnet worden ist, sowie
5. einen größeren Freiumschlag, der die Anschrift des Wahlvorstands und als Absender den Namen und die Anschrift der oder des Wahlberechtigten sowie den Vermerk „Schriftliche Stimmabgabe" trägt,

auszuhändigen oder zu übersenden.[6, 7] Der Wahlvorstand soll der Wählerin oder dem Wähler ferner ein Merkblatt über die Art und Weise der schriftlichen Stimmabgabe (§ 25) aushändigen oder übersenden.[8] Der Wahlvorstand hat die Aushändigung oder die Übersendung der Unterlagen in der Wählerliste zu vermerken.[9]

(2) Wahlberechtigte, von denen dem Wahlvorstand bekannt ist, dass sie im Zeitpunkt der Wahl nach der Eigenart ihres Beschäftigungsverhältnisses voraussichtlich nicht im Betrieb anwesend sein werden[10] (insbesondere im Außendienst[11] oder mit Telearbeit Beschäftigte[12] und in Heimarbeit Beschäftigte[13]), erhalten die in Absatz 1 bezeichneten Unterlagen, ohne daß es eines Verlangens der Wahlberechtigten bedarf.[14–17]

(3) Für Betriebsteile und Kleinstbetriebe, die räumlich weit vom Hauptbetrieb entfernt sind, kann der Wahlvorstand die schriftliche Stimmabgabe beschließen.[18] Absatz 2 gilt entsprechend.[19]

Die nach § 24 für die schriftliche Stimmabgabe in Frage kommenden ArbN können – wie alle anderen ArbN – das aktive und passive Wahlrecht nur ausüben, wenn sie in die Wählerliste eingetragen sind (vgl. § 2 Abs. 3). Die Tatsache der Eintragung hat der Wahlvorst. der bzw. dem einzelnen ArbN auf Anfrage mitzuteilen. 1

Voraussetzung für die schriftliche Stimmabgabe ist eine Verhinderung an der per- 2
sönlichen Stimmabgabe wegen **Abwesenheit on dem Betrieb,** für den der BR zu
wählen ist. Der Wahlvorst. darf nicht generell ohne Vorliegen der Voraussetzungen
des § 24 – Briefwahl anordnen (LAG Hamm 5.8.2011 – 10 TaBV 13/11, BVR
online 2012/4, 10ff.; LAG Hamm 16.11.200– 13 TaBV 109/06, Beck 2008,
50464; LAG SchlH 18.3.1999 – 4 TaBV 51, NZA-RR 1999, 523; zu § 26
WO 53 BAG 27.1.1993 – 7 ABR 37/92, AP trVG § 76 Nr. 29; → trVG § 14
Rn. 14; DKKW/*Homburg* Rn. 1; GK-BetrV*cobs* Rn. 2). Auf we n Gründen
die Abwesenheit beruht, ist ohne Bedeutung können betrieb Gründe sein
(zB Geschäftsreise, Montagearbeit) oder persche (zB Urlau beitsbefreiung,
Krankheit). Unerheblich ist ferner, von welchauer die Abw eit ist. Entschei-
dend ist nur, dass der ArbN im Zeitpunkt de ahl nicht ieb anwesend ist.
Erstreckt sich die Wahl über mehrere Tage, gt es, wer ur an einem dieser
Tage nicht im Betrieb anwesend ist (GK-BetrV*Jacobs* R A DKKW/*Homburg*
Rn. 8). Sollte ein ArbN, dem die Briefwahlunagen digt worden sind, am
Wahltag dennoch im Betrieb anwesend *sein*, sonn timme auch persönlich
abgeben (→ Rn. 16). Die Regelung über die mmabgabe gilt **entspre-**
chend für das vereinfachte Wahlverfahren (vgl .

Die Wahlunterlagen sind im Falle der → f **Verlangen** eines Wählers 3
auszuhändigen oder zu übersenden, nich wegen (anders im Fall des
Abs. 2; → Rn. 10). Der Antrag kann **mü** **chriftlich** gestellt werden. Ist
ein Antrag nicht schriftlich gestellt, so orst. einen Vermerk über den
Antrag anzufertigen. In dem Antrag sc der voraussichtlichen Abwesen-
heit angegeben werden. Ebenfalls vc eben ist im Fall des Urlaubs bzw.
stationären Krankheitsaufenthalts d achsendeanschrift (ArbG Freiburg
21.4.2015 – 12 BV 6/09, AiB 2 Anm. *Ernst*). Eine Nachprüfungs-
pflicht des Wahlvorst., ob d tatsächlich vorliegt, besteht nicht
(DKKW/*Homburg* Rn. 13; W **aA** GK-BetrVG/*Jacobs* Rn. 6, 9).

4 Der Wahlvorst. hat **folgende Wahlunterlagen** zu übersenden:
- Abschrift oder Abdruck des WA (§ 3 Abs. 3);
- Abschrift oder Abdruck der Bekanntmachung der als gültig anerkannten Vorschlagslisten (§ 10);
- den Stimmzettel, den Wahlumschlag und einen größeren Freiumschlag nach näherer Maßgabe dieser Vorschrift. Stimmzettel und Wahlumschlag dürfen keine Kennzeichen enthalten, die einen Schluss auf die Person des Wählers zulassen; sie dürfen sich insbes. nicht von den übrigen Wahlumschlägen und Stimmzetteln unterscheiden (DKKW/*Homburg* Rn. 22; GK-BetrVG/*Jacobs* Rn. 15; Richardi BetrVG/*Forst* Rn. 10);
- den Vordruck der Erklärung, mit der der Wähler gegenüber dem Wahlvorst. versichert, dass er den Stimmzettel persönlich gekennzeichnet hat.

5 Wird das **WA nachträglich geändert,** hat der Wahlvorst. auch diese Änderungen den ArbN, die ihre Stimme schriftlich abgeben, zu übersenden (GK-BetrVG/*Jacobs* Rn. 13). Hierzu gehören:
- sofern während der Einreichungsfristen des § 6 Abs. 1 keine gültige Vorschlagsliste eingereicht ist: Abschrift oder Abdruck der Bekanntmachung über den Nichteingang gültiger Vorschlagslisten innerhalb der Einreichungsfrist und über die Nachfrist von einer Woche für die Einreichung von Vorschlagslisten gem. § 9 Abs. 1;
- sofern auch während der Nachfrist eine gültige Vorschlagsliste nicht eingereicht ist: Abschrift oder Abdruck der Bekanntmachung, dass die Wahl nicht stattfindet (§ 9 Abs. 2).

6 Der Wahlvorst. ist verpflichtet, diese Unterlagen dem Wähler **auf Verlangen auszuhändigen oder zu übersenden.** Die Zusendung durch Boten (zB durch Mitgl. des Wahlvorst. oder Wahlhelfer) ist zulässig (BVerwG 6.2.1959 – VII P 9.58, AP WahlO z. PersVG § 17 Nr. 1; GK-BetrVG/*Jacobs* Rn. 18; DKKW/*Homburg* Rn. 24). Die Unterlagen sollten nach Möglichkeit vor dem Tage der Abwesenheit des Wählers überreicht werden. Jedenfalls muss dafür Sorge getragen werden, dass der Wähler in der Lage ist, seine Stimme rechtzeitig abzugeben. Die Wahlunterlagen sollten daher spätestens im Laufe des Tages der Bekanntgabe der Vorschlagslisten (§ 10 Abs. 2) übersandt werden. Stellt der Wähl den Antrag erst nach dieser Bekanntgabe, zB weil d Geschäftsreise erst in dim Zeitpunkt festgesetzt wird, so sind ihm die Wahlunlagen **unverzüglich** auhändigen oder zu übersenden. Andererseits kann der Wahrst. verpflichtet sein, WA schon unmittelbar nach dessen Erlass (§ 3 Abs. 1) er Wähler vorab zu senden, wenn dieser darlegt, dass der Aushang des WA im rieb zur Wahrung er Rechte als Wähler nicht ausreicht, zB weil er aktiv in das lgeschehen eingen möchte (zB Prüfung der Wählerliste zwecks evtl. Einspr Mitwirkung Erstellen einer Vorschlagsliste, LAG BW 29.11.1990 – 2BV 2/90, A991, 276; GK-BetrVG/*Jacobs* Rn. 20; DKKW/*Homburg* Rn. müsset der BR vereinfachten Wahlverfahren zu wählen (§ 14a BetrVG), liche Stimmabgahlberechtn AbN ihr Verlangen auf nachträgliche schriftBR mitteilen (vgl. tens dreige vr dem g der WahlVerslg. zur Wahl des s. 1; → 35 Rn. 1).

7 Die durch die sc Stimmgabe **entstehenden Kosten** (Portokosten) sind Wahlkosten iSd § 20 und vom ArbGeb. zu tragen (BAG 26.2.1992 – 7 ABR 37/91, AP BetrV 2 § 7 Nr. 6; Richardi BetrVG/*Forst* Rn. 11; GK-BetrVG/*Jacobs* Rn. 21).

8 Zwar nicht zwingenc Übersendung eines Mer ben, jedoch in aller Regel geboten ist auch die schriftlichen Stimmabgab die in § 25 vorgeschriebene Art und Weise der eine Sollvorschrift handel /*Jacobs* Rn. 17). Da es sich bei Abs. 1 S. 2 um stände eine Anfechtung de erletzung nur bei Vorliegen besonderer Umhend wohl GK-BetrVG/*Jac* tigen (DKKW/*Homburg* Rn. 23; weiterge-

9 Dieser Vermerk ist nicht oder mit mit dem Vermerk über einen mündlichen Antrag (→ Rn. 3) ach § 26. Hierdurch soll sichergestellt

werden, dass nicht neben der schriftlichen Stimmabgabe noch eine persönliche Stimmabgabe desselben Wählers erfolgt.

Bei Abs. 2 handelt es sich um ArbN, die dem Betrieb betriebsverfassungrechtlich angehören, die aber **nach der Art ihres Beschäftigungsverhältnisses** ihre Arbeit ganz oder teilweise nicht im Betrieb selbst verrichten und deshalb im Zeitpunkt der Stimmabgabe voraussichtlich nicht im Betrieb anwesend sind. Diese Voraussetzungen erfüllen zB ArbN, die als Reisende, Montagearbeiter im Außendienst oder als Telearbeiter außerhalb des Betriebes tätig sind, aber auch ArbN in Kurzarbeit mit Nullstunden (dazu ArbG Halberstadt 14.9.1993 – 6 BV 4/93, AuA 1994, 57). Dazu gehören grds. auch LeihArbN, da regelmäßig davon ausgegangen werden kann, dass sie im Zeitpunkt der Wahl verliehen und damit nicht im Verleihunternehmen anwesend sind (HessLAG 17.4.2008 – 9 TaBV 163/07, EzAÜG BetrVG Nr. 109; LAG Hamburg 8.7.2015 – 6 TaBV 1/15, juris). **10**

Unter „Außenarbeiter" sind solche ArbN zu verstehen, die ihre Tätigkeit überwiegend oder ständig außerhalb des Betriebs ausüben, zB der Montagearbeiter, der damit beschäftigt ist, das im Betrieb hergestellte Erzeugnis beim Kunden zu installieren, der Reisevertreter, der ständig die Kundschaft besucht, oder Zeitungszusteller (dazu BAG 29.1.1992 – 7 ABR 27/91, NZA 1992, 894). **11**

Zu mit Telearbeit Beschäftigten → BetrVG § 5 Rn. 193 ff. **12**

Zu in Heimarbeit Beschäftigten → BetrVG § 5 Rn. 302 ff. **13**

ArbN, von denen **dem Wahlvorst. bekannt ist** (Kenntnis des Vors. genügt), dass sie nach der Eigenart ihres Beschäftigungsverhältnisses ihre Arbeitsleistungen gewöhnlich außerhalb des Betriebs erbringen, hat er **von Amts wegen** die Unterlagen für die schriftliche Stimmabgabe zu übersenden. Eines bes. Antrags dieser ArbN bedarf es nicht (BAG 26.2.1992 – 7 ABR 37/91, AP BetrVG 1972 § 17 Nr. 6). Dies gilt allerdings nur für ArbN, die nach der Eigenart ihres Beschäftigungsverhältnisses gewöhnlich außerhalb des Betriebes arbeiten. Der Wahlvorst. sollte den ArbGeb. hiernach fragen. Stehen die Wahlurnen drei Tage ununterbrochen zur Ausübung des Wahlrechts bereit und besteht die Möglichkeit der Stimmabgabe damit auch für die ArbN mit auswärtigen Einsätzen, besteht nach ArbG Köln 6.4.2010 – 1 BVGa 21/10, BB 2010, 1020 keine Verpflichtung nach Abs. 2. Der ArbGeb. ist insoweit gem. § 20 Abs. 1 S. 1 BetrVG **zur Auskunft** und **Mitteilung der Adressen** aller in Heimarbeit Beschäftigten, TeleArbN und AußenArbN **verpflichtet** (DKKW/*Homburg* Rn. 16; GK-BetrVG/*Jacobs* Rn. 11). Dem stehen keine datenschutzrechtlichen Gesichtspunkte entgegen. Eine besondere Nachforschungspflicht des Wahlvorst. besteht allerdings nicht (DKKW/*Homburg* Rn. 16; GK-BetrVG/*Jacobs* Rn. 11). Aufgrund des Tatbestandsmerkmals „**voraussichtlich** nicht im Betrieb anwesend" ist Abs. 2 für den dort genannten Personenkreis im Zweifel stets anzuwenden, denn die Möglichkeit der Teilnahme an der Wahl überhaupt ist jedenfalls im Verhältnis zum Vorrang der persönlichen Stimmabgabe das schützenswertere Rechtsgut (so zu § 19 Abs. 2 3. WOMitbestG BAG 20.2.1991 – 7 ABR 85/89, AP MitbestG § 9 Nr. 1). **14**

Für die Frage des rechtzeitigen Erhalts der Unterlagen gilt → Rn. 6, allerdings mit der Besonderheit, dass der Wahlvorst. bei diesen zumindest überwiegend außerhalb des Betriebs tätigen Beschäftigten prüfen muss, ob sie so rechtzeitig Kenntnis vom WA erhalten, dass sie auch aktiv ins Wahlgeschehen eingreifen können; andernfalls muss er ihnen das WA vorab aushändigen oder übersenden (LAG BW 29.11.1990 – 4b TaBV 2/90, AiB 1991, 276; LAG Hmb 28.3.2007 – 5 TaBV 2/07, AiB 2009, 587; LAG Hamm 12.3.2019 – 7 TaBV 49/18, NZA-RR 2019, 364). Ein Verstoß gegen die Übersendungspflicht nach Abs. 2 kann die Wahl anfechtbar machen (so zu § 19 Abs. 2 3. WOMitbestG BAG 20.2.1991 – 7 ABR 85/89, AP MitbestG § 9 Nr. 1). Er wird nicht dadurch geheilt, dass der Wahlvorst. an einem bekanntgegebenen Tag zB Heimarbeiter persönlich mit mobilen Wahllokalen aufsucht und ihnen so die Teilnahme an der Wahl ermöglicht (ArbG Bremen 18.7.1990 – 7 BV 20/90, AiB 1991, 125 mAnm *Rudolf;* GK-BetrVG/BetrVG/*Jacobs* Rn. 11). Weiß der Wahlvorst. mit Sicherheit, dass ein ArbN, der nach der Eigenart seines Beschäftigungsver- **15** hältnisses gewöhnlich außerhalb des Betriebs arbeitet, am Wahltag im Betriebe ist, so besteht keine Übersendungspflicht (DKKW/*Homburg* Rn. 16; GK-BetrVG/*Jacobs* Rn. 11).

16 ArbN, denen Unterlagen für die schriftliche Stimmabgabe übersandt worden sind, können, wenn sie am Wahltag im Betrieb sind, **ihre Stimme auch persönlich** nach § 12 **abgeben** (für die Personalratswahl BVerwG 3.3.2003 – 6 P 14/02, AP BPersVG § 25 Nr. 53). In diesem Falle müssen sie allerdings entweder die ihnen übersandten Unterlagen für eine schriftliche Stimmabgabe dem Wahlvorst. zurückgeben oder den übersandten Stimmzettel und Wahlumschlag für die persönliche Stimmabgabe benutzen (Richardi BetrVG/*Forst* § 25 Rn. 3; DKKW/*Homburg* Rn. 27; GK-BetrVG/*Jacobs* Rn. 23; *Carlson* AiB 2009, 707 [711]). Die Rückgabe der Briefwahlunterlagen ist auf der Wählerliste ebenso zu vermerken wie die persönliche Stimmabgabe (DKKW/*Homburg* Rn. 27). Hat der Briefwähler bereits seine Briefwahlunterlagen ausgefüllt an den Wahlvorst. zurückgesandt soll dennoch die persönliche Stimmabgabe am Wahltag noch möglich sein: in diesem Fall habe der Wahlvorst. die Briefwahlunterlagen entsprechend § 26 Abs. 2 ungeöffnet zu den Wahlunterlagen zu nehmen und in der Wählerliste die persönliche Stimmabgabe zu vermerken (LAG München 27.2.2007 – 8 TaBV 89/06, BeckRS 2009, 61908; BVerwG 3.3.2003 – 6 P 14/02, AP BPersVG § 25 Nr. 53; DKKW/*Homburg* Rn. 27; *Bachner* NZA 2012, 1266).

17 Auch im Falle des Abs. 2 hat der Wahlvorst. die Übersendung der Wahlunterlagen an die betreffenden ArbN in der Wählerliste zu vermerken (→ Rn. 9).

18 Voraussetzung ist, dass die Kleinstbetriebe oder Betriebsteile keinen eigenen BR wählen, sondern betriebsverfassungsrechtlich – sei es auf Grund der gesetzlichen Regelung des § 4 BetrVG (→ § 4 Rn. 5ff., 14ff.), sei es auf Grund einer anderweitigen Zuordnung nach § 3 Abs. 1 Nr. 1–3, Abs. 2 u. 3 BetrVG (→ § 3 Rn. 24ff.; Hess-LAG 17.4.2008 – 9 TaBV 163/07, EzAÜG BetrVG Nr. 109) – zu dem Betrieb gehören, für den die BRWahl durchgeführt wird. Der in Abs. 3 verwandte Begriff **„vom Hauptbetrieb räumlich weit entfernt"** deckt sich nicht mit dem in § 4 BetrVG enthaltenen gleich lautenden Begriff. Das folgt schon daraus, dass anderenfalls die Regelung des Abs. 3 weitgehend leer liefe, da räumlich weit entfernte Betriebsteile iSv § 4 BetrVG im Allgemeinen einen eigenen BR zu wählen haben. Der Begriff der räumlich weiten Entfernung iSd Abs. 3 ist entsprechend dem Sinn und Zweck der Vorschrift, den ArbN die Beteiligung an der BRWahl zu erleichtern, in einem weiten Sinne zu verstehen (LAG Hamm 5.8.2011 – 10 TaBV 13/11, ZBVR online 2012/4, 10ff.; DKKW/*Homburg* Rn. 17). Entscheidend ist, ob es den ArbN der außerhalb des Hauptbetriebs liegenden Betriebsteile oder Kleinstbetriebe unter Berücksichtigung der bestehenden oder ggf. vom ArbGeb. zur Verfügung zu stellenden zusätzlichen Verkehrsmöglichkeiten (Pendelbus) **zumutbar** ist, im Hauptbetrieb persönlich ihre Stimme abzugeben (LAG Hamm 16.11.2007 – 13 TaBV 109/06, BeckRS 2008, 50464; DKKW/*Homburg* Rn. 17; GK-BetrVG/*Jacobs* Rn. 12). Ist dies nicht der Fall, ist der Wahlvorst. verpflichtet dafür zu sorgen, dass diese ArbN in einer anderen zumutbaren Weise an der Wahl teilnehmen können. Anderenfalls setzt sich der Wahlorst. der Gefahr einer Wahlanfechtung aus. Der Wahlvorst. hat in diesem Falle nur die Möglichkeit, entweder in den Betriebsteilen oder Kleinstbetrieben **eigene Wahllokale** einzurichten oder für die dort beschäftigten ArbN die **schriftliche Stimmabgabe** zu beschließen (iErg ebenso Richardi BetrVG/*Forst* Rn. 5; GK-BetrVG/*Jacobs* Rn. 12; DKKW/*Homburg* Rn. 19). Zu welcher dieser beiden Möglichkeiten sich der Wahlvorst. entschließt, hat er nach **pflichtgemäßem Ermessen** zu entscheiden. Bei der Einrichtung eigener Wahllokale wird der Wahlvorst. auch die durch § 12 Abs. 2 bedingte begrenzte Anzahl der Wahllokale und bei einer Stimmabgabe mit „fliegenden Wahllokalen" über mehrere Tage die in diesem Fall bestehende größere Gefahr von tatsächlichen oder vermuteten Unkorrektheiten zu bedenken haben. Aus diesem Grunde kann auch für ausgelagerte Betriebsteile innerhalb einer Großstadt die schriftliche Stimmabgabe beschlossen werden, wenn die Verkehrsverhältnisse zum Wahllokal im Hauptbetrieb schwierig sind.

Wird für die räumlich weit vom Hauptbetrieb entfernten Betriebsteile und Kleinstbetriebe **schriftlich Stimmabgabe** beschlossen, so hat der Wahlvorst. den dort beschäftigten ArbN **von Amts wegen** die erforderlichen Unterlagen auszuhändigen oder zu übersenden (Richardi BetrVG/*Forst* Rn. 8; DKKW/*Homburg* Rn. 19). 19

Zu Besonderheiten der Briefwahl im vereinfachten Wahlverfahren → § 35 Rn. 2 ff. 20

§ 25 Stimmabgabe

Die Stimmabgabe erfolgt in der Weise, dass die Wählerin oder der Wähler

1. **den Stimmzettel unbeobachtet persönlich kennzeichnet[1] und in dem Wahlumschlag verschließt,[2]**
2. **die vorgedruckte Erklärung unter Angabe des Orts und des Datums unterschreibt[3] und**
3. **den Wahlumschlag und die unterschriebene vorgedruckte Erklärung in dem Freiumschlag verschließt[4] und diesen so rechtzeitig an den Wahlvorstand absendet oder übergibt, dass er vor Abschluss der Stimmabgabe vorliegt.[5, 6]**

Die Wählerin oder der Wähler kann unter den Voraussetzungen des § 12 Abs. 4 die in den Nummern 1 bis 3 bezeichneten Tätigkeiten durch eine Person des Vertrauens verrichten lassen.

Für die Kennzeichnung des Stimmzettels gelten § 11 Abs. 3, § 20 Abs. 3, § 34 Abs. 1 S. 3. 1

Das Verschließen des Wahlumschlags dient der **Sicherung des Wahlgeheimnisses.** Ist der Wahlumschlag nicht verschlossen, ist er gleichwohl bei der Stimmabgabe zu berücksichtigen (→ § 26 Rn. 4; Richardi BetrVG/*Forst* Rn. 1). Der Wahlumschlag darf keine Kennzeichen enthalten, die einen Rückschluss auf die Person des Wählers gestattet. 2

Fehlt die vorgedruckte Erklärung oder ist sie vom Wähler nicht unterschrieben, so liegt **keine ordnungsgemäße Stimmabgabe** vor. Die Stimme wird bei der Wahl nicht berücksichtigt (DKKW/*Homburg* Rn. 4; GK-BetrVG/*Jacobs* Rn. 4). 3

Eine schriftliche Stimmabgabe, die ohne Verwendung des nach § 24 Abs. 1 Nr. 5 vorgeschriebenen Freiumschlags erfolgt, ist nicht ordnungsgemäß (BVerwG 14.8.1959 – VII P 15.58, AP WahlO z. PersVG § 17 Nr. 2). Der **Freiumschlag** muss **verschlossen** werden, da anderenfalls die Möglichkeit besteht, dass der Wahlumschlag mit Stimmzettel ausgetauscht wird. Ist der Freiumschlag nicht verschlossen, darf der Wahlumschlag bei der Wahl nicht berücksichtigt und nicht in die Wahlurne gelegt werden, da die Stimmabgabe ungültig ist (DKKW/*Homburg* Rn. 4; GK-BetrVG/*Jacobs* Rn. 4). 4

Der Freiumschlag mit dem Wahlumschlag und der unterschriebenen vorgedruckten Erklärung muss **vor Ablauf der für die Stimmabgabe festgesetzten Zeit** (§ 3 Abs. 2 Nr. 11) dem Wahlvorst. zugegangen sein. Später eintreffende Freiumschläge dürfen bei der Stimmauszählung nicht mehr berücksichtigt werden. Dies auch dann nicht, wenn mit der Stimmauszählung noch nicht begonnen worden ist (DKKW/*Homburg* Rn. 5). Wegen der Bedeutung des rechtzeitigen Eingangs sollte der Wahlvorst. jeden einzelnen Freiumschlag mit einem genauen Eingangsvermerk versehen. Zulässig ist es, den Freiumschlag schon vor dem Wahltag dem Wahlvorst. zu übergeben oder zu übersenden (etwa vor Urlaubsantritt oder einer längeren Dienstreise). Der Wahlvorst. hat diese Freiumschläge ungeöffnet bis zum Wahltag unter Verschluss zu nehmen, damit eine Veränderung oder Entwendung der Freiumschläge ausgeschlossen ist. In Betracht kommt zB eine versiegelte Wahlurne. Für die Entgegennahme des Freiumschlags ist der Vors. des Wahlvorst. (entsprechend § 24 Abs. 3 BetrVG) sowie jedes Mitgl. des Wahlvorst. zuständig, das im Wahlbüro (Be- 5 triebsadresse des Wahlvorst.) oder im Wahllokal Dienst tut. Wird der Freiumschlag im Wahlbüro oder im Wahllokal abgegeben, reicht auch die Entgegennahme durch eine dort tätige Hilfskraft oder durch einen Wahlhelfer aus. Die Übersendung erfolgt im Allgemeinen durch die Post, jedoch ist auch die Übersendung durch Boten zulässig (BVerwG 6.2.1959 – VII P 9.58, AP WahlO z. PersVG § 17 Nr. 1; GK-BetrVG/*Jacobs* Rn. 3; Richardi BetrVG/*Forst* Rn. 2); allerdings kann der Wahlvorst. die Entgegennahme des Freiumschlags durch einen offensichtlich unzuverlässigen Boten verweigern (GK-BetrVG/*Jacobs* Rn. 3; *Rewolle* DB 1962, 197).

6 Obwohl dies nicht ausdrücklich vorgeschrieben ist, sollte die Übersendung des Freiumschlags durch die Post durch **eingeschriebenen Brief** erfolgen. Da der Freiumschlag vom Wahlvorst. freizumachen ist, hängt es von ihm ab, durch entsprechende Freimachung die Übersendung als „Einschreiben" zu ermöglichen. Das **Risiko des rechtzeitigen Eingangs** des Freiumschlags beim Wahlvorst. trägt der Wähler, allerdings ist der Wahlvorst. verpflichtet, sich bis zum Abschluss der Stimmabgabe darüber zu vergewissern, ob nicht noch Freiumschläge an seiner Betriebsadresse eingegangen sind (GK-BetrVG/*Jacobs* Rn. 2).

7 Zu Besonderheiten der Briefwahl im vereinfachten Wahlverfahren → § 35 Rn. 2ff.

§ 26 Verfahren bei der Stimmabgabe

(1) **Unmittelbar vor Abschluss der Stimmabgabe[1] öffnet der Wahlvorstand in öffentlicher Sitzung die bis zu diesem Zeitpunkt eingegangenen Freiumschläge[2, 3] und entnimmt ihnen die Wahlumschläge sowie die vorgedruckten Erklärungen. Ist die schriftliche Stimmabgabe ordnungsgemäß erfolgt (§ 25),[4] so legt der Wahlvorstand den Wahlumschlag nach Vermerk der Stimmabgabe in der Wählerliste ungeöffnet[5] in die Wahlurne.**

(2) **Verspätet[6, 7] eingehende Briefumschläge hat der Wahlvorstand mit einem Vermerk über den Zeitpunkt des Eingangs ungeöffnet zu den Wahlunterlagen zu nehmen.[8] Die Briefumschläge sind einen Monat nach Bekanntgabe des Wahlergebnisses ungeöffnet zu vernichten, wenn die Wahl nicht angefochten worden ist.[9, 10]**

1 Die Vorschrift des Abs. 1 S. 1, nach der der Wahlvorst. unmittelbar vor Abschluss der Stimmabgabe die eingegangenen Freiumschläge zu öffnen hat, ist nur praktikabel, wenn die Stimmabgabe in einem einzigen Wahllokal durchgeführt wird. Sind mehrere Wahllokale eingerichtet, so müssen gem. § 12 Abs. 2 in jedem von ihnen mindestens ein Mitgl. des Wahlvorst. bis zum Ende der Stimmabgabe anwesend sein, so dass der Wahlvorst. nicht bereits unmittelbar vor Abschluss der Stimmabgabe zur Öffnung der Freiumschläge zusammentreten kann. In diesem Falle kann die Behandlung der Briefwahlunterlagen nach Abs. 1 erst nach Abschluss der Stimmabgabe durchgeführt werden (DKKW/*Homburg* Rn. 2; GK-BetrVG/*Jacobs* Rn. 2; Richardi BetrVG/*Forst* Rn. 2). Hierbei ist besonders darauf zu achten, dass nur solche Freiumschläge geöffnet und bei der Wahl berücksichtigt werden, die bis zum Ende der für die Stimmabgabe festgesetzten Zeit beim Wahlvorst. eingegangen sind.

2 Der Wahlvorst. hat sich kurz vor Ablauf der Zeit für die Stimmabgabe zu vergewissern, ob nicht noch Wahlbriefe bei ihm, dh bei seiner Betriebsadresse, eingegangen sind. Er hat die notwendigen organisatorischen Maßnahmen zu treffen, um sicherstellen, dass noch etwa beim Pförtner durch Eilboten abgegebene Wahlbriefe unverzüglich an seine Betriebsadresse oder an die sonstige von ihm hierfür bestimmte Stelle weitergeleitet werden. Die Freiumschläge dürfen erst **unmittelbar vor bzw. nach Abschluss der Stimmabgabe** vom Wahlvorst. geöffnet werden. Bis zu diesem Zeitpunkt sind sie verschlossen zu lassen. Wahlumschläge in offenen Freiumschlägen bleiben unberücksichtigt, da nicht sichergestellt ist, dass der Wahlumschlag

tatsächlich vom Absender des Freiumschlags stammt (DKKW/*Homburg* Rn. 3; Richardi BetrVG/*Forst* Rn. 4).

Die **Öffnung der Freiumschläge** hat in **öffentlicher Sitzung** des Wahlvorst. zu erfolgen, also bei normaler Öffnung des Wahllokals, so dass jeder ArbN die Möglichkeit hat, sich von der ordnungsmäßigen Behandlung der durch Briefwahl abgegebenen Stimmen zu überzeugen (BAG 10.7.2013 – 7 ABR 83/11, ArbuR 2013, 460). Ein Verstoß hiergegen berechtigt zur Wahlanfechtung nach § 19 BetrVG (BAG 10.7.2013 – 7 ABR 83/11, ArbuR 2013, 460). Schickt der Wahlvorst. ArbN, die der Öffnung der Freiumschläge beiwohnen wollen, fort, um dann in deren Abwesenheit die Briefumschläge zu öffnen, so verstößt er gegen das Gebot der Öffentlichkeit (LAG SchlH 18.3.1999 – 4 TaBV 51/98, NZA-RR 1999, 523; LAG Nürnberg 30.11.2007 – 6 TaBV 46/07, LAGE Nr. 3a zu § 19 BetrVG 2001). Hierzu gehört auch die fehlende Angabe über Ort und Uhrzeit der öffentlichen Sitzung, wenn es sich um eine vom Wahlvorst. ausschließlich als Briefwahl angeordnete Wahl handelt (BAG 10.7.2013 – 7 ABR 83/11, ArbuR 2013, 460), nicht dagegen im Fall der Urnenwahl (BAG 16.1.2019 – 7 ABR 11/16, NZA 2018, 797; LAG Köln 11.6.2015 – 7 TaBV 10/15 ZBVR online 4/2016, 9). Die Öffnung erfolgt durch den Wahlvorst., dh durch eines seiner Mitgl., nicht durch Wahlhelfer (GK-BetrVG/*Jacobs* Rn. 3). 3

Nicht ordnungsgemäß ist die schriftliche Stimmabgabe, wenn der Freiumschlag nicht verwandt worden (→ § 25 Rn. 4) oder nicht verschlossen ist oder wenn die vorgedruckte Erklärung fehlt oder nicht unterschrieben ist (GK-BetrVG/*Jacobs* Rn. 3; Richardi BetrVG/*Forst* Rn. 4a). Obwohl § 25 Nr. 1 vorschreibt, dass auch der Wahlumschlag zu verschließen ist, hat der Wahlvorst. einen offenen Wahlumschlag – ohne von seinem Inhalt Kenntnis zu nehmen – in die Wahlurne zu legen, wenn iÜ die Stimmabgabe ordnungsgemäß ist (DKKW/*Homburg* Rn. 3; GK-BetrVG/*Jacobs* Rn. 5; Richardi BetrVG/*Forst* Rn. 4a; → § 26 Rn. 1). Hat der Wahlvorst. Kenntnis davon, dass die schriftliche Stimmabgabe nicht unbeobachtet erfolgt ist, muss er die Stimme wegen Verstoßes gegen die Geheimheit der Wahl unberücksichtigt lassen (BAG 21.3.2018 – 7 ABR 29/16, NZA 2018, 948 zu §§ 11, 12 SchwbVWO). Ist die Stimmabgabe nicht ordnungsgemäß, was durch Beschluss der stimmberechtigten Mitgl. des Wahlvorst. festzustellen ist, darf die Stimme bei der Wahl nicht berücksichtigt, dh der Wahlumschlag nicht in die Wahlurne gelegt werden. 4

Die **Wahlumschläge bleiben verschlossen.** Sie werden erst bei der Stimmauszählung geöffnet. Der Wahlumschlag darf erst in die Wahlurne gelegt werden, nachdem die Stimmabgabe in der Wählerliste vermerkt worden ist. Hierdurch soll sichergestellt werden, dass ein Wähler nicht zweimal seine Stimme abgibt. Hat ein ArbN entsprechend dem Vermerk nach § 12 Abs. 3 seine Stimme bereits persönlich abgegeben, so darf ein durch Briefwahl desselben ArbN übersandter Wahlumschlag nicht in die Wahlurne geworfen werden, sondern ist mit einem Vermerk über die bereits erfolgte Stimmabgabe zu den Wahlakten zu nehmen (GK-BetrVG/*Jacobs* § 25 Rn. 22f.). 5

Verspätet eingegangen sind alle Freiumschläge, die nicht vor Ablauf der für die Stimmabgabe festgesetzten Zeit den Wahlvorst. erreicht haben. 6

Ein Grund zur **Anfechtung** dürfte bestehen, wenn der Wahlvorst. die Stimme des Wählers zu Unrecht als verspätet zurückgewiesen hat. Verzögert sich die Übersendung des Briefes aus irgendwelchen Gründen bei der Post, so trägt der Wähler hierfür das Risiko; eine solche Verzögerung rechtfertigt eine Anfechtung der Wahl jedenfalls nicht (DKKW/*Homburg* Rn. 5). 7

Der Wahlvorst. ist verpflichtet, auf verspätet eingehenden Freiumschlägen das **Eingangsdatum mit Uhrzeit zu vermerken** und sie ungeöffnet zu den Wahlakten (§ 19) zu nehmen. Da die Umschläge wie nicht abgegebene Stimmen zu behandeln sind, sind sie in der Niederschrift über die Wahl nicht als ungültige Stimmen nach § 16 Abs. 1 Nr. 5 zu zählen (DKKW/*Homburg* Rn. 6; GK-BetrVG/*Jacobs* Rn. 6; Richardi BetrVG/*Forst* Rn. 6). 8

9 **Verspätet eingehende Briefe** werden dem Wähler nicht zurückgegeben. Sie sind vielmehr nach Ablauf eines Monats seit Bekanntgabe des Wahlergebnisses gem. § 18 **ungeöffnet zu vernichten,** es sei denn, die Wahl ist angefochten worden (DKKW/*Homburg* Rn. 9). Es dürfte sich empfehlen, die Briefumschläge zu verbrennen oder in den Reißwolf zu geben, damit das Wahlgeheimnis nicht verletzt wird. Die Vernichtung ist vom BR vorzunehmen, der hierüber einen Vermerk anzufertigen hat.

10 Wird die Wahl nach § 19 BetrVG angefochten, so werden die Briefumschläge bei den Wahlakten **bis zur rechtskräftigen Entscheidung weiterhin ungeöffnet** aufbewahrt. Sie dienen ggf. dem Nachweis über die Beteiligung des Wählers und über den tatsächlichen Eingang des Briefumschlags. Mit Rücksicht auf das Wahlgeheimnis dürfen sie auch während des Anfechtungsverfahrens nicht geöffnet werden. Nach Rechtskraft der gerichtlichen Entscheidung sind sie zu vernichten (DKKW/*Homburg* Rn. 10f.; GK-BetrVG/*Jacobs* Rn. 7; Richardi BetrVG/*Forst* Rn. 7).

11 Zu Besonderheiten der Briefwahl im vereinfachten Wahlverfahren → § 35 Rn. 2ff.

Vierter Abschnitt. Wahlvorschläge der Gewerkschaften

§ 27 Voraussetzungen, Verfahren

(1) **Für den Wahlvorschlag einer im Betrieb vertretenen Gewerkschaft (§ 14 Abs. 3 des Gesetzes)[1] gelten die §§ 6 bis 26 entsprechend.[2]**

(2) **Der Wahlvorschlag einer Gewerkschaft ist ungültig, wenn er nicht von zwei Beauftragten der Gewerkschaft unterzeichnet ist (§ 14 Abs. 5 des Gesetzes).[3]**

(3) **Der an erster Stelle unterzeichnete Beauftragte gilt als Listenvertreterin oder Listenvertreter. Die Gewerkschaft kann hierfür eine Arbeitnehmerin oder einen Arbeitnehmer des Betriebs, die oder der Mitglied der Gewerkschaft ist, benennen.[4]**

1 Jede im Betrieb vertretene Gewerkschaft hat für die Wahl des BR ein eigenes Wahlvorschlagsrecht (iE → BetrVG § 14 Rn. 58ff.). Im Rahmen und zur Verwirklichung dieses Vorschlagsrechts hat sie gem. § 2 Abs. 2 BetrVG das **Recht auf Zutritt zu dem Betrieb,** um zB geeignete Wahlkandidaten zu gewinnen. Auch kann die Gewerkschaft in dem allgemeinen zulässigen Rahmen (→ BetrVG § 20 Rn. 8) Wahlwerbung im Betrieb betreiben. Die Gewerkschaft kann jeden wählbaren ArbN, der mit der Kandidatur einverstanden ist, auf ihren Wahlvorschlag setzen, auch wenn dieser nicht bei ihr Mitgl. ist. Allerdings kann die Gewerkschaft ihren Wahlvorschlag auch auf bei ihr organisierte ArbN des Betriebs beschränken (DKKW/*Homburg* Rn. 5; GK-BetrVG/*Jacobs* Rn. 5).

2 Die Wahlvorschläge der Gewerkschaften unterliegen – abgesehen von den zwei Ausnahmen in → Rn. 3, 4 – **denselben Erfordernissen wie die Wahlvorschläge der ArbN** des Betriebs. Das gilt insbes. auch für die Einhaltung der vom Wahlvorst. festgesetzten Fristen und die Form der Vorschlagslisten. Jede im Betrieb vertretene Gewerkschaft kann jeweils **nur einen Wahlvorschlag** machen.

3 Wahlvorschläge der Gewerkschaften brauchen nicht von wahlberechtigten ArbN des Betriebs unterstützt zu werden. Vielmehr reicht es aus – das ist allerdings für die Gültigkeit des Vorschlags auch erforderlich (ArbG Siegen 26.4.1974 – BV 2/74, DB 1974, 1776) –, dass der Wahlvorschlag von zwei **Beauftragten der Gewerkschaft unterschrieben** ist (vgl. Abs. 2 und § 14 Abs. 5 BetrVG). Die Beauftragten müssen zur Unterzeichnung entweder durch die Satzung oder durch eine entsprechende Vollmacht der Gewerkschaft legitimiert sein. In Zweifelsfällen kann der Wahlvorst. einen Nachweis der Beauftragung (zB durch Auszug aus der Satzung der Gewerk-

schaft oder durch schriftliche Vollmacht) verlangen (DKKW/*Homburg* Rn. 3; → BetrVG § 14 Rn. 68). Der Nachweis muss jedenfalls dann nicht innerhalb der Zweiwochenfrist des § 6 Abs. 1 S. 2 erbracht werden, wenn der Wahlvorst. dies nicht ausdrücklich fordert (LAG Hamm 10.3.1998 – 3 TaBV 37/98, NZA-RR 1998, 400; sa GK-BetrVG/*Jacobs* § 14 Rn. 93). Liegt eine rechtsgültige Beauftragung nicht vor, ist der Wahlvorschlag nur gültig, wenn diese bis zum Ablauf der Einreichungsfrist für Wahlvorschläge nachgeholt wird.

Der Beauftragte der Gewerkschaft, der den Wahlvorschlag an erster Stelle unterzeichnet hat, ist mangels anderweitiger Bestimmung von Gesetzes wegen **Listenvertreter** iSv § 6 Abs. 4. An erster Stelle ist der Wahlvorschlag von dem Beauftragten unterzeichnet, der bei nebeneinander stehenden Unterschriften links und bei untereinander stehenden Unterschriften an oberer Stelle unterzeichnet hat (DKKW/*Homburg* Rn. 5). Die Regelung des Abs. 3 S. 1 gilt jedoch nur für den Fall, dass die Gewerkschaft keine anderweitige Bestimmung des Listenvertreters vornimmt. Sie kann auch einen Wahlbewerber oder einen anderen ArbN des Betriebs als Listenvertreter benennen. Jedoch muss dieser der Gewerkschaft als Mitglied angehören (vgl. Abs. 3 S. 2) und mit der Benennung einverstanden sein. Die Gewerkschaft kann auch den Beauftragten, der die Liste an zweiter Stelle unterschrieben hat, als Listenführer bestimmen. Die Bestimmung eines anderen Listenvertreters ist nicht formgebunden, muss jedoch von einem hierzu ermächtigten Vertreter der Gewerkschaft erklärt werden. Bei mündlicher Bestimmung gegenüber dem Wahlvorst. sollte dieser sie aktenkundig machen (DKKW/*Homburg* Rn. 5). 4

Zweiter Teil. Wahl des Betriebsrats im vereinfachten Wahlverfahren (§ 14a des Gesetzes)

Erster Abschnitt. Wahl des Betriebsrats im zweistufigen Verfahren (§ 14a Abs. 1 des Gesetzes)

Erster Unterabschnitt. Wahl des Wahlvorstands

§ 28 Einladung zur Wahlversammlung

(1) **Zu der Wahlversammlung, in der der Wahlvorstand nach § 17a Nr. 3 des Gesetzes (§ 14a Abs. 1 des Gesetzes) gewählt wird, können drei Wahlberechtigte des Betriebs oder eine im Betrieb vertretene Gewerkschaft einladen[1] (einladende Stelle) und Vorschläge für die Zusammensetzung des Wahlvorstands machen. Die Einladung muss mindestens sieben Tage[2] vor dem Tag der Wahlversammlung erfolgen. Sie ist durch Aushang an geeigneten Stellen im Betrieb bekannt zu machen.[3] Ergänzend kann die Einladung mittels der im Betrieb vorhandenen Informations- und Kommunikationstechnik[4] bekannt gemacht werden; § 2 Abs. 4 Satz 4 gilt entsprechend. Die Einladung muss folgende Hinweise[5] enthalten:**

a) Ort, Tag und Zeit der Wahlversammlung zur Wahl des Wahlvorstands;

b) dass Wahlvorschläge zur Wahl des Betriebsrats bis zum Ende der Wahlversammlung zur Wahl des Wahlvorstands gemacht werden können (§ 14a Abs. 2 des Gesetzes);

c) dass Wahlvorschläge der Arbeitnehmerinnen und Arbeitnehmer zur Wahl des Betriebsrats mindestens von einem Zwanzigstel der Wahlberechtigten, mindestens jedoch von drei Wahlberechtigten unterzeichnet sein müssen; in Betrieben mit in der Regel bis zu zwanzig Wahlberechtigten reicht die Unterzeichnung durch zwei Wahlberechtigte;

d) dass Wahlvorschläge zur Wahl des Betriebsrats, die erst in der Wahlversammlung zur Wahl des Wahlvorstands gemacht werden, nicht der Schriftform bedürfen.

(2) **Der Arbeitgeber hat unverzüglich nach Aushang der Einladung zur Wahlversammlung nach Absatz 1 der einladenden Stelle alle für die Anfertigung der Wählerliste erforderlichen Unterlagen[7] (§ 2) in einem versiegelten Umschlag[8] auszuhändigen.**

1 **Einladungsberechtigt** zur WahlVerslg. zur Wahl des Wahlvorst. sind drei wahlberechtigte ArbN oder eine im Betrieb vertretene Gewerkschaft (→ BetrVG § 17 Rn. 16ff.; → BetrVG § 17a Rn. 10). In den Betrieben der privatisierten Post- und Bahnunternehmen sowie Kooperationsunternehmen der Bundeswehr, in denen für eine längere Übergangszeit auch Beamte bzw. Soldaten beschäftigt werden (→ BetrVG § 1 Rn. 38ff.; → BetrVG § 5 Rn. 309ff.; → BetrVG § 14 Rn. 62, 72ff.) sind auch die im Betrieb vertretenen Berufsverbände der Beamten bzw. Soldaten einladungsberechtigt (→ BetrVG § 2 Rn. 34). Die **drei einladenden wahlberechtigten ArbN** stehen unter dem besonderen **Kündigungsschutz** nach § 15a Abs. 3 KSchG (→ BetrVG § 17 Rn. 37ff.).

2 Die Einladung zur Wahl des Wahlvorst. muss mindestens **sieben Tage** vor dem Tag der WahlVerslg. erfolgen. Für die Berechnung der Frist finden die §§ 186–193 BGB entsprechende Anwendung (vgl. § 41). Mit der Sieben-Tages-Frist wird ua gewährleistet, dass die ArbN ausreichend Zeit haben, sich zu überlegen, ob und wenn ja, welche Kandidaten sie zur Wahl des BR vorschlagen wollen.

3 Nach S. 3 ist die Einladung durch **Aushang** an geeigneten Stellen im Betrieb **bekannt zu machen.** Voraussetzung ist, dass die ArbN von der Einladung zur WahlVerslg. Kenntnis nehmen können und damit die Möglichkeit erhalten, an ihr teilzunehmen. Will eine Gewerkschaft einladen, kann sie vom ArbGeb. die Übersendung ihrer Einladungsschreiben verlangen, aus datenschutzrechtlichen Gründen jedoch nicht die Überlassung der Namen und Adressen der ArbN zwecks eigener Versendung (→ BetrVG § 17 Rn. 17 mwN).

4 Die Einladung kann ergänzend zum Aushang auch in elektronischer Form, d.h. **mittels** der im Betrieb vorhandenen **Informations- und Kommunikationstechnik** bekannt gemacht werden, wie zB durch Rund-Email oder durch Veröffentlichung im Intranet (→ BetrVG § 17a Rn. 13). Soll die Bekanntmachung ausschließlich in elektronischer Form, dh ohne den üblichen Aushang im Betrieb erfolgen, so ist dies nur unter strengen Voraussetzungen möglich. Sichergestellt sein muss, dass alle ArbN von der Bekanntmachung Kenntnis erlangen können und Vorkehrungen getroffen sind, dass Änderungen der Bekanntmachung nur von der einladenden Stelle vorgenommen werden können (→ § 2 Rn. 11). Nicht ausreichend ist bspw., dass von 59 ArbN 52 per E-Mail erreichbar sind, wenn die Einladung ausschließlich in dieser Form erfolgt (BAG 19.11.2003 – 7 ABR 24/03, AP BetrVG 1972 § 19 Nr. 54). Wollen die Einladenden die im Betrieb vorhandene Informations- und Kommunikationstechnik nutzen, hat der ArbGeb. ihnen die bestehende Infrastruktur hierfür zur Verfügung zu stellen (vgl. *Thüsing/Lambrich* NZA-Sonderheft 2001, 79 [88]; Richardi BetrVG/*Forst* Rn. 3). Gleiches gilt, wenn die Initiative von einer im Betrieb vertretenen Gewerkschaft erfolgt (Richardi BetrVG/*Forst* Rn. 3). Der in der WO verwandte **Begriff „elektronische Form"** ist **nicht identisch** mit dem in § 126a BGB verwandten Begriff. Die Bekanntmachung in elektronischer Form setzt daher zu ihrer Wirksamkeit kein qualifiziert signiertes Dokument iSd Vorschrift voraus.

5 Wegen der Besonderheit des vereinfachten Wahlverfahrens im zweistufigen Verfahren, müssen die Einladenden neben dem **Hinweis** auf den Ort, Tag und Zeit der WahlVerslg. zur Wahl des Wahlvorst. (Buchst. a) für die ArbN wesentliche Informationen für die Wahl des BR in ihre **Einladung** aufnehmen:

– Die ArbN müssen bereits mit der Einladung darüber informiert werden, dass Wahlvorschläge zur Wahl des BR nur bis zum Ende der WahlVerslg. zur Wahl des

Wahlvorst. gemacht werden können (Buchst. b, → BetrVG § 14a Rn. 34), damit sie ausreichend Zeit und Gelegenheit haben, die Wahlvorschläge zur Wahl des BR vorzubereiten.

- Unter welche formellen Voraussetzungen die Wahlvorschläge zulässig sind (Buchst. c) und
- dass die Wahlvorschläge, wenn sie erst auf der WahlVerslg. zur Wahl des Wahlvorst. selbst gemacht werden, nicht der Schriftform bedürfen (Buchst. d, → BetrVG § 14a Rn. 31).

Hierbei handelt es sich um eine wesentliche Verfahrensvorschrift, deren Verletzung 6 unter den Voraussetzungen des § 19 BetrVG die Anfechtung der Wahl rechtfertigen kann (Richardi BetrVG/*Forst* Rn. 4). Soweit die Einladung die wesentlichen Angaben (Zeitpunkt, Ort, Gegenstand der WahlVerslg. sowie die Einladenden) enthält und so bekannt gemacht ist, dass alle ArbN von ihr Kenntnis erlangen können, tangieren formelle Mängel des Einladungsschreibens, wie zB der fehlende Hinweis auf Buchst. b, nicht den Bestand des Kündigungsschutzes (LAG Berlin 25.6.2003 – 17 Sa 531/03, BeckRS 2003, 31054223; ArbG Frankfurt a. M. 9.4.2002 – 20 Ca 8024/01, AuR 2002, 394; *Berg* AiB 2005, 740 [743]). Anfechtungsgründe, die nicht die Nichtigkeit des Wahlverfahrens zur Folge haben, führen nicht zum Verlust des Kündigungsschutzes (ArbG Frankfurt a. M. 9.4.2002 – 20 Ca 8024/01, AuR 2002, 394). Ist die Einladung hinsichtlich der weiteren Anforderungen des § 28 WO formal mangelhaft, empfiehlt sich, dass die Einladenden ihre Einladung formal ordnungsgemäß nachholen.

Der Wahlvorst. hat unmittelbar nach seiner Wahl in der WahlVerslg. die Aufgabe, 7 die Wählerliste, getrennt nach den Geschlechtern, aufzustellen (§ 30 Abs. 1 S. 2). Um dies zu ermöglichen, ist der **ArbGeb.** verpflichtet, der einladenden Stelle unverzüglich nach Aushang der Einladung alle für die Anfertigung der Wählerliste erforderlichen Unterlagen in einem **versiegelten Umschlag** auszuhändigen. Die Versiegelung hat so zu erfolgen, dass eine unberechtigte Öffnung sofort erkennbar ist (GK-BetrVG/*Jacobs* Rn. 8; DKKW/*Homburg* Rn. 8). Ein Verstoß hiergegen begründet keinen wesentlichen Verfahrensfehler, der zur Wahlanfechtung berechtigt (ebenso GK-BetrVG/*Jacobs* Rn. 8). Einer gesonderten Aufforderung durch die Einladenden bedarf es nicht; der ArbGeb. hat die erforderlichen Unterlagen ohne schuldhaftes Zögern zusammenzustellen (→ BetrVG § 14a Rn. 19; *Thüsing/Lambrich* NZA-Sonderheft 2001, 79 [88]; Richardi BetrVG/*Forst* Rn. 8). Hierzu steht ihm längstens der Zeitraum bis zum Tag der WahlVerslg. zur Wahl des Wahlvorst. zur Verfügung (Richardi BetrVG/*Forst* Rn. 6).

Die Bestimmung der **erforderlichen Unterlagen** richtet sich nach § 2; vgl. da- 8 her ausf. → § 2 Rn. 6 ff. Dazu gehört ua auch die Klarstellung des in § 5 Abs. 2 u. 3 BetrVG genannten Personenkreises sowie der nach § 7 S. 2 BetrVG wahlberechtigten ArbN. Hinsichtlich der wahlberechtigten ArbN nach § 7 S. 2 BetrVG umfasst dies auch Unterlagen über deren Beginn und voraussichtliches Ende ihres Einsatzes im Betrieb (Richardi BetrVG/*Forst* Rn. 9; HWGNRH/*Nicolai* § 14a Rn. 5).

Verweigert oder verzögert der ArbGeb. seine Mitwirkungspflichten oder behindert 9 er in sonstiger Weise die Vorbereitung und Durchführung der Wahlversammlung zur Wahl des Wahlvorst. stellt dies einen Verstoß gegen das Verbot der Behinderung der BRWahl dar (§ 20 Abs. 1 BetrVG), die in bestimmten Fällen den Straftatbestand des § 119 BetrVG erfüllen kann (DKKW/*Homburg* Rn. 5; *Löwisch/Kaiser/Wiebauer* § 28 Rn. 5). Die einladende Stelle kann die Erfüllung der Mitwirkungspflicht des ArbGeb. notfalls im Wege der **einstw. Vfg.** erzwingen (Richardi BetrVG/*Forst* Rn. 7; DKKW/*Homburg* Rn. 5; *Löwisch/Kaiser/Wiebauer* § 28 Rn. 8; *Berg* AiB 2002, 17 [20]).

Die **einladende Stelle** hat kein Einsichtsrecht (DKKW/*Homburg* Rn. 4). Ihr 10 kommt lediglich **Botenfunktion** zu (vgl. § 30 Abs. 1 S. 4 WO; Richardi BetrVG/*Forst* Rn. 7).

§ 29 Wahl des Wahlvorstands

Der Wahlvorstand wird in der Wahlversammlung zur Wahl des Wahlvorstands von der Mehrheit der anwesenden Arbeitnehmerinnen und Arbeitnehmer gewählt (§ 17a Nr. 3 Satz 1 des Gesetzes).[1, 2] Er besteht aus drei Mitgliedern (§ 17a Nr. 2 des Gesetzes).[3] Für die Wahl der oder des Vorsitzenden des Wahlvorstands gilt Satz 1 entsprechend.[3]

1 Liegen die Voraussetzungen für das zweistufige Wahlverfahren vor (→ BetrVG § 14a Rn. 8ff., → BetrVG § 17a Rn. 9ff.), wird der Wahlvorst. in der WahlVerslg. zur Wahl des Wahlvorst. von der Mehrheit der anwesenden ArbN gewählt. Die Wahlversammlung findet grds. während der Arbeitszeit statt (GK-BetrVG/*Jacobs* Rn. 1). **Teilnahme-, Vorschlags-** und **Stimmberechtigt** sind – bis auf die in § 5 Abs. 2 u. 3 BetrVG genannten Personen – **alle ArbN,** auch die nach § 7 S. 2 Wahlberechtigten (→ BetrVG § 17a Rn. 15; GK-BetrVG/*Jacobs* Rn. 2; DKKW/*Homburg* Rn. 2).

2 Eine bes. Form des Verfahrens ist nicht vorgeschrieben. In der Regel eröffnen die Einladenden die Versammlung und veranlassen zweckmäßigerweise zunächst die Wahl eines ArbN des Betriebs zum **Versammlungsleiter;** hierfür reicht die relative Mehrheit (→ BetrVG § 17 Rn. 23; Richardi BetrVG/*Forst* § 17 Rn. 12; DKKW/*Homburg* Rn. 2). Bis dahin leiten die Einladenden die Versammlung (→ BetrVG § 17 Rn. 23). Die Wahl eines Versammlungsleiters ist nicht zwingend erforderlich. So kann zB auch der die Versammlung Eröffnende (zB ein Sekretär der einladenden Gewerkschaft) oder ein sonstiger ArbN die Leitung der Versammlung übernehmen, wenn die Mehrheit der Versammlungsteilnehmer hiermit erkennbar einverstanden ist, ohne dass dies auf die Gültigkeit der Bestellung des Wahlvorst. Einfluss hat (BAG 14.12.1965 – 1 ABR 6/65, AP BetrVG § 16 Nr. 5; → BetrVG § 17 Rn. 23; GK-BetrVG/*Jacobs* § 17 Rn. 32).

3 Die Mitgliederzahl des Wahlvorst. ist im vereinfachten Wahlverfahren auf drei beschränkt. Jedes zu wählende Mitgl. bedarf der Mehrheit der Stimmen der anwesenden ArbN. Aus dem Kreis der gewählten Mitgl. wählen die ArbN ebenfalls mit Stimmenmehrheit die oder den Vorsitzenden (GK-BetrVG/*Jacobs* Rn. 4; Richardi BetrVG/*Forst* Rn. 1). Wie auch bei der Wahl des Wahlvorst. in einer BetrVerslg. nach § 17 Abs. 2 ist eine förmliche, insbes. geheime Wahl nicht erforderlich (GK-BetrVG/*Jacobs* Rn. 3); nach dem Verlauf der WahlVerslg. muss jedoch zweifelsfrei feststehen, wer als Mitgl. des Wahlvorst. gewählt ist (→ BetrVG § 17 Rn. 27 mwN). Ergänzend können auch **ErsMitgl.** gewählt werden (→ BetrVG § 17a Rn. 7, 15; DKKW/*Homburg* Rn. 3).

Zweiter Unterabschnitt. Wahl des Betriebsrats

§ 30 Wahlvorstand, Wählerliste

(1) **Unmittelbar nach seiner Wahl hat der Wahlvorstand in der Wahlversammlung zur Wahl des Wahlvorstands die Wahl des Betriebsrats einzuleiten.[1] § 1 gilt entsprechend.[2] Er hat unverzüglich in der Wahlversammlung eine Liste der Wahlberechtigten (Wählerliste),[3] getrennt nach den Geschlechtern, aufzustellen. Die einladende Stelle hat dem Wahlvorstand den ihr nach § 28 Abs. 2 ausgehändigten versiegelten Umschlag zu übergeben.[3, 4] Die Wahlberechtigten sollen in der Wählerliste mit Familienname, Vorname und Geburtsdatum in alphabetischer Reihenfolge aufgeführt werden. § 2 Abs. 1 Satz 3, Abs. 2 bis 4 gilt entsprechend.**

(2) **Einsprüche[5–8] gegen die Richtigkeit der Wählerliste können mit Wirksamkeit für die Betriebsratswahl nur vor Ablauf von drei Tagen seit Erlass des Wahlausschreibens beim Wahlvorstand schriftlich eingelegt werden. § 4 Abs. 2 und 3 gilt entsprechend.[9, 10]**

Mit der Wahl des Wahlvorst. ist die WahlVerslg. zur Wahl des Wahlvorst. noch nicht beendet. **Aufgabe** des Wahlvorst. ist es, nach seiner Wahl in der WahlVerslg. die Wahl des BR einzuleiten. 1

Der Wahlvorst., dem die Leitung der BRWahl obliegt, kann sich eine Geschäftsordnung geben, wenn er dies für erforderlich hält und Wahlhelferinnen und -helfer zur Unterstutzung bei der Stimmabgabe und Stimmenzählung in der zweiten WahlVerslg. zur Wahl des BR heranziehen (§ 1 Abs. 1 u. 2; GK-BetrVG/*Jacobs* Rn 1; Richardi BetrVG/*Forst* Rn. 1). Auch im vereinfachten Wahlverfahren fasst der Wahlvorst. die Beschlüsse mit einfacher Stimmenmehrheit; über die Beschlüsse hat er eine Niederschrift zu erstellen (§ 1 Abs. 3). Wegen der Besonderheit des vereinfachten Wahlverfahrens, wonach die Beschlüsse des Wahlvorst. noch in der WahlVerslg. gefasst werden müssen, sind diese grds. öffentlich (/*Homburg* Rn. 9; *Berg* AiB 2002, 17 [21 f.]; **aA** GK-BetrVG/*Jacobs* Rn 1 § 14a Rn. 25). 2

Bevor der Wahlvorst. das WA erlässt, hat er die **Wählerliste,** getrennt nach den Geschlechtern, aufzustellen. Dazu hat die einladende Stelle dem Wahlvorst. den ihr vom ArbGeb. ausgehändigten versiegelten Umschlag zu übergeben. Verbleiben nach den vom ArbGeb. zur Verfügung gestellten Unterlagen Unklarheiten, so ist der ArbGeb. verpflichtet, dem Wahlvorst. die zur Klärung erforderlichen Auskünfte zu erteilen und weitere Unterlagen zur Verfügung zu stellen (§ 30 Abs. 1 S. 6 iVm § 2 Abs. 2). Dementsprechend ist dem ArbGeb. in der WahlVerslg. ein **Teilnahmerecht** zuzubilligen (→ BetrVG § 14a Rn. 21; **aA** GK-BetrVG/*Jacobs* Rn. 2; Richardi BetrVG/*Forst* § 28 Rn. 12, § 29 Rn. 2; wohl auch *Däubler* ArbuR 2001, 285 [287]; **offen wohl** *Thüsing/Lambrich* NZA-Sonderheft 2001, 79 [89]). Auf jeden Fall hat der ArbGeb. bzw. sein für diese Fragen maßgeblicher Vertreter für evtl. Auskünfte zur Verfügung zu stehen (*Berg* AiB 2002, 17 [22]). Zur Einholung noch fehlender Auskünfte kann die WahlVerslg. auch kurzfristig unterbrochen werden (DKKW/*Homburg* Rn. 1; GK-BetrVG/*Jacobs* Rn. 2; HWGNRH/*Nicolai* § 14a Rn. 5). Kommt der ArbGeb. seiner Unterstützungspflicht nicht nach, kann der Wahlvorst. die notwendigen Auskünfte notfalls im Wege der **einstw. Vfg.** erzwingen (Richardi BetrVG/*Forst* § 28 Rn. 11; DKKW/*Homburg* Rn. 1; *Berg* AiB 2002, 17 [22]). Um eine Verzögerung des Wahlverfahrens zu vermeiden, hat der Wahlvorst. jedoch zunächst pflichtgemäß zu versuchen, die Wählerliste auch mit Hilfe anderer Erkenntnisquellen – eigenes Wissen, Informationen durch andere ArbN etc – aufzustellen (DKKW/*Homburg* Rn. 3; *Berg* AiB 2002, 17 [22]). Gelingt ihm dies nicht und ist er nicht in der Lage, die Wählerliste ordnungsgemäß aufzustellen, muss er die WahlVerslg. unterbrechen und vertagen (für die Möglichkeit der Unterbrechung: *Löwisch/Kaiser/Wiebauer* Rn. 10; DKKW/*Homburg* Rn. 1; *Berg* AiB 2002, 17 [22]; **aA** GK-BetrVG/*Jacobs* Rn. 2; ebenso wohl auch Richardi BetrVG/*Forst* § 28 Rn. 12, der vom Wahlvorst. die Aufstellung der Wählerliste verlangt und auf die Möglichkeit verweist, innerhalb der Einspruchsfrist gegen die Wählerliste die notwendigen bzw. vollständigen Angaben durch den ArbGeb. – ggf. auch gerichtlich – einzufordern – dies birgt jedoch die Gefahr, dass das ebenfalls in der WahlVerslg. zu erlassene Wahlausschreiben aufgrund der neuen Erkenntnisse neu erlassen werden muss – eine Verzögerung des Wahlverfahrens lässt sich durch diesen Weg nicht vermeiden). Muss der Wahlvorst. die WahlVerslg. unterbrechen und vertagen, hat er den frühest möglichen Zeitpunkt der Fortsetzung dieser WahlVerslg. zu beschließen und in der WahlVerslg. bekannt zu geben. In entsprechender Anwendung des § 28 Abs. 1 S. 3 ist der Beschluss über die Unterbrechung, der Zeitpunkt der Fortsetzung der WahlVerslg., der erneute Hinweis über die Einreichung von Wahlvorschlägen gem. § 28 Abs. 1 S. 5 Buchst. b–c sowie die Bekanntgabe der bereits erfolgten Wahl des Wahlvorst. und seine personelle Zu- 3 sammensetzung durch Aushang im Betrieb bekannt zu machen. Die Einladungsfrist von sieben Tagen nach § 28 Abs. 1 S. 2 braucht in diesem Fall nicht eingehalten zu werden, da es sich lediglich um die Fortsetzung der dort in Rede stehenden WahlVerslg. handelt (DKKW/*Homburg* Rn. 1; *Berg* AiB 2002, 17 [22]).

4 Weigert sich der ArbGeb., die erforderlichen Auskünfte und Unterlagen zur Verfügung zu stellen, macht er sich wegen **Wahlbehinderung** nach § 119 Abs. 1 Nr. 1 BetrVG strafbar (→ § 2 Rn. 6 mwN; DKKW/*Homburg* Rn. 3; Richardi BetrVG/*Forst* § 28 Rn. 11).

5 Gegen unrichtige Eintragungen in der **Wählerliste** kann binnen einer Frist von **drei Tagen** seit Erlass des WA **Einspruch** eingelegt werden. Die Frist bestimmt sich nach den §§ 186–193 BGB (§ 41). Da das WA am Tag der WahlVerslg. erlassen wird, ist dieser Tag gem. § 187 BGB nicht mitzuzählen (GK-BetrVG/*Jacobs* Rn. 3). Ist damit zB das WA an einem Dienstag erlassen worden, endet die Einspruchsfrist gegen die Wählerliste am Freitag.

6 **Einspruchsberechtigt** ist jeder ArbN, einschließlich die nach § 7 S. 2 BetrVG wahlberechtigten ArbN; **nicht einspruchsberechtigt** sind dagegen der ArbGeb. und die im Betrieb vertretenen Gewerkschaften (vgl. ausf. → § 4 Rn. 3). Wird die Einspruchsfrist versäumt, sind die ArbN insoweit nicht mehr zur **Wahlanfechtung** nach § 19 BetrVG befugt (→ § 4 Rn. 5 mwN).

7 Im vereinfachten Wahlverfahren findet das Zuordnungsverfahren nach § 18a BetrVG keine Anwendung (→ BetrVG § 18a Rn. 4), so dass insoweit die Vorschrift des § 4 Abs. 2 S. 2 u. 3 hier nicht zum Tragen kommt.

8 Der Einspruch ist beim Wahlvorst. **schriftlich** einzulegen (→ § 4 Rn. 6, 7).

9 Über Einsprüche hat der Wahlvorst. unverzüglich zu entscheiden, und wenn der Einspruch begründet ist, die Wählerliste entsprechend zu berichtigen. Über die Entscheidung hat der Wahlvorst. den Einspruchsführer ebenfalls unverzüglich zu unterrichten (→ § 4 Rn. 8); sie muss dem Einspruchsführer spätestens am Tag vor der WahlVerslg. zur Wahl des BR zugehen (Abs. 2 iVm § 4 Abs. 2 S. 5 Hs. 2).

10 Nach Ablauf der dreitägigen Einspruchsfrist hat der Wahlvorst. die Wählerliste nochmals auf ihre Vollständigkeit zu überprüfen (Abs. 2 iVm § 4 Abs. 3) und ggf. erforderliche Korrekturen bis zum Tage vor dem Beginn der WahlVerslg. zur Wahl des BR vorzunehmen (DKKW/*Homburg* Rn. 8). Hierzu gehört insbes. die Aufnahme neu in den Betrieb eingetretener wahlberechtigter ArbN oder die Streichung von aus dem Betrieb geschiedener ArbN (→ § 4 Rn. 15). Dies umfasst auch die in § 7 S. 2 BetrVG wahlberechtigten ArbN. Stand zB bei Aufstellung der Wählerliste nicht fest, ob ein bestimmter LeihArbN länger als drei Monate im Betrieb eingesetzt wird, erfolgt aber noch vor dem Tag der WahlVerslg. eine Verlängerung der Überlassung, so ist dieser noch in die Wählerliste als wahlberechtigter ArbN aufzunehmen.

11 Stellt der Wahlvorst. nach seiner Wahl fest, dass im Betrieb mehr als fünfzig wahlberechtigte ArbN beschäftigt sind, kann er die BRWahl nicht im vereinfachten Wahlverfahren durchführen (DKKW/*Homburg* Rn. 6). Liegt die Beschäftigtenzahl unter 100 wahlberechtigten ArbN, hat der Wahlvorst. jedoch die Möglichkeit, mit dem ArbGeb. nach § 14a Abs. 5 die Anwendung des vereinfachten Wahlverfahrens zu vereinbaren (BR-Drs. 838/01, 34 zu § 30 WO; noch offengelassen von BAG 19.11.2003 – 7 ABR 24/03, AP BetrVG 1972 § 19 Nr. 54, aber wohl mit zust. Tendenz; **aA** Richardi BetrVG/*Forst* § 37 Rn. 1; *Löwisch/Kaiser/Wiebauer* § 37 Rn. 1, die die Möglichkeit des Abschlusses einer Vereinbarung nach § 14a Abs. 5 BetrVG nur auf Wahlvorst., die nach § 16 BetrVG bestellt worden sind, beschränken). Das Wahlverfahren richtet sich dann nach den Vorschriften über das einstufige Verfahren (§ 37 iVm § 36 WO; DKKW/*Homburg* Rn. 6). Zum Abschluss einer Vereinbarung nach § 14a Abs. 5 BetrVG → BetrVG § 14a Rn. 53ff.

12 Kommt keine Vereinbarung iSd § 14a Abs. 5 BetrVG zustande, hat der Wahlvorst. das normale Wahlverfahren gem. § 18 BetrVG einzuleiten. Einer Neuwahl des Wahlvorst. bedarf es nicht; der Wahlvorst. ist entsprechend den Vorschriften des § 17

BetrVG ordnungsgemäß zustande gekommen (DKKW/*Homburg* Rn. 6; *Berg* AiB 2002, 17 [23]).

§ 31 Wahlausschreiben

(1) **Im Anschluss an die Aufstellung der Wählerliste erlässt der Wahlvorstand in der Wahlversammlung das Wahlausschreiben,[1] das von der oder dem Vorsitzenden und von mindestens einem weiteren stimmberechtigten Mitglied des Wahlvorstands zu unterschreiben ist. Mit Erlass des Wahlausschreibens ist die Betriebsratswahl eingeleitet. Das Wahlausschreiben muss folgende Angaben[2] enthalten:**

1. **das Datum seines Erlasses;[3]**
2. **die Bestimmung des Orts, an dem die Wählerliste und diese Verordnung ausliegen sowie im Fall der Bekanntmachung in elektronischer Form (§ 2 Abs. 4 Satz 3 und 4) wo und wie von der Wählerliste und der Verordnung Kenntnis genommen werden kann;[4]**
3. **dass nur Arbeitnehmerinnen und Arbeitnehmer wählen oder gewählt werden können, die in die Wählerliste eingetragen sind, und dass Einsprüche gegen die Wählerliste (§ 4) nur vor Ablauf von drei Tagen seit dem Erlass des Wahlausschreibens schriftlich beim Wahlvorstand eingelegt werden können; der letzte Tag der Frist ist anzugeben;[5]**
4. **den Anteil der Geschlechter und den Hinweis, dass das Geschlecht in der Minderheit im Betriebsrat mindestens entsprechend seinem zahlenmäßigen Verhältnis vertreten sein muss, wenn der Betriebsrat aus mindestens drei Mitgliedern besteht (§ 15 Abs. 2 des Gesetzes);[6]**
5. **die Zahl der zu wählenden Betriebsratsmitglieder (§ 9 des Gesetzes) sowie die auf das Geschlecht in der Minderheit entfallenden Mindestsitze im Betriebsrat (§ 15 Abs. 2 des Gesetzes);[7]**
6. **die Mindestzahl von Wahlberechtigten, von denen ein Wahlvorschlag unterzeichnet sein muss (§ 14 Abs. 4 des Gesetzes) und den Hinweis, dass Wahlvorschläge, die erst in der Wahlversammlung zur Wahl des Wahlvorstands gemacht werden, nicht der Schriftform bedürfen (§ 14a Abs. 2 zweiter Halbsatz des Gesetzes);[8, 9]**
7. **dass der Wahlvorschlag einer im Betrieb vertretenen Gewerkschaft von zwei Beauftragten unterzeichnet sein muss (§ 14 Abs. 5 des Gesetzes);[10]**
8. **dass Wahlvorschläge bis zum Abschluss der Wahlversammlung zur Wahl des Wahlvorstands bei diesem einzureichen sind (§ 14a Abs. 2 erster Halbsatz des Gesetzes);[11]**
9. **dass die Stimmabgabe an die Wahlvorschläge gebunden ist und dass nur solche Wahlvorschläge berücksichtigt werden dürfen, die fristgerecht (Nr. 8) eingereicht sind;[12]**
10. **die Bestimmung des Orts, an dem die Wahlvorschläge bis zum Abschluss der Stimmabgabe aushängen;[13]**
11. **Ort, Tag und Zeit der Wahlversammlung zur Wahl des Betriebsrats (Tag der Stimmabgabe – § 14a Abs. 1 Satz 3 und 4 des Gesetzes);[14]**
12. **dass Wahlberechtigten, die an der Wahlversammlung zur Wahl des Betriebsrats nicht teilnehmen können, Gelegenheit zur nachträglichen schriftlichen Stimmabgabe gegeben wird (§ 14a Abs. 4 des Gesetzes); das Verlangen auf nachträgliche schriftliche Stimmabgabe muss spätestens drei Tage vor dem Tag der Wahlversammlung zur Wahl des Betriebsrats dem Wahlvorstand mitgeteilt werden;[15]**
13. **Ort, Tag und Zeit der nachträglichen schriftlichen Stimmabgabe (§ 14a Abs. 4 des Gesetzes) sowie die Betriebsteile und Kleinstbetriebe, für die nachträgliche schriftliche Stimmabgabe entsprechend § 24 Abs. 3 beschlossen ist;[16, 17]**

14. den Ort, an dem Einsprüche, Wahlvorschläge und sonstige Erklärungen gegenüber dem Wahlvorstand abzugeben sind (Betriebsadresse des Wahlvorstands);[18]

15. Ort, Tag und Zeit der öffentlichen Stimmauszählung.[19, 20]

(2) **Ein Abdruck des Wahlausschreibens ist vom Tage seines Erlasses bis zum letzten Tage der Stimmabgabe an einer oder mehreren geeigneten, den Wahlberechtigten zugänglichen Stellen vom Wahlvorstand auszuhängen und in gut lesbarem Zustand zu erhalten. Ergänzend kann das Wahlausschreiben mittels der im Betrieb vorhandenen Informations- und Kommunikationstechnik bekannt gemacht werden. § 2 Abs. 4 Satz 4 gilt entsprechend.**[21, 22]

1 Die Vorschrift bestimmt, dass das **WA in der WahlVerslg. zur Wahl des Wahlvorst.** zu **erlassen** ist und welchen **Inhalt das WA** haben muss. Mit dem Erlass des WA ist die BRWahl eingeleitet.

2 Hinsichtlich des Inhalts des WA knüpft die Vorschrift an die allgemeine Vorschrift des WA nach § 3 an und passt sie den Besonderheiten, die im vereinfachten, zweistufigen Wahlverfahren zu beachten sind an und ergänzt sie.

3 Wegen der mit Erlass des WA verbundenen Fristen für Einsprüche gegen die Wählerliste und Einreichung von Wahlvorschlägen, ist im WA das **Datum seines Erlasses** anzugeben.

4 Zur **Auslegung** der **Wählerliste** und der Wahlordnung → § 3 Rn. 7.

5 Zu Nr. 3 → § 3 Rn. 8. Zum Einspruchsverfahren selbst → § 30 Rn. 5 f.

6 Zu Nr. 4 → § 3 Rn. 9.

7 Die **Zahl der zu wählenden BRMitgl.** hängt in Kleinbetrieben von der Zahl der im Betrieb in der Regel beschäftigten **wahlberechtigten ArbN** ab. Zur Feststellung der regelmäßig beschäftigten ArbN → BetrVG § 9 Rn. 11 ff. Ist im vereinfachten, zweistufigen Wahlverfahren ein dreiköpfiger BR zu wählen, hat der Wahlvorst. anzugeben, ob dem Geschlecht in der Minderheit ein Mindestsitz zusteht. Zur Ermittlung vgl. § 32; → § 32 Rn. 2.

8 Für die Mitteilung der erforderlichen Unterschriften unter einem Wahlvorschlag ist der allgemeine Hinweis auf § 14 Abs. 4 BetrVG nicht ausreichend; der Wahlvorst. hat vielmehr die genaue Anzahl der notwendigen **Stützunterschriften** anzugeben (→ § 3 Rn. 12). In Betrieben mit in der Regel bis zu 20 wahlberechtigten ArbN sind dies zwei, in Betrieben mit in der Regel mehr als 20 bis zu 50 wahlberechtigten ArbN sind es drei Stützunterschriften.

9 Da Wahlvorschläge, die erst in der WahlVerslg. selbst gemacht werden, nicht der **Schriftform** bedürfen (§ 14a Abs. 2 zweiter Halbsatz BetrVG), hat der Wahlvorst. hierauf ebenfalls im WA hinzuweisen. Vgl. zu mündlich gemachten Wahlvorschlägen in der WahlVerslg. → BetrVG § 14a Rn. 31; → § 33 Rn. 3.

10 Zum Erfordernis der Unterzeichnung durch zwei Beauftragte der Gewerkschaft → § 27 Rn. 3; → BetrVG § 14 Rn. 67. Zum Wahlvorschlagsrecht der Gewerkschaft → BetrVG § 14 Rn. 58 ff.

11 Im vereinfachten, zweistufigen Wahlverfahren können **Wahlvorschläge** zur Wahl des BR nur bis zum Abschluss der WahlVerslg. zur Wahl des Wahlvorst. gemacht werden (§ 14a Abs. 2 erster Halbsatz BetrVG). Vgl. hierzu auch → BetrVG § 14a Rn. 34. Zur Einreichung von Wahlvorschlägen → BetrVG § 14a Rn. 27 ff.; → § 33 Rn. 1 ff.

12 Die Belehrung über die Stimmabgabe und ihre Bindung an ordnungsgemäß eingereichte Wahlvorschläge hat ausdrücklich und in verbaler Form zu erfolgen. Nicht ausreichend ist der bloße Hinweis auf die einschlägigen Vorschriften in der WO.

13 Zur Bestimmung des Orts, an dem die Wahlvorschläge aushängen vgl. § 10 WO.

14 Die **WahlVerslg. zur Wahl des BR** findet eine Woche nach der ersten WahlVerslg. zur Wahl des Wahlvorst. statt (§ 14a Abs. 1 S. 4 BetrVG). Sie wird innerhalb der Arbeitszeit durchgeführt (→ § 20 Rn. 44; → BetrVG § 44 Rn. 5).

Können wahlberechtigte ArbN nicht an der WahlVerslg. zur Wahl des BR teilnehmen, ist ihnen Gelegenheit zur schriftlichen Stimmabgabe zu geben. Sie sind im WA darauf hinzuweisen, dass sie ihr Verlangen auf nachträgliche schriftliche Stimmabgabe spätestens drei Tage vor dem Tag der WahlVerslg. zur Wahl des BR dem Wahlvorst. mitgeteilt haben müssen. Der letzte Tag der Frist ist anzugeben. 15

Der Tag der nachträglichen schriftlichen Stimmabgabe liegt regelmäßig nach dem Tag der WahlVerslg. zur Wahl des BR (→ BetrVG § 14a Rn. 39), so dass im WA auch Ort, Tag und Zeit der nachträglichen schriftlichen Stimmabgabe anzugeben ist. 16

Soweit der Wahlvorst. die nachträgliche schriftliche Stimmabgabe für Betriebsteile und Kleinstbetriebe nach § 24 Abs. 3 beschlossen hat, ist auch dies unter genauer Bezeichnung der Betriebsteile und Kleinstbetriebe im WA anzugeben. 17

Zu Nr. 14 → § 3 Rn. 24f. 18

Im WA ist auch Ort, Tag und Zeit der **öffentlichen Stimmauszählung** anzugeben. Die in § 18 Abs. 3 S. 1 BetrVG vorgeschriebene Öffentlichkeit der Stimmauszählung erfordert, dass Ort, und Zeitpunkt der Stimmauszählung vorher im Betrieb öffentlich bekannt gemacht werden (BAG 15.11.2000 – 7 ABR 53/99, AP BetrVG 1972 § 18 Nr. 10). 19

Ist noch unklar, ob die Stimmauszählung am Ende der WahlVerslg. zur Wahl des BR stattfindet oder erst nach Fristablauf für die nachträgliche schriftliche Stimmabgabe, weil nicht auszuschließen ist, dass ein entsprechender Antrag gestellt wird, hat der Wahlvorst. auch die Möglichkeit, die Angabe über Ort, Tag und Zeit der öffentlichen Stimmauszählung **alternativ** anzugeben. Gibt der Wahlvorst. diesen Termin alternativ an, so hat er unmittelbar nach Fristablauf zur Stellung eines Antrags auf nachträgliche schriftliche Stimmabgabe nach § 35 Abs. 1 S. 2 den endgültigen Termin für die Stimmauszählung bekannt zu machen (→ § 35 Rn. 6). 20

Das WA ist bis zum **Abschluss der Stimmabgabe** auszuhängen. Ist eine nachträgliche schriftliche Stimmabgabe nicht erforderlich, ist dies der Tag der WahlVerslg. zur Wahl des BR. Wird nachträgliche schriftliche Stimmabgabe beantragt oder wird sie für den in § 24 Abs. 2 oder 3 genannten Personenkreis vom Wahlvorst. beschlossen, so ist das WA bis zum Tag der nachträglichen schriftlichen Stimmabgabe auszuhängen. 21

Neben der herkömmlichen Form der Bekanntmachung kann das WA auch mittels der im Betrieb vorhandenen IuK-Technik bekannt gemacht werden. Das WA ausschließlich in elektronischer Form bekannt zu machen, ist jedoch nur zulässig, wenn sichergestellt ist, dass alle ArbN von dem WA Kenntnis nehmen können und sichergestellt ist, dass nur der Wahlvorst. Änderungen des WA vornehmen kann (→ § 2 Rn. 11). Der in der WO verwandte **Begriff „elektronische Form"** ist **nicht identisch** mit dem in § 126a BGB verwandten Begriff. Die Bekanntmachung in elektronischer Form setzt daher zu ihrer Wirksamkeit kein qualifiziert signiertes Dokument iSd Vorschrift voraus. 22

§ 32 Bestimmung der Mindestsitze für das Geschlecht in der Minderheit

Besteht der zu wählende Betriebsrat aus mindestens drei Mitgliedern,[1] so hat der Wahlvorstand den Mindestanteil der Betriebsratssitze für das Geschlecht in der Minderheit (§ 15 Abs. 2 des Gesetzes) gemäß § 5 zu errechnen.[2, 3]

Gem. § 15 Abs. 2 BetrVG muss das Geschlecht in der Minderheit mindestens entsprechend seinem zahlenmäßigen Verhältnis im BR vertreten sein, wenn dieser aus mindestens drei Mitgl. besteht. In Betrieben in denen das vereinfachte Wahlverfahren zur Anwendung kommt ist dies der Fall, wenn 1

a) in dem Betrieb in der Regel 21 bis 50 wahlberechtigte ArbN beschäftigt sind (zu wählen sind 3 BRMitgl.),

b) in Betrieben mit in der Regel 51 bis 100 wahlberechtigten ArbN die Anwendung des vereinfachten Wahlverfahrens vereinbart worden ist (§ 14a Abs. 5 BetrVG, § 37). Zu wählen sind 5 BR Mitgl.

2 Die dem Geschlecht in der Minderheit zustehenden BRSitze errechnet der Wahlvorst. nach § 5. Dabei hat er zunächst festzustellen, welches Geschlecht in der Belegschaft in der Minderheit ist; haben beide Geschlechter gleich viele Angehörige, entfällt eine Berechnung der Mindestsitze (→ § 5 Rn. 2, → BetrVG § 15 Rn. 19). Maßgeblich für die Berechnung ist die Zahl der Beschäftigten im Zeitpunkt des Erlass des WA (§ 5 Abs. 1 S. 3, → BetrVG § 15 Rn. 15, 16).

3 Ergibt die Berechnung nach d'Hondt, dass dem Geschlecht in der Minderheit kein BRSitz zusteht, schließt dies nicht aus, dass Angehörige des Geschlechts in der Minderheit in den BR gewählt werden können (→ BetrVG § 15 Rn. 20). Diesem Geschlecht steht lediglich kein Mindestsitz im BR zu. Zur Feststellung der Gewählten vgl. § 34 Abs. 5 iVm § 22. Das dritte Geschlecht (divers) ist nicht das Geschlecht in der Minderheit iSd § 15 Abs. 2 BetrVG (→ BetrVG § 15 Rn. 11b).

§ 33 Wahlvorschläge

(1) **Die Wahl des Betriebsrats erfolgt aufgrund von Wahlvorschlägen. Die Wahlvorschläge sind von den Wahlberechtigten und den im Betrieb vertretenen Gewerkschaften bis zum Ende der Wahlversammlung zur Wahl des Wahlvorstands bei diesem einzureichen.[1] Wahlvorschläge, die erst in dieser Wahlversammlung gemacht werden, bedürfen nicht der Schriftform (§ 14a Abs. 2 des Gesetzes).[2–5]**

(2) **Für Wahlvorschläge gilt § 6 Abs. 2 bis 4[6–8] entsprechend. § 6 Abs. 5[9] gilt entsprechend mit der Maßgabe, dass ein Wahlberechtigter, der mehrere Wahlvorschläge unterstützt, auf Aufforderung des Wahlvorstands in der Wahlversammlung erklären muss, welche Unterstützung er aufrechterhält. Für den Wahlvorschlag einer im Betrieb vertretenen Gewerkschaft gilt § 27 entsprechend.[10]**

(3) **§ 7 gilt entsprechend. § 8 gilt entsprechend mit der Maßgabe, dass Mängel der Wahlvorschläge nach § 8 Abs. 2 nur in der Wahlversammlung zur Wahl des Wahlvorstands beseitigt werden können.[11, 12]**

(4) **Unmittelbar nach Abschluss der Wahlversammlung hat der Wahlvorstand die als gültig anerkannten Wahlvorschläge bis zum Abschluss der Stimmabgabe in gleicher Weise bekannt zu machen, wie das Wahlausschreiben (§ 31 Abs. 2).[13]**

(5) **Ist in der Wahlversammlung kein Wahlvorschlag zur Wahl des Betriebsrats gemacht worden, hat der Wahlvorstand bekannt zu machen, dass die Wahl nicht stattfindet.[14] Die Bekanntmachung hat in gleicher Weise wie das Wahlausschreiben (§ 31 Abs. 2) zu erfolgen.**

1 Die Wahl des BR erfolgt nach den Grundsätzen der **Mehrheitswahl** und damit auf Grund von Wahlvorschlägen. Die **Frist** zur Einreichung der **Wahlvorschläge** zur Wahl des BR endet mit Ablauf der WahlVerslg. zur Wahl des Wahlvorst. (§ 14a Abs. 2 Hs. 1 BetrVG; → § 14a Rn. 34). Nach Ablauf der Frist können rechtswirksam keine Wahlvorschläge mehr eingereicht werden.

2 Die Wahlvorschläge der ArbN können bereits vor der WahlVerslg. vorbereitet werden. Dies bietet sich an, wenn zB nicht alle wahlberechtigten ArbN, die den Vorschlag unterstützen wollen, am Tag der WahlVerslg. zur Wahl des Wahlvorst. anwesend sein können oder der Wahlbewerber an diesem Tag verhindert ist. In diesen Fällen sind die Wahlvorschläge bei dem Wahlvorst. **schriftlich** einzureichen (Richardi BetrVG/*Forst* Rn. 3; DKKW/*Homburg* Rn. 1). Sie müssen, um **gültig** zu sein, ua

von der erforderlichen Anzahl wahlberechtigter ArbN unterzeichnet sein (→ BetrVG § 14a Rn. 29). Dies sind gem. § 14 Abs. 4 BetrVG in Betrieben mit in der Regel bis zu 20 wahlberechtigten ArbN zwei, und in Betrieben mit in der Regel mehr als 20 und bis zu 50 wahlberechtigten ArbN drei **Stützunterschriften** (→ § 31 Rn. 8). Der Wahlvorschlag kann einer Person des Vertrauens – einem der unterzeichnenden ArbN, einem Wahlbewerber aber zB auch der einladende Stelle – mitgegeben werden, die den Wahlvorschlag dem Wahlvorst. in der WahlVerslg. übergibt (DKKW/*Homburg* Rn. 1).

Von dem **Schriftformerfordernis** der Wahlvorschläge der ArbN kann abgesehen 3 werden, wenn die Wahlvorschläge erst in der WahlVerslg. selbst gemacht werden (§ 14a Abs. 2 zweiter Halbsatz BetrVG). In diesen Fällen reicht es aus, dass zB die erforderliche Unterstützung des Wahlvorschlags nach § 14 Abs. 4 BetrVG anstatt durch eine Unterschrift durch **Handzeichen** erfolgt (vgl. BT-Drs. 14/5741, 37; *Engels/Trebinger/Löhr-Steinhaus* DB 2001, 532 [535]; *Thüsing/Lambrich* NZA-Sonderheft 2001, 79 [90]; Richardi BetrVG/*Forst* Rn. 3; DKKW/*Homburg* Rn. 2). Die Einreichung von mündlichen Wahlvorschlägen hat der Wahlvorst. zu **Protokoll** zu nehmen (GK-BetrVG/*Jacobs* Rn. 4).

Zur Unterstützung sind alle wahlberechtigten ArbN, einschließlich die in § 7 S. 2 4 Genannten berechtigt (→ BetrVG § 14a Rn. 32; *Löwisch* BB 2001, 1734 [1737]; *Maschmann* DB 2001, 2446 [2448]).

Hat ein **schriftlicher Wahlvorschlag** noch nicht die erforderlichen Stützunter- 5 schriften, so kann dieser, so lange er noch nicht beim Wahlvorst. eingereicht ist, in der WahlVerslg. um die erforderlichen Stützunterschriften ergänzt werden; **nicht zulässig** ist jedoch, den schriftlichen Wahlvorschlag in der WahlVerslg. lediglich **mündlich zu unterstützen** (vgl. *Thüsing/Lambrich* NZA-Sonderheft 2001, 79 [90]; Richardi BetrVG/*Forst* Rn. 3). Der Wahlvorschlag kann als **eine Einheit** entweder nur schriftlich oder nur mündlich gemacht werden. Ist der Wahlvorschlag bereits beim Wahlvorst. eingereicht, ist er wegen fehlender ausreichender Stützunterschriften nach § 8 Abs. 1 Nr. 3 ungültig; er kann nicht mehr um weitere Stützunterschriften ergänzt werden. In diesem Fall kann nur ein neuer Wahlvorschlag eingereicht werden (→ § 8 Rn. 1).

Jeder Wahlvorschlag soll doppelt so viele Bewerberinnen oder Bewerber aufweisen, 6 wie BRMitgl. zu wählen sind (Abs. 2 iVm § 6 Abs. 2). Da es sich hierbei um eine reine Ordnungsvorschrift **(Sollvorschrift)** handelt, ist ein Wahlvorschlag auch dann gültig, wenn nur ein Bewerber vorgeschlagen wird (→ § 6 Rn. 7 mwN). Auf dem Wahlvorschlag müssen mangels entsprechender Regelung auch keine Angehörige des Geschlechts in der Minderheit benannt werden, wenn diesen ein Mindestsitz im BR zusteht (→ § 6 Rn. 4).

Die **Bewerberinnen** und Bewerber müssen ihre **Zustimmung** zur Aufnahme in 7 den Wahlvorschlag grds. **schriftlich** erklärt haben (Abs. 2 iVm § 6 Abs. 3 S. 2). Wird der Wahlvorschlag nur **mündlich** gemacht (→ Rn. 3), so reicht es aus, dass die Zustimmung des Bewerbers mündlich erklärt wird (GK-BetrVG/*Jacobs* Rn. 5). Der Wahlvorst. hat dies zu **Protokoll** zu nehmen. Liegt keine Zustimmung des Bewerbers vor, ist der Wahlvorschlag ungültig (Abs. 3 S. 2 iVm § 8 Abs. 2 Nr. 2); es sei denn der Mangel wird noch bis zum Ende der Wahlversammlung geheilt (→ Rn. 11; nach DKKW/*Homburg* Rn. 3 ist die Einholung der Zustimmung per telefonischer Nachfrage oder per E-Mail zulässig – damit kann jedoch keine Verpflichtung des Wahlvorst. verbunden sein, sich um die Zustimmung des Bewerbers zu kümmern; vielmehr ist es Aufgabe des/der Vorschlagenden, sich um die Behebung des Mangels zu kümmern – eine erst nach Abschluss der WahlVerslg. eingehende Zustimmungserklärung kann nicht berücksichtigt werden, LAG Berlin 8.4.2003 – 5 TaBV 1990/02, NZA-RR 2003, 587). Nicht erforderlich ist, dass die Bewerber ihre Zustimmung jeweils gesondert erklären. Die Zustimmung kann auch durch die Stützunterschrift bzw. die mündliche Unterstützung des Wahlvorschlags gegeben werden (→ § 6 Rn. 10 mwN). **Zulässig** ist es, dass eine **Bewerberin** oder ein Bewerber auf

mehreren Wahlvorschlägen vorgeschlagen wird, da auf Abs. 7 nicht verwiesen wird (Richardi BetrVG/*Forst* Rn. 1; GK-BetrVG/*Jacobs* Rn. 5). Einer solchen Verweisung bedarf es nicht, weil die Wahlbewerber – anders als bei den Vorschlagslisten – bei der **Persönlichkeitswahl** nur einmal – und zwar in alphabetischer Reihenfolge – auf den Stimmzetteln aufzuführen sind (§ 34 Abs. 1 S. 2).

8 **Listenvertreter** ist nach Abs. 4 derjenige, der an erster Stelle den Wahlvorschlag unterzeichnet bzw. unterstützt, es sei denn, es ist jemand ausdrücklich als Listenvertreter benannt worden. Sie ist diejenige Person, die berechtigt und verpflichtet ist, dem Wahlvorst. die zur Beseitigung von Beanstandungen erforderlichen Erklärungen abzugeben sowie Erklärungen und Entscheidungen des Wahlvorst. entgegenzunehmen. Kann diese Person an der WahlVerslg. zur Wahl des Wahlvorst. nicht teilnehmen, nimmt – soweit nichts anderes ausgemacht ist – der auf dem Wahlvorschlag nächste Unterzeichner diese Funktion wahr.

9 Der Wahlvorst. hat in der WahlVerslg. darauf zu achten, dass **verschiedene Wahlvorschläge** nicht von **denselben ArbN** schriftlich oder mündlich unterstützt werden. Unterstützt ein wahlberechtigter ArbN mehrere Wahlvorschläge, so hat er in der WahlVerslg. nach Aufforderung durch den Wahlvorst. zu erklären, welche Unterstützung er aufrechterhält (GK-BetrVG/*Jacobs* Rn. 5; Richardi BetrVG/*Forst* Rn. 4; DKKW/*Homburg* Rn. 2). Nimmt der ArbN an der WahlVerslg. nicht teil, weil er zB verhindert ist, kann er diese Erklärung nicht abgeben. In diesem Fall zählt der zuerst eingereichte, vom ihm unterstützte Wahlvorschlag; sind die Wahlvorschläge gleichzeitig eingereicht worden, entscheidet das Los darüber, auf welchem Wahlvorschlag die Unterschrift gilt (Abs. 2 S. 2 iVm § 6 Abs. 5 S. 2).

10 **Wahlvorschläge** der im Betrieb vertretenen **Gewerkschaften** können auch im vereinfachten Wahlverfahren ausschließlich **schriftlich** gemacht werden. Die Möglichkeit, Wahlvorschläge in der WahlVerslg. **mündlich** zu machen besteht, ausweislich § 14a Abs. 2 Hs. 2 BetrVG nur für **Wahlvorschläge der ArbN** (→ BetrVG § 14a Rn. 28; *Thüsing/Lambrich* NZA-Sonderheft 2001, 79 [90]; Richardi BetrVG/*Forst* Rn. 5; GK-BetrVG/*Jacobs* Rn. 4). IÜ vgl. zu den Wahlvorschlägen der Gewerkschaften die Ausführungen zu § 27; → BetrVG § 14 Rn. 58ff.

11 Für die Wahlvorschläge gelten sinngemäß die Vorschriften des

– **§ 7** über die Bestätigung des Empfangs der Wahlvorschläge, über die Prüfung der Vorschläge und die Unterrichtung der Listenvertreter bei Ungültigkeit oder Beanstandung eines Wahlvorschlags (ausf. s. dazu § 7).
– **§ 8** über die Ungültigkeit von Wahlvorschlägen bei verspäteter Einreichung oder bei Einreichung ohne die erforderliche Zahl von Unterschriften; über die Ungültigkeit, wenn in den Wahlvorschlägen die Bewerber nicht mit Familiennamen, Vornamen usw aufgeführt sind, die Zustimmung der Bewerber (schriftlich oder mündlich – letzteres, wenn der Bewerber in der WahlVerslg. anwesend ist und der Vorschlag mündlich gemacht wird) zur Aufnahme in den Wahlvorschlag nicht gegeben ist, der Vorschlag infolge von Streichungen nach § 6 Abs. 5 nicht mehr die erforderliche Zahl von Unterschriften bzw. Unterstützungen aufweist und die genannten **Mängel nicht bis zum Ende der WahlVerslg. beseitigt** werden können.

12 Aufgrund der Besonderheit des verkürzten Wahlverfahrens nach § 14a BetrVG findet die Vorschrift des **§ 9** über die **Nachfristsetzung,** wenn kein gültiger Wahlvorschlag zur Wahl des BR eingereicht worden ist, im vereinfachten Wahlverfahren **keine Anwendung,** auch keine entsprechende; bereits § 125 Abs. 4 Nr. 5 BetrVG schloss die Anwendung des § 9 WO im vereinfachten Wahlverfahren aus (HessLAG 22.8.2013 – 9 TaBV 19/13, NZA-RR 2014, 72; GK-BetrVG/*Jacobs* Rn. 7).

13 Das **Ende der WahlVerslg.** zur Wahl des Wahlvorst. richtet sich nach den jeweiligen Gegebenheiten in der WahlVerslg. (→ BetrVG § 14a Rn. 34). Die Bekanntmachung der als gültig anerkannten Wahlvorschläge hat unmittelbar nach Abschluss der WahlVerslg. zu erfolgen, dh grds. noch am selben Tag, spätestens mit Beginn des

folgenden Arbeitstages (*Thüsing/Lambrich* NZA-Sonderheft 2001, 79 [91]; Richardi BetrVG/*Forst* Rn. 7).

Sind in der WahlVerslg. keine oder keine gültigen Wahlvorschläge eingereicht worden, **findet die BRWahl nicht statt.** Dies hat der Wahlvorst. ebenso wie das WA bekannt zu geben (→ § 31 Rn. 21 f.; GK-BetrVG/*Jacobs* Rn. 9; Richardi BetrVG/*Forst* Rn. 8). Eine Nachfristsetzung zur Einreichung von Wahlvorschlägen ist nicht zulässig (LAG Berlin 8.4.2003 – 5 TaBV 1990/02, NZA-RR 2003, 587; → Rn. 12). 14

§ 34 Wahlverfahren

(1) **Die Wählerin oder der Wähler kann ihre oder seine Stimme nur für solche Bewerberinnen oder Bewerber abgeben, die in einem Wahlvorschlag benannt sind. Auf den Stimmzetteln sind die Bewerberinnen oder Bewerber in alphabetischer Reihenfolge unter Angabe von Familienname, Vorname und Art der Beschäftigung im Betrieb aufzuführen. Die Wählerin oder der Wähler kennzeichnet[1, 2] die von ihm Gewählten durch Ankreuzen an der hierfür im Stimmzettel vorgesehenen Stelle; es dürfen nicht mehr Bewerberinnen oder Bewerber angekreuzt[1, 2] werden, als Betriebsratsmitglieder zu wählen sind. § 11 Abs. 1 Satz 2, Abs. 2 Satz 2 und 3, Abs. 4 und § 12 gelten entsprechend.**

(2) **Im Fall der nachträglichen schriftlichen Stimmabgabe (§ 35) hat der Wahlvorstand am Ende der Wahlversammlung zur Wahl des Betriebsrats die Wahlurne zu versiegeln und aufzubewahren.[3]**

(3) **Erfolgt keine nachträgliche schriftliche Stimmabgabe, hat der Wahlvorstand unverzüglich nach Abschluss der Wahl die öffentliche Auszählung[4] der Stimmen vorzunehmen und das sich daraus ergebende Wahlergebnis bekannt zu geben. Die §§ 21, 23 Abs. 1[5] gelten entsprechend.**

(4)[6] **Ist nur ein Betriebsratsmitglied zu wählen, so ist die Person gewählt, die die meisten Stimmen erhalten hat. Bei Stimmengleichheit entscheidet das Los. Lehnt eine gewählte Person die Wahl ab, so tritt an ihre Stelle die nicht gewählte Person mit der nächsthöchsten Stimmenzahl.**

(5)[7, 8] **Sind mehrere Betriebsratsmitglieder zu wählen, gelten für die Ermittlung der Gewählten die §§ 22 und 23 Abs. 2 entsprechend.**

Die **Stimmabgabe** erfolgt in der **WahlVerslg. zur Wahl des BR** durch Abgabe von Stimmzetteln in den hierfür bestimmten Wahlumschlägen. Auf dem Stimmzettel hat die Wählerin oder der Wähler die Bewerberin bzw. den Bewerber, dem sie oder er seine Stimme abgeben will, durch Ankreuzen an der im Stimmzettel hierfür vorgesehenen Stelle zu bezeichnen. Andere als die im Stimmzettel aufgeführten Kandidaten können nicht gewählt werden. Werden dem Stimmzettel weitere Namen hinzugefügt, so macht dies die Stimme ungültig. 1

Die Wählerin bzw. der Wähler hat so viele Stimmen, wie BRMitgl. zu wählen sind. Im vereinfachten Wahlverfahren ist dies entweder ein einköpfiger oder dreiköpfiger, im vereinbarten vereinfachten Wahlverfahren ein fünfköpfiger BR. Werden mehr Bewerber angekreuzt, als BRMitgl. zu wählen sind, ist die Stimme ebenfalls ungültig (DKKW/*Homburg* Rn. 3). 2

Hat der Wahlvorst. in den Fällen des § 24 Abs. 2 u. 3 die nachträgliche schriftliche Stimmabgabe beschlossen (→ § 35 Rn. 2 f.) oder ist **nachträgliche schriftliche Stimmabgabe** beim Wahlvorst. beantragt worden (→ § 35 Rn. 1, 6), ist mit dem Ende der WahlVerslg. zur Wahl des BR die **BRWahl** noch **nicht abgeschlossen.** Denn regelmäßig liegt die nachträgliche schriftliche Stimmabgabe nach dem Tag der WahlVerslg. zur Wahl des BR (→ BetrVG § 14a Rn. 39; *Thüsing/Lambrich* NZA-Sonderheft 2001, 79 [91]). In beiden Fällen kann der Wahlvorst. die Stimmauszäh- 3 lung noch nicht vornehmen, sondern hat die **Wahlurne** bis zum Ende der Frist zur nachträglichen schriftlichen Stimmabgabe zu **versiegeln** und aufzubewahren (→ § 12 Rn. 14; DKKW/*Homburg* Rn. 5; Richardi BetrVG/*Forst* Rn. 6).

4 Dagegen ist mit Ende der WahlVerslg. zur Wahl des BR die **BRWahl abgeschlossen,** wenn kein Fall der nachträglichen schriftlichen Stimmabgabe vorliegt (→ Rn. 3). Die **Stimmauszählung** erfolgt **öffentlich** und durch den **gesamten Wahlvorst.** (→ § 13 Rn. 3f.). Der Wahlvorst. kann Wahlhelferinnen oder Wahlhelfer hinzuziehen. Die Entscheidung über die Gültigkeit oder Ungültigkeit einer Stimme hat allein der Wahlvorst. durch Beschluss seiner stimmberechtigten Mitgl. zu treffen. Die für die Verhältniswahl geltenden Vorschriften über die Prüfung der Gültigkeit der Stimmzettel und die Beurteilung der Gültigkeit von mehreren Stimmzetteln in einem Wahlumschlag gelten auch bei der Mehrheitswahl im vereinfachten Wahlverfahren (→ § 14 Rn. 3, 4).

5 Der Wahlvorst. hat nachdem er ermittelt hat, welche ArbN als BRMitgl. gewählt sind, eine Niederschrift anzufertigen (→ § 23 Rn. 1–5). Das endgültige Wahlergebnis ist bekannt zu machen (vgl. § 18).

6 Beim einköpfigen BR ist die Person mit den meisten Stimmen gewählt. Das Los entscheidet, wenn mehrere Personen die gleiche Stimmenzahl erhalten haben. Da das Geschlecht in der Minderheit erst beim dreiköpfigen BR zu berücksichtigen ist, rückt bei Ablehnung der Wahl immer die Person mit der nächsthöchsten Stimmenzahl nach.

7 Ist ein dreiköpfiger oder im Fall des vereinbarten vereinfachten Wahlverfahrens ein fünfköpfiger BR zu wählen, richtet sich die Ermittlung der Gewählten nach § 22. Stehen dem Geschlecht in der Minderheit gem. § 15 Abs. 2 BetrVG Mindestsitze zu (s. zur Ermittlung § 5; → BetrVG § 15 Rn. 15ff.), werden zunächst die dem Geschlecht in der Minderheit zustehenden BRSitze mit Bewerbern dieses Geschlechts und sodann die übrigen BRSitze geschlechtsunabhängig mit Bewerbern, mit den jeweils höchsten auf sie entfallenden Stimmenzahlen besetzt (→ § 22 Rn. 2ff.). Steht dem Geschlecht in der Minderheit nach der Berechnung nach d'Hondt (vgl. § 5) kein Mindestsitz im BR zu, werden die zu verteilenden BRSitze gem. § 22 Abs. 2 S. 2 und Abs. 3 unabhängig vom Geschlecht mit den Bewerbern besetzt, die die höchsten Stimmenzahl erreicht haben (→ § 22 Rn. 6). Das dritte Geschlecht (divers) ist nicht das Geschlecht in der Minderheit iSd § 15 Abs. 2 BetrVG (→ BetrVG § 15 Rn. 11b).

8 Lehnt eine Person die Wahl ab, so richtet sich die Ermittlung der Person, die an die Stelle der ablehnenden Person tritt nach § 23 Abs. 2. Auch hierbei ist das Geschlecht in der Minderheit zu berücksichtigen, wenn diesem Mindestsitze zustehen (→ § 23 Rn. 6f.).

§ 35 Nachträgliche schriftliche Stimmabgabe

(1) **Können Wahlberechtigte an der Wahlversammlung zur Wahl des Betriebsrats nicht teilnehmen, um ihre Stimme persönlich abzugeben, können sie beim Wahlvorstand die nachträgliche schriftliche Stimmabgabe beantragen[1] (§ 14a Abs. 4 des Gesetzes). Das Verlangen auf nachträgliche schriftliche Stimmabgabe muss die oder der Wahlberechtigte dem Wahlvorstand spätestens drei Tage[1] vor dem Tag der Wahlversammlung zur Wahl des Betriebsrats mitgeteilt haben. Die §§ 24, 25 gelten entsprechend.[2–5]**

(2)[6, 7] **Wird die nachträgliche schriftliche Stimmabgabe aufgrund eines Antrags nach Absatz 1 Satz 1 erforderlich, hat dies der Wahlvorstand unter Angabe des Orts, des Tags und der Zeit der öffentlichen Stimmauszählung in gleicher Weise bekannt zu machen wie das Wahlausschreiben (§ 31 Abs. 2).**

(3)[8] **Unmittelbar nach Ablauf der Frist für die nachträgliche schriftliche Stimmabgabe öffnet der Wahlvorstand in öffentlicher Sitzung die bis zu diesem**

Zeitpunkt eingegangenen Freiumschläge und entnimmt ihnen die Wahlumschläge sowie die vorgedruckten Erklärungen. Ist die nachträgliche schriftliche Stimmabgabe ordnungsgemäß erfolgt (§ 25), so legt der Wahlvorstand den Wahlumschlag nach Vermerk der Stimmabgabe in der Wählerliste in die bis dahin versiegelte Wahlurne.

(4)[9] **Nachdem alle ordnungsgemäß nachträglich abgegebenen Wahlumschläge in die Wahlurne gelegt worden sind, nimmt der Wahlvorstand die Auszählung der Stimmen vor. § 34 Abs. 3 bis 5 gilt entsprechend.**

Gem. § 14a Abs. 4 BetrVG ist wahlberechtigten ArbN, die an der WahlVerslg. zur Wahl des BR nicht teilnehmen können Gelegenheit zur nachträglichen schriftlichen Stimmabgabe zu geben. Dementsprechend können wahlberechtigte ArbN, die wegen **Abwesenheit vom Betrieb** an der persönlichen Stimmabgabe in der WahlVerslg. verhindert sind, beim Wahlvorst. die nachträgliche schriftliche Stimmabgabe **beantragen.** In dem Antrag sollte der Grund der voraussichtlichen Abwesenheit angegeben werden; eine Nachprüfungspflicht des Wahlvorst. besteht jedoch nicht (→ § 24 Rn. 3; → BetrVG § 14a Rn. 38). Wird kein Grund angegeben, ist dies grds. unschädlich (Richardi BetrVG/*Forst* Rn. 1). Der Antrag kann **mündlich** oder **schriftlich** erfolgen (*Thüsing/Lambrich* NZA-Sonderheft 2001, 79 [91]; GK-BetrVG/*Jacobs* Rn. 2). Wird er mündlich gestellt, so hat der Wahlvorst. dies zu vermerken. Das Verlangen auf nachträgliche schriftliche Stimmabgabe muss dem Wahlvorst. spätestens **drei Tage** vor dem Tag der WahlVerslg. zur Wahl des BR mitgeteilt werden. 1

Mit dem Verweis auf die §§ 24 u. 25 gelten iÜ die gleichen Voraussetzungen für die nachträgliche schriftliche Stimmabgabe wie für die schriftliche Stimmabgabe im Wahlverfahren mit mehr als fünfzig wahlberechtigten ArbN. Dh der Wahlvorst. hat den wahlberechtigten ArbN, die nachträgliche schriftliche Stimmabgabe verlangt haben, die nach § 24 Abs. 1 erforderlichen Wahlunterlagen auszuhändigen oder zu übersenden (→ § 24 Rn. 4). Obwohl nicht ausdrücklich als Voraussetzung genannt, ist es geboten, auch die Übersendung eines Merkblatts über die in § 25 vorgeschriebene Art und Weise der schriftlichen Stimmabgabe den Unterlagen beizufügen (→ § 24 Rn. 8; DKKW/*Homburg* Rn. 2). Die Zusendung durch Boten (zB durch Mitgl. des Wahlvorst. oder Wahlhelfer) ist zulässig (BVerwG 5.2.1971 – VII P 9.70, AP WO/PersVG § 17 Nr. 1; GK-BetrVG/*Jacobs* § 24 Rn. 18; DKKW/*Homburg* § 24 Rn. 21). 2

Ohne gesondertes **Verlangen** hat der Wahlvorst. denjenigen wahlberechtigten ArbN, von denen ihm bekannt ist, dass sie am Tag der WahlVerslg. zur Wahl des BR nach der Eigenart ihres Beschäftigungsverhältnisses voraussichtlich nicht im Betrieb anwesend sein werden, wie zB AußenArbN, TeleArbN oder in Heimarbeit Beschäftigte (§ 24 Abs. 2), die Wahlunterlagen für die nachträgliche schriftliche Stimmabgabe zu übersenden (→ BetrVG § 14a Rn. 38; DKKW/*Homburg* Rn. 2; **aA** *Thüsing/Lambrich* NZA-Sonderheft 2001, 79 [91]; Richardi BetrVG/*Forst* Rn. 2). 3

Gleiches gilt, wenn der Wahlvorst. für Kleinstbetriebe oder Betriebsteile, die räumlich weit vom Hauptbetrieb entfernt sind, nachträgliche schriftliche Stimmabgabe beschließt (vgl. § 24 Abs. 3; → Rn. 18). 4

ArbN, denen die Unterlagen zur nachträglichen schriftlichen Stimmabgabe auf Verlangen oder unter den Voraussetzungen des § 24 Abs. 2 u. 3 zugesandt worden sind, können, wenn sie am Tag der WahlVerslg. zur Wahl des BR doch im Betrieb sind, ihre **Stimme persönlich abgeben.** Sie müssen jedoch in diesem Fall entweder die ihnen übersandten Wahlunterlagen dem Wahlvorst. unbenutzt abgeben oder den übersandten Stimmzettel und Wahlumschlag für die persönliche Stimmabgabe benutzen (→ § 24 Rn. 16). Der Wahlvorst. hat die Rückgabe der Unterlagen für die nachträgliche schriftliche Stimmabgabe sowie die persönliche Stimmabgabe in der Wählerliste zu vermerken. 5

6 Ist nachträgliche schriftliche Stimmabgabe nach Abs. 1 beantragt worden, liegt diese Stimmabgabe regelmäßig nach dem Tag der WahlVerslg. zur Wahl des BR (→ BetrVG § 14a Rn. 39; *Thüsing/Lambrich* NZA-Sonderheft 2001, 79 [91]; *Heilmann* AiB 2001, 621 [623]). Da die Stimmauszählung in diesem Fall nicht im Anschluss an die WahlVerslg. zur Wahl des BR erfolgen kann (→ § 34 Rn. 3), hat der Wahlvorst. die ArbN hierüber zu unterrichten und Ort, Tag und Zeit der nach Ablauf der Frist zur nachträglichen schriftlichen Stimmabgabe vorgesehenen öffentlichen Stimmauszählung bekannt zu machen. Die Bekanntmachung hat in gleicher Weise zu erfolgen wie das WA (→ § 31 Rn. 21 f.).

7 Eine konkrete **Frist** zur nachträglichen schriftlichen Stimmabgabe wird von der Wahlordnung nicht vorgesehen. Der **Wahlvorst.** hat die Frist so zu **bemessen,** dass unter Berücksichtigung der Bedingungen im Betrieb und der normalen Postlaufzeit eine ordnungsgemäße Briefwahl möglich ist (→ BetrVG § 14a Rn. 41; *Thüsing/Lambrich* NZA-Sonderheft 2001, 79 [92]; *Heilmann* AiB 2001, 621 [623]; GK-BetrVG/*Jacobs* Rn. 3; DKKW/*Homburg* Rn. 4). Angemessen erscheint eine Frist von längstens einer Woche nach dem Tag der WahlVerslg. zur Wahl des BR (vgl. *Thüsing/Lambrich* NZA-Sonderheft 2001, 79 [92]); DKKW/*Homburg* Rn. 4 hält eine Frist von vier Tagen für ausreichend; nach Richardi BetrVG/*Forst* Rn. 6 ist eine Frist von Minimum drei Tagen bis längstens eine Woche für angemessen).

8 Es wird auf die Ausführung in → § 26 Rn. 5 verwiesen. Verspätet eingehende Freiumschläge hat der Wahlvorst. entsprechend § 26 Abs. 2 mit einem Vermerk über den Zeitpunkt ihres Eingangs ungeöffnet zu den Wahlunterlagen zu nehmen (→ § 26 Rn. 6 ff.; GK-BetrVG/*Jacobs* Rn. 5). Sie werden dem Wähler nicht zurückgegeben, sondern sind einen Monat nach Bekanntgabe des Wahlergebnisses ungeöffnet zu vernichten, wenn die Wahl nicht angefochten worden ist (§ 26 Abs. 2 S. 2; → § 26 Rn. 9).

9 Die **Stimmauszählung** hat **öffentlich** und durch den **gesamten Wahlvorst.** zu erfolgen (→ § 34 Rn. 4). Zur Ermittlung der Gewählten gelten die § 34 Abs. 4 u. 5 entsprechend, auf die Ausführungen hierzu wird verwiesen (→ § 34 Rn. 6 f.). Nachdem der Wahlvorst. ermittelt hat, welche ArbN als BRMitgl. gewählt sind, hat er hierüber eine Niederschrift anzufertigen (→ § 23 Rn. 1–5) und das Wahlergebnis bekannt zu machen (§ 18).

Zweiter Abschnitt. Wahl des Betriebsrats im einstufigen Verfahren (§ 14a Abs. 3 des Gesetzes)

§ 36 Wahlvorstand, Wahlverfahren

(1) **Nach der Bestellung des Wahlvorstands[1] durch den Betriebsrat, Gesamtbetriebsrat, Konzernbetriebsrat oder das Arbeitsgericht (§ 14a Abs. 3, § 17a des Gesetzes) hat der Wahlvorstand die Wahl des Betriebsrats unverzüglich einzuleiten. Die Wahl des Betriebsrats findet auf einer Wahlversammlung statt[2] (§ 14a Abs. 3 des Gesetzes). Die §§ 1, 2 und 30 Abs. 2 gelten entsprechend.[3]**

(2) **Im Anschluss an die Aufstellung der Wählerliste erlässt der Wahlvorstand das Wahlausschreiben,[4] das von der oder dem Vorsitzenden und von mindestens einem weiteren stimmberechtigten Mitglied des Wahlvorstands zu unterschreiben ist. Mit Erlass des Wahlausschreibens ist die Betriebsratswahl eingeleitet. Besteht im Betrieb ein Betriebsrat, soll der letzte Tag der Stimmabgabe[5] (nachträgliche schriftliche Stimmabgabe) eine Woche vor dem Tag liegen, an dem die Amtszeit des Betriebsrats abläuft.**

(3) **Das Wahlausschreiben hat die in § 31 Abs. 1 Satz 3 vorgeschriebenen Angaben[6] zu enthalten, soweit nachfolgend nichts anderes bestimmt ist:**

1. Abweichend von Nummer 6[7] ist ausschließlich die Mindestzahl von Wahlberechtigten anzugeben, von denen ein Wahlvorschlag unterzeichnet sein muss (§ 14 Abs. 4 des Gesetzes).
2. Abweichend von Nummer 8[8] hat der Wahlvorstand anzugeben, dass die Wahlvorschläge spätestens eine Woche vor dem Tag der Wahlversammlung zur Wahl des Betriebsrats beim Wahlvorstand einzureichen sind (§ 14a Abs. 3 Satz 2 des Gesetzes); der letzte Tag der Frist ist anzugeben.

Für die Bekanntmachung[9] des Wahlausschreibens gilt § 31 Abs. 2 entsprechend.

(4)[10] **Die Vorschriften über die Bestimmung der Mindestsitze nach § 32, das Wahlverfahren nach § 34 und die nachträgliche Stimmabgabe nach § 35 gelten entsprechend.**

(5) **Für Wahlvorschläge gilt § 33 Abs. 1 entsprechend mit der Maßgabe, dass die Wahlvorschläge von den Wahlberechtigten und den im Betrieb vertretenen Gewerkschaften spätestens eine Woche vor der Wahlversammlung zur Wahl des Betriebsrats beim Wahlvorstand schriftlich einzureichen sind[11] (§ 14a Abs. 3 Satz 2 zweiter Halbsatz des Gesetzes). § 6 Abs. 2 bis 5 und die §§ 7 und 8 gelten entsprechend mit der Maßgabe, dass die in § 6 Abs. 5 und § 8 Abs. 2 genannten Fristen nicht die gesetzliche Mindestfrist zur Einreichung der Wahlvorschläge nach § 14a Abs. 3 Satz 2 erster Halbsatz des Gesetzes überschreiten dürfen. Nach Ablauf der gesetzlichen Mindestfrist zur Einreichung der Wahlvorschläge hat der Wahlvorstand die als gültig anerkannten Wahlvorschläge bis zum Abschluss der Stimmabgabe in gleicher Weise bekannt zu machen wie das Wahlausschreiben (Absatz 3).**

(6) **Ist kein Wahlvorschlag zur Wahl des Betriebsrats gemacht worden, hat der Wahlvorstand bekannt zu machen, dass die Wahl nicht stattfindet. Die Bekanntmachung hat in gleicher Weise wie das Wahlausschreiben (Absatz 3) zu erfolgen.**

1 Das vereinfachte, **einstufige Wahlverfahren** kommt immer dann zur Anwendung, wenn der Wahlvorst. nicht erst durch eine WahlVerslg. gewählt werden muss, sondern durch den BR, GesBR bzw. KBR oder das ArbG bestellt wird. Vgl. zur Bestellung des Wahlvorst. im einstufigen Wahlverfahren ausf. → BetrVG § 17a Rn. 1 ff. Dazu gehört auch der Fall, dass der GesBR bzw. der KBR den Wahlvorst. in einem betriebsratslosen Kleinbetrieb bestellt (→ BetrVG § 17a Rn. 8 mwN).

2 Die Wahl des BR erfolgt wie auch im zweistufigen Verfahren in geheimer und unmittelbarer Wahl nach den Grundsätzen der Mehrheitswahl auf einer WahlVerslg.

3 Der Wahlvorst. hat nach seiner Bestellung unverzüglich die Wahl des BR einzuleiten. Er kann sich, wenn er dies für erforderlich hält, eine Geschäftsordnung geben (§ 1).

3a Seine erste Aufgabe ist es, die **Wählerliste,** getrennt nach den Geschlechtern, aufzustellen. Gem. § 2 hat der ArbGeb. dem Wahlvorst. alle für die Anfertigung der Wählerliste erforderlichen Auskünfte zu erteilen und die erforderlichen Unterlagen zur Verfügung zu stellen (→ § 2 Rn. 1 ff.). Weigert sich der ArbGeb. die erforderlichen Auskünfte und Unterlagen zur Verfügung zu stellen, macht er sich wegen Wahlbehinderung nach § 119 Abs. 1 Nr. 1 BetrVG strafbar (→ § 2 Rn. 6 mwN).

3b Die **Einspruchsfrist** gegen die Wählerliste beträgt wie im zweistufigen Verfahren **drei Tage** seit Erlass des WA (vgl. zum Einspruch gegen die Wählerliste die Ausführungen in → § 30 Rn. 5 ff.).

4 Nach der Aufstellung der Wählerliste erlässt der Wahlvorst. das **Wahlausschreiben.** Mit dessen Erlass ist die **Wahl** des BR **eingeleitet.** Mit dem Tag des Erlasses beginnen die Fristen für Einsprüche gegen die Wählerliste und zur Einreichung von Wahlvorschlägen. Der Tag des Erlasses des WA ist ebenfalls maßgeblich für die Bestimmung der Größe des BR sowie für die Feststellung und Berechnung der Mindestsitze für das Geschlecht in der Minderheit (vgl. WO § 5, BetrVG § 15 Abs. 2 → § 15 BetrVG Rn. 15, 16).

5 In Betrieben mit BR sollte möglichst eine betriebsratslose Zeit vermieden werden. Daher soll bei der Bestimmung des Tags der WahlVerslg. zur Wahl des BR und der Festsetzung der Frist für die nachträgliche schriftliche Stimmabgabe darauf geachtet werden, dass der letzte Tag der Stimmabgabe eine Woche vor Ablauf der Amtszeit des BR liegt. Die Vorschrift ist nicht zwingend (Richardi BetrVG/*Forst* Rn. 6). Lässt eine ordnungsgemäße Vorbereitung der Wahl die Einhaltung dieser Sollvorschrift nicht zu, kann der Wahlvorst. einen anderweitigen Termin bestimmen (→ § 3 Rn. 4).

6 Der Inhalt des WA richtet sich bis auf die Nr. 1 u. 2 nach den in § 31 Abs. 1 S. 3 festgelegten Angaben für das WA im zweistufigen Verfahren, so dass insoweit auf die Ausführung hierzu verwiesen werden kann (→ § 31 Rn. 3–20).

7 Anders als im zweistufigen Wahlverfahren können die **Wahlvorschläge** im einstufigen Wahlverfahren **ausschließlich nur schriftlich** gemacht werden (GK-BetrVG/*Kreutz/Jacobs* Rn. 6). Dementsprechend entfällt im WA für das einstufige Wahlverfahren der Hinweis, dass Wahlvorschläge in der WahlVerslg. zur Wahl des Wahlvorst. mündlich erfolgen können.

8 Anders als in § 31 Abs. 1 Nr. 8 ist anzugeben, dass die Wahlvorschläge spätestens eine Woche vor dem Tag der WahlVerslg. zu Wahl des BR beim Wahlvorst. einzureichen sind. Zur **Fristsetzung** → Rn. 11.

9 Für die Bekanntmachung des WA wird auf die Ausführungen zu → § 31 Rn. 21 f. verwiesen.

10 Es wird auf die Ausführungen zu → § 32 Rn. 1 ff.; → § 34 Rn. 1 ff.; → § 35 Rn. 1 ff. verwiesen.

11 Die Wahl des BR im vereinfachten Wahlverfahren erfolgt nach den Grundsätzen der **Mehrheitswahl** und damit auf Grund von Wahlvorschlägen (§ 33 Abs. 1 S. 1, § 14 Abs. 2 S. 2 Hs. 2 BetrVG). Anders als im zweistufigen Verfahren (§ 33 Abs. 1 S. 2) sind die Wahlvorschläge der ArbN und der im Betrieb vertretenen Gewerkschaften spätestens eine Woche vor dem Tag zur WahlVerslg. zur Wahl des BR beim Wahlvorst. einzureichen. Aufgrund der verschiedenen Fallkonstellationen, in denen der Wahlvorst. bestellt wird (→ BetrVG § 14a Rn. 49), stehen dem Wahlvorst. unterschiedliche Zeiträume zur Durchführung der BRWahl zur Verfügung. Insoweit hat die Wahlordnung auf eine **Mindestfrist** für die Einreichung von Wahlvorschlägen **verzichtet.** Die Festsetzung einer **angemessenen Frist** steht im pflichtgemäßen Ermessen des Wahlvorst., sie sollte jedoch in Anlehnung an § 28 Abs. 1 mindestens sieben Tage ab dem Erlass des WA betragen (iErg ebenso Richardi BetrVG/*Forst* Rn. 5; HessLAG 23.1.2003 – 9 TaBV 104/02, ArbuR 2003, 158). Das **Fristende** ist **gesetzlich vorgegeben,** es muss spätestens eine Woche vor dem Tag der WahlVerslg. zur Wahl des BR liegen (§ 14a Abs. 3 S. 2 Hs. 1 BetrVG).

12 Die Wahlvorschläge der ArbN bedürfen für ihre Gültigkeit der nach § 14 Abs. 4 BetrVG erforderlichen **Stützunterschriften** (→ § 33 Rn. 2). Eine lediglich mündliche Unterstützung ist im vereinfachten einstufigen Wahlverfahren nicht zulässig (→ Rn. 7).

13 Jeder **Wahlvorschlag** soll **doppelt** so viele **Bewerberinnen oder Bewerber** aufweisen, als BRMitgl. zu wählen sind (Abs. 5 S. 2 iVm § 6 Abs. 2); → § 33 Rn. 6.

14 Die **schriftliche Zustimmung** der Bewerberinnen oder Bewerber muss dem Wahlvorschlag beiliegen (Abs. 5 S. 2 iVm § 6 Abs. 3 S. 2); → § 33 Rn. 7. Eine lediglich mündliche Zustimmung ist nicht zulässig.

15 **Listenvertreter** ist nach § 6 Abs. 4 derjenige, der an erster Stelle den Wahlvorschlag unterzeichnet bzw. unterstützt, es sei denn, es ist jemand ausdrücklich als Listenvertreter benannt worden. Sie ist diejenige Person, die berechtigt und verpflichtet ist, dem Wahlvorst. die zur Beseitigung von Beanstandungen erforderlichen Erklärungen abzugeben sowie Erklärungen und Entscheidungen des Wahlvorst. entgegenzunehmen.

16 **Unterstützt** ein ArbN **mehrere Wahlvorschläge,** hat er dem Wahlvorst. nach Aufforderung innerhalb der ihm gesetzten **Frist** zu erklären, welche Unterstützung er aufrechterhält (Abs. 5 S. 2 iVm § 6 Abs. 5). Die Erklärung kann nur innerhalb der

gesetzlichen Mindestfrist zur Einreichung der Wahlvorschläge erfolgen, dh längstens bis zum Ablauf der Frist zur Einreichung der Wahlvorschläge (DKKW/*Homburg* Rn. 3; GK-BetrVG/*Kreutz/Jacobs* Rn. 6; Richardi BetrVG/*Forst* Rn. 11). Hat zB ein wahlberechtigter ArbN zwei Wahlvorschläge unterzeichnet und sind diese bereits drei Tage vor Ablauf der Frist zur Einreichung von Wahlvorschlägen dem Wahlvorstand übergeben worden, kann der Wahlvorst. dem besagten ArbN eine Frist von drei Tagen setzen, innerhalb deren er dem Wahlvorst. mitzuteilen hat, welchen Wahlvorschlag er unterstützen will. Gehen dagegen die Wahlvorschläge erst am letzten Tag ein, besteht die Möglichkeit der Erklärung nach § 6 Abs. 5 nur noch an diesem Tag. Kann der ArbN keine Erklärung mehr abgeben, wird sein Name auf dem zuerst eingereichten Wahlvorschlag gezählt und auf den übrigen Wahlvorschlägen gestrichen; sind die Wahlvorschläge gleichzeitig eingereicht worden, entscheidet das Los darüber, auf welchem Wahlvorschlag die Unterschrift gilt (§ 6 Abs. 5 S. 2 Hs. 2).

§ 7 über die Bestätigung des Empfangs der Wahlvorschläge, über die Prüfung der Vorschläge und die Unterrichtung der Listenvertreter bei Ungültigkeit oder Beanstandung eines Wahlvorschlags gilt uneingeschränkt (ausf. s. dazu § 7). 17

Ebenfalls Anwendung findet § 8 über die Ungültigkeit von Wahlvorschlägen. Wie auch bei der Anwendung des § 6 Abs. 5 besteht die Besonderheit, dass die **Frist zur Beseitigung** der nach § 8 Abs. 2 zur Ungültigkeit führenden **Mängel** ebenfalls nur innerhalb der **gesetzlichen Mindestfrist** zur Einreichung der Wahlvorschläge möglich ist (so auch GK-BetrVG/*Kreutz/Jacobs* Rn. 6; DKKW/*Homburg* Rn. 3; Richardi BetrVG/*Forst* Rn. 11). Dh, der Wahlvorst. kann für frühzeitig eingereichte Wahlvorschläge eine längere Frist zur Beseitigung von Mängeln setzen als für spät eingereichte. 18

Der Wahlvorst. hat nach Ablauf der Frist zur Einreichung der Wahlvorschläge die als gültig anerkannten Wahlvorschläge bis zum Abschluss der Stimmabgabe – findet nachträgliche schriftliche Stimmabgabe statt, ist dieser Tag maßgeblich – in gleicher Weise wie das WA bekannt zu machen (→ § 31 Rn. 21 f.). 19

Sind keine oder keine gültigen Wahlvorschläge eingereicht worden, **findet die BRWahl nicht statt.** Dies hat der Wahlvorst. ebenso wie das WA bekannt zu machen (→ § 31 Rn. 21 f.; DKKW/*Homburg* Rn. 3). Aufgrund der Besonderheit des verkürzten Wahlverfahrens nach § 14a BetrVG findet die Vorschrift des **§ 9** über die **Nachfristsetzung,** wenn kein gültiger Wahlvorschlag zur Wahl des BR eingereicht worden ist, im vereinfachten Wahlverfahren **keine Anwendung** (GK-BetrVG/*Kreutz/Jacobs* Rn. 6). 20

Dritter Abschnitt. Wahl des Betriebsrats in Betrieben mit in der Regel 51 bis 100 Wahlberechtigten (§ 14a Abs. 5 des Gesetzes)

§ 37 Wahlverfahren

Haben Arbeitgeber und Wahlvorstand in einem Betrieb mit in der Regel 51 bis 100 Wahlberechtigten die Wahl des Betriebsrats im vereinfachten Wahlverfahren vereinbart (§ 14a Abs. 5 des Gesetzes), richtet sich das Wahlverfahren nach § 36.

Vereinbaren ArbGeb. und Wahlvorst. die Anwendung des vereinfachten Wahlverfahrens, so ist die BRWahl nach dem einstufigen Wahlverfahren durchzuführen (→ BetrVG § 14a Rn. 53 ff.). Die dafür maßgebliche Vorschrift ist § 36, insoweit wird auf die Ausführungen hierzu verwiesen. 1

Lehnt eine der Parteien die Anwendung des vereinfachten Wahlverfahrens ab, richtet sich die Wahl des BR nach den Vorschriften, die für Betriebe mit mehr als 50 ArbN gelten (vgl. BT-Drs. 14/6352, 54). 2

Dritter Teil. Wahl der Jugend- und Auszubildendenvertretung

§ 38 Wahlvorstand, Wahlvorbereitung

Für die Wahl der Jugend- und Auszubildendenvertretung[1] gelten die Vorschriften der §§ 1 bis 5 über den Wahlvorstand,[2] die Wählerliste,[3] das Wahlausschreiben[4] und die Bestimmung der Mindestsitze für das Geschlecht in der Minderheit[5] entsprechend. Dem Wahlvorstand muss mindestens eine nach § 8 des Gesetzes wählbare Person angehören.[2, 3]

1 Über die Voraussetzungen für die Wahl einer JAV, über das aktive und passive Wahlrecht zu ihr, über ihre Größe, Zusammensetzung sowie über Zeitpunkt ihrer Wahl und die wesentlichen Wahlvorschriften vgl. §§ 60–64 BetrVG.

2 Die Durchführung der Wahl der JAV obliegt ebenfalls einem **Wahlvorst.** (vgl. § 63 BetrVG). Der Wahlvorst. sowie sein Vors. werden durch den **BR** bestimmt. Zu Mitgl. des Wahlvorst. können sowohl zur JAV wahlberechtigte ArbN, dh jugendliche ArbN unter 18 Jahren oder zu ihrer Berufsausbildung Beschäftigte unter 25 Jahren (→ BetrVG § 61 Rn. 5 ff.), als auch sonstige ArbN des Betriebs bestellt werden. In jedem Falle muss dem Wahlvorst. ein zum BR wählbarer ArbN (→ BetrVG § 8 Rn. 5 ff.) angehören. Hierdurch soll sichergestellt werden, dass ein ArbN mit größerer Betriebserfahrung im Wahlvorst. mitwirkt (DKKW/*Homburg* Rn. 9).

3 IÜ gilt für den Wahlvorst. zur Durchführung der Wahl der JAV das Gleiche wie für den Wahlvorst. für die BRWahl. Auch er trifft seine Entscheidungen mit einfacher Mehrheit durch Beschluss seiner stimmberechtigten Mitgl.; auch er kann, soweit dies erforderlich erscheint, Wahlhelfer hinzuziehen und sich eine Geschäftsordnung geben (iE → § 1 Rn. 2 ff.). Zu Wahlhelfern können auch jugendliche ArbN bestellt werden (DKKW/*Homburg* Rn. 10).

4 Der Wahlvorst. hat in die Wählerliste alle zur JAV wahlberechtigten ArbN des Betriebs, dh alle ArbN unter 18 Jahren und alle zu ihrer Berufsausbildung Beschäftigten unter 25 Jahren (→ BetrVG § 61 Rn. 5 ff.), aufzunehmen. Für die Aufstellung der Wählerliste gilt iÜ § 2 entspr. (BAG 13.3.1991 – 7 ABR 89/89, AP BetrVG 1972 § 60 Nr. 2). Die Regelung des § 2 Abs. 3, nach der wahlberechtigt und wählbar nur ist, wer in der **Wählerliste eingetragen** ist, findet auf die Wahl der JAV uneingeschränkt nur in Bezug auf die Wahlberechtigung Anwendung (DKKW/*Homburg* Rn. 13). In Bezug auf die Wählbarkeit gilt sie nur für Wahlbewerber, die noch keine 18 Jahre alt sind oder die zu ihrer Berufsausbildung beschäftigt werden und noch keine 25 Jahre alt sind, nicht jedoch für die ebenfalls zur JAV wählbaren übrigen ArbN des Betriebs zwischen 19 u. 25 Jahren (vgl. § 61 Abs. 2 BetrVG; DKKW/*Homburg* Rn. 4; **aA** Richardi BetrVG/*Forst* Rn. 4, der bei der Wahl der JAV § 2 Abs. 3 auf die Ausübung des aktiven Wahlrechts beschränkt).

5 IÜ gelten für die Auslegung eines Abdrucks der Wählerliste, die Bekanntmachung des Ortes dieser Auslegung im WA und die Möglichkeit von Einsprüchen gegen die Richtigkeit der Wählerliste und für das Einspruchsverfahren die §§ 2–4 entsprechend (vgl. die dortigen Erläuterungen).

6 Auch für die Wahl der JAV ist ein **WA zu erlassen.** Sein Inhalt bestimmt sich nach § 3. Die Mitteilung nach § 3 Abs. 2 Nr. 3 ist hinsichtlich der Wählbarkeit zu modifizieren, da wählbar nicht nur die zur JAV. Wahlberechtigten, sondern alle ArbN des Betriebs sind, die am Wahltag das 25. Lebensjahr noch nicht vollendet haben. Hierauf ist im WA ausdrücklich hinzuweisen (GK-BetrVG/*Jacobs* Rn. 11; Richardi BetrVG/*Forst* Rn. 5).

7 Nach § 62 Abs. 3 BetrVG muss das Geschlecht, welches unter den in § 60 Abs. 1 BetrVG genannten Arbeitnehmern in der Minderheit ist, mindestens entsprechend

seinem zahlenmäßigen Verhältnis in der JAV vertreten sein, wenn diese aus mindestens drei Mitgl. besteht (→ BetrVG § 62 Rn. 9 f.). Die Berechnung der Anzahl der dem Geschlecht in der Minderheit zustehenden Mindestsitze erfolgt nach § 5 WO (mit Bsp. → BetrVG § 15 Rn. 15 ff.). Das dritte Geschlecht (divers) ist nicht das Geschlecht in der Minderheit iSd § 15 Abs. 2 BetrVG bzw. § 62 Abs. 3 (→ BetrVG § 15 Rn. 11b; § 62 Rn. 9).

§ 39 Durchführung der Wahl[1]

(1) **Sind mehr als drei Mitglieder zur Jugend- und Auszubildendenvertretung zu wählen, so erfolgt die Wahl auf Grund von Vorschlagslisten.[2] § 6 Abs. 1 Satz 2, Abs. 2 und 4 bis 7, die §§ 7 bis 10 und § 27 gelten entsprechend. § 6 Abs. 3 gilt entsprechend mit der Maßgabe, dass in jeder Vorschlagsliste auch der Ausbildungsberuf der einzelnen Bewerberinnen oder Bewerber aufzuführen ist.[3]**

(2) **Sind mehrere gültige Vorschlagslisten eingereicht, so kann die Stimme nur für eine Vorschlagliste abgegeben werden.[4] § 11 Abs. 1 Satz 2, Abs. 3 und 4, die §§ 12 bis 19[6] gelten entsprechend. § 11 Abs. 2 gilt entsprechend mit der Maßgabe, dass auf den Stimmzetteln auch der Ausbildungsberuf der einzelnen Bewerberinnen oder Bewerber aufzuführen ist.[3]**

(3) **Ist nur eine gültige Vorschlagsliste eingereicht, so kann die Stimme nur für solche Bewerberinnen oder Bewerber abgegeben werden, die in der Vorschlagsliste aufgeführt sind. § 20 Abs. 3, die §§ 21 bis § 23 gelten entsprechend.[7] § 20 Abs. 2 gilt entsprechend mit der Maßgabe, daß auf den Stimmzetteln auch der Ausbildungsberuf der einzelnen Bewerber aufzuführen ist.[3]**

(4) **Für die schriftliche Stimmabgabe gelten die §§ 24 bis 26 entsprechend.[8]**

Besteht die JAV aus mehr als drei Personen und sind für die Wahl mehrere gültige Vorschlagslisten eingereicht worden, ist die Wahl als Verhältniswahl durchzuführen (vgl. Abs. 2; → BetrVG § 63 Rn. 6 ff.). Steht nur eine gültige Vorschlagsliste zur Wahl, erfolgt die Wahl als Mehrheitswahl (vgl. Abs. 3). Sind nur ein bzw. drei Mitgl. zu wählen erfolgt die Wahl der JAV nach dem vereinfachten Wahlverfahren (§ 40). 1

Auch die Wahl der JAV erfolgt auf Grund von **Wahlvorschlägen,** die bei der Wahl einer mehrköpfigen Vertr. als Vorschlagslisten bezeichnet werden. Für diese Wahlvorschläge gelten dieselben Regelungen wie für die Wahlvorschläge zur BRWahl. So gelten für diese Wahlvorschläge entsprechend zB die Vorschriften über die Vorschlagsberechtigung (→ BetrVG § 63 Rn. 10 f.), die Einreichungsfrist, ihre Gestaltung, den Listenvertreter, das Verfahren bei Doppelunterzeichnungen und Doppelkandidaturen, die Prüfung der Vorschlagslisten und ihre Ungültigkeit, die Notwendigkeit einer Nachfrist sowie die Bekanntmachung der gültigen Vorschlagslisten. Auch für die Wahl der JAV steht den im Betrieb vertretenen **Gewerkschaften** ein eigenständiges Wahlvorschlagsrecht zu (vgl. § 27; → BetrVG § 63 Rn. 11). IE vgl. die Erläuterungen zu den in Bezug genommenen Vorschriften. 2

Ausdrücklich hervorgehoben ist die Verpflichtung der Vorschlagsberechtigten, in den Wahlvorschlägen auch den **Ausbildungsberuf** der Wahlbewerber anzugeben. Steht ein Wahlbewerber in keinem Ausbildungsverhältnis und hat er auch keinen oder einen anderen Ausbildungsberuf erlernt, als seiner gegenwärtigen Tätigkeit entspricht, ist seine gegenwärtige Beschäftigungsart anzugeben (DKKW/*Homburg* Rn. 3). Der Wahlvorst. ist verpflichtet, die Angaben über den Ausbildungsberuf auch in die **Stimmzettel** zu übernehmen, soweit in ihnen Angaben über die Wahlbewerber aufzunehmen sind (vgl. Abs. 2 u. 3 sowie § 11 Abs. 2, § 20 Abs. 2). 3

Bei der Wahl einer mehrköpfigen JAV, für die mehrere gültige Wahlvorschläge eingereicht worden sind, erfolgt die Wahl als **Verhältniswahl.** Die für die BRWahl insoweit maßgebenden Regelungen der §§ 11–19 über die Stimmabgabe, den Wahl- 4 vorgang, die Öffentlichkeit der Stimmauszählung und das bei ihr zu beachtende Verfahren, die Verteilung der Sitze auf die einzelnen Wahlvorschläge, die Wahlniederschrift, die Benachrichtigung und Bekanntmachung der Gewählten sowie die Aufbewahrung der Wahlakten gelten entsprechend (vgl. iE die Erläuterungen der genannten Bestimmungen).

5 Der Wähler kann **nur eine** der zur Wahl anstehenden Listen **wählen.** Diese kann er weder ändern noch ergänzen. Das würde seine Stimmabgabe ebenso ungültig machen wie das Ankreuzen mehrerer Listen. Die Verteilung der auf die einzelnen Listen entfallenden Sitze in der JAV bestimmt sich nach dem sog d'Hondtschen Berechnungsverfahren (vgl. § 15). Entsprechend den auf die einzelnen Listen entfallenden Höchstzahlen, die für einen Sitz in Betracht kommen, sind die Wahlbewerber der einzelnen Listen in der Reihenfolge gewählt, in der sie auf der Liste aufgeführt sind.

6 Da durch die 1. ÄnderungsVO der ganze § 19 aF – jetzt § 18 – für entsprechend anwendbar erklärt worden ist, hat auch der Wahlvorst. für die Wahl der JAV dem ArbGeb. und den im Betrieb vertretenen Gewerkschaften unverzüglich eine **Abschrift der Wahlniederschrift** zu übersenden. Die **Wahlakten** sind vom **BR,** nicht von der JAV, aufzubewahren, und zwar mindestens bis zur Beendigung der Amtszeit der JAV (DKKW/*Homburg* Rn. 14).

7 Sind mehr als drei JAV zu wählen, ist jedoch nur eine gültige Vorschlagsliste eingereicht worden, so erfolgt die Wahl als **Mehrheitswahl.** Die für die BRWahl insoweit maßgebenden Vorschriften der §§ 20–23 sind entsprechend anzuwenden. Auf den **Stimmzetteln** sind die Wahlbewerber in der Reihenfolge aufzuführen, in der sie auf der Vorschlagsliste benannt sind (anders bei der Wahl der JAV im vereinfachten Wahlverfahren; vgl. § 40). Der Wähler hat **so viele Stimmen,** wie JAV zu wählen sind. Er kann auswählen, welchen der auf der Liste stehenden Bewerbern er seine Stimmen geben will. Der Wähler kann auch weniger Bewerber ankreuzen, als ihm Stimmen zustehen. Gibt er einem Wahlbewerber mehrere seiner Stimmen, so zählen diese jedoch nur als eine Stimme, da die WO die Möglichkeit der Stimmenhäufung nicht vorsieht. Kreuzt der Wähler mehr Bewerber an, als er Stimmen hat, ist seine Stimmabgabe ungültig. **Gewählt** sind die Bewerber, die für die Besetzung der zur Verfügung stehenden Sitze die meisten Stimmen erhalten haben. Haben für den letzten Sitz Bewerber die gleiche Stimmenzahl erhalten, entscheidet über dessen Besetzung das Los. Die nicht gewählten Bewerber sind in der Reihenfolge der erreichten Stimmenzahlen **ErsMitgl.** der JAV. Stehen dem Geschlecht in der Minderheit Sitze zu, richtet sich die Ermittlung der Gewählten bei Verhältniswahl nach § 15 (vgl. Abs. 2) und nach § 22, wenn nur eine Vorschlagsliste eingereicht wurde (vgl. Abs. 3).

8 Auch bei der Wahl der JAV können Wahlberechtigte, auf die die Voraussetzungen des § 24 zutreffen, ihre **Stimme schriftlich abgeben.** Die §§ 24–26 über die Aufgaben und Pflichten des Wahlvorst. bei der Durchführung der schriftlichen Stimmabgabe, über den äußeren Hergang der schriftlichen Stimmabgabe, über die Übermittlung des Wahlumschlags nebst Stimmzettel an den Wahlvorst. und über den Einwurf des Stimmzettels in die Wahlurne gelten entsprechend.

§ 40 Wahl der Jugend- und Auszubildendenvertretung im vereinfachten Wahlverfahren

(1) **In Betrieben mit in der Regel fünf bis fünfzig der in § 60 Abs. 1 des Gesetzes genannten Arbeitnehmerinnen und Arbeitnehmern wird die Jugend- und Auszubildendenvertretung im vereinfachten Wahlverfahren gewählt (§ 63 Abs. 4 Satz 1 des Gesetzes). Für das Wahlverfahren gilt § 36 entsprechend mit der Maßgabe, dass in den Wahlvorschlägen und auf den Stimmzetteln auch der Ausbildungsberuf der einzelnen Bewerberinnen oder Bewerber aufzuführen ist. § 38 Satz 2 gilt entsprechend.**

(2) **Absatz 1 Satz 2 und 3 gilt entsprechend, wenn in einem Betrieb mit in der Regel 51 bis 100 der in § 60 Abs. 1 des Gesetzes genannten Arbeitnehmerinnen und Arbeitnehmern Arbeitgeber und Wahlvorstand die Anwendung des vereinfachten Wahlverfahrens vereinbart haben (§ 63 Abs. 5 des Gesetzes).**

1 Die Wahl der JAV im vereinfachten Wahlverfahren erfolgt in entsprechender Anwendung des § 36, der für die BRWahl im einstufigen Verfahren gilt. Die Anwendung der Vorschriften für das zweistufige Verfahren scheiden für die Wahl der JAV aus, da der Wahlvorst. nicht durch die JAV gewählt werden kann, sondern ausschließlich vom BR oder, falls dieser untätig bleibt, nur durch das ArbG oder den GesBR bzw. KBR bestellt werden kann (vgl. § 63 Abs. 2 u. 3 BetrVG; → § 63 Rn. 12 ff.; → Rn. 18 ff.). Entsprechend § 38 S. 2 muss dem Wahlvorst. auch im vereinfachten Wahlverfahren ein wählbarer ArbN angehören.

2 Als Besonderheiten gegenüber § 36 kommt hinzu, dass auf den Stimmzetteln auch der Ausbildungsberuf der jeweiligen Bewerberinnen und Bewerber aufzuführen ist.

3 Da die Bewerber für die Wahl der JAV im vereinfachten Wahlverfahren nach den Grundsätzen der Mehrheitswahl und damit als Personenwahl stattfindet, sind die Bewerberinnen oder Bewerber auf den Stimmzetteln stets in alphabetischer Reihenfolge aufzuführen (vgl. § 34 Abs. 1 S. 2). Unschädlich ist daher, wenn Wahlbewerber auf mehreren Vorschlagslisten vorgeschlagen werden. Die Vorschrift des § 6 Abs. 7 findet nur bei Vorschlagslisten Anwendung.

4 Ist nur ein Mitgl. der JAV zu wählen, ist der Bewerber gewählt, der die meisten Stimmen erhalten hat (§ 34 Abs. 4 S. 1). Bei Stimmengleichheit entscheidet das Los. Sind mehrere Mitgl. zu wählen, richtet sich die Ermittlung der Gewählten nach § 22, 23 Abs. 2 (§ 34 Abs. 5; → § 34 Rn. 7 f.).

5 Die Durchführung der Wahl der JAV erfolgt ebenfalls in entsprechender Anwendung des § 36, wenn Arbeitgeber und Wahlvorst. nach Abs. 2 die Anwendung des vereinfachten Wahlverfahrens vereinbart haben (→ BetrVG § 63 Rn. 14).

Vierter Teil. Übergangs- und Schlussvorschriften

§ 41 Berechnung der Fristen[1]

Für die Berechnung der in dieser Verordnung festgelegten Fristen[2] finden die §§ 186 bis 193 des Bürgerlichen Gesetzbuchs[3–5] entsprechende Anwendung.[6]

1 Einer solchen ausdrücklichen Vorschrift über die Anwendung der Auslegungsregeln der §§ 186–193 BGB hätte es nicht bedurft, da diese Regeln nach § 186 BGB ohnehin für die in Gesetzen enthaltenen Fristen gelten.

2 Die Vorschrift gilt für alle in dieser WO festgelegten Fristen. Hierbei ist zu beachten, dass diese Fristen zT auf Arbeitstage abstellen (zB in § 6 Abs. 6 u. 8, § 7 Abs. 2, § 8 Abs. 2). Der **Begriff des Arbeitstages** ist nicht mit dem des Werktages gleichzusetzen, dem Sonn- und Feiertage gegenüberstehen. Arbeitstag ist vielmehr jeder Tag, an dem der Betrieb arbeitet, ohne Rücksicht darauf, ob es sich um einen Werktag oder einen Sonn- oder Feiertag handelt (Richardi BetrVG/*Forst* Rn. 2). Andererseits sind aber nur diejenigen Tage Arbeitstage, an denen die **ganz überwiegende Mehrzahl der Belegschaft** regelmäßig der Arbeit im Betrieb nachgeht (BAG 12.2.1960 – 1 ABR 13/59, AP BetrVG § 18 Nr. 11; 1.6.1966 – 1 ABR 16/65, AP WahlO z. BetrVG § 6 Nr. 2; GK-BetrVG/*Jacobs* Rn. 4; DKKW/*Homburg* Rn. 3). Nicht ausreichend ist es, wenn lediglich eine oder einige Betriebsabteilungen an bestimmten Tagen arbeiten. Soweit ein Betrieb auch am Samstag oder an Sonn- und Feiertagen arbeitet, kann deshalb im Gegensatz zu den Vorschriften des BGB auch an diesen Tagen ein Fristablauf eintreten (Richardi BetrVG/*Forst* Rn. 2). Das gilt auch mit Wirkung für die ArbN, die an diesen Tagen nicht arbeiten.

3 Besonders wichtig ist § 187 Abs. 1 BGB. Danach wird, wenn für den Anfang einer Frist ein Ereignis (zB nach § 3 Abs. 1 der Erlass des WA) maßgebend ist, bei der Berechnung der Frist der Tag, an welchem das Ereignis eintritt (hier das WA erlassen wird), nicht mitgerechnet. Eine nach Tagen bemessene Frist endet mit Ablauf des letzten Tages der Frist. Eine nach Wochen bemessene Frist endet im Falle des § 187 Abs. 1 BGB mit Ablauf des Tages der letzten Woche, der durch seine Benennung dem Tage entspricht, an dem das den Fristbeginn auslösende Ereignis stattgefunden hat. Ist zB das WA am Dienstag bekanntgemacht worden, so läuft die Frist für Einsprüche gegen die Wählerliste oder die Einreichung von Wahlvorschlägen zwei Wochen später am Dienstag ab.

4 Die **Frist** ist **eingehalten,** wenn vor ihrem Ablauf die erforderliche Handlung vorgenommen wird oder die erforderliche Erklärung dem Empfänger zugegangen ist.

5 Trotz der generellen Verweisung auf die Vorschriften des Bürgerlichen Gesetzbuches ist es im Hinblick darauf, dass es sich bei der BRWahl um einen betrieblichen Vorgang handelt, als zulässig anzusehen, dass der Wahlvorstand den Ablauf einer Frist auf das **Ende der Arbeitszeit am letzten Tage der Frist** begrenzt, vorausgesetzt allerdings, dass es sich bei dem für den Fristablauf festgesetzten Zeitpunkt um das Ende der Arbeitszeit der überwiegenden Mehrheit der ArbN des Betriebs handelt (BAG 4.10.1977 – 1 ABR 37/77, AP BetrVG 1972 § 18 Nr. 2; zur WO 1952: 12.2.1960 – 1 ABR 13/59, AP BetrVG § 18 Nr. 11; 1.6.1966 – 1 ABR 16/65, AP WahlO z. BetrVG § 6 Nr. 2; DKKW/*Homburg* Rn. 2; GK-BetrVG/*Jacobs* Rn. 5). Unerheblich ist dagegen für den Ablauf einer Frist, dass der einzelne ArbN infolge Krankheit, Urlaub usw an dem letzten Tag der Frist nicht arbeitet (LAG Kiel 11.8.1959 – 3 TaBV 1/59, AP WahlO z. BetrVG § 4 Nr. 1; DKKW/*Homburg* Rn. 2; GK-BetrVG/*Jacobs* Rn. 4).

6 Entsprechende Anwendung bedeutet, dass die genannten Vorschriften nur insoweit Platz greifen, als die einzelnen Bestimmungen nach ihrem Inhalt für die in Frage kommende Frist passen. Daher scheiden für Fristen, die nach Arbeitstagen bestimmt sind, die Vorschriften aus, die, wie die §§ 188 Abs. 2 u. 3, 189, 191–193 BGB, auf Kalendertage abstellen.

§ 42 Bereich der Seeschiffahrt

Die Regelung der Wahlen für die Bordvertretung und den Seebetriebsrat (§§ 115 und 116 des Gesetzes) bleibt einer besonderen Rechtsverordnung vorbehalten.[1]

1 Diese ist als Zweite Verordnung zur Durchführung des Betriebsverfassungsgesetzes (Wahlordnung Seeschifffahrt – WOS –) v. 24.10.1972 (BGBl. I S. 2029) erlassen und durch VO v. 28.9.1989 (BGBl. I S. 1795) geändert worden. Die WOS ist auf Grund der auch in den §§ 115 u. 116 BetrVG vorgenommenen Änderungen durch das BetrVerf-ReformG neugefasst worden (WOS v. 7.2.2002, BGBl. I S. 594) und am 16.2.2002 in Kraft getreten. Zum gleichen Zeitpunkt ist die bis dahin geltende WOS außer Kraft getreten (§ 60 WOS).

§ 43 Inkrafttreten

Diese Verordnung tritt am Tage nach der Verkündung in Kraft.[1] **Gleichzeitig tritt die Erste Verordnung zur Durchführung des Betriebsverfassungsgesetzes vom 16. Januar 1972 (BGBl. I S. 49), zuletzt geändert durch die Verordnung vom 16. Januar 1995 (BGBl. I S. 43), außer Kraft.**

1 Die WO ist im BGBl. v. 14.12.2001 verkündet worden. Sie ist damit am 15.12.2001 in Kraft getreten. Damit ist zugleich die bis dahin geltende WO außer Kraft getreten.

Der bisherige Abs. 2 ist mit Art. 2 der Verordnung zum Zweiten Gesetz zur Vereinfachung der Wahl der Arbeitnehmervertreter in den Aufsichtsrat (BGBl. I S. 1393 [1403]) aufgehoben worden. Mit dem am 1.7.2004 in Kraft getretenen G über die Drittelbeteiligung der Arbeitnehmer im Aufsichtsrat v. 18.5.2004 (Drittelbeteiligungsgesetz – DrittelbG – BGBl. I S. 974) sind die bisherigen gesetzlichen Grundlagen für die (Drittel-)Beteiligung der Arbeitnehmer im Aufsichtsrat nach dem BetrVG 1952 außer Kraft getreten. Dementsprechend ist die nur noch für den Teil der Aufsichtsratswahl bestehende Wahlordnung zum BetrVG 1952 aufgehoben und durch die neue Verordnung zur Wahl der Aufsichtsratsmitglieder der Arbeitnehmer nach dem Drittelbeteiligungsgesetz (Wahlordnung zum Drittelbeteiligungsgesetz – WODrittelbG) v. 23.6.2004 (BGBl. I S. 1393) ersetzt worden. Zum neuen Drittelbeteiligungsgesetz und dessen Wahlordnung s. ausf. FKK DrittelbG, 2004. 2

2. Gesetz über Europäische Betriebsräte (Europäische Betriebsräte-Gesetz – EBRG)[1)]

In der Fassung der Bekanntmachung v. 7.12.2011 (BGBl. I S. 2650)

FNA 801-13

Zuletzt geänd. durch G v. 17.7.2017 (BGBl. I S. 2509)

Erster Teil. Allgemeine Vorschriften

§ 1 Grenzübergreifende Unterrichtung und Anhörung

(1) [1] **Zur Stärkung des Rechts auf grenzübergreifende Unterrichtung und Anhörung der Arbeitnehmer in gemeinschaftsweit tätigen Unternehmen und Unternehmensgruppen werden Europäische Betriebsräte oder Verfahren zur Unterrichtung und Anhörung der Arbeitnehmer vereinbart.** [2] **Kommt es nicht zu einer Vereinbarung, wird ein Europäischer Betriebsrat kraft Gesetzes errichtet.**

(2) [1] **Der Europäische Betriebsrat ist zuständig in Angelegenheiten, die das gemeinschaftsweit tätige Unternehmen oder die gemeinschaftsweit tätige Unternehmensgruppe insgesamt oder mindestens zwei Betriebe oder zwei Unternehmen in verschiedenen Mitgliedstaaten betreffen.** [2] **Bei Unternehmen und Unternehmensgruppen nach § 2 Absatz 2 ist der Europäische Betriebsrat nur in solchen Angelegenheiten zuständig, die sich auf das Hoheitsgebiet der Mitgliedstaaten erstrecken, soweit kein größerer Geltungsbereich vereinbart wird.**

(3) **Die grenzübergreifende Unterrichtung und Anhörung der Arbeitnehmer erstreckt sich in einem Unternehmen auf alle in einem Mitgliedstaat liegenden Betriebe sowie in einer Unternehmensgruppe auf alle Unternehmen, die ihren Sitz in einem Mitgliedstaat haben, soweit kein größerer Geltungsbereich vereinbart wird.**

(4) [1] **Unterrichtung im Sinne dieses Gesetzes bezeichnet die Übermittlung von Informationen durch die zentrale Leitung oder eine andere geeignete Leitungsebene an die Arbeitnehmervertreter, um ihnen Gelegenheit zur Kenntnisnahme und Prüfung der behandelten Frage zu geben.** [2] **Die Unterrichtung erfolgt zu einem Zeitpunkt, in einer Weise und in einer inhaltlichen Ausgestaltung, die dem Zweck angemessen sind und es den Arbeitnehmervertretern ermöglichen, die möglichen Auswirkungen eingehend zu bewerten und gegebenenfalls Anhörungen mit dem zuständigen Organ des gemeinschaftsweit tätigen Unternehmens oder der gemeinschaftsweit tätigen Unternehmensgruppe vorzubereiten.**

(5) [1] **Anhörung im Sinne dieses Gesetzes bezeichnet den Meinungsaustausch und die Einrichtung eines Dialogs zwischen den Arbeitnehmervertretern und der zentralen Leitung oder einer anderen geeigneten Leitungsebene zu einem Zeitpunkt, in einer Weise und in einer inhaltlichen Ausgestaltung, die es den Arbeitnehmervertretern auf der Grundlage der erhaltenen Informationen ermöglichen, innerhalb einer angemessenen Frist zu den vorgeschlagenen Maßnahmen, die Gegenstand der Anhörung sind, eine Stellungnahme abzugeben,**

[1)] Dieses Gesetz dient der Umsetzung der RL 2009/38/EG des Europäischen Parlaments und des Rates v. 6.5.2009 über die Einsetzung eines Europäischen Betriebsrats oder die Schaffung eines Verfahrens zur Unterrichtung und Anhörung der Arbeitnehmer in gemeinschaftsweit operierenden Unternehmen und Unternehmensgruppen (ABl. 2009 L 122, S. 28).

die innerhalb des gemeinschaftsweit tätigen Unternehmens oder der gemeinschaftsweit tätigen Unternehmensgruppe berücksichtigt werden kann. [2] Die Anhörung muss den Arbeitnehmervertretern gestatten, mit der zentralen Leitung zusammenzukommen und eine mit Gründen versehene Antwort auf ihre etwaige Stellungnahme zu erhalten.

(6) **Zentrale Leitung im Sinne dieses Gesetzes ist ein gemeinschaftsweit tätiges Unternehmen oder das herrschende Unternehmen einer gemeinschaftsweit tätigen Unternehmensgruppe.**

(7) **Unterrichtung und Anhörung des Europäischen Betriebsrats sind spätestens gleichzeitig mit der der nationalen Arbeitnehmervertretungen durchzuführen.**

§ 2 Geltungsbereich

(1) **Dieses Gesetz gilt für gemeinschaftsweit tätige Unternehmen mit Sitz im Inland und für gemeinschaftsweit tätige Unternehmensgruppen mit Sitz des herrschenden Unternehmens im Inland.**

(2) **[1] Liegt die zentrale Leitung nicht in einem Mitgliedstaat, besteht jedoch eine nachgeordnete Leitung für in Mitgliedstaaten liegende Betriebe oder Unternehmen, findet dieses Gesetz Anwendung, wenn die nachgeordnete Leitung im Inland liegt. [2] Gibt es keine nachgeordnete Leitung, findet das Gesetz Anwendung, wenn die zentrale Leitung einen Betrieb oder ein Unternehmen im Inland als ihren Vertreter benennt. [3] Wird kein Vertreter benannt, findet das Gesetz Anwendung, wenn der Betrieb oder das Unternehmen im Inland liegt, in dem verglichen mit anderen in den Mitgliedstaaten liegenden Betrieben des Unternehmens oder Unternehmen der Unternehmensgruppe die meisten Arbeitnehmer beschäftigt sind. [4] Die vorgenannten Stellen gelten als zentrale Leitung.**

(3) **Mitgliedstaaten im Sinne dieses Gesetzes sind die Mitgliedstaaten der Europäischen Union sowie die anderen Vertragsstaaten des Abkommens über den Europäischen Wirtschaftsraum.**

(4) **Für die Berechnung der Anzahl der im Inland beschäftigten Arbeitnehmer (§ 4), den Auskunftsanspruch (§ 5 Absatz 2 und 3), die Bestimmung des herrschenden Unternehmens (§ 6), die Weiterleitung des Antrags (§ 9 Absatz 2 Satz 3), die gesamtschuldnerische Haftung des Arbeitgebers (§ 16 Absatz 2), die Bestellung der auf das Inland entfallenden Arbeitnehmervertreter (§§ 11, 23 Absatz 1 bis 5 und § 18 Absatz 2 in Verbindung mit § 23) und die für sie geltenden Schutzbestimmungen (§ 40) sowie für den Bericht gegenüber den örtlichen Arbeitnehmervertretungen im Inland (§ 36 Absatz 2) gilt dieses Gesetz auch dann, wenn die zentrale Leitung nicht im Inland liegt.**

§ 3 Gemeinschaftsweite Tätigkeit

(1) **Ein Unternehmen ist gemeinschaftsweit tätig, wenn es mindestens 1000 Arbeitnehmer in den Mitgliedstaaten und davon jeweils mindestens 150 Arbeitnehmer in mindestens zwei Mitgliedstaaten beschäftigt.**

(2) **Eine Unternehmensgruppe ist gemeinschaftsweit tätig, wenn sie mindestens 1000 Arbeitnehmer in den Mitgliedstaaten beschäftigt und ihr mindestens zwei Unternehmen mit Sitz in verschiedenen Mitgliedstaaten angehören, die jeweils mindestens je 150 Arbeitnehmer in verschiedenen Mitgliedstaaten beschäftigen.**

§ 4 Berechnung der Arbeitnehmerzahlen

[1]In Betrieben und Unternehmen des Inlands errechnen sich die im Rahmen des § 3 zu berücksichtigenden Arbeitnehmerzahlen nach der Anzahl der im Durchschnitt während der letzten zwei Jahre beschäftigten Arbeitnehmer im Sinne des § 5 Absatz 1 des Betriebsverfassungsgesetzes. [2]Maßgebend für den Beginn der Frist nach Satz 1 ist der Zeitpunkt, in dem die zentrale Leitung die Initiative zur Bildung des besonderen Verhandlungsgremiums ergreift oder der zentralen Leitung ein den Voraussetzungen des § 9 Absatz 2 entsprechender Antrag der Arbeitnehmer oder ihrer Vertreter zugeht.

§ 5 Auskunftsanspruch

(1) [1]Die zentrale Leitung hat auf Verlangen einer Arbeitnehmervertretung die für die Aufnahme von Verhandlungen zur Bildung eines Europäischen Betriebsrats erforderlichen Informationen zu erheben und an die Arbeitnehmervertretung weiterzuleiten. [2]Zu den erforderlichen Informationen gehören insbesondere die durchschnittliche Gesamtzahl der Arbeitnehmer und ihre Verteilung auf die Mitgliedstaaten, die Unternehmen und Betriebe sowie über die Struktur des Unternehmens oder der Unternehmensgruppe.

(2) Ein Betriebsrat oder ein Gesamtbetriebsrat kann den Anspruch nach Absatz 1 gegenüber der örtlichen Betriebs- oder Unternehmensleitung geltend machen; diese ist verpflichtet, die erforderlichen Informationen und Unterlagen bei der zentralen Leitung einzuholen.

(3) Jede Leitung eines Unternehmens einer gemeinschaftsweit tätigen Unternehmensgruppe sowie die zentrale Leitung sind verpflichtet, die Informationen nach Absatz 1 zu erheben und zur Verfügung zu stellen.

§ 6 Herrschendes Unternehmen

(1) Ein Unternehmen, das zu einer gemeinschaftsweit tätigen Unternehmensgruppe gehört, ist herrschendes Unternehmen, wenn es unmittelbar oder mittelbar einen beherrschenden Einfluss auf ein anderes Unternehmen derselben Gruppe (abhängiges Unternehmen) ausüben kann.

(2) [1]Ein beherrschender Einfluss wird vermutet, wenn ein Unternehmen in Bezug auf ein anderes Unternehmen unmittelbar oder mittelbar

1. mehr als die Hälfte der Mitglieder des Verwaltungs-, Leitungs- oder Aufsichtsorgans des anderen Unternehmens bestellen kann oder
2. über die Mehrheit der mit den Anteilen am anderen Unternehmen verbundenen Stimmrechte verfügt oder
3. die Mehrheit des gezeichneten Kapitals dieses Unternehmens besitzt.

[2]Erfüllen mehrere Unternehmen eines der in Satz 1 Nummer 1 bis 3 genannten Kriterien, bestimmt sich das herrschende Unternehmen nach Maßgabe der dort bestimmten Rangfolge.

(3) Bei der Anwendung des Absatzes 2 müssen den Stimm- und Ernennungsrechten eines Unternehmens die Rechte aller von ihm abhängigen Unternehmen sowie aller natürlichen oder juristischen Personen, die zwar im eigenen Namen, aber für Rechnung des Unternehmens oder eines von ihm abhängigen Unternehmens handeln, hinzugerechnet werden.

(4) Investment- und Beteiligungsgesellschaften im Sinne des Artikels 3 Absatz 5 Buchstabe a oder c der Verordnung (EG) Nummer 139/2004 des Rates vom 20. Januar 2004 über die Kontrolle von Unternehmenszusammenschlüssen

(ABl. L 24 vom 29.1.2004, S. 1) gelten nicht als herrschendes Unternehmen gegenüber einem anderen Unternehmen, an dem sie Anteile halten, an dessen Leitung sie jedoch nicht beteiligt sind.

§ 7 Europäischer Betriebsrat in Unternehmensgruppen

Gehören einer gemeinschaftsweit tätigen Unternehmensgruppe ein oder mehrere gemeinschaftsweit tätige Unternehmen an, wird ein Europäischer Betriebsrat nur bei dem herrschenden Unternehmen errichtet, sofern nichts anderes vereinbart wird.

Zweiter Teil. Besonderes Verhandlungsgremium

§ 8 Aufgabe

(1) **Das besondere Verhandlungsgremium hat die Aufgabe, mit der zentralen Leitung eine Vereinbarung über eine grenzübergreifende Unterrichtung und Anhörung der Arbeitnehmer abzuschließen.**

(2) **Die zentrale Leitung hat dem besonderen Verhandlungsgremium rechtzeitig alle zur Durchführung seiner Aufgaben erforderlichen Auskünfte zu erteilen und die erforderlichen Unterlagen zur Verfügung zu stellen.**

(3) [1] **Die zentrale Leitung und das besondere Verhandlungsgremium arbeiten vertrauensvoll zusammen.** [2] **Zeitpunkt, Häufigkeit und Ort der Verhandlungen werden zwischen der zentralen Leitung und dem besonderen Verhandlungsgremium einvernehmlich festgelegt.**

§ 9 Bildung

(1) **Die Bildung des besonderen Verhandlungsgremiums ist von den Arbeitnehmern oder ihren Vertretern schriftlich bei der zentralen Leitung zu beantragen oder erfolgt auf Initiative der zentralen Leitung.**

(2) [1] **Der Antrag ist wirksam gestellt, wenn er von mindestens 100 Arbeitnehmern oder ihren Vertretern aus mindestens zwei Betrieben oder Unternehmen, die in verschiedenen Mitgliedstaaten liegen, unterzeichnet ist und der zentralen Leitung zugeht.** [2] **Werden mehrere Anträge gestellt, sind die Unterschriften zusammenzuzählen.** [3] **Wird ein Antrag bei einer im Inland liegenden Betriebs- oder Unternehmensleitung eingereicht, hat diese den Antrag unverzüglich an die zentrale Leitung weiterzuleiten und die Antragsteller darüber zu unterrichten.**

(3) **Die zentrale Leitung hat die Antragsteller, die örtlichen Betriebs- oder Unternehmensleitungen, die dort bestehenden Arbeitnehmervertretungen sowie die in inländischen Betrieben vertretenen Gewerkschaften über die Bildung eines besonderen Verhandlungsgremiums und seine Zusammensetzung zu unterrichten.**

§ 10 Zusammensetzung

(1) **Für jeden Anteil der in einem Mitgliedstaat beschäftigten Arbeitnehmer, der 10 Prozent der Gesamtzahl der in allen Mitgliedstaaten beschäftigten Arbeitnehmer der gemeinschaftsweit tätigen Unternehmen oder Unternehmensgruppen oder einen Bruchteil davon beträgt, wird ein Mitglied aus diesem Mitgliedstaat in das besondere Verhandlungsgremium entsandt.**

(2) **Es können Ersatzmitglieder bestellt werden.**

§ 11 Bestellung inländischer Arbeitnehmervertreter

(1) [1]Die nach diesem Gesetz oder dem Gesetz eines anderen Mitgliedstaates auf die im Inland beschäftigten Arbeitnehmer entfallenden Mitglieder des besonderen Verhandlungsgremiums werden in gemeinschaftsweit tätigen Unternehmen vom Gesamtbetriebsrat (§ 47 des Betriebsverfassungsgesetzes) bestellt. [2]Besteht nur ein Betriebsrat, so bestellt dieser die Mitglieder des besonderen Verhandlungsgremiums.

(2) [1]Die in Absatz 1 Satz 1 genannten Mitglieder des besonderen Verhandlungsgremiums werden in gemeinschaftsweit tätigen Unternehmensgruppen vom Konzernbetriebsrat (§ 54 des Betriebsverfassungsgesetzes) bestellt. [2]Besteht neben dem Konzernbetriebsrat noch ein in ihm nicht vertretener Gesamtbetriebsrat oder Betriebsrat, ist der Konzernbetriebsrat um deren Vorsitzende und um deren Stellvertreter zu erweitern; die Vorsitzenden und ihre Stellvertreter gelten insoweit als Konzernbetriebsratsmitglieder.

(3) Besteht kein Konzernbetriebsrat, werden die in Absatz 1 Satz 1 genannten Mitglieder des besonderen Verhandlungsgremiums wie folgt bestellt:

a) Bestehen mehrere Gesamtbetriebsräte, werden die Mitglieder des besonderen Verhandlungsgremiums auf einer gemeinsamen Sitzung der Gesamtbetriebsräte bestellt, zu welcher der Gesamtbetriebsratsvorsitzende des nach der Zahl der wahlberechtigten Arbeitnehmer größten inländischen Unternehmens einzuladen hat. Besteht daneben noch mindestens ein in den Gesamtbetriebsräten nicht vertretener Betriebsrat, sind der Betriebsratsvorsitzende und dessen Stellvertreter zu dieser Sitzung einzuladen; sie gelten insoweit als Gesamtbetriebsratsmitglieder.

b) Besteht neben einem Gesamtbetriebsrat noch mindestens ein in ihm nicht vertretener Betriebsrat, ist der Gesamtbetriebsrat um den Vorsitzenden des Betriebsrats und dessen Stellvertreter zu erweitern; der Betriebsratsvorsitzende und sein Stellvertreter gelten insoweit als Gesamtbetriebsratsmitglieder. Der Gesamtbetriebsrat bestellt die Mitglieder des besonderen Verhandlungsgremiums. Besteht nur ein Gesamtbetriebsrat, so hat dieser die Mitglieder des besonderen Verhandlungsgremiums zu bestellen.

c) Bestehen mehrere Betriebsräte, werden die Mitglieder des besonderen Verhandlungsgremiums auf einer gemeinsamen Sitzung bestellt, zu welcher der Betriebsratsvorsitzende des nach der Zahl der wahlberechtigten Arbeitnehmer größten inländischen Betriebs einzuladen hat. Zur Teilnahme an dieser Sitzung sind die Betriebsratsvorsitzenden und deren Stellvertreter berechtigt; § 47 Absatz 7 des Betriebsverfassungsgesetzes gilt entsprechend.

d) Besteht nur ein Betriebsrat, so hat dieser die Mitglieder des besonderen Verhandlungsgremiums zu bestellen.

(4) Zu Mitgliedern des besonderen Verhandlungsgremiums können auch die in § 5 Absatz 3 des Betriebsverfassungsgesetzes genannten Angestellten bestellt werden.

(5) Frauen und Männer sollen entsprechend ihrem zahlenmäßigen Verhältnis bestellt werden.

§ 12 Unterrichtung über die Mitglieder des besonderen Verhandlungsgremiums

[1]Der zentralen Leitung sind unverzüglich die Namen der Mitglieder des besonderen Verhandlungsgremiums, ihre Anschriften sowie die jeweilige Betriebszugehörigkeit mitzuteilen. [2]Die zentrale Leitung hat die örtlichen Betriebs- oder Unternehmensleitungen, die dort bestehenden Arbeitnehmervertretungen

sowie die in inländischen Betrieben vertretenen Gewerkschaften über diese Angaben zu unterrichten.

§ 13 Sitzungen, Geschäftsordnung, Sachverständige

(1) [1]**Die zentrale Leitung lädt unverzüglich nach Benennung der Mitglieder zur konstituierenden Sitzung des besonderen Verhandlungsgremiums ein und unterrichtet die örtlichen Betriebs- oder Unternehmensleitungen.** [2]**Die zentrale Leitung unterrichtet zugleich die zuständigen europäischen Gewerkschaften und Arbeitgeberverbände über den Beginn der Verhandlungen und die Zusammensetzung des besonderen Verhandlungsgremiums nach § 12 Satz 1.** [3]**Das besondere Verhandlungsgremium wählt aus seiner Mitte einen Vorsitzenden und kann sich eine Geschäftsordnung geben.**

(2) **Vor und nach jeder Verhandlung mit der zentralen Leitung hat das besondere Verhandlungsgremium das Recht, eine Sitzung durchzuführen und zu dieser einzuladen; § 8 Absatz 3 Satz 2 gilt entsprechend.**

(3) **Beschlüsse des besonderen Verhandlungsgremiums werden, soweit in diesem Gesetz nichts anderes bestimmt ist, mit der Mehrheit der Stimmen seiner Mitglieder gefasst.**

(4) [1]**Das besondere Verhandlungsgremium kann sich durch Sachverständige seiner Wahl unterstützen lassen, soweit dies zur ordnungsgemäßen Erfüllung seiner Aufgaben erforderlich ist.** [2]**Sachverständige können auch Beauftragte von Gewerkschaften sein.** [3]**Die Sachverständigen und Gewerkschaftsvertreter können auf Wunsch des besonderen Verhandlungsgremiums beratend an den Verhandlungen teilnehmen.**

§ 14 Einbeziehung von Arbeitnehmervertretern aus Drittstaaten

Kommen die zentrale Leitung und das besondere Verhandlungsgremium überein, die nach § 17 auszuhandelnde Vereinbarung auf nicht in einem Mitgliedstaat (Drittstaat) liegende Betriebe oder Unternehmen zu erstrecken, können sie vereinbaren, Arbeitnehmervertreter aus diesen Staaten in das besondere Verhandlungsgremium einzubeziehen und die Anzahl der auf den jeweiligen Drittstaat entfallenden Mitglieder sowie deren Rechtsstellung festlegen.

§ 15 Beschluss über Beendigung der Verhandlungen

(1) [1]**Das besondere Verhandlungsgremium kann mit mindestens zwei Dritteln der Stimmen seiner Mitglieder beschließen, keine Verhandlungen aufzunehmen oder diese zu beenden.** [2]**Der Beschluss und das Abstimmungsergebnis sind in eine Niederschrift aufzunehmen, die vom Vorsitzenden und einem weiteren Mitglied zu unterzeichnen ist.** [3]**Eine Abschrift der Niederschrift ist der zentralen Leitung zuzuleiten.**

(2) **Ein neuer Antrag auf Bildung eines besonderen Verhandlungsgremiums (§ 9) kann frühestens zwei Jahre nach dem Beschluss gemäß Absatz 1 gestellt werden, sofern das besondere Verhandlungsgremium und die zentrale Leitung nicht schriftlich eine kürzere Frist festlegen.**

§ 16 Kosten und Sachaufwand

(1) [1]**Die durch die Bildung und Tätigkeit des besonderen Verhandlungsgremiums entstehenden Kosten trägt die zentrale Leitung.** [2]**Werden Sachverstän-**

dige nach § 13 Absatz 4 hinzugezogen, beschränkt sich die Kostentragungspflicht auf einen Sachverständigen. [3]Die zentrale Leitung hat für die Sitzungen in erforderlichem Umfang Räume, sachliche Mittel, Dolmetscher und Büropersonal zur Verfügung zu stellen sowie die erforderlichen Reise- und Aufenthaltskosten der Mitglieder des besonderen Verhandlungsgremiums zu tragen.

(2) Der Arbeitgeber eines aus dem Inland entsandten Mitglieds des besonderen Verhandlungsgremiums haftet neben der zentralen Leitung für dessen Anspruch auf Kostenerstattung als Gesamtschuldner.

Dritter Teil. Vereinbarungen über grenzübergreifende Unterrichtung und Anhörung

§ 17 Gestaltungsfreiheit

[1]Die zentrale Leitung und das besondere Verhandlungsgremium können frei vereinbaren, wie die grenzübergreifende Unterrichtung und Anhörung der Arbeitnehmer ausgestaltet wird; sie sind nicht an die Bestimmungen des Vierten Teils dieses Gesetzes gebunden. [2]Die Vereinbarung muss sich auf alle in den Mitgliedstaaten beschäftigten Arbeitnehmer erstrecken, in denen das Unternehmen oder die Unternehmensgruppe einen Betrieb hat. [3]Die Parteien verständigen sich darauf, ob die grenzübergreifende Unterrichtung und Anhörung durch die Errichtung eines Europäischen Betriebsrats oder mehrerer Europäischer Betriebsräte nach § 18 oder durch ein Verfahren zur Unterrichtung und Anhörung der Arbeitnehmer nach § 19 erfolgen soll.

§ 18 Europäischer Betriebsrat kraft Vereinbarung

(1) [1]Soll ein Europäischer Betriebsrat errichtet werden, ist schriftlich zu vereinbaren, wie dieser ausgestaltet werden soll. [2]Dabei soll insbesondere Folgendes geregelt werden:

1. Bezeichnung der erfassten Betriebe und Unternehmen, einschließlich der außerhalb des Hoheitsgebietes der Mitgliedstaaten liegenden Niederlassungen, sofern diese in den Geltungsbereich einbezogen werden,
2. Zusammensetzung des Europäischen Betriebsrats, Anzahl der Mitglieder, Ersatzmitglieder, Sitzverteilung und Mandatsdauer,
3. Aufgaben und Befugnisse des Europäischen Betriebsrats sowie das Verfahren zu seiner Unterrichtung und Anhörung; dieses Verfahren kann auf die Beteiligungsrechte der nationalen Arbeitnehmervertretungen abgestimmt werden, soweit deren Rechte hierdurch nicht beeinträchtigt werden,
4. Ort, Häufigkeit und Dauer der Sitzungen,
5. die Einrichtung eines Ausschusses des Europäischen Betriebsrats einschließlich seiner Zusammensetzung, der Bestellung seiner Mitglieder, seiner Befugnisse und Arbeitsweise,
6. die für den Europäischen Betriebsrat zur Verfügung zu stellenden finanziellen und sachlichen Mittel,
7. Klausel zur Anpassung der Vereinbarung an Strukturänderungen, die Geltungsdauer der Vereinbarung und das bei ihrer Neuverhandlung, Änderung oder Kündigung anzuwendende Verfahren, einschließlich einer Übergangsregelung.

(2) § 23 gilt entsprechend.

§ 19 Verfahren zur Unterrichtung und Anhörung

[1] Soll ein Verfahren zur Unterrichtung und Anhörung der Arbeitnehmer eingeführt werden, ist schriftlich zu vereinbaren, unter welchen Voraussetzungen die Arbeitnehmervertreter das Recht haben, die ihnen übermittelten Informationen gemeinsam zu beraten und wie sie ihre Vorschläge oder Bedenken mit der zentralen Leitung oder einer anderen geeigneten Leitungsebene erörtern können. [2] Die Unterrichtung muss sich insbesondere auf grenzübergreifende Angelegenheiten erstrecken, die erhebliche Auswirkungen auf die Interessen der Arbeitnehmer haben.

§ 20 Übergangsbestimmung

[1] Eine nach § 18 oder § 19 bestehende Vereinbarung gilt fort, wenn vor ihrer Beendigung das Antrags- oder Initiativrecht nach § 9 Absatz 1 ausgeübt worden ist. [2] Das Antragsrecht kann auch ein auf Grund einer Vereinbarung bestehendes Arbeitnehmervertretungsgremium ausüben. [3] Die Fortgeltung endet, wenn die Vereinbarung durch eine neue Vereinbarung ersetzt oder ein Europäischer Betriebsrat kraft Gesetzes errichtet worden ist. [4] Die Fortgeltung endet auch dann, wenn das besondere Verhandlungsgremium einen Beschluss nach § 15 Absatz 1 fasst; § 15 Absatz 2 gilt entsprechend. [5] Die Sätze 1 bis 4 finden keine Anwendung, wenn in der bestehenden Vereinbarung eine Übergangsregelung enthalten ist.

Vierter Teil. Europäischer Betriebsrat kraft Gesetzes

Erster Abschnitt. Errichtung des Europäischen Betriebsrats

§ 21 Voraussetzungen

(1) **[1] Verweigert die zentrale Leitung die Aufnahme von Verhandlungen innerhalb von sechs Monaten nach Antragstellung (§ 9), ist ein Europäischer Betriebsrat gemäß den §§ 22 und 23 zu errichten. [2] Das gleiche gilt, wenn innerhalb von drei Jahren nach Antragstellung keine Vereinbarung nach § 18 oder § 19 zustande kommt oder die zentrale Leitung und das besondere Verhandlungsgremium das vorzeitige Scheitern der Verhandlungen erklären. [3] Die Sätze 1 und 2 gelten entsprechend, wenn die Bildung des besonderen Verhandlungsgremiums auf Initiative der zentralen Leitung erfolgt.**

(2) **Ein Europäischer Betriebsrat ist nicht zu errichten, wenn das besondere Verhandlungsgremium vor Ablauf der in Absatz 1 genannten Fristen einen Beschluss nach § 15 Absatz 1 fasst.**

§ 22 Zusammensetzung des Europäischen Betriebsrats

(1) **[1] Der Europäische Betriebsrat setzt sich aus Arbeitnehmern des gemeinschaftsweit tätigen Unternehmens oder der gemeinschaftsweit tätigen Unternehmensgruppe zusammen. [2] Es können Ersatzmitglieder bestellt werden.**

(2) **Für jeden Anteil der in einem Mitgliedstaat beschäftigten Arbeitnehmer, der 10 Prozent der Gesamtzahl der in allen Mitgliedstaaten beschäftigten Arbeitnehmer der gemeinschaftsweit tätigen Unternehmen oder Unternehmens-**

gruppen oder einen Bruchteil davon beträgt, wird ein Mitglied aus diesem Mitgliedstaat in den Europäischen Betriebsrat entsandt.

§ 23 Bestellung inländischer Arbeitnehmervertreter

(1) [1]Die nach diesem Gesetz oder dem Gesetz eines anderen Mitgliedstaates auf die im Inland beschäftigten Arbeitnehmer entfallenden Mitglieder des Europäischen Betriebsrats werden in gemeinschaftsweit tätigen Unternehmen vom Gesamtbetriebsrat (§ 47 des Betriebsverfassungsgesetzes) bestellt. [2]Besteht nur ein Betriebsrat, so bestellt dieser die Mitglieder des Europäischen Betriebsrats.

(2) [1]Die in Absatz 1 Satz 1 genannten Mitglieder des Europäischen Betriebsrats werden in gemeinschaftsweit tätigen Unternehmensgruppen vom Konzernbetriebsrat (§ 54 des Betriebsverfassungsgesetzes) bestellt. [2]Besteht neben dem Konzernbetriebsrat noch ein in ihm nicht vertretener Gesamtbetriebsrat oder Betriebsrat, ist der Konzernbetriebsrat um deren Vorsitzende und um deren Stellvertreter zu erweitern; die Vorsitzenden und ihre Stellvertreter gelten insoweit als Konzernbetriebsratsmitglieder.

(3) Besteht kein Konzernbetriebsrat, werden die in Absatz 1 Satz 1 genannten Mitglieder des Europäischen Betriebsrats wie folgt bestellt:

a) Bestehen mehrere Gesamtbetriebsräte, werden die Mitglieder des Europäischen Betriebsrats auf einer gemeinsamen Sitzung der Gesamtbetriebsräte bestellt, zu welcher der Gesamtbetriebsratsvorsitzende des nach der Zahl der wahlberechtigten Arbeitnehmer größten inländischen Unternehmens einzuladen hat. Besteht daneben noch mindestens ein in den Gesamtbetriebsräten nicht vertretener Betriebsrat, sind der Betriebsratsvorsitzende und dessen Stellvertreter zu dieser Sitzung einzuladen; sie gelten insoweit als Gesamtbetriebsratsmitglieder.

b) Besteht neben einem Gesamtbetriebsrat noch mindestens ein in ihm nicht vertretener Betriebsrat, ist der Gesamtbetriebsrat um den Vorsitzenden des Betriebsrats und dessen Stellvertreter zu erweitern; der Betriebsratsvorsitzende und sein Stellvertreter gelten insoweit als Gesamtbetriebsratsmitglieder. Der Gesamtbetriebsrat bestellt die Mitglieder des Europäischen Betriebsrats. Besteht nur ein Gesamtbetriebsrat, so hat dieser die Mitglieder des Europäischen Betriebsrats zu bestellen.

c) Bestehen mehrere Betriebsräte, werden die Mitglieder des Europäischen Betriebsrats auf einer gemeinsamen Sitzung bestellt, zu welcher der Betriebsratsvorsitzende des nach der Zahl der wahlberechtigten Arbeitnehmer größten inländischen Betriebs einzuladen hat. Zur Teilnahme an dieser Sitzung sind die Betriebsratsvorsitzenden und deren Stellvertreter berechtigt; § 47 Absatz 7 des Betriebsverfassungsgesetzes gilt entsprechend.

d) Besteht nur ein Betriebsrat, so hat dieser die Mitglieder des Europäischen Betriebsrats zu bestellen.

(4) Die Absätze 1 bis 3 gelten entsprechend für die Abberufung.

(5) Eine ausgewogene Vertretung der Arbeitnehmer nach ihrer Tätigkeit sollte so weit als möglich berücksichtigt werden; Frauen und Männer sollen entsprechend ihrem zahlenmäßigen Verhältnis bestellt werden.

(6) [1]Das zuständige Sprecherausschussgremium eines gemeinschaftsweit tätigen Unternehmens oder einer gemeinschaftsweit tätigen Unternehmensgruppe mit Sitz der zentralen Leitung im Inland kann einen der in § 5 Absatz 3 des Betriebsverfassungsgesetzes genannten Angestellten bestimmen, der mit Rederecht an den Sitzungen zur Unterrichtung und Anhörung des Europäischen Betriebsrats teilnimmt, sofern nach § 22 Absatz 2 mindestens fünf inländische Vertreter entsandt werden. [2]§ 35 Absatz 2 und § 39 gelten entsprechend.

§ 24 Unterrichtung über die Mitglieder des Europäischen Betriebsrats

[1] Der zentralen Leitung sind unverzüglich die Namen der Mitglieder des Europäischen Betriebsrats, ihre Anschriften sowie die jeweilige Betriebszugehörigkeit mitzuteilen. [2] Die zentrale Leitung hat die örtlichen Betriebs- oder Unternehmensleitungen, die dort bestehenden Arbeitnehmervertretungen sowie die in inländischen Betrieben vertretenen Gewerkschaften über diese Angaben zu unterrichten.

Zweiter Abschnitt. Geschäftsführung des Europäischen Betriebsrats

§ 25 Konstituierende Sitzung, Vorsitzender

(1) **[1] Die zentrale Leitung lädt unverzüglich nach Benennung der Mitglieder zur konstituierenden Sitzung des Europäischen Betriebsrats ein. [2] Der Europäische Betriebsrat wählt aus seiner Mitte einen Vorsitzenden und dessen Stellvertreter.**

(2) **[1] Der Vorsitzende des Europäischen Betriebsrats oder im Falle seiner Verhinderung der Stellvertreter vertritt den Europäischen Betriebsrat im Rahmen der von ihm gefassten Beschlüsse. [2] Zur Entgegennahme von Erklärungen, die dem Europäischen Betriebsrat gegenüber abzugeben sind, ist der Vorsitzende oder im Falle seiner Verhinderung der Stellvertreter berechtigt.**

§ 26 Ausschuss

[1] Der Europäische Betriebsrat bildet aus seiner Mitte einen Ausschuss. [2] Der Ausschuss besteht aus dem Vorsitzenden und mindestens zwei, höchstens vier weiteren zu wählenden Ausschussmitgliedern. [3] Die weiteren Ausschussmitglieder sollen in verschiedenen Mitgliedstaaten beschäftigt sein. [4] Der Ausschuss führt die laufenden Geschäfte des Europäischen Betriebsrats.

§ 27 Sitzungen

(1) **[1] Der Europäische Betriebsrat hat das Recht, im Zusammenhang mit der Unterrichtung durch die zentrale Leitung nach § 29 eine Sitzung durchzuführen und zu dieser einzuladen. [2] Das gleiche gilt bei einer Unterrichtung über außergewöhnliche Umstände nach § 30. [3] Der Zeitpunkt und der Ort der Sitzungen sind mit der zentralen Leitung abzustimmen. [4] Mit Einverständnis der zentralen Leitung kann der Europäische Betriebsrat weitere Sitzungen durchführen. [5] Die Sitzungen des Europäischen Betriebsrats sind nicht öffentlich.**

(2) **Absatz 1 gilt entsprechend für die Wahrnehmung der Mitwirkungsrechte des Europäischen Betriebsrats durch den Ausschuss nach § 26.**

§ 28 Beschlüsse, Geschäftsordnung

[1] Die Beschlüsse des Europäischen Betriebsrats werden, soweit in diesem Gesetz nichts anderes bestimmt ist, mit der Mehrheit der Stimmen der anwesenden Mitglieder gefasst. [2] Sonstige Bestimmungen über die Geschäftsführung sollen in einer schriftlichen Geschäftsordnung getroffen werden, die der Europäische Betriebsrat mit der Mehrheit der Stimmen seiner Mitglieder beschließt.

Dritter Abschnitt. Mitwirkungsrechte

§ 29 Jährliche Unterrichtung und Anhörung

(1) Die zentrale Leitung hat den Europäischen Betriebsrat einmal im Kalenderjahr über die Entwicklung der Geschäftslage und die Perspektiven des gemeinschaftsweit tätigen Unternehmens oder der gemeinschaftsweit tätigen Unternehmensgruppe unter rechtzeitiger Vorlage der erforderlichen Unterlagen zu unterrichten und ihn anzuhören.

(2) Zu der Entwicklung der Geschäftslage und den Perspektiven im Sinne des Absatzes 1 gehören insbesondere

1. Struktur des Unternehmens oder der Unternehmensgruppe sowie die wirtschaftliche und finanzielle Lage,
2. die voraussichtliche Entwicklung der Geschäfts-, Produktions- und Absatzlage,
3. die Beschäftigungslage und ihre voraussichtliche Entwicklung,
4. Investitionen (Investitionsprogramme),
5. grundlegende Änderungen der Organisation,
6. die Einführung neuer Arbeits- und Fertigungsverfahren,
7. die Verlegung von Unternehmen, Betrieben oder wesentlichen Betriebsteilen sowie Verlagerungen der Produktion,
8. Zusammenschlüsse oder Spaltungen von Unternehmen oder Betrieben,
9. die Einschränkung oder Stilllegung von Unternehmen, Betrieben oder wesentlichen Betriebsteilen,
10. Massenentlassungen.

§ 30 Unterrichtung und Anhörung

(1) [1]Über außergewöhnliche Umstände oder Entscheidungen, die erhebliche Auswirkungen auf die Interessen der Arbeitnehmer haben, hat die zentrale Leitung den Europäischen Betriebsrat rechtzeitig unter Vorlage der erforderlichen Unterlagen zu unterrichten und auf Verlangen anzuhören. [2]Als außergewöhnliche Umstände gelten insbesondere

1. die Verlegung von Unternehmen, Betrieben oder wesentlichen Betriebsteilen,
2. die Stilllegung von Unternehmen, Betrieben oder wesentlichen Betriebsteilen,
3. Massenentlassungen.

(2) [1]Besteht ein Ausschuss nach § 26, so ist dieser anstelle des Europäischen Betriebsrats nach Absatz 1 Satz 1 zu beteiligen. [2]§ 27 Absatz 1 Satz 2 bis 5 gilt entsprechend. [3]Zu den Sitzungen des Ausschusses sind auch diejenigen Mitglieder des Europäischen Betriebsrats zu laden, die für die Betriebe oder Unternehmen bestellt worden sind, die unmittelbar von den geplanten Maßnahmen oder Entscheidungen betroffen sind; sie gelten insoweit als Ausschussmitglieder.

§ 31 Tendenzunternehmen

Auf Unternehmen und herrschende Unternehmen von Unternehmensgruppen, die unmittelbar und überwiegend den in § 118 Absatz 1 Satz 1 Nummer 1 und 2 des Betriebsverfassungsgesetzes genannten Bestimmungen oder Zwecken dienen, finden nur § 29 Absatz 2 Nummer 5 bis 10 und § 30 Anwendung mit der Maßgabe, dass eine Unterrichtung und Anhörung nur über den Ausgleich

oder die Milderung der wirtschaftlichen Nachteile erfolgen muss, die den Arbeitnehmern infolge der Unternehmens- oder Betriebsänderungen entstehen.

Vierter Abschnitt. Änderung der Zusammensetzung, Übergang zu einer Vereinbarung

§ 32 Dauer der Mitgliedschaft, Neubestellung von Mitgliedern

(1) [1] **Die Dauer der Mitgliedschaft im Europäischen Betriebsrat beträgt vier Jahre, wenn sie nicht durch Abberufung oder aus anderen Gründen vorzeitig endet.** [2] **Die Mitgliedschaft beginnt mit der Bestellung.**

(2) [1] **Alle zwei Jahre, vom Tage der konstituierenden Sitzung des Europäischen Betriebsrats (§ 25 Absatz 1) an gerechnet, hat die zentrale Leitung zu prüfen, ob sich die Arbeitnehmerzahlen in den einzelnen Mitgliedstaaten derart geändert haben, dass sich eine andere Zusammensetzung des Europäischen Betriebsrats nach § 22 Absatz 2 errechnet.** [2] **Sie hat das Ergebnis dem Europäischen Betriebsrat mitzuteilen.** [3] **Ist danach eine andere Zusammensetzung des Europäischen Betriebsrats erforderlich, veranlasst dieser bei den zuständigen Stellen, dass die Mitglieder des Europäischen Betriebsrats in den Mitgliedstaaten neu bestellt werden, in denen sich eine gegenüber dem vorhergehenden Zeitraum abweichende Anzahl der Arbeitnehmervertreter ergibt; mit der Neubestellung endet die Mitgliedschaft der bisher aus diesen Mitgliedstaaten stammenden Arbeitnehmervertreter im Europäischen Betriebsrat.** [4] **Die Sätze 1 bis 3 gelten entsprechend bei Berücksichtigung eines bisher im Europäischen Betriebsrat nicht vertretenen Mitgliedstaates.**

§ 33 Aufnahme von Verhandlungen

[1] **Vier Jahre nach der konstituierenden Sitzung (§ 25 Absatz 1) hat der Europäische Betriebsrat mit der Mehrheit der Stimmen seiner Mitglieder einen Beschluss darüber zu fassen, ob mit der zentralen Leitung eine Vereinbarung nach § 17 ausgehandelt werden soll.** [2] **Beschließt der Europäische Betriebsrat die Aufnahme von Verhandlungen, hat er die Rechte und Pflichten des besonderen Verhandlungsgremiums; die §§ 8, 13, 14 und 15 Absatz 1 sowie die §§ 16 bis 19 gelten entsprechend.** [3] **Das Amt des Europäischen Betriebsrats endet, wenn eine Vereinbarung nach § 17 geschlossen worden ist.**

Fünfter Teil. Gemeinsame Bestimmungen

§ 34 Vertrauensvolle Zusammenarbeit

[1] **Zentrale Leitung und Europäischer Betriebsrat arbeiten vertrauensvoll zum Wohl der Arbeitnehmer und des Unternehmens oder der Unternehmensgruppe zusammen.** [2] **Satz 1 gilt entsprechend für die Zusammenarbeit zwischen zentraler Leitung und Arbeitnehmervertretern im Rahmen eines Verfahrens zur Unterrichtung und Anhörung.**

§ 35 Geheimhaltung, Vertraulichkeit

(1) **Die Pflicht der zentralen Leitung, über die im Rahmen der §§ 18 und 19 vereinbarten oder die sich aus den §§ 29 und 30 Absatz 1 ergebenden Angele-**

genheiten zu unterrichten, besteht nur, soweit dadurch nicht Betriebs- oder Geschäftsgeheimnisse des Unternehmens oder der Unternehmensgruppe gefährdet werden.

(2) [1]Die Mitglieder und Ersatzmitglieder eines Europäischen Betriebsrats sind verpflichtet, Betriebs- oder Geschäftsgeheimnisse, die ihnen wegen ihrer Zugehörigkeit zum Europäischen Betriebsrat bekannt geworden und von der zentralen Leitung ausdrücklich als geheimhaltungsbedürftig bezeichnet worden sind, nicht zu offenbaren und nicht zu verwerten. [2]Dies gilt auch nach dem Ausscheiden aus dem Europäischen Betriebsrat. [3]Die Verpflichtung gilt nicht gegenüber Mitgliedern eines Europäischen Betriebsrats. [4]Sie gilt ferner nicht gegenüber den örtlichen Arbeitnehmervertretern der Betriebe oder Unternehmen, wenn diese auf Grund einer Vereinbarung nach § 18 oder nach § 36 über den Inhalt der Unterrichtungen und die Ergebnisse der Anhörungen zu unterrichten sind, den Arbeitnehmervertretern im Aufsichtsrat sowie gegenüber Dolmetschern und Sachverständigen, die zur Unterstützung herangezogen werden.

(3) Die Pflicht zur Vertraulichkeit nach Absatz 2 Satz 1 und 2 gilt entsprechend für

1. die Mitglieder und Ersatzmitglieder des besonderen Verhandlungsgremiums,
2. die Arbeitnehmervertreter im Rahmen eines Verfahrens zur Unterrichtung und Anhörung (§ 19),
3. die Sachverständigen und Dolmetscher sowie
4. die örtlichen Arbeitnehmervertreter.

(4) Die Ausnahmen von der Pflicht zur Vertraulichkeit nach Absatz 2 Satz 3 und 4 gelten entsprechend für

1. das besondere Verhandlungsgremium gegenüber Sachverständigen und Dolmetschern,
2. die Arbeitnehmervertreter im Rahmen eines Verfahrens zur Unterrichtung und Anhörung gegenüber Dolmetschern und Sachverständigen, die vereinbarungsgemäß zur Unterstützung herangezogen werden, und gegenüber örtlichen Arbeitnehmervertretern, sofern diese nach der Vereinbarung (§ 19) über die Inhalte der Unterrichtungen und die Ergebnisse der Anhörungen zu unterrichten sind.

§ 36 Unterrichtung der örtlichen Arbeitnehmervertreter

(1) Der Europäische Betriebsrat oder der Ausschuss (§ 30 Absatz 2) berichtet den örtlichen Arbeitnehmervertretern oder, wenn es diese nicht gibt, den Arbeitnehmern der Betriebe oder Unternehmen über die Unterrichtung und Anhörung.

(2) [1]Das Mitglied des Europäischen Betriebsrats oder des Ausschusses, das den örtlichen Arbeitnehmervertretungen im Inland berichtet, hat den Bericht in Betrieben oder Unternehmen, in denen Sprecherausschüsse der leitenden Angestellten bestehen, auf einer gemeinsamen Sitzung im Sinne des § 2 Absatz 2 des Sprecherausschussgesetzes zu erstatten. [2]Dies gilt nicht, wenn ein nach § 23 Absatz 6 bestimmter Angestellter an der Sitzung zur Unterrichtung und Anhörung des Europäischen Betriebsrats teilgenommen hat. [3]Wird der Bericht nach Absatz 1 nur schriftlich erstattet, ist er auch dem zuständigen Sprecherausschuss zuzuleiten.

§ 37 Wesentliche Strukturänderung

(1) [1]Ändert sich die Struktur des gemeinschaftsweit tätigen Unternehmens oder der gemeinschaftsweit tätigen Unternehmensgruppe wesentlich und beste-

hen hierzu keine Regelungen in geltenden Vereinbarungen oder widersprechen sich diese, nimmt die zentrale Leitung von sich aus oder auf Antrag der Arbeitnehmer oder ihrer Vertreter (§ 9 Absatz 1) die Verhandlung über eine Vereinbarung nach § 18 oder § 19 auf. [2] Als wesentliche Strukturänderungen im Sinne des Satzes 1 gelten insbesondere

1. **Zusammenschluss von Unternehmen oder Unternehmensgruppen,**
2. **Spaltung von Unternehmen oder der Unternehmensgruppe,**
3. **Verlegung von Unternehmen oder der Unternehmensgruppe in einen anderen Mitgliedstaat oder Drittstaat oder Stilllegung von Unternehmen oder der Unternehmensgruppe,**
4. **Verlegung oder Stilllegung von Betrieben, soweit sie Auswirkungen auf die Zusammensetzung des Europäischen Betriebsrats haben können.**

(2) **Abweichend von § 10 entsendet jeder von der Strukturänderung betroffene Europäische Betriebsrat aus seiner Mitte drei weitere Mitglieder in das besondere Verhandlungsgremium.**

(3) [1] **Für die Dauer der Verhandlung bleibt jeder von der Strukturänderung betroffene Europäische Betriebsrat bis zur Errichtung eines neuen Europäischen Betriebsrats im Amt (Übergangsmandat). [2] Mit der zentralen Leitung kann vereinbart werden, nach welchen Bestimmungen und in welcher Zusammensetzung das Übergangsmandat wahrgenommen wird. [3] Kommt es nicht zu einer Vereinbarung mit der zentralen Leitung nach Satz 2, wird das Übergangsmandat durch den jeweiligen Europäischen Betriebsrat entsprechend der für ihn im Unternehmen oder der Unternehmensgruppe geltenden Regelung wahrgenommen. [4] Das Übergangsmandat endet auch, wenn das besondere Verhandlungsgremium einen Beschluss nach § 15 Absatz 1 fasst.**

(4) **Kommt es nicht zu einer Vereinbarung nach § 18 oder § 19, ist in den Fällen des § 21 Absatz 1 ein Europäischer Betriebsrat nach den §§ 22 und 23 zu errichten.**

§ 38 Fortbildung

(1) [1] **Der Europäische Betriebsrat kann Mitglieder zur Teilnahme an Schulungs- und Bildungsveranstaltungen bestimmen, soweit diese Kenntnisse vermitteln, die für die Arbeit des Europäischen Betriebsrats erforderlich sind. [2] Der Europäische Betriebsrat hat die Teilnahme und zeitliche Lage rechtzeitig der zentralen Leitung mitzuteilen. [3] Bei der Festlegung der zeitlichen Lage sind die betrieblichen Notwendigkeiten zu berücksichtigen. [4] Der Europäische Betriebsrat kann die Aufgaben nach diesem Absatz auf den Ausschuss nach § 26 übertragen.**

(2) **Für das besondere Verhandlungsgremium und dessen Mitglieder gilt Absatz 1 Satz 1 bis 3 entsprechend.**

§ 39 Kosten, Sachaufwand und Sachverständige

(1) [1] **Die durch die Bildung und Tätigkeit des Europäischen Betriebsrats und des Ausschusses entstehenden Kosten trägt die zentrale Leitung. [2] Die zentrale Leitung hat insbesondere für die Sitzungen und die laufende Geschäftsführung in erforderlichem Umfang Räume, sachliche Mittel und Büropersonal, für die Sitzungen außerdem Dolmetscher zur Verfügung zu stellen. [3] Sie trägt die erforderlichen Reise- und Aufenthaltskosten der Mitglieder des Europäischen Betriebsrats und des Ausschusses. [4] § 16 Absatz 2 gilt entsprechend.**

(2) [1] **Der Europäische Betriebsrat und der Ausschuss können sich durch Sachverständige ihrer Wahl unterstützen lassen, soweit dies zur ordnungsgemäßen**

Erfüllung ihrer Aufgaben erforderlich ist. [2] Sachverständige können auch Beauftragte von Gewerkschaften sein. [3] Werden Sachverständige hinzugezogen, beschränkt sich die Kostentragungspflicht auf einen Sachverständigen, es sei denn, eine Vereinbarung nach § 18 oder § 19 sieht etwas anderes vor.

§ 40 Schutz inländischer Arbeitnehmervertreter

(1) [1] **Für die Mitglieder eines Europäischen Betriebsrats, die im Inland beschäftigt sind, gelten § 37 Absatz 1 bis 5 und die §§ 78 und 103 des Betriebsverfassungsgesetzes sowie § 15 Absatz 1 und 3 bis 5 des Kündigungsschutzgesetzes entsprechend. [2] Für nach § 38 erforderliche Fortbildungen gilt § 37 Absatz 6 Satz 1 und 2 des Betriebsverfassungsgesetzes entsprechend.**

(2) **Absatz 1 gilt entsprechend für die Mitglieder des besonderen Verhandlungsgremiums und die Arbeitnehmervertreter im Rahmen eines Verfahrens zur Unterrichtung und Anhörung.**

Sechster Teil. Bestehende Vereinbarungen

§ 41 Fortgeltung

(1) [1] **Auf die in den §§ 2 und 3 genannten Unternehmen und Unternehmensgruppen, in denen vor dem 22. September 1996 eine Vereinbarung über grenzübergreifende Unterrichtung und Anhörung besteht, sind die Bestimmungen dieses Gesetzes außer in den Fällen des § 37 nicht anwendbar, solange die Vereinbarung wirksam ist. [2] Die Vereinbarung muss sich auf alle in den Mitgliedstaaten beschäftigten Arbeitnehmer erstrecken und den Arbeitnehmern aus denjenigen Mitgliedstaaten eine angemessene Beteiligung an der Unterrichtung und Anhörung ermöglichen, in denen das Unternehmen oder die Unternehmensgruppe einen Betrieb hat.**

(2) [1] **Der Anwendung des Absatzes 1 steht nicht entgegen, dass die Vereinbarung auf Seiten der Arbeitnehmer nur von einer im Betriebsverfassungsgesetz vorgesehenen Arbeitnehmervertretung geschlossen worden ist. [2] Das gleiche gilt, wenn für ein Unternehmen oder eine Unternehmensgruppe anstelle einer Vereinbarung mehrere Vereinbarungen geschlossen worden sind.**

(3) **Sind die Voraussetzungen des Absatzes 1 deshalb nicht erfüllt, weil die an dem in Absatz 1 Satz 1 genannten Stichtag bestehende Vereinbarung nicht alle Arbeitnehmer erfasst, können die Parteien deren Einbeziehung innerhalb einer Frist von sechs Monaten nachholen.**

(4) **Bestehende Vereinbarungen können auch nach dem in Absatz 1 Satz 1 genannten Stichtag an Änderungen der Struktur des Unternehmens oder der Unternehmensgruppe sowie der Zahl der beschäftigten Arbeitnehmer angepasst werden, soweit es sich nicht um wesentliche Strukturänderungen im Sinne des § 37 handelt.**

(5) **Ist eine Vereinbarung befristet geschlossen worden, können die Parteien ihre Fortgeltung unter Berücksichtigung der Absätze 1, 3 und 4 beschließen.**

(6) [1] **Eine Vereinbarung gilt fort, wenn vor ihrer Beendigung das Antrags- oder Initiativrecht nach § 9 Absatz 1 ausgeübt worden ist. [2] Das Antragsrecht kann auch ein auf Grund der Vereinbarung bestehendes Arbeitnehmervertretungsgremium ausüben. [3] Die Fortgeltung endet, wenn die Vereinbarung durch eine grenzübergreifende Unterrichtung und Anhörung nach § 18 oder § 19 ersetzt oder ein Europäischer Betriebsrat kraft Gesetzes errichtet worden ist. [4] Die**

Fortgeltung endet auch dann, wenn das besondere Verhandlungsgremium einen Beschluss nach § 15 Absatz 1 fasst; § 15 Absatz 2 gilt entsprechend.

(7) [1] **Auf Unternehmen und Unternehmensgruppen, die auf Grund der Berücksichtigung von im Vereinigten Königreich Großbritannien und Nordirland liegenden Betrieben und Unternehmen erstmalig die in den §§ 2 und 3 genannten Voraussetzungen erfüllen, sind die Bestimmungen dieses Gesetzes außer in den Fällen des § 37 nicht anwendbar, wenn in diesen Unternehmen und Unternehmensgruppen vor dem 15. Dezember 1999 eine Vereinbarung über grenzübergreifende Unterrichtung und Anhörung besteht.** [2] **Die Absätze 1 bis 6 gelten entsprechend.**

(8) [1] **Auf die in den §§ 2 und 3 genannten Unternehmen und Unternehmensgruppen, in denen zwischen dem 5. Juni 2009 und dem 5. Juni 2011 eine Vereinbarung über die grenzübergreifende Unterrichtung und Anhörung unterzeichnet oder überarbeitet wurde, sind außer in den Fällen des § 37 die Bestimmungen dieses Gesetzes in der Fassung vom 28. Oktober 1996 (BGBl. I S. 1548, 2022), zuletzt geändert durch Artikel 30 des Gesetzes vom 21. Dezember 2000 (BGBl. I S. 1983), anzuwenden.** [2] **Ist eine Vereinbarung nach Satz 1 befristet geschlossen worden, können die Parteien ihre Fortgeltung beschließen, solange die Vereinbarung wirksam ist; Absatz 4 gilt entsprechend.**

Siebter Teil. Besondere Vorschriften, Straf- und Bußgeldvorschriften

§ 41a Besondere Regelungen für Besatzungsmitglieder von Seeschiffen

(1) **Ist ein Mitglied des besonderen Verhandlungsgremiums, eines Europäischen Betriebsrats oder einer Arbeitnehmervertretung im Sinne des § 19 oder dessen Stellvertreter Besatzungsmitglied eines Seeschiffs, so sollen die Sitzungen so angesetzt werden, dass die Teilnahme des Besatzungsmitglieds erleichtert wird.**

(2) **Befindet sich ein Besatzungsmitglied auf See oder in einem Hafen, der sich in einem anderen Land als dem befindet, in dem die Reederei ihren Geschäftssitz hat, und kann deshalb nicht an einer Sitzung nach Absatz 1 teilnehmen, so kann eine Teilnahme an der Sitzung mittels neuer Informations- und Kommunikationstechnologien erfolgen, wenn**
1. **dies in der Geschäftsordnung des zuständigen Gremiums vorgesehen ist und**
2. **sichergestellt ist, dass Dritte vom Inhalt der Sitzung keine Kenntnis nehmen können.**

§ 42 Errichtungs- und Tätigkeitsschutz

Niemand darf
1. **die Bildung des besonderen Verhandlungsgremiums (§ 9) oder die Errichtung eines Europäischen Betriebsrats (§§ 18, 21 Absatz 1) oder die Einführung eines Verfahrens zur Unterrichtung und Anhörung (§ 19) behindern oder durch Zufügung oder Androhung von Nachteilen oder durch Gewährung oder Versprechen von Vorteilen beeinflussen,**
2. **die Tätigkeit des besonderen Verhandlungsgremiums, eines Europäischen Betriebsrats oder der Arbeitnehmervertreter im Rahmen eines Verfahrens zur Unterrichtung und Anhörung behindern oder stören oder**
3. **ein Mitglied oder Ersatzmitglied des besonderen Verhandlungsgremiums oder eines Europäischen Betriebsrats oder einen Arbeitnehmervertreter im**

Rahmen eines Verfahrens zur Unterrichtung und Anhörung um seiner Tätigkeit willen benachteiligen oder begünstigen.

§ 43 Strafvorschriften

(1) **Mit Freiheitsstrafe bis zu zwei Jahren oder mit Geldstrafe wird bestraft, wer entgegen § 35 Absatz 2 Satz 1 oder 2, jeweils auch in Verbindung mit Absatz 3, ein Betriebs- oder Geschäftsgeheimnis verwertet.**

(2) **Die Tat wird nur auf Antrag verfolgt.**

§ 44 Strafvorschriften

(1) **Mit Freiheitsstrafe bis zu einem Jahr oder mit Geldstrafe wird bestraft, wer**
1. **entgegen § 35 Absatz 2 Satz 1 oder 2, jeweils auch in Verbindung mit Absatz 3, ein Betriebs- oder Geschäftsgeheimnis offenbart oder**
2. **einer Vorschrift des § 42 über die Errichtung der dort genannten Gremien oder die Einführung des dort genannten Verfahrens, die Tätigkeit der dort genannten Gremien oder der Arbeitnehmervertreter oder über die Benachteiligung oder Begünstigung eines Mitglieds oder Ersatzmitglieds der dort genannten Gremien oder eines Arbeitnehmervertreters zuwiderhandelt.**

(2) **Handelt der Täter in den Fällen des Absatzes 1 Nummer 1 gegen Entgelt oder in der Absicht, sich oder einen anderen zu bereichern oder einen anderen zu schädigen, so ist die Strafe Freiheitsstrafe bis zu zwei Jahren oder Geldstrafe.**

(3) [1]**Die Tat wird nur auf Antrag verfolgt.** [2]**In den Fällen des Absatzes 1 Nummer 2 sind das besondere Verhandlungsgremium, der Europäische Betriebsrat, die Mehrheit der Arbeitnehmervertreter im Rahmen eines Verfahrens zur Unterrichtung und Anhörung, die zentrale Leitung oder eine im Betrieb vertretene Gewerkschaft antragsberechtigt.**

§ 45 Bußgeldvorschriften

(1) **Ordnungswidrig handelt, wer**
1. **entgegen § 5 Absatz 1 die Informationen nicht, nicht richtig, nicht vollständig oder nicht rechtzeitig erhebt oder weiterleitet oder**
2. **entgegen § 29 Absatz 1 oder § 30 Absatz 1 Satz 1 oder Absatz 2 Satz 1 den Europäischen Betriebsrat oder den Ausschuss nach § 26 nicht, nicht richtig, nicht vollständig, nicht in der vorgeschriebenen Weise oder nicht rechtzeitig unterrichtet.**

(2) **Die Ordnungswidrigkeit kann mit einer Geldbuße bis zu fünfzehntausend Euro geahndet werden.**

Übersicht über das EBRG

1 Das EBRG ist am **1.11.1996** in Kraft getreten. Mit ihm ist die RL 94/45 EG des Rates v. 22.9.1994 über die Einsetzung eines Europäischen Betriebsrats oder die Schaffung eines Verfahrens zur Unterrichtung und Anhörung der ArbN in gemeinschaftsweit operierenden Unternehmen und Unternehmensgruppen umgesetzt worden.

2 Mit G v. 22.12.1999 zur Umsetzung der RL 97/74/EG des Rates v. 15.12.1997 zur Ausdehnung der RL 94/45/EG über die Einsetzung eines Europäischen Betriebsrats oder die Schaffung eines Verfahrens zur Unterrichtung und Anhörung der Arbeitnehmer in gemeinschaftsweit operierenden Unternehmen und Unternehmens-

gruppen auf das Vereinigte Königreich **(EBR-Anpassungsgesetz),** das am 31.12.1999 in Kraft getreten ist, ist das EBRG geändert worden. In § 2 Abs. 3 ist der den bisherigen Ausschluss des **Vereinigten Königreiches** bewirkende Halbsatz (Einbeziehung nur der MS, die das Abkommen über die Sozialpolitik unterschrieben haben) aufgehoben worden, in § 22 Abs. 1 S. 1 ist die **Höchstzahl** der **EBRMitgl.** gestrichen und § 41 ein Abs. 7 angefügt worden, der die Möglichkeit des Abschlusses **freiwilliger Vereinbarungen** für Unternehmen schafft, die erstmals durch die Ausdehnung der Richtlinie auf das Vereinigte Königreich in den Anwendungsbereich des EBRG fallen.

Die Auswirkungen eines Ausscheidens des Vereinigten Königreichs aus der EU **2a**
(Brexit) können derzeit noch nicht abgeschätzt werden. Sie hängen insbesondere davon ab, ob und inwiefern die EBR-Richtlinie bzw. das britische Umsetzungsgesetz nach einem Austritt z.B. während eines Übergangszeitraums weiter Anwendung finden. Ist dies nicht der Fall, besteht die Möglichkeit, EBR-Vereinbarungen auf Drittstaaten zu erstrecken, vgl. Art. 1 Abs. 6 RL 2009/38/EG, § 18 Abs. 1 S. 1 Nr. 1 EBRG. Ggf. kann eine bereits bestehende Anpassungsklausel in der EBR-Vereinbarung genutzt oder eine solche vereinbart werden. Bei Neuvereinbarung eines EBR mit bisheriger zentraler Leitung im Vereinigten Königreich würde nach Art. 4 der RL 2009/38/EG ggf. eine zentrale Leitung in einem anderen MS fingiert (vgl. § 2 Abs. 2 → Rn. 24) mit der Folge, dass sich auch das auf den EBR anwendbare Recht ändern kann. S. zum Ganzen die Mitteilung der Europäischen Kommission zum Austritt des Vereinigten Königreichs und den EU-Vorschriften zu Europäischen Betriebsräten vom 13.3.2019, abrufbar unter ec.europa.eu/info/brexit/brexit-preparedness/preparedness-notices_de#empl; BHKC/*Hayen* Einl. Rn. 130; EuArbRK/*Oetker* RL 2009/38/EG Art. 1 Rn. 22ff.; *Wolff* BB 2016, 1784ff.

Mit der **RL 2009/38/EG** des Europäischen Parlaments und des Rates **v. 6.5.2009** **3**
über die Einsetzung eines Europäischen Betriebsrats oder die Schaffung eines Verfahrens zur Unterrichtung und Anhörung der ArbN in gemeinschaftsweit operierenden Unternehmen und Unternehmensgruppen (ABl. 2009 L 122, S. 28; s. dazu *Hayen* AiB 2009, 401ff.; *Melot de Beauregard/Buchmann* BB 2009, 1417ff.; *Thüsing/Forst,* NZA 2009, 408ff.), die **bis** zum **5.6.2011** in nationales Recht **umgesetzt** werden musste, ist die RL 94/45 EG des Rates (→ Rn. 1) aufgehoben worden (Art. 17 RL 2009/38/EG). Der neue Richtlinientext stellt eine Ergänzung und Neufassung der alten Richtlinie dar. Er enthält eine Reihe erheblicher Verbesserungen:

- Einführung einer Definition der **Unterrichtung,** die so rechtzeitig erfolgen muss, dass der EBR die möglichen Auswirkungen der beabsichtigten Maßnahmen des Unternehmens eingehend bewerten und ggf. eine Anhörung vorbereiten kann (Art. 2 Abs. 1 Buchst. f; Erwägungsgrund 22).
- Verbesserte Definition der **Anhörung;** sie muss vor einer endgültigen Entscheidung des Unternehmens durchgeführt werden (Art. 2 Abs. 1 Buchst. g; Erwägungsgrund 23).
- **Verbesserter** vertikaler und horizontaler **Informationsanspruch** (→ Rn. 33ff.) über die **Fakten** (insbes. die Struktur des Unternehmens oder der Unternehmensgruppe), von deren Vorliegen die Bildung eines EBR abhängen (Art. 4 Abs. 4 iVm Art. 5; Erwägungsgrund 25).
- Anerkennung der Rolle der **Gewerkschaften** als Sachverständige zur Unterstützung der Verhandlungen des BVG und ein entspr. Hinzuziehungsrecht des BVG zu den Verhandlungen mit der zentralen Leitung (Art. 5 Abs. 4; Erwägungsgrund 27).
- **Tagungsrecht** des **BVG** vor und nach jeder Sitzung mit der zentralen Leitung ohne deren Anwesenheit sowie Nutzung der erforderlichen Kommunikationsmittel (Art. 5 Abs. 4).
- Bessere Verwirklichung der Grundsätze der Repräsentativität und Proportionalität (→ Rn. 46) bei der Besetzung des BVG durch Aufhebung der maximalen Mitgl.-Zahl von 30: Jeder MS erhält für **je angefangene 10 % der Gesamtzahl** der in allen MS beschäftigten ArbN **einen Sitz** im BVG (Art. 5 Abs. 2 Buchst. b).

- Möglichkeit, in der EBR-Vereinbarung die Abgrenzung zwischen **EBR,** dessen **Zuständigkeit** sich auf länderübergreifende Angelegenheiten beschränkt, und nationalen Vertretungsgremien festzulegen. Geschieht dies nicht, haben die MS zu regeln, dass die Unterrichtung und Anhörung sowohl **im EBR** als auch **in den nationalen ArbNVertretungsgremien** zu erfolgen hat, wenn Entscheidungen wesentliche Veränderungen der Arbeitsorganisation oder der Arbeitsverträge mit sich bringen können (Art. 12 Abs. 2, 3; Erwägungsgründe 15f., 29, 37).
- Anspruch der EBRMitgl. auf die **erforderlichen Mittel** zur kollektiven Wahrnehmung der Rechte aus der Richtlinie (Art. 10 Abs. 1).
- Kostenübernahme für erforderliche **Schulungen** und Entgeltfortzahlung während der Teilnahme für Mitgl. des BVG und des EBR (Art. 10 Abs. 4).
- Anpassungsklausel für EBR-Vereinbarungen bei wesentlicher **Strukturänderung** des Unternehmens/der Unternehmensgruppe und **Übergangsmandat** der EBR-Gremien (Art. 13). Die Verpflichtung zur Anpassung von EBR-Vereinbarungen nach Art. 13 gilt unabhängig von Art. 14 auch für (alte) Art. 13 – sowie für Art. 6 – Vereinbarungen nach der RL 94/45/EG, die innerhalb des Zwei-Jahres-Fensters angepasst bzw. neu abgeschlossen worden sind (Art. 14 Abs. 1).
- Möglichkeit, innerhalb eines **Zwei-Jahres-Fenster,** dh bis zum Ablauf der Umsetzungsfrist, bestehende oder neue Art. 6-Vereinbarungen noch nach den Regelungen der bisherigen RL 94/45/EG anzupassen bzw. abzuschließen (Art. 14 Abs. 1 Buchstabe b).
- **Subsidiäre Vorschriften:** Aufhebung der maximalen **EBR-Größe** von 30 Mitgl.; statt dessen erhält jeder MS für je angefangene 10% der Gesamtzahl der in allen MS beschäftigten ArbN einen Sitz im EBR; Einführung eines obligatorischen Engeren Ausschusses mit höchstens fünf (bisher drei) Mitgl.

4 Die **RL 2009/38/EG** ist mit dem **Zweiten Gesetz zur Änderung des Europäische Betriebsräte-Gesetzes (2. EBRG-ÄndG)** v. 14.6.2011 (BGBl. I S. 1050, Neufassung des EBRG in BGBl. I S. 2651) umgesetzt worden und am **18.6.2011 in Kraft** getreten.

4a Mit Art. 2 Nr. 2 der **RL (EU) 2015/1794** des Europäischen Parlaments und des Rates v. 6.10.2015 (ABl. 2015 L 263, S. 1) ist die **RL 2009/38/EG** geändert worden. Die Änderung schafft bes. Regelungen für **Seeleute,** die Besatzungsmitgl. von Seeschiffen und Mitgl. des BVG oder des EBR sind. Die entspr. Umsetzungsvorschrift des Art. 5 des EM-Leistungsgesetzes v. 17.7.2017 (BGBl. I 2017 S. 2508) ergänzt das EBRG um einen neuen § 41a (→ Rn. 117a).

5 Das **EBRG** findet **grds. keine Anwendung** auf die ArbN einer **SE.** Hier geht das G v. 22.12.2004 über die Beteiligung der ArbN in einer Europäischen Gesellschaft (SE-Beteiligungsgesetz – SEBG, BGBl. I S. 3675 [3686ff.]) vor, das die VO (EG) Nr. 2157/2001 des Rates v. 8.10.2001 über das Statut der Europäischen Gesellschaft (ABl. 2001 L 294, S. 1) ergänzt und die RL 2001/86/EG des Rates v. 8.10.2001 zur Ergänzung des Statuts der Europäischen Gesellschaft hinsichtlich der Beteiligung der ArbN (ABl. 2001 L 294, S. 22) umsetzt. Es sieht außer einer MB auf Unternehmensebene im Aufsichts- oder Verwaltungsorgan (vgl. § 21 Abs. 3, §§ 34ff. SEBG) auf Betriebsebene einen SE-BR durch Vereinbarung oder durch G vor (vgl. § 21 Abs. 1, §§ 22ff. SEBG). Eine bestimmte ArbNZahl ist nicht erforderlich. Der gesetzliche SE-BR hat im Wesentlichen die gleichen Aufgaben und Rechte wie der EBR nach dem EBRG mit der Besonderheit, dass er bei der Sitzverteilung und Bestellung der ArbNVertr. im Aufsichts- oder Verwaltungsorgan nach § 36 SEBG zu beteiligen ist. Das **EBRG** kommt **jedoch** dann **zur Anwendung,** wenn das BVG nach § 16 Abs. 1 SEBG die Nichtaufnahme oder den Abbruch von Verhandlungen mit der Unternehmensseite beschließt. Dann können in diesen Unternehmen „normale EBR" nach dem EBRG gebildet werden (s. § 47 Abs. 1 Nr. 2 SEBG). Zu Einzelheiten des SEBG s. AKRR SEBG; NFK SE 3. Teil S. 80ff.; BHKC Teil B Rn. 1ff.; *Habersack/Henssler* Teil III S. 841ff.; *Engels* ArbuR 2009, 10 [19ff.].

6 Das **EBRG** ist **grds. nicht anzuwenden** auf die ArbN einer **SCE.** Das G v. 4.8. 2006 über die Beteiligung der ArbN in einer Europäischen Genossenschaft (SCE-Beteiligungsgesetz – SCEBG, BGBl. I S. 1911 [1917ff.]; s. dazu AKRR SEBG) geht vor; es ergänzt die VO (EG) Nr. 1435/2003 des Rates v. 22.7.2003 über das Statut der Europäischen Genossenschaft (ABl. 2003 L 207, S. 1) und setzt die RL 2003/72/EG des Rates v. 22.7.2003 zur Ergänzung des Statuts der Europäischen Genossenschaft hinsichtlich der Beteiligung der ArbN (ABl. 2003 L 207, S. 25) um. **Die Rechtslage entspricht der bei der SE** (s. § 21 Abs. 3, §§ 34ff. SCEBG; *Engels* ArbuR 2009, 10 [25f.]). Auf Betriebsebene ist ein SCE-BR durch Vereinbarung oder durch G vorgesehen (vgl. § 21 Abs. 1, §§ 22ff. SCEBG). Der gesetzliche SCE-BR hat im Wesentlichen die gleichen Aufgaben und Rechte wie der EBR nach dem EBRG, ist aber darüber hinaus bei der Sitzverteilung und Bestellung der ArbNVertr. im Aufsichts- oder Verwaltungsorgan nach § 36 SCEBG zu beteiligen. Das **EBRG** kann **jedoch** dann **zur Anwendung** kommen, wenn das BVG nach § 16 Abs. 1 SCEBG die Nichtaufnahme oder den Abbruch von Verhandlungen mit der Unternehmensseite beschließt (s. § 49 Abs. 1 Nr. 2 SCEBG) und insbes. die (bei Genossenschaften eher selten gegebenen) ArbNZahlen des § 3 EBRG (→ Rn. 17ff.) vorliegen.

I. Regelungsziel und Konzeption des EBRG

7 Das EBRG schafft die Voraussetzung dafür, dass in größeren gemeinschaftsweit tätigen Unternehmen und Unternehmensgruppen das Recht auf Unterrichtung und Anhörung der ArbN über die nationalen Grenzen hinweg durch die Errichtung eines **EBR** oder eines Unterrichtungs- und Anhörungsverfahrens gewährleistet oder verbessert wird (§ 1 Abs. 1 EBRG). Die grenzübergreifende Mitwirkung des EBR ergänzt die an den Grenzen endenden nationalen ArbNVertr.Systeme (*Engels* ArbuR 2009, 10 [11ff.]).

8 Die Grundkonzeption des EBRG zeichnet dessen § 1 Abs. 1 S. 1 vor: Die grenzübergreifende Mitwirkung der ArbN soll **vorrangig** durch **Vereinbarung** der Beteiligten gewährleistet werden, und zwar entweder in Form eines **zentralen EBR** oder eines **dezentralen Unterrichtungs- und Anhörungsverfahrens.** Die Vereinbarungslösung ist ein von der RL vorgegebener, moderner Ansatz für ein ArbNVertr.Gesetz, auf die auch bei der SE zurückgegriffen worden ist (s. § 21 SEBG). Dieser moderne Lösungsansatz eröffnet große Chancen: Die unmittelbar Betroffenen, die gemeinschaftsweit tätigen Unternehmen und Unternehmensgruppen sowie ihre ArbN-Vertreter, haben es in der Hand, eine **maßgeschneiderte transnationale „Betriebsverfassung"** zu vereinbaren. Erst wenn dies nicht gelingt, ist ein EBR kraft Gesetzes zu errichten (§ 1 Abs. 1 S. 2, §§ 21ff. EBRG; *Engels* ArbuR 2009, 10 [12]).

9 Der EBR ist zuständig in **grenzübergreifenden Angelegenheiten.** Das sind Angelegenheiten, die das gemeinschaftsweit tätige Unternehmen oder die gemeinschaftsweit tätige Unternehmensgruppe insgesamt oder mindestens zwei Betriebe oder zwei Unternehmen in verschiedenen Mitgliedstaaten (MS) betreffen (§ 1 Abs. 2 EBRG). Danach ist eine **grenzübergreifende Mitwirkung** des EBR immer dann gegeben, wenn Entscheidungen, Planungen oder sonstige bedeutende Maßnahmen der zentralen Leitung, die sich auf ArbN eines gemeinschaftsweit tätigen Unternehmens oder einer gemeinschaftsweit tätige Unternehmensgruppe auswirken, außerhalb des MS getroffen werden, in dem die ArbN beschäftigt sind; auf die Zahl der betroffenen MS kommt es nicht an (vgl. Gesetzesbegründung BT-Drs. 17/4808, 9f.). Eine grenzübergreifende Angelegenheit liegt folglich vor, wenn ArbN in mindestens zwei MS betroffen sind oder wenn Maßnahmen in einem MS getroffen werden und sich in einem anderen MS auswirken (zB Entscheidung in Frankreich über Massenentlassungen in Deutschland; AKRR EBRG § 28 Rn. 5; BHKC/*Hayen* § 1 Rn. 19ff.;

DKKW/*Däubler* Anh. B EBRG § 1 Rn. 4; HaKo-BetrVG/*Hayen* EBRG § 1 Rn. 4; GK-BetrVG/*Oetker* EBRG § 1 Rn. 5; *Gaul/Ludwig/Forst* § 1 Rn. 95; so wohl auch *Hohenstatt/Kröpelin/Bertke,* NZA 2011, 1313 [1314]; *Maiß/Pauken* BB 2013, 1589f.; *Pauken* ArbRAktuell 2011, 657; **aA** AKRR EBRG § 1 Rn. 6).

10 Das Recht der ArbN auf grenzübergreifende Unterrichtung und Anhörung erstreckt sich in einem Unternehmen auf alle in einem MS liegenden Betriebe sowie in einer Unternehmensgruppe auf alle Unternehmen mit Sitz in einem MS. Durch Vereinbarung kann ein größerer Geltungsbereich vorgesehen und Betriebe oder Unternehmen in Drittländern einbezogen werden (§ 1 Abs. 3 EBRG).

11 Die grenzübergreifenden Mitwirkungsrechte des EBR sind **Unterrichtung** und **Anhörung;** eine grenzübergreifende **MB** gibt es nicht.

12 Der **Begriff** der **Unterrichtung** wird erstmals in § 1 Abs. 4 EBRG definiert. Unterrichtung ist die Übermittlung von Informationen durch die zentrale Leitung oder einer anderen geeigneten Leitungsebene an die ArbNVertr., um ihnen Gelegenheit zur Kenntnisnahme und Prüfung der behandelten Frage zu geben. Die Modalitäten der Unterrichtung werden ebenfalls festgelegt. Danach hat die Unterrichtung zu einem Zeitpunkt, in einer Weise und in einer inhaltlichen Ausgestaltung zu erfolgen, die dem Zweck angemessen sind und die ArbNVertr. in die Lage versetzt, mögliche Auswirkungen eingehend zu bewerten und ggf. Anhörungen mit dem zuständigen Organ des gemeinschaftsweit tätigen Unternehmens oder der Unternehmensgruppe vorzubereiten. Damit wird dem EBR ein erheblicher zeitlicher Puffer zwischen Information und evtl. Anhörung eingeräumt, die er für eine gründliche interne Beratung nutzen kann (DKKW/*Däubler* Anh. B EBRG § 1 Rn. 9f.; *Maiß/Pauken* BB 2013, 1589 [1590]).

13 Die **Anhörung** nach dem EBRG ist **umfassender** und **intensiver** als die nach dem BetrVG; sie kommt dem betriebsverfassungsrechtlichen Begriff der **Beratung** nahe (vgl. AKRR EBRG § 1 Rn. 13; Bachner EurBR S. 209; BHKC/*Hayen* § 1 Rn. 55; *Engels/Müller* DB 1996, 981; *Ruoff* BB 1997, 2478 [2483]). Anhörung wird als Meinungsaustausch und die Einrichtung eines Dialogs zwischen den ArbNVertr. und der zentralen Leitung oder einer anderen geeigneten Leitungsebene definiert und nunmehr auch deren Modalitäten festgelegt im neuen § 1 Abs. 5 EBRG. So hat die Anhörung zu einem Zeitpunkt, in einer Weise und in einer inhaltlichen Ausgestaltung zu erfolgen, die es den ArbNVertr. auf der Grundlage der erhaltenen Informationen ermöglichen, innerhalb einer angemessenen Frist zu den vorgeschlagenen Maßnahmen, die Gegenstand der Anhörung sind, eine Stellungnahme abzugeben, die innerhalb des gemeinschaftsweit tätigen Unternehmens oder der Unternehmensgruppe berücksichtigt werden kann. Folglich ist eine Anhörung immer dann erforderlich, wenn konkrete Maßnahmen beabsichtigt sind, und sie hat zu erfolgen, bevor die zentrale Leitung über diese Maßnahmen entscheidet (BHKC/*Hayen* § 1 Rn. 56; DKKW/*Däubler* Anh. B EBRG § 1 Rn. 13; HaKo-BetrVG/*Hayen* EBRG § 1 Rn. 9; GK-BetrVG/*Oetker* EBRG § 1 Rn. 11; *Gaul/Ludwig/Forst* § 1 Rn. 105; *Hohenstatt/Kröpelin/Bertke* NZA 2011, 1313 [1315]). Die ArbNVertr. haben im Rahmen der Anhörung das Recht, mit der zentralen Leitung zusammenzukommen und eine mit Gründen versehene Antwort auf ihre Stellungnahme zu verlangen.

14 Auf zwingende **Formvorgaben** wie zB Schriftform der Unterrichtung oder der Stellungnahme bzw. deren Beantwortung im Rahmen der Anhörung **verzichtet** das EBRG (vgl. Gesetzesbegründung BT-Drs. 17/4808, 10). Jedoch werden bei so komplexen Sachverhalten wie zB Umstrukturierungen, grundlegenden Organisationsänderungen, Einführung neuer Arbeits- und Fertigungsverfahren, Massenentlassungen (s. § 29 EBRG) schriftliche Aufzeichnungen über derartige Vorhaben unverzichtbar sein, um den in § 1 Abs. 4 u. 5 EBRG verlangten Modalitäten einer angemessenen Art und Weise der Unterrichtung und Anhörung gerecht zu werden (*Gaul/Ludwig/Forst* § 1 Rn. 102; *Pauken* ArbRAktuell 2011, 657).

15 Die Wahrnehmung grenzübergreifender Angelegenheiten der gemeinschaftsweit tätigen Unternehmen oder Unternehmensgruppen lösen nicht nur die Mitwirkungsrechte des EBR aus, sondern auch die oft weiter reichenden Beteiligungsrechte der nationalen ArbNVertr. in den einzelnen MS, die von den beabsichtigten Entscheidungen und Maßnahmen der zentralen Leitung betroffen sind. Um eine sinnvolle Koordinierung der beiden Vertretungsebenen zu gewährleisten, sieht § 1 Abs. 7 EBRG vor, dass **Unterrichtung** und **Anhörung** des **EBR** spätestens **gleichzeitig** mit denen der **nationalen ArbNVertr.** durchzuführen ist. Diese in Art. 12 Abs. 3 RL (sa Erwägungsgrund 37 der RL) vorgegebene **„Ansteckungsklausel"** bewirkt, dass die für die ArbNVertr. günstigste nationale Mitwirkungsregelung automatisch auch für den EBR gilt und über ihn ArbNVertr. frühzeitiger unterrichtet werden können, als es ihre nationale Regelung vorsieht (ebenso *Maiß/Pauken* BB 2013, 1589 [1590f.]). Das ist vor allem bei wesentlichen Änderungen der Unternehmens- bzw. Unternehmensgruppenstruktur oder der Arbeitsorganisation sowie bei Massenentlassungen von Vorteil.

Um einen EBR bilden zu können, ist der Auskunftsanspruch der ArbNVertr. gem. 16
§ 5 EBRG von grundlegender Bedeutung. Entspr. Art. 4 Abs. 4 der neuen RL, der die Rspr. des **EuGH** (29.3.2001 – C-62/99, AP EWG-RL 94/45 Nr. 2 – Bofrost; 13.1.2004 – C-440/00, AP EWG-RL 94/45 Nr. 3 – Kühne & Nagel) aufgreift, ist § 5 EBRG durch das 2. EBRG-ÄndG zu einer **umfassenden Auskunftspflicht** der zentralen Leitung und der einzelnen Unternehmen einer gemeinschaftsweit tätigen Unternehmensgruppe untereinander ausgebaut worden (Näheres → Rn. 33ff.).

II. Geltungsbereich

1. Unternehmen und Euro-Unternehmensgruppen mit Sitz in Deutschland

Das EBRG erfasst gemeinschaftsweit tätige Unternehmen mit Sitz in Deutschland 17
sowie gemeinschaftsweit tätige Unternehmensgruppen, deren herrschendes Unternehmen in Deutschland liegt (§ 2 Abs. 1 EBRG). Ein **Unternehmen** ist **gemeinschaftsweit** tätig, wenn es insgesamt mindestens **1000 ArbN in den MS** und davon jeweils mindestens **150 ArbN** in mindestens **zwei MS** beschäftigt (§ 3 Abs. 1 EBR). Das ist zB der Fall, wenn ein Unternehmen in Deutschland 850 ArbN und in Frankreich 150 ArbN beschäftigt, nicht aber, wenn es in Frankreich, Belgien und Luxemburg nur jeweils 100 ArbN beschäftigt; dann hat es zwar insgesamt 1150 ArbN, jedoch nur in Deutschland mindestens 150 ArbN.

Eine **Unternehmensgruppe** ist **gemeinschaftsweit** tätig, wenn sie ebenfalls 18
mindestens 1.000 ArbN in den MS beschäftigt und ihr mindestens zwei Unternehmen mit Sitz in verschiedenen MS angehören, die ihrerseits jeweils mindestens je 150 ArbN in verschiedenen MS beschäftigen (§ 3 Abs. 2 EBRG). Hat zB ein Unternehmen in Deutschland mit 850 Beschäftigten nur ein Tochterunternehmen in der Schweiz, die kein MS (→ Rn. 19) ist, so findet das EBRG auch dann keine Anwendung, wenn das Schweizer Unternehmen in einem MS, zB Italien, einen Betrieb mit mindestens 150 ArbN hat; hier fehlt es an der Voraussetzung, dass beide Unternehmen ihren Sitz in einem MS haben müssen. Hat ein deutsches Unternehmen mit 850 ArbN ein Tochterunternehmen in einem MS, zB in Belgien, mit 150 ArbN, von denen aber 50 in einem Betrieb in Deutschland arbeiten, ist das EBRG ebenfalls nicht anwendbar; denn es arbeiten hier nur in einem MS, nämlich Deutschland, mindestens 150 ArbN (s. weitere Fallgestaltungen bei BHKC/*Kunz* § 3 Rn. 4ff.; *Müller* EBRG § 3 Rn. 5ff.; sa Bachner EurBR S. 191ff., *Engels* ArbuR 2009, 10 [12]; *Franzen* BB 2004, 938ff.).

Mitgliedstaaten (MS) iSd EBRG sind die MS der Europäischen Union (28 MS), 19
also Belgien, Bulgarien, Dänemark, Deutschland, Estland, Finnland, Frankreich, Griechenland, Großbritannien und Nordirland (zu Auswirkungen des **Brexit** auf EBR → Rn. 2), Irland, Italien, Kroatien, Litauen, Lettland, Luxemburg, Malta, Niederlande, Österreich, Polen, Portugal, Rumänien, Schweden, Slowakei, Slowenien,

Spanien, Tschechien, Ungarn und Zypern, sowie die MS des Europäischen Wirtschaftsraums (3 MS) Island, Liechtenstein und Norwegen (§ 2 Abs. 3 EBRG), so dass es zzt. **31 MS** iSd EBRG gibt.

20 Gehören diesen Unternehmen oder Unternehmensgruppen Betriebe oder Unternehmen mit Sitz in anderen als den genannten Staaten **(Drittstaaten)** an, so werden diese Einheiten vom EBRG grds. nicht erfasst. Sie sind also weder bei den ArbN-Grenzzahlen zu berücksichtigen noch in die grenzübergreifende Unterrichtung und Anhörung einzubeziehen. Ihre Einbeziehung kann aber durch Vereinbarung der zentralen Leitung und des BVG erfolgen (§ 1 Abs. 3, § 14 EBRG).

21 Bei der Feststellung der in § 3 EBRG geforderten ArbN-Zahlen kommt es entspr. Art. 2 Abs. 2 RL darauf an, **wieviele ArbN im Durchschnitt während der letzten zwei Jahre** vor Antragstellung oder Initiative der zentralen Leitung beschäftigt waren (§ 4 EBRG). Diese Zahl ist mittels der Formel „Zahl der je Tag beschäftigten ArbN, geteilt durch 730 (Tage)“ zu ermitteln (AKRR EBRG § 4 Rn. 1; BHKC/*Kunz* § 4 Rn. 3; EuArbRK/*Oetker* RL 2009/38/EG Art. 2 Rn. 31 f.; *Müller* EBRG § 4 Rn. 5; *Hromadka* DB 1995, 1125 [1126]). Diese dem BetrVG fremde Berechnungsformel kann Probleme bereiten: Wenn feststeht, dass sich die Gesamtzahl der ArbN durch Erwerb oder Veräußerung von Betrieben oder Unternehmen auf Dauer verändert, sollte diese ArbN-Zahl entscheidend sein mit der Folge, dass bei einer jetzt und auf absehbare Zeit bestehenden ArbN-Zahl der gesetzl. Mindestgröße ein EBR trotz geringerer Durchschnittszahl der zurückliegenden zwei Jahre gebildet werden sollte, und umgekehrt bei feststehender Unterschreitung der ArbN-Schwellen von der Errichtung eines EBR Abstand genommen werden sollte, auch wenn während der voraufgegangenen zwei Jahre die geforderte ArbN-Mindestzahl erreicht oder überschritten worden ist (ebenso DKKW/*Däubler* Anh. B EBRG § 4 Rn. 3; EuArbRK/*Oetker* RL 2009/38/EG Art. 2 Rn. 33 f.; GK-BetrVG/*Oetker* EBRG § 4 Rn. 7; *Müller* EBRG § 4 Rn. 5 mwN; *Lerche* EBR S. 181 ff.; **aA** AKRR EBRG § 4 Rn. 3).

22 Wer **ArbN** ist, richtet sich nach dem Recht des jeweiligen MS, in dem das Unternehmen oder die Unternehmensgruppe Beschäftigte hat (Art. 2 Abs. 2 RL 2009/38/EG; HSW EAS-HdB § 19 Rn. 55). Für die Betriebe und Unternehmen in Deutschland gilt nach § 4 S. 1 EBRG der ArbN-Begriff des § 5 Abs. 1 BetrVG, der auch dann für die Berechnung der Schwellenwerte zur Anwendung kommt, wenn die zentrale Leitung nicht im Inland liegt (§ 2 Abs. 4 EBRG). Soweit Bestimmungen des EBRG eine bestimmte Anzahl oder einen bestimmten Anteil von ArbN voraussetzen, sind LeihArbN auch im Entleiherbetrieb zu berücksichtigen (§ 14 Abs. 2 S. 4 AÜG). Die leitenden Ang. iSd § 5 Abs. 3 BetrVG sind nicht erfasst (EuArbRK/*Oetker* RL 2009/38/EG Art. 2 Rn. 11; GK-BetrVG/*Oetker* EBRG § 4 Rn. 2). Sie können aber in Anlehnung an die Regelung zum Wirtschaftsausschuss in § 107 Abs. 1 S. 2 BetrVG Mitgl. im BVG werden (vgl. §§ 11 Abs. 4 EBRG), unter bestimmten Voraussetzungen ein Gastrecht im EBR erhalten (§ 23 Abs. 6 EBRG; → Rn. 74) und im Rahmen von Vereinbarungslösungen (§§ 18, 19 EBRG) einbezogen werden.

2. Euro-Unternehmen und Euro-Unternehmensgruppen mit Sitz in einem anderen Mitgliedstaat

23 Haben diese Unternehmen oder Unternehmensgruppen Betriebe oder Tochterunternehmen in Deutschland, so bestimmt sich die Ausgestaltung der grenzübergreifenden Unterrichtung und Anhörung für die deutschen ArbN maßgeblich nach dem **Umsetzungsrecht des Sitzstaates** (zB transnationale Geltung des französischen Umsetzungsgesetzes bei Sitz der Zentrale in Paris). Soweit allerdings die RL bei diesem Sachverhalt dem deutschen Gesetzgeber Regelungsbereiche überlassen hat oder mangels einer einheitlichen europarechtlichen Regelung sachnotwendig überlassen musste, findet das **EBRG auf deutsche ArbN** sowie in Deutschland liegende Betriebe und Unternehmen von Euro-Unternehmen oder **Euro-Unternehmens-**

gruppen mit Sitz in einem anderen MS partiell Anwendung. Das gilt nach § 2 Abs. 4 EBRG für ArbNBegriff und Beschäftigtenzahlen (§ 4 EBRG), den Auskunftsanspruch (§ 5 Abs. 2, 3 EBRG), die Bestimmung des herrschenden Unternehmens (§ 6 EBRG), die Weiterleitung des Antrags auf Bildung des BVG (§ 9 Abs. 2 S. 3 EBRG), die gesamtschuldnerische Haftung des deutschen ArbGeb. (§ 16 Abs. 2 EBRG), die Bestellung der inländischen ArbN-Vertreter im BVG und im EBR (§§ 11, 23 Abs. 1–5, 18 Abs. 2 iVm § 23 EBRG; s. BAG 18.4.2007 – 7 ABR 30/06, AP EBRG § 18 Nr. 1) und die für sie geltenden Schutzbestimmungen (§ 40 EBRG) sowie den Bericht über die grenzübergreifende Unterrichtung und Anhörung gegenüber den örtlichen ArbN-Vertretungen in Deutschland (§ 36 Abs. 2 EBRG).

3. Multis mit Sitz in Drittstaaten

Liegt die **zentrale Leitung** multinationaler Unternehmen oder Unternehmens- 24
gruppen, die gemeinschaftsweit iSv § 3 EBRG tätig sind, in einem **Drittstaat,** so kann auf sie gleichwohl das deutsche Umsetzungsgesetz anwendbar sein (§ 2 Abs. 2 EBRG). Das ist der Fall, wenn es entweder eine der zentralen Leitung (zB in den USA) **nachgeordnete Leitung** für die Betriebe oder Unternehmen in den MS (Europazentrale) mit Sitz in **Deutschland** gibt (*Klebe/Kunz* FS Däubler, 1999, 823 [829]; HSW EAS-HdB § 19 Rn. 42) oder die zentrale Leitung – mangels einer nachgeordneten Zentrale – einen Betrieb oder ein Unternehmen in Deutschland als ihren Vertreter ausdrücklich **benennt** oder – falls dies nicht erfolgt – der Betrieb oder das Unternehmen mit der **größten ArbNZahl** innerhalb der MS in Deutschland liegt. In diesen Fällen wird fingiert, dass die zentrale Leitung in Deutschland liegt, mit der Folge, dass für alle in den MS liegenden Betriebe und Unternehmen des Multis eine grenzübergreifende Unterrichtung und Anhörung nach Maßgabe des EBRG zu gewährleisten ist (*Franzen* BB 2004, 938f.). Gilt ein Betrieb oder Unternehmen in einem anderen MS als zentrale Leitung des Multis, so sind auf die in Deutschland liegenden Betriebe oder Unternehmen entspr. § 2 Abs. 4 EBRG nur die dort genannten Bestimmungen des EBRG anwendbar (s. AKRR EBRG § 2 Rn. 8; BHKC/*Kunz* § 2 Rn. 15ff.; *Müller* EBRG § 2 Rn. 2ff.); im Übrigen gelten die Bestimmungen des anderen MS.

4. Bestimmung des herrschenden Unternehmens einer Unternehmensgruppe

In einer gemeinschaftsweit tätigen Unternehmensgruppe ist die Bestimmung des 25
„herrschenden Unternehmens" von großer Bedeutung. Auf seine Rechtsform kommt es nicht an, so dass auch eine natürliche Person „Unternehmen" sein kann (BAG 30.3.2004 – 1 ABR 61/01, AP EBRG § 5 Nr. 3; *Schmidt* RdA 2001 Sonderbeil. Heft 5, 12, 16). Das herrschende Unternehmen ist als zentrale Leitung der Gruppe nicht nur dafür verantwortlich, dass eine grenzübergreifende Unterrichtung und Anhörung der ArbN geschaffen werden kann (vgl. Art. 4 Abs. 1 RL). Das herrschende Unternehmen ist der Adressat für den Antrag der europäischen ArbN oder ihrer Vertreter auf Bildung des BVG (vgl. §§ 9ff. EBRG), das seitens der ArbN eine Vereinbarung über grenzübergreifende Unterrichtung und Anhörung aushandeln soll. Auf der Ebene des herrschenden Unternehmens ist auch der EBR kraft Gesetzes (vgl. §§ 21ff. EBRG) zu errichten, wenn keine Vereinbarungslösung zustande kommt. Schließlich ist der Sitz des herrschenden Unternehmens entscheidend für die Frage, welche gesetzlichen oder kollektivvertraglichen Umsetzungsvorschriften von welchem MS anwendbar sind und welche nationale Gerichtsbarkeit in Streitfällen idR zuständig ist.

In § 6 EBRG wird in Anlehnung an die in Art. 3 RL vorgesehenen Kriterien die 26
Bestimmung des herrschenden Unternehmens so ausgestaltet, dass Kollisionen mit

dem Recht anderer MS möglichst vermieden werden oder doch zumindest eine sachgerechte Kollisionslösung erreicht werden kann. Nach dem G ergibt sich folgende **Regelungssystematik:**

27 **a)** Zunächst wird in § 6 Abs. 1 EBRG **generalklauselartig** bestimmt, dass ein Unternehmen einer gemeinschaftsweit tätigen Unternehmensgruppe als herrschendes Unternehmen zu qualifizieren ist, wenn es unmittelbar oder mittelbar einen beherrschenden Einfluss auf ein anderes Unternehmen derselben Gruppe (abhängiges Unternehmen; zu diesem Begriff im EU-ArbRecht *Forst* ZESAR 2004/10, 154ff.) ausüben kann. In § 6 Abs. 2 EBRG wird ein beherrschender Einfluss eines Unternehmens konkret vermutet (BHKC/*Kunz* § 6 Rn. 10; *Bachner/Nielebock* ArbuR 1997, 129f.; *Ruoff* BB 1997, 2478 [2480]), wenn dieses in Bezug auf ein anderes Unternehmen unmittelbar oder mittelbar

„1. mehr als die Hälfte der Mitgl. des Verwaltungs-, Leitungs- oder Aufsichtsorgans des anderen Unternehmens bestellen kann oder
2. über die Mehrheit der mit den Anteilen am anderen Unternehmen verbundenen Stimmrechte verfügt oder
3. die Mehrheit des gezeichneten Kapitals dieses Unternehmens besitzt."

28 Erfüllen mehrere Unternehmen eines der vorgenannten Kriterien, bestimmt sich das herrschende Unternehmen nach der **numerischen Rangfolge** (1. vor 2. und 3. sowie 2. vor 3.; BHKC/*Kunz* § 6 Rn. 12; *Engels/Müller* DB 1996, 981 [982]). Die Kriterien und ihre Rangfolge sollen gleichermaßen für inländische Unternehmen und für diejenigen Unternehmen derselben Unternehmensgruppe gelten, die in einem anderen Staat liegen. Die Regelungen gelten unabhängig davon, ob das zu bestimmende herrschende Unternehmen einer Unternehmensgruppe (zentrale Leitung) letztlich im Inland liegt oder nicht (vgl. § 2 Abs. 4 EBRG). Die für ein inländisches Unternehmen bestehende Vermutung eines beherrschenden Einflusses kann zB von einem Unternehmen in einem anderen MS widerlegt werden, wenn dieses ein vorrangiges Kriterium iSd § 6 Abs. 2 EBRG nachweist oder den Beweis erbringt, dass es in sonstiger Weise (zB aufgrund von gesellschaftsrechtlichen Vertragsbeziehungen) einen beherrschenden Einfluss nach § 6 Abs. 1 EBRG ausübt (AKRR EBRG § 6 Rn. 7ff.). Besitzt bspw. ein deutsches Unternehmen die Kapitalmehrheit innerhalb einer Unternehmensgruppe (§ 6 Abs. 2 Nr. 3 EBRG), wird dessen beherrschender Einfluss – zunächst – vermutet. Die Vermutung ist aber widerlegt, wenn ein Unternehmen aus einem anderen MS, zB aus den Niederlanden, nachweist, dass es über die Mehrheit der Stimmrechte verfügt (§ 6 Abs. 2 Nr. 2 EBRG). In diesem Fall gibt das bessere Kriterium Nr. 2 den Ausschlag zugunsten des niederländischen Unternehmens (*Müller* EBRG § 6 Rn. 8). Durch die vorgenannten Umsetzungsvorschriften können **Kollisionsfälle** und eine daraus folgende Blockade bei der Anwendung der RL und der jeweiligen Umsetzungsbestimmungen weitgehend **vermieden werden,** sofern – wie dies zwischen den MS vereinbart worden ist – in allen MS konvergente Umsetzungen erfolgen, welche zumindest die Kriterien der Mehrheitsbeteiligung und ihre Rangfolge in gleicher Weise festlegen (s. *Müller* EBRG § 6 Rn. 7).

29 **b)** Vergleicht man die Umsetzungsbestimmungen des EBRG mit den konzernrechtlichen Regelungen des Aktiengesetzes (AktG), so ergibt sich zunächst, dass die generalklauselartige Bestimmung des herrschenden Unternehmens in § 6 Abs. 1 EBRG weiter gefasst ist als der aktienrechtliche Konzernbegriff (→ BetrVG § 54 Rn. 8ff.). Sie setzt keine Zusammenfassung eines herrschenden und eines oder mehrerer abhängiger Unternehmen unter der einheitlichen Leitung des herrschenden Unternehmens voraus (vgl. § 18 Abs. 1 AktG). Es reicht aus, dass der beherrschende Einfluss ausgeübt werden kann, ob es dazu tatsächlich kommt, ist unerheblich (BAG 30.3.2004 – 1 ABR 61/01, AP EBRG § 5 Nr. 3; AKRR EBRG § 6 Rn. 4; DKKW/*Bachner* Anh. B EBRG § 6 Rn. 4, 7; GK-BetrVG/*Oetker* EBRG § 6 Rn. 2). Durch die für die Praxis wichtige Festlegung der Kriterien und der Rangfolge der Mehrheitsbeteiligungen in § 6 Abs. 2 EBRG ist aber im Ergebnis zu erwarten, dass sich auch ohne die Voraussetzung der „einheitlichen Leitungsmacht" das herr-

schende Unternehmen in gleicher Weise bestimmt, wie dies bei Anwendung des § 18 Abs. 1 AktG (sog Unterordnungskonzern; → BetrVG § 54 Rn. 8ff.) der Fall wäre (BHKC/*Kunz* § 6 Rn. 8; *Müller* EBRG § 6 Rn. 9; *Bachner/Kunz* ArbuR 1996, 81 [84]). Dafür spricht auch, dass sog **„Gleichordnungskonzerne"** iSd § 18 Abs. 2 AktG von den Umsetzungsbestimmungen nicht erfasst werden, weil in ihnen ein beherrschender Einfluss eines Unternehmens in Bezug auf ein anderes Unternehmen gerade nicht ausgeübt wird (BAG 30.3.2004 – 1 ABR 61/01, AP EBRG § 5 Nr. 3 mwN; AKRR EBRG § 6 Rn. 4; BHKC/*Kunz* § 6 Rn. 9; GK-BetrVG/*Oetker* EBRG § 6 Rn. 2). Die Umsetzungsbestimmungen entsprechen insoweit auch den Wertungen des BetrVG, dessen § 54 Abs. 1 S. 1 für die Errichtung des KBR lediglich auf § 18 Abs. 1 AktG, nicht aber auf § 18 Abs. 2 AktG verweist.

c) Gemeinschaftsunternehmen (joint ventures) können nicht in die Unterneh- 30
mensgruppen der an ihnen beteiligten Muttergesellschaften einbezogen werden, wenn die jeweiligen Muttergesellschaften die gleichen Kapitalanteile halten (zB zwei Mütter mit 50% zu 50% Beteiligungen) und auch iÜ ein beherrschender Einfluss weder zugunsten der einen noch der anderen Muttergesellschaft festgestellt werden kann (AKRR EBRG § 6 Rn. 11; *Müller* EBRG § 6 Rn. 13 mwN; EuArbRK/*Oetker* RL 2009/38/EG Art. 3 Rn. 4; **aA** BHKC/*Kunz* § 6 Rn. 17; GK-BetrVG/*Oetker* EBRG § 6 Rn. 4; *Klebe/Kunz* FS Däubler, 1999, 823 [830]). Das EBRG findet in diesen Fällen nur Anwendung, wenn das Gemeinschaftsunternehmen für sich betrachtet die Anwendungsvoraussetzungen erfüllt (vgl. § 2 Abs. 1 iVm § 3 EBRG).

5. Europäischer Betriebsrat in Unternehmensgruppen

In § 7 EBRG wird entspr. Art. 1 Abs. 5 RL klargestellt, dass auch in einer ge- 31
meinschaftsweit tätigen Unternehmensgruppe **nur ein EBR** als zentrales Unterrichtungs- und Anhörungsgremium **obligatorisch** ist. Dies gilt vorbehaltlich einer anderslautenden Vereinbarung selbst dann, wenn der Unternehmensgruppe ein oder mehrere Unternehmen oder Unternehmensgruppen („Konzern im Konzern") angehören, die ihrerseits eine grenzübergreifende Struktur aufweisen (AKRR EBRG § 7 Rn. 1; BHKC/*Kunz* § 7 Rn. 2; DKKW/*Bachner* Anh. B EBRG § 7; EuArbRK/*Oetker* RL 2009/38/EG Art. 1 Rn. 13; *Müller* EBRG § 7 Rn. 2).

III. Besonderes Verhandlungsgremium (BVG) der Arbeitnehmer

1. Bildung

Verhandlungsführer und Partner einer Vereinbarung über eine grenzübergreifende 32
Unterrichtung und Anhörung ist auf ArbN-Seite das **BVG** (§§ 8ff. EBRG). Es wird auf schriftlichen Antrag der ArbN gegenüber der zentralen Leitung oder auf deren Initiative hin gebildet (§ 9 Abs. 1 EBRG).

a) Auskunftsanspruch. Um in Erfahrung bringen zu können, ob die Vorausset- 33
zungen für eine grenzübergreifende Mitwirkung der ArbN in ihren Unternehmen oder Unternehmensgruppen erfüllt sind, begründet § 5 EBRG einen entspr. **umfassenden Auskunftsanspruch** (vgl. *Engels* ArbuR 2009, 10 [12ff.]).

Aufgrund der **Prüfkompetenz** der ArbNVertr. ist der umfassende Auskunftsan- 34
spruch nicht erst dann begründet, wenn feststeht, dass die Voraussetzungen für die Bildung eines EBR gegeben sind; vielmehr besteht er auch dann, wenn im Zeitpunkt des Auskunftsbegehrens noch nicht feststeht, ob die Voraussetzungen der §§ 2 u. 3 EBRG vorliegen (EuGH 29.3.2001 – C-62/99, AP EWG-RL 94/45 Nr. 2 – Bofrost; 13.1.2004 – C-440/00, AP EWG-RL 94/45 Nr. 2; Nr. 3 – Kühne & Nagel; *Joost* BB 2001, 2215f.). Entsprechend dem Auskunftsverlangen hat die zentrale Leitung auch **Unterlagen** über die erbetenen Daten zur Verfügung zu stellen, wenn dies erforderlich ist (AKRR EBRG § 8 Rn. 4). IE gilt Folgendes:

35 Die zentrale Leitung hat auf Verlangen einer ArbNVertr. alle für die Aufnahme von Verhandlungen zur Bildung eines EBR erforderlichen Informationen zu erheben und an die ArbNVertr. weiterzuleiten (§ 5 Abs. 1 EBRG). Demnach kann jede ArbNVertr. in einem MS von der zentralen Leitung in Deutschland Angaben über die durchschnittliche **Gesamtzahl** der **ArbN** und deren **Verteilung** auf die **MS,** Unternehmen und Betriebe verlangen (AKRR EBRG § 5 Rn. 3; DKKW/*Däubler* Anh. B EBRG § 5 Rn. 2; GK-BetrVG/*Oetker* EBRG § 5 Rn. 4; *Junker* RdA 2002, 33). Darüber hinaus umfasst der Auskunftsanspruch auch Daten über die **Struktur** oder Organisation des Unternehmens oder der Unternehmensgruppe (AKRR EBRG § 8 Rn. 6; DKKW/*Däubler* Anh. B EBRG § 5 Rn. 3).

36 Dazu gehört auch die Auskunft darüber, ob ein **Unternehmen herrschend** iSd § 6 EBRG ist. Für diesen Auskunftsanspruch ist nicht erforderlich, dass das Beherrschungsverhältnis bereits feststeht; es reicht eine gewisse Wahrscheinlichkeit (s. EuGH 29.3.2001 – C-62/99, AP EWG-RL 94/45 Nr. 2 – Bofrost mAnm *Coen* ArbuR 2002, 30; EuArbRK/*Oetker* RL 2009/38/EG Art. 4 Rn. 20; BAG 30.3.2004 – 1 ABR 61/01, AP EBRG § 5 Nr. 3; *Junker* RdA 2002, 34; *Schmidt* RdA 2001 Sonderbeil. Heft 5, 12 [16]). Desweiteren folgt aus einer richtlinienkonformen Auslegung des § 5 Abs. 1, dass nach Scheitern der Bildung des BVG die ArbNVertr. Anspruch auf Mitteilung der **Anschriften** und genauen **Bezeichnungen** der in den anderen zur Gruppe gehörenden und in den MS liegenden Unternehmen und Betrieben **gebildeten ArbNVertr.** hat (EuGH 13.1.2004 – C-440/00, AP EWG-RL 94/45 Nr. 3 – Kühne & Nagel; BAG 29.6.2004 – 1 ABR 32/99, NZA 2005, 118; GK-BetrVG/*Oetker* EBRG § 5 Rn. 8).

37 Besonders zu vermerken ist, dass die zentrale Leitung den Auskunftsanspruch nicht unter Hinweis darauf unterlaufen kann, sie verfüge nicht über die geforderten Informationen und könne sie auch nicht beschaffen. Sie wird durch § 5 Abs. 1 S. 1 EBRG verpflichtet, die verlangten und erforderlichen **Informationen zu erheben,** also tätig zu werden, um die ihr nicht vorliegenden Informationen in Erfahrung zu bringen (ebenso *Pauken* ArbRAktuell 2011, 657).

38 Damit dies sichergestellt wird, tritt neben den **vertikalen Auskunftsanspruch** in § 5 Abs. 1 EBRG ein **horizontaler Auskunftsanspruch** zwischen den Unternehmen einer Unternehmensgruppe. Die Regelung des § 5 Abs. 3 EBRG **verpflichtet** jede Leitung eines zu einer gemeinschaftsweit tätigen Unternehmensgruppe gehörenden Unternehmens sowie die zentrale Leitung die nach Abs. 1 erforderlichen Informationen zu erheben und untereinander zur Verfügung zu stellen, damit die geltend gemachten Auskunftsansprüche erfüllt werden können (EuGH 13.1.2004 – C-440/00, AP EWG-RL 94/45 Nr. 3 – Kühne & Nagel; GK-BetrVG/*Oetker* EBRG § 5 Rn. 6; *Pauken* ArbRAktuell 2011, 657).

39 Diese Verpflichtung betrifft auch die **fingierte zentrale Leitung** nach § 2 Abs. 2 EBRG (Gesetzesbegründung BT-Drs. 17/4808, 10). Dies entspricht der Rechtsprechung von EuGH (13.1.2004 – C-440/00, AP EWG-RL 94/45 Nr. 3 – Kühne & Nagel; *Schmidt* RdA 2001 Sonderbeil. Heft 5, 12 [16]; *Winter* Jahrbuch des Arbeitsrechts Bd. 42, 70f.) und BAG (29.6.2004 – 1 ABR 32/99, NZA 2005, 118). Sie haben der fingierten zentralen Leitung (→ Rn. 24) einen eigenen Auskunftsanspruch gegen die zur Gruppe gehörenden Unternehmen in den übrigen MS gegeben und diese verpflichtet, ihr die erforderlichen Informationen zu geben. Einen Informationsdurchgriff auf die in einem Drittstaat ansässige zentrale Leitung (dafür DKKW/*Däubler* Anh. B EBRG § 5 Rn. 7; *Däubler* BB 2004, 447; dagegen *Kort* JZ 2004, 569) haben EuGH und BAG nicht einmal diskutiert (sa *Leder/Zimmer* BB 2005, 445) und sieht auch das EBRG nicht vor. **Umgekehrt** besteht auch ein **Auskunftsanspruch** eines der Unternehmensgruppe angehörigen Unternehmens **gegen** die (fingierte) **zentrale Leitung** in einem anderen MS, wenn das Unternehmen die von der ArbNVertr. verlangten und für die Errichtung eines EBR erforderlichen Auskünfte nicht geben kann (EuGH 15.7.2004 – C-349/01, AP EBRG § 5 Nr. 5 – ADS Anker; *Winter* Jahrbuch des Arbeitsrechts Bd. 42, 70f.).

Die Auskünfte nach § 5 Abs. 1 EBRG können BR, GesBR und KBR geltend machen. Es handelt sich um einen **parallelen Auskunftsanspruch,** der jedem BRGremium zusteht (*Engels* ArbuR 2009, 10 [12f.]). 40

Nach § 5 Abs. 2 EBRG kann ein **deutscher BR** oder GesBR – und, über den GWortlaut hinaus – ein KBR im „Konzern im Konzern" (ebenso BHKC/*Kunz* § 5 Rn. 14; **aA** DKKW/*Däubler* Anh. B EBRG § 5 Rn. 5) seinen Auskunftsanspruch auch gegenüber der örtlichen Betriebs- oder Unternehmensleitung geltend machen, die dann ihrerseits die verlangten Informationen und erforderliche Unterlagen von der zentralen Leitung zu beschaffen hat. Dieser Auskunftsanspruch ist gegenüber dem nach § 5 Abs. 1 nicht nachrangig; der BR oder GesBR hat vielmehr ein Wahlrecht (BAG 30.3.2004 – 1 ABR 61/01, AP EBRG § 5 Nr. 3). Die Regelung soll den BR und GesBR in Deutschland die Information vor allem in den Fällen erleichtern, in denen die zentrale Leitung in einem anderen MS liegt, oder wenn für sie unklar ist, wo sich der Sitz der zentralen Leitung befindet. 41

b) Antragstellung. Das **Antragsrecht** auf Bildung des BVG (§ 9 EBRG) steht den ArbN und jeder ArbNVertr. und damit – wie der Auskunftsanspruch (→ Rn. 33ff.) – parallel den örtlichen BR sowie den überörtlichen GesBR und KBR zu (AKRR EBRG § 9 Rn. 9; *Engels* ArbuR 2009, 10 [13f.]). Der Antrag ist wirksam gestellt, wenn er der zentralen Leitung zugeht und von mindestens **100 ArbN** unterzeichnet ist, die aus mindestens **zwei** in verschiedenen **MS** liegenden Betrieben oder Unternehmen stammen. Die Unterschriften von **ArbN-Vertretern** reichen aus, wenn diese insgesamt 100 ArbN aus zwei MS repräsentieren (§ 9 Abs. 2 S. 1 EBRG). 42

Zur Vermeidung eventueller Schwierigkeiten bei einer grenzübergreifenden Antragstellung lässt § 9 Abs. 2 S. 2 EBRG zu, dass auch **mehrere Anträge** mit jeweils weniger Stützunterschriften aus jeweils nur einem MS gestellt werden, wenn die Stützunterschriften auf allen Anträgen insgesamt die geforderte grenzübergreifende Quote von mindestens 100 ArbN aus mindestens zwei MS erreichen (Extrembeispiel: Antrag von 99 ArbN aus Deutschland und Antrag von einem ArbN aus Frankreich). Ein Antrag kann auch bei einer in Deutschland liegenden örtlichen Betriebs- oder Unternehmensleitung **(„nationaler Briefkasten")** eingereicht werden, die ihn dann unverzüglich an die zentrale Leitung weiterzureichen hat (§ 9 Abs. 2 S. 3 EBRG). 43

Die (wirksame) Antragstellung bei der zentralen Leitung löst den **Lauf der Fristen** aus, bei deren Verstreichen ein EBR kraft Gesetzes zu errichten ist (vgl. § 21 Abs. 1 EBRG und Rn. 71a). 44

Die zentrale Leitung ist verpflichtet, die Antragsteller, die örtlichen Betriebs- oder Unternehmensleitungen und die dortigen ArbNVertr. sowie die in deutschen Betrieben vertr. Gewerkschaften darüber zu **informieren, ob** ein **BVG** zu bilden ist und **wieviele Sitze** auf die jeweiligen MS entfallen (§ 9 Abs. 3 EBRG). So wird erreicht, dass die Beteiligten frühzeitig das Verfahren zur Bestellung der Mitgl. des BVG (§§ 10, 11 EBRG) einleiten können. 45

2. Größe, Sitzverteilung und Bestellung der deutschen Mitglieder

a) Art. 5 Abs. 2 Buchst. b der neuen RL nennt keine **Höchstzahl** der Mitgl. des BVG und nimmt eine bessere Gewichtung der bei der Verteilung der BVG-Sitze auf die MS zu beachtenden Grundsätze der **Repräsentativität** und **Proportionalität** zugunsten der letzteren vor. Nach dem entspr. neuen § 10 Abs. 1 EBRG ist für jeden Anteil der in einem MS beschäftigten ArbN, der 10% der Gesamtzahl der in allen MS beschäftigten ArbN des Unternehmens oder der Unternehmensgruppe oder einen Bruchteil davon beträgt, ein Mitgl. in das BVG zu entsenden. 46

Beispiel:

Hat eine gemeinschaftsweit tätige Unternehmensgruppe insgesamt 4500 ArbN, davon 2000 = 44,4 % in Deutschland, 1100 = 24,4 % in Frankreich, 900 = 20 % in Belgien und 500

= 11,1 % in Spanien, dann kommen fünf Mitgl. aus Deutschland, drei aus Frankreich, zwei aus Belgien und zwei aus Spanien; das BVG hat insgesamt 12 Mitgl. (s. Gesetzesbegründung BT-Drs. 17/4808, 10).

46a Die Grundsätze der Repräsentativität und Proportionalität sind auch dann bei der Verteilung der BVG-Sitze zu beachten, wenn sich während der Tätigkeitsdauer des BVG die **Zahl** der beteiligten **MS** ändert, deren Zahl zwar unverändert bleibt, aber ein **Wechsel** der **MS** erfolgt, oder sich in einem MS die bisherige **ArbN-Zahlen** erheblich **verändern.** Das BVG als solches bleibt bestehen, seine personelle **Zusammensetzung** muss aber den eingetretenen Veränderungen **angepasst** werden (BHKC/*Kunz* § 10 Rn. 12, 18; DKKW/*Klebe* Anh. B EBRG § 10 Rn. 2; **aA** AKRR EBRG § 10 Rn. 8).

47 Die Bestellung von **Ersatzmitgl.** ist zulässig und sinnvoll, um die Kontinuität des BVG sicherzustellen (§ 10 Abs. 2 EBRG; AKRR EBRG § 10 Rn. 10).

48 **b)** Die **Bestellung** der **inländischen Mitgl.** des **BVG** erfolgt nach § 11 EBRG, der unabhängig davon anwendbar ist, ob die zentrale Leitung in Deutschland oder in einem anderen MS liegt. Er verleiht das Bestellungsrecht den bestehenden zuständigen ArbNVertr.Gremien nach dem BetrVG (AKRR EBRG § 11 Rn. 1f.; BHKC/*Kunz* § 11 Rn. 3ff.; *Müller* EBRG § 11 Rn. 2).

49 Das sind in einem gemeinschaftsweit tätigen **Unternehmen** der **GesBR** oder, falls ein solcher nicht besteht, der BR und in einer gemeinschaftsweit tätigen **Unternehmensgruppe** der **KBR** (§ 11 Abs. 1, 2 EBRG; *Engels* ArbuR 2009, 10 [14ff.]). Für den Fall, dass einer Unternehmensgruppe mit Sitz in Deutschland zB ein Unternehmen in Frankreich angehört, das seinerseits einen oder mehrere Betriebe in Deutschland hat, so ist der KBR um den Vorsitzenden und dessen Stellvertreter des im KBR nicht vertretenen BR bzw. des GesBR der in Deutschland liegende Betriebe des französischen Unternehmens zu erweitern; sie nehmen als gleichberechtigte KBR-Mitgl. an der Bestellung der deutschen Mitgl. des BVG teil (§ 11 Abs. 2 S. 2 EBRG).

50 In § 11 Abs. 3 EBRG wird der Fall geregelt, dass es in einer Unternehmensgruppe **keinen KBR** gibt (s. *Engels* ArbuR 2009, 10 [15]). Ausgehend von den dann möglichen **vier Grundkonstellationen** einer betriebsverfassungsrechtlichen Vertretung unterhalb der Ebene der zentralen Leitung bestimmt diese Vorschrift, dass die Bestellung der inländischen Mitgl. des BVG bei Bestehen mehrerer **GesBR** von diesen in einer **gemeinsamen Sitzung** zu erfolgen hat, bei Existenz nur eines GesBR und mehrerer in ihm nicht vertretener BR von dem um die BR-Vorsitzenden und deren Stellvertreter **erweiterten GesBR** (BAG 18.4.2007 – 7 ABR 30/06, AP EBRG § 18 Nr. 1). Bei ausschließlicher Existenz von BR wird die Bestellung von deren Vorsitzenden und ihren Stellvertretern, die entspr. § 47 Abs. 7 BetrVG mit einem Stimmengewicht ausgestattet sind, in einer gemeinsamen Sitzung vorgenommen. Besteht nur ein BR oder nur ein GesBR, so sind diese Gremien zur Bestellung befugt (AKRR EBRG § 11 Rn. 12ff.).

51 Beschlüsse über die Bestellung inländischer Mitgl. des BVG können entspr. § 19 BetrVG gerichtlich überprüft werden; es gelten die Grundsätze über die Anfechtbarkeit und Nichtigkeit betriebsratsinterner Wahlen mit der Besonderheit, dass die Anfechtungsberechtigung nicht auf mindestens drei Wahlberechtigte beschränkt ist (BAG 18.4.2007 – 7 ABR 30/06, AP EBRG § 18 Nr. 1; AKRR EBRG § 11 Rn. 21f.; ausf. → § 26 BetrVG Rn. 56ff.; → § 27 BetrVG Rn. 96ff.; → § 38 BetrVG Rn. 105ff.).

52 **c)** In Anlehnung an § 107 Abs. 1 BetrVG über die personelle Zusammensetzung des Wirtschaftsausschusses sieht § 11 Abs. 4 EBRG vor, dass auch **leitende Ang.** (§ 5 Abs. 3 BetrVG) zu Mitgl. des BVG bestellt werden können (AKRR EBRG § 11 Rn. 3). Geschieht dies nicht, so ist den leitenden Ang. der Zugang zum BVG versperrt.

53 **d) Frauen** und Männer sollen entspr. ihrem zahlenmäßigen Verhältnis bei der Bestellung der deutschen Mitgl. für das BVG berücksichtigt werden (§ 11 Abs. 5

EBRG). In Abweichung von § 15 Abs. 2 BetrVG (→ BetrVG § 15 Rn. 11 ff.) gibt es keine Sitzgarantie für das Geschlecht in der Minderheit (GK-BetrVG/*Oetker* EBRG § 11 Rn. 7).

e) Sobald die **Mitgl. des BVG** feststehen, sind deren Namen, Anschriften und Betriebszugehörigkeit unverzüglich von den nationalen Bestellungsgremien der zentralen Leitung **mitzuteilen** (§ 12 EBRG; AKRR EBRG § 12 Rn. 3). Dieser obliegt es dann, die örtlichen Betriebs- oder Unternehmensleitungen und die dortigen ArbNVertr. sowie die in deutschen Betrieben vertr. Gewerkschaften über die vorgenannten Angaben zu unterrichten. Mit Hilfe dieser Angaben werden die Beteiligten über die personelle Zusammensetzung des BVG informiert. **54**

3. Geschäftsführung, Aufgabe, Zusammenarbeit

a) Sobald der zentralen Leitung die persönlichen Daten der Mitgl. des BVG nach § 12 EBRG mitgeteilt worden sind, hat sie diese unverzüglich zur **konstituierenden Sitzung** des BVG einzuladen und unterrichtet die örtlichen Betriebs- oder Unternehmensleitungen. Zugleich unterrichtet sie die zuständigen europäischen Gewerkschaften und ArbGeb.-Verbände über den Beginn der Verhandlungen und die Zusammensetzung des BVG (§ 13 Abs. 1 S. 1, 2 EBRG). Gemeint sind solche Verbände, die nach Art. 154 AEUV von der Kommission gehört werden. Eine entspr. Liste wird von der Kommission laufend aktualisiert und im Internet veröffentlicht. Aus Vereinfachungsgründen haben die europäischen Dachverbände einheitliche E-Mail-Adressen vereinbart. Damit kann die zentrale Leitung ihrer Unterrichtungsverpflichtung nach § 12 EBRG durch eine Nachricht an ewc@etuc.org und ewc@business-europe.eu nachkommen (Gesetzesbegründung BT-Drs. 17/4808, 10). **55**

Auf der konstituierenden Sitzung wählt das BVG einen **Vorsitzenden** (§ 13 Abs. 1 S. 3 EBRG). Es kann sich auch eine Geschäftsordnung geben, in der zB die Wahl eines stellvertretenden Vorsitzenden sowie die Bildung eines Vorstands oder Ausschusses vorgesehen werden kann (AKRR EBRG § 13 Rn. 10, 17, 21; GK-BetrVG/*Oetker* EBRG § 13 Rn. 6; *Bachner/Nielebock* ArbuR 1997, 129 [131]; *Engels/Müller* DB 1996, 981 [984]). Beschlüsse des BVG werden, soweit im EBRG nichts anderes bestimmt ist (s. zB § 15 EBRG; → Rn. 61), mit der Mehrheit der Stimmen seiner Mitgl. gefasst (§ 13 Abs. 3 EBRG; AKRR EBRG § 13 Rn. 18). Aufgrund der verbesserten Regelung in § 10 EBRG (→ Rn. 46) über die Zusammensetzung des BVG ist die Problematik dieser Vorschrift entschärft worden. **56**

b) Das BVG hat die **Aufgabe,** mit der zentralen Leitung in vertrauensvoller Zusammenarbeit eine **Vereinbarung** über eine grenzübergreifende Unterrichtung und Anhörung auszuhandeln und abzuschließen (§ 8 Abs. 1, 3 EBRG). Gehören einem gemeinschaftsweit tätigen Unternehmen oder einer gemeinschaftsweit tätigen Unternehmensgruppe Betriebe oder Unternehmen mit Sitz in einem **Drittstaat** an und sollen diese in die grenzübergreifende Mitwirkung einbezogen werden, können zentrale Leitung und BVG vereinbaren, dass ArbNVertr. aus diesen Staaten als Gast oder sogar als Mitgl. im BVG vertreten sind (§ 14 EBRG; GK-BetrVG/*Oetker* EBRG § 14 Rn. 4; *Engels/Müller* DB 1996, 981 [984]). **57**

c) Damit das BVG der zentralen Leitung ein ebenbürtiger Verhandlungspartner sein kann, hat diese dem BVG rechtzeitig alle erforderlichen **Auskünfte** zu erteilen und notwendige **Unterlagen** zur Verfügung zu stellen (§ 8 Abs. 2 EBRG). Dieser Verpflichtung hat sie – anders als nach § 5 Abs. 1 EBRG – von sich aus, ohne ein entspr. Verlangen des BVG, nachzukommen (AKRR EBRG § 8 Rn. 4; BHKC EBRG § 8 Rn. 6). **58**

Außerdem kann das BVG **Sachverständige** seiner Wahl zur Unterstützung hinzuziehen, soweit dies zur Wahrnehmung seiner Aufgaben notwendig ist (§ 13 Abs. 4 EBRG; BHKC/*Kunz* § 13 Rn. 25; *Müller* EBRG § 13 Rn. 6 mwN); Sachverständige können auch **Beauftragte von Gewerkschaften** sein, § 13 Abs. 4 S. 2 EBRG). Der neue § 13 Abs. 4 S. 3 EBRG lässt nunmehr ausdrücklich zu, dass auf Wunsch **59** des BVG Sachverständige und Gewerkschaftsvertr. **auch** an den **Verhandlungen** mit der zentralen Leitung beratend teilnehmen können; sie haben also kein eigenes Teilnahmerecht und auch kein Stimmrecht (AKRR EBRG § 13 Rn. 31; EuArbRK/*Oetker* RL 2009/38/EG Art. 5 Rn. 25; GK-BetrVG/*Oetker* EBRG § 13 Rn. 18). Ist ein Gewerkschaftsvertr. als Sachverständiger benannt, hat die zentrale Leitung nach Maßgabe des allgemein für die Hinzuziehung von Sachverständigen geltenden § 16 EBRG die Kosten zu tragen (Gesetzesbegründung BT-Drs. 17/4808, 11).

60 Zur Vorbereitung und Abstimmung untereinander sowie zur Nachbereitung hat der Vorsitzende des BVG das Recht, **vor** und jetzt auch **nach** jeder Verhandlung mit der zentralen Leitung zu einer **internen Sitzung** einzuladen. Zeitpunkt, Häufigkeit und Ort der Verhandlungen und der Sitzungen des BVG werden zwischen den Parteien einvernehmlich festgelegt (§§ 8 Abs. 3 S. 2, 13 Abs. 2 EBRG). Auf diese Weise kann ein zeitlicher und räumlicher Zusammenhang beider Termine sichergestellt werden, falls dies aus Organisations- und Kostengründen angezeigt erscheint (AKRR EBRG § 8 Rn. 13f.; BHKC/*Kunz* § 13 Rn. 16f.; DKKW/*Klebe* Anh. B EBRG § 13 Rn. 7f.; GK-BetrVG/*Oetker* EBRG § 13 Rn. 8ff.; *Engels/Müller* DB 1996, 981 [984]).

61 **d)** Das BVG kann allerdings auch auf eine grenzübergreifende Unterrichtung und Anhörung der ArbN einseitig **verzichten.** Ein entspr. schriftlich niederzulegender Beschluss bedarf mindestens zwei Drittel der Stimmen der Mitgl. des BVG. Ein erneuter Antrag auf Bildung eines BVG ist dann grds. erst in zwei Jahren zulässig (§ 15 EBRG).

62 **e)** Die **Kosten,** die durch Bildung und Tätigkeit des BVG entstehen, einschließlich der Kosten für nur einen Sachverständigen, trägt die zentrale Leitung (§ 16 Abs. 1 EBRG). Hierzu gehören grds. auch Kosten für die Übersetzung von Unterlagen in die Sprachen derjenigen MS, die im BVG vertreten sind, soweit dies erforderlich ist (→ BetrVG § 40 Rn. 5ff.). Außerdem hat die zentrale Leitung die für Sitzungen notwendigen Sachmittel (Räume), Büropersonal und Dolmetscher zur Verfügung zu stellen sowie die erforderlichen Reise- und Aufenthaltskosten zu tragen (→ BetrVG § 40 Rn. 104ff.; AKRR EBRG § 16 Rn. 5ff.; BHKC/*Kunz* § 16 Rn. 3ff.; *Braun/Wisskirchen* KonzernArbR Teil II. 2. Rn. 135; *Klebe/Kunz* FS Däubler, 1999, 823 [834]). Für den Kostenerstattungsanspruch ist eine gesamtschuldnerische Haftung des ArbGeb. der aus Deutschland bestellten Mitgl. des BVG vorgesehen (§ 16 Abs. 2 EBRG). Dies hat zur Folge, dass deutsche Mitgl. des BVG die ihnen aufgrund der Teilnahme an Sitzungen und Verhandlungen entstehenden Kosten im Streitfall vor deutschen ArbG geltend machen können (vgl. AKRR EBRG Rn. 11; BHKC/*Kunz* § 16 Rn. 11; GK-BetrVG/*Oetker* EBRG § 16 Rn. 9; *Müller* EBRG § 16 Rn. 5).

IV. Gestaltungsmöglichkeiten von Vereinbarungen über grenzübergreifende Unterrichtung und Anhörung

63 In § 17 EBRG werden die **umfassenden Gestaltungsmöglichkeiten** verdeutlicht, die für die zentrale Leitung und das BVG im Rahmen einer Vereinbarung über grenzübergreifende Unterrichtung und Anhörung der ArbN bestehen. Die Vertragspartner sind **weder strukturell noch inhaltlich** an die für den EBR kraft Gesetzes bestehenden Bestimmungen des Vierten Teils des G (vgl. §§ 21ff. EBRG) **gebunden,** in dem die subsidiären Vorschriften des Anhangs der RL umgesetzt werden (*Müller* EBRG § 17 Rn. 1). Es gelten jedoch die Gemeinsamen Bestimmungen des Fünften Teils des G (→ Rn. 93ff.). Die Vereinbarung hat als kollektiver Organisationsakt unmittelbare und zwingende, also normative Wirkung (AKRR EBRG § 17 Rn. 5, 7; BHKC/*Kunz* § 17 Rn. 28; DKKW/*Däubler* Anh. B EBRG § 17 Rn. 9, 11; **aA** GK-BetrVG/*Oetker* EBRG § 17 Rn. 5).

64 Vorausgesetzt wird zunächst nur, dass die Vereinbarung eine **grenzübergreifende Unterrichtung und Anhörung** vorsieht und sich auf **alle** in den MS beschäftigten

übergreifenden Mitwirkung der ArbN. **Absoluten Vorrang** haben **Vereinbarungslösungen** (AKRR EBRG § 21 Rn. 2; BHKC/*Kunz* § 21 Rn. 2ff.; DKKW/*Bachner* Anh. B EBRG § 21 Rn. 1). Nur wenn diese nicht zustande kommen, ist ein EBR kraft Gesetzes zu errichten. Das ist der Fall, wenn die zentrale Leitung die Aufnahme von Verhandlungen innerhalb von sechs Monaten nach Antragstellung (→ Rn. 32, 42f., 44, 71a) verweigert, es innerhalb von drei Jahren nach Antragstellung oder Initiative der zentralen Leitung zu keiner Vereinbarung nach §§ 18 oder 19 EBRG kommt oder zentrale Leitung und BVG bereits vorher übereinstimmend das Scheitern der Verhandlungen erklären (§ 21 Abs. 1 EBRG).

Wird die zentrale Leitung **nicht innerhalb von sechs Monaten** nach Antragstellung (§ 9 Abs. 1, 2 EBRG) tätig, um die Bildung eines BVG (§ 9 Abs. 3, § 10 EBRG) voranzutreiben, steht dies der Verweigerung der Aufnahme von Verhandlungen nach § 21 Abs. 1 EBRG gleich, mit der Folge, dass dies die Möglichkeit der **Errichtung eines EBR kraft Gesetzes auslöst** (BAG 29.6.2004 – 1 ABR 32/99, NZA 2005, 118). Die bloße Ankündigung von Vorbereitungsmaßnahmen zur Bildung eines EBR reicht im Rahmen des § 21 Abs. 1 S. 1 EBRG jedenfalls dann nicht aus, wenn keine konkreten Maßnahmen folgen und Fortschritte bei der Bildung eines BVG nicht erkennbar werden. Dann ist für die Errichtung des EBR kraft Gesetzes die sechsmonatige Frist des § 12 Abs. 1 S. 1 EBRG maßgeblich und nicht die dreijährige Frist des § 21 Abs. 1 S. 2 EBRG (ArbG Berlin 15.7.2016 – 26 BV 4223/16, BeckRS 2016, 114386). Damit wird etwaigen Ausweich-, Verzögerungs- und Verschleppungsversuchen einer kooperationsunwilligen zentralen Leitung der Erfolg versagt (*Bittner* ZESAR 5./6.17 S. 247ff.). 71a

1. Größe, Sitzverteilung und Bestellung der deutschen Mitglieder

a) Im Gegensatz zu § 10 EBRG bestimmt § 22 Abs. 1 EBRG (vgl. Anh. Nr. 1b RL), dass **nur ArbN** des gemeinschaftsweit tätigen Unternehmens oder der Unternehmensgruppe **Mitgl. des EBR** sein können. Eine **Begrenzung der Mitgl.-Zahl** ist **nicht vorgesehen** (DKKW/*Bachner* Anh. 2 EBRG § 22 Rn. 3). 72

b) Nach dem neuen § 22 Abs. 2 EBRG erfolgt die Verteilung der Sitze im EBR auf die einzelnen MS in gleicher Weise wie beim BVG (s. § 10 EBRG; → Rn. 46). Für jeden Anteil der in einem MS beschäftigten ArbN, der 10% der Gesamtzahl der in allen MS beschäftigten ArbN des Unternehmens oder der Unternehmensgruppe oder einen Bruchteil davon beträgt, wird ein Mitgl. in den EBR entsandt. Damit ist auch hier bei der Verteilung der EBR-Sitze auf die MS eine bessere Gewichtung des Grundsatzes der **Proportionalität** gegenüber der **Repräsentativität** erfolgt, die zu begrüßen ist. Zur Berechnung und Verteilung der Sitze sowie der Größe des EBR s. das Beispiel in → Rn. 46. 73

c) Die **Bestellung der deutschen Mitgl. des EBR** (§ 23 EBRG) erfolgt grds. in gleicher Weise wie die der BVG-Mitgl. (→ Rn. 48ff.; BAG 18.4.2007 – 7 ABR 30/06, AP EBRG § 18 Nr. 1). Das gilt jedoch nicht für **leitende Ang.** (§ 5 Abs. 3 BetrVG); diese können nicht Mitgl. des EBR sein (Umkehrschluss aus § 11 Abs. 4 EBRG; (AKRR EBRG § 23 Rn. 4; GK-BetrVG/*Oetker* EBRG § 22 Rn. 4, EBRG § 23 Rn. 8; **aA** DKKW/*Bachner* Anh. B EBRG § 22 Rn. 1). § 23 Abs. 6 EBRG sieht eine Sonderregelung zugunsten der leitenden Ang. vor, die allerdings auf gemeinschaftsweit tätige Unternehmen und Unternehmensgruppen mit Sitz in Deutschland beschränkt ist: In diesen Unternehmen oder Unternehmensgruppen kann das zuständige Sprecherausschussgremium einen leitenden Ang. bestimmen, der zwar ohne Sitz und Stimme, jedoch als Gast mit Rederecht an den Sitzungen des EBR teilnehmen kann, sofern mindestens fünf Mitgl. aus Deutschland entsandt werden (AKRR EBRG § 23 Rn. 4; BHKC/*Kunz* § 11 Rn. 6ff.; DKKW/*Bachner* Anh. B EBRG § 23 Rn. 2; GK-BetrVG/*Oetker* EBRG § 23 Rn. 8f.). 74

d) Sobald die **Mitgl. des EBR feststehen,** sind deren Namen, Anschriften und Betriebszugehörigkeit unverzüglich von den nationalen Bestellungsgremien der zent- 75 ralen Leitung mitzuteilen. Sie hat die örtlichen Betriebs- oder Unternehmensleitungen und die dortigen ArbNVertr. sowie die in deutschen Betrieben vertr. Gewerkschaften über diese Angaben zu **unterrichten** (§ 24 EBRG), damit die Beteiligten über die personelle Zusammensetzung des EBR informiert sind.

2. Dauer der Mitgliedschaft, Neubestellung von Mitgliedern

76 Der **EBR** ist – wie GesBR und KBR – eine **Dauereinrichtung** ohne feste Amtszeit (AKRR EBRG § 32 Rn. 1; BHKC/*Kunz* § 21 Rn. 8; *Müller* EBRG § 36 Rn. 1; *Hromadka* DB 1995, 1125 [1130]); das Ausscheiden einzelner Mitgl. aus dem EBR oder die Entsendung neuer Mitgl. hat auf den Fortbestand des EBR keine Auswirkung. Die Dauer der **Mitgl.schaft** im EBR ist dagegen zeitlich auf **vier Jahre** begrenzt (§ 32 Abs. 1 EBRG). Die Mitgl.schaft beginnt mit der Bestellung durch die jeweiligen nationalen Gremien. Sie endet vorzeitig zB durch Abberufung, Niederlegung des Amtes oder Beendigung des ArbVerh. Eine erneute Bestellung ist zulässig (AKRR EBRG § 32 Rn. 2; BHKC/*Kunz* § 32 Rn. 5; *Engels/Müller* DB 1996, 981 [986]).

77 Im Gegensatz zu diesen allein in der Sphäre der ArbN liegenden Gründen für eine Änderung der personellen Zusammensetzung des EBR regelt der neue § 32 Abs. 2 EBRG den Fall, dass die Sitzverteilung infolge einer Erweiterung, Verkleinerung oder **Strukturänderung** des gemeinschaftsweit tätigen Unternehmens oder der Unternehmensgruppe nicht mehr der in § 22 Abs. 2 EBRG vorgeschriebenen Zusammensetzung des EBR entspricht; diese Regelung kommt insbes. außerhalb des § 37 EBRG zum Tragen. Um diese Grundsätze in der Dauereinrichtung EBR über den Zeitpunkt seiner Errichtung hinaus verwirklichen zu können, ist die zentrale Leitung verpflichtet, **alle zwei Jahre,** vom Tag der konstituierenden Sitzung des EBR an gerechnet (§ 25 Abs. 1 EBRG), **zu prüfen,** ob sich die ArbN-Zahlen in den MS absolut und/oder in ihrem Verhältnis zueinander derart geändert haben (AKRR EBRG § 32 Rn. 10 ff.; BHKC/*Kunz* § 32 Rn. 13 ff.; *Müller* EBRG § 36 Rn. 3).

78 Das (positive oder negative) Prüfergebnis ist dem EBR mitzuteilen; dies sollte, falls erforderlich, unter Vorlage entspr. Unterlagen erfolgen. Ergibt sich daraus die Notwendigkeit einer **Änderung der Sitzverteilung** im EBR, so hat dieser dafür zu sorgen, dass (nur) in denjenigen MS, für die sich eine geänderte Zahl der EBR-Sitze ergibt oder auf die erstmals ein EBR-Sitz entfällt, die EBR-Mitgl. (neu) bestellt werden. Zu diesem Zweck hat er die betreffenden nationalen Bestellungs- oder Wahlgremien zur Neubesetzung der ihrem Land zustehenden Sitze aufzufordern. Mit der Neubestellung endet die Mitgliedschaft der bisher aus dem jeweiligen MS stammenden ArbNVertr. im EBR (AKRR EBRG § 32 Rn. 18; BHKC/*Kunz* § 32 Rn. 18).

3. Ende des Europäischen Betriebsrats kraft Gesetzes

79 In **drei Fällen** geht der als Dauerinstitution konzipierte EBR unter: 1. Bei **Wegfall** einer der in **§ 3 EBRG genannten Voraussetzungen** entfällt der EBR sofort und ersatzlos, im Fall des § 33 EBRG kann er durch eine **Vereinbarungslösung** ersetzt werden.

80 2. Nach § 33 EBRG hat der EBR **vier Jahre nach seiner Konstituierung** darüber zu beschließen, ob nochmals versucht werden soll, die zentrale Leitung für den Abschluss einer Vereinbarung nach § 17 EBRG zu gewinnen und damit einen Wechsel vom EBR kraft Gesetzes hin zu einer maßgeschneiderten transnationalen „Betriebsverfassung" anzustreben. Wird der Beschluss mit der Stimmenmehrheit der EBR-Mitgl. gefasst, so nimmt er ab diesem Zeitpunkt eine **Doppelstellung** ein: Der EBR erhält zusätzlich die Rechtsstellung des BVG mit allen damit zusammenhängenden Rechten und Pflichten, um nach den für das BVG geltenden Regeln (§§ 8, 13, 14, 15 Abs. 1, §§ 16–19) eine Vereinbarung mit der zentralen Leitung aushandeln zu können (§ 33 S. 2 EBRG). Seine Stellung als EBR behält er bei und ist zB auch weiterhin nach §§ 29 u. 30 EBRG zu beteiligen (AKRR EBRG § 33 Rn. 4; BHKC/*Kunz* § 33 Rn. 5; GK-BetrVG/*Oetker* EBRG § 33 Rn. 7; *Engels/Müller* DB 1996, 981 [986] zu §§ 32, 33 aF). Gelingt eine Vereinbarungslösung, so endet das Mandat des gesetzlichen EBR (§ 33 S. 3 EBRG); gelingt sie nicht, bleibt der EBR bestehen (AKRR EBRG § 33 Rn. 5; BHKC/*Kunz* § 33 Rn. 6; GK-BetrVG/*Oetker* EBRG § 33 Rn. 8; *Müller* EBRG § 37 Rn. 2; *Engels/Müller* DB 1996, 981 [986]; **aA** *Rademacher* EBR S. 125).

3. Der EBR kraft Gesetzes kann bei wesentlichen Strukturänderungen iSv § 37 EBRG untergehen (→ Rn. 100 ff.). **81**

4. Geschäftsführung, Bildung eines Ausschusses

Da die Vorschriften des EBRG über die Geschäftsführung des EBR weitgehend an die §§ 26 ff. des BetrVG angelehnt sind, kann bei Zweifelsfragen allgemeiner Art auf die dortige Kommentierung zurückgegriffen werden. **IE** gilt folgendes: **82**

a) Sobald der zentralen Leitung die persönlichen Daten der Mitgl. des EBR nach § 24 EBRG mitgeteilt worden sind, hat sie diese unverzüglich zur **konstituierenden Sitzung** des EBR einzuladen. Tut sie dies nicht, haben die EBR-Mitgl. ein **Selbstzusammentrittsrecht** (AKRR EBRG § 25 Rn. 4; BHKC/*Kunz* § 25 Rn. 5; DKKW/*Bachner* Anh. B EBRG § 25 Rn. 2). Auf dieser Sitzung wählt der EBR aus seiner Mitte den **Vorsitzenden** und dessen Stellvertreter (§ 25 Abs. 1 EBRG). Der Vorsitzende und im Fall seiner Verhinderung der stellvertretende Vorsitzende sind die Vertretungsorgane des EBR, die ihn im Rahmen seiner Beschlüsse vertreten und Erklärungen für ihn entgegennehmen können (§ 25 Abs. 2 EBRG). **83**

b) Der neu gefasste § 26 EBRG sieht zwingend vor, dass jeder EBR, unabhängig von seiner Mitgl.Zahl, aus seiner Mitte einen **Ausschuss** bildet. Ihm gehören der **Vorsitzende** und mindestens zwei, **höchstens vier weitere Mitgl.** des EBR (unzutreffend AKRR EBRG § 26 Rn. 2: unbegrenzte Zahl) an, die – nicht notwendigerweise geheim – zu wählen sind. Dem Grundsatz der Repräsentanz entsprechend sollen die Ausschussmitgl. aus verschiedenen MS stammen (AKRR EBRG § 26 Rn. 3; BHKC/*Kunz* § 26 Rn. 7). Hiervon kann aber insbes. aus Gründen einer effizienteren Ausschussarbeit zB bei Gleichsprachigkeit der Ausschussmitgl. abgewichen werden (GK-BetrVG/*Oetker* EBRG § 26 Rn. 5). Der Ausschuss hat eine doppelte Aufgabe: Zum einen erledigt er die laufenden Geschäfte, zum anderen ist er bei außergewöhnlichen Umständen anstelle des EBR nach § 30 Abs. 2 EBRG zu beteiligen. **84**

c) Der EBR ist berechtigt, **interne Sitzungen** ohne Teilnahme der zentralen Leitung durchzuführen und hierzu einzuladen (§ 27 Abs. 1 EBRG). Dies ist erforderlich, damit die ArbNVertr. aus den einzelnen MS anstehende Fragen gemeinsam erörtern, die Unterrichtungs- und Anhörungstermine vorbereiten und ggf. Beschlüsse fassen können. Allerdings wird verlangt, dass die Sitzungen aus Organisations- und Kostengründen in einem zeitlichen und räumlichen Zusammenhang sowohl mit der turnusmäßigen als auch mit der außerordentlichen Unterrichtung nach §§ 29, 30 EBRG stehen müssen. Zeitpunkt und Ort der Sitzungen sind deshalb mit der zentralen Leitung abzustimmen (AKRR EBRG § 27 Rn. 1 ff.; BHKC § 27 Rn. 3; *Müller* EBRG § 27 Rn. 1; *Engels/Müller* DB 1996, 981 [986]; abl. *Bachner/Kunz* ArbuR 1996, 81 [85]; *Kohte* EuroAS 1996, 115 [119]). **85**

Hält der EBR außer diesen gesetzlich vorgesehenen Sitzungen **weitere Sitzungen** für erforderlich, so muss er hierfür das Einverständnis der zentralen Leitung einholen (§ 27 Abs. 1 S. 4 EBRG; BHKC/*Kunz* § 27 Rn. 7). Beide Seiten haben sich in dieser Frage vom Grundsatz der vertrauensvollen Zusammenarbeit gem. § 34 EBRG leiten zu lassen (AKRR EBRG § 27 Rn. 2; DKKW/*Bachner* Anh. B EBRG § 27 Rn. 7; weiter BHKC/*Kunz* § 27 Rn. 7; GK-BetrVG/*Oetker* EBRG § 27 Rn. 6). Die Sitzungen des EBR sind **nicht öffentlich,** so dass an ihnen als Externe grds. nur Sachverständige und als solche auch Beauftragte der Gewerkschaften (§ 39 Abs. 2 S. 2 **86**

EBRG) sowie Dolmetscher teilnehmen dürfen (LAG BW 23.12.2014 – 11 TaBV 6/14, BeckRS 2015, 69902 mit krit. Anm. *Meißner* AiB 2015 Heft 6, 63; AKRR EBRG § 27 Rn. 4, die nur eine generelle Teilnahme von Gewerkschaftsvertr. ablehnen; DKKW/*Bachner* Anh. 2 EBRG § 27 Rn. 6; GK-BetrVG/*Oetker* EBRG § 27 Rn. 7). Die vorstehenden Grundsätze gelten entspr., wenn die Mitwirkungsrechte des EBR dem **Ausschuss** übertragen sind (§ 27 Abs. 2 EBRG; *Hayen* AiB 2011, 15 [17]).

86a Eine **generelle Hinzuziehung** von Gewerkschaftsbeauftragten zu EBR-Sitzungen ist mit dem Grundsatz der Nichtöffentlichkeit der Sitzungen gem. § 27 Abs. 1 S. 5 EBGR **nicht** vereinbar; § 31 BetrVG ist analog nicht anwendbar (LAG BW 23.12.2014 – 11 TaBV 6/14, BeckRS 2015, 69902 mit krit. Anm. *Meißner* AiB 2015 Heft 6, 63; → Rn. 109; **aA** BHKC/*Kunz* § 27 Rn. 11 f.; DKKW/*Bachner* Anh. B § 27 Rn. 7).

87 **d)** Der EBR fasst seine **Beschlüsse** als Kollegialorgan im Allgemeinen mit einfacher Stimmenmehrheit, also mit der Mehrheit der anwesenden Mitgl. (§ 28 S. 1 EBRG). Die absolute Mehrheit, dh die Mehrheit der Stimmen der EBR-Mitgl., verlangt das G für den Beschluss über die schriftlich abzufassende Geschäftsordnung, die sich der EBR geben muss (§ 28 S. 2 EBRG; AKRR EBRG § 28 Rn. 7; BHKC/*Kunz* § 28 Rn. 11), und den Beschluss nach § 33 EBRG über die Aufnahme von Vertragsverhandlungen mit der zentralen Leitung (AKRR EBRG § 28 Rn. 2 ff.; BHKC/*Kunz* § 33 Rn. 4).

5. Mitwirkungsrechte des Europäischen Betriebsrats kraft Gesetzes

88 **a)** Die zentrale Leitung hat den EBR nach § 29 EBRG **einmal im Kalenderjahr** über die Entwicklung der Geschäftslage und die Perspektiven des gemeinschaftsweit tätigen Unternehmens oder der gemeinschaftsweit tätigen Unternehmensgruppe unter Vorlage der erforderlichen Unterlagen zu unterrichten und ihn dazu anzuhören. Zu den Unterrichtungs- und Anhörungsgegenständen gehören insbes.

„1. Struktur des Unternehmens oder der Unternehmensgruppe sowie die wirtschaftliche und finanzielle Lage,
2. die voraussichtliche Entwicklung der Geschäfts-, Produktions- und Absatzlage,
3. die Beschäftigungslage und ihre voraussichtliche Entwicklung,
4. Investitionen (Investitionsprogramme),
5. grundlegende Änderungen der Organisation,
6. die Einführung neuer Arbeits- und Fertigungsverfahren,
7. die Verlegung von Unternehmen, Betrieben oder wesentlichen Betriebsteilen sowie Verlagerungen der Produktion,
8. Zusammenschlüsse oder Spaltungen von Unternehmen oder Betrieben,
9. die Einschränkung oder Stilllegung von Unternehmen, Betrieben oder wesentlichen Betriebsteilen sowie
10. Massenentlassungen."

89 Diese Konkretisierung der „Entwicklung der Geschäftslage und der Perspektiven" des gemeinschaftsweit tätigen Unternehmens oder der gemeinschaftsweit tätigen Unternehmensgruppe entspricht im Wesentlichen den wirtschaftlichen Angelegenheiten iSd **§ 106 Abs. 3 BetrVG,** die der Unternehmer mit dem Wirtschaftsausschuss zu erörtern hat. Bei Erläuterung von Produktions- und Investitionsprogrammen, Organisationsänderungen sowie neuen Arbeits- und Fertigungsverfahren müssen die mit **Industrie/Arbeit 4.0** verbundene **Digitalisierung** der Unternehmen und der Produktionsanlagen sowie die Einführung von **Matrixstrukturen** (→ § 5 BetrVG Rn. 226a, 226c) erörtert und die sich hieraus ergebenden Auswirkungen auf ArbN, Arbeitsplätze und Arbeitsabläufe dargestellt werden. Die in den Nummern 5–10 bezeichneten Angelegenheiten sind teilweise enger gefasst und entsprechen eher den sich aus **§ 111 S. 2 BetrVG** ergebenden Betriebsänderungen. Auf die Kommentierung beider Vorschriften wird Bezug genommen.

b) Außer den vorgenannten turnusmäßigen Unterrichtungs- und Anhörungsrechten werden in § 30 EBRG dem EBR kraft Gesetzes weitere Mitwirkungsrechte eingeräumt, wenn **außergewöhnliche Umstände** eintreten oder **Entscheidungen** beabsichtigt sind, die erhebliche Auswirkungen auf die Interessen der ArbN haben. Zu diesen außergewöhnlichen Umständen zählt das G insbes. die Verlegung oder **Stilllegung** von Unternehmen, Betrieben oder wesentlichen Betriebsteilen sowie **Massenentlassungen.** Dann hat die zentrale Leitung den EBR unter Vorlage der erforderlichen Unterlagen unverzüglich zu unterrichten und ihn auf Verlangen grds. so rechtzeitig anzuhören, dass seine Vorschläge oder Bedenken noch berücksichtigt werden können, bevor eine unternehmerische Entscheidung getroffen wird. Das folgt aus den neu gefassten Begriffsdefinitionen in § 1 Abs. 4, 5 EBRG (→ Rn. 12f.; AKRR EBRG § 30 Rn. 17, 23; BHKC/*Hayen* § 30 Rn. 9, 17). Besteht ein **Ausschuss** nach § 26 EBRG, so ist dieser anstelle des EBR zu beteiligen. **90**

Eine Verletzung der Mitwirkungsrechte nach §§ 29, 30 EBRG begründet **keinen Unterlassungsanspruch** des EBR bezüglich der Durchführung der dort genannten Maßnahmen, insbes. einer beabsichtigten Betriebsstilllegung (LAG BW 12.10.2015 – 9 TaBV 2/15, NZA-RR 2016, 358ff. **(n. rkr.);** LAG Köln 8.9.2011 – 13 Ta 267/11, BeckRS 2011, 76804 mit krit. Anm. *Hayen* AiB 2012, 127ff., *Forst* ZESAR 2001/13, 15 [17ff.]; *Meissner* AiB 2012, 688ff.; zust. AKRR EBRG § 30 Rn. 25; EuArbRK/*Oetker* RL 2009/38/EG Art. 11 Rn. 7ff.; GK-BetrVG/*Oetker* EBRG § 30 Rn. 11ff.; *Müller* EBRG § 33 Rn. 6; *Gaul/Ludwig/Forst* § 1 Rn. 123ff.; *Maiß/Pauken* BB 2013, 1589 [1591f.]; *Wank* EWiR § 30 EBRG 1/12, 17; **aA** BHKC/*Hayen* § 30 Rn. 33ff.; DKKW/*Bachner* Anh. B EBRG § 30 Rn. 6; HaKo-BetrVG/*Hayen* EBRG § 29 Rn. 6. Für den EBR kraft Vereinbarung kann jedoch ein Unterlassungsanspruch vorgesehen werden, → Rn. 64a). Der EBR kann seine Ansprüche auf Unterrichtung und Anhörung mittels einer einstw. Vfg. durchsetzen (GK-BetrVG/*Oetker* EBRG § 30 Rn. 13). Zur Sicherung der Mitwirkungsrechte des EBR kann das ArbG der Zentralen Leitung vorübergehend die Maßnahmen untersagen, die zB bereits eine Betriebsstilllegung ausmachen, wie etwa den Abtransport von Maschinen oder den Ausspruch von Kündigungen (→ § 111 Rn. 138). **90a**

Der als Unterrichtungs- und Anhörungsorgan konzipierte EBR (→ Rn. 7ff.) soll die in §§ 29, 30 EBRG vorgesehene Mitwirkung der ArbN innerhalb eines Unternehmens oder einer Unternehmensgruppe über die nationalen Grenzen hinweg sicherstellen. Eine Befugnis zum Abschluss von **grenzüberschreitenden Vereinbarungen** materiell-rechtlichen Inhalts hat er **nicht.** So wird ausgeschlossen, dass zB eine Vereinbarung, die in Frankreich zwischen der dort angesiedelten Zentralen Leitung und dem EBR abgeschlossen worden ist, Rechte des BR nach dem BetrVG einschränken kann (s. zur Thematik *Rehberg* NZA 2013, 73ff.). **90b**

Der EBR oder der ihn vertretende Ausschuss haben sowohl iRd § 29 EBRG als auch in den Fällen des § 30 EBRG das Recht, im Zusammenhang mit der Unterrichtung durch die zentrale Leitung eine **vorbereitende Sitzung** durchzuführen (vgl. § 27 Abs. 1 S. 1 u. 2 EBRG), um die ihnen mitgeteilten Informationen zunächst in Abwesenheit des Managements erörtern zu können. An den Sitzungen des Ausschusses können auch diejenigen Mitgl. des EBR teilnehmen, die für die Betriebe oder Unternehmen bestellt worden sind, die unmittelbar von den geplanten Maßnahmen betroffen sind. Sie gelten insoweit als Ausschuss-Mitgl. (Näheres zu Sitzungen s. § 27 EBRG; → Rn. 85f.). **91**

c) In § 31 EBRG ist für Presseunternehmen und andere sog **Tendenzunternehmen** (s. hierzu die Kommentierung zu § 118 BetrVG) eine Einschränkung der Unterrichtungs- und Anhörungsrechte des kraft Gesetzes errichteten EBR und des Ausschusses vorgesehen. Danach hat eine Unterrichtung und Anhörung nur über den Ausgleich oder die Milderung der wirtschaftlichen Nachteile zu erfolgen, die den ArbN infolge der in § 29 Abs. 2 Nr. 5–10 und § 30 EBRG beispielhaft genannten Unternehmens- oder Betriebsänderungen entstehen. Durch diese Regelung werden die Wertungen des § 118 Abs. 1 S. 2 BetrVG übernommen, nach denen in Tendenz- **92**

unternehmen kein Wirtschaftsausschuss (§§ 106ff. BetrVG) zu bilden ist und die bei Betriebsänderungen bestehenden Beteiligungsrechte des Betriebsrats nur insoweit anzuwenden sind, als sie den Ausgleich oder die Milderung wirtschaftlicher Nachteile für die ArbN infolge von Betriebsänderungen regeln. Damit soll von der in Art. 8 Abs. 3 RL eröffneten Möglichkeit Gebrauch gemacht werden, für Tendenzunternehmen mit Sitz ihrer zentralen Leitung im Inland „besondere Bestimmungen" vorzusehen, um auch iRd EBRG den Wertungen des betriebsverfassungsrechtlichen Tendenzschutzes Rechnung zu tragen (ausf. *Müller* EBRG § 34 Rn. 1ff. mwN; AKRR EBRG § 31 Rn. 14; GK-BetrVG/*Oetker* EBRG § 31 Rn. 2ff.; zur Kritik am Tendenzschutz BHKC/*Kunz* § 31 Rn. 33ff.; DKKW/*Bachner* Anh. B EBRG § 31 Rn. 4; *Blanke* FS Däubler, 1999, 841ff.).

92a Dagegen sind auch auf Tendenzunternehmen die §§ 8ff. über das BVG, §§ 17ff. über Vereinbarungen zur grenzübergreifenden Unterrichtung und Anhörung und § 41 zur Fortgeltung von Vereinbarungen **anwendbar** (AKRR EBRG § 31 Rn. 17; BHKC/*Kunz* § 31 Rn. 7; GK-BetrVG/*Oetker* EBRG § 31 Rn. 7).

VI. Gemeinsame Bestimmungen für vereinbarten EBR und EBR kraft Gesetzes

93 Durch die neue Überschrift des 5. Teils des EBRG wird klargestellt, dass seine Bestimmungen **gleichermaßen** für die Arbeitsweise des **EBR** kraft **Vereinbarung** und des EBR kraft **Gesetzes** gelten (Gesetzesbegründung BT-Drs. 17/4808, 12).

1. Vertrauensvolle Zusammenarbeit

94 Die zentrale Leitung und die im Rahmen einer grenzübergreifenden Unterrichtung und Anhörung beteiligten ArbNVertr. werden in § 34 EBRG verpflichtet, vertrauensvoll zum Wohl der ArbN und des Unternehmens oder der Unternehmensgruppe zusammenzuarbeiten. Das Gebot der vertrauensvollen Zusammenarbeit mit der zentralen Leitung ist von den Mitgl. eines vereinbarten oder eines kraft Gesetzes errichteten EBR (vgl. §§ 18, 21 Abs. 1 EBRG) und den europäischen ArbNVertr. im Rahmen eines dezentralen Verfahrens zur Unterrichtung und Anhörung (vgl. § 19 EBRG) gleichermaßen zu beachten (AKRR EBRG § 34 Rn. 2; *Müller* EBRG § 38 Rn. 1). Damit wird der RL-Vorgabe des Art. 9 in ähnlicher Weise entsprochen, wie es im nationalen ArbNVertr.Recht in § 2 Abs. 1 BetrVG vorgesehen ist. Durch das Gebot der vertrauensvollen Zusammenarbeit werden inzidenter auch **Arbeitskampfmaßnahmen** der **Beteiligten** ausgeschlossen (AKRR EBRG § 34 Rn. 3; EuArbRK/*Oetker* RL 2009/38/EG Art. 6 Rn. 4; GK-BetrVG/*Oetker* EBRG § 34 Rn. 2; *Engels/Müller* DB 1996, 981 [987]; **aA** BHKC/*Hayen* § 34 Rn. 5). Dies gilt insbes. auch bei Streitigkeiten über Gegenstand und Umfang der vereinbarten oder gesetzlich bestimmten Unterrichtungs- und Anhörungspflichten; insoweit ist ausschließlich der arbeitsgerichtliche Rechtsweg eröffnet.

2. Geheimhaltung

95 In § 35 Abs. 1 EBRG wird der zentralen Leitung zunächst das Recht gewährt, die **Auskunftserteilung zu verweigern,** soweit dadurch **Betriebs- oder Geschäftsgeheimnisse** des Unternehmens oder der Unternehmensgruppe **gefährdet** werden. Dadurch wird gleichermaßen der Umfang der im Rahmen der §§ 18, 19 EBRG vereinbarten oder der sich für den EBR kraft Gesetzes aus §§ 29 u. 30 Abs. 1 EBRG ergebenden Unterrichtungspflichten eingeschränkt. Die Geheimhaltungsbefugnis basiert auf Art. 8 Abs. 2 RL. Ihre Ausgestaltung orientiert sich an den betriebsverfassungsrechtlichen Vorgaben des **§ 43 Abs. 2 S. 3** und des **§ 106 Abs. 2** BetrVG; auf die dortige Kommentierung wird verwiesen.

3. Vertraulichkeit

Des Weiteren werden die an der grenzübergreifenden Unterrichtung und Anhörung beteiligten europäischen **ArbN-Vertreter verpflichtet,** ihnen aufgrund ihrer Funktion bekannt gewordene **Betriebs- oder Geschäftsgeheimnisse nicht zu offenbaren** und nicht zu verwerten (vgl. § 35 Abs. 2–4 EBRG; *Maiß/Pauken* BB 2013, 1589 [1590]). Dies gilt sowohl für die Mitgl. und Ersatzmitgl. eines EBR und des BVG als auch für die ArbNVertr. im Rahmen einer Vereinbarung zur Unterrichtung und Anhörung nach § 19 EBRG. Sie gilt auch für Sachverständige und Dolmetscher sowie die örtlichen ArbNVertr. Zur Verschwiegenheit verpflichtet ist auch der vom zuständigen Sprecherausschussgremium bestimmte leitende Ang., der als Gast an den Sitzungen des EBR kraft Gesetzes teilnimmt (vgl. § 23 Abs. 6 S. 2 EBRG). Die in Art. 8 Abs. 1 RL vorgesehene Pflicht zur Vertraulichkeit setzt aber stets voraus, dass das jeweilige Betriebs- oder Geschäftsgeheimnis von der zentralen Leitung ausdrücklich als geheimhaltungsbedürftig bezeichnet worden ist (§ 35 Abs. 2 S. 1 EBRG; AKRR EBRG § 35 Rn. 6). **96**

Um den **Kommunikationsfluss** sowohl innerhalb als auch zwischen den ArbN-Vertr.Gremien, den übrigen am Verfahren beteiligten ArbNVertr. einschließlich der Dolmetscher und der zur Unterstützung herangezogenen Sachverständigen zu gewährleisten, sind bestimmte Ausnahmen vom grundsätzlichen Verbot der Offenbarung von Betriebs- oder Geschäftsgeheimnissen vorgesehen, die im G iE geregelt sind. Die inhaltliche und strukturelle Ausgestaltung orientiert sich auch insoweit an § 79 BetrVG (*Braun/Wisskirchen* KonzernArbR Teil II. 2. Rn. 207); auf die dortige Kommentierung wird verwiesen. **97**

4. Unterrichtung der örtlichen Arbeitnehmervertreter

Der EBR oder der Ausschuss haben gem. § 36 Abs. 1 EBRG den örtlichen ArbNVertr. in den Betrieben oder Unternehmen (in D am besten sowohl BR als auch GBR und KBR; AKRR EBRG § 36 Rn. 6; DKKW/*Bachner* Anh. B EBRG § 36 Rn. 2) **über alle Unterrichtungen und Anhörungen** der zentralen Leitung oder einer anderen geeigneten Leitungsebene zu **berichten;** eine Vorrangigkeit der Unterrichtung durch einen existierenden Ausschuss besteht nicht (LAG BW 2.10.2014 – 11 TaBV 5/14, BeckRS 2015, 67995). Gibt es keine örtlichen ArbN-Vertr., sind die jeweiligen Belegschaften entspr. zu unterrichten, sofern es sich nicht um vertraulich mitgeteilte Betriebs- oder Geschäftsgeheimnisse handelt (vgl. § 35 Abs. 2–4 EBRG). Dadurch soll in Anlehnung an Art. 10 Abs. 2 RL gewährleistet werden, dass grenzübergreifende Angelegenheiten und ihre Auswirkungen so weit wie möglich auch den ArbN in den einzelnen Niederlassungen transparent gemacht werden. **98**

§ 36 Abs. 2 EBRG stellt zudem sicher, dass auch den **Sprecherausschüssen der leitenden Ang.** berichtet wird, wenn diese nicht durch einen von ihnen nach § 23 Abs. 6 EBRG bestimmten leitenden Ang. vertreten sind, der an der Sitzung zur Unterrichtung und Anhörung des EBR teilgenommen hat (→ Rn. 74). In diesem Falle hat das Mitgl. des EBR oder des Ausschusses, das den örtlichen ArbNVertr. im Inland berichtet, diesen Bericht auf einer gemeinsamen Sitzung des Betriebsrats und des Sprecherausschusses (vgl. § 2 Abs. 2 Sprecherausschussgesetz) zu erstatten. Ein entsprechendes Zugangsrecht der Mitglieder des EBR bzw. des Ausschusses zu den in D gelegenen Betrieben ergibt sich aus den Aufgaben dieser Gremien (vgl. Beschlussempfehlung des Ausschusses für Arbeit und Soziales zum EBRG n. F. BT-Drs. 17/5399, 6). Aus § 36 Abs. 2 S. 3 EBRG ergibt sich **kein Vorrang** der **mündlichen** gegenüber der schriftlichen **Information** (LAG BW 2.10.2014 – 11 TaBV 5/14, BeckRS 2015, 67995; enger BHKC/*Hayen* § 36 Rn. 2, 4: idR mündliche Information). Sofern der EBR oder der Ausschuss nur in schriftlicher Form berichten will, ist **99** der Bericht auch dem zuständigen Sprecherausschuss der leitenden Ang. zuzuleiten. Die Modalitäten der Berichtspflicht gegenüber den Sprecherausschüssen gelten auch dann, wenn die zentrale Leitung nicht im Inland liegt (vgl. § 2 Abs. 4 EBRG).

5. Wesentliche Strukturänderung

100 Der neue § 37 setzt Art. 13 RL um und regelt die Modalitäten, die zu beachten sind, wenn aus Anlass von wesentlichen Strukturänderungen ein neuer EBR errichtet werden soll.

101 **Ändert** sich die **Struktur** des gemeinschaftsweit tätigen Unternehmens oder der Unternehmensgruppe **wesentlich** und besteht für diesen Fall keine Anpassungsklauseln in geltenden Vereinbarungen – so zB bei einem EBR kraft Gesetzes – oder sind diese unklar, weil sie sich widersprechen, so nimmt nach § 37 Abs. 1 S. 1 EBRG die zentrale Leitung von sich aus oder auf Antrag der ArbN oder ihrer Vertr. das Initiativrecht des § 9 Abs. 1 EBRG wahr und beginnt mit Verhandlungen über eine Vereinbarung nach § 18 oder 19 EBRG (krit. *Hohenstatt/Kröpelin/Bertke* NZA 2011, 1313 [1316]). Nach dem nicht abschließenden („insbesondere") Beispielskatalog in § 37 Abs. 1 S. 2 EBRG gelten der Zusammenschluss, die Spaltung, die Verlegung und die Stilllegung von Unternehmen und Unternehmensgruppen sowie die Verlegung oder Stilllegung von Betrieben, soweit sie Auswirkungen auf die Zusammensetzung des EBR bez. der Grundsätze der Repräsentativität und Proportionalität der im EBR vertretenen MS (→ Rn. 46) haben können, als wesentliche Strukturänderungen (BHKC/*Hayen* § 37 Rn. 25; GK-BetrVG/*Oetker* EBRG § 37 Rn. 6; **aA** AKRR EBRG § 37 Rn. 10).

102 Verhandlungspartner auf ArbNSeite ist das BVG, für das hier eine besondere Zusammensetzung vorgesehen ist (AKRR EBRG § 37 Rn. 27; GK-BetrVG/*Oetker* EBRG § 37 Rn. 7). Nach § 37 Abs. 2 EBRG entsendet abweichend von § 10 EBRG **jeder** von der Strukturänderung **betroffene EBR** aus seiner Mitte **drei weitere Mitgl.** in das nach § 10 EBRG zu bildende **BVG.** Auf diese Weise kann den Interessen der von den Änderungen unmittelbar betroffenen ArbN besser Rechnung getragen werden.

103 Aus Gründen der Sicherung und Kontinuität der grenzübergreifenden Mitwirkung in der entscheidenden Phase einer Strukturänderung, die idR mit weitreichenden Auswirkungen für die ArbN einhergeht, wird jedem von der Strukturänderung betroffene EBR ein **Übergangsmandat** zuerkannt (§ 37 Abs. 3 EBRG). Dieses nimmt der jeweilige EBR entspr. den für ihn im Unternehmen oder in der Unternehmensgruppe geltenden Regelungen wahr. Mit der zentralen Leitung kann hiervon Abweichendes vereinbart werden; sind mehrere EBR betroffen, kann eine derartige Vereinbarung nur gemeinsam mit diesen getroffen werden (BT-Drs. 17/4808, 12; AKRR EBRG § 37 Rn. 31). Das Übergangsmandat endet, wenn der neue EBR errichtet ist oder ein Beschluss nach § 15 EBRG gefasst worden ist (AKRR EBRG § 37 Rn. 30).

104 § 37 Abs. 4 EBRG stellt klar, dass die Vorschriften des EBRG nicht nur bei Abschluss einer neuen Vereinbarung gelten; kommt es zu keiner Vereinbarung nach §§ 18 oder 19 EBRG oder verweigert die zentrale Leitung die Aufnahme von Verhandlungen, so ist nach § 21 Abs. 1 EBRG ein **EBR kraft Gesetzes** zu errichten (Gesetzesbegründung BT-Drs. 17/4808, 12). So wird ein Leerlaufen der Regelung des § 37 EBRG ausgeschlossen (GK-BetrVG/*Oetker* EBRG § 37 Rn. 10; *Hayen* AiB 2011, 15 [18]).

6. Fortbildung

105 Die Vorschrift des § 38 EBRG regelt die Voraussetzungen für den Kollektivanspruch des BVG und des EBR auf Teilnahme seiner Mitgl. an Schulungs- und Bildungsveranstaltungen (→ BetrVG § 37 Rn. 194bff.). Entscheidendes Kriterium für die Teilnahme an einer derartigen Veranstaltung ist deren **Erforderlichkeit** für die Gremienarbeit. Die Vermittlung von Kenntnissen ist erforderlich, wenn diese allgemein in gemeinschaftsweit tätigen Unternehmen oder Unternehmensgruppen oder unter Berücksichtigung der konkreten Verhältnisse in diesen Organisationen notwendig sind, damit der EBR seine gegenwärtigen oder in naher Zukunft anstehenden Aufgaben der Mitwirkung sach- und fachgerecht erfüllen kann (vgl. zum Begriff der Erforderlichkeit § 37 Abs. 6; → § 37 Rn. 138 ff.). Danach kommen neben Sprachkursen vor allem rechtliche und wirtschaftliche Themen wie europäisches Arbeitsrecht und die unterschiedlichen ArbNVertr. Strukturen sowie ihre Wirkungsweise in den MS, soweit deren Betriebe und Unternehmen vom EBR betreut werden, in Betracht. Gleiches gilt für die dort herrschenden Unternehmensstrukturen und ihre Einbettung in das jeweilige Wirtschaftssystem (vgl. AKRR EBRG § 38 Rn. 4 f.; DKKW/*Bachner* Anh. B EBRG § 38 Rn. 2; *Pauken* ArbRAktuell 2011, 657; zu **Fördermöglichkeiten** der **EU-Kommission** zur Optimierung der EBR-Arbeit s. *Weingarten* AiB 2013, 452 ff.).

Die Gremien haben die **Teilnehmer** und die **zeitliche Lage** der Schulungsveranstaltung rechtzeitig der **zentralen Leitung** mitzuteilen, die ihrerseits dafür zu sorgen hat, dass die Betriebe oder Unternehmen, in denen die Teilnehmer beschäftigt sind, entspr. informiert werden. Die Gremien verfügen über einen gewissen **Beurteilungsspielraum** bei der Beschlussfassung über die Auswahl und Zahl der fortzubildenden Mitgl. sowie die Lage und Dauer der Schulung. Bei der Festlegung der zeitlichen Lage haben sie jedoch die **betrieblichen Notwendigkeiten** (zum Begriff → BetrVG § 37 Rn. 238) zu berücksichtigen. Da diese idR nur in Rücksprache mit den jeweiligen Beschäftigungsbetrieben ermittelt werden können, verfügen die Betriebe bereits über die Information, wann und wie lange sie mit einem Ausfall der Arbeitskraft der an einer Schulung teilnehmenden EBR-/BVGMitgl. rechnen müssen. Hier erfolgt also eine Information sowohl der zentralen Leitung als auch der betroffenen Betriebe und Unternehmen über Teilnehmer und zeitliche Lage der Schulungsveranstaltung durch EBR bzw. BVG (BT-Drs. 17/4808, 12). 106

Der EBR kann die in Zusammenhang mit der Fortbildung stehenden Aufgaben dem nach § 26 EBRG gebildeten Ausschuss (→ Rn. 84) übertragen (DKKW/*Bachner* Anh. B EBRG § 38 Rn. 3). Die Kostentragung der Schulungsveranstaltungen bemisst sich nach § 16 (→ Rn. 62) bzw. § 39 Abs. 1 EBRG (→ Rn. 108). 107

7. Kosten, Sachaufwand, Sachverständige

Der neue § 39 EBRG fasst die Regelungen über die **Kostentragung** für die Bildung und Tätigkeit des **EBR** und des **Ausschusses** einschl. der Unterstützung durch Sachverständige **einheitlich** zusammen. Danach trägt die zentrale Leitung die durch den EBR – kraft Vereinbarung oder kraft Gesetz – und den Ausschuss entstehenden Kosten (Abs. 1). Sie hat insbes. für die Sitzungen und die laufende Geschäftsführung in erforderlichem Umfang Räume, sachliche Mittel und Büropersonal, für die Sitzungen außerdem Dolmetscher zur Verfügung zu stellen. Sie trägt die erforderlichen Reise- und Aufenthaltskosten der Mitgl. des EBR und des Ausschusses. Umfasst sind auch die Kosten für erforderliche Fortbildungen nach § 38 EBRG (AKRR EBRG § 39 ff. Rn. 4; *Hohenstatt/Kröpelin/Bertke* NZA 2011, 1313 [1316]) und die für Sachverständige nach Maßgabe des § 39 Abs. 2 EBRG. Die in § 16 Abs. 2 (→ Rn. 62) geregelte gesamtschuldnerische Haftung des inländischen ArbGeb. gilt entspr. (AKRR EBRG § 39 Rn. 12; *Hayen* AiB 2011, 15 [17 f.]). 108

Nach § 39 Abs. 2 EBRG können sich der EBR und der Ausschuss durch **Sachverständige** ihrer Wahl ohne eine entspr. Vereinbarung mit der zentralen Leitung unterstützen lassen, soweit dies zur ordnungsgemäßen Aufgabenerfüllung erforderlich ist (GK-BetrVG/*Oetker* EBRG § 39 Rn. 8). Als Sachverständige können auch **Gewerkschaftsbeauftragte** hinzugezogen werden; ein originäres Teilnahmerecht für Gewerkschaftsbeauftragte besteht nicht (LAG BW 23.12.2014 – 11 TaBV 6/14, 109

BeckRS 2015, 69902 mit krit. Anm. *Meißner* AiB 2015 Heft 6, 63; → Rn. 86a). Allerdings beschränkt sich die Kostentragungspflicht jeweils nur auf einen Sachverständigen für den jeweiligen Beratungsgegenstand (AKRR EBRG § 39 Rn. 14; BHKC/*Hayen* § 39 Rn. 17 ff.; DKKW/*Bachner* Anh. B EBRG § 39 Rn. 4; GK-BetrVG/*Oetker* EBRG § 39 Rn. 11). In einer Vereinbarung nach § 18 oder 19 EBRG können jedoch hiervon abweichende Regelungen getroffen werden.

8. Schutz inländischer Arbeitnehmervertreter

110 Für die im **Inland beschäftigten Mitgl. eines EBR** (§§ 18, 21 Abs. 1 EBRG) gelten gem. § 40 EBRG durch die entspr. Anwendung des § 37 Abs. 1–5 BetrVG und der §§ 78 u. 103 BetrVG sowie des § 15 Abs. 1, 3–5 KSchG Schutzbestimmungen, wie sie nach geltendem Recht ua den BR-Mitgl. gewährt werden (s. dortige Kommentierung; AKRR EBRG § 40 Rn. 4 ff.). Bei Teilnahme an einer erforderlichen Fortbildung gilt nach dem neuen § 40 Abs. 1 S. 2 EBRG für die Freistellung und Entgeltfortzahlung § 37 Abs. 6 S. 1 u. 2 BetrVG entspr. Den gleichen Entgelt- und Tätigkeitsschutz, Schutz vor Behinderungen und Benachteiligungen sowie Kündigungsschutz genießen nach § 40 Abs. 2 EBRG auch die Mitgl. des BVG und die ArbNVertr. im Rahmen eines Verfahrens zur Unterrichtung und Anhörung (§ 19 EBRG), sofern sie im Inland beschäftigt sind (AKRR EBRG § 40 Rn. 4. Die Regelung entspricht Art. 10 Abs. 3 RL und gilt auch dann, wenn die zentrale Leitung des Unternehmens oder der Unternehmensgruppe nicht im Inland liegt (vgl. § 2 Abs. 4 EBRG; AKRR EBRG § 40 Rn. 1).

VII. Gesetzesverdrängende Vereinbarungen

111 Gem. dem Grundsatz der Subsidiarität und in **Anlehnung an Art. 14 der RL** bestimmt § 41 Abs. 1 EBRG, dass auf an sich vom EBRG erfasste Unternehmen und Unternehmensgruppen dieses G solange nicht anwendbar ist, wie eine **Vereinbarung,** die vor dem Stichtag für die Umsetzung der RL, dem 22.9.1996, abgeschlossen worden ist, wirksam ist (zu Praxisbeispielen s. *Blank/Geissler/Jaeger* EBR S. 33 ff.; *Mozet* DB 1997, 477 ff.; *Schmidt* RdA 2001 Sonderbeil. Heft 5, 12 [17]). Entsprechendes sieht der durch das EBRG-Anpassungsgesetz angefügte § 41 Abs. 7 S. 1 EBRG vor. Danach ist auf diejenigen Unternehmen und Unternehmensgruppen, die durch die Einbeziehung des Vereinigten Königreichs erstmalig die Voraussetzungen der §§ 2 u. 3 EBRG erfüllen und damit in den Geltungsbereich des EBRG fallen, das G nicht anwendbar, wenn sie vor dem Stichtag für die Umsetzung der AnpassungsRL, dem 15.12.1999, eine Vereinbarung abgeschlossen haben. Voraussetzung für die gesetzesverdrängende Wirkung ist, dass die Vereinbarung eine grenzübergreifende Unterrichtung und Anhörung zum Gegenstand hat, alle in den MS tätigen ArbN erfasst und eine Vertretung der ArbN aus denjenigen MS vorsieht, in denen ein Betrieb des Unternehmens oder der Unternehmensgruppe liegt (AKRR EBRG § 41 Rn. 2; BHKC/*Hayen* § 41 Rn. 12 ff.; GK-BetrVG/*Oetker* EBRG § 41 Rn. 5 f.; HSW EAS-HdB § 19 Rn. 69).

112 Entspr. dem Eingangssatz in Art. 14 Abs. 1 RL und seiner Umsetzung durch das 2. EBRG-ÄndG ist in § 41 Abs. 1 und Abs. 7 (auch in Abs. 4, → Rn. 113) EBRG eine Ergänzung eingefügt worden, die eine **Ausnahme** von der **gesetzesverdrängenden Wirkung** der dort genannten Vereinbarungen bestimmt. Danach tritt die gesetzesverdrängende Wirkung nicht ein, wenn die Voraussetzungen des § 37 EBRG vorliegen (*Hayen* AiB 2011, 15 [18]). Immer dann, wenn es um eine **wesentliche Strukturänderung** geht und es hierzu keine oder sich widersprechende Regelungen in der oder den Vereinbarungen gibt, enden diese, sobald Verhandlungen über die Neuerrichtung eines EBR aufgenommen worden sind (DKKW/*Bachner* Anh. B EBRG § 41 Rn. 18; Näheres hierzu, einschl. Übergangsmandat → § 37 Rn. 100 ff.).

Um Zweifel an der gesetzesverdrängenden Wirkung von durch Art. 13 RL geschützten Altvereinbarungen (Abschluss vor 22.9.1996 bzw. 15.12.1999) auszuräumen, enthält § 41 Abs. 2 EBRG zwei Klarstellungen: Für die **Wirksamkeit** einer gesetzesverdrängenden Vereinbarung **reicht es aus,** wenn diese auf ArbN-Seite von einer nach dem BetrVG zuständigen ArbNVertr. **(BR, GesBR, KBR)** ausgehandelt und abgeschlossen worden ist (AKRR EBRG § 41 Rn. 5; BHKC/*Hayen* § 41 Rn. 15; DKKW/*Bachner* Anh. B EBRG § 41 Rn. 11; GK-BetrVG/*Oetker* EBRG § 41 Rn. 7). Gleiches gilt, wenn anstelle nur einer Vereinbarung **mehrere Vereinbarungen** geschlossen worden sind, um besonderen Unternehmensstrukturen (zB **Spartenorganisation,** regionale Schwerpunktbildung) besser Rechnung tragen zu können (AKRR EBRG § 41 Rn. 7). Schließlich enthält § 41 Abs. 3–5 EBRG eine **Nachbesserungs-, Strukturanpassungs-** und **Verlängerungsklausel,** die der Bestandsicherung der Vereinbarung über den Stichtag hinaus dienen (*Müller* EBRG § 41 Rn. 13 ff.; *Harazim* AiB 1997, 634). 113

Die Strukturanpassungsklausel in § 41 Abs. 4 EBRG sieht vor, dass Altvereinbarungen, die keine Regelung für den Fall einer Änderung der Struktur des Unternehmens oder der Unternehmensgruppe enthalten, entspr. angepasst werden können, ohne unter das EBRG zu fallen. Das gilt jedoch dann nicht, wenn es sich um eine **wesentliche Strukturänderung** iSv § 37 EBRG handelt (DKKW/*Bachner* Anh. 2 EBRG § 41 Rn. 20). In diesem Fall verliert die Vereinbarung ihre gesetzesverdrängende Wirkung und es wird das Verfahren nach § 37 EBRG ausgelöst, das zur Errichtung eines neuen EBR kraft Vereinbarung nach den §§ 18 oder 19 EBRG oder kraft Gesetzes führt, falls es nicht zu einer Vereinbarung kommt (§ 37 Abs. 4 EBRG; → Rn. 100 ff.). 114

Eine Art **Übergangsmandat** begründet § 41 Abs. 6 EBRG. Die Vorschrift ordnet für den Fall, dass die Vereinbarung zB durch Kündigung oder Zeitablauf endet, ihre vorübergehende Fortgeltung an, wenn vor dem Zeitpunkt ihrer rechtlichen Beendigung das Antrags- oder Initiativrecht nach § 9 Abs. 1 EBRG ausgeübt worden ist (→ Rn. 32, 42 ff.). Geschieht dies, so endet die angeordnete Fortgeltung erst dann, wenn die Vereinbarung durch eine der gesetzlich vorgesehenen Formen grenzübergreifender Mitwirkung nach §§ 18, 19 oder 21 ff. EBRG ersetzt worden ist oder das BVG einen Beschluss nach § 15 Abs. 1 EBRG gefasst hat, auf eine grenzübergreifende Unterrichtung und Anhörung gänzlich zu verzichten (AKRR EBRG § 41 Rn. 32; BHKC/*Hayen* § 41 Rn. 37; DKKW/*Bachner* Anh. B EBRG § 41 Rn. 19; GK-BetrVG/*Oetker* EBRG § 41 Rn. 13). 115

Die Regelung des § 41 Abs. 8 EBRG enthält einen **Bestandsschutz** für **Vereinbarungen,** die in der **Umsetzungsfrist** für die neue RL 2009/38/EG (s. deren Art. 16 Abs. 1, 17 Abs. 1) v. 5.6.2009 bis zum 5.6.2011 unterzeichnet oder überarbeitet worden sind. Für sie gilt das EBRG in seiner bis zum Inkrafttreten des 2. EBRG-ÄndG geltenden Fassung. Wie auch bei den nach § 41 Abs. 1 u. 7 EBRG geschützten Vereinbarungen gilt der Bestandsschutz nach § 41 Abs. 8 EBRG jedoch nicht in den Fällen des § 37 EBRG. Des Weiteren kann eine in diesem Zeitraum befristet abgeschlossene Vereinbarung verlängert oder nach Maßgabe des § 41 Abs. 4 EBRG überarbeitet werden, solange die Vereinbarung wirksam ist (AKRR EBRG § 41 Rn. 39). Auf bestehende Vereinbarungen nach Art. 6 RL 94/45/EG, die nicht in diesem Zeitraum überarbeitet worden sind, ist entspr. der Vorgabe der RL das neue Recht anzuwenden (Gesetzesbegründung BT-Drs. 17/4808, 13; *Giesen* NZA 2009, 1174 [1175]; *Hayen* AiB 2011, 15 [18 f.]). 116

Die Herausnahme der Fälle des § 37 EBRG aus § 41 Abs. 1, 7 und 8 EBRG hat gem. Art. 14 RL zur Folge, dass unter den in § 37 genannten Voraussetzungen in allen Fällen die Regelungen des EBRG in seiner aktuellen Fassung anzuwenden sind unabhängig davon, ob in den betroffenen Unternehmen oder Unternehmengruppen bisher eine Vereinbarung galt, auf die das EBRG nicht oder nur in seiner bis zum Inkrafttreten des 2. EBRG-ÄndG geltenden Fassung Anwendung fand (Gesetzesbegründung BT-Drs. 17/4808, 13). 117

VIII. Sonstige Bestimmungen

117a Der neue § 41a EBRG schafft spezielle Vorschriften für **Seeleute,** die Besatzungsmitgl. von Seeschiffen und Mitgl. bzw. Ersatzmitgl. des BVG oder des EBR sind. Ihnen soll die Teilnahme an Sitzungen der Gremien des EBRG ermöglicht werden. Deshalb sollen die Sitzungen des BVG und EBR so angesetzt werden, dass auch diese Personen an den Gremiensitzungen teilnehmen können (Abs. 1). Unter bestimmten Voraussetzungen (entspr. Regelung in der GO des zuständigen Gremiums, Sicherstellung der Geheimhaltung) kann einem Besatzungsmitgl., das auf See oder in einem Hafen außerhalb des Landes mit dem Geschäftssitz der Reederei ist und deshalb nicht an einer Sitzung teilnehmen kann, eine Teilnahme notfalls mittels neuer Informations- und Kommunikationstechnik ermöglicht werden (*Hayen* AiB 2017 H. 9 S. 38 f.).

118 In Angelegenheiten eines EBR (vgl. §§ 18, 21 Abs. 1 EBRG), im Rahmen eines Verfahrens zur Unterrichtung und Anhörung (vgl. § 19 EBRG) oder in Angelegenheiten des BVG (vgl. §§ 8 ff. EBRG) findet das BeschlVerf. (vgl. §§ 80 ff. ArbGG und ausführlich die Kommentierung in → Anh. 3 Rn. 1 ff.) Anwendung. Örtlich zuständig ist das ArbG, in dessen Bezirk das Unternehmen oder das herrschende Unternehmen einer Unternehmensgruppe seinen Sitz hat. Bei einer freiwilligen Vereinbarung nach § 41 Abs. 1 u. 7 EBRG ist insoweit der Sitz des vertragschließenden Unternehmens maßgebend (§ 82 Abs. 2 S. 2 ArbGG). Siehe auch die § 2a Abs. 1 Nr. 3b, § 10, §§ 82 Abs. 2 und 83 Abs. 3 ArbGG.

119 Die Bestellung der inländischen Mitgl. des EBR einer gemeinschaftsweit tätigen Unternehmensgruppe mit Sitz des herrschenden Unternehmens im Ausland nach §§ 18 Abs. 2, 23 Abs. 3a ist eine Angelegenheit des GesBR iSv § 82 Abs. 1 S. 2 ArbGG. Für Streitigkeiten über die Rechtmäßigkeit der Bestellung ist das **ArbG örtlich und international zuständig,** in dessen Bezirk das nach der Zahl der wahlberechtigten ArbN größte Unternehmen, bei dem ein GesBR gebildet ist, seinen Sitz hat (BAG 18.4.2007 – 7 ABR 30/06, AP EBRG § 18 Nr. 1).

3. Das arbeitsgerichtliche Beschlussverfahren

(§ 2a, §§ 80ff. ArbGG 1979)

Inhaltsübersicht

I. Vorbemerkungen

1 Nach § 2a Abs. 1 Nr. 1 ArbGG sind die **Gerichte für Arbeitssachen** – ua – **ausschließlich zuständig für Angelegenheiten aus dem BetrVG.** Ausgenommen ist lediglich in § 2 Abs. 1 Nr. 2 Hs. 2 ArbGG die Ahndung von Straftaten und Ordnungswidrigkeiten nach §§ 119–121 BetrVG. Für diese sind die ordentlichen Gerichte zuständig. Zur internationalen Zuständigkeit für einen Streit über die Entsendung inländischer ArbNVertr. in den EBR BAG 18.4.2007 – 7 ABR 30/06, NZA 2007, 1375.

2 Die in § 2a Abs. 1 ArbGG geregelte Zuständigkeit bezieht sich ausschließlich auf **kollektivrechtliche Streitigkeiten.** Dabei stehen die betriebsverfassungsrechtlichen Streitigkeiten im Vordergrund. Die ausschließliche Zuständigkeit der Gerichte für Arbeitssachen besteht aber **auch** gem. § 2a Abs. 1 Nr. 2 ArbGG in Angelegenheiten aus dem **SprAuG** (vgl. GK-ArbGG/*Ahrendt* § 2a Rn. 58; GMP/*Schlewing* § 2a Rn. 62), gem. § 2a Abs. 1 Nr. 3 ArbGG in bestimmten Angelegenheiten aus dem **MitbestG,** dem **MitbestErgG** und dem **DrittelbeteiligungsG** (GMP/*Schlewing* § 2a Rn. 67; GK-ArbGG/*Ahrendt* § 2a Rn. 60ff.), gem. § 2a Abs. 1 Nr. 3a ArbGG in Streitigkeiten um die **Mitbestimmungsorgane der schwerbehinderten Menschen** (§§ 94ff. SGB IX, vgl. GK-ArbGG/*Ahrendt* § 2a Rn. 70f.; GMP/*Schlewing* § 2a Rn. 25ff.; aus der Rspr. BAG 30.3.2010 – 7 ABR 32/09, NZA 2010, 668; 20.1.2010 – 7 ABR 39/08, NZA 2010, 1435), gem. § 2a Abs. 1 Nr. 3b ArbGG in Angelegenheiten aus dem **EBRG** (GK-ArbGG/*Ahrendt* § 2a Rn. 76; GMP/*Schleing* § 2a Rn. 56f.; vgl. aus der Rspr. BAG 27.6.2000 – 1 ABR 32/99, NZA 2000, 1320), gem. § 2a Abs. 1 Nr. 3c ArbGG in Angelegenheiten aus **§ 51 BBiG** (→ § 60 Rn. 16; GK-ArbGG/*Ahrendt* § 2a Rn. 76a), gem. § 2a Abs. 1 Nr. 3d ArbGG in Angelegenheiten aus § 10 BFDG (GK-ArbGG/*Ahrendt* § 2 Rn. 76b), gem. § 2a Abs. 1 Nr. 3e ArbGG in Angelegenheiten aus dem **SEBG** (GK-ArbGG/*Ahrendt* § 2a Rn. 76c), gem. § 2a Abs. 1 Nr. 3f ArbGG in Angelegenheiten aus dem **SCEBG** (GK-ArbGG/*Ahrendt* § 2a Rn. 76d) und gem. § 2a Abs. 1 Nr. 3g ArbGG in Angelegenheiten aus dem **MgVG** (GK-ArbGG/*Ahrendt* § 2a Rn. 76e). Nach § 2a Abs. 1 Nr. 4 ArbGG sind die Gerichte für Arbeitssachen auch ausschließlich

zuständig für Entscheidungen über die **Tariffähigkeit und Tarifzuständigkeit einer Vereinigung** (GMP/*Schlewing* § 2a Rn. 82ff.; GK-ArbGG/*Ahrendt* § 2a Rn. 77ff.; BAG 6.6.2000 – 1 ABR 21/99, NZA 2001, 156; 29.6.2004 – 1 ABR 14/03, NZA 2004, 1236; 14.12.2004 – 1 ABR 51/03, NZA 2005, 697 – UFO; 28.3.2006 – 1 ABR 58/04, NZA 2006, 1112 – CGM; 5.10.2010 – 1 ABR 88/09, NZA 2011, 300 – GKH; 14.12.2010 – 1 ABR 19/10, NZA 2011, 289 – CGZP). Für die Fälle des § 2a Abs. 1 Nr. 4 ArbGG enthält **§ 97 ArbGG** besondere Bestimmungen. Von praktischer Bedeutung ist insbes. § 97 Abs. 5 S. 1 ArbGG. Danach haben Gerichte – auch anderer Gerichtsbarkeiten (GK-ArbGG/*Ahrendt* § 2a Rn. 81) – ihre Verf. auszusetzen, wenn für diese die Frage der Tariffähigkeit oder Tarifzuständigkeit einer Vereinigung vorgreiflich ist (BAG 29.6.2004 – 1 AZR 143/03, NJOZ 2005, 1844; 29.6.2004 – 1 ABR 14/03, NZA 2004, 1236; 28.1.2008 – 3 AZB 30/07, NZA 2008, 489; 14.12.2010 – 1 ABR 19/10, NZA 2011, 289 – CGZP). Dies gilt auch, wenn im Rahmen einer Verbandsklage nach § 9 TVG über die Tariffähigkeit einer ArbNVereinigung gestritten wird (BAG 14.12.2010 – 1 ABR 19/10, NZA 2011, 289 – CGZP). Dagegen ist die Tarifgebundenheit einzelner Areiteber kein Rechtsverhältnis, das in einem Beschlussverfahren nach § 2a Abs. 1 Nr 4 ArbGG selbständig festgestellt werden könnte (BAG 18.7.2006 – 1 ABR 36/05, NZA 2006, 1225; 24.4.2007 – 1 ABR 27/06, NZA 2007, 1011). Der BR besitzt keine Antragsbefugnis nach § 97 Abs. 1 ArbGG zur Einleitung eines Verfahrens nach § 2a Abs. 1 Nr. 4 ArbGG (BAG 13.3.2007 – 1 ABR 24/06, NZA 2007, 1069). Nach dem durch das **Tarifautonomiestärkungsgesetz** v. 11.8.2014 (BGBl. I S. 1348) neu eingeführten § 2a Abs. 1 Nr. 5 ArbGG sind die Gerichte für Arbeitssachen ferner ausschließlich zuständig für die Entscheidung über die Wirksamkeit einer Allgemeinverbindlicherklärung nach § 5 TVG, einer Rechtsverordnung nach § 7 oder § 7a AEntG und einer Rechtsverordnung nach § 3a AÜG. Für diese Verfahren gilt das an § 97 ArbGG angelehnte besondere Beschlussverfahren nach § 98 ArbGG (vgl. dazu GK-ArbGG/*Ahrendt* § 98). Durch das **Tarifeinheitsgesetz** v. 3.7.2015 (BGBl. I S. 1130; vgl. zur Frage der Verfassungsmäßigkeit BVerfG 11.7.2017 – 1 BvR 1571/15, NZA 2017, 915 mit Sondervotum *Baer/Paulus*) neu eingeführt wurde § 2a Abs. 1 Nr. 6 ArbGG. Danach sind die Gerichte für Arbeitssachen ausschließlich zuständig für die Entscheidung über den nach § 4a Abs. 2 S. 2 TVG im Betrieb anwendbaren TV. Für dieses Verfahren gilt § 99 ArbGG. Anders als nach § 97 Abs. 5, § 98 Abs. 6 ArbGG sieht § 99 ArbGG die zwingende Aussetzung anderer Verfahren, für welche die Entscheidung über die Anwendbarkeit des TV vorgreiflich ist, nicht vor.

3 In all diesen Angelegenheiten findet gem. § 2a Abs. 2 ArbGG das sog **BeschlVerf.** statt. Dieses heißt so, weil eine **verfahrensbeendende Sachentscheidung** der Gerichte nicht wie in UrteilsVerf. durch ein Urteil, sondern nach § 84 S. 2 ArbGG durch einen **Beschluss** ergeht. Dieser verfahrensbeendende Beschluss ist insbes. von dem verfahrensleitenden Beschluss nach § 83 Abs. 5 ArbGG zu unterscheiden (vgl. GK-ArbGG/*Ahrendt* § 84 Rn. 1). In dieser Kommentierung können nur die wesentlichen Grundsätze des arbeitsgerichtlichen BeschlVerf. dargestellt werden. Wegen näherer Einzelheiten wird auf die Kommentare zum ArbGG verwiesen (insbes. GK-ArbGG/*Ahrendt/Bader/Dörner/Horcher/Krumbiegel/Mikosch/Schleusener/Schütz/Vossen/Woitaschek;* Düwell/Lipke ArbGG 4. Aufl. 2016; HK-ArbGG 2. Aufl. 2013; GMP ArbGG 9. Aufl. 2013; *Grunsky/Waas/Benecke/Greiner* ArbGG 8. Aufl.; HHB ArbGG 4. Aufl. 2011; *Schwab/Weth* ArbGG 4. Aufl. 2015; *Bader/Creutzfeld/Friedrich* ArbGG 5. Aufl. 2008; vgl. auch DKKW/*Klebe* Einl. Rn. 196ff.). Hinweise finden sich ferner regelmäßig in den letzten Rn. der Kommentierung zu den einzelnen Bestimmungen.

4 In Streitigkeiten aus dem **BPersVG** kommt zwar nach § 83 Abs. 2 BPersVG ebenfalls das arbeitsgerichtliche BeschlVerf. zur Anwendung. Zuständig sind aber gem. § 106 BPersVG die **Verwaltungsgerichte.** Die Abgrenzung des Geltungsbereichs von Betriebsverfassungs- und Personalvertretungsrecht folgt aus § 130 BetrVG (BAG 30.7.1987 – 6 ABR 78/85, NZA 1988, 402).

II. Urteils- oder Beschlussverfahren

Das ArbGG sieht für arbeitsrechtliche Streitigkeiten zum einen das Urteilsverf. (§§ 2, 46ff. ArbGG), zum anderen das BeschlVerf. (§§ 2a, 80ff. ArbGG; vgl. auch DKKW/*Klebe* Einl. Rn. 203ff.) vor. Die Verfahrensart hat nicht unerhebliche **Auswirkungen** ua für die Sachverhaltsermittlung (→ Rn. 45ff.), die Beteiligung (→ Rn. 44), die subjektive Rechtskrafterstreckung und Bindungswirkung einer gerichtlichen Entscheidung (→ Rn. 56ff.), die Zwangsvollstreckung (→ Rn. 62ff.) und die Kosten (→ Rn. 55). 5

Zunächst bestimmt der Antragsteller durch seinen Antrag die Verfahrensart (GK-ArbGG/*Ahrendt* § 80 Rn. 16; GK-ArbGG/*Ahrendt* § 81 Rn. 7). Ergibt die Auslegung des Antrags kein eindeutiges Ergebnis, hat das Gericht die Sache sogleich in der ihr zukommenden Verfahrensart zu behandeln (GK-ArbGG/*Ahrendt* § 80 Rn. 16). Andernfalls muss es zunächst in der vom Antragsteller gewählten Verfahrensart betrieben werden. Das ArbG muss aber **von Amts wegen prüfen, ob** dies die **zutreffende Verfahrensart** ist. Ist dies nicht der Fall, hat es gem. § 48 Abs. 1 ArbGG iVm § 17a Abs. 2 S. 1 GVG von Amts wegen – also auch ohne entspr. Antrag – nach Anhörung der Beteiligten die Unzulässigkeit der gewählten Verfahrensart auszusprechen und die **Streitigkeit in die richtige Verfahrensart abzugeben.** Eine Abweisung des Antrags als unzulässig kommt nicht in Betracht (GK-ArbGG/*Ahrendt* § 80 Rn. 28). Falls ein Beteiligter die Verfahrensart rügt, hat das ArbG darüber **nach § 17a Abs. 3 S. 2 GVG vorab** zu **entscheiden.** Berufung und Beschwerde sowie die Revision und die Rechtsbeschwerde können nach §§ 65, 73 Abs. 2, 88, 93 Abs. 2 ArbGG grds. nicht darauf gestützt werden, die Verfahrensart sei unzulässig. Dies gilt allerdings dann nicht, wenn das ArbG trotz Rüge nicht über die Zulässigkeit der Verfahrensart entschieden hat (BAG 26.3.1992 – 2 AZR 443/91, NZA 1992, 954; 21.5.1999 – 5 AZB 31/98, NZA 1999, 837). 6

Maßgebend für die Zuordnung einer Rechtsstreitigkeit zum Beschluss- oder Urteilsverf. ist der Streitgegenstand (GK-ArbGG/*Ahrendt* § 2a Rn. 17). Entscheidend dafür, ob eine „Angelegenheit aus dem BetrVG" iSv § 2a Abs. 1 Nr. 1 ArbGG vorliegt und damit gem. § 2a Abs. 2 ArbGG das BeschlVerf. stattfindet, ist, **ob** der geltend gemachte Anspruch, bzw. die begehrte Feststellung ihre **Rechtsgrundlage in einem betriebsverfassungsrechtlichen Rechtsverhältnis** hat. Streitigkeiten zwischen ArbGeb. und BR betreffen danach stets Angelegenheiten aus dem BetrVG und sind im BeschlVerf. auszutragen (GK-ArbGG/*Ahrendt* § 2a Rn. 17). Handelt es sich dagegen um einen individualrechtlichen Anspruch, der seinen Rechtsgrund im ArbVerh. hat, ist das Urteilsverf. die richtige Verfahrensart (GK-ArbGG/*Ahrendt* § 2a Rn. 18; HHB/*Hauck* § 2a Rn. 11; GMP/*Schlewing* § 2a Rn. 13). Dies gilt auch dann, wenn es für den individualrechtlichen Anspruch auf eine betriebsverfassungsrechtliche (Vor-)Frage ankommt (GK-ArbGG/*Ahrendt* § 2a Rn. 16a) oder wenn der Anspruch auf eine BV gestützt wird. Wird ein Antrag im Falle einer Anspruchskonkurrenz sowohl auf eine betriebsverfassungsrechtliche als auch auf eine individualrechtliche Anspruchsgrundlage gestützt, kann das Gericht nach § 48 Abs. 1 ArbGG iVm § 17 Abs. 2 S. 1 GVG den Anspruch in der eingeschlagenen Verfahrensart unter sämtlichen rechtlichen Gesichtspunkten prüfen (BAG 4.12.2013 – 7 ABR 7/12, NZA 2014, 803). Wenn ein BRMitgl. in einem Beschlussverfahren einen Anspruch auf Entfernung einer Abmahnung aus der Personalakte auf § 78 S. 1 u. 2 stützt, sind danach die Gerichte für Arbeitssachen nicht gehindert, den Anspruch auch unter dem Gesichtspunkt der §§ 242, 1004 Abs. 1 S. 1 BGB zu beurteilen. Liegt dagegen eine Mehrheit prozessualer Ansprüche vor, ist für jeden Anspruch die Verfahrensart gesondert zu prüfen (BAG 4.12.2013 – 7 ABR 7/12, NZA 2014, 803). 7

Hiernach sind **im BeschlVerf.** zB zu entscheiden: 8

- Streitigkeiten über die **Errichtung von Betriebsverfassungsorganen** wie insbes. BR, GesBR, KBR, JugAzubiVertr. oder WiAusschuss (vgl. GK-ArbGG/*Ahrendt* § 2a Rn. 31 mwN).

- Streitigkeiten nach § 18 Abs. 2 über das **Vorliegen einer betriebsratsfähigen Organisationseinheit** (GK-ArbGG/*Ahrendt* § 2a Rn. 33 mwN).
- Streitigkeiten über die Durchführung und Anfechtung einer **BRWahl** (GK-ArbGG/*Ahrendt* § 2a Rn. 34f. mwN).
- Streitigkeiten über das **Bestehen** und den **Umfang von MBR** des BR (GK-ArbGG/*Ahrendt* § 2a Rn. 40 mwN).
- Streitigkeiten über die **Durchführung,** die **Wirksamkeit** und **Geltung von BV** (GK-ArbGG/*Ahrendt* § 2a Rn. 41 mwN; BAG 9.12.2003 – 1 ABR 49/02, NZA 2005, 234).
- Streitigkeiten über **Kosten und Sachmittel des BR** (GK-ArbGG/*Ahrendt* § 2a Rn. 42ff. mwN).
- Streitigkeiten über die **Wirksamkeit von E-Stellensprüchen** (vgl. § 76 Abs. 5 S. 5).
- Streitigkeiten über **betriebsverfassungsrechtliche Zutrittsrechte der Gewerkschaften** zum Betrieb (BAG 19.9.2006 – 1 ABR 53/05, NZA 2007, 518; GK-ArbGG/*Ahrendt* § 2a Rn. 48f.).
- **Unterlassungsantrag der Gewerkschaft gegen** die Durchführung oder den Abschluss einer **BV** (BAG 13.3.2001 – 1 AZB 19/00, NZA 2001, 1037).
- Antrag des ArbGeb. nach **§ 78a Abs. 4** (GK-ArbGG/*Ahrendt* § 2a Rn. 47).
- Auf **§ 78 S. 1** gestützter Antrag des BR oder eines BRMitgl., eine dem BRMitgl. ausgesprochene Abmahnung aus dessen Personalakte zu entfernen (BAG 4.12.2013 – 7 ABR 7/12, NZA 2014, 803).
- Antrag des ArbGeb. auf Ersetzung der Zustimmung zur fristlosen Kündigung nach **§ 103 Abs. 2** (HHB/*Hauck* § 2a Rn. 12).

9 Dagegen gehören zB in das **Urteilsverf.:**

- Individualrechtliche **Ansprüche von ArbN** auch **aus BV** und **Sozialplänen** (HHB/*Hauck* § 2a Rn. 11).
- Zahlung des **Arbeitsentgelts** für die Teilnahme an BetrVerslg. (BAG 1.10.1974 – 1 AZR 394/73, AP BetrVG 1972 § 44 Nr. 2).
- Entgeltansprüche von BRMitgl. für die durch ihre Amtstätigkeit **versäumte Arbeitszeit** sowie Ansprüche auf **bezahlte Freistellung** oder **Abgeltung von BRTätigkeit außerhalb der Arbeitszeit** (BAG 26.9.1990 – 7 AZR 208/89, NZA 1991, 694; 26.2.1992 – 7 AZR 201/91, AP BPersVG § 46 Nr. 18; GK-ArbGG/*Ahrendt* § 2a Rn. 23, 25; krit. hiergegen GMP/*Schlewing* § 2a Rn. 19).
- **Kündigungsschutzklagen von BRMitgl.** (BAG 23.8.1984 – 2 AZR 391/83, AP BetrVG 1972 § 103 Nr. 17; GK-ArbGG/*Ahrendt* § 2a Rn. 26).
- Anspruch des Auszubildenden auf **Weiterbeschäftigung nach § 78a.**
- Streitigkeiten über das betriebliche **Zutrittsrecht von Gewerkschaften zu Werbezwecken** (BAG 28.2.2006 – 1 AZR 460/04, NZA 2006, 798; GK-ArbGG/*Ahrendt* § 2a Rn. 49).

10 Die InsO sieht in **§ 126 InsO** (vgl. dazu BAG 29.6.2000 – 8 ABR 44/99, NZA 2000, 1180) und in **§ 122 InsO** (vgl. GK-ArbGG/*Ahrendt* § 2a Rn. 56) ein jeweils vom Insolvenzverwalter einzuleitendes BeschlVerf. vorl.

III. Rechtsstreitigkeiten und Regelungsstreitigkeiten

11 Arbeitsgerichtliche BeschlVerf. sind Rechtsstreitigkeiten. In ihnen wird **über Rechtsfragen entschieden.** Dagegen werden **keine Regelungen getroffen.** Die Gerichte können über Umfang und Bestehen von MBR entscheiden. Sie füllen aber diese nicht aus. Dies ist vielmehr Sache der Betriebsparteien. Können diese sich über die Ausgestaltung nicht einigen, ist nicht das ArbG, sondern die **E-Stelle** zur Entscheidung berufen. Diese entscheidet keine Rechtsfragen. Vielmehr ersetzt ihr Spruch die Einigung der Betriebsparteien (vgl. § 87 Abs. 2 S. 2). Das **Verf. vor der E-Stelle** ist **keine Rechts-, sondern** eine **Regelungsstreitigkeit** (vgl. GK-

ArbGG/*Ahrendt* § 2a Rn. 89f.). Die E-Stelle hat im Rahmen ihrer Tätigkeit eine sog **Vorfragekompetenz.** Sie kann und muss eigenständig prüfen, ob sie für die Entscheidung in der Regelungsstreitigkeit zuständig ist (vgl. *Schmidt* JbArbR Bd. 40, 2003, 121 [122]). Ihre Entscheidung ist aber insoweit einer (Rechts-)Prüfung durch die ArbG zugänglich (GK-ArbGG/*Ahrendt* § 2a Rn. 95). Über die **Ablehnung eines E-Stellenvorsitzenden** wegen der Besorgnis der Befangenheit entscheidet in entspr. Anwendung der §§ 1037 Abs. 3 S. 1, 1062 Abs. 1 Nr. 1 Var. 2, 1065 Abs. 1 S. 2 ZPO in erster und zugleich letzter Instanz das ArbG in voller Kammerbesetzung (BAG 17.11.2010 – 7 ABR 100/09, NZA 2011, 940).

Unabhängig von der Vorfragekompetenz der E-Stelle kann vor oder auch parallel **12** zum E-Stellenverf. das Bestehen oder der Umfang eines MBR gerichtlich im Rahmen eines sog **Vorabentscheidungsverf.** geklärt werden (stRspr, BAG 2.4.1996 – 1 ABR 47/95, NZA 1996, 998; 1.7.2003 – 1 ABR 22/02, NZA 2003, 1209; ferner *Schmidt* JbArbR Bd. 40, 2003, 121 [123]; GK-ArbGG/*Ahrendt* § 2a Rn. 95). Dagegen besteht für einen Antrag beim ArbG, die E-Stelle sei zuständig, bzw. unzuständig, kein Feststellungsinteresse. Er ist aber ggf. dahin auszulegen, es möge das Bestehen oder Nichtbestehen eines entspr. MBR festgestellt werden (BAG 10.12.2002 – 1 ABR 27/01, AP BetrVG 1972 § 95 Nr. 42; 21.7.2009 – 1 ABR 42/08, NZA 2009, 1049; 17.9.2013 – 1 ABR 21/12, NZA 2014, 96). Die E-Stelle darf ihr Verfahren nicht wegen eines gerichtlichen Vorabentscheidungsverf. aussetzen (BAG 24.11.1981 – 1 ABR 42/79, AP BetrVG 1972 § 76 Nr. 11; GMP/*Schlewing* § 2a Rn. 107).

IV. Verfahrensgrundsätze

1. Der Antrag

Das arbeitsgerichtliche BeschlVerf. wird nach § 81 Abs. 1 ArbGG durch eine beim **13** örtlich zuständigen (vgl. § 82 ArbGG) ArbG einzureichende Antragsschrift eingeleitet. Bereits die **„richtige" Antragstellung** ist gerade in betriebsverfassungsrechtlichen Streitigkeiten, in denen es meist nicht um die Zahlung einer bestimmten Geldsumme, sondern um das Bestehen, den Inhalt und die Durchsetzung von Beteiligungsrechten geht, oft eine zentrale Schwierigkeit. Dies gilt vor allem, wenn der vom Antragsteller formulierte Antrag die eigentliche Streitfrage nicht oder nur unvollkommen erfasst, wenn er zu unbestimmt ist oder wenn ein rechtliches Interesse an der begehrten Feststellung nicht, so nicht oder nicht mehr besteht, insbes. wenn die begehrte Entscheidung auf die unzulässige Erstellung eines Rechtsgutachtens hinausläuft (GK-ArbGG/*Ahrendt* § 81 Rn. 2).

Allerdings kann und muss das Gericht den Antrag nach Möglichkeit in sachdienli- **14** cher Weise auslegen. Das Gericht ist gehalten, die **Auslegung des Antrags** vorzunehmen, die eine vom Antragsteller erkennbar erstrebte Sachentscheidung ermöglicht (BAG 21.7.2009 – 1 ABR 42/08, NZA 2009, 1049; 17.9.2013 – 1 ABR 21/12, NZA 2014, 96; 11.2.2015 – 7 ABR 98/12, BeckRS 2015, 69307; 23.2.2016 – 1 ABR 18/14, NZA 2016, 838 Rn. 15). Dementsprechend findet sich in den Entscheidungen des BAG auch immer wieder die Wendung, der Antrag sei zulässig, bedürfe aber der Auslegung (vgl. etwa BAG 10.12.2002 – 1 ABR 27/01, AP BetrVG 1972 § 95 Nr. 42; 1.7.2003 – 1 ABR 22/02, NZA 2003, 1209). Die Grenzen der Auslegung sind aber erreicht, wenn der Antragsteller unmissverständlich ein bestimmtes Verfahrensziel verfolgt, auch wenn dieses Vorgehen seinem wohlverstandenen Eigeninteresse widerspricht (BAG 18.5.2016 – 7 ABR 41/14, NZA 2017, 342 Rn. 24). Auch darf das Gericht schon wegen **§ 308 Abs. 1 S. 1 ZPO** einem Antragsteller nicht etwas zusprechen, was dieser nicht beantragt hat (BAG 27.10.1992 – 1 ABR 17/92, NZA 1993, 561; 7.6.2016 – 1 ABR 26/14, NZA 2016, 1166 Rn. 8; GK-ArbGG/*Ahrendt* § 81 Rn. 6 mwN).

a) Antragsarten

15 Ebenso wie im Urteilsverf. gibt es auch im BeschlVerf. die **Rechtsschutzformen** des Leistungs-, Feststellungs- und Gestaltungsantrags (vgl. GMP/*Spinner* § 81 Rn. 14ff.; HHB/*Hauck* § 81 Rn. 6; GK-ArbGG/*Ahrendt* § 81 Rn. 17ff.; Düwell/Lipe/*Reinfelder* § 81 Rn. 3).

16 **Leistungsanträge** kommen in Betracht, wo das BetrVG Ansprüche der Betriebsparteien auf die **Vornahme einer Handlung,** auf die **Unterlassung einer Handlung** oder auf die Vornahme der **Duldung einer Handlung** vorsieht (vgl. § 23 Abs. 3). Eine Unterlassungsverpflichtung ist nicht notwendig darauf beschränkt, bestimmte eigene Handlungen zu unterlassen. Sie kann vielmehr auch bedeuten, dass der Verpflichtete innerhalb seines Organisationsbereichs aktiv auf Dritte einwirken muss, um den Eintritt eines bestimmten Erfolgs zu verhindern. Daher sind zB Anträge des BR möglich, durch die dem ArbGeb. aufgegeben werden soll, die **Duldung freiwillig geleisteter Überstunden zu unterlassen** (BAG 29.4.2004 – 1 ABR 30/02, NZA 2004, 670; 29.9.2004 – 1 ABR 29/03, NZA 2005, 313). Ebenso erschöpft sich die Verpflichtung zur Duldung der Vornahme einer Handlung nicht notwendig im Unterlassen einer Vor oder Behinderung dieser Handlung. Vielmehr können damit je nach den konkreten Umständen auch Handlungspflichten verbunden sein (vgl. zur Verpflichtung, den **Zutritt** einer Gewerkschaft oder eines BR zum Betrieb zu **dulden,** BAG 28.2.2006 – 1 AZR 460/04, NZA 2006, 798; 15.10.2014 – 7 ABR 74/12, NZA 2015, 560). Nach der Rspr. des BAG hat der **ArbGeb. gegen den BR keinen gerichtlich durchsetzbaren Anspruch auf Unterlassung von betriebsverfassungswidrigem Verhalten** (BAG 17.3.2010 – 7 ABR 95/08, NZA 1919, 1133; 15.10.2013 – 1 ABR 31/12, NZA 2014, 319; 28.5.2014 – 7 ABR 36/12, NZA 2014, 1213; zust. DKKW/*Berg* § 74 Rn. 89; *Lobinger* RdA 2011, 76 Fn. 26; *Ilbertz* ZfPR 2011, 5; **abl.** *Bauer/Willemsen* NZA 2010, 1089; *Burger/Rein* NJW 2010, 3613; *Husemann* Anm. zu AP BetrVG 1972 § 74 Nr. 12; *Reichold* RdA 2011, 58; *Wiebauer* BB 2010, 3091; *Raab* RdA 2017, 288). Das folgt zum einen aus der Grundkonzeption des § 23, zum andern aus der Vermögenslosigkeit des BR, wegen der ein Unterlassungstitel nicht vollstreckbar wäre. Bei streitigen Fragen hat der ArbGeb. die Möglichkeit, eine Klärung über entspr. Feststellungsanträge herbeizuführen. Die Kritik an der Rspr. übersieht weitgehend, dass zwischen ArbGeb. und BR keine „Waffengleichheit" herrscht, sondern strukturelle Unterschiede bestehen. Einerseits kann der ArbGeb. anders als der BR nicht aufgelöst werden; andererseits sind gegenüber dem vermögenslosen BR Ordnungs- oder Zwangsgelder keine tauglichen Druckmittel. Unter der Voraussetzung des § 259 ZPO können sie auch **künftige Leistungen** zum Gegenstand haben (BAG 6.11.1990 – 1 ABR 60/89, NZA 1991, 358). Die Verfolgung eines erst in der Zukunft entstehenden Anspruchs ist freilich nicht möglich; erforderlich für § 259 ZPO ist vielmehr, dass der Anspruch bereits entstanden ist (BAG 27.10.2010 – 7 ABR 36/09, NZA 2011, 527; 27.10.2010 – 7 ABR 86/09, NZA 2011, 418; 22.10.2014 – 5 AZR 731/12, NZA 2015, 501). Ein unzulässiger Antrag auf künftige Leistung kann allerdings – auch noch im Rechtsbeschwerdeverf. – als Feststellungsantrag nach § 256 Abs. 1 ZPO verstanden werden (BAG 27.10.2010 – 7 ABR 36/09, NZA 2011, 527). Nur Leistungsanträge sind nach § 85 Abs. 1 ArbGG der Zwangsvollstreckung zugänglich. Zu möglichen Leistungsanträgen vgl. die Beispiele in GK-ArbGG/*Ahrendt* § 81 Rn. 19 mit Rspr.-Nachw.

17 **Feststellungsanträge** im BeschlVerf. sind gerichtet auf die Feststellung des Bestehens oder Nichtbestehens eines betriebsverfassungsrechtlichen Rechtsverhältnisses. **Rechtsverhältnis** iSd – entspr. anwendbaren – § 256 Abs. 1 ZPO ist jedes durch die Herrschaft einer Rechtsnorm über einen konkreten Lebenssachverhalt entstehende rechtliche Verhältnis einer Person zu anderen Personen oder Gegenständen (BAG 3.5.2006 – 1 ABR 63/04, NZA 2007, 285; 14.12.2010 – 1 ABR 93/09, NZA 2011, 473; 4.12.2013 – 7 ABR 7/12, NZA 2014, 803; 18.5.2016 – 7 ABR 41/14, NZA

2017, 342 Rn. 13). Das festzustellende Rechtsverhältnis muss grds. zwischen den Beteiligten bestehen (vgl. für das Urteilsverfahren BAG 18.4.2012 – 4 AZR 371/10, NZA 2013, 161). Keine Rechtsverhältnisse sind **bloße Tatfragen oder abstrakte Rechtsfragen** (BAG 5.10.2000 – 1 ABR 52/99, AP BetrVG 1972 § 23 Nr. 35; 19.2.2002 – 1 ABR 20/01, NZA 2003, 1159; 3.5.2006 – 1 ABR 63/04, NZA 2007, 285; 14.12.2010 – 1 ABR 93/09, NZA 2011, 473). Auch **Teilrechtsverhältnisse** oder **einzelne Ansprüche** können ein Rechtsverhältnis darstellen (BAG 3.5.2006 – 1 ABR 63/04, NZA 2007, 285; 18.5.2016 – 7 ABR 41/14, NZA 2017, 342 Rn. 13). Bloße **Elemente oder Vorfragen** können jedoch nicht zum Gegenstand eines Feststellungsantrags gemacht werden (BAG 3.5.2006 – 1 ABR 63/04, NZA 2007, 285; 10.2.2009 – 1 ABR 94/07, NZA 2009, 562; 19.10.2011 – 4 ABR 116/09, NZA-RR 2012, 417; 18.1.2012 – 7 ABR 73/10, NZA 2012, 813; 27.5.2015 – 7 ABR 20/13, BeckRS 2015, 72505; 18.5.2016 – 7 ABR 41/14, NZA 2017, 342 Rn. 13). Gleiches gilt für die **rechtliche Bewertung eines konkreten Verhaltens** eines Beteiligten oder die **Wirksamkeit oder Unwirksamkeit einer Rechtshandlung,** etwa eines **Rechtsgeschäfts,** einer **Abmahnung** oder der **Kündigung einer BV** oder der **Wirksamkeit einer nachwirkungslos beendeten BV** (BAG 1.7.2009 – 4 AZR 261/08, NZA 2010, 53; 18.4.2012 – 4 AZR 371/10, NZA 2013, 161; 4.12.2013 – 7 ABR 7/12, NZA 2014, 803; 20.1.2015 – 1 ABR 1/14, NZA 2015, 765). So ist zB die isolierte Feststellung einer Benachteiligung iSv § 78 S. 2 kein feststellungsfähiges Rechtsverhältnis (BAG 24.2.2016 – 7 ABR 23/14, NZA 2016, 567). Im Recht der betrieblichen Altersversorgung können insoweit Besonderheiten gelten (BAG 20.1.2015 – 1 ABR 1/14, NZA 2015, 765). Auch die rechtlichen **Eigenschaften oder Fähigkeiten** einer Person – wie etwa die Geschäftsfähigkeit oder die Tarifgebundenheit eines Unternehmens – sind regelmäßig kein Rechtsverhältnis, das einer selbständigen gerichtlichen Entscheidung zugänglich wäre (BAG 24.4.2007 – 1 ABR 27/06, NZA 2007, 1011; 14.12.2010 – 1 ABR 93/09, NZA 2011, 473). Auch der **Rechtsstatus** einer Person ist als solcher kein feststellungsfähiges Rechtsverhältnis (BAG 7.2.2012 – 1 ABR 58/10, NZA 2012, 878; 6.11.2013 – 7 ABR 76/11, NZA 2014, 678; 18.3.2015 – 7 ABR 42/12, NZA 2015, 1144). Ein solcher Antrag kann uU dahin verstanden werden, dass er auf die Feststellung des Bestehens einer Gesamtheit bestimmter Rechte und Pflichten gerichtet ist. Hierbei ist aber Zurückhaltung geboten. Es muss jedenfalls klar sein, um welche Rechte und Pflichten es sich handelt, und es muss eine einheitliche, nicht nach den einzelnen Rechten und Pflichten differenzierende Feststellung möglich sein (BAG 6.11.2013 – 7 ABR 76/11, NZA 2014, 678; 18.3.2015 – 7 ABR 42/12, NZA 2015, 1144). Bei bestimmten rechtlichen Eigenschaften oder Fähigkeiten – wie der **Tariffähigkeit oder Tarifzuständigkeit** einer Vereinigung (vgl. 2a Abs. 1 Nr. 4 ArbGG) oder der **Betriebsratsfähigkeit einer Organisationseinheit** (vgl. § 18 Abs. 2) – sieht das G die gesonderte gerichtliche Feststellung allerdings ausdrücklich vor (BAG 9.12.2009 – 7 ABR 38/08, NZA 2010, 906; 18.1.2012 – 7 ABR 72/10, NZA-RR 2013, 133; 24.4.2013 – 7 ABR 71/11, AP BetrVG 1972 § 3 Nr. 11). Die **Tendenzeigenschaft** eines Unternehmens iSd 118 Abs. 1 S. 1 ist kein selbständig feststellbares Rechtsverhältnis iSv § 256 Abs. 1 ZPO; ein darauf gerichteter Feststellungsantrag ist unzulässig (BAG 14.12.2010 – 1 ABR 93/09, NZA 2011, 473 unter Aufgabe von 21.7.1998 – 10 AZR 398/97, NZA 1999, 277; 22.7.2014 – 1 ABR 93/12, NZA 2014, 1417). Feststellungsanträge, die das **Bestehen oder Nichtbestehen einer Religionsgemeinschaft** und ihrer karitativen und erzieherischen Einrichtungen iSd § 118 Abs. 2 betreffen, sind dagegen zulässig (BAG 14.12.2010 – 1 ABR 93/09, NZA 2011, 473). Um ein Rechtsverhältnis geht es, wenn zwischen den Betriebsparteien über das **Bestehen oder Nichtbestehen von MBR oder deren Umfang** gestritten wird (BAG 19.2.2002 – 1 ABR 20/01, NZA 2003, 1159; 10.2.2009 – 1 ABR 94/07, NZA 2009, 562). Den Streit, mit welchem **Inhalt eine BV** durchzuführen sei, können die Betriebsparteien im Wege eines Feststellungsantrags klären lassen (BAG 20.1.2009 – 1 ABR 78/07, AP BetrVG 1972 § 77 Betriebsvereinbarung

Nr. 44). Die **Geltung einer BV kraft Nachwirkung** ist ein feststellbares betriebsverfassungsrechtliches Rechtsverhältnis, wenn sie die Rechtsbeziehungen der Betriebsparteien in Bezug auf eine dem MBR des BR unterliegende Maßnahme des ArbGeb. ausgestaltet (BAG 9.12.2014 – 1 ABR 19/13, NZA 2015, 368). **Beschlüsse der E-Stelle,** durch welche diese ihre Zuständigkeit bejaht oder verneint, begründen kein Rechtsverhältnis zwischen den Betriebsparteien. Dagegen gerichtete Anträge sind regelmäßig dahin auszulegen, es möge das Bestehen eines entspr. MBR festgestellt werden (BAG 10.12.2002 – 1 ABR 27/01, AP BetrVG 1972 § 95 Nr. 42; 8.6.2004 – 1 ABR 13/03, NZA 2004, 1175; 21.7.2009 – 1 ABR 42/08, NZA 2009, 1049; 17.9.2013 – 1 ABR 21/12, NZA 2014, 96). Zu weiteren Gegenständen eines Feststellungsantrags vgl. GK-ArbGG/*Ahrendt* § 81 Rn. 25 mwN.

18 **Gestaltungsanträge** sind auf eine durch die Entscheidung des Gerichts eintretende Rechtsänderung gerichtet (HHB/*Hauck* § 81 Rn. 6). Hierzu gehören etwa der Wahlanfechtungsantrag nach § 19 Abs. 1, der Antrag auf Auflösung des BR oder den Ausschluss eines BRMitgl. nach § 23 Abs. 1, der Antrag auf Ersetzung der Zustimmung des BR zu einer personellen Maßnahme nach § 99 Abs. 4 oder auf Ersetzung der Zustimmung zur fristlosen Kündigung eines BRMitgl. nach § 103 Abs. 2.

19 Auch im BeschlVerf. ist in entspr. Anwendung des § 260 ZPO eine **objektive Antragshäufung** möglich. Einen gesetzlich notwendigen Fall der Antragshäufung regelt § 100 Abs. 2 S. 3. Auch echte und sog unechte **Hilfsanträge** sind möglich (BAG 15.1.2002 – 1 ABR 10/01, NZA 2002, 988). Das Eventualverhältnis muss aber klar sein. Das Gericht muss erkennen können, für welchen Fall der Hilfsantrag gestellt sein soll. Auch ein **Widerantrag** ist möglich. Er darf sich allerdings grds. nicht in der spiegelbildlichen Leugnung des Hauptantrags erschöpfen. Besonderheiten gelten insoweit aber für den leugnenden Globalwiderantrag (BAG 3.6.2003 – 1 ABR 19/02, AP BetrVG 1972 § 89 Nr. 1). Auch eine **Mehrheit von Antragstellern** ist im BeschlVerf. möglich (vgl. GMP/*Spinner* § 81 Rn. 43ff.; Düwell/Lipke/*Reinfelder* § 81 Rn. 7; BAG 24.8.2011 – 7 ABR 8/10, NZA 2012, 223). Für bestimmte Fälle verlangt sie das BetrVG sogar (vgl. § 19 Abs. 2 S. 1; § 23 Abs. 1 S. 1). Dabei kommt je nach Streitgegenstand sowohl eine einfache (§ 60 ZPO) als auch eine notwendige (§ 62 ZPO) Streitgenossenschaft in Betracht.

b) Bestimmtheit des Antrags

20 Nach dem auch im BeschlVerf. entspr. anwendbaren § 253 Abs. 2 Nr. 2 ZPO muss eine Antragsschrift eine **bestimmte Angabe des Gegenstandes und des Grundes des erhobenen Anspruchs** sowie einen bestimmten Antrag enthalten. Der Streitgegenstand muss so genau bezeichnet werden, dass die eigentliche Streitfrage mit Rechtskraftwirkung zwischen den Beteiligten entschieden werden kann (BAG 15.1.2002 – 1 ABR 13/01, NZA 2002, 995; 3.5.2006 – 1 ABR 63/04, NZA 2007, 285; 12.1.2011 – 7 ABR 94/09, NZA 2011, 813; 23.2.2016 – 1 ABR 18/14, NZA 2016, 838 Rn. 18; 27.7.2016 – 7 ABR 16/14, NZA 2016, 1555 Rn. 13; 23.10.2018 – 1 ABR 18/17, NZA 2019, 341 Rn. 18). Dabei hängt das erforderliche Maß an Konkretisierung von den Umständen des Einzelfalls ab. Ein Antrag, der sich darauf beschränkt, den Antragsgegner zu verpflichten auf einen Dritten einzuwirken, damit dieser eine bestimmte Handlung vornimmt oder unterlässt, ist regelmäßig nicht hinreichend bestimmt, wenn in keiner Weise – sei es auch alternativ – deutlich wird, welche Handlungen der Antragsgegner hierzu vornehmen soll (BAG 15.10.2014 – 7 ABR 74/12, NZA 2015, 560; bedenklich dagegen 25.1.2006 – 4 AZR 552/04, NZA 2006, 3096). Ist lediglich das MBR des BR als solches streitig und besteht über ggf. zu beachtende gesetzliche Beschränkungen (noch) kein Streit, müssen die das MBR beschränkenden gesetzlichen Vorgaben nicht notwendig stets in den Feststellungsantrag aufgenommen werden (BAG 8.6.2004 – 1 ABR 13/03, NZA 2004, 1175).

21 Das Erfordernis der hinreichenden Bestimmtheit des Antrags erweist sich für die Antragsteller häufig als erhebliche Schwierigkeit. Es gilt auch und vor allem für Anträge, mit denen die **Unterlassung von Handlungen** verlangt wird. Ihnen stattgebende gerichtliche Entscheidungen müssen für den in Anspruch genommenen Beteiligten eindeutig erkennen lassen, was von ihm verlangt wird. Diese **Prüfung darf grds. nicht in das Vollstreckungsverf. verlagert werden.** Dessen Aufgabe ist es, zu klären, ob der Schuldner einer Verpflichtung nachgekommen ist, nicht wie diese aussieht (BAG 22.6.2010 – 1 AZR 179/09, NZA 2010, 1365; 14.9.2010 – 1 ABR 32/09, NZA 2011, 364; 15.10.2014 – 7 ABR 74/12, NZA 2015, 560; 27.7.2016 – 7 ABR 16/14, NZA 2016, 1555 Rn. 13). Daher sollten die Handlungen, deren Unterlassung verlangt wird, möglichst konkret bezeichnet werden. Allerdings sind bei Unterlassungs- und Duldungsanträgen bisweilen – aus Gründen eines effektiven Rechtsschutzes – gewisse generalisierende Formulierungen unvermeidlich (BAG 22.6.2010 – 1 AZR 179/09, NZA 2010, 1365; 15.10.2014 – 7 ABR 74/12, NZA 2015, 560). Der Konflikt zwischen Rechtssicherheit und effektivem Rechtsschutz ist dann kaum lösbar.

Besteht die Verpflichtung in der **Herbeiführung eines Erfolgs** und stehen hierfür dem Schuldner mehrere Handlungsmöglichkeiten zur Verfügung, so kann ihm nicht eine bestimmte Handlung zwingend vorgeschrieben werden; es bleibt vielmehr ihm überlassen, wie er die titulierte Verpflichtung erfüllt. Ob er sie erfüllt hat, ist erforderlichenfalls im Vollstreckungsverfahren zu prüfen (BAG 27.7.2016 – 7 ABR 16/14, NZA 2016, 1555 Rn. 13). Eine Unterlassungsverpflichtung kann zur Folge haben, dass der Schuldner in seinem Organisationsbereich Maßnahmen gegen Dritte ergreifen muss, um seiner Unterlassungsverpflichtung nachzukommen (BAG 29.4.2004 – 1 ABR 30/02, NZA 2004, 670; 29.9.2004 – 1 ABR 29/03, NZA 2005, 313; Thomas/Putzo/*Putzo* ZPO § 890 Rn. 2c). Dies kann zB bedeuten, dass der ArbGeb. geeignete Maßnahmen treffen muss, um die Leistung von Überstunden durch die bei ihm beschäftigten ArbN zu verhindern. Tritt der zu vermeidende Erfolg dennoch ein, ist ggf. im Rahmen der ZV nach § 890 ZPO zu prüfen, ob der ArbGeb. zur Erfüllung seiner Unterlassungsverpflichtung alles ihm Mögliche und Zumutbare getan hat (BAG 14.11.2006 – 1 ABR 5/06, NZA 2007, 458 mwN). **21a**

Hält das Gericht einen Antrag auch nach gebotener Auslegung (→ Rn. 14) mangels hinreichender Bestimmtheit für unzulässig, so muss es hierauf grundsätzlich gemäß **§ 139 Abs. 1 S. 2 ZPO** hinweisen. Das gilt insb. dann, wenn ein Rechtsmittelgericht anders als die Vorinstanz Bedenken an der Bestimmtheit eines Antrags hat (BAG 27.7.2016 – 7 ABR 16/14, NZA 2016, 1555 Rn. 13). **21b**

Auch bei einem Feststellungsantrag, der auf das Bestehen oder Nichtbestehen eines MBR gerichtet ist, muss die **Maßnahme des ArbGeb. oder der betriebliche Vorgang,** für den die Mitbestimmung in Anspruch genommen wird, **konkret bezeichnet** werden (BAG 15.1.2002 – 1 ABR 13/01, NZA 2002, 995; 11.6.2002 – 1 ABR 44/01, AP ZPO 1977 § 256 Nr. 70; 9.7.2013 – 1 ABR 17/12, NZA 2013, 1166). Ein Antrag auf Feststellung, dass der BR berechtigt sei, ein BR-Mitglied zu einer **Schulungsveranstaltung** zu entsenden, ist nach einem Beschluss des BAG v. 12.1.2011 (7 ABR 94/09, NZA 2011, 813) nur dann hinreichend bestimmt iSv § 253 Abs. 2 Nr. 2 ZPO, wenn die zeitliche Lage und der Ort der Veranstaltung genannt werden; es genügt danach nicht, eine nur thematisch und nach Veranstalter eingegrenzte Art von Schulung anzugeben. Das BAG hat dabei ausdrücklich darauf hingewiesen, dass es aufgrund des Erfordernisses eines auf eine konkrete Schulung bezogenen BR-Beschlusses schwierig oder fast unmöglich werden könne, vor dem Schulungsbesuch eine rechtskräftige gerichtliche Entscheidung über seine Erforderlichkeit herbeizuführen; es könne daher Sache des eigenverantwortlich handelnden BR sein, das beanspruchte Recht wahrzunehmen und erforderlichenfalls danach klären zu lassen, ob das berechtigterweise geschah (BAG 12.1.2011 – 7 ABR 94/09, NZA 2011, 813). Das BAG hat ausdrücklich offen gelassen, ob der BR oder das zu schulende Mitglied jedenfalls für die unmittelbar zu leistenden, ihm finanziell nicht möglichen oder zumutbaren Aufwendungen einen Vorschuss des ArbGeb. im Wege **22** einstweiligen Rechtsschutzes verlangen kann (BAG 12.1.2011 – 7 ABR 94/09, NZA 2011, 813). Die Frage dürfte zu bejahen sein.

23 **Unzulässig** ist ein **Antrag, der lediglich** den **Gesetzeswortlaut wiederholt,** ohne anzugeben, auf welchen Sachverhalt die Norm anzuwenden ist (BAG 17.3.1987 – 1 ABR 65/85, NZA 1987, 786; 9.7.2013 – 1 ABR 17/12, NZA 2013, 1166). Vgl. zu weiteren Anträgen, die das BAG als nicht hinreichend bestimmt erachtet hat, GK-ArbGG/*Ahrendt* § 81 Rn. 44 mit entspr. Nachw.

24 Besondere Risiken bergen die sog **Globalanträge.** Um einen Globalantrag handelt es sich, wenn ein weit gefasster Antrag einschränkungslos eine Vielzahl möglicher Fallgestaltungen erfasst. Dies ist zB der Fall, wenn dem ArbGeb. untersagt werden soll, künftig für ArbN ohne Zustimmung des BR Überstunden anzuordnen oder zu dulden (BAG 10.3.1992 – 1 ABR 31/91, AP BetrVG 1972 § 77 Regelungsabrede Nr. 1). Nach der stRspr des BAG ist ein solcher Globalantrag zwar hinreichend bestimmt iSv § 253 Abs. 2 Nr. 2 ZPO, da er ausnahmslos alle denkbaren Fallgestaltungen erfasst (BAG 3.5.1994 – 1 ABR 24/93, NZA 1995, 40; 20.10.1999 – 7 ABR 37/98, BeckRS 2009, 56460). Er ist aber grds. insgesamt als unbegründet abzuweisen, wenn unter ihn zumindest auch Fallgestaltungen fallen, in denen er sich als unbegründet erweist (BAG 28.5.2002 – 1 ABR 35/01, NZA 2003, 1101; 3.6.2003 – 1 ABR 19/02, AP BetrVG 1972 § 89 Nr. 1; 29.6.2011 – 7 ABR 135/09, NZA 2012, 47; ebenso BVerwG 3.12.2001 – 6 P 12.00, NZA-RR 2002, 666; GK-ArbGG/*Ahrendt* § 81 Rn. 47).

25 Eine teilweise Stattgabe kommt nach der Rspr. des BAG nur ausnahmsweise dann in Betracht, wenn sich dem Antrag der begründete Teil als **Teilziel** des Verf. entnehmen lässt (BAG 6.12.1994 – 1 ABR 30/94, NZA 1995, 488; 28.2.2006 – 1 AZR 46/04, NZA 2006, 798; 27.10.2010 – 7 ABR 36/09, NZA 2011, 527). Dies setzt voraus, dass sich der Antrag auf voneinander zu trennende und klar abgrenzbare Sachverhalte bezieht (BAG 19.7.1995 – 7 ABR 60/94, NZA 1996, 332; 27.10.2010 – 7 ABR 36/09, NZA 2011, 527; GK-ArbGG/*Ahrendt* § 81 Rn. 47). Ein auf die Feststellung der Unwirksamkeit eines E-Stellenspruchs gerichteter Antrag umfasst als minus die Prüfung, ob dieser (nur) teilweise unwirksam ist (BAG 11.12.2018 – 1 ABR 17/17, NZA 2019, 714 Rn. 18).

c) Rechtsschutzinteresse

26 Auch im BeschlVerf. ist Voraussetzung für eine Sachentscheidung ein **Rechtsschutzinteresse** des Antragstellers (BAG 28.5.2002 – 1 ABR 35/01, NZA 2003, 1101; 18.9.2002 – 1 ABR 54/01, NZA 2003, 670; 19.2.2008 – 1 ABR 65/05, NZA-RR 2008, 490). Zur Klärung abstrakter Rechtsfragen, die für die Beteiligten keine konkrete rechtliche Auswirkung haben, sind die Gerichte für Arbeitssachen nicht berufen. Der Sache nach fehlt es wohl auch am Rechtsschutzinteresse, wenn die Betriebsparteien vereinbaren, dass über die Auslegung oder Anwendung einer BV zunächst ein **innerbetriebliches Schlichtungsverfahren** durchzuführen ist und erst nach dessen Scheitern ein BeschlVerf. eingeleitet werden kann; in diesem Fall ist ein ohne Beachtung des Schlichtungsverfahrens gestellter Antrag unzulässig (BAG 20.11.1990 – 1 ABR 45/89, NZA 1991, 473; 11.2.2014 – 1 ABR 76/12, NZA-RR 2015, 26).

27 Bei einem **Leistungsantrag** bedarf das Rechtsschutzinteresse regelmäßig keiner gesonderten Prüfung. Es ergibt sich bereits aus der Geltendmachung des Anspruchs (vgl. etwa BAG 19.6.1984 – 1 ABR 6/83, NZA 1984, 329; 19.2.2008 – 1 ABR 65/05, NZA-RR 2008, 490). Auch wenn die geforderte Leistung unmöglich oder bereits erbracht ist, ist der Antrag nicht unzulässig, sondern unbegründet (GK-ArbGG/*Ahrendt* § 81 Rn. 107). Das Rechtsschutzbedürfnis kann aber ausnahmsweise fehlen, wenn dem Antragsteller ein einfacherer oder billigerer Weg zur Verfügung steht und er gerichtlicher Hilfe zur Erreichung seines Ziels offensichtlich nicht – mehr – bedarf (BAG 19.2.2008 – 1 ABR 65/05, NZA-RR 2008, 490; 8.12.2010 – 7 ABR 99/09, NZA-RR 2011, 315).

Bei **Gestaltungsanträgen** kann das Rechtsschutzinteresse fehlen, bzw. nachträglich entfallen, wenn das zu gestaltende Rechtsverhältnis nicht mehr besteht, die begehrte Entscheidung also keine gestaltende Wirkung mehr haben kann (BAG 1.12.2004 – 7 ABR 27/04, EzA § 18 BetrVG 2001 Nr. 1; GMP/*Spinner* § 81 Rn. 26). So entfällt zB für einen Wahlanfechtungsantrag nach § 19 das Rechtsschutzinteresse, wenn die Amtszeit des BR geendet hat (BAG 13.3.1991 – 7 ABR 5/90, NZA 1991, 946; 18.3.2015 – 7 ABR 6/13, BeckRS 2015, 68753). Eine die **BRWahl** – mit Wirkung für die Zukunft – für unwirksam erklärende gerichtliche Entscheidung kann sich für die Beteiligten nicht mehr auswirken. Das Rechtsschutzbedürfnis für einen **Antrag des ArbGeb. nach § 99 Abs. 4** auf Ersetzung der Zustimmung der vom BR verweigerten Zustimmung zur Einstellung eines ArbN auf einen bestimmten Arbeitsplatz entfällt, wenn der ArbGeb. die Maßnahme nicht mehr beabsichtigt (BAG 8.12.2010 – 7 ABR 99/09, NZA-RR 2011, 315). **28**

Für **Feststellungsanträge** hat der Gesetzgeber das Erfordernis des Rechtsschutzinteresses in dem auch im BeschlVerf. – entsprechend – anwendbaren **§ 256 Abs. 1 ZPO** ausdrücklich normiert (BAG 18.2.2003 – 1 ABR 17/02, NZA 2004, 336). Danach ist ein Feststellungsantrag nur zulässig, wenn der Antragsteller ein rechtliches Interesse daran hat, dass das Bestehen oder Nichtbestehen des Rechtsverhältnisses alsbald durch gerichtliche Entscheidung festgestellt wird. Das Feststellungsinteresse ist eine – auch noch im Rechtsbeschwerdeverfahren – von Amts wegen zu prüfende Sachentscheidungsvoraussetzung (BAG 20.1.2015 – 1 ABR 1/14, NZA 2015, 765). Wird ein zunächst gegenwärtiges Rechtsverhältnis während des Rechtsstreits beendet, bleibt der Feststellungsantrag nur zulässig, wenn sich aus der beantragten Feststellung noch Rechtswirkungen für die Zukunft ergeben (BAG 18.1.2012 – 7 ABR 73/10, NZA 2012, 813; 20.1.2015 – 1 ABR 1/14, NZA 2015, 765). Das Feststellungsinteresse wird insbes. dann regelmäßig gegeben sein, wenn zwischen den Betriebsparteien das Bestehen oder der Umfang eines MBR streitig und zu erwarten ist, dass entspr. Streitfälle auch künftig auftreten werden. Dann ist es auch unschädlich, wenn der Vorgang, der konkret Anlass des Streits war, in der Vergangenheit liegt (BAG 28.5.2002 – 1 ABR 35/01, NZA 2003, 1101; 27.10.2010 – 7 ABR 36/09, NZA 2011, 527; 17.3.2015 – 1 ABR 49/13, NZA 2015, 1061; 22.3.2016 – 1 ABR 19/14, NZA 2016, 909 Rn. 19). **29**

Das **Feststellungsinteresse fehlt** oder entfällt dagegen, **wenn** es dem Antragsteller **nur** um die Wirksamkeit oder Unwirksamkeit einer **in der Vergangenheit liegenden Maßnahme** oder um das MBR für einen in der Vergangenheit liegenden Vorgang geht und die gerichtliche Entscheidung für die Beteiligten keine Rechtswirkungen für die Zukunft mehr entfaltet (BAG 18.2.2003 – 1 ABR 17/02, NZA 2004, 336; 28.5.2002 – 1 ABR 35/01, NZA 2003, 1101; 3.5.2006 – 1 ABR 15/05, NZA 2007, 1245; 28.4.2009 – 1 ABR 7/08 – 1 ABR 7/08, AP BetrVG 1972 § 77 Nr. 99; 18.1.2012 – 7 ABR 73/10, NZA 2012, 813; 20.1.2015 – 1 ABR 1/14, NZA 2015, 765; 19.12.2017 – 1 ABR 33/16, NZA 2018, 678 Rn. 23; 23.10.2018 - 1 ABR 18/17, NZA 2019, 341 Rn. 14). **29a**

Sofern ein Leistungsantrag möglich und zumutbar ist, kann einem Feststellungsantrag ebenfalls das erforderliche Feststellungsinteresse fehlen (BAG 18.9.2002 – 1 ABR 54/01, NZA 2003, 670). Gleichwohl lässt sich der im Urteilsverf. geltende **prozessökonomische Grundsatz,** wonach einer Feststellungsklage regelmäßig das Rechtsschutzbedürfnis fehle, soweit eine Leistungsklage möglich wäre, nicht ohne weiteres auf das BeschlVerf. übertragen; vielmehr kann dann, wenn es um den Bestand und Inhalt einer Rechtsbeziehung zwischen den Betriebsparteien geht, auch ein Feststellungsantrag sachdienlich sein (BAG 15.12.1998 – 1 ABR 9/98, NZA 1999, 722). Wenn der BR einen Unterlassungsantrag nach § 23 Abs. 3 S. 1 deshalb nicht – mit Aussicht auf Erfolg – verfolgen kann, weil das Bestehen der Verpflichtung des ArbGeb. rechtlich noch ungeklärt ist und es schon deshalb an einer „groben" Pflichtverletzung fehlt, kann der BR das Bestehen der Pflicht mit einem Feststellungsantrag gerichtlich klären lassen, um im Wiederholungsfall nach § 23 Abs. 3 S. 1 vorgehen zu können (BAG 16.11.2004 – 1 ABR 53/03, NZA 2005, 416). **29b**

29c Haben sich die Beteiligten in der E-Stelle einvernehmlich auf die Regelung einer Angelegenheit verständigt, besteht regelmäßig an der alsbaldigen Feststellung eines entspr. MBR kein rechtlich schützenswertes Interesse (BAG 11.6.2002 – 1 ABR 44/01, AP ZPO 1977 § 256 Nr. 70). Das erforderliche rechtliche Interesse des BR an der Feststellung der Unzulässigkeit einer erst noch abzuschließenden BV fehlt auch, wenn der BR diese bereits dadurch verhindern kann, dass er seine Zustimmung verweigert (BAG 27.1.2004 – 1 ABR 5/03, NZA 2004, 941). Ein Antrag im BeschlVerf. ist ferner dann unzulässig, wenn sich die Betriebsparteien verpflichtet haben, zur Klärung einer betriebsverfassungsrechtlichen Meinungsverschiedenheit zunächst eine innerbetriebliche Einigung in einem von ihnen vereinbarten Verfahren zu versuchen, und dies unterblieben ist (BAG 23.2.2016 – 1 ABR 5/14, NZA 2016, 972 Rn. 21).

d) Antragsteller, Antragsbefugnis

30 **Antragsteller im BeschlVerf.** kann grds. jede natürliche oder juristische Person sein. Voraussetzung ist ihre **Parteifähigkeit.** Die Parteifähigkeit besitzen im arbeitsgerichtlichen Verf. gem. § 10 S. 1 Hs. 1 ArbGG auch Gewerkschaften und ArbGebVerbände. Darüber hinaus sind nach § 10 Abs. 1 Hs. 2 ArbGG im BeschlVerf. auch die dort genannten Personen und Stellen parteifähig. Nach dem BetrVG beteiligt iSv § 10 Abs. 1 Hs. 2 ArbGG sind die Personen und Personengesamtheiten, denen betriebsverfassungsrechtliche Befugnisse zugeordnet sind (BAG 19.9.2006 – 1 ABR 53/05, NZA 2007, 518). Geht im Laufe des Verf. das umstrittene Recht auf einen **Funktionsnachfolger** über, tritt dieser an die Stelle des bisherigen Antragstellers (BAG 19.6.2001 – 1 ABR 43/00, NZA 2001, 1263; 8.3.2000 – 7 ABR 73/98, BeckRS 2000, 30369447; 8.12.2010 – 7 ABR 69/09, NZA 2011, 362; 24.8.2011 – 7 ABR 8/10, NZA 2012, 223; 22.8.2017 – 1 ABR 52/14 – BeckRS 2017, 133168 Rn. 13). Ein BR, dessen Wahl nichtig war, ist rechtlich nicht existent und daher auch nicht parteifähig (BAG 18.3.2015 – 7 ABR 42/12, NZA 2015, 1144). Ein von ihm gleichwohl angebrachter Antrag ist als unzulässig abzuweisen. Sofern allerdings die rechtliche Existenz des BR gerade den Gegenstand des Verfahrens, wird die Parteifähigkeit des BR für dieses Verfahren unterstellt. Wird in einem BeschlVerf. über das Zutrittsrecht einer nicht tariffähigen ArbNKoalition zu BetrVers. nach § 46 Abs. 1 gestritten, ist diese Koalition wegen der Doppelrelevanz des reklamierten Rechts für dieses Verfahren als parteifähig anzusehen (BAG 19.9.2006 – 1 ABR 53/05, NZA 2007, 518). Der unstr. **Verlust der Beteiligtenfähigkeit** führt zur Unzulässigkeit eines Rechtsmittels; ist aber die Beteiligtenfähigkeit str., wird sie hinsichtlich der Zulässigkeit des Rechtsmittels unterstellt (BAG 27.5.2015 – 7 ABR 20/13, BeckRS 2015, 72505).

31 Zulässigkeitsvoraussetzung für eine Sachentscheidung ist ferner die **Antragsbefugnis** des Antragstellers (BAG 18.2.2003 – 1 ABR 17/02, NZA 2004, 336; GK-ArbGG/*Ahrendt* § 81 Rn. 69ff.; GMP/*Matthes/Spinner* § 81 Rn. 52ff.; Düwell/Lipke/*Reinfelder* § 81 Rn. 13). Ihr Vorliegen ist während des gesamten Rechtsstreits von Amts wegen zu prüfen. Fehlt sie, ist der Antrag als unzulässig abzuweisen (GK-ArbGG/*Ahrendt* § 81 Rn. 70).

32 **Funktion** der Antragsbefugnis ist es, sog **„Popularklagen" auszuschließen** (BAG 5.3.2013 – 1 ABR 75/11, AP ArbGG 1979 § 81 Nr. 63; 4.12.2013 – 7 ABR 7/12, NZA 2014, 803; GK-ArbGG/*Ahrendt* § 81 Rn. 69). Damit entspricht die Antragsbefugnis der Prozessführungsbefugnis im Urteilsverf. (vgl. GMP/*Spinner* § 81 Rn. 51). Es soll verhindert werden, dass „jedermann" die ArbG – in Verfolgung fremder Rechte – anrufen kann.

33 Voraussetzung für das Vorliegen der Antragsbefugnis im BeschlVerf. ist, dass der Antragsteller **eigene – betriebsverfassungsrechtliche – Rechte geltend macht** (BAG 14.11.2006 – 1 ABR 5/06, NZA 2007, 458; 5.3.2013 – 1 ABR 75/11, AP ArbGG 1979 § 81 Nr. 63; 11.2.2015 – 7 ABR 98/12, BeckRS 2015, 69307; 21.3.2017 – 7 ABR 17/15, NZA 2017, 1014; GK-ArbGG/*Ahrendt* § 81 Rn. 71). Dem BR fehlt daher die Antragsbefugnis, wenn er – ausschließlich – Rechte der ArbN reklamiert (BAG 18.2.2003 – 1 ABR 17/02, NZA 2004, 336).

Die Antragsbefugnis ist stets **gegeben, wenn** das **Gesetz** sie **ausdrücklich vorsieht.** Dies ist zB in den §§ 16 Abs. 2, 17 Abs. 3, 18 Abs. 2, 19 Abs. 2, 23 Abs. 1 u. 3, 76 Abs. 2 u. 5, 99 Abs. 4, 100 Abs. 2, 103 Abs. 2 sowie in § 97 Abs. 1 S. 1, Abs. 5 S. 2 ArbGG (BAG 29.6.2004 – 1 ABR 14/03, NZA 2004, 1236) der Fall. Fehlt es an einer ausdrücklichen gesetzlichen Regelung, ist die Antragsbefugnis dann gegeben, wenn der Antragsteller durch die begehrte Entscheidung **in** seiner **kollektivrechtlichen Rechtsposition betroffen** sein kann. Das ist regelmäßig der Fall, wenn er eigene Rechte geltend macht und dies nicht von vorneherein als aussichtslos erscheint (BAG 17.6.2009 – 7 ABR 96/07, BeckRS 2010, 71517; 21.8.2012 – 3 ABR 20/10, BeckRS 2012, 76056; 5.3.2013 – 1 ABR 75/11, AP ArbGG 1979 § 81 Nr. 63; 4.12.2013 – 7 ABR 7/12, NZA 2014, 803; 21.3.2017 – 7 ABR 17/15, NZA 2017, 1014) Ob ihm das Recht tatsächlich zusteht, ist keine Frage der Antragsbefugnis, sondern der Aktivlegitimation. Besitzt der Antragsteller das geltend gemachte Recht nicht, ist sein Antrag nicht unzulässig, sondern unbegründet. 34

Der **BR** besitzt ua die Antragsbefugnis zur Geltendmachung von Kostenerstattungsansprüchen seiner Mitgl. (BAG 30.3.1994 – 7 ABR 45/93, NZA 1995, 382) oder zu deren Freistellung nach § 37 Abs. 2 (BAG 27.6.1990 – 7 ABR 43/89, NZA 1991, 430). Die Unwirksamkeit einer vom GesBR oder KBR geschlossenen BV kann ein örtlicher BR nur mit der Begründung geltend machen, er sei selbst zuständig (BAG 5.3.2013 – 1 ABR 75/11, AP ArbGG 1979 § 81 Nr. 63). Der BR ist grundsätzlich berechtigt, die Arbeitsbefreiung seiner Mitglieder nach § 37 Abs. 2 gerichtlich durchzusetzen (BAG 21.3.2017 – 7 ABR 17/15, NZA 2017, 1014 Rn. 22). Das gilt aber nicht, wenn er Arbeitsanordnungen gegenüber seinen Mitgliedern mit der Begründung verhindern will, deren werktägliche Höchstarbeitszeit nach § 3 ArbZG werde überschritten (BAG 21.3.2017 – 7 ABR 17/15, NZA 2017, 1014 Rn. 22). Zu weiteren Fällen vgl. GK-ArbGG/*Ahrendt* § 81 Rn. 78 ff.; GMP/*Spinner* § 81 Rn. 58. **BRMitgl.** steht die Antragsbefugnis zu, wenn sie eigene Rechte in ihrer Funktion als Amtsträger und nicht nur als ArbN geltend machen (GK-ArbGG/*Ahrendt* § 81 Rn. 86; GMP/*Spinner* § 81 Rn. 60). Einzelne BRMitgl. können gegenüber dem BR die Unwirksamkeit eines Beschlusses oder die Rechtswidrigkeit dessen Handelns nicht unabhängig von einem Eingriff in eigene betriebsverfassungsrechtliche Rechte geltend machen (BAG 7.6.2016 – 1 ABR 30/14, NZA 2016, 1350 Rn. 16). Der **ArbGeb.** ist ua antragsbefugt, wenn es um das Bestehen oder Nichtbestehen und den Umfang von MBR des BR geht (BAG 13.10.1987 – 1 ABR 53/86, NZA 1988, 249). Der einzelne **ArbN** ist antragsbefugt für ein Verf., in dem seine betriebsverfassungsrechtliche Stellung, zB seine Wahlberechtigung oder die Eigenschaft als leitender Ang. geklärt werden soll (GK-ArbGG/*Ahrendt* § 81 Rn. 91). **TVParteien** sind in einem BeschlVerf. ua antragsbefugt, wenn sie – gestützt auf § 23 Abs. 3 S. 1 oder auf § 1004 BGB – die Unterlassung der Durchführung einer gegen § 77 Abs. 3 verstoßenden BV oder Einheitsregelung verlangen (BAG 20.4.1999 – 1 ABR 72/98, NZA 1999, 887; vgl. auch BAG 7.6.2017 – 1 ABR 32/15, NZA 2017, 1410). Dagegen fehlt den TVParteien die Befugnis, die Unwirksamkeit einer BV durch einen darauf gerichteten Feststellungsantrag geltend zu machen (BAG 23.2.1988 – 1 ABR 75/86, NZA 1989, 229; GK-ArbGG/*Ahrendt* § 81 Rn. 98). Wegen weiterer Einzelfälle zur Antragsbefugnis vgl. GK-ArbGG/*Ahrendt* § 81 Rn. 78 ff. 35

Die **Einleitung eines arbeitsgerichtlichen BeschlVerf.** durch den BR **bedarf** eines **wirksamen Beschlusses des BR** (vgl. BAG 6.11.2013 – 7 ABR 84/14, NZA-RR 2014, 196), bzw. des **GesBR** (vgl. BAG 4.11.2015 – 7 ABR 61/13, NZA-RR 2016, 256 Rn. 24). Liegt ein solcher einem von einem BRVors. namens des BR eingeleiteten BeschlVerf. nicht zugrunde, handelt der BRVors. nicht im Rahmen der (gesetzlichen) Vertretungsmacht. Der BR ist vor Gericht nicht wirksam vertreten. Ein für ihn gestellter Antrag ist als unzulässig abzuweisen (BAG 18.2.2003 – 1 ABR 17/02, NZA 2004, 336; 9.12.2003 – 1 ABR 44/02, NZA 2004, 746; 29.4.2004 – 1 ABR 30/02, NZA 2004, 670; 19.1.2005 – 7 ABR 24/04, BeckRS 36

2005, 30349188; 16.11.2005 – 7 ABR 12/05, NZA 2006, 553; 6.12.2006 – 7 ABR 62/05, AP BetrVG 1972 § 21b Nr. 5; 6.11.2013 – 7 ABR 84/14, NZA-RR 2014, 196; BAG 4.11.2015 – 7 ABR 61/13, NZA-RR 2016, 256 Rn. 25; *Linsenmaier* FS *Wißmann,* 2005, 378 [380 ff.]). Der Mangel ist nach dem auch im BeschlVerf. anwendbaren § 56 Abs. 1 ZPO von Amts wegen zu berücksichtigen, kann aber nachträglich durch Genehmigung des BR geheilt werden, wenn diese vor einer den Antrag als unzulässig abweisenden Prozessentscheidung erfolgt (BAG 19.1.2005 – 7 ABR 24/04, BeckRS 2005, 30349188; 16.11.2005 – 7 ABR 12/05, AP BetrVG 1972 § 80 Nr. 64; 6.12.2006 – 7 ABR 62/05, AP BetrVG 1972 § 21b Nr. 5; 6.11.2013 – 7 ABR 84/14, NZA-RR 2014, 196; 10.10.2007 – 7 ABR 51/06, NZA 2008, 369; BAG 4.11.2015 – 7 ABR 61/13, NZA-RR 2016, 256 Rn. 35; *Linsenmaier* FS *Wißmann,* 2005, 378 [384 ff.]). Vor einer Abweisung des Antrags als unzulässig hat das Gericht gem. § 56 Abs. 2 S. 1 ZPO nach pflichtgemäßem Ermessen zu prüfen, ob der Mangel nicht behoben und der BRVors. bis dahin zur Prozessführung einstweilen zugelassen werden kann (BAG 6.12.2006 – 7 ABR 62/05, AP BetrVG 1972 § 21b Nr. 5; 6.11.2013 – 7 ABR 84/14, NZA-RR 2014, 196; *Linsenmaier* FS *Wißmann,* 2005, 378 [387 f.]). Für den zur Einleitung eines BeschlVerf. erforderlichen BRBeschluss ist erforderlich, aber auch ausreichend, dass der Gegenstand und das angestrebte Ergebnis bezeichnet sind (BAG 29.4.2004 – 1 ABR 17/02, NZA 2004, 336; BAG 4.11.2015 – 7 ABR 61/13, NZA-RR 2016, 256 Rn. 29).

36a Auch die **Beauftragung eines RA** bedarf eines ordnungsgemäßen BRBeschlusses (BAG 9.12.2003 – 1 ABR 44/02, NZA 2004, 746; 19.1.2005 – 7 ABR 24/04, BeckRS 2005, 30349188; 6.11.2013 – 7 ABR 84/14, NZA-RR 2014, 196; BAG 4.11.2015 – 7 ABR 61/13, NZA-RR 2016, 256 Rn. 24). Andernfalls besitzt dieser nicht die erforderliche Prozessvollmacht. Dieser Mangel ist vom Gericht aber nach § 88 Abs. 2 ZPO nur auf Rüge zu berücksichtigen (BAG 6.11.2013 – 7 ABR 84/14, NZA-RR 2014, 196; BAG 4.11.2015 – 7 ABR 61/13, NZA-RR 2016, 256 Rn. 24; *Linsenmaier* FS *Wißmann,* 2005, 378 [389 f.]). Wird die ordnungsgemäße Beschlussfassung des BR über die Bevollmächtigung bestritten, muss der Nachweis eines wirksamen Beschlusses des Gremiums geführt werden (BAG 6.11.2013 – 7 ABR 84/14, NZA-RR 2014, 196; BAG 4.11.2015 – 7 ABR 61/13, NZA-RR 2016, 256 Rn. 26). Eine gesetzliche Vermutung dafür, dass ein BRVors. aufgrund eines wirksamen BRBeschlusses handelt, gibt es nicht (*Linsenmaier* FS *Wißmann,* 2005, 378 [385 f.]; skeptisch auch BAG 19.1.2005 – 7 ABR 24/04, BeckRS 2005, 30349188; vgl. aber andererseits BAG 24.2.2000 – 8 AZR 180/99, NZA 2000, 785). Nach § 89 Abs. 1 ZPO kann ein vollmachtloser Vertreter einstweilen zu Prozessführung zugelassen werden. Die Endentscheidung darf dann erst erlassen werden, nachdem eine für die Beseitigung des Mangels oder die Beibringung der Genehmigung zur Prozessführung zu bestimmende Frist abgelaufen ist (BAG 6.12.2006 – 7 ABR 62/05, AP BetrVG 1972 § 21b Nr. 5; 6.11.2013 – 7 ABR 84/14, NZA-RR 2014, 196). Bleibt der Vertretungsmangel in der unteren Instanz unentdeckt, so ist eine Genehmigung auch noch in der Rechtsmittelinstanz oder sogar nach Eintritt der Rechtskraft möglich (vgl. § 579 Abs. 1 Nr. 4 ZPO; 6.11.2013 – 7 ABR 84/14, NZA-RR 2014, 196; BAG 4.11.2015 – 7 ABR 61/13, NZA-RR 2016, 256 Rn. 25; *Linsenmaier* FS *Wißmann,* 2005, 378 [391]). Nach den auch im Beschlussverfahren geltenden § 81 ZPO iVm § 46 Abs. 2 ArbGG ermächtigt die einmal erteilte Prozessvollmacht im Außenverhältnis – in den zeitlichen Grenzen des § 87 ZPO – zu allen den Rechtsstreit betreffenden Prozesshandlungen einschließlich der Einlegung von Rechtsmitteln und einer Nichtzulassungsbeschwerde. Einer gesonderten Beschlussfassung des BR bedarf es daher zur wirksamen Einlegung des Rechtsmittels in der Regel nicht (BAG 6.11.2013 – 7 ABR 84/14, NZA-RR 2014, 196). Eine Pflicht des ArbGeb. zur Tragung der Anwaltskosten gem. § 40 Abs. 1 wird aber ohne einen entspr. Beschluss des BR zur Einlegung des Rechtsmittels in der Regel nicht ausgelöst (BAG 18.3.2015 – 7 ABR 4/13, NZA 2015, 954; → § 40 Rn. 32). § 81 ZPO ermächtigt den Prozessbevollmächtigten grds. auch zu einer – nicht selten auf einen rechtlichen Hinweis des

Gerichts ohnehin angezeigten – Modifikation oder Änderung der Antragstellung (BAG 4.12.2013 – 7 ABR 7/12, NZA 2014, 803).

e) Antragsrücknahme, Antragsänderung, Vergleich und Erledigterklärung

Der Antragsteller kann im 1. Rechtszug gem. § 81 Abs. 2 S. 1 ArbGG seinen Antrag jederzeit **zurücknehmen.** Im Beschwerde- und Rechtsbeschwerdeverf. ist dies nach §§ 87 Abs. 2 S. 3, 92 Abs. 2 S. 3 ArbGG nur noch mit Zustimmung der anderen Beteiligten möglich. Im Fall der Rücknahme stellt der Vors. das Verf. gem. § 81 Abs. 2 S. 2 ArbGG ein. Das Verf. ist nach § 269 Abs. 3 S. 1 ZPO als nicht anhängig geworden anzusehen; bereits ergangene Entscheidungen werden wirkungslos. 37

Nach §§ 81 Abs. 3, 87 Abs. 2 S. 3 Hs. 2 ArbGG ist im ersten und zweiten Rechtszug eine **Antragsänderung** zulässig, wenn die übrigen Beteiligten zustimmen oder das Gericht die Änderung für sachdienlich hält. Antragsänderung bedeutet Änderung oder Erweiterung des Streitgegenstands (BAG 31.1.1989 – 1 ABR 60/87, NZA 1989, 606). Auch eine wesentliche Änderung der entscheidungserheblichen rechtlichen oder tatsächlichen Verhältnisse kann zu einer **Änderung des Streitgegenstands** und damit zugleich zu einer Antragsänderung führen (BAG 12.11.2002 – 1 ABR 1/02, NZA 2003, 513; 25.1.2005 – 1 ABR 61/03, NZA 2005, 1199; 2.10.2007 – 1 ABR 79/06, NZA 2008, 429; 8.12.2010 – 7 ABR 69/09, NZA 2011, 362). So kann zB die Änderung eines ZuordnungsTV nach § 3 Abs. 1 Nr. 1b unter bestimmten Umständen eine Änderung des Verfahrensgegenstands zur Folge haben (BAG 8.12.2010 – 7 ABR 69/09, NZA 2011, 362). Die Sachdienlichkeit einer Antragsänderung ist zu verneinen, wenn ein völlig neuer Streitstoff in den Rechtsstreit eingeführt werden soll, bei dessen Beurteilung das Ergebnis der bisherigen Prozessführung nicht berücksichtigt werden kann (BAG 5.5.1992 – 1 ABR 1/92, NZA 1992, 1089). Hält das Landesarbeitsgericht eine Antragsänderung für sachdienlich, ist das Rechtsbeschwerdegericht hieran gebunden (BAG 12.11.2002 – 1 ABR 60/01, NZA 2004, 1289). Im Rechtsbeschwerdeverf. ist grds. keine Antragsänderung mehr möglich (vgl. etwa BAG 27.1.1998 – 1 ABR 38/97, BeckRS 1998, 30368409; 8.12.2010 – 7 ABR 69/09, NZA 2011, 362). Eine Ausnahme hiervon gilt aber jedenfalls dann, wenn sich der geänderte Sachantrag auf einen in der Beschwerdeinstanz festgestellten Sachverhalt stützen kann, die anderen VerfBeteiligten zustimmen, ihre Verfahrensrechte nicht verkürzt werden und in den Vorinstanzen ein nach § 139 Abs. 1 ZPO gebotener gerichtlicher Hinweis unterblieben ist (BAG 29.9.2004 – 1 ABR 29/03, NZA 2005, 313, vgl. ferner 25.1.2005 – 1 ABR 61/03, NZA 2005, 1199; 8.12.2010 – 7 ABR 69/09, NZA 2011, 362). 38

Nach § 83a Abs. 1 ArbGG können die Beteiligten, um das Verf. ganz oder zum Teil zu erledigen, vor Gericht einen **Vergleich** schließen, sofern sie über dessen Gegenstand verfügen können. Sie können ferner das Verf. für **erledigt erklären.** Die Verfügungsbefugnis richtet sich nach materiellem Recht (GMP/*Spinner* § 83a Rn. 8). Soweit das BetrVG zwingend ist (zB hinsichtlich Organisationsvorschriften, Betriebsbegriff, ArbNEigenschaft, Grundsätzen der BRWahl), ist kein Vergleich möglich. Die Beteiligten können auch einen außergerichtlichen Vergleich schließen. Das Verf. muss dann aber noch durch eine verfahrensrechtliche Erklärung beendet werden (GK-ArbGG/*Ahrendt* § 83a Rn. 19). Wenn die Beteiligten das Verf. übereinstimmend für erledigt erklären, ist es nach § 83a Abs. 2 S. 1 ArbGG vom Vors. einzustellen. Auch in diesem Fall werden bereits ergangene Entscheidungen – in entspr. Anwendung des § 269 Abs. 3 S. 1 ZPO – wirkungslos (BAG 3.6.2015 – 2 AZB 116/14, BeckRS 2015, 69636; GK-ArbGG/*Ahrendt* § 83a Rn. 32). **§ 278 Abs. 6 ZPO** ist grds. entsprechend anwendbar. Eine BV können allerdings die Beteiligten nicht zum Gegenstand eines nach § 278 Abs. 6 ZPO festzustellenden Vergleichs machen. Dem steht zumindest die normative Wirkung der BV entgegen. Die Beteiligten eines BeschlVerf. können daher nicht auf diesem (Um-)Weg die gerichtliche Prüfung einer von ihnen beabsichtigten BV nach Maßgabe des § 134 BGB herbeiführen. 39

40 **Erklärt nur der Antragsteller das Verf. für erledigt,** sind nach § 83a Abs. 3 S. 1 ArbGG die übrigen Beteiligten binnen einer vom Vors. zu bestimmenden Frist von mindestens 2 Wochen aufzufordern, mitzuteilen, ob sie der Erledigung zustimmen. Schweigt ein Beteiligter innerhalb der Frist, gilt seine Zustimmung nach § 83a Abs. 3 S. 2 ArbGG als erteilt. Stimmt ein Beteiligter der Erledigterklärung des Antragstellers nicht zu, prüft das Gericht, ob der Antrag erledigt ist (BAG 8.12.2010 – 7 ABR 69/09, NZA 2011, 362). Dies ist der Fall, wenn er auf Grund eines während des Verf. eingetretenen Umstands unzulässig oder unbegründet geworden ist. Darauf, ob er ursprünglich zulässig und begründet war, kommt es – anders als im Urteilsverf. – nicht an (BAG 14.8.2001 – 1 ABR 52/00, NZA 2002, 109; 23.1.2008 – 1 ABR 64/06, NZA 2008, 841, 19.2.2008 – 1 ABR 65/05, NZA-RR 2008, 490; 8.12.2010 – 7 ABR 69/09, NZA 2011, 362)). Im arbeitsgerichtlichen BeschlVerf. kann ein erledigendes Ereignis schon vor Rechtshängigkeit – also zwischen dem Eingang und der Zustellung des Antrags eintreten (BAG 23.1.2008 – 1 ABR 64/06, NZA 2008, 841). Ist eine Erledigung eingetreten, stellt das Gericht das Verf. ein (BAG 8.12.2010 – 7 ABR 69/09, NZA 2011, 362). Der Beschluss ergeht unter Beteiligung der ehrenamtlichen Richter (BAG 23.1.2008 – 1 ABR 64/06, NZA 2008, 841; 3.6.2015 – 2 AZB 116/14, BeckRS 2015, 69636). Andere Beteiligte als der Antragsteller können das Verf. nicht einseitig für erledigt erklären (GK-ArbGG/*Ahrendt* § 83a Rn. 42). Auch ein Nichtzulassungsbeschwerdeverfahren kann für erledigt erklärt werden, wenn das Rechtschutzbedürfnis für seine Durchführung nachträglich wegfällt (BAG 15.2.2012 – 7 ABN 74/11, BeckRS 2012, 67612).

2. Beteiligte des Verfahrens

41 Nach § 83 Abs. 3 ArbGG sind in dem Verf. der ArbGeb., die ArbN sowie die Stellen zu hören, die nach den in der Vorschrift genannten Gesetzen – darunter insbes. dem BetrVG – „im einzelnen Fall beteiligt" sind. Die **Beteiligung** ist vom Gericht in jeder Lage des Verf. – auch noch in der Rechtsbeschwerdeinstanz – von Amts wegen zu prüfen (BAG 29.9.2004 – 1 ABR 39/03, NZA 2005, 420; 28.3.2006 – 1 ABR 58/04, NZA 2006, 1112; 17.4.2012 – 1 ABR 84/10, NZA 2013, 230; GK-ArbGG/*Ahrendt* § 83 Rn. 37). Die unterbliebene Anhörung kann auch noch im Rechtsbeschwerdeverf. nachgeholt werden (BAG 15.1.2002 – 1 ABR 10/01, NZA 2002, 988; 10.12.2002 – 1 ABR 27/01, AP BetrVG 1972 § 95 Nr. 42). Die fehlerhaft unterbliebene, aber nachgeholte Beteiligung ist für die Überprüfung einer Entscheidung jedenfalls dann ohne Bedeutung, wenn sie nicht gerügt wird (BAG 15.1.2002 – 1 ABR 10/01, NZA 2002, 988). Ist die Anhörung eines Beteiligten in der Tatsacheninstanz unterblieben, stellt dies einen Verfahrensfehler dar, der grds. eine Zurückverweisung erforderlich macht (BAG 9.7.2013 – 1 ABR 17/12, NZA 2013, 1166). Einer Zurückverweisung bedarf es aber dann nicht, wenn der Beteiligte im Rechtsbeschwerdeverfahren angehört wird (BAG 17.4.2012 – 1 ABR 84/10, NZA 2013, 230). Eine Einbeziehung übergangener Beteiligter kann auch ohne Zurückverweisung ausnahmsweise unterbleiben, wenn der Antrag mangels Bestimmtheit als unzulässig abgewiesen wird (BAG 9.7.2013 – 1 ABR 17/12, NZA 2013, 1166). Kann das Rechtsbeschwerdegericht den Kreis der Anzuhörenden auf der Grundlage der Feststellungen des LAG und unter Berücksichtigung des Vorbringens der bis dahin Beteiligten im Rechtsbeschwerdeverfahren nicht bestimmen, muss es das Verfahren zur Nachholung einer möglichen Anhörung an das LAG zurückverweisen (BAG 17.4.2012 – 1 ABR 84/10, NZA 2013, 230). Im Rechtsbeschwerdeverfahren muss aber nicht von Amts wegen geprüft werden, ob sämtliche in den Vorinstanzen angehörten Personen und Stellen tatsächlich beteiligt sind (BAG 10.2.2009 – 1 ABR 36/08, NZA 2009, 908).

42 Die Beteiligung setzt **Beteiligtenfähigkeit** voraus (GK-ArbGG/*Ahrendt* § 83 Rn. 44ff.). Maßgeblich hierfür ist § 10 ArbGG. Zu den beteiligtenfähigen Stellen gehört auch eine für einen reinen Ausbildungsbetrieb durch TV errichtete Interessen-

vertretung iSv § 18a Abs. 2 BBiG (BAG 24.8.2004 – 1 ABR 28/03, NZA 2005, 371). Die Beteiligtenfähigkeit endet grds. mit dem Ende der rechtlichen Existenz einer Person oder Stelle (vgl. BAG 19.12.2018 – 7 ABR 79/16, NZA 2019, 940 Rn. 19). Beim BR kommt ein Rest- oder Übergangsmandat nach §§ 21a, b in Betracht. Mit dem Ende der Beteiligtenfähigkeit wird ein von dem Beteiligten eingelegtes Rechtsmittel grds. unzulässig (BAG 12.1.2000 – 7 ABR 61/98, NZA 2000, 669; BAG 19.12.2018 – 7 ABR 79/16, NZA 2019, 940 Rn. 19). Ist die Beteiligtenfähigkeit aber gerade streitig, wird sie hinsichtlich der Zulässigkeit des Rechtsmittels unterstellt (BAG 12.1.2000 – 7 ABR 61/98, NZA 2000, 669; BAG 19.12.2018 – 7 ABR 79/16, NZA 2019, 940 Rn. 20). Auch kommt eine „Prozessabwicklungsbefugnis“ in Betracht.

Beteiligt ist in jedem Fall der **Antragsteller** (BAG 14.12.2010 – 1 ABR 93/09, **43** NZA 2011, 473). Stets beteiligt ist außerdem der **ArbGeb.** (BAG 16.3.2005 – 7 ABR 43/04, NZA 2005, 1072; 18.3.2015 – 7 ABR 42/12, NZA 2015, 1144). IÜ richtet sich die Beteiligung danach, ob eine Person oder Stelle in ihrer betriebsverfassungsrechtlichen oder mitbestimmungsrechtlichen Rechtsstellung **unmittelbar betroffen** ist (BAG 17.4.2012 – 1 ABR 84/10, NZA 2013, 230; 17.4.2012 – 1 ABR 5/11, NZA 2012, 1104; 11.2.2015 – 7 ABR 98/12, BeckRS 2015, 69307;). Die unmittelbare Betroffenheit bestimmt sich nach materiellem Recht. Nicht ausreichend ist ein bloßes rechtliches Interesse oder eine individualrechtliche Rechtsposition (GK-ArbGG/*Ahrendt* § 83 Rn. 72; GMP/*Spinner* § 83 Rn. 13). Ist zwischen ArbGeb. und GesBR streitig, ob überhaupt sowie ggf. wem ein MBR zusteht, sind die einzelnen BR am Verf. zu beteiligen (BAG 10.12.2002 – 1 ABR 27/01, AP BetrVG 1972 § 95 Nr. 42). **Betroffen** iSv § 83 Abs. 3 ArbGG ist ein **Betriebsverfassungsorgan** allerdings **nur, wenn es als Inhaber des streitigen Rechts materiell-rechtlich ernsthaft in Frage kommt** (BAG 28.3.2006 – 1 ABR 59/04, NZA 2006, 1367; 22.7.2008 – 1 ABR 40/07, NZA 2008, 1248; 10.2.2009 – 1 ABR 94/07, NZA 2009, 562; 8.12.2010 – 7 ABR 69/09, NZA 2011, 362; 13.12.2016 – 1 ABR 7/15, NZA 2017, 657). An einem BeschlVerf. über die **Wirksamkeit von ArbGebMaßnahmen in einem Gemeinschaftsbetrieb** sind alle den Betrieb führenden Unternehmen beteiligt (BAG 29.9.2004 – 1 ABR 39/03, NZA 2005, 420; 15.5.2007 – 1 ABR 32/06, NZA 2007, 1240). Zur Beteiligung in einem BeschlVerf. über die **Tarifzuständigkeit einer Koalition** BAG 10.2.2009 – 1 ABR 36/08, NZA 2009, 908. Zur Beteiligung bei einem Streit über die **wirksame Errichtung eines GesBR** 11.2.2015 – 7 ABR 98/12, BeckRS 2015, 69307. Zur Beteiligungs- und Beschwerdebefugnis sowie zur Unzulässigkeit einer Nebenintervention vgl. auch BAG 5.12.2007 – 7 ABR 72/06, NZA 2008, 653. Vgl. zu weiteren Einzelfällen GK-ArbGG/*Ahrendt* § 83 Rn. 93–175 mit vielen Rspr.-Nachw. Findet während eines BeschlVerf. – unstreitig und zweifelsfrei – ein **Betriebsübergang** unter Wahrung der Betriebsidentität statt, so wird grundsätzlich der neue Betriebsinhaber automatisch und ohne dass es irgendwelcher Prozesserklärungen bedarf, Beteiligter des Verf. und tritt als neuer ArbGeb. in jeglicher Hinsicht in die verfahrensrechtliche Stellung des bisherigen Betriebsinhabers ein (BAG 9.12.2008 – 1 ABR 75/07, NZA 2009, 254; 23.6.2010 – 7 ABR 3/09, NZA 2010, 1361; 8.12.2009 – 1 ABR 66/08, NZA 2010, 404 Rn. 30). Dies gilt allerdings nur dann, wenn der Verfahrensgegenstand eine Rechtsposition als „ArbGeb.“ iSd. Betriebsverfassungsrechts betrifft (BAG 22.3.2016 – 1 ABR 10/14, NZA 2016, 969 Rn. 20). In einem Auflösungsverfahren nach § 78a Abs. 4 sind in einem Gemeinschaftsbetrieb alle an diesem beteiligten Unternehmen zu hören (BAG 25.2.2009 – 7 ABR 61/07, NJOZ 2009, 3933). Gleiches gilt bei einem auf die Ersetzung der Zustimmung des BR zu einer Einstellung oder Versetzung gerichteten Verf. nach § 99 Abs. 4. Geht im Laufe eines BeschlVerf. die Zuständigkeit zur Wahrnehmung des im Verf. umstrittenen MBR auf ein anderes betriebsverfassungsrechtliches Gremium über, wird dieses automatisch Beteiligter des anhängigen BeschlVerf. (BAG 23.6.2010 – 7 ABR 3/09, NZA 2010, 1361). Endet das Amt eines BR aufgrund einer Neuwahl, wird nach dem Prinzip der Funktionsnachfolge und dem Grundgedanken der Kontinuität betriebsverfassungsrechtlicher Interessenvertretungen der neu gewählte BR **Funktionsnachfolger** seines Vorgängers und tritt in dessen Beteiligtenstellung in einem arbeitsgerichtlichen BeschlVerf. ein (BAG 23.6.2010 – 7 ABR 3/09, NZA 2010, 1361; 8.12.2010 – 7 ABR 69/09, NZA 2011, 362; 24.8.2011 – 7 ABR 8/10, NZA 2012, 223; 13.2.2013 – 7 ABR 36/11, NZA-RR 2013, 521; 11.12.2018 – 1 ABR 17/17, NZA 2019, 714 Rn. 13; 19.12.2018 – 7 ABR 79/16, NZA 2019, 940 Rn. 19). Dies gilt auch, wenn während eines laufenden BeschlVerf. anstelle des bisher für zwei Betriebsstätten einheitlich errichteten BR jeweils ein eigener BR errichtet wird (BAG 11.12.2018 – 1 ABR 17/17, NZA 2019, 714 Rn. 13). Schwierigkeiten kann die Feststellung der Funktionsnachfolge beim Übergang von der gesetzlichen zur gewillkürten Betriebsverfassung nach § 3, bei der Änderung eines TV nach § 3 Abs. 1 Nr. 1–3 oder bei Umstrukturierungen bereiten (→ § 3 Rn. 84; BAG 8.12.2010 – 7 ABR 69/09, NZA 2011, 362). Sofern sich die organisatorischen Einheiten zuverlässig abgrenzen lassen, werden die neu gewählten BRe hinsichtlich der nunmehr von ihnen repräsentierten Einheiten Funktionsnachfolger des BR, der die Einheit zuvor repräsentiert hat (BAG 8.12.2010 – 7 ABR 69/09, NZA 2011, 362; 24.8.2011 – 7 ABR 8/10, NZA 2012, 223, 22.8.2017 – 1 ABR 52/14, NZA 2018, 50 Rn. 13; 9.1.2019 – 1 ABR 30/17, BeckRS 2019, 12393 Rn. 13).

44 Noch nicht vollständig geklärt ist, welche Auswirkung es auf ein laufendes Beschlussverfahren hat, wenn ein Beteiligter – zeitweilig – in Wegfall gerät. Wenn der **Arbeitgeber stirbt,** spricht vieles für die Anwendung der §§ 239, 246 ZPO. Dem steht nicht entgegen, dass die Regelungen zur Unterbrechung und Aussetzung des Verfahrens in § 80 Abs. 2 ArbGG nicht ausdrücklich genannt sind (vgl. BAG 19.12.2018 – 7 ABR 79/16, NZA 2019, 940 Rn. 38; GK-ArbGG/*Ahrendt* § 80 Rn. 22). Beim **Wegfall des BR** – etwa wegen Ende der Amtszeit und fehlender Neuwahl oder bei begründeter Wahlanfechtung - kommt eine unmittelbare Anwendung der §§ 239, 246 ZPO nicht in Betracht, weil der BR nicht „verstorben" ist, es anders als beim Tod einer Partei keinen „Gesamtrechtsnachfolger" gibt und auch eine Funktionsnachfolge häufig ungewiss ist (vgl. BAG 19.12.2018 – 7 ABR 79/16, NZA 2019, 940 Rn. 39). Gleichwohl widerspräche es regelmäßig den Interessen der Beteiligten und den Erfordernissen der Prozessökonomie, wenn mit dem Wegfall des Betriebsrats sämtliche von ihm eingeleitete oder gegen ihn gerichtete Beschlussverfahren mit sofortiger Wirkung endgültig erledigt wären und nach einer alsbaldigen Neuwahl nicht fortgeführt werden könnten, sondern von vorne begonnen werden müssten (so auch *Richter/Muschler* ArbR 2016, 29, 31). Es spricht daher etliches dafür, in Anwendung des Rechtsgedankens der §§ 239 ff. ZPO von einer Unterbrechung des Verfahrens auszugehen (ebenso *Richter/Muschler* ArbR 2016, 29, 31; offen gelassen in BAG 19.12.2018 – 7 ABR 79/16, NZA 2019, 940 Rn. 50). Eine Aufnahme des unterbrochenen Verfahrens dürfte erst möglich sein, wenn es wieder einen BR gibt. Um einen zeitlich völlig unbegrenzten Stillstand des Verfahrens zu vermeiden, könnte man daran denken, in Anlehnung an die 6-Monatsfrist des § 21a Abs. 1 S. 3 die Unterbrechung auf 6 Monate zu begrenzen. Danach könnte der ArbGeb., bzw. ein sonstiger Beteiligter beantragen, den Antrag des (vormaligen) BR als unzulässig abzuweisen, oder, sofern er selbst Antragsteller ist, das Verfahren für erledigt erklären. Das BAG hat in einem Fall, in dem die Amtszeit des bisherigen, antragstellenden BR Ende Mai 2014 abgelaufen und ein neuer BR Ende Juli 2014 gewählt worden war, das Rechtsbeschwerdeverfahren unter dessen Beteiligung fortgeführt, ohne zu problematisieren, ob dieses durch den Wegfall des bisherigen BR erledigt oder unterbrochen war (BAG 18.3.2015 – 7 ABR 42/12, NZA 2015, 1144). Es hat ferner für die Rechtsbeschwerdebefugnis des neuen BR unterstellt, dieser sei Funktionsnachfolger des vormaligen BR geworden (BAG 18.3.2015 – 7 ABR 42/12, NZA 2015, 1144). Im Beschluss vom 19.12.2018 (7 ABR 79/16, NZA 2019, 940) hat es die Auffassung vertreten, eine entspr. Anwendung der §§ 239, 246 ZPO komme jedenfalls dann nicht in Betracht, wenn im Zeitpunkt des Ablaufs der Amtszeit des BR nicht zu erwarten sei,

dass überhaupt oder zeitnah ein neuer BR gewählt wird (BAG 19.12.2018 – 7 ABR 79/16, NZA 2019, 940 Rn. 42, 45). Dies erscheint insb. aus Gründen der prozessualen Rechtssicherheit nicht unproblematisch. Die Frage, ob ein Rechtsstreit beendet, unterbrochen oder auszusetzen ist, sollte nicht von mehr oder weniger zuverlässigen Erwartungen abhängig sein.

3. Ermittlung der entscheidungserheblichen Tatsachen

Nach § 83 Abs. 1 S. 1 ArbGG erforscht das Gericht den Sachverhalt im Rahmen der gestellten Anträge von Amts wegen. Die am Verf. Beteiligten haben nach § 83 Abs. 1 S. 2 ArbGG an der Aufklärung des Sachverhalts mitzuwirken. Das BeschlVerf. ist damit geprägt durch eine **Mischform von Beibringungs- und Untersuchungsgrundsatz.** 45

Zum einen ist das Gericht **beschränkt auf** den vom Antragsteller durch den Antrag festgelegten **Streitgegenstand.** Nur in dessen Rahmen ist das Gericht zur Aufklärung berechtigt und verpflichtet (GK-ArbGG/*Ahrendt* § 83 Rn. 7). 46

Weitergehend als im Urteilsverf. ist das Gericht aber zur **Aufklärung des Sachverhalts verpflichtet.** Es ist nicht auf den von den Beteiligten vorgetragenen Tatsachenstoff beschränkt und kann von sich aus Beweise erheben. Hierdurch soll vor allem auch im Interesse von Dritten, die am Verf. nicht beteiligt, aber durch eine Entscheidung – zB über eine BRWahl oder die Wirksamkeit einer BV – mittelbar betroffen sind (vgl. zur Präjudizialität → Rn. 59), vermieden werden, dass die Entscheidung auf Grund eines unzutreffenden oder unvollständigen Tatsachenvortrags ergeht. Eine Pflicht des Gerichts zu einer über das Vorbringen der Beteiligten hinausgehenden Sachverhaltsermittlung besteht allerdings nur, wenn Anhaltspunkte für eine weitere Aufklärungsbedürftigkeit vorliegen (BAG 10.12.1992 – 2 ABR 32/92, NZA 1993, 501). 47

Dementsprechend ist das Gericht – anders als im Urteilsverf. – **nicht an „Geständnisse“** der Beteiligten **oder ein Nichtbestreiten gebunden.** §§ 288, 138 Abs. 3 ZPO sind nicht entspr. anwendbar (HHB/*Hauck* § 83 Rn. 3). Auch ein „Versäumnisbeschluss“ ist nicht vorgesehen. 48

Nach dem durch das Arbeitsgerichts-Beschleunigungsgesetz v. 30.3.2000 neu eingefügten und durch das Zivilprozess-Reformgesetz v. 27.7.2001 neu gefassten § 83 Abs. 1a ArbGG kann das **Vorbringen** eines Beteiligten, das nach Ablauf einer vom Vors. gesetzten Frist erfolgt, **zurückgewiesen** werden, wenn nach der freien Überzeugung des Gerichts seine Zulassung die Erledigung des BeschlVerf. verzögern würde und der Beteiligte die Verspätung nicht genügend entschuldigt. Diese der Beschleunigung des Verf. dienende Bestimmung ist im Hinblick auf den – eingeschränkten – Amtsermittlungsgrundsatz und die (mittelbaren) Wirkungen der Entscheidungen für am Verf. nicht beteiligte Dritte nicht unbedenklich (krit. auch *Trittin/Backmeister* DB 2000, 618; *Becker* ZZP 2004, 59 [77 ff.]). 49

Gem. § 83 Abs. 2 ArbGG können zur Aufklärung des Sachverhalts **Urkunden** eingesehen, **Auskünfte** eingeholt, **Zeugen, Sachverständige** und Beteiligte vernommen und ein **Augenschein** eingenommen werden. Entspr. Anträge hierzu bedarf es nicht. Nach dem durch das Tarifeinheitsgesetz v. 3.7.2015 (BGBl. I S. 1130) eingefügten **§ 58 Abs. 3 ArbGG** kann über die Zahl der in einem ArbVerh. stehenden Mitgl. oder das Vertretensein einer Gewerkschaft in einem Betrieb Beweis auch durch Vorlegung öffentlicher Urkunden angetreten werden (vgl. zu den Schwierigkeiten der Beweisführung durch notarielle Erklärung *Hofer* ZTR 2015, 185; *Ulrici* NZA 2017, 1161, 1165; *Sammet/Wolffskeel v. Reichenberg* NZA 2017, 1167). Die zu erheblichen Tatsachen angebotenen Beweise müssen erhoben werden (GK-ArbGG/*Ahrendt* § 83 Rn. 14). Eine Beweisführungslast im zivilprozessualen Sinne gibt es für das BeschlVerf. nicht (BAG 21.10.1980 – 6 ABR 41/78, AP BetrVG 1972 § 54 Nr. 1). 50

Der Untersuchungsgrundsatz steht der Anwendung der allgemeinen Beweislastgrundsätze nicht entgegen. Sofern das Gericht von einem bestimmten Umstand nicht 51 die erforderliche Überzeugung gewinnen kann, geht dies zu Lasten der objektiv beweisbelasteten Partei (GK-ArbGG/*Ahrendt* § 83 Rn. 14). Gerade in betriebsverfassungsrechtlichen Angelegenheiten kann jedoch die Frage Schwierigkeiten bereiten, wer denn nun die **objektive Beweislast** trägt.

52 Die **Anhörung** der Beteiligten erfolgt – wie sich im Umkehrschluss aus § 83 Abs. 4 S. 3, ggf. iVm § 90 Abs. 2 ArbGG ergibt – in erster und zweiter Instanz grds. mündlich. Nach § 83 Abs. 4 S. 3 ArbGG kann das Gericht aber mit Einverständnis der Beteiligten auch ohne mündliche Verhandlung entscheiden. Die Vorschriften über das Rechtsbeschwerdeverf. enthalten keinen Hinweis auf § 83 Abs. 4 ArbGG. Hier steht die Form der Anhörung im pflichtgemäßen Ermessen des Gerichts (GK-ArbGG/*Ahrendt* § 95 Rn. 11).

53 Im BeschlVerf. erster Instanz können sich die Beteiligten gem. § 11 Abs. 1 S. 1 ArbGG **selbst vertreten oder** durch einen Prozessbevollmächtigten **vertreten lassen.** Anders als im Urteilsverf. gilt dies nach § 87 Abs. 2 S. 2 ArbGG auch für das Beschwerdeverf. vor dem LAG sowie nach § 92 Abs. 2 S. 2 ArbGG für das Rechtsbeschwerdeverf. vor dem BAG. Beschwerde- und Rechtsbeschwerdeschrift sowie Beschwerdebegründungs- und Rechtsbeschwerdebegründungsschrift müssen aber gem. §§ 89, Abs. 1, 94 Abs. 1, 11 Abs. 4 u. 5 ArbGG von einem Rechtsanwalt oder einen Verbandsvertreter unterzeichnet sein.

4. Entscheidung des Arbeitsgerichts, Rechtskraft

54 Sachlich und örtlich zuständig für die Entscheidung in betriebsverfassungsrechtlichen Streitigkeiten ist nach §§ 2a, 80 Abs. 1 S. 1, 82 Abs. 1 S. 1 ArbGG grds. das ArbG, in dessen Bezirk der Betrieb liegt. Das gilt grds. auch für die internationale Zuständigkeit (vgl. dazu näher *Boemke* DB 2012, 802). In Angelegenheiten des GesBR und des KBR kommt es nach § 82 Abs. 1 S. 2 ArbGG auf den Sitz des Unternehmens an. Zu beachten sind ferner die weiteren in § 82 Abs. 1 S. 2 u. 3, Abs. 2–5 ArbGG geregelten Zuständigkeiten. Das ArbG entscheidet über den Antrag durch Beschluss. Dieser **Beschluss entspricht dem Urteil im Urteilsverf.** und hat verfahrensbeendende Wirkung. Er ist von den verfahrensleitenden Beschlüssen nach § 83 Abs. 5 ArbGG zu unterscheiden. Mit Ausnahme der Fälle der Bestellung eines E-StellenVors., in denen der Vors. nach § 98 Abs. 1 S. 1 ArbGG allein entscheidet, ergeht der Beschluss durch die Kammer unter Mitwirkung der ehrenamtlichen Richter.

55 Der Beschluss ist nach § 84 S. 2 ArbGG **schriftlich abzufassen** und bedarf gem. § 84 S. 3 ArbGG iVm § 60 ArbGG der **Verkündung.** Eine **Kostenentscheidung ergeht** grds. **nicht,** da nach § 2 Abs. 2 GKG im BeschlVerf. keine Kosten erhoben werden. Auch eine Erstattung der außergerichtlichen Kosten findet nicht statt. Diese Grundentscheidung des Gesetzgebers ist, sofern nicht das BetrVG eine Kostenerstattung ausdrücklich vorsieht – vgl. insbes. §§ 40, 20 Abs. 3, 76a Abs. 1 –, auch nicht durch die Anwendung materiell-rechtlicher schadensersatzrechtlicher Bestimmungen wie insbes. §§ 280 ff. BGB zu korrigieren (BAG 2.10.2007 – 1 ABR 59/06, NZA 2008, 372). Soweit die Prozessvertretung des BR durch einen Rechtsanwalt erforderlich war, hat der ArbGeb. unabhängig vom Obsiegen oder Unterliegen die dadurch entstandenen Kosten gem. § 40 Abs. 1 zu tragen.

56 Ebenso wie Urteile im Urteilsverf. sind verfahrensbeendende Beschlüsse im BeschlVerf. der **Rechtskraft** fähig (BAG 6.6.2000 – 1 ABR 21/99, NZA 2001, 156; 23.5.2012 – 1 AZB 58/11, NZA 2012, 623; 23.5.2012 – 1 AZB 67/11, NZA 2012, 625; 5.3.2013 – 1 ABR 75/11, AP ArbGG 1979 § 81 Nr. 63; 13.3.2013 – 7 ABR 69/11, NZA 2013, 789). Dabei ist zwischen der formellen und der materiellen Rechtskraft zu unterscheiden. **Formell rechtskräftig** werden Beschlüsse, wenn sie mit einem ordentlichen Rechtsmittel nicht mehr angefochten werden können (BAG 13.3.2013 – 7 ABR 69/11, NZA 2013, 789). Die von dieser äußeren Rechtskraft abhängige **materielle (innere) Rechtskraft** bedeutet, dass die in dem Beschluss

behandelten Fragen durch die am Verf. Beteiligten bei unverändertem Sachverhalt nicht erneut einer Entscheidung der Gerichte für Arbeitssachen unterbreitet werden können (BAG 6.6.2000 – 1 ABR 21/99, NZA 2001, 156). Eine erneute Entscheidung desselben oder eines anderen Gerichts ist innerhalb bestimmter objektiver, subjektiver und zeitlicher Grenzen ausgeschlossen (BAG 23.5.2012 – 1 AZB 58/11, NZA 2012, 623; 23.5.2012 – 1 AZB 67/11, NZA 2012, 625; 13.3.2013 – 7 ABR 69/11, NZA 2013, 789).

Die materielle Rechtskraft ist **zeitlich grds. unbegrenzt.** Die Beendigung der Rechtskraft kommt aber jedenfalls bei Entscheidungen mit Dauerwirkung dann in Betracht, wenn sich die maßgeblichen tatsächlichen oder rechtlichen Verhältnisse wesentlich ändern (BAG 6.6.2000 – 1 ABR 21/99, NZA 2001, 156). **57**

Die **objektiven Grenzen der Rechtskraft** werden durch den Streitgegenstand des Verfahrens bestimmt; dieser richtet sich nach dem zur Entscheidung gestellten Antrag und dem zugehörigen Lebenssachverhalt (BAG 23.5.2012 – 1 AZB 58/11, NZA 2012, 623; 23.5.2012 – 1 AZB 67/11, NZA 2012, 625; 5.3.2013 – 1 ABR 75/11, BeckRS 2013, 69282, Rn. 13; 13.3.2013 – 7 ABR 69/11, NZA 2013, 789; 22.3.2016 – 1 AZR 73/14, NZA 2016, 906 Rn. 19). **Subjektiv** wirkt die Rechtskraft entspr. § 325 Abs. 1 ZPO grds. nur für und gegen die Beteiligten und ihre Rechtsnachfolger. Es kommt auf die Identität der Beteiligten an. Diese ist auch im Falle der Funktionsnachfolge gegeben (GK-ArbGG/*Ahrendt* § 84 Rn. 26). Die Rechtskraft einer Entscheidung für oder gegen einen BR erstreckt sich daher über dessen Amtsperiode hinaus auch auf einen neu gewählten BR (BAG 20.3.1996 – 7 ABR 41/95, NZA 1996, 1058). Ebenso wirkt eine zwischen BR und ArbGeb. ergangene Entscheidung gegenüber einem Betriebserwerber, wenn die Identität des Betriebs erhalten geblieben ist (BAG 5.2.1991 – 1 ABR 32/90, NZA 1991, 639). Rechtskräftige Beschlüsse entfalten außerdem **Bindungswirkung** für ein nachfolgendes Verfahren. Die Bindungswirkung beschränkt sich auf den unmittelbaren Gegenstand des Beschlusses (BAG 5.3.2013 – 1 ABR 75/11, AP ArbGG 1979 § 81 Nr. 63; 13.3.2013 – 7 ABR 69/11, NZA 2013, 789). **58**

Der Beschluss kann ferner über die subjektive Rechtskraft zwischen den Verfahrensbeteiligten hinaus **„präjudizielle Bindungswirkung" für Dritte** entfalten (BAG 13.3.2013 – 7 ABR 69/11, NZA 2013, 789; 22.3.2016 – 1 AZR 73/14, NZA 2016, 906 Rn. 22; *Nottebom* RdA 2002, 292; *Treber* NZA 2016, 744). Einen gesetzlichen Fall der Rechtskrafterstreckung auf Dritte enthält § 9 TVG hinsichtlich arbeitsgerichtlicher Entscheidungen in Rechtsstreitigkeiten zwischen TVParteien aus einem TV oder über das Bestehen eines TV. Über diese besondere Regelung hinaus wird aber allgemein angenommen, dass rechtskräftige arbeitsgerichtliche Entscheidungen in BeschlVerf. zwischen ArbGeb. und BR auch Wirkungen für Dritte, insbes. die im Betrieb beschäftigten ArbN entfalten können. Für die nicht beteiligten Dritten bedeutet dies regelmäßig eine Einschränkung ihres Rechtsschutzes. Es muss daher im Einzelfall stets geprüft werden, ob die **Drittwirkung auf Grund materiellen Rechts** gerechtfertigt ist (BAG 13.3.2013 – 7 ABR 69/11, NZA 2013, 789; *Nottebom* RdA 2002, 292 [296]; GK-ArbGG/*Ahrendt* § 84 Rn. 33). In zahlreichen Fällen ist sie freilich wegen ihrer Ordnungs- und Bestandssicherungsfunktion **unverzichtbar** (*Nottebom* RdA 2002, 292 [297]). Das gilt zB für Entscheidungen in BeschlVerf. zwischen BR und ArbGeb. über **Wirksamkeit, Geltung und Inhalt von BV** (BAG 17.2.1992 – 10 AZR 448/91, NZA 1992, 999). Eine rechtskräftige Entscheidung in einem BeschlVerf. über das **Vorliegen einer Betriebsänderung** iSv § 111 entfaltet Bindungswirkung für einen Rechtsstreit zwischen ArbGeb. und ArbN über einen Nachteilsausgleich nach § 113 Abs. 3 (BAG 10.11.1987 – 1 AZR 360/86, NZA 1988, 287). Die Feststellung der Unwirksamkeit einer **BRWahl** oder die Entscheidung über die **Betriebsratsfähigkeit eines Betriebs** wirken ebenfalls für die gesamte Belegschaft (BAG 9.4.1991 – 1 AZR 488/90, NZA 1991, 812; 1.12.2004 – 7 ABR 27/04, EzA § 18 BetrVG 2001 Nr. 1; vgl. zu weiteren Fällen der Bindungswirkung GK-ArbGG/*Ahrendt* § 84 Rn. 28ff.). Gem. § 97 Abs. 3 S. 1 ArbGG entfal- **59** ten Entscheidungen nach § 2a Abs. 1 Nr. 4 ArbGG über die Tariffähigkeit oder Tarifzuständigkeit einer Vereinigung entfalten Wirkung gegenüber jedermann (BAG 23.5.2012 – 1 AZB 58/11, NZA 2012, 623; 23.5.2012 – 1 AZB 67/11, NZA 2012, 625). Gleiches gilt nach § 98 Abs. 4 S. 1 ArbGG für Entscheidungen nach § 2a Abs. 1 Nr. 5 ArbGG sowie gem. § 99 Abs. 3 ArbGG für Entscheidungen über den nach § 4a Abs. 2 S. 2 TVG im Betrieb anwendbaren TV. Eine in einem **einstweiligen Verfügungsverfahren** gegen den Wahlvorstand ergangene Entscheidung entfaltet keine Bindungswirkung für ein späteres **Wahlanfechtungsverfahren** (BAG 13.3.2013 – 7 ABR 69/11, NZA 2013, 789).

5. Rechtsmittel

60 Gegen jede Entscheidung des ArbG im BeschlVerf. kann von den ganz oder teilweise unterlegenen Beteiligten gem. § 87 Abs. 1 ArbGG **Beschwerde beim LAG** eingelegt werden. Die **Rechtsmittelbefugnis** folgt der Beteiligungsbefugnis. Deshalb ist nur beschwerde- oder rechtsbeschwerdebefugt, wer nach § 83 Abs. 3 ArbGG beteiligt ist (BAG 19.12.2018 – 7 ABR 79/16, NZA 2019, 940 Rn. 17). Ist die Anhörung in der Vorinstanz zu Unrecht erfolgt, vermag dies die Rechtsmittelbefugnis nicht zu begründen (BAG 17.4.2012 – 1 ABR 5/11, NZA 2012, 1104). Fehlt die Rechtsmittelbefugnis, ist das Rechtsmittel als unzulässig zu verwerfen (BAG 19.12.2018 – 7 ABR 79/16, NZA 2019, 940 Rn. 17). Ein unstreitiger Verlust der Beteiligtenfähigkeit des BR führt grds. zur Unzulässigkeit des von ihm eingelegten Rechtsmittels (BAG 19.12.2018 – 7 ABR 79/16, NZA 2019, 940 Rn. 19). Ist allerdings die Beteiligtenfähigkeit streitig, so wird sie hinsichtlich der Zulässigkeit des Rechtsmittels unterstellt (BAG 19.12.2018 – 7 ABR 79/16, NZA 2019, 940 Rn. 20). Auch im arbeitsgerichtlichen BeschlVerf. ist ein **vorgerichtlicher Rechtsmittelverzicht** grds. zulässig. Die Betriebsparteien können daher zB bereits vor Rechtshängigkeit eines Zustimmungsersetzungsverfahrens nach § 99 Abs. 4 vereinbaren, sich der erstinstanzlichen arbeitsgerichtlichen Entscheidung zu unterwerfen und dagegen kein Rechtsmittel einzulegen (BAG 8.9.2010 – 7 ABR 73/09, NZA 2011, 934). Die **Beschwerdeschrift** und die **Beschwerdebegründungsschrift** müssen gem. §§ 89 Abs. 1, 11 Abs. 4 u. 5 ArbGG von einem Rechtsanwalt oder einem Verbandsvertreter unterzeichnet sein. Die ordnungsgemäße Beauftragung eines Verfahrensbevollmächtigten durch den BR ermächtigt diesen in der Regel auch ohne erneute gesonderte Beschlussfassung des BR zur Einlegung von Rechtsmitteln (BAG 6.11.2013 – 7 ABR 84/14, NZA-RR 2014, 196; 15.10.2014 – 7 ABR 53/12, NZA 2015, 1014; 19.12.2017 – 1 ABR 33/16, NZA 2018, 678 Rn. 12). Eine Pflicht des ArbGeb. zur Tragung der Anwaltskosten gem. § 40 Abs. 1 wird aber ohne einen entspr. Beschluss des BR zur Einlegung des Rechtsmittels in der Regel nicht ausgelöst (BAG 18.3.2015 – 7 ABR 4/13, NZA 2015, 954; → § 40 Rn. 32). Legt ein anderer bis dahin nicht bevollmächtigter Rechtsanwalt Beschwerde ein, kann der BR – in der Erklärung vertreten durch seinen Vorsitzenden – grds. das in seinem Namen eingelegte Rechtsmittel bis zum Abschluss der Rechtsmittelinstanz wirksam genehmigen (BAG 6.11.2013 – 7 ABR 84/14, NZA-RR 2014, 196; *Linsenmaier* FS *Wißmann,* 2005, 378 [392]). Die Beschwerdefrist beträgt gem. §§ 87 Abs. 2 S. 1, 66 Abs. 1 S. 1 ArbGG einen Monat, die Frist für die Begründung der Beschwerde zwei Monate. Beide Fristen beginnen gem. § 87 Abs. 2 S. 1 iVm § 66 Abs. 1 S. 2 ArbGG mit der Zustellung des in vollständiger Form abgefassten, mit Rechtsmittelbelehrung versehenen (vgl. § 9 Abs. 5 ArbGG) Beschlusses, spätestens aber mit Ablauf von fünf Monaten nach der Verkündung. Enthält ein verfahrensbeendender Beschluss des LAG keine Sachverhaltsfeststellungen, so führt dies in einem Rechtsbeschwerdeverfahren regelmäßig zu seiner Aufhebung und zur Zurückverweisung. Eine Ausnahme gilt, wenn für das BAG der Streitstoff zuverlässig feststellbar ist (BAG 26.4.2005 – 1 ABR 1/04, NZA 2005, 884; 13.5.2014 – 1 ABR 51/11, NZA 2014, 991). Nach § 87 Abs. 2 S. 3 ArbGG iVm § 81 Abs. 3 S. 1 u. 2 ArbGG ist eine Änderung des Antrags

auch noch in der Beschwerdeinstanz zulässig, wenn die übrigen Beteiligten zustimmen, die Zustimmung wegen rügeloser Einlassung der Beteiligten als erteilt gilt oder das Gericht die Änderung für sachdienlich hält. Nach dem auch im Beschlussverfahren entsprechend anwendbaren § 264 Nr. 2 ZPO liegt keine Antragsänderung vor, wenn ohne Änderung des „Klagegrundes" der Antrag in der Hauptsache erweitert wird (BAG 4.12.2013 – 7 ABR 7/12, NZA 2014, 803).

Die **Rechtsbeschwerde beim BAG** bedarf grds. der Zulassung im Beschluss des LAG wegen grundsätzlicher Bedeutung oder wegen Divergenz. Eine auf einen tatsächlich und rechtlich selbständigen und abtrennbaren Teil des Gesamtstoffs beschränkte Zulassung der Rechtsbeschwerde ist möglich (BAG 12.11.2014 – 7 ABR 86/12, NZA 2015, 252). Die Rechtsbeschwerdeschrift und die Rechtsbeschwerdebegründung müssen gem. §§ 94 Abs. 1, 11 Abs. 4 u. 5 ArbGG von einem Rechtsanwalt oder einen Verbandsvertreter unterzeichnet sein. IÜ besteht im Rechtsbeschwerdeverfahren vor dem BAG kein Vertretungszwang. Die Rechtsbeschwerde kann nach § 94 Abs. 3 S. 1 ArbGG jederzeit in der für ihre Einlegung vorgeschriebenen Form zurückgenommen werden. Die Dispositionsbefugnis der Beteiligten im Rechtsbeschwerdeverfahren und Gründe der Verfahrensökonomie sprechen dafür, dass ein Beteiligter die Rechtsbeschwerde ohne Vertretungszwang selbst schriftlich zurücknehmen kann. **61**

Nach § 94 Abs. 2 S. 2 ArbGG muss die **Rechtsbeschwerdebegründung** angeben, inwieweit die Abänderung des angefochtenen Beschlusses beantragt wird, welche Bestimmungen verletzt sein sollen und worin die Verletzung bestehen soll. Bei einer Sachrüge muss die Rechtsbeschwerdebegründung den Rechtsfehler des LAG so aufzeigen, dass Gegenstand und Richtung des rechtsbeschwerderechtlichen Angriffs erkennbar sind; dies erfordert eine Auseinandersetzung mit den tragenden Gründen der angefochtenen Entscheidung (BAG 15.11.2006 – 7 ABR 6/06, BeckRS 2010, 74728; 15.4.2014 – 1 ABR 80/12, NZA 2015, 62). **61a**

Antragserweiterungen und -änderungen sind im Rechtsbeschwerdeverfahren (nur) zulässig, wenn sich der geänderte Sachantrag auf einen vom Beschwerdegericht festgestellten Sachverhalt stützen kann, die anderen Verfahrensbeteiligten keine Einwendungen erheben, ihre Verfahrensrechte nicht verkürzt werden und die Änderung des Sachantrags darauf beruht, dass die Vorinstanzen einen nach § 139 ZPO gebotenen Hinweis unterlassen haben (BAG 15.4.2014 – 1 ABR 80/12, NZA 2015, 62; 18.5.2016 – 7 ABR 81/13 NZA-RR 2016, 582 Rn. 24). Die Nichtzulassung die Rechtsbeschwerde durch das LAG kann gem. § 92a ArbGG mit einer Nichtzulassungsbeschwerde angegriffen werden. **61b**

Eine **Nichtzulassungsbeschwerde** kann auf Divergenz, grundsätzliche Bedeutung und auf die Verletzung des rechtlichen Gehörs eines Beteiligten gestützt werden (vgl. zu dem durch das Anhörungsrügengesetz v. 9.12.2004 geänderten Recht BAG 20.1.2005 – 2 AZN 941/04, NZA 2005, 316; 15.2.2005 – 9 AZN 982/04, NZA 2005, 542; 14.3.2005 – 1 AZN 1002/04, NZA 2005, 596; 22.3.2005 – 1 ABN 1/05, NZA 2005, 652; 14.4.2005 – 1 AZN 840/04, NZA 2005, 708). Die Einlegung und die Begründung der Nichtzulassungsbeschwerde müssen durch einen Rechtsanwalt oder einen der anderen in § 11 Abs. 4 S. 2 und 3 iVm. § 11 Abs. 2 Nr. 4 und 5 ArbGG genannten postulationsfähigen Verfahrensbevollmächtigten unterzeichnet sein (BAG 18.8.2015 – 7 ABN 32/15, NZA 2015, 1211). Sie bedarf – wie jeder Rechtsbehelf – eines Rechtsschutzbedürfnisses. Tritt ein BR, dessen Wahl beim LAG erfolgreich angefochten wurde, während des Nichtzulassungsbeschwerdeverfahrens zurück und wird ein neuer BR gewählt, entfällt das Rechtsschutzbedürfnis für die weitere Durchführung des Nichtzulassungsbeschwerdeverfahrens. Der Nichtzulassungsbeschwerdeführer kann dem durch eine Erledigterklärung Rechnung tragen (BAG 15.2.2012 – 7 ABN 59/11, NZA-RR 2012, 602; 15.2.2012 – 7 ABN 74/11, BeckRS 2012, 67612). **61c**

Gegen einen **Aussetzungsbeschluss** des LAG im arbeitsgerichtlichen BeschlVerf. **nach § 97 Abs. 5 ArbGG** findet entgegen dem Wortlaut des § 90 Abs. 3 ArbGG **61d** eine Rechtsbeschwerde nach § 90 Abs. 2, § 83 Abs. 5, § 78 S. 1 ArbGG iVm § 574 Abs. 1 S. 1 Nr. 2 ZPO statt (BAG 22.3.2017 – 1 AZB 55/16, NZA 2017, 805).

6. Zwangsvollstreckung

62 **Aus rechtskräftigen Beschlüssen** der ArbG und gerichtlichen Vergleichen findet gem. § 85 Abs. 1 S. 1 ArbGG die **Zwangsvollstreckung** statt. Es gelten grds. die Vorschriften der ZPO (§§ 704ff. ZPO). Die Zwangsvollstreckung einer Verpflichtung zur Vornahme sowie zur Unterlassung oder Duldung einer Handlung erfolgt **gegenüber dem ArbGeb.** gem. §§ 887ff. ZPO. Die Vollstreckung einer Verpflichtung zu unvertretbaren Handlungen erfolgt durch die Verhängung von Zwangsgeld (§ 888 ZPO). Die Verpflichtung zur Unterlassung oder Duldung wird durch die Festsetzung von Ordnungsgeldern durchgesetzt (§ 890 ZPO). **Gegenüber dem BR** kommt wegen dessen Vermögenslosigkeit eine Androhung, Festsetzung oder Vollstreckung von Ordnungs- oder Zwangsgeld nicht in Betracht (BAG 17.3.2010 – 7 ABR 95/08, NZA 2010, 1133; 28.5.2014 – 7 ABR 36/12, NZA 2014, 1213; vgl. zur Unzulässigkeit einer Leistungsklage gegen den Insolvenzverwalter wegen fehlender Vollstreckbarkeit eines Leistungstitels BAG 21.1.2010 – 6 AZR 785/08, NZA 2010, 413 mwN). In den Fällen des § 23 Abs. 3 beträgt das Höchstmaß des gegen den ArbGeb. zu verhängenden Ordnungs- oder Zwangsgeldes 10.000 EUR. Eine Festsetzung von Ordnungs- und Zwangshaft ist unzulässig. Dies gilt auch für einen allgemeinen Unterlassungsantrag. Andernfalls träten unlösbare Wertungswidersprüche auf (BAG 29.4.2004 – 1 ABR 30/02, NZA 2004, 670; 5.10.2010 – 1 ABR 71/09, NZA 2011, 174). Allerdings kann das Ordnungsgeld nicht nur einmalig, sondern für jeden Fall der Zuwiderhandlung angedroht und festgesetzt werden (BAG 17.11.1998 – 1 ABR 12/98, NZA 1999, 662). Die Verpflichtung zur Herausgabe beweglicher Sachen wird nach § 883 ZPO vollstreckt, die Verpflichtung zur Abgabe einer Willenserklärung nach § 894 ZPO und die Verpflichtung zur Zahlung eines Geldbetrags nach §§ 803ff. ZPO. Der ArbGeb. hat **gegenüber einzelnen BRMitgl.** bei Verletzung betriebsverfassungsrechtlicher Pflichten – etwa nach § 74 Abs. 2 S. 1 Hs. 1 – keinen betriebsverfassungsrechtlichen, ordnungsgeldbewerten Unterlassungsspruch (BAG 15.10.2013 – 1 ABR 31/12, NZA 2014, 319). Allerdings kann sich ein Unterlassungsanspruch aus § 1004 Abs. 1 S. 2 BGB ergeben (BAG 15.10.2013 – 1 ABR 31/12, NZA 2014, 319).

63 Beschlüsse **in vermögensrechtlichen Streitigkeiten** sind nach § 85 Abs. 1 S. 2 ArbGG **vorläufig vollstreckbar.** Es handelt sich insbes. um Streitigkeiten über Sachmittel und Kosten der Organe (zB BR, Wahlvorstand, Honorare für Teilnahme an E-Stelle). Unter den Voraussetzungen des § 62 Abs. 1 S. 2 ArbGG kann die vorläufige Vollstreckbarkeit ausgeschlossen oder die Zwangsvollstreckung eingestellt werden. Gegen einen im BeschlVerf. erwirkten Titel kann der Schuldner nach § 85 Abs. 1 S. 3 iVm § 767 Abs. 1 ZPO **Vollstreckungsabwehrantrag** stellen (BAG 19.6.2012 – 1 ABR 35/11, NZA 2012, 1179). Antragsbefugt ist der im Titel aufgeführte Vollstreckungsschuldner oder der, gegen den der Titel umgeschrieben worden ist (BAG 18.3.2008 – 1 ABR 3/07, NZA 2008, 1259). Die ZV ist dann für unzulässig zu erklären, wenn sich der Sachverhalt, der dem früheren Verfahren zugrunde lag, nachträglich maßgeblich geändert hat (BAG 19.6.2012 – 1 ABR 35/11, NZA 2012, 1179). Auch die Unzulässigkeit der ZV aus einem vollstreckungsfähigen gerichtlichen Vergleich iSv § 85 Abs. 1 S. 1 ArbGG, § 794 Abs. 1 Nr. 1 ZPO kann in einem neuen BeschlVerf. durch Vollstreckungsabwehrantrag nach § 767 Abs. 1 ZPO geltend gemacht werden. Die Unzulässigkeit der ZV kann sich daraus ergeben, dass eine Seite die im Vergleichswege getroffene Vereinbarung gekündigt hat. Die Kündigung kann unbeachtlich sein, wenn der Vergleich lediglich eine unmittelbar aus dem Gesetz folgende Verpflichtung wiedergab (BAG 19.2.2008 – 1 ABR 86/06, NZA 2008, 899). Wird ein nicht rechtskräftiger Beschluss aufgehoben, kann der Gläubiger, der aus dem vorläufig vollstreckbaren Beschluss die Zwangsvollstreckung betrieben hat,

gem. § 717 Abs. 2 ZPO iVm § 85 Abs. 1 S. 3 ArbGG zum Schadensersatz verpflichtet sein. Anders als im einstweiligen Verfügungsverfahren, wo nach § 85 Abs. 2 S. 2 ArbGG die Bestimmung des § 945 ZPO nicht zur Anwendung kommt, ist die Regelung des § 717 Abs. 2 ZPO nicht ausgenommen; auch für eine entsprechende Anwendung des § 85 Abs. 2 S. 2 ZPO ist kein Raum (BAG 12.11.2014 – 7 ABR 86/12, NZA 2015, 252).

Aus Beschlüssen, die lediglich auf eine **Feststellung** gerichtet sind, kann nicht **64** vollstreckt werden. Bei **rechtsgestaltenden Entscheidungen** (→ Rn. 18) tritt die Rechtsfolge mit Rechtskraft des Beschlusses von selbst ein. Es bedarf keiner Zwangsvollstreckung.

7. Einstweilige Verfügungen

Nach § 85 Abs. 2 S. 1 ArbGG ist auch in arbeitsgerichtlichen BeschlVerf. der Erlass **65** einer **einstw. Vfg. zulässig** (vgl. dazu ausf. Schwab/Weth/*Walker* § 85 Rn. 50 ff.; *Grambow* BB 2017, 1909). Für das Verf. gelten nach § 85 Abs. 2 S. 2 ArbGG – mit geringfügigen Maßgaben – die Vorschriften des 8. Buchs der ZPO – dort insbes. die §§ 935 ff. iVm den einschlägigen Vorschriften über den Arrest (§§ 916 ff. ZPO) – entspr. Die einstw. Vfg. ist im Verhältnis der Betriebsparteien insbes. dann von Bedeutung, wenn es darum geht, zu verhindern, dass eine Betriebspartei unter Verletzung von Rechten der anderen vollendete Tatsachen schafft. Das BetrVG enthält einige Vorschriften, welche die jeweilige Durchsetzung des Rechts abschließend regeln (vgl. etwa §§ 99 ff., 98 Abs. 5, 103, 104). In diesen Fällen kann der Erlass einer einstw. Vfg. ganz oder weitgehend ausgeschlossen sein (vgl. Schwab/Weth/*Walker* § 85 Rn. 54 ff.).

In Betracht kommen **Sicherungsverfügungen** nach § 935 ZPO und **Rege-** **66** **lungsverfügungen** nach § 940 ZPO. Beide haben vorläufigen Charakter. Auch **Leistungsverfügungen,** die zu einer teilweisen oder vollständigen Befriedigung des Anspruchs führen (vgl. etwa Thomas/Putzo/*Reichold* ZPO § 940 Rn. 6 ff.), sind in Ausnahmefällen zulässig (vgl. Schwab/Weth/*Walker* § 85 Rn. 53). An sie sind aber strenge Anforderungen zu stellen. Dies gilt umso mehr, als nach § 85 Abs. 2 ArbGG auch im Falle der sich nachträglich als unberechtigt herausstellenden einstw. Vfg. die Haftung des Verfügungsgegners nach § 945 ZPO ausdrücklich ausgeschlossen ist. Da ArbGeb. gegen den BR keinen Unterlassungsanspruch wegen betriebsverfassungswidrigem Verhalten haben, der im Wege der einstw. Vfg. durchgesetzt werden könnte, können sie wegen des Gebots effektiven Rechtsschutzes im arbeitsgerichtlichen BeschlVerf. unter den Voraussetzungen des § 940 ZPO eine Feststellungsverfügung zur vorläufigen Regelung eines Sachverhalts erwirken, wenn Verstöße des BR gegen seine betriebsverfassungsrechtlichen Verpflichtungen in Rede stehen (BAG 28.5.2014 – 7 ABR 36/12, NZA 2014, 1213).

Voraussetzung für den Erlass einer einstw. Vfg. ist das Vorliegen eines **Verfü-** **67** **gungsanspruchs und eines Verfügungsgrundes.** Beide müssen nach §§ 936, 920 Abs. 2 ZPO vom Antragsteller glaubhaft gemacht werden, zB durch eidesstattliche Versicherung. In dieser müssen die maßgeblichen Tatsachen ganz konkret bezeichnet werden.

Das Vorliegen eines **Verfügungsanspruchs** beurteilt sich nach **materiellem** **68** **Recht.** In Betracht kommen für den BR insbes. Beteiligungs- und Beratungsrechte. Dabei richtet sich der einstw. Rechtsschutz nach Art und Funktion des MBR. Bei der Verletzung von MBR in sozialen Angelegenheiten (§ 87) ist ein allgemeiner Unterlassungsanspruch des BR anerkannt (BAG 29.2.2000 – 1 ABR 4/99, NZA 2000, 1066); dieser kann auch im Wege der einstw. Vfg. verfolgt werden (GK-ArbGG/*Vossen* § 85 Rn. 44; Düwell/Lipke/*Reinfelder* § 85 Rn. 29; *Grambow* BB 2017, 1909, 1910). Bei Verstößen gegen Mitbestimmungsrechte des BR nach § 99 besteht dagegen kein allgemeiner Unterlassungsanspruch (BAG 23.6.2009 – 1 ABR 23/08, NZA 2009, 1430; *Grambow* BB 2017, 1909, 1912). Im Rahmen der wirtschaftlichen Mitbestimmung nach §§ 111 ff. besteht nach hier vertretener Auffassung zwar kein allgemeiner Unterlassungsanspruch des BR (→ § 111 Rn. 135). Gleichwohl kann das angerufene ArbG zur Sicherung der Beratungs- und Unterrichtungsrechte des BR dem ArbGeb. nach § 938 Abs. 2 ZPO auch vorübergehend die Durchführung der Betriebsänderung untersagen (→ § 111 Rn. 138; so auch Düwell/Lipke/*Reinfelder* § 85 Rn. 31; vgl. auch GK-ArbGG/*Vossen* § 85 Rn. 47 mit zahlreichen Rspr.-Nachw.; **aA** *Grambow* BB 2017, 1909, 1911). Im Bereich der personellen Mitbestimmung nach §§ 99 ff. wird eine einstw. Vfg. dann in Betracht kommen, wenn der ArbGeb. sich nicht an das in § 100 geregelte Verf. hält.

69 Für den ArbGeb. kommen gegen den BR Herausgabeansprüche, etwa wegen der dem BR überlassenen Sachmittel in Betracht. Diese können uU auch im Weg des einstweiligen Rechtsschutzes verfolgt werden. Dagegen machen **Unterlassungsansprüche gegen den BR** wegen dessen Vermögenslosigkeit vollstreckungsrechtlich keinen Sinn (vgl. BAG 17.3.2010 – 7 ABR 95/08, NZA 2010, 1133; 15.10.2013 – 1 ABR 31/12, NZA 2014, 319; 28.5.2014 – 7 ABR 36/12, NZA 2014, 1213; abl. *Pfrogner* RdA 2016, 1619). Das gilt auch für den einstweiligen Rechtschutz (**aA** *Grambow* BB 2017, 1909, 1913). Wegen des aus dem Rechtsstaatsprinzip folgenden Gebots effektiven Rechtsschutzes kann der ArbGeb. allerdings unter den Voraussetzungen des § 940 ZPO eine Feststellungsverfügung zur vorläufigen Regelung eines Sachverhalts erwirken, wenn es um Verstöße des BR gegen seine betriebsverfassungsrechtlichen Pflichten geht (BAG 28.5.2014 – 7 ABR 36/12, NZA 2014, 1213 Rn. 21). Ein solches Feststellungsverfahren hat den Zweck, als Vorstufe einer möglichen Amtsenthebung des BR zwischen den Betriebsparteien die Rechtslage zu klären (BAG 28.5.2014 – 7 ABR 36/12, NZA 2014, 1213 Rn. 21).

70 Nicht völlig ausgeschlossen ist auch der berichtigende Eingriff in ein **laufendes BRWahlVerf.** oder in Ausnahmefällen auch dessen Abbruch (→ § 18 Rn. 36 ff.; GK-ArbGG/*Vossen* § 85 Rn. 51 ff. Schwab/Weth/*Walker* § 85 Rn. 80 ff.). An den Eingriff in die eigenverantwortliche Tätigkeit des Wahlvorstands sind aber strenge Anforderungen zu stellen. Ein Abbruch der BRWahl ist nur in Fällen der offenkundigen Nichtigkeit und nicht bereits in den Fällen der voraussichtlichen Anfechtbarkeit zulässig (BAG 27.7.2011 – 7 ABR 61/10, NZA 2012, 345; *Grambow* BB 2017, 1978; *Burger* NZA Beilage 3/2017 S. 114, 118; **aA** *Veit/Wichert* DB 2006, 390 mwN). Andernfalls könnte ein Antragsteller mit einer einstw. Vfg. mehr erreichen als mit der Anfechtung einer BRWahl, die nur für die Zukunft wirkt (LAG BW 20.5.1998 – 8 Ta 9/98, AiB 1998, 401).

71 Eine **Gewerkschaft** kann sowohl das betriebsverfassungsrechtliche (§ 2 Abs. 2) als auch das koalitionsspezifische **Zugangsrecht** zum Betrieb erforderlichenfalls im Wege der einstw. Vfg. verfolgen (vgl. GK-ArbGG/*Vossen* § 85 Rn. 42 mwN; Düwell/Lipke/*Reinfelder* § 85 Rn. 28; Schwab/Weth/*Walker* § 85 Rn. 89 ff.).

72 Voraussetzung für den Erlass einer einstw. Vfg. ist ferner das Vorliegen eines **Verfügungsgrundes.** Im Falle der Sicherungsverfügung (§ 935 ZPO) muss zu besorgen sein, dass durch eine Veränderung des bestehenden Zustands die Verwirklichung eines Rechts vereitelt oder wesentlich erschwert werden könnte. Im Falle der Regelungsverfügung (§ 940 ZPO) muss die vorläufige Regelung zur Abwendung wesentlicher Nachteile oder zur Verhinderung drohender Gewalt oder aus anderen Gründen nötig erscheinen. Erforderlich ist insbes. auch wegen des Ausschlusses eines Schadensersatzanspruchs nach § 85 Abs. 2 ArbGG stets eine umfassende sorgfältige Interessenabwägung (GK-ArbGG/*Vossen* § 85 Rn. 55).

73 **Zuständig** für den Erlass einer einstw. Vfg. ist nach § 937 Abs. 1 ZPO das Gericht der Hauptsache, also regelmäßig das örtlich zuständige ArbG Auch im einstw. Vfg.-Verfahren hat das Gericht aber von Amts wegen die Zulässigkeit des beschrittenen Rechtswegs zu prüfen (BAG 24.5.2000 – 5 AZB 66/99, NZA 2000, 903). Ist das BeschlVerf. bereits in der Beschwerdeinstanz, ist das LAG für den Erlass der einstw. Vfg. zuständig. Die Entscheidung ergeht gem. § 85 Abs. 2 S. 2 ArbGG stets unter Hinzuziehung der ehrenamtlichen Richter durch die vollbesetzte Kammer.

Dies gilt auch, wenn sie – in dringenden Fällen – ohne mündliche Verhandlung ergeht (BAG 28.8.1991 – 7 ABR 72/90, NZA 1992, 41; *Grambow* BB 2017, 1909, 1914; GK-ArbGG/*Vossen* § 85 Rn. 80 mwN auch zur Gegenansicht). Je nach Art und Weise der Erledigung des Gesuchs sind die Rechtsbehelfe unterschiedlich. Wird die einstw. Vfg. ohne mündliche Verhandlung erlassen, ist für den Antragsgegner der Widerspruch nach §§ 936, 924 Abs. 1 ZPO zulässig. Hat das ArbG die Beschwerde ohne mündliche Verhandlung zurückgewiesen, ist hiergegen sofortige Beschwerde nach § 567 Abs. 1 ZPO iVm §§ 83 Abs. 5, 78 ArbGG zulässig, der das ArbG ggf. gem. § 572 Abs. 1 Hs. 1 ZPO abhelfen kann. Entscheidet das ArbG auf Grund einer mündlichen Verhandlung ist gegen seine Entscheidung stets die Beschwerde nach § 87 ArbGG statthaft. Eine Rechtsbeschwerde zum BAG findet nach § 92 Abs. 1 S. 3 ArbGG nicht statt. Die einstw. Vfg. ist gem. § 929 Abs. 3 ZPO iVm § 936 ZPO schon vor ihrer Zustellung an den Schuldner vollziehbar (BAG 28.8.1991 – 7 ABR 72/90, NZA 1992, 41).

Stichwortverzeichnis

Fett gedruckte Zahlen verweisen auf die §§ des Betriebsverfassungsgesetzes 1972 idF vom 25.9.2001; **WO 2001** = Wahlordnung 2001 (Anhang 1); **Übersicht EBRG** = Europäische Betriebsräte-Gesetz (Anhang 2); **ArbGG** = Arbeitsgerichtsgesetz (Anhang 3); magere Zahlen verweisen auf die Randnummern

E

F

G

H

J

L

M

N

O

Q

R

V

W

Z